中華人民共和國國務院批准的重大文化出版工程
國家文化發展規劃綱要的重點出版工程項目
新聞出版總署列爲「十一五」國家重大工程出版規劃之首
國家出版基金重點支持項目

中華大典

林業典

鳳凰出版社

《中華大典》工作委員會

《中華大典》編纂委員會

《中華大典》前言

《中華大典》是運用我國歷代漢文古籍編纂的一部大型工具書。其目的是爲學術界及願意瞭解中國古代珍貴文化典籍的人士提供準確詳實、便於檢索的漢文古籍分類資料。

中國是世界文明古國之一，幾千年來纂寫和聚集的文化典籍浩如烟海。我國歷代都有編纂類書的優良傳統，具有代表性的《永樂大典》等大多已佚失，現存《古今圖書集成》編就距今也已數百年。爲了適應今天和以後研究和檢索的需要，一九八八年海内外三百多位專家學者和各古籍出版社同仁倡議，在已有類書的基礎上，用現代科學方法編纂一部新的類書《中華大典》。

國務院在關於編纂《中華大典》問題的批覆中指出，編纂《中華大典》「是我國建國以來最大的一項文化出版工程」。本書所收漢文古籍上起先秦，下迄清末，約三萬種，達七億多字，分爲二十四個典，近百個分典，内容廣博，規模宏大，前所未有。

《中華大典》的編纂工作堅持科學態度和百花齊放、百家争鳴方針。儘量採用古精校精刻本，優先採用我國建國後文獻學和考古學的優秀成果。對傳統文化中重要的不同學派的資料，兼收並蓄。運用現代圖書分類的方法，對收集到的資料，精選、精編，力求便於檢索、準確可信。

這項工作從開始起就受到中共中央、國務院和有關部門的重視和支持。國家主席江澤民、國務院總理李鵬分别爲《中華大典》題詞。江澤民的題詞是：「同心同德群策群力認真編好中華大典爲建設有中國特色的社會主義服務」。李鵬的題詞是：「繼承和弘揚民族優秀傳統文化」。全國政協主席李瑞環、國務委員李鐵映也作了重要指示，要求抓緊辦理。一九九零年五月，國務院批准《中

華大典》工作委員會和《中華大典》爲國家重點古籍整理項目。一九九二年九月，正式成立了《中華大典》工作委員會和《中華大典》編纂委員會，召開了《中華大典》工作、編纂會議。自此，《中華大典》的編纂工作由試點轉入正式啓動，逐步鋪開。

編纂《中華大典》，學術性很强，工作量很大，工程十分艱巨，全賴廣大專家學者和全國各有關高等院校、科研院所、圖書館、出版單位的鼎力支持與積極參與。大家本着弘揚中華民族優秀文化的心願，發揚奉獻精神，克服各種困難，團結協作，給這部巨大類書的出版提供了根本保證。在此謹表示誠摯的謝意。

對本書的批評與建議，我們將十分歡迎。

《中華大典》編纂委員會

一九九七年四月

二〇〇六年十一月修訂

《中華大典》編纂通則

一、性質：《中華大典》（以下簡稱《大典》）是對漢文古籍（含已翻譯成漢文的少數民族古籍）進行全面的、系統的、科學的分類整理和彙編總結的新型類書，是在繼承歷代類書優良傳統、考慮漢文古籍固有特點的基礎上，借鑒和參照近代編纂百科全書的經驗和方法編纂而成。編纂《大典》的目的，是爲學術界及願意瞭解中國古代珍貴文化典籍的人士提供各種分門別類的、準確詳細的古代漢文專題資料。

二、規模和體例：《大典》所收古籍的時限，上自先秦，下迄辛亥革命。全書共收各類漢文古籍三萬餘種，七億多字。全書體例，着重汲取清代《古今圖書集成》所採用的經目和緯目相交織這一統一框架結構的模式，同時參照現代科學的學科、目録分類方法，並根據各類學科内容的實際情況，一般將每一大類學科輯爲一典，也有將幾個相關學科共輯爲一典的。對各典名稱，均以現代學科命名，對於所收入的各種古籍資料，亦儘可能納入現代科學分類體系之中。

三、經目：大典共分二十四個典，即哲學典、宗教典、政治典、軍事典、經濟典、法律典、教育典、語言文字典、文學典、藝術典、歷史典、歷史地理典、民俗典、數學典、物理化學典、天文典、地學典、生物學典、醫藥衛生典、農業典、林業典、工業典、交通運輸典、文獻目録典。典以下以分典、總部、部、分部分級，分部之下的標目根據各學科特點由各典自行擬定。

四、緯目：共設置九項緯目，用以包容各級經目的具體内容：

①題解：對有關學科的名稱、概念、涵義、特點等作總體介紹的資料。

②論説：有關理論部份的資料。

③綜述：有關學科或事物的系統性資料，凡有關學科或事物的性狀、制度、範疇、特點及學科地位、發展情況等具體内容均編入此緯目中。

④傳記：有關人物的傳記資料。

⑤紀事：有關學科或事物的具體活動或事例的資料。

⑥著録：重要人物或文獻的有關著作資料，如專集介紹、序跋、藏書題記，以及有關著作的成書經過、版本源流等。

⑦藝文：有關屬於文學欣賞性的散文或韻文。

⑧雜録：凡未收入以上各緯目，而又有較高參考價值的資料，均入雜録。

⑨圖表：根據有關經目的内容需要，圖與表附於相關專題之下，或集中彙總於某級經目之後。

《大典》以内容分類安排各級緯目，各級緯目的正文，一般以原書爲單位，按時代順序排列。每一條資料前標明出處，包括書名或作者名、篇名或卷次，以利讀者核對原書。

五、書目：每分典後附有該分典所收書之書目，書目包括書名、作者、時（年）代、版本等内容。時代以成書時代爲準，成書時代不詳者，以作者主要活動時代爲準，并遵從歷史習慣。

六、版本：《大典》在選用版本時儘量採用古人的精校精刻本，亦採用學術界通用的近、現代整理圈點本及現代學者校點整理本。

七、校點：爲儘可能保存古籍原貌，《大典》衹對底本中明顯的脱、訛、衍、倒進行勘正。古本中的避諱字一般不作改動，衹對缺筆字補足筆劃。後人刻書時避當朝人諱而改動的字，據古本改回。《大典》採用新式標點法。

一九九六年八月

二〇〇六年十一月修訂

《中華大典·林業典》工作委員會

主　　　任：賈治邦

執行副主任：楊繼平

副　主　任：李育材　趙學敏　江澤慧　雷加富　祝列克
張建龍　印　紅　孫扎根　陳述賢　卓榕生
姚昌恬

委　　　員：彭有冬　劉永範　王祝雄　曹清堯　汪　絢
張希武　張　蕾　杜永勝　封加平　魏殿生
曲桂林　張永利　譚光明　楊建新　樊德新
孫傳玉　王永海　程　紅　柳維河　吴　斌
陳景歡　姜小青

辦公室主任：曹清堯　程　紅

辦公室副主任：柳維河　厲建祝　葉　智

成　　　員：曹　靖　梁成喜　楊玉芳　劉春華　熊驚峰
鄒國輝　曾正德　沈和定

《中華大典·林業典》編纂委員會

《中華大典·林業典》序

森林是人類文明的搖籃。上古之世，先民構木爲巢以避群害，鑽燧取火以化腥臊，從而擺脱野性，走出荒蠻，踏上文明之途。森林是一座資源寶庫，爲人類提供了生活必需的物質資料，林木可以資材、取蔭，爲宫室，爲器用，林中的動植物可以爲衣食供養。森林還是神話的故鄉，原始自然宗教的温床。它引導人類敬畏自然，尊重自然；它滋養了人類質朴的心靈，激發了人的想像力和創造力，使人類健全心智，升華情感，精神世界日臻豐富。

林業是百業之母。人類的原初活動都是在森林中進行的，並逐漸從男人狩獵、女人採摘的自發模式，演進爲自覺的生産行爲（産業）。作爲最早形成和發展的産業之一，中國古代林業發端於新石器時代，與農業的發端幾乎同時。傳説中的神農氏「斲木爲耜，揉木爲耒，耒耨之利，以教天下」，既開創了農業，又引導了森林開發利用之先。之後的黄帝堯舜，刳木爲舟，剡木爲楫，斷木爲杵，弦木爲弧，剡木爲矢，可見先民對森林利用是多方面的。五帝時期，林業發展已見端倪，諸如農具、舟楫等木器製造，木構建築，以及林中狩獵、植物採集、蠶桑技術、紡織與編織、漆的利用等。河姆渡遺址中還發現了珠蘭、夜合花、旱蓮木、九里香、荷花、杜鵑等植物或孢粉，陶片上繪製有種在陶盆中的三葉和五葉植物圖案，説明此時的先民已經從事觀賞植物的栽培及盆栽藝術。對森林動植物的崇拜，形成圖騰，萌生了先民的原始宗教。以龍鳳爲代表的圖騰崇拜，在本族祖先及本族保護神之間確立了想象性關系，通過頂禮膜拜和禁忌約束，對某些類動植物施以保護，在一定程度上扼制了濫砍濫獵行爲。

關於森林資源的利用和保護問題，早在夏商周時期就已有較深刻的認識。王朝的建立，城邑的建

設，都在很大程度上構成對森林資源的損害。《禹貢》中的「九州」劃定了中華民族的活動範圍，規定了九州的貢品，其中相當一部分是木材、林産品及林副産品，由此可推知古代森林及動植物資源分布、利用及産出情況。自漢代開始的屯田制對森林資源的損害是毁滅性的，其他毁林因素還包括戰争、洪水、病蟲害、惡劣氣候等等。而另一方面，生態保護、生態倫理思想在春秋時就已成形，數罟不入洿池，斧斤以時入山林，不麛，不卵，不殺胎，不殀夭，不覆巢，體現著鮮明的保護森林動植物及生態資源的可持續利用意識。森林培育技術、林業生産觀念也同時發展，《孟子》的「五畝之宅，樹之以桑，五十者可以衣帛矣」，《管子》的「十年之計樹木」等等，成爲後世動員民衆種樹、改善國計民生的勸世良言。中國園林也起源於殷商末修建台囿之期。後世，無論是帝王宫苑還是私家宅園，疊山理水、植物配置等等都是造園的重要因素，實踐著與山水自然不離不棄的詩意般的棲居旨趣。

一部林業史，是見證中華文明崛起和發展的進程史。森林是陸地生態系統的主體，具有製氧固碳、涵養水源、防風固土、改善氣候、維持生物多樣性等十分重要的生態功能，被譽爲地球之「肺」、大地之衣，承擔著維護地球生態平衡和促進碳、水循環的特殊使命。在自然資源消耗超速、生態面臨危機的今天，森林所擔當的生態調節功能日益爲人們所認知、所重用。新世紀以來，隨著經濟社會發展和人類文明的進步，林業的地位越來越重要，林業發展迎來千載難逢的歷史機遇期。黨中央、國務院高瞻遠矚，科學謀劃，作出了一系列加快林業發展的重大戰略決策，特别是召開了新中國成立以來首次中央林業工作會議，確立了新時期林業的「四個地位」和「四大使命」，明確指出，林業在可持續發展戰略中具有重要地位，在生態建設中具有首要地位，在西部大開發中具有基礎地位，在應對氣候變化中具有特殊地位，並明確要求，實現科學發展必須把發展林業作爲重大舉措，建設生態文明必須把發展林業作爲首要任務，應對氣候變化必須把發展林業作出戰略選擇，解決「三農」問題必須把發展林業作爲重要途徑。國家林業局根據中央的要求，提出發展現代林業、建設生態文明、推動科學發展的指導思想，努力構建完善的林業生態體系、發達的林業産業體系和繁榮的生態文化體系，充分發揮

林業的多種功能，滿足社會對林業的多種需求。

在發展現代林業的時代背景下，編纂《中華大典·林業典》，意義尤爲顯著而深遠，主要有四：一是有利於總結林業的歷史經驗和教訓，推動林業科學發展；二是有利於深化全社會對森林的科學認知，提高林業的社會影響力和戰略地位；三是有利於弘揚生態文明，積極促進人與自然和諧；四是有利於學者和有識之士開展學術研究，傳承和弘揚祖國極其珍貴的森林文化遺産。

《中華大典·林業典》下設五個分典：《林業思想與文化分典》、《森林生態與資源分典》、《森林培育與管理分典》、《森林利用分典》和《園林與風景名勝分典》。五個分典互爲彼此、相互支撑，囊括了中國古代森林資源及林業科技與文化的全部重要資料。按照現代學科體系對資料内容進行分類，設分典、總部、部、分部四級經目。經目之内，按資料性質，設三至九個緯目不等。全典約一千伍佰萬字，是歷史上第一部集古代林業經典之大成的類書。

以史爲鑒，可知未來。願讀者開卷，切實受益。

是爲序。

賈治邦

二〇一〇年五月八日

《中華大典·林業典》編纂説明

編纂《中華大典·林業典》是新中國成立以來林業領域最重大的一項文化工程。在《中華大典》工作委員會和國家林業局的高度重視和支持下，《中華大典·林業典》曾於一九九八年立項，成爲《中華大典》計劃編纂的二十四個典之一。工作基地設於北京林業大學林業史研究室，來自國内多所林業院校專家組成的編輯組經多次討論，草擬了《中華大典·林業典》編纂大綱，爲後來者提供了重要參考，但此番編纂工作由於種種原因而擱置下來，成爲《林業典》編纂的一個序曲。

二〇〇六年八月，《中華大典·林業典》重新啓動，由北京林業大學校長、中國工程院院士尹偉倫教授出任主編，編纂機構設於北京林業大學人文社會科學學院，由院長嚴耕教授協助主編負責具體組織和編纂工作。我們堅持《中華大典·林業典》的編纂要與林業史的學科建設結合起來，並將它與林業史學科的人才培養融爲一體，使之成爲一項富有挑戰性的科研工作，一個創新性學科的奠基工程和推進學科可持續發展的工作平臺。這種將學術創新與人才培養有機結合的做法，給予參編者極大的工作動力。

回顧《林業典》編纂的歷程，可用四個特點概括之。一是編纂難度高，首次系統地研究、整理和收録古代林業文獻，其開創性和付出之艱辛可想而知。不同於農業史有歷代大型《農書》、醫學史有歷代《本草》，雖然中國古代林學專著可舉出《南方草木狀》、《植物名實圖考》等等及一些植物譜録類書籍，園林專著首舉《園冶》爲巨，但更多的林業資料則散見於浩如煙海的古籍之中，深藏於各類古籍的縫隙、褶皺裏，需要廣泛、深入地查找發掘，摘録專輯。這一初辟草萊、砂裏淘金的編輯工作，

因其開創意義而頗具挑戰性，因其浩繁瑣細而要求極高。唯有效組織，通力合作，才能共舉大業。

二是涉及學科衆多，內容豐富，規模宏大。《中華大典·林業典》資料收集採取拉網式普查和有針對性地倒查相結合的方法，盡可能保證資料來源既準確權威，又廣泛豐富，重要資料不被遺漏。普查古籍上萬種，引用典籍幾千種，獲得可用資源近三千萬字。《中華大典·林業典》由《林業思想與文化分典》、《森林生態與資源分典》、《森林培育與管理分典》、《森林利用分典》和《園林與風景名勝分典》共五個分典構成，涉及林業、園林、生態、林産加工、森林文化等等，成稿總字數達一千五百多萬字，堪稱巨著。

三是科學分類，融古貫今。在編纂方面，用心最苦、用力最多的是對大綱的調整修訂。主編們一面檢閲收集上來的古籍資料，一面研讀現代學者的著作或論文，根據材料收集情況和不斷的研究思考，對原始大綱進行了較大幅度的增、删、併、轉，不僅重新確定了現在各分典的名稱，還調整了各分典中的總部、部和分部的設置，使經目名稱更爲準確，更便於資料的分類，更具科學性，並適度體現當今的生態理念。大綱修訂幾經編輯工作會議討論，並呈請中華大典辦公室和數位院士、學科專家審核，得到充分肯定。《中華大典·林業典》的框架、體例均按《中華大典》編輯條例要求執行，編纂工作一直得到中華大典辦公室德高望重的諸位先生的指導和鼓勵。

四是工作量巨大，參與人數多。以北京林業大學爲基地，在山西平定師範學校、揚州大學、華中科技大學、南昌大學、華南農業大學、安慶師範學院組建了六個資料普查點，分別普查不同的古籍。除書中列出的一百多位編纂人員、工作人員外，前後曾參與領導和組織這項工作的人員也有幾十名，他們是王志寶、李昌鑒、董啓昌、黎祖交、封加平、莊義國、湯升享等，在此一並致謝。

文章千古事，得失寸心知。親爲修典盛事，我們既倍感榮耀，又誠惶誠恐，戰戰兢兢。《林業典》重新啓動以來，歷時四年，我們時時以先賢皓首窮經的執著精神鞭策自己，自知功底淺薄而責任重大，未敢有絲毫怠慢。現在，雖然我們竭盡全力完成了《中華大典·林業典》的編纂工作，但由於編

者水平有限，加之工作浩繁，參編人員眾多，資料重複、分類可榷、句讀可議的情況在所難免，敬請海内外方家雅正。

尹偉倫

二〇一〇年五月八日

中華大典·林業典

總目

中華大典·林業典

林業思想與文化分典

主編：林震
副主編：羅美雲 徐清祥 劉雪梅 李飛 仲亞東 趙亮 張連偉 周景勇

目録

林業思想總部

林業思想總部提要

本總部下設天人和諧思想、森林功效思想、林業産業思想、林務管理思想四個部。

天人和諧部分側重於哲學方面。所收録材料主要從天、地、人關係角度談草木生長、森林保護、林木管理利用諸問題，客觀反映古代先賢對人與自然和諧相處的樸素認識及其發展歷程。

森林功效部分側重於生態方面。所收録材料主要體現古人對森林在涵養水源、保護農田、美化環境、國防安全等方面功能的認識，集中體現森林的價值與意義。

林業産業部分側重於技術、經濟方面。所收録材料主要涉及古人對森林及林産品的合理利用與可持續經營的觀點，有助於人們全面思考合理開發森林與經濟社會發展的關係。

林務管理部分側重於政治、管理方面。所收録材料主要反映林業管理政策及相關制度安排背後的思想内涵，爲今人進一步發展科學、合理的林務管理制度提供思想資源。

天人和諧思想部

題解

《易・乾》《彖》曰：大哉乾元，萬物資始，乃統天。雲行雨施，品物流形，大明終始，六位時成，時乘六龍以御天。乾道變化，各正性命。保合大和，乃利貞。首出庶物，萬國咸寧。【略】夫大人者，與天地合其德，與日月合其明，與四時合其序，與鬼神合其吉凶。先天而天弗違，後天而奉天時。天且弗違，而況於人乎！況於鬼神乎！

《易・坤》《彖》曰：至哉坤元，萬物資生，乃順承天。坤厚載物，德合無疆。含弘光大，品物咸亨，牝馬地類，行地無疆。柔順利貞，君子攸行，先迷失道，後順得常。【略】天地變化，草木蕃。天地閉，賢人隱。

《老子》有物混成，先天地生，寂兮寥兮，獨立而不改，周行而不殆，可以爲天下母。吾不知其名，字之曰道，强爲之名曰大。大曰逝，逝曰遠，遠曰反。故道大，天大，地大，王亦大。域中有四大，而王居其一焉。人法地，地法天，天法道，道法自然。【略】道生一，一生二，二生三，三生萬物。萬物負陰而抱陽，冲氣以爲和。

《論語・陽貨》子曰：「天何言哉？四時行焉，百物生焉。天何言哉？」

《吕氏春秋・本生》始生之者，天地；養成之者，人也。【略】萬物章章，以害一生，生無不傷；以便一生，生無不長。故聖人之制萬物也，以全其天也。

漢董仲舒《春秋繁露》卷一〇《深察名號》是故事各順於名，名各順於天。天人之際，合而爲一。

又卷一二《陰陽義》天亦有喜怒之氣、哀樂之心，與人相副。以類合之，天人一也。

宋張載《張子全書》卷一《西銘》乾稱父，坤稱母，予兹藐焉，乃混然中處。故天地之塞吾其體，天地之帥吾其性。民吾同胞，物吾與也。

論説

《易・屯》雷雨之動滿盈。天造草昧，宜建侯而不寧。

《易・泰》《彖》曰：「泰，小往大來。吉，亨。」則是天地交而萬物通也，上下交而其志同也。【略】《象》曰：天地交，泰。后以財成天地之道，輔相天地之宜，以左右民。

《易・豫》《彖》曰：豫，剛應而志行，順以動，豫。豫順以動，故天地如之，而況建侯行師乎？天地以順動，故日月不過，而四時不忒。聖人以順動，則刑罰清而民服。豫之時義大矣哉！

《易・無妄》《象》曰：天下雷行，物與無妄。先王以茂對時育萬物。

《易・解》天地解而雷雨作，雷雨作而百果草木皆甲坼。

《易・益》天施地生，其益無方。凡益之道，與時偕行。

《老子》天地不仁，以萬物爲芻狗；聖人不仁，以百姓爲芻狗。天地之間，其猶橐籥乎？虚而不屈，動而愈出。多言數窮，不如守中。

谷神不死，是謂玄牝。玄牝之門，是謂天地根。綿綿若存，用之不勤。

天長地久。天地所以能長且久者，以其不自生，故能長生。是以聖人後其身而身先，外其身而身存。非以其無私邪？故能成其私。

上善若水。水善利萬物而不争，處衆人之所惡，故幾於道。居善地，心善淵，與善仁，言善信，正善治，事善能，動善時。夫唯不争，故無尤。【略】

至虚極，守静篤。萬物並作，吾以觀其復。夫物芸芸，各復歸其根。歸根曰静，是謂復命。復命曰常，知常曰明，不知常，妄作，凶。知常容，容乃公，公乃王，王乃天，天乃道，道乃久。没身不殆。【略】

希言自然。飄風不終朝，驟雨不終日。孰爲此者？天地。天地尚不能久，而況於人乎？故從事於道者，道者同於道，德者同於德，失者同於失。同於道者，道亦樂得之；同於德者，德亦樂得之；同於失者，失亦樂得之。信不足焉，有不信焉。【略】

道常無名。朴雖小，天下不敢臣。侯王若能守之，萬物將自賓。天地相合以降甘露，民莫之令而自均。始制有名，名亦既有，夫亦將知止，知止可以不殆。譬道之在天下，猶川谷之與江海。【略】

大道汜兮，其可左右。萬物恃之而生而不辭，功成不名有。愛養萬物而不爲主，常無欲，可名於小；萬物歸焉而不爲主，可名爲大。是以聖人終不爲大，故能成其大。【略】

道常無爲，而無不爲。侯王若能守之，萬物將自化。化而欲作，吾將鎮之以無名之朴。無名之朴，亦將不欲。不欲以静，天下將自定。【略】

昔之得一者，天得一以清，地得一以寧，神得一以靈，谷得一以盈，萬物得一以生，侯王得一以爲天下正。其致之。天無以清將恐裂，地無以寧將恐發，神無以靈將恐歇，谷無以盈將恐竭，萬物無以生將恐滅，侯王無以貴高將恐蹶。故貴以賤爲本，高以下爲基。是以侯王自謂孤寡不轂。此非以賤爲本耶？非乎？故致數車無車。不欲琭琭如玉，珞珞如石。

反者，道之動；弱者，道之用。天下萬物生於有，有生於無。【略】

人之所惡，唯孤寡不轂，而王公以爲稱。故物或損之而益，或益之而損。人之所教，我亦教之。强梁者不得其死，吾將以爲教父。【略】

道生之，德畜之，物形之，勢成之。是以萬物莫不尊道而貴德。道之尊，德之貴，夫莫之命而常自然。故道生之，德畜之，長之育之，亭之毒之，養之覆之。生而不有，爲而不恃，長而不宰，是謂玄德。【略】

含德之厚，比於赤子。毒蟲不螫，猛獸不據，玃鳥不搏。骨弱筋柔而握固，未知牝牡之合而峻作，精之至也。終日號而不啞，和之至也。知和曰常，知常曰明，益生曰祥，心使氣曰强。物壯則老，謂之不道，不道早已。【略】

天下皆謂我大，似不肖。夫唯大，故似不肖。若肖，久矣其細也。夫我有三寶，持而寶之：一曰慈，二曰儉，三曰不敢爲天下先。慈，故能勇；儉，故能廣；不敢爲天下先，故能成器長。今捨慈且勇，舍儉且廣，舍後且先。死矣！夫慈，以戰則勝，以守則固。天將救之，以慈衛之。【略】

天之道，其猶張弓與！高者抑之，下者舉之；有餘者損之，不足者補之。天之道，損有餘而補不足。人之道則不然，損不足以奉有餘。孰能有餘以奉天下？唯有道者。是以聖人爲而不恃，功成而不處，其不欲見賢。

《左傳·文公十五年》　在周頌曰：「畏天之威，於時保之。」

《左傳·成公十六年》　民生厚而德正，用利而事節，時順而物成。上下和睦，周旋不逆，求無不具，各知其極。

《左傳·昭公四年》　古者，日在北陸而藏冰；西陸，朝覿而出之。其藏冰也，深山窮谷，固陰沍寒，於是乎取之。其出之也，朝之禄位，賓食喪祭，於是乎用之。其藏之也，黑牡、秬黍，以享司寒。其出之也，桃弧、棘矢，以除其災。其出入也時，食肉之禄，冰皆與焉。【略】其藏之也周，其用之也徧，則冬無愆陽，夏無伏陰，春無淒風，秋無苦雨，雷出不震，無菑霜雹，癘疾不降，民不夭札。今藏川池之冰，弃而不用。風不越而殺，雷不發而震。雹之爲菑，誰能禦之？《七月》之卒章，藏冰之道也。

《國語·周語》　幽王二年，西周三川皆震。伯陽父曰：周將亡矣！夫天地之氣，不失其序；若過其序，民亂之也。陽伏而不能出，陰迫而不能烝，於是有地震。今三川實震，是陽失其所而鎮陰也。陽失而在陰，川源必塞，源塞，國必亡。夫水土演而民用也。水土無所演，民乏財用，不亡何待？昔伊、洛竭而夏亡，河竭而商亡。周德若二代之季矣，其川源又塞，塞必竭，夫國必依山川，山崩川竭，亡之徵也。川竭，山必崩。若國亡不過十年，數之紀也。夫天之所棄，不過其紀。

《論語·學而》　子曰：「道千乘之國，敬事而信，節用而愛人，使民以時。」

有子曰：「禮之用，和爲貴。先王之道斯爲美，小大由之。有所不行，知和而和，不以禮節之，亦不可行也。」

《孟子·告子上》　告子曰：性，猶杞柳也；義，猶桮棬也。以人性爲仁義，猶以杞柳爲桮棬。孟子曰：子能順杞柳之性而以爲桮棬乎？將戕賊杞柳而後以爲桮棬也？如將戕賊杞柳而以爲桮棬，則亦將戕賊人以爲仁義與？率天下之人而禍仁義者，必子之言夫！【略】孟子曰：牛山之木嘗美矣。以其郊於大國也，斧斤伐之，可以爲美乎？是其日夜之所息，雨露之所潤，非無萌蘖之生焉，牛羊又從而牧之，是以若彼濯濯也。人見其濯濯也，以爲未嘗有材焉，此豈山之性也哉？

雖存乎人者，豈無仁義之心哉？其所以放其良心者，亦猶斧斤之於木也，旦旦而伐之，可以爲美乎？其日夜之所息，平旦之氣，其好惡與人相近也者幾希。則其旦晝之所爲，有梏亡之矣。梏之反覆，則其夜氣不足以存；夜氣不足以存，則其違禽獸不遠矣。人見其禽獸也，而以爲未嘗有才焉者，是豈人之情也哉？

故苟得其養，無物不長；苟失其養，無物不消。孔子曰：操則存，舍則亡。出入無時，莫知其鄉。惟心之謂與？【略】孟子曰：拱把之桐梓，人苟欲生之，皆知所以養之者。至於身，而不知所以養之者，豈愛身不若桐梓哉？弗思甚也。

《逸周書·文傳解》文王授命之九年，時維暮春，在鄗。[召]太子發曰：「吾語汝。所保所守，守之哉！厚德廣惠，忠信愛人，君子之行。不爲驕侈，不爲靡泰，不淫於美，括柱茅茨，爲[民]愛費。山林非時，不升斤斧，以成草木之長；川澤非時，不入網罟，以成魚鼈之長；不麛不卵，以成鳥獸之長。畋漁以時，童不夭胎，馬不馳騖，土不失宜。土可犯，材可蓄。潤濕不穀，樹之竹葦莞蒲；礫石不可穀，樹之葛木，以爲絺綌，以爲材用。故凡土地之間者，聖人裁之，並爲民利。是魚鼈歸其泉，鳥歸其林，孤寡辛苦，咸賴其生。山以遂其材，工匠以爲其器，百物以平其利，商賈以通其貨。工不失其務，農不失其時，是謂和德。土多民少，非其土也。土少人多，非其人也。是故土多發政，以漕四方，四方流之。土少安帑，而外其務方輸。《夏箴》曰：中不容利，民乃外次。《開望》曰：土廣無守，可襲伐；土狹無食，可圍竭。二禍之來，不稱之災。天有四殃，水旱饑荒，其至無時，非務積聚，何以備之。《夏箴》曰：小人無兼年之食，遇天饑，妻子非其有也。大夫無兼年之食，遇天饑，臣妾輿馬非其有也。戒之哉！弗思弗行，至無日矣。不明開塞禁舍者，其如天下何。人各修其學而尊其名，聖人制之。故諸橫生盡以養從，從生盡以養一丈夫。無殺夭胎，無伐不成材，無墮四時。如此者十年，有十年之積者王，有五年之積者霸，無二年之積者亡。生十殺一者，物十重；生一殺十者，物頓空。十重者王，頓空者亡。兵强勝人，人强勝天，能制其有者，則能制人之有。不能制其有者，則人制之。令行禁止，王始也。出一曰神明，出二曰分光，出三曰無適異，出四曰無適與。無適與者亡。」

《逸周書·小開武解》維王二祀一月既生魄，王召周公旦曰：「嗚呼，余夙夜忌商，不知道極，敬聽以勤天命。」周公拜手稽首曰：「在我文考，順明三極，躬是四察，循用五行，戒視七順，順道九紀。三極既明，五行乃常，四察既是，七順乃辨，明勢天道，九紀咸當，順德以謀，罔惟不行。三極：一維天九星，二維地九州，三維人四佐。四察：一目察維極，二耳察維聲，三口察維言，四心察維念。五行：一黑位水，二赤位火，三蒼位木，四白位金，五黃位土。七順：一順天得時，二順地得助，三順民得和，四順利財足，五順得助明，六順仁無失，七順道有功。九紀：一辰以紀日，二宿以紀旬，三日以紀德，四月以紀刑，五春以紀生，六夏以紀長，七秋以紀殺，八冬以紀藏，九歲以紀終。時候天視，可監。時不失，以知吉凶。」王拜曰：「允哉！余聞在昔，訓典中規，非時罔有恪言，曰正余不足。」

《逸周書·大聚解》維武王勝殷，撫國綏民，乃觀於殷政，告周公旦曰：「嗚呼，殷政總總，若風草，有所積，有所虛，和此如何？」周公曰：「聞之文考，來遠賓，廉近者，道別其陰陽之利，相土地之宜、水土之便。營邑制，命之曰大聚。先誘之以四郊，王親在之。賓大夫免列以選，赦刑以寬，復亡解辱。削赦闕重皆有數，此謂行風。乃令縣鄙商旅曰：能來三室者，與之一室之祿。闢開脩道，五里有郊，十里有井，二十里有舍，遠旅來至，關人易資，舍其委。市有五均，早暮如一，送行逆來，振乏救窮。考弱疾病，孤子寡獨，惟政所先。民有欲畜，發令以國爲邑，以邑爲鄉，以鄉爲閭，禍灾相卹，資喪比服。五户爲伍，以首爲長，十夫爲什，以年爲長。合閭立教，以威爲長，合旅同親，以敬爲長。飲食相約，興彈相庸。耦耕闢耘，男女有婚，墳墓相連，民乃有親。六畜有群，室屋既完，民乃歸之。鄉立巫醫，具百藥，以備疾灾，畜五味，以備百草。立勤人以職孤，立正長以順幼，立職喪以卹死，立大葬以正同。立君子以脩禮樂，立小人以教用兵。立鄉射以習容，春和獵耕耘，以習遷行。教芧與樹藝，比長立職，與田疇皆通。立祭祀，與歲穀登下厚薄，此謂德教。若其凶土陋民，賤食貴貨，是不知政。山林藪澤，以因其闕工匠，役工以政其材；商賈趣市，以合其用。外商資貴而來，貴物益賤。資賤物，出貴物，以通其器。夫然則關夷市平，財無鬱廢，商不乏資，百工不失其時，無愚不教，闕無窮乏之則，此謂和德。

《逸周書·時訓解》立春之日，東風解凍。又五日，蟄蟲始振。又五日，魚上冰。風不解凍，號令不行。蟄蟲不振，陰奸陽。魚不上冰，甲胄私藏。雨水之日，獺祭魚。又五日，鴻鴈來。又五日，草木萌動。獺不祭魚，國多盜賊；鴻鴈不來，遠人不服。草木不萌動，果蔬不熟。驚蟄之日，桃始華。又五日，倉庚鳴。又五日，鷹化爲鳩。桃始不華，是謂陽否。倉庚不鳴，臣不闕主。鷹不化鳩，寇戎數起。春分之日，玄鳥至。又五日，雷乃發聲。又五日，始電。玄鳥不至，婦人不闕；雷不發聲，諸侯闕民。不始電，君無威震。清明之日，桐始華。又五日，田鼠化爲鴽。又五日，虹始見。桐不華，歲有大寒。田鼠不化鴽，國多貪殘。虹不見，婦人苞亂。穀雨之日，萍始生。又五日，鳴鳩拂其羽。又五日，戴勝降于桑。萍不生，陰氣憤盈。鳴鳩不拂其羽，國不治兵；戴勝不降于桑，政教不中。立夏之日，螻蟈鳴。又五日，蚯蚓出。又五日，王瓜生。螻蟈不鳴，水潦淫漫；蚯蚓不出，嬖奪后；王瓜不生，困於百姓。小滿之日，苦菜秀。又五日，靡草死。又五日，小暑至。苦菜不秀，賢人潛伏。靡草不死，國縱盜賊。小暑不至，是謂陰慝。芒種之日，螳螂生。又五日，鵙始鳴。又五日，反舌無聲。螳螂不生，是謂

陰息。鵙不始鳴，令奸壅偪。反舌有聲，佞人在側。夏至之日，鹿角解。又五日，蜩始鳴。又五日，半夏生。鹿角不解，兵戈不息。蜩不鳴，貴臣放逸。半夏不生，民多厲疾。小暑之日，温風至。又五日，蟋蟀居壁。又五日，鷹乃學習。温風不至，國無寬教。蟋蟀不居壁，急迫之暴。鷹不學習，不備戎盜。大暑之日，腐草化爲螢。又五日，土潤溽暑。又五日，大雨時行。腐草不化爲螢，穀實鮮落。土潤不溽暑，物不應罰。大雨不時行，國無恩澤。立秋之日，涼風至。又五日，白露降。又五日，寒蟬鳴。涼風不至，無嚴政。白露不降，民多邪病。寒蟬不鳴，人皆力争。處暑之日，鷹乃祭鳥。又五日，天地始肅。又五日，禾乃登鷹。不祭鳥，師旅無功。天地不肅，君臣乃闕。農不登穀，暖氣爲灾。白露之日，鴻鴈來。又五日，玄鳥歸。又五日，羣鳥養羞。鴻鴈不來，遠人背畔。玄鳥不歸，室家離散。羣鳥不養羞，下臣驕慢。秋分之日，雷始收聲。又五日，蟄蟲培户。又五日，水始涸。雷不始收聲，諸侯淫佚。蟄蟲不培户，闕靡有賴。水不始涸，甲蟲爲害。寒露之日，鴻鴈來賓。又五日，爵入大水，化爲蛤。又五日，菊有黄華。鴻鴈不來，小民不服。爵不入大水，失時之極。菊無黄華，土不稼穡。霜降之日，豺乃祭獸。又五日，草木黄落。又五日，蟄蟲咸俯。豺不祭獸，爪牙不良。草木不黄落，是爲愆陽。蟄蟲不咸俯，民多流亡。立冬之日，水始冰。又五日，地始凍。又五日，雉入大水爲蜃。水不冰，是謂陰負地。不始凍，咎徵之咎。雉不入大水，國多淫婦。小雪之日，虹藏不見。又五日，天氣上騰。地氣下降。又五日，閉塞而成冬。虹不藏，婦不專一。天氣不上騰，地氣不下降，君臣相嫉。不閉塞而成冬，母后淫佚。大雪之日，鶡鳥不鳴。又五日，虎始交。又五日，荔挺生。鶡鳥不鳴，闕。虎不始交，闕。荔挺不生，卿士專權。冬至之日，蚯蚓結。又五日，麋角解。又五日，水泉動。蚯蚓不結，君政不行。麋角不解，兵甲不藏。水泉不動，陰不承陽。小寒之日，鴈北向。又五日，鵲始巢。又五日，雉始雊。鴈不北向，民不懷主。鵲不始巢，國不寧。雉不始雊，國大水。大寒之日，雞始乳。又五日，鷙鳥厲疾。又五日，水澤腹堅。雞不始乳，淫女亂男。鷙鳥不厲，國不除兵。水澤不腹堅，言乃不從。

《逸周書・周祝解》　曰維哉，其時告汝，不聞道，恐爲身災。謹哉民乎，朕則生汝，朕則形汝，朕則經汝，朕則亡汝，朕則壽汝，朕則名汝。故曰文之美而以身剥，自謂智也者，故不足。角之美，殺其牛，榮華之言，後有茅。凡彼濟者，必不怠。觀彼聖人，必趣時。石有玉而傷其山，萬民之患在口言。時之行也勤以徙，不知道者福爲禍。時之徙也勤以行，不知道者以福亡。故曰肥豕必烹，甘泉必竭，直木必伐。地出物而聖人是時，雞鳴而人爲時，觀彼萬且何爲求？故天有時，人以爲正；地出利，而民是争。人出謀，聖人是經，陳五刑，民乃敬。教之以禮，民不争，被之以刑，民始聽。因其能，民乃静。故狐有牙而不敢以噬，貛有蚤而不敢以撅。勢居小者，不能爲大。特欲正中，不貪其害。凡勢道者，不可以不大。故木之伐也而木爲斧，賊難而起者自近者。二人同術，誰昭誰暝；二虎同穴，誰死誰生。故虎之猛也，而陷於獲；人之智也，而陷於詐。葉之美也，解柯；柯之美也，離其枝；枝之美也，拔其本。儼矢將至，不可以無盾。故澤有獸而焚其草木，大威將至，不可爲巧。焚其草木則無種，大威將至，不可以爲勇。故天之生也固有度，國家之患，離之以故。地之生也固有植，國家之患，離之以謀。故時之還也，無私貌；日之出也，無私照。時之行也，順至無逆。爲天下者，用大略。火之燀也，固定上。爲天下者，用牧。水之流也，固走下。不善，故有桴。故福之起也，惡別之；禍之起也，惡別之。故平國若之何？須國覆國事國孤國屠，皆若之何？故日之中也仄，月之望也食，威之失也陰食陽，善爲國者使之有行。是彼萬物必有常。國君而無道，以微亡。故天爲蓋，地爲軫。善用道者，終無盡。地爲軫，天爲蓋，善用道者，終無害。天地之間有滄熱，善用道者終不竭。陳彼五行必有勝，天之所覆盡可稱。故萬物之所生也，性於從；萬物之所反也，性於同。故惡姑幽，惡姑明，惡姑陰陽，惡姑短長，惡姑剛柔。故海之大也，而魚何爲可得？山之深也，虎豹貔貅何爲可服？人智之邃也，奚爲可測？跂動噦息，而奚爲可牧？玉石之堅也，奚可刻？陰陽之號也，孰使之？牝牡之合也，孰交之？君子不察，福不來。故忌而不得，是生事；故欲而不得，是生詐。欲伐而不得，生斧柯；欲鳥而不得，生網羅；欲彼天下，是生爲。維彼幽心，是生包；維彼大心，是生雄；維彼忌心，是生勝。故天爲高，地爲下，察汝躬，奚爲喜怒。天爲古，地爲久，察彼萬物，名於始。左名左，右名右。視彼萬物，數爲紀。紀之行也，利而無方，行而無止，以觀人情。利有等維，彼大道成而弗改，用彼大道，知其極，加諸事，則萬物服。用其則必有羣，加諸物則爲之君；舉其修則有理，加諸物則爲天子。

《文子・道原》　已雕已琢，還復於樸。無爲爲之，而合乎生死。無爲言之，而通乎德。恬愉無矜，而得乎和。有萬不同，而便乎生。和陰陽，節四時，調五行。潤乎草木，浸乎金石。禽獸碩大，毫毛潤澤，鳥卵不敗，獸胎不殰，父無喪子之憂，兄無哭弟之哀，童子不孤，婦人不孀，虹蜺不見，盜賊不行，含德之所致也。

《文子・精誠》老子曰：天不定，日月無所載；地不定，草木無所立；身不寧，是非無所形。

《文子・上德》萬物負陰而抱陽，沖氣以爲和，和居中央，是以木實生於心，草實生於筴，卵胎生於中央，不卵不胎，生而須時。地平則水不流，輕重均則衡不傾，物之生化也，有感以然。

《文子・下德》老子曰：陰陽陶冶萬物，皆乘一氣而生。上下離心，氣乃上蒸。君臣不和，五穀不登。

《文子・上仁》老子曰：食者，人之本也；民者，國之基也。故人君者，上因天時，下盡地理，中用人力。是以羣生以長，萬物蕃殖。春伐枯槁，夏收百果，秋蓄蔬食，冬取薪蒸，以爲民資。生無乏用，死無傳尸。先王之法：不掩羣而取𧿹跳，不涸澤而漁，不焚林而獵，豺未祭獸，罝罘不得通於野，獺未祭魚，網罟不得入於水，鷹隼未擊，羅網不得張於皋，草木未落，斤斧不得入於山林，昆蟲未蟄，不得以火田，育孕不殺，鷇卵不探，魚不長尺不得取，犬豕不期年不得食。是故萬物之發，若蒸炁出。先王之所以應時脩備，富國利民之道也，非目見而足行之也，欲利民不忘乎心，則民自備矣。

《莊子・馬蹄》故至德之世，其行填填，其視顛顛。當是時也，山無蹊隧，澤無舟梁；萬物羣生，連屬其鄉；禽獸成羣，草木遂長。是故禽獸可係羈而遊，鳥鵲之巢可攀援而闚。夫至德之世，同與禽獸居，族與萬物並。

《荀子・勸學》草木疇生，禽獸羣焉，物各從其類也。是故質的張而弓矢至焉，林木茂而斧斤至焉，樹成蔭而衆鳥息焉，醯酸而蜹聚焉。【略】積土成山，風雨興焉；積水成淵，蛟龍生焉；積善成德，而神明自得，聖心循焉。【略】玉在山而草木潤，淵生珠而崖不枯。

《荀子・致士》川淵深而魚鼈歸之，山林茂而禽獸歸之，刑政平而百姓歸之，禮義備而君子歸之。【略】川淵者，魚龍之居也；山林者，鳥獸之居也；國家者，士民之居也。川淵枯則魚龍去之，山林險則鳥獸去之，國家失政則士民去之。

《荀子・天論》天行有常，不爲堯存，不爲桀亡。應之以治則吉，應之以亂則凶。彊本而節用，則天不能貧；養備而動時，則天不能病；脩道而不貳，則天不能禍。故水旱不能使之飢渴，寒暑不能使之疾，祅怪不能使之凶。本荒而用侈，則天不能使之富；養略而動罕，則天不能使之全；倍道而妄行，則天不能使之吉。故水旱未至而飢渴，寒暑未薄而疾，祅怪未至而凶。受時與治世同，而殃禍與治世異，不可以怨天，其道然也。故明於天人之分，則可謂至人矣。不爲而成，不求而得，夫是之謂天職。如是者，雖深，其人不加慮焉；雖大，不加能焉；雖精，不加察焉；夫是之謂不與天爭職。天有其時，地有其財，人有其治，夫是之謂能參。舍其所以參，而願其所參，則惑矣！列星隨旋，日月遞炤，四時代御，陰陽大化，風雨博施。萬物各得其和以生，各得其養以成。不見其事而見其功，夫是之謂神。皆知其所以成，莫知其無形，夫是之謂天。唯聖人爲不求知天。天職既立，天功既成，形具而神生，好惡、喜怒、哀樂藏焉，夫是之謂天情。耳、目、鼻、口、形，能各有接而不相能也，夫是之謂天官。心居中虛，以治五官，夫是之謂天君。財非其類，以養其類，夫是之謂天養。順其類者謂之福，逆其類者謂之禍，夫是之謂天政。暗其天君，亂其天官，棄其天養，逆其天政，背其天情，以喪天功，夫是之謂大凶。聖人清其天君，正其天官，備其天養，順其天政，養其天情，以全其天功。如是，則知其所爲，知其所不爲矣，則天地官而萬物役矣，其行曲治，其養曲適，其生不傷，夫是之謂知天。故大巧在所不爲，大智在所不慮。所志於天者，已其見象之可以期者矣；所志於地者，已其見宜之可以息者矣；所志於四時者，已其見數之可以事者矣；所志於陰陽者，已其見知之可以治者矣。官人守天而自爲守道也。治亂，天耶？曰：日月、星辰、瑞歷，是禹桀之所同也；禹以治，桀以亂；治亂非天也。時耶？曰：繁啟蕃長於春夏，畜積收藏於秋冬，是又禹桀之所同也；禹以治，桀以亂；治亂非時也。地耶？曰：得地則生，失地則死，是又禹桀之所同也；禹以治，桀以亂；治亂非地也。《詩》曰：「天作高山，大王荒之；彼作矣，文王康之。」此之謂也。天不爲人之惡寒也而輟冬，地不爲人之惡遼遠也而輟廣，君子不爲小人匈匈也而輟行。天有常道矣，地有常數矣，君子有常體矣。君子道其常，小人計其功。《詩》曰：「禮義之不愆，何恤人之言兮？」此之謂也。楚王後車千乘，非知也；君子啜菽飲水，非愚也；是節然也。若夫心意脩，德行厚，知慮明，生於今而志乎古，則是其在我者也。故君子敬其在己者，而不慕其在天者；小人錯其在己者，而慕其在天者。君子敬其在己者，而不慕其在天者，是以日進也；小人錯其在己者，而慕其在天者，是以日退也。故君子之所以日進與小人之所以日退，一也。君子、小人之所以相懸者，在此耳。星墜、木鳴，國人皆恐，曰：是何也？曰：無何也。是天地之變，陰陽之化，物之罕至者也。怪之，可也；畏之，非也。夫日月之有蝕，風雨之

不時，怪星之黨見，是無世而不常有之。上明而政平，則是雖並世起，無傷也；上闇而政險，則是雖無一至者，無益也。夫星之墜，木之鳴，是天地之變，陰陽之化，物之罕至者也。怪之，可也；畏之，非也。物之已至者，人祆則可畏也。楛耕傷稼，耘耨失薉，政險失民，田稼薉惡，糴貴民飢，道路有死人，夫是之謂人祆；政令不明，舉錯不時，本事不理，夫是之謂人祆；禮義不脩，内外無别，男女淫亂，則父子相疑，上下乖離，冦難並至，夫是之謂人祆。祆是生於亂。三者錯，無安國。其説甚邇，其菑甚慘。勉力不時，則牛馬相生，六畜作祆。可怪也，而不可畏也。傳曰：「萬物之怪，書不説。」無用之辯，不急之察，棄而不治。若夫君臣之義，父子之親，夫婦之别，則日切磋而不舍也。雩而雨，何也？曰：無何也，猶不雩而雨也。日月食而救之，天旱而雩，小筮而後決大事，非以爲得求也，以文之也。故君子以爲文，而百姓以爲神。以爲文則吉，以爲神則凶。在天者莫明於日月，在地者莫明於水火，在物者莫明於珠玉，在人者莫明於禮義。故日月不高，則光輝不赫；水火不積，則輝潤不博；珠玉不睹乎外，則王公不以爲寶；禮義不加於國家，則功名不白。故人之命在天，國之命在禮。君人者，隆禮尊賢而王，重法愛民而霸，好利多詐而危，權謀傾覆、幽險而盡亡矣。大天而思之，孰與物畜而制之？從天而頌之，孰與制天命而用之？望時而待之，孰與應時而使之？因物而多之，孰與騁能而化之？思物而物之，孰與理物而勿失之也？願於物之所以生，孰與有物之所以成？故錯人而思天，則失萬物之情。百王之無變，足以爲道貫。一廢一起，應之以貫。理貫，不亂。不知貫，不知應變。貫之大體未嘗亡也。亂生其差，治盡其詳。故道之所善，中，則可從；畸，則不可爲；匿，則大惑。水行者表深，表不明則陷；治民者表道，表不明則亂。禮者，表也。非禮，昏世也；昏世，大亂也。故道無不明，外内異表，隱顯有常，民陷乃去。萬物爲道一偏，一物爲萬物一偏。愚者爲一物一偏，而自以爲知道，無知也。慎子有見於後，無見於先；老子有見於詘，無見於信；墨子有見於齊，無見於畸；宋子有見於少，無見於多。有後而無先，則羣衆無門；有詘而無信，則貴賤不分；有齊而無畸，則政令不施；有少而無多，則羣衆不化。《書》曰：「無有作好，遵王之道；無有作惡，遵王之路。」此之謂也。

《荀子・哀公》 哀公曰：「寡人問舜冠於子，何以不言也？」孔子對曰：「古之王者有務而拘領者矣，其政好生而惡殺焉。是以鳳在列樹，麟在郊野，烏鵲之巢可俯而窺也。」

《禮記・月令》 孟春之月，日在營室，昏參中，旦尾中。其日甲乙，其帝太皡，其神句芒，其蟲鱗，其音角，律中太蔟，其數八，其味酸，其臭羶，其祀户，祭先脾。東風解凍，蟄蟲始振，魚上冰，獺祭魚，候鴈北。天子居青陽左个，乘鸞輅，駕蒼龍，載青旂。衣青衣，服青玉，食麥與羊，其器疏以達。是月也，以立春。先立春三日，太史謁之天子曰：某日立春，盛德在木。天子乃齊。立春之日，天子親率三公九卿諸侯大夫以迎春於東郊。還乃賞公卿諸侯大夫於朝。命相布德、和令、行慶、施惠，下及兆民，慶賜遂行，無有不當。迺命太史守典奉法，司天日月星辰之行，宿離不忒，無失經紀，以初爲常。是月也，天子乃以元日祈穀于上帝，乃擇元辰，天子親載耒耜，措之參于保介之御閒，率三公九卿諸侯大夫躬耕帝籍田，天子三推，三公五推，卿諸侯大夫九推。反執爵于太寢，三公九卿諸侯大夫皆御，命日勞酒。是月也，天氣下降，地氣上騰，天地和同，草木繁動。王布農事，命田舍東郊，皆脩封疆，審端經術，善相丘陵阪險原隰，土地所宜，五穀所殖，以教道民，必躬親之。田事既飭，先定凖直，農乃不惑。是月也，命樂正入學習舞，乃脩祭典。命祀山林川澤，犧牲無用牝，禁止伐木，無覆巢，無殺孩蟲胎夭飛鳥，無麛無卵，無聚大衆，無置城郭，掩骼霾髊。是月也，不可以稱兵，稱兵必有天殃。兵戎不起，不可以從我始。無變天之道，無絶地之理，無亂人之紀。孟春行夏令則風雨不時，草木早槁，國乃有恐。行秋令則民大疫，疾風暴雨數至，藜莠蓬蒿竝興。行冬令則水潦爲敗，霜雪大摯，首種不入。

仲春之月，日在奎，昏弧中，旦建星中，其日甲乙，其帝太皡，其神句芒，其蟲鱗，其音角，律中夾鍾，其數八，其味酸，其臭羶，其祀户，祭先脾。始雨水，桃李華，蒼庚鳴，鷹化爲鳩。天子居青陽太廟，乘鸞輅，駕蒼龍，載青旂，衣青衣，服青玉，食麥與羊，其器疏以達。是月也，安萌牙，養幼少，存諸孤。擇元日，命民社。命有司省囹圄，去桎梏，無肆掠，止獄訟。是月也，玄鳥至。至之日，以太牢祀于高禖。天子親往，后妃率九嬪御，乃禮天子所御，帶以弓韣，授以弓矢于高禖之前。是月也，日夜分，雷乃發聲，始電。蟄蟲咸動，啓户始出。先雷三日，奮鐸以令于兆民，曰：雷且發聲，有不戒其容止者，生子不備。必有凶災，日夜分則同度量鈞衡石角斗桶，正權槩。是月也，耕者少舍，乃脩闔扇，寢廟必備。無作大事，以妨農功。是月也，無竭川澤，無漉陂池，無焚山林。天子乃獻羔，開冰，先薦寢廟。上丁，命樂正習舞，釋菜。天子乃率三公九卿諸侯大夫親往視之。仲丁，又命樂正入學，習樂。是月也，祀不用犧牲，用圭璧，更皮幣。仲春行秋令，

則其國大水，寒氣總至，寇戎來征。行冬令，則陽氣不勝，麥乃不熟，民多相掠。行夏令，則國乃大旱，煖氣早來，蟲螟爲害。

季春之月，日在胃，昏七星中，旦牽牛中，其日甲乙，其帝太皞，其神句芒，其蟲鱗，其音角，律中姑洗。其數八，其味酸，其臭羶，其祀户，祭先脾。桐始華，田鼠化爲鴽，虹始見，萍始生。天子居青陽右个，乘鸞輅，駕蒼龍，載青旂，衣青衣，服青玉，食麥與羊。其器疏以達。是月也，天子乃薦鞠衣于先帝，命舟牧覆舟，五覆五反，乃告舟備具于天子焉。天子始乘舟，薦鮪于寢廟，乃爲麥祈實。是月也，生氣方盛，陽氣發泄，句者畢出，萌者盡達，不可以内。天子布德行惠，命有司發倉廩，賜貧窮，振乏絶，開府庫，出幣帛，周天下，勉諸侯，聘名士，禮賢者。是月也，命司空曰：時雨將降，下水上騰，循行國邑，周視原野，脩利隄防，導達溝瀆，開通道路，無有障塞。田獵，罝罘、羅網、畢翳、餧獸之藥，無出九門。是月也，命野虞無伐桑柘。鳴鳩拂其羽，戴勝降于桑。具曲、植、籧、筐，后妃齊戒，親東鄉躬桑。禁婦女無觀，省婦使，勸蠶事。蠶事既登，分繭稱絲效功，以共郊廟之服，無有敢墮。是月也，命工師令百工審五庫之量，金鐵皮革筋角齒羽箭幹脂膠丹漆，無或不良。百工咸理，監工日號，無悖於時，無或作爲淫巧以蕩上心。是月之末，擇吉日，大合樂，天子乃率三公九卿諸侯大夫，親往視之。是月也，乃合纍牛騰馬，游牝于牧。犧牲駒犢，舉書其數。命國難，九門磔禳，以畢春氣。季春行冬令，則寒氣時發，草木皆肅，國有大恐。行夏令，則民多疾疫，時雨不降，山陵不收。行秋令，則天多沈陰，淫雨早降，兵革竝起。

孟夏之月，日在畢，昏翼中，旦婺女中。其日丙丁，其帝炎帝，其神祝融，其蟲羽，其音徵，律中中呂，其數七，其味苦，其臭焦，其祀竈，祭先肺。螻蟈鳴，丘蚓出，王瓜生，苦菜秀。天子居明堂左个，乘朱路，駕赤騮，載赤旂，衣赤衣，服赤玉，食菽與雞，其器高以粗。是月也，以立夏。先立夏三日，太史謁之天子曰：某日立夏，盛德在火。天子乃齊。立夏之日，天子親率三公九卿大夫以迎夏於南郊。還反，行賞，封諸侯。慶賜遂行，無不欣説。乃命樂師習合禮樂，命大尉贊傑儁，遂賢良，舉長大。行爵出禄，必當其位。是月也，繼長增高，無有壞墮，無起土功，無發大衆，無伐大樹。是月也，天子始絺，命野虞出行田原，爲天子勞農勸民，無或失時。命司徒循行縣鄙，命農勉作，無伏于都。是月也，驅獸無害五穀，無大田獵，農乃登麥。天子乃以彘嘗麥，先薦寢廟。是月也，聚蓄百藥，靡草死，麥秋至。斷薄刑，決小罪，出輕繫。蠶事畢，后妃獻繭，乃收繭税，以桑爲均，貴賤長幼如一，以給郊廟之服。是月也，天子飲酎，用禮樂。孟夏行秋令，則苦雨數來，五穀不滋，四鄙入保。行冬令，則草木早枯，後乃大水，敗其城郭。行春令，則蝗蟲爲災，暴風來格，秀草不實。

仲夏之月，日在東井，昏亢中，旦危中，其日丙丁，其帝炎帝，其神祝融，其蟲羽，其音徵，律中蕤賓。其數七，其味苦，其臭焦，其祀竈，祭先肺。小暑至，螳蜋生，鵙始鳴，反舌無聲。天子居明堂太廟，乘朱路，駕赤駵，載赤旂，衣赤衣，服赤玉，食菽與雞，其器高以粗，養壯狡。是月也，命樂師脩鞀鞞鼓，均琴瑟管簫，執干戚戈羽，調竽笙篪簧，飭鍾磬柷敔，命有司爲民祈祀山川百源，大雩帝，用盛樂。乃命百縣雩祀百辟卿士有益於民者，以祈穀實，農乃登黍。是月也，天子乃以雛嘗黍，羞以含桃，先薦寢廟。令民無刈藍以染，無燒炭，無暴布，門閭無閉，關市無索。挺重囚，益其食。游牝別羣，則縶騰駒，班馬正。是月也，日長至，陰陽争，死生分。君子齊戒，處必掩身，無躁，止聲色，無或進，薄滋味，無致和，節嗜慾，定心氣，百官静事無刑，以定晏陰之所成。鹿角解，蟬始鳴，半夏生，木堇榮。是月也，無用火南方。可以居高明，可以遠眺望，可以升山陵，可以處臺榭。仲夏行冬令，則雹霰傷穀，道路不通，暴兵來至。行春令，則五穀晚熟，百螣時起，其國乃饑。行秋令，則草木零落，果實早成，民殃於疫。

季夏之月，日在柳，昏火中，旦奎中，其日丙丁，其帝炎帝，其神祝融，其蟲羽，其音徵，律中林鍾。其數七，其味苦，其臭焦，其祀竈，祭先肺。温風始至，蟋蟀居壁，鷹乃學習，腐草爲螢。天子居明堂右个，乘朱路，駕赤駵，載赤旂，衣朱衣，服赤玉，食菽與雞，其器高以粗。命漁師伐蛟，取鼉，登龜，取黿。命澤人納材葦。是月也，命四監大合百縣之秩芻，以養犧牲。令民無不咸出其力，以共皇天上帝名山大川四方之神，以祠宗廟社稷之靈，以爲民祈福。是月也，命婦官染采，黼黻文章必以法故，無或差貸。黑黄蒼赤，莫不質良，勿敢詐僞，以給郊廟祭祀之服，以爲旗章，以別貴賤等級之度。是月也，樹木方盛，乃命虞人入山行木，無有斬伐，不可以興土功，不可以合諸侯，不可以起兵動衆，無舉大事，以摇養氣。無發令而待，以妨神農之事也。水潦盛昌，神農將持功，舉大事則有天殃。是日也，土潤溽暑，大雨時行，燒薙行水，利以殺草，如以熱湯，可以糞田疇，可以美土疆。季夏行春令，則穀實鮮落，國多風欬，民乃遷徙。行秋令，則丘隰水潦，禾稼不熟，乃多女災。行冬令，則寒氣不時，鷹隼早鷙，四鄙入保。

中央土，其日戊己，其帝黄帝，其神后土，其蟲倮，其音宫，律中黄鍾之宫，其

數五，其味甘，其臭香，其祀中霤，祭先心，天子居太廟太室，乘大路，駕黄駵，載黄旂，衣黄衣，服黄玉，食稷與牛，其器圜以閎。

孟秋之月，日在翼，昏建星中，旦畢中，其日庚辛，其帝少皞，其神蓐收，其蟲毛，其音商，律中夷則。其數九，其味辛，其臭腥，其祀門，祭先肝。涼風至，白露降，寒蟬鳴，鷹乃祭鳥，用始行戮。天子居總章左个，乘戎路，駕白駱，載白旂，衣白衣，服白玉，食麻與犬，其器廉以深。是月也，以立秋。先立秋三日，太史謁之天子曰：某日立秋，盛德在金。天子乃齊。立秋之日，天子親率三公九卿諸侯大夫以迎秋於西郊。還反，賞軍帥武人於朝。天子乃命將帥選士厲兵，簡練桀儁，專任有功，以征不義，詰誅暴慢，以明好惡，順彼遠方。是月也，命有司脩法制，繕囹圄，具桎梏，禁止姦，慎罪邪，務搏執。命理瞻傷，察創，視折，審斷。決獄訟必端平，戮有罪，嚴斷刑。天地始肅，不可以贏。是月也，農乃登穀，天子嘗新，先薦寢廟。命百官始收斂，完隄防，謹壅塞，以備水潦，脩宫室，壞牆垣，補城郭。是月也，無以封諸侯，立大官，無以割地，行大使，出大幣。孟秋行冬令，則陰氣大勝，介蟲敗穀，戎兵乃來。行春令，則其國乃旱，陽氣復還，五穀無實。行夏令，則國多火災，寒熱不節，民多瘧疾。

仲秋之月，日在角，昏牽牛中，旦觜巂中。其日庚辛，其帝少皞，其神蓐收，其蟲毛，其音商，律中南吕。其數九，其味辛，其臭腥，其祀門，祭先肝。盲風至，候鴈來，玄鳥歸，羣鳥養羞。天子居總章太廟，乘戎路，駕白駱，載白旂，衣白衣，服白玉，食麻與犬，其器廉以深。是月也，養衰老，授几杖，行糜粥飲食。乃命司服具飭衣裳，文繡有恒，制有小大，度有長短，衣服有量，必循其故，冠帶有常。乃命有司，申嚴百刑，斬殺必當，無或枉橈，枉橈不當，反受其殃。是月也，乃命宰祝循行犧牲，視全具，案芻豢，瞻肥瘠，察物色，必比類，量小大，視長短，皆中度。五者備當，上帝其享。天子乃難，以達秋氣。以犬嘗麻，先薦寢廟。是月也，可以築城郭，建都邑，穿竇窌，脩囷倉。乃命有司趣民收斂，務畜菜，多積聚，乃勸種麥，毋或失時，行罪無疑。是月也，日夜分，雷始收聲，蟄蟲壞户，殺氣浸盛，陽氣日衰，水始涸，日夜分，則同度量，平權衡，正鈞石，角斗甬。是月也，易關市，來商旅，納貨賄，以便民事。四方來集，遠鄉皆至，則財不匱。上無乏用，百事乃遂。凡舉大事，無逆大數，必順其時，慎因其類。仲秋行春令，則秋雨不降，草木生榮，國乃有恐。行夏令，則其國乃旱，蟄蟲不藏，五穀復生。行冬令，則風災數起，收雷先行，草木早死。

季秋之月，日在房，昏虚中，旦柳中，其日庚辛，其帝少皞，其神蓐收，其蟲毛，其音商，律中無射。其數九，其味辛，其臭腥，其祀門，祭先肝。候鴈來賓，爵入大水爲蛤，菊有黄華，豺則祭獸戮禽。天子居總章右个，乘戎路，駕白駱，載白旂，衣白衣，服白玉，食麻與犬，其器廉以深。是月也，申嚴號令，命百官貴賤無不務内，以會天地之藏，無有宣出。乃命冢宰，農事備收，舉五穀之要，藏帝藉之收於神倉，祗敬必飭。是月也，霜始降，則百工休。乃命有司曰：寒氣總至，民力不堪，其皆入室。上丁，命樂正入學習吹。是月也，大饗帝，嘗，犧牲告備于天子。合諸侯，制百縣，爲來歲受朔日，與諸侯所税於民輕重之法，貢職之數以遠近土地所宜爲度，以給郊廟之事，無有所私。是月也，天子乃教於田獵，以習五戎，班馬政。命僕及七騶咸駕，載旌旐，授車以級，整設于屏外，司徒搢扑，北面誓之。天子乃厲飾，執弓挾矢以獵，命主祠祭禽於四方。是月也，草木黄落，乃伐薪爲炭，蟄蟲咸俯在内，皆墐其户。乃趣獄刑，無留有罪，收禄秩之不當、供養之不宜者。是月也，天子乃以犬嘗稻，先薦寢廟。季秋行夏令，則其國大水，冬藏殃敗，民多鼽嚏。行冬令，則國多盗賊，邊境不寧，土地分裂。行春令，則暖風來至，民氣解墮，師興不居。

孟冬之月，日在尾，昏危中，旦七星中，其日壬癸，其帝顓頊，其神玄冥，其蟲介，其音羽，律中應鍾。其數六，其味鹹，其臭朽，其祀行，祭先腎。水始冰，地始凍，雉入大水爲蜃，虹藏不見。天子居玄堂左个，乘玄路，駕鐵驪，載玄旂，衣黑衣，服玄玉，食黍與彘，其器閎以奄。是月也，以立冬。先立冬三日，太史謁之天子曰：某日立冬，盛德在水。天子乃齊。立冬之日，天子親率三公九卿大夫以迎冬於北郊。還反，賞死事，恤孤寡。是月也，命太史釁龜策，占兆，審卦，吉凶是察，阿黨則罪，無有揜蔽。是月也，天子始裘，命有司曰：天氣上騰，地氣下降，天地不通，閉塞而成冬。命百官謹蓋藏，命司徒循行積聚，無有不斂，壞城郭，戒門閭，脩鍵閉，慎管籥，固封疆，備邊境，完要塞，謹關梁，塞徯徑。飭喪紀，辨衣裳，審棺槨之薄厚，塋丘壟之大小高卑厚薄之度，貴賤之等級。是月也，命工師效功，陳祭器，案度程，無或作爲淫巧，以蕩上心，必功致爲上，物勒工名，以考其誠，功有不當，必行其罪，以窮其情。是月也，大飲蒸，天子乃祈來年于天宗，大割祠于公社及門閭，臘先祖五祀，勞農以休息之。天子乃命將帥講武，習射御，角力。是月也，乃命水虞漁師收水泉池澤之賦，無或敢侵削衆庶兆民，以爲天子取怨于下，其有若此者，行罪無赦。孟冬行春令，則凍閉不密，地氣上泄，

民多流亡。行夏令，則國多暴風，方冬不寒，蟄蟲復出。行秋令，則雪霜不時，小兵時起，土地侵削。

仲冬之月，日在斗，昏東辟中，旦軫中，其日壬癸，其帝顓頊，其神玄冥，其蟲介，其音羽，律中黄鐘，其數六，其味鹹，其臭朽，其祀行，祭先腎。冰益壯，地始坼，鶡旦不鳴，虎始交。天子居玄堂太廟，乘玄路，駕鐵驪，載玄旂，衣黑衣，服玄玉，食黍與彘，其器閎以奄。飭死事。命有司曰：土事無作，慎毋發蓋，毋發室屋及起大衆，以固而閉。地氣沮泄，是謂發天地之房，諸蟄則死，民必疾疫，又隨以喪。命之曰暢月。是月也，命閹尹申宫令，審門閭，謹房室，必重閉。省婦事，無得淫。雖有貴戚近習，無有不禁。乃命大酋，秫稻必齊，麴蘖必時，湛熾必潔，水泉必香，陶器必良，火齊必得。兼用六物，大酋監之，無有差貸。天子命有司祈祀四海大川名源淵澤井泉。是月也，農有不收藏積聚者，馬牛畜獸有放佚者，取之不詰。山林藪澤有能取蔬食，田獵禽獸者，野虞教道之。其有相侵奪者，罪之不赦。是月也，日短至，陰陽争，諸生蕩。君子齊戒，處必掩，身欲寧，去聲色，禁嗜慾，安形性，事欲静，以待陰陽之所定。芸始生，荔挺出，蚯蚓結，麋角解，水泉動。日短至，則伐木，取竹箭。是月也，可以罷官之無事，去器之無用者。塗闕庭門閭，築囹圄，此以助天地之閉藏也。仲冬行夏令，則其國乃旱，氛霧冥冥，雷乃發聲。行秋令，則天時雨汁，瓜瓠不成，國有大兵。行春令，則蟲螟爲敗，水泉咸竭，民多疥癘。

季冬之月，日在婺女，昏婁中，旦氐中，其日壬癸，其帝顓頊，其神玄冥，其蟲介，其音羽，律中大吕。其數六，其味鹹，其臭朽，其祀行，祭先腎。鴈北鄉，鵲始巢，雉雊雞乳。天子居玄堂右个，乘玄路，駕鐵驪，載玄旂，衣黑衣，服玄玉，食黍與彘，其器閎以奄。命有司大難，旁磔，出土牛，以送寒氣，征鳥厲疾。乃畢山川之祀，及帝之大臣、天之神祇。是月也，命漁師始漁，天子親往，乃嘗魚，先薦寢廟。冰方盛，水澤腹堅，命取冰，冰以入，令告民出五種，命司農計耦耕事，脩耒耜，具田器。命樂師大合吹而罷。乃命四監收秩薪柴，以共寢廟及百祀之薪燎。是月也，日窮于次，月窮于紀，星迴于天，數將幾終，歲將更始，專而農民，無有所使。天子乃與公卿大夫共飭國典，論時令，以待來歲之宜。乃命太史次諸侯之列，賦之犧牲，以共皇天上帝社稷之饗。乃命同姓之邦共寢廟之芻豢。命宰歷卿大夫至于庶民土田之數，而賦犧牲，以共山林名川之祀。凡在天下九州之民者，無不咸獻其力，以共皇天上帝社稷寢廟山林名川之祀。季冬行秋令，則白露蚤降，介蟲爲妖，四鄙入保。行春令，則胎夭多傷，國多固疾，命之曰逆。行夏令，則水潦敗國，時雪不降，冰凍消釋。

《吕氏春秋·君守》 故曰天無形，而萬物以成；至精無象，而萬物以化；大聖無事，而千官盡能。

《吕氏春秋·執一》 天地陰陽不革，而成萬物不同。

《吕氏春秋·審時》 凡農之道，厚之爲寶：斬木不時，不折必穗；稼就而不穫，必遇天菑。夫稼爲之者人也，生之者地也，養之者天也。是以人稼之容足，耨之容耨，據之容手，此之謂耕道。

《韓非子·解老》 樹木有曼根，有直根。根者，書之所謂柢也。柢也者，木之所以建生也；曼根者，木之所以持生也。德也者，人之所以建生也；禄也者，人之所以持生也。今建於理者，其持禄也久，故曰「深其根」。體其道者，其生日長，故曰「固其柢」。柢固則生長，根深則視久，故曰「深其根，固其柢，長生久視之道也」。

漢 董仲舒《春秋繁露》卷四《王道》 王者，人之始也。王正則元氣和順、風雨時，景星見，黄龍下。王不正則上變天，賊氣并見。五帝三王之治天下，不敢有君民之心，什一而税。教以愛，使以忠，敬長老，親親而尊尊，不奪民時，使民不過歲三日。民家給人足，無怨望忿怒之患，强弱之難，無讒賊妬疾之人。民修德而美好，被髮銜哺而游，不慕富貴，恥惡不犯。父不哭子，兄不哭弟。毒蟲不螫，猛獸不搏，抵蟲不觸。故天爲之下甘露，朱草生，醴泉出，風雨時，嘉禾興，鳳凰麒麟遊於郊。

又 卷七《三代改制質文》 三正以黑統初。正日月朔於營室，斗建寅。天統氣始通化物，物見萌達，其色黑。【略】法不刑有懷任新産，是月不殺。【略】正白統者，歷正日月朔于虚，斗建丑。天統氣始蜕化物，物始芽，其色白。【略】法不刑有身懷任，是月不殺。【略】正赤統者，歷正日月朔于牽牛，斗建子。天統氣始施化物，物始動，其色赤。【略】法不刑有身，重懷藏以養微，是月不殺。

又 卷八《仁義法》 質於愛民，以下至於鳥獸昆蟲莫不愛。不愛，奚足謂仁？

又　卷九《奉本》　一國之小民死亡，不決疑於衆草木也。

又　卷一〇《深察名號》　獵禽獸者號，一曰田。田之散名，春苗，秋蒐，冬狩，夏獮。無有不皆中天意者。【略】由是觀之，聖人之所謂善，未易當也，非善於禽獸則謂之善也。使動其端善於禽獸則可謂之善，善奚爲弗見也？夫善於禽獸之未得爲善也，猶知於草木而不得名知。萬民之性善於禽獸而不得名善，知之名乃取之聖。【略】質於禽獸之性則萬民之性善矣，質於人道之善則民性弗及也。萬民之性善於禽獸者許之，聖人之所善者勿許。吾質之命性者異孟子。孟子下質於禽獸之所爲，故曰性已善；吾上質於聖人之所善，故謂性未善。

又　卷一一《五行之義》　木，五行之始也；水，五行之終也；土，五行之中也。此其天次之序也。木生火，火生土，土生金，金生水，水生木，此其父子也。

又　《陽尊陰卑》　是故陽氣以正月始出於地，生育養長於上。至其功必成也，而積十月。【略】故陽氣出於東北，入於西北，發於孟春，畢於孟冬，而物莫不應是。陽始出，物亦始出；陽方盛，物亦方盛；陽初衰，物亦初衰。物隨陽而出入，數隨陽而終始，三王之正隨陽而更起。【略】春氣愛，秋氣嚴，夏氣樂，冬氣哀。愛氣以生物，嚴氣以成功，樂氣以養生，哀氣以喪終，天之志也。是故春氣暖者，天之所以愛而生之；秋氣清者，天之所以嚴而成之；夏氣溫者，天之所以樂而養之；冬氣寒者，天之所以哀而藏之。春主生，夏主養，秋主收，冬主藏。生溉其樂以養，死溉其哀以藏。

又　《王道通三》　仁之美者在於天。夫仁也，天覆育萬物，既化而生之，有養而成之，事功無已，終而復始，凡舉歸之以奉人。【略】天常以愛利爲意，以養長爲事，春秋冬夏皆其用也。【略】人主以好惡喜怒變習俗，而天以暖清寒暑化草木。喜怒時而當則歲美，不時而妄則歲惡。

又　《天辨在人》　故少陽因木而起，助春之生也；太陽因火而起，助夏之養也；少陰因金而起，助秋之成也；太陰因水而起，助冬之藏也。【略】天無喜氣，亦何以暖而春生育？天無怒氣，亦何以清而秋殺就？天無樂氣，亦何以疏陽而夏養長？天無哀氣，亦何以激陰而冬閉藏？

又　卷一二《陰陽終始》　春秋之中，陰陽之氣俱相併也。中春以生，中秋以殺。由此見之，天之所起其氣積，天之所廢其氣隨。故至春少陽東出就木，與之俱生；至夏太陽南出就火，與之俱煖。此非各就其類而與之相起與？少陽就木，太陽就火，火木相稱，各就其正。此非正其倫與？

又　《陰陽義》　是故天之道以三時成生，以一時喪死。死之者，謂百物枯落也；喪之者，謂陰氣悲哀也。春，喜氣也，故生；秋，怒氣也，故殺；夏，樂氣也，故養；冬，哀氣也，故藏。

又　《暖燠常多》　故從中春至於秋，氣溫柔和調。及季秋九月，陰乃始多於陽，天於是時出溧下霜。出溧下霜，而天降物固已皆成矣。

又　卷一三《四時之副》　天之道，春暖以生，夏暑以養，秋涼以殺，冬寒以藏。暖暑清寒，異氣而同功，皆天之所以成歲也。

又　《人副天數》　春生夏長，百物以興；秋殺冬收，百物以藏。故莫精於氣，莫富於地，莫神於天。天地之精所以生物者，莫貴於人。

又　《五行逆順》　土者夏中，成熟百種。【略】恩及於土，則五穀成，而嘉禾興。恩及倮蟲，則百姓親附，城郭充實，賢聖皆遷，仙人降。【略】咎及於土，則五穀不成，暴虐妄誅，咎及倮蟲，倮蟲不爲，百姓叛去，賢聖放亡。金者秋，殺氣之始也。【略】恩及於毛蟲，則走獸大爲，麒麟至。【略】四面張罔，焚林而獵，咎及毛蟲，則走獸不爲，白虎妄搏，麒麟遠去。水者冬，藏至陰也。【略】恩及介蟲，則黿鼉大爲，靈龜出。【略】咎及介蟲，則龜深藏，黿鼉呴。

又　卷一四《治亂五行》　火干木，蟄蟲蚤出，蚿雷蚤行。土干木，胎夭卵毈，鳥蟲多傷。【略】金干火，草木夷。【略】金干土，則五穀傷，有殃。【略】木干土，倮蟲不爲。【略】水干金，則魚不爲。木干金，則草木再生。火干金，則草木秋榮。土干金，五穀不成。木干水，冬蟄不藏。土干水，則蟄蟲冬出。

又　《五行變救》　木有變，春凋秋榮。秋木冰，春多雨。

又　《五行五事》　王者與臣無禮，貌不肅敬，則木不曲直，而夏多暴風。風者，木之氣也，其音角也，故應之以暴風。【略】於時陰氣爲賊，故王者欽。欽不以議陰事，然後萬物遂生，而木可曲直也。春行秋政，則草木凋。【略】故王者輔以官牧之事，然後萬物成熟。秋草木不榮華。【略】夏陽氣始盛，萬物兆長，王者不揜明，則道不退塞。而夏至之後，大暑隆，萬物茂育懷任。【略】於時寒爲賊，故王者輔以賞賜之事，然後夏草木不霜，火炎上也。夏行春政，則風；行秋政，則水；行冬政，則落。夏失政，則冬不凍冰，五穀不藏，大寒不解。王者無失謀，然後冬氣得，故謀者主冬。冬，陰氣始盛，草木必死，王者能聞事，審謀慮之，則不侵伐。不侵伐且殺，則死者不恨，生者不怨。冬日至之後，大寒降，萬物藏於下。於時暑爲賊，故王者輔之以急，斷之以事，水潤下也。冬行春政，則蒸；行

夏政，則雷；行秋政，則旱。冬失政，則夏草木不實。

又 卷一六《循天之道》 天有兩和以成二中，歲立其中，用之無窮。是北方之中用合陰，而物始動於下；南方之中用合陽，而養始美於上。其動於下者，不得東方之和不能生，中春是也。其養於上者，不得西方之和不能成，中秋是也。【略】是故和東方生而西方成，東方和生北方之所起前，西方和成南方之所養長。起之不至於和之所不能生，養長之不至於和之所不能成。成於和，生必和也；始於中，止必中也。中者，天下之所終始也；而和者，天地之所生成也。【略】故天地之化，春氣生而百物皆出，夏氣養而百物皆長，秋氣殺而百物皆死，冬氣收而百物皆藏。【略】天地之經，生至東方之中而所生大養，至西方之中而所養大成，一歲四起業，而必於中。【略】和者，天之正也，陰陽之平也，其氣最良，物之所生也。誠擇其和者，以爲大得天地之奉也。【略】是故物生，皆貴氣而迎養之。【略】鶴之所以壽者，無宛氣於中，是故食冰。猿之所以壽者，好引其末，是故氣四越。【略】得天地泰者，其壽引而長；不得天地泰者，其壽傷而短。

又 卷一七《天地之行》 凡天地之物，乘以其泰而生，厭於其勝而死，四時之變是也。故冬之水氣，東加於春而木生，乘其泰也。春之生，西至金而死，厭於勝也。生於木者，至金而死；生於金者，至火而死。春之所生而不得過秋，秋之所生不得過夏，天之數也。

漢 劉安《淮南子》卷一《原道訓》 神託於秋毫之末，而大與宇宙之總。其德優天地而和陰陽，節四時而調五行；呴嫗覆育，萬物群生；潤於草木，浸於金石；禽獸碩大，毫毛潤澤；羽翼奮也，角觡生也；獸胎不贕，鳥卵不毈，父無喪子之憂，兄無哭弟之哀；童子不孤，婦人不孀；虹蜺不出，賊星不行；含德之所致也。夫太上之道，生萬物而不有，成化像而弗宰。【略】夫萍樹根於水，木樹根於土；鳥排虛而飛，獸蹠寔而走；蛟龍水居，虎豹山處，天地之性也。兩木相摩而然，金火相守而流；員者常轉，窾者主浮，自然之勢也。是故春風至則甘雨降，生育萬物；羽者嫗伏，毛者孕育；草水榮華，鳥獸卵胎；莫見其爲者，而功既成矣。秋風下霜，倒生挫傷；鷹雕搏鷙，昆蟲蟄藏；草木注根，魚鱉湊淵；莫見其爲者，滅而無形。木處榛巢，水居窟穴；禽獸有芃，人民有室；陸處宜牛馬，舟行宜多水；匈奴出穢裘，於越生葛絺。各生所急，以備燥濕；各因所處，以禦寒暑。並得其宜，物便其所。由此觀之，萬物固以自然，聖人又何事焉。

又 卷二《俶真訓》 夫大寒至，霜雪降，然後知松柏之茂也。【略】天之所覆，地之所載，六合所包，陰陽所呴，雨露所濡，道德所扶，此皆生一父母，而閱一和也。是故槐榆與橘柚，合而爲兄弟。【略】夫秋毫之末，淪於無間，而復歸於大矣。蘆苻之厚，通於無整，而復反於敦龐。若夫無秋毫之微，蘆苻之厚，四達無境，通於無圻，而莫之要御天遏者，其襲微熏妙，挺挏萬物，揣凡變化，天地之間，何足以論之。【略】塊阜之山，無丈之材，所以然者，何也？皆其營宇狹小，而不能容巨大也。

又 卷四《墬形訓》 東方之美者，有醫母閭之珣玗琪焉。東南方之美者，有會稽之竹箭焉。南方之美者，有梁山之犀象焉。西南方之美者，有華山之金石焉。西方之美者，有霍山之珠玉焉。西北方之美者，有崑崙之球琳琅玕焉。北方之美者，有幽都之筋角焉。東北方之美者，有斥山之文皮焉。中央之美者，有岱嶽以生五穀桑麻，魚鹽出焉。【略】凡地形，東西爲緯，南北爲經。山爲積德，川爲積刑。高者爲生，下者爲死。邱陵爲牡，谿谷爲牝。水圓折者有珠，方折者有玉。清水有黃金，龍淵有玉英。土地各以其類生，是故山氣多男，澤氣多女；障氣多喑，風氣多聾；林氣多癃，木氣多傴；岸下氣多腫，石氣多力；險阻氣多癭；暑氣多夭，寒氣多壽；谷氣多痺，邱氣多狂；衍氣多仁，陵氣多貪；輕土多利，重土多遲。【略】木勝土，土勝水，水勝火，火勝金，金勝木。故木春生秋死，菽夏生冬死，麥秋生夏死，薺冬生中夏死。木壯，水老、火生、金囚、土死。火壯，木老、土生、水囚、金死。土壯，火老、金生、木囚、水死。金壯，土老、水生、火囚、木死。水壯，金老、木生、土囚、火死。音有五聲，宮其主也。色有五章，黃其主也。味有五變，甘其主也。位有五材，土其主也。是故鍊土生木，鍊木生火，鍊火生雲，鍊雲生水，鍊水反土；鍊甘生酸，鍊酸生辛，鍊辛生苦，鍊苦生鹹，鍊鹹反甘。【略】五類雜種興乎外，肖形而蕃。日馮生陽閼，陽閼生喬如，喬如生幹木，幹木生庶木，凡根拔木者生於庶木。根拔生程若，程若生玄玉，玄玉生醴泉，醴泉生皇辜，皇辜生庶草，凡根茇草者生於庶草。海閭生屈龍，屈龍生容華，容華生蔈，蔈生萍藻，萍藻生浮草，凡浮生不根茇者生於萍藻。

又 卷七《精神訓》 夫木之死也，青青去之也。夫使木生者豈木也，猶充形者之非形也。

又 卷一三《氾論訓》 古者有鍪而綣領以王天下者矣。其德生而不辱，子而不奪。天下不非其服，同懷其德。當此之時，陰陽和平，風雨時節，萬物蕃息。烏雀之巢可俯而探也，禽獸可羈而從也。豈必褒衣博帶句襟委章甫哉！

又　卷二〇《泰族訓》　天溼之至也，莫見其形，而炭已重矣；風之至也，莫見其象，而木已動矣。日之行也，不見其移；騏驥倍日而馳，草木爲之靡；縣烽未轉，而日在其前。故天之且風，草木未動，而鳥已翔矣；其且雨也，陰曀未集，而魚已噞矣，以陰陽之氣相動也。故寒暑燥溼，以類相從；聲響疾徐，以音相應也。故《易》曰：「鳴鶴在陰，其子和之。」【略】天致其高，地致其厚，月照其夜，日照其晝，陰陽化，列星朗，正其道而物自然。故陰陽四時，非生萬物也；雨露時降，非養草木也。神明接，陰陽和，而萬物生矣。故高山深林，非爲虎豹也；大木茂枝，非爲飛鳥也；流源千里，淵深百仞，非爲蛟龍也。致其高崇，成其廣大，山居木棲，巢枝穴藏，水潛陸行，各得其所寧焉。夫大生小，多生少，天之道也。故丘阜不能生雲雨，涔水不能生魚鼈者，小也。牛馬之氣蒸生蟣虱，蟣虱之氣蒸不能生牛馬。故化生於外，非生於内也。【略】天地四時非生萬物也，神明接、陰陽和而萬物生之。【略】天地之道，極則反，盈則損。五色雖朗，有時而渝；茂木豐草，有時而落；物有隆殺，不得自若。故聖人事窮而更爲，法弊而改制，非樂變古易常也，將以救敗扶衰，黜淫濟非。

漢　劉向《説苑》卷一七《雜言》　萬民之所觀仰，草木生焉，衆物立焉，飛禽萃焉，走獸休焉，寶藏殖焉，奇夫息焉，育羣物而不倦焉，四方並取而不限焉，出雲通氣於天地之間，國家以成，是仁者所以樂山也。

漢　戴德《大戴禮記》卷一《哀公問五義》　大道者，所以變化而凝成萬物者也。情性也者，所以理然不然取舍者也。故其事大，配乎天地，參乎日月，雜于雲蜺，總要萬物，穆穆純純，其莫之能循，若天之司，莫之能職，百姓淡然莫知其善。

又　卷四《曾子大孝》　草木以時伐焉，禽獸以時殺焉。夫子曰：「伐一木殺一獸不以其時，非孝也。」

又　卷五《曾子天圓》　謂氣勝負，俱則雷，交則電。自仲春至仲秋陰陽交泰，故雷電也。亂則霧，和則雨，偏則風。而和則雨，此謂一時之氣也。至若春多雨，則時所宜也。陽氣勝則散爲雨露，陰氣勝則凝爲霜雪。陽之專氣爲雹，陰之專氣爲霰，霰雹者，一氣之化也。毛蟲毛而後生，羽蟲羽而後生，毛羽之蟲，陽氣之所生也。

又　卷七《五帝德》　時播百穀草木，淳化鳥獸昆蟲。歷離日月星辰，極畋土石金玉，勤勞心力耳目，節用水火材物。【略】取地之財而節用之，撫教萬民而利誨之，歷日月而迎送之，明鬼神而敬事之。其動也時，其服也士。春夏乘龍，秋冬乘馬，黄黼黻衣，執中而獲天下，日月所照，風雨所至，莫不從順。

又　卷九《千乘》　君發禁，宰受而行之，以時通于地，散布于小，理天之災祥，地寶豐省，及民共饗其禄，共任其災，此國家之所以和。【略】準揆山林，規表衍沃，畜水行衰濯浸，以節四時之事。

又　《四代》　平原大藪，瞻其草之高豐茂者，必有怪鳥獸居之。且草可財也，如艾而夷之，其地必宜五穀。高山多林，必有怪虎豹蕃孕焉；深淵大川，必有蛟龍焉。【略】天道以視，地道以履，人道以稽。

又　《誥志》　夫禮會其四時、四孟、四季、五牲、五穀，順至必時其節，丘未知其可以遠災也。【略】知仁合則天地成，天地成則庶物時，庶物時則民財敬，民財敬以時作，時作則節事，節事以動衆則有極，有極以使民則勸，勸則有功，有功則無怨，無怨則嗣世久，惟聖人。【略】民之動能，不遠厥事；民之悲色，不遠厥德。此謂表裏時合，物之所生，而蕃昌之道如此。天生物，地養物，物備興而時用常節。【略】聖人有國，則日月不食，星辰不隕，孛海不運，河不滿溢，川澤不竭，山不崩解，陵不施谷，川浴不處，深淵不涸。于時龍至不閉，鳳降忘翼，鷙獸忘攫，爪鳥忘距，蜂蠆不螫嬰兒，蝱䖟不食天駒，雒出服，河出圖。

又　卷一一《少閒》　凡草木根鞁傷，則枝葉必偏枯，偏枯是爲不實，穀亦如之。上失政大，及小人畜穀。

又　卷一三《公符》　皇皇上天，昭臨下土，集地之靈，降甘風雨，庶物羣生，各得其所，靡今靡古，言覆施均維予一人某，敬拜皇天之祐。薄薄之土，承天之神，興甘風雨，庶卉百穀，莫不茂者，既安且寧，維予一人某，敬拜下土之靈。

又　《本命》　陰窮反陽，陽窮反陰，是故陰以陽化，陽以陰變。

又　《易本命》　夫易之生人、禽獸、萬物、昆蟲，各有以生。或奇或偶，或飛或行，而莫知其情，惟達道德者，能原本之矣。【略】鳥魚皆生于陰而屬于陽，故鳥魚皆卵。魚遊于水，鳥飛于雲，故冬燕雀入于海，化而爲蚧。【略】是故堅土之人肥，虚土之人大，沙土之人細，息土之人美，耗土之人醜。是故食水者善游能寒，食土者無心而不息，食木者多力而拂，食草者善走而愚，食桑者有絲而蛾，食肉者勇敢而悍，食穀者智惠而巧，食氣者神明而壽，不食者不死而神。【略】故王者動必以道，静必以理。動不以道，静不以理，則自夭而不壽，訞孽數起，神靈不見，風雨不時，暴風水旱竝興，人民夭死，五穀不滋，六畜不蕃息。

漢 嚴遵《道德指歸論》卷五《萬物之奥篇》 木之生也，末因於條，條因於枝，枝因於莖，莖因於本，本因於根，根因於天地，天地受之於無形。華實生於有氣，有氣生於四時，四時生於陰陽，陰陽生於天地，天地受於無形。

漢 班固《白虎通》卷上《五行》 五行者，何謂也？謂金、木、水、火、土也。言行者，欲爲天行氣之義也。地之承天，猶妻之事夫，臣之事君也，謂其位卑。卑者親事，故自周於一行，尊於天也。《尚書》：「一曰水，二曰火，三曰木，四曰金，五曰土。」水位在北方。北方者，陰氣在黄泉之下，任養萬物。水之爲言，淮也。陰化沾濡任生木。木在東方。東方者，陰陽氣始動，萬物始生。木之爲言，觸也，陽氣動躍。火在南方。南方者，陽在上，萬物垂枝。火之爲言，委隨也，言萬物布施。火之爲言，化也，陽氣用事，萬物變化也。金在西方。西方者，陰始起，萬物禁止。金之爲言，禁也。土在中央者，主吐含萬物。土之爲言，吐也。何知東方生？《樂記》曰：「春生，夏長，秋收，冬藏。」土所以不名時，地，土别名也。比於五行最尊，故不自居部職也。」《元命包》曰：「土之爲位而道在，故大不預化，人主不任部職。」五行之性或上或下何？火者，陽也，尊，故上。水者，陰也，卑，故下。木者，少陽。金者，少陰，有中和之性，故可曲直，可從革。土者最大，苞含物，將生者出者，將歸者，不嫌清濁爲萬物。《尚書》曰：「水曰潤下，火曰炎上，木曰曲直，金曰從革，土爰稼穡。」五行所以二陽三陰何？土尊，尊者配天。金木水火，陰陽自偶。水味所以鹹何？是其性也。所以北方鹹者，萬物鹹與，所以堅之也，猶五味得鹹乃堅也。木味所以酸者何？東方，萬物之生也，酸者以達生也，猶五味得酸乃達也。火味所以苦何？南方主長養，苦者，所以長養也，猶五味須苦，可以養也。金味所以辛何？西方煞傷成物，辛所以煞傷之也，猶五味得辛乃委煞也。土味所以甘何？中央者，中和也，故甘，猶五味以甘爲主也。《尚書》曰：「潤下作鹹，炎上作苦，曲直作酸，從革作辛，稼穡作甘。」北方其臭朽者何？北方水，萬物所幽藏也。又水者受垢濁，故臭腐朽也。東方者，木也，萬物新出地中，故其臭羶。南方者，火也，盛陽承動，故其臭焦。西方者，金也，萬物成熟，始復諾，故其臭腥。中央，土也，主養，故其臭香也。《月令》曰：「東方其臭羶，南方其臭焦，中央其臭香，西方其臭腥，北方其臭朽。」所以名之爲東方者，動方也，萬物始動生也。南方者，任養之方，萬物懷任也。西方者，遷方也，萬物遷落也。北方者，伏方也，萬物伏藏也。少陽見寅，寅者，演也。律中大簇，律之言率，所以率氣令生也。卯者，茂也，律中夾鍾。衰於辰，辰，震也，律中姑洗。其日甲乙。甲者，萬物孚甲也。乙者，物蕃屈有節欲出。時爲春，春之爲言偆。偆，動也，位在東方，其色青。其音角。角者，氣動躍也。其帝太皞。皞者，大起，萬物擾也。其神勾芒。勾芒者，物之始生，其精青龍。芒之爲言，萌也，陰中陽故。太陽見於巳。巳者，物必起，律中仲吕。壯盛於午，午物滿長，律中蕤賓。衰於未，未，味也，律中林鍾。其日丙丁，丙者，其物炳明，丁者，强也。時爲夏，夏之言大也，位在南方，其色赤。其音徵，徵，止也，陽度極也。其帝炎帝者，太陽也。其神祝融，祝融者，屬續。其精爲鳥，離爲鸞。故少陰見於申。申者，身也，律中夷則。壯於酉，酉者，老物收斂，律中南吕。衰于戌，戌者，滅也，律中無射，無射者，無聲也。其日庚辛，庚者，物更也，辛者，陰始成時爲秋。秋之爲言，愁亡也，其位西方，其色白。其音商，商者，强也。其帝少皞，少皞者，少斂也。其神蓐收，蓐收者，縮也。其精白虎。虎之爲言搏討也。故太陰見於亥，亥者，仰也，律中應鍾。壯於子，子者，孳也，律中黄鍾。衰於丑，丑者，紐也，律中大吕。其日壬癸，壬者，陰始任，癸者，揆度也。時爲冬，冬之爲言，終也。其位在北方，其音羽，羽之爲言舒，言萬物始孳。其帝顓頊，顓頊者，寒縮也。其神玄冥，玄冥者，入冥也。其精玄武，掩起離體泉，龜蛟珠蛤。土爲中宫。其日戊己，戊者，茂也，己，抑屈起。其音宫，宫者，中也。其帝黄帝。其神后土。《月令》云：「十一月律謂之黄鍾何？中和之色。鍾者，動也，言陽氣動於黄泉之下，動養萬物也。十二月律謂之大吕何？大，大也，吕者，拒也，言陽氣欲出，陰不許也。吕之爲言拒者，旅抑拒難之也。正月律謂之大蔟何？太亦大也。蔟者，湊也，言萬物始大，湊地而出也。二月律謂之夾鍾何？夾者，孚甲也，言萬物孚甲，種類分也。三月謂之姑洗何？姑者，故也，洗者，鮮也，言萬物皆去故就其新，莫不鮮明也。四月謂之仲吕何？言陽氣極將彼，故復中難之也。五月謂之蕤賓，蕤者，下也，賓者，敬也。言陽氣上極，陰氣始，賓敬之也。六月謂之林鍾何？林者，衆也，萬物成熟，種類衆多。七月謂之夷則何？夷，傷，則，法也。言萬物始傷，被刑法也。八月謂之南吕何？南者，任也，言陽氣尚有，任生薺麥也，故陰拒之也。九月謂之無射何？射者，終也。言萬物隨陽而終也，當復隨陰起，無有終已。十月謂之應鍾何？鍾，動也。言萬物應陽而動下藏也。」五行所以更王何？以其轉相生，故有終始也。木生火，火生土，土生金，金生水，水生木。是以木王，火相，土死，金囚，水休。王所勝者死、囚，故王者休。木王火相，何以知爲臣？土所以死者，子爲父報仇者也。五行之子慎之物歸母，木王火相，金成，其

火燋金。金生水，水滅火，報其理。火生土，土則害水，莫能而禦。五行所以相害者，天地之性。衆勝寡，故水勝火也。精勝堅，故火勝金。剛勝柔，故金勝木。專勝散，故木勝土。實勝虚，故土勝水也。火陽，君之象也。水陰，臣之義也。臣所以勝其君何？此謂無道之君也，故爲衆陰所害，猶紂王也。是使水得施行，金以蓋之，土以應之，欲温則温，欲寒則寒，亦何從得害火乎？曰：五行各自有陰陽，木生火所以還燒其母何？曰：金勝木，火欲爲木害金。金者，堅强難消，故母以遜體助火燒金，此自欲成子之義。又陽道不相離，故爲兩盛，母死子乃繼之。木王所以七十二日何？土王四季各十八日，合九十日，爲一時王九十日。土所以王四季何？木非土不生，火非土不榮，金非土不成，水無土不高，土扶微助衰，歷成其道，故五行更王，亦須土也。王四季，居中央不名時，五行何以知同時起？丑訖義相生。傳曰：「五行並起赴，各以别名。」陽生陰煞，火中無生物，水中反有生物何？生者以内火，陰在内，故不生也。水、火獨一種，金、木多品何？以爲南北陰陽之極也，得其極故一也。東西非其極也，故非一也。水、木可食，金、火、土不可食何？木者陽，陽者施生，故可食。火者，陰在内，金者，陰嗇丞，故不可食。火水所以殺人何？水盛氣也，故入而殺人。火陰在内，故殺人壯於水也。金木微氣，故不能自殺人也。火不可入其中者，陰在内也，入則殺人矣。水、土陽在内，故可入其中。金、木微氣也，精密不可得入也。水、火不可加人功爲用，金、木加人功何？火者盛陽，水者盛陰者也。氣盛不變，故不可加人功爲人用。金木者不能自成，故須人加功以爲人用也。五行之性，火熱水寒，有温水無寒火何？明臣可以爲君，君不可更爲臣。五行常在，火乍亡何？水太陰也，刑者故常在。金少陰，木少陽，微氣無變，故亦常在。火太陽精微，人君之象。象尊常藏，猶天子居九重之内，臣下衞之也。藏於木者，依於仁也。木自主金，須人取之乃成，陰卑不能自成也。木所以浮，金所以沉何？子生於母之義。肝所以沉，肺所以浮何？有知者尊其母也。一説木畏金，金之妻庚，受庚之化，木者法其本，柔可曲直，故浮也。肝法其化，直，故沉。五行皆同義。天子所以内明而外昧，人所以外明而内昧何？明天人欲相嚮而治也。行有五、時有四何？四時爲時，五行爲節，故木王即謂之春，金王即謂之秋，土尊不任職，君不居部，故時有四也。子不肯禪，何法？法四時。火不興土而興金也。父死子繼，何法？法木終火王也。兄死弟及，何法？法夏之承春也。善善及子孫，何法？法春生待夏復長也。惡惡止其身，何法？法秋煞不待冬也。主幼臣攝政，何法？法土用事於季孟之間也。子之復讎，何法？法土勝水、水勝火也。子順父、臣順君、妻順夫，何法？法地順天也。男不離父母，何法？法火不離木也。女離父母，何法？法水流去金也。娶妻親迎，何法？法日入、陽下陰也。君讓臣，何法？法月三十日，名其功也。善稱君、過稱已，何法？法陰陽共敘共生，陽名生，陰名煞。臣有功歸於君，何法？法歸明於日也。臣法君，何法？法金正木也。子諫父，何法？法火揉直木也。臣諫君不從則去，何法？法水潤下達於上也。君子遠子近孫，何法？法木遠火近土也。親屬臣諫不相去，何法？法水木枝葉不相離也。父爲子隱，何法？法木之藏火也。子爲父隱，何法？法水逃金也。君有衆民，何法？法天有衆星也。王者賜先親近、後疎遠，何法？法天雨，高者先得之也。長幼，何法？法四時有孟仲季也。朋友，何法？法水合流相承也。父母生子養長子，何法？法水生木長大也。子養父母，何法？法夏養長木，此火養母也。不以父命廢主命，何法？法金不畏土而畏火。陽舒陰急，何法？法日行遲、月行疾也。有分土無分民，何法？法四時各有分而所生者通也。若言東，東方天下皆生也。君一娶九女，何法？法九州象天之施也。不娶同姓，何法？法五行異類乃相生也。子喪父母，何法？法木不見水則憔悴也。喪三年，何法？法三年一閏，天道終也。父喪子、夫喪妻，何法？法一歲物有終始，天氣亦爲之變也。年六十閉房，何法？法六月陽氣衰也。人有五藏六府，何法？法五行六合也。人目，何法？法日月明也。日照晝，月照夜，人目所不更照，何法？目亦更用事也。王者監二王之後，何法？法木須金以正，須水以潤也。明王先賞後罰，何法？法四時先生後煞也。

又　卷下《封禪》　德至地，則嘉禾生，蓂莢起，秬鬯出，太平感。【略】德至草木，則朱草生，木連理。【略】德至山陵，則景雲出，芝實茂，陵出黑丹，阜出萐莆，山出器車，澤出神鼎。

漢　班固《漢書》卷五八《公孫弘傳》　蓋聞上古至治，畫衣冠，異章服，而民不犯。陰陽和，五穀登，六畜蕃，甘露降，風雨時，嘉禾興，朱屮生，山不童，澤不涸，麟鳳在郊藪，龜龍遊於沼。

又　卷一〇〇上《敘傳》　是以六合之内，莫不同原共流，沐浴玄德，稟卬太和，枝附葉著，譬猶屮木之殖山林，鳥魚之毓川澤，得氣者蕃滋，失時者苓落，參天墜而施化，豈云人事之厚薄哉？

三國魏　嵇康《嵇中散集》卷四《黄門郎向子期難養生論》　夫節哀樂，和喜

怒，適飲食，調寒暑，亦古人之所修也。至於絶五穀，去滋味，寡情欲，抑富貴，則未之敢許也。何以言之？夫人受形於造化，與萬物並存，有生之最靈者也。異於草木，草木不能避風雨，辭斤斧；殊於鳥獸，鳥獸不能遠網羅而逃寒暑。有動以接物，有智以自轉，此有心之益，有智之功也。若閉而默之，則與無智同。何貴於有智哉？有生則有情，稱情則自然，若絶而外之，則與無生同。何貴於有生哉？且夫嗜欲好榮惡辱，好逸惡勞，皆生於自然。

唐 無能子《無能子》卷上《聖過》 人者，裸蟲也，與夫鱗、毛、羽、甲、蟲俱焉。同生天地，交氣而已，無所異也。或謂有所異者，豈非乎能用智慮邪？言語邪？夫自鳥獸，迨乎蠢蠕，皆好生避死，營其巢穴，謀其飲啄，生育乳養其類而護之，與人之好生避死、營其宫室、謀其衣食、生育乳養其男女而私之，無所異也，何可謂之無智慮也邪？夫自鳥獸，迨乎蠢蠕者，號鳴啅噪，皆有其音，安知其族類之中非語言邪？人以不喻其音而謂其不能言，又安知乎鳥獸不喻人言亦謂人不能語言邪？則其號鳴啅噪之音必語言爾，又何可謂之不能語言邪？智慮、語言，人與蟲一也，所以異者，形質爾。夫鱗、毛、羽、甲中形質亦有不同者，豈特止與人不同邪？人之中形質亦有同而異者，異而同者，豈特止與四蟲之形質異也？嗟乎！天與地，陰陽氣中之巨物爾。裸鱗羽毛甲五靈，因巨物合和之氣，又物於巨物之内，亦猶江海之含魚鱉，山陵之包草木爾。所以太古時，裸蟲與鱗毛羽甲雜處，雌雄牝牡自然相合，無男女夫婦之别，父子兄弟之序。夏巢冬穴，無宫室之制。茹毛飲血，無百穀之食。生自馳，死自仆，無奪害之心，無瘞藏之事。任其自然，遂其天真，無所司牧，濛濛淳淳。其理也，居且久矣。無何裸蟲中繁其智慮者，其名曰人，以法限鱗毛羽甲諸蟲，又相教播種以食百穀，於是有耒耜之用。搆木合土，以建宫室，於是有斤斧之功。設婚嫁以析雌雄牝牡，於是有夫婦之别，父子兄弟之序。爲棺槨衣衾，以瘞藏其死，於是有喪葬之儀。結罝罘網羅，以取鱗毛羽甲諸蟲，於是有刀俎之味。濛淳以之散，情意以之作。然猶自强自弱，無所制焉。繁其智慮者，又於其中擇一以統衆，名一爲君，名衆爲臣，一可役衆，衆不得淩一，於是有君臣之分，尊卑之節。尊者隆，衆者同。降及後世，又設爵禄以升降其衆，於是有貴賤之等用其物，貧富之差得其欲。乃謂繁智慮者爲聖人，既而賤慕貴，貧慕富，而人之争心生焉。謂之聖人者憂之，相與謀曰：彼始濛濛淳淳，孰謂之人？吾彊名之曰人，人蟲乃分。彼始無卑無尊，孰謂之君臣？吾彊分之，乃君乃臣。彼始無取無欲，何謂爵禄？吾彊品之，乃榮乃辱。今則醨真淳，厚嗜欲，而包争心矣。争則奪，奪則亂，將如之何？智慮愈繁者曰：吾有術焉。於是立仁義忠信之教、禮樂之章以拘之。君苦其臣曰苛，臣侵其君曰叛，父不愛子曰不慈，子不尊父曰不孝，兄弟不相順爲不友不悌，夫婦不相一爲不貞不和。爲之者爲非，不爲之者爲是，是則榮，非則辱。於是榮是耻非之心生焉，而争心抑焉。降及後代，嗜欲愈熾，於是背仁義忠信，踰禮樂而争之。謂之聖人者，悔之不得已，乃設刑法與兵以制之，小則刑之，大則兵之。於是縲紲桎梏、鞭笞流竄之罪充於國，戈鋋弓矢之伐充於天下，覆家亡國之禍綿綿不絶。生民困窮夭折之苦，漫漫不止。嗟乎！自然而蟲之，不自然而人之，彊立宫室飲食以誘其欲，彊分貴賤尊卑以一其争，彊爲仁義禮樂以傾其真，彊行刑法征伐以殘其生，俾逐其末而忘其本，紛其情而伐其命，迷迷相死，古今不復，謂之聖人者之過也。

宋 張君房《雲笈七籤》卷一五《天機經》 萬物盗天地之精以生成，人盗萬物之形以御用，萬物盗人之力以種植。彼此相盗，各獲其宜，俱不知爲萬物化。故能用機者，法此三事，以道之盗而賊於物，物亦知爲盗之道所以然者，貴得其時也，貴得其機也。故曰：合其時而食則百骸治，應其機而動則萬化安。乖時失機，則禍亂生也。

又 卷五五《思神訣》 至道無形，應生元氣，謂之一也；一之所剖，分爲三也。三者，清、濁、和，結爲天、地、人也，立曰三元，上、中、下也。在天爲三光，日、月、星也。在地爲三寶，金、玉、珠也。在人爲三生，耳、目、心也。在道爲三氣，玄、元、始也。又爲三天，清微、禹餘、大赤也。又爲三境，玉清、上清、太清也。

宋 胡瑗《周易口義》卷一〇《下經》 豚魚吉者，豚是獸之至微者也，魚是蟲之至隱者也。夫聖賢之人所立正教，必須信于天下，使天下之人皆順從之。以至至微至隱之物，皆亦被其信。是故聖王作爲節制，斧斤不時不入山林，數罟不入污池，昆蟲未蟄不以火田。如是之類，是皆取之以時，用之有節。使至微至隱之物，皆遂其生而涵濡其性。豚魚無識之物，猶且被澤而不妄，有所傷則有識之類其蒙信也可知矣，故曰吉。

又 《繫辭下》 「在天成象，在地成形，變化見矣。」義曰：象謂日月星辰也，形謂山川草木也。夫天以剛陽之氣居於上而生物，地以柔陰之氣在於下而承天。在於天者，則爲日月星辰之象。在於地者，則爲草木山川之形。是天地

之道，生成之理，自然而然也。【略】

「範圍天地之化而不過。」義曰：範，謂模也。圍，謂周也。過者違也。夫聖人粹天地之靈，中天地而立。觀天地之性，然後正己之性；觀天地之情，然後正己之情。凡所行事，皆模範於天地陰陽之端。至如樹木以時伐，禽獸以時殺，春夏則生育之，秋冬則肅殺之。使物遂其性，民安其所，是範圍天地之化，而無過越也。

「曲成萬物而不遺。」義曰：曲者，曲屈委細而成就萬物也。遺者，棄也。夫聖人宅天下之廣居，司萬物之性命，模範天地以施化，輔相天地以保民。雖事物之微，昆蟲之細，亦皆以仁信屈曲而成就之。至如網罟以時，不麛不卵，是皆物之微細而不遺棄也。

宋 邵雍《皇極經世書》卷一一 夫人也者，暑寒晝夜無不變，雨風露雷無不化，性情形體無不感，飛走草木無不應。所以目善萬物之色，耳善萬物之聲，鼻善萬物之氣，口善萬物之味，靈於萬物，不亦宜乎？

宋 曾鞏《元豐類藁》卷二四《虞部制》 蒐田有時，而澤梁有禁。虞衡之守所以遂羣生而參化育，中臺典領，鹹屬汝材，其思順鳥獸草木之宜，以稱朕愛人及物之意。

宋 林之奇《尚書全解》卷一五《伊訓》 至於山川鬼神，亦皆安居，以及鳥獸魚鱉之微，亦各遂其性。此其所謂罔有天災也。夫人君之德，苟不能上合於天，而天降之災焉，則山川鬼神，將不安其居，爲妖爲厲；鳥獸魚鱉之不順其性，而將爲怪爲孽矣。劉向曰：「和氣致祥，乖氣致異。祥多者其國安，異衆者其國危。天地之常經，古今之通義也。」山川鬼神亦莫不寧，暨鳥獸魚鱉咸若，則可以謂和氣致祥矣。此夏之所以安也。

又 卷二二《泰誓》 「惟天地萬物父母，惟人萬物之靈，亶聰明作元后，元后作民父母。」惟天地萬物父母，謂天地之於萬物，無所不生，無所不育，猶父母之於子，無所不愛。然雖無不愛，而其生育也，非自然而然以聽萬物之自遂，則必有賴於位乎天地之兩間而最靈於萬物者，以裁成而輔相之，然後三才之道備而生育之功全。故必擇夫誠有聰明之德，充其所以靈於萬物者而爲之元后。彼既有聰明之德，又居元后之位，則能審於人性之好惡以爲之父母，然後斯民各得其所，而至昆蟲草木之微亦無不遂其性者，如此則裁成輔相之德於是爲至人道盡而三才之位定矣。此蓋言天地之道相須爲用以成其化育也。

宋 朱熹《朱子文集大全類編・問答》卷二七《論中》 君子親親而仁民，仁民而愛物。然謂之愛物，則愛之惟均。今觀天下之物有二等：有有知之物，禽獸之類是也；有無知之物，草木之類是也。如數罟不入洿池，不麛不卵，不殺胎不殀夭，聖人於有知之物，其愛之如此。斧斤以時入山林，木不中伐不鬻於市，聖人於無知之物，亦愛之如此。如佛之説，謂衆生皆有佛性，故專持不殺之戒，似若愛矣。然高宫大室，斬刈林木則恬不加恤，愛安在哉？竊謂理一而分殊，故聖人各自其分，推之曰親、曰民、曰物，其分各異。故親親、仁民、愛物亦異。佛氏自謂理一，而不知分殊。

宋 楊簡《楊氏易傳》卷九 先王對時茂育萬物，禁其傷害。仲春，毋竭川澤，毋焚山林。季春，置果罔，畢弋無門，毋伐桑柘。孟夏，毋伐大樹。季夏，虞人行木，毋有斬伐。皆所以順天道也。

宋 夏僎《尚書詳解》卷三 利用若所謂穀不可勝食，材木不可勝用是也。厚生若所謂五畝之宅，樹之以桑，百畝之田，勿奪其時是也。是三者別而言之，則謂之六府，謂之三事。合而言之，則謂之九功。六府脩，三事和，則九功可謂有序矣。有序非謂先水火而後金木土穀，先正德而後利用厚生也。

宋 衛湜《禮記集説》卷三九 鄭氏曰：脩祭，典重祭禮，歲始省録也。毋以牝，爲傷妊生之類。禁止伐木，盛德所在也。自覆巢至麛卵，爲傷萌幼之類。

又 卷四一 《講義》曰：南方之火，盛德在焉。土之所恃以生者，亦四季最旺之時也。起土功，則非所以滋土之氣，而撫土之辰。發大衆，則妨農桑之事，而違其時。伐大木，則逆其生理，壞其成材故也。

又 卷一三三 上下陰陽，和風雨時，鳥獸蕃滋，草木暢茂，取之有時，用之有節，萬物莫不遂其性。豈非可以贊天地之化育，而功德參於天地哉。《易》曰：「后以裁成天地之道，輔相天地之宜，以左右民。」此之謂也。【略】故聖人將盡物之性，設爲制度，定爲禁令，不使失其生育。如獺祭魚然後漁人入澤梁，豺祭獸然後田獵。交於萬物有道，故物無不盡其性。物既盡性，則可以贊助天地化育之功。天地以化育爲功，聖人以生成爲德，可以輔相天地之宜，贊助天地之化育，其功與天地參美矣。

宋 趙時庚《金漳蘭譜》卷上《天地愛養》 天不言而四時行、百物生者何？蓋歲分四時，生六氣。合四時而言之，則二十四氣以成其歲功。故凡盈穹壤者皆物也。不以草木之微，昆蟲之細，而必欲各遂其性者，則在乎人因其氣候以生

全之者也。彼動植者，非其物乎？及草木者，非其人乎？斧斤以時入山林，數罟不入洿池，又非其能全之者乎？夫春爲青帝，回馭陽氣，風和日暖，蟄雷一震而土脈融暢，萬彙蘩生，其氣則有不可得而揜者。是以聖人之仁則順天地以養萬物，必欲使萬物得遂其本性而後已。

宋　黎靖德《朱子語類》卷一五　叔文問：「格物莫須用合内外否？」曰：「不須恁地説。物格後他内外自然合。蓋天下之事，皆謂之物。而物之所在，莫不有理。且如草木禽獸，雖是至微至賤，亦皆有理。如所謂仲夏斬陽木，仲冬斬陰木。【略】」

問：「格物須合内外始得？」曰：「他内外未嘗不合。自家知得物之理如此，則因其理之自然而應之，便見合内外之理。目前事事物物，皆有至理，如一草一木，一禽一獸，皆有理。草木春生、秋殺，好生、惡死，仲夏斬陽木，仲冬斬陰木，皆是順陰陽道理。自家知得萬物均氣同體，見生不忍見死，聞聲不忍食肉，非其時，不伐一木，不殺一獸，不殺胎，不妖夭，不覆巢，此便是合内外之理。」

又　卷六二　問：「《集解》中以天命之謂性，率性之謂道。通人物而言，修道之謂教。是專就人事上言否？」曰：「道理固是如此。然修道之謂教，就物上亦有箇品節。先王所以咸若草木鳥獸，使庶類蕃殖，如《周禮》掌獸、掌山澤，各有官。如周公驅虎豹、犀象、龍蛇，如草木零落然後入山林，昆蟲未蟄不以火田之類，各有箇品節。使萬物各得其所，亦所謂教也。」

元　李簡《學易記》卷三　王者體天之道，養育人民以至昆蟲草木，使各得其宜，乃對時育物之道也。雷氏曰：「對時者，如不違農時，斧斤以時入山林，春毋麛毋卵，昆蟲未蟄不火田之類是也。」

元　胡炳文《四書通·孟子通》卷一三　孟子曰：「君子之於物也，愛之而弗仁；於民也，仁之而弗親。親親而仁民，仁民而愛物。」「物」謂禽獸草木，「愛」謂取之有時，用之有節。

元　胡震《周易衍義》卷六　象曰：「天下雷行，物與，無妄。先王以茂對時，育萬物。」陰陽相薄，雷行天下，震發生，萬物各正其性命，物物與之，以無妄之理而無一息之差，此造化無妄之用也。先王體之，對時育物。東作南訛之，必以其序。朝作暮息之，必以其天。使生靈之繁，各有以遂其性。動植之微，各有以全其生。對時育物，聖人無妄之用也。洪氏曰：「天不妄雷，雷不妄行，物不妄與，而後萬物育焉。非時之雷，其發爲妄，物不與也。以己之茂，對時之茂，以育物之茂，先王之無妄也。若無伐木，無覆巢，無取麛卵，無出罘罝，網羅畢翳，凡順時而布令者皆是也。」

明　曹端《通書述解》卷下　天以春生萬物。天至仁也，以春之陽和之氣發生萬物。

明　朱瞻基《五倫書》卷三　人主脩德講學，則天下安，昆蟲草木亦得其所。

明　葉盛《水東日記》卷一五　人與萬物同受一氣，生天地間，但有中正偏駁之異爾，理不應相害。聖人所謂數罟不入洿池，弋不射宿，豈若今人畏因果報應哉！上古教民食禽獸，不惟去民害，亦是五穀未如今之多，故以補粒食所不及耳。若窮口腹之欲，每食必丹刀几，殘餘之物猶足飽數人。方盛暑時，未及下著，多已臭腐，吾甚傷之。今欲除羊彘鷄鵝之類，人畜以食者，姑以供庖。其餘川泳雲飛之物，一切禁斷，庶幾少安吾心。凡飲食，但當取飽，若稍令精潔以奉賓燕，猶之可也。彼多爲珎異誇眩世俗者，此童心兒態切不可爲其所移。戒之戒之。

明　丘濬《大學衍義補》卷四七　漢賈誼《新書》曰：傳曰：「春曰蒐，夏曰苗，秋曰獮，冬曰狩。苗者謂何？曰苗毛也。取之不圍澤，不掩羣，取大禽，不麛不卵，不殺孕重者。春蒐者，不殺小麛及孕重者。冬狩皆取之百姓，皆出不失其時，不抵禽，不詭遇，逐不出防，此苗獮蒐狩之義也。」故苗、獮、蒐、狩之禮，簡其戎事也。故苗者，毛取之。蒐者，搜索之。狩者，守留之。夏不田何也？天地陰陽盛長之時，猛獸不攫，鷙鳥不搏，蝮蠆不螫，鳥獸蟲蛇，且知應天，而況人乎哉？是以古者必有豢牢。其謂之畋何？聖人舉事必反本。五穀者，以奉宗廟，養萬民也。去禽獸害稼穡者，故以田言之。聖人作名號而事義可知也。

按：古者人君一歲凡四田。而於夏則謂之苗，説者謂去禽獸之害苗者也。蓋禽獸多則傷五穀，因習兵事以捕禽獸，所以共奉宗廟，示不忘武備，又因以爲除田害，取鮮禽，以備秋嘗焉。後世人主乃有因田獵而踐民之稼穡者，豈知古人所以作名號事義哉！

明　徐問《讀書劄記》卷八　《王制》：天子諸侯無事則歲三田。獵以取獸。田不以禮，取有品制。曰暴天物。《書》曰「暴殄」。天子不合圍，四面圍之。諸侯不掩羣。掩，襲。獺祭魚，然後虞人入澤梁。絶水取魚。獺祭魚，孟春之候。豺祭獸，然後田獵。豺祭獸，季秋之月也。鳩化爲鷹，仲秋之候。然後設罻羅。草木零落，然後入山林。昆蟲未蟄，不以火田。不麛，獸子。不卵，不殺胎，不殀夭，禽獸之稚。不覆

巢。《國語》：魯宣公夏濫于泗淵，里革斷其罟而棄之，曰：「古者大寒降，土蟄發，水虞於是乎講罛罶，取名魚，登川禽，而嘗之寢廟，行諸國人，助宣氣也。鳥獸孕，水蟲成，獸虞於是乎禁罝羅，矠魚鼈，以爲夏犒，助生阜也。鳥獸成，水蟲孕，水虞於是乎禁罝罜麗，設穽鄂，以實廟庖，畜功用也。且夫山不槎蘖，澤不伐夭，魚禁鯤鮞，魚子。獸長麑麌，鳥翼鷇卵，蟲舍蚳蝝，蕃庶物也。」愚觀先王以其中正和平，敬用五事，以建惟皇之極，所以制禮作樂，昒合造化，感通神人，成位天地而茂對時育物。至於法制，猶能仁及昆蟲草木，制其品節，時其取用，禁其暴殄，捐其細纖，以阜蕃息，以助生化。其所以曲成裁輔之道，又無不用其極，王道備矣。宜其至和，薰蒸兩間。既無散陽，亦無滯陰，三光順次，陰陽序調，寒暑適節，風雨時至，天無震颷霜雹水旱之災，民無疾癘夭札之患。山川無童涸崩竭之變，生類無胎殰卵殈之虞。蓋其氣和而沴不作也。漢唐以降，不務修德，任氣縱情，舉動乖舛，無以感人及物。其上下乖盭睽隔，氣已不貫，而又禮樂不興，刑政苛紊，賦役煩重，民不聊生。自五穀八材以至女工、麻、絺、絲、枲，竭其原隰室廬之所出，山海江河巖穴之所藏，終歲勤動而不足以養生送死。斧斤相尋，戕及栟肆。罟羅搜抉，遍至胎鮞。加以蠻夷盜賊攘竊吞噬，無復相生相養休息之道。由是陰陽元氣壞爛雜亂而無統，欲其災沴妖孽銷弭不可得也。噫！然則欲求王政者，盍亦反諸本與？

明 **崔銑《讀易餘言》卷二** 春夏生物之氣已備庚者，秋冬成物之氣也。故改生爲殺，改榮爲枯，改燠爲寒涼，改露爲霜雪。

明 **林希元《易經存疑》卷一一** 觀天地之宜，此以天時地利之宜於人事者言，與觀象於天，觀法於地不同。要見陰陽消息處，如：春耕，夏耘，秋收，冬藏，仲冬斬陽木，仲夏斬陰木。蓋春夏發生，陽也息也，故宜耕耘。秋冬收斂，陰也消也，故宜收藏。仲冬一陽生，故斬陽木。仲夏一陰生，故斬陰木。此類不能盡書，在人以類而推。地之宜，如高宜種黍，下宜種稻，江南種橘，江北成枳，兖之漆絲，青之鹽絺，翟陽孤桐，泗濵浮磬，江南金碧，西蜀丹青。似此之類皆是地土所宜，無非陰陽消息之所爲也。【略】遠取諸物，羽毛鱗甲之物。羽甲屬陽，毛鱗屬陰，而各有血氣。血陰而氣陽，又各有消息也。植物，草屬陰，木屬陽，陰陽之中又各有陰陽。其榮悴開落，則消息也。

明 **唐順之《荆川集》卷九** 伐一木，殺一獸，不以其時，則亦爲不仁。觀於此義，而一體萬物之心，可以油然生矣。

明 **來知德《來瞿唐先生日録・内篇》卷四《太極》** 太極之理，在天地即月應萬川之意。譬之於樹，有一樹之太極，有一枝葉之太極，有一花一實之太極，有華於春樹之太極，有華於夏樹之太極，何也？蓋凡物皆有元、亨、利、貞，物必初然萌芽而生，既生了方長，長了又既而衰變，又既而剥落，歸根復命。到了歸根復命，貞下又起元矣。故春夏秋冬之樹，皆有太極。

明 **屠隆《鴻苞》卷三六《常思》** 百花開則必謝，草木榮則必枯，氣候燠則必寒，昆蟲奮則必蟄，萬形成則必壞。皆不能逃乎陰陽五行之推盪。故人之有生，有無涯之慾。生之有死，乃必至之期。忘必至之期，逞無涯之慾，朝盈萬事，暮戢一棺，慶甫出門，吊已在室，俯仰今古，英雄之流，聰慧之士，未有不如此者。故人常思病，則馳騁争競之氣灰矣。人常思死，則經營煩惱之念銷矣。從此進而求之，又有不病不死法。愚不能知，請問之古至人。

明 **萬曆《鹽梅志》卷一《帝臣皋陶》** 胡氏曰：「五行在地爲物，在天爲時。順其時而撫之，則五物皆成其材而爲人用矣。故仲春斬陽木，仲夏斬陰木，所以撫木辰也。季春出火，季秋納火，所以撫火辰也。司空以時相阪隰，所以撫土辰也。秋爲徒杠，春達清渠，所以撫水辰也。」又曰：「春盛德在木，布德施惠，所以順木辰。夏盛德在火，勞民勸農，所以順火辰。秋盛德在金，冬盛德在水，禁暴誅慢，謹蓋藏，斂積聚，所以順金水之辰。土寄旺四時四辰，順土在其中矣。」

明 **王樵《方麓集》卷一五《戊申筆記》** 萬物非爲人而生，而人資萬物以養，故人爲萬物之盜。夫人盜天地以生，又盜萬物以私其生，然未始不以其生而爲殺也。是萬物又人之盜也，是三盜者，人實爲主。苟知天地萬物無一物是吾之物，物非我物，不得不應我，非我，我不得不養，則三盜宜，三才安矣。

明 **楊梧《禮記説義纂訂》卷五** 孟冬草木零落，生氣既衰，然後入山林以取獸。季秋蟄蟲壞户，從十月以至仲春皆得火田。昆蟲未蟄，恐傷生氣，故不以火田。至於不麛不卵等是皆因其時之所宜，以順其物之性也。何莫而非田之禮哉。

按：獺祭魚，此取魚之候。春爲陽中，魚陰物，乘陽而上浮，於時取之，則力不勞而類不盡矣。虞人，澤虞也。梁謂絶水取魚。《周禮註》云：水堰是也。豺祭獸，此取獸之候。秋爲陰中，獸由陰而鷙，於時取之，則時不逆而類亦不盡矣。尉，捕鳥小網。鳥罟謂之羅。草曰零，木曰落。《詩傳》曰：草木不折，不操斧

斤，不入山林。此謂官民總取材木之時也。昆，明也。凡蟲得陽而生，得陰而藏，故謂之昆。

明　湯道衡《禮記纂註》卷六　命祀山林川澤，犧牲毋用牝。脩祭典，凡一年之當祭者，皆舉而判之。山林川澤百物所自出。孟春始生之時，故命祀之。毋用牝，恐傷生育也。禁止伐木。以盛德在木也。毋覆巢，毋殺孩蟲、胎、夭、飛鳥，毋麛，毋卵，毋聚大衆，毋置城郭，掩骼埋胔。孩蟲，蟲之稚者。胎，未生者。夭，方生者。飛鳥，初學飛者。麛，獸子之通稱。不聚大衆以興兵，不置城廓以役民，恐奪農時也。枯骨曰骼。骨尚有肉曰胔。

明　吴桂森《周易像象述》卷一〇《繫辭下》　天地間萬物無不得以遂其生，若其性是萬物之情所以類也。謂物各得其類能盡物之性也。鳥獸動物本乎天，孕育生化有其文，皆天之象。草木植物本乎地，高下燥濕有其宜，皆地之法。

清　王國瑚《四書窮鈔六補定本》卷一二　人與五穀，正氣也。草木鳥獸，繁氣也。繁氣不勝正氣，則各得其所而平矣。今草木暢茂，繁氣顧勝，正氣顧衰，是宜平而猶未平。洪水含禹，禽獸含益，五穀含稷，救死不贍，暇治禮義，契在其中矣。有洪水，則草木滋長其中而暢茂。有草木，則禽獸窟宅其中而繁殖。暢茂，則五穀不登矣。繁殖，則禽獸逼人矣。禽獸衆多，蹄跡縱横，人將何所容足乎，逼人可知。此蓋洪荒未遠，泰和未洽，猶有荒毛草昧之象，語脉皆自洪水而來。言鳥獸之害獨詳，何也？洪水未平，五穀不登，爲害雖大，尚可徐啚。至于禽獸，搏噬之害，尤爲迫切。故其立言如此，爲下交首命伯益張本。

清　張能鱗《儒宗理要·二程子》卷一　聖人奉天，理物之道，在乎六府。六府之任，治於五官。山虞澤衡，各有常禁。故萬物豐阜而財用不乏。今五官不脩，六府不治，用之無節，取之不時，豈惟物失其性。林木所資，天下皆已童赭。斧斤焚蕩，尚且侵尋不禁。而川澤漁獵之繁，暴殄天物，亦已耗竭，則將若之何。此乃窮弊之極矣。惟脩虞衡之職，則有變通長久之勢。此亦非有古今之異者也。

清　張能鱗《儒宗理要·朱子》卷二　問：「格物須合内外始得？」曰：「他内外未嘗不合，自家知得物之理如此，則因其理之自然而應之，便見合内外之理。目前事事物物，皆有至理，如一草一木，一禽一獸，皆有理。草木春生秋殺，好生惡死，仲夏斬陽木，仲冬斬陰木，皆是順陰陽道理。自家知得萬物均氣同體，見生不忍見死，聞聲不忍食肉，非其時不伐一木，不殺一獸，不殺胎，不殀夭，不覆巢，此便是合内外之理。」

清　李光地《中庸餘論》　先王推恩以及禽獸，故不殀夭，不殺胎，所以幼其幼；息老物，所以老其老。蓋不特孳物之生，而欲收其用實以順物之理而不傷其心也。推之而山林以時入，草木以時伐，凡其能順太和以育萬物者，莫非已性之流行焉。異學混而一之，則不知親親仁民愛物之等。百姓日用而不知，則又昧於本性之同。以聖賢之言觀之，則天地萬物之爲一體者，可見矣。

清　陳夢雷《周易淺述》卷三　「象曰：天下雷行物與，無妄。先王以茂對時，育萬物。」天下雷行震動，發生萬物，各正其性命。物物與之以無妄也。先王法此，對其所育之時，養育人民，使昆蟲草木無不得宜，亦物物與之以無妄也。對時，如孟春犧牲毋用牝，斧斤以時入山林之類。茂者，盛大之意。無時不對，無時不育也，即盡人性，盡物性，贊化育之謂也。天下雷行，物物與以無妄。物物各具一性，物物一自然之天也。聖人因物之性以育萬物，使物物各得其天，聖人一自然之天也。

綜　述

《尚書·洪範》　五行：一曰水，二曰火，三曰木，四曰金，五曰土。水曰潤下，火曰炎上，木曰曲直，金曰從革，土爰稼穡。潤下作鹹，炎上作苦，曲直作酸，從革作辛，稼穡作甘。

《禮記·祭義》　曾子曰：「樹木以時伐焉，禽獸以時殺焉。」夫子曰：「斷一樹，殺一獸，不以其時，非孝也。」

《吕氏春秋·情欲》　古人得道者，生以壽長，聲色滋味，能久樂之，奚故？論早定也。論早定則知早嗇，知早嗇則精不竭。秋早寒則冬必煖矣，春多雨則夏必旱矣，天地不能兩，而況於人類乎？人之與天地也同，萬物之形雖異，其情一體也。故古之治身與天下者，必法天地也。尊酌者衆則速盡，萬物之酌大貴之生者衆矣，故大貴之生常速盡，非徒萬物酌之也，又損其生以資天下之人，而終不自知。功雖成乎外，而生虧乎内，耳不可以聽，目不可以視，口不可以食，胸中大擾，妄言想見，臨死之上，顛倒驚懼，不知所爲。用心如此，豈不悲哉！

漢　董仲舒《春秋繁露》卷六《二端》　然書日蝕、星隕、有蜮、山崩、地震、夏大雨水、冬大雨雹、隕霜不殺草、自正月不雨至於秋七月、有鸛鵒來巢，《春秋》異

之，以此見悖亂之徵。

又　卷七《考功名》　故聖人之爲天下興利也，其猶春氣之生草也，各因其生小大而量其多少。

又　卷一六《求雨》　春旱求雨，令縣邑以水日，令民禱社，家祀户，無伐名木，無斬山林，暴巫聚蛇八日。於邑東門之外，爲四通之壇，方八尺，植蒼繒八，其神共工，祭之以生魚八，元酒，具清酒，膊脯，擇巫之清潔辯言利辭者以祝。祝齋三日，服蒼衣，先再拜，乃跪陳，陳已，復再拜。乃起祝曰：「昊天生五穀以養人。」

漢　劉安《淮南子》卷三《天文訓》　甲子氣燥濁，丙子氣燥陽，戊子氣濕濁，庚子氣燥寒，壬子氣清寒。丙子干甲子，蟄蟲早出，故雷早行。戊子干甲子，胎夭卵毈，鳥蟲多傷。庚子干甲子，有兵。壬子干甲子，春有霜。戊子干丙子，霆。庚子干丙子，夷。壬子干丙子，雹。甲子干丙子，地動。庚子干戊子，五穀有殃。壬子干戊子，夏寒雨霜。甲子干戊子，介蟲不爲。丙子干戊子，大旱，苽封熯。壬子干庚子，大剛，魚不爲。甲子干庚子，草木再死再生。丙子干庚子，草木復榮。戊子干庚子，歲或存或亡。甲子干壬子，冬乃不藏。丙子干壬子，星墜。戊子干壬子，蟄虫冬出其鄉。庚子干壬子，冬雷其鄉。季春三月，豐隆乃出，以將其雨。至秋三月，地氣不藏，乃收其殺，百蟲蟄伏，静居閉户，青女乃出，以降霜雪，行十二時之氣，以至於仲春二月之夕，乃收其藏而閉其寒。女夷鼓歌，以司天和，以長百穀禽獸草木。孟夏之月，以熟穀禾，雄鳩長鳴，爲帝候歲。是故天不發其陰則萬物不生，地不發其陽則萬物不成。天圓地方，道在中央。日爲德，月爲刑。月歸而萬物死，日至而萬物生；遠山則山氣藏，遠水則水蟲蟄，遠木則木葉槁。日五日不見，失其位也，聖人不與也。【略】木生於亥，壯於卯，死於未，三辰皆木也。【略】甲乙寅卯，木也。丙丁巳午，火也。戊巳，四季，土也。庚申辛酉，金也。壬癸亥子，水也。水生木，木生火，火生土，土生金，金生水。子生母曰義，母生子曰保，子母相得曰專；母勝子曰制，子勝母曰困。以勝擊殺，勝而無報。以專從事而有功。以義行理，名立而不墮。以保畜養，萬物蕃昌。

又　卷八《本經訓》　逮至衰世，鐫山石，鍥金玉，擿蚌蜃，消銅鐵，而萬物不滋。刳胎殺夭，麒麟不游，覆巢毀卵，鳳凰不翔；鑽燧取火，構木爲臺，焚林而田，竭澤而漁，人械不足，畜藏有餘；而萬物不繁兆萌牙，卵胎而不成者，處之太半矣。積壤而邱處，糞田而種穀，掘地而井飲，疏川而爲利，築城而爲固，拘獸以爲畜，則陰陽繆戾，四時失叙，雷霆毀折，雹霰降虐，氣霧雪霜不霽，而萬物燋夭。菑榛穢，聚埒畝，芟野菼，長苗秀，草木之句萌、銜華、戴宲而死者不可勝數。乃至夏屋宫駕，縣聯房植，橑檐榱題，雕琢刻鏤，喬枝菱阿，芙蓉芰荷，五采争勝，流漫陸離，修掞曲校，夭矯曾橈，芒繁紛拏，以相交持，公輸、王爾無所錯其剞劂削鋸，然猶未能贍人主之欲也。是以松柏菌露夏槁，江河三川絶而不流，夷羊在牧，飛蛩滿野，天旱地圻，鳳凰不下，句爪、居牙、戴角、出距之獸於是鷙矣。【略】天地之合和，陰陽之陶化，萬物皆乘一氣者也。是故上下離心，氣乃上蒸；君臣不和，五穀不爲。距日冬至四十六日，天含和而未降，地懷氣而未揚，陰陽儲與，呼吸浸潭，包裹風俗，斟酌萬殊，旁薄衆宜，以相嘔咐醖釀，而成育羣生。是故春肅秋榮，冬雷夏霜，皆賊氣之所生。【略】原四時者，春生夏長，秋收冬藏；取予有節，出入有時，開闔張歙，不失其敘；喜怒剛柔，不離其理。

又　卷一三《氾論訓》　天地之氣，莫大於和。和者，陰陽調，日夜分而生物，春分而生，秋分而成，生之與成，必得和之精。

漢　戴德《大戴禮記》卷一《夏小正》　正月：啟蟄。言始發蟄也。鴈北鄉。先言鴈而後言鄉者何也？見鴈而後數其鄉也。鄉者何也？鄉其居也，鴈以北方爲居。何以謂之居？生且長焉爾。「九月遰鴻鴈」，先言遰而後言鴻鴈何也？見遰而後數之則鴻鴈也。何不謂南鄉也？曰：非其居也，故不謂南鄉。記鴻鴈之遰也，而不記其鄉，何也？曰：鴻不必當小正之遰者也。雉震呴。呴也者，鳴也。震也者，鼓其翼也。正月必雷，雷不必聞，惟雉爲必聞之。何以謂之？雷則雉震呴，相識以雷。魚陟負冰。陟，升也。負冰云者，言解蟄也。農緯厥耒。緯，束也。束其耒云爾，用是見君之亦有耒也。耒，始用暘。初歲祭耒，始用暢也。其曰初歲云者，暢也者，終歲之用祭也。言是月之始用之也。初者，始也。或曰：祭韭也。囿有見韭。囿也者，園之燕者也。時有俊風。俊者，大也。大風，南風也。何大于南風也？曰：合冰必于南風，解冰必于南風，生必于南風，收必于南風，故大之也。寒日滌凍塗。滌也者，變也，變而煖也。凍涂者，凍下而澤上多也。田鼠出。田鼠者，嗛鼠也，記時也。農率均田。率者，循也。均田者，始除田也。言農夫急除田也。獺獻魚。獺祭魚，其必與之獻，何也？曰：非其類也，祭也者，得多也。善其祭而後食之。十月豺祭獸謂之祭，獺祭魚謂之獻，何也？豺祭其類，獺祭非其類，故謂之獻，大之也。鷹則爲鳩。鷹也者，其殺之時也。鳩也者，非其殺之時也。善變而知仁也，故其言之也曰「則」，盡其辭也。鳩爲鷹，變而之不仁也，故不盡其辭也。農及雪澤。言雪澤之無高下也。初服于公田。古有公田焉者，古者先服公田而後服其

田也。采芸。爲廟采也。鞠則見。鞠者何也？星名也。鞠則見者，歲再見云爾。初昏參中。蓋記時也云。斗柄縣在下。言斗柄者，所以著參之中也。柳稊。梅杏杝桃則華。杝桃，山桃也。緹縞。縞也者，莎隨也。緹也者，其實也。縞先言緹而後言縞者何也？緹先見者也。何以謂之？名也。雞桴粥。粥也者，相粥之時也。或曰：桴，嫗伏也；粥，養也。

二月：往耰黍，禪。禪，單也。初俊羔，助厥母粥。俊也者，大也。粥也者，養也。言大羔能食草木而不食其母也。羊蓋非其子而後養之，善養而記之也。或曰：夏有暑祭，祭也者用羔。是時也不足喜樂，喜羔之爲生也而記之，謂羔羊腹時也。綏多女士。綏，安也。冠子取婦之時也。丁亥，萬用入學。丁亥者，吉日也。萬也者，干戚舞也。入學也者，大學也。謂今時大舍采也。祭鮪。祭不必記，記鮪何也？鮪之至有時，美物也。鮪者，魚之先至者也。而其至有時，謹記其時。榮堇采繁。堇，采也。由胡者，繁母也，繁旁勃也。皆豆實也，故記之。昆小蟲，抵蚳。昆者，衆也，由魂魂也。魂魂也者，動也，小蟲動也。其先言動而後言蟲者何也？萬物至是動動而後著。抵，猶推也。蚳，螘卵也，爲祭醢也。取之則必推之，推之不必取之，故言推而不言取。來降燕，乃睇。燕，乙也。降者，下也。言來者何也？莫能見其始出也，故曰來降。言乃睇，何也？睇者，眄也。眄者，視可爲室者也。百鳥皆曰巢，突穴又謂之室，何也？操泥而就家，入人內也。剝鱓，以爲鼓也。有鳴倉庚。倉庚者，商庚也。商庚者，長股也。榮芸，時有見稊，始收。有見稊而後始收，是小正序也。小正之序時也，皆若是也。稊者，所爲豆實。

三月：參則伏。伏者，非亡之辭也。星無時而不見，我有不見之時，故曰伏云。攝桑。攝而記之，急桑也。委楊。楊則花而後記之。羵羊。羊有相還之時，其類羵羵然，記變爾。或曰：羵，羝也。則鳴。天螻也。頒冰。頒冰者，分冰以授大夫也。采識。識，草也。妾子始蠶。先妾而後子何也？曰：事有漸也。言事自卑者始。執養宮事。執，操也。養，長也。祈麥實。麥者，五穀之先見者，故急祈而記之也。越有小旱。越，于也。記是時恒有小旱。田鼠化爲鴽。鴽，鵪也。變而之善，故盡其辭也。鴽爲鼠，變而之不善，故不盡其辭也。拂桐芭。拂也者，拂也，桐芭之時也。或曰：言桐芭始生，貌拂拂然也。鳴鳩。言始相命也。先鳴而後鳩何也？鳩者鳴而後知其鳩也。

四月：昴則見。初昏，南門正。南門者，星也。歲再見，壹正，蓋大正所取法也。鳴札。札者，寧縣也。鳴而後知之，故先鳴而後札。囿有見杏。囿者，山之燕者也。鳴蜮。蜮也者，或曰屈造之屬也。王萯秀。取荼。荼也者，以爲君薦蔣也。秀幽。越有大旱。記時爾。執陟攻駒。執也者，始執駒也。執駒也者，離之去母也。陟，升也，執而升之君也。攻駒也者，教之服車數舍之也。

五月：參則見。參也者，伐星也。故盡其辭也。浮游有殷。殷，衆也。浮游，殷之時也。浮游者，渠略也，朝生而莫死。稱「有」何也？有見也。鴂則鳴。鴂者，百鷯也。鳴者，相命也。其不辜之時也，是善之，故盡其辭也。時有養日。養，長也。一則在本，一則在末，故其記曰「時有養日」云也。乃瓜。乃者，急瓜之辭也。瓜也者，始食瓜也。良蜩鳴。良蜩也者，五采具。匽之興五日翕，望乃伏。其不言生而稱興，何也？不知其生之時，故曰興。以其興也，故言之興。五日翕也，望也者，月之望也。而伏云者，不知其死也，故謂之伏。五日也者，十五日也。翕也者，合也。伏也者，入而不見也。啓灌藍蓼。啓者，別也，陶而疏之也。灌者，聚生者也。記時也。鳩爲鷹，唐蜩鳴。唐蜩者，匽也。初昏，大火中。大火者，心也。心中，種黍菽糜時也。煮梅。爲豆實也。蓄蘭。爲沐浴也。菽糜已在經中，又言之時，食矩關而記之。頒馬。分夫婦之駒也。將閒諸則，或取離駒納之則法也。

六月：初昏，斗柄正在上。五月大火中，六月斗柄正在上，用此見斗柄之不正當心也，蓋當依。依，尾也。煮桃。桃也者，杝桃也。杝桃也者，山桃也。煮以爲豆實也。鷹始摯。始摯而言之何也？諱殺之辭也，故言摯云。

七月：秀雚葦。未秀則不爲雚葦，秀然後爲雚葦，故先言秀。狸子肇肆。肇，始也。肆，遂也。言其始遂也。其或曰：肆，殺也。湟潦生苹。湟，下處也。有湟然後有潦，潦而後有苹草也。爽死。爽也者，猶疏也。苹秀。馬帚也。漢案户。漢也者，天漢也。案户也者，直户也。言正南北也。寒蟬鳴。蟬也者，蝭也。初昏，織女正東鄉。時有霖雨。灌荼。灌，聚也。荼，雚葦之秀，爲蔣褚之也。雚未秀爲菼，葦未秀爲蘆。斗柄縣在下，則旦。

八月：剝瓜。剝瓜也者，畜瓜之時也。玄校。玄也者，黑也。校也者，若緑色然。婦人未嫁者衣之。剝棗。剝也者，取也。栗零。零也者，降也。零而後取之，故不言剝也。丹鳥羞白鳥。丹鳥也者，謂丹良也。白鳥也者，謂蚊蚋也。其謂之鳥者何也？重其養者也。有翼者爲鳥。羞也者，進也。不盡食也。辰則伏。辰也者，房星也。伏也者，入而不見也。鹿人從。鹿人從者，從羣也。鹿之

養也離，羣而善之。離而生，非所知時也，故記從不記離，君子之居幽也不言。或曰：人從也者，大者于外，小者于內，率之也。鴽爲鼠。參中則旦。

九月：內火。內火也者，大火。大火也者，心也。遰鴻鴈。遰，往也。主夫出火。主夫也者，主以時縱火也。陟玄鳥蟄。陟，升也。玄鳥者，燕也。先言陟而後言蟄，何也？陟而後蟄也。熊羆貊貉鼶鼬則穴，言蟄也。榮鞠。鞠，草也。鞠榮而樹麥，時之急也。王始裘。王始裘者何也？衣裘之時也。辰繫于日。雀入于海爲蛤。蓋有矣，非常入也。

十月：豺祭獸。善其祭而後食之也。初昏，南門見。南門者，星名也，及此再見矣。黑鳥浴。黑鳥者何也？烏也。浴也者，飛乍高乍下也。時有養夜。養者，長也，若日之長也。玄雉入于淮爲蜃。蜃者，蒲盧也。織女正北鄉，則旦。織女，星名也。

十有一月：王狩。王狩者，言王之時田也。冬獵爲狩。陳筋革。陳筋革者，省兵甲也。嗇人不從。不從者，弗行。于時月也，萬物不通。隕麋角。隕，墜也。日冬至，陽氣至始動，諸向生皆蒙蒙符矣。故麋角隕，記時焉爾。

十有二月：鳴弋。弋也者，禽也。先言鳴而後言弋者，何也？鳴而後知其弋也。玄駒賁，玄駒也者，螘也。賁者何也？走于地中也。納卵蒜。卵蒜也者，本如卵者也。納者何也？納之君也。虞人入梁。虞人，官也。梁者，主設罔罟者也。隕麋角。蓋陽氣且睹也，故記之也。

漢　班固《漢書》卷九一《貨殖傳》　昔先王之制，自天子公侯卿大夫士至于皁隸抱關擊柝者，其爵祿奉養宮室車服棺槨祭祀死生之制各有差品，小不得僭大，賤不得踰貴。夫然，故上下序而民志定。於是辯其土地川澤丘陵衍沃原隰之宜，教民種樹畜養；五穀六畜及至魚鼈鳥獸雚蒲材幹器械之資，所以養生送終之具，靡不皆育。育之以時，而用之有節。草木未落，斧斤不入於山林；豺獺未祭，罝網不布於壄澤；鷹隼未擊，矰弋不施於徯隧。既順時而取物，然猶山不茬蘖，澤不伐夭，蝝魚麛卵，咸有常禁。所以順時宣氣，蕃阜庶物，稸足功用，如此之備也。

北齊　劉晝《劉子》卷三《愛民》　先王之治，上順天時，下養萬物。草木昆蟲，不失其所。獺未祭魚，不施網罟。豺未祭獸，不修田獵。鷹隼未擊，不張尉羅。霜露未霑，不伐草木。草木有生而無識，鳥獸有識而無知，猶施仁愛以及之，奚況在人而不愛之乎？故君者其仁如春，其澤如雨，德潤萬物，則人爲之死矣。

唐　李翺《李文公集》卷五《雜説》　日月星辰經乎天，天之文也。山川草木羅乎地，地之文也。志氣言語發乎人，人之文也。志氣不能塞天地，言語不能根教化，是人之文紕繆也。山崩川涸，草木枯死，是地之文裂絶也。日月暈蝕，星辰錯行，是天之文垂盭也。

宋　歐陽修《詩本義》卷二《騶虞》　本義曰：名南風，人美其國君有仁德，不多殺以傷生，能以時田獵，而虞官又能供職。故當彼茂草茁然而初生，國君順時畋于騶囿之中，蒐索害田之獸，其騶囿之虞官，乃翼驅五田豕以待君之射。君有仁心，惟一發矢而已，不盡殺也，故詩之首句言田獵之得時，次言君仁而不盡殺，卒歎虞人之得禮。

又　卷一四《時世論》　周之爲周也，遠自上世積德累仁，至于文王之盛，征伐諸侯之不服者，天下歸者三分有二。其仁德所及，下至昆蟲草木。如《靈臺》、《行葦》之所述，蓋其功業盛大，積累之勤，其來遠矣。

宋　趙汝楳《周易輯聞》卷六　古者不合圍掩羣，不覆巢竭澤。雖佃漁而仁心寓焉。禽藏穴中，宜可舍棄，猶不免於弋取。是陰殺之意，勝陽生之意微也。

明　王守仁《王文成公全書》卷二六《大學問》　見鳥獸之哀鳴觳觫而必有不忍之心焉，是其仁之與鳥獸而爲一體也，鳥獸猶有知覺者也。見草木之摧折而必有憫恤之心焉，是其仁之與草木而爲一體也，草木猶有生意者也。見瓦石之毁壞而必有顧惜之心焉，是其仁之與瓦石而爲一體也，是其一體之仁也。

清　趙士麟《讀書堂綵衣全集》卷四四《禁打鳥》　爲嚴禁打鳥傷生，以廣化育事。照得人生日用有必需之物，固難禁其不殺；失業窮民有必趨之利，亦難禁其不爲。若夫物不可登於几俎，利不過算以錙銖，而殘忍慘毒惻目傷心則莫如打鳥一事矣。以彼翱翔空宇，棲遲林木，於人無患，於世無求，體輕而肉瘦，食之不足以飽也，性熱而氣腥，嚼之殊不覺甘也，則打之者之無謂也。奈何破其巢卵，拆彼雌雄，徒傷天地好生之仁，致造因果報還之孽，頑冥無知一至於此。合行飭禁爲此云云。嗣後，務各發慈心，另謀生理。如有或執鳥鎗，或擎粘竿，故戕物命者，許地方總甲人等，民則擒送所在官司，重責枷示，兵則拿送該管將領，軍法從事。扶同容隱，一併治罪不貸。

清　愛新覺羅・胤禛《清世宗文集》卷九《雜著》　成湯解網三面，《史記》以爲諸侯悦服，稱其德及禽獸。由斯而言，則是聖人當日設爲解網之事，以籠絡人心，聳動觀聽，類於權術之爲，非聖人之心也。且既有解網之仁，則當放桀南巢

何爲不解網而釋之乎？以此詰問，將不免於後人之疑矣。朕謂聖人之心至公無私，慶賞刑威皆因物付物而已。所執之法，如網張於一面而三面皆虛。左右之間，皆人人可生之地。乃人或不肯由三面以自全，而甘心蹈一面之網，則聖人亦無如之何矣。若夏桀者，自蹈於一面之網者也。

清　魏荔彤《大易通解》卷三《坤下坎上》　雖萬邦咸寧，無一夫一婦不得其所，而不妨舜有三苗，堯有巢。由此所以從網爲喻：王用三驅，網開一面，前禽之失。邑人不誡，聽其從違，不以威迫，不以利誘。

清　崔述《無聞集》卷一《救荒策》　然則古之炊爨，皆取之于林麓，不取之深山重泉之下。夫以天地之氣完，而其力厚。

清　道光《安陸縣志》卷三七《物産》　虎　鄭獬《虎説》：安陸故多虎，或躍而入郭里，民設穽以逐之。虎避去入山，民即山復爲穽，虎遂窮遠遁。今亡虎矣。天之生物與人迭爲盛衰。天下平治之久，生齒大繁，暴害天物，亡休息。異時漢溪多大魚矣，不售則反棄諸河。今財充釜而已，是川澤不足以勝網罟。異時南山多薪矣，凡民得樵焉。今相鬬於叢薄間，是山林不足以勝斧斤。異時夢澤多稻矣，鄰里不相求。今持券而往，無所貸矣，是田疇不足以勝食。故古之聖人於物也，養之有道，取之有時，獺祭而魚梁入，隼擊而尉羅用，故物與人相資而不相竭。後世亡法，故物與人迭盛而迭衰。自唐末五代，兵滿四海，生靈苟活於白刃間，廬聚不見爨煙。是時山林川澤得以休息，而物大出爲暴，若海潮之溢於是，魚蟲鳥獸羣行而奪民之居，虎豹厭食若人矣。是非盛衰相勝而有食哉？善持之不欲其有所勝而有所害，若安陸之虎既窮，而不得自託於山野，民既已勝矣，然無使其復躍入郭，則甚善。

紀　事

《左傳·昭公十六年》　鄭大旱，使屠擊、祝款、豎柎有事於桑山。斬其木，不雨。子産曰：「有事於山，蓺山林也，而斬其木，其辠大矣。」奪之官邑。

《國語·魯語》　[魯]宣公夏濫於泗淵，里革斷其罟而棄之，曰：「古者大寒降，土蟄發，水虞於是乎講罛罶，取名魚，登川禽，而嘗之寢廟，行諸國，助宣氣也。鳥獸孕，水蟲成，獸虞於是乎禁罝羅，矠魚鱉，以爲夏犒，助生阜也。鳥獸成，水蟲孕，水虞於是禁罝罜麗，設穽鄂，以實廟庖，畜功用也。且夫山不槎蘖，澤不伐夭，魚禁鯤鮞，獸長麑䴠，鳥翼鷇卵，蟲舍蚳蝝，蕃庶物也，古之訓也。今魚方別孕，不教魚長，又行網罟，貪無藝也。」

《論語·述而》　子釣而不綱，弋不射宿。

《晏子春秋·問上》　景公問晏子曰：「寡人意氣衰，身病甚。今吾欲具圭璋犧牲，令祝宗薦之乎上帝宗廟，意者禮可以干福乎？」晏子對曰：「嬰聞之古者先君之干福也，政必合乎民，行必順乎神，節宮室不敢大，斬伐以無偪山林，節飲食無多，畋漁以無偪川澤，祝宗用事，辭罪而不敢有所求也，是以神民俱順而山川納祿。今君政反乎民而行悖乎神；大宮室，多斬伐，以偪山林；羨飲食，多畋漁，以偪川澤。是以民神俱怨而山川收祿。司過薦罪而祝宗祈福，意者逆乎？」公曰：「寡人非夫子無所聞此，請革心易行」。于是廢公阜之遊，止海食之獻，斬伐者以時，畋漁者有數，居處飲食節之勿羨，祝宗用事，辭罪而不敢有所求也。故鄰國忌之，百姓親之。晏子没而後衰。

《列子·湯問》　師襄曰：「子之琴何如？」師文曰：「得之矣。請嘗試之。」於是當春而叩商弦，以召南呂，涼風忽至，草木成實。及秋而叩角弦，以激夾鍾，温風徐迴，草木發榮。當夏而叩羽弦，以召黄鍾，霜雪交下，川池暴沍。及冬而叩徵弦，以激蕤賓，陽光熾烈，堅冰立散。將終命宮而總四弦，則景風翔，慶雲浮，甘露降，澧泉涌。

《吕氏春秋·應同》　及禹之時，天先見草木秋冬不殺。禹曰：「木氣勝。」木氣勝，故其色尚青，其事則木。

《韓非子·解老》　周公曰：「冬日之閉凍也不固，則春夏之長草木也不茂。」天地不能常侈常費，而況於人乎！

《韓非子·喻老》　宋人有爲其君以象爲楮葉者，三年而成。豐殺莖柯，毫芒繁澤，亂之楮葉之中而不可別也。此人遂以功食禄於宋邦。列子聞之曰：「使天地三年而成一葉，則物之有葉者寡矣。」故不乘天地之資而載一人之身，不隨道理之數而學一人之智，此皆一葉之行也。

《韓非子·内儲説上》　魯哀公問於仲尼曰：「《春秋》之記曰：冬十二月霣霜不殺菽，何爲記此？」仲尼對曰：「此言可以殺而不殺也。夫宜殺而不殺，桃李冬實。天失道，草木猶犯干之，而況於人君乎？」

漢　司馬遷《史記》卷一《五帝本紀》　[黄帝]順天地之紀、幽明之占、死生之説、存亡之難，時播百穀草木。

又　卷三《殷本紀》　湯出，見野張網四面，祝曰：「自天下四方皆入吾網。」湯曰：「嘻，盡之矣！」乃去其三面，祝曰：「欲左，左。欲右，右。不用命，乃入吾網。」諸侯聞之，曰：「湯德至矣，及禽獸。」

南朝宋　范曄《後漢書》卷三八《法雄傳》　在州四年，遷南郡太守，斷獄省少，户口益增。郡濱帶江沔，又有雲夢藪澤，永初中，多虎狼之暴，前太守賞募張捕，反爲所害者甚衆。雄乃移書屬縣曰：「凡虎狼之在山林，猶人之居城市。古者至化之世，猛獸不擾，皆由恩信寬澤，仁及飛走。太守雖不德，敢忘斯義。記到，其毁壞檻穽，不得妄捕山林。」是後虎害稍息，人以獲安。

又　卷六二《荀爽傳》　延熹九年，太常趙典舉［荀］爽至孝，拜郎中。對策陳便宜曰：

臣聞之於師曰：「漢爲火德，火生於木，木盛於火，故其德爲孝，其象在《周易》之《離》。」夫在地爲火，在天爲日。在天者用其精，在地者用其形。夏則火王，其精在天，温暖之氣，養生百木，是其孝也。冬時則廢，其形在地，酷烈之氣，焚燒山林，是其不孝也。

北齊　魏收《魏書》卷一三《高宗文成文明皇后馮氏傳》　高祖詔曰：「朕以虚寡，幼纂寶歷，仰恃慈明，緝寧四海，欲報之德，正覺是憑，諸鷙鳥傷生之類，宜放之山林。其以此地爲太皇太后經始靈塔。」

又　卷六八《甄琛傳》　［甄］琛表曰：王者道同天壤，施齊造化，濟時拯物，爲民父母。故年穀不登，爲民祈祀。乾坤所惠，天子順之；山川祕利，天子通之。苟益生民，損躬無吝，如或所聚，唯爲賑恤。是以《月令》稱：山木藪澤，有能取蔬食禽獸者，皆野虞教導之；其迭相侵奪者，罪之無赦。此明導民而弗禁，通有無以相濟也。《周禮》雖有川澤之禁，正所以防其殘盡，必令取之有時。斯所謂鄣護雖在公，更所以爲民守之耳。

唐　顔真卿《顔魯公集》卷四《天下放生池碑》　乃以乾元二年太歲己亥春三月己丑，端命右驍衛右郎將史元琮、中使張庭玉奉明詔，布德音，始于洋州之興道泉，山南、劒南、黔中、荆南、嶺南、江西、浙西諸道，汔于昇州之江寧秦淮太平橋，臨江帶廓，上下五里，各置放生池，凡八十一所。蓋所以宣皇明而廣慈愛也。《易》不云乎？「信及豚魚。」《書》不云乎？「鳥獸魚鼈咸若。」古之聰明叡智神武而不殺者，非陛下而誰？昔殷湯克仁，猶存一面之網；漢武垂惠，纔致銜珠之答。雖流水救涸，寶勝稱名。蓋事止於當時，尚介祉於終古。豈若我今日動者、植者、水居、陸居，舉天下以爲池，罄域中而蒙福。揆之前古，曾何髣髴。微臣職忝方面，生丁盛美，受恩寖深，無以上報。謹緣皋陶、奚斯歌虞頌魯之義，述天下放生池碑銘一章，雖不足雍容明聖萬分之一，亦臣之精懇也。敢刻金石，著其詞曰：「明明皇帝，臨下有赫。至德光天，乾元啓蹟。緯武戡亂，經文御曆。孝感神明，義形金石。仁覆華夏，恩沾蠻貊。道冠巍巍，威深虢虢。遘兹多難，克廣丕績。慶緒既誅，思明辟易。人道助順，天心惡逆。撲滅之期，匪朝伊夕。乘此寶祚，永康宗祐。業盛君親，功崇列辟。交禪之際，燦然明白。迥映來今，孤高往策。去殺留惠，好生惡僻。率土之濵，臨江是宅。遂其生性，庇爾鱗翮。環海爲池，周天布澤。致兹忠厚，罔弗怡懌。動植依仁，飛沉受獲。流水長者，徒稱往昔。寶勝如來，疇庸允格。德力無競，慈悲孔碩。相時傳聞，尚賴弘益。矧在遭遇，其忘敷錫。真卿勒銘，敢告凡百。」臣真卿以乾元三年春三月戊辰撰。

宋　方聞一《大易粹言》卷八　「九五：顯比，王用三驅，失前禽。邑人不誡，吉。象曰：顯比之吉，位正中也。舍逆取順，失前禽也。邑人不誡，上使中也。」伊川先生曰：「五居君位，處中得正，盡比道之善者也。人君比天下之道，當顯明其比道而已。知誠意以待物，恕己以及人，發政施仁，使天下蒙其惠澤，是人君親比天下之道也，如是天下孰不親比於上。若乃暴其小仁，違道干譽，欲以求下之比，其道亦已狹矣，其能得天下之比乎？故聖人以九五盡比道之正，取三驅爲喻，曰『王用三驅，失前禽，邑人不誡，吉』。先王四時之畋，不可廢也。故推其仁心，爲三驅之禮，乃禮所謂天子不合圍也。成湯祝網，是其義也。天子之畋，圍合其三面，前開一路，使之可去，不忍盡物，好生之仁也。止取其不用命者，不出而反入者也。禽獸前去者皆免矣，故曰『失前禽』也。王者顯明其比道，天下自然來比，來者撫之，固不煦煦然求比於物。若田之三驅，禽之去者從而不追，來者則取之也。此王道之大，所以其民皡皡而莫知爲之者也。『邑人不誡，吉』，言其至公不私，無遠邇親疏之别也。『邑』者，居邑，《易》中所言邑，皆同王者所都、諸侯國中也。『誡』，期約也，待物之一，不期誡於居邑。如是，則吉也。聖人以大公無私治天下，於顯比見之矣。非唯人君比天下之道如此，大率人之相比莫不然。以臣於君言之，竭其忠誠致其才力，乃顯其比君之道也。用之與否在君而已，不可阿諛逢迎求其比己也。在朋友亦然，修身誠意以待之，親己與否在人而已，不可巧言令色曲從苟合以求人之比己也。於鄉黨親戚、於衆人莫不皆然。三驅失前禽之義也。顯比所以吉者，以其所居之位得正中也。處正中之

地，乃由正中之道也。比以不偏爲善，故云『正中』，凡言正中者，其處正得中也，『比』與『隨』是也，言『中正』者，得中與正也，『訟』與『需』是也。禮取不用命者，乃是舍順取逆也。順命而去者，皆免矣，比以向背而言，謂去者爲逆，來者爲順也，故所失者前去之禽也，言來者撫之，去者不追也。不期誠於親近，上之使下，中平不偏，遠近如一也。」

橫渠先生曰：「失前禽謂三面而驅，意在緩逸之，不務殺也，順奔然後取之，故被傷者少也。以剛居中而顯明比道，伐止有罪不爲濫刑，故邑人不誡。爲上用中，此之謂也。不比者不懲，非用中也。故比必顯之，然殺不可務也。一云上使中者，付得其人也。」

龜山楊氏曰：「居得尊位，其比宜顯矣。故制畿封國以爲屬連，建牧立監以相糾，因時問以通好，賀慶以展親，所以比諸侯也。域民之制，其詳至於屬婦同井而居，同巷相從，任之以九職，繫之以九兩，所以比其民也，凡此皆顯比之道也，盡斯道者其唯九五乎？居中履正而上下應之，比之正也。故曰：『顯比，王用三驅，失前禽，邑人不誡，吉。』夫獸窮則搏，常物之大情也，故王田不合圍，三面而驅，不窮物以盡取也。先王比天下而安之，非以求吾所大欲也，故順則取之，逆而去則舍之，所失者前禽而已。盡吾比道，任彼而不致力焉，用三驅之義也，若湯之祝網是也。窮民而盡取之，乃名敵之道，非所以比天下也。」

宋　朱熹《儀禮集傳集註》卷三六《王朝禮》　湯見祝網者，置四面。其祝曰：「從天墜者，從地出者，從四方來者，皆離吾網。」湯曰：「嘻，盡之矣。非桀，其孰爲此。」湯乃解其三面，置其一面，更教之祝曰：「昔蛛蝥作網，今之人循序，欲左者左，欲右者右，欲高者高，欲下者下。吾取其犯命者。」其憚害物也。如是，漢南之國聞之，曰：「湯之德及鳥獸矣。」四十國歸之。《詩》曰：「王在靈囿，麀鹿攸伏。麀鹿濯濯，白鳥皜皜。王在靈沼，於仞魚躍。」言德至也。

金　元好問《續夷坚志》卷四《高白松》　徐偉官京兆，夢二老人白首而長身，身穿綠袍，謂偉言：某他日有斧斤之厄，幸爲保全之。偉不知所以，朕夢亦不忘也。及移守泰安，會岳祠災，詔復修之，境內大木皆斫採砍。東六十里萊蕪之高白村有古松，幹柯茂盛，陰蔽二畝，鄉社相傳爲數百年物，亦在采斫之數，鄉人父老哀祷于偉。回悟前夢，力爲營獲，竟免斬伐。是夜夢有來謝者，土人立祠其側。辛生者爲之記，文士張聖予賦詩云：「蟠根蹙足怪虬藏，平頂摩雲翠蓋張。不怕雪霜侵玉瘦，却愀雷雨化龍驤。異材詎肯資梁棟，灵夢还能避斧戕。万古天風吹不老，岱宗山色共蒼蒼。」

元　脫脫《宋史》卷三〇二《吴及傳》　至和元年，「吴及」上疏曰：【略】臣愚以謂胎卵傷而鳳凰不至，宦官多而繼嗣未育也。伏望順陽春生育之令，濬發德音，詳爲條禁。

明　萬表《玩鹿亭稿》卷八《知其雄章》　凡木石之未斫削者，謂之樸。樸散則爲器，言斫削而爲器，是散其樸也。聖人用樸以爲治，故曰「大制不割」。不割者，不破其樸也。

清　閻鎮珩《六典通考》卷一六三《草木鳥獸之政》　後漢元和二年正月，詔三公曰：「方春生養萬物，莩甲宜助萌陽以育時物。」三年二月己丑，勑侍御史司空曰：「方春所過無得有所伐殺，車可以引避，引避之騑馬可輟解。《輟解》之詩云：『敦彼行葦，牛羊勿踐，履禮人君。』伐一草木不時謂不孝，俗知順人，莫知順天，其明稱朕意。」

宋養象所掌調御馴象。駝坊、車營、致遠務掌分養襍畜，以供負載、般運。牧養上下監掌治療病馬及申駒數，有耗失則送皮剥所。祥符三年，禁方春射獵，每歲春夏之交，所在長吏申明之。元祐初，程頤爲崇政殿説書，聞上在宮中盥而避蟻，問：「有是乎？」曰：「然，恐傷之爾。」頤曰：「推此心以及四海，帝王之要道也。」紹興三十年二月，禁民春月捕鳥獸。

遼設羣牧使司及監養鳥獸等官，有監鹿詳穩司、監雉詳穩司。道宗清寧二年，詔曰：「方夏長養鳥獸孳育之時，不得縱火於郊。」

金大定二十五年十月，禁止上京等路大雪及含胎時採捕。十一月詔：豺未祭獸，不許採捕。冬月雪尺以上，不許用網及速撤海，恐盡獸類。【略】

元世祖時禁春夏田獵字孕野獸，又勑禽獸字孕時毋田獵。文宗至順元年詔：凡立營司，境內所屬山林川澤，其鳥獸魚鼈悉供內膳，諸獵捕者坐罪。

森林功效思想部

題解

漢　許慎《説文·林部》　平土有叢木曰林。徐曰：叢木，故從二木。平土，故二木齊。

又《木部》　森，木多貌。

宋　戴侗《六書故》卷二一　樹　樹　尌，古文。種曰埶，栽曰樹，草曰埶，木曰樹。引之則凡樹立者，皆曰樹。《説文》曰：生植之總名。

植　植　樹也。或作「樴」。植之爲植，植立爲植。

清　張玉書《康熙字典·木部》　山木曰林。

論説

《管子·侈靡》　「請問爲邊若何？」對曰：「夫邊日變，不可以常知觀也。民未始變而是變，是爲自亂。請問諸邊而參其亂，任之以事。因其謀，方百里之地，樹表相望者，丈夫走禍，婦人備食。內外相備，春秋一日，敗曰千金，稱本而動。」

《荀子·彊國》　其在趙者，剡然有苓，而據松柏之塞。

《禮記·祭法》　山林川谷丘陵，能出雲，爲風雨，見怪物，皆曰神。

《呂氏春秋·功名》　水泉深則魚鱉歸之，樹木盛則飛鳥歸之，庶草茂則禽獸歸之。

漢　劉安《淮南子》卷一六《説山訓》　欲致魚者先通水，欲致鳥者先樹木。水積而魚聚，木茂而鳥集。

又　卷一七《説林訓》　榛巢者處林茂，安也。窟穴者託埵防，便也。

漢　桓寬《鹽鐵論》卷四《輕重》　御史曰：水有猵獺而池魚勞，國有强禦而齊民消。故茂林之下無豐草，大塊之間無美苗。

清　俞森《種樹説》　余嘗注種樹之效，其利有八，上之人不肯盡心者其弊有三，下之人相視不前者其源有二也。何謂八利？一畝之地樹穀得二石足矣。一畝之地而樹木所入不數十石乎？其利一。歲有水旱，菽麥易傷，榛柿栗棗不俱殘也，年豐販易，歲凶饑療，其利二。貧人無薪，至拾馬糞，掘草根，種樹則落其實而取其材，何憂無樵蘇之具，其利三。造屋無木，十塹覆草，久雨屋頹，率多露處。種樹則上可建樓居，下不至爲土隅，其利四。樹少則生無以爲器具，死無以爲棺槨，種樹則材木不可勝用，其利五。豫土不堅，瀕河善潰，若栽柳列樹，根枝糾結，護堤牢固，何處可沖？其利六。五畝之宅，樹之以桑，宅不毛者有里布。今汴州四野之桑，高大沃若。若比户皆桑，大講蠶務，其利七。五行之用，不克不生，今樹木稀少，木不克土，土性輕颺，人物粗猛。若樹木繁多，則土不飛騰，人環秀飭，其利八。有此八利，而上下恬熙，玩日愒月，則三弊不除，而二源不擴也。何謂三弊？在上之人，以簿書期會之不遑，常恐因所緩而誤所急，一也。貪婪者每借事而生端，謹慎者每安常而襲故，二也。凡民可與樂成，難與慮始。未蒙章甫之歌，先致麛裘之謗，三也。至於民間，或有廣種之舉。工師求大木，通國皆無，而一家獨有，此禍之媒也，一也。鄰佑盡蓬蒿，而果實離離，雖折柳樊圃，亦衆射之的矣，二也。此所爲二源不擴也。此非上之人不顧三弊，擴清二源，則利不可得也。一里之內，而種樹者止一家；一邑之內，而種樹者止一里，則利少而害多，不得不顧慮也。若盡一邑而悉種焉，則利廣矣。盡一郡而悉種焉，則利更廣矣。合省而悉種焉則其利尤廣，而何慮禍之獨鐘乎？合省者，一邑之積也。

清　王心敬《四禮寧儉編》　墳塋無取太大，卻宜力節浮費。多樹良柏、良楸，令之充滿佳城。蓋孝子事死如生。生則期于居親身者，深邃清幽。死則期於葬親體者，鬱葱氤氳。且塋中置屋，既看守匪易，且最難在此力量。而兼之風雨漂摇，不久便壞。若得柏成楸茂，不過一二十年，便可鬱鬱葱葱，成一佳城，妥怡親靈耳。

清　乾隆《寶坻縣志》卷一六　築隄以捍水，尤須栽樹以護隄。誠使樹植茂盛，則根柢日益蟠深，隄岸亦日益堅固。栽樹宜春分，然聞之老圃云：每年十月內將樹枝深埋岸側，以土覆之過冬，木性與土性融，逢春易發，此法之至捷者也。

清　崔述《無聞集》卷一《救荒策》　天地亦有腠理焉，深山大澤，谿谷高下，林木蓊鬱，此亦天地之腠理也。是以其土常潤，其氣常蒸蒸然升而爲雲。自生聚日蕃，貧富不均，富者連阡陌，而貧者無立錐。其近山者，争覓利於閒曠之地，

於是懸崖幽壑，靡不芟其翳，焚其蕪，而闢之以爲田，鋤犁之所加，風日之所爍，焦枯燥涸，而雲之出漸稀矣。

清 魯士驥《魯山木先生文集·備荒管見》 山多田少之地，其田多磽。況夫山無林木，濯濯成童，則山中之泉脈不旺，而雨潦時降，泥沙石塊與之俱下，則田益磽矣。必也使民樵採以時，而廣蓄巨木，鬱爲茂林，則上承雨露，下滋泉脈，雨潦時降，甘泉奔注，而田以肥類矣。【略】凡田地之肥瘠，視山原之美惡。若其山多草木，鬱積磅礴，其泉流必厚，而田受其滋。否則春夏多驟雨，沙石隨之而下，田雖本肥，受害既深，亦從而瘠矣。

清 王克哲《沁隄栽柳築壩説》（《武陟縣志》卷二三引） 武邑大害，首數沁水，每歲夏秋，塌隄生險，官民憂懼，且埽工數十處，愈脩愈長，愈長愈險，稍有疎忽，衝決難免。災既切膚，籌□宜詳，竊念沁水，自山右來，憑高瀉下，勢如建瓴。自應沙隨水去，河道净深，何乃日淤日淺，歲歲生險邪？良由郡西天師廟以上，地實山麓，土堅流駛，故水道不淤不徙。自天師廟以下，地已平坦，水流漸緩，及入武境，地勢愈平，其流愈緩，水緩則沙積，沙積則流淺，愈淺愈淤，夏秋水漲，安得不塌隄乎？且武邑之隄，俱係沙築，沙性虚鬆，一被水齧，傾圮立見，故不得不脩埽以護隄。埽本草垛，又無大土以壓之，水深則浮，水急則蕩去，空費金錢，難資保障。欲求實用計，惟沿隄栽柳一策。柳之爲物，生意最盛，折其枝，順植之活，横植之活，倒植之亦活，且其木尤易長，植之十年便可成株。其根又最深，不及黄泉不止也。若植之，南北兩隄，下則柳根屈曲盤結，水不能塌，而隄根固矣，即遇洪漲刷隄，守者從容將柳株中折以枝稍捍水，則水爲柳稍所拒，雖大溜亦成漫流矣。迨水退脩埽，則柳稍便是科物，不煩徵收，而埽工告竣矣。況柳根盤結於下，是無形之隄也。柳稍折以禦水，是無形之埽也。沿隄皆柳，是隄爲内城，柳爲外城也。埽用柳枝，是棄易朽之草，而需耐久之柴也。時屆春夏，長條舞風，緑影蔭地，是荒煙蔓艸之長隄忽變爲踏青乘涼之勝區也，詎不休哉！

清 梅曾亮《柏梘山房文集·書棚民事》 及余來宣城問諸鄉人，皆言：未開之山，土堅石固，草樹茂密，腐葉積數年可二三寸。每每天雨，從樹至葉，從葉至土石，歷石罅，滴瀝成泉。其下水也緩，又水下土不隨其下。水緩故低田受之不爲災。而半月不雨，高田猶受其灌溉。今以斤斧童其山，而以鋤犁疏其土，一雨未畢，沙石隨下，奔流注壑，澗中皆填淤不可貯水，畢至窪田中乃止。及窪田竭，而山田之水無繼者。是爲開不毛之土而病有穀之田，利無稅之傭而瘠有稅之户也。余亦是其説而是之。

清 咸豐《鄧川州志》卷九《雜誌》 河岸樹木葱蔚，既可固堤，兼可濟急。試看堤灣水曲處，大溜直射堤埂，但得樹枝攔之，水即掉頭，以此救險者屢矣。故兩岸宜廣植樹木，不拘種類，以大葉柳爲便，根密枝繁，又易發生，有者護之，無者樹之，事易利溥，不識何以憚而不爲也。

清 鄭觀應《增定盛世危言新編·旱潦》 泰西數十年來於種樹之事極爲盡心，特設專官，如古者虞人之職。自樹木廣植後，不特名材美木獲利無窮，且樹旁之田，瘠者變而爲腴，因樹根能吸土膏，能爛沙石，故磽确之地悉化膏腴也。而且無水者變而有水，因樹木能放養氣，能潤本根，故乾熯之區，咸資灌溉也。而且根株盤結，沙石化爲土壤，鬆脆變而堅凝，牆岸益堅，堤防愈固，則禦旱禦水，無所不宜。古所謂一年之計樹穀，十年之計樹木者，非虚言也。中國種樹，古有專書。漢唐以來，官不過問。自粤捻搆亂，燕齊晉豫諸省，所有樹木，斬伐無餘。水旱頻仍，半由於此。即可責水利農田，使相勸督率，於田側隙地，廣植林木，以復舊觀。

清 劉錦藻《清續文獻通考·實業考》 ［光緒二十四年］，御史華煇奏：【略】嘉樹密林既能引泉致雨，可免旱災，而根蟠土中，葉蓋地面，當大雨時行，高處泥沙不致隨流而下，凡壅壓田畝，淤塞河流之患，亦可減輕。誠能以水利爲經，種樹爲緯，行之十載，而地利不興，民生不富，國計不豐者，未之有也。【略】［光緒二十四年］水利之與種植相因爲用，亦相濟而成。嘉樹密林既能引泉致雨，可免旱災。而根蟠土中，葉蓋地面，當大雨時行，高處泥沙不致隨流而下，凡壅壓田畝、淤塞河流之患，亦可減輕。誠能以水利爲經，種樹爲緯，行之十載，而地利不興，民生不富，國計不豐者，未之有也。

清 務農會《農學報》卷五《陝甘總督陶［模］勸種樹木諭》 勸諭各屬廣種樹木預弭災祲而興地利事，照得《周禮》重虞衡之職，孟子論斧斤以時，自古體國經野，樹藝與農功並重。近來東西洋各國，無不以講求林政爲致富之一策。蓋樹木繁滋，有六利焉：山岡斜倚，坡陀迴環，古時層層有樹，根枝盤亘，連絡百草，天然成籬，凝留沙土，不隨雨水而下。後世山木伐盡，泥沙塞川，不獨黄流横隘，雖小川如灞、滻諸水，亦多淤塞潰決。故種樹於山坡，可以免沙壓而減水害，一利也。平原旱地，大半荒廢，生氣毫無，泉源日窒，若有密樹，則根深柢固，能收取水氣，互相灌輸，由近及遠，土脈漸通。故種樹於瘠土，可以化鹼爲沃，引導泉

流，二利也。炎日薰蒸，易成旱暵。惟樹葉披拂空中，能呼吸上下之氣。故塞外沙漠無樹，不雨終年。樹密之區，恒多時雨。衡以格致之理，種樹於曠野，可以接洽霄壤，調和雨澤，三利也。赤地童山，陰陽隔閡，其民多病而弱。惟樹木之性，收穢氣，吐清氣，扶疏匝地，潤澤長滋。種樹遍於僻壤荒村，可以上迓天和，驅疫癘而養民病，四利也。山峻地寒，陰瘴騰起，雨變爲雹，傷敗嘉禾。然雹隨風至，勢必斜行。凡田連阡陌者，每隔數畝，商同種樹，成一長排，可以改風勢而阻冰雹。機礮日奇，飛空懸炸，各國深知城郭無用，皆撤毀垣牆，掘溝種樹，環繞數重，以代堅壁。叢林高矗，混目迷形，測準易乖，飛丸多阻，可以設險而禦彈，五利也。安邑種棗，富比列侯。襄陽收橘，歲易多縑。試觀《貨殖》一篇，大率羡稱千樹。與其博錙銖於異地，何若話桑麻於故鄉，六利也。以故中外通人，纂富國之策，首推樹藝。

又 卷二二《皖撫鄧中丞飭屬講求種植札》 泰西各國，廣植樹木，民之嗇者豐，莠者良，地之瘠者肥，荒者熟，舉國共享大利。而其化學之士，又謂樹之本能培土脈，爛沙石，蟠根地，磽確可變膏腴，樹之陰能生潤澤，吸水氣。衆木成林，旱潦咸資補救。且長林蔚秀，收濁化清，有益人身，其理碻然可信也。牧令與民最近，勸農職有專司，應各督率紳耆，辨明土性，宜於五穀田畝，固當犂闢力耕。

又 卷一四〇《江干種樹議》 考之泰西各國行道之旁，亦必樹木，既以取蔭，且以阜財。今長江兩岸既寬且廣，若以植樹，可種榆柳十餘行，每里所植，不下萬餘株。若上下游遍植之，十年以後，收利不止數千萬矣。至其辦理之法，又甚易易。江岸之内，皆爲農田，村氓植樹，照料極便。

又 卷一八五《福州府程聽彝太守勸民種樹利益章程》

一、炎日熏蒸，易成乾暵。若多樹之區，晚間收取地氣，至天曙醖釀成雲，遇風盪擊，頃刻間引霢霂，自上而下歸地中。雨澤偶或愆期，土脈仍形滋潤。此弭亢旱之利。

一、山水暴發，沙土交流。有樹則根蟠土中，葉蓋地面，能將泥沙凝留，不隨水而下。凡壅壓田畝，淤塞溪流之患亦可稍殺。此減水患之利。

一、樹氣輕清，養氣也。人氣重濁，炭氣也。樹得炭氣以肥其柯葉，人得養氣以暢其形骸。若嘉木成叢，則清氣充溢，一切穢癘之氣不得而乘之。此消疫癘之利。

一、建郡荒山甚多，巒重嶺複，生氣索然，泉源日窒。一植樹木，則根柢深固，能吸取山氣，互相灌輸，由近及遠，土脈漸通。因樹根能吸土膏，能爛砂石，變磽瘠爲腴潤也。此化地質之利。

一、田側隙地，亦宜廣植。小民不致物理，每謂樹能蔽田，無益有損，遂並近田荒地而亦廢之。不知樹葉落地，日炙雨潤，蒸化液汁，滲入田間，功同灌溉。況建郡山多地冷，陰陽之氣相薄，每多風雹，有樹以爲之蔽，則此患稍減。此謂畎畝之利。

一、路旁村畔，尤宜多種，非特便炎熱憩涼，且可增山川險要。近日砲火新奇，飛空炸裂。泰西各國知城郭之無用，皆掘溝種樹，務使濃鬱蓊森，迷形混目，既易設伏，更阻飛彈。此固險要之(地)(利)。

清 光緒《嘉應州志》卷三二 泰西格致家論旱乾之故，總由草木稀少。凡草木叢生之區，能引雨下降，一旦砍伐焚燒，則必致旱乾，蓋樹木多則地面空氣常濕而能生雲，雲中之水不爲乾空氣所收，仍能降雨。

綜述

《左傳·襄公四年》 民有寢廟，獸有茂草，各有攸處，德用不擾。

《國語·周語》 周制有之曰：列樹以表道，立鄙食以守路。

《管子·度地》 大者爲之堤，小者爲之防。【略】歲埤增之，樹以荆棘，以固其地，雜之以柏楊，以備決水。

漢 戴德《大戴禮記》卷九《四代》 平原大藪，瞻其草之高豐茂者，必有怪鳥獸居之。且草可財也，如艾而夷之，其地必宜五穀。高山多林，必有怪虎豹蕃孕焉；深淵大川，必有蛟龍焉。

晉 左思《蜀都賦》（《藝文類聚》卷六一引） 馳道如砥，樹以青槐，亘以緑水。

唐 房玄齡《晉書》卷二六《食貨志》 〔永平年間〕草樹殷阜，牛羊彌望，作貢尤輕，府廩還積，姦回不用，禮義專行。

宋 魏峴《四明它山水利備覽》 四明占水陸之勝，萬山深秀。昔時，巨木高森，沿溪平地竹木亦甚茂密。雖遇暴水湍激，沙土爲木根盤固，汙下不多，所淤亦少，開淘良易。近年以來，木值價高，斧斤相尋，靡山不童，而平地竹木亦爲之一空。大水之時，既無林木少抑奔湍之勢，又無包纜以固沙土之積，致使浮沙隨

沵奔下，淤塞溪沵，至高四五丈，綿亘二三里。兩岸積沙侵占溪港，皆成陸地，其上種木有高二三丈者。繇是舟楫不通，田疇失溉。

宋 戴溪《春秋講義》卷一上 「[隱公]七年，春，二月，己亥，焚咸丘。」「焚咸丘」者，焚林而田也。古者昆蟲未蟄不以火田。仲春之月，蟄蟲已啟，萬物孳生，豈容以火田耶？桓公不仁亦已甚矣。

元 脱脱《宋史》卷一七四《食貨志》 凡田方之角，立土爲峰，植其野之所宜木以封表之。

明 陳耀文《天中記》卷一六《道路》 秦爲馳道於天下，東窮燕齊，南極吴楚。江湖之上，瀕海之觀畢至。道廣五十步，三丈而樹，厚築其外，隱以金椎，樹以青松，爲馳道之麗至於此。

明 潘季馴《河防一覽》卷四《修守事宜》 栽柳護隄，卧柳、長柳須相兼栽植。卧柳須用核桃大者，入地二尺餘，出地二三寸許。柳去隄址約二三尺密栽，俾枝葉搪禦風浪。長柳須距隄五六尺許，既可捍水，且每歲有大枝可供埽料，俱宜于冬春之交津液含蓄之時栽之。仍須時常澆灌。長柳宜用棘刺圍護，以防盜拔畜嚙。

又 卷一〇《申明修守事宜疏》 護隄之法無如栽柳爲最，而栽柳六法無如卧柳爲佳。蓋取其枝從根起扶蘇茂密，足抵狂瀾也。每隄一丈，栽柳十二株。每夫一名，栽隄三丈。柳樟以徑二寸爲則。離隄以三尺爲準。隄内栽完，方及隄外。如有枯死，隨時補種。

明 袁應泰《廣濟渠申詳條欵》(《河内縣志》卷一三引) 栽樹木以固隄岸，各處河堤多植柳樹，以其根株盤結，可以固隄而障水也。相應於春初之時，着令各隣本河居民，遍栽柳椽，數年之後，可以成材，不惟堤岸堅固，而材木不可勝用矣。

清 屈大均《廣東新語》卷二五《山木》 西寧稻田所以美，以其多水，多水由於多林木也。凡水生於木，有木之所，其水爲木所引，則溪澗長流。

清 景日昣《嵩厓學凡》卷五《財·樹木宜惜》 住宅墳塋，栽培樹木衛之，暢茂可觀，如人衣冠整潔，自然令人望之起敬。予每過鄉村，見林木茂盛者，多昌盛之族。而砍伐簫條，必家運淩替者也。堪輿家言，修竹茂林，可驗興衰之氣象。故凡居家竹木，取用雖有術，亦秖爲他人滋息耳。 王十朋進理財策，有云：「生財不如節財，省用方能足用。」

清 傅澤洪《行水金鑒》卷五一 凡沿河種柳，自明平江伯陳瑄始也。 其根株足以護堤身，枝條足以供捲埽，清陰足以蔭縴夫。柳之功大矣。然種柳不得其法，則護隄之用微，且成活者少。惟明臣劉天和《六柳説》曲盡其妙，當倣其法行之。

清 愛新覺羅·胤禛《硃批諭旨》卷二一三 湖廣總督臣邁柱謹奏，爲敬陳修隄事宜：一，護隄柳荻之宜速栽也。隄身之外，多栽楊柳，近隄沙土，密種蘆荻，久之可以固隄。

清 蘇寧阿《八寶山松林積雪説》(《甘州府志》卷四引) 一斯門慶河西流至八寶山之東，滙歸黑河而西遶，過八寶山而北流，出山至甘州之西南，灌溉五十二渠。甘州人民之生計全依黑河之水，於春夏之交其松林之積雪初溶，灌入五十二渠，溉田於夏秋之交。二次之雪溶入黑河，灌入五十二渠，始保其收穫。若無八寶山一帶之松樹，冬雪至春末一湧而溶化，黑河漲溢，五十二渠不能承受則有沖決之水災。至夏秋二次溶化之雪水微弱，黑河水小而低，則不能入渠灌田，則有報旱之虞。甘州居民之生計全仗松樹多而積雪，若被砍伐不能積雪，大爲民患，自當永遠保護。

清 黄汝成《日知録集釋·官樹》 《野廬氏》：「比國郊及野之道路，宿息井樹。」《國語》單襄公述周制以告王曰：「列樹以表道，立鄙食以守路。」《釋名》曰：「古者列樹以表道，道有夾溝以通水潦。」古人于官道之旁，必皆種樹，以記里至，以蔭行旅。是以南土之棠，召伯所茇；道周之杜，君子來游。固已宣美風謡，流恩後嗣。子路治蒲，樹木甚茂；子産相鄭，桃李垂街。下至隋唐之代而官槐、官柳亦多見之詩篇，猶是人存政舉之效。近代政廢法弛，任人斫伐，周道如砥，若彼濯濯而官無勿翦之思，民鮮侯甸之芘矣。《後漢·百官志》：將作大匠，掌修作宗廟、路寢、宮室、陵園土木之功，並樹桐梓之類，列於道側。是昔人固有專職。(原注)《三輔黄圖》：長安禦溝謂之楊溝，謂植高楊於其上也。《後周書·韋孝寬傳》：爲雍州刺史，先是路側一里置一土堠，經雨頹毁，每須修之。自孝寬臨州，乃勒部内當堠處植槐樹代之，既免修復，行旅又得芘蔭。周文帝後(問)[聞]知之曰：「豈得一州獨爾，當令天下同之。」於是令諸州夾道一里種一樹，十里種三樹，百里種五樹焉。(原注)唐王維詩云：「槐陰陰，到潼關。」《册府元龜》：唐玄宗開元二十八年正月於兩京路及城中苑内種果樹。代宗永泰二年正月種城内六街樹。(原注)《中朝故事》曰：天街兩畔槐木，俗號爲槐衙。曲江池畔多柳，亦號爲柳衙。以其成行排立也。《韋應物詩》云：「垂楊十二衢，隱映金張室。」《舊唐書·吴湊

傳》：官街樹缺，所司植榆以補之。湊曰「榆非九衢之玩」，命易之以槐。及槐陰成而湊卒，人指樹而懷之。《周禮》「朝士」注曰：「槐之言懷也，懷來人於此。」然則今日之官，其無可懷之政也久矣。

清　靳輔《治河工程》（《清經世文編》卷一〇一引）　［治河應堅築河隄，］隄成之後，必密栽柳葦茭草，使其茁衍叢布，根株糾結，則雖遇飆風大作，總不能鼓浪衝突，此護隄之最要策也。【略】凡沿河種柳，自明平江伯陳瑄始也。其根株足以護隄身，枝條足以供捲埽，清陰足以蔭縴夫，柳之功大矣。然種柳不得其法，則護隄之用微，且成活者少。惟明臣劉天和《六柳説》，曲盡其妙，當仿其法行之。

清　道光《觀城縣志》卷一　劉琪曰：「《周禮》夏官司固掌修城郭、溝池、樹渠之固。若造都邑則治其固，與其守法。比國都之境，有溝樹之固，郊亦如之，民皆有職焉。若有山川，則因之。又司險掌九州之圖，以周知其山林、川澤之阻，而達其道路。設國之五溝、五涂而樹之林，以爲阻固，皆有守禁，而達其道路。國有故則藩塞阻路而止行者，以其屬守之，唯有節者達之。此言國有山林川澤之險，則因之以爲固；無其險則溝涂，足以限戎馬之足；林木足以當隱蔽之周。險成於人，而不徒賴其地。故《坎卦・大象》云：『王公設險以守其國也。』井田廢而溝、洫、川、澮之制剗地無餘，連阡平疇，蕩蕩極望，故在今設險爲難。然渠皋林木未嘗不可因其勢而默成之。是則地有古今，而因地制用者無古今也。」

清　光緒《寧明州志》卷上《山嶺》　金斗山在城東北十五里，近夏洲村。山上樹木蔭翳，爲州城藩蔽，禁人翦伐。其下多石灰窑，其石灰勝於他處。

清　潘天成《鐵廬外集》卷二　古語云：防民之口，甚于防川。當決之使流。高寶以下州邑之地，當如江南圩田法，或方數里數十里，四圍開溝取土築堤，溝之深廣即堤之高闊，堤旁植榆桑柘蠟子樹以固堤，使水不能衝嚙，又有材木絲繭之利焉。

紀　事

《韓非子・難一》　文公辭舅犯，因召雍季而問之，曰：「我將與楚人戰，彼衆我寡，爲之奈何？」雍季對曰：「焚林而田，偷取多獸，後必無獸；以詐遇民，偷取一時，後必無復。」

漢　劉向《説苑》卷一三《權謀》　晉文公與荆人戰於城濮。【略】君問於雍季，雍季對曰：「焚林而田，得獸雖多，而明年無獸也；乾澤而漁，得魚雖多，而明年無復也。」

漢　班固《漢書》卷五二《韓安國傳》　［蒙］恬爲秦侵胡，辟數千里，以河爲境，累石爲城，樹榆爲塞，匈奴不敢飲馬於河。

晉　陳壽《三國志》卷六五《吴書・華覈傳》　［華］覈上疏諫曰：臣聞先王治國無三年之儲，曰國非其國。安寧之世戒備如此，況敵彊大而忽農忘畜。今雖頗種殖，閒者大水沈没，其餘存者當須耘穫，而長吏怖期，上方諸郡，身涉山林，盡力伐材，廢農棄務，士民妻孥羸小，墾殖又薄，若有水旱則永無所獲。

唐　魏徵《隋書》卷二四《食貨志》　曾雉踰芒，浮橋跨洛，金門象闕，咸竦飛觀，頹巖塞川，構成雲綺，移嶺樹以爲林藪，包芒山以爲苑囿。【略】課天下諸州，各貢草木花果，奇禽異獸於其中。開渠，引穀、洛水，自苑西入，而東注于洛。又自板者引河，達于淮海，謂之御河。河畔築御道，樹以柳。

唐　李肇《唐國史補》卷上　貞元中，度支欲砍取兩京道中槐樹造車，更栽小樹。先符牒渭南縣尉張造，造批其牒曰：近奉文牒，令伐官槐。若欲造車，豈無良木？恭惟此樹，其來久遠。東西列植，南北成行；輝映秦中，光臨關外。不惟用資行者，抑亦曾蔭學徒。拔本塞源，雖有一時之利；深根固蒂，須存百代之規。況神堯入關，先駐此樹；玄宗幸嶽，見立豐碑，山川宛然，原野未改。且召伯所憩，尚自保全。先皇舊遊，寧宜翦伐！思人愛樹，詩有薄言。運斧操斤，情所未忍。付司具狀牒上，度支使仍具奏聞，遂罷造。尋入臺。

宋　韓琦《安陽集》卷六《種樹》　一守中山四載餘，栽成芳樹滿郊衢。州民如有甘棠念，惜取清陰萬萬株。

宋　宋敏求《唐詔令集・典禮・禁驪山樵採詔》　［唐玄宗開元四年正月十九日］勅：驪山特秀，峰巒俯臨郊甸，上分艮位，每洩雲而作雨，下出蒙泉亦蕩邪。

宋　李燾《續資治通鑑長編》卷八七　［宋真宗大中祥符九年六月］辛丑，太常博士范應辰言，諸路關係官材木，望令馬遞鋪卒夾官道植榆柳，或隨地土所宜種雜木，五七年可致茂盛。供費之外，炎暑之月，亦足蔭及路人。從之。

又　卷一六七　［宋仁宗皇祐元年十月］戊寅，河北緣邊安撫司請自保州以西無塘水處，廣植林木，異時以限敵馬。從之。

元　脱脱《宋史》卷九三《河渠志》　［建隆］三年十月，詔：「緣汴河州縣長吏，常以春首課民夾岸植榆柳，以固堤防。」

又　卷一七三《食貨志》上一　大中祥符四年，詔曰：「火田之禁，著在《禮經》，山林之間，合順時令。其或昆蟲未蟄，草木猶蕃，輒縱燎原，則傷生類。諸州縣人畬田，並如鄉土舊例，自餘焚燒野草，須十月後方得縱火。其行路野宿人，所在檢察，毋使延燔。」【略】［乾道］九年，户部侍郎兼樞密都承旨葉衡言：「奉詔覈實寧國府、太平州圩岸，内寧國府惠民、化成舊圩四十餘里，新築九里餘；太平州黄池鎮福定圩周四十餘里，延福等五十四圩周一百五十餘里，包圍諸圩在内，蕪湖縣圩周二百九十餘里，通當塗圩共四百八十餘里。並高廣堅緻，瀕水一岸種植榆柳，足捍風濤，詢之農民，實爲永利。」於是詔奬諭判寧國府魏王愷，略曰：「大江之壖，其地廣袤，使水之蓄洩不病而皆爲膏腴者，圩之爲利也。然水土鬥齧，從昔善壞。卿聿修稼政，巨防屹然，有懷勤止，深用歎嘉。」【略】［淳熙］十年，大理寺丞張抑言：「陂澤湖塘，水則資之瀦洩，旱則資之灌溉。近者浙西豪宗，每遇旱歲，占湖爲田，築爲長堤，中植榆柳，外捍茭蘆，於是舊爲田者，始隔水之出入。蘇、湖、常、秀昔有水患，今多旱灾，蓋出於此。乞責縣令毋給據，尉警捕，監司覺察。有圍裹者，以違制論；給據與失察者，併坐之。」

又　卷二六六《辛仲甫傳》　先是州少種樹，暑無所休。仲甫課民栽柳蔭行路，郡人德之，名爲「補闕柳」。

明　周璽《論誅太監李興伐木石疏》（《名臣奏議》卷一二引）　臣謹題爲誅極惡，以謝祖宗安陵寢，以蕃聖嗣事。去歲先帝上賓，陛下特以陵寢事重，簡命内官監太監李興、新寧伯譚祐、工部左侍郎李璲提督營造。軍夫匠役出于營衛，百物價值供于部廠。爲李興者，當追思先帝寵遇之隆，仰體陛下委託之重，竭力殫心以祗承厥事可也。奈何縱溝壑之欲，肆盜賊之謀，故將工部坐派柴薪折價私貯，豫爲侵尅之計。而又縱使太監王瑞等，指麾下人，罔顧國禁，砍伐禁山樹木數萬餘株，掘取禁山石片數百餘丈，山林爲之赭赤，坑坎不計深闊，龍脉爲之損傷，秀氣爲之虧折。驚犯陵寢，得罪宗廟，此誠天地所不容，神人所共怒者也。

明　趙時春《浚谷先生集》卷四《乞禁五臺一帶伐木疏》　嘉靖三十二年閏三月十五日，準工部咨該本部題爲議處木植以資工役事，營繕清吏司案呈卷。查嘉靖三十一年十月内，先該本部題議，得楠、杉、板、枋并柁散等木，各廠已用盡，内外大小工程時常修舉，分派各該産木地方備行，撫按衙門督同司府官員買解等因，奉聖旨是，欽此。欽遵本部將柁散等木派行山西真定，限五箇月以裏解部，已經備行，各該撫按行令司府差官收買解運抵灣交割。去後，今經半年未據解報，近議建築外邏土城工程，用木緊急，相應行催，以濟急用。案呈到部備咨行。臣會同巡按御史嚴行該司督買，勒限完足，速運接濟城工等因，到臣接管。卷查嘉靖三十一年十月二十八日先准工部咨該本部題，營繕清吏司案呈奉本部送管理張家灣廠，本部署郎中王嵩呈同前事。該本部備題奉聖旨是，欽此。欽遵備咨。前巡撫都御史許會同巡按御史，行令該司召募識木商人及情願上木殷實之家，將後開木植，照例平買完足。委官雇募水手人等，限五箇月速運抵灣交割。計採買柁木三千根，柏木、松木各四千根，松椽木一萬根等，因該前巡撫都御史許會同巡按山西監察御史李一瀚案行布政司欽遵查照，召買解運。又查先於嘉靖三十等年正等月内，節准都察院咨准工部咨該本部題，屯田清吏司案呈，奉本部送工科抄出，内官監右監丞高忠等并暫管太監袁亨等題，爲差官抽印木植以備供應事節該本部備題，奉聖旨是，欽此。欽遵備咨。前來又該前巡撫都御史許備案行布政司轉行守巡冀寧等道官五臺縣腹裏，各該地方聽從商販放行。續據該司呈稱借支京運銀一萬四千四百六十五兩，行令五臺縣知縣楊啓光、忻州同知王宦採運等因備呈到，臣批行本司京料銀，嚴比較官吏、大户、庫役補還前借，去後爲照前項咨案俱該前巡撫都御史許節次經行，今該臣接管。照得山西西南面一帶山場千里赤地，俱各砍伐無木，惟五臺一帶東北至平刑紫荆關，西北至鴈門等邊關林木密邇。邊外舊時不敢砍伐，巍然尚存，節因屢派大木，有司無以應命，只得將此砍伐。臣因自山東來赴任，入境經過故關一帶，詢訪形勢，看得五臺去朔州馬邑甚近，東下真定、阜平尤捷，迤南迤東無木無險，胡騎半日可至，則井陘紫荆等關口俱爲虚設矣。惟丈迤西迤北俱是山林，胡馬原習登山，惟畏林木阻阨，故設備屯兵。東北憂紫荆，南憂井陘，而中間相距數百里俱無所慮者，以林木爲之限也。林木之中，其小者小民自能採取，臣愚竊意尚當立限禁制，惟其大者民力不能製作般運，且又不能自通道路，故千萬大樹林立，勝武騎千羣。今以一名將統十萬衆守此數百里，非獨費財勞民，然將有老時，兵有衰時，有隙可乘。今此林木不食糧草，滋息繁殖，與山同壽，屏蔽千里。畿甸拱延陵寢，風氣壯偉，山河形勝，愛惜培殖。臣愚尤懼其未至，小民竊採。尚當嚴禁防護，凡有徑路俱應封閉阻絶，豈可更令官採大木廣開道途？小民因循，市買求利，數年必盡。蕩無限制，數

百里間盡通，胡騎不知何以禦之。且先年胡守中伐古北口木，特蒙聖斷，處以重罪，後果有庚戌八月之寇，至今殷憂。聖訓昭然，臣等當祗奉推類，護惜此木。德厚者流長，福深者蔭遠，此山去陵寢不數百里，俱爲太行脉理，尤非所宜。事干宗社軍機大計，臣受恩深重，不忍坐視，況工部原行止謂泛採候用，有司已行砍伐，近因修築邏城，尤須急用木植，出於不得已。但原坐派大木未足之數俱是松散等木，本無杉、楠美材，不堪供奉上用，止益商販私利，致損關陝形勝。除臣已行該司等道并原委官將領官價商人已砍伐成大木，及查各民商違禁私砍，取在山木植，不拘大小，盡數俱令印記，給水陸運價作速送至張家灣，以備工部查取，修理外邏城。外其有未足之數乞勑下該部速爲停止，以後嚴禁封固，如有別項求利之徒不顧陵寢風氣，邊方大計，假公營私，撤去畿甸天險，陰與逆虜開路者，聽臣與山西巡按御史并直隸撫按衙門等官指實參劾，特賜重治，及小民竊取捕獲，聽臣等照例問罪，庶得保全天險，拱延陵寢風氣，障蔽畿甸生民，臣不勝祈望之至。

明 雷禮《明朝列卿紀》卷八〇 陳世良，字崇之，浙江台州府臨海縣人，領成化癸卯鄉薦，登丁未進士，初授樂安令。【略】邑之小户，村田數百頃，近下每爲流澇所沒。公築堤障之，堤之上植雜樹以固其基。澧水經河頭，郭公鑿渠三十餘里，引以溉田，遇澇則洩而歸之河。旱澇有備，民受其賜。措置預備倉糧以萬計，饑窘有所倚賴。

明 雷禮《明大政紀》卷一一 巡撫河南山西兵部右侍郎于謙，以九年考滿進左侍郎。謙在鎮久，多善政，在河南尤著。若勸民糴粟，官爲收糴，以備賑荒。預擬河患，督採近地草束，以備築堰。公庾積久易敗，即減價而糶，旁省亦獲以濟征輸。稅有贏餘，即以銼折納，官民交便。歲旱奏減存留糧草，積誠以禱雨澤，民忘其災。河流歲衝土城，遂築大隄以障。植柳爲固立鋪，設夫役以備收補。復植柳于道以蔭行旅，鑿井以濟道渴，迄今存焉。以不能媚權貴，故不遷去。

明 朱國盛《南河志》卷二 昔秦人聚榆成塞，漢將因柳結營。凡河之種柳，蓋自平江伯始也。根株足以護堤身，枝條足以供捲埽，清陰足以庇縴夫，柳之功利信溥矣。咸履任之初即令遍種，三歲之間僅堪拱把，已可沿堤而紀其株。夫蓄艾必宜未病之先，儲穀不在已饑之後，十歲之計猶冀後人之培植云。

清 徐乾學《資治通鑑後編》卷三《宋紀》 ［宋太祖建隆三年八月壬申］禁民伐桑棗爲薪。又詔黄、汴河兩岸，每歲委所在長吏，課民多栽榆、柳以防河決。

清 傅澤洪《行水金鑑》卷一一九 沈杰，長洲人，成化甲辰進士。知歸德州，州當黄河衝，隨塞隨決。公至，相度源流地形高下，乃於城外五里許築長隄捍水，樹以榆柳，又開白柳等河，河水由之入淮，睢民始免墊溺。入爲右軍都督府經歷，歷河南右布政。

清 夏基《西湖覽勝詩志》卷一 按《武林志》：樂天守杭州，政平訟理，囹圄空虚，樓船載妓，嘯傲湖山，籃輿踏春，徘徊烟柳。貧民有犯法者，令栽樹數株。富民有贖罪者，使開湖數畝。歷守數年，樹木成陰，湖葑盡拓，蓄其水可以灌田，伐其木可以爲宇，居民利焉。以其潔似蓮，其白如玉，爲立祠祀之。

清 穆彰阿《嘉慶一統志・大名府》 李瓚，臨汾人。成化中，知大名府，河(決)長垣東明，瓚築長隄，延袤二百餘里，植榆柳數萬株，沿隄置鋪夫，遇衝刷，輒補葺。又于元城築衛河隄，工費不擾，世享其利。民有不事生業者，督命紡織，遠近革化。在官十二年，民户祝之。

清 道光《龍巖州志》卷一四 州南林田嶺監生謝芳樹，沿路栽松十餘里以蔭行人，永禁剪伐。

清 同治《祁陽縣志》卷一四 ［宋陶弼］遷陽朔令，課民植木官道旁，夾數百里。自是行者無夏秋暑暍之苦，他郡縣悉效之。

清 光緒《江西通志》卷六二《山川略・水利》 ［武甯縣］明嘉靖三年，知縣陸浚命義民盛環砌石爲隄，樹以杞柳。隆慶末，隄漸壞。萬曆三十六年，知縣周道昌補栽樹木，嚴禁翦伐，水復西流。

清 光緒《潛江縣志》卷一〇 花封隄傍咸植榆柳，夏以蔭行人，冬以蔽冽風，民甚德之，頌聲載道，藩臬大臣，悉嘉與焉。

清 光緒《黄州府志》卷三 萬柳隄即曾公隄，明知縣曾維倫築。自濯港至孔隴，長四十里，植柳數萬株。民謡曰，青青柳，勝甘棠，夏日不蓋樹生涼。

清 光緒《高州府志》卷五四 郡治西隔鑑水有觀山焉，爲城之右護，宜常蔚茂青葱。昔年知府戴錫綸創建魁星閣於山頂，培風水也。邇來西南角林樹蕭條矣。光緒十四年正月署巡道王之春，補種樹數百株，使秀氣凝聚。歌以紀之，并刻諸石：古來樹人如樹木，百年十年分遲速。即今樹木仿樹人，敏政敏樹皆精神。觀山山上何青葱，一時著手都成春。疏疏密密有條理，生意盎然竟如此。天南對插文筆峯，魁星傑閣矗雲起。循環四麓致周綴，□蟺縈指鑑江水。來龍

去脈眇遥深，真氣蟠亘争崎崟。醲化帡幪雲嵐重，一草一木皆鬱森。形勝家言至足據，濟濟多士應如林。繞閣輪斜三百樹，轉眼趺蔓當成陰。緑陰十畝入畫裏，攢柯交葉分纚纚。狃天縈地將有人，豈異公門種桃李。若詢手植伊何人，爲道清泉王氏子。

清 光緒《無極縣續志》卷二 縣城自知縣黄可潤環植以柳，蔚然可觀，後爲人所乾没。同治九年知縣丁文浚復植併修城樓，今則緑楊城郭，儼然圖畫。

清 邰雲鵠《徐邑侯修壩植柳記》（《五河縣志》卷一八引） 五邑襟淮帶湖，水患頻仍。邑南黄家溝源通淮湖，每當大雨時行，輒泛溢倒灌，漂没田廬，上下數十里，膏壤皆成澤國。先兄雲鶴曾偕紳民於溝南金岡嘴，築隄捍水，頻年獲利。咸豐八年西匪陸梁，五河再陷，村落邱墟。賊去後，流民復業，仍恃壩隄以爲固。而保護無人，隄被水齧殆盡，人患其魚。同治七年，邑侯徐公模始下車，周視原野，知此壩内爲濱淮居民續命之田，乃倡捐修築露冕觀成。去年七月，水漲平隄，風起浪涌，勢岌岌欲崩，從者色懼。侯冒暑立隄上指揮，畚鍤救護，虔禱河神，波濤頓息，危隄得全，歲以大熟。水退，侯集紳議久遠計，謂此隄綿亘於水中十餘里，風波日夜沖蕩，其何以堪。障以石則無力，蔽以草則易腐，計楊柳性宜溼，沿隄密植可以屈水力，固隄防，且價廉易購。於是課民種柳，並建碑於道左，嚴禁樵採。逾年，所樹皆活，蔭及塗人，邑人感悦，比之南國甘棠，屬雲鵠爲記其事。余惟天下大利所在，民不能興，即偶有欲興之者，又或阻於衆議之紛囂而止，有勤政愛民之循吏督率其事，遂以造無窮之福，成不朽之功，當世稱之，後世傳之，李公之陸海，安豐之芍陂皆是也。余宦海浮沈，久離桑梓，而家居淮涘，時虞泛濫，今幸邑侯物土宜，而布之利也。將使繼侯之理者觀其細知其大也，請志諸石，置諸隄上，編以爲邑侯楷法。頌曰：

我黍與兮，我稷翼。我倉盈兮，誰之力。服之卑兮，田功即。力之盡兮，溝與洫。洪流奠兮，鯨清息。緑樹茂兮，鶯梭織。歌孔邇兮，詠勿亟。願此隄之水屹兮，與使君之循聲垂萬世而無極。

清 光緒《邵武府志》卷二四 黄晉，字昭德，號康侯。東橋圮於水下，瞰大溪有萬松洲，屢經公私砍伐，遂致荒蕪，晉邀同志於洲上種松萬株，以培地脈。

林業產業思想部

論說

《左傳·隱公十一年》 周諺有之曰：山有木，工則度之。

《左傳·成公六年》 夫山、澤、林、鹽，國之寶也。

《國語·晉語》 伐木不自其本，必復生。

《孟子·梁惠王上》 王欲行之，則盍反其本矣？五畝之宅，樹之以桑，五十者可以衣帛矣。雞豚狗彘之畜，無失其時，七十者可以食肉矣。百畝之田，勿奪其時，八口之家可以無飢矣。謹庠序之教，申之以孝悌之義，頒白者不負戴於道路矣。老者衣帛食肉，黎民不飢不寒，然而不王者，未之有也。

《孟子·梁惠王下》 爲巨室，則必使工師求大木。

《孟子·盡心下》 孟子曰：梓匠輪輿能與人規矩，不能使人巧。

《管子·權修》 一年之計，莫如樹穀。十年之計，莫如樹木。終身之計，莫如樹人。一樹一穫者，穀也。一樹十穫者，木也。一樹百穫者，人也。我苟種之，如神用之。舉事如神，唯王之門。

《列子·天瑞》 吾盜天地之時利，雲雨之滂潤，山澤之產育，以生吾禾，殖吾稼，築吾垣，建吾舍。陸盜禽獸，水盜魚鼈，亡非盜也。夫禾稼土木禽獸魚鼈皆天之所生，豈吾之所有？

《慎子·威德》 地雖不憂人之貧，伐木刈草必取己富焉，則地無事也。

《莊子·馬蹄》 匠人曰：「我善治木。曲者中鉤，直者應繩」。夫埴木之性，豈欲中規矩鉤繩哉？

《尸子》卷下 古者倕爲規矩準繩，使天下倣焉。

《荀子·子道》 夙興夜寐，耕耘樹藝，手足胼胝，以養其親。

《荀子·富國》 今是土之生五穀也，人善治之，則畝數盆，一歲而再獲之；然後瓜桃棗李一本數以盆鼓；然後葷菜百疏以澤量；然後六畜禽獸一而剸車；黿鼉魚鼈鰌鱣以時別，一而成羣；然後飛鳥鳧鴈若烟海；然後昆蟲萬物生其間：可以相食養者不可勝數也。夫天地之生萬物也，固有餘足以食人矣；麻葛、繭絲，鳥獸之羽毛齒革也，固有餘足以衣人矣。

《禮記·祭法》 及夫日月星辰，民所瞻仰也。山林、川谷、丘陵，民所取材用也。

漢 伏勝《尚書大傳》卷一《禹貢》 山，草木生焉，禽獸畜焉，財用殖焉，生財用而無私爲，四方皆伐無私與焉。出雲雨以通乎天地之間，陰陽和合，雨露之澤，萬物以成，百姓以饗。此仁者之樂於山也。

漢 董仲舒《春秋繁露》卷一六《山川頌》 孔子曰：山川神祇立，寶藏殖，器用資，曲直合，大者可以爲宮室臺榭，小者可以爲舟輿浮灄。大者無不中，小者無不入。

漢 班固《漢書》卷七二《貢禹傳》 鑿地數百丈，銷陰氣之精，地臧空虛，不能含氣出雲。斬伐林木，亡有時禁，水旱之災，未必不繇此也。

漢 王符《潛夫論》卷六《相列》 雖然，人之有骨法也，猶萬物之有種類，材木之有常宜。巧匠因象，各有所授，曲者宜爲輪，直者宜爲輿，檀宜作輻，榆宜作轂，此其正法通率也。

北魏 賈思勰《齊民要術》卷一《種穀》 食者民之本，民者國之本，國者君之本。是故人君上因天時，下盡地利，中用人力，是以羣生遂長，五穀蕃殖。教民養育六畜，以時種樹，務修田疇，滋殖桑麻。肥磽高下，各因其宜。丘陵阪險不生五穀者，以樹竹木。春伐枯槁，夏取果蓏，秋蓄蔬食，冬伐薪蒸，以爲民資。是故生無乏用，死無轉尸。故先王之政：四海雲至，而修封疆；蝦蟇鳴，燕降，而通路除道矣；陰降百泉，則修橋梁；昏張中，則務種穀；大火中，則種黍菽；虛中，則種宿麥；昴星中，則收斂蓄積伐薪木。所以應時修備，富國利民。霜降而樹穀，冰泮而求穫，欲得食則難矣。

清 楊屾《豳風廣義》 致富之本，皆出於農。農非一端，耕、桑、樹、畜，四者備而農道全也。若缺其一，終屬不足。

清 崔述《無聞集》卷一《救荒策》 古者建國，必多樹木。詩云：「樹之榛栗，椅桐梓漆。」又曰：「瞻彼中林，侯薪侯蒸。」

綜述

《周禮·地官司徒》 畜者祭無牲，不耕者祭無盛，不樹者無椁，不蠶者不

帛，不績者不衰。【略】以式灋共祭祀之薪蒸木材，賓客共其芻薪。喪紀共其薪蒸木材，軍旅共其委積薪芻。凡疏材共野委兵器，與其野囿財用。

《周禮·冬官考工記》攻木之工，輪、輿、弓、廬、匠、車、梓。【略】輪人爲輪，斬三材必以其時。注：三材所以爲轂輻牙也。斬之以時，材在陽則仲冬斬之，在陰則中夏斬之。今世轂用雜榆，輻以檀，牙以橿也。三材既具，巧者和之。注：調其鑿內而合之。轂也者，以爲利轉也。輻也者，以爲直指也。牙也者，以爲固抱也。注：利轉者，轂以無有爲用也。

《墨子·節用》古者聖王制爲節葬之法曰：衣三領，足以朽肉。棺三寸，足以朽骸。掘穴深不通於泉流，不發洩則止。

《墨子·節葬》今執厚葬久喪者之言曰：「厚葬久喪，雖使不可以富貧衆寡，定危治亂，然此聖王之道也。」子墨子曰：「不然。昔者堯北教乎八狄，道死葬蛩山之陰。衣衾三領，穀木之棺，葛以緘之。既氾而後哭，滿埳無封。已葬而牛馬乘之。舜西教乎七戎，道死葬南巳之市。衣衾三領，穀木之棺，葛以緘之。已葬而市人乘之。禹東教乎九夷，道死葬會稽之山。衣衾三領，桐棺三寸，葛以緘之，絞之不合，道之不埳，土地之深，下毋及泉，上毋通臭。既葬，收餘壤，其上壟若參耕之畝取止矣。若以此，若三聖王者觀之，則厚葬久喪，果非聖王之道。」

《管子·立政》君之所務者五。一曰，山澤不救於火，草木不植成，國之貧也。二曰，溝瀆不遂於隘，鄣水不安其藏，國之貧也。三曰，桑麻不植於野，五穀不宜其地，國之貧也。四曰，六畜不育於家，瓜瓠葷菜百果不備具，國之貧也。五曰，工事競於刻鏤，女事繁於文章，國之貧也。故曰，山澤救於火，草木植成，國之富也。溝瀆遂於隘，障水安其藏，國之富也。桑麻植於野，五穀宜其地，國之富也。六畜育於家，瓜瓠葷菜百果備具，國之富也。工事無刻鏤，女事無文章，國之富也。

《管子·乘馬》不知器也，不知任。不知器，不可謂之有道。地之不可食者，山之無木者，百而當一。涸澤，百而當一。地之無草木者，百而當一。樊棘雜處，民不得入焉，百而當一。藪鎌纏得入焉，九而當一。蔓山，其木可以爲材，可以爲軸。斤斧得入焉，九而當一。汎山，其木可以爲棺，可以爲車。斤斧得入焉，十而當一。流水網罟得入焉，五而當一。林，其木可以爲棺，可以爲車，斤斧得入焉。

《管子·八觀》行其山澤，觀其桑麻，計其六畜之產，而貧富之國可知也。夫山澤廣大，則草木易多也。壤地肥饒，則桑麻易植也。薦草多衍，則六畜易繁也。山澤雖廣，草木毋禁。壤地雖肥，桑麻毋數。薦草雖多，六畜有征，閉貨之門也。故曰，時貨不遂，金玉雖多，謂之貧國也。故曰，行其山澤，觀其桑麻，計其六畜之產，而貧富之國可知也。【略】故曰，山林雖近，草木雖美，宮室必有度，禁發必有時。是何也？曰大木不可獨伐也，大木不可獨舉也，大木不可獨運也，大木不可加之薄牆之上。故曰，山林雖廣，草木雖美，禁發必有時。國雖充盈，金玉雖多，宮室必有度。江海雖廣，池澤雖博，魚鱉雖多，罔罟必有正。船網不可一財而成也，非私草木愛魚鱉也，惡廢民於生穀也。故曰，先王之禁山澤之作者，博民於生穀也。彼民非穀不食，穀非地不生，地非民不動，民非作力毋以致財。天下之所生，生於用力。用力之所生，生於勞身。是故主上用財毋已，是民用力毋休也。

《管子·山國軌》管子曰：「請立貲於民，有田倍之。內毋有其外，外皆爲貲壤，被鞍之馬千乘，齊之戰車之具。具於此，無求於民。此去丘邑之籍也。國穀之朝夕在上，山林廩械器之高下在上，春秋冬夏之輕重在上。行田疇，田中有木者，謂之穀賊。宮中四榮，樹其餘曰害女功。宮室械器，非山無所仰。然後君立三等之租於山曰：『握以下者爲柴楂，把以上者爲室奉。三圍以上，爲棺槨之奉。柴楂之租若干，室奉之租若干，棺槨之租若干。』」

《管子·輕重甲》故爲人君而不能謹守其山林菹澤草萊，不可以立爲天下王。桓公曰：「此若言何謂也？」管子對曰：「山林菹澤草萊者，薪蒸之所出，犧牲之所起也。故使民求之，使民藉之，因以給之。私愛之於民，若弟之與兄，子之與父也，然後可以通財交殷也。故請取君之游財而邑里布積之。陽春蠶桑且至，請以給其口食簞曲之彊。若此，則絓絲之籍去分而斂矣。且四方之不至，六時制之。春日傳耜，次日獲麥，次日薄芋，次日樹麻，次日絶菹，次日大雨且至，趣芸壅培。六時制之，臣給至於國都，善者鄉因其輕重，守其委廬。故事至而不妄，然後可以立爲天下王。」

《禮記·王制》五穀不時，果實未熟，不粥於市。木不中伐，不粥於市。禽獸魚鱉不中殺，不粥於市。

《禮記·月令》［季夏之月］命澤人納材葦。【略】［季秋之月］是月也，草木黃落，乃伐薪爲炭。

《呂氏春秋·尊師》 生則謹養，謹養之道，養心爲貴；死則敬祭，敬祭之術，時節爲務；此所以尊師也。治唐圃，疾灌寖，務種樹；織葩屨，結罝網，捆蒲葦；之田野，力耕耘，事五穀；如山林，入川澤，取魚鼈，求鳥獸。此所以尊師也。

《呂氏春秋·義賞》 雍季曰：「澤竭而漁，豈不獲得？而明年無魚。焚藪而田，豈不獲得？而明年無獸。」

《韓非子·内儲説上》 齊國好厚葬，布帛盡於衣衾，材木盡於棺槨。桓公患之，以告管仲，曰：「布帛盡則無以爲蔽，材木盡則無以爲守備。而人厚葬之不休，禁之奈何？」管仲對曰：「凡人之有爲也，非名之，則利之也。」於是乃下令曰：「棺椁過度者，戮其尸，罪夫當喪者。」夫戮死無名，罪當喪者無利，人何故爲之也？

漢 陸賈《新語》卷下《資質》 質美者以通爲貴，才良者以顯爲能。何以言之？夫楩柟豫章，天下之名木也，生於深山之中，産於溪谷之傍，立則爲大山衆木之宗，仆則爲萬世之用。浮於山水之流，出於冥冥之野，因江、河之道，而達於京師之下，因斧斤之功，得舒其文色，精捍直理，密緻博通，蟲蝎不能穿，水溼不能傷，在高柔輭，入地堅彊，無膏澤而光潤生，不刻畫而文章成，上爲帝王之御物，下則賜公卿庶賤而得以備器械。閉絶以關梁，及隘於山阪之阻，隔於九岘之隄，仆於嵬崔之山，頓於窅冥之溪，樹蒙蘢蔓延而無間，石崔嵬嶄岩而不開，廣者無舟車之通，狹者無步擔之蹊，商賈所不至，工匠所不窺，知者所不見，見者所不知，功棄而德亡，腐朽而枯傷，轉於百仞之壑，惕然而獨僵，當斯之時，不如道傍之枯楊。裹裹結屈，委曲不同，然生於大都之廣地，近於大匠之名工，材器制斷，規矩度量，堅者補朽，短者續長，大者治罇，小者治觴，飾以丹漆，斁以明光，上備大牢，春秋禮庠，褒以文采，立禮矜莊，冠帶正容，對酒行觴，卿士列位，布陳宫堂，望之者目眩，近之者鼻芳。故事閉之則絶，次之則通，抑之則沈，興之則揚。處地楩梓，賤於枯楊，德美非不相絶也，才力非不相懸也，彼則槁枯而遠棄，此則爲宗廟之瑚璉者，通與不通也。人亦猶此。

漢 劉安《淮南子》卷二《俶真訓》 百圍之木，斬而爲犧尊，鏤之以剞劂，雜之以青黄，華藻鎛鮮，龍蛇虎豹，曲成文章，然其斷在溝中。壹比犧尊溝中之斷，則醜美有間矣，然而失木性鈞也。

又 卷八《本經訓》 大構駕，興宫室；延樓棧道，雞棲井幹；標株欂櫨，以相支持；木巧之飾，盤紆刻儼；嬴鏤雕琢，詭文回波；淌游瀷淢，菱杼紾抱；芒繁亂澤，巧僞紛挐，以相摧錯：此遁於木也。【略】煎熬焚炙，調齊和之適，以窮荆吴甘酸之變；焚林而獵，燒燎大木；鼓橐吹埵，以銷銅鐵；靡流堅鍛，無厭足日；山無峻幹，林無柘梓；燎木以爲炭，燔草而爲灰；野莽白素，不得其時；上掩天光，下殄地財。此遁於火也。

又 卷九《主術訓》 昔者神農之治天下也，神不馳於胸中，智不出於四域，懷其仁誠之心。甘雨時降，五穀蕃植；春生夏長，秋收冬藏；月省時考，歲終獻功；以時嘗穀，祀於明堂。【略】是故茅茨不剪，采椽不斲，大路不畫，越席不緣，大羹不和，粢食不毇，巡狩行教，勤勞天下，周流五嶽，豈其奉養不足樂哉？【略】是故賢王之用人也，猶巧工之制木也，大者以爲舟航柱梁，小者以爲楫楔，修者以爲櫚榱，短者以爲朱儒枅櫨。【略】是故十圍之木，持千鈞之屋，五寸之鍵，制開闔之門。豈其材之巨小足哉？所居要也。

又 卷一一《齊俗訓》 伐楩柟豫樟而剖梨之，或爲棺槨，或爲柱梁，披斷檖樾，所用萬方，然一木之樸也。

又 卷一五《兵略訓》 虎豹不動，不入陷阱；麋鹿不動，不離罝罘；飛鳥不動，不絓網羅；魚鼈不動，不擐脣喙。【略】是故爲麋鹿者則可以罝罘設也，爲魚鼈者則可以網罟取也，爲鴻鵠者則可以矰繳加也。

又 卷一六《説山訓》 上求材，臣殘木；上求魚，臣乾谷；上求楫，而下致船。

漢 司馬遷《史記》卷一二九《貨殖列傳》 夫山西饒材、竹、穀、纑、旄、玉石；山東多魚、鹽、漆、絲、聲色；江南出枏、梓、薑、桂、金、錫、連、丹沙、犀、瑇瑁、珠璣、齒革；龍門、碣石北多馬、牛、羊、旃裘、筋角；銅、鐵則千里往往山出棊置：此其大較也。皆中國人民所喜好，謠俗被服飲食奉生送死之具也。故待農而食之，虞而出之，工而成之，商而通之。【略】諺曰：「百里不販樵，千里不販糴。」居之一歲，種之以穀；十歲，樹之以木；百歲，來之以德。德者，人物之謂也。今有無秩禄之奉，爵邑之入，而樂與之比者，命曰素封。封者食租稅，歲率户二百。千户之君則二十萬，朝覲聘享出其中。庶民農工商賈，率亦歲萬息二千，百萬之家則二十萬，而更傜租賦出其中。衣食之欲，恣所好美矣。故曰陸地牧馬二百蹄，牛蹄角千，千足羊，澤中千足彘，水居千石魚陂，山居千章之材。安邑千樹棗，燕、秦千樹栗，蜀、漢、江陵千樹橘，淮北、常山已南，河

濟之間千樹萩，陳、夏千畝漆，齊、魯千畝桑麻，渭川千畝竹；及名國萬家之城，帶郭千畝畝鍾之田，若千畝巵茜，千畦薑韭。此其人皆與千户侯等。

漢 劉向《戰國策》卷二九《燕策》 蘇秦將爲從，北説燕文侯曰：「燕東有朝鮮、遼東，北有林胡、樓煩，西有雲中、九原，南有呼沱、易水。地方二千餘里，帶甲數十萬，車七百乘，騎六千匹，粟支十年。南有碣石、鴈門之饒，北有棗栗之利，民雖不由田作，棗栗之實，足食於民矣。此所謂天府也。」

漢 桓寬《鹽鐵論》卷一《本議》 隴、蜀之丹漆旄羽，荆、揚之皮革骨象，江南之楠梓竹箭，燕、齊之魚鹽旃裘，兖、豫之漆絲絺紵，養生送終之具也，待商而通，待工而成。

又《通有》 大夫曰：燕之涿、薊，趙之邯鄲，魏之温、軹，韓之滎陽，齊之臨淄，楚之宛丘，鄭之陽翟，二周之三川，富冠海内，皆爲天下名都。非有助之耕其野而田其地者也，居五諸侯之衢，跨街衝之路也。故物豐者民衍，宅近市者家富。富在術數，不在勞身；利在勢居，不在力耕也。文學曰：荆、揚南有桂林之饒，内有江湖之利，左陵陽之金，右蜀漢之材，伐木而樹穀，燔萊而播粟，火耕而水耨，地廣而饒材；然後呰窳偷生，好衣甘食，雖白屋草廬，歌謳鼓琴，日給月單，朝歌暮戚。趙、中山帶大河，纂四通神衢，當天下之蹊，商賈錯於路，諸侯交於道；然民淫好末，侈靡而不務本，田疇不修，男女矜飾，家無斗筲，鳴琴在室。是以楚、趙之民，均貧而寡富。宋、衛、韓、梁好本稼穡，編户齊民，無不家衍人給。故利在自惜，不在勢居街衢；富在儉力趣時，不在歲司羽鳩也。大夫曰：五行，東方木，而丹、章有金銅之山；南方火，而交趾有大海之川；西方金，而蜀、隴有名材之林；北方水，而幽都有積沙之地。此天地所以均有無而通萬物也。今吳、越之竹，隋、唐之材，不可勝用，而曹、衛、梁、宋，采棺轉尸；江湖之魚，萊、黄之鮐，不可勝食，而鄒、魯、周、韓，藜藿蔬食。天下之利無不澹，而山海之貨無不富也；然百姓匱乏，財用不足，多寡不調，而天下財不散也。文學曰：古者，采椽不斲，茅屋不翦，衣布褐，飯土銂，鑄金爲鉏，埏埴爲器，工不造奇巧，世不寶不可衣食之物。各安其居，樂其俗，甘其食，便其器。是以遠方之物不交，而昆山之玉不至。今世俗壞而競於淫靡，女極纖微，工極技巧，雕素樸而尚珍怪，鑽山石而求金銀，没深淵求珠璣，設機陷求犀象，張網羅求翡翠，求蠻貊之物以眩中國，徙邛、筰之貨致之東海，交萬里之財，曠日費功，無益於用。是以褐衣匹婦，勞罷力屈，而衣食不足也。故王者禁溢利，節漏費。溢利禁則反本，漏費節則民用給。是以生無乏資，死無轉尸也。大夫曰：古者，宮室有度，輿服以庸；采椽茅茨，非先王之制也。君子節奢刺儉，儉則固。昔季文相魯，妻不衣帛，馬不秣粟。孔子曰：「不可，大儉極下。」此《蟋蟀》所爲作也。《管子》曰：「不飾公室則材木不可勝用，不充庖厨則禽獸不損其壽。無味利則本業所出，無黼黻則女紅不施。」故工商梓匠，邦國之用，器械之備也。自古有之，非獨於此。弦高飯牛於周，五羖賃車入秦，公輸子以規矩，歐冶以鎔鑄。《語》曰：「百工居肆，以成其事。」農商交易，以利本末。山居澤處，蓬高墝埆，財物流通，有以均之。是以多者不獨衍，少者不獨饉。若各居其處，食其食，則是橘柚不鬻，朐、鹵之鹽不出，旃罽不市，而吳、唐之材不用也。文學曰：孟子云：「不違農時，穀不可勝食。蠶麻以時，布帛不可勝衣也。斧斤以時入，材木不可勝用。佃漁以時，魚肉不可勝食。」若其飾宮室，增臺樹，梓匠斲巨爲小，以圓爲方，上成雲氣，下成山林，則材木不足用也。男子去本爲末，雕文刻鏤，以象禽獸，窮物究變，則穀不足食也。婦女飾微治細，以成文章，極技盡巧，則絲布不足衣也。庖宰烹殺胎卵，煎炙齊和，窮極五味，則魚肉不足食也。當今世，非患禽獸不損，材木不勝，患僭侈之無窮也。非患無旃罽橘柚，患無狹廬糟糠也。

漢 王充《論衡》卷一三《效力》 或伐薪於山，輕小之木，合能束之。至於大木十圍以上，引之不能動，推之不能移，則委之於山林，收所束之小木而歸。由斯以論，知能之大者，其猶十圍以上木也，人力不能舉薦，其猶薪者不能推引大木也。孔子周流，無所留止，非聖才不明，道大難行，人不能用也。故夫孔子，山中巨木之類也。

又《超奇》 入山見木，長短無所不知；入野見草，大小無所不識。然而不能伐木以作室屋，採草以和方藥，此知草木所不能用也。夫通人覽見廣博，不能掇以論説，此爲匿生書主人，孔子所謂「誦《詩》三百，授之以政不達」者也，與彼草木不能伐採，一實也。

漢 班固《漢書》卷二四上《食貨志》 《洪範》八政：一曰食，二曰貨。食謂農殖嘉穀可食之物，貨謂布帛可衣，及金刀龜貝，所以分財布利通有無者也。二者，生民之本，興自神農之世。「斲木爲耜，煣木爲耒，耒（目）〔耨〕之利以教天下」，而食足。

又 卷九一《貨殖傳》 於是辯其土地川澤丘陵衍沃原隰之宜，教民種樹

畜養；五穀六畜及至魚鼈鳥獸雚蒲材幹器械之資，所以養生送終之具，靡不皆育。育之以時，而用之有節。屮木未落，斧斤不入於山林；豺獺未祭，罝網不布於壄澤；鷹隼未擊，矰弋不施於徯隧。既順時而取物，然猶山不茬蘖，澤不伐夭，蝝魚麛卵，咸有常禁。所以順時宣氣，蕃阜庶物，稸足功用，如此之備也。

漢 王符《潛夫論》卷三《俘侈》 子曰：古之葬者，厚衣之以薪，葬之中野，不封不樹，喪期無時。後世聖人易之以棺槨。桐木爲棺，葛采爲緘，下不及泉，上不泄臭。後世以楸、梓、槐、栢、杶、樗，各取方土所出，膠漆分致，釘細要，削除鏟，靡不見際會。其堅足恃，其用足任，如此可矣。其後京師貴戚，必欲江南檽梓、豫章梗柟，邊遠下土，亦競相倣傚。夫檽梓豫章，所出殊遠，又乃生於深山窮谷，經歷山岑，立千丈之高，百丈之谿，傾倚險阻，崎嶇不便，求之連日然後見之，伐斫連月然後訖，會衆然後能動擔，牛列然後能致水，由江入海，連淮逆河，行數千里，然後到雒。工匠彫治，積累日月。計一棺之成，功將千萬。夫既其終用，重且萬斤，非大衆不能舉，非大車不能輓。東至樂浪，西至燉煌，萬里之中，相競用之。此之費功傷農，可爲痛心！古者墓而不崇。仲尼喪母，冢高四尺，遇雨而墮，弟子請治之。夫子泣曰：「禮不修墓。」鯉死，有棺而無槨。文帝葬於芷陽，明帝葬於洛南，皆不藏珠寶，不造廟，不起山陵。陵墓雖卑而德最高。今京師貴戚、郡縣豪家，生不極養，死乃崇喪。或至刻金鏤玉，檽梓梗柟，良家造塋，黄壤致藏，多埋珍寶、偶人、車馬，造起大冢，廣種松栢。廬舍祠堂，崇侈上僭。寵臣貴戚，州郡世家，每有喪葬，都官屬縣，各當遣吏齎奉，車馬帷帳，貸假待客之具，競爲華觀。此無益於奉終，無增於孝行，但作煩攪擾，傷害吏民。

晉 葛洪《抱朴子·外篇》卷四《辭義》 夫梓、豫山積，非班、匠不能成機巧；衆書無限，非英才不能收膏腴。何必尋木千里，乃構大厦；鬼神之言，乃著篇章乎？

北魏 賈思勰《齊民要術》卷七《貨殖》 范蠡曰：計然云，旱則資車，水則資舟，物之理也。白圭曰：趣時若猛獸鷙鳥之發，故曰吾治生，猶伊尹呂尚之謀，孫吴用兵，商鞅行法是也。《漢書》曰：秦漢之制，列侯封君食租，歲率户二百，千户之君則二十萬，朝覲聘饗出其中。庶民、農、工、商賈，率亦歲萬息二千，百萬之家則二十萬，而更徭租賦出其中。故曰：陸地牧馬二百蹏，孟康曰：五十疋也。蹏，古蹄字。牛蹏角千，千足羊，澤中千足彘，水居千石魚陂，山居千章之楸，楸木千章者，大枚也。安邑千樹棗，燕秦千樹栗，蜀漢江陵千樹橘，淮北滎南齊河之間千樹楸，陳夏千畝漆，齊魯千畝桑麻，渭川千畝竹，及名國萬家之城，帶郭千畝鍾之田，若千畝梔、茜，千畦薑、韭，此其人，皆與千户侯等。諺曰：以貧求富，農不如工，工不如商，刺繡文不如倚市門。此言末業，貧者之資也。通邑大都，酤，一歲千釀，醯醤千瓨，醤千儋，屠牛、羊、彘千皮，販穀糴千鍾，薪藁千車，船長千丈，木千章，竹竿萬個，軺車百乘，牛車千兩，木器漆者千枚，銅器千鈞，素木鐵器若梔茜千石，馬蹏噭千，牛千足，羊彘千雙，僮手指千，筋、角、砂千斤，其帛、絮、細布千鈞，文、采千疋，荅布、皮革千石，漆千大斗，蘖麴、鹽豉千合，鮐、鮆千斤，【略】鯫千石，鮑千鈞，【略】棗、栗千石者三之，狐、貂裘千皮，羔羊裘千石，旃席千具，他果采千種，子貸金錢千貫，節駔儈，貪賈三之，廉賈五之，亦比千乘之家。此其大率也。卓氏曰：吾聞汶山之下沃壄，下有蹲鴟，至死不饑。魯邴氏家，起富至巨萬，然自父兄子弟勤約，俯有拾，仰有取。《淮南子》曰：賈多端則貧，工多技則窮，心不一也。

北齊 劉晝《劉子》卷四《因顯》 夫樟木，盤根鉤枝，瘿節蠹皮，輪囷擁腫，則衆眼不顧。匠者採焉，製爲殿堂，塗以丹漆，畫爲黼藻，則百辟卿士莫不顧眄仰視。木性猶是也，而昔賤今貴者，良工爲之容也。

宋 歐陽修《文忠集》卷六三《戕竹記》 洛最多竹，樊圃棊錯。包篺榯筍之赢，歲尚十數萬緡，坐安侯利，寧肯爲渭川下。然其治水庸，任土物，簡歷芟養，率須謹嚴。家必有小齋閒館在虧蔽間，賓欲賞，輒腰輿以入，不問辟疆，恬無怍讓也。以是名其俗，爲好事。壬申之秋，人吏率持鎌斧，亡公私誰何，且戕且桴，不竭不止。守都出令，有敢隱一毫爲私，不與公上急病，服王官爲慢，齒王民爲悖。如是累日，地榛園禿，下亡有嗇色少見於顔間者，由是知其民之急上。噫！古者伐山林，納材葦，惟是地物之美，必登王府，以經于用。不供謂之畔廢，不時謂之暴殄。今土宇廣斥，賦入委疊。上益篤儉，非有廣居盛囿之侈。縣官材用，顧不衍溢朽蠹，而一有非常，斂取無藝。意者營飾像廟過差乎！《書》不云，不作無益害有益。又曰：君子節用而愛人。天子有司所當朝夕謀慮，守官與道，不可以忽也。推類而廣之，則竹事猶末。

宋 林之奇《尚書全解》卷二九《梓材》 梓，良木，可以爲器也。定之方中，所謂椅桐梓漆是也。惟器用以梓木爲良，故古者木工謂之梓人。《考工記》曰：

攻木之工，輪輿弓廬匠車梓。梓人爲筍虡，爲飲器，爲侯。而孟子亦曰：梓匠，輪輿也。樸謂器之有質而未成也。【略】若人之治梓材以爲器，既勤于斲削其樸以成其質，則今惟當塗以丹臒而爲之藻飾也。

宋 陳旉《農書》卷上《善其根苗》 凡種植，先治其根苗以善其本，本不善而末善者鮮矣。欲根苗壯好，在夫種之以時，擇地得宜，用糞得理，三者皆得，又從而勤勤顧省修治，俾無旱乾、水潦、蟲獸之害，則盡善矣。根苗既善，徙植得宜，終必結實豐阜。若初根苗不善，方且萎顇微弱，譬孩孺胎病，氣血枯瘠，困苦不暇，雖日加拯救，僅延喘息，欲其充實，蓋亦難矣。今夫種穀，必先修治秧田，於秋冬即再三深耕之，俾霜雪凍冱，土壤蘇碎。又積腐稾敗葉，剗薙枯朽根荄，遍鋪燒治，即土暖且爽。于始春又再三耕耙，轉以糞壅之，若用麻枯尤善。但麻枯難使，須細杵碎，和火糞窖罨，如作麯様；候其發熱，生鼠毛，即攤開中間熱者置四傍，收斂四傍冷者置中間，又堆窖罨；如此三四次，直待不發熱，乃可用，不然即燒殺物矣。切勿用大糞，以其瓮腐芽蘖，又損人脚手，成瘡痍難療。唯火糞與燖猪毛及窖爛麄穀殼最佳。亦必渥漉田精熱了，乃下糠糞，踏入泥中，盪平田面，乃可撒穀種。又先看其年氣候早晚寒暖之宜，乃下種，即萬不失一。若氣候尚有寒，當且從容熟治苗田，以待其暖，則力役寬裕，無窘迫滅裂之患。得其時宜，即一月可勝兩月，長茂且無疎失。多見人纔暖便下種，不測其節候尚寒，忽爲暴寒所折，芽蘖凍爛瓮臭。其苗田已不復可下種，乃始別擇白田以爲秧地，未免忽略。如此失者十常三四，間歲如此，終不自省，乃復罪歲，誠愚癡也。若不得已而用大糞，必先以火糞久窖罨乃可用。多見人用小便生澆灌，立見損壞。又須隨撒種闊狹，更重圍繞。作塍貴闊，則約水深淺得宜。若纔撒種子，忽暴風，却急放乾水，免風浪淘蕩，聚却穀也；忽大雨，必稍增水，爲暴雨漂颭，浮起穀根也；若晴，即淺水，從其曬暖也。然淺不可太淺，太淺即泥皮乾堅；深不可太深，太深即浸没沁心而萎黄矣。唯淺深得宜乃善。

宋 方寔孫《淙山讀周易》卷一一《下經》 木道乃行。白雲曰：「神農氏斲木爲耜，揉木爲耒，耒耜之利以教天下取諸益者，亦木道之行也。」

元 王禎《農書》卷五《種植》 司馬遷《貨殖傳》曰：山居千章之楸，安邑千樹棗，燕秦千樹栗，蜀漢江陵千樹橘，齊魯千樹桑，其人皆與千户侯等。其言種植之利博矣。觀柳子厚《郭槖駝傳》，稱駝所種樹，或移徙，無不活，且碩茂，早實以蕃，他人效之，莫能如也，又知種樹之不可無法也。考之於《詩》，帝省其山，柞棫斯拔，松栢斯兑，周之所以受命也。樹之榛栗，椅桐梓漆，衛文公之所以興其國也。夫以王侯之富且貴，猶以種樹爲功，況於民乎？《周禮》：太宰以九職任萬民，一曰三農生九穀，二曰園圃之職次，於三農，其爲民事之重，尚矣。然則種植之務，其可緩乎？種植之類夥矣。【略】果木材植等物，可以自用有餘，又可以易换諸物，若能多廣栽種，不惟無凶年之患，抑亦有久遠之利焉。

明 宋濂《元史》卷九四《食貨志》 山林川澤之産，若金、銀、珠、玉、銅、鐵、水銀、朱砂、碧甸子、鉛、錫、礬、硝、鹻、竹、木之類，皆天地自然之利，有國者之所必資也，而或以病民者有之矣。

明 葉盛《水東日記》卷一五 古者植木塚上，以識其處耳。吾家自先太傅以上，塚上松木多不過數十。太尉初塟寶峰，比上世差爲茂鬱，然亦止數畝耳。左丞歸塟之後，積以歲月，林樾寖盛，遂至連山彌谷。不幸孫曾遂有剪伐、貿易之弊，坐視則不可，禁止則争訟紛然，爲門户之辱，其害更甚於厚塟。吾死後墓木毋過數十，或可不陷後人於不孝之地。戒之戒之。

明 胡居仁《居業録》卷五《古今》 天下之田地足以供天下之衣食，天下之山澤足以供天下之材用，但力要勤，用要節，取要時而已。

明 郝敬《孟子説解》卷一一《告子》 國大則樵牧多，牛羊斧斤交加，雖在曠野外，日受戕賊之擾。然郊外本爲牧，山林本儲材，用之以時，取之有節，材自不可勝用，而山之性自盡。如人但枯守其性，貪静厭動，何以爲人。孟子所以言性必言情、言氣、言才者，此也。苟得其養，則斧斤之入，亦山林之利器。

明 徐光啓《農政全書》卷一《農本》 神農氏曰炎帝，以火名官。斲木爲耜，揉木爲耒，耒耨之用，以教萬人。始教耕，故號神農氏。《白虎通》云：古之人民，皆食禽獸肉。至於神農，用天之時，分地之利，制耒耜，教民農作。神而化之，使民宜之，故謂之神農。《典語》云：神農嘗草別穀，烝民粒食。後世至今賴之。農丈人一星，在斗西南，老農主稼穡也。其占與糠畧同。與箕宿邊杵星相近。蓋人事作乎下，天象應乎上，農星其殆始於此也。后稷名曰棄。棄爲兒時，如巨人之志。其遊戲，好種植麻麥。及爲成人，遂好耕農，相地之宜，宜穀者稼穡之。民皆法之。帝堯聞之，舉爲農師。帝舜曰：「棄，黎民阻饑，汝后稷，播時百穀。」《詩》曰：思文后稷，克配彼天；立我烝民，莫匪爾極。帝命率育。奄有下國，俾民稼穡。《豳風・七月》之詩，陳王業之艱難。蓋周家以農事開國，實祖

於后稷。所謂配天社而祭者，皆後世仰其功德，尊之之禮，實萬世不廢之典也。

又《諸家雜論》 丘陵阪險不生五穀者，以樹竹木。春伐枯槁，夏取果蓏，秋蓄蔬食，冬伐薪蒸，以爲民資。

又 卷三七《種植》 近聞諸般材木比之往年價直重貴，蓋因不種不栽，一年少如一年，可爲深惜。古人云：木奴千，無凶年。木奴者，一切樹木皆是也，自生自長，不費衣食，不憂水旱。其果木材植等物，可以自用，有餘，又可以易換諸物。若能多廣栽種，不惟無凶年之患，抑亦有久還之利焉。

清 陳宏謀《種雜糧廣樹植狀》 滇中本係山區，叢崗複箐，草木繁茂，柴薪自來充裕。乃因竈井需柴，廠局需炭，旦旦而伐，幾於舉目童山，薪炭漸已艱貴，即草根樹皮，幾爲民間難得之物矣。滇中四望，山嶺有不能種植糧食之地，斷無不能種樹木之處，且原係崇林密箐，今始斬伐殆盡，正當複行栽種。總由性耽疲玩，僅計目前，不圖久遠，將來日復一日，柴薪艱貴，窮民之苦，又在於茲。

清 尹會一《尹少宰奏議・河南疏》 樹藝之宜廣矣。夫木之佳者，以桑爲尚，其餘如棗、梨、桃、杏、榆、柳、椿、杜等樹，均堪利用。臣查豫省地方，每多鹹鹼飛沙之地，小民因難以墾種，大半荒棄。不可播種五穀者，未始不可栽植樹木。以應令地方官，責成鄉者、保長，廣爲勸諭，就所宜之木，隨處種植，加意培養。

清 張履祥《補農書》（《清經世文編》卷二六引） 基址寬曠，則前植榆、槐、桐，梓，後種竹木。帝治圃，中庭植果木，凡可取爲祭祀，賓客親戚餽問之用，即省市辦金錢。中庭之樹，莫善於梅、棗、香圓、橙、橘、茱萸之類，莫不善於桃、李、杏、柿之類，蓄物之易潰，不能藏蓄，吾所不取。

清 楊屾《豳風廣義・養素園序》 園圃之制，昉自上古。【略】農家以之樹桑麻，布果蔬，爲衣帛之藪，且逍遥其中，故稱田園之樂。【略】凡我寒素之士，各制一園，不過一夫之力，可以代百畝之耕。不惟衣食有賴，亦可教授生徒，爲儲學育才之一籍。

又 《園制》 負郭之間，得田十餘畝。若去城市稍遠者，更益其數。田多者可作素封。負郭之間易於得糞，果蔬便於發賣而且價高，故園田不待多。若離城市遠者，糞不可多得，果蔬之價又賤，故田不可少。若田更廣，能樹千株桑果者即爲素封，可享利如千户侯矣。若水深不便灌溉蔬菜者多植桑果，夏則積水擔澆。冬則掃雪擁根，亦能大茂如林。

清 乾隆《長沙府志》卷首 旁田畔及荒山不可耕種之處，度量土宜，種植樹木，桑柘可以飼蠶，棗栗可以佐食，柏桐可以資用，即榛栝雜木，亦足以供炊爨，其令有司督率指畫，課令種植，仍嚴禁非時之斧工，牛羊之踐踏，奸徒之盜竊，亦爲民利。

清 李撥《請種包穀議》（《福寧府志》卷一二引） 寧郡地方，崇山複嶺，均長草木，柴薪宜賤。乃近年以來，敉既如珠，而薪複如桂。某到任後，因公巡歷，留心體察，蓋緣閩地多屬官山，砍伐無禁，生長枝柯即被樵采。甚至掘取其根，以供炊爨，不復滋生，遂生童山。至有主之山，春勤儉者俱於山上堡松、杉、竹木、桐、茶等樹，獲利甚多。其懶惰者，山有小樹即尋斧柯，止顧目前，不爲遠計，遂至美材不生，惟長茂草，有同一山而此青葱可愛，彼零落堪嗟者。勤惰攸分，非山之獨爲石田也。某竊以爲，非時之斧斤宜禁，而荒山之地利宜開，若將官山許民認墾，自行獲畜柴薪，栽插竹木，其有主之山，諭令廣行種植，無許擅行砍伐，將見發生茂盛，數年之後，材木成林，取用不竭，亦足民之一道也。

清 嘉慶《雲宵廳志》卷二〇 近山之民籍耕種。管子所謂十年之計在於樹木也。故有種竹者、杉者、松者、茶者，效遲而利大也。如薑如芋，如王梨甘藷，一歲之入以足以供數口。謹按：雲宵自數十年來，潮民導種扶留籐，以竹爲簰，以杉爲蔽，深山窮谷，皆培竹木，以待時需，爲利甚薄。

清 道光《廣南府志》卷二《風俗》 舊俗，獻歲前伐松二株，徑四五寸，長丈餘，連枝葉栽插門首，無論官廨士民之家皆然。云搖錢樹，鄙俚可笑。愚守郡後紳耆言此惡俗多不便，曰久乾枯既虞火燭，排街樹木槎枒遇吉凶事亦掛礙旦。每歲取不於山，村民受害無窮。若一年留數千松，十年有數萬松，則材木不可勝用。予聞而佩服，當示禁革，士民亦莫不稱美者。癸未予俸滿北上，迨回任，時值歲暮，見有復栽插者，蓋兵役偕此騷擾，寨民懣從，官弁而冥頑，梗化之徒幸。

清 道光《觀城縣志》卷一〇 邑土貧，半皆沙壤。沙不宜穀而宜木居之。【略】然是富給之資也。不窺市井，不行异邑，坐而待收，身有處士之義而取給焉。水旱頻仍，穀有不登，則千頭木奴坐食其封，亦可以不饑矣，此求荒之一奇也。

清 光緒《零陵縣志》卷五《學校志・風俗》 邑近日柴薪漸少，而價且倍增，良以愚民圖利。目前入山樵採往往拔其根柢，故萌蘖無從生也。宜變通燒煤，產煤之山所在皆有，或有以開礦傷地脈礙墳宅爲言者，不知鄰近衡郴各郡邑多

有煤礦，何以不聞掘傷邪？將來濟柴薪之窮者，舍此必無他策也。

清 光緒《桐鄉縣志》卷七　吾里無山，土亦罕曠，然能于地隙水濱種植良材百株，三十年後，可得百金以外。若種樹成林，大小相替，材木可以無乏用矣。每年芟其繁枝，可以爲薪。各以地之所宜，則同、鄉椿、梓、榆、檀，皆上木也。

清 光緒《嘉慶州志》卷三　多植有用之木，可備造船築室之材，可以爲藥物之用。如金鷄哪可愈瘧療瘴，蜀葵可避瘴之類。即無用之木，亦可備薪蒸。

清 張天如《掘壕種樹示》（《桑植縣志》卷二引）　照得永屬地方縣多荒土，僅可種植樹木，已奉督憲檄行示諭在案。查民山土原須廣種雜糧，爲每年食用。豈知種樹之利，數年之後，即可致富。爾等須於近溪河者種杉木，背陰者種臘樹，平坦者種油桐樹，鑫沙石者種花椒樹，園角牆或種桑養蠶，或種麻紡績，長成之後，無須人力薅除，年年可收利息。

清 鄭之僑《農桑易知録·種竹木》　山坡嶺地，雖不宜於五穀，何嘗不宜於竹木？【略】約二年一小收，三年一大收。不特挖筍做篾，日用所需，且開槽做紙，其利更溥。【略】至於桐柏、茶樹，無山不可栽插。【略】至於松杉雜木，遍地可栽，培植繁茂。【略】是惟於無主荒山空地，竟力開種，以廣生業，久之便爲世產。如系有主之山，亦向山主租種，議明生息之後，量納租銀。生計廣而出息多，此因天地自然之利，以作資生之計。十年後，其成效立見。

清 嵇璜《續文獻通考》卷三《田賦考》　［雍正二年詔］傍田畔以及荒山不可耕種之處，度量土宜種植樹木。桑柘可以飼蠶，棗栗可以佐食，柏桐可以資用，即榛楛雜木亦足以供爨。其令有司督率指畫，課令種植。仍嚴禁非時之斧斤，牛羊之踐踏，奸徒之盜竊，亦爲民利不小。

又 卷四《田賦考》　［乾隆七年］論曰：《周禮》太宰以九職任萬民，一曰三農生九穀，二曰園圃毓草木，三曰虞衡作山澤之材，四曰藪牧養蕃鳥獸。其爲天下萬世籌贍足之計者，不獨以農事爲先務。而兼修園圃虞衡藪牧之政。故因地之利，任圃以樹事，任牧以畜事，任衡以山事，任虞以澤事。使山林川澤邱陵之民，得享山林川澤邱陵之利。

清 蔡毓榮《籌滇十疏》（《滇繫》第八册《藝文》引）　因時地之利爲開衣食之源，今以無主荒山，勸民種樹，近郊隙地給令灌園。但使瓜壺棗栗之微，各得其養，雞豚狗彘之畜，無失其時。安在絀之不爲贏，而剥之不易復耶？則所以課種植稽畜牧者之力，行宜亟也。

清 務農會《農學報》卷一《史撫軍奏種植成效摺》　查種植之利，樹木不亞桑麻，蔗靛優於五穀。去冬臣諭飭通省，廣興種植，舉凡桐、茶、松、竹，隨地所宜。先定簡明章程，並於粵湘購運秧子，分發各屬，每屬樹木定以十萬株爲額，蔗靛聽便。領公款者，利息歸公。自籌款者，利息歸私。民地只令報驗，官地酌取地租。

又 《華侍御請講務本至計以開利源摺》　自兵燹以來，各省樹木，芟伐殆盡，地之腴者忽瘠，民之富者忽貧。蓋果品材木，足以供生人之食用者，其利視五穀爲尤豐，所謂一年之計樹穀，十年之計樹木也。乃上下因循，不知栽培愛護，往往山童壤赤，一望荒涼，小民亦菜色流離，無複承平景象，則官吏之玩視民瘼也，亦已久矣。夫種植之大利，其在南方者二，曰茶曰桑。黄河以南之省份，近水者無不宜桑，近山者無不宜茶，苟能由官籌款，購買桑秧茶子，散給民間，並講求養蠶制茗之方，不數年而風行各省矣。【略】天下無論何土，必有相宜之樹，無論何樹，必有可收之利。民間有能于舊有樹木外，種樹至五萬株十萬株以上者，官爲酌給獎賞，以示鼓勵。並請定一戕害樹木之禁，有無故戕害樹木一株者，貧民罰種兩株，富者罰錢千文，以充公用。

又 卷一八《勸興林利》　蕪湖邑尊吴吉大令接奉撫憲札飭，勸民收買茶、桐、漆、枳、椿、松、柏、竹、杉各項秧子，於重山曠嶺、荒埔隙地，廣爲栽種，以興利源。或如無產者，亦可租賃廣植，即官地亦可招種。此不獨可使野無曠土，即無業遊民，皆得有業可守，不致流爲匪盜，擾害閭閻。此蓋仿甘肅屯茶之法也。大令奉劄後，當經出示勸諭，遍貼城廂矣。

又 卷一二八《安徽望江縣何大令勸民種植示》　照得本邑地狹人稠，鄉民生機日絀，欲思補偏救敝，稼穡之外，樹藝尚焉。試就人所共知者考之，茶之用在葉，棉之用在花，橡之用在皮，樟之用在腦，以及竹可以爲紙，蔗可（練）［煉］糖，靛可作色。桃李則投核即生，梅柳則插枝即活，舉凡藤本、草本、百卉、百花製造，無一不可成材懋遷，無一不可得價，所費工本有限，所享利益無窮。兼之屋角牆邊，不拘地勢，旱乾水溢，不畏天時，春耕夏耘，不妨農業，是真開物成務之良圖，抑亦通商惠工之張本也。

又 卷一七二《山西冀甯道連通飭課種樹木劄》　爲課種樹木以厚民生事，照得十年之計，惟在樹木。【略】而況工藝初興，製造所需，悉資地產。尤宜廣栽木植，以待利用。凡山陬水澨，下隰高原，各有合宜之木。既無妨於占礙稼穡，

亦無煩於日勸灌鋤。【略】查晉省風俗，南北各異，蠶鄉宜於桑柘橡槲，釀造資乎葡萄柿棗。其他木植，無一不資利用。雖不能比五穀雜糧，隨種隨獲，要其成林之後，便可歲收其利，且可省卻耕耘壅灌之費。

清 閻鎮珩《六典通考》卷一六三《草木鳥獸之政》 明上林苑監掌苑囿、園池、牧畜、樹種之事，凡禽獸草木蔬果率其屬，督其養户、栽户以時經理，其養地栽地而畜植之以供祭祀、賓客、官府之膳羞。凡苑地東至白河，西至西山，南至武清，北至居庸關，西南至渾河，竝禁圍獵。良牧牧牛羊豕，蕃育育鵝鴨鷄，皆籍其牝牡之數而課孳卵焉。林衡典果實花木，嘉蔬典蒔藝瓜菜，皆計其町畦樹植之數而以時苞進焉。虞衡典山澤採捕之事，凡鳥獸之肉皮革骨角羽毛可以供祭祀賓客膳羞之需，禮器軍實之用，歲下諸司採捕水課禽十八獸十二，陸課獸十八禽十二，皆以其時。冬春之交罝罛不施川澤，春夏之交毒藥不施原野，苗盛禁蹂躪，穀登禁焚燎。若害獸，聽爲陷穽獲之，賞有差。凡諸陵山麓不得入斧斤。

清 陳憲舜《課民植牧講義稿・伐期》 樹木長至周圍一丈，高十餘丈，必須四五十年，外人種樹多起初樹林，共種四五千本。十年後頻頻砍伐，周轉利溢。至四十年後，只剩大樹七八十本，以樹漸長大，占地漸多，故伐去其餘，以養成大樹。有一株買價值數百者，爲日雖久，爲利極大矣。歷年研究，凡樹木生長最速者，莫如柳、楊、榆、槐、桐、廣桑、苦楝六種，一年内高及數尺一丈。若如法澆灌，只二十年，較他四五十年者，幹身徑尺，不相上下，若買作柴，只須五年。曾經目睹，不敢虚言。

清 張謇《張季子詩録・種樹》 種樹不離籬，樹成無堤防。一舉兩善兼，分畦樹榆桑。桑葉供飼蠶，榆根作供香。移栽二千本，踈密各相當。愛之如嬰兒，護之如恐傷。期之十載後，桑好榆如牆。

崗桐實可油，厥産盛於蜀。女貞若烏柏，元明始著録。本大雲及拱，實石利三斛。緣渠帶修陂，劃地委諸竹。棗柿桃李梅，枇杷數株足。生用求實際，不取但充腹。

紀事

《管子・輕重戊》 虙戲作，造六峜以迎陰陽，作九九之數以合天道，而天下化之。神農作，樹五穀淇山之陽，九州之民乃知穀食，而天下化之。黃帝作，鑽鐩生火，以熟葷臊，民食之，無茲胃之病，而天下化之。黃帝之王，童山竭澤。有虞之王，燒曾藪，斬羣害，以爲民利，封土爲社，置木爲閭，始民知禮也。當是其時，民無慍惡不服，而天下化之。【略】桓公問於管子曰：「萊、莒與柴田相并，爲之奈何？」管子對曰：「萊、莒之山生柴。君其率白徒之卒，鑄莊山之金以爲幣，重萊之柴賈。」萊君聞之，告左右曰：「金幣者，人之所重也。柴者，吾國之奇出也。以吾國之奇出，盡齊之重寶，則齊可并也。」萊即釋其耕農而治柴。管子即令隰朋反農。二年，桓公止柴，萊、莒之糴三百七十，齊糶十錢，萊、莒之民降齊者十分之七。二十八月，萊、莒之君請服。

《莊子・人間世》 南伯子綦遊乎商之丘，見大木焉，有異，結駟千乘，將隱芘其所藾。子綦曰：「此何木也哉？此必有異材夫？」仰而視其細枝，則拳曲而不可以爲棟樑；俯而視其大根，則軸解而不可以爲棺槨；咶其葉，則口爛而爲傷；嗅之，則使人狂酲三日而不已。子綦曰：「此果不材之木也，以至於此其大也。嗟乎神人，以此不材！」

宋有荆氏者，宜楸柏桑。其拱把而上者，求狙猴之杙者斬之；三圍四圍，求高名之麗者斬之；七圍八圍，貴人富商之家求樿傍者斬之。

《莊子・山木》 莊子行於山中，見大木，枝葉盛茂，伐木者止其旁而不取也。問其故，曰：「無所可用。」莊子曰：「此木以不材得終其天年夫！」

《莊子・盜跖》 且吾聞之，古者禽獸多而人民少，於是民皆巢居以避之。晝拾橡栗，暮棲木上，故命之曰有巢氏之民。古者民不知衣服，夏多積薪，冬則煬之，故命之曰知生之民。神農之世，卧則居居，起則于于。民知其母，不知其父，與麋鹿共處，耕而食，織而衣，無有相害之心。

《商君書・畫策》 昔者昊英之世，以伐木殺獸，人民少而木獸多。黃帝之世，不麛不卵，官無供備之民，死不得用槨。事不同，皆王者，時異也。神農之世，公耕而食，婦織而衣，刑政不用而治，甲兵不起而王。

《禮記・禮運》 昔者先王未有宫室，冬則居營窟，夏則居橧巢。

《韓非子・五蠹》 上古之世，人民少而禽獸衆，人民不勝禽獸蟲蛇，有聖人作，搆木爲巢以避羣害，而民悦之，使王天下，號曰有巢氏。【略】古者丈夫不耕，草木之實足食也；婦人不織，禽獸之皮足衣也。不事力而養足，人民少而財有餘，故民不爭。

漢 董仲舒《春秋繁露》卷四《王道》 桀紂皆聖王之後，驕溢妄行。侈宮室，

廣苑囿，窮五采之變，極飭材之工，困野獸之足，竭山澤之利，食類惡之獸。

漢 司馬遷《史記》卷一《五帝本紀》 〔黄帝〕勞勤心力耳目，節用水火材物。

又 卷二九《河渠書》 其後人有上書欲通褒斜道及漕事，下御史大夫張湯。湯問其事，因言：「抵蜀從故道，故道多阪，回遠。今穿褒斜道，少阪，近四百里；而褒水通沔，斜水通渭，皆可以行船漕。漕從南陽上沔入褒，褒之絶水至斜，閒百餘里，以車轉，從斜下渭。如此，漢中之穀可致，山東從沔無限，便於砥柱之漕。且褒斜材木竹箭之饒，擬於巴蜀。」天子以爲然，拜湯子卬爲漢中守，發數萬人作褒斜道五百餘里。道果便近，而水湍石，不可漕。

漢 桓寬《鹽鐵論》卷七《散不足》 古者，穀物菜果，不時不食；鳥獸魚鼈，不中殺不食。故繳網不入於澤，雜毛不取。今富者逐驅殲網罝，掩捕麑鷇，耽湎沈猶鋪百川。鮮羔羜，幾胎扁，皮黄口。春鵝秋鶵，冬葵温韭，浚茈蓼蘇，豐奕耳菜，毛果蟲貉。

古者，采椽茅茨，陶桴複穴，足禦寒暑，蔽風雨而已。及其後世，采椽不斲，茅茨不翦，無斲削之事，磨礱之功。大夫達棱楹，士穎首，庶人斧成木構而已。今富者井幹增梁，雕文檻楯，堊幔壁飾。

漢 王充《論衡》卷五《感虚》 神農之橈木爲耒，教民耕耨，民始食穀，穀始播種。

漢 班固《白虎通》卷二《號》 謂之燧人何？鑽木燧取火，教民熟食，養人利性，避臭去毒，謂之燧人也。

又 卷五《景帝紀》 〔後〕三年春正月，詔曰：農，天下之本也。黄金珠玉，饑不可食，寒不可衣，以爲幣用，不識其終始。閒歲或不登，意爲末者衆，農民寡也。其令郡國務勸農桑，益種樹，可得衣食物。

又 卷六《武帝紀》 〔元鼎二年〕秋九月，詔曰：「仁不異遠，義不辭難。今京師雖未爲豐年，山林池澤之饒與民共之。」

漢 王符《潛夫論》卷八《五德志》 有神龍首出常羊，感任姒，生赤帝魁隗。身號炎帝，世號神農，代伏羲氏。其德火紀，故爲火師而火名。是始斲木爲耜，揉木爲耒耨。

晉 陳壽《三國志》卷一六《魏書·鄭渾傳》 轉爲山陽、魏郡太守，其治放此。又以郡下百姓苦乏材木，乃課樹榆爲籬，並益樹五果。榆皆成藩，五果豐實。

北齊 魏收《魏書》卷一一〇《食貨志》 〔神瑞年間〕敕有司勸課留農者曰：【略】教行三農，生殖九穀。教行園囿，毓長草木。教行虞衡，山澤作材。教行藪牧，養蕃鳥獸。教行百工，飭成器用。教行商賈，阜通貨賄。教行嬪婦，化治絲枲。教行臣妾，事勤力役。

唐 魏徵《隋書》卷二四《食貨志》 煬皇嗣守鴻基，國家殷富，雅愛宏玩，肆情方騁，初造東都，窮諸巨麗。帝昔居藩翰，親平江左，兼以梁、陳曲折，以就規摹。曾雉踰芒，浮橋跨洛，金門象闕，咸竦飛觀，頹巖塞川，構成雲綺，移嶺樹以爲林藪，包芒山以爲苑囿。【略】又於皁澗營顯仁宫，苑囿連接，北至新安，南及飛山，西至澠池，周圍數百里。課天下諸州，各貢草木花果，奇禽異獸於其中。開渠，引穀、洛水，自苑西入，而東注于洛。又自板渚引河，達于淮海，謂之御河。河畔築御道，樹以柳。又命黄門侍郎王弘、上儀同于士澄，往江南諸州採大木，引至東都。所經州縣，遞送往返，首尾相屬，不絶者千里。

宋 司馬光《稽古録》卷一《神農氏》 炎帝神農氏，姜姓，繼伏羲，以火德王天下。是時民益多，禽獸益少。炎帝乃教民播種百穀，斲木爲耜，揉木爲耒，春耕夏耘，秋穫冬藏，民食以充，故號神農氏。炎帝以一人所爲不足以自養，必通功易事，貿遷有無，乃教民日中爲市，致天下之民，聚天下之貨，交易而退，各得其所。

宋 司馬光《神農》（《古今人物論》卷一引） 古者，民茹草木之實，食禽獸之肉，而未知耕稼。炎帝因天時，相地宜，斲木爲耜，揉木爲耒，以教民藝五穀而農事興焉。民有疾病，未知藥石，炎帝始味草木之滋，察其寒温平熱之性，辨其君臣佐使之義，嘗一日遇七十二毒，神而化之，遂作方書以療民疾而醫道立矣。復察水泉甘苦，令人知所避就，由是民居安食力而無夭禮之患，天下宜之。

宋 鄭樵《通志》卷一《三皇紀》 厥初生民，穴居野處，聖人教之，結巢以避蟲豸之害，而食草木之實，故號有巢氏，亦曰大巢氏，亦謂之始君，言君臣之道於是乎始也。有天下百餘代，民知巢居，未知熟食，燧人氏出焉。觀星辰而察五木，知空有火，麗木則明，故鑽木取火，教民以烹飪之利，號燧人氏。以夫燧者，火之所生也。

宋 俞琰《周易集説》卷三二《繫辭下》 伏羲作結繩爲網罟，以教民佃漁。佃以取鳥獸於山林，漁以取魚鼈於川澤。使民有肉食、鮮食之利也。

元 王禎《農書》卷五《農桑通訣》 龔遂爲渤海太守，令民口種一樹榆，秋冬課收斂，益蓄果實菱芡。民皆富貴。黄霸治潁川，使民務耕桑種樹，治爲天下第

一。後漢樊重欲作器物，先種梓漆。時人嗤之。然積以歲月，皆得其用。向之笑者，咸求假焉。李衡於武陵龍陽洲上種柑橘千樹，勅兒曰：「吾洲上有千頭木奴，不責汝衣食，歲得絹一疋，亦可足用矣。」橘成，歲得絹數千疋。此栽植之明效也。使今之時，上之勸課皆如龔黄，下之力本皆如樊李，材木不可勝用，果實不可勝食矣。《齊民要術》言：種榆者，三年之後，便可将莢葉賣之，五年之後，便堪作椽，即可斫賣，十年後，魁、椀、瓶、榼器皿無所不任，十五年後，可爲車轂。其歲歲科簡剥治之功，指柴雇人，賣柴之利，已自不貲。況諸般器物，其利十倍。斫後復生，不勞更種，所爲一勞永逸。《務本直言》云：近聞諸般材木，比之往年價直重貴，蓋因不種不栽，一年少於一年，可爲深惜。古人云：本奴千，無凶年。木奴者，一切樹木皆是也。自生自長，不費衣食，不憂水旱，其果木材植等物可以自用有餘，又可以易換諸物。若能多廣栽種，不惟無凶年之患抑，亦有久遠之利焉。

元　釋念常《佛祖歷代通載》卷二《太古諸君》　炎帝神農氏。王火德，都陳，遷曲沃。在位一百四十年，葬長沙。《易》曰：神農氏斲木爲耜，柔木爲耒，始教天下播種五穀。又嘗百味爲《本草》，治醫藥，演八卦爲六十四，作市井貨易，作祭䄍，製五絃琴，象五行也。自下帝承、帝臨、魁帝、明帝、直帝、來帝、哀帝、揄罔，凡八代，五百四十年。

明　朱睦櫸《聖典》卷一五《端好尚》　［洪武二十九年十一月］是月，上嘗曰：「我於花木結實可食用者種之，無實者不用。如桑棗柿樹有實，及櫻樹漆樹，尤用心栽種。蓋因有益於公私之用。苑囿臺館，珍禽異獸，無益者並不留心。」

明　徐學聚《明典彙》卷一九五《柴炭》　［永樂二十二年］四月，勅户部曰：「山澤之利當與百姓共之，故比者特弛西山樵采之禁。今聞有拔本而取者，於古人斧斤以時之義何如？宜禁止之。」上以京師人衆，而燒薪嘗取於數百里外，謂兵部臣曰：「古山林川澤皆與民共，雖虞衡之禁，取之有時，用之有節。其實亦爲民守，非公家專有之。京師軍民數百萬家，薪非出山，何所取給？人君於民有父母之道，苟可惠民，皆當施之，況山澤天地所産以利民者。其居庸關以東與天壽山相接，宜禁樵採，餘聽人採勿禁。」

明　馮夢龍《古今譚槩》卷二五《禁松薪》　唐昭宗時，李茂貞榷油以助軍資，因禁松薪。優人張廷範曰：「不如并月明禁之。」茂貞笑而弛禁。

清　蔣伊《萬世玉衡録》卷四　嘉靖四年詹事霍韜言：洪武中天下多栽桑棗，今六萬軍姓仰食江南，萬一漕河遷徙南土，災荒將安仰給？必興治北方水利，勸課農民栽種桑棗，此今日急務也。

清　雍正《畿輔通志》卷九四《京東水利疏》　［怡賢親王奏］皇恩修舉【略】其有畸零閑曠之地，不能播種五穀者，俱宜種植樹木，或薪或果，利用無窮。至各處河堤栽種柳樹，既可保護堤根，亦可資民樵爨，尤爲有益。臣等稽諸往古，凡言燕地之産者，俱云魚鹽棗栗之饒，現今行視京東永平府一帶地方，其民種植棗、栗，所在成林。果實所收，貿遷遠邇。夫土性不甚相殊，而樹藝不能皆一。雖百姓之勤惰不齊，亦有司之勸相未力。嗣後請著爲定例，訓飭農民，凡一村一坊之地，務令種樹若干。地方官不時查察，因其勤惰，分別獎懲，將種過樹若干造册報明本管上司，不時查視。

清　張廷玉《明史》卷七九《食貨志》　初，［漕運］船用楠杉，下者乃用松。三年小修，六年大修，十年更造。

又　卷八二《食貨志》　採造之事，累朝侈儉不同。大約靡於英宗，繼以憲、武，至世宗、神宗而極。其事目繁瑣，徵索紛紜。最鉅且難者，曰採木。歲造最大者，曰織造，曰燒造。酒醴膳羞則掌之光禄寺，採辦成就則工部四司、内監司局或專差職之，柴炭則掌之惜薪司。而最爲民害者，率由中官。

又　卷八四《食貨志》　先是，御史陳邦科言：「固堤束水未收刷沙之利，而反致衝決。法當用濬，其方有三。冬春水涸，令沿河淺夫乘時撈淺，則沙不停而去，一也。官民船往來，船尾悉繫鈀犁，乘風搜滌，則沙不寧而去，二也。倣水磨、水碓之法，置爲木機，乘水滚盪，則沙不留而去，三也。至淮必不可不會黄，故高堰斷不可棄。湖溢必傷堤，故周家橋潰處斷不可開。已棄之道必淤滿，故老黄河、草灣等處斷不可復。」

又　卷八八《食貨志》　嘉靖元年築濬束鹿、肥鄉、獻、魏堤渠。初，蘇、松水道盡爲勢家所據。巡撫李充嗣畫水爲井地，示開鑿法，户占一區，計工刻日。造濬川爬，用巨筏數百，曳木齒，隨潮進退，擊汰泥沙。置小艇百餘，尾鐵帚以導之。濬故道，穿新渠，巨浦支流，罔不灌注。帝嘉其勞，賚以銀幣。二年修德勝門東、朝陽門北城垣河道，築儀真、江都官塘五區。

清　愛新覺羅・胤禛《清世宗聖訓》卷二五　雍正二年甲辰二月癸丑，上諭直隸各省督撫等。朕惟撫養元元之道，足用爲先。朕自臨御以來，無刻不廑念

民依，重農務本。但我國家休養生息，數十年來，户口日繁而土田止有此數，非率天下農民竭力耕耘，兼收倍穫，欲家室盈寧，必不可得。【略】再舍旁田畔，以及荒山曠野，度量土宜，種植樹木。桑柘可以飼蠶，棗栗可以佐食，柏桐可以資用。即榛楛雜木亦足以供炊爨。其令有司督率指畫課令種植。仍嚴禁非時之斧斤，牛羊之踐踏，姦徒之盜竊。亦爲民利不小。至孳養牲畜，如北方之羊，南方之彘，牧養如法，乳字以時，於生計咸有裨益。總之，小民至愚，經營衣食，非不迫切，而於目前自然之利，反多忽畧。所賴親民之官，委曲周詳，多方勸導，庶使踴躍争先，人力無遺，而地利始盡，不惟民生可厚，風俗亦可還淳爾。督撫等官，各體朕惓惓愛民之意，實心奉行，儻視爲具文，苟且塗飾，或反以擾民，則尤爲不可也。

著　録

晉　嵇含《南方草木狀・序》　南越交趾植物，有四裔最爲奇。周秦以前無稱焉。自漢武帝開拓封疆，搜來珍異，取其尤者充貢，中州之人或昧其狀，乃以所聞詮敘，有裨子弟云爾。

北魏　賈思勰《齊民要術・序》　蓋神農爲耒耜，以利天下；堯命四子，敬授民時；舜命后稷，食爲政首；禹制土田，萬國作乂；殷周之盛，《詩》《書》所述，要在安民，富而教之。《管子》曰：「一農不耕，民有饑者。一女不織，民有寒者。倉廩實知禮節，衣食足知榮辱。」丈人曰：「四體不勤，五穀不分，孰爲夫子？」《傳》曰：「人生在勤，勤則不匱。」《語》曰：「力能勝貧，謹能勝既。」蓋言勤力可以不貧，謹身可以避既。故李悝爲魏文侯作盡地利之教，國以富彊。秦孝公用商君急耕戰之賞，傾奪鄰國而雄諸侯。《淮南子》曰：聖人不恥身之賤也，愧道之不行也。不憂命之長短，而憂百姓之窮。是故禹爲治水，以身解於陽盱之河。湯由苦旱，以身禱於桑林之祭。神農憔悴，堯瘦臞，舜黎黑，禹胼胝。由此觀之，則聖人之憂勞百姓亦甚矣。故自天子以下，至於庶人，四肢不勤，思慮不用，而事治求贍者，未之聞也。故田者不彊，囷倉不盈；將相不彊，功烈不成。仲長子曰：天爲之時，而我不農，穀亦不可得而取之。青春至焉，時雨降焉，始之耕田，終之簠簋，惰者釜之，勤者鍾之。矧夫不爲，而尚乎食也哉？譙子曰：朝發而夕異宿，勤則菜盈傾筐。且苟有羽毛，不織不衣，不能茹草飲水，不耕不食。安可以不自力哉？晁錯曰：聖王在上，而民不凍不饑者，非耕而食之，織而衣之，爲開其資財之道也。夫寒之於衣，不待輕煖；饑之於食，不待甘脂。饑寒至身，不顧廉恥。一日不再食則饑，終歲不製衣則寒。夫腹饑不得食，體寒不得衣，慈母不能保其子，君亦安得以有民。夫珠、玉、金、銀，饑不可食，寒不可衣；粟、米、布、帛，一日不得而饑寒至。是故明君貴五穀而賤金玉。劉陶曰：民可百年無貨，不可一朝有饑，故食爲至急。陳思王曰：寒者不貪尺玉而思短褐，饑者不願千金而美一食。千金尺玉至貴，而不若一食。短褐之惡者，物時有所急也。誠哉言乎！神農、倉頡，聖人者也。其於事也，有所不能矣。故趙過始爲牛耕，實勝耒耜之利。蔡倫立意造紙，豈方縑牘之煩。且耿壽昌之常平倉，桑弘羊之均輸法，益國利不朽之術也。諺曰：智如禹湯，不如常耕。是以樊遲請學稼，孔子答曰：「吾不如老農。」然則聖賢之智，猶有所未達，而況於凡庸者乎？猗頓，魯窮士，聞陶朱公富，問術焉。告之曰：「欲速富，畜五牸。」乃畜牛羊，子息萬計。九真、廬江，不知牛耕，每致困乏。任延、王景乃令置作田器，教之墾闢，歲歲開廣，百姓充給。燉煌不曉作耬犂，及種，人牛功力既費，而收穀更少。皇甫隆乃教作耬犂，所省傭力過半，得穀加五。又燉煌俗，婦女作裙，攣縮如羊腸，用布一疋，隆又禁改之，所省復不貲。茨充爲桂陽令，俗不種桑，無蠶織絲麻之利，類皆以麻枲頭貯衣。民惰窳，少麤履，足多剖裂血出，盛冬皆然火燎炙。充教民益種桑柘，養蠶織履，復令種苧麻，數年之間，大賴其利，衣履温煖。今江南知桑蠶織履，皆充之教也。五原土宜麻枲，而俗不知績織，民冬月無衣，積細草，卧其中，見吏則衣草而出。崔寔爲作紡績、織絍之具以教，民得免寒苦。安在不教乎？黄霸爲潁川，使郵亭、鄉官皆畜雞豚，以贍鰥寡貧窮者。及務耕桑，節用殖財，種樹。鰥寡孤獨有死無以葬者，鄉部書言，黄霸具爲區處：某所大木，可以爲棺；某亭豚，可以爲祭。吏往皆如言。龔遂爲渤海，勸民務農桑，令口種一株榆，百本薤，五十本葱，一畦韭，家二母彘，五母雞。民有帶持刀劍者，使賣劍買牛，賣刀買犢，曰：「何爲帶牛佩犢？」春夏不得不趣田畝，秋冬課收斂，益畜果實菱芡，吏民皆富實。召信臣爲南陽，好爲民興利，務在富之。躬勸耕農，出入阡陌，止舍離鄉亭，稀有安居。時行視郡中水泉，開通溝瀆，起水門、提閼，凡數十處，以廣溉灌。民得其利，畜積有餘。禁止嫁娶送終奢靡，務出於儉約。郡中莫不耕稼力田。吏民親愛信臣，號曰召父。童恢爲不其令，率民養一豬，雌雞四頭，以供祭祀，買棺木。顔裴爲京兆，乃令整阡陌，樹桑果，又課以閒月取材，使得轉

相告戒，教匠作車。又課民無牛者，令畜豬，投貴時賣，以買牛。始者民以爲煩，一二年間，家有丁車、大牛，整頓豐足。王丹家累千金，好施與，周人之急。每歲收時，察其强力收多者，輒歷載酒肴，從而勞之。便於田頭樹下，飲食勸勉之，因留其餘肴而去。其惰者，獨不見勞，各自恥不能致丹，其後無不力田者，聚落以致殷富。杜畿爲河東，課勸耕桑，民畜牸牛草馬，下逮雞豚，皆有章程。家家豐實。此等豈好爲頓擾而輕費損哉？蓋以庸人之性，率之則自力，縱之則惰窳耳。故仲長子曰：叢林之下，爲倉庾之坻；魚鼈之堀，爲耕稼之場者，此君長所用心也。是以太公封而斥鹵播嘉穀，鄭白成而關中無饑年。蓋食魚鼈而藪澤之形可見，觀草木而肥墝之勢可知。又曰：稼穡不修，桑果不茂，畜産不肥，鞭之可也。柂落不完，垣墻不牢，掃除不净，笞之可也。此督課之方也。且天子親耕，皇后親蠶，況夫田父而懷窳惰乎？李衡於武陵龍陽汎洲上作宅，種甘橘千樹。臨卒敕兒曰：吾州裏有千頭木奴，不責汝衣食，歲上一疋絹，亦可足用矣。吳末，甘橘成，歲得絹數千疋。恒稱太史公所謂「江陵千樹橘，與千户侯等者」也。樊重欲作器物，先種梓漆，時人嗤之。然積以歲月，皆得其用。向之笑者，鹹求假焉。此種殖之不可已也。諺曰：一年之計，莫如種穀；十年之計，莫如樹木。此之謂也。《書》曰：稼穡之艱難。《孝經》曰：用天之道，因地之利。《論語》曰：百姓不足，君孰與足。漢文帝曰：朕爲天下守財矣，安敢妄用哉。孔子曰：居家理，故治可移於官。然則家猶國，國猶家，是以家貧思良妻，國亂思良相，其義一也。夫財貨之生，既艱難矣，用之又無節。凡人之性，好懶惰矣，率之又不篤；加以政令失所，水旱爲災，一穀不登，胔腐相繼，古今同患，所不能止也。嗟乎！且饑者有過甚之願，渴者有兼量之情。既飽而後輕食，既煖而後輕衣。或由年穀豐穰，而忽於蓄積；或由布帛優贍，而輕於施與；窮窘之來，所由有漸。故《管子》曰：桀有天下，而用不足。湯有七十里，而用有餘。天非獨爲湯雨菽、粟也。蓋言用之以節。《仲長子》曰：鮑魚之肆，不自以氣爲臭；四夷之人，不自以食爲異，生習然也。居積習之中，見生然之事，孰自知也。斯何異蓼中之蟲，而不知藍之甘乎？今採捃經傳，爰及歌謠，詢之老成，驗之行事，起自耕農，終於醯醢，資生之業，靡不畢書，號曰《齊民要術》。凡九十二篇，分爲十卷，卷首皆有目録。於文雖煩，尋覽差易。其有五穀果蓏，非中國所植者，存其名目而已。種植之法，蓋無聞焉。捨本逐末，賢哲所非，日富歲貧，饑寒之漸。故商賈之事，闕而不録。花草之流，可以悦目，徒有春花而無秋實，匹諸浮僞，蓋不足存。鄙意曉示家童，未敢聞之有識。故丁寧周至，言提其耳，每事指斥，不尚浮辭。覽者無或嗤焉。

宋 陳翥《桐譜·序》 古者《汜勝之書》今絶傳者，獨《齊民要術》行於世，雖古今之法小異，然其言亦甚詳矣。雖茶有經，竹有譜，吾皆畧而不具。植桐乎西山之南，乃述其桐之事十篇，作《桐譜》一卷。其植桐則有紀誌存焉，聊以示於子孫，庶知吾既不能幹禄以代耕，亦有補農之説云耳。皇祐元年十月七日夜。

宋 周師厚《洛陽花木記·序》 予少時聞洛陽花卉之盛甲於天下，嘗恨皆未能盡觀其繁盛妍麗，竊有憾焉。熙寧中，長兄倅絳，因自東都謁告往省親，三月過洛，始得遊精藍名圃，賞及牡丹，然後信謂向之所聞爲不虚矣。會迫於官期，不得從容遊覽。元豐四年，予涖官於洛，吏事之暇，因得博求譜録，得唐李衛公《平泉花木記》，范尚書、歐陽衆政二譜，按名尋討，十始見其七八焉。然范公所述五十二品，可攷者纔三十八，歐之所録者二篇而已，其敘錢思公雙桂樓下小屏中所録九十餘種，但槩言其畧耳。至於花之名品，則莫得而見焉。因以余耳目之所聞見，及近世所出新花，衆校三賢所録者，凡百餘品，其亦殫於此乎？然前賢之所記，與天下之所知，洛之所植牡丹而已。至於芍藥，天下以維揚爲稱首，然而知洛之所植，其名品不減維揚，而開頭之種，殆不如也。

宋 李格非《洛陽名園記·序》 山東李文叔記洛陽名園，凡十有九處，自富鄭公而終於吕文穆，其聲名氣焰見於功德者，遺芳餘烈，足以想像其賢。其次，世位尊崇與夫財力雄盛者，亦足以知其人經營生理之勞。又其次，僧坊以清净化度羣品，而乃斥餘事，種植灌溉，奪造化之功，與王公大姓相軋。夫洛陽帝王東西宅，爲天下之中，土圭日影，得陰陽之和；嵩少瀍澗，鍾山水之秀。名公大人，爲冠冕之望；天匠地孕，爲花卉之奇。加以富貴利達、優遊閒暇之士，配造物而相嫵媚，争妍競巧於鼎新革故之際，館榭池臺，風俗之習，歲時嬉遊，聲詩之播揚，圖畫之傳寫，古今華夏莫比。觀文叔之記，可以致近世之盛，可以信文叔之言爲不苟。

宋 韓彦直《橘録·序》 橘出温郡最多種，柑乃其別種，柑自別爲八種，橘又自別爲十四種，柳丁之屬類橘者，又自別爲五種，合二十有七種。而乳柑推第一，故温人謂乳柑爲真柑，意謂他種皆若假設者，而獨真柑爲柑耳。然橘亦出蘇州、台州，西出荆州，而南出閩廣數十州，皆木橘耳，已不敢與温橘齒，矧敢與真柑争高下耶？且温四邑俱種柑，而出泥山者又傑然推第一。泥山蓋平陽一孤

嶼，大都塊土不過覆釜，其旁地廣袤只三二里許，無連崗陰壑，非有佳風氣之所淫漬鬱烝。出三二里外，其香味輒益遠益不逮。夫物理何可考耶？或曰：温並海地，斥鹵宜橘與柑。而泥出特斥鹵佳處，物生其中，故獨與他異。予頗不然其説。夫姑蘇丹丘與七閩兩廣之地，往往多並海斥鹵，何獨温而又豈無三二里得斥鹵佳處如泥山者？自屈原、司馬遷、李衡、潘嶽、王羲之、謝惠連、韋應物輩，皆嘗言吴楚間出者，而未嘗及温。温最晚出，晚出而羣橘盡廢。物之變化出没，其浩不可攷如此。以予意之，温之學者繇晉唐間，未聞有傑然出而與天下敵者，至國朝始盛，至於今日，尤號爲文物極盛處。豈亦天地光華秀傑不没之氣來鍾此土，其餘英遺液猶被草衣，而泥山偶獨得其至美者耶？予北人，平生恨不得見橘著花。然嘗從橘舟市橘，亦未見佳者。又安得所謂泥山者啗之？去年秋，把麾此來，得一親見花，而再食其實以爲幸。獨故事太守不得出城從遠遊，無因領客入泥山香林中，泛酒其下，而客乃有遺予泥山者，且曰：橘之美，當不減荔子，荔子今有譜，得與牡丹、芍藥花譜並行，而獨未有譜橘者。子愛橘甚，橘若有待於子，不可以辭。予因爲之譜，且妄欲自附於歐陽公、蔡公之後，亦有以表見温之學者足以誇天下，而不獨在夫橘爾。淳熙五年十月，延安韓彦直序。

宋 晁公武《郡齋讀書志》卷三 《四時纂要》五卷，右唐韓諤撰。諤徧閲農書，取《廣雅》、《爾雅》定土産，取《月令》、《家令》敘時宜，採《汜勝》、《種樹》之書，掇崔實試穀之法，兼删韋氏《月録》、《齊民要術》編成。

宋 范成大《范村梅譜·後序》 梅以韻勝，以格高，故以横斜疎瘦與老枝怪奇者爲貴。其新接稚木，一歲抽嫩枝直上，或三四尺，如酴醿、薔薇輩者，吴下謂之氣條。此直宜取實規利，無所謂韻與格矣。又有一種糞壤力勝者，於條上茁短横枝，狀如棘針，花密綴之，亦非高品。近世始畫墨梅，江西有楊補之者，尤有名。其徒倣之者，實繁。觀楊氏畫大畧，皆氣條耳。雖筆法奇峭，去梅實遠。惟廉宣仲所作，差有風致，世鮮有評之者。余故附之譜後。

宋 陳仁玉《菌譜·序》 芝菌皆氣出也，靈華三秀，稱瑞尚矣。朝菌晦朔，莊生訕之。至若儔其食品，古則未聞。自商山茹芝，而五臺天花亦甲羣彙，仙居介台括，叢山入天，仙靈所宫，爰産異菌。林居巖棲者，左右芼之，固黎莧之至腴，蓴葵之上瑞。比或以羞王公，登玉食。自有此山，即有此菌，未有此遇也。惟遇不遇，無預菌事。緊欲盡菌之性而究其用，第其品作《菌譜》。淳祐乙巳秋九月，山人陳仁玉序。

宋 陳思《海棠譜·序》 世之花卉，種類不一，或以色而艷，或以香而妍，是皆鍾天地之秀，爲人所欽羨也。梅花占於春前，牡丹殿於春後，騷人墨客，特注意焉。獨海棠一種，風姿艷質，固不在二花下。自杜陵入蜀，絶吟於是花，世因以此薄之。其後都官鄭谷已爲舉，似本朝列聖品題，雲章奎畫，烜燿千古，此花始得顯聞於時，盛傳於世矣。今採取諸家雜録，及彙次唐以來諸人詩句，以爲一編，目曰《海棠譜》，雖纂集未能詳盡，聊預衆譜之列云。開慶改元，長至日叙。

宋 陳振孫《直齋書録解題》卷一〇 《越中牡丹花品》二卷，僧仲休撰。其序言越之所好尚惟牡丹，其絶麗者三十二種。始乎郡齋，豪家名族，梵宇道宫，池臺水榭，植之無間，來賞花者，不間親疎，謂之看花局。澤國此月多有輕雲微雨，謂之養花天。里語曰：彈琴種花，陪酒陪歌。末稱丙戌歲八月十五日移花日序。丙戌者，當是雍熙三年也。越在國初，繁富如此，殆不減洛中。今民貧至骨，種花之風遂絶。何今昔之異耶？其故有二：一者鏡湖爲田，歲多不登；二者和買土著，數倍常賦，勢不得不貧也。【略】

《增城荔枝譜》一卷，亦無名氏。其序言福唐人，熙寧九年承乏增城，多植荔枝，蓋非嶠南之火山，實類吾鄉之晚熟。捜境内所出，得百餘種。其初亦得閩中佳種植之，故爲是譜。

宋 周密《吴興園林記·序》 吴興山水清遠，昇平日士大夫多居之。其後秀安僖王府第在焉，尤爲盛觀。麓中二溪横貫，此天下之所無，故好事者多園池之勝。倪文節《經鉏堂雜志》嘗紀當時園圃之盛，余生晚不及盡見，而所見者亦有出於文節之後。今摭城之内外常所經游者列於後，亦可想像作夢也。

元 司農司《農桑輯要·序》 聖天子臨御天下，欲使斯民生業富樂，而永無饑寒之憂，詔立大司農司，不治他事，而專以勸課農桑爲務，行之五六年，功效大著。民間墾闢種藝之業，增前數倍。農司諸公又慮，夫田里之人雖能勤身從事，而播殖之宜，蠶繅之節，或未得其術，則力勞而功寡，獲約而不豐矣。於是徧求古今所有農家之書，披閲參考，删其繁重，摭其切要，纂成一書，目曰《農桑輯要》，凡七卷，鋟爲版本，進呈畢，將以頒布天下。屬予題其卷首。予嘗讀《豳》詩，知周家所以成八百年興王之業者，皆由稼穡艱難，積累以致之。讀孟子書，見其論説王道，丁寧反覆，皆不出乎夫耕婦蠶，五雞二彘，無失其時，老者衣帛食肉，黎民不饑不寒，數十字而已。大哉，農桑之業，真斯民衣食之源，有國者富强之本，王者所以興教化，厚風俗，敦孝悌，崇

禮讓，致太平，躋斯民於仁壽，未有不權輿於此者矣。然則是書之出，其利益天下，豈可一二言之哉。施於家，則陶朱猗頓之寶術也；用於國，則周成康漢文景之令軌也。又何待夫序引贊揚，而後知其可重哉！至元癸酉歲季秋中旬日，翰林學士王磐題。

元 李衎《竹譜·序》 黄太史有言：竹雖有譜記之者，然畧而不精。吾欲作竹史，未暇也。太史歿且二百年，於兹豈無嗜好似古人者？而其事果屬之誰？【略】予性澹泊，獨草木臭味未能忘情，而自謂於竹粗有知。蓋少壯以來，王事驅馳，登會稽，涉雲夢，汎三湘，觀九疑，南踰交廣，北經渭淇。彼竹之族屬，支庶不一，而足咸得偏窺，於是益欲成太史之志，而不敢以臆説私，則爲上稽六籍，旁訂子史，下暨山經地志百家衆技稗官小説竺乾龍漢之文，以至耳目所可及，是諏是咨，序事繪圖，條析類推。俾封植長養灌溉採伐者，識其時，製作器用；銓量才品者，審其宜，模寫形容；設色染墨者，究其微。繇古逮今，博載事辭，積累成編，雅俗兼資，庶幾備方來之傳，補往昔之遺。猶恨學踈而才劣，非畧於鹵莽，則弊於支離。故題曰《竹譜詳録》，而惡可名史以取譏。他日好事者爲此君執南董之筆，或有考於斯。大德三年，歲在乙亥，端陽日，蘇邱李衎仲賓父序。

元 王禎《農書·序》 農，天下之大命也。一夫不耕，或授之饑；一女不織，或授之寒。古先聖哲，敬民事也，首重農，其教民耕織種植畜養，至纖至悉。禎不揆愚陋，搜輯舊聞，爲集三十有七，爲目二百有七十。嗚呼，備矣。躬任民事者，儻有取於斯與。皇慶癸丑三月望日，東魯王禎書。

元 魯明善《農桑衣食撮要·序》 農桑，衣食之本。務農桑則衣食足，衣食足則民可教以禮義，民可教以禮義則家國天下可久安長治也。虞夏殷周之興，罔不由此。秦漢而降，知恤鮮哉。我世祖皇帝中統建元之初，首詔有司歲時勸課，以厚民生。立大司農司，以專其任。列聖相承，式遵祖訓，凡我臣子，孰敢不虔。乃者叨蒙憲紀之任，因思衣食之本，取所藏《農桑撮要》刊之學宫，所以欽承上意，而教民務本也。凡天時地利之宜，種植斂藏之法，纖悉無遺，具在是書。苟爲民者，人習其業，則生財足食之道，仰事俯育之資，將隨取而隨足庶乎？教可行，而民安於下矣，固久安長治之策也，其可以農圃細事而忽之哉？雖然，遊末是趨，舍是書而不務，以自取貧困，固吾民之罪；而奪其時以落其事，使是書爲徒設，則有司之咎也。於戲！時和歲豐，家給人足，與吾民相忘於謡衢擊壤之域，顧不美歟。謹題其篇端，以告來者，庶牧民者知所勸也。至順元年六月甲申謹敘。

清 愛新覺羅·玄燁《佩文齋廣群芳譜·序》 粤自神農氏嘗草辨穀，民始知樹藝醫藥。伊耆氏命羲和推步定曆以授時，民始知耕獲之不忒，而百工績熙偉哉。開物成務，啓牖來兹，聖帝之功，與天地並矣。朕聽政之暇，披閲典籍，留意農桑，繪耕織之圖，製永言之什。時廵所至，親歷田間，其稼穡之艱難，作勞之辛苦，既周知而洞悉矣。每思究百昌生殖之理，極萬變消長之情，著爲成編，以佑吾民。嘗謂《爾雅》具其名物，而郭璞、陸佃、孫炎之流疏注埤翼，又加詳焉。其明備者，莫如《本草》，自本經以迄陶弘景、蘇頌而下數十種，凡採治之法，無不該核。他如《齊民要術》、《月令》、《廣義》諸書，其蒔植之宜，爲更晰矣。遐稽往牘，擷其英華，歸於簡括，良匪易也。比見近人所纂《羣芳譜》，蒐輯衆長，義類可取，但惜尚多踈漏。因命儒臣，即祕府藏帙，攟摭薈萃，删其支冗，補其闕遺，上原六經，旁據子史，洎夫稗官野乘之言，才士之所歌吟，田夫之所傳述，皆著於篇，而奇花瑞草之産於名山，貢自遠徼絶塞，爲前代所未見聞者，亦咸列焉。復允廷臣之請，益以朕所賦詠，依類分載，總一百卷，命名曰《佩文齋廣羣芳譜》。冠以天時，尊歲令也。次穀，次桑麻，崇民事也。次蔬茶果木花卉，資厚生溥利用也。終以藥物，重民命也。其諸天時蚤晚之候，人事種溉之方，地力彼此之殊，物性良楛之異，罔弗條舉縷析，燦然可觀焉。是書也，攬品彙之蕃滋，想羣生之率育，一展卷間，化機洋溢，於兹畢呈。固不惟矜淹洽侈藻麗也。以是刊布天下，垂之久遠，使吾民優遊於農圃之中，家室盈寧，樂其業而不憚其勤。而大夫士以及民之秀者，因以區别物宜，審其淑慝，凛嗜好之常，慎節宣之度，於以躋仁壽而享泰平，亦不爲無所裨助也哉。康熙四十七年五月初十日。

清 永瑢《四庫全書總目》卷一〇二《農桑輯要》七卷，永樂大典本。元世祖時官撰頒行本也。前有至元十年翰林學士王磐序，稱詔立大司農司，不治他事，專以勸課農桑爲務。行之五六年，功效大著。農司諸公又慮夫播植之宜、蠶繰之節未得其術，於是偏求古今農家之書，删其繁重，摭其切要，纂成一書，鏤爲板本進呈，將以頒布天下云云。案《元史》：司農司設於至元七年，分布勸農官，巡行郡邑，察舉農事成否，達於户部。以殿最牧民長官。史又稱世祖卽位之初，首詔天下崇本抑末，於是頒《農桑輯要》之書於民，均與王磐所言合。惟至元七年至十年不足五六年之數，磐蓋據建議設官之始約略言之耳。焦竑《國史經籍志》、錢曾《讀書敏求記》皆作七卷，《永樂大典》所載僅有二卷，蓋編纂者所合併，

非有闕佚。《永樂大典》又載有至順三年印行萬部官牒，蘇天爵《元文類》又載有蔡文淵序一篇，稱延祐元年仁宗特命刊板於江浙行省，明宗、文宗復申命頒布。蓋有元一代，以是書爲經國要務也。書凡分典訓、耕墾、播種、栽桑、養蠶、瓜菜、果實、竹木、藥草、孳畜十門，大致以《齊民要術》爲藍本，芟除其浮文瑣事，而雜採他書以附益之。詳而不蕪，簡而有要，於農家之中，最爲善本。當時著爲功令，亦非漫然矣。

《農桑衣食撮要》二卷，永樂大典本。元魯明善撰。明善《元史》無傳，其始末未詳。此本有其幕僚導江張㮚序一篇，稱明善威烏爾人，以父字魯爲氏，名鐵柱，以字行。於延祐甲寅出監壽郡，始撰是書，且鋟諸梓。又有明善自序，則稱叨憲紀之任，取所藏《農桑撮要》刊之學宮，末署至順元年六月，蓋自壽陽刊板之後，閱十有七年而重付剞劂者也。考《豳風》所紀，皆陳物候，《夏小正》所記，亦多切田功。古來《四民月令》、《四時纂要》諸書，蓋其遺意，而今多不傳。至元中，頒行《農桑輯要》，於耕種樹畜之法，言之頗詳。而歲用雜事，僅列爲卷末一篇，未爲賅備。明善此書，分十二月令，件繫條別，簡明易曉，使種藝斂藏之節，開卷了然。蓋以陰補《農桑輯要》所未備，亦可謂留心民事，講求實用者矣。

《農政全書》六十卷，兵部侍郎紀昀家藏本。明徐光啓撰。光啓有《詩經六帖》，已著録。是編總括農家諸書，裒爲一集。凡農本三卷，皆經史百家有關民事之言，而終以明代重農之典。次田制二卷，一爲井田，一爲歷代之制。次農事六卷，自營制開墾以及授時占候，無不具載。次水利九卷，備録南北形勢，兼及灌溉器用諸圖譜。後六卷則爲泰西水法。考《明史》光啓本傳，光啓從西洋人利瑪竇學天文曆算火器，盡其術。崇禎元年，又與西洋人龍華民、鄧玉函、羅雅谷等同修新法曆書，故能得其一切捷巧之術，筆之書也。次爲農器四卷，皆詳繪圖譜，與王楨之書相出入。次爲樹藝六卷，分穀、蓏、蔬、果四子目。次爲蠶桑四卷，又蠶桑廣類二卷，廣類者，木棉麻苧之屬也。次爲種植四卷，皆樹木之法。次爲牧養一卷，兼及養魚養蜂諸細事。次爲製造一卷，皆常需之食品。次爲荒政十八卷，前三卷爲備荒，中十四卷爲救荒本草，末一卷爲野菜譜，亦類附焉。其書本末咸該，常變有備。蓋合時令農圃水利荒政數大端，條而貫之，匯歸於一。雖採自諸書，而較諸書各舉一偏者，特爲完備。《明史》稱光啓編修兵機、屯田、鹽筴、水利諸書，又稱其負經濟才，有志用世。於此書亦略見一斑矣。

《野菜博録》四卷，浙江鮑士恭家藏本。明鮑山撰。山字元則，號在齋，婺源人。嘗入黄山，築室白龍潭上七年，備嘗野蔬諸味。因次其品彙，别其性味，詳其調製，著爲是編。分草部二卷，木部二卷。草部葉可食者，自大藍至秋角苗，一百四十二種。木部葉可食者，自茶樹柯至藩籬枝，五十九種。花可食者，自臘梅至欛齒，五種。實可食者，自青舍子條至野葡萄，二十五種。花實可食者，槐樹、欒華木、房木三種。葉實可食者，杏樹至石榴，十九種。花葉實俱可食者，松樹至旁其，五種。葉皮實俱可食者，榆錢至老兒樹，四種。竝圖繪其形，以備荒歲。蓋明之末造，饑饉相仍。山作此書，亦仁者之用心乎。自序記所得凡四百數十種，而是編所載僅二百六十二種，蓋又有所試驗去取歟。所録廣於王磐《野菜譜》，較明周定王《救荒本草》亦互有出入。木饑金穰，理可先知。堯水湯旱，數亦莫逭。有備無患，不厭周詳。苟其有益於民命，則王道不廢焉。書雖淺近，要亦荒政之一端也。

又《農家類存目》《豳風廣義》三卷，江西巡撫採進本。國朝楊屾撰。屾字雙山，西安人。其書述樹桑養蠶織紝之法，備繪諸圖，詳説其制，而雞豚畜字之法亦附見焉。考蠶月條桑，《豳風》所述，則其地非不可蠶桑。而近代其法久廢，故貧民恒以無衣爲虞。屾之所述，蓋秦民之切務。近時頗解織紝，故所作之帛，世稱秦紗，俗曰繭子。四方往往有之，或亦講求之力歟。

又卷一一二《竹譜》十卷，永樂大典本。元李衎撰。衎字仲賓，號息齋，薊邱人。皇慶元年爲吏部尚書，拜集賢殿大學士，謚文簡。蘇天爵《滋溪集》有衎墓志，稱其翰墨餘暇，善圖古木竹石，有王維、文同之高致。《續宏簡録》曰：李衎少時見人畫竹，從旁窺其筆法，始若可喜，旋覺不類，輒嘆息舍去。後從黄華子澹游學，案：黄華老人，金王庭筠之别號。澹游，庭筠子曼慶之别號。《畫史會要録》稱：庭筠善古木竹石，曼慶亦工墨竹。已觀黄華所畫墨竹，又迥然不同，乃復棄去。至元初來錢塘，得文同一幅，欣然願慰。自後一意師之，兼善畫竹，法加青緑設色。後使交趾，深入竹鄉，於竹之形色情狀，辨析精到，作《畫竹》、《墨竹》二譜，凡黏幀礬絹之法悉備。又鄧文原《履素齋集》有「哭衎詩」二首，詩末註曰：仲賓近刊《竹譜》二十卷，其書世罕傳本。浙江鮑氏所傳鈔者僅有一卷，疎略殊甚。惟《永樂大典》載其完書，實分四門。曰「畫竹譜」、「墨竹譜」，與《宏簡録》所言合。又有「竹態譜」、「竹品譜」，其「竹品譜」中又分全德品、異形品、異色品、神異品，似是而非竹品，有名而非竹品六子目。其爲十卷，卷各有圖，蓋每二卷併一卷矣。其書廣引繁徵，頗稱淹雅，録而存之，非惟游藝之一端，抑亦博物之一助

矣。中有有説而無圖者，自序謂與常竹同者則不復圖，非闕佚也。

又 卷一一五 《茶經》三卷，浙江鮑士恭家藏本。唐陸羽撰。羽字鴻漸，一名疾，字季疵，號桑苧翁，復州竟陵人。上元初，隱於苕溪，徵拜太子文學，又從太常寺太祝，竝不就職。貞元初卒。事迹具《唐書·隱逸傳》，稱羽嗜茶，著經三篇。《藝文志》載之小説家，作三卷，與今本同。陳師道《後山集》有《茶經序》曰：陸羽《茶經》，家書一卷，畢氏王氏書三卷，張氏書四卷，内外書十有一卷。其文繁簡不同，王畢氏書繁雜，意其舊本。張書簡明，與家書合，而多脱誤。家書近古，可考正。曰七之事以下，其文乃合三書以成之。録爲二篇，藏於家。此本三卷，其王氏畢氏之書歟？抑《後山集》傳寫多譌，誤三篇爲二篇也？其書分十類，曰一之源，二之具，三之造，四之器，五之煮，六之飲，七之事，八之出，九之略，十之圖。其曰具者，皆採製之用。其曰器者，皆煎飲之用。故二者異部。其曰圖者，乃謂統上九類，寫以絹素張之，非別有圖。其類十，其文實九也。言茶者莫精於羽，其文亦朴雅有古意。七之事所引多古書，如司馬相如凡將篇一條三十八字，爲他書所無，亦旁資考辨之一端矣。

《茶録》二卷，江蘇巡撫採進本。宋蔡襄撰。襄，莆田人，仁宗賜字曰君謨。見集中謝御筆賜字詩序。仕至端明殿學士，謚忠惠。事蹟具《宋史》本傳。是書乃其皇祐中爲右正言、修起居注時所進，前後皆有襄自序。前序稱：陸羽《茶經》，不第建安之品；丁謂茶圖，獨論採造之本。至於烹試，曾未有聞。輒條數事，簡而易明。後序則治平元年勒石時作也。分上下二篇，上篇論茶，下篇論茶器，皆所謂烹試之法。《通考》載之，作《試茶録》。然考襄二序，俱自稱《茶録》，石本亦作《茶録》，則試字爲誤增明矣。費衮《梁谿漫志》載有陳東此書跋曰：余聞之先生長者，君謨初爲閩漕，出意造密雲小團爲貢物。富鄭公聞之，嘆曰：此僕妾愛其主之事耳，不意君謨亦復爲此。余時爲兒，聞此語亦知感慕。及見《茶録》石本，惜君謨不移此筆書《旅獒》一篇以進云云。案《北苑貢茶録》稱：太平興國中，特置龍鳳模，造團茶，則團茶乃正供之土貢。《苕溪漁隱叢話》稱：北苑官焙，漕司歲貢爲上，則造茶乃轉運使之職掌。襄特精其製，是亦修舉官政之一端。東所述富弼之言，未免操之已蹙。《羣芳譜》亦載是語，而以爲出自歐陽修。觀修所作龍茶録後序，即述襄造小團茶事，無一貶詞，知其語出於依託。安知富弼之言不出依託耶？此殆皆因蘇軾詩中有「前丁後蔡，致養口體」之語，而附會其説，非事實也。況造茶自慶曆中事，進録自皇祐中事，襄本閩人，不過文人好事，夸飾土産之結習。必欲加以深文，則錢惟演之貢姚黄花亦爲軾詩所譏，歐陽修作《牡丹譜》，將併責以惜不移此筆註《大學》、《中庸》乎？東所云云，所謂言之有故，執之成理，而實非通方之論者也。

《洛陽牡丹記》一卷，浙江鮑士恭家藏本。宋歐陽修撰。修有《詩本義》，已著録。是記凡三篇，一曰花品，叙所列凡二十四種。二曰花釋名，述花名之所自來。三曰風俗記，首略叙遊宴及貢花，餘皆接植栽灌之事。文格古雅有法，蔡襄嘗書而刻之於家，以拓本遺修，修自爲跋，已編入《文忠全集》，此其單行之本也。周必大作《歐集考異》，稱當時士大夫家有修《牡丹譜》印本，始列花品，叙及名品，與此卷前兩篇頗同。其後則曰叙事、宫禁、貴家、寺觀、府署、元白詩、譏鄙、吴蜀、詩集、記異、雜記、本朝、雙頭花、進花、丁晉公續花譜，凡十六門，萬餘言。後有梅堯臣跋，其妄尤甚，蓋出假託云云。據此，是宋時尚別有一本，《宋史·藝文志》以《牡丹譜》著録而不稱《牡丹記》，蓋已誤承其譌矣。

《范村梅譜》一卷，浙江鮑士恭家藏本。宋范成大撰。成大有《桂海虞衡志》，已著録。此乃記所居范村之梅，凡十二種。前有自序，稱於石湖玉雪坡既有梅數百本，又於舍南買王氏僦舍七十楹，盡拆除之，治爲范村，以其地三分之一與梅，吴下栽梅特盛，其品不一，今始盡得之，隨所得爲之譜。蓋記其別業之所有，故以范村爲目也。梅之名雖見經典，然古者不重其花，故《離騷》徧詠香草，獨不及梅。《説苑》始有越使執一枝梅遺梁王事，其重花之始歟。六朝及唐，遞相賦咏，至宋而遂爲詩家所最貴。然其裒爲譜者，則自成大是編始。其所品評，往往與後來小異。如緑萼梅今爲常産，而成大以爲極難得，是蓋古今地氣之異，故以少而見珍也。又楊無咎畫梅，後世珍爲絶作，而成大後序乃謂其畫大略皆如吴下之氣條，雖筆法奇峭，去梅實遠，與宋孝宗詆無咎爲村梅者所論相近。至嘉熙淳祐間，趙希鵠作《洞天清録》，始稱江西人得無咎一幅梅，價不下百千匹，是又貴遠賤近之證矣。《通考》以此書與所作《菊譜》合爲一編，題曰《范村梅菊譜》二卷，然觀其自序，實別爲書，今故仍分著於録焉。

《海棠譜》三卷，浙江鮑士恭家藏本。宋陳思撰。思有《寶刻叢編》，已著録。此書不見於《宋史·藝文志》，惟焦竑《國史經籍志》載有三卷，與此本合。前有開慶元年思自序，上卷皆録海棠故實，中下二卷則録唐宋諸家題咏，而栽種之法、品類之別，僅於上卷中散見四五條。蓋數典之書，惟以隷事爲主者。然搜羅不甚賅廣。今以《錦繡萬花谷》、《全芳備祖》諸書所類海棠事相較，其故實似稍加

詳，而題詠則多闕略。如唐之劉禹錫、賈島，宋之王珪、楊繪、朱子、張孝祥、王十朋諸家，爲陳景沂所收者，此書竝未録及。然如張洎、程琳、宋祁、李定之類，亦有此書所有而陳氏脱漏者。蓋當時坊本各就所見裒集成書，故互有詳略。以宋人舊帙，姑竝存之以資參核云爾。

《荔枝譜》一卷，浙江鮑士恭家藏本。宋蔡襄撰。是編爲閩中荔枝而作，凡七篇。其一原本始，其二標尤異，其三誌賈鬻，其四明服食，其五慎護養，其六時法制，其七別種類。嘗手寫刻之，今尚有墨版傳於世，亦載所著《端明集》中。末有「嘉祐四年歲次己亥秋八月二十日莆陽蔡某述」十九字，而此本無之。案其年月，蓋自福州移知泉州時也。荔枝之有譜自襄始，敘述特詳，詞亦雅潔。而王世貞《四部稾》乃謂白樂天、蘇子瞻爲荔枝傳神，君謨不及。是未知詩歌可極意形容，譜録則惟求記實，文章有體，詞賦與譜録殊也。襄詩篇中屢詠及荔枝，劉克莊《後村詩話》謂四月池上一首「荔枝纔似小青梅」句，即譜中之火山。七月二十四日食荔枝一首「絳衣仙子過中元」句，即譜中之中元紅。謝宋評事一首，「兵鋒却後知神物」句，即譜中之宋公荔枝。蓋劉亦閩人，故能解其所指，知其體物之工。洪邁《容齋隨筆》又謂方氏有樹結實數千顆，欲重其名，以二百顆送蔡忠惠，紿以常歲所産止此。蔡爲目之曰方家紅，著之於譜。自後華實雖極繁茂，逮至成熟，所存未嘗越二百，遂成語讖云云。其事太誕，不近理。殆好事者謬造斯言。然亦足見當時貴重此譜，故有此附會矣。

《橘録》三卷，浙江鮑士恭家藏本。宋韓彦直撰。彦直字子溫，延安人。蘄忠武王世忠之長子，登紹興十八年進士，官至龍圖閣學士、提舉萬壽觀，以光禄大夫致仕，封蘄春郡公。事蹟附見《宋史·世忠傳》。此譜乃淳熙中知溫州時所作。《文獻通考》作一卷，蓋字之誤也。彦直有才略，而文學亦優。嘗輯宋朝故事名《水心鏡》，凡一百六十餘卷，爲尤袤所稱，今不傳。是録亦頗見條理。上卷載柑品八、橙品一，中卷載橘品十八，以泥山乳柑爲第一。下卷則言種植之法，皆詳贍可觀。陳景沂作《全芳備祖》，引彦直此録，謂其但知乳柑出於泥山，而不知出於天台之黄巖，出於泥山者固奇，出於黄巖者尤天下之奇云云。蓋景沂家本天台，故自夸飾土産，不知彦直是録，專記永嘉，不當借材於異地也。其亦昧於著作之體矣。

《竹譜》一卷，内府藏本。舊本題晉戴凱之撰。晁公武《郡齋讀書志》云：凱之字慶預，武昌人。又引李淑《邯鄲圖書志》云：謂不知何代人。案《隋書·經籍志》譜系類中有《竹譜》一卷，不著名氏。《舊唐書·經籍志》載入農家，始題戴凱之之名，然不著時代。左圭《百川學海》題曰晉人，而其字則曰慶豫，預豫字近，未詳孰是。其曰晉人，亦不知其何所本。然觀其以崙韻年船，以邦韻同功，猶存古讀，註中音訓，皆引《三蒼》，他所援引如虞豫《會稽典録》、常寬《蜀志》、徐廣《雜記》、沈瑩《臨海水土異物志》、郭璞《山海經註》、《爾雅註》，亦皆晉人之書。而《尚書》「篠簜既敷」，猶用鄭元篠箭竹簜大竹之註，似在孔傳未盛行以前，雖題爲晉人，別無顯證。而李善註馬融《長笛賦》已引其籦籠一條，段公路《北户録》引其箣必六十復亦六年一條，足證爲唐以前書。惟《酉陽雜俎》稱《竹譜》竹類三十九，今本乃七十餘種，稍爲不符。疑《酉陽雜俎》傳寫誤也。其書以四言韻語記竹之種類，而自爲之註，文皆古雅。所引《黄圖》一條，今本無之。與徐廣註《史記》所引《黄圖》均爲今本不載者，其事相類，亦足證作是書時《黄圖》舊本猶未改修矣。舊本傳刻頗多譌脱，如「蓋竹所生，大抵江東，上密防露，下疎來風，連畝接町，竦散岡潭」六句，潭字於韻不協。雖風字據《詩衛風》有字金切一讀，於古音可以協潭，而東字則萬無協理，似乎「潭岡散竦」四字誤倒其文。以竦韻東風，猶劉琨詩之以叟韻璆，潘岳詩之以荷韻歌也。然諸本竝同，難以臆改，凡斯之類，皆姑仍其舊焉。

《筍譜》一卷，内府藏本。不著撰人名氏。晁公武《讀書志》作僧惠崇撰，陳振孫《書録解題》作僧贊寧撰。案惠崇爲宋初九僧之一，工於吟詠，有句圖一卷。又工於畫，黄庭堅集有題其所作蘆雁圖詩。然不聞曾作是書。考《宋史·藝文志》亦作贊寧，則振孫説是也。贊寧，德清高氏子，出家杭州龍興寺。吴越王錢鏐署爲兩浙僧統，宋太宗嘗召對於滋福殿，詔修《高僧傳》。咸平中，加右街僧録。至道二年卒，謚曰圓明大師。所著《物類相感志》，歲久散佚。世所傳者皆贋本，惟此書猶其原帙。書分五類，曰一之名，二之出，三之食，四之事，五之説。其標題蓋仿陸羽《茶經》，援據奥博，所引古書多今世所不傳，深有資於考證。三之食以前，皆有註，似所自作。然筍汁煮羹一條，註乃駁正其説，以爲羹不如蒸，又似後人之所附益，不可考矣。王得臣《麈史》曰：僧贊寧爲《筍譜》甚詳，掎摭古人詩詠，自梁元帝至唐楊師道，皆詩中言及筍者。惟孟蜀時學士徐光溥等二人絶句，案此數句似有脱文，今姑仍其舊。亦可謂勤篤，然未盡也。如退之「和侯協律詠筍二十六韻」，不收何耶。豈寧忿其排釋氏而私懷去取耶？抑《文公集》當

時未出乎？不可知也云云。今檢譜中，果佚是作。然以一人之耳目而採摭歷代之詩歌，一二未周，勢所必有，不足爲是書病也。

《菌譜》一卷，浙江鮑士恭家藏本。宋陳仁玉撰。仁玉字碧棲，台州仙居人。擢進士第，開慶中官禮部郎中，浙東提刑，入直敷文閣。嘉定中重刊趙清獻集，其序即仁玉所作。其事蹟則無考矣。是編成於淳祐乙巳，前有自序。案葉夢得《避暑録話》曰：四明、温、台山谷之間多産菌。又周密《癸辛雜識》曰：天台所出桐蕈，味極珍，然致遠必漬以麻油，色味未免頓減。諸謝皆台人，尤嗜此品。乃併舁桐木以致之，旋摘以供饌。是南宋時台州之菌爲食單所重，故仁玉此譜備述其土産之名品。曰合蕈，曰稠膏蕈，曰栗殻蕈，曰松蕈，曰竹蕈，曰麥蕈，曰玉蕈，曰黄蕈，曰紫蕈，曰四季蕈，曰鵞膏蕈，凡十一種。各詳所生之地，所採之時，與其形狀色味。然不及桐蕈，則未喻其故也。案《爾雅·釋草》曰：中馗菌。郭璞註曰：地蕈也。《吕氏春秋》稱和之美者，越駱之菌。是菌自古入食品，然爲物頗微，類事者多不之及。陳景沂《全芳備祖》僅載二條，存此一編，亦博物之一端也。末附解毒之法，以苦茗白礬勺新水咽之，與張華《博物志》、陶宏景《本草註》以地漿治之者法又不同。可以互相參證，亦有裨於醫療焉。

《禽經》一卷，内府藏本。舊本題師曠撰，晉張華註。漢、隋、唐諸志及宋《崇文總目》皆不著録。其引用自陸佃《埤雅》始，其稱師曠亦自佃始。其稱張華註則見於左圭《百川學海》所刻。考書中鶮鵲一條，稱晉安曰懷南，江右曰逐隱。春秋時安有是地名，其僞不待辨。張華，晉人，而註引顧野王《瑞應圖》、任昉《述異記》，乃及見梁代之書，則註之僞亦不待辨。然其中又有僞中之僞。考王楙《野客叢書》載《埤雅》諸書所引，而楙時之本無之者。如鶴以怨望，鴟以貪顧，鷄以嗔睨，鴨以怒瞋，雀以猜瞿，燕以狂盱，鶯以喜囀，烏以悲啼，鳶以飢鳴，鶴以潔唳，梟以凶叫，鴟以愁嘯，鵞飛則蜮沈，鵙鳴則蚓結，鵲俯鳴則陰，仰鳴則晴，陸生之鳥咮多鋭而善啄，水生之鳥咮多圓而善唼，短脚者多伏，長脚者多立，凡數十條，是楙所見者非北宋之本。又楙書中辨鶯遷一條，引《禽經》鸎鳴嚶嚶。辨杜詩「白鷗没浩蕩」一條，引《禽經》鳧善没，鷗善浮。辨葉夢得詞「睡起啼鶯語」一條，引《禽經》啼鶯解語、流鶯不解語。今本又無之。馬驌《繹史》全録此書，而別取《埤雅》、《爾雅翼》所引今本不載者，附録於末，謂之《古禽經》。今考所載楙已稱《禽經》無其文者凡三條，其餘尚有青鳳謂之鶡，赤鳳謂之鶉，黄鳳謂之焉，白鳳謂之鷫，紫鳳謂之鷟，鶴愛陰而惡陽，雁愛陽而惡陰，鶴老則聲下而不能高，近而不能奔，旋目其名鸜，方目其名鴋，交目其名鳽，鳥之小而鷙者皆曰隼，大而鷙者皆曰鳩，烏鳴啞啞，鸞鳴噰噰，鳳鳴喈喈，凰鳴啾啾，雉鳴鷕鷕，鷄鳴咿咿，鸎鳴嚶嚶，鵲鳴唶唶，鴨鳴呷呷，鵠鳴咭咭，鵙鳴唄唄，郤近翠者能步，郤近蒲者能擲，朱鳶不攫肉，朱鷺不吞腥，鷙好風，鸍好雨，鵝好霜，鷺好露，陸鳥曰棲，水鳥曰宿，獨鳥曰止，衆鳥曰集，鵞見異類差翅鳴，鷄見同類拊翅鳴，雖上無尋，鸂上無常，雉上有丈，鷃上有赤，暮鳩鳴即小雨，朝鳶鳴即大風，鸇鸇之信不如鷹，周周之智不如鴻，淘河在岸則魚没，沸河在岸則魚涌，雕以周之，鷲以就之，鷹以膺之，鶻以搰之，隼以尹之，鴻雁愛力，遇風迅舉，孔雀愛毛，遇雨高止，雁曰翁，鷄曰鶩，鶉曰鷹，鷹不擊伏，鶻不擊妊，一鳥曰隹，二鳥曰雔，三鳥曰朋，四鳥曰乘，五鳥曰鳫，六鳥曰鶂，七鳥曰鴗，八鳥曰鸞，九鳥曰鳩，十鳥曰鶉，拙者莫如鳩，巧者莫如鶻，鵲見蛇則噪而賁，孔見蛇則宛而躍，山禽之味多短，水禽之味多長，山禽之尾多脩，水禽之尾多促，衡爲雀，虚爲燕，火爲鶉，亢爲鶴，鸛生三子一爲鶴，鳩生三子一爲鶚，鷹好跱，隼好翔，鳧好没，鷗好浮。乾車斷舌則坐歌，孔雀拍尾則立舞，人勝之也。鸞入夜而歌，鳳入朝而舞，天勝之也。霜傅强枝，鳥以武生者少；雪封枯原，鳥以文死者多。雀交不一，雉交不再。冠鳥性勇，帶鳥性仁，纓鳥性樂，鵜鳥不登山，鶮鳥不踏土諸條。其中有兩條爲楙所摘引，餘亦不云無其文。則今所見者，又非楙所見之本矣。觀「雕以周之」諸語，全類《字説》，疑即傳王氏學者所僞作，故陸佃取之。此本爲左圭《百川學海》所載，則其僞當在南宋之末，流傳已數百年，文士往往引用，姑存備考，固亦無不可也。

又　卷一一六《譜録類存目》

《永昌二芳記》三卷，浙江鄭大節家藏本。明張志淳撰。志淳自號南園野人，雲南籍，江寧人。成化甲辰進士，官至户部侍郎。坐劉瑾黨，勒致仕。其名見《明史·焦芳傳》中。然無事迹可見，疑亦康海、王九思之類也。是編以永昌所産山茶、杜鵑二花爲一譜，上卷山茶花品三十六種，中卷杜鵑花品二十種，下卷則二花之故實詩文。其論躑躅、山榴、杜鵑之名自唐已無別，謂杜鵑但可名山石榴，不可名躑躅，躑躅爲杜鵑別種，其花攢爲大朶，非若杜鵑小朶各開，俗名映山紅，無所謂黄紫碧者，韓愈、元稹、梅堯臣詩竝誤，其考證亦不苟也。

《荔支通譜》十六卷，編修汪如藻家藏本。明鄧慶寀撰。慶寀，字道協，福州人。是書以諸家荔支譜輯爲一篇，故曰通譜。凡蔡襄譜一卷，徐𤊹譜七卷，慶寀所自爲譜六卷，附宋珏譜一卷，曹蕃譜一卷。蔡譜尚已，徐譜所收如十八娘別傳之

類，鄧譜所收如鮑山茘支蔞之類，皆近傳奇。宋譜福業諸説，不脱明人小品習氣，曹譜差簡質，猶有古格。

《筍梅譜》二卷，兩淮鹽政採進本。明釋真一撰。真一居杭州法華山龍歸塢，其地多筍，梅花亦極盛。因各爲作譜，書成於天啟七年。

《學圃雜疏》一卷，兩江總督採進本。明王世懋撰。世懋有《却金傳》，已著録。兹編皆記其圃中所有暨聞見所及者，分花、果、蔬、瓜、豆、竹六類。各疏其品目及栽植之法。大致以花爲主，而草木之類則從略。書止一卷，《續説郛》以花疏、果疏各分爲卷者，非也。

《羣芳譜》三十卷，内府藏本。明王象晉撰。象晉，字藎臣，山東新城人。萬曆甲辰進士，官至浙江右布政使。是書凡天譜三卷，歲譜四卷，穀譜一卷，蔬譜二卷，果譜四卷，茶竹譜三卷，桑麻葛苧譜一卷，藥譜三卷，木譜三卷，花譜三卷，卉譜二卷，鶴魚譜一卷。略於種植而詳於療治之法。與典故藝文割裂餖飣，頗無足取。聖祖仁皇帝詔儒臣删其踳駁，正其舛謬，復爲拾遺補闕，成《廣羣芳譜》一書，昭示萬世。覆視是編，真已陳之土苴矣。

《汝南圃史》十二卷，浙江巡撫採進本。明周文華撰。文華，字含章，蘇州人。前有萬曆庚申陳元素序，稱之曰光禄君，不知爲光禄何官也。文華自序，稱因見允齋花史，嫌其未備，補葺是書。凡分月令栽種花果、木果、水果、木本花、條刺花、草本花、竹、木、草、蔬菜、瓜、豆十二門，皆敘述栽種之法，間以詩詞。大抵就江南所有言之，故河北蘋婆，嶺表茘支之屬，亦不著録。較他書剽剟陳言，侈陳珍怪者較爲切實。惟分部多有未確，如西瓜不入瓜豆而入水果，枸杞不入條刺而入菜蔬，皆非其類。

《花史左編》二十七卷，江蘇巡撫採進本。明王路撰。路，字仲遵，嘉興人。此書皆載花之品目故實，分類編輯，屬辭隸事，多涉佻纖，不出明季小品之習。《浙江通志》載王路《花史》二十四卷，有天啟元年李日華序，今此本二十七卷，無日華序，而前有陳繼儒序，與路所作小引，皆稱二十四卷。又此本二十五卷花之友、二十七卷花之器，皆題潭雲宣猷馭雲子補。二十二卷花塵，題百花主人輯。則路書本二十四卷，此三卷乃後人所補入，而刊書者併爲一目耳。又路小序稱此書爲左編，别有右編爲花之辭翰，約二十二卷。蓋有其名而未成書者也。

《倦圃蒔植記》三卷，浙江巡撫採進本。國朝曹溶撰。溶有《崇禎五十宰相傳》，已著録。兹編乃溶自山西陽和道歸里，築室范蠡湖上，名曰倦圃，多植花木其閒，因記其圃中所有。分花卉二卷，竹樹一卷。各疏其名品故實，及種植之法。溶學本贍博，故引據多有可觀，惟下語頗涉纖仄，尚未脱明季小品積習。前有自序，題康熙甲子。案溶卒於康熙二十四年乙丑，年八十三。則此書乃其晚年游戲之筆也。

《北墅抱瓮録》一卷，編修程晉芳家藏本。國朝高士奇撰。士奇有《春秋地名考略》，已著録。此書前有康熙庚午自序，乃其告歸後所作。北墅者，所居别業之名也。墅中蒔植花木頗多，士奇因取果樹卉竹蔬茹藥蔓之類，各疏其形色品狀，以爲此編。凡二百二十二種，其敘録頗爲詳備。

《禽蟲述》一卷，浙江巡撫採進本。舊本題閩中袁達德撰。徐𤊹《筆精》云：山居雜卷中《禽蟲述》一卷，乃閩中袁達撰。達字德修，程榮署曰袁達德，傳之後世，誰能辨其姓名乎。案《千頃堂書目》載此書，亦云袁達字德修，閩縣人，正德癸酉舉人，官貴溪縣知縣，降補湖廣都司經歷。與𤊹語相合。然則此書實出袁達，刊本誤衍德字也。其書述禽蟲名義典故，兼仿《禽經》、《埤雅》之體，聯絡成文。亦或閒以排偶，但有章段，不分門目，亦無註釋，不免爲餖飣之學。

林務管理思想部

論説

《左傳・昭公六年》 禁芻牧採樵，不入田，不樵樹，不采蓺，不抽屋，不强匄。

《孟子・梁惠王上》 草木零落，然後斧斤入焉。此皆爲治之初法制未備，且因天地自然之利而撙節愛養之事也。

《孟子・梁惠王下》 數罟不入洿池，魚鼈不可勝食也。斧斤以時入山林，材木不可勝用也。穀與魚鼈不可勝食，材木不可勝用，是使民養生喪死無憾也。

《逸周書・度訓解》 是故民主明醜以長子孫，子孫習服，鳥獸仁德。土宜天時，百物行治。治之初厲初哉，治化則順。是故無順非厲。長幼成而生曰順極。

《逸周書・大聚解》 若有不言，乃政其凶。陂溝道路，藂苴丘墳，不可樹穀者，樹以材木。春發枯槁，夏發葉榮，秋發實蔬，冬發薪烝，以匡窮困。揖其民力，相更爲師。因其土宜，以爲民資，則生無乏用，死無傳尸。此謂仁德。旦聞禹之禁，春三月，山林不登斧，以成草木之長；夏三月，川澤不入網罟，以成魚鼈之長。且以并農力執，成男女之功。夫然則有生而不失其宜，萬物不失其性，人不失其事，天不失其時，以成萬財。萬財既成，放此爲人。此謂正德。泉深而魚鼈歸之，草木茂而鳥獸歸之；稱賢使能，官有材而歸之；關市平，商賈歸之；分地薄斂，農民歸之。水性歸下，農民歸利。王若欲求天下民，先設其利，而民自至，譬之若冬日之陽，夏日之陰，不召而民自來。此謂歸德。五德既明，民乃知常。

《管子・立政》 修火憲，敬山澤林藪積草。夫財之所出，以時禁發焉。使民於宫室之用，薪蒸之所積，虞師之事也。

《荀子・王制》 王者之等，賦政事，財萬物，所以養萬民也。田野什一，關市幾而不征。山林澤梁，以時禁發而不稅。相地而衰政，理道之遠近而致貢。通流財物，粟米無有滯留。使相歸移也，四海之内若一家。【略】水火有氣而無生，草木有生而無知，禽獸有知而無義。人有氣，有生，有知，亦且有義，故最爲天下貴也。【略】故序四時，裁萬物，兼利天下，無他故焉，得之分義也。【略】羣道當，則萬物皆得其宜，六畜皆得其長，羣生皆得其命。故養長時，則六畜育；殺生時，則草木殖；政令時，則百姓一，賢良服。聖王之制也。草木榮華滋碩之時，則斧斤不入山林，不夭其生，不絶其長也；黿鼉、魚鼈、鰍鱣孕别之時，罔罟、毒藥不入澤，不夭其生，不絶其長也。春耕，夏耘，秋收，冬藏，四者不失時，故五穀不絶而百姓有餘食也；汙池淵沼川澤，謹其時禁，故魚鼈優多而百姓有餘用也；斬伐養長不失其時，故山林不童而百姓有餘材也。【略】脩堤梁，通溝澮，行水潦，安水藏，以時決塞；歲雖凶敗水旱，使民有所耘艾，司空之事也。相高下，視肥墝，序五種，省農功，謹畜藏，以時順脩，使農夫樸力而寡能，治田之事也。脩火憲，養山林藪澤，草木魚鼈，百索以時禁發，使國家足用而財物不屈，虞師之事也。順州里，定廛宅，養六畜，間樹藝，勸教化，趨孝悌，以時順脩，使百姓順命，安樂處鄉，鄉師之事也。

《荀子・富國》 輕田野之稅，平關市之征，省商賈之數，罕興力役，無奪農時。如是，則國富矣。夫是之謂以政裕民。

漢 賈誼《新書》卷六《禮》 草木不零落，斧斤不入山林；昆蟲不蟄，不以火田；不麛，不卵，不刳胎，不殀夭，魚肉不入廟門，鳥獸不成毫毛不登庖廚。取之有時，用之有節，則物蕃多。

漢 桓寬《鹽鐵論》卷四《園池》 大夫曰：諸侯以國爲家，其憂在内。天子以八極爲境，其慮在外。故宇小者用菲，功巨者用大。是以縣官開園池，總山海，致利以助貢賦；修溝渠，立諸農，廣田牧，盛苑囿。太僕、水衡、少府，歲課諸入，田收之利，池籞之假，及北邊置任田官，以澹諸用，猶不足。今欲罷之，絶其原，杜其流，上下俱殫，困乏之應也，雖好省事節用，如之何其可也？文學曰：古者制地足以養民，民足以承其上。千乘之國，百里之地，公侯伯子男，各充其求，澹其欲。秦兼萬國之地，有四海之富，而意不澹，非宇小而用菲，嗜欲多而下不堪其求也。語曰：「廚有腐肉，國有饑民，廄有肥馬，路有餧人。」今狗馬之養，蟲獸之食，豈特腐肉秣馬之費哉！無用之官，不急之作，服淫侈之變，無功而衣食縣官者衆，是以上不足而下困乏也。今不減除其本而欲澹其末，設機利，造田畜，與百姓争商薦草，與商賈争市利，非所以明主德而相國家也。夫男耕女織，

天下之大業也。故古者分地而處之，制田畝而事之。是以業無不食之地，國無乏作之民，今縣官之多張苑囿、公田、池澤，公家有鄣假之名，而利歸權家。三輔迫近於山、河，地狹人衆，四方並臻，粟米薪菜不能相澹。公田轉假，桑榆菜菓不植，地力不盡。愚以爲非。先帝之開苑囿池籞，可賦歸之於民，縣官租稅而已。假稅殊名，其實一也。夫如是，匹夫之力盡於南畝，匹婦之力盡於麻枲，田野辟，麻枲治，則上下俱衍，何困乏之有矣？

漢 荀悅《前漢紀》卷七《孝文》 於是裂土地之宜，教之種殖。畜養以時，而用之有節。草木未落，斤斧不入於山林；豺獺未祭，羅網不布於野澤；鷹隼未擊，矰弋不施於蹊隧；既順時而取物，然而山不槎蘖，田不伐夭，豚魚麛卵，咸有常禁。所以順時，宣氣、蕃阜、庶物，畜足。功用如此之備，然後從四民，因其土宜，任其智力。安其居，樂其業，甘其食，而美其服。欲寡而事節，財足而不争。

宋 方聞一《大易粹言》卷一 其下治之道，則至於山川、草木、鳥獸、蟲魚之化，不可勝紀。其有見於政事者，若虞夏之九功，《洪範》之八政。山林有時，藪澤有禁，則穀與魚鼈不可勝食，材木不可勝用。

清 章炳麟《代議然否論》 田不自耕植者不得有，牧不自驅策者不得有，山林場圃不自樹藝者不得有。

綜　述

《周禮·天官冢宰》 獸人：掌罟田獸，辨其名物。冬獻狼，夏獻麋，春秋獻獸物。時田，則守罟。及弊田，令禽注于虞中。凡祭祀、喪紀、賓客，共其死獸生獸。凡獸入于腊人，皮毛筋骨入于玉府。凡田獸者，掌其政令。

《周禮·地官司徒》 山虞：每大山中士四人，下士八人，府二人，史四人，胥八人，徒八十人。中山，下士六人，史二人，胥六人，徒六十人。小山，下士二人，史一人，徒二十人。

林衡：每大林麓下士十有二人，史四人，胥十有二人，徒百有二十人。中林麓，如中山之虞。小林麓，如小山之虞。川衡，每大川下士十有二人，史四人，胥十有二人，徒百有二十人。中川，下士六人，史二人，胥六人，徒六十人。小川，下士二人，史一人，徒二十人。澤虞：每大澤大藪中士四人，下士八人，府二人，史四人，胥八人，徒八十人。中澤中藪，如中川之衡。小澤小藪，如小川之衡。

大司徒之職：掌建邦之土地之圖與其人民之數，以佐王安擾邦國。

以天下土地之圖，周知九州之地域廣輪之數，辨其山林、川澤、丘陵、墳衍、原隰之名物，而辨其邦國都鄙之數，制其畿疆而溝封之，設其社稷之壝而樹之田主。各以其野之所宜木，遂以名其社與其野。

以土會之灋辨五地之物生：一曰山林，其動物宜毛物，其植物宜皁物，其民毛而方。二曰川澤，其動物宜鱗物，其植物宜膏物，其民黑而津。三曰丘陵，其動物宜羽物，其植物宜覈物，其民專而長。四曰墳衍，其動物宜介物，其植物宜莢物，其民晳而瘠。五曰原隰，其動物宜蠃物，其植物宜叢物，其民豐肉而庳。

以土宜之灋辨十有二土之名物，以相民宅而知其利害，以阜人民，以蕃鳥獸，以毓草木，以任土事。辨十有二壤之物而知其種，以教稼穡樹蓺。

以土均之灋辨五物九等，制天下之地征，以作民職，以令地貢，以斂財賦，以均齊天下之政。

以土圭之灋測土深，正日景，以求地中。日南則景短多暑，日北則景長多寒，日東則景夕多風，日西則景朝多陰。日至之景尺有五寸，謂之地中：天地之所合也，四時之所交也，風雨之所會也，陰陽之所和也。然則百物阜安，乃建王國焉，制其畿方千里而封樹之。

頒職事十有二于邦國都鄙，使以登萬民：一曰稼穡，二曰樹蓺，三曰作材，四曰阜蕃，五曰飭材，六曰通材，七曰化材，八曰斂材，九曰生材，十曰學藝，十有一曰世事，十有二曰服事。

委人：掌斂野之賦，斂薪芻，凡疏材、木材，凡畜聚之物。

喪紀，共其薪蒸木材。軍旅，共其委積薪芻。凡疏材，共野委兵器與其野囿財用。

山虞：掌山林之政令，物爲之厲而爲之守禁。仲冬斬陽木，仲夏斬陰木。凡服耜，斬季材，以時入之。令萬民時斬材，有期日。凡邦工入山林而掄材，不禁。春秋之斬木，不入禁。凡竊木者，有刑罰。若祭山林，則爲主而修除，且蹕。若大田獵，則萊山田之野。及弊田，植虞旗于中，致禽而珥焉。

林衡：掌巡林麓之禁令而平其守，以時計林麓而賞罰之。若斬木材，則受灋于山虞，而掌其政令。

川衡：掌巡川澤之禁令而平其守。以時舍其守，犯禁者執而誅罰之。祭祀、賓客，共川奠。

澤虞：掌國澤之政令，爲之厲禁。使其地之人守其財物，以時入之于玉府，頒其餘于萬民。凡祭祀、賓客，共澤物之奠。喪紀，共其葦蒲之事。若大田獵，則萊澤野；及弊田，植虞旌以屬禽。

迹人：掌邦田之地政，爲之厲禁而守之。凡田獵者受令焉。禁麛卵者與其毒矢射者。

角人：掌以時徵齒角。凡骨物于山澤之農，以當邦賦之政令。以度量受之以共財用。

羽人：掌以時徵羽翮之政于山澤之農，以當邦賦之政令。凡受羽，十羽爲審，百羽爲摶，十摶爲縛。

掌染草：掌以春秋斂染草之物，以權量受之，以待時而頒之。

掌炭：掌灰物炭物之徵令，以時入之。以權量受之以共邦之用。凡炭灰之事。

囿人：掌囿遊之獸禁。牧百獸。祭祀、喪紀、賓客，共有生獸、死獸之物。

場人：掌國之場圃，而樹之果蓏珍異之物，以時斂而藏之。凡祭祀、賓客，共其果蓏，享亦如之。

《周禮·夏官司馬》服不氏：掌養猛獸而教擾之。凡祭祀，共猛獸。賓客之事，則抗皮。射則贊張侯，以旌居乏而待獲。

射鳥氏：掌射鳥。祭祀，以弓矢敺烏鳶；凡賓客、會同、軍旅，亦如之。射則取矢，矢在侯高，則以并夾取之。

羅氏：掌羅烏鳥。蜡則作羅襦。中春羅春鳥，獻鳩以養國老，行羽物。

掌畜：掌養鳥，而阜蕃教擾之。祭祀，共卵鳥。歲時貢鳥物，共膳獻之鳥。

山師：掌山林之名，辨其物與其利害，而頒之于邦國，使致其珍異之物。

川師：掌川澤之名，辨其物與其利害，而頒之于邦國，使致其珍異之物。

《周禮·秋官司寇》冥氏：掌設弧張。爲阱擭以攻猛獸，以靈鼓敺之。若得其獸，則獻其皮、革、齒、須、備。

穴氏：掌攻蟄獸，各以其物火之。以時獻其珍異皮革。

翨氏：掌攻猛鳥，各以其物爲媒而掎之。以時獻其羽翮。

柞氏：掌攻草木及林麓。夏日至，令刊陽木而火之。冬日至，令剝陰木而水之。若欲其化也，則春秋變其水火。凡攻木者，掌其政令。

薙氏：掌殺草。春始生而萌之，夏日至而夷之，秋繩而芟之，冬日至而耜之。若欲其化也，則以水火變之。掌凡殺草之政令。

硩蔟氏：掌覆夭鳥之巢。以方書十日之號、十有二辰之號、十有二月之號、十有二歲之號、二十有八星之號，縣其巢上，則去之。

庭氏：掌射國中之夭鳥。若不見其鳥獸，則以救日之弓與救月之矢夜射之。若神也，則以大陰之弓與枉矢射之。

《左傳·襄公二十五年》甲午，蔿掩書土田，度山林，鳩藪澤，辨京陵，表淳鹵，數疆潦，規偃豬，町原防，牧隰皋，井衍沃，量入修賦。

《逸周書·大聚解》山林藪澤，以因其闕；工匠役工，以政其材；商賈趣市，以合其用。外商資貴而來，貴物益賤。資賤物，出貴物，以通其器。夫然則關夷市平，財無鬱廢，商不乏資，百工不失其時，無愚不教，關無窮乏，則此謂和德。

若有不言，乃政其凶。陂溝道路，藂苴丘墳，不可樹穀者，樹以材木。春發枯槁，夏發葉榮，秋發實蔬，冬發薪烝，以匡窮困。揖其民力，相更爲師。因其土宜，以爲民資。則生無乏用，死無傳尸。此謂仁德。旦聞禹之禁，春三月，山林不登斧，以成草木之長；夏三月，川澤不入網罟，以成魚鼈之長。且以并農力執，成男女之功。夫然則有生而不失其宜，萬物不失其性，人不失其事，天不失其時，以成萬財。萬財既成，放此爲人。此謂正德。泉深而魚鼈歸之，草木茂而鳥獸歸之；稱賢使能，官有材而歸之；關市平，商賈歸之；分地薄斂，農民歸之。水性歸下，農民歸利。歷言自然之至。王若欲求天下民，先設其利，而民自至。譬之若冬日之陽，夏日之陰，不召而民自來。此謂歸德。五德既明，民乃知常。武王再拜曰：「嗚呼！允哉！天民側側，余知其極有宜。」乃召昆吾，冶而銘之金版，藏府而朔之。

《逸周書·職方解》職方氏掌天下之圖，辯其邦國、都鄙、四夷、八蠻、七閩、九貉、五戎、六狄之人民，此在《周官·大司馬》下篇。穆王使有司抄出之，欲時省焉。國邑曰：鄙東方曰夷，南方曰蠻。皆狄蠻之別，貉夷之別，八、七、九、五、六，見非一之言也。與其財用九穀六畜之數，周知其利害，乃辯九州之國，使同貫利。貫，事。東南曰揚州，其山鎮曰會稽，其澤藪曰具區，其川三江，其浸五湖，其利金錫竹箭，其民二男五女，其畜宜雞狗鳥獸，其穀宜稻。箭，篠也。九州土氣，生民女各不同。鳥獸，山澤所育之屬也。正南曰荊州，其山鎮曰衡山，其澤藪曰雲夢，其川江漢，其浸潁湛，其利丹銀齒革，其民一男二女，其畜宜鳥獸，其穀宜稻。河南曰豫州，其山鎮曰

華山，其澤藪曰圃田，其川熒洛，其浸陂溠，華山，西岳。其利林漆絲枲，其民二男三女，其畜宜六擾，其穀宜五種。家所畜曰擾，五種謂黍稷菽麥稻也。正東曰青州，其山鎮曰沂山，其澤藪曰望諸，其川淮泗，其浸沂沭，其利蒲魚，其民二男三女，其畜宜雞犬，其穀宜稻麥。河東曰兖州，其山鎮曰岱山，其澤藪曰大野，其川河泲，其浸盧維，其利蒲魚，其民二男三女，其畜宜六擾，其穀宜四種。四種，黍稷稻麥。正西曰雍州，其山鎮曰嶽山，其澤藪曰弦蒲，其川涇汭，其浸渭洛，其利玉石，其民三男二女，其畜牛馬，其穀宜黍稷。嶽，吴嶽也。東北曰幽州，其山鎮曰醫無閭，其澤藪曰貕養，其川河泲，其浸菑時，其利魚鹽，其民一男三女，其畜宜四擾，其穀宜三種。四擾，牛羊馬豕。三種，黍稷稻也。河内曰冀州，其山鎮曰霍山，其澤藪曰揚紆，其川漳，其浸汾潞，其利松柏，其民五男三女，其畜宜牛羊，其穀宜黍稷。所謂河内者。正北曰并州，其山鎮曰恒山，其澤藪曰昭餘祁，其川虖池嘔夷，其浸淶易，其利布帛，其民二男三女，其畜宜五擾，其穀宜五種。

《管子·八觀》萬家以下，則就山澤可矣。萬家以上，則去山澤可矣。

《管子·地圖》凡兵主者，必先審知地圖。轘轅之險，濫車之水，名山、通谷、經川、陵陸、丘阜之所在，苴草、林木、蒲葦之所茂，道里之遠近，城郭之大小，名邑、廢邑、困殖之地，必盡知之。地形之出入相錯者，盡藏之。然後可以行軍襲邑，舉錯知先後，不失地利。

《管子·四時》東方曰星，其時曰春，其氣曰風。風生木與骨，其德喜嬴而發出節時。其事號令，修除神位，謹禱獘梗。宗正陽，治隄防，耕芸樹藝，正津梁，修溝瀆，甃屋行水，解怨赦罪，通四方。然則柔風甘雨乃至，百姓乃壽，百蟲乃蕃，此謂星德。星者掌發爲風。是故春行冬政則雕，行秋政則霜，行夏政則欲。是故春三月，以甲乙之日發五政。一政曰：論幼孤，舍有罪。二政曰：賦爵列，授禄位。三政曰：凍解，修溝瀆，復亡人。四政曰：端險阻，修封疆，正千伯。五政曰：無殺麑夭，毋蹇華絶芋。五政苟時，春雨乃來。

西方曰辰，其時曰秋，其氣曰陰。陰生金與甲，其德憂哀，静正嚴順，居不敢淫佚。其事號令，毋使民淫暴，順旅聚收。量民資以畜聚，賞彼羣幹，聚彼羣材，百物乃收。使民毋怠，所惡其察，所欲必得，我信則克，辰掌收，收爲陰。秋行春政則榮，行夏政則水，行冬政則耗。是故秋三月，以庚辛之日發五政。一政曰：禁博塞，圉小辯，鬬譯認。二政曰：毋見五兵之刃。三政曰：慎旅農，趣聚收。四政曰：補缺塞坼。五政曰：修牆垣，周門閭。五政苟時，五穀皆入。

《管子·五行》日至，睹甲子木行御。天子出令，命左右士師内御，總別列爵，論賢不肖士吏，賦秘賜賞於四境之内。發故粟以田數，出國衡，順山林，禁民斬木，所以愛草木也。然則水解而凍釋，草木區萌，贖蟄蟲，卯菱春辟勿時，苗足本，不癘雛鷇，不夭麑䴠，毋傅速，亡傷繈葆，時則不凋。七十二日而畢。

《管子·七臣七主》四禁者何也？春無殺伐，無割大陵，倮大衍，伐大木，斬大山，行大火，誅大臣，收穀賦。夏無遏水達名川，塞大谷，動土功，射鳥獸。秋毋赦過釋罪緩刑。冬無賦爵賞禄，傷伐五穀。故春政不禁，則百長不生。夏政不禁，則五穀不成。秋政不禁，則姦邪不勝。冬政不禁，則地氣不藏。四者俱犯，則陰陽不和，風雨不時，大水漂州流邑，大風漂屋折樹，火暴焚地燋草。天冬雷，地冬霆。草木夏落而秋榮，蟄蟲不藏。宜死者生，宜蟄者鳴。苴多螣蟇，山多蟲蠹。六畜不蕃，民多夭死。國貧法亂，逆氣下生。

《管子·禁藏》當春三月，萩室熯造。鑽燧易火，杼井易水，所以去兹毒也。舉春祭，塞久禱，以魚爲牲，以蘖爲酒。相召，所以屬親戚也。毋殺畜生，毋拊卵，毋伐木，毋夭英，毋拊竿，所以息百長也。

《管子·地員》夫管仲之匡天下也，其施七尺，瀆田悉徙，五種無不宜。其立后而手實，其木宜蚖菕與杜松，其草宜楚棘。見是土也，命之曰五施，五七三十五尺而至於泉，呼音中角，其水倉，其民彊。赤壚，歷彊肥，五種無不宜。其麻白，其布黄，其草宜白茅與雚，其木宜赤棠。見是土也，命之曰四施，四七二十八尺而至於泉，呼音中商，其水白而甘，其民壽。黄唐，無宜也。唯宜黍秫也。宜縣澤，行廧落，地潤數毁，難以立邑置廧。其草宜黍秫與茅，其木宜櫄擾桑。見是土也，命之曰三施，三七二十一尺而至於泉，呼音中宫，其泉黄而糗。流徙，斥埴，宜大菽與麥，其草宜萯雚，其木宜杞。見是土也，命之曰再施，二七十四尺而至於泉，呼音中羽，其泉鹹。水流徙，黑埴，宜稻麥，其草宜苹蓨，其木宜白棠。見是土也，命之曰一施，七尺而至於泉，呼音中徵，其水黑而苦。

《管子·國准》立祈祥以固山澤，立械器以使萬物，天下皆利。而謹操重筴，童山竭澤，益利搏流出山金立幣。存菹丘，立駢牢，以爲民饒。彼菹菜之壤，非五穀之所生也。麋鹿牛馬之地，春秋賦生殺老，立施以守五穀，此以無用之壤臧民之羸。五家之數，皆用而勿盡。

《管子·輕重己》以春日至始，數四十六日，春盡而夏始。天子服黄而静處，朝諸侯卿大夫列士，循於百姓，發號出令曰：「毋聚大衆，毋行大火，毋斷大

木，誅大臣，毋斬大山，毋戮大衍。滅三大而國有害也。」天子之夏禁也。【略】以秋日至始，數四十六日，秋盡而冬始。天子服黑絻黑而静處，朝諸侯卿大夫列士，循於百姓，發號出令曰：「毋行大火，毋斬大山，毋塞大水，毋犯天之隆。」天子之冬禁也。

《商君書·筭地》 故爲國任地者，山林居什一，藪澤居什一，谿谷流水居什一，都邑蹊道居什四。此先王之正律也，故爲國分田數小畝五百足待一役，此地不任也。方土百里，出戰卒萬人者，數小也。此其墾田足以食其民，都邑遂路足以處其民，山林藪澤谿谷足以供其利，藪澤隄防足以畜。故兵出糧給，而財有餘。

《禮記·月令》 「仲夏之月」是月也，樹木方盛，乃命虞人入山行木，毋有斬伐。

《呂氏春秋·孟春》 「孟春之月」是月也，命樂正入學習舞，乃修祭典，命祀山林川澤，犧牲無用牝。禁止伐木，無覆巢，無殺孩蟲胎夭飛鳥，無麛無卵，無聚大衆，無置城郭，揜骼霾髊。【略】孟春行夏令，則風雨不時，草木旱槁，國乃有恐。行秋令，則民大疫，疾風暴雨數至，藜莠蓬蒿並興。行冬令，則水潦爲敗，霜雪大摯，首種不入。

《呂氏春秋·仲春》 「仲春之月」是月也，無竭川澤，無漉陂池，無焚山林。天子乃獻羔開冰，先薦寢廟。上丁，命樂正入舞舍采，天子乃率三公九卿諸侯親往視之。中丁，又命樂正入學習樂。是月也，祀不用犧牲。用圭璧，更皮幣。

《呂氏春秋·季春》 「季春之月」是月也，生氣方盛，陽氣發洩，生者畢出，萌者盡達，不可以内。天子布德行惠，命有司，發倉窌，賜貧窮，振之絶，開府庫，出幣帛，周天下，勉諸侯，聘名士，禮賢者。是月也，命司空曰：「時雨將降，下水上騰；循行國邑，周視原野；修利隄防，導達溝瀆，開通道路，無有障塞；田獵畢弋，罝罘羅網，餧獸之藥，無出國門。」是月也，命野虞無伐桑柘，鳴鳩拂其羽，戴任降于桑，具挾曲蒙筐。后妃齋戒，親東鄉躬桑，禁婦女無觀。省婦使，勸蠶事。蠶事既登，分繭稱絲効功，以供郊廟之服，無有敢墮。【略】季夏行春令，則穀草解落，國多風欬，人乃遷徙。行秋令，則邱隰水潦，禾稼不熟，乃多女灾。行冬令，則寒氣不時，鷹隼草鷙，四鄙入保。

《呂氏春秋·孟夏》 「孟夏之月」是月也，驅獸無害五穀。無大田獵。農乃收麥。【略】孟夏行秋令，則苦雨數來。五穀不滋，四鄙入保。行冬令，則草木早枯，後乃大水，敗其城郭。行春令，則蟲蝗爲敗，暴風來格，秀草不實。

《呂氏春秋·仲夏》 「仲夏之月」是月也，長日至。陰陽争，死生分。【略】半夏生，木堇榮。【略】行春令，則五穀晚熟，百螣時起，其國乃饑。行秋令，則草木零落，果實早成，民殃於疫。

《呂氏春秋·季夏》 「季夏之月」是月也，樹木方盛，乃命虞人入山行木，無或斬伐。不可以興土功，不可以合諸侯，不可以起兵動衆。無舉大事，以摇蕩於氣。無發令而干時，以妨神農之事。水潦盛昌，命神農將巡功。舉大事，則有天殃。【略】是月也，土潤溽暑，大雨時行，燒薙行水，利以殺草，如以熱湯，可以糞田疇，可以美土疆。行之是令，是月甘雨三至，三旬二日。

《呂氏春秋·孟秋》 行之是令，而涼風至三旬。孟秋行冬令，則陰氣大勝，介蟲敗穀，戎兵乃來。行春令，則其國乃旱，陽氣後還，五穀不實。行夏令，則多火災，寒熱不節，民多瘧疾。

《呂氏春秋·仲秋》 行之是令，白露降三旬。仲秋行春令，則秋雨不降，草木生榮，國乃有大恐。行夏令，則其國旱，蟄蟲不藏，五穀復生。行冬令，則風災數起，收雷先行，草木早死。

《呂氏春秋·季秋》 「季秋之月」是月也，草木黄落，乃伐薪爲炭。蟄蟲咸俯在穴，皆墐其户。乃趣獄刑，無留有罪。收禄秩之不當者，共養之不宜者。

《呂氏春秋·孟冬》 「孟冬之月」是月也，天子始裘。命有司曰：「天氣上騰，地氣下降，天地不通，閉而成冬。」

《呂氏春秋·仲冬》 「仲冬之月」是月也，農有不收藏積聚者，牛馬畜獸有放佚者，取之不詰。山林藪澤，有能取疏食，田獵禽獸者，野虞教導之，其有侵奪者，罪之不赦。是月也，日短至。陰陽争，諸生蕩。君子齋戒，處必弇，身欲寧，去聲色，禁嗜慾，安形性，事欲静，以待陰陽之所定。芸始生，荔挺出。蚯蚓結。麋角解，水泉動。日短至，則伐林木，取竹箭。

《呂氏春秋·季冬》 季冬行秋令，則白露蚤降，介蟲爲妖，四鄰入保。行春令，則胎夭多傷，國多固疾，命之曰逆。行夏令，則水潦敗國，時雪不降，冰凍稍釋。

《睡虎地秦墓竹簡·田律》 春二月，毋敢伐材木山林及壅堤水。

《孔子家語·刑政》 菓實不時，不粥於市。五木不中伐，不粥於市。鳥獸魚鼈不中殺，不粥於市。凡執此禁以齊衆者，不赦過也。

漢 董仲舒《春秋繁露》卷一三《五行逆順》 木者春，生之性，農之本也。勸農事，無奪民時，使民歲不過三日，行什一之税，進經術之士。挺羣禁，出輕繫，去稽留，除桎梏，開門闔，通障塞。恩及草木，則樹木華美，而朱草生。恩及鱗蟲，則魚大爲，鱣鯨不見，羣龍下。如人君出入不時，走狗試馬，馳騁不反宮室，好淫樂，飲酒沈湎，縱恣，不顧政治，事多發役，以奪民時，作謀增税，以奪民財，民病疥搔，温體，足胻痛。咎及於木，則茂木枯槁，工匠之輪多傷敗。毒水滃羣，漉陂如漁。咎及鱗蟲，則魚不爲，羣龍深藏，鯨出見。火者夏，成長，本朝也。【略】恩及羽蟲，則飛鳥大爲，黃鵠出見，鳳凰翔。【略】摘巢探鷇，咎及羽蟲，則飛鳥不爲，冬應不來，梟鴟羣鳴，鳳凰高翔。

又《治水五行》 日冬至，七十二日木用事，其氣燥濁而青。七十二日復得木。木用事，則行柔惠，挺羣禁。至於立春，出輕繫，去稽留，除桎梏，開門闔，通障塞，存幼孤，矜寡獨，無伐木。

又 卷一六《求雨》 春旱求雨。令縣邑以水日禱社稷山川，家人祀户。無伐名木，無斬山林。

漢 劉安《淮南子》卷三《天文訓》 甲子受制則行柔惠，挺羣禁，開闔扇，通障塞，毋伐木。

又 卷八《本經訓》 末世之政，田漁重税，關市急征，澤梁畢禁；網罟無所布，耒耜無所設。

又 卷九《主術訓》 食者民之本也，民者國之本也，國者君之本也，是故人君者上因天時，下盡地財，中用人力，是以羣生遂長，五穀蕃植。教民養育六畜，以時種樹，務脩田疇，滋植桑麻，肥墝高下各因其宜。邱陵阪險不生五穀者，以樹竹木，春伐枯槁，夏取果蓏，秋畜疏食，冬伐薪蒸，以爲民資。是故生無乏用，死無轉尸。故先王之法，畋不掩羣，不取麛夭，不涸澤而漁，不焚林而獵。豺未祭獸，罝罦不得布於野。獺未祭魚，網罟不得入於水。鷹隼未摯，羅網不得張於谿谷。草木未落，斤斧不得入山林。昆蟲未蟄，不得以火燒田。孕育不得殺，鷇卵不得探。魚不長尺不得取，彘不期年不得食。是故草木之發若蒸氣，禽獸之歸若流原，飛鳥之歸若煙雲，有所以致之也。

又 卷一五《兵略訓》 兵至其郊，乃令軍師曰：毋伐樹木，毋抉墳墓，毋爇五穀，毋焚積聚，毋捕民虜，毋收六畜。

漢 桓寬《鹽鐵論》卷七《散不足》 丞相史曰：願聞散不足。賢良曰：宮室輿馬，衣服器械，喪祭食飲，聲色玩好，人情之所不能已也。故聖人爲之制度以坊之。間者，士大夫務於權利，怠於禮義，故百姓倣傚，頗踰制度，今故陳之，曰：古者，穀物菜果，不時不食。鳥獸魚鼈，不中殺不食。故繳網不入於澤，雜毛不取。今富者遂驅殲網罝，掩捕麑鷇，躭湎沉猶，鋪百川。鮮羔䍮，幾胎肩，皮黃口。春鵝秋雛，冬葵温韭，浚茈蓼蘇，豐奕耳菜，毛果蟲貉。古者，采椽茅茨，陶桴復穴，足禦寒暑，蔽風雨而已。及其後世，采椽不斲，茅茨不剪，無斲削之事，磨礱之功。大夫達棱楹，士潁首，庶人斧，成木構而已。今富者井幹增梁，雕文檻修楯，堊憂壁飾。【略】古者，無杠樠之寢，牀移之案。及其後世，庶人即采木之杠，葉華之樠，士不斤成，大夫葦莞而已。今富者黼繡帷幄，塗屏錯跗。中者錦綈高張，采畫丹漆。古者，皮毛草蓐，無茵席之加，旃蒻之美。及其後，大夫士復薦草緣，蒲平單莞。庶人即草蓐索經，單藺蘧蒢而已。今富者繡茵翟柔，薄子露林。中者獏皮伐旃，闒坐平莞。古者，不粥紝，不市食。及其後，則有屠沽，沽酒市脯魚鹽而已。今熟食徧列，殽施成市，作業墮怠，食必趣時，楊豚韭卵，狗膠馬朘，煎魚切肝，羊淹雞寒，蜩馬駱日，蹇捕庸脯，腼羔豆賜鷔，膹鴈羹，自鮑井瓠，熱粱和炙。古者，土鼓凷枹，擊木拊石，以盡其歡。及其後，卿大夫有管磬，士有琴瑟。往者，民間酒會，各以黨俗，彈箏鼓缶而已。無要妙之音，變羽之轉。今富者鐘鼓五樂，歌兒數曹。中者鳴竽調瑟，鄭儛趙謳。古者，瓦棺容尸，木板堲周，足以收形骸，藏髮齒而已。及其後，桐棺不衣，采棺不斲。今富者繡墻題湊，中者梓棺楩椁。貧者畫荒衣袍，繒囊緹橐。【略】宮室奢侈，林木之蠹也。器械雕琢，財用之蠹也。衣服靡麗，布帛之蠹也。狗馬食人之食，五穀之蠹也。口腹縱恣，魚肉之蠹也。用費不節，府庫之蠹也。漏積不禁，田野之蠹也。喪祭無度，傷生之蠹也。墮成變故傷功，工商上通傷農。故一杯棬用百人之力，一屏風就萬人之功，其爲害亦多矣。目修於五色，耳營於五音，體極輕薄，口極甘脆。功積於無用，財盡於不急，口腹不可爲多。故國病聚不足即政怠，人病聚不足則身危。

漢 戴德《大戴禮記》卷九《千乘》 準揆山林，規表衍沃，畜水行衰濯浸，以節四時之事。

漢 揚雄《揚子雲集》卷六《百官箴·上林苑令箴》 芒芒大田，芃芃作穀。山有征陸，野有林麓。夷原污藪，禽獸攸伏。魚鼈以時，芻蕘咸殖。國以殷富，民以家給。昔在帝羿，共田徑游。弧矢是尚，而射夫封豬。不顧於愆，卒遇後

憂。是以田獲三驅，不可過差。麀鹿攸伏，不如德至。衡臣司虞，敢告執指。

漢 班固《漢書》卷二四《食貨志》 民受田：上田夫百畮，中田夫二百畮，下田夫三百畮。歲耕種者爲不易上田；休一歲者爲一易中田；休二歲者爲再易下田。三歲更耕之，自爰其處。農民户人已受田，其家衆男爲餘夫，亦以口受田如比。士、工、商家受田，五口乃當農夫一人。此謂平土可以爲法者也。若山林、藪澤、原陵、淳鹵之地，各以肥磽多少爲差。有賦有稅。稅謂公田什一及工商衡虞之入也。賦共車馬、甲兵、士徒之役，充實府庫、賜予之用。稅給郊、社、宗廟、百神之祀，天子奉養、百官禄食庶事之費。民年二十受田，六十歸田。七十以上，上所養也；十歲以下，上所長也；十一以上，上所强也。種穀必雜五種，以備災害。田中不得有樹，用妨五穀。力耕數耘，收穫如寇盗之至。還廬樹桑，菜茹有畦，果蓏殖於疆易。【略】若山林藪澤原陵淳鹵之地，各以肥磽多少爲差，有賦有稅。稅謂公田什一及工商衡虞之入也。【略】種穀必雜五種，以備災害。田中不得有樹，用妨五穀。

南朝宋 范曄《後漢書》卷四九《王符傳》 《浮侈篇》曰：夫山林不能給野火，江海不能實漏巵，皆所宜禁也。

又 卷六〇上《馬融傳》 至于陽月，陰慝害作，百草畢落，林衡戒田，焚萊柞木。然後舉天網，頓八紘，揫斂九藪之動物，繯橐四野之飛征。鳩之乎兹囿之中，山敦雲移，羣鳴膠膠，鄙駭譟讙，子野聽聳，離朱目眩，隸首策亂，陳子籌昏。於時營圍恢廓，充斥川谷，罦罝羅罬，彌綸阬澤，皐牢陵山。校隊案部，前後有屯，甲乙相伍，戊己爲堅。

南朝梁 蕭衍《開山澤常禁詔》（《漢魏六朝百三家集》卷八〇引） 芻牧必往，姬文垂則；雉免有刑，姜宣致貶。藪澤山林，毓材是出，斧斤之用，比屋所資。而頃世相承，並加封固，豈所謂與民同利，惠兹黔首。凡公家諸屯戍見封熂者，可悉開常禁。

南朝梁 蕭衍《禁止私利詔》（《漢魏六朝百三家集》卷八〇引） 亦頻禁斷，猶自未已。外司明加聽採，隨事舉奏。又復公私，傳屯邸冶。爰至僧尼當其地界止，應依限守視。乃至廣加封固，越界分斷，水陸採捕及以樵蘇，遂致細民措手無所。凡自今有越界禁斷者，禁斷之身，皆以軍法從事。若是公家創内止，不得輒自立屯，與公競作，以收私利。至百姓樵採以供煙爨者，悉不得禁。及以採捕，亦勿訶問。若不遵承，皆以死罪結正。

北魏 賈思勰《齊民要術》卷五《伐木》 凡伐木，四月、七月則不蟲而堅肕。榆莢下，桑椹落，亦其時也。然則凡木有子實者，候其子實將熟，皆其時也。非時者，蟲具且脆也。凡非時之木，水漚一月，或火煏取乾，蟲則不生。水浸之木，皆亦柔肕。

《周官》曰：仲冬斬陽木，仲夏斬陰木。鄭司農云：陽木，春夏生者；陰木，秋冬生者，松柏之屬。鄭玄曰：陽木，生山南者；陰木，生山北者。冬則斬陽，夏則斬陰，調堅軟也。案：柏之性，不生蟲蠹，四則皆得，無所選焉。山中雜木，自非七月、四月兩時殺者，率多生蟲，無山南山北之異。鄭君之説，又無取則。《周官》：伐木，蓋以順天道，調陰陽，未必爲堅肕之與蟲蠹者也。

《禮記·月令》：孟春之月，禁止伐木。鄭玄注云：爲盛德所在也。孟夏之月，無伐大樹。逆時氣也。季夏之月，樹木方盛，乃命虞人入山行木，毋有斬伐。爲其未堅肕也。季秋之月，草木黄落，乃伐薪爲炭。仲冬之月，日短至，則伐木取竹箭。比其堅肕之極時也。

《孟子》曰：斧斤以時入山林，材木不可勝用也。趙岐注曰：時，謂草木零落之時。使材木得暢茂，故有餘也。

《淮南子》曰：草木未落，斧斤不入山林。九月，草木解也。

崔寔曰：自正月以終季夏，不可伐木，必生蠹蟲。或曰：其月無壬子日，以上旬伐之，雖春夏不蠹。猶有剖析間解之害，又犯時令。非急無伐。十一月，伐竹木。

種地黄法：須黑良田，五徧細耕。三月以上旬爲上時，中旬爲中時，下旬爲下時。一畝下種五石。其種還用三月中掘取者。逐犁後，如禾麥法下之。至四月末、五月初，生苗訖；至八月盡、九月初，根成中染。若須留爲種者，即在地中，勿掘之，待來年三月取之爲種。計一畝可收根三十石。有草鋤，不限徧數。鋤時别作小刃鋤，勿使細土覆心。今秋收訖，至來年更不須種，自旅生也，唯鋤之。如此得四年，不要種之，皆餘根自出矣。

唐 姚思廉《梁書》卷二《武帝紀》 藪澤山林，毓材是出。斧斤之用，比屋所資。而頃世相承，並加封固，豈所謂與民同利，惠兹黔首？凡公家諸屯，戍見封熂者，可悉開常禁。

唐 長孫無忌《唐律疏義》卷一九《賊盗》 諸盗園陵内草木者，徒二年半。若盗他人墓塋内樹者，杖一百。疏義曰：園陵者，《三秦記》云：帝王陵有園，

因謂之園陵。《三輔黄圖》云：謂陵四闌門通四園，然園陵草木而合芟刈而有盜者，徒二年半。若盜他人墓塋内樹者，杖一百。若臟重者，準下條。以凡盜，論加一等。若其非盜，唯止斫伐者，準雜律。毁伐樹木稼穡，各準盜論。園陵内，徒二年半。他人墓塋内樹，杖一百。

又 卷二六《雜律》 占固山野陂湖之利者，杖六十。疏義曰：山澤陂湖，物産所植，所有利潤，與衆共之。其有占固者，杖六十。已施功取者，不追。

唐 魏徵《隋書》卷二四《食貨志》 ［高祖登庸］其丁男、中男永業露田，皆遵後齊之制。並課樹以桑榆及棗。

又 卷二六《百官志》 諸王皆假金獸符第一至第五左，竹使符第一至第十左。諸公侯皆假銅獸符，竹使符第一至第五。名山大澤不以封。鹽鐵金銀銅錫，及竹園別都，宫室園囿，皆不以屬國。

又 卷三三《經籍志》 司徒掌邦之土地之圖，與其人民之教，以佐王擾邦國，周知九州之域，廣輪之數，辨其山林、川澤、丘陵、墳衍、原隰之名物，及土會之法。

唐 杜佑《通典》卷一《食貨·田制》 ［北魏孝文太和九年下詔］初受田者，男夫一人給田二十畝，課蒔餘，種桑五十樹，棗五株，榆三根。非桑之土，夫給一畝，依法課蒔餘果及多種桑榆者不禁。諸應還之田，不得種桑榆棗果，種者以違令論。地入還分，諸桑田皆爲代業，身終不還。

又 卷四《食貨·賦税》 周武王既誅紂。【略】凡任地，國宅無征，園廛二十而一，近效十一，遠效二十而三，甸、稍、縣、都皆無過十二。唯其漆林之征二十而五。

宋 歐陽修《新唐書》卷四六《百官志》 虞部郎中、員外郎各一人，掌京都衢閧，苑囿，山澤草木及百官蕃客時蔬薪炭供頓、畋獵之事。每歲春，以户小兒、户婢仗内蒔種溉灌，冬則謹其蒙覆。凡效祠神壇，五岳名山，樵採，芻牧皆有禁，距壝三十步外得耕種，春夏不伐木。京兆、河南府三百里内，正月、五月、九月禁弋獵。山澤有寳可供用者，以聞。

又 卷五一《食貨志》 唐制：度田以步，其闊一步，其長二百四十步爲畝，百畝爲頃。凡民始生爲黄，四歲爲小，十六爲中，二十一爲丁，六十爲老。授田之制，丁及男年十八以上者，人一頃，其八十畝爲口分，二十畝爲永業；老及篤疾、廢疾者，人四十畝，寡妻妾三十畝，當户者增二十畝，皆以二十畝爲永業，其餘爲口分。永業之田，樹以榆、棗、桑及所宜之木，皆有數。

宋 程顥《上神宗十事》（《宋名臣奏議》卷一四九引） 聖人奉天理物之道，在乎六府。六府之任，治於五官。山虞澤衡，各有常禁。故萬物阜豐，而財用不乏。今五官不修，六府不治，用之無節，取之不時。豈唯物失其性？林木所資，天下皆已童赭。斧斤焚蕩，尚且侵尋不禁。而川澤漁獵之繁，暴殄天物，亦已耗竭。則將若之何？此乃窮弊之極矣。唯修虞衡之職，使將養之，則有變通久長之勢。此亦非有古今之異者也。

宋 陳祥道《禮書》卷八〇《火苗》 《周禮》：司爟季春出火，季秋納火。司烜氏中春以木鐸修火禁于國中。司馬，中春蒐田火弊，獻禽。《王制》曰：「昆蟲未蟄，不以火田。」《郊特牲》曰：「季春出火，爲焚也。」《月令》：「仲春之月，毋焚山林。」《爾雅》曰：「火田爲狩。」《春秋傳》曰：古之火正，或食於心，或食於咮。以出納火，是故咮爲鶉火，心爲大火。鄭鑄刑鼎，士文伯曰：「火未出而作火，鄭其有災乎？」仲尼曰：「火伏而後蟄者畢。」蓋建辰之月，鶉火見於南方，則令民出火。所謂季春出火是也。建戌之月，火伏於日下，故令民納火。所謂季秋納火是也。司爟，仲春修火禁，以火未出而不可以作火故也。《王制》：「昆蟲未蟄，不以火田。」以火伏而後蟄者畢故也。然孟春啓蟄，而《周禮》中春之田有火弊者，焚圃草以田，可也；焚山林以田，不可也。《月令》：「仲春禁焚，禮也。」《郊特牲》：「季春出火爲焚，非禮也。」春秋之時，楚子田使齊侯、載燧。此火田之所用者歟。

宋 林之奇《尚書全解》卷三《舜典》 帝曰：「疇若予上下草木鳥獸？」僉曰：「益哉。」帝曰：「俞，咨益，汝作朕虞。」益拜稽首，讓于朱、虎、熊、羆。帝曰：「俞往哉，汝諧。」此又求掌山澤之官。自上下，以其地言之。自草木鳥獸，以其物而言之。《孟子》：「不違農時，穀不可勝食也。數罟不入汙池，魚鼈不可勝食也。斧斤以時入山林，材木不可勝用也。穀與魚鼈不可勝食，材木不可勝用，是使民養生喪死無憾，王道之始也。」舜既命稷以播百穀，又求掌山澤之官，蓋此二者，誠足國用之本也。僉曰：「益哉。」四岳舉益，謂可堪此職。當禹治水之初，舜使益掌火，益烈山澤而焚之，禽獸逃匿，然後禹得而施其功。則是益之職，其掌上下草木鳥獸亦已久矣。至此則復命之者，蓋前此雖烈山澤，驅禽獸，是時禹居平水土之職，益但爲之佐耳。至是方正其爲虞之職也。

又 卷四《大禹謨》 夫水、火、金、木、土、穀，惟修謂之六府，此天地之養萬

物者也。聖人裁成輔相，使水潤下，火炎上，木曲直，金從革，土爰稼穡，六者不失其性，謂之惟修。正德利用厚生謂之三事，此則聖人體天地化育之德，以養萬民者也。孟子論王道之始曰：「不違農時，穀不可勝食也。數罟不入汙池，魚鼈不可勝食也。斧斤以時入山林，材木不可勝用也。穀與魚鼈不可勝食，材木不可勝用，是使民養生喪死無憾也。養生喪死無憾，王道之始也。五畝之宅，樹之以桑，五十者可以衣帛矣。雞豚狗彘之畜，無失其時，七十者可以食肉矣。百畝之田，勿奪其時，數口之家可以無飢矣。謹庠序之教，申之以孝悌之義，頒白者不負戴於道路矣。七十者衣帛食肉，黎民不飢不寒，然而不王者，未之有也。」謹庠序之教，申之以孝悌之義，此所謂正德也。穀與魚鼈不可勝食，材木不可勝用，養生喪死無憾，此所謂利用也。五畝之宅，樹之以桑，雞豚狗彘之畜，無失其時。百畝之田，勿奪其時，此所謂厚生也。使此三者施之天下而不失其和，故謂之惟和。六府修，三事和，則九功於是惟敘矣。謂之惟敘者，非謂六府之修，先水火而後金木土穀也。謂之惟和，亦非謂三事之和，先正德而後利用。厚生但謂九者，皆不失其序而已。

宋 羅泌《路史》卷三五《益爲朕虞》 復設之虞衡之官，按其生育之時，行山林，禁澤梁，以及乎其可生者。大寒降，土蟄發，水虞于是講罛罶，取名魚，登川禽而嘗之寢廟，行諸國人，助宣氣也。鳥獸孕，水蟲成，獸虞于是禁罝羅，矠魚鼈以爲夏稿，助生阜也。鳥獸成，水蟲孕，水虞于是禁罣麗，設穽鄂，以實廟庖，畜功用也。仲春之祀用犧牲，而季春之月置罘羅網畢翳之具，俱不得出于九門之外。豺不祭獸，不以畋獵；獺不祭魚，不設網罟；鷹隼不摯，不出畢羅；昆蟲未蟄，不以火畋。不探鷇，不射宿，不濫淵，不巢覆。不成禽不獸，不中殺不粥價。毋殺孩蟲，毋食雛鼈。鱗不尺不取，彘不朞不殺。不刳胎，不髮跳，不成毛不登庖。毋麛毋麑，不卵不蹼。蚳蝝兔䴥，各有常禁。而物不失其性矣。時方長養，則野虞禁止其斬伐。未至黄落，則斧斤不入乎山林。毋槎毋蘖，毋絶華萼，不風不暴，不以行火。

宋 羅願《爾雅翼》卷一二《漆》 方氏豫州，其利林漆。傳稱舜造漆器，諫者數百人。考以爲奢侈從此興。然三代盛王相繼以爲器皿，以示制度。蓋備物致用，聖人之事也。後世用之既博。故周家漆林之征，至二十而五。

宋 孫逢吉《職官分紀》卷一一《虞部郎中》 國朝虞部掌山澤苑囿畋獵，取伐木石、薪炭、柴物之屬，屏絶猛獸，毒藥及茶、礬場、鹽池井、金銀銅鐵鉛錫坑冶，廢置收採之事。

宋 朱熹《四書章句集注·孟子集注》卷一《梁惠王》 不違農時，穀不可勝食也。數罟不入洿池，魚鼈不可勝食也。斧斤以時入山林，材木不可勝用也。穀與魚鼈不可勝食，材木不可勝用，是使民養生喪死無憾也。養生喪死無憾，王道之始也。【略】農時謂春耕、夏耘、秋收之時。凡有興作，不違此時。至冬乃役之也。不可勝食，言多也。數，密也。罟，網也。洿，窊下之地，水所聚也。古者網罟必用四寸之目，魚不滿尺，市不得粥，人不得食。山林川澤與民共之，而有厲禁。草木零落，然後斧斤入焉。此皆爲治之初，法制未備，且因天地自然之利，而撙節愛養之事也。然飲食宫室，所以養生祭祀。棺槨，所以送死。皆民所急而不可無者。今皆有以資之，則人無所恨矣。王道以得民心爲本，故以此爲王道之始。五畝之宅，樹之以桑，五十者可以衣帛矣。雞豚狗彘之畜，無失其時，七十者可以食肉矣。百畝之田，勿奪其時，數口之家可以無饑矣。謹庠序之教，申之以孝悌之義，頒白者不負戴於道路矣。七十者衣帛食肉，黎民不饑不寒，然而不王者，未之有也。【略】五畝之宅，一夫所受，二畝半在田，二畝半在邑。田中不得有木，恐妨五穀，故於墻下植桑，以共蠶事。五十始衰，非帛不煖，未五十者，不得衣也。畜，養也。時謂孕字之時，如孟春犧牲毋用牝之類也。七十非肉不飽，未七十者不得食也。百畝之田，亦一夫所受，至此，則經界正，井地均，無不受田之家矣。庠序，皆學名也。申，重也。丁寧反覆之意。善事父母爲孝，善事兄長爲悌，頒與斑同，老人頭半白黑者也。負，任在背。戴，任在首。夫民衣食不足，則不暇，治禮義而飽煖，無教則又近於禽獸。故既富而教以孝悌，則人知愛親敬長，而代其勞，不使之負戴於道路矣。衣帛食肉，但言七十，舉重以見輕也。黎，黑也。黎民，黑髮之人，猶秦言黔首也。少壯之人，雖不得衣帛食肉，然亦不至於饑寒也。此言盡法制品節之詳，極裁成輔相之道，以左右民。是王道之成也。

宋 衛湜《禮記集説》卷三九 孔氏［孔穎達］曰：【略】禁謂禁其欲伐，止謂止其已伐者。此伐木在山中，或在禁障之處。十月許人採取，正月則禁止之。故《王制》云：草木零落，然後入山林。若國家隨時所須以爲材用者，雖非冬月，亦得取之。故山虞有「仲冬斬陽木，仲夏斬陰木」，是也。【略】山陰陸氏曰：草木蚤落，以長養之早，故彫落之亦早，總至同時也。並興，皆生也。藜蓬蒿莠，秋草也。説者曰：此漢儒泥災異之緒言。餘論雖行，秋令何必爾邪？曰：天地一人之身是也。今小不攝五行相犯，而疾病生焉。蓋有乘之者矣，不入非不熟也。熟而不入，新安朱氏曰：是人行此令則召天之災。

又 卷一一三 嚴陵方氏曰：「《王制》曰：『草木零落，然後入山林。』所謂樹木以時伐也。又曰：『豺祭獸，然後田獵。鳩化爲鷹，然後設罻羅。』所謂禽獸

以時殺也。」

宋 魏了翁《鶴山集》卷一〇七《周禮折衷》 三歲則大計羣吏之治，以知民之財、器械之數，以知田野夫家六畜之數，以知山林川澤之數，以逆羣吏之徵令。

鄭：「械，猶兵也，逆受而鉤考之。山林川澤，童枯則不税。」賈言：「三歲者，三年一閏。天道小成，考校羣吏，須有黜陟，故云三歲則大計羣吏之治。羣吏，則百官也。民之財用，謂幣帛多少。器，謂禮樂之器；械，謂兵器弓矢戈殳戟矛。此等則器械之數，皆知之。又云以逆羣吏之徵令，逆，謂鉤考此司書，知民之財器已下，川澤已上，恐其羣吏濫徵斂萬民，故知此本數，乃鉤考其徵令也。所税，税其有。山林不茂爲枯則無林木，川澤無水爲枯則無魚鼈，蒲葦不税之。」荆公：「凡在民者，皆知其數，然後知羣吏徵令有當否。知其有當否，然後可得而治正也。」

宋 黄震《黄氏日抄》卷一六《讀禮記·月令》 [季夏之月]是月也，樹木方盛，乃命虞人入山行木，毋有斬伐。不可以興土功，不可以合諸侯，不可以起兵動衆。毋舉大事，以摇養氣。毋發令而待，以妨神農之事也。水潦盛昌，神農將持功，舉大事則有天殃。

[季秋之月]是月也，草木黄落，乃伐薪爲炭。蟄蟲咸俯在内，皆墐其户。乃趣獄刑，毋留有罪，收禄秩之不當、供養之不宜者。「在内」，《吕氏春秋》作在穴。「墐」，謂以土塞之。「禄秩不當」，謂私恩所增加。「供養不宜」，謂非常之膳，求不可得者。草木黄落與蟄蟲咸俯，候也。因草木黄落而伐薪爲炭，斧斤以時入山林也。因蟄蟲咸俯而趣刑，殺氣已至，不敢留獄也。收禄秩之不當，謹於養人，收供養之不宜，節於奉己。凡所以順斂藏之義也。

[仲冬之月]是月也，農有不收藏積聚者，馬牛畜獸有放佚者，取之不詰。山林藪澤，有能取蔬食田獵禽獸者，野虞教道之。其有相侵奪者，罪之不赦。

不自斂藏者，聽人之取以警之，能取食林澤者教之，侵奪者罪之。

元 司農司《農桑輯要》卷六《伐木》 《齊民要術》：凡伐木，四月七月則不蟲而堅肕。凡木有子實者，候其子實將熟，皆其時也。非其時者，蟲而且脆也。凡非時之木，水漚一月，或火煏取乾，蟲皆不生。水浸之木，更益柔肕。《周官》曰：仲冬斬陽木，仲夏斬陰木。鄭司農云：陽木，春夏生者；陰木，秋冬生者，松柏之屬。鄭玄曰：陽木，生山南者；陰木，生山北者。冬則斬陽，夏則斬陰，調堅輭也。按：松柏之性，不生蟲蠹，四時皆得，無所選也。山中雜木，非七月四月兩時既者，率多生蟲，無山南山北之異。鄭君之説，又無取則。《周官》伐木，蓋以順天道，調陰陽，未必爲堅肕之與蟲蠹也。《禮記·月令》：孟春之月，禁止伐木；鄭玄注云：爲盛德所在也。孟夏之月，無伐大樹；逆時氣也。季夏之月，樹木方盛，乃命虞人入山行木，無有斬伐；爲其未堅肕也。季秋之月，草木黄落，乃伐薪爲炭。仲冬之月，日短至，則伐木取竹箭。此其堅成之極時也。《孟子》曰：斧斤以時入山林，材木不可勝用也。趙岐注曰：時爲草木零落之時。《淮南子》曰：草木未落時，斧斤不入山林。崔寔曰：自正月以終季夏，不可伐木，必生蠹蟲。十一月，伐竹木。《四時類要》：十二月斬伐竹木，不蛀。

元 馬端臨《文獻通考》卷四《田賦考》 若瘠鹵不毛，及衆所食利山林、陂塘、路溝、墳墓，皆不立税。凡田方之角，立土爲埒，植其野之所宜木，以封表之。

元 王禎《農書》卷一《地利》 《周禮》：大司徒以土會之法，辨五地之物生，一曰山林，二曰川澤，三曰邱陵，四曰墳衍，五曰原隰。以土宜之法，辨十有二土之名物，十二分野之土，各有所宜。辨其名，謂白壤黑墳之類。辨其物，謂所生之物。以相民宅而知其利害，以阜人民，以蕃鳥獸，以育草木，以任土事。辨十有二壤之物，而知其種，以教稼穡樹藝。遂以教民春耕秋穡。然稼穡樹藝，又有《周禮》草人掌土化之法，以物土相其宜，以爲之種。凡糞種，騂剛用牛，赤緹用羊，墳壤用麋，渴澤用鹿，鹹潟用貆，勃壤用狐，埴墳用豕，强檃堅也。用蕡，輕爂脆也。用犬，凡所以糞種者，皆謂煮取汁也。此謂占地形色爲之種者，一取牛羊等汁以溲種而化之使美，則得其宜矣。若今之善農者，審方域田壤之異以分其類，參土化土會之法以辨其種，如此可不失種土之宜，而能盡稼穡之利。是圖之成，非獨使民視爲訓則，抑亦望當世之在民上者，按圖考傳，隨地所在，悉知風土所别，種藝所宜，雖萬里而遥，四海之廣，舉在目前，如指掌上，庶乎得天下農種之總要，國家教民之先務此。圖之所以作也，幸試覽焉。

元 脱脱《宋史》卷一六五《職官志》 汴河上下鎖、蔡河上下鎖，掌收舟船木筏之征。【略】[少府監]元豐官制行，始制少監、丞、主簿各一人。監掌百工伎巧之政令，少監爲之貳，丞參領之。凡乘輿服御、寶册、符印、旌節、度量權衡之制，與夫祭祀、朝會展采備物，皆率其屬以供焉。庀其工徒，察其程課、作止勞逸及寒暑早晚之節，視將作匠法，物勒工名，以法式察其良窳。凡金玉、犀象、羽毛、齒革、膠漆、材竹，辨其名物而攷其制度。事當損益，則審其可否，議定以聞。

元 脱脱《金史》卷四六《食貨志》 官田曰租，私田曰税。租税之外算其田

園屋舍車馬牛羊樹藝之數，及其藏鏹多寡，徵錢曰物力。

又　卷四七《食貨志》　凡桑棗，民户以多植爲勤，少者必植其地十之三，明安穆昆户少者必課種其地十之一，除枯補新，使之不闕。

又　卷五六《百官志》　上林署提點，從五品。泰和八年創，大安二年省。令，從六品。掌諸苑園池沼，種植花木果蔬及承奉行幸舟船事。

又　卷五七《百官志》　中都木場。使一員，從八品。副使一員，判官一員，皆正九品。掌拘收材木諸物及出給之事。【略】京兆府司竹監。管勾一員，從七品。掌耨薅養竹園採斫之事。【略】猛安，從四品，掌修理軍務，訓練武藝，勸課農桑，餘同防禦。

元　汪克寬《春秋胡傳附録纂疏》卷三〇《哀公》　周制，宅不毛者，有里布。無職事者，征夫家。漆林之税，二十而五。見《周禮・載師》注，宅不種桑麻者罰之，使出一里二十五家之布。民無常産者罰之，使出一夫百畝之税。一家力役之征，出士徒車輦，給繇役。遇按漆林之税，十分中税二分半，以其地産漆，故重其稅。若今之税茶税竹木也。

明　宋濂《元史》卷八七《百官志》　宣徽院，秩正三品，掌供玉食。凡稻粱牲牢酒醴蔬菓庶品之物，燕享宗戚賓客之事，及諸王宿衛、怯憐口糧食，蒙古萬户、千户合納差發，係官抽分，牧養孳畜，歲支芻草粟菽，羊馬價直，收受闌遺等事，與尚食、尚藥、尚醞三局，皆隸焉。

又　卷九〇《百官志》　旋局，提領二員，掌造御用異樣木植器物之工。中統四年置。【略】上都採山提領所，秩從八品，提領、副提領、提控各一員。至元九年，以採伐材木，鍊石爲灰，徵發夫匠一百六十三户，遂置官以統之。【略】花園，管勾二員，掌花卉果木。至元二十四年置。【略】諸色庫，秩從八品，掌修内材木，及江南徵索異樣木植，并應辦官寺齋事。大使一員，副使一員，司庫二人。至大四年置。

明　李黼《新刊王制考》卷一《山澤》　《周禮・地官》：山虞掌山林之政令，物爲之厲，而爲之守禁。

林衡掌巡林麓之禁令，而平其守，以時計林麓而賞罰之。若斬木材，則受灋於山虞，而掌其政令。

川衡掌巡川澤之禁令，而平其守，以時舍其守犯禁者執而誅罰之，祭祀賓客共川奠。

澤虞掌國澤之政，爲之厲禁，使其地之人守其財物，以時入之于玉府，頒其餘于萬民。

夏官山師掌山林之名，辨其物與其利害而頒之于邦國，使致其珍異之物。

川師掌川澤之名，辨其物與其利害而頒之于邦國，使致其珍異之物。

王氏曰：「山林川澤皆有虞衡，而山師川師又設於夏官者，則以其所掌有及於邦國故也。」疏曰：「《王制》云：『名山大澤不以封，故天子立山師川師以遥掌之。』」

葉時《禮經會元》曰：「古之名山大澤不以封諸侯，而九州山川澤藪之名皆職方氏之所掌。至於山林川澤之利，有可與侯國共者，則命山師川師辨其名而頒之，使致其珍異之貢而已。夫不封以山澤之大者，將以弭諸侯之侈心而謹天子之守地也。必頒以山澤之利者，將以示諸侯之公心而均天下之利源也。先王於畿外山澤尚爲纖悉區畫，而況畿内之山澤乎？蓋古者鄉遂之民皆爲農，農皆受田，田皆出賦，惟知有田之可業，不知有利之可趨。獨爲山澤之民，不專資田畝之業以爲生，往往資山澤之利以爲業，利多而民心競，末重而民心輕。故先王既許之以共財，而必禁之使不至於趨利以逐末，二者並行而不相悖。此其所以無曠土而無游民歟？自齊桓公問管仲何以爲國，而管仲對以惟管山海爲可耳，於是鹽筴之利始爲侯國之私，而先王與民共財之意失矣，此山澤之一變也。漢人以山澤租税共奉養歸之少府，若私之也，然賦雖居上，利猶在民。至吴王，國處東南，得以招集亡命，鑄山煑海以富其國，遂至叛逆，而先王禁民趨利之意，又失矣。此山澤之再變也。迨大鬻大冶如孔僅、咸陽者出，乃尽取天下郡縣鹽鐵之利幹歸公上，一孔不遺，於是山澤之賦，皆變爲榷利矣，此山澤之三變也。自時厥後，邦計惟鹽鐵之是資，國命惟鹽鐵之是議。吁！周人山澤之賦果有所謂鹽鐵者乎？」

明　李東陽《明會典》卷一四二《刑部・失火》　若於山陵兆域内失火者，杖八十，徒二年。延燒林木者，杖一百，流二千里。

明　湛若水《格物通》卷七六《修虞衡》　《月令》曰：「是月也，樹木方盛，命虞人入山行木，毋有斬伐。」臣若水通曰：「此季夏之令也，季夏樹木方盛，王者命山虞之官而巡行之，所以禁其斬伐，恐傷方盛之氣也。孟子論王道曰：『斧斤以時入山林，材木不可勝用也。』然則虞衡之修非其所當急者邪？嗚呼！王者之政，山林有禁如此，而後世之斬伐無時，至於童其山而不恤者，亦獨何哉！」

《月令》曰：「山林藪澤有能取蔬食田獵禽獸者，野虞教道之，其有相侵奪

者，罪之不赦。」

臣若水通曰：此仲冬之令也。蔬食，野菜也。野虞，虞人小吏也。教道者，教訓引導以取之之方法也。仲冬之時，開山澤之禁。故以此時教道之也。所以教民共利聖人之仁也，戒其侵奪聖人之義也。【略】

《地官》：「山虞掌山林之政令，物爲之厲而爲之守禁。仲冬斬陽木，仲夏斬陰木。凡服耜斬季材，以時入之。」

臣若水通曰：此《周禮》地官之職也。虞衡掌山林澤藪之官也，其職則每物先別其類，厲以限之，而後設其人以守之。又設其法以禁之，是故陽木有生意者，而斬之時必以仲冬，欲其堅也；陰木枯木無生意者，而斬之時必以仲夏，蓋急於用，不拘時禁也。服車材也，耜農器也，季穉也。服耜用季材者，尚其柔韌之性也。斬木必以時者，恐其物之竭也。即所謂先王以茂對時，育萬物，聖人之仁及於草木也。【略】

孟子曰：「數罟不入洿池，魚鼈不可勝食也；斧斤以時入山林，材木不可勝用也。」

臣若水通曰：此孟子因梁惠王行小惠，欲望民之多於鄰國，故舉王道之事以告之也。蓋王道以得民心爲本也，欲得民心者，亦惟因天地自然之利而撙節愛養之爾。數，密也，數罟者，取魚密網也。洿，窊下之地，水所聚也。斧斤者，伐木之器也。山林者，材木所出之處也。數罟不入洿池者，澤梁之處必有厲禁，網罟必用四寸之目，非四寸之網不得入聚水之洿池，魚不滿尺，市不得粥，人不得食，則不至盡洿池而取之，而魚鼈之多用之不竭矣。時謂草木黃落之時。春則材木勾萌，夏則暢茂，苟旦旦而伐之，則生長之意息矣。亦必設爲厲禁，必草木黃落，然後斧斤入山林以採伐，爲宮室，爲器械之用，則不至盡拱把而伐之，而材木之積取之無窮矣。夫如是，則養生喪死皆有所備而無不足之憾，而民心得矣，王道不於此而基乎？惜夫惠王蔽錮日深，聖學不講，徒知移民移粟之小，而不知有王道之大，使孟軻王道之事徒託諸空言也。噫！

明 林希元《易經存疑》卷四 萬物之生各有其時。老者衣帛食肉，黎民不飢不寒，鰥寡孤獨有養，不違農時，數罟不入洿池，斧斤以時入山林，不時不食，如此之類不能悉數。是皆先王對時育物之功也。會試程文，講對時不切。

又 卷一一 理財不是理國家之財，凡財之資於民用者無不理。不違農時，數罟不入污池，斧斤以時入山林，固理財也。制之田里，教之樹畜，使民之衣食有所出，亦理財也。薄其稅斂，食之以時，用之以禮，亦理財也。

明 馮復京《六家詩名物疏》卷三《林》 《爾雅》云：「野外謂之林。」《釋名》云：「林，森也，森森然也。」《說文》曰：「平土有叢木曰林。」《禮記》曰：「林藪川澤，有能取蔬食，野虞教導之。」《周官》禮曰：「山林，其動物宜毛物，其植物宜皁物，其民毛而方。林衡掌巡林麓之禁令，而平其守，以時計林麓而賞罰之。若斬木材，則受法于山虞而掌其政令。山師辯山林之名。」鄭氏《禮注》云：「竹木曰林。」

明 方日升《古今韻會舉要小補》卷二五 麓《說文》：𪋻，守山林吏也，从林，鹿聲。一曰：林麓於山爲麓。引《左傳》：沙麓崩。徐按：《周禮》：虞衡掌山澤林麓，每大林麓士若干人，中林麓、小林麓，又林衡掌巡林麓之禁令。疏云：此林衡兼麓者，以《爾雅》山足曰麓，雖連於山，山虞不掌，以麓土有林，故屬林衡也。《左傳》：山林之木，衡麓守之。註：衡麓，官名。疏引《周禮》云云。《廣韻》：山足也。又《詩・旱麓》註：旱，山名。麓，山足也。《書》：納于大麓。註：馬云：「祭于大山之麓。」又録也。《書》註：使大録萬機之事也。《集韻》：古作菉，通作鹿。《周語》作旱鹿。《禮記・王制》註：《春秋》沙鹿崩。陸佃云：鹿性喜林，麓者，鹿之所在。《周易》：即鹿無虞。王肅註：作麓。又職韻叶録直切。《易林》：被服文德，升入大麓，四門雍肅，登受大福。福，音逼。

明 朱健《古今治平畧》卷一二《歷代山澤之征》 《周官》：山虞掌山林之政令，物爲之厲而爲之守禁。仲冬斬陽木，仲夏斬陰木。凡服耜斬季材，以時入之，令萬民時斬材有期日。凡邦工入山林而輪材不禁，春秋之斬木，不入禁。凡竊木者有刑罰，若祭山林則爲主而修除且蹕，若大田獵則萊山之野及弊田植虞旗於中，致禽而珥焉。澤虞掌國澤之政令，爲之厲禁，使其地之人守其財物以時入之於王府，頒其餘於萬民。若大田獵則萊澤野及弊田植虞旌以屬禽。山師掌山林之名，辨其物與其利害，而頒之於邦國，使致其珍異之物。川師掌川澤之名，辨其物與其利害，而頒之于邦國，使致其珍異之物。林衡掌巡林麓之禁令，而平其守，以時計林麓而賞罰之。若斬木材，則授法於山而掌其政令。川衡掌巡川澤之禁令，而平其守。犯禁者執而誅罰之，祭祀賓客共其川奠。丱人掌金玉錫石之地，而爲之屬禁以守之，若以時取之，則物其地圖而授之，巡其禁令。角人掌以時徵齒角，凡骨物于山澤之農，以當邦賦之政令，以量度受之，以供財用。羽人掌以時徵羽翮之政，于山澤之農，以當邦役之政令，凡受羽，十羽爲審，百羽爲摶，十摶爲縛。掌葛掌以時徵絺綌之材于山農，凡葛征草貢之材于澤農，以當邦賦之政令，以權度受之。掌染掌以春秋斂染草之物，以權量受之，以待時

而頒之。典絲掌絲入而辨其物，以其價揭之，掌其藏與出以待興功之時，頒絲于外內，上皆以物受之，及獻功則受良功而藏之，辨其物而書其數，以待有司之政令，上之賜予。雍氏掌溝瀆澮池之禁，凡害于國家者，春令爲阱獲溝瀆之利于民者，秋令塞阱杜獲禁山之爲苑澤之沈者。柞氏掌攻草木及林麓，夏日至令刊陽木而火之，冬日至令剥陰木而水之。若欲其化也，則春秋變其水火。凡攻木者掌其政令。薙氏掌殺草，春始生而萌之，夏日至而夷之，秋繩而芟之，冬日至而耜之。若欲其化也，則以水火變之。掌凡殺草之政令。獸人掌罟田獸，辨其名物，冬獻狼，夏欲麋，春秋獻獸，物時之則守罟及弊田，令禽注于虞中。

清 冉覲祖《禮記詳説》卷四七 五穀不時，果實未熟，不粥於市。木不中伐，不粥於市。禽獸魚鼈不中殺，不粥於市。

陳注：此所以禁民之不仁。凡十有四事，皆所以齊其衆，而使風俗之同也。

鄭注：物未成不利人。伐之非時不中用。《周禮》：仲冬斬陽木，仲夏斬陰木。殺之非時不中用。《月令》：季冬始漁。《周禮》：春獻鼈蜃。

孔疏：此《周禮》山虞文。鄭注云：陽木生山南者，陰木生山北者。冬斬陽，夏斬陰，堅濡調。

馬氏曰：五穀不時，果實未熟，木不中伐，禽獸魚鼈不中殺，皆不粥於市，所以去其害也。

又 卷五〇 禁止伐木。

陳注：以盛德在木也。

鄭注：盛德所在。

孔疏：禁，謂禁其欲伐。止，謂止其已伐者。此伐木在山中，或在禁障之處。十月許人採取，至正月之時禁令止息，故《王制》云：草木零落，然後入山林。《詩・魚麗》傳云：草木不折，不操斧斤，不入山林是也。若國家隨時所須以爲材用者，雖非冬月，亦得取之，故《山虞》有「仲冬斬陽木，仲夏斬陰木」。又云「邦工入山林而掄材不禁」是也，其非是所禁之處，春秋亦得取之，故《周禮》云：「春秋之斬木，不入禁。」鄭注：斬四野之木可，若於正月皆禁之。

嚴陵方氏曰：「禁以法言，止以事言也。」

按：此只是木氣方盛，不忍傷之之意。禁止可不分旨。孔疏：此一節論時氣之事。

又 卷五一 是月也，毋竭川澤，毋漉陂池，毋焚山林。

陳注：漉，亦竭也。三者之禁，皆謂傷生意。

鄭注：順陽養物也。畜水曰陂，穿地通水曰池。

嚴陵方氏曰：川澤之物，非竭其水，則不可以盡取，故於川澤曰竭。陂池之物，漉之以網罟，則可以盡之矣，故於陂池曰漉。此小大之辨也。毋竭川澤，毋漉陂池，則主漁者言之也。毋焚山林，則主田者言之也。凡此皆所以遂生物之理而已。

《新裁》：川澤陂池，魚鼈之所生也，山林鳥獸之所萃也。王者當與民同之，然不以時入，則傷天地之生意矣。故川澤可入也，是月不可竭也；陂池可入也，是月不可漉也；山林可入也，是月不可焚也。使天下之人可以魚，可以田，而又禁天下之人非時而漁，非時而田，其撙節愛養之意至矣。養魚鼈禽獸之源。

按：川澤流水，陂池瀦水，竭漉皆漁事也。焚山林乃曰獵事，非謂斬伐材木，皆順春令不傷生之意。

《旨新旨》：「此皆體天地生育之仁處。要知非不漁也，但禁其絶流而漁；非不田也，但禁其以火而田。」

《講》：是仲春之月也，川澤有魚，川衡守之，禁其毋竭焉。陂池有魚，漁人守之，禁其毋漉焉。山林有利，林衡守之，禁其毋焚焉。蓋非時不漁，非時不田，王者撙節愛養之意至矣。

又 卷五三 是月也，繼長增高，毋有壞墮。毋起土功，毋發大衆，毋伐大樹。

陳注：長者繼之而使益長，高者增之而使益高。壞墮則傷已成之氣，起土功、發大衆皆妨蠶農之事，故禁止之。伐樹則傷條達之氣，故亦在所禁。一説伐大木謂營宫室。

鄭注：謂草木盛蕃廡，亦爲逆時氣，爲妨蠶農之事。末句亦爲逆時氣。

孔疏：自繼長增高至毋伐大樹，論順時生養，不違逆時氣。事異於上，故言是月也。是月，草木蕃廡，王者施化，當繼續長養之道，謂勸民長養。增益高大之物，謂勸其種殖。

馬氏曰：萬物所以長而高者，陽上達故也。長之者，天地也。所以繼長者，人也。高之者，天地也。所以增高者，人也。故曰人終天地之功者，此也。欲其長則勿壞焉可也。欲其高則勿墮焉可也。起土功，發大衆，伐大樹，則所以壞墮之也。

《講義》：南方之火盛德在焉，土之所恃以生者，亦四季最旺之時也。起土功，則非所以滋土之氣，而撫土之辰。發大衆，則妨農桑之事，而違其時。伐大木，則逆其生理，壞其成材故也。

《新裁》：此先王於孟夏，因發生之時而順物性之意。長與高指草木言，即已成之氣。繼增二字，要善看，非真去繼增也。無有墮壞，正繼之增之也。欲其長，無壞其長之之勢。欲其高，無墮其高之之勢。則已成之氣未傷，若或繼續其不足，而使之益長，若或增益其不足，而使之愈高也。

又 卷五四 是月也，樹木方盛。命虞人入山行木，毋有斬伐。

陳注：以其方盛故也。

鄭注：爲其未堅韌也。

嚴陵方氏曰：木之生也，則樹。及其死也，則植。此言其方盛，故曰樹木也。方盛於夏則衰於秋矣。虞人，蓋山虞也。行則巡之也，斬則絶之也，伐則傷之而已。毋有斬伐，慮傷方盛之氣也。

《新旨》：何以禁斬伐也？季夏之木，方盛也。待草木零落而後入焉，先王之政也。

按：行木，行而巡之也。

又　卷五八　曰短至，則伐木取竹箭。

鄭注：此其堅成之極時。

陳注：陰盛則材成，故伐而取之。大曰竹，小曰箭。

嚴陵方氏曰：萬物之材，陰盛則堅，陽盛則柔。陰盛極於此，故伐取之。木大竹小，故云伐木取竹箭。

馬氏曰：萬物之材，敷榮則柔，收斂則堅，於是時可以伐木取竹箭。

《新旨》：伐之取之，因其時也，有非時不入意。

郝解曰：短至則陰老而生氣歇，材質堅定，於時可以伐木取竹箭。竹之小如矢者曰箭，故俗謂矢爲箭。

按：竹之小者名曰箭，非必作箭用。

清　康熙《金縣志》卷上《山川》　興隆山，即争秀山。樹林蔚秀，禽鳥飛宿。上建殿閣，繪素神像。每歲六月，四方瞻拜，焚香往來如堵。奉上憲培植，嚴禁採樵，東至白草原，南至石鼓岔，西至堯溝，北至大峽口，四里以內，不許剪伐木支。

清　毛奇齡《春秋毛氏傳》卷七《桓公七年》　「春二月，己亥，焚咸丘。」

焚者，火田也。《爾雅》：火田爲狩，則蒐狩之禮原有火田一法。但農隙教戰，不止從禽。今于四時習鬭，諸禮概不之問，而弟火田以爲樂，此與觀魚觀社何異。故或書其事，而禮見義亦見焉。若謂焚林而田，譏其盡物，則《爾雅》註放火張羅，但以燒草，使禽得外犇，而後羅其下風，以取之。未聞盡燔其林木也。若謂《周禮》火弊獻禽，在於中春，即夏時二月也。今周之二月，但爲夏之冬十二月，爲非時，則《王制》昆蟲未蟄不以火田，正謂十一二月中。冬蟄後爲火田之時。其云中春火弊者，謂二月啟蟄，火可以止耳。弊者，止也。猶車弊爲車止也。然則季冬火田，不必失時矣。咸丘，魯地。

清　徐嘉炎《抱經齋文集・黔山説》　康熙庚午夏秋之交，嘉炎奉使由南楚入黔道，經桃源、酉陽叢山、箐谷之區，千章之木日接目中，所至無非深林茂翳。其木之高者，或數仞而後有枝。至其旁生蔓衍，樛結槎枒，駢羅沓雜，殆不可僅以千萬計。蓊逶迤綿亘者，幾千百里矣。即之而其光黝然，察之則碧翠黛緑，色似相近而實殊焉，徐而捫之，蓋其弱者猶不可以掌圍而肱抱也。乃作而歎曰：是何材之多耶！意自此而西，其覩止者偉觀奇姿當不啻什百于是矣。越數百里入黔境，見其峰巒高下皆童童然，無一柯一枝，無論巨木也，即拱把之種亦不可得。噫，異矣！訝而詢之，土人則曰茲地山素不産木，僅荒草蘿薜偶復蔓生耳。因喟然而歎，以爲地氣之所限固如是。更二三日暑甚，小憩中途，適嶺有小祠，從者入，乞漿。余憑高以望，則見參差青緑，又復干雲蔽日矣，不覺失聲曰：「噫，異哉！黔之山亦有樹耶，何以得此？」更詢其故，蓋種植之者有人，滋培而灌溉之者有人，養其憔悴，護其戕伐，而不使之摧於霜雪夭於斧斤者有人。夫是以黔之山而得有此樹也。由是觀之，黔之山豈不皆可以有樹而顧委於地氣之所限耶？從來人力所通，往往可以補造化之憾。假令盡黔之山而皆有人焉，爲之種植，爲之滋培灌溉，爲之惜其憔悴，止其戕伐，而且積之以數十百年之歲月，則山之鬱鬱葱葱而爲深林茂翳者，詎不可與南楚諸名勝其相頡頏哉！人力之不勝而徒諉於地氣之所限，則惑之甚者也。夫樹猶如此，而況于人乎？黔之士聞茲言而興起焉，殖學纘修不以方隅自域則其資國家棟樑之用者，豈患無人爲。作黔山説以勵之。

清　方苞《禮記析疑》卷六《月令》　「孟春之月」是月也，繼長增高，毋有壞墮，毋起土功，毋發大衆，毋伐大樹。

繼長增高，即動植之物，以驗天地之氣也。天地之氣暢達，故不宜有所壞墮。馬氏乃以繼增爲人事，不識所謂「命野虞出行田」，原爲天子勞農勸民，毋或失時；「命司徒循行縣鄙」，命農勉作，毋休于都。

嚴陵方氏以内外官爲別，臨川吴氏謂由卑而尊，皆近似而非也。《周官》：山林川澤各分三等，虞衡之設隨地徧布，秦之四監即山虞、澤虞、林衡、川衡。各巡其境内，故能周視田原。見農夫則勞之，遇園圃藪牧之民及百工商賈則勸之。大小司徒不過三人，庶政繁殷，故惟躬臨縣鄙，申戒有司，命農勉作，毋休於都，使震動恪恭於穡事而已。必不能徧歷田原，與農民相勞勸，乃分職命事之理勢如此。不以内外而分，亦無所爲先後也。統之曰司徒，或正或貳，不可預定也。曰縣鄙，則至六遂而止其公邑家邑小都大都則各有其長，皆以司徒之命命之。《周官》：以九職任萬民，一曰三農生九穀，其餘八職俱不可失時，故勞農勸民並列也。野虞司之，以不專於農事。【略】命虞人入山行木，毋有斬伐。

《周官》：山虞職仲夏斬陰木，故季月則止之。入山行木，行視其已斬未斬而稽其數也。古者山澤，官守之而不頒於民。山虞之法，萬民斬材有期日，則取

者不敢濫以時；計林麓而賞罰之，則守者不敢怠；凡竊木者有刑罰，則耗敗之塗閉。此材木所以不可勝用也。後世山澤賦於民則非時妄取，竭用無餘，官司不能禁，而盜竊者無所忌，是以山則彌望，而童道無列樹。暫遇水旱，薪芻不屬，黎民重困，然後知先王之慮民遠也。

清 李光地《月令輯要》卷一《歲令上》 陽木陰木。增：《周禮・秋官・柞氏》：柞氏掌攻草木及林麓。夏日至，令刊陽木而火之；冬日至，令剥陰木而水之。若欲其化也，則春秋變其水火。注：生山南爲陽木，生山北爲陰木。疏變之者，夏日至，刊陽木火之者，至秋以水漬之；冬日至，剥陰木水之者，至春以火燒之。如此，則地和美。【略】斧斤以時。增：《孟子》：斧斤以時入山林，材木不可勝用也。【略】伐有四時，增：《逸周書》：伐有四時，一春違其農，二夏食其穀，三秋取其刈，四冬凍其葆。樹材木。原：《逸周書》：陂溝道路藂苴邱墳不可樹穀者，樹以材木。春發枯槁，夏發葉榮，秋發實蓏，冬發薪蒸，以匡窮困，揖其民力，相更爲師，因其土宜，以爲民資，此謂仁德。【略】施令審時，原：《越絶書》：天下之君，發號施令，必順於四時。四時不正，則陰陽不調，寒暑失常。如此，則歲惡，五穀不登。聖王施令，必審於四時，此至禁也。不失時。原：《荀子》：春耕夏耘，秋收冬藏，四者不失時。故五穀不絶，而百姓有餘食也。汙池淵沼川澤，謹其時禁。故魚鱉優多，而百姓有餘用也。斬伐養長，不失其時。故山林不童，而百姓有餘材也。【略】四時之禁。原：《吕氏春秋》：四時之禁，山不敢伐材下木，澤人不敢灰僇繯網。罝罦不敢出於門，罛罟不敢入於淵澤。非舟，虞不敢緣名，爲害其時也。【略】一歲四祭，增：《通典》：周制，四坎壇。祭四方。以血祭，祭五岳。以埋沈，祭山林川澤。一歲凡四祭，一者謂盈氣時，二者郊天時，三者大雩時，四者大蜡時。皆因以祭之。槐瑟桑琴。原：《通典》：人君冬至日，使八能之士鼓黄鍾之琴瑟，用槐木，長八尺一寸。夏至日，琴用桑木，長五尺七寸。注：槐取氣上，桑取氣下也。【略】伐竹木。增：《四民月令》：自正月以終季夏，不可伐木，必生蠹蟲。或曰：其月無壬子日，以上旬伐之，雖春夏不蠹，猶有剖析開解之害，又犯時令，非急無伐。十一月，伐竹木。

又 卷二《歲令下》 方長不折。增：《家語》：啓蟄不殺，方長不折。注：春夏草木盛長，不折，所以養氣之通也。【略】枯茂涼温。原：《尸子》：謂夏必長，而蒜麥枯；謂冬必彫，而竹柏茂。日盛陽宜暑，夏天未必無涼。日極陰宜寒，隆冬未無暫温也。夏陰秋實。原：《韓詩外傳》：春樹桃李，夏得陰其下，秋得陰其實。【略】五木占穀。原：師曠：占五木者，五穀之先。欲知五穀，先視五木。擇木盛者，來年多種之，萬不失一。【略】草枯木華。原：《後漢書・應劭傳》：春一草枯，則爲災；秋一木華，亦爲異。桃李多實。原：《鹽鐵論》：桃李實多者，來年爲之穰。【略】寒木春華。原：《顔氏家訓》：辛毗嘲劉逖曰：君輩辭藻，譬若朝茵，豈若吾徒，千丈松常有風霜，不可凋瘁。劉曰：既有寒木，又發春華，何如也？辛笑曰：可矣。【略】草木記歲。增：《唐書・西域傳》：党項地寒，五月草生，八月霜降。無文字，候草木記歲。

又 卷四《春令》 萬物交通。增：《管子》：春，三月，天地乾燥，水糾列之時也。山川涸落，天氣下，地氣上，萬物交通。故事已，新事未起。草木荑生可食。春雨。增：《莊子》：春雨日時，草木怒生。【略】春爲忠，原：《尸子》：春爲忠，東方爲春，春動也。是故鳥獸孕寧，草木華生。萬物咸遂，忠之至也。開春雷雨。增：《吕氏春秋》：開春始雷，則蟄蟲動矣。時雨降，則草木育矣。【略】陽氣動物，原：《漢書・律曆志》：少陽者，東方。東動也，陽氣動物。於時爲春。春，蠢也。物蠢生乃動運。乘震執規，增：《漢書・魏相傳》：東方之神太昊，乘震執規，司春。注：木爲仁，仁者生，生者圜，故爲規。甘雨育物。原：《南子》：春風至，則甘雨降，生育萬物。羽者嫗伏，毛者孕育。草木榮華，鳥獸卵胎。莫見其爲者，而功既成矣。助春生。增：《春秋繁露》：少陽因木而起，助春之生也。【略】木旺寅卯，增：談撰：卉木皆感於春氣而後發，生者以木旺，寅卯然也。草生木王。增：《餘冬序録》：按古三墳曰：惟天至仁，於草生月，天雨降河，龍馬負圖。又，木王月，命臣潛龍氏作甲曆。所謂草生月與木王月，記其歲之春也。太古未造歷前，以草木爲記。禁登斧。原：《逸周書》：禹之禁，春三月，山林不登斧，以成草木之長。【略】木行御。原：《管子》：日至睹，甲子木行，御天子出令，命左右士師、内御，總别列爵，論賢不肖，士吏賦秘，賜賞於四境之内，發故粟，以田數出。國衡順山林，禁民斬木，所以愛草木也。【略】春嘗果。增：《史記・叔孫通傳》：孝惠帝曾春出遊離宫，叔孫生曰：古者有春嘗果，方今櫻桃孰，可獻。願陛下出，因取櫻桃獻宗廟。上乃許之，諸果獻由此興。【略】木神司令。原：《淮南子》：東方之極，自碣石山，過朝鮮，貫大人之國，東之日出之次，榑木之地，青土樹木之野，大皞句芒之所司者萬二千里，其令曰挺羣禁。開閉闔，通窮室，達障塞，行優游，棄怨惡，解役罪，免憂患，休罰刑，開關梁，宣出財，和外怨，撫四方，行柔惠，止剛强。注：句芒，木神司主也。【略】育時物。增：《後漢書・章帝紀》：元和二年，詔：三公曰，方春生養萬物莩甲，宜助萌陽，以育時物。其令有司，罪非殊死，且勿案驗。【略】無伐樹木。增：《東觀漢紀》：章帝行幸，勑御史司空，道橋所過歷樹木，方春日無得有所伐，輅車可引避也。【略】戒折柏枝。原：《道山清話》：哲宗御講筵所，手折一柏枝玩。程頤爲講官，奏曰：方春萬物發生之時，不可非時毀折。哲宗亟擲於地。【略】建春山柑。原：《神異經》：東方裔外，有建春山，其上多柑。增：庾肩吾《謝湘東王賚甘啓》：名傳地理，遠自武陵之洲；族茂神經，遥聞建春之嶺。【略】植竹。增：《筍譜》：凡植竹，正月二月引根鞭，必西南而行。負陰就陽也。【略】燒山。增：《閩部疏》：山田薄，無糞。農家燒山茅，候雨至流入田

中爲糞。以故入春則山山皆火。【略】春不破卵。增：《吴録》：包咸爲吴郡主簿，太守黄君行春，咸留守其郡。郎君緣樓探雀卵。咸責之曰：春月不宜破卵，升危非子道。杖之二十。

又　卷五《正月令》　盛德在木。原：《禮》：先立春三日，太史謁之天子，曰：某日立春，盛德在木。天子乃齋。注：春爲生，天之生育盛德在於木位。增：張彙《春風扇微和詩》：木德生和氣，微微入曙風。【略】[初二日]獻嘉禾。增：《宋會要》：宋高宗紹興十五年正月二日，瀘南獻嘉禾九穗。潘炎《嘉禾合瑞賦》：風之起兮雲之揚，嘉禾之瑞未可量，天子億載臨萬方。

又　卷六《二月令》　助生氣。原：《禮》：是月也，安萌芽，養幼少，存諸孤。注：助生氣也。

又　卷七《三月令》　禁傷鳥獸。原：《禮》：田獵罝罘、羅網、畢翳、餧獸之藥，毋出九門。注：爲鳥獸方孚乳，傷之逆天時也。獸罟曰罝罘，鳥罟曰羅網。小而柄長，謂之畢翳。射者所以自隱也。凡諸罟及毒藥，禁其出九門，明其常有時不得用耳。命野虞。原：《禮》：是月也，命野虞毋伐桑柘。注：愛蠶食也。野虞，謂主田及山林之官。【略】命工師。原：《禮》：是月也，命工師，令百工審五庫之量，金鐵、皮革、筋角、齒羽、箭幹、脂膠、丹漆，毋或不良。注：工師，司空之屬，官也。五庫，藏此諸物之舍也。量，謂物善惡之舊法也。【略】息百長。增：《管子》：毋殺畜生，毋拊卵，毋伐木，毋夭英，毋拊竿，所以息百長也。注：拊，謂擊剥之也。英，謂草木之初生也。竿，笋之初生也。所以生息百物之長。【略】卉木茂美。增：《詩》：卉木萋萋。疏：言季春之日，草之與木已萋萋然茂美。

又　卷八《夏令》　養生百木。原：《後漢書·荀爽傳》：夫在地爲火，在天爲日。在天者，用其精，在地者，用其形。夏則火王，其精在天，温暖之氣，養生百木，是其孝也。增：韓愈《南山詩》：夏炎百木盛蔭鬱。增：埋覆。【略】夏不田。增：《禮》：歲三田。注：三田者，夏不田。疏：以夏是生養之時，故不田。《公羊》：公狩于郎。注：不以夏田者，春秋制也。以爲飛鳥未去於巢，走獸未離於穴，恐傷害於幼稺。故於苑囿中取之。【略】禁網罟。原：《逸周書》：禹之禁，夏三月川澤不入網罟，成魚鼈之長。

又　卷九《四月令》　[初四日]勿伐樹木。增：《酉陽雜俎》：四月四日，勿伐樹木。【略】[初八日]不殺草木。增：《齊人月令》：四月八日不宜殺草木。《雲笈七籤·金書仙誌》：戒勿以四月八日殺草伐樹。【略】閉池。增：《東京夢華録》：自三月一日開金明池瓊林苑，至四月八日閉池。雖大風雨，亦有遊人，略無虚日。【略】驅獸。原：《禮》：是月也，驅獸，毋害五穀，毋大田獵。《集説》：夏獵曰苗，正爲驅獸之害禾苗者耳，與三時之大獵自不同。【略】禁令。原：《禮》：毋起土功，毋發大衆，毋伐大樹。

又　卷一〇《五月令》　[初四日]禁水。增：《南海古蹟記》：盧循故城在番禺城南小洲，俗採魚蠣藤竹。又有龍户，一曰蜑户。五月一日，禁水蜑户，舊不設網罟。【略】斬陰木。原：《周禮·地官》：山虞，仲夏斬陰木。注：鄭司農云陰木秋冬生者，後鄭謂陰木生山北者。【略】樹檀生葉。原：《論衡》：樹檀以五月生葉，後彼春榮之木。其材强勁，車以爲輻。

又　卷一一《六月令》　命虞人。原：《禮》：是月也，樹木方盛。乃命虞人入山行木，毋有斬伐。註：爲其未堅韌也。

又　卷一二《土王令》　主五材。增：《淮南子》：位有五材，土其主也。又以水和土，以土和火，以火化金，以金治木，木復反土。五行相治，所以成器用。註：土，本也。故曰：五行相生，所以成器用。【略】土行御。增：《管子》：睹戊子，土行御。天子出令，命左右司徒内御，不誅不貞，農事爲敬，大揚惠言，寬刑死，緩罪人。出國，司徒令命順民之功力，以養五穀。君子之静居，而農夫修其功力極。然則天爲粤宛，草木養長，五穀蕃實秀大，六畜犧牲具，民足財，國富，上下親，諸侯和。七十二日而畢。

又　卷一三《秋令》　秋獮。增：《禮》：歲三田。《疏》：秋田爲獮。獮，殺也。中殺者多也。原：《爾雅》：秋獵爲獮。註：順殺氣也。增：陳傅良詩：豭豕來春田，賓鴻脱秋獮。【略】落實取材。增：《左傳》：歲云秋矣，我落其實，而取其材。

又　卷一四《七月令》　賜薪粟。增：《宋書·孝武紀》：大明五年七月丙辰，詔曰：雨水猥降，街衢泛溢，可遣使巡行窮弊之家，賜以薪粟。【略】取松實。增：《聖惠方》：七月，取松實。過時即落，難收也。去皮搗如膏，收之。每服，雞子大酒調下。日三服，百日身輕。三百日，行五百里。絶穀久服，神仙。渴即飲水。亦可以鍊過松脂，同服之。

又　卷一五《八月令》　獮田。原：《周禮·夏官·大司馬》：遂以獮田，如蒐田之法。注：秋田爲獮。獮，殺也。

又　卷一六《九月令》　教田獵。原：《禮》：是月也，天子乃教於田獵，以習五戎，班馬政。註：教於田獵，因田獵之禮，教民以戰法也。五戎，謂五兵，弓矢、殳、矛、戈、戟也。馬政，謂齊其色，度其力，使同乘也。校人，職曰凡軍事，物馬而頒之。增：《月令章句》：季秋之月，天子乃教於田獵，習五戎，班馬政。其出以順時取禽。其禮：將軍執晉鼓，師率執提，旅率執鼙，以教坐作、進退、疾徐之節。【略】伐薪爲炭。原：《禮》：是月也，草木黄落，乃伐薪爲炭。注：伐木必因殺氣。《淮南子》：昴星中，則收斂畜積，伐薪木。【略】桑落。增：《詩》：桑之落矣，其黄而隕。箋：謂其時季秋也。

又　卷一七《冬令》　冬狩。原：《爾雅》：冬獵爲狩。疏：狩，圍守也。冬物畢成，獲則取之，無所擇也。

又　卷一八《十月令》　入澤梁。增：《禮》：獺祭魚，然後虞人入澤梁。疏：案《月令・正月》：獺祭魚，獺一歲再祭。此獺祭魚，謂十月時。入山林。增：《禮》：草木零落，然後入山林。疏：謂十月時，案《月令》，季秋草木黄落，其零落芟折，則在十月也。**【略】**斂積聚。原：《禮》：命司徒循行積聚，無有不斂。注：謂芻禾薪蒸之屬。**【略】**收賦。原：《禮》：是月也，乃命水虞漁師收水泉池澤之賦。註：因盛德在水，收其税。**【略】**木奴著裘。增：《岩棲幽事》：山中人，十月以薪草縛柑橘樹上，曰爲木奴著裘。**【略】**豺祭獸。原：《夏小正》：豺祭獸，傳善其祭而後食之也。《禮》：豺祭獸。疏：按《月令》九月豺乃祭獸，《夏小正》十月豺祭獸。則是九月末十月之初，豺祭獸之後，百姓可以田獵。

又　卷一九《十一月令》　瑟用槐木。增：《易・通卦驗》：冬至，瑟用槐木，長八尺一寸。**【略】**狩田。原：《周禮・夏官・大司馬》：遂以狩田。註：冬田爲狩，言守取之，無所擇也。《夏小正》：十有一月，王狩。傳：狩者，言王之時田，冬獵爲狩。《唐書・禮志》：皇帝狩田之禮，亦以仲冬。前期兵部集衆庶，修田法。饁獸獻禽。原：《周禮・夏官・大司馬》：致禽饁獸於郊，入獻禽以享烝。註：聚所獲禽，因以祭四方神；於效入，又以禽祭宗廟。《唐書・禮志》：狩田，乃命有司饁獸於四郊，以獸告至於廟社。**【略】**于貉。原：《詩》：一之日于貉。疏：一之日往捕貉，取皮，庶人自以爲裘。**【略】**伐木取竹箭。原：《禮》：日短至，則伐木取竹箭。集説：陰盛則材成，故伐而取之。大曰竹，小曰箭。**【略】**採臼子。增：《農政全書》：採臼子，在中冬。但以熟爲候，採須連枝條剥之。但留取指大以上枝。其小者總無子，亦宜剥去，則明年枝實俱繁盛。**【略】**食雉兔。增：《食物本草》：雉肉味酸，寒，無毒。雖野味之貴，食之損多益少。十一月食之，有補。兔肉味辛，平，無毒，主補中益氣。孟詵云：十一月，可食。服丹石，人相宜，以其性冷故也。不宜與薑橘同食。食麞。增：《食物本草》：麞肉味甘，温，無毒，補益五臟。十一月食之，甚美。餘月，食之動氣。窖藏花木。增：《北京歲華記》：十一月，人家墐户藏花木於窖。

又　卷二〇《十二月令》　[二十四日]種楊。增：《種樹書》：種水楊，須先用木椿釘穴，方入楊，庶不損皮，易長。臘月二十四日，種楊樹，不生蟲。**【略】**收薪柴。原：《禮》：乃命四監收秩薪柴，以共郊廟及百祀之薪燎。註：四監，主山林川澤之官也。大者可析，謂之薪。小者合束，謂之柴。薪施炊爨，柴以給燎。**【略】**虞人入梁。原：《夏小正》：虞人入梁。《傳》：虞人，官也。梁者，主設罜罶者也。**【略】**培樹。增：《種樹書》：木自南而北，多枯寒。而不枯，只於臘月去根傍土，麥穰厚覆之，燃火深培如故，則不一二年皆結實。

又　卷二一《閏月令》　[閏二月]賜苑牧地。增：《魏書・世宗紀》：延昌二年閏二月，辛丑，以苑牧之地賜代遷民無田者。

清　愛新覺羅・胤禎《執中成憲》卷七　子順之山川，秘利天子，通之《月令》，稱山林藪澤有能取蔬食禽獸者，野虞教導之。相侵奪者，罪之。《周禮》有川澤之禁，正所以防其殘盡，必令取之有時。障護雖在官，實爲民守之耳。

清　張廷玉《明史》卷七二《職官志》　冬春之交，罝罛不施川澤；春夏之交，毒藥不施原野。苗盛禁蹂躪，穀登禁焚燎。若害獸，聽爲陷阱獲之，賞有差。凡諸陵山麓，不得入斧斤、開窑冶、置墓墳。凡帝王、聖賢、忠義、名山、岳鎮、陵墓、祠廟有功德於民者，禁樵牧。凡山場、園林之利，聽民取而薄征之。

又　卷七四《職官志》　監正掌苑囿、園池、牧畜、樹種之事。凡禽獸、草木、蔬果，率其屬督其養户、栽户，以時經理其養地、栽地而畜植之，以供祭祀、賓客、宫府之膳羞。凡苑地，東至白河，西至西山，南至武清，北至居庸關，西南至渾河，並禁圍獵。良牧牧牛羊豕，蕃育育鵝鴨雞，皆籍其牝牡之數，而課孳卵焉。林衡典果實、花木，嘉蔬典蒔藝瓜菜，皆計其町畦、樹植之數，而以時苞進焉。

清　陳宏謀《巡歷鄉村興除事宜檄》　種樹地土，各有所宜，其廣地利以資民用，則一也。我皇上於勸農教稼之外，更敕令地方有司，時勸樹植，廣收地利，以益民生。

清　愛新覺羅・弘曆《禮記義疏》卷一五《王制》　通論：葉氏論曰：晏子以齊侯守山林藪澤之利，而民疾詛。韓獻子以晉欲居郇瑕曰近寶，公室乃貧。是知山澤之利，先王未嘗禁，民自取之，是故名山大澤不以封諸侯，而九州山川藪澤之名，皆職方之所掌，將以弭諸侯之侈心，而謹天子之守地也。至於山川藪澤之利，有可與侯國共者，則命山師、川師辨其物而頒之，使致其珍異之貢。所以示諸侯之公心，而均天下之利源也。山海天地之藏，山澤國家之寶。古先王不與民争利，亦不縱民趨利，是以太宰以九職任萬民，而三曰虞衡作山澤之材，則官不以私也。地官之屬，有山虞令萬民，以時斬材。澤虞頒其餘于萬民，田獵受跡人之令，取金玉錫石受丱人之圖，羽翮、齒角、絺綌、草貢，以至染草、灰炭、疏材、互蜃之物，皆山澤之民所得有，此謂與民共財。既而大宰又以九賦斂財賄，而八曰山澤之賦，則民不得擅也。地官之屬，山虞、澤虞、川衡、林衡、跡人、丱人，皆有厲禁，齒角羽翮以當邦賦，則角人羽人領之。絺綌、草材以當邦賦，則掌葛領之。以至掌炭、掌染草、掌荼、掌蜃之類，無不以時徵其物，此謂禁民取利。自齊桓筦山海鹽筴之利，始爲侯國之利，而與共財之意失，漢以山澤租税領

少府賦，雖私之，利猶在民。至吳王鑄山煮海而禁民趨利之意義迨，孔僅斡天下鹽鐵而山澤變爲榷利矣。

清　秦蕙田《五禮通考》卷二二七《賓禮・天子遣使諸侯國》　周制有之，曰「列樹」，以表道立鄙食以守路。國有郊牧，疆有寓望，藪有圃草，囿有林池，所以禦灾也。

清　程嘉謨《清會典則例》卷三五《户部》　諭：《周禮》太宰以九職任萬民，一曰三農生九穀，二曰園圃毓草木，三曰虞衡作山澤之材，四曰藪牧養蕃鳥獸，其爲天下萬世籌贍足之計者，不獨以農事爲先務，而兼修園圃虞衡藪牧之政。故因地之利，任圃以樹事，任牧以蓄事，任衡以山事，任虞以澤事，使山林川澤丘陵之民得享山林川澤丘陵之利。

清　閻鎮珩《六典通考》卷一六三《草木鳥獸之政》　班固曰：「先王之制，辯土地川澤丘陵衍沃原隰之宜，教民種樹，畜養五穀六畜，及至魚鼈鳥獸雚蒲材幹器械之資，所以養生送終之具，靡不皆育，育之以時，而用之有節。屮木未落，斧斤不入於山林；豺獺未祭，罝網不布於壄澤；鷹隼未擊，矰弋不施於徯隧。既順時而取物，然猶山不茬蘖，澤不伐夭，茬，古槎字也，槎邪斫木也，此夭謂草木之方長未成者。蝝魚麛卵，咸有常禁。蝝，小蟲也。麛，鹿子。卵，鳥卵。所以順時宣氣，蕃阜庶物，稸足功用，如此之備也。」【略】服不氏掌養猛獸而教擾之，猛獸，虎豹熊羆之屬。擾，馴也，教習使之馴服。射鳥氏掌射鳥，梟雁，鴰鴞之屬。羅氏掌羅烏鳥，烏謂卑居，鵲之屬。蜡則作羅襦。蜡，謂十二月大祭萬物也。襦，細密之羅。建亥之月，此時火伏蟄者畢矣。豺既祭獸，可以羅網圍取禽也。今俗放火張羅，其遺教也。中春，羅春鳥獻鳩以養國老，行羽物。春鳥蟄而始出者，若今南郡黄雀之屬。是時鷹化爲鳩，鳩與春鳥變舊爲新，宜以養老，助生氣。行，謂賦賜。掌畜掌養鳥而阜蕃教擾之，鳥之可養使盛大蕃息者，謂鵞鶩之屬。歲時貢鳥物。鴇雁之屬，以四時來。閩隸掌役畜養鳥而阜蕃教擾之，掌子則取隸焉。掌子者，王立世子，置臣使掌其家事，而以閩隸役之。夷隸掌役牧人養牛馬與鳥言。夷狄之人，或曉鳥獸之言。貉隸掌役服不氏而養獸而教養之掌與獸言。不言阜蕃者，猛獸不可服，又不生乳於國檻也。雍氏禁山之爲苑，澤之沈者。不得擅爲苑囿於山也。澤之沈者，謂毒魚及水蟲之屬。萍氏掌國之水禁。水禁，謂水中害人之處，及入水捕魚鼈不時者。冥氏掌設弧張，弧張，量學之屬。爲阱擭以攻猛獸，以靈鼓毆之，靈鼓，六面鼓，毆之使驚趨阱擭。若得其獸，則獻其皮、革、齒、須備。須，直謂頤下須。備，謂搔也。庶氏掌除毒蠱，以攻説禬之嘉草攻之，毒蠱毒物而病害人者賊律曰，敢蠱人及教令者棄市。攻説，祈名。祈其神求去之也。嘉草，藥物，其狀未聞。攻之，謂燻之。凡毆蠱則令之比之。使爲之，又校次之。穴氏掌攻蟄獸，各以其物火之，蟄獸，熊羆之屬。冬藏者也。將攻之，必先燒其所食之物，於穴外以誘出之，乃可得之。以時獻其珍異皮革。翨氏掌攻猛鳥，各以其物爲媒而掎之，猛鳥，鷹隼之屬。置其所食之物於絹中，鳥來下則掎其腳也。以時獻其羽翮。柞氏掌攻草木及林麓，夏日至，令刊陽木而火之，冬日至，令剥陰木而水之，刊、剥，互言耳，皆謂斫去次地之皮。生山南爲陽木，生山北爲陰木，火之、水之則使其肄不生。若欲其化也，則春秋變其水火，化，猶生也，謂時以種穀也。變其水火者，乃所火則水之，所水則火之，則其土和美。凡攻木者掌其政令。薙氏掌殺草，春始生而萌之，夏日至而夷之，秋繩而芟之，冬日至而耜之，萌之者，以茲其斫。其生者夷之，以鉤鐮迫地芟之也，若今取茭矣。含實曰繩，芟其繩則實不成熟。耜之以耜，測凍土剗之。若欲其化也，則以水火變之，謂以火燒其所芟萌之草，已而水之，則其土亦和美矣。掌凡殺草之政令。硩蔟氏掌覆天鳥之巢，惡鳴之鳥，若鴞鵩。以方書十日之號、十有二辰之號、十有二月之號、十有二歲之號、二十有八星之號縣其巢上則去之。方，版也。日，謂從甲至癸。辰，謂從子至亥。月，謂從娵至荼。歲，謂從攝提格至赤奮若。星，謂從角至軫。天鳥見此五者而去，其詳未聞。翦氏掌除蠹物以攻禁，攻之以莽草熏之，蠹物，穿食人器物者。蠹魚亦是也。攻禁，祈名。莽草，藥物殺蟲者，以熏之則死。凡庶蠱之事。庶除毒蠱者。蠱蠹之類也，或熏以莽草則去。赤犮氏掌除牆屋，以蜃炭攻之，以灰洒毒之，除牆屋者，除蟲豸藏逃其中者。蜃，大蛤也，擣其炭以坋之則走。淳灰以灑之則死。凡隙屋除其貍蟲。貍蟲，䗪肌蛷之屬。蟈氏掌去鼃黽，焚牡蘜，以灰灑之則死，牡蘜，蘜不華者。齊魯之間謂鼃爲蟈。黽，耿黽也。蟈與耿黽尤怒鳴爲聒人耳。去之。以其煙被之則凡水蟲無聲。假令風從東方來，則於水東面爲煙，令煙西行被之水上。壺涿氏掌除水蟲，以炮土之鼓毆之，以焚石投之，水蟲，狐蜮之屬。炮土之鼓，瓦鼓也。焚石投之，使驚去。若欲殺其神，則以牡橭午貫象齒而沈之，則其神死淵爲陵。神，謂水神，龍罔象。橭，讀爲枯。枯，榆木名。庭氏掌射國中之天鳥，若不見其鳥獸，則以救日之弓與救月之矢射之，不見鳥獸，謂夜來鳴呼爲怪者。獸，狐狼之屬。詳救日月考。若神也，則以太陰之弓與枉矢射之。神，謂非鳥獸之聲，若或叫於宋太廟，譆譆出者。太宰以九職任萬民，二曰園圃，毓草木；三曰虞衡，作山澤之材；四曰藪牧，養蕃鳥獸。山虞掌山林之政令，物爲之厲，而爲之守禁。物爲之厲，每物有蕃界也。爲之守禁，爲守者設禁令也。守者，謂其地之民占伐林木者也。仲冬斬陽木，仲夏斬陰木，陽木，生山南者。陰木，生山

北者。冬斬陽，夏斬陰，堅濡謂。凡服耜斬季材，以時入之，季猶穉也，服與耜宜用穉材，尚柔忍也，服，牝服，車之材。今萬民時斬材，有期日。入出有日數，爲久盡物。凡邦工入山林而掄材不禁，掄，猶擇也。不禁者，山林國之有，不拘日也。春秋之斬木不入禁，非冬夏之時，不得入所禁之中斬木也，斬四野之木可。凡竊木者，有刑罰。林衡掌巡林麓之禁令，而平其守，平其地之民，守林麓之部分。以時計林麓而賞罰之，林麓蕃茂，民不盜竊，則有賞，不則罰之。若斬木材則受法於山虞，而掌其政令。法，萬民入出時日之期。川衡掌巡川澤之禁令，而平其守，以時舍其守，犯禁者執而誅罰之。舍其守者，時按視守者，於其舍申戒之。澤虞掌國澤之政令，爲之厲禁，使其地之人守其財物，以時入之於玉府，頒其餘於萬民。其地之人占取澤物者，因以部分使守之。以時入之於玉府，謂皮、角、珠、貝也，入出亦有時日之期。獸人掌罟田獸，辨其名物，罟，罔也，以罔搏所當田之獸。冬獻狼，夏獻麋，春秋獻獸物，凡獸入於腊人，皮、毛、筋、角入於玉府，凡田獸者掌其政令。𢼸人掌以時𢼸爲梁，梁，水偃也，偃水爲關。空以笱承其空。春獻王鮪，凡𢼸者掌其政令，凡𢼸征入於玉府。鼈人掌取互物，互物，謂有甲，𦷰胡、龜鼈之屬。以時簎魚、鼈、龜、蜃，凡貍物，簎，謂以杈刺泥中搏取之。貍物，謂鱴刀含漿之屬。春獻鼈蜃，秋獻龜魚，掌凡邦之簎事。獸醫掌療獸病、療獸瘍。凡療獸病，灌而行之，以節之，以動其氣，觀其所發而養之；療畜獸必灌行之者，爲其病狀難知，灌以緩之，且强其氣也。節，趨聚之節也。氣，謂脈氣，既行之，乃以脉視之，以知所病也。凡療獸瘍，灌而劀之，以發其惡，然後藥之、養之、食之。凡獸之有病者、有瘍者，使療之，死則計其數以進退之。迹人禁麛、卵者，與其毒矢射者。麛，麋鹿子。囿人掌囿遊之獸禁，囿遊，囿之離宮小苑觀處也，養獸以宴樂視之。禁者，其蓄衛也。牧百獸。備養衆物也。場人掌國之場圃，而樹之果蓏珍異之物，以時斂而藏之。果，棗、李之屬。蓏，瓜、瓠之屬。珍異，蒲萄、枇杷之屬。《王制》：獺祭魚，然後虞人入澤梁。豺祭獸，然後田獵。鳩化爲鷹，然後設罻羅。草木零落，然後入山林。昆蟲未蟄，不以火田。罻，小網也。昆，明也。明蟲者，得陽而生，得陰而藏。不麛，不卵，不殺胎，不殀夭，殀，斷殺少長曰夭。不覆巢。《月令》：孟春，命祀山林川澤，犧牲毋用牝，爲傷姙之類。禁止伐木，毋覆巢，毋殺孩蟲、胎、夭、飛鳥，毋麛，毋卵。仲春，安萌芽，養幼少，存諸孤，助生氣也。毋竭川澤，毋漉陂池，毋焚山林。畜水曰陂，穿地通水曰池。季春，生氣方盛，陽氣發泄，句者畢出，萌者盡達，不可以內。不可收斂也。句，屈生者。芒而直曰萌。田獵罝罘、羅網、畢翳、餧獸之藥毋出九門。爲鳥獸方孚乳，傷之逆天時也。獸罟曰罝罘。鳥罟曰羅罔。小而柄長謂之畢翳，射者所以自隱也。凡諸罟及毒藥，禁其出九門，明其常，有時不得用耳。天子九門者，路門也，應門也，雉門也，庫門也，皋門也，城門也，近郊門也，遠郊門也，關門也。孟夏，毋伐大樹，毋大田獵。季夏，命漁師伐蛟、取鼉、登龜、取黿。四者甲類，秋乃堅成。蛟言伐者，以其有兵衛也。龜言登者尊異之也。鼉黿言取，羞物賤也。鼉皮又可以冒鼓。樹木方盛，命虞人入山行木，毋有斬伐。季秋，草木黄落，乃伐薪爲炭。仲冬，山林藪澤，有能取蔬食，田獵禽獸者，野虞教導之，其有相侵奪者，罪之不赦。大澤曰藪。草木之實爲蔬實。季冬，命漁師始漁。《檀弓》：路馬死，埋之以帷。路馬，君所乘者，其他狗馬不能以帷蓋。【略】《穀梁傳·莊二十八年》：冬，築微，山林藪澤之利，所以與民共也，虞之，非正也。虞，典禽獸之官，言規固而築之，又置官司以守之，是不與民共同利也。宣公夏濫於泗淵，漬罟於泗水之淵以取魚也。里革斷罟而棄之曰：「古者大寒降，土蟄發，水虞於是乎講罛罶，取名魚，登川禽，而嘗之寢廟，行諸國人，助宣氣也。鳥獸孕，水蟲成，獸虞於是乎禁罝羅，矠魚鼈，以爲夏槁，助生阜也。鳥獸成，水蟲孕，水虞於是乎禁罝麗，設穽鄂，以實廟庖，畜功用也。且夫山不槎蘖，澤不伐夭，魚禁鯤鮞，鯤，魚子也，鮞未成魚也。獸長麑麇，鳥翼鷇卵，生哺曰鷇，未乳曰卵。蟲舍蚳蝝，蚳，螘子也。蝝，蝠蝻也。蕃庶物也，古之訓也。今魚方別孕，不教魚長，又行網罟，貪無蓺也。」別，別于雄而懷子也。定公以孔子爲司空，乃別五土之性，而物各得其所生之宜，咸得厥所。晏子曰：「山林之木，衡鹿守之；澤之萑蒲，舟鮫守之；藪之薪蒸，虞候守之；海之鹽蜃，祈望守之。」衡鹿、舟鮫、虞候、祈望，皆官名也。孟子曰：「不違農時，穀不可勝食也。數罟不入洿池，魚鼈不可勝食也。斧斤以時入山林，材木不可勝用也。穀與魚鼈不可勝食，材木不可勝用，是使民養生喪死無憾也。養生喪死無憾，王道之始也。」【略】漢上林苑養百獸禽鹿，嘗祭祠祀賓客，用鹿千枚，麕兔無數。佽飛具繒繳，以射鳧雁，應給祭祀置酒。每射收得萬頭以上，給太官。天子秋冬射獵，取禽獸無數實其中。武帝時，使上林苑中官奴婢，及天下貧民貲不滿五千徙置苑中養鹿。因收撫鹿矢，人日五錢，到元帝時七十億萬，以給軍擊西域。終軍從上幸雍，獲白麟，一角五蹄。又得奇木，支旁出，輒復合。上異之，終軍對曰：「野獸并角，明同本也。衆支內附，示無外也。若此之應，殆將有解編髮、削左袵、襲冠帶、要衣裳而蒙至化者焉。」由是改元曰「元狩」。後越地及匈奴名王率衆來降。元康三年六月詔曰：「前年夏神爵集雍，今春五色鳥以萬數飛過屬縣，翱翔而舞，欲集未下。其令三輔毋得以春夏擿巢探卵，彈射飛鳥。【略】唐虞部郎中員外郎，掌天下虞衡山澤之

事，而辨其時禁。凡採捕畋獵，必以其時。冬春之交，水蟲孕育，捕魚之器不施川澤。春夏之交，陸禽孕育，餧獸之藥不入原野。夏苗之盛，不得蹂藉。秋實之登，不得焚燎。若虎豹豺狼之害，則不拘其時。聽爲檻穽獲，則賞之大小有差。諸有猛獸處，聽作檻穽、射窠等得即於官，每一賞絹四疋。殺豹及狼，每一賞絹一疋。若在牧監內獲豺，亦每一賞絹一匹，子各半匹。凡京兆、河南二都，其近爲四郊。三百里皆不得弋獵、採捕，每年五月、正月、九月皆禁屠殺採捕。凡殿中太僕所管閑廄馬，兩都皆五百里供其芻藁。其關內、隴右、西使、北使、南使諸牧監馬、牛、駝、羊皆貯藁及茭草。高原藁支七年，茭草支四年；平地藁支五年，茭草支三年；下土藁支四年，茭草二年。其柴、炭、木橦進內及供百官、蕃客，並於農隙納之。供內及宮人，起十月，畢二月；供百官、蕃客，起十一月，畢正月。上林署令掌苑囿、園池之事，丞爲之貳。凡植果樹、蔬菜以供朝會、祭祀，其尚食進御及諸司常料亦有差。諸司吏執抄旁詣囿，然後給之京都。苑總監掌宮苑內館園池之事，副監爲之貳。凡禽、魚、果、木皆總而司之。凡給總監及苑內官屬，人畜出入皆爲差降之數。

紀事

《管子·戒》 於是管仲與桓公盟誓爲令曰：「老弱勿刑，參宥有後弊。關幾而不正，市正而不布。」山林梁澤，以時禁發而不正也。草封澤鹽者之歸之也，譬若市人。三年教人，四年選賢以爲長，五年始興車踐乘。遂南伐楚，門傅施城。北伐山戎，出冬蔥與戎叔。布之天下，果三匡天子而九合諸侯。

《韓非子·內儲說上》 齊國好厚葬，布帛盡於衣衾，材木盡於棺槨。桓公患之，以告管仲曰：「布帛盡則無以爲幣，材木盡則無以爲守備，而人厚葬之不休，禁之奈何？」管仲對曰：「凡人之有爲也，非名之則利之也。」於是乃下令曰：「棺槨過度者戮其尸，罪夫當喪者。」夫戮死無名，罪當喪者無利，人何故爲之也？

漢 司馬遷《史記》卷一二九《貨殖列傳》 漢興，海內爲一，開關梁，弛山澤之禁，是以富商大賈周流天下，交易之物莫不通，得其所欲，而徙豪傑諸侯彊族於京師。【略】諺曰：「百里不販樵，千里不販糴。」居之一歲，種之以穀；十歲，樹之以木；百歲，來之以德。

漢 班固《漢書》卷四《文帝紀》 ［十二年］詔曰：道民之路在於務本。【略】吾詔書數下，歲勸民種樹而功未興，是吏奉吾詔不勤而勸民不明也。

又 卷二四《食貨志》 ［董仲舒］又言：「古者稅民不過什一，其求易共；使民不過三日，其力易足。民財內足以養老盡孝，外足以事上共稅，下足以畜妻子極愛，故民說從上。至秦則不然，用商鞅之法，改帝王之制，除井田，民得賣買，富者田連仟伯，貧者亡立錐之地。又顓川澤之利，管山林之饒，荒淫越制，踰侈以相高；邑有人君之尊，里有公侯之富，小民安得不困？又加月爲更卒，已復爲正，一歲屯戍，一歲力役，三十倍於古。田租口賦，鹽鐵之利，二十倍於古。」

南朝宋 范曄《後漢書》卷三《章帝紀》 ［元和三年］乙丑，勑侍御史司空曰：方春所過，無得有所伐殺。車可以引避，引避之。騑馬可輟解，輟解之。《詩》云：敦彼行葦，牛羊勿踐履。禮：人君伐一草木不時，謂之不孝。

又 卷四《和帝紀》 ［永元］十一年春二月，遣使循行郡國，稟貸被災害不能自存者，令得漁采山林池澤，不收假稅。【略】［永元十五年］六月，蝗、旱。戊辰，詔：「今年秋稼爲蝗蟲所傷，皆勿收租、更、芻稾。若有所損失，以實除之，餘當收租者亦半入。其山林饒利，陂池漁採，以贍元元，勿收假稅。」

南朝梁 沈約《宋書》卷八《明帝紀》 ［泰始三年］八月丁酉詔曰：古者衡虞置制，蝝蚳不收，川澤產育，登器進御，所以繁阜民財，養遂生德。頃商販逐末，競早爭新，折未實之果，收豪家之利，籠非膳之翼，爲戲童之資，豈所以還風尚本，捐華務實？宜修道布仁以革斯蠹，自今鱗介羽毛肴核衆品非時月可採，器味所須，可一皆禁斷，嚴爲科制。

北齊 魏收《魏書》卷一一〇《食貨志》 敕有司勸課留農者曰：「前志有之，人生在勤，勤則不匱。凡庶民之不畜者祭無牲，不耕者祭無盛，不樹者死無槨，不蠶者衣無帛，不績者喪無衰。教行三農，生殖九穀；教行園囿，毓長草木；教行虞衡，山澤作材；教行藪牧，養蕃鳥獸；教行百工，飭成器用；教行商賈，阜通貨賄；教行嬪婦，化治絲枲；教行臣妾，事勤力役。」

唐 姚思廉《梁書》卷二《武帝紀》 ［天監九年］九月丁亥，詔曰：「芻牧必往，姬文垂則；雉免有刑，姜宣致貶。藪澤山林，毓材是出，斧斤之用，比屋所資。而頃世相承，並加封固，豈所謂與民同利，惠茲黔首？凡公家諸屯戍見封熂者，可悉開常禁。」

唐 魏徵《隋書》卷二四《食貨志》 武帝保定二年正月，【略】並課樹以桑榆及棗。其園宅，率三口給一畝，奴婢則五口給一畝。丁男一牀，租粟三石。桑土

調以絹絁，麻土以布絹。絁以疋，加綿三兩。

唐 房玄齡《晉書》卷二六《食貨志》 ［咸寧三年］預又言：諸欲修水田者，皆以火耕水耨爲便。非不爾也，然此事施於新田草萊，與百姓居相絶離者耳。往者東南草創人稀，故得火田之利。自頃户口日增，而陂堨歲决，良田變生蒲葦，人居沮澤之際，水陸失宜，放牧絶種，樹木立枯，皆陂之害也。陂多則土薄水淺，潦不下潤。故每有水雨，輒復横流，延及陸田。言者不思其故，因云此土不可陸種。

唐 杜佑《通典》卷一《食貨·田制》 宋孝武帝大明初，羊希爲尚書左丞。時揚州刺史西陽王子尚上言：「山湖之禁，雖有舊科，人俗相因，替而不奉，熂山封水，保爲家利。自頃以來，頽弛日甚。富强者兼嶺而占，貧弱者薪蘇無託。至漁採之地，亦又如兹。斯實害理之深弊。請損益舊條，更申恒制。」有司檢壬辰詔書：「擅占山澤，强盗律論，贓一貫以下皆棄市。」希以「壬辰之制，其禁嚴刻，事既難遵，理與時弛。而占山封水，漸染復滋，更相因仍，便成先業，一朝頓去，易致怨嗟。今更刊革，立制五條。凡是山澤，先恒熂爐種竹木薪果爲林，仍及陂湖江海魚梁鰌鮆恒加工修作者，聽不追舊。官品第一第二品，聽占山三頃；第三第四品，二頃五十畝；第五第六品，二頃；第七第八品，一頃五十畝；第九品與百姓，一頃。皆依定格，條上貲簿。若先已占山，不得更占。先占足若非前條舊業，一不得禁。有犯者，水土一尺以上，並計贓，依常盗論。除晉咸康二年壬辰之科。」從之。時山陰縣人多田少，孔靈符表請徙無貲之家於餘姚、鄮、鄞三縣，墾開湖田。餘姚，今會稽郡縣。鄮、鄞，則今餘姚郡地。帝令公卿博議，咸曰：「夫訓農修政，有國所同。土著之人，習翫日久，如京師無田，不聞徙居他縣。尋山陰豪族富室，頃畝不少，貧者肆力，非爲無處。又緣湖居人，魚鴨爲業，小人習始既難，勸之未易。遠廢之疇，方翦荆棘，率課窮乏，其事彌難，資徙粗立，徐行無晚。」帝違衆議，徙人並成良業。

又 卷一四九《兵·法制》 後漢魏武軍令：【略】軍行，不得斫伐田中五果桑柘棘棗。

五代 劉昫《舊唐書》卷四八《食貨志》 ［開元元年］十一月，河中尹姜師度以安邑鹽池漸涸，師度開拓疏決水道，置爲鹽屯，公私大收其利。

其年十一月五日，左拾遺劉彤上表曰：【略】故先王作法也，山海有官，虞衡有職，輕重有術，禁發有時，一則專農，二則饒國，濟人盛事也。臣實爲今疑之。夫煮海爲鹽，採山鑄錢，伐木爲室，農餘之輩。寒而無衣，飢而無食，傭賃自資者，窮苦之流也。若能以山海厚利，資農之餘人，厚斂重徭，免窮苦之子，所謂損有餘而益不足，帝王之道，可不謂然乎？臣願陛下詔鹽鐵木等官收興利，貿遷於人，則不及數年，府有餘儲矣。

宋 王溥《唐會要》卷八六《道路》 大曆八年七月，勅諸道官路不得令有耕種及斫伐樹木。其有官處，勾當填補。

宋 歐陽修《新唐書》卷四八《百官志》 司竹 監一人，從六品下；副監一人，正七品下；丞二人，正八品上。掌植竹、葦，供宫中百司簾篚之屬，歲以筍供尚食。

又 卷四九《百官志》 典倉署令一人，從八品下；丞二人，從九品下。掌九穀、醯醢、庶羞、器皿、燈燭。凡園圃樹藝，皆受令焉。每月籍出納上於寺，歲終上詹事府。給户奴婢、番户、雜户資糧衣服。

又 卷五二《食貨志》 至是趙贊又言：「自軍興，常平倉廢垂三十年，凶荒潰散，餧死相食，不可勝紀。陛下即位，京城兩市置常平官，雖頻年少雨，米不騰貴，可推而廣之，宜兼儲布帛。請於兩都、江陵、成都、揚、汴、蘇、洪置常平輕重本錢，上至百萬緡，下至十萬，積米、粟、布、帛、絲、麻，貴則下價而出之，賤則加估而收之。諸道津會置吏，閲商賈錢，每緡税二十，竹、木、茶、漆税十之一，以贍常平本錢。」德宗納其策。屬軍用迫蹙，亦隨而耗竭，不能備常平之積。是時，諸道討賊，兵在外者，度支給出界糧。每軍以臺省官一人爲糧料使，主供億。士卒出境，則給酒肉。一卒出境，兼三人之費。將士利之，逾境而屯。趙贊復請税間架，算除陌。其法：屋二架爲間，上間錢二千，中間一千，下間五百；匿一間，杖六十，告者賞錢五萬。除陌法：公私貿易，千錢舊算二十，加爲五十；物兩相易者，約直爲率。而民益愁怨。及涇源兵反，大譟長安市中曰：「不奪爾商户僦質，不税爾間架、除陌矣。」於是間架、除陌、竹、木、茶、漆、鐵之税皆罷。

又 卷五四《食貨志》 初，德宗納户部侍郎趙贊議，税天下茶、漆、竹、木，十取一，以爲常平本錢。

元 馬端臨《文獻通考》卷一九《征榷考》 後漢和帝永元五年，自京師離宫果園上林廣成囿悉以假貧民，恣得採捕，不收其税。九月，官有陂池令得採取，勿收假税二歲。

九年，詔：「山林饒利，陂池魚採，以贍元元，勿取假税。」

十二年、十五年俱有此令，不復録。

元 脱脱《遼史》卷二六《道宗紀》 ［壽隆］六年三月甲申，弛朔州山林之禁。

元 脱脱《宋史》卷一七三《食貨志》 農田之制 自五代以兵戰爲務，條章多闕，周世宗始遣使均括諸州民田。太祖即位，循用其法，建隆以來，命官分詣諸道均田，苛暴失實者輒譴黜。申明周顯德三年之令，課民種樹，定民籍爲五等，第一等種雜樹百，每等減二十爲差，桑棗半之。男女十歲以上種韭一畦，闊一步，長十步。乏井者，鄰伍爲鑿之。令、佐春秋巡視，書其數，秩滿，第其課爲殿最。又詔所在長吏諭民，有能廣植桑棗、墾闢荒田者，止輸舊租。縣令、佐能招徠勸課，致户口增羨、野無曠土者，議賞。諸州各隨風土所宜，量地廣狹，土壤瘠埆不宜種藝者，不須責課。遇豐歲，則諭民謹蓋藏，節費用，以備不虞。民伐桑棗爲薪者罪之。剥桑三工以上，爲首者死，從者流三千里。不滿三工者減死配役，從者徒三年。【略】大中祥符四年，詔曰：「火田之禁，著在《禮經》，山林之間，合順時令。其或昆蟲未蟄，草木猶蕃，輒縱燎原，則傷生類。諸州縣人畬田並如鄉土舊例，自餘焚燒野草，須十月後方得縱火。其行路野宿人，所在檢察，毋使延燔。」

乾道元年正月，都省言：「淮民復業，宜先勸課農桑。令、丞植桑三萬株至六萬株，守、倅部内植二十萬株以上，並論賞有差。」

又 卷一八四《食貨志》 景祐中，葉清臣上疏曰：「山澤有産，天資惠民。兵食不充，財臣兼利，草芽木葉，私不得專，封園置吏，隨處立筦。一切官禁，人犯則刑，既奪其資，又加之罪，黥流日報，踰冒不悛。」

又 卷一八六《食貨志》 高宗建炎元年詔，販貨上京者免税。明年又詔，販糧草入京，抑税者罪之。凡殘破州縣免竹木、磚瓦税，北來歸正人及兩淮復業者亦免路税。紹興三年，臨安火，免竹木税。

元 脱脱《金史》卷四七《食貨志》 世宗大定五年十二月，上以京畿兩猛安民户不自耕墾，及伐桑棗爲薪鬻之，命大興少尹完顔讓巡察。【略】［明昌元年］六月，尚書省奏：「近制以明安穆昆户不務栽植桑果，已令每十畝須栽一畝，今乞再下各路提刑及所屬州縣，勸諭民户，如有不栽及栽之不及十之三者，並以事怠慢輕重罪科之。」詔可。

又 卷四九《食貨志》 ［泰和五年］三月，上諭省臣曰：「今雖不造茶，其勿伐其樹，其地則恣民耕樵。」六年，河南茶樹槁者，命補植之。

明 宋濂《元史》卷九三《食貨志》 ［至元七年］地高水不能上者，命造水車。貧不能造者，官具材木給之。俟秋成之後，驗使水之家，俾均輸其直。田無水者鑿井，井深不能得水者，聽種區田。其有水田者，不必區種。仍以區田之法，散諸農民。種植之制，每丁歲種桑棗二十株。土性不宜者，聽種榆柳等，其數亦如之。【略】武宗至大二年，淮西廉訪僉事苗好謙獻種蒔之法。其説分農民爲三等，上户地一十畝，中户五畝，下户二畝或一畝，皆築垣墻圍之，以時收採桑椹，依法種植。武宗善而行之。其法出《齊民要術》等書，兹不備録。三年，申命大司農總挈天下農政，修明勸課之令，除牧養之地，其餘聽民秋耕。

明 徐溥《明會典》卷二二《户部》 ［永樂］二十三年令：天壽山種樹人户，免雜泛差役。

明 夏宗文《夏忠靖公遺事》 手勅諭公曰：「古云斧斤以時入山林，材木不可勝用。近西山樵採者，將諸樹根伐盡，卿宜揭榜示衆，犯者斬之以徇。」公言：「樹根之伐固所當禁，而人命爲尤重也。是以王者之政先人而後物，故孔子於廄焚『傷人乎？不及馬』。今薪伐過當，罪止不應，請從律議爲宜。」

明 湛若水《格物通》卷七七《修虞衡》 宣德九年六月，行在工部尚書吴中言：「湖廣及山西蔚州産木山場，宜禁民採伐。」上曰：「卿爲國計，意甚厚。但山林川澤之利，古者與民共之，不必屑屑，其已之。」

明 何楝如《皇祖四大法》卷八《法治》 ［洪武二十八年十一月］上諭：户部官曰，方今天下太平，軍國之需皆已足用。其山東河南民人田地桑棗，除已入額徵科，自二十六年以後栽種桑棗果樹，與二十七年以後新墾田地，不論多寡，俱不起科。若有司增科擾害者，罪之。

明 朱健《古今治平畧》卷一二《歷代山澤之征》 後春秋時，魯隱公將如棠觀魚，臧僖伯諫曰：「凡物不足以講大事，其材不足以備器用，則君不舉焉。君將納民於軌物者也。故講事以度軌量謂之軌，取財以章物采謂之物。不軌不物，謂之亂政。亂政亟行，所以敗也。故春蒐夏苗，秋獮冬狩，皆於農隙講事也。三年而治兵，入而振旅，歸而飲至，以數軍實，昭文章，辯等列順，少長習威儀也。鳥獸之肉不登于俎，皮革齒牙、骨角毛羽不登於器，則君不射，古之制也。若夫山林川澤之實，器用之資，皂隸之事，官司之守，非君所及也。」公曰：「吾將畧地。」遂往陳魚而觀之。僖伯稱疾不從。

清 張廷玉《明史》卷八一《食貨志》 英宗初，詔凡課程門攤，俱遵洪武舊

額，不得藉口鈔法妄增。未幾，以兵部侍郎于謙奏，革直省税課司局，領其税於有司。罷濟寧、徐州及南京上新河船料鈔，移漷縣鈔關於河西務。船料當輸六十貫者減爲二十貫。商民稱便。九年，王佐掌户部，置彰義門官房，收商税課鈔，復設直省税課司官，征榷漸繁矣。景泰元年，于謙柄國，船料減至十五貫，減張家灣及遼陽課税之半。大理卿薛瑄言：「抽分薪炭等匿不報者，凖舶商匿番貨罪，盡没之，過重。請得比匿税律。」帝從之。成化七年增置蕪湖、荆州、杭州三處工部官。初抽分竹木，止取鈔，其後易以銀，至是漸益至數萬兩。尋遣御史榷税。孝宗初，御史陳瑶言：「崇文門監税官以掊克爲能，非國體。」乃命客貨外，車輛毋得搜阻。又從給事中王敞言，取回蕪湖、荆州、杭州抽分御史，以府州佐貳官監收其税。十三年復遣御史。正德十一年始收泰山碧霞元君祠香錢，從鎮守太監言也。十二年，御史胡文静請革新設諸抽分廠。未一年，太監鄭璽請復設於順德、廣平。工部尚書李鐩依阿持兩端，横征之端復起。尋命中官李文、馬俊之湖廣、浙江抽分廠，與主事中分榷税。世宗初，抽分中官及江西、福建、廣東税課司局多所裁革，又革真定諸府抽印木植中官。

又　卷八二《食貨志》　仁宗時，山場、園林、湖池、坑冶、果樹、蜂蜜官設守禁者，悉予民。【略】永樂中，後軍都督府供柴炭，役宣府十七衛所軍士採之邊關。宣宗初，以邊木以扼敵騎，且邊軍不宜他役，詔免其採伐，令歲納銀二萬餘兩後府，召商買納。四年置易州出廠，命工部侍郎督之，僉北直、山東、山西民夫轉運，而後府輸銀召商如故。

初，歲用薪止二千萬餘斤。弘治中，增至四千萬餘斤。轉運既艱，北直、山東、山西乃悉輸銀以召商。正德中，用薪益多，增直三萬餘兩。凡收受柴炭，加耗十之三，中官輒私加數倍。逋負日積，至以三年正供補一年之耗。尚書李鐩議，令正耗相準，而主收者復私加，乃以四萬斤爲萬斤，又有輸納浮費，民弗能堪。世宗登極，乃酌減之。隆慶六年，後府採納艱苦，改屬兵部武庫司。萬曆中，歲計柴價銀三十萬兩，中官得自徵比諸商，酷刑悉索，而人以惜薪司爲陷阱云。

採木之役，自成祖繕治北京宮殿始。永樂四年遣尚書宋禮如四川，侍郎古朴如江西，師逵、金純如湖廣，副都御史劉觀如浙江，僉都御史史仲成如山西。禮言有數大木，一夕自浮大谷達於江。天子以爲神，名其山曰神木山，遣官祠祭。十年復命禮採木四川。仁宗立，已其役。宣德元年修南京天地山川壇殿宇，復命侍郎黄宗載、吴廷用採木湖廣。未幾，因旱災已之。尋復採大木湖廣，而諭工部酌省，未幾復罷。其他處亦時採時罷。弘治時，發内帑修清寧宫，停四川採木。

正德時，採木湖廣、川、貴，命侍郎劉丙督運。太監劉養劾其不中梁棟，責丙陳狀，工部尚書李鐩奪俸。嘉靖元年革神木千户所及衛卒。二十年，宗廟災，遣工部侍郎潘鑑、副都御史戴金於湖廣、四川採辦大木。二十六年復遣工部侍郎劉伯躍採於川、湖、貴州，湖廣一省費至三百三十九萬餘兩。又遣官覈諸處遺留大木。郡縣有司以遲悞大工逮治褫黜非一，並河州縣尤苦之。萬曆中，三殿工興，採楠杉諸木於湖廣、四川、貴州，費銀九百三十餘萬兩，徵諸民間，較嘉靖年費更倍。而採鷹平條橋諸木於南直、浙江者，商人逋直至二十五萬。科臣劾督運官遲延侵冒。不報。虚糜乾没，公私交困焉。

清　范泰恒《免採崇義枏本記》（《南安府志》卷一九引）　乾隆二十一年冬，巡憲董公甫下車，咨所屬地方利弊事，恒以崇義採楠木維艱，告公曰：「此地方大累也。明年免採。」二十三年，巡視章水道崇義，親見山峻路險，距河又遠，復檄曰：「永免採。」其著之策邑，士民歡欣感戴，一日而遍七里。

清　龍文彬《明會要》卷三二《職官》　宣德五年二月，諭侍臣曰：「今國家無大營繕，而工部采運木植不已。豈不妨農時？其令已采之木隨處存貯，軍夫悉罷歸農。」《通紀》【略】山廠之設，專以燒薪炭，供應内府。宣德五年，置於平山，以都御史李儀董之。正統初年，改置沙魚口。陳恭、王永壽相繼以工部侍郎督廠事。景泰四年，移置清縣。天順元年，改廠於易州城西北二里許，建部堂於中，環以土城。八府、五州分治，以次而列，皆南向。部堂總其綱，府、州、縣佐貳官分理其事。《昭代典則》

景泰後，以本部尚書或侍郎督廠事。嘉靖八年改設司官管理。四十四年，革屯田司管易州山廠郎中，改設主事。《會典》

弘治十四年，工部侍郎張憲理易州山廠。屬員故爲奸利。憲用公差例，日廩五升，省八郡常供之饋。書有關防以杜詐僞、柴炭納銀、痛損加耗之弊，於是宿蠹頓革。《夢餘録》

萬曆三年，題准真定抽分，就便專委易州山廠主事帶管。王圻《通考》

又　卷三九《職官》　洪武二十五年十月癸亥，議開上林苑，度地城南。比圖上，太祖謂：「有妨民業。」遂止。永樂五年三月，始置上林苑監，設良牧、蕃

育、嘉蔬、林衡、川衡、冰鑑及典察左右前後十屬署。洪熙元年，併爲蕃育、嘉蔬二署。宣德十年，始定良牧、蕃育、林衡、嘉蔬四署。《職官志》

正德中，增設上林苑監督至九十九人，侵奪公私地無算。世宗即位，命留十八人，如弘治時。已復傳奉至六十二人。户部尚書孫交乞汰如初，且盡歸侵奪地。報許。《孫交傳》

又　卷五七《食貨》［洪武］十三年，諭户部曰：「曩者奸臣聚斂，税及纖悉，朕甚恥焉。自今軍民嫁娶、喪祭之物，舟車、絲布之類，皆勿税。罷天下抽分竹木場。」【略】世宗初，抽分中官及江西、福建、廣東税課司局多所裁革。又革真定諸府抽印木植中官、京城九門之税。《食貨志》

森林植物文化總部

森林植物文化總部提要

本總部下設四個部，依次是木文化部、花文化部、竹文化部和草文化部。部之下根據材料性質，分設條目。

本文化部，收録古籍中有典型文化内涵的各種樹木資料。下設總論、松文化、柏文化、槐文化、桐文化、柳文化、桃文化、李文化八個小類。「總論」主要輯録涉及木文化的各種綜合性論述，同時也輯録一些在古代文明長河中所形成的具有文化符號意義的樹種，例如梓、楷、椿等樹種。在具體的松、柏、槐、桐、柳、桃、李文化部分，主要輯録闡述其文化意象的資料，而作爲産生其文化意象基礎的樹木屬性、利用等資料本部不作輯録，讀者可參閲《中華大典·林業典》其他分典的相關材料。對於自古人們習慣並稱的樹木文化資料，比如松柏、桃李，視内容的側重分别歸類。

花文化部，收録中國古籍中有關梅、牡丹、菊、蘭、月季、杜鵑、山茶、荷、桂、水仙等十大名花文化的資料。另設「總論」，收録有關花卉文化總論性質或幾種花卉合論的資料。中國古籍中記載的花卉品種繁多，文化内涵豐富，爲避免與《林業典》其他分典的重復，有關海棠、芍藥、玫瑰、臘梅等傳統花卉的文化史料，本部未予收録，讀者可參閲《林業典》的《園林及風景名勝分典》及其他分典的有關資料。

竹文化部，收録中國古籍中有關竹類文化的資料，其經目分設總論、竹品、竹居、竹器、飲食、禮俗、繪畫七個方面的内容。「總論」收録中國古籍有關竹文化總論性質的資料；「竹品」收録有關竹類植物品類形態方面的資料，也包含古人對其形態的欣賞和吟詠等類型的資料；「竹居」主要收録有關園林風景及竹制建築文化方面的資料；「竹器」收録竹制器具文化方面的資料；「飲食」收録

竹筍及其飲食文化方面的資料；「禮俗」主要收録有關禮儀風俗方面的竹文化資料；「繪畫」收録以竹類植物爲題材的繪畫及其技法、品評等方面的資料。

草文化部，收録古籍中有較多記載的、有豐富文化符號意義的草類資料，其經目分設總論、菖蒲、萱草、蓍草、茅草、芸草、豆蔻等七部分。收録的資料既包括草類的具體性狀論述，也包括草類的文化意義闡釋和詩詞歌賦。「總論」主要輯録涉及草文化的各種綜合性論述，有草的字形字義解釋，也有泛泛的草類文學意象的詠歎；「菖蒲」、「萱草」、「蓍草」、「茅草」、「芸草」、「豆蔻」等部分主要收録中國古籍中涉及其文化意義的各種資料。本部僅僅收録文化意義廣爲流布的幾種草類，其他很多草類在《森林資源與生態分典》已經收録，故不再輯録。

木文化部

總論

論説

《易・説卦》 巽爲木,爲風。

《尚書・禹貢》 篠蕩既敷,厥草惟夭,厥木惟喬。

《尚書・洪範》 五行:一曰水,二曰火,三曰木,四曰金,五曰土。水曰潤下,火曰炎上,木曰曲直,金曰從革,土爰稼穡。潤下作鹹,炎上作苦,曲直作酸,從革作辛,稼穡作甘。

《老子》 合抱之木,生於毫末。

《論語・八佾》 哀公問社於宰我。宰我對曰:「夏后氏以松,殷人以柏,周人以栗,曰使民戰栗。」

《墨子・明鬼下》 非惟若書之説爲然也,且惟昔者虞、夏、商、周三代之聖王,其始建國營都日,必擇國之正壇,置以爲宗廟,必擇木。

《墨子・公輸》 荆之地方五千里,宋方五百里,此猶文軒之與敝轝也。【略】荆有長松文梓楩楠豫章,宋無長木,此猶錦繡之與裋褐也。

《鶡冠子・泰鴻》 以木華物,天下盡木也,使居東方主春。

《禮記・喪服大記》 君松椁,大夫柏椁。棺椁之間,君容柷,大夫容壺,士容甒。君裏椁,虞筐,大夫不裏椁,士不虞筐。

《吕氏春秋・精通》 樹相近而靡,或軵之也。

《韓非子・揚權》 爲人君者,數披其木,毋使木枝扶疏。木喻臣也,披爲落其枝也。木枝扶疏,將塞公閭。謂臣威權覆主,充塞公閭。私門將實,公庭將虚,主將壅圍。圍,圄也。數披其木,無使木枝外拒,謂枝之旁生者也。木枝外拒,將逼主處。數披其木,毋使枝大本小。枝大本小,將不勝春風。不勝春風,枝將害心。春風,所以發生萬物者也,喻君恩賞所以榮益於下者也。枝本大矣,春風又發其榮,以增其重,則披枝而害心。喻臣本實矣,君又加之恩賞,以增其威,則臣將二而危君矣。公子既衆,宗室憂唫。宗室,謂大宗適子家也。庶子既衆,勢凌適子,故憂唫也。止之之道,數披其木,毋使枝茂。木枝數披,黨與乃離。掘其根本,木乃不神。填其洶淵,毋使水清。淵者,水之停積。水清,鑒之者必衆,喻雖族和,附之者必多也。探其懷,奪之威,探其懷,謂淵其心,知其所欲爲。主上用之,若電若雷。威不下分,則君命神而可畏,故若雷電也。

《韓非子・解老》 樹木有曼根,有直根。直根者,書之所謂柢也;柢也者,木之所以建生也;曼根者,木之所以持生也。德也者,人之所以建生也;禄也者,人之所以持生也。今建於理者,其持禄也久,故曰:「深其根。」體其道者,其生日長,故曰:「固其柢。」柢固則生長,根深則視久,故曰:「深其根,固其柢,長生久視之道也。」

漢 董仲舒《春秋繁露》卷一三《五行逆順》 咎及於木,則茂木枯槁,工匠之輪多傷敗。

又 卷一四《五行變救》 木有變,春凋秋榮。秋木冰,春多雨。

又 卷一四《五行五事》 王者與臣無禮貌不肅敬,則木不曲直,而夏多暴風。風者,木之氣也,其音角也。故應之以暴風。【略】欽不以議陰事,然後萬物遂生而木可曲直也。春行秋政,則草木彫;行冬政,則雪;行夏政,則殺。【略】秋行春政,則華;行夏政,則喬;行冬政,則落。秋失政,則春天風不解,雷不發。

漢 劉安《淮南子》卷一《原道訓》 今夫徙樹者,失其陰陽之性,則莫不枯槁。故橘樹之江北,則化而爲枳。【略】是故有以自得之也,喬木之下,空穴之中,足以適情。

又 卷二《俶真訓》 夫大寒至,霜雪降,然後知松柏之茂也。【略】夫天之所覆,地之所載,六合所包,陰陽所呴,雨露所濡,道德所扶,此皆生一父母而閲一和也。是故槐榆與橘柚合而爲兄弟,有苗與三危通爲一家。【略】今夫萬物之疏躍枝舉,百事之莖葉條櫱,皆本於一根,而條循千萬也。

又 卷三《天文訓》 壬午冬至,甲子受制,木用事,火煙青。【略】甲子受制,則行柔惠,挺群禁,開闔扇,通障塞,毋伐木。【略】木生於亥,壯於卯,死於未,三辰皆木也。【略】水生木,木生火,火生土,土生金,金生水。

又　卷七《精神訓》　化者，複歸於無形也；不化者，與天地俱生也。夫木之死也，青青去之也。夫使木生者豈木也？猶充形者之非形也。

又　卷一七《説山訓》　水廣者魚大，山高者木修。【略】山有猛獸，林木爲之不斬；園有螫蟲，藜藿爲之不采。【略】欲致魚者先通水，欲致鳥者先樹木。水積而魚聚，木茂而鳥集。

漢　桓寬《鹽鐵論》卷三《未通》　文學曰：　樹木數徙則殘，蟲獸徙居則壞。故「代馬依北風，飛鳥翔故巢」，莫不哀其生。

又　卷五《論誹》　丞相史曰：「檀柘而有鄉，萑葦而有藂，言物類之相從也。」

漢　王充《論衡》卷一七《是應》　案甘露如飴蜜者，着於樹木，不着五穀。彼露味不甘者，其下時，土地滋潤流濕，萬物洽沾濡溥。由此言之，《爾雅》且近得實。緣《爾雅》之言，驗之於物。案味甘之露下着樹木，察所着之樹，不能茂於所不着之木。然今之甘露，殆異於《爾雅》之所謂甘露。欲驗《爾雅》之甘露，以萬物豐熟，災害不生，此則甘露降下之驗也。甘露下，是則醴泉矣。

又　卷一八《自然》　草木之生，華葉青葱，皆有曲折，象類文章，謂天爲文字，復爲華葉乎？宋人或刻木爲楮葉者，三年乃成。孔子曰：「使[天]地三年乃成一葉，則萬物之有葉者寡矣。」如孔子之言，萬物之葉自爲生也。自爲生也，故能並成。如天爲之，其遲當若宋人刻楮葉矣。觀鳥獸之毛羽，毛羽之采色，通(遏)可爲乎？

又　卷二〇《論死》　水火燒溺，凡能害人者，皆五行之物。金傷人，木毆人。

漢　班固《白虎通》卷上《社稷》　社稷所以有樹何？尊而識之，使民望見即敬之，又所以表功也。故《周官》曰：「司徒班社而樹之，各以土地所宜。」《尚書》逸篇曰：「大社唯松，東社唯柏，南社唯梓，西社唯栗，北社唯槐。」

又　卷下《崩薨》　封樹者，可以爲識。故《檀弓》曰：「『古也墓而不墳，今丘也東西南北之人也，不可以不識也。』於是封之，崇四尺。」《含文嘉》曰：「天子墳高三仞，樹以松。諸侯半之，樹以柏。大夫八尺，樹以欒。士四尺，樹以槐。庶人無墳，樹以楊柳。」

又　卷下《闕文》　祭所以有主者何？言神無所依據，孝子以主係心焉。據《曲禮·正義》、《類聚》三十八、《書鈔》八十七補。案此《公羊》説也。《禮疏》引《異議》：「今《春秋公羊》説，祭有主者，孝子以主繫心。」《通典》引《異議》亦云：「主者神象，孝子既葬，心無所依，所以虞而立主事之。」是也。《論語》云：「哀公問主于宰我，宰我對曰：『夏后氏以松，松者，所以自竦動。殷人以柏，柏者，所以自迫促。周人以栗，栗者，所以自戰慄。』」亦不相襲。所以用木爲之者何？本有終始，又與人相似也。蓋題之以爲記，欲令後可知也。方尺，或曰長尺二寸。孝子入宗廟之中，雖見木主，亦當盡敬也。

漢　應劭《風俗通》卷一〇《林》　謹按《詩》云：「殷商之旅，其會如林。」傳曰：「山林之士，往而不能反。」《禮記》：　將祭泰山，必先有事於配林。林，樹木之所聚生也。今配林，在泰山西南五六里。予前臨郡，因侍祀之行，故往觀之。樹木蓋不足言，由七八百載間有衰索乎。

晉　嵇康《嵇中散集》卷三　至於樹，養不同，則功收相懸。謂商無十倍之價，農無百斛之望，此守常而不變者也。且豆令人重，榆令人瞑，合歡蠲忿，萱草忘憂，愚智所共知也。薰辛害目，豚魚不養，常世所識也。蝨處頭而黑，麝食柏而香。頸處險而癭，齒居晉而黃。

晉　葛洪《抱朴子·内篇》卷一《至理》　根竭枝繁，則青青去木矣。氣疲欲勝，則精靈離身矣。

又　卷二《明本》　然物以少者爲貴，多者爲賤，至於人事，豈獨不然？故藜藿彌原，而芝英不世；枳棘被野，而尋木間秀；沙礫無量，而珠璧甚尠；鴻隼屯飛，而鸞鳳罕出；虺蜴盈藪，而虬龍希覿；班生多黨，固其宜也。

又　卷三《極言》　譬猶入水之燼，火滅而煙不即息；既斷之木，柯葉猶生。二者非不有煙，非不有葉，而其所以爲煙爲葉者，已先亡矣。

晉　葛洪《抱朴子·外篇》卷三《鈞世》　然而譬如東甌之木，長洲之林，梓豫雖多，而未可謂之爲大厦之壯觀，華屋之弘麗也。

南朝梁　蕭繹《金樓子》卷五　凡有樹木之變，枝柯南枝枯，折者實在樹南。西枝枯，折者實在樹西也。

唐　蘇鶚《蘇氏演義》卷上　《周禮》云：「二十五家爲社，各樹其土所宜木。」今村墅間多以大樹爲社樹，蓋此始也。

宋　朱震《漢上易傳·叢説》　震巽皆爲木者何？巽之初，草之根也。震之初，木之根也。巽之二三，木之在上也，震之二三，草之在上者也。木有柔者，木之草也；草有剛者，草之木也。說卦，舉一隅爾。

宋 曾慥《類説》卷四九《地理新書・樹木吉凶》 朝生門，主暮死。宅東有杏，凶。宅北有李，宅西有桃，皆爲淫邪。宅西有梆，爲被刑戮。宅東種梆，益馬。宅西種棗，益牛。中門有槐，富貴三世。宅後有榆，百鬼不敢近。堂前有榴，吉。

宋 吕祖謙《左氏博議》卷三 松之不能爲栢，李之不能爲桃，各守其一而不能相通者，非物之罪也，氣之偏也。

宋 嚴粲《詩緝》卷一 南有樛木，葛藟纍之。樂只君子，福履綏之。

興也。南土木美，葛藟亦茂，故以南言之。木之喬竦者，物不得附託而俱升。南土有下曲之木，故其下葛也，藟也，皆得纍而纏繞之。喻后妃能以惠下，逮衆妾無妬忌之心，則衆妾得以攀附而上進。后妃如此，樂哉其夫，君子可謂福履安之矣。動罔不吉，謂之福履。【略】

南有喬木，不可休息。漢有游女，不可求思。漢之廣矣，不可泳思。江之永矣，不可方思。

興也。南方之木美，故以南言之。木下蟠則陰廣，上竦則陰少。南有喬竦之木，其陰不及下，故不可休息，興女之高潔，而不可求也。漢水之上，有游行之女，非士君子之族，深居閨閤之中者也。以小家女而在曠僻可動之地，見者自無狎暱之心。於是陳其不可得之辭，如漢水之廣不可潛行而泳之，江水之長不可乘泭而方之。見其正潔之意，使人望之而暴慢之志不作矣。詩人偶見漢上游女，人無陵犯之心，知紂之淫風已變，由文王風化所及，故假此游女以起義耳。

又 卷三 凱風自南，吹彼棘心。棘心夭夭，母氏劬勞。

興也。棘至夏始生，是難長之木，故必待凱風吹之而後生。凱風自彼南方，長養之方而來。吹彼穉弱之棘心，至於夭夭然。少長則風之爲力多矣。興母以慈愛之情，養我七子之身，至於少長，則母氏亦病苦矣。母之養子，於少時最苦，故於夭夭言劬勞。凱風棘心，《傳》《箋》及《疏》，皆不指爲何木。唯園有棘，毛氏以爲棗，陸農師以爲酸棗。又《釋木》棗注，引《孟子》趙岐注云，樲棘，小棗，所謂酸棗也。《朱氏集解》云，樲棘，小棗，非美材也。

凱風自南，吹彼棘薪。母氏聖善，我無令人。《箋》曰：「令，善也。」

「棘心」，喻子之幼小。「棘薪」，喻子之成立。凱風吹彼棘心，至於成薪，可見長養之功。而所吹之棘，非美材，僅堪爲薪。猶母氏養我七子，至於成人，可見聖善之德，而我七子無令善之人。言七子之中，苟有一令善之人，則母亦不舍之而欲嫁也。子之成立，由母之德，故於棘薪言聖善。聖者，明達之稱。善者，賢淑之稱。

又 卷四 山有榛，隰有苓。云誰之思，西方美人。彼美人兮，西方之人兮。

興也。西方美人，指西周之人物也。彼美人兮，指衛之碩人也。詩人將美衛之賢者，先述西周人物，以擬之謂山則有榛，隰則有苓。山澤之生草木，猶盛朝之出人物也。今我所思者誰乎？唯思西周之美人也。人物盛衰，與世道相爲升降。唯西周全盛之時，乃有龐碩之材。東遷以降，則人物眇然矣。下句乃美衛之賢者，言彼衛國之美人，真西周之人，而非今世之人也。西周之時，乃有此人物，不謂於衛之偏方下國而見之也。《序》所謂可以承事王者也。極言賢者人品之高，見衛之不用可刺矣。

又 卷七 或謂山隰有草木，喻國之有人材耳，不必彊爲分別。此説非也。凡《詩》言山隰有草木，其草木皆相類，故不必分别。此詩以扶蘇對荷華，以喬松對游龍，皆不相類。荷，名華也；扶蘇，小木，不知其爲何木，其名不顯其木，可知是荷葉與扶蘇非類也。松名木也，其材可爲棟梁，以喬言之，則又高竦而挺持。龍，凡草也，又以游言之，則枝葉放縱，與喬木亦非類也。周子以蓮有君子之德，夫子稱松有後凋之操，晉人稱和嶠爲千尺松，皆以荷松喻賢。豈扶蘇、游龍輩所可同日語哉！時人比竝言之，蓋美惡相形矣。

又 卷二四 維柞之枝，其葉蓬蓬。樂只君子，殿天子之邦。樂只君子，萬福攸同。平平左右，亦是率從。

興也。柞有枝，枝有葉，蓬蓬然。盛葉以芘枝，枝以衛幹。枝葉相承，而根本堅固。喻諸侯及其臣，上下相承以衛天子，而國家乂安也。故曰，樂哉，此諸侯能鎮天子之邦也。樂哉，此諸侯均受其福。其左右之臣，亦皆平平辯治，相率以從王命也。

又 卷二五 肆不殄厥愠，亦不隕厥問。柞棫拔矣，行道兑矣，混夷駾矣，維其喙矣。

八章述大王能調服昆夷也。不絶愠怒昆夷之心，内爲之備也。然新遷之國，未能與夷狄較，亦不廢其聘問鄰國之禮，外與之和也。内備外和，待夷狄之道盡矣。及乎自治，既至國勢益彊，柞棫之木，拔然遂茂。行道之人，兑然和説。則昆夷奔走，竄伏張喙以息矣。此形容昆夷遠避，不侵犯之意耳。

金　劉祁《歸潛志》一二　國家養育人材當如養木。彼楩楠豫章之材，封植之，護持之，任其長成，一旦可以爲明堂太室之用。如或牛羊齧之，斧斤伐之，則將憔悴慘淡無生姿，或枯槁而死矣，又安能有干霄拂雲之勢耶。

明　王廷相《慎言》卷一　木有津液，即血。暢發，即氣。心之堅强，即骨。皮之柔潤，即肉。結實，即精。石者，土之結。金者，石之精。五金之質異者，氣之種殊也。是金木之生，與人物類也者。是故水火得陰陽之精，先萬物成。昆虫、草木、金石，後天而化。謂金木匹水火而能生物，其探道化之不精者與？

明　楊慎《丹鉛餘録》卷五　《青史子》載古禮，男子生而射天地四方，其文云：「東方之弧以梧。梧者，東方之草，春木也。南方之弧以柳。柳者，南方之草，夏木也。中央之弧以桑。桑者，中央之木也。西方之弧以棘。棘者，西方之草，秋木也。北方之弧以棗。棗者，北方之草，冬木也。」是木亦可稱草也。

明　王世貞《弇州四部稿》卷一五六　亹連闊達者，祥樹也。其狀連累相承。孫氏《瑞應圖》曰：「王者，嫡庶有序，男女有别，則亹連闊達生於房。」又京房《易傳》曰：「君有德生聖子，則木生屋上及朝廷。」愚謂朝廷屋宇豈可生樹，其爲不祥莫大焉。太戊之桑書，有明證。又宋孝武大明元年，嘉禾生清暑殿鴟尾中。不十年而帝殂國亂，後嗣殄滅幾盡。《宋書》載之瑞徵，寧非誣也。

明　沈長卿《沈氏日旦》卷一二　橋梓比父子，此以俯仰起見者也。至于椿比父，萱比母，則殊無所本。若本《南華》大椿之説，于以祝父壽，似矣。萱則朝榮夕悴，冬月萎矣，何薄于母而祝其不壽耶？若本《毛詩》萱草樹背之説，曩母氏之忘憂，似矣。椿則塊然，漠然，無知識矣，何薄于父而聽其不樂不憂耶？予以臆解之，椿葉萱花皆可食也，人子叨養于父母，猶椿萱焉。他樹非不有葉，他卉非不有花，可食者絶少。意古人取義在是乎？此亦曲説，留以待後人酌之。

明　楊思本《榴館初函集選》卷一《性命》　是故有因乎天者，忝宜寒，稌宜暑；有因乎地者，江南則爲橘，江北則爲枳。鸜鵒不踰濟，貉踰汶則死，此則命之從性也。有因乎人者，梅可以爲杏，更一種核而杏仍梅矣；艾可以爲菊，更一移根而菊仍艾矣。此則性之不從乎命也。

明　張尚儒《二樗説》（同治《巴東縣志》卷一五引）　縣治故無城郭，負山面江，僅僅一線之區。官舍蕭條，墻堞傾壞。左去學宫，惟間以土垣耳。余壬寅夏涖兹土，公餘晏坐，每見土垣間二樹挺生，枝葉扶疎而上，有若爲余左蔽者。越癸卯秋，余因連理棗而建閣於衙後，兹樹實當閣之北，高與閣齊，夏則緑陰茂密，冬則天籟怒號，朝晴夕月之間，清輝疎影，掩映窗扉，於吾閣甚有嘗焉。而問誰樹之，咸謂之樗。嗟乎，嗟乎，《豳風·七月之什》曰：「采荼薪樗，食我農夫。」惠子有道者也，謂莊子曰：「吾有大樹，人謂之樗。其大木臃腫而不中繩墨，其小枝卷曲而不中規矩。立之塗，匠者不顧。」而莊子論山中大木，以不材終其天年。使樹而非樗，樗而非樹，於縣學之間，將夭於斧斤。余亦何有於樗耶？樗亦何有於閣耶？余性懶惰，幼執經無所成名。幸而以不材涖兹土，烏知余之非樗耶？樗之非余耶？余與樗有以異也，無以異也。則亦直寄焉。以爲此地垢厲也。而又何有□耶？然而以余視巴，以巴視閣，以閣視樗，亦不可謂之無當也。於是作《二樗説》。癸卯季秋，張尚儒識。

清　應撝謙《性理大中》卷六《儒紀·魯齊許子》　山木之根，力可破石，是亦積之之一驗也。

清　周魯《類書纂要》卷二八《樹》　《説文》云，木性上，枝旁引一尺，下根亦引一尺，故于文上下均也。又木訥質也，又木强不和柔也。又析木星次，名屬東方。

綜　述

漢　劉安《淮南子》卷五《時則訓》　正月官司空，其樹楊。【略】二月官倉，其樹杏。【略】三月官鄉，其樹李。【略】四月官田，其樹桃。【略】五月官相，其樹榆。【略】六月官少内，其樹梓。【略】七月官庫，其樹楝。【略】八月官尉，其樹柘。【略】九月官候，其樹槐。【略】十月官司馬，其樹檀。【略】十一月官都尉，其樹棗。【略】十二月官獄，其樹櫟。

晉　崔豹《古今注》卷下　程雅問曰：「堯設誹謗之木，何也？」答曰：「今之華表木也。以横木交柱，頭狀若花也，形似桔槔。大路交衢悉施焉。或謂之表木，以表王者納諫也。亦以表識衢路也。秦乃除之，漢始復修焉，今西京謂之交午也。」

宋　陸佃《埤雅》卷一三《楓》　《釋木》云：楓，欇欇。楓似白楊，有脂而香，今之香楓是也。木厚，葉弱，枝善摇，故字从風作，音从風也。葉作三脊，霜後色丹，所謂丹楓。其材可以爲式，《兵法》曰「楓天棗地，置之槽則馬駭；置之轍則車覆」是也。舊説，楓之有癭者，風神居之。夜遇暴雷驟雨，則暗長數尺，謂之楓

人。天旱以泥封之，即雨。故造式者以爲蓋，又以大霆擊棗木載之，所謂楓天棗地。蓋其風雷之靈在焉，故能使馬駭車覆也。楓尊棗卑，故式覆以風楓，載以雷棗。古者王禁被以楓槐，外朝之位樹九棘焉。賦曰：蘭若充庭，槐楓被宸。此之謂也。

宋 蔡卞《毛詩名物解·草木總解》 匏可食，葉苦不可食。葑也、菲也，不能常美，人之所不能常善者也。荼，苦也。有曰如薺，有曰如荼，皆甚美而爲之辭也。菽，微而采之，有以員之筐、方之筥者，會諸侯以禮數者也。匏葉以爲葅，微者也。兔首以爲羞，薄甚也，而禮不以微薄廢者也。甘匏纍樛而上行，成美之實也。瓞，瓜之小者也。而緜緜能大者，文王紹太王而興者也。瓜在疆場，無曠土者也。苹也、蒿也、芩也，鹿之食也。而芩不若蒿之大，而蒿不若芩之美，禮有加也。莪，蒿之細則難辨者也。莪，蔚之大則易辨者也。蓼、莪之思彌深，而易辨者猶難辨也。采芑之菜也，方其始，則采於新田，以新田爲不足而及於菑畝也。世未嘗無士也，亦新美其材而拔取之，若菑畝之芑可也。有芑之草也，物之微也。豐水東注，言其順物之理乃能立法也。故曰：「皇王維辟也。」豐水有芑，言其順物之理乃能貽謀也。故曰：「以燕翼子也。」草木有待於霜而成者，蒹葭蒼蒼，漸至於采采，尤待霜而成者也。國待禮而後固也。葭菼揭揭，薍也、葭也、蓬也，始而生則蒐田時也。葛也、藟也，漘滸潤之而後蓄也。漘也、滸也，葛藟纏而後固者也。王室艱難，不可以相無者也。始河之滸，中河之涘，卒河之漘。地之愈危，彌不可無葛藟之纏固也。葛藟縈於樛木，則衆妾附后妃之仁而進，此逮下者也。葛藟施於條枚，而子孫緣先祖之功而起，此受祖者也。葛，寄松栢而生者也，蘿，縈松柏而生者也，蔦蘿同姓也，松柏王室也，同其存亡者也。卒曰：「松上則引之彌高者也。」萇楚，材之柔不能自立，而可扶掖以成其枝華也。人有不能，以欲故也。子之無家、無知、無室，豈有樂之者疾其人之欲故也。芄蘭，柔而蔓依以自立者也。人不能者，以驕故也。「佩觿雖文，而不我知。」無知人之道也。「佩韘雖武，而不我甲。」無長人之德者也。知人，君德也。山有扶蘇也、喬松也，隰有荷華也、游龍也。上下各得其宜，而忽之所美，乃非美者也。子都，容之美也。子充，德之美也。茹藘，色之可染者也。以禮則平易，故曰「東門之墠墠者」，男子之所以行禮也。下言「東門之栗栗者」，女子之所以行禮也。棠棣之華、桃之華、蕣之華，凡以喻色也。棠棣之華，華如桃李，華而實者也。桃華而實，有蕡家室之所以成德也。實而蓁蓁，家人之所以庇陂之失道也。蕣，朝華而暮隕，非可恃者也。此喻物之無助者也。凡木曰華，草曰榮，榮而無實爲英。蕣先曰華，而後曰英，喻無實也。木生仁者也，林爲君者也，積仁以能蔽者也。樛木屈而下垂，而葛藟得以纍，甘瓠得以纍者，仁之下屈者也。棠棣華所覆者，鄂鄂所承者。華而韡韡然，天性也。兄弟相反，亦天性也。杕杜，木大而特生，尚有葉以蔽者也。而杕杜有以刺獨居而無兄弟者也，有以刺不求賢以自輔者，有以敘征夫之情而自傷者。甘棠勿翦，至於勿伐，愛之至也。然甘棠者，教也。惟其教之明，是以愛之至。若夫化，則化有所至，而愛有所忘者也。梅先衆木而花實者也，梅先時，則男女不可以不及時者也。蔓於楚，則微而猶可刈者，微者亦成材也。樸樕於林，猶免陵賤者，禮所以自防而不可以微賤薄廢者也。棘堅而木之難長養者，棘心，至於棘薪，則長養劬勞而後成者也。榛所以養也，苓所以治也。養譬則德也，治譬則能也。德在乎上，故曰：「山有榛也。」職在乎下，故曰：「隰有苓也。」此衛之賢者又多能，而苓之不若者也。南山有臺，北山有萊，則前後皆得賢，而其基大者也。「臺萊徧於山之上，下以爲蔽者也。」此言邦家之基也。其葉有儺，而幽且沃者，桑也。其枝下垂，而宛以華者，楊也。以其爲山蔽飾，故以此言邦家之光也。杞之實可以療，李之實可以食，故以此言民之父母也。栲之榦高大，而車以爲輻，杻之名檍，而古以爲弓，其堅以大也，故於此言「遐不黄耇也」。枸則生而茂以堅，楰則久而益不朽，爲其可傳於後世，故於此言「保艾爾後」，此其得賢之效也。凡山之高、隰之下，莫不有材以爲貢也。山之樞、隰之榆，不皆美材，亦足以庇覆。而子之裳衣弗曳弗婁，車馬弗馳弗驅，何也？山之栲即樗而其葉茂，隰之杻即檍而其材堅，猶以爲榮觀。而子之庭内弗洒弗埽，鐘鼓弗鼓弗考，何也？山之漆可以爲器，隰之栗可以爲禮。而子之酒食不鼓瑟而嘉樂以永日，何也？車鄰則美，有車馬、禮樂、侍御之好。故曰：「阪有漆，隰有栗。」漆可以用，栗可以食，而阪隰之賴以爲飾者不若桑楊之美也。故卒曰：「阪有桑，隰有楊。」條所謂稻，梅所謂柟也。條梅，尤終南之文飾者也。若夫錦衣狐裘，顔如渥丹，則雖文以服，飾以容而宜，實以君之德也。故曰：「其君也哉。」戒之也。卒使之壽考不忘勸之也。杞、棘，木之堅剛者也。桐、椅，木之柔令者也。君子德欲剛，儀欲柔，故於杞棘言令德，桐椅言令儀，令儀嫌於無實離也。桐椅以譬儀之柔令者也。生於朝陽，則以見君之下賢，不以令之柔，而必以德之溫厚也。松柏葉美、材茂、本堅而久者也，自天保福禄而下之；至於竹之苞、松之茂，又本久而固者也，自福德澤而下之；至於松柏之茂，無不爾或，承德

蔽廣而久也。竹虛而節直，而和者也，淇澳德也。綠竹、棫、樸，附而生者也。棫樸之爲薪材，微而用大，此官人者也。榛楛者，莖如荊，葉如蓍，木之微者也。而在旱麓濟濟能盛者，以見流澤之遠，此受祖者也。柞棫，木之堅也，文王之德至於柞棫矣。則柔者可知，故昆夷駾矣。大邦畏其力虞芮質，厥成小邦，懷其德也。柞棫之枝，猶堅以固者矣。王公於諸侯，待信義而後固者也。故采菽信以結之，使如柞柔之附於枝；義以制之，使如紼纚之維其舟也。檀，木之堅而美者也。穀，木之散而惡者也。杞不如桑之本固者也，桑不如檀之堅强者也。將仲子里也、牆也、園也，而戒之以無踰，以言無侵我之家事也。杞也、桑也、檀也，而戒之以無伐，以言無害我之兄弟也。始於里，卒於檀，以見養人愈强而愈不可制也。柳之條柔而不可折以樊圃也，椒之實蕃而遠條盛則本衰者也。王之、揚之，水而不能流，束薪至於束楚、束蒲之彌輕，以見王愈弱不能有爲也。鄭之、揚之，水不能流，束蒲至於束楚、束薪，以見臣愈强而不可令者也。不能有爲，罪在上，故刺其上也。不可令，罪在下，故閔其上也。聖人言《詩》而終於鳥獸、草木之名，蓋學《詩》者始乎此，而由於此以深求之，莫非性命之理，道德之意也。

宋　羅願《爾雅翼》卷九《檜》　檜，一名栝。《禹貢》：荆州貢杶榦栝栢榦柘也。栝，檜也。故檜兼有栝音。柏葉而松身，性能耐寒。其材大可爲舟及棺槨，《左傳》稱棺有翰檜而淇水檜楫松舟也。《衛詩》之託興，以爲物各有偶。檜之與松，其生固已相類。至其刳剡而爲濟川之用，則又相須。使女之適異國者每如此，則何有不見答者哉！唯其不能然，是以有思歸之作。是詩與泉水，皆衛女所以寓其思。泉水則思出同歸異之肥泉，竹竿則思出同歸同之松檜也。檜，今人亦謂之圓柏，以別於側柏。又有一種，別名檜柏，不甚長。其枝葉，乍檜乍柏。一枝之間屢變，人家庭宇植之以爲玩。

又《樅》　樅，松葉柏身。檜，柏葉松身。從者，合異而爲同。會者，聚兩以爲一。故二木合松柏之體，而取合從胥會之義。猶《淮南子》云：「槐榆與橘柚，合而爲兄弟也。樅大木千仞無枝，利以爲夏屋。」郭璞曰：「今大廟梁用此木。」是誠木之可貴者也。《尸子》曰：「松柏之鼠，不知堂密之有美樅。」今貂鼠好在松上，食松皮，人謂之松狗。所謂松柏之鼠，當謂此耳。樅，松葉柏身，其味當美而鼠不知也。《字説》曰：「檜，柏葉松身，則葉與身皆曲。樅，松葉柏身，則葉與身皆直。樅以直而從之，檜以曲而會之。以直而從之，故音從容之從。以曲而會之，故音會計之會。」

又《榛》　榛，枝莖如木蓼，葉如牛李色，高丈餘，子如小栗。其核中悉如李，生則胡桃味，膏燭又美，亦可食噉。漁陽、遼、代、上黨皆饒。鄭注《禮》曰：「榛以栗而小，關中鄜坊甚多。然則其字從秦，蓋此意也。」《邶詩》曰「山有榛」，「云誰之思？西方美人。」《旱麓》之詩曰：「瞻彼旱麓，榛楛濟濟。」説者曰：旱，山名也。麓，山足也。旱山之足林木茂盛者，得山雲雨之潤澤也。又説者以榛可爲贄爲文事，楛可爲矢爲武事。是蓋不然。夫榛、楛，皆用之武事。《説文》：「榛，木也。一曰菆也。」菆，蓋矢之善者。《春秋傳》所謂致師者，左射以菆是也。若楛則爲矢，甚明。周世脩后稷、公劉之業，而申以百福千禄，皆文事也。然不可無武備，故瑟彼玉瓚以下，述文治之美，而首章言武備也。《周語》曰：「夫旱麓之榛楛殖，故君子得以易樂干禄焉。」若夫山林匱竭，林鹿散亡，藪澤肆既，民力彫盡，田疇荒蕪。資用乏匱，君子將險哀之不暇，而何易樂之有！是先有險哀之備，而後可以及易樂也。又，女贄用榛者，《左傳》曰：「女贄不過榛、栗、棗，脩以告虔也。」稱告虔者，榛有臻至之義，栗有戰栗之義，棗有早作之義，脩有脩飭之義，皆以其名，告己之虔恭也。又一種，大小枝葉皆如栗，其子形如杼子，味亦如栗，所謂樹之榛栗者。其下云：「爰伐琴瑟。」是大木，非榛楛之榛。至女贄，則宜兩者皆可用。《蜀都賦》：「欘栗罅發。」榛與欘同。

又《檿》　檿，山桑。顔師古以爲山桑之有點文者，其葉可以食蠶，而材尤有用。古者青州以絲爲貢，以檿絲爲篚。蓋食檿之蠶，其絲中琴瑟絃，盛之箱篚，貴之也。其材可以爲車轅，又可以爲弓。弓人取幹之道七：柘爲上，檍次之，檿桑次之，橘次之，木瓜次之，荆次之，竹爲下。周幽王之亂，檿弧箕服之謡，兆於宣王之時，竟取棄女以亡周國。先王之制，戎器不鬻於市，而至於夫婦鬻是器，則已異矣。檿之爲弓，見於此時。箕草似荻而細，織以爲矢服，説者以爲近射妖。《管子》五粟之土，其檿其桑。《周詩》言文王之事，攘之剔之，其檿其柘。

又《檉》　檉，河柳。郭璞以爲河旁赤莖小楊也。其皮正赤如絳，而葉細如絲，婀娜可愛。天之將雨，檉先起氣以應之。故一名雨師，而字從聖。《字説》曰：「知雨而應，與於天道。木性雖仁聖矣，猶未離夫木也。小木既聖矣，仁不足以名之。音赬，則赤之貞也，神降而爲赤。」云檉非獨能知雨，亦能負霜雪大寒，不彫，有異餘柳。蓋莊子以松柏獨受命於地，冬夏青青，比舜之受命於天。檉之從聖，亦以此歟？《詩·皇矣》云：「作之屏之，其菑其翳。脩之平之，其灌其栵。啓之辟之，其檉其椐。攘之剔之，其檿其柘。」蓋文王之養才於山林，日就

繁茂，故其始而屏除之也。始於已死之菑，翳而及於庬雜之灌栵，又及於檉椐之小材，又不得已而及於檿柘之長木。以明草木逾茂，則始之所愛者，不能並育以漸去焉。故其卒至於柞棫斯拔，松柏斯兑也。然則檉亦良木矣。《漢書》：「鄯善國多檉柳。」段成式云：「赤白檉出涼州，大者爲炭，復入炭汁，可以煮銅。」《南都賦》注，檉似柏而香，今檉中有脂，號檉乳。

又《**棘**》 棘，心赤而外有刺。故朝位植之。左九棘，孤卿大夫位焉，羣士在其後。右九棘，公侯伯子男位焉，羣吏在其後。面三槐，三公位焉，州長衆庶在其後。蓋槐，取懷來。棘，欲其赤心而留意於三刺也。又，《釋木》云：「槐、棘，醜喬。」蓋言枝皆翹竦，有奉上之義。亦藉其繁茂，以爲蔽外屏之義也。棘有赤、白二種。其刺亦有直者、鉤者。補益用直，療腫用鉤。古人所謂造沐猴於棘刺，言其難也。《春秋繁露》曰：「美惡之類，各以類應。故以龍致雨，以扇逐暑。軍之所處，生以棘楚。」蓋棘者，刺人之物。楚者，撻人之物。皆能傷人，故緣類而生，亦戟棘也。越棘，大弓取象於棘。又，棘可以爲矢。昔者楚之先祖，桃弧棘矢以共禦王事。蓋冰之將出，桃弧棘矢以除其災。桃能去厲，棘植於花外則花不被霜。所謂除災，豈此之謂耶？《詩》曰：「凱風自南，吹彼棘心。」又曰：「吹彼棘薪。」凱，南風也。八風以生，殺萬物。東北曰條風，物至是而條咢也。東曰明庶風，東方日所出以明庶物也。東南曰清明風，宅東與南之交，故明且清也。南曰景風，明之極而有景也。西南曰涼風，暑至西南而薄也。西曰昌盍風，昌盍，天之門，所以戒藏也。西北曰不周風，天傾西北，故其風不周徧也。北曰廣莫風，有北廣莫之野也。凱風既云自南，乃當景風。《白虎通》曰：「景風至，棘造實。」蓋吹彼棘心者，將以趣其造實。萬物之難生者，棘而造實。又欲其應候，南風雖能生物，亦已勞矣。八風謂之景。《衛詩》謂之凱，以强教之也。以棘爲凱風之候，則母氏之劬勞甚矣。老子曰：「師之所處，荆棘生焉。」以荆棘惡木，有兵刑之象。《皇覽》曰：「孔子塋中，不生荆棘，及刺人草。」《管子》：五沃之土，其棘其棠。

又《**楝**》 楝，木高丈餘，葉密如槐而尖。三、四月開花，紅紫色，芬香滿庭。其實如小鈴，至熟則黄，俗謂之苦楝子，亦曰金鈴子。可以練，故名楝。《淮南子》記十二月之木，正月其木楊。許叔重以爲陽於春爲先。二月其木杏，杏有竅在中，象陰布散在上。三月李，四月桃。李、桃有核，與杏同，顧先後熟爾。五月榆，六月梓。其説未聞。七月其木楝。楝實秋熟故也。八月其木柘，亦未聞。九月槐。槐，懷也，可以懷來遠人。十月檀。檀，陰木也。十一月棗，取其赤心也。十二月櫟，可以爲車轂。木不出火，唯櫟爲然，亦應陰氣也。然則古以楝實，應七月之氣。《管子》：五位之土，種楝。又，鳳皇非梧桐不棲，非楝實不食。荆楚之俗，五月五日，民並斷新竹筍爲筒，楝葉插頭，纏五絲縷江水中，以爲辟水厄。士女或楝葉插頭，五絲纏臂，謂爲長命縷。俗言屈原以此日投水，百姓競以食祭之。漢建武中，長沙人有見人自稱三閭大夫者，謂之曰：「所祭甚善，常苦爲蛟龍所竊。蛟龍畏楝葉五色絲，自今見祭，宜以五色絲合楝葉縛之。」所以俗並事之。宗懍引《風俗通》以爲獬豸食楝，原將以信其志也。然則鳳凰獬豸，皆食楝。而蛟龍特畏之，是亦異矣。

又《**六駮**》 六駮，木名。其皮青白駮犖，遠而望之，似六駮之獸，因以爲名。其木，則梓榆也。《秦風》曰：「山有苞櫟，隰有六駮。」又曰：「山有苞棣，隰有樹檖。」毛氏直以爲獸之六駮，則與苞櫟棣檖不相類。故陸璣不從也。六駮，鋸牙之獸，能食虎豹者。其狀如馬，亦名駮馬。此木既以六駮爲號，故亦兼駮馬之名。又曰馬梓。今之檀木，皮正青而澤，與莢蒾及此木相似，故里語曰：「斫檀不諦，得莢蒾。莢蒾尚可，得駮馬。」夫鳥獸草木之類，特爲難窮。其形之相似者，雖山澤之人，朝夕從事，有不能别其名之相亂者。雖博物君子，習於《風》《雅》，有不能周。故野人伐檀而得駮，先儒訓駮而爲獸，其去本遠矣。崔豹《古今注》曰：「山中有木，葉似豫樟，皮多癬駮者，名曰六駮。」蘇子由曰：「其皮青白如駮。言六，未詳。」

又 卷一一《**楙**》 《衛詩》有《木瓜》之篇。毛氏以爲衛人思齊桓公之德，欲厚報之。而孔子謂，吾於木瓜見苞苴之禮行焉。蓋以果實問遺人者，必苴裹之，則厥包橘柚之屬是也。

又《**椒**》 椒實多而香，故唐詩以椒聊喻曲沃之蕃衍盛大。聊，語助也。陳詩：「貽我握椒。」周頌有「椒其馨。」《離騷》云：「雜申椒與菌桂，懷椒糈而要之。」《九歌》云：「奠桂酒兮椒漿，播芳椒兮成堂。」漢世皇后稱椒房，取其實蔓延盈升。以椒塗屋，亦取其温煖，故長樂宫有椒房殿。其後董賢女弟爲昭儀，居舍與后相擬，號曰椒風。及晉世石崇、王愷之徒相矜以富，於是崇以椒爲泥泥其屋，而愷以赤石脂泥其壁云。

荆楚之俗，正月一日，長幼悉正衣冠，以次拜賀，進椒酒。崔寔《月令》云：過臘一日，謂之小歲，拜賀君親，進椒酒。從小起。成公綏《椒花銘》云：肇惟歲

首，月正元日。是知小歲則用之。漢朝元正則行之，後世率以正月一日，以盤進椒飲酒，則撮寘酒中，號椒盤焉。

又《椴》 《風土記》曰：俗尚九月九日，謂爲上九。茱萸至此日氣烈，熟色赤，可折其房以插頭，云辟惡氣禦冬。《西京雜記》云：漢武帝宫人，九月九日佩茱萸。食蓬餌，飲菊花酒，云令人長壽。至宗懔記《荆楚歲時》云：「漢費長房教桓景，令家人各作絳囊，九月九日，盛茱萸繫臂上，登山，飲菊酒消厄。」蓋至今用。是日，以椴雜菊花寘酒中飲，古之遺俗也。尤妙於辟毒破氣故云。嶺南多毒，足解毒之物即金蛇白藥之屬是也。江湖多氣，足破氣之物，薑橘、吴茱萸之類是也。乃天生萬物以與人，亦人窮急以致物。《楚辭》稱：「椒專佞以慢慆兮，椴又欲充夫佩幃。」椒，以比上官之屬。椴，其黨也。曹植《樂府歌》曰：「茱萸自用芳，不如桂與蘭。」而郭璞射覆云：「子如赤鈴，含玄珠，乃是椒耳。」

又《楓》 楓，似白楊，甚高大，厚葉弱枝而善摇，葉圓而歧。霜後丹色可愛，字从風。又《釋木》：「楓，欇欇。」説者曰，天風則鳴，故曰欇欇。或云無風自動，有風則止。按，《説文》：「木葉摇白謂之橥。」則欇與風同義矣。《招魂》云：「湛湛江水兮，上有楓。目極千里兮，傷春心。」至漢宫殿中，多植之。《魏景福殿賦》猶稱「槐楓被宸」考，漢故事也。有寄生枝，高三四尺，生毛。一名楓子。天旱以泥，泥之即雨。或云，樹老有瘻瘤，忽遇暴雷驟雨，瘻上聳出一枝，一夜暗出三五尺，形如人鬼，口眼備，南中謂之楓人，亦謂之靈楓。越人以計取爲神，事之。舊説云，黄帝殺蚩尤於黎山之上，擲其械於大荒之中，朱山之上，化爲楓木之林。此猶夸父之杖，棄爲鄧林也。其子可以爲式，式局以楓木爲天，棗心爲地。其脂甚香，謂之楓香脂，一名白膠者。入地千歲，則爲琥珀。楓上有菌，食之令人善笑不止。

又《移》 唐棣，移。郭璞曰：「似白楊，江東呼夫移逸。」《詩》曰：「唐棣之華，偏其反而。豈不爾思，室是遠而。」孔子取而論之。移生江南山谷，其大十數圍，無風葉動，華反而後合，所謂偏其反而者也。夫人之情，反而欲其合，豈欲其常相遠哉！是詩也，其旨與《角弓》之詩同。《角弓》之詩曰：「騂騂角弓，翩其反矣。兄弟昏姻，無胥遠矣。」夫角弓，有時而反也。然反者，所以爲適。唐棣，有時而反也。然反者，所以爲合。然則兄弟昏姻，與此室之遠，豈遠也哉！亦猶二物之暫反而終合耳。故孔子曰：「未之思也，夫何遠之有。」又《何彼禯矣》之詩，亦言唐棣之華。此詩以王姬車服不繫其夫，築館于外，亦有反而後合之道。至於執婦道以成肅雝，則若桃李之相輝，蔽不終反而已也。崔豹《古今注》曰：「移楊圓葉弱蔕，微風大摇，一名高飛，一名獨摇。」又曰：「移楊，一曰移柳，亦曰蒲移。」而《齊民要術》以高飛獨摇，爲白楊之别名。又《本草》白楊注云：「取葉圓大蔕小無，風自動者。故説者云，葉無風自動，此是移楊，非白楊也。蓋白楊多悲風，又與此相類，故相雜耳。移皮焚爲灰，置酒中，令味正，經時不敗。而枳椇木以爲屋，屋中酒則味薄，物之相反有如此者。」

又 卷一二《柞》 柞生南方，葉細而密。今人爲梳用之。《詩·雅》道柞爲尤多。方周之興，大姒夢商之庭産棘，小子發取周庭之梓，植之于闕間。梓化爲松栢柞棫。覺驚以告文王，文王曰：「勿言。」冬日之陽，夏日之陰。不召而物自來，以爲宗周興王之兆。故《詩》曰：「帝省其山，柞棫斯拔。松栢斯兑，帝作邦作對。」自大伯王季，未必不謂此也。又述文王之事，曰：「柞棫拔矣，行道兑矣。」山木多矣，而獨言柞棫，蓋祚薪者，民之所燎，且至於聳拔，則其餘從可知也。《齊民要術》稱柞斫去尋生，料理還復，蓋良木之易成者。然亦非人力料理，有不可復，此以見大王之勤也。又言，柞宜種於山阜之曲，十年中椽，二十年中屋槫，薪樵不在此數。然則爲利亦博矣。《管子》：「五粟五沃之土，宜柞。」《風土記》：「舜所耕多柞。」又，漢有五柞之宫。

又《櫟》 《淮南·時則訓》：十二月之木。正月其木楊。楊，蒲柳也。楊木春先。二月其木杏。有竅在中，象陰布散在上。三月其木李。李亦有核，李後杏熟，故主三月。四月其木桃。説與杏同，桃後李熟，故主四月。五月其木榆。六月其木梓。説未聞七月其木楝。楝實，鳳皇所食。今雒城旁有樹，楝實秋熟。八月其木柘。未聞九月其木槐。槐，懷也。可以懷來遠人。十月其木檀。檀，陰木也。十一月其木棗。取其赤心也。十二月其木櫟。

又《櫧》 櫧似柃，葉冬不落。《上林賦》：「沙棠櫟櫧。」郭璞曰：「櫧似采柔。」

又《漆》 漆木汁，可以髹物。象形，桼如水滴而下。木高二三丈，葉如椿樗，皮白而心黄。六七月間，以斧斫其皮開，以竹管承之汁滴，則爲漆。古者以爲貢，職方氏豫州其利林漆，傳稱舜造漆器，諫者數百人。考以爲奢侈，從此興。然三代盛王相繼以爲器皿，以示制度。蓋備物致用，聖人之事也。後世用之既博，故周家漆林之征，至二十而五。衛文公徙居楚丘，則樹榛、栗、椅、桐、梓、漆，伐琴瑟焉。蓋其遠慮如此。而後漢壽張侯樊重欲作器物，先種梓漆，時人嗤之。

然積以歲月，皆得其用，向之笑者，咸求假焉。《貨殖傳》：「陳夏千畝漆，與千户侯等。」莊子曰：「桂可食，故伐之。漆可用，故割之。」

又《椐》 椐，樻也。《草木疏》云：「節中腫，似扶老，即今靈壽是也。」今人以爲馬鞭及杖，弘農郡北山甚有之。《孔光傳》：「賜靈壽杖。」孟康曰：「扶老杖也。」顔師古曰：「木似竹，有枝節，長不過八九尺，圍三四寸，自然有合杖制，不須削治也。」陳藏器云：「生劍南山谷，圓長，皮紫，作杖，今人延年益壽。」王粲《靈壽杖頌》云：「奇幹堅正，不待矯輮。」

明 王世貞《彙苑詳註》卷三一《椿》 椿木草有椿木、樗木，舊不載所出州土，今處處有之。二木形幹、枝葉，大抵相類。椿木實而葉香，可啖。樗木疏而氣臭，膳夫熬去其氣，葉亦可啖。北人呼樗爲山椿，江東人呼爲虎目。葉脱處，有痕如樗蒲。子又如眼目，故得此名。夏中生莢。樗之有花者，無莢。有莢者，無花。莢常生臭樗上，未見椿上有莢者。然世俗不辨椿樗之異，故俗名爲椿莢，其實樗莢耳。椿無花不結子，木大而榦端直。樗有花而莢，木小，幹枝多迂矮。

八千秋古有大椿，以八千歲爲春，八千歲爲秋。注：生此户南北，木二萬二千歲爲一年。《莊子》

蔭華傘野人獨愛靈椿館，館西靈椿聳危幹。風柔雨練三月餘，奕奕中庭蔭華傘。劉原父

含風韻峩峩楚南樹，杳杳含風韻。何用八千秋，騰凌記朝菌。元獻

佳友椿松爲佳友，烟霞是舊鄰。

《古詩類引》靈椿燕山竇氏郎，五子俱第。馮道贈曰：「靈椿一株老，丹桂五枝芳。」《五代史》

夢庭椿盧携夢人贈句曰：「若問登庸日，庭椿不染風。」初不解其語，後九年，携拜相，庭下古椿一株，雖狂風驟雨，樹則不濕不摇。《鳳池編》

明 田藝衡《留青日札》卷三四《墳木》 天子墳高三丈，樹以松；諸侯半之，樹以柏；大夫八尺，樹以欒；士四尺，樹以槐；庶人無墳，樹以楊柳。古者葬之中野，不封不樹。自井田之法行，而死徙無出鄉。則欲如今之或千里，或數百里外求風水善地不可得也。又立爲墓大夫，以辨葬地，以序昭穆，則欲如今之各自爲墓，以分葬求福利者，不可得也。今之庶人惟樹松柏，則僭天子諸侯之制矣。所謂五患者，風水之經也，不爲道路，不爲城郭，不爲溝池，不爲貴勢所奪，不爲耕犂所及。又曰：不爲溝渠道，避村落，遠井竈是也。仲尼之墓皆楷木。又云：遠方弟子各樹以異材，理或然也。至于曲阜古城顔回墓上石楠二株，大三四十圍。土人相傳云：顔子手植之木。郡志皆載之。夫以不幸短命之人，何以預知其少年將死，而即手植此木以爲墓也。蓋顔子實年六十餘耳。欒即木蘭，又橙之別種有五，曰朱欒，曰香欒。

明 謝肇淛《文海披沙》卷六《木類有壽》 天下之有壽者無過於木，嶧山有禹貢時孤桐，然枯槁無生氣。曲阜有孔子手植檜，時時發榮。泰山有秦大夫松，秦郡有秦時栢。東岳廟有漢時栢，涿州有漢昭烈時大桑。盧龍静安寺有陳朝檜，吴興鐵佛寺、金陵牛首皆有六朝時銀杏樹。茅山有許旌陽手植檜，范石湖在成都見唐時梅。建寧都司有五代時樟木，其竅中可設數席耳。目所及者如此，竊恐深山窮谷，人跡罕到之處，當有洪荒時樹木也。

明 張墉《廿一史識餘》卷三三《草木》 張墉曰：草木之名，備載《爾雅》，既續且廣，殆無遺種矣。蒐自史册者寥寥無幾，不過掇寸柯于楩楠，拾一葉于蘺芷已耳，一柯一葉，安能盡草木哉？然繇拱把而千百其圍，自夭喬而億萬其類，皆此柯葉昉也。持以槩三雅，當無不可矣。輯草木第五十六，安邑千樹棗，燕秦千樹栗，蜀漢江陵千樹橘，淮北常山滎南河濟之間千樹荻，陳夏千畝漆，齊魯千畝桑麻，渭川千畝竹，及名國萬家之城帶郭千畝，畝鍾之田若千畝卮茜，千畦薑韭，此其人皆與千户侯等。《史記》

卓氏聞岷山之下沃野下有蹲鴟，至死不饑，乃求遠遷，致之臨邛。

故秦東陵侯召平，秦破爲布衣，種瓜長安城東，瓜美，世侈謂東陵瓜。

大宛左右以蒲萄爲酒，富人藏酒至萬餘石，久者數十歲不敗。俗嗜酒，馬嗜苜蓿。漢使取其實來，於是始種苜蓿、蒲萄。

豫，今之枕木。章，樟木也。二木生至七年，枕樟乃可分別。《史記注》

秦文公時，雍南山有大梓樹，公伐之，輒有大風雨，樹生合不斷。一病人夜往山中，聞鬼語樹神曰：「秦若使人被髮，以朱絲繞樹伐汝，汝得不困耶？」樹神無言。明日，病人語聞。公如其言，伐樹，樹斷，中一青牛走出，入豐水中。

夸父與日逐走，日入。渴欲得飲，飲於渭河不足。北飲大澤，未至，道渴而死。棄其杖，化爲鄧林。

漢武帝幸雍，得奇木，其枝傍出復合。上異之，終軍曰：「衆枝内附示無外也，殆將有削左袵要衣裳而蒙化者。」

王吉東家有大棗樹，垂吉庭中，婦取棗啖吉。吉後知之，乃去婦。東家聞而

欲伐其樹，鄰里共止之，因固請吉令還婦。里中語曰：「東家有樹，王陽婦去。東家棗完，去婦復還。」

大官園種冬生葱韭菜茹，覆以屋廡，晝夜□蘊火，待温氣乃生。召信臣以爲此皆不時之物，有傷於人，不宜以供奉養。

明 何三畏《新刻何氏類鎔》卷三一《榆》 榆者，降以玉衡之精，種來天上，而栽于五沃之土，植在人間。其條則長，其心則赤。憑榆而望，雲氣在二千里之外。植榆而置行宫，在五十里之中。啖榆，則飽不能飢。食榆，則眠不欲覺。舍北而種榆樹，可以得蠶。年荒而噉榆皮，可以救死。渤海之民，每一口則種榆一株。襄國之路，方千里而種榆夾道。鄭澤之課，百姓種榆樹以爲籬粱。暉之祈山，神執榆鞭以豎地。或剥榆皮于塞上，或採榆葉於夢間。彼有榆生於藏胞之坎，既而成林。有榆生於嘔吐之時，後亦成樹，則已異矣。論者以榆爲臃腫之材，而見遺于大匠。以榆非蔭，翫之所而請易于有司，固其宜也。至謂鵲巢於榆之巔，將凌風而起，有似君子之待時。蟬鳴于榆之上，方奮翼而飛，不虞螳蜋之在後。人亦取義於此樹，而鑒觀于斯言也夫。

清 張英《淵鑑類函》卷四一二《木一》 原《洪範》曰：三曰木，木曰曲直，曲直作酸。《春秋元命苞》曰：木之爲言觸也，氣動躍也。增又曰：木者陽精生於陰，故水者木之母。《爾雅》曰：木族生爲灌。灌木，叢木也。《揚子》曰：止于下而漸於上者，木也。《皇極經世書》曰：木結實而種之，又成是木，而結是實木，非舊木也。此木之神不二也，生生之理也。又曰：木者星之子，是以果實象之。原《易》曰：巺[巽]爲木坎，其於木也，爲堅多心。艮其於木也，爲堅多節。離其于木也，爲科上槁。堅多心謂剛中也。山木堅直，故多節也。陰含氣故曰科。科，空也，爲日所乾。故上槁。又曰：地中生木，升君子以順德，積小以高大。《毛詩》曰：黄鳥于飛，集于灌木。又曰：南有喬木，不可休(息)[思]。又曰：伐木丁丁，鳥鳴嚶嚶。又《序》曰：樛木，后妃逮下也。《尚書》曰：兗州厥木惟條，長也。揚州厥木惟喬。高也。又曰：木從繩則正。《禮記》曰：孟春之月，盛德在木。孟夏之月，無伐大樹。妨農故也。又曰：入山行木，無有斬伐。增《周禮》曰：山虞仲冬斬陽木，仲夏斬陰木。凡服耜斬季材，以時入之。陽木生山南，陰木生山北。服，車材。耜，農器。季，穉也。原《左傳》曰：慈母之怨，其子折木。又曰：鳥能擇木。《論語》曰：朽木不可雕也。《國語》曰：伐木不自其本，必有後生。塞水不自其源，必有後流。除禍不自其本，必有後亂。又曰：人之有孝也，猶樹之有枝葉，猶庇蔭之。況君子乎。京房《易傳》曰：木同本異枝，其君有慶。鄰邑來附者，吉木生於君屋，上及朝廷，其君聖子。木王而有實，其國有慶。木生於城脅，一圍以上，長數丈。此謂城强，其君大昌。《禮斗威儀》曰：君乘木而王者，其政升平，則草木豐盛。增《春秋運斗樞》曰：黑精用事，百木共一根。原《稽命録》曰：出號施令，合民心作樂，制禮得天心，則草木有益於人者，長以養民。王者得禮之制，澤谷中生赤木。又曰：宗廟生木。又曰：凡木細爲杪。《瑞應圖》曰：木連理，王者德化洽，八方合爲一家，則木連理。一本曰：不失小民心則生。《孝經援神契》曰：德至於草木，則木連理。《漢書》鼂錯上書曰：夫胡貉之地，積陰之處也，木皮三寸。地寒故也。《陰符經》曰：火生於木，禍發必剋。《六韜》：冬冰可折，夏條可結。《老子》曰：草木之生也柔脆，其死也枯槁。又曰：合抱之木，生於毫末。子路曰：二親之壽，忽若塵過隙草木長霜露不息。使賢者欲養其親，其道不行。《慎子》曰：廊廟之材，蓋非一木之枝也。《尸子》曰：木之精氣爲畢方。增《文子》曰：葉落者，風搖之，水濁者，物撓之也。《商子》曰：蠹衆則木折，隙大則牆壞。原《孫卿子》曰：玉在山而木草潤。《呂覽》曰：夫爚蟬者務在乎明其火，振其樹而已。火不明，雖振其樹何益！明火不獨在乎火，在於闇。當今之世，闇則甚矣。人主有明其德者，天下之士其歸也，若蟬之走明火也。又曰：木方盛，終日采之而復生。秋風下霜，一夕而零。又曰：欲鳥者先樹木。又曰：久之有民，如木之有根，根深則木固。增又曰：樹木盛，則飛鳥歸之；芻草美，則禽獸歸之。人主賢，則豪傑歸之。《韓子》曰：樹木有直根，有蔓根。直根曰根，蔓根曰柢。固其柢則生長，深其根則視久。《符子》曰：木生蝎，蝎盛而木枯。石生金，金曜而石流。又曰：水生於石，未有居石，而溺火生於木，未有抱木而焦。《繁露》曰：木有變春彫而冬榮。原《淮南子》曰：凡幹木生庶木，根枝木者生於庶木。凡見葉落而知歲暮，故葉落而長年悲。長年人悲木黄落時。又曰：直木先伐，甘井先竭。增又曰：郢人有買屋棟者，求三圍之大木，而人予車轂，跪而度之，巨雖可而長不足。又曰：良匠不能斲金，巧冶不能鑠木。金之勢不可斲，而木之性不可鑠也。又曰：佐祭者得嘗，救鬭者得傷，蔭不祥之木，爲電所撲。又曰：金勝木者，非以刀殘林也。又曰：羽翼美者傷骨骸，枝葉美者害根莖，能兩美者天下無之也。《鹽鐵論》曰：茂木之下無豐草。原《玄中記》曰：百歲之樹，其汁如血，千歲之樹，精爲青羊，萬歲之樹，精爲青牛。增《地鏡圖》曰：財在丘墟者爲木變，故木有折枯者，其旁有

財，其在南方，去木八尺，其在東方，去木六尺。虞喜《志林》曰：東海之魚墜一鱗，崑崙之木落一葉，聖人皆能知之。原《博物志》曰：員丘上有不死之樹，食之乃壽。《抱朴子》曰：橫海有魚抱大樹，能語精名，靈陽午日，稱仙人者老樹也。增孫綽曰：海人與山客辨，其出物，海人曰：魚額若華山之頂，一吸萬頃之波。山客曰：鄧林有木，圍三萬尋，直上千里，旁蔭數國。原《離騷》曰：一夫九首拔木九千。又曰：罾何爲兮木上。又曰：嫋嫋兮秋風，洞庭波兮木葉下。《文選》曰：樹木者，憂其蠹，根朽則葉危。古詩曰：嘉樹生朝陽，凝霜封其條。左思《蜀都賦》曰：其樹則擢脩幹，竦長條，扇飛雲，拂輕霄。羲和假道於峻嶺，陽烏回翼乎高標。陶潛《榮木詩序》曰：榮木念將老也。杜甫詩曰：千章夏木清。韓愈曰：犧尊青黃，乃木之災。

又《木二》《管子》曰：桓公問：民飢寒，室屋不治，牆垣壞不築，爲之奈何？管子曰：沐塗樹之枝。公令左右沐塗樹枝。其年民治室屋，築牆垣。公問之，管子曰：一樹而百乘，息其下者以其不埘也。衆鳥居其上，丁壯彈其下，終日不歸。父老拊樹而論，終日不歸。今吾沐之日，中無尺寸之陰，行者疾走，歸而治室。原《孔叢子》曰：夫子墳方一里，弟子各以四方奇木來植之。《莊子》曰：南郭子綦遊乎商之丘，見大木焉有異，結駟千乘，隱將庇其所籟，子綦曰：「此何木也，然必異材。」從而視其細枝，則拳曲而不可以爲棟梁，俯而視其木根，則軸解不可以爲棺槨，舐其葉則舌爛，嗅之則使人狂。子綦曰：「此果不材之木，以至於此，其大也。」增又曰：莊子行於山中，見大木枝葉盛茂，採木者止其旁，而不取也。問其故，曰：「無所可用。」莊子曰：「此木以不材，終其天年矣。」《淮南子》曰：高陽魋將爲室，問匠人，匠人對曰：「未可也。木尚生，加塗其上，必將撓。以生材，任重塗，今雖善，後必敗。」高陽應曰：「不然。夫木枯則益重，塗乾則益輕，今雖惡，後必善。」匠人窮于辭以對，卒爲室。其始成均然善也，後果敗。此直於辭，而不可用者也。《漢書》曰：武帝幸雍，得奇木，枝傍出，復合於木上。終軍曰：「衆枝内附，示無外也。」《漢書・五行志》曰：哀帝建平三年十月，汝南西平遂陽鄉柱仆地生枝如人形，身青黃色，面白，頭有鬚髮，稍長大，眉長六寸一分。京房《易傳》云：皇德衰，下人將起，則有木生爲人狀。原《東觀漢記》曰：安帝延和三年，衛縣木連理。又其年，定陵縣木連理。謝承《後漢書》曰：方儲幼喪父母，終日負土成墳，種奇樹千株。袁山松《漢書》曰：建和二年，河東木連理。《魏略》曰：文帝嗣立爲魏王，是歲天下奏醴泉涌，木連理。干寶《晉紀》曰：武帝自咸寧三年至太康元年，木連理八生。《晉中興徵祥説》曰：王者德澤純洽，八方同一，則木連理。連理者，仁木也。或異枝還合，或兩樹共合。建元元年木連理四：一生膏山，一生武昌，一生汝陰，一生汝陽。泰興元年又生武昌。增《彙苑詳注》曰：齊永明九年，秣陵安時寺有古樹，伐以爲薪，木理自然，有「法天德」三字。《後周書》曰：太祖至沙苑，齊神武夜遁。追至河上，復大克獲，前後虜其卒七萬，獻俘長安。還軍渭南，于是所徵諸州兵始至，乃於戰所，準當時兵士人種樹一株，以旌武功。《唐書》曰：貞觀中，山南獻木蓮理，交錯玲瓏，有同羅木，一丈之幹，並枝者二十餘所。又曰：代宗十二年，成都人郭遠，因樵爨獲瑞木一莖，有文曰：天下太平獻之。以示百官，宰臣稱賀，詔付史館。又曰：貞元初，陳留雨木，皆大如指，長寸餘，每木有孔通中，所下俱立如植。《宋史》曰：馮伸已知邕州，傍城數里有金花木，俗以花開即瘴起，人不敢近。伸已故以花盛時酣燕其下，亦復無害。《彙苑詳註》曰：慎氏至真苗守再成言，近有樵人破一樹，樹中有生成三字曰「天下趙」。亟取木視之，果然。木一丈一尺圍，其字青而深，半樹解揚州，半樹留真州，三字瞭然不可磨也。

又《木三》增龍鱗　鳳首《彙苑詳註》：袁州萍鄉東有木，客有用錢六十緡市之。其夜忽生龍鱗，客遂不敢伐。《杜陽編》：李輔國有鳳首木，高一尺，雕刻鸞鳳之狀。凝寒之時，置諸高堂大厦之中，和煦之氣，如二三月，故别名常春木。縱烈火焚之，終不焦黑。原樹君子　坐將軍《詩》：荏染柔木，君子樹之。《後漢書》：馮異有功不伐，嘗坐大樹下，人謂之大樹將軍。增衣錦　流紅《吴越志》：錢鏐臨安里中有大木，鏐幼時與羣兒戲樹下。光化元年進太師，號所戲木曰衣錦將軍。《詩話》：唐于祐晚步禁衢，御溝中流一紅葉，上有詩曰：流水何太急，深宫盡日閒。殷勤謝紅葉，好去到人間。祐因得之，乃宫女韓夫人所題。春德　震方《禮記》：孟春之月，盛德在木。《漢書・五行志》：震在東方，爲春爲木。條枚《詩》曰：伐其條枚。枝曰條，幹曰枚。並枕《三吴記》：潘璋夫婦塚木交枝，名並枕樹。柯不吟　葉交墜《文選》：風柯静不吟。《羯鼓録》：明皇製《秋風高曲》，每奏之，則清風徐來，木葉交墜。化鴛鴦　飛蛺蝶《彙苑詳注》：宋韓朋妻美，康王奪之，妻自殺。王埋之，經宿生樹，枝體相交。王欲伐之，化爲鴛鴦飛去。《瀟湘録》：隋末長安禁内一大樹，冬月雪中忽花葉茂盛，及凋謝結實，其子光明燦爛，如火之明。數日皆化爲紅蛺蝶飛去。

又《木四》刊木《書》：隨山刊木。顛木又曰：若顛木之有由蘖。原先撥《詩》：枝葉未有，害本實先撥。不斬《禮記》：爲宫室，不斬于丘木。攻堅又曰：善問者，

如攻堅木。工度《左傳》曰：山有木，工則度之。敢不封植又曰：韓宣子宴於季氏，有嘉樹焉，宣子譽之。武子曰：敢不封植此樹。宰木《公羊傳》：宰上之木拱矣，宰冢也。槎枿《國語》：山無槎枿，斫而復生曰枿。苻婁《爾雅》謂：木病尫傴癭腫，無枝條。魁瘣又曰：謂樹木叢生，根枝節目皆盤結磈磊也。梢梢又曰：樹無枝柯。風摧《文選》：木高于林，風必摧之。起於一把十圍之木，起於一把。珍木劉楨《公讌詩》：珍木鬱蒼蒼。向榮《歸去來辭》：木欣欣以向榮。陳柯《文選》：陳柯槭以改舊。木龍《彙苑詳註》：徐之高塚城南有木龍寺，寺有三層轉塔，高丈餘，塔側生一大樹，縈繞至塔頂。枝幹交横，上平，容十餘人坐，枝杪四向下垂，如百子帳，僧呼爲木龍。梁武帝曾遣人圖寫。行迎偃醉《晚晴賦》：木勢黨伍兮，行者如迎，偃者如醉，高者如達，低者如跂。斫樹《六帖》：劉漢宏因鴉噪，命斫庭樹，或曰：巨木不可伐，怒曰：吾將斬白蛇，何畏一木。壅以黑墳岑文本《封事》：譬之種樹，年紀綿遠，則枝葉扶疎，若種之日淺，根未固，雖壅之以黑墳，暖之以春日，一人摇之必致枯槁，今百姓頗類於此。蒔也若子柳宗元《種樹郭橐駝傳》曰：其蒔也若子，其置也若棄，則其天者全而其性得矣。文筆樹《彙苑詳註》：中書舍人周惠疇之先隴有一樹，儼如卓筆，方盛則出中書，少哀其人輒死。人謂之文筆樹。自其祖用珍、父養浩至惠疇，樹凡三盛矣。風流樹《湖廣通志》：施州慢木寨有木名普舍樹，普舍，華言風流也。昔覃氏祖于東門闢伐一異木，隨流至那車，復生根而活，四時開百種花，覃氏子孫歌舞其下，花乃自落。取而簪之。若他姓花不復落。

清　王棠《燕在閣知新録》卷三一《楓棗樟柳》　楓棗二木皆通神靈，卜封者多取爲式盤式局。以楓木爲上，棗心爲下，所謂楓天棗地是也。兵法曰：「楓天棗地，置之槽，則馬駭；置之轍，則車覆。」其異如此，蓋神之所棲，亦猶鬼之棲樟柳根也。

清　愛新覺羅·弘曆《寄題哈薩克獨樹》（道光《承德府志》卷一《天章》引）　哈薩克西北隅有獨樹一株，其上五枝盤拏，陰廣可蔽二百騎。哈薩克謂之鄂埒，引噶克乂莫朶。鄂埒者，河名。噶克乂莫朶者，獨樹之謂，本土爾扈特所稱名也。樹生河源，久聞其語，今問之來使，信然。夫宇宙之大，何奇不有。然非實據見聞者，奚足稱焉。昔既爲《長白瑞樹歌》，今復悉此物，必有對其理，信然。猶惜其遠處天末異域，伊古及今，文人學士目不聞其名，安能傳其實。點筆紀事，蓋不如漆園寓物，謬悠而已。

獨樹鬱輪囷，物惟久故神。陰周二百騎，歲閱八千春。建木誰曾見，奇蹤我所詢。依稀北谷子，餌飯此修真。

清　張宗法《三農紀·杉》　杉，《圖經》云：葉萃幹直，青聳軒昻，葉扁排生有刺，狀若鳳尾。四時不彫，臨冬更茂。夏月結實，果如小桃開花。白者材虛，赤者材實，質輕膏潤，理起羅緻，入土不壞。可遠蟲甲，作孟夏中盛食不敗。《爾雅翼》云：檆，《通志》云：檆，象其葉，故爲杉象。其材故爲檆，臨霜不彫，歲寒不變，伐而復生，剪而又茂，不榮不枯，品爲木中高士。

清　光緒《湖南通志》卷六一《食貨志五·物産二》　乾州廳有楷樹一株，枝幹端直。分幹處，中空積水，冬夏不竭。先華耘兄修乾志時見之，此樹惟孔林有之。端木子手植，今存枯本矣。苗疆乃有遺枿。足見人物一理：何地無材，惟其不生要道，所以能自全其天也。《三長物齋長説》

紀　事

《尸子》卷下　堯立誹謗之木。

漢　王充《論衡》卷一五《順鼓》　周成王之時，天下［大］雷雨，偃禾拔木，爲害大矣。成王開金縢之書，求索行事周公之功，執書以泣遏［過］，雨止，風反，禾、大木復起。

又　卷一六《亂龍》　此尚魚也，知不如人。匈奴敬畏郅都之威，刻木象都之狀，交弓射之，莫能一中。不知都之精神在形象耶？亡也將匈奴敬鬼［畏］精神在木［人］也？如都之精神在形象，天龍之神亦在土龍；如匈奴精在於木人，則雩祭者之精亦在土龍十二也。

又　卷一八《感類》　又問之曰：「成王不以天子禮葬周公，天爲雷風，偃禾拔木。成王覺悟，執書泣過，天乃反風，偃禾復起。何不爲疾反風以立大木，必須國人起築之乎？」應曰：「天不能。」曰：「然則天有所不能乎？」應曰：「然。」難曰：「孟賁推人，人仆；接人而起，接人立。天能拔木，不能復起，是則天力不如孟賁也。秦時三山亡，猶謂天所徙也。夫木之輕重，孰與三山？能徙三山，不能起大木，非天用力宜也。如謂三山非天所亡，然則雷雨獨天所爲乎？」

晉　干寶《搜神記》卷六　吴孫權太元元年八月朔，大風，江海涌溢，平地水深八尺，拔高陵樹二千株。石碑差動，吴城兩門飛落。明年，權死。

南朝梁　蕭子顯《南齊書》卷五四《高逸傳》　宅南九里有高山，班固謂之九巖山。後漢龍邱萇隱處也。山多龍鬚檉柏，望之五采，世呼爲婦人巖。二年，伯

珍移居之門前生梓樹，一年便合抱。

北魏 酈道元《水經注》卷二五《泗水》 夫子墓塋，方一里，在魯城北六里泗水上。【略】弟子各以四方奇木來植，故多諸異樹，不生棘木刺草。

唐 房玄齡《晉書》卷一一三《苻堅載記》 及堅之僭，頗留心儒學。王猛整齊風俗，政理稱舉，學校漸興。關隴清晏，百姓豐樂。自長安至于諸州，皆夾路樹槐柳。二十里一亭，四十里一驛。旅行者取給於途，工商貿販於道。百姓歌之曰：「長安大街，夾樹楊槐。下走朱輪，上有鸞栖。英彦雲集，誨我萌黎。」

宋 李昉《太平廣記》卷四〇六《太平木》 異木。唐大曆中，成都百姓郭遠因樵獲瑞木一，莖理成字曰：「天下太平。」詔藏於祕閣。

宋 歐陽修《新唐書》卷三四《五行志》 永泰元年三月庚子，夜霜，木有冰。大曆二年十一月，紛霧如雪，草木冰。九年，晉州神山縣慶唐觀枯檜復生。興元元年春，亳州真源縣有李樹，植已十四年，其長尺有八寸，至是枝忽上聳，高六尺，周迴如蓋，九尺餘。李，國姓也。占曰：「木生枝聳，國有寇盜。」是歲，中書省枯柳復榮。

貞元元年十二月，雨木冰。四年正月，雨木于陳留，十里許，大如指，長寸餘，中空，所下者立如植。木生于下，而自上隕者，上下易位之象；碎而中空者，小人象；如植者，自立之象。二十年冬，雨木冰。

元和十五年九月己酉，大雨，樹無風而摧者十五六。近木自拔也。占曰：「木自拔，國將亂。」

長慶三年十一月丁丑，雨木冰；成都栗樹結實，食之如李。

寶曆元年十一月丙申，雨木冰。

大和三年，成都李樹生木瓜，空中不實。七年十二月丙戌，夜霧，木冰。

開成四年九月辛丑，雨雪，木冰。十月己巳，亦如之。

會昌元年十二月丁丑，雨木冰。四年正月己酉，雨木冰。庚戌，亦如之。

宋 張舜民《畫墁録》 郭祖受命討守真，駐師河中城下。逾年，望氣言：「守真必破。」城下有三天子氣，謂郭祖、柴世宗、太祖也。守真猶豫不決，使術者視家人。至子婦符氏，術者大咤曰：「母后相也。」守真曰：「吾婦乃爾，吾可知矣。」遂決。既嬰城，無砲材，頗患之。居一日，河水自上浮木千百，皆砲材也。守真大喜，以爲受命之符。其後既破，郭祖以符氏納世宗，是爲符后。

宋 何薳《春渚紀聞》卷五《木中有字》 三衢毛氏庭中，一木忽中裂而紋成衍字，如以濃墨書染者。體作顔平原書。會其子始生，因以名之。後衍登進士第，官至龍圖閣而終。又晉江尤氏，其鄰朱氏圃中有柿木，高出屋上。一夕雷震，中裂木身，亦若以濃墨書「尤家」二字，連屬而上，不知其數。至於木枝細者，破視亦隨枝之大小成字。尤氏乞得其木，作數百段，分遺好事。字體帶草勁，健如王會稽書。朱氏後以其圃歸尤氏云。

宋 曾慥《類説》卷八《述異記・相思木》 魏苦秦之難，民從征不返，妻思而卒。塚上生木，枝葉皆向夫所在而傾，因號相思木。今秦趙間有相思草，狀似石竹，一名斷腸草。

元 馬端臨《文獻通考》卷二九九《木異》 元帝初元四年，皇后曾祖父、濟南東平陵王伯墓門梓柱卒生枝葉，上出屋。孟康曰：「王伯，莽之祖也。」師古曰：「莽高祖父也，故下云高祖考。」卒讀曰猝，猝，暴也。劉向以爲王氏貴盛，將代漢家之象也。後王莽篡位，自説之曰：「初元四年，莽生之歲也。當漢九世火德之厄，而有此祥興於高祖考之門。」門爲開通，梓猶子。言王氏當有賢子開通祖統，起於柱石大臣之位，受命而王之符也。【略】

哀帝建平三年，零陵有樹僵地，師古曰：「僵，偃也。音疆。」圍大六尺，長十丈七尺。民斷其本，長九尺餘。枯三月，樹卒自立故處。京房《易傳》曰：「棄正作淫，厥妖木斷自屬，師古曰：「屬，連續也。」天辟惡之。」如淳曰：「天辟謂天子也。」【略】

靈帝熹平三年，右校别作中有兩樗樹，皆高四尺所。其一株宿夕暴長，長丈餘，大一圍，作胡人狀，頭目鬢鬚髮備具。京房《易傳》曰：「王德衰，下人將起，則有木生人狀。」臣昭：「以木生人狀，下人將起。京房之占，雖以證驗，貌類胡人，猶未辨了。董卓之亂，實擁胡兵。傕汜之時，充斥尤甚。遂窺間宫嬪，剽虐百姓，鮮卑之徒，踐籍畿封，胡之害深，亦已毒矣。」【略】

元帝太興四年，王敦在武昌，鈴下儀仗生華如蓮華，五六日而萎落。此木失其性。干寶以爲狂華生枯木，又在鈴閣之間，言威儀之富，榮華之盛，皆如狂華之發，不可久也。其後，敦果以逆戮。一説亦華孽也。於《易》：枯楊生華。

明帝太寧元年九月，會稽剡縣木生如人面。是後王敦稱兵作逆，禍敗無成。昔漢哀成之世，並有此妖，而人貌備具，故其禍亦大。今此但如人面而已，故其變也輕矣。【略】

劉曜時，西明門内大樹風吹折。經一宿，樹忽變爲人形。髮長一尺，鬚眉生三寸，皆黄白色。有斂手之狀，亦有兩脚着裙之形，惟無目鼻。每夜有聲，十日

而生柯條，遂成大樹，枝葉甚茂。

石勒微時，所居武鄉北原山上，草木皆有鐵騎之象。家園中，人參花葉甚茂，悉成人狀。父老及相者曰：「此胡狀貌奇異，志度非常，不可量也。」【略】

唐武德四年，亳州老子祠有枯樹復生枝葉。老子，唐所祖也。占曰：「枯木復生，權臣執政。」眭孟以爲有受命者。九年三月，順天門樓東柱已傾，毁而自起。占曰：「木仆而自起，國之災。」【略】長壽二年十月，萬象神宫側檉杉皆變爲栢。栢貫四時，不改柯易葉，有士君子之操。檉杉柔脆，小人性也。象小人居君子之位。【略】

咸平元年九月，河南府鞏縣柴務牡丹華。六年，脩昭應宫有木斷之文如點漆，貫徹上下，體若梵書。八月召近臣觀龍圖閣，瑞木有文成字，一有北斗七星形，一有佛手形，一有蛇形。十一月，襄州民劉七言，家生木有文，如龍魚鳳鶴之狀。七年五月，撫州脩天慶觀，解木有文，如墨畫雲氣峯巒人物衣冠之狀焉。七月，綿州彰明縣崇仙觀柱有文，爲道士形及北斗七星象。八年，晉州慶唐觀古栢中別生槐，長丈餘。又，葛生栢中，分條垂蔓下覆。九年，舒州懷寧縣民家，二柳相距三尺許，其枝合如一。資州梅樹與青棡樹上合成連理。太平軍紅橘連理。又，黄橘附桑枝而生。瑞聖園槐一株中，分四枝，上復合爲一。眉州脩天慶觀，江中獲巨木數百。【略】宣和二年四月，永州民劉思析薪，兩邊各有天下太平字。紹興十四年四月，虔州民毁欹屋析柱，木理有字五，其文曰「天下太平時」。守臣薛弼上之，時士宇分裂，南北塗炭，不儷於事，近木妖也。或曰木之生也，在先朝盛時。二十年八月，福州冲虛觀皂筴木翠筴再實。二十一年，池州建德縣定林寺桑生李實栗，生桃實。占曰：「木生異實，國主殃。」二十五年十月，贛州獻太平木如虔，時秦檜擅朝，喜飾太平，郡國多上草木之妖，以爲瑞。二十七年四月，徽州祁門縣圃桃已實復華。【略】

淳熙十六年三月，揚州桑生瓜，櫻桃生茄，此草木互爲妖也。七月，晉陵縣民析薪中有木字，曰「紹熙五年」。如是者二，是時，紹熙新元猶未頒也，而紹熙紀號果止五年，此近木妖也。【略】

嘉定六年五月己巳，嚴州淳安、遂安、桐廬三縣，大木自拔。占曰：「木自拔，國將亂。」

明 陶宗儀《輟耕録》卷一五《妖異》 至正辛卯夏，松江普照寺僧舍一獒帚開花。又，嘉興儒學閽人陶氏，磨上木肘發青條，開白花。又，吴江分湖里煆工一柳樹椿，以安鐵碪者，且十餘年矣。發長條數莖如葦。三家雖有此怪，而皆無恙。豈非關係國家之氣數乎？

明 盧翰《掌中宇宙》卷一三《草木部・岷山兩樹》 岷山兩樹對生，一樹枯則一樹生，如是歲更，終不俱生俱枯也。

明 王圻《稗史彙編》卷一五一《太平木》 僞蜀廣政末，成都人唐季明父破一木，中有紫紋隸「太平」兩字。時欲進蜀主以爲嘉瑞，有識者解云：「不應此時，須至破了方見太平爾。」自聖朝弔伐之後，頻頒曠蕩之恩，寬宥傷殘之俗，後乃改太平興國之號，即知識者之言，諒有証矣。

明 慎懋官《華夷花木鳥獸珍玩考》卷一《寶樹》 樹在上大林寺，去天池輿行可四里而遥，幾及山麓矣。樹有二，其一亭亭道傍，扶疏四垂，妙好端正，若浮屠所畫瓔珞琪樹者。相傳一異僧，自西土移來，近忽出一瘿作人狀，僧輩以爲大士像云。其一生澗旁，枝葉覆陰，根出石間，泉瀧瀧流其上。樹之美，故讓道旁者，而所據勝，不啻過之。王世懋《游匡廬山記》

又 《文筆樹》 中書舍人周惠疇之先隴有一樹，儼如卓筆。此樹方盛，則出中書一少。衰，其人輒死。人謂之文筆樹。自其祖用珍，父養浩，至惠疇，樹凡三盛矣，皆爲此官。今之暢茂特過于昔，盖惠疇之兄亮采，亦登進士，爲行人云。

又 卷三《南山橋梓》 伯禽與康叔見周公，三見三笞之。二子乃問商子，商子曰：「南山之陽，有木名橋。南山之陰，有木名梓。何不往觀之？」二子往見，橋木高而仰，梓木實而俯。還告商子。商子曰：「橋者，父道也。梓者，子道也。」

又 《天下趙》 予至真，苗守再成爲予言，近有樵人破一樹，樹中有生成三字曰「天下趙」。亟取木視之，果然。木一丈二尺圍，其字青而深。半樹解揚州，半樹留真州。三字瞭然不可磨也。以此知我朝中興，天必將全復故疆。真州號迎鑾，藝祖發迹于此，非在天之靈所爲乎。皇上著姓復炎圖，此是中興受命符。獨向迎鑾呈瑞字，爲言藝祖有靈無。見《文山全集》

唐永昌中，台州司馬孟詵奏，臨海水下馮義，得石連理樹三株，皆白石天成。見《洽聞紀》

王喬洞上二木，亦皆化石，而一木復産枝葉。

明 余懋學《説頤》卷四《桃李荆棘》 陽虎得罪於衛，北見簡子曰，自今以來，不復樹人。簡子曰，惟賢者，爲能報恩。不賢者不能。夫樹桃李者，夏得其

休息，冬得其實焉。樹蒺藜者，夏不得休息，秋得其刺焉。今子之所樹者，蒺藜也，非桃李也。自今以來，擇人而樹之，毋已樹而擇之。唐賈島譏裴晉公詩曰：「破却千家作一池，不栽桃李種薔薇。薔薇花落秋風起，荆棘滿庭君始知。」桃李荆棘之說，都爲植恩報怨者言也。總之，薔薇固不可樹，桃李亦不可私，於己荆棘，於國桃李，究也，吾與國俱利，則亦吾之桃李矣。於國荆棘，於己桃李，究也，吾與國俱敗，則亦吾之荆棘矣。唐人賀狄梁公曰，天下桃李，悉在公門。公曰：薦賢爲國，非爲私。斯言得之矣。

明　郭子章《黔類》卷一五《壽木林》　天漢二年，渠搜國之西，有祈淪國，其俗淳和，人壽三百歲。有壽木之林，一樹千尋，日月爲之隱蔽。若經憩此樹之下，皆不死不病。《拾遺記》

又《相思木·寡婦莎》　戰國時魏國苦秦之難，有民從征戍秦，久不返。妻思而卒，既葬，塚上生木，枝葉皆向夫所在而傾，因名相思木。今秦趙間有相思草，狀如石竹而節節相續，一名斷腸草，又名愁婦草，亦名霜草人，呼爲寡婦莎，蓋相思之流也。《述異記》

又《子美樹》　杜工部舊居在秦州東柯谷，今爲寺。山下有大木，至今呼爲子美樹。《清賞録》

明　顧起元《客座贅語》卷一　俗多言大樹有神，其影照人宅，輒興旺。顧所照者不在近而在遠，如丹丘先生宅後一銀杏，影在上新河某家。其家推步，尋而至此，知其然也。又椿樹之大者多奇異，先恭人曾于北門橋舊宅中，夏夜見鄰人陳氏園大椿樹。樹杪五色光，如瓔珞綏垂下，不可勝數，久之方滅。其家訖無他事。

明　姚旅《露書》卷一〇　青州黄守每送迎出郭，憩一古廟。廟前兩古樹婆娑可愛，一日忽不見樹，云砍之矣。守欲勾砍者，云砍後，砍者死矣。問貨誰，云府中公署作樓雨中柱，即此樹也。守怨不樂，祭之而歸。未幾，而内子卒，未幾，黄亦卒。嗣是居者，率不利，因移公署于東偏。

明　吴之俊《獅山掌録·小山館》卷一八《共枕樹》　楚王仲先聞潘章之美，因願爲友，遂同衾枕，篤於伉儷。未幾偕没，其家憫之，合葬於羅浮山。忽生一樹，柯條枝葉無不相抱。時人號曰共枕樹。

又《相思木》　韓馮爲宋康王舍人，妻何氏美，王欲之。捕舍人築青陵臺。何作烏鵲歌以見志。久因陰腐其衣，投臺而死。王使人埋之，與馮塚相望。一夕，有梓木生兩塚之端，屈體相就，根交於下。又有鴛鴦雌雄各一，晨夕悲鳴。宋人哀之，遂號曰相思木。

明　焦周《焦氏説楛》卷三　比干墓前有木一株，大三圍而中空，根身止存其半，上則枝葉茂密，人終不伐。識者謂剖心之生氣猶存。

明　陳懋仁《庶物異名疏》卷二三《瞿所》　漢武帝遊上林，見一好樹，問東方朔。朔曰：「名善哉。」帝陰使人識其樹，後數歲，復問朔。朔曰：「名爲瞿所。」帝曰：「朔欺久矣。何名與前不同也？」朔曰：「夫大爲馬，小爲駒。長爲雞，小爲雛。大爲牛，小爲犢。人生爲兒，長爲老。且昔善哉，今爲瞿所。長小死生，萬物成敗，有定哉。」帝乃大笑。

清　李光地《月令輯要》卷一八《十月令·日次》　木連理增《唐會要》：「貞觀十八年十月八日，山南獻木連理。交錯玲瓏，有同羅目，一丈之餘，并枝者二十餘所。司徒長孫無忌曰：『自頃嘉祥雜遝，陛下推而不居，遂令史臣閣筆，無以示後。』因相率拜賀。帝曰：『瑞應之來，朕當苦心勞力以答天地，何煩致賀。』」

清　來集之《倘湖樵書·初編》卷一《樹蔭》　《蜀志》：先主宅東南角籬下有桑樹，高丈餘，遥遥童童，若羽葆車蓋。往來者皆怪其非凡，謂當出貴人。先主少時，與宗中諸兒戲于樹下，曰我必乘此羽葆車蓋。《齊書》：太祖宅在武進，其宅南有桑樹，高三丈，横出四枝如車蓋。太祖方數歲，遊其下，從兄敬宗謂曰，此樹爲汝生也。唐田弘正領鎮州，三軍殺之，而立王庭湊。初，庭湊曾使河陽廻，在中路，以酒困寢于路隅。忽一人，荷策而過，熟視之，曰貴當列土，非常人也。庭湊寤，而僕者以告，馳數里及之，致敬而問。自云濟源駱山人也，向見君鼻中之氣，左如龍，右如虎，龍虎氣交，主在今秋，子孫相繼清一百年。又云，家之庭合有大樹，樹及于堂，是其兆也。是年，果爲三軍扶立爲留後。歸别墅，而庭樹婆娑，暗比舍矣。唐相國李公福河中有宅，庭棵一本抽三枝，直過當舍屋脊，一枝不及。相國同堂兄弟三人，曰石，曰程，皆登宰執。惟福一人，歷七鎮使相而已。近者石晉朝趙令公家，庭有檽棗樹，婆娑異常，四遠俱見，有望氣者詣其際里，問人云：此家合有登宰輔者。里叟曰，無之。趙令公先德，小字相之，兄得非此應乎。術士曰，旺氣方盛，不在身，當其子孫耳。後中令由太原判官大拜。《因話録》云：都堂南門東道有古槐，垂蔭至廣，相傳夜深聞絲竹之音者，省中即有人入相。俗謂之音聲樹。《朝野紀畧》云：長樂縣學西偏，洪武初，有古柳一株，高二丈許，忽榕子寄生其顛。歲月既久，榕膚包柳。諸生皆喜，以爲登第之

兆。居三年，陳廷試爲榜眼。又三年，馬鐸廷試爲狀元。其領鄉薦中甲榜者，難一二計。訓導陳慈名其軒曰瑞榕，而爲之記。錢鏐里有大木，幼戲其下，及貴，封爲衣錦將軍。《毘陵志》：洪邁紹興間與弟适、遵讀書外家沈氏白茅山坟屋，墓有二松結毬盛蓋，既而兄弟舉博學洪詞。《括異志》云：邢州城東十餘里，周世宗之祖莊也。門側有井，上有大棗樹一株。世宗時，柯葉茂盛，垂蔭一畝。恭帝既遜，棗遂枯死。明道中，枯枿復生。復生一枝，長一丈餘。蔚然可愛，井水中如覆錦綉。柴氏懼，遂塞井伐木。明年，詔求五代之後，柴氏自刑蔡號等州諸族，被甄叙入官者二十餘人。井棗之祥，亦非空應。《幕府燕閒録》云：吕蒙正方應舉，僦舍建隆館。沿汴入洛，鎖室而出，自冬涉春而回。啓户枕之，床前槐枝叢生，高二三尺，蒙茸合抱。是年登科，十年作相。《玉堂閒話》云：長安城有孫家宅，居之數世，堂室甚古。其堂前一柱忽生槐枝，孫氏初猶障蔽之，不欲人見。期年之後，漸漸滋茂，柱身通體而變，壞其屋上銜，秘藏不得。衣冠士族之來觀者，車馬不絶。不久，偓處巖廊，居節制，人以爲應三槐之朕，亦甚異也。樓守晦云，東陽梅山趙家祖墳一古栢樹，忽一日，雷震霹靂，分栢枝爲兩，一枝東向，一枝西向，後轉蔚茂。若其年，忽透一新枝，其子孫必發科第。

又 卷六《枯樹復起》 正德十一年丙子二月辛卯，江西寧都縣通天村有合抱枯樹，偃仆已久，忽風雨大作，隱隱有聲，頓起如故，此則兆世宗嘉靖皇帝由藩封入繼大統，而中興之祥也。漢昭帝時，上林苑中大柳樹斷臥地，一朝起生。眭孟以爲：木，下民之象，當有從民間受命者。及昌邑廢，乃更立宣帝，自民間起焉。《漢書·五行志》：元帝初元四年，王皇后曾祖父濟南東平陵王伯，莽之祖也，墓門梓柱卒生枝葉，上出屋，乃莽生之歲也。劉向以爲王氏貴盛，將代漢之象。漢元帝建昭五年，兖州刺史浩賞禁民私所自立社，山陽槖第□社有大槐樹，吏伐斷之，其夜樹復立故處。説曰：凡枯斷復起，皆廢而復興之象，此世祖之應。《晉書·五行志》云：晉成帝咸和六年五月癸亥，曲阿有柳樹枯倒六載。是月，忽起復生。至九年五月甲戌，吴縣吴雄家有死榆樹，是日因風雨起生。初康帝爲吴王，于時雖改封琅邪而猶食吴郡爲邑，是帝越正體饗國之象也。曲阿先亦吴地，象見吴邑雄之舍，又天意乎。哀帝興寧三年五月癸卯，廬陵西昌縣修明家，有僵栗樹忽復起生，時孝武年始四歲，俄而哀帝崩，海西即位，未幾而廢。簡文越自藩王入纂大業，登祚享國。又不踰二年，而孝武嗣統。帝諱昌明，識者謂西昌修明之祚，帝諱寔應焉。哀帝建平三年，零陵有樹僵地，圍丈六尺，長十丈七尺，民斷其本，長九尺餘，皆枯。三月樹卒自立故處。京房《易傳》曰：棄正作淫，厥妖木斷，自屬妃后，有顛木仆反立，斷枯復生，天辟惡之。晉孝武太元十四年六月，建寧都制樂縣枯樹斷析，忽然自立相屬，其後張夫人專寵，帝崩，兆□歸咎張氏焉。《水經注》云：豫章城南門内有樟樹，高七丈五尺，大二十五圍，垂蔭數畝。晉懷帝六年七月間，此樟樹已久枯。是月忽更榮茂。乃元帝中興之應。

《南史》：侯景入臺城，凡廟樹咸見殘毁，惟文宣太后廟四周栢樹獨鬱茂，及景篡修南郊路，伐此樹以立三橋，始砍南面十餘株，再宿悉枿生，便長數尺，時既冬月，翠茂若春。賊乃大驚，惡之，使悉砍殺。識者以爲僵柳起于上林，乃表漢宣之興。今廟樹重青，必彰陝西之瑞。《開元天寶遺事》云：明皇遭禄山之亂，鑾輿西幸。禁中枯松再生，枝葉葱蒨，宛若新植者。後肅宗平内難，重興唐，祚枯松再生之祥。又唐景雲二年，高祖故第有柿樹自天授中枯死，至是復生。睿宗以相王登位，而傳玄宗，有開元之盛。又亳州苦縣太上老君降生之所有九井，曰煉丹井。有三檜，曰鍊丹檜。于有唐受命之年，亳州舊宅枯檜再生。其年，卿雲現于其上。上元元年，枯檜樹于木枝上，有朱書「乾元亨利貞」字，重重分明。大曆九年，晉州神山縣唐興觀枯檜復生。建中末，中書省有枯柳，德宗自梁還，復榮茂。人以爲瑞柳。貞元十三年丁丑，禮侍吕渭令貢士試西掖瑞柳賦。後唐莊宗初嗣晉王時，長柳巷田家有桃樹，伐已經年，舊坎仍在。其仆木一朝屹然而起，行數十步，復于舊坎，其家驚駭，愴惶散走。議者引漢昭帝故事，以爲李氏中興之符。成都劉先主廟偶有諸葛武侯祠，前有大栢，圍數丈。唐相段文昌有詩有刻存焉。唐末漸枯，歷王建、孟知祥二僞國，不復生，然亦不敢伐之。至宋乾德五年丁卯夏五月，枯柯再生，時人異焉。三國至乾德丙寅，歷年一千二百餘年，枯而復生。歷及皇祐初，守成都又八十年矣，新枝聳雲，并舊枯餘存者，若老龍之形。宋元祐八年，新繁隆道觀大楠爲暴風所仆，縣令將伐之，忽軋軋自起。此則樹之自爲神異者。汝南府州治東有伯甜祠，棠樹枝葉無存，僅一老幹，高可三丈餘，色理堅密如鐵，相傳歷代帝王龍興，則發新枝。明高帝起兵之年，頂上一枝新發焉。嘉靖三十九年七月台州大雷雨，東門外湖邊大樹忽然拔起，倒一宿復自植立。有司親往視之，後倒其木爲神像，立廟祀之。舊志濟南新泰縣縣治儀門内有古槐一株，元時縣省入萊蕪，此槐遂枯。後縣復，槐因復榮。邑人目之曰靈槐。《後山談叢》云：廣濟衙門之上有石榴木，相傳久矣，元豐末枯死，既而軍廢爲縣。元祐初復生而軍復。

清　陳玉璂《學文堂集》記五《瑞木屏記》　西湖昭慶僧舍佛座前，設一木屏。予諦視良久，隱隱見山水人物，花木旁有文若篆書。僧曰：「此瑞木也，君知其所以然乎？」予曰：「予烏能知之。」史載：南唐末，溧水天興寺桑生木人，狀如僧。右袒拄杖，蒲團畢具，色如漆可鑑。明萬曆間，柘城柳樹内出人物，各類車馬冠裳。姚思仁巡按河南，進開採圖事，見圖中。近七八年前如皋馬蕩木中得大士像，眉眼毛髮靡遺，事亦上聞，與屏木正相類。天地間氣機之變化，莫之爲而爲，有其事不必有其理，故曰天地之大也，聖人有所不知。若佛氏教則不必有其事，亦必强爲之理，如神天鬼怪、輪廻因果諸説妄誕不經，佛氏皆以爲理。所固有然，則是木也，亦可以理信矣哉。且不觀史乎？宋太平興國六年，瑞安氏張度鋉木五片中，皆有「天下太平」字。慶曆間，澧州獻木有文曰「太平之道」。汀州復進柚木文曰「帝王萬年」。宣和紹聖間各一再見，文同。太平興國德祐二年，寶應縣民析薪中，有「天大下趙」四字。

清　康熙《花平縣志》卷一　髠林夕照城西里許有齊處士墓，古木森踈，每夕陽返照，樹影流霞，亦奇觀也。

清　道光《山丹縣志》卷一《世紀·永安木生連理》　永安令張披上書曰：「異枝同幹，遐方有齊化之應，殊本同心，上下有莫二之固。蓋王道之嘉祥，大化之美徵。」蒙遜曰：「此皆二千石令長匪躬濟時所致，豈吾薄德之所能感。」

清　同治《巴東縣志》卷一四《事變志·瑞應》　按，京房曰：「木生連理，其地有亂。」晉懷帝永嘉六年五月，無鐘縣有四株茱萸樹相繆而生，狀若瑞連理。先是郭景純筮延陵蝘鼠遇臨之益。曰：「後當有妖樹生，若瑞而非，乃辛螫之木也。倘有此，東西數百里内，必有作逆者。」及此木生後，徐馥果作亂。以此觀之，所謂連理棗者，妖也，非瑞也。是時張尚儒作令，歷任五年乃遷歸州牧，而縣中絶不聞有發達者。越三十二年，江北有流賊之禍。自是寇盗相仍。

清　光緒《盧氏縣志》卷八《人物》　駱志學例貢生，少失怙。王父患癱疾，不脱冠帶而養，數年如一日。性尤喜讀書，敦請名師，課宗族子弟，多成名者。舍後山上有大樹一株，被風吹折而公殁。

藝　文

《詩經·國風·木瓜》　投我以木瓜，報之以瓊琚。匪報也，永以爲好也。投我以木桃，報之以瓊瑶。匪報也，永以爲好也。投我以木李，報之以瓊玖。匪報也，永以爲好也。

《詩經·國風·漢廣》　南有喬木，不可休息。漢有游女，不可求思。興也。南方之木美。喬，上竦也。思，辭也。漢上游女，無求思者。箋云，不可者，本有可道也。木以高其枝葉之故，故人不得就而止息也。興者喻賢女雖出游流水之上，人無欲求犯禮者，亦由貞絜使之然。

《詩經·國風·山有扶蘇》　山有扶蘇，刺忽也。所美非美然。言忽所美之人，實非美人。山有扶蘇，隰有荷華。興也。扶蘇，扶胥小木也。荷華，扶渠也，其華菡萏。言高下大小各得其宜也。箋云，興者，扶胥之木生于山，喻忽置不正之人于上位也。荷華生于隰，喻忽置有美德者于下位。此言其用臣顛倒失其所也。荷華未開曰菡萏。不見子都，乃見狂且。子都，世之美好者也。狂，狂人也。且，辭也。箋云，人之好美色，不往覩于都，乃反往覩狂醜之人，以興忽好善，不任用賢者，反任用小人。其意同。山有橋松，隰有游龍。松，木也。龍，紅草也。箋云，游龍猶放縱也。橋松在山上，喻忽無恩澤於大臣也。紅草放縱支葉於隰中，喻忽聽恣小臣。此又言養臣顛倒失其所也。不見子充，乃見狡童。狡童，有子充，良人也。狡童，昭公也。箋云，人之好忠良之人，不往覩子充，乃反往覩狡童。狡童，有貌而無實。

《詩經·國風·晨風》　山有苞櫟，隰有六駮。櫟，木也。駮如馬，倨牙，食虎豹。箋云，山之櫟，隰之駮，皆其所宜有也。以言賢者亦國家所宜有之。未見君子，憂心靡樂。如何如何，忘我實多。山有苞棣，隰有樹檖。未見君子，憂心如醉。如何如何，忘我實多。

《詩經·小雅·南山有臺》　南山有臺，樂得賢也。南山有桑，北山有楊。樂只君子，邦家之光。樂只君子，萬壽無疆。南山有杞，北山有李。樂只君子，民之父母。樂只君子，德音不已。南山有栲，北山有杻。栲，山樗。杻，檍也。樂只君子，遐不眉壽。樂只君子，德音是茂。南山有枸，北山有楰。枸，枳枸。楰，鼠梓。樂只君子，遐不黄耇。樂只君子，保艾爾後。

《詩經·小雅·鶴鳴》　樂彼之園，爰有樹檀，其下維蘀。何樂於彼園之觀乎。蘀，落也。尚其樹檀而下其蘀。箋云，之，往。爰，曰也。言所以之彼園而觀者，人曰有樹檀，檀下有蘀。此猶朝廷之尚賢者而下小人，是以往也。它山之石，可以爲錯。鶴鳴于九皋，聲聞于天。魚在于渚，或潛在淵。樂彼之園，爰有樹檀，其下維穀。穀，惡木也。它山之石，可以攻玉。

《詩經·小雅·巧言》 荏染柔木，君子樹之。往來行言，心焉數之。荏染，柔意也。柔木，椅桐梓漆也。箋云，此言君子樹善木，如人心思數善言而出之。善言者往亦可行，來亦可行，於彼亦可，於已亦可，是之謂行也。

《詩經·大雅·抑》 荏染柔木，言緡之絲。温温恭人，維德之基。緡，被也。温温，寬柔也。箋云，柔忍之木荏染然，人則被之弦以爲弓，寬柔之人温温然，則能爲德之基止。言内有其性，乃可以有爲德也。

《楚辭·離騷》 溘吾遊此春宫兮，折瓊枝以繼佩。及榮華之未落兮，相下女之可詒。【略】巫咸將夕降兮，懷椒糈而要之。

《楚辭·九歌》 桂櫂兮蘭枻，斲冰兮積雪。采薜荔兮水中，搴芙蓉兮木末。心不同兮媒勞，恩不甚兮輕絶。【略】嫋嫋兮秋風，洞庭波兮木葉下。【略】築室兮水中，葺之兮荷蓋。蓀壁兮紫壇，匊芳椒兮盈堂。桂棟兮蘭橑，辛夷楣兮藥房。罔薜荔兮爲帷，擗蕙櫋兮既張。白玉兮爲鎮，疏石蘭兮爲芳。芷葺兮荷屋，繚之兮杜衡。合百草兮實庭，建芳馨兮廡門。

《楚辭·九章》 惟佳人之獨懷兮，折若椒以自處。曾歔欷之嗟嗟兮，獨隱伏而思慮。

《楚辭·招魂》 鏗鐘摇簴，揳梓瑟些。娱酒不廢，沈日夜些。蘭膏明燭，華鐙錯些。結撰至思，蘭芳假些。人有所極。同心賦些，酎飲盡歡，樂先故些。【略】皋蘭被徑兮斯路漸，湛湛江水兮上有楓。目極千里兮傷春心，魂兮歸來哀江南。

《楚辭·大招》 騰駕步遊，獵春囿只。瓊轂錯衡，英華假只。茝蘭桂樹，鬱彌路只。魂乎歸徠，恣志慮只。

漢 焦延壽《焦氏易林》卷一《大有之過》 枯樹無枝，與子分離。飢寒莫養，獨立哀悲。

又 卷二《離之大有》 大樹之子，百條共母。比之火中，枝葉盛茂。

又 《噬嗑之否》 朽根枯樹，葉落花去。卒逢火焱，相隨偃仆。

又 卷三《咸之噬嗑》 枯樹不花，空淵無魚。舊鳥飛翔，利弃我去。

又 卷四《萃之大畜》 大樹百根，比與山連。文君作義，受福萬年。

漢 蔡邕《蔡中郎集》卷四《胡栗賦》 樹遐方之嘉木兮，於靈宇之前庭。通二門以征行兮，夾堦除而列生。彌霜雪而不彫兮，當春夏而滋榮。因本心以誕節兮，凝育蘖之緑英。形猗猗以艷茂兮，似翠玉之清明。何根莖之豐美兮，將蕃熾以悠長。適禍賊之災人，兮嗟夭折以摧傷。

三國魏 曹植《曹子建集》卷二《歸思賦》 城邑寂以空虚，草木穢而荆蓁。嗟喬木之無陰，處原野其何爲。信樂土之足慕，忽并日之載馳。

晋 陸雲《陸士龍集》卷三 習習谷風，扇此暮春。玄澤墜潤，靈爽烟煴。高山熾景，喬木興繁。蘭波清踴，芳滸增涼。感物興想，念我懷人。

晋 陶潛《陶淵明集》卷一《榮木并序》 榮木，念將老也。日月推遷，已復有夏。總角聞道，白首無成。

采采榮木，結根于兹。晨耀其華，夕已喪之。人生若寄，顦顇有時。静言孔念，中心悵而。

采采榮木，于兹托根。繁華朝起，慨暮不存。貞脆由人，禍福無門。匪道曷依，匪善奚敦。

嗟予小子，稟兹固陋。徂年既流，業不增舊。志彼不舍，安此日富。我之懷矣，怛焉内疚。

先師遺訓，余豈云墜。四十無聞，斯不足畏。脂我名車，策我名驥。千里雖遥，孰敢不至。

又 卷四《讀山海經》 丹木生何許，迺在峚山陽。黄花復朱實，食之壽命長。白玉凝素液，瑾瑜發奇光。豈伊君子寶，見重我軒黄。

《山海經》云：峚山上多丹木，黄華而赤實，食之不飢。丹水出焉，其中多白玉，是有玉膏。黄帝是食是饗，瑾瑜之玉爲良，潤澤而有光，君子服之以禦不祥。

南朝齊 謝朓《謝宣城集》卷一《思歸賦》 於故友接閒館以懷仙，臨南塲以蓺藿，寄北地而采蓮，睇微英之霍霍，望水葉之田田。乃翦山木，不日爲功。非輪非奐，去斲去礱。夜索綯而繞繞，旦乘屋而芃芃。竹櫺崎嶇而經北，繩閈窈窕以臨東。布菌蕭於疎橑，織茨蒯於迴櫳。于是籬插芳槿，門拂長楊。園桃春發，窗竹夏涼。晨露晞而草馥，微風起而樹香。無芳菲以襲予，空旖旎於都房。恒離居以歲月，庸銷落而徒傷。

又 《杜若賦》 憑瑶圃而宣游，臨水木而延佇。柳含色於遠岸，泉鏡流於枉渚。蔭緑竹以淹留，藉幽蘭而容與。覽兹榮之悦茂，紛爲芳於清蘌。觀夫結根擢色，發曜垂英。緣春巒以織布，蔭涼潭而影清。景奕奕以四照，枝靡靡而葉傾。冒霜蹊以獨蒨，當春郊而逕平。搴汀洲以企予，懷石泉於幽情。嗟中巖之

纖草，厠金芝於芳叢。夕舒榮於溽露，旦發彩於春風。承羲陽之光景，庶無悲於轉蓬。

又 卷二《芳樹》 早翫華池陰，復鼓滄洲枻。旖旎芳若斯，葳蕤紛可繼。霜下桂枝銷，怨與飛蓬逝。不厠王盤滋，誰憐終萎細。

附：沈約《芳樹》 發萼九華隈，開跗露寒側。氛氳非一香，參差多異色。宿昔寒飆舉，摧殘不可識。霜雪交横至，對之長嘆息。

王融《芳樹》 相望早春日，烟花雜如霧。復此佳麗人，含姿結芳樹。綺羅已自情，萱風多有趣。去來徘徊者，佳人不可遇。

南朝梁 江淹《江文通集》卷三《閩中草木頌十五首有序》 僕一命之微，遭萬代之幸，不能鐫心礪骨，以報所事，擢翼驤首，自致丹梯。爰乃恭承嘉惠，守職閩中。且僕生人之樂久已盡矣，所愛兩株樹十莖草之間耳。今所鑿處，前峻山以蔽日，後幽晦以多阻。饑猨搜索，石瀨戔戔。庭中有故池，水常決，雖無魚梁釣臺，處處可坐。而葉饒冬榮，花有夏色，兹赤縣之東南乎？何其奇異也。結莖吐秀數千餘類，心所憐者，十有五族焉。各爲一頌，以寫勞魂。

金荆 江南之山，連障連天。既抱紫霞，亦漱絳煙。金荆嘉樹，涵雲宅仙。姱節詎及，幽意誰傳。

相思 竦枝碧澗，卧根石林，日月斷色，霧雨恒陰。緑秀八炤，丹實四臨。公子不至，山客徒尋。

豫章 伊南有材，匪桂匪椒。下貫金壤，上籠赤霄。盤薄廣結，捎瑟曾喬。七年乃識，非曰終朝。

栟櫚 異木之生，疑竹疑草。攢叢石逕，森蓯山道。煙岫相珍，雲壑共寶。不華不縟，何避工巧。

杉 桐梓舊麗，松栝稱奇。焉如兹品，獨秀青崖。羣木斂望，雜草不窺。長入煙氣，永參鸞螭。

檉 木貴冬榮，檉實寒色。停黛峯頂，插翠石側。碧葉菴藹，頳柯翕赩。方陋筠檟，遠笑荆棘。

楊梅 寶跨荔枝，芳軼木蘭。懷蕊挺實，涵黄糅丹。鏡日繡壑，炤霞綺巒。爲我羽翼，委君玉盤。

山桃 惟園有實，惟山有叢。丹蘤驚露，紫榮繞風。引霧如電，映炬成虹。伊春之秀，乃華之宗。

山中石榴 美木艷樹，誰望誰待。縹葉翠萼，紅華絳采。炤列泉石，芬披山海。奇麗不移，一作徙霜雪空改。

木蓮 迸采泉壑，騰光淵丘。緗麗碧巘，紅艷桂洲。山人結侣，靈俗共遊。時至不採，爲子淹留。

石菖蒲 藥實靈品，爰乃輔性。却痾衛福，蠲邪養正。縹色外妍，金光内映。草經所珍，仙圖是詠。

黄連 黄連上草，丹砂之次。禦孽辟妖，長靈久視。驂龍行天，馴鳳匝地。鴻飛以儀，順道則利。

薯蕷 華不可炫，葉非足憐。微根儻餌，棄劍爲仙。黄金共壽，青雘争年。君謂無妄，我驗衡山。

杜若 山中杜若，嘉爾翠質。不奇不俗，載華載實。同銜夕露，共炯朝日。夷陂無二，沈冥如一。

藿香 桂以過冽，麝以太芬。摧阻夭壽，夭折人文。詎及藿香，微馥微薰。攝靈百仞，養氣青雰。

北周 庾信《庾子山集》卷一《枯樹賦》 殷仲文風流儒雅，海内知名。世異時移，出爲東陽太守。常忽忽不樂，顧庭槐而嘆曰：此樹婆娑，生意盡矣。至如白鹿貞松，青牛文梓，根柢盤魄，山崖表裏。桂何事而銷亡，桐何爲而半死？昔之三河徙植，九畹移根，開花建始之殿，落實睢陽之園。聲含嶰谷，曲抱雲門，將雛集鳳，比翼巢鴛。臨風亭而唳鶴，對月峽而吟猿。乃有拳曲擁腫，盤坳反覆，熊彪顧盼，魚龍起伏。節竪山連，文横水蹙。匠石驚視，公輸眩目。雕鐫始就，剞劂仍加。平鱗鏟甲，落角摧牙。重重碎錦，片片真花。紛披草樹，散亂煙霞。若夫松子古度，平仲君遷，森梢百頃，槎枿千年。秦則大夫受職，漢則將軍坐焉。莫不苔埋菌壓，鳥剥蟲穿。或低垂於霜露，或撼頓於風煙。東海有白木之廟，西河有枯桑之社。北陸以楊葉爲關，南陵以梅根作冶。小山則叢桂留人，扶風則長松繫馬。豈獨城臨細柳之上，塞落桃林之下。若乃山河阻絶，飄零離別。拔本垂淚，傷根瀝血。火入空心，膏流斷節。横洞口而敧卧，頓山腰而半折。文斜者，百圍冰碎。理正者，千尋瓦裂。載癭銜瘤，歲穿抱穴。木魅睒睒，山精妖孽。況復風雲不感，羇旅無歸。未能採葛，還成食薇。沉淪窮巷，蕪没荆扉。既傷摇落，彌嗟變衰。《淮南子》云：木葉落，長年悲。斯之謂矣。乃歌曰：建章三月火，黄河萬里槎。若非金谷滿園樹，即是河陽一縣花。桓大司馬聞而嘆曰：昔

年種柳，依依漢南。今看摇落，悽愴江潭。樹猶如此，人何以堪？

又　**《春賦》**　新年鳥聲千種囀，二月楊花滿路飛。河陽一縣併是花，金谷從來滿園樹。《晉書》曰：潘岳爲河陽令，滿縣皆栽桃花。石崇有金谷園。《思歸引》序曰：河陽别業，柏木幾於萬株。一叢香草足礙人，數尺遊絲即横路。《楚辭》王逸注曰：蘭，香草也。沈休文詩曰：遊絲映空轉。開上林而競入，擁河橋而争渡。《漢舊儀》曰：上林苑方三百里，苑中養百獸。遠方各獻名果異卉三千餘種，植其中。亦有製爲美名，以摽奇異。《晉書》曰：杜預以孟津渡險，起建河橋於富平津。

又　**卷三《歲晚出横門》**　空心不死樹，無葉未枯藤。擇賢方知此，傳巵喜得朋。

又　**卷四《詠樹》**　交柯乍百頃，擢本或千尋。楓子留爲式，桐孫待作琴。《爾雅》曰：「攝木生江，上有寄枝，高三丈，生毛，一名楓子。天旱，以泥塗之，即雨。」《述異記》曰：「南中有楓子鬼木之老者，爲人形，亦呼爲靈楓焉。」《風俗通》曰：「梧桐生於嶧陽山巖石之上，采東南孫枝爲琴，聲清雅。」《周禮》鄭注曰：「孫枝，竹之末生者也。桐孫亦然。」殘核移桃種，空花植棗林。《漢武故事》曰：「王母以桃食帝，帝留核欲種之。王母笑曰：此桃三千年一著子，非下土所植也。」《晏子春秋》曰：「齊景公謂晏子曰，東海有水而赤，其中有棗，華而不實。」幽居對蒙密，蹊徑轉深沉。

又　**卷一三《周柱國大將軍長孫儉神道碑》**　桂棟杏梁，緑墀青瑣。謂賜宅之宏麗也。《楚辭・九歌》曰：桂棟兮蘭橑。《三輔黄圖》曰：靈波殿以桂爲柱。《閒居賦》曰：飾文杏以爲梁。《漢書》曰：王根驕奢僭上，赤墀青瑣。《後漢書》曰：梁冀大起第宅，牕牖皆有綺疎青瑣。注云：青瑣謂刻爲瑣文而以青飾之也。

北周　**庾信《庾開府集箋注》卷五《庭前枯樹》**　當時金谷裏，昔日平陵東。布葉俱承露，花開共待風。摇落一如此，容華遂不同。庭前生意盡，井上蠹心空。匠者無勞顧，擁腫難爲功。

唐　**韓愈《南山有高樹》（《全唐詩》卷三四一引）**　南山有高樹，花葉何衰衰。上有鳳皇巢，鳳皇乳且棲。四旁多長枝，羣鳥所托依。黄鵠據其高，衆鳥接其卑。不知何山鳥，羽毛有光輝。飛飛擇所處，正得衆所希。上承鳳皇恩，自期永不衰。中與黄鵠羣，不自隱其私。下視衆鳥羣，汝徒竟何爲。不知挾丸子，心默有所規。彈汝枝葉間，汝翅不覺摧。或言由黄鵠，黄鵠豈有之。慎勿猜衆鳥，衆鳥不足猜。無人語鳳皇，汝屈安得知。黄鵠得汝去，婆娑弄毛衣。前汝下視鳥，各議汝瑕疵。汝豈無朋匹，有口莫肯開。汝落蒿艾間，幾時復能飛。哀哀故山友，中夜思汝悲。路遠翅翎短，不得持汝歸。

唐　**李紳《追昔遊集》卷上《别連理樹》**　盛唐縣有連理樹二株，一株生於長樂鄉百姓地内，從底兩樹向上爲一體。一本生於龍泉鄉百姓徐德地内，兩根隔澗水交，榦合爲一體。澗名香風，水闊一丈五尺。

垂陰敢慕甘棠葉，附榦將呈瑞木符。十步蘭茶同秀彩，萬年枝葉表皇圖。芟夷不及知無患，雨露曾沾自不枯。好住孤根託桃李，莫令從此混樵蘇。

唐　**白居易《白香山詩集》卷二《有木詩八首并序》**　余嘗讀《漢書》列傳，見佞順婞嫛圖身妄國如張禹輩者，見惑上蠱下交亂君親如江充輩者，見暴狠跋扈壅君樹黨如梁冀輩者，見色仁行違先德後賊如王莽輩者，又見外狀恢弘中無實用者，又見附離權勢隨之覆亡者，其初皆有動人之才，足以惑衆媚主，莫不合於始而敗於終也。因引風人騷人之興，賦有木八章，不獨諷前人，亦儆後代爾。

有木名弱柳，結根近清池。風煙借顔色，雨露助華滋。峩峩白雪毛，一作花。婀婀青絲枝。漸密陰自庇，轉高梢四垂。截枝扶爲杖，軟弱不自持。折條用樊圃，柔脆非其宜。爲樹信可翫，論材何所施。可惜金堤地，栽之徒爾爲。

有木名櫻桃，得地早滋茂。葉密獨承日，花繁偏受露。迎風暗摇動，引鳥自一作潛。來去。鳥啄子難成，風來枝莫住。低軟易攀翫，佳人屢迴顧。色求桃李饒，心向松筠妬。好是映墻花，本非當軒樹。所以姓蕭人，曾爲伐櫻賦。

有木秋不凋，青青在江北。謂爲洞庭橘，美人自移植。上受顧眄恩，下勤澆溉力。實成乃是枳，臭苦不堪食。物有似是者，真僞何由識。美人默無言，對之長歎息。中含害物意，外矯凌霜色。仍向枝葉間，潛生刺如棘。

有木名杜梨，陰森覆丘壑。心蠹已空朽，根深尚盤薄。媚狐言語巧，妖鳥聲音惡。憑此爲巢穴，往來互棲託。四傍五六本，枝葉相交錯。借問因何生，秋風吹子落。爲長社壇下，無人敢芟斫。幾度塹火來，風迴燒不著。

有木香苒苒，山頭生一蕟。主人不知名，移種近軒闥。愛其有芳味，因以調麴糵。前後曾飲者，十人無一活。豈徒悔封植，兼亦誤采掇。試問識藥人，始知名野葛。年深已滋蔓，刀斧不可伐。何時猛風來，爲我連枝拔。

有木名水檉，遠望青童童。根株非勁挺，柯葉多蒙籠。彩翠色如柏，鱗皴皮似松。爲同松柏類，得列嘉樹中。枝弱不勝雪，勢高常懼風。雪壓低還舉，風吹西復東。柔芳甚楊柳，早落先梧桐。惟有一堪賞，中心無蠹蟲。

有木名凌霄，擢秀非孤標。偶依一株樹，遂抽百尺條。託根附樹身，開花寄樹梢。自謂得其勢，無因有動摇。一旦樹摧倒，獨立暫飄颻。疾風從東起，吹折

不終朝。朝爲拂雲花，暮爲委地樵。寄言立身者，勿學柔弱苗。

有木名丹桂，四時香馥馥。花團夜雪明，葉剪春雲緑。風影清似水，霜枝冷如玉。獨占小山幽，不容凡鳥宿。匠人愛芳直，裁截爲厦屋。幹細力未成，用之君自速。重任雖大過，直心終不曲。縱非梁棟材，猶勝尋常木。

立名按《韻語陽秋》：樂天有木八章，其六章托弱柳等以諷在位者，七章諷附麗權勢者，八章曰有木名丹桂，蓋自謂也。樂天素善李紳，而不入德裕黨；素善牛僧孺、楊虞卿，而不入宗閔之黨；素善劉禹錫，而不入伾文之黨。中立不倚，峻節凜然，自比於桂，殆未爲過也。

又　卷三八《蟠木謡》　蟠木蟠木，有似我身。不中乎器，無用於人。下擁腫，而上轔菌。桷不桷兮，輪不輪。天子建明堂兮，既非梁棟。諸侯斲大輅兮，材又不中。唯我病夫，或有所用。用爾爲几，承吾臂支。吾頤而已矣，不傷爾性，不枉爾理。爾快快爲几之外，無所用爾。爾既不材，吾亦不材，胡爲乎人間徘徊。蟠木蟠木，吾與汝歸，草堂去來。

唐　白居易《白氏長慶集》卷三五《林下樗》　香檀文桂苦雕鐫，生理何曾得自全。知我無材老樗否，一枝不損盡天年。

唐　元稹《元氏長慶集》卷一《芳樹》　芳樹已寥落，孤英尤可嘉。可憐團圓葉，盖覆深深花。遊蜂競鑽刺，鬬雀亦紛拏。天生細碎物，不愛好光華。非無殲殄法，念爾有生涯。春雷一聲發，驚燕亦驚虵。清池養神蔡，已復長蝦蟆。雨露貴平施，吾其春草芽。

唐　陸龜蒙《甫里集》卷三《和古杉三十韻》　衆木盡相遺，孤杉獨任奇。插天形硉兀，當殿勢敧危。恐是夸娥怒，教臨巀嶭衰。節穿開耳目，根瘦坐熊羆。世只論榮落，人誰問等衰。有巔從日上，無葉與秋欺。虎搏應難動，鵰蹲不敢遲。戰鋒新缺齾，燒岸黑黖黮。鬬死龍骸雜，争奔鹿角差。肢銷洪水腦，稜聳梵天眉。礫索珊瑚湧，森嚴獬豸窺。向空分犖指，衝浪出鯨鬐。楊僕船檣在，蚩尤陣纛隳。下連金粟固，高用鐵菱披。挺若苻堅棰，浮于祖納椎。峥嶸驚露鶴，䟶趣閡雲螭。傍宇將支壓，撑霄欲抵爔。背交蟲臂揭，相向鶻拳追。格筆差猶立，階干卓未麾。鬼神應暗畫，風雨恐潛移。已覺寒松伏，偏宜后土疲。好邀清嘯傲，堪映古茅茨。材大應容蝎，年深必孕夔。後凋依佛氏，初植必僧彌。寺即東晉王家别墅。僧彌，王珉小字。擁腫煩莊辯，槎牙費庾詞。詠多靈府困，搜苦化權卑。類既區中寡，朋當物外推。蟠桃標日域，珠草侍仙墀。真宰誠求夢，春工幸可醫。若能噓嶰竹，猶足動華滋。

唐　佚名《建木賦》（《文苑英華》卷一四四引）　廣都有建木焉，大五千圍，生不知始。高八千尺，仰不見巔。過雷電，遺雲烟。倚白日，磨青天。靡蟠桃於度朔之上，毫若木於滄海之邊。斯未足奇者！天收寸雲，日在午位。明白宇宙，光嵌燭祕。枝枝攢太虚外青，葉葉積元氣間翠。無一點之影，落之於地。故自當玉京之要，得天下之中。左右仙翁，前後玉童。潤璚露，飇祥風。五雲翼之而斐亹，八景含之而玲瓏。帝或自天而降天，寧假羽翼。帝或自地而還地，不乘虚空。以我有飛陸之力，以我有太階之功。必我之由，忽乎遂通。如此見其真宰之意生巨材而不易，上帝之心寄巨材而亦深。不然，奚至是哉！俗人生代，重疊詭譎。其或不聞，聞之或不信。境之絶，信之或不往，往之或不到。智之劣，自非天付洞微，神與明哲。樹杳杳而何在？身紛紛而已滅。士有以廣都爲帝王之宅，以建木爲台階之臣。自謂未達，仰慕斯人，髣髴雲霄，徘徊風塵。若巨材之一見，希謁帝之有因。

唐　孫愁《散木賦》（《文苑英華》卷一四四引）　窅窅冥冥，至道之精。視之無見，聽之無聲。伊散木其何識，迺冲用而保生。夫其措跡隱深，寓形偏寂，青崿右聳，紅溪左闢。漱滴瀝之飛泉，枕嵌巖之古石，將含休以處順，不祈禄而自適。故其幹也，閜砢二字出《上林賦》。盤魄，蟲穿鳥剥，其節大兮不可以爲桷。擁腫輪囷，抱蠹生津，其軸解兮不可以爲輪。空心兮若喪，拳枝兮不申，理不中於規矩，才豈任乎斧斤？似支離之有疾，固哀駘之入真。日者秦構鳳凰，漢營鳷鵲，崇臨海之殿，豐冠山之閣。窮宇内之瓌寶，盡域中之蘅薄，雖片善之必收，故散木之不作。用能以損之益，居貞而晦，不恃而成，不有而大。白雲至止，雜蘿薜以成帷；清風來兮，協笙竽而吹籟。異鵲宵集，祥鴛曉會，隱士掛瓢，仙人倚盖，不逆於物，夫何於害？及夫郊暄淑氣，景媚風煙，夭桃變兮穠李發，乍揚芳以競妍。既乎寒露朝變，凝霜夜結，樝梨剥兮橘柚摧，澹無情兮何折。動息無撓，榮枯任節，道將契於櫻寧，德以庶於朗澈。與夫五柞三槐，仁賓君子，東吴豫章，西蜀蕭杞，文杏聳於千尋，木蘭香於十里，皆虬蟠鱗接，重葩疊葉，杳藹芊眠，拂日摩天，根柢深固，表裏巖泉。並恃材而喪質，咸爲名而夭年。是知明不若昧，語不如默，爲善者離其道，立行者陰於德，社櫟入夢而幾亡，野桑因言而自刻。豈若聖智雙遣，形神兩忘，委不才以居寂，任無用以爲祥，鬱鬱於純冥之界，落落於無何之鄉，與天地而長久，吸日月之明光。蒙子休聞而歎曰：吾且逍遥其旁。

宋　梅堯臣《宛陵集》卷二〇《檜詠》　文章老重欲追古，便作帝宫蒼檜詩。

青葱玉樹傳楊子，盤屈洪桃見左思。龍鱗已愛松身直，珠實還看柏葉垂。秀水豔叢那可擬，但將霜雪定堅姿。

宋 劉敞《公是集》卷一四《讀莊子》 商丘有奇樹，厥生非一朝。修根走靈社，騰幹拏赤霄。拳局無大用，液樠不可彫。誰謂非世器，終焉托逍遥。致身適有遇，松桂寧免樵。

又《記所居草樹》 幽蘭晚已秀，新竹直且疎。樸樕亦巢禽，坳堂自容魚。長日肆炎赫，周軒正清虚。適心不貴多，一畝覺有餘。理會遺孤笑，興來味羣書。彼何擾擾爾，我獨欣欣歟。人臣無懷安，吏治猶蘧廬。幸及三年淹，庶幾閒燕居。

又 卷二八《題慧禮師雙樹院》 雙樹婆娑三百年，江南秀色上參天。不知昔日誰來種，正爲道人開法緣。慧禮初露止此樹下，講經論，四衆之今成屋五十餘間，佛事甚盛也。

又《嶰林》 已看秀色動高林，會見翛翛滿翠岑。不學渭川千畝富，欲聞嶰谷鳳凰音。

宋 蘇轍《欒城集》卷九《次韻子瞻繫御史獄賦獄中榆槐竹柏》 秋風一何厲，吹盡山中緑。可憐淩雲條，化爲樵夫束。凛然造物意，豈復私一木。置身有得地，不問直與曲。青松未必貴，枯榆還自足。紛然落葉下，蕭條愧華屋。

宋 鄒浩《道鄉集》卷一三《詩·小樹》 一株短短八九寸，四面青青千百枝。作供佛前偕瑞竹，移根石上入銅池。

宋 李處權《崧菴集》卷一《題東坡枯木》 先生萬卷讀，命世文之豪。矯矯鸞鳳姿，仰止人物高。坐石翳白拂，古繭磨衲袍。玉堂揮翰手，不數乘與褒。前身老畫師，寓興時抽毫。要在胸中奇，醉筆隨秉操。柘原沙錯錯，獨樹風騷騷。天荒鳥不入，路絶人告勞。一旦辭世紛，御風歸泬寥。遥知紫玉府，冠佩方遊遨。不然跨汗漫，騎鯨弄雲濤。夜中夢見之，酌公以蒲萄。覺來空把卷，我心增鬱陶。

宋 張鎡《南湖集》卷八《分題得古木》 穴處曾經起怒雷，斷藤枯薜半離披。根莖託土何妨遠，會見春風長活枝。

宋 釋文珦《潛山集》卷三《枯樹謡》 高木引修藤，藤束樹身死。慎莫進小人，終當負君子。君子思報德，小人易忘恩。所與苟非類，反爲禍之元。誠能遠小人，終身乃無患。世莫輕斯言，亦足以爲諫。

宋 陳仁子《牧萊脞語》卷一《楷木杖賦》 郡同知東平尹公，以楷木杖見貽。按，楷木生孔林墓，不産别地，喜而賦之。

緊干霄之佳藹，飲坤維之華滋。挾勝地而穎拔，擅希世而詫奇。三眠春柳，獨上林之天苑；見《西京雜記》。玉蘂瓊花，特后土之靈祠。后土祠有瓊花一提，天下所無。不汗玉枝，必西那之遠國；《拾遺記》：「東方朔得西那國玉枝以進，云人病則汗，死則折。老朋得之，七百年不汗。」優鉢羅樹，惟金沙之河湄。見《寶積經》。鬱彼孔林，淑氣委蛇。鍾爲異木，根葉蔽虧。仁風拂濯，教雨霏微。一弓揜閟，萬木葳蕤。紋横兮，突栟櫚之紫暈。色黄兮，澹夏槐之茜姿。質韌刃兮，抱霜栢之堅重。膚膩兮，粲文梓之陸離。殫江南草木之狀兮未見，極坤蒼動植之部兮亦稀。或云四方高弟結廬兮手種，而其實天以旌封鬣兮絫□。爾其湘妃淚筠，剨果以爲筦。銅雀古瓦，窪以爲硯。藍田璞玉，剔以爲璽。肅慎石砮，厲以爲箭。苟遺物之可人，長寶玩而不厭。制器用以美觀，供几格而留戀。汎此木之瑰傑，陋凡卉之流衍。鄰杏壇而娷娟，蔭雩社而葱蒨。可以頓擊邪之笏，唐顧少連投笏擊姦臣裴延齡。可以靶斬佞之劍，可以支弄笛之牀。晉桓伊可以柄談玄之扇。咨尹侯兮賞音，瞻素王兮在念。謂木上座兮不凡，以隱君子兮可薦。身跛躄兮不危，手捫摸兮加絢。嗟百年江介兮隔越，驚一旦曲阜兮對面。策之則探仁義之脩途，凭之則超利欲之阬塹。倚之則窺聖門之宫牆，拄之則陟頖宫之堂殿。任耕耘扣脛者之是需，跨桃榔方竹之奚羡。《叢談》，李德裕以方竹杖贈潤州甘露寺僧。千百世儒家種子，扶顛而持危，又將以伐朝夕羹牆之見。

宋 于石《紫岩詩選》卷一《故家有喬木》 故家有喬木，衆鳥巢其枝。紛然各卵育，自啄還自飛。誰歟恣殘忍，緣木登其危。毁室取爾子，殺戳輕如嬉。漂摇風雨中，巢破不復支。破者尚可完，死者終無歸。自謂翔後集，今乃失所依。胡不舍之去，遠擇高林栖。主人不我愛，舍此復何之。哀哀鳴向天，路遠天不知。吾聞重太息，事莫大於斯。弱肉强之食，擾擾今何時。人生且未保，爾死誰復悲。寄言民父母，赤子方流離。

宋 李曾伯《可齋續稿後》卷一〇《古木》 古木列官道，春風老幹柯。炎凉知幾變，來往閲人多。

宋 佚名《滿庭芳·壽趙判院有父有子十一月十四》（《全宋詞》卷五八〇引） 陽複今朝，月圓明日，渭溪改觀風光。金枝孕秀，餘慶衍天潢。誕降真英間世，群仙賀，喜萃華堂。那堪見，靈椿未老，丹桂兩芬芳。燭摇，香霧擁，翠娥歌

舞，齊上椒觴。且殷勤仰祝，華算等天長。況蘊智謀韜略，維城志、屏翰君王。待收取，平戎功業，軍國賴平章。

宋 佚名《魚水同歡·慶兩子同日十月初六》（《全宋詞》卷五八〇引） 棣萼樓前佳氣藹。欣遇稱觴，正斗杓移亥。三兩日來連慶會，賀賓喜色增加倍。未遜徐雛分小大。好比晉朝，二陸休聲在。更祝靈椿顔不改，三蘇相繼居台宰。

宋 佚名《鷓鴣天·壽尊長十一月初十》（《全宋詞》卷五八〇引） 月琯迴圈屈仲冬。蓂生十葉氣葱葱。梅花香裏開華宴，柏酒樽前拜壽翁。 檀乍爇，燭微籠。兒孫羅列勸金鐘。點頭更問兒孫看，慈母蟠桃幾度紅。

宋 佚名《水調歌頭·壽隱士十月十八》（《全宋詞》卷五八〇引） 橘記一年景，梅泄小春英。見説袁成仙隱，對此慶生辰。壽比太公欠一，年並楚丘逾九，益壯異常人。細數稱觴日，信宿兩彌旬。 戲萊衣，橋梓列，杜蘭榮。一門盛事難得，一子兩層孫。休論若兒渠父，差勝楊椿黄琬，四代眼前親。積善有餘慶，享福百千春。

宋 佚名《滿庭芳·壽胡簿方三十十一月初四》（《全宋詞》卷五八〇引） 梅拆數枝，蓂舒四莢，二陽始覺來臨。五雲呈瑞，渤海複生申。通道當年慶誕，人推天上石麒麟。果然是，名馳雁塔，弱冠緑袍新。 鸞棲，雖小試，仕途發軔，現宰官身。信倚需一劄，飛下天庭。自是調羹大手，環召也、快展經綸。稱觴處，彩堂具慶，芳桂對萱椿。

金 元好問《遺山集》卷七《老樹》 老樹高留葉，寒藤細作花。沙平時泊鴈，野迥已攢鴉。旅食秋看盡，行吟日又斜。干戈正飄忽，不用苦思家。

元 葉顒《樵雲獨唱》卷二《樟木歌》 婺創府廳事幕官入山，有巨木者咸取之。予鄰有樟木，亭亭若仙。盖罔知歲年，父老相傳歷五季趙宋云。予暇日往還吟嘯於其下。至是例辱斧斤，賦長句弔之。

古木千年隱林麓，傲雪凌寒久幽獨。霜皮雖無四十圍，中有昂霄氣盈掬。孔明廟前色頗同，草堂詩老慣撫育。雨淋日炙歲月摩，幹槁根摧忽顛踣。樵夫芻客不我顧，長伴蒼苔映寒緑。今年公府創高堂，梁棟求之苦不足。幕官騎馬自入山，匠者驅馳如鬼速。自慚拙才復何用，例辱斧斤蒙齒録。山翁因笑百無能，一生支離同此木。樵木三嘆爲木言，如此奬擢非我欲。不願爾爲秦皇阿房宮，不願爾爲漢武黄金屋。兩君富貴驕且淫，是中唯蓄美女藏珠玉。但願爾爲幽人廬，滿貯烟霞寄空谷。有時惟聞讀古書，凜凜忠義横在腹。有時惟聞彈古桐，高調凄涼聲斷續。否則搆作承明廬，巋然長在天子目。廣延天下之英豪，獻可替否干王禄。此時不獨木爾榮，四海蒼生盡蒙福。

元 周巽《性情集》卷二《錦樹行》 吴江上，郢水東，木落秋霜冷，波涵夕照紅。天機織成五色綺，地氣吐出雙飛虹。低連曲岸山嵐曙，遠接寒岡野燒空。楓葉滿林凋玉露，落霞影裏飛孤鶩。漁歌聲，斷綵雲，留我行見之，歲云暮闕河。萬里鴈書遥行子，天涯在何處，我歌錦樹行，曲盡難爲情。十月桃花爛如錦，運糧初過南昌城。

元 劉履《風雅翼》卷一《古詩十九首》 庭中有奇樹，緑葉發華滋。攀條折其榮，將以遺所思。馨香盈懷袖，路遠莫致之。此物何足貴，但感别經時。

賦也。華滋，光澤貌，《爾雅》謂華同作花。爲榮懷，謂襟抱之間。致，送詣也。此懷朋友之詩，因物悟時，而感别離之久也。

明 張昱《可閒老人集》卷二《將軍樹》 王平時率羣隊，狂戲此樹下，還鄉，以錦幪之，號錦樹將軍。

將軍官重執金吾，不比秦朝列大夫。王爲錦衣歸故里，遂令老樹有稱呼。

明 郭登《楸子樹并序》（《明詩綜》卷二四引） 去歲于蒙太監家移栽此樹，當就結實繁衍。今年春令已深，草木皆萌蘖，而獨此枯瘁，略無生意。土俗相傳，以爲栽樹當歲著花特餘氣耳，來歲則否，必三年而後如故。予甚信之。偶數日伏枕不出，今晨就庭事啓窗，則花已爛熳，比他樹尤盛，見者咸以爲異。予亦歡然以喜，因賦長句并識意云：

窗前新栽楸子樹，去歲移自東君家。根深土涷重莫致，輓以兩犍載一車。方經旬日即蓓蕾，秋深結子如丹砂。人言此特餘氣耳，來歲未必能芬葩。我初聞之稍驚怪，重以土俗相傳誇。今年春風已撩亂，千株萬卉皆萌芽。南山青翠遠可見，獨有此樹猶枯杈。我徵前言苦不樂，行憐坐惜恒咨嗟。連朝病困閉門卧，夢寐猶憶花如何。今晨勿藥彊起坐，眊焉兩瞳如隔紗。推窗一見笑絶倒，葱葱滿樹開成霞。冰綃素錦誰翦刻，小紅輕翠相交加。日光照耀春欲醉，翩翩蜂蝶争紛拏。賔朋來觀繞百匝，共疑造化理則那。花枝爛熳色更好，詖辭輕易可信邪。豈非陽春有深意，憐我老憊來天涯。浮生過半身計拙，有足不及蚿憐蛇。故教相伴慰岑寂，豈敢與物争豪奢。六年羈鰥入僧定，但未落髮披裂□。青裙小鬟别來久，淚眼垢膩首不珈。已聞柱蠹化胡蝶，忍聽鸚鵡呼琵琶。花雖可愛不忍折，無人插向兩髻丫。鈎簾静坐獨清賞，天明起看到日斜。知音未遇寡懽

趣，有酒不飲惟烹茶。前年官司催入貢，六千里路豈不遐。移根天苑比瓊樹，有用未必過桑麻。物生遭遇即珍貴，便應壓盡諸般花。我慙不如花命好，謫官五載辭金華。住迴邊城氣蕭索，旦暮慽慽聞蘆笳。自憐淺薄不足忌，羣兒何以喙競呀。方圓鑿枘苦難入，冠非薦角强觸邪。古人明哲有深戒，省愆痛欲掩户撾。再歌南風終不競，天驕吹脣魯婦髽。羌兒雜遝近邊鄙，意態詭異聲聊譁。陰霾接旬不成澤，嗺嗺恒欲噬我豭。麒麟獅子遠將至，爾曹慎勿相邀遮。駟騎東來蹴山倒，黄口學語聲咿啞。羣公羅拜但垂手，踐踏不啻蟲與蝦。人逃馬死金滿篋，一擲何足挂齒牙。我雖無位百憂集，終夜感歎心如瘥。廿年蹤跡半天下，把鏡自照兩鬢髿。老懷食蔗如食蠟，豈但無味仍饒渣。行路難行古如此，道多豺狼水鱷魦。紛紛兒女競聲利，左蠻右觸方争蝸。金雞何日解羈去，一竿歸釣吴江槎。箕山潁水跡長往，漁蓑樵擔肩相摩。羞將閒看得意鼠如虎，怕説病聰蟻閗摩。黄雞紫蟹且慰意，背癢正得麻姑爬。老農追隨口腹累州里，未能不食如匏爪。猶勝夷齊待薇蕨，園收芋栗兼梨樝。心淳語直意真率，肝膽相照無疵瘕。瑶臺璇室豈不好，囁嚅較此猶争些。囊中黄金尚餘幾，壺乾酒盡還當賖。頹然一醉玉山倒，世間萬事皆由他。

明 李攀龍《滄溟集》卷五《南溪老樹行》 老樹横溪十畝陰，下有跳浪三百頃。酒罷捫蘿坐其上，白眼青天何不逞。牛斗之間見浮槎，蒼茫宇宙成漂梗。念我平生湖海客，衣裳冷冷風馭冷。文章八代俱望洋，心事幾人同哀郢。醉裡誰堪此陸沉，俠來氣與千濤猛。洛浦明珠舊寂寥，渥洼神駿空馳騁。翻然大叫觀者摧，那知世路滄洲永。投足還探河伯宫，俯身欲拾中流影。驪龍蜿蜒垂霧雨，虹霓繚綟含光景。須臾力疲神亦眩，乾坤低昂發深省。最奇披髮泅吕梁，顧言洗耳臨箕潁。初看長駕出黿鼉，豈云吾道終蛙黽。王郎驅石到渤澥，徐子招招廻舴艋。此時共濟失狂瀾，却悲胥溺情難整。泥塗豈可困豪俊，男兒相逢誇項領。遂憶鳴鞭昨夜歸，湘娥漢女猶延頸。羣靈至今未敢散，寒江颯颯開塵境。

明 胡直《衡廬精舍藏稿》卷二《芳樹》 芳樹結根乃在上林間，吐朱華兮葳蕤。上有雲霞照耀華姿，下有湛湛之清池。君王羅綃幕，霓旌翳瓊枝，玉醴酬紛葩，佳賓咸來兹。觀者忘疲，宴者以委蛇。惟願我君王萬歲，樂於斯芳樹同鄧林，永老無離披。

明 王圻《稗史彙編》卷一五一《端正樹》 長安西端正樹去馬嵬一舍，乃唐德宗皇帝幸奉天，觀其蔽芾，錫以美名。後有文士經過，題詩逆旅，不顯姓名。詩曰：「昔日偏霑雨露榮，德皇西幸賜嘉名。馬嵬此去無多地，合向楊妃冢上生。」出《杼情詩》

明 屠隆《由拳集》卷三《芳樹》 芳樹威蕤，當彼青春，敷榮吐秀，陰蓋四隣。主人置酒堂上羅嘉賓，嘉賓既集衆樂畢。陳人進北燕曲，奏西秦，挾瑟上堂，一一朱衣而華巾。芳樹臨前，楹發紅蕚，對景如此，君胡不樂。君不樂，何不看取芳樹。今日芳，明朝霜，落葉黄，人生榮華安得長。芳樹不飲，無爲北風烈烈悲枯葉。

明 沈周《古木寒藤圖》（《石倉歷代詩選》卷四九一引） 古木迸石出，脱葉如無生。羣篠自西風，何以荅秋聲。蒼藤載束縛，恐因雷雨行。我詩向而書，誓與同老成。

明 慎懋官《華夷花木鳥獸珍玩考》卷三《壽樟》 在建昌縣治南。宋黄庭堅記項安世作壽樟亭。初邑人李左司公懋仕于朝，高宗嘗問樟公安否。奏以枝葉婆娑，四時常青。何萬幾之暇眷眷乎遐方一樟哉？必閭閻纖悉，轉而上聞。抑念世家仁及此木也。紹定間縣令陳文孫刻圖于石。

明 薛論道《林石逸興》卷六《桂枝香·詠檜》 凌霜正氣，挺然獨立。青鬱鬱栢葉松姿，香馥馥芝馨木味。看凛凛歲寒，重陰疊翠，三槐不齒，五柳休提。丰標不假丹青繪，直幹應勞翰墨題。

明 李雲鴻《李秋羽集》卷三《自題庭前雙檜》 古柏長松詎足奇，齋前雙檜碧參差。參天勢作蛟龍鬬，入夏濤傳風雨悲。海鶴依依山月暝，青蘿嫋嫋緑陰垂。人間桃李休相競，大節由來歲晚知。

明 曹于汴《仰節堂集》卷九《孔子手植檜讚》 尼聖植教，萬古常存。尼聖植檜，亦萬古常存。教之興替，世運攸繫。檜之榮枯，亦世運攸繫。教繫於世，是或可知也。檜繫於世，是不可知也。聖不可知之謂神，惟不可知斯爲聖神。

清 施閏章《學餘堂詩集》卷二六《子貢植楷》 手植凴誰記，殘碑留至今。共看獨樹影，猶見古人心。閱歷風霜盡，支離天地陰。經過築室處，千載一沾襟。

清 甘京《陰德樹》（《建昌府志》卷九引） 南豐先賢朱器之，教訓歸來歲已迫。路逢熊禧欠常平，脱帶深林將自勒。問之適須三十貫，解我俸錢救爾厄。徒手到家妻子疑，問説施金□喜極。蕭蕭釜甑不成炊，談笑無燈度除夕。五子

京彦襄亮衮，一時同朝聲赫弈。至今西郭樹根苦，行人尚自呼陰德。

清　謝重輝《杏村詩集·丁亥詩·樗》　惡木如惡人，除之終難盡。天公本無私，生物殊矛盾。中唐産臭樗，羅生長接軫。剪伐復依然，蕃茂久不隕。幽木爲之殘，奇花爲之窘。不棲鳳與凰，鵂鶹夜相引。我欲用火攻，恐爲造物哂。

清　周魯《類書纂要》卷二八　吕公樟松江北禪寺，宋有回先生者過之，手植樟于殿後。數年樟死，回復造焉。問樟公安在？取瓢内藥一丸，瘞諸根下，樟隨活，葉葉但顯瓢痕，人始悟吕仙也。

清　宋際《闕里廣誌》卷一九《孔林》　乾坤長與孔林存，楷木陰森鳥不喧。泗水□光凝遠近，泰山雲氣擁晨昏。帝王百代祀彌重，弟子三年聲復吞。莫道夜臺無曉日，於今聖道若朝暾。

孔林自古重山東，石馬蒼松輦路通。隧道春回芳草下，御碑雲護紫苔中。岱山佳氣揺晴楷，泗水靈源繞閟宫。千載明禋功不細，墓門瞻拜夕陽空。

《孔林》宋思玉　洙泗交流繞閟宫，百神呵護肅靈風。鸞旗玉略留中道，駝紐銀章錫上公。楷木更含千歲緑，杏花猶發舊時紅。予鄉亦有衣冠墓，吴魯絃歌兩地通。

清　宋弼《山左明詩鈔》卷二七《園居紀物雜言》　持荷不可以作柱，析蘆不可以作椽。當道種李苦不售，臨風植梧葉易捐。枯楊生華復何用，散櫟不材虚自全。蓬生麻中能直立，蔦緣樛木遂高騫。菌桂有香惜生蠹，蕡桃不登何貴妍。松柏槐木黄中猶傍鬼，棘有赤心無柰酸。榆美濟荒增瞑睡，栗房易駭表恂虔。塔柿七絶常病冷，杏金三劑果能仙。葡萄浩繁猷詰屈，朱櫻虚脆空匀圓。南池栽竹挺高節，東離植菊稟貞堅。不隨衆芳競炎景，若比後凋無慙顔。幽人約略書殿最，口占付與園丁傳。

清　張宗法《三農紀》卷七《木賦》　草木之性，賦乎少陽，其氣在皮。若壞其外，絶其膚必枯。其斬伐猶生，故少陽之氣，行于夾空也。

清　彭藴章《松風閣詩鈔》卷九《硯北集·古今體詩五十六首·有木十六章》　有木以聖名，食之令人智。醴泉沃其根，丹砂布其地。曠世偶挺生，蔚作神州瑞。姬墓産靈蓍，孔庭植古檜。此木其千秋，涫風開八會。

清　屠倬《是程堂二集》卷一《病樹》　東郊見病樹，入我苦硬詩。寒緑沉夕陽，瘦陰卧清池。磥砢剩節目，聳異存孤危。刳中空腔朽，裂杈老幹歧。蟲篆雕腐質，蟻迹緣高枝。獰飈拔厚土，野火燒叢祠。厥狀故自醜，造化終洩奇。託身嵬巖中，空負雨露私。念彼拱把初，不解老大悲。明堂需棟梁，翦伐所不辭。文章孕條理，繩墨中矩規。萬牛挽不得，千仞庶可期。枉尺既自較，不材還自疑。坐令芳華歇，忽已柯葉瘵。潦倒在中野，嘲笑雜小兒。崩沙齧根穿，碎石刻骨勢。孔疑燧人鑽，柟或樵斧斯。枝攣苦胼胝，苔蝕攢瘡痍。割耳僵乖龍，灼背釁老龜。窟寃穴狡兔，蒙密啼怪鴟。鑿齒足半廢，齊女瘦倒垂。殺霜露髡髩，溜雨蒸黴黧。煩惱葛藤縛，抨擊霹靂馳。枯禪心欲灰，山鬼魄共褫。風烟幾撼頓，苻婁成尫羸。莊周棄臃腫，庾信嗟變衰。生理雖未盡，匠石久見嗤。徒憐溝中斷，敢泣爨下炊。我爲病樹歎，復爲病樹思。空山多老壽，蒙泉養華滋。磔卓天所全，靈怪世肯遺。先春斡元氣，改葉還故姿。榮悴倘齊物，閱歷方在茲。保此堅多心，毋斵而小之。

清　吴榮光《石雲山人詩集》卷八《紅樹十首》　由南天門出古北口，至廣仁嶺，紅葉滿山，人跡在地，朝暾暮頴，各有會心，可人不來，寄之子墨。時嘉慶丙子霜降前十日也。

侵曉霜華照客身，緣厓度嶺帀時新。天心到此一烘染，物意行將見本真。鬢髮未衰應笑我，文章垂老更驚人。停車珍重從頭想，只隔菖芽兩月春。

連朝不覺入山深，晴日暉暉正滿林。澹抹嵐頭方縹緲，濃濡露脚漸侵尋。已添菊葉東籬色，可識梅花隔歲心。萬樹淋漓元氣在，搓朱成絳總能任。

萬里長天萬里沙，松青草白更無花。關心流水多斜照，回首空山有落霞。優鉢火光疑佛地，幔亭雲影或仙家。寄焉已分人間老，更乞何人辨月槎。

指點山痕與水痕，詩心容易近黄昏。亂鴉初起客携酒，疲馬再經人掩門。寒已無端入山骨，秋如有約問雲根。行踪忽漫增鄉思，冷落西樵第幾村。

邊庭何處訪騷才，憭慄登臨日幾回。涼似君山波始下，感深瓶窨歲方催。荒烟古戍蛩吟到，好月今宵鴈叫來。歷歷秋河牆不隔，丹林疑有倚雲栽。

獵獵西風吹野坰，美人遲暮耐清泠。日邊若木空中撰，山上焉支分外馨。笳拍交姬方畹晚，錦車馮嫽亦娉婷。鴈門悵望明妃塚，太息天涯爲底青。

蕭條已過衆芳時，芳外尋芳出愈奇。世路蒼茫復何物，歲華點綴頗相宜。支撑節烈終留餤，矍鑠英雄别有姿。五百年前鞭鐙血，相依合種令公祠。

歲功成處孰調和，爲爾歡然紀葉柯。競病將軍旋凱曰，妃豨大海問遺歌。朱欄砧杵情懷遠，紫塞風雲意氣多。却笑暮年蕭瑟客，枉因司馬怨婆娑。

曾于衰謝識炎涼，嘘植深恩敢或忘。曦照月臨皆帝力，霧酣風醉總秋光。

本非解語凋何惜，差異卷心剥不傷。他日浮華盡刊落，獨留貞幹麗朝陽。

過眼匆匆錦繡天，一年好景至秋全。看他傲骨殊能嫵，借爾寒威始自妍。肯入季倫金粉隊，只宜摩詰白雲邊。等閒得上丹青筆，閲盡風霜已可憐。

清 施敏政《頂天春樹》（乾隆《富川縣志》卷一二引） 石勢參差十尺屏，朦朧樹色隱山靈。洞中鬱鬱無窮碧，堂背葱葱未了青。一縷炊烟紗幔薄，數聲鳥語絳雲停。尋常愛對松林坐，爲憶根頭有茯苓。

清 趙翼《樹海歌》（《晚晴簃詩匯》卷九〇引） 自下雷州至雲南開化府凡與交趾連界處八百里皆大箐，望之如海，爰作歌紀之。洪荒距今幾萬載，人間尚有草昧在。我行遠到交趾邊，放眼忽驚看樹海。山深谷邃無田疇，人煙斷絶林木稠。禹刊益焚所不到，剩作叢箐森遐陬。託根石罅瘠且鈍，十年猶難長一寸。徑皆盈丈高百尋，此功豈可歲月論。始知生自盤古初，漢柏秦松猶覺嫩。支離夭矯非一形，爾雅箋疏無其名。肩排枝不得旁出，株株擠作長身撑。大都瘦硬幹如鐵，斧劈不入其聲鏗。蒼髯蝟磔烈霜殺，老鱗虬蛻雄雷轟。五層之樓七層塔，但得半截堪爲楹。惜哉路險運難出，僅與社櫟同全生。亦有年深自枯死，白骨僵立將成精。文梓爲牛楓變叟，空山白晝百怪驚。綠蔭連天密無縫，那辨喬峯與深洞。但見高低千百層，併作一片碧雲凍。有時風撼萬葉翻，恍惚諸山爪甲動。我行萬里半天下，中原尺土皆耕稼。到此奇觀得未曾，榆塞鄧林詎足亞。鄧尉香雪黄山雲，猶以海名巧相借。況兹蓊翳徑千里，何啻澎湃重溟瀉。怒籟吼作崩濤鳴，濃翠湧成碧浪駕。忽移渤澥到山巔，此事直教髡衍詫。乘籃便抵泛舟行，支笻略比刺篙射。歸田他日得雄誇，説與吳儂望洋怕。

清 倪濤《擬白香山有木詩八首并序》（《兩浙輶軒續録》補遺卷一引） 嘗讀前後《漢書》列傳，見文章爾雅，訓辭深厚，以儒林稱者；時同功異民，有餘思，以循吏稱者；偏上并下，敗俗傷化，以貨殖稱者；不入道德，放縱末流，以游俠稱者；又見依倚道藝，非所能通，如方術所述者；才行高秀，不專一操，如列女所述者；又若事非通圓，風軌足懷，如獨行逸民之流。修奉朝貢，各以其職，如西羌、西域所紀。因引風人、騷人之興，賦有木八章，以寄望古振今之意。

有木名梧桐，棲鳳臨清池。朝陽承新色，碧玉拂疏枝。春風及萬物，枝葉方荄滋。别類或刺手，花發眩頳姿。浮華惜無實，謂似空參差。排雲高百尺，孤立耀後時。知音儻可待，韶雅誇天資。槃阿厲名節，澍雨敷丹墀。

有木翳芳陌，釋名爲柔桑。甚繁喜沃若，枝敷詠遠揚。鳩鶻時相食，鷃雀集其旁。藉非施翦伐，豈能成秀良。薄物有本性，頻采每失常。遺愛冬日短，養榮飄風傷。因利勸勤植，知時及分秧。一榆百本薙，生意充垣牆。

有木名髤桼，其尤數陳夏。物華足本真，何用幻虛假。剛斧承竹筒，巧取心入冶。遂令刺繡文，轉傍市門下。藻棁改環堵，丹楹耀翠瓦。投膠衆所趨，合櫱效偏寡。顧兹本微植，孰爲論大雅。有用轉相資，常度慨輕捨。

有木盛湖湘，其名賦東楚。同在薪蒸中，獨以翹楚許。叢生寖以滋，藩觸勢莫阻。託質非無用，横生未得所。偏不儕梓枌，翻憂害禾黍。或慕堅彊性，相依近居處。下趨棘與荆，當路苦徒侶。山樵不可刈，聚類快一炬。

有木名椒聊，鍼棘傷人手。葉弄晚晴餘，花落新涼後。辨味誤荼乳，酌漿混桂酒。有實説蕃衍，其數卜升斗。衡星散何時，巫風傳已久。託根非所貴，榮枯置林藪。崇蘭有國香，佩茝辟羣醜。竊似亂其真，明聰爲所誘。

有木振清標，冬青長巖曲。石深根自生，地溼花不屬。獨全歲寒心，豈必長生籙。春光曉浮瓊，微雪香散玉。孰與賞孤芳，未易敦薄俗。浮豔趨衆玩，清芬遜遺躅。亂枝逐風塵，餘芳安可贖。以之承其流，女貞隱相辱。

有木名香檀，喬柯振高風。守素著奇節，垂青表直躬。縝密質逾美，堅重氣自充。巖阿適清曠，何妨庭陛中。材大曷足貴，利用資良工。輪囷夙所望，車輻勞相攻。萊蕪歌閭里，避世同牆東。空山老閒散，滋培負蒼穹。

有木至不材，臭濁山有樗。生同覆載内，氣浮質幹疏。繩木難爲設，拳曲焉可舒。樵采幸相棄，天年欣有餘。乃因土膏潤，移根通邑閭。斧斤非不利，頑惷未忍除。虎目别椿種，鮑肆溷蘭居。雨露厚霑被，冥然絶生初。

清 彭藴章《松風閣詩鈔》卷九《硯北集・有木十六章》 有木以聖名，食之令人智。醴泉沃其根，丹砂布其地。曠世偶挺生，蔚作神州瑞。姬墓産靈蓍，孔庭植古檜。此木共千秋，滄風開八會。

有木名風聲，傳自東方朔。昔在縉雲時，蓊鬱生阿閣。或如琴瑟響，或如金革作。聲音别文武，休咎占榮落。恍與格人遊，不待元龜灼。

有木名爲桑，其實堪療飢。葉肥飼春蠶，吐成機上絲。上者爲黼黻，下者作裳衣。其功在萬世，直與五穀齊。東夷貢吉貝，西戎獻織皮。何如素絲美，藻火虞延施。

有木以貞名，亦號冬青樹。凌寒葉不凋，巖壑飽霜露。開徧青白花，纍纍子無數。實秉少陰精，如士守寒素。保兹介石心，落落歲云暮。桃李倚東風，只爲

繁華誤。

有木名射干，寸莖茁鷲嶺。甘露流其根，丹霞染其頂。良由所處高，何曾百尺挺。君子貴自立，失足常自警。就士慎交遊，擇鄰争處境。三復孫卿言，令人發猛省。

有木名松柏，天生棟梁材。任土曾作貢，夏殷並樹之。茯苓結蟠根，鸞鳳棲高枝。獨抱堅貞性，詎憂斧斤施。幸勿摧爲薪，終當露瑰奇。

有木名梧桐，龍門聳百尺。特立山崖中，秉性自孤直。伯牙裁爲琴，鏗鏘和金石。中天奏簫韶，雲間翔鳳翮。惜哉先秋凋，未堪雪霜積。賈生豈無才，顔淵終有德。樗栲永其年，令人長太息。

有木名如何，其實形如棗。食之得地仙，三光同不老。我懷命名意，憂心何慅慅。初筮未堪從，三思以爲寶。鹵莽實多愆，從容乃中道。不曰如之何，聖賢亦難保。

有木名無憂，初植纔盈把。俄見質輪囷，枝葉蔽九野。合歡芘其根，萱草榮其下。欲呼岐山聖，移種酆京社。奈何石頭城，自比無憂者。三閣逞荒淫，六宫侈風雅。不見關睢詩，寤寐憂心寫。

有木名楊柳，嫋娜風煙中。栽傍靈和殿，眠起多丰容。攀條贈行客，縷縷芳情濃。柔姿弄春靄，弱質零秋風。取材成桮棬，不堪大匠逢。槎枒水濱臥，蟻穴中心空。

有木名爲桂，味辛長百藥。宗生臯塗山，霜天葉不落。雜樹不得參，何況榖木惡。滿山播芳烈，二氣無舛錯。將才比孫吴，相業似伊霍。猛力甦沈痾，匡時有勇略。

有木以强名，方寸繫巨石。縋之入海中，浮如挂帆席。堪逐鵾鵬遊，不患鮫龍得。我聞弱水頭，愁煞乘槎客。有舟强若此，何殊翅生腋。我欲攜斧斤，採之傲松柏。

有木以檀名，古稱爲善木。其質重而堅，取材中車輻。别種制良弓，九合緄縢束。眷言武備修，樹此十年足。榽榼非真材，相似亦可蓄。作歌告山虞，佇立望空谷。

有木名無患，密葉相對生。作器能辟惡，焚之香氣清。神巫裁作棒，殺鬼驅六丁。鍾馗能啖鬼，其神久不靈。揶揄敢作祟，嘯梁多怪聲。人烟滿城邑，忽見燐火青。我欲祓不祥，持棒中宵行。

有木名返魂，香聞數百里。玉釜煮其根，金丹未堪擬。死者得復生，生者長不死。邪術始黄巾，流傳殊未已。殺人亦無數，蒿目觀前史。安得返魂香，千秋拯赤子。

有木以模名，四時色皆正。惟生周公家，不與凡木競。有楷植孔林，千秋枝葉盛。製杖扶顛危，内含金石性。榮哉此二木，托根依古聖。貝多來西域，如樂分雅鄭。

清 同治《南潯鎮志》卷六　紀遠《古樹賦序》：余久寓闤闠，丁丑重陽前二日，移居垂虹之南。有古樹在焉，因倚樹結屋，并爲賦之。

清 光緒《南滙縣志》卷二二《雜志》　蔡紹襄以貢爲江西貴溪縣訓導，萬曆庚子秋，應省試，舟次瑞洪，見有荒祠列十餘大樟。入夜夢與神揖讓樹傍，神曰：「公中江和榜。」俄有羣儒出，若相角狀。神語襄曰：「無庸，汝可隨吾去。」襄數之，得七十三人，覺而大異。榜發，鄱陽江和擢解首，襄中七十四名。

雜　録

《尸子》卷下　木之精氣爲畢方，深根固蒂。

大木之有奇靈者爲若木。食之人多爲仁者，名爲若木。

《吕氏春秋·有始》　白民之南，建木之下，日中無影，呼而無響，蓋天地之中也。（白民之國，在海外極内。建木，在廣都。南方衆帝，所從上下也，復在白民之南。建木，狀如牛，引之有皮，黄葉，若羅也。日正中將下，日直人下，皆無影。大相叫呼，又無音響，人聲。故謂蓋天地中也。）

漢 班固《白虎通》卷下《封禪》　孝道至，則萐莆生庖厨。萐莆者，樹名也。其葉大於門扇，不摇自扇，於飲食清凉，助供養也。繼嗣平則賓連生於房户。賓連者，木名也。其狀連累相承，故生於房户，象繼嗣也。日曆得其分度，則蓂莢生於階間。蓂莢者，樹名也。月一日一莢生，十五日畢。至十六日一莢去，故夾階而生，以明日月也。王者使賢不肖位不相踰，則平路生於庭。平路者，樹名也。官位得其人則生，失其人則死。朱草者，赤草也。可以染絳，别尊卑也。

漢 王符《潛夫論》卷三四《五德志》　大人迹出雷澤，華胥履之生伏羲。其相日角，世號太曍。都於陳。其德木，以龍紀，故爲龍師而龍名。作八卦，結繩爲網以漁。

晉 郭璞《玄中記・梓木楹》 凡梓木爲楹,居下則木鳴,謂之争位。

宋 釋普濟《五燈會元》卷六《宋》 徽宗皇帝政和三年,嘉州巡捕官奏,本部路傍有大古樹,因風摧折。中有一僧禪定,鬚髪被體,指爪遶身。帝降旨,令肩輿入京,命西天総持三藏以金磬出其定。遂問何代僧?曰:「我乃東林遠法師之弟,名慧持。因遊峨嵋,入定于樹,遠法師無恙否?」藏曰:「遠法師,晉人也。化去七百年矣。」持不復語。藏問師既至此,欲歸何所?持曰:「陳留縣復入定。」帝制三偈,令繪像,頒行偈曰:「七百年來老古錐,定中消息許誰知。争如隻履西歸去,生死何勞木作皮。藏山於澤亦藏身,天下無藏道可親。寄語莊周休擬議,樹中不是負趍人。有情身不是無情,彼此人人定裏身。會得菩提本無樹,不須辛苦問盧能。」

元 釋念常《佛祖歷代通載》卷一《七佛偈》 三鐵刺林名銛摩利。謂此林樹有利鐵刺,長十六指。有情被逼上下樹時,其刺銛利,上下劖刺,是等有情,血肉皮等,掛染刺上。惟剩觔骨,有鐵觜鳥,探啄有情眼睛腦髓,争競而食。

明 余懋學《説頤》卷四《變梧變蓮》 王宴爲員外郎,父普曜齋前梧樹忽成梧桐。論者以爲梧桐雖有棲鳳之美,而失後凋之節。宴後果不能終。婺州僧清簡園中蔓菁變爲蓮。《太平御覽》云:「豐年則蝗化爲蝦。君子寧爲蓮蝦之變,母爲梧桐之變。」

明 茅元儀《武備志》卷一六八《占五行》 木非時枯落,是謂金刑木,不出三年有暴兵從外國來。

枯木冬生,是謂陰陽易位。

木生一夜盈尺,凶。

木卒生道中,木忽自鳴作金聲,地將分裂。

桃李冬花,四時不序,其年臣奪主位。

軍壘中草木自死者,凶。

軍中地忽生五穀,一軍受賞,天助之兆。

城中樹忽萎黄,吾軍大勝。

營側樹忽崩摧,軍師敗辱。

諸樹木花不當時者,賊欲來圍,急宜移營。

營內生艾,青嫩而香,將軍當病。

城營内忽生花草,不出旬日,兵將俱病。

清 姚之駰《元明事類鈔》卷三六《材木門》 七星檜 沈周《七星檜》詩:「海虞七星檜,宜爲羣木冠。列生老子宫,與邑作奇觀。傳植從蕭梁,其説我恐漫。驗斗形頗全,七既夥其半。三株寔聊存,誰執歲月筭。」

清 吴陳琰《曠園雜志》卷下《僧合樹中》 峨眉縣南七八十里許至天門,石門首有老僧樹,昔老僧坐禪樹下,兩樹合,僧在樹中。至今存。

清 光緒《零陵縣志》卷一《地輿志・山》 龍洞王元弼記洞去城六十里,唐唐世旻所居地也,最廣濶。昔有一木從洞中流出於石岸上,人見之浮於水易,曰視之復在洞口。如是者數次,木如神形。士人祀之。至旱年,迎木禱雨輒應,龍洞之名蓋因之,因繫以詩: 洞虚亦何靈,乃在山之曲。木龍似有神,風雨藏深谷。

松

題解

漢 許慎《説文》卷六 松 松,木也。从木,公聲。祥容切。㮤,松,或从容。

宋 戴侗《六書故》卷二一《松柏檜栝》 松,祥容切。別作枀。柏,博陌切。檜,古外切。栝,古活切。《爾雅》曰:「柏葉松身曰檜,松葉柏身曰樅。」孔安國謂「柏葉松身爲栝。」孔穎達謂《詩》《書》之檜栝爲一物,《説文》曰:「柏,鞠也。」按: 松柏人所同識,今人所謂檜,葉似細杉而榦如柏。其兼柏葉者謂之二色檜。栝生北方,其葉似松而大,實似小栗,爲果核之珍。《書》云:「杶榦栝柏。」《説文》曰:「括,檃也。」一曰矢栝,檃絃處。按: 檃括、矢括之括當从手,又草名栝樓。《詩》果蠃之實。毛氏曰:「果蠃,栝樓也。」郭氏曰:「齊人謂天瓜蔓生,夏開黄華,秋結實,根如葛。」

明 李時珍《本草綱目》卷三四《松》 釋名: 時珍曰: 按王安石《字説》云: 松柏爲百木之長,松猶公也,柏猶伯也。故松從公,柏從伯。

集解: 《別録》曰: 松脂出太山山谷,六月采。頌曰: 松處處有之。其葉有兩鬣、五鬣、七鬣。歲久則實繁。中原雖有,不及塞上者佳好也。松脂以通明如薰陸香顆者爲勝。宗奭曰: 松黄一如蒲黄,但味差淡。松子多海東來,今闗右亦有,但細小味薄也。時珍曰: 松樹磥砢修聳多節,其皮粗厚有鱗形,其葉後凋。二三月抽蕤生花,長四五寸,采其花蕊爲松黄。結實狀如猪心,疊成鱗砌,秋老則子長鱗裂。然葉有二針、三針、五針之別,三針者爲栝

子松，五針者爲松子松。其子大如柏子，惟遼海及雲南者子大如巴豆，可食，謂之海松子。詳見果部。孫思邈云：松脂以衡山者爲良，衡山東五百里滿谷所出者，與天下不同。蘇軾云：鎮定松脂亦良。《抱朴子》云：凡老松及内自然聚脂爲第一，勝於鑿取及煮成者。其根下有傷處不見日月者爲陰脂，尤佳。老松餘氣結爲伏苓。千年松脂化爲琥珀。《玉策記》云：千年松樹四邊枝起，上杪不長如偃蓋。其精化爲青牛、青羊、青犬、青人、伏龜，其壽皆千歲。

論説

《莊子·德充符》 受命於地，唯松柏獨也，在冬夏青青。

漢 劉安《淮南子》卷二《俶真訓》 夫大寒至，霜雪降，然後知松柏之茂也。

晉 葛洪《抱朴子·外篇》卷四《廣譬》 玄冰未結，白雪不積，則青松之茂不顯。

南朝宋 劉義慶《世説新語》卷中之上《賞譽之八上》 庾子嵩目和嶠：「森森如千丈松。雖磊砢有節目。施之大厦，有棟梁之用。」晉諸公贊曰：嶠常慕其舅夏侯玄爲人，故於朝士中峨然不羣。時類憚其風節。王戎云：「太尉神姿高徹，如瑶林瓊樹，自然是風塵外物。」《名士傳》曰：夷甫天形奇特，明秀若神。八王故事曰：石勒見夷甫，謂長史孔萇曰：「吾行天下多矣，未嘗見如此人。當可活不？」萇曰：「彼晉三公，不爲我用。」勒曰：「雖然，要不可加以鋒刃也。」夜使推牆殺之。

南朝梁 蕭繹《金樓子》卷四 行人不休息於松柏，而止於楊柳者，以松栢有幽僻之窮，楊柳有路側之勢故也。

北齊 顔之推《顔氏家訓》卷上《文章篇第九》 齊世有辛毗者，清幹之士。官至行臺尚書，嗤鄙文學。嘲劉逖云：「君輩辭藻，譬若榮華，須臾之翫，非宏才也。豈比吾徒，十丈松樹，常有風霜，不可凋悴矣。」劉應之曰：「既有寒木，又發春華，何如也？」辛笑曰：「可矣。」

唐 郭京《周易舉正》卷中 子曰：吾自衛反於魯，然後樂正，雅頌各得其所。又曰：歲寒然後知松柏之後凋也。

宋 李格非《洛陽名園記·松島》 松、栢、樅、杉、檜、栝皆美木，洛陽獨愛栝而敬松。松島，數百年松也，其東南隅雙松尤奇。在唐爲袁象先園，本朝屬李文定公丞相，今爲吴氏園，傳三世矣。頗葺亭榭池沼，植竹木其旁，南築臺，北構堂，東北曰道院。又東有池，池前後爲亭臨之，自東大渠引水注園中，清泉細流，涓涓無不通處。在他郡尚無有，而洛陽獨以其松名。

宋 陳祥道《論語全解》卷五《子罕》第九 「子曰：歲寒，然後知松栢之後彫也。」

歲不寒，不足以知松栢。事不難，不足以見君子。莊子曰：「受命於道，唯松栢獨也。」又曰：「天寒既至，霜露既降，然後知松栢之茂也。」《禮》曰：「若松栢之有心，貫四時而不改柯易葉，此所以譬君子之操也。」《老子》曰：「六親不和有孝慈，國家昏亂有忠臣。」《傳》曰：「疾風知勁草，亂世識忠臣。」與此同意。

宋 朱震《漢上易傳》卷九 震巽爲木，堅多心，松栢之類。《周官》所謂陽木，洞林家人之蒙，巽震交坎爲長松。

宋 黄朝英《靖康緗素雜記》卷三《五松》 《史記》載秦始皇遂上泰山，立石封祀祠下，風雨暴至，休於樹下。遂封其樹爲五大夫，墠梁父，刻所立石。盖五大夫者，秦官名第九爵也。唐陸贄作《禁中春松》詩，云：「不羨五株封。」案《史記》但云封其樹爲五大夫，不聞有五株松之説。而贄云爾者何耶？然贄博極羣書，不當有悮，恐有所據而云然也。或曰循襲之誤耳，所未詳也。又李商隱有《五松驛》詩云：「獨下長亭念過秦，五松不見見輿薪。只應既斬斯高後，尋被樵人用斧斤。」而商隱亦謂五松如何？又李白《送人游桃源序》云：登封太山，風雨暴作，雖五松受職，草木有知而萬象乖度，禮刑將弛。然太白亦以謂五松也。唯舒王《詠栢》詩云「老松先得大夫官」乃爲切當。

宋 洪邁《容齋三筆》卷一二《淵明孤松》 淵明詩文率皆紀實，雖寓興花竹間亦然。《歸去來辭》云：「景翳翳以將入，撫孤松而盤旋。」其《飲酒詩》二十首中一篇云：「青松在東園，衆草没其姿。凝霜殄異類，卓然見高枝。連林人不見，獨樹衆乃奇。」所謂孤松者是已，此意蓋以自況也。

宋 郭雍《郭氏傳家易説》卷六 如月之恒，如日之升。如南山之壽，不騫不崩。如松栢之茂，無不爾或承。謂之大來者如此。

宋 吴仁傑《離騷草木疏》卷三《松》 「飲石泉兮，蔭松栢。」王逸註：「言己雖在山中，猶飲石泉，蔭松栢，飲食居處，動以香潔自修飾也。」五臣云：「飲清潔之水，蔭堅實之木。」仁傑按，《山海經》：「錢來之山，多松。」《本草》松節條：「陶隱居云：『比來苦脚弱，人釀松節酒，皆愈。』松柏皆有脂潤，又凌冬不彫，理爲佳物。但人多忽，近易之耳。」唐本註云：「松上緑衣名艾蒳。」蕭炳云：「有五葉者一叢。五葉如釵，名五粒松。」《嘉祐圖經》云：「今松實作果品，其花上黄粉名松黄。山人及時拂取，作湯甚佳，但不堪寄遠。」五粒字當讀爲鬣，音之誤也。言每

五鬣一葉，或有兩鬣、三鬣者，松久則實繁。中原雖有，然不及塞上者佳。崔寔曰：「正月自朔暨晦，可移植松柏雜木。」《高麗圖經》云：「廣錫永三州多大松，惟五葉者乃結實。羅州道亦有之，不若三州之富。始生謂之松房，狀如木瓜，青潤緻密，得霜乃拆，其實始成。而房乃作紫色，俗雖果有羹餅，亦用之，不可多食，令人嘔不已。又取松之柔條，細削成縷，搥壓成綫，織而爲扇，上有花紋不減穿藤之巧。又有杉扇，惟以白杉木劈削如紙，貫以采組，相比如羽，亦可招風。」

宋 俞琰《周易集説》卷三二 顔師古曰：「言積薪以覆之也，不封謂不堆土以爲墳也。」《孔子家語》云：孔子於魯北泗水上，藏入地不及泉，而封爲偃斧，高四尺，樹松栢而志焉。封如字，不樹謂不植松栢以識其處也。

又 卷三四 困窮之際正可以觀德，人能安於困窮而不失其所守，如歲寒之松栢、疾風之勁草。

宋 嚴粲《詩緝》卷八 山有喬松，隰有游龍。《傳》曰：龍，紅草也。《釋草》曰：紅龍古，其大者蘬。舍人曰：紅名龍古。陸璣曰：一名馬蓼，葉大而赤白色，生水澤中，高丈餘。不見子充，疏曰，充實，忠良者。乃見狡童。今曰，狡，獪也。

山有喬高之松木，挺特而秀拔。喻特立之君子，此美也。隰有放縱之龍草，縱横而亂生，喻縱恣之小人。此非美也。今忽所美非美，故不見充實之賢人，乃見狡獪之小子也。李德裕言：正人如松柏，特立不倚；邪人如藤蘿，非附他物，不能自起。游龍正堪與藤蘿爲伍耳。

清 李漁《閒情偶寄》卷一四《竹木第五・松柏》 蒼松古栢，美其老也。一切花竹，皆貴少年，獨松栢與梅三物，則貴老而賤幼。欲受三老之益者，必買舊宅而居，若俟手栽，爲兒孫計則可，身則不能觀其成也。求其可移而能就我者，縱使極大，亦是五更，非三老矣。予嘗戲謂諸後生曰：「欲作畫圖中人，非老不可，三五少年，皆賤物也。」後生詢其故，予曰：「不見畫山水者，每及人物，必作扶笻曳杖之形，即坐而觀山臨水，亦是老人矍鑠之狀，從未見有俊美少年厠于其間者。少年亦有，非携琴捧畫之流，即挈盒持罇之輩，皆好隸于畫中者也。」後生輩欲反証予言，卒無其據。引此以喻松栢，可謂合倫。如一座園亭，所有者皆時花弱卉，無十數本老成樹木主宰其間，是終日與兒女子習處，無從師會友時矣。名流作畫，肯若是乎？噫！予持此説一生，終不得與老成爲伍，乃今年已入畫，猶日坐兒女叢中，殆以花木爲我，而我爲松栢者乎？

清 高士奇《北墅抱甕録・松》 松花可服，松節可釀，松脂可爇，松子可餐，松濤可聽，松陰可坐。霜榦煙姿，亭亭千尺，真山居勝友也。園中有青皮紫皮三鬣五鬣各種，皆黄山天目所産，對此風標，可爲晚節之助，豈僅添雅興已耶？

清 曹溶《倦圃蒔植記・總論》卷上《論木第二》 松之常品，世人呼爲柴松。然千歲奇古，形偃蓋而聲步虛，此必其選也，固當爲甲之甲。或邂逅成山澤之癯者，則爲天目松，二松質異而種同，皆兩鬣。其五鬣者，一松而名殊，曰五鬚，曰五粒，曰五釵，其葉翠而細，此土無大者。聞雲南及西北諸藩，皆高樹彌山谷，秀大而子多，今之市充果食者即是物也，當爲甲之乙。括子松俗名剔牙松，三鬣，其葉蒼而勁，房小子少，而亦甘香，此地昔罕而今繁，當爲甲之丙。凡木之結子無踰周星者惟松實，初年青嫩，明年老，足兩周歲而成，是以性耐歲寒，亦非他樹可及，此通二鬣三鬣五鬣皆然，故總爲木之甲品云。

清 汪灝《佩文齋廣群芳譜》卷六八《木譜・松一》 《史記・龜策傳》：松柏爲百木長而守門閭。

《抱朴子》：天陵偃蓋之松，大谷倒生之柏，皆與天齊其長，地等其久。

增《化書》：磵松所以能凌霜者，藏正氣也。

《登泰山記》：御障坪有五大夫松一株，亭亭其間，於是爲五大夫之詩曰：「一家天下車書同，我快秦皇虎視雄。用事介丘臨緑海，特官虬叟號蒼公。雨師汎灑原清道，木長絲綸本壽翁。虛鑿槁槐何足賦，龍門琴摯斫蒼桐。」此詩蓋翻案。五大夫，秦官名第九爵，非五株也。而唐之目爲五株者誣，蓋或後人有舉五以實之者，向來二，今存其一。

清 王棠《燕在閣知新録》卷三一《五大夫非松》 五大夫，秦爵第九級，爲一人耳。始皇於太山樹下，封樹爲五大夫，未言松，亦未有松五也。唐人松詩有云「不羡五株松」，遂相沿爲誤。

清 徐文靖《管城碩記》卷一《致知格物》 大學致知在格物，物格而後知，至此最是要切，交會融貫處，蓋欲致其知全在格物，而物不能格，何由可以致其知。求諸孔聖之言，惟子曰：「歲寒，然後知松柏之後凋也。」此一句最於致知格物極其淵妙。蓋松柏，物也，察其因何而歲寒之際獨後凋，是欲格其物理也。苟能格之，則然後知之，三字爲真致其知矣。何以見其格之，正如禮器，所謂如松柏之有心，居天下之大端，故貫四時而不改柯易葉，則知其爲得氣之本，而歲寒後凋矣，是也。

清 謝堃《花木小志・松》 松之大者，余於泰山及孔聖陵見之，蒼古極矣，

真秦漢間物。松之小者,余於黄山朱子偉家見之,秀潤極矣,真圖畫有所不能到者。居揚時,天台山行僧方智來訪,偶譚松之秀潤蒼古莫過泰山、孔聖陵及朱子偉家,僧笑曰:「它日當爲居士置之。」越明年,方智果來,攜一松,約長二尺許,旋植於石盆,於傍點綴小石。初亦不甚奇,三五年,勢若蟠挐,龍鱗斑剥。陳穆堂見之,呼曰小青虬。未幾有鬩牆之釁,爲有力者奪之。至今往往形諸夢寐。

清 徐時棟《烟嶼樓文集》卷三一《駁説·羅漢松説》 有贈余羅漢松者,問其所以名而不能答也。既而樹結果,凡木之果恆垂下,恆旁見側出無定位,而是果皆端正在葉上。其果作一層,絶不似葫蘆,似取小大二物而累之。上小而下大,上緑而下紫,上正圓而下略扁,上如頭下如身,上渾圓無痕而下有痕。類衣摺分面背,面如面,背如背。望之如趺坐之僧,或一果如枯坐者,如坐眺者。或二果如兩僧坐松下證道者,或叢果如羣僧環坐而説法者,或一枝遠出,一果在其上,如異僧坐長槎渡滄海徑去者。蛟門盧泝楓伯來草堂,見之歎曰:「是乃所以謂之羅漢松也。」余竊慨夫世之盗其名,不覈其實,往往問其所以名,而不能答也,作羅漢松説。

綜　述

《詩經·小雅·天保》 如松柏之茂,無不爾或承。箋云,或之言有也。如松柏之枝葉常茂盛,青青相承,無衰落也。

《詩經·小雅·頍弁》 蔦與女蘿,施于松柏。蔦,寄生也。女蘿,菟絲,松蘿也。喻諸公非自有尊,託王之尊。箋云,託王之尊者,王明則榮,王衰則微,刺王不親九族,孤特自恃,不知己之將危亡也。

《詩經·大雅·文王有聲》 帝省其山,柞棫斯拔,松柏斯兑。兑,易直也。箋云,省,善也。天既顧文王,乃和其國之風雨,使其山樹木茂盛,言非徒養其民人而已。

《詩經·商頌·殷武》 陟彼景山,松柏丸丸。是斷是遷,方斲是虔。松桷有梴,旅楹有閑,寢成孔安。丸丸,易直也。遷,徙。虔,敬也。梴,長貌。旅,陳也。寢,路寢也。箋云,椹謂之虔,升景山,掄材木,取松柏。易直者,斷而遷之,正斲於椹上,以爲桷與衆楹。路寢既成,王居之甚安。謂施政教得其所也。高宗之前,王有廢政教不脩寢廟者,高宗復成湯之道,故新路寢焉。

徂來之松,新甫之柏。是斷是度,是尋是尺。徂來,山也。新甫,山也。八尺曰尋。松桷有舄,路寢孔碩。新廟奕奕,奚斯所作。桷,榱也。舄,大貌。路寢,正寢也。新廟,閔公廟也。有大夫公子奚斯者,作是廟也。箋云,孔,甚。碩,大也。奕奕,姣美也。脩舊曰新,所新者姜嫄廟。僖公承衰廢之政,脩周公伯禽之教,故治正寢,上新姜嫄之廟。姜嫄之廟,廟之先也。奚斯作者,教護屬功課章程也。至文公之時,大室屋壞。

漢 許慎《説文》卷六 松,木也。从木,公聲。祥容切。松或从容。

晉 張華《博物志》卷四 《神仙傳》云:松栢脂入地千年化爲茯苓,茯苓化爲琥珀,琥珀一名江珠。今泰山出茯苓而無琥珀,益州永昌出琥珀而無茯苓,或云燒蜂巢所作,未詳此二説。

北齊 劉晝《劉子》卷七 譬如鍾山之玉、鍾山在會稽也。寒嶺之松,比瑶珉梓柳無殊也。瑶珉似玉,入火即銷。梓是楸柳,是楊柳也。及其燒以爐炭三日而色潤不改,處於積冰終歲而枝葉不凋,然後知其異於他玉、衆木也。

北周 庾信《庾子山集》卷四 香爐猶是柏,麈尾更成松。松柏,墓上樹也。故《世説》稱張湛好於齋前種松柏,時人謂張屋下陳屍。今云法師墓上柏似香爐,松如麈尾,若平生時也。《世説》云,王長史病篤,寢卧燈下,轉麈尾視之,嘆曰:如此人曾不得四十。及亡,劉尹臨殯,以長柄麈尾著柩中,因慟絶。

又 卷一三 謚曰:文公狀貌丘墟,風神磊落。玉山秀立,喬松直上。煙霞之涯際莫尋,江海之波瀾不測。少遭荼苦,在山服終。攀柏樹枯,侵松獸死。《詩》云:誰謂荼苦。《晉書》曰:王裒痛父非命,廬於墓側,旦夕嘗至墓所拜跪,攀柏悲號,淚著樹,樹爲之枯。又曰,許孜植松於親墓側,有鹿犯其松。孜嘆曰,鹿獨不念我乎?忽有猛獸殺鹿於所犯松下。

又 卷一五 雖復銜珠兩鶴,同歸紫蓋之松。出匣雙龍,共没延平之水。《玉符瑞圖》曰:晉平公鼓琴,有玄鶴銜明珠舞於庭。又《述異記》曰:噲參養母至孝,曾有玄鶴爲弋人所射。窮而歸參,參收養治瘡愈放之。後夜到門外,參秉燭視鶴,雌雄雙至,各銜明珠以置參家。《抱朴子》曰:千歲松樹,四邊枝起,上杪不長。望而視之,有如偃蓋。《晉書·張華傳》曰:吴未滅時,斗牛之間,嘗有紫氣。雷焕曰:「寶劍之精,上徹於天耳。在豫章豐城。」華即補焕爲豐城令,焕到,掘獄室,因得一石函,中有雙劍。一曰龍泉,一曰太阿。留一自佩,送一與華。華誅,失劍所在。焕卒,其子持劍,行經延平。忽於腰間躍出墮水,但見兩龍各長數丈,於是失劍也。

唐 羅隱《兩同書》卷上《貴賤》 芝松有貞秀之姿,是皆性禀殊致,爲衆物之所重也。

宋 樂史《太平寰宇記》卷一九八《拔野古》 康干河有松木,入水二年化爲

石。其色青，國人有居住，其人謂之康千石。其松爲石，以後仍似松文。人皆能著木脚，水上逐鹿，以耕種、射獵爲業。

宋 高似孫《剡録》卷九《草木禽魚》 松 酈道元《水經》曰：「嵊山臨江，松嶺森森。」戴逵《松竹贊》：「猗猗松竹，獨蔚山阜。肅肅修竿，森森長條。」戴公文章世少見之，此贊甚簡古森嚴。

明 汪坦《石盂集》卷一七《贊銘・泰山五松蓍格》 泰山五松，相傳秦王避雨其下，則其生當不在媧簧女磬垂鍾之後。乃今存者四，二生二枯。枯者踣其一萬年，聶文元斷以爲文房器，崇古也。黟汪坦命匠氏斲而爲蓍格，重用也。昔枚叔有言，龍門之桐高百尺而無枝，上有千仞之峯，下臨百尺之溪，烈風飛雪之所激，雷霆霹靂之所感，獨鵠晨號乎其上，鵾鷄哀鳴翔乎下，斫而爲琴，師堂操張，伯牙爲歌，斯固天下之至奇者也。若夫岱宗之峻極固非龍門之可擬，而松之生於其上，其所激者所感者所號翔者，又豈百尺之桐之可得而擬之者哉？至若桐之爲琴不過以資操歒，而蓍格之制則以利乎神物之用，是誠美矣大矣赫矣遠矣，以貽世則而傳而無窮者矣。夫豈虛握靈珠而空擅崐玉者邪？乃爲之銘。銘曰：

植之峻極，世之莫億。是斷是尺，爰資於易。其用孔碩，其傳無斁，其光奕奕。

明 慎懋官《華夷花木鳥獸珍玩考》卷三 松 松有二種，惟五葉者結子。

唐衛公李德裕言，三鬣松與孔雀松別。

保定路松山，山多松木，皆大數十圍，遇風則數十里若笙簧。

《武當山記》：負嶔巖宫前古松數百株，皆參天倚雲，枝葉扶踈，上聳可數。

衡神祠，其徑綿亘四十餘里，夾道皆合抱松桂相間，連雲蔽日。人行空翠中，而秋來香聞十里。計其數云一萬七千枝，真神幻佳境也。

譬如大駕郊行，巨人力士，高執雲幢星蓋以從。

陸龜蒙《怪松贊》曰：「有道人自天台來，示余怪松圖，披之甚駭人。自盤根于嵒穴之內，輪囷逼側，而上身大數圍，而高不四五尺。磈砢然，蹙縮然，榦不假枝，枝不假葉。有若龍攣虎跛，壯士囚縛之狀。」

周景式《廬山記》曰：「石門北巖，即松林也。南臨石門澗，澗中仰視之，離離如駢麈尾，號麈尾松。」

壽松在建昌縣北五里冷水觀，一名掛劉松。古老相傳許遜曾掛劍於此。其松盤屈奇怪，宋寶慶初知縣曹豳創亭，扁曰千歲靈根。又於門外榜曰煙蘿勝景。嘉定間，縣丞李鴻漸刻圖于石。

《吴地記》：松陽縣在南臨大溪，有松樹大八十一圍，中空可容三十人坐，取此以爲名。

又《發燭》 杭州削松木爲小片，其薄如紙。鎔硫黄塗木片頂分許，名曰發燭。又曰焠兒。蓋以發火及代燈燭用也。文載，周建德六年，齊后妃貧者以發燭爲業，豈即杭人之所製與？宋翰林學士陶公穀《清異録》云：「夜有急，苦於作燈之緩。有知者，批杉條，染硫黄，置之待用。一與火遇，得燄穗然。既神之，呼引光奴。今遂有貨者，易名火寸。」按，此則焠，寸聲，相近字之譌也。然引光奴之名爲新。

又 卷一一《萬年松（衡嶽志）》 出祝融峯縣崖上。本草類，高者三四寸許，淩冬不彫。連根拔之，收於巾笥中，歷數十年取而植之，蒼翠如故。又拔而收之，再經歲月出，而復植亦如之。

明 周文華《汝南圃史》卷一〇《竹木部・松（松之所貴不在子，故不入果部）》 松，古人呼爲蒼顔叟。記曰：「松栢爲百木長。」《抱朴子》曰：「公之三千歲者，其皮中有聚脂，狀如龍形，名曰飛節芝。」《異苑》云：漢末大亂，宫人小黄門上樹避兵，食松栢實，遂不復饑，身生毛長尺許。魏武聞而收養之，還食穀，齒落頭白。唐玄奘法師往西域，手摩靈巖寺松曰：「吾西去求佛教，汝可西長。吾歸即東向，使吾弟子輩知之。」既去，其枝年年西指，一年忽東向，弟子曰：「教主歸矣。」果還。至今謂之摩頂松。凡松之言兩粒、五粒者，粒當作鬣，五鬣松皮不鱗，又有七鬣者。三鬣松俗謂之孔雀松。玉策云：千年松栢，枝葉上杪，望如偃蓋。其中有物如青牛、青羊，採食其實，得長生。

又 卷一一《松》 松，古人呼爲蒼顔叟。記曰：「松栢爲百木長。」《抱朴子》曰：「松之三千歲者，其皮中有聚脂狀如龍形，名曰飛節芝。」

明 徐渭《刻徐文長先生秘集》卷一一《松》 松以蒼勝取其骨，宜絶壁，宜平巖，宜曲澗粼粼，宜寒烟漠漠，宜巢白隺，宜掛青蘿，宜近亭臺，宜鄰池沼，宜惟石一片，宜修竹萬竿，宜對月操琴，宜臨風吹笛。

明 李中立《本草原始》卷四 松始生泰山山谷，今處處有之。其葉有兩鬣、五鬣、七鬣，歲久則實繁，淩冬不凋。按：王安石《字説》云：松柏爲百木之長。松猶公也，柏猶伯也，故松從公，柏從伯。

明 何三畏《新刻何氏類鎔》卷三二《松》 嵩嶽山有大松，歷之千歲，變爲青牛。康干河有斷松，役之三年，化爲文石。松陽縣大溪下有松樹，大八十圍，中可容三十人入座。滎陽縣石室中有孤松，長一千丈，常見一雙鶴來翔。羅浮奉宸橋之七松，直上淩霄，常爲仙靈所棲，而有古松之號。南昌翊真觀之二松，忽成合幹，遂爲士人所異而有義松之名。伐三藏塔前龍骨松之枝，可以祈雨。拂北巖澗上麈尾松之幹，可以聽泉。玄奘嘗摩松樹以記歸，謂之摩頂。鄴侯嘗取松枝以隱背，名曰養和。秦系客泉州而種松樹，常傍嶺以結廬。弘景居庭院而愛松風，每聞聲而樂志。隱巖有小松七本，號爲處士之廬。天台有金松一株，求列平泉之野。鍾輻之居，常手植一松也。而夢有告之者曰，松圍三尺，當登第。既而成名，果應其祥。丁固之忽夢腹生一松也，而人有占之者曰，松字十八，當爲公。久之大拜，果符其兆。畫工寫南康之松十數株，無非奇形怪狀。官長種蔣山之松數百樹，盡是罷職還家。鄰人之語孫興也，謂松無棟梁之用，亦知楓柳之合抱何施。辛毗之誚劉逖也，謂松有風霜之姿，以視寒木之春華孰勝。至如偓佺之食松實，伏生之食松脂，文賔食松子而長生，赤松遊松坡而得道。漢宫人避亂上墓，食松肪而不饑。秦宫人驚走入山，食松葉而不死。嘗聞仙之上藥有松膏者，服之可以延年，信矣。

清 屈大均《廣東新語》卷二五《木語》 柗 羅浮七星壇下，舊有七星柗甚怪，嘗化爲劍客，從道士鄒葆光入朝，見帝凝仙殿。又化道士七人往來山下。葛稚川云：千歲之柗其中有物，或爲青牛，或青犬，或人，殆謂是耶？《化書》云朽麥化爲胡蜨，老楓化爲羽人。自無情而之有情也。予謂萬物之生有情與無情一耳。情之所有即爲情之所無，情之所無即爲情之所有。天地之化醇，男女之化生，皆莫知其所以然。而又何疑於柗與楓麥之化乎？梅嶺多柗，大者十餘抱，枝柯百尋，裊裊若藤蘿下。乑而多倒折，葉黮黑望若陰雲，夾道有數百株，左廻右轉，多張曲江手植。然苦爲斤斧所侵，火入空心，膏流斷節，半如《枯樹賦》所言。向有議者欲使有司者籍其株數，記其抱圍，部署什五，俾紅梅巡簡掌之月，一察驗傷毀必償，諸古梅亦皆如是。可以更歷數百年無恙。此誠奇偉之策。嗟夫，人知梅嶺之梅而不知柗，梅以梅將軍，柗以張丞相，重其人因以重其樹。昔湛甘泉以柗爲髯翁，有句云：髯翁作人拜而於梅嶺，柗坐卧其下不能去，風流良可慕也。

瓊州無柗海，忠介嘗植數株祖墓。今惟其祖墓有柗，他處植之不生。蓋柗性宜寒，瓊州極南之地，其氣太暖，即使生柗亦爲不材之木，不可梁棟。蘇子瞻云：羅浮地暖，生柗而不識霜雪，如高才勝人生紈綺家，與孤臣孽子有間矣。

清 李光地《月令輯要》卷四《春令雜紀》 春松增陸贄禁中春松時：「陰陰清禁裏，蒼翠滿春松。雨露恩偏近，陽和色更濃。高枝分曉月，虛吹雜宵鐘。香助爐煙遠，形疑盖影重。願符千載壽，不羨五株封。幸得回天眷，全勝老碧峰。」

清 劉堅《修潔齋閑筆》卷七《松柏》 《春秋緯》：「天子墳高三仞，樹以松。諸侯半之，樹以柏。大夫八尺，樹以欒。士四尺，樹以槐。庶人無墳，樹以楊柳。」今則士庶概樹松柏。欒即木蘭。

清 雍正《江西通志》卷四一《饒州府》 千歲靈根亭，《名勝志》：縣北五里冷水觀側有千歲靈根亭，晉植松樹，盤屈奇怪，名曰壽松。相傳許遜嘗挂劍其上，亦名挂劍松。宋寶慶初，知縣曹豳刜亭刻石。

清 牟應震《毛詩物名考》卷四 松百木之長，故字從公。磥砢多節，皮粗厚，有鱗形。葉簇生如針，結材如猪心。子如麻子，秋老則材裂，子落也。改，與栢同。

清 光緒《武昌縣志》卷九《古蹟志》 松風閣在武昌縣西山，《一統志》松風閣在西山寺，案邵志在寺後。舊有松林甚茂，黄庭堅自黄州遊西山，愛之，因名。《輿地紀勝》。一案熊志作黄庭堅。建考黄詩亦祇云名之，不云建也。閣久傾圮。

傳記

明 陳詩教《花裏活》卷二《唐》 司空圖隱中條山，芟松枝爲筆管，曰幽人筆。當如是。

清 周魯《類書纂要》卷二八 七松處士唐鄭薰爲人端勁，再知禮部，舉引寒畯，士類多依之。既老，號所居爲隱𡶶。蒔松于庭，號七松處士。嘗曰：「異代可對五柳先生。」

清 道光《寶慶府志》卷一四〇《國朝耆舊傳・隱逸》 莫士松，字蔚宗，邵陽人。性耽泉石，手值松於黄婆坳，砌石臺以憩行人。時與遊客飲酒賦詩於其下，自稱松下散人。因改名爲松，自爲文以紀之。

清 光緒《華容縣志》卷一〇《人物志・隱逸》 鄧晃字朝儀，以進士授樂平知縣，擢南京户部主事。無故棄官歸，徜徉山水間，手植松檜，號萬樹翁。

紀事

漢 司馬遷《史記》卷六《秦始皇本紀》 （始皇）二十八年，始皇東行郡縣，上鄒嶧山。立石，與魯諸儒生議，刻石頌秦德，議封禪望祭山川之事。乃遂上泰山，立石，封，祠祀。下，風雨暴至，休於樹下，因封其樹爲五大夫。

南朝梁 沈約《宋書》卷二九《符瑞志》 宋文帝元嘉八年四月乙亥，東莞莒縣松樹連理。太守劉玄以聞。大明五年十二月戊寅，淮南松木連理。豫州刺史尋陽王子房以聞。

唐 段成式《酉陽雜俎·續集》卷五《寺塔記上》 不空三藏塔前多老松。歲旱，則官伐其枝爲龍骨以祈雨。蓋三藏役龍，意其樹必有靈也。

唐 劉肅《唐新語》卷八 張宣明有膽氣，富詞翰。嘗山行見孤松，賞翫久之，乃賦詩曰：「孤松鬱山椒，肅爽凌平霄。既挺千丈幹，亦生百尺條。青青恒一色，落落非一朝。大厦今已構，惜哉無人招。寒霜十二月，枝葉獨不凋。」鳳閣舍人梁載言賞之曰：「文之氣質，不減於長松也。」宣明爲郭振判官，使至三姓咽麪，因賦詩曰：「昔聞班家子，筆硯忽然投。一朝撫長劍，萬里入荒陬。豈不厭艱險，只思清國讎。山川去何歲，霜露幾逢秋。玉塞已遐廓，鐵關方阻修。東都日窅窅，西海此悠悠。卒使功名建，長封萬里侯。」時人稱爲絶唱。

唐 李亢《獨異志》卷上 唐初，有僧玄奘往西域取經，一去十七年。始去之日，於齊州靈巖寺院，有松一本立于庭。奘以手摩其枝曰：「吾西去求佛教，汝可西長。若歸，即此枝東向，使吾門人弟子知之。」及去，年年西指，約長數丈。一年忽東向指，門人弟子曰：「教主歸矣。」乃西迎之。奘果還歸，得佛經六百部，至今衆謂之摩頂松。

五代 王仁裕《開元天寶遺事》卷二《枯松再生》 明皇遭祿山之亂，鑾輿西幸，禁中枯松復生，枝葉葱蒨，宛若新植者。後肅宗平内難，重興唐祚。枯松再生，祥不誣矣。

五代 杜光庭《録異記》卷七《異石》 婺州永康縣山亭中有枯松樹，因斷之，誤墮水中，化爲石。取未化者，試於水，隨亦化焉。其所化者，枝幹及皮，與松無異。但堅勁有未化者，數段相兼。留之，以旌異物焉。

宋 陶穀《清異録》卷上《一元木公》 瓦松穢屋，爲不材之草。有門生離合爲四字，曰一元木公，實不稱名。瓦松，蓋白日登天可以下視百草矣。

又《玉角香》 新羅使者每來多鬻松子。有數等，玉角香、重堂棗、御家長、龍牙子。惟玉角香最奇，使者亦自珍之。

宋 范致明《岳陽風土記》（《説郛》卷六二下引） 白鶴老松，古木精也。李觀守賀州，有道人陳某自云一百三十六歲，因言及吕洞賓，曰近在南嶽見之。吕云過岳陽，日憩城南古松陰。有人自杪而下來，相揖曰：「某非山精木魅，故能識先生，幸先生哀憐。」吕因與丹一粒，贈之以詩，吕舉以示陳。陳記其末云：「惟有城南老樹精，分明知道神仙過。」明日，陳行，留之，不可。後年餘，李守岳陽，因訪前事，果城南有老松，以問近寺僧，曰：「先生舊題詩寺壁，久已摧毁，但能記其詩曰：『獨自行來獨自坐，無限世人不識我。惟有城南老樹精，分明知道神仙過。』」後爲亭松前，曰過仙亭。舊松枯槁，今復鬱茂，得非丹餌之力邪？

宋 洪邁《夷堅志·乙志》卷一《松毬》 紹興戊午冬，予兄弟同奉先夫人之喪，居無錫大池塢外家墳庵，庵前後巨松二萬株，次年春兩松各結一毬。松高四五丈，毬生其顛，四向翠葉圍繞，宛然天成。庵僧紹明曰，近村邊氏墓松亦曾如此，其狀差小而其孫安野秀才預薦，今數二而大，豈非沈氏有二子登科乎？是時，内兄沈自强、自求方應進士舉，既而皆不利，而予伯氏仲氏乃以壬戌年中博學宏辭，蓋習此科時，正在庵肄業，遂合二毬之瑞。

宋 洪邁《夷堅志·三志·辛》卷四《岳陽稱松》 岳州城南有吕仙翁詩，所謂：「獨自行兮獨自坐，無限世人不識我。唯有城南老樹精，分明知道神仙過。」至建炎中松猶存。紹興二十三年大風，拔樹無數，此松遂枯。有道人過之，折已仆一枝插于傍，呪曰：「彼處難安身，移來這裏活。」自是日，以暢茂即今，稱松也。道人者，蓋吕仙翁云。

宋 陳鬱《藏一話腴》卷下 明之慈溪縣西北有慶安寺，寺之前有古松夾道，綿亘數里，望之如蒼雲。其一最巨而奇，蜿蜒若龍，飛偃如蓋。臨池之上，寺後有泉出於深谷。僧以巨竹連筒，引行數里，支分千松下石池，溢入干溪。舒龍圖亶有詩云：「門前屏障逸潺湲，付與林僧夜定還。松蓋作雲散十里，竹龍行雨出千山。白公香火蓮開後，謝氏池塘草夢間。我亦鳳凰臺上客，圖閒却笑未能閒。」其後邑長沈時升有造舟之役，睥睨兹松，將斤焉。里士馮文學輗作詩以遺沈，賴以不伐，松因詩而壽焉。曰：「寒松一幹老蒼蒼，古寺門前歲月長。匠伯偶圖舟楫利，禪翁方患斧斤傷。得全此日同齊櫟，勿剪他年比召棠。可但與君

期久遠，相將俱列大夫行。」

宋 佚名《分門古今類事》卷七《鍾輻種松》 鍾輻嘗作山齋，手種一松於齋前。是夜夢朱衣吏曰：「松圍三尺，子當登第。」後三十年始成名，松圍果三尺，異哉。《摭言》

元 馬端臨《文獻通考》卷二九九《木異》 仁壽元年十月，蘭州楊樹上松生，高三尺，六節十二枝。《宋志》曰：「松，不改柯易葉。楊者，危脆之木。此永久之業，將集危亡之地也。」是時，帝惑讒言，幽廢冢嫡，初立晉王爲皇太子。天戒若曰：「皇太子不勝任，永久之業將致危亡。」帝不悟，及帝崩，太子立，是爲煬帝，竟以亡國。

明 余懋學《説頤》卷四《松明私釀》 唐昭宗時財用窘乏，李茂貞令榷油以助軍需。俄有司言，官油賣不行，多爲松明攙奪，乞行禁止。優人張廷範曰：「更有一利便可，并月明禁之。」茂貞大笑，松明之禁遂止。蜀先主時天旱，禁釀酒者。有刑吏於人家索得釀具，議欲行罰。簡雍與先主遊，行見男女行道。雍曰：「彼人欲淫，何以不縛？」先主曰：「何以知之？」雍曰：「彼有其具。」先主大笑，乃原私釀者。吁！月明之戲可以寬松明之禁，淫具之對可以原私釀之罰。以此之明釋彼之蔽，曉人不當如是邪。此之謂譎諫。

明 陳詩教《花裏活》卷一 晉陶宏景特愛松風，庭院皆植松，每聞其響，欣然爲樂。

又 卷二 唐李泌常取松樛枝以隱背，名曰養和。

明 慎懋官《華夷花木鳥獸珍玩考》卷三《摩頂松》 玄奘往西域，見其松，以手摩其枝。曰：「吾西去求佛教，汝可西長。吾歸即東回，使吾弟子輩知之。」既去，松枝年年西指。一年忽東回，弟子曰：「教主歸矣。」果還。至今謂之摩頂松。

予爲中山守，始食北嶽松膏，爲天下冠。其木理堅密，瘠而不瘁，信殖物之英烈也。謫居羅浮山下，地煖多松，而不識霜雪。如高才勝人，生綺紈家，與孤臣孽子有間矣。士踐憂患，安知非福。幼子過從南來，畫寒松偃蓋爲護首小屏，爲之贊。

克忒克剌，華言半箇山。山甚峻拔，遠望如坡。故名。入此河稍狹，山攢簇多松林。上曰：此松林甚似江南。至前山，水益清秀可愛，孰謂虜地有此奇觀也。

明 姚光祚《廣蒙求》卷三七《塚栢西靡寺松東嚮》 漢東平思王在國，思歸京師，故其松栢皆西靡。玄奘法師取經，手摩霧岊寺松曰：「吾西去可西長，東歸便東向。」一年，松忽東向，師還。又五代漢高祖爲節度時，太原葭蘆最盛，葉皆南指。明年，遂即帝位。孰謂草木無靈性哉？

明 焦周《焦氏説楛》卷二 杭州憲司有松化石，鱗皴宛然，蒼皮黛色。永康延真觀前唐有道士指庭松曰：「此已三千年，當化爲石。」至夕大風雨，果化石。青州樵氏堂後，有柿圍三尺。凍裂根中有奇石，長袤丈，紋理瑩然，碧色可愛。

明 木增《雲薖淡墨》卷二《生盆》 以松、栢、桃、杏諸柴爇火，謂之生盆。合家跨熏而度，以燎去一年晦氣，迎新祥。

又 卷四《愛聞松風》 陶弘景居山中，愛聞松風。每清風四起，松樹摇摇，便往造其下。曰：此太古元聲也，令人俗慮俱忘。

明 王路《花史左編》卷一一《花三榮·静咏》 錢塘西湖有詩僧清順居其下，自名藏吾一作春。塢門前有二古松，冬有凌霄花絡其上。順嘗書臥。蘇子瞻爲郡，一日，屏□□過之，松風搔然，順指落花覓句。子瞻爲作冰蘭花詞。

明 姚旅《露書》卷一〇 中州密縣天仙宫三白松，黄帝葬三女於此，墳上遂生三松，上下皆連枝。李于鱗詩云：「只愁明月銷爲水，更恐清陰凝作霜。」

泉州舊興泉道公署，原是城隍廟。韓琦生于廟中。門前有松樹，大數十圍，有吉凶即吐烟。前一監司將陞官，吐烟一月，及聞報而止。

明 鄭仲夔《玉麈新譚·耳新》卷八《寶遺》 陳眉公家園有大石，是松樹所化，而半猶帶松皮。

又 《偶記》卷三《鶩湖松》 鉛山鶩湖寺，唐義公道場也，有羅漢松一株，爲其手植。義公亡，松遂枯萎。後養上人來住，此松復就生。今亭亭干雲矣。

明 佚名《煙霞小説十三種·馬氏日抄》 四指揮松 西苑闖虎城內有元時四松樹，高四五丈。老髯蒼蒼，虯枝垂地，世所謂鐵牙松也。我朝封之爲四指揮使，其俸米作飯以濟孤貧。命二閹領其事，惜薪司供柴爨，東在幡竿寺，西在蠟燭寺，日賚石粟，京師貧丐者就食焉。

明 張五典《大雲寺三松記》（《續垂棘編四集》卷七引） 榼山寺三松，列植釋迦殿前。中左二株，圍各二丈五尺。右一株差小，然其高皆數丈也。膚理瑩膩如雪，蓋山中萬松皆然，而此其大者一耳。山中人習見之，不以爲異也。余嘗陟岱嶽中，道有五松，柯幹尋常，非有殊異，而説者謂此秦皇所封五大夫也。密

縣有白松一株，觀者異其色，爲之歌詠，爲之繪圖，以爲寓内第一松矣。抑豈知此山有三松乎，玉骨凌霄，瓊枝插漢，視岱嶽五松，小啻藐小，方之密縣，彼一此三，其數不敵也。然數千年來，未有稱其奇者，蓋托根巖寺，岑寂巇嶮，無論車駕所不到，而文人墨客，亦罕有涉其境者。安得與太山密縣，同被榮名也。余因是而知天下士矣，彼其據高位，履亨途，即一材一能，皆可樹勳名而垂竹帛。彼山林高隱之士，閎才瑰抱，老死無聞者，可勝數哉！四皓之才未必劣於三傑，桐江釣叟且超雲臺而上之，若匪高光之世，亦泯泯無聞也。吾於三松乎有感。

清 汪灝《佩文齋廣群芳譜》卷六八《木譜・松》　《魏書・彭城王勰傳》：高祖幸代都，次於上黨之銅鞮山。路旁有大松樹十數根，時高祖進繖，遂行而賦詩，令人示勰曰：「吾始作此詩，雖不七步，亦不言遠，汝可作之，比至吾所，令就之也。」時勰去帝十餘步，遂且行且作，未至帝所而就：「詩曰問松林，松林經幾冬。山川何如昔，風雲與古同。」高祖大笑曰：「汝此詩，亦調責吾耳。」

增《劉芳傳》：芳以社稷無樹，上疏曰：按《論語》稱夏后氏以松，殷人以柏，周人以栗，便是世代不同。而《尚書・逸篇》則云，大社惟松，東社惟柏，南社惟梓，西社惟栗，北社惟槐。如此便以一代之中而五社各異也。愚以爲宜植以松，何以言之。《逸書》云，大社惟松。今者植松，不慮失禮。惟稷無成。證稷乃社之細，蓋亦不離松也。世宗從之。

《漢官儀》：秦始皇上封泰山，遇疾風暴雨，賴得抱松樹。因封爲五大夫。

增《先聖本紀》：「許由欲觀帝意，曰：『帝坐華堂，面雙闕。君之榮，顧亦得矣。余坐華堂，森然有松生於户，雲生於牖。雖面雙闕，異乎鸞之榮。崑崙，余安知其所以取榮哉。』」

《金樓子》：武帝每拜山陵，涕淚所灑，松爲變色。

《杭州志》：於潛牧嶺上有古松，一本錯盤奇怪，嘗有兄弟鬩牆欲訟於有司，夜行憩其下，遲明辨色相視，乃伯仲也。遂各悔咎，息争而還。因名松爲木長官。

《毘陵志》：洪邁紹興間與弟适、遵讀書外家沈氏白茅山墳廬，是歲墓有二松結毬蓋，既而兄弟舉博學宏詞，亦木之祥也。

又 卷七〇《木譜・松》　《別録》增《吴志・孫皓傳》注：初，丁固爲尚書，夢松樹生其腹上，謂人曰：「松字，十八公也。後十八歲，吾其爲公乎？」卒如夢焉。

原《東坡集》：元祐元年正月十二日，蘇子瞻、李伯時爲柳仲遠作松石圖。仲遠取杜子美詩「松根胡僧憩寂寞，龎眉皓首無住著。偏袒右肩露雙脚，葉裏松子僧前落」之句，復求伯時畫此數句爲憩寂圖。子由題云：「東坡自作蒼蒼石，留取長松待伯時。只有兩人嫌未足，兼收前世杜陵詩。」因次其韻云：「東坡雖是湖州派，竹石風流各一時。前世畫師今姓李，不妨題作輞川詩。」文與可嘗云：老夫墨竹一派，近在徐州，吾竹雖不及，石似過之。此一卷公案，不可不令魯直下一句。

清 周魯《類書纂要》卷二八　白松在天仙洞殿後，密縣東三里有白松，如傅粉。一本三幹，高十數仞，本大四抱餘，本畔一竅，常流液甘甚。每歲兩脱膚，根盤據枝，若擎虬葉，秀翠且硬，世傳漢有閨女仙化葬此，此其冢上物也。

墓種松徐孺子墓在郡東，時杜牧爲守，于墓前種松。

清 康熙《太平府志》卷三《星野》　［南朝宋建武帝大明］五年十二月戊寅淮南松木連理。豫州刺史尋陽王子房以聞。

清 雍正《雲南通志》卷八《風俗》　星回節，俗謂之火把會，在廿四五兩日，斫松爲燎，高丈餘，入夜争先燃之，村落用以照田祈年，以炬之明暗占歲之豐歉。街市兒童搗松脂末互相燒灑爲戲，比户剓生飲酒漢夷同之。相傳漢時有夷婦阿南，夫爲人所殺，誓不從賊，以是日赴火死。國人哀之，因爲此會。一云，南詔皮羅閣欲并五詔，將誘會於松明樓焚殺之，鄧赕詔妻慈善測其謀，勸夫勿赴。夫不從，以鐵釧約夫臂，既而果被焚，慈善認釧得夫屍歸葬。皮羅閣聞其賢欲娶之，慈善閉城死節，滇人以是日燃炬弔之。一云，孔明以是日擒孟獲，侵夜入城，父老設燎以迎，後遂相沿成俗。未知孰是。

清 雍正《陝西通志》卷四五　三月三日，朝武子名山，男女拈香畢，各採松枝蘭花，簪鬢而歸，以爲祓除不祥。《西鄉縣志》

清 秦蕙田《五禮通考》卷四三《吉禮四十三・社稷》　《劉芳傳》：芳以社稷無樹。又上疏曰：依合朔儀注，日有變，以朱絲爲繩，以繞係社樹三匝，而今無樹。又《周禮・司徒職》云：設其社稷之壝而樹之，田主各以其社之所宜木。鄭玄注云，所宜木謂若松栢栗也。此其一證也。又小司徒封人職云：掌設王之社壝爲畿封而樹之。鄭玄云：不言稷者，王主於社稷，社之細也。此其二證也。又《論語》曰：哀公問社於宰我。宰我對曰：夏后氏以松，殷人以栢，周人以栗，是乃土地之所宜也。此其三證也。又《白虎通》云：社稷所以有樹，何也？尊而識之也，使民望見即敬之，又所以表功也。案：此正解，所以有樹之義了，不論有之與無也。此其四證也。此云社稷所以有樹何，然則稷亦有樹明矣。又《五經通義》云：天子太

社王社，諸侯國社侯社制度，奈何曰社，皆有垣無屋。樹其中以木，有木者，土主生萬物，萬物善於木，故樹木也。此其五證也。此最其丁寧備解有樹之意也。又《五經要義》云：社必樹之以木，《周禮》司徒職曰，班社而樹之，各以土地所生。《尚書·無逸篇》曰：太社唯松，東社唯栢，南社唯梓，西社唯栗，北社唯槐，此其六證也。此又太社及四方皆有樹別之，明據也。又見諸家禮圖、社稷圖皆畫爲樹。惟誡社、誡稷無樹，此其七證也。雖辯有樹之據，猶未正所植之木。案：夏后氏以松，殷人以栢，周人以栗，便是世代不同。而《尚書·無逸篇》則云：太社惟松，東社惟栢，南社惟梓，西社惟栗，北社惟槐。如此便以一代之中，而五社各異也。愚以爲宜植以松。何以言之？《逸書》云：太社惟松，今者植松，不慮失禮。惟稷無成。證乃社之細，蓋亦不離松也，世祖從之。

清 乾隆《歙縣志》卷一九《古蹟》 慈孝松在棠樾。至元丙子郡將李世達起兵，郡盜蜂聚，劫掠拽鮑宗巖，縛龍山大松下，將殺之。其子壽孫跡至，跪立，願以身代。不聽，並縛於樹。將肆刃，忽烈風轟振林麓，盜以捕兵奄至，驚遁去。壽孫父子俱得活。明永樂十八年賜御製詩，今有司立石樹下，旌其村曰慈孝里，松曰慈孝松。

清 乾隆《甘州府志》卷四《風俗》 歲時元日賀正禮，百神如常儀。元宵家各張燈，户栽小松株，以綫綴香於枝上，焚之，名曰火樹。

清 乾隆《永春州志》卷一六《外紀》 吴崇岳，泉州人，爲龍興觀道士。辟穀多年，嘗登其宫，松栯禮拜。福建漕使周謂因請隨行，抵於德化。縣治之東有古松一株，高八九十尺，上有鶴巢，乃令崇岳登之，輕若猿狖，容易直上，出鶴巢之外，端身飛步，手無攀援，就纖枝拜如平地。其松枝柔軟，隨步低昂，畧無損處。謂乃爲詩贈曰：「楮爲冠子布爲裳，吞得丹霞壽最長。混俗性靈常樂道，出塵風格早休糧。枕中經妙誰傳與，肘後方新自寫將。百尺松梢幾飛步，鶴棲枝上禮虚皇。」《郡閣雅談》

清 乾隆《偃師縣志》卷三〇《逸事》 《唐高僧傳》：元奘初往西域，至罽賓國，道險不可過。元奘閉室而坐，至夕，忽見老僧授以心經一卷，令誦之，遂□虎豹潛跡。麟德初，告門人曰：有爲之法，必歸磨滅，泡影石光，何得久停，年五十六必逝。至期示寂，貌如生，葬白鹿原靈巖寺。有松一株，元奘摩其頂曰：吾西去求佛，可西長。吾歸，即東，使吾弟子知之。去後，松果西長，一日忽東，弟子曰：吾師歸矣。旋至。號爲摩頂松。

清 紀昀《閱微草堂筆記》卷一《灤陽消夏録一》 福建汀州試院堂前二古柏，唐物也。云有神。余按臨日，吏白當詣樹拜。余謂木魅不爲害，聽之可也。非祀典所有，使者不當拜。樹柯葉森聳，隔屋數重可見。是夕月明，余步階上，仰見樹杪，兩紅衣人向余磬折拱揖，冉冉漸没。呼幕友出視，尚見之。余次日詣樹，各答以揖。爲鐫一聯於祠門，曰：「參天黛色常如此，點首朱衣或是君。」此事亦頗異。袁子才嘗載此事於《新齊諧》，所記稍異，蓋傳聞之誤也。

又 卷七《如是我聞一》 豐宜門外風氏園古松，前輩多有題詠。錢香樹先生尚見之，今已薪矣。何華峯云：相傳松未枯時，每風靜月明，或聞絲竹，一鉅公偶游其地，偕賓友夜往聽之。二鼓後，有琵琶聲，似出樹腹，似在樹杪，久之小聲。緩唱曰：「人道冬夜寒，我道冬夜好。繡被暖如春，不愁天不曉。」鉅公叱曰：「何物老魅，敢對我作此淫詞。」戛然而止。俄登登復作，又唱曰：「郎似桃李花，妾似松栢樹。桃李花易殘，松柏常如故。」鉅公點首曰：「此乃差近風雅。」餘音摇曳之際，微聞樹外悄語曰：「此老殊易與，但作此等語言，便生歡喜。」撥剌一響，有如絃斷，再聽之，寂然矣。

清 佚名《寫摩頂松放歌紀事》（《長清縣志》卷首引） 《大唐新話》稱摩頂松在靈巖寺，爲元奘遺跡。夫唐時建都長安，元奘發軔自必由彼，而取經回譯經於弘福寺，亦今西安地。誌乘班班可證，於此地無涉。或元奘由此詣長安譯經，事畢仍來居此。或長安亦有靈巖寺，均不可知，此當徐考耳。然松既以摩頂稱，即子屢經吟咏，何嘗不人謂之松而亦松之，兹於寫其形則知是栢非松，名或可以假借，實難可與遷就，揭而成詠，其亦有戒於斯夫。

元奘取經摩松頂，謂曰將歸當東指。因之新話傳靈巖，今看是柏松非是。設云後人所傳會，種松亦易何爲耳。人謂之松亦松之，幾度拈吟不可否。叶斯地斯事其然乎，姑且置焉徐證耳。虬枝東指則誠信，佛殿邊旁特孤峙。千年以上歲斯歷，玉節金幢入畫理。我欲寫形知是柏，顧名爲松面先泚。松之與柏實易辨，尚致淆訛有如此。賢否萬狀目前陳，吁嗟鑒別真難矣。

清 道光《榮成縣志》卷一〇 查慎行《入海記》：近世盆玩以新安黄山松爲最。吾友趙秋谷見贈成山盆松一株，長二尺許，其根如鐵，節目磥砢，枝幹盤曲，針短而密，蒼然偃蓋。置之寓齋庭中，日夕摩挲，真如鮮于伯幾之對支離叟也。較諸黄山所産，奚啻倍蓰。按此松惟成山有之，與張鵬翮《奉使日記》所言喀龍支界矬樹同，□氣使然也。王阮亭詩云：「鞭石爲橋事有無，至今輦路小松

扶。千年欲作侏儒老，不作咸陽五大夫。」

清 同治《巴東縣志》卷一〇《風土志・歲時》 元日陳酒醴，燃燈燭，焚松柏枝。盛服祀神，出門向喜神，方行禮，謂之出天方，亦曰出天行，入拜祖宗，家長親友亦互相賀。三日市無□肆，室不掃除。

初三日，燃燭於大門外，將檐端所挂松柏枝合楮焚之，謂之燒門神紙。

清 同治《新喻縣志》卷一六《軼事》 萬年松在城西崇慶寺前，元庚申帝貶静江之日，便道盤桓於渝。與寺僧秋月相善，賞愛此松之奇。又寺東大街飯店有僧持木版題云：請吃麪。奇瑰可愛。帝復辟，召僧。瀕行，衆曰：秋月愚訥，恐不能占對。預教之曰：帝若問萬年松，可云日長夜長。若問請吃麪和尚，可云至今尚在。及見上，果問萬年松，乃曰至今尚在。及問請吃麪和尚，乃曰日長夜長。上笑曰：昔謂汝愚，今猶愚而未省。遣還，别召寺僧之哲者曰秋江，果稱旨。遂見親信，乃爲近幸所毒。時人曰：正所謂生於愚而死於哲也。

清 同治《大庾縣志》卷四《建置・寺觀》 壽昌寺寺後有松數萬，必禱山神，乃敢伐。傳是宋時植，或其孫枝云。

清 同治《蘇州府志》卷一四九《雜記》 冶坊浜向有古松七株，每株大可數人合抱，其高參天，枝幹離奇夭矯，乃千年物。昔人構書屋於其陽，顔曰七松草廬。後其子孫貧困，康熙間鬻於市井周姓，一朝盡伐以爲造酒之所，古迹遂滅。《聞見偶録》

清 光緒《零陵縣志》卷一《地輿志・山》 獅巖在幾止巖西。宗績《辰府志》云：冷水灘西有獅巖巨石，險怪如千百狻猊蹲舞，因名。側有古松偃卧如龍。徐大綸詩云：「踞地爪牙蟠白澤，滿天風雨吼紅泉。」乃賦此也。

清 張含《萬松堂記》（《滇繫》第八册《藝文》引） 雪山大夫以萬松名堂，告説於禺山外史。外史曰：大夫奚松之貴也？曰：性貞而其體固，立身永年之道也。曰：大夫何萬之取也？曰：植茂□遠多不可知，故舉盈數焉。曰：奚以名爲堂也？曰：郡多山，山多松，環堂皆松，夫是以名。曰：有是哉！大夫之樂松，殆仁智者之樂山水也。夫君子思松之貞以篤志，則可以砥節礪行焉。思松之固以樹德，則可以居業修身焉。是故膺烈嶠森，咸君子之□德而徵祥也。含與大夫游，知大夫性静而晏，體温而暢，雖翊輯藩徼而般懷幽藪，其殆所謂邱壑夔龍衣冠巢許者乎？古昔太守，秩二千石，以亂世而專城萬里，外搆宇於萬松之間，策□萬卷，畫開萬圖，則謂大夫爲二千石可也。謂大夫爲萬石可也，謂大夫爲萬松君可也。況大夫乘精繹思，遊神於紫書丹竈之間。騁墨馳翰，窮妙於沉緑碧水之圃。或横槊賦詩，或雅歌投壺，或携妓東山，或開樽北海，獨對長松，掀髯箕踞，静觀乎物，窮揉乎事，其樂松之樂，寧有既乎厥堂，展矣大矣，弘矣美矣，君乎松乎，松哉堂哉，堂在雪山之下，雪山故麗鎮也。遐覲龍堆而氣發崑崙，近瞰雞足而遥窺點蒼。崛咈嶄峻巋然，獨尊連接霄漢。霽雪粘天四時不變，日夕有烟雲霞霰而光浮不掩，或時熒煌燦爛，陸離眩目，與平時殊狀。猿鳴鶴唳，山谷傳響，泠泠不絶，翠瀑冰懸，秀壑□舉，所謂望之若飛幅練，信然矣。若夫夏猶起粟，冬則毒寒，百獸不能於巖而遊，百禽不能於山而棲，百草不能於巔而生，則又山之殊邁，與滇會諸山迥絶者也。木氏世守其地，咸克慎守固封，威頑格桿，得以永衛諸夏。有以也，乃國初聖祖以誠心報國帶賜之，乃嘉靖聖天子以輯寧邊境字賜之。於戲，木氏□於報國，國家極於表忠偉矣，夫古君臣之相與也。今天夫居是堂也，以報國於誠懋，於忠罔，弗滋則世祚悠哉，百禄周哉，壽袠永哉，内外雍哉，訓翼從哉，慶澤遐哉，則厥堂展矣大矣，弘矣美矣，歷禩無窮而恒有光矣，若其規創輪奂，廥棁黝堊，朱緑雕峻之祥，惡庸備紀，紀其大也。傳曰，渠堰所以制水，檃括所以制木。言君子檢身之道也。又曰，毋云我貴，雕橑是遂。毋云我武，莫或予侮。言君子慎微之道也乃含也。於堂之説，頌諸初，規諸終，此亦古朋友表聲振匡之道也。大夫惡庸聽我於規，惡庸弗聽我於頌。頌有規之道，規有頌之道，二道備而堂説盡矣。則厥堂褎然，嶟然，嵁然，扈然，而釋然，恒有光矣。

清 王樹枬《新疆山脈圖志》《西陲紀略》：巴里坤南山老松，高數十尋，大可百圍，蓋數千載未見斧斤物也。其皮之厚者尺許，向有携以入内地者，特以罕覯示奇，然未知主治，置之茶肆中，肆者雜入茶内，飾色而售，隣媪弱病久不愈，日買茶而飲焉，未幾病如失。詢之肆者，具以實告，於是知松皮之爲功懋矣。帥府令人就山斫而煉爲膏，凡皮一車可得膏一盞，費工力一晝夜，需薪無算，醫院劉裕鐸邵正文參定主治十二症，刊而布之。大要皆治血症，而於婦人爲尤宜，然性最熱，用可數分耳。

藝　文

《詩經・小雅・斯干》 秩秩斯干，幽幽南山，如竹苞矣，如松茂矣，兄及弟

矣，式相好矣，無相猶矣。

《詩經·魯頌·閟宫》 徂徠之松，新甫之柏。是斷是度，是尋是尺。松桷有舄，路寢孔碩，新廟奕奕。奚斯所作，孔曼且碩，萬民是若。

晋 陶潛《陶淵明集》卷三《飲酒其八》 青松在東園，衆草没奇姿。凝霜殄異類，卓然見高枝。連林人不覺，獨樹衆乃奇。提壺挂寒柯，遠望時復爲。吾生夢幻間，何事紲塵羈。

又 卷四《雜詩其十二》 嫋嫋松標崕，婉孌柔童子。年始三五間，喬柯何可倚。養色含津氣，粲然有心理。

南朝宋 鮑照《鮑明遠集》卷六《贈故人馬子喬其三》 松生隴坂上，百尺下無枝。東南望河尾，西北隱崑崖。野風振山籟，朋鳥夜驚離。悲涼貫年節，葱翠恒若斯。安得草木心，不怨寒暑移。

又 卷八《松柏篇》 松柏受命獨，歷代長不衰。人生浮且脆，鴆若晨風悲。東海迸逝川，西山導落暉。南郭悦籍短，蒿里收永歸。諒無疇昔時，百病起盡期。志士惜牛刀，忍勉自療治。傾家行藥事，顛沛去迎醫。徒備火石苦，奄至不得辭。龜齡安可獲，岱宗限已迫。睿聖不得留，爲善何所益。捨此赤縣居，就彼黄壚宅。永離九原親，長與三辰隔。屬纊生望盡，闔棺世業埋。事痛存人心，恨結亡者懷。祖葬既云及，壙遂亦已開。室族内外哭，親疎同共哀。外姻遠近至，名列通夜臺。扶輿出殯宫，低回戀庭室。天地有盡期，我去無還日。居者今已盡，人事從此畢。火歇烟既没，形消聲亦滅。鬼神來依我，生人永辭訣。大暮杳悠悠，長夜無時節。鬱湮重冥下，煩寃難具説。安寢委沈寞，戀戀念平生。事業有餘結，刊述未及成。資儲無擔石，兒女皆孩嬰。一朝放捨去，萬恨纏我情。追憶世上事，束教已自拘。明發靡怡愈，夕歸多憂虞。輟間晨徑荒，撤宴式酒濡。知今瞑日苦，恨失爾時娱。遥遥遠民居，獨埋深壤中。墓前人跡滅，冢上草日豐。空林響鳴蜩，高松結悲風。長寐無覺期，誰知逝者窮。生存處交廣，連榻舒華茵。已没亦何苦，楛哉不容身。昔日平居時，晨夕對六親。今日掩奈何，一見無諧因。禮席有降殺，三齡速過隙。凡筵就收撤，室宇改疇昔。行女遊歸途，仕子復王役。家世本平常，獨有亡者劇。時祀望歸來，四節静塋丘。孝子撫墳號，父兮知來不。欲還心依戀，欲見絶無由。煩寃荒隴側，肝心盡崩抽。

南朝齊 謝朓《謝宣城集》卷一《高松賦奉司徒竟陵王教作》 閲品物於幽記，記叢育於祕經。巡氾林之彌望，識斯松之最靈。提於巖以羣茂，臨於水而宗生。豈榆柳之比性，指冥椿而等齡。若夫修榦垂蔭，喬柯飛潁。望肅肅而既閒，既微微而方静。懷風陰而送聲，當月露而留影。既芊眠於廣隰，亦迢遞於孤嶺。集九仙之羽儀，棲五鳳之光景。固總木之爲選，貫山川而自永。爾乃青春受謝，雲物含明。江皋緑草，暖然已平。紛弱葉而凝照，競新藻而抽英。陵翠山而如剪，施懸蘿而共輕。至於星迴窮紀，沙鴈相飛。同雲映其無色，陽光沉而減暉。卷風飈之歘吸，積霰雪之嚴霏。豈彫貞於歲暮，不受令於霜威。若乃體同器制，質兼上才。夏書稱其岱畎，周篇咏其徂徠。乃屈己以弘用，構大壯於雲臺。幸爲玩於君子，留神心而顧懷。君王乃徙蹝蘭室，解佩明椒。搴幽蘭於夕陰，詠聳榦於琴朝。陵高丘以致思，御風景而逍遥。夷徽冕之隆貴，懷汾陽之寂寥。邈道勝於千祼，蘊神理而自超。夫江海之爲大，實涓澮之所歸。瞻衡恒之峻極，不讓壤於塵微。嗟孤陋之無取，幸聞道於清徽。理弱羽於九萬，愧不能兮奮飛。

唐 李嶠《李嶠雜咏》卷上《嘉樹部十首·松》 鬱鬱高山表，森森幽澗垂。鶴栖君子樹，風拂大夫枝。百尺條陰合，千年蓋影披。歲寒終不改，勁節幸君知。

唐 儲光羲《儲光羲詩集》卷一《石子松》 盤石青巖下，松生盤石中。冬春無異色，朝暮有清風。五鬣何人采，西山舊兩童。

唐 李紳《寒松賦》（《文苑英華》卷一四五引） 松之生也，于巖之側。流俗不顧，匠人未識。無地勢以衒容，有天機而作色。徒觀其貞枝肅矗，直榦芊眠。倚層巒則梢雲蔽景，據幽澗則蓄霧藏烟。盤石盤薄而埋根，凡經幾載；古藤聯緣而抱節，莫寄何年。於是白露零，涼風至，林野慘慄，山原愁悴。彼衆盡於玄黄，斯獨茂於蒼翠。然後知落落高勁，亭亭孤絶。其爲質也，不易葉而改柯；其爲心也，甘冒霜而停雪。葉幽人之雅趣，明君子之奇節。若乃確乎不拔，物莫與隆，陰陽一作寒暑不能變其性，雨露所以資其豐。擢影後凋，一千年而作盖；流形入夢，十八載而爲公。不學春開之桃李，秋落之梧桐。亂曰：負棟梁兮時不知，冒霜雪兮空自奇。諒可用而不用，固斯焉而取斯。

唐 李白《李太白文集》卷二二《南軒松》 南軒有孤松，柯葉自綿羃。清風無間時，瀟灑終日夕。陰生古苔緑，色染秋煙碧。何當凌雲霄，直上數千尺。

唐 白居易《白氏長慶集》卷二《諷諭二·和松樹》 亭亭山上松，一一生朝

陽。森聳上參天，柯條百尺長。漠漠塵中槐，兩兩夾康莊。婆娑低覆地，枝幹亦尋常。八月白露降，槐葉次第黄。歲暮滿山雪，松色鬱青蒼。彼如君子心，秉操貫冰霜。此如小人面，變態隨炎涼。共知松勝槐，誠欲栽道傍。糞土種瑶草，瑶草終不芳。尚可以斧斤，伐之爲棟梁。殺身獲其所，爲君構明堂。不然終天年，老死在南岡。不願亞枝葉，低隨槐樹行。

又　卷四《諷諭四・澗底松　念寒儁也》　有松百尺大十圍，生在澗底寒且卑。澗深山險人路絶，老死不逢工度之。天子明堂欠梁木，此求彼有兩不知。誰諭蒼蒼造物意，但與之材不與地。金張世禄原憲貧，牛衣寒賤貂蟬貴。貂蟬與牛衣，高下雖有殊。高者未必賢，下者未必愚。君不見，沉沉海底生珊瑚，歷歷天上種白榆。

又　卷一三《題流溝寺古松》　煙葉葱蘢蒼麈尾，霜皮剥落紫龍鱗。欲知松老看塵壁，死却題詩幾許人。

唐　白居易《白香山詩集》卷五《松聲修竹里張家宅南亭作》　月好好獨坐，雙松在前軒。西南微風來，潛入枝葉間。蕭寥發爲聲，半夜明月前。寒山颯颯雨，秋琴泠泠絃。一聞滌炎暑，再聽破昏煩。竟夕遂不寐，心體俱翛然。南陌車馬動，西鄰歌吹繁。誰知兹簷下，滿耳不爲喧。

又　卷一五《松樹》　白金換得青松樹，君既先栽我不栽。幸有西風易憑仗，夜深偷送好聲來。

唐　孟郊《孟東野詩集》卷二《遣興》　絃貞五條音，松直百尺心。貞絃含古風，直松凌高岑。浮聲與狂葩，胡爲欲相侵。

又　《衰松》　近世交道衰，青松落顔色。人心忌孤直，木性隨改易。既摧棲日榦，未展擎天力。終是君子材，還思君子識。

又　《罪松》　雖爲青松姿，霜風何所宜。二月天下樹，緑於青松枝。勿謂賢者喻，勿謂愚者規。伊吕代封爵，夷齊終身饑。彼曲既在斯，我正實在兹。涇流合渭流，清濁各自持。天令設四時，榮衰有常期。榮合隨時榮，衰合隨時衰。天令既不從，甚不敬天時。松乃不臣木，青青獨何爲。

又　卷九《品松》　追悲謝靈運，不得殊常封。縱然孔與顔，亦莫及此松。此松天格高，聳異千萬重。孤峯巨靈手，擘裂少室峯。擘裂風雨獰，抓拏指爪傭。道入難抱心，學生易墮蹤。時時數點仙，嫋嫋一線龍。霏微嵐浪際，遊戲顥興濃。品松徒高高，雌鳴詎嗈嗈。賞異尚可貴，賞潛誰能容。名華非典實，翦棄徒纖茸。刻削大雅文，所以不敢慵。

唐　元稹《元氏長慶集》卷一《松樹》　華山高幢幢，上有高高松。株株遥各各，葉葉相重重。槐樹夾道植，枝葉俱冥蒙。既無貞直幹，復有罥挂蟲。何不種松樹，種之摇清風。秦時已曾種，顦顇種不供。可憐孤松意，不與槐樹同。閒在高山頂，樛盤虬與龍。屈爲大厦棟，庇廕侯與公。不肯作行伍，俱在塵土中。

又　卷六《西齋小松二首》　松樹短於我，清風亦已多。況乃枝上雪，動摇微月波。幽姿得閒地，詎感歲蹉跎。但恐厦終構，藉君當奈何。簇簇枝新黄，纖纖攢素指。柔芷漸依條，短莎還半委。清風日夜高，凌雲竟何已。千歲盤老龍，修鱗自兹始。

唐　李德裕《李衛公别集》卷九《金松賦》　廣陵東南有顔太師猶子舊宅。其地即孔北海故臺。予因晚春夕景，命駕遊眺，忽覩奇木植於庭際。枝似檉松，葉如瞿麥。迫而察之，翠葉金貫，粲然有光。訪其名，曰金松。訊其所來，曰得於台嶺。乃就主人，求得一本，列於平泉。今聞封植得地，枝葉茂盛，叙其所自，作此賦。

青春已暮，白日將夕。經顔子之故巷，訪孔公之舊宅。美珍木之在庭，得嘉名於樵客。曩擢本於台嶺，近徙根於簷隙。其柯肅肅，可比於真松。其葉纖纖，寔侔於瞿麥。風入葉而成韻，露垂柯而流液。不受命於嚴霜，諒同心於寒柏。含春靄而葱蒨，映夕陽而的皪。疑翠尾之羣翔，若金潭之旁射。襍爽籟於篔竹，混晶光於瑶碧。琪樹以垂珠而擅名，金松以潛顯而莫覿。亦猶處子在於隱淪，奇才遺於草澤。我有衡宇，依山岑寂。類仲長之清曠，如蕭宰之窮僻。託根此地，似在崖壁。殊橘柚之不遷，同甘棠之可惜。庶封植於園林，永愛玩而無斁。

唐　李商隱《李義山詩集・高松》　高松出衆木，伴我向天涯。客散初晴後，僧來不語時。有風傳雅韻，無雪試幽姿。上藥終相待，他年訪伏龜。

又　《題小松》　憐君孤秀植庭中，細葉輕陰滿座風。桃李盛時雖寂寞，雪霜多後始青葱。一年幾變枯榮事，百尺方資柱石功。爲謝西園車馬客，定悲摇落盡成空。

唐　陸龜蒙《甫里集》卷二《小松》　擢秀逋客巖，遺根飛鳥逕。因求飾清閟，遂得辭危夐。貞同柏有心，立若珠無脛。枝形短未怪，鬣數差難定。《名山記》

云：「松有兩鬣、三鬣、七鬣者，言如馬鬣形也，言粒者非。」況密三天風，方遵四時柄。那興培塿歎，免答鄰里病。微霜静可分，片月疎堪映。奇當虎頭筆，韻叶通明性。會拂陽烏胸，掄材膺帝命。

又 卷一一《襲美初植松桂偶題》 軒陰冉冉移斜日，寒韻泠泠入晚風。煙格月姿曾不改，至今猶似在山中。

唐 徐寅《唐秘書省正字先輩徐公釣磯文集》卷六《大夫松》 五樹旌封許歲寒，挽柯攀葉也無端。争如澗底凌霜節，不受秦皇亂世官。

又 卷八《松》 澗底青松不染塵，未逢良匠競誰分。龍盤勁節巖前見，鶴唳翠梢天上聞。大厦可營誰擇木，女蘿相附欲凌雲。皇王自有增封日，修竹徒勞號此君。

唐 張蠙《張象文詩集》卷三《華山孤松》 石罅引根非土力，冒寒猶助嶽蓮光。緑槐生在膏腴地，何得無心拒雪霜。

唐 釋齊己《白蓮集》卷二《古松》 雷電不敢伐，鱗皴勢萬端。蠹依枯節死，虵入朽根盤。影浸僧禪濕，聲吹鶴夢寒。尋常風雨夜，應有鬼神看。

又 卷三《小松》 發地纔過膝，蟠根已有靈。嚴霜百草白，深院一株青。後夜蕭騷動，空階蟋蟀聽。誰於千歲外，吟遶老龍形。

唐 李山甫《松》（《佩文齋詠物詩選》卷二七七引） 地聳蒼龍勢抱雲，天教青共衆材分。孤標百尺雪中見，長嘯一聲風裏聞。桃李傍他真是佞，藤蘿攀爾亦非羣。平生相愛應相識，誰道修篁勝此君。

唐 僧無可《松》（《佩文齋詠物詩選》卷二七七引） 枝榦怪鱗皴，烟梢出澗新。屈盤高極目，蒼翠遠驚人。待鶴移陰過，聽風落子頻。青青寒木外，自與九霄鄰。

宋 徐鉉《騎省集》卷三《賦松 謝仲宣上》 送人多折柳，唯我獨吟松。若保歲寒在，何妨霜雪重。森梢逢静境，廓落見孤峰。還似君高節，亭亭堪繼踪。

又 卷五《松》 細韻風中遠，寒青雪後濃。繁陰堪避雨，効用待東封。

又 卷一四《九疊松贊并序》 桐安郡南二十里，古城南隅有松焉。曲拳擁腫，勢若九疊。交柯聳幹，無不蟠屈者。其地高迥，旁無壅閼，莫知其何由如是。或曰：下有頑石，根不得舒，氣脉憤興，故爲此狀。好事者以爲盛觀焉。余始聞其名，今至其下睹之而眙曰：嗟夫，草木麗地禀天之和，條暢秀茂，固常也。若乃原隰之宜，失陰陽之候，違柔脆之姿，則離披枯瘁。貞勁之質，則鬱抑盤錯，生理乖矣，獨有瓌奇之貌。嗚呼，失其所乎。昔在太古，君臣强名，賢愚同域，洪洪洞洞，是謂太和。降及後代，聖人有作，顯仁義，建功名，扶衰拯弊，不得已也。於是有愛惡，則象生焉。其甚者，飾行以矯時，執方以違俗。考槃閭巷，聲重王公，上德喪矣，獨有高世之譽。嗚呼！荀孟屈賈之徒，豈斯松之類邪？感物徘徊，因爲之贊。吁嗟彼松，孰爲而生。天枉其性，屈折其形。人實我貴，我非所營。噫嘻，淳風曷歸，大道安行。吾欲與汝，各全其真。作此好歌，以告騷人。

宋 歐陽修《文忠集》卷四《居士集·青松贈林子》 青松生而直，繩墨易爲功。良玉有天質，少加一作假磨與礱。子誠懷美材，但未遭良工。養育既堅好，英華充厥中。於誰以成之，孟韓荀暨雄。

宋 曾鞏《元豐類藁》卷七《霧松》 園林初日静無風，霧淞花開處處同。記得集英深殿裏，舞人齊插玉瓏鬆。

宋 李復《潏水集》卷一〇《後園雙松》 羣木喜春妍，彫落寒霜苦。昂藏兩大夫，森然鬚鬣古。堅姿不可回，正色少媚嫵。清風發好音，和氣琴中語。

又 卷一五《和林次中五鬣松》 僊人五色鼎中丹，丹養松根葉不添。雲散細風梳碧縷，龍離遠嶠奮蒼髯。雨衣鐵澀封霜甲，露點珠明滴翠纖。採釀春醪能愈疾，欲求方法檢書籤。

宋 韓維《南陽集》卷一三《松》 蒼鱗上竦孤生幹，翠鬣横抽欲偃枝。惟有公來賞修直，洛城人重看花時。

宋 王安石《臨川文集》卷二三《古松》 森森直幹百餘尋，高入青冥不附林。萬壑風生成夜響，千山月照掛秋陰。豈因糞壤栽培力，自得乾坤造化心。廊廟乏材應見取，世無良匠勿相侵。

宋 蘇轍《欒城第三集》卷二《種松》 城郭人家歲寒木，檜柏森森映華屋。青松介僻不入城，野性特嫌塵土辱。中庭冉冉盈尺苗，條榦雖短風霜足。培根不用糞壤厚，插竹預防雞犬觸。他年期汝三丈高，獨立仙翁毛髮緑。老翁自分不及見，子孫見汝知遺直。

宋 鄭獬《鄖溪集》卷一五《小松賦》 北風號空，大雪飛注。長林高木兮，或亦爲之摧仆。雖鴻鵠之健飛兮，翅粘冰而不度。獨寒松蓊然兮，鬱蒼崖而自固。若周公之排禍亂兮，何獨立而不懼。又如比干之事紂兮，直犯雷霆之震怒。若

楸梧與梗楠兮，媚風煙而自附，何今日之梗莽兮，窮本心而盡露。蓋夫粹美之氣蓄乎此山，白玉如肪，赤金如丹，美璞良礦兮，磊砢璀璨於其間，合二寶之精剛兮，又生此松於山顛，故高節之特立，宜殺氣之不可干。嘗見美於仲尼，謂不凋於歲寒，猶稱伯夷與叔齊兮，遂與賢人而並傳。斵蒼雲以移植兮，回佳玩於前軒。辭丹林之煙霧兮，濯玉井之波瀾。茁然翠鬣，三尺琅玕，若蒼虬之飛來兮，戲靈珠而不肯。蟠顧得地以託根兮，尚繁枝之未大。當老霜之搏物兮，固勁氣之踰邁。雖鳳羽之未成兮，蓋已異山鷄之文采。對秋桂於高蟾，友靈桃於碧海。竦脩幹以凌雲，終孤心之無改。

宋　鄒浩《道鄉集》卷三三《天保松銘》　衡州華光山，實衡嶽之南麓，有松傑出，盤礴雲表。晉陵鄒某嘗以問長老仲仁曰：「方法堂佛殿鼎新之時，他山之木，尚入繩墨，乃不以此爲材耶？」仁曰：「自合抱以來，睥睨其旁者，踵相尋而至。豈特吾寺之人哉！　但以適當天子壽山之前，故不敢運斤耳。」因告之曰：「若聞天保之詩，其比物以見意，必曰如南山之壽，而以松栢之茂繼焉。今山前之松，可謂茂矣，宜以天保名之。」仁請著以示後，於是乎銘。銘曰：

山有喬松，在南山之陽。巧匠觀旁，莫之能傷。匪以此爲不材，可以全生，得極其高大。惟時太平，薄海内外，罔不稽首，歸美以報，如松之茂，惟此獨也。正能長且久，勿伐勿敗，祝聖人壽。

宋　徐積《節孝集》卷二《大松》　東海有物天下雄，萬靈戮力生奇松。天精地粹萃其下，滄溟百道來相通。一根直去穿九泉，一根斜插鯨魚淵。遠者壓折巨鼇背，近者倒纏山根偏。小枝可就千鈞弓，大枝可掛萬斛鍾。唯有老榦苦難狀，吕光營外堆玄龍。身披北帝雄犀甲，虎賁連臂圍不匝。無計都將大地遮，有心盡把浮雲刷。樛枝入地旋復上，怪怪奇奇非一狀。谷陵相變任古今，土木兩行專王相。列幟空遺渭川壘，犒師留得楊隋帳。玄駒來撼亭亭蓋，淥魚飛入蒼蒼浪。最是半霄風雨聲，山妖走盡川魅驚。十萬争揮鐵槊騎，百千齊鬬黑旗兵。有時海面波濤小，一部仙韶下蓬島。殘聲逐水散鳴琴，遺響穿雲聚啼鳥。混沌死來凡幾朝，清氣濁氣痕未消。獨葉聳來新蓋鳳，雙柯合處舊藏蛟。其本既異其事殊，德若有容材有餘。大鵬斥鷃皆可居，相忘有似江湖魚。美哉此木真不凡，能以智免斧斤間。過盡工師無所用，莊周應作不材看。大松大松如此奇，方輿圓蓋不可知。陰陽山海氣合離，不然神物相護持。

宋　黄庭堅《山谷集》卷九《歲寒知松柏》　羣陰彫品物，松柏尚桓桓。老去惟心在，相依到歲寒。霜嚴御史府，雨立大夫官。犧象溝中斷，徽絃爨下殘。光陰一鳥過，斬伐萬牛難。春日輝桃李，蒼顔亦預觀。

又　卷一四《義松贊洪州西山翊真觀》　西山之松，有歲寒之質懷。其同氣耶？既分矣，復合而爲一。涔露雲雨，老大霜雪。匠石輟斤，樵夫歎息。人之同氣，去本未遠。宰上之杞，蔽芾成陰。有其干戈，日尋余不知其何心。

宋　黄庭堅《山谷外集》卷六《歲寒知松栢》　松栢天生獨，青青貫四時。心藏後凋節，歲有大寒知。慘淡冰霜晚，輪囷澗壑姿。或容螻蟻穴，未見斧斤遲。摇落千秋静，婆娑萬籟悲。鄭公扶貞觀，已不見封彝。

宋　彭汝礪《鄱陽集》卷三《寄春卿》　相約童稚間，遂成歲寒圖。奈何離别多，各自東西隅。我心明月輪，子志青松株。明月千里光，豈爲吴越殊。青松四時心，豈爲風霜枯。相思不相見，作詩報區區。

宋　楊時《龜山集》卷四一《巖松》　婆娑千尺倚巖巔，隱隱虬姿拂遠烟。尤喜地靈泉脈潤，獨愁天闊晝陰偏。孤根礙石盤彌固，直幹凌霜老益堅。臃腫不須逢匠伯，散材終得盡天年。

宋　李光《莊簡集》卷二《和胡德暉松軒詩》　炎天羣木無葱蒼，朝曦夕照繞屋梁。一榻南窻復東廂，老松效技扶披猖。微風颼颼美笙簧，坐變熱惱爲清涼。簿書相仍愁肺腸，細聲入夢我豈遑。但覺風日明晴窻，皎如夜月和秋霜。樛枝鱗皴龍蜃走，翠葉鬱律鸞鳳翔。燧明徒誇能照夜，空想煙霧風中香。何如軒成獨賦雲錦章。從兹遂愛夏日長，會看壑聳仍霄昂。

宋　李綱《梁谿集》卷一四〇《歲寒贊》　霜霰既零，草木殄瘁。惟兹歲寒，獨立不改。寸苗初植，未離蓬艾。挺然凌雲，色參天黛。虬枝茂葉，舞影垂陰。清風徐來，虎嘯龍吟。與子爲友，貴相知心。何以樂之，寫此素琴。

宋　李彌遜《筠溪集》卷一二《赤松》　留侯帷幄勳，平勃未足數。晚從赤松君，雅志在輕舉。公今卜真遊，百蘊未一吐。古來賢達人，不必同出處。那知無心雲，解作及時雨。

宋　劉子翬《屏山集》卷一五《分韻賦古松得青字》　風韻颼颼遠更清，蒼髯瘦甲聳亭亭。連根欲鬬巖巒力，一蓋常涵雨露青。曾暎月明留鶴宿，近經雷霹帶龍腥。衰殘愧我無仙骨，願採流膏慰暮齡。

又　卷一六《古松》　手植知何代，樅樅萬蓋齊。韻清琴易寫，榦直鳥難棲。慘淡連雲塢，髣髴蔭石谿。刳明雖小用，曾照路人迷。

宋　吴芾《湖山集》卷一〇《詠松》　古人長抱濟人心，道上栽松直到今。今日若能增種植，會看百世長青陰。

古邑荒涼但有松，濃陰夾道勢騰空。行人破暑忙歸去，未必茅簷有此風。

宋　劉敞《公是集》卷七《憶松》　松陰何婆娑，松蓋何偃蹇。松香不堪折，松色無可選。旦暮青松間，吟懷未嘗遠。嚴霜百木死，高秀初欲展。泠泠海風飄，輝輝甘露泫。昔年予居閩時，甘露降。去矣混塵滓，懷哉邈林巘。諒無刀斧憂，千載行可踐。輦轂念山海，誰期共攀搴。獨有風入聲，琴中尚悠衍。

宋　史浩《鄮峰真隱温録·栽松》　童童蒿艾間，拱把力尚微。托根一得所，勢隘天四圍。春煙滋蒼髯，朔雪被羽衣。他年大夫封，風雨良足依。

宋　劉才邵《㰘溪居士集》卷三《松》　山中衆木自紛紛，移徙孤根獨不羣。更與清風同烈烈，便先八俊繼三君。

宋　陸游《劍南詩稿》卷一二《偃松》　巨松偃青蓋，閲世巋獨存。頗疑古仙翁，藏丹在其根。或是結靈藥，百尺有伏黿。終隨風雨化，不死何足言。

又　卷四九《雙松父老言紹興中所植》　東岡夭矯兩蒼龍，千尺蟠空黛色濃。六十餘年松若此，誰知我更老於松。

宋　釋文珦《潛山集》卷三《青松篇》　西山有孤松，亭亭高百尺。冰雪屢凌厲，難變青青色。東園盛桃李，摇艷矜春容。少皥布秋律，掃地無遺蹤。青松固真心，桃李乏堅操。君子與小人，自古不同調。寧忍學桃李，誓言作青松。偃蹇終不屈，傲睨秦皇封。

又《南山松柏章》　松柏何夭矯，南山何崚嶒。松柏有常性，南山不騫崩。南山人所仰，松柏人所承。尋常部婁間，瑣瑣唯薪蒸。彼無高志徒，眡此宜自懲。堅守歲寒操，亦當慎攸憑。

又　卷九《山林古松》　古松形甚怪，得性在山林。偃蓋盤空老，流脂入地深。青霜曾换骨，野火誤燒心。材大誠難用，良工亦漫尋。

宋　程珌《洺水集》卷二三《玉堂畫值有懷萬松》　雞籠峯下萬松山，中有游民天地閑。左架虹腰上玄圃，右騎鼇背度飛闗。幽壑流泉噴三峽，衮衮桃花翻浪雪。兩山對峙錦屏開，嫣紫肥紅仍炫白。十里松風百哢琴，丹書一枕卧殘春。何人共結無生社，冉冉青蜺下玉麟。九華突兀匡廬秃，幽深全似入盤谷。懷山一夜鬢如霜，畫作烟圖入洛陽。玉境那容凡骨汚，急草天章訊歸路。磨松琢石歌太平，亦表微臣報國恩。

宋　真德秀《文章正宗》卷二二下《南軒松》　南軒有孤松，柯葉自綿羃。清風無閑時，蕭洒終日夕。陰生古苔緑，色染秋煙碧。何當凌雲霄，直上數千尺。

宋　劉克莊《後村集》卷九《松》　一生著數落人先，白髮栽松故可憐。待得伏苓堪采掘，此翁久矣作飛仙。

宋　陶夢桂《平塘陶先生詩》卷二《孤松》　傲睨風霜老更臞，旁邊著我未爲孤。向來元亮盤桓後，試問曾逢我輩無。

宋　舒岳祥《閬風集》卷二《山甫畫松》　山甫作古松，意造無定本。枝枝藏太陰，筆筆涵混沌。氣吞千尺崖，猶作飛瀑滚。肺肝生洞壑，槎枒出隱嶙。奮臂盤礴餘，墨漬筆不吮。若人蓋天機，豈爲尋丈窘。胸中有磥砢，欲出不可忍。恐是城南樹，寫形難自隱。嗚呼，夾山自有真松圖，朝夕左右陳座隅。伐薪架屋聽笙竽，好翁之計誠非踈。

金　李俊明《莊靖集》卷三《松》　鬱鬱愁無地，青青獨有心。疑從大夫後，傾蓋到如今。

又　卷四《枯松》　爲嫌紅紫汙家風，故向春來學種松。秖恐等閒兒女輩，輙將斤斧損髯龍。

元　李庭《寓庵集》卷一《古詩二十一首》　亭亭長松樹，白雲護其顛。飛鳥不敢下，茯苓已千年。蒼鼠從何來，便捷不可言。倏忽在其後，倏忽在其前。睢盱利指爪，枝葉無由全。念彼歲寒姿，受此微物牽。驅之不得去，撫之徒自憐。

元　方回《桐江續集》卷二九《松鶴詞并序》　世之植物如槿華，朝榮暮悴，而有千歲之松。動物如蟣蠓蜉蝣，不能瞬息，而鶴亦不啻千歲，是故方外之士貴之。今夫松下苓上，絲堅貞傲霜雪，蟠屈肖龍蛇青吹揺，動常聳然於塵壒之外，鶴青田之種華亭之唳，故仙人相之有經，輕舉之士，跨之以遊四海者也。今之寫真者，必喜繪羽衣綸巾之徒，徜徉松鶴之間，唐人有詩曰：「祇應松上鶴，便是洞中人。」言其標致之相似也。又曰：「養雛成大鶴，種子作高松。」言脩心鍊性之人可以長生久視，能與松若鶴俱壽也。杭宗陽知宫，天台陳悦道，其門弟子稱爲松鶴真人，長身而古貌，言嘿而神閒，爲之詞曰：　千桃李之穠華兮，不如我之孤

松，彼眩三春之朝露兮，我專一邱壑之風，聽此以洗耳兮，又何有乎牛鬭之聰。百鶯啼兮萬蝶舞，不如我獨鶴兮褵褷其羽。顧月池之在地兮，各以影而自侶。九轉砂成兮，鶴頂同丹。我鬢不凋兮，松鬣長青。何十八公之爲夢兮，胎僊夜鳴。醉魂醒亦貞其心兮，亦癯其形。與我作朋兮，俱千齡。

元　黄庚《月屋漫稿・種松》　去年種松樹，未有蒿與蓬。今年松漸長，埋没蓬蒿中。老髯何蒼蒼，歲華不改容。回視蒿與蓬，零落悲秋風。

又　《滴翠松》　老翠蟠空一樣高，月分寒影落庭皋。哦詩猛把闌干拍，宿鶴驚飛露濕袍。

元　劉敏中《中庵集》卷一《鬱鬱澗上松爲智先生壽》　鬱鬱澗上松，靡靡松下草。生平賴餘廕，朝夕仰真操。霜風脱衆木，蒼然立如傲。浩蕩涵雨露，四時震枯槁。所以徑寸莖，銘荷不知報。工師索梁棟，弗遠登廊廟。繄我植天墀，千載爲永好。

元　趙孟頫《松雪齋集》卷三《庭前松》　手種庭前松，於今二十年。清風時過之，我琴不須絃。高標傲歲晚，秀色凝空烟。有懷貞白君，世豈知其玄。

元　劉因《静修集》卷一《種松》　萬牛來丘山，大厦高崔嵬。當年誰辛苦，遺此千歲材。手持百松子，與之俱傾頹。殷勤囑造物，爲護荒山隈。今來見豪末，喜溢蒼烟堆。十年望根立，百年排風雷。自此千萬年，再見明堂開。東家十年計，戢戢千頭栽。豈不早有望，求此良悠哉。

元　謝宗可《詠物詩・龍形松》　夭矯拏雲海上來，蜿蜒蜕骨老莓苔。紫髯夜濕千山雨，鐵甲春生萬壑雷。影動欲翻平陸起，聲號如捲怒潮回。蜷枝令挂巖前月，猶是擎珠照九垓。

元　謝應芳《龜巢集》卷一七《松竹梅三詠》　歲寒松柏冠山林，論語垂名照古今。韋偃畢宏俱即世，傳神賴有草堂吟。

淇菉猗猗比武公，清風本與首陽同。六經煙滅秦坑後，嘉爾雲礽紀載功。

吴王醉處十餘里，僅得晚唐人一詩。不遇西湖林處士，暗香疎影有誰知。

元　華幼武《栖碧先生黄楊集》卷上《雲松巢》　天上多白雲，山上多青松。白雲出松間，秀色如芙蓉。縹緲神仙宅，彷彿蓬萊峯。松垂户牖密，雲擁簾幙重。風起秋浩浩，日臨春溶溶。繁陰駐長夏，靈響肅嚴冬。晨出露霑衣，夕歸月啓封。右駕旋白鶴，左驅命青龍。真仙諒攸憇，俗狀詎能容。自顧敢争席，所願長相從。

明　龔詡《野古集》卷中《詠松》　亭亭獨立秀穹林，得地何愁枳棘侵。老節定經千歲久，直根應透九原深。塵埃不染憐渠貌，風雪難移信此心。却怪祖龍封爵汙，不平時作怒濤音。

明　龔斆《鵝湖集》卷三《松》　歷盡人間幾刼灰，要將真節抗徂徠。皴皮向日龍鱗繞，直幹凌雲鶴骨摧。琥珀地深神變化，茯苓根暖熟栽培。棲身不是安居穴，梁棟應須屬大材。

明　羅倫《一峰文集》卷一一《題松與溧水袁濟》　人心是浮雲，一日幾變易。吾友山下松，此心已如石。

明　莊昶《定山集》卷一《蒼松爲許志完作》　箕山老人松樹圖，開卷凌亂千人呼。畢宏已老更誰手，南京老盛天下無。此松畫本得何處，元是公家挂瓢樹。虬髯偃蹇老鐵蟠，雷雨蒼龍未騰去。嗚呼此樹百鍊鋼，數千萬變冰與霜。忠臣義士我所拜，山中萬古文天祥。

又　卷二《一松》　英風偉格動高寒，一蓋堂堂萬古看。養得茯苓天味别，我來九作正心丹。

明　何景明《大復集》卷九《挽葉進士》　矯矯松栢枝，在彼丘中阿。上盤青雲端，蒼翠欝嵯峨。惜哉千尺幹，嚴霜摧其柯。本爲大厦用，不竟當如何。

又　卷一一《古松行》　岳州地多古松樹，千株萬株植官路。故老猶能記歲年，行人不解知朝暮。臨江西來烟霧起，夾谷連山一百里。黛色寒通七澤雲，秋聲夜捲三江水。郡城之北江水東，鄂王祠廟丹青空。英雄爲謨本宏遠，古木至今多烈風。忠魂義魄杳何在，故物依然見遺愛。繁枝百世人不剪，直氣千尋我當拜。六年前過蒲圻城，古松陰中三日行。空山倒掛雷雨黑，盛夏常貯炎風清。郵亭傳舍總蕭瑟，鬱抱煩襟亦飄逸。迴巖峭壁奔洪濤，老蔓長藤翻白日。只今復向巴邱道，野草漸多松漸少。仄徑孤根半蝕苔，夕陽幾樹空垂蔦。昔時所見合抱材，斵枝落葉隨蒿萊。過客山中想清籟，行徒道上愁黄埃。輦山輿嶺萬千重，半作豪家樓上棟。古人之力今人勞，大厦明堂不得用。年年官吏催斧斤，故老雖怒那敢嗔。傍枝出地子成樹，野婦山樵摧作薪。驛前數幹聊可數，我忽見之再三撫。霜皮露甲如虬蟠，霧鬣烟鬟學龍舞。陰森氣象凛猶昔，翠色長標不可侮。荒林曠野識者稀，終爲誰家起廊廡。回首鄂廟秋山阿，廟前之樹無高柯。

鬼神訶護亦徒爾，英靈不返將如何。達人且勿怨摇落，志士胡爲傷轗軻。君看世事盡如此，拔劍聽我松前歌。

明 張寧《方洲集》卷一一《雪松》 藍關疋馬瘦停鞍，羝窟天荒漢節殘。一紙家書人不到，開封猶帶舊衣寒。

又《松鶴圖》 風送天聲月影寒，玉簫吹裂縞衣翻。巢居苦愛雲松伴，自抱孤琴對畫彈。

明 屠隆《白榆集》詩集卷六《羅漢松》 何年蒼叟住禪林，百尺婆娑萬壑陰。四果總來成佛印，一官應不受秦侵。靈根歲月跏趺久，老幹風霜面壁深。謖謖回颷響空谷，猶聞清夜海潮音。

明 劉春《東川劉文簡公集》卷二四《和馬先生書堂雜詠·松》 老幹婆娑逼翠冥，颼颼風韻撼人聽。托根元得徂莱地，不似牛山幾日青。

明 周廷用《八厓集》卷四《五言律詩·詠松四首》 屋畔高松長，芳豨照構櫨。風清吟獨鶴，霜重集群鳥。共我六真士，看君五大夫。晨昏相倚薄，端爲歲寒圖。

其二

冪歷堂楹下，居然見此松。清陰行去日，高節晚來風。服食宜仙侣，封章惡祖龍。後凋應不改，心與竹梅同。

其三

五松誰手植，亭下儼成行。苓結神仙藥，枝合御史霜。蒼龍鱗甲見，玄鶴羽毛長。知爾千年器，高心抱棟梁。

其四

屈曲蚴虬態，離奇鬼物身。靈光通晚景，神采照芳春。結侣依修竹，齊名並大椿。許身堅白璧，敢自涴清塵。

又 卷五《詠松》 百尺高松御史堂，清姿勁節豈尋常。秋風鶻起披晨露，夜月烏飛帶早霜。龍甲稜稜金葉爛，兔絲隱隱玉脂光。棟梁合是千年用，葉劑能令四海康。

明 張以寧《翠屏集》卷一《題劉志雲手植松卷》 劉翁前代之故家，種松不種桃李花。蒼髯獨立風霜表，幾度人間春日斜。翁家有孫俱白皙，讀書松根看松色。準備長鑱斸茯苓，同上青雲生羽翼。

明 曹學佺《曹大理集·玉華篇·茶洋見松樹》 可惜山中業，今沾驛路塵。枝堪作羽蓋，根任輾車輪。野鶴少閒夢，老龍多斷鱗。樵歌不忍聽，日暮轉傷神。

明 張元凱《伐檀齋集》卷八《九里松》 長松九里鬱葱哉，偃蓋蟠空接上台。不盡五株封泰岱，却從三竺問徂徠。壑藏風雨龍鱗老，濤挾雲霄鳳吹哀。竹箭江南良足美，那知此有棟梁材。

明 林大輅《愧瘖集》卷六《撫松》 曉起日浮閣，翛然獨撫松。所思千古上，愧我野人蹤。闃寂從吾好，前身或曼容。寒林晴雪外，客至掃孤峰。

明 王思任《謔菴文飯小品》卷一《罕山靈福寺松賦》 京西之松，古妙百出，奇如報國，巧如海淀，不過容悦爲事，即無如此寺之松森嚴跳跌，令人起愛起敬。幸在荒僻，得以領風友月而免於溲渤馬通之溷。予方賀其千年，不意寇至，夷其一股，此松驟見予還，潸然淚下，幸有疇昔之賦，爲兄傳神，猶是黄綺未出商山時也。

有會稽大然先生，挈其季翛業於京西罕山靈福之寺，見百尺之松，年或長矣，狂恠笑號。先生曰，快哉此松，所謂猶龍者耶，季其賦之。季曰唯唯。覈品物於玉策，閲抱朴之丹經。想青犬之吠壽，作醉雀之翹英。體懽傞而欹曳，精幽結以繪真。頂從天兮掠地，肢攫壑乎拏雲。亭亭羅羅，帝衣層蓋；團團楚楚，佛髻螺黛。萬鬚不剪，投入空門之中；百節皆靈，睨傲長安之外。肱揮脚踢，胡旋女拜，盆盎之蓄宛然，石泉之蔭更在。至其通風也，蘋末灑灑以徐引，溪簾涓涓乎續泒。囊口一怒，激熛澎湃，布挂匡以騰飜，弩射潮而反敗。耳無絲肉之塵，夢入雨湘之畛。若夫月影横差，水亂藻荇，鐘驚宿鳥，人如魚泳。又或積雪皚皚，同雲霎霎，玉銀俱惡，素青緣彩。當斯時也，有琴不絃，有火無烟，骨發明兮琳慄，意恍惚乎嬋娟。許長阪之周穆，小孤撫之陶潛。只書聲其琅琅，亦凌氣者仙仙。先生曰，美矣盡矣，此靈蟲之長也，而木其服，皈依法王，永不思俗，色香從三世以空離，動植皆一家之眷屬。吾與子弟同其歲寒之心，而且領其孤來之沕穆。

明 馮惟訥《古詩紀》卷一三一《詠松樹》 結根生上苑，擢秀邇華池。歲寒無改色，年長有倒枝。露自金盤灑，風從玉樹吹。寄言謝霜雪，貞心自不移。

明 俞允文《仲蔚先生文集》卷八《五言絶句·松》 結根大壑陰，蒼然出塵表。經年抱霜雪，偃蹇日月老。

明 顧紹芳《寶菴集》卷七《七言律詩·九里松》 高松一一拄秋旻，九里垂

陰路不塵。天與冰霜扶正直，地分泉石漱清真。尋常梁棟難爲用，天矯虬龍未可馴。回首五株參泰岱，虛名無賴辱函秦。

明 張錬《太乙詩集》卷五《七言絶句·園中四時花木二十詠·松》 三徑邊傍藝六松，松間黄綺日相從。世人不解服松子，評我衰年有少容。

明 李雲鴻《李秋羽集》卷三《題松》 一叚孤高與世殊，獨餘蒼翠晚模糊。婆娑影落青山瘦，摇曳濤從白晝呼。鶴舞蹁躚真可愛，龍形偃蹇詎能枯。亭亭千尺寒窻下，掩暎焦桐似畫圖。

明 釋德清《憨山老人夢遊集》卷三《六夢遊詩集下·咏松二首》 樹老心逾赤，楓凋葉更紅。可憐霜雪裏，獨有一枝松。霜幹龍鱗老，風枝馬尾長。濤聲清響發，瑟瑟滿虛堂。

明 侯方域《四憶堂詩集》卷五《種松歌贈陳郎》 自註：陳郎，余幼婿，處七貞慧子也。

種樹當種松，生兒當生龍。松能叅天三百尺，龍能騰地九萬重。君家少子無乃是，出揖丈人何從容。眼光奕奕逼我寒，問所讀書音如鐘。十歲抗首復伸眉，其意頗不屑吴儂。君家少保古哲人，自註：少保公于廷，陳郎祖也。我欲見之恨無從。爾翁當時稱有道，今住青門老爲農。五陵佳氣詎遂無，善卷洞口暮採葯。高義乾坤誰識得，定知有爾亢其宗。君不見，洛陽桃李媚春風，三月開花作意紅。轉瞬落葉已辭枝，惟有霜皮傲崆峒。又不見，鮒魚數寸口喁喁，陂澤江海不相通。纔欲過河旋涸轍，安知首尾接空濛。

清 汪灝《佩文齋廣群芳譜》卷六八（木譜 松一） 無名氏《愛松説》：大抵松之爲物，極地氣不能移，歷歲寒不爲改。大類有道君子。顧當其始生，困蓬蒿，阨牛羊，摧折於斧斤者往往而是。惟托根深山大壑，蘇之以風雨，照之以日月，籠之以輕烟薄霧，而又飽飫雪霜，延歷歲時，然後翠蕤摩空，鐵幹拂漢，蚪掀鱗射，天矯扶疎，爲故國偉觀，良亦不易矣。愛松者，當何如珍護耶。

清 蒲松齡《聊齋文集》卷一《秦松賦》 泰山之半，有古松焉。遥而望之，蒼蒼然，鬱鬱然。槎枒黄峴之嶺，輪囷曲盤之路。儼五老之古裝，恍四皓之偉步。駘背鶴髮，龍翔鳳翥，俛首類揖，鞠躬似語，罄折傴僂，磅礴交互，不知此生，歷幾朝暮。云是秦時所封五大夫樹。是未知其然也。乃其盤根錯節，雪飽霜經，繁針刺幹，霧護雲蒸，皴膚帶瘿，敗甲含腥，屈驚鳥去，澁受猱登。當必瑶池之花數謝，蓬萊之水三清，始得此蒼柯磊落，古鬣鬇鬙，直枝百尺，斜景千層，霞侵紋起，日炤斑生，貌與石而並古，色比黛而同青。若乃春雨垂絲，春風成片，緑樹牽人，紅花似面，華林棲鳳之竹，錦水藏鶯之線，萋萋金谷之園，泛泛武陵之岸，無不艷艷争媚，英英相間。當是時也，岑寂邱阿，蕭森岩畔，意調高蹇，儀容慘澹，大夫於此，不以美炫。迨夫南雁去，翔鳳威，堅冰合，冷霰霏，錦殘芳歇，蕙折蘭摧，洞庭飄兮木下，美摇落兮變衰。爾乃清標獨聳，大蓋孤垂，意挺而自若，似無喜而無悲，至如奇情詰曲，戇致斌媚，月來當書，暾上疑帷，龍鱗蜿蜒，蛇影離披，因風時舞，得雨欲飛，虬枝半横，棘刺全低，夜則濤聲沸湧，晝則烟雨凄迷，止容鼠竄，未計禽棲，游子休裝，行人息轡，顛倒圍量，流連坐憩，懸想當年，太息不置，當夫翠蓋遥臨，朱紘乍至，萬騎雲屯，千乘鼎沸，玉勒光天，金鞍耀地，冠蓋旗旌，瀰漫無極，阻風雨於二陵，借覆幬於五粒，因而喜動天顔，恩承上意，賜爵授官，恩奢寵異，可不謂遇合之隆，千載一日也哉。到於今祖龍已亡，河山屢易，扛鼎雄君，歌風赤帝，玉帳妖姬，鐵衣猛士，七葉金貂，千年帶礪，一皆艸腐烟消，香埋珠碎，獨有大夫存昂藏之瘦骨，亘古今而不墜。予登岱過其下，摩娑而問之曰，大夫乎，大夫乎，秦之封其有乎，其無乎。君以爲榮乎，其污乎。徘徊良久，坐而假寐，夢一偉男告予曰：世呼我牛也，牛之；馬也，馬之。秦雖以我爲大夫，我固未嘗爲秦大夫也。爲魯連之鄉黨，近田横之門人，高人烈士，義不帝秦。秦皇何君，而老於是臣！山風謖謖，予忽驚寤，拱立竦息。拜揖乃去。

清 方以智《浮山此藏軒别集》卷二《題雙松》 其根抱石，其針刺天。無端幻出影儼然，盡道歲寒留山川。忽聽風濤過耳曰，誰信此筆在天地先。不妨白紙日生雲烟，若有人問玅染中，如何得解脱法耶？袖手不傳。

清 王士禄《十笏草堂上浮集》卷二《九里松》 步屧行春橋，西遵九里松。是時向杪春，芳草萋已濃。疎豁青天高，時餘禿幹楓。一往頗疑怪，何許千虬龍。土人顧我言，哀哉斤斧攻。方昔全盛時，極望青濛濛。夾道盡偃蓋，一一鳴天風。密鬣隱髭鬍，濕翠沾巾笻。游屐續春夏，晷景迷西東。公來自遲暮，胡訝蒼濤空。僕聞行且嘆，此事關衰隆。廿載盛戎馬，所在成蒿蓬。風雲半顛頓，矧此樵蘇衝。邇者聖天子，布化齊鴻蒙。行葦憫踐履，此物豈終窮。雖非十年計，栽培冀從容。庶幾積齡祀，再見摩蒼穹。

又 卷一一《五龍山松謡》 山有龍兮宫其顛，其神五兮以跳以蟠。山有松兮松有窊，其族萬兮以蹲以拏。龍之靈風廻雨縈，松之靈白日冥冥。松邪龍邪，其降精者同耶。

清 丁耀亢《天史·問天亭放言·盆中松》 矯矯寒霜影，茯苓不出根。一枝藏鶴夢，九里具沙痕。拳屈豈天性，孤撐亦足尊。十圍終限汝，失托復誰論。

清 張習孔《詒清堂集·補遺》卷四《和郡伯曹公冠五十雪詩·雪松》 蒼翠生從古，胡然變若今。莫疑多粉餙，中有歲寒心。

清 僧如乾《憨休和尚敲空遺響》卷九《小松》 乍别故山石，移來寶地栽。仙苓期末望，巢鶴計先猜。固本培根厚，抽枝漸葉開。蓬蒿遮莫掩，未可雪霜摧。

清 張英《文端集》卷六《存誠堂詩集二·枯松行》 慈仁古松樹，蒼老不記年。高下近十株，爲態各自妍。中有雙龍鱗，蟠曲香臺前。松頂近可摩，高枝纔覆肩。屈彼百尺勢，空堦恣蜿蜒。横側益奇絶，影若蛟螭眠。濤聲走平地，雙樹撑如拳。似此蒼勁質，止宜空山巔。藉以一片石，濯以清淺泉。謖謖響絶壑，垂手招列僊。何將故山態，老卻車塵邊。横遭厮養辱，强索冠盖憐。冠盖那復顧，日落生寒煙。一夕風雨過，萎黄何忽焉。衆松失顔色，臺殿增寂然。惜彼凌霜姿，遽隨羣卉遷。吾子勿復歎，物各全其天。

又 卷一一《白松十韻》 白松挺奇質，高格無纖埃。如對脩潔士，雋整愛丰裁。青銅點朱碧，斑剥古尊罍。聳榦若凝雪，蟠根疑積苔。鳳毛聲瑟瑟，龍鱗色皚皚。玲瓏曉日映，瀟洒天風來。近樹吹微香，肌理神僊胎。允宜白鶴觀，只合吹笙臺。百尺瀟湘竹，風度差可陪。回頭看榆柳，瑣屑皆凡材。

清 王澤弘《鶴嶺山人詩集》卷六《辛酉年稿·寒松》 百尺寒松直，空生太谷隈。詎知霜雪榦，非是棟梁材。偃蓋愁當户，盤根不倚臺。春風容易度，桃李及時栽。

又 卷七《壬戌年稿·道上見古松》 侵星陟層巘，殘月吐微芒。陰雲蔽四野，參差覆前岡。倏忽卷舒盡，有若避朝陽。亭亭嶺表松，日出更青蒼。孤根閲歲月，直幹纏風霜。雖乏棟梁用，亦免斧斤傷。垂陰蔭廣漠，終待鸞鳳翔。

清 錢澄之《田間詩集》卷九《江上集·來園雜詩》 宅後松全禿，多年老此峰。祇愁雷雨夜，一半去爲龍。纖纖佛頂青，燦燦僧襴紫。發願蓮花生，結胎應如此。羅漢松

清 龐塏《叢碧山房詩三集》卷二《盆松》 一樹纔盈尺，離奇古態饒。窟山多雨雪，曲室且逍遥。落落存孤直，青青耐後凋。從來推大隱，不必遠公朝。

清 陳夢雷《松鶴山房詩集》卷二《松樹爲風雨所拔歎》 城南山半古梵宫，喬松千尺獨凌空。蟠螭虬結逞蒼翠，扶植全憑造化功。七月清秋風雨惡，裂石崩崖氣磅礴。花卉摧殘不知數，萬樹龍鱗盡剥落。勁幹何難與風争，失勢恐被連根折。枝條荏苒任飄零，苦心獨守凌霜節。離披偃仰仍倔强，道傍識者多嘆傷。歲寒老樹尚如此，何況朽木與枯楊。風清雨霽會有時，結蓋摩娑插霄漢。寄語山靈好護持，留取天家作楨幹。

清 謝乃實《峇⿰山盧山人詩集·泰山松》 我聞東海有大松，曾到淮南訪其踪。大山小山都不見，松樹桂樹皆成空。事過千年皆虚語，天荒地老無終窮。誰識蓁山山磵裏，摩雲有個蒼顔翁。及見祖龍來海上，寥廓未受大夫封。蓁山松，蓁山松，山不蓁兮，路可通。匠石不顧人跡少，翠濤終古激霜風。

清 王岱《且園近詩》卷五《倚松》 支頤何思，倚松竚立，無杖無珠，不瓢不笠。豈栽松之往因，抑巢松之餘習。試問樹倒松枯，誰是金粟一粒。

清 魏荔彤《懷舫詩集》卷二《五大夫松》 鞠躬當道拜秦官，翠蓋青幢歲久殘。不共魯連東蹈海，却來輦路候輿鑾。

又《戒臺松》 戒臺松老翠雲殘，根植深山守歲寒。底事寺僧諳世法，紆迴彊作萬年歡。枝榦盤曲似亦有□力。

清 汪爲熹《鄢署雜鈔》卷一〇《松贊》 流澗飛律，沈精幽結。貞蕤含芳，仰拂寒雪。

清 張篤慶《崑崙山房集》卷二《雙松》 故人移植雙松在，相對青青翠色敷。閉户已見濤聲盤地軸，漸看虬鬣放庭隅。海天不讓三珠樹，輦道休誇五大夫。著書真有媿，龍鱗老去伴王符。

又 卷三《慈仁寺弔雙松歌》 我聞奴松形幹老，千年托迹長安道。虬枝詰屈屢盤跚，鐵骨霜皮各言好。拂地蜿蜒陡欲迴，渴龍飲澗鬚髯開。偃蓋横斜異凡境，風濤叟叟驚如雷。金元之樹苦難得，刼火一朝凋翠色。其一在左幹已枯，凌霜不復珊欄側。其一尚有半身存，夭矯猶作熊虎蹲。我來摩挲長太息，毘盧閣畔飛雲昏。其餘諸松亦森列，不及雙松多磬折。痀瘻引脛無乃勞，侏儒氣短神理竭。近來此地富人烟，神物應當惡市廛。若令埋迹空山裏，不材或者終天年。君不見，聖林老檜留東魯，浩刼興衰自今古。又不見，避雨秦松五大夫，銅柯已朽何足數。如此雙松世所稀，可憐憔悴對斜暉。碧雲滿地真幽絶，不使輕塵上客衣。雙松，一名侏儒松。

清 沈峻曾《漣漪堂遺稿》卷二《種松》 斷除瓜蔓種長松，老友而今有臥龍。

風雨莫教歸大海，烟霞今且對孤峰。樓邊落子濤聲静，月下飛花香氣濃。待我携歸天上去，不須泰岱白雲封。

其二

楚楚青松亦可憐，他時望爾得叅天。清流深欲加培護，俗物何緣苦棄捐。影動蛟龍遮夏日，枝寒霜雪歷椿年。遥知化石吾仙去，萬籟風生明月懸。

清 **薛雪《斫桂山房詩存》卷五《小松》** 盤屈巖阿裡，無人爲剪裁。安知深雨露，不作棟梁材。

清 **阿克敦《德蔭堂集》卷四《松牡丹》** 雲生偃蓋濤常冷，露濕天香春更深。誰道傾城顔色好，結根還有雪霜心。

清 **王項齡《世恩堂詩集》卷一《慈仁寺看松》** 三年一到慈仁寺，愛聽松風坐石闌。偃蹇虬龍仍作舞，芳菲花柳恨將殘。冶遊雜沓新車馬，蓬鬢蕭條舊鵰冠。向夕忽看人影散，唯餘鳥雀噪林端。

又 卷二七《疎松》 雨過青葱色，風來艾納香。亭亭拂霄漢，謖謖陋笙簧。偃蓋千盤出，離披五鬣涼。負暄簷下坐，疎影落山房。

清 **葉觀國《緑筠書屋詩鈔》卷一六《賦得松蓋》** 遥望童童影，參天有古松。層陰時借鶴，圓翠久盤龍。障日真宜夏，撑霜不畏冬。惟應香荔傘，堪伴緑釵濃。

清 **弘曉《明善堂詩集》卷九《松》** 古色含蒼翠，如龍欲上空。那知霜氣冷，却喜日華融。長共千年秀，寧甘百卉同。蕭然無俗韵，徙倚待清風。

又 卷一六《松》 亭亭歲寒姿，移向閒庭補。濤聲夜半驚，清影簾間舞。獨與梅竹鄰，貞心含太古。試問蒼髯公，可與幽人伍。

清 **屈復《弱水集》卷一六《咏物·大夫松》** 岱嶽孤松樹，秦家五大夫。一時風雨異，千尺鬼神扶。翠蓋陰滄海，清聲震帝都。遭逢真不偶，官爵任傳呼。

清 **周惟正《飯石松》（吴定璋輯《七十二峰足徵集》卷三二引）** 山南擁出精藍峰，靈奇幽幻潛相通。何年飼鬼秃老翁，一盂香飰抛山中。瀋液輪精奔怪松，異柯同榦分挐空。西枝疎秀東枝濃，千年神物嘘碧虹。雷雨暗劈雙髯龍，山鬼却走無留踪。敢收精鬣填飢胸，化爲細石棲緑叢。往往雨後留殘春，玉粒大小依稀同。何當復咒白石融，却令飢鬼銷奇窮。嗚呼此衲不再逢，年年吹老松花風。

清 **愛新覺羅·弘曆《御製詩初集》卷二《詠松三首》** 龍鱗百尺欝青葱，獨立亭亭衆植中。謾道性剛多傲物，歲寒梅竹許相同。

扶疎新榦手親栽，偃盖俄成亦壯哉。豈是上林培植别，由來造物重良材。

高標迥出重霄秀，本色常留四季青。爲重堅貞栽砌畔，緑陰如滴滿軒庭。

清 **愛新覺羅·弘曆《御製詩三集》卷三三《秋山四詠·松》** 疊巘叅天翠越濃，韻金風籟謖重重。低臨萬樹猶同色，咨爾行將認老松。

清 **王道《江湖閒吟》卷一《種松》** 野竹千萬竿，不能招鳳鸞。何如種松栢，猶堪共歲寒。植根貴深固，爪膚莫摧殘。直幹當摩空，虬枝任屈蟠。花落紛如雨，和露準晨餐。待作老龍鱗，終日撫盤桓。

清 **徐用錫《圭美堂集》卷八《盆松》** 遠心偏向後凋君，盆供新從泰嶽分。石贖一拳堪作伴，鶴空獨立想爲羣。茶聲認落湔根水，香篆疑生覆頂雲。休笑支離短竇甚，蚍蜉欲撼徒紛紛。

清 **吴雯《别本蓮洋集》卷八《泰安驛松》** 古驛雙松俯碧流，驛南崗上風颼颼。不知何日天台約，坐聽濤聲五月秋。

清 **劉秉恬《公餘集》卷四《小松》** 夙好池西路，環山種小松。高低成一片，疎密列千重。未有凌雲勢，居然偃盖容。惟須培植好，梁棟自堪充。

清 **商盤《質園詩集》卷一《園中花木詩·松》** 勝友蒼髯叟，盤桓舊相識。松花滿石床，無人見鼠跡。

清 **祝德麟《悦親樓詩集》外集卷一《歲寒知松柏》** 松栢當春夏，羣材一例看。忽驚摇落易，方信後凋難。雪凍蒼皮老，霜凌翠葉攢。貞心相眷戀，晚節兩盤桓。薄脆誠先謝，堅剛亦竝殘。山中參黛古，澗底作濤寒。天地留真色，炎涼不改觀。好將梁棟質，度取上朝端。

清 **戚學標《景文堂詩》卷五《松》** 翠色明雲松，遠望不盈尺。颷欻雙飛龍，水摇寒山碧。

清 **黎簡《五百四峰堂詩鈔》卷二二《高松》** 高松掩山密，寸碧見枝疎。到地日雲潤，浮空雷雨虚。古塵成陸後，寒色渡江餘。南郭時聞籟，天人共一廬。

清 **謝啓昆《樹經堂詩初集》卷六《華蓋松歌》** 洞口萬株松欝蒼，有松形如華蓋張。不與衆松同列行，老榦上聳千尺強。虬枝忽折倒垂芒，似枯不枯鱗鬣長。鸞鳳舒翼止且翔，鐵戟横拓勢昂藏。童童結蔭剛中央，上者爲蓋下爲杠。花葩五粒雲飛揚，翰林逼居天街旁。寶氣上燭牛女鄉，琁璣玉衡位次當。齊拱弧南應壽昌，五老鬚眉欝相望。石牛之石難頡頏，東南二里石牛山有華蓋石。夕沐

若英朝扶桑。豈獨廣廈庇南康，衆壑一氣回春光。我來其下匪徜徉，再拜戒忽剪伐傷。先賢手植不可詳，或同老桂傳紫陽。書院桂樹，朱文公手植。日偕童冠思就將，根深蒂固自流芳。結爲茯苓千歲香，百尺蔦蘿依不妨。九霄雨露凝瀼瀼，小山承蓋毋相忘。

清 陸心源《宋詩紀事補遺》卷六〇《李誠之·咏松》 半依岩岫半雲端，獨立亭亭耳歲寒。一事頗爲全節累，秦時曾作大夫官。

清 潘奕雋《三松堂集》卷四《孤松》 孤松挺奇節，偃蹇深谿傍。雨露不及施，樵牧時相戕。縱抱楨幹材，無由至廟廊。裊裊淩霄花，結根依長楊。垂條善攀附，新枝日披猖。修幹攢叢葩，蔚蔚揚其光。此榮彼乃悴，物理不可詳。賦命既懸殊，出來豈意量。淩霄意自得，孤松不改常。非有堅貞心，何以歷冰霜。

清 伊秉綬《留春草堂詩鈔》卷二《湘山松》 昔聞湘江竹，今見湘山松。干直寫幹密，一蓋盤陰濃。幾經歲寒雪，招得清秋風。香草但聞氣，心知此山中。

又 卷六《四松用少陵韻》 前歲移松四，肩至驚倔强。羅植小山下，童稚争比長。既愁烈日損，復慮寒威傷。三年啓膇檽，宛宛蛟虬藏。騰騫豈有意，奮迅不及防。青辭俗眼白，濃蓋庭柯黄。儲爾大厦材，適際時平康。不爲廟廊用，便蔭君子堂。嘉賓過延譽，酌酒吹雲涼。咸云盤根固，逝能禁雪霜。梅開佳句覔，竹暗瑶琴張。歲寒幸不孤，名理叅微茫。坐思汗漫遊，平生不能忘。三冬徂徠秀，千尺田盤蒼。

清 陳文述《頤道堂詩選》卷二〇《黄山道中六松樹》 一徑烟霞氣，黄山見六松。蓋平低偃鶴，鱗蛻瘦蟠龍。影落孤僧笠，花飛破寺鐘。重來更相訪，莫遣白雲封。

清 阮元《揅經室集·四集·詩》卷七《松》 非樅非柏古何樹，唐寺門前八九株。萬葉倒垂青珞索，一身高矗緑浮圖。往來鸞鶴應常住，供養雲烟定不枯。留語後人三百載，八峯中有此松無。

清 沈欽韓《幼學堂詩稿》卷一〇《瓦松二十韻》 薄植依令適，叢生號昔耶。龍鱗摧碎纈，鴛甃結重椏。細雨蒙先潤，輕烟著已遮。銅池栽幾稜去聲，寶相插雙了。皲雀巢痕挂，瓜牛篆勢拏。後天輪晚節，初地怯新花。峭蒨承鴟尾，參差錯犬牙。陰虬宵夢冷，野馬曉光斜。樓角孤峯占，檐溝夾澗谺。螢棲枝挂月，蜨度蓋含霞。牆上蒿應附，門前莠漫嗟。棃園終去國，草市乍還家。鬣鬣欹金字，茸茸砌水窪。陳根竄蒼鼠，昨葉耨羣鴉。風碾香姜礫，霜封素奈壂。不知華屋換，猶向部婁夸。蛛網絲蘿密，苔紋雪霰加。縛茅隨敝帚，梧鼎變枯槎。涼色閒銀漢，貞萋上碧莎。蘼蕪翻隔斷，多恨畫簾義。

清 梁章鉅《退菴詩存》卷八《戒壇古松》 戒壇以松勝，三松特雄奇。盡收萬松氣，縮入一殿墀。一松鬱九本，併力無參差。皮留太古雪，力拄中天曦。恒恐俄頃間，即看雷雨垂。一松臥夭矯，半段旁蹮跜。勢挾欄楯去，身成峯嶺攲。横行如可極，佛力將難追。别有活動松，又變倔强姿。通靈異骨節，平等同幹支。妙機孰領挈，大柄闢阿持。二語敬述乾隆年間御製詩意。偉哉梢雲質，乃被倬漢詞。

大智已超悟，凡夫猶驚疑。我無通神筆，媿此傾蓋知。沈吟直養理，浩蕩元精期。瞑目攝其影，畫肚嘗我詩。出門莽回顧，萬樹皆孫枝。

清 吴榮光《石雲山人詩集》卷八《種松四首》 移廣仁嶺小松植灤陽行館因賦

朔風吹夕蒼，蓊然見嘉木。百卉淒以謝，而汝生意復。白雪没前峯，皓月曖空谷。各有歲寒心，照我詩人屋。

古寺或繫馬，大江能挽牛。蟻喙穴其下，鸞鳴枝相樛。天生有用材，顯晦安所尤。但爲貞厥榦，百尺凌高秋。

與汝一溉恩，勵汝千秋節。繁華亦何常，正直誰能折。昨夜塞山寒，中有太古雪。寄語同岑苔，歲月心如結。

種樹如人壯，種人如樹老。天心栽者培，植節苦不早。昔從泰岱來，蕤森在行道。以兹百年計，誰與論懷抱。

清 黄爵滋《仙屏書屋初集·詩録》卷六《弔雙松歌》 彰義門内大報國慈仁寺二松，相傳金元時舊植也，今無有矣。漁洋先生有《慈仁寺雙松歌》，因和而弔之。

昔從鹿洞攀古松，攫挐海嶽雲濛濛。山靈告夢十五載，披圖髣髴髯叟在。伽藍竭來燕市訪雙株，茫茫卻憶金元伐。百折千盤歲月深，風雷白晝爲哀吟。伽藍殿頭枝格格，毘盧閣外陰森森。昔日虬龍舞相向，今時元鶴誰招放。我生不及追新城，岸幘雄談月初上。法輪寶相幻無邊，不見楊枝灑露泉。閉門落葉秋如海，近市紅塵春漲天。君不見，蠟梅軒，黄姑僵臥呼不起。又不見，杏花園，飛英零落一何駛，何如不知不識，空山中千載嶙峋老樹子。

又《戒壇活動松歌》 西山蒼虬一萬枝，戒壇兀兀乃特奇。生平莫問隋唐

植，閲世幾泐遼金碑。空山嶷嶷走白鹿，鬼怪守護森結束。屈伸夭矯白石壇，風雨不動蟠如山。不動如山動如水，活潑潑地那有此。怪哉此叟太支離，支離其神壹其體。一髮全身事偶同，須從物理悟元工。倚來月上太古洞，撫罷雲生極樂峰。

清 胡天游《石笥山房集・詩集》卷六《五律・古松》 風雨鎖孤桯，蒼蒼百尺身。石寒疑衰節，龍蜕欲銷鱗。數粒洪崖飯，餘枝白鶴春。種時誰得見，唯有上皇人。

又 《續補遺》卷上《兩松》 兩松未百歲，高已出殿脊。香鍼穠折灑，陰景日清闢。僧庭晝閴杳，俗物久斷跡。主人與客爲，械誕其朝夕。愛其衰真性，視我守孤癖。每於沈静内，長含波濤激。丈夫意則然，古有老巖石。風颸信落落，願飽歲月積。氣力森盤騫，霄度喜切逼。榦留乾坤後，彿彷意堪逆。人壽苦幾何，相待豈能即。危棍尚遲行，疏鬢漸成剔。因思終古事，感悵誰得惜。

清 祁寯藻《䜉䜭亭集》卷二《種松歌》 方山山人煙霞徒，手植飛節三千株。方山頂松，明雒官所植。今僧雒善人。天風落子滿巖谷，至今蒼翠成畫圖。霜皮黛色龍鍾老，世間未許探鱗爪。野火晴疑霹靂飛，空潭夜有蛟虯繞。自昔意氣矜華年，蠟屐徑造層峯巔。穿林越澗窮鳥道，撟捷力争猿猱先。是時六月新雨霽，石磴幽滑苔紋細。須臾巖腹嵌冰輪，波濤萬頃翻水銀。陰厓慄慄下無地，亂葉森森上有人。夢回仙徑無緣入，茯苓香凍靈脂泣。支離底事重相逢，三尺緑雲壓肩溼。松兮松兮非凡材，移根且向北原栽。世人棄爾如薪柴，淩霄枝幹須豐培，故山鸞鶴應歸來。

清 譚瑩《樂志堂詩集》卷二《松花》 天風吹下玉瓏鬆，魚子嬌黄一撮濃。磊砢尚餘金粉氣，芳菲誰認水雲蹤。猿知釀酒心先醉，鶴解收香夢亦慵。鎮日打琴聲似雨，記曾華首第三峯。

清 應寶時《松化石》（《兩浙輶軒續録》卷三九引） 移來一片石，云是萬山松。自受媧皇煉，遂辭秦代封。霜皮曾溜雨，鐵骨此撑空。荒誕神仙説，余懷未敢同。

清 陳璞《尺岡草堂遺集》遺詩卷三《戒壇活動松》 戒壇之外巨松四，磅礴鬱律皆奇觀。卧龍偃蹇懶不起，枝柯外仆根内蟠。九龍之而躍空去，蓮花千瓣開作團。一松亭亭末殊狀，百尺銕立干雲端。下垂雨枝梢拂地，密葉上覆蒼烟摶。僧來指此云最異，摇其垂者教客看。一枝乍摇影纔動，萬枝忽舞天風寒。輪囷老榦不自主，隨人牽挽何所干。我疑根蒂未深固，往撼厥榦如山安。全身奚至役一髮，尾大不掉良可歎。憶我西樵有巨石，山腰矗立徑丈磬。兩手推之忽摇兀，千夫力盡牽竟難。彼曰逍遥此活動，索解不得名强刊。欲推物理苦無謂，且聽竽籟翻波瀾。

清 魏禧《魏叔子詩集》卷六《松花》 蒼松黄蕊出，開遍野人家。嗟爾歲寒物，竟同春樹花。味堪調餤餅，色可映宫紗。惟有石間蘚，長年緑水涯。

雜録

晉 葛洪《抱朴子・内篇》卷三《對俗》 《玉策記》及《昌宇經》云千歲松樹，四邊披越，上杪不長，望而視之，有如偃蓋，其中有物，或如青牛，或如青羊，或如青犬，或如青人，皆壽萬歲。

明 牛衷《增修埤雅廣要》卷四〇《氣化門・肉化類・苓化龜》 松栢脂入地，千歲化爲伏苓。嵩高山有大松樹，或百歲，或千年，其精變爲青牛，爲伏龜，採食其實，得長生。

清 汪灝《佩文齋廣群芳譜》卷五九《果譜・松子》 《搜神記》：偓佺者，槐山採藥父也。好食松實，形體生毛，長七寸。兩目盡方，能飛行，逐走馬。以松子遺堯，堯不暇服。松者，簡松也。時受服者，皆三百歲。

《神仙傳》：趙瞿得癩病重，家人送置山中。忽見三神人以松子、松栢脂各五升，賜之。告瞿曰：「此不但愈病，當長生耳。服半可愈，愈即弗廢。」瞿服之未盡，病愈，身體強健，乃歸家。更服之二年，顔色轉少，肌膚光澤，走如飛鳥。在人間三百餘年，常如童子顔色，入山不知所之。

《異苑》：漢末宫人小黄門上墓樹上避兵，食松栢實，遂不復饑。舉體生毛，長尺許。魏武聞而妝養，還食穀，齒落頭白。

又 卷六八《木譜・松一》 增《晉書・孝友傳》：許孜二親没，建墓於縣之東山，列植松柏亘五六里。時有鹿犯其松栽，孜悲歎曰：「鹿獨不念我乎？」明日忽見鹿爲猛獸所殺，置於所犯栽下。孜悵惋不已，乃爲作塚埋於隧側。猛獸即於孜前自撲而死，孜益嘆息，又取埋之。自後樹木滋茂而無犯者。

《南史·孝義傳》：庾沙彌母亡，晝夜號慟，墓在新林，忽生旅松百許株，枝葉鬱茂，有異常松。

《山海經》：錢來之山，其上多松。大荒之中，有方山。上有青松，名曰拒格之松，日月所出入也。

《神仙傳》：松者，横也。時受服者，皆至三百歲。

原《玉策記》：千歲松樹枝葉四邊披起，上杪不長，望而視之有如偃蓋。其中有物，或如青牛，或如青犬，或如人，皆壽萬歲。

《禮斗威儀》：君乘木而王其政，升平時則松爲常生。

原聖賢冢墓記：東平王歸國，思京師，後薨，葬東平。其冢上松柏皆西靡。

原《清異録》：張薦明隱山林，有古松十餘株。謂人曰：「予，人中之仙。此松，木中之仙也。」晉僧法潛隱郯山，或問勝友爲誰，乃指松曰：「此蒼顔叟。」

增傳載略：越中禹志者，即高松數十株，參天遠望，無不見故鄉。人謂之禹志也。

增《聞奇録》：吕知隱於洞庭山，穿一松造草舍而居，寶正中徵起，鶴氅紗巾見武肅，甚奇之。

《雲仙雜記》：朝真觀九星院有三賢松三株，如古君子。梁閣老妓以麗水囊貯香遊之，不數日，松皆半枯。

原《金陵記》：方山有野人，見一使者異服牽一白犬，野人問，居何地。答曰，居偃蓋山。隨至古松下而没。松形果如偃蓋，意使者乃松精，犬乃茯苓也。

《曲洧舊聞》：中嶽頂上松榦如插筆，其間數株，上巨下細，柯似枯槎，皮或剥落，有半榮者。僧指云，此是嶽神爲珪，禪師夜移，天將曉，其鬼兵懼，遽倒植之而去。

《遊茅山記》：夜深，宿方丈左室。聞窓外聲，澎湃淜滂，飄忽颷激，如秋江怒濤，又如大將之師，萬馬奔騰，千里馳驟。予意是日熱，必大雨，虞其妨遊，攬衣起，徐耳之，蓋松風。云山空人，寂境乃如是，宜陶貞白之愛聽也。

《都昌縣志》：都昌柴棚鎮有古松一株，太祖征僞諒時駐蹕其下。萬歷甲申知縣王廷策即地建亭，掘得白蟹一枚，蓄之江。又建前亭豎梁，有赤鯉從空飛下。

原唐沙門性至孝，母亡，墓前忽生松柏十餘株，人以爲孝感所致。元珪法師坐禪於巖阿下，忽有岳神來拜，請受正法。師付戒畢，神曰：「願展小神通。」師曰：「吾東嶺無松，此處多松，汝能移於東嶺乎？」神曰：「敬聽命願，勿恐。」拜辭而去。是夜，雷雨交至。次日，見巖前松皆移東嶺。

《羅浮志》：羅浮奉宸橋南有古松七株，上凌霄漢，仙靈常此憩息。鄒葆光有道術，宣和中召至凝神殿，有七人從之，倏不見。上問爲誰。葆光對曰：「臣居山，常習劒術，此七人者，古松也。」上異之。

又 卷六九《木譜·松》 唐韓愈《藍田縣丞廳壁記》：斯立對樹二松，日哦其間。有問者，輒對曰：「余方有公事，子姑去。」

宋白玉蟾文：太微宫中，奎星之精化而爲松，矯矯鬱鬱然於嚴霜積雪之間。

又 卷七〇《木譜·松三》《岳陽風土記》：白鶴老松，古木精也。李觀守賀州，有道人陳某，自云一百三十六歲。因言及吕洞賔，曰：「近在南嶽見之。」吕云：「過岳陽日，憩城南古松陰，有人自杪而下，來相揖曰：『某非山精、木魅，故能識先生。幸先生哀憐。』」吕因與丹一粒，贈之以詩。吕舉以示陳，陳記其末云：「惟有城南老樹精，分明知道神仙過。」明日，陳行，留之不可。後年餘，李守岳陽，因訪前事，果城南有老松。以問近寺僧，曰：「先生舊題寺壁，久已摧毁，但能記其詩曰『獨自行來獨自坐，無限世人不識我。惟有城南老樹精，分明知道神仙過』。」後爲亭松前曰「過仙亭」。舊松枯槁，今復鬱茂，得非丹餌之力耶。

清 吴雲《京口三山志·焦山志》卷一一《雜識》 京口焦山竹木蓊鬱，獨有柏無松。鮑海門山人嘗於松寥閣壁間畫一古松，奇姿夭矯，題一絶句于上云：只栽竹柏不栽松，空負青青海上峰。我爲山靈添一榦，莫因風雨又成龍。後此壁竟頹於江，説者以爲化去。

柏

題解

漢 許慎《説文》卷六 柏，鞠也。從木，白聲。博陌切。

宋 戴侗《六書故》卷二一《椈》 椈 ，居六切。記曰：「鬯臼以椈。」鄭康成曰：「柏也。」按此即《説文》所謂鞠。

明 李時珍《本草綱目》卷三四《木部》 柏《本經》上品釋名：椈音菊。側柏

李時珍曰：按魏子才《六書精藴》云：萬木皆向陽，而柏獨西指，蓋陰木而有貞德者，故字從白。白者，西方也。陸佃《埤雅》云：柏之指西，猶針之指南也。柏有數種，入藥惟取葉扁而側生者，故曰側柏。寇宗奭曰：予官陝西，登高望柏，千萬株皆一一西指。蓋此木至堅，不畏霜雪，得木之正氣，他木不及。所以受金之正氣所制，一一西指也。

集解：《別録》曰：柏實生太山山谷，柏葉尤良。四時各依方面採，陰干。陶弘景曰：處處有柏，當以太山爲佳爾。并忌取冢墓上者。其葉以秋夏採者良。蘇恭曰：今太山無復采子，惟出陝州、宜州爲勝。八月采之。蘇頌曰：柏實以乾州者爲最。三月開花，九月結子成熟，取採蒸曝，舂擂取仁用。其葉名側柏，密州出者尤佳。雖與他柏相類，而其葉皆側向而生，功效殊别。古柏葉尤奇，益州諸葛孔明廟中有大柏木，相傳是蜀世所植，故人多採以作藥，其味甘香，异常柏也。雷斅曰：柏葉有花柏葉、叢柏葉及有子圓葉。其有子圓葉成片，如大片云母，葉皆側，葉上有微赤毛者，宜入藥用。花柏葉，其樹濃葉成朵，無子；叢柏葉，其樹緑色，并不入藥。陳承曰：陶隱居説柏忌冢墓上者，而今乾州者皆是乾陵所出，他處皆無大者，但取其州土所宜，子實氣味豐美可也。其柏異于他處，木之文理，大者多爲菩薩云氣、人物鳥獸，狀極分明可觀。有盜得一株徑尺者，值萬錢，宜其子實爲貴也。時珍曰：《史記》言：松柏爲百木之長。其樹聳直，其皮薄，其肌膩。其花細瑣，其實成梂，狀如小鈴，霜後四裂，中有數子，大如麥粒，芬香可愛。柏葉松身者，檜也。其葉尖硬，亦謂之栝。今人名圓柏，以别側柏。松葉柏身者，樅也。松檜相半者，檜柏也。峨眉山中一種竹葉柏身者，謂之竹柏。

論説

清 曹溶《倦圃蒔植記·總論》卷上《論木》 栢當以千頭側栢爲乙之甲，閩種也。繁枝上聳，團如車蓋，而蒼翠可愛。其葉可餌、可湯、可樂。别一種曰扁栢，則常品耳。纓絡栢，檜樹之類，其别族也。亦若羅漢鶖毛皆冒松姓而未許。《通譜》云，松栢之附庸曰杉，隆冬栢色暫紅而松愈蒼翠，一公二伯，木之序爵皎然。

清 汪灝《佩文齋廣群芳譜》卷七一《木譜·柏》 柏，一名椈《爾雅》云：「柏，椈。」樹聳直，皮薄肌膩。三月開細瑣花，結實成毬，狀如小鈴，多瓣。九月熟，霜後瓣裂，中有子大如麥，芬香可愛。《六書精藴》云：「柏，陰木也。木皆屬陽，而柏向陰指西。蓋木之有貞德者，故字從白。白，西方正色也。」《東方朔傳》：柏者，鬼之廷也。註言鬼神尚幽闇，故以松柏之樹爲廷府。

綜述

《詩經·國風·柏舟》 汎彼柏舟，亦汎其流。興也。汎汎，流貌。柏木所以宜爲舟也，亦汎汎其流，不以濟渡也。箋云，舟，載渡物者，今不用，與衆物汎汎然俱流水中。興者，喻仁人之不見用，而與羣小人並列，亦猶是也。

北周 庾信《庾子山集》卷四《正旦蒙趙王賚酒》 柏葉隨銘至，椒花逐頌來。《荆楚歲時記》曰：正月一日，是三元之日也。長幼悉正衣冠，以次拜賀，進椒柏酒。梁昭明《錦帶啓太簇正月》云：柏葉汎三元之酒。《晉書》曰：劉臻妻元日獻椒花頌。張華爲九醖酒，以三薇漬麴蘖。蘖出西羌，麴出北胡。

又 卷一三《周大將軍司馬裔神道碑》 建德元年八月十二日，合葬於武功三時原大夫墓，樹以柏。諸侯墳高於雉。三時原，時當作畤，在武功縣西南二十里。隋文帝開皇二年三月，開渠引杜陽水於三時原是也。《白虎通》曰：諸侯墳樹以柏，大夫樹以欒。此云大夫樹柏矣。徐爰《射雉賦》注云：青幽之間，土高且大者，通曰墳雉。

宋 吴仁傑《離騷草木疏》卷三《柏》 飲石泉兮蔭松柏。仁傑按，《山海經》：「丹熏之山，其上多柏。」《爾雅》：「柏，一名椈。」《本草》柏實條：「陶隱居云：『柏葉實亦爲服餌所重。』」《唐本註》云：「枝節煮以釀酒，主風痺。」《蜀本圖經》云：「此用偏葉者，今所在皆有。」《嘉祐圖經》云：「三月開花，九月結子。其葉名側柏，出密州者佳。雖與他相類，而其葉皆側向而生。道家靈作柏葉湯，古柏葉尤奇。今益州諸葛孔明廟中大柏木，相傳是蜀世所植。人多採服，其味甘香於常柏也。」

宋 高似孫《剡録》卷九《草木禽魚》 謝靈運《山居賦》曰：「木則松栢檀欒。」《會稽郡記》曰：「會稽境多名山水，峯嵦隆峻，吐納雲霧。松栝楓栢，枝擢幹聳。鄭僧保，剡人，孝感甘露降松栢條。」

明 姚光祚《廣蒙求》卷三七 《抱朴子》：「大國倒生之栢，皆爲天齊其長，地等其久。」

明 錢希言《戲瑕》卷一《秋栢之實》 郭注，精誠之至，故爲秋栢之實，猶言化爲異物耳。即婦人化石，萇弘之血成碧，望帝變爲杜宇。意追思少年，讀《莊子》粗心浮氣，却將化爲秋栢之實，作拱木義解，大謬。

明 何三畏《新刻何氏類鎔》卷三一《栢》 有栢生于孔子墓者，歷漢晉諸代

而成合圍連抱之形。有栢移于通靈臺者，見海水三枯而有赤鴈翻雲之勢。陳留縣之雙栢，在老子祠前者，歷數百年，久已枯槁，忽生東枝南枝，而欝欝之形異于常樹。高麗國之兩栢，種永懷寺内者，纔二三尺，名爲陰陽，每歲右實左實，而亭亭之狀高于殿庭。興國寺之古栢數本，俗傳爲神禹之所栽。泰山廟之大栢千章，世謂爲孝武之所植。孔明廟前之大栢數株，乃種之蜀世。巴東縣裏之蒼栢二樹，乃種之萊公。嵩山嵩陽觀有古栢五株，積翠而婆娑可愛者，遂錫將軍之封號。汝西練水溪有異栢數種，及暮而枝葉盡歛者，輒加合掌之嘉名。鬬嶺古時，栢已無枝，披圖而御筆加點，忽復一枝再榮。平泉珠子，栢皆結子，放葉而香風遠聞，又復一房同實。成都日就殿上，皆綺栢之材。廣漢梁泉縣中，多紫栢之坂。天后登嵩，輒撫栢而賜爵。封禪之後，樹益敷榮。王褒廬墓常攀栢而悲號，泣涕之時，樹皆動色。衛家婦之守節十六歲，種栢而成連理之枝。徐伯珍之隱居九巖山，望栢而呈五采之色。至乃乾陵栢樹之上，每多文理蔚然，雲物分明。桂州栢林之中，每至月盈悠然，笛聲清遠。此又天地間之異物，不知何怪何祥，未可以常理論者矣。

清 姚之駰《元明事類鈔》卷三六《材木門》 學士栢 《明詩話》：玉堂後栢二株，柯學士潛手植也。李長沙選館受業于柯，後李教習庶常以學士栢命題爲館課。李東陽學士《栢歌》：「我見先生種樹年，我身尚短樹及肩。枝蟠江山地可縮，手幹造化天無權。瓊臺翠閣何森爽，院柳庭花敢争長。庇蔭長留六月陰，盤廻直與孤雲上。」

紀 事

《莊子・列禦寇》 鄭人緩也呻吟於裘氏之地，祇三年而緩爲儒，河潤九里，澤及三族，使其弟墨。儒墨相與辯，其父助翟。十年而緩自殺。其父夢之曰：「使而子爲墨者予也。闔嘗視其良，既爲秋柏之實矣？」

晉 干寶《搜神記》卷一一 王裒，字偉元，城陽營陵人也。父儀，爲文帝所殺。裒廬於墓側，旦夕常至墓所拜跪，攀栢悲號，涕泣著樹，樹爲之枯。

南朝宋 范曄《後漢書》志一四《五行志》 延熹九年，雒陽城局竹栢葉有傷者，占曰：「天子凶。」

南朝梁 吴均《續齊諧記》 弘農鄧紹嘗八月旦入華山采藥，見一童子執五彩囊，承柏葉上露，皆如珠，滿囊。紹問曰：「用此何爲？」答曰：「赤松先生取以明目。」言終，便失所在。今世人八月旦作眼明袋，此遺象也。

唐 張讀《宣室志》卷一 新昌里尚書温造宅，桑道茂嘗居之，庭有一栢樹甚高，桑生曰，夫人之所居古木蕃茂者，皆宜去之，且木盛則土衰，由是居人有病者，乃土衰之驗也。於是以鐵數千鈞，鎮於栢樹下。既而告人曰，後有居者，發吾所鎮之鐵，則其家長當死。唐太和元年，温造居其宅，因修建堂宇，發地營繕，得其所鎮之鐵。後數日，造果卒。

宋 田況《儒林公議》 成都劉備廟側有諸葛武侯祠，前有大柏，圍數丈。唐相叚文昌有詩石在焉。唐末漸枯瘁，歷王建、孟知祥二僞國，不復生，然亦不敢伐之。皇朝乾德五年丁卯夏五月，枯柯再生，時人異焉。三國至乾德初，歷年一千二百餘，枯而復生。予皇祐初守成都，又八十年矣，新枝聳雲，并舊枯幹並存，若虬龍之形。

宋 陶穀《清異録》卷上《省便珠》 釋知足嘗曰：吾身，爐也。吾心，火也。五戒十善，香也。安用沉檀箋乳，作夢中戲人強之，但摘窗前柏子焚爇和，口者指爲省便珠。

宋 樂史《太平寰宇記》卷一四八《山南東道七・夔州》 栢柱 巴郡有栢，柱大可十圍，高二十丈餘，乃公孫時樓柱所砍之處，忽生枝而不朽。

宋 鄭樵《通志》卷一六二《列傳・隋》 陳留老子祠有枯柏，世傳云，老子將度世，云待枯栢生東南，枝廻指，當有聖人出，吾道復行。至齊，枯栢從下生枝，東南上指。夜有三童子，相與歌曰：「老子廟前古枯樹，東南枝如繖聖主。」從此去。及至尊牧亳州，親至祠樹之下，自是栢枝廻抱，其枯枝漸指西北，道教果行。

宋 陳敬《陳氏香譜・柏香臺》 漢武帝作柏香臺，以柏香聞數十里。《本紀》

明 王圻《稗史彙編》卷一五一《古柏》 濟南神寶寺古柏，本漢物。其大，三人圍之不盡。相傳唐末時，建香積，羣僧夜於樹東作餅，有一毛手求食，僧輒予之。凡數四，不止。一夕，僧悟此安得有人，且手而毛乎？以熱油灌其掌，失聲而去。明旦踪跡，其油淋漓樹間，遂枯其一枝。柏今腹枵，可容三人。所見自茅山、左紐、常熟、七星，無慮十餘處，未有及兹老壽者。

明 徐昌祚《新刻徐比部燕山叢録》卷一八 定州栢山上有古栢，大數十圍。形狀詭特，上貫鐵鐶。云是竇建德植以繫旗者。

孔廟有孔子手植栢三本，在杏壇東南者尤奇，高五丈，圍一丈三尺，枝盤曲如虬龍。晉永嘉三年，枯死。至隋義寧元年，復生。唐乾封元年，又枯死。宋康定元年，又活。世謂之再生栢。宋禎元甲戌，蒙古氏焚祖庭，三栢皆燼。好事者以其餘刻聖像。

完縣九水寺有大栢，根盤石上，不資寸土，而脩柯翠茂，陰覆十數步。完令淄川趙桐爲文記之。

明 慎懋官《華夷花木鳥獸珍玩考》卷三《栢柱》 在白帝城西，大十圍，高三丈。世傳爲公孫述時棲柱，斫之出血，枯而不朽。

明 徐炬《新鐫古今事物原始全書》卷二五《栢》 巴東政美萊公栢 《史記》云：「松栢爲百木長而守宮闕。」田鸞入華山，遇黄冠師語曰：「栢葉，長生藥也。」教以服食之法，後得道上昇。寇萊公知巴東縣，嘗手植雙栢於縣庭，至今民以比甘棠，謂之萊公栢。

明 劉仲達《劉氏鴻書》卷八七 高祖在襁褓時，母置放其栢樹之陰，往餉田，比及餉回，日斜而樹影不移。《玉堂閑話》

又《笛栢》 慶曆中，余靖知桂州，境窮僻處，有林木延袤數十里。每月盈之夕，輒有笛聲發于林中，甚清遠，聞之已數十年。公遣人尋之，見有聲出一大栢樹中，乃伐取以爲枕，聲如期而發。公甚寶惜。凡數年，公之季弟欲窮其怪，命工解視，但見木之文理，正如人在月下吟笛之像，雖善畫者，莫能及。重以膠合之，則不復有聲矣。

明 曹學佺《蜀中廣記》卷六一 石室有二古栢，見唐宋詩如裴鉶、李石、蘇軾等集。成都《古今記》中亦載之。後有人請于府，恐此栢壞屋，欲去之，李知幾曰：「屋壞尚可脩，栢伐不可復併舉。」

明 談遷《國榷》卷三六 〔憲宗成化九年八月〕前少詹事兼翰林學士柯潛卒。潛字孟時，莆田人。景泰辛未進士第一，授修撰。明年，進右中允。丙子，進洗馬。天順初，改尚寶少卿，俱兼修撰。上即位，拜翰林學士，署院。勤于史事，進少詹事。憂去。丰神峻整，高介有節，文峭厲，詩亦有致。

廖道南曰：予遊翰林，見有亭一區，曰柯亭。有柏二，曰柯學士柏。何其流風遺澤，永矢弗諼也。蓋孤介之節，剛正之氣，所漸被者遠矣。

明 徐應秋《玉芝堂談薈·古物不存》 魯郡有先聖手植柏樹，自漢歷晉，莫敢傷犯，後爲江夏王義恭伐煕。

清 鈕琇《觚賸》卷二《吳觚·笠澤古柏》 笠澤三賢祠前古柏，鱗枝黛膚，蓋千年物也。前人歷有題詠。崇禎甲申之次漸乾枯萎，今止存根株而已。先是，祠後竹圃中忽於地出一花，如木芍藥，並無枝葉。里人施姓者見之，以爲下必有異，持鍤坎之，盡花之莖則有細絲緑絡土中，絲斷鍤止，亦無所見。又閱月復生一花，施坎之如前，其絲蜒蜿丈餘，得物圓大如土茯苓。碎之，中脱而出，則宛然一鹿也，頭角尾足皆具。於是，好事者争穴土而入，見柏根廻環無端，大可二十圍。中徑之木，色光潤而清芬，觸手皆有細絲。分懸其間，跡絲求取，若茯苓者盈畚。累楇或爲人形，或爲禽形，或爲獸形。土人以鬻於吳門，多得善值。是歲，有客從吳興來，道遇寄舟者，服製朴古而形神憔悴，問其姓，曰「姓柏」。問其家若何，曰：「曩頗饒，今衰矣。」問所往，曰：「將之杭州。今日已晡，欲宿於震澤之普濟寺。」既至，艤舟寺前，趨而入，顧榜人曰：「少待，即歸汝值。」久之，不出。徧索寺內，無若人。從古柏下，瓦礫間拾碎鏹少許，則所償寄舟之值也。俗傳此柏能爲神，達觀禪師其化身也。觀此信有之乎？抑柏既能神而何以槁死？豈神以樹爲形，其萎也，亦如仙家之遺蜕而去耶。

清 汪灝《佩文齋廣群芳譜》卷七一《木譜·柏》 《孝友傳》：王裒廬於墓側，旦夕常至墓所拜跪，攀柏悲號，涕泣著樹，樹爲之枯。庾袞，字叔褒，或有斬其墓柏，莫知其誰，乃召隣人集於墓而自責焉，因叩頭泣涕謝祖禰曰：「德之不修，不能庇先人之樹，袞之罪也。」父老咸亦爲之垂泣，自後人莫之犯。

增《南齊書·高逸傳》：徐伯珍宅南九里有高山，班固謂之九巖山。後漢龍丘萇隱處也。山多龍鬚檉柏，望之五采，世呼爲婦人巖，伯珍移居之。

原《南史·王晏傳》：晏爲員外郎，齋前柏樹忽變成梧桐。論者謂梧桐雖有棲鳳之美，而失後凋之節。及晏敗，果如之。

《晉書·郭璞傳》：璞洞五行天文卜筮之術，王導深重之，嘗令作卦。璞言，公有震厄，可命駕西出數十里，得一柏樹，截斷如身長，置常寢處，災當可消矣。導從其言，數日果震，柏樹粉碎。

增《裴邃傳》：邃廟在光宅寺西，堂宇弘敞，松柏鬱茂。范雲廟在三橋，蓬蒿不翦。梁武帝南郊，道經二廟，顧而歎曰：「范爲已死，裴爲更生。」大同初，都下旱蝗，四籬門外桐柏凋盡，唯邃墓犬牙不入，當時異之。

《孝義傳》：霸城王整之姉嫁爲衛敬瑜妻，年十六而敬瑜亡，手爲亡婿種樹數百株。墓前柏樹忽成連理，一年許還，復分散。女乃爲詩曰：「墓前一株柏，

根連復並枝。妾心能感木，頹城何足奇。」

《東方朔外傳》：孝武皇帝時閒居，鵲鳴。新雨止，朔執戟在殿，上呼問之。荅曰，殿後柏樹有鵲，立枯枝上，東嚮鳴。上遣視，如朔言。

《從征記》：泰山廟中柏皆二十餘圍，夾兩堦。赤眉嘗斫一樹，見血而止。今斧創猶在。

《少林集録》：嵩山，漢武帝登封時，神人呼萬歲之所。峰之半，乃昔嵩陽觀。故基有唐天寶年碑刻，碑東古柏五株，積翠婆娑可愛。中有一株尤大，五人聯手抱之，圍始合。下一石刻曰：「漢武帝封大將軍。」

《嵩遊記》：嵩陽宫外有漢武帝封三將軍柏，柏膚殼皆脱去，獨存肉理，色蒼白。大者圍六人，次四，次三人，計千百年物矣。其最大者南枝一節瘇甚，蓋木瘿也。祖庵左一柏，云惠能謁祖時，從鉢盂中帶至也。余爲書「六祖手植柏」五字。

《四川志》：詹香山綿竹縣人言某寺有古柏一株，縣令將伐之造署，人莫敢逆者。寺有老僧，題一絶於樹云：「定知此去棟梁材，無復清陰覆緑苔。只恐深山明月夜，懼他千里鶴歸來。」縣令見之，惻然而止。

原《湧幢小品》：高祖取婺州，過蘭溪縣，見古柏甚奇，駐師其下。後刱亭繞之而空其中，夜半，輒有蒼龍繞伏其上。王世懋詩云：「何年古柏尚青青，曾是高皇玉輦停。不信聖恩偏雨露，枝枝都作老龍形。」

清 李光地《月令輯要》卷五《正月令·日次》 賜栢樹增《唐詩紀事》：景龍四年正月朔，賜羣臣栢樹。李乂元旦賦栢樹詩：「勁節凌冬勁，芳心待歲芳。能令人益壽，非止麝含香。」武平一詩：「緑葉迎春緑，寒枝歷歲寒。願將栢葉壽，長奉萬年歡。」

又 卷一五《八月令·日次》 栢葉露原《續齊諧記》：弘農鄧紹嘗八月旦入華山採藥，見一童子執五綵囊，承栢葉上露，皆如珠，滿囊。紹問：用此何爲？答曰：赤松先生取以明目。言終，便失所在。

清 姚之駰《元明事類鈔》卷三六《材木門》 不折一枝 本朝陸隴，其《靈壽志》：明孝子朱仲福，其母庭前手植一栢。仲福終身不忍折其枝，晨起即掃栢子及落葉，跪焚之。教其子孫，必于樹下。

載栢子《先進遺風》：董三泉家世廉介，爲蜀州守。諸子請曰：「大人年高，蜀中多美材，後事可計也。」既致政歸，諸子間請于公。公曰：「吾聞之人云，杉不如柏也。」子曰：「今所具者栢耶？」公莞然曰：「吾載有栢子，在種之可耳。」其清介如此。

清 李來章《禮山園文集記》卷二《同觀漢柏記》 予聞漢柏名，久矣。庚午春正月十七日始獲來觀，自此每讀書日課畢，輒盤桓雙柏下，或至忘餐。然心能領畧，而口不足以宣之。至於筆墨，則益苦鈍拙。以是雖酷愛雙柏，而不能作記也。二月十有二日，查子無玷來自東都，胸藏萬卷，眼空千古，予絶不敢望。而林壑之僻，頗與相同。飯罷，自藏書樓南下，相與往觀雙柏。大者圍可三丈五六尺，幹之高，僅得其半。幹以上，皆岔出。袁中郎謂爲宫觀積土所掩，理或然也。枝杪密葉森森，然人立其下，蒼翠之色，欲濕衣袂。其背細紋如鬘，或如叠浪，如旋螺，積雨黴之渾然，石質即細，睇亦不辨其爲木也。其餘三面，樵斧所傷，皮膚半缺。今砌磚護之。稍南一枝，大畧相同，但圍減數尺耳。上人因漢武之封，呼大者爲大將軍，此爲次將軍云。昔都少卿穆遊嵩山，指爲殷周間物，亦以在漢武時柏，非雄偉不獲封。而木之雄偉者，悲歷千餘年不能有也。予謂此特□墟之見耳。人以千年爲至久，安知柏不視爲□暮。然自其傲雪霰而争風雷，峥嶸于宇宙之間，非得太古淳龐之氣，固不能也，則謂其生于洪荒之代者近。是時方午後，天晴無風，院庭寂然，柏影在地。予謂無玷必宿此，俟聽清籟，方爲不負雙柏耳。無玷笑曰：當徐議之。

清 康熙《衢州府志》卷三〇《五行》 ［萬曆］四十年，江山縣縣治柏樹開丹花甚盛。《縣志》

清 雍正《陝西通志》卷四五 十六日，遊女都集柏樹下。十七，以殘炬送道旁，謂送毒蟲。《韓城縣志》

清 乾隆《婺源縣志》卷三九《通攷·佚事》 古柏再枯再生增 三賢祠本在紫陽書院内，其右畔有羅漢柏，相傳李唐時自古寺移來，今木大十圍而中空。萬曆間已枯，後有羣鵶銜桐枝投入空處，著根於土連植根，復生而枝茂，咸異之。天啓時魏璫毁天下書院，尚書余懋衡輸價贖紫陽書院，改爲祠。崇禎時以懋衡附祀，人謂枯柏復生之應。學博有詩：「咸和之後又復枯。」康熙丙子知縣張公綬重建三賢祠，而枯栢復榮，今枝葉猶菀茂焉。靈異之物也。

清 乾隆《濟陽縣志》卷一 古栢蒼煙 聖廟中有古栢數株，世傳學博王公省盡節於此。每朝煙籠樹上，日出方散。其殆忠義之氣所凝結耶。百代而下，猶凜凜有生氣矣。

清 道光《陽曲縣志》卷一 土堂神舊志作怪。柏從烈石西望，山坳中有廟，曰土堂。內供石佛，相傳像自土崖中塌出。有柏叢生廟後，遍覆殿宇，俗稱怪柏，蓋以其神也。

清 咸豐《梓潼縣志》卷三《古蹟》 晉柏在盤陀石側，柏二株，蒼翠奇古，盤踞如虬龍。自晉至今，幾三合抅。今只一株，有明趙彥碑。

清 同治《巴東縣志》卷二《輿地志·古蹟》 萊公栢在舊縣，公爲令時手植雙栢於庭，人比甘棠。望按，寇忠愍公手植雙栢，見於曾南豐所作公傳。蘇子瞻去公未遠，賦詩有「聞道山中樹，猶餘手植松」之句，以栢爲松，蓋傳聞之誤也。至王梅溪則有「堂前雙栢今何在」之句，是此栢在南宋時已不存矣。

清 光緒《江夏縣志》卷二《疆土志·古蹟》 岳柏在大東門外，鄂王廟墀左，圍三尺，枝幹疎老不繁，人號獨柏。每值辰戌丑未年，楚士有掇巍科者，柏預吐一奇枝。岳松在洪山之巘，岳武穆手植，今無存。

清 俞樾《茶香室叢鈔》卷三《柏封大夫》 國朝陳錫路《黄嬭餘話》云：人知松封大夫，不知柏亦封大夫。《河南志》：嵩山天封觀有古柏三株，武后封五品大夫。可見古事未嘗無對。

清 光緒《寧遠縣志》卷七《列女志》 楊氏李方淵妻，年二十七，淵故，守節，事翁姑及繼姑，以孝著。遺二子承綱、承紀，教以讀書，篝燈織麻，親督課，夜半方息。承綱以明經顯，海内名宿如褚公廷璋、姚公頤、范公鰲䡖，贈以詩傳，輯有《節孝録》四卷。初，氏守節時，手植柏樹於庭，祝曰：願子孫昌大如此柏，以明吾志。數十年枝葉茂盛，兒孫繞膝。嘗夜昏黑，樹放白光如晝，里人以爲瑞。乾隆五十二年，氏循例得旌，現年八十八。

又 卷一〇《雜志·祥異》 柏樹瑞光縣北禮士灣節婦揚氏所居堂前，有栢一株。氏守節後，所植數十年，老幹扶踈，蒼翠不改，因以栢瑞名堂。一夜，天昏黑，欲雨，忽有光如月，起樹側。初起，光徑尺，圓轉如盤，漸大如箕，光彩燦爛，屋宇皆明，儼同白晝。家人驚駭，奔堂後凝視，枝葉朗然可數。約食許，時光始收，天昏黑如故。時嘉慶八年七月二十六日夜亥刻也。

清 光緒《武昌縣志》卷九《古蹟志》 仙人石在縣南一百二十里，熊志石形岜嶨，有柏蟠根其上。《輿地紀勝》世傳仙人密悟真以簪髻柏枝，戲種而成。《一統志》石方數丈，高十數尋，卓立水面，若楸枰然。李有朋《閲水災記》

清 光緒《湖南通志》卷六一《食貨志五·物産二》 郴州有漢柏在蘇躭故宅橘井之旁，相傳爲躭所手植。予見古樹多矣，華陰商柏，介休漢槐，至今無恙。人不自立，輒云與草木同朽，豈易言哉！《三長物齋長説》

清 光緒《盧氏縣志》卷一七佚名《成德觀古栢》 成德觀中二老栢，大株徑潤十二尺，次株差減亦宏材，節皆完好無蝕齡。□歷自來雨露潤，楂枒豈爲雷霆虢。斜陽龍巘高歌紅，積雪熊峰遠映白。異質應推秦漢物，千年斬伐那曾厄。君不見，嵩陽古栢三株留，此栢比之自堪儔。何不儕入將軍列，螗蛄翻與同春秋。憶昔盧敖嘗修此，德成飛昇原不死。遺樹時有仙靈來，披拂清風枝葉底。不少吹笙騎鶴人，夜月深山共徙倚。□詢此樹不知年，可偕嵩陽並流傳。寂寞繁華各有記，將軍遥遥望神仙。

藝 文

南朝宋 鮑照《鮑明遠集》卷四《學劉公幹體五首》 嗞嗞寒野霧，蒼蒼陰山栢。樹迥霧縈集，山寒野風急。歲物盡淪傷，孤貞爲誰立。賴樹自能貞，不計迹幽澁。胡風吹朔雪，千里渡龍山。集君瑶臺上，飛舞兩楹前。兹晨自爲美，當避艷陽天。艷陽桃李節，皎潔不成妍。荷生渌泉中，碧葉齊如規。廻風蕩流霧，珠水逐條垂。彪炳此金塘，藻耀君王池。不愁世賞絶，但畏盛明移。白日正中時，天下共明光。北園有細草，當晝正含霜。乖榮頓如此，何用獨芬芳。抽琴爲爾歌，絃斷不成章。

北齊 魏收《庭柏》（《佩文齋詠物詩選》卷二七八引） 古松圖偃蓋，新柏寫爐峯。凌寒翠不奪，迎暄緑更濃。茹葉輕沈體，咀實化衰容。將使中臺麝，違山能見從。

唐 李德裕《李衛公别集》卷二《柳柏賦》 夫受天地之正者，唯松柏而已。故聖人稱其有心，美其後彫。豈無他木，莫可儔匹。予嘗歎柏之爲物，貞苦有餘，而姿華不足。徒植于精舍，列于幽庭，不得處園池之中，與松杉相映。獨此郡有柳柏，風姿濯濯，宛然荑楊，而冒霜停雪，四時不改。斯得謂之具美矣。惜其生而遐遠，人罕知之，偶爲此賦以貽親友。

惟天地之生物，均覆載而不私。雖草木之殊性，皆榮樂之有時。感松柏兮得真，經隆冬而乃知。常集霰于窮節，終秉心而不移。觀夫竹嬋娟以挺秀，松英茂以含滋。可蔭蔚于臺榭，故封植于園池。嗟緑柏之貞若，爰自託于幽崖。或森森于寒壠，或肅肅于江祠。何炎徼之僻陋，或珍木而在兹。齊蓊蔚于蘭若，儷

芬芳于桂枝。遠而象之，聳幹參差。疑翠旌之，陸離迫而玩之。布葉低垂，若羽蓋之葳蕤。又似翠列巢以群棲，鸞奮翼而來儀。含輕烟于夕景，泣零露于朝曦。待秋實之繁衍，綴青珠之纍纍。嗟乎，材不可備，人亦如斯。子張之容雖盛，柳惠之貞則虧。有長孺之正色，無思曼之風姿。歎此物之具美，以幽深而見遺。非欲企瓊林于塵外，方玉樹于前墀。望舊國兮無際，思故人兮未期。曾不得倚樹而泛瑶瑟，攀條而獻蘭芝。慨路遠而莫致，抑毫端而孔悲。顧謂稚子曄，起爲謡曰：楚山側兮，湘水源。美斯柏兮，託幽根。條總翠兮，冬轉茂。實垂珠兮，秋始繁。彼變化兮，不測焉。知非緩也之精魂。

又 卷一〇《栢》 聞有三珠樹，惟應秘閬風。珊瑚不生葉，朱草又無叢。未若淩雲栢，常能終歲紅。晨霞與落日，相照在巖中。

宋 李昉《文苑英華》卷三三七《古栢行》 孔明廟前有老栢，柯如青銅根如石。霜皮溜雨四十圍，黛色參天二千尺。君臣已與時際會，樹木猶爲人愛惜。雲來氣接巫峽長，月出寒通雪山白。憶昨路繞錦城東，先主武侯同閟宫。崔嵬枝幹郊原古，窈窕丹青户牖空。落落盤踞雖得地，冥冥孤高多烈風。扶持自是神明力，正直元因造化功。大厦如傾要梁棟，萬牛回首丘山重。不露文章世已驚，未辭剪伐誰能送。苦心豈免容螻蟻，香葉終經宿鸞鳳。志士幽人莫怨嗟，古來材大難爲用。

宋 梅堯臣《宛陵集》卷二〇《龍柏》 花非龍香葉非柏，獨竊二美誇芳蕤。苦練不分顔色近，紫荆未甘開謝遲。羣公莫以得地貴，竟費佳句何足思。

宋 王安石《臨川文集》卷二〇《景福殿前栢》 香葉由來耐歲寒，幾經真賞駐鳴鑾。根通御水龍應蟄，枝觸宫雲鶴更盤。怪石誤蒙三品號，老松先得大夫官。知君勁節無榮慕，寵辱紛紛一等看。

宋 蘇轍《欒城集》卷九《柏》 曲如山下藤，脆若溪上葦。春風一張王，秋霜死則已。胡爲南澗中，辛勤種栢子。上枝撓雲霓，下根絞石齒。伐之爲梁棟，歲月良晚矣。白首閲時人，君看柱下史。

宋 蘇轍《欒城第三集》卷二《老柏》 柏根可合抱，柏身長百尺。我年類汝老，我心同汝直。我貧初無居，愛汝買此宅。索居懷舊友，開軒得三益。風中有餘勁，雪後不改色。我貧不栽花，遶屋多種竹。全家謬聞道，舉目無他物。晨興輒相對，知我有慚德。

宋 强至《祠部集》卷七 予官將滿，婢子始植小柏於堂下，因感而書： 孤根初掘出巖隈，赤脚殷勤手自栽。翠葉未成官秩滿，清陰别待主人來。

堦墀好養今朝操，梁棟須歸異日材。猶勝天桃清意薄，劉郎去後始花開。

宋 司馬光《傳家集》卷五《柏》 落落抱高節，秀出青雲端。無言硐谷幽，自致宫庭難。芳風襲玉宇，餘露分銅槃。不使萬年木，嘉名高歲寒。

宋 彭汝礪《鄱陽集》卷一二《柏》 落盡桃花梅子英，一枝霜雪自光榮。猛憐夜月紛紛影，頻聽秋風細細聲。

宋 范祖禹《范太史集》卷一《雁翅栢》 高枝含煙霧，密葉張羽翼。參差隨風勢，慘澹入雲色。

宋 陳師道《後山集》卷四《老柏三首并序》 勝果院後庭有柏，見之二十年矣，疎瘦如故。余寓其舍，數以水溉之，遂有生意。

庭柏無生意，摧殘二十秋。稍霑杯水潤，已與歲寒謀。黄裏青青出，愁邊稍稍瘳。會看笙鶴下，暮雀莫深投。

英姿帶枯槁，勁節闕和柔。物理有興壞，人情成去留。稍看棲鳥集，聊待晚風秋。解道庭前柏，何曾識趙州。

用直寧論世，名成不待官。低枝緣我有，偃蓋到誰看。秀色有新故，英姿無暑寒。要爲千載計，豈慮萬牛難。

宋 鄒浩《道鄉集》卷一《四栢賦并序》 廣陵學官廳，嘗爲夫子廟。今所居之堂，即其殿也。庭植四栢，皆凛凛合抱，愛之而賦云。

瞻廣陵之寂歷兮，直高堂之峥嶸。薙蔓草以如拭兮，偉四柏之亭亭。葉委蓋以固覆兮，幹聳崒以上征。根盤薄而石老兮，皮皴皵以龍鷩。儼相揖以成列兮，何意氣之不可淩。豈商山逸叟見邀於子房兮，將以翼儲君而經營。抑匡廬勝友自得於蓮社兮，方且傲當世而潔清。想昔日之巍然廣殿兮，對先聖以交榮。如子路曾皙冉有公西華之侍坐兮，垂紳端拱各控其素志之誠。嗚呼！余德至陋，繆膺教職，獲與栢而相植，如親炙夫盛德。講習之餘，將迎之隙，既弗嗜於盃盤，又兼忘於射奕。必往來栢陰，吟哦其側。綿日月以居多，豁聰明而有得。其朝暮也，藹瑞露以宾宾，駐歸雲而凝碧。其四時也，謝羣芳之争妍，甜薰風而暑釋，篩蟾光之十分，封雪霜而玉皪。若乃瓊花兮一本，芍藥兮千畦。蕙蘭馥郁乎亭檻，錦綺焜煌乎塗泥。上由刺史，爰逮黔黎，咸擇地而置酒，紛踵繼以車馳。曾此栢之不顧兮，其青青固自若也。豈以此自少而遂衰，及夫時運遄徃，木帝無爲。驟雨滂沱以滌蕩，狂飈奔騰而折摧。昔蕃鮮兮何在，今寂寞兮空枝。使當

年之好事，慘搔首以興悲。獨此柏之不變兮，其青青固自若也。亦豈以此自多而增奇。嗚呼！柏之所以爲栢兮，其常德若兹，僕幸得之而深兮，勝老馬以爲師，允蹈賢聖所期。於學者，死而後已兮，肯以窮達，異其毫釐。庶幾無愧乎栢之常德兮，不爲君子之棄，而小人之歸。

宋 洪适《盤洲文集》卷一《青青陵上栢》 青青陵上栢，櫹櫹庭中竹。人壽能幾何，譬彼電過目。一觴命暱交，且以慰心曲。駕言長安游，川光晨可匊。神州何赫戲，高城矗延屬。嶢榭干星斗，雕楯錯珠玉。鱗鱗王公第，華纓夾繡轂。放懷恣槃虡，端憂竟誰逐。

宋 李曾伯《可齋續藁》卷一〇《禹柏》 奕奕衡山禹甸之，功成手植萬年枝。蒼然柯派孤根出，如見九州疏濬時。

星嶽鍾爲一木奇，霜皮剥落類駢胝。生從浲水初平日，閱盡青山無老時。

宋 許綸《涉齋集》卷四《古栢行》 太華山頭有古栢，宿柯成銅根化石。自從出地受雪霜，直到於今幾千尺。向來移種向中州，挽之不動艱萬牛。根連玄圃滲七澤，鳳凰將雛鳴上頭。春草寒花幾衰歇，枯蔓朽株風屢拔。巋然此栢安如山，匝地清陰覆椒樧。不辭孤立成大廈，匠石躊躕少須暇。

宋 黄庭堅《山谷外集》卷五《何氏悦亭詠栢》 澗底長松風雨寒，岡頭老栢顏色悦。天生草木臭味同，同盛同衰見冰雪。君莫愛清江百尺船，刀鋸來謀歲寒節。千林無葉草根黄，蒼髯龍吟送日月。

宋 王十朋《梅溪後集》卷一三《州宅雜詠·柏》 深山夔子國，古柏静暉樓。柯葉今如許，相看幾故侯。

宋 陸游《劍南詩稿》卷六《雙柏》 雙柏屹相向，剛嚴如巨人。龍吟風雨夕，山立雪霜晨。閲世易成古，刳心不復春。扶顛要力量，歲晚莫全身。

宋 文同《丹淵集》卷一二《凌霄附栢》 古栢蒼蒼高入雲，凌霄萬朵擁其身。有如巨君染鬚髪，新娶杜陵佳麗人。

宋 劉才邵《檆溪居士集》卷三《古栢》 移根得地對幽軒，香葉蒼然已可憐。他日定爲梁棟具，耽耽大厦倚晴天。

元 陳樵《鹿皮子集》卷二《雙柏》 亭亭山上柏，柯榦如青銅。蒼古拔俗姿，肯作兒女容。風霜日摇落，萬木爲之空。爾獨不見摧，屹立如老翁。乃知歸根妙，生意恒内融。願乘雷雨興，化作雙飛龍。

元 吕不用《得月藁》卷二《梁氏古栢》 高從陟霞嶠，延竚梁園栢。卉水滿空山，何獨兹賞適。虬枝挺雙翠，靈根破幽石。霜皮雨溜盡，龍蜕遺骨骼。雖無恭天姿，中有古恠迹。魑魅莫敢憑，螻蟻不得客。山靈服其馨，呵護秘空寂。赤山耒霽雲，玉山送寒碧。年染物將花，歘奮且復息。人言梁氏先，詩書厚遺澤。當年種樹心，有善此中積。夜色常盪摩，晨光每相射。因之有夙契，爲守南山宅。造物良有意，善類多□錫。子孫蕃衍來，百世存愛惜。見樹如見人，霜露安敢摘。南國重甘棠，□不由召柏。爲君歌是章，中腸亦斯激。

元 王旭《蘭軒集》卷二《漢柏》 白雲泰山麓，有柏森仙宫。其大蔽牛馬，其高攀蒼穹。枝幹老益堅，摩挲若青銅。我來問故老，因得知始終。漢帝昔封禪，侈心秦比崇。乃於五松外，興此栽培功。至今千載餘，盤鬱勢愈雄。争知茂陵上，無樹起秋風。乾坤俯仰内，日月興廢中。英靈爲護持，不逐刼火空。無意棟明堂，何心俟良工。詩成重徘徊，遥憶杜陵翁。【略】人家種榆柳，得力一何早。首尾十年間，森然已連抱。匠斧隨所用，何嘗到枯槁。蒼蒼泰山柏，漢物傳故老。養材今千歲，造物非草草。腹朽半空虚，根危欲顛倒。明堂何時構，日月難永保。物生有盛衰，時至無醜好。倚杖三嘆嗟，誰能測天道。

明 李昌祺《運甓漫稿》卷二《郡庠古柏行》 泮宫翠栢真奇特，溜雨霜皮古銅色。共傳賢守李侯栽，年數于今過三百。幾經刼火幸仍存，草木猶依聖教尊。清覆講堂閑永晝，密籠禮殿翳香雲。芳根長托絃歌地，壇杏庭槐共生意。春風摇影漾宫墻，午日流陰上庭砌。博士鳴鼙散學徒，競來樹底縱歌呼。喬柯寧集接輿鳳，細葉争巢朱博烏。却憐種者今何在，留得青青表遺愛。文風化雨沾濡深，從宋歷元逢盛代。上摩北斗凌中台，時有佳氣相徘徊。大哉宣尼後凋訓，珍重明堂梁棟材。

明 薛瑄《敬軒文集》卷三《東平行臺十五栢》 行臺臺上十五栢，一一皆抱梁棟姿。自應生長得元氣，更當培植需良期。孔明廟前今在否，才大空聞少陵語。何如此木生中原，萬牛不用可立取。

明 薛瑄《河汾詩集》卷三《雙柏》 北山多古柏，此地少爲奇。並長階庭下，雙承雨露滋。貞心惟共我，苦意只天知。清影尤宜夏，時來一翫之。

明 吴與弼《康齋集》卷一《題柏己未》 潤色還因帶雨榮，柔枝未許拂雲横。風霜莫厭多經歷，自古良材老始成。

明 葉盛《菉竹堂稿》卷二《栢》 昂昂千尺虎龍姿，雨露栽培閲歲時。大厦若需梁棟具，工師相見莫相疑。

明　吴寬《家藏集》卷二七《多榦栢》　新甫傳遺種，吴門見後昆。碧霄多直榦，黄壤本同根。霜雪持高節，莓苔接古痕。三年非檟木，十畝自陰繁。

明　何景明《大復集》卷一八《雙栢》　雙栢種何歲，蒼然盤據深。蛟龍猶有甲，鸛鶴爾何心。月過陰移壁，風生響度岑。萬年烟霧裏，長得護禪林。

明　田藝蘅《香宇集》拾遺《栢中□》　桑草本無私，松蘿諒有依。豈若栢中□，兩木同芳菲。栢葉何青青，□花何緋緋。雖知異歲寒，幸好共春暉。託身苟得所，全生聊可希。

明　孫承恩《文簡集》卷九《雙栢》　夫何雙柏之夭矯兮，羌不知植之歲年。匪移根於新甫兮，則分種於岱嶽之巔。當詞林之清切兮，亦致身之得地。緊盤踞之高爽兮，寧羡夫秦封之貴。挺長材兮既瑰奇，森秀葉兮又紛披。結珊瑚而綴實，瑩琥珀而流脂。承日華於清曙兮，接雲氣於中天。浮沆瀣之湛湛兮，沐靈雨之涓涓。迸孤根兮金石摧，鬱老幹兮排風雷。恍雙虬之蜿蜒兮，當白晝而不垂。固造化之鍾秀兮，有神祇之護翊。殿羣植以後凋兮，壓衆卉而莫匹。彼其貞氣毅色，似諍臣拂士懷蹇諤而無阿柔也；高標雅操，似幽人介士之貞潔而靡求也。傲歷冰霜，似蘇屬國之抗節威武莫得而屈辱；脱落夭妍，似孤竹君之制行而不可浼以塵俗。若其凝重端莊者，又似夫偉人元夫，拱立正視而威儀之嚴肅也。挹衆美以凝德兮，獨仰止而斂衽。乘一氣之深培兮，閲千秋而無盡。守玄穆以静處兮，抱貞素而靡渝。養材具以大成兮，將爲明時之所需。

明　周廷用《八厓集》卷七《栢賦》　嘉珍木之挺生，含光榮於蔚薈。憑御史之層臺，離塵區之埃壒。夕風振以奔濤，曉日映而□盖。聆鶴唳之淒淒，聽和鸞之翽翽。結松筠以爲隣，處歲寒而獨泰。許素志以莅盟，信吾生之良會。

明　陸采《天池山人小稿五種·太山藁·漢栢》　獨栢當庭古，蒼蒼壽幾千。高枝擎日月，勁節飽霜煙。鶴駐留天語，雲棲伴雪禪。精英夜深聚，往往聽談玄。

明　俞允文《崑山雜詠》卷二四胡清《小栢》　栽傍岩隈未足看，謂言斤斧莫無端。他時直入掄材手，不獨青青保歲寒。

明　魏允中《詠柏》(《明詩》卷九八引)　孤立殊不移，四時空翠積。直愁枝漸高，插破秋雲碧。

明　王思任《謔菴文飯小品》卷二《三塔灣歌》　泊舟三塔灣，偶入景德寺。寺中有老栢，蒼掛千年翠。秃頂横肱掣殿雲，銅皮剥蝕隨碑贔。寺外深淵睡白龍，月明潛起聽經字。胡僧呪鉢肯相容，願作嘉禾行雨使。

明　許自昌《樗齋漫録》卷一　栢生如拳柳盈把，同時移根種庭下。栢生未活柳已榮，春風飛飛意融冶。青條眼看十餘尺，踈陰朦朧反藏栢。栢底若羞不自奮，傍人來觀爲栢惜。飛霜漸久時籥遷，秀色不復如舊年。折幹枯條委爨下，栢生無礙自參天。此詩是劉畯先生所賦《種栢》篇，詞近而旨遠，真有味之言也。

清　僧通門《嬾齊別集》卷一二《折古栢枝如劍》　總是山中木，何年獨到今。冰霜磨老骨，日月剩堅心。在手俄成劍，揮空解作吟。至剛吾得見，天下兩個叜何尋。

清　王項齡《世恩堂詩集》卷一三《翠柏》　碧幹嚴霜色不凋，歲寒人始識孤標。曾經桃李芳菲節，肯向春風鬪舞腰。

清　吴綺《林蕙堂全集》卷一《瑞栢賦》　考仙經之嘉植，羡栢樹之亭亭。得九秋之正，聚五木之精。産汝南之邃谷，出新甫之高陵。枝參天而上指，根蟠地而西行。田鸞嚙之而得號，赤松食之而延齡。常磊砢而宿鳳，或偃蹇以騎鯨。雖時序之代謝，曾不歎夫凋零。則有桓桓而榮，童童而茂。雲氣羡于秦皇，岱嶽傳于漢后。蔚香葉以霄蒙，匝霜皮而雨溜。材雖任乎棟梁，質豈堪于締構。受烏兔之精英，與玄黄其並久。豈斤斧之可施，苗溪山而非偶。神仙每取以爲餐，元正亦採而獻酒。是宜號爲蒼官，殊有資于黄耇。若乃伊川華裔、安定名家，品實高而莫及，德則溥而無涯。考靈圖于緑籍，得仙訣于黄芽。火伏軒皇之鼎，爐存葛令之砂。方培根于瑶砌，或奪秀而成葩。鍾乾坤之清淑，當春夏之芳華。味則同于絳雪，品則釀乎流霞。歷千春其獨茂，等八極以猶賒。爾其碧葉森森，金英簇簇，色以進而愈深，味以甘而更沃。初則比之巖桂，既則煒于庭菊。甘則如飴，嗅而益馥。比槐棘以菁菁，照芝蘭之郁郁。樹可縶乎青牛，蕊可飼乎白鹿。神人見以徘徊，仙老來于信宿。兆夫奕葉是曰公輔之祥，知其後天厥應神仙之籙。況夫月逢赤騎，歲御金羊，方將榮于拜甲，正獻壽以躋堂。吕尚見夢於渭水，宋纖馳譽于燉煌。天子聞之而賜杖，密戚届此而稱觴。見奇英之滿目，咸撫幹以徜徉。羡九如之未艾，卜五世之其昌。禎適符於鶴，慶更衍于龍。則有濟陽之公子擊節而驚爲罕有，於是延陵之逋叟染翰而頌其無疆也。

清　查慎行《敬業堂詩集》卷四五《吾過集·積翠樓古栢恭次座主宗伯公原韻二章》　不知移植是何峯，拔地今成夭矯龍。左紐紋應儕老檜，後凋名許配高

松。霜柯蔭合烏呈瑞，長公立岩時官侍御。香葉年深鹿絶蹤。獨貫四時無改易，自天雨露正濃濃。

蒼髯翠甲映于思，不染人間半點埃。自倚孤根堅鐵石，對抽雙幹出樓臺。陶家門外新栽柳，王氏庭前手植槐。何似先生扶正直，階庭成就栢梁材。

清 徐昂發《乙未亭詩集》卷二《晉柏》 幹拔相拏攫，枝廻自屈盤。乖龍鱗甲蛻，老鳳羽毛殘。皮蝕銅花暈，筋纏蜆影寒。羨他閑草木，曾識晉衣冠。

清 張遠《梅莊集·古栢行》 北山何崔巍，蒼然有脩栢。下臨不測谿，上倚參天石。旁顧無樛枝，受性本孤直。置身僻遠地，謝此往來客。匠石不暇顧，梁棟何所藉。風霜日以侵，歲月日以積。不材終天年，此物同棄擲。廊廟求良材，必使工師得。眷言操隼繩，短長任損益。羅致當及時，不合老山澤。

清 愛新覺羅·弘曆《御製詩三集》卷二四《題漢柏》 遥望嵩山結昆仲，嵩陽書院漢柏，昔曾爲圖。近臨西院是雲仍。廟西院有唐槐。大椿歲月猶虚擬，萬古捲垣永瑞凝。

又 卷四五《栢》 有松那可獨無栢，恰似夷齊弟與兄。落落庭前正相對，便先憂者也怡情。

清 許虬《萬山樓詩集》卷二二《柏》 青蒼百尺矯還翔，好集秋來烏府霜。知爾有心霄漢裏，不緣山勢撥空長。

清 曾燠《賞雨茅屋詩集》卷七《古今體詩·和杜工部四詠·病柏》 我生素孱羸，羡爾風霜姿。嘗聞泰山柏，植自漢武時。爾寧秉氣異，黛色今中衰。金石有不固，人寰彌可悲。樗猶能自全，楡亦終無疵。爾當由材大，造物故困之。世如養樲棘，爾病固其宜。世如需棟梁，爾病將何施。

清 彭兆蓀《小謨觴館詩文集·詩集》卷八《觀濤集·題襟館分和杜工部四詠·病柏》 亭亭奇樹英，峻岳託嘉種。文章不自露，世眼已矜寵。猗彼搆厦姿，需時備梁栱。誰憐冰霜侵，勁質亦爲動。黯收濃陰翠，潛損天骨聳。飢凰有同悲，撲簌落毛氄。分乏陵霄心，能無烈風恐。轉羨櫟社材，天年全擁腫。微茫造化權，榮悴邱山重。神明倘扶持，再拜意彌悚。

清 屠倬《是程堂集》卷一三《傷古柏》 亭亭古柏樹，鬱鬱官廨東。秉性自正直，不與凡木同。苦心蝕螻蟻，虬枝困蛟龍。植根瓦礫場，終夜號悲風。顧茲樑棟材，亦荷靈氣鍾。烟煤近庖廚，斧戕遭僕僮。荒階逼湫溢，頹垣雜蒿蓬。生理雖不乏，糞壤托始終。西偏幾叢竹，雨洗黛色濃。築亭就其下，清光滿簾櫳。吾欲移此柏，置之庭宇中。安土不可遷，信乎命則窮。

清 阮元《揅經室集》四集詩卷九《古柏》 古柏生何代，應生楊李間。南臨雙派水，西夾一梯山。卧幹青銅柱，高枝碧玉鬟。寄言後來者，省識好相攀。

又 續集卷八《壽柏》 柏亭始明代，亭前有古柏。壽逾三百年，翠高六十尺。高六丈，蔭一畝。昔植老僧廬，今森節使宅。

清 胡敬《崇雅堂駢體文鈔》卷三《慈柏記》 蓋聞擢孤芳於勁節，木乃稱貞；解新籜於寒林，筍因表孝。誠感庶類，德徵殊祥，如吾友慈柏。余君其母若子，兩無愧矣。余君儲竹箭之秀，抱蓼莪之悲。栝棬慕深，摇落感繫，撫斯遺植，繪以成圖。憑雙管之生枯，寫一枝之榮瘁。君太夫人當禯李之載，舍貞松之姿，暇於閒庭，藝斯珍木，培尺寸之幹，勢已參天。勤灌溉之功，生而得地，上襲芳蔭，下承清芬，星霜屢遷，柯葉逾盛。媿彼葵藿，長抒向日之心。庇茲蘭蓀，即號恒春之樹。前此太夫人六旬開秩，暨嬰災，柏亦憔悴可憐，根株垂朽。碧梧落早，先驚一葉之秋；黃楊卮深，難過三年之閏。已而太夫人冲養有素，神明再完，迺復欣欣向榮，鬱鬱彌望。天邊之若木，向晚曾凋，海上之枯查，經春復茂。三眠三起，靈和之柳依然；半死半生，龍門之桐長在。暨乎桑楡景逝，松菊庭荒，而此樹婆娑，悲風蕭瑟，生意盡矣，攣條泫然。寸草之心，報春暉於地下；丁蘭之木，留手澤於圖間。慈蔭長垂，孝思不匱。若是者，豈非草木之性多依於人，感通之機先應乎物，是以祥桑示警於商室，樛木發詠於周詩，庭槐植而公輔興，園荆瘁而昆季睦。矧茲風木所寄，陔蘭是循，比類屺山之蓤，同符潁水之荻。在昔王裒攀樹表異恒枝，樊衡倚廬垂蔭廣畝。至性所感，方斯畧同。堂北萱枯，君自抱終天之恨；山南橋圮，我亦懷孤露之悲。

清 祁雋藻《䜭䬳亭集》卷一二《敦甫先生以側柏葉爲飲色香味三絶紀之以詩》 芳園古柏人不識，鐵幹霜皮葉交側。揜依灌木鬱蒼翠，獨倚清池照修直。園丁有時拾墜葉，瓦盆土銼燒煙黑。縱使桐焦動客聽，其如井渫無人食。先生讀書妙研理，爾雅靈樞洞胸臆。古來䀻臼取馨香，後世椒盤争祓飾。試繙藥譜問和緩，辟惡蠲痾有神力。玉峯涌出泉溜甘，講席歸來日陰昃。龍團門茗亦尋常，香葉煎湯更奇特。忽疑明月動桂影，滄若春江變秋色。坐客躊躇不敢嘗，瓊漿石髓嗟難得。玉川好事辨芽蕾，快説清風生羽翼。豈知飲法通仙靈，不用茶經苦雕刻。三清茗盌憶宮筵，五字龍章騰寶墨。乾隆聖製三清茶詩，以松實梅花佛手爲三清，每歲重華宮茶宴聯句，近臣得拜茗盌之賜，至今沿爲故事。先生授書在東序，日

誦清芬感先德。平生菜根飽至味，談笑藥籠收嘉植。定思巖谷有沈淪，肯使蘭荃委榛棘。

又　卷二四《古柏次蔡紱齋韵》　鸞鶴何年致，風雷一夕期。不隨堂柱盡，敢恨澗松遲。句共爭春發，材因得地奇。九峯幽絶處，可許歲寒知。

清　祁寯藻《饅飥亭後集》卷九　慈仁寺柏槐，皆數百年物也。元時雙松，今已補植，獨此蔚然尚存。閏夏雨後，與客納涼其下，歸而賦詩以張之。

慈仁古松不可見，雙龍變化今成三。尚餘鱗甲入圖畫，僧谿妙筆傳精藍。張詩船有雙松圖。其旁柏槐須更古，蒼髯老友彭與聃。游人題詠顧弗及，時有野鶴相對談。直幹豈肎作蟠屈，清陰亦復能包含。念茲嘉樹欲延譽，才薄固知起不堪。今日涼堂雨送客，萬緑一洗神姿酣。柏兮槐兮四君子，衣冠甚偉鬚眉毿。回看三松少氣色，黄綺山立蕭曹憨。苦心堅節閲世久，時乎未遇沈淪甘。西山偃蹇城之南，欲往從之車脱驂。松壇竹院忽有得，坐卧其下吾非貪。似聞空谷足音喜，佳處早已留茅菴。頃借竹院過夏。

清　吴振棫《花宜館詩鈔》卷一三《劍州古柏行》　劍州之柏奇在多，百里塞盡澗與阿。劍州之柏多愈奇，千譎萬幻無端倪。質如堅金色如石，老氣九州無與敵。横枝突怒穿别嶺，危根虚無掛絶壁。半枯半生態絶殊，欲仆欲起勢尤激。怒芽潑黛媚魑魅，空腔出火下霹靂。峯顛一株氣象尊，山中萬木皆兒孫。頑陰不受日月照，一碧倒捲天光吞。翠雲摶結天上廊，舊有翠雲廊之名。每來見此喜欲狂。朝潮夕汐弄奇響，上天下地流空香。只愁山盡樹亦盡，不因路險嫌山長。拙吟體物苦難肖，寫示旁人供一笑。須知物類何重輕，端賴風徽足憑弔。仙蹤尚有留侯山，紫柏山留侯祠柏亦奇古。神物終懷孔明廟。

清　袁翼《邃懷堂全集·詩集前編》卷六《茅山柏》　李衛公《平泉草木記》有茅山之柏，蓋側柏也。葉細短而扁如剪綵，綴枝層次櫛比。余往來山中曾見五六株，大逾數抱，四時蒼翠，亭亭嬝嬝，真神物也。衛公博學多識，一經品題遂增聲價，而遐方殊種亦其勢力有以致之。能無慨然。

詩題丞相廟記勒衛公莊：抱日鳳鸞宿，參天風露香。柔姿含婀娜，遠色送青蒼。遠望如柳，故俗呼楊柳柏。欲向茅盈乞，移栽書舍旁。

清　王闓運《湘綺樓全集·詩集》卷一二《太山回馬嶺柏樹歌》　泰山兮寵嵸，下宜柏兮上宜松，松是仙人家，柏作神鬼宫。秦皇昔日無仙才，欲攀松樹望蓬萊。飄風驟雨不能下，獨立徘徊一松下。後來封禪凡幾君，時君無德況羣臣。霍家都尉死山頂，漢武悤悤旋玉輪。自此羣臣陪法駕，行到松前盡回馬。南看十里柏陰陰，肅肅泠泠無妄心。乘輿去後此陰在，士女時來聽玉琴。我昔南行桂陽道，參天翠柏如雲埽。株株自謂梁棟材，千年枉向空山老。豈知此山百萬株，雲間各有神明扶。八十七君屢興廢，明堂梁棟皆丘墟。從臣同來見此柏，亦言名字垂金石。當時解芙秦漢君，今日幾人如李霍。龍藏麟見古今殊，大聖棲棲非小儒。潁水牽牛渭投釣，阿衡負鼎閔懷珠。社櫟十圍欺匠石，卞珪三刖困泥塗。日暮長風送歸客，且從松子訪盈虚。

雜　録

宋　鄭樵《通志》卷一六二《列傳·隋》　陳留老子祠有枯柏，世傳云老子將度世，云：「待枯柏生，東南枝廻指，當有聖人出，吾道復行。」至齊，枯柏從下生枝，東南上指，夜有三童子，相與歌曰：「老子廟前古枯樹，東南枝如繖，聖主從此去。」及至尊牧亳州，親至祠樹之下，自是柏枝廻抱，其枯枝漸指西北，道教果行。

宋　李石《續博物志》卷六　秦穆公時，有人掘地得物若羊，將獻之。道逢二童子謂曰：此名爲蝹常，在地中食死人腦，若欲殺之，以柏東南枝捶其首。由是墓皆植柏，又曰柏爲鬼廷。

明　姚旅《露書》卷一〇　曹侍郎時聘隣寺有古柏頗偉，與僧貨作壽器。柏夕見夢于僧云：「已爲神矣，語曹無伐，當令曹利益。」曹私意僧吝己而託言耳，卒伐之。未幾，曹之二子死，曹死，僧亦死。

清　汪灝《佩文齋廣群芳譜》卷七一《木譜·柏》　《方技傳》：桑道茂居有二柏，甚茂。曰：「人居而木蕃者去之。木盛則土衰，土衰則人病。」乃以鐵數十鈞埋其下。

原《穆天子傳》：甲申，天子升於大北之隥，而降休於两柏之下。

《化源記》：柏葉仙人田鸞家居長安，常聞道者有長生術，遂入華山求問真侶，心願懇至。至山下數十里，見黄冠自山而出，鸞遂禮謁，祈問隱訣。黄冠指柏樹示之曰，此即長生藥也，何必深遠，但問志何如爾。鸞遂搜尋仙方，云側柏服之久而不已，可以長生。乃取柏葉曝乾，爲末服之，稍節葷味，心志專一。至

六七十日，未有他益，但覺時時煩熱。至二年餘病熱，頭目如裂，舉身生瘡，而鸞意終不捨。至七八年，熱疾益甚，其身如火，人不可近，皆聞柏葉氣，諸瘡潰爛，黄水遍身如膠。忽自云，體今小可，須一沐浴，遂命置一斛温水於室，數人舁卧斛中，遂於斛中寢三日方悟，呼人起之，身上諸瘡皆已掃去，光彩明白，鬚髮紺緑，頓覺耳目鮮明。自云初寢夢黄冠數人，持旌節導引謁上清，遍禮古來列仙，皆謂曰柏葉仙人來此，遂授以仙術，謂曰且止於人世修行，後有位次，當相召也。自此絶穀，隱於嵩陽，年百二十三歲，無疾而終。異香滿室，空中聞音樂聲，乃造青都赴仙約耳。

《遯齋閒覽》：余靖慶歷中知桂州，州境窮僻處有林木延袤數十里，每至月盈之夕，輒有笛聲發於林中，甚清遠。土人云，聞之已數十年，終不知其何怪也。公遣人尋之，見其聲出一大柏樹中，乃伐取以爲枕，聲如期而發，公甚寶惜。凡數年，公之季弟欲窮其怪，命工解視，但見木之文理正如人在月下吹笛之像，雖善畫者莫能及。重以膠合之，則不復有聲矣。

《茅亭客話》：遂州小溪縣石城鎮仙女埡村民程翁，名君友。開寶九年春，往雲頂山寺，遇一道士，隨往青城山。道士曰：爾有仙表，得至於此。開囊取丹一粒，令吞之。曰：若有饑渴，則可嚼柏葉柏實些些。君友歸家，無饑渴之念。遂别止一室，不顧家事，嘗焚柏子柏葉，静坐無所營，爲不飲不食，時嚼柏實三五顆而已。門外有一柏樹，下有一大盤石，常偃息於上。至九月七日夜，如有所待，達旦，雲霞相映，有如五色，君友躡空而去。

槐

題解

漢 許慎《説文》卷六　槐，木也。從木，鬼聲。户恢切。

明 李時珍《本草綱目》卷三五《木部》　槐《本經》上品校正併入《嘉祐》槐花、槐膠。

釋名：　櫰音懷。時珍曰：按《周禮》外朝之法，面三槐，三公位焉。吴澄注云：槐之言懷也，懷來人於此也。王安石釋云：槐黄，中懷其美，故三公位之。《春秋元命包》云：槐之言歸也。古者樹槐，聽訟其下，使情歸實也。

集解：《别録》曰：槐實生河南平澤，可作神燭。頌曰：今處處有之。其木有極高大者。按《爾雅》槐有數種，葉大而黑者名櫰槐，晝合夜開者名守宫槐，葉細而青緑者但謂之槐，其功用不言有别。四月、五月開黄花，六月、七月結實，七月七日采嫩實搗汁作煎，十月采老實入藥，皮根采無時，醫家用之最多。時珍曰：槐之生也，季春五日而兔目，十日而鼠耳，更旬而始規，二旬而葉成。初生嫩芽可爍熟，水淘過食，亦可作飲代茶。或采槐子種畦中，采苗食之，亦良。其木材堅重，有青黄白黑色。其花未開時，狀如米粒，炒過煎水染黄甚鮮。其實作莢連珠，中有黑子，以子連多者爲好。《周禮》：秋取槐檀之火。《淮南子》：老槐生火。《天玄主物簿》云：老槐生丹。槐之神異如此。藏器曰：子上房七月收之，堪染皂。

宋 戴侗《六書故》卷二一《槐》　槐　槐，户恢、户乖二切。《爾雅》曰：守宫槐葉晝聶宵炕，櫰槐大葉而黑。郭景純曰：櫰古回切，又音□。按槐木世所共識，七月間華，華可染黄，其實莢合昏，葉似槐，夜合晝開，故謂合昏。俗語轉而爲合歡，又謂夜合，合盲非槐也。

綜述

漢 劉安《淮南子》卷一三《氾論訓》　山生金玉，人弗怪也；老槐生火，久血爲燐，人弗怪也。

北周 庾信《庾子山集》卷一　别有九棘龐眉，三槐暮齒。《周官》曰：三槐，三公位焉。左九棘孤，卿大夫位焉。右九棘，公侯伯子男位焉。鄭司農曰，槐之言懷也。言懷來人於此，欲與謀也。樹棘以爲位者，取其赤心而外刺，象以赤心而有刺也。龐，蒼雜色也。《漢武故事》曰：武帝輦郎署，見顔駟龐眉皓髮。

又 卷三　獨憐生意盡，空驚槐樹衰。《世説》曰：桓玄敗後，殷仲文還爲大司馬。咨議意似二三，非復往日。大司馬府廳前有一老槐，甚扶疎。殷因月朔與衆在廳視槐，良久嘆曰：「槐樹婆娑，無復生意。」子山引此，作《枯樹賦》，以爲世異時移，忽忽不樂矣。

又 卷一二　緑槐秋市，舟檝相通。潘岳懷縣作曰：緑槐夾門植。《黄圖》曰：元始中，起明堂，列槐樹數百行。朔望，持經書及當郡所出物於此賣買，號槐市。

南唐 尉遲偓《中朝故事》卷上　兩軍所置街巡，禁止軍中兇暴。若百姓爲盜鬭，即屬京兆府并兩縣捕賊。司軍人百姓不相參雜，天下亦如此。天街兩畔槐樹，俗號爲槐衙。曲江池畔多柳，亦號爲柳衙。意謂其成行列，如排衙也。

宋 邵博《聞見後録》卷二九　蜀中喜事者，南歸多載木犀花以來，種之皆

生，或擇嫩條接冬青枝間亦生，豈其類耶？謂萬年枝者，冬青也。王樹者，槐也。宫苑中多此二木，特易以美名。冬青，又名凍青，貴其有歲寒不改之節。故司馬長卿謂之女貞，自不爲文君地邪。

宋 羅願《爾雅翼》卷一一《槐》 槐者，虚星之精，其葉尤可翫。古者朝位樹之，私家之朝皆植焉。晉鉏麑觸趙宣子庭之槐，董叔紡於范氏庭之槐。又齊景公有所愛槐，使人守之，皆植於庭之驗也。《釋木》曰：「櫰槐大葉而黑，守宫槐葉晝聶宵炕。」郭璞以爲晝日聶合而夜炕布者，名爲守宫槐。按，《説文》：「欇木葉摇，白，从木，聶聲。」則聶乃開之義。又，炕，乾也。木葉近火而乾，則當相合，然則郭氏之説正反之耳。今江東有槐，晝開夜合者，謂之合昏槐。蓋啓閉以時，有守之義。説者以爲此槐，與《雅》説相反，不知郭氏誤解之也。槐花可以染黄，其子上房可以染皂，其根可作神燭。《淮南子》曰：「老槐生火，久血爲燐，人不怪。」考《莊子》曰：「水中有火，乃焚大槐。」老槐當夏間，其上忽自起火，焚燒枝葉，所謂極陰生陽者也。古者冬取槐檀之火，槐檀色黑，北方之行也。

宋 釋普濟《五燈會元》卷一二《汾陽昭禪師法嗣》 問：一物不將來時，如何？師曰：槐木成林。曰：四山火來時，如何？師曰：物逐人興。

明 徐渭《刻徐文長先生秘集》卷一一《槐》 槐以密勝取其蔭，宜空庭，宜粉署，宜柴關晝永，萬籟無聲。宜苔逕涼生，一塵不到。宜細雨，宜濃陰，宜夏月圍碁。宜秋霄展簟，宜黄花點地，雜襯緑茵。宜翠幄依窗，閒銷白日。

明 彭儼《鐫五候鯖》卷五《槐》 槐，守宫槐，葉晝聶宵炕，日聶合而夜舒布。廣有含婚槐。吴湊爲京兆尹，官衙易榆種槐，及卒，人指槐思之。

明 王圻《稗史彙編》卷一五一《兔目鼠耳》 《莊子》：槐生，五日而兔目，十日而鼠耳。

明 慎懋官《華夷花木鳥獸珍玩考》卷三《守宫槐》 郭璞曰：「守宫槐，晝日聶合，而夜舒布也。」葉細而青緑者，但謂之槐。江東有木與此相反，俗因名合昏。《古今註》云：「合歡合棔，木名，朝舒夕斂，俗轉爲合歡。似梧桐，枝葉互相結，風來解，使人不忿，稽康種之於舍前。」

明 何三畏《新刻何氏類鎔》卷三一《槐》 甘泉谷有槐樹，此謂玉樹，而揚子雲所賦青葱者也。司馬府有槐樹，此謂老槐，而庾仲堪所歎婆娑者也。槐據文陛以培本，觀朱欀以振條。花以四月五月而開，季春初茂。實以六月七月而結，末夏始繁。色采采其鮮明，形褘褘其暢達。上拂華宇，下臨修渠。帶以通街，湊以夷逕。鳥願棲而投翼，人望庇而披襟。湛霩豐融，扶疎蓊欝。蓋陰垂建始之殿，而森列睢陽之園者耶？故燧人鑽之以取火，雲物因之以作屯。姬公樹之以待神，鉏麑觸之以死義。三公面之以爲位，諸生坐之以談經。王氏植之以兆興，淳于臥之以致夢。齊景公愛槐勑吏卒，聽晏平仲言而今罷守槐之役，廢傷槐之法，出犯槐之囚。漢文帝置槐當堠，每用韋孝寬法而令一里種槐一，十里種槐三，百里種槐五。京兆吴公所蒔道上之榆，悉易槐樹，以此係懷，思於後人。長安孫氏所居堂前之柱，忽生槐枝，以此占朕兆于公輔。曾聞晉陽奇事，有槐于一日之内，三悴三榮。亦知蕭佑義門，有槐于一歲之中再枝再葉。床前槐枝叢生，而忽作蒙茸狀，則知登科之祥。省中槐條垂蔭，而夜聞絲竹聲，則知入相之慶。若李相國所居之堂，有庭槐一本，其兩枝甚長而並爲執政，其一枝稍短而苐爲鎮臣，可謂家禎之應。祖士雄所廬之墓，有庭槐一株，其枝忽枯死，而正當居喪，其枝忽敷榮，而正當闋服，亦可謂孝感之徵矣。

清 周魯《類書纂要》卷二八 槐棘朝士掌建邦外朝之法，左九棘孤卿大夫位焉。右九棘公侯伯子男位焉。面三槐三公位焉。蓋槐取黄中外懷，又其華黄，其實玄故也。棘取赤中外刺又其花白，其實赤故也。

槐槐木者，虚星之精也。《元命苞》曰：樹槐而聽訟其下者，槐之言歸也。情見歸實，槐有青黄白黑。

清 汪灝《佩文齋廣群芳譜》卷七四《木譜·槐》 《彙考》原《周禮·秋官》：朝士掌建邦，外朝之法，面三槐三公位焉。州長衆庶在其後。註：槐之言懷也。懷來人於此，欲與之謀。

《春秋元命苞》：樹槐，聽訟其下。註：槐之言歸也。情見歸實也。

清 戴鎣《爾雅郭注補正》卷七《槐小葉曰榎》 注：槐當爲楸，楸細葉者爲榎。

櫰槐，大葉而黑。注：槐樹葉大色黑者名爲櫰。

清 陳軾《道山堂前集·道山堂集》卷八一《唐槐記》 臨城之城隍廟有古槐，其枝輪糾，其葉欝蓊，長二丈有餘。按：邑乘所載，唐天寶時樹也，邑人相傳爲唐槐云。余見而異之曰：有是夫槐之若斯久也。槐以唐名，槐之幸也。唐天寶時，天子奏淋鈴之曲，未央之楊柳，太液之芙蓉，化爲蔓棘沉香。亭畔覔一墮珥遺璫而不可得，何有於鎮州之一槐乎？且漁陽作難，距趙地不遠，此固安史之所蹂躪也。而槐獨無兵燹之患，則何也？或曰槐爲虚星之精，上應列宿，古

者取其黄中以象三公之位，然天下之槐衆矣，其爲夭札之所乘，槎蘖之所及，不知其幾，未聞以其象於三公，而遂得享世之永也。斯槐之存，槐之幸也。蓋凡物之得全其生也，亦有數焉。天能生之，不能一一而全之，而獨以全其生者，私之一槐？夫大椿春秋，彭祖所不能並，今觀斯槐逾于彭祖，不已多乎！雖然，自唐以至於今，天下之人不知有唐久矣，唐亡而唐之名猶在于槐，則槐存而唐不亡也。余之爲斯記也，其有所感也夫。

紀事

《晏子春秋·諫下》 景公有所愛槐，令吏謹守之，植木縣之，下令曰：「犯槐者刑，傷之者死。」有不聞令，醉而犯之者。公聞之曰：「是先犯我令。」使吏拘之，且加罪焉。其女子往辭晏子之家，託曰：「負廓之民賤妾，請有道于相國，不勝其欲，願得充數乎下陳。」晏子聞之，笑曰：「嬰其淫于色乎？何爲老而見犇？雖然，是必有故。」令内之。女子入門，晏子望見之，曰：「怪哉！有深憂。」進而問焉，曰：「所憂何也？」對曰：「君樹槐縣令，犯之者刑，傷之者死。妾父不仁，不聞令，醉而犯之，吏將加罪焉。妾聞之，明君莅國立政，不損禄，不益刑，又不以私恚害公法，不爲禽獸傷人民，不爲草木傷禽獸，不爲野草傷禾苗。吾君欲以樹木之故殺妾父，孤妾身，此令行于民而法于國矣。雖然，妾聞之，勇士不以衆彊凌孤獨，明惠之君不拂是以行其所欲。此譬之猶自治魚鱉者也，去其腥臊者而已。昧墨與人比居庾肆，而教人危坐。今君出令于民，苟可法于國，而善益于後世，則父死宜當矣，妾爲之收亦宜矣。甚乎！今之令不然，以樹木之故，罪法妾父，妾恐其傷察吏之法，而害明君之義也。鄰國聞之，皆謂吾君愛樹而賤人，其可乎？願相國察妾言以裁犯禁者。」晏子曰：「甚矣！吾將爲子言之于君。」使人送之歸。明日，早朝而復于公曰：「嬰聞之，窮民財力以供嗜欲謂之暴，崇玩好威嚴擬乎君謂之逆，刑殺不辜謂之賊。此三者，守國之大殃。今君窮民財力，以羡餒食之具，繁鐘鼓之樂，極宮室之觀，行暴之大者；崇玩好，縣愛槐之令，載過者馳，步過者趨，威嚴擬乎君，逆之明者也；犯槐者刑，傷槐者死，刑殺不稱，賊民之深者。君享國，德行未見于衆，而三辟著于國，嬰恐其不可以莅國子民也。」公曰：「微大夫教寡人，幾有大罪以累社稷，今子大夫教之，社稷之福，寡人受命矣。」晏子出，公令趣罷守槐之役，拔置縣之木，廢傷槐之法，出犯槐之囚。

唐 房玄齡《晉書》卷八七《涼武昭王李暠傳》 先是，河右不生楸槐栢漆，張駿之世，取於秦隴而植之，終於皆死。而酒泉宮之西北隅有槐樹生焉，玄盛又著《槐樹賦》以寄情，蓋歎僻陋遐方，立功非所也。

唐令狐德棻《周書》卷三一《韋孝寬傳》 廢帝二年，爲雍州刺史。先是，路側一里置一土候，經雨頹毁，每須修之。自孝寬臨川，乃勒部内當候處植槐樹代之，既免修復，行旅又得庇廕。周文後見，怪問知之，曰：「豈得一州獨爾？當令天下同之。」於是令諸州夾道一里種一樹，十里種三樹，百里種五樹焉。

唐 劉肅《大唐新語》卷八 賈嘉隱年七歲，以神童召見。時太尉長孫無忌、司空李勣於朝堂立語，戲謂之曰：「吾所倚者何樹？」嘉隱對曰：「松樹。」勣曰：「此槐也，何忽言松？」嘉隱曰：「以公配木則爲松樹。」無忌連問之曰：「吾所倚者何樹？」嘉隱曰：「槐樹。」無忌曰：「汝不能復矯對也。」嘉隱應聲曰：「何須矯對，但取其以鬼配木耳。」勣曰：「此小兒作獠面，何得如此聰明。」嘉隱又應聲曰：「胡面尚爲宰相，獠面何廢聰明。」勣狀貌胡也。

宋 李昉《太平廣記》卷四〇七《三枝槐》 唐相國李石，河中永樂有宅，庭槐一本，抽三枝，直過堂前屋脊，一枝不及。相國同堂昆弟三人，曰石、曰福，而皆登宰執。唯福一人，歷七鎮使相而已。

宋 樂史《太平寰宇記》卷三一《關西道七·耀州·土産》 《三輔黄圖》曰：漢武帝起紫殿，雕文刻鏤，以玉飾之。成帝永始四年行幸甘泉，郊泰畤，神光降於紫殿。今按甘泉谷北岸有古槐樹，在故宮之南。《雲陽宮記》：甘泉宮北有槐樹，今謂玉樹，根幹盤峙二三百年，木色青葱。耆舊相傳咸以爲此樹即楊雄《甘泉賦》所謂「玉樹青葱者也」。

宋 吴仁傑《兩漢刊誤補遺》卷一〇 天街兩畔植槐成列，謂之槐衙。

宋 陳鬱《藏一話腴》卷上 王晉公祐創第京師曹門外，手植三槐於庭，曰：「子孫必有登第爲三公者。」已而魏公果爲太保。

明 萬曆《江都縣志》卷一四 淳于棼墓。淳于棼，江都人。宅南有古槐一株。稗官家説記棼夢槐安國王邀入穴中，娶其女金枝公主，命守南柯郡，及覺乃一古槐耳。此稗史寓言，如邯鄲夢之類。諸志信之，遂記棼宅與其墓，據爲實事，殊近不經。余得存其事而辨其妄。

明 王圻《稗史彙編》卷一五一《道中槐》 貞元中，度支欲取兩京道中槐樹

爲薪，更栽小樹，先下符牒華陰。華陰尉張造判牒曰：「召伯所憇，尚不剪除先皇舊遊，豈宜斬伐？」乃止。出《國史補》

明 愼懋官《華夷花木鳥獸珍玩考》卷三《僊槐樹》 在汾州治西，年久朽如刳舟。金皇統中，有異士貨藥投樹，復活，因號僊槐。

又《聲音樹》 都堂南門道東有古槐，垂蔭至廣，或夜聞絲竹之聲，則省中有入相者，俗謂之聲音樹。《南部新書》

又《瘿槐》 華州三家店西北道邊，有槐甚大。葱鬱周廻，可蔭數畝。槐有瘿形如二豬相趂奔走，其廻顧，口耳頭足一如塑者。

明 王世貞《異物彙苑》卷三《繫馬樹》 滎陽東一古槐，樹形甚奇怪。世傳漢高帝爲王時，繫馬於此。至今尚存，俗呼爲繫馬樹。出《大明一統志》

明 劉仲達《劉氏鴻書》卷八七 呂蒙正方應舉，僦舍建隆觀，鏁室而去。自冬涉春方回，啓户視之，牀前槐枝叢生，高二三尺，蒙茸合抱。是年登科，十年作相。《幕府燕閑録》

明 吴之俊《獅山掌録・小山館》卷一八《雌樹》 有人寄裴公槐瘿一枚，云可作枕。庾威謂是雌樹所生，恐不堪用。語次因及庚甲，庾公皆甲辰生。公笑曰：「郎中便是雌甲辰。」

明 佚名《五色綫集》卷下《槐市》 《三輔黃圖》曰：明堂辟雍爲博士舍三千，以爲會市，但列槐樹以數百株。諸生朔望會此市，各持其即所出物及經書相與買賣，雍容揖□，議論槐下。又見《淮南子》。

清 周魯《類書纂要》卷二八 聽事槐隋大將軍高熲員坐朝堂北槐下聽事，其樹不依行列，有司請裁之。上令勿剪，以示後人。

夢倚槐廣陵王克淵夢着衮衣，倚槐樹立。問於湯元慎，曰：「三公之祥。」退曰：「廣陵死矣。槐字，木傍鬼。死後當得三公。」因討葛榮而死。

三槐王氏宋王祐願以百口保符彦卿無異志，太祖怒，貶華州安置。親朋送于都門，謂曰：「意公作王溥官職矣。」祐笑曰：「祐不及做，二郎當得之。」指文正公旦也。祐素知其必貴，手植三槐于庭曰：「吾子孫必有爲三公者。」已而，旦果然。天下謂之三槐王氏。

還宅槐茂祖回以孝聞。及卒，子士雄廬墓側，其庭前有槐，先甚榮茂，及士雄居喪，槐忽枯死。服闋還宅，枯槐復茂。高祖嘉之，名其里爲累德里。

待神太公請武王植槐于王門，待天下之神有益者入，無益者拒之。

取槐爲薪貞元中，度支欲取兩京道中槐樹爲薪，先下符牒。華陰縣尉張造判牒曰：「召伯所憩尚勿剪除，先皇舊遊豈宜斬伐。」乃止。

王莊陸槐王莊吴世澄與朱廷佩交素莫逆。忽世澄夜坐室中，聞皷門聲，啓視六人皆長髯者老，揖曰：「予輩六槐是也，與朱廷佩爲隣有年，邇信讒人之言，欲害予輩，知君素善，願乞解之。」澄允諾，六人謝去。翌日備述所求于佩。佩曰：「吾隣不識六槐。」久之驚曰：「門有槐六株，恰欲伐去作室於上，何事物亦愛生如是。」遂舍之。

清 汪灝《佩文齋廣群芳譜》卷七四《木譜・槐》 《唐書・吴凑傳》：凑爲京兆尹，街樾稀殘，有司蒔榆其空。凑曰：榆非人所蔭玩。悉易以槐。及槐成，而凑已亡。行人指樹懷之。

《三輔黃圖》：元始四年起明堂辟雍，爲博士舍三十區。爲會市，但列槐樹數百行。諸生朔望會此市，各持其郡所出物及經書，相與賈買。雍容揖讓，議論槐下，侃侃誾誾。甘泉谷北岸有槐樹，今謂玉樹，根幹盤峙，三二百年木也。楊震《關輔古語》云：「耆老相傳，咸以謂此樹即揚雄《甘泉賦》所謂玉樹青葱也。」

《朱朴傳》：與朴皆相者，孫偓，字龍光。始家第，堂柱生槐，枝葉而茂，既而偓秉政，封樂安縣侯。

《異聞録》：淳于棼家廣陵郡，宅南有大古槐，枝幹條密，棼與羣豪大飲其下。貞元七年，因沉醉致疾，二友扶之歸臥。夢二使曰：槐安國王奉邀。棼隨二使指古槐驅入。穴中題曰：大槐安國。入見王，妻以次女瑶芳，號金枝公主。有羣女曰華陽姑、青溪姑、上仙子、下仙子輩，皆侍從。命守南柯郡。棼至郡二十餘年，使者送出穴。遂寤，斜日未隱於西垣，餘尊尚湛於東牖，夢中倏忽若度一世矣。因與客尋槐下穴洞然，明朗可容一榻，有二大蟻，素翼朱首，長可二寸，乃槐安王。又窮一穴，直上南枝，即南柯郡也。

《玉堂閒話》：長安城有孫家宅，居之數世，堂室甚古，其堂前一柱忽生槐枝。孫氏初猶障閉之，不欲人見。朞年之後，漸漸滋茂，以至柱身通體變易，壞其屋上衡，秘藏不及，衣冠士庶之來觀者，車馬填咽。不久，偓處巖廊，居節制人，以爲應三槐之朕。亦甚異也。其孫愇備言之。

《南部新書》：都堂南門道東古槐，垂陰至廣，或夜聞絲竹之音，則省中有入相者，俗謂音聲樹。

《青箱雜記》：晉陽都城北角有槐木，一日三榮三悴。

《嵩遊記》：少林寺秦封槐，風摧二十年矣。今寺東一槐，亦可數百年，黠僧往往謬指以誇遊人。

清　王棫《秋燈叢話》卷一二　王定獲鹿縣署有大槐一株，輪囷離奇，長條委地，蓋千餘年物也。相傳居官清正者，樹神即以袍笏現像，否則有風雨之警。河南張君篁華乾隆中宰是邑。一日午夢初酣，有袍笏而至者，儀容修偉，風概不凡。張揖入坐談，自言吾槐神君也，在是署幾何年矣。凡官斯土者，賢奸善惡無不在吾睹記中，一一可以悉數。某也，忠節最冠，現爲河神。某也，循良最著，子孫現居顯要。簠簋不飭者爲某某，俱緣事獲譴。剛愎虐民者爲某某，其後嗣多不昌，報應昭然。可不戒歟！語訖而別。張醒後，起視庭中，日影正午，槐陰滿地而枝條猶宛轉向張作舞狀，因賦《槐神君歌》以記其事。

清　道光《陽曲縣志》卷二　唐槐在狄村梁公碑北，相傳爲梁國公母手植。邑人張廷銓撰記立石。其□云，狄村地多老槐，村北道西舊有唐梁國公祠，祠旁一株，徑十數圍。祠既廢，其地基五畝兑與南關之隆興寺，槐亦水淤土壅，出地上者三之二，故老流傳此槐爲公太夫人手植。雖志乘無考，而其枝幹槎枒，古貌臃腫，視他槐爲特甚。槐古數武有梁公故里，碑石日久傾圮，字跡剥蝕。今歲暮春，余緣事偶憩碑傍，懼古蹟就湮，與村中耆老議新之，咸相踴躍并指而謂余曰：是槐也，共切桑梓之愛久矣。昔南關人有私議伐者，賴村衆力争而止，不可無一言以記。余唯唯。歸而謀諸同志出金，且募得緡若干，於是鳩工礱錯，碑既新而槐亦有石□。題曰唐槐。道光六年四月既望立。

清　同治《安福縣志》卷末《遺事》　邑南歐陽氏庭有槐一株，枝葉茂而幹中空。永樂癸卯四月望日，突有雙童子，長尺二三許，白面丱角，緑衣卓靴，自幹出出，攀援上下。家人見而叱之，不爲動，里之人環觀焉。尋雙童化二青鳥飛去，或怪之，以問利貞謝先生。先生曰：木邊育鬼槐，瑞也，非怪也。

清　張時泰《重修極果寺碑》（同治《欒城縣志》卷一四引）　極果寺，欒名刹也。歲久不治，乞修繕之。余嘉其志，捐俸廿金。遂命開基。經始之日，地忽湧槐梁，一十有八尺。謂非佛之佑衆，衆之有感於佛不可。

清　光緒《永年縣志》卷一〇《雜稽》　雍正二年孫元寨清涼菴僧照樸刎槐一株，置厩上。自十月至明年三月，厩圮，槐落地，斜倚壁間，忽發榮暢茂，起立不復著牆，今遂成大樹，幹數圍，身已枯而枝葉猶茂。相傳以爲無根槐云。

清　光緒《清河縣志》卷二《古蹟》　龍爪樹在茶店龍王堂，舊有槐樹。相傳宋太祖至此遇雨沾衣，解衣曝其上。其後枝遂卷曲下垂若龍爪狀。有惡少利其材而伐之，斧斤方加而疾作。傷痕津出淋漓，後漸枯。根蘖再生成樹，然無復龍爪形矣。今堂與槐尚存。

清　黄印《錫金識小録》卷一一《紀異·巨槐》　惠山五里街之半有巨槐，其形如龍，枝葉扶疏，美蔭竟畝。山農憎其蔽苗也，夜往戕其枝，聞吼聲而止。旦視之，其枝盡加長三尺，所蔭益廣。初吴門有汪受者，夢槐神告之曰：「槐在某所，特發爾家。」夫婦同夢，相携來訪，果見巨槐，具羊豕鼓吹，爲文祭之。自後其家日益富。自宣德至宏治末必來祭，後槐凋死，不復再來。吴人云，汪受父子死後，其孫貧，還徽矣。周三吴《鳴鳳鈔》載祭槐文，若道士青詞然。《梁溪雜事》

清　佚名《名花譜·槐》　明皇失太真妃，後每覩宫槐秋落，慘焉久之。

藝文

三國魏　王粲《槐賦》（《漢魏六朝百三家集》卷二九引）　惟中唐之奇樹，稟天然之淑姿。超疇畝而登殖，作階庭之華暉。形禕禕以暢條，色采采而鮮明。豐茂葉之幽藹，履中夏而敷榮。既立本於殿省，植根柢其弘深。鳥願栖而投翼，人望庇而披襟。

三國魏　曹丕《槐賦有序》（《漢魏六朝百三家集一》卷二四引）　文昌殿中槐樹，盛暑之時，余數遊其下，美而賦之。王粲直登賢門小閣外亦有槐樹，乃就使賦曰：

有大邦之美樹，惟令質之可嘉。托靈根於豐壤，被日月之光華。周長廊而開趾，夾通門而駢羅。承文昌之邃宇，望迎風之曲阿。修幹紛其璀錯，緑葉萋而重陰。上幽藹而雲覆，下莖立而擢心。伊暮春之既替，即首夏之初期。鴻鴈遊而送節，凱風翔而迎時。天清和而温潤，氣恬淡以安治。違隆暑而適體，誰謂此之不怡。

三國魏　曹植《曹子建集》卷四《槐賦》　羡良木之華麗，爰獲貴於至尊。憑文昌之華殿，森列峙乎端門。觀朱榱以振條，據文陛而結根。暢沉陰以溥覆，似明后之垂恩。在季春以初茂，踐朱夏而乃繁。覆陽精之炎景，散流耀以增鮮。

晉　張華《朽社賦有序》（《歷代賦彙》卷一一七引）　高柏橋南大道傍，有古槐樹，蓋數百年木也。余少居近之，後去，行路遇之則已朽，意有緬然，輒爲之賦，因以言衰盛之理云爾。

伊兹槐之挺植，於京路之東隅。得託尊於田主，據爽塏以高居。垂重陰於道周，臨大路之通衢。饗春秋之祈報，應豐胙於無射。歷漢京之康樂，踰喪亂之横逆。朱夏當陽，蓊藹蕭森。征夫雲會，行旅歸心。輶軒停蓋，輕輿託陰。吉人向風而袪袂，王孫清嘯而啓襟。晞甘棠之廣覆，褊喬木之無陰。

晉　摯虞《槐賦》（《漢魏六朝百三家集》卷四二引）　覽坤元之産殖，莫兹槐

之爲貴。爰表庭而樹門，膺論道而正位。爾乃觀其誕狀，察其攸居。豐融湛霸，蓊欝扶疎。上拂華宇，下臨脩渠。湊以夷逕，帶以通衢。鼓柯命風，振葉致涼。開明過於八闥兮，重陰踰乎九房。

晉 庾儵《大槐賦有序》（《歷代賦彙》卷一一六引） 余去許都，將歸洛京。舍於嵩岳之下，而植斯樹焉。遂作賦曰：

有殊世之奇樹，生中岳之重阿。承蒼昊之純氣，吸后土之柔嘉。若夫赤松王喬馮夷之倫，逍遥茂蔭，濯纓其濵。望輕霞而增舉，垂高暢之清塵。若其含貞抱樸，曠世所希。降夏后之卑室，作唐虞之茅茨。潔昭儉以矯奢，成三王之懿資，故能著英聲於來世，超羣侶而垂暉。仰瞻重幹，俯察其陰。逸葉横被，流枝蕭森。下覆靈沼，上蔽高岑。孤鵠徘徊，寡鶴悲吟。清風時至，惻愴傷心。將騁軌以輕運，安久留而涕淫。

晉 傅選《槐賦》（《歷代賦彙逸句》卷二引） 華葉扶疎，參林蕭蔘。松蘿寄生，緜連標末。延袤千畝，蓊欝晻藹。

南朝齊 謝朓《謝宣城集》卷二 永明樂第三 朱臺欝相望，青槐紛馳道。秋雲湛甘露，春風散芝草。

唐 李嶠《槐》（《文苑英華》卷三二四引） 暮律移寒火，春宫長舊栽。葉生馳道側，花落鳳庭隈。烈士懷忠觸，鴻儒訪業來。何當赤墀下，疎幹擬三台。

唐 白居易《白氏長慶集》卷一一《庭槐》 南方饒竹樹，惟有青槐稀。十種七八死，縱活亦又離。何此郡庭下，一株獨華滋。蒙蒙碧烟葉，嫋嫋黄花枝。我家渭水上，此樹蔭前墀。忽向天涯見，憶在故園時。人生有情感，遇物牽所思。樹木猶復爾，況見舊親知。

唐 羅鄴《槐花》（《全唐詩》卷六引） 行宫門外陌銅駝，兩畔分栽此最多。欲到清秋近時節，争開金蘂向關河。層樓寄恨飄珠箔，駿馬憐香撼玉河。愁殺江湖隨計者，年年爲爾剩奔波。

宋 梅堯臣《宛陵集》卷二〇《宫槐》 漢家宫殿蔭長槐，嫩色葱葱不染埃。天仗龍旂穿影去，鈎陳豹尾拂枝來。青蟲挂後蜂銜子，素月生時桂並栽。我意方同杜工部，冷淘唯喜葉新開。

宋 劉敞《公是集》卷一五《生槐》 苒苒庭下槐，蒼蒼山中檜。臭味久矣殊，榮枯莫相待。胡爲寓形生，曾不異風概。擢幹初無根，交陰忽成籟。死生詣膠漆，幼壯姿姿態。本同非不佳，末異終恐害。吾意造化巧，淫樂爲狡獪。玩此三公才，比之女蘿輩。不然世俗薄，苟合耻剛介。妄彼特立姿，樂附柔弱類。誰能極物理，且以嘲大塊。陶冶如吾言，庸庸亦何怪。

宋 蘇軾《東坡全集》卷三〇《槐》 采擷殊未厭，忽然已成陰。蟬鳴看不見，鶴立赴還深。

宋 蘇轍《欒城集》卷九《槐》 盛衰日相尋，循環何曾歇。攀條孽柔荑，回首驚脱葉。緑槐陰最厚，零落今存莢。千林一枯槁，平地三尺雪。草木何足道，盈虚視新月。微陽起泉下，生意未應絶。

宋 文同《丹淵集》卷三《高槐》 高槐夾前除，合蔭卷若洞。交柯載宿雨，壓地翠色重。青蟲煖自挂，黄鳥晴輙哢。枕簟傲炎風，爲君高興動。

宋 趙抃《清獻集》卷三《成大卿宅矮槐》 手植踰三紀，年隨矮勢增。枝盤多蠖屈，根轉欲虬騰。密覆周遭地，孤撑最上層。風條低偃蹇，烟葉碎鬅鬙。顧我來雖羨，如公退未能。溪園饒樂事，時此會佳朋。

宋 王安石《臨川文集》卷一〇《與平甫同賦槐》 冰雪泊楚岸，萬株同飄零。春風都城居，初見葉青青。歲行如車輪，蔭翳忽滿庭。秋子今在眼，何時動江舲。

宋 李復《潏水集》卷一五《詠槐》 當年夾路緑參差，魯擁金輿拂羽旗。得地偶逃斤斧幸，聞風非與雪霜期。猶殘臘火燔空腹，時有驚雷起蠹枝。想見妖靈占上象，龜山獵罷舊都移。

古槐踈慘倚頹牆，病葉先秋已半黄。封植不知何歲月，彫零今困幾風霜。老根傍出人供爨，蠹腹多穿馬繫韁。嘆惜他年承愛賞，清陰曾借暑天涼。

宋 張耒《柯山集》卷一九《雙槐晚秀三月一日初見新葉》 東皇無處著繁華，亦復分張到我家。他日老蒼悲敗朽，今晨嫩緑出新芽。秃翁承弁纖纖髮，村婦縈鬟草草花。桃李蹊中入絶跡，緑陰門巷正藏鴉。

又 卷二五《東齋雜詠·老槐》 雪霜未死閲年華，危葉蕭蕭戰古槎。裊裊秋風官舍冷，半枝斜日帶啼鴉。

宋 王質《紹陶録》卷下《槐芽》 花黄，葉青，春芽可食。或免目鼠耳，不堪食。餘棗芽、阜芽、樠芽，初嫩皆可食。

我取友兮得槐芽，繚陂灌叢饒雜花。纔茁嫩莢抽枯椏，涎流山鵲并山鴉。膠著寅，房著蠊。所思兮，安可芰。碧鮮冷淘思露寒。

宋 葛紹體《東山詩選》卷下《槐》 槐幄成陰緑正宜，青蟲爲蠹祇空枝。花

神巧與換新綠，恰似春風三月時。

宋 裘萬頃《窻前古槐二首》（《兩宋名賢小集》卷二五四引） 密葉緐陰晝不成，捲簾雙眼爲渠明。人間炎熱無來處，贏得軒窻分外清。

去歲西湖避暑來，藕花無數眼慵開。而今歸卧洪崕側，看盡飛泉看古槐。

金 趙秉文《滏水集》卷九《道傍古槐》 虬枝盤屈尚百尺，不肯爲人充棟梁。六月行人汗如洗，尚能于世作清涼。

明 劉嵩《槎翁詩集》卷四《偃槐》 勃窣撑孤柱，婆娑偃一株。長條垂帶厲，細葉挂流蘇。暮鵲從争起，秋蜩秪謾呼。移牀憐美蔭，何止蔽千夫。

明 沐昂《素軒集》卷四《新槐》 春暮雨初歇，庭槐發嫩柯。色黄猶淺淡，陰綠未婆娑。偏稱流鶯囀，還宜乳燕過。晚來閑步處，踈影拂晴波。

明 葉盛《菉竹堂稿》卷二《槐》 三公屹□在朝行，嘉連樹陰護朝堂。只恐位高能變節，看花須念爲誰忙。

明 孫承恩《文簡集》卷九《留都翰林六植賦·獨槐》 爰有嘉木，虚星之精。柔條春敷，密葉夏榮。挺扶踈以獨秀，乃孤蹇而無朋。未緣結根於文陛，亦既聳望於詞林。冉冉猗猗，鬱鬱亭亭，驚兔目之初見，又鼠耳之倏更。嚴翠幄之高張，訝碧雲之久凝。無延袤之庇畝，亦婆娑之蔭庭。被朝烟以暂暝，漏夕陽之微明。來關關之鳥語，隱嘒嘒之蟬聲。青蟲並懸而吐絲，赤螘緣柯而漫行。韵涼飈於清晝，祛熱毒於炎蒸。鑽燧時而致用，守宫誕而莫徵。我有幽軒，棐几潔清，時來燕居，神舒志寧。撫嘉植以流憩，亦商歌而獨行。無取士師之聽訟，思得友生以談經。玩金葩之毵毵，攬瑶實之青青。繄物生之何知，關人事之多情。彼有感時序而驚進取，吾將勤服食以制頽齡。

明 馮惟訥《古詩紀》卷二七《槐樹詩》 嘉樹吐翠葉，列在雙闕涯。旖旎隨風動，柔色紛陸離。闕

明 劉春《東川劉文簡公集》卷二四《和馬先生書堂雜詠》 匝地清陰色既匀，幽齋最喜伴吟身。愛槐爲感當時事，猶有高風激後人。

明 鄧雲霄《綠槐賦有序》（《歷代賦彙補遺》卷一五引） 燕地烈暑如灼，余庭有嘉槐，喜得美蔭，每與韓孟郁科頭披襟婆娑其下，更作雲林間，想昔陳思、仲宣同時並有槐賦，暇偕孟郁率爾抽毫句底。颯颯風生，虚星有靈，當爲色動，掃塵高歌，暑氣若掃。

爰有嘉樹，積翠浮涼。爲市不鄰於璧水，倚殿自遠於文昌。避朱輪之大道，植綺疏之閑堂。異仲文之枯槁，有祖雄之芬芳。夫其淑氣回春，條風變節，兔目初窺，鼠耳漸茁。輕如島外殘烟，淡似雲間新月。綠方染兮難就，陰欲簇兮未列。乍上蜂黄，試啼鶯舌，御單袷而朝驚，進纖羅而晚怯。望微青兮淺黛，已縹緲而堪悦。及其楊花舞雪，榆莢鋪錢，泥融飛燕，沙暖眠鴛。紅雨殘蝴蝶之夢，綠陰老鷓鴣之天。此時柔枝婀娜，縟葉芊緜，籠紅藥於階側，覆碧蕙於欄邊。蔭當廣幕，净列長筵，棋聲琴韻，瀟灑留連。若乃朱鳥翔火傘舉，赤坂已焦，温泉沸煮。玄霜未授於金母，冰丸難覓於葛子。怪吴牛之喘月，憫跕鳶之墮水。嘘氣成雲，揮汗若雨。爾乃旁旉横被，滿院成陰。廊長日少，徑小苔深，侵朱簾而楚楚，泛縹帙而沈沈。若寥寥兮桂宫，似泠泠兮雪峯。坐換姑射之骨，恍乘禦冠之風。聽鳴蟬之踈引，忘烈日之高春。主人乃揮玉麈，坐繩床。品泉而石乳滑，試茗而雲芽香。抛書手倦，脱幘情忘，蘭湯沐罷，晞髮徜徉。却七華與六角，早延爽於清商。又或碧甃浮瓜，冰盤進李，茹以松花，佐以菰米。和槐葉之泠淘，實浣腸而溅齒。窅矣據梧，嗒然隱几。傲枕上之羲皇，覩壺中之天地。既不知黄粱之熟未，又安念南柯之不理。於是兩腋習習，情景相和，慷慨起舞，喜而作歌。歌曰：車馬兮塵浮，襬襶兮可休。吾既幸爲兮散吏，蔭綠槐兮焉求。韓子乃賡曰：日有夏兮，寓有假兮，心灑灑兮，物可化兮，將分蔭於天下兮。

清 魏裔介《兼濟堂文集》卷一七《涿州公廨古槐咏》 古槐蒼鬱氣如虬，飽歷風霜五百秋。試看門前車馬道，紅塵滿目夕陽愁。

清 彭孫遹《松桂堂全集》卷二五《古槐》 槐廳有木木有枝，百餘年物無人知。苦遭霜雪日摧挫，不肯荏苒同凡姿。老龍蜕爪龜裂璺，水中有火心未燼。寄聲爲語殷東陽，莫道婆娑生意盡。

清 查慎行《敬業堂詩集》卷三五《寓庭槐》 庭隅雙槐樹，手植知何人？自我來此居，婆娑忽經春。初看兔目綻，漸布綠葉匀。高處稍出牆，密將遮比隣。以兹尋丈地，無窮寓清新。千章豈不多，取蔭及一身。閲人如傳舍，脈脈還傷神。

又 卷三七《槐陰露坐》 我愛雙槐好，婆娑滿院遮。蟠根容穴螘，出屋帶棲鴉。未落三秋葉，將舒六月花。近身安片席，餘蔭給隣家。

清 湯右曾《懷清堂集》卷一六《槐》 與作西清故事傳，槐龍舞翠後堂前。陰濃布葉五六月，椽杙空腔幾百年。樹古幸無人剪伐，地偏不受物糾纏。晚涼風露齋居夜，影在中庭月在天。

又　卷一九《槐》　翠作老龍蟠，陰濃六月寒。清心了無夢，不入大槐安。

清　愛新覺羅·弘曆《御製詩三集》卷二《古柯庭》　古槐五百年，幾度荆凡閲。春明跡已遥，淳于夢亦歇。閒庭構其側，几榻皆清絶。樹古庭因古，偶憇輒怡悦。滿院緑瓊陰，一窗黄夾纈。顧竹如得朋，比榆自多潔。壁間逸史畫，室中懸娷綬，畫雲根，老樹槎枒，正與古柯寫照。雲東逸史，綬所自號也。早爲傳神設。

清　馮雲鵬《掃紅亭吟稿》卷八《咏四季槐》　玉樹青葱秋蕊黄，忽將紫綬换金章。庭前豈獨三株秀，屋角能留四季芳。露浥柔條常掩映，風摇小穗亦飛揚。終年對此堪排遣，不爲科場舉子忙。

清　吴榮光《石雲山人詩集》卷二一《新種雙槐庚子十二月四日》　歸來歲晏卧滄江，爲借清陰拓北窗。暖到土膏將臘八，芳催風信占春雙。頭廳蔭好懷仙籍，馳道花黄憶客幢。從此著書與偕老，南柯無夢蟻爲邦。

清　徐榮《懷古田園詩節鈔》卷二《途中咏物二十首·槐》　暍道征人望眼昏，路旁堠子緑雲屯。定知指樹懷吴湊，何必稱公媚長孫。眠底黄花驚昔讖，鄭谷詩：昔年相讖十秋風。夢中紫綬感前恩。祇應常醉南柯下，甲子雌雄莫更論。

清　戴熙《習苦齋詩集》卷一《古槐行》　道傍高槐勢盤曲，碎花零星綴如粟。客來繫馬夕陽街，滿身濃蔭鋪方褥。濃蔭沈沈生晦冥，兔耳微黄鼠耳青。十樹五樹昔年堠，一株兩株誰氏廳。滄桑轉變無人誌，枝盤鳥雀柯穿蟻。刼燼餘灰知幾時，小碑已蝕隋唐字。野徑蕭蕭風色寒，摩抄擬議龍蛇蟠。誰云材大難爲用，漫摘槐花仔細看。

又　卷八《道旁古槐和兒輩》　矯出長林外，杈枒卧道東。蔭曾三畝覆，腹已百年空。風葉蝿栖遍，苔柯蟻路通。未須憎老醜，幸以不材終。

清　郝懿行《曬書堂集·外集》卷上《矮槐賦》　澥水之南，永平之道，厥有樹焉。支離菌蠢，擁腫輪囷。其枝之蜿蟺而上也，如螣蛇踞地，昂首吸氣。其下垂也，如虯龍振鱗，舒爪拏雲，婆娑偃蹇。古怪蒼遒，又如丈人痀僂，齊女宿瘤。盤盤囷囷，矗不知其幾百餘秋。父老告余曰：此矮槐也，相傳宋代所留，而莫詳其所由。余觀夫黛色餐雲，霜皮齧雪，密葉篩風，老柯抱鐵。長條鬖鬖，參軍髯耶。古幹蹇蹇，主簿短耶。抑晏平仲之使狗國而軀不滿五尺耶？或臧孫紇之似侏儒而藐乎小丈夫耶？否則爾形不長而登裴晉公之緑野堂耶？何貌不類於威施而傴僂促縮，宛如雞窠之兒。或曰，古有所謂將軍樹者，此殆其奴耳。余曰：否。此蓋智士所以斂其材，而君子所以居於愚。且夫主簿雖短而有筆如椽，平仲五尺而齊國稱賢，臧孫侏儒而智足多焉，裴公寢陋而勳業爛然。但菁華之内抱，奚經麗之外妍？彼龍門之百尺，賴焦尾而後傳。抑豫章之千尋，經斧斵而不完。維兹樹焉，不矜材於羣木，乃終老其天年。異墨家之摩頂，學端木之及肩。樵蘇往來蔭其側，風霜高潔冪其巔。嗟乎，草木何知！

雜　録

晉　干寶《搜神記》卷六　元帝建昭五年，兖州刺史浩賞禁民私所自立社。山陽橐茅鄉社有大槐樹，吏伐斷之。其夜樹復立故處。説曰：凡枯斷復起，皆廢而復興之象也。是世祖之應耳。

宋　陶穀《清異録》卷上《不平生》　崔鳳蹉跎失志，洛南天慶觀頗幽雅，常陪友生夏月招涼於古槐下，戲曰：「予不登九品，此槐不得爲手版，想亦助不平也。」是後，朋從呼槐爲不平生。

明　曹學佺《西峰字説》卷一二　新泰縣在州東南百八十里，編户二十二里。□平陽邑，宣八年城平陽是也。漢爲東平陽縣。按河東有平陽，故此加東。晉太始中，鎮南將軍羊祜，此縣人。疏改爲新泰縣云。儀門内有古槐一株，元時，省入萊蕪，此槐遂謝。後縣復，槐因復榮。邑人謂之靈槐。

明　陳詩教《花裏活》卷一《南北》　隋侯白嘗與楊素竝馬，見路旁有槐樹，顦顇欲死。素曰：「侯秀才道理過人，能令此樹活否？」白曰：「取槐子懸樹枝即活。」素問其説，答曰：「《論語》云：『子在，回何敢死。』」回槐同音。

清　乾隆《掖縣志》卷八　會稽陶崇道令掖時，有親知遠至，留飲衙舍。一小鬟供酒，久待不至。陶自起，遍覓不可得。忽聞署旁井中有人聲，急出之，乃小鬟也。詢云：「適持酒至井邊，突有白鬚翁强抱余去，不知身已在井底。」陶見井邊一老槐，枝葉婆娑，大可數圍。蓋百餘年物矣。謂鬟被祟，必此鬼木也。命伐

其樹，怪遂息。《蟬雪集》

清 光緒《文登縣志》卷一六 《鯉堂廣宇記》：「石落村劉氏，海濱得百丈枯魚骨，搆鯉堂。」《續夷堅志》：「石落村劉氏，嘗於海濱得百丈巨魚，取骨爲梁，搆屋爲鯉堂。堂前一槐，蔭蔽數畝。劉忽夢女冠，自稱麻姑，乞此樹修廟。劉漫許之。後數日，風雷大作，昏迷如夜，失槐所在，迹之則已臥麻姑廟前矣。」

桐

題解

《爾雅・釋木》 櫬，梧。注：今梧桐。音義櫬，初靳反，下同。梧，音吴。疏櫬，一名梧。郭云：今梧桐。《詩・大雅》云「梧桐生矣，于彼朝陽」是也。

榮，桐木。注：即梧桐。疏桐木一名榮。郭云「即梧桐」，與上「櫬，梧」一也。

漢 許慎《説文》卷六 梧，梧桐木。从木，吾聲。一名櫬。五胡切。

榮，桐木也。从木，熒省聲。一曰：屋梠之兩頭起者爲榮。永兵切。

桐，榮也。从木，同聲。徒紅切。

宋 戴侗《六書故》卷二一《梧桐》 梧，五胡切。梧桐也。借爲枝梧之梧，與吾、牾通。桐，徒紅切。桐類不一，大畧榦直心虚而葉大。梧桐膚青，故又謂青桐。其皮可漚爲繩，故又謂皮桐。其實莢生類椀豆。《本草》：青桐支葉俱青而無子。梧桐皮白葉青而有子，可食。白桐類穀，華而不實，故又謂華桐。《本草》曰：桐有華與子，華二月舒，黄紫色，一名椅桐，又名黄桐。按《詩》：椅、桐、梓、漆，乃四物。毛桐空中，葉尤大，支葉皆毛，故謂毛桐。剛桐絶類毛桐，葉差細而不毛。毛桐易枯，剛桐能大，最中琴瑟，多生於山，所謂嶧陽孤桐，蓋此桐也。《本草》曰：剛桐似白桐，惟無子，宜作琴瑟。陸氏曰：白桐宜琴瑟。雲南人績以爲布，似毛布。油桐，又名膏桐，實可厭油。又有朿桐、《本草》云：嶺南有朿桐，枝幹有朿葉，如梧桐華，側專如掌，深紅色。拆桐。《本草》曰：江南又有赬桐，秋開紅華，無實有紫，桐華如百合，實堪糖煮噉。又西域鄯善出胡桐。孟康曰：似桑而多曲。師古曰：胡桐似桐，不類桑。蟲食其樹，沫下流者，俗名胡桐淚。可以汙金銀，工匠皆用之，流俗誤呼淚爲律。《本草》云：出肅州以西平澤及山谷中，相傳其木似白楊。青桐葉初生似柳，大似桑。桐其液入地與石相著，冬月采入藥。

論説

《逸周書・時訓解》 清明之日，桐始華。【略】又五日，虹始見。桐不華，歲有大寒。

《爾雅・釋訓》 藹藹萋萋，臣盡力也。注：梧桐茂，賢才衆；地極化，臣竭忠。噰噰喈喈，民協服也。注：鳳凰應德，鳴相和，百姓懷附，興頌歌。音義：藹，於蓋反。萋，七西反。盡，苦忍反。噰本或作雍，又作雝，同於恭反。喈，古諧反，應音膺。疏：《大雅・卷阿》云：藹藹，王多吉士。鄭箋云：王之朝多善士，藹藹然。又云：菶菶萋萋，雝雝喈喈。毛傳云：梧桐盛也，鳳皇鳴也。臣竭其力，則地極其化。天下和洽，則鳳皇樂德。鄭箋云：菶菶萋萋，喻君德盛也。雝雝喈喈，喻民臣和協。是皆臣下盡力，民人協服也。故郭云：梧桐茂，賢才衆；地極化，臣竭忠。鳳皇應德，鳴相和，百姓懷附，興頌歌也。

漢 劉安《淮南子》卷一六《説山訓》 厲利劍者必以柔砥，擊鐘磬者必以濡木，故梧桐斷角，馬氂截玉。

三國吴 陸璣《毛詩草木鳥獸蟲魚疏》卷下《鳳皇于飛》 鳳，雄曰鳳，雌曰皇，其雛爲鸑鷟，或曰鳳皇，一名鶠。非梧桐不棲，非竹實不食。

北周 庾信《庾子山集》卷一 龍門之桐，其枝已折。卷施之草，其心實傷。枚乘《七發》曰：龍門之桐，高百尺而無枝。《爾雅》曰：卷施草，拔心不死。郭注云：宿莽也。《離騷》云：夕搴中洲之宿莽。王逸云：草冬生不死者，楚人名之曰宿莽。嗚呼哀哉！

唐 柳宗元《柳河東集》卷一九《霹靂琴贊引》 琴莫良於桐。桐之良，莫良於生石上。

宋 王質《詩總聞》卷一七《九章》 鳳凰鳴矣，于彼高岡。梧桐生矣，于彼朝陽。菶菶萋萋，雝雝喈喈。

鳳凰謂吉士也，梧桐茂，則鳳凰來。君子進，則多士集。當是《卷阿》之君子，士望所歸，民情所附，能表率者也。

宋 陸佃《埤雅》卷一四《桐》 《詩》曰：湛湛露斯，在彼杞棘。愷悌君子，莫不令德。其桐其椅，其實離離。愷悌君子，莫不令儀。杞棘剛木，故詩以況令德。椅桐柔木，故詩以況令儀。

宋 蘇軾《格物麤談》卷上 梧桐花初生，色赤主旱，色白主水。

宋 林之奇《尚書全解》卷八　孤桐者，特生之桐，可以中琴瑟也。《詩》云：梧桐生矣，于彼朝陽。蓋桐之生，以向日者爲良。必以孤桐者，猶言孤竹之管也。陸農師曰：梧桐性便濕地，不生於岡。引《毛詩傳》曰：梧桐不生高岡，太平而後生朝陽。以此觀之，則是梧桐生於山之陽最爲難得，其孤生者又其難得之物也。【略】故厥貢惟土五色、羽畎夏翟、嶧陽孤桐、泗濵浮磬、淮夷蠙珠暨魚厥篚玄纖縞。

宋 衛湜《禮記集説》卷四〇　山陰陸氏［陸佃］曰：桐始華。蔡邕曰：木之後華者也。

宋 羅願《爾雅翼》卷七　《瑞應圖》云：王者任用賢良，則梧桐生於東廂。

明 孫瑴《古微書》卷一九　君乘火而王，其政平，梧桐常生。

明 徐渭《刻徐文長先生秘集》卷一一《桐》　桐以特勝取其幹。宜高崗，宜旭日，宜金井，宜瑶堦，宜天漢長河，宜掖庭踈雨，宜九苞丹鳳，宜一片銀蟾。

明 張萱《疑耀》卷七《梧桐自生》　鳳，鶉火之禽。桐，大火之精。梧桐嘗以三星見而放葉，火西流而落葉。鳳非梧不棲，以陽從陽也。一説，凡燒餘赭黔之土，心星照之，則梧桐自生。是梧桐乃自生之物，非待於種也。故詩曰：梧桐生矣。用字不苟如此。

清 來集之《倘湖樵書·初編》卷三《桐》　東坡云：凡木本實而末虛，惟桐反是。試取小枝削之，皆堅實如蠟，而其本皆中虚空。故世所以貴孫枝者，貴其寔也，實故絲中有木聲。《宛委餘篇》引趙希鵠云：古琴有陰陽二材，桐木面陽日照者爲陽，不面日爲陰。以新桐本驗之，陽必浮，陰必沉。陽材琴旦濁而暮清，晴濁而雨清；陰材琴旦清而暮濁，晴清而雨濁。《夢溪筆談》云：琴雖用桐，然須多年，木性都盡，聲始發越。予曾見唐初路氏琴，木皆枯朽，殆不勝指，而其音愈清。又聞琴不百年，則桐之生意不盡，緩急清濁，恒與雨陽寒暑相應。《採蘭雜志》云：雷威作琴，不必皆桐。遇大風雪中，獨往峨眉，酣飲，着簑笠，入深松中，聽其聲連延悠颺者伐之，斲以爲琴，妙過于桐。有最愛重者，以松雪名之。《尺牘新語》張又新云：木質桐疎而梓密，琴之音下徹于桐，至梓而復，故其聲清堅而疏越。是琴非梓不爲功也。而古來之名琴者，但曰絲桐，物固有身其功而辭其名者。《清暑筆談》云：琴材以輕鬆脆滑謂之四善。

清 李漁《閒情偶寄》卷一四《竹木·梧桐》　梧桐一樹，是草木中一部編年史也，舉世習爲不察，予特表而出之。花木種自何年？爲壽幾何歲？詢之主人，主人不知；詢之花木，花木不答。謂之忘年交則可。予以知時達務，則不可也。梧桐不然，有節可紀，生一年，紀一年。樹紀樹之年，人即紀人之年。樹小而人與之小，樹大而人隨之大，觀樹即所以觀身。《易》曰：觀我生進退。欲觀我生，此其資也。予垂髫種此，即于樹上刻詩以紀年，每歲一節，即刻一詩。惜爲兵燹所壞，不克有終。猶記十五歲刻桐詩云：「小時種梧桐，桐葉小于艾。簪頭刻小詩，字瘦皮不壞。剎那三五年，桐大字亦大。桐字已如許，人大復何怪。還將感歎詞，刻向前詩外。新字日相催，舊字不相待。顧此新舊痕，而爲悠忽戒。」此予嬰年著作，因説梧桐，偶爾記及，不則竟忘之矣。即此一事，便受梧桐之益。然則編年之説，豈欺人語乎？

清 汪灝《佩文齋廣群芳譜》卷七三《木譜·桐》　《新書》：懸弧之禮，東方之弧以梧。梧者，東方之草，春木也。【略】

原《莊子》：空門來風，桐乳致巢。

清 雍正《陝西通志》卷四四《桐》　梧桐生矣，于彼朝陽《詩經·大雅》。上林苑梧桐三：椅桐、梧桐、荆桐《西京雜記》。青梧觀有三梧桐樹《三輔黃圖》。昭帝元鳳三年，馮翊人獻桐枝，長六尺，一葉也伏虔《古今註》。植桐數十萬株於阿房城《晉書·苻堅載記》。忽見紫桐花悵望，下邽明日是清明《長慶集》。桐生桐栢山中，今三原有之馬志。

清 張必剛《濬元》卷四《桐始華清明初候》　用桐木爲絲音，協奏之，可以和陰陽，節風雨，躍潛魚，來儀鳳，降天神，出地祇，享人鬼百物，斯其功亦偉矣。夫魚，水蟲之靈也；鳳，羽醜之靈也。神祇人鬼，理氣之幽以通也。桐雖良，然其靈不及魚與鳳。其幽以通，不及神祇人鬼。然魚與鳳與神祇人鬼，不得桐不爲招。故世患桐不協，不患魚不躍，鳳不來，神祇人鬼不降、不出、不享也。鳳待桐而棲者也，絲音待桐而鳴者也。然桐又待陽而生、而華，且非特待陽以生且華也，又有待於治化者。治弗盛，桐雖生，鳳亦弗棲；雖强斲桐爲絲音，音亦弗調。而又何論於天地人鬼百物也？嘻，不有感者，則不有應，應之待感若是，待者莫自爲也，豈特桐木然耶？

繫曰：山之上有桐焉，生孤特以聳；水之濵有竹焉，生秀潔以茂；圃之中有菊焉，生叢鬱以幽。吾皆愛之，皆敬之。山之上，水之濱，圃之中，不獨桐竹菊

也。敬菊則凡圃中之物可知，敬竹則凡水濱之物可知，敬桐則凡山上之物可知。山屬乎陽，而水與圃屬乎陰。菊之花以秋末也，則爲因陰時，其處於園圃則又因陰位。桐之華以春末也，則爲因陽時，其處於山左則來自陽，主以疏通。禮作自陰，主以縝密。而琴瑟簫管，又樂中最爲疏通之器。而竹與桐，則植類中最爲疏通之物。一節稀而心鬆，一外實而中空，可驗也。以物之鬆空者，爲器之疏通者，其與玉帛之爲禮器曷異？《周易》震爲旉，爲蒼筤竹，離爲科上槁，坎爲堅多心，艮爲堅多節。堅多心節，爲松、柏、柞、桂。而科上槁則爲桐。桐不能如松、柏、柞、桂，松、柏、柞、桂，不肯與桐並也，固也，然其華則亦可愛也。木之陽有桐，桐之陽，有向日之位。桐向日之位，雖置之水中必浮，雖反覆易之，終必浮。凡陰陽浮沉，負抱順逆之理，無物不統貫乎其中。女子之生，其面向外，其死也，必仰。男子之生，其面向内，其死也，必覆也。亦若是焉已耳。先華後葉者，梅也，桃也，李也。先葉後華者，桐也，衆木也。桐之華，又後衆木而發。至於秋而葉與華皆不存也。夫華後矣，尚不可久存也，則人之欲華之早發也何爲？

贊曰：吴錢忠懿王能琴，遣使訪良琴。使者至天台山，宿僧寺，夜聞瀑布聲，晨起視之，寺簷柱正對泉石激薄處，且向日。私念曰：若柱係桐木，則良琴在是矣。以刀削之，果桐也。一桐柱耳，尚能感凄清蘊幽響，況有生名山大川間，受風露華實者乎？其良又當何如乎？

清 雍正《山西通志》卷四七《桐》 出汾陽、介休、孝義，一名白桐，體最輕虛，不生蟲蛀，斲琴最良。一名青桐，即梧桐也，其子可炒作果。立秋日必墜一葉。詩云：梧桐一葉落，天下盡知秋。

綜述

《詩經·大雅·卷阿》 「鳳凰鳴矣，于彼高岡。梧桐生矣，于彼朝陽。」傳：梧桐，柔木也。山東曰朝陽，梧桐不生山岡，太平而後生朝陽。箋云：鳳凰鳴于山脊之上者，居高視下，觀可集止，喻賢者待禮乃行，翔而後集。梧桐生者，猶明君出也。生於朝陽者，被温仁之氣，亦君德也。鳳凰之性，非梧桐不棲，非竹實不食。「菶菶萋萋，雝雝喈喈。」傳：梧桐盛也，鳳凰鳴也。臣竭其力，則地極其化。天下和洽，則鳳凰樂德。箋云：菶菶萋萋，喻君德盛也。雝雝喈喈，喻民臣和協。音義：梧音吾。被，皮寄反。棲音西。菶，布孔反，又薄孔反，又薄公反。萋，七西反。喈音皆，鳳凰鳴也。疏：《正義》曰：毛以爲上，既言鳳凰由吉人所致。此又總而結之以告戒於王言，今鳳凰鳴矣，於彼高岡之上。又梧桐生矣，於彼朝陽之地。其梧桐之生，則菶菶萋萋而茂盛。其鳳凰之鳴，則雝雝喈喈而和協，是太平之實驗矣。鄭以爲鳳凰之將出則先鳴矣，於高山之脊居高視下，觀可集止。見其梧桐生矣，於彼山東之朝陽，乃往集之，以興賢者之將仕也。則相時待禮，擇可歸就，見其明君出矣。於彼仁聖之治世，乃往仕之。梧桐之生，則菶菶萋萋而茂盛，以興明君亦德盛也。鳳凰之鳴也，則雝雝喈喈然，音聲和協，以興民臣亦和協也。傳《正義》曰：梧桐可以爲琴瑟，是柔刃之木，故曰柔木。《釋木》云：櫬梧。郭璞曰：今梧桐，又曰榮桐木。郭璞云即梧桐也。然則桐梧一木耳。山東曰朝陽，《釋山文》孫炎曰：朝先見日也，言梧桐不生山岡，太平而後生朝陽者，山岡與朝陽一也。以經有岡，故以山言之。但梧桐柔脆之木，若時未太平，地不及化，則不生山岡朝陽之地。若太平則生山岡之朝陽，出頂之東，皆早朝見日。但是山東之岡脊總曰朝陽，不云鳳鳴處所者，以時不太平，鳳全不見，故不須言鳴之處所。箋《正義》曰：箋以上二章，興求賢人，故此亦以鳳凰興賢者。梧桐自是鳳之所栖，不必太平，乃有不得爲太平之事，因鳳所集，故以興明君焉，以鳳鳴而言。在岡，故知居高視下，觀可集止。言賢者待禮者，明君能以禮召人，故以喻焉。梧桐可使鳳凰集之，則大樹非始生矣。而主梧桐生者，喻明君出也。既以梧桐比君，不言生於他處，而云生於朝陽者，以其早見日陽，被温仁之氣。温仁者，亦君之德也。故以朝陽之梧桐喻之。非梧桐不栖，非竹實不食，《莊子》文也。然《莊子》所説乃言鵷鶵。鵷鶵亦鳳凰之别。《白虎通》云：黄帝之時，鳳凰蔽日而至，止於東園。食常竹實，栖常梧桐，終身不去。且諸書傳之論鳳事，皆云：食竹栖梧。箋言：此者解經，既言鳳凰，即言梧桐之意也。傳《正義》曰：言梧桐盛，解菶菶萋萋；鳳凰鳴，解雝雝喈喈。臣竭其力以下更覆解此鳳鳴木盛之意，由臣能竭其力以助於君，故使地亦極盡其化生之德，生此梧桐，使之菶菶萋萋也。由臣竭其力故使天下和洽，故使鳳凰樂德而來其鳴，雝雝喈喈也。知臣竭其力爲二事之總者，以此言太平由臣之力明。天下和洽，亦臣竭力矣。萬物草木，天之所生，言地極其化者，以梧桐生在地，是地能化之。《釋訓》云：藹藹萋萋，臣盡力也。舍人曰：藹藹，賢人之貌。萋萋，梧桐之貌。孫炎曰：言衆臣竭力，則地極其化，梧桐盛也。是用此傳爲説。《釋訓》又云：雝雝喈喈，民協服也，不爲鳳凰鳴。此傳與《爾雅》異者。毛意以爲由萬民協服，故鳳聲雝和，亦得合《爾雅》也。箋《正義》曰：菶菶萋萋，梧桐之貌也。箋於上經，以梧桐喻明君，故以梧桐盛喻君德。《爾雅》言：臣盡力與此箋不同者，以君有盛德，則能使臣盡其心力。亦與《爾雅》合也。雝雝喈喈，鳳凰之聲。上以鳳凰比賢者，其鳴似賢者之政教，故以鳳凰聲聞於人。人聞之而知其雝和，以喻政教加被於民，民應之而相與和協。《爾雅》言：民協服者，彼言所喻之意也。

漢 枚乘《七發》（《西漢文紀》卷七引） 龍門之桐，高百尺而無枝，中鬱結之輪菌，根扶疎以分離。上有千仞之峰，下臨百丈之谿，湍流遡波，又澹淡之。其根半死半生，冬則烈風漂霰飛雪之所激也，夏則雷霆霹靂之所感也。朝則黃鸝鳱鴠鳴焉，暮則羈雌迷鳥宿焉。獨鵠晨號乎其上，鵾鷄哀鳴翔乎其下。是言龍門所生之桐也。

宋 陸佃《埤雅》卷一四《梧》 梧，一名櫬，即梧桐也。今人以其皮青，號曰青桐。華淨妍雅，極爲可愛，故多近齋閣種之。梧櫜鄂皆五焉，其子似乳，綴其櫜鄂，生多或五六，少或二三。故飛鳥喜巢其中，《莊子》所謂「空穴來風，桐乳致巢」是也。今亦謂之梧子。《詩》曰：鳳皇鳴矣，于彼高岡。梧桐生矣，于彼朝陽。蓋梧桐以譬才之柔令，朝陽以譬德之温厚。《莊子》曰：師曠之枝策也，惠子之據梧也。此言精大用則竭，神大用則弊。故二子疲，或枝策而立昏，或據梧而瞑也。

又《桐》 此即白桐，華而不實。賈思勰曰：白桐無子。冬結似子者，乃是明年之華房。《爾雅》曰「榮桐木」，即此是也。桐木華而不實，故曰榮桐木也。今亦謂之華桐，華則以其華而不實。賈思勰曰：桐葉華而不實者曰白桐，實而皮青者曰梧桐。今妙其實噉之，味似菱芡。桐有三輩，青白之外復有岡桐，即油桐也。生於高岡，今亦謂之岡梧。蓋梧性便濕，不生於岡，故此桐有岡之號。《毛詩傳》曰：梧桐不生山岡，太平而後生朝陽。陶氏云：桐有四種。青桐葉皮青，似梧而無子。梧桐色白，葉似青桐而有子。白桐與岡桐無異，唯有華子爾。岡桐無子，是作琴瑟者。皆不足據。按：青桐即今梧桐，白桐又與岡桐全異。白桐無子，才中琴瑟。岡桐子大，有油。與陶氏之説正反。《詩》曰：湛湛露斯，在彼杞棘。愷悌君子，莫不令德。其桐其椅，其實離離。愷悌君子，莫不令儀。杞棘，剛木，故《詩》以況令德。椅桐，柔木，故《詩》以況令儀。《淮南子》曰：梧桐斷角，馬氂截玉。言柔弱之勝剛强如此。《論衡》曰：楓桐速長，故其皮肌不能堅也。《老子》曰「大器晚成」，豈不信哉？《孟子》曰：豈愛身不若桐梓哉？又曰：舍其梧檟，養其樲棘，則爲賤場師焉。梧雖桐輩也，而梧下桐上。檟雖梓輩也，而檟下梓上。故桐梓者，愛身之譬也。梧檟以況眉背而已。蔡邕《月令》云：桐始華。桐，木名，木之後華者也。穉之，故曰始。《易緯》曰：桐枝濡毳而又空中，難成易傷，須成氣而後華。《淮南子》曰：桐木成雲。言其升氣可以造雲云。《遁甲》曰：梧桐不生，則九州異。名之曰桐，似本於此。桐，柔木也，而虚其心。若能同者，父喪杖竹，母喪杖桐。竹有節，父道也。桐能同，母道也。母，從子者也。舊説梧桐以知日月正閏，生十二葉，一邊有六葉，從下數一葉爲一月，有閏則生十三葉。視葉小者，則知閏何月。不生，則九州異君。

宋 羅願《爾雅翼》卷九《梧》 梧者，植物之多陰最可玩者。青皮而白骨，似青桐而多子。蓋桐有青、赤、白，而青桐又有有實、無實之辨。今人以梧之青，亦曰青桐。云其生莢如箕，子相對，綴箕上。多者至五六，成材之後，樹可得實一石。食之，味如芡。《古今方書》稱丸藥如梧桐子者，蓋倣此也。考《莊子》曰：空閲來風，桐乳致巢。蓋子生纍然似乳，鳥悦於得食，因巢其上。亦猶枳椇之來巢，以味致之也。此木易生，鳥銜墜者，輒隨生殖。其畦種者，是歲可高一丈。古稱鳳凰集于朝陽梧桐之上，豈亦食其實耶？或曰，梧桐以知日，至正南生十二葉，一邊有六葉，從下數一葉爲一月，至上十二葉。有閏，十三。小餘者，視之則知閏何月也。《遁甲》：梧桐不生，則九州異。梧亦良木，孟子所謂場師，舍梧檟而養樲棘則爲賤。場師，明梧者場中所貴也。此木雖不中樂器，然堪車板、盤合、木牒等用。《釋木》稱櫬梧。櫬者，棺之別名。豈古下卿之罰，所謂桐棺三寸者，亦有取此耶？其皮，今人亦剥用之。然葉春晚乃生，望秋輒槁。惠子所以據之而瞑也。或者，槁梧即琴。古者梧、桐之名亦通。《齊地記》曰：城北十五里，有桐臺，即梧宫。賈誼《新書》：懸弧之禮，東方之弧以梧。梧者，東方之草，春木也。南方之弧以柳，柳者，南方之草，夏木也。中央之弧以桑，桑者，中央之木也。西方之弧以棘，棘者，西方之草，秋木也。北方之弧以棗，棗者，北方之草，冬木也。

又《桐》 榮桐。木物之榮者多矣，獨桐名榮者，桐以三月華，蓋自春首，東風解凍，蟄蟲、魚獺、鴻鴈，皆應陽而作，惟桃、桐之作華，乃在衆木之先，其榮可紀，故名桐爲榮也。《周書·時訓》曰：清明之日，桐始華。桐不華，歲有大寒。蓋不華則陽氣微，陽氣微則寒可知已。又《易緯》曰：桐枝濡毳而空中，難成易傷，須盛氣而後華。蓋以經言始華，有遲之之義。桐與梧既異，而桐之中又有數種。有其子可以取油者，蓋即《詩》所謂「其桐其椅，其實離離」者也。有華而不實堪作琴瑟者，若生石間，其聲則鳴，《書》「嶧陽孤桐」是也。雲南牂牁人，亦績以爲布，其葉飼豕，肥大三倍。至秋後亦用以飼魚。鄉人養鯇魚者，每春以草養之，頓能肥大。秋後食以桐葉，以封魚腹，則不復食，亦不復瘦，以待春復食也。晉武帝時，嘗得一石鼓，擊之無聲，張華請用蜀桐材，刻魚形，扣之，音聞數里。而董仲舒請雨，秋以桐魚九枚，莫曉其義。《王逸子》曰：木有扶桑、梧桐、松柏，皆受氣淳矣，異於羣類者。松柏冬茂，陰木也。梧桐春榮，陽木也。扶桑

日所出，陰陽之中也。《管子》：五粟五沃之土，宜桐。又漢西域鄯善國，有胡桐，亦似桐。蟲食其木，則沫出其下流者，俗名爲胡桐淚，言如目中淚也，可以汙金銀。流俗語訛，呼淚爲律。

宋 陳翥《桐譜》（《説郛》卷一〇五引） 古者《氾勝之書》，今絶傳者，獨《齊民要術》行於世，雖古今之法小異，然其言亦甚詳矣。雖茶有經，竹有譜，吾皆畧而不具。植桐乎西山之南，乃述其桐之事十篇，作《桐譜》一卷。其植桐則有紀誌存焉，聊以示於子孫，庶知吾既不能干禄以代耕，亦有補農之説云耳。皇祐元年十月七日夜。

一之叙源　二之類屬
三之種植　四之所宜
五之所出　六之采斫
七之器用　八之褋説
九之記誌　十之詩賦

叙源第一

桐，柔木也。《月令》曰：清明桐始華。又《吕氏・季春月紀》云：桐始華。高誘曰：梧桐也，是日生葉，故云始華。《爾雅・釋木》曰：櫬，桐。又曰：榮，桐木。郭璞云：即今梧桐也。疏引《詩・大雅》云「梧桐生矣，于彼朝陽」是也。《書》云：嶧陽孤桐。《釋木》所謂櫬、榮者，乃桐之一木耳。古詩云：椅桐傾高鳳。又曰：井桐栖雲鳳。故詩書或稱桐，或云梧，或曰梧桐，其實一也。初生葉脆而易長，一年可聳七八尺，更糞之，圍五六寸，萌子采伐之。巨椿者或可尺圍，毳其萌至二月，三月方漸，向陽者尤早，背陰差遲。其枝幹濡脆而嫩，又空其中，皮膚葉薄，易爲風物所傷，必須成氣而後花。是故幹稚嫩者先榮，葉茂盛者先榮。其花開有先後。先者未有葉而開，自春徂夏，迺結其實，實如乳尖，長而成毬。《莊子》所謂「桐乳致巢」是也。後者至冬葉脱盡後始開，秀而不實，其蕊萼亦小於先時者。是知桐獨受陰陽之淳氣，故開春冬之兩花，而異於羣木也。其葉味苦寒無毒，主惡蝕瘡，蔭皮主五痔，殺三蟲，療賁豚氣病。其花飼豬，肥大三倍。然其皮葉亦有効於人也。或者謂鳳凰非梧桐而不栖，且無異耳。王氏謂，受氣淳矣，真不虚也，於桐可獨見之矣。其體濕則愈重，乾則愈輕，生時以斧斫之甚易，乾乃軟而拒斧。故鄙諺云「輕是桐，重是桐，難斫亦是桐」，此之謂也。

類屬第二

桐之類，非一也，今畧志其所識者。一種，文理麄而體性慢，葉圓大而尖長，光滑而毳稚者，三角。因子而出者，一年可拔三四尺；由根而出者，可五七尺。已伐而出於巨椿者，或幾尺圍。始小成條之時，葉皆茸，毳而嫩，皮體清白，喜生於朝陽之地。其花先葉而開，白色，心赤内凝紅。其實毬先長而大，可圍三四寸。内爲兩房，房中有肉，肉上細白而黑點者，即其子也，謂之白花桐。一種，文理細而體性緊，葉三角而圓大，白花，花葉其色青，多毳而不光滑，葉硬，文微赤，擎葉柄毳而亦然，多生於向陽之地。其茂拔，但不如白花者之易長也。其花亦先葉而開，皆紫色，而作毬有類紫藤花也。其實亦毬，如乳而微尖，狀如柯子而粘。《莊子》所謂「桐乳致巢」，正爲此紫花桐實。而中亦兩房，房中與白花實相似，但差小，謂之紫花桐。其花亦有微紅而黄色者，蓋亦白花之小異者耳。凡二桐，皮色皆一類，但花葉小異，而體性緊慢不同耳。至八月，俱復有花，花至葉脱盡後始開，作微黄色。今山谷平原間，惟多有白花者，而紫花者尤少焉。一種，枝幹花葉與白桐花相類，其聳拔遲小而不侔，其實大而圓，一實中或二子，或四子，可取油爲用。今山家多種成林，蓋取子以貨之也。一種，文理細緊而性喜裂，身體有巨刺，其形如欓樹，其葉如楓，多生於山谷中，謂之刺桐。晉安《海物異名志》云：刺桐花，其葉丹，其枝有刺云。凡二桐者，雖多榮茂，而其材不可入器用，乃不爲工匠之所瞻顧也。一種，枝不入用，身葉俱滑，如榛之初生。今兼并之家，成行植於階庭之下，門牆之外，亦名梧桐，有子可啖，與《詩》所謂梧桐者非矣。一種，身青，葉圓大而長，高三四尺便有花，如真紅色，甚可愛，花成朵而繁，葉尤疎，宜植於堦壇庭榭，以爲夏秋之榮觀，厥名真桐，亦曰赬桐焉。凡二種，雖得桐之名，而無工度之用，且不近貴色也。

又 《所宜》 桐，陽木也，多生於崇岡峻嶽，巉巖盤石之間，茂拔顯敞，高煖之地，即嵇叔夜所謂「榮綺季之疇，乃相與登飛梁，越幽壑，拔璠枝，陟峻嶽，以游乎其下」是也。今桐之所生未必皆茂于崇岡峻嶽，但平原幽顯之處，向陽之地悉宜之。

又 《褋説》 魏明帝《猛虎行》曰：雙桐生枯井，枝葉自相加。通泉溉其根，玄雨潤其柯。王逸少曰：木有扶桑、梧桐、松栢，皆受氣異於羣類者也。《莊子》云：空門來風，桐乳致巢。注：門户空，風喜投之。桐子似乳者，葉而生，鳥喜巢之。《易緯》曰：桐枝濡毳而又空中，難成易傷，須成器而華。《新論》曰：神農皇帝削桐爲琴。《風俗通》曰：梧桐生於嶧陽山岩石之上，采東南孫枝爲

琴，聲清雅。《莊子》曰：外子之神，勞子之精，則倚樹而吟，據梧而瞑。注云：勞困故耳。《呂氏春秋》曰：成王與唐叔虞燕居，剪桐葉以爲圭，曰：「以此封汝。」《淮南子》曰：智者有所不足，故桐不可以爲弩。《遁甲》曰：梧桐不生，則九州異君。梧桐以知日月正閏，生十二葉，一邊有六葉，從下數一月，有閏則十三葉。視葉小者，則知閏何月也。不生則九州異君。崔綺《七蠲》曰：爰有梧桐，生於亥溪。傳根朽壤，托險生危。《淮南子》曰：桐木成雲。注云：取十石瓮，滿以水，置桐其中，蓋之三四日，氣如雲作。《莊子》曰：鵷鶵發南海，而飛于北海，非梧桐不止，非竹實不食。《名山志》曰：吹臺有高桐，皆白圍，嶧陽孤生，方此爲劣。《淮南子》又曰：以巨斧擊桐薪，不待利日良時而後破之。加斧桐薪之上，而無人力之奉，雖順招摇刑德而不能破，無其勢也。《論衡》曰：李子長爲政，欲知囚情，刻桐象囚形，鑿地爲坎，卧木囚其中。囚若正，木囚不動；若有冤，木囚動出。蓋人之精誠，着木人也。古詩曰：井梧栖雲鳳。又曰：椅桐傾高鳳。《孟子》曰：拱把之桐梓，人苟欲生之，皆知所以養之者。至於身而不知所以養之者，豈愛身不若桐梓哉？弗思甚也。今有場師，舍其梧檟，養其樲棘，則爲賤場師焉。《廣志》曰：驃國有白桐木，其葉有白毳，取其毳淹漬，緝織以爲布。《齊地記》曰：齊城有梧臺，即梧宮也。《齊書》曰：豫章王於郡起山，列種桐梧。武帝幸之，置酒爲樂。《瑞應圖》曰：王者任用賢良，則梧桐生於東厢。《禮斗威儀》曰：君乘火而王，其正平，梧桐長生。《述異記》曰：梧桐園在吳夫差蕉國，一名琴川。梧園在句容縣。傳曰：吳王别館有楸梧成林焉。古樂府云「梧宮秋，吳王愁」是也。《秦記》曰：初長安謡曰：鳳凰鳳凰，止阿房。符堅遂於阿房城植桐數萬株以待之。其後慕容沖入阿房城而止焉。沖小字鳳也。《晉書》武帝時，臨平岸崩出一石鼓，打之無聲。張華曰：可以蜀中桐木刻魚形，扣之得鳴。如其言，果聲聞數十里。《後漢書》：蔡邕在吳，吳人有燒桐以爨者，邕聞火裂之聲，知其良木也。因請裁爲琴，果有美音。故詩人名之曰焦尾琴。《齊書》曰：王晏爲員外郎，父普曜齋前松樹忽成梧桐。論者以爲梧桐雖有栖鳳之美，而失後彫之節。晏後果不終。《高僧傳》曰：僧瑜幼入釋門，擔薪欲焚身，以宋孝建中集薪爲龕，請僧設齋禮，别而入火中。經三日而瑜房内忽生雙桐樹，根枝豐茂，欝翠非常。道輩異之，號爲雙桐沙門。

又《記誌》《西山植桐》記云：咸聱子陳翥子翔，少漸義方，訓涉孤哀，淪于季孟，惸疾否滯，十有餘年。蝎蠹木虛，根枝不附，志願相畔，退而治生。至慶歷八年戊子冬十有一月，於家後西山之南，始有地數畝。東止陳詡，西止柴檥，凡東西延二十丈有奇；南止弟翊，北止兄剪，凡南北袤十丈有奇。自十二月至于皇祐三年辛卯冬，澆而植之，凡數百株。南栽戟榆以累翊，北樹槿籬以分剪，餘桐皆布於内，靡有列也。未植前，斫其地，有圃者至而問曰：將胡爲乎？余答曰：植桐于其中。圃者笑曰：得利之速，植桐不如植桑之博矣。余應之曰：吾非不知衣食之源爲世所急，但足而已。夫仲尼豈不能明老圃之業乎？下惠豈不能爲盗跖之事乎？苟議利而後動，誠聖賢之所不取，亦吾心之所未能也。翌日將植，撫而祝之曰：爾其材森森，直而理，敷榮朝陽，立而不倚，吾將激清風，將其聲，聽之以爲古琴之操焉。爾其葉萋萋，緑而繁，應時開落，不爲物頑。吾將招君子，游其下，樂之以待霹鳳之栖焉。又曰：吾今四十，以傒我數十年，當蘄爾爲周身之具，斯吾植之心也。因書爲《植桐記》。《西山桐竹志》云：慶歷八年冬十有一月，咸聱子陳翥治地數畝于山之南，其下舊有水竹之苗，陳子以厥土惟黄壤，非桑之宜，堪桐與竹耳。始其謀而童氏謂曰：吾謂植數畝桐竹，不如植桑，且以桑一年一葉，質之以買桐竹，可數倍矣。桐竹豈爲生之急務乎？陳子默然不對，卒皆植桐與竹而已。自謂曰：農圃之事，余豈不能爲哉？苟有白圭、陶朱之術以致富，而亡白圭、陶朱之心，誠一聚禍之林藪窟宅耳。昔齊豫章王於郡起山，列種桐竹，號桐山，武帝幸之，置酒爲樂。吾雖布衣，孤而且否，亦心有所好焉。夫竹歲寒不彫，所以堅志性之搽也；桐識時之變，所以順天地之道也。俟桐茂竹盛，則當列坐石，命交友，談詩書，論古今，以招涼乎其下，豈有「期我桑中」之刺哉！俾後之好事者觀之，知陳子雖無桑子起家之能，亦有虛心待鳳之意，其豫章、子猷之儔乎？乃自號桐竹君，既爲《植桐記》，又作《桐竹誌》，以盡之云。

明 楊慎《丹鉛餘録》卷一四　古云，梧桐不生則九州異，一葉爲一月，閏十三葉。宋人閏月表，梧桐之葉十三，黄楊之厄一寸。

又 卷一七　東坡云：凡木本實而末虛，惟桐反之。試取其小枝削之，皆堅實如蠟，而其本皆虛。故世所以貴孫枝者，貴其實也。

明 吳雨《毛詩鳥獸草木考》卷一六《桐》　桐，柔木也。一名榮，一名白桐。無子，冬結似子者乃明年之華房，俗謂之花桐。今造琴瑟者以花桐木，是知桐爲白桐也。亦有皮青似梧而無子，華似木綿，可作被絮，而渾重過之，曰青桐。又有皮葉似青桐而有子，曰梧桐。生于山岡，子大而有油者，曰油桐。《周書・時

訓》：清明之日，桐始華。桐不華，歲有大寒。惟桃桐之花爲衆木之先，其榮可紀，故名爲榮，堪作琴瑟。若生石間，其聲則鳴。《書》「嶧陽孤桐」是也。陸璣云：有青桐，有白桐，有赤桐。白桐宜爲琴瑟，牂牁人織以爲布。陸佃云：此即白桐，花而不實。《爾雅》「榮桐木」即此是也。以其花而不實，今亦謂之花桐。

明 王世貞《彙苑詳註》卷三一

梧桐《圖經》曰：桐生桐栢山谷，今處處有之。其類有四種。舊注云，青桐枝葉俱青而無子。梧桐皮白葉青而有子，子肥美可食。白桐有華與子。其花二月舒，黃紫色，一名椅桐，又名黃桐，則藥中所用華葉者是也。崗桐似白桐，惟無子，即是作琴瑟者。陸機《草木疏》云：有白桐，有青桐，有赤桐。白桐宜爲琴瑟，雲南牂牁人績以爲布。是作琴瑟，宜崗桐、白桐二種也。《華陽國志》曰：益州有梧桐木，其花采如絲，人績以爲布，名曰華布。《南越志》曰：青桐華頗似木棉，而輝熏過之。《詩義疏》曰：梓實桐皮曰椅，今人云梧桐也。《爾雅》謂之櫬，又謂之榮，是白桐、梧桐二種，俱有椅名也。或曰，梧桐知日月正閏。故梧桐不生，則九州異君。賈勰云：崗桐即油桐，生于高崗，今南人厭油者是也。此桐亦有子，頗大于梧桐耳。江南有頳桐，秋開紅花，無實。有紫桐，花如百令，實堪糖煑以噉。嶺南有刺桐，葉如梧桐，花側數如掌，枝幹有刺。花色深紅。又泉州刺桐，初夏花開極鮮紅。如葉先萌芽而花後發，則五穀大熟。丁晉公詠云：聞説鄉人説刺桐，葉先花發始年豐。我今到此憂民切，只愛青青不愛紅。徽宗目樫桐花曰珊瑚林。按桐山二所，一名張公山，在邑北。一名壢峿山，在邑西。二山高大磅礴，西北相雄峙，土最宜桐，結實勝于他山。計二山幹枝所産，歲收桐實數萬石。凡木本實而末虛，惟桐反之。試取小枝，削皆實堅，其本皆中虛。故世所以貴孫枝者，貴其實也。《南方草木狀》云：梧桐子似乳，綴其橐，多或五六，少或二三，故飛鳥喜巢其中。《莊子》曰「空門來風，桐乳致巢」是也。《齊民要術》曰：梧桐岩間生者，爲樂器則鳴。《瑞應圖》曰：王者任用賢良，則梧桐生于東厢。劉會曰：鄒山，古之嶧山，魯穆公改爲鄒山。今鄒山嶧陽，猶多桐樹。

伐琴瑟椅桐梓漆，爰伐琴瑟。生朝陽梧桐生矣，于彼朝陽。菶菶萋萋，雝雝喈喈。鳳凰非梧桐不棲。離離長貌。其桐其椅，其實離離（《詩經》）。嶧陽徐州貢嶧陽孤桐。注：嶧山之陽，特生桐林，中琴瑟（《書》）。始華清明之日，桐始華。注：桐若不華，歲有大寒（《月令》）。傍生天有洞庭之椅桐，依峻岸而傍生（崔駰）。含黃鍾寒山之桐，出自大冥。含黃鍾以吐幹，據蒼岑以孤生（張協）。玄溪託根爰有梧桐，産乎玄溪，傳根朽壤，託險生危（崔琦）。鳳翔停公子之龍駕，息旅人之行肩。瞻華實之離離，想儀鳳之來翔（傅咸）。龍門桐龍門之桐，百尺無枝，中欝結之輪菌，根扶疎以分離（枚乘《七發》）。雙桐雙桐生空井，枝棄自相加。通泉溉其根，玄雨潤其柯（明帝）。桐之良琴莫良于桐，桐之良莫良于生石上（柳宗元序）。非梧不棲鵷鶵發南海，而飛于北海，非梧桐不棲。據梧瞑外子之神，勞子之精，則倚樹而吟，據梧而瞑，言勞困故爾（《莊子》）。難爲弩智者有所不足，故桐不可以爲弩。成雲桐木成雲（《淮南》）。託葉夫人生若曉露託桐葉，其能幾何（蘇老泉）。摧琅玕霜雪侵梧桐，凈若摧琅玕（韓愈）。侯鸞鷟處身孤且危，於何托余足。昔也植朝陽，傾枝侯鸞鷟。今者絕世用，倥傯見迫束。班匠不我顧，牙曠不我録。焉得琴瑟成，何由揚妙曲（司馬彪）。虛心桐，柔木也。而虛其心，若能桐者。父喪杖竹，母喪杖桐。竹有節，父道也。桐能同，母道也。母從子道也（《埤雅》）。扣瓊爲君布緑陰，當暑蔭軒楹。爲君發清響，風來如扣瓊（樂天）。無附枝四面無附枝，中心有通理（李白）。銀床井梧花落盡，一半在銀床。注：銀床，井闌也（古詩）。高桐吹臺有高桐，皆百圍。嶧陽孤桐，方此爲芬（靈運）。梧宮城北十五里有桐臺，即梧宮（《齊地記》）。成氣後華桐枝濡毛而又空中，難成易傷，須成氣而後華（《易緯》）。宜桐五沃之土，其木宜桐（《管子》）。採孫枝梧桐生于嶧陽山巖石之上，採東南孫枝爲琴，聲甚清雅（《風俗通》）。青桐君龍門古寺，庭多古桐樹。花盛開，有異蜂甚大，其聲如人，微吟花間。僧異之，網取一枚，置籠中，中夜聞歎息之聲。翌日大蜂羣集（《述異記》）。

（類引）剪珪成王與唐叔虞燕居，拾梧葉，剪珪，告曰：「以此封汝。」虞喜，以告周公。公請封虞，王曰：「余與虞戲。」公曰：「天子無戲言。」乃遂封叔虞於唐（《吳氏春秋》）。焦尾琴蔡邕居吳，見吳人燒桐以爨者，聞其爆聲，曰：良材也。因請削爲琴，尾尚焦，號焦尾琴（《吳志》）。刻魚晉武帝時，吳郡臨平岸出石鐘，扣之無聲。以問張華，曰：「取蜀中桐材，刻魚形，扣之則鳴矣。」於是如言，音聞數里（《異苑》）。題葉顧況嘗於御溝水上得桐葉，題云：一入深宮裡，年年不見春。還憑一片葉，可與有情人。況讀之，恍如有失，亦取葉題詩，□之上流曰：花落深宮鶯亦悲，上陽宮女斷腸時。帝城不禁東流水，葉上題詩寄與誰。後十餘日，又得一詩，若答況者（《縉紳脞説》）。飄葉蜀侯繼圖倚大慈寺樓，飄一桐葉，上有詩云：拭翠斂娥眉，爲鬱心中事。搦管下庭除，題作相思字。書向秋葉上，願逐秋風起。天下有心人，盡解相思死。後數年，繼圖卜任氏爲婚焉。鳳止阿初長安謡云：「鳳凰止阿房。」符堅遂於阿房城植桐數萬株待之至。慕容冲入阿房而居。冲，小字鳳凰（《秦記》）。破葉德宗在奉天，李泌召赴行在。時李懷光叛，歲又蝗旱，議者欲放懷光。帝博問羣臣，泌破一桐葉，附使者進曰：「陛下與懷光君臣之分，不可復合如此葉矣。」由是不赦（《唐書》）。鳳條歷城房家園，齊博陵君豹之山也。其中襍樹森竦，或有人折其桐枝者。君曰：「何爲傷吾鳳條？」自是，人不敢復折其技（《酉陽雜俎》）。青桐王義方初拜御史，置宅。酬值數日，忽對賔朋指庭中青桐一雙，曰：「此忘酬直。」召宅主付之錢四千（《北夢瑣言》）。胡桐車師國多樫柳、胡桐、白草，孟康曰：「胡桐似桑而多曲。」師古曰：「胡桐亦似桐，不類桑也。」蟲食其樹，而汁出下流者，俗名爲胡桐淚，言似眼淚也。可以汗金銀，工匠皆用之（《西域傳》）。知正閏梧桐知日月正閏。生十二葉，一邊有六葉，從下數一葉爲一月，有閏則十三葉，視葉小者則知閏何月也。不生，則九州異君。（《遁甲》）又，梧桐之葉十三，黃楊之元一寸。（宋人四六）

明 慎懋官《華夷花木鳥獸珍玩考》卷三《胡桐》《西域傳》：車師國多檉柳、胡桐、白草。孟康曰：胡桐似桑而多曲。師古曰：胡桐亦似桐，不類桑也。蟲食其樹而汁出下流者，俗名爲胡桐淚，言似眼淚也。可以汗金銀，工匠皆用之。

又《桐》《圖經》曰，桐生桐柏山谷，今處處有之。其類有四種。舊注云，青桐枝葉俱青而無子。梧桐皮白葉青而有子，子肥美可食。白桐有華與子，其花二月舒，黄紫色，一名椅桐，又名黄桐，則藥中所用華葉者是也。崗桐似白桐，惟無子，即是作琴瑟者。陸機《草木疏》云：白桐宜爲琴瑟。雲南牂牁人續以爲布，似毛布《廣志》尤詳。是作琴瑟，宜崗桐、白桐二種也。又曰梓實，桐皮曰椅，今人云梧桐也。《爾雅》謂之櫬，又謂之榮，是白桐、梧桐二種，俱有椅名也。或曰梧桐以知日月正閏，生十二葉，一邊有六葉，從下數一葉爲一月，至上十二葉，有閏十三葉。小餘者視之，則知閏何月也。故曰梧桐不生，則九州異。或云今南人作油者乃崗桐也。此桐亦有子，頗大，如梧子耳。江南有赬桐，秋開紅花，無實。有紫桐，花如百合，實堪糖煑以啖。嶺南有刺桐，葉如梧桐，花側數如掌，枝幹有刺，花色深紅。泉州刺桐初夏花開，極鮮紅，如葉先萌芽而花後發，則五穀大熟。丁晉公詠：聞説鄉人説刺桐，葉先花發始年豐。我今到此憂民切，只愛青青不愛紅。

徽宗目桯桐花曰「珊瑚林」，清明之日桐始葉。

桐山二所，一所名張公山，在邑北。一所名壢崌山，在邑西。二山高大磅礴，西北相雄峙，土最宜桐結實，勝於他山。計二山幹支所産，歲收桐實不下數萬石。

梧桐岩間生者，爲樂器則鳴。

凡本實而末虚，憔桐反之。試取小枝削，皆實堅。其本皆中虚。故世所以貴孫枝者，貴其實也。實，故絲中有木聲也。

明 劉仲達《劉氏鴻書》卷八七 世嘗言金井梧飄，以葉上有黄圈文如井，故曰金井，非井欄也。《事類賦》：梧桐不生，則九州異君。《遁甲》注：梧桐以知日月正閏。生十二葉，一邊有六葉，從下數，一月爲一葉，有閏則十三葉，視葉小者，則知閏何月也《月令廣義》。

清 曹溶《倦圃蒔植記·總論》卷上《論木》 梧桐棲鳳，書齋蔭之特雅。倪元鎮日督童子洗拭，宜也，非迂也。顛木之有由，蘖名曰桐孫，植根深而壽特永，木品定爲戊，梓材孔良，與相頡頏。

清 高士奇《北墅抱瓮録·梧桐》 梧桐修柯碧葉，紆徑之内，種之成列，緑陰蔚然。曉雨夜月時，幽響滴瀝，清影扶疏，秋聲秋色，盡在於是。

問花埠有海桐一株，枝葉極茂，斜掩溪門，半卧水而葉濃緑，髣髴楊梅。三四月開白花，與丁香相似，釣艇晚歸，時繫於此。

清 汪灝《佩文齋廣群芳譜》卷七三《木譜·桐》《淮南子》：桐木成雲。注取十石瓮，滿以水，置桐其中，蓋之三四日，氣如雲作。

清 李光坡《禮記述註》卷一七 暢臼以椈，杵以梧。註曰：所以擣鬱也，椈柏也。疏曰：暢謂鬱鬯也，梧桐也，爲柏香。桐潔白，於神爲宜。

清 潘士權《大樂元音》卷一 琴之材，陽桐而陰梓。厥木惟陽，質取其堅。陽桐陰梓者，分底面也。厥木惟陽者，取向陽也。

紀事

《尸子》卷下 禹之治水，爲喪法，曰：毁必杖，哀必三年，是則水不救也。故死於陵者葬於陵，死於澤者葬於澤。桐棺三寸，制喪三日。舜西教於西戎，道死，葬南巴之中，衣衾三領，款木之棺，葛以緘之。

《吕氏春秋·重言》 成王與唐叔虞燕居，援梧葉以爲珪，而授唐叔虞曰：余以此封女。

漢 董仲舒《春秋繁露》卷一六《求雨》 秋求雨，其神少昊，祭之以桐木魚九。

漢 劉歆《西京雜記》卷三 五柞宫有五柞樹，皆連三抱上，枝蔭覆數十畝。其宫西有青梧觀，觀前有三梧桐樹。

漢 王充《論衡》卷一五 李子長爲政，欲知囚情，以梧桐爲人，象囚之形。鑿地爲埳，以盧爲槨，卧木囚其中。因罪正則木囚不動，囚冤侵奪，木囚動出。不知囚之精神著木人乎？將精神之氣動木囚也？

漢 班固《漢書》卷六三《戾太子劉據傳》 充典治巫蠱，既知上意，白言宫中有蠱氣，入宫至省中，壞御座掘地。上使按道侯韓説、御史章贛、黄門蘇文等助充。充遂至太子宫掘蠱，得桐木人。

晉 常璩《華陽國志》卷四 有梧桐木，其華柔如絲，民績以爲布。幅廣五尺以還，潔白不受污，俗名曰桐華布。以覆亡人，然後服之，及賣與人。

南朝梁　任昉《述異記》卷下　梧桐園在吴宫，本吴王夫差舊園也。一名鳴琴川。

北魏　酈道元《水經注》卷四〇　浦陽江自嶀山東北逕太康湖，車騎將軍謝玄田居所在。右濵長江，左傍連山，平陵脩通，澄湖遠鏡。于江曲起樓，樓側悉是桐梓，森聳可愛，居民號爲桐亭樓。

唐　段成式《酉陽雜俎》卷一二《語資》　歷城房家園，齊博陵君豹之山池。其中雜樹森竦，泉石崇邃，歷中祓禊之勝也。曾有人折其桐枝者，公曰：何謂傷吾鳳條？自後人不復敢折。

唐　段成式《酉陽雜俎續集》卷五《寺塔記上》　東廊之南素和尚院，庭有青桐四株，素之手植。元和中，卿相多遊此院。桐至夏，有汗污人衣，如輠脂，不可浣。昭國東門鄭相，嘗與丞郎數人避暑，惡其汗，謂素曰：弟子爲和尚伐此樹，各植一松也。及暮，素戲祝樹曰：我種汝二十餘年，汝以汗爲人所惡，來歲若復有汗，我必薪之。自是無汗。寶歷末，予見，説已十五餘年無汗矣。

五代　劉昫《舊唐書》卷三七《五行志》　貞元三年三月，中書省梧桐樹有鵲，以泥爲巢。

宋　陳翥《桐譜・雜説第八》（《説郛》卷一〇五引）　《秦記》曰：初，長安謡曰：鳳凰鳳凰止阿房。符堅遂於阿房城植桐數萬株以待之。其後慕容沖入阿房城而止焉。沖小字鳳也。

宋　程頤、程顥《二程外書》卷一一　邵堯夫詩曰：梧桐月向懷中照，楊柳風來面上吹。明道曰：真風流人豪。

宋　吴自牧《夢粱録》卷四《七月立秋附》　七月秋孟，例於上旬内，車駕詣景靈宫，行孟享之禮。以秋陽正炎，上命宰執分詣立秋日。太史局委官吏於禁廷内，以梧桐樹植於殿下。俟交秋時，太史官穿秉奏曰：秋來其時，梧葉應聲飛落一二片，以寓報秋意。都城内外，侵晨滿街叫賣楸葉，婦人女子及兒童輩争買之，剪如花樣，插於鬢邊，以應時序。

宋　鄭樵《通志》卷七七下《周同姓世家第一下》　［周］成王與叔虞戲，削桐葉爲珪以與叔虞，曰：以此封若。史佚因請擇日立叔虞。成王曰：吾與之戲耳。史佚曰：天子毋戲言，言則史書之，禮成之，樂歌之。於是遂封叔虞於唐。

宋　高似孫《剡録》卷九《草木禽魚上・桐》　謝車騎嶀江所居，桐梓森摐，人號桐亭。丹池山在剡之東，舊曰桐栢山。道經曰：上有桐栢合生。

明　正德《姑蘇志》卷三三　梧桐園，在吴宫，吴王夫差園也。樂府云：梧宫秋，吴王愁。高啓：桐花香，桐葉冷。生宫園，覆宫井。雨滴夜，風驚秋。鳳不來，吴王愁。周南老：碧團宫園樹，曾宿朝陽鳳。花開襲香霏，葉密棲纖蒻。雨雜瑠珮聲，風生金石弄。初秋一葉零，深宫愁已動。前園忽横生，堅入夫差夢。知匪梁棟材，盲僮斯俑從。

明　慎懋官《華夷花木鳥獸珍玩考》卷三《蜀中桐材》　晉武帝時，吴郡臨平岸出一石鼓。扣之無聲，以問張華，華云：「取蜀中桐材刻作魚形，扣之則鳴矣。」於是如言，聲聞數里。

明　劉仲達《劉氏鴻書》卷八七《琴桐》　吴叔治夏月納凉，門外時聞梧桐下有琴聲。後一胡請以五百金買此樹，叔治曰：「金欲得耳。第吾自以口就食，即見此樹，今何忍伐之？」後叔治出爲北海主簿，歸已爲族人賣去。久之，胡以二琴至，示叔治，一曰陰姫，一曰陽娃，不加少漆，斵磨光亳，其文宛然，各有神女弄琴之狀。云涼天月夜，不鼓自鳴。請留其一以相報，叔治拒而不受。《女紅志》

清　陳元龍《格致鏡原》卷六五　《清異録》：同州郃陽縣劉靖家，兄弟不異居，西廊梧桐生穀枝，鄉人號桐爲小義。【略】

《顔氏家訓》：有諱桐者，呼梧桐爲白鐵樹。

清　汪灝《佩文齋廣群芳譜》卷七三《木譜・桐》　《唐書・李泌傳》：德宗在奉天召泌赴行在，時李懷光叛，歲有蝗旱，議者欲赦懷光，帝博問羣臣。泌破一桐葉，附使以進曰：「陛下與懷光君臣之分，不可復合如此葉矣。」繇是不赦。【略】《滇南雜記》：永昌有梧桐子，比中州者形頗長，大者幾可當蓮實。過永昌，亦不可得。【略】《龍門山記》：徐童觀多桐木花，其花清香襲人，其子碧，可染青碧色，若移植他處則不活。

清　紀昀《歷代帝王宅京記》卷七　《册府元龜》曰：初遣司稼少卿梁孝仁監造，悉於庭院列白楊樹。右驍衛大將軍契苾何力入宫中縱觀，孝仁指白楊曰：此木易長，不過三二年，宫中可得蔭映。何力不答，但誦古詩：白楊多悲風，蕭蕭愁殺人。孝仁遽令拔去之，更植梧桐。

清　穆彰阿《嘉慶一統志》卷七一　古梧桐在嘉定縣七都浦陳氏墓，大可兩合抱，高十丈數，百年物也。海船在洋中，百里外即見此樹。

清　俞樾《茶香室叢鈔・三鈔》卷一四《繹山桐》　唐封演《封氏聞見録》云：兖州鄒繹山生梧桐，土人云，此桐所以異於常桐者，此山大石攢倚，石間周回皆通，人行山中空虚，故桐木絶響，以是珍而八貢也。按：繹山中空，故有繹孔

之號。

清 周魯《類書纂要》卷二八 青桐君龍門古寺庭多古桐。桐花盛開，有異蜂甚大，其聲如人微吟花間。僧異之，網取一枚，置籠中。中夜聞歎息之聲，翌日大蜂羣集。

藝文

《詩經·小雅·湛露》 湛湛露斯，在彼杞棘。顯允君子，莫不令德。其桐其椅，其實離離。豈弟君子，莫不令儀。

《詩經·大雅·卷阿》 鳳凰鳴矣，于彼高岡。梧桐生矣，於彼朝陽。菶菶萋萋，雍雍喈喈。

漢 枚乘《七發》（《毛詩古音攷》卷一引） 梧桐并閭，極望成林。衆芳芬鬱，亂於五風。

晉 郭璞《梧桐讚》（《漢魏六朝百三家集》卷五七引） 桐實嘉木，鳳凰所棲。爰伐琴瑟，八音克諧。歌以永言，噰噰喈喈。

晉 傅咸《梧桐賦》（《歷代賦彙逸句》卷二引） 美詩人之攸貴兮，覽梧桐乎朝陽。蔚菶菶以萋萋兮，鬱株列而成行。夾二門以駢羅，作館宇之表章。停公子之龍駕，息旅人之肩行。瞻華實之離離，想儀鳳之來翔。

晉 夏侯湛《愍桐賦》（《歷代賦彙逸句》卷二引） 有南國之陋寢，植嘉桐乎前庭。闡洪根以誕茂，豐修幹以繁生。納谷風以疏葉，含春雨以濯莖。濯莖夭夭，布葉藹藹。蔚童童以重茂，蔭蒙接而相蓋。蔽陰澹之南表，覆陽阿之北外。於是詰朝之暇，步趾前廡。春以遊目，夏以清暑。昔詩人之所稱美，厥生之攸奇。植匪岡其不滋，鳳非條其不儀。

晉 司馬彪《贈山濤》（《風雅翼》卷三引） 苕苕椅桐樹，寄生於南嶽。上凌青雲霓，下臨千仞谷。處身孤且危，於何託余足。昔也植朝陽，傾枝俟鸞鷟。今者絕世用，倥傯見迫束。班匠不我顧，牙曠不我録。焉得成琴瑟，何由揚妙曲。冉冉三光馳，逝者一何速。中夜不能寐，撫劒起躑躅。感彼孔聖歎，哀此年命促。卞和潛幽冥，誰能證奇璞。冀願神龍來，揚光以見燭。

南朝宋 劉義恭《桐樹賦》（《歷代賦彙逸句》卷二引） 伊梧桐之靈材，蔚疎林而擢秀。玄根通徹乎幽泉，密葉垂霭而增茂。挺脩幹，蔭朝陽。招飛鸞，鳴鳳凰。甘露灑液於其莖，清風流薄乎其枝。丹霞赫奕於其上，白水浸潤乎其陂。

南朝齊 蕭子良《梧桐賦》（《歷代賦彙》卷一一六引） 植椅桐於廣囿，嗟儵忽而成林。依層楹而吐秀，臨平臺而結陰。乃抽葉而露始，亦結實於星沈。聳輕條而麗景，涵清風而散音。發雅詠於攸昔，流素賞之在今。必鸞鳳而後集，何燕雀之能臨。匪伊楚宮側，豈獨嶧山岑。邈嵩萊之難儷，永配道於仙琴。

南朝齊 謝朓《謝宣城集》卷五《遊東堂詠桐》 孤桐北窗外，高枝百尺餘。葉生既婀娜，葉落更扶疎。無華復無實，何以贈離居。裁爲珪與瑞，足可命參墟。

南朝齊 王融《詠桐》（《佩文齋詠物詩選》卷二八三引） 騫鳳影層枝，輕虹鏡展緑。豈斁龍門幽，直慕瑶池曲。

北周 庾信《庾子山集》卷一〇《成王刻桐葉封虞讚》：《呂氏春秋》曰：成王與唐叔虞燕居，援梧葉以爲珪，而授唐叔曰：余以此封汝。虞喜以告周公。周公以請曰：天子其封虞耶？成王曰：余一人與虞戲也。周公對曰：臣聞之，天子無戲言。天子言則史書之，工誦之，士稱之。於是遂封叔虞於晉。

虞叔百里，居河之汾。帝刻桐葉，天書掌文。禮以成德，樂以歌薰。天子無戲，唐其有君。

南朝梁 吴均《同詠庭中桐》（《文苑英華》卷三二四引） 龍門有奇價，自言梧桐枝。華暉實掩映，細葉能披離。不降周王子，空將歲月移。《初學記》作空待歲時移。嚴風忽交勁，遂使無人知。

南朝梁 沈約《桐賦》（《歷代賦彙》卷一一六引） 龍門之桐，遠望青葱。專巖擅嶺，或孤或叢。枝封暮雪，葉映晝虹。抗蘭橑以栖龍，拂雕窗而溥露。喧密葉於鳳晨，宿高枝於鸞暮。合影陽崖，標峰東陸。俯結玄陰，仰成翠屋。乍髣髴於行雨，時徘徊於丹轂。邈齊綵於碧林，豈慙光於若木。

隋 薛道衡《詠桐》（《古詩紀》卷一三三引） 本求裁作瑟，何用削成珪。願寄華庭裏，枝横待鳳棲。

隋 虞世基《零落桐》（《文苑英華》卷三二四引） 零落三秋幹，摧殘百尺柯。空餘半心在，生意漸無多。

隋 陸季覽《詠桐》（《文苑英華》卷三二四引） 摇落依空井，生死尚餘心。不辭先入爨，惟恨少知音。

唐 李嶠《桐》（《文苑英華》卷三二四引） 孤秀嶧陽岑，亭亭出衆林。春花雜鳳影，秋月美珪陰。忽被夜風激，遂逢霜雪侵。不因將入爨，誰爲作鳴琴。

唐 李伯魚《桐竹贈張燕公》（《全唐詩》卷九八引） 北竹青桐北，南桐一作家緑竹南。竹林君早愛，桐樹我初貪。鳳栖桐不愧，鳳食竹何慚。棲食更如此，餘非鳳所堪。

唐 王昌齡《段宥廳孤桐》（《佩文齋詠物詩選》卷二八三引） 鳳凰所宿處，月影孤桐寒。槁葉零落盡，空柯蒼翠殘。虚心誰能見，直影非無端。響發調恒苦，清商勞一彈。

唐 戴叔倫《桐》（《文苑英華》卷三二四引） 亭亭南軒外，貞幹脩且直。廣葉結青陰，繁花連素色。天資韶雅性，不愧知音識。

唐 白居易《白氏長慶集》卷一《諷諭一·雲居寺孤桐》 一株青玉立，千葉緑雲委。亭亭五丈餘，高意猶未已。山僧年九十，清浄老不死。自云手種時，一顆青桐子。直從萌芽拔，高自毫末始。四面無附枝，中心有通理。寄言立身者，孤直當如此。

又《答桐花》 山木多蓊鬱，兹桐獨亭亭。葉重碧雲片，花簇紫霞英。是時三月天，春暖山雨晴。夜色向月淺，闇香隨風輕。行者多商賈，居者悉黎氓。無人解賞愛，有客獨屏營。手攀花枝立，足蹋花影行。生憐不得所，死欲揚其聲。截爲天子琴，刻作古人形。云待我成器，薦之於穆清。誠是君子心，恐非草木情。胡爲愛其華，而反傷其生。老龜被刳腸，不如無神靈。雄雞自斷尾，不願爲犧牲。況此好顔色，花紫葉青青。宜遂天地性，忍加刀斧刑。我思五丁力，拔入九重城。當君正殿栽，花葉生光晶。上對月中桂，下覆堦前蓂。汎拂香爐烟，隱映斧藻屏。爲君布緑陰，當暑蔭軒楹。沈沈緑滿地，桃李不敢争。爲君發清韻，風來如叩瓊。泠泠聲滿耳，鄭衛不足聽。受君封植力，不獨吐芬馨。助君行春令，開花應晴明。受君雨露恩，不獨含芳榮。戒君無戲言，剪葉封弟兄。受君歲月功，不獨資生成。爲君長高枝，鳳凰上頭鳴。一鳴君萬歲，壽如山不傾。再鳴萬人泰，泰階爲之平。如何有此用，幽滯在巖坰涓熒切。歲月不爾駐，孤芳坐凋零。請向桐枝上，爲余題姓名。待余有勢力，移爾獻丹庭。

又 卷一一《桐花》 春令有常候，清明桐始發。何此巴峽中，桐花開十月。豈伊物理變，信是土宜别。地氣反寒暄，天時倒生殺。草木堅强物，所禀固難奪。風候一參差，榮枯遂乖剌郎達切。況吾北人性，不耐乃帶切南方熱。强羸壽天間，安得依時節。

唐 元稹《元氏長慶集》卷一《桐花》 朧月上山館，紫桐垂好陰。可憐暗澹色，無人知此心。舜没蒼梧野，鳳歸丹穴岑。遺落在人世，光華那復深。年年怨春意，不競桃杏林。惟占清明後，牡丹還復侵。況此空館閉，云誰恣幽尋。徒煩鳥噪集，不語山嵚岑。滿院青苔地，一樹蓮花簪。自開還自落，暗芳終暗沈。爾生不得所，我願裁爲琴。安置君王側，調和元首音。安問宫徵角，先辯雅鄭淫。宫絃春以君，君若春日臨。商絃廉以臣，臣作旱天霖。人安角聲暢，人困鬬不任。羽以類萬物，祆物神不歆。徵以節百事，奉事罔不欽。五者苟不亂，天命乃可忱。君若問孝理，彈作梁山吟。君若事宗廟，拊以和球琳。君若不好諫，願獻觸踈箴。君若不罷獵，請聽荒于禽。君若侈臺殿，雍門可霑襟。君若傲賢儁，鹿鳴有食芩。君聞祈招什，車馬勿駸駸。君若欲敗度，中有式如金。君聞薫風操，志氣在愔愔。中有阜財語，勿受來獻琛。北里當絶聽，禍莫大於婬。南風苟不競，無往遺之擒。姦聲不入耳，巧言寧孔壬。梟音亦云革，安得沴與祲。天子既穆穆，羣材亦森森。剱士還農野，絲人歸織紝。丹鳳巢阿閣，文魚遊碧潯。和氣浹寰海，易若溉蹄涔。改張乃可鼓，此語無古今。非琴獨能爾，事有諭因針。感爾桐花意，閑怨杳難禁。待我持斤斧，置君爲大琛。

唐 陳標《焦桐樹》（《文苑英華》卷三二六引） 江上烹魚採野樵，鸞枝摧折半曾燒。未經良匠材雖散，待得知音尾已焦。若使琢磨徽白玉，便來風律軫青瑶。還能萬里傳山水，三峽泉聲豈寂寥。

唐 李商隱《李義山詩集》卷上《蜀桐》 玉壘高桐拂玉繩，上含非霧下含冰。枉教紫鳳無棲處，斲作秋琴彈壞陵。

唐 雍陶《孤桐》（《文苑英華》卷三二四引） 踈桐餘一幹，風雨日蕭條。歲晚琴材老，天寒桂葉凋。已悲根半死，復恐尾全焦。幸在龍門下，知音肯寂寥。

唐 崔鎮《尚書省梧桐賦以託根得地藏器待時爲韻》（《歷代賦彙》卷一一六引） 惟皇立極，建都河洛。會府疏庭，珍木咸若。偉梧桐之嘉遇，竟因人以勝託。傾鳳翼於朝陽，偶鵷行於秘閣。貴有常尊，静爲躁君。花繁翼子，榦直謀孫。履素至潔，體柔常存。揭日月以曜穎，含雨露以流根。豈與夫龍門半死，嶧陽孤植。齊萬籟而混吹，合千巖以共色。勁質冰摧，而杍人莫識；高標風折，爲樵人所得。求知音於爨燃，論分理於繩墨。且問之以死生，又焉議夫通塞？故至人以全身遠害，君子以自强不息。失其理，山林不足以攝生；順其道，朝市何妨乎育德？梧桐生矣，自遠而至。輕去無何之鄉，不居有過之地。謂繁華兮國人服媚，吾獨後春而翠；謂摇落兮物情共棄，吾亦先秋以悴。不改節以邀利，不立名

而自異。必居常以待終，將百慮而一致。大年椿幹，捎雲豫章。箘簵貞勁，桂椒信芳。百果甲拆於金谷，千林花發於河陽。實繁者皆坼，材用者先亡。我異於是，于何不臧？布清陰於仙署，棲白雲於帝鄉。旁連杞梓，俯接琳瑯。蔚金蟬之氣色，耀錦帳之輝光。我封我樹，無臭無香。後天年於社櫟，用當代於甘棠。得喪齊致，語默兩忘。吾不知夫支離之德，何獨攘而自出。蘧瑗之智，何獨卷而自藏？復有翦刻爲圭，琢磨成器。龍章鳳軫，金符玉瑞。平君子之心，戒王者之戲。晉侯得之，諸侯麇至；子野得之，玄鶴來暨。雖信美於疇日，未若茲辰之佩仁履義。我求懿德，於是乎在。疏相比，遠相待。以其彙征，成而不宰。譬諸草木，生植有時。除惡務本，樹善務滋。引之斯至，權之斯離。角弓兮有什，杕杜兮陳詩。敢告在位，如何不思？念茲在茲，庶事順施。苟求夏陰與秋實，無拔楊以樹茨。

宋 陳翥《桐譜·詩賦》（《説郛》卷一〇五引）《詩賦第十》：《植桐詩并序》：《書》曰：嶧陽生桐。《詩》云「椅桐梓漆」，謂其可以爲清廟之雅器，含太古之正音也。然自非蔡伯喈之奇識，張茂先之博物，亦竈下之勞，薪林中之常木耳。慶歷八年冬，予手植兩行八十株于西山之南，因爲植桐詩。詩缺《桐竹君詠并序》：吾年至不惑，命乖强仕，塤篪不合，遂成支離。始有數畝之地于西山之南，乃植桐與竹。伯仲皆竊笑之，以爲不能爲農圃之事。而不知吾無錐刀之心，不迫於世利，但將以游焉而至其中，休焉而坐其下，可以外塵紛，邀清風，命詩書之交，爲文酒之樂，亦人間之逸老，壺中之天地也。乃自號桐竹君。又爲之詠云：高桐臨紫霞，修篁拂碧雲。吾常居其間，自號桐竹君。不解倣俗利，所希脱世紛。會友但文學，啟談皆典墳。嘘嗟機巧徒，反道是胡云。《西山桐十詠并序》：吾始植桐于西山之陽，議者誚其治生之拙。及數年，桐茂森然，可愛而翫。復私羡之，始知桐之易成耳。因作《西山桐十詠》，識所好也。《桐栽》曰：吾有西山桐，植之未盈握。所得從野人，移來出喬嶽。節凝去聲葉尚祕，根凍土自剥。匪爲待鵷鶵，庸將栖鸑鷟。異日成茂林，論材誰見擢。巨則爲楝梁，微亦任楹桷。仍堪雅琴器，奏之反淳朴。大匠如顧憐，委軀願雕斵。《桐根》曰：我有西山桐，蚉嶙桃與李。得地自行根，受芘踰高壘。工濯春雲膏，下滋醴泉髓。盤結侔循環，岐分類肢體。乘虚肌體大，憤漲土脉起。扶疎向山壤，蔓衍出林址。願偕久深固，無爲伴生死。死議大厦材，合抱由滋此。《桐花》曰：我有西山桐，桐成茂其花。香心自蝶戀，縹縹帶無遮。華白含秀色，粲如凝瑤華。紫者吐芳英，爛若舒朝霞。素奈未足擬，紅杏寧相加。世但貴丹藥，夭艷姿驕奢。歌管繞庭檻，翫賞成今誇。倘或求美材，爲爾長吁嗟。《桐葉》曰：吾有西山桐，下臨百丈溪。布葉雖遲遲，庇本亦萋萋。密類張翠幄，青堪剪封圭。滑澤經日久，濡毳隨幹躋。迎風帶影動，墜雨向身低。寧隱几烏巢，自蔽儀鳳栖。松栢徒爾頑，蒲柳空思齊。但有知心時，應候常弗迷。《桐乳》曰：吾有西山桐，厥實狀如乳。含房隱緑葉，致巢來翠羽。外滑自爲穗，中犀不可數。輕漸曝秋陽，重即濡綿雨。霜後感氣裂，隨風倒煙塢。雖非松栢子，受命亦於土。誰能好琴瑟，種之向春圃。始知非凡材，諸核豈余伍。《桐孤》曰：高梧已繁盛，蕭蕭西山隴。毳葉竟開展，孫枝自森聳。擅美惟東南，滋榮藉萋菶。不能容燕雀，只許栖鸞鳳。寧入吳人爨，堪隨伯禹貢。雨露時加潤，霜雪胡爲凍。況有奇特材，足任雅琴用。中含太古音，可奏清風頌。《桐風》曰：分材植梧桐，桐茂成翠林。日日來輕風，時時自登臨。拂幹動微毳，吹葉破圓陰。虚涼可解愠，鼓拂如調琴。莫傳獨鵠號，願送栖鳳吟。豈羞楚襄王，蘭臺堪披襟。亦陋陶隱居，高閣聽松音。無爲搖落意，慰我休閒心。《桐陰》曰：枝軟自相交，葉榮更分茂。所得成清陰，仍宜當白晝。陰疑翠帟展，翳若繁雲覆。日午密影疊，風搖碎花漏。冷不蔽空井，高堪在庭梵。吾本閒野人，受樂忘煢疚。亭亭如張葢，翼翼如層構。月夕獨徘徊，猶思一重覆。《桐徑》曰：時人羡桃李，下自成蹊徑。而我愛梧桐，亦以成乎性。中平端隧道，還往非邃敻。直入無欹斜，横延亦徑挺。月夕照影碎，春暮花光映。清朝濛露濕，落日隨烟暝。不使艸蔓滋，任從根裂迸。堪詣蔣詡徒，惟任蓬蒿盛。

宋 陳翥《桐賦有序》（《歷代賦彙補遺》卷一五引）始吾植桐與竹於西山南，見誚乎天倫間，以謂拙難於生計，不如桑柘果實之木有所利。吾决而遂其志，乃自號桐竹君，以固而拒之。又作西山桐詩十二首，復掇其詩之餘，次而爲賦，所以伸植之之心也。其詞曰：

伊梧桐之柔木，生崇絶之高岡。盜天地之淳氣，吐春冬之奇芳。借濡潤於夕陛，藉和煖於陰陽。緜歲月之久持，森鬱茂而延昌。爾其溪臨千仞，巖空百丈。增巘岌以周列，重峯業其相向。勢崔嵬而峭且峻，形崎嶇而不可上。巖巘以無土，磬嶒巉而弗敞。枝上拔而雖榮，根下朵而不長。迅雷疾風之所飄擊，湧濡飛溜之所滌蕩。蒙苦霧而含暝，鑠愁雲於寫望。霏霜封條而欲折，積雪擁根而致强。枝蠹則中間，節傷則液滿。同枌棘以溷殽，雜樞榆而蒼莽。於是哀

狖晨吟，饑梟夜啼。熊狐傍宿，麐麚下蹊。悲號叫嘯，回惶慘悽。勇夫聞之而心碎，山鬼尋之而晝迷。寒雕啄鷹，以之游集；妖鳥怪鵬，以之安棲。蓋人跡罕履，故物類來萃。材雖具，不見用於匠氏；根已固，故不可以移徙。其或春氣和，木向榮。飛子結孕，其柢抽萌。條毳毳以嫩聳，葉茸茸而緑成。水再離而自茂，氣猶缺而未英。當斯時也，吾孤且否，人無我諳，既支離而不煖，始有地於西山之南。遂忘刻鋭，任情意。命钁以薙草，向陽以避地。列行行之坑坎，有鱗鱗之位次。庸以梧桐，植而異羣類也。由是召山叟，訪場師。披榛棘之叢薄，陟峰巒之險危。望椅梓以相近，求拱把而見移。全根本之延蔓，擇材幹之珍奇。迺等地以森植，亦分株而對之。侔底道之矢直，鄙左右之器攲。邁夾道之細柳，類通衢之高椅。累歲時而茂盛，發花葉之繁滋。土膏泉液，以澤乎根；春風夏雨，以長其枝。晨霞暮雲，以蔭其幹；清露薄霧，以潤其肌。陽烏舒暖以條布，陰兔飛光而影垂。佳庭雪之難積，噱巖霜之易晞。是以其上則鵯鶋鶖鶫之所不敢棲也，其下則騰猿飛貓之所不獲息也。結藤垂蔓，莫得而依也；犇泉依瀨，亡由而及矣。故遠而望之，如列戟與排矛；即而憩之，若緑幄與翠裀。將以集鸞鷟，鳴飄鷁。玩之以興詠，聽之以消憂。於是招直諒之賓，命端善之友，坐萋萋之陰蔭，論詩書之盛否。逍遥乎志氣，宴樂以文酒。賞兹桐之森森，玩桑柘之黝黝。彼槐歎婆娑，樗傷臃腫。一則爲盡其生意，一則嗟無其器用。未若葉中藥餌，材堪梁棟。雲和曾入於周制，嶧陽乃隨於禹貢。有名實以相副，豈虛僞以動衆。吾將採東南之孤枝，創疏白之雅琴。絃以檿桑之絲，徽以雙南之金。同夔牙以揮鼓，並鍾期而側聆。追淳風於先德，寫太古之遺音。非鏗鏘也，不足以傾鄙夫之耳；有幽静也，自可以悦君子之心。桐竹君乃神魂清，心志和，以道自任，孰知其他。據高梧以釋俗，申素臆以長歌。歌曰：蒿艾茂鬱兮，芝蘭不馨；柞櫟芬芳兮，楩枏不亨。苟毁方以趨勢兮，雖棫樸而見稱。倘容援之云依兮，雖楸梓而弗名。且斥遠於匠石兮，終見委於林衡。自樂天以知命兮，故無慮而自營。歌卒，瞬目周玩，沈吟自斷。後以餘音，系而爲亂。曰：貴遠賤近時之宜兮，衆咸去朴争華僞兮。花葉不能資耳目兮，子實無堪充口腹兮。人誰采用到林麓兮，雖材還同不材木兮。吾願終身老林泉兮，器與不器居其間兮。梓桐放懷事都捐兮，優游共得終天年兮。

宋 文彦博《潞公文集》卷三《井上桐》 擢幹殊瓊巘，託根非嶧陽。發華臨玉甃，倒影覆銀牀。方待高朋集，寧容衆鳥翔。尾焦期入爨，誰是蔡中郎。

宋 歐陽修《文忠集》卷五四《桐花》 猗猗井上桐，花葉何蓑蓑。下蔭百尺泉，上聳凌雲材。日出花照耀，飛香動浮埃。今朝一雨過，狼籍黏青苔。斯桐乃誰樹，意若銘吾齋。常聞漢道隆，上下相和諧。選吏擇孝廉，視民嬰與孩。政聲如九韶，百物絶妖災。優優潁川守，能致鳳凰來。到此幾千載，丹山自崔嵬。聖君勤治理，百郡列賢才。嗟爾不自勉，鳳凰其來哉。

宋 黄庶《伐檀集》卷上《賦小桐》 小桐纔幾尺，氣壓百歲樗。雨露意未飽，風月韻已孤。鳳凰肯寂寞，鳥雀空踟躕。天地有和氣，想爲桐之腴。我願剞作琴，獻上九重居。坐使熏風還，雖死骨不枯。

宋 劉敞《公是集》卷一四《題和弟所居桐樹》 卜隱謝林藪，考槃寄閭里。嘉樹爲我徒，清風濯塵耳。手披漆園書，身擬長梧子。窮秋忽感悲，埽榻且歡喜。

又《桐花》 一株青玉立，千葉緑雲委。亭亭五丈餘，高意猶未已。仙僧年九十，清净老不死。自云手種時，一顆青桐子。

宋 司馬光《傳家集》卷三《桐軒》 朝陽升東隅，照此庭下桐。蓁蓁復萋萋，居然古人風。踈柯青玉聳，密葉翠羽蒙。午景凝餘清，夕照當殘紅。雨響甍棟外，風生户牖中。主人政多暇，步賞常從容。終當致威鳳，覽德鳴噰噰。又將施五絃，解愠歌帝宫。

又 卷六《梧桐》 紫極宫庭闊，扶踈四五栽。初聞一葉落，知是九秋來。實滿風前地，根添雨後苔。羣仙儻來會，靈鳳必徘徊。

宋 王安石《臨川文集》卷一六《孤桐》 天質自森森，孤高幾百尋。陵霄不屈己，得地本虛心。歲老根彌壯，陽驕葉更陰。明時思解愠，願斲五絃琴。

宋 劉攽《彭城集》卷一八《種梧桐》 鳳鳥非梧不息陰，梧桐非鳳亦無禽。種桐階所有深意，欲伴幽人介獨心。

宋 曾鞏《元豐類藁》卷四《桐樹》 棄地瓦礫間，兹桐偶誰樹。憶見擁西墻，俄成劃烟霧。得時花葉鮮，照影清泉助。當軒蔽赤日，對卧醒百慮。惜哉禀受弱，妄使鸞凰顧。商聲動猶微，秀色觸已沮。泫摧亂繁條，逼迫畏清露。暄晴幸未闋，飄落儻可拒。噫號衝飈回，激射陰霰聚。此勢復可言，瞪視空薄暮。

宋 李復《潏水集》卷一〇《梧桐》 猗猗梧桐樹，前日繁花馥。西風不相饒，影踈不可暴。坐看一葉落，餘懷念羣木。漫有千歲憂，流光如急轂。

宋 韓淲《澗泉集》卷二《清桐》 清桐發初葉，朝景散輝蔭。幽人獨步久，興

寄頗目任。薰兮一以風，山鳥孰知禁。平流走亂石，可漱亢可枕。

宋 陶夢桂《平塘陶先生詩》卷二《梧桐》 妝點山居要碧梧，向來培植費工夫。一株隨風成仙去，留得孫枝乞鳳雛。

宋 舒岳祥《閬風集》卷五《詠頳桐花此花徽廟賜名珊瑚林》 朱草文明瑞，茲花上品朱。巧瑳紅象珥，闘製紫雲襦。麗奪炎精盛，名需御賜殊。且貪顔色好，鶴頂似他無。

又 卷九《桐》 嶧陽渾璞凱風心，此是姚虞膝上琴。我有全琴元不斲，時攜枕簟卧清陰。

宋 戴昺《東野農歌集》卷二《孤桐行》 孤桐結根倚崖石，俯瞰清溪照虛碧。枝葉扶踈朱夏寒，上有翔鸞舊棲迹。風霜冉冉歲月深，老柯半朽蒼皮蝕。其中素抱金玉聲，以暗投人人不識。人不識，多苦心，樵夫斤斧莫相尋。寧教枯死倒凋壑，不從爨下求知音。

元 張仲深《子淵詩集》卷六《稚桐》 分得靈根自嶧陽，亭亭翠幹及人長。莫辭拱把當風露，他日終經宿鳳凰。

元 侯克中《艮齋詩集》卷七《梧桐》 虛心直幹得春遲，花始東南應絜齊。剪葉未容天子戲，折條忍礙鳳凰棲。聲傳金井秋風早，影轉瑶階曉月低。已見鳴琴他日操，老枝夜夜聽烏啼。

元 丁鶴年《鶴年詩集》卷二《梧桐》 井梧徹夜下霜風，錦繡園林瞬息空。老盡秋容何足惜，鳳巢吹墮月明中。

元 郝經《陵川集》卷三《秋桐》 高秋江漢波，卉木入摇落。荒林擁孤桐，蔓草重繞縛。凄迷氣日喪，憔悴葉自脫。黄凋晚風吹，青裂饑烏啄。無時亦無儔，幢幢老陰薄。儀鳳安所棲，宫樹空寂寞。謂汝無自傷，植根亦孱弱。豈能持風寒，況乃失所託。何時此焉居，揚鋤翦荒惡。攜幼扳庭柯，遂我生聚樂。

明 錢宰《梧桐樹》（《明詩綜》卷八引） 梧桐樹，一葉墮秋風，一葉委秋露。明年二月新葉生，還在今年葉飛處。漢宫飛燕近承恩，零落班姬不如故。君不見，梧桐樹。

明 張寧《方洲集》卷一〇《畫梧石題寄王君載》 蕭蕭蘿薜風，淅淅梧桐雨。應有背岩人，推篷坐無語。

明 胡奎《斗南老人集》卷五《題半窗梧影》 本是一株無影樹，尚留此影半窗前。夜來定起無尋處，水在缾中月在天。

明 劉嵩《槎翁詩集》卷四《賦碧梧》 庭前碧梧葉，秋至總離離。不記遠移處，忽驚初落時。色分雲際石，影亂月中池。鳳鳥幾時至，凄涼青玉枝。

明 高啟《大全集》卷一二《梧桐》 井邊雙玉樹，高結自生涼。影散秋雲薄，聲喧夜雨長。疎英飄碧簟，亂葉響銀牀。緑綺誰能斲，持將奏鳳凰。

明 葉盛《菉竹堂稿》卷二《梧桐》 高岡高處與雲齊，坐使人間草木低。衆鳥只應回避好，枝留待鳳來棲。

明 彭綱《詠刺桐花》（《江西詩徵》卷五二引） 窗前刺桐樹，樹底花楚楚。風吹葉亂翻，露出紅鸚鵡。

明 何景明《大復集》卷七《花崖梧桐》 桐生何猗猗，其葉何油油。白雲蔭崇阿，朝日照高邱。感此雨露滋，愧彼蔓草儔。鳳凰久不至，琴瑟誰可求。吾將緪繁絃，庶以宣我憂。

明 孫承恩《文簡集》卷九《孤桐》 有桐特生兮墻之陰，既修直兮又鬱森。敷濃陰而四垂兮，聳喬柯之幾尋。墻之陰兮窅而僻，翳蓬蒿兮填瓦礫。塵坌積以四塞兮，又狐鼠之衝斥。嗟嗟爾桐之何爲兮，乃生於兹地也。雜欅柳與樗櫟兮，爾豈若是類也？后皇錫爾以良質兮，既材且珍。充虞廷之貢兮，備韶樂之瑟琴。匪託根於蒼厓兮，則擢秀於玄溪。映朝陽之菶菶兮，實鸞鳳之攸棲。物與地而兩稱兮，顧造物之所私。嗟嗟乎爾桐兮，何獨偃蹇而在兹。豈玄化之莫憑兮，信物理之乖舛。嗟嗟爾桐之虚生兮，辜厥美於弗顯。玉之堂兮虚以敞，有崇臺兮萃蕭爽，風日清美兮塵囂靡侵。是惟宜爾處兮，藉土脈之厚深。吾欲徙爾以植兹兮，顧人力有不任。吾誠莫爲之所兮，徒仰睇而沉吟。

明 俞允文《仲蔚先生文集》卷五《椅梧》 椅梧生北海，華實自披離。奇韻來金奏，輕陰剪碧珪。遠停公子駕，高聳鳳凰枝。詎使囂塵染，寧待歲時移。

明 張居正《新刻張太岳先生文集》卷四《賦得秋色老梧桐》 涼露燕山秋自偏，高梧十尋殊可憐。蕭蕭落葉當寒井，瑟瑟悲風起暮煙。疑有鳳皇鳴碧幹，不堪哀怨付清絃。皎月夜窗閑對汝，外人誰識子雲玄。

明 何三畏《新刻何氏類鎔》卷三一《桐》 晞二春之溢露，遡九秋之鳴飈。蔽陰滄之南阜，覆陽阿之比牖。丹霞奕其上，白水浸其陂。靈雪寫其根，霏霜封其幹。華暉掩映，鳳羽披離。俯結玄陰，仰成翠屋。豈慚光於若木，將齊采於碧林。遇閏而知年，故當閏則增一葉。本虚而末實，故垂實則長孫枝。神農削之以爲琴，牂牁績之以爲布。而茂先刻之作魚狀，扣臨平之石而使鳴。嘗聞龍門

之桐，高以百尺；吹臺之桐，大至百圍；寒山之桐，出自太冥；玄谿之桐，傳根朽壤。此王義方所謂佳樹，非他物比也。有桐君者，采藥而結廬于山曲；有桐郎者，披衣而走匿于帳中。有桐廬者，偃蓋而垂蔭于壟間；有桐宫者，含秋而成林於館下。歷城房家園之桐，胡然而折枝，應歎鳳條之不可伐；京兆興禪寺之桐，胡然而發汗，乃同惡木之不可休。梧桐忽生于沙門火龕之中，觀者謂爲不壞之身，原稱神異；梧桐忽生于第宅栢樹之上，論者謂失後凋之節，豈曰禎祥。他若長安謡所云鳳凰止阿房者，慕容以小字而應其兆；空中歌所云死樹今更生者，吴平以尋歸而應其謡。斯亦奇矣。周成王欲封唐叔，而剪一桐葉也。史佚以爲天子之尊無戲言，而曰封之。是唐德宗欲赦懷光，而破一桐葉也。鄴侯以爲君臣之分不復合，而曰赦之非。

明　王世貞《弇州四部稿》卷四三《梧桐》　青葱峭蒨秋十尋，髯松篠竹雲沈深。阿閣天空鳳雙下，吹臺風歸龍一吟。已聞嶧陽足遠調，復見露井饒清陰。倉皇爨下荷拂拭，未孤銜恩一片心。

明　靳學顔《梧桐落葉賦》（《明文海》卷四三引）　序曰：循禄窮海，忽焉入秋。獨寤空塗，感兹一葉。悲少壯之幾何，恥尺寸之不效。因託毫素，抒我幽隱，非若嘆息流光，惜丹華而愁素髮者也。賦曰：

何朱明之不處兮，俄金衹之振節。鼓三陰于璿籥兮，桐應候而飛葉。墮金井之離離兮，下瑶階之琤琤。音中律以諧商兮，孰辛酸之可聽。若乃逐回風兮紛舞，與靈雨兮俱零。辭故枝兮無語，宛長逝兮含情。近抱根以若親兮，遐乘飈而翔漢。乍縈蔓以潛跡兮，忽出林而自見。徘徊曲樹，飄颻環堵。若往若來，如泣如訴。風簷簌簌，亭臯蕭蕭。形孤影隻，羣萃朋遨。托響天末，借光日表。委兹輕質，游夫縹緲。故有蘭臺苔繡，金屋螢飛。鑒團圞之朗曜，覩嘉樹之漸稀。蛾眉嚬兮素心結，怨莫怨兮新離別。紈扇恩情中棄阻，白紵陽春爲離舞。亦有江潭逐客，關塞征人。撫青柯以流眄，慨沃若之非心。御重恩兮報無所，悵佳期兮歸無因。目千里兮湛湛，恠陽烏兮先人。若夫烈士愴神，雄心感遇。惕修名之將墜，恐芳華之遲暮。情飛乎九岡之陽，魂銷乎華平之坻。腸一日而九廻，夜十起而未已。耳驚其聲，目不成視。扳條撫膺，憫時悼己。鼓神劍以無歡，援鳴琴而失理。斯悲之極致，非離思之能擬也。

明　沈天孫《頳桐》（《宋金元明四朝詩·明詩》卷九一引）　朱萼疑看九月楓，繁枝又借嶧陽桐。丹鬚吐舌迎風豔，絳蠟籠紗照月空。西域應分安石紫，寢宫可作麥英紅。緑珠宴罷歸金谷，七尺珊瑚映水中。

清　釋讀徹《蒼雲和尚南來堂詩集》卷三《枯桐》　風撼桐標百尺青，嶧陽山畔十圍形。秋深老鳳雙飛去，夜静寒鴉數點侵。片石斜支撑破月，浮槎倒影卧空庭。漫同散木聊供爨，半死裁琴好自聽。

清　吴偉業《梅村集》卷一〇《焦桐》　流落中郎怨，薰風意乍開。響因知己出，歌爲逐臣哀。一曲尊前奉，千金爨下材。漢家忘厝火，絶調過江來。

清　錢澄之《田間詩集》卷九《江上集·來園雜詩》　滿院梧桐葉，飄零早報秋。免教溕夜雨，點滴到心頭。

清　王夫之《船山先生詩稿·五十自定稿·花詩八首·岡桐》　樾館辭寒候，江鄉記稻春。笑迎朝日上，繁暎晚霞匀。紫沁侵鉛粉，青趺藉緑茵。似憐芳草弱，飛覆玉鱗鱗。

清　吴廷楨《桐樹》（《江左十五子詩選》卷二引）　庭中有桐樹，柯幹何蕭森。心孤易爲感，風雨揚哀音。吐華春芳歇，結實秋氣深。惜不植高岡，覆此空堦陰。鳳鳥時不來，丹山寄所欽。

山中有桐樹，託質何嶔嶔。良工忽見采，披拂辭舊林。匪寄耳目玩，中含太古音。被以朱絲絃，裁爲緑綺琴。一鼓再三歎，淵魚聳幽沈。即諧丘中賞，永謝爨下尋。無爲在金井，知希徒苦心。

清　董元愷《蒼梧詞》卷一一《沁園春·青墩梧桐》　萬緑叢中，衹少梧桐，溪邊水涯。想黄鐘吐幹，鴛雛飛宿。嶧陽孤峙，琴瑟呈材。百尺無枝，十年生長，盡是狂夫手自栽。衡門外，看數行翠列，幾樹青排。　恰憐夜雨空齋，滴葉葉秋聲入壯懷。任羽葆層層，玉池分蔭；琅玕片片，金井飄來。榮木始華，孫枝乍乳，滿院晴陰漾紫苔。消長日，採離離鮮實，風味清佳。

清　僧如乾《憨休和尚敲空遺響》卷一二《梧桐》　聞道能棲鳳，根培自有年。取材枝尚古，聽爨客偏憐。葉響沉秋雨，陰森覆午天。飈風驚忽至，飛瀑下鳴泉。

清　愛新覺羅·玄燁《聖祖仁皇帝御製文集》卷三〇《梧桐賦》　撫萬彙之生成，攬植物之暢茂。見藹藹之梧桐，爲良材之僅覯。當綺閣而結柯，臨玉階而吐秀。既託根以得地，亦含靈而迎候。扇淑景於春陽，振英華於清晝。揚蕤瑶樹，布葉金鑾。碧滋密綴，翠縝深攢。散澄暉於幃幄，濯鮮色於琅玕。被光華於日月，耀羽儀於鳳鸞。廼有芝雲上覆，瓊泉下浸。長浥潤於丹穹，永敷榮於紫禁。雨滴疎聲，風吹籟鳴。乍響廻於環珮，已樂合於竽笙。若夫新條始引，清露初

流，如潔清之士，邈焉而寡儔。挺節無撓，陵虛欲上，如謇直之臣，介然而不黨。蓁蓁者，其陰可以矢《卷阿》之頌音；離離者，其實可以廣《湛露》之雅什。韻虞氏之文琴，絙軒皇之素瑟。信天地之嘉生，非凡材之能匹。彼夫桃李之佳蔭，松栢之貞心，甘棠蔽芾於南國，玉樹青葱於上林。雖留詠於在昔，詎埒美於斯令。至於嶧山孤立之姿，龍門百尺之幹，或擢本於丘樊，或漸色於巖畔。豈若茲樹之曜顯朝陽，植枝霄漢。負聳壑之遐標，增麗城之榮觀也哉！

清 **趙士麟《讀書堂綵衣全集》卷三九《秋桐》** 百尺無枝倚碧霄，鵷雛鳳羽此堪招。每經南陸旋思秀，纔過西成頓欲飄。金井寒蛩催滴漏，玉階明月待吹簫。不須爨下尋焦尾，風起清音六律調。

清 **陶孚尹《欣然堂集・詩集》卷六《新桐》** 嶧陽回首舊容非，新葉初舒浥雨肥。搦管題詩宮怨蚤，剪圭爲戲列侯歸。春殘庭院雛鶯語，月上柯條小鳳飛。試捲繡簾看不足，輕烟漠漠露微晞。

清 **查慎行《敬業堂詩集》卷四七《粤游集上・桐廬》** 山偪不可城，千家聚成邑。民居半商賈，仰取俯有拾。斬櫟起炭烟，剖林收漆汁。托身覆載內，生理隨分給。壯年不早計，暮齒行已及。莫怪杜陵翁，茫茫百憂集。

清 **張鉞《梧桐書屋記》（《廣西通志》卷一一七引）** 余至桂林之明年，於勤德堂西偏構屋三楹。有梧桐一本，高數十尺，蔭可廣畝，司署移建於明嘉靖間，而樹先於署，蓋二百年物矣。桂林太守錢君野堂書其額曰「梧桐書屋」。而主人日坐其中，治文書，接賓客，諮詢利弊，因革所宜，不遑暇逸。事粗畢，隨手取架上書讀之，所謂開卷有益，直與古人晤對不遠。遇晴牕天朗，或小雨新涼，灑然命簡。夜則一燈熒熒，匣劍囊琴，摩挲而已。有時露坐桐間，静念生平，服官中外，竭其心力，不覺歲月之既深，而六十之年已至矣。卜子夏曰：「百工居肆以成其事，君子學以致其道。」蓋耳目心思嘗聚於此，而後可以責其事與學之成。然則余之朝而暮，暮而夜，周旋於一室之中，所以盡吾分而報 主知者，未敢爲外人道也。若夫微雲河漢，心境空明，然後可以應萬事而無遺。古之人借物以相資，蓋不少也，豈獨梧桐也哉？

清 **湯右曾《懷清堂集》卷一九《桐》** 清陰凋急雪，無復蔭我室。欲斵枯桐枝，恐不中琴瑟。

清 **王時翔《小山詩餘》卷二《三姝媚・桐花》** 林園風不定。翠瓏璁一樹，細花幽靚。簇簇毵毵，正露涼朝閣，越添清景。漫惜因循，偏誤了、好春芳令。應是江南，待鳳棲香，彩翎雙映。寄遠柳枝休倩，只垂在簾前，折來堪贈。轉憶佳人，薄袖拂銀床，戲牽金井。驚落瓊蕤，擡粉靨、檀痕微凝。驀閃羅羅新子，紅袿乳影。

清 **程夢星《今有堂詩集・江峰集・桐》** 桐葉悲先落，春來可更生。一年依老屋，昨夜有秋聲。風急知天意，霜多見物情。蕭蕭明月，夜枯影上窗横。

清 **程夢星《今有堂詩後集・山心集・蓧園雜咏四絶句・新桐》** 青桐乍剪未成陰，風律初調綠綺琴。記得葉隨秋雨盡，又看一葉引秋心。

清 **陳祖范《司業詩集》卷一《秋梧》** 梧桐鳳凰枝，良不耐寒苦。西風人未覺，碧葉墜如雨。况復點微霜，一敗不自主。可惜根株半死生，誰聽宮徵韻銀錚。翩羽不儀枝已老，迢迢百尺空含情。

清 **鄭燮《板橋集》詩鈔卷一《梧桐》** 高梧百尺夜蒼蒼，亂掃秋星落曉霜。如何不向西州植，倒挂綠毛么鳳皇。

清 **愛新覺羅・弘曆《御製詩初集》卷一一《題塞上枯桐》** 枯桐枯峥嶸，刼餘留一片。生意已寂滅，偃卧龍沙岸。蟲蟻穿其孔，文理續復斷。何人憐逸材，製爲文房玩。架以紫檀木，置之雕漆案。植立如半峰，文采殊粲粲。俯視牕外樹，徒然具枝榦。榮枯何有常，如露復如電。儻來汝之時，故林汝莫羨。

又 **《御製詩四集》卷五七《桐始華》** 桐生茂豫逮春三，遂有桐華枝妙含。花落實成青則美，實孤花望白應慙。（華而不實者曰白桐，華而結實者曰青桐。見《月令集解》）孰知周室琢圭戲，却憶鄘風作瑟堪。萋萋待他鳴鳳集，卷阿吉士喻良談。

清 **錢維城《錢文敏公全集・茶山詩鈔》卷七《寄懷小園雜詠五首・梧桐》** 修梧百尺寄墻東，棘院清陰傍晚同。何事秋聲聽不得，非關此地有西風。

清 **程晉芳《勉行堂詩集》卷一《籬東集・桐花》** 桐華載《月令》，古以占天時。結體本孤特，散采復葳蕤。清芬侵曉閣，秀色漾芳池。有鳥得鳳名，五色羽翼披。雙棲向花間，和鳴如簫篪。質奇感亦異，凡禽不敢窺。我欲屏桃李，移栽近前墀。好傍乳蕉紅，映照讀書帷。

又 **《籬東集・桐葉》** 何樹葉不凋，惟桐先撇屑。心孤易爲感，復此迎涼節。高空鴻響哀，斷砌蛩音切。奄冉下高枝，閑牕助蕭瑟。凄凄金井霜，澹澹銅墀月。殘綠點蒼苔，飄黄委林樾。羈臣十年逐，思婦三秋别。對此意凄其，沈吟向誰説。

清 **沈廷芳《隱拙齋集》卷二八《疎雨梧桐》** 景傳詩聖詩，微雲逗疎雨。撼

摵乍蕭蕭，淅淅如語語。幾葉墜銀牀，飄來點廊廡。

清 祝德麟《悦親樓詩集》卷一《孤桐吟》 落葉入我牖，孤桐風自吟。枝柯吹不斷，一任雪霜侵。誰言君子意，不如草木心。

清 劉嗣綰《尚絅堂集·詞集》卷一《筆船詞·昭君怨·桐花》 一樹刺桐休折，金井曉寒親切。釵朶向人開，鳳飛回。 淡月朦朧如雪。夢到惺忪時節，梧子不歸來，落蒼苔。

清 武億《授堂詩鈔》卷七《憶椒花吟舫草木六首·梧桐》 筲翁羃曲檻，移植雙桐樹。秋來最先聞，飄葉戛可數。採掇動盈把，蓓蕾縣紺乳。留致百鳥巢，亦有鳳來伍。翁胡早歸化，瞑然掩抔土。遺此小園陰，傲傲風枝舞。是中閟奇音，賡入農黄譜。誰令賤場師，樲棘栽成圃。

清 吴蘭庭《胥石詩存》卷三《題桐樹》 涼思到天涯，碧樹秋瀟灑。夜半疎雨聲，人卧小窗下。

清 汪學金《静厓詩後稿》卷一二《新夏咏物一韻八首·新桐》 誰洗青瑶榦，森森覆井泉。琴材彫未老，圭葉翦猶圓。涼借先秋雨，陰留欲霽煙。殷勤待花鳳，消息報靈仙。

清 王嵩《疏影·秋桐》（《清詞綜》卷二五引） 霜柯槭槭，共竹陰滿地，並起騷屑。白露離離，一點飄零，早報清秋時節。蕭疎不受多風雨，但攪碎、斜陽千疊。更堦前、落滿緗雲，瘦到半庭殘月。 百尺横空孤影，雁行斜度處，遥露天末。金井荒寒，一片清霜，玉虎敲殘黄葉。西風蝕盡吴宫樹，還愁把、舊題吹滅。悵清宵、立遍殘陰，遥憶美人寒絶。

清 梁同書《頻羅庵遺集》卷一《桐》 閉門三日雨如絲，多在君家百尺枝。二十五聲秋點裏，夢殘添得幾番詩。

清 莊述祖《珍埶宦詩鈔》卷二《蕭晨十詠·桐》 梧井覆銀床，轆轤聲在樹。貞心自不移，莫怨秋霜如。

清 孫星衍《孫淵如先生全集·芳茂山人詩録》卷一《齋中四木》 矯矯百尺桐，立根據孤岑。前有金井欄，後有車馬音。繁條耀春華，密葉團秋陰。但須有琴材，何必伐作琴。

清 鐵保《惟清齋全集·梅庵詩鈔》卷五《桐樹》 何來青桐樹，摇落吟牕前。一葉墮疎雨，秋風吹上天。

清 石韞玉《獨學廬二稿詩》卷一《桐》 桐花如雪糁庭陰，緑罨簾雲小院深。不向人間作琴瑟，都緣世未有知音。

清 吴榮光《石雲山人詩集》卷二二《賦得桐始華得花字五言八韻》 金井驚秋後，芳情隔歲賒。春將三月晚，香始數株斜。澹靄雲陰薄，輕籠露氣加。一分留宿雨，百尺掛朝霞。漸覺孫枝透，猶妨閏葉遮。菶萋看別院，璀粲定誰家。消息前時幹，風光此度花。祥鵷文五色，相暎正清華。

清 陶澍《陶文毅公全集》卷五九《詩集·秋桐》 一夜西風徵變商，桐生非覆舊朝陽。花時倘及春三白，夢裏俄驚月半黄。金井有聲催蟋蟀，玉階無影失鸞凰。當初虎子親栽植，回首星星鬢已霜。十番曾映小紅樓，瞥眼風枝漫打頭。彈入七絲應有恨，飛來一葉便成秋。刻魚鼓響音還在，噦鳳聲高羽尚留。好待乳巢重結日，石欄點筆坐消愁。

清 黄釗《讀白華草堂詩苜蓿集》卷六《學圃中草木雜成十二首·梧桐》 收香宿桐花，顛倒緑衣裳。吾方誦卷阿，期者真鳳皇。

清 永瑆《詒晉齋集》卷三《桐》 龍門聳翠岑，鄒嶧不成林。葉大交椅影，枝疎借竹陰。北樓秋色老，金井露華深。太古后夔上，神農始削琴。

清 鄧廷楨《雙硯齋詩鈔》卷一二《洗桐限韻》 琴材百尺午陰涼，清閟堂西牡蠣牆。政恐元規塵易污，那容飛燕唾留香。寒泉灑葉流新翠，細雨霏花濯淡黄。不是畸人矜潔癖，要看鳴鳳下朝陽。

清 成書《多歲堂詩集》卷三《乙丑下·胡桐》 沙磧埋根久，胡桐假譯傳。胡桐譯言柴也，其木偏生沙磧，臃腫支離，不中程度，回人取以爲柴，故名。 無心參衆木，有淚滴炎天。戈壁熱，蒸液流入土，形如琥珀，謂之胡桐淚。 偶備籠中選，終成爨下煙。方知不才者，亦未保天年。

清 彭蘊章《松風閣詩鈔》卷九《硯北集·有木十六章》 有木名梧桐，龍門聳百尺。特立山崖中，秉性自孤直。伯牙裁爲琴，鏗鏘和金石。中天奏簫韶，雲間翔鳳翮。惜哉先秋凋，未堪雪霜積。賈生豈無才，顔淵終有德。樗栲一其年，令人長太息。

清 黄爵滋《仙屏書屋初集·詩後録》卷一《詠物二十六首·古桐》 本是名琴選，般輸未見收。因風疑寫怨，帶雨似悲秋。葉落山空石，枝疎月滿樓。龍門孤絶處，鸞鳳總修修。

清 倪濤《擬白香山有木詩八首·之一》（《兩浙輶軒續録》補遺卷一引） 有木名梧桐，棲鳳臨清池。朝陽承新色，碧玉拂疏枝。春風及萬物，枝葉方荄滋。

別類或刺手，花發肱頳姿。浮華惜無實，謅似空參差。排雲高百尺，孤立耀後時。知音儻可待，韶雅誇天資。槩阿厲名節，澍雨敷丹墀。

清 王柏心《百柱堂全集》卷五一《疏影・秋桐》 心孤易感，看撲檐一葉，金飆來矣。細乳濃春，送過韶華，早又煙凋露悴。繁枝漸看涼陰減，恰漏出、惺忪月子。放金波、潑入閒庭，漾作銀河淺水。 今夜美人羅袖，玉闌干靠徧，冷清清地。雨也無情，霜也無情，生把細雲翦碎。蕭蕭聽在銀牀撲，又攙入、轆轤聲裏。没心情、恰向瑶窗，題盡行行怨字。

清 汪日楨《玉鑑堂詩集》卷四《秋桐》 朝陽曾集鳳皇馴，更照如珪月半輪。故苑碧雲涼入夢，閒庭疏雨悄無人。能知霜信先飛葉，便是琴材也作薪。鬢鬢班班元相感，孫枝愁對苦吟身。

清 樊增祥《樊山集》卷一《奉和張孝達師官署草木詩十二首・梧桐》 修桐植金井，青條何森森。朝暉射楹角，硯席生緑陰。含風試春乳，溜雨知秋心。日出讀我書，月出彈我琴。雖無嶧陽質，時聞鸞鳳音。斥鷃隨其後，棲條能勿慚。

清 吴振棫《無腔村笛》卷下《漢宫春・桐花鳳》 何處飛來，正青琴鳳奏，彈到么絃。新桐幾花曉綻，香露杯圓。春風嬝娜，碧枝枝、棲老何年。看掌上、輕盈瘦燕，比來還讓嬌纖。 生小十分憐惜，儘釵頭逗豔，扇底窺妍。葱尖對描繡樣，碧乳重添。芳韶易歇，逐秦簫、一去如仙。還記取、郎情妾意，背人呪向花前。

清 張之洞《張文襄公全集》卷一一五《湖北提學官署草木詩十二首・梧桐》 屋阿一小樓，劣可容我書。登樓闢虚窗，闃然立高梧。席尺染水碧，瓦溝引露珠。秋風漸蕭槮，未覺根植孤。此物産龍門，百尺干清虚。牆宇遭迫迮，生氣閼不舒。側挺與附枝，一一當芟除。縱之出天表，豈無鵷鸞雛。

雜 録

唐 張鷟《朝野僉載》卷六 開元四年，尚書考巧院廳前一雙桐樹，忽然枯死。旬日，考功員外郎邵某卒。尋而麹先冲爲郎中，判邵舊案。月餘，西邊樹又枯死，省中憂之。未幾而先冲又卒。

清 陳元龍《格致鏡原》卷六五 《異苑》：吴平州門外忽生一株青桐，上有歌謡聲。平惡，伐之。平隨軍北虜三載，死桐忽自還立故根上，聞空中似歌曰：死樹今更青，吴平尋當歸。適聞殺此樹，已復有光輝。吴尋歸。

清 雍正《江西通志》卷二一 梧桐書院在奉新縣羅坊鎮，南唐羅仁節、仁儉講學之所。山多梧桐，故名。學者稱仁節爲中庸先生，仁儉爲誠明先生。

柳

題 解

《爾雅・釋木》 旄，澤柳。注：生澤中者。音義旄，音毛。疏柳生澤中者，別名旄。郭云：生澤中者。

漢 許慎《説文》卷六 桺，小楊也。从木，丣聲。丣，古文酉。力九切。【略】楊，木也。从木，昜聲。與章切。

宋 戴侗《六書故》卷二一《楊柳》 楊，與章切。桺，力久切。支條揚起者曰楊，弱而長條荏冉下垂者曰柳，亦謂垂楊。弱條修直如蓮者謂之蒲柳，宜爲矢笴，傳所謂董澤之蒲也。《中庸》曰：夫政也者，蒲盧也。莊辛曰：射者，方將修其蒲盧，治其矰繳。蒲盧殆是蒲柳。蒲柳最易生，吴中種之水田中，彌頃畝如秧稻，織之爲箱篚。白楊、移楊生於山。崔豹曰：青楊葉長，柳葉細長；白楊葉圓，移楊圜葉弱蒂，微風則大揺，一名高飛，一名獨摇。蒲柳生水邊，葉似青楊，亦曰移楊，亦曰蒲移，枝莖勁忍，堪作矢。《本草》曰：蒲柳可爲笴，又謂萑苻，水楊是也。生水旁，葉粗而白。木理微赤曰杞柳，人以爲車轂。共山淇水旁、魯國汶水旁純生杞柳也。按柳不可爲桮棬，杞柳當自爲一物。

明 李時珍《本草綱目》卷三五 柳《本經》下品釋名：小楊《説文》、楊柳弘景曰：柳即今水楊柳也。恭曰：柳與水楊全不相似，水楊葉圓潤而尖，枝條短硬。柳葉狹長而青緑，枝條長軟。陶以柳爲水楊，非也。藏器曰：江東人通名楊柳，北人都不言楊。楊樹枝葉短，柳樹枝葉長。時珍曰：楊枝硬而揚起，故謂之楊。柳枝弱而垂流，故謂之柳。蓋一類二種也。蘇恭所説爲是。按《説文》云：楊，蒲柳也，從木易聲。柳，小楊也，從木丣聲。易音陽，丣音酉。又《爾雅》云：楊，蒲柳也。旄，澤柳也。檉，河柳也。觀此，則楊可稱柳，柳亦可稱楊，故今南人猶併稱楊柳。余宗本《種樹書》言順插爲柳，倒插爲楊。其説牽强，且失揚起之意。宗奭曰：釋家謂柳爲尼俱律陀木。集解：《別録》曰：柳華生琅邪川澤。頌曰：今處處有之，俗所謂楊柳者也，其類非

一。蒲柳即水楊也，枝勁韌，可爲箭笴，多生河北。杞柳生水旁，葉粗而白，木理微赤，可爲車轂。今人取其細條，火逼令柔，屈作箱篋。孟子所謂杞柳爲桮棬者，魯地及河朔尤多。檉柳見本條。時珍曰：楊柳縱横倒順插之皆生。春初生柔荑，即開黄蕊花。至春晚葉長成，後花中結細黑子，蕊落而絮出如白絨，因風而飛。子着衣物能生蟲，入池沼即化爲浮萍。古者春取榆柳之火。陶朱公言種柳千樹，可足柴炭。其嫩芽可作飲湯。

論説

宋 陸佃《埤雅》卷一三《楊》 《爾雅》曰：楊，蒲柳，所謂董澤之蒲是也。今有黄、白、青、赤四種。白楊葉圓。青楊葉長。赤楊霜降則葉赤，材理亦赤。黄楊木性堅緻難長，俗云歲長一寸，閏年倒長一寸。世重黄楊，以其無火。或曰：以水試之，沉則無火。取此木，必於陰晦夜無一星，則伐之爲枕不裂。楊之孚甲，早於衆木。昏姻失時，則曾木之不如也。故《詩》曰：「東門之楊，其葉牂牂。」牂牂，盛也。「東門之楊，其葉肺肺。」肺肺，衰也。以言嫁娶之暮如此。《莊子》曰：大聲不入於里耳，折楊皇華，則嗑然而笑。折楊，逸詩皇華，即《詩》所謂「皇皇者華」是也。蓋送之以禮樂，言遠而有光華，則其即人情也。近矣！《詩》之近於人情，非其至者也。《記》曰：清廟之瑟，朱玄而疏越，一倡而三嘆，有遺音者矣。若此者，《詩》之至也。《中庸》曰：上天之載，無聲無臭。至矣！《易》曰：枯楊生華，枯楊生稊。蓋楊性堅勁，雖生棟不撓。《齊民要術》曰：白楊性勁直，堪爲屋材，寧折終不曲撓。榆性儒軟，久無不曲，比之白楊，不如遠矣。正言枯楊，義取諸此。象曰：大過棟橈，本末弱也。

又 卷一四《柳》 柳，柔脆易生之木，與楊同類，雖縱横顛倒植之皆生。然使十人植之，一人摇之，則無生柳矣。立賢之道，何以異此？又況植之之人寡，而摇之之人衆乎？松柏醜茂，桑柳醜菀。《詩》曰「菀彼桑柔」，又曰「菀彼柳斯」，是也。蓋凡物發而成暢茂，積而成菀結。故桑柳醜條，而其詩謂之菀也。《菀柳》曰：「有菀者柳，不尚息焉。」言柳之菀，非若松柏之茂，未幾而衰矣。然人尚庶幾息焉，以言幽王之不可朝事，曾菀柳之不如也。《東方朔集》曰：首陽爲拙，柳下爲工。一作柱下爲工。柱下老子，柳下展禽也。二説皆通。《大戴禮》曰：正月柳梯。梯者，發孚也。《本草》曰：柳華一名絮。《抱朴子》曰：柳柞速朽，燎以爲炭，則億載不敗。此言養生之經，有益如此。故廣成子以謂我修身千二百歲矣，而吾形未嘗衰也。《中朝故事》云：天街兩畔槐木俗號爲槐衙，曲江池畔多柳，亦號爲柳衙。意謂其成行列如排衙也。今言宮腰細瘦，謂之柳腰。

宋 陳造《江湖長翁集》卷二九《雜説・仆柳説》 庭柳二幹相若，一扶疎，一蔚然甚茂。人必譽茂者，予亦愛之。一日大風，茂者仆焉。扶疎者乃無患。木之生以枝葉，枝葉以幹，幹以根。枝葉盛矣，而幹不勝，仆之道也。猶人之德行，根也。才，幹也。技藝、威儀、文辭、進趨，凡外之接物應俗閒而婉者，皆枝葉也。德行先而才後，技藝、威儀、文辭、進趨又其後焉。是不可無要，不可勝諸本。後者之浮，先者之枵。然平安無事，或可欺人，使之譽己。投之倥傯顛沛，敗矣。是不猶柳之蔚然仆是風耶？吾識之以自警。

明 徐𤊹《徐氏筆精》卷四《柳》 古人詠柳必比美人，詠美人必比柳，不獨以其態相似，亦柔曼兩相宜也。若松、檜、竹、栢，用之於美人，則乏婉媚耳。唐牛嶠柳枝詞云：吴王宫裏色偏深，一簇纖條萬縷金。不憤錢塘蘇小小，與郎松下結同心。亦謂美人不宜松下也，譽柳貶松，殊有深興。

明 徐渭《刻徐文長先生秘集》卷一一《柳》 柳以柔勝，取其態。宜清鎖，宜御溝，宜長堤，宜廣陌。宜小橋流水，宜曲檻雕欄。宜墻裏鞦韆，宜湖邊舴艋。宜鷗渚，宜漁磯，宜百囀流鶯，宜兩行畫鷁。宜柔條贈別，宜清蔭徵歌，宜翠黛顰眉，宜金波流影。宜春風嘶寶馬，宜秋日噪寒蟬。宜高閣凌空，千峰入座；宜孤亭臨水，四面開窗。

明 賈應壁《獨醒子》卷上 道傍之柳，入土不盈尺，覆陰不尋文，種不數年，而榮者枯，植者仆偃，蹇者拔，無他，戕之者衆也。岱華之松，枝干九霄，根通三泉，歷霜雪而不凋，經風雷而不震，千秋億載挺然聳秀，與山岳相終始者，無他，去於害者遠也。以是知人之福澤久近，精神盛衰，顧培養何如耳。

清 李漁《閒情偶寄》卷一四《竹木・柳》 柳貴乎垂，不垂則可無柳。柳條貴長，不長則無嬝娜之致，徒垂無益也。此樹爲納蟬之所，諸鳥亦集。長夏不寂寞，得時聞鼓吹者，是樹皆有功，而高柳爲最。總之，種樹非止娱目，兼爲悦耳。目有時而不娱，以在卧榻之上也，耳則無時不悦。鳥聲之最可愛者，不在人之坐時，而偏在睡時。鳥音宜曉聽，人皆知之，而其獨宜于曉之故，人則未之察也。鳥之防弋，無時不然。卯辰以後，是人皆起，人起而鳥不自安矣。慮患之念一生，雖欲鳴而不得，鳴亦必無好音，此其不宜于書也。曉則是人未起，即有起者，

數亦寥寥，鳥無防患之心，自能華其能事，且捫舌一夜，技癢于心，至此皆思調弄，所謂「不鳴則已，一鳴驚人」者是也。此其獨宜于曉也。莊子非魚，能知魚之樂；笠翁非鳥，能識鳥之情。凡屬鳴禽，皆當呼予爲知己。種樹之樂多端，而其不便于雅人者，亦有一節：枝葉繁冗，不漏月光，隔嬋娟而不便見者，此其無心之過，不足責也。然匪樹木無心，人無心耳。使于種植之初，預防及此，留一綫之餘天以待月輪出没，則晝夜均受其利矣。

清 周魯《類書纂要》卷二八《柳》 驅邪正月旦，取柳枝着户，以驅百邪。

清 曹溶《倦圃蒔植記・總論》卷上《論木》 金線銀線，柳之白眉。風流張緒，與同姿，定品爲木之癸。

清 趙吉士《寄園寄所寄》卷八 柳花與柳絮，迥然不同。生於葉間作鵝黄色者，花也。追花既褪，就蒂結實，其實之熟，亂飛如棉者絮也。古今吟咏，往往以絮爲花，以花爲絮，畧無分别何耶？《稗史》

清 杭世駿《訂訛類編》卷六《植物訛・柳花柳絮不同》 宋楊伯嵒《臆乘》云：柳花柳絮迥然不同。生于葉閒，成穗作鵝黄色者，花也。花退既褪，就蒂結實，其實之熟，亂飛如綿者，絮也。古今吟詠往往以絮爲花，略無分别，可發一笑。杜工部詩有「雀啄江頭黄柳花」，又有「坐憎柳絮白于綿」之句，則花絮不同，顯然可見。又曰「糝徑楊花鋪白氈」，得非又一時鹵莽而然耶？ 愚案：古有《楊白花歌》，不知何意。豈楊花與柳花有别歟？ 抑從古未有知考者歟？

綜述

南朝陳 徐陵《徐孝穆集箋注》卷一《折楊柳》 嫋嫋河堤樹，漢《溝洫志》：哀平初，平當使領河堤。張衡《西京賦》：周以金堤樹以柳杞。依依魏主營。徐炯曰，《魏文帝集・柳賦序》云：昔建安五年，上與袁紹戰於官渡，時余始植斯柳，自彼迄今十有五載矣。感物傷懷，乃作斯賦。江陵有舊曲，洛下作新聲。妾對長楊苑，《三輔黄圖》：長楊樹在長楊宫，秋冬較獵其下，天子登此以觀。君登高柳城。《後漢・靈帝紀》：護烏桓校尉出高柳。春還應共見，蕩子太無情。枚乘雜詩：昔爲倡家女，今爲蕩子婦。

北周 庾信《庾子山集》卷一四 日察陰陽，星占長柳。是曰世載，其名不朽。《漢書・藝文志》曰：陰陽家者流，蓋出於羲和之官，敬順昊天，歷象日月星辰，敬授民時，此其所長也。又雜占十八家，有《黄帝長柳占夢》十一卷，《甘德長柳占夢》二十卷。

宋 曾慥《類説》卷四四《齊民要術・正旦柳枝》 正月旦，取柳枝著户上，百鬼不入家。

明 田藝蘅《留青日札》卷三三《煬帝楊柳楊王甜梅》 隋煬帝御筆寫賜垂柳姓楊，曰楊柳也。見《開河記》。此好事者爲之也。《詩》：「昔我往矣，楊柳依依。」宋玉《釣賦》「倚乎楊柳之間」。《子虛賦》「朱楊」注，郭璞曰「楊柳」可證其妄。又吴武王楊行審諱杏爲甜梅，是以行、杏同音也。今讀行，作平聲者，非。又行密以父名怤，謂與夫同音，迺于御史大夫、光禄大夫之類，皆去夫字。此尤可笑也。

明 佘懋學《説頤》卷四《柳絮天門》 謝安雪日内集兒女講論文義。俄而雪驟，安曰：白雪紛紛何所似？兄子朗兒曰：撒鹽空中差可擬。兄女道韞曰：未若柳絮因風起。丁謂詩有：天上九門開，終當掉臂入。王元之曰：入公門鞠躬如也，天門安可掉臂入乎？《語》云：詩言志。觀柳絮之詠，可以覘謝女之失節。觀掉臂之語，可以知丁相之不忠。

明 姚旅《露書》卷一〇 觀音柳，葉若柳，而垂絲如羅漢柏。此二種在真州，於林伯賡園亭見之。倚粧無力信風流，佳種也。枚乘《細柳賦》：吁嗟細柳，流亂輕絲。又有以蜀柳獻武帝者，條甚長，狀若絲縷。武帝曰：楊柳風流，似張緒當年。據二柳之狀，甚類觀音柳，想一物而三名乎？

明 王路《花史左編》卷一八《柳花》 《埤雅》云：柳柔脆，易生之水，與楊同類。雖縱横顛倒植之皆生。松栢醜茂，桑柳醜菀。詩曰「菀彼桑柔」，又曰「菀彼柳」，斯是也。蓋凡物發而成暢，茂積而成菀結。故桑柳醜條，而其詩謂之菀也。菀柳曰有菀者，柳不尚息焉。言柳之菀，非若松栢之茂，未幾而衰矣。然人尚庶幾息焉，以言幽王之不可朝事，曾菀柳之不如也。《中朝故事》云：天街兩畔多槐木，俗號爲槐衙。曲江池畔多柳，亦號爲柳衙。意謂其成行列，如排衙也。今言宫腰細瘦，謂之柳腰。《大戴禮》曰：正月柳稊。稊者，發乎也。

明 何三畏《新刻何氏類鎔》卷三一《柳》 漢時内苑之柳，一日三眠三起，所以有人柳之稱。吕渭中書之柳，經年再枯再榮，所以有瑞柳之號。太昌靈和殿之蜀柳數株，不覺風流奕奕，酷似張緒之少年。高頰孩孺時之高柳，百尺真如，

車蓋亭亭，預占貴人於他日。陸慧曉與張融並宅，而二株柳共拂于池頭，此樹名爲交讓；王敬則與李錫異時，而兩地柳各榮于行道，此樹俱是甘棠。有鳳州柳者，惟見青絲拂地垂；有雨師柳者，常看地氣行天上。嘗聞漢上林苑偃臥斷柳于地，中俄生葉，而蟲食一爲字，是以稱異；而孝宣受命應期，忽聞夜風雨聲，湧出雙柳于河畔，皆帶石，而樹高十丈餘，是以爲奇，而刺史繪圖進上。孫敬之到洛，編柳爲簡以寫經；嵇康之居家，據柳激泉以戲鍛。韋虔心爲郎官時，所蒔省中之柳，至當再入對之，悚然斂容；桓司馬爲瑯琊時，所種金城之柳，皆已十圍，撫之泫然流涕。顧悦早衰而白髮，自謂蒲柳之姿；王恭年少而美容，渾如春柳之質。桓玄之以柳葉蔽身，而紿顧長康也，遂稱癡絶；宗元之夢柳樹仆地，而得柳州牧也，乃爲佳徵。若隋煬帝種柳于堤上，而謂之隋堤柳；辛仲甫種柳于道間，而謂之補闕柳；陶淵明種柳于門前，而謂之五柳先生，則又皆以柳而得名者矣。

明 焦周《焦氏説楛》卷一 宅西曰昧谷。古注疏引之作度西曰柳谷。柳一作檟，《字訓》云：穀，日出之色。檟，日入之色。《周禮》注：衣翣柳之材。曰柳之爲言聚也，諸飾之所聚。鄭司農云：柳者，諸色新聚。日將没，其色兼有餘色也。余鄉李士龍云：柳從丣。丣，古酉字。酉正日入時，羣色著木上，故曰柳谷。此説甚奇。李通六書，言或有據。

明 文震亨《長物志》卷二《花木·柳》 順插爲楊，倒插爲柳。更須臨池種之，柔條拂水，弄緑搓黄，大有逸致。且其種不生蟲，更可貴也。西湖柳亦佳，頗涉脂粉氣。白楊風楊，俱不入品。

清 陳淏子《秘傳花鏡》卷三《花木類考·柳》 柳，一名官柳，一名垂柳。本性柔脆，北土最多。枝條長軟，葉青而狹長。初春生柔荑，粗如筋，長寸許，開黄花鱗次，黄土甚細碎，以漸生葉。至暮春葉長成，花中結細子，如粟米大，扁小而黑，土帶白絮如絨，俗名柳絮。隨風飛舞，几着毛衣，即生蛀蟲。入池沼，即化浮萍，此乃官柳也。若叢葉成陰，長條數尺，或至丈餘，嬝嬝下垂者，此爲垂柳。雖無香艷，而微風摇蕩，每爲黄鶯交語之鄉，吟蜩托息之所，人皆取以悦耳娱目，乃園林必需之木也。

清 高士奇《北墅抱甕録·柳》 柳性易生，横栽倒插皆可活。早春時嫩緑，初荑，柔絲鬖髿，非煙非霧，濃媚迎人。又一種，赤榦細枝，葉青如縷，花粉紅色，名三河柳，《爾雅》之所謂檉也。天將雨，檉先起風以應之，故又稱雨師，亦婀娜可愛。

清 汪灝《佩文齋廣群芳譜》卷七六《木譜·柳》 《戰國策》：田需貴於魏王。惠子曰：子必善左右。今夫楊横樹之則生，倒樹之則生，折而樹之又生，然使十人樹楊，一人拔之，則無生楊矣。楚有養由基者，善射，去柳葉百步而射之，百發百中。

柳易生之木也，性柔脆，北土最多。枝條長軟，葉青而狹長，其長條數尺或丈餘，嬝嬝下垂者，名垂柳。木理最細膩。唐曲江池畔多柳，號爲柳衙，謂成行列如排衙也。柳條柔弱嬝娜，故言細腰娬媚者，謂之柳腰。

《白玉蟾集》：太微宫中，箕宿之精化而爲柳，垂垂裊裊然于淡雲疎雨之間。其間則有五柳先生，古人之所以隱於柳者，蓋欲彰其温柔謙遜之志也。

《夢書》：柳爲使者，夢當出遊也。

清 張宗法《三農紀》卷七《材屬·柳》 柳，《圖經》云：性柔脆，枝條長軟，葉青狹長。春初生柔荑，粗如飭，長寸餘，開黄芽，鱗甚細碎，潮次生葉，至晚春葉長成。花結子如粟，細扁而黑，上帶白絮如絨，隨風舞飛，着□□即生蟲，人□□隔宿化爲萍。垂柳、人柳、三春柳可玩賞。王象者云：楊、槐、榆、柳，北方之材木，人多植之。垂柳爲楊者，據小説隋煬賜姓也。柳者，留也。湯生物也，秉日之木，故卯月而青。古者春取火于柳。古書云：元旦折柳枝插門上以辟百邪。

清 曹溶《倦圃蒔植記》卷三《柳》 古來名士風流，往往寄之花柳。予以花落眼前，柳生肘左，殊可觀化。種法，正二月間取臂大枝，長尺有半，燒頭三寸，埋土令没，以水濒澆。數條俱生，留一茂者，竪木爲依，以繩攔之。一年之中，即高丈餘。掐去旁枝，務令直聳。復去正心，則四散下垂，婀娜可愛。或云倒插爲楊，順插爲柳，先用杉木削釘，釘地作穴，然後插之，永不生蟲。或於根下埋蒜一枚，取候臘月廿四，插之亦可。然聞北方楊柳絶無此害，多因羸馬溲氣所殺。近亦有用以填土者，鼷鼠食牛，巳蛇吞象，氣之所使，何獨不然。

清 李光地《月令輯要》卷七《三月令·日次》 細柳圈原《景龍文館記》：唐制，上巳祓禊，賜侍臣細柳圈，云帶之免蠆毒瘟疫。中宗四年上巳祓禊，於渭濵賦七言

詩，賜細柳圈。

清　乾隆《八旗通志》卷九二《典禮志十五・求福儀注》　求福祭祀前期數日，司俎官、司俎、司香等向無事。故滿洲九家内攢取棉線並綢片，敬捻線索二條，紉以小方、戒綢各三片。釀醴酒前期一日，司俎官二員帶領司俎二人、司俎滿洲二人前往瀛臺，會同奉宸苑官員監看，砍取高九尺、圍徑三寸完整柳樹一株，以黄布袱包裹，賫至暫置於潔净處。屆期，安設柳枝石於坤寧宫户外廊下，正中柳樹枝於石柳枝上，懸掛鏤錢净紙條一張，三色戒綢三片。【略】皇后親持入坤寧宫，授於司祝。司祝接受，貯於囊内，懸掛之。皇后一叩頭還宫，樹柳枝求福。司祝於户外，對柳枝舉揚神箭，誦神歌禱辭。

清明拜掃回，則折柳枝插門，以錢紙縛樹，且以圍其釜，曰能避蟲蟻。《同州志》

三日昧爽，以柳枝鞭房内四壁，以禳蝎蟲。《府谷縣志》

傳　記

南朝梁　沈約《宋書》卷九三《隱逸傳・陶潛》　陶潛字淵明，或云淵明字元亮，尋陽柴桑人也。曾祖侃，晋大司馬。潛少有高趣，嘗著《五柳先生傳》以自況曰：先生不知何許人，不詳姓字，宅邊有五柳樹，因以爲號焉。

紀　事

漢　班固《漢書》卷三六《劉向傳》　物盛必有非常之變先見，爲其人微象。孝昭帝時，冠石立於泰山，仆柳起於上林，而孝宣帝即位。今王氏先祖墳墓在濟南者，其梓柱生枝葉扶疏，上出屋，根臿地中，雖立石起柳，無以過此之明也。事勢不兩大，王氏與劉氏亦且不並立，如下有泰山之安，則上有累卵之危。陛下爲人子孫，守持宗廟，而令國祚移於外親，降爲皁隸，縱不爲身，奈宗廟何！婦人内夫家，外父母家，此亦非皇太后之福也。孝宣皇帝不與舅平昌、樂昌侯權，所以安全之也。

三國魏　曹植《曹子建集》卷九《柳頌序》　予以閒暇，駕言出遊。過友人楊德祖之家，視其屋宇寥廓，庭中有一柳樹。聊戲刊其枝葉，故著斯文，表之遺翰，遂因辭勢，以譏當今之士。

南朝宋　劉義慶《世説新語》卷上《言語》　桓公北征，經金城，見前爲琅邪時種柳，皆已十圍，慨然曰：「木猶如此，人何以堪！」攀枝執條，泫然流淚。

唐　李延壽《南史》卷三一《張緒傳》　劉悛之爲益州，獻蜀柳數株，枝條甚長，狀若絲縷。時舊宫芳林苑始成，武帝以植於太昌靈和殿前，常賞玩，咨嗟曰：「此楊柳風流可愛，似張緒當年時。」其見賞愛如此。

又　卷四一《齊衡陽王蕭鈞傳》　會稽孔珪家起園，列植桐柳，多構山泉，殆窮真趣，鈞往遊之。

唐　魏徵《隋書》卷二二《五行志》　隋文帝仁壽四年八月，河澗柳樹無故枯落，既而花葉復生。

又　卷四一《高熲傳》　熲少明敏，有器局，略涉書史，尤善詞令。初，孩孺時，家有柳樹高百許尺，亭亭如蓋，里中父老曰：此家當出貴人。

唐　房玄齡《晋書》卷二八《五行志》　成帝咸和六年五月癸亥，曲阿有柳樹枯倒六載，是日忽復起生。至九年五月甲戌，吴縣吴雄家有死榆樹，是日因風雨起生，與漢上林斷柳起生同象。

又　卷八四《王恭傳》　恭美姿儀，人多愛悦，或目之云：濯濯如春月柳。

五代　劉昫《舊唐書》卷一三七《吕渭傳》　中書省有柳樹，建中末枯死，興元元年車駕還京後，其樹再榮，人謂之瑞柳。渭試進士，取瑞柳爲賦題，上聞而嘉之。

宋　陶穀《清異録》卷上《漏春和尚》　新栽柳樹，必用泥固濟其木，頗類比丘頂相。元伯玉宅前插柳，初春吐芽，伯玉曰：且得漏春和尚，一一無恙。蓋取杜子美「漏泄春光有柳條」之句。

宋　樂史《太平寰宇記》卷六《河南道六・陝州》　女媧墓自秦漢以來，皆繫祀典。唐乾元二年，虢州刺史王奇光奏，所部閿鄉界女媧墓，於天寶末失其所在。今月一日夜，河上側近忽聞風雷聲，曉見墓踴出，上有雙柳樹，下有巨石。其柳各高丈餘。【略】貞元中，累遷禮部侍郎。始，中書省有古柳，建中末枯死，德宗自梁還，復榮茂，人以爲瑞柳，渭令貢士賦之。帝聞，不以爲善。又與裴延齡爲姻家，擢其子操上第，會入閤，遺私謁之書于廷。出爲潭州刺史。卒，贈陝州大都督。

宋 呂原明《歲時雜記》（《説郛》卷六九引） 江淮間寒食日，家家折柳插門。

宋 周密《武林舊事》卷五《湖山勝槩》 斷橋，又名段家橋，萬柳如雲，望如裙帶。白樂天詩云：誰開湖寺西南路，草緑裙腰一道斜。

宋 周密《癸辛雜識續集》卷下《北地賞柳》 焦達卿云：韃靼地面極寒，並無花木，草長不過尺，至四月方青，至八月爲雪虐矣。僅有一處開混堂，得四時陽氣和暖，能種柳一株。土人以爲異卉，春時競至觀之。

元 馬端臨《文獻通考》卷二九九《木異》 隆興初，漢陽軍有插柳枝於石罅者，木無根，石無土，而秀茂成陰，歲有華實。先是郡獄誣服孝婦殺姑，當刑，祝髻上花以自明，行刑者如其言。而生此冤氣之鍾於木，而木反麗，土之常者也。【略】昭帝時，上林中大柳樹斷仆地，一朝起立生枝葉，有蟲食其葉，成文字曰：「公孫病已立。」昌邑王國社有枯樹，復生枝葉。眭孟以爲木陰類下民，象當有故廢之家公孫氏從民間受命爲天子者。昭帝富於春秋，霍光秉政，以孟妖言，誅之。後昭帝崩，無子，徵昌邑王賀嗣位，狂亂失道，光廢之。更立衛太子之孫，是爲宣帝，宣帝本名病已。京房《易傳》曰：枯楊生稊，師古曰：大過，九二爻辭也。稊，楊秀之始生者。 枯木復生，人君亡子。

元 脱脱《宋史》卷二七三《郭進傳》 ［郭］進嘗於城四面植柳，壕中種荷芰蒲薍，後益繁茂。郡民見之，有垂淚者曰：此郭公所種也。

明 弘治《寧夏新志》卷二《祥異》 永樂間郡安遠守寧夏時，南門壕邊柳樹無故自焚。後安遠果有南征之禍，蓋獨應柳氏也。

明 慎懋官《華夷花木鳥獸珍玩考》卷三《金絲柳》 鳳縣出。宋元豐間，有旨下鳳州，取金絲柳一百根。

明 黄奂《黄玄龍先生小品》醒言卷 梁祖嘗憇高柳下，獨語曰：「好大柳樹。」賓客各避席對曰：「好大柳樹。」祖曰：「此大樹可作車頭。」末坐數人起對：「好作車頭。」祖厲聲曰：「柳樹豈可作車頭？ 指鹿爲馬，政是此輩。」悉擒言作車頭者，撲殺之。 篡賊作用，亦爾快人。

明 馮夢龍《古今譚槩》卷一《諫折柳》 程頤爲講官，一日講罷，未退。上偶起，憑檻戲折柳枝。頤進曰：「方春發生，不可無故摧折。」上擲枝於地，不樂而罷。遇了孟夫子，好貨好色都自不妨；遇了程夫子，柳條也動一些不得。苦哉苦哉！

明 陳詩教《花裏活》卷二 唐柳枝娘，洛中里妓也。聞誦義山燕臺詩，乃折柳結帶，贈義山乞詩。

明 王路《花史左編》卷二《歸德府隋堤》 永城：煬帝慕揚州瓊花之勝，自汴濬河通舟，夾堤種柳。

又 卷八《楊花枕》 盧文紀作楊花枕，縫青繒，充以柳絮，一年一易。

明 吴之俊《獅山掌録・小山館》卷一八《蜀柳》 益州獻蜀柳數株，長條弱縷。武帝令植雲和殿前，賞玩咨嗟曰：「此柳風流可愛，似張緒當年時。」

清 周魯《類書纂要》卷二八《百尺車蓋》 高顥孩提時，家有柳樹，高百尺許，亭亭如車蓋。父老曰：「此家當出貴人。」後顥果位至宰相。【略】隋堤柳煬帝自引河築，街道植以柳，名隋堤柳，一千二百里。

又 《柳》 武昌門陶侃在武昌嘗課諸營種柳，都尉夏施盜種于己門，後侃過見之。問曰：「武昌西門前柳，何故盜種于此。」施服罪。

清 汪灝《佩文齋廣羣芳譜》卷七六《木譜・柳》 原《古今詩話》：漢張敞爲京兆尹，走馬章臺街，街有柳，終唐世曰章臺柳。故杜詩：京兆空柳色。

《開河記》：大業中開汴渠，兩堤上栽垂柳，詔民間有柳一株賞一縑，百姓競植之。

《淮南子》注：展禽之家有柳樹，身行惠德，因號柳下惠。一曰邑名。

《嘉興志》：五柳橋在嘉興縣治西，宋張堯同詩：「爲懷陶靖節，無復見其人。惟種橋邊柳，猶含舊日春。」

《淮南記》：南門三里許，有池曼衍，碧瀾映底，菰蔣菱蒲，互相凌亂。柳樹百株，籠煙拂風，架木爲橋，澗可並騎。度橋及洲，洲上築天妃宫，堂楹精楚，庭除清蔭，亦柳爲翳景也。宫旁二百步，又爲板橋小渚，渚有亭，亭有柳，澄懷味象，渺然盡陂澤山林之思。

《慶陽府志》：寧州治後圃，宋建蓮池柳巷花嶼蘭皐，一郡勝地也。予師帶溪曲公自西粤左轄入覲，爲予言西粤無柳，僅藩司一株，每吐葉，則司中設席請三司賞柳，以爲奇觀。後以質之予同年唐兄抱一，唐云：豈止此，某鄉紳園中仍有一株。夫柳，中土林立，而粤西至比之異卉奇葩，然則物之貴賤，豈有定哉？

《劉瓛傳》：瓛，晉丹陽尹惔六世孫。篤志好學，丹陽尹袁粲於後堂夜集，聞而請之，指廳事前古柳樹，謂瓛曰：「人謂此是劉尹時樹，每想高風。今復見卿清德，可謂不衰矣。」

清 李光地《月令輯要》卷二《歲令下・雜紀》 射柳增《偃曝談餘》：遼俗，以鵓

鴿置葫蘆中，懸之柳上，彎弓射之。矢中葫蘆，鴿輒飛出，以飛之高下爲勝負。往往會於清明端午日，名曰射柳。

又　卷七《三月令·日次》　細柳圈原《景龍文館記》：唐制上巳祓禊，賜侍臣細柳圈，云帶之免蠆毒瘟疫。中宗四年上巳祓禊，於渭濱賦七言詩，賜細柳圈。

又　卷八《夏令·雜紀》　柳下鍛增《晉書·嵇康傳》：康性絶巧而好鍛，宅中有一柳樹甚茂，乃激水圜之，每夏月，居其下以鍛。

又　卷一〇《五月令·日次》　射柳原《金史·世宗紀》：大定三年五月乙未，以重五幸廣樂園，射柳勝者賜物有差。增又《禮志》：重五日，拜天禮畢，插柳毬場爲兩行，當射者以尊卑序，各以帕識其枝，去地約數寸，削其皮而白之。先以一人馳馬，前導後馳馬，以無羽横鏃箭射之，既斷柳又以手接而馳去者爲上，斷而不能接去者次之。或斷其青處及中，而不能斷與不能中者爲負。每射必伐鼓以助其氣。

清　劉堅《修潔齋閑筆》卷四《歐柳白檜》　蜀岡平山堂前，歐陽文忠公手植柳一株，謂之歐柳公。詞所謂「手種堂前楊柳，別來幾度春風」是也。白樂天爲蘇州牧，嘗植檜數本于郡圃，後百姓愛而思之，名曰白公檜，以比甘棠云。

清　佚名《回疆志》卷三《雜記·靈泉》　庫車正東四日路洋薩爾地方中途，有柳樹一叢，約十餘株。其最大者，周十餘圍，根枝俯仰，若卧若立。或如蒼龍井空，或如蚯蚓伏地，或如檪、如柱、如棚、如蓋。自根起三尺許，樹孔間有清泉流出。飲之若酒醴，甘美清冽。行人就而暫憩，烹茶飲畜。詢可謂沙磧中清涼世界，新疆之第一奇景也。土人名之曰哈拉布拉，謂其樹爲神樹，謂其泉爲靈泉。

清　長白椿園氏《新疆輿圖風土考》卷四《雜録》　回疆有柳樹泉二。一在陽薩爾軍臺之東十里，老柳二株，根圍各三四十步，旁枝披蔭，千年之神物也。其一根下出泉成潭，其一根本上有孔如盂，泉水湧出，清冽迥別，深二十餘丈。一在烏什城南五里，柳樹五十人合抱，周圍百餘步，柳條中有泉水湧溢而出，回子皆呼之爲哈喇插起，譯言靈泉也。多水則歲豐，少則歲歉，甘則太平，苦則災祲。

清　道光《上元縣志》卷一〇《庶徵》　永昌元年八月，暴風壞屋，拔御道柳樹百餘株。其風縱横無常，若自八方來者。

清　朱翊清《埋憂集》續集卷一《柳畫》　乾隆辛丑十月，蕭山陸敬軒爲永城尉。署中舊有柳樹一枝，年久半槁，命工伐之。其中紋畫如淡墨寫成，左右峰石峻削，懸崖之上有松一株，藤纏纍纍；老樹一株，枝葉皆倒垂下。有一叟扶杖立，高冠長袖，鬚眉宛然，其左手納袖中，着胸前，右脚前行，露其舄，左脚隱衣下，迴顧若聽泉狀。雖妙手寫生，不是過也。從來木理之成文者，有影木之類，乃得之柳樹中，則又聞所未聞也。造物之巧，豈可思哉。

清　光緒《故城縣志》卷五《古蹟》　白塔，一名柏塔，距縣北三里，今廢。相傳唐蓨人高士達所居，北去十五里有莊，曰高鄃務，係士達別墅。紹基按：《通鑑·隋紀七考異》引《革命記》曰：高士達、高德政與宗族糾集離散，得五萬人。捺渦於四棵柳樹，入高雞泊中。今城東與山東德州連界之四女寺，又名四柳樹，疑即士達宗族捺渦之四根柳樹。

《御林鄉　識小録》載：明宣宗征高煦，路經故城縣南，有古柳數株，已將枯悴。宣皇於此駐馬少息，以手攀條，久之而去。及回日過此，其柳濯然復榮。從官禁旅，無不驚異。

藝文

《詩經·小雅·采薇》　昔我往矣，楊柳依依。今我來思，雨雪霏霏。行道遲遲，載渴載饑。我心傷悲，莫知我哀。

《詩經·小雅·菀柳》　有菀者柳，不尚息焉。上帝甚蹈，無自暱焉。俾予靖之，後予極焉。有菀者柳，不尚愒焉。上帝甚蹈，無自瘵焉。俾予靖之，後予邁焉。有鳥高飛，亦傅於天。彼人之心，於何其臻。曷予靖之，居以凶矜。

漢　孔鮒《孔叢子》卷下《楊柳賦》　嗟兹楊柳，先生後傷。蔚茂炎夏，多陰可涼。伐之原野，樹之中塘。溉浸以時，日引月長。巨本洪枝，條修遠揚。天繞連枝，猗那其房。或拳局以逮下，或擢跡而接穹蒼。緑葉累疊，鬱茂翳沈。蒙籠交錯，應風悲吟。鳴鵠集聚，百變其音。爾乃觀其四布，運其所臨。南垂大陽，北被玄陰。西奄梓園，東覆果林。規方冒乎半頃，清空莫與比深。於是朋友同好，几筵列行。論道飲燕，流川浮觴。殽核紛雜，賦詩斷章。合陳厥志，考以先王。賞恭罰慢，事有紀綱。洗觶酌樽，兕觥並揚。飲不至醉，樂不及荒。威儀抑抑，動合典常。退坐分別，其樂難忘。惟萬物之自然，固神妙之不如。意此楊樹，依我以生。未寧一紀，我賴以寧。暑不御箑，凄而涼清。內蔭我宇，外及有生。物有可貴，云何不銘。乃作斯賦，以叙斯情。

三國魏　曹丕《柳賦有序》（《漢魏六朝百三家集》卷二四引）　昔建安五年，上與袁紹戰於官渡，時余始植斯柳。自彼迄今，十有五載矣，感物傷懷，乃作斯

賦曰：

伊中域之偉木兮，瑰姿妙其可珍。禀靈祇之篤施兮，與造化乎相因。四時邁而代運兮，去冬節而涉春。彼庶卉之未動兮，固肇萌而先辰。盛德遷而南移兮，星鳥正而司分。應隆時而繁育兮，揚翠葉之青純。修幹偃蹇以虹指兮，柔條阿那而虵伸。上扶疎而施散兮，下交錯而龍鱗。在余年之二七，植斯柳乎中庭。始圍寸而高尺，今連拱而九成。嗟日月之逝邁，忽亹亹以遄征。昔周遊而處此，今倏忽而弗形。感遺物而懷故，俛惆悵以傷情。於是曜靈次乎鶉首兮，景風扇而增煖。豐弘陰而博覆兮，躬愷悌而弗倦。駟馬望而傾蓋兮，行旅仰而迴睠。秉至德而不伐兮，豈簡卑而擇賤。含精靈而寄生兮，保休體之豐衍。惟尺斷而能植兮，信永貞而可羨。

三國魏　王粲《柳賦》（《漢魏六朝百三家集》卷二九引）　昔我君之定武，致天届而徂征。元子從而撫軍，植佳木于兹庭。歷春秋以踰紀，行復出於斯鄉。覽兹樹之豐茂，紛旖旎以修長。枝扶疎而覃布，莖森梢以奮揚。人情感於舊物，心惆悵以增慮。行遊目而廣望，觀城壘之故處。悟元正之話言，信思難而存懼。嘉甘棠之不伐，畏取累於此樹。苟遠跡而退之，豈駕馳而不屢。

三國魏　繁欽《柳賦》（《藝文類聚》卷八九引）　有寄生之孤柳，託余寢之南隅。順肇陽以吐牙，因春風以揚敷。交緑葉而重葩，轉紛錯以扶疎。鬱青青以暢茂，紛冉冉以陸離。浸朝露之清液，曜華采之猗猗。

三國魏　陳琳《柳賦》（《漢魏六朝百三家集》卷二八引）　偉姿逸態，英艷妙奇。緑條縹葉，雜遝纖麗。龍鱗鳳翼，綺錯交施。蔚曇曇其杳藹，象翠蓋之葳蕤。

三國魏　應瑒《楊柳賦》（《漢魏六朝百三家集》卷三二引）　赴陽春之和節，植纖柳以承涼。攄豐節而廣布，紛鬱勃以敷陽。三春條其奄過，景日赫其垂光。振橫條而遠翳，廻雲蓋於中唐。

晉　傅玄《柳賦》（《漢魏六朝百三家集》卷三九引）　美允靈之鑠氣兮，嘉木德之在春。何兹柳之珍樹兮，禀二儀之清純。受大角之禎祥兮，生濛汜之遐濱。參剛柔而定體兮，應中和以屈伸。長莖舒而增茂兮，密葉布而重陰。夾通塗與廣庭兮，環清沼而成林。於是玄雲被岳，素景含暉。泰液渥流，朝露未晞。是精靈之所鍾兮，蔚鬱鬱以依依。居者觀而弭思兮，行者樂而忘歸。夫其結根建本則固於泰山，兼覆廣施則均於昊天。雖尺斷而逾滋兮，配生生於自然。無邦壤而不植兮，象乾道之屢遷。紛猗靡以從風兮，若將往而復旋。若乃豐葩茂樹，長枝夭夭。阿那四垂，凱風振條，同志來遊，携手逍遥。

晉　成公綏《柳賦》（《漢魏六朝百三家集》卷五二引）　宅京宇之西偏，濱犢鼻之清渠。啓横門於大路，臨九達之通衢。愍行旅之靡休，樹雙柳於衢隅。彌年載而成陰，紛婵媛而扶疎。

晉　陶潛《陶淵明集》卷四　榮榮窗下蘭，密密堂前柳。初與君别時，不謂行當久。出門萬里客，中道逢嘉友。未言心相醉，不在接杯酒。蘭枯柳亦衰，遂令此言負。多謝諸少年，相知不忠厚。意氣傾人命，離隔復何有。

又　卷五《五柳先生傳并贊》　先生不知何許人也，亦不詳其姓字。宅邊有五柳樹，因以爲號焉。閑静少言，不慕榮利。好讀書，不求甚解。每有會意，便欣然忘食。性嗜酒，家貧不能常得，親舊知其如此，或置酒而招之，造飲輒盡，期在必醉。既醉而退，曾不恡情去留。環堵蕭然，不蔽風日。短褐穿結，簞瓢屢空，晏如也。常著文章自娱，頗示己志，忘懷得失，以此自終。贊曰：黔婁有言，不戚戚於貧賤，不汲汲於富貴。其言兹若人之儔乎？酬觴賦詩，以樂其志。無懷氏之民歟，葛天氏之民歟。

晉　伍輯之《柳花賦》（《藝文類聚》卷八九引）　步江皋兮騁望，感春柳之依依。垂柯葉而雲布，揚零花而雪飛。或風廻而遊薄，或霧亂而飈零。野净穢而同降，物均色而齊明。

南朝梁　何遜《何水部集·邊城思》　柳黄未吐葉，水緑半含苔。春色邊城動，客思故鄉來。

南朝齊　柳惲《折楊柳》（《樂府詩集》卷二二引）　楊柳亂成絲，攀折上春時。葉密鳥飛礙，風輕花落遲。城高短簫發，林空畫角悲。曲中别無意，併是爲相思。

南朝梁　蕭綱《詠柳》（《古詩紀》卷八一引）　垂陰滿上路，結草早知春。花絮時隨鳥，風枝屢拂塵。欲散依依采，時要歌吹人。

南朝梁　蕭綱《折楊柳》（《文苑英華》卷二〇八引）　楊柳亂如一作成絲，攀折上春時。葉密鳥飛礙，風輕花落遲。城高短簫發，林空畫角悲。曲中别無意，併爲一作是一相思。

南朝梁　蕭繹《緑柳》（《古詩紀》卷八一引）　長條垂拂地，輕花上逐風。露霑疑染緑，葉小未鄣空。

又　《詠陽雲樓簷柳》（《古詩紀》卷八一引）　楊柳非花樹，依樓自覺春。枝

邊通粉色，葉裏暎紅巾。帶日交簾影，因吹掃席塵。拂簷應有意，偏宜桃李人。

又《折楊柳》（《文苑英華》卷二〇八引） 巫山一作山高巫峽長，垂柳復垂楊。同心且一作宜同折，故人懷故鄉。山似蓮花艷，流如明月光。寒夜猿聲徹，遊子淚沾裳。

南朝梁 吴均《柳》（《文苑英華》卷三二三引） 細柳生堂北，長風發鴈門。秋霜常振葉，春露詎濡根。朝作離蟬宇，暮成宿鳥園。不爲君所愛，摧折當何言。

南朝梁 劉邈《折楊柳》（《樂府詩集》卷二二引） 高樓十載別，楊柳濯絲枝。摘葉驚開駃，攀條恨久離。年年阻音息，月月減容儀。春來誰不望，相思君自知。

南朝陳 陳叔寶《折楊柳》（《樂府詩集》卷二二引） 楊柳動春情，倡園妾屢驚。入樓含粉色，依風雜管聲。武昌識新種，官渡有殘生。還將出塞曲，仍共胡笳鳴。

長條黃復緑，垂絲密且繁。花落幽人逕，步隱將軍屯。谷暗宵鉦響，風高夜笛喧。聊持暫攀折，空足憶中園。

南朝陳 徐陵《折楊柳》（《文苑英華》卷二〇八引） 嫋嫋河堤樹，依依魏主營。江陵有舊曲，洛下作新聲。妾對長楊苑，君登高柳城。春還應共見，蕩子太無情。

南朝陳 張正見《折楊柳》（《樂府詩集》卷二二引） 楊柳半垂空，裊裊上春中。枝疎董澤箭，葉碎楚臣弓。色映長河水，花飛高樹風。莫言限宮掖，不閉長楊宮。

南朝陳 江揔《折楊柳》（《文苑英華》卷二〇八引） 萬里音書絶，千條楊柳結。不誤一作悟倡園花，遥同故里一作天嶺雪。春心自浩蕩，春樹聊攀折。共此依依情，無奈年年別。

南朝陳 王瑳《折楊柳》（《文苑英華》卷二〇八引） 塞外無春色，上林柳已黃。枝影侵宮暗，葉彩亂星光。陌頭藏戲鳥，樓上掩新粧。攀折思爲贈，心期別路長。

南朝陳 岑敬之《折楊柳》（《文苑英華》卷二〇八引） 將軍始見知，細柳繞營垂。懸絲拂城轉，飛絮上宮吹。塞門交度葉，谷口暗横枝。曲城攀折處，唯言怨別離。

北周 庾信《楊柳歌》（《文苑英華》卷三二七引） 河邊楊柳百尺枝，別有長條竊地垂。河水衝激根株色疑作危，倏忽河中風浪吹。可憐巢裏鳳凰兒，無故當年老別離。流槎一去上天池，織女支機應見隨。誰信從來蔭數國，直用東南一小枝。昔日公子出南皮，駿馬翩翩西北馳。左右彎弧仰月支，何處相尋玄武陂。鳳凰新簫管史吹，朱鳥春窗玉女窺。銜雲酒盃赤碼碯，照日食螺紫琉璃。君言丈夫無志氣，爲問燕山那得知。百年霜露掩離披，一旦功名不可爲。定是懷王作計悮，無事翻覆用張儀。武昌南城誰可移，官渡營前那得知。尚憶落絮鵝毛色，無復青絲馬尾垂。各與梅花留一曲，共在長笛管中吹。

唐 杜之松《和衛尉寺柳》（《全唐詩》卷三八引） 漢將本屯營，遼河有戍城。大夫曾取姓，先生亦一作曾得名。高枝拂遠雁，疏影度遥星。不辭攀折苦，爲入管弦聲。

唐 李世民《賦得臨池柳》（《初學記》卷二八引） 岸曲絲陰聚，波移帶影疎。還將眉裏翠，來就鏡中舒。

唐 李世民《春池柳》（《初學記》卷二八引） 年柳變池臺，隋堤曲直迴。逐浪分陰去，迎風帶影來。疎黄一鳥弄，半翠幾眉開。縈雪臨春岸，參差間早梅。

唐 楊炯《盈川集》卷二《折楊柳》 邊地迷無極，征人去不還。秋容凋翠羽，別淚損紅顏。望斷流星驛，心馳明月關。藁砧何處在，楊柳自堪攀。

唐 郭炯《西掖瑞柳賦》（《文苑英華》卷八七引） 乾坤至誠，草木無情。神靈秉化而致理，枯朽効祥而發生。當聖澤未沾，故兀然枯瘁；及天光廻照，遂藹爾敷榮。因萬物以咸遂，與百祥而畢呈。故得垂陰鎖闥之中，固本鳳池之側。始孤標而顯拔，乍苒弱而條直。長充西掖之佳翫，迥奪東門之秀色。芬敷自異，永垂不朽之名變；化無一作殊常用，表好生之德懿。其萋生漸蔚，幹聳惟條。拂瑞景而增麗，裛祥風而獨摇。可以彰聖主之玄感，可以見昊天之孔昭。舒卷以時，陋梧桐之半死；榮祐順理，鄙松栢之後凋。且春布發生之慶，秋行肅殺之令。於天地而不失其常，在金木而各得其性。衆皆畢出盡達，我則向日而衰；衆皆黄落萎腓，我則感時而盛。不然，何以知至德之動？天運神功，而瑞聖者矣。翠色𦏁𦏁，異酒泉嘉禾之祥；輕陰澹澹，同鄗郡枯梓之感。烟銷雨霽，霏素雪於宸居；日宴疑作晏春深，雜繁花於睿覽。青翠葳蕤，垂軒拂墀。在日月偏臨之處，當鴛鴦一作鸞集苑之時。至矣哉！天降靈貺，聖爲明證。既得地而不雜衆流，常託根而獨標美稱。是知天聽，自人而應者也。

唐　盧照鄰《盧昇之集》卷二《折楊柳》　倡樓啓曙扉，楊柳正依依。鶯啼知歲隔，條變識春歸。露葉凝愁黛，風花落舞衣。攀折將安寄，軍中音信稀。

唐　李嶠《柳》（《全唐詩》卷六〇引）　楊柳鬱氤氳，金堤總翠氛。庭前花類雪，樓際葉如雲。列宿分龍影，芳池寫鳳文。短簫何以奏，攀折爲思君。

唐　韋承慶《折楊柳》（《全唐詩》卷四六引）　萬里邊城地，三春楊柳節。葉似鏡中眉，花如關外雪。征人遠鄉思，倡婦高樓别。不忍擲年華，含情寄攀折。

唐　歐陽瑾《折楊柳》（《樂府詩集》卷二二引）　垂柳拂妝臺，葳蕤葉半開。年華枝上見，邊思曲中來。嫩色宜新雨，輕花伴落梅。朝朝倦攀折，征戍幾時回。

唐　鄭愔《折楊柳》（《文苑英華》卷二〇八引）　青柳映紅顔，黄雲蔽紫關。傳聞邊信出，枝葉爲君攀。舞腰愁欲斷，春心望不還。風花亂成雪，羅綺淚斑斑。

唐　喬知之《折楊柳》（《全唐詩》卷八一引）　可憐濯濯春楊柳，攀折將來就纖手。妾容與此同盛衰，何必君恩能獨久。

唐　劉憲《折楊柳》（《樂府詩集》卷二二引）　沙塞三河道，金閨二月春。碧烟楊柳色，紅粉綺羅人。露葉憐啼臉，風花思舞巾。攀持君不見，爲聽曲中新。

唐　崔湜《折楊柳》（《全唐詩》卷五四引）　二月風光半，三邊戍不還。年華妾自惜，楊柳爲君攀。落絮縈一作緣衫袖，垂條拂髻鬟。那堪音信斷，流涕望陽關。

唐　張祜《折楊柳》（《樂府詩集》卷二二引）　紅粉青樓曙，垂楊仲月春。懷君重攀折，非妾妬腰身。舞帶縈絲斷，嬌娥向葉嚬。横吹凡幾曲，獨自最愁人。

唐　張九齡《折楊柳》（《文苑英華》卷二〇八引）　纖纖折楊柳，持取寄情人。一枝何足貴，憐是故園春。遲景那能久，流芳不及新。更愁征戍客，容鬢老邊塵。

唐　徐延壽《折楊柳》（《全唐詩》卷一一四引）　大道連國門，東西種楊柳。葳蕤君不見，嫋娜垂來久。緣枝棲暝禽，雄去雌獨吟。餘花怨春盡，微月起秋陰。坐望窗中蝶，起攀枝上葉。好風吹長條，婀娜何如妾。妾見柳園新，高樓四五春。莫吹胡塞一作笳曲，愁殺隴頭人。

唐　王泠然《汴堤柳一本作題河邊枯柳》（《全唐詩》卷一一五引）　隋家天子憶揚州，厭坐深宫傍海游。穿地鑿山開御路，鳴笳疊鼓泛清流。流從鞏北分河一作河汾口，直到淮南種官柳。功成力盡人旋亡，代一作運謝年移樹空有。當時綵女侍君王，繡帳一作帳殿旌門對柳行。青葉交垂連幔色，白花飛度染衣香。今日摧殘何用道，數里曾無一枝好。驛騎征帆損更多，山精野魅藏應老。涼風一作秋八一作九月露爲霜，日夜孤舟入帝鄉。河畔時時聞木落一作落葉，客中無不淚沾裳一作無個不沾裳。

唐　王維《柳浪》（《全唐詩》卷一二八引）　分行接綺樹，倒影入清漪。不學御溝上，春風傷别離。

唐　裴迪《柳浪》（《全唐詩》卷一二九引）　映池同一色，逐吹散如絲。結陰既得地，何謝陶家時。

唐　岑參《題平陽郡汾橋邊柳樹參曾居此郡八九年》（《全唐詩》卷二〇一引）　此地曾居住，今來宛似歸。可憐汾上柳，相見也依依。

唐　王之涣《柳》（《石倉歷代詩選》卷四二引）　濯濯烟條拂地垂，城邊樓畔結春思。請君細看風流意，未減靈和殿裏時。

唐　崔顥《行路難》（《全唐詩》卷一三〇引）　君不見建章宫中金明枝，萬萬長條拂地垂。二月三月花如霰，九重幽深君不見。豔彩朝含四寶宫，香一作春風旦一作吹入朝雲殿。漢家宫女春未闌，愛此芳香朝暮看。看來看去一作來看去看心不忘，攀折將安鏡臺上。雙雙素手剪不成，兩兩紅妝笑相向。建章昨夜起春風，一花飛落長信宫。長信麗人見花泣，憶此珍樹何嗟及。我昔初在昭陽時，朝攀一作折暮折登玉墀。只言歲歲長相對，不悟今朝遥相思。

唐　張旭《柳》（《全唐詩》卷一一七引）　濯濯烟條拂地垂，城邊樓畔結春思。請君細看風流意，未減靈和殿裏時。

唐　王昌齡《閨怨》（《全唐詩》一四三卷引）　閨中少婦不曾愁，春日凝妝上翠樓。忽見陌頭楊柳色，悔教夫壻覓封侯。

唐　李白《李太白文集》卷五《侍從宜春苑奉詔賦龍池柳色初青聽新鶯百囀歌長安》　東風已緑瀛洲草，紫殿紅樓覺春好。池南柳色半青青，縈烟裊娜拂綺城。垂絲百尺挂雕楹，上有好鳥相和鳴。間關早得春風情，春風卷入碧雲去，千門萬户皆春聲。是時君王在鎬京，五雲垂暉耀紫清。仗出金宫隨日轉，天回玉輦繞花行。始向蓬萊看舞鶴，還過茝若聽新鶯。新鶯飛繞上林苑，願入簫韶雜鳳笙。

又　卷一一《望漢陽柳色寄王宰》　漢陽江上柳，望客引東枝。樹樹花如

雪，紛紛亂若絲。春風傳我意，草木度前知一作草木發前墀。寄謝絃歌宰，西來定未遲。

又 卷一二《金陵白下亭留別》 驛亭三楊樹，正當白下門。吴煙暝長條，漢水齧古根。向來送行處，迴首阻笑言。别後若見之，爲余一攀翻。

唐 李白《折楊柳》（《樂府詩集》卷二二引） 垂楊拂緑水，摇豔一作艷東風年。花明玉關雪，葉暖金窗烟。美人結長恨，相對心悽然。攀條折春色，遠寄龍庭前一作龍沙邊。

唐 賀知章《詠柳》（《全唐詩》卷一一二引） 碧玉妝成一樹高，萬條垂下緑絲縧。不知細葉誰裁出，二月春風似剪刀。

唐 戴叔倫《賦得長亭柳》（《全唐詩》卷二七三引） 濯濯長亭柳，陰連灞水流。雨搓金縷細，烟裹翠絲柔。送客添新恨，聽鶯憶舊遊。贈行多折取，那得到深秋。

唐 韋應物《韋蘇州集》卷六《歎楊花》 空蒙不自定，况值暄風度。舊賞逐流年，新愁忽盈素。纔縈下苑曲，稍滿東城路。人意有悲歡，時芳獨如故。

又 卷八《西澗種柳》 宰邑乖所願，黽俛愧昔人。聊將休暇日，種柳西澗濱。置鍤息微倦，臨流睇歸雲。封壤自人力，生條在陽春一作王春。成陰豈自取，爲茂屬佗辰。延詠留佳賞，山水變夕曛。

唐 李端《折楊柳》（《樂府詩集》卷二二引） 東城攀柳葉，柳葉低著草。少壯莫輕年，輕年有人老。柳發遍州崗，登高堪斷腸。雨烟輕漠漠，何樹近君鄉。贈君折楊柳，顏色豈能久。上客莫沾巾，佳人正回首。新柳送君行，古柳傷君情。突兀臨荒渡，婆娑出舊營。隋家兩岸盡，陶宅五株平。日暮偏愁望，春山有鳥聲。

唐 孟郊《孟東野詩集》卷二《折楊柳二首》 楊柳多短枝，短枝多別離。贈遠累攀折，柔條安得垂。青春有定節，離別無定時。但恐人別促，不怨來遲遲。莫言短枝條，中有長相思。朱顏與緑楊，併在别離期。

樓上春風過，風前楊柳歌。枝疎緑别苦，曲怨爲年多。花驚燕地雲，葉映楚池波。誰堪別離此，征戍在交河。

又 卷九《宇文秀才齋中海柳詠》 玉縷青葳蕤，結爲芳樹姿。忽驚明月鉤，鉤出珊瑚枝。灼灼不死花，蒙蒙長生絲。飲栢況一作泛仙味，詠蘭擬一作凝古詞。霜風清飀飀，與君長相思。

又《摇柳一作採柳》 弱弱本易驚，看看勢難定。因風似醉舞，盡日不能正。時邀詠花女，笑輟春粧鏡。

唐 楊巨源《楊花落》（《文苑英華》卷三二三引） 北斗南回春物老，紅英落盡緑尚早。韶風澹蕩無所依，偏惜垂楊作春好。此時可憐楊柳花，縈盈艷曳滿人家。人家女兒出羅幙，静掃玉庭待花落。寶環纖手捧更飛，翠羽輕裾承不着。歷歷瑶琴舞金陳，菲紅拂黛憐玉人。東園桃李芳已歇，獨有楊花嬌暮春。

唐 韓愈《柳溪》（《全唐詩》卷三四三引） 柳樹誰人種，行行夾岸高。莫將條繫纜，到處有蟬號。

唐 姚係《庭柳》（《全唐詩》卷二五三引） 裹裹楊柳枝，當軒雜珮垂。交陰總共密，分條各自宜。因依似永久一作夕，攬結更傷離。愛此陽春色，秋風莫遽吹。

唐 白居易《白香山詩集》卷一八《憶江柳》 曾栽楊柳江南岸，一别江南兩度春。遥憶青青江岸上，不知攀折是何人。

又 卷一九《青門柳》 青青一樹傷心色，曾入幾人離恨中。爲近都門多送别，長條折盡減春風。

又 卷二五《柳絮》 三月盡時頭白日，與春老別更依依。憑鶯爲向楊花道，絆惹春風莫放歸。

唐 白居易《白氏長慶集》卷一五《雨中題衰柳》 濕屈青條折，寒飄黄葉多。不知秋雨意，更遣欲何如。

又 卷二〇《題州北路傍老柳樹》 皮枯緣受風霜久，條短爲經攀折頻。但見半衰當此路，不知初種是何人。雪花零碎逐年減，煙葉稀疎隋分新。莫道老株芳意少，逢春猶勝不逢春。

又 卷二四《蘇州柳》 金谷園中黄婀娜，曲江亭畔碧婆娑。老來處處游遍，不似蘇州柳最多。絮撲白頭條拂面，使君無計奈春何。柳以垂者爲貴，吴中士大夫家有得鳳州種者，其半拂地，復堆如尺，石湖、綺川兩傍亦有之。

又 卷三一《楊柳枝詞八首》 六么水調家家唱，白雪梅花處處吹。古歌舊曲君休聽，聽取新翻楊柳枝。

陶令門前四五樹，亞夫營裏百千條。何似東都正二月，黄金枝映洛陽橋。

依依嫋嫋復青青，勾引春風無限情。白雪花繁空撲地，緑絲條弱不勝鶯。

紅板江橋青酒旗，館娃宮暖日斜時。可憐雨歇東風定，萬樹千條各自垂。

蘇州楊柳任君誇，更有錢塘勝館娃。若解多情尋小小，緑楊深處是蘇家。蘇家小女舊知名，楊柳風前別有情。剥條盤作銀環樣，卷葉吹爲玉笛聲。葉含濃露如啼眼，枝嫋輕風似舞腰。小樹不禁攀折苦，乞君留取兩三條。人言柳葉似愁眉，更有愁腸似柳絲。柳絲挽斷腸牽斷，彼此應無續得期。

唐 元稹《元氏長慶集》卷二一《第三歲日詠春風憑楊員外寄長安柳》 三日春風已有情，拂人頭面稍憐輕。殷勤爲報長安柳，莫惜枝條動軟聲。

唐 劉禹錫《劉賓客文集》卷二七《楊柳枝詞九首》 塞北梅花羌笛吹，淮南桂樹小山詞。請君莫奏前朝曲，聽唱新飜楊柳枝。

南陌東城春蚤時，相逢何處不依依。桃紅李白皆誇好，須得垂楊相發揮。

鳳闕輕遮翡翠幃，龍池遥望麴塵絲。御溝春水相暉映，狂殺長安年少兒。

金谷園中鶯亂飛，銅駝陌上好風吹。城東桃李須臾盡，争似垂楊無限時。

花萼樓前初種時，美人樓上鬭腰支。如今抛擲長街裏，露葉如啼欲恨誰。

煬帝行宫汴水濵，數株殘柳不勝春。晚來風起花如雪，飛入宫牆不見人。

御陌青門拂地垂，千條金縷萬條絲。如今綰作同心結，將贈行人知不知。

城外春風吹酒旗，行人揮袂日西時。長安陌上無窮樹，唯有垂楊管別離。

輕盈嫋娜占年華，舞榭妝樓處處遮。春盡絮飛留不得，隨風好去落誰家。

又《楊柳枝詞二首》 迎得春光先到來，淺黄輕緑映樓臺。只緣裊娜多情思，便被春風長請挼。

巫峽巫山楊柳多，朝雲暮雨遠相和。因想陽臺無限事，爲君回唱竹枝歌。

唐 劉禹錫《劉賓客外集》卷七《柳絮》 飄颺南陌起東鄰，漠漠濛濛暗度春。花巷暖隨輕舞蝶，玉樓晴拂豔粧人。縈迴謝女題詩筆，點綴陶公漉酒巾。何處好風偏似雪，隋河隄上古江津。

又 卷八《楊柳枝》 揚子江頭烟景迷，隋家宫樹拂金堤。嵯峨猶是當時色，半蘸波中水鳥棲。

唐 薛濤《柳絮》（《薛濤李冶詩集》引） 二月楊花輕復微，春風摇蕩惹人衣。他家本是無情物，一响南飛又北飛萬首絶句楊作柳。

唐 王建《王司馬集》卷八《華清宫前柳》 楊柳宫前忽地春，在先驚動探春人。曉來唯欠驪山雨，洗却枝頭緑上塵。

唐 李紳《柳二首》（《文苑英華》卷三二三引） 千條楊柳拂金絲，日暖牽風葉學眉。愁見花狂飛不定，還同輕薄五陵兒。

陶令門前欲接籬，亞夫營裡拂朱旗。人事推移無舊物，年年春至緑垂絲。

唐 柳宗元《柳河東集》卷四二《種柳戲題》 柳州柳刺史，種柳柳江邊。談笑爲故事，推移成昔年。垂陰當覆地，聳榦會參天。好作思人樹，慙無惠化傳。

唐 姚合《姚少監詩集》卷一〇《楊柳枝詞五首》 黄金絲掛粉墻頭，動似顛狂静似愁。遊客見時心自醉，無因得見謝家樓。

葉葉如眉翠色濃，黄鶯偏戀語從容。橋邊陌上無人識，雨濕烟和思萬重。

江上東西離別饒，舊條折盡折新條。亦知春色人將去，猶勝狂風取次飄。

二月楊花觸處飛，悠悠漠漠自東西。謝家詠雪徒相比，吹落庭前便作泥。

江亭楊柳折還垂，月照深黄幾樹絲。見説隋隄枯已盡，年年行客怪春遲。

唐 崔護《五月水邊柳》（《全唐詩》卷三六八引） 結根挺涯涘，垂影覆清淺。睡臉寒未開，嬾腰晴更軟。摇空條已重，拂水帶方展。似醉煙景凝，如愁月露泫。絲長魚悮恐，枝弱禽驚踐。長別幾多情，含春任攀搴。

唐 釋齐己《折楊柳詞四首》（《全唐詩》卷八四七引） 鳳樓高映緑陰陰，凝重多含雨露深。莫謂一枝柔軟力，幾曾牽破別離心。

館娃宫畔響廊前，依託吴王養翠煙。劍去國亡臺殿毁，却隨紅樹噪秋蟬。

穠低似中陶潛酒，軟極如傷宋玉風。多謝將軍遶營種，翠中閑卓戰旗紅。

高僧愛惜遮江寺，遊子傷殘露野橋。争似著行垂上苑，碧桃紅杏對摇摇。

唐 杜牧《柳》（《文苑英華》卷三二三引） 日落水流西復東，春光不盡柳何窮。巫娥廟裡低含雨，宋玉宅前斜帶風。不嫌榆莢共争翠，深感杏花相暎紅。灞上漢南千萬樹，幾人遊宦別離中。

唐 杜牧《樊川文集夾注》卷三《獨柳》 含煙一株柳，拂地摇風久。佳人不忍折，悵望迴纖手。

唐 許渾《丁卯詩集・新柳》 無力摇風曉色新，細腰争妬看來頻。緑陰未覆長堤水，金穗先迎上苑春。幾處傷心懷遠路，一枝和日送行塵。東風門外多離別，愁殺朝朝暮暮人。

唐 李商隱《李義山詩集》卷上《柳》 動春何限葉，撼曉幾多枝。解有相思否，應無不舞時。絮飛藏皓蝶，帶弱露黄鸝。傾國宜通體，誰來獨賞眉。

又《巴江柳》 巴江可惜柳，柳色緑侵江。好向金鑾殿，移陰入綺窓。

又《贈柳》 章臺從掩映，郢路更參差。見説風流極，來當婀娜時。橋迴行欲斷，堤遠意相隨。忍放花如雪，青樓撲酒旗。

又《柳》 柳映江潭底有情，望中頻遣客心驚。巴雷隱隱千山外，更作章臺走馬聲。

又《柳下暗記》 無奈巴南柳，千條傍吹臺。更將黄映白，擬作杏花媒。

又《柳》 曾逐東風拂舞筵，樂遊春苑斷腸天。如何肯到清秋日，已帶斜陽又帶蟬。

又《離亭賦得折楊柳二首》 暫憑樽酒送無憀，莫損愁眉與細腰。人世死前唯有别，春風争擬惜長條。

含煙惹霧每依依，萬緒千條拂落暉。爲報行人休盡折，半留相送半迎歸。

又《垂柳》 娉婷小苑中，婀娜曲池東。朝佩皆垂地，仙衣盡帶風。七賢寧占竹，三品且饒松。腸斷靈和殿，先皇玉座空。

又《謔柳》 已帶黄金縷，仍飛白玉花。長時須拂馬，密處少藏鴉。眉細從他斂，腰輕莫自斜。玳梁誰道好，偏擬映盧家。

又《柳》 爲有橋邊拂面香，何曾自敢占流光。後庭玉樹承恩澤，不信年華有斷腸。

又 卷中《闕門柳》 永定河邊一行柳，依依長發故年春。東來西去人情薄，不爲清陰減路塵。

又 卷下《柳》 江南江北雪初銷，漠漠輕黄惹嫩條。灞岸已攀行客手，楚宫先騁舞姬腰。清明帶雨臨官道，晚日含風拂野橋。如線如絲正牽恨，王孫歸路一何遥。

唐 温庭筠《題柳》（《全唐詩》卷五七八引） 楊柳千條拂面絲，緑煙金穗不勝吹一作移。香隨静婉歌塵起，影伴嬌嬈一作饒舞袖垂。羌管一作笛一聲何處曲一作笛，流鶯百囀最高枝。千門九陌一作曲花如雪，飛過宫牆兩自一作不知。

唐 温庭筠《楊柳枝八首》（《花間集》卷一引） 宜春苑外最長條，閑裊春風伴舞腰。正是玉人腸絶處，一渠春水赤闌橋。

南内牆東御路傍，須知春色柳絲黄。杏花未肯無情思，何事行人最斷腸。

蘇小門前柳萬條，毿毿金線拂平橋。黄鶯不語東風起，深閉朱門伴舞腰。

金縷毿毿碧瓦溝，六宫眉黛惹春愁。晚來更帶龍池雨，半拂闌干半入樓。

館娃宫外鄴城西，遠映征帆近拂堤。繫得王孫歸意切，不同芳草緑萋萋。

兩兩黄鸝色似金，裊枝啼露動芳音。春來幸自長如線，可惜牽纏蕩子心。

御柳如絲映九重，鳳皇窗映綉芙蓉。景陽樓畔千條路，一面新粧待曉風。

織錦機邊鶯語頻，停梭垂淚憶征人。塞門三月猶蕭索，縱有垂楊未覺春。

唐 陸龜蒙《甫里集》卷一二《冬柳》 柳汀斜對野人牕，零落衰條傍曉江。正是霜風飄斷處，寒鷗驚起一雙雙。

唐 唐彦謙《垂柳》（《全唐詩》卷六七二引） 絆惹春風一作風光别有情，世間誰敢鬬輕盈。楚王江畔無端種，餓損纖腰一作宫娥學不成。

唐 羅隱《羅昭諫集》卷四《柳》 灞岸晴時送别頻，相偎相倚不勝春。自家飛絮猶無定，争把長條絆得人。

又《隋堤柳》 夾岸依依千里遥，路人回首認隋朝。春風未借宣華意，猶費工夫長緑條。

又《柳》 一簇青煙鎖玉樓，半垂欄檻半垂溝。明年更有新條在，擾亂春風卒未休。

唐 韓偓《韓内翰别集·柳》 半煙半雨江橋畔，映杏映桃山路中。會得離人無限意，千絲萬絮惹春風。

一籠金線拂彎橋，幾被兒童損細腰。無奈靈和標格在，春來依舊裊長條。

又《韓偓五十九首·宫柳》（《唐百家詩選》卷二〇引） 莫道秋來芳意違，宫娃猶似妬蛾眉。幸當玉輦經過處，不怕金風浩蕩時。草色長承垂地葉，日華先照映樓枝。澗松亦有凌雲分，争似盤根太液池。

唐 魚玄機《唐女郎魚玄機詩·賦得江邊柳》 翠色連荒岸，煙姿入遠樓。影鋪秋水面，花落釣人頭。根老藏魚窟，枝低繫客舟。蕭蕭風雨夜，驚夢復添愁。

唐 魚玄機《折楊柳》（《文苑英華》卷二〇八引） 朝朝送别泣花鈿，折盡春風楊柳煙。願得西山無樹木，免教人作淚懸懸。

唐 李咸用《詠柳》（《全唐詩》卷六四六引） 日近煙饒還有意，東垣西掖幾千株。牽仍一作連别恨知難盡，誇衒春光恐更無。解引人情長婉約，巧隨風勢强盤紆。天應綉出繁華景，處處茸絲惹路衢。

唐 鄭谷《雲臺編》卷中《柳》 半煙半雨江橋畔，映杏映桃山路中。會得離人無限意，千絲萬絮惹春風。

唐 翁綬《折楊柳》（《樂府詩集》卷二二引） 紫陌金堤映綺羅，遊人處處動離歌。陰移古戍迷荒草，花帶殘陽落遠波。臺上少年吹白雪，樓中思婦斂青蛾。殷勤攀折贈行客，此去關山雨雪多。

唐 吴融《唐英歌詩》卷上《詠柳》 自與鶯爲地，不教花作媒。細應和雨斷，輕祇愛風裁。好拂錦步障，莫遮銅雀臺。灞陵千萬樹，日暮别離迴。

唐 詹敦仁《隋堤柳》（《全唐詩》卷七六引） 夫柳之性，斷根插地，遂有生意。越一二年，而籠晴蔽陰矣。予不知天地生物之心，且得以供火爨之用焉。時方春焉。况是木删之則枝葉倍長，剪之則芽蘖滋多，又得以爲負耒息耕之便也，緑染方匀，柔絲裊風，攪詩腸之百結，宜吾一詠而一觴也。春云暮矣，雪絮飛毬，悠揚遠近，嘆人生之聚散，宜閒居而自適也。於是秉耒就耕，書横牛角，鋤且帶經。或偃息乎繁陰之下，開卷自得，悠然而樂。雖盛夏溽暑，白扇可置，風颭是快。則是柳之繁茂，不謂無庇物之効也。俄而涼飈颯至，一葉驚秋。露滴疎枝，月篩淡影。放出千巖霽色，静籠數頃黄雲。覺歲月以驚心，嘆年華之暗度。雨雪飄飄，未春而絮。青山改色，覺老其容。既當妝斂暇餘，廼且呼童，削其繁冗，伐其朽蠹。夫插柳之効，予既兩資其利，泚筆綴字，以示後人，使知予插柳之意，不爲徒耳。仍記之以詩曰：

種稻三十頃，種柳百餘株。稻可供飦粥，柳可爨庖厨。息耒柳陰下，讀書稻田隅。以樂堯舜道，同是耕莘夫。

唐 翁承贊《柳》（《全唐詩》卷七〇三引） 斜拂中橋遠映樓，翠光駘蕩曉煙收。洛陽才子多情思，横把金鞭約馬頭。

高出營門遠出墻，朱闌門閉緑成行。將軍宴罷東風急，閑襯旌旗簇畫堂。

彭澤先生酒滿船，五株栽向九江邊。長條細葉無窮盡，管領春風不計年。

煬帝東遊意緒多，宮娃眉翠兩相和。一聲水調春風暮，千里交陰鎖汴河。

纏繞春情卒未休，秦娥蕭史兩相求。玉句闌内朱簾卷，瑟瑟絲籠十二樓。

唐 許景元《柳》（《文苑英華》卷三二三引） 春色東來度渭橋，青門垂柳百千條。垂疑作長楊西連建章路，漢家枝苑紛無數。榮花始遍合歡真一作宫，遊絲半罥相思樹。春樓初日照南隅，柔條垂緑掃金鋪。寶釵新梳倭墮髻，錦帶交垂連理襦。自憐柳塞淹戎幕，銀燭長啼愁夢着。芳樹朝催玉管新，春風夜染羅衣薄。城頭楊柳已如絲，今年花落去年時。折芳遠寄相思曲，爲惜榮華難再持。

唐 裴説《柳》（《全唐詩》卷七〇二引） 高拂危樓低拂塵，灞橋攀折一何頻。思量却是無情樹，不解迎人只送人。

唐 王貞白《折楊柳》（《文苑英華》卷二〇八引） 一

枝枝交影鎖長門，嫩色曾沾雨露恩。鳳輦不來春欲盡，空留鶯語到黄昏。

二

水殿年年占早芳，柔條風裏御爐香。如今萬乘多巡狩，輦路無陰緑草長。

三

嫩葉初齊不耐寒，和寒時拂玉闌干。征人去日曾攀折，泣雨傷春翠黛殘。

唐 顧雲《新柳》（《佩文齋詠物詩選》卷二〇八九引） 帶露含煙處處垂，綻黄摇緑嫩參差。長隄未見風飄絮，廣陌初憐日暎絲。斜傍畫筵偷舞態，低臨妝閣學愁眉。離亭不放到春暮，折盡拂簷千萬枝。

唐 羅紹威《柳》（《全唐詩》卷七三四引） 妝點青春更有誰，青春常許占先知。亞夫營畔風輕處，元亮門前日暖時。花密宛如飃六出，葉繁何惜借雙眉。交情别緒論多少，好向仁人贈一枝。

唐 李山甫《隋堤柳》（《全唐詩》卷六四三引） 曾傍龍舟拂翠華，至今凝恨倚天涯。但經春色還秋色，不覺楊家是李家。背日古陰從北朽，逐波疎影向南斜。年年只有晴風便，遥爲雷塘送雪花。

唐 韓溉《柳》（《全唐詩》卷七六八引） 雪盡青門弄影微，暖風遲日早鶯歸。如憑細葉留春色，須把長條繫落暉。彭澤有情還鬱鬱，隋堤無主自依依。世間惹恨偏饒此，可是行人折贈稀。

五代 李中《碧雲集》卷上《柳》 春來無樹不青青，似共東風别有情。閑憶舊居湓水畔，數枝煙雨屬啼鶯。

最愛青青水國中，莫愁門外間花紅。纖纖無力勝春色，撼起啼鶯恨晚風。

又《題柳》 折向離亭畔，春光滿手生。群花豈無艷，柔質自多情。夾岸籠溪月，兼風撼野鶯。隋堤三月暮，飛絮想縱横。

又 卷下《途中柳》 翠色晴來近，長亭路去遥。無人折煙縷，落日拂溪橋。

又《柳絮》 年年三月暮，散亂雜飛花。雨過微風起，狂飄千萬家。

宋 田錫《咸平集》卷七《楊花賦》 梁苑殘春，垂楊映津。枝黛染以交引，葉眉纖而鬬伸。落絮如雪，飄煙拂塵。輕芳兮就月爲魄，澹白兮依風作神。當艷陽之美景，過上巳之良辰。其繁也，六出之英未多；其艷也，早楳之芳若何。釋葉辭蔕，流枝逗柯。浮朝靄兮，散斜陽九重丹禁；拂扁舟兮，隨兩槳千里輕波。是時，孝王多暇，閒登水樹。因悦柳之太柔，賞茲花兮似畫。乃顧鄒枚，憐其逸才。命臨流兮就景，揚綺席之金罍。相如後至，居於右座。欣麗藻之無敵，若陽春之寡和。衆賓目動，怯勝氣以潛消；梁孝意怡，禮奇才兮敢惰。於是授

以毫牋，言容懌然。曰：寡人多幸，知子之賢，願以文爲樂也。俟當場而試焉。且昔楊柳之詩，古人有之；楊花之賦，作者多非。可以運精研之思，施絶妙之詞。相如感主人之遇，援毫而賦。盡華藻之菁英，得飛花之態度。以爲漠漠霏霏，微風暖吹。裛甘露於珠樹，蕩朝陽於玉墀。乍若吴王江國，水殿春曦。梅花已老，零落交飛。矧又蕩然無羈，紛兮交錯。入殘月之綺窓，滿夕陽之畫閣。乍如陳后失恩，長門寂寞。梨花向晚，繽紛散落。有時金屋徘徊，碧簾半開。罥繡牀之彩縷，縈粉奩於玉臺。乍若謝家深院，寒景相催。暮雲方密，飄飄四來。至於湘浦幽深，檉林葱蒨。滿黄陵之古廟，撲蒼山之晚殿。乍如亂峯之下，落泉飛練。噴嵐灑煙，沫花相濺。有時送客南游，垂楊渡頭。未盡離酒，猶縻去舟。思夕宿之江館，望朝雲之水樓。飄兮蕩白，縈觴惹愁。和鷗鳩以連飛，平波渺渺；伴舳艫而已遠，晚景悠悠。矧夫春院深嚴，書帷閴寂。横南窓之緑綺，委羣書於緗帙。冰濡相浥，沾匣硯以難飛；風聚成規，衮砌莎而可惜。加之碧簟銀床，梧桐影涼。春光餘幾，艶景方長。當奕客以凝情，飛來寶局；値嘉賓之舉白，吹過金觴。有時簾幕雨餘，池塘風定。凝去忽飛，幽而可詠。榆墜莢以相先，桃落花而玄映。餘態重重，妍姿弗窮。大約含愁於夕靄，誰憐委迹於流風。値輕露以多掩，傍微陽而即通。是知有以妖冶，輕爲貴者。雖五彩之毫，妍不可寫；雖數子之詞，才難騁奇。唯相如之善者，致梁王之悦。而乃命左史記言，而右史録之。藏之寶笥，以爲柳花之詞。

宋 張詠《乖崖集》卷四《弱柳》 枝莖何弱種何緣，著架扶持勢可憐。但見低垂常衛足，更無踈竦欲參天。離情漫指千條線，野興堪驚一點烟。最惜柔顔似君子，夜涼重起遶欄邊。

宋 种放《柳》（《佩文齋廣群芳譜》卷七七引） 白雲溪畔種還生，風擺長條拂水輕。應爲繁華壓金谷，依依終日是無情。

宋 寇準《忠愍集》卷中《柳》 曉帶輕烟間杏花，晚凝深翠拂平沙。長條别有風流處，密映錢塘蘇小家。

又 卷下《柳》 緑翠最宜經宿雨，絮飛争忍逐香塵。簾垂獨院無人處，一樹風摇日午春。

宋 柳永《樂章集・玉樓春・柳枝》 黄金萬縷風牽細，寒食初頭春有味。殢煙尤雨索春饒，一日三眠誇得意。章街隋岸歡遊地，高拂樓臺低映水。楚王空待學風流，餓損宫腰終不似。

宋 梅堯臣《宛陵集》卷二〇《殿中柳絮》 玉几當中寶作牀，無端絮惹御袍香。羣公唱第魚龍化，列侍金階若堵牆。

又 卷四《柳絮》 陶令生涯漉酒巾，門前種柳萬條新。花今吹作蓬萊雪，曲舊得於關塞人。應與殘英閑是伴，不隨舞蝶去争春。可憐輕質都無定，一落銀河莫問津。

宋 祖無擇《龍學文集》卷四《後池新柳》 客來莫怪寡心情，俗吏喧嘩不喜聽。多感後池楊柳眼，一回相對一回青。

宋 文彦博《潞公文集》卷三《柳絮》 拂地高陽翠影濃，楊花斷續蔽香紅。密和微雨粘沙坂，亂逐輕風透綺籠。漆園旋驚飛蝶夢，玉庭頻擬散鹽空。青門一望依依處，十里金堤二月中。

宋 歐陽修《文忠集》卷一二《去思堂手植雙柳今已成陰因而有感》 曲欄高柳拂層簷，却憶初栽映碧潭。人昔共遊今孰在，樹猶如此我何堪。壯心無復身從老，世事都銷酒半酣。後日更來知有幾，攀條莫惜駐征驂。

又 卷五五《柳》 緑樹低昂不自持，河橋風雨弄春絲。殘黄淺約眉雙斂，欲舞先誇手小垂。快馬折鞭催遠道，落梅横笛共餘悲。長亭送客兼迎雨，費盡春條贈别離。

又 《柳》 雨闘堤長走畫轅，絮兼梨雪墜春烟。東風苑外千絲老，猶伴吴蠶盡日眠。

宋 韓琦《安陽集》卷五《新柳二闋》 弄黄含緑葉開眉，最有春來次第知。生計任隨栽者意，却嗤松柏不禁移。驛路行人東復西，等閑攀折損芳枝。有生自是無根物，忍向東風贈别離。

又 《柳絮二闋》 慣惱東風不定家，高樓長陌奈無涯。一春情緒空撩亂，不是天生穩重花。

絮雪紛紛不自持，亂愁縈困滿春暉。有時穿入花枝過，無限蜂兒作隊飛。

又 卷六《垂柳》 東君於此最多情，先與黄金撚畫成。何似亞夫堅壁地，因人千古得嘉名。

又 卷七《獅子柳在晉祠》 柳出狻猊首，天然瘦贅高。楓瘤嗤鬼伏，松幹讓龍豪。根聳伸獰爪，絲輕燦錦毛。三眠漢宫樹，人狀可同褒。

宋 邵雍《擊壤集》卷六《垂柳短吟》 臨溪拂水正依依，更被狂風來往吹。薄暮不勝煙羃羃，深春無柰日遲遲。誰家縹緲青羅帔，何處蹁躚金縷衣。猶恐

離人腸未斷，滿天仍着亂花飛。

又　卷八《垂柳長吟》　垂柳有兩種，有長有短垂。唯兹長一種，偏與静相宜。院宇深春後，亭臺晚景時。不勝煙冪冪，無柰日遲遲。霢霂雨初過，清冷風乍吹。章臺街左右，華表柱東西。起眼出墻樹，拂頭當路枝。翩翻緑羅帶，縹緲縷金衣。蕩颺飄晴絮，繽紛舞暖絲。絲牽寸腸斷，絮入萬家飛。婀娜王恭韻，婆娑趙后姿。脩妍張緒少，柔軟沈侯羸。濯濯青拖地，毵毵翠遶池。般添花灼灼，引惹草萋萋。欝欝籠山館，踈踈映酒旗。贈人人自泣，駐馬馬還嘶。影裏咿啞去，陰中轣轆歸。凄涼裝暝靄，淡薄掛斜暉。懊惱輕攀折，憂愁重别離。早衰緣傍道，先茂爲臨溪。樓外蟬繞噪，橋邊鶯又啼。生憎遮望眼，死恨學粧眉。遠客莫知數，長條曾繫誰。經霜儘憔悴，來歲却依依。

宋　司馬光《傳家集》卷五《柳》　驛道苦車馬，田廬悲斧斤。誰栽官舍前，老朽完天真。所願明府心，庇樹如庇人。

又　卷一〇《垂柳》　天意清和二月初，春風不動整如梳。陶潛宅外時無此，想更蕭條不易居。

宋　王安石《臨川文集》卷二六《五柳》　五柳柴桑宅，三楊白下亭。往來無一事，長得見青青。

又　卷二七《移柳》　移柳當門何啻五，穿松作徑適成三。臨流遇興還能賦，自比淵明或未慙。

又　卷二八《楊柳》　楊柳杏花何處好，石梁茅屋雨初乾。緑垂静路要深駐，紅寫清陂得細看。

又　卷三〇《御柳》　御柳新黄已迸條，宫溝薄凍未全消。人間今日春多少，秖看東方北斗杓。一作習習春風拂柳條，御溝春水已冰消。欲知四海春多少，先向天邊問斗杓。

宋　文同《丹淵集》卷二五《種柳詩序》　欒蟠地切邊，其土燥澀磽墽，雖春陽震憤剖發，以導仁氣，亦踈散不演潤。凡草樹託殖生意，結結無人許長，大柯幹局，然皮葉礫然，抱節起瘦，不中材用，豈和理近。戎落不霑浹，抑西北性慘冽，舄鹵與中州相絶至是耶。楊君灝巨川爲令之明年暇日，乘高窺臨，笑此童秃曰：宜物之術，人常與天地相比儗，寧有施力顓致不可敷？遂種柳，殆千根，表絡諸道。既自指閲，各任其地，闌迾灌浸，期以必活。生脉通定，一無殭者。春條森森，夏陰團團，禽弄蜩唱，薈翳蕃茂。於是彼人乃能識榮落，以記時節。行者得休陰，無懼暍乏爾。變此川谷，一若闤舖巨川，爲政之大抵也。乃作三詩記其事，且欲俾後人相增成。和者連章，以至大軸。巨川攜入都下示余，屬以序。予曰：事有利於用，求成於本無，或不謂爲難。既成而嗣守之，能不毁乃難矣。蓋人皆喜善自己出，若名于他，則萬計沮礙，無少假貸者，十常八九。今巨川營此，亦已勤矣。來者能爲撫摩而不樵薪之，是亦賢君子之所爲也。詩將刻石於縣，故余因以告後人云。嘉祐庚子人日安静文同序。

宋　曾鞏《元豐類藁》卷七《詠柳》　亂條猶未變初黄，倚得東風勢便狂。解把飛花蒙日月，不知天地有清霜。

宋　蘇頌《蘇魏公文集》卷二《秦淮柳》　古樹枕淮流，橋邊與亭畔。借問植秦堤，何如在隋岸。南朝正佳麗，綺陌多攀玩。嗟今非昔時，榮悴俱可歎。

宋　徐積《節孝集》卷一一《柳絮二首》　君看青蠶蘂，閒花使棄捐。臨風競離别，就地忽團圓。孤客正心亂，浮雲來馬前。灞橋逢杜甫，老淚更潸然。

長條徒自重，狂絮去何之。禁籞穿花樹，春江撲酒旗。因風無定意，著物有閒時。謝女何爲者，深情在雪詩。無人爲把秋香惜，聊向西風贈此篇。

宋　蘇軾《東坡全集》卷三《次韻子由柳湖感物》　憶昔子美在東屯，數間茆屋蒼山根。嘲吟草木調蠻獠，欲與猿鳥争啾喧。子今憔悴衆所棄，驅馬獨出無往還。惟有柳湖萬株柳，清陰與子供朝昏。胡爲譏評不少借，生意凌挫難爲繁。柳雖無言不解愠，世俗乍見應憮然。嬌姿共愛春濯濯，豈問空腹脩蛇蟠。朝看濃翠傲炎赫，夜愛踈影摇清圓。風翻雪陣春絮亂，蠹響啄木秋聲堅。四時盛衰各有態，摇落淒愴驚寒温。南山孤松積雪底，抱凍不死誰復賢。

宋　蘇轍《欒城集》卷三《柳湖感物》　柳湖萬柳作雲屯，種時亂插不須根。根如臥蚓身合抱，仰視不見蜩蟬喧。開花三月亂飛雪，過牆度水無復還。窮高極遠風力盡，葉墜泥土顔色昏。偶然直墮湖中水，化爲浮萍輕且繁。隨波上下去無定，物性不改天使然。南山老松長百尺，根入石底蛟龍蟠。秋深葉上露如雨，傾流入土明珠圓。乘春發生葉短短，根大如指長而堅。神農嘗藥最上品，氣力直壓鍾乳温。物生禀受久已異，世俗何始分愚賢。嘗見野人言，柳花入水爲浮萍，松上露墮地爲仙茅，陰乾服之益人。古方云，十斤鍾乳不如一斤仙茅。

又　《柳湖久無水悵然成詠》　平湖水盡起黄埃，惟有長堤萬萬栽。病鶴摧頹沙上舞，游人寂寞岸邊回。秋風草木初摇落，日暮樵蘇自往來。更試明年春絮起，共看飛雪亂成堆。

又《次韻孫户曹朴柳湖》　疎慵非敢獨違時，野性顛狂不受羈。猶有曲湖容笑傲，誰言與物苦參差。水乾生草曾非惡，鶴舞因風忽自怡。最愛柳陰遲日暖，幅巾輕屨肯相隨。

又　卷五《雙柳》　我作新堂，中庭蕭然。雙柳對峙，春陽既應。千條萬葉，垂之爲纓，綰之爲結。屈伸如意，燕雀翔舞。蜩蚻嘶鳴，不召而至。清霜夜落，風濯雨洗。如美婦人，正立櫛髮。髮長至地，微風徐來。掩冉相繆，亂而復理。衆葉如剪，顔色憔悴。永愧松柏，歲寒不改。見嘆夫子，聊同淵明。攀條嘯詠，得酒徑醉。一廛粗給，三黜不去，亦如展惠。

宋　張舜民《柳絮》（《全芳備祖集·前集》卷一八引）　隨風墜露事輕儇，巧占人間欲夏天。只恐障空飛似雪，從教糁逕白如綿。未央宫裏黏歌袖，楊子江濵惱客船。老去强看愁底事，昏花滿眼意茫然。

宋　彭汝礪《鄱陽集》卷三《沙柳》　沙陀秖見塵土，柳色如逢故人。憶著千條萬葉，金明馳道青春。

宋　張耒《柯山集》卷二〇《柳絮》　零亂委空風，悠揚點芳草。却爲身最輕，華堂等閒到。

又　卷二二《柳》　永豐坊裏舊腰肢，曾見青青初種時。看盡道傍離別恨，争教風絮不狂飛。

宋　周邦彦《片玉詞》卷上《蝶戀花·詠柳》　愛日輕明新雪後，柳眼星星，漸欲穿窻牖。不待長亭傾別酒，一枝已入騷人手。　淺淺柔黄輕蠟透，過盡冰霜，便與春争秀。强對青銅簪白首，老來風味難依舊。「愛日輕明新雪後」，《清真集》作「緩日輕明新霽後」。

又《詠柳》　蠢蠢黄金初脱後，暖日飛綿，取次黏窻牖。不見長條低拂酒。贈行應已輸先手。　鶯擲金梭飛不透。小榭危樓，處處添奇秀。何日隋堤縈馬首。路長人倦空思舊。

宋　張景修《選冠子·詠柳》（《歷代詩餘》卷八八引）　嫩水挼藍，遥堤影翠，半雨半煙橋畔。鳴禽弄舌，夢草縈心，偏稱謝家池館。紅粉牆頭，步摇金縷，纖柔舞腰低軟。被和風搭在闌干，終日畫簾高捲。　春易老，細葉舒眉，輕花吐絮，漸覺緑陰成幔。章臺擊馬，灞水維舟，誰念鳳城人遠？　惆悵故國陽關，杯酒飄零，惹人腸斷。恨青青客舍江頭風，笛亂雲空晚。

宋　孫覿《鴻慶居士集》卷五《柳》　修纖似束楚腰支，楊柳春風二月時。金地化身千佛眼，錦江新様十宫眉。

宋　王蘋《麟角集附録·原隰荑緑柳》　晴郊浮淑氣，踈柳發柔荑。嫩翠原頭遍，輕絲隰畔低。和烟方薱薱，伴草欲萋萋。葉少眉還短，條新帶未齊。離人心已醉，遊客步初迷。無限還喬意，芳菲正好棲。

宋　陳與義《簡齋集》卷一三《柳絮》　柳送腰肢日幾迴，更教飛絮舞樓臺。顛狂忽作高千丈，風力微時穩下來。

宋　曹勛《松隱集》卷六《隋堤柳》　隋隄柳，千里夾隋隄。隄中有平道，百尺隱金鎚。柳色間桃李，行客迷芳菲。牙檣從西來，雲表開龍旗。一舟挽千人，萬舟若魚麗。舟中盡絶色，不厭荒淫譏。錦帆壓奔流，日夜東南馳。龍舟未及返，身辱吴公泥。神器失所託，化作迷樓灰。向來桃與李，花色猶不衰。向來堤上柳，柳色猶依依。唐公已舉晉陽甲，草木雖小知無隋。

又《折楊柳并序》　《折楊柳》，即《樂府鼓吹曲》，漢魏以來，唯給邊將。

折楊柳，上隋堤，攀條同憶送君時。君王近發關中卒，更戍歸來尚未遲。

折楊柳，上章臺，柳色依依尚未回。漢家盡得單于壘，屈指歸同社燕來。

折楊柳，灞橋西，去日同君上柳堤。聞道將軍得天馬，歸時芳草正萋萋。

去日霏霏雪滿衣，思君楊柳正依依。新來又得征人信，君去交河尚未歸。

去日同君過渭橋，橋邊新雪未全消。如今窓外楊花滿，憔悴無心約細腰。

宋　劉子翬《屏山集》卷一六《柳》　體爲常輕定復飄，間梅遮杏得春饒。别離處處添愁色，風雨年年换舊條。拂瓦半枯陶令宅，沿溪不斷霸陵橋。凄涼又見千門緑，野老當時恨未消。

宋　史浩《鄮峰真隱漫録》卷四《柳色今字》　何處朱門窈窕深，蕭然一徑緑成陰。回眸却笑陽關道，匹馬區區走到今。

宋　王十朋《梅溪前集》卷三《詠柳》　東君於此最鍾情，粧點村村入畫屏。向我無言眉自展，與人非故眼猶青。　縈牽别恨絲千尺，斷送春光絮一庭。　葉底黄鸝音更好，隔溪烟雨醉時聽。

又　卷六《西河柳》　瀟灑西河種，誰移向浙東。青枝太纖細，莫近楚王宫。

又《梅溪後集》卷六《次韵昌齡西園十詠·柳》　何幸先人有弊廬，不妨同種柳千株。　垂陰覆地寧無日，作雪漫天肯似榆。

宋　曾協《雲莊集》卷一《擬古六首》　濯濯春月柳，低映金張宅。風光到飛絮，枝頭少顔色。　榮華豈不好，歲晚負賞識。堅貞自中心，君看松與栢。

宋 洪适《盤洲文集》卷四《古柳》 異時古木蔽巖阿，去盜來兵厄斧柯。老柳如龍壽千百，獨全煨燼傲清波。

宋 徐照《芳蘭軒集・柳葉詞》 嫩葉吹風不自持，淺黄微緑映清池。玉人未識分離恨，折向堂前學畫眉。

又《衰柳》 風吹無一葉，不復翠成窠。枝脆經霜氣，根空入水波。寒棲江鷺早，暗出野螢多。廢苑荒堤外，人嗟舊跡過。

宋 陸游《劍南詩藁》卷三一《柳二首》 楊柳春風緑萬條，憑鞍一望已魂消。當年鳳集城邊路，曾愛纖纖拂畫橋。

西園雨打杏花稀，便面章臺事已非。只恐無情堤上柳，又將風絮送春歸。

又 卷六〇《柳橋》 村路初晴雪作泥，經旬不到小橋西。出門頓覺春來早，柳染輕黄已蘸溪。

又 卷七〇《柳》 春來無處不春風，偏在湖橋柳色中。看得淺黄成嫩緑，始知造物有全功。

宋 楊萬里《誠齋集》卷二九《岸柳》 柳梢拂入溪雲陰，柳根插入溪水深。祇今立岸一獘帚，歸時弄日千黄金。人生榮謝亦如此，謝何足怨榮何喜。秋霜春雨自四時，老夫問柳柳不知。

宋 張鎡《南湖集》卷一〇《詩餘・楊柳枝》 緑蠟芽疎雪，一包綻雲梢。清香却暑置，堂坳晚風飄。冰雹無聲棲，碧葉笑仍嬌。相隨茉莉展，輕綃伴涼宵。

宋 周文璞《方泉詩集》卷二《新柳》 長條導幽情，净色穿户牖。酸風釃如醋，少待濃似酒。颭颭金絲垂，滿眼遮老醜。

宋 汪晫《康範詩集・柳》 淡黄初弄正纖柔，便向東風舞不休。猶記西湖相識舊，只今縷縷是春愁。

宋 樓鑰《攻媿集》卷一〇《楊花》 雨壓輕寒春較遲，春深不見柳綿飛。忽然飛入閒庭院，疑是故人何處歸。

柳綿無數糝枝頭，日暖隨風撲畫樓。萬象可觀惟有雪，喜看晴晝滿空游。

爲我輕攀緑柳枝，帶花低護笑携歸。日長深院微風動，要看鬆綿當面飛。

野芳庭草是生涯，老去秖宜閒在家。幾日惜春留不住，小鬟爲我拾楊花。

宋 釋斯植《采芝集續集・淮邊柳》 寂寞淮邊柳，春來自舞腰。恨生爭戰地，不得近官槁。

宋 釋文珦《潛山集》卷一二《柳花》 岸柳飛花老却春，風前何事巧隨人。都緣漂蕩無歸處，全似天涯倦客身。

宋 宋伯仁《西塍續稿・清明插柳》(《兩宋名賢小集》卷三四七引) 清明是處插垂楊，院宇深深緑草藏。心地不爲塵俗累，不簪楊柳也何妨。

宋 蔣捷《竹山詞・柳》 枝枝葉葉，受東風調弄。便是鶯穿也微動。自鶯黄千縷，數到飛綿，閒無事，誰管將春迎送。輕柔心性在，教得遊人，酒舞花吟恣狂縱。更誰家鸞鏡裏，貪學纖蛾，移來傍粧樓新種。總不道，江頭鎖清愁，正雨渺煙茫，翠陰如夢。

金 李俊明《莊靖集》卷四《柳》 一年春色到溪頭，展盡眉間幾點愁。纔得東君暫時意，笑他張緒不風流。

千絲萬縷弄風柔，爲愛春陰盡日留。杖屨重來有佳處，道人鑿石沼清流。

金 元好問《遺山集》卷六《結楊柳怨》 長樂坡前一杯酒，鄭重行人結楊柳。可憐楊柳千萬枝，看看盡入行人手。輕烟細雨緑相和，惱亂春風態度多。路人愛是風流樹，無奈朝攀暮折何。朝攀暮折何時了，不道行人暗中老。素衣今日洛陽塵，白髮明朝塞城草。柳色年年歲歲青，關人何事管離情。春風誰向丁寧道，折斷柔條莫再生。

又 卷一一《楊柳》 楊柳青青溝水流，鶯兒調舌弄嬌柔。桃花記得題詩客，斜倚春風笑不休。

元 張宏範《淮陽集・風柳》 澹澹池塘近楚宫，緑腰裊娜學盤中。亂摇荒草飛輕白，細搭朱闌拂落紅。枝上嬌鶯啼恰恰，樹邊舞蝶意悤悤。東君應着吹噓力，要把春愁一埽空。

元 蒲道源《閒居叢稿》卷八《賦柳》 枯樹生荑色已嬌，低垂江岸映溪橋。東君不惜黄金縷，散作春風十萬條。

明 劉基《誠意伯文集》卷二《楊柳枝詞九首》 多事垂楊管送迎，長條折盡短條生。不知幾許東風裏，猶帶輕烟罥晚晴。

漢將營中萬樹春，朱旗曉色動星辰。可憐烟雨章臺路，翠縷斜縈走馬塵。

楊葉淒淒隱畫樓，楊枝嫋嫋弄輕柔。鳴鳩叫罷黄鸝語，肯信年華有素秋。

憶昔春風白下亭，桃紅李白柳青青。繁華一夢今何在，露葉依稀似淚零。

長干橋邊楊柳枝，千條萬縷鬱金絲。人來人去争攀折，無復青青暎酒旗。

淮水春晴碧簟紋，楊花楊葉總成雲。錦帆零落美人盡，枝上流鶯誰獨聞。

三月垂楊緑葉齊，無朝無暮子規啼。飛花衮衮向東去，却被東風吹向西。

枝上穠花吹漸稀，樓前楊柳正依依。春風解釋佳人恨，故卷繁陰放燕歸。

長江春水去悠悠，亂絮輕花取次休。落日高樓怨横笛，寒鴉飛盡暮蟬愁。

明 劉崧《楊柳曲三首》（《宋金元明四朝詩·明詩》卷四引） 種柳城南河水邊，青枝拂地盡含煙。柔絲若有千千尺，應繫儂家蕩子船。

種柳城南河水傍，常年二月好春光。晴風暖日無聊賴，只聽鶯聲也斷腸。

金縷織成歌舞衣，年年江上惜春暉。無端心性輕離别，待得花開只解飛。

明 袁凱《海叟集》卷二《柳堤》 柔條被晴莎，密陰覆芳杜。透迤起沙際，寂寞連水滸。鷗眠雨未歇，鶯叫烟初曙。還將竹竿去，從爾釣春渚。

明 周是脩《芻蕘集》卷二《柳條長》 柳條長，柳條長，三尺溪水黄。雨晴布穀啼欲死，村中老父心徒忙。心徒忙，事難了，大兒當官少兒小。府縣公文迭迭催，吏胥晨夜何紛擾。雞豚殺盡無毛餘，杯盤稍薄即喧呼。雲南迯卒計千百，星火捕獲私相圖。同名共姓隨地有，掩襲成擒不鬆手。爺娘陷絶妻子離，負戈萬里遥奔走。姻鄰哀送擁道傍，泪滿春衣空斷腸。叮嚀異境好將息，留取眼睛歸故鄉。故鄉田土今誰種，堂上雙親復誰奉。皇朝奮武誓開邊，邊塵未净兵猶用。高歌一曲柳條長，壯士由來志四方。會看三箭天山定，從此化爲侯與王，聚散尋常安足傷。

明 姚廣孝《逃虚子詩集》卷五《詠柳》 輕柔不足貴，栽處易成林。雨後猶加色，霜餘竟減陰。喜兼雙燕舞，愁帶亂蟬吟。無那離情畔，花飛攪别心。

明 高啓《大全集》卷一二《詠柳》 何恨苦長顰，纖姿嫵媚春。慣愁行路客，羞比舞筵人。亂葉斜斜雨，狂花衮衮塵。殘蟬來噪日，應落漢潭濱。

又 《秋柳》 欲挽長條已不堪，都門無復舊毿毿。此時愁殺桓司馬，暮雨秋風滿漢南。

明 吴寬《家藏集》卷二七《百幹黄楊》 嚴凝霜雪後，蕃衍弟兄同。帖莫題青李，刀難斷寸葱。厄多逢歲閏，材短謝良工。桃李紛如許，終看立下風。

明 張元凱《伐檀齋集》卷一一《楊柳詞二首》 稽洛山邊春草殘，漁陽戍裏夕烽寒。故園楊柳年年緑，只有閨人帶泪看。

妾夢飄揚逸翠幃，柳花飛處思依依。好隨風絮天涯去，尋得蕭郎作伴歸。

明 郭諫臣《鯤溟詩集》卷一《雨中新柳》 弱柳絲絲帶雨垂，隔窻淡掃素娥眉。等閑莫向河橋折，一縷常懸萬里思。

又 卷二《柳枝詞四首》 陌上絲絲帶雨微，遥知春傍柳條歸。一年一度常如此，昔日章臺今已非。

嬝嬝柔條鎖翠煙，隨風亂舞緑牕前。楚王宫裏人多少，如此腰肢亦可憐。

雨織金絲緑未敷，隔牕偷眼看模糊。畫眉京兆今何處，試問雙看得似無。

河橋青眼競窺春，淡著煙光别樣新。留却長條休浪折，春來多少遠行人。

明 田藝蘅《香宇集》卷三三《垂楊春思》 楊柳陰濃着地垂，畫樓春暮獨憑時。風風雨雨無情甚，燕燕鶯鶯學語遲。芳草故延千里目，飛花猶亂十年思。分明昨夜西湖夢，蘇小門前第四枝。

明 王世貞《弇州四部稿》卷四九《楊花》 六代愁深金粉詞，一溪春漲麯塵絲。柔條已是無拘管，慚愧東風特地吹。

明 徐熥《幔亭集》卷七《柳》 千絲萬縷鬬妖嬈，和雨和烟陌上飄。夜夜遂聲闗塞路，年年杯酒灞陵橋。隋堤游女輸濃黛，楚國佳人鬬細腰。只恐章臺春易老，幾回攀折恨蕭條。

明 劉仲達《劉氏鴻書》卷八七 拂水斜煙一萬條，幾隨春色醉河橋。不知别後誰攀折，猶有風流勝舞腰。蕭遠柳詩

明 楊慎《垂楊篇楚雄苴力橋有垂柳一株，婉約可愛，往來行此賦以志感》（《宋元明四朝詩》卷九引） 靈和殿前艷陽時，忘憂館裏光風吹。千門萬户旌旗色，九陌三條雨露滋。蒼涼苑日籠燕甸，縹緲宫雲覆京縣。芳樹重重歸院迷，飄花點點臨池見。臨池歸院總仙曹，應制分題競彩毫。詔乘西第將軍馬，詩奪東方學士袍。金明緑暗留煙霧，舊燕新鶯换朝暮。只知眉黛爲君顰，肯信腰肢有人妬。從此沉淪萬里身，可憐憔悴四經春。支離散木甘時棄，攀折荒亭委路塵。摇落秋空上林遠，婆娑生意華年晚。腸斷闗山明月樓，一聲横笛清霜坂。

明 楊基《眉菴集》卷六《雪中柳》 春雪晚蕭蕭，隨鶯上柳條。漸將絲共結，終與絮俱飄。淚粉凝啼眼，珍珠壓舞腰。東風自憐惜，留映赤欄橋。

又 卷八《新柳》 濃如煙草淡如金，濯濯姿容裊裊陰。漸軟已無憔悴色，未長先有别離心。風來東面知春淺，月到梢頭覺夜深。惆悵吴宫千萬樹，淡烟疎雨正沉沉。

明 李昌祺《運甓漫稿》卷五《柳》 含煙裊霧自青青，愛近官橋與驛亭。春滿章臺偏婀娜，秋深隋岸最凋零。長從蘇小門前折，幾向龜年笛裏聽。絶勝東風桃李樹，飛花猶解化浮萍。

明 沐昂《素軒集》卷三《新柳》 江堤春雨過，新柳自芳榮。舒眼先窺暖，垂

絲欲待鶯。當年陶令宅，此日亞夫營。愛爾條柔弱，留來贈遠行。

明 葉盛《菉竹堂稿》卷二《楊柳》 莫嗟楊柳易彫零，人到中年鬢已星。霜鬢可能如柳色，一回春到一回青。

明 石瑶《熊峰先生文集》卷一《宮柳》 内裏垂楊自不同，萬條柔翠拂瓊宫。葉含華萼樓前雨，枝帶朝元閣上風。望入畫眉情正切，囀來黄鳥語初工。一般霸水橋頭緑，日日行人惆悵中。

明 文洪《涞水詩集・柳枝詞》（《文氏五家集》卷一引） 芡葉寧如荷葉香，素絺那比葛衣涼。人生莫學章臺絮，飛去飛來枉斷腸。

明 文徵明《太史詩集・柳色》（《文氏五家集》卷六引） 漫説鶯兒色似油，何如楊柳緑幽幽。初收宿雨濃於染，遠映新波翠欲流。十里蟬聲溪上路，一痕斜照驛邊樓。莫言濯濯無人愛，别有春光在御溝。

明 文肇祉《録事詩集・新柳》（《文氏五家集》卷一四引） 陌上東風嘶紫騮，淡鵞黄色弄輕柔。去年此日長安道，萬縷煙條拂御溝。

明 謝榛《四溟集》卷九《春柳》 嫩色含輕雨，柔絲弄早春。昏鴉棲欲定，腸斷未歸人。

明 田藝蘅《香宇集》卷二七《五月水邊柳》 仲夏水滿陂，柳絲蘸清淺。拂拂薰風吹，垂垂曉煙輭。一樹弱欲扶，千條細如撚。纖腰舞不休，媚眼倦難振。凌波素佩摇，渡漢翠帷羃。載酒泛前溪，搴之繫輕艑。五月水邊柳，垂絲照清淺。緑摇煙樹濃，翠拂天波展。落絮風前稀，浮萍浪中鮮。涼隨過客乘，陰覆扁舟轉。裊娜傍隋堤，芳菲蔭吴苑。誰知抱樹蟬，日暮聲遼遠。

又《香宇集・拾遺・柳枝詞》 早春楊柳年抽芽，記得郎來唱采茶。萬縷千絲春易老，尋郎不見亂飛花。

一樹長亭又短亭，月鈎何處帶三星。往來車馬知多少，只待郎來眼對青。

嫩緑垂垂百尺長，參天着地挂肝腸。行人且莫輕攀折，留取郎來結馬韁。

腰肢憔瘦怕經秋，舞向斜陽恨未休。若得折來郎掌上，娟娟依舊逞風流。

明 張鳳翼《處實堂集》卷四《風中柳》 楊柳腰肢，端的爲誰消瘦。更那堪、芳菲時候，紅稀緑暗，莫教人回首。應不比故園清晝。添却新愁，轉覺舊愁依舊。兩邊廂中分孱僽，千金一刻，知怎生消受。捱多少夜長銀漏。

明 陳邦瞻《陳氏荷華山房詩稿》卷八《道上柳樹》 道傍楊柳栽來久，春日青青秋未朽。纖葉長愁思婦眉，柔條半入征人手。飄摇堤圻解繫船，綽約旗亭唤沽酒。我胷冶遊逐少年，青絲白馬章臺走。濯濯長臨夜月前，娟娟肯落春風後。如今憔悴獨堪悲，青眼窺人笑衰醜。可憐摇曳尚多情，落日蒼茫重回首。

明 顧紹芳《寶菴集》卷八《楊柳》 楊柳春來映遠山，一身憔悴寄禪關。無人更上樓頭望，陌上青青只自閒。

明 黄世康《新柳篇》（《宋金元明四朝詩・明詩》卷四八引） 靈谷看梅初駐杖，清溪又見柳條長。穉葉情窺拾翠堤，流絲暗撲游春仗。帶結柔腰不自持，笛弄新腔那得知。小樓思婦愁見别，南陌征人折恨離。離亭欲折未堪折，昨夜迴風復迴雪。黯黯妝成寒食天，毵毵怯近清明節。漢苑三眠髻欲斜，隋宫一望雲半遮。此時出谷緜蠻鳥，此時曳豔桃李花。縈花狎鳥空青滴，金縷千行照窗碧。抹黛當壚何氏孃，垂鞭繫馬誰家客。客來索酒蒲萄香，巾懸結緑衣蘸黄。迎陰半上鞦韆架，踏影争登蹋踘場。場前歌舞少年路，綺羅綷縩盡傷心樹。但憐蘇小門庭清，誰知稽大林園暮。一年柳色一年新，新柳年年弄早春。章臺曲斷驚殘夢，月淡煙疎惱殺人。

明 潘氏《詠柳》（《宋金元明四朝詩・明詩》卷一一五引） 煙柳青青葉已齊，半簾紅日小鶯啼。玉樓人静悲横笛，惟有東風吹向西。

清 吴偉業《梅村集》卷一八《詠柳贈柳雪生》 走馬章臺酒半醒，遠山眉黛自青青。輸他張緒誇年少，柳宿傍邊占小星。

其二

十五盈盈擅舞腰，無言欲語不能描。武昌二月新栽柳，破得工夫鬭小喬。

清 王夫之《鼓棹初集・清平樂・嫩柳》 霏霏屑屑，略上些兒色。斂盡翠眉剛半緪，應是春光不徹。 未妨雨細寒輕，緑波淺映盈盈。更着一分螺黛，和烟縮住流鶯。

又《金明池・新柳》 多幸烟和，無妨風細，裊裊自憐春軟。嬌小甚、鵞黄綻處，但一葉兩葉初翦。拚多情、拖逗波光，映岸側、鏡影苔茸深淺。總冉冉相依，摇摇不定，約約勻勻低轉。 不問花期今近遠，只着意韶華，殷勤欲綰。忍微寒、待鶯已久，向落日、藏鴉不慣。定誰知、無限柔情，對殘月曉風，翠眉難展。只片晌停凝，經時蕩漾，獨自來回消遣。

清 陳至言《菀青集・賦得柳色緑侵江》 嫋嫋章臺影，春江入望深。千條初染黛，萬點乍拖金。絲弱飄難定，綿輕嬾未禁。亂飛晴散雪，斜颭浪生陰。帶

月摇蒼瀨，隨風捲碧潯。眉疑描水面，腰似舞波心。吹去裁湘縠，飄來剪翠襟。平沙穿細縷，明鏡碎寒針。鴨緑鶯同色，鴉青暗共侵。靈和新雨後，遮莫恍堪尋。

又《春柳啼鶯》 淑氣催春早，遊絲拂面迎。嫩鶯啼樹老，細柳墮烟輕。舞月拖金線，吟風響玉筝。翠陰深寂寂，影裏和新聲。

清 朱彝尊《曝書亭集》卷二九《玉樓春柳》 柔條曾記春前種，乍起三眠妍手弄。烟初冪歷態真濃，絮未顛狂絲尚重。依依别緒長亭共，舊雨殘陽空目送。一灣流水小紅橋，留與斷腸人作夢。

又《臨江仙寒柳》 綰得舊時離恨否，風前一樣絲絲。送人折盡夕陽時。昏鴉餘幾點，莫認早鶯兒。 憔悴倡條渾不是，菱花記取雙眉。秋聲誰與寄相思。章臺疎影在，只剩兩三枝。

清 彭孫遹《松桂堂全集》卷三三《柳花》 半糁征衣半拂輪，章臺約畧舊腰身。誰將柳市爲花市，不管愁人與恨人。絮白定然憐落粉，葉黄争自惜餘春。東風無賴吹如雪，杳杳長安陌上塵。

清 王士禎《精華録》卷一〇《柳》 雨態烟姿定有無，柔條依舊暗金鋪。風情甘讓鍾山隱，手寫黄羅付慶奴。

清 熊賜履《經義齋集》卷一八《園林離咏·柳》 三春弱柳映清滄，横笛吹來字字悲。不是有心傷折贈，闗門五月未成絲。

清 陳元龍《愛日堂詩集》卷二《新柳》 青門憶昨送歸人，又見長條拂水新。抽盡人間何限恨，逗殘天上一分春。生來蕩漾元無力，占得風光别有神。張緒當年憔悴易，任君攀折莫教頻。

清 余懷《玉琴齋詞·减字木蘭花·楊柳》 柳綿如雪，飛過巫雲千萬叠。金縷如絲，牽惹愁腸促畫眉。 柔條在手，挽住行人争勸酒。細葉翩翩，淚墮金城憶少年。

清 屈大均《翁山詩外》卷五《柳花》 一夕垂楊樹，花飛入杳冥。無風已如雪，有水即爲萍。未忍吹長笛，生憎種短亭。鶯銜餘幾片，掩映數枝青。

一春風上下，飛去欲誰家。未肯污泥水，惟知作雪花。條長攀易得，枝弱舞休斜。幾點多情甚，依依在鬢華。

又 卷一四《新柳》 鶯黄淺淡雪初消，拂水拖煙已萬條。小得春風都解舞，憎他絶似阿蠻腰。

清 愛新覺羅·玄燁《御製文第三集》卷四六《新柳》 畿内柳絲未出黄，江南柳色已成行。鬱金枝上啼鶯早，積翠河邊待夕陽。

又《御製文第四集》卷三三《柳絮》 御苑春將盡，和風鼓物生。蕓牕來淑氣，丹陛奏清聲。眠柳垂青瑣，流鶯囀碧泓。沾泥非有意，高下點蓬瀛。

清 尤侗《百末詞》卷一《如夢令·柳絮》 一捻宫腰削素，獨舞朱樓深處。有意送春歸，也向天涯飛去。且住且住，爲道章臺日暮。

清 董元愷《蒼梧詞》卷五《解珮令·詠柳》 波紋漾漾，春陰楚楚，看青青、青垂樹樹。暖暖寒寒，醖釀出、花花絮絮。又難禁、風風雨雨。 稜稜腰瘦，纖纖眉嫵。恨依依、飄飄如許。點點飛飛，腸斷絶、絲絲縷縷。却無端、朝朝暮暮。

又 卷八《長亭怨慢·詠柳》 記一帶、畫樓西岸，嫩緑初分，輕黄纔换。萬縷千絲，依依摇曳溪橋畔。瘦損腰肢，做出春情嬌軟。欲起又三眠。一半逐風斜，半隨烟卷。 看青青客舍，牢把别離長綰。送郎去也，只不解、迎郎近遠。空結盡、思婦愁眉，知何處，窺人青眼。留取最長條，玉笛聲中歸晚。

清 僧如乾《憨休和尚敲空遺響》卷一二《咸橋疎柳》 依依柳色野橋虚，沐雨梳風任自如。繫馬條柔還掩映，藏烏影淡只蕭疎。翠絲時織鶯梭捷，青眼頻窺燕語餘。遊子坐忘歸去晚，幾回搔首更躊躇。

清 汪琬《鈍翁前後類稿·續稿》卷一八《伐楊柳記》 楊柳易生，而宜於水涯，春夏之閒往往多美蔭。吾吴故澤國也，人家瀕水率栽楊柳，以取蔭焉。然其木稍久則空中而易朽，不足備梁棟器物之用，髡之惟可用以薪爾，此莊周氏所謂不材者也。而吾黨顧作詞以寵之，傳相效效，多至數百首，儻亦楊柳之幸邪。刻詞甫竟，而官中造火藥需其木爲炭，巡撫下令長洲吴兩縣命伐城内外楊柳。民間騷然，而無知者，懼所由之擾，復私自伐之。公私所戕，殆不啻十之六七，或咎予詞，若爲之讖然。予曰：非也。吾聞福不可妄邀，而名不可倖得，楊柳以不材之木而横被詩詞之寵，則其致此災也，宜矣。然櫟社以不材全，而楊柳獨以不材見伐，此其不幸，而非莊氏之言之不驗也。於是復有客曰：此二説皆過也。夫楊柳無知之物，寵之以詞不知榮，阤之以斧斤不知辱者也。今使士大夫處榮辱之會，澹焉，漠焉，能如此木之無知則幾矣。曾是不能而顧譊譊焉，於楊柳不亦陋乎。予異其言，故記之。

清 唐夢賚《志壑堂後集》卷一《和海木柳枝詞》 落帆西麗拂平橋，惱亂薰

風長舊條。遲到中秋良夜好，人家賽月動香橈。

垂簾木閣罩層臺，户户張機内局開。買去合歡裁褥子，老娘樹下數錢來。

秋樹蟬笙仔細吹，風開緑幄一絲絲。斷魂吹出高樓句，多半柳州乞巧詞。

高冠半尺鬢雙蟬，倚翠篷窻一惘然。摇過斷橋三五棹，市傭若箇不成憐。

清 王學伊《驗瓦亭官樹》（宣統《固原州志》卷一〇引） 緑楊青柳望中連，畫斷横流闢大阡。將舊渠改築，涸出廿畝種樹。萬樹合圍渾一樹，百年生計在三年。凡種樹必三年始見成效。謾期潘岳成花縣，且效王維築輞川。寄語邊氓好持護，清風贏得六盤（巔）。

清 張遠《梅莊集·柳》 楊柳對吾門，森然了在目。此目半無枝，歸雲何所託。在昔種汝時，結根不盈握。歲月倏推遷，風流宛如昨。枵然大數圍，扶疎殷寥廓。何言秋風至，零落同槁木。盛衰固其常，大化有盈縮。但使保其根，春來仍沃若。

清 魏荔彤《懷舫詩集》卷一二《路柳》 去日稍頭緑未匀，今來濃蔭遍河津。爲催老景憐時令，因咏離懷憶古人。林外青簾常繫馬，堤邊金線久銷春。巑岏葉盡清霜裏，愁絶風前舞倦身。

清 汪繹《秋影樓詩集》卷一《秋柳次韻》 短長亭畔暗銷魂，無復絲絲緑映門。一陣冷風餘倦態，滿梢清露尚啼痕。蕭蕭去馬斜陽路，點點歸鴉落葉村。獨立寒潭倍惆悵，婆娑生意不堪論。

又 卷二《柳枝詞》 碧草含煙水皺波，剪刀風急柳絲多。無端裁出宫眉樣，破費金閨幾斛螺。

其二

一種風流得自持，水村天與好腰支。月殘風曉無窮意，説與桃花總不知。

其三

古歌舊曲滿蘇臺，翻得新詞水調哀。誰向錢唐唤蘇小，教他卷葉細吹來。

其四

滿堤花霧溼萋迷，萬縷黄金一色齊。是處樓臺煙雨裏，流鶯知坐那枝啼。

清 黄之雋《唐堂集》卷四三《冬柳》 蕭蕭朔吹壓黄昏，衰柳巑岏正對門。摇落長條經臘早，挽回新意待春温。灞橋風雪無攀處，羌笛關山有斷魂。此地寒鴉猶戀宿，夕陽流水幾家村。

清 黎天性《花心動·新柳》（《國朝詞綜補》卷八引） 暖意初融。灞橋邊，春光問誰能洩。綰卸杏妝，未解桃顔，漸覺青回芳陌。眉痕淺淡舒猶懶，似眠起、不勝嬌怯。怪多事、流鶯來早，競相調舌。　姿態依依似昔。可還記長亭，幾番傷别。卻恐近來，一搦柔腰，不慣迎風低折。章臺走馬人何處，休便把、翠樓遮隔，待看取、黄昏半籠煙月。

清 王式丹《樓邨詩集》卷七《睾蘇集·楊柳枝詞六章》 可惜河邊柳，青青向過人。好風與好日，狼藉大堤春。有日最宜眠，無風也解舞。十二碧闌干，對對黄鸝語。有約共芳時，桃枝與杏枝。惺忪春一半，夢裏鬭腰支。才濯雨條條，旋剪風葉葉。不願作飄揚，願綰同心結。爲底慵開眼，居然愁斂眉。東風吹不斷，不斷是垂絲。迢遞隔年期，懊惱三春節。多事是楊枝，與人管離别。

清 愛新覺羅·胤禛《御製文集》卷二五《柳絮》 楝花風過雪霏霏，萬點沾衣不濕衣。輕逐東西香轂轉，狂隨來去馬蹄飛。河橋漠漠迷漁艇，村店紛紛撲酒旗。巧入疎簾如有意，拂琴飄卷伴書幃。

清 程夢星《今有堂詩集·江峰集·長干秋柳四絶句》 金線曾看拂水痕，無端冷落映孤村。六朝寺寺樓堪倚，敗葉愁人亂打門。

莫愁湖畔一絲絲，盪槳何堪問舊枝。蟬去夕陽鴉去月，白蘋風送雁來時。

十四樓頭金粉空，昔時團扇委西風。等閒草木無情思，憔悴天寒賦惱公。

不用金城嘆短條，亭邊送客省勞勞。但來王謝堂前燕，依舊春風似剪刀。

又《今有堂詩後集·蝨餘集·謔柳二首》 折得靈和柳一枝，鶯吭蝶夢兩依依。春風擺亂渾難綰，知向誰家作絮飛。

欲放楊枝試舞腰，長條争散緑絲縧。多情剩有團團月，留著清光照絳桃。

又《五貺集·篠園雜咏五首·新柳》 湖灣柳蔭已無存，新緑猶能映華門。要使博陵遺愛在，小堤常與護霜根。尹䂬使所種柳爲人剪伐殆盡，只餘篠園外十餘株。

又《琴語集·秋柳四首》 芳林風度舊靈和，樓上誰憐對唱歌。根卧不知寒水落，葉疎偏帶夕陽多。腰支罷舞應愁甚，眉黛重匀奈老何。試向灞陵憑曉望，板橋霜重有人過。

天涯芳草入蕭辰，寄遠攀條豈厭頻。巷外淒清空繫馬，笛中嗚咽欲愁人。著煙還碧翻嫌瘦，伴月仍黄不似春。漫道章臺易銷歇，楚宫隋苑總成塵。

曾放飛花陌上吹，可堪婀娜憶當時。露凉自墜蟬吟葉，風定猶垂燕剪絲。

半緑半黄羞羃羃，三眠三起悵遲遲。望秋怪底先零落，只爲多情賦別離。

驚心春色惱封侯，又見蕭蕭拂翠樓。蘇小魂歸真寂寞，徐娘老去尚風流。已無鶯語朝先到，剩有烏啼夜肯留。休怨西風不檯舉，爲伊憔悴轉添愁。

又《隋隄新柳三絶句》 著雨籠烟瘦不禁，才舒倦眼夢初醒。是誰催促春難轉，輸與雷塘草色青。

小眉似黛矜描畫，細纈如絲費剪裁。郤怪當時太輕薄，東風不綰錦帆回。

羅綺香生十里春，年年不改翠條新。等閒一帶河邊路，閲盡多番種樹人。

又《今有堂詩集·附·茗柯詞·重疊金·秋柳》 長條幾許青如織，可憐零落秋蕭瑟。鶯老不來啼，晚鴉何處棲。引人舒望眼，難把離愁綰。黄葉向空飛，陌頭人未歸。

清 李紱《穆堂初稿》卷三《楊柳》 婀娜章華臺上枝，憔悴勞勞亭畔絲。北窗主人兩不知，乃復種汝何以爲。翠帶深深吹不起，挽得春烟千萬縷。會須移向靈和殿，散入長楊作風雨。

清 李果《詠歸亭詩鈔》卷三《新柳》 雪壓梅初間，煙寒柳尚柔。黄鶯渺何處，春色上高樓。細葉映疎箔，低枝拂紫騮。誰家年少客，調笑向壚頭。

清 程晉芳《勉行堂詩集》卷一《籬東集·秋柳》 水紋雲葉共蕭疏，斜傍寒塘恨有餘。鶯語不聞簫響絶，曉風如櫛月如梳。

又 卷二《春帆集·新柳》 渲染煙光色未深，垂垂已近碧波潯。馬嘶曲巷憐新別，人着輕衫動曉吟。舞向斜筵矜好態，誤他啼鳥出高林。坊西一帶花如綺，誰遣風懷老不禁。

又《柳絮》 輕於花片軟於緜，綺陌春晴漾曉烟。野店乍縈沽酒旆，香溪還撲釣魚船。緩隨游子衝雲騎，閑拂騷人落墨箋。點點新萍依緑浦，可知飄泊舊因緣。

清 菇綸常《容齋詩集》卷一〇《輟絃集·柳》 柳是傷心樹，長條復短條。陌頭春濯濯，驛路日蕭蕭。哀怨論羌笛，婆娑憶楚腰。底堪攀折盡，重問灞陵橋。

清 劉秉恬《述職吟》卷下《柳》 何處生春早，春生嫩柳中。淺金摇旭影，弱翠泛晴空。胥細姿偏媚，眉彎畫欲同。龍池新雨後，一望鬱葱葱。

清 愛新覺羅·弘曆《御製詩初集》卷一四《柳絮五首》 緑雲紅雨日逡巡，又見楊花點玉津。未譜豳風歌七月，却看北地殿三春。紛如道韞詩中雪，污比元規扇上塵。每對清和賦雲漢，長空宛轉越愁人。

沿塘回首憶生稊，條忽輕棉點欲迷。試看逐風真蕩爾，可知辭幹渺愁兮。烟中絲裊宋家殿，浪裏鶯流蘇氏隄。誰似參寥遊物外，禪心灰盡喻沾泥。

簇砌鋪阿色似霜，從知駒影迅堂堂。披裘無那王恭老，泣路應憐阮籍狂。灑宇飄飖迷蝶舞，入池喁唼惹魚忙。花天月地粘還滯，白白紅紅兩不妨。

簾櫳亂撲任霏霏，王謝應勞麈尾揮。瓦雀半銜書案膩，河豚欲上玉刀肥。團風湘浦疑柑點，映月秦樓訝雪飛。獨有村民思麥雨，好將迷谷擬天衣。

春回南國恨何窮，別緒離情滿碧空。未必猖狂如浪子，每看摇落讓雄風。下帷雅稱觀周易，縛帚應須命越童。不似武陵源畔樹，糁波餘得一溪紅。

又 卷三五《柳》 山村看掩映，驛路辨微茫。向晚煙猶重，當秋色漸黄。餘陰利行旅，即景驗年光。幾度房山路，垂絲爾許長。

又《御製詩三集》卷三《柳》 蒼松翠柏得相於，隄上陌頭自不如。緑柳何曾讀家語，擇交解與善人居。

清 愛新覺羅·弘曆《樂善堂全集定本》卷二一《雙柳樹》 雙雙高柳拂長空，繁枝低亞相青葱。不知植此者誰氏，秋來踈葉凌西風。露浥平原獵騎出，得意誰知消歲日。南苑徘徊雙鳥飛，煙柳蕭條僅存一。漫言草木本無情，可憐獨樹傷無朋。寒郊彷彿靈和殿，月上空餘孑影明。

清 唐之鳳《天香閣詩集》卷四《垂栁篇》 江南二月栁條緑，裊娜臨風碧似玉。斜映瑶窻紫燕飛，半遮金屋黄鸝宿。朝籠輕烟翠欲流，夕倉纖雨青如沐。籠烟含雨幾晨昏，傍水依山正可人。霸陵橋畔絲絲恨，京兆街中淺淺春。玉樓萬縷侵珠幌，花巷千條拂錦茵。錦茵珠幌誰家院，少婦□粧踏芳甸。歲歲天涯人不歸，年年陌上栁常見。欲描淺黛彷青絲，更綰同心採金線。紫騮玉勒白面郎，揚鞭挾彈章臺傍。東風淡蕩飄絮起，亂點壚前春酒香。酒香對景愁難遣，嫩枝攀處腸欲斷。柔弱移根太液池，輕盈分種靈和殿。靈和碧樹想當年，張緒風流尚宛然。杏花桃蕊無情思，惟有纖腰最可憐。

清 薛雪《斫桂山房詩存》卷四《柳絮》 點點飛過曲檻前，輕于粉蝶軟于棉。亂翻花雨飄飄起，遠逐烟絲滚滚聯。乍去乍來渾不定，無根無蒂倩誰憐。也知総有沾泥日，莫趁東風太放顛。

清 弘曉《明善堂詩集》卷二《柳絮》 獨坐書齋柳絮飛，春光漠漠草菲菲。却憐三月風初静，晴雪簾前映晚暉。

又　卷九《柳》　龍池景色好，踠地柳條妍。風動千枝雨，雲烘萬縷烟。河橋贈欲折，山館緑初眠。繞樹聽鶯坐，深林雜澗泉。

清　吴騫《拜經樓詩集》卷五《柳》　嫋嫋垂楊柳，依依過雨痕。一行低拂面，三月黯銷魂。桃李風徐約，鞦韆影半蹲。永豐坊角路，玉笛又黄昏。

清　紀昀《紀文達公遺集》卷一五《館課存稾・賦得原隰荑緑柳》　欲問芳郊信，迢迢上大隄。高原連下隰，舊柳長新荑。暖日烘初綻，微風剪未齊。漸看成緑影，稍欲露黄鸝。半掃眉猶淺，三眠夢尚迷。寒憐拖宿霧，軟惜踠春泥。草色平臯迥，波痕斷瀨低。柔條隨處綰，那計路東西。

其二

荏苒東風到，參差柳欲荑。疎黄纔挂縷，淺緑已垂隄。繫馬條猶弱，藏烏葉未齊。數行春映帶，幾處影高低。沮洳通蘭澤，亭臯接蕙蹊。相看青隱隱，會待碧萋萋。陌上花三月，橋邊水一溪。他時携酒路，樹樹是鶯啼。

又《館課存稾・賦得御溝柳色》　太液波痕長，靈和柳色新。煙光三月暮，水影一渠春。舞罷垂絲軟，粧成對鏡頻。每逢賞花宴，多映釣魚人。有態眠初起，無愁黛偶顰。本來天上種，還鬭掌中身。玉砌時飄絮，銀河不染塵。縱成萍點點，終是傍龍津。

清　葉紹本《白鶴山房詩鈔》卷一六《意園雜興用東坡和子由記園中草木韻》　傍池有樫柳，輪囷根已老。不知此園中，幾見壞牆倒。雨露任生成，冥冥隨大造。斤斧之所赦，政由拙勝巧。對面海棠花，攀折枝葉耗。徒爲悦世容，終焉慙小草。

清　阮元《揅經室集四集・詩》卷六《秋柳》　盧龍塞内古漁陽，秋柳蕭蕭一萬行。邊馬歸來猶戀影，曉烏啼後漸飛霜。還思歷下西風裏，又過琅琊大路旁。況是淮南悲落葉，隋隄千樹接雷塘。

清　劉墉《劉文清公遺集》卷一二《七律・柳絮》　勝日尋芳紫陌行，毿毿摇曳御風輕。白遊小院身生羽，暖向長空意戀晴。月下好看樊圃路，雪中不辨亞夫營。幾朝萍實稱佳瑞，吹向江臯水面生。

清　周絜《楊花》（《沅湘耆舊集》卷一八八引）　萬樹千條絲漸深，子規聲裏正清明。已將弱縷縈春思，又遣花飛管别情。

旖旎垂絲拂苑牆，曾看初染澹鵝黄。韶光眼底匆匆去，一夜東風雪滿塘。

清　胡敬《崇雅堂詩鈔》卷二《冬柳并引》　仲冬之望，偕趙雩門小飲。湖湄有衰柳數株，披拂鑪畔，雖葉未全脱而朔風蕭屑，憔悴可憐。賦秋柳者多矣，冬蓋未有也。興懷摇落，感賦斯篇。

丹楓林外影蕭蕭，折盡長條更短條。孤艇斜陽隋苑水，蹇驢微雪灞陵橋。即看生意婆娑盡，已其飛蓬歷亂飄。摇落江南愁庾信，賦成枯樹幾魂消。

清　鄧廷楨《雙硯齋詩鈔》卷二《託園中草木十二首・之三》　千絲萬縷碧垂垂，披拂簷牙帶井眉。牽惹春情到鄉國，白門殘月曉風時。

清　張應昌《彝壽軒詩鈔》卷八《冬柳四首》　猶記登樓媚眼窺，陌頭翠色鬦三時。長條折盡無多剩，倦客歸來未有期。灞岸朔風摇碎雪，永豐寒月照荒陂。一聲羌笛關山怨，羞説芳春濯濯姿。

隋苑城蕪汴水寒，數株衰草共凋殘。白門落日鴉成陣，青女霏霜雁集灘。戍卒哀多心怨訴，將軍營老樹閒看。東風火速催春轉，莫竟漂摇到歲闌。

章臺昔日颭青青，忽似殘荷老荻形。曾其春旗臨大道，又隨秋水送長亭。静無蟬影聲全歇，慵學螺鬟睡未醒。待得柔條垂裊娜，歲華别是一番經。

最憶風流玉殿隅，眼顰眉翠瘦腰扶。縱教舞倦全非舊，還看稊生莫便枯。白傅隄邊愁繫馬，吴王宫裏怕啼烏。江潭易起蘭成歎，那更依依雪載塗。

清　孫衣言《遜學齋詩鈔》卷五《新柳》　春風十日湖隄上，新柳陰陰緑十丈。風流頗似少年人，美服麗都每自賞。文君眉宇無愁顰，飛燕腰支能俯仰。滿湖晴浸碧琉璃，但欠扁舟來蕩槳。前山桃李能白紅，昨日作花今隨風。丁香未雪海棠小，似爾偏能專春工。雖然材質非粱棟，要是天心相鄭重。相逢行樂春光時，吾輩何者非遨嬉。先生睡起百無事，有酒來聽雙黄鸝。

清　徐榮《懷古田園詩節鈔》卷二《途中咏物二十首・柳》　風迎雨送慣年年，多謝官隄柳萬千。此去西湖春浪輭，鶯聲如海抱琴眠。

憔悴風塵大道旁，從今腰折不勝狂。也思聽訟留遺愛，恐被人嗤薛嗣昌。

清　杜堮《遂初草廬詩集》卷六《春柳》　占盡年光是柳條，一番顧眄一魂銷。心懷約略初三月，風景依稀廿四橋。玉笛何人吹嫋嫋，紗窗有夢路迢迢。陽關莫問情長短，撲面花飛恨未消。

清　王柏心《百柱堂全集》卷二〇《柳》　作縷黄金才幾日，飛花白雪已連朝。春風欲去未能去，江北江南柳萬條。

清　楊芳燦《芙蓉山館全集・詩鈔》卷五《紅柳四首》　柳色偏嬌紫塞春，推烟唾月送行人。傷心定染壺中淚，拂面空隋陌上塵。冶葉恰宜縈茜裏，柔條可

解綰班輪。小蠻巧按紅兒譜，併覺今晨舞態新。

惆悵江鄉別路遥，無緣移傍赤欄橋。春風百結垂珊網，煖日三眠擁絳綃。底事施朱工作態，卻看成碧轉無憀。抵他南國相思樹，一種纏綿恨未銷。

纖纖小小愛穠華，掠削新妝欲妬花。漢殿漫懸連愛縷，楚宮曾繫定情紗。頰痕欲暈迎朝日，眉黛纔勻映曉霞。腸斷紫騮空躑躅，朱樓十二是誰家。

落絮應同嵰雪飛，燕支山下見依稀。啼殘怨血巴鵑去，舞倦香襟越燕歸。艷影易迷三里霧，蒨絲不上九張機。謾誇汁染宮袍色，如此風姿合賜緋。

清 郝懿行《曬書堂集・外集》卷上《枯柳賦》 庚戌之夏，歸自都門，感道旁枯柳生意猶存，喟然而歎。九烈君聞之，延入精廬，授簡於余，爰爲之賦。自昔移根靈和之殿，別植長楊之館。隋皇帝撫板渚而流連，桓司馬過金城而歎息。觀其鑽火於春，作絮旋夏，取材乎秋，含煙乎冬。類達人之識時任用，舍而靡疑。至於長條踠地，密葉藏鶯。灞橋贈其別恨，章臺綰其春情。又復風流自賞，澹沱輕盈。雖復濯濯王恭，翩翩張緒，詎能及其風姿者哉？豈意物換星移，更幾何代而顛顇，竟已如斯。有菀其條，摧爲薪矣；阿儺其枝，織爲困矣；世無匠石，尋斧斤矣。疛瘻癭腫，辱在泥沙；煙霞暴露，風雨爲家。鴷鳥啄其外，蠡蟲穴其間。令人睨而望之，如捫籥以窺天。更有頑童稚子，躑躅嬉戲，羣遊而坐其巔。甚至投火於中，破腹而觀其煙。然而木則有萼，肄其復生，側見旁出，鬱鬱青青。蓋許慎所謂再生曰枿，孟子以爲吾如有萌。且夫君亦知夫《易》乎？夬盡而姤來，剥終而復始。今茲雖顛，未盡其年。自茲以往，馴至參天。向之兒童，易而侮者，將復愕眙駭矚，并息吞聲，而莫敢言。鑄汝乎金，成汝乎玉。庸詎知非造物者寓栽培於傾覆，將以老其材而大其族乎？彼夫青牛出於文梓，感喜變乎蒼松。棫有投而爲檣節，乃倏兮化龍。此尤事之至異，而理實類從者也。於是君囅然而笑，騁子妍祕，闡子佳妙。僕雖不敏，請從斯教。賦畢而出，余遂登路回視，向之所遇，乃道旁枯樹而已。

寄託殊深，筆意亦復清秀。牟默人

清 謝章鋌《賭棋山莊所著書・詩集》卷二《柳》 落日江潭渺渺波，眼中瘦影太婆娑。當年張緒今何在，不獨天涯別恨多。

又 卷六《柳花》 欲從飛絮問前因，可與浮萍話後身。十日東風五日雨，二分流水一分塵。纏綿空自添惆悵，飄泊何方慰苦辛。差幸婆娑有生意，長條踠地短條新。

清 吴有倫《新柳》（《兩浙輶軒續録》卷五〇引） 春光轉眼到平疇，柳色青青入望稠。淺碧初含隋苑雨，疏黄猶記漢宮秋。頻添綫迹梳風翦，淡掃眉痕映月鉤。恰植芳塘新漲滿，幾絲低拂釣魚舟。

清 徐友庚《紅柳》（《兩浙輶軒續録・補遺》卷六引） 一聲長笛戍樓前，紫玉魂歸欲化煙。山奪焉支尚春色，塵從京洛到窮邊。纖纖眉黛翻新樣，濯濯容華記少年。千里關山空夕照，珊瑚還與續絲鞭。

清 樊增祥《樊山續集》卷一八《柳》 軟宜春水淡宜秋，抱月飄煙不自由。合使全身俱入畫，不應眉眼獨風流。

清 金和《秋蟪吟館詩鈔》卷一《然灰集・新種樹》 生小爭春眼媚初，露黄煙緑不嫌疎。淩波自寫當風影，爲是旁人畫不如。

又 卷六《南棲集・秋柳》 幾夕金風戰緑楊，垂垂病葉已全黄。憐渠未到飄零甚，猶爲旁人障夕陽。

清 郭嵩燾《養知書屋詩集》卷六《秋柳詞同陳懿叔作》 倡條冶葉倚秋深，分付哀蟬斷續吟。暮雨青蒼無限意，淒涼猶是故園心。

章臺往蹟詎堪論，賸與斜陽斷客魂。一角寒山天外影，昏鴉落葉滿閒門。

清 林旭《晚翠軒集・河柳》 復觜水落自潺湲，河柳青黄尚可攀。圓月欲升先絢彩，莫煙迴帶稍留殷。玲瓏疑有樓臺出，寂寞惟看鴉雀還。摇落物情但如此，飄飄客子豈能閒。

清 王闓運《湘綺樓全集・詩集》卷三《楊白花》 門前楊柳枝，相望湘江水。辛苦弄舟人，夾夾煙波裏。楊花晝冥冥，妾醉君獨醒。東風吹花作微雪，此時攬夢難分明。今朝燕子不銜去，明日浮萍滿洞庭。

清 陳作霖《可園文存》卷一四《秦淮秋柳賦并序》 淮水之濱舊多垂柳，自經兵燹，存者寥寥。今於泮水南岸補種數樹，時當秋暮，楚楚可憐，過之者不勝感舊之思焉。賦曰：

青溪渡畔，紅板橋邊，見夫淡黄漏日，衰碧籠烟。疏難繫馬，冷不鳴蟬。潮痕平而漸落，人影瘦而尤妍。問長淮於終古，玩弱柳於今年。秋心如此，秋興蕭然。昔之緑水鏡平，紅樓霞起。豔曲聞鸎，彩船集螘。箏弄響而徵歌，酒颭旗而成市。畫閣則千家萬家，長堤則十里五里。莫不婀娜迎風，依依覆水。舞垂手而欄憑，鬭畫眉而妝理。招涼丁字簾前，修禊小姑祠裏。滄桑變幻，金粉寂寥。

有株皆伐，無土不焦。失陰濃於夏晝，流嗚咽之春潮。雖復江山無恙，瘴霧旋消，而地偶尋夫北里，勝莫繼夫南朝。林空巢燕，月黑啼梟。城催晝角，橋歇瓊簫。憶千絲之旖旎，經三軍之采樵。補種何人，添愁此地。舊院搴芳，鍾山割翠。較松柏而易成，與芙蓉而競媚。瑯邪城裏風情，講武堂前姿致。況當搖落江天，蕭條涼吹。流水有情，春風無意。露簾額於綺窗，閣鐘聲於古寺。清霜之瑟瑟初零，涼月之娟娟欲墜。永豐吟白傅之詩，江左動子山之思。歌曰：秋晚暮潮平，涼飆逐處生。渡江名上老，顑頷不勝情。又歌曰：建業山河久息兵，漫將小劫説昆明。來春一片鶯聲好，盡是承平鼓吹聲。

又 卷一七《青溪柳枝詞八首》　謝公墩上試游行，幾樹垂楊踠地輕。遮斷半山亭子影，緑陰深處聽泉聲。

溪上春歸便許尋，冶遊時候斂微陰。蔣山一角晴逾翠，試與柔條較淺深。蕭家渡口晚潮平，三弄誰家笛韻清。柳下依稀尋坐處，籠烟籠雨不分明。柳樹臨風萬縷斜，園亭憑弔實堪嗟。先賢祠宇傾頹盡，賸有疏林集晚鴉。江令才華有替人，南朝風月本無倫。段侯里巷猶堪指，門外垂楊何限春。楊花如雪雨如絲，十里珠簾盡捲時。何處神絃剛奏罷，紅牆隱約小姑祠。流波曲處響潸潸，一帶長橋接廣街。隔著柳陰頻指點，那邊簫鼓鬧秦淮。別離情況感年少，江草江花總黯然。一曲水邊一株柳，替儂繫住遠行船。

清 吳重熹《石蓮闇詩》卷五《新豐柳》　老葉深黄嫩葉青，雨行金碧夾離亭。折來欲寄無人寄，辜負新豐此度經。

雜録

唐 段成式《酉陽雜俎》卷四《物革》　河陽城南百姓王氏莊有小池，池邊巨柳數株。開成末，葉落池中，旋化爲魚，大小如葉，食之無味。至冬，其家有官事。

明 吴之俊《獅山掌録・小山館》卷一八《公孫病已立》　上林苑中，大柳樹斷卧地，一朝起，生枝葉。有蟲蝕其葉曰：「公孫病已立。」漢宣之讖也。

又 《九烈君》　李固言未第前，行古柳下，聞有彈指聲。固言問之，曰：「吾柳神九烈君，已用柳汁染子衣矣。」未幾，果狀元及第。

明 劉仲達《劉氏鴻書》卷八七　昔隋煬帝冬駕幸維揚堤，柳無葉。帝問柳何時緑，左右對曰仲春後始緑。上曰：「春，迎之即至矣。」即命迎春于東郊。明日，堤柳盡葉，一望緑錦。萬姓駭觀，以爲帝王兼權造化。《隋史》

清 汪灝《佩文齋廣群芳譜》卷七八《木譜・柳》　《文苑傳》：顧愷之尤信小術，以爲求之必得。桓玄嘗以一柳葉紿之，曰：「此蟬所翳葉也。取以自蔽，人不見己。」愷之喜，引葉自蔽，玄就溺焉。愷之信其不見己也，甚以珍之。

清 乾隆《回疆志》卷三《雜載・蟠柳》　烏什城之西南四五里，有蟠柳一叢，連根挺發百餘株，高者三十餘丈。或曲或直，或卧或立，嫩緑垂英，枝根蔭潭。密柳中環抱清泉數處，深者丈餘，淺亦數處尺，雖隆冬不凍土。人云千歲之前，其水多蛇，由温都斯坦來。一和卓木在此種柳念經，其蛇自此俱無。此處名索特胡瑪雜爾。

清 佚名《煙霞小説十三種・庚巳編》卷四《木妖》　予所居臨頓里中，百姓金氏有舊楊木肉机，已七八年物。己卯四月，忽生枝條十餘，青色矗踰食者。又，桃花塢徐鐵匠家木机，亦生枝條，略與金氏同，近木妖也。

桃

題解

漢 許慎《説文》卷六　桃，桃，果也。从木，兆聲。徒刀切。

宋 戴侗《六書故》卷二一《桃》　桃，達高切。桃、李，人所同識。

明 李時珍《本草綱目》卷二九　《桃》。釋名：　時珍曰：桃性早花，易植而子繁，故字從木、兆。十億曰兆，言其多也。或云從兆諧聲也。集解：《别録》曰：桃生太山川谷。弘景曰：今處處有之。核仁入藥，當取解核者種之爲佳，山桃仁不堪用。《頌》曰：汴東、陝西者尤大而美。大抵佳果肥美者，皆圃人以他木接成，殊失本性。入藥當用本生者爲佳。今市肆賣者，多雜接核之仁，爲不堪也。宗奭曰：山中一種桃，正合《月令》《桃始華》者，花多子少，不堪啖，惟堪取仁入藥。汴中有油桃，小于柰桃，光如涂油，不益脾胃。太原有金桃，色深黄。洛中有崑崙桃，肉深紅紫色。又有餅子桃，狀如香餅子。其味皆甘。時珍曰：

桃品甚多，易于栽種，且早結實。五年宜以刀劙其皮，出其脂液，則多延數年。其花有紅、紫、白、千藥、二色之殊，其實有紅桃、緋桃、碧桃、緗桃、白桃、烏桃、金桃、銀桃、胭脂桃，皆以色名者也。有綿桃、油桃、御桃、方桃、匾桃、偏核桃，皆以形名者也。有五月早桃、十月冬桃、秋桃、霜桃，皆以時名者也。并可供食。惟山中毛桃，即《爾雅》所謂褫桃者，小而多毛，核粘味惡。其仁充滿多脂，可入藥用，蓋外不足者內有餘也。冬桃一名西王母桃，一名仙人桃，即崑崙桃，形如栝樓，表裏徹赤，得霜始熟。方桃形微方。匾桃出南番，形匾肉澀，核狀如盒，其仁甘美。番人珍之，名波淡樹，樹甚高大。偏核桃出波斯，形薄而尖，頭偏，狀如半月，其仁酷似新羅松子，可食，性熱。又楊維楨、宋濂集中并載元朝御庫蟠桃，核大如碗，以爲神異。按王子年《拾遺記》載漢明帝時，常山獻巨核桃，霜下始花，隆暑方熟。《玄中記》載積石之桃，大如斗斛器。《酉陽雜俎》載九疑有桃核，半扇可容米一升；及蜀後主有桃核杯，半扇容水五升，良久如酒味可飲。此皆桃之極大者。昔人謂桃爲仙果，殆此類歟？生桃切片瀹過，曝乾爲脯，可充果食。又桃酢法：取爛熟桃納瓮中，蓋口七日，漉去皮核，密封二七日酢成，香美可食。種樹書云：柿接桃則爲金桃，李接桃則爲李桃，梅接桃則脆。桃樹生蟲，煮猪頭汁澆之即止。皆物性之微妙也。

論　說

《禮記·玉藻》　壹食之人，一人徹。凡燕食，婦人不徹。食棗桃李，弗致于核。瓜祭上環，食中，棄所操。凡食果實者，後君子。

《墨子·兼愛下》　姑嘗本原之。先王之所書，《大雅》之所道，曰：無言而不讐，無德而不報。投我以桃，報之以李。即此言愛人者，必見愛也。而惡人者，必見惡也。

《韓非子·説難》　昔者彌子瑕有寵於衛君。衛國之法：竊駕君車者罪刖。彌子瑕母病，人間往夜告彌子，彌子矯駕君車以出。君聞而賢之，曰：「孝哉！爲母之故，忘其刖罪。」異日與君遊於果園，食桃而甘，不盡，以其半啗君。君曰：「愛我哉！忘其口味，以啗寡人。」及彌子色衰愛弛，得罪於君，君曰：「是固嘗矯駕吾車，又嘗啗我以餘桃。」故彌子之行未變於初也，而以前之所以見賢而後獲罪者，愛憎之變也。

漢　劉向《新序》卷六　魏文侯見箕季，其墻壞而不築。文侯曰：「何爲不築？」對曰：「不時，其墻枉而不端。」問曰：「何不端？」曰：「固然。」從者食其園之桃，箕季禁之。少焉日晏，進糲餐之，食瓜瓠之羹。文侯出，其僕曰：「君亦無得於箕季矣。曩者進食，臣竊窺之，糲餐之食，瓜瓠之羹。」文侯曰：「吾何無得於季也？吾一見季而得四焉。其墻壞不築，云待時者，教我無奪農時也。墻枉而不端，對曰固然者，是教我無侵封疆也。從者食園桃，箕季禁之，豈愛桃哉！是教我下無侵上也。食我以糲餐者，季豈不能具五味哉！教我無多斂於百姓，以省飲食之養也。」

漢　王充《論衡》卷一八《自然》　夫天地之間，猶人背腹之中也。謂天爲災變，凡諸怪異之類，無小大薄厚，皆天所爲乎？牛生馬，桃生李，如論者之言，天神入牛腹中爲馬，把李實提桃間乎？

漢　應劭《風俗通·祀典》　謹按《黄帝書》：上古之時，有神荼與鬱壘昆弟二人，性能執鬼。度朔山上有桃樹，二人於樹下簡閱百鬼，無道理妄爲人禍害，神荼與鬱壘縛以葦索，執以食虎。於是縣官常以臘除夕飾桃人，垂葦茭，畫虎於門，皆追效於前事，冀以禦凶也。

桃梗，梗者，更也，歲終更始，受介祉也。《戰國策》：齊孟嘗君將西入秦，諫者千數而弗聽。蘇秦欲止之，曰：「臣之來也，過於淄上，有土偶人焉，與桃梗相與語，謂土偶人曰：子西岸之土也，埏子以爲人。至歲八月，天霖雨，淄水至，則子殘矣。曰：不然。吾西岸之土也，殘則復西岸耳。今子東國桃木也，削子以爲人，隆雨下，淄水至，洪子而汎汎將何如矣？夫秦四塞之國，譬若虎口而入之，則不知其可。」孟嘗乃止。

《春秋左氏傳》曰：魯襄公朝楚，會楚康王卒，楚人使公親襚，公患之。叔孫穆叔曰：「祓殯而襚，則布幣也。」乃使巫以桃苅先祓殯。楚人弗禁，既而悔之。古者日在北陸，而藏冰深山窮谷。其藏之也，黑牡秬黍，以享司寒。其出之也，桃弧棘矢，以除其災也。

宋　蔡卞《毛詩名物解》卷五《桃》　桃先百果而華，故從兆。其時則春而陽

中也，故以記婚姻之時正。

宋 陸佃《埤雅》卷一三《桃》 桃有華之盛者，其性早華。又華於仲春，故《周南》以興女之年時俱當。諺曰：白頭種桃。又曰：桃三李四，梅子十二。言桃生三歲便放華果，早於梅李。故首雖已白，其華子之利可待也。然皮束莖幹頗急，四年以上宜以刀劚其皮，不然皮急則死。故《周南》復取少桃以興，所謂「桃之夭夭」是也。一章曰：「灼灼其華。」灼灼者，其華之紅而麗也，言女以盛時而嫁。二章曰：「有蕡其實。」蕡大貌，蓋桃性更七八年便老，老則子細。此言少桃，故曰「有蕡其實」，言非但有華色，又嫁而有子，夫婦之道成焉。三章曰：「其葉蓁蓁。」蓁蓁，盛也，言能成其家，又以芘其所賴也。且桃性華葉齊生，至於有蕡其實，然後其葉蓁蓁。故其序如此。抑陰青繁，合休息者賴之，又在夏之時也。魏之詩曰：「園有桃，其實之殽。園有棘，其實之食。」言國君有一國以爲養，今也資園桃以爲殽，賴園棘以爲食，而園之外莫理焉。則徒儉以嗇而不能用其民可知也。《禮》曰：王弔則巫祝以桃茢前王。桃，鬼所惡而茢，以祓除不祥，所以異於生也。《本草》云：桃梟主殺百鬼精物。桃梟，木乾如梟，磔首木上，故曰梟也。《典術》曰：桃者五木之精，故能厭伏邪氣。服其華，令人好色，蓋仙木也。《賦》曰：桃華靧面。《家語》曰：六果，桃爲下，祭祀不用，不登郊廟。此言祭祀不用而已。《周官·饋食之籩》曰：其實棗栗，桃乾䕩榛。實則桃用其乾。爾棗栗桃言乾，䕩榛言實，則先儒謂䕩乾梅也，非是䕩爲梅而已。《漢武帝故事》云：海上有蟠桃，三千霜乃孰，一千年開華，一千年結子。東方朔嘗三盜此桃矣。按仙家日月長，其果之華實自然久也。《南華真經》曰：北冥有魚，其名爲鯤，化而爲鳥，其名爲鵬。鯤鵬之大，不知其幾千里也。郭象以爲此豈好奇哉？直以大物必自生於大處，大處亦必自生此大物。

宋 李石《續博物志》卷九 桃根爲印，可召鬼。

明 沈長卿《沈氏日旦》卷三 花之重臺者，必不結果。文之艶異者，豈能集福乎？故稱門人弟子曰桃李，取華實並茂之義。然桃李花果皆尋常無奇，惟無奇，故可久也。

明 徐渭《刻徐文長先生秘集》卷一一《桃》 桃以冶勝，取其曆，宜玉洞，宜瓊樓，宜牆頭，宜溪畔，宜渡口，宜山阿，宜小園，宜別墅。宜麗日蒸朱霞，宜輕風落絳雪。宜金釵席地，粉面暎紅；宜綺席飛觴，瓊漿泛緑。

明 陳耀文《天中記》卷五二《桃·樹桃》 陽虎得罪于衛，北見簡子曰：自今以來，不復樹人矣。簡子曰：何哉？陽虎對曰：夫堂上之人，臣所樹者過半矣。朝廷之吏，臣所立者亦過半矣。邊境之士，臣所立者亦過半矣。今夫堂上之人，親却臣於君；朝廷之吏，親危臣於衆；邊境之士，親刼臣於兵。簡子曰：唯賢者爲能報恩，不肖者不能。夫樹桃李者，夏得休息，秋得食焉。樹蒺藜者，夏不得休息，秋得其刺焉。今子之所樹者，蒺藜也。自今以來擇人而樹，毋已樹而擇之。崔頤《荅豫章王書》云：門有將相，宜樹桃李。或謂狄仁傑曰：天下桃李，悉在公門。王冷然《上裴耀卿書》云：拾遺補闕，容有種乎？僕不佞，亦相公一株桃李也。

又《應氣》 驚蟄大壯，初九桃始華。不華，倉庫多火。

綜 述

《周禮·司馬政官之職》 贊牛耳，桃茢。鄭司農云：贊牛耳，《春秋傳》所謂執牛耳者，故書茢爲滅。杜子春云：滅當爲厲。玄謂尸盟者割牛耳，取血助爲之，及血在敦中，以桃茢拂之，又助之也。耳者盛以珠盤，尸盟者執之。桃，鬼所畏也。茢，苕帚，所以掃不祥。

《儀禮·有司徹》 司馬在羊鼎之東，二手執桃匕枋以挹湆，注于疏匕，若是者三。桃謂之歃，讀如或舂或抌之抌，字或作桃者。秦人語也。此二匕者，皆有淺升，狀如飯橾，桃長枋可以杼物於器中者。注，猶寫也。今文桃作抌，挹皆爲扱。

漢 劉安《淮南子》卷一四《詮言訓》 羿死於桃棓。棓，大杖，以桃木爲之以擊殺羿，由是以來鬼畏桃也。棓音捧。

南朝宋 范曄《後漢書》志五《禮儀志中》 仲夏之月，萬物方盛。日夏至，陰氣萌作，恐物不楙。其禮：以朱索連葷菜，彌牟(朴)蠱鍾。以桃印長六寸，方三寸，五色書文如法，以施門户。代以所尚爲飾。夏后氏金行，作葦茭，言氣交也。殷人水德，以螺首，慎其閉塞，使如螺也。周人木德，以桃爲更，言氣相更也。漢兼用之，故以五月五日，朱索五色印爲門户飾，以難止惡氣。

晉 郭璞《山海經圖讚·桃枝》 嶓冢美竹，厥號桃枝。叢薄幽藹，從容鬱猗。簟以安寢，杖以扶危。

又 《桃林》 桃林之谷，實惟塞野。武王充商，休牛風馬。阨越三塗，作嶮西夏。

南朝梁 宗懍《荆楚歲時記》 帖畫雞，或斵鏤五采及土雞於户上，造桃板著户，謂之仙木。繪二神貼户左右，左神荼，右鬱壘，俗謂之門神。按，莊周云：有掛雞於户，懸葦索於其上，插桃符於旁，百鬼畏之。又魏時，人問議郎董勛云：今正臘旦，門前作烟火，桃神、絞索、松柏，殺雞著門户逐疫，禮歟？勛答曰：十二月，索室逐疫，釁門户，磔雞，熯火行，故作助行氣。桃，鬼所惡。畫作人首，可以有所收縛不死之祥。又：桃者，五行之精，能制百鬼，謂之仙木。《括地圖》曰：桃都山有大桃樹，盤屈三千里。上有金雞，日照則鳴。下有二神，一名鬱，一名壘。并執葦索以伺不祥之鬼，則殺之。即無神荼之名。應劭《風俗通》曰：《黄帝書》稱：上古之時，有神荼、鬱壘兄弟二人，住度朔山上桃樹下，簡百鬼。鬼妄搰人，援以葦索，執以食虎。於是縣官以臘除夕，飾桃人，垂葦索，畫虎於門，效前事也。

北周 庾信《庾子山集》卷三 春洲鸚鵡色，流水桃花香。《水經注》曰：黄鵠磯在鸚鵡之下尾，此云鸚鵡色，言緑色似之也。《漢書·溝洫志》曰：來春桃花水盛必羡溢，有填淤反壤之害。師古曰：《月令》：仲春之月，始雨水桃始華。蓋桃方華時，既有雨水，川谷水洋，衆流猥積，波瀾盛，故謂之桃花水耳。

又 卷五 桃花顔色好如馬，榆莢新開巧似錢。《爾雅·釋畜》曰：黄白雜毛駓。郭璞曰：今桃花馬。《春秋元命苞》云：三月榆莢落。《漢書》曰：漢興，以爲秦錢重，難用，更令民鑄榆莢錢。

流沙既西静，蟠木又東臣。《史記·五帝本紀》曰：西至於流沙，東至于蟠木。《山海經》曰：流沙出鍾山西南，行昆侖墟入海。《海外經》曰：東海中有山焉，名曰度索，上有大桃樹，蟠曲三千里。

宋 蘇軾《東坡志林》卷一 柳子厚詩云：盛時一失貴反賤，桃笙葵扇安可常。不知桃笙爲何物。偶閲《方言》，簟，宋魏之間謂之笙，乃悟。桃笙，以桃竹爲簟也。梁簡文《荅南王獻書》云：五離九拆出桃枝之翠笋，乃謂桃枝竹簟也。桃竹出巴渝間，杜子美有《桃竹杖引》。

宋 洪邁《容齋五筆》卷五《桃花笑春風》 《王荆公集·古胡笳詞》一章云：「欲問平安無使來，桃花依舊笑春風。」後章云：「春風似舊花仍笑，人生豈得長年少。」二者貼合，如出一手，每歎其精工。其上句，蓋用崔護詩，後一句久不見其所出，近讀范文正公《靈巖寺》一篇云「春風似舊花猶笑」，以仍爲猶，乃此也。李義山又有絶句云：「無賴夭桃面，平明露井東。春風爲開了，却擬笑春風。」語、意兩極其妙。

宋 王觀國《學林》卷四《梗偶》 《山海經》曰：東海中有度朔山，上有大桃，蟠屈三千里。其卑枝門曰東北鬼門，萬鬼所出入也。上有二神人，一曰神荼，一曰鬱壘，主閲領衆鬼之惡害人者，執以葦索，而用食虎。今人正月旦以桃木爲版，書神荼、鬱壘於版而置於門，謂之桃符，即桃梗也。《戰國策》言：土偶人與桃梗語是也，桃梗即木偶人也。謂之梗者，削桃爲人形，以其粗有人形，大畧而已，故謂之梗。若所謂梗槩者，亦粗言其大畧耳。世言桃可以祓除不祥，蓋度朔山之遺意也。高誘注《戰國策》，引度朔山事以釋桃梗，乃誤析《山海經》句讀，皆不成文。又張平子《東京賦》曰：「度朔作梗，守以鬱壘。神荼副焉，對操索葦。」五臣注《文選》曰：梗，病也。度朔有鬼，爲人病。今案《東京賦》言「度朔作梗」者，言以度朔山桃木爲符梗也。五臣不曉，乃以梗爲病，則誤矣。梗亦訓病。《柔桑詩》曰：「誰生厲階，至今爲梗。」《毛氏傳》曰：梗，病也。然與桃梗之梗異矣。《後漢·禮儀志》曰：百官府各以木面獸飾爲儺人，飾訖，設桃梗、鬱櫑、葦茭。然則桃梗之用，久矣。櫑、壘二字，通用之也。俑，亦偶人也。《禮記·檀弓》曰：孔子謂爲芻靈者善，謂爲俑者不仁，不殆於用人乎哉！鄭氏注曰：俑，偶人也。有面目機發，有似於生人。觀國案：古之葬者，束茅爲人馬之形，謂之芻靈，又作偶人，用以殉葬。孔子謂爲俑者不仁，以其象生人而殉葬，非仁人之心也。故曰「始作俑者，其無後乎」？爲其象人而用之也。秦以三良殉葬，《黄鳥之詩》作而哀之，尚忍于作俑者耶？

宋 鄭樵《通志》卷七六 桃之類多。《爾雅》曰：旄，冬桃。今謂之旄桃，藤生，出山谷，或言即寒桃也。十月熟，故謂之冬桃。又曰：榹桃，山桃。今野出之桃也。味酸苦，不鮮核桃之實，乾而不落。其中實者曰桃梟，曰梟景。《本草》云：主殺百鬼精物。上古有神荼與鬱壘兄弟二人，桃樹之下閲百鬼，無理者縛以葦索飼虎，今人本此而作桃符。

明 劉文泰《本草品彙精要》卷一九 桃橛無毒，主卒心腹痛，鬼疰破血，惡氣脹滿，煑服之。三載者良桃，性去惡，撅更辟邪，桃符與桃橛同功也。

明 陳耀文《學林就正》卷三《桃李》 門下士爲桃李，或以李廣贊「桃李不言」爲始，非也。狄仁傑薦姚崇、張柬之等，或曰：「天下桃李，盡在公門。」此其出處也。樂天和《緑野堂詩》「令公桃李滿天下」，是唐人已用之矣。《霏雪録》《新鑑注》：考試官所取，謂之桃李，即所謂幸作狄門之桃李是也。

明 張大復《聞雁齋筆談》卷四《人面桃》 桃之品，亡慮數十。絳碧夭緋，揔堪極目，然夭者故是正色耶？至於人面桃，則桃之變極矣，瑩白如雪，光浮白外，素者故艷，不艷於此。方之梅花，則今古雅俗正復逈然，藉使敷蘤一時，堪作梅孽。夭夭者雲從可。

明 王世貞《彙苑詳註》卷三〇 桃花植物感陽氣，敷暢始華。《典術》曰：桃者，五木之精也。故厭服邪氣，制百鬼。今人作桃符著門，以厭邪。此仙木也。灼華桃之夭夭，灼灼其華。穠華何彼穠矣，華如桃李。《詩經》始華仲春驚蟄日，桃始華。農候三月桃花盛，農人候時而種。《月令》靈臺陟靈臺而布綺。(□□)玉顔微破嫩萼，玉顔半酡。皮日休賦青花桃磅磄山去扶桑五萬里，日所不及，其地甚寒。有桃樹千園，其花青黑色，千年一實。《拾遺記》紅衣人紅衣人送酒歌曰：絳衣披拂露盈盈，淡染胭脂一朵輕。自恨紅顔留不住，莫怨東風道薄情。紅衣人乃桃花精也。《博異記》映紅笑風人面桃花相映紅，桃花依舊笑春風。崔護紅糝桃枝綴紅糝。蒸霞川源遠近蒸紅霞。韓緑萼華九疑山中緑萼華，黄雲承襪到仙家。山谷東風殢酒東風殢酒不歸去，落盡碧桃無限花。洞賓栽和露碧桃天上栽和露。秦少游紅雨況是青春日將暮，桃花亂落如紅雨。桃花行避世不獨商山翁，亦有桃源種桃者。一來種桃不計春，採花食實枝爲薪。王介甫宜五沃五沃之土，其木宜桃。《管子》類引 武陵源晉太康中，有武陵人捕魚，從溪行，忽逢桃花夾岸，無復雜果。山有小口，行五六里，豁然開朗。邑屋連接，雞犬相聞。男女見漁父，倉皇驚疑，爲設酒食。云先世避秦難，來此。遂問何代，不知有魏晉。既白太守隨往尋之，迷不得。陶淵明《桃源記》霜林桃明帝時，常山獻巨核桃，霜下結花，隆暑方熟。帝使植于霜林園。《拾遺》玄都千樹貞元二十一年，劉禹錫爲尚書屯田員外郎，時玄都觀未有花木。是歲貶朗州司馬，居十年，召至京師。人皆言有道士種桃滿觀，爍如晨霞，遂作看花君子詩云：「玄都觀裡桃千樹，盡是劉郎去後栽。」已而復左出牧，十四年得爲主客郎中。重遊無復一存。再題「百畝庭中半是苔」句，以詆權近，聞者益薄其行。《唐詩序》花開錦繡石曼卿通判海州，以山嶺高峻，人路不通，路無花卉點綴照映，使人以泥裹桃核，拋擲於山嶺上。一二三年間，滿山花開，爛如錦繡。《談圃》助嬌花御苑有千葉桃開，帝親折一枝簪於貴妃寶髻，曰：「此花尤能助嬌態。」《天寶遺事》花絲鞋青齊間，桃花有一種，盛開時，里絲二三尺者。採之練以松柏，遞相纏織成鞋履，寄往都下，人皆不辨何物。《青州褉記》樺桃樺桃皮可爲燭，唐人所謂朝天樺燭香者是也。

明 慎懋官《華夷花木鳥獸珍玩考》卷二《桃》 《春秋運斗樞》曰：玉衡星散爲桃。《易》通卦驗曰：驚蟄大壯，初九桃始華，不華食庫多火。桃枝四寸，有節。《拾遺記》：漢明帝世，有獻巨核桃者，霜下結花，隆暑方熟。使植於霜林園。

又《句鼻桃》 《鄴中記》曰：石虎苑中有句鼻桃，重二觔。

又《僊人桃》 景陽山百果園有僊人桃，其色赤，表裏照徹，得霜乃熟。

又《金桃》 康居，大唐貞觀二十一年，其國獻黄桃，大如鵝卵。其色如金，亦呼爲金桃。日本國有金桃，其實重一觔。太原有金桃，色深黄。柿樹接桃枝，則爲金桃。早熟者謂之絡絲白，晚熟者謂之過鴈紅。

又《玉桃》 崑崙山有玉桃，先明洞徹而堅瑩洗，以玉井泉洗之，便軟可食。

又《一石桃》 吐谷渾桃大如石甕。

又《油桃》 京畿油桃小於衆桃，有赤斑點，而光如塗油。

明 徐常吉《新纂事詞類奇》卷二六 帝上林苑有緗桃、紫紋桃、金城桃、霜桃。《典術》云：桃者，五木之精，故厭伏邪氣制百鬼。今人作桃符，著門以厭邪，此仙木也。酒浸桃花而飲之，除百病，好容色。《山海經》云：東海有山，名度索山，有大桃實，屈盤三千里，曰蟠桃。《拾遺記》云：傍磄山去扶桑五萬里，日所不照，其地甚寒，有桃樹皆十圍，花青黑，萬歲一實。《麗情集》云：崔護清明日獨遊都城南，見莊居，桃花繞宅。叩門求漿，有女子開門，以盂水飲。護回目注視，屬意甚殷。來歲，清明護復往，則門已扃鎖。因題其上，曰：「去年今日此門中，人面桃花相映紅。人面祇今何處去，桃花依舊笑春風。」後日復往，聞哭聲。一老父曰：子非崔護耶？吾女比見題詩，絶食而卒。崔亦感動，詣殯所大呼，曰：護在此。女遂復生。《桃花源記》云：晉太康中，武陵漁人溪行失道。忽逢桃花如林，夾岸落英繽紛。路窮，得山口，極隘，行四五步豁然開朗。有居第、雞犬，男女衣著悉如外人。見漁父，驚，爲設酒食，曰：先世避秦來此，遂與外隔。問今何代，不知有漢，無論魏晉。既出，白太守，遣人隨往，尋之迷，不復得。《妒婦記》云：武陽女嫁阮宣，絶妒。家有桃樹，花葉灼灼，阮宣嘆美之，武大怒，便斫樹，摧折其花。《白孔六帖》云：波斯國出偏桃，其國呼爲婆淡樹。長

五六丈，圍四五尺，葉似桃潤大。三月開花，花落結實，狀如桃子而形偏，故謂偏桃。肉苦核甜，西域諸國並珍之。

仙釋　《關尹喜内傳》云：喜從李子西遊，省太真王母，共食碧桃。《列仙傳》云：綏山多桃，葛由嘗刻木作羊，騎之入綏山，王侯追之，得桃，食皆得仙。

詩賦　江文通云：惟園有桃，惟山有叢。丹葩擎露，紫葉繞風。引霧如電，映烟成虹。伊春之秀，乃華之宗。孔紹安云：結葉還臨影，飛香欲徧空。不意餘花落，翻沉露井中。蕭瑟云：舊聞開露井，今見植龍門。樹少知非塞，花高異少原。論時應未發，故欲影歸軒。秖言經摘罷，猶勝逐風翻。唐太宗云：禁苑春暉麗，花蹊綺樹裝。綴條深淺色，點露參差光。向日分千笑，迎風共一香。李太白云：樓東一株桃，枝葉折青煙。此樹昔所種，别來向三年。桃今與樓齊，我行尚未旋。韓昌黎云：百葉雙桃晚更紅，臨窻映竹見玲瓏。應知侍史歸天上，故伴仙郎宿禁中。又云：種桃處處惟開花，川源遠近蒸紅霞。

明　焦周《焦氏説楛》卷七　綏山在峨眉西南。諺曰，得綏山一桃，雖不得仙，亦足以豪。庾信詩：「經殮林慮李，舊食綏山桃。」

明　徐應秋《玉芝堂談薈》卷三五《桃核長五寸》　洪武乙卯夏五月丁丑，上御奉天門召翰林臣，出示元内庫所藏巨桃半核，長五寸，廣四寸七分，前刻西王母賜漢武桃及宣和殿三字，塗以金，中繪龜鶴雲氣之象，後鐫庚子年甲申月丁酉日記。命學士宋濂爲記，濂既承命，謂庚子實宣和二年。字疑祐陵所書。又以王母獻桃事，詳見張華《博物志》第八卷《史補類》：桃七枚，大如彈丸，遺帝，王母自食其一。《漢武内傳》所謂桃如鳧卵，形扁而色青者。以爲疑。又引蔡京所記，尚方有王母蟠桃核頗鉅，以爲實。跋尾復云：《徽宗本紀》：宣和元年己亥二月，庚辰改元，遂改宣和爲保和殿。今核上字刻於二年，不書保和，而猶襲宣和，意此核非漢武時物。《雜書》所載海外多大桃，或者得其遺核，依倣而托之者與？今按《玄中記》云：木之大者，有積石山之桃實焉，大如十斛籠。《山海經》：東海有山，名度索山，有大桃實，蟠屈三千里，曰蟠桃。《拾遺記》：磅磄山去扶桑五萬里，日所不照，其地甚寒，有桃樹皆十圍，花青黑，萬歲一實。土谷渾，桃大如一石瓮。石虎苑中，有勾鼻桃，重二斤。《酉陽雜俎·木部》：員外杜陟見江淮士人以桃核扇量米，正容一升。言於九嶷山溪中得之。《史論》：在齊中出填蘭若中，僧獻桃大如飯碗，核大如鷄卵。《神仙感遇傳》：咸通中，僧懷一居雲門寺，遇一道流，遺以一桃，大如二升器。又王琰爲王屋令，遇東極真人王太虛，與桃，核大如數斗器，摩而服之，身輕無疾。《墨莊漫録》：有人以桃核半扇獻王黼者，中容米三四斗。《野人閑話》：蜀文谷於中書舍人劉光祚處見桃核杯，潤尺餘，文彩爛然。《通典》：貞觀中，康國獻黄桃，大如鵞卵，其色如金。然則巨核之桃，其種固繁矣。

明　錢希言《戲瑕》卷一《桃始華》　《吕紀·月令》：始雨水，桃李華。蓋本於《夏小正》：春正月，杝桃則華。後《禮記》改爲桃始華耳。《留青别札》乃謂，始字當讀如試花之試。然則蟄蟲始振，始電，桐始華，虹始見，萍始生，天子始乘舟，天子始絺，涼風始至，始用行戮，天地始肅，始收斂，水始涸，雷始收聲，霜始降，水始冰，地始凍，天子始裘，皆可云試乎？豈古人著書若是，其膚陋哉，抑何鑿甚。

又　卷三《桃符》　周人木德，以桃爲更，言氣相更也。漢兼用之，遂立桃梗於門户，畫鬱壘葦茭其上。應劭《風俗通》曰：梗者，更也。歲終更始，受介社也。《黄帝書》稱，上古之時，兄弟二人，曰荼與鬱，住度朔山上桃樹下，簡百鬼。或又云，黄帝治而象之，則又非始於周，而桃印、桃弧、桃棓、桃杖之製繇，是紛紛起矣。桃印本漢制，所以輔卯金，至魏除之。後世則用桃符于門，其猶行古之道與。按《荆楚歲時記》：正月一日造桃板着户，謂之仙木。注：桃者，五行之精，厭伏邪氣制百鬼也。又曰：帖畫雞于户上，懸葦索，插桃符其傍，百鬼畏之。《括地圖》曰：桃都山有大桃樹，盤屈三千里，上有金雞，日照則鳴。下有二神，一名鬱，一名壘。并執葦索以伺不祥之鬼，得則殺之。三説與應劭相符，獨二神名稍異耳。據此則桃板、桃符各有分别焉。古之桃符必是書成，或用絹素象形而製，如今午日造辟兵符之類。既云插其傍，必非木板，而今世造桃板，着户第，可言桃板，可稱仙木已耳。以爲桃符，名雖韻而實則舛矣。按《朝野僉載》云：唐明崇儼有術法，文宗試之。爲地窖，遣伎奏樂，引儼至，謂曰：此地常聞管絃，是何祥也？卿能止之乎？儼曰：諾。遂書二桃符于其上，釘之。其聲寂然。信如斯言，則桃符是用筆書成，以爲厭勝之術，非板於門者也。「揔把新桃换舊符」，乃宋人詩，何足憑據。然今世不用桃木作板，而以凡木塈之，繪盤桃花實於其上，其善沿楚漢之遺意乎？

明　魏濬《嶠南瑣記》卷二　野次四、五月間有花，絶似桃而開甚盛。詢之土人，云名桃共娘，謂與桃同母也。其名甚新，因戲作二絶云：名園花色逐天姿，玉嶺霜林植種奇。艷質從來無野態，莫教錯認是連枝。右《桃花問》嬌姿肯與鬭春

光，體質天然信野妝。開落也知人不管，免教輕艷妬昭陽。右《共娘答》

明 王路《花史左編》卷一〇《桃花飲》 《太清諸卉木方》曰：酒漬桃花而飲之，除百病，好容色。

又《桃花》 《埤雅》云，桃有華之盛者，其性早華。又華於仲春，故《周南》以興女之年時俱富。諺曰「白頭種桃」。又曰「桃三，李四，梅子十二」。言桃生三歲，便放華，果蚤于梅李，故首雖已白，其華子之利可待也。然皮束莖幹頗急，四年以上，宜以刀劚其皮，不然皮急則裂。故《周南》復取少桃以興，所謂「桃之夭夭」是也。《漢武帝故事》云：海上有蟠桃，三千霜乃熟，一千年開花，一千年結子。東方朔嘗三盜此桃矣。

明 周文華《汝南圃史》卷三 《爾雅翼》云：桃能去不祥。桃之實在木上，不落者名桃梟，一名桃奴，及莖葉毛皆去邪。故古植門以桃梗，出兵以桃弧，臨喪以桃茢。

清 朱虛《古今疏》卷一五《桃》 古者植門以桃梗，出冰以桃弧，臨喪以桃茢。《典術》曰：桃者，五木之精，仙木也。又《淮南子》曰：羿死於桃棓。棓，大杖也，言爲桃木所繫死。由是以來，鬼畏之。其實桃西方之物，味辛氣惡，物或惡之。木之不用桃，猶菜之不用辛也。玉衡星散爲桃，《夏小正》六月煮桃。桃實有毛，故魯以黍雪桃。《禮記》：桃曰膽之。説者以爲膽，擇取美者，似恐亦是去毛之義。

清 李光地《月令輯要》卷三《每月令・民用》 枕桃枝增《千金翼用》：戊子日取東引桃枝三寸枕之，令耳目聰明。

又 卷四《雜紀》 桃花行增《景龍文館記》：四年春，上宴於桃花園，羣臣畢從。學士李嶠等各獻桃花詩，上令宮女歌之。辭既清婉，歌仍妙絶。獻詩者皆稱萬歲。上勑太常簡二十篇入樂府，號曰《桃花行》。

又 《雜紀》 桃花靧面原虞世南《史畧》：北齊盧士深妻，崔林義之女，有才學，春日以桃花和雪與兒靧面，咒曰：取紅花取白雪，與兒洗面作光悦。取白雪取紅花，與兒洗面作妍華。取花紅取雪白，與兒洗面作光澤。取雪白取花紅，與兒洗面作華容。

清 袁棟《書隱叢説》卷一一《仙桃碧桃》 杜詩「九重春色醉仙桃」，或疑仙桃之義。按《伽藍記》云：崑崙山王母桃，一名仙人桃。表裏徹赤，得霜始熟。又陶弘景曰：《肘後方》言，服三樹桃花盡，則面色紅潤，悦澤如桃花也。則春色醉仙桃者，乃謂其醉色之似仙桃耳。或又疑碧桃爲碧花之桃。按碧桃，乃大紅千葉桃之名，所云碧者，謂其實如碧耳。《集仙傳》：有桃三十顆，碧色大如椀。郎士元詩云：「重門深鎖無人見，惟有碧桃千樹花。」若云碧花之桃，安得千樹乎？乃謂碧桃之花，非謂碧花之桃也。總之，仙桃、碧桃，皆言實，不言花也。

清 俞樾《茶香室叢鈔・三鈔》卷二八《桃花水》 國朝楊賓柳《邊紀略》云：桃花水，草本，狀若楊梅而無核，色紅味甘，質輕脆，過手即敗矣。五六月間，徧地皆是。居人擇最多處設帳房或栅子，醵分載酒，男女各爲羣，争采食。明日又移他處。食盡乃已。按桃花水之名甚佳，即其名可想見其美矣。得此真可奴視荔支。惜不能及遠，雖一騎紅塵不能致也。

清 汪爲熹《鄢署雜鈔》卷七《夢陽桃》 吾梁有桃，肉脆而核離，土人直呼曰李夢陽桃兒。相傳空同先生得之遠地，歸種之，會城遂有此種。此桃亦附先生千古矣，物以人重如此。

紀事

《晏子春秋・内篇諫下》 公孫接、田開疆、古冶子事景公，以勇力搏虎聞。晏子過而趨，三子者不起。晏子入見公曰：「臣聞明君之蓄勇力之士也，上有君臣之義，下有長率之倫；内可以禁暴，外可以威敵；上利其功，下服其勇。故尊其位，重其禄。今君之蓄勇力之士也，上無君臣之義，下無長率之倫，内不以禁暴，外不可威敵，此危國之器也，不若去之。」公曰：「三子者，搏之恐不得，刺之恐不中也。」晏子曰：「此皆力攻勍敵之人也，無長幼之禮。」因請公使人少餽之二桃，曰：「三子何不計功而食桃？」公孫接仰天而歎曰：「晏子，智人也！夫使公之計吾功者，不受桃，是無勇也。士衆而桃寡，何不計功而食桃矣。接一搏猏而再搏乳虎，若接之功，可以食桃而無與人同矣。」援桃而起。田開疆曰：「吾伏兵而卻三軍者再，若開疆之功，亦可以食桃而無與人同矣。」援桃而起。古冶子曰：「吾嘗從君濟於河，黿銜左驂以入砥柱之流。當是時也，冶少不能游，潛行逆流百步，順流九里，得黿而殺之，左操驂尾，右挈黿頭，鶴躍而出。津人皆曰：『河伯也。』若冶視之，則大黿之首。若冶之功，亦可以食桃而無與人同矣。二子何不反桃！」抽劍而起。公孫接、田開疆曰：「吾勇不子若，功不子逮，取桃不讓，是貪也；然而不死，無勇也。」皆反其桃，挈領而死。古冶子曰：「二子死之，

治獨生之，不仁；恥人以言，而夸其聲，不義；恨乎所行，不死，無勇。雖然，二子同桃而節，冶專桃而宜？」亦反其桃，挈領而死。使者復曰：「已死矣。」公斂之以服，葬之以士禮焉。

《呂氏春秋・慎大覽》　［子產］相鄭十八年，刑三人，殺二人。桃李之垂於行者，莫之援也。援，攀也。錐刀之遺於道者，莫之舉也。

漢　劉向《戰國策》卷一〇《齊策三》　孟嘗君將入秦，止者千數而弗聽。蘇秦欲止之，孟嘗曰：「人事者，吾已盡知之矣。吾所未聞者聞，知獨鬼事耳。」蘇秦曰：「臣之來也，固不敢言人事也，固且以鬼事見君。」孟嘗君見之。謂孟嘗君曰：「今者臣來，過於淄上，有土偶人與桃梗相與語，桃梗謂土偶人曰：『子西岸之土地，挺子以爲人。至歲八月降雨下，淄水至則汝殘矣殘壞。』土偶曰：『不然。吾西岸之土也，土則復西岸耳。今子東國之桃梗也，東海中有山，名曰度朔，上有大桃，屈盤三千里。其卑枝間東北曰鬼門，萬鬼所由往來也。上有二神人，一曰荼與，一曰鬱雷，主治害鬼。故使世人刊此桃梗，畫荼與與鬱雷，首正歲以置門户，辟號之門。荼與、鬱雷皆在東海中，故曰東國之桃梗也。刻削子以爲人，降雨下，淄水至，流子而去，則子漂漂者將何如耳？今秦四塞之國，譬若虎口而君入之，則臣不知君所出矣。」孟嘗君乃止。

漢　王充《論衡》卷三〇《自紀》　孔子侍坐於魯哀公，公賜桃與黍，孔子先食黍而［後］啖桃，可謂得食序矣。

南朝梁　任昉《述異志》卷下　武陵源在吴中，山無他木，盡生桃李，俗呼爲桃李源。源上有石洞，洞中有乳水。世傳秦末喪亂，吴中人於此避難，食桃李實者，皆得仙。

唐　李吉甫《元和郡縣志》卷七　桃林塞，自縣以西至潼關皆是也。春秋時晉侯使詹嘉處瑕守桃林之塞。《三秦記》曰：桃林塞在長安東四百里。若有軍馬經過，好行則牧華山，休息林下，惡行則決河漫延，人馬不得過矣。

五代　王仁裕《開元天寶遺事》卷二《銷恨花》　明皇於禁苑中，初有千葉桃盛開，帝與貴妃日逐宴於樹下。帝曰：「不獨萱草忘憂，此花亦能銷恨。」

宋　陶穀《清異録》卷上《餘甘尉》　鄴中環桃特異。後唐莊宗曰：「昔人以橘爲千頭木奴，此不爲餘甘尉乎？」

宋　徐鉉《稽神録》卷五《桃林禾稼》　閩王初知泉州刺史，州北數十里，地名桃林。光啓初，一夕，村中地震有聲，如鳴數百面鼓。及明視之，禾稼方茂，了無一莖。咸掘地求之，則皆倒懸在土下。其年，審知克晉安，盡有甌閩之地六十年。至其子延義立，桃林地中復有鼓聲。禾已收獲，稌粳在邇。及明視之，亦無一莖。掘地求之，則亦倒懸土下。其年延義爲左右所殺，王氏遂滅。

宋　陸游《老學庵筆記》卷四　歐陽公、梅宛陵、王文恭集皆有小桃詩。歐詩云：「雪裏花開人未知，摘來相顧共驚疑。便須索酒花前醉，初見今年第一枝。」初，但謂桃花有一種早開者耳，及遊成都，始識所謂小桃者，上元前後，即著花，狀如垂絲海棠。曾子固《雜識》云正月二十，開天章閣，賞小桃。正謂此也。

宋　洪邁《夷堅志・丁志》卷一一　孟處義去非知楚州，元夕，享客以通草，作梅花綴桃枝上，插兩銅壺中，未嘗貯水也。中春後，桃枝忽結花甚盛，數日方落。孟殊以自喜，至有闥門之戚，明年而爲淮漕。

明　牛衷《增修埤雅廣要》卷三〇《卉物門・異植類・蟠桃核》　洪武乙卯夏五月丁丑，上御端門，詔翰林詞臣，出示巨桃半核，蓋元内庫所藏物也。其長五寸，廣四寸七分，前刻西王母賜漢武桃及宣和殿十字。塗以金，中繪龜鶴雲氣之像，後書庚子年甲申月丁酉日記，其字如前之數，亦以金餙之，字頗疑右陵所書。臣宋謙奉旨撰賦一篇以獻。

明　余懋學《説頤》卷四《助嬌銷憾》　唐明皇御苑中千葉桃盛開，帝折一枝插於妃子寶冠。曰：「此花亦能助嬌態。」帝又與妃日夕宴花下。帝曰：「不獨萱草忘憂，此花亦能銷憾。」噫！花前羯鼓，祇足助范陽之嬌；西内玉環，誰與銷馬嵬之憾？

明　姚旅《露書》卷一〇　己酉，琅邪盧大參官舍，見並頭桃數枚，又舜花並蒂者可百朵。是歲，盧有長婦之變。豈《泊宅編》之言足信耶？

明　王路《花史左編》卷二《孔水洞》　大房山東北下，有石窟，闊二丈許，深不可測。嘗有人乘火浮舟探之，隱隱聞作樂，懼而返。金泰和中，忽見桃花流出。【略】

癸巳八月，余園中桃樹花開熳爛，當是先此颶風落葉，氣未盡而更發耳。或曰，樹將殞而氣洩。是年作屋，園樹盡付斧斤。

又　卷七《桃花女》　紹興上舍葛棠，狂士也。博學能文，下筆千餘言，未嘗就稿。恒慕陶潛、李白之爲人，事輒效之。景泰辛未，築一亭於圃，扁其亭曰「風月平分」。旦夕浩歌，縱酒以自適焉。亭壁張一桃花仕女古畫，棠對之戲曰：「誠得是女捧觴，豈吝千金。」夜飲半酣，見一美姬進曰：「久識上舍詞章之工，日

間重辱垂念，兹歌以侑觴。」棠略不計真僞，曰：「吾欲一杯一詠。」姬乃連詠百絶。如云：梳成鬆髻出簾遲，折得桃花三兩枝。欲插上頭還住手，遍從人問可相宜。慨慨欹枕捲紗衾，玉腕斜籠一串金。夢裏自家搔鬢髮，索即抽落鳳頭簪。家住東吴白石磯，門前流水浣羅衣。朝來繫着木蘭棹，閑看鴛鴦作隊飛。石頭城外是江灘，灘上行舟多少難。潮信有時還又至，即舟一去幾時還。潯陽南上不通潮，却筭遊程歲日遥。明月斷魂清靄靄，玉人何處教吹簫。山桃花開紅更紅，朝朝愁雨又愁風。花開花謝難相見，懊恨無邊總是空。西湖荷葉緑盈盈，露重風多蕩漾輕。倒折荷枝絲不斷，露珠易散似郎情。芙蓉肌肉緑雲鬟，幾許幽情欲話難。聞説春來倍惆悵，莫教長袖倚欄杆。餘皆忘之矣。棠沉醉而卧，曉起視畫上忽不見□女。少焉，復在。棠大異，即碎裂之。

又 **卷九《花之情・人面桃花》** 唐崔護清明遊城南，見莊居桃花遶宅，扣門求漿。有女子應，回取水飲。護目注良久，如不勝情而入。明年復往，則門户扃鎖。因題詩於左扉曰：「去年今日此門中，人面桃花相映紅。人面祇今何處去，桃花依舊笑春風。」後數日復往，聞哭聲，問之，有老父出曰：「君非崔護耶？君殺吾女。吾女笄年，未嫁。自去年以來，常恍惚如有所失。比日與之出，歸見左扉詩，入門遂病，絶食數日而死。」崔爲感動，詣靈前舉女尸而祝曰：「某在斯。」須臾，女復活。遂諧伉儷。

又 **卷一一《花之榮・美呪》** 北齊盧士深妻，崔林義之女，有才學。春日以桃花靧兒面。呪曰：「取桃花，取白雪，與兒洗面作光悦。取白雪，取桃花，與兒洗面作妍華。取花紅，取雪白，與兒洗面作光澤。取雪白，取花紅，與兒洗面作華容。」

又 **卷一六《花之事・緑耳梯》** 江南後主同氣宜春王從謙，常春日與妃侍遊宫中後圃。妃侍覩桃花爛開，意欲折而條高，小黄門取綵梯獻。時從謙正乘駿馬繫毬，乃引鞚至花底，痛採芳菲，顧謂嬪妾曰：「吾之緑耳梯何如？」

又 **《蒲山花》** 《談圃》：石曼卿通判海州，以山嶺高峻，人路不通，又無花卉點綴照映，遂以泥裹桃核拋擲于山嶺上。一二年間，滿山花開，爛如錦綉。

又 **《紅霞》** 唐劉禹錫貶朗州司馬，居十年，召至京師。時玄都觀有道士種桃，滿觀如紅霞，遂有詩云：「玄都觀裏桃千樹，盡是劉郎去後栽。」已而復左出牧十四年，得爲主客郎中，復遊是觀，無復一存，因有「種桃道士歸何處，前度劉郎今又來」之句。

又 **《芳美亭》** 錢伸仲於錫山所居作芳美亭，種桃數百千株。蔡載作詩曰：「高人不惜地，自種無邊春。莫隨流水去，恐汙世間塵。」

又 **卷二一《花之藥・桃花》** 范文正公女孫病狂，嘗閉一室，牕外有大桃樹一株，花適盛開。一夕，斷櫺登木，食桃花幾盡，自是遂愈。

又 **二七卷《桃李》** 正德戊寅冬武宗駕幸楊州，立春日滿城桃李盛開，從臣奏瑞者不一。

明 **徐勃《榕陰新檢》卷七《桃花悟道》** 咸通中，連江靈應院僧志勤，號源寂，曾參潙山，見桃花有悟，詩曰：「三十年來尋劍客，幾回落葉又抽枝。自從一見桃花後，直到如今更不疑。」

明 **陳耀文《正楊》卷四《桃花行》** 予又見中宗賞桃花，應制凡十餘人。最後一小臣一絶云：「源水棗花無數開，丹枝紅蕚間青梅。從今結子三千歲，預喜仙遊復摘來。」此詩一出，羣作皆廢。中宗令宫女唱之，號《桃花行》。惜不知作者名。然宋元近時選唐詩者將百家，無有選此者。未之見耶？不之識耶？《景龍文館記》云：四年春，上宴於桃花園，羣臣畢從。學士李嶠等各獻桃花詩，上令宫女歌之。辭既清婉，歌仍妙絶。獻詩者舞蹈稱萬歲，上敕太常簡二十篇入樂府，號曰《桃花行》。

明 **陳詩教《花裏活》卷三** 茅山乾元觀姜麻子黑夜紉衲，從揚州乞爛桃核數石，空山月明中種之，不避豺虎。

明 **閔元京《湘煙録》卷一〇《阮宣》** 武歷陽女嫁阮宣，武絶忌。家有一桃樹，花葉灼燿，宣歎美之，即便大怒，使婢取刀斫樹，摧折其花。閔康侯曰：「劉綱道術不能勝其妻，樊所呪桃，鬬出籬外，雖不傷其枝，亦披其根矣。惜此消恨花，偏妬臙脂虎。」

明 **吴之俊《獅山掌録・小山館》卷一八《廬山桃葉》** 天寶末，韋虚舟寓廬山瀑布泉。時夏月多雨，見瀑布之中流出一桃葉，濶五寸，長一尺二寸。

明 **鄭仲夔《玉麈新譚・耳新》卷五《梵勝》** 寺旁有桃樹臨崖百尺。一日，師偶曳杖往，值桃實甚盛，見樵夫、牧豎冒險摘取以食。師惻然指樹而言曰：「若安用寔繁其實，將恐誤生命不小。自今以往，願且開花無結實耳。」明年，果應其言，至今桃花爛熳，都不結實。閩人相傳爲香林三異云。

明 **佚名《五色綫集》卷上《花縣》** 晉潘岳，字安仁，爲河陽縣令，栽桃李花，號曰向陽一縣花。故錢昭度詩云：潘岳栽花後，風流遇幾年。古時繁盛地，今

日艷陽天。

清　陳厚耀《春秋戰國異辭》卷五《魯・哀公》　孔子御坐於魯哀公，哀公賜之桃與黍。仲尼先飯黍而後啗桃，左右皆揜口而笑。哀公曰：「黍者，非飯之也，以雪桃也。」仲尼對曰：「丘知之矣。夫黍者，五穀之長也。祭先王爲上盛。果蓏有六，而桃爲下，祭先王不得入廟。丘之聞也：君子以賤雪貴，不聞以貴雪賤。今以五穀之長雪果蓏之下，是從上雪下也。丘以爲妨義，故不敢以先於宗廟之盛也。」（《韓子・外儲左》）

清　鈕琇《觚賸續編》卷四《物觚・桃核舫》　姑蘇金老貌甚樸，而有刻棘鏤塵之巧。其最異者，用桃核一枚，雕爲東坡遊舫。舫之形，上穹下坦，前舒後奮，中則方。倉四圍左右各有花紋。短窻二，可能開閤。啓窻而觀，一几三椅。巾袍而多髯者爲東坡，坐而倚窻外望。禪衣冠坐對東坡，而俯於几者爲佛印師。几上縱横列三十二牌，若欲搜抹者然。少年隅坐，横洞簫而吹者，則相從之客也。舫首童子，一旁置茶鐺。童子平頭短襦，右手執扇，傴而颺火。舫尾老翁椎髻芒鞋，邪立摇櫓。外而柁、篙、篷、纜之屬，無不具也；舷、檻、簷、幕之形，無不周也。細測其體，大不過兩指甲耳。康熙三十七年春，江南巡撫宋公家藏一器，左側窻敗，無有能修治者。聞金老名，贈銀十餅，使完之。金老曰：「此亦我手製也。世間同我目力，同我心思，然思巧而氣不静，氣静而神不完，與無巧同。我有四子，唯行三者稍傳我法，而未得其精，況他人乎？」

清　汪灝《佩文齋廣群芳譜》卷五四《果譜・桃》　《鍾離意別傳》：秦吏趙凱以私恨，告國民吴且生盜食宗廟御桃。且生對曰：「民不敢食也。」王曰：「剖其腹，出其桃。」《史記》惡而書之曰：「食桃之肉，當有遺核。王不知此，而剖人腹，以求桃，非理也。」【略】

《野人閑話》：蜀文谷好古之士也，於中書舍人劉光祚處見桃核杯，杯闊尺餘，紋綵燦然，真蟠桃之實也。劉自云，少時遊華嶽見一道士，以此核酌瀑泉盥漱，覯之驚駭。道士以半片授之。【略】

《東坡雜記》：李公擇與客游天柱寺，還過司命祠，下道傍見一桃，爛熟可愛。當往來之衝，而不爲人之所得，疑其爲真靈之瑞。分食之則不足，衆以與公擇，公擇不可。時蘇、徐二客，皆有老母七十餘。公擇使二公分之，歸遺其母。人人滿意，過于食桃。此事不可不識也。【略】

《藜床瀋餘》：戊辰冬杪偶至靈濟宮，遇道人授一桃，特大，曰：「與汝有緣，故以相贈。」訝其非常，受而啖之，味甘美而核甚細。【略】

《茅亭客話》：滕處士昌祐，字勝華。所居園中，有金桃，深黄。剖之至核，紅翠如金，味美，爲桃之最也。【略】

《元和郡國志》：綿州彰明縣雲臺山天柱崖下，有一桃樹，高五丈餘。外皮似桃，内心似松。張道陵與王長、趙昇試法於此，四百餘年，桃迨今不朽。有碑記之。【略】

《東陽記》：龍丘山峯際復有巖穴，外如窻牖，中有石林。巖前有一桃樹，其實甚甘。非山中自有，莫知誰植。

清　王棠《燕在閣知新録》卷三一《紅白桃花》　予在江西饒州，見方宅，紅白桃花甚盛，他處絶少。昔張幼芳者，天台營妓，賦紅白桃花，調《如夢令》云：「道是梨花不是，道是杏花不是，白白與紅紅，别是東風情味。曾記，曾記，人在武陵曾醉。」此女不肯證唐仲友一事，已屬可傳，況才情又復若是。

清　乾隆《福寧府志》卷四三《祥異》　［嘉靖］九年大風害稼。是年冬桃。寧德林文選詩：十月風清應小春，桃花紅放滿枝新。倚欄笑對渾如夢，策杖行吟亦可人。白洞虚明天向曉，碧窗掩映目相親。莫教落片隨流水，惹得漁郎來問津。

清　乾隆《石城縣志》卷七《紀事志・祥異》　［清雍正］十年壬子十三年乙卯，乾隆元年丙辰，儒學訓導署前廳墀有桃一樹，每至八月花發如丹砂，滿株艷麗。九月半後不謝。三歲皆大比之期，頗有人文之驗。（《舊志》）

清　乾隆《古田縣志》卷二《山川》　黄蘗山在縣治西，其山多桃，塢曰桃塢，湖溪曰桃溪，洲曰桃洲。宋令許當詩：閩粵饒異山，峩峩此稱奇。青崖蔚高林，朝日常蔽虧。上士訪幽趣，結愛忘返期。所以葵藿心，江淹寄遐思。

清　光緒《黄州府志》卷三《疆域志》　桃黄菴黄王志作花在岐亭。宋蘇軾記有王翊者，得攀黄於桃核内，吞之甚甘，自是斷葷肉。有菴名桃黄，自號桃黄山人。

清　光緒《南滙縣志》卷二二八《雜記》　秦曉江宅有桃一株，質幹竝瘁，久棄籬落間。嘉靖三十八年春，桃忽再榮。適其子嘉楫捷會闈，沈太僕愷作《瑞桃記》。

藝　文

《詩經・國風・周南》　桃之夭夭，灼灼其華。之子於歸，宜其室家。桃之

夭夭，有蕡其實。之子於歸，宜其家室。桃之夭夭，其葉蓁蓁。之子於歸，宜其家人。

漢　焦延壽《焦氏易林》卷一《泰之小過》　桃李花實，累累日息。長大成熟，甘美可食。爲我利福。

又《師之坤》　春桃生花，季女宜家，受福且多，在師中吉，男爲邦君。

又　卷二《復之解》　春桃萌生，萬物華榮。邦君所居，國樂無憂。

晉　傅玄《桃賦》（張燮《七十二家集·傅鶉觚集》卷二引）　有東園之珍果兮，承陰陽之靈和。結柔根以列樹兮，體長畝而騈羅。夏日先熟，初進廟堂。辛氏踐秋，厥味益長。花落實結，與時剛柔。既甘且脆，入口消流。亦有冬桃，冷侔冰霜。和神適意，恣口所嘗。華升御於内庭兮，餙佳人之令顔。實充虛而療饑兮，信功烈之難原。嘉放牛於斯林兮，悦萬國之乂安。望海島而慷慨兮，懷度索之靈山。何兹樹之獨茂兮，條枝紛而麗閑。根龍虬而雲結兮，彌萬里而屈盤。禦百鬼之妖慝兮，列神荼以司奸。辟凶邪而濟正兮，豈唯榮美之足言。

晉　陶潛《陶淵明集》卷五《桃花源記并詩》　《桃源經》曰，桃源山在縣南一十里，西北乃沅水曲流，而南有障山，東帶鈔鑼溪，周回三十有二里，所謂桃花源也。

晉太元中，武陵人捕魚爲業。漁人姓黃名道真。緣溪行，忘路之遠近。忽逢桃花林，夾岸數百步，中無雜樹，芳草鮮美，落英繽紛。漁人甚異之，復前行，欲窮其林。林盡水源，便得一山。山有小口，髣髴若有光，便捨船從口入。初極狹，纔通人，復行數十步，豁然開朗。土地平曠，屋舍儼然，有良田美池桑竹之屬，阡陌交通，鷄犬相聞，其中往來種作，男女衣着悉如外人。黃髮垂髫，並怡然自樂。見漁人，乃大驚，問所從來，具答之。便要還家，設酒殺鷄作食。村中聞有此人，咸來問訊。自云先世避秦時亂，率妻子邑人來此絶境，不復出焉。遂與外人間隔。問今是何世，乃不知有漢，無論魏晉。此人一一爲具言所聞，皆歎惋。餘人各復延至其家，皆出酒食。停數日，辭去。此中人語云，不足爲外人道也。既出，得其船，便扶向路，處處誌之。及郡下詣太守説如此。太守即遣人隨其往，尋向所誌，遂迷，不復得路。南陽劉子驥，高尚士也。聞之，欣然親往，未果。尋病終。後遂無問津者。

嬴氏亂天紀，賢者避其世。黃綺之商山，伊人亦云逝。往迹浸復湮，來逕遂蕪廢。相命肆農耕，日入從所憩。桑竹垂餘蔭，菽稷隨時藝。春蠶取長絲，秋熟靡王税。荒路曖交通，鷄犬互鳴吠。俎豆猶古法，衣裳無新製。童孺縱行歌，班白歡游詣。草榮識節和，木衰知風厲。雖無紀歷誌，四時自成歲。怡然有餘樂，于何勞智慧。奇蹤隱五百，一朝敞神界。淳薄既異源，旋復還幽蔽。借問游方士，焉測塵囂外。願言躡輕風，高舉尋吾契。

南朝宋　伍緝之《園桃賦》（《藝文類聚》卷八六引）　嗟王母之奇果，特華實兮兼副。既陶照之夏成，又凌寒而冬就。嗟異殖兮難拔，亦晚枯兮先蔵。農黄品其味，漢帝驚其珍。林休反耕之牛，宅樹同惡之神。景鯢勇於不足，彌增罪於甘分。雖無言兮成蹊，叵充肴於魏君。時令載始，周南申章。瞻擇有制，蘖齊惟良。魯拂樞以悔荆，楚供弧以事王。

南朝梁　江淹《江文通集》卷三《山桃》　惟園有實，惟山有叢。丹藹擎露，紫榮繞風。引霧如電，映烟成虹。伊春之秀，乃華之宗。

北周　庾信《庾子山集》卷四《詠畫屏風詩二十四首》　逍遥遊桂苑，寂絶到桃源。狹石分花逕，長橋映水門。管聲驚百鳥，人衣香一園。定知歡未足，横琴坐石根。

又《答王司空餉酒一作答王褒餉酒**》**　今日小園中，桃花數樹紅。開君一壺酒，細酌對春風。未能扶畢卓，猶足舞王戎。仙人一捧露，判不及盃中。

又　卷五《對酒歌》　春水望桃花，春洲藉芳杜。

南朝陳　張正見《衰桃賦》（《藝文類聚》卷八六引）　巖巖秀峰，吐桂榮松。獨夭桃之灼灼，輕擢采於寒蹤。爾乃萬株成錦，千林似翼。苔畫波文，花然樹色。發秦源而逸氣，飄漢綬而流芳。譬蘭缸之夜炷，似明鏡之朝粧。成蹊列逕，光崖艷汜。間真定之蒼梨，雜房陵之縹李。芬芳難歇，照曜無儔。舒若霞光欲起，散似電采將收。既而風落新枝，霜飛故葉。歎垂釣之妖童，怨傾城之麗妾。頌梁江淹山桃，頌曰：惟園有肴，惟山有叢。丹藹擎露，紫榮繞風。引霧如電，暎煙成虹。伊春之秀，廼華之榮。

唐　李世民《詠桃一作董思恭詩**》（《全唐詩》卷一引）**　禁苑春暉麗，花蹊綺樹妝。綴條深淺色，點露參差光。向日分千笑，迎風共一香。如何仙嶺側，獨秀隱遥芳。

唐　孔紹安《詠夭桃》（《全唐詩》卷三八引）　結葉還臨影，飛香欲徧空。不意餘花落，翻沈露井中。

唐　徐彦伯《侍宴桃花園》（《全唐詩》卷七六引）　源水叢花無數開，丹跗紅蕚間青梅。從今結子三千歲，預喜仙遊復摘來。

唐 趙彦伯《從宴桃花園詠桃花應制本趙彦昭詩》（《全唐詩》卷一〇四引）

紅萼競燃春苑曙，茸茸新吐御筵開。長年願奉西王讌，近侍慚無東朔才。

唐 李嶠《爲納言姚璹等賀瑞桃表》（《文苑英華》卷五六三引） 臣某等言：伏見内出靈桃，四實共同一蔕。禁園芳果，仙庭奇樹；名珍杏柰，族茂櫻胡。鮮花發於上春，嘉實成於早夏。四而爲一，表四夷之一君；異而爲同，明異才之同貫。漢宫留核，曾所未窺；衛國報瓊，何能竊似。殊祥靈應，疊貺駢臻。凡在見聞，孰不歡躍。臣等謬當樞近，累覩休符，喜抃之情，實萬恒品。無任欣慶之至，謹奉表陳賀以聞。

又《桃》（《全唐詩》卷六〇引） 獨有成蹊處，穠華發井傍。山風凝笑臉，朝露泫啼妝。隱士顔應改，仙人路漸長。還欣上林苑，千歲奉君王。

唐 宋之問《有所思一作劉希夷詩，題云代悲白頭翁》（《全唐詩》卷五一引）

洛陽城東桃李花，飛來飛去落誰家。幽閨女兒惜顔色，坐見落花長歎息。今年花落顔色改，明年花開復誰在。已見松柏摧爲薪，更聞桑田變成海。古人無復洛城東，今人還對落花風。年年歲歲花相似，歲歲年年人不同。寄言全盛紅顔子，須憐半死白頭翁。此翁白頭真可憐，伊昔紅顔美少年。公子王孫芳樹下，清歌妙舞落花前。光禄池臺交錦繡，將軍樓閣畫神仙。一朝臥病無相識，三春行樂在誰邊。婉轉蛾眉能幾時，須臾鶴髮亂如絲。但看古來歌舞地，唯有黄昏鳥雀飛。

唐 賀知章《望人家桃李花》（《全唐詩》卷一一二引） 山源夜雨度仙家，朝發東園桃李花。桃花紅兮李花白，照灼城隅復南陌。南陌青樓十二重，春風桃李爲誰容。棄置千金輕不顧，踟躕五馬謝相逢。徒言南國容華晚，遂歎西家飄落遠。的皪長奉一作春明光殿，氛氲半入披香苑。苑中珍木元自奇，黄金作葉白銀枝。千年萬歲不凋落，還將桃李更相宜。桃李從來露井傍，成蹊結影矜艷陽。莫道春花不可樹，會持仙實薦君王。

唐 張旭《桃花谿》（《全唐詩》卷一一七引） 隱隱飛橋隔野煙，石磯西畔問漁船。桃花盡日隨流水，洞在清谿何處邊。

唐 王維《桃源行》（《全唐詩》卷一二五引） 漁舟逐水愛山春，兩岸桃花夾去津。坐看紅樹不知遠，行盡青溪不見人。山口潛行始隈隩，山開曠望旋平陸。遥看一處攢雲樹，近入千家散花竹。樵客初傳漢姓名，居人未改秦衣服。居人共住武陵源，還從物外起田園。月明松下房櫳静，日出雲中雞犬喧。驚聞俗客争來集，競引還家問都邑。平明閭巷掃花開，薄暮漁樵乘水入。初因避地去人間，及至一作更聞成仙遂不還。峽裏誰知有人事，世中遥望空雲山。不疑靈境難聞見，塵心未盡思鄉縣。出洞無論隔山水，辭家終擬長游衍。自謂經過舊不迷，安知峯一作岑壑今來變。當時只記入山深，青溪幾曲一作度到雲林。春來遍是桃花水，不辨仙源何處尋。

唐 李白《李太白文集》卷一《古風》 桃花開東園，含笑誇白日。偶蒙春風榮，生一作矜此艷陽質。豈無佳人色，但恐花不實。宛轉龍火飛，零落早相失。詎知南山松，獨立自蕭颸。

又 卷一一《寄東魯二稚子在金陵作》 吴地桑葉緑，吴蠶已三眠。我家寄東魯，誰種龜陰田。春事已不及，江行復茫然。南風吹歸心，飛墮酒樓前。樓東一株桃，枝葉拂青煙。此樹我所種，别來向三年。桃今與樓齊，我行尚未旋。嬌女字平陽，折花倚桃邊。折花不見我，淚下如流泉。小兒名伯禽，與姊亦齊肩。雙行桃樹下，撫背復誰憐。念此失次第，肝腸日憂煎。裂素寫遠意，因之汶陽川。

又 卷一五《山中荅俗人一云荅問》 問余何意一作事棲碧山？笑而不荅一作語心自閒。桃花流水窅一作宛然去，别有天地非人間。

又 卷二三《寄遠》 憶昨東園桃李紅碧枝，與君此時初别離。金瓶落井無消息，令人行歎復坐思。坐思行歎成楚越，春風玉顔畏銷歇。碧牕紛紛下落花，青樓寂寂空明月。兩不見，但相思。空留錦字表心素，至今緘愁不忍窺。

又 卷二六《春夜晏從弟桃花園序》 夫天地者，萬物之逆旅；光陰者，百代之過客。而浮生若夢，爲歡幾何？古人秉燭夜游，良有以也。況陽春召我以烟景，大塊假我以文章。會桃李之芳園，叙天倫之樂事。羣季俊秀，皆爲惠連；吾人詠歌，獨慚康樂。幽賞未已，高談轉清。開瓊筵以坐花，飛羽觴而醉月。不有佳作，孰伸雅懷？如詩不成，罰依金谷酒數。

唐 劉長卿《劉隨州集》卷四《晚桃》 四月深澗底，桃花方欲然。寧知地勢下，遂使春風偏。此意頗堪惜，無言誰爲傳。過時君未賞，空媚幽林前。

唐 白居易《白氏長慶集》卷一三《下邽莊南桃花》 村南無限桃花發，唯我多情獨自來。日暮風吹紅滿地，無人解惜爲誰開。

又 卷一四《夜惜禁中桃花因懷錢員外》 前日歸時花正紅，今夜宿時枝半空。坐惜殘芳君不見，風吹狼藉月明中。

又 卷二八《晚桃花》 一樹紅桃亞低也拂池，竹遮松蔭晚開時。非因斜日

無由見，不是閒人豈得知。寒地生材遺挍易，貧家養女嫁常遲。春深欲落誰憐惜，白侍郎來折一枝。

唐 劉禹錫《劉賓客文集》卷二四《元和十一年自朗州承召至京戲贈看花諸君子》 紫陌紅塵拂面來，無人不道看花回。玄都觀裏桃千樹，盡是劉郎去後栽。

又 《再遊玄都觀絶句并列》 余貞元二十一年爲屯田員外郎時，此觀未有花。是歲出牧連州，尋貶朗州司馬。居十年，召至京師，人人皆言有道士手植仙桃，滿觀如紅霞，遂有前篇以志一時之事。旋又出牧，今十有四年，復爲主客郎中。重遊玄都，蕩然無復一樹，唯兔葵燕麥動摇於春風耳。因再題二十八字，以俟後遊時。大和二年三月。

百畝中庭半是苔，桃花淨盡菜花開。種桃道士歸何處，前度劉郎今又來。

又 卷二七《竹枝詞》 山桃紅花滿上頭，蜀江春水拍山流。花紅易衰似郎意，水流無限似儂愁。

唐 張籍《張司業集》卷一《新桃》 桃生何婆娑，枝葉四面多。高未出牆顛，蒿莧相凌摩。植之三年餘，今年初試花。秋來未成實，其陰良已嘉。青蟬不來鳴，安得迅羽過。常恐牽絲蟲，蒙羃成網羅。願託戲童兒，勿折我柔柯。明年結甘實，磊磊充汝家。

唐 韓愈《桃源圖》（《全唐詩》卷三三八引） 神僊有無何渺茫，桃源之説誠荒唐。流水盤迴山百轉，生綃數幅垂中堂。武陵太守好事者，題封遠寄南宮下。南宮先生忻得之，波濤入筆驅文辭。文工畫妙各臻極，異境恍惚移於斯。架巖鑿谷開宮室，接屋連牆千萬日。嬴顛劉蹶了不聞，地坼天分非所恤。種桃處處惟開花，川原近遠蒸紅霞。初來猶自念鄉邑，歲久此地還成家。漁舟之子來何所，物色相猜更問語。大蛇中斷喪前王，羣馬南渡開新主。聽終辭絶共悽然，自説經今六百年。當時萬事皆眼見，不知幾許猶流傳。爭持酒食來相饋，禮數不同樽俎異。月明伴宿玉堂空，骨冷魂清無夢寐。夜半金雞啁哳鳴，火輪飛出客心驚。人間有累不可住，依然離别難爲情。船開櫂進一迴顧，萬里蒼蒼煙水暮。世俗寧知僞與真，至今傳者武陵人。

又 《東雅堂昌黎集註》卷九《題百葉桃花公元和十年知制誥時作》 百葉雙桃晚更紅，窺窗映竹見玲瓏。應知侍史歸天上，故伴仙郎宿禁中。

唐 姚合《姚少監詩集》卷七《杏溪》 桃花四散飛，桃子壓枝垂。寂寂青陰裏，幽人舉步遲。慇懃念此徑，我去復來誰。

唐 皮日休《文藪》卷一《桃花賦并序》 余常慕宋廣平之爲相，貞姿勁質，剛態毅狀，疑其鐵腸石心，不解吐婉媚辭。然覩其文，而有《梅花賦》，清便富艷，得南朝徐庾體，殊不類其爲人也。後蘇相公味道得而稱之，廣平之名遂振。嗚呼！以廣平之才，未爲是賦，則蘇公果暇知其人哉？將廣平困於窮，阨於躓，然强爲是文邪？日休於文，尚矣。狀花卉，體風物，非有所諷，輒抑而不發。因感廣平之所作，復爲《桃花賦》。其辭曰：伊祁氏之作春也，有艷外之艷，華中之華。衆木不得，融爲桃花。厥花伊何，其美實多。儓肆衆芳，緣飾陽和。開破嫩萼，壓低柔柯。其色則不淡不深，若素練輕茜，玉顔半酡。若夫美景妍時，春含曉滋，密如不幹，素若無枝。姅姅婉婉，夭夭怡怡。或俛者若想，或閑者如癡。或向者若步，或倚者如疲。或温馨而可薰，或婑媠而莫持。或幽柔而旁午，或撍冶而倒披。或翹矣如望，或凝然若思。或奕偞而作態，或窈窕而騁姿。日將明兮似喜，天將慘兮若悲。近榆錢兮粧翠靨，映楊柳兮顰愁眉。輕紅拖裳，動則裊香。宛若鄭姬，初見吴王。夜景皎潔，閧然秀發。又若常娥，欲犇明月。蝶散蜂寂，當閨脉脉。又若妲己，未聞裂帛。或開故楚，艷艷春曙。又若息嬀，含情不語。或臨金塘，或交綺井。又若西子，浣紗見影。玉露厭浥，妖紅墜濕。又若驪姬，將譖而泣。或在水濱，或臨江浦。又若神女，見鄭交甫。或臨廣筵，或當高會。又若韓娥，將歌斂態。微動輕風，婆娑暖紅。又若飛燕，舞于掌中。半露斜吹，或動或止。又若文姬，將賦而思。豐茸旖旎，互交遞倚。又若麗華，侍宴初醉。狂風猛雨，一陣紅去。又若褒姒，初隨周主。滿地春色，堦前砌側。又若戚姬，死於鞠域。花品之中，此花最異。以衆爲繁，以多見鄙。自是物情，非關春意。若氏族之斥素流，品秩之卑寒士。他目則目，他耳則耳。或以怪而稱珍，或以疎而見貴。或有實而花乖，或有花而實悴。其花可以暢君之心目，其實可以充君之口腹。匪乎茲花，他則碌碌。我欲修花品，以此花爲第一。懼俗情之横議，我曰不然，爲之則自。我目吾目，我耳吾耳。妍媸決於心，取捨斷於志。豈於草木之品獨然？信爲國兮如此。

唐 許渾《丁卯集箋注》卷四《金谷桃花》 花在舞樓空，年年依舊紅。淚光停曉露，愁態倚春風。開處妾先死，落時君亦終。東流兩三片，應在夜泉中。此弔緑珠也。以桃花比緑珠，寫桃花處，俱爲緑珠寫照，字字酸楚。

唐 李咸用《緋桃花歌》（《石倉歷代詩選》卷九一引） 上帝春宮思麗絶，天

桃變態求新悦。便是花中傾國容，牡丹露泣長門月。野樹滴殘龍戰血，曦車碾下朝霞屑。惆悵東風未解狂，争教此物芳菲歇。

唐 韋莊《浣花集》卷九《庭前桃》 曾向桃源爛漫遊，也同漁父泛仙舟。皆言洞裏千株好，未勝庭前一樹幽。帶露似垂湘女淚，無言如伴息嬀愁。五陵公子饒春恨，莫引香風上酒樓。

唐 鄭谷《雲臺編》卷上《感興》 禾黍不陽艷，競栽桃李春。翻令力耕者，半作賣花人。

又 《小桃》 和煙和雨遮敷水，映竹映村連灞橋。撩亂春風耐寒令，到頭贏得杏花嬌。

南唐 李中《碧雲集》卷上《桃花》 秪應紅杏是知音，灼灼偏宜間竹陰。幾樹半開金谷曉，一溪齊綻武陵深。艷舒百葉時皆重，子熟千年事莫尋。誰步宋牆明月下，好香和影上衣襟。

宋 吴淑《事類賦》卷二六《桃賦》 果實多品，惟桃可佳。夭夭其色，灼灼其華。或成仙而益壽，或制鬼而祛邪。或美后妃之德，或報瓊瑶之華。驚蟄應氣而斯盛，農人爲候而無差。陟雲臺而臨崖布綺，遊武陵而夾岸舒霞。妒媚常聞於武女，愛惡潛移於子瑕。至若綏山刻木，神荼索葦。犯上既戒於文侯，雪賤復聞於夫子。神女嘗食於二郎，齊相亦殺乎三士。崑崙以霜實稱奇，磅磄以寒英表異。旄榹異狀而同名，侯白殊味而俱美。別有綺葉、金城之號，紫文、緗核之名。雖云六果之下，誠爲五木之精。高丘餐膠而輕舉，師門食葩而道成。復有棓羿之事，畏漢之情。玄冬霜林之茂，朱夏豆實之英。至於漢皇罷種，方朔潛偷。僵李傷嗟於見累，土偶哀憐於載浮。樊氏競術於靈變，蔡誕託詐於仙遊。亦有種列三名，實盈十斛。太清漬花而療疾，抱朴服膠而絶穀。或呪之而頩面，或出之而剖腹。豈若饗碧實於西遊，標嘉名於仙籙。

宋 歐陽修《文忠集》卷三《四月九日幽谷見緋桃盛開》 經年種花滿幽谷，花開不暇把一枝。人生此事尚難必，况欲功名書鼎彝。深紅淺紫看雖好一作美，顔色不奈東風吹。緋桃一樹獨後發，意若待我留芳菲。清香嫩蘂含不吐，日日怪我來何遲。無情草木不解語，向我有意偏依依。羣芳落盡始爛熳，榮枯不與衆艷隨。念花意厚何以報，惟有醉倒花東西。盛開比落猶數日，清一作芳罇尚可三四攜。

又 卷一二《小桃一作和公儀正月桃》 雪裏花開人未知，摘來相顧共驚疑。便當索酒花前醉，初見今年第一枝。

又 卷一三《和江鄰幾學士桃花用其韻時在崇政殿後詳定幕次》 草上紅多枝上稀，芳條緑萼憶來時。見桃著子始歸後，誰道仙花開落遲。

宋 韓琦《安陽集》卷七《百井路山桃盛開》 漫嶺夭桃樹，無人亦自開。雲霞深隱洞，錦繡遠成堆。生意驚樵斧，芳情謝宴杯。莫迷行客路，不似武陵回。

宋 文彦博《潞公文集》卷三《桃花》 雨過新含灼灼華，烟籠芳樹勢交加。狂飛粉蝶穿朱檻，巧囀流鶯傍碧紗。露井細香飄烈麝，霜林濃艷散餘霞。囓毫更近成陰處，似入仙源一逕斜。

宋 李覯《盱江集》卷三六《詠桃》 方朔相逢阿母家，別來幾度换年華。春風合是教伊笑，開盡無名草木花。

宋 邵雍《擊壤集》卷二《二色桃》 施朱施粉色俱好，傾國傾城艷不同。疑是蘂宫雙姊妹，一時俱肯嫁春風。

宋 文同《丹淵集》卷九《金桃》 雨染烟蒸萬實垂，丹砆爲骨菊爲衣。客疑麗水新淘得，人向瑶池舊帶歸。只恐壓枝星欲落，最憐和菜露初晞。銀瓜玉李君休並，此品仙家亦自稀。

宋 王安石《臨川文集》卷三《移桃花示俞秀老》 舍南舍北皆種桃，東風一吹數尺高。枝柯蔫綿花爛漫，美錦千兩敷亭皋。晴溝漲春緑周遭，俯視紅影移漁舠。山前邂逅武陵客，水際髣髴秦人逃。攀條弄芳畏晼晚，已見黍雪盤中毛。仙人愛杏令虎守，百年終屬樵蘇手。我衰此果復易朽，蟲來食根那得久，瑶池紺色誰見有。更值花時且追酒，君能酩酊相隨否。

又 《初寮集·嬌紅看小桃》 穠豔天桃春信漏。弄粉飄香，楓葉飛丹後。酒入冰肌紅欲透。無言不許羣芳鬬。樓外何人揎翠袖。剪落金刀，插處濃雲覆。肯與劉郎仙去否。武陵曲路相思瘦。

宋 蘇軾《東坡全集》卷三《桃花》 争開不待葉，密綴欲無條。傍沼人窺鑑，驚魚水濺橋。

又 卷二三《次韻表兄程正輔江行見桃花》 曲士賦懷沙，草木傷莽莽。德人無荆棘，坐失嶺嶠阻。我兄瑚璉姿，流落瘴江浦。净眼見桃花，紛紛墮紅雨。蕭然振衣襫，笑問散花女。我觀解語花，粉色如黄土。一言破千偈，況爾初不語。可憐一轉話，他日如何舉。故復此微吟，聊和鵰鴉櫓。江邊閒草木，閒客當爲主。爾來子美瘦，正坐作詩苦。袖手焚筆硯，清篇真漫與。願兄理北轅，六轡

去如組。上林桃花開，水暖鴻北翥。

宋 彭汝礪《鄱陽集》卷九《桃李》 南陽多桃李，寂寞自成蹊。白雪千林凋，紅雲一片低。人非劉氏子，路近武陵溪。故國春相似，瞻觀處處迷。

宋 王珪《華陽集》卷四《小桃絶句》 小桃常憶破正紅，今日相逢二月中。自是粉闈人未識，莫因花晚笑春風。

又《和公儀小桃絶句》 粉闈飄雪對清晨，二月桃花始見春。莫向東風恨開晚，鳳城猶有未歸人。

宋 鄒浩《道鄉集》卷六《次韻胡秀才遺桃花》 灼灼桃源數朵紅，青禽傳到蓽門中。傍人只喜窺春色，達士元來寄祖風。謾説幾經千歲賞，會須一笑萬緣空。沉香散處團蒲穩，花自蕃鮮體自同。

又 卷九《謝潛亨惠芸香紫桃》 暑窻已覺書生蠹，饑腹還驚雨後雷。珍重先生解人意，芸香桃實一時來。

宋 謝逸《溪堂集》卷五《和饒正叔碧桃絶句》 未折香枝插髩鴉，月和踈影上簷牙。詩人莫作天桃看，不是玄都觀裏花。

宋 孫覿《鴻慶居士集》卷六《南唐門道上見桃二首》 一徑青苔短短籬，小桃竹外兩三枝。殷勤待得黄昏月，正見斜紅卧酒巵。細紅如糁未全匀，洗雨梳風日日新。前度劉郎在何處，故林空瑣一枝春。

宋 周紫芝《太倉稊米集》卷四《白桃》 緗桃落盡又春回，雪白桃花最後開。怪我此生新入眼，問君何處舊移栽。枝頭已暖猶餘雪，江上從今不數梅。只有玉人宜玉樹，翠鬟應近小粧臺。

宋 王洋《東牟集》卷六《鄰僧送桃花》 性根本自白環宫，分得天邊一種紅。比似將花供金粟，何如乞米送盧仝。

又《攜稚幼看桃花》 人面看花花笑人，春風吹絮絮催春。韶華雖好多頭緒，何似秋空不受塵。

又《和賦千葉桃花》 驧玉團香移寶綃，凌風浥露勢驚飄。從教不結千年實，且看尊前一味嬌。纔喜尋春又惜春，尋春眉展惜春顰。莫將顰笑爲花用，處處平蕪是醉裀。

宋 鄭樵《夾漈遺稿》卷一《過桃花洞田家留飲》 偶從沼渚過山家，灼灼桃花噪暮鴉。是處竹籬環草屋，人間雞黍話桑麻。抱琴静聽濤聲急，對酒閒觀月色奢。可笑南陽劉子驥，欲尋風土滯京華。

宋 李石《方舟集》卷一《小桃》 方春花氣蘇，誰忍犯霜曉。漫山千樹桃，縮頸聽春鳥。獨此開數株，此桃也不小。晨霞碎林霏，絳雪壓枝裊。梅魂正零落，月影夜悄悄。陳新接物態，俯仰映池沼。蓬萊有大桃，歲月較多少。自從偷兒得，弱水隔浩渺。且與傾緑尊，乍見喜圍繞。尚有芥子微，須彌寄毫杪。

宋 王十朋《梅溪前集》卷六《千葉紅桃》 在處飄紅雨，臨窻照夕陽。何時清禁裏，一笑伴仙郎。

又《千葉白桃》 豈有天桃艷，淡然羣卉中。全身是清白，那肯媚春風。

又《桃》 欲留王母盤中核，兼採秦人洞裡薪。此事渺茫花笑我，不如聊賞故園春。

宋 李處權《崧菴集》卷四《桃花》 照水桃花樹，春風灼灼開。雖非天上種，何異觀中栽。帝子吹笙罷，漁人信棹迴。故園何處是，目盡望鄉臺。

宋 朱淑真《窻西桃花盛開》（《宋元詩會》卷六〇引） 盡是劉郎手自栽，劉郎去後幾番開。東君有意能相顧，蛺蝶無情更不來。

宋 陸游《劍南詩藁》卷二九《泛舟觀桃花》 花涇二月桃花發，霞照波心錦裹山。説與東風直須惜，莫吹一片落人間。花涇桃花最盛處。

桃源只在鏡湖中，影落清波十里紅。自别西川海棠後，初將爛醉荅春風。

湖南小山花更多，不醉將如春色何。釣得鮮鱗堪斫膾，任教微雨濕漁簑。

鄰曲一生花裏活，村翁疑是古遺民。初來自被春留住，枉道當時爲避秦。

種桃亦解比封君，世故紛紛寂不聞。九轉金丹應已熟，全家仙去隱紅雲。

自梅仙塢至花涇恰十里。

又 卷三六《連日至梅僊塢及花涇觀桃花抵暮乃歸》 千載桃源信不通，鏡湖西塢擅春風。舟行十里畫屏上，身在西山紅雨中。俗事挽人常故故，夕陽歸櫂莫怱怱。豪華無復當年樂，爛醉狂歌亦足雄。

桃花塢近釣魚磯，不比劉郎萬里歸。水底紅雲迷醉眼，樽前絳雪點春衣。病依几杖猶能出，老愛風光未忍違。天借清遊每窮日，夜深炬火候柴扉。

宋 范成大《石湖詩集》卷八《次韻周子充正字館中緋碧兩桃花》 碧城香霧赤城霞，染出劉郎未見花。憑仗天風扶絳節，爲招萼緑過羊家。

又《張恭甫正字折贈館中碧桃因次子充韻次年》 滿枝晴雪照青霞，舊識桃源暈碧花。俯仰京塵隔年夢，東風猶認故人家。

宋 陳造《江湖長翁集》卷二〇《題因師蒲桃圖二首》 因師寫物三昧手，公

取天機付筆端。坐想瑛盤分磊磈，憶嘗貝齒冰（去聲）甘寒。

晶熒壓架紺珠圓，苒蒻縈風露葉鮮。病酒人方渴羌似，爲師開卷忍饞涎。

宋 劉才邵《檆溪居士集》卷三《蟠桃》 奇芬不與衆芳同，移植應從碧海中。結子縱遲人莫怪，靈苗端的有仙風。（原注《夢得贈樂天詩》云：海中仙果子生遲，蓋指蟠桃也。）

宋 孫應時《燭湖集》卷一七《新灘見桃杏書事》 今晨明客眼，桃杏照江紅。鳥哢蒼山曲，人聲翠竹中。獨遊空遠思，一笑負春風。便想荆州道，簪花醉渚宮。

宋 劉應時《頤菴居士集》卷下《遣懷二首》 小桃無力困東風，似整殘粧睡思濃。老子愁腸正如結，蒼苔滿地點殷紅。

蕭蕭叢薄倚頹垣，頗覺舒長春晝暄。搜攪枯腸無好語，等閑日影過前軒。

宋 韓淲《澗泉集》卷一八《桃花》 秦外市塵吹不到，獨看流水種桃花。春紅片片飛時候，動影垂光是落霞。

宋 劉克莊《後村集》卷九《桃》 歲歲春風花覆墻，摘來紅實亦甘香。當時若種瑶池本，却恐河清未得嘗。

宋 李曾伯《可齋續稿後》卷一〇《桃李》 仙李明炫夜，天桃艷當春。便將花作主，聘與玉爲人。

宋 周文璞《方泉詩集》卷三《孤山桃花二首》 天山仙人休擲火，塵中道士莫燒香。可憐絳雪渾無賴，一簇千枝對草堂。

莫向蓬蒿恨不遭，夢魂曾釣海山鼇。當時不合輕仙事，惆悵靈風滿碧桃。

宋 釋文珦《潛山集》卷一二《山桃》 山桃初熟山人摘，中有甜子如棗黑。夜寒月落霜在枝，擘破獼猴不敢食。

宋 朱松《韋齋集》卷六《冬日桃李花》 北風日日卷塵沙，桃李凌寒强自葩。莫作春光流轉想，要知枯柹是狂華。

宋 詹初《寒松閣集》卷三《桃花》 桃花灼灼鬬春芳，一見如雲滿目光。不識冬來霜雪徧，芳心争似竹松長。

宋 陳傑《自堂存稿》卷四《小春桃李俱花》 陽林小春醉風日，老面得酒須臾歡。不妨桃李妍冬谷，正要松篁用歲寒。

宋 陳普《石堂先生遺集》卷一九《桃夭》 一桃夭夭灼灼華，滿前萬善意無涯。春風比屋宜家子，誰識樞機在一家。

宋 邱葵《釣磯詩集》卷一《秋園桃花》 秋園八月開桃花，數枝冷澹無光華。北風蕭蕭吹汝寒，汝發非時誰復看。墻下牽月顔色鮮，故園欺汝相縈纏。何不藏英待時發，自有陽春二月天。

宋 佚名《滿庭芳·十月初五》（《全宋詞》卷五八〇引） 瑞靄非煙，小春良月，翠開五葉階蓂。補陀現相，今日慶生辰。江夏芳流秀國，芝蘭茂，世襲簪纓。天恩厚，金花屢錫，偕老共卿卿。 畫堂，歌舞處，香浮寶鴨，壽酒頻斟。願朱顔緑鬢，常似青春。待得蟠桃三熟，與群仙、會宴西清。台星照，婺星箕耀，南極鎮長明。

宋 佚名《壺中天·壽伯母十二月初六》（《全宋詞》卷五八〇引） 嘉平時候，算堯階蓂葉，才方開六。婺女當年曾降瑞，産作仙姿清淑。金玉滿堂，兒孫滿目，心事今都足。嘻嘻嗃嗃，一門和氣可掬。 何幸誕節稱觴，湖山堂上，燕集皆親族。猶子不能歌盛美，但借湖山爲祝。福比湖深，壽齊山聳，歲歲顔如玉。好陪王母，共看幾度桃熟。

金 元好問《遺山集》卷一〇《玄都觀桃花》 前度劉郎復阮郎，玄都觀裏醉紅芳。非關小雨能留客，自是桃花要洗粧。人世難逢開口笑，老夫聊發少年狂。一盃盡吸東風了，明日新詩滿晉陽。

元 元明善《元懶翁詩集》卷上《桃花即事》 照眼湘桃近粉墻，多情蜂蝶慢輕狂。東風一夜吹紅雨，又讓春光與海棠。

元 吾丘衍《竹素山房詩集》卷三《桃花》 絳彩酣春色，嬌香膩午風。誰云蜀江浪，不與武陵通。度朔千年在，玄都一夜空。粧臺意無盡，餘恨滿青銅。

元 王沂《伊濱集》卷一二《白桃花》 東風別作武陵春，林下盈盈縞袂新。道骨仙姿有如此，膺門不是去年人。

元 劉秉忠《藏春集》卷四《桃花落》 溪上天桃春已過，劉郎漸老奈花何。狂風向晚休生惡，枝上殘紅苦不多。

明 胡奎《斗南老人集》卷五《桃源圖》 聞道仙源有路通，桃花萬樹自春風。楚人一炬咸陽火，不到金堂石室中。

又《桃花流水》 一樹春紅倚釣磯，水流花落鱖魚肥。恰如西塞山前見，只欠雙雙白鷺飛。

明 吴寬《家藏集》卷一三《二月晦日濟之邀看桃花四首》 風將花信報來真，不見花開只見塵。却愛君家紅兩樹，小園只合號藏春。

花氣歕人暖欲醺，不須庭下舞紅裙。諸公好盡杯中物，春色三分已二分。夕陽持酒酹花魂，新柳疎疎緫映門。漸有狂風吹緑暗，已無明月上黄昏。兩株濃淡喜齊開，句引詩人共看來。縱使堦前都落盡，幸無流水只青苔。

又 卷二四《桃》 城南春色曉移來，粧點園林錦作堆。嫩緑不須將葉認，淡紅已是帶花開。玄都自發劉郎詠，幽谷還教謝判栽。此日公門深似許，晝長高鎖正掄材。

明 葉盛《菉竹堂稿》卷二《桃花》 年年春色住京華，看盡玄都觀裏花。不用劉郎憐道士，殘紅落流已塵沙。

明 沈周《石田稿·九月桃花》 九月無霜信，桃枝見細莖。向寒時正殺，得暖氣偏生。弱萼因風拆，微紅借露明。榮華雖頃暫，天地亦多情。

明 藍田《藍侍御集》卷二《桃》 東風恨未銷，問桃桃不言。試看玄都觀，何如武陵源。

明 朱誠泳《小鳴稿》卷六《緋桃》 竟日本無言，紅芳簇錦園。漁郎無跡到，不是武陵源。

明 文徵明《題三城王畫桃花過牆枝》（《文氏五家集》卷四引） 彤宫雨晴春婉婉，妍華不隔深庭院。試拈丹粉弄春韶，淡痕已破東風面。醉肌暈碧曉生光，脉脉閒情眉斂黄。不從畫史争新格，自有湛然宫樣粧。世謂滕王元嬰善畫蛺蝶花鳥，而董逌獨以爲滕王湛然，未知孰是。

明 王世貞《弇州四部稿》卷四三《桃花》 度索山頭春正奢，安期玉棗並如瓜。誰留漢殿千秋核，瞥見秦人萬樹花。枝動乍沾眉際月，蕊殘微破臉中霞。莫嫌蜂蝶無才思，聞道東鄰有宋家。

明 何三畏《新刻何氏類鎔》卷三二《桃》 世之花木，有艷外之艷，華中之華。其盛如霞，其爛如錦。不以多爲鄙，不以衆爲繁者，若桃是已。出自玉嶺，植之霜園。或臨金塘，或交綺井。當青陽之節，值和煦之天，方春灼灼而開紅，迎風綴深淺之色。至夏離離而結實，點露成參差之光。留紫燕于枝間，發輕香于葉底。應同仙子憑腮笑，宜與幽人伴醉眠。採而貯此金盤，勝房陵之縹李；剖而飡玆瓊液，逾真定之蒼梨。誠照曜無儔，而津腴莫匹者也。桃有一萬歲一實者，西王母以食周穆王。桃有三千年一實者，西王母以與漢武帝。張芒女獲桃子而得道，高丘公服桃膠而得仙。有桃十數株，當冬天而其英盡發者，誠爲異術之人。有桃數百株，在山澗而其香撲鼻者，自是神仙之境。桃以劉郎去後栽者，千株皆玄都觀裏之樹；桃以潘令官中植者，一望皆河陽縣裏之花。雲亭山之桃，食之可以止渴；天台山之桃，啖之可以不饑；雲門寺之桃，懷之可以忘飡；金精山之桃，得之可以度世；武陵之桃，可以避亂；而綏山之桃，即不得仙，亦可以豪矣。彼有謂服桃花者，能澤面；服桃實者，能長生；食桃蠹者，能美顔；而插桃枝着桃符者，亦能制鬼物而厭邪氣。然則桃之植地，雖漫山填谷而不勝其多；而桃之資人，至服食飡霞而不勝其益。此真所謂春之秀華之宗，而可以凡卉槩目之哉。王母之降漢宫也，以桃五枚與武帝，而自食其二。張陵之登絶壁也，以桃二百二枚分弟子，而自食其一。仲尼之先啖黍飯，而後啖桃也，不欲以五穀之長雪果蓏之下也。簡子之不樹蒺藜，而獨樹桃也，不欲以三秋之刺加春華之上也。秦吏有訐吴旦生盗食宗廟御桃者，王剖其腹，而欲出其桃，史惡而書之短。人有指東方朔三偷王母蟠桃者，帝食其桃，而欲留其核，母咲而却之。衛之彌子瑕艷而有寵，靈公食其餘桃，及寵弛而惡之，遂自絶，是一人而愛憎異矣；齊之公孫棲、田開疆、古冶子勇而無禮，景公餽之二桃，令計功而食之，皆自殺，是三人而功罪同矣。狄公樹桃而得其佳者，誠公門之一枝；桓玄求桃而不得其佳者，乃籬落之一物。

明 朱孟震《朱秉器詩集》卷一《桃樹》 昨夜櫻桃樹，凌晨開一花。春風不自覺，隨意到儂家。

明 謝肇淛《小草齋集》卷四《晚桃》 碧桃産空谷，不爲衆卉先。春風吹不到，芳心爲誰妍。荆棘塞前途，無言世所捐。猶勝綏山上，竊以不材全。

明 孫承宗《高陽集》卷九《桃花灣》 燕子呢喃春欲暮，曉來花信風初度。知他誰是武陵人，開盡碧桃千萬樹。

明 顧紹芳《寶菴集》卷八《桃花》 小窻微雨潤輕紗，一樹芳非似彩霞。誰道薊門春事少，梅花纔落又桃花。

明 陳繼儒《陳眉公集》卷一《題桃杯二首》 其一：「東方獻桃，玉女承漿。酌言嘗之，萬壽無疆。」其二：「瑶池桃實，千年一生。東方獻之，以作壽樽。」

明 徐熥《幔亭集》卷七《桃花片》 一夜天孫剪絳綃，滿林紅雨亂蕭蕭。武陵溪上香魂散，露井風前艷質銷。粉黛凋殘留半靨，胭脂零落帶餘嬌。崔郎腸斷尋春處，人面花容兩寂寥。

清 靳榮藩《吴詩集覽》卷二〇《六么令·詠桃》 一枝穠艷，蘸破垂楊色。到處倚墻臨水，裝點清明陌。障袖盈盈粉面，獨倚斜柯立。深紅淺白，無言忽

笑，鬪盡鉛華半無力。年年閒步過此，柳下人家識。烟臉嫩霧鬟斜，腸斷東風客。燕子欲求還去，滿地愁狼藉。芳姿難得，韶光一片，囑付東君再三惜。

清 許虬《萬山樓詩集》卷二二《桃》 千官朝罷紫宸班，露井風微倚醉顔。偎核自來天上種，如何零落偶人間。

清 彭孫遹《松桂堂全集》卷三三《金絲桃》 誰擣流黄小院前，落英猶似問津年。色絲輕剪曹娥絹，金粟新攢魏女鈿。乍得迎風供把玩，叵教醲雪作芳妍。玄都漫有花千樹，梔貌紛紛盡可憐。

清 熊賜履《經義齋集》卷一八《桃》 花蹊綺樹綴枝殷，葉葉風飜露井間。歷亂不須迎日笑，九重春色隔千山。

清 屈大均《翁山詩外》卷一〇《栽桃》 新栽桃樹一株妍，桃葉初逢飲乳年。頭白尚多華子利，心孤偏得鳳凰憐。房中歌向夫人授，陰道書從素女傳。三歲夭夭誰不愛，東方壽命藉君延。

天使夭桃性早華，當春少小已如霞。三千自得仙人核，十五頻開曼倩家。羽扇文章裁鳳子，玉盤膏沐養蘭芽。春山莫鬬眉長短，儘有芙蓉勝館娃。

溪外漁郎已早知，挐舟不恨問津遲。分來一笑秦人手，種作三珠漢苑枝。春意盡歸無語處，年華多在未開時。綏山自是丹砂物，況有盧家一女兒。

朝來露浣玉顔鮮，花好何如葉可憐。一日渡江團扇貴，三春醲面艶歌傳。丹成弄玉分飛雪，曲就青琴得水仙。生下阿侯方十五，雒陽春色自來先。

清 錢澄之《田間詩集》卷九《江上集·來園雜詩》 小桃當户映，輕紅亦自嘉。山人新接過，還擬似朱砂。桃樹

清 愛新覺羅·胤禛《御製文集》卷二七《巨桃》 根盤紅日近，枝聳碧雲高。閬苑鄰青李，瑶池映翠濤。偷須防曼倩，熟擬宴仙曹。莫訝如瓜大，甘香勝玉膏。

清 愛新覺羅·弘曆《御製詩初集》卷五《山桃始開》 鴻鈞鼓大冶，萬物被甄陶。條風細以吹，漸覺物華撩。輕黄染柳絲，新紅綻山桃。尋春初見之，嘉爾占青韶。沐雨猶娟娟，映日方夭夭。物理有如此，四時嬗榮凋。伊余惜分陰，食旰而衣宵。學期尊孔孟，治擬法陶姚。究之實際難，裁詩空自嘲。

又 卷二〇《山桃花始開》 春風別院小徘徊，旖旎山桃識客來。二月輕寒猶料峭，墻限已有數枝開。

緋枝宛宛寫窻紗，春色重題興轉賒。自是東風無近遠，御園應有滿蹊霞。

近日催花信覺頻，山桃都綻綿苞新。東風有意桃知否，例妬芳條占早春。

花香鳥語太昌昌，都爲青韶著意忙。留得年年春色在，新詩幾首一爐香。

又 卷二四《桃花》 灼灼其華釀有蕡，春園二月滿紅雲。輕綃一幅開生面，何似溈山悟志勤。

又《桃花寺行宫作》 招提據嶺複，望望紅霞殷。行宫搆其旁，來往止頓便。昔我少年時，題詩松竹間。歲久日就圮，不復稅征鞍。往往過其下，輒爲重留連。去歲稍修治，剪除棘與萑。匪同賦經始，成亦不日焉。春風二月半，輕輿歷薊田。山容宛相迎，軒榭堪周旋。泉聲共松韻，似話宿昔然。惟有緋桃花，含胎遲芳鮮。物應有深意，脉脉誰爲宣。寂寥見賞稀，榮華詎久妍。如來特拈來，示我如是禪。

又 卷三〇《山桃欲開》 遇閏春信遲，花事徒延佇。今朝試尋春，原在桃花隖。向陽低欲綻，迎風半將吐。似含脉脉情，如作娑娑舞。左招杏作弟，迴顧梅爲侶。武陵想高躅，元都惹緜緒。莫嫌爛漫遥，會看霏紅雨。

又《御製詩四集》卷一一《金絲桃》 一例西池種，絲分金母前。仙根等寒暖，靈萼總鮮妍。既已南中夥，還教塞外然。如將贈王衍，那肯便輕涓。

清 汪學金《静厓詩續稿》卷四《千葉碧桃》 桃康戲崑崙，浴海弄嬌姹。東皇賜顔色，萬卉罕匹亞。露含胞閬重，風坼釁紋乍。襞積同功緜，複疊合歡帊。脣暈破絳猩，臍香裛紫麝。綝素壁裁肪，剖丹砂裂胯。凌波鏡粧出，沃膏匜盥罷。顰眉鎖葳蕤，扶頭飜穲稏。斂苞意温存，舒萼態豐暇。深情待褰修，密契託親婭。窺鄰若解語，傾城莫酬價。夕秀霞采攢，朝容日光射。低叢隱曲房，高枝拂迴榭。掩映襯莎坪，參差雜藤架。鬖鬘亂垂纈，蜨粉微補罅。招邀繞羣屐，留連引觴斝。繁艷鬧正酣，薄陰疾如瀉。倏忽有盛衰，逡巡已開謝。落片水争流，殘英草空藉。嫣嘿枉見譏，環肥苦遭駡。一番崔護悲，幾度劉郎訝。物華那可償，烟景誰能貰。遥聞玉洞居，遐思瑶池駕。武陵欲往從，天台恍相迓。翩翾蓬萊姝，邂逅維摩舍。芳姿信寡儔，浄眼了無吒。朵雲蟠芝庢，瓣雪吐蓮華。夭夭南國春，寂寂西園夜。成蹊賤梯榮，避俗羞衒嫁。平添法雨吹，底礙罡颷卸。六時入禪悟，千齡委仙化。倘逢掃花人，此帚終須借。

又《静厓詩後稿》卷一一《后君師見和桃花詩再呈一律》 綏山蟠木老峥嶸，擷藻東皇作景卿。品貴賜緋兼賜紫，丹還成姹更成嬰。舍人曼倩聊相戲，天女維摩亦有情。願與如來充供養，花禪知已悟無生。

又《桃花仍用海棠韻》　格磔枝頭鬧啄木，似爲詩人愁塊獨。瑶池青鳥送花來，渡江根葉皆成俗。瓊膏玉髓煉君容，沐浴桃康出神谷。榑桑初照露未乾，錯落珠綃擕海屋。誰將暖汞返精魂，不惜罡風蜕肌肉。春波晴濯錦鴛鴦，有紅白並蔕者爲鴛鴦桃。灼灼夭夭歡意足。豈有蘇姬怨寶滔，差擬秦嘉憶徐淑。聞道江南新漲生，渡口粼粼及馬腹。村童亂插雙髻了，倒跨溪犍弄横竹。草長鶯啼三月天，遠客羈心千里目。但見飛花逐水流，百折東來下岷蜀。仙緣若許假鸞皇，世事何須辨烏鵲。重到元都夢已醒，别君歸去青山曲。挐舟更訪武陵人，眼底紛紛笑蠻觸。

清 汪繹《秋影樓詩集》卷一《晚桃》　灼灼小桃花，開遲良可惜。不惜花開遲，惜此好顔色。點注爲誰紅，東君素相識。但得及春風，後時開亦得。

清 李紱《穆堂初稿》卷三《落桃花歌》　昨日枝頭今委地，却怨山中連夜雨。東風莫把桃花便棄捐，無花尚有開花樹。人情色衰愛亦衰，此時忽遣崔郎知。東風能去亦能來，看我明年二月時。

又《穆堂初稿》卷一四《咏寓庵草木二十一首·桃》　有菀彼柔姿，乘時晞恩光。蓁蓁蔽繁圃，灼灼懷豔陽。瓊報匪所稱，黍雪毋乃狂。

清 薛雪《斫桂山房詩存》卷六《桃》　露濃霞重占春光，醲面何人不弄妝。莫笑枝頭貪結子，曾無言語對君王。

清 弘曉《明善堂詩集》卷一〇《畫桃花》　山畔夭桃映翠苔，興來摇筆鬬花開。千株紅白濃於錦，疑是劉郎著意栽。

清 李文藻《嶺南詩集》潮陽集卷三《邨行見桃花二首》　頭白遨春笑老傖，桃花一樹最風情。平生不識吴姬面，邂逅江邨欲目成。

昨日春風到海涯，妖紅照水數枝斜。暗香疎影年前盡，汝是天南第一花。

清 畢沅《靈巖山人詩集》卷三九《香艸吟·上章閹茂·白桃花》　眼底穠華逐曉風，娭枝幻出王玲瓏。光交珠箔明鐙外，香冷銀屏淺夢中。豔極人情趨雅素，春深物意厭繁紅。須知真色原天賦，漫泥形形訝化工。

清 汪縉《汪子詩録》卷三《桃咢二首》　春山半碧日將斜，閒對春山喫苦茶。知是清明上冢罷，家家船嘴插桃咢。

高閒心性託青霞，欠個騷人寄折麻。且愛春寒人跡少，攤鑪獨自看桃咢。

清 張九鉞《紫峴山人外集》卷九《畫桃花二絶》　寫入黄筌筆，千枝壓箑繁。渾疑仙苑路，或是武陵源。繞宅猶多樹，三春盡有花。他年抱孫立，醲面作光華。

清 黎簡《五百四峰堂詩鈔》卷四《桃花》　青山照碧水，忽見桃花紅。嬙以東南日，韻之明庶風。佳人倚修竹，翠鳥啄金蟲。幽豔神仙窟，吾鄉東海中。

又 卷二一《緋桃十韻》　天姊隔雲層，自傳無盡燈。思兼春嫗姁，愁壓醉瞢騰。潤筆求精婢，迴波泥老僧。身輕憐欲墮，色重怕難勝。秦客迷容易，劉郎嫁未曾。香吹風可食，䴕風作食，《維摩經》語。紅洗露還增。居定金爲屋，看須日繫繩。目成魂自與，名好唤誰膺。悦己君當爾，沾衣我不能。今來伴居士，前此亦摩登。

清 孫原湘《天真閣集》卷三《碧桃花歌》　碧桃花，花開如碧玉，曉日煖如烟。紗窗睡新足，起來梳頭鸞鏡前，花光入鏡争人妍，一分輕紅九分白，纔得如人好顔色，輕陰冥冥春弄愁。碧雲壓得花低頭，當年花下同行遍，細語輕憐有花見，一自看花去上都。玉窗兩度發仙株，錦鱗釣得桃花水，不見桃花一紙書。書縱不可達，夢亦應相尋。夢中只見花枝面，人竟不如花有心。東家夢郎被郎惱，有夢不如無夢好。郎如桃枝影日疏，妾如桃花顔日老。或言妾如枝，郎如花，枝長只在深閨裏。花飛何時肯還家，不愁天邊花亂飛，只愁天涯人不歸。歸來願趁花顔色，且祝東風莫漫吹。

清 曾燠《賞雨茅屋詩集》卷七《古今體詩·晚桃》　紛紛緑陰蔽，脈脈紅顔低。春事一已過，春人都見遺。花開誰久長，遲早理亦齊。但能結甘實，請看下成蹊。

清 錢大昕《潛研堂詩續集》卷六《白桃花和張止原韻》　洗卻燕支换素襟，元都重到客沈吟。虢家小妹朝天面，姑射僊人出世心。曬雪怕教千日醉，施朱何取十分深。當年坡老如相識，不道漫山俗到今。

清 李苞《巴塘詩鈔》卷上《鴛鴦桃花》　淡紅與深紅花色相間，故名。　脂粉催粧尚未匀，此間誰是畫眉人。鴛鴦花下銜杯坐，相對無言度仲春。

又 卷下《古桃樹》　兩人圍不了，錯節又盤根。老至顔如故，秋來實亦繁。武陵千樹遠，度朔一株尊。兜率非仙境，滄桑誰與論。

清 屠倬《是程堂二集》卷四《憶清平山後桃花并序》　自清平山後麓循橐駝嶺而上，爲雲居山。城影跨巔，奇石踞路，江湖兩面，此扼其中。漁舸往來，俯若可拾。居人五六家，蓺蔬種花，高下相望，山桃爛漫遍籬落間。登眺所及，里許而近。往歲山居，清暇閒日必往遊焉，而未嘗有詩。比還里門，又苦塵累，不睹

斯景逾十五年矣。病況清寂，不以死生爲念，何況室家與功名哉！所不能忘者，舊游清奥之區，遂爲陳迹。坡翁云：清景一失如亡逋，信然！追賦此什，不無神往云。

屐齒登登帽影斜，江天雨後絢晴霞。飽餐香積貓頭笋，看遍山中餅子花。石氣濃青堆雉堞，潮痕飛白捲鷗沙。荔墻茅屋應無恙，回首空懷歲月賒。

清　陸繼輅《崇百藥齋文集》卷六《晚桃》　緑陰深似幄，忽漫見餘紅。已教憐夜雨，猶是忍朝風。馬蹄三月倦，鶯燕一春空。可待成芳實，璚瑶出漢宫。

清　焦和生《連雲書屋存稿》卷二《洋桃形有棱角，味甘酸爽口，秋冬熟》　洋桃生海外，結實晚來香。色相留圭角，甘酸帶雪霜。清含梅子冷，爽比荔枝涼。應勝瑶池獻，飽餐還不妨。

清　凌廷堪《校禮堂詩集》卷三《庚子・看桃花》　步屧桃花裏，桃花無路通。回看舊來徑，一片桃花紅。日煖草漸長，雨餘泥乍融。春光添幾許，畫閣倚東風。

清　舒位《缾水齋詩集》卷四《采桃花曲》　夾岸多芳樹，東風繫釣家。流人歌水調，春網落桃花。我卜郇南宅，來浮舍北查。却勝劉子驥，遠際訪紅霞。

家近桃花岸，人開竹葉扉。折枝香一手，渡水燕雙飛。雨漲青銅鏡，風吹白袷衣。中流迴素舸，絶似采蓮歸。

又　卷七《白桃花詩》　施朱太赤宋牆東，一笑三年色是空。不記紅塵前度事，相逢素面此門中。弄來粉鏡能霏雪，夢到瑶臺欲避風。願借神仙舊丹枕，替他安放水精宫。

似聽吴娘白紵詞，玉簫聲裏最相思。葦綃句好誰能想，獺髓痕多未許醫。三月飄零沾柳絮，一錢羞澀買胭脂。重來劉阮天台路，贏得佳人鬢有絲。

清　樂鈞《青芝山館集》詩集卷一《古今體詩・雨中看桃花二首》　日日窺人笑，今日背人泣。啼妝不可支，强憑闌干立。贏取倚牆人，垂垂衣袂溼。

傍有青李花，春姿亦綽約。未開不解愁，獨抱芳心落。安得化綺羅，張空作帷幕。

清　阮元《揅經室四集》詩卷八《紅白桃花》　白桃淺淡絳桃肥，半著冰綃半著緋。莫道漢人無綺語，曹全碑裏有桃斐。《漢曹全碑》「桃斐」，斐與妃同。

清　成書《多歲堂詩集》卷三《乙丑下・離光桃》　不入羣芳譜，虚名費品題。中土未經見，以離光命名，亦不可解。么麽看木李，酸澁認棠梨。具體憐形小，無才逐價低。春風二三月，花下亦成蹊。

清　梁章鉅《退菴詩存》卷二《桃笙》　殷紅雲耀天，閃赤火流屋。目林紆鬱蒸，耳井渴懸瀑。遥風靳自南，廣厦變維谷。暍甚亭午厭，倦限良夜卜。分無招涼珠，幸有桃枝竹。青熒織文簟，廣狹隨方幅。瘦莖森獨清，勁質刷羣燠。滑生流水光，皺作碧雲蹴。掃寬颸延鮮，凝净氣萃淑。影驅晝蠅静，力鎮宵蚋肅。坐令華胥游，直接羲皇俶。煩懷卻惺惺，佳夢延穆穆。纖痕含風漪，爽意浥露馥。慢膚一挼抄，痼疾百消縮。卷舒雅有時，燮理真無恧。策勛搜麗句，數典繙舊牘。讚謝景純古，賦媿太沖續。短歌聊自娱，欹枕忘三伏。

清　黄釗《讀白華草堂詩初集》卷二《桃花》　一片紅英落墓門，神仙符咒總空論。花溪枉記湔帬影，苔井難尋步屧痕。酒渴清明誰破笑，粥香寒食黯銷魂。瑶池一去無消息，青鳥飛來不肯言。

舊傍青谿竹外居，相逢記是燕來初。圖中艷雪思名馬，江上濃波趁鱖魚。倩汝低鬟歌舊曲，昵人臨水讀家書。如何爛漫開無主，照影空憐碧鏡虚。

清　焦循《雕菰集》卷五《金絲桃》　鄴下黄須兒，爾竟强哉矯。鵙鳴衆芳歇，鎗鎗出叢篠。

清　許瑶光《雪門詩草》卷五《清明前三日諸暨西嶺看桃花作》　浣溪春色何處好，西嶺桃花千萬枝。未及清明出城去，惜花來早花應知。微雨初晴蕊半吐，紅雲薄薄東風吹。嫣然含笑似相識，怪我緑鬢生銀絲。我自前年别花去，囊琴深入天台路。桃源仙子不可逢，匆匆仍返西湖步。那知兵火刼杭州，六橋三竺都非故。寂寞桃花傍戰場，無人更問半山樹。瘡痍滿目一官難，奔馳竟把花期誤。今年重住苧蘿村，山城幽僻尋游趣。蕭瑟明知世路非，芳菲且入愁春句。愁春春亦不知愁，殷紅滿郭開無數。得得青驄三月天，霞光依舊落吟韉。前村雞犬俱無恙，武陵是處皆神仙。

清　劉光第《衷聖齋詩集》卷下《峽中見桃花》　誰種白桃向青壁，花光石色相鮮新。繫舟江水無情地，到眼陰巖一笑春。都説行雲託神女，頗慚空谷有佳人。故山爛漫堆成錦，猶是蹊中來往身。

清　皮錫瑞《師伏堂詩草》卷六《道中見桃花》　鎮日摇摇風亂吹，可憐零落過芳時。繁英莫便隨流水，珍重嬋娟絶代姿。

想見花林一片春，仙源合住武陵人。中原魏晉匆匆甚，何事當時苦避秦。

雜　録

漢 東方朔《神異經》 東方有樹，高五十丈，葉長八尺，名曰桃。其子徑三尺二寸，小核，味和。和核羹食之，令人益壽。食核中仁，可以治嗽。小桃温潤，嘅嗽人食之即止。

晉 張華《博物志》卷七 昔夸父與日相逐走，渴飲於河謂，不足。北飲大澤，未至，渴而死。棄其策杖，化爲鄧林。

又 卷八 漢武帝好仙道，祭祀名山大澤，以求神仙之道。時西王母遣使，乘白鹿，告帝當來，乃供帳九華殿以待之。七月七日夜漏七刻，王母乘紫雲車而至，于殿西南面東向。頭上太華髻，青氣鬱鬱如雲。有三青鳥如烏大，立侍母旁。時設九微燈，帝東面西向。王母索七桃大如彈丸，以五枚與帝，母食二枚。帝食桃，輒以核著膝前。母曰：「取此核，將何爲？」帝曰：「此桃甘美，欲種之。」母笑曰：「此桃三千年一生實。」唯帝與母對坐，其從者皆不得進。時東方朔竊從殿南廂朱鳥牖中窺母，母顧之謂帝曰：「此窺牖小兒，嘗三來盜吾此桃。」帝乃大怪之。由此世人謂方朔神仙也。

晉 郭璞《玄中記・桃都》 東南有桃都山，上有大樹，名曰桃都枝。相去三千里，上有天雞，日初出照此木，天雞即鳴，天下雞皆隨之。《御覽》九百十八、《齊民要術》一〇、《藝文類聚》九一。

晉 干寶《搜神記》卷一 師門者，嘯父弟子也。能使火，食桃葩，爲孔甲龍師。孔甲不能修其心意，殺而埋之外野。一旦風雨迎之，山木皆燔。孔甲祠而禱之，未還而死。

前周葛由，蜀羌人也。周成王時，好刻木作羊賣之。一旦，乘木羊入蜀中，蜀中王侯貴人追之，上綏山。綏山多桃，在峨眉山西南，高無極也。隨之者不復還，皆得仙道。故里諺曰：得綏山一桃，雖不能仙，亦足以豪。山下立祠數十處。

晉 鄧德明《南康記・石桃》（陶宗儀《説郛》卷六一下引） 南康五山有石桃，故老云，古有寒桃生於山顛，隱淪之士將大取其實，因變成石焉。

南朝宋 劉敬叔《異苑》卷八 晉義熙中，永嘉松陽趙翼與大兒鮮共伐山桃樹，有血流，驚而止。後忽失第三息所在，經十日自歸。空中有語聲，或歌或哭。翼語之曰：「汝既是神，何不與相見？」答曰：「我正氣耳。」舍北有大楓樹，南有孤峯，名曰石樓，四壁絶立，人獸莫履。小有失意，便取此兒著樹杪及石樓上，舉家叩頭請之，然後得下。

南朝梁 蕭繹《金樓子》卷五 東南有桃都案别卷引此作郁山，山有大桃樹，上有天鷄，日初出照此桃，天鷄即鳴，天下之鷄感之而鳴。樹下有兩鬼，對樹持葦，索取不祥之鬼食之。今人正旦，作兩桃人以索，中置雄鷄，法乎此也。

唐 段成式《酉陽雜俎》卷二 長白山，相傳古肅然山也。峴南有鐘鳴，燕世桑門釋惠霄者，自廣固至此峴聽鐘聲。稍前忽見一寺，門宇炳煥，遂求中食。見一沙彌，乃摘一桃與霄。須臾，又與一桃，語霄曰：「至此已淹留，可去矣。」霄出，迴頭顧，失寺。至廣固，見弟子，言失和尚已二年矣。霄始知二桃兆二年矣。

宋 莊綽《雞肋編》卷下 婺州義烏縣有葉鍊師者，本蓓蕾村田家女。隨嫂浣紗於溪中，見一巨桃流於水上，乃取以遺嫂。時方仲冬，嫂以其非時，又若食餘，因棄不取。女乃啖之，歸遂絶粒。踰年之後，性極通慧，初不識字，便乃能操筆，書有楷法。徽宗聞之，召至都下，引入禁中，賜號鍊師。

宋 曾慥《類説》卷三《王氏神仙傳》 王蜍爲王屋令，常念《黄庭經》六千遍，未了深義。罷官，絶穀咽氣，入洞中，有石室、石牀，案上古經一軸。蜍再拜曰：臣竊入洞天，萬劫良會，今睹玄經，願許塵目一披。忽有一人曰：吾東極真人，王太虚《黄庭經》，吾所註，授於子。復與桃核大如數斗，磨而服之，愈疾延年。子未可居此。更二十年期，蜍携核與經而歸。

金 元好問《續夷堅志》卷二 鞏下韓道人本出衣冠家，曾以廕補官，中年遇異人有所得，即棄官學道，予曾見之秦州之隴城。説太和初，秋雨後行山間，忽見一大葉隨流而下。韓初不以爲意，俄數葉間，一桃大如杯盌，爲石所礙而止，韓取得之。桃紅而香，非凡目所常見，知爲希遇，望三峯再拜，食之。盡懷枝葉歸，就洞穴高絶處，鑽桃核，破取仁吞之，甘如酥蜜。因以核爲兩酒杯，各受一勺餘。韓從此或食，或辟穀。時年已六十，狀貌只如四十許人。一日，從予乞酒，以此杯酌。核得酒，紅潤如新，約予賦桃杯詩，因循未暇。北渡後，長春尹師亦有一桃杯，云是宣政内府物云。

元 楊瑀《山居新話》卷二 大都長春宫有桃核半箇，其大如掌，至今以爲常住鎮庫之物。余嘗觀之，誠希有也。蟠桃之説，寧或有之乎？古者王⿰王余遇仙與桃核，大如斗，磨而服之，愈疾延年，今則未聞也。桃核扇之説，是其類耳。

明　陳耀文《天中記》五二卷《桃·碧桃》　尹喜從老子西遊，省太真王母，共食碧桃之實。

又《桃·冰桃》　扶桑東有磅磄山，日所不及。其地寒，上有桃樹千圍。其花青黑色，萬歲一實。西王母以食穆王。

明　楊慎《丹鉛摘録》卷一《時訓》曰：桃始華。是爲陽否，慎按：《逸周書·時訓》曰：驚蟄之日，桃始華。《月令》：始雨水，桃始華。

明　焦竑《焦氏筆乘續集》卷五《蟠桃核》　宋學士有《蟠桃核賦》，核長五寸，廣四寸七分。前刻西王母賜漢武桃及宣和殿十字，塗以金。今藏大内，可謂甚異。然《洽聞記》言，吐谷渾桃，大如六石甕，意即此也。宋王黼盛時廣求四方瓌奇之物，有以桃核半枚獻者，中容米四三斗，其間題詠之字滿矣。李端叔題云：觀此桃，則退之所謂華山十丈蓮，信有之矣。今御府核，亦多古人題字。

明　王兆雲《白醉瑣談》卷二《仙桃》　石澗先生俞琰，字玉吾，宋末士人。入元不仕，專精于易學。旁通養生之説，多所論著。壯日泛舟，自太湖入城，時月色如晝，望見小艓中，一童子把舵，有三人道裝坐，酌酒歡笑。急促舟人近之，諦聽，其談皆長生要訣。乃手撥其舷躍入，跪于船頭曰：「弟子俞琰也，望吾師引度。」中坐者笑曰：「突如其來如。」左坐者以銀盃斟酒賜之，而壺乾無滴，顧俞曰：「子無緣。」右坐者取一大桃如升，肉僅餘半，令咀之，曰：「食此亦可却疾延年。」俞恐又失去，即船頭奉而啖之，懷其核以拜。中坐者曰：「可返舟矣。」俞登舟，其艓如風掣鳥駛不可見。歸藏其核，不以告人。年八十餘，一日召其子，出核示之曰：「汝父半生無疾，桃之力也。向使餘酒一盃，當不在塵埃中矣。」語訖更衣沐浴而化。其核大如酒盃，以實棺中同殮云。

明　劉仲達《劉氏鴻書》卷八八《桃》　譙郡夏侯文規亡後，見形回家。經庭前桃樹邊過，曰：「此桃我昔所種，子乃美好。」其婦曰：「人言亡者畏桃，君不然耶。」曰：「桃東南枝二尺八寸向日者，則憎見之，或亦不畏也。」《甄異録》

明　宋楙澄《九籥别集》卷三《稗·蟠桃宴》　項雙溪爲廣中藩伯，時冬月生辰，宴諸寮十六人。閽者傳有術士，攜童子至門，稱獻蟠桃。主人大喜，延入。見桃子一枝，止十六枚，鮮艷異於人間。惟恨少一，主客不得分有。術士云：頃使小兒偷桃，下天門，忽被天狗所逐，遂不得如數。諸官力强，術士不得已，吹氣於井口，須臾出雲，童子乘之而上。食頃，聞雲中犬吠聲，少頃，見雲冉冉下，童子擕桃五枚。脛下血淋淋，云爲天狗所吠。賓主大悦，各贈所有，踰百金。術士喜呼盧館於青樓。數日金罄，復以小兒餙爲美女子，若遠行狀。雨中經村寺前，知其住持畜資甚殷，乃訴道人無歸，乞留宿廊廡。住持出見女子，驚喜若狂，亟延之入，使道人通辭。術士許諾，遂與女子分房而寢。至五更，故叩女子門，呼起，則不勝輕薄，血流滿牀死矣。住持出二百金賂之，葬其屍於園中。僧朝夕思慕，其徒心疑。彌月後發之，乃紙人也。恚忿，訟之項。項疑術士，佯杖訟僧，密使人捕術士。術士欵伏，驗前桃於佛前，直泥所爲也。叩啖之者，亦云都無桃滋味。雙溪杖而遣之。

明　王路《花史左編》卷七《桃花》　《博異記》：紅衣人送酒歌曰：「絳衣披拂露盈盈，澹染胭脂一朶輕。自恨紅顏留不住，莫怨東風道薄情。」紅衣人，桃花精也。

清　孫岳頒《佩文齋書畫譜》卷一一《南唐徐熙折枝畫》　徐熙大小折枝，吾家亦有，士人家往往有之。桃一大枝，謂之滿堂春色。《畫史》

清　汪灝《佩文齋廣群芳譜》卷二五《花譜·桃花》　《拾遺記》：扶桑東五萬里有磅磄山，上有桃樹百圍，其花色青黑，萬歲一實。原《神仙傳》：樊夫人與夫劉剛俱學道術，各自言勝。中庭有兩大桃樹，夫妻各咒其一，桃便相鬬擊。良久，剛所咒者樹走出籬外。

又　卷二六《花譜·桃花》　《莊子》：插桃枝于户，連灰其下，童子入而不畏，而鬼畏之，是鬼智不如童子也。《淮南畢萬術》：孤桃枝之券，令雞夜鳴。註取孤桃南北行枝，長三尺，折以爲券，塗以三歲雄雞血，安棲下則雞夜鳴。《典術》：桃之精生在鬼門，以制百鬼，故今作桃梗人，著門以厭邪。增《漢官儀》：二千石綬青地，桃花縹三彩，原《風俗通》按《黃帝書》：上古之時，有神荼、鬱壘昆弟二人，性能執鬼。度索山上，桃樹下，簡閲百鬼，妄禍害則縛以葦索，執以食虎。於是縣官常以臘除夕，飾桃人，垂葦索，畫虎於門，皆追效前事，以衛凶也。《神仙傳》：高丘公服桃膠而得仙。【略】

《彥周詩話》：荆公桃花詩云：「晴溝漲春緑周遭，俯視紅影移魚舠。」皆觀其影也。其後云：「攀條弄芳畏晼晚，已見黍雪盤中毛。」事見《家語》。《齊東野語》：天台營妓嚴蕊，字幼芳，色藝冠一時。唐與正守台日，酒邊嘗命賦紅白桃花，即成《如夢令》云：「道是梨花不是，道是杏花不是，白白與紅紅，別是東風情味。曾記，曾記，人在武陵微醉。」與正賞之雙縑。【略】

《夢書》：桃爲守禦，辟不祥，夢見桃者，守禦官。《紙箋譜》：楊炎在中書後

閣用桃花紙糊窗。原《青州雜記》：桃花有一種盛開時垂絲一二尺者，採之煉以松脂，纏織成履甚輕。《金門歲節録》：洛陽人家，寒食食桃花粥。增郎瑛《顔洞記》：普安進山四十里，有玲瓏石樹二株。一則緑幹紅花之桃，一則青幹白花之李。非若繪畫於壁者也。原《花史》：天寶時，宫中下紅雨如桃花，太真用染衣裙。蔡君謨水晶枕中有桃一枝，宛如新折。會寧桃花山土石赤似桃花。桃花洞産砆砂，四季洞門若桃花色。

又　卷五四《果譜・桃》　增《甄異録》：譙郡夏侯文規亡後見形，經庭前桃樹邊過曰：「此桃吾昔所種，子乃美好。」其婦曰：「人言亡者畏桃，君何不畏耶？」曰：「桃東南枝長二尺八寸向日者，憎之，我亦不畏也。」【略】

增《新論》：知伯庖人亡炙一篅而即知之，韓魏將反而不能知。邯鄲子陽園亡一桃而即覺之，其自亡也而不能知。斯皆鋭情於小而亡大者也。【略】

《神仙感遇傳》：咸通中，趙僧懷一居雲門寺，遇一道流相與入山。花木繁茂，水石幽勝。久之覺饑，道流曰：「此有仙桃，千歲一實，可以療饑。」以一桃授之，大如二升器，奇香珍味，非世所有。懷一自此不食。【略】

《搜神記》：前周葛由，蜀羌人也，周成王時好刻木作羊賣之。一旦，乘木羊入蜀中，蜀中王侯貴人追之上綏山。綏山多桃，在峨眉山西南，高無極也。隨之者不復還，皆得仙道。故里諺曰，得綏山一桃，雖不能仙，亦足以豪。山下立祠數十處。【略】

《博物志》：漢武帝時，西王母遣使乘白鹿告帝當來，乃供帳九華殿以待之。十月七日夜漏七刻，王母乘紫雲車而至，於殿西南面東向，頭上戴七種，有青氣鬱鬱如雲。有三青鳥如烏犬，使侍母傍。時設九微燈，帝南面西向。王母索七桃，大如彈丸，以五枚與帝，母食二枚。惟帝與母對坐，其從者皆不得進。時東方朔竊從殿南廂朱鳥牖中窺母，母顧之，謂帝曰：「此窺牖小兒，嘗三來盜吾桃。」帝乃大怪之。由此世人知方朔神仙也。【略】

《武帝内則》：七月七日，西王母降，自設天厨，真妙非常：豐珍上果，芳華百味，紫芝萎蕤，芬芳填樏，清香之酒，非地上所有。香氣殊絶，帝不能名也。又命侍女更索桃果，須臾以玉盤盛仙桃七顆，大如鴨卵，形圓，青色，以呈王母。母以四顆與帝，三顆自食。桃味甘美，口有盈味。帝食，輒收其核。王母問帝，帝曰：「欲種之。」母曰：「此桃三千年一生實，中夏地薄，種之不生。」帝乃止。【略】

《述異記》：崑崙有玉桃，光明潤徹而堅瑩，須以玉井泉洗之，便軟可食。【略】

《述異記》：磅磄山去扶桑五萬里，日所不及，其地甚寒。有桃樹千圍，萬年一實。一説日本國有金桃，其實重一觔。【略】

增《神仙傳》：董子陽少知長生之道，隱博落山中九十餘年，但食桃，飲石泉。

清　乾隆《長沙府志》卷一二《古蹟志・湘潭縣》　龍安山即仙女山，宋時有婆媳姑嫂三人，冬採於山，得桃實啖之，遂仙去。至今有冬桃嶺，後人塑像祀之，祈禱輒應。

清　同治《桂東縣志》卷一九《寺觀》　五雲仙在二都江背，奇峯高矗，山頂仙龕，三巨石如屋覆，可容數十人。乾隆間，飛來吕仙像，禱轍應。龕皆有石峭如削，高插入雲。桃生其顛，味甘如蜜，傳爲仙人所植。下有青雲菴，道光八年重建，田租十七石，爲香火資。

清　光緒《永年縣志》卷二〇《雜稽》　天啓中，有一道士，常往來洺磁間，垢衣蓬首，嗜狗肉、燒酒。引兩徒曰清風、明月，貌皆獰怪。時永久旱祈雨，道士築壇，揚旗擊鼓于上，以桃木爲樁，植而揮之，輒應聲致雷。已而赤雲自西來，曰：「是非善雨。」以旗揮之。旋濃陰慢野，向夕轉沈，大雨如注。

李

題解

《爾雅・釋木》　常棣，棣。注：今關西有棣樹，子如櫻桃，可食。疏：舍人曰：常棣一名棣。郭云：今關西有棣樹，子如櫻桃，可食。《詩・小雅》云：常棣之華。陸璣《疏》云：許慎曰：白棣樹也。如李而小如櫻桃，正白。今宫園種之。又有赤棣樹，亦似白棣，葉如刺榆葉而微圓，子正赤如郁李而小，五月始熟。自關西、天水、隴西多有之。

漢　許慎《説文》卷六　李　李，果也。從木，子聲。良止切。杍，古文。

明　李時珍《本草綱目》卷三六《郁李本經下品》　釋名：薁李《詩疏》：郁李、車下李《別録》、爵李《本經》、雀梅《詩疏》、常棣。時珍曰：郁，《山海經》作栯，馥郁也。

花、實俱香，故以名之。陸璣《詩疏》作薁字，非也。《爾雅》常棣即此。或以爲唐棣，誤矣。唐棣乃扶移，白楊之類也。

集解：《别録》曰：郁李生高山川谷及丘陵上。五月、六月采根。弘景曰：山野處處有之。子熟赤色，亦可啖。保昇曰：樹高五六尺，葉、花及樹并似大李；惟子小若櫻桃，甘酸而香，有少澀味也。禹錫曰：按郭璞云，棣樹生山中，子如櫻桃，可食。《詩·小雅》云：常棣之華，鄂不韡韡。陸璣注云：白棣樹也，如李而小，正白，今官園種之，一名薁李。又有赤棣樹，亦似白棣，葉如刺榆葉而微圓，子正赤如郁李而小，五月始熟，關西、天水、隴西多有之。宗奭曰：郁李子如御李子，紅熟堪啖，微澀，亦可蜜煎，陝西甚多。時珍曰：其花粉紅色，實如小李。頌曰：今汴洛人家園圃植一種，枝莖作長條，花極繁密而多葉者，亦謂之郁李，不堪入藥。

又《鼠李本經下品》釋名：楮李錢氏、鼠梓《别録》、山李子《圖經》、牛李《别録》、皂李蘇恭、趙李蘇恭、牛皂子《綱目》、烏槎子《綱目》、烏巢子《圖經》、椑音卑。時珍曰：鼠李方音亦作楮李，未詳名義。可以染緑，故俗稱皂李及烏巢。巢、槎、趙，皆皂子之音訛也。一種苦楸，亦名鼠梓，與此不同。見梓下。

集解：《别録》曰：鼠李生田野，采無時。頌曰：即烏巢子也。今蜀川多有之。枝葉如李。其實若五味子，色瑿黑（其汁紫色），熟時采，日干用。皮采無時。宗奭曰：即牛李也。木高七八尺。葉如李，但狹而不澤。子于條上四邊生，生時青，熟則紫黑色。至秋葉落，子尚在枝。是處皆有，今關陝及湖南、江南北甚多。時珍曰：生道路邊。其實附枝如穗。人采其嫩者，取汁刷染緑色。

論説

宋 蔡卞《毛詩名物解》卷五《李》 李以純白之華如桃，李紅白相間也。桃李之成實，其時偕也。投我以桃，報之以李。言施報之道也。李實之爲用微矣，周之賢人闕所以種藝之道。故雖磽確之丘中，有麻之可衣，有李之可食。貴衣絲，賤衣麻；穀實重，果實輕。言賤者有以爲衣，則貴者可知矣；言輕者可以爲脩，則重者可知矣。

宋 王觀國《學林》卷一《唐常棠》 棠，徒郎切，棠梨也，以字書考之，則康棣亦爲移也。常棣亦爲棣也，甘棠亦爲杜也，亦三物也。然則唐也、常也、棠也，三字同音而爲三物，其取義亦不同焉。何彼襛矣，美王姬之詩也。何彼襛矣，唐棣之華者，襛猶戎戎也。移華戎戎然，以喻王姬顏色之美，此唐棣者，移也。《論語》曰：唐棣之華，偏其反而。豈不爾思，室是遠而。子曰：未之思也，夫何遠之有？此言道在邇而不思，則求諸遠，故有唐棣之喻也。常棣之華，鄂不韡韡。此言有鄂以承葉，則韡韡然盛，喻兄弟之相親也。蔽芾甘棠者，南國之人思召伯教，而欽愛其甘棠，不忍翦伐之也。此三事，其義各有所指，本不同也。鄭康成箋《常棣》之詩曰：鄂不韡韡，不當作柎。柎，鄂足也。鄂足，得華之光明，則韡韡然盛，以喻兄弟恩義之顯，古聲不、柎同。

明 王路《花史左編》卷一八《素問》曰：李性頗難老，老雖枝枯，子亦不細，其品處桃上。故果屬有六，桃最爲下。孔子飯黍，不以雪桃。而《詩》曰：投我以桃，報之以李。又曰：丘中有麻，彼留子嗟。丘中有麥，彼留子國。丘中有李，彼留之子。言麻以衣之，麥以食之，又有李焉，且皆丘中植之，則留子之政修矣。此人之所以思之。吕子曰：子産相鄭，桃李之垂於街者，莫之援也。然則丘中有李，又能使人不盜也。《化書》曰：李接桃而本强者，其實毛。梅接杏而木强者，其實甘。此明造化之權，有以知巧而移矣。

明 周文華《汝南圃史》卷三 蕭瑀、陳士達於龍昌寺看李花，相與論李有九標，謂香、雅、細、淡、潔、密、宜月夜、宜緑鬢、泛酒無異色。其實以五月熟，甘脆可啖。有微澀且酸者，亦隨其品之上下而已。

清 汪灝《佩文齋廣群芳譜》卷五五《果譜·李》 《零陵總記》：李直方常第果實，若貢士以緑李爲首。

綜述

北周 庾信《庾子山集》卷三 氄毛新鵠小，盤根古樹低。氄鳥易毛也。《抱朴子》曰，千歲之鵠，純白，能登於木。《神仙傳》曰：老子生而能言，指李樹曰：「以此爲我姓。」此云古樹，蓋老子廟中樹也。《述異記》曰：瀨鄉老子祠有紫石榴、紅縹李，一李二色。

宋 陸佃《埤雅》卷一三《李》 《素問》曰：李韭皆酸。李，東方之果，木子也，故其字从木从子。性頗難老，老雖枝枯，子亦不細。其品處桃上，故果屬有六，桃最爲下。孔子飯黍，不以雪桃。而《詩》曰：投我以桃，報之以李。又曰：丘中有麻，彼留子嗟。丘中有麥，彼留子國。丘中有李，彼留之子。言麻以衣

之，麥以食之。又有李焉，且皆丘中植之，則留子之政修矣，此人之所以思之。《法言》曰：男子畝，婦人桑之謂思。吕子曰：子産相鄭，桃李之垂於術者，莫之援也。然則丘中有李，又能使人不盜也。《爾雅》曰：桃曰膽之，棗李曰疐之。蓋棗李之臍去疐而已。舊云：桃李種法，大率欲方，兩步一根，密則陰輒相扇，不惟子細，味亦不佳也。《論語》曰：朋友數，斯疏矣。有是哉。《化書》曰：李接桃而本强者，其實毛；梅接杏而本强者，其實甘。此明造化之權，有以知巧而移矣。《莊子》曰：接子之或使，此之謂也。《爾雅》曰：休，無實李。言可休息而已，無實可食也。

宋 高似孫《剡録》卷一〇《草木禽魚下》 林槩《剡郊野思》詩：故園桃李經年別，一望歸心繞翠蹊。越桃李品最繁，剡亦多佳種。翠李竊脂桃最高。李紳遊剡龍宫精舍，晝寢，有老僧見一黑蛇上刹前李樹，食其子，復望東序而去，入紳懷中。僧曰：「公睡中有所睹否？」李曰：「夢中登李樹，食李甚美。似有一僧相逼，乃寤。」僧知非常，延遇甚謹。

明 徐常吉《新纂事詞類奇》卷二六《李附郁李》 經 《詩》云：六月食鬱及薁。夫移一名薁李，鬱一名車下李。

經翼 《爾雅》云：棠棣，夫移也郎郁李子。《抱朴子》云：五原蔡誕入山還，語家人曰：「到崑崙山有玉李，形不異常産者，光明洞徹而堅，以五井水洗之，便軟而可食。」

史 《漢書》云：五雲丹山上有玄雲之李，食之得仙。《晉書》云：和嶠性儉，家有好李，諸弟往園中食者皆計核責錢。帝求之，不過數十。其婦弟王濟因其出，率少年持斧斤詣園，飽啖畢，伐樹而去。《唐書》云：貞觀中玉華宫李樹連理，隔澗合枝。又云：李乂典選，請謁不行，時人語曰：李下無蹊徑。

埤史 《世説》云：王安豐有好李，賣之恐人得其種，乃先鑽其核。又云：王戎年七歲，見道旁李樹，其子滿枝，諸小兒競折取，戎獨不顧。問之，答曰：道旁而子多，必苦李。驗之果然。《天寶遺事》云：處士崔元徽，東洛有宅，入嵩山採木苓回，宅中嵩萊滿院。時春季夜，風月清爽，忽有白衣引緑裳者曰姓李，一曰陶氏，乃命坐月下。色皆殊絶，滿坐芳香襲人。

雜記 《素問》云：酸李，東方之果木子也，故其字從木從子。性頗難老，老雖棘枯，子亦不細。《承平舊纂》云：蕭瑀、陳叔達於龍昌寺看李花，相與論李有九標，謂香、雅、細、淡、潔、密、宜月夜、宜緑鬟、泛酒無異色，皆實事。《風土記》云：南居，細李四月先熟。又云：大理出無花果，不花而實，生於枝葉之間，其大如李。《荆州記》云：房陵南居，皆有名李。《樞要録》云：沅陵伍貫卿家李花正開，一夜遥見花作數團，如飛仙狀，上天去。花上露條作雨數千點，花則亡矣。又云：朱李生東苑，甘瓜出西郊。《西京雜記》云：上林苑有紫李、青李、綺李。又云上林苑有顔淵李，出魯國。《琴莊美事》云：崔奉國家一種李，肉厚而無核，識者曰：天罰垂龍，必割其耳，血墮地，生此李也。《高隱外書》云：元微之、白樂天兩不相下，一日同詠李花，微之先成曰：葦綃開萬朶。樂天乃服。蓋葦綃白而輕，一時所尚。

仙釋 《神仙傳》云：老子之母，適履李樹之下，生老子。老子生而能言，指李樹曰：以此爲我姓。

幽怪 《洞冥記》云：琳國有玉葉李，五千年一熟，仙人韓終服之，一名韓終李。《述異記》云：王侍中家堂前有鼠從地出，其穴則生李樹，花實俱好，此鼠精李也。

詩賦 《古詩》云：君子防未然，不處嫌疑間。瓜田不納履，李下不整冠。江淹云：當知露井側，復與天桃隣。傅玄云：長條四布，密葉重陰。夕景迴光，傍蔭蘭林。於是肅肅晨風，飄飄落英，潛實内結，豐彩外盈。翠質未變，形隨運成。清角奏而微酸起，大宫動而和甘生。沈約云：青玉冠四海，碧膚彌外區。化爲中園實，其下成蹊衢。色潤房陵縹，味奪寒水朱。王筠云：李華春發彩，結實不成蹊。逢君重妖麗，梭翫入崇閨。歎無瓊玖報，徒用萃幽棲。唐太宗云：玉衡流桂圃，成蹊正可尋。鶯啼密葉外，蝶戲脆花心。麗景光朝彩，輕烟散夕陰。暫顧暉章則，還眺靈山林。

明 吴雨《毛詩鳥獸草木考》卷一六《李》 李花與桃尤繁密，服其花，令人好顔色。性頗難老，老雖枝枯，子亦不細。舊云：桃李種法大率欲方兩步一根，密則陰輒相扇，不惟子細，味亦不佳。李接桃而本强者，其實毛。梅接杏而本强者，其實甘，品處桃上。故果屬有六，桃爲最下。孔子黍飯，不以雪桃。《鹽鐵論》曰：桃李實多者，來歲爲之穰。《爾雅》：有三種座接慮李。即今之麥李，與麥同熟者，爲果肉厚而乾，核相離駁。赤李則李之赤者。休無實李，一名趙李，言可休息而已。

又 卷一八《常棣》 《小雅》曰：常棣之華。傳：常棣，棣也。常棣，一名白棣，一名棣。高五六尺，枝條葉花皆若李，而惟子小若櫻桃，赤色，可食而味甘

酸。今人謂之玉李。此與唐棣異木。華萼上承下覆，甚相親爾，所謂維常之華是也。《詩義疏》云：實如櫻桃。薁麥時熟，食甜美。北方人呼爲林思。陸璣云：許慎曰白棣樹也，如李而小，如櫻桃正白，今宫園種之。又有赤棣樹，亦似白棣，葉如刺榆葉而微圓，子正赤如郁李子而小，五月始熟。今關西、天水、隴西多有之。嚴粲云：常棣，玉李也。

明 周文華《汝南圃史》卷三《花果部·李》 楖李俗名壽李，高五六尺，叢生，開細花，或紅或白，繁縟可愛。陸龜蒙《楖李花賦》云「一枝上能萬其膚萼，一萼中自參其丹白」是也。花有三種。一種開細白花，單葉，結子如櫻桃，甘酸可食。二月開花，六月中熟，即楖李也。一種開細白花，千葉，俗名喜梅，又名玉蝶。一種開細紅花，千葉，俗名玉梅，皆楖李之類，而千葉者結實多變，此爲異耳。《本草》：郁李仁取單葉者，十月中分栽。陸璣《草木疏》云：唐棣即奥李也。一名雀梅，亦曰車下李。其花或赤或白，六月中熟，大如李子，可食。《埤雅》云：棠棣如李而小，子如櫻桃，正白花，萼上承下覆，甚相親爾。《采薇》所謂「彼爾維何，維常之華」是也。據此則今之郁李，即古之所謂唐棣。然郭璞註《爾雅》以唐棣似白楊。《爾雅翼》又以唐棣爲今移楊，非白楊。皆不以郁李爲唐棣。未知何故。

清 劉堅《修潔齋閑筆》卷七《瓜田李下》 瓜李之句，左克明載之。《古樂府》亦云古詞，不注誰作。《七修類稿》録其辭曰：君子防未然，不處嫌疑間。瓜田不納履，李下不整冠。嫂叔不親授，長幼不比肩。勞謙得其柄，和光甚獨難。周公下白屋，吐哺不及餐。一沐三握髮，後世稱聖賢。云是陳思王作。

清 汪灝《佩文齋廣群芳譜》卷五五《果譜·李》 《集真記》：西王母居龍月城，城中産黄中李，花開則三影，結實則九影。花、實上皆有黄中二字。王母惜之過於蟠桃，與紫陽真官博戲，則以一二百枚遞分勝負。

《花史》：嘉興府城西南，地産佳李，因名檇李。《越絶書》作就李。又云：吴王曾醉西施於此，號醉李。水晶李，出天台，閑閑真人曾致元帝。

清 乾隆《石屏州志》卷一《災異》 李生瓜戊子年，山中李樹多結木瓜，長二寸許，有刺無核。是歲，大獲。

清 陳啓源《毛詩稽古編》卷九《小雅·常棣》 「常棣之華，鄂不韡韡。」毛、鄭皆以興兄弟，而毛取衆多爲義，鄭取相承覆爲義，稍不同，鄭義勝矣。多而不睦，安用多乎？孔氏申之曰：華下有鄂，鄂下有柎，華鄂相承覆而光明，猶兄弟相和順而榮顯。如此説詩，方可以興。《豳風》之鬱，車下李也，薁，薁李也。《小雅》之常棣，常華，白棣樹也。三者各一木，孔疏謂薁是鬱類而小別，又引《晉宫閣銘》證之，則鬱、薁各一木矣。陸疏謂鬱實大如李，而色赤；棣實如櫻桃而正白。《史記·相如傳》註引郭璞語，謂鬱即車下李，棣實似櫻桃，則鬱、棣各一木矣。陸疏又謂郁李實大如李，常棣實如李而小，則薁、棣各一木矣，後世説者多誤。掌禹錫修《嘉祐本草》，於郁李條下，引陸氏常棣疏而妄益之曰，一名薁李，是合薁、棣爲一木也。李氏《綱目》既襲其誤，又以鬱、車下李、常棣爲郁李之别名，是合三木爲一，其誤逾甚。陸元恪以常棣爲郁李固失之，至釋鬱、棣兩木未嘗誤也。

紀事

漢 董仲舒《春秋繁露》卷四《王道》 霣霜不殺草，李梅實。僖三十三年。

漢 郭憲《洞冥記》卷二 琳國去長安九千里，生玉葉李，色如碧玉，數十年一熟，味酸。昔韓終常餌此李，因名韓終李。

晉 葛洪《抱朴子·内篇》卷九《道意》 南頓人張助者，耕白田，有一李栽，應在耕次，助惜之，欲持歸，乃掘取之，未得即去，以濕土封其根，以置空桑中，遂忘取之。助後作遠職不在。後其里中人，見桑中忽生李，謂之神。有病目痛者，蔭息此桑下，因祝之，言李君能令我目愈者，謝以一㹠。其目偶愈，便殺㹠祭之。傳者過差，便言此樹能令盲者得見。遠近翕然，同來請福，常車馬填溢，酒肉滂沱，如此數年。張助罷職來還，見之，乃曰，此是我昔所置李栽耳，何有神乎？乃斫去。便止也。

南朝宋 劉義慶《世説新語》卷上之上《言語》 王祥事後母朱夫人甚謹。家有一李樹，結子殊好，母恒使守之。時風雨忽至，祥抱樹而泣。祥嘗在别牀眠，母自往闇斫之，值祥私起，空斫得被。既還，知母憾之不已，因跪前請死。母於是感悟，愛之如己子。

又 卷下之下 和嶠性至儉，家有好李，王武子求之，與不過數十。王武子因其上直，率將少年能食之者持斧詣園，飽共噉畢，伐之，送一車枝與和公。問曰：何如君李？和既得，唯笑而已。晉諸公贊曰：嶠性不通，治家富擬王公，而至儉，將有犯義之名。《語林》曰：嶠諸弟往園中食李，而皆計核責錢，故嶠婦弟王濟伐之也。

南朝梁　任昉《述異記》卷下　魏文帝安陽殿前，天降朱李八枚，啖一枚數日不食。今李種有安陽李大而甘者，即其種也。杜陵有金李，李大者謂之夏李，尤小者呼爲鼠李。

唐　張説《張燕公集》卷一一《李樹》　皇帝臨潞州延唐寺，有李樹連理。皇帝親自驗見之，御書額焉。頌曰：

李興帝族，寺牓延唐。異枝同幹，雙名合祥。花轉瑶萼，子綴珠光。本支百代，永永蕃昌。

唐　張鷟《朝野僉載》卷三　貞觀年中，頓丘縣有一賢者，於黄河渚上拾菜，得一樹栽子，大如指，持歸。蒔之三年，乃結子五顆。味狀如柰，又似林檎，多汁，異常酸美。送縣，縣上州。以其味奇，乃進之，賜綾一十疋。後樹長成，漸至三百顆，每年進之，號曰朱柰，至今存。德、貝、博等州取其枝接，所在豐足。人以爲從西域來，礙渚而往矣。

唐　馮贄《雲仙雜記》卷一《龍耳李》　崔奉國家一種李，肉厚而無核。識者曰：天罰乖龍，必割其耳，耳血墮地，故生此李。

又　卷五《棠棣之好》　李初直遇與人相知，則曰「棠棣之好，何以過此」，喜慶倍常。《叙聞録》

五代　劉昫《舊唐書》卷一八五《良吏傳上·賈敦實》　初，敦頤爲洛州刺史，百姓共樹碑于大市通衢。及敦實去職，復刻石頌美，立于兄之碑側。時人號爲「常棣碑」。

宋　歐陽修《新唐書》卷三四《五行志》　大和三年，成都李樹生木瓜，空中不實。

又　卷三五《五行志》　［天祐］二年十月，陳州李有華，鮮茂如春。【略】太和二年九月，徐州、滑州李有華，實可食。

宋　莊綽《雞肋編》卷下　藝祖皇帝以開寶九年十月二十日癸丑上仙，其夕有雲物之異。自是每歲忌辰，必有雨雪風冽之變。至紹興九年，凡一百六十五年，威靈如在。視唐文皇玉衣之舉，鐵馬之汗，蓋過之遠矣。其神異之事，已載於國史。方潛隱時，自鳳翔道過原州，嘗息棠木之陰，日已轉而蔭不移。至今其木枝條，皆有龍角之狀。其所寢之地，草獨不生。此《實録》之所遺者。余作倅臨涇，嘗親至其下，爲築垣以護。

宋　姚寬《西溪叢語》卷下　潘岳《閒居賦》：房陵朱仲之李。李善云：朱仲李，未詳。按《述異記》云：房陵定山有朱仲李三十六所。許昌節度使小廳是故魏景福殿。董卓亂，魏太祖挾令遷帝，自洛都許。許州有小李子，色黄，大如櫻桃，謂之御李子，即獻帝所植，至今有焉。王逸《荔枝賦》云：房陵縹李。

元　脱脱《宋史》卷六五《五行志》　元符元年八月，施州李木連理。

明　宋濂《元史》卷五一《五行志》　［龍文］十六年七月，彰德李樹結實如小黄瓜。

明　徐㶿《徐氏筆精》卷八《嘉慶子》　唐韋述《兩京記》東都嘉慶坊，有李樹極美，故稱嘉慶李。千百年後稱李子皆曰嘉慶子，他物未有如此之得名悠久也。

明　吴之俊《獅山掌録·小山館·安陽李》卷一八　魏文帝安陽殿前，天降朱李八枚，啖一枚，數日不食。今安陽李大而甘者，其種也。

明　王圻《稗史彙編》卷一七二《李瓜》　正德十四年己卯三月，李結實如瓜，其味甜，其長寸。嘉靖三十年，象山縣李樹生王瓜。三十一年，諸縣李樹生王瓜。諺云，李樹生王瓜，百里無人家。已而果爲倭奴剽殺甚衆。

清　汪灝《佩文齋廣群芳譜》卷五五《果譜·李》　《漢武内傳》：李少君謂帝云：鍾山之李，大如瓶。臣以食之，遂生奇光。

又　原《好事集》：王侍中家堂前，有鼠從地出，其穴即生李樹，花實俱好。此鼠精李也。

又　《高僧傳》：唐肅宗至德二年返轅，指扶風，令釋元皎於鳳翔開元寺置御藥師場。忽於法會内生一叢李樹，有四十九莖。元皎等表賀，帝喜曰：「此大瑞，應答。」勅云：「瑞李繁滋，國之興兆。生在伽藍之内，足知覺樹之榮。感此殊祥，與師同慶。」

又　《談苑》：許州小窑出好李，太常少卿劉蒙正有園在焉，多植之。每遣人負擔歸京師，以遺貴要。竊得嘗之，絶大而味佳，所謂曾知己也。

又　《西溪叢語》：許昌節度使小廳，是故魏景福殿。魏太祖挾獻帝，自洛都許。許州有小李子，色黄，大如櫻桃，謂之御李子，即獻帝所植，至今有焉。

又　《王戎傳》：戎嘗與羣兒戲於道側，見李樹多實。等輩競趨之，戎獨不往。或問其故，戎曰：「樹在道邊而多子，必苦李也。」取之信然。

又　《述異記》：瀨鄉老子祠，有紅縹李，一李二色。

又　《異林》：弘治甲寅，楓樹生豆莢，苕苕滿枝。

又　別録增《神仙傳》：老子之母，適至李樹下而生。老子生而能言，指李

樹曰，以此爲我姓。

又《武夷山記》：峰山有仙李如小鳥卵，長而色赤，味亦酸美。

又《荊州記》：房陵縣有朱仲者，家有好李，代所希有。

清 章楹《諤崖脞説》卷二 檇李僅數株，在城外七八里净相寺中。或云王安豐故宅也。核小而味美，大于小兒拳，每顆有爪痕，相傳是西子所掐，亦太真一捻紅之比也。咸謂寺僧苦需索，薪之久矣。然五六年前，猶有啖此者，疑隱僻之地仍有靈根未斷耳。又余年來所食之李，亦間有肉厚味甘，絶異常産者。諦視其側，頗微類爪痕，每顆皆然。恐此種自未泯絶，不然，檇李之名見于春秋以前。歷年如許經刼，灰不少矣，而遽斷于此日乎？

藝 文

漢 焦延壽《焦氏易林》卷一《比之訟》 李花再實，鴻卵降集。仁哲權輿，蔭國受福。

晉 傅玄《李賦》（《漢魏六朝百三家集》卷三九引） 植中州之名果兮，結修根於芳園。嘉列樹之蔚蔚兮，美弱枝之爰爰。既乃長條四布，密葉重陰。夕景迴光，傍陰蘭林。於是肅肅晨風，飄飄落英。潛實内結，豐彩外盈。翠質未變，形隨運成。清角奏而微酸起，大宫動而和甘生。既變洽熟，五色有章。種别類分，或朱或黄。甘酸得適，美逾蜜房。浮彩點駮，赤者如丹。入口流澌，逸味難原。見之則心悦，含之則神安。乃有河沂黄建，房陵縹青，一樹三色，異味殊名。乃上代之所不覩兮，咸升御乎紫房。周萬國之口實兮，充薦饗於神靈。昔怪古人之感貺，乃答之以寶瓊。翫斯味之奇瑋兮，然後知報之爲輕。

晉 陸雲《陸士龍集》卷三 煒煒棠棣，夐增其華。猗猗桑梓，厥耀孔多。

南朝梁 沈約《詠李》（《藝文類聚》卷八六引） 青玉冠西海，碧石彌外區。化爲中園實，其下成路衢。色潤房陵縹，味奪寒水朱。

南朝陳 江揔《詠李》（《藝文類聚》卷八六引） 嘉樹春風早，春風花落新。但見成蹊處，幾得正冠人。當知露井側，復與夭桃鄰。

唐 李世民《賦得李》（《全唐詩》卷一引） 玉衡流桂圃，成蹊正可尋。鶯啼密一作緑葉外，蝶戲脆一作晚花心。麗景光朝彩，輕霞一作煙散夕陰。暫顧暉一作奎章側，還一作遠眺靈山林。

唐 李嶠《李》（《全唐詩》卷六〇引） 潘岳閑居日一作暇，王戎戲陌辰。蝶遊芳徑馥，鶯囀弱枝新。葉暗青房晚，花明玉井春。方知有靈榦，特一作持用表真人。

唐 白居易《白香山詩集》卷九《惜栯李花花細而繁，色豔而黯，亦花中之有思者，速衰易落，故惜之耳》 樹小花鮮妍，香繁條軟弱。高低二三尺，重疊千萬萼。朝豔藹霏霏，夕凋紛漠漠。辭枝朱粉細，覆地紅綃薄。由來好顔色，常苦易銷爍。不見莨蕩花，狂風吹不落。

又 卷一八《嘉慶李》 東都緑李萬州栽，君手封題我手開。把得欲嘗先悵望，與渠同别故鄉來。

唐 李商隱《李義山詩集》卷上《李花》 李徑獨來數，愁情相與懸。自明無月夜，强笑欲風天。減粉與園籜，分香沾渚蓮。徐妃久已嫁，猶自玉爲鈿。

又 卷下《子直晉昌李花》 吴館何時熨，秦臺幾夜熏。綃輕誰解卷，香異自先聞。月裏誰無姊，雲中亦有君。樽前見飄蕩，愁極客襟分。

宋 王珪《華陽集》卷一《和梅聖俞感李花》 朝摘桃花紅破萼，暮摘李花繁滿枝。客心浩蕩東風急，把酒看春能幾時。舞衣未放哀絃闋，鵯鵊欲鳴花影絶。將軍白首不功名，覇陵千古流青血。

又 卷一〇《感李花》 重門雖鎖春風入，先拆桃花後李花。赤白鬬妍思舊曲，舊聲傳在五王家。五王不見留華萼，華萼壞來碑缺落。當時李白欲騎鯨，醉向江南曾不錯。

宋 司馬光《傳家集》卷八《李花得韻同前》 嘉李繁相倚，園林淡泊春。齊紈剪衣薄，吴紵下機新。色與晴光亂，香和露氣勻。望中皆玉樹，環堵不爲貧。

宋 蘇軾《東坡全集》卷三〇《李》 不及梨英軟，應慚梅萼紅。西園有千葉，淡佇更纖穠。

宋 李復《潏水集》卷一一《李花》 桃花爭紅色空深，李花淺白開自好。前日含青意澁縮，今晨碎玉亂高杪。暖風借助開更多，餘陰鬱芘花還少。天晴不愁不爛漫，後花開時先已老。

宋 王十朋《梅溪後集》卷六《李》 長念詩人詠子嗟，團欒繞樹日欹斜。冰盤行薦炎天實，不用東門學種瓜。

宋 劉才邵《檆溪居士集》卷三《朝天李》 玉妃朝謁珠宫慣，暫到人寰别九天。戀闕丹心終不變，亭亭素艷吐清妍。

宋 許綸《涉齋集》卷一四《朝天李》 耻爲鑽核種，肯向道旁生。中立不阿倚，惟存戀闕名。

又《破核李》 採實傍春山，成蹊鄰露井。和嶠難責錢，計核破莫整。

宋 佚名《臨江仙・賀人壽有父有兄弟十一月初三》（《全宋詞》卷五八〇引） 三葉翠蓂開子月，九天降誕文星。滿堂佳氣藹祥雲。稱觴椒有頌，介壽酒浮春。　强仕宜爲攀折客，須知富貴催人。看看雁塔即聯名。一門誇盛事，棠棣封靈椿。

明 葉盛《菉竹堂稿》卷二《李花》 無言又放一番春，朵朵輕盈不涴塵。只有葦綃差可擬，讓他元稹作詩人。

明 李東陽《懷麓堂集》卷六〇《李》 名果出吾家，移栽自海涯。要看花勝雪，先放雨催花。

明 王世貞《弇州四部稿》卷四三《李花》 鄂曲千林花事新，一枝嬌婉出風塵。歌穠處處停游妓，報玖時時憶故人。露井謾爲桃悵恨，烟江未損玉精神。君聽大業歌中語，只有楊花泣暮春。

明 何三畏《新刻何氏類鎔》卷三二《李》 李者，玉衡之精所散，而五沃之土所栽。其花列爲九標，其果評爲一品。植嘉樹之蔚蔚，叢弱枝之爰爰。密葉重陰，長條四布。潛實内結，豐彩外盈。清角奏而微酸，大宫動而甘美。合枝連理，不言成谿。採之春山，沉之寒水。或青或赤，載朱載黄。大者小者，有夏李鼠李之稱；縹者紅者，有神李仙李之號。丹山玄雲之李，飡之而得仙道；鍾山瓶大之李，食之而生奇光。琳國碧李，帝設之神明臺；魏文朱李，天降之安陽殿。南居之李先熟，東苑之李已朱。韓終之李玉華，杜陵之李金色。伯陽之以李爲姓也，以其時誕生于李樹下。方朔之知人李姓也，以有鳥飛集于李樹傍。李有黄中二字者，産于王母龍月城中；李有紅黄二色者，植于許昌景福殿内。安丘子病痓，忽見雙赤李樹着枯枝，自墮入掌；伍貫卿月夜遥見數團李花如仙狀，直飛上天。若房陵定山之李園，三十六所；鳳翔開元寺之李樹，四十九莖。而唐興元大空寺之李枝，忽而聳高六尺，周圍九尺者，亦已異矣。昔王安豐之少也，識道傍之苦李，當群兒競取，而見時乃知其多子而棄之，則何其性之慧！其既也，惜家中之好李，恐他人得種，而賣時輒取其本核而鑽之，則何其性之慳也哉！

清 陸求可《陸密菴文集・録餘》卷下《李花賦》 秉玉衡之精兮，誕五沃之土。修根結於鍾山兮，瓊花向華林而增嫵。爾乃長條四布，密葉重陰。迴光夕景，傍蔭蘭林。始青青兮而柔膩，既蔚蔚兮以幽深。鸝聲囀乎翠質之外，蝶影戲乎白花之心。九標張於春旭，三色照乎遥岑。仰散瓊而堪佩，俯成蹊而可尋。若其屈盤如龍，上聳似蓋。覺樹生乎開元之中，舒葉光乎四海之外。産暉章而侶鳳，植靈山而過奈。惟向上林而舒榮，不從南山以争薈。此其花之足繪者也。至於清角奏而實乃熟，大宫動而和甘生。有河沂黄建之殊味，有房陵縹青之異名。採春山而濯濯，沉寒水而盈盈。疑鼠精之擅美，嗟龍血之賦形。以故東苑載其早結，南居善其先成。則尤菓中之令品，而不僅花爲足尚者歟。

清 熊賜履《經義齋集》卷一八《李》 房陵縹李擷春芳，東苑穠華樹樹香。不幸盤根生井上，年年齧蝕代桃僵。

清 謝重輝《杏村詩集・癸未詩・李》 吾李有數種，同名而異字。入夏争結實，大率差可類。黄者玉不如，紅者味更膩。種之卧房旁，正冠人不忌。不慮下成蹊，惟恐狂風至。相對殊自適，報德非吾事。

清 查慎行《敬業堂詩集》卷五〇《唐多令後園紅杏林檎二木。今春忽枯，惟李花獨盛》 一種舊春風，年時經眼同。好花枝能白能紅。曾被上番唫賞後。蝴蝶夢，忒匆匆。　顔色等頭空，孤芳賸此叢。伴詩懷清許盧仝。應有縞衣來叩户。人尚在，百蠻中。

清 愛新覺羅・弘曆《御製詩集》卷二四《李花》 蜂抱花房蝶簇鬚，品題自昔露桃輸。月明樓上尋吟處，無色天中色有無。

清 永瑆《詒晉齋集》卷三《李》 東苑初生日，南居欲熟辰。處嫌歌自古，思戒喻猶新。結實還聯影，龍目之李結實九影。依山更號春。邊春之山多李。匡廬曾共食，度索是仙人。

清 方濬頤《二知軒詩鈔》卷一一《詠果・南華李》 曹溪水何甘，滋培孕紅縹。齊名老子祠，芬馨溢嶺表。仙佛道一貫，因果原不小。我如井上螬，夢向禪山遶。

清 汪適孫《殢人嬌・鵝黄李》（《清詞綜補》卷四一引） 龍月城邊，定比蟠桃熟。早縹碧紫，交相映照。鵝兒色淺似花鈿。窈窕懷袖底，微有麝臍香繞。　杏子衣單，柿綾蒂小。待博取同心相報，玉華夢遠更連枝。人杏和酒汁，借爾駐顔尤好。

清　胡敬《月華清·鶊黄李》（《清詞綜補》卷二二引）　殼小猶含苞，新初摘，愛他千顆黄透。弄色嫣然，裊裊淺春垂柳。勞送與，生怕開籠。還認是，雛剛離轂，纖手把杏子衫兒。較量同否。　誇道樹成三影，從龍月，城西種。分仙畆，相對舟前醉倒。杜陵詩叟，倘真箇餉共來禽也，值得内經書。就消受，伴花鈿影裏，嚥香和酒。

清　管英《聲聲慢·鶊黄李》（《清詞綜補》卷二九引）　鑄金九重，封蠟衣輕，平分柳上朝煙。浸水偏沈，跳珠亂落晶盤。探懷帕，留溪絹，漫裹來顆顆匀圓。笑投與，向檀郎低説，不似梅酸。　記得深宵偷貯，乍玉纖掐破，沁齒漿寒。濺著衫兒，還同杏子争鮮。誰擕漢川新醸，恰淺深，相映尊前。風味好，勝房陵三十六園。

花文化部

總論

題解

《爾雅·釋草》 華，荂也。注：今江東呼華爲荂。華，荂，榮也。注：轉相解。木謂之華，草謂之榮。不榮而實者謂之秀，榮而不實者謂之英。音義荂，音香于、芳于二反，下同。《說文》云：草木華也。不榮，衆家竝無「不」字，郭雖不音注，而音義引不榮之物證之，則郭本有不字。疏李巡云：分别異名，以曉人也。華，一名荂。郭云：今江東呼華爲荂。又一名榮。郭云：轉相解。木則名華，《月令》季春桐始華。草則名榮，《月令》仲夏木槿榮。此對文爾，散文則草亦名華，《鄭風》云「隰有荷華」是也。不見其榮，但見其實者曰秀。《詩·大雅》云：實秀實發。有其榮而不實者曰英。此亦對文爾，故以英爲不實。其實，黍稷皆先榮後實。《詩·小雅·出車》云「黍稷方華」，是嘉穀之秀必有榮也。

漢 許慎《說文》卷六 𠂹 𠂹，艸木華葉𠂹。象形。凡𠂹之屬，皆从𠂹。是爲切。𠂹，古文。

𠌶 𠌶，艸木華也。从𠂹，亏聲。凡𠌶之屬，皆从𠌶。況于切。𠌶，𠌶，或从艸，从夸。

韡 韡，盛也。从𠌶，韋聲。《詩》曰：萼不韡韡。于鬼切。

華 華，榮也。从艸从𠌶。凡華之屬，皆从華。户瓜切。

皣 皣，艸木白華也。从華从白。筠輒切。

宋 戴侗《六書故》卷二一 榮 榮，草木華也。因榮華之義，而爲榮辱之榮。又爲榮衛，人之一身榮血也，衛，氣也。血盛則色榮。

又 卷二四 華 𠌶，草木華也。別作花、華、荂、蘤。華之精采曰華，引而申之，凡榮華、文華、華美皆曰華。又借爲華夏之華。

英 英，華之始發精明曰英。《詩》云：「尚之以瓊華，尚之以瓊英。」曰英英白云，言其英明也。曰朱英緑縢，曰二矛重英，葢以朱絲爲之，象草木英以爲飾也。玉之光亦曰英。別作瑛。人之秀出者，因謂之英。

論說

宋 倪思《經鉏堂雜志》卷四《花無十日》 一歲栽培，花開不過十日，又有風雨摧折之變。譬之人生勞苦一世，其如意時，不過數年耳。

又 卷五 養花於瓶，比在樹者，開落遲數日。盖在樹，爲日色所催，風雨摧折。而在瓶者，無此患也。以是推之，修養之人，苟能攝生，有可延年之道，不爲妄也。

宋 葛立方《韻語陽秋》卷一六 白樂天詩多說别花，如《紫微花》詩云「除却微之見應愛，世間少有别花人」，《薔薇花》詩云「移他到此須爲主，不别花人莫使看」。今好事之家，有奇花多矣。所謂别花人，未之見也。鮑溶作《仙檀花》詩寄袁德師侍御，有「欲求御史更分别」之句，豈謂是耶？

明 慎懋官《華夷花木鳥獸珍玩考》卷一二《别花人》 惜花人固難得，而别花人亦難得。未有能别花，而不惜花者。今俗人家，不惟不種花，雖好事種之，彼亦不知其名，視之如凡草，鄙之如惡木，真殺風景也。所以古人謂難得别花人。夫紫薇、薔薇，特常植耳，而白樂天猶惜之。故其詩曰：「除却微之見應愛，世間少有别花人。」又云：「移他到此須爲主，不别花人莫使看。」是則太傅可謂之别花主，而微之可謂之别花人矣。然古之文人，亦有極殺風景事。盖折花，極俗人惡事也，而蘇子瞻、歐陽永叔亦嘗犯之。子瞻在東武南禪資福寺，大會賓客，翦芍藥七千餘朵，置瓶盎中，供佛賞翫。永叔在楊州會客，取荷花千朵，插畫盆中，圍繞坐席，命客傳花，人摘一葉，盡處飲酒。此皆忍心人也，惜花之情安在？余嘗于花開日，大書粉牌懸諸花間。曰：「名花猶美人也，可翫而不可褻，可愛而不可折。擷葉一瓣者，是裂美人之裳也。掐花一痕者，是撓美人之膚也。拗花一枝者，是折美人之肱也。以酒噴花者，是唾美人之面孔。以香觸花者，是熏美人之目也。解衣對花，狼藉可厭者，是與美人裸裎相逐也。近而覷者謂之盲，屈而嗅者謂之齈。語曰寧逢惡獱，莫殺風景。諭而不省，誓不再請。」嗚呼，此雖戲詞，無非憐芳菲而惜香艷耳。凡我同心，共守此約。

明 高濂《遵生八牋》卷七《擬花榮辱評》 高子曰：花之遭遇榮辱，即一春之間，同其天時，而所遇迥别。故余述花雅稱爲榮，凡二十有二，其一輕陰蔽日，

二淡日蒸香，三薄寒護蓝，四細雨逞矯，五淡烟籠罩，六皎月篩陰，七夕陽弄影，八開值晴明，九傍水弄妍，十朱闌遮護，十一名園閒静，十二高齋清供，十三插以古瓶，十四矯歌艷賞，十五把酒傾歡，十六晚霞映彩，十七翠竹爲隣，十八佳客品題，十九主人賞愛，二十奴僕衛護，二十一美人助粧，二十二門無剥啄。此皆花之得意，春風及第逞艷，不惟花得主榮，主亦對花無愧，可謂人與花同春矣。其疾僧爲辱亦二十有二，一狂風摧慘，二淫雨無度，三烈日銷爍，四嚴寒閉塞，五種落俗家，六惡鳥翻啣，七驀遭春雪，八惡詩題咏，九俗客狂歌，十兒童扳折，十一主人多事，十二奴僕懶澆，十三藤草纏攪，十四本瘦不榮，十五搓捻憔悴，十六臺榭荒凉，十七醉客嘔穢，十八築瓦作瓶，十九分枝剖根，二十虫食不治，二十一蛛網聯絡，二十二麝臍薰觸。此皆花之空度青陽，芳華憔悴，不惟花之寥落主庭，主亦對花增愧矣。花之遭遇一春，是非人之所生一世同邪。

又《高子草花三品説》 高子曰：上乘高品，若幽蘭、建蘭、蕙蘭、朱蘭、白山丹、黄山丹、剪秋羅、二包雞冠、一花中，分紫白二色，同出一蒂。黄蓮、千瓣茉莉、紅芍、千瓣白芍、玫瑰、秋海棠、白色月季花、大紅佛、桑臺蓮、花開落盡蓮房中，每夥仍發花瓣。夾竹桃花、單瓣水仙花、黄萱花、黄薔薇、菊之紫牡丹、白牡丹、紫芍藥、銀芍藥、金芍藥、蜜芍藥、金寶相、魚子蘭、菖蒲花、夜合花。

已上數種，色態幽閒，丰標雅淡。可堪盆架高齋，日共琴書，清賞者也。中乘妙品，若百合花、五色戎葵、此宜多種。余家一畆中，收取花朵一二百枝，比類形色不同，共有五十多種。能作變態，無定本也。白雞冠、矮雞冠、洒金鳳仙花、四面蓮、迎春花、金雀、素馨、山礬、紅山丹白花、孫紫花、孫吉祥草花、福建小梔子花、黄蝴蝶、鹿葱、剪春羅、夏羅、番山丹、水木樨、鬧陽花、石竹、五色罌粟、黄白杜鵑、黄玫瑰、黄白紫三色佛桑、金沙羅、金寶相、麗春、木香、紫心、白木香、黄木香、荼蘼、間間紅、十姊妹、鈴兒花、凌霄、虞美人、蝴蝶滿園春、含笑花、紫花兒、紫白玉簪、錦被堆、雙鴛菊、老少年、鴈來紅、十様錦、秋葵、醉芙蓉、大紅芙蓉、玉芙蓉、各種菊花、甘菊花、金邊丁香、紫白丁香、萱花、千瓣水仙、紫白大紅各種鳳仙、金鉢盂、錦帶花、錦茄花、拒霜花、金莖花、紅荳花、火石榴、指甲花、石巖花、牽牛花、淡竹花、萁莢花、木清花、真珠花、木瓜花、滴露花、紫羅欄、紅麥、番椒、菉荳花。

已上數種，香色間繁，丰采各半，要皆欄檻春風，共逞四時粧點者也。下乘具品，如金絲桃、鼓子花、秋牡丹、纏枝牡丹、四季小白花，又名接骨草、史君子花、金荳花、金錢花、紅白郁李花、繅絲花、萵苣花、掃帚雞冠花、菊之滿天星、枸杞花、虎茨花、茨菇花、金燈、銀燈、羊躑躅、金蓮、千瓣銀蓮、金燈籠、各種欒花、黄花兒、散水花、槿樹花、白荳花、萬年青花、孩兒菊花、纏枝蓮、白蘋花、紅蓼花、石蟬花。

已上數種，鉛華粗具，姿度未閒，置之籬落池頭，可填花林疎缺者也。已上種種，是皆造物化機，撩人春色，分布寰宇。吾黨盡植林園以快一時心目，無愧歐公詩教可也。

明 張大復《梅花草堂集筆談》卷七《花木事》 花木事，當家人以消遣心爲之，動得其理。不更事人以急就心爲之，必垂其節。孔子曰：「吾不如老圃。」未嘗經歷體驗而能爲是言者，真聖人也。每見僧孺栽蘭蓴而不花，其植玫瑰則不如某，毋其消遣之興，故不勝急就之心耶？如某者，即幸有獲，亦所謂鹵莽報予者耳。蘇氏父子爲文至多，而未嘗敢有作文之意，純是消遣，此謂當家。《易》曰：「不耕穫，不菑畬，則利有攸往。」盖計功謀利之極而自然生焉。孟子「勿助勿忘」，不覺道出。

明 吴從先《小窻自紀》卷二《花案》 客有評花者，以品定案。分豔品、名品、隱品、禪品。將以桃李類爲豔，牡丹、芍藥類爲名，菊類爲隱，蓮類爲禪。揭之通衢，等第不傷公道。余謂高才既無遺珠，寒素尚有積玉。至平爲奇，由清得貴。舉白蘋紅蓼之慘淡，即春海棠亦難居優。莵水仙石竹之氤氲，縱木芙蓉亦致落第。逸在深山幽壑，可聞不可見者爲名。托在華谷茂林，可近不可親者爲隱。禪以解脱爲趣，不獨蓮之出于汙泥，即木槿之朝夕榮枯，金萱之旦暮舒卷，皆可發明，往生道場。止觀本來空色，一切雨露，無論陰陽。客曰：「如此而談，花無正格。或超拔乎孤寒，將顛倒乎豪傑。」余曰：「噫，孤寒之外更有豪傑耶？」客乃歎服。因以花案，通之賢榜。

綜述

唐 羅虬《花九錫》（《説郛》卷一〇四引） 花九錫亦須蘭蕙梅蓮輩，乃可披襟。若芙蓉躑躅望仙山木野草，直惟阿耳，尚錫之云乎！

重頂帷障風　金剪刀剪折

甘泉浸　玉缸貯

雕文臺座安置　畫圖

翻曲　美醑賞

新詩詠

附韓熙載五宜說：

對花焚香有風味相和，其妙不可言者。

木犀宜龍腦　酴醿宜沈水

蘭宜四絶　含笑宜麝

薝蔔宜檀

附陳仲醇花寵幸：

梅芬傲雪，偏饒吟魂。杏蕋嬌春，最憐粧鏡。

梨花帶雨，青閨斷腸。荷氣臨風，紅顔露齒。

海棠桃李，争豔綺席。牡丹芍藥，乍迎歌扇。

芳桂一枝，足開笑語。幽蘭盈把，堪贈仳離。

以此引類，連情境趣多合。

附袁中郎花沐浴：

浴梅宜隱士，浴海棠宜韻致客，

浴牡丹、芍藥宜靚粧妙女，

浴榴宜豔色婢，浴木犀宜清慧兒，

浴蓮宜道士，浴菊宜好古而奇者，

浴臘梅宜清瘦僧。

五代 張翊《花經》（《説郛》卷一〇四引） 翊世本長安，因亂南來，先主擢置上列，時邦西平昌令卒。翊好學多思致，嘗戲造《花經》，以九品九命，升降次第之，時服其允當。

一品九命

蘭　牡丹　梅

酴醿　紫風流睡香異名

二品八命

瓊花　蕙　巖桂

茉莉　含笑

三品七命

芍藥　蓮　薝蔔

丁香　碧桃　垂絲海棠

千葉桃

四品六命

菊　杏　辛夷

豆蔻　後庭　忘憂

櫻桃　林禽　梅

五品五命

楊花　月紅　梨花

千葉李　桃花　石榴

六品四命

聚八仙　金沙　寶相

紫薇　凌霄　海棠

七品三命

散花　真珠　粉團

郁李　薔薇　米囊

木瓜　山茶　迎春

玫瑰　金燈　木筆

金鳳　夜合　躑躅

金錢　錦帶　石蟬

八品二命

杜鵑　大清　滴露

刺桐　木蘭　雞冠

錦被堆

九品一命

芙蓉　牽牛　木槿

葵　胡葵　鼓子

石竹　金蓮

宋 陶穀《清異録》卷上《花韛扇》 俗以開花風爲花韛扇，潤花雨爲花沐浴。至花老，風雨斷送，盖花刑耳。

又《五宜》 對花焚香，有風味相和，其妙不可言者。木犀宜龍腦，酴醿宜沈水，蘭宜四絶，含笑宜麝，薝蔔宜檀。韓熙載有五宜說。

又《花臘》 脂粉流愛重酴醿，盛開時置書册中，冬間取以插鬢，蓋花臘耳。

宋 龔明之《中吳紀聞》卷四《花客詩》 張敏叔嘗以牡丹爲貴客，梅爲清客，菊爲壽客，瑞香爲佳客，丁香爲素客，蘭爲幽客，蓮爲浄客，酴醿爲雅客，桂爲仙客，薔薇爲野客，茉莉爲遠客，芍藥爲近客，各賦一詩，吳中至今傳播。

宋 姚寬《西溪叢語》卷上 昔張敏叔有十客圖，忘其名。予長兄伯聲，嘗得三十客。牡丹爲貴客，梅爲清客，蘭爲幽客，桃爲妖客，杏爲豔客，蓮爲溪客，木犀爲巖客，海棠爲蜀客，躑躅爲山客，梨爲淡客，瑞香爲閨客，菊爲壽客，木芙蓉爲醉客，酴醿爲才客，臘梅爲寒客，瓊花爲仙客，素馨爲韻客，丁香爲情客，葵爲忠客，含笑爲佞客，楊花爲狂客，玫瑰爲刺客，月季爲癡客，木槿爲時客，安石榴爲村客，鼓子花爲田客，棣棠爲俗客，曼陀羅爲惡客，孤燈爲窮客，棠梨爲鬼客。

宋 袁文《甕牖閒評》卷七 凡花皆以美名褒之，故宋咸《牡丹詩》云「寶花初爛欲連枝」，是以牡丹爲寶花也。蘇東坡《海棠詩》云「惟有名花苦幽獨」，是以海棠爲名花也。黃太史《水仙詩》云「糞壤能開黃玉花」，是以水仙爲黃玉花也。以至李太白以瑞香爲仙花，見于其詩，所謂「聞道仙花玉染紅」者。洪駒父以巖桂爲可憐花，見于其詩所謂「誰折可憐花，置我經行處」者。是未嘗不以美名褒之也。夫蓮花在諸花中，亦甚奇特。前輩賦詠之者甚多。許彦周《詩話》云：世間花卉無踰蓮花者，蓋諸花皆藉暄風暖日，惟蓮花得意于水月。可謂紀其實矣。而陳去非乃獨以繁花目之，其詞有云：「今年何以報君恩，一路繁花相送到青墩。」使蓮花有知，寧不稱屈耶？

宋 陳敬《陳氏香譜》卷一《南方花》 余向云：南方花皆可合香，如末利、闍提、佛桑、渠那香花本出西域，佛書所載。其後傳本來閩嶺，至今遂盛。又有大含笑花、素馨花，就中小含笑，香尤酷烈。其花常若菡萏之未敷者，故有含笑之名。又有麝香花，夏開，與真麝無異。又有麝真無異，又有麝香末，亦類麝氣。此等皆畏寒，故此地莫能植也。或傳吳家香，用此諸花合。溫子皮云：素馨、末利摘下花蕋，香纔過，即以酒噀之，復香。凡是生香蒸過爲佳。每四時遇花之香者，皆次次蒸之，如梅花、瑞香、酴醿、密友、梔子、末利、木犀及橙、橘花之類，皆可蒸。他日爇之，則羣花之香畢備。

宋 陳元靚《歲時廣記》卷一《花信風》 《東臯雜録》：江南自初春至初夏，五日一番風候，謂之花信風。梅花風候最先，楝花風候最後，凡二十四番以爲寒絶也。後唐人詩云：楝花開後風光好，梅子黃時雨意濃。徐師川詩云：一百五日寒食雨，二十四番花信風。又古詩云：早禾秧雨初晴後，苦楝花風吹日長。

元 程棨《三柳軒雜識・花客》（《説郛》卷二四引） 花名十客，世以爲雅戲。姚氏《殘語》演爲三十一客，其中有未當者。暇日因易其一二，且復得二十客，併著之以寓獨賢之意。

牡丹爲貴客　梅爲清客　蘭爲幽客
桃爲天客　杏爲艷客　蓮爲浄客
桂爲巖客　海棠爲蜀客　躑躅爲山客
梨爲淡客　瑞香爲閬客　木芙蓉爲醉客
菊爲壽客　酴醿爲才客　蠟梅爲寒客今改久
素香爲韻客　瑶花爲仙客今改尊　丁香爲情客
葵爲忠客　木槿爲時客今改莊　桃爲狂客
玫瑰爲刺客　月桂爲癡客　含笑爲佞客
石榴爲村客霞天　鼓子花爲田客　蔓陀羅惡客
孤燈爲窮客　棠梨爲鬼客　棣棠爲俗客兄弟之義不可稱俗，今改爲和。
木筆爲書客以上見姚氏
芍藥爲嬌客
鳳仙爲淚客　紫薇爲高調客　水仙爲雅客
杜鵑爲仙客　萱草花爲歡客　橘花爲雋客
梔子爲禪客　來禽爲靚客　山礬爲幽客
楝花爲晚客　菖蒲花爲隱客　枇杷爲麄客
玉莠毬巾客　茉莉花爲神客　凌霄花爲勢客
李花爲俗客　迎春花爲僭客　月丹爲豪客
菱花爲水客以上新添

明 楊慎《升菴集》卷一八《二十四番花信風》 梁元帝《纂要》：「一日兩番花信，陰陽寒暖，各隨其時。但先期一日，有風雨微寒者即是。其花則鵞兒、木蘭、李花、瑒花、榿花、桐花、金櫻、黃芳、楝花、荷花、檳榔、蔓羅、菱花、木槿、桂花、蘆花、蘭花、蓼花、桃花、枇杷、梅花、水僊、山茶、瑞香，其名俱存。」然難以配四時十二月，姑存其舊，蓋通一歲言也。《荆楚歲時記》：小寒三信，梅花、山茶、水僊。大寒三信，瑞香、蘭花、山礬。立春三信，迎春、櫻桃、望春。雨水三信，萊

花，杏花，李花。驚蟄三信，桃花，棣棠，薔薇。春分三信，海棠，梨花，木蘭。清明三信，桐花，菱花，柳花。穀雨三信，牡丹，荼蘼，楝花。此後立夏矣，此小寒至立夏之候也。

明 楊慎《丹鉛總録》卷四《花九錫》 羅虬作《花九錫》云：一曰重頂幄障風，二曰金錯刀剪折，三曰甘泉浸，四曰玉缸貯，五曰彫文臺座安置，六曰畫圖寫，七曰艷曲翻，八曰美醑賞，九曰新詩詠。且曰：亦須蘭蕙梅蓮，乃可披襟。若芙蓉、躑躅、水仙、石榴之類，何錫之有。

明 盧翰《掌中宇宙》卷一三《目花爲三十客》 牡丹爲貴客，梅爲清客，蘭爲幽客，桃爲夭客，杏爲豔客，蓮爲溪客，木犀爲巖客，海棠爲蜀客，優鉢羅爲禪客，梨爲淡客，瑞香爲貴客，菊爲壽客，木芙蓉爲醉客，荼蘼爲才客，臘梅爲寒客，瓊花爲仙客，素馨爲韻客，丁香爲情客，葵爲忠客，楊花爲狂客，玫瑰爲刺客，月季爲痴客，木槿爲時客，石榴爲村客，鼓子花爲田客，棣棠爲俗客，蔓陀羅爲惡客，狐燈爲窮客，棠梨爲鬼客。

又《花有十友》 荷净友，荼蘼韻友，桂貴友，海棠名友，松清友，梔子禪友，蘭芳友，菊佳友，梅仙友。

明 陳全之《蓬窻日録》卷八《詩談二》 宋曾端伯以十花爲十友，各爲之詞。荼蘼韻友，茉莉雅友，瑞香殊友，荷花浄友，巖桂仙友，海棠名友，菊花佳友，芍藥艷友，梅花清友，梔子禪友。張敏叔以十二花爲十二客，各詩一章。牡丹賞客，梅清客，菊壽客，瑞香佳客，丁香素客，蘭幽客，蓮静客，荼蘼雅客，桂仙客，薔薇野客，茉莉遠客，芍藥近客。

明 張瀚《松窻夢語》卷五《花木紀》 昔陸放翁有《居室記》，余自致政歸，屏居陋巷，搆小樓三間，長潤之數，略與之等。起居食飲，徃來應酬，旨若相似。緣在城市，惟足跡不及公府耳。小牕雜植花卉，四時常新。憑欄把玩，皆足賞懷。初春水仙開，金心玉質，俗呼金盞銀臺，翠帶飄拂，幽香襲人。時梅花同放，紅者色如杏，白者色如李。心微黄者，曰玉蝶。蒂色青者，曰緑萼。有蜜色者，曰蠟梅。種種皆佳。次瑞香，枝葉扶蘇，花朵茂密，表紫裏白，香芬比麝尤清。次幽蘭二種，皆出土産。一莖一花曰蘭，一莖數花曰蕙。若閩種，一莖四五花，多至八九花。且葉長色青，優于土産，其香清遠，出諸華上。時薔薇滿架，如紅粧艷質，濃淡相間。襍以白荼蘼、黄棠棣，尤堪把玩。惟牡丹命曰花主，大者盈尺，色有紫，有薔薇紅，有玉樓春，有小桃紅，而粉紅爲常品。香氣馥郁，聞數十步。葉柔而長，飄拂掩映，萬花莫及。次芍藥，草本，紅、紫、白三色，較牡丹差小而葉亦相類。昔人謂牡丹爲木芍藥，盖富麗芬芳，可當伯仲。粉團本團圞叢集，狀如白毬，然素縞無香。杜鵑出閩中，近四明亦有之。俗名石巖，色若丹砂，樹小花繁。松亦有花，色黄如粉，調蜜爲餌，香鮮適口。薝蔔白質黄心，香亦透露，但千葉不結實耳。時黄萱發叢葉中，一莖六七花，以次漸開，旬餘始盡，食之可以忘憂。繼即夜合，花朵甚大，形似辛夷，白葉赤心，每薄暮吐香，氤氳滿室。復有山丹、捲丹、鶯粟、滿園香，争妍弄色，皆可娱目。入夏，石榴吐焰，深者如杜鵑，淺者若薔薇。千葉者無實，單葉者有實，種同而異。鳳仙色嫩花繁，種種不一。蜀葵花，草幹高挺而花舒向日，有赤莖，白莖，有深紅，有淺紅。紫者深如墨，白者微蜜色，而丹心則一，故恒比于忠赤。蓮花二種，一曰並頭，一曰臺蓮。大異常品，不獨緑葉停停，紅花艷艷，而微風動摇，香芬馥馥入座，芳妍可愛。所謂混質污泥之中，擎鮮翠盖之上，可當花之君子。更有茉莉，馨香無比，花朵繁茂，娟女争摘取之，簪插盈頭。漸次舒放，可供四、五旬之賞。種出嶺南，今贛亦漸多。入秋芭蕉淅瀝，修幹巨葉，扶蘇飄蕩，花發于心，色黄如蜜，取充適口，味甘如飴。時則桂花滿樹，次第開放，大約可半月許。每步庭前，不覺香滿懷袖，採貯瓶中，則几席間皆馥郁矣。秋葵色蜜心赤，幹細葉稀，凡十餘節，花大而單葉。雞冠高者數尺，矮者數寸。大者、小者，直者、横者，尖細者，肥大者，間有白色，而赤者如脂，亦稱艷麗。季月菊黄，華時艸木皆落，非榮筆之候。故言菊有明他無有也。然其種甚多，余每歲植之，童子之心不顓，不諳澆灌栽培之法，多不成華。善植者，臨期各遺數種。如粱氏蜜芍藥，程氏金芍藥，談氏紫繡毬，金寶相，醉楊妃，紫牡丹，潘氏紫鶴翎，江氏狀元紅，銀芍藥，約三十餘本，列延爽閣下，勤灌以水，可供月餘清玩。雖花色鮮明，不似春花穠艷，然清幽芳逸，真隱君子之花也。入冬山茶花發，紅淺二色，大曰寶珠，單葉，千葉，亦有二種。而更奇者，如玉清絶。惟梅花，虬枝如鐵，苔蘚翠碧，點鋪老幹。其花紅白，皆有單葉，千葉，而幽香妍媚，不減于霜雪之中。玉蝶緑萼，尤爲妙品。其實味酸，雖千葉亦間有寔。右充薦籩，所謂乾橑是也。菖蒲名荃，亦分數種。虎鬚爲主，金錢次之。又有香苗，臺蒲，牛頂，挺秀庭陰，凡十餘盃，清香隱隱。時香苗一種，開花三四莖，人咸稱異。因憶唐人詩云：「君恩已去若再返，菖蒲開花日東轉。」是謂菖蒲必無花也。余家連歲見之，豈足爲異？然而四時常青，其色不改，是亦草中之松柏，歷歲寒而不凋者與。

明 張謙德《缾花譜・品花》《花經》九命升降，吾家先哲君諱翊所製，可謂縮萬象於筆端，實幻景于片楮矣。今譜缾花，例當列品，録其入供者得數十種，亦以九品九命次第之。

一品九命

蘭 牡丹 梅 蠟梅 各色細葉菊 水仙 滇茶 瑞香 菖陽

二品八命

蕙 酴醾 西府海棠 寶珠茉莉 黄白山茶 巖桂 白菱 松枝 含笑
茶花

三品七命

芍藥 各色千葉桃 蓮 丁香 蜀茶 竹

四品六命

山礬 夜合 賽蘭 薔薇 秋海棠 錦葵 杏 辛夷 各色千葉榴 佛
桑 梨

五品五命

玫瑰 薝蔔 紫薇 金萱 忘憂 豆蔻

六品四命

玉蘭 迎春 芙蓉 素馨 柳芽 茶梅

七品三命

金雀 躑躅 枸杞 金鳳 千葉李 枳殼 杜鵑

八品二命

千葉戎葵 玉簪 雞冠 洛陽 林禽 秋葵

九品一命

剪春羅 剪秋羅 羅 高良姜 石菊 牽牛 木瓜 淡竹葉

明 袁宏道《瓶史》卷下 一花目

燕京天氣嚴寒，南中名花多不至。即有至者，率爲巨璫大畹所有。儒生寒士，無因得發其幕，不得不取其近而易致者。夫取花如取友，山林奇逸之士，族迷于豕鹿，身蔽於豐草，吾雖欲友之而不可得。是故通邑大都之間，時流所共標共目，而指爲雋士者，吾亦欲友之，取其近而易致也。余於諸花取其近而易致者，入春爲梅，爲海棠；夏爲牡丹，爲芍藥，爲石榴；秋爲木樨，爲蓮，爲菊；冬爲臘梅。一室之内，荀香何粉，迭爲賓客。取之雖近，終不敢濫及凡卉，就使乏花，寧貯竹栢數枝以充之。雖無老成人，尚有典刑。豈可使市井庸兒，溷入賢社，貽皇甫氏充隱之嗤哉！

二品第

漢宫三千，趙娣第一；邢、尹同幸，望而泣下。故知色之絶者，蛾眉未免俛首；物之尤者，出乎其類。將使傾城與衆姬同輦，吉士與凡才並駕，誰之罪哉？梅以重葉、緑萼、玉蝶、百葉緗梅爲上，海棠以西府、紫錦爲上，牡丹以黄樓子、玉蝴蝶、西瓜瓤、大紅、舞青猊爲上，芍藥以冠羣芳、御衣黄、寶粧成爲上，榴花深紅重臺爲上，蓮花碧臺錦邊爲上，木樨毬子、早黄爲上，菊以諸色鶴翎、西施、剪絨爲上，臘梅磬口香爲上。諸花皆名品，寒士齋中理不得悉致，而余獨叙此數種者，要以判斷羣非，不欲使常閨艷質雜諸奇卉之間耳。夫一字之褒，榮於華衮，今以蕋宫之董狐，定華林之《春秋》，安得不嚴且慎哉！孔子曰：其義則某竊取之矣。

三器具

養花瓶亦須精良。譬如玉環、飛燕，不可置之茅茨。又如嵇、阮、賀、李，不可請之酒食店中。嘗見江南人家所藏舊觚，青翠入骨，砂斑垤起，可謂花之金屋。其次官、哥、象、定等窑，細媚滋潤，皆花神之精舍也。大抵齋瓶宜小而矮，銅如花觚、銅觶、尊罍、方漢壺、素温壺、匾壺，窑器如紙搥、鵝頸、茄袋、花樽、花囊、蓍草、蒲搥，皆須形製減小者，方入清供。不然與家堂香火何異，雖舊亦俗也。然花形自有大小，如牡丹、芍藥、蓮花，形質既大，不在此限。嘗聞古銅器入土年久，受土氣深，用以養花，花色鮮明如枝頭，開速而謝遲，就瓶結實，陶器亦然，故知瓶之寶古者，非獨以翫。然寒微之士，無從致此，但得宣、成等窑磁瓶各一二枚，亦可謂乞兒暴富也。冬花宜用錫管，北地天寒，凍冰能裂銅，不獨磁也。水中投硫黄數錢亦得。

四擇水

京師西山碧雲寺水、裂帛湖水、龍王堂水，皆可用。一入高梁橋，便爲濁品。凡瓶水須經風日者。其他如桑園水、滿井水、沙窩水、王媽媽井水，味雖甘，養花多不茂。苦水尤忌，以味特鹹，未若多貯梅水爲佳。貯水之法：初入瓮時，以燒熱煤土一塊投之，經年不壞。不獨養花，亦可烹茶。

五宜稱

插花不可太繁，亦不可太瘦。多不過二種三種，高低疏密，如畫苑布置方

妙。置瓶忌兩對，忌一律，忌成行列，忌以繩束縛。夫花之所謂整齊者，正以參差不倫，意態天然，如子瞻之文隨意斷續，青蓮之詩不拘對偶，此真整齊也。若夫枝葉相當，紅白相配，此省曹墀下樹，墓門華表也，惡得爲整齊哉？

六屏俗

室中天然几一，藤牀一。几宜闊厚，宜細滑。凡本地邊欄、漆卓、描金螺鈿牀，及彩花瓶架之類，皆置不用。

七花祟

花下不宜焚香，猶茶中不宜置果也。夫茶有真味，非甘苦也；花有真香，非煙燎也。味奪香損，俗子之過。且香氣燥烈，一被其毒，旋即枯萎，故香爲花之劍刃。捧香合香，尤不可用，以中有麝臍故也。昔韓熙載謂木樨宜龍腦，酴醾宜沉水，蘭宜四絶，含笑宜麝，薝蔔宜檀。此無異笋中夾肉，官庖排當所爲，非雅士事也。至若燭氣煤煙，皆能殺花，速宜屏去。謂之花祟，不亦宜哉？

八洗沐

京師風霾時作，空牕淨几之上，每一吹號，飛埃寸餘。瓶君之困辱，此爲最劇，故花須經日一沐。夫南威、青琴，不膏粉，不櫛澤，不可以爲姣。今以數葉殘芳，垢面穢膚，無刻飾之工，而任塵土之質，枯萎立至，吾何以觀之哉？夫花有喜怒、寤寐、曉夕，浴花者得其候，乃爲膏雨。澹雲薄日，夕陽佳月，花之曉也；狂號連雨，烈燄濃寒，花之夕也；唇檀烘日，媚體藏風，花之喜也；暈酣神斂，煙色迷離，花之愁也；欹枝困檻，如不勝風，花之夢也；嫣然流盼，光華溢目，花之醒也。曉則空亭大厦，昏則曲房奥室，愁則屏氣危坐，喜則讙呼調笑，夢則垂簾下幃，醒則分膏理澤，所以悦其性情，時其起居也。浴曉者上也，浴寐者次也，浴喜者下也。若夫浴夕浴愁，真花刑耳，又何取焉。浴之之法：用泉甘而清者，細微澆注，如微雨解酲，清露潤甲。不可以手觸花及指尖折剔，亦不可付之庸奴猥婢。浴梅宜隱士，浴海棠宜韻致客，浴牡丹、芍藥宜靚粧妙女，浴榴宜艶色婢，浴木樨宜清慧兒，浴蓮宜嬌媚妾，浴菊宜好古而奇者，浴臘梅宜清瘦僧。然寒花性不耐浴，當以輕綃護之。標格既稱，神彩自發，花之性命可延，寧獨滋其光潤也哉？

九使令

花之有使令，猶中宫之有嬪御，閨房之有妾媵也。夫山花草卉，妖艶日多，弄煙惹雨，亦自便嬖，惡可少哉？梅花以迎春、瑞香、山茶爲婢，海棠以蘋婆、林禽、丁香爲婢，牡丹以玫瑰、薔薇、木香爲婢，芍藥以鶯粟、蜀葵爲婢，石榴以紫薇、大紅千葉木槿爲婢，蓮花以山礬、玉簪爲婢，木樨以芙蓉爲婢，菊以秋海棠爲婢，臘梅以水仙爲婢。諸婢姿態，各盛一時，濃淡雅俗，亦有品評。水仙神骨清絶，織女之梁玉清也。山茶鮮妍，瑞香芬烈，玫瑰旖旎，芙蓉明艶，石氏之翔風，羊家之淨琬也。林禽蘋婆，姿媚可人，潘生之解愁也。鶯粟、蜀葵妍於籬落，司空圖之鸞臺也。山礬潔而逸，有林下氣，魚玄機之緑翹也。丁香瘦，玉簪寒，秋海棠嬌，然有酸態，鄭康成、崔秀才之侍兒也。其他不能一一比像，要之皆有名於世。柔佞纖巧，頤氣有餘，何至出子瞻榴花、樂天春草下哉！

十好事

嵇康之鍛也，武子之馬也，陸羽之茶也，米顛之石也，倪雲林之潔也，皆以僻而寄其磊塊雋逸之氣者也。余觀世上語言無味、面貌可憎之人，皆無僻之人耳。若真有所僻，將沉湎酣溺，性命死生以之，何暇及錢奴宦賈之事？古之負花僻者，聞人談一異花，雖深谷峻嶺，不憚蹶躄而從之，至於濃寒盛暑，皮膚皴鱗，汙垢如泥，皆所不知。一花將蕚，則移枕攜襆，睡卧其下，以觀花之由微至盛至落，至於萎地而後去。或千株萬木以窮其變，或單枝數房以極其趣，或嗅葉而知花之大小，或見根而見色之紅白，是之謂真愛花，是之謂真好事也。若夫石公之養花，聊以破閒居孤寂之愁，非真能好之也。夫使其真好之，已爲桃花洞口人矣，尚復爲人間塵土之官哉？

十一清賞

茗賞者上也，譚賞者次也，酒賞者下也。若夫內酒越茶，及一切庸穢凡俗之語，此花神之深惡痛斥者，寧閉口枯坐，勿遭花惱可也。夫賞花有地有時，不得其時而漫然命客，皆爲唐突。寒花宜初雪，宜雪霽，宜新月，宜暖房。温花宜晴日，宜轉寒，宜華堂。暑花宜雨後，宜快風，宜佳木蔭，宜竹下，宜水閣。涼花宜爽月，宜夕陽，宜空階，宜苔徑，宜古藤巉石邊。若不論風日，不擇佳地，神氣散緩，了不相屬，比與妓舍酒館中花何異哉？

十二監戒

宋張功甫《梅品》語極有致，余讀而賞之，擬作數條，揭於瓶花齋中。花快意凡十四條：明窻，淨室，古鼎，宋硯，松濤，溪聲，主人好事能詩，門僧解烹茶，薊州人送酒，座客工畫，花卉盛開，快心友臨門，手抄藝花書，夜深鑪鳴，妻妾校花故實。花折辱凡二十三條：主人頻拜客，俗子闌入蟠枝，庸僧談禪，牕下狗

闞，蓮子衚衕，歌童弋陽腔，醜女折戴，論陞遷，強作憐愛，應酬詩債未了，盛開家人催算帳，檢《韻府》押字，破書狼籍，福建牙人，吳中曆畫，鼠矢，蝸涎，僮僕偃蹇，令初行酒盡，與酒館爲隣，案上有黄金白雪，中原紫氣等語。燕俗尤競翫賞，每一花開，緋幙雲集。以余觀之，辱花者多，悦花者少。虛心檢點，吾輩亦時有犯者，特書一通座右，以自監戒焉。

明　薛鳳翔《亳州牡丹史》卷一《外傳·花之鑒》　花佳處亦有十等：曰精神，曰天然，曰嬌媚，曰豐偉，曰温潤，曰輕妙，曰香艷，曰飄逸，曰變態，曰耐殘，各有攸當。

明　王路《花史左編》卷一《花之品·花正品》　花王擬照臨萬國

錢思公曰：人常以牡丹爲花中之王，今姚黄真其王，而魏紫在其次。

花后擬母儀天下

真宗祀汾陰，還過洛陽，留燕淑景亭，牛氏獻華。魏華者，千葉，肉紅。華出於魏相仁溥家，始樵者於壽安山中見之，斵以賣魏氏池舘，甚大。傳者云：此華初出時，人有欲閲者，人十數錢，乃得登舟渡池至華所。魏氏日收十數緡，其後破亡，鬻其園宅。今普明寺後林池乃其地。僧耕之以植桑棗，華傳民家甚多。人有數其華者，云至七百葉，故人嘗謂牡丹華王，今姚黄真爲王而魏乃后也。

花相擬臺衡元輔

花有至千葉者，俗呼爲小牡丹。今群芳中牡丹品第一，芍藥第二，故世謂牡丹爲花王，芍藥爲花相，又或以華爲王之副也。

花魁擬新進英賢

王文正公嘗賦梅花詩云：雪中未論和羹事，且向百花頭上開。大魁相業已卜兆於此。

林和靖詩「踈影横斜水清淺，暗香浮動月黄昏」，寫梅之風韻；高季廸詩「雪滿山中高士臥，月明林下美人來」，狀梅之精神；楊廉夫詩「萬花敢向雪中出，一樹獨先天下春」，道梅之氣節。

花妖擬僉邪群小

白樂天詩：煇煇復煌煌，花中無此芳。艷妖宜小院，修短稱低廓。蓋指榴花也。

花男擬男正位外

《草木記》：萱草一名宜男，婦人懷妊，佩之必生男也。

花妾擬女正位内

樂天詩云：君爲友蘿艸，妾作兔絲花。百尺托遠松，纏綿成一家。

花客擬延賓

張景修以十二花爲十二客，牡丹賞客，梅清客，菊壽客，瑞香佳客，丁香素客，蘭幽客，蓮净客，桂僊客，荼蘼雅客，薔薇野客，茉莉遠客，芍藥近客。

花友擬下士

宋曾端伯以十花爲十友，荼蘼韻友，茉莉雅友，瑞香殊友，荷花净友一作浮，巖桂仙友，海棠名友，菊花佳友，芍藥艷友，梅花清友，梔子禪友。

花鶴擬孤標

坡詩云：誰憐兒女花，散火米雪中。堂中調丹砂，染此鶴頂紅。蓋指山茶也。

花鼠擬暗□

《好事集》：王侍中堂前有鼠從地出，其穴則生李樹，花實俱好，此鼠精李也。

花鸞擬文明

雙鸞菊花草本，花開多甚，每朵頭若尼姑帽，然折出此帽，内露雙鸞竝首，形似無二，外分二翼，一尾天巧之妙肖，生物至此。

豪傑擬特達

富韓公居洛，其家圃中凌霄花，無所因附而特起，歲久遂成大樹，高數尋，亭亭可愛。朱弁曰：是花豈非艸木中豪傑乎？所謂不待文王而猶興者也。

隱逸擬恬退

菊，花之隱逸者也。

富貴擬貪戀

牡丹，花之富貴者也，或云多開富貴家，語亦鄙，反爲花屈辱矣。

風流擬高雅

蜀漢張翊著《花經》，以瑞香爲紫風流居。

夫婦擬唱隨

或以水仙、蘭二花爲夫婦花，水仙爲婦，蘭爲夫，詳花妖卷。

神仙擬庶世

唐相賈躭一作正禹偁著《花譜》，以海棠爲花中神仙。

君子擬正直忠厚

周濂溪《愛蓮説》以蓮爲花中之君子，亭亭物表，出於泥而不滓。

美人擬佳治窈窕

王介甫詩：水邊無數木芙蓉，露滴胭脂色未濃。正似美人初醉着，强檯青鏡照粧慵。

花狀元擬文華

古辭桂花紅是狀元，黄爲榜眼，白爲探花郎，謂之三種。

花大夫擬簪纓

或以蘭爲君子，蕙爲大夫。

王者香擬芳名

孔子自衛反魯，見谷中蘭獨茂，歎曰：「蘭爲王者香，今與衆草伍，乃援琴而作猗蘭操。」

晚節香擬厚德

韓魏公在北門，九日燕諸僚佐，有詩云：不羞老圃秋容淡，且看黄花晚節香。識者知其晚節之高也。

冰玉姿擬出世

《桂林記》：袁豊之宅復有梅花六株，開時曾爲隣烟所□，乃圍泥塞罩，張幕蔽風，久而曰：「冰姿玉骨，世外佳人，但恨無傾城笑耳。」即使妓秋蟾出比之，乃云：「可與竝驅争先，然脂粉之徒正當在後。」

又 卷八《花之宜・花牌》 錢塘田藝衡，嘗於花開日，大書粉牌，懸花間曰：「名花猶美人也，可翫而不可褻，可愛而不可折。擷葉一瓣者，是裂美人之裳也。掐花一痕者，是撓美人之膚也。拗花一枝者，是折美人之休也。以酒噴花者，是唾美人之面也。以香觸花者，是熏美人之目也。解衣對花，狼藉可厭者，是與美人裸相逐也。近而觀者，謂之盲。屈而嗅者，謂之齆。語曰：寧逢惡獱，莫殺風景。諭而不省，誓不再請。」

明 劉仲達《劉氏鴻書》卷八七 曾端伯《十友調笑令》云：取友於十花，芳友者，蘭也；清友者，梅也；奇友者，臘梅也；殊友者，瑞香也；凈友者，蓮也；禪友者，薝蔔也；佳友者，菊也；仙友者，巖桂也；名友者，海棠也；韻友者，酴醿也。仍有玉友來奉佳賓，謂酒也。《萬花谷》

凡花之宜稱二十有六：一澹陰，二曉日，三薄寒，四細雨，五輕烟，六佳月，七夕陽，八微雪，九晚霞，十珍禽，十一孤鶴，十二清溪，十三小橋，十四竹邊，十五松下，十六明窻，十七疏籬，十八蒼崖，十九緑苔，二十銅瓶，二十一紙帳，二十二林間吹笛，二十三膝上横琴，二十四石秤下棋，二十五掃雪煎茶，二十六美人淡粧簪戴。花之憎嫉十有四：一狂風，二連雨，三烈日，四苦寒，五醜婦，六俗子，七老鴉，八惡詩，九談時事，十論差除，十一花徑唱道，十二對花張緋幙，十三賞動鼓板，十四作詩調羹驛使事。

明 屠本畯《缾史月表》 正月花盟主　梅花　寶珠茶

花客卿　山茶　鐵幹海棠

花使令　瑞香　報春　木瓜

二月花盟主　西府海棠　玉蘭　緋桃

花客卿　綉毬花　杏花

花使令　寶相花　種田紅　木桃　李花　月季花　剪春羅

三月花盟主　牡丹　滇茶　蘭花　碧桃

花客卿　川鵑　梨花　木香　紫荆

花使令　木筆花　薔薇　謝豹　丁香　七姊妹　郁李　長春

四月花盟主　芍藥　薝蔔　夜合

花客卿　石岩　罌粟　玫瑰

花使令　刺牡丹　粉團　龍爪　垂絲海棠　虞美人　棟樹花

五月花盟主　石榴　番萱　夾竹桃

花客卿　蜀葵　樂陽花　午時紅

花使令　川荔枝　梔子花　火石榴　孩兒菊　一丈紅　石竹花

六月花盟主　蓮花　玉簪　茉莉

花客卿　百合　山丹　山礬　水木樨

花使令　錦葵　錦燈籠　長鷄冠　仙人掌　赬桐　鳳仙花

七月花盟主　紫薇　蕙

花客卿　秋海棠　重臺朱槿

花使令　波斯菊　水木香　矮鷄冠　向日葵

八月花盟主　丹桂　木樨　芙蓉

花客卿　寶頭鷄冠　楊妃槿

花使令　水紅花　剪秋羅　秋牡丹　山查花

九月花盟主　菊花　月桂
花客卿　月桂
花使令　老來紅　葉下紅
十月花盟主　白寶珠　茶梅
花客卿　山茶花　甘菊花
花使令　野菊　寒菊　芭蕉花
十一月花盟主　紅梅
花客卿　楊妃茶
花使令　金盞花
十二月花盟主　臘梅　獨頭蘭
花客卿　茗花　漳茶
花使令　枇杷花
春　花小友　茨菰　藍綿
夏　花小友　菖蒲　紫蘭　艾　水葱　茴香
秋　花小友　挺翠　金線草　虎茨　觀音草
冬　花小友　風蘭　天茄　金荳　金柑　金橘

明　程羽文《花曆》　花有開落涼燠，不可無曆，秘集《月令》頗與時舛，予更輯之，以代挈壺之位。數白記紅，誰謂山中無曆日也。

正月
蘭蕙芳　瑞香烈　櫻桃始葩　徑草緑　望春初放　百花萌動
二月
桃夭　玉蘭解　紫荆繁　杏花飾其靨　梨花溶　李能白
三月
薔薇蔓　木筆書空　棣萼韡韡　楊入大水爲萍　海棠睡　綉毬落
四月
牡丹王　芍藥相于堦　罌粟滿　木香上升　杜鵑歸　荼醿香夢
五月
榴花照眼　萱北鄉　夜合始交　薝匐有香　錦葵開　山丹頳
六月
桐花馥　菡萏爲蓮　茉莉來賓　凌霄結　鳳仙降于庭　鷄冠環户
七月
葵傾赤　玉簪搔頭　紫薇浸月　木槿朝榮　蓼花紅　菱花乃實
八月
槐花黄　桂香飄　斷腸始嬌　白蘋開　金錢夜落　丁香紫
九月
菊有英　芙蓉冷　漢宫秋老　芰荷化爲衣　橙橘登　山藥乳
十月
木葉脱　□□化爲薪　苔枯　蘆始狄　朝菌歇　花藏不見
十一月
蕉花紅　枇杷蕋　松柏秀　蜂蝶蟄　剪綵時行　花信風至
十二月
蠟梅坼　茗花發　水仙負水　梅香綻　山茶灼　雪花六出

明　程羽文《花小名》　花問園丁名，始知業習於專也，若五色殊彩，五方殊俗，園丁拘虐矣。譽紫褒紅，或多逸事，鋤經拾傳，誌此小名。

牡丹曰木芍藥　荷曰芙蕖
梔子曰薝蔔，又曰林蘭　櫻桃曰石蜜
木槿曰蕣華，又曰日及，又曰麗木
瑞香曰麝囊　夜合曰蠲忿，又曰合歡
薔薇曰玉鷄苗　罌粟曰米囊
山礬曰海桐　辛夷曰木筆
芍藥曰將離　杜鵑曰紅躑躅
茉莉曰鬘華　芙蓉曰拒霜
蜀癸曰戎葵，又曰一丈紅，又曰芘芣
丁香曰百結　秋海棠曰斷腸花
玫瑰曰徘徊　紫薇曰百日紅
玉簪曰白鶴　萱曰忘憂，又曰宜男
素馨曰悉那茗　凌霄曰紫葳
荼蘼曰佛見笑　木香曰錦棚兒

明　吴之俊《獅山掌録·小山館》卷一七《艮嶽八芳》　宣和艮嶽，列芳草者八，皆遠方奇卉。八芳者，金蛾、玉蟬、虎耳、鳳尾、素馨、渠那、茉莉、含笑也。茉

莉，佛書名鬘華，北土爲柰花。所謂爲嫦娥帶孝者，此花也。

清 曹溶《倦圃蒔植記・總論》卷上《論花》 名花爲人所眷，而倍加滋植。或神氣有餘，而變出奇巧。有遂成種性者，有乍弄丰姿者。此皆偶然際遇，然亦精專所致云。

清 宮夢仁《讀書紀數略》卷五四 張景修十二客

梅花清客 牡丹貴客 芍藥近客 茶雅客

瑞香佳客 薔薇野客 桂花仙客 荷花静客

茉莉遠客 蘭花幽客 菊花壽客 丁香素客

曾端伯十友

荼蘼韻友 茉莉雅友 瑞香殊友 荷花浄友

巖桂仙友 海棠名友 芍藥艷友 梅花清友

菊花佳友 梔子禪友

雪中四友

玉梅 臘梅 水仙 山茶

二十四番花信 梁元帝《纂要》：小寒至穀雨，凡四月、八氣、二十四候，每候以花之風信應之。

小寒，一候梅花，二候山茶，三候水仙。大寒，一候瑞香，二候蘭花，三候山礬。立春，一候迎春，二候櫻桃，三候望春。雨水，一候菜花，二候杏花，三候李花。驚蟄，一候桃花，二候棠棣，三候薔薇。春分，一候海棠，二候梨花，三候木蘭。清明，一候桐花，二候麥花，三候柳花。穀雨，一候牡丹，二候荼蘼，三候楝花。盡則立夏，二至花異出。山谷云：郁山梔子八出，一株可一圃。

冬至陰極陽生，梅、桃、李、杏花皆五出。夏至陽極陰生，鹿葱、射干、梔子、威靈仙，浄餅蕉花皆六出。

黄中李兩影《集真記》：西王母居龍月城，城産黄中李，其花實上，皆有黄中二字，惜之過於蟠桃。

花開則三影 結實則九影

水陸二華《佛經》優鉢羅華，此云青蓮，西域所生也。

陸地生華須曼華第一 水中生華優鉢羅華第一

清 俞樾《茶香室叢鈔》卷一二《花信風》 花信風之説，詞章家競用之，但云始於梅花，終於楝花，然莫能言其詳也。其詳見於宋王逵《蠡海集》，今備録之。其説曰：自小寒至穀雨，凡四月八氣二十四候，每候五日，以一花之風信應之。小寒，一候梅花，二候山茶，三候水仙。大寒，一候瑞香，二候蘭花，三候山礬。立春，一候迎春，二候櫻桃，三候望春。雨水，一候菜花，二候杏花，三候李花。驚蟄，一候桃花，二候棣棠，三候薔薇。春分，一候海棠，二候梨花，三候木蘭。清明，一候桐花，二候麥花，三候柳花。穀雨，一候牡丹，二候酴醿，三候楝花。

紀事

晉 崔豹《古今注》卷上 華蓋，黄帝所作也。與蚩尤戰於涿鹿之野，常有五色雲氣、金枝玉葉止於帝上，有花葩之象，故因而作華蓋也。

北齊 顔之推《顔氏家訓》卷上 齊世有辛毗者，清幹之士，官至行臺尚書，嗤鄙文學，嘲劉逖云：君輩辭藻，譬若榮華須臾之翫，非宏才也。豈比吾徒十丈松樹，常有風霜不可凋悴矣。劉應之曰：既有寒木，又發春華何如也？辛笑曰：可矣。

唐 魏徵《隋書》卷二三《五行志》 華孽：後齊武平元年，槐華而不結實。槐，三公之位也，華而不實，萎落之象。至明年，録尚書事和士開伏誅。隴東王胡長仁，太保、琅邪王儼皆遇害。左丞相段韶薨。

陳後主時，有張貴妃、孔貴嬪，並有國色，稱爲妖艷。後主惑之，寵冠宮掖，每充侍從，詩酒爲娱。一入後庭，數旬不出，荒淫侈靡，莫知紀極。府庫空竭，頭會箕斂，天下怨叛，將士離心。敵人鼓行而進，莫有死戰之士。女德之咎也。及敗亡之際，後主與此姬俱投於井，隋師執張貴妃而戮之，以謝江東。《洪範五行傳》曰：「華者，猶榮華容色之象也。以色亂國，故謂華孽。」

唐 房玄齡《晉書》卷三二《后妃傳下・成帝杜皇后》 ［晉成帝時］三吴女子相與簪白花，望之如素柰。傳言天公織女死，爲之著服。至是而后崩。

唐 段成式《酉陽雜俎》卷一 北朝婦人【略】五月進五時圖、五時花施帳之上。

唐 馮贄《雲仙雜記》卷二《百花獅子》 曲江貴家遊賞，則剪百花裝成獅子相送遺。獅子有小連環，欲送則以蜀錦流蘇牽之，唱曰：春光且莫去，留與醉人看。《曲江春宴録》

又 卷四《挼花浸酒》 楊恂遇花時就花下取蘂粘綴于婦人衣上，微用蜜

蠍，兼掇花浸酒以快一時之意。《三堂往事》

又　卷五《吞花卧酒》　虞松方春，以謂握月擔風，且留後日吞花卧酒，不可過時。《曲江春宴録》

又　卷六《大雅之文》　柳宗元得韓愈所寄詩，先以薔薇露盥手，薰玉蕤香，後發讀，曰：大雅之文，正當如是。《好事集》

又　《爲花樹洗瘡止痛》　郭文在山間，有石榴、楊梅等花爲樵牧所傷殆甚，賣簪沽酒以澆花樹。人問之，曰：爲二子洗瘡止痛。《芳賢傳》

又　卷七《聚芳圖百花帶》　宗測春遊山谷，見奇花異草則繫于帶上，歸而圖其形狀，名聚芳圖、百花帶，人多效之。《高士春秋》

又　卷一〇《吸花露》　貴妃每宿酒初消，多苦肺熱，凌晨傍花枝，口吸花露潤肺。同上

五代　王仁裕《開元天寶遺事》卷一《隨蝶所幸》　開元末，明皇每至春月，旦暮宴於宫中。使妃嬪輩争插艷花，帝親捉粉蝶放之，隨蝶所止幸之。後因楊妃專寵，遂不復此戲也。

又　《花上金鈴》　天寶初，寧王日侍，好聲樂，風流蘊藉諸王弗如也。至春時，於後園中紉紅絲爲繩，密綴金鈴繫於花梢之上，每有鳥鵲翔集，則令園吏掣鈴索以驚之，蓋惜花之故也，諸宫皆效之。

又　卷二《看花馬》　長安俠少每至春時，結朋聯黨，各置矮馬，飾以錦韉、金鞍，並轡於花樹下往來，使僕從執酒皿而隨之。遇好囿則駐馬而飲。

又　《花裀》　學士許慎選放曠不拘小節，多與親友結宴於花圃中，未嘗具帷幄，設坐具，使童僕輩聚落花鋪於坐下。慎選曰：吾自有花裀，何消坐具。

又　《移春檻》　楊國忠子弟每春至之時，求名花異木，植於檻中，以板爲底，以木爲輪，使人牽之自轉。所至之處，檻在目前，而便即嘆賞，目之爲移春檻。

又　卷三《遊蓋飄青雲》　長安春時，盛於遊賞，園林樹木無閒地。故學士蘇頲應制云：飛埃結紅霧，遊蓋飄青雲。帝覽之，嘉賞焉，遂以御花親插頲之巾上，時人榮之。

又　《解語花》　明皇秋八月，太液池有千葉白蓮數枝盛開，帝與貴戚宴賞焉。左右皆歎羡久之，帝指貴妃，示於左右曰：争如我解語花。

又　《鬭花》　長安士女於春時鬭花，戴插以奇花，多者爲勝。皆用千金市名花植於庭苑中，以備春時之鬭也。

又　《裙幄》　長安士女遊春野步，遇名花則設席藉草，以紅裙遞相插掛以爲宴幄，其奢逸如此也。

又　卷四《吸花露》　貴妃每宿酒初消，多苦肺熱。嘗凌晨獨遊後苑，傍花樹，以手攀枝，口吸花露，藉其露液潤於肺也。

宋　陶穀《清異録》卷上《樓羅歷》　劉鋹在國，春深令宫人鬭花。凌晨開後苑，各任採擇。少頃，勅還宫，鎖苑門。膳訖普集，角勝負於殿中。宦士抱關，宫人出入，皆搜懷袖。置樓羅歷以驗姓名，法制甚嚴，時號花禁。負者獻，要金要銀買燕。

又　卷下《青紗連二枕》　舒雅作青紗連二枕，滿貯酴醾、木犀、瑞香散蕊，甚益鼻根。尚書郎秦南運見之，留詩曰：陰香裝艷入青紗，還與欹眠好事家。夢裏却成三色雨，沈山不敢鬭清華。

宋　歐陽修《新唐書》卷三五《五行志》　華孽：延載元年九月，内出梨華一枝示宰相。萬木揺落而生華，陰陽黷也。傳曰：「天反時爲災。」又近常燠也。

神龍二年十月，陳州李有華，鮮茂如春。

元和十一年十二月，桃杏華。

大和二年九月，徐州、滑州李有華，實可食。

會昌三年冬，沁源桃李華。

廣明元年冬，桃李華，山華皆發。

中和二年九月，太原諸山桃杏華，有實。

宋　孫升《孫公談圃》卷中　滕達道、錢醇老、孫莘老、孫巨源，治平初同在館中，花時，人各歷數京師花最盛處。滕曰：不足道。約旬休日率同舍遊。三人者如其言，達道前行，出封丘門，入一小巷中。行數步，至一門，陋甚。又數步，至大門，特莊麗。造廳下馬，主人戴道帽，衣紫半臂，徐步而出。達道素識之，因曰：今日風埃。主人曰：此中不覺，諸公宜往小廳。(下)[至]則雜花盛開，雕欄畫楯，樓觀甚麗，水陸畢陳，皆京師所未嘗見。主人云：此未足佳。頤指開後堂門，坐上已聞樂聲矣。時在諒闇中，莘老辭之，衆遂去。莘老嘗語人，平生看花只此一處。

宋　施德操《北窻炙輠録》卷下　餘杭萬氏有水盆，徒一尋常瓦盆耳。然冬月以水沃之，皆成花。所謂花者，非若今之茶花之類，纔形似之也。蓋趺萼檀

蘤，皆成真花。或時爲梅，或時爲菊，或時爲桃李，以至芍藥、牡丹諸名花輩，皆交出之。以水沃之，後隨其所變，看成何花，初不可定其色目也。萬氏歲必一宴客觀水盆花，人亦攜酒就觀焉。政和間，天下既奏祥瑞。而徽宗復喜玩物，天下異寶咸輻輳，頗皆得爵賞。萬氏以爲吾之盆，天下至異，使吾盆往當出貢獻上，蒙爵賞最厚，遂進之。及盆入，乃不復成花矣。幾獲罪。嗚呼！人之爵賞，豈容濫取也。萬氏水盆，聞於江浙久矣。挹水浸之，即成花，頃刻無差。一冒爵賞，遂失其花。豈偶然哉！世之無義無命，貪冒爵賞者，觀萬氏之盆，亦可以少省矣。

宋 陸游《渭南文集》卷四二《風俗記第三》 天彭號小西京，以其俗好花，有京洛之遺風，大家至千本。花時，自太守而下，往往即花盛處張飲帟幙，車馬歌吹相屬。最盛於清明、寒食時，在寒食前者謂之火前花，其間稍久，火後花則易落。最喜陰晴相半時，謂之養花天。栽接剔治，各有其法，謂之弄花。其俗有「弄花一年，看花十日」之語，故大家例惜花，可就觀，不敢輕翦。盖翦花，則次年花絶少。惟花户則多植花以侔利，雙頭紅初出時一本花取直至三十千，祥雲初出亦直七八千，今尚兩千。州家歲常以花餉諸臺及旁郡，蠟蔕筠籃，旁午於道。予客成都六年，歲常得餉，然率不能絶佳。淳熙丁酉歲，成都帥以善價私售於花户，得數百苞，馳騎取之，至成都露猶未晞。其大徑尺，夜宴西樓下，燭焰與花相映發，影摇酒中，繁麗動人。嗟乎！天彭之花，要不可望洛中，而其盛已如此。使異時復兩京，王公將相築園第以相誇尚，予幸得與觀焉，其動蕩心目，又宜何如也。明年正月十日山陰陸某書。

宋 周密《武林舊事》卷三《禁中納涼》 禁中避暑，多御復古、選德等殿，又翠寒堂納涼，【略】又置茉莉、素馨、建蘭、麝香藤、朱槿、玉桂、紅蕉、闍婆、薝蔔等南花數百盆於廣庭，鼓以風輪，清芬滿殿。

宋 陳元靚《歲時廣記》卷一《掛裙幄》 唐《輦下歲時記》：長安士女遊春野步，遇名花則設席藉草，以紅裙插掛，以爲宴幄，其奢侈如此。

又《擲金錢》 《開元別記》：明皇與妃子在花萼樓下，以金錢遠近爲限，賽其無擲於地者，以金觥賞之。《天寶遺事》云：内庭妃嬪每至春時，各於禁中結伴擲金錢爲戲。

又《探花使》 《秦中歲時記》：進士杏花園初會，謂之探花宴。以少俊二人爲探花使，遍遊名園。若他人先折得名花，則二使皆有罰。

又《括香》 唐《玉塵録》：穆宗每宫中花香，則以重頂帳蒙蔽欄檻，置惜春御史掌之，號曰括香。

明 何良俊《何氏語林》卷二四 中宗於立春日内出綵花賜近臣，時武平一應制詩最美，中宗云：平一年雖最少，文甚警新，悦紅蘤之先開，訝黄鶯之未囀，循還吟咀，賞歎兼懷。今更賜花一枝，以彰其美。所賜學士花令插頭上，平一左右交插，因舞蹈拜謝。時崔日用乘酣欲奪平一所賜花，上於簾下見之，謂平一曰：日用何爲奪卿花？平一跪奏曰：讀書萬卷，從日用滿口虛張；賜花一枝，學平一終身不獲。上及侍臣大笑，因更賜酒一杯，當時歎美。《唐詩紀事》曰：武平一名甄，以字行。武后時畏禍隱嵩山。中宗雖宴豫，常因詩規戒，然不能卓然自引去。明皇時終亦被謫，雖謫而名不衰。

明 顧起元《客座贅語》卷一 牡丹、芍藥與蘜，此土多有之，顧多産自它郡邑。聞嘉靖以前，牡丹與蘜之種僅五六品，近來品類始多。牡丹從江陰或亳州或陝中致之，芍藥自揚州載而至，若蘜自盧苑。馬東籬《品彙録》成，搜求異種，不憚遐遠，故所紀逾百餘種，而蘜之事爲最侈矣。

明 王路《花史左編》卷七《繁花女》 天順中，睢陽巨室虞昌祚，有囿方五六里。花卉極繁，人亦罕至。圃中人往往見群女遊戲於中，笑語自若，遇人則散。不識何怪也，昌祚異之。築室數百間賃人止之，後不復見。

又 卷八《花之宜·花鑑》 齊威王令於國中，有能善巧分别者，賜千金。一人應募曰：「臣之術，能分别諸名花果。」齊王乃導入囿，令觀桃李諸花。觀畢，苑令摘花試之，枝葉柯亞皆記其處。十問而十不失，齊王大喜，立賜千金。

又 卷一〇《百花食》 偓佺嘗採百花以爲食，生毛數寸，能飛，不畏風雨。

又《百花糕》 唐武則天花朝日遊園，令宫女採百花和米擣碎蒸糕，以賜從臣。

又 卷一一《護賞》 陳芸叟嘗裸種異花圍繞亭榭，散步花間，霞雪掩映，曰：此我家錦步障也。

又《崇奉》 羅虬作《花九錫》：一曰重頂幄障風，二曰金錯刀剪折，三曰甘泉浸，四曰玉缸貯，五曰雕文臺座安置，六曰畫圓寫，七曰艷曲翻，八曰美醑賞，九曰新詩詠。

又《勅賞》 唐懿宗開新第，晏於同疑作曲江，乃命折花一金合，令中官馳至宴所，宣口勅日便令戴花飲酒，無不爲榮。

又《臥賞》 吴孺子每瓶中花枝狼籍，則以散衾裯間臥之。

又《祈酬清嘉》 陸賈使南越，尉陀與之泛舟錦石山下。賈默禱曰：我若説越王肯稱臣，當以錦裹石，爲山靈報。使還，遂出囊中裝，募人植花卉以當錦。

又《鬭勝賞》 長安士女春時鬭花，以奇花多者爲勝，皆以千金市名花植于庭中，以備春時之鬭。

又《欣賞》 牛僧儒治茀洛陽，多致嘉石美花，與賔客相娱樂。

又《美人披拂》 漢武帝嘗以吸花絲所織錦賜麗娟，命作舞衣，春暮宴於花下。舞時，故以袖拂落花，滿身都着，舞態愈媚，謂之百花舞。

又　卷一四《瓶花》 宋南渡後，端午日以大金瓶，遍插葵花、石榴、梔子，環繞殿閣。偏安之景，豈能長久。

明　徐應秋《玉芝堂談薈》卷三六《花五色》 花木之備五色者，若隋縣永陽山壁立千仞，有石屋名神農窟，前有異物藤花，形似麥菜，朝紫、中緑、晡黄、暮青、夜赤，五色迭耀。又模木生周公塚上，其葉春青、夏赤、秋白、冬黑，十月後黄氣出土尺五寸。又邛州有弄色木芙蓉，一日白，次日淺紅，三日黄，四日深紅，比落紫色，人號文官花。長春樹春碧、夏赤、秋白、冬黑。《天寶遺事》載明皇沉香亭前牡丹一株，兩頭朝深碧，暮深黄，夜粉白，香艷各異。帝曰：此花木之妖也。以賜楊國忠，國忠以百寶欄盛之。

又《四時花》 歐陽永叔爲滁州，築醒心、醉翁二亭于琅邪幽谷，令幕官謝希深絳雜植花卉其間。謝以狀問名品，公批紙尾云：淺紅深白宜相間，先後仍須次第栽。我欲四時携酒賞，莫教一日不花開。未幾，徙揚州，《別滁》詩曰：花光濃郁柳輕明，酌酒花前送客行。我亦且如常日醉，莫教絃管作離聲。玉涣爲屋四合，各植花石，隨時之宜，春海棠，秋芙蓉，夏湖石，冬梅，名四炤亭。《清異録》：劉垂説他時得志，當作五香窟，吴香窟盡種梅株，秦香窟周懸麝臍，越香窟植巖桂，蜀香窟栽椒，楚香窟畦蘭，四草木各占一時。餘日入麝窟，便足了一生。其風韻堪與歐陽公相亞也。

明　吴之俊《獅山掌録·小山館》卷一七《落花》 夏文莊守安州，宋莒公兄弟以布衣見。公命賦落花詩。莒公一聯曰：「漢臯佩冷臨江失，金谷樓危到地香。」子京一聯曰：「將飛更作回風舞，已落猶成半面粧。」文莊亟許之，謂莒公爲狀元宰相，而小宋君亦須登嚴近也。後皆如其言。

清　李光地《月令輯要》卷四《春令·雜紀》 花市 增《芍藥譜》：揚之人無貴賤，皆喜戴花。開明槁之間，方春之月，拂旦有花市焉。《西湖志》：杭州壽安坊，俗稱官巷，宋時謂之花市，亦曰花團。蓋汴京壽安山下，多花園。春時賞宴，争華競侈，錦簇繡團。移都後，以花市比之，故稱壽安坊。今兩岸多賣花之家，亦其遺俗也。

又　卷一〇《五月令·日次》 天花。增《寧波府志》：正統元年五月六日午時，天花如雨，飛滿庭中。其形若米，其色如玉，積深尺餘。七日始化。

清　張廷玉《明史》卷三〇《五行志》 花孽：弘治十六年九月，安陸桃李華。正德元年九月，宛平棗林莊李花盛開。其冬，永嘉花盡放。六年八月，霸州桃李華。

清　乾隆《龍溪縣志》卷一〇《風俗》 出郭南五里，有鄉曰塘北。居人不種五穀，種花爲業。花之利，視穀勝之。蓋地瘠種穀不蕃，宜花故也。又能於盆中種古松及各花樹，枝幹扶疎，古致異常。

清　鈕琇《觚賸》卷七《粤觚·花田花塚》 珠江南岸，行六七里，爲莊頭村，家以蓺素馨爲業，多至一二百畝。昔南漢劉鋹有美人，小字素馨者，居此。故其植獨繁，而芬芳酷烈亦勝他所。花時，珠懸玉照，數里一白，是曰花田。南海布衣岑霍山詩：「珠江南岸晚雲晴，處處桑麻間素馨。燈事尚傳遊子艇，墓田曾誌美人銘。迎風暗入秋衫膩，籠月微聞夜夢醒。腸斷賣花聲去後，當年朱户已長扃。」明崇禎中，名姬張喬歿後，風流之士醵錢捧土葬之白雲山梅坳。人致一花，種其葬處，得數百本。五色相間，爛然如錦。是曰花塚。遥與花田相望。

清　乾隆《江南通志》卷一六八《人物志·隱逸·江寧府》 陸治字叔平，吴縣人，善繪事，倣宋人而時出己意。築室支硎山下，藝名花數百種，翛然自怡，詩律秀潤。

清　劉堅《修潔齋閑筆》卷一《花書》 宋初簡牘往來，前起語處皆書名，後結語處即以花書代名。花書云者，自書其名，而走筆成妍狀，如花葩也。中書舍人六員，凡書敕雜列其名，濃淡相間，故名爲六花判事。韋陟書名如五朵雲，亦其事也。王介甫每書石字爲口，時人嘲之曰表德，皆聯甫花書盡帶圈。今人花押即其意而省文云爾。

清　徐岳《見聞録》卷三《美花》 術士侯上卿者，精於數學占事，有郭景純、邵康節之風。靈驗頗多，不能殫述。一日在蔣玉函署中，有送盆蘭者，令侯占花數幾何。侯令取一物來，適水一甌在前。即持與之曰：「此花纔開一朵，應有六莖收。」視之果然。人問之，曰：「天一生水，地六成之也。」又問秋花可預决否，

曰：「可。」蔣之甥在傍，命渠他處取一物。甥取裁衣剪來，占曰：「剪屬金，爲數十一。秋花應十一莖。且剪綵成花，花極芬芳。但草在上，而刀刖於下。又爲令甥持來，甥，女子也，恐爲女子所傷。」及秋花恰十一蓓，戒姬媵不得近，每日取冷茶澆之。一日偶缺，童徃厨取，婢將一壺與之。澆畢，旁午花盡槁。究其所以，茶有老姜在内故也。果壞女子之手。其驗如此。晉諸葛穎精於數，晉王廣引爲參軍，王曰：「吾臥内牡丹盛開，君試爲一算。」穎持策度一二子曰：「開者七十九朵。」王入掩房，去左右，數之，政合其數。但有二蕋將放，故倚欄伺之。不一時，二蕋大發。乃出謂穎曰：「君算得無左乎？」穎再挑一二子曰：「今算之乃九九八十一朵也。」王告以實，各大笑。若此者，抑何神也。

著録

宋 曾慥《類説》卷一三《花木録》 花木疏記 唐相石泉公王方慶著《花木疏》，賛皇公李德裕著《花木録》。

宋 周師厚《洛陽花木記》（《説郛》卷一〇四引） 予少時聞洛陽花卉之盛甲于天下，嘗恨皆未能盡觀其繁盛妍麗，竊有憾焉。熙寧中，長兄倅絳，因自東都謁告往省親。三月過洛，始得遊精藍名圃，賞及牡丹，然後信謂向之所聞爲不虚矣。會迫于官期，不得從容遊覽。元豐四年，予莅官于洛，吏事之暇，因得博求譜録，得唐李衛公《平泉花木記》，范尚書、歐陽叅政二譜，按名尋討，十始見其七八焉。然范公所述五十二品，可攷者纔三十八。歐之所録者，二篇而已。其叙錢思公雙桂樓下小屏中所録九十餘種，但槩言其畧耳。至于花之名品，則莫得而見焉。因以余耳目之所聞見，及近世所出新花，叅校三賢所録者，凡百餘品，其亦殫于此乎？然前賢之所記，與天下之所知，洛之所植牡丹而已。至于芍藥，天下以維揚爲稱首。然而知洛之所植，其名品不減維揚，而開頭之種殆不如也。又若天下四方所産珍藂佳卉，得一于園館，足以爲美景異致者，洛中靡不兼有之。然天下之人原闕。

明 袁宏道《袁中郎全集》卷二五《瓶史引》 夫幽人韻士屏絶聲色，其嗜好不得不鍾於山水花竹。夫山水花竹者，名之所不在，奔競之所不至也。天下之人棲止於囂崖利藪，目眯塵沙，心疲計算，欲有之而有所不暇。故幽人韻士，得以乘間而踞爲一日之有。夫幽人韻士者，處於不争之地，而以一切讓天下之人者也。惟夫山水花竹，欲以讓人而人未必樂受，故居之也安，而踞之也無禍。嗟夫，此隱者之事，決烈丈夫之所爲，余生平企羡而不可必得者也。幸而身居隱見之間，世間可趨可争者既不到，余遂欲欹笠高巖，濯纓流水，又爲卑官所絆，僅有栽花、蒔竹一事可以自樂。而邸居湫隘，遷徙無常，不得已乃以膽瓶貯花，隨時插換。京師人家所有名卉，一旦遂爲余案頭物。無扦剔澆頓之苦，而有味賞之樂，取者不貪，遇者不争，是可述也。噫，此暫時快心事也，無狃助爲常，而忘山水之大樂，石公記之。凡瓶中所有品目，條列於後，與諸好事而貧者共焉。

藝文

晉 夏侯湛《朝華賦》（《藝文類聚》卷八九引） 咨神樹之修異，寔積陽之純精。蜿潛根以誕節，據川壤以擢莖。皎日升而朝華，玄景逝而夕零。逮明晨而繁沸，若静夜之衆星。長莖攢起，柔條列布。擢靈柯於時雨，滋逸采於豐露。灼煌煌以煒煒，獨崇朝而逹暮。於是茂樹蒼蒼，纖枝翩翩。潛光玉朗，緑葉翠鮮。

晉 劉柔妻王氏《春花賦》（《藝文類聚》卷八八引） 千葩粲其昭晰兮，百卉蒨而同榮。蘭圃翹以含芳兮，芝薄振而沉馨。翠穎競臻，衆條頻英。或異色同形，或齊芳殊制。自然神香，不可勝計。爛若羅宿之垂光，灼若隋珠之宵列。爽若翡翠之羣翔，練若珊瑚之映月。詩人詠以託諷，良喻美而光德。准工女於妙規，餙王后之首則。

南朝齊 謝朓《謝宣城集》卷五《閒坐》 雨洗花葉鮮，泉漫芳塘溢。藉此閒賦詩，聊用蕩覊疾。陳郎 霡霂微雨散，委甤蕙草密。預藉芳筵賞，沾生信昭悉。功曹紀晏 紫葵窻外舒，青荷池上出。既闔潁川扉，且卧淮南秩。府君 流風蕩晚陰，行雲掩朝日。念此蘭蕙客，徒有芳菲質。何從事

南朝梁 江淹《江文通集》卷四《池上酬劉記室》 戚戚憂可結，結憂視春暮。紫荷漸曲池，皐蘭覆徑路。葱蒨亘華堂，芸葢雜綺樹。爲此久佇立，容易光陰度。水館次文羽，山葉下暝露。懷賞入舊襟，悦物覽新賦。

南朝梁 蕭子範《落花》（《藝文類聚》卷八八引） 緑葉生半長，繁英早自香。因風亂胡蝶，未落隱鸝黄。飛來入斗帳，吹去上牙牀。非是迎冬質，寧可值秋霜。

南朝梁 何遜《何水部集・折花聯句》 笑出春園裏，望花聯褰纈。欲以間

珠鈿，非爲相思折。遜

日照爛成綺，風來聚疑雪。試采一枝歸，願持因遠別。綺

南朝梁　何遜《詠雜花》（《藝文類聚》卷八八引）　井上發新花，誰言不經梁。已如薄紫拂，復似濃紅點。狀錦無裁縫，依霞有舒斂。

南朝陳　陳叔寶《玉樹後庭花》（《漢魏六朝百三家集》卷一〇二引）　麗宇芳林對高閣，新妝艷質本傾城。映户凝嬌乍不進，出帷含態笑相迎。妖姬臉似花含露，玉樹流光照後庭。

北周　庾信《庾子山集》卷四《詠園花》　暫住春園傍，聊過看果行。枝繁類金谷，花雜映河陽。自紅無假染，真白不須粧。言花有自然之色，不須粧染也。崔豹《古今注》曰：燕支花非燕支所染，自爲紅藍爾。舊謂赤白之間爲紅，今所謂紅藍也。燕送歸菱井，蜂銜上蜜房。言此花燕送歸巢在於梁上，蜂銜作蜜乃上窠中也。燕，玄鳥也。菱井若藻井也。《西京賦》曰：蔕倒茄於藻井。薛綜注云：藻井，當棟中交木方爲之，如井幹也。善云：《風俗通》曰：今殿作天井。井者，東井之象也。菱，水中之物，皆所以厭火也。非是金爐氣，何關柏殿香。言花有自然香氣也。司馬相如《美人賦》曰：金爐薰香。《三輔舊事》曰：柏梁，以香柏爲梁也。裛衣偏定好，應持奉魏王。《文字集畧》曰：裛，坌衣香也。魏王，魏文帝也。王子年《拾遺記》曰：魏文帝所愛美人薛靈芸，名曰夜來。妙於鍼工，裁製立成。非夜來縫製，帝則不服。宫中號爲鍼神。言美人以此花香裛衣，是以魏王定好也。

隋　楊廣《春江花月夜二首》（《漢魏六朝百三家集》卷一一四引）　暮江平不動，春花滿正開。流波將月去，潮水帶星來。

夜露含花氣，春潭瀁月暉。漢水逢遊女，湘川值兩妃。

隋　辛德源《浮遊花》（《樂府詩集》卷七七引）　窻中斜日照，池上落花浮。若畏春風晚，嘗思秉燭遊。

唐　岑參《韋員外家花樹歌》（《全唐詩》卷一九九引）　今年花似去年好，去年人到今年老。始知人老不如花，可惜落花君莫埽。君家兄弟不可當，列卿御史尚書郎。朝回花底恒會客，花撲玉缸春酒香。

唐　萬楚《河上逢落花》（《全唐詩》卷一四五引）　河水浮落花，花流東不息。應見浣紗人，爲道長相憶。

唐　杜甫《風雨看舟前落花戲爲新句》（《全唐詩》卷二二三引）　江上人家桃一作李樹枝，春寒一作風細雨出疎籬。影遭碧水潛勾引，風妒紅花却倒吹。吹花困癲一作嬾傍舟檝，水光風力俱相怯。赤憎赤憎猶生憎，亦方言也。輕薄遮入一作人懷，珍重分明不來接一作折。濕久飛遲半日一作欲高，縈沙惹草細於毛。蜜蜂蝴蝶生情性一作住，偷眼蜻蜓避百勞。

又　《早花》（《全唐詩》卷二二四引）　西京安穩未，不見一人來。臘日一作月巴江曲，山花已自開。盈盈當雪杏，豔豔待春一作香梅。直苦風塵暗，誰憂容一作客鬢催。

又　《江畔獨步尋花七絶句》（《全唐詩》卷二二七引）　江上被花惱不徹，無處告訴只顛狂。走覓南鄰愛酒伴，經旬出飲獨空牀。原注：斛斯融吾酒徒。

稠花亂蘂畏一作裹江濱，行步欹危實一作獨怕春。詩酒尚堪驅使在，未須料理白頭人。

江深竹静兩三家，多事紅花映白花。報答春光知有處，應須美酒送生涯。

東望少城花滿煙，百花高樓更可憐。誰能載酒開金盞一作鎖，喚取佳人舞繡筵。

黄師塔前江水東，春光嬾困倚微風。桃花一簇開無主，可愛深紅愛一作映，一作與。淺紅。

黄四娘家花滿蹊，千朵萬朵壓枝低。留連戲蝶時時舞，自在嬌鶯恰恰啼。

不是愛一作看花即肯一作欲，一作索。死，只恐花盡老相催。繁枝容易紛紛落，嫩葉一作蘂商量細細開。

唐　韓愈《花島》（《全唐詩》卷三四三引）　蜂蝶去紛紛，香風隔岸聞。欲知花島處，水上覔紅雲。

唐　張籍《張司業集》卷一《惜花》　庭樹花蒙蒙，墜地無顔色。日暮東風起，飄揚玉堦側。殘蘤在猶稀，青條聳復直。爲君結芳實，令君勿嘆息。

又　卷六《岸花》　可憐岸邊樹，紅蘤發青條。東風吹渡水，衝著木蘭橈。

又　《惜花》　山中春已晚，處處見花稀。明日來應盡，林間宿不歸。

又　卷七《唐興觀看花》　新紅舊紫不相宜，看覺從前兩月遲。更向同來詩客道，明年到此莫過時。

又　《九華觀看花》　街西無數閒遊處，不似九華仙觀中。花裏可憐池上景，幾回墻壁貯春風。

唐　楊凝《殘花》（《全唐詩》卷二九〇引）　五馬踟躕在路岐，南來只爲看花

枝。鶯銜蝶弄紅芳盡，此日深閨那得知。

唐 劉禹錫《劉賓客文集》卷二四《元和十一年，自朗州承召至京，戲贈看花諸君子》 紫陌紅塵拂面來，無人不道看花回。玄都觀裏桃千樹，盡是劉郎去後栽。

唐 白居易《白氏長慶集》卷一九《惜小園花》 曉來紅萼凋零盡，但見空枝四五株。前日狂風昨夜雨，殘芳更合得存無。

又 卷三一《翫半開花贈皇甫郎中八年寒食日池東小樓上作》 匆訝春來晚，無嫌花發遲。人憐全盛日，我愛半開時。紫蠟粘爲蔕，紅蘇點作蕤。成都新夾纈，梁漢碎臙脂。樹杪真珠顆，牆頭小女兒。淺深粧駮落，高下火參差。蝶戲争香孕，鶯啼選穩枝。好教郎作伴，合共酒相隨。醉翫無勝此，狂嘲更讓誰。猶殘少年興，未是老人詩。西日憑輕照，東風莫殺吹。明朝應爛熳，後夜更離披。林下遥相憶，樽前闇有期。銜杯嚼蘂思，唯我與君知。

唐 李德裕《李衛公別集》卷一〇《花藥欄花藥四時相續常可留翫》 蕙草春已碧，蘭花秋更紅。四時發英豔，三逕滿芳叢。秀色濯清露，鮮輝摇惠風。王孫未知返，幽賞竟誰同。

唐 朱慶餘《同友人看花》（《全唐詩》卷五一四引） 尋花不問春深淺，縱是殘紅也入詩。每箇樹邊行一匝，誰家園裏最多時。

唐 方干《玄英集》卷二《題友人山花》 蘂萌方簇盡，爲待好風吹。不見移來日，先愁落去時。濃香熏疊葉，繁朵壓卑枝。坐看皆終夕，遊蜂自有期。

又 卷四《對花》 清曉入花如步障，戀花行步步遲遲。含風欲綻中心朵，似火應燒外面枝。野客須拚終日醉，流鶯自有隔年期。使君坐處笙歌合，便是列仙身不知。

又 卷八《詠花》 狂心醉眼共徘徊，一半先開笑未開。此日不能偷折去，胡蜂直恐趁人來。

又 《惜花》 可憐妍豔正當時，剛被狂風一夜吹。今日流鶯來舊處，百般言語殢空枝。

唐 羅鄴《看花》（《全唐詩》卷六五四引） 花開只恐看來遲，及到愁如未看時。家在楚鄉身在蜀，一年春色負歸期。

唐 羅隱《羅昭諫集》卷三《野花》 萬點紅芳血色殷，爲無名字對空山。多因戲蜨尋香住，少有行人輟櫂攀。若在侯門看不足，爲生江岸見如閒。結根畢竟輸桃李，長向春城紫陌間。

唐 李山甫《落花》（《全唐詩》卷六四三引） 落拓東風不藉春，吹開吹謝兩何因。當時曾見笑筵主，今日自爲行路塵。顔色却還天上女，馨香留與世間人。明年寒食重相見，零淚無端又滿巾。

又 《惜花》 未會春風意，開君又落君。一年今爛漫，幾日便繽紛。別豔那堪賞，餘香不忍聞。尊前恨無語，應解作朝雲。

唐 崔塗《感花》（《全唐詩》卷六七九引） 繡軛香韉夜不歸，少年争惜最紅枝。東風一陣黄昏雨，又到繇華夢覺時。

唐 韋莊《殘花》（《全唐詩》卷七〇〇引） 江頭沈醉泥斜暉，却向花前慟哭歸。惆悵一年春又去，碧雲芳草兩依依。

唐 李咸用《落花》（《全唐詩》卷六四五引） 拾得移時看，重思造化功。如何飄麗景，不似遇春風。滿地餘香在，繁枝一夜空。秖應公子見，先憶墜樓紅。

唐 韓偓《哭花》（《全唐詩》卷九三引） 曾愁香結破顔遲，今見妖紅委地時。若是有情争不哭，夜來風雨葬西施。

又 《惜花》（《全唐詩》卷六八一引） 皺白離情高處切，膩香愁態静中深。眼隨片片沿流去，恨滿枝枝被雨淋。總得遮苔猶慰意，若教泥污更傷心。臨軒一醆悲春酒，明日池塘是緑陰。

唐 韓偓《韓内翰別集·太平谷中翫水上花》 山頭水從雲外落，水面花自山中來。一谿紅點我獨惜，幾樹蜜房誰見開。應有妖魂隨暮雨，豈無香跡在蒼苔。凝眸不覺斜陽盡，忘逐樵人躡石回。

唐 成彦雄《惜花》（《全唐詩》卷七五九引） 忘餐爲戀滿枝紅，錦障頻移護晚風。客散酒酣歸未得，欄邊獨立月明中。

唐 李中《紅花》（《全唐詩》卷七四九引） 紅花顔色掩千花，任是猩猩血未加。染出輕羅莫相貴，古人崇儉誡奢華。

宋 田錫《咸平集》卷一五《花雨比下秦中》 雨裏飛花片片紅，雨微花亂轉溟濛。川原何處連天草，簾幕無人半日風。寂寞劉楨新病後，凄迷莊舄苦吟中。可堪更是黄昏景，鶯冷鷺寒恨想同。

宋 王禹偁《小畜集》卷二六《宮漏出花遲詩》 丹禁遲遲漏，深宮灼灼花。繁枝開正滿，清韻出何賒。静拂紅英密，微穿翠葉斜。依稀驚宿蝶，冷落動晨鴉。細逐香離檻，輕翻露滴沙。願當直仙署，鈴索共交加。

宋 楊億《武夷新集》卷一《別賦賞花一首不曾進》 仙山靈沼五城西，曉日花光照彩霓。露濯冰蠶鋪瑞錦，風吹水麝拆香臍。芳葩散採添蜂蜜，紅片狂飄雜燕泥。曾識壺中舊春色，桃源重到路猶迷。

宋 宋祁《景文集》卷一三《落花》 紫房丹萼旋辭春，素瑟悲多不忍聞。暮雨便從巫峽散，餘香猶上魏臺分。魂銷南浦波空緑，望絶長門日易曛。翠被已空桃檝遠，自今搔首更離羣。

墜素翻紅各自傷，青樓煙雨忍相忘。將飛更作回風舞，已落猶成半面粧。滄海客歸珠迸淚，章臺人去骨遺香。可能無意傳雙蝶，盡委芳心與蜜房。

宋 歐陽修《文忠集》卷九《嘲少年惜花》 紛紛紅蘂落泥沙，少年何用苦咨嗟。春風自是無情物，肯爲汝惜無情花。今年花落明年好，但見花開人自老。人老不得少，花開還更新。使花如解語，應笑惜花人。

宋 沈遼《雲巢編》卷四《花殘》 花發花殘都不知，誰將白髮更題詩。山西日永無多事，閒看樵夫數局棋。

宋 蘇軾《東坡全集》卷四《李鈐轄坐上分題戴花》 二八佳人細馬馱，十千美酒渭城歌。簾前柳絮驚春晚，頭上花枝奈老何。露濕醉巾香掩冉，月明歸路影婆娑。緑珠吹笛何時見，欲把斜紅插皂羅。

又 卷一六《玉堂栽花周正孺有詩次韻》 故山桃李半荒榛，粗報君恩便乞身。竹簟暑風招我老，玉堂花蕊爲誰春。纖纖翠蔓詩催發，皎皎霜葩髪鬬新。只有來禽青李帖，他年留與學書人。

宋 陳師道《後山集》卷八《和江秀才獻花三首》 風雨東籬冷落看，清溪水落玉峯寒。酒家不辦當罏費，乞與先生種杏壇。

疎花得雨數枝黄，白髪緣愁百尺長。要與先生同一醉，故留秋意作重陽。

江公孤憤不宜秋，吟作秋蟲到白頭。過我可爲千日醉，從公難作百錢游。

又《和謝公定雨行逢賣花》 逢花駐馬尚多情，天不違人旋作晴。不使近詩增紙價，得知春入鳳凰城。

又《謝王立之送花》 過雨生泥風作塵，馬蹄聲裏度芳辰。城南居士風流在，時送一作時遣，一作猶遣。名花與報春。

宋 晁公遡《嵩山集》卷一二《看花》 春到人間得幾時，可堪鶗鴂趣春歸。不辭日去千回看，便恐風飄萬點飛。

宋 孔平仲《清江三孔集》卷二二《落花》 嶺南冬深花照灼，比至春初花已落。乘閒携酒到西園，鳥散蜂歸春寂寞。江南此際春如何，紅杏海棠開正多。歸期不及春風日，猶見池塘著緑荷。

宋 李綱《梁谿集》卷一四〇《粲華贊》 我有佳友，粲粲其華。金英煒煌，翠葉交加。風露灑濯，色香相知。宛如美人，象服逶迤。可以忘憂，莫如旨酒。泛此粲華，益我眉壽。淵明一樽，子美三嗅。永結清歡，相從白首。

宋 王炎《雙溪類稾》卷九《雙溪種花》 雙溪漸有雜花開，每日扶笻到一回。勝似名園空鎖閉，主人至老不歸來。

宋 舒岳祥《閬風集》卷六《詠密囿花》 繁枝密密宜樊圃，以此能當密囿名。不信嫩莖藏勁刺，試將纖手觸紅英。毛身秦女自正色，鳥爪麻姑無俗情。方朔竊桃何處入，只應列子御風行。

金 元好問《遺山集》卷一三《鉼中雜花七首》 老柳驚看節物新，今年更與酒盃親。東山一道花如繡，從此他鄉不是春。

香中人道睡香濃，誰信丁香臭味同。一樹百枝千萬結，更應薰染費春工。

生紅點點弄嬌妍，半折花房更可憐。傳語春風好將護，莫教容易作銀錢。

紅抹蘭膏緑染衣，緑嬌紅小兩相宜。華邊剩有清香在，木石癡兒自不知。

素艷來從月姊家，温風淑氣發清華。人間自有交枝玉，天上休開六出花。

昨日桃華錦片新，兔葵今日到殘春。低枝留得稀疎朵，比似全開更惱人。

古銅瓶子滿芳枝，裁剪春風入小詩。看看海棠如有語，杏花也到退房時。

元 王惲《秋澗集》卷一〇《花工王氏歌》 城南劉郎携斗酒，與客來參秋澗叟。當隅跛縮不敢坐，王姓珪名三十九。平生有技真可人，好箇春風接花手。木翁奪秀孕黄婆，轉眼紅朋栖碧友。劉郎秀春趣已成，往往豪家鬬招誘。王生本出方技家，品味神經無不有。流芳轉入百花香，豈比橐駝法堪取。只今家住園田西，小橋流水遮高柳。會邀一醉百花堂，要藉我書傳不朽。我自東歸今五年，小園栽種期幽妍。城中糞壤雜瓦礫，雖有美植何由蕃。結根失所固可惜，異品奚獨冰霜纏。君不見，芳蘭種不生，惡草剪不去，此事人間自今古。田園子，聽予語，本根或撥非所宜，一接千金戒輕與。

元 姚燧《牧庵集》卷三四《賞花吟》 出門京國事無涯，虚擲東風五物華。却謝病歸催不起，故園今見碧桃花。

元 周霆震《石初集》卷五《籬間小花》 小小閒花分外紅，野人籬落自春風。江南多少繁華地，盡在寒烟蔓草中。

元 **盧琦《圭峯集》卷上《美人折花》** 曉綰香雲出户來，凌波微步下瑶堦。潛身折處香凝指，正面看時影在懷。鶯踏露珠沾翠袖，蝶隨春色上金釵。石欄干外莓苔滑，歸院應須换綉鞋。

元 **謝宗可《詠物詩·花霧》** 倦紫酣紅總未醒，暗熏芳淚滴無聲。羅幃隱繡迷春色，綺縠籠香護曉晴。薄暝枝頭留睡蝶，輕陰樹底咽啼鶯。東風捲到闌干曲，半濕游絲舞不成。

又 **《賣花聲》** 春光叫遍費千金，紫韵紅腔細細尋。幾處又驚遊冶夢，誰家不動惜芳心。響穿紅霧樓臺曉，情逐香風巷陌深。粧鏡美人聽未了，繡簾低揭畫簷陰。

明 **楊基《眉菴集》卷八《江畔尋花偶成二首》** 細草平沙暖更融，謾隨蝴蝶步東風。衰髯照水疑添白，老眼看花覺厭紅。且自細聽鶯宛宛，莫教深惜燕匆匆。江村到處皆春色，聊與行人弔客中。

偶隨流水到花邊，便覺心清似昔年。春色自來皆夢裡，人生何必盡樽前。平原席上三千客，金谷園中百萬錢。俛仰繁華竟陳迹，野花啼鳥謾留連。

又 **卷一〇《花開》** 花開醉不休，花謝莫深愁。縱使花長在，東風也白頭。

明 **李昌祺《運甓漫稿》卷五《賦落花》** 愁紅粉怨各依依，樹下偏多樹上稀。總爲春光争艷冶，却教夜雨妬芳菲。數枝浸水魚吹去，幾片縈林蝶趂飛。莫怪東風成薄倖，猶能收拾點人衣。

又 **卷六《花答》** 多謝天公著意栽，不教粧點艷亭臺。無人剪折無人賞，赢得年年自在開。

明 **王偁《虚舟集》卷四《賦得花影》** 欲拂更紛紛，空香寂不聞。亂迷芳蝶夢，輕護錦苔紋。襯月籠書幌，因風颺舞裙。莫移庭下步，蹴碎一階雲。

明 **于謙《忠肅集》卷一一《落花吟》** 昨日花開樹頭紅，今日花落樹頭空。花開花落尋常事，未必皆因一夜風。人生爲樂須少年，老後看花亦可憐。典衣沽酒花前飲，醉掃落花鋪地眠。風吹花落依芳草，翠點臙脂顔色好。韶光有限蝶空忙，歲月無情人自老。眼看春盡爲花愁，可惜朱顔變白頭。莫遣花飛江上去，殘紅易逐水東流。

明 **沈周《石田詩選》卷九《落花詩》** 玉勒銀罌已倦遊，東飛西落使人愁。色香急攙春去先辭樹，嬾被風扶强上樓。魚沫攸恩殘粉在，蛛絲牽愛小紅留。色香久在沈迷界，懺悔誰能倩比丘。

芳華别我漫匆匆，已信難留留亦空。萬物死生寧離土，一場恩怨本同風。株連曉樹成愁緑，波及烟江有倖紅。漠漠香魂無點斷，數聲啼鳥夕陽中。

筇枝侵曉啄芳痕，借爾庭階亦暫存。路不分明愁唤夢，酒無聊賴怕臨軒。隨風肯去從新嫁，棄樹難留絶故恩。惆悵斷香餘粉在，何人翦紙一招魂。

明 **石珤《熊峯集》卷二《陌上花歎》** 陌上花，何離離，秋風吹汝汝不知？汝有丹葩及紫萼，恨汝不值瓊瑶池。朝朝行人暮遊子，泣露酣霞何日止。花枝漸减秋月寒，獨抱餘芳道旁死。不如二月楊柳綿，猶自飄颺帝城裏。

明 **文徵明《甫田集》卷二《和答石田先生落花》** 零落佳人意暗傷，爲誰憔悴减容光。將飛更舞迎風面，已褪猶嫣洗雨粧。芳草一年空路陌，緑陰明日自池塘。名園酒散春何處，惟有歸來屐齒香。

明 **顧璘《息園存稿詩》卷七《周别駕宅看花》** 周侯方庭大如案，四敘種花香不斷。日高散衙一事無，手汲清池自澆灌。鮮英的皪赤瑛珠，密萼紛披紫絲幔。芳根異種多難識，粉蝶黄蜂暗相唤。西鄰迂叟饒閑情，叩户時來索花看。一來一醉酒千鍾，月俸依稀費多半。君侯莫厭頻來過，人生樂少憂患多。與君聚散同落葉，不醉花前將奈何。

明 **孫一元《太白山人漫藁》卷三《謝鮑山人採松花見寄》** 山人縛屋黄山巔，青松萬株盤屋前。春風摘取花滿裹，逢人遥寄吴門仙。吴門仙人身已輕，服花更向靈氣生。白日獨坐若木下，滄海如席龍不鳴。昨夢訪君松樹樾，赤脚蹋雲石苔滑。天風颯颯吹欲醒，歸來松際留明月。

明 **薛蕙《考功集》卷八《落花》** 今朝捲簾坐，時見一花飛。不惜芳菲盡，春風稍稍稀。

明 **丘雲霄《東遊集》卷二《殘花》** 昨日看花滿枝，今朝爛點漫青池。無情莫抱東風恨，作意開時是謝時。

明 **張元凱《伐檀齋集》卷一二《春日花下飲》** 春風青鬢未成絲，放逐江湖只酒巵。二十年來真落魄，不曾醒眼看花枝。

明 **徐熥《幔亭集》卷一三《郵亭殘花》** 征途微雨動春寒，片片飛花馬上殘。試問亭前來往客，幾人花在故園看。

明 **葉憲祖《落花賦**有序**》（《歷代賦彙》卷一二五引）** 武林張次公舊有《落花賦》，膾炙人口，余未之見也。乙丑秋日，晤次公于都門，始得快讀。才豔鮮穠，情寄悽惻，已極詞人之致。第賦與興比不同，始末詮敘，各有厥體。兹賦縱横言

之，若以之入歌行，可與盧駱同風。余不揣蕪陋，效顰一篇。深愧拘于所聞，聊博知己之覽笑云爾。

原夫芳叢茂苑，綺合上林。條風布暖，淑氣垂陰。吐鮮華於雜樹，紛麗色之交森。臨軒之鼓堪催，連夜之符待發。河陽之仙令爭看，鄴下之清歌未歇。恣王孫之宴賞兮，盻駐景于朝霞。重騷人之題諷兮，欲留春於碧月。夫何容華盡兮憔悴，風雨妒兮飄摇。含姿別榦，抱馥辭條。點蒼苔而尚媚，瞥秀目兮空撩。惜繁華之易墜，恨好物之非牢。緊惟綴庾嶺之瓊蕤，發羅浮之清夢。顧瘦影兮雲横，挹幽芬兮月送。冷蕊驚飛，關山一弄。迺若影碎百株之錦，春迎十里之紅。指前村兮沽酒，探御宴兮登龍。殘妝欲褪，麗彩俱空。粤若紅饒一捻，欄開百寶。姚黄魏紫，傾富貴之家；國色天香，極形容之巧。曾歡賞之無多，亦摧殘之恨蚤。亦有西府之産特異，垂絲之種還妍。迎風兮，若纖腰之怯舞；著雨兮，宜冶態之增憨。覓佳人于空谷，竟形影之難探。若夫玄都之樹新栽，紫陌之塵自滿。憶避秦兮何年，嗟乞漿兮期短。亂紅雨兮其如，擲春風兮不管。復有西湖十里，玉井一枝。六郎之面姣好，妖妃之步透迤。勸紅衣之欲卸，忽凌亂于漣漪。爰及招摇之種吕覽，攸稱賁禺之樹禹經。所蓄托幽叢于小山，蕩天香於雲外。惟金粟之繽紛，亦秋風之無賴。于是花云異狀，落亦殊顔。墜梨花之紛兮白皙，灑杜鵑之血兮紅殷。豆蔻之相思散漫，酴醾之倚架闌珊。木蘭飄雪，薔薇隕露。榴照眼兮輪丹，柳飛緜兮失素。或繞砌以依欄，或沾泥而撲路。其乍零也，翩弱態於迴風；其既落也，付香魂于流水。蝶蹴舞于低枝，燕銜歸于舊壘。詠寂寞則阿嬌之長門乍掩，悲棄置則班姬之紈扉初藏。還故枝而不得，徒垂涕于空房。嗟夫！物疇榮而不萎，世靡盛而不衰。信芳菲之易謝，宜爲歡之及時。濡毫兮太息，落花兮凝思。

清 高珩《栖雲閣詩》卷一〇《花發》 花發春深倍有情，門前垂柳自交横。荒村空寂誰同話，寒雨連朝倦入城。

清 錢泰吉《甘泉鄉人稿》卷二二《可讀書齋詩上·賞花》 長安看花人，蠭起鬭豔什。欲往從之游，籠鳥困拘縶。夢想豐臺春，芍藥紅欲溼。清晨入市賣，宿霧猶浥浥。六街萬花會，牡丹覺羞澀。憶昔童丱初，輕衫跨紫褶。亦曾汗漫游，到處醲香裛。折歸膽瓶供，窻户明熠熠。當時舊邸舍，吾兄屋重葺。衎石兄邸舍爲余舊寓。今年數春光，屈指過九十。安能花底坐，和樂兄弟翕。把君賞花詩，欲讀屢嗟挹。與君廿年來，鄉里手同執。曾對百花叢，共染松煤汁。同調六七人，高談口捷給。竭來各星散，新詩孰删拾。我如花墮溷，春風枉嘘吸。故人幸未忘，尺書時見及。開緘得一笑，稍可蠲愁悒。庭前滿眼花，惜非童所習。

雜録

晉 葛洪《神仙傳》卷一《鳳綱》 鳳綱者，漁陽人也。常採百草花，以水漬泥封之。自正月始，盡九月末止，埋之百日，煎丸之。卒死者，以此藥内口中，皆立生。綱長服此藥，得壽數百歲不老，後入地肺山中仙去。

唐 馮贄《雲仙雜記》卷三《梅聘海棠，橙子臣櫻桃》 黎舉常云：欲令梅聘海棠，橙子臣櫻桃，及以芥嫁笋，但恨時不同耳。然牡丹、酴醾、楊梅、枇杷，幸爲執友。《金城記》

宋 李昉《太平廣記》卷四一六《崔玄微》 唐天寶中，處士崔玄微洛東有宅。耽道餌术及茯苓三十載。因藥盡，領僮僕輩入嵩山採芝。一年方回，宅中無人，蒿萊滿院。時春季夜間，風清月朗。不睡，獨處一院，家人無故輒不到。三更後，有一青衣云：「君在院中也。今欲與一兩女伴過，至上東門表姨處，暫借此歇。可乎？」玄微許之。須臾，乃有十餘人，青衣引入。有緑裳者前曰：「某姓楊。」指一人，曰李氏。又一人，曰陶氏。又指一緋小女，曰姓石名阿措。各有侍女輩。玄微相見畢，乃坐于月下。問行出之由。對曰：「欲到封十八姨，數日云欲來相看，不得。今夕衆往看之。」坐未定，門外報封家姨來也。坐皆驚喜，出迎。楊氏云：「主人甚賢，只此從容不惡，諸亦未勝于此也。」玄微又出見封氏，言詞冷冷，有林下風氣。遂揖入坐，色皆殊絶，滿座芳香，馥馥襲人。諸人命酒，各歌以送之。玄微誌其二焉。有紅裳人與白衣送酒，歌曰：「皎潔玉顔勝白雪，況乃當年對芳月。沈唫不敢怨春風，自歎容華暗消歇。」又白衣人送酒，歌曰：「絳衣披拂露盈盈，淡染胭脂一朵輕。自恨紅顔留不住，莫怨春風道薄情。」至十八姨持盞，性頗輕佻，翻酒汙阿措衣。阿措作色曰：「諸人即奉求，人不奉畏耳。」拂衣而起。十八姨曰：「小女弄酒。」皆起，至門外別。十八姨南去，諸人西入苑中而別。玄微亦不知異。明夜又來，云：「欲往十八姨處。」阿措怒曰：「何用更去封嫗舍，有事只求處士。不知可乎？」阿措又言曰：「諸侶皆住苑中，每歲多被惡風所撓，居止不安，常求十八姨相庇。昨阿措不能依廻，應難取力，處

士倘不阻見庇，亦有微報耳。」玄微曰：「某有何力，得及諸女。」阿措曰：「但處士每歲歲日，與作一朱幡，上圖日月五星之文，于苑東立之，則免難矣。今歲已過，但請至此月二十一日，平旦微有東風，即立之。庶夫免患也。」玄微許之，乃齊聲謝曰：「不敢忘德。」拜而去。玄微于月中隨而送之，踰苑墻，乃入苑中，各失所在。依其言，至此日立幡。是日，東風振地，自洛南折樹飛沙，而苑中繁花不動。玄微乃悟，諸女曰姓楊、李、陶及衣服顔色之異，皆衆花之精也。緋衣名阿措，即安石榴也。封十八姨，乃風神也。後數夜，楊氏輩復至媿謝，各裹桃李花數斗，勸崔生服之可延年却老，願長如此住衛護某等，亦可致長生。至元和初，玄微猶在，可稱年三十許人。又尊賢坊田弘正宅，中門外有紫牡丹成樹，發花千餘朵。花盛時，每月夜，有小人五六，長尺餘，遊于花上。如此七八年，人將掩之，輒失所在。出《酉陽雜俎》及《博異記》。

宋　朱勝非《紺珠集》卷七《鸚鵡唤花開》　許漢陽舟行，迷入一溪，夾岸皆花苞。忽一鸚鵡唤花開一聲，花苞皆拆，中各有美女長尺許，能笑言。至暮花落，女亦隨落水中。

宋　陳鬱《藏一話腴》卷下　《金城記》黎常舉云：欲令梅聘海棠，棖子臣櫻桃，以芥嫁笥，但恨時不同耳。

明　王路《花史左編》卷七《花蕋》　舒大才，雲間之逸士也。聰慧能文，尤長於詩。麟德二年春，因駕舟訪友，抵中途，天已薄暮。時聞大魚跳擲於波間，宿鳥飛鳴於岸際。雲散月明，花香柳舞。忽蘭麝風透，環珮鏗鏘。大才異之，艤舟諦視。一美人姿容妍麗，偕二婢嬉遊於林下。生乃登岸，揖曰：「娘子居何處，夜行至此。」美人笑曰：「弊居僻陋，離此咫尺。君如不鄙，枉駕一顧。」大才情動於中，心不得已，遂與美人先後而行。不半里許，遥見竹户荆扉，花木掩暎，則窻净几亦甚整潔。美人遜生上坐，命侍婢獻茶。繼以酒饌，盃盤精緻，非世所有。壁間挂四時廻文詩四絶，美人自製也。其一曰：「花艷吐枝紅傍雨，柳煙垂線翠迎風。霞生遠漢東升日，月落閑窻北近松。」其二曰：「涼生水閣虚簷冷，齒嚼冰絲雪藕寒。香散榴花紅灼灼，露傾荷葉翠團團。」其三曰：「蘆覆岸深秋水碧，木凋霜凛晚天蒼。孤眠夜永愁空館，獨立朝長望遠鄉。」其四曰：「天墮雪花冰滿户，雨飛風冽凍凝城。鮮鮮蕋綻梅容瘦，滴滴香傾酒味清。」美人遽曰：「效顰鄙句，愧無好詞。君無哂焉。」大才稱贊不容口，詢以姓名居址。美人曰：「妾姓花，成都人。蕋真，小字也。」大才與之狎，美人變色曰：「男女配合，人之大倫。縱欲私通，謂之悖禮。與君萍水，遽起穿窬，可乎？」大才曰：「律設大法，禮順人情。趯趯之螽斯傳聲，喓喓之艸蟲即應。可以人而不如微物乎？」美人始改容曰：「君能賡此四時辭，是乃中雀之目，牽幕之絲也。」大才乃援筆而和之。其一曰：「花吐嫩紅新着雨，絮飄輕白細惟風。霞舒錦練光凝嶺，月上圓盤影挂松。」其二曰：「涼風扇透朝肌冷，驟雨盆傾夜帳寒。香棟出飛新燕小，翠池盈貼嫩荷團。」其三曰：「蘆岸宿鴻秋寂寂，桂庭飛蝶曉蒼蒼。孤燈剪盡捱長夜，獨枕愁思夢遠鄉。」其四曰：「天冷夜清霜滿野，月寒風凛雪迷城。鮮紅燭影深閨静，淡白梅香暗閣清。」大才和訖，美人贊曰：「兩韻並賡，真難得也。」是夜就寢，極講幽歡。天明起視，乃一古祠，中塑一美人身，左右列侍二婢。案上朱書木牌，題曰「花蕋夫人」。大才驚訝失色，舉身流汗，促舟還家，遂得疑疾。夢中常見美人與之同居，聯詩數篇，不及備述。

又《醉名花》　陳郡謝翔者，嘗舉進士，好爲七字詩。其先寓居長安昇道里，所居庭中多牡丹。一日晚霽，出其居，南行百步，遠眺終南峯。佇立久之，見一騎自西馳來，繡繢彷彿。近乃雙鬟，高髻靚粧，色甚姝麗。至翔所，因駐謂翔曰：「即非見待耶？」翔曰：「徒步此望山耳。」雙鬟笑，降，拜曰：「願即歸所居。」翔不測，即回望其居，見青衣三四人，偕立其門外。翔益駭異。入門，青衣俱前拜。既入，見堂中設茵毯，張帷帟，錦綉煇映，異香徧室。翔愕然且懼，不敢問。一人前曰：「即何懼？固不爲損。」頃之，有金車至門。見一美人，年十六七，丰貌艷麗，代所未識，降車入門，與翔相見。坐于西軒，謂翔曰：「聞此地有名花，故來與君一醉耳。」翔惧稍解。美人即命設饌，同翔而食。其器用、食物莫不珍異。出玉杯，命酒對酌。翔因問曰：「女即何爲者？得不爲他怪乎？」美人笑不答。固請之，曰：「君但知非人則已，安用問耶？」夜闌，謂翔曰：「某家甚遠，今將歸，不可久留矣。聞君善爲七言詩，願見貺。」翔悵然，因命筆賦詩曰：「陽臺後會已無期，碧樹烟深玉漏遲。半夜香風滿庭月，花前竟發楚王悲。」美人覽之，泣下數行，曰：「某亦嘗學爲詩，欲答來贈，幸不見誚。」翔喜而請。美人求絳箋，翔視笥中，惟碧箋一幅，因進之。美人題曰：「相思無路莫相思，風裏花開只片時。惆悵金閨却歸處，曉鶯啼斷緑楊枝。」其筆札甚工，翔嗟賞良久。美人遂顧左右撤帳帟，命燭登車。翔送至門，揮淚而別。未數十步，車輿人物盡亡見矣。

明 陳詩教《花裏活》卷三 漳州術士蕭韶多幻術，嘗在郡守郎時秀坐賞花，酒再行，戲曰：「值此花辰，無以爲樂，欲召數妓侑觴，可乎？」守曰：「可。」韶乃作密語，俄見四妓各攜樂器，自後門出。前曰：「妾等以花爲名，曰芍藥，曰梨花，曰杜鵑，曰酴醾。」且云能詩，即令各咏其名。吟罷起舞，鶯喉纖麗，柳態輕盈。郎爲動情，將欲犯之。韶遽叱之去，四妓悉化爲花矣。

明 吴之俊《獅山掌録》卷一七《普舍花》 施南縣普舍村覃氏祖，斬一異木，復生根而活，因四時開百種花。覃氏子孫歌舞其下，花乃落，取而簪之。他姓任歌，花不墜也。普舍猶華言風流。

又《女夷》 花神名女夷，乃魏夫人之弟子，花姑亦花神。

梅

題解

《爾雅·釋木》 梅，柟。注：似杏，實酢。音義【略】疏孫炎云：荆州曰梅，揚州曰柟。郭云：似杏實酢。《詩·秦風·終南》云：有條有梅。陸璣云：梅樹皮葉似豫樟，葉大如牛耳，一頭尖，赤心，華赤黄，子青，不可食。柟葉大可三四葉一叢。木理細緻於豫樟，子赤者材堅，子白者材脆是也。

漢 許慎《説文》卷六 柟，梅也。从木，冄聲。汝閻切。梅，柟也，可食。从木，每聲。莫桮切。楳，或从某。

明 李時珍《本草綱目》卷二九《梅》釋名：時珍曰：梅古文作呆，象子在木上之形。梅乃杏類，故反杏爲呆。書家訛爲甘木。後作梅，从每，諧聲也。或云：梅者媒也，媒合衆味。故《書》云：若作和羹，爾惟鹽梅。而梅字亦從某也。陸佃《埤雅》言梅入北方變爲杏，郭璞注《爾雅》以柟爲梅，皆誤矣。柟即柟木，荆人呼爲梅，見陸璣《草木疏》。

集解：《别録》曰：梅實生漢中山谷。五月採實，火干。頌曰：今襄漢、川蜀、江湖、淮嶺皆有之。時珍曰：按陸璣《詩疏》云：梅，杏類也。樹、葉皆略似杏，葉有長尖，先衆木而花。其實酢，曝干爲脯，入羹臛齏中，又含之可以香口。子赤者材堅，子白者材脆。范成大《梅譜》云：江梅，野生者，不經栽接，花小而香，子小而硬。消梅，實圓松脆，多液無滓，惟可生啖，不入煎造。緑萼梅，枝跗皆緑。重葉梅，花葉重叠，結實多雙。紅梅，花色如杏。杏梅，色淡紅，實扁而斑，味全似杏。鴛鴦梅，即多葉紅梅也，一蒂雙實。一云：苦楝接梅，則花帶黑色。譚子《化書》云：李接桃而本强者其實毛，梅接杏而本强者其實甘。梅實採半黄者，以烟熏之爲烏梅；青者鹽淹曝干爲白梅。亦可蜜煎、糖藏，以充果飣。熟者笮汁曬收爲梅醬。惟烏梅、白梅可入藥。梅醬夏月可調渴水飲之。

論説

宋 陸佃《埤雅》卷一三《梅》 梅，一名柟，杏類也。其實酢，子赤者材堅，子白者材脆。華在果子華中尤香。俗云：梅華優於香，桃華優於色。故天下之美，有不得而兼者多矣。若荔枝無好華，牡丹無美實，亦其類也。《記》曰：夔其窮與，梅先桃李而華。女失婚姻之時，則感已之不如。亦梅華雖先桃李，然其著實乃更在後，則婚姻之年或未慊也。故詩人以興焉。《詩》曰：摽有梅，其實七兮。摽有梅，其實三兮。摽有梅，頃筐塈之。言梅盛極而落，存者十七，已而十三則已，失婚姻之時矣。頃筐塈之，則婚姻尤晚矣。得及男女之時而已。蓋始於季秋，終於仲春者，婚姻之時也。三十而娶，二十而嫁者，男女之時也。《周南》昏姻以時，《召南》則男女得以及時而已。且及者，汲汲之詞，此其所以淺迫而爲《召南》。然則魯衛之政，兄弟也。周召之化，其父子歟。《詩》曰：墓門有梅，有鴞萃止。言墓門之隧，既非梅之所宜生，而鴞之爲物，食甚而甘之以自美，非梅之所能養而美之者也。猶之陳佗無良，師傅養成其質，以至於不義。且鴞所鳴，民有禍則惡，加於萬民之譬也。今江湘二浙四五月之間，梅欲黄落，則水潤土溽，礎壁皆汗，蒸鬱成雨，其霏如霧，謂之梅雨，沾衣服皆敗黦。故自江以南，三月雨謂之迎梅，五月雨謂之送梅。轉淮而北則否。亦梅至北方多變而成杏，故人有不識梅者，地氣使然也。《傳》曰五月有落梅風，江淮以爲信風，亦華信風之類。賈思勰曰：按梅華早而白，杏華晚而紅。梅實小而酸，杏實大而甜。梅可以調鼎，杏則不任此用。世人或不能辨，言梅、杏爲一物，此則北人不識梅

也。《詩》曰：終南何有，有條有梅。君子至止，錦衣狐裘。條，柚也。蓋柚渡淮而爲枳，梅變而成杏。今終南之所生，有條有梅，而材實成焉。則山之所以美化乃在乎此，以譬則人君之道化也。《書》曰：若作酒醴，爾惟麴蘖；若作和羹，爾惟鹽梅。蓋造而始之者，麴蘖也。調而成之者，鹽梅也。高宗之於傅説，始命之曰：用汝作礪。言命汝作此而已，所謂格則庸之者也。終命之曰：爾惟麴蘖，爾惟鹽梅。則其所以待之厚矣。蓋麴蘖所以作酒故也，鹽梅所以作和羹故也。《七命》云：燀以秋橙，酤以春梅。正言春梅者，春實尚青，味酢故也。《淮南子》注曰：一梅不足爲百人酸，喻少不能有所勝。故曰：金重於羽者，豈謂一鉤金與一輿羽之謂哉。舊説大庾嶺上梅，南枝落，北枝始華，故文。二人向陽爲从，向陰爲比。士之趨嚮不可不慎也。

宋 程顥、程頤《二程遺書》卷二 早梅冬至已前發，方一陽未生，然則發生者何也？其榮其枯，此萬物一箇陰陽，升降大節也。然逐枝自有一箇榮枯，分限不齊，此各有一乾坤也。各自有箇消長，只是箇消息。惟其消息，此所以不窮。至如松栢，亦不是不彫，只是後彫，彫得不覺，怎少得消息。方夏生長時，却有夏枯者，則冬寒之際，有發生之物，何足怪也。

宋 羅願《爾雅翼》卷一〇《梅》 梅先春而華，其實亦早，故「摽有梅」爲昬嫁之候。古者以梅實薦饋食之籩，所謂乾䕩是也。《蜀志》曰：蜀名梅爲䕩，大如鴈子。然籩人八籩，而棗、栗、桃、乾䕩、榛實僅五物。故鄭氏解引《内則》桃諸、梅諸以爲證，疏者從而廣之，曰䕩爲乾梅，則桃爲濕桃。又桃諸是乾者，桃有乾濕，梅亦應有乾濕，以足八籩之數。其實既酸，故以爲和。《商書》所謂「爾惟鹽梅」，《左氏傳》曰「水火醯醢鹽梅，以亨魚肉」，《禮記》則獸用梅而已。《詩義疏》曰：梅暴乾爲臘羹臛虀中，又可含以香口。梅既爲臘，故又稱乾臘。《山海經》曰：雲山之上，其實乾臘也。《管子》：五沃之土，其梅其杏，其桃其李。今江南梅熟之時，輒有細雨，連日不絶，衣物皆裛，謂之梅雨。《説苑》曰：越使諸發執一枝梅遺梁王。《夏小正》曰：正月梅杏杝桃則華，五月煮梅爲豆實。

宋 洪邁《容齋續筆》卷三 《摽有梅》之詩不注釋梅，而《秦風・終南》詩「終南何有，有條有梅」，毛氏云：梅，柟也。箋云：名山高大，宜有茂木。今之梅與柟異，亦非茂木，蓋毛、鄭北人，不識梅耳。

宋 范成大《范村梅譜・後序》 梅以韻勝，以格高，故以横斜疎瘦與老枝恠奇者爲貴。其新接穉木，一歲抽嫩枝，直上或三四尺，如酴醾、薔薇輩者，吴下謂之氣條。此直宜取實規利，無所謂韻與格矣。又有一種糞壤力勝者，於條上茁短横枝，狀如棘針花密綴之，亦非高品。近世始畫墨梅，江西有楊補之者尤有名，其徒倣之者實繁。觀楊氏畫大略皆氣條耳，雖筆法奇峭，去梅實遠。惟廉宣仲所作，差有風致，世鮮有評之者。余故附之譜後。

宋 張功甫《梅品》 玉照堂梅説

梅花爲天下神奇，而詩人尤所酷好。淳熙歲乙巳，予得曹氏荒圃於南湖之濵，有古梅數十散漫地十畝，移種成列，增取西湖北山别圃紅梅合三百餘本。築堂數間以臨之，又挾以兩室。東植千葉緗梅，西植紅梅各一二十章，前爲軒楹如堂之數。花時居宿其中，環潔輝映，夜如對月，因名曰玉照。復開澗環繞，小舟往來，未始半月捨去。自是客有遊桂隱者，必求觀焉。頃者太保周益公秉鈞，予嘗造東閣，坐定首顧予曰：一棹徑穿花十里，滿城無此好風光。蓋予舊詩尾句。衆客相與歆豔，於是遊玉照者又必求觀焉。值春凝寒，又能留花，過孟月始盛。名人才士題詠層委，亦可謂不負此花矣。但花豔並秀非天時，清美不宜，又標韻孤特。若三閭、首陽二子，寧橋山澤，終不肯頫首屏氣，受世俗湔拂。間有身親貌悦，而此心落落不相領會，甚至於污褻附近畧不自揆者，花雖眷客，然我輩胸中空惘，幾爲花呼叫稱冤，不特三嘆而足也。因審其性情，思所以爲奬護之策，凡數月乃得之。今疏花宜稱、憎嫉、榮寵、屈辱四事，總五十八條，揭之堂上，使來者有所警省，且示人徒知梅花之貴，而不能愛敬也。使與予之言，傳布流通，亦將有媿色云。

花宜稱凡二十六條

爲澹陰，爲曉日，爲薄寒，爲細雨，爲輕烟，爲佳月，爲夕陽，爲微雪，爲晚霞，爲珍禽，爲孤鶴，爲清溪，爲小橋，爲竹邊，爲松下，爲明牕，爲踈籬，爲蒼崖，爲緑苔，爲銅瓶，爲紙帳，爲林間吹笛，爲膝上横琴，爲石枰下棋，爲掃雪煎茶，爲美人澹粧簪戴。

花憎嫉凡十四條

爲狂風，爲連雨，爲烈日，爲苦寒，爲醜婦，爲俗子，爲老鴉，爲惡詩，爲談時事，爲論差除，爲花徑喝道，爲對花張緋幙，爲賞花動鼓板，爲作詩用調羹驛使事。

花榮寵凡六條

爲烟塵不染，爲鈴索護持，爲除地鏡浄落瓣不淄，爲王公旦夕留盻，爲詩人

閣筆評量，爲妙妓澹粧雅歌。

花屈辱凡十二條

爲主人不好事，爲主人慳鄙，爲種富家園内，爲與麄婢命名，爲蟠結作屏，爲賞花命猥奴，爲庸僧牕下種，爲酒食店内插瓶，爲樹下有狗矢，爲枝下曬衣裳，爲青紙屏粉畫，爲生猥巷穢溝邊。

宋 費衮《梁谿漫志》卷七《陳輔之論林和靖梅詩》 陳輔之云：林和靖「踈影横斜水清淺，暗香浮動月黄昏」，殆似野薔薇。是未爲知詩者。予嘗踏月水邊，見梅影在地，踈瘦清絶，熟味此詩真能與梅傳神也。野薔薇叢生，初無踈影，花陰散蔓，烏得横斜也哉？

明 楊慎《丹鉛摘録》卷五 新歲芳梅樹，繁苞四面同。春風吹漸落，一夜幾枝空。小婦今如此，長城恨不窮。莫將遼海雪，來比後庭中。此劉方平梅花詩也。既不用事，又不拘對偶。而工緻天然，雖太白未易先後也。梅花詩被宋人作壞，令人見梅枝條可憎而香影無味，安得誦此詩及梁元帝、徐陵、陰鏗、江總諸作，一洗梅花之辱乎？

明 盧翰《掌中宇宙》卷一三《草木部·梅具四德》 梅蕋初生爲元，開花爲亨，結子爲利，成熟爲貞。

明 郎瑛《七修續稿·辯證類·嶺梅》 舊人咏嶺梅「南枝向暖北枝寒」之句，以梅比擬文文山兄弟，當也。今人即以大槩梅花分南北而爲冷暖，錯矣。蓋大庾嶺上梅花，南枝落，北枝方開。蓋由南入粤，北近江也。

明 何三畏《新刻何氏類鎔》卷三二《梅》 摽梅詠自風人，落梅歌成樂府。蓋梅雖同于羣卉，實則放于早春。映雪而凝寒開，銜霜而當户發。枝横却月之觀，花繞凌風之臺。艷吐四照之林，芳舒五衢之路。條新抽而插故，葉嫩出而含姿。既玉綴而珠離，亦永懸而雹布。雜霏霏之晨霧，挂靡靡之游絲。結影臨池，分光傍巘。争落粉于樓上，奪織素于機中。信洛涘之繁榮，誠雲山之乾臘。食之可以香口，和之可以調羹者也。是以魏武行軍，指梅林中而解渴；蘇耽種藥，蒔梅樹下而療痾。馮涓嚼梅而四座流涎，范信啖梅而一斛皆盡。公主卧簷，而落梅花之粧于眉額；柳渾博射，而摘梅花之貼于烏珠。袁豐之六株梅在第後而張幕蔽風，悵無佳人傾城之笑語。元稹之九英梅在簷前而隙光彈射，喜有才子映日之文章。晏公元獻移植紅梅一二本于西岡圃内，而姑蘇之種始傳都城。英州司寇遍植白梅三十株于大庾嶺上，而熳爛之花始夾山徑。紫花梅植之上林苑裏，乃群臣獻之漢宫；緑英梅得之慈恩寺中，乃僧人獻之李白。梅以艷歌入曲，已輸一半之春風。梅從驛使寄來，聊贈一枝之春信。若東方朔有三門生同至酒肆，而先是見飛鳩集梅樹間，即知酒酸而不得飲，其數已奇。趙師雄遇一女子，共入松林而久之，見翠羽鳴梅樹上，相顧月落而但興嗟，其事亦怪矣。讀蜀郡東壁之詩有云「憑仗高樓莫吹笛」，讀韓偓内庭之咏有云「香號返魂容易回」，乃知梅花固亦有神也哉。

明 謝肇淛《五雜俎》卷一〇《物部二》 自「暗香踈影」之句爲梅傳神，而後高人墨客，相繼吟賞不置。然翫華而忘實，政與古人意見相反。閩浙三吴之間，梅花相望，有十餘里不絶者，然皆俗人種之以售其實耳。花時苦寒，凌風雪於山谷間，豈俗子可能哉？故種者未必賞，賞有未必種，與它花卉不同也。

明 徐渭《刻徐文長先生秘集》卷一一《梅》 梅以清勝取其標。宜微雲，宜踈烟，宜晚霞，宜對月，宜初霽，宜薄寒，宜溪邊，宜橋畔，宜翠壁，宜寒崖，宜幽窻，宜怪石，宜翠竹，宜長松，宜踈籬，宜曲逕，宜孤隺，宜珍禽，宜銅瓶，宜紙帳，宜林間吹笛，宜膝上横琴，宜美女淡粧，宜幽人獨嘯。

清 陳啟源《毛詩稽古編》卷二八 梅之名，四見於《國風》，而《召南》與《秦》、《陳》之梅，毛皆有傳。《召南》傳云：盛極則隋落者，梅也。《秦》《陳》二傳皆云：梅，枏也。陸元恪「摽梅」「條梅」亦各有疏，於摽梅曰「梅，杏類也」，於「條梅」曰「梅樹皮葉似豫章」。然則《召南》之梅是和羹之梅，《秦》、《陳》之梅是梅枏之梅，截然兩木。毛、陸意正相同矣。又《説文》云：梅，枏也，可食。從木每聲，或從某作楳。徐，莫桮切。又云：某，酸果也，從木甘。石鼓文從口作槑。徐，莫後切。是兩木元各一字，古人經文字必各異，後世溷爲一耳。況梅性畏寒，不産北土。《召南》江沱已入梁境，自應植之，非秦陳所宜木也，其爲枏樹無疑。陸《疏》又言豫章子青不可食，枏之木理細緻於豫章，子有赤白二種。《説文》以爲可食，殆對豫章言，與《爾雅·釋木》「梅，枏」明是秦陳之梅，非《召南》之梅。郭注云「似杏，實酢」，蓋誤認兩梅爲一也。邢《疏》引陸氏條梅疏證之，合於經而違於注，又不辨其同異，踈忽甚矣。

《詩》有二梅，而《爾雅》之「梅，枏」是條梅，非摽梅也。郭注以爲似杏，誤矣。《爾雅》有二條，而《詩·終南》之條是《爾雅》之「稻，山榎」，非柚條也。《埤雅》以爲柚，誤矣。當以《毛傳》及《草木疏》爲正。

清 孫之騄《枝語》卷下《梅》 荔枝無好華，牡丹無美實，天下之美有不得而

兼者矣。梅花早白，杏花晚紅，天時有不得而齊者矣。橘踰淮而爲枳，梅至北方變而成杏，北方之人有不識梅者。江南二月雨曰迎梅，五月雨曰送梅。自江而北則否，地氣有不得而一者矣。傳説之梅和羹，曹公之梅止渴，遇合有不得而同者矣。墓門有梅，歌其不良，鳩子在梅，母則有常，美刺有不齊者矣。梅有香，有色，有華，有實，厥美萃焉梅一而已。胡子赤材堅，子白材脆？胡大如兒拳，小者如彈？胡重葉實少，而白蓮雙結？賦稟有不齊者矣。早梅夏熟，胡知有冬？冬梅十月可用。墨梅如墨，福州何紅？孰爲冠城梅，胡以俟何不花自實。而水梅無核，鶴頂奚象，玉蝶栩栩有來，鴛鴦同心並蒂，品類有不得而同者矣。是故天時有生也，地理有宜也，人官有能也，物曲有利也，夫物之不齊物之情也。

綜　述

三國吴　陸璣《毛詩鳥獸草木蟲魚疏》卷上《摽有梅》　梅，杏類也。樹及葉皆如杏而黑耳。曝乾爲臘，置羹臛齏中，又可含以香口。

唐　段公路《北户録》卷三《紅梅》　嶺之梅，小於江左，居人採之，雜以豆蔻花。漏葰花，白色，穗尖，微紅。《南方草木狀》曰：漏葰樹，子大如李實，二月花，七月熟，出興古。書此字。又劉欣其《交州記》作竇葰。《廣志》作豆菻字也。構櫞子，朱槿之類。顔之推云：枸櫞子似橘，大如飯簇。《字林》音矩櫞。又按梁朝上饌糝莫合子内有根櫞是也。又朱槿四時常有，花可食，此蕣木也。一名董，一名櫬。《莊子》云朝□。又張華云：君子國多蕣華之革，朝生夕死。和鹽曝之，梅爲槿花所染，其色可愛，今嶺北呼爲紅梅是也。又有選大梅，刻鏤瓶罐結帶之類，取棹汁漬之，棹木葉，烹其葉呼爲棹汁。按梅有紫花梅、同心梅、麗支梅，品第絶多。亦甚甘脆。

宋　鄭樵《通志》卷七六　梅之類多，《爾雅》曰：梅，柟。又曰時英梅，梅類而實小，謂之雀梅。

宋　范成大《范村梅譜》　梅，天下尤物，無問智賢愚不肖，莫敢有異議。學圃之士，必先種梅，且不厭多。他花有無多少，皆不繫重輕。余於石湖玉雪坡既有梅數百本，比年又於舍南買王氏僦舍七十楹，盡拆除之，治爲范村，以其地三分之一與梅。吴下栽梅特盛，其品不一。今始盡得之，隨所得爲之譜，以遺好事者。

江梅，遺核野生，不經栽接者，又名直脚梅，或謂之野梅。凡山間水濱、荒寒清絶之趣，皆此本也。花稍小而疎瘦，有韻香最清，實小而硬。早梅花勝直脚梅。吴中春晚，二月始爛漫，獨此品於冬至前已開，故得早名。錢塘湖上亦有一種，尤開早。余嘗重陽日親折之，有「横枝對菊開」之句。行都賣花者，争先爲奇。冬初所未開枝，寘浴室中薰蒸令拆，强名早梅，終瑣碎無香。余頃守桂林，立春梅已過，元夕則見青子，皆非風土之正。杜子美詩云：梅蘂臈前破，梅花年後多。惟冬春之交，正是花時耳。

官城梅，吴下圃人以直脚梅擇他本花肥實美者接之，花遂敷腴，實亦佳，可入煎造。唐人所稱官梅，止謂在官府園圃中，非此官城梅也。消梅花與江梅、官城梅相似，其實圓小鬆脆多液無滓，多液則不耐日乾，故不入煎造，亦不宜熟，惟堪青噉比梨。亦有一種輕鬆者，名消梨，與此同意。

古梅，會稽最多，四明、吴興亦間有之。其枝樛曲萬狀，蒼蘚鱗皴，封滿花身。又有苔鬚垂於枝間，或長數寸，風至緑絲飄飄，可玩。初謂古木，久歷風日致然。詳考會稽所産，雖小株亦有苔痕，蓋別是一種，非必古木。余嘗從會稽移植十本，一年後花雖盛發，苔皆剥落殆盡。其自湖之武康所得者，即不變移，風土不相宜。會稽隔一江，湖蘇接壤，故土宜或異同也。凡古梅多苔者，封固花葉之眼，惟罅隙間始能發花。花雖稀而氣之所鍾，豐腴妙絶。苔剥落者，則花發仍多，與常梅同。去成都二十里，有卧梅，偃蹇十餘丈，相傳唐物也，謂之梅龍，好事者載酒遊之。清江酒家有大梅如數間屋，傍枝四垂，周遭可羅坐數十人。任子嚴運使買得，作凌風閣臨之，因遂進築大圃，謂之盤園。余生平所見梅之奇古者，惟此兩處爲冠，隨筆記之，附古梅後。

重葉梅，花頭甚豐，葉重數層，盛開如小白蓮，梅中之奇品。花房獨山，而結實多雙，尤爲瑰異，極梅之變化，工無餘巧矣。近年方見之，蜀海棠有重葉者，名蓮花海棠，爲天下第一，可與此梅作對。

緑萼梅，凡梅花紂蒂皆絳紫色，惟此純緑，枝梗亦青，特爲清高好事者比之九疑僊人萼緑華。京師艮嶽有萼緑華堂，其下專植此本，人間亦不多有，爲時所貴重。吴下又有一種萼，亦微緑，四邊猶淺絳，亦自難得。

百葉緗梅，亦名黄香梅，亦名千葉香梅。花葉至二十餘瓣，心色微黄，花頭差小而繁密，别有一種芳香。比常梅尤穠美，不結實。

紅梅，粉紅色，標格猶是梅，而繁密則如杏，香亦類杏，詩人有「北人全未識，渾作杏花看」之句，與江梅同開，紅白相映，園林初春絶景也。梅聖俞詩云「認桃

無綠葉，辨杏有青枝」，當時以爲著題。東坡詩云：「詩老不知梅格在，更看綠葉與青枝。」蓋謂其不韻，爲紅梅解嘲云。承平時，此花獨盛於姑蘇。晏元獻公始移植西岡圃中。一日貴游賂園吏得一枝分接。由是都下有二本，嘗與客飲花下，賦詩云：「若更開遲三二月，北人應作杏花看。」客曰：「公詩固佳，待北俗何淺耶？」晏笑曰：「傖父安得不然？」王琪君玉，時守吳郡，聞盜花種事，以詩遺公曰：「館娃宫北發精神，粉瘦瓊寒露蕊新。園吏無端偷折去，鳳城從此有雙身。」當時罕得如此，比年展轉移接，殆不可勝數矣。世傳吳下紅梅詩甚多，惟方子通一篇絶唱，有「紫府與丹來換骨，春風吹酒上凝脂」之句。

鴛鴦梅，多葉紅梅也。花輕盈，重葉數層。凡雙果必並蔕，惟此一蔕而結雙梅，亦尤物。

杏梅，花比紅梅色微淡，結實甚匾，有斕斑色，全似杏味，不及紅梅。

蠟梅，本非梅類，以其與梅同時，香又相近，色酷似蜜脾，故名蠟梅。凡三種，以子種出，不經接，花小香淡，其品最下，俗謂之狗蠅梅。經接，花疏，雖盛開花常半含，名磬口梅，言似僧磬之口也。最先開，色深黄如紫檀，花密香穠，名檀香梅，此品最佳。蠟梅香極清芳，殆過梅香。初不以形狀貴也，故難題詠，山谷、簡齋但作五言小詩而已。此花多宿葉，結實如垂鈴，尖長寸餘，又如大桃，奴子在其中。

明 吴雨《毛詩鳥獸草木考》卷一六《梅》 《召南》曰：摽有梅。傳：梅，柟也。

梅先春而花，似杏，其實赤而酢，多食則濺齒。果中惟此花香。俗云：桃花優於色，梅花優於香。和泥多種，接桃結實最大，接李紅甘。或言梅杏一物，北人不識梅也。江南三月雨，謂之迎梅。五月雨，謂之送梅。渡淮而北則否，亦梅至北方多變而爲杏。《傳》云：五月有落梅風，江南謂之信風，亦花信風之類。《夏小正》云：正月梅杏則花，又五月煑梅。注：爲豆實也。《格物論》：梅子大者如小兒拳，小者如彈丸。枝頭碧顆，初熟帶胭脂色，熟甚黄而落。《詩義疏》云：杏類也。樹及葉皆如杏而黑耳。其子赤而酢，亦可生噉。暴而乾爲臘，可著羮臛中，又可含以香口。梅既爲臘，故又稱乾臘。《山海經》云：雲山之上，其實乾臘也。《釋草》：梅，柟。孫炎云：荆州曰梅，楊州曰柟。郭氏云：似杏而實酢。沈氏云：楊州人不聞名柟者。陸璣云：「梅樹皮葉似豫樟。豫樟葉大如牛耳，一頭尖，赤心，花赤黄，子青不可食。柟葉大可三四葉一藂，木理細緻於豫樟，子赤者材堅，子白者材脆」，是也。江南及魏興、新城、上庸、蜀皆多樟柟。終南山與上庸、新城通，故亦有柟也。按《爾雅》：梅，柟。夫梅之曰柟，猶鯉之曰鱣也。柟即楠木，細緻於豫樟，一名交讓木。《傳》、《疏》因《爾雅》梅柟之文，遂謂柟爲梅。雖許慎、孫炎亦不復知有楠矣。猶鱣本鱣鮪大魚，鯉亦謂之鱣，不應遂謂鱣獨爲鯉也。

明 劉侗《名物通》卷八 梅范石湖《梅譜》凡九十餘種，其結實最遲，必十二年方結實。接桃最大，接李紅甘。

明 周文華《汝南圃史》卷三《花果部·梅》 梅，一名柟，杏之類，樹及葉皆如杏，樹比杏稍黑，葉比杏稍青，北人不識，故賢元覬曰：「梅花早而白，杏花晚而紅，梅實小而酸核有文，杏實大而甜核無文，梅任調食及虀，杏則不任此用，世人或不能辨，言梅杏爲一物，失之遠矣。」花香先百花開，結實至五月而熟。

范石湖《梅譜》曰：「梅天下尤物，無問知、愚、賢、不肖，莫敢有異議，學圃之士必先種梅且不厭多。」又曰：「梅以韻勝，以格高，故以横斜疎瘦與老枝怪奇者爲貴，其新接稺本抽嫩枝直上或三四尺如酴醿、薔薇類者，謂之氣條，此直宜取實規利，無所謂韻與格矣。又有一種糞壤力勝者於條上，茁短横枝，狀如棘鍼花密綴之，亦非高品。其叙梅類，有江梅，遺核野生不經栽接者，又名直脚梅，或謂之野梅，凡山間水濱荒寒清絶之趣皆此本也。花稍小而疎瘦有韻，香最清，實小而硬。有早梅，花勝直脚梅。吳中春晚二月始爛熳，獨此品於冬至前已開，故得早名。錢塘湖上亦有一種，尤開早，予嘗重陽日親折之，有「横枝對菊開」之句，行都賣花者爭先爲奇。冬初折未開枝，寘浴室中熏蒸，今拆强名早梅，終瑣碎無香。有官城梅，吳下圃人以直脚梅擇他本花肥實美者接之，花遂敷腴，實亦佳，可入煎造。有消梅，花與江梅、官城梅相似，其實圓小，鬆脆多液無滓，多液則不耐日乾，故不入煎造，亦不宜熟，惟堪青噉。有古梅，其枝樛曲萬狀，蒼蘚鱗皴，封滿花身，又有苔鬚垂於枝間，或長數寸，風至，綠絲飄飄可愛。有重葉梅花，頭甚豐，葉重數層，盛開如小白蓮，梅中之奇品，花房獨出而結實多雙，尤爲瑰異，極梅之變化，工無餘巧矣。有綠蕚梅，凡梅花跗蔕皆絳紫色，惟此純綠枝，梗亦青，特爲清高好事者比之九疑仙人蕚綠華。又有一種蕚，亦微綠，四邊猶淺絳，亦自難得。有百葉緗梅，亦名黄香梅，亦名千葉香梅，花葉至二十餘瓣，心色微黄，花頭差小而繁密，別有一種芳香，比常梅尤穠美，不結實。有紅梅，粉紅色，標格猶是梅，而繁密則如杏，香亦類杏。詩人有「北人

全未識，渾作杏花看」之句，與江梅同開，紅白相映，園林初春絶景也。梅聖俞詩云：認桃無緑葉，辨杏有青枝。當時以爲著題。東坡詩云：詩老不知梅格在，更看緑葉與青枝。蓋謂其不韻，爲紅梅解嘲云。有鴛鴦梅，多葉紅梅也，花輕盈，重葉數層，凡雙果必並蔕，唯此一蔕而結雙梅，亦尤物。有杏梅，花比紅梅色微淡，結實甚匾，有爛斑色，全似杏，味不及紅梅。《吴邑志》云：「梅花疎瘦有韻，山家多種之，光福山中尤多。花時，香雪三十里，物外奇賞也。」又云：「梅子，其味仍在熟時，青黄餖飣，歷時最久。」《埤雅》曰：「子赤者材堅，子白者材脆。」俗云：梅花優於香，桃花優於色，天下之美不得而兼者。若荔支無好花，牡丹無美實，亦其類也。今江湘四五月間，梅欲黄落，則水潤玉溽，礎壁皆汗，蒸鬱成雨，其霏如霧，謂之梅雨，沾衣服皆敗黦。故自江以南，三月雨謂之迎梅，五月雨謂之送梅。

明 方以智《物理小識》卷九 梅：有鶴頂梅、消梅、冠城梅，皆實大，五月熟。時梅有六月熟者，早梅四月熟，冬梅花白實小，有玉蝶梅、緑萼梅。紅梅再接即重臺，春分前秋分後接，用桃杏體及本體，紅梅白葉，一花三子，曰品字梅，紫梗疎條。蠟梅別一種，其磬口者佳，芒種時種其子。

清 揆叙《隙光亭雜識》卷四 《埤雅》云：「四五月間梅欲黄落，蒸濕而雨，謂之梅雨，天寒則主旱。」諺云：黄梅寒，井底乾。又吴俗以芒種後，逢壬日爲入梅，以夏至日起時，時分三部，謂之黄梅。三時共十五日，三日爲頭時，五日爲中時，七日爲末時。梅雨時，雨田所必資也。方梅而雨主旱，時盡而雷主澇。諺云「高田只怕迎梅雨，低田只怕送時雷」是也。中時而雷，謂之腰報，亦主多雨，名倒黄梅。

清 嵇璜《續通志》卷一七七 梅，《說文》作楳。一名䕩。實似杏，微甘酸，可啖。《周禮》：饋食之籩，其實乾䕩。註：乾䕩，梅也。《夏小正》：五月煑梅爲豆實。其類不一，范成大《梅譜》有江梅、消梅、緑萼梅、杏梅、鴛鴦梅諸名。烏梅、白梅可入藥。又有榔梅，出均州太和山，相傳真武折梅枝插於榔樹而生者，榔乃榆樹也。後魏賈思勰《齊民要術》云：梅實赤於杏而酸，可生啖。煑而曝乾爲臘，置羹臛中，又可含以香口，亦蜜藏而食。

按《鄭志》載梅之類，一引《爾雅》「梅，柟」，一引「時英梅」。柟屬大木，又別一種。時英梅類而實小，名雀梅，不足以盡梅類明矣。今增補。

清 鄒一桂《小山畫譜》卷上《梅》 白花五出，枝葉破節，冬春間即開，得陽氣之最先者也。蘂圓蔕小，鬚密，中抽一心，無點，即花謝後結實者。凡結實之花俱有之，人未之察耳。著梗處有微苞，開足時形扁，花時有微芽，花著新枝，枝青色。老幹屈曲糾形，墨色畧帶赭色。千葉者，有玉蝶、紅梅、緑萼諸品不一。

清 趙佑《草木疏校正》卷上《摽有梅》 梅，杏類也。樹及葉皆如杏而黑耳。曝乾爲臘，置羹臛齏中，又可含以香口。

案：陸氏釋摽梅爲今梅，釋「有條有梅」，則依《傳》別爲柟，最是。但梅樹幹作鐵色可言黑，葉不可言黑。陸既吴人，夫寧不審。恐黑耳二字當如郭注實酢二字，方與下文順。莫知奚以致誤。孔疏不引之，豈以其言之不確，抑以人所共識，而略之耶。至《廣要》以《爾雅》凡三釋梅，獨未及今梅爲欠。竊謂《釋木》云：時，英梅。郭璞注爲雀梅。疏讀時字斷句，然安見不可讀時英二字句。梅先百花，豈非及時而英者耶，輒信筆博一粲。

傳記

唐 曹鄴《梅妃傳》 梅妃，姓江氏，莆田人。父仲遜，世爲醫。妃年九歲，能誦《二南》。語父曰：我雖女子，期以此爲志。父奇之，名曰采蘋。開元中，高力士使閩粤，妃笄矣。見其少麗，選歸侍明皇，大見寵幸。長安大內、大明、興慶三宫，東都大內、上陽兩宫，幾四萬人，自得妃，視如塵土。宫中亦自以爲不及。妃善屬文，自比謝女。淡妝雅服，而姿態明秀，筆不可描畫。性喜梅，所居闌檻悉植數株，上榜曰梅亭。梅開，賦賞至夜分，尚顧戀花下不能去。上以其所好，戲名曰梅妃。妃有《蕭》、《蘭》、《梨園》、《梅花》、《鳳笛》、《玻盃》、《剪刀》、《綺窻》八賦。是時承平歲久，海内無事。上於兄弟間極友愛，日從燕間，必妃侍側。上命破橙往賜諸王，至漢邸，潛以足躡妃履，登時退閣。上命連箮，報言「適履珠脱綴，綴竟當來」。久之，上親往命妃。妃拽衣迓上，言「胸腹疾作，不果前也」，卒不至。其恃寵如此。後上與妃鬭茶，顧諸王戲曰：此梅精也。次白玉笛，作驚鴻舞，一座光輝。鬭茶今又勝我矣。妃應聲曰：草木之戲，悞勝陛下。設使調和四海，烹飪鼎鼐，萬乘自有憲法，賤妾何能較勝負也。上大悦。會太真楊氏入侍，寵愛日奪，上無踈意。而二人相疾，避路而行。上嘗方之英、皇，議者謂廣狹不類，竊笑之。太真忌而智，妃性柔緩，亡以勝，後竟爲楊氏遷於上陽東宫。後上憶妃，夜遣小黄門滅燭，密以戲馬召妃至翠華西閣，敘舊愛，悲不自勝。繼而

上失寵，侍御驚報曰：妃子已留閣前，當奈何？上披衣，抱妃藏夾幙間。太真既至，問梅精安在？上曰：在東宮。太真曰：乞宣至，今日同浴温泉。上曰：此女已放屏，無並往也。太真語益堅，上顧左右不答。太真大怒曰：肴核狼籍，御榻下有婦人遺舄，夜來何人侍陛下寢，懽醉至於日出不視朝？陛下可出見群臣，妾止此閣以俟駕回。上愧甚，拽衾向屏復寢，曰：今日有疾，不可臨朝。太真怒甚，徑歸私第。上頃覓妃所在，已爲小黄門送令步歸東宮。上怒斬之。遺舄并翠鈿命封賜。妃謂使者曰：上棄我之深乎？使曰：上非棄妃，誠恐太真惡情耳。妃笑曰：恐憐我則動肥婢情，豈非棄也。妃以千金壽高力士，求詞人擬司馬相如爲《長門賦》，欲邀上意。力士方奉太真，且畏其勢，報曰：無人解賦。妃乃自作《樓東賦》，略曰：

玉鑑塵生，鳳奩香殄。懶蟬鬢之巧梳，閑縷衣之輕練。苦寂寞於蕙宫，但凝思乎蘭殿。信標落之梅花，隔長門而不見。况乃花心颺恨，柳眼弄愁。煖風習習，春鳥啾啾。樓上黄昏兮，聽鳳吹而回首。碧雲日暮兮，對素月而凝眸。温泉不到，憶拾翠之舊游。長門深閉，嗟青鸞之信修。憶！太液清波，水光蕩浮。笙歌賞燕，陪從宸旒。奏舞鸞之妙曲，乘畫鷁之仙舟。君情繾綣，深叙綢繆。誓山海而常在，似日月而無休。奈何嫉色庸庸，妬氣冲冲。奪我之愛幸，斥我乎幽宫。思舊歡之莫得，想夢著乎朦朧。度花朝與月夕，羞懶對乎春風。欲相如之奏賦，奈世才之不工。屬愁吟之未盡，已響動乎疏鍾。空長嘆而掩袂，躊躇步于樓東。

太真聞之，訴明皇曰：江妃庸賤，以庾詞宣言怨望，願賜死。上默然。會嶺表使歸，妃問左右：何處驛使來，非梅使耶？對曰：庶邦貢楊妃果實使來。妃悲咽泣下。上在花萼樓，會夷使至，命封珍珠一斛密賜妃，妃不受，以詩付使者曰：爲我進御前也。曰：

柳葉雙眉久不描，殘妝和淚污紅綃。長門自是無梳洗，何必珍珠慰寂寥。

上覽詩，悵然不樂。令樂府以新聲度之，號《一斛珠》，曲名始此也。後禄山犯闕，上西幸，太真死。及東歸，尋妃所在，不可得。上悲，謂兵火之後，流落他處。詔有得之，官二秩，錢百萬。搜訪不知所在。上又命方士飛神御氣，潛經天地，亦不可得。有宦者進其畫真。上言似甚，但不活耳。詩題於上曰：

憶昔嬌妃在紫宸，鉛華不御得天真。霜綃雖似當時態，爭奈嬌波不顧人。

讀之泣下，命模像刊石。後上暑月晝寢，髣髴見妃隔竹間泣，含涕障袂，如花朦霧露狀。妃曰：昔陛下蒙塵，妾死亂兵之手。哀妾者埋骨池東梅株傍。上駭然流汗而寤。登時令往太液池發視，不獲。上益不樂。忽悟温泉湯池側有梅十餘株，豈在是乎？上自命駕令發視，纔數株，得屍，裹以錦裀，盛以酒槽，附土三尺許。上大慟，左右莫能仰視。視其所傷，脇下有刃痕。上自製文誄之，以妃禮易葬焉。

贊曰：明皇自爲潞州别駕，以豪偉聞。馳騁大馬鄠杜之間，與俠少游。用此起支庶，踐尊位，五十餘年，享天下之奉，窮奢極侈，子孫百數，其閲萬方美色衆矣。晚得楊氏，變易三綱，濁亂四海，身廢國辱，思之不少悔，是固有以中其心滿其欲矣。江妃者，後先其間，以色爲所深嫉，則其當人主者又可知矣。議者謂或覆宗，或非命，均其媢忌自取。殊不知明皇耄而忮忍，至一日殺三子，如輕斷螻螘之命。奔竄而歸，受制昏逆，四顧嬪嬙，斬亡俱盡，窮獨苟活，天下哀之。《傳》曰：以其所不愛，及其所愛。蓋天所以酬之也。報復之理，毫忽不差，是豈特兩女子之罪哉？

漢興尊《春秋》，諸儒持《公》、《穀》角勝負，《左傳》獨隱而不宣，最後迺出。蓋古書歷久始傳者極衆。今世圖畫美人，把梅者號梅妃，泛言唐明皇時人，而莫詳所自也。蓋明皇失邦，咎歸楊氏，故詞人喜傳之。梅妃特嬪御擅美，顯晦不同，理應爾也。此傳得自萬卷朱遵度家，大中戊年七月所書，字亦端好。其言時有涉俗者，惜乎史逸其説，略加脩潤，而曲循舊語，懼没其實也。惟葉少藴與予得之。後世之傳，或在此本。又記其所從來如此。

明　王路《花史左編》卷一七《林逋》　林逋字君復，隱居孤山，徵辟不就。搆巢居閣，繞植梅花，吟咏自適，徜徉湖山，或連宵不返。

又　《陳英》　陳英隱居江南，種梅千株。每至花時，落英繽紛，恍如積雪。

又　《陳從龍》　陳從龍字登雲，嘉定人。夕嗜學，每夜讀書至曙，能詩。環居栽梅，倚樹而歌。

清　乾隆《江南通志》卷一六八《人物志・隱逸一・常州府》　王文晏，字文静，宜興人。元季兵亂，隱居不仕，以吟咏自娱。舍旁皆植梅，自號梅西。詩詞清麗，書畫師宋克、王蒙，皆造其妙。洪武中，以賢良徵，辭疾不就。吴綸，字大本，宜興人。風神散朗，操履修潔。非公事未嘗一入城府，創别墅二於溪山間，南曰樵隱，西曰漁樂。以陶潛自擬，因自號心遠居士。

紀事

南朝宋　劉義慶《世説新語》卷下之下　魏武行役失汲道，軍皆渴，乃令曰前有大梅林，饒子甘酸，可以解渴，士卒聞之口皆出水，乘此得及前源。

唐　馮贄《雲仙雜記》卷二《烟姿玉骨》　袁豐居宅後有六株梅，開時爲鄰屋烟氣所爍，屋乃貧人所寄，豐即塗泥塞竈張幕蔽風。久之，拆去其屋。歎曰：烟姿玉骨，世外佳人，但恨無傾城笑耳。即使妓秋蟾出比之，乃云可與比驅争先。然脂粉之徒，正當在後。張洞林《桂林志》

宋　孔平仲《談苑》卷二　王曾在青州爲舉人時，或令賦梅花詩。曾詩云：而今未説和羹用，且向百花頭上開。識者已許曾必狀元及第，仕宦至宰相。

宋　趙德麟《侯鯖録》卷四　元祐七年正月，東坡先生在汝陰州，堂前梅花大開，明色鮮霽。先生王夫人曰：春月色勝如秋月色，秋月色令人悽慘，春月色令人和悦，何如召趙德麟輩來飲此花下？先生大喜，曰：吾不知子能詩耶？此真詩家語耳。遂相召，與二歐飲。用是語作《減字木蘭》詞云：春庭月午，摇落春醪光欲舞。步轉回廊，半落梅花婉娩香。輕風薄霧，都是少年行樂處。不似秋光，只共離人照斷腸。

宋　釋惠洪《冷齋夜話》卷五《賭輸梅詩罰松聲詩》　王文公居鍾山，嘗與薛處士棋，賭梅詩，輸一首。曰：華髪尋香始見梅，一枝臨路雪培堆。鳳城南陌他年憶，杳杳難隨驛使來。又嘗與俞秀老至報寧，公方假寐，秀老私跨驢入法雲謁寶覺禪師，公知之。有頃，秀老至。公佯作睡起，遣秀老下階曰：爲僧子乃敢盜跨吾驢。秀老叩頭，願有以自贖其罪。寺僧亦爲之解勸。公徐曰：罰松聲詩一首。秀老立就。其詞極佳，山中人忘之。予爲補曰：萬壑摇蒼烟，百灘渡流水。下有跨驢人，蕭蕭吹醉耳。

又　卷一〇《嶺外梅花》　嶺外梅花與中國異，其花幾類桃花之色，而唇紅香著。東坡詞曰：玉質那愁瘴霧，冰姿自有仙風。海仙時遣探芳叢，倒掛緑毛么鳳。素面常嫌粉涴，洗妝不褪唇紅。高情已逐曉雲空，不與梨花同夢。魯直詞曰：天涯也得江南信，梅破知春近。夜闌風細得香遲，不道曉來開徧向南枝。玉簫弄粉人應妬，飄到眉心住。平生箇裹傾盃深，去國十年老盡少年心。

宋　阮閲《詩話總龜》卷二〇　大庾嶺上有佛塔廟，往來題詩多矣。有婦人題云：妾幼年侍父任英州司寇，既代歸，父以大庾本有梅嶺之名而反無梅，遂植三十株于道之右，因題詩于壁。今隨夫之任端溪，復至此寺前，詩已污漫矣。因再書之云：英江今日掌刑回，上得梅山不見梅。輟俸買將三十本，清香留與雪中開。好事者因以夾道植梅矣。《倦游録》

宋　邵博《聞見後録》卷二九　千葉黄梅花，洛人殊貴之。其香異于它種，蜀中未識也。近興利州山中樵者薪之以出，有洛人識之，求于其地尚多，始移種遺喜事者。今西州處處有之。

宋　張邦基《墨莊漫録》卷一　唐子西嘗見桃李盛開，而梅尚存數枝，因作詩。時張無盡天覺被召，乃以詩投之云：桃花能紅李能白，春來何處無顔色。不應尚有一枝梅，可是東君苦留客。向來開處當嚴冬，桃李未在交遊中。只今已是丈人行，勿與少年争春風。無盡大加稱賞。

又　卷九　王直方立之父名棫，家多侍兒，而小鬟素兒尤妍麗。王嘗以蠟梅花送晁無咎，無咎以詩五絶謝之。有云：芳菲意淺姿容淺，憶得素兒如此梅。

宋　施德操《北窻炙輠録》卷上　龜山作梅花一詩，寄故人云：欲驅殘臘變春工，先遣梅花作選鋒。莫把疎英輕鬭雪，好藏清艷月明中。時故人正作監司，見此詩，遂休官。

宋　葉廷珪《海録碎事》卷一〇《壽陽粧》　《宋書》：武帝女壽陽公主，人日卧于含章簷下，梅花落公主額上，成五出之花，拂之不去，自後有梅花粧。

宋　朱弁《曲洧舊聞》卷三　頃年近畿江梅甚盛，而許洛尤多，有江梅、椒萼梅、緑萼梅、千葉黄香梅，凡四種。許下韓璠景文知予酷好梅也。爲予致椒萼、緑萼兩種各四根，予植之後圃，作亭，遂以緑萼名之。書曰：「它日訪公于溱洧之間，杖履到門，更不通名，岸巾亭上梅，乃吾紹介也。」景文，三韓家少師子華孫也，風采瓌潤，字畫遒媚，亦好作詩，嘗爲都廂，人頗才之。

宋　周紫芝《竹坡詩話》　東南之有蠟梅，蓋自近時始。余爲兒童時，猶未之見。元祐間，魯直諸公方有詩，前此未嘗有賦此詩者。政和間，李端叔在姑谿，元夕見之僧舍中，嘗作兩絶。其後篇云：程氏園當尺五天，千金争賞憑朱欄。莫因今日家家有，便作尋常兩等看。觀端叔此詩，可以知前日之未嘗有也。【略】林和靖賦梅花詩，有「踈影横斜水清淺，暗香浮動月黄昏」之語，膾炙天下殆二百年。東坡晚年在惠州，作梅花詩云：紛紛初疑月掛樹，耿耿獨與參横昏。此語一出，和靖之氣遂索然矣。張文潛云：調鼎當年終有實，論花天下更無香。此雖未及東坡高妙，

然猶可使和靖作衙官。政和間，余見胡份司業和曾公衮梅詩云：絶艷更無花得似，暗香唯有月明知。亦自奇絶。使醉翁見之，未必專賞和靖也。

宋 吴曾《能改齋漫録》卷六《梅詩用月落參横事》 秦少游《和黄法曹梅》詩：月落參横畫角哀，暗香銷盡令人老。世謂少游用古。《善哉行》云：月没參横，北斗闌干。親友在門，忘寢與餐。按《異人録》載：隋開皇中，趙師雄遊羅浮。一日天寒日暮，於松林間酒肆旁舍見美人，淡妝素服出迎。時已昏黑，殘雪未消，月色微明。師雄與語，言極清麗，芳香襲人，因與之叩酒家門共飲。少頃，一緑衣童來，笑歌戲舞。師雄醉寢，但覺風寒相襲。久之，東方已白。起視，乃在大梅花樹下，上有翠羽啾嘈，相顧月落横，但惆悵而已。迺知少游實用此事。

宋 龔明之《中吴紀聞》卷五《方子通紅梅詩》 方子通紅梅詩膾炙人口，其云：清香皓質世稱奇，漫作輕紅也自宜。紫府與丹來换骨，春風吹酒上凝脂。直教臘雪無藏處，只恐朝雲有散時。溪上野桃何足種，秦人應獨未相知。

宋 洪邁《夷堅志・支志・丙》卷七《九月梅詩》 紹興二十八年九月，潮州揭陽縣治東齋梅花盛開。嶺外梅著花固早於江浙，然亦須至冬乃有之。邑人甚以爲異，士子多賦詩，大抵皆諂令尹。時梁鄭公正爲館客，寓此齋，亦作一篇，曰：老菊殘梧九月霜，誰將先暖入東堂。不因造物於人厚，肯放南枝特地香。九鼎燮調端有待，百花羞澁敢言芳。看來冰玉渾相映，好取龍吟播樂章。語意不凡，殊類王沂公「雖然未得和羹用，且向百花頭上開」之句。明年還泉州，解試第一。又明年，遂魁天下，致位上宰。

宋 周密《癸辛雜識續集》卷下《石庭苔梅》 宜興縣之西地名石庭，其地十餘里皆古梅，苔蘚蒼翠，宛如虬龍，皆數百年物也。有小梅僅半寸許，叢生苔間，然著花極晚。詢之土人，云：梅之早者皆嫩樹，故得春最早，樹老則得春漸遲，亦猶人之氣血衰旺老少之異也。此説前所未聞。

明 陶宗儀《輟耕録》卷一一 龍廣寒，江西人。【略】事母至孝。六月一日，母生辰，方舉觴爲壽，忽見北窗外梅花一枝盛開。人皆以爲孝行所感，士大夫遂稱之曰孝梅。

又 卷二八《爇梅花文》 周申父之翰寒夜擁罏爇火，見缾内所插折枝梅花冰凍而枯，因取投火中，戲作下火文云：寒勒銅瓶凍未開，南枝春斷不歸來。這回勿入梨雲夢，却把芳心作死灰。共惟地罏中處士，梅公之靈，生自羅浮，派分庾嶺。形若槁木，稜稜山澤之臞；膚如凝脂，凛凛雪霜之操。春魁占百花頭上，歲寒居三友圖中。玉堂茅舍總無心，金鼎商羹期結果。不料道人見挽，便離有色之根。夫何冰氏相淩，遽返華胥之國。玉骨擁罏烘不醒，冰魂剪紙竟難招。紙帳夜長，猶作尋香之夢。筠窗月淡，尚疑弄影之時。雖宋廣平鐵石心腸，忘情未得。使華光老丹青手段，摸索難真。却愁零落一枝春，好與茶毗三昧火。惜花君子，還道這一點香魂，今在何處。咦，炯然不逐東風散，只在孤山水月中。

明 周琦《東溪日談録》卷六 前年二月，梅花始開，今年十二月梅花開，天地間氣數不齊如此。

明 王世貞《弇州四部稿》卷一五九《金陵覽古》：晉孝武太元三年，僕射謝安作新宫太極殿，欠一梁，有梅木流至石頭城下，取用之。畫梅花於梁，上表瑞，因名梅梁殿。《會稽志》所載，大禹廟梅梁生花，今其木尚在。

明 王圻《稗史彙編》卷一五二《古梅》 去都二十里，有古梅，偃蹇十餘丈，相傳唐初時有此，謂之梅龍。好事者載肴饌游之。清江亦有大梅如數間屋，旁枝四垂，周遭可羅坐百人。有運使任子嚴買得，作凌風閣臨之。

明 王路《花史左編》卷二《梅花屋》 王冕隱九里山，樹梅花千株，桃柳居其半。結茅廬三間，自題爲梅花屋。

又 《梅花莊》 宋趙必連字仲漣，崇安人。刻苦讀書，開慶間以殳蔭當補官，辭不就。晚植梅數百株，名其居曰梅花莊。與弟若楩，日吟咏其中。

又 《和州梅山》 合山上多梅樹，曹操行軍至此，軍士皆渴，因指山上梅林，渴遂止。

又 《梅花園》 庾嶺下舊有驛，宋郡守趙孟適書扁壁間，一女子題云：幼妾從父任英州司馬。及歸，聞大庾有梅嶺，而乃無梅，遂植三十株於道旁。《荆州記》：陸凱與范曄善，嘗自嶺折梅花一枝，寄長安贈范。

又 卷七《紅梅》 蜀州郡有紅梅數株，郡侯建閣扃鑰。花方盛開，忽有麗人高髻大袖，憑闌笑語。郡侯啓視，惟東壁有詩云：南枝向煖北枝寒，一種春風有兩般。憑仗高樓莫吹笛，大家留取倚闌干。

又 卷九《壽陽梅花點粧》 宋武帝女壽陽宫主，人日卧於含章殿簷下，梅花落于額上，成五出之花，拂之不去，號爲梅花粧。後之宫人皆效之。

又 卷一〇《寒香沁肺》 鐵脚道人嘗愛赤脚走雪中。興發，則朗誦《南華・秋水篇》。嚼梅花滿口，和雪嚥之。曰：吾欲寒香沁入肺腑。

又 卷一五《畫梅板》 樂平念齋程内翰楷初發棹北上赴會試。是夕夢人

有攜扇面畫梅枝一，念齋題云：誰把枯枝紙上栽，瓊花錯落帶晴開。天公預報春消息，占斷江南第一魁。覺而喜，明年果中禮部第一，官編修，無嗣而卒。人謂枯根之語，竟爲先識云。

又　卷一六《逢驛使》　南北朝范曄與陸凱相善，凱在江南寄梅花一枝詣長安與曄，併贈詩曰：折梅逢驛使，寄與隴頭人。江南無所有，聊贈一枝春。

又　《梅花類楊州廨》　梁何遜爲楊州法曹，廨宇有梅花一枝盛開，遜咏吟其下。後居洛，思梅花，再請其任，從之。抵楊州，花方盛，何遜對花彷徨者終日。

明　陳詩教《花裏活》卷三　宋何鑄，性喜梅，常作烏木餅，簪古梅枝綴，像生梅數花，置座右，欲左右未嘗忘梅。

明　張大復《梅花草堂集筆談》卷二《北亭梅花》　宋廣平作《梅花賦》，清便艷發，得南朝徐庾體。皮鹿門恠之，謂此老鐵心石腸，與賦不類，是不知梅花者。世無鐵石人堪作《梅花賦》否？譚公亮北亭外有梅一株，倚窻敷蘤，白如擁雪，恨脚痛不能坐卧其下，時候消息于童子而已。今日奇香破窻而入，而侍者來報，雨意垂垂，豈梅將别我乎？令桐快讀宋賦酬之，梅哉，梅哉，應不恨我隔斷窻前月也。

又　卷一一《梅》　庭梅將開，有一枝偃蹇欲披，其上小枝蕚正繁。予不忍，或云宜亟剪，以專其氣。童子戲投腴水中，花爛開碩而圓。澤于本根者，毛嬙西子之入後宫也。曜朝日焕浮雲，設老于江臯，獨存標格耳。嗟夫。

明　木增《雲薖淡墨》卷二《雪中尋梅》　孟浩然雪中乘蹇驢覓梅花。又嘗云：詩興在灞橋，雪中驢子上。

明　姚旅《露書》卷一〇　楚新寧至益陽，小河僅容一舠，夾岍盡蠟梅。舟中舉手可摘，花落盈艙，可作茵褥。如此者三日。夏何能嘗過其地。有詩云：干戈自是戀繁華，從此春心不看花。欲向水窮山瘦處，蠟梅藂裡作人家。

成都城外十數里，梅花甚夥，獨二株甚古，蒼枝虬曲。偃蹇如龍，謂之梅龍。李本寧先生爲監司時，每游咏其下。

清　姚之駰《元明事類鈔》卷三五《鄧尉香雪》　《袁宏道集》：鄧尉與元墓諸山相屬，山中梅最盛，開時香雪三十里。

清　王棠《燕在閣知新録》卷三一《孝梅》　龍廣寒，元時江西人，有預知之術。事母至孝，六月一日母生辰，梅花一枝盛開，士大夫遂稱之曰孝梅。張菊存詩曰：南風吹南枝，一白戰萬緑。歲寒誰知心，孟宗林下竹。廣寒年百有八歲，猶童顏緑髮。

清　乾隆《延平府志》卷二《山川》　梅山在城東隅，上多梅樹，故名。宋紹興間，建招福院於此。明吴恭《梅山詩》：「玉樹横斜第一峰，金烏浴海湧微紅。雙溪城郭煙霞上，應與何郎興味同。」曹學佺題《梅山畫册詩》：「亂山梅花白，看與雪何別。日出不曾消，是花斷非雪。」

清　乾隆《鄞縣志》卷二四　梅莊　在桃源洞之西北。《嘉靖志》亭前舊有數梅，吴潛增植至百株，因舊亭而加敞焉。《開慶續志》

清　嘉慶《松江府志》卷八三《拾遺》　姚宏啓號藥巖，所居學士里堂，名飛鴻。明陸應陽署額庭有老梅一株。張大木詩注謂梅爲藥巖尊人所植，先藥巖一歲而生，呼梅爲兄。黄唐堂謂梅爲藥巖手植，呼梅爲弟。李步仙謂梅生於崇禎庚辰，黄唐堂謂生於順治乙未，俱無從證實。要以堂閲二百年，梅亦百餘歲，姚已耄耋，工吟詠，足爲此梅主人。《漱芳齋詩話》

清　道光《寶慶府志》卷四《大政紀四》　神宗萬曆元年，武岡梅花不萎。舉人曹一夔迎陽書室，紅梅自八月開花滿樹，至次年三月猶盛，一夔是年成進士。康熙《府志·五行篇》

清　光緒《順天府志》卷七一《故事志七·雜事下》　［施少叅］御試寓京邸，其所居寄雲樓下，有老梅忽於四月開花。四枝甚豔，兩枝面向城内，一枝向南隣，一枝向施寓。俄而邸報至，施以少叅改侍講。其同薦者，高檢討則南隣，孫茆兩編修則城内，皆同里人也。是科殿試在四月。一歲四翰林，果符四花之兆。

著録

明　朱有燉《誠齋梅花百詠詩序》　昔元翰林馮海粟詠梅花百體詩，中峯和尚見之，遂詠梅花律詩百篇同韻，皆清新俊逸，不減唐人之格調也。及於聖朝，儒林中亦有賡和、本公之詩韻者，尤多高妙。盖因同用一韻而成百篇，煩以意匠經營爲奇耳。夫梅不過一草木之秀者，而前賢多好尚之。吟咏之若此，則知梅之爲花，亦何幸耶！夫梅産於南土，開最先於百卉。當窮冬閉塞，草木黄落，天地嚴凝，霰雪交集之時，人心鬱然而不舒。梅獨先春而開，又且香色清素，有高人隱士之風。觀之者心暢意融，可勝言哉。故人多以爲清玩，形於賦詠耳。予自弱冠南遊，經湘潭，涉武陵，登金馬，至碧雞。上白崖之高，下黄陵之險，居滇

海者，三閲寒暑。此方皆産梅之地，每臨深溪幽壑，崇山峻嶺之間，於輕寒薄雪之中，幽姿照眼，芳氣襲人。誠如所謂高人隱士之風味也。及於壯年，泛楚江，望洞庭，居京邑，渡濠泗，往來江湖之間。主花草風月之夏盟，□觀江南之梅尤其鬼異。或生於官舍、華林、古寺、孤村、荒山、野圃，或經栽接，或置盆盎，屈蟠其枝幹，或紅或白，奇狀多端，不可枚舉。今予老矣，蒙聖恩守國，安居中土，以樂昇平。乃於所居之西，製一小園。園内建一小閣，閣前植梅一本。當早春之時，值花開之候，素色清香，可珎可愛。誠有端潔貞明之節操，畧無紅紫妖冶之艷容。爲予坐間之清玩，以適夫老來之情興耳。因念昔人皆有吟咏於梅者，況予知梅爲委悉，豈無一言以及之？遂用本中峯詩韻，亦賡百篇。雖未足追踪前人之盛，抑且爲予梅之一清賞也矣。特序於篇端云。宣德五年十一月長至日書。

明　王偀《思軒文集》卷七《梅花百詠詩序》　古人詠梅花者多矣，然人不數篇，篇非一韻，未聞有一韻百篇者也。一韻百篇，亦已難矣。和之者亦至百篇，探造化之藴，窮物理之妙，而發前人之所未發，豈不爲尤難矣乎？勝國時，翰林馮海粟嘗以梅花百詠，過江訪本中峯于臨安山中，中峯不踰日而盡和之。馮詩僅絶句爾，本百首皆律，然猶未和其韻也。至國初，錫山王達善先生，則盡取中峯之韻和之，一夕而成。頃者，吾友朱君忞易，又追和其韻。自晨起握筆，濡墨疾書，初若不經意者。蓋晷不屢移而詩亦成矣，何其速也。其門人趙昌齡以鋟諸梓，以一編寓予。觀其用意之刻，至措辭之精切，發冷艷於殘粧，騁奇蹤於故步，蓋不惟速而又奇矣。予嘗考之，鹽梅之喻，載之商書。條梅之什，著之風詩。梅當其時其可取者，實與材爾。未聞有取於花，而歌詠之者。説者以爲是梅之未遇也。六朝已後，能詩如陰何輩始有《早梅》諸篇。沿唐及宋，李、杜、蘇、黄皆雄於詩，詠梅之作亦累見於篇什，而林君復直以梅詩著稱，或者遂以爲梅。於是時，蓋有遇矣。殊不知自元以來，賦詠益多，一韻而百篇，一倡而三和，舉梅之丰神，標格搜抉無遺，如吾忞易諸君子者。然則梅之有遇，誠未有盛於斯時者也。雖然，梅，花中之高潔者也，其閒淡蕭遠之趣，蓋不與凡草木争妍鬬艷於春風桃李之場，而獨遠避之水邊籬落風霜寂歷之境。是遇與不遇，恐未足爲梅重輕也。王文正百花頭上之語，唐子西東君留客之句，又特假梅以喻其志爾。予嘗愛二詩而未知所處，忞易深於梅者也，其必有以處我矣。

明　沈長卿《沈氏日旦》卷一一《梁維寧梅花詩序》　夫卉之至芳者，莫如蘭菊，然而無實也。至艷者，莫如桃李，然而無馨也。至于蓮則實矣，馨矣，芳艷備矣，然而無節也。孰是傲霜雪埒松筠者，其梅乎。帝臣以和其羹，處士以配其鶴，不苐用弘亦韻勝焉。東閣南枝垂垂多致。惜哉，獨清于一時，不能遁茂于四序，以故繪家寫生，供齋壁几案間玄玩。然而繪一幅僅得一幅，能室室懸乎，士士賞乎。則徐熙粉本隘而且暫，不如何遜佳句廣而且長也。晉陵梁維寧和高季廸太史梅花詩八十一首。其才其調其思，種種動人。伯吟克紹先業，出家珍示予。予謂咏物之難也。如繪家描容寫真，非若畫鬼怪者，可臆捌以欺世也。神情骨肉纖毫不肖，則張翁之像見者，疑爲趙叟咏物亦然。梅花之似是而非者，白疑于梨，紅疑于杏，時又相及也，特香與幹異耳。維寧辨此至詳矣。古人咏物，每借物以達其無聊之況。所謂奪他酒杯，澆我塊壘者，近是宋玉之賦風也，曹植之咏萁也，陸士衡之咏園葵也。意在筆先，非漫無寄托焉者。維寧咏梅，亦若是則已矣。

清　嵇璜《續通志》卷一五九　《范村梅譜》一卷。宋范成大撰。

清　永瑢《四庫全書總目》卷一一五《范村梅譜》一卷浙江鮑士恭家藏本。　宋范成大撰。成大有《桂海虞衡志》，已著録。此乃記所居范村之梅，凡十二種。前有自序，稱於石湖玉雪坡既有梅數百本，又於舍南買王氏僦舍七十楹，盡折除之，治爲范村，以其地三分之一與梅。吴下栽梅特盛，其品不一，今始盡得之，隨所得爲之譜。蓋記其别業之所有，故以范村爲目也。梅之名雖見經典，然古者不重其花。故《離騷》徧詠香草，獨不及梅。《説苑》始有越使執一枝梅遺梁王事，其重花之始歟？六朝及唐遞相賦咏，至宋而遂爲詩家所最貴。然其裒爲譜者，則自成大。是編始其所品評，往往與後來小異。如緑蕚梅今爲常産，而成大以爲極難得。是蓋古今地氣之異，故以少而見珍也。又楊无咎畫梅，後世珍爲絶作，而成大後序乃謂其畫大略皆如吴下之氣條，雖筆法奇峭，去梅實遠。與宋孝宗詆无咎爲村梅者，所論相近。至嘉熙淳祐間，趙希鵠作《洞天清録》，始稱江西人得无咎一幅梅，價不下百千疋，是又貴遠賤近之證矣。《通考》以此書與所作《菊譜》合爲一編，題曰：《范村梅菊譜》二卷。然觀其自序，實别爲書。今故仍分著於録焉。

藝文

《詩經・國風・摽有梅》　摽有梅，其實七兮。求我庶士，迨其吉兮。摽有

梅，其實三兮。求我庶士，迨其今兮。摽有梅，頃筐塈之。求我庶士，迨其謂之。

南朝宋 鮑照《鮑明遠集》卷七《梅花落》 中庭雜樹多，偏爲梅咨嗟。問君何獨然，念其霜中能作花，露中能作實。摇蕩春風媚春日，念爾零落逐寒風，徒有霜華無霜質。

南朝齊 謝朓《謝宣城集》卷五《詠落梅》 新葉初冉冉，初蕊新菲菲。逢君後園讌，相隨巧笑歸。親勞君玉指，摘以贈南威。用持插雲髻，翡翠比光輝。日暮長零落，君恩不可追。

南朝梁 蕭綱《梅花賦》（《漢魏六朝百三家集》卷八二引） 層城之宫，靈苑之中。奇木萬品，庶草千叢。光分影雜，條繁幹通。寒圭變節，冬灰徙筩。並皆枯悴，色落摇風。年歸氣新，摇芸動塵。梅花特早，偏能識春。或承陽而發金，乍雜雪而披銀。吐艷四照之林，舒榮五衢之路。既玉綴而珠離，且冰懸而雹布。葉嫩而出未成，枝抽心而插故。標半落而飛空，香隨風而遠度。挂靡靡之遊絲，雜霏霏之晨霧。争樓上之落粉，奪機中之織素。乍開華而傍巘，或含影而臨池。向玉階而結采，拂網户而低枝。于是重閨佳麗，貌婉心嫻。憐早花之驚節，訝春光之遺寒。裌衣始薄，羅袖初單。折此芳花，舉兹輕袖。或插鬢而問人，或殘枝而相授。恨鬟前之大空，嫌金鈿之轉舊。顧影丹墀，弄此嬌姿。洞開春牖，四卷羅帷。春風吹梅畏落盡，賤妾爲此斂蛾眉。花色持相比，恒愁恐失時。

南朝梁 何遜《何水部集・詠早梅》 兔園標物序，驚時最是梅。銜霜當路發，映雪擬寒開。枝横却月觀，花繞凌風臺。朝洒長門泣，夕駐臨卭杯。應知早飄落，故逐上春來。

南朝梁 吴均《梅花落》（《文苑英華》卷二〇八引） 終冬十二月，寒風西北吹。獨有梅花落，飄蕩不依枝。流連逐霜彩，散漫下冰澌。何當與春日，共映芙蓉池。

南朝梁 王筠《和孔中丞雪裏梅花》（《文苑英華》卷三二二引） 水泉猶未動，庭樹已先知。翲光同雪舞，落素混冰池。今春競時發，猶是昔年枝。唯有長顦顇，對鏡不能窺。

南朝梁 鮑泉《詠梅花》（《藝文類聚》卷八六引） 可憐階下梅，飄蕩逐風迴。度簾拂羅幌，縈窻落梳臺。乍隨纖手去，還因插鬢來。客心屢看此，愁眉斂詎開。

北周 庾信《庾子山集》卷四《梅花》 當年臘月半，已覺梅花闌。《秦始皇本紀》曰：「三十一年十二月，更名臘曰嘉平。」《廣雅》曰：「周曰大蠟，亦曰臘，秦更曰嘉平。」不信今春晚，俱來雪裏看。言春晚雨雪舒梅也。樹動懸冰落，枝高出手寒。早知覓不見，真悔著衣單。春衣單袷之時，早知梅花獨遲，必將有春寒雨雪，非重幄輕裘難可耐寒也。

南朝陳 徐陵《徐孝穆集箋注》卷一《梅花落鮑昭吴均江總樂府題皆有梅花落》 對户一株梅，新花落故栽。燕拾還蓮井，風吹上鏡臺。倡家怨思妾，樓上獨裴回。啼看竹葉錦，簪罷未能裁。

南朝陳 張正見《梅花落》（《文苑英華》卷二〇八引） 芳梅映雲野，發早覺寒侵。落遠香風急，飛多花徑深。周人歎初摽，魏帝指前林。邊城少灌木，折此自悲吟。

南朝陳 江總《梅花落》（《文苑英華》卷二〇八引） 摽色動風香，羅生枝已長。妖姬墮馬鬢，未插江南璫。轉袖花紛落，春衣共有芳。羞作秋胡婦，獨採江南桑。

二

胡地少春來，三年驚落梅。偏疑粉蝶散，乍似雪花開。可憐香氣歇，可惜風相摧。金鏡且莫顧，玉笛幸徘徊。

南朝陳 陳叔寶《梅花落》（《文苑英華》卷二〇八引） 春砌落芳梅，飄飄上鳳臺。拂粧疑粉散，逐溜似萍開。映日花光動，迎風香氣來。佳人早插髻，試立且徘徊。

唐 楊炯《盈川集》卷二《梅花落》 窻外一株梅，寒花五出開。影隨朝日遠，香逐便風來。泣對銅鉤障，愁看玉鏡臺。行人斷消息，春恨幾徘徊。

唐 張九齡《曲江集》卷五《庭梅詠》 芳意何能早，孤榮亦自危。更憐花蒂弱，不受歲寒移。朔雪那相妬，陰風已屢吹。馨香雖尚爾，飄蕩復誰知。

唐 杜甫《江梅》（《全唐詩》卷二三二引） 梅蘂臘前破，梅花年後多。絶知春意好一作早，最奈客愁何。雪樹元一作能同色，江風亦自波。故園不可見，巫岫鬱嵯峨。

唐 韓愈《春雪間一作映早梅》（《全唐詩》卷三四三引） 梅將雪共春，彩艷不相因。逐吹能争密，排枝巧妬新。誰令香滿座，獨使浄無塵。芳意饒呈瑞，寒光助照人。瓊瓏開已徧，點綴坐來頻。那是俱疑似，須知兩逼真。熒煌初亂眼，浩蕩忽迷神。未許瓊華比，從將玉樹親。先期迎獻歲，更伴占兹晨。願得長輝映，

輕微敢自珍。

唐 張籍《張司業集》卷六《梅溪》 自愛新梅好，行尋一徑斜。不教人掃石，恐損落來花。

唐 白居易《白氏長慶集》卷二三《憶杭州梅花因叙舊遊寄蕭協律》 三年閒悶在餘杭，曾爲梅花醉幾場？伍相廟邊繁似雪，孤山園裏麗如粧。蹋隨遊騎心長惜，折贈佳人手亦香。賞自初開直至落，歡因小飲便成狂。薛劉相次埋新壠，沈謝雙飛出故鄉。薛劉二客、沈謝二妓，皆當時歌酒之侶。歌伴酒徒零散盡，唯殘頭白老蕭郎。

唐 元稹《元氏長慶集》卷一四《賦得春雪映早梅》 飛舞先春雪，因依上番梅。一枝方漸秀，六出已同開。積素光逾密，真花節暗催。摶風飄不散，見晛忽偏摧。郢曲琴空奏，羌音笛自哀。今朝兩成詠，翻挾昔人才。

唐 柳宗元《柳河東集》卷四三《早梅》 早梅發高樹，迥映楚天碧。朔吹飄夜香，繁霜滋曉白。欲爲萬里贈，杳杳山水隔。寒英坐銷落，何用慰遠客。

唐 朱慶餘《朱慶餘詩集·早梅》 天然根性異，萬物盡難陪。自古承春早，嚴冬鬬雪開。豔寒宜雨露，香冷隔塵埃。堪把依松竹，良塗一處栽。

唐 李群玉《李群玉詩後集》卷三《人日梅花病中作》 去年今日湘西寺，獨把寒梅愁斷腸。今年此日江邊宅，卧見瓊枝低壓墻。半開半落臨野岸，團情團思醉韶光。玉鱗寂寂飛斜月，素艷亭亭對夕陽。已被兒童苦扳折，更遭風雪損馨香。洛陽桃李漸撩亂，回首行宮春景長。

唐 李商隱《李義山詩集》卷上《憶梅》 定定住天涯，依依向物華。寒梅最堪恨，長作去年花。

又《十一月中旬至扶風界見梅花》 匝路亭亭豔，非時裛裛香。素娥唯與月，青女不饒霜。贈遠虛盈手，傷離適斷腸。爲誰成早秀，不待作年芳。

唐 陸龜蒙《甫里集》卷八《和行次野梅韻》 飛棹參差拂早梅，強欺寒色尚低徊。風憐薄媚留香與，月會深情借艷開。梁殿得非蕭帝瑞，齊宮應是玉兒媒。不知謝客離腸醒，臨水剛添萬恨來。

唐 李中《碧雲集》卷下《詩四十一首·梅花》 群木方憎雪，開花長在先。流鶯與舞蝶，不見許因緣。

宋 柳永《樂章集》卷上《正宫·早梅芳》 海霞紅，山煙翠，故都風景繁華地。譙門畫戟，下臨萬井，金碧樓臺相倚。芰荷浦溆，楊柳汀洲，映虹橋倒影，蘭舟飛棹，遊人聚散，一片湖光裏。漢元侯，自從破虜征蠻，峻陟樞庭貴。籌帷厭久，盛年晝錦，歸來吾鄉我里。鈴齋少訟，宴館多懽，未周星，便恐皇家，圖任勳賢，又作登庸計。

宋 強至《祠部集》卷六《梅》 牆邊幾樹玉參差，照眼幽花冷自宜。香陣晚交風破蘂，粉花朝濕雪融枝。故人消息從誰寄，造物生成似我遲。且慰蹉跎盡詩興，江樓閑笛不須吹。

又 卷七《次韻公勝早梅》 昨夜寒梅忽一枝，早如常歲合開時。欲冬天地恩先及，未雪園林色易知。世眼已教容易賞，曉風何用再三吹。若論霜菊無多晚，只此春葩苦較遲。

又 卷八《宋都憶梅》 古屋前頭幾樹梅，長年臘後已全開。自經遠别憑誰寄，欲問清香無使來。空與吟懷驚歲月，愁將客眼對塵埃。棗林榆筴粗踈甚，索寞山東把酒杯。

宋 釋契嵩《鐔津集》卷二〇《山中早梅》 亭亭映晚景，皎皎出林端。小圃連雲淡，孤芳冒雪寒。人間殊未見，物外最先看。但欲方瓊玉，寧將勝牡丹。

宋 歐陽修《文忠集》卷五三《和對雪憶梅花》 昔官西陵江峽間，野花紅紫多斕班。惟有寒梅舊所識，異鄉每見心依然。爲憐花自洛中看，花上蜀鳥啼綿蠻。當時作詩誰唱和，粉蘂自拆清香繁。今來把酒對殘雪，却憶江上高樓山。羣花四時媚者衆，何獨此樹令人攀。窮冬萬木立枯死，玉艷獨發凌清寒。鮮妍皎如鏡裏面，綽約對若風中仙。惜哉北地無此樹，霰雪漫漫平沙川。徐生隨我客此郡，冰霜旅舍逢新年。憶花對雪晨起坐，清詩寶鐵裁琅玕。長河風色暖將動，即看緑柳含春烟。寒齋寂寞何以慰，卯盃且醉酣午眠。

宋 韋驤《錢塘集》卷二《賈慶甫示山中梅詩因繼成》 雪意將成臘欲來，亂山深處見寒梅。化工若與人情比，此樹多應未及開。

宋 蘇軾《東坡詞·西江月·梅花》 玉骨那愁瘴霧，冰肌自有仙風。海仙時遣探芳叢，倒掛緑毛么鳳。素面翻嫌粉涴，洗妝不褪脣紅。高情已逐曉雲空，不與梨花同夢。惠州梅花上珍禽曰倒掛子，似緑毛鳳而小。

宋 蘇軾《東坡全集》卷一二《紅梅三首》 怕愁貪睡獨開遲，自恐冰容不入時。故作小紅桃杏色，尚餘孤瘦雪霜姿。寒心未肯隨春態，酒暈無端上玉肌。詩老不知梅格在，更看緑葉與青枝。石曼卿《紅梅》詩云：認桃無緑葉，辨杏有青枝。

雪裏開花却是遲，何如獨占上春時。也知造物含深意，故與施朱發妙姿。細雨裛殘千顆淚，輕寒瘦損一分肌。不應便雜天桃杏，半點微酸已著枝。

幽人自恨探春遲，不見檀心未吐時。丹鼎奪胎那是寶，朱砂紅銀謂之不奪胎色。玉人頩頰更多姿。抱叢暗蕊初含子，落盞穠香已透肌。乞與徐熙新畫様，竹間璀璨出斜枝。

又 卷一三《和秦太虚梅花》 西湖處士骨應槁，只有此詩君壓倒。東坡先生心已灰，爲愛君詩被花惱。多情立馬待黄昏，殘雪消遲月出早。江頭千樹春欲闇，竹外一枝斜更好。孤山山下醉眠處，點綴裙腰紛不掃。萬里春隨逐客來，十年花送佳人老。去年花開我已病，今年對花還草草。不如風雨卷春歸，收拾餘香還畀昊。

又《再和潛師》 化工未議蘇羣槁，先向寒梅一傾倒。江南無雪春瘴生，爲散冰花除熱惱。風清月落無人見，洗粧自趁霜鐘早。惟有飛來雙白鷺，玉羽瓊林鬬清好。吴山道人心似水，眼浄塵空無可掃。故將妙語寄多情，横機欲試東坡老。東坡習氣除未盡，時復長篇書小草。且撼長條餐落英，忍饑未擬窮呼昊。

又 卷一八《次韻楊公濟奉議梅花十首》 梅梢春色弄微和，作意南枝翦刻多。月黑林間逢縞袂，霸陵醉尉誤誰何。相逢月下是瑶臺，藉草清樽連夜開。明日酒醒應滿地，空令饑鶴啄莓苔。緑髮尋春湖畔回，萬松嶺上一枝開。而今縱老霜根在，得見劉郎又獨來。月地雲堦漫一樽，玉奴終不負東昏。臨春結綺荒荆棘，誰信幽香是返魂。日出冰湖散水花，野梅官柳漸欹斜。西郊欲就詩人飲，黄四娘東子美家。君知早落坐先開，莫著新詩句句催。嶺北霜枝最多思，忍寒留待使君來。冰盤未薦含酸子，雪嶺先看耐凍枝。應笑春風木芍藥，豐肌弱骨要人醫。寒雀喧喧凍不飛，遶林空啅未開枝。多情好與風流伴，不到雙雙燕語時。鮫綃翦碎玉簪輕，檀暈粧成雪月明。肯伴老人春一醉，懸知欲落更多情。縞裙練帨玉川家，肝膽清新冷不邪。穠李争春猶辦此，更教踏雪看梅花。

又 卷二五《贈嶺上梅》 梅花開盡百花開，過盡行人君不來。不趁青梅嘗煮酒，要看細雨熟黄梅。

宋 李復《潏水集》卷一〇《觀梅次豫章公飲潤甫家韻》 江梅犯晨霜，噴薄弄晴景。坐遣塞葅胸，化作陂萬頃。論交貴皓首，枯澹味方永。戲探茱萸水，飽食雲門餅。日下烟渚寒，長歌敲柳癭。

又 卷一一《雪中觀梅花》 破萼江梅争初吐，漢宫妙香聞百步。耐寒蛺蝶何自來，繞花翩翩那忍去。幽芳不載蔚宗譜，絶俗韻高吾最許。直疑滕王百幅圖，淡墨濡毫添老樹。冷蘂踈枝整復斜，倚杖時時暗香度。惜無璧月懸中天，令渠交光暎當户。莫作桓伊一笛風，要看冰姿嬌挾曙。

又 卷一五《王氏園置燭觀梅》 堂前梅樹花初徧，露坐看花對夕風。苦恨夜收春色去，故移燈入素光中。亂争短髮愁邊白，清映衰顔酒後紅。醉眼却來尋不見，只疑林月碎玲瓏。

又《觀梅》 轥籍霜威欲斷肌，傲霜挺挺發南枝。微風披拂香來去，皎月勾添光陸離。已入鸞臺弄粧手，猶存谷口出塵姿。苦無踈影横斜句，深愧林逋處士詩。

又 卷一六《和崔珙望子嶺觀梅》 高枝踈淡小花頭，開向殘春破客愁。點墨空山慰寒晚，却如何遜在揚州。

又《崔珙推官話王園再如昔年爲梅下之會并示絶句和來韻》 王家梅樹春常早，露坐曾侵月影來。聞道去年還得意，新花還似舊時開。

宋 鄒浩《道鄉集》卷四《次韵魏道輔教授折梅懷荆帥望之》 霜風未放江梅折，似向人間作價索。冷然一解冰雪顔，花有天倫此其伯。見卵求雞亦非早，只今已覺和美好。殷勤猶是故時香，驛路一枝情淼淼。我公所向物皆春，想見新花如漢濵。新花故人政如此，欲了此心惟斲輪。

又 卷五《觀華光長老仲仁墨梅》 我從梅花海裡來，驚此兩枝堂上開。不由天降非地出，道人作麽生栽培。無縫塔子通一線，放光照醒陳根荄。玉蟾銀漢雨初霽，半啓瓊室通瑶臺。香雲漠漠護顔色，世眼欲覯誠難哉。不如取酒共春醉，一盃一盃復一盃。

又 卷六《次韻趙希元憶處州梅花》 萬花頭上占天工，得意開時斗未東。破月麝臍來馥郁，横烟玉樹浄玲瓏。暖歸故蘂應欺雪，人在他鄉正御風。借問殷勤動詩興，忘機争似鹿皮翁。

又 卷七《次韻宇文伯脩題清溪驛梅花》 驥尾曾容躡後塵，柳花榆莢古河濵。天衢事業已騰世，山驛詩篇知幾春。梅萼故應如異日，風騷仍得慰幽人。須知猶是枯枝在，早晚吹嘘近紫宸。

又 卷八《次韻馬叔寶憶梅》 儒冠染盡馬蹄塵，又見年光冉冉新。寄我一

枝無驛使，賴君佳句有陽春。雪邊孤韻謝安石，風際幽香韓得真。何日相攜拂衣去，滄烟微月楚江濵。

又《次韻文仲落梅》　前引蒼龍駕，人間春欲光。遽先鴻滅影，應誤蝶尋香。何事雪霜際，不隨松檜長。無言倚晴日，酌水與君嘗。

又《次韻和錢塘諸公賞梅十絶》　衝寒來訪喜生和，破恨新詩不必多。太皞初還好消息，從今日飲更無何。　瓊英潛鮮叩靈臺，一見先令雙眼開。欲識情緣未忘處，不辭珠履步蒼苔。　雲山寂寂水回回，幽境非緣世俗開。桃李無言且如此，自然人逐暗香來。　江天吹雪不勝繁，南北東西晚更昏。料得時人散車馬，清吟應亦有英魂。頃年江淮間，有冥漠子爲梅詩云：「紅苞紫萼曾欺雪，素艷清香鮮動人。自有風傳枝上意，肯教蝶見蘂中真。」　陳根未作去年花，天宇空明鴈影斜。政忽上溪橋見顔色，不施朱粉似東家。　排闥端令天地開，萬花從此四時催。政如匠石椎軫後，始有光華大輅來。　東風柝柝動冰泥，素萼迎春滿故枝。早晚團空熟青實，人間消渴待真醫。　蜜蜂蝴蝶夫狂飛，螻蟻仍難上凍枝。惟有青松一千丈，相看曾共歲寒時。　綽約冰肌故自輕，玉衣玉食更鮮明。無心來此與君遇，莫起他時兒女情。　玉樹森森太傅家，玲瓏徐動曉風斜。可憐刻楮空機事，一葉三年猶未花。

又　卷九《仁老寄墨梅》　二月八日春氣分，忽見梅英枝上繁。顛狂索酒醉復醒，知是筆端回化元。　嶺南消息報來新，正想梅花傍酒樽。生出兩枝遥寄我，道人方便信多門。　前年謫向新州去，嶺上寒梅正作花。今日霜縑玩標格，宛然風外數枝斜。　馬祖菴頭掛鉢囊，晚隨緣出住花光。僧繇一筆無人會，戲作寒梅自在芳。　解衣盤礴寫梅真，一段風流墨外新。依約江南山谷裏，溪烟踈雨見精神。　金張許史競東風，魏紫姚黄醉眼中。賔客貴人吾不預，獨將清韻照禪宫。　春晚晴光破雨回，閒將花軸傍簷開。爐烟細逐輕風散，疑是香隨梅處來。

又　卷一三《他處梅自十月已開爛熳，獨此今方作花，覩之欣然》　驚怪江梅獨未開，含芳元是待冬來。新陽夙駕無多日，已向枝頭各自催。　東君消息到梅梢，滿眼輕盈漸解苞。遶樹更忙須百匝，行看新樣插雲髾。　梅將喜信自天來，光動書樓趁暖開。花比去年真箇好，一齊欣送我儂回。

又《同仲亶長卿觀梅》　雨後江山欲放春，更無一點舊風塵。對花若不飲一盞，却恐梅花解笑人。

又《同長卿梅下飲茶》　不置一杯酒，惟煎兩碗茶。須知高意別，用此對梅花。

宋　晁補之《晁无咎詞》卷二《洞僊歌·梅》　年年青眼，爲江梅腸斷。一句新詩思無限。向碧瓊枝上，白玉葩中，春猶淺。一點龍香清遠。　誰拋傾國艷。昨夜前村，都恐東皇未曾見。正倚墻紅杏，芳意濃時，驚千片，何許飄零仙館。待冰雪叢中看奇姿，乍一笑能回，上林冬暖。

又《行香子·梅》　雪裏清香，月下踈枝，更無花比竝瓊姿。一年一見，千繞千回。向未開時愁花放，恐花飛。　芳樽移就，幽葩折取，似玉人攜手同歸。揚州應記，東閤逢時。恨劉郎誤題詩句，怨桃蹊。

又《鹽角兒·亳社觀梅》　開時似雪，謝時似雪。花中奇絶，香非在蘂，香非在萼，骨中香徹。　占溪風，留溪月，堪羞損，山桃如血。直饒更，踈踈淡淡，終有一般情別。

又《江城子·亳社觀梅呈范守秦令》　去年初見早梅芳，一春忙，短紅墻。馬上不禁，花惱只顛狂。蘇晉長齋猶好事，時喚我，舉離觴。　今年春事更茫茫，淺宫粧，斷人腸。一點多情，天賜骨中香。賴有飛鳧賢令尹，同我過、小橫塘。

宋　李清照《漱玉詞》補遺卷一《滿庭芳·殘梅》　小閣藏春，閑窻鎖晝，晝堂無限深幽。篆香燒盡，日影下簾鉤。手種江梅漸好，又何必臨水登樓。無人到，寂寥恰似，何遜在揚州。　從來知韻勝，難禁雨藉，不耐風揉。更誰家橫笛，吹動濃愁。莫恨香消玉減，須信道、埽跡別作跡埽情留。　難言處，良宵淡月，踈影尚風流。

宋　畢仲游《西臺集》卷二〇《和陳子思舅探梅》　曉過東堂探早梅，山翁指處一枝開。只憐舊路無人到，誰爲新詩有意裁。　晚雪欺凌空自怨，春風吹拂似相猜。更須催問今朝客，有酒有花宜早來。

宋　周邦彦《片玉詞·花犯詠梅》　粉牆低梅花照眼，依然舊風味，露痕輕綴。疑淨洗鉛華，無限佳麗，去年勝賞曾孤倚，冰盤同燕喜，更可惜，雪中高樹，香篝薰素被。　今年對花最匆匆，相逢似有恨。依依愁顇。吟望久，青苔上，旋看飛墜。相將見，脆圓薦酒，人正在空江煙浪裏，但夢想，一枝瀟灑，黄昏斜照水。

宋　吳則禮《北湖集》卷三《客有自南徐來者，云紅梅已開，作此》　十日天寒守圭竇，今朝對客何佳哉。春催江上紅梅發，雪喚淮南青子來。從兒作相論句法，乞我澆饞持酒杯。半世儒冠今種種，端須拽取鼻頭回。

又　卷四《仁老畫梅二首》　踈影只横斜，羈臣真耄耋。觀渠小開落，得此大夢覺。玄牝要飽知，六出端不死。妙高一瓣香，付與毛錐子。

又　《賈勳之盉簪堂紅梅欲發作此問訊》　江南風雨餘幾信，有底淮南春事遲。憑君料理玉妃面，快作酒紅生暈時。

又　《探梅》　梅花元不怕春寒，想見垂垂雪作團。藤枝芒屩猶堪在，試爲吾人料理看。

宋　謝逸《溪堂集》卷一《雪後折梅賦》　耿夜闌之青燈，沉萬籟於岑寂。忽竹風之聲，林顫簷端而素素。徐披衣而啓户，飛雪花之如席。眺溪上之寒梅，亘千林於一色。恐青女之下臨，唁玉妃之墮謫。競孤峭以相高，兩含情而脉脉。乃策壺公之杖，乃躡阮生之屐。度横彴以蹉躝，排寒威而辟易。繞琪樹之玲瓏，攀瓊柯之的皪。摇踈影之横斜，漾清溪之寒碧。披緒風而香冷，引輕素而烟羃。忘凍手之欲龜，携纖枝而入室。暎几研之璀璨，藉海岱之玉石。寓逸想而自成，若憤余之幽僻。覺毛髮之森辣，迷今夕之何夕。因燎薪而擁爐，泣銅缾之唧唧。起取酒而自温，傾小槽之珠滴。昔花月之成妖，幻武公而奪魄。余少賤而多難，豈耳目之敢役。徑就醉而曲肱，吼怒雷於鼻息。曉援毫以陳辭，紀昨夢之戲劇。

宋　李彭《日涉園集》卷九《昌書記畫梅》　花柳春風紛衍，禪窻晚放横枝。號國生憎粉黛，晚粧淡掃蛾眉。

又　《暉上人畫梅乞詩》　微風正爾送荷氣，忽見罣梅冰霰姿。元是道人三昧力，明窻漱墨發南枝。

宋　王安中《初寮詞・蝶戀花》　雪裏園林玉作臺，侵寒錯認暗香廻。化工清氣先誰得，品格高奇是蠟梅。

剪蠟成梅天著意，黄色濃濃對萼勻。裝綴百和薰肌香，旖旎仙裳，應清薔薇水。雪徑相逢人半醉，手折低枝擁髻雲争翠。鬢蕋撚枝。無限思玉真。未洒梨花淚。

右蠟梅花。

千林膩雪綴瑶瑰，晴日南枝暎獨回。知有和羹尋鼎實，未春先發看紅梅。

青玉一枝紅，類吐粉頰愁。寒濃與臙脂，傅辨杏猜桃。君莫誤天姿，不到風塵處。雲破月來花下住，要伴佳人弄影參差舞。只有暗香穿繡户，昭華一曲驚吹去。

右紅梅花。

宋　李綱《梁谿集》卷七《梅花二首》　寒梅昨夜洩春光，標格依然壓衆芳。裛裛露枝團玉白，輕輕烟蕋簇金黄。瑶妃謫墮溪村寂，雪片飄殘月徑香。却笑漢宫争寵女，競將嬌額學新粧。

數枝玉雪小溪濵，先得陽和一點春。冷豔幽姿難與並，暗香踈影孰爲鄰。廣平不害心如鐵，和靖須知句有神。亦對寒芳動詩興，却嫌標格太清真。

宋　李光《莊簡集》卷四《総持師示近詩一軸，輙次最後神字韻梅花一篇》

水邊難覩似梅人，且看垂垂一樹新。獨許玉妃陪寂寞，可須青女助精神。傳杯冷艷愁聞笛，入户幽香已報春。抽盡空花經月雨，此心那復住根塵。

宋　趙鼎《忠正德文集》卷五《定海路中觀梅》　傳粉生香作意開，柔情似欲挽人回。猶憐行役匆匆去，不是尋芳得得來。姑射山頭若冰雪，謝家林下絶塵埃。空江月落東風冷，誰並孤舟一笛哀。

宋　曹勛《松隱集》卷六《梅花落》　殖雖無遠近，開獨占三冬。怨入哀笳切，香凝素臉穠。有子調金鼎，遺根益縣封。佳人初睡起，留取照芳容。

宋　劉才邵《㰘溪居士集》卷三《次韻梅花十絶句》　溪水溶溶影動摇，盈盈仙子近星橋。箇中著句須清絶，莫道經春雪未消。　華清賜浴洗凝脂，一曲霓裳素練衣。更有十分相似處，曉霜添就玉肌肥。　莫恨隨風片片飛，微酸暗結已無疑。世人欲識和羹效，看取高宗夢覺時。　露白飛香豈入時，幽姿誰遣猶先期。可憐欄檻花無數，春意潛回猶未知。　應嫌素質露天真，却把輕黄拂蘂塵。休向吟牕動詩興，多情先自不禁春。　愁雲向曉不勝繁，飛霰紛紛濺兔園。竹裏數枝偏有意，欲將冷豔慰霜根。　遠樹歸鴉欲噪昏，閒雲撩亂暗江村。冰膚無著凝寒處，耐冷不緣餐日魂。　水仙似怯難爲弟，更著山礬數滿三。慚愧涪翁繼和靖，驚人詩句出東南。　風泛寒香方浩蕩，月移清影更徘徊。不妨絶妙誰同賞，恰有幽人踏雪來。　洗盡殘粧倚玉樓，世間脂粉且休休。芳心未必傷幽獨，冷雨踈烟與替愁。

又　《次韻趙伯達梅花三絶句》　昭君生長巫山村，獨負嬌容似玉温。恰似此花開臘後，芳心脉脉與誰言。　莫奏悲笳向日昏，花飛不是減芳春。多情更作回風舞，體弱懸知不陷茵。　丞相家園雪裏開，瓊枝闘白遠高臺。十年戎馬暗京洛，舊賞猶能入夢來。

又　《又詠梅花》　正與盧生清興同，衝寒還肯訪幽叢。牕前忽見偏奇艷，恰在茸茸淡月中。

又《官舍有梅花一株，偶賦絶句》 已洗方清爲有塵，無塵因洗更清新。香山謾説工纖艷，錯把梨花比太真。

又《映日梅》 冰肌耐熱本神人，肯與寒光便淺顰。 應笑海棠無道骨，睡紅怯翠不禁春。

又《月下梅》 月到瓊枝夜未央，天將清景薦孤芳。 疎雲似恐嫦娥妬，却與時人隔素光。

宋 張嵲《紫微集》卷九《梅》 一枝寒艷映窗光，蘂氣侵衣斷客腸。 漢上水邊千萬樹，春來何地着清香。

又《偶成梅詠》 開時都不值繁華，結實調羹尚有誇。 若語當年上春事，總輸凡木後開花。 故園微路遶江干，常記開時偪歲寒。 萬里臨風驚老眼，却疑還是霧中看。 霧態風姿紫府仙，直疑清夜降羊權。 不知老大心灰久，香氣撩人似昔年。

又 卷一〇《墨梅四首》 生憎丹粉累幽姿，故着輕煤寫瘦枝。 還似故園江上影，半籠煙月在疎籬。 南枝昨夜雪初乾，瘦質臨風亂蘂繁。 憶向溪橋曾駐馬，却疑渾是霧中看。 化工着意作幽花，疑是來從阿母家。 寂寞沙村煙雨裏，如看竹外一枝斜。 山邊幽路水邊村，曾被疎花斷客魂。 猶恨東風無意思，更吹煙雨暗黄昏。

宋 劉一止《苕溪集》卷五《次韻鄭維心詠梅一首》 山路雪消梅半吐，隔林光已見疎明。 凍醪似蜜從誰賞，斲句如冰得我驚。 卧樹照溪春思浄，細香留客暮寒清。 胡塵未遠邊風急，十載花前笑不成。

又《次韻必先侍御和鄭維心憶梅并寄維心》 紫梅溪上春先到，餘不沙邊草未芳。 五字真曾賦桑落，四絃猶憶調楓香。 雪中孤艷應愁絶，竹外斜枝不掩藏。 永望佳人在空谷，此時幽獨未須傷。

又《再用韻寄沈次律學士》 溪上青雲覆短墻，杖藜誰共掇幽芳。 忽驚候館梅花破，想見山齋竹葉香。 倦客鬢絲今點染，使君心事獨韜藏。 何當歸赴春盤約，苦苣嘉蔬未足傷。

又 卷七《次韻山僧善彬寄梅花》 苔封老樹槎牙甚，何事春風亦與期。 千尺寒巖無暖氣，不妨入眼見豐肌。

又《訪梅》 瘦藤扶我到溪南，梅蘂含羞未入看。 不是今年花事嬾，北人移過許清寒。

宋 向子諲《酒邊詞·水調歌頭趙伯山席上見梅》 天公深藏巧，雪裏放春回。不到閒花凡草，都付與疎梅。 獨立水邊林下，蕭蕭冰容孤艷，清瘦玉腰肢。 觸撥暗香動，風味欲愁誰。 姮娥携，青女過，夜闌時。 瑶冠瓊佩，粲然一笑亦何奇。膹欲舉觴對飲，不怕月明霜重，寒氣着人衣。 只恐鄰笛起，化作玉塵飛。

宋 王洋《東牟集》卷一《和沈子美梅詩》 一氣如權衡，俯仰在緹室。 鼓行橐籥間，草木俱應律。 物物各有長，輩行皆屈膝。 誰能長百花，寒梅最先密。 自此啟端兆，次乃排等秩。 微者或易傷，大者或不實。 剪除困陵暴，糞掃如扑抶。 騈開類争妍，粉敗若老佚。 採擷既紛紛，棄置復鬱鬱。 大抵争春花，柔弱忌寒冽。 方知歲前梅，義勇過箭疾。 有如比紅兒，觀者亦呵叱。 有如當皺玉，却欲數梨橘。 又如奏金石，秋蟲並唧唧。 又如持豨苓，便擬篋芝术。 又如白玉堂，光耀映蓬蓽。 以此難著語，老眼徒屢熨。 前賢有題韻，靈還不容乞。 欲寫文君容，相如口猶吃。 投章自清絶，報聘我戰栗。 昨者得君詩，冬景當暖日。 猝然遇彊敵，不戰勢已屈。 堂堂既難當，惴惴良自失。 花前嫫姆陋，篆外青黄質。 魯肅思一鳴，展禽恐三黜。 舊積已經年，佳情諒難室。 勉力駕疲鈍，着鞭追俊逸。 我于掌武公，蹤跡亦舊物。 差肩固百千，及門或六七。 嘉謨傳四海，吾君能細述。 餘事付丙丁，詞華須甲乙。 始信直道功，子孫定逢吉。 門户既未艾，青史當屢筆。 我思薦一言，君其試無忽。 藻身須英華，造道在經術。 學博貴守約，美質或矯拂。 古者亦有言，愚慮千得一。 川流子方興，絶潢我易畢。 晴昊插繁華，從今好顔色。

又《梅》 心妙意難到，理淺語易俗。 惟此公共美，路坦行自跼。 彊勉思攀陪，雖懇不見録。 料想何水曹，平生一夔足。

又 卷三 此日湖源回，展叔穎書，頗及往歲經行暨諸同志賞梅花之一笑，急景相催，又復幾年。 感而有作，因寄叔穎并呈子楚。

憶昨越溪曲，官梅正發時。 追隨連日飲，酬唱幾篇詩。 淡佇看人意，清香許自知。 憑誰將恨寄，爲説鬢成絲。

又《賦紅梅》 爲怯清宵短，然膏約憑欄。 頰疑西子醉，花誤北人看。 點露燕支破，啼粧風雨殘。 莫嫌翠袖薄，猶得護春寒。

又 卷五《書窗梅花數枝，病起再見缾中盛開，因作》 書堂籬落冷如灰，十日相忘亦自猜。 初訝凍枝無艷脈，那知寒室自花開。 銅缾結實元非種，蔀屋迎春似有媒。 方信陽和滿天地，不須人力費根栽。

又 卷六《和曾吉父求梅于鉉父二章》 沙觜冰消水上波，春風初不奈梅何。雪中猶恐迷真色，殘雪如今得似麽。　春入茶山夢未回，閒情獨愛一枝梅。團圞要共鄰僧借，不怕銅缾帶月來。

又 《徐思遠趙大猷寄梅以詩謝之次韻》 芳菲本自競年華，人老空將命乞花。分比鴈行長作客，畫饒蜂煖似還家。蒲團紙帳老生涯，只看新詩勝看花。遥解知君得詩處，竹籬茅舍兩三家。

宋 葛立方《歸愚詞·沙塞子·詠梅》 天生玉骨冰肌，瘦損也，知他爲誰。寒底，傲霜凌雪，不教春知。　高樓横笛試輕吹，要一片，花飛酒巵。拚沉醉，帽簷斜插，折取南枝。

宋 王之道《相山集》卷四《和王覺民梅花詩》 覺民寄示梅花詩，有强拙者屬和之意。予衰也，豈能與諸公争豪，取其填塞章句可也。

梅花似是東君客，漏洩春風犯寒坼。冰肌玉骨照雙泉，應爲孤根借泉脉。先生狂得次公醒，詩思藹藹飄晴雲。爲憐老拙有舊分，俾預勝賞沾清芬。我時被酒酒初透，香撲鼻端曾一嗅。別來飛雪往未能，想見精神愈高瘦。西湖處士真詩仙，東坡老人所推先。豈知此花自奇絶，神助妙語相争妍。浪言投李報瓊玖，牛後何如作鷄口。我今無物報投瓊，木李雖輕聊藉手。先生標致良可人，此詩不減花娉婷。相當欹枕初得句，夜興冠坐如驚霆。願君追作淮夷雅，换取公卿重文價。嗟予衰矣不復論，但欲高門容駟馬。

又 卷一一《次韻孫興宗梅花》 厭浥庭柯雨未乾，乍晴天氣午猶寒。傳來多謝新詩寄，接得翻愁病眼看。　漫想素粧嫌粉涴，須憐青子着枝酸。和羹有日君知否，老大心腸只自寬。

又 《次韻董令升梅花》 花前樽酒瀉尖泥，痛飲仍欣客到齊。竹外一枝青更好，水邊踈影動還迷。　醉醒正值微風入，酬唱何妨素魄低。聞説歸舟陽羨去，應容酌別爲烹鷄。

又 卷一三《落梅入硯池》 玉佩翻然下帝傍，墨池照影妬新粧。時人莫作飄零看，收拾毫端無盡香。

又 《緑萼梅》 天然膩玉細生香，斜倚東風竚淡粧。可是春寒猶料峭，曉窻猶試緑羅裳。

又 卷一四《追和東坡梅花十絶》 春到梅梢日自和，動人芳氣不須多。清肌瘦骨如冰玉，瘴霧那能柰子何。　盈盈終日對粧臺，一樹臨溪欲半開。吟賞不須期爛漫，恐隨春雨點蒼苔。　一池春水緑縈迴，池上梅花暖自開。想見温泉初出浴，六宫遥指太真來。　問言何處是前村，萬木號寒雪障昏。安得夢爲蝴蝶去，花間栩栩適吟魂。　真香暗逐微風遠，踈影低隨淡日斜。好在黄昏清淺意，一時收拾付詩家。　醉眼昏昏午倦開，不堪詩債苦相催。清香自是蠲煩蘂，爲折霜葩一朵來。　莫怪風前玉骨飛，飲酣初喜傳花枝。正當北雪消殘後，恰直東風料峭時。　絳跗檀口映冰肌，踏雪來看帶雪枝。一見遂能消鄙悋，汝南誰敢忽牛醫。　步入芳叢脚自輕，看來羣卉眼偏明。和羹有實休疑晚，况是東君舊着情。　山下溪頭賣酒家，爲誰低入屋簷斜。蔬腸不柰村酤澁，笑挽長條沃井花。

又 《梅花十絶追和張文潛韻》 額黄肌粉鬬新粧，春入園林度暗香。留滯江南歸未得，一枝聊復沃愁腸。　曉來飛雪綴林端，冰玉肌膚巧耐寒。折得一枝紅半吐，自挼香蘂當朝飡。　年年常是犯凝寒，换骨曾凴九轉丹。結實和羹知不晚，試嘗花蘂味應酸。　竹外山前見嫩黄，水沉清漬雪肌香。應嫌桃李風姿俗，故作尋常淡淡粧。　簷花厭浥細如塵，渡口舟横不見人。獨喜霜葩清照坐，旅懷雖惡未孤春。　凌霜冒雪報花期，大小羣芳例是兒。屈指春風無十日，東君元是舊相知。　素艷忽從江上見，清香還向雪中聞。誰能送酒來相勞，爲爾開嘗對馬軍。　冬温開遍向東枝，映日含風萬玉姬。何必霓裳掩前古，清癯端不羨豐肥。　別後開園日就荒，對花還憶少年狂。東榮幾樹應無恙，待得予歸破嫩黄。　花前傾步濺狂瀾，花外扶踈竹數竿。帶雪精神清更好，冰肌元慣朔風寒。

又 《梅花和黄覺民四首》 浄几閒牕小小缾，一枝春色爲誰清。吾今老去心如水，銷得詩人與證明。　蕭然清映水邊枝，似向温泉見玉肌。被惱詩人應不徹，怪來言語總成詩。　依倚春風雨浄缾，暮林摇落避真清。暗香似與常娥約，來借黄昏淡淡明。　夜來春信到南枝，姑射神人逞雪肌。多謝長鬚解予意，送將羈客换新詩。

又 《觀梅和陳天予韻》 斷橋踈竹帶山幽，裝點詩人覔句愁。多謝雙魚傳尺素，絶勝斗酒得涼州。　春風草木初萌動，夜雨池塘正拍浮。玉骨檀心清更好，對花何惜醉扶頭。

又 《和歷陽守張仲智觀梅五首》 一霎輕風過雨稀，滿庭春色碎珠璣。使君載酒花前醉，更有新詩爲發揮。　萬事當從酒到休，子山那得許多愁。緑樽

翠杓梅花夕，不醉翻令惡客羞。　誰似樊侯哲且明，解將勳業佐中興。自憐汨没毛錐子，空對東風詠使能。　夜燒紅燭照梅花，刺史風流自一家。待得殘英上丹臉，韶華端復到山茶。　出車何日勞師還，二聖歸來喜見顔。乞得此身終芟製，亂山茅屋兩三間。

宋 朱松《韋齋集》卷二《梅花》 山深春未動，沙淺水欲冰。玉梅于此時，靚粧畧無朋。露蘂欲的皪，月枝挂鬅鬙。儼如江漢女，可愛不可陵。他年江南路，曉粧犯嚴凝。尋香烟雨中，横斜插茆簦。却數今幾日，癡如秋後蠅。北嶺枝欲空，誰與扶一登。聊分窺水影，依我照字燈。坐使惜花夢，臨風脚騰騰。昔如夢中蝶，今學桑下僧。了知菩提長，念起吾何曾。

又《谿南梅花》 巉巉石逕鳴枯筇，意行詰曲無西東。心知幽壑梅已動，一枝寄我曾未蒙。暗香横路忽驚顧，采蕊的皪蠻烟中。有如佳人久去眼，邂逅相得情何窮。疏畦壓霜翠羽亂，已覺雪片棲芳茸。嗟吾辜此來已晚，攀條嚼蕊聊從容。玉仙遊戲下塵世，絶艷一洗朱鉛空。不知閬苑在何許，叱回風馭無匆匆。溪寒沙净迷俯仰，坐待山月來朦朧。豈無尊酒相煖熱，錦裘起舞如驚鴻。仇池老仙羽化久，妙曲三疊餘仙風。歸時醉倒不知和，明日來此誰能同。

又《答林康民見和梅花詩》 寒崦人家碧谿尾，一樹江梅臥清泚。仙姿不受凡眼汙，風斂天香瘴烟裏。向來休沐偶無事，誰從我遊二三子。彎碕曲逕一携手，凍雀驚飛亂英委。班荆勸客小延佇，酌酒賦詩相料理。多情入骨憐風味，依倚横斜嚼冰蕊。至今清夢掛殘月，强作短歌傳素齒。韻高常恨句難稱，賴有君詩清且美。天涯歲晚感鄉物，歸歟何時路千里。柁樓一笛雪漫空，回首江皋淚如洗。

宋 鄧蕭《栟櫚集》卷四《題梅齋》 江邊蘆葦風颼颼，東君一點破寒愁。窻間疎影横春瘦，枕上冷香尋夢幽。夜半竹折驚殘雪，醉起捲簾千山月。肺腑洗空龍麝腥，落筆天香鬭清絶。

宋 郭印《雲溪集》卷一二《次韻卲公濟尋梅三首》 素艷遥憐月色同，暗香披拂有無中。一枝已覺春光破，不恨南鄰笛裏風。　獨與幽人臭味同，細看詩句酒杯中。霜林萬木無顔色，只有孤標傲曉風。　天與幽姿自不同，凌寒獨秀雪霜中。山茶未許方高潔，故使千花立下風。

又《次韻探梅二絶》 淡妝曾記出疎籬，歲晚南枝的皪稀。後夜月明如破萼，暗香還是著人衣。　祇從地底一陽來，已把東皇次第催。煙縷未看原上柳，霜苞先探嶺頭梅。

又《正紀見遺梅花，云春信數枝，輒分風月，以助清樽，而一樽無有也。戲成兩絶贈之》 水中疎影月中香，枯樹前頭獨自芳。不有幽人時賞翫，誰傳春信及寒香。　風月憐君幸見分，老年春事正堪論。花枝照眼成惆悵，欲洗愁城欠一樽。

再和

月夕霜朝分外香，故將顔色占年芳。一枝贈我春何許？如在江南雲水鄉。

欲把羣葩次第分，桃巖杏俗未應論。寒梢清絶世無比，且趁繁開倒緑樽。

又《次韻宋南伯梅花》 天姿不與百花鄰，枯木前頭獨自新。桃杏滿川渾未識，猶將顔色鬭青春。

又《梅影》 斜斜曾向溪邊見，淡淡還從月下看。看得世間三昧手，爲君寫出一枝寒。

又《落梅》 春風著物渺無蹤，草木勾萌處處同。唯有江梅都委地，只留青子調殘紅。

宋 孫覿《鴻慶居士集》卷五《題隆上人墨梅花》 一枝插向釵頭見，千樹開時雪裏看。愧殺道人三昧手，盡將春色寄豪端。

又 卷六《梅》 北風翦水玉花飛，翠袖凌寒不自持。脉脉含情無一語，水邊籬落立多時。　纖纖蘿蔓牽茅屋，細細苔花點石矼。夢斷酒醒山月吐，一枝踈影卧東窻。

宋 李處權《崧菴集》卷一《梅花賦》 予衰病索居，經歲不出。芳物過眼，真成一夢。偶作梅花小賦，以寄所懷。其辭曰：

伊造物之發生兮，無一木之不卉。顧四時之不齊兮，曜白黄與丹紫。懿江梅之秀出兮，儼亭亭而絶比。既嬋娟以暎岫兮，復窈窕以臨水。類忘言之貞士兮，肖獨潔之君子。許蘭茝之僅似兮，晲桃李之可鄙。占嘉月與好風兮，泛幽香而未已。寄美人之一枝兮，想横斜于鏡裏。抗翠袖於天寒兮，撫修竹而孤倚。悵衰翁之撩闟兮，抱微疴之在體。起三嗅而三歎兮，魂忽蕩而心欲死。

又 卷五《梅二首》 歲晚匆匆日復夜，老禪相對口慵開。夢歸千里幾時到，香度一枝何處來。世亂飄零少供給，地寒潦倒無梯媒。可憐七尺髯如戟，媿負妻孥空撥灰。　可憐映竹深深見，似爲催詩特特開。湖上林逋今老矣，揚州何遜未歸來。前村欲雨鳩呼婦，斷壠收晴雉應媒。幻境應當如是觀，道人深悟

劫池灰。

又《席上賦梅》　桃李何須續後開，芝蘭勝韻許相陪。先春莫道無深意，調鼎方知有大才。南國正宜溪上路，故園長夢竹間臺。騷人不爲尋詩句，自愛幽芳特特來。

宋　吴可《藏海居士集》卷上《探梅》　探春逼殘歲，幽香度寒原。欲看枝横水，會待月掛村。誰憐槁木中，妙有春風根。孤芳自一丘，不受煙霧昏。飽霜分疎瘦，下笑浪葩繁。喜無蜂蝶知，那與桃李言。要當碧雲暮，殷勤賦離魂。

又　卷下《探梅》　柳未摇金草未芽，尋幽逸興屬詩家。不辭山下五六里，爲愛枝頭三四花。噴月清香猶吝惜，印溪疎影恣横斜。固應羞澁怯寒峭，結子成陰已有涯。

宋　鄧深《大隱居士詩集》卷下《官舍梅樹》　當軒一樹，雖小，古怪可愛。嘗與趙醇道相睥睨曰：此必紅梅也。既花乃紅色，作此以自嘲。

東風慰寂寞，花到堦前樹。一枝花十餘，一樹枝四五。妙處在不多，酴醿更屏護。半開半未開，十分好態度。去年初來時，愛此當庭户。便指爲紅梅，試問何以故。入簷一枝低，偃亞復數處。有是好風骨，他木安敢許。逮至臈前後，梅開不擇所。此獨未有芽，春信來何暮。時着手摩挲，切勿爲文具。相勞雖無酒，典衣吾有取。因循及初春，椒萼繞可數。從恿荷微暖，紅英忽然吐。驚喜出不料，遶翫遂成屢。頳頰人共憐，慚顔我自誤。着眼未分明，殆須捲簾顧。昔嘗笑北人，渾作杏花覰。認桃無緑葉，吾不事斯語。吾本待以梅，恨不辨紅素。見花乃識花，康節應笑汝。

又《贈梅》　花蒙臘雪袁安卧，影落寒江正則魂。忽見江南春信息，誰教驛使到夔門。

宋　鄭剛中《北山集》卷一一《平字梅花》　江梅非凡根，先春花南枝。玲瓏皆瑶英，雕鐫誰爲之。天高孤芳寒，風來幽香隨。朝暾晞霜華，蘭膏塗真妃。移之當踈簾，吟腸清相宜。吾將譏花神，妖紅徒紛披。何如今江梅，芬芳無休時。終愁芝蘭嗔，侵渠名聲衰。

又《梅花三絶并序》　昔日多以梅花比婦人，唯近世詩人或以比男子，如「何郎試湯餅，荀令炷爐香」之句是也，而未有以之比賢人正士者，近得三絶焉。梅常花於窮冬寥落之時，偃傲於踈烟寒雨之間，而姿色秀潤，正如有道之士居貧賤而容貌不枯，常有優游自得之意。故余以之比顔子，其詩曰：

温温玉質傲天真，俯視凡花出後塵。静對寒林守孤寂，有顔氏子獨甘貧。

至若樹老花踈，根孤枝勁，皤然犯雪，精神不衰。則又如耆老碩德之人坐視晚輩凋零，而此獨攖危難而不撓，故又以之比顔真卿，其詩曰：

樹老根危雪滿巔，令人頗憶魯公賢。同時柔脆皆僵仆，正色清芬獨凛然。

又一種不能寄林羣處而生於溪岸江皋之側，日暮天寒，寂寥悽愴，則又如一介放逐之臣，雖流落憔悴，内懷感慨而終有自信不疑之色，故又以之比屈平，其詩曰：

水邊寂寞一枝梅，君謂高標好似誰。潔白不甘蕪穢没，屈原孤立佩蘭時。

宋　吴芾《湖山集》卷一〇《領客賞梅》　經年相别阻傳杯，忽見梅枝入眼來。今夕勸君休惜醉，不應辜負臘前梅。只擬花開把酒杯，南枝忽遞暗香來。徑須領客同清賞，莫待城頭吹落梅。

又《移梅北隩和黄清表韻》　自慚面目久塵埃，擬對冰姿一笑開。聞道前村連夜發，豈辭健步遠移來。

又《和董伯玉探梅》　寄語南枝及早開，莫遲春信待人催。我今已辦千鍾酒，準擬花前醉百回。

又《梅莊主人袖詩見過，累日欲得次韻，以汩汩無暇且和一絶》　偶驅小隊踏蒼苔，無數梅花照眼開。更有高人同勝賞，此行端是不虚來。

又《何彦清梅詩二絶用韻頗嚴，諸公相率同和》　清愁幽恨不禁春，寂寞池塘雪意昏。寄語高樓莫吹笛，夜寒留取伴龍孫。只把南枝作雪看，一般風韻照人寒。當年兒女還知此，定借君來答謝安。

又《和十二弟梅花》　春到衡門苦恨遲，遍尋竹外賞南枝。夜來已報春消息，試問主人知不知。

又《和李民載梅花二首》　褐衣懷玉未全貧，况有梅花作好春。麗句與花相映發，總輸天上謫仙人。獨坐無聊感歲華，騷人忽寄一枝花。雖無素手簪羅髻，已覺春生野老家。

又《後圃初見梅花一萼二首》　杖藜閒步小園來，喜見寒梅一萼開。若無春意猶羞澀，應待詩翁著句催。枝頭已是送春來，懷抱何妨試割開。滿園若欲俱開遍，須倩杯觴日日催。

又《梅亭蓋舊太守徐公禋所作，傳者謂公得庾嶺梅，移種于此，故創斯亭。余來相距未六十年，曩日之梅已無復有，感時追往，因取野梅環植之，仍賦二絶》

已無庾嶺舊時梅，但見梅亭向水開。遐想風流猶髣髴，更將梅遶四簷栽。種梅我始效徐公，已覺幽香鼻觀通。寄語後人無剪伐，要令凋郡識春風。

又《坐間見裝成早梅數枝》　正欲攀條折蘂看，忽驚枝上雪斑斑。不知妙手新裝綴，誤使衰翁爲解顔。

又《又和黄清表惠早梅》　姑射風姿絶點埃，年年長是臘前開。方疑今歲無消息，多謝君能折取來。

又《梅怨》　幾年不見主人歸，及見開時又别離。若也有花無分賞，何如休種滿園池。我與梅花素有期，故應花怨我輕離。巡簷索笑寧無日，少待歸來酒作池。

又《雪後觀梅》　雨聲纔歇雪漫漫，深恐梅花不耐寒。破曉踏泥來問訊，細看枝上喜平安。春色三分已一分，江梅猶自占青春。有花堪折須拚醉，莫待東風吹作塵。

又《折梅》　不傍茅簷便竹籬，初聞猶未許人知。一枝到手春雖淺，肯負花前金屈巵。

又《寒梅》　冰玉精神絶點埃，人間無物似寒梅。凌霜傲雪渾閒事，最是欺春不逐來。

宋　范浚《香溪集》卷四《次韻茂通弟郊行見梅》　好風催冷蘂，上番即芳葩。春色獨先得，年芳誰復加。日邊看暖豔，雪後識真花。吟翫歸來晚，江村月照沙。

宋　曾協《雲莊集》卷一《江梅》　北風號喬林，萬象無容姿。高標自有時，正與冰雪宜。老榦儼枯木，疎花粲横枝。刻玉費天巧，不爲俗眼窺。託質在空谷，清高終見知。論功鼎鼐間，枝頭子離離。

宋　林季仲《竹軒雜著》卷一《陪趙守登樓賞紅梅》　大潔時争嫉，獨醒人更疑。漫隨春色媚，不改歲寒姿。霞帶壽陽臉，酒融姑射肌。憑誰慰孤寂，新有倚樓詩。

又　卷二《次韻劉敷言詠梅四首》　梅花笑我無佳句，慚媿詩翁亦姓林。細看窻前隕秋葉，誰知雪底得春心。斷橋斜徑光將夕，澹月疎雲趣更深。何處清香惱行客，江頭跋馬試教尋。

江空木落出遥岑，何處佳人獨倚林。不負雪期如有信，偶先花事本無心。日低脩渚雲容薄，路轉寒塘暝色深。莫怪山翁數回首，暗香十里更相尋。

粉痕欲破雪相禁，如妬孤英點暮林。九陌未傳花底信，一枝先寄隴頭心。月横瘦影池塘淺，風度微香院落深。插向鬢邊猶得在，未須笑我老浸尋。

霜清木脱峭寒侵，驚見佳花吐遠林。冷落自憐池上影，孤高誰賞月邊心。簡文剪綵談何易，杜老巡簷意最深。寂寂溪橋斷行跡，吹香獨與我追尋。

又《墨梅》　一枝炯炯照人寒，絶似溪橋立馬看。秖恐春風解香怨，漏他消息入毫端。

又《猒於行役感梅賦詩》　歸袖曾攀墻外子，征鞍又拂雪中花。往來應被江梅笑，笑我經年不在家。

又《秉燭照紅梅再次前韻即席》　玉妃初醉下瑶臺，紫霧深深撥不開。却恐錯穿桃杏徑，高燒銀燭照歸來。

宋　張孝祥《于湖集》卷一〇《道間見梅》　寒女生來不解粧，天然玉色照孤芳。疎籬茅舍無端恨，故有幽人與斷腸。

又　卷三四《樂府・清平樂・梅》　吹香嚼蘂，獨立東風裏。玉涷雲嬌天似水，羞殺天桃濃李。　如今見説闌干，不禁月冷霜寒。隴上驛程人遠，樓頭戍角聲乾。

宋　周紫芝《太倉稊米集》卷二三《石佛道中隔水梅花滿山》　平明跨羸驂，遥遵石頭路。循山一谿横，隔水得幽處。樹疑虬龍驤，石作蒼虎踞。雲菴有遺屋，突兀在煙樹。方壺豈不佳，弱水無船渡。空餘惱幽香，梅花滿春嶼。心知姑射仙，兹焉飲風露。水自平湖分，香從一山度。風姿不自持，照影各矜顧。安得從之遊，徘徊著雙屨。

又　卷二五《梅花爲風雨所殘三絶》　五更風雨各無端，留取殘枝與客看。何遜借花心欲折，玉奴愁雨曉應寒。山西鐵面故將軍，新種梅花十里春。此地數枝留不得，東風可是惡欺人。　先生舊日經行處，聞有寒枝笑曉林。便倩東風吹雨去，急携藜杖與僧尋。

宋　史浩《鄮峰真隱漫録》卷一《梅花》　雪花木如毬，萬木方枯愁。絳衣孕珠顆，的皪枝南頭。風標信孤挺，游戲墮人境。褪白露微青，志已在金鼎。

又　卷四《梅》　清洗嬌肥全惡粉，暗飛幽馥去朝真。直教别浦停三弄，羞作高樓欲墜人。

宋　趙公豫《燕堂詩稿・古梅》　古折何如此，吾知本自根。歷年香不改，易世骨猶存。祇守芳心淡，寧期俗士捫。逢春百卉艷，對此似兒孫。

宋 朱熹《晦庵集》卷二《梅花開盡,不及吟賞,感嘆成詩,聊貽同好二首》

憶昔身無事,尋梅只怕遲。沉吟窺老樹,取次折橫枝。絶艷驚衰鬢,餘芳入小詩。今年何草草,政爾負幽期。　虬几冰壺在,梅梢雪蕊空。不堪三弄咽,誰與一樽同。鼻觀殘香裏,心期昨夢中。那知北枝北,猶有未開叢。

又《次張彦輔賞梅韻》 朔風萬里開雲屏,清霜夜墜朝景晴。南枝浩蕩正春色,凍蘂的皪含空明。花邊偶對青銅鏡,槁項不堪冰雪映。擁爐獨坐只悲吟,振策出遊舒遠興。暗香何處時一飄,行行復值最長條。仰頭欲折渺誰贈,滿意相思那得邀。極知異縣淹行李,心賞未甘輕付畀。石雄賦罷不相聞,秀野書來因舉似。兩翁句法争新奇,畫出踈影沉寒漪。幽探自出塵境外,勝槩未許兒曹知。祗今嚼蘂攀條處,他日重來記前度。風臺月觀悄無言,玉笛冰灘索同賦。嗟予衰懶倦將迎,過眼紛紛無復情。尚喜疎英窺水白,更憐落片點苔青。興來亂插飛蓬首,擬向君家醉君酒。酒酣耳熱莫狂歌,布鼓雷門須縮手。

又 卷七 元範尊兄示及十梅詩,風格清新,意寄深遠,吟玩累日,欲和不能。昨夕自白鹿玉澗歸,偶得數語。

江梅

大雪天地閉,窮陰渺寒濵。誰知江南信,已作明年春。

嶺梅

梅花破蕚時,瘴雨吹成雪。驛使忽相逢,無言似愁絶。

野梅

野風吹孤芳,迥立正愁絶。皂盖莫徘徊,堪看不堪折。

早梅

霜風殊未高,杖策荒園裏。仙子別經年,相看共驚喜。

寒梅

白玉堂前樹,風清月影殘。無情三弄笛,遥夜不勝寒。

小梅

且喜梅花開,莫嗟梅花小。花小風味深,此意君已了。

疎梅

玉笛未黄昏,冰灘已清淺。疎影不勝妍,愁心爲誰遠。

枯梅

樛枝卧龍蛇,冷蘂綴冰雪。千里古人心,今年爲誰折。

落梅

花開已淒涼,花落更愁寂。來歲烟雨時,爲君和鼎實。

賦梅

君欲賦梅花,梅花若爲賦。繞樹百千回,句在無言處。

又 卷九《墨梅》 夢裏清江醉墨香,蘂寒枝瘦凛冰霜。如今白黑渾休問,且作人間時世裝。

又《梅》 姑射仙人冰雪容,塵心已共彩雲空。年年一笑相逢處,長在愁烟苦霧中。

宋 毛幵《樵隱詞・醉落魄梅》 莫寒淒冽,春風探繞南枝發。更無人處增清絶。冷蘂孤香,竹外朦朧月。西洲昨夢憑誰説,攀翻剩憶經年別。新愁悵望催華髮,雀啅江頭,一樹垂垂雪。

宋 黄公度《知稼翁詞・一剪梅》 冷艷幽香冰玉姿。占斷孤高,壓盡芳菲。東君先暖向南枝。要使天涯,管領春歸。不受人間鶯蝶知。　長是年年,雪約霜期。嫣然一笑百花遲,調鼎行看,結子黄時。

宋 陸游《放翁詞・朝中措梅》 幽姿不入少年場,無語只淒涼。一箇飄零身世,十分冷淡心腸。　江頭月底,新詩舊夢,孤恨清香。任是春風不管,也曾先識東皇。

又《卜算子詠梅》 驛外斷橋邊,寂寞開無主。已是黄昏獨自愁,更著風和雨。　無意苦争春,一任羣芳妒,零落成泥碾作塵,只有香如故。

宋 周必大《文忠集》卷二《次韻史院洪景盧檢詳舘中紅梅辛巳》 紅羅亭深宫漏遲,宫花四面誰得知。蓬山移植自何世,國色含酒紛滿枝。初疑太真欲起舞,霓裳拂飾天然姿。又如東家窺墻女,施朱映粉尤相宜。不然朝雲頻薄怒,自持似對襄王時。須臾燕支着雨落,整裝俯照含風漪。遊蜂戲蝶日採掇,嗟爾何異氓之蚩。提壺火急就公飲,他日墮馬空啼眉。

又《次韻王龜齡大著省中黄梅辛巳》 化工未幻酴醾菊,先放緗梅伴羣玉。幽姿着意慕鉛黄,正色何心輕蕚緑。粧成自淺風味深,對此寧辭食無肉。可憐涪翁被渠惱,中歲梅屏杯杓醁。

宋 王質《雪山集》卷一二《墨梅》 貴簡不貴繁,妙在有無間。滿眼尋不見,約畧見纖纖。貴老不貴稚,妙在榮枯際。芳態滅初年,其中寓幽意。貴瘠不貴肥,愈瘦愈清奇。瘦到無何有,政好翫空枝。貴含不貴開,風度韜胚胎。游蜂啅

不得，乃始抱全才。宜在幽且邃，終日無人至。水繞山重重，隔樹令人嚏。宜在平且闊，大江驚濤潑。潑上稍連顛，半驀忽衝脱。宜夜不宜晝，更宜月波溜。崖净澗淙淙，漁子推篷嗅。宜陰不宜晴，更宜雪花凝。五七點未足，封枝要全扃。宜與行相鄰，白白參青青。所恨花無音，間借竹爲聲。宜與松相伴，扶疎交凌亂。松香矗則矗，亦能佐一半。其鳥宜翠羽，否則碧蒿侶。山雀仍山鴉，速去切勿駐。其人宜野僧，否則閒道民。宜疎綺紈客，公子共王孫。吾非僧又非道，兩眼貯五湖，兩肩負三島。相煩健筆淩風掃，梅子王子成二老。

宋 尤袤《梁谿遺稿》卷一《梅》 不奈雪埋照，可堪風漏香。天寒無疹粟，日暮有嚴妝。桃李真肥婢，松筠共老蒼。合教居第一，獨自占年芳。

又《和渭叟梅花》 不避風霜苦，自甘丘壑潛。未禁沾額角，信好插梳尖。春意已張本，寒威今解嚴。殷勤留客意，尚許隔牆覘。

又《梅花》 冷豔天然白，寒香分外清。稍驚春色早，又唤客愁生。待索巡簷笑，嫌聞出塞聲。園林多少樹，見爾眼偏明。

又《次尹明梅花》 江北江南天未春，陽和先已到孤根。斜枝冷落溪頭路，瘦影扶疎竹外村。水部未妨時遣興，玉妃誰復與招魂。天寒好伴羅浮醉，明月清風許重論。

又《梅花二首》 竹外籬邊一樹斜，可憐芳意自萌芽。也知春到先舒葉，又被寒欺不放花。索笑幾回驚歲晚，相思一夜繞天涯。直須待得垂垂發，踏月相攜過酒家。

冷蘂疎枝半不禁，眼看芳信日駸駸。雪霜不管朝天面，風月能知匪石心。望遠可無南北使，客愁空費短長吟。年年准擬花排恨，不道看花恨更深。

又《落梅》 梁谿西畔小橋東，落月紛紛水映空。五夜客愁花片裏，一年春事角聲中。歌殘玉樹人何在，舞破山香曲未終。却憶孤山醉歸路，馬蹄晴雪襯東風。

又《入春半月未有梅花》 枯樹扶疎水滿池，攀翻未見玉團枝。應羞無雪教誰伴，未肯先春獨探支。幾度杖藜貪看早，一年芳信未開遲。留連東閣空愁絶，只誤何郎作好詩。

宋 王十朋《梅溪前集》卷五《途中見早梅》 山行初逢建子月，始見寒梅第一枝。遥想吾廬亦如此，誰能千里贈相思。梅花發後思家切，竹間水際出横枝。暗香踈影和新月，自是離情禁不得。觸物那堪此時節，春前臘後定歸來，要看溪上千株雪。

又 卷六《江梅》 園林盡摇落，冰雪獨相宜。預報春消息，花中第一枝。

又《紅梅》 桃李莫相妬，天姿元不同。猶餘雪霜態，未肯十分紅。

又《梅》 拂雲脩竹遶吾家，竹裏仍栽第一花。好句更同林處士，月黄昏後影横斜。

宋 虞儔《尊白堂集》卷四《圖南學長有詠梅十五詩，各指名其處所，且書以見寄，因賦二絶句謝之》 詠梅誰復擅詩名，梅與詩人自有情。説盡梅花隨處好，喜君詩句似梅清。 梅格孤高不待誇，暗香浮動影横斜。箇中風味誰相稱？只有西湖處士家。

宋 許綸《涉齋集》卷二《再次轉庵用梗字韻賦梅》 見梅思洛陽，何愁道路梗？見雪憶灞橋，便可心思省。仙家種玉成，造化炊粱頃。凛然孤高標，敢以塵溷請。將軍有傳令，遽成臨渴井。王言惟作命，盍作和羹領。香色歸本根，滋味豈機穽？自非泯全牛，安得試嘗綮？轉庵句中畫，梅詩言外警。難韻有轆轤，妙語壓菑眚。昨夜垂垂雨，一洗娟娟静。便覺容成圃，真是太王境。朝來知見香，墮在區别町。不如兩忘言，搔首孤山頂。

又 卷五《次轉庵寄用坡公賦梅韻》 一夜酸風驚拉槁，雪壓茅簷欹欲倒。孰知寒谷自能春？斸坼瓊枝故相惱。兩年舊隱住容成，耐冷衝寒起常早。透牕疎影眠未佳，擁被孤唫詩易好。别來問訊迥相忘，養就苔文從不埽。詩人云遠歲云暮，自插一枝憐鬢老。孤山在望不可到，惆悵餘香委芳草。誰邀配食水仙人，長笛横吹倚蒼昊。

又《次韻胡伯暉喜王簿移梅》 水南梅花光似雪，撲地香風噴鼻裂。詩人不來歲華晚，寂寞巖扃那忍折。一朝移向凌風前，雕欄碧甃生寒煙。聘以新詩壽芳酒，洗空遺恨春濺濺。住山多時識幽潔，行到臺邊忽凄咽。故園萼緑正相思，冷却東臯半犁鐵。

又《仇香種梅已開，而出鄉未歸，再次伯暉韻》 憶醉江南枝上雪，愛詞人把羅巾裂。篇成皓齒發瓊姿，酒盡貂裘堪當折。如今消得督郵前，期會紛來鬧似煙。故人一枝久寂寞，新愁萬斛誰洗濺？仇香有意移芳潔，索笑不來空哽咽。幸自花開君不歸，一夜孤根冷如鐵。

又《欲雪懷度雲新種梅三次伯暉韻》 朔風動地天欲雪，澗底孤松定皴裂。憶梅已覺腸九回，賦詩敢愛肱三折。簾疎香細度雲前，想見娟娟晚煙。

主人吟哦伴幽獨，醉墨不惜花袍濺。人與寒枝共修潔，未遣調羹笛休咽。販馬江頭得句回，踏破蟾光敲鐙鐵。

又　卷一八《次韻常之用前人韻賦梅花十絶》　老來爲圃萬緣輕，一見梅花眼倍明。所恨平生無句眼，其如相與有詩情。　淵明豈獨愛東籬，便愛東籬亦匪私。耐雪耐霜同臭味，佳花尤愛夾花枝。　風静得香多醖藉，雪殘觀色轉精神。不教翠竹疎松畔，清殺天寒日暮人。　拙速誠難語巧遲，誰知先進野人爲。絶憐飯顆山頭老，江路聞香有喜詞。　每愛孤山静思凝，歲寒不脱栢青青。暗中參得横斜趣，不費陶潛影荅形。　玉川清苦更清狂，一夜相思不可當。解道是君看亦好，不然白地斷人腸。　未點蒼苔已點衣，遽辭脩竹翠相依。若教笛怨歌催盡，寧受風吹雨打稀。　浮玉飄香别緒多，緩流溪水浸銅柯。先春有意春無意，春奈千紅百紫何。　臘雪溶溶斷送冬，明朝波面受春風。北園幾樹紅葩坼，只合吹將酒盞中。　桃縱夭夭杏縱繁，衰翁其奈眼尤寒。自知不是尋芳伴，且把寒枝子細看。

又《次韻古梅二首予近得鄉中甌浦梅坡皆老梅》　緑苔枝上玉疎疎，折贈詩人意不孤。惱殺渠儂歸未得，梅坡千樹有如無。　玉鑑堂前迹已疎，殘香應伴鶴聲孤。郎潛桂隱身藏却，新爲梅花着句無。

宋　蔡戡《定齋集》卷二〇《端約遺墨梅以詩謝之》　先生出語已驚人，戲作梅花又逼真。眼底江山詩有助，胸中丘壑畫稱神。　清香素質惱詩情，更倩揮毫爲寫真。共挽東風拚一醉，不須摹倣費精神。

又《題墨梅》　誰作横枝太逼真，枝頭的皪眼俱明。也知筆力窺天巧，無奈清香畫不成。

宋　洪适《盤洲文集》卷六二《題曹公顯所書陳體仁梅清傳後》　香草以比君子，固多見於騷人之辭。至剛長歲寒之際，能舒翹揚芳，表表於風林雪嶺間，惟梅爲然。其奔軼絶塵之姿，殆與莊士端人無異，彼揭車、杜若尚不敢與之齊驅，而冶桃、繁李瞠若乎其後，誠未可同日而語。陳君用太史公法，爲作佳傳，曹侯一見知賞，泚筆特書而冠文其首，抑可謂三絶也。

宋　楊萬里《誠齋集》卷四四《梅花賦》　紹熙四祀，惟仲之冬。朝暖焉兮似春，夕淒其兮以風。楊子平生喜寒而畏熱，亦復重裘而厚幪。呼濁醪而拍浮，嗔麟定之未紅。已有月漏微明，雪飛滿空，楊子欣然而嘆曰：舉世皆濁，滕六獨清。舉世皆暗，望舒獨明。滕也挾其清而不污，終歲遯乎太陰之庭。舒也倚其明而不垢，當晝閟于廣寒之扃。蓋工于相，避而疑其不相平也。今夕何夕，惠然偕來，皎連璧之迥映，蹇欲逝兮徘徊，吾獨附冷火而撥死灰，顧不詒二子之咍乎？爰策枯藤，爰躡破屐，登萬花川谷之頂，飄然若絶弱水而詣蓬萊，適羣仙，拉月姊，約玉妃，譙酣乎中天之臺。揚子揖姊與妃，而指羣仙以問焉，曰：彼縞裙而侍，練帨而立者爲誰？曰玉皇之長姬也。彼翩若驚鴻，矯若游龍者爲誰？曰女仙之飛瓊也。彼膚如凝脂、體如束素者爲誰？曰泣珠之鮫人也。彼肌膚若冰雪，綽約若處子者爲誰？曰藐姑射之山之神人也。其餘萬妃，皓皓的的，光奪人目，香襲人魄，問不可徧，同馨一色。忽一妃起舞而歌曰：家大庾兮荒涼，系子真兮南昌，逢驛使兮寄遠，耿不歸兮故鄉。歌罷，因忽不見，旦而視之，乃吾新植之小梅，逢雪月而夜開。

宋　劉應時《頤菴居士集》卷下《次韻范至能尋梅》　藜杖扶人趂雪乾，玉虹倒影落前灘。竹籬短短溪頭路，雪木荒荒日暮寒。每愧清香留我住，苦無佳句與人看。孤吟不忍空歸去，霜月侵衣興未闌。

又《雪夜二首》　迎春寒色愈嚴凝，小閣爐殘冷欲冰。寂寞黄昏弔愁影，雪牕怕上短檠燈。　浮雲著眼不留踪，獨與梅花共過冬。淡月故移疎影去，斷魂誰杵暮山鐘。

宋　葉適《水心集》卷八《中洲處士折梅花并新語爲贈，率易鄙句爲謝》　中洲之中十樹梅，蟠枝着地照蒿萊。即非無主憑誰伴？自不衝寒要早開。午蝶只隨游子意，暮笳難寫遯夫哀。幽懷寂寂天應笑，插句歸帆雪滿桅。

又《下僊看梅二首》　背人遠住奚師塢，何意追尋特特來。更要明年此時節，溪翁相唤不相猜。　隨山的的五千樹，慚愧識花人姓施。説似龍形都不肯，昨朝新見水沉枝。

宋　張鎡《南湖集》卷二《廬陵李英才自製墨與梅花寫真，艮齋、誠齋又許其能詩。十月七日攜畫見訪，且索拙語，因成古風以贈》　我家種梅三百樹，惱人不特香如霧。堦前花影二更來，月光到處縱横住。幾回欲畫嗟未曾，李君能事乃爾能。素綃竊我當時景，更引夜月花邊升。濡毫暈水厭凡墨，掃烟自就千枝燈。客衣緇盡不復恨，但喜占藝清如冰。圭玄漆響用不盡，博金價定無虧增。又聞覓句頗清熟，社中宗匠交口稱。雲臺萬事無心計，只學希夷多愛睡。醒時非畫亦非詩，恣向虚空寫千偈。君船再過嶼中未，烏丸併望新篇寄。醉來染試陋溪藤，滿壁蛟龍風捲地。

又　卷四《冬至後五日，約客晨往極樂精舍，因尋梅湖山，作詩紀事》　烟重山彌遠，林高日倍鮮。抱雞趨野店，剩水入冰田。未有三冬雪，渾如二月天。梅花應早慧，著眼竹籬前。

未苦撩清興，騎驢故遶山。松篁高下處，雲日往來間。要是從今後，休教枉却閒。烏巾風弄影，畫出我詩孱。

又　卷五《寓舍聽雨憶園中梅花》　陰霏非是妬春華，薄命詩人帶累花。烟逼艷低侵竹冷，風攔香横逐溪斜。開時數日曾邀客，別後連旬阻到家。簷溜可堪聲徹曉，夢中餘恨亦無涯。

又　卷九《九月梅花》　寂歷疎條葉未空，忽驚冰曆照霜風。秋來心事誰能領，不向籬邊數菊叢。

又《夙興》　霜池微帶月痕斜，風竹聲如撒細沙。坐到曉窗尤可愛，只愁烘損臘梅花。

又《走筆和曾無逸掌故約觀玉照堂梅詩六首》　纔晴便是看花時，記事君曾有四詩。及至花開風日好，不聞拄杖和疎籬。　纔晴便是看花時，天上陰晴豈預知。前日路乾居士病，偶妨招客酒樽隨。　纔晴便是看花時，不覺飄香不滿枝。小道山翁如具眼，緑陰初試更相宜。　纔晴便是看花時，自看何如與客期。亦有數篇花下句，苦無風味怕人知。　纔晴便是看花時，休問花名是阿誰。藉使無梅桃杏在，但能來賞莫嫌遲。　纔晴便是看花時，夜雨何堪帶雪吹。春色更拚過數日，三分餘一尚堪追。

又《玉照堂次韻茂洪古梅》　天教萼緑伴羊權，羞對塵顔粉黛妍。不必修真事靈訣，與花端合共長年。

又《玉照堂梅花飄落如雪》　陣陣翻空回旋飛，綴巾沾袖却横吹。東風秘授看花訣，不在開時在落時。

又《梅》　羣玉山頭昨夢歸，占祥獲應必無疑。今朝暫歇抄書課，急爲寒梅辦早詩。　驅鶴松門去却回，似知草際有香來。青條紅眼纔窺煖，拄杖先摉費緑苔。　冒寒崗路透溪橋，驢僕翩翩葉亂飄。還是去年初見處，青旗茅店恰相招。

又《尋梅三首》　紺碧烘晴水照天，斷槎荒葑牧羝田。數旬不踏蘇堤路，專爲梅花跨曉韉。　柴界墻頭蜂未窺，草烟沙逕亦空枝。要知愁結吹香晚，鐵石心腸欠我詩。　韓園邂逅一來尋，還憶朱欄小院深。園基舊屬寶雲寺，東坡《賞瑞香詞》云「小院朱欄幾曲」，正此地也。相對兩亭無四壁，定參陶令不絃琴。

又《春雪阻觀梅花兩詩嘲之》　弄珠縈珮白衣仙，遊戲塵寰占歲前。却被天公撒龍腦，擁教無地著雲軿。　雨聲俄混雪聲乾，泥濘林堂一到難。藉使玉肌無凍粟，可能獨自過春寒。

又《玉照堂觀梅二十首》　一笑林間説向春，宿緣三世豈無因。半生憂患摧殘損，却與梅花作主人。　映竹依松望最宜，如無似有乍開時。思量切比幽人語，不著工夫格自奇。　生怕高花易過春，隔年先早著精神。冰綃旋買連三幅，剩與溪山併寫真。　縱横遥襯碧雲端，林下鋪氊坐卧看。不但歸家因桂好，爲梅亦合早休官。　羣芳非是乏新奇，或在繁時或嫩時。唯有南枝香共色，從初到底絶瑕疵。　六日新春一再來，直須登樹賞花開。攀翻徑上枝梢外，不負東風是此杯。　從來嫌用和羹字，纔到詩中俗殺人。一片彩雲溪上暖，興隨芳草夕陽新。　醉上輕舟泛渌漪，細穿橋柱獨行遲。風前撫掌催花發，驚起羣飛五色兒。　山際樓臺水際村，見梅常是動吟魂。全身此日清芬裏，籬落疎斜不喜論。　別開庭院近蓮塘，油樹欄干小扇窗。更取梅花瓶内插，放教清夢月横江。　蕭然日月岸綸巾，春滿幽園肯倦行。一事尚須煩造物，看松微雨看梅晴。　正煖休嫌夜雨來，恐花乘煖一齊開。不然何事東風意，容易吹香與碧苔。　鵓鴣呼人曉夢回，霽光催賞百株梅。輕車不管沾泥滑，童子從來自慣推。　蒼帝妃嬪總素裝，勝遊常是遍江鄉。玉樓謫墮遲歸去，冷淡工夫笑我忙。　九節笻枝休化龍，佳時朝暮且相從。枯條豈但敲令盡，烏雀銜花定不忪。　今夕懸知月未圓，照梅已自不勝妍。冰姿玉色誰堪比，除是姮娥敢並肩。　喜客能揮白玉琴，此花端解古時音。只防老鶴來偷聽，引起翻雲萬里心。　杯行纔到莫留殘，要向梅邊露肺肝。今日正晴還有雪，謂予不信試遥看。　風調花常逐歲新，苦慚詩思只陳陳。吟成不敢分明舉，生怕渠知鄙薄人。　高窠依約百年餘，蠹枿重重艾衲鋪。親見主人來買地，遮番添得白髭鬚。

又《詠千葉緗梅》　巧留芳艷待春回，不受霜飈苦折摧。應對羣葩羞冷淡，數花併作一花開。　忍凍拖笻月下看，烟籠繁影共汗漫。緗裘不是多重數，爭奈清宵爾許寒。　一枝深雪綻前村，冷落猶能役夢魂。況有堆林春萬疊，傳飡甘此度朝昏。　光摇層蘂望晴花，誰把鵝黄染練紗。已是被香侵到骨，不須呼酒但烹茶。　玉砌珠攢萼翠中，開時應是費東風。臨摹不著詩人手，翦綵徒勞蠹女工。

又《玉照東西兩軒，有紅梅及千葉緗梅未經題詠，倒用前韻，各賦五首》　昔遊嘗到海中光，我與諸公各醉狂。同向塵中三十載，朱顔應笑鬢絲長。　雖

嫌緑葉與青枝，入格依前自欠詩。幾向斜陽溪畔見，猶將桃杏誤猜疑。一粒丹砂换骨來，移根聞自浙東栽。市門古巷留遺跡，問訊仙翁定姓梅。海棠曾把比朝眠，妃子粧慵玉鏡前。若似此花顔色好，定教天寶畫師傳。方諸臺聳日邊雲，望拜青童上相君。侍女百千皆絳服，恰如簷外樹紛紛。

又《戲題重臺梅》只將單萼綴層花，弱骨豐肌自一家。戴幾朵來誰可稱，寶釵雙燕緑雲斜。

又《任道源轉示玉豔亭探梅詩卷，未暇屬和，閏月十一日，偶自北山塔院過亭下，枝間已花，因次元韻三首》因花不作等閒來，屐印苔紋酒便回。明日窻前追昨夢，似逢姑射不逢梅。細看孤標迎臘瘦，争如繁豔遇春酣。古來節士功名薄，剩欲裁詩問水南。占斷林家一種春，隔湖茅舍羡漁人。折枝弄蕊年年手，生怕長安揖馬塵。

又《殘梅》雨絲吹冷透窻紗，忽忽東風管鬢華。豈爲梅殘便無恨，草生時節勝看花。

宋 高似孫《剡録》卷九《草木禽魚·紅梅》盧天驥《迎薰堂紅梅》詩：「河陽滿縣栽桃李，風過落花吹不起。潘郎遠韻故不凡，爲米折腰聊爾爾。剡溪詩尹亦可人，作堂餉客名迎薰。雖無桃李繼潘令，紅梅一窠香入雲。自憐多病綉衣客，百年未半髩先白。長鞭短帽飽霜露，田園將蕪身未索。何日背琴攜瘦笻，鳴絃堂上迎薰風。梅香已斷葉初暗，滿枝著子雙頰紅。寄聲艇子可留意，爲我泝溪撑短篷。」王梅溪《紅梅詩》：「桃李莫相妬，天姿原不同。猶餘雪霜態，未肯十分紅。」

又《千葉黄梅》王梅溪詩：「菊以黄爲正，梅惟白最嘉。徒勞千葉染，不似雪中花。」先公翰林詩：「一夢梨花失曉雲，晚貪黄裏弄精神。寒枝染透薔薇露，猶向人間犯色塵。」

又 卷一〇《草木禽魚下·梅》皇甫冉《寄袁郎中經剡詩》：受律梅初發，班師草未齊。崔顥《入剡詩》：山梅猶作雨，溪橘未知霜。仲皎《次韻王性之梅花詩》：白玉叢邊碧玉流，見花無復爲花羞。春風細雨溪山路，洗盡去年今日愁。春到寒林雪得知，雪中誰解認芳姿。溪山飛上一輪月，香滿風前獨立時。擇璘《梅花詩》：花老香微春始來，禁寒唯有雪相陪。無情誰爲添愁怯，雨後風前亦可哀。江朝宗《梅花詩》：朝宗栝蒼人，有詩名。小小人家短短籬，冷香濕雪兩三枝。寂寥竹外無窮思，正倚江天日暮時。月淡霜清驛路長，一枝春信到江鄉。西山餓死魂猶瘦，洛浦仙遊佩亦香。先公翰林《次韻》：新新數點照疎籬，又折今年第一枝。只爲知心無著處，雪中獨立最多時。踏雪歸來水路長，親曾相見白雲鄉。風來風去都無那，分付行人一點香。

宋 戴復古《石屏詩集》卷五《梅》孤標粲粲壓群葩，獨占春風管歲華。幾樹參差江上路，數枝裝點野人家。冰池照影何須月，雪岸聞香不見花。絶似林間隱君子，自從幽處作生涯。

又《靈州梅花》穿林傍水幾平章，合有春風到草堂。自入冬來多是暖，無尋花處却聞香。枝南枝北一輪月，山後山前兩履霜。直看過年開未了，醉吟且放老夫狂。

又 卷六《次韻梅花》百花開遍莫如梅，更向羣芳缺際開。寒冷怕行門外路，爲渠踏雪過山來。

又《山中見梅》踏破溪邊一徑苔，好山好竹少人來。有梅花處惜無酒，三嗅清香當一杯。

又《鄭子壽野趣燒燭醉梅花》古瓶斜插數枝春，此即君家勸酒人。移取堂前雙蠟燭，花邊照出玉精神。

宋 陳造《江湖長翁集》卷一六《次韻李壽卿明府憶梅》不分無花空折枝，探梅要趂未紛披。憶常月地攜笻去，似許風裳倚竹時。莊蝶認香憐夢短，墨君寫影竟誰欺。故人底事江南北，驛使來時僅好詩。

又《再次韻》烱若横陳耐凍枝，清篇細讀更重披。即令扶病揩塵硯，痛憶尋芳載酒時。政使雪霙來眼底，却愁霜鬢被花欺。暗香疎影君能事，何處羈人敢語詩。

又《次韻趙帥賞古梅予後不及賞故云》把酒花前量自寬，花同人意愜輕寒。盈盈似駕翠虬起，特特爲邀青眼看。紙貴共誇詩律細，客來旋報粉香殘。若爲白璧青錢費，可問東君博此歡。

又 卷一九《次韻郭帥梅三首》客子徒煩賦憶梅，怯寒未肯臘前開。定知酒處頻回首，有待江南信使來。

薄遊他日爲尋梅，爛賞菁村十里開。冰影玲瓏想仍舊，夢爲莊蝶認香來。

後乘從公訪古梅，梢含笑臉未全開。不妨東閣撩詩興，未分愁聽起夜來。

又 卷二〇《春暖贈梅喜作二首》晴日烘開粟玉葩，嬾隨霰雪送年華。淮鄉地冷開雖晚，竟是人間第一花。

手撚芳枝酹渌樽，東君乃有發生恩。即今省暖銅瓶水，羅幙圍香共晏温。

又《招山陽高徐二生飲二首》　梅花時節屢開樽，欲贈梅花欠可人。今日有人梅樣好，遲君同賞雪中春。

宋 孫應時《燭湖集》卷一八《梅花》　眼明那得許精神，爲問凡花隔幾塵。詩情消得吟成瘦，畫手終應苦未真。於我雪月故爲三益友，乾坤又付一番春。心期獨何事，小牕清夜絶相親。

又《陳傅朋和余梅花舊作，余再賦此》　肌膚冰雪定何神，不用靈犀自辟塵。一笑未妨娱獨夜，百花誰敢鬭先春。孤山詩侶須君復，吴市仙踪只子真。此外紛紛莫相汙，風姨月姊故情親。

又《鄞城通守廳和潘文叔梅花韻》　未將春草貯鳴蛙，寂寞西湖處士家。正喜數枝斜更好，聊沾一醉醒還賒。骨清是我冰霜侣，心賞從渠錦繡華。不厭相過娱夜永，摘芳和雪試煎茶。

宋 陳文蔚《克齋集》卷一六《見梅》　曉鷄殘月更離程，只見梅花不忍行。水郭山村誰是伴，惟伊與我共孤清。

又　卷一七《池陽地寒，梅開甚晚。上元後始見踈花，一夕春雪，曉起觀梅，爲梅解嘲》　千林一夜散瓊瑰，莫誚亭前春後梅。未入紛紛紅紫隊，不妨曾是雪中開。

又《倉使亦爲梅着句，適與予意相合，和其韻》　六花如覺厭春遲，桃未敷紅柳未垂。只有經梅太孤寂，裁冰綴玉助清奇。

又《周公美嘗年有紅梅之約，今花時雨雪，公美以詩遣花酒，和韻以謝》　紅梅高賞趂春晴，不記年華幾甲庚。花酒一時雙遣至，却愁不似對梅清。

宋 徐璣《二薇亭詩集·訪梅》　訪梅行近郊，寒氣初淅瀝。欲開未開時，三點兩點白。清枝何蕭疎，幽香況岑寂。頗知天姿殊，絶似人有德。逢君天一方，歡然舊相識。

又《梅》　疎芳點點是春冰，應笑浮華去不停。石畔長來枝易老，竹間瘦得蕚全青。孤高自愛香無色，寂寞渾教影問形。莫遣豐闕種宫苑，野橋流水最清泠。

是誰曾種白玻瓈，夐絶寒荒一點奇。不厭隴頭千百樹，最憐窻下兩三枝。幽深真似離騷句，枯健猶如賈島詩。吟到月斜渾未已，蕭蕭鬢影有風吹。

宋 翁卷《西巖集·道上人房老梅》　孤高不受埃，老怪昔誰栽。仙魄乘槎去，龍身帶雪來。數枝寒照水，一點净沾苔。頭白狂詩客，花時屢往回。

宋 姜夔《白石道人詩集》卷下《緑蕚梅》　黄雲承韈知何處，招得冰魂付北枝。金谷樓高愁欲墜，斷腸誰把玉龍吹。

宋 趙汝鐩《野谷詩稿》卷五《西湖訪梅》　久無梅信息，訪問到湖濱。耐盡一冬冷，開殘千樹春。臨流轉風韻，與雪鬭精神。疎影暗香後，能吟有幾人。

又　卷六《汪丞招飲問梅》　把酒問梅開也未，廵簷搜見兩三枝。秖緣今歲寒差甚，故比常年花較遲。折向紛華筵畔看，輸他冷淡水邊時。含香嚼蘂清無奈，散入肝脾盡是詩。

宋 劉克莊《後村長短句》卷二《長相思·惜梅》　寒相催，暖相催，催了開時催謝時，丁寧花放遲。角聲吹，笛聲吹，吹了南枝吹北枝，明朝成雪飛。

宋 袁甫《蒙齋集》卷一九《題梅四首》　占斷春光，水邊横枝。欲識生意，未著花時。　雪欺梅耶，抑梅欺雪。孤高之操，凛凛清絶。　花勿盡開，盡開香歇。勿待月圓，纔圓即缺。　竹外一枝，嘯傲東風。許多真趣，在有無中。

又　卷二〇《蟠梅二首》　籬外横斜只任真，無端束縛損花神。孤標自是爲人妒，一笑春風不用嗔。　幸自塵埃不許侵，千盤萬結戲相尋。只緣漏泄春消息，惹動旁人機巧心。

又《見梅》　半月山行不識梅，近成纔見一枝開。呼童截竹敲冰水，盛取數枝隨轎來。

宋 汪晫《康範詩集·次韻梅中》　梅熟雨初過，虚堂枕簟涼。心閒世自古，事簡日偏長。藕葉度清氣，蘭花留晚芳。正巾堪一笑，髮短自僧光。

宋 杜範《清獻集》卷一《閑行溪西得梅數花，喜甚，偶成小詩呈諸趙兄》　作意每不偶，邂逅與心會。疇昔問寒梅，李園不成醉。今夕亦何夕，見此萬花最。獨立如高人，凛凛塵世外。藤蘚半侵剥，風雪幾顛沛。驀爾籬落間，勁氣奪松檜。下視桃李場，碌碌千百輩。古淡不入眼，何能供世嗜。苦心抱歲寒，天其知我矣。此行得此花，嶷然爲增氣。置之几席間，相對喜不寐。有果碩不食，明朝日南至。芽蘖或未知，爾乃太蚤計。三嗅味清絶，令人發長喟。

又《方山和篇再和韻》　方山詩：寒梅吾故人，歲必以文會。涴墨尚可覆，未知凡幾醉。晚乃得此詩，山靈以爲最。置身風月上，出語色香外。駕言孤絶處，壞枝委顛沛。懸崖折披竹，斷澗强病檜。窮交僅如此，過是藐無輩。碧眼苦好奇，於焉有深嗜。迎長得一花，以爲時可矣。遂若天下春，筆頭頓生氣。我

屬閉關日，一枝偕寤寐。敢賀微陽來，尚虞堅冰至。結束果何在？飄零初不計。政恐負歲寒，或爲識者喟。

慇懃里社間，談笑文字會。平生一尊酒，無慮千百醉。問梅窮澗岡，樂事此其最。風霜盡木末，冰雪對户外。誰其念岑寂，自得以顛沛。歲寒二三友，已不數蒼檜。卓彼方山翁，自許行偕輩。古心味玄酒，於世百不嗜。少小誦佳篇，搜句亦奇矣。年來久不作，吾黨幾喪氣。珠璧忽墮前，疇昔曾夢寐。三詠結束語，坐令百感至。來者恐未然，往者非所計。汗青幾名節，徒起千載喟。

又《方山有求轉語之作并用韻二章》 方山詩：孤根要先覺，一花已後會。而况萬香中，晚乃誇狂醉。東皇兆羣物，無物居其最。對梅欲著語，當在梅之外。君看龍蛇蟄，中有江河沛。其元陽復雷，其真歲寒檜。於梅觀此妙，眼力憐湛輩。無能根本求，僅爲香色嗜。一元無識者，孤真可知矣。君獨邃玄機，命筆開風氣。奇哉天根詞，與世呼夢寐。猶疑轉語下，未爲梅之至。願聞第一義，更作向上計。會有先天翁，當發無極喟。

觀物非外索，具眼以心會。微陽花病槁，寧供等閑醉。我嘗課前作，無言乃爲最。譬彼清廟瑟，一唱弦越外。萬卉染春色，生意豈不沛？何物漏天機，一點映寒檜。我欲屋溪曲，種竹十數輩。疎影浸清淺，作此苦淡嗜。方山於此花，論交亦久矣。憔悴對冰雪，中有蓋世氣。向來多朋從，痛飲忘夜寐。舊事俱已非，尚善詩押至。俯就相唱酧，殆爲後來計。一花未足多，夫子亦何喟？

四時冬復春，造化一機會。朔風空草木，餘枿猶病醉。梅花於其間，居殿復居最。三春在何許？不在粉鬢外。我嘗玩茲理，若決江河沛。冰壑卧寒松，雪嶺立老檜。見命謂受獨，落落一二輩。有此不改節，不與世同嗜。抱負開化元，此花而已矣。整刷此精神，寸草亦生氣。嗟嗟迷復者，膠轕隨寤寐。萌蘖尋斧斤，豈知七日至。擊壤詠天根，巧歷不能計。持以印梅花，無語獨歎喟。

又 卷二《和十九兄梅韻二首》 空谷寒花好，荒村野路長。有懷尋往事，無語攪枯腸。老氣猶無恙，幽姿只自香。喜君歌白雪，茂對此新陽。

語別星霜久，懷人道里長。江山高著眼，文字飽撑腸。窮壑生新態，寒梅帶舊香。它年當記憶，有雁過衡陽。

又《道傍見梅》 一樹棲殘雪，不禁春夜霜。香飄非實篆，粉褪厭時粧。且合收餘白，應難待晚黄。自便籬落好，棒棘不相妨。

又 卷三《和耕甫弟梅》 數點冰葩與雪宜，有人著眼水邊籬。從渠疎影初傳句，自此清吟未有詩。曾到孤山飛鶴處，恰思偃樹跨鯨時。李園莫負春風約，應有當年未折枝。

落梅

宋 劉學箕《方是閒居士小稿》卷上 梅花自秦漢而下無一語焉，至宋鮑參軍照始賞其韻而寓之詩。然則梅之見於賦咏者，實自明遠始也。用韻二首。

片片玉零亂，寒風生驚嗟。凍雀相飛鳴，俛啄苔上花。 鳴飛饑腸不能實，却上烟梢照斜日。愁逢冷淡太寂寥，不似春風艷陽質。

宋 施樞《芸隱横舟稿・芸隱勌遊稿・落梅》 粉香銷盡骨猶清，望斷瑶臺轉有情。便是百花無此分，看看事業到和羹。

宋 劉黻《蒙川遺稿》卷三《用坡仙梅花十韻・愛梅》 被酒閒憑茗主和，惱人風動不消多。月高片影横窗上，夜半無眠客奈何。

又《訪梅》 山寒木落峭孤臺，南北常分冷煖開。自笑三生如結習，每來月下立蒼苔。

又《見梅》 水邊林表幾徘徊，索笑清尊不憚開。秖恐對花無好句，却成辜負一年來。

又《探梅》 只辦茶杯與酒尊，山中寒日易黄昏。今年閏月遲消息，枉費清宵幾夢魂。

又《詠梅》 草木班中有此花，暗香浮動影横斜。古今陶寫閒情性，惟説西湖處士家。

又《遇梅》 冷淡生涯合晚開，老天故遣雪頻催。相逢唤醒平生夢，不悮山翁特地來。

又《愬梅》 清入肝脾冷入肌，天機忽露兩三枝。爲渠瘦得身如鶴，詩病除非詩可醫。

又《擬梅》 花事俱空葉亂飛，孤標强項發枯枝。溪山的皪無人問，鐵石心腸雪凍時。

又《友梅》 玉骨冰肌練帨輕，縱教雪壓色逾明。太清不入塵人眼，完得平生淡性情。

又《贊梅》 萬卉千葩總一家，木心纔蠹脈皆邪。山窗玉立如風憲，人指爲花不是花。

宋 姚勉《雪坡集》卷一〇《梅花賦》 壬辰之冬，雪霽寒麓。有二其客，訪

我梅屋。炙晴窻之新暄，酌瘿樽之清渌。值余梅之暖吐，巧裁鏤乎冰玉。出膶僊於山澤，揖處士於巖谷。微風天落，暗有清馥。幽閒淡雅，照水横竹。客謂主人曰：天英地華，融爲百花。或以香珍，或以色姱。覩其争麗而奪秀，蓋亦千芳而萬葩。何吾子之皆不取，而獨内交乎斯梅耶？主人顧客而笑曰：養竹于庭，所以標醉吟之清。滋蘭在畹，所以風靈均之馨。君子好恬而樂素，不羨侈而慕榮。桃李華而近浮，松栢質而少文。未若斯梅之爲物，類於君子之爲人。今夫異萬木而獨秀，冠羣芳而首春，是即君子之材。拔衆萃而莫倫，立清標而可即，正玉色以無媚，是即君子之容。羌既温而且厲，寒風怒聲，悄無落英，嚴霜積雪，敢與争潔，君子之節也。瑶堦玉堂，不增其芳。竹籬茅舍，不減其香。君子之常也。在物爲梅花，在人爲君子。皎茵璧之連接，瑩壺冰其表裏。既物我之通稱，又焉得舍此而取彼。兹予所以内交於斯梅，而植之以爲庭實也。方其林梢盡枯，瓊蕚孤出。霜風肅肅，庭有愛日。負朝暄于檻砌，而繙玩乎書帙。此時此花，味我閒適。又如殘雪在簷，寒月侵室。浮雲四卷，天宇寥闃。倚欄干而長嘯，遇神人於姑射。此時此花，助我飄逸。嗟吾屋之半間，陋纔止於容膝。惟此花之清絶，相娱笑以朝夕。開醉襟於酒觴，生妙思於吟筆。使予舍此而他好，殆將喪志於玩物矣。況夫若作和羹，爾惟鹽梅，味可世資。從古以來，方將薦實於鼎鉉，豈徒脱跡於塵埃？彼百花之紛紛，亦何有於我哉！客聞此言，色笑心悦。挹清芬而度酒，嚼瓊蕤而噍雪。醉相枕而不知，同一夢於霜月。

宋 文天祥《文山集》卷一《梅》 梅花耐寒白如玉，干涉春風紅更黄。若爲司花示薄罰，到底不能磨滅香。

香者梅之氣，白者梅之質。以爲香不香，鼻孔有通窒。我有天者在，一白自不易。古人重伐木，惟恐變顔色。《大雅》久不作，此道豈常息。詩翁言外意，不能磨滅白。

宋 釋文珦《潛山集》卷三《梅友》 梅月歲寒姿，桃李非其偶。冰雪見凌厲，斯固梅之守。伊人清且妍，是曰梅之友。臭味得所同，不在金蘭後。溪烟隴月間，幽期未嘗負。中路勿棄捐，友道貴長久。

又 卷九《梅枏》 梅枏三四樹，手種近巖房。始見條抽緑，俄驚葉隕黄。物情殊易變，身世豈能常。且盡修心法，休傳却死方。

宋 吴文英《夢窻甲稿》卷一《花犯謝黄復菴除夜寄古梅枝》 剪横枝，清溪分影，翛然鏡空曉。小窻春到。憐夜令霜娥，相伴孤照。古苔淚鎖霜千點，蒼華人共老。料淺雪，黄昏驛路，飛香遺冷草。　行雲夢中認瓊娘，冰肌瘦，窈窕風前纖縞。殘醉醒，屏山外，翠禽聲小。寒泉貯，紺壺漸暖，年事對，青燈驚换了。但恐舞，一簾蝴蝶，玉龍吹又杳。

宋 趙長卿《惜香樂府》卷二《水龍吟梅詞》 煙姿玉骨塵埃外，看自有神仙格。花中越樣風流，曾是名標清客。月夜香魂，雪天孤豔，可堪憐惜。向枝間且作，東風第一，和羹事，期它日。　聞道春歸未識，問伊家，却知消息。當時惱殺林逋，空遶團欒千百。横管輕吹，曲欄香散，阿誰偏得。壽陽宫，應有佳人，待與點、新粧額。

又 卷三《漁家傲梅》 蕙死蘭枯金菊槁，返魂香入江南早。竹外一枝斜更好。誰解道，古今惟有東坡老。　去歲花前人醉倒，酒醒花落無人埽。令歲花開人未到。愁滿抱，青山一帶連芳草。

又 《念奴嬌梅》 蘭枯菊槁，是返魂香入，江南春早。谷静林幽人不見，夢與梨花顛倒。雪刻檀心，玉匀豐頰，粧趂嚴鐘曉。海仙么鳳，緑衣何處飛遶。　竹外孤裊一枝，古今解道，只有東坡老。莫倚廣平心似鐵，間把珠璣揮埽。桃李輿臺，冰霜賓客，月地還凄悄。暗香消盡，和羹心事誰表。

又 《菩薩蠻梅》 肩輿曉踏江頭月，月華冷浸消殘雪。雪月照疎籬，梅花三兩枝。人憐花淡薄，花恨人牢落。不似那回時，醺醺醉玉肌。

又 《點絳脣梅》 開盡梅花，雪殘庭户春來早。歲華偏好，只恐催人老。　惟有詩情，猶被花枝惱。金樽倒，共成歡笑，終是清狂少。

又 《鷓鴣天梅》 手種梅花三四株，要看冰霜照清臞。朝來幾朵茆檐下，竹外江頭恐不如。　凝玉面，吐香鬚，莫嫌孤瘦漸豐餘。化工不肯孤人意，做底慬娱報答渠。

又 卷六《一剪梅》 樹頭紅葉飛都盡。景物凄涼，秀出羣芳。又見江梅淺淡粧。也囉真個，是可人香。　蘭魂蕙魄應羞死。獨占風光，夢斷高堂。月送疎枝過女牆。也囉真個，是可人香。

宋 張至龍《雪林删餘·梅花十詠》（《江湖小集》卷一八引） 梅梢：根清條不肥，影落明月地。凄凄欲寒時，胚渾已生處。蓓蕾：歷歷銜冰霜，綴作珠的皪。香色俱渾然，花中之太極。欲開：凝成姑射姿，幽潔世所獨。春近迫芳心，羞澀破唇玉。半開：五出梢敷露，不受塵目愛。鮮鮮着精神，獨於此時最。全

開：昨夜東風多，花神莫之禦。玉立對幽人，十分盡情吐。欲謝：垂垂雪中枝，暗裡度香遠。忽動調羹機，黏枝花力軟。半謝：旋隨瓊霙飛，繞我茆屋角。結子意漸濃，豈爲羌管落。全謝：冰花不留丁，收香盡藏白。一朝作陳人，遜與桃李出。小實：青青長朱裳，小摘脆不墮。勿期如豆微，中懷仁已大。大實：圓碧日益肥，磊落壓枝重。雖然苦味酸，酸中藏大用。

宋 王沂孫**《花外集·一萼紅·紅梅》**　占芳菲，趁東風嫵媚。重拂淡煙支，青鳳銜丹，瓊奴試酒，驚換玉質冰姿。甚春色，江南太早，有人怪，和雪杏花飛。蘚珮蕭疎，茜裙零亂，山意霏霏。　空惹别愁無數，照珊瑚海影。冷月枯枝，吴豔離魂，蜀妖浥淚，孤負多少心期。歲寒事，無人共省，破丹霧，應有鶴歸時。可惜鮫綃碎剪，不寄相思。

宋 陶夢桂**《平塘陶先生詩》卷二《老梅》**　早年鋤月手親栽，看到成陰結子來。二十餘年如一夢，歸來五度見花開。

宋 蕭立之**《蕭冰崖詩集拾遺》卷上《郡圃欄梅分韻得手字同寮邀飲》**　江南不見梅花久，一夜寒香吹户牖。明朝十客山下亭，萬里春風一杯酒。霜痕卷水天不動，月逼雲收净如帚。花枝圍燭白紅吐，艷歌聒醉捿烏走。坐窻不遨今幾日，簿書厭人目生垢。茲晨不待折簡招，行車纍纍魚貫柳。廣文玉碎磨不磷，令尹風生談滿口。幕中佳士檄颯颯，着我其間慙老醜。龍門風流千載事，歐梅賔客文禧守。便須畫作欄梅圖，却恨丹青無好手。

宋 邱葵**《釣磯詩集》卷一《同景仁芝山賞梅》**　西風殺羣卉，麋鹿覺悽愴。野菊亦憔悴，蕭條不堪賞。主人菴中梅，的皪爲誰放。當茲肅霜月，數枝春盎盎。真如得道人，形槁神獨王。

又　**卷三《賞梅分韻得殊字》**　梅是花中先覺者，天才迥與衆芳殊。朔風如銕爲寒骨，暝日投金作細鬚。吐出奇芬春意思，描成疎影月工夫。玉容清潤豐腴甚，無限詩人錯道癯。

金 李俊民**《莊靖集》卷七《寄梅》**　開未徹，先把一枝偷拆。看取黄昏今後别，暗香浮動月。誰爲尋芳時節，誤了前村踏雪。爲問花間能賦客，如何心似鐵。

又　**《探梅》**　誰便道，昨夜雪中開了。次第不將消息報，探芳人草草。宜在嫩寒清曉，興比孤山更好。籬落逢花須醉倒，惜花人易老。

又　**《賦梅》**　金的爍，猶帶枝頭寒色。休道北人渾未識，自然梅有格。初見花時摘索，再見花時狼籍。詩句眼前拈不出，惱人樓上笛。

又　**《歎梅》**　頻點檢，依舊雪肌清減。似恨海東花使濫，不教么鳳探。休笑詩人冷淡，道盡影踈香暗。桃杏雖然無藻鑑，承當應不敢。

又　**《慰梅》**　誇獨秀，動把春光泄漏。誰道江南無所有，一枝先入手。須是日就月將，那在風飄雨驟。直待豆稭灰落後，初嘗山店酒。

又　**《賞梅》**　全不讓，占了百花頭上。殁箇知音人共賞，陶潛無處望。也有江湖酒量，也有風騷詩將。休道花前無伎倆，踈狂些子放。

又　**《畫梅》**　偷造化，秀出含章簷下。爲問花中誰可嫁，海棠開已罷。占了十分閑雅，占了十分瀟灑。若使畫工能此畫，九方皐相馬。

又　**《戴梅》**　花譜内，莫作等閑看待。鬬草吴王無可對，有他西子在。好在一枝竹外，影也教人堪愛。未免世間兒女態，折來頭上戴。

又　**《别梅》**　懷抱惡，猶被暗香著莫。想在隴頭誰領畧，一枝分付錯。今夜雲窻霧閣，明夜烟村水郭。紙帳天寒人寂寞，夢回聞雪落。

又　**《望梅》**　春一半，留與大家同看。覓箇温柔林下伴，北枝猶未煖。縱有姮娥照管，可惜羅浮夢短。斷嶺不能遮望眼，幾時魂却返。

又　**《憶梅》**　多少恨，不見舊時風韻。浪蘂浮花都懶問，江頭春有信。誇甚壽陽粧鏡，説甚揚州詩興。雲破月來堪弄影，世間無此景。

又　**《夢梅》**　隨徤步，已過市橋江路。費盡西湖多少句，暗香留不住。銷得黄昏幾度，又是天寒日暮。枕上吟魂無著處，化爲蝴蝶去。

金 元好問**《遺山先生新樂府》卷三《梅花引》**　墻頭紅杏粉光白，宋東憐，見郎頻，腸斷城南，消息未全真，捻得楊花雙淚落，江水潤。年年燕語新。見説金娘埋恨處，蒺藜沙草不知春，離鬼一隻鴛鴦去，寂寞誰親。唯有因風委露託清塵，月下哀歌宫殿古，暮雲合，遥山入翠顰。

一同張仲經楊飛卿賦青梅

緑華仙萼綵雲閒，雪消殘擁香。隨意輕勻淺注，儘高閑。向道是梅剛不便信，更誰占，東風最上番。韻絶秀絶香又絶，悵千山復千山，才情似記何郎句。清淚班班，寂寞孤村籬落，小溪灣。修竹蕭蕭霜月苦，好留與，青綏護曉寒。

金 段成己、段克己**《二妙集》卷四《紅梅》**　誰點冰梢絳雪團，黄昏和月倚闌干。羞隨桃李争春意，要伴松筠傲歲寒。冷艷只宜閒處著，淺粧難入俗人看。天心固惜和羹便，空抱枝頭一點酸。

淡掃胭脂碎玉團，天生異物著江干。月邊標格嬌增韻，雪底精神巧耐寒。春意祇應容易見，人情還作等閑看。可憐棄置蓬蒿外，倚仗東風鼻一酸。

又　卷五《梅花十咏》　憶：姑射仙人冰雪膚，昔年伴我向西湖。別來幾度春風換，標格而今似舊無。夢：天仙邀我醉瑶臺，春向飛瓊笑裏回。爲報梨花緣已斷，休將雲雨下山來。尋：風流誰似李三郎，不記仙姿委路旁。天上人間無覓處，風來羅幕只聞香。探：虢國夫人約素身，不教脂粉涴天真。一班曾向春前見，顔色如今更可人。乞：寄語詩人林隱君，水西千樹要平分。玉顔絳領堪娱老，御史何勞覓紫雲。折：白玉堂深夜色寒，玉兒和月倚蓬山。高情不似章臺柳，也許餘人取次攀。嗅：手撚冰鞓步月華，暗香先已透垂瓜。壽陽畢竟無才思，但卧含章拂落花。浸：玉骨渾將山麝薰，冰肌得水更精神。凌波微步東風軟，羞殺當年洛浦人。浴：脉脉晴天翠幕張，玉環月底按霓裳。却嫌塵污香羅襪，故著温泉爲洗粧。惜：窈窕銀屏掩畫堂，爲嫌玉瘦怯昏黄。落英猶可爲香爇，不學翾風老退房。

元　楊公遠《野趣有聲畫》卷上《見古梅吴府教》　萬木風饕凍欲癡，孤根逗暖正斯時。樹槎牙歷百千歲，花摘索開三兩枝。兄弟山礬應未稱，交朋松竹恐相宜。玉堂標致和羹味，可是香名滿世知。

又　卷下《觀梅》　老來寵辱兩無聞，纔見梅花喜十分。冰雪相看雖屬我，乾坤獨步却輸君。受知和靖黄昏月，入夢昌齡落寞雲。從此暗香來不斷，何消更把水沈焚。

又　《探梅梅花二十絶》　竹杖芒鞋作興來，來時準擬有花開。誰知老樹荒烟裏，地冷孤根暖未回。

又　《訪梅》　荒寒茅屋是誰家，獨木橋横小逕斜。却是無人行到處，春風先已到梅花。

又　《寄梅》　方愧無由洗俗塵，喜逢竹外一枝春。看來未敢輕攀折，待侑詩篇贈故人。

又　《賦梅》　雪月雲煙件件宜，騷人墨客費尋思。怕渠因得逋仙句，不要人言半字詩。

又　《觀梅》　東閣觀梅效少陵，巡簷索笑面生春。試將心事從渠道，恰又無言領畧人。

又　《折梅》　折時須揀帶苔枝，兩蘂三花儘自奇。簪向銀缾全俗了，古銅缾浸恰相宜。

又　《寫梅》　爲渠模寫未爲難，只要稀疎不要繁。雪月風煙俱屬我，一時收拾付毫端。

又　《紅梅》　特立孤高耐歲寒，渥丹顔貌帶儒酸。荆公詩句休拈出，北地人今已熟看。

又　《千葉梅》　千葉梅開一樣清，向人含笑似多情。化工只麽寧多巧，碎剪瓊瑶細簇成。

又　《雪梅》　凍合頑雲四幕垂，須臾六出攪空飛。梅花自稟清臞相，底事添渠十倍肥。

又　《月梅》　梢如鹿角月如眉，月到梢頭分外宜。梅得月來無限好，月和梅看越清奇。

又　《烟梅》　玉妃謫墮作梅花，不與羣芳定等差。莫是清高嫌俗眼，故張翠幕淡籠遮。

又　《霜梅》　梅到更闌自主張，依然不住散清香。横陳青女無端甚，也要教渠學粉妝。

又　《冰梅》　絶憐花帶雪璘瓏，彷彿惟存蠟蔕紅。一夜清寒風結凍，分明身在水晶宫。

又　《照水梅》　梢横鶴膝小池東，幾點踈花冷淡中。自是曉妝匀未了，故擡粉面對青銅。

又　《梅影》　柴門相對月華新，月上梅梢絶點塵。却是嫦娥工性巧，不須泓穎畫全身。

又　《早梅》　籬下叢叢菊老時，清香飛上向南枝。化工未必無私意，試問春風知不知。

又　《遲梅》　盡道孤根逗暖回，緣何春至未胚胎。東皇想是憐孤獨，留與羣芳作伴開。

又　《殘梅》　可惜梢頭爛漫芳，無心要趁壽陽妝。寧教片片隨風去，點在苔痕骨也香。

又　《梅實》　纍纍青子綴枝丫，一味含酸軟齒牙。不獨曹軍資止渴，也曾調鼎佐商家。

元　方回《桐江續集》卷二四《送林學正愛梅二首》　早與梅花歃血盟，歲寒

同社保幽貞。八詩共識林和靖，一賦誰知宋廣平。邂逅老夫傳此本，慇懃今日送君行。開元宰相和羹事，鐵石心腸待晚成。

平生自號愛梅人，家住江南野水濵。屋角暫辭千樹雪，馬頭猶帶一枝春。馨香事業終須在，酸苦工夫盍少伸。莫學君家舊處士，西湖空老太平身。

元 **黄庚《月屋漫稿・見梅》** 孤根偷轉一分陽，枝北枝南次第芳。照水曉枚冰鏡冷，横空雪樹凍雲香。未成林實調金鼎，先占春魁伴玉堂。因憶西湖林處士，年年覔句爲伊忙。

又《梅魂武林試中》 夢覺羅浮迹已陳，至今想像事如新。相思一夜窻前月，似見三生石上春。的的孤芳冰氣魄，疎疎冷蕋雪精神。料應楚些難招至，欲倩花光爲寫真。

元 **艾性夫《剩語》卷下《落梅》** 翠羽嘈嘈唤夢回，羅浮峯下小徘徊。霜風昨夜捲晴雪，山路今朝無碧苔。尚有瘦香供玉笛，不將餘片點粧臺。少須鼎實明人眼，却帶江南烟雨來。

元 **趙文《青山集》卷八《詠梅》** 我與梅花别一朞，停雲倚樹鬢成絲。偶于蹊路相逢處，正似故人初見時。清裏有和夷惠聖，寒邊帶瘦島郊詩。客中無酒能消得，共撥寒灰坐欲癡。

又《二月梅花》 奪得冰姿過歲華，遠離塵垢迥堪誇。即今年少多脂粉，只恐春光不稱花。

元 **侯克中《艮齋詩集》卷七《紅梅二首》** 恥隨繁杏鬧清明，先欲羣芳識姓名。裝臉韻憎鉛粉淡，醉魂香遶玉堂清。春風紫府多幽思，緑葉青枝近淺情。寄與題詩樓上女，莫教偷折入神京。

厭見蜂兒蝶子狂，早將顔色奉東皇。半酣宿酒迎春思，一抹胭脂趂曉粧。桃蕚定無如是韻，杏花那得許多香。風流標格誰題品，只許坡僊解發揚。

又《梅》 商周只説實堪用，唐宋盛傳花好看。詩愛四更窻影瘦，夢嫌三弄角聲寒。雪深庾嶺香初動，酒盡羅浮興未闌。移向茅齋慰衰老，免教深夜倚闌干。

元 **釋善住《谷響集》卷三《詠梅》** 疏花猶在眼，長憶倚闌看。便欲携笻去，北風天正寒。

又《梅竹圖》 花魁何峥嶸，竹君自檀欒。無心競春華，冰雪了歲寒。

又《梅花便面》 景寒苔作衣，香冷玉爲骨。夢斷湖水濵，盈盈蟾兔窟。

元 **仇遠《金淵集》卷六《小齋四花》** 艾納護春香，横枝偃霜月。絶憐玉妃面，化作鐵漢骨。

元 **仇遠《山村遺集・梅花》** 爲怕緇塵染素衣，凍痕封蕊放春遲。月來忽送闌干影，春到不分南北枝。啼夢翠禽依樹宿，斷魂玉笛隔花吹。任他萬片隨風去，須有青青葉底時。

元 **劉因《静修集》卷一《詠梅》** 燕南舊無梅，寒花爲誰芳。月色隱清艷，幽香竟難藏。寸心警殘雪，孤根待朝陽。只有横斜枝，萬里同昏黄。

元 **王惲《秋澗集》卷三二《詠梅》** 銅切塗黄點酪酥，細薰婆律發温罏。老夫鼻觀多知見，不用燈前問玉奴。　一脈陽和擅獨根，滿枝金蕾鎖春温。惜花人老情緣在，翦斷春風倩女魂。　尚愛梅君侶細君，題詩重過去年門。經年不見春風面，爲恐啼痕似蠟痕。　梅花開在百花前，苦節貞心只自憐。縱使孤根有餘暖，玉顔于世爲誰妍。　爲愛梅花徹骨清，冷香能幾謾含情。春風果有和羹用，未害肝腸似廣平。　江路吟看發興長，西湖浮動月昏黄。冷香本是幽人供，枉自疎籬比玉堂。　日日雙瓶换水温，爲憐幽谷似佳人。夜來紙帳青燈夢，繞遍羅浮樹下春。　蠟削肌膚玉作顔，淡粧終不入時看。苦吟正有西湖老，凍繞枯枝賞歲寒。　芳叢百繞問花開，夢在仙人萼緑臺。爲報主人多置酒，臘前冬後約重來。　我識西湖處士心，一生梅竹是知音。誰知二百餘年後，又見諸孫鶴在陰。

元 **王旭《蘭軒集》卷一《孤山訪梅》** 春興生杖履，訪梅孤山顛。道人庭宇静，清香自留連。有懷和靖翁，仙去今幾年。妙句不可續，風月空山川。饑餐石上雪，渴飲巖中泉。手持白玉英，孤吟下寒煙。佳人遠莫贈，日暮心飄然。

梅花如高士，獨立遠世氛。春風不敢狎，桃李安能羣。寒雪羞素質，幽蘭避清芬。詩人慰寂寞，踏破山中雲。折花心摇摇，無計遺東君。

又 卷四《東閣梅花》 獨占春魁壓衆芳，蕭疎清影伴松篁。飄烟自覺風俱韻，照案疑浮月有香。雅致偏饒東閣詠，瓊姿愛點壽陽粧。夜來冷艷侵堦砌，恍入羅浮夢裏鄉。

又《憶梅得昏字》 驛使天涯不寄春，幽人雪裏漫招魂。詩成東閣歲華晚，夢斷西湖煙水昏。曳杖誰行山下路，吠尨空記竹邊門。何時瘦影寒香底，重對春風酒一尊。

又《早梅》 萬物收榮避歲寒，一枝驚向臘前看。都緣鼎鼐和羹晚，故使山林得伴難。有恨詩人休折去，無情羌管莫吹殘。冰霜窟裏陽和露，此是乾坤

造化端。

又《梅花》 黄昏庭院月朧朧，折得横枝在手中。但覺香從雙竅入，豈知春與七情通。從教驛使音塵隔，不與梨花夢寐同。惆悵無人共幽賞，回頭桃李又東風。

元 何中《知非堂稿》卷一《梅》 一徑蒼苔深，梅龍著花早。初回天際春，更覺江南好。月色冰霜寒，角聲天地老。寄語宋廣平，時無蘇味道。

又 卷三《梅》 奇植遺山澤，英姿照古今。醴薰貫三極，貝色表千林。年運神孤王，陰凝力獨任。太清涵妙影，元氣託芳心。薄雪村村淡，輕烟澗澗陰。蒼茫何見晚，邂逅卻愁深。南紀開春事，幽情寄碧岑。自憐餘短策，相對發孤斟。

又 卷五《題墨梅》 江北江南春又動，臘前臘後梅仍花。三點五點雪孕魄，一梢兩梢鐵擘杈。枯根健迸石色潤，半身倒偃溪流斜。逃禪老人招不得，樹穴探環今是邪。

元 宋褧《燕石集》卷九《墨梅爲李華遠作》 風香月影雪肌膚，朔客晴窗看畫圖。江北江南數千里，夢魂何處覓西湖。

元 胡助《純白齋類稿》卷五《梅花吟》 乾坤清氣鍾梅花，品題不盡騷人家。剛道横枝有南北，風姿香韻無等差。南枝向陽開獨早，北枝向陰尚枯槁。陽和走上北枝來，北枝開勝南枝好。一樹自分南北枝，年來冷暖無人知。珠簾翠幙要調護，畫闌玉笛休輕吹。君不見，春深千樹花如雪，南北枝頭孰分别。

元 謝宗可《詠物詩·紅梅》 梨雲無夢倚黄昏，薄倩朱鉛蝕淚痕。宿酒破寒薰玉骨，仙丹偷煖返冰魂。茜裙影露羅衣捲，霞珮香封縞袂温。回首孤山斜照外，尋真誤入杏花村。

又《苔梅》 一夜蟠龍裂翠鱗，土花深護玉精神。蒼含滿樹黄昏月，碧老孤根太古春。姑射香薰荷製好，逋仙青入葦衣新。料應不爲天風冷，自恐冰肌受點塵。

又《雪月梅》 苔枝擎重半朦朧，漠漠梨雲夢不同。香護姮娥眠玉鑑，影隨姑射下瑶宫。冰蟾光透南枝夜，翠羽聲凄古樹風。天上人間渾一色，幾分春意有無中。

又《緑萼梅》 萼緑仙人下玉堂，清魂夜化雪芬芳。荷衣薄襯霓裳冷，蘭珮濃熏縞袂香。曉額浮酥凝淺黛，春容點翠照新粧。多因誤入羅浮夢，愁絶黄昏鬢已蒼。

又《梅魂》 枝南枝北路迢遥，飛入孤山夜寂寥。水月浮香應自返，谿風弄影爲誰招。縞衣夢裏和愁斷，玉篴聲中逐恨消。似欠靈均歌楚些，逋仙墳草冷蕭蕭。

又《梅夢》 芳魂和睡倚南枝，差比梨花蝶未知。暖入羅浮春困早，香迷姑射曉醒遲。不愁夜月青衣濕，應怕江天畫角吹。一點調羹心事在，宵衣枕上覺多時。

又《松梅》 挺秀凝香一樣清，何妨同結歲寒盟。風霜正共孤高概，雪月相看太古情。翠袖不禁冰骨冷，蒼顔還照玉肌明。孤根雅操千年節，未許繁華老此生。

又《月下梅》 月到梅花分外明，暗香孤影鬬雙清。吟隨野鶴依瑤樹，卧聽飛鸞載玉笙。酒醉不知霜滿阜，書聲常共漏三更。此中意味無人識，謾説仙家白玉京。

又《桃梅》 去年人面映紗窗，今日酸心傍石缸。白雪紅霞俱第一，暖蜂寒蜨不成雙。神臣歲晚希調鼎，姑射年深擬度江。獨立黄昏人似玉，劉郎重見亦心降。

又《問梅》 尋春踏雪過西湖，試叩風前玉一株。香影爲誰甘寂寞，精神何獨占清癯。鐘殘角斷愁多少，月落參横夢有無。吟遶南枝渾不應，好將心事唤林逋。

又《挑梅》 折取孤山玉雪花，杖藜高挂踏烟霞。負他白鶴看仙塚，帶爾青蚨到酒家。有脚陽春詞可證，無言姑射貌堪誇。相攜相伴歸時晚，添箇隨人月一牙。

又《鴛鴦梅》 兩兩魁春簇錦機，文衾夢覺月分輝。枝頭交頸棲香暖，花底同心結子肥。金殿鏁烟粧粉額，玉堂環水浴紅衣。有情一種隨流去，莫被風飄各自飛。

元 楊允孚《灤京雜詠》 試數窗間九九圖，餘寒消盡煖回初。梅花點遍無餘白，看到今朝是杏株。冬至後，貼梅花一枝於窗間，佳人曉粧，時以臙脂日圖一圈，八十一圈既足，變作杏花，即煖回矣。

元 貢性之《南湖集》卷下《墨梅》 住近王家洗硯池，冰肌剛被墨痕緇。分明記得曾相見，多是西窗月落時。

又《題梅》 平生心事許誰知，不是梅花不賦詩。莫向西湖踏殘雪，東風多在向陽枝。斜月微明照粉墻，老逋庭樹已荒涼。今朝對畫如相見，只欠東風暗

度香。雪晴何處領東風，只有南枝信早通。記得醉歸湖上夜，淡雲斜月粉墻東。
淡月微雲雪未乾，瓊樓高處倚欄看。道人自是心如鐵，更比梅花耐得寒。

又《墨梅》 春到江南總不知，東風消息在南枝。多情明月能將影，來伴西窻客卧遲。

又《紅梅》 美人扶醉下瀛洲，雲佩霞裾不奈愁。折向瑶池獻王母，只消青鳥立梢頭。

又《題梅》 梅花風韻世無雙，始信花神合爾降。恠得酒醒春滿屋，影將明月上虚窻。 莫恠臨風有所思，美人别去已多時。段家橋下維舟處，卧看冰花影倒垂。

又《題梅》 萬玉團香綴短枝，月香水影弄參差。東風不是飄零早，要看青青結子時。 鐵幹虬枝雪裏埋，月將微影送春來。晴風三日都消盡，合讓芳姿爛漫開。 美人吟苦減腰圍，瘦影竛竮不自支。只有梅花是知己，相逢多在月來時。 蘇小門前雪未乾，幾回乘興到孤山。如何一段調羹手，付與踈花冷蕋間。 十年凝坐冷官氊，幾度看花雪後天。白水同心如此調，載將春色上歸船。 萬里無雲月正高，翠禽啼斷酒初消。靈均自是非知己，不寫芳魂入楚騷。
寒氣稜稜雪乍晴，看花獨自出郊行。北枝未吐南枝發，笑殺春光也世情。
曾記西湖雪霽時，粉墻斜露兩三枝。不應漏泄春光早，都得風流讓補之。

元 王禮《麟原後集》卷一二《贊紅梅障》 春動芳郊，時節默染。臙脂香雪，休疑冶杏。天桃猶帶，冰霜標格。

元 周巽《性情集》卷三《早梅》 孟冬天地閉，蕚緑數花開。步繞溪上見，香從谷中來。冉冉年將盡，忽忽春又回。征鴻避霜雪，行子隔風埃。歸來履芳躅，慰我平生懷。

又《紅梅》 彩鸞下雲壑，歲晏停香車。素妃持絳節，丹臉含藥砂。謫居耀仙苑，步出東皇家。朝迎暘谷日，暮飡赤城霞。尚恐芳華歇，飄忽令人嗟。

又《梅仙》 飄飄羅浮駕，皎皎刼外身。娟娟冰是骨，粲粲雪爲神。持節來瀛海，噓氣爲陽春。若非王喬侣，恐是赤松隣。殷勤問芳訊，未盡寰中塵。

又《寒梅》 嚴霜瘁群木，生意存孤根。石泉冰已合，雪谷花初繁。滕巽迎瑞氣，山澤歸英蒐。相看折凍蕚，微笑酣朝暾。藹然見顔色，傾倒花前尊。

又《梅友》 不見芳顔久，儀容老更成。襟懷抱清氣，灑落出真情。天寒適邂逅，握手如平生。曳月鮫綃薄，凌風鶴氅輕。同有歲寒約，重來會耆英。

又《寒梅》 群英生有序，廼在群英先。巡簷笑木李，臨浦懷水仙。根枝本同氣，華蕚何相偏。雁行來遠塞，塤聲動芳筵。嗤彼紫荆花，輝耀春風前。

又 卷四《梅洞》 巖谷雲深處，冬暄花正開。香隨微雪落，訊逐早春回。白鹿銜花去，元猿抱子來。僊人招我隱，倚樹獨徘徊。

又《梅魂》 縹緲烟塵外，思君不見君。神遊枝上月，夢繞樹間雲。素頂三花聚，元精一氣分。氤氳招不得，化作雪紛紛。

又《梅訊》 歲晏無消息，此時芳訊通。初傳遠信至，如見美人同。枝上喧林鵲，雪中來塞鴻。關山今夜夢，和月到房櫳。

又《野梅》 郊外一枝雪，村邊十月春。行吟逢處士，索笑向佳人。茅屋寒煙外，板橋流水濵。欲乘芳興去，雲樹隔嶙峋。

又《梅樹》 南昌千載樹，屹立出凡塵。人想邑中尉，仙留世外身。清癯孤鶴骨，天矯半龍鱗。擬掛一壺酒，倚歌招子真。

又《梅根》 孤根培厚地，春意在東原。蟠屈龍形古，發生陽氣温。冰堅凝體魄，雪凈返精魂。大本深含蓄，嚴冬花正繁。

又《梅龍》 千年一老樹，瘦骨似蟠龍。玉爪冰霜合，翠鱗苔蘚封。羅浮雲裏見，夏禹廟中逢。乘取臞仙駕，飛光來九重。

又《梅蕊》 輕冰融凍蕋，點綴見仙姝。色潤藍田玉，光浮合浦珠。枝頭帶蟾影，花底露蜂鬚。此日相看處，芳容何太癯。

又《梅英》 霏霏含玉齒，粲粲出瓊英。春色梢頭見，陽和根底生。終身守貞白，芳氣得輕清。隱若飛仙佩，飄翩來上京。

又《梅蕚》 凍蕚凝芳思，空山見美人。冰姿含翠靨，玉齒粲朱唇。結蒂棲香雪，綴枝迎早春。醉看開也未，微笑問花神。

又《梅香》 瓊樹流清氣，花飄晴雪香。暗凝翠雲袖，微襲紫羅囊。旖旎來東閣，芬菲滿洞房。酒酣三嗅醒，吟斷月昏黄。

又《梅仁》 佳實存芳核，中含元氣清。陽生春欲動，甲拆暖初萌。雪後孤根發，年深老幹成。長留酸一點，金鼎待和羹。

又《梅影》 江碧涵踈影，飄蕭宛不羣。斜横半窻月，低轉一簾雲。書掃塵無迹，陰移篆有文。常隨芳質見，隱映雪繽紛。

元 馮子振、釋明本《梅花百詠》 古梅：天植孤山幾百年，名花分占逋翁先。只今起草新栽樹，後世相看亦復然。 和：起如虬柏卧如槎，猶吐冰霜度

歲華。山月江風常是伴，不知園館屬誰家。　老梅：古樹槎牙鎖緑苔，半生半死尚花開。不須更問春深淺，人道咸平手種來。　和：種花年少負幽期，歷遍風霜不計時。顧我今居丈人行，願遺清白蔭孫枝。　踈梅：數個冰花三兩枝，東風點綴特新奇。黄昏照影臨清淺，寫出林逋一句詩。　和：依稀殘雪浸寒波，桃李漫山奈俗何。瀟灑最宜三二點，好花清影不須多。　孤梅：標格清高迥不羣，自開自落傍無鄰。天寒歲晏冰霜裏，青眼相看有幾人。　和：獨抱冰霜歲月深，舊交松竹隔山林。英姿孑立誰堪托，惟有程嬰識此心。　瘦梅：冰削輕肌雪削膚，天然風致在清癯。鮮知桃李難相匹，衹爲生來骨格麤。　和：冰肌如削怯寒威，天賦清羸可得肥。我亦詩癯被花惱，玉人渾欲不勝衣。　矮梅：不放冰梢幾尺長，怕分春色過鄰牆。大材未必難爲用，禹殿雲深鎖棟梁。　和：籬落盤根枕水坡，月低清影舞婆娑。青衣童子慳三尺，花底相逢唱短歌。　蟠梅：屈幹廻枝製作新，强施工巧媚陽春。逋仙縱有心如鐵，奈爾求奇揉矯人。　和：鐵石芳條誰矯揉，從教曲折抱天姿。龍蛇影碎玲瓏月，交錯難分南北枝。　新梅：幾年雨露栽培得，此度春風始著花。爲語東君加愛護，要看老樹放横斜。　和：幼玉嬌姝欲效顰，初花小試一年春。花前明月無今古，花下詩人非古人。　早梅：從來花發先羣芳，又向叢中獨擅場。畢竟先開定先落，争如雪裏更馨香。　和：攙先開遍向南枝，不是清閒刻骨時。好似洛陽年少客，香腮霜雪上頭遲。　鴛鴦梅：並蒂連枝朵朵雙，偏宜照影傍寒塘。只愁畫角驚吹散，片影分飛最可傷。　和：張澤民有律詩，其首尾四句與此大同小異。　采采雙花對錦機，翠禽同夢月交輝。有情一處隨流水，莫被風吹各自飛。　千葉梅：密瓣重重玉作團，就中消息孰能窺。待看水月澄明際，髣髴觀音變現時。　和：密攢玉瓣費神工，什百春藏一朵中。雪壓鮫綃花骨冷，故教重疊護東風。　寒梅：山中萬木凍欲折，林下幽芳獨自香。怪底孤根禁受得，就中原有鐵心腸。　和：北枝偏愛雪霜多，無奈蜂媒凍損何。一任玉奴呵手折，芳心元自抱陽和。　蠟梅：洗却鉛華扮道裝，檀心淺露紫香囊。從今宫額翻新樣，變作眉間一點黄。　和：金玉同盟破雪開，清香異色滿瑶臺。不因蜜滓將花染，安得蜂黄點額來。　緑萼梅：蕋珠宫裏小仙娃，暫別椒房抑翠華。底事塵緣猶未斷，謫來人世作名花。　和：翠袖籠寒映素肌，靚粧仙子月中歸。露香清逼瑶臺曉，隱約青衣侍玉妃。　紅梅：春風昨夜入南枝，浹髓淪肌釋凍威。和氣曉來無著處，滿空散作彩雲飛。　和：清標何事厭鉛華，故染臙脂妬杏花。幸得枝頭香髣髴，不然流落作凡葩。　臙脂梅：搗碎春風紅守宫，花房芳信一時通。漢庭佳麗三千女，豔抹濃粧總是同。　和：濃粧出色染芳林，春入胚胎造化深。非是玉顔凝酒暈，也知紅粉有丹心。　粉梅：玉妃手碾白硃砂，散作春風六出花。夜半月明霜露重，滿襟清淚溼鉛華。　和：玉容有似傅鉛華，濃抹臙脂未足誇。白面何郎不須拭，揚州清賞壓瓊花。　青梅：紛紛衆口利餘甘，之子胡爲獨嗜酸。滋味自緣清苦得，傍人何必把眉攢。　和：纍纍酸實釀餘春，小摘枝頭可薦新。之子深能保貞固，中含天地發生仁。　黄梅：青子初肥色半鮮，緑陰深處壓枝懸。日長幾陣廉纖雨，正是江南四月天。　和：青子纔過遍緑陰，轉頭紅綻又垂金。未應功到和羹妙，更爲蒼生作大霖。　鹽梅宜改詠和羹梅：滋味由來貴適匀，五行兼備始爲珍。如何當日和羹命，畧不曾言甘苦辛。　和：熬波翻雪子青青，鼎鼐同登要適鈞。何代無賢如傅説，太羹不和味尤真。　未開梅：重重椒萼護輕寒，不放春心一點閒。可是花房芳信晚，故應緘密待春還。　和：緘春蓓蕾冷含烟，絳蠟封香信暗傳。姑射怯寒猶掩袂，眼前惟見蕋珠寒。　乍開梅：土脉陽回氣候新，椒房微露一分春。想應未識君王面，猶自含羞效淺顰。　和：曉粧初試薄寒侵，漏洩春機想未深。昨夜椒房花蕋小，爲誰索笑露芳心。　半開梅：暖入南枝氣未匀，笑含芳意待餘馨。相看絶似瑶臺夜，斜掩重門認不真。　和：一片芳心早破寒，踈英向暖點酥乾。却愁爛漫成摇落，春色平分正好看。　全開梅：玉臉盈盈總是春，都將笑色媚東君。道人放鶴歸來晚，月下看花似白雲。　和：瓊姬小隊遍深宫，滿面春生大笑中。畢竟花房羞半掩，一齊分付與東風。　落梅：誰家吹篴苦悲涼，斷却佳人鐵石腸。回首淚痕看不得，離情分付返魂香。　和：風榭飛瓊舞遍時，春初早賦惜花詩。家童輕掃庭前雪，莫遣香泥污玉肌。　十月梅：向暖攙先泄化機，花開正屬小春時。時人莫訝陽和早，好向初爻畫上推。　和：年年開占小春時，點綴湖山景最宜。造化流芳何太早，無陽安得有南枝。　二月梅：高標曾占百花魁，春半纔開何太遲。畢竟東君有深意，等閒桃李莫相欺。　和：臘蕋開遲到四陽，丈人殿入少年場。凡花一見應相妒，肯對東風聘海棠。　憶梅：迢迢春信隔江南，寂寂芳盟負歲寒。青鳥不來仙夢杳，月明空自倚闌干。　和：夜分明月是揚州，尚有春風在樹頭。莫怪當年何水部，歲寒心事與誰愁。　探梅：聞道春還已有期，遠來花下立多時。南枝覔遍無消息，借問花神知不知。　和：踏破溪邊一徑苔，好山秀水少人來。梅花開處憐無伴，笑折新枝當酒杯。

尋梅：行過野逕復溪橋，踏雪相求豈憚遥。何處藏春春不見，惟聞風裏暗香飄。　和：上春有約覔南枝，水竹人家遍扣時。一任灞橋風雪冷，蹇驢破帽不因詩。　問梅：一別羅浮幾度春，歲寒心事許誰論。風清月白三更後，更有何人同扣門。　和：寄聲湖上舊花魁，曾有逋仙行輩來。青鳥經年芳信杳，春風笑口爲誰開。　索梅：城南地暖花開早，見説君家滿樹春。昨夜雪寒詩思好，一枝分贈苦吟人。　和：幽探名花謝俗氛，幾回東閣挹清芬。掇來盆盎難爲色，萬玉枝頭早見分。　觀梅：踏雪尋君一頃難，山窗清夜喜盤桓。花神應有心如鐵，肯厭吾儕冷眼看。　和：月下相逢認未真，曉來標格愈精神。林逋仙去芳盟冷，誰是花前具眼人。　賞梅：對花呵凍寫新吟，吟罷還將酒自斟。不比西園豔桃李，等閒開落費千金。　和：愛花終日對瓊林，飽玩豪吟興趣深。檀板金樽非樂事，此心清白是知音。　評梅：屈子騷經遺不録，石湖芳譜漫俱收。試憑西掖攀花手，題向百花花上頭。　和：月旦花前豈乏人，風霜齒頰帶陽春。江南野史餘芳論，絶世清如古逸民。　歌梅：白雪聲中玉樹春，乘鸞姑射倚雲聽。曲中縹緲不知處，留得餘香繞翠屏。　和：六片紅牙捧雪兒，花前低唱怕花飛。後庭玉樹空陳迹，白雪一聲人聽稀。　友梅：紅紫紛紛逞豔顔，朝開暮落費追歡。孤山自有花如玉，能與幽人保歲寒。　和：三益堂前世外人，歲寒誰是舊雷陳。知心千古惟松竹，冷淡相交始見真。　寄梅：遠憑春信問知音，離恨何如隴水深。不是江南無所有，欲君同識歲寒心。　和：故人遥隔隴雲邊，折玉傳香水驛寒。江北江南重相憶，只將春信報平安。　惜梅：愛此幽姿清絶塵，更憐歲晚獨相親。相看不忍輕攀折，留取明年占上春。　和：香銷泥污意徘徊，掠地迴風玉作堆。愁絶黄昏無一語，怕看孤月上窗來。　夢梅：何處仙遊夢覺遲，羅浮山下赴春期。一聲吹徹霜天角，正是叅横斗轉時。　和：玉篴聲飛江上樓，芳魂驚曉動清愁。覺來人問商巖下，曾見和羹傳説不。　移梅：新劚孤根手自栽，荷鋤和雨破蒼苔。寒窗歲晚多清況，直伴幽芳帶雪開。　和：湖邊劚月换根基，玉樹重栽樹不知。種竹當年遺法在，須留宿土記南枝。　譜梅：蘭蕙紛紛入楚辭，孤芳獨有老逋知。君今採摭增新賦，不負能詩杜拾遺。　和：自古騷人雖著語，何如宋璟獨知音。祇緣彼此傍真操，寫出平生鐵石心。　接梅：殘幹花踈可奈何，貞心空自抱陽和。與君試换冰霜骨，看取明年青子多。　和：采玉金刀巧若神，好枝分得續孤根。待看夜雨蒼苔長，幻出春風不見痕。　浴梅：寒鎖椒房氣未匀，一沾恩澤頓精神。冰肌溼透渾無力，絶勝華清得寵人。　和：玉骨清寒凝雪痕，金壺香水浸來温。餘波輕頮春風面，應是新承雨露恩。　折梅：素手分開庾嶺雲，問花覔取一枝春。隴頭驛使今無便，留向山窗几上芬。　和：殘雪輕摇攬素肌，故人應説寄來遲。花時先假調羹手，選取東風第一枝。　剪梅：手挽冰枝那忍摧，莫教香雪涴蒼苔。并刀輕斷稍頭玉，笑引春風上鬢來。　和：破玉并刀試手温，香凝雙股斷芳魂。花隨燕尾輕分去，不帶春風爪甲痕。　簪梅：對雪看花可自由，興來寧復爲花羞。臨風一笑烏紗側，却勝黄花插滿頭。　和：折玉臨風帶笑簪，烏紗春滿酒厭厭。少年莫訝頭如雪，猶勝梨花壓帽簷。　粧梅：當年點額偶成真，别是宫中一段春。贏得世間傳故事，紛紛總是效顰人。　和：五出風流拂面輕，點成宫額映花明。覺來不用窺鸞鏡，蝶粉蜂黄一洗清。　浸梅：一本云：旋汲澄泉滿膽瓶，一枝斜插置幽亭。冰姿玉骨清如許，隱隱風生入座馨。旋汲温泉養折枝，冰花寒玉浄相宜。從今借得恩波力，會見青青結子時。　和：插花貯水養天真，瀟灑風標席上珍。清曉呼童换新汲，只愁凍合玉壺春。　别梅：東風吹夢返湖山，玉減香消怨夜寒。畢竟明年又相見，早將春信報平安。　和：花對東風攬離思，愁翻縞袂忍輕分。月明相送臨溪水，春樹遥憐隔暮雲。　咀梅：旋摘冰英帶雪飡，清分齒頰不知寒。屈平若諳多風味，未必專心嗜菊蘭。　和：細嚼冰蕤齒頰馨，詩脾冷沁有餘清。靈均可惜不知味，却向秋風飡落英。　羅浮梅：憶昔山前花滿村，月明曾扣酒家門。青禽一去無消息，冷落三生石上魂。　和：高卧花林醉復醒，不知月落與參横。人生總是南柯夢，獨有師雄一夢清。　庾嶺梅：誰種霜根大庾巔，地高天近得春先。枝南枝北元同幹，何事東風亦有偏。　和：星河漾影浸寒梢，甘與孤松結故交。庾老品題今寂寞，蟠枝屈曲似潛蛟。　孤山梅：逋翁老去句空傳，寂寞林丘起暮煙。惟有亭前數株玉，自將開落度流年。　和：種玉西湖獨占春，逋仙佳句播清芬。月明花落吟魂冷，童子何之鶴守墳。　西湖梅：蘇老堤邊玉一林，六橋風月是知音。任他桃李争春色，不爲繁華易素心。　和：花發蘇堤柳未煙，主張風月小壺天。清波照影紅塵外，冷看遊人上畫船。　東閣梅：官亭把酒送行旌，對雪看花值早春。杜老飄零頭白盡，底須朝夕苦催人。　和：元本闕此一首，今攷韋德珪集補之。

對雪蜀亭清興動，因思何遜更多才。倚闌人去花無主，詩壁春深長緑苔。

江梅：若有人兮湘水濱，冷香和月浸黄昏。自憐不入離騷譜，待把芳心弔楚魂。　和：尋香日日醉江邊，更買扁舟花下眠。酒醒潮生風力緊，掀蓬無奈雪

漫天。 山中梅：巖谷深居養素貞，歲寒松竹淡相隣。孤根歷盡冰霜苦，不識人間別有春。 和：春在雲根竹裏家，霜林煙麓乍藏遮。隔溪杖履徘徊處，祇見香來不見花。 清江梅：湛湛澄波映月輝，娟娟寒玉浸琉璃。分明一幅鵝溪絹，寫出當年楊補之。 和：古樹煙籠碧玉流，酒旗風勁暗香浮。只今卧雪滄波上，幾見看花人白頭。 溪梅：古樹横斜澗水邊，野橋村市獨暄妍。玉堂路杳無心到，堪與漁翁繫釣船。 和：香悄波寒月淡時，山人散步水之湄。一灣淺處卧蟾影，欲畫欲吟心自知。 野梅：花落花開春不管，清風明月自綢繆。天然一種孤高性，直是花中隱逸流。 和：烟泊水昏江路迷，香寒樹冷雪垂垂。玉堂夢寐無心到，絶似遺賢遁跡時。 遠梅：羅浮山下度春風，千里相思信未通。安得移栽近茆屋，繁花亂插向晴空。 和：雪泥踏遍十餘里，迢遞踈林接野橋。何日移春歸院宇，免教望斷玉人遥。 前村梅：野老庄南天氣暖，一枝常是占先春。夜來幾陣東風迅，時有清香暗襲人。 和：竹外踈花花外橋，托根聚落任風饕。一從茆店吹香後，踏雪來尋酒價高。 漢宫梅：餚玉含香立未央，不將顔色事君王。後來玉樹緣何事，能使陳家怨國亡。 和：玉破塵收迹已陳，劉郎從古惜芳春。新粧日照明妃燕，冷落長門拜月人。 宫梅：素質蕭然林下風，何年移植禁園中。自從識得君王面，回首仙凡迥不同。 和：長門月冷漏遲遲，正是香愁粉怨時。折得一枝無寄處，翻思紅葉好題詩。 官梅：武昌湖上千株柳，何遜揚州幾樹花。争似故山幽徑側，春風歲歲報新芽。 和：螺牆蘚壁護蒼虬，花落花開客去留。誰是紥軍最相憶，迢迢從路到揚州。 廨舍梅：却月凌風迹已陳，水曹詩句尚清新。如今不獨揚州種，江北江南總是春。 和：種花官宇説揚州，何遜多情憶舊遊。二十四橋春暫歇，玉簫吹雪小紅樓。 柳營梅：亞夫才畧動雄風，手植冰花玉壘中。不是將軍閒好事，爲渠止渴藉成功。 和：花寨穿楊月掛弓，霜飛玉帳帶春風。緑陰止渴將軍老，灞上應魁白戰功。 城頭梅：一云：藝梅將士興偏嘉，樹樹芬芳郭外斜。應是陽春公造化，幾番雨露挹冰花。止渴將軍築受降，臏栽玉樹遍城隍。天家雨露無私潤，願布陽春被八荒。 和：杖策尋芳近東郭，女垣無月亦精神。角聲吹徹霜天曉，十萬人家總是春。 庭梅：闌干六曲護春風，白雪生香滿院中。夜静月明么鳳下，半窗踈影隔簾櫳。 和：曲欄干外玉成行，猶似當年號國粧。不是化工私冷豔，自緣紅紫怯冰霜。 書窗梅：雪冷香清夜誦時，十年辛苦只花知。天公有意分蟾桂，先借東風第一枝。 和：擬魁春榜冠瓊林，對白抽黄幾夜深。雪案香浮芸葉冷，平生清苦此時心。 琴屋梅：三弄花間小院深，玉人遥聽動春心。清聲彈落冰梢月，唤起高懷共賞音。 和：花月寒窗彈白雪，冷然寫出廣平心。臨風三嗅還三弄，清極香中太古音。 棋墅梅：萬玉成林覆石枰，兩翁相對適閒情。東風忽遣花如雪，絶似將軍入蔡城。 和：孤山擬折東山屐，白戰曹林望鮮圍。妙斡神機先一點，落花隨子鬭斜飛。 僧舍梅：瀟灑叢林玉一枝，宿根曾是悟禪機。分明勘破羅浮夢，特把緇衣換素衣。 和：紫竹林中艾衲寒，淨瓶曉折供金仙。三生石上精魂在，清夜静叅花月禪。 道院梅：玉骨清癯半似仙，一枝斜倚法壇前。月明花下人朝斗，依約瓊妃降九天。 和：玉佩光寒白錦袍，步虚人立月華高。赤松仙友如相問，近日玄都不種桃。 茆舍梅：昨夜春風入草堂，籬根老樹發清香。相思不必將詩寄，却恐題詩會斷腸。 和：數椽草屋延清客，竹作踈籬護雪葩。不是玉堂無分到，且和明月寄山家。 簷梅：儂家老樹臨書屋，清夜看花睡不眠。殘雪半消寒月上，暗香和影度踈簾。 和：不礙丁東敲玉佩，小簷風韻屬黄昏。分明半幅推篷畫，只欠枝頭月一痕。 釣磯梅：渭川東畔春光早，傍水幽花帶雪開。一任風霜頭白盡，不隨漁父出山來。 和：蒼苔石上老烟波，手把長竿倚玉柯。閒繫孤舟明月下，寒香一夜沁漁蓑。 樵逕梅：窈窕若耶溪上路，幽花的皪倚榛叢。飄零不爲樓頭笛，恨殺朝南暮北風。 和：峻嶺孤芳吐未匀，半欹山路半爲薪。帶將擔上來城市，饒取春風賣與人。 蔬圃梅：花發春畦菜甲新，抽青配白喜知音。芳魂也羡冰壺味，來與先生話素心。 和：剪韭春園香暗浮，籬邊牆角試尋幽。詩人一任花俱瘦，只願民無菜色憂。 藥畦梅：懶入春風桃李塲，董仙林下鬱清香。不因青子能酸苦，安得神農爲品嘗。 和：炎帝遺芳濟世珍，園中百草讓先春。調羹妙手能醫國，不説當年種杏人。 盆梅：新陶龙缶勝瓊壺，分得春風玉一株。最愛寒窗閒讀處，夜深燈影雪糢糊。 和：月團香雪翠盆中，小技能偷造化工。長伴玉山頽錦帳，不知門外有霜風。 雪梅：北帝司權播令新，天葩凡卉鬬精神。化工不讓花神巧，特與增添一樹春。 和：五出花開六出飛，玉肌寒擁素綃衣。更看霽月同清白，一夜窗前瘦影肥。 月梅：暗香浮動正朦朧，古樹横斜淺水中。清景滿前吟不就，又移踈影過溪東。 和：素娥姑射鬭嬋娟，踈影分明不夜天。散却廣寒宫裏桂，春光常滿玉堂前。 風梅：綽約肌膚不受吹，飄香墮玉怕春知。憑誰領取東君意，傳語封家十八姨。 和：花間少女剪春妍，粲粲霓裳舞隊仙。月夜遥看環珮冷，莫教吹落玉花鈿。 烟

梅：瓊林浮翠淡朦朧，遥望珠光隱現中。一夜東風吹不散，曉看渾似碧紗籠。　和：夢隔梨雲逗曉紈，苔枝浮翠泥春寒。不嫌玉質籠輕素，留與詩人冷澹看。　竹梅：宜題曰竹林梅。　乘鸞姑射下羅浮，鼓瑟湘妃出上遊。邂逅江干話心曲，冷香幽翠不勝愁。　和：浪説松林有美人，何如倚翠渭川濱。歲寒遮掩春風面，一日可能無此君。　杏梅：宜題曰杏園梅。　頩顔相映小桃紅，賴有清香辨異同。夜静鼓琴花樹下，直疑身在孔壇中。　和：董林驀地暗香傳，淡淡紅芳照眼妍。有客前村來問酒，牧童誤指到花邊。　苔梅：姑射仙人倚翠鸞，濛濛香霧濕飛翰。夜深舞罷霓裳落，留得葱裙護曉寒。　和：古貌蒼然鶴膝枝，土花生暈護春機。玉堂試看青袍客，莫忘江南有白衣。　照水梅：玉樹臨流雪作堆，寒光踈影共徘徊。多情最是黄昏月，配合春風不用媒。　和：一泓映出兩南枝，髣髴明粧對鏡時。波面浮香天作底，芳魂浴雪影娥池。　水竹梅：寒流浸玉映踈林，翠袖綃裳冷不禁。不向此中清淺處，誰能照見兩君心。　和：波涵脩翠玉玲瓏，院落清幽自不同。冷浸湘雲帶踈影，一般瀟灑月明中。　水月梅：浮玉溪邊夜未期，暗香踈影静相宜。一時意味無人識，只有咸平處士知。　和：淺碧籠蟾蘸玉痕，乾坤清沁鏡中春。黄昏照影成三絶，縱有華光寫不真。　杖頭梅：短笻挑酒過西湖，折得冰梢傍玉壺。日暮醉歸山路險，風流不待倩人扶。　和：玉鳩横影暗香飄，絶勝江行掛酒瓢。雪擁吟肩兩清瘦，一枝挑月過溪橋。　擔上梅：有客孤山弔鶴歸，半肩行李插踈梅。街頭兒女不鮮事，剛道賣花人已回。　和：蜂蝶隨人紫陌賖，挑將春色向誰家。若逢公子休輕售，不比街頭賣杏花。　隔簾梅：玉堂咫尺有神仙，翠箔籠春信不傳。日暮相思雲樹杳，一泓秋水自娟娟。　和：庭花映箔眩吟眸，一片湘雲鎖暮愁。風捲黄昏踈影動，珊瑚枝上月如鈎。　照鏡梅：粧閣開奩對曉寒，菱花影裏雪團團。素鸞舞罷却飛去，留得芳容正面看。　和：銅瓶養素近粧臺，一照芳心對面開。應是嫦娥厭丹桂，换將踈影月中來。　玉篴梅：五月江城草木焦，斷腸聲裏落英飄。至今黄鶴樓頭怨，千古令人恨不消。　和：誰家瓊管奏春風，吹落江花曲未終。黄鶴樓空人不見，一聲聲在月明中。　水墨梅：烏府先生節操剛，筆端凛凛綴冰霜。不因面目顔如許，誰信於中有鐵腸。　和：香銷南國雲愁地，影落西湖月暗天。回首玉堂春夢杳，一涵黑雨起龍眠。　畫紅梅：瓊林宴罷醉模糊，霞臉生香美且都。却恐醒來顔色改，春風染作折枝圖。　和：一夜花房賜守宫，丹青誰爲寫緋容。却疑卯酒傷多後，綃帳春寒睡正濃。　紙帳梅：溪藤十幅簇春温，時有清香入夢魂。多少羅幃好風月，不知消得幾黄昏。　和：春融剡雪道人家，素幅凝香四面遮。明月滿牀清夢覺，白雲影裏見踈花。

元　韋珪《梅花百詠》　庭梅：玉立階除春正融，清標不與衆芳同。爲花掃雪開東閤，人在光風霽月中。　官梅：公庭凛凛雪霜姿，凍合蠭衙想報遲。索咲冣宜清白吏，心如明月澹無私。　江梅：花下寒潮漱石磯，朔風卷雪濺苔衣。西湖自有清香在，只把吟篷載月歸。　溪梅：夜月灘頭浸玉寒，暗香微度石橋邊。一枝帶雪横清淺，不礙中流訪戴船。　嶺梅：庾嶺春在萬山巔，出處清高節操堅。着屐幽尋忘峻險，憑誰持贈白雲邊。　野梅：不因地僻減清香，春暖孤根到處芳。□抱荒村甘寂寞，任他桃李在門墻。　早梅：芳信攙先露雪葩，小春忽見玉無瑕。世人盡説南枝暖，更看枝南第一花。　古梅：曉月清江寂寞濱，心含太極獨先春。風霜歷盡蒼顔在，孤竹赤松吾故人。　憶梅：美人一别隔年期，遥想風前玉雪姿。幾夜小窓清不寐，月明無處着相思。　夢梅：玉笛聲飛江上樓，芳魂驚曉動清愁。覺來人問商巖下，曾見和羹傅説不。　尋梅：上春有約覓南枝，水竹人家遍扣時。一任灞橋風雪冷，蹇驢破帽不因詩。　問梅：寄聲湖上舊花魁，曾有逋仙行輩來。青鳥經年芳信杳，春風笑口爲誰開。　探梅：騎馬出門春尚小，花神應喜故人來。名題翠竹知相訪，若見春風不用媒。　索梅：幽討名花謝俗棼，幾回東閣挹清芬。掇來盆盎如難色，萬玉枝頭早見分。　觀梅：月下相逢認未真，曉來標格愈精神。林逋仙去芳盟冷，誰是花前具眼人。　賞梅：愛花終日對瓊林，飽玩豪吟興趣深。檀板金尊非樂事，此心清白是知音。　友梅：三益堂前世外人，歲寒誰是舊雷陳。知心千古惟松竹，冷淡相交始見真。　寄梅：故人遥隔隴雲邊，折玉傳香水驛寒。江北江南重相憶，只將春信報平安。　評梅：月旦花前豈乏人，風霜齒頰帶陽春。江南野史餘芳論，絶世清如古逸民。　歌梅：六片紅牙捧雪兒，花前低唱怕花飛。後庭玉樹空陳迹，白雪一聲人聽稀。　别梅：花謝東風攬離思，愁翻縞袂忍輕分。月明相送臨溪水，春樹遥憐隔莫雲。　惜梅：香銷泥污意裴徊，掠地回風玉作堆。愁絶黄昏無一語，怕看孤月上窓來。　折梅：殘雪輕摇攬素肌，故人應説寄來遲。花時先假調羹手，選取東風第一枝。　翦梅：破玉并刀試手温，香凝雙股斷芳魂。花隨燕尾輕分處，不帶春風爪甲痕。　浴梅：玉骨清寒凝雪痕，金壺香水浸來温。餘波輕頮春風面，應是新承雨露恩。　浸梅：插花貯水養天真，瀟灑風標席上珍。清曉呼童换新汲，只愁凍合玉壺春。　簪梅：折玉

臨風帶咲篸，烏巾春滿酒壓壓。少年莫訝頭如雪，猶豚梨花壓帽簷。 粧梅：五出風流拂面輕，點成宮額映花明。覺來不用臨鸞鏡，蝶粉蜂黄一洗清。 蟠梅：鐵石芳條誰矯揉，從教曲折抱天姿。龍蛇影碎玲瓏月，交錯難分南北枝。 接梅：架玉金刀巧若神，好枝分得續孤根。待看夜雨蒼苔長，幻出春風不見痕。 移梅：湖邊鋤月换根基，玉樹重栽樹不知。種竹當年遺法在，須留宿土記南枝。 補梅：闕殘老樹著花疎，一半餘春一半枯。掇俸買栽添勝槩，依然風月滿江湖。 苔梅：古貌蒼然鶴膝枝，土花生暈護春機。玉堂試著青袍客，莫忘江南有白衣。 杏梅：董林蓦地暗香傳，淡淡紅芳照眼妍。有客前村來問酒，牧童誤指到花邊。 蠟梅：金玉同盟破雪開，清香異色滿瑤臺。不因蜜滓將花染，安得蜂黄點額來。 竹梅：浪説松林有美人，何如倚翠渭川濵。歲寒拚暎春風面，一日可能無此君。 雪梅：五出花開六出飛，玉肌寒擁素綃衣。更看霽月同清白，一夜窗前瘦影肥。 月梅：素蛾姑射鬪嬋娟，踈影分明不夜天。斮却廣寒宫裏桂，清光長滿玉堂前。 風梅：花間少女剪春寒，粲粲霓裳舞隊仙。月夜摇香環佩冷，莫教吹落玉花鈿。 烟梅：夢隔梨雲逗曉天，苔枝浮翠泥春寒。不嫌玉質籠輕素，留與詩人冷淡看。 孤梅：獨抱冰霜歲月深，舊交松竹隔山林。英姿孑立誰堪托，惟有程嬰識此心。 踈梅：依稀殘雪照寒波，桃李漫山奈俗何。瀟灑最宜三四點，好花清影不須多。 老梅：種花年少負幽期，歴遍風霜不計時。顧我今居丈人行，愿遺清白蔭孫枝。 新梅：幼玉嬌姝欲効顰，初花小試一年春。花前明月無今古，花下詩人非古人。 瘦梅：冰肌如削怯寒威，天賦清羸可得肥。我亦詩癯被花惱，玉人渾欲不勝衣。 矮梅：籬落盤根枕水坡，月低清影舞娑娑。青衣童子慳三尺，花底相逢唱短歌。 遠梅：雪泥踏遍十餘里，迢遞踈林接野橋。何日移春歸院宇，免教望斷玉人遥。 落梅：風榭飛瓊舞遍時，春初早賦惜花詩。家童輕掃庭前雪，莫遺香泥污玉肌。 宫梅：恩深移植傍含章，一白三千莫比芳。花落若驚公主睡，不留殘粉試新粧。 簷梅：玉立庭前暎璧璫，巡行索咲挹清香。踈花近屋枝相亞，冷逼鴛鴦瓦上霜。 寒梅：北枝偏受雪霜多，曉奈蜂媒凍損何。一任玉奴呵手折，芳心元自抱陽和。 咀梅：細嚼冰蕤齒頰馨，詩脾冷沁有餘清。靈均可惜不知味，郤向秋風飡落英。 盆梅：瓦缶移根宿土栽，盎然春滿玉堂開。鈎簾不怕霜風入，自愛花甎日影來。 紅梅：昨夜瑶池醉玉顔，曉粧濃試破清寒。應憐餐雪冰肌瘦，乞與春風换骨丹。 粉梅：玉容有似傅鉛華，濃抹燕脂未足誇。白面何郎不須試，揚州清賞壓瓊花。 青梅：纍纍酸實釀餘春，小摘枝頭可薦新。之子深能保貞固，中含天地發生仁。 黄梅：青子纔看遍緑陰，轉頭紅綻又垂金。未應功到和羹盡，更爲蒼生大作霖。 鹽梅：熬波翻雪子青青，鼎鼐同登要適鈞。何代無賢如傅説，大羹不和味尤真。 千葉梅：密攢玉瓣費神工，什百春藏一朶中。雪壓鮫綃花骨冷，故教重疊護東風。 鴛鴦梅：采采雙花對錦機，翠禽同夢月交輝。有情一處隨流水，莫被風飄各自飛。 蕚緑梅：翠袖籠寒暎素月，靚粧仙子月中歸。露香清逼瑶臺曉，隱約青衣侍玉妃。 臙脂梅：濃妝出色染芳林，春入胚胎造化深。非是玉顔凝酒暈，也知紅粉有丹心。 西湖梅：花發蘇堤柳未烟，主張風月小壺天。清波照影紅塵外，冷看遊人上畫船。 東閣梅：對雪蜀亭清興動，回思何遜更多才。倚閒人去花無主，詩壁春深長緑苔。 清江梅：古樹烟籠碧玉流，酒旗風勁暗香浮。只今卧雪滄波上，幾見看花人白頭。 孤山梅：種玉西湖獨占春，逋仙佳句播清芬。月明花落吟魂冷，童子何之鶴守墳。 羅浮梅：高卧花陰醉復醒，不知月落與參横。人生總是南柯夢，獨有師雄一夢清。 漢宫梅：玉碎雲收迹已陳，劉郎泛古惜芳春。新妝日照明飛燕，冷落長門拜月人。 廨舍梅：種花官宇説揚州，何遜多情憶舊遊。二十四橋春暫歇，新詩題遍小紅樓。 書窗梅：擬魁春榜冠瓊林，對白抽黄幾夜深。雪案香浮芸葉冷，半生清苦此時心。 琴屋梅：花月窗寒彈白雪，冷然寫出廣平心。臨風三嗅還三弄，清極香中太古音。 棊墅梅：孤山擬折東山屐，白戰曹林望解圍。妙斡神機先一點，落花隨子鬪斜飛。 釣磯梅：蒼苔石上老烟波，手把長竿倚玉柯。閑繫孤舟明月下，寒香一夜襲漁簑。 樵徑梅：峻嶺孤芳吐未匀，半欹山路半爲薪。帶將檐上來城市，饒取春風賣與人。 僧舍梅：紫竹林中艾衲寒，净瓶曉折供金仙。三生石上精魂在，清夜静參花月禪。 道院梅：玉佩光寒白錦袍，出虚人立月華高。赤松仙友如相問，近日玄都不種桃。 柳營梅：花寨穿楊月掛弓，霜飛玉帳帶春風。太平止渴將軍老，詩壘閒收白戰功。 茅舍梅：數椽草屋延清客，竹作踈籬護雪葩。不是玉堂無分到，且和明月寄山家。 蔬圃梅：翦韭春園香暗浮，籬邊墻角試尋幽。詩人一任花俱瘦，只願民無菜色憂。 藥畦梅：炎帝遺芳濟世珍，園中百草讓先春。調羹妙手能醫國，不説當年種杏人。 前村梅：竹外踈花花外橋，托根聚落任風饕。一泛茅店吹香後，踏雪來尋酒價高。 照水梅：一泓暎出兩南枝，髣髴明妝對鏡時。波面浮香天作底，芳魂浴月影娥池。 山

中梅：素居空谷避緇塵，石冷雲寒一片春。洗屐看花歸去晚，松風掃月待幽人。

城頭梅：杖策尋芳近東郭，女垣無月亦精神。角聲吹徹霜天曉，十萬人家棇是春。　水竹梅：波涵倏翠玉玲瓏，院落清幽自不同。冷浸湘雲帶踈影，一般瀟灑月明中。　水月梅：淺碧籠蟾醮玉痕，乾坤清沁鏡中春。黃昏照影成三絶，只恐花光寫不真。　檐上梅：蜂蝶隨人紫陌賒，挑將春色向誰家。若逢公子休輕售，不比街頭賣杏花。　杖頭梅：玉鳩横影暗香飄，絶勝江行掛酒瓢。雪擁吟肩兩清瘦，一枝挑月過溪橋。　隔簾梅：庭花暎箔眩吟眸，一片湘雲鎖莫愁。風捲黃昏踈影動，珊瑚枝上月如鈎。　照鏡梅：銅瓶養素近妝臺，一點芳心對面開。應是常娥厭丹桂，換將踈影月中來。　十月梅：年年開占小春時，點綴湖山景最宜。造化流芳何太早，無陽安得有南枝。　二月梅：臘蕊開遲到艷陽，丈人殿入少年場。百花一見應相妒，肯對東風聘海棠。　未開梅：緘春蓓蕾冷含烟，絳蠟封香信暗傳。姑射怯寒猶揜袂，眼前惟見蕋珠仙。　乍開梅：曉粧初試薄寒侵，漏泄春機想未深。昨夜椒房花蕋小，爲誰索笑露芳心。

半開梅：一片芳心早破寒，踈英向暖點酥乾。郤愁爛熳成摇落，春色平分政好看。　全開梅：瓊姬小隊遍深宮，滿面春生大笑中。畢竟花房羞半揜，一齊分付與東風。　水墨梅：香銷南國雲愁地，影落西湖月暗天。回首玉堂春夢杳，一池黑雨起龍眠。　畫紅梅：一夜花房賜守宮，丹青誰爲寫徽容。郤疑卯酒傷多後，綃帳春寒睡正濃。　玉笛梅：誰家瓊管奏春風，吹落江花曲未終。黃鶴樓空人不見，一聲聲在月明中。　紙帳梅：春融剡雪道人家，素幅凝香四面遮。明月滿床清夢覺，白雲影裏見踈花。

元　朱思本《貞一齋詩文稿・詩・元同丈室六詠・紅梅》　丹霞蒙素質，絳袂掩清芬。一與佳人別，窗前忽見君。

又《緑蕚梅》　野興青邱鳥，豐姿蕚緑華。瑶池別王母，來傍列仙家。

元　袁士元《書林外集》卷五《梅影》　一剪横斜清更瘦，半欹闌檻半亭臺。試憑妙手描難就，謾遣蒼頭掃不開。幾度朧雲遮欲滅，一輪溪月送還來。欲邀逋老花前醉，直恐驚蛇落酒杯。

元　張可久《張小山小令》卷下《朝天子・探梅》　水西探梅，隔岸香風細，五雲仙子六銖衣，邀我花前醉。綵鳳雙飛，瑶堦如水，吹簫月下歸。剡溪路迷，雪夜重相會。

又《朝天子・歌者訴梅》　水濱探春，未得南枝信，一簾香夢捲梨雲，漸覺寒香近。淡月黃昏，深雪前村，記年時曾見君。淚痕漬粉，訴烟雨江南恨。

元　邵亨貞《蟻術詞選》卷二《感皇恩・憶梅》　客裏訪南枝，幾番愁惱，石逕蒼苔倩誰掃。江畔人家，籬外一枝開早。雪中回首處，春猶好。　如此清香，寒邊應飽。醉帽斜簪任欹倒，而今相見，那似向時懷抱。舊遊長入夢，孤山道。

又　卷六《紅梅》　夢入羅浮醉未醒，梨雲路接錦宮城。明妃誤受閼氏聘，蒨女終騎玉鳳行。蹋月前村疑問酒，餐霞閬苑勝調羹。黃昏小立看清淺，歷歷珊瑚水底明。

元　沈貞《茶山老人遺集》卷上《恠梅詩》　山人有以怪梅爲蔣國夫獻者。窮枝夭矯，鎖紐連絡。殆非凡物幻成，必造化有以成就之者。呼酒招我吟長句以逞其奇。

波神活拔蒼龍角，血點角尖珠歷落。江妃水仙恠驚愕，一夜狂風鬼神作。擲向江南寄寥廓，野限水邊山岸脚。山神巡山導孤鶴，鶴行見角仰復啄。銜依老枿得潛托，凍作寒梢綴繁蕚。姑射仙人嬌綽約，冰肌玉骨瘦如削。夜深竊食嫦娥藥，飛魂又向寒梢著。江南詩人好奇客，好花好德不好色。年年臘盡便尋春，尋到春深尋不得。老樵入山日欲晡，斷崖忽逢七尺枯。香爐濃熏古篤耨，如意擊折青珊瑚。持歸詩人一笑粲，公初安在見何晚。急呼置之白玉堂，滿堂冰雪堆寒香。

元　韓奕《韓山人詩續集》卷四《對缾梅》　缾古更泉温，春寒花未繁。依依驚歲晚，耿耿立黃昏。几映移來影，苔分折處痕。誰吟東閣句，索笑共清尊。

又　卷六《題紅梅》　山中蕚緑華，修養只湌霞。氣蒸骨自換，不用服丹砂。

元　張雨《句曲外史集》卷上《緝熙殿御製墨梅詩帖》　宣和妙賞緇衣句，傳在夷門作勝談。行殿春風四十載，玉妃終老向江南。

又《磵北梅缺三月始華》　陰磵殘梅枿，臨流一向欹。但存孤注在，敢恨一生遲。凍雨如相呴，春寒不受吹。後時翻見獨，宰物遂成私。

又《蕚緑梅》　山中古仙子，無言春寂寥。玉容澹朝雨，翠氣濕微霄。臨風怯玩影，弄雪妬攀條。擬覔何郎句，還憑翠袖招。

元　蔣正子《山房隨筆》　盧梅坡《詠梅開一花》詩云：昨夜花神有底忙，先教踏白入南邦。冷將雙眼窺春破，肯把苦心受雪降。樊弟得兄呼最長，竹君取友嘆無雙。試於月夜窻前看，一在枝頭一在窻。

閻子静復，至元間翰林學士，後廉訪浙西。有《梅杖》詩云：凍盡西湖萬玉柯，春風入手重摩挲。較量龍竹能香否，比並鳩藤柰白何。聲破夢寒霜滿户，影隨詩瘦月横坡。只知功到調羹盡，不道扶顛力更多。

明 王冕《竹齋詩續集·素梅》 大庾嶺頭春似海，不是尋常白玉堂。 昨夜護龍河上看，一天明月四簷霜。 樹頭歷歷見明珠，底用題詩問老逋。 且買金陵秋露白，小舟載月過西湖。 江南雪消春漸回，溪東溪西梅花開。 幽人作詩興不淺，時復杖藜携酒來。 歲寒風致少能解，野草安能識此情。 春到玉堂渾不覺，清香踈影自分明。 五雲縹緲隔蓬萊，仙子吹簫月下回。 轉首不知春幾許，霜花如雪滿瑶臺。 江南十月春色早，處處梅花當水開。 玉笛一聲霜不小，滿天明月鶴飛來。 羅浮月白海無塵，玉樹瓊林處處春。 半夜禹陵風雨作，屋梁飛動欲生鱗。 銕石心腸滿面霜，歲寒吾計未全荒。 相逢休問春何處，定是調羹到玉堂。 不向羅浮問醉仙，笑呼孤鶴下吴天。 春風吹散梅花雪，香滿西湖載酒船。 玉雪玲瓏瘦影重，不同桃李媚春風。 十分清致無人解，猶在舊家池館中。 寒枝錯落凍不解，隔水清香招得來。 午夜風停雪聲墮，梅花開盡不知寒。 斷雲流水孤山路，看得春風幾樹花。 騎鶴歸來城郭是，月明簫管起誰家。 昨夜朔風吹倒人，梅花枝上十分春。 老夫高卧石牕下，赢得清香入夢頻。 朔風吹冷過山城，巾子峰頭雪未晴。 十載西湖閒客夢，夜來山月最分明。 羅浮山下雪三尺，白玉堂前春幾分。 歲晏歸來詩思好，東風吹散一溪雲。 踈花粲粲照寒水，瑪瑙坡前春獨回。 却憶去年風雪裏，吹簫曾棹酒船來。 天寒江國霜如雪，草木無情盡摧折。 不知春意到江南，踈影横斜半牕月。 春風處處競繁華，桃李無言亦好花。 獨有高人愛高潔，肯銜冰雪到山家。 平生固守冰霜操，不與繁花一樣情。 歲晏溪頭春意足，是誰看得最分明。 踈籬瀟灑緑烟寒，老樹鱗皴艾葉攢。 昨夜天空明月白，一枝踈影隔牕看。 春風一笑玉無垠，雲散空牕見月痕。 半夜鶴歸詩思好，清香吹滿水南軒。 月明曾過西湖路，愛看横枝當水斜。 試問玉堂諸學士，幾時清夢到山家。 明月滿天霜氣重，梅花風韵更清妍。 鶴飛不帶簫聲遠，春過西冷第二船。 霜花浮影月娟娟，春色無痕上畫船。 轉首西湖風景異，不知誰識老逋仙。 吹徹瑶笙鶴未還，小橋流水碧潺潺。 夜深夢醒推牕看，白月無痕雪滿山。 鵝州城東古梅樹，鱗甲滿身如老龍。 冷霜極冷欺不得，春風吹作玉玲瓏。 記得西冷春色歸，珠星璧月景離離。 近來消息真堪笑，却説梅花不要詩。 開遍南枝又北枝，春風於我似相知。 酒邊漫説羅浮夢，忘却瑶臺月下時。 十月中原風景别，寒冰如地雪漫天。 相逢盡説江南好，處處梅花壓酒船。 溪谷冰霜春到遲，老夫長夜只吟詩。 憑誰説與中朝士，此是江南第一枝。 瑪瑙坡前春未來，幾番空棹酒船回。 西湖今日清如許，一樹梅花壓水開。 瀟灑山林慣雪霜，不同桃李競芬芳。 何緣作得春風夢，一夜吹香到玉堂。 此心如銕蕴陽和，不得春風也自花。 何自高人愛瀟灑，夜深踏雪到山家。 銕石心腸冰雪顔，逢時亦有好花看。 玉堂可有青氊舊，不畏風霜入骨寒。 千年萬年老梅樹，三花五花無限春。 不比尋常野桃李，只將顔色媚時人。 霜氣横空水滿川，梅花枝上月娟娟。 却思前載孤山下，半夜吹簫上畫船。 夜來漫踏前村雪，雪裏梅花認得真。 回首中原天萬里，瓊林玉樹一般春。 一樹横斜白玉條，春風吹亂雪飄飄。 孤山老却林和靖，多載笙歌過六橋。 瘦銕一枝横照水，踈花點點耐清寒。 雪晴月白孤山下，幾度清香拄杖看。 今日開門見遠山，鍊師壇下列清班。 看來都是梅花樹，箇箇春風玉佩環。 樹陰如屋霧如潮，淺水流花落野橋。 忽憶去年秋八月，玉霄峰頂夜吹簫。 仙子歸來夜未央，瑞香風動翠羅裳。 月明無處韜清影，簫管迎春上玉堂。 海雲初破月團團，獨鶴歸來夜未闌。 一片笙簫湖水上，玉妃無語倚闌干。 雲間古寺陸機宅，草木蕭森鶴不來。 惟有溪頭老梅樹，霜花猶是舊時開。 三月春風吹雪消，湖南山色翠如澆。 一聲羌管何人見，無數梅花落野橋。 閒花野草鬬青紅，一着冰霜掃地空。 惟有老梅標致别，歲寒時節自春風。 地老天荒儘可花，不同桃李競繁華。 要知鼎鼐調羹味，須問舊時丞相家。 和靖門前雪作堆，多年積得滿身苔。 踈花箇箇團冰雪，羌笛吹他不下來。

又《墨梅》 老仙醉吸墨數斗，吐出梅花箇箇真。 相見莫嫌顔色異，山林别是一般春。 面皮如銕慣風霜，焉肯托根桃李塲。 轉首江南春似海，一聲簫管月蒼蒼。 我家洗硯池頭樹，箇箇花開淡墨痕。 不要人誇好顔色，只留清氣滿乾坤。 莫厭緇塵染素衣，山間林下自相宜。 玉堂多少閒風月，老子熟眠殊不知。

又《紅梅》 夢回詩思不可遏，赤脚溪頭夜踏冰。 忽地風來明月動，彩鸞飛出碧雲層。 顔色雖殊心不異，漫隨時俗混繁華。 清香吹散乾坤外，不是尋常桃杏花。 老梅標致何瀟灑，不與尋常草木同。 可笑燕山人事别，春風只看杏花紅。 翠華影轉宜春苑，苑裏紅梅一夜開。 學士賦詩承賜宴，内官傳道着緋來。 和羹風致誰能解，箇箇花開耐歲寒。 五月燕山木黄落，相逢只作畫圖看。 白日遲遲照牕户，深院不知春幾許。 紫簫聲轉香風回，隔簾踏動燕脂雨。 十二闌干一院花，春風猶憶舊京華。 翠雲不隔西湖路，夢入咸平處士家。 彩鳳穿花啄石苔，玉牕瓊户紫烟開。 山人不説羅浮夢，却憶玄都觀裏來。 桃杏

漫山總粗俗，舊家池館尚春風。道人不作羅浮夢，坐看珊瑚海日紅。　山林養得寸心丹，豈是清香不耐寒。今日春風好顔色，任他自作杏花看。　玉妃步月影毵毵，宴罷瑶池酒正酣。半夜不知香露冷，春風吹夢過江南。　昭陽殿裏醉春風，香隔瓊簾映淺紅。翠袖擁雲扶不起，玉簫吹過小樓東。　羅浮仙子醉春風，玉骨冰肌暈淺紅。一味清香消不盡，幾回飛夢錦雲中。　仙子歸來逸興賒，夢中猶説舊繁華。春風轉首情何已，却向江南認杏花。　仙子雲中駕鶴歸，翩翩霧佩曉風吹。玉肌輕染燕脂色，恰似羅浮夜醉時。　滿湖水色净娟娟，正是春風二月天。醉後不知雲入屋，燕脂飛雨墮樓船。　玉骨清癯怯素粧，春風一醉九霞觴。緑房午夜嬌雲煖，不夢梨花夢海棠。　昔醉西湖處士家，酒痕吹上水邊花。東風蛺蝶迷香夢，一樹珊瑚月影斜。

又《梅花》　林下見清真，草衣如野人。開花冰雪裏，豈是不知春。　二：清苦良自持，忘言養高潔。夜静月明多，開門滿山雪。　三：十月霜風寒，山木俱摧折。獨此冰玉姿，照影清溪月。　四：故人江海去，相隔萬重雲。歲晚思無已，梅花可寄君。　五：何處尋春信，江南路渺漫。夜深山月白，踈影隔牕看。　六：老幹漬清霜，寒梢掛新月。徐徐暗香來，可是春機泄。　七：踈枝照清淺，一見興何饒。記得春風夜，題詩過斷橋。　八：仙子步輕盈，泠泠玉佩聲。羅浮烟水遠，詩夢不勝情。　九：冷艷凝輕露，清香度晚風。如何冰玉質，却學小桃紅。　十：深院春無限，香風吹緑漪。玉妃清夢醒，花雨落燕脂。　十一：湖上春何在，羅浮夢已空。清香入書屋，不是杏花風。　十二：庭院春日遲，風回翠鸞舞。誰倚玉闌干，摇動燕脂雨。　十三：不作桃李態，山林别是春。但令心似銕，何慮惹緇塵。　十四：面墨已無情，豈但心如銕。昨宵踈影横，空山半牕月。

又《梅先生傳》　先生名華，字魁，不知何許人。或謂出炎帝，其先有以滋味干商高宗，乃召與語。大悦曰：若作和羹，爾爲鹽梅。因命食采于梅，賜以爲氏。梅之有姓，自此始。至紂時，梅伯以直言諫妲己事被醢，族遂隱。迨周有摽有始出仕，其實行著於詩，垂三十餘世。漢成帝時，梅福以文學補南昌尉，上書言朝廷事，不納，亦隱去。變姓名，爲吴市門卒云，自是子孫散處不甚顯。漢末緑林盜起，避地大林。大將軍曹操行師失道，軍士渴甚，願見梅氏。梅聚旋謀曰：老瞞垂涎漢鼎，人不韙之，吾家世清白，慎勿與語。竟匿不出。厥後累生葉，葉生萼，萼生蘂，蘂生華，是爲先生。先生爲人修潔灑落，秀外瑩中，玉立風塵，表飄飄然，真神仙中人。所居竹籬茅舍，灑如也。東西行者，過其處，必裵徊指顧。是梅先生之居，勿剪勿除，溪山風月其與之俱乎。先生雅與高人韻士遊，徂徠十八公、山陰此君輩皆歲寒友。何遜爲揚州法曹掾，虚東閣，待先生。先生遇之甚厚，相對移日，留數詩而歸。唐丞相宋璟，平生銕心石腸，不輕爲人題品，獨爲先生賦之，其見重如此。天寶大歷間，杜甫客秦山，邂逅風雪中，巡簷索笑，遂爲知心。每語人：僕在遠道，無可人與語，得梅先生，少慰焉。甫爲一代詩宗，心所賞好，衆口翕然。於是先生之名聞天下。清江、成都、羅浮、庾嶺、孤山、石亭、野橋、溪路之濱，山店水驛江岸之側，遇會心處輒婆娑。久之，好事者争攀挽過其家，甚至圖寫其象，朝夕瞻玩，或以油牕土屋屈致先生，將之射利，先生亦爲開心吐露。人爲先生嘆非其所，先生曰：苟不盤根錯節，安能以别利器。知先生者，敬愛愈重。錢塘林逋、眉山蘇軾，咸以詩歌美之。蓋凡欲以片言行者，必託先生藉口。苟非先生之爲容，則語言無味。百世之下，聞其風而高之。王沂公曾居要路，持魁柄，高下人物，許在百花頭上。繇是緋緑虆虆，至于今不墜。先生性孤高，不喜混榮貴，以酸苦自守。忽一夕，聞高樓羌管聲，乃悽然有感，吾不能學桃杏輩趨時，故際窮年，風饕雪虐，零落如此，奚憾焉。嗚呼！梅自大林之後，曠數百載無聞人。由唐至宋，稍流派蕃衍，分南北兩支。世傳南暖北寒，先生盖居於南者也。先生諸子甚多，長云實，操行堅固，人謂有父風味。異居南京犀浦者，爲黄姓。其餘别族，具載《石湖世譜》。太史公曰：梅先生翩翩濁世之高士也。觀其清標雅韻，有古君子之風焉。彼華腴綺麗，烏能辱之哉？以故天下人士景愛慕仰，豈虚也耶？

明 胡奎《斗南老人集》卷五《題梅》　雪後曾看半樹春，素衣渾不染緇塵。玉堂故舊無消息，惆悵寒煙野水濱。　姑射仙人玉雪姿，天寒瘦影立多時。春風半面曾相識，一夜梨雲入夢思。

又 卷六《題墨梅》　窓外翠禽啼，巡檐索笑時。鐵心渾不改，只許墨卿知。

明 龔敦《鵝湖集》卷三《紅梅爲張邦秀題》　鶴膝横空緑玉翹，頂朱新試不全嬌。香凝暈臉春先轉，暖溢丹砂雪易消。殊色未知逢驛寄，羣芳須讓賜緋朝。早知塞北無人識，别寫新詞付麗譙。

明 楊溥《楊文定公詩集》卷三《爲鄉友程司務題雪梅》　予家世住湘山麓，勝水名山嘉草木。江蘭岸芷四時青，雪後驚看梅噴玉。雲水亭園花滿林，竹樹人家香滿屋。一色揔魁天下白，孤標先向春前緑。憶昔讀書乘餘暇，載酒携琹

到林下。臨風載鼓陽春詞，人與梅花共齒雅。自從挾策遊帝鄉，家山在念日相望。宦途夷險恒自信，不覺兩鬢飛烌霜。程君磊落青雲士，叢跡湖湘鍾秀氣。闕下相逢已有年，那知深與梅花契？畫圖一幅横軒窻，朝回一玩百慮忘。西湖羅浮在何處？對境但覺心悠揚。揭來史館索予題，老懷枯澁情難□。人生所貴在清白，撓之不濁涅不淄。萬物無情隨所好，耳目所及心所之。聖人體念由自得，樂水樂山非勉爲。以禮制情萬善集，以物狥物百行虧。召南有詠感仁化，説命和羹昭訓詞。淵明愛菊千載士，濂溪愛蓮吾道師。吁嗟君子！

又《題墨梅》　宦遊京華三十載，每憶鄉山湘水濱。千樹萬樹梅花開，村前村後香襲人。憐玆潔白世稱最，況是調和味更真。時同良伴縱清賞，高歌白雪開芬尊。別來星華滿鬢霜，幾度中宵勞夢魂。妙筆何人得天趣，欻然寫出江南春。披圖倍起還鄉念，日逐飛鴻度楚雲。

明　張寧《方洲集》卷一〇《紅梅》　似杏色尚淺，比桃香自濃。能存舊時節，莫問舊時容。

又《梅花爲湛秋江題》　山静夜如年，牕虚獨未眠。一枝斜更好，月到曲闌邊。

又《詠梅二首寄沈孟淵》　斷腸詩思滿江南，別後姿容總一般。料得林逋慣相惜，肯教寂寞過春寒。　孤根春暖雪初消，香滿西湖第六橋。最是懷人牕下意，怕看明月上寒梢。

明　柯潛《竹巖集》卷一《梅》　清絶無人處，幽香飛滿林。一輪溪上月，長照歲寒心。

明　徐溥《謙齋文録》卷二《紅梅》　自是清寒第一花，玉容春醉暈流霞。羅浮迢遞三千里，却與桃源共一家。

又《紅梅》　玉人被酒歸來晚，帶得春霞滿臉紅。幾度冷風吹不醒，羅浮却與武陵同。

明　沈周《石田詩選》卷九《次天全翁雪湖賞梅十二詠》　台垣賜老荷君王，山上籃輿湖上航。如此湖山晝遊地，梅花開遍客還鄉。　少在城中多在鄉，尋梅猶抵侯朝忙。新詩似與梅相約，詩到成時梅恰香。　不是春愁鶴髮翁，風流人物義熙中。遥知觴咏清遊處，小筆湖山似欠儂。　重巒疊疊水灣灣，雪舫尋春醉未還。因省玉堂爲客夜，如今不似夢中山。　緑尊沽酒出春城，春日尋梅湖上行。聞道衝風又衝雪，旁人不識醉翁情。　一代文章百代名，鼎司綸閣已忘情。近來熟理農桑計，似謫江南作稼卿。　湖上尋詩舟去穩，尊前賞雪酒行遲。優游正是居東日，自遣春風人不知。　梅撲玉缸春酒開，雪湖山水重徘徊。風流舊屬林君復，人道先生是載來。　泛雪吴航勝月槎，深深盃色照銀沙。寒梅鍾得平生愛，重是江南第一花。　玉樹瑶山晝裡看，乾坤不似酒壺寬。醉來草聖三千紙，漫使人驚索幼安。　清遊不放酒盃空，雪共梅花落酒中。玉帶朱衣有仙骨，畫船更在水晶宫。　黄帽歸舟且莫催，雪山留客好銜盃。梅花況是堪題咏，今夜春城判不回。

又《梅花二首》　莫嫌踪迹發寒窮，南國生涯論首功。道體不彰存白賁，心仁有造屬黄中。隔烟如夢微微月，臨水無言脉脉風。高尚難招我難遠，爲君頻過小橋東。　寂寂疎林滿地苔，自知溪逕不容媒。沈郎太瘦亦復耳，范叔一寒如此哉。漫有心腸竟何與，本無顔色不須猜。老夫氣味頗同致，歲晚相逢笑口開。

又《草堂前梅桃今春相續試花》　春色今年賁古臺，東風續續見桃梅。穠華莫惜三盃賞，寂寞原非一日培。我有好懷隨物遣，花於老眼盡情開。人生最似紅芳迹，白鬢蕭然感緑苔。

明　朱有燉《誠齋録》卷二《冬日紅梅》　縹緲花中第一仙，好枝常近玉樓前。色如桃杏丰標異，心比冰霜節操堅。　雖受朔風無冷淡，獨看明月映嬋娟。　情知舊日曾相識，又把新情賦一篇。

又《月夜觀梅》　更深無寐憶梅芳，特地開簾看粉粧。滿院清香過夜半，一枝疎影上回廊。冰姿淡淡含烟雨，玉骨皴皴飽雪霜。爲愛凌寒多節操，廣平原自鐵心腸。

明　李東陽《懷麓堂集》卷八《題沈啓南所藏林和靖真蹟追和坡韻》　湖亭路繞梅花曲，石硯年年洗芳渌。湖光照眼花絶塵，此老當時面如玉。詩應獨步難同調，字豈必工終不俗。城東蒼頭持卷來，一夜起看三秉燭。我從書法得相法，骨秀神清臞亦足。有如辛苦學神仙，火冷空山斷葷肉。遺編舊事已陳迹，五百年來登鬼籙。水流花落兩無情，誰能更和西湖曲。石田詩人亦清士，居不種梅翻種竹。他時倂作隱君論，何似周蓮與陶菊。

明　劉春《東川劉文簡公集》卷二二《不見梅》　天意吾安測，衝寒未放梅。碧霄空舞雪，紫陌絶浮埃。何遜徒懷切，楊州幾欲回。願憑鄒衍律，吹得數枝開。

又　卷二三《和遂菴太宰賞紅梅》　冷蘂踈枝傍水涯，鄉心逐夢白雲賒。年

來忽見開京國，春到應知自帝家。共愛清香非俗品，誰憐頃刻有仙花？巡簷漫爾多佳興，欲賦無能獨浪誇。

衝寒偶見此花枝，心賞那能獨負之。看似與桃爭麗色，開常帶雪在春時。西岡剩説當年事，東壁虛傳舊日詩。愁緒無端侵客邸，好將清景付金卮。

明 陳洪謨《静芳亭摘稿》卷八《瓶梅》 踈影青瓷小，微香引興長。何如結梅實，調鼎有餘芳。

又《觀梅》 梅花幾枝開臘前，移來親植小池邊。傍人莫訝淩霜色，還有貞心鐵石堅。

又《賞紅梅三首》 淺紅深白影還踈，酷似桃枝葉却無。想是華清初浴處，薄勻丹臉襯冰膚。 王母蟠桃春色長，素娥乘月秋蒼茫。化工欲試調停手，薄點朱唇映粉粧。 玉質天然不受粧，舞筵聊爾試霓裳。由來國色多殊調，自有臨風一段香。

又《小春見紅梅》 十月紅梅葉未抽，忽看蓓蕾動枝頭。花神可是傳春信，標格從來壓品流。

明 李中《谷平先生文集》卷四《梅花四首》 千古梅花入品題，林家意思邵家知。通衢我好無言坐，又被東風爲索詩。 枝北枝南一樣春，千巵開放賞梅人。山亭剩有沖融意，不但雞雛可玩仁。 江山應接幾多題，題出寒梅我不知。句在花間花不語，倩人語處便成詩。 肺腑時收天下春，通衢聊作看梅人。誰知萬蕋千葩處，都是元初一點仁。

明 張邦奇《張文定公四友亭集》卷一〇《月梅》 千林凋盡不周風，遠水長天相映空。萬玉江南輝片月，人間都是廣寒宫。

又《雪梅》 良工貌取藐姑仙，移向茅堂三伏天。滲骨寒光禁不得，直思狂飲酒如泉。

又《風梅》 倒盡郫筩爛醉歸，無端物色正輝輝。梅花不解悲春老，故挾東風作態飛。

又《雨梅》 羅浮夢斷興無從，粲粲明妃偶此逢。猶似紅塵嫌未洗，更教零雨爲修容。

明 吳鵬《飛鴻亭集》卷二《詠梅花三首》 閒心何處結芳隣，老樹繁花最可人。玉兔擣霜供永夜，瓦瓶分雪薦新春。 天寒幽獨渠應瘦，歲晚心期我獨真。 竹杖芒鞵他日事，矮墻茅屋大江濱。

雪積霜凝壓不斜，分明江上鬧年華。半枯老樹自生意，新出柔條都着花。看影却愁殘月落，留香長欲峭寒加。春風無限孤山夢，獨木橋邊是汝家。

素質孤芳世共稱，評香評影昔人曾。不妨今日比西子，更恐前身是漢僧。花早却教春漏泄，樹高獨覺氣憑陵。海棠芍藥非吾事，對爾吟詩我亦能。

明 文彭《博士詩集・人日竹堂看梅》（《文氏五家集》卷七引） 今年春色早，人日見梅花。香入禪房静，影隨初月斜。折來烏几亂，看去白雲賒。東閣無由到，詩成惠遠家。

明 宋諾《宋金齋文集》卷三《題未開梅》 消息南枝暖尚遲，凍雲密密鎖瓊蕤。芳心未必終緘默，自有相知吐露時。

明 陸垹《陸篔齋文集》卷二《東嶽廟梅》 嶽廟梅根古，何年客種來？蒼鱗渾欲蛻，凍蘂半將開。尤物神靈護，貞心鐵石栽。平生好奇癖，爲爾重徘徊。

明 田藝蘅《香宇集》卷九《雪中紅梅》 素節涅不緇，肯受紅塵涴。偶餐絳雪丹，冰霜操仍在。

又 卷二九《九日紅梅》 未放重陽菊，先開九日梅。卻疑秋色盡，又見早春來。蜂蝶翻歌板，茱萸佐酒杯。南山籬外近，佳氣鬱崔嵬。

明 俞允文《仲蔚先生文集》卷四《梅花舞歌》 璇閨繡幕鈎曲瓊，中庭紫梅無葉生。長條匼匝先着花，花花當窗自分明。芬菲麝烟流日精，吴刀楚製安足營？美人至此久沉吟，不願博山罏中蘇合香，不願頭上金爵玳瑁之寶簪，願得一枝寫春心。含商變徵翻入清吹音，清夜歡娱極當今。

又 卷七《早梅》 蕪没衆芳後，孤花照雪初。香從風處遠，影向月中踈。横笛驚吹落，高樓學剪餘。聊裁廣平賦，不著屈原書。幽潔竟誰賞？端居怕晏如。

明 徐師曾《湖上集》卷一《梅花賦》 睹萬木之品類，羡兹樹之清奇。初移種於漢苑，漸繁植於隋堤。唯浮羅之松閒，益播名於厥時。爾其貞元交會，物序驚催，衆芳皆落，此花獨開。早則破於臘前，晚亦應乎春回。秉凌寒之勁節，作百卉之先魁。洗鉛華之塵色，見素豔之真胎。或在江邊，或臨嶺隈，或横月觀，或遶風臺。冰肌裊裊，踈影徘徊，精神傳於墨客，詩賦動乎吟懷。豈人情之有私，抑物類之招徠。吾想夫高士幽棲山谷，是託無心，朱紫可伴寂寞。故能勤石湖之作譜，費東山之商確。豈共牡丹芍藥以爭妍，實與蘭茝蓀蕙而成約。堪作隴人之贈，卻訝梁臣之詠。責也。何不佩於楚之騷人，而爲晉徵士之見略。更有

脩枝老幹，歷歲不彫，絳跗青實，和羹可調。比桃杏而增貴，偕松竹以締文。彼閑花與野卉，空過目而蚤飄。顧吾徒之共勗，唯務實以相要。

明 趙琦美《趙氏鐵網珊瑚》卷一一《揚補之墨梅圖》 傲雪凌霜，愛他梅蕋，攙借春光，步繞西湖，興餘東閣，可奈詩腸？ 娟娟月轉迴廊，悄無處、安排暗香。一夜相思，幾枝疎影，落在寒牕。 一番雪艷烟痕，又邀春色，來到芳樽。憶昨年時，月移清影，人立黄昏。幽思誰論？但永夜、空迷夢魂。繞遍江南，繚牆深院，水郭山村。 亭亭佇立移時。判瘦損、無妨爲伊。 誰賦才情，畫成幽思，寫入新詩。

茅舍疎籬，半飄殘雪，斜卧低枝，可更相宜，烟藏修竹，月在寒溪。

月墮霜飛，隔牕疎瘦，微見横枝，不道寒香，解隨羌管，吹到簾幃。 箇中風味誰知？睡乍起，烏雲任欹，嚼蕋挼英，淺顰低笑，酒半醒時。

月轉牆東，幾枝寒影，一點香風，清不成眠，醉憑詩興，起繞珍叢。 平生秪箇情鍾。漸老矣，無愁可供。最是難忘，倚樓人在横笛聲。

玉骨冰肌，爲誰偏好，特地相宜？一段風流，廣平休賦，和靖無詩。 倚牕睡起春遲。困無力，菱花笑窺，嚼蕋吹香，眉心點字，鬌畔簪時。

爲愛冰姿，畫看不足，吟看不足。已恨春殘，可堪雪裏，飛英相逐。 秪應標格孤高，似羞對、妖紅媚緑，藏白收香，放他桃李，漫山麄俗。

水曲山傍，寒梢冷蕋，隱映修篁，細細吹香，疎疎沉影，惱斷回腸。 爲誰駐馬横塘。漫立盡、烟村夕陽，空裊吟鞭，幾多詩句，不入思量。

天賦風流，想時宜稱，着處清幽，雪月光中，烟溪影裏，松竹梢頭。 生憎人在高樓，羌篴怨、驚催夢秋，不道明朝，半隨風雨，半逐波流。

屋角牆隅，占寬閒地，種兩三株，淡月微雲，嫩寒清曉，香徹庭除。 羣芳欲比何如，臞儒豈、膏粱共途？因事順心，爲花修史，須紀中書。

右《柳梢青》十首，平生與梅有緣，既畫之，又賦之，自樂如此，不知觀者以爲如何也？然老境對花時，一歌之豈欲投他人耳目？非知音者不可以示也。無咎。

明 王世貞《弇州四部稿》卷四三《梅花》 窈窕娉婷白玉膚，立殘清照角聲孤。隴頭風起家家雪，庾嶺人歸字字珠。南國容華愁易老，中原消息夢還徂。東君大許羣芳在，次第冰霜問有無。

又《紅梅花》 瓊姿元自傲冰霜，不作東風桃李腸。舞罷轉憐如意點，歌殘別擬壽陽粧。瑶池月上僊人醉，洛浦霞生帝子狂。爲問臙脂山下雪，可翻新譜到西羌。

明 顧紹芳《寶菴集》卷七《山中看梅》 百日春陰暖漸開，自扶雙屐破莓苔。忽驚眼底遥成雪，爲道山中盡種梅。澹蕩湖風香作浪，纖廻村塢玉爲臺。十年夢想今初到，休覆殷勤掌上杯。

明 謝肇淛《小草齋集》卷一二《藤山看梅·六首》 曙色乍微茫，江南一路霜。人栽梁苑賦，花學漢宫粧。粉面含雲濕，芳魂度月涼。不妨沉醉去，玉屑滿衣裳。

不識山中路，逢人即問梅。繁枝圍屋隱，老樹壓牆頹。瘦藉輕烟補，開須夜雨催。春光未衰謝，攜酒賞千回。

但得看花地，何須問主人？山中一夜雪，江上隔年春。徑細香難散，寒多色未勻。無端風底急，撩亂白綸巾。

騎馬訪花神，繁枝照眼新。詩應憐水部，花亦愛山人。夜月迷青嶂，寒江亂白蘋。坐來清到骨，不復夢紅塵。

山氣曉冥冥，長林玉作屏。半遮流水白，時雜數松青。地主供花酒，人家結竹亭。客來香可醉，盡日不能醒。

一望白如虹，前山第幾峰？隨風香處處，隔水影重重。短樹堪藏鶴，疎枝欲作龍。羅浮今夜夢，恍在月中逢。

明 張大復《梅花草堂集》卷一五《殘梅》 撲簾白雪點春衣，便有黄蜂側翅飛。樹裏叮咚清梵遠，香餘馥郁夢魂微。猶堪數日同消遣，未許今宵已賦歸。柳外半環應憶汝，低看憑檻照清暉。

明 易震吉《秋佳軒詩餘》卷七《定風波·栽梅》 要覓寒香伴草廬，手栽忻向雪中鋤。詩趣肯容東閣占，幾幹。花雖未做已扶疎。去歲春來渾不識，料得從今偵信決無虚。護取南枝尤喫緊，風凛。祝天聊且息風歟。

明 陳繼儒《陳眉公集》卷四《詠花竹十二絶·梅花》 開時在花始，畫時在花終。名遂乃身退，汝乃善居功。

明 施紹華《秋水庵花影集》卷五《詩餘·清平樂·梅》 寒添未甚，養得瓊花嫩。漠漠幾枝全瘦損，別是一家風韵。 凄其斷送冰魂，溪橋緊閉朱門。況也没人看取，一輪月竟黄昏。

又《詩餘·疎簾淡月·梅》 先春漏洩，早開近東墻。一堆香雪，判温寒威。那肯逐時温熱？只容玉手和霜折。還未許春鶯饒舌，一片冰心，是誰知道。

夜深寒月，歎隴上音塵還絶。更樓閣深沉，笛聲吹鐵，香沁詩脾，此味好難分説。幽魂不共東風歇，還有個、薦羹時節。冰肌孤倚，小窗低弄，費人吟閲。

明 陳六齡《古梅行》（《漳平縣志》卷九引） 小樓三尋牆十尺，石上蒼虬飛不得。蜿蜒突兀意未降，化作老梅年八百。蛾眉山半夢初醒，恍惚自疑天上謫。君不拙心知不競朝華，古色儘堪留夜白。有時寫入鼎彝中，有時醉偃琴書側。君不見前年雪花大於手，千紅萬緑無消息，一松一竹與追歡，令人千古夸三益。又不見去年風雨自西來，頹牆破屋如飜席，老幹枯株若不聞，詰朝忽變玻瓈色，吁嗟老梅人不識，鼎鼐調羹終有日，小樓五月逼江城，留傍闌干莫吹笛。君不見老梅梢上長新枝，占斷春風桃李時。

明 陳確《陳確集·詩集》卷三《徐龍生家園看梅有述》 野客尋幽賞，日暮淡成羣。轉眼迎郊園，浩邈非所聞。柔桑一萬樹，新條莽披紛。竹勢若數里，冉冉圍溪雲。中間植古梅，蕭散西東分。小大五十株，疎密皆有文。物理自相得，俯仰各歡欣。一株仆深竹，厚蘚叠蒼紋。願言攜郵壺，細爇清澗芹。竟造花下坐，藉艸青芸芸。主人貧且賢，樸古无塵氛。殷勤恥荷篠，野哉植杖耘！反覆論至道，橐駝安足云！老圃真可師，四海今推君。歸來鄙賤儒，擬抱殘書焚。

又《又和福孫詠梅詩》 林梅挺奇姿，巋然老而癯。先歲發寒葩，霜雪曾不渝。百卉誰能争，凜冽未敢舒。白雲繇山谷，明月皎庭除。清標迥天外，殊香絶人區。來年春夏交，新翠裹緑珠。行人盡垂涎，始悟非寒枯。

又 卷六《遊梅園》 聞道周園好，相思二十年。來遊春雨後，信步晚花前。洞窅疑無路，林開别有天。主人無箇事，散髮傲神仙。

又《入山看梅并引》 二月初七日，始有晴和之色，放舟入山，問欲爾：「山中梅尚何如？」欲爾言：「今年梅事絶勝，此時正佳，但恨山中有梅，吾胸中無梅耳。」余云：「何至於是？未若老人郵居無梅，胸中時有梅也。」遂相與攜杖縱觀，浩若銀海。追憶舊遊，忽忽如夢。又登周都司嶺，江南諸山，歷歷可數。主人謀酒於婦，新醬尚未成釀，冬釀又未上笮，乃瀝糟而飲，飲生酒頗釅，不覺小醉，因次前《東樓詩》韻。

寂寂山梅好，風光二月天。可憐兩隔勝，還似十年前。暮色雲相亂，春遊日復連。胸懷殊未敗，重擬放溪船。

又《翠薄看梅大辛見招不果往并引》 初八日，大辛過懷新堂，同至翠薄看梅。梅絶勝，亭前二樹尤古淡可愛。又同至枕濤，大辛邀至其家，因風大不果往，永白設齋。

昨日看梅處，今來看復佳。偶違良友約，又喫老僧齋。深塢花如海，香廚酒似淮。本注：適有人遺永白酒，甚富而旨。白頭潦倒甚，顫筆更書懷。

又《庭東偏梅花盛開移榻就之》 老來還好事，移榻近梅花。不飲供玄賞，無眠逗遠葩。病憐枝共瘦，倦笑影同斜。知己吾惟爾，中宵伴月華。

又《陪老姊賞庭梅，福孫呈賞梅詩，用其韻見沈氏本》 纔餞臘前梅，春梅又盛開。香因露氣貯，皓若月明來。白雲誰先唱？斑衣故繞臺。獨憐老姊弟，花下共徘徊。

又 卷七《賦九月梅得開字本注：此濱社初集題也。余不得赴，主社徵詩甚急，勉補一章》 早秋初收釀尚孩，園亭先報數株開。露懸清瑩含鷄舌，霜試新鋩坼鶴胎。本是林逋梅院酒，翻陪陶令菊花杯。拙詩補綴聊逃罰，敢敵諸公白戰才！

又 卷八《詠梅限韻》 處士家風正寂寥，一庭殘雪覆檐茅。墻虚月夜窺鄰影，水動霜晨挂屋梢。國色自兼林下味，素心欲訂歲寒交。清香隔院嘗吹徹，午日悠悠韻遠郊。

清 屈大均《翁山詩外》卷六《梅花》 梅花吾好友，白首益相親。歲晏無多日，山空秪兩人。光生蘿幌夜，香泛蘗醪春。絶勝天邊雪，瓊瑶總作塵。

摇落亦未久，花梅今又芳。數枝已光豔，一見即清狂。相對至斜月，無眠空石牀。美人憐獨立，霜濕縞衣涼。

枝已無南北，冬深一一開。歲寒如可再，春暖不妨催。冷艷晴逾出，幽香暮更來。小禽銜片片，多半委蒼苔。

不幸無霜雪，炎方受命偏。嚴寒元本性，因苦却高年。隔歲圖孤立，先春亦偶然。無窮憂患意，知子解相憐。

病起髮全白，梅花同皓然。孤生霜蒂弱，半槁玉顔妍。濯魄當晴月，吹香過暮烟。無情誰似汝，一朵一瓊仙。

黄落盡如此，無花亦自安。全生在高潔，半世儘清寒。詎忍吹長笛，方思寄所歡。枝枝真有道，相賞到春殘。

花少因多葉，宜寒亦向陽。年衰無暖日，命薄只秋霜。静得香歸處，愁憐影滿牀。無人共幽寂，留取數枝長。

又 卷七《蚤梅》 夜半暖風迴，凌晨一樹開。雪花千萬片，化作蚤梅來。吐艷臨粧鏡，飛香過酒杯。猶疑殘月影，點點在蒼苔。

又 卷八《梅》 已從長至發，臘月復重開。朶大因多雪，花肥不似梅。香

先春氣動，影逐片雲廻。未盡鴻濛意，東風且莫催。

東風元有意，不敢後南枝。一樹塞煙外，千林積雪時。影從流水得，香有白雲知。莫掃飛花片，春光總在兹。

又《疎影·鴛鴦梅》 層層作蕊，更絳趺一一，能結雙子。定是青陵，魂入寒香，催教朵朵連理。雌雄不少相思樹。又恁得、同心如爾。更愛他、飛雪丹成，灼灼杏葩難似。 堂上鴛鴦慣見。試將七十二，來與相比。臉際凝脂，絶勝明霞，幾片天邊初起。枝枝止發臺關驛，染遍了、白鷗頭尾。記昔年、弄玉同攀，笑向影邊斜倚。

又《應天長·黃村探梅作》 扶胥冬未，半正百里，花梅暗香相接。生長瑶林，兒女一般如雪。瓊英堆不掃，任門户、玉茵千疊泥。土涴狼藉，牛羊藥珠誰拾？ 多半化蝴蝶，與翠羽翩翩，影迷寒月。何必羅浮，方得夢魂清徹。師雄隨意宿。便此處，美人尤絶。休更待成子青黃，始來攀折。

清 尤侗《西堂文集·西堂雜俎一集》卷二《梅花三弄》 曾蒼山《海棠詩》：「少陵忘却渾閒事，更有離騷忘却梅。」予亦不能爲左徒解嘲。適學鼓琴，至梅花三弄，有聲無文，因援筆寫之，既譜爲操，并以續騷。

梅樹生兮山中，枝連卷兮卧虬龍。山空空兮水澹澹，朝繁霜兮暮悲風。蘭莖兮萎紫，楓葉兮衰紅。思君子兮枯竹，弔大夫兮孤松。若亭亭兮獨立，既斌媚兮又蕭瑟。衣冰兮佩雪，歲將晏兮芳馨發。山鬼睇兮欲笑，湘娥愁兮倚其側。

梅花開兮冬晚，北枝寒兮南枝暖。紅蘂兮素華，香菲菲兮襲綺羅。瓊瑶藉兮臺榭，粉若散兮籬舍。遞驛信兮隴頭，拂宫粧兮簷下。霓裳兮羽衣，芬芳兮不夜。月落兮參横，翠鳥兮亂鳴。望美人兮未來，倚惆悵兮疎林。

梅花落兮滿庭，怨芳時兮正青。春東風飄兮寒食，雨雪菲菲兮雲容。與吹玉笛兮誰家，送仙人兮蕚緑。華楊柳兮依依，青草兮萋萋。落英兮綴之，燕差池兮未歸。鶯恰恰兮將啼，雜花兮高低。蝴蝶兮以飛，芍藥欄兮桃李蹊。梅兮梅兮無一枝，遺予袂兮捐予裾，葬梅魂兮山之隅。

又《西堂雜俎三集》卷一《梅花賦》 東皇司令，南苑春來。陽律爰動，風信初催，叢林辨品，幽谷呈材，百花待次，第一梅開。當夫歲既晏，寒正栗。垂楊未青，庶草猶白。翩翩玉樹，亭亭獨立。榦若虬龍，心同鐵石。攬雲英以凝脂，煉月華而受魄。媲直節于琅玕，抗堅標于松柏。映麗日而九英，鬬彤雲之六出。非烟非霧，依微王者之香；如雪如冰，髣髴神人之色爾。乃招隱山前，浣花溪下，清露流晨，疎星横夜，一株庾信之園，幾樹林逋之舍。披蒿徑以孤騫，傍竹林而低亞。結薜荔以長存，惜芙蓉之易謝。似衣白之山人，樂田園之閒暇，笑龜手之取封，歎蛾眉之不嫁。邈絶俗而離塵，疑仙靈之羽化。至若靈山貢秀，具囿移芳，託根上林，布葉長楊。不奉詔于武曌，豈催鼓于明皇？應芳辰而先發，陋剪綵之空飀，伴賢妃之夜咏，助貴主之曉粧。散鮮華于椒寢，度新聲于柏梁。象良臣之嫵媚，體烈士之清剛。蓄和羹之至味，願獻鼎于君王。故其濯濯素姿，稜稜雅操，顧影無儔，懷馨自傲。襲芳菲其彌章，信姱修以練要。既抱潔于山林，亦見珍于廊廟。守幽貞以自娱，寧争妍于時好，終高步于瓊林，占花魁之名號。雖南煖而北寒，非先犟而後笑。洵嘉樹之老成，異繁華之狎少。豈如依依弱柳，灼灼夭桃，梨粧欲洗，杏嫁方嬌。詎此芍藥，憂彼芸苕。或合歡以旖旎，或含笑以招邀，皆朝榮而夜落，亦夏翠而冬彫。雖秋菊之後勁，讓春蕚之前茅。方且鄙姚黃而賤魏紫，何況冶葉與倡條？是以禮垂乾蕣之文，詩稱摽有之什，美人夢羅浮之山，征客寄隴頭之驛。大庾有夾道之觀，少陵有巡簷之索。追何遜之風流，想廣平之標格。折柳曲兮未足誇，採蓮歌兮安能匹？對松雪兮試彈三弄之琴，倚欄杆兮莫吹高樓之笛。

清 王澤弘《鶴嶺山人詩集》卷一二《辛未年稿·梅花》 靈谷寺前疎影白，劉家山後衆香浮。無如小圃尤奇絶，老幹寒花二百秋。

清 孫元衡《赤嵌集》卷四《戊子·午時梅》 葵葉梅英並可誇，枝枝絳雪受風斜。道人不語先天事，開落庭前子午花。

清 謝乃實《峇嶁山人詩集》之《梅》 庾嶺放滿枝，官閣盛開時。雪裏逢仙友，月下照冰姿。塵心屏林和，靖孤山臨水。百枝梅暗香，浮動鶴飛回。

清 王式丹《樓邨詩集》卷八《睾蘇集·盆梅六株列植庭前爲賦二首》 盆盎移根得幾叢，分行杳靄鬭春工。糁枝玉雪纔能白，點暈胭脂不惜紅。曉幕差肩雲靉靆，晚妝對影月朣朧。休隨別圃輕搖落，西樹東墻正倚風。

繁枝嫩蕊細安排，取次佳辰對好懷。莫以無雙誇玉樹，憑將一半壓金釵。雨飄楚岫憐巫女，香滿吴宫妒館娃。爭似風光共流轉，相看不厭是芳堦。

又《睾蘇集·天台盆梅名曰香片，甘泉先生得五本，特疊小山移栽，爲賦

二首》 槎枒香片冒寒開，壓盡江南繞屋栽。本自根株如鐵石，還看顔色勝瓊瑰。春先杏靨桃□入，夢隔蜂鬢蝶翅來。占得小山亦仙境，不須晨肇憶天台。

特爲移根疊一峰，層陰蓊蓓各叢叢。已蒙土石栽培力，更待年時長養功。雲影亭臺鳩唤雨，花光簾幕燕隨風。春華努力原堪愛，好放高枝滿院東。

清 查慎行《敬業堂詩集》卷四〇《長告集》 同年王樓村嘗夢至一處，梅花滿庭，有一老人杖而入，以杖數樹云：「此十三本以付汝，汝若饑時，但喫梅花，便是神仙地位也。」覺而屬禹司賓慎齋，畫十三本梅花書屋圖。壬辰四月，樓村官罷，將出都，以圖索句，作歌贈之。

鴻臚禹子特好奇，聞人説夢乃畫之。寒梅繞屋十三本，一一着花無醜枝。問渠此屋在何許？異境云自華胥移。龐眉丈人野鶴姿，指樹付汝汝不辭。嚼花可使食無肉，仙者得之能療饑。覺來官舍冰雪冷，滿牀蔌蔌香風吹。君家氾光湖水湄，柳繁梅少地苦卑。買栽開徑良不易，梅性故與高寒宜。然而畫藁出神授，何必遠問孤山爲。但愁書多無屋貯，莫歎樹小看花遲。浮生所遇率假合，剎那劫比阿僧祇。幻中生幻想非想，身外有身知不知。君今罷官歸有期，遽遽形開夢者誰？詩成擲筆吾自哂，區區紀夢何其痴。

清 屈復《弱水集》卷一〇《看梅花》 幾回風雨誤花期，晴到孤山尚未遲。竹外紅爐新煮茗，亭邊一樹半開枝。日宜疎影苔痕媚，香有春愁鶴夢知。歸盡游人和靖在，湖光清淺月來時。

又 卷一七《咏物·瓶梅》 晚風料峭紙窻扃，新折梅花插膽瓶。省我騎驢尋水曲，爲誰放鶴出山亭？飽餐寒色心如雪，鈎引清光月透櫺。不捲重帷香不去，東方未白夢初醒。

曾看桃李受塵埃，不願成蹊見別裁。月冷霜寒移繡榻，窗明几净即瑶臺。數枝注水疎疎出，幾點含冰細細開。詩思如知香在室，霸橋風雪早歸來。

江城千樹放寒烟，四壁名山別是天。映雪一枝斜更好，穿窗孤月影初圓。風廻玉笛難成曲，水浸冰心易作緑。門外夜深蕭瑟甚，香魂留在翠簾前。

疎竹同雲護短牆，何如注水對芬芳。漫言籬下春無脚，能使窗前月有光。雪滿空山人獨坐，愁生虚室夜偏香。洞庭庾嶺憑誰問？驟雨寒風擬自傷。

重門隔斷石闌干，索笑中庭玉漏殘。爲惜素姿當路發，非愁皂帽帶霜看。動催酒渴醒成病，卧見枝横夢亦安。鼓罷瑶琴重撥火，夜深恐遣古香寒。

文田約畧似揚州，亦有清泉静不流。却月花分伯彦宅，凌風香滿仲宣樓。滿瓶注酒醺寒友，前席爲文拜粉侯。玉笛憑他怨楊柳，一天晴雪下簾鈎。

墨莊深處動黄昏，玉骨新來瘦幾痕。瓶水人驚真浪跡，羅浮誰識有仙根。燭明簾幕横斜影，風透軒櫺斷續魂。青女素娥應念别，一鈎霜月冷侵門。

驚時深護一枝芳，歲暮懷人在異鄉。曾欲折來傳驛使，却愁寄去發寒霜。冰壺貯玉温難謝，金屋藏嬌密易香。簾下東風吹莫早，好留春色待何郎？

清 程夢星《今有堂詩集·分藜集·封氏園黄刺梅歌》 刺梅紫者名玫瑰，風韻不及黄刺梅。清明雨過塵土净，城南小圃周遭開。圃中卧松老得意，横放直幹驕摧頽。蒼顔白甲邀客賞，青眼今日爲花迴。鵞兒黄似新釀酒，風吹顔色添金杯。深叢鳥過枝裊裊，醉眼錯莫流鶯猜。秋天蜀葵固淡蕩，檀心猶覺同凡材。道家裝束合相讓，厭禳病起黄絁裁。牆東道院鶴一色，松花染背方飛來。

又《今有堂詩集·暢餘集·緗梅》 磬口檀心出妙香，別從凜冽鬬幽芳。百花前輩推春蕊，不及霜前月下黄。

寂莫山齋自撥醅，笑看寒萼壓春開。蜜脾自作枝頭瓣，不是遊蜂釀得來。

又《可園探梅》 昨日探梅城西北，一樹寒花笑迎客。今日探梅城東南，幾株素萼横蒼巖。春來遊屐無虚日，到處有花成莫逆。主人瀟灑啓園扉，收拾香光入詞筆。秖愁零落飛香塵，花片隨風早謝春。願花歲歲留春久，爛醉不辭杯在手。

又《五貺集·金陵移梅歌》 揚州老梅誇存園，尋春常過城東村。六十餘年漸凋謝，往往欹倒留霜根。我家南坡種百本，亦苦蛀蠹多不繁。花時聊復事吟賞，可憐寒瘦安足論。爾來郡人尚小樹，但栽一尺青瓷盆。紙牕曲几太局促，何從世外窺冰痕。山館主人有梅癖，兼之冷韻連弟昆。爲求嘉植渡江去，長干十里移瑶琨。亭亭玉樹十三本，一一勾致姑射魂。石城艇子一帆到，高格不受煙塵昏。十月小春遲花信，幾點已放南枝温。才向風前漏涼月，還宜雪後晞朝暾。從此林亭占幽勝，不數荒野疎籬門。莫言羅浮是幻境，慰人清夢應弗諼。我亦巡簷動詩興，願同花下傾芳樽。

又《五貺集·首春行菴小集分詠梅花事得潄芳亭》 閑閑擅高致，江梅遠

移種。不憚五千里，聊作一亭供。穹廬暖似春，爲護雪霜凍。要令縞衣仙，試掃塵坌壅。如何西湖士，誤入燕臺夢。但隨宗師遊，未與溪月共。此過那易贖，微吟足清諷。曷若句曲山，鶴駕返遥控。

又《山心集·落梅十絶句》　十月花開二月中，已遲寒信惱春空。可憐無限憑欄意，又折江城一笛風。　根卧水邊常帶冷，枝横石角幾曾肥。也知標格真山野，不向含章殿裏飛。　廻雪流風記往時，紅燈照影共題詩。漪南畧與河梁似，春到年年賦别離。　東風料峭可憐生，微笑難拈悟不成。半落半開無意緒，翻隨桃柳過清明。　生憎玉瘦鶯無語，獨惜香消蝶尚來。未許山童輕埽去，要看晴雪點蒼苔。　夢隔羅浮夜轉長，寂寥誰可伴清狂。玉敘莫遣飄零盡，留取渠儂聘海棠。　空諸色相心如佛，脱却形骸骨亦仙。應笑牡丹偏喜事，殘葩猶許入酥煎。　山冷静時常不老，水清淺處足傳神。夭桃畢竟嫌輕薄，流出溪來只賺人。　竹外橋頭處處春，半隨流水半隨塵。多情惟有陳江總，一曲歌成玉樹新。　幾度榮枯漫自傷，一年小别待傳觴。飄香不負園林主，衣袖翻風昵謝莊。

清　孫世儀《野梅》(《崇川詩集》卷一〇引)　竹外空塘不見人，曉寒灑削玉精神。野烟數點林屋静，幽鳥一聲溪水春。乍可瘦筇支雪意，未嫌清夢逼霜辰。蕭疎不借高人目，怕染孤山脚下塵。

驀地相逢最耐思，亂叢争擢刺雲枝。荒邨隔水風來處，古寺聞鐘月上時。欲折正憐香細細，半開初覺影差差。于今官閣飄零盡，水部風流知不知。

清　王士禛《帶經堂集》卷六一《蠶尾續詩·梅花二絶句》　暗香初動向南枝，夢覺參横月落時。擔上春風競桃李，真香熏骨幾人知。　一樹冰姿正着花，紅腮影裏月横斜。依稀枕上遊仙夢，萼緑華堂萼緑華。

清　曹雪芹《紅樓夢》第五〇回《蘆雪亭争聯即景詩　暖香塢雅製春燈謎》

賦得紅梅花邢岫烟：　桃未芳菲杏未紅，冲寒先喜笑東風。魂飛庾嶺春難辨，霞隔羅浮夢未通。緑萼添粧融寶炬，縞仙扶醉跨殘虹。看來豈是尋常色，濃淡由他冰雪中。　又李紋：　白梅懶賦賦紅梅，逞艷先迎醉眼開。凍臉有痕皆是血，酸心無恨亦成灰。誤吞丹藥移真骨，偷下瑶池脱舊胎。江北江南春燦爛，寄言蜂蝶漫疑猜。　又寶琴：　疎是枝條艷是花，春粧兒女競奢華。閒庭曲檻無餘雪，流水空山有落霞。幽夢冷隨紅袖笛，遊仙香泛絳河槎。前身定是瑶台種，無復相疑色相差。

衆人看了都笑着稱贊了，一面又指末一首更好。寶玉見寶琴年紀最小，才又敏捷。黛玉、湘雲二人斟了一小杯酒，齊賀寶琴。寶釵笑道，三首各有好處，你們兩個天天捉弄厭了我，如今又捉弄他來了。李紈又問寶玉，你可有了。寶玉忙道，我倒有了，纔一看見這三首，又唬忘了。等我再想。湘雲聽説，便拿了一支銅水箸擊着手爐笑道，我擊了，若鼓絶，不成，又要罰的。寶玉笑道，我已有了。黛玉提起筆來笑道，你念我寫。湘雲便擊了一下笑道，一鼓絶。寶玉笑道，有了。你寫罷。衆人聽他念道：酒未開罇句未裁。

黛玉寫了，摇頭笑道，起得平平。湘雲又道，快着。寶玉笑道：尋春問臘到蓬萊。黛玉、湘雲都點頭笑道，有些意思了。寶玉又道：不求大士瓶中露，爲乞孀娥檻外梅。黛玉寫了，摇頭説，小巧而已。湘雲將手又敲了一下，寶玉笑道：入世冷挑紅雪去，離塵香割紫雲來。槎枒誰惜詩肩瘦，衣上猶沾佛院苔。

清　黎簡《五百四峰堂詩鈔》卷二五《玉蝶梅》　第幾番風屬此梅，宜教桃李相君開。紅冰濁澤玲瓏水，白露雕鎪沆瀣杯。東閣二分歌市月，西崑一斗玉溪才。老奴處士清寒格，也要凝脂入鏡臺。

清　伊秉綬《留春草堂詩鈔》卷六《野梅》　疎林雪後幾人家，流水枝横畧彴斜。十五玉妃寒閉閣，却教沿路看梅花。

清　李苞《巴塘詩鈔》卷上《乞人移梅》　聞道山中多野梅，煩君移得幾株來。肯甘淡泊邀誰賞？定有因緣爲我開。對酒更宜兼雪霰，臨軒不使惹塵埃。此花品格能醫俗，好共琅玕一處栽。

清　張問陶《船山詩草》卷一〇《京朝集·梅花》　一杯隨意卧烟霞，爲汝名高酒易賒。自誓冬心甘冷落，漫憐疎影太横斜。得天氣足春無用，出世情多鬢未華。老死空山人不見，也應强似洛陽花。

野鶴閒雲寄此生，暗香真到十分清。轉憐桃李無顔色，獨抱冰霜有性情。贈我詩難應束手，笑他人俗也知名。開遲才覺春風煖，先聽流鶯第一聲。

花中資格木遲遲，鐵石心腸淡可知。此世何人能領略？爲君終夜費相思。看來風雪無多日，香到園林第幾枝？自是不開開便好，清高從未合時宜。

夢繞寒山月下村，一枝相對且開樽。繁華味短宜中酒，攀折人多好閉門。風信嚴時清有骨，塵緣空後淡無痕。從來不識司香尉，只仗東皇雨露恩。

銅瓶紙帳老因緣，亂我鄉愁又幾年？莫笑神情如静女，須知風骨是飛仙。

生來逸氣應無敵，悟到真空信可憐。世外清名原第一，不修花史亦流傳。

回首山林感舊蹤，雪花吹影一重重。記從驛使春前折，又向瑶臺月下逢。對客豈無能舞鶴，賞心還是後彫松。天人裝束天然好，便買胭脂畫不濃。

香雪濛濛月影殘，抱琴深夜向誰彈？閒中立品無人覺，淡處逢時自古難。到死還能留氣韻，有情何忍笑酸寒。天生不合尋常格，莫與春花一例看。

臘尾春頭放幾枝，風霜雨露總無私。美人遺世應如此，明月前身未可知。照影别開清净相，傳神難得性靈詩。萬花何苦争先後，獨自能香亦有時。

清　梁同書《頻羅庵遺集》卷二《黄梅》　梅花未放蠟梅殘，只與幽人伴歲闌。此是前身賈島佛，黄金鑄了骨猶寒。

清　舒位《缾水齋詩集》卷二《梅花水仙曲客有自吴門餉此二花，來者因紀其事》

春船一笑送花來，四百紅橋昨夜開。優唤礬梅是兄弟，故應桃李作輿臺。翠羽飛還近酒家，朱陵玉笛渺天涯。參横月落誰惆悵，瞥見閶門蕚緑華。鄂君繡被舟中夜，湘瑟神弦江上峰。腸斷蘇州女兒曲，明珠一串負情儂。種作寒花迥不羣，吟殘春恨杳難分。十年綺語三錢筆，書破雙鬟白練裙。

清　孫原湘《天真閣集》卷四《早梅二首》　梅花如入夢，山意杳難知。芳草不曾碧，美人空所思。春風無缺處，寒氣有終時。畢竟先桃李，而能綻一枝。

春從何方來？萬物皆欣欣。各自抱生理，以成天地仁。梅花得氣早，獨出先當春。洪鈞本無私，非敢私洪鈞。本性能耐寒，善自全其真。紛紛蜂蝶羣，敢逢冰雪辰。

又　卷二七《楳花》　楳花常似病，宜瘦不宜肥。静領雪消意，淡違春豔幾。寢來和月古，香遠入琴微。時見白雲外，冥冥孤隺飛。

又　卷三六《暗香·紅楳》　唤醒古雪，問幾時和了，朝霞顔色。隔著短籬，誤認桃花笑舒靨。還向西湖照影，看倒浸珊瑚枝澀。賸一點未化冰心，難與夕陽説。　清絶豔自别，歎隺頂養成，未縱仙翮，角聲弄徹，驚起明妃醉冤冤。無限懷君别恨，都化作相思啼血，謂舊寢，拋去也，有如皦日。

又　《疎影·緑楳》　東風弄色，把嶺頭古樹，吹上寒碧。只合相逢，竹外松閒，無言門取高格。湘雲隔斷羅浮寢，賴翠羽、能知消息？想夜深、蕚緑華來，踏遍冷香無迹。　欲寄相思便寄，早春水樣淺，流去堪惜。莫等樓頭，墮下盈盈，卻向蒼苔尋覓。還疑玉笛吹哀怨，預換下、一天新葉。趁故人，猶在江南，好比柳枝先折。

清　張澍《養素堂詩集》卷三《黔中集上·梅谿渡老梅》　古渡有枯梅，鐵枝鬱斑駁。根蟠水石中，疑是潛虯角。

清　胡敬《崇雅堂詩鈔》卷六《殘梅》　一斛真珠一笛風，深林寂寂水瀜瀜。肌消冰雪空山裏，夢冷羅浮落月中。點額有情飄鏡檻，洗妝無語倚簾櫳。崚嶒骨格娉婷影，較似羣芳尚不同。

消瘦容光不自持，珊珊猶擅出羣姿。詩懷杜牧重來日，風韻徐娘老去時。雨意纏緜春過半，粉痕狼藉客探遲。餘寒留得芳心在，貪睡初開有北枝。

清　王慶勳《詒安堂詩初稿》卷四《野梅》　逃名何止厭孤山，茅舍竹籬興亦删。羞借冷香誇世界，懶傳春信動塵寰。境荒并拒美人現，性僻不容華士攀。一樣雪中争品者，未曾修到似君閑。

清　王慶勳《詒安堂試帖詩鈔·寒與梅花同不睡》　竟守梅花坐，同忘不睡寒。頓捐清夢去，惟覺暗香團。雅趣憑誰共，閒懷似此難。蝶偏無意化，鶴也徹宵看。月瘦横枝冷，鐙枯耐漏殘。疎窗何慮寂，醒眠不愁單。祇覺情相契，休疑興未闌。詩心今夜好，佳句足盤桓。

清　譚瑩《樂志堂詩集》卷二《緑蕚梅同夢秋作》　清高人説九疑仙，慘緑丰裁豈少年？僧眼碧同誰耐冷，佛頭青甚汝逃禪。松陰相倚綿濛濕，苔印難尋的皪圓。未必染衣煩柳汁，儘教開到百花先。

信是前身蕚緑華，人疑葉綻始逢花。青童豔絶論傾國，碧玉何曾屬小家？唾點著衣香藴藉，靛痕入畫影横斜。裁冰翦雪渾難比，滴粉搓酥擬更差。

緑珠風格總憐君，到墜樓時不可聞。空谷天寒宜翠袖，短籬日落歎青帬。崚嶒俯照波千頃，掩映翛然竹二分。低擁雲鬟仍似玉，道粧誰愛酒微醺。

翠羽明璫各賞音，枝條純碧歲寒心。贈人恰配檀香格，對汝休彈緑綺琴。么鳳未棲疑倒挂，雙蛾淺畫稱斜簪。東風第一誰能占？青帝艱難特地尋。

清　吴振棫《花宜館詩鈔》卷四《汪少海招同錢次軒丈棫書農琴隖春木泛舟至孤山看梅》　春聲出樹鳥喉活，軟波摇風緑無骨。畫船人在鏡中行，况有梅花滿雲窟。沿山密蘂椒眼排，拂水新梢琴甲凸。直上巢居閣上看，一片花光似銀闕。此時四座飲興高，浙甕鬬雲漲瀛渤。主人罷官鬚鬢蒼，西望蜀道青天長。好花滿眼杯在手，莫更題詩寄草堂。

又　卷七《録别八首之七》　先人手種梅，著花逾十年。三株在池上，兩樹在屋前。年年芳訊早，争鬬玉色鮮。今年枝頭蘂，琴甲三分圓。更遲三四旬，朵

朶明春烟。安能健步移，香上驢背韉。莽莽風沙中，斷此冰雪緣。花當主人笑，花亦主人憐。酹之酒一鍾，侑以詩一篇。歲寒各珍重，慎弗損清妍。園中梅

清　孫衣言《遜學齋詩鈔續鈔》卷四《賈宅看梅》　薄霧輕雲萬竹屯，茶村數里接梅村。小橋乍轉香迎客，草屋誰家雪擁門。欲覓荒亭容少住，可無高客共開尊。詩人猶憶徐丞子，煮茗清吟一詩論。

清　許瑶光《雪門詩草》卷九《庭梅》　入幕東風暖，庭梅競放花。香心自飄逸，傲骨尚横斜。伴我催春興，因渠悟歲華。不遭霜雪壓，應勝野人家。

又　卷一四《梅優於香行》　梅花優於香，桃花優於色。香優結實酸，色優實如蜜。人情愛色喜甘多，歌舞春風及春日。那知春花不及冰花堅，紅顏憔悴殊可憐。實甘生蠹不耐久，實酸止渴如廉泉。將香來比色，桃花梅花果孰妍。

清　張應昌《煙波漁唱》卷三《掃花游·正月二十六日再集曹氏書軒看梅》　絳霞緑雪，似對舞瑶池。靚妝天女，玉樽再舉。是香山會上，壽朋閒侣。省識春風，坐繞翩躚翠羽。暗香度，恍花雨散來，瓊網珠樹。　談座松代麈，更聞妙祇園。灌芬仙露，醉聽俊語，勝梅邊月裏，按歌金縷。玉笛聲中，只怕吹殘夜午。共凝佇，向羅浮，夢痕認取。

清　謝元淮《養默山房詩稾》卷五《詠物雜詩·紅梅》　道是寒梅品不同，胭脂薄暈倚春風。料應疎冷遭時謗，改作天桃一樣紅。

又　《緑萼梅》　一段輕雲罩水涯，枝頭月暗影横斜。石家嬌婢何曾似？此是仙人萼緑華。

清　易順鼎《丁戊之間行卷》卷八《徵招紅梅》　闌干一角天西路，亂霞中有人倚，纔别餤摩宫，帶二分虹氣玉顔春半醉，怕病酒年華似水疊疊，紅羅銷魂畫出南唐亭子。　低唱暗香詞，妝樓遠，曾向花前彈泪，吹寢十年簫甚東風，如此山扉和夢閉，更無奈翠禽啼起要堅忍，今夜春寒話絳仙身世。

清　吴昌碩《缶廬詩别存》卷一《梅》　野梅古怪奇崛，不受翦縛，别具一種天然自得之趣。予蕪園所有如此。空山梅樹老横枝，入骨清香舉世稀。得意忘言閉門處，墨池冰破凍虬飛。

又　《老梅怪石》　梅根入石枝榦堅，瘦石得梅而益奇，梅得石而愈清，兩相藉也。於是知君子貴得益友，不可孤立。老白渡口潮渾渾，踏浪招得梅花魂。雪壓一林天孕月，夢醒五夜愁挂邨。臨池惜無畫水力，穿石定有拏谿根。我所思兮酌清醑，曹騰一醉眠苔痕。

清　梁焕奎《青郊詩存》卷三《落梅引》　春至羣花開，梅開春未知。春深梅老去，獨與羣花辭。莫怨梅花落，梅子枝頭著。謝汝當春花，須臾少年樂。

清　沙琛《點蒼山人詩鈔》卷六《城西園野梅花歌》　半冬晴暖梅花遲，荒城出遊無所之。斜暉滿山黛色重，流泉夾路翠草滋。城西籬落得花早，開遍野梅如棘枝。蒙籠竹篠壓冰雪，磥砢銕幹蟠蛟螭。素萼迸珠照點點，輕花散淞含颸颸。荒林寂寞不見賞，幽香漠漠烟雲披。東閣官梅助宦興，孤山妻梅縈誕思。梅花風格豔人口，畢竟真梅人罕知。宫妝緗綺近妖麗，九英檀暈繁葳蕤。畫家畫梅得三昧，施朱著粉無相宜。野梅淡淡入圖畫，疏枝瘦影神清奇。人生嗜好各殊面，唐突刻畫誰盬施。已脱俗豔免攀折，却異散木來譏呰。古香古色自榮落，時有幽人同襟期。巡巡索花共大笑，誰其德者梅支離。

清　陳作霖《可園詩存》卷二六《紅梅八首次樊雲門方伯韻》　江上紅披釣客衣，悠悠一水比清沂。久傳漢代神仙胄，新著唐家刺史緋。斗室芝蘭交若素，公門桃李種嫌遲。碧林極目看非誤，竹外横斜有一枝。

天涯幾日又東風，花事居然到鬧紅。星宿降精纔化烏，冰天吐氣竟成虹。楞嚴色占三千界，爛漫春回卅六宫。翠羽明璫方入夢，風光綺麗趙師雄。

等閒不受蜨蜂欺，春色鮮妍覆水枝。香屑飛瓊成㱔唾，紫裘壓笛稱腰支。丹霞峰頂雲千朶，赤石磯邊柳萬絲。薛後酡顔相與映，浩然真趣酒中知。

寒林千樹放奇葩，説是孤山處士家。冒冷驢應來紫陌，飛空鶴亦帶朱霞。丹心數點占天運，彩暈重輪逗日華。平淡之中生炫爛，幾番開到筆頭花。

少年綺夢已無多，庭院其如冷落何。香雪丹成能换骨，紫雲曲好且徵歌。茜窗巧界烏絲格，花樣新裁鳳尾羅。紙帳儻令同絳帳，寒宵問字有人過。

點額含章改舊妝，曈曈晴景上朝陽。奇姿穠豔疑階藥，異種芬芳讓海棠。屏上折枝猩染色，爐中餘燼麝留香。他時結實調羹味，榜首緋袍不可忘。

嫣紅姹紫未全開，報道江南驛使回。圖繪消寒宜彩筆，詩成奪錦豈凡才。孤標鄧尉争妍麗，零綵唐宫費翦裁。羨煞清高無俗韻，鳶肩火色馬周來。

玉堂清切近丹霄，入直寒生蜀襭袍。赤石英中雲母碎，黄昏香裏月兒高。壓枝猶賸江洲橘，弄色休疑露井桃。鐵石心腸金紫貴，廣平珍重染吟毫。

雜録

南朝梁 任昉《述異記》卷下　吴太皇時，朱休之家犬歌曰：言我不能歌，聽我歌梅花。今年故復可，明年當奈何。休遂殺其犬。明年，休家人並死。

唐 柳宗元《河東先生龍城録》卷上《趙師雄醉憩梅花下》　隋開皇中，趙師雄遷羅浮。一日天寒日暮，在醉醒間，因憩僕車於松林間酒肆傍舍，見一女人，淡粧素服，出迓師雄。時已昏黑，殘雪對月，色微明。師雄喜之，與之語，但覺芳香襲人，語言極清麗。因與之扣酒家門，得數盃相與飲。少頃，有一緑衣童來，笑歌戲舞，亦自可觀，頃醉寢。師雄亦懵然，但覺風寒相襲。久之，時東方已白，師雄起視，乃在大梅花樹下，上有翠羽啾嘈，相顧月落參横，但惆悵而已。

宋 陶穀《清異録》卷上《梅檀》　馮長樂别墅有數種梅檀，紫粉、分心、軟帶之類。

宋 張端義《貴耳集》卷中　詩句中有梅花二字，便覺有清意。自何遜之後，用梅花不知幾人矣。林和靖八首梅詩，惟「疎影横斜水清淺，暗香浮動月黄昏」可謂絶唱。有作聽角詞：五更角裏梅花調，吹落梢頭那箇花。又有云：小窗細嚼梅花蘂，吐出新詩字字香。杜小山云：窗前一樣尋常月，纔著梅花便不同。緑窗昨夜東風少，開遍梅梢第一枝。半夜梅花入夢香，玉人和月嗅梅花，紙帳梅花醉夢間。夜寒無可伴，移火近梅花。惆悵後庭風味别，自鋤明月種梅花。

宋 羅大經《鶴林玉露》卷一六　魏鶴山詩云：遠鐘入枕報新晴，衾鐵衣稜夢不成。起傍梅花讀《周易》，一窗明月四簷聲。後貶渠陽，於古梅下立讀易亭，作詩云：向來未識梅生時，繞谿問訊巡簷索。絶憐玉雪倚横紊，又愛清黄弄煙日。中年易裏逢梅生，便向根心見華實。佞蟲奮地桃李妍，野火燒原葭菼出。方從陽壯争出門，直待陰窮排闥入。隨時作計何太癡，争似此君藏用密。推究精微，前此詠梅者未之及。

宋 史繩祖《學齋佔畢》卷二《折梅遣使始於諸發不始於陸凱》　《荆州記》謂陸凱與范蔚宗相善，凱自江南遣使寄梅花一枝詣長安與范蔚宗，并詩一絶，云：折花逢驛使，寄與隴頭人。江南無所有，聊贈一枝春。後世紛紛舉用多矣，皆以陸范爲證，不知劉向《説苑》已載越使諸發執一枝梅遺梁王。梁王之臣曰韓子者，顧左右曰：烏有一枝梅乃遺列國之君？ 則折梅遣使始此矣。

明 楊慎《丹鉛總録》卷一六《梅社》　《白虎通》引《逸書》云：太社惟松，東社惟桐，南社惟梓，西社惟槐。陳祥道曰：後世宋有楳社，漢有枌榆社。楳，古梅字也。梅社事惟見此，亦可爲梅詩事料。

圖表

清 王概《芥子園畫傳·梅譜》

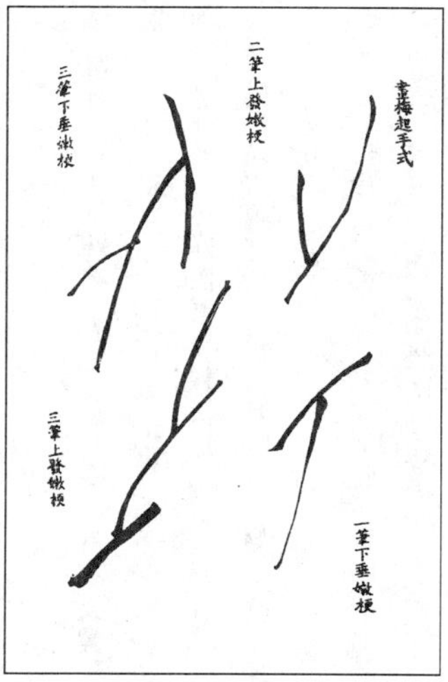

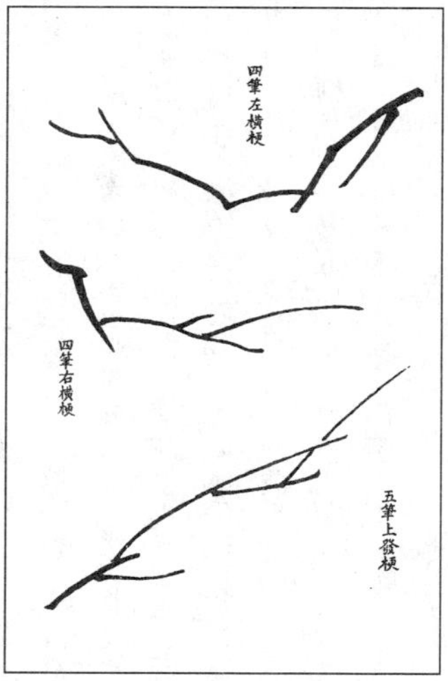

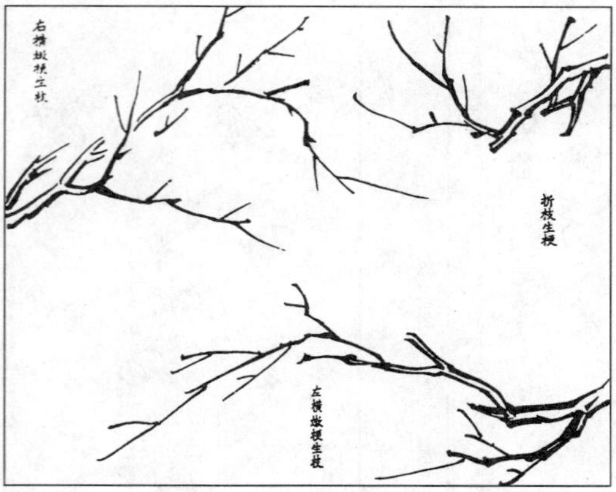
右横嫩梗生枝
折枝生梗
左横嫩梗生枝

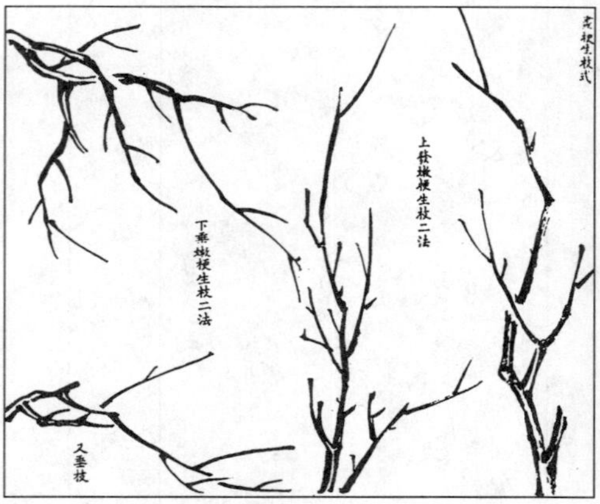
老梗生枝式
上發嫩梗生枝二法
下垂嫩梗生枝二法
又垂枝

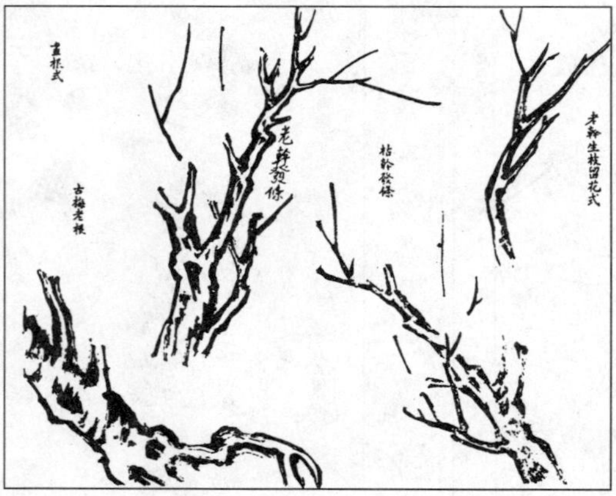
老幹生枝留花式
枯榦發條
老榦發條
直根式
古梅老根

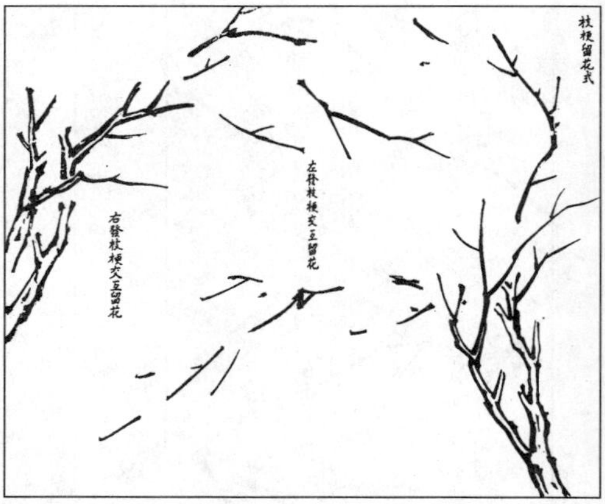
枝梗留花式
左發枝梗交互留花
右發枝梗交互留花

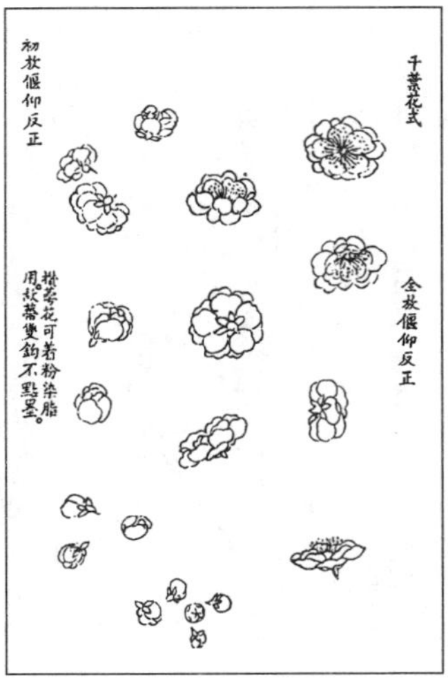
千葉花式
全放偃仰反正
初放偃仰反正
千葉花可着粉染脂用。鉤蒂要鉤不點墨。

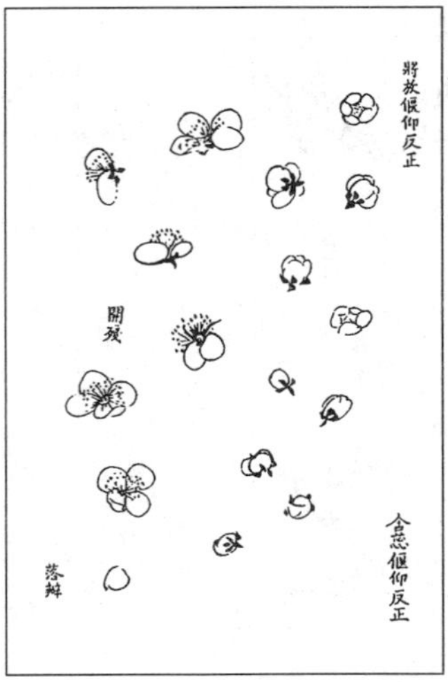
將放偃仰反正
開殘
含蕊偃仰反正
落瓣

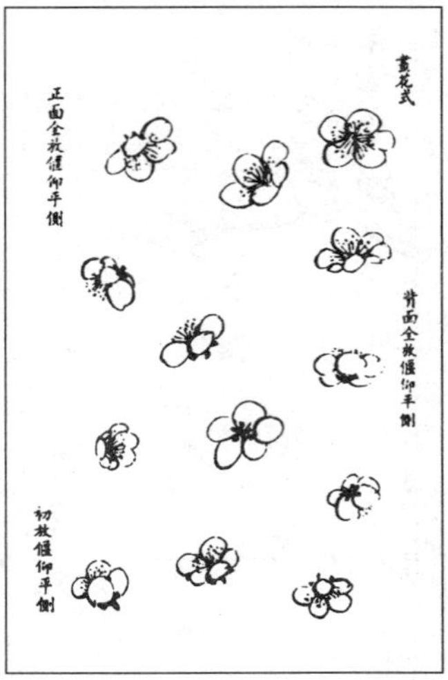
畫花式
正面全放偃仰平側
背面全放偃仰平側
初放偃仰平側

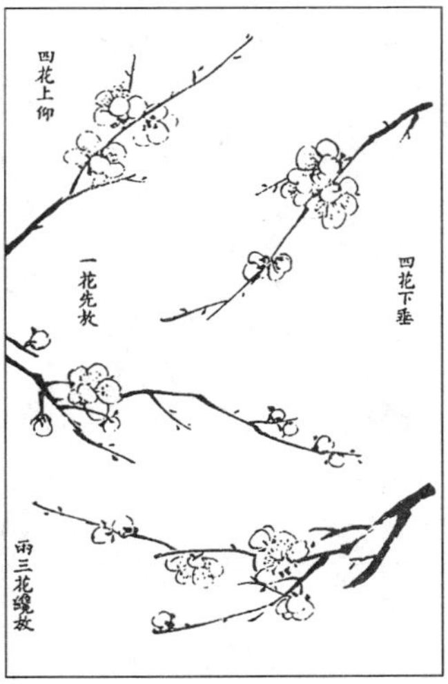
四花上仰
一花先放
四花下垂
兩三花纔放

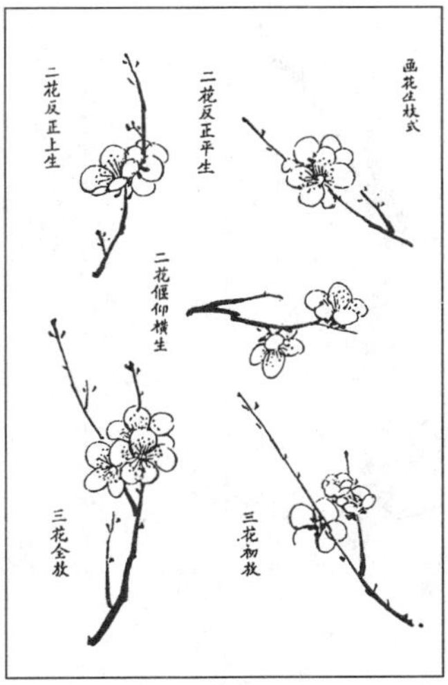
畫花生枝式
二花反正平生
二花反正上生
二花偃仰橫生
三花全放
三花初放

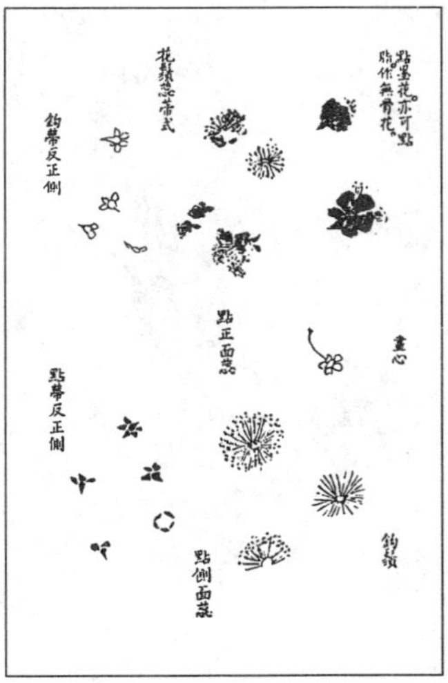
點墨花。亦可點脂。作無骨花。
花鬚蕊蒂式
鉤蒂反正側
點正面蕊
畫心
點蒂反正側
點側面蕊
鉤鬚

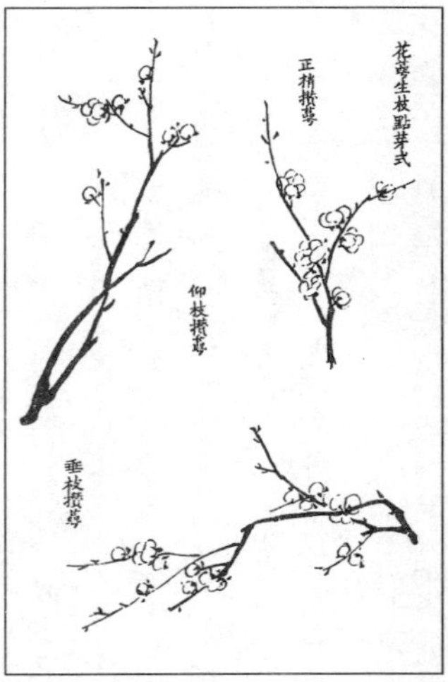

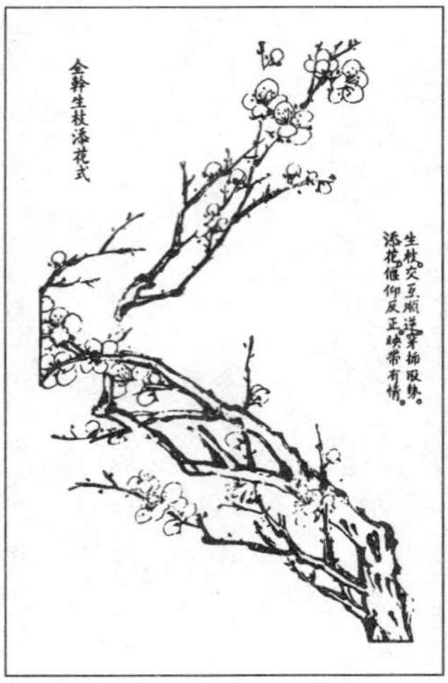

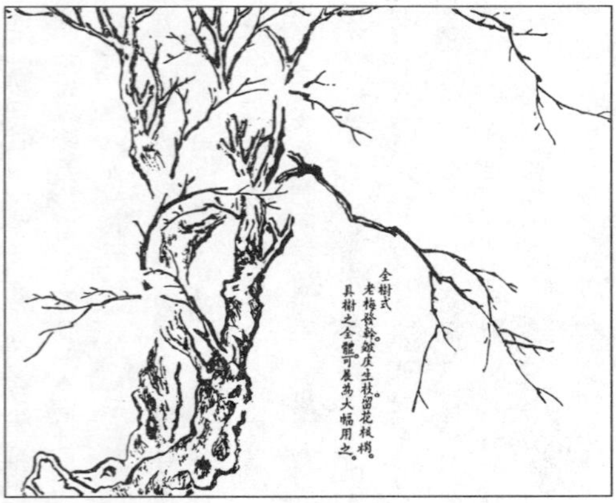

牡丹

論説

宋 邱璿《牡丹榮辱志》卷一　花卉蕃廡於天地間，莫踰牡丹。其貌正心荏，莖節蔕藥，聳抑撿曠，有剛克柔克態。遠而視之，疑美丈夫女子，儼衣冠當其前也。苟非鍾純淑清粹氣，何以傑全德於三月内。迂愚叟賾造化，意以榮辱志其事。欲姚之黄爲王，魏之紅爲妃。無所忝冒，何哉？位既尊矣，必授之以九嬪。九嬪佐矣，必隸之以世婦。世婦廣矣，必定之以保傅。保傅任矣，則彤管位矣，則命婦立。命婦立，則嬖倖願。嬖倖願，則近屬睦。近屬睦，則踈族親。踈族親，則外屏嚴。外屏嚴，則宫闈壯。宫闈壯，則叢脞革。叢脞革，則君子小人之分達。君子小人之分達，則亨泰屯難之兆繼。繼之者，莫大乎善也。成之者，莫大乎性也。稟乎中，根本茂矣。善歸已，色香厚矣。如是則施之以天道，順之以地利，節之以人欲，其栽其接，無竭無滅。其生其成，不縮不盈。非獨爲洛陽一時歡賞之盛，將以爲天下嗜好之勸也。

宋 徐積《節孝集》卷二《姚黄并序》　天下牡丹九十餘種，而姚黄居第一。其名雖千葉而實不可數，或累計萬有餘英，不然不足高一尺也。花肉既重，其梢下屈如一器攲側之狀，此亦花之巨美而精傑者乎！

宋 鄭樵《通志》卷七五《昆蟲草木略第一·草類》　古今言木芍藥是牡丹。崔豹《古今注》云：芍藥有二種，有草芍藥，有木芍藥。木者花大而色深，俗呼爲牡丹，非也。安期生《服鍊法》云：芍藥有二種，有金芍藥，有木芍藥。金者色白多脂，木者色紫多脉。此則驗其根也。然牡丹亦有木芍藥之名，其花可愛如芍藥，宿枝如木，故得木芍藥之名。芍藥著於三代之際，風雅之所流詠也。牡丹初無名，故依芍藥以爲名，亦如木芙蓉之依芙蓉以爲名也。牡丹晚出，唐始有聞，貴游趨競，遂使芍藥爲落譜衰宗。

宋 李石《續博物志》卷六《李衛公云金錢花損眼》　牡丹初不載文字，惟以藥見《本草》。唐則天以後，洛花始盛，沈宋元白亦不及也。劉夢得有《詠魚朝恩宅牡丹》，但云一叢千朵。謝靈運言永嘉竹間多牡丹，今越花不及洛花遠甚。或

曰靈運之所謂牡丹，今之芍藥，特盛於吴越。

宋 王楙《野客叢書》卷五《唐人言牡丹》 歐公謂牡丹初不載文字，自則天已後始盛。唐人如沈宋元白之流，皆善詠花，寂無傳焉。惟劉夢得有《詠魚朝恩宅牡丹》一詩，初不言其異。《苕谿漁隱》引劉夢得、元微之、白樂天數詩，以證歐公之誤，且引開元時牡丹事，以證歐公所謂「則天已後始盛」爲信然。近時《容齋隨筆》亦引元、白數詩，以證歐公之誤，且謂元、白未嘗無詩，唐人未嘗不重此花。《容齋》蓋未見《漁隱》所言故爾。僕嘗取《唐六十家詩集》觀之，其爲牡丹作者幾半，僕不暇縷數，且以《劉禹錫集》觀之，有數篇：《渾侍中宅看牡丹》、《唐郎中宅看牡丹》，自賞牡丹，皆有作，豈得謂惟有一篇？歐公不應如是鹵莽，得非或者假歐公之説乎？二公引元、白數詩，以證歐公之誤，要未廣也。《龍城録》載：高宗宴羣臣賞雙頭牡丹，舒元輿序謂「西河精舍有牡丹，天后命移植焉，由是京國日盛」。則知牡丹在唐，已見於高宗之時，又不可引開元事爲證也。閲李綽《尚書故實》，言北齊楊子華畫牡丹，《謝康樂集》言水際竹間多牡丹。陸農師作《埤雅》拾歐公之説，亦謂牡丹不載文字，自則天已後始盛，如沈宋元白之流，寂無篇什，惟劉夢得一篇。亦不深考耳。

宋 吴曾《能改齋漫録》卷五《漢以牡丹爲木芍藥》 王立之詩話載賓護尚書故實云牡丹蓋近有，國朝文士集中無牡丹詩云。嘗言楊子華有畫牡丹處極分明。子華，北齊人，則知牡丹花亦已久矣。予觀文忠公所爲《花品序》云：牡丹初不載文字，自則天以後始盛，然未聞有以名者。如沈宋元白皆善詠花，當時有一花之異，必形篇什而寂無傳焉。唯劉夢得有詩，但云「一叢千朶」，亦不云其美且異也。然予猶以此説爲非。惟有牡丹真國色，花開時節動京城。豈不云美也。白樂天詩：「人人散後君須記，歸到江南無此花。」又唐人詩云：「國色朝酣酒，天香夜染衣。」豈得爲無人形於篇什。以上立之説。余按崔豹《古今注》云：芍藥有二種。有草芍藥，有木芍藥。木者花大而色深，俗呼爲牡丹。又安期生《服鍊法》：芍藥二種。一者金芍藥，二者木芍藥。救病金芍藥，色白多脂肉。木芍藥色紫瘦，多味苦。以此知由漢以來，以牡丹爲木芍藥耳。故温庭筠詩云：「山寺明媚木芍藥，野田叫噪官蝦蟇。」温猶襲舊名，則知前此非不載牡丹也，乃知名字顯晦，更變所致。大抵牡丹佳者，有自丹延州來。前輩多以因此得名。

宋 羅大經《鶴林玉露》卷一 洛陽人謂牡丹爲花，成都人謂海棠爲花，尊貴之也。亦如稱歐陽公、司馬公之類，不復指其名字稱號。然必其品格超絶，始可當此。不然，則進而君公，退而爾汝者多矣。

明 徐一夔《始豐稿》卷四《臘月牡丹解》 按牡丹生巴延以西及褒斜道中，其名僅列於藥品，人不之貴也。唐開元天寶以來，人始知貴之，自宫禁邸第以及豪門巨族，莫不競植，且致名品以相誇。其品有姚黄魏紫之類，凡七十餘。其花有天然富貴姿態，第《花品》者以王目之，貴可知已。大凡植物皆乘陽而發，但所乘之氣有豐有嗇，其葩萼差不同耳。他植如桃李諸卉，非乏可觀之色，由其所乘之氣稍嗇，故隨其所賦，各獻妍耳。牡丹發當春暮，其時陽和畢達，所乘之氣太豐，故其發也穠芳麗艷，姿態之富貴有非他植所可比並，此其凡也。然未見有固陰冱寒之時，揚芳發艷如春月者也。贛上吕氏，世以詩書名家，至仲善有材而文。既被徵，手植白牡丹一株於其園館而行。久之，仲善官太常，坐弗慎犧牲事謫耕淮水之南。既而有旨，凡官而謫耕者與之爲期，悉使歸視其家。仲善之歸則洪武六年冬十月也。仲善既抵家兩閲月，所植白牡丹揚芳吐艷於冰雪中，狀若玉盤盂，照映風日，人皆異之。九年春，仲善起自謫所，來爲杭郡幕官，間以語余。余謂之曰：夫植物，無知者也，以君家牡丹言之，謂之無知固不可，謂之有知亦不可，何也？使誠以爲有知耶，則是花也揚芳吐艷於春月以衒其穠麗，此常理也，乃今於冬月見之，謂之有知，不可也。使誠以爲無知耶，則是花也自君植之，其揚芳吐艷不避冰雪而適在君歸之日，若有所待而然，謂之無知，亦不可也。昔唐叔之禾，異畝同穎，司空之木，殊本連理，物固有因人而自見者矣。然則君家之牡丹其亦若是乎？吾嘗以物而徵諸人，凡人處亨豫，則志得而氣滿，處憂患則志摧而氣沮。夫人而然意者，處亨豫之時猶春月之牡丹，處憂患之日能不摧於困而思自强，不病於餒而思自充，則猶冬月之牡丹，不爲冰雪所挫而以穠艷自衒耳。則是花也，發於冬月豈偶然哉！是則同穎之禾，仁之孚也；連理之木，德之暢也。冬月之牡丹處困而亨之徵也，抑又何疑？試以改官之日推而數之，距牡丹發榮之月僅二閲歲，其徵不亦昭昭已乎！今而後吾見君揚鑣郡國之間，鳴玉廟朝之上，光榮烜赫如牡丹之盛，可計日而待矣。非佞也，庸敢？誌之以俟。

明 郎瑛《七修類藁》卷四六《牡丹興衰》 每見人言牡丹能興衰人家，予未之信。後予姪家有紫色一本，先兄謝世而花遂不開。十五年後，發蕋數十，家人甚喜，將爲燕賞。正開，爲鎮守太監取焉，豈非爲渠榮耶？友人王員外家二株甚

盛，每歲花有百朵。王死之日，正當開際，蓰雖有而皆笑散不花。據是，非花之能興衰人，因人之興衰而花則有神焉，此故謂之花王也。歐陽叙其品曰地反物爲妖，信矣哉。

明 徐渭《刻徐文長先生秘集》卷一一《牡丹》 牡丹以麗勝，取其姿，宜玉樓金屋，宜寶扇銀屏，宜檀板瑶箏，宜珠簾翠黛，宜白鼻騧，宜紫絲障用丹青圖畫，宜紺緑鼎彝，宜才子飛觴，宜佳人度曲。

明 王圻《稗史彙編》卷一四七《詠牡丹》 歐陽公《牡丹釋名》：牡丹初不載文字。唐人如沈宋元白之流，皆善詠花。當時有一花之異者，彼必形於篇什，而寂無傳焉。惟劉夢得有《詠魚朝恩宅牡丹》詩，但云「一叢千朵」而已，亦未云其美且異也。然按《白公集》有《牡丹》一篇十四韵，又《秦中吟》十篇内《買花》一章，凡百言。云：「共道牡丹時，相隨買花去。一叢深色花，十户人中賦。」而古樂府有《牡丹芳》一篇三百四十七字，絶道花之妖艷，至有「遂使王公與卿士，遊花冠蓋日相望。花開花落三十日，一城之人皆若狂」之句。又《寄微之百韵》詩云：「唐昌玉蕋會，崇敬牡丹期。」注云：「崇敬寺，牡丹花多，與微之有期。」又《惜牡丹花》詩云：「明朝風起吹應落，夜惜衰紅把火看。」《醉歸盩厔》詩云：「數日非關王事繫，牡丹花盡始歸來。」元微之有「入永壽寺看牡丹」詩八韵，白樂天秋題牡丹叢三韵，酧胡三詠牡丹一絶，又有五言二絶句。許渾亦有詩云：「近來無柰牡丹何，數十千錢買一窠。」徐凝云：「三條九陌花時節，萬馬千車看牡丹。」又有「之人不愛牡丹花，占斷城中好物華」。

明 王世懋《學圃雜疏·花疏》 牡丹本出中州，江陰人能以芍藥根接之，今遂繁滋，百種幻出。余澹圃中絶盛，遂冠一州。其中如綫蝴蝶、大紅獅頭、舞青霓，尺素最難得開。南都牡丹讓江陰，獨西瓜瓤爲絶品，余亦致之矣。後當於中州購得黄樓子，一生便無餘憾。人言牡丹性瘦不喜糞，又言夏時宜頻澆水，亦殊不然。余圃中亦用糞乃佳。又中州土燥，故宜澆水，吾地濕，安可頻澆？大都此物宜於沙土耳。南都人言分牡丹種時須直其根，屈之則死，深其坑，以竹虚插，培土後拔去之。此種法，宜知。

明 謝肇淛《五雜俎》卷一〇《物部二》 世之詠牡丹者，亦自獎借太過。如云「國色天香」，猶可，至謂芍藥爲「近侍芙蓉避芳塵，虚生芍藥徒勞妬」，「羞殺玫瑰不敢開」，恐牡丹未敢便承當也。牡丹豐艷有餘，而風韻微乏，幽不及蘭，骨不及梅，清不及海棠，媚不及荼蘼，而世輒以花之王者，富貴氣色，易以動人故也。芍藥雖草本，而一種妖媚豐神，殊出牡丹之右。譬之名姬嬌婢，侍君夫人之側，恐有識者消魂，不在彼而在此。不知世有同余好不？

明 余懋學《説頤》卷四《牡丹賦詠》 舒元輿《牡丹賦》有云：「我按花品，此花第一。脱落羣類，獨占春日。其大盈尺，其香滿室。葉如翠羽，擁抱比櫛。蘂如金屑，粧飾天質。玫瑰羞死，芍藥自失。夭桃斂跡，穠李慚出。躑躅宵潰，木蘭潛逸。木權灰心，紫薇屈膝。皆讓其先，孰懷憤嫉。」此譽牡丹之美者也。柳渾詩曰：「近來無奈牡丹何，數十千錢買一窠。今朝始得分明見，也共戎葵不校多。」又王文康詩曰：「棗花至小能成實，桑葉雖柔解吐絲。堪笑牡丹如斗大，不成一實又空枝。」此摘牡丹之短者也。嗟嗟草木，何知愛之則譽，憎之則摘。文士之雌黄類若是。惟周茂叔曰：「牡丹，花之富貴者也。菊，花之隱逸者也。蓮，花之君子者也。」此可以定牡丹之品矣。

明 鄧汝舟《牡丹史序》(《亳州牡丹史》引) 凡花可盃，可盎，可蓬籬，可土牖，隨貯隨宜，韻致俱勝。牡丹獨不爾。盃之盎之則褻，置於蓬籬土牖則陋。故惟芳園勝地，玉砌雕欄，臨以畫閣瓊樓、瑶臺碧樹，暎以珠簾錦箔、繡户雲廊，幄以綺幕羅幃、華棚綵障，始足壯此花之大觀，暢此花之神色。而對之者，非王公鉅人，即鴻生豪俊若也。寒骨詩人，酸風墨士，第可容爲花賓，而爲花至則非其倫矣。侍之者，亦必名姝佳媛，妖娥貴姬若也。村姑市女，粗姿薄態之妝，弗與矣。及其賞會，亦必金箏寶瑟，艷舞嬌歌，筵窮僎饈之珍，酒極瓊漿之侈若也。貧厨荒酌，澹寂盤餐，弗與矣。昔人謂牡丹，花之富貴者也。詎不信然！公儀兄海内名家，子有史才，石渠中秘，天藻國華，不及史也。而史此花，鑒賞雌黄，工摩肖寫，更復綺語霏霏，精裁有法，其是花之董狐耶？十萬芳葩，霞蒸雲爛，盡公儀筆花哉！何詞之麗也。每一展閲，不繪而色態宛然，不圃而品倫錯植。雖赤暑玄霜，群芳凋後，亦復香艷襲人，不春而春也。分名别類，魚次雁行。若漢宫粉黛三千，按圖可視，神蕩魂迷，心醉天香府矣。

明 沈長卿《沈氏日旦》卷五 牡丹，芍藥，性喜糞穢。而蚯蚓藏伏于下，以搖其根，則枝葉稿死，安得吐花。是世間逐臭者，無如蚓，作孽者，亦無如蚓也。顧云無求于世乎？

清 來集之《倘湖樵書初編》卷六《草木有節義道德》 《羣芳譜》云：武后詔遊後苑，百花俱開，牡丹獨遲，遂貶于洛陽。故洛陽牡丹冠天下。是不特芳姿艷質足壓羣葩，而勁骨剛心尤高出萬卉，安得以富貴一語概之？又明時陸成之宅

牡丹一株，百餘年矣。朵朵茂盛，顏色鮮明。有李氏者欲得之，既移其花，朵朵皆背主面墻，强之向人，不能也。未幾，凋殘零落，無復前觀。《處州名勝志》云：麗木縣三峯山，下曰靈峯，中曰翠峯，上曰岑峯，皆有僧舍。而岑峯爲禪智寺，寺有紫牡丹一本，高丈餘。每開五百餘花，花各十二瓣。值閏年，各開十三瓣。宋政和間，宣入御苑栽之，花即不開，詔遣還山，復開如故。

清 邱志廣《柴村全集・文集》卷一二《牡丹芽》 物有牝有牡，如鳥之有雌雄，丹者如人之有丹心，曰牡丹，則有丹心而爲一世之雄者也，非花中之特出者哉！周茂叔曰：「牡丹，花中之富貴者也。」有芽焉則出土而尚嫩弱者耳，爲絢爛之本，光華之始。生者培之則茂，灌之則愈茂。朝夕無失其滋養，積之數年可以近木，謂之木芍藥，而芍藥反爲近侍焉。則牡丹君也，芍藥臣也。牡丹稱富貴不誣，富有四海，貴爲天子，牡丹近天下一人矣。芽則東宮大子，其叢生則文王之二十五子，而武王之同母者十四人也。《詩》頌之曰「則百斯男」，而後之畫工于是爲百子圖。牡丹芽亦如之，安可以其嫩弱而忽之哉！

清 李漁《閒情偶寄》卷一三《種植部・木本第一・牡丹》 牡丹得王于群花，予初不服是論，謂其色其香，去芍藥有幾，擇其絶勝者與角雌雄，正未知鹿死誰手。及睹《事物紀原》，謂武后冬月游後苑，花俱開而牡丹獨遲，遂貶洛陽。因大悟曰：强項若此，得貶固宜，然不加九五之尊，奚洗八千之辱乎？韓詩「夕貶潮陽路八千」。物生有候，葭動以時，苟非其時，雖十堯不能冬生一穗。后繫人主，可强雞人使晝鳴乎？如其有識，當盡貶諸卉而獨崇牡丹。花王之封，允宜肇于此日，惜其所見不遠，而且倒行逆施。誠哉，其爲武后也。予自秦之鞏昌，載牡丹十數本而歸，同人嘲予以詩，有「群芳應怪人情熱，千里趨迎富貴花」之句。予曰：彼以守拙得貶，予載之歸，是趨冷非趨熱也。茲得此論，更發明矣。藝植之法，載于名人譜帙者，纖髮無遺，予倘及之，又是拾人牙後矣。但有喫緊一着，花譜偶載而未之悉者，請暢言之。是花皆有正面，有反面，有側面。正面宜向陽，此種花通義也。然他種猶能委曲，獨牡丹不肯通融。處以南面即生，俾之他向則死，此其骯髒不回之本性。人主不能屈之，誰能屈之。予嘗執此語，同人有迂其説者，予曰：匪特士民之家，即以帝王之尊，欲植此花，亦不能不循此例。同人詰予曰：有所本乎？予曰：有本。吾家太白詩云「名花傾國兩相歡，常得君王帶笑看。解釋春風無限恨，沉香亭北倚欄杆」。倚欄杆者向北，則花非南面而何。同人笑而是之，斯言得無定論。

清 王士禎《居易録》卷一四 曹州五色牡丹，天下第一。居人于花圃種植，左牡丹右芍藥，則花繁盛，反是則不花，花亦不繁。

清 王士禎《池北偶談》卷二五《牡丹》 歐陽公《牡丹譜》云：「牡丹出丹州延州，東出青州，南出越州，而洛陽爲天下第一。」陸務觀作《續譜》，謂在中州洛陽第一，在蜀天彭第一。今河南惟許州，山東惟曹州最盛。洛陽、青州，絶不聞矣。

清 田雯《古歡堂集》卷三九《牡丹》 歐陽永叔《牡丹譜》曰：牡丹出丹州、延州，東出青州，南亦出越州，而出洛陽者爲天下第一。未嘗及於黔也。又曰：人謂洛陽居三河間古善地，昔周公以尺寸考日出没，測知寒暑風雨乖與順於此。此盖天地之中，草木之華得中和之氣，故花獨與他方異。若夫黔則華陽黑水，爲方輿之書所不屑載，一望頳石禿巔，並草木而尠之，况花乎？而况花中之姚黄王而魏紫后者乎？又曰：洛陽於周所有之土，四方入貢道里均，乃九州之中，在天地崑崙旁薄之間，未必中也。天地之和氣宜徧被四方上下，不宜限其中以自私。噫！文忠之爲此言，是殆欲四海之大，九州之遠無一。夫一物之不獲，必不忍牡丹之獨靳於黔，而丹州延州東青南越以幾乎。洛陽之所出者，黔皆可兼而有之也。仁人之言藹如可聽也。又曰：凡物不常有而爲害乎人者曰災，不常有而徒可恠駭不爲害者曰妖。黔之山無草木矣，而何以有牡丹？且牡丹不常有，而僅見於吾署之東齋，不幾疑爲妖且恠歟？然而黔之無草木也，風土殊也，又斧斤之過也，牡丹之不常有也，以栽植而愛惜之寡也。黔乎亦於物何所不宜，而曾無人焉栽植而愛惜之？縱有名花奇卉而終不免於湮没零落，寂寂於蠻徼山谷之間者，可勝道哉？東齋牡丹有二叢，凡四種，一曰鶴翎紅，一曰玉板白，一曰鞓紅，一曰軍容紫，其開之盛也在穀雨之後五日云。

清 徐文靖《管城碩記》卷二六《詩賦二》 歐陽永叔云：牡丹初不載文字，唐人如沈宋元白之流皆善咏花，當時有一花之異者，彼必形於篇什，而寂寞無傳焉，惟劉夢得有《咏魚朝恩宅牡丹》詩。

按：《素問》清明次五日牡丹華。唐王砅注引《呂氏・月令》：田鼠化鴽，牡丹華。段成式《酉陽雜俎》：《謝康樂集》中言永嘉竹間水際多牡丹。北齊楊子華有畫牡丹，極佳。歐謂初不載文字，何也？唐玄宗内殿賞牡丹，問程修己曰：京師有傳唱牡丹詩者，誰稱首？對曰：李正封，詩云「國色朝酣酒，天香夜染衣」。則又在夢得前矣。白樂天《寄微

之百韻》詩，「唐昌玉蕊會，崇敬牡丹期」。《西明寺牡丹花時憶元九》詩，「詎知紅芳側，春盡思悠哉」。元微之有《和白樂天題牡丹叢三韻》。乃謂其寂寞無傳，何也？

清 袁枚《小倉山房文集》卷二二《牡丹説》 冬月，山之叟擔一牡丹，高可隱人，枝柯鄂韡，蕊叢叢以百數。主人異目視之，爲損重貲。慮他處無足當是花者，庭之正中，舊有數本，移其位讓焉。幂錦張燭，客來指以自負。亡何花開，薄若蟬翼，較前大不如。怒而移之山，再移之墻，立枯死。主人慚其故花，且嫌庭之空也，歸其原，數日亦死。客過而尤之曰：「子不見夫善相花者乎？宜山者山，宜庭者庭。遷而移之，在冬非春。故人與花常兩全也。子既貌取以爲良，一不當，暴摧折之，移非其時，花之怨以死也誠宜。夫天下之荆棘蔾刺，下牡丹百倍者，子不能盡怒而遷之也。牡丹之來也，未嘗自言曰：宜重吾價，宜置吾庭，宜黜汝舊，以讓吾新。一月之間，忽予忽奪，皆子一人之爲，不自怒而怒花，過矣。庭之故花未必果奇，子之仍復其處，以其猶奇于新也。當其時，新者雖來，舊者不讓，較其開孰勝而後移焉，則俱不死：就移焉，而不急復故花之位，則其一死，其一不死。子亟亟焉，物性之不知，土宜之不辨，喜而左之，怒而右之，主人之喜怒無常，花之性命盡矣。然則子之病，病乎其已尊而物賤也，性果而識暗也，自恃而不謀諸人也。他日子之庭，其無花哉。主人不能答，請具研削牘，記之以自警焉。

清 王紱《雙池文集》卷九《牡丹解》 牡丹之爲花也，其香濃，其色豔。其爲態也，嬌嬈而掩翳。非草非木，華而不實，以媚於人，若似於婦人女子焉。然天下翕被以富貴之名，崇以花王之號，歷唐宋以至於今，詩人歌詠不絶。豈天下之所稱述爲富貴者，其皆爲婦人女子歟？不可解也。雖然香不濃，何以謂之天香？色不豔，何以謂之國色？不媚於人，人誰復愛之？天下固未有不濃、不豔、不媚於人，而能成其爲富貴者，則其謂之富貴也，宜也。而或者爲之説曰：牡丹則何庸富貴，人亦自富貴牡丹耳。故植之必於金谷名園，庇之必以香亭寶檻。姚黄既進於前，魏紫復誇於後。夫亦誠以人重也，夫是以富貴之也。若然，則是花之富貴，非花之富貴，而人實富貴之也。人之所富貴者，人亦得而貧賤之設也。委之於草莽之外，棄之乎蕪穢之區，而任夫爲樵夫牧豎之斬艾踐踏焉。雖貧賤之也，不亦可乎。且是花初非有歷久之操者，畜之期年，爛熳者不過數日。一經風雨，便成狼狽。人亦何爲而寶之、愛之，以爲富貴而争羨之？不可解也。然正唯其非耐久之操者，夫是以必寶之、愛之，以爲富貴而争羨之。蓋天下之富貴者，本皆非耐久者耳。如其不然，則何不以菊之傲、蓮之净、梅之孤高者爲富貴，而獨以牡丹爲？抑嘗聞之，昔武曌遊於上林，冬月百花皆放，而牡丹獨否，因是貶之洛陽。夫其不肯媚賊后，以求榮也，則猶有羞惡之心存焉者。有羞惡之心存焉，而牡丹之富貴亦幾詘矣。嗟乎，義利之不容以並居也，有如是夫。

清 謝堃《花木小志・牡丹》 國色朝酣，唐人可謂善爲寫照，然所謂者玉樓春耳。其魏紫、姚黄、胡紅、季白，皆見之矣。或有見其黑色、綠色者，色多闇澹，終不若玉樓春鮮豔明麗。余嘗於曹縣舊宦家見玉樓春一株，高齊厦屋，花發百蕚，香色奪目，真大觀也。

綜述

唐 李肇《唐國史補》卷中 京城貴遊尚牡丹，三十餘年矣。每春莫，車馬若狂，以不躭玩爲恥。執金吾鋪官圍外寺觀，種以求利，一本有直數萬者。元和末，韓令始至長安，居第有之，遽命斸去，曰：「吾豈效兒女子耶？」

唐 郭槖駝《種樹書・花》（《説郛》卷一〇六下引） 凡接牡丹，須令人看視之，如一接活者，逐歲有花。如初接不活，削去再接，只當年有花。牡丹花上穴如針孔，乃蟲所藏處，花工謂之氣倉，以大針點硫黄末針之，蟲乃死，或以百部草塞之。牡丹千葉者，蜀人號爲京花，謂洛陽種也。單葉者只號爲川花，又曰山丹，又曰山花。

菜園中間種牡丹、芍藥最茂。

牡丹、芍藥不可置木檞中，不耐久，須要避風處。

立春若是子日，於茄根上接牡丹花，不出一月即爛漫。牡丹著蕊如彈子大時，試捻十朶中，必有三兩朶不實者，去之，庶不奪他花力。

芍藥、牡丹摘下燒其柄插瓶中，後用其柄，以蠟封之，尤妙。

凡花皆宜春種，惟牡丹宜秋社前後種接。

宋 陶穀《清異録》卷上《百葉僊人》 洛陽大内臨芳殿，莊宗所建牡丹千餘本，其名品亦有在人口者，具於後：

百葉僊人淺紅　月宫花白　小黄嬌深黄

雪夫人白　粉奴香白　蓬萊相公紫花黄緑

卵心黃　御衣紅　紫龍盃
三雲紫　盤紫酥淺紅　天王子
出樣黃　火焰奴正紅　太平樓閣千葉黃

又 卷上《壅舉牡丹法》 常以九月取角屑硫黃碾如麪，拌細土，挑動花根壅罨，入土一寸，出土三寸。地脉既煖，立春漸有花蕾生如粟粒，即掐去，惟留中心一蓝，氣聚故花肥，至開時大如盌面。

宋 温革《分門瑣碎録・澆花法》 牡丹將開不可多灌，土寒則開遲。剪花欲急花，則花體無傷。

宋 歐陽修《文忠集》卷七二《洛陽牡丹記・花品敘第一》

姚黃　魏花　細葉壽安
鞓紅亦曰青州紅　牛家黃　潛溪緋
左花　獻來紅　葉底紫
鶴翎紅　添色紅　倒暈檀心
朱砂紅　九蘂真珠　延州紅
多葉紫　麤葉壽安　丹州紅
蓮花蕚　一百五　鹿胎花
甘草黃　一擫紅　玉板白

又《洛陽牡丹記・花釋名第二》 牡丹之名，或以氏，或以州，或以地，或以色，或旌其所異者而志之。姚黃、左花、魏花，以姓著；青州、丹州、延州紅，以州著；細葉、麤葉、壽安、潛溪緋，以地著；一擫紅、鶴翎紅、朱砂紅、玉板白、多葉紫、甘草黃，以色著；獻來紅、添色紅、九蘂真珠、鹿胎花、倒暈檀心、蓮花蕚、一百五、葉底紫，皆志其異者。

姚黃者，千葉黃花，出於民姚氏家。此花之出，於今未十年，姚氏居白司馬坡，其地屬河陽。然花不傳河陽傳洛陽，洛陽亦不甚多，一歲不過數朵。

牛黃亦千葉，出於民牛氏家。比姚黃差小。真宗祀汾陰，還過洛陽，留宴淑景亭，牛氏獻此花，名遂著。

甘草黃，單葉，色如甘草。洛人善别花，見其樹知爲某花。云獨姚黃易識，其葉嚼之不腥。

魏家花者，千葉肉紅花，出於魏相仁浦家。始樵者於壽安山中見之，斲以賣魏氏。魏氏池館甚大，傳者云：此花初出時，人有欲閱者，人税十數錢，乃得登舟渡池至花所，魏氏日收十數緡。其後破亡，鬻其園，今普明寺後林池乃其地，寺僧耕之，以植桑麥。花傳民家甚多，人有數其葉者，云至七百葉。錢思公嘗曰：「人謂牡丹花王，今姚黃真可爲王，而魏花乃后也。」

鞓紅者，單葉深紅花，出青州，亦曰青州紅。故張僕射齊賢有第西京賢相坊，自青州以馲駞馱其種，遂傳洛中。其色類腰帶鞓，謂之鞓紅。

獻來紅者，大，多葉淺紅花。張僕射罷相居洛陽，人有獻此花者，因曰獻來紅。

添色紅者，多葉花，始開而白，經日漸紅，至其落乃類深紅，此造化之尤巧者。

鶴翎紅者，多葉花，其末白而本肉紅，如鴻鵠羽色。

細葉、麤葉壽安者，皆千葉肉紅花，出壽安縣錦屏山中，細葉者尤佳。

倒暈檀心者，多葉紅花。凡花近蕚色深，至其末漸淺。此花自外深色，近蕚反淺白，而深檀點其心，此尤可愛。

一擫紅者，多葉淺紅花，葉杪深紅一點，如人以三指擫之。

九蘂真珠紅者，千葉紅花，葉上有一白點如珠，而葉密蹙，其蘂爲九叢。

一百五者，多葉白花。洛花以穀雨爲開候，而此花常至一百五日，開最先。

丹州、延州花者，皆千葉紅花，不知其至洛之因。

蓮花蕚者，多葉紅花，青趺三重，如蓮花蕚。

左花者，千葉紫花，葉密而齊如截，亦謂之平頭紫。

朱砂紅者，多葉紅花，不知其所出。有民門氏子者，善接花以爲生，買地於崇德寺前，治花圃，有此花。洛陽豪家尚未有，故其名未甚著。花葉甚鮮，向日視之如猩血。

葉底紫者，千葉紫花，其色如墨，亦謂之墨紫。花在藂中，旁必生一大枝，引葉覆其上。其開也，比他花可延十日之久。噫！造物者亦惜之耶？此花之出，比他花最遠。傳云：唐末有中官爲觀軍容使者，花出其家，亦謂之軍容紫，歲久失其姓氏矣。

玉板白者，單葉白花，葉細長如拍板，其色如玉。而深檀心。洛陽人家亦少有。余嘗從思公至福嚴院見之，問寺僧而得其名，其後未嘗見也。

潛溪緋者，千葉緋花。出於潛溪寺，寺在龍門山後，本唐相李藩别墅。今寺中已無此花，而人家或有之。本是紫花，忽於藂中特出緋者，不過一二朵，明年

移在他枝，洛人謂之轉音篆枝花，故其接頭尤難得。

鹿胎花者，多葉紫花，有白點如鹿胎之紋，故蘇相禹珪宅今有之。

多葉紫，不知其所出。初，姚黄未出時，牛黄爲第一；牛黄未出時，魏花爲第一；魏花未出時，左花爲第一；左花之前，唯有蘇家紅、賀家紅、林家紅之類，皆單葉花，當時爲第一。自多葉、千葉花出後，此花黜矣。今人不復種也。牡丹初不載文字，唯以藥載《本草》，然於花中不爲高第，大抵丹、延已西及褒斜道中尤多，與荆棘無異，土人皆取以爲薪。自唐則天已後洛陽牡丹始盛，然未聞有以名著者。如沈宋元白之流皆善詠花草，計有若今之異者，彼必形於篇詠而寂無傳焉，唯劉夢得有《詠魚朝恩宅牡丹》詩，但云「一藂千萬朵」而已，亦不云其美且麗也。謝靈運言永嘉竹間水際多牡丹，今越花不及洛陽甚遠，是洛花自古未有若今之盛也。

又《洛陽牡丹記·風土記第三》 洛陽之俗，大抵好花。春時城中無貴賤皆插花，雖負擔者亦然。花開時，士庶競爲遊遨，往往於古寺廢宅有池臺處爲市井，張幄帟，笙歌之聲相聞。最盛於月陂堤、張家園、棠棣坊、長壽寺、東街，與郭令宅，至花落乃罷。洛陽至東京六驛，舊不進花，自今徐州李相廸爲留守時始進御。歲遣牙校一員，乘驛馬一日一夕至京師，所進不過姚黄、魏花三數朵，以菜葉實竹籠子藉覆之，使馬上不動摇，以蠟封花蔕，乃數日不落。大抵洛人家家有花，而少大樹者，蓋其不接則不佳。春初時，洛人於壽安山中斵小栽子賣城中，謂之山篦子。人家治地爲畦塍種之，至秋乃接。接花尤工者一人，謂之門園子，豪家無不邀之。姚黄一接頭，直錢五千，秋時立券買之，至春見花，乃歸其直。洛人甚惜此花，不欲傳。有權貴求其接頭者，或以湯中蘸殺與之。魏花初出時，接頭亦直錢五千，今尚直一千。接時須用社後重陽前，過此不佳也。花之本木去地五七寸許，截之乃接，以泥封裹，用軟土擁之，以蒻葉作庵子罩之，不令見風日。唯南向留一小户以達氣，至春乃去其覆，此接花之法也用瓦亦奇。種花必擇善地，盡去舊土，以細土用白斂末一斤和之。蓋牡丹根甜，多引蟲食，白斂能殺蟲，此種花之法也。澆花亦自有時，或用日未出，或日西時。九月旬日一澆，十月、十一月三日二日一澆，正月隔日一澆，二月一日一澆，此澆花之法也。一本發數朵者，擇其小者去之，只留一二朵，謂之打剥，懼分其脉也。花纔落，便剪其枝，勿令結子，懼其易老也。春初既去蒻庵，便以棘數枝置花叢上，棘氣暖，可以辟霜，不損花芽，他大樹亦然，此養花之法也。花開漸小於舊者，蓋有蠹蟲損之，必尋其穴，以硫黄簪之，其旁又有小穴如鍼孔，乃蟲所藏處，花工謂之氣牕，以大鍼點硫黄末鍼之，蟲乃死，花復盛，此醫花之法也。烏賊魚骨用以鍼花樹，入其膚，花輒死，此花之忌也。

宋 蘇軾《物類相感志·花竹》（《説郛》卷二二下引） 牡丹根下放白术，諸般顔色皆是腰金。

宋 邵伯温《聞見録》卷一七 洛中風俗尚名教，雖公卿家不敢事形勢。人隨貧富自樂，於貨利不急也。歲正月梅已花，二月桃李雜花盛，三月牡丹開。於花盛處作園圃，四方伎藝舉集，都人士女載酒争出，擇園亭勝地，上下池臺間，引滿歌呼，不復問其主人。抵暮遊花市，以筠籠賣花，雖貧者亦戴花飲酒相樂。故王平甫詩曰：「風暄翠幕春沽酒，露濕筠籠夜賣花。」姚黄初出邙山後白司馬坡下姚氏，酒肆水地諸寺間有之，歲不過十數枝。府中多取以進。次曰魏花，出五代魏仁浦樞密園池中島上。初出時，園吏得錢，以小舟載遊人往過，他處未有也。自餘花品甚多。天聖間，錢文僖公留守時，歐陽公作《花譜》才四十餘品，至元祐間韓玉汝丞相留守，命留臺張子堅續之，已百餘品矣。姚黄自穠緑葉中出微黄花，至千葉。魏花微紅，葉少減。此二品皆以姓得名，特出諸花之上，故洛人以姚黄爲王，魏花爲妃云。余去鄉久矣，政和間爲過之，當春時，花園花市皆無有。問其故，則曰花未開，官遣人監護，用開盡檻土移之京師，藉園人名姓，歲輸花如租税，洛陽故事遂廢。余爲之歎，又追記其盛時如此。

宋 周師厚《洛陽牡丹記》（《説郛》卷一〇四上引） 姚黄，千葉黄花也。色極鮮潔，精采射人。有深紫檀心，近瓶青旋心一匝，與瓶並色。開頭可八九寸許。其花本出北邙山下白司馬坡姚氏家，今洛中名圃中傳接雖多，惟水北歲有開者，大率間歲乃成千葉，餘年皆單葉或多葉耳。水南率數歲一開千葉，然不及水北之盛也。蓋本出山中，宜高，近市多糞壤，非其性也。其開最晚，在衆花彫零之後，芍藥未開之前。其色甚美，而高潔之性，敷榮之時，特異于衆花，故洛人貴之，號爲「花王」。城中每歲不過開三數朵，都人士女必傾城往觀，鄉人扶老攜幼，不遠千里，其爲時所貴重如此。

勝姚黄 靳黄，千葉黄花也。有深紫檀心。開頭可八九寸許，色雖深于姚，然精采未易勝也。但頻年有花，洛人所以貴之。出靳氏之圃，因姓得之，皆在姚黄之前，洛人貴之皆不減姚花，但鮮潔不及姚而無青心之異焉。可以亞姚而居丹州黄之上矣。

牛家黃，亦千葉黃花。其先出于姚黃。蓋花之祖也。色有紅與黃相間，類一捻紅之初開時也。真宗祀汾陰還，駐蹕淑景亭賞花，宴諸從臣，洛民牛氏獻此花，故後人謂之牛花。然色淺于姚黃而微帶紅色，其品目當在姚靳之下矣。

千心黃，千葉黃花也。大率類丹州黃而近瓶碎蕊特盛，異于衆花，故謂之千心黃。

甘草黃，千葉黃花也。色紅，檀心色微淺于姚黃，蓋牛丹之比焉。其花初出時多單葉，今名園培壅之盛，變千葉。

丹州黃，千葉黃花也。色淺于靳而深于甘草黃，有檀心深紅，大可半葉。其花初出時本多葉，今名園載接得地，間或成千葉，然不能歲成就也。

閔黃，千葉黃花也。色類甘草黃而無檀心，出于閔氏之圃，因此得名，其品第蓋甘草黃之比歟。

女真黃，千葉淺黃色花也。元豐中出于洛陽銀李氏園中，李以爲異，獻于大尹潞公，公見，心愛之，命曰女真黃。其開，頭可八九寸許，色類丹州黃而微帶紅，温潤匀瑩，其狀色端整類劉師閣而黃，諸名圃皆未有，然亦甘草黃之比歟。

絲頭黃，千葉黃花也。色類丹州黃，外有大葉如盤，中有碎葉一簇，可百餘分。碎葉之心有黃絲數十莖聳起而特立，高出于花葉之上，故目之爲絲頭黃，唯天黃寺僧房中一本特佳，它圃未之有也。

御袍黃，千葉黃花也。色與開頭大率類女真黃。元豐時應天院神御花圃中植山篦數百，忽于其中變此一種，因目之爲御袍黃。

狀元紅，千葉深紅花也。色類丹砂而淺，葉杪微淡。近萼漸深，有紫檀心。開頭可七八寸。其色甚美，迥出衆花之上，故洛人以狀元呼之，惜乎開頭差小于魏花，而色深過之遠甚。其花出安國寺張氏家，熙寧初方有之，俗謂之張八花。今流傳諸譜甚盛，龍歲有此花，又特可貴也。魏花，千葉肉紅花也，本出晉相魏仁溥園中，今流傳特盛，然葉最繁密，人有數之者，至七百餘葉，面大如盤，中堆積碎葉突起，圓整如覆鐘狀。開頭可八九寸許。其花端麗，精采瑩潔，異于衆花，故洛人謂姚黃爲王，魏花爲后，誠爲善評也。近年又有勝魏、都勝二品出焉，勝魏似魏花而微深，都勝似魏花而差大，葉微帶紫紅色，意其種皆魏花之所變歟？豈寓于紅花本者，其子變而爲勝魏，寓于紫花本者，其子變而爲都勝邪？

瑞雲紅，千葉肉紅花也。開頭大尺餘，色類魏花，微深，然碎葉差大，不若魏之繁密也。葉杪微卷如雲氣狀，故以瑞雲目之。然與魏花迭爲盛衰，魏花多則瑞雲少，瑞雲多則魏花少，意者草木之妖亦相忌嫉，而勢不並立歟？

岳山紅，千葉肉紅花也，本出于嵩岳，因此得名。色深于瑞雲，淺于狀元紅，有紫檀心，鮮潔可愛，花唇微淡，近萼漸深，開頭可八九寸。

間金，千葉紅花也。微帶紫而類金繫腰，開頭可八九寸許，葉間有黃蕊，故以間金目之。其花蓋必黃蕊之所變也。

金繫腰，千葉黃花也。類間金而無蕊，每葉上有金線一道横于半花上，故目之爲金繫腰。其花本出于緱氏山中。

一捻紅，千葉粉紅花也。有檀心花葉，葉之杪各有深紅一點，如美人以胭脂手捻之，故謂之一捻紅。然開頭差小，可七八寸許，初開時多青，拆開時乃變成紅耳。

九蕊紅，千葉粉紅花也，莖葉極高大。其苞有青趺九重，苞未拆時特異于衆花，花開必先青，拆數日然後色變紅。花葉多皺蹙，有類揉草，然多不成就，偶有成者，開頭盈尺。

劉師閣，千葉淺紅花也。開頭可八九寸許，無檀心。本出長安劉氏尼之閣下，因此得名。微帶紅黃色，如美人肌肉然，瑩白温潤，花亦端整，然不常開，率數年乃見一花耳。

壽安有二種，皆千葉肉紅花也，出壽安縣錦屏山中。其色似魏花而淺淡，一種葉差大，開頭不大，因謂之大葉壽安，一種葉細，故謂之細葉壽安云。

洗妝紅，千葉肉紅花也。元豐中忽生于銀李圃山篦中，大率似壽安而小異。劉公伯壽見而愛之，謂如美婦人洗去朱粉而見其天真之肌，瑩潔温潤，因命今名。其品第蓋壽安劉師閣之比歟。

蹙金毬，千葉淺紅花也。色類間金而葉杪皺蹙，間有黃稜斷續于其間，因此得名。然不知所出之因，今安勝寺及諸園皆有之。

探春毬，千葉肉紅花也。開時在穀雨前，與一百五相次開，故曰探春毬。其花大率類壽安紅，以其開早，故得今名。

二色紅，千葉紅花也。元豐中出于銀李園中，于接頭一本上岐分爲二色，一淺一深，深者類間金，淺者類瑞雲。始以爲有兩接頭，詳細視之，實一本也，豈一氣之所鍾而有淺深厚薄之不齊歟？大尹潞公見而賞異之，因命今名。

蹙金樓子，千葉紅花也。類金繫腰。下有大葉如盤，盤中碎葉繁密，聳起而圓整，特高于衆花。碎葉皺蹙，互相粘綴，中有黃蕊，間雜于其間，然葉之多，雖

魏花不及也。元豐中生於袁氏之圃。

碎金紅，千葉粉紅花也。色類間金。每葉上有黄點數星，如黍粟大，故謂之碎金紅。

越山紅樓子，千葉粉紅花也。本出于會稽，不知到洛之因也。近心有長葉數十片，聳起而特立，狀類重臺蓮，故有樓子之名。

彤雲紅，千葉紅花也。類狀元紅，微帶緋色。開頭大者幾盈尺，花唇微白，近萼漸深，檀心之中皆瑩白，類御袍花。本出于月波堤之福嚴寺，司馬公見而愛之，目之爲彤雲紅也。

轉枝紅，千葉紅花也。蓋間歲乃成千葉，假如今年南之千葉北之多葉，明年北之千葉南之多葉，每歲互換，故謂之轉枝紅，其花大率類壽安云。

紫絲旋心，千葉粉紅花也。外有大葉十數重如盤，盤中有碎葉百許簇于瓶心之外，始旋心芍藥然。上有紫粉數十莖高出于碎葉之表，故謂之曰紫粉旋心。元豐中生于銀李圃中。富貴紅、不暈紅、壽妝紅、玉盤妝皆千葉粉紅花也，大率類壽安而有小異。富貴紅色差深而帶緋紫色，不暈紅次之，壽妝紅又次之，玉盤妝最淺淡者也。大葉微白，碎葉粉紅，故得玉盤妝之號。

雙頭紅、雙頭紫，皆千葉花也，二花皆並蔕而生，如鞍子而不相連屬者也，唯應天院神御花圃中有之。亦有多葉者，蓋地勢有肥瘠，故有多葉之變耳。培壅得地力，有簇五者，然開頭愈多則花愈小矣。

左紫，千葉紫花也。色深于安聖，然葉杪微白，近萼漸深，突起圓整，有類魏花。開頭可八九寸，大者盈尺。此花最先出，國初時生于豪民左氏家，今洛中傳接者雖多，然難得真者。大抵多轉枝，不成千葉。惟長壽寺彌陀院一本特佳，歲歲成就。舊譜所謂左紫即齊頭紫，如碗而平，不若左紫之繁密圓整，而有夫含稜之異云。

紫繡毬，千葉紫花也。色深而瑩澤，葉密而圓整，因得繡毬之名。然難得見花，大率類左紫云，但葉杪色白，不如左紫之唇白也。比之陳州紫、袁家紫，皆大同而小異耳。安勝紫，紫花也，開頭徑尺餘。本出於城中千葉安勝院，因此得名。延歲左紫與綉毬皆難得花，唯安勝紫與大宋紫特盛，歲歲皆有，故名圃中傳接甚多。

大宋紫，千葉紫花也。本出于永寧縣大宋川豪民，李氏之譜因謂大宋紫。開頭極盛，徑尺餘，衆花無比其大者，其色大率類安勝紫云。

順聖，千葉花也。色深類陳州紫，每葉上有白縷數道，自唇至萼，紫白相間，淺深同。開頭可八九寸許，熙寧中方有。

陳州紫、袁家紫一色花，皆千葉，大率類紫繡毬，而圓整不及也。

潛溪緋，本千葉緋花也。有皂檀心，色之殷美，衆花少與比者。出龍門山潛溪寺，本後唐相李潘別墅，今寺僧無好事者，花亦不成千葉，民間傳接者雖衆，大率皆多葉花耳，惜哉！

玉千葉，白花無檀心，瑩潔如玉，温潤可愛。景祐中開于苑上書宅山篦中，細葉繁密，類魏花而白。今傳接于洛中雖多，然難得花，不歲成千葉也。

玉樓春，千葉白花也。類玉蒸餅而高，有樓子之狀，元豐中生于河清縣左氏家，獻于潞公，因名之曰玉樓春。

玉蒸餅，千葉白花也。本出延州，及流傳到洛而繇盛過于延州時。花頭大于玉千葉，杪瑩白，近萼微紅，開頭可盈尺。每至盛開，枝多低，亦謂之軟條花云。

承露紅，多葉紅花也。每朶各有二葉，每葉之近萼處各成一個鼓子花樣，凡有十二個，唯葉杪拆展，與衆花不同，其下玲瓏不相倚着，望之如雕鏤可愛。凌晨如有甘露盈個，其香益更旖旎，與承露紫大率相類，唯其色異耳。

玉樓紅，多葉花也。色類彤雲紅，而每葉上有白縷數道，若雕縷然，故以玉樓目之。

一百五者，千葉白花也。洛中寒食，衆花未開，獨此花最先，故此貴之。

宋 周師厚《洛陽花木記》（《説郛》卷一〇四下引） 牡丹千葉五十九品，多葉五十品。

千葉黄花其別十：

姚黄	勝姚黄	牛家黄	千心黄
甘草黄	丹州黄	閔黄	女真黄
絲頭黄	御袍黄		

千葉紅花其別三十二：

狀元紅	魏花	勝魏	紅都勝
紫都勝	瑞雲紅	岳山紅	間金紅
金繫腰	一捻紅	九蕚紅	劉師閣
大葉壽安	細葉壽安	洗妝紅	蹙金毬

探春毬　二色紅　蹙金樓子　碎金紅
彤雲紅　轉枝紅　蓋園紅　越山紅樓子
紫絲旋心　富貴紅　不暈紅　壽妝紅
玉盤妝　雙頭紅亦多開葉。　遇仙紅　簇四簇五

千葉紫花其別十：
雙頭紫　左紫　紫繡毬　安勝紫
大宋紫　順聖紫　陳州紫　袁家紫
婆臺紫　平頭紫

千葉緋花一：
潛溪緋

千葉白花其別有四：
玉千葉　玉樓春　玉蒸餅　一百五

多葉紅花其別三十二：
鞓紅　大紅深粉紅　濕紅　承露紅有十二個子
添色紅深似鶴翎　鶴翎紅　朱砂紅　揉紅
胭脂紅　獻來紅　賀紅　大暈紅
林家紅色深紅　兩京強　觀音紅　青州紅
玉樓紅　雙頭紅　汝州紅　獨看紅
鹿胎紅　綴州紅　試妝紅　玲瓏紅
青線稜　延州紅　蘇家紅　白馬山
夾黃蕊　丹州紅　柿紅　唐家紅

多葉紫花其別十四：
潑墨紫　冠子紫　葉底紫　光紫
叚家紫　銀合稜左紫之單葉者。　經箴紫
蓮花萼　大紫亦名長壽紫。　索家紫　陳州紫
雙頭紫　承露紫　唐家紫

多葉黃花其別三：
絲頭黃　呂黃　古姚黃

多葉白花一：
玉醆白

又《打剥花法》　凡千葉牡丹，須于八月社前打剥一番，每株上只留花頭四枝，餘者皆可截。先接頭，于祖上接之。候至來年二月間，所留花芽間小葉，見其中花蕊，切須子細辯認，若花芽須平而圓實即留之，千葉花也。若花蕊虛即不成千葉，當此須去之，每株止留三兩蕊可也。花頭多即不成千葉，而開頭小矣。

宋　朱弁《曲洧舊聞》卷四　歐公作《花品》，目所經見者，纔二十四種。後于錢思公屏上得牡丹，凡九十餘種。然思公《花品》無聞于世。宋次道《河南志》于歐公《花品》後，又增二十餘名。張峋或云爲留臺，字子堅。撰譜三卷，凡一百一十九品，皆叙其顏色容狀及所以得名之因，又訪于老圃，得種接養護之法，各載于圖後，最爲詳備，韓玉汝爲序之而傳于世。大觀政和以來，花之變態又有在峋所譜之外者，而時無人譜而圖之。其中姚黃尤驚人眼目，花頭面廣一尺，其芬香比舊特異，禁中號一尺黃。予在南平城，作《謝范祖平朝散惠花》詩云：「平生所愛曾莫倦，天遣花王慰吾願。姚黃三月開洛陽，曾觀一尺春風面。」蓋記此事也。祖平字準夫，忠文公之諸孫也。以雄倅致仕，居許下被俘。惠予花時年六十一歲矣。

宋　洪皓《松漠紀聞》卷一　渤海國去燕京、女真所都皆千五百里。【略】金人慮其難制，頻年轉戍山東，每徙不過數百家。至辛酉歲，盡驅以行。其人大怨。富室安居踰二百年，往往爲園池，植牡丹，多至三二百本，有數十幹叢生者，皆燕地所無。纔以十數千或五千錢貿而去。

宋　陸游《渭南文集》卷四二《天彭牡丹譜·花品叙》

狀元紅　祥雲　紹興春　燕脂樓　金腰樓
玉腰樓　雙頭紅　富貴紅　一尺紅　鹿胎紅
文公紅　政和春　醉西施　迎日紅　彩霞
疊羅　勝疊羅　瑞露蟬　乾花　大千葉
小千葉
右二十一品紅花
紫繡毬　乾道紫　潑墨紫　葛巾紫　福嚴紫
右五品紫花
禁苑黃　慶雲黃　青心黃　黃氣毬
右四品黃花

玉樓子　劉師哥　玉覆盂

右三品白花

歐碧

右碧花

轉枝紅　朝霞紅　灑金紅　瑞雲紅　壽陽紅

探春毬　米囊紅　福勝紅　油紅　青絲紅

紅鵞毛　粉鵞毛　石榴紅　洗粧紅　蹙金毬

間緑樓　銀絲樓　六對蟬　洛陽春　海芙容

膩玉紅　内人嬌　朝天紫　陳州紫　袁家紫

御衣紫　靳黄　玉抱肚　勝瓊　白玉盤

界金樓　樓子紅

右三十二品未詳。

又《花釋名》洛花見紀於歐陽公者，天彭往往有之。此不載，載其著於天彭者。彭人謂花之多葉者京花，單葉者川花。近歲尤賤川花，賣不復售。花之舊栽曰祖花，其新接頭有一春兩春者，花少而富，至三春則花稍多。及成樹，花雖益繁，而花葉減矣。狀元紅者，重葉深紅花，其色與鞓紅、潛緋相類，而天姿富貴。彭人以冠花品，多葉者謂之第一架，葉少而色稍淺者謂之第二架，以其高出衆花之上，故名狀元紅。或曰舊制進士第一人即賜茜袍，此花如其色，故以名之。祥雲者，千葉淺紅花，妖豔多態，而花葉最多，花户王氏謂此花如朶雲狀，故謂之祥雲。紹興春者，祥雲子花也，色淡佇而花尤富，大者徑尺，紹興中始傳。大抵花户多種花子，以觀其變，不獨祥雲耳。燕脂樓者，深淺相間，如燕脂染成，重趺累萼，狀如樓觀。色淺者出於新繁勾氏，色深者出於花户宋氏。又有一種色稍下，獨勾氏花爲冠。金腰樓、玉腰樓皆粉紅花而起樓子，黄白間之，如金玉色，與燕脂樓同類。雙頭紅者，並蒂騈萼，色尤鮮明，出於花户宋氏。始秘不傳，有謝主簿者，始得其種，今花户往往有之。然養之得地，則歲歲皆雙，不爾則間年矣，此花之絶異者也。富貴紅者，其花葉圓正而厚，色若新染未乾者。他花皆落，獨此抱枝而槁，亦花之異者。一尺紅者，深紅，頗近紫色，花面大幾尺，故以一尺名之。鹿胎紅者，鶴頂紅子花，色紅微帶黄，上有白點如鹿胎，極化工之妙。歐陽公《花品》有鹿胎花者，乃紫花，與此頗異。文公紅者，出於西京潞公園，亦花之麗者。其種獨蜀中，遂以文公名之。政和春者，淺粉紅花，有絲頭，政和中始出。醉西施者，粉白花，中間紅暈，狀如酡顔。迎日紅者，與醉西施同類，淺紅花中特出深紅花，開最早而妖麗奪目，故以迎日名之。彩霞者，其色光麗，爛然如霞。疊羅者，中間瑣碎如疊羅紋。勝疊羅者，差大於疊羅。此三品皆以形而名之。瑞露蟬亦粉紅花，中抽碧心如合蟬狀。乾花者，粉紅花，而分蟬旋轉，其花亦富。大千葉、小千葉皆粉紅花之傑者。大千葉無碎花，小千葉則花萼瑣碎，故以大小别之。此二十一品皆紅花之著者也。紫繡毬一名新紫花，蓋魏紫之别名也。其花葉圓正如繡毬狀，亦有起樓者，爲天彭紫花之冠。乾道紫，色稍淡而暈紅，出未十年。潑墨紫者，新紫花之子花也，單葉深黑如墨。歐公記有葉底紫，近之。葛巾紫，花圓正而富麗，如世人所戴葛巾狀。福嚴紫，亦重葉紫花，其葉少於紫繡毬，莫詳所以得名。按歐公所紀有玉版白，出於福嚴院。土人云，此花亦自西京來，謂之舊紫花，豈亦出於福嚴耶？禁苑黄，蓋姚黄之别品也。其花閒淡高秀，可亞姚黄。慶雲黄，花葉重複，郁然輪囷，以故得名。青心黄者，其花心正青，一本花往往有兩品，或正圓如毬，或層起成樓子，亦異矣。黄氣毬者，淡黄檀心，花葉圓正，向背相承，敷腴可愛。玉樓子者，白花起樓，高標逸韻，自然是風塵外物。劉師哥者，白花帶微紅，多至數百葉，纖妍可愛，莫知何以得名。玉覆盂者，一名玉炊餅，蓋圓頭白花也。碧花止一品，名曰歐碧。其花淺碧而開最晚，獨出歐氏，故以姓著。大抵洛中舊品，獨以姚魏爲冠。天彭則紅花以狀元紅爲第一，紫花以紫繡毬爲第一，黄花以禁苑黄爲第一，白花以玉樓子爲第一。然花户歲益培接，新特間出，將不特此而已。好事者尚屢書之。

又《風俗記》天彭號小西京，以其俗好花，有京洛之遺風。大家至千本。花時，自太守而下，往往即花盛處張飲，帟幙車馬，歌吹相屬，最盛於清明寒食時。在寒食前者謂之「火前花」，其間稍久，「火後花」則易落。最喜陰晴相半，時謂之「養花天」。栽、接、剔、治各有其法，謂之「弄花」。其俗有「弄花一年，看花十日」之語。故大家例惜花，可就觀，不敢輕翦，蓋翦花則次年花絶少。惟花户則多植花以侔利。雙頭紅初出時，一本花取直至三十千，祥雲初出亦直七八千，今尚兩千。州家歲常以花餉諸臺及旁郡，蠟蔕筠籃，旁午於道。予客成都六年，歲常得餉，然率不能絶佳。淳熙丁酉歲，成都帥以善價私售於花户，得數百苞，馳騎取之，至成都，露猶未晞。其大徑尺，夜宴西樓下，燭焰與花相暎發，影揺酒中，繁麗動人。嗟乎！天彭之花，要不可望洛中，而其盛已如此！使異時復兩京，王公將相築園第以相誇尚，予幸得與觀焉，其動蕩心目，又宜何如也。明年

正月十日，山陰陸某書。

宋 范成大《吴郡志》卷三〇《土物》 牡丹，唐以來止有單葉者。本朝洛陽始出多葉，千葉遂爲花中第一。頃時，朱勔家圃在閶門，内植牡丹數千萬本，以繒綵爲幕，彌覆其上，每花身飾金爲牌，記其名。勔敗官籍，其家不數日墟。其圃牡丹皆拔而爲薪。花名牌一枚，估直三錢。中興以來，人家稍復接種，有傳洛陽花種至吴中者。肉紅則觀音、崇寧、壽安、王希、疊羅等紅。淡紅則風嬌、又名勝西施。一捻紅。深紅則朝霞紅、又名富一家。鞓紅、雲葉及茜金毬、紫中貴、牛家黄等。不過此十餘種，姚魏蓋不傳矣。王元之《長洲種牡丹》：「偶學豪家種牡丹，數枝擎露出朱欄。晚來低面開檀口，似笑窮愁病長官。」《吴縣廳前冬日雙開牡丹歌》：「君不見，年年三月千叢媚，紫爛紅繁誇勝異。尋常人戴滿頭歸，醉折狂分不爲貴。枝閑梁盡根空培，人情皆待明年開。化工自有呼魂術，霜前喚下瓊瑶臺。王母親將金粉傳，麻姑齊借霞裳來。主人蓋是神仙才，不然此物胡爲而來哉。二姬勸酒誰引滿，長洲懶吏先舉杯。多感同年與攀折，吟詩欲謝難輕發。青宫校書方遁跡，代我作歌如錦拆。他年吾輩功業成，與君共作騎鯨客。」

宋 胡元質《牡丹譜》（《全蜀藝文志》卷五六引） 大中祥符辛亥春，府尹任公中正宴客大慈精舍，州民王氏獻一合歡牡丹，公即命圖之，士庶創觀，闐咽終日。蜀自李唐後未有此花，凡圖畫者唯名洛陽花。僞蜀王氏號其苑曰「宣華」，權相勳臣競起第宅，上下窮極奢麗，皆無牡丹。惟徐延瓊聞秦州董成村僧院有牡丹一株，遂厚以金帛，歷三千里取至蜀，植于新宅，至孟氏於「宣華苑」廣加栽植，名之曰牡丹苑。廣政五年，牡丹雙開者十，黄者白者三，紅白相間者四。後主宴苑中賞之，花至盛矣，有深紅、淺紅、深紫、淺紫、淡黄、鷗黄、潔白、正暈、倒暈、金含棱、銀含棱、傍枝副搏、合歡重臺至五十葉。面徑七八寸。有檀心如墨者，香聞至五十步。蜀平，花散落民間。小東門外有張百花、李百花之號，皆培子分根，種以求利，每一本或獲數萬錢。宋景文公祁帥蜀，彭州守朱君綽，始取楊氏園花凡十品以獻。公在蜀四年，每花時，按其名往取。彭州送花，遂成故事。公於十種花尤愛重錦被堆，嘗爲之賦，蓋他園所無也。牡丹之性，不利燥濕，彭州邱壤，既得燥濕之中，又土人種蒔偏得法，花開有至七百葉，而可徑尺以上。今品類幾五十種，繼又有一種色淡紅，枝頭絶大者，中書舍人程公厚倅是州，目之爲祥雲，其花結子可種。餘花多取單葉花本，以千葉花接之。千葉花來自洛京，土人謂之京花，單葉時號川花爾。景文所作賛，别爲一編，其《爲朱彭州賦牡丹》詩有「蹄金點鬢密，璋玉鏤跗紅」之句。今西樓花數欄，花不甚多，而彭州所供率下品。范公成大時，以錢買之，始得名花。提刑程沂預會歎曰：「自離洛陽，今始見花爾。」程公，故洛陽人也。

宋 黄震《黄氏日抄》卷六一《讀文集三・歐陽文・記跋》 《洛陽牡丹記》：洛陽於牡丹不名，而直曰花以名之，著不假曰牡丹而可知也。其品曰姚黄，曰魏紫，曰細葉壽安，曰鞓紅，曰牛家黄，曰潛溪緋，曰左紫，曰獻來紅，曰葉底紫，曰鶴翎紅，曰添色紅，曰倒暈檀心，曰朱砂紅，曰九蘂真珠，曰延州紅，曰多葉紫，曰麤葉壽安，曰丹州紅，曰蓮花萼，曰百兩金，曰鹿胎花，曰甘草黄，曰一擫紅，曰玉板白。洛陽至東京六驛，舊不進花，其進自留守李迪始。花不接不佳，其接以社後重陽前，花木去地五七寸截之，乃接封，以堆蒻葉作菴罩之，南向留小户達氣，至春乃去，此接花法也。種花盡去舊土，以細土用白斂末一片和之，以殺蟲之食根者，此種花法也。澆花用日未出或日西時，九月旬一澆，十月十一月三二日一澆，正月隔日一澆，二月一日一澆，此澆花法也。花每生，每去其小者，止留一二朵花，落即剪其枝，勿容結子。春初去蒻菴，即護以棘，使氣暖，此養花法也。

宋 羅大經《鶴林玉露》卷四 又如牡丹，自唐以前未有聞。至武后時，樵夫採山乃得之。國色天香，高掩羣花，於是舒元輿爲之賦，李太白爲之詩，固已奇矣。至宋朝，紫黄丹白，標目尤盛。至於近時，則翻騰百種，愈出愈奇。

宋 陳振孫《直齋書録解題》卷一〇《農家類・越中牡丹花品二卷》 僧仲休撰其序言：越之所好尚惟牡丹，其絶麗者三十二種，始乎郡齋豪家名族。梵宇道宫，池臺水榭，植之無間，來賞花者，不間親疏，謂之看花局。澤國此月多有輕雲微雨，謂之養花天。里語曰：「彈琴種花，陪酒陪歌。」末稱「丙戌歲八月十五日移花日序」。丙戌者，當是雍熙三年也。越在國初，繁富如此，殆不減洛中。今民貧至骨，種花之風遂絶。何今昔之異耶？其故有二：一者鏡湖爲田，歲多不登；二者和買土著，數倍常賦，勢不得不貧也。

宋 王闢之《澠水燕談録》卷九《事誌》 洛陽至京六驛，舊未嘗進花。李文定公留守，始以花進。歲差府校一人，乘驛馬晝夜馳至京師。所進止姚黄魏紫三四朵，用菜葉實籠中，籍覆上下，使馬不動摇，亦以禦日氣。又以蠟封花蒂，可數日不落，今歲貢不絶。

宋 高承《事物紀原》卷一〇《草木花菓部・牡丹》 隋煬帝世始傳牡丹，唐人亦曰木芍藥。開元時，宫中及民間競尚之。今品極多也。一説武后冬月遊後苑，花俱開而牡丹獨遲，遂貶於洛陽。故今言牡丹者以西洛爲冠首。

明 正德《姑蘇志》卷一四《土産・生植》 牡丹之屬十有三：觀音紅、崇寧

紅、壽安紅、王希紅、疊羅紅、風嬌紅一名勝西施、一捻紅、朝霞紅、鞓紅、雲葉紅、茜金毬、紫中貴、牛家黄。舊傳朱勔家園内萬本，皆以飾金牌記其花名，出《吴郡志》。今人家亦有傳其種者。

明　田汝成《西湖遊覽志餘》卷二四《委巷叢談》　牡丹，唐時杭州無此種。長慶間，開元寺僧惠澄自都下乍得一本，謂之洛花。白樂天携酒賞之，張處士祜題詩云：「濃艷初開小藥欄，人人惆悵出長安。風流却是錢唐守，不踏紅塵看牡丹。」至宋時漸多，而獨盛於吉祥寺。蘇子瞻通判杭州時，有《牡丹記叙》一篇，其略云：熙寧五年三月二十三日，予從太守沈公觀花於吉祥寺僧守璘之圃。圃中花千本，其品以百數。酒酣樂作，州人大集，金盤綵藍以獻於座者五十有三人。飲酒樂甚，素不飲者皆醉。自輿儓皂隸皆插花以從，觀者數萬人，可謂盛矣。近日杭州牡丹黄紫紅白咸備，而粉紅獨多，有一株百餘朵者。出昌化、富陽者尤大，不減洛陽也。

明　李時珍《本草綱目》卷一四《牡丹》　釋名：鼠姑《本經》、鹿韭《本經》、百兩金《唐本》、木芍藥《綱目》、花王。時珍曰：牡丹以色丹者爲上，雖結子而根上生苗，故謂之牡丹。唐人謂之木芍藥，以其花似芍藥而宿幹似木也。《羣花品》中以牡丹第一，芍藥第二，故世謂牡丹爲花王，芍藥爲花相。歐陽修《花譜》所載凡三十餘種，其名或以地，或以人，或以色，或以異，詳見本書。

集解：《别録》曰：牡丹生巴郡山谷及漢中，二月八月采根陰乾。弘景曰：今東間亦有，色赤者爲好。恭曰：生漢中劍南，苗似羊桃，夏生白花，秋實圓緑，冬實赤色，凌冬不凋，根似芍藥，肉白皮丹，土人謂之百兩金，長安謂之吴牡丹者，是真也。今俗用者異於此，别有臊氣也。頌曰：今出合州者佳，和州宣州者並良，白者補，赤者利。大明曰：此便是牡丹花根也，巴蜀渝合州者上，海鹽者次之。頌曰：今丹延、青、越、滁、和州山中皆有，但花有黄紫紅白數色，此當是山牡丹。其莖梗枯燥，黑白色，二月於梗上生苗葉，三月開花。其花葉與人家所種者相似，但花瓣止五六葉爾。五月結子，黑色，如雞頭子大。根黄白色，可長五七寸，大如筆管，近世人多貴重。欲其花之詭異，皆秋冬移接，培以壤土，至春盛開，其狀百變。故其根性殊失本真，藥中不可用此，絶無力也。宗奭曰：牡丹花亦有緋者，深碧色者，惟山中單葉花紅者根皮入藥爲佳，市人或以枝梗皮充之，尤謬。時珍曰：牡丹惟取紅白單瓣者入藥。其千葉異品皆人巧所致，氣味不純，不可用。《花譜》載：丹州延州以西及褒斜道中最多，與荆棘無異，土人取以爲薪，其根入藥尤妙。凡栽花者根下着白斂末辟蟲，穴中點硫黄殺蠹，以烏賊骨鍼其樹，必枯。此物性，亦不可不知也。

明　夏之臣《評亳州牡丹》（《佩文齋廣羣芳譜》卷三二引）　吾亳牡丹，年來浸盛，嬌容三變，猶在季孟之間，等此而上，有天香一品，姤榴紅、勝嬌容、宫袍紅、琉璃貫珠、新紅，種類不一。惟雜紅最後出，頗稱難得。又有大黄一種，輕膩可愛，不減三變。初開拳曲結銹，不甚舒展，須大開時方到極妙處，爲一病耳。至如佛頭青爲白花第一，此時極多，無難致。大抵紅色以花子紅、銀紅、桃紅爲上，如紫色或如木紅，則卑卑不足數矣。吾亳土脉頗宜花，毋論園丁地主，但好事者皆能以子種，或就根分移。其捷徑者惟取方寸之芽于下品牡丹全根上，如法接之，當年盛者長一尺餘，即著花一二朵，二三年轉盛，如上三變之類，皆以此法接之。其種類異者，其種子之忽變者也，其種類繁者，其栽接之捷徑者也，此其所以盛也。他處好事者目擊千葉大紅，即以爲至寶，不遑深辨。而上色上品，即吾亳好事之家，惟有力者能得之。予向于牡丹亦止浮慕，近且精其伎倆，園丁好事之家，窮搜而厚遺之，故所得名品頗多。草堂數武之地，種蒔殆徧。率以兩色併作一叢，紅白異狀，錯綜其間。又以平頭紫、慶天香、先春紅三色插入花叢，間雜而成文章，他時盛開，爛然若錦，點綴春光，亦一奇也。

明　薛鳳翔《亳州牡丹史》卷一《表一·花之品》　昔班孟堅作人表，次等有九；鍾嶸評詩，列品惟四。則物之巨細精粗必有分矣。況於神花，變幻百恠，總歸巨麗。藉使欣賞失倫，則何以畣造化，謝花神乎？夫其意遠態前，艷生相外，靈襟灑落，神光陸離，如竚如翔，欲鶩欲狎，譬巫娥出峽，宓女凌波，故曰神品。至於玉潤珠明，光華韶佚，環姿艷質，悸魄銷魂，意者漢室之麗娟，吴宫之鄭旦矣，故曰名品。亦有詭踪幻跡，異派殊宗，騁色流暉，不恒一態，豈龍漦乎？抑狐尾也？故曰靈品。若夫品外標妍，局中兢秀，盈盈吴氏之絳仙，嫋嫋霍家之小玉，故曰逸品。又有絳唇玉貌，膩肉豐肌，望靈芸於瓊樓，閲麗華於藻井，都自撩人，總堪絶代，故曰能品。抑或媚色娟如，粉香沃若，徐孃老去，畢竟風流，潘妃到來，猶然羞澁，大雅不作，餘響尚存，故曰具品。作《花品表》。

神品

天香一品
嬌容三變
無上紅
赤朱衣即奪翠
奪錦附前花下
大黄
小黄
金玉交輝
黄絨鋪錦
銀紅嬌
繡衣紅
軟瓣銀紅
碧紗籠

新紅嬌艶
宮錦
花紅繡毬
銀紅繡毬附前花
花紅萃盤
天機圓錦
銀紅犯二種
方家飛燕粧
飛燕紅粧
海棠紅
新銀紅毬
方家銀紅附前花
碎瓣無瑕玉
青心無瑕玉附前花
梅州紅
緑花
萬疊雪峰二花俱附金玉光輝
無名三種
纏金衣以下拾遺
五陵春
花紅獨勝
花紅無敵
閨艶
金屋嬌
嬌白無雙
雪素
獨粹

名品

勝嬌容
醉玉環
新紅繡毬
新紅奇觀以上二花附神品新紅嬌艶
妬榴紅
榴花紅附前花
花紅疊翠
秋水粧
老銀紅毬
楊妃深醉
花紅神品
海棠魂附神品海棠紅
花紅平頭
花紅舞青霓
銀紅舞青霓附前花
花紅魁
萬花魁
西萬花魁以上三花同叙
絳紗籠
杜鵑紅
楊妃繡毬附神品花紅繡毬
歹劉黄附神品小黄
大素
小素
素白樓子
玉帶白
玉玲瓏
碧玉樓
玉簪白
鸜鵒白
塞羊羢
白鶴頂
玉板白以上十一種共一傳
緑珠墜玉樓
佛頭青
鳳尾花紅
太真晚粧
忍濟紅附前花
芹葉無瑕玉附神品碎瓣無瑕玉
平實紅附神品金玉交輝
銀紅錦繡
魏紅
褰幕嬌紅
梅紅剪絨
花紅纓絡
念奴嬌二種
漢宮春
墨葵
油紅
墨剪絨
墨繡毬以上四種同一傳
中秋月
琉瓶灌朱
藕絲平頭
萬卷書
桃紅萬卷書附前花
喬家西瓜穰
桃紅西瓜穰
進宮袍
嬌紅樓臺附前花
倚新粧
界破玉
花膏紅
堯英粧附神品金玉交輝
張家飛燕粧附神品飛燕粧
銀紅艶粧以下拾遺
白屋公卿
賽玉魁
碧天一色
黄白繡毬
艶陽嬌
奇色暎目
奇色獨占魁
銀紅妙品
連城玉
玉潤白
瑤臺玉露
冰清白
藕絲霓裳
珊瑚鳳頭
銀紅絶唱
三春魁

靈品

合歡嬌
轉枝
妖血
醻面嬌

逸品

瓜穰黄附神品小黄
非霞
洛妃附神品金玉交輝
肉西

醉西
勝西施
香西施
觀音現
白舞青猊附名品花紅舞青猊
玉蘊紅
玉芙蓉
繡芙蓉
添色喜容
玉樓春雪
金精雪浪
銀紅魁附名品花紅魁
張家飛燕粧
玉美人
輕羅紅
滿地嬌附能品倚欄嬌
無瑕玉附神品碎瓣無瑕玉
緑邊白隋名品佛頭青
白蓮花
銀紅上乘
采霞綃
胭脂界粉
能品
珊瑚樓
蒨膏紅
大火朱
桃紅鳳頭
太真冠
馬家飛燕粧附神品飛燕粧
倚欄嬌

大嬌紅
嬌紅
五雲樓
玉樓觀音現
喬紅二種
玉兔天香
潔玉
紫玉
睡鶴仙
觀音面附逸品觀音現
桃紅舞青猊附名品花紅舞青猊
醉仙桃
素鸞嬌
脱紫留朱
花紅寶樓臺
玉樓春
醉猩猩
緺葉桃紅
大葉桃紅附名品鳳尾花紅
妬嬌紅附神品花紅綉毬
羊脂玉
玉繡毬
沈家白
平頭白
遲來白以上五種附名品大素
醉楊妃附名品醉玉環
鶴翎紅
一百五
煙粉樓附名品魏紅
桃紅線

紅線附界破玉二花
藕絲繡毬附名品藕絲平頭
波斯頭附名品萬卷書
大添色喜容附逸品天色喜容
具品
王家紅
狀元紅
金花狀元
灑金桃紅
腰金紫
淡藕絲
紫舞青猊
大紅舞青猊
粉舞青猊
茄花舞青猊
藕絲舞青猊以上五種附名品花紅舞青猊
藕絲樓子附名品藕絲平頭
火齊紅附能品大火珠
壽春紅
蓮蒁紅
海天霞
羊血紅
四面鏡
石家紅
桃紅樓子
老僧帽
陳州紅
胭脂紅
平頭紅
金線紅

大紅繡毬
大紅寶樓臺
彩霞紅
七寶冠
朱砂紅
細葉壽安紅
麤葉壽安紅
回回粉西
細瓣紅
西天香
殿春芳
殿春魁
慶天香
水晶毬
玉天仙
粉紅樓子
勝天香
醉春容
粉繡毬
粉重樓
膩粉紅
勝緋桃
瑞香紫
紫姑仙
徐家紫
紫重樓
茄花紫
煙籠紫
即墨紫
葉底紫

茄色紫	玉盤盂
茄皮紫	青心白
紫纓絡	伏家白
丁香紫	鳳尾白
平頭紫	出嘴白
紫繡毬	玉碗白
玉重樓	汴城白
白剪絨	蓮香白
白纓絡	茄色樓
玉繡毬	藕色獅子頭

又《表二·花之年》丘道源《牡丹榮辱志》云：施之以天時，順之以地利，節之以人事。其栽其接，無竭無滅，其生其成，不縮不盈。余故表其年，使知衰殘之期，時至事起，而爲之接命焉。牡丹子生者，二年曰幼，四年曰弱，六年曰壯，八年曰强。秋接者，立春曰弱，穀雨曰壯，三年曰强。生與接俱不能無分，分一年曰弱，二年曰壯，三年曰强，八年曰艾，十二年曰耆，十五年曰老。耆則就衰，老則日敗。再接再分，就衰日敗者，復返本而還元。立春曰弱，一年曰弱矣。此駐顔之道，年表最爲吃緊，栽接生成，按候而至，天時地利人事之紀也。

子	接	分
一年	秋分	一年弱
二年幼	立春弱	二年壯
三年	穀雨壯	三年强
四年弱	一年	四年
五年	二年	五年
六年壯	三年强	六年
七年		七年
八年强		八年艾
		九年
		十年
		十一年
		十二年耆
		十三年
		十四年
		十五年老

又《書·栽》江北風高土硬，平地可栽。江南畢濕，須築臺，高二尺許，亦不可太高，高則地氣不接。栽法之要，量其根之長短，凖鑿坑之深淺寬窄。坑中心起一圓堆，以花根置堆上，令諸細根舒展四垂，覆以軟肥净土，勿參磚石糞穢之物，築土宜實不宜虚。立秋至秋分栽者，不可用大水澆灌，止以濕土杵實，恐秋雨連綿，水多根朽。重陽以後栽者，須以大水散土滲實之。布置每去二尺一本，庶根不交互，花自繁茂。

又《書·分》凡花叢大者始可分，第宜察其根之文理，以利鑿徵引至禰禬之會，乘其間而折之。每本細根亦須存五六莖，或一株分爲二，繁者分爲三。最要根幹相稱，依法栽培，以需其茂者也。但分後花自薄弱，而顔色盡失其故，蓋洩氣使然耳。不特根分而花弱色減，即以全根原本移過别土，亦必三年而元氣始復，花之豐趺正色始見，況遠攜者乎？今覓花者不知其故，動疑僞投，鮮不誣矣。花移近處，秋分前後無論已。或二三百里外，須秋分後方可，不然有氣蒸根腐之虞。千里外，又須以土相和成淖，以蘸花根，謂之漿花，花藉滋養，稍久可耐。又以蓆草之類包裹，不使透風，自無妨生意。一人可負數十本，多則恐致損折。或近冬氣寒，必加糠粃入裹中方妙。

又《書·接》《風土記》書接法不詳，亦不甚中肯綮。凡接花須於秋分之後，擇其牡丹壯而嫩者爲母，如一叢數枝，須割去弱者，取强盛者，存二三枝。皆入土二寸許，以細鋸截之，用刀劈開。以上品花釵兩面削成鑿子形，插入母腹，預看母之大小，釵亦如之。至于母口正者，釵固削正。母口斜者、曲者，釵亦隨其斜曲，務要大小相宜，斜正相當。倘有本大而釵小者，以釵就本之一邊，必使兩皮湊合，以麻鬆鬆纏之，其氣庶幾互相流通，蓋因脉理在皮裏骨外之故。後用土封好，每封覆以二瓦，以避雨水。俟月餘，啓瓦撥土，視母本發有新芽，即割去之，仍密封如舊。明年二月初旬，又啓撥看，視如前法。蓋一本之氣不宜洩於芽櫱，始凝注於接枝，本年花開倍勝原本矣。若不以舊法接脩，漫然爲之，必無生理。凡接須在秋分之後，早則恐天暖而胎爛也。養花之家，先須以老本分移單栽，候發嫩枝爲接花母本也。隆慶以來，尚以芍藥爲本，萬曆庚辰以後，始知以常品牡丹接奇花，更易活也，故繁衍無既。

又《書·澆》　初栽澆足，以後半月一澆，旱則旬日一澆。水不喜多，亦厭其少，多則根爛，少則枯乾。久栽之後，如冬不凍。兩旬一澆，不澆亦無害。正月二月宜數日一澆。三月花有蓓蕾，或日未出，或下。春時汲新水，一二日一澆。夏則亦然。惟秋時不宜澆，澆則芽旺秋發，明年難爲花矣。吾鄉顔氏於花盛開時，花下以土封池，滿池注水，花可多延數日。澆用塘中久積水，尤佳于新水，以其水煖而壯故也。澆水須如種菜法，成溝畦，以水灌之，最省人力。不然力不敷而花涸。二月以後，澆如不足，花單而色減也。

又《書·瘞》　新栽芽花，遇冬月或以豆葉柳葉圍其根，嫩枝不寒，庶無損傷。《洛陽花記》云，以棘數枝置花叢上，棘氣暖，可以辟霜，亦一法也。久栽伏土，根幹蒼老者不必爾。牡丹好叢生，久自繁冗，當擇其枯老者去之，嫩者止留二三枝，一枝止留一芽、二芽。亦喜削盡傍枝，獨本成樹，至正月下旬，根下有抽白芽者，即令削去，花必巨麗，謂之打剥。根下宿草亦時芸之，勿令蕪茂，分奪地力。花將開前五六日，須用布幔蓆薄遮蓋，不但增色，自是延久，若一經日曬，神彩頓失。秋後樹上枯葉不可打落，葉落則有秋發之患。或自落太早，看胎將有發動，須預以薄絹將胎縛嚴，始免其病，不然則明春花損矣。

又《書·醫》　花或自遠路攜歸，或初分老本，視其根黑，必是朽爛，即以大盆盛水刷洗極浄，必至白骨然後已，仍以酒潤之，本本易活。諺曰「牡丹洗脚」，正謂此也。間有土蠶，能蝕花根，螻蛄能齧根皮。大槩白花根甘多虫，白舞青猊與大黄更甚。凡花葉漸黄，或開花漸小，即知爲蠹所損。舊方以白蘞砒霜芫花爲末，撒其根下。近只以生栢油入土寸許，蟲即死。糞壤太過，亦有虫病，或病即連根握出，有黑爛粗皮，如前洗浄，另易佳土，過一年方盛，此醫花之要。

又《書·忌》　栽花忌本老，老則開花極小。惟宜尺許嫩枝新筍。忌久雨。溽暑蒸薰，根漸朽壞。忌生糞鹹水灌溉，糞生則黄，鹹水則敗。忌鹽灰土地，花不能活。忌生糞爛草之所，多能生蟲。忌植樹下，樹根穿花不旺。忌春時連土動移，即有活者，花必薄弱。忌花開折長，恐損明歲花眼。《牡丹記》云：烏賊魚骨入花，樹膚輒死。此皆花忌也。

又《傳·神品》　天香一品　圓胎，能成樹，宜陰。其花平頭大葉，色如猩血欲流。一樹止留一二頭，花盛且大，極莊重蘊藉，有臺閣致。出賈立家，子生，故一名賈立紅。又萬花一品，色若榴實，花房緊密，插架層起，而秀麗明媚如丹餙浮圖。二花品格各異，色亦不侔，風神自是高第。

嬌容三變　初綻紫色，及開桃紅，經日漸至梅紅，至落乃更深紅，諸花色久漸褪，惟此愈進，故曰三變。以余所見，陰處陽處開者各不相類，其色之變亦不止於三也。開必結繡而又艱澁，須以針微爲分畫之，不然花蒂俱碎矣。更宜接，接則此病差少。置之陰地，立夏後猶煒然秀發，間有抱枝而槁者。歐記中有添色紅，疑即其種也。余以此品寄通侯張公、袁石公過賞，記爲芙蓉三變。原出方氏，任典客購藏之。任善辨花，持枝葉相訊，應聲而別，殆得花之神理者。萬曆己卯，先君得其種，因廣之。

赤朱衣　舊名奪翠，得自許州。花房鱗次而起，緊實小巧，體態婉變，顔如渥赭，粲粲曄曄，上人衣袂。凡花於一葉間色有深淺，惟此花内外一如流丹，論色則天香一品難乎居優，第一品之神氣生動，諸花實莫能及也。近復得奪錦一種，大瓣深紅，浮光凝潤，尤過於奪翠，尚未廣傳。

無上紅　此花乃蜀僧居亳所種，舊以僧名覺，人遂呼爲覺紅，又謂佛土所産，而紅色無出其右者，乃易今名。其胎紅尖，花放平頭大葉，房亦簇滿，約有數層，而艶過一品，稍恨其單葉時多。

大黄　緑胎，最宜向陰養之，愈久愈妙。其花大瓣易開，初開微黄，垂殘愈黄，簪瓶中經宿則色可等秋葵。花原里中長老爲壽，張簿攜歸，藏李文學伯升家。每花時閉户命酒自賞，不易示人。壬寅秋始分一本於南里園，邇來僅數家有之。文學得花三昧，善譚花理，時一揮麈，令人醉心。

小黄　緑胎，花之膚理輕綃，弱於淵綃，周有托瓣，似仙宮逸弱水，而風度瀟灑，真凌波品也。大黄何能方駕？次有瓜穰黄者，質亦過大黄，殊柔膩靡曼。但一房不過四五層，而近蕚處微帶紫，故少遜耳。又歹劉黄者，大瓣，色質亦能媲美。

金玉交輝　緑胎，長幹，其花大瓣黄蕋，若貫珠，皆出房外，層葉最多。至殘時開放，尚有餘力，千大勝於鋪錦，此曹州所出，爲第一品。曹州亦能種花。此外有八艶粧，蓋八種花也。亳中僅得雲秀粧、洛妃粧、堯英粧三種，雲英爲最。更有緑花一種，色如豆緑，大葉，千層起樓，出自鄧氏，真爲異品，世所罕見。花叟石孺先得接頭，後復移根，俱未生，豈尤物爲造化所忌歟？又有萬疊雪峯、千葉白花，亦曹之神物，亳尚未有。

黄絨鋪錦　此花細葉，卷如絨縷，下有四五葉差闊，連綴承之。上有黄鬚布滿，若種金粟。其弱質妙態與色，雖少遜於瓜穰黄，而千滿易開，歲歲不變，則瓜

穠黄又遠不逮矣。以瓜穰名著，故列於前。

銀紅嬌　其花大瓣，丰姿綽約，如絳雪遶枝，秀色迎人，把玩可以樂饑。牡丹中余所醉心，真同看吴道子畫，坐卧不能去矣。

繡衣紅　肉紅胎，花開平頭。大葉，亦梅紅色花瓣，相映渾然。有黄氣如琥珀，光而明徹可鑒。前代牡丹之名，皆以氏、以地、以色，兹以夏侍御所出者，名繡衣云。

軟瓣銀紅　幹長，胎圓，花瓣若蟬翼，輕薄無凝，其色等繡衣紅而上之。

碧紗籠　出張氏，向陽易開，頭甚豐盈。其色淺紅，如秋雲羅帕，實丹砂其中。望之隱隱，緑趺遮護，更如翠幕。陳之坐上，滿室清凉，故又名疊翠。嘗謂花中如銀紅嬌、小黄、軟瓣銀紅、碧紗籠數種，質之嬌怯，不勝風露，當爲築避風臺耳。

新紅嬌艷　花乃梅紅之深重者，艷質嬌麗，如朝霞藏日，光彩陸離，又若新染未乾，故名新紅。極勝始成千葉，尤出一品上。緣歲多單葉故，乃其病也。方氏一種新紅繡毬，趙氏一種新紅奇觀，皆麗色動人。然所傳多贋，蓋以天香一品亂之。

宫錦　此品碎瓣，梅紅色。開時必俟花房滿實，方爲大放，然後漸成纈暈，玩之猶蜀宫新裁錦耳。

花紅繡毬　紅胎圓小，花開房緊葉繁，周有托瓣，易開且早，綢繆布濩，如疊碎霞。命名繡毬者，以其形圓聚也。一種銀紅繡毬，花微小而色輕，亦殊秀雅。又楊妃繡毬及妬嬌紅，色俱類花紅繡毬而體勢不同。

花紅萃盤　紅胎，枝上緑葉窄小，條亦頗短，房外有托瓣，深桃紅色，緑趺重蕚，暎諸葉中，如赤瑛盤欹側枝上。

天機圓錦　青胎，開花小而圓滿，朱房嵌枝，絢如剪彩，名以天機，殆非虚得。

銀紅犯　有二種：一紅艷過天香一品，開花最難；一色視一品稍淺，易開，却更姣麗。俱長條大葉，圓胎。其花緊滿，開期最後。

飛燕妝　有三種：一出方氏，長枝長葉，此花黄紅，最有神氣。而風情閒麗，輕妙迥別，盛時出一花於樹抄，若進女弟於遠條也。一出馬氏者，雖深紅起樓，遠不及方。一出張氏者，乃白花類象牙色。差勝於馬，獨方花可當宜主。余欲改名，第恐失其舊，而難於物色，姑並列焉。

飛燕紅妝　一名花紅楊妃，細瓣脩長，嫩色生嬌，却望如新妝可憐，意態妍絶，誠縹緲神仙也。得自曹縣方家，飛燕妝庶幾近之。

海棠紅　喜陽易開，緑葉細長，嘗多秋發。諸花皆以紅極稱佳，獨此品通體金黄，兼有紅彩，水光照耀如江天晚霞，人謂似鐵梗海棠，而活色香艷皆過之。盛時則房中四五葉參差突出，故病其不整齊，亦不失爲佳品。其胎本紅，在陰處則緑，春來亦復紅也。大都花胎多四時變易耳。又一種海棠魂者，謂得其神也，亦石氏自許州移至。

新銀紅毬　方家銀紅二種，色態頗類，第樹頭緑葉稍别，其色光彩動摇，如神女御慶雲，冉冉下人間耳。

碎瓣無瑕玉　緑胎，枝上葉圓，宜陽，乃白花中之最上乘者。其花明媚玲瓏，如冰壺映月，内外澄徹，雖趙璧、隋珠，不足貴也。又一種如芹葉者，不及此。又青心無瑕玉者，豐偉悦人。又一種葉幹類大黄者，亦名無瑕玉，花色雖不逮碎瓣，均之佳品。

梅州紅　性喜陰。圓葉，圓胎，花瓣長短有序，疎密合宜。色近海棠紅，而神氣軒軒。但近蕚處稍紫，出曹縣王氏，别號梅州云。

凉暑園新出三種，俱未命名。其花有梅紅色，有水紅色，高濶俱七寸餘，千葉起樓，姿韻咸備。今將三年，余僅得一見，而燿目奪神，果非凡物，無怪其主人之珍重也。

又《傳·名品》　勝嬌容　深紅色。最耐殘，乃牡丹中大家也。此種如一莖有兩胎者，善養家必剪其一，即不剪，亦獨一胎能花。花大可五六圍，高可六七寸，豐偉殊常，披對奪人心目。

醉玉環　方顯仁所種。乃醉楊妃子花，以太真小字别其名。花房倒綴，故以醉志之。胎體圓緑，葉幹扶疎。不問陰陽，最易成樹。其花下承五六大葉，濶三寸許，圍擁周匝，如盆盂盛花狀。質本白而間以藕色，輕紅輕藍，相錯成繡，真天孫神錦也。其母醉楊妃作深藕色，漸暗，無味，惟憐其大耳，下此種不啻一階，青出於藍矣。

妬榴紅　胎圓如豆，樹葉如菊，最宜成樹。早開應時，色鮮如明霞結綺，第不耐炎日，久之色褪，不殷勤護持，則易成殘妝膹粉矣。又有榴花紅者，色近榴花，而光艷明潤，活色生香。

花紅疊萃　尖胎，花身魁岸，其下大葉五六層。腰間襞積細瓣，鬈曲碎聚，

頂上復出一層大葉。花在緑樹之顛，而紅光繚繞，猶積翠池中着絳火樹，光彩照人。

秋水粧　肉紅圓胎，枝葉秀長，其花平頭，易開，花葉叢萃，瑩如赤玉，質本白而内含淺紺，外則隱隱叢紅緑之氣。夏侍御初得之方氏，謂其爽氣侵人，如秋水浴洛神，遂命今名。

老銀紅毬　花本深紅，亦有水紅。時而邊如施粉，中如布朱。其胎青紅，宜陰陽相半所。此萬曆初年王薄子出之，花至今猶足擅場。

楊妃深醉　胎長。花質酷似勝嬌容，名深醉者，謂其色深也。此花不但巨麗，亦芳香襲人，梗幹婀娜，嘗抑首如醉。迎風盤旋，如不勝春。

花紅神品　花葉之末色微微入紅，漸紅，漸黄，若遲日初烘，灼灼有神，命以花名，頗非溢美。蓋得自太康。

花紅平頭　緑胎，其花平頭，潤葉，色動如火，幾欲然枝，羣花中紅而照耀者，獨此爲冠。一入花林，輒先觸目。世傳爲曹縣石榴紅，韓氏重貲得之，邇來幾絶。王氏田間藏一本，購歸涼暑園。但頂稍涣散，中露檀心。又一種千瓣者，南里園有之。凡花稱平頭，謂其齊如截也。

花紅舞青猊　宜陰。老銀紅毬子花，色亦似之，開時結繡。又有銀紅舞青猊及舊品中桃紅舞青猊、紫舞青猊、大紅舞青猊、粉紅舞青猊、茄花舞青猊、藕絲舞青猊、白舞青猊諸色，皆從花中抽五六青葉，如翠羽雙翹。桃紅者，謂之睡緑蟬，以其結緑如合蟬狀。諸品惟花紅者爲上，白次之，桃紅又次之，餘不足入品。豫章瀑泉王孫詠此花云：「寶闌風颭錦紛紛，青紫仙標總出羣。户外昭容露作縠，掌中飛燕翠爲裙。粧成京兆眉初嫵，浴罷温湯酒半醺。還似清平李供奉，宫袍新染殿前雲。」

花紅魁　出張氏，以其色冠羣花也。萬花魁者出李氏，以其大冠羣花也。又有西萬花魁者，其巨麗尤甚，而各臻妙境。方氏別有銀紅魁，亦自可人。

絳紗籠　胎小，花瓣有紫色一線分其中，質紅如燭，而幕以絳紗，灼灼摇目。媚人處不及碧紗籠。

杜鵑紅　短莖緑胎，樹葉尖厚，花作深梅紅色。細葉稠疊緊實，如赤玉碎雕而成。其本無論大小，時至則開，開亦甚繁，千紅萬紫，如騰赤鳳，杜鵑安得方幅而談耶。

大素小素　易開宜陰，小素一名劉六白。二花平頭房小，初開結繡一叢，常發數頭。二種美無優劣，如素白樓子、玉帶白，皎潔更出其上。玉玲瓏，碧玉樓，如瓊樓玉宇。又玉簪白，謂白如玉簪花。鸜鵒白謂類鸜鵒頂上毛。賽羊羢，謂細瓣環曲如羢。白鶴頂者，色甚白而鶴頂殷紅，取名不類，可恠。以上諸花皆能比肩。稍次者沈家白、平頭白、遲來白、羊脂玉、玉繡毬，種種奇葩，總之咸冰雪瓊瑶極致也。舊有玉板白，其瓣兩頭平齊，寬及寸許，内外一等，如拍板，今傳者少。

緑珠墜玉樓　長胎，花色皚然，厥葉輕柔，葉半有緑點如珠，堪擬石家小妹，而風韻更似之，故名其色，類佛頭青而體異也。

佛頭青　青胎，花大，重樓緑心，緑跗沿房如碧，大類緑蕚梅。李子西先生得於永寧王宫中。先考功以其花之清異易名蕚緑華。羣英凋盡而此花始開，可謂殿春。大梁人名緑蝴蝶，西人名鴨蛋青，蜀中舊品有歐碧，即此花。又一種緑邊白者，類佛頭青，乃緑胎，喜陰，花葉有點如鈿，邊緑如黛，而體質亦多逸氣，弇州詩云：「百寶闌前百艶明，虢家眉淡轉輕盈。狂蜂采去初疑葉，么鳳藏來祇辨聲。自是色香堪絶世，不煩紅粉也傾城。江南新樣誇天水，調笑春風倍有情。」屠長卿先生有云：「愁自瑣窻窺冶鬢，夙從金谷化啼痕。」兩公似與二花傳神。

界破玉　此花如吴江白練，花瓣中擘一畫如桃紅絲纅，宛如約素，片片皆同。舊品中有桃紅線者，乃淺紅花，又非此種。夏侍御新出一種類界破玉，謂之紅線，線外微似雜色組文，侍御没而花亦不見行於世。

花膏紅　梗胎俱紅，其花大葉，若胭脂點成，光瑩如鏡，片片足當浣花溪側理，安得更拈玉管，與之賦月寒山色耶？但微恨其花房多散漫耳。

鳳尾花紅　尖胎，開却平頭，内外葉有數層，皆一等。其色見於名，名鳳尾者，以葉似耳。又縐葉桃紅，花瓣尖細，層層密聚如簇絳綃，第色澤少暗，嘉隆間最重之。一時並出者，更有大葉桃紅，其花稍不及縐葉，因枝上緑葉名花者獨此三品。

太真晚粧　此花千層小葉，花房實滿，葉葉相從，次第漸高。其色微紅而鮮潔，如太真淚結紅冰，因其晚開，故名。曹縣一種名忍濟紅，色相近，忍濟者，王氏齊名。

平實紅　此花大瓣桃紅，花面徑過一尺，而花之大無過於此，亦得自曹州。

銀紅錦繡　宜陰，花形開法俱似三變，其色微紅，淺深得宜，宛然若繡，而艶如唾染昭儀袖，上珍難喻也。

魏紅　此種嘉靖初年仝氏自杞縣移亳，肉紅尖胎，樹葉緑如嫩柳，此梅紅淺深相間，價自傾城。開時倘鍾氣不足，則花邊稍白。三十年前亳人尚以黄金一笏乞魏花一本者，今因漸多而價少減。亭亭露奇，真色不厭，姚爲王，魏爲后，信非虚語。徐子與先生有「祇應天上移春色，莫向人間問魏家」之句。又有煙粉樓者，色同魏紅而易開，張氏子種花也。

褰幕嬌紅　即縮項嬌紅，長胎，柳緑長葉，因其莖短，花在葉底，狀似麗人新粧，脉脉貯翠簾下。其色梅紅，起樓如千葉桃，足爲助嬌花也。別有縮項一種，葉單，遠不逮此。

花紅剪絨　花瓣纖細，叢聚緊滿，類文縠剪成，大都與花紅纓絡同致。道山先生謂「已從香國深熏染，更惜花神巧剪裁」，此最富。

花紅纓絡　長枝大葉，其花易開，疊瓣穠密，外衛以五六大片，似彤雲之綴朱房，閃灼難狀。

念奴嬌　品有二種，俱緑胎，能成樹。出張氏者，深銀紅色，大而姣好，其妖麗媚人果出朝霞之上，但少轉喉引聲耳。出韓氏者，色桃紅，大次之，若並肩呈艷，當遜張一籌。

漢宫春　紅胎，硬莖。必獨本成樹，方歲歲有花。花葉直疎而立，其色深紅，富麗若醉春風。名從青蓮漢宫句得之，出張氏。

墨葵　大瓣，平頭。又油紅，高聳起樓。二花明如點漆，黑擬松煙，最爲異色。墨剪絨，碎瓣柔軟。墨繡毬，圓滿緊聚，其明潤雖不及墨葵、油紅，足堪近侍。

中秋月　緑胎尖小，花房嵯峨，瑩白無瑕，若月印澄潭春時便有秋氣。

琉瓶灌朱　樹葉微圓，朱房攢密，類隔琉璃而盛丹漿。潤同赤玉，微嫌葉單根紫，遇千葉時亦自妙品。

藕絲平頭　花葉微潤，繁可數層，俱有倫理，乃藕絲中之傑者。又藕絲繡毬，好叢生，易開而花小。又藕絲樓子，花大而房垂。三種惟平頭爲上，繡毬次之，樓子不逮遠甚。

萬卷書　色白，葉作卷筒。又桃紅萬卷書，細瓣如砌。枝不禁花，垂垂向下。又有波斯頭者，花葉如髮鬖，大類波斯夷首。此花雖高滿而色澤不佳，土人謂即萬卷書，非是。

喬家西瓜穰　尖胎，枝葉青長，宜陽，出自曹縣。花如瓜中紅肉，色類軟瓣銀紅，滑膩可愛。仝氏有桃紅西瓜穰，亦鮮麗如濯錦。又大紅西瓜穰者，當退舍矣。

進宫袍　緑胎，易開，謂色如宫中所賜茜袍也。其體質當以輕絨赤綃目之。

嬌紅樓臺　胎莖似王家紅。體似花紅繡毬，色似宫袍紅而神彩充足。又有一種極不堪者，亦冒之魚目混真，難逃賞鑒。銀紅樓臺色有深淺，花實與之表裏。

倚新粧　緑胎脩幹，花面盈尺，豐肉膩理，紅顔精爽，大類緋桃色，真銷恨樹也。處陽不妨，向陰愈妙，出自曹縣。

又《傳·靈品》　合歡嬌　深桃紅色，一胎二花，托蒂偶並，微有大小。日分雙影，風合岐香，此與轉枝一種，皆造化之巧，而轉枝之神更異。

轉枝　一莖二花，紅白對開，記其方向。明歲，紅白互易其處，神異若此。明皇時一花四變其色，豈欺我哉！二花出鄢陵劉水山太守家，亳中亦僅有矣。鄢陵尚有萬卉含羞，傳之者皆極口談其風神，恨莫由致也。

妖血　壬子歲於南里園偶見嬌容三變，一樹數枝，忽一枝出三頭，紅艷絶色，世無比類。坐中客皆駭異。客曰：此妖血也，遂因名。其他枝所開，雖有淺深，而無異於常歲。

醻面嬌　南園於戊寅春，鶴翎紅枝上忽開一花，二色紅白中分，紅如脂膏，白如膩粉。時郡大夫嚴公造賞，呼爲太極圖。余因六朝有「取紅花，取白花，與兒醻面作光潔」之詞，乃易其名。其花明春猶復故也，再一歲遂成枯木，豈靈氣奪其精華耶？

又《傳·逸品》　觀音現　白花中微露銀紅，若水月慈容，清静自在。舊有觀音面，好叢生，色深，花差大，第平頂而散，爲其疵耳。

非霞　胎長，花房高峙，層層漸起，葉在柯端，花棲葉下，色淺紅，妍如流霞，而霞不足以盡其態，故曰非霞。微病難開，亦佳品。

肉西、醉西　二花紅胎，青葉圓大。肉西出韓氏，此花平齊，其色表裏如一，而姿態亭亭似韻勝者也。醉西成樹，易開，色作粉紅。其酡顔膩質，若飲熏醲，以質勝者。初以西施命名，俗取其便，以一字呼之。

勝西施　花大盈尺，色粉白暈紅，如碧縠映紅膚，春意撩人。又一種香西施，色亦相類，花中香氣郁烈，惹人衣袂者，獨此爲甚。明皇云：「不惟萱草忘憂，此花香艷，尤能醒酒。」可謂牡丹實録。濟南詩云：「西施自愛傾城色，一出

吴宫不嫁人。」殊增花韻。

玉芙蓉　紅胎，長葉，花白而微紅，易開，耐殘，更喜純陰，可成樹。其花孤標玉立，閒淡如幽人。别有一種繡芙蓉，亦相類，俱出仝氏。先考功種花時，獨仝氏善種藝，且能遠近圖之，故多佳種。築園在西郊，今有茂草之嘆。

添色喜容　緑胎，柳緑葉，宜陽，易開，花微小有托瓣，房以内色深，外微暈淡。丰艷咲靨，若駐大丹，欣欣然欲忘老。又一種青葉者，名大添色喜容。花瓣參差，色亦不逮。

玉樓春雪　花大如丰，色類秋水粒。其膏沐鮮潔，若瑶臺雪晃，閃灼難定。又一種玉樓春老，色類鶴翎紅，氣宇瀟灑，雨久漸茂，但品非春雪之比。

胭脂界粉　粉葉，朱絲，文理交錯，蔚然成章，質之妙麗，亦洞心快目。

金精雪浪　白花黄蕚，互相照映。花瓣微潤而厚硬，近蕋稍紫。嘗以此亂黄絨鋪錦，蓋欲惑花客耳。

玉美人　大葉，色白，如匀香粉而散淡間雅，似别有一段幽情，但神色稍不足耳。

輕羅紅　花甚有致。梅紅色，輕綃著茜，足以喻之。葉端有缺如齒，羡彼化工佳品。少植，不知何故。

白蓮花　出自許州。此品明潔潤澤，鱗瓣微圓，層多房大，幽澹過于蓮花。其中黄心如線，寸許，儼如蓮蕋。或氣弱葉單，則成大瓣，鬆散飄逸，態殊絶倫。

又《傳·能品》 珊瑚樓　莖短，胎長，宜陽。色如珊瑚寶光射人，更多芳香，助其嬌艷。以此鬬奇，石衛尉當不忍下鐵如意也。

茜膏紅　即如膏紅。胎紅，尖長，此品亦梅紅色，盛則花葉互峙，弱則平頭。紅光鮮澤，堪擬守宫新血。

大火珠　緑胎，色深紅，内外掩映若然，光焰瑩流。又有火齊紅者，其花邊白内赤，遠不逮火珠。因二花並出一時，人皆以寶珠名。

桃紅鳳頭　肉紅長胎，緑葉肥厚，晚開。大瓣高聳，自下自上，長短相承，其形色如丹鳳舒彩，燦然奪目。更有一種小葉者次之。

太真冠　長胎，開早。花瓣勁健，外白内紅，高下有度，頗類雲髻。韓持國詩云「仙冠裁樣巧」，指此也。

倚欄嬌　肉紅胎，淺桃紅色，花頭長大。嫵媚有醉舞倚欄之態，沉香亭北，令人遐想。又一種滿池嬌，千瓣成樹，色澤亦過之。今重倚欄者，當以致勝。

大嬌紅　向陽，易開。色如銀紅嬌，第葉單，難與比肩，然花陳中何可無此。又一種嬌紅，色如魏紅，花微小而難接。

五雲樓　花圓聚如毬，稍長，開則結繡。頂有五旋葉，邊有黄緑相間，類五色雲氣。

玉樓觀音現　花白，難開，開時如水月樓臺，逈出塵外，而莊嚴自在，重以大士之名，花與中秋月小異。

嬌紅　有二種，皆紅胎，色深重近水紅。一千滿，一開早，俱出沈氏。

玉兔天香　青紅胎，其花粉色、銀紅二種。一早開，房微小。一晚開，房最大，中出二瓣如兔耳。小者因其難開，多不植。

潔白　白花鮮潔，有光映人，出朱氏。舊有紫玉者，花最大，白瓣中紛布紅絲，盤錯如繡。

睡鶴仙　色淡紅，宜陰，其大如倚新粧。花心出二葉，横陳房顛，狀若嬰兒並卧，乃舊品中之最殊者。

醉仙桃　宜陰，胎紅而長，稍覺難開。其色内則桃紅，外則淺白，芳菲時，不啻玄都武陵。歲歲相逢，增我桃花人面思耳。

素鸞嬌　輕紅白花，諸花外白而内紅，獨此自外微紅，近蕚處反淺，在洛則曰倒暈檀心，寔一花二名也。

脱紫留朱　先紫而後深紅，又花紅寶樓臺者，亦然。每於凋落之際，色始呈嬌。

醉猩猩　沈氏首出之。花易開，色深紅，中微帶檀紫，亞於花紅平頭，緊密處却勝。

鶴翎紅　其花輪囷緊密，本肉紅而末白，永叔謂如鴻鵠羽毛。舊品中最有聲價，今人厭其重濁，稍抑之。

一百五　此品謂冬至後一百五日即開，白如吴練，花大逕尺。先年最多，近養花者不植。

又《傳·具品》 王家紅　胎紅，尖微曲，宜陽。其花大紅起樓。亳之牡丹初種，可稱花中鼻祖，圃故常留一二，以祀東帝。

狀元紅　成樹，宜陽。蜀《天彭譜》謂重葉深紅，色與鞓紅、潛溪緋相類，而天姿富貴，彭以冠花品，故名狀元。弘治間得之曹縣，又名曹縣狀元紅。又一種金花狀元紅者，宜陽，大瓣，平頭，微紫，每瓣有黄鬚，今絶少。

灑金桃紅　黄鬚，滿房皆布，葉顛點點有度，羅如星斗。別有腰金紫者，腰間黄鬚一圍，花則不及灑金。

淡藕絲　如吳中所染藕色。緑胎紫莖，樹葉圓厚，花平頭，盛亦起樓。瓣中一淺紅絲相界，宛似纖手紋，淡中之艷，亦堪憐愛。壽春紅，胎瘦小。蓮蕋紅，瓣似蓮花。海天霞，平頭大如盤。羊血紅，微紫。四面鏡，有旋葉。石家紅，葉稀。桃紅樓子，小葉，大紅，皆起樓。老僧帽，一花五葉，兩葉相參而立，旁兩葉佐之，一葉遶其後，花雖單薄，亦稱異種也。最下者如陳州紅、胭脂紅、平頭紅、金線紅、大紅綉毬、大紅寶樓臺、彩霞紅、七寶冠（又名八寶旋心）、朱砂紅、矗細葉壽安紅，以上皆大紅。回回粉西（細瓣紅，外深内淺）、西天香（開早，嬌麗，三四日則漸白）、殿春芳（粉邊）、殿春魁（平頭）、慶天香、水晶毬、玉天仙、粉紅樓子、勝天香、醉春容、粉繡毬、粉重樓、膩粉紅（有托瓣，赤根）、勝緋桃（今絶少），以上皆粉紅。瑞香紫、紫姑仙（皆大瓣）、徐家紫、紫重樓（皆難開）、茄花紫、茄皮紫、煙籠紫，即墨紫、葉底紫、茄色紫、紫纓絡、丁香紫、平頭紫（歐譜謂之左花）、紫繡毬，以上皆紫花。玉重樓、白剪絨（又名曰鋸齒白）、白纓絡、玉繡毬、玉盤盂、青心白、伏家白、鳳尾白、出嘴白、玉碗白、汴城白、蓮香白（香如蓮花，瓣亦如之），以上皆白花。茄色樓、藕色獅子頭，皆藕色。羣英品色雖各不同，亦各有一端佳處。但春色中差薄於惜花人耳。然名品多出此輩，子生而繁栽廣植，可備秋接之具。至兒女之戲簪，醉客之狂折，何可少此。

按記載，天佑元年，滄州觀察使記，謂冀王宮中花以五十種，分爲三等九品。而潛溪緋，平頭紫居正一品。平頭紫，紫花大經尺，亳多而賤之。惟潛溪緋者亦紫花，忽於叢中抽出緋色一二朵，明年移在他枝，洛人謂之轉枝。今靈品内有紅，白互相换之轉枝，疑其是也。其種出潛溪寺，故名。又按蜀《天彭譜》有紅花二十一品，紫花五品，黄花四品，白花三品，碧花一品，未詳者三十一品，今亳所有紅品相同者，醉西施、彩霞紅、油紅、陳州紅、瑞露蟬（即桃紅舞青猊）、雙頭紅（即靈品中合歡嬌，碧花謂歐碧者，或即佛頭青也）。其餘若獻來紅、丹州紅、延州紅、鹿胎花、蓮花萼、真珠紅、一捻紅及姚黄、牛家黄、鞓黄、甘草黄者，皆屬未聞。亳州諸花與洛譜合者頗多，與彭譜不過十一，豈蜀道遼遠，相傳者遂少耶？抑地迥而名異耶？俟再考定。

又《傳・拾遺》　史既行，明年春，有東郭老叟謂余爲花知友，具壺觴邀余至其家。所藝諸花皆耳目之所未嘗聞見者，不下三十餘種。問之，皆從四方所得。其中或色可消魂，態可醉心，大可駭目，弗克名狀。嘻，何見之晚也！亟收之卷後，名曰《拾遺》，表中仍爲分别，繫於各品。

縷金衣　産自許州。房高莖長，碎瓣綺錯，其色紅極，無類可方。謝在杭工部詩云：「恍如燭龍銜燿，倒挂珊瑚枝，明珠萬斛光琉璃。又如妃子初入浴，香水滑膩流胭脂。」極狀其温潤艷麗。花之神韻，尤入勝位。大都斯品一出，諸花不免落第，可爲神品之冠。

花紅獨勝　魚鱗小瓣，層層相承，紅如積血，欲濺几閣。又一種，花紅無敵，小葉聚集，重樓巍然，色亦相類。

五陵春　奇色暎目，一花大葉龍葱，樓臺盤鬱，色如晴光射水，金采絢目。

閨艷　絨瓣纖細。又金屋嬌，層分碎葉，斐疊若樓。二者誠閨閣豔質，翠衣霞裳，嬌姿自媚，而賞鑒者情自不薄。

艷陽嬌　小瓣，梅紅。春風蕩漾，流霞滿樹，而紅香飛越。

嬌白無雙、埜素君、白屋公卿、連城玉，皆千層大瓣；黄白繡毬、玉潤白、賽玉魁、冰清白、碧天一色俱碎瓣起樓；瑶臺玉露，絨葉緊聚；雪素，葉繁蘂香；王家大白，大過諸花。大凡白花，病在赤根，又恐枯澁無態。以上衆品雪質霏微，素心自照，不以色媚，其色實在相外也。

藕絲霓裳　此花面徑八寸許，其大無外，色澤亦佳。

三春魁　多葉，桃紅，覽蔓其枝，房出樹表，大亦可愛。

銀紅妙品、銀紅艷妝、銀紅絶唱，俱下布數片大葉，中間細瑣堆積。又一種銀紅，上乘，大瓣簇滿，其色皆如其名，楊光泛采，逸韻非常，閒雅之致，嫣然可人。

采霞綃　千層大葉，積潤凝光，而色如蒨練。

珊瑚鳳頭　房開大瓣，光同翕艷，可以染絳，横出枝杪，如日照火珠。又出奇色獨占魁及獨粹二種，衡量者謂能與衆花争長，余但見其蓓蕾，未見其開放也。

又《外傳・花之氣》　牡丹分栽接種俱在秋，乃以秋爲春也。胎則坐於初夏，長於秋，養於冬，實於春，胚胎几經十有二月。鍾四時之氣，乃傑於穀雨數日耳。所開之早晚，是各花稟性異也。

又《外傳・花之種》　花房不同者有六等，有平頭，有樓子，有繡毬，有大葉，有托瓣，有結繡。平頭者欲充實，樓者欲高聳，繡毬者欲圓滿，大葉者欲龍

蓰，托瓣者欲緊簇，結繡者欲活潑。反此爲六病。

又《本紀》 宋錢思公云：唐人謂牡丹爲花王，姚黄真其王，魏紫乃其后。張景脩稱爲貴客。唐開元中，沉香亭前得異種，朝暮黄碧異色，晝夜殊香，目爲花妖。宋單父于驪山爲上皇種花，得色萬種，内人呼爲花師，又曰花神。然牡丹前史未嘗及之，惟謝康樂有「竹間水際」一語。至北齊楊子華有牡丹畫本流傳，人始有識者。《圖經》謂其生巴郡山谷，及漢中、丹、延、青、越、滁、和諸山中亦有之。花皆單葉，有黄、紫、紅、白數色。一名鹿韭，一名鼠姑。唐人名爲木芍藥。芍藥著於三代，流傳風雅。牡丹初無名，以花相類，故依芍藥爲名。然芍藥自有二種。安期生《服鍊法》云：芍藥有金，有木。金者色白多脂，木者色紫多脉。蓋驗其根耳。崔豹《古今注》云：芍藥有草，有木。木者，花大而色深，俗呼爲牡，非也。天后時，有人自山採歸禁前。開元中，花盛開，詔太真賞翫。趣命李龜年捧金花牋，宣翰林李白進《清平調》詞三章。是時，裴士淹奉使幽冀，經汾州衆香寺，得白牡丹一本。異之，植於長興私第。豈禁中秘色，民間不易見耶。至宋，洛中獨盛彭門，牡丹在蜀中亦稱第一，故有小洛陽之稱。往宋僧仲殊作《越州牡丹志》，陸務觀作《天彭牡丹譜》，俱自謂不敢望洛中。歐陽永叔《牡丹記》亦謂洛陽天下第一。今亳州牡丹，更甲洛陽。其他不足言也。獨恠永叔，嘗知亳州，記中無一言及之，豈當時亳無牡丹耶？德靖間，余先大父西原東郊二公，最嗜此花，偏求他郡善本，移植亳中。亳有牡丹，自此始。顧其名品，僅能得歐之半。迨顔氏嗣出，與余伯氏及李典客結鬭花局，每以數千錢博一少芽，珍護如珊瑚木難，自是種類繁夥。隆萬以來，足稱極盛。夏侍御繼起，于此花尤所寳愛。闢地城南爲園，延袤十餘畝。而倡和益衆矣。昔宋時花師多種子以觀其變，頃亳人頗知種子能變之法。永叔謂四十年間花百變。今不數年百變矣，其化速若此。然下子五年而始花，花即變，未必奇。奇花若賢人哲士，固不易出，出且非一家。如一品出於賈，軟瓣銀紅出於王，新紅出於趙，三變出於方而着於任。大黄來於東魯，而藏于李。獨方氏所出，更多奇變。其他諸姓，間有之。今盡叢聚於南里及涼暑兩園，兩園如花之武庫，吾家南園鼎立其間。所餘老本故枝，每歲開放，庶幾花之故鄉者舊也。花史氏曰，永叔記洛中牡丹三十四種，丘道源三十九種。錢思公譜浙江九十餘種，陸務觀與熙寧中沈杭州牡丹記，各不下數十種。往嚴郡伯於萬曆己卯，譜亳州牡丹，多至一百一種矣。今且得二百七十四種。然牡丹在洛中，以姚魏爲冠無論奄有之。至如一莖二花，暎目分影，淩風岐香。又如一莖二花，紅白對開，來歲互異。其處二種，不更奇于唐之花妖耶？矧花師種藝競巧，不減單父。亳中相尚成風，有稱大家者，有稱名家者，有稱賞鑒家者，有稱作家者，有稱羽翼家者。日新月盛，不知將來變作何狀。蓋余嘗論之在正嘉間，花品淳朴，尚類詩家漢魏；隆萬以來，則治麗繁衍如六朝矣。豈物理循環，亦有天運耶？

又 卷二《風俗記》 吾亳以牡丹相尚，實百恒情。雖人因花而繫情，花亦因人而幻出。計一歲中，鮮不以花爲事者。方春時，則灌花，芽生寸許，則剪花。甫至穀雨，則連袂結轍以看花。暨秋，而分而接，人復爲之旁午。是所餘者，特冬時三月耳。然一當花期，互相物色，詢某家出某花，某可以情求，某可以利得。異種者，獲一接頭，密秘不啻十襲。名園古刹，尤稱雅游。若出花户，輕儇之客，不惜泉布，私諸砌上，争相誇詡。又截大竹貯水，折花之冠絶者鬭麗往還，一國若狂。可賞之處，即交無半面，亦肩摩出入。雖負擔之夫，村野之氓，輙務來觀。入暮携花以歸，無論醒醉，歌管填咽，幾匝一月，何其盛也。其春時剪芽，雖多不棄，沃以清泉，驅苦氣，曝乾瀹茗，清遠特甚。殘花凋卸，園丁藏之，可佐鼎食，即眉山以酥煎之意。根皮購作藥物，亦爲花户餘潤。吾鄉檢校此花，已無餘憾。昔六一公四經洛陽，春止見其早晚，嘗自悔未逢全盛。生長於斯，清福可偏，但過眼繁華，觀空者寧堪濡首。

明 周文華《汝南圃史》卷六《木本花部上·牡丹》 牡丹，《本草》一名鼠姑，一名鹿韭。周子曰：牡丹，花之富貴者也。木本，大者高四五尺，八月枝上發赤芽，來春二月即發蘖如拳，稍舒則變成緑葉，有稏，花著葉中。三月穀雨前開。《傳家集》云：洛人以穀雨爲牡丹花厄。蓋其時適相值云。其極盛者，花頭或至盈尺，高亦相等，皆由其種之美惡。有單葉、多葉、千葉及黄、紫、紅、白、緋、碧之色。《草木略》云：古今言木芍藥是牡丹。按崔豹《古今注》云：芍藥有二種，有草芍藥，有木芍藥。木者花大而色深，俗呼爲牡丹。安期生《服鍊法》云：芍藥有二種，有金芍藥，有木芍藥。金者色白多脂，木者色紫多脉，則驗其根也。然牡丹亦有木芍藥之名，其花可愛如芍藥，宿枝如木，故以木名。芍藥著於三代之際，風雅之所流詠也。牡丹初無名，依芍藥以爲名，亦如木芙蓉之依芙蓉以爲名也。牡丹晚出，唐始有聞，宋時洛陽最盛。圃人競求詭異，多於秋分移接，培以壤土，至春盛開，其狀百變。歐陽文忠公始爲作譜記云：牡丹出丹州、延州，東出青州，南出越州，而出洛陽者今爲天下第一。洛人於他花則曰某花某花，至牡

丹則不名，直曰花，意謂天下真花獨牡丹，其名之著，不假於牡丹而可知也。又云：牡丹之名，或以氏、或以州、或以地、或以色，或旌其所異而志之。自姚黃以下得二十四種。趙郡李述著《慶曆花品》專叙吳中之盛，凡四十三種。鄞江周蘄作《洛陽花木記》，所載牡丹至一百九種。陸放翁在蜀作《天彭牡丹譜》，凡三十四種，其尤著名者爲姚黃魏花。《洛記》云：姚黃，千葉黃花也，色極鮮潔，精彩射人，有深紫檀心，近瓶青簇青心匝，與瓶同色，開頭可八九寸許。其花出北邙山下司馬坡姚氏，大率間歲乃成千葉，餘年皆單葉或多葉耳。其開最晚，其色甚著，與高潔之性，敷榮之時，特異於衆花。徐節孝云：天下牡丹九十餘種，而姚黃爲第一，其名雖千葉而寔不可數，或累計萬有餘，不然不足高一尺也。花肉既重，其梢下屈，如一器傾側之狀。此亦花之巨美而精傑者乎？又曰：魏花，千葉肉紅花也。本出晉相魏仁溥園，迄今流傳特盛。葉最繁密，人有數之者，至七百餘葉，面大如盤，中堆積碎葉突起，團整如履鍾狀。開頭可八九寸許，其花端麗，精彩瑩潔，異於衆花。洛人謂姚黃爲王，魏花爲后。又有狀元紅、瑞雲紅、左紫、玉樓春、潛谿緋、玉千葉、歐碧諸異種，見前所述記中。蓋自唐人已推重，至宋尤重耳。《五色線集》云：孟蜀時兵部尚書李昊每將牡丹花數枝遺親友，以興平酥同贈，曰俟花凋謝，以酥煎食之，無棄穠豔也。其風流貴重如此。東坡《雨中明慶寺賞牡丹》詩：「霏霏雨霧作清研，爍爍明燈照欲然。明日春陰花未老，故應未忍著酥煎。」又云：「千花與百草，共盡無妍鄙。未忍污泥沙，牛酥煎落蘂。」用此事也。《南部新書》曰：長安三月十五日，兩街看牡丹奔走車馬。慈恩寺元果院牡丹先於諸牡丹半月開，太真院後諸牡丹半月開。裴兵部《題白牡丹》云：「長安豪富惜春殘，爭賞先開紫牡丹。別有玉杯承露冷，無人起就月中看。」白樂天《牡丹芳》一篇絶道花之妖艷，至有「遂使王公與卿士，遊花冠蓋日相望。花開花落二十日，一城之人皆若狂。」《惜牡丹》詩云：「明朝風起應吹盡，夜惜衰紅把火看。」元稹、羅隱、徐凝、許渾之徒，題詠甚衆，宋時尤盛於洛陽。歐公云：洛陽之俗，大抵好花，春時城中無貴賤皆插花，雖負擔者亦然。花開時士庶競爲遊遨，往往於古寺廢宅有臺處爲市井張幄帟，笙歌之聲相聞。《洛陽名園記》云：洛中花甚多種，而獨名牡丹曰花王，凡園皆植牡丹而獨名此曰花園子，蓋無他，池亭獨有牡丹數十萬本。凡城中賴花以生者，畢家於此。至花時，張幕幄列市肆，管絃其中。城中士女絶煙火游之。過花時則復爲丘墟矣。陸放翁云：天彭號小西京，以其俗好花，有京洛之遺風，大家至千本。花時，自太守而下，往往即花盛處張飲帟幕，車馬歌吹相屬，最盛於清明寒食時。在寒食前者謂之火前花，其開稍久，火後花則易落。最喜陰晴相半時，謂之養花天。栽接剔治，各有其法，謂之弄花，其俗有「弄花一年，看花十日」之語。故大家例惜花，可就觀不可輕翦，蓋一翦則次年花絶少。州家歲常以花餉諸臺及旁郡，蠟蔕筠籃旁午於道。予客成都，成都帥以善價私售于花户，得數百苞，馳騎取之，至成都露猶未晞。其大徑尺，夜宴西樓下，燭焰與花相映發，影搖酒中，繁麗動人。石湖《吳郡志》云：牡丹，唐以來止單葉，本朝洛陽始出多葉千葉，遂爲花中第一。頃朱勔家圃在閶門內，植牡丹數十萬本，以繒綵爲幕，彌覆其上。每花身飾以金牌記其名。勔敗，牡丹皆援爲薪。中興以來，人家稍復接種，有得洛陽花種至吳中者，不過十餘種，姚魏蓋不傳矣。顧清《松江府志》云：牡丹自宋來盛於吳下，吾鄉則國初曹明仲所譜寶樓臺以下十五品最奇，竝家傳洛京舊種，其名多見歐譜。近歲人家所植，唯壽安樓子二三種，深紅已爲難得，餘不復見。楊君謙《吳邑志》云：牡丹，人家亭館多種，率粉紅色，號玉樓春，接壤皆是，鮮有紅紫者，雖白色亦難得。吾蘇自玉樓春外，僅有壽安紅、平頭紫、寶樓臺，而寶樓臺紫紅色，尤富麗瓌瑋可觀。求如書傳所記，百不及一，而栽接培壅之法，亦無傳矣。但於花時邀親朋置酒賞翫，略存故事焉。予觀姚燧《牡丹序》載左紫、壽安紅、狀元紅、衡山紫、玉版白諸奇品，而姚魏二種已不復有，且叙其見之之難。彼生於中土且然，況僻處東南者乎？蓋自戎馬蹂躪，南渡以還，宜其絶種。今取古來栽接培壅澆灌脩理諸法，具載於篇，倘遇名花，以此待之也。歐記云洛人家家有花而少大樹者，以其不接則不佳。春初時，洛人於壽安山中斲小栽子賣城中，謂之山篦子，人家治地爲畦塍種之，至秋乃接。接花工尤著者謂之門園子，豪家無不邀之。姚黃一接頭直錢五千，秋時立契買之，至春見花，乃歸其直。洛人甚惜此花，不欲傳，有權貴求其接頭者，或於湯中醮殺與之。魏花初出時，接頭亦直五千，今尚直一千。接時須用社後重陽前秋分內，過此不堪矣。花之本去地五七寸許截之乃接，以泥封裹，用軟土壅之，以箬葉作菴子罩之，不令見風日，唯南向留一小户以達氣，至春乃去其覆，此接花之法也。用瓦亦可。種花必擇善地，去舊土，以細土用白斂末一斤和之，蓋牡丹根甜，多引蟲食，白斂能殺蟲，此種花之法也。澆花亦自有時，或用日未出，或用日初時。九月旬日一澆，十月、十一月兩三日一澆，正月間日一澆，二月一日一澆，此澆花之法也。一本發數朵者擇其小者去之，止留一二朶，謂之打剝，懼分其脉也。花纔落便翦其枝，勿令結子，懼其

易老也。春初既去箬菴，便以棘數枝置花叢上，棘氣煖，可以辟霜，不損花芽，此養花之法也。花開漸小於舊者，蓋有蠹蟲損之，必尋其穴，以硫黄簪之。其旁又有小穴如鍼孔，乃蟲所藏處，花工謂之氣窓，以大針點硫黄末鍼之，蟲乃死，花復盛，此醫花之法也。烏賊魚骨用以鍼花樹，入其膚，花必死，此花之忌也。見歐陽永叔《洛陽風土記》。

明　謝肇淛《五雜俎》卷九《物部一》　牡丹自唐以前無有稱賞，僅《謝康樂集》中有「竹間水際多牡丹」之語，此是花王第一知己也。楊子華有《畫牡丹處極分明》之詩。子華，北齊人，與靈運稍相後。段成式謂隋朝《種植法》七十卷中初不説牡丹，而《海山記》迺言煬帝闢地爲西苑，易州進二十相牡丹，有赭紅、赬紅、飛來紅等名，何其妄也。自唐高宗後苑賞雙頭牡丹，至開元始漸貴重矣。然牡丹原止呼木芍藥。芍藥之名著於風人吟咏，而牡丹以其相類，依之得名，亦猶木芙蓉之依芙蓉爲名耳。但古之重芍藥亦初不賞其花，但以爲調和滋味之具，而牡丹不適於口，故無稱耳。今藥中有牡丹皮，然惟山中單辦赤色、五月結子者堪用，塲圃所植不入藥也。

又　卷一〇《物部二》　牡丹，自閩以北，處處有之，而山東河南尤多。《埤雅》云：丹延以西及褒斜道中與荆棘無别，土人皆伐以爲薪，未知果否也。余過濮州曹南一路，百里之中，香風逆鼻，蓋家家圃畦中俱植之，若蔬菜然。搢紳朱門高宅，空鎖其中，自開自落而已。然北地種無高大者，長僅三尺而止。余在嘉興吴江所見，迺有丈餘者，開花至三五百朶，北方未嘗見也。此花唐宋之時莫盛於洛陽，今則徒多而無奇，豈亦氣運有時而盛衰耶？

明　曹學佺《蜀中廣記》卷六二《方物記第四·牡丹》　按天彭牡丹今已寥寥，成都惟汶川郡邸好植牡丹，已累世矣。故此花特盛，而蜀藩不敢與之較。黄碧二色絶無，紅者曰魚血紅、播州紅，最著，然亦隣于紫。有平頭紫者，頭有九，合爲一朶，可得徑尺，有五樹高，亦可得丈計者，予江南所未見也。醉西施則與江南同之。紅者一種曰雀翎紅，亦有斑點，大抵如譜中所稱鹿胎紅耳。白者一種，與鶴翎俱單葉，其神不王也。

明　萬曆《紹興府志》卷一一《物産志》　牡丹自吴越時，盛於會稽。時錢傳瓘爲會稽，喜栽植牡丹。其盛若菜畦，其成叢列樹者，顔色葩芳，率皆絶異，人號爲花精。會稽光孝觀有牡丹，亦甚異。其尤者，名醉西施。宋熙寧間，程給事闢鎮越，嘗領客賞焉。公與客皆賦詩，刻石觀中。曹娥廟前牡丹二株，亦不凡。雖單葉，而著花至數百苞。剡人尤好植之。歐陽公《花品》：「牡丹南出越州。」宋僧仲林《序》：越之所好尚，唯牡丹。其絶麗者，三十二種。始乎郡齋豪家右族，梵宇、道宫、池臺、水榭，植之無間。來賞者不問親踈，謂之看花局。澤國此月，多輕雲微雨，謂之養花天。俚詞云，彈琴種花，陪酒陪茶。時雍熙三年月秋移花日序。

明　高濂《遵生八牋》卷七《起居安樂牋上·高子花謝詮評》　牡丹譜類數多佳本，遇目亦少。大紅如山茶石榴色者，寓形於圖畫有之，托根於土壤未見。他如狀元紅、慶雲紅、王家紅、小桃紅、雲容露、濕飛燕、新粧、茄紫、香紫、臙脂樓、潑墨紫、國色烟籠、玉環、沉醉、尺素、白剪絨、水晶簾捲、月露生香、御衣黄、舞青霓、一捻紅、緑蝴蝶、玳瑁闌開、朝霞散彩數種之外，無地多栽。

又　卷一六《燕閑清賞牋下·牡丹花譜·種牡丹子法》　六月時，候看花上結子微黑將皱開口者，取置向風處晾一日，以瓦盆拌濕土盛起。至八月取出，以水浸試，沉者開畦種之，約三寸一子，待來春當自得花。

又　《牡丹所宜》　牡丹宜寒惡熱，宜燥惡濕，根窠喜得新土則旺，懼烈風炎日。栽宜寬廠向陽之地，爲牡丹所宜。

又　《種植法》　栽宜八月社前或秋分後三兩日，若天氣尚熱，遲遲亦可。將根下宿土緩緩掘開，勿傷細根，以漸至近。每本用白蘞細末一觔，一云硫黄脚末二兩，猪脂六七兩拌土，壅入根窠填平，不可太高，亦不可築實脚踏。填土完，以雨水或河水澆之，滿臺方止。次日土低凹，又澆一次，填補細泥一層。若初種，不可太密，恐花時風鼓，互相抵觸，損花之榮，此爲種花之法也。其種子落地，直至春芽發葉長，是子活矣。六月須備箔遮，夜則受露，二年八月，移栽别地則茂，此護子法也。

又　《分花法》　揀大墩茂盛花本，八九月時全墩掘起，視可分處剖開，兩邊俱要有根，易活，用小麥一握拌土栽之，花茂，此分花法也。

又　《接花法》　芍藥肥大根如蘿葡者，擇好牡丹枝芽，取三四寸長削尖匾如鑿子形，將芍藥根上開口插下，以肥泥築緊，培過一二寸即活。又以單瓣牡丹種活根上，去土二寸許，用礪刀斜去一半，擇千葉好花嫩枝頭有三五眼者一枝，亦削去一半，兩合如一，用麻縛定，以泥水調塗麻外，仍以瓦二塊合圍壅泥，待來春花發，去瓦，以草薦護之，茂即有花，此接花法也。

又　《灌花法》　灌花須早，地凉不損根枝，八九月五日一澆，積久雨水爲妙。立冬後三四日一澆糞水。十一月後，爬鬆根土，以宿糞濃澆一次二次，餘澆

河水。春分後不可澆水，待穀雨前又澆肥水一次，且澆不宜驟。六月暑中不可澆水，旱則以河水黑旱澆之，不可濕了枝葉。北方土厚，不宜糞澆，亦不宜井水，此澆花法也。

又《培養法》 八九月時，用好土根上如前法培壅一次，比根高二寸，須隔二年一培。穀雨時設箔遮蓋日色雨水，勿令傷花，則花久。花落即前花枝嫩處一二寸，六月時亦須設箔，勿令曬損花芽，冬以草薦遮雪，此培養法也。

又《治療法》 冬至前後，以鍾乳粉和硫黄一二錢掘開泥培之，則花至來春大盛。種時以白歛拌土，欲絶蠐螬土蠶食根。有蛀眼處，以硫黄末入孔，杉木削針針之，蟲斃。若有空眼處，折斷捉蟲，亦一法耳。此爲治療法也。

又《牡丹花忌》 北方地厚，忌澆肥糞油粈肥壅。忌觸麝香、桐油、漆氣。忌用熱手搓摩摇動。忌草長藤纏，以奪土氣傷花。四傍忌踏實，便地氣不升。忌初開時即便採拆，令花不茂。忌人以烏賊魚骨針刺花根，則花弊凋落。此牡丹之所忌也。

又《古亳牡丹花品目》 黄類：

御衣黄千葉，色似黄葵。　淡鵝黄初開微黄，色如新鵞黄，後漸白，平頭。聞有太真黄，未見。

大紅類：

大紅舞青猊千葉樓子，胎短花小，中出五青瓣，宜向陽。

石榴紅千葉樓子，胎類王家紅。　曹縣狀元紅千葉樓子，宜成樹，背陰。

金花狀元紅大瓣平頭，微紫，每瓣上有黄鬚，故名。宜陽。

王家大紅千葉樓子，胎紅而頭尖，微曲，宜陽。

大紅剪絨千葉平頭，花瓣如剪。　大紅繡毬花類王家紅，葉微小。

大紅西瓜穰千葉樓子，宜陰。　小葉大紅千葉，頭小難開。

金絲大紅平頭不甚大，每瓣上有白絲毫，謂之金線紅。

硃砂紅千葉樓子，宜陽。　暎日紅千葉樓子，細瓣宜陽。

錦袍紅千葉平頭。　羊血紅千葉平頭，易開。

九蕋珍珠紅千葉，花中有九蕋。

石家紅千葉平頭，不甚緊。　七寶冠千葉樓子，難開，又名七寶旋心。

醉胭脂千葉樓子，莖長，每開頭垂下，宜陽。

桃紅類：

魏紅千葉。　大葉桃紅千葉樓子，宜陰。

桃紅舞青猊千葉樓子，中出五青瓣，河南名睡緑蟬，宜陽。

壽安紅平頭黄心，有粗細葉二種，粗者香。

壽春紅千葉平頭，胎瘦小，宜陽。　殿春芳千葉樓子，開遲。

醉桃仙千葉，花外白内紅，難開，宜陰。　皺葉桃紅千葉樓子，葉圓而皺，難開，宜陰。

美人紅千葉樓子。　蓮蕋紅千葉樓，瓣似蓮。

梅紅平頭千葉深桃紅。　桃紅西瓜穰千葉樓子，胎紅而長，宜陽。

海天霞千葉平頭，開大如盤，宜陽。　陳州紅千葉樓子。

翠紅粧千葉樓子，難開，宜陰。　桃紅線千葉。

桃紅西番頭難開，宜陰。　桃紅鳳頭千葉，花高大。

四面鏡有旋瓣。　輕羅紅千葉。

嬌紅樓臺千葉，淺紅桃紅，宜陰。　花紅綉毬千葉，細瓣，開圓如毬。

淺嬌紅千葉樓子。　醉嬌紅千葉微紅。

嬌紅色如魏紅不甚，千葉。

出莖紅桃千葉，大尺餘，其莖長二尺許。

西子紅千葉，開圓如毬，宜陰。　紫玉千葉，白瓣中有紅絲紋，大尺許。

海雲紅千葉，色紅如朝霞。

粉紅類：

玉芙蓉千葉樓子，成樹則開，宜陰。　素鸞嬌千葉樓子，宜陰。

水紅毬千葉叢生，宜陰。玉兔天香二種，一早開，頭微小，一晚開，頭極大，中出二瓣如兔耳。醉楊妃二種，一千葉，種子宜陽，一平頭，極大，不耐日色。

赤玉盤千葉平頭，外白内紅，宜陰。　回回粉西施細瓣樓子，外紅内粉紅。

粉西施千葉甚大，宜陰。　醉西施千葉，開久露頂。

觀音面千葉，開緊不甚大，叢生宜陽。

粉嬌娥千葉，白色帶淺紅，即膩粉粧。

西天香開早，初甚嬌，三四日則白矣。

彩霞紅千葉平頭。　玉樓春千葉，多雨盛開。

鶴翎紅千葉。　醉春容色似玉芙蓉，開頭差小。

醉玉樓千葉，色白起樓。　一百五千葉，過清明即開，又名滿園春。

合歡花千葉，一莖兩朵，未見。　倒暈檀心千葉，外深紅近萼反淺白。

肉西施千葉樓子。　三學士千葉三色。

紫類：

紫舞青霓千葉，中出玉青瓣。　腰金紫千葉，有黃鬚一圍。

葉底紫千葉莖短，葉覆其花。　即黑紫千葉樓子，色類黑葵。

丁香紫千葉樓子。　瑞香紫千葉大瓣。

平頭紫千葉，大徑尺。　徐家紫千葉，花大。

茄花紫千葉樓子，又名藕絲合。　紫姑仙千葉樓子，大瓣。

紫綉毬千葉花圓。　紫羅袍千葉，又名茄色樓。

紫重樓千葉，難開。　紫雲芳千葉，又名多叢樓。

駝褐裘千葉。　淡藕絲千葉樓子，淡紫色，宜陰。

烟籠紫千葉，淺淡交映。

白類：

白舞青猊千葉樓子，中出五青瓣。

萬卷書千葉，花瓣皆卷筒，又名波斯頭，又名玉玲瓏。一種千葉桃紅，亦同名。

玉重樓千葉樓子，宜陰。　無瑕玉千葉。

水晶毬千葉粉白。　白剪絨千葉平頭，瓣上如鋸齒，又名白纓絡，難開。

緑邊白千葉，瓣有緑色。　羊脂玉千葉樓子，大瓣。

慶天香千葉粉白。　玉天仙千葉粉白。

玉綉毬千葉。　玉盤盂千葉平頭，大瓣。

蓮香白千葉平頭，瓣如蓮花，香亦如之。

青心白千葉心青。　伏家白千葉。

鳳尾白千葉。　遲來白千葉。

平頭白千葉花者，大尺許，難開，宜陰。

金絲白千葉白色。　佛頭青千葉樓子，大瓣，群花謝後始開，瓣有緑色，汴名緑蝴蝶，四名鴨蛋青。

明 王路《花史左編》卷一《花之品·花后擬母儀天下》　真宗祀汾陰，還過洛陽，留燕淑景亭，牛氏獻華。　魏華者千葉，肉紅，華出於魏相仁溥家。始樵者於壽安山中見之，斷以賣魏氏池館，甚大。傳者云，此華初出時，人有欲閲者，人十數錢乃得登舟渡池至華所。魏氏日收十數緡。其後破亡，鬻其園宅。今普明寺後林池，乃其地。僧耕之以植桑棗。華傳民家甚多，人有數其華者，云至七百葉。故人嘗謂牡丹華王。今姚黃真爲王，而魏乃后也。

又 卷一四《花之運·牡丹花》　唐時此種獨少，長慶間開元寺僧惠澄自都下偶得一本，謂之洛花。白樂天攜酒賞之，唐張處士有牡丹詩，宋蘇子瞻有牡丹記，自古各家逸士無不首愛此花者。

明 周文華《汝南圃史》卷六《木本花部上·牡丹·種柤子法》《洛記》云：凡欲種花子，先於五六月間擇背陰處肥美地治作畦，七月以後取千葉牡丹花子，候花瓶欲拆，其子爲變，當時採之取子，於已治畦地內一如種菜法種子，不得隔日，隔日多即花瓶乾而子黑，子黑則種之萬無一生矣。撒子欲密不欲疎，疎則不生，不厭太密。地稍乾即以水灌之，灌後水脉勻潤，然後撒子訖，耙耬一如種菜法。每十日一澆，有雨即止。冬月須用木葉蓋護，候月餘即生芽。葉生時頻去草，久無雨即十日一澆，切不可用糞。至八月秋社前治畦，分開種之，如栽菜法，其中或有却成千葉者。

又《接花法》　山丹，單葉牡丹也。千葉牡丹須於山丹上接。　潁濱《西軒種山丹》詩云：「淮陽千葉花，到此三百里。城中衆名園，栽接比桃李。吾廬適新成，西有數畦地。乘秋種山丹，得雨生可喜。山丹非佳花，老圃有深意。宿根已得土，絶品皆可寄。明年春陽升，盈尺爛如綺。居然盜天功，信矣斯人智。根苗相因依，非真亦非僞。客來但一笑，勿問所從致。」又云：「築室力已盡，種花功尚疎。山丹得春雨，艷色照庭除。末品何曾數，羣芳自不如。今秋接千葉，試取洛人餘。」《洛記》云：接花必以秋社後九日前，餘皆非其時也。接花，預於二三年前種下種子，惟根盛者爲佳。削接頭欲平而闊長，令根皮含接頭，勿令作陡瓣，瓣陡則帶皮處厚而根狹，瓣陡則接頭多退出而皮不相對，津脉不通，遂致枯死矣。接頭繫縛欲密，勿令透風，不可令雨濕瘡口。接頭必以細土覆之，不可令人觸動。後月餘，須時時看覷根下土，勿令枝生芽，芽生即分減却脉而接頭枯矣。凡選接頭，須用木之肥嫩，花芽盛大，平而圓實者爲佳，虛尖者無花矣。《瑣碎録》云：凡接牡丹須令人看視之，如一接便活者逐歲有花，初接不活，削去再接者只當年有花。又云：牡丹於芍藥根上接易發無失，一二年，牡丹自生本根，則旋割去芍藥根，成真牡丹矣。《霏雪録》云：張茂卿好事，其家西園有一樓，四圍植奇花殆遍。常接牡丹於椿樹之杪，花盛時延賓客於樓推窓翫焉。按歐記、《洛記》皆云牡丹宜社後重陽前接，而《瑣碎録》云凡花皆宜春種，惟牡丹秋社前

後接種。《便民圖纂》乃云接時須二三月間，不知何據，恐不可從。

又《分栽法》 八九月中，將根旁新枝隔二三年者抓去根邊泥，用毛竹片切斷其根，不用鐵器，又不可傷其根上細鬚。移栽肥土，用黄土尤佳。栽時記取南枝，掘坑提置坑中，四圍用鬆泥滲實，勿令脚踏。根不宜太深，數日以糞水澆之，一二年即開花。切記分後不可摇動及水浸日曬，皆不活，須以小籬竹圍栅之。冬間亦可分，但不如秋分之及時耳。

又《栽花法》 《洛記》云：凡欲栽花，須用四五月先治地，如地稍肥美，即翻起深二尺以上，去瓦礫，頻鋤削，勿令生草。至秋社後九日前栽之。若地多瓦礫，或帶鹽滷，則鉏深三尺以上，去盡舊土，别取新好黄土换填。切不可用糞，用糞即生蠐螬蟲而蠹花根矣，根蠹則花頭不大而不成千葉也。栽花不欲深，深則根不行而花不發旺也。但以瘡口齊土面爲佳，此深淺之度也。掘土坑須量花根長短爲淺深之准，坑欲闊而平，土欲肥而細，先於土坑中心拍成小土墩子，欲上鋭而下闊，將花於土墩上坐定，然後整理花根，令四向横垂，勿使屈摺爲妙。然後用生黄土覆之，以瘡口齊土面爲准。潁濱《補種牡丹》云：野草凡花着地生，洛陽千葉種難成。姚黄性似天人潔，糞壤埋根氣不平。又同遲賦千葉牡丹云：「未换中庭三尺土，漫種數藂千葉花。」牡丹初移，有蘂不可留，亦不可以手犯之，宜以銀簪點其中，花蘂自萎。勿用鐵鍼。又牡丹結蘂，交春時鵶雀白頭公之屬逬逬啄碎，須加意驅逐，愛惜花蘂。每花頭或用落葉卷札，使不得近。韓魏公《安陽集》云：牡丹初芽，爲鵶啄之，感而成咏，云：「牡丹經雨發香芽，滿地新紅困鵲鵶。利嘴可能傷國色，只教春色入凡花。」蓋有所感云。

又《打剥花法》 《洛記》云：凡千葉牡丹，須用八月社前打剥一番，每株上只留花頭四枝已下，餘者皆可截作接頭，於祖上接之。候至來年二月間，所留花芽小葉，見其中花蘂，切須仔細辨認，若花芽頭平而圓實即留之，此千葉花也，若蘂尖虚即不成千葉，當須去之。每株只留三兩蘂可也，花頭多即不成千葉，而開頭小矣。《瑣碎録》云：牡丹著蘂如彈子大時試捻之，十朵之中必有兩三朵不實者，去之，則不奪他花之力。

又《澆壅法》 牡丹喜燥惡溼，不可用雨水浸其根，浸之必不盛。若天旱，宜用水或糞水澆，勿令枯槁。牡丹用猪泥糞不生蟲，用犬糞羊糞曬乾擣碎壅根極肥。牡丹旁栽魚腥草及辟麝草則不生蟲。《瑣碎録》云：牡丹將開，不可多灌，土寒則開遽，翦花欲急，急則花無傷。又云：牡丹芍藥插瓶中，先燒枝斷處令焦，鎔臘封之，乃以水浸，可數日不萎。

明 徐應秋《玉芝堂談薈》卷三六《牡丹譜》 胡質《牡丹譜》載：黄者御袍黄、淡鵞黄，紅者大紅、舞青霓、石榴紅、曹縣狀元紅、金花狀元紅、王家大紅、大紅剪絨、大紅綉毬、大紅西瓜瓤、小葉大紅、金絲大紅、硃砂紅、映日紅、錦袍紅、羊血紅、九藥真珠紅、石家紅、七寶冠、醉胭脂。桃紅者，魏紅、大葉桃紅、桃紅舞青霓，壽安紅、皺葉桃紅、海紅、平頭蓮蕊紅、海天霞、桃紅西瓜穰、翠紅粧、陳州紅、桃紅西番、頭桃紅、線四、面鏡桃紅、鳳頭嬌紅、樓臺輕羅紅、淺嬌紅、花紅、綉毬嬌紅、醉嬌紅、出莖絲作西子紅、紫玉、海雲紅、粉紅者，玉芙蓉、素鸞嬌、水紅、毬玉兔、天香、醉楊妃、赤玉盤、粉西施、觀音面、醉西施、粉嬌娥、西天香、彩霞紅、玉樓春、鶴翎紅、醉春紅、醉玉樓、一百五、合歡花、倒暈檀心、肉西施、三學士。紫者，紫舞、青霓、腰金紫、瑞香紫、平頭紫、葉底紫，即墨紫、丁香紫、徐家紫、茄花紫、紫仙姑、紫綉毬、紫羅袍、紫重樓、紫雲芳、駝褐毬、淡藕絲、籠烟紫。白者舞青霓、萬卷書、玉重樓、無瑕玉、水晶毬、白剪㧝、緑邊白、羊脂玉、楊姿玉、慶天香、玉天仙、玉綉毬、玉盤盂、蓮香白、青心白、伏家白、鳳尾白、雁來白、平頭白、金絲白、佛頭青、鴨蛋青。【略】《海山記》：煬帝闢地爲西苑，易州進二十種牡丹，有赭紅、䞓紅、飛來紅、袁家紅、醉妃紅、海雲紅、天外紅、一拂黄、軟條黄、延安黄、先春紅、嬗風嬌等名。又牡丹品外之奇，薛蕙集《李子西送佛頭青花，得自永寧王宫中，喜而賦詩，改名蕚緑華》云：「故人真好事，爲我致名花。書寄夷門道，春來帝子家。玉肌如素雪，翠袖影青霞。合避金仙號，更名蕚緑華。」今牡丹種類有緑蝴蝶，南人呼爲佛頭青，西人謂之鴨蛋青，放蕋時，枝葉純緑。洛中花工宣和中以藥培壅白牡丹、如玉、千葉、一百五、玉樓春等根下，次年花皆作淺碧色，歲貢禁府，價在姚黄之上，號歐家碧，外廷所未識也。正統間，天香圃牡丹，一品變成緑色，凡開三朵。憲宗曾畫其形色，詠之以詩。古人詠緑牡丹詩如「池縠摇光亂，窗綃掩態妍」。又「珠憐金谷妓，蕚降九疑仙」。國朝徐天池「牡丹緑者未曾聞，狡獪司花此弄新。漢水鴨頭新作帔，隴山鸚鵡未呼人。韓郎頃刻愁難學，酒輩逡巡醉可頻。不羡張家回道士，自拋紅粉煉庚辛」。王元美「秦女曉妝將掩鬢，曲江春譙剪爲紗」之句，又絶句「沉香亭畔玉嵯峨，壘壘春山捧翠螺。何似江南天水碧，周娘親爲剪宫羅」，皆佳什也。又今牡丹各色花俱有，獨正黄者不可得，不知姚黄一種何以便絶。王敬美先生在關中時，秦藩有黄牡丹，盛開宴客，敬美甚詫，以重價購二本携歸。至來年開，花則仍白色耳，始知秦藩

亦以黃梔水澆其根而爲之耳。歐陽公作花目二十四種，後于錢思公屏上得牡丹九十餘種，然思公花品無聞於世。宋次道《河南志》于歐公後又增二十餘名。滎陽張珣撰譜三卷，凡千葉五十八品，多葉六十二品，單葉一百十九品，又以芍藥附其末，皆叙其顏色、容狀及所以得名之故，又訪于故圃，得種接、養護之法，各載於圖後，最爲詳備。大觀政和以後，花之變態，又有在珣譜之外者，其中姚黃一種尤驚人眼目，花頭面廣一尺，其芳香特異，號一尺黃。又洛陽陳州園户朱家忽開牡丹一枝，色如鵞雛而淡黃，其面一尺三四寸，高尺許，柔葩重疊，約千百葉，本姚黃也，而于花英之際，有金粉一縷暈之，其心紫蕋亦粉縷之，朱氏乃以縷金黃目之以籧篨，作一欄屋圍帳，復張青帘護之于門首，遊人輸千錢乃得入觀。又京國花卉之盛，尤以牡丹爲上。慈恩寺有花兩叢，每開及五六百朵，繁艷芬馥，會昌中朝士數人坐賞，因云牡丹之盛世所賞者，淺紫淡紅而已，竟未識紅之深者。院主老僧微笑曰：安得無之，但諸賢未見耳。乃自開一房，施設幡像有板壁，遮以舊幕，幕下啓門而入，至一院有小堂兩間，殷紅牡丹一窠，幾及千朵，初旭才炤，露華半晞，濃姿半開，炫燿心目，朝士驚賞留戀及暮而去。《洞微志》：錢仁沅爲元帥，與中軍都虞候金詔比鄰。詔堂東植牡丹一本，開花三百朵，其色如血，每瓶子上有碎金絲，如蛺蝶之狀，一城以爲奇異。

明 何宇度《益部談資》卷中　牡丹諸色俱備，千葉而大如毬，兩都所不及也。一名魚血紅者獨艷，惟無黃者。

明 宋詡《竹嶼山房雜部》卷一〇《樹畜部二・種花卉法・牡丹》　牡丹花甚肥大，多葉，高簇者曰接子。《埤雅》曰：「世謂牡丹爲花王。」周濂溪曰：「牡丹，花之富貴者也。」花葉單者曰山丹。

花品甚衆，歐陽文忠公及本朝周府皆有譜，記之詳而種植灌溉之法不同。蓋余家松江，薄音博下隰之處，土中常有瀦音猪水，多灌則土冷淖而寒生，意根更蝕朽。初分者天久晴燥，間十日灌一次，至立冬灌一次，臘月終灌一次，纔得春意，遂挾春驕，復不宜灌。怯春風，護著花豐。秋分通起出於土面，視根盛，析而種之。或劚竹足切芍藥，剪牡丹枝，兩裁爲七頭接之，至來秋驗其本體生根，裁去芍藥即真也。花過速剪去，則花牀無傷。《霏雪録》云：張茂卿嘗接牡丹於椿樹之杪，花開時延賓客推樓觀焉。

明 佚名《名花譜・牡丹》　唐時此種獨少，長慶間開元寺僧惠澄，自都下偶得一本，謂之洛花。樂天諸公競賞之，自是而牡丹遂蕃蕪于天地間。富貴榮籍，此花爲最。

清 曹溶《倦圃蒔植記》卷上《花卉一・牡丹》　牡丹一種，世稱花王。《事物紀原》云：唐武后冬月遣詔遊後苑，百花俱開而牡丹獨遲，遂貶於洛陽，故洛陽花爲天下冠。然北齊楊子華已有畫牡丹，昔人辨之審矣。獨計接花之法始於王愷，而不聞以此種花□金谷小兒，豈前此未之有耶？花計百種，具載歐陽修、陸務觀、史正志諸譜。大抵此花宜秋社前或秋分後緩去宿土，勿傷細根，隨坐壇內，用土輕覆，即以雨水或河水灌之，滿壇方止。俟次日土乾低凹，填滿復澆如初。和土宜白歛末，每花一本用末一觔，能殺諸蟲。或云牡丹中秋生日移栽必旺，須直其根，屈之則死，此栽花之法也。種子則於六月收枝間黑子，風曬一日，盛以濕土，八月以水試之，取沉者畦種，約三寸一株，來春芽長，驗是子活。次年八月，便可移種。然性畏日炙，夏月須用葦箔遮之，此種花之法也。分花須揀棵大枝多者，八九月間全根掘出，視可分處，用手劈開，以小麥一握拌土，栽如前法，此分花之法也。接花亦宜秋分前後，將本枝及分枝各斜削去半，合如一株，用麻縛定，調泥塗之，以兩瓦圈合，内填細泥待來春去瓦，隨以草苫圍之。或揀芍藥根肥大如蘿蔔者削光如馬耳，將牡丹枝劈開如燕尾，插下縛緊，以肥泥培之，即活。或云立春如遇子日，於茄根上接牡丹花，不出一月即爛熳，亦接花之法也。澆花亦有候，八九月旬日一澆，法宜雨水，立冬後五日一澆，法宜糞水，十一月後搜鬆根土，以宿糞濃澆一次或二次，餘宜河水。至冬末地凍，春分花發，夏際天炎，俱不可澆，澆則花開不齊，且多損根鬚。或遇旱，則於凌晨以河水澆之，勿使濕其枝葉。一云牡丹芍藥俱可洒澆，此澆花之法也。培養須八九月時壅土二寸，三年一次，春夏風日，覆以帳幕，秋冬霜雪，障以棘枝。花未放，去其小蕊，謂之打剥，花纔落，翦其故枝，勿傷花床。又於冬至日以鍾乳粉和硫磺少許置根下，或撥開花根，以水中苔衣壅之，則來春花盛，此壅花之法也。折枝插瓶，先燒斷處，鎔蠟封之，可貯數日不萎，或用蜜養芍藥亦然。如已萎者，翦去下截爛處，用竹架起，於水缸中盡浸枝梗，一夕復鮮，此養花之法也。花所畏忌，如香麝油添多種，葱蒜韭薤以辟之。土蠶木蠹，徧填白歛硫磺以殺之。孝子、孕婦、□僧、猥尼所翦折，廣設絶交論以防之，此醫花之法也。至如《清異録》載擡舉牡丹法，以九月取角屑硫磺，碾如麪，拌細土，挑動花根壅罨，入土一寸，出土三寸，地脈既煖，立春漸有花蕾生如粟粒，即掐去，惟留中心二蕊，氣聚故花肥，

至開時大如益面。《物類相感志》載腰金牡丹法，以白木放根下，諸般顏色悉是腰金，則又幻花之法也。語云「弄花一年，看花十日」，花何可不珍惜哉？

清 陳淏子《秘傳花鏡》卷三《花木類考·牡丹》 牡丹爲花中之王，北地最多。花有五色千葉重樓之異，以黄紫者爲最。自歐陽修作記後，人皆烘傳其名，遂有《牡丹譜》。今乃取其一百三十一種詳釋於後，其性宜涼畏熱，喜燥惡濕。根窠樂得新土則茂，懼烈風酷日，須栽高廠向陽之所，則花大而色妍。移植在八月社前，或秋分後皆可。根下宿土少留，切勿掘斷細根。每種過，先將白斂末一斤拌匀新土内，因其根甜，多引土蚕螬蟲，故用白斂殺之。再以小麥數十粒撒下。然後坐花於上，以土覆滿，復將牡丹提與地平，使其根直則易活，不可踏實，隨以天落水或河水灌之。子類母丁香而黑，六月收置向風處晾一日，以瓦盆拌濕土盛之。至八月中，取其下水即沉者而畦種之，待其春芽長大，五六月以葦箔遮日，夜則露之，至次年便可移種矣。然結子畦種，不若根上生苗分植之便。其接換亦在秋社前後，將種活五年以上小牡丹去地留一二寸，將利刀斜削去一半，再以佳種旺條截一段斜削去一半，上留二三眼，貼於小樹上，合如一木，以麻縛定，用濕泥抹其縛處，兩瓦合之，内填細土，待來春驚蟄後出瓦與土，隨以草薦圍之，未有不活者。其花愈接愈幻，昔張茂卿接牡丹於椿樹之上，每開則登樓宴賞，至今稱之。夏月灌溉必清晨或初更，必候地涼方可澆。八九月五七日一澆，十月十一月三四日一澆，十二月地凍，止可用猪糞壅之。春分後便不可澆肥，直至花放後畧用輕肥。六月尤忌澆，澆則損根，來年無花。花未放時，去其瘦蕋，謂之打剥。花將放，必用高幕遮日，則花耐久。開殘即剪，勿令結子，留子則來年不盛。冬至日，以鍾乳粉和硫黄少許置根下有益。如枝梗蟲蛀，當尋其蛀眼，用硫黄或塞或熏，或用杉木作針，針之自斃。性畏麝香、桐油、生漆氣，旁宜植逼麝草，如無即種大蒜，葱韮亦可。不使亂草侵土，并熱手撫摩。若折枝插瓶，先燒斷處，鎔蠟封之，可貯數日不萎。或用蜜養更妙。花謝後蜜仍可用，養芍藥亦然。如將萎者剪去，不截，用竹架起投水缸中浸一宿復鮮。一法以白未永放根下，諸般花色悉帶腰金，若北方地厚，雖無肥糞，即油籸肥壅之亦盛，不可一例論也。但忌犬。二，八月十五，是牡丹生日，洛下名園有植牡丹數千本者，每歲盛開，主人輒置酒延賞。若遇風日晴和，花忽盤旋翔舞，香馥異常，此乃花神至也，主人必起具酒脯，羅拜花前，移時始定歲以爲當。

又《附牡丹釋名》 正黄色計十一品

御衣黄千葉，似黄葵。姚黄千葉樓子，産姚崇家。淡鵞黄平頭，初黄後漸白。禁院黄千葉起樓子。甘草黄單葉深黄色。愛雲黄大瓣，平頭，宜熏肥。黄氣毬瓣圓轉淡黄。金帶腰腰一色深黄。女真黄千葉而香濃，喜陰。太平樓閣千葉高樓。蜜嬌本如樗，葉尖長，花五瓣蜜蠟色，中有蕋，根檀心。

大紅色計十八品

錦袍紅即潛溪緋，千葉。狀元紅千葉樓子，喜陰。朱砂紅日照如腥血，喜陰。舞青倪中吐五青瓣。石榴紅千葉樓子，喜陽。九蕋珍珠千葉，上有白點如珠。醉胭脂千葉，頸長頭垂。西瓜穰内深紅，邊淺淡。錦繡球葉微小，千瓣圓轉。羊血紅千葉平頭，易開。碎剪絨葉尖多缺，如剪。金絲紅平頭，瓣上有金絲。七寶冠千葉樓子，難開。映日紅千葉細瓣，喜陽。石家紅平頭，千葉，不甚緊。鶴頂紅千葉，中心更紅。王家紅千葉，樓尖微曲。小葉大紅頭小，葉多，難開。

花色計二十七品

蓮蕋紅有青趺三重。西番頭千葉，難開，宜陰。壽安紅平頭，細葉，黄心，宜陽。添色紅初白漸紅，後深。鳳頭紅花高大，中特起。大葉桃紅闊瓣樓子，宜陰。梅紅千葉平頭，深紅色。西子紅千葉圓花，宜陰。舞青霓千葉，心吐五青瓣。西瓜紅胎紅而長，宜陽。美人紅千葉，軟條樓子。嬌紅樓臺千葉，重樓，宜陰。海天霞平頭，花大如盤。輕羅紅千葉而薄。皺葉紅葉圓，有皺紋，宜陰。陳州紅千葉，以地得名。殿春芳晚開，有樓子。花紅綉毬細瓣而圓花。四面鏡有旋瓣，四面花。醉仙桃外白内紅，宜陰。出莖桃紅莖長，有尺許。翠紅粧起樓難開，宜陰。嬌紅似魏紅，而不甚大。鞓紅單葉，紅花，稍白，即青州紅。罌粟紅單葉，皆倒暈。魏家紅千葉肉紅，畧有紅，稍開最大，以姓得名。

粉紅色計二十四品

觀音面千葉，花緊，宜陽。粉西施淡中微有紅暈。玉兔，天香中二瓣，如兔耳。玉樓春千葉，多雨盛開。素鸞嬌千葉，樓子，宜陰。醉楊妃千葉，平頭，最畏烈日。粉霞紅千葉，大平頭。倒暈檀心外紅心白。木紅毬千葉，外白内紅，如毬。三學士係三頭聚萼。合歡嬌一蒂雙頭者。醉春容似醉西施，開久露頂。紅玉盤平頭，邊白心紅。玉芙蓉成樹則開，宜陰。鶴翎紅千葉，細長，本紅末白。西天香開早，初嬌後淡。回回粉細瓣，外紅内白。瑪瑙盤千葉，淡紅，白梢，檀心。雲葉紅瓣層次如雲。滿園春清明時即開。瑞露蟬花中抽碧心，如合蟬。疊羅中心瑣碎，如羅紋。一捻紅昔日貴妃匀面脂在手，偶印花上，來

年花生皆有指甲紅痕，至今稱以爲異。

紫色計二十六品

朝天紫金紫，如夫人服。　腰金紫腰間圍，有黄鬚。　金花狀元微紫，葉有黄鬚。　紫重樓千葉，樓最難開。　葛巾紫圓小，富麗如巾。　紫雲芳千葉，花中包有黄蕋。　紫羅袍千葉，瓣薄，宜陽。　丁香紫千葉，小樓子。　茄花紫千葉，樓深紫，即耦絲。　瑞香紫淺紫，大瓣而香。　舞青猊千葉，有五青瓣。　駝褐紫大瓣，色似褐衣，宜陰。　紫姑仙大瓣樓子，淡紫。　烟籠紫千葉，淺淡交映。　潛溪緋叢中特出緋者一二。　紫金盤千葉，深紫，宜陽。　紫繡毬即魏紫也。　千瓣樓子，葉肥大，而圓轉可愛。　檀心紫中有深檀心。　葉底紫似壘，紫花在叢中，旁必生一枝，引葉覆上，即軍容紫。　潑墨紫深紫色，類墨葵。　鹿胎紫千葉，紫瓣上有白點，儼若鹿皮紋，宜陽。　魏家紫千葉，大花，産魏相家。　平頭紫即左紫也。　千葉，花大徑尺，而齊如截，宜陽。　乾道紫色稍淡而暈紅。　紫玉千葉，白瓣，中有深紫色絲紋，宜陰。　錦團緑其幹亂生成叢，葉齊小而短厚，花千瓣，粉紫色，合紐如叢瓣細紋。

白色計二十二品

玉天仙多葉，白瓣，檀心。　慶天香千葉，粉白色。　玉重樓千葉，高樓子，宜陰。　線邊白瓣邊有緑暈。　蜜嬌姿初開微蜜，後白。　萬卷書即玉玲瓏，千瓣細長。　銀粧點千葉，樓子，宜陰。　水晶毬瓣圓，俱垂下。　玉剪裁平頭，葉邊如鋸齒。　白青猊中有五青瓣。　蓮香白平頭，花香如蓮。　伏家白以氏得名，猶如姚黄。　鳳尾白中有長瓣，特出。　玉盤盂多葉大瓣，開早。　玉版白單葉細長，如拍版。　鶴翎白多葉而長，檀心。　金絲白瓣上有淡黄絲。　羊脂玉千葉，樓子，大白瓣。　青心白千葉，青色心。　玉碗白單葉，大圓花。　平頭白花大尺許，難開，宜陰。　一百五瓣長多葉，黄蕋檀心，花最大，此品嘗至一百五日，先開。

青色計三品

佛頭青一名歐碧，群花謝後此花始開。　緑蝴蝶一名萼緑華。千瓣，色微帶緑。　鴨蛋青花青如蛋殼，宜陰。

牡丹花之五色燦爛，其形其色，其態度變幻，原莫可名狀。　後之命名，亦隨人之喜好，約數百種。　然而雷同者亦不少，兹存一百三十種，尚有疑似處，望博雅裁之。

清　鄒一桂《小山畫譜》卷上《牡丹》　［牡丹］即木芍藥。古有芍藥而無牡丹，永嘉時始見吟咏。　其花木本，高者五六尺，惟玉樓春可丈餘。　花大者逕尺，小者五六寸，千葉者貴。　或平頭，或起樓，色紅、黄、紫、白俱有，并有牙色、碧色、駝色、藕色、緑色、墨色、灑金等類。　葉俱九出，貼花處或三五出。　苞大蒂小，而蒂瓣葉大，枝葉破節。

清　李光地《月令輯要》卷七《三月令・雜紀》　筠籠賣花增《聞見前録》：洛中三月牡丹開，於花盛處作園圃。四方伎藝舉集，都人士女載酒争出，擇園亭勝地上下池臺間，引滿歌呼，不復問其主人。　抵暮遊花市，以筠籠賣花。　故王平甫詩曰：「風暄翠幕春沽酒，露濕筠籠夜賣花。」《東京夢華録》：是月季春，萬花爛熳，牡丹、芍藥、棣棠、木香，種種上市。　賣花者以馬頭竹籃鋪排歌叫之，聲清奇可聽。　晴簾静院，曉幕高樓，宿酒未醒，好夢初覺，聞之莫不新愁易感，幽恨懸生，最一時之佳況。

清　汪爲熹《鄢署雜鈔》卷七《牡丹六十二品》　牡丹盛於雒陽。　隆慶改元，汴城鎮平府奉國將軍安泥著《牡丹譜》，乃至六十二品。　是時，汴中牡丹當遠過雒陽矣，因録其品目，以備博覽。　泥自號青鸞仙子。　小山云魏紅，千葉肉紅花一曰魏紫，出魏相仁浦宅。　舞青猊，其色不知幾何，惟見白色者，大紅桃紅粉紅，聞有紫青猊，未之見。　花葉緊簇，中有二緑葉與睡露蟬相似。　緑蝴蝶，千葉，白花而緑邊，南人謂之佛頭青，西人謂之鴨彈青，開晚奈久。　七寶冠，各色或亦有之，所見者紅白而已。　花葉緊簇，上有七個旋，中出數瓣如冠狀。　錦團絲，千葉紅花，一名波斯頭。　花葉密蹙，皆是卷筒，如波斯之髮，今人謂萬卷書，非也。　烟籠紫，千葉嫩紫花，望之如烟霧籠罩。　醉仙桃，千葉桃紅花，緑葉長而細，花頭圓小，類桃垂在葉下。　無瑕玉，千葉，白花，通心如雪。　紫姑僊，千葉紫花，中有緑葉數個，如舞青猊。　醉猩猩，花紅如猩血，開頭小，在緑葉下。　碧琅玕，千葉，青梢白花，未開時長二三寸，緑皮裹之如竹筍，添色喜容。　千葉粉肉紅，初開色微淡，開二三日色方重而深。　回回粉西施，千葉，嫩粉紅花而無黑心，其花兩頭大而中細。　桃紅線，千葉桃紅花，其瓣上有絲縷，邊上有一道紅暈。　紫霞觴，千葉平頭，小紫花，開頭圓，邊有大托瓣，中皆小瓣，如酒杯形。　萬卷書，千葉，紫紅花，内外皆卷而向下，其花甚大而香。　素羅裳，嫩白花，葉少而散亂，類白羅狀。　白烟籠紫至此皆不見於古譜，蓋近得於四方者。　九蘂真珠紅，千葉大紅花，葉上有一點白如珠，而葉密蹙其蘂焉。　紫雲芳，千葉，深紫花。　潛溪緋，千葉緋紅花，出潛溪寺，寺在龍門山後，本是紫花，忽於叢中特出緋者，止一二朶，明年移在他枝，雒人謂之轉枝花。　添花紅，多葉，花始開白，經日漸紅，至洛乃類深紅，歐公曰：「此造化尤巧者。」倒暈檀心，多葉紅花。　凡花近萼色深，至末漸淺，此花外深色，近萼反淺白，而深檀點花瓣之心。　南天香，千葉粉紅花，緑葉厚大多紋，江南謂玉樓春。　王家紅與梁家紅俱千葉深紅，歐譜中惟稱丹州紅、延州紅，未有此名，今又有韓家紅、石家紅，頗相類，惟王家紅葉多

色鮮，來自亳州。壽安紅，有粗葉細葉二種，俱千葉大紅花也，出壽安縣錦屏山。合歡花，千葉並頭，肉紅花，一莖兩朶，渾如鞍子。醉楊妃，一曰醉春容，古譜云白花，微有淡紅色，開時垂英向下，今各色俱有，未詳孰是。紫樓臺，千葉深紫花，今徐家紫是。繡毬花，各色或亦有之，花大而圓若繡毬。殿春芳，千葉肉紅花，樓高三重，開最大。古譜未有，于今甚著，以開晚故名云。玉天仙，千葉白花，近蕚微有淡紅色。玉芙蓉，似玉天仙，又一種馬家玉芙蓉，絶佳。觀音面，千葉嫩白花，微有紅暈。睡露蟬，不知顔色幾何，所見惟肉紅大紅耳。西人謂之接露蟬，今稱西番頭。花大最香，中出二緑葉如蟬。狀元紅，千葉大紅，花如平頭紫狀。腰金紫，千葉粉紅花，花瓣中圓，以金蘂故名。紫金荷，千葉淺紫花，開如荷葉之半，大者可徑尺。一捻花，千葉樓子，淺紅花，葉上有一深紅點，如人以指捻者。鶴翎紅，千葉樓子、嬌紅花，比魏紅稍淺。雲葉紅，千葉大紅花，蓋不及朱砂紅矣。素鸞嬌，千葉白花，花葉内微有淺紅色。藕褐紫，一名西番蓮，千葉平頭，花色淺者尤妙。蓮瓣紅，千葉嬌紅，花類蓮花。朱砂紅，多葉大紅花，又一種羊血紅，頗相類。闞王面，千葉紫紅，花在緑葉下。獅子頭，其花有大紅、桃紅、白色者。淺紅嬌，千葉淡紅花，諸花近蕚色深，至邊則淡，此花中外一色，今稱西施嬌。鹿胎花，千葉紫花，有白點如鹿胎之紋。撲蝶蟬，千葉肉紅花，亦開三重，中出數大葉。水晶毬，千葉白花，微有淡紅色，如醉楊妃狀。鉅齒瓔珞，顔色未知幾何，惟見大紅者，花葉皆若鉅齒。平頭紫，亦曰海天霞，古名左花，又有粉平頭紅凡三種。茄色紫，千葉紫花，開早。茄花，紫色如茄而千葉。寶樓臺，千葉，粉梢，嬌紅花，但以其多不重。滿園春，一名一百五十，葉淡紅花，過清明即開。葉底紫，花頭半藏于葉底。梅紅樓子，千葉淡紅。粉娥嬌，古譜即膩粉粧也，千葉白色，畧帶淺紅，俗或以西天香爲之，或各稱名異耳。西天香，類青鸞嬌，開最早，不能奈久。玉盤盂，類有金絲白、檀心白、出觜白，皆千葉白花，獨此花無檀心。海雲紅，類有晚江紅、小葉大葉紅，皆不爲上品，且數年于開，其白鞓紅、林家紅、賀家紅皆單葉，不足觀矣。牡丹名品之下者與單葉不録，汴中所有者亦不録，今起自魏紅，盡海雲紅，總六十二品，凡譜内言葉者即花瓣也，言緑葉者即枝葉也。

清　嵇璜《清通志》卷一二五《昆蟲草木略》　野牡丹，種出南海太平山上。名什花，葉如牡丹無異。二、三月花開作叢，纍纍如鈴鐸，素瓣紫暈，檀心如碗大，極芳烈。見臣徐葆光《中山傳信録》。

清　光緒《畿輔通志》卷七三　荷包牡丹，碧葉花葩，媚潔可喜，爲春時花第一。《苑西集》草本，花似僧鞖菊，而深紫色。其以牡丹名者，因其葉相似也。京師槐樹斜街慈仁寺藥王廟花市恒有之。《六街花事》即當歸花，一名朝鮮牡丹。《堯正志》

清　趙學敏《本草綱目拾遺》卷六《木部・臭牡丹》　葉形與臭梧桐相同，但薄而糙，氣亦臭，五月開花成朶，一蒂百花，色粉紅。

清　余鵬年《曹州牡丹譜・花間色計二十二種》　粉者十一種：

獨占先春　紅胎多葉，花大如盌，瓣三寸許，黃蕊檀心，易開最早。疑諸譜以爲一百五者，即其種。但彼云白花，此粉色耳。

粉黛生春　質視獨占先春，花頭稍緊滿，日午艷生，類銀紅犯，開期最後。

三奇　紅胎，三稜紫莖，圓葉，粉花，柔膩異常。

醉西施　粉白中生紅暈，狀如酡顔，俗以暈圓如珠，名爲斗珠光。

醉楊妃　胎體圓緑，花房倒綴，蓋莖弱不勝扶持也，故以醉志之。其花蕚開生五六大葉，闊三寸許，圍擁周匝，質本白而間以藕色。薛史載有方氏嘗以此花子種出者，名醉玉環，品以楊妃爲玉環之母，以辭害義者矣。

絳紗籠玉　肉紅圓胎，枝秀長，花平頭，易開。質本白而内含淺紺，外則隱有紫氣籠之，昔人謂如秋水浴洛神，名曰秋水妝者，是也，品最貴。

淡藕絲一名臙脂界粉，一名紅絲界玉。　緑胎紫莖，花如吴中所染藕色，花瓣中擘一畫紅絲，片片皆同。舊品中有桃紅線者，即此種。

劉師閣俗名雅淡妝。　千葉，白花帶微紅，無檀心。周記謂出長安劉氏尼之閣下，因此得名。瑩白温潤，如美人肌。然不常開，率二三年乃一見花，或作劉師哥誤。

慶雲仙一名睡鶴仙。　緑胎修莖，花面盈尺，花心出二葉，丰致灑然。

錦幛芙蓉　大千葉花也，無碎瓣，花色如木芙蓉，蕊抽淺碧，清致宜人。

一捻紅　多葉淺紅，葉杪深紅一點如指捻痕。舊傳楊妃匀面，餘脂印花上，明歲花開，片片有指印紅迹，故名。

紫者六種：

魏紫　紫胎肥莖，枝上葉深緑而大。花紫紅，乃周記所載都勝，記曰：「豈魏花寓於紫花本者，其子變而爲都勝耶？」蓋錢思公稱爲花之后者，千葉肉紅，畧有粉梢。則魏花，非紫花也。

紫金荷　莖挺出，花大而平，如荷葉狀。開時側立翩然，紫赤色，黃蕊。

西紫一名萍實焰。　此花深紫，中含黃蕊。樹本枯燥如古鐵色，每至九月，胎芽紅潤，真不異珊瑚枝。

朝天紫一名紫衣冠羣。　花晚開，色正紫。楊升菴《詞品》謂如金紫大夫之服色，故名。後人以名曲，今以紫作子，非。

紫玉盤　淡紅胎，短莖，花齊如截，即左花也。亦謂之平頭紫。

紫雲芳一名紫雲仙。　千葉樓子，紫色深迴，髣髴烟籠，易開耐久，第香欠清耳。

緑者五種：

豆緑　碧胎修莖，花大葉千，葉層起樓，異品也。蓋八艷妝之一。薛史謂八艷妝者，八種花，有雲秀、洛妃、堯英等名，出自亳州鄧氏。桉曹州花多移自亳。

萼緑華一名鸚羽緑，一名緑蝴蝶。　胎莖俱同豆緑，千葉，大瓣起樓，羣花卸後始開。

奇緑　此花初開，瓣與蕊俱作深紅色，開盛則瓣變爲淺緑，而蕊紅愈鮮，亦花之異者。

瑞蘭　胎莖花葉俱清淺似蘭，當爲逸品。然自來賞之者稀，何也？

嬌容三變　初開色緑，開盛淡紅，開久大白。薛史謂初紫繼紅，落乃深紅，故曰嬌容三變。歐記中有添色，疑即此是。桉乃袁石公記爲芙蓉三變者，目爲嬌容，誤矣。

昔巽王宫花品，宋景祐滄州觀察使記花凡五十種，以潛溪緋、平頭紫居正一品，分爲三等九品。又榮陽張峋撰《花譜》二卷，以花有千葉多葉之不同，創例分類，凡千葉五十八種，多葉六十三種，蓋皆博備精究者之所爲，病未能也。特分正色間色，正色黃爲中央，首列之。次青、紅、白、黑，間色粉紫緑三種，又次於後，凡五十六種云。

又《花正色計三十四種》　黃者七種：

金玉交輝俗名金玉璽。　緑胎修幹，花大瓣，層葉黃蕊，貫珠累累，出房外，開至欲殘尚似放時。此曹州所自出，薛史品居第一。

金輪　肉紅胎，近胎二層葉，胎下護枝葉俱肉紅，莖挺出，花淡黃。間背相接，圓滿如輪，其黃氣毬之族歟？實異品也。

黃絨鋪錦一名金□，一名經頭黃。　細瓣如卷絨，縷下有四五瓣差闊，連綴承之，上有金鬚布滿，殆張記所謂縷金黃者。

姚黃俗名落英黃。　此花黃胎，護根，葉淺緑色，疎長過於花頭，若擁若覆。初開微黃，垂殘愈黃。薛史有大黃，最宜向陰，簪之瓶中，經宿則色可等秋葵者似之，第大黃無青心，稍異。

禁院黃俗名魯府黃。　花色亞於金輪，閒淡高秀，歐品所謂姚黃别品者。曹人傳是明魯王府中種。考明諸王分封曹地者，鉅野王泰墱，定陶王銈鑨，不聞有魯王。因檢府志，鉅野王後輒稱魯宗，此魯府之名所自，蓋不可徵實如此。

御衣黃　胎類姚黃，唯護枝葉紅色，有千葉單葉二種。千葉者，諸譜稱色似黃葵，是也。單葉膚理輕皺，弱於淵綃，愛重之者，蓋不以千葉爲勝。

慶雲黃　質過御衣黃，色類丹州黃，而近蕚處帶淺紅。昔人謂其郁然輪囷，茲則見其溫潤匀縈也。

青者一種：

雨過天青俗名補天石。

白胎翠莖，花平頭，房小，色微青，而開晚。或以歐碧當之。初旭纔照，露華半稀，清香自含，流光俯仰，乃汝窑天青色也，率易以今名。

紅者十五種：

飛燕紅妝一名紅楊妃。　此花細瓣修長。薛鳳翔《亳州牡丹史》云得自曹州方家，今遍訊之，蓋不知有此名，疑即飛燕妝。然飛燕妝有二種，一花色兼紅黃，一深紅起樓子，一白花類象牙色，皆非也。有告予曰：「薛史載方家銀紅二種，色態頗類，第樹頭緑葉稍别者，宜細審之。」及觀至所謂長花坼者，緑胎碧葉長朶，花色光彩動摇，信然。

花膏紅俗名脂紅。　胎莖俱紅，其花大瓣，若臙脂點成，光瑩如鏡。

喬家西瓜瓤　尖胎，枝葉青長，花如瓜中紅。薛史謂類軟銀紅。予直以爲飛燕紅妝之别品耳。又即桃紅西瓜瓤。

大火珠一名丹爐焰。　胎莖俱緑，花色深紅，内外掩映若然，花焰熒流。

赤朱衣一名一品朱衣，一名奪翠。　花房鱗次而起，緊實而圓。體婉孌，顔渥赩。凡花於一瓣間色有淺深，惟此花内外一如含丹。

梅州紅　圓胎圓葉，花瓣長短有序，色近海棠紅，然性喜陰。花户解弄花，而不解護持風日，故其類不繁。

春江漂錦一名新紅嬌艷。 花乃梅紅之深重者，艷似海霞烘日，蜃氣未消，千葉盛開。出亳州天香一品上，稍恨單葉時多。

嬌紅樓臺 胎莖似王家紅，體似花紅繡毬，色似宫袍紅，有淺深二種。

硃砂紅 花葉甚鮮，向日視之如猩血，妖麗奪目。 或云一名醉猩猩，一名迎日紅，曹人呼爲蜀江錦。

妬嬌紅 青胎，花頭圓滿，朱房嵌枝，絢如剪綵，叠如碎霞，蓋天機圓錦之比。曹人以其色可冠花品也，以百花妬名之。

花紅萃盤一名珊瑚映目。 紅胎，枝上護葉窄小，條亦頗短，房外有托，瓣深桃紅色，緑趺重蕚。

灑金桃紅一名丹竃流金。 胎莖俱淺紅色，花色深紅，大瓣如盤，破痕鈹蹙，黄蕊散布，周記蹙金樓子即此。

狀元紅 重葉深紅花，其色與鞓紅、潛緋相類。 有紫檀心，天姿富貴。 昔人名之曰曹州狀元紅，以别於洛中之狀元紅也。

榴紅 千葉樓子，色近榴花。

花紅平頭 緑胎，花平頭，闊葉，色如火，羣花中紅而照耀者，出胡氏。

白者八種：

崑山夜光 胎莖俱緑，枝上葉圓大，宜陽，成樹，花頭難開，開則房緊葉繁，綢繆布護，如叠碎玉，乃白花中之最上乘，可謂自明無月夜。 古名鐙籠，有以也。别品細秀，瓣如梨花，意態閒遠，名梨花雪。

緑珠墜玉樓俗名青翠滴露。 長胎，胎色與莖俱同。 崑山夜光，花白溶溶，蕊緑瑟瑟。

玉樓子 莖細秀，花挺出，千葉起樓，如水月樓臺，逈出塵表。 曹人以其絨葉細砌如墖，以雪墖名之。

瑶臺玉露俗名一捧雪。 花蕊俱白。

玉美人 大葉，色如傅粉，俗名何白以此。

雪素 粉胎，開最晚，葉繁而蕊香，俗呼爲素花魁，固不如舊名雪素之雅稱，今仍易之。

金星雪浪 白花黄蕚，互相照映，花頭起樓，黄蕊散布，常以此亂黄絨鋪錦。

池塘曉月 胎蕊細長而黄，枝上葉亦帶微黄，花色似黄而白，亦白花中之異者，予名之曰晚西月。

黑者三種：

烟籠紫玉盤 高聳起樓，明如點漆，如松罨烟，即昔人所謂油紅，最爲異色。

墨葵 朱胎碧莖，大瓣平頭，花同烟籠紫玉盤，又有即墨子者，亦其種。

墨灑金一名墨紫映金。 胎緑而淺，枝上葉碧而細，花頭似墨剪絨，花瓣每有金星掩映，單葉者亦然，第枝上葉色黄，此其所異。

傳記

唐 柳宗元《河東先生龍城録》卷下《宋單父種牡丹》 洛人宋單父，字仲孺，善吟詩，亦能種藝術。 凡牡丹，變易千種，紅、白鬭色，人亦不能知其術。 上皇召至驪山，植花萬本，色樣各不同。 賜金千餘兩，内人皆呼爲花師，亦幻世之絶蓺也。

清 吴任臣《十國春秋》卷八三《吴越七·列傳》 傳瓘在東府時酷好植牡丹，成叢列樹者，顔色葩芳，率皆絶異。 人號爲花精。《海録碎事》又云：忠懿王從兄仁傑，酷好種花，人號爲花精。未詳是非。

紀事

唐 段成式《酉陽雜俎》卷一九《廣動植類之四·草篇》 韓愈侍郎有疎從子侄自江淮來，年甚少。 韓令學院中伴子弟，子弟悉爲凌辱。 韓知之，遂爲街西假僧院，令讀書。 經旬，寺主綱復訴其狂率。 韓遽令歸，且責曰：「市肆賤類營衣食，尚有一事長處。 汝所爲如此，竟作何物？」侄拜謝，徐曰：「某有一藝，恨叔不知。」因指階前牡丹曰：「叔要此花青紫黄赤，唯命也。」韓大奇之，遂給所須試之。 乃竪箔曲尺遮牡丹叢，不令人窺，掘窠四面，深及其根，寬容人座，唯賫紫鑛輕粉朱紅，旦暮治其根，凡七日乃填坑。 白其叔曰：「恨較遲一月。」時冬初也。牡丹本紫，及花發，色白紅歷緑。 每朵有一聯詩，字色紫分明，乃是韓出官時詩，一韻曰「雲横秦嶺家何在，雪擁藍關馬不前」十四字，韓大驚異。 侄且辭歸江淮，竟不願仕。【略】

牡丹，前史中無説處。 唯《謝康樂集》中言「竹間水際多牡丹」。 成式撿《隋朝種植法》七十卷，中初不記説牡丹，則知隋朝花藥中所無也。 開元末，裴士淹爲郎官，奉使幽冀。 迴至汾州衆香寺，得白牡丹一窠，植於長安私第。 天寳中爲

都下奇賞。當時名公有《裴給事宅看牡丹》詩。時尋訪未獲一本，有詩云「長安年少惜春殘，爭認慈恩紫牡丹。別有玉盤承露冷，無人起就月中看」。太常博士張嵊嘗見裴通祭酒說。又房相有言「牡丹之會，琯不預焉」。至德中，馬僕射鎮太原，又得紅紫二色者，移於城中。元和初猶少，今與戎葵角多少矣。【略】

興唐寺有牡丹一窠，元和中著花一千二百朵。其色有正暈、倒暈、淺紅、淺紫、深紫、黃白檀等，獨無深紅。又有花葉中無抹心者。重臺花者，其花面徑七八寸。興善寺素師院牡丹色絕佳，元和末一枝花合歡。

唐 段成式《酉陽雜俎續集》卷二《支諾皋中》 東都尊賢坊田令宅中門內，有紫牡丹成樹，發花千朵。花盛時每月夜有小人五六，長尺餘，遊於上。如此七八年，人將掩之，輒失所在。

唐 范攄《雲谿友議》卷中《錢塘論》 致仕尚書白舍人初到錢塘，令訪牡丹花。獨開元寺僧惠澄近於京師得此花栽，始植於庭，欄圈甚密，他處未之有也。時春景方深，惠澄設油幕以覆其上。牡丹自此東越分而種之也。會徐凝自富春來，未識白公，先題詩曰：「此花南地知難種，慚媿僧閒用意栽。海燕解憐頻睥睨，胡蜂未識更徘徊。虛生芍藥徒勞妬，羞殺玫瑰不敢開。唯有數苞紅幞在，含芳只待舍人來。」白尋到寺看花，乃命徐生同醉而歸。

唐 康駢《劇談録》卷下《慈恩寺牡丹》 京國花卉之晨，尤以牡丹爲上。至于佛宇道觀，遊覽者罕不經歷。慈恩浴堂院有花兩叢，每開，及五六百朵，繁艷芬馥，近少倫比。有僧思振，常話會昌中朝士數人尋芳，遍詣僧室。時東廊院有白花可愛，相與傾酒而坐。因云牡丹之盛，蓋亦奇矣。然世之所玩者，但淺紅深紫而已，竟未識紅之深者。院主老僧微笑曰：「安得無之，但諸賢未見爾。」於是從而詰之，經宿不去。云：「上人向來之言，當是曾有所覩，必希相引寓目，春遊之願足矣。」僧但云：「昔於他處一逢，蓋非輦轂所見。」及旦求之不已。僧方露言曰：「衆君子好尚如此，貧道又安得藏之？今欲同看此花，但未知不泄於人否？」朝士作禮而誓云：「終身不復言之。」僧乃自開一房，其間施設幡像，有板壁，遮以舊幕，幕下啓開，而入至一院，有小堂兩間，頗甚華潔。軒廡欄檻，皆是柏材。有殷紅牡丹一窠，婆娑幾及千朵。初旭纔照，露華半晞，濃姿半開，炫耀心目。朝士驚賞，留戀及暮而去。僧曰：「予保惜栽培近二十年矣，無端出語，使人見之，從今已往，未知何如耳。」信宿，有權要子弟與親友數人同來入寺，至有花僧院，從容良久，引僧至曲江閑步。將出門，令小僕寄安茶笈，裹以黃帕，於曲江岸藉草而坐。忽有弟子奔走而來，云有數十人入院掘花，禁之不止。僧俛首無言，唯自吁嘆。坐中但相盼而笑，既而却歸。至寺門，見以大畚盛花舁而去。取花者因謂僧曰：「竊知貴院舊有名花，宅中咸欲一看，不敢預有相告，蓋恐難於見捨。適所寄籠子中有金三十兩，蜀茶二斤，以爲酬贈。」

唐 李冗《獨異志》 唐裴晉公度寢疾永樂里，暮春之月，忽遇遊南園，令家僕僮舁至藥欄，語曰：我不見此花而死，可悲也。悵然而返。明早報牡丹一叢先發，公視之三日乃薨。

唐 李濬《松窗雜録》 大和、開成中，有程修已者以善畫得進謁。修已始以孝廉召入籍，故上不甚禮，以畫者流視之。會春暮，內殿賞牡丹花，上頗好詩，因問修已曰：今京邑傳唱牡丹花詩，誰爲首出？修已對曰：臣嘗聞公卿間多吟賞中書舍人李正封詩，曰：「國色朝酣酒，天香夜染衣。」上聞之，嗟賞移時。楊妃方恃恩寵，上笑謂賢妃曰：粧鏡臺前，宜飲以一紫金盞酒，則正封之詩見矣。

唐 蘇鶚《杜陽雜編》卷中 穆宗皇帝殿前種千葉牡丹，花始開，香氣襲人，一朵千葉，大而且紅。上每覩芳盛嘆曰：「人間未有。」自是，宮中每夜即有黃白蛺蝶萬數飛集于花間，輝光照耀，達曉方去。宮人競以羅巾撲之，無有獲者。上令張網於空中，遂得數百，於殿內縱嬪御追捉以爲娛樂。遲明視之，則皆金玉也。其狀工巧，無以爲比，而內人爭用絳縷絆其脚，以爲首飾。夜則光起粧奩中。其後開寶厨，覩金錢玉屑之內將有化爲蝶者，宮中方覺焉。【略】

五代 王仁裕《開元天寶遺事》卷一《花妖》 初有木芍藥植於沉香亭前，其花一日忽開，一枝兩頭，朝則深紅，午則深碧，暮則深黃，夜則粉白，晝夜之內香艷各異。帝謂左右曰：「此花木之妖，不足訝也。」

上〔文宗〕於內殿前看牡丹，翹足憑欄，忽吟舒元輿《牡丹賦》云：俯者如愁，仰者如語，合者如咽。吟罷方省元輿詞，不覺嘆息良久，泣下沾臆。

又 卷二《醒酒花》 明皇與貴妃幸華清宮，因宿酒初醒，凭妃子肩同看木芍藥。上親折一枝，與妃子遞嗅其艷。帝曰：「不惟萱草忘憂，此花香艷，尤能醒酒。」

宋 陶穀《清異録》卷上《花·小南強》 南漢地狹力貧，不自揣度，有欺四方傲中國之志。每見北人，盛誇嶺海之強。世宗遣使入嶺館，接者遺茉莉，文其名曰「小南強」。及本朝鋹主面縛僞臣到闕，見洛陽牡丹，大駭歎。有搢紳謂曰：「此名大北勝。」

宋 夏竦《文莊集》卷二九《墓誌銘》 恭惟許國長公主，太祖皇帝之第三女也。淑質純茂，柔儀肅祗，處約惟勤，在貴能降。唐襄城之禮度，爲諸親之楷則；漢平陽之慈愛，享累世之崇重。先公十九年而薨，嘗獻瑞牡丹一叢，花皆千葉，色潤殊絶。太祖命以一枝著金壺中，盛以玉盤，令待詔黄居寀圖之，以賜公主，至今存焉。

宋 宋祁《景文集》卷一《上苑牡丹賦》 聖上即位之七年春三月，内苑出牡丹三種，特異常卉。其一雙頭并幹，其二千葉一房，其三一花攢萼，跗足甚大，葩色正紅。

宋 錢易《南部新書》卷四 長安三月十五日，兩街看牡丹，奔走車馬。慈恩寺元果院牡丹，先於諸牡丹半月開。太真院牡丹後諸牡丹半月開。故裴兵部《憐白牡丹》詩自題於佛殿東頰脣壁之上。太和中，車駕自夾城出芙蓉園，路幸此寺。見所題詩，吟翫久之。因令宫嬪諷念。及暮，歸大内，即此詩滿六宫矣。其詩曰：「長安豪貴惜春殘，争賞先開紫牡丹。別有玉杯承露冷，無人起就月中看。」兵部時任給事。

宋 張唐英《蜀檮杌》卷下 ［乾德］五年正月，地震。二月，湖南遣使來聘。三月，宴後苑。賞瑞牡丹，其花雙開者十，黄者三，白者三，紅白相間者四，從官皆賦詩。十月，地震，摧民居者百數。

宋 王闢之《澠水燕談録》卷八《歌詠》 海陵西溪鹽場，初文靖公嘗官於此，手植牡丹一本，有詩刻石。後范文正公亦嘗臨涖，復題一絶：「陽和不擇地，海角亦逢春。憶得上林色，相看如故人。」後人以二公詩筆，故題詠極多，而花亦爲人貴，重護欄，歲久茂盛。每歲花開百朵，爲海濱之奇觀。

宋 王鞏《聞見近録》 太祖一日幸後苑觀牡丹，召宫嬪，將置酒。得幸者以疾辭，再召，復不至。上乃親折一枝，過其舍而簪於髻上。上還，輒取花擲于地。上顧之曰：我艱勤得天下，乃欲以一婦人敗之耶？即引佩刀截其腕而去。

宋 劉斧《青瑣高議·鹿銜牡丹》（《説郛》卷二六下引） 宫中牡丹，品最上者御衣黄，次曰甘草黄，次曰建安黄，次皆紅紫，各有佳名，終不出三花之上。他日宫中貢一尺黄，乃山下民王文仲所接也。花面幾一尺，高數寸，祗開一朵，絳幃籠護之。帝未及賞，會爲鹿銜去，帝以爲不祥。有佞人奏云：「釋氏有鹿銜花，以獻金仙。」帝私曰：「野鹿遊宫中，非佳兆也。」殊不知應禄山之亂也。

宋 朱勝非《紺珠集》卷一一《乘異記·一捻紅》 驪山牡丹，最佳者號楊家紅。一株盛開，楊妃因看於花間捻之。次年花開，果有指痕，因謂之一捻紅，又製一捻紅曲焉。

宋 吕本中《童蒙訓》卷上 邵康節居衛州之共城，後居洛陽。有商州太守趙郎中者，康節與之有舊，嘗往從之。時章惇子厚作令商州，趙厚遇之。一日趙請康節與章同會，章豪俊自許，議論縱横，不知敬康節也。語次，因及洛中牡丹之盛。趙守因謂章曰：「先生洛人也，知花爲甚詳。」康節因言：「洛人以見根橃而知花之高下者，知花之上也。見枝葉而知高下者，知花之次也。見蓓蕾而知高下者，知花之下也。如長官所説，乃知花之下也。」

宋 樓璹《醉翁寱語》（《説郛》卷三三下引） 西京牡丹甲于天下，花盛時太守作萬花會，此亦二千石風流罪過。

宋 馬永卿《嬾真子》卷三 富鄭公留守西京日，因府園牡丹盛開，召文潞公、司馬端明、楚建中、劉凡、邵先生同會。是時，牡丹一欄凡數百本，坐客曰：「此花有數乎？且請先生筮之。」既畢，曰：「凡若干朵。」使人數之，如先生言。又問曰：「此花幾時開盡？請再筮之。」先生再三揲蓍，坐客固已疑之，先生沉吟良久曰：「此花命盡來日午時。」坐客皆不答，温公神色尤不佳，但仰視屋。鄭公因曰：「來日食後可會於此，以驗先生之言。」坐客曰：「諾。」次日食罷，花尚無恙。洎烹茶之際，忽然羣馬廐中逸出，與坐客馬相踶齧，奔出花叢中。既定，花盡毀折矣。於是洛中逾服先生之言。先生家有傳易堂，有《皇極經世集》行於世，然先生自得之妙，世不可傳矣。聞之於司馬文季朴。

宋 阮閲《詩話總龜》卷四六《奇怪門》 錢仁侃，尚父之孫也。爲元帥府中書檢校司徒，與中軍都虞候金沼鄰居。沼所居堂東，植牡丹花一本，着花三百朵，其色如血金含稜，每瓶子頂上有碎金絲，如自然蛺蝶之狀，一城以爲殊異。每歲花開張宴，仁侃預焉。開寶七年春三月，花纔一兩朵開，仁侃一夕洪飲擊劍，裎服中單，背負大籃，左手携鋤，腰插六匕首，踰墻而過沼，中外無知者。鋤取牡丹，置籃中，乃平其地。空中聞有吁歎之聲，微細若遊蜂音，辭曰：「一花三百朵，含笑向春風。明年三月裏，朵朵斷腸紅。」仁侃異之，移植於亭後。明日沼覺失花，爲非人力所及。來年花盛開，乃宴召沼。沼一見無語，得疾以歸。至夜憤悶不已，以刀决腸而卒。腸皆寸寸斷，果符空中之語。

宋 張知甫《張氏可書》 潁昌府陽翟縣有富民孟三郎，元祐間至洛中，飲水山澗，見一婦人甚麗，孟往追之，則失所在。因窮極幽遠，得牡丹一品，紅色灑

金，其葉千疊，遂移至洛陽。文潞公愛之，目曰「潤仙紅」。

宋　孔傳《妖化録》（《説郛》卷一一八引）　宣和七年，京城諸園苑中，盛夏六月間牡丹皆開，始作金色，又變異色而退。

宋　江少虞《事實類苑》卷四九《休祥夢兆·千葉牡丹》　李司空昉，淳化中家園牡丹，一歲中有千葉者五苞，特爲繁艷。李公置酒張樂，召賓客以賞之。自是一歲内長幼凡五喪，蓋地及物之驗。

宋　馬純《陶朱新録》　揚州參議廳舍，其中堂每日暮有碧牡丹出地中，視之如水影，以足蹙之，蓬蓬然散如金塵而滅，前後政往往見之。其宇起於兵火後，疑地中有埋没金寶，但未有人決意發之爾。

宋　張邦基《墨莊漫録》卷二　洛中花工宣和中以藥壅培於白牡丹，如玉、千葉、一百五、玉樓春等根下，次年花作淺碧色，號歐家碧。歲貢禁府，價在姚黄上，嘗賜近臣，外廷所未識也。

宋　張邦基《陳州牡丹記》（《説郛》卷一〇四上引）　洛陽牡丹之品見于花譜，然未若陳州之盛且多也。園户植花如種黍粟，動以頃計。政和壬辰春，予侍親在郡，時園户牛氏家忽開一枝，色如鵞雛而淡，其面一尺三四寸，高尺許，柔葩重疊，約千百葉。其本姚黄也，而于葩英之端，有金粉一暈縷之，其心紫蕊，亦金粉縷之。牛氏乃以縷金黄名之，以籧篨作棚屋，圍幛，復張青帟護之。于門首遣人約止遊人，人輸千錢乃得入觀，十日間其家數百千。予亦獲見之。郡守聞之，欲剪以進于内府。衆園户皆言不可，曰：「此花之變易者，不可爲常，他時復來索此品，何以應之？」又欲移其根，亦以此爲辭，乃已。明年花開，果如舊品矣。此亦草木之妖也。

蘇長公記東武舊俗，每歲四月大會於南禪資福兩寺，芍藥供佛，而今歲最盛。凡七千餘朶，皆重跗累萼，繁麗豐碩，中有白花，正圓如覆盂，其下十餘葉稍大。承之如盤，姿格絶異，獨出於七千朶之上。云得之於城北蘇氏園中，周宰相莒公之别業。此亦異種，與牛氏家牡丹並足傳異云。

宋　沈作賓《嘉泰會稽志》卷一七《木部》　牡丹，歐陽公《花品序》云：「牡丹出丹州、延州，東出青州，南出越州，惟洛陽者天下第一。」王文公有《越人以幕養花》詩二首。吴越時，錢傳瓘爲會稽，喜栽植牡丹，其盛若菜畦，其成叢列樹者，顔色葩房，率皆絶異。時人號爲花精。會稽光孝觀有牡丹，亦甚美，其尤者名醉西施。熙寧間，程給事公闢鎮越，嘗領客賞焉。公與坐客皆賦詩，刻石觀中，詩存而花亡。曹娥廟前牡丹二株，亦不凡。雖單葉而着花至數百苞，至今存。

宋　郭彖《睽車志》卷二　沈蒙老博士初爲太學，率履齋生，晨起盥頮已，盆水尚温，忽變牡丹花狀，枝葉扶疎，蘂萼相承，宛然如畫。次年，同舍登科者十餘人。（蒙老孫槫説四事）

宋　周密《癸辛雜識前集·吴興園圃》　趙氏蘭澤園　亦近世所葺，頗宏大。其間規爲葬地，作大寺，牡丹特盛。未幾，寺爲有力者撤去。

宋　佚名《分門古今類事》卷一四《讖兆門下·延瓊孟子》　徐延瓊，僞蜀王衍之舅。於興義門造宅，宅内有二十餘院，皆彫牆峻宇，高臺深池，奇花異木，叢桂小山，山川珍物，無不畢集。秦川董城一村院有紅牡丹一株，所植年代深遠，使人取之。掘土方丈，盛以木櫃。自秦川至成都數千里，歷大小曼天，隘狹險絶之路方致焉。乃植於新第，因請少主臨幸。少主歎基創之大侔於宫禁，遂戲取筆於柱上大書一孟字，時俗謂孟爲不佳也。明年，孟氏入成都，據其第。忽覩楹間有絳紗籠，迫而視之，乃一孟字。孟曰：吉祥，吾無易此居矣。孟之有蜀，蓋先兆也。

元　馬端臨《文獻通考》卷二九九《木異》　淳化三年冬十月，京師太平興國寺牡丹生華，占曰「有喪」。是歲，恭孝太子薨。

元　高德基《平江記事》　花木之妖世固有之，未有如平江牡丹之甚異者。致和戊辰八月，鐵瓶巷劉太醫家牡丹數株，各色盛開。開凡三度，初開者若茶盂子大，中間緑蕊，有如神佛之狀，數日乃謝。第二度開者若五升竹籮，花蕊成人馬形，耐有半月之久。第三度開者，只如酒盞大，其蕊細長，若幡幢旗幟狀，而羅衫紫與粉紅樓子甚多。三日而萎，觀者日數百人，闌檻盡皆擁毀，不可止遏。童謡云：「牡丹紅，禾苗空。牡丹紫，禾苗死。」明年明宗登極，五月暴崩，而廟諱乃和字也，其應不爽如此。

元　楊維楨《東維子集》卷一《牡丹瑞花詩卷序》　江浙省檢校孛术魯子升之庭，有牡丹雪中作花，其大如斗，其色如魏家紫者，人咸謂孛术氏之瑞也。

元　陳秀民《東坡詩話録》上　牡丹，唐時杭州無此種。長慶開元寺僧惠澄，自都下乍得一本，謂之洛花。白樂天携酒賞之。張處士祐題詩：「濃艷初開小藥欄，人人惆悵出長安。風流却是錢塘守，不踏紅塵看牡丹。」至宋時漸多，而獨盛于吉祥寺。蘇子瞻通判杭州時，有《牡丹記叙》一篇，其畧云：「熙寧五年三月二十三日，予從太守沈公，觀花于吉祥寺僧守璘之圃。圃中花千本，其品以百

數。酒酣樂作，州人大集。金盤綵藍，以獻于座者，五十有三人。飲酒甚樂，素不飲者皆醉。自輿擡皂隸皆插花以從，觀者數萬人，可謂盛矣。」

明 陶宗儀《説郛》卷三三下《錦裏新聞闕名》 牡丹坪，環坪皆牡丹也。春時花發，傾城出遊，鴛鴦燕子，飛翔坪上。

明 徐一夔《始豐稿》卷四《臘月牡丹解》 贛上呂氏，世以詩書名家。至仲善，有材而文，既被徵，手植白牡丹一株於其園館而行。久之，仲善官太常，坐弗慎犧牲事，謫耕淮水之南。既而有旨：凡官而謫耕者與之爲期，悉使歸視其家。仲善之歸，則洪武六年冬十月也。仲善既抵家兩閱月，所植白牡丹揚芳吐艷於冰雪中，狀若玉盤盂，照映風日，人皆異之。

明 祝允明《祝子志怪録》卷二《安氏牡丹》 無錫安氏搆一園圃於南門野外，今園丁徐奎掌之。花卉繁劇，如牡丹尤多，各種悉具。成化中春夕，奎聞園中如泣如訴，諦聽之，聲出牡丹花中。云：「我等蒙主翁培植經歲，奈明日亦有厄至。」語畢哽咽不已。奎大聲叱之乃止。翌日主翁果携酒偕客而至，奎語其異，衆或疑訝，獨一客弗諒，竟折且大且妖者數莖而去，抵家，遂患下堂之厄，旬月而愈。

明 陳繼儒《古今韵史》卷三《牡丹會》 張功甫宴客爲牡丹會。衆賓既集，命捲簾，異香自内出，郁然滿座。羣伎以酒殽絲竹次第而至，别有名姬十輩皆衣白，凡首飾衣領皆牡丹，首帶照殿紅。一伎執板奏歌侑觴，歌罷，樂作乃退。復垂簾良久。香起，捲簾如前，别十姬易服與花而出。衣與花凡十易，所謳者皆牡丹名詞。酒竟，歌樂無慮百數十人，列行送客，燭光香霧，歌吹雜作，客皆恍然如仙遊。

明 袁宏道《張園看牡丹記》（《佩文齋廣群芳譜》卷三二引） 明袁宏道《張園看牡丹記》：四月初四日，李長卿邀余及顧升伯、湯嘉賓、鄭太初出平則門看牡丹，主人爲惠安伯張公元善，皓髮赬顔，伺客甚謹。時牡丹繁盛，約開五千餘，平頭紫大如盤者甚夥，西瓜瓤、舞青猊之類，徧畦有之。一種爲芙蓉三變，尤佳。曉起白如珂雪，巳後作嫩黄色，午間紅暈一點如腮霞，花之極妖異者。主人自言經營四十餘年，精神筋力強半疲於此花。每見人間花實，即採而歸種之。二年芽始茁，十五年始花，久則變而爲異種。有單瓣而樓子者，有始常而終冶麗者。已老，不復花，則芟其枝。時殘紅在海棠，猶三千餘本，中設緋幕，絲肉遞作，自籬落以至門屏，無非牡丹，可謂極花之觀。最後一空亭甚敞，亭周遭皆芍藥，密如韭畦，墻外有隙地十餘畝，種亦如之。約以開時復來。廿六日，偕升伯、長卿及友人李本石、龍君超、丘長孺、陶孝若、胡仲修十弟寓庸，時小修亦自密雲至，遂同往觀。紅者已開殘，惟空亭周遭數十畝如積雪，約十餘萬本。是日來者多高户，遂大醉而歸。

明 李豫亨《推篷寤語》卷二《測微篇·測定命之微》 文裕公書室前植牡丹一株，每吐花，不數朶。是年三月，忽盛開至百餘朶，尤極艷麗，人争異之。是秋，文裕公得解首，蓋先兆云。余先大夫海樓公，年二十六歲，應鄉舉，夜夢桂樹枝上開牡丹四十二朶，嘗舉以語人，是年果發科聯捷。至四十二歲，解官，自謂已符夢數。不謂壽止六十七歲，自發科至捐館舍，正合四十二年之數云。

明 慎懋官《華夷花木鳥獸珍玩考》卷六《李王頓悟》 金陵清涼院文益禪師，一日與李王論道罷，同觀牡丹花。王命作偈，師即賦曰：「擁毳對芳叢，由來趣不同。髮從今日白，花是去年紅。艷色隨朝露，馨香逐晚風。何須待零落，然後始知空。」王頓悟其意。

又《臨白玉欄干賞牡丹》 仁宗光獻皇后崩，上悲慕甚。有姜識者自言有神可使死者復生。上以其術，置壇外苑，數旬不效，乃曰：臣見太皇后方與仁宗宴，臨白玉欄干賞牡丹，無意來人間也。上知其誕，亦不深罪。蔡承禧進挽詞曰：「天上玉欄花已折，人間方士術何施。」謂是也。出《筆録》

明 薛鳳翔《亳州牡丹史》卷三《花考》 高宗後苑宴羣臣，賞雙頭牡丹，賦詩。上官昭容一聯絶麗，所謂「勢如連璧友，心似臭蘭人」。《唐史》

又《神異》 淳熙三年二月，桑子河堰東孝里莊園有牡丹一本，無種而生。明年三月，花盛開，始知紫牡丹也。過者皆往觀之。有杭州觀察推官東過通州，見花甚愛，欲移分一株。掘土深尺許，見一石如劍，長二尺。題曰：「此花瓊島飛來種，只許人間老眼看。」遂不敢移。以是鄉老有生旦值花開時，必造花下飲酒爲壽。間亦有約，明日造花所，而花一夕凋謝者，多不吉。惟一人李嵩者，三月八日初度，自八十看花，至一百九歲而終。《如皋志》

元和中，春物方妍，車馬尋玩者相繼。忽有女年可十七八，衣繡緑衣，乘馬，峩髻雙鬟，無簪珥之飾，容婉娩，逈出於衆。從以二女冠，三小僕，皆丱髻黄衫，端麗無比。既下馬，以白羽扇障面，直造花所，異香芬馥，聞於數十步外。觀者以爲出自宫掖，莫敢逼視。竚立良久，令小僕取花四枝而去。將乘馬，廻謂黄冠者曰：「曩有玉峯之約，自此可以行矣。」時觀者如堵，感覺景物煇煌，舉轡百

步，有輕風擁塵，隨之而去，望之已在半空。方悟神仙之游。餘香不散者經月。康駢《劇談》

明 錢希言《獪園》卷一六《雙頭牡丹》 豫章胡生，善候氣。一日過平昌城北吳氏宅，謂公家瑞氣甚王，貴徵不遠矣。吳氏子喜不自勝。明年欄中牡丹，果發雙頭，益喜之。又明年，而以訟鬻其宅，轉售項氏。項氏故居遭火，遂徙焉，二子連發科第于此宅。

明 王路《花史左編》卷五《花之候・花詔》 武后天受二年臘，將遊上苑。遣詔曰：「明朝遊上苑，火急報春知。花須連夜發，莫待晚風吹。」凌晨名花布苑。按，武后冬月遊後苑，花俱開，而牡丹獨遲，遂貶於洛陽。故牡丹稱洛陽第一。

又 卷一一《花之榮・圖像》 李泰伯携酒賞牡丹，乘醉取筆蘸酒圖之。明晨嗅枝上花，皆作酒氣。

又《花之榮・新賞》 明皇植牡丹數本於沉香亭前，會花方繁開，上乘照夜白，妃子以步輦從，詔梨園子弟李龜年手捧檀板，押衆樂前，將欲歌。上曰：「賞名花對妃子，焉用舊樂詞爲。」遽命龜年持金花箋，宣賜翰林李白，立進《清平樂》詞三章。承旨猶苦宿酲，因援筆賦之。

又《花之榮・勝賞》 唐李進賢好賓客，屬牡丹盛開以賞花爲名，引賓歸內室，楹柱皆列錦繡，器用悉是黃金，堦前有花數叢，覆以錦幄，妓妾俱服紈綺，執絲簧，善歌舞者至多，客之左右皆有女僕雙鬟者二人。所須無不畢至，承接之意常日指使者不如。芳酒綺殽，窮極水陸，至於僕乘供給，靡不豐盈。自午迄於明晨，不覩杯盤狼籍。

又 卷一二《花之辱・黑牡丹》 唐末劉訓者，京師富人。京師春遊，以牡丹爲勝賞。訓邀客賞花，迺繫水牛累百於門。人指曰，此劉氏黑牡丹也。

又 卷一六《花之事・名花國色》 唐開元禁中，初種牡丹得四本，植於興慶池東沉香亭前，會花方開，明王召太真賞玩，命李白爲詩三章。其三曰：「名花國色兩相歡，長得君王帶笑看。解釋春光無限恨，沉香亭北倚欄干。」

又 卷一六《花之事・瓊島飛來》 宋淳熙間，如皐桑子河紫牡丹無種自生，有貴人欲廣之，掘見石如劍，題曰：此花瓊島飛來種，只許人間老眼看。以是鄉老誕日值花時，必往晏爲壽。惟李嵩以三月初八日初度，自八十看花，至百九歲終。

明 王世貞《弇州續稿》卷一〇 吾師寧齋先生南園牡丹之盛冠絕吳中，而皆師之長郎君手植。中有白牡丹一株曰尺素者，尤奇麗。

明 陳詩教《花裏活》卷上 諸葛穎精于數，晉王廣引爲參軍，甚見親重。一日共坐，王曰：「吾臥內牡丹盛開，君試爲一筭。」穎持越策，度一二子曰：「牡丹開七十九朵。」王入掩户，去左右，數之正合其數。但有二蕊將開，故倚闌看傳記向之，不數十行，二蕊大發。乃出謂穎曰：「君莫得，無左乎？」穎再挑一二子，曰：「我過矣，乃九九八十一朵也。」王告以實，盡歡而退。

又 卷中 唐穆宗宮中牡丹花開，則以重頂帳蒙蔽欄檻，置惜春御史掌之，號曰括香使。

又 卷下 [宋]淳化二年冬十月，太平興國寺牡丹紅紫盛開，不逾春月，冠蓋雲擁。僧舍填駢，有老妓題寺壁云：「曾趁東風看幾巡，冒霜開喚滿城人。殘脂剩粉憐猶在，欲向彌陀借小春。」此妓遂復車馬盈門。

清 吳任臣《十國春秋》卷四九《後蜀二・後主本紀》 廣政五年春正月，地震。二月，湖南遣使來聘。三月，帝宴牡丹苑。《牡丹譜》云：孟氏于宣華苑廣植牡丹，名之曰牡丹苑。牡丹花凡雙開者十，黃者白者三，紅白相間者四。又有深紅、淺紅、深紫、淺紫、淡黃、鉅黃、潔白、正暈、倒暈、金含稜、銀含稜、旁枝副搏、合歡重臺，每朵至五十葉，面徑七八寸，復有檀心如墨者。香聞至五十步，從官皆賦詩賞之。

清 裘君弘《妙貫堂餘譚》卷五《花神》 洛下有貴豪家，園中植牡丹數千本，每歲盛開，主人置酒延賞。風日晴和，筵中忽聞馥馞異常，花盡盤旋翔舞，如喜如狂。主人起具衣冠酒脯，羅拜花前，移時乃定，歲一有之。蓋相傳花神至云。

清 雍正《浙江通志》卷一〇七《物産七・温州府》 紫牡丹 《名勝志》：麗水縣禪智寺有紫牡丹一本，高丈餘，每開五百餘花，花各十二瓣，值閏年，各開十三瓣。宋政和間宣入御苑栽之，花即不開，詔遣還山，復開如故。

清 陸廷燦《南村隨筆》卷五《並頭牡丹》 牡丹一芽發一幹，一幹開一花，各種皆然。辛亥歲，園中曾有一幹兩花者，乙卯之春忽開一幹三花，因囑名手寫圖以記異焉。

清 朱彝尊《日下舊聞考》卷九六《郊坰西六》 原太傅惠安伯張公園在嘉興觀之右，牡丹芍藥各數百畝。花時主人制小竹兜，供遊客行花塍中。《燕都遊覽志》

清 嘉慶《揚州府志》卷七二《雜志》 陸成之家牡丹一株，百餘年矣，花開甚盛。李氏欲得之，主人許。俟花開乃移其花，朵朵皆背人開，强之外向不能也。

入李氏，遂凋殘。【略】海陵西溪鹽場，初文靖公嘗官于此，手植牡丹一本，有詩刻石後。范文正公亦嘗臨汯，復題一絶：「陽和不擇地，海角亦逢春。憶得上林色，相看如故人。」後人以二公詩筆，故題詠極多，而花亦爲人貴重護欄，歲久茂盛，每歲花開百朶，爲海濱之奇觀。《澠水燕談録》

清 俞樾《右台仙館筆記》卷一〇　河南有一逆旅，庭中植牡丹數十本。花開具五色，大如槃。有挈眷屬過此者，偶折一小朶，爲其妻插鬢。俄有血從花蒂流出，沿妻顱頰及於肩。大驚，知其有異，仍綴花於枝，用紙封裹之。及夜，忽見女子數十人，聯袂而至，交口詬詈曰：傷吾妹矣。攜一小女示之，傷痕在頸，紙封儼然。其人知爲花神，乃謹謝過。且曰：事出不知，非有意相犯。幸而獲宥。當書其事於牆壁間，俾後來者知之，則永無攀折之患矣。諸女頷之，相攜俱去。其人後亦無他，惟其妻則血所沾濡之處，皆生瘡痏，經時始愈。

清 同治《番禺縣志》卷五三《雜記》　黎美周嘗客揚州於鄭氏影園，與詞人即席分賦黄牡丹七律十章，已糊名殿最。錢牧齋拔美周第一，鄭氏以書報曰：君已録牡丹狀頭矣，以二金罍賫之。其後美周過吴下，人皆稱牡丹狀元。其詩有曰：「月華蘸露扶仙掌，粉汗更衣染御香。」又曰：「燕銜落蕊成金屋，鳳食殘釵化寶胎。」皆麗句也。是時鄺湛若亦賦赤鸚鵡七律十章，其句有云：「舞愛玉環低絳袖，歌憐樊素囀朱櫻。」又曰：「飛瓊閒苑乘朱霧，小玉璇宮化紫烟。」一時人士傳誦，有黎牡丹、鄺鸚鵡之稱。同上

清 光緒《廣州府志》卷一六一《雜録》　主事梁浮山，文康公孫也。屬末疾間，適隔歲牡丹盛花，喜召客飲，疾復作，遂卒。嶺南無牡丹。移植者，隔歲即不花。花輒不利其主。豈真所謂花妖耶？《見聞録》

清 光緒《黄州府志》卷四一《摭聞》　意生寺有白牡丹一株，昔有張七道人往禮普陀，見觀世音現婦人身，屬以此花寄植五祖大滿禪師生處，其花特盛，移他處則萎。

著　録

宋 歐陽修《文忠集》卷七二《洛陽牡丹記・牡丹記跋尾》　右蔡君謨之書，八分、散隸、正楷、行狎、大小草衆體皆精。其平生手書小簡，殘篇斷槀，時人得者甚多，惟不肯與人書石，而獨喜書余文也。若《陳文惠公神道碑銘》、《薛將軍碣》、《真州東園記》、杭州《有美堂記》、相州《晝錦堂記》、余家《集古録目序》，皆公之所書，最後又書此記，刻而自藏於其家。方走人於亳以摹本遺予，使者未復於閩，而凶訃已至於亳矣，蓋其絶筆於斯文也。於戲！君謨之筆既不可復得，而余亦老病，不能文者久矣，於是可不惜哉？故書以傳兩家子孫。

又 《洛陽牡丹記・花品敘》　牡丹出丹州、延州，東出青州，南亦出越州。而出洛陽者，今爲天下第一。洛陽所謂丹州花、延州紅、青州紅者，皆彼土之尤傑者。然來洛陽，纔得備衆花之一種，列第不出三，已下不能獨立與洛花敵。而越之花以遠罕識，不見齒然，雖越人亦不敢自譽，以與洛陽争高下。是洛陽者，寔天下之第一也。洛陽亦有黄芍藥、緋桃、瑞蓮、千葉李、紅郁李之類，皆不減他出者，而洛陽人不甚惜，謂之果子花，曰某花云云，至牡丹則不名，直曰花。其意謂天下真花獨牡丹，其名之著，不假曰牡丹而可知也。其愛重之如此。說者多言洛陽於三河間古善地，昔周公以尺寸考日出没，測知寒暑風雨乖與順於此。此盖天地之中，草木之華得中氣之和者多，故獨與他方異，予甚以爲不然。夫洛陽於周所有之土，四方入貢道里均，乃九州之中，在天地崑崙旁礴之間，未必中也。又況天地之和氣宜遍四方上下，不宜限其中以自私。夫中與和者有常之氣，其推於物也，亦宜爲有常之形。物之常者，不甚美，亦不甚惡。及元氣之病也，美惡隔并而不相和入。故物有極美與極惡者，皆得於氣之偏也。花之鍾其美，與夫癭木擁腫之鍾其惡，醜好雖異，而得一氣之偏病則均。洛陽城圍數十里，而諸縣之花莫及城中者，出其境則不可植焉。豈又偏氣之美者，獨聚此數十里之地乎？此又天地之大不可考也已。凡物不常有而爲害乎人者曰災，不常有而徒可怪駭不爲害者曰妖。語曰：「天反時爲災，地反物爲妖。」此亦草木之妖而萬物之一怪也。然比夫癭木擁腫者，竊獨鍾其美而見幸於人焉。余在洛陽四見春，天聖九年三月始至洛，其至也晚，見其晚者。明年，會與友人梅聖俞遊嵩山少室緱氏嶺、石唐山紫雲洞，既還，不及見。又明年，有悼亡之戚，不暇見。又明年，以留守推官歲滿解去，只見其早者，是未嘗見其極盛時。然目之所矚，已不勝其麗焉。余居府中時，嘗謁錢思公於雙桂樓下，見一小屏立坐後，細書字滿其上。思公指之曰：「欲作花品，此是牡丹名，凡九十餘種。」余時不暇讀之，然余所經見而今人多稱者，纔三十許種，不知思公何從而得之多也。計其餘雖有名而不著，未必佳也。故今所録，但取其特著者而次第之。

宋 蘇軾《東坡全集》卷三四《牡丹記敘》　熙寧五年三月二十三日，余從太

守沈公觀花於吉祥寺僧守璘之圃，圃中花千本，其品以百數。酒酣樂作，州人大集，金槃綵籃以獻于坐者五十有三人。飲酒樂甚，素不飲者皆醉。自輿臺皂隸，皆插花以從，觀者數萬人。明日公出所集《牡丹記》十卷以示客，凡牡丹之見於傳記，與栽植接養剥治之方，古今詠歌詩賦，下至怪奇小説皆在。余既觀花之極盛，與州人共遊之樂，又得觀此書之精究博備，以爲三者皆可紀，而公又求余文以冠于篇。蓋此花見重於世三百餘年，窮妖極麗以擅天下之觀美，而近歲尤復變態百出，務爲新奇以追逐時好者不可勝紀，此草木之智巧便佞者也。今公自耆老重德，而余又愚惷迂闊，舉世莫與爲比，則其於此書無乃皆非其人乎？然鹿門子常怪宋廣平之爲人，意其鐵心石腸，而爲《梅花賦》則清便艷發，得南朝徐庾體。今以余觀之，凡託於椎陋以眩世者，又豈足信哉！余雖非其人，强爲公紀之。公家書二萬卷，博覽强記，遇事成書，非獨牡丹也。

宋 周師厚《洛陽花木記》（《説郛》卷一〇四下引） 予少時聞洛陽花卉之盛甲于天下，嘗恨皆未能盡觀其繁盛妍麗，竊有憾焉。熙寧中，長兄倅絳，因自東都謁告往省親，三月過洛，始得遊精藍名圃，賞及牡丹，然後信謂向之所聞爲不虚矣。會迫于官期，不得從容遊覽。元豐四年，予蒞官于洛，吏事之暇，因得博求譜録，得唐李衛公《平泉花木記》、范尚書、歐陽叅政二譜，按名尋討，十始見其七八焉。然范公所述五十二品，可攷者纔三十八，歐之所録者二篇而已。其敘錢思公雙桂樓下小屏中所録九十餘種，但槩言其畧耳。至于花之名品，則莫得而見焉。因以余耳目之所聞見及近世所出新花，条校三賢所録者，凡百餘品，其亦殫于此乎！然前賢之所記與天下之所知，洛之所植牡丹而已，至于芍藥，天下以維揚爲稱首，然而知洛之所植，其名品不減維揚，而開頭之種，殆不如也。又若天下四方所産珍藂佳卉，得一于園館，足以爲美景異致者，洛中靡不兼有之，然天下之人原闕。

宋 陸游《渭南文集》卷四二《天彭牡丹譜・花品敘》 牡丹，在中州，洛陽爲第一。在蜀，天彭爲第一。天彭之花，皆不詳其所自出。土人云，曩時，永寧院有僧種花最盛，俗謂之牡丹院，春時，賞花者多集於此。其後，花稍衰，人亦不復至。崇寧中，州民宋氏、張氏、蔡氏，宣和中，石子灘楊氏，皆嘗買洛中新花以歸。自是洛花散於人間，花户始盛，皆以接花爲業，大家好事者皆竭其力以養花，而天彭之花遂冠兩川。今惟三井李氏、劉村母氏、城中蘇氏、城西李氏花特盛。又有餘力治亭館，以故最得名。至花户連畛相望，莫得而姓氏也。天彭三邑皆有花，惟城西沙橋上下，花尤超絶。由沙橋至堋口、崇寧之間亦多佳品。自城東抵濛陽，則絶少矣。大抵花品近百種，然著者不過四十，而紅花最多，紫花、黄花、白花各不過數品，碧花一二而已。今自狀元紅至歐碧，以類次第之，所未詳者，姑列其名於後，以待好事者。

元 姚燧《牧庵集》卷四《序牡丹》 余于牡丹，始于中統之元，見壽安紅洛西劉氏園，三年，見左紫洛陽故趙相南園。兩花皆千葉，株皆四尺。壽安二十萼，廣經七寸，高與之等。左紫四萼八寸，高等。又三年，見千秋狀元紅燕都故相楊大參宅，株五尺，四十萼，七寸，高等。後二十年，見之長安毛氏園，最多將百株，株二尺少，然皆單葉，小大參差不齊，無絶奇者。後二十年，玉板白洛陽楊氏欄，株亦二尺少，多葉，十萼七寸少，鄧州見三日。張氏肖齋之衡山紫，陳氏終慕堂之淺紅色，兩花皆千五葉，衡紫株二尺少，將二十萼，五寸少，淺株三尺少，將五十萼，六寸少。惟蕭仁卿之承顔亭白花，天株三尺，大可六七十萼，七寸少，葉最盛。又有色緋紫碧相錯，株尺少，尺可四五十萼，盛亞白花，七尺大。復有緋花，株單，十萼八寸。二花皆多葉，而緋花獨奇，故爲佳品。今失其名者，别有鶴翎紅，爲千葉小株，獨萼五寸大，高等。他日株大，花則故大矣，是爲鄧花之冠。仁卿舊云此落陽壽安福孫，自余觀之，大非壽安，則淺紅，而今名余所命之，蓋即其形色近似爲言也。長安洛陽諸花，余忘其香孰勝。萃鄧花而校，噴勃穠綿可喜。如紫薇者，衡紫爲第一，此余生五十一年所見者。然自元年至今爲二十九年，其見六年六見，自燕長安洛陽而至此，幾數千里，中元及三年與至元二十年三見洛陽，爲同地。至元六年十八年二十五年各一見之，燕秦鄧爲異地，亡慮百十株。而千葉名品纔四見，則千葉名難遇，亦猶千人爲英、萬人爲傑，尤世不恒有者，矧賞酬有數耶。劉趙二園雖皆有酒，年甚少，不善飲。楊參時與先世父中書左丞同朝，爲父執，與之酒，不敢飲。毛園時爲秦憲，毛氏方業市酒，纔下馬行觀，擇剪數萼，不同飲而去。楊氏欄時滿，秦憲將走荆，憲借居其廬，客懷牢寂，無誰與爲飲。張齊陳堂纔持一二觴，各箭一二萼歸，不名爲飲。其盡醉相歡者，惟承顔亭一焉而已。嗚呼！似齒五十一年之老，行數千里之遠始觀，至今廿九年之久。六年六見之希而無負可當賞酬者醉。明日，仁卿求記其事，余口未拒而心勿是之，以爲樽俎之樂屑屑者，奚足筆。其夏，白花忽槁死，其秋，又固求記之。余始思昔者之坐斯定也，孰逆知是花旋踵不可復見，亦可謂異事也。又思左紫止一株，已移植嵩山廟中，洛陽余亦絶聞，壽安固在，其玉板白及毛園百株將如左紫

余植他人耶？無亦若是花之已槁死也。嗚呼！往者既然，況來者之不可必耶？細者且然，況大此之倍蓰十百者耶？則吾平生所當勉吾身，而因循弗力以去不可追者已多也，誠可爲老將至之，一慨而植物之死生又不足怪也。仁卿惟喜余文，已記其承顔而求之屢，如老父取張長史判，吾特賢其能，以是心至而已。然又益思六年之間，不善飲，不敢飲，不可飲，無誰與爲飲，與不名爲飲，非他，蓋無詩人同臭味者發其極意焉耳。而承顔是日者，則梁宣慰貢父、張總管孟卿、王工部景韓，是皆善詩，安知不可爲他日故實？亦未易以復得者。據蘭亭例爲序，惜其時無唱酬，未嘗罰依金谷酒斗數也。

明 朱有燉《誠齋牡丹百詠詩引》 牡丹爲花中之魁，自唐以來，詩人始盛稱之。及宋天聖間，洛中諸公，尤多吟賞。當春和景明之時，花之形色香韻，富麗環異，誠知造化之妍美，草木之鍾秀者，莫踰於此花也。近年予植百餘本於天香圃，覽其佳者，得十餘品。常遇花開之候，置酒合樂，樂與諸親朋共享太平繁華之勝事焉，因各賦詩以賞之。偶憶元本中峯有詠梅花詩百篇，同一韻者，遂用其韻以詠牡丹。援毫於酒闌客歸之後，移座於花陰樹影之間，不二日乃成百篇。就於花間酌美酒，歌新詩，以適夫情興之樂耳。雖未足以揄揚太平之象，萬物咸亨之至音，而於形容花之情狀無纖遺焉。因書此以爲《牡丹百詠》引。宣德五年穀雨後五日書。

明 薛鳳翔《亳州牡丹史·焦竑〈牡丹史序〉》 世人語花，必曰某花某花，至牡丹直曰花而已，豈不以牡丹尤物，非凡卉可伍，特不名以標異至耶？宋時，洛陽最有名，歐公所記纔三十四種，丘道源三十九種，陸務觀譜蜀花，史正志譜浙花，至錢思公所記，多至九十餘種，可謂盛矣。熙宣中，沈杭州《牡丹記》十卷，名品之多，種植之法，無不備具。迨近世北之亳州，南之曁陽爲獨善，豈風氣亦有所移易而致然歟？抑花之盛衰亦以土俗之好尚而異也？余交薛鴻臚公儀，亳人也，承西原先生遺葉，績學之暇，以蒔花學圃自娱。一日出所爲《牡丹史》示余，觀其所載，殆兼昔人所得而奄有之，即周藩以天潢之重，人力所及，僅僅得四十四種。公儀視之，不啻倍蓰而什百然。余讀之，栽接剔治，各有其法，得其法則日異歲殊，新新無已，豈功力積久，即造化不得而擅其權歟？西原先生孤峭不合時宰，而乃篤好此花，時人有宋廣平之疑，意以花爲浮冶易壞，非正人篤老堅操苦行者之所喜也。然茂叔於蓮，堯夫於牡丹，時或寄意焉。而不以其故貶儒，余知以小物而寘議論於君子者，非通論也。鴻臚君博學多通，遇物成籍，此特其一端云。瑯琊焦竑撰。

又《袁中道〈牡丹史序〉》 天地間之景，與慧人才士之情，歷千百年來互竭其心力之所至，以呈工角巧意，其無餘蘊矣。然景雖寫而其未寫者如故也，情雖洩而其未洩者如故也。有苞含即有開敷，又有苞含，前之人以爲新矣，而今視之即故，今之人以爲新矣，而後視之又故。甚矣，造物之工巧無窮極也。何以知之？以亳州之牡丹之盛於洛陽，其種繁矣，其名夥矣，其色瀾矣，歷代之所譜者詳矣。以視今亳之所産，其種其名其色新，故大不相侔也。今且月異而歲不同矣，奇奇怪怪，變變化化，造物者若不能自秘其工巧以聽人之轉移，而日獻奇貢艷于人耳目之前，故者新，新者又故，然則牡丹之變，豈有極乎？吾友薛公儀氏，少世其家博學洽物，閒適之餘，方略見於花事，窮其變態，著而爲史，比前輩所譜，又新之新者也。予□而讀之，與公儀晤譚者累日，且嘆心業畫師，不可思議至此，與造物何與焉。公儀素通禪理，爲予首肯者久之，因漫書於史之首，志不忘云。友人袁中道書。

又《鄧汝舟〈牡丹史序〉》 亳守歐公昔叙牡丹，以洛陽爲天下第一。夫洛陽比屋皆栽，故花事之富，亦比屋成之耳。公儀家園數十畝，花品以千百計，而二三名流相翼，是數區而收比屋之華。且神異之品，不一而足，今洛陽在諸君家園，則天下第一不歸之亳耶？唐人詩有「看到子孫能幾家」者，公儀簪紳奕暎，家園世守，此花蓋亦故家喬木，顧其所以培之者，多馨德茂義焉。然則閲若史者，從華反質，因葩遡本可也。然此史豈徒以一花侈觀宇内哉？厥旨微矣，品花王而第之，是寓王伯之辨也，而珍重之，是寓尊君義也。而植之灌之而養之，諸法畢備，是寓保傅君德義也。聖人作史，託天王之權，公儀作史，亦託東皇之權，而王章國色均於造化不朽者乎？世嘗有譜芍藥、譜海棠、譜梅、譜菊者，非不貞標逸藻，增韻秋林，較之此史不星淵迥耶？不佞舟學圃江干，寒老而才盡，品作花奴，辱公儀數十年之愛，敢用一言弁之？顧以草莽賸夫，而命序富貴名花，公儀黜華崇素之誼，亦於是乎。在萬曆歲次癸丑桂丹之朔，鄧汝舟譔延陵友弟張嘉孺書。

又《李胤峷〈牡丹史序〉》 公儀兄蘭心茝質，於古今載籍圖書無所不綜，博於海内，名碩彦俊，無所不結納。英年掛冠，葺先人之舊廬，嘯傲其中。庋書萬架，栽花萬萬本，而牡丹爲最盛。公儀之於牡丹，其培之最良，而嗜之亦最篤，惟培之良而種類繁焉，惟嗜之篤而擬議成焉。一曰紀，二曰表，三曰書，四曰傳，

五曰外傳，六曰別傳，七曰花考，八曰神異，九曰方術，十曰藝文志，總曰《牡丹史》。而李子得而觀之，曰：嗚呼，盛哉！朱紫緑黄，其色備矣，寒燠晴雨，其候詳矣，神名逸能，其品審矣。今人不能見洛陽牡丹，止侈言永叔《牡丹記》，後人見公儀《牡丹史》，不又侈言亳州有牡丹耶？況亳州爲我朝鍾靈毓秀地，地靈則花名，花名由人英，人愈英，花愈名，嗚呼盛哉！丁巳秋日，瓠菴李胤嵂題於長安之銀杏道宮。

清　黄宗羲《明文海》卷三一七《叢桂莊牡丹譜序》　牡丹乃造物之鍾秀者，哲人豪士往往稱賞焉。然時平則縟葩麗藻，油幕朱欄，香輪競逐，管絃叠奏以樂之，繁華焉；世艱則芟於芻牧，毀於兵燹，寒煙荒草之中，敗屋頹垣之内，人亦莫之顧矣。以牡丹之盛衰，不可以觀世道乎？惟唐開元中始盛於長安，太白《清平調》已品題之，樂天詩云「一叢深色花，十户中人賦」是也。宋天聖中復盛于洛陽，邵康節、韓、范、司馬諸名家皆歌詠而愛重之，歐陽公爲之作記，凡三十品。汴爲宋皇邑，去洛陽四百里，花開每以充貢，汴花之不逮洛陽明矣。我明宣德間，周憲祖于府中開天香圃以植之，府乃宋大内，泉甘土沃，花榮茂不減洛陽。每花時召府僚張筵會，文儒託乘，俊彦盈席，飛鸞觴，錯綺肴，製《牡丹仙傳奇》，流傳以爲盛事。昔高唐菟苑，皆賔從之能賦者，而楚襄梁孝，不過尊貴之人耳。豈如憲祖之操觚染翰，爲當世之作者哉？然譜所載止二十餘品，蓋所收者汴之牡丹耳，未暇取之異地也。汴之城中土鹵而水鹹，百卉不宜，士庶之家罕有焉。嘉靖改元數載，宗人始出郊坰，闢園圃，藝花木，爲遊息之所。於是諸邸競以牡丹相尚，珍求四方，西至關陝，南涉江淮，得其絶異之品，以誇奇角勝焉，今皆萃之於汴矣。一園所植者數萬本，其品多至五十餘色，自古未有如此之盛，不知洛陽爲何如也。予棄人也，芻狗天地之間，雌伏蓬茅之下，拓落而約身，懶慢以相成，無所事，乃於城東七里之邊村購得空同李公之故墅，其松竹間有存者，臺榭餘址，稍加修葺，以爲佚老之處。錢塘沈青門過而樂之，取淮南小山之義題其扁曰「叢桂莊」。客有王猷之興者，每過訪焉。留春軒前植牡丹數百本，非敢媲美名園，然嘉月柔風，芬馥妖冶，怡性情之真，觀化工之妙則一也。若乃四皓之採芝，七賢之醉竹，淵明之賞菊，和靖之詠梅，皆肥遯山林，取其凌霜傲雪以自勵其清操耳。予之所好，蓋未能脱畧綺紈之故態也。暇日，乃辨其色香之美惡，考其名品之高下，參以歐譜之同異，作《牡丹譜》六十二品，每品詠以一詩，雖詞旨蕪陋，不能宣寫佳麗，欲使後之覽者，知余爲盛世間人，無所用其心也。詳述歐譜栽接澆治之法，復益以今法，使不遺其巧，可以奪天工矣。宋迂愚叟所著《牡丹榮辱志》亦加損益，附之卷末，俾宴賞者審其宜忌，庶不負花神，而國色天香花王、尊貴不與凡卉同也，信矣哉！

清　余鵬年《曹州牡丹譜·自序》　《素問》：清明次五日，牡丹華。牡丹得名，其古矣乎。攷《漢志》有《黄帝内經》，《隋志》乃有《素問》，非出遠也。《廣雅》：白苿，牡丹也。《本草》：芍藥一名白苿。崔豹《古今注》：芍藥有草木二種，木者花大而色深，俗呼爲牡丹。李時珍曰：色丹者爲上，雖結子而根上生苗，故謂之牡丹。昔謝康樂謂永嘉水際竹間多牡丹。又蘇頌謂山牡丹者，二月梗上生苗葉，三月花，根長五七尺。近世人多貴重。欲其花之詭異，皆秋冬移接，培以壤土，至春盛開，其狀百變，斯其始盛也歟。唐盛於長安，在《事物紀原》。洛陽分有其盛，自天后時已然。有宋鄞江周氏《洛陽牡丹記》自序求得唐李衛公《平泉花木記》，范尚書、歐陽叅政二譜。范所述五十二品，可考者纔三十八。歐述錢思公雙桂樓下小屏中所録九十餘種，但言其畧。因以耳目所聞見，及近世所出新花，叅校三賢譜記，凡百餘品，亦殫於此乎。陸放翁在蜀天彭爲花品，云皆買自洛中。僧仲林《越中花品》絶麗者纔三十二。唯李英《吴中花品》皆出洛陽花品之外。張邦基作《陳州牡丹記》，則以牛家縷金黄傲洛陽以所無。薛鳳翔作《亳州牡丹史》，夏之臣作評，上品有天香一品、萬花一品。東坡所云變態百出，務爲新奇，以追逐時好者，不可勝紀已。曹州之有牡丹，未審始於何時。志乘畧不載，其散載於它品者曰：曹州狀花紅、喬家西瓜瓤、金玉交輝、飛燕紅妝、花紅平頭、梅州紅、忍濟紅、倚新妝等，由來亦舊。予以辛亥春至曹。其至也，春已晚，未及訪花。明年春，學使者閣學翁公來試士，謁之，問曰：「作花品乎？」曰：「未也。」翁公按試它府，去，緘詩至曰「洛陽花要訂平生」，蓋促之矣。乃集弟子之知花事，園丁之老於栽花者，偕之游諸圃，勘視而筆記之。歸而質以前賢之傳述，幸成此譜。歐陽子云：但取其特著者，次第之而已。乾隆五十七年四月十日懷寧余鵬年自序於重華書院。

藝　文

唐　王建《王司馬集》卷四《同于汝錫賞白牡丹》　曉日花初吐，春寒白未凝。月光裁不得，蘇合點難勝。柔膩於雲葉，新鮮掩鶴膺。統心黄倒暈，側莖紫重

稜。乍歛看如睡，初開問欲嚬。並香幽蕙死，比艷美人憎。價數千金貴，形相兩眼疼。自知顏色好，愁被彩光淩。

唐 韓愈《新刊經進詳註昌黎先生文集》卷九《戲題牡丹》 開元《花木記》：「唐開元盛時，禁中最重木芍藥。興慶池東沉香亭前，止有紅、紫、淺紅、通白者數本。明皇已嘗目之爲花王，後遂名之爲牡丹。」（補註）段成式《酉陽雜俎》云：「前史中無説牡丹者，惟《謝康樂集》中言竹間水際多牡丹。成式撿隋朝《種植法》七十卷，初不説牡丹，則知隋朝花藥中所無有也。開元末，裴士淹爲郎官，奉事幽冀，回至汴州衆香寺，得見牡丹一窠，植於長樂私第。天寶中，爲都下奇賞。當時，諸公有裴給事宅看牡丹詩。至德中，馬僕射領太原，各得紅紫二色者，移於城中。元和初，尤少。」此詩元和十年爲郎時作也。 幸自同開俱隱約，何須相倚鬬輕盈。凌晨併作新粧面，對客偏含不語情。雙鷰無機還拂掠，遊蜂多思正經營。長年是事皆拋盡，今日欄邊暫眼明。 王子思《詩話》云：「議者謂此是畫美人圖子也。」羅隱《牡丹》云：「若教解語應傾國，任是無情也動人。」時復以比韓句。議謂，唐人李白、劉禹錫、元稹、白居易輩，皆賦牡丹，不過詠其香色富艷而已。至退之，則不體之以物，而體之以人，有比興之義。使讀之者，如入深閨觀處女，其窈窕淑女，君子好逑者乎。與「金釵半醉坐添春」、「明眸刺劒戟，艷姬蹋筵舞」者異矣。

唐 白居易《白氏長慶集》卷四《牡丹芳·美天子憂農也》 牡丹芳，牡丹芳，黃金蘂綻紅玉房。千片赤英霞爛爛，百枝絳點燈煌煌。照地初開錦繡段，當風不結蘭麝囊。仙人琪樹白無色，王母桃花小不香。曉露輕盈汎紫艷，朝陽照耀生紅光。紅紫二色間深淺，向背萬態隨低昂。映葉多情隱羞面，卧叢無力含醉粧。低嬌笑容疑掩口，凝思怨人如斷腸。穠姿貴彩信奇絶，雜卉亂花無比方。石竹金錢何細碎，芙蓉芍藥苦尋常。遂使王公與卿士，遊花冠蓋日相望。庳車軟轝貴公主，香衫細馬豪家郎。衛公宅静閉東院，西明寺深開北廊。戲蝶雙舞看人久，殘鶯一聲春日長。共愁日照芳難駐，仍張帷幕垂陰涼。花開花落二十日，一城之人皆若狂。三代以還文勝質，人心重華不重實。重華直至牡丹芳，其來有漸非今日。元和天子憂農桑，卹下動天天降祥。去歲嘉禾生九穗，田中寂寞無人至。今年瑞麥分兩岐，君心獨喜無人知。無人知，可歎息。我願暫求造化力。減却牡丹妖艷色，少迴卿士愛花心，同似吾君憂稼穡。

又 卷九《西明寺牡丹花時憶元九》 前年題名處，今日看花來。一作芸香吏，三見牡丹開。豈獨花堪惜，方知老闇催。何況尋花伴，東都去未迴。詎知紅芳側，春盡思悠哉。

又 卷一四《惜牡丹花二首一首翰林院北廳花下作，一首新昌竇給事中宅南亭花下作**》** 惆悵階前紅牡丹，晚來唯有兩枝殘。明朝風起應吹盡，夜惜衰紅把火看。

寂寞萎紅低向雨，離披破豔散隨風。晴明落地猶惆悵，何況飄零泥土中。

又 卷一九《移牡丹栽》 金錢買得牡丹栽，何處辭叢別主來。紅芳堪惜還堪恨，百處移將百處開。

唐 劉禹錫《劉賓客文集》卷二五《渾侍中宅牡丹》 徑尺千餘朶，人間有此花。今朝見顏色，更不向諸家。

唐 元稹《元氏長慶集》卷五《與楊十二李三早入永壽寺看牡丹》 曉入白蓮宮，琉璃花界淨。開敷多喻草，凌亂被幽徑。壓砌錦地鋪，當霞日輪映。蝶舞香暫飄，蜂牽蘂難正。籠處綵雲合，露湛紅珠瑩。結葉影自交，摇風光不定。繁華有時節，安得保全盛。色見盡浮榮，希君了真性。

唐 姚合《姚少監詩集》卷一〇《和王郎中召看牡丹》 葩疊萼相重，燒欄復照空。妍姿朝景裏，醉艷晚烟中。乍怪霞臨砌，還疑燭出籠。遶行驚地赤，移坐覺衣紅。殷麗開繁朶，香濃發幾叢。裁綃樣豈似，染茜色寧同。嫩畏人看損，鮮愁日炙融。嬋娟涵宿露，爛漫抵春風。縱賞襟情合，閒吟景思通。客來歸盡懶，鶯戀語無窮。萬物珍那比，千金買不充。如今難更有，縱有在仙宮。

唐 舒元輿《牡丹賦》（《唐文粹》卷六引） 古人言花者，牡丹未嘗與焉。蓋遁乎深山，自幽而芳，以爲貴重所知，花則何遇焉。天后之鄉，西河也，精舍下有牡丹，其花特異。天后歎上苑之有闕，因命移植焉。由此京國牡丹日月寖盛。今則自禁闥洎官署，外延士庶之家，瀰漫如四瀆之流，不知其止息之地。每暮春之月，遨遊之士如狂焉。亦上國繁華之一事也。近代文士爲歌詩以詠其形容，未有能賦之者。余獨賦之以極其美。或曰：「子常以丈夫功業自許，今則肆情於一花，無乃猶有兒女之心乎？」余應之曰：「吾子獨不見張荆州之爲人乎？斯人信丈夫也，然吾觀其文集之首，有荔枝賦焉。荔枝信美矣，然亦不出一果爾！與牡丹何異哉？但問其所賦之旨何如，吾賦牡丹，何傷焉？」或者不能對，余遂賦以示之：

圓玄瑞精，有星而景，有雲而卿。其光下垂，遇物流形。草木得之，發爲紅英。英之甚紅，鍾乎牡丹。拔類邁倫，國香欺蘭。我研物情，次第而觀。暮春氣極，緑苞如珠。清露宵偃，韶光曉驅。動蕩支節，如解凝結。百脈融暢，氣不可

遏。兀然盛怒，如將憤洩。淑色披開，照曜酷烈。美膚膩體，萬狀皆絶。赤者如日，白者如月。淡者如赫，殷者如血。向者如迎，背者如訣。坼者如語，含者如咽。俯者如愁，仰者如悦。裛者如舞，側者如跌。亞者如醉，曲者如折。密者如織，疎者如缺。鮮者如濯，慘者如別。初朧朧而下上，次鱗鱗而重疊。錦衾相覆，繡帳連接。晴籠晝薰，宿露宵裛。或灼灼騰秀，或亭亭露奇。或颭然如招，或儼然如思。或帶風如吟，或泫露如悲。或重然如縋，或爛然如披。或迎日擁砌，或照影臨池。或山雞已馴，或威鳳將飛。其態萬萬，胡可立辨。不窺天府，孰得而見。乍疑孫武，來此教戰，其戰謂何？摇摇纖柯。玉欄風滿，流霞成波。歷階重臺，萬朵千窠。西子南威，洛神湘娥。或倚或扶，朱顔色酡。各衒紅釭，争鞵翠娥。灼灼夭夭，逶逶迤迤。漢宫三千，豔列星河。我見其少，孰云其多。弄彩呈妍，壓景駢肩。席奪銀燭，爐昇絳煙。洞府真人，會于羣仙。晶熒往來，金釭列錢。凝睇相看，曾不晤言。未及行雨，先驚旱蓮。公室侯家，列之如麻。咳唾萬金，買此繁華。遑恤終日，一言相誇。列幄庭中，步障開霞。曲廡重梁，松篁交加。如貯深閨，似隔牕紗。髣髴息嬀，依稀館娃。我來觀之，如乘仙槎。脈脈不語，遲遲日斜。九衢遊人，駿馬香車。有酒如澠，萬坐笙歌。一醉是競，孰知其他。我案《花品》，此華第一。脱落羣類，獨占春日。其大盈尺，其香滿室。葉如翠羽，擁抱櫛比。蘂如金屑，粧飾淑質。玫瑰羞死，芍藥自失。夭桃斂跡，穠李慙出。躑躅宵潰，木蘭潛逸。朱槿灰心，紫薇屈膝。皆讓其先，敢懷憤嫉。焕乎美乎，后土之産物也。使其華之如此而偉乎？何前代寂寞而不聞？今則昌然而大來。曷草木之命，亦有時而塞？亦有時而開？吾欲問汝曷爲而生哉？汝且不言，徒留翫以徘徊。

唐　李商隱《李義山詩集》卷上《牡丹》　錦幃初卷衛夫人，繡被猶堆越鄂君。垂手亂翻雕玉珮，招腰争舞鬱金裙。石家蠟燭何曾翦，荀令香爐可待熏。我是夢中傳彩筆，欲書花葉寄朝雲。

唐　魚玄機《唐女郎魚玄機詩·賣殘牡丹》　臨風興歎落花頻，芳意潛消又一春。應爲價高人不問，却緣香甚蝶難親。紅英只稱生宫裏，翠葉那堪染露塵。及至移根上林苑，王孫方恨買無因。

唐　徐寅《徐正字詩賦》卷二《牡丹花》　看遍花無勝此花，剪雲披雪蘸丹砂。開當青律二三月，破却長安千萬家。天縱穠華刳鄙吝，春教妖艷妒豪奢。不隨寒令同時放，倍種雙松與辟邪。

其二

萬萬花中第一流，淺霞輕染嫩銀甌。能狂綺陌千金子，也惑朱門萬户侯。朝日照開攜酒看，暮風吹落遶欄收。詩書滿架塵埃撲，盡日無人略舉頭。

又《追和白舍人詠白牡丹》　蓓蕾抽開素練囊，瓊葩薰出白龍香。裁分楚女朝雲片，剪破嫦娥夜月光。雪句豈須徵柳絮，粉腮應恨貼梅粧。檻邊幾笑東籬菊，冷折金風待降霜。

又《依韻和尚書再贈牡丹花》　爛銀基地薄紅粧，羞殺千花百卉芳。紫陌昔曾遊寺看，朱門今再遶欄望。龍分夜雨資嬌態，天與春風發好香。多着黄金何處買，輕橈挑過鏡湖光。

唐　徐寅《唐秘書省正字先輩徐公釣磯文集》卷七《憶牡丹》　緑樹多和雪霰栽，長安一別十年來。王侯買得價偏重，桃李落殘花始開。宋玉隣邊腮正嫩，文君機上錦初裁。滄洲春暮空腸斷，畫看猶將勸酒盃。

又《惜牡丹》　今日狂風揭錦筵，預愁吹落夕陽天。閑看紅艷只宜醉，謾惜黄金豈是賢。南國好偷誇粉黛，漢宫宜摘贈神仙。良時雖作鶯花主，白馬王孫恰少年。

宋　徐鉉《騎省集》卷四《嚴相公宅牡丹》　但是豪家重牡丹，争如丞相閣前看。鳳樓日暖開偏早，雞樹陰濃謝更難。數朵已應迷國艷，一枝何幸上塵冠。不知更許憑欄否，爛漫春光未肯殘。

宋　宋庠《元憲集》卷三《姚黄》　世外無雙種，人間絶品黄。已能金作粉，更自麝供香。脈脈翻霓袖，差差剪鵠裳。靈華餘幾許，遥遺菊叢芳。

宋　宋祁《景文集》卷四七《倒仙牡丹贊》　花跗芬侈，叢刺于梗。不可把玩，艷以妍整。花出彭州，其枝一似薔薇，有刺，不可玩，故以別他牡丹云。

宋　梅堯臣《宛陵集》卷一〇《牡丹》　洛陽牡丹名品多，自謂天下無能過。及來江南花亦好，絳紫淺紅如舞娥。竹陰水照增顔色，春服貼妥裁輕羅。時結遊朋去尋玩，香吹酒面生紅波。粉英不忿付狂蝶，白髮彊插成悲歌。明年更開余已去，風雨摧殘可奈何。

宋　文彦博《潞公文集》卷六《詩謝留守王宣徽遠惠牡丹》　姚黄左紫狀元紅，打剥栽培久用功。采折乍經微雨後，緘封仍在小奩中。勤勤賞玩傾蘭醑，漠漠馨香逐蕙風。猶恐花心懷舊土，戴時頻與望青嵩。

宋　歐陽修《文忠集》卷二《洛陽牡丹圖》　洛陽地脉花最宜，牡丹尤爲天下

奇。我昔所記數十種，於今十年半忘之。開圖若見故人面，其間數種昔未窺。客言近歲花特異，往往變出呈新枝。洛人驚誇立名字，買種不復論家貲。比新較舊難優劣，爭先擅價各一時。當時絶品可數者，魏紅窈窕姚黄妃。壽安細葉開尚少，朱砂玉版人未知。傳聞千葉昔未有，只從左紫名初馳。四十年間花百變，最後最好潛溪緋。今花雖新我未識，未信與舊誰妍媸。當時所見已云絶，豈有更好此可疑。古稱天下無正色，但恐世好隨時移。鞓紅鶴翎豈不美，斂色如避新來姬。何況遠説蘇與賀，有類異世誇嬙施。造化無情宜一槩，偏此著意何其私。又疑人心愈巧僞，天欲鬬巧窮精微。不然元化朴散久，豈特近歲尤澆灕。爭新鬬麗若不已，更後百載知何爲。但應新花日愈好，惟有我老年年衰。

又　卷七《謝觀文王尚書惠西京牡丹舉正》　京師輕薄兒，意氣多豪俠。爭誇朱顔事年少，肯慰白髮將花插。尚書好事與俗殊，憐我霜毛苦蕭颯。贈以洛陽花滿盤，鬬麗爭奇紅紫雜。兩京相去五百里，幾日馳來足何捷。紫檀金粉香未吐，緑萼紅苞露猶浥。謂我嘗爲洛陽客，頗向此花曾涉獵。憶昔進士初登科，始事相公沿吏牒。河南官屬盡賢俊，洛城池籞相連接。我時年纔二十餘，每到花開如蛺蝶。姚黄魏紫腰帶鞓，潑墨齊頭藏緑葉。鶴翎添色又其次，此外雖妍猶婢妾。爾來不覺三十年，歲月纔如熟羊胛。無情草木不改色，多難人生自摧拉。見花了了雖舊識，感物依依幾抆睫。念昔逢花必沽酒，起坐讙呼屢傾榼。而今得酒復何爲，愛花繞之空百匝。心衰力懶難勉彊，與昔一何殊勇怯。感公意厚不知報，墨筆淋灕口徒囁。

宋　邵雍《擊壤集》卷一七《牡丹吟》　牡丹花品冠羣芳，況是其間更有王。四色變而成百色，百般顔色百般香。

宋　范純仁《范忠宣集》卷四《牡丹二首》　牡丹奇擅洛都春，百卉千花浪糾紛。國色鮮明舒嫩臉，仙冠重疊翦紅雲。　競馳絶品供天賞，旋立佳名竦衆聞。園吏遮藏恐凋落，直敧青蓋過殘曛。

奪盡春光勝盡花，都人巧植鬬鮮華。　擲奇不憚過民舍，醉賞唯愁污相車。密蘂攢心承曉露，繁紅添色映朝霞。　何妨縱步家家到，園圃相望幸不賒。

宋　韋驤《錢塘集》卷四《和以雙頭牡丹贈叔康太守》　盈盈仙蘤忽雙開，似把輕羅一樣裁。　緑蔕相扶真艷出，芳心齊送異香來。　浪吟莫惜詩千首，爛賞何妨酒百盃。　剪寄黄堂有餘愛，也應蝶夢不空迴。

宋　郭祥正《青山集》卷一六《牡丹吟》　三月金張啓仙館，百種名花此尤罕。昭君曉怯邊地寒，太真晝卧華清暖。夢爲莊叟蝴蝶狂，散作襄王雲雨短。莫笑空山芝與蘭，冷艷不隨金剪斷。

宋　蘇軾《東坡全集》卷八《堂後白牡丹》　城西千葉豈不好，笑舞春風醉臉丹。何似後堂冰玉潔，遊蜂非意不相干。

又　卷一一《雨中看牡丹三首》　霧雨不成點，映空疑有無。時於花上見，的皪走明珠。秀色洗紅粉，暗香生雪膚。黄昏更蕭瑟，頭重欲相扶。

明日雨當止，晨光在松枝。清寒入花骨，肅肅初自持。午景發穠麗，一笑當及時。依然暮還斂，亦自惜幽姿。

幽姿不可惜，後日東風起。酒醒何所見，金粉抱青子。千花與百草，共盡無妍鄙。未忍汙泥沙，牛酥煎落蘂。

又　卷二九《雨中明慶賞牡丹》　霏霏雨露作清妍，爍爍明燈照欲然。明日春陰花未老，故應未忍着酥煎。

宋　蘇軾《東坡詩集註》卷二五《和述古冬日牡丹四首》　一朵妖紅翠欲流，春光回照雪霜羞。化工只欲呈新巧，不放閑花得少休。次公先生詩案云：此譏諷執政之人，以化工比之也。

花開時節雨連風，却向霜餘染爛紅。漏泄春光私一物，師杜詩：「侵凌雪色還萱草，漏泄春光有柳條。」此心未信出天工。

當時只道鶴林仙，能遣秋花發杜鵑。任潤州，鶴林寺有杜鵑，高丈餘，每春月爛熳。寺僧相傳，言貞元中，有僧自天台移栽之。誰信詩能回造化，直教霜卉放春妍。

不分清霜入小園，故將詩律變寒暄。使君欲見藍關詠，更倩韓郎爲染根。湘縯，韓湘，愈之姪孫也。自言解造逡巡酒，能開頃刻花。愈曰：子豈能奪造化而開花乎？湘乃聚土，以盆覆之，俄而舉盆，有碧牡丹二朵，葉有小金字云：「雲横秦嶺家何在，雪擁藍關馬不前。」愈後謫潮州，至藍關遇雪，乃悟。退之集中有《示姪孫湘》詩，第三聯是也。師韓湘，唐元和中，自言能花紅者可使碧，或一朵具五色。是年秋與退之於後堂之前，染白牡丹一叢，云來春必作含稜碧色，内合有金含稜紅間暈者，四面各合有一朵五色者。自劚其根，下置藥而後培之，及花開，朵數一如其説。出《太平廣記》。

宋　蘇轍《欒城第三集》卷一《謝人惠千葉牡丹》　東風催趁百花新，不出門庭一老人。天女要知摩詰病，銀瓶滿送洛陽春。　可憐最後開千葉，細數餘芳尚一旬。更待遊人歸去盡，試將童冠浴湖濱。

又　《移陳州牡丹，偶得千葉二本，喜作一首》　小圃初開清潩岸，名花近取宛丘城。爭言千葉根難認，忽發雙葩眼自明。謫墮神仙終不俗，飛來鸞鳳有餘

清。細鉏瓦礫除荆棘，未可令齊衆草生。

又《同遲賦千葉牡丹》 未换中庭三尺土，漫種數藂千葉花。造物不違遺老意，一枝頗似洛人家。名園不放尋芳客，陋巷希聞載酒車。未忍畫瓶脩佛供，清樽酌盡試山茶。

宋 李復《潏水集》卷一六 閣先復朝議園牡丹一本，四月始開。予與李成季同往觀。閣求詩，遂書絶句於其壁。 淺藥凡葩不自持，紛紛競鬬早春時。高情獨負無人識，落盡羣花晚始知。

宋 鄒浩《道鄉集》卷一一《觀牡丹》 去年寒食已爲客，今年寒食未還家。春前莫負一杯酒，山後聊觀三朶花。

又《對牡丹》 輕雲籠日雨收塵，天作奇花照眼明。莫道嶺邊無好況，吾今春在洛陽城。

宋 蘇過《斜川集》卷三《次韻歐陽誠發牡丹》 青春過隙不多時，佳會應須日日期。羡子多情勤秉燭，尋芳問柳每題詩。洛花名字争新見，尤物東君翦刻遲。安得韓湘寫奇句，世間鉛粉謾勞施。

宋 王十朋《梅溪前集》卷六《牡丹》 今古幾池館，人人栽牡丹。主翁兼種德，要與子孫看。

宋 張孝祥《于湖集》卷三三《踏莎行》 又洛下根株，江南栽種。天香國色，千金重花。邊三閣。建康春風前，十里揚州夢。 油壁輕車，青絲短鞚。看花日日催賔從，而今何許定王城，一枝且爲鄰翁送。

又 卷三四《訴衷情·牡丹》 亂紅深紫過羣芳，初欲減春光。花王自有標格，塵外鎖韶陽。 留國艷，問仙鄉，自天香翠帷遮日。紅燭通宵，與醉千場。

宋 張鎡《南湖集》卷四《牡丹》 分數論春物，都應讓牡丹。幾枝單葉紫，滿擔夕香寒。除我知心切，從人得句難。肯辭回櫂日，多辦剪來看。

宋 袁甫《蒙齋集》卷一九《見牡丹呈諸友》 從來洛花天下最，姚黄魏紫尤奇異。坐令百花失顔色，唤作國香誰是對。十年之前來新安，閲盡妖嬈興欲闌。晚得一枝睡露蟬，分明好似畫中看。人世匆匆駒過隙，重遊正值春三月。園丁折得數般來，旋買甆瓶謾成列。殷紅照日更嫣然，輕素含風玉色鮮。中有楊妃曾一捻，咄哉尤物累天全。我今褰帷問疾苦，皇華那受妖花汙。擲置道旁何足惜，亦如佞人吾所惡。頓使心胸和且平，況聞麥隴香氣騰。處處一犂春雨足，家家合掌慶豐登。

又 卷二〇《趣諸友觀牡丹》 天工不管國香奇，流落民家識者希。特地邀賓賓不至，國香也是少人知。

宋 王沂孫《花外集·水龍吟·牡丹》 曉寒慵揭珠簾，牡丹院落花開未？玉欄干畔，柳絲一把，和風半倚。國色微酣，天香乍染，扶春不起。自真妃舞罷，謫仙賦後，繁華夢，如流水。 池館家家芳事。記當時，買栽無地，争如一朶，幽人獨對，水邊竹際。把酒花前。剩拚醉了，醒來還醉。怕洛中春色，匆匆又入，杜鵑聲裏。

宋 寇準《忠愍集》卷上《奉聖旨賦牡丹花》 栽培終得近天家，獨有芳名出衆花。香遞暖風飄御座，葉籠輕靄襯明霞。縱吟宜把紅牋襞，留賞惟將翠幄遮。深覺侍臣千載幸，許隨仙仗看穠華。

宋 林表民《玉溪吟草·天台郡明府履善遺牡丹各賦一絶》 人間興廢手搏沙，喬木猶存少故家。不見石邊題甲乙，空餘姓氏落名花。 牛家黄

一春苦雨又憂花，爛盡秧根縠再芽。見説雲頭紅可喜，老農猶恐是朝霞。

雲頭紅

可是東皇雨露深，不成一字亦腰金。世間大有麒麟楦，對此誰能起愧心。

金繫腰

一枝美過玉杯盂，歲晚何由復遇蘇。我欲命名名不得，有名無實不如無。

無名種

宋 釋道潛《參寥子詩集》卷一二《僧首然師院北軒觀牡丹》 鳥聲鳴春春漸融，千花萬草争春工。紛紛桃李自繚亂，牡丹得體能從容。珊欄玉砌昇曉日，輕烟薄霧初冥蒙。深紅淺紫忽爛熳，如以蜀錦羅庭中。姚黄貴極未易覩，緑葉遮護藏深叢。露華膏沐披正色，肯事夭冶分纖穠。從來品目壓天下，百卉羞澁何敢同。清淨老禪根道妙，即此幻色談真空。上人封植匪玩好，庶敬先烈存遺風。

金 元好問《遺山先生新樂府》卷三《江城子·賦牡丹》 姚家池館魏家隣。上番春。姓名新。傾國傾城，爲雨復爲雲，水北水南無别物，金屑粉，麝香塵。 折枝圖上看精神。見朱頻，畫來真。辨作黄徐，無負百年身。也待不來花下醉，嫌笑殺，洛陽人。

又 卷九《紫牡丹三首》 金粉輕粘蝶翅匀，丹砂濃抹鶴翎新。儘饒姚魏知

名早，未放黄徐下筆親。映日定應珠有淚，凌波長恐襪生塵。如何借得司花手，偏與人間作好春。

夢裏華胥失玉京，小闌春事自昇平。只緣造物偏留意，湏信凡花浪得名。蜀錦浪淘添色重，御爐風細覺香清。金刀一剪腸堪斷，緑鬢劉郎半白生。天上真妃玉鏡臺，醉中遺下紫霞盃。已從香國偏薰染，更惜花神巧剪裁。微度麝薰時約略，驚移鸞影却低回。洗粧正要春風句，寄謝詩人莫漫來。

元 侯克中《艮齋詩集》卷七《白牡丹》 皎皎名花壓衆芳，剪冰裁雪作衣裳。洛神豈受塵埃染，虢國不煩脂粉粧。非色能專天下色，有香絶異世間香。姚黄魏紫休相妒，從此春風屬素王。

元 洪希文《續軒渠集》卷七《牡丹》 雖異山林質，生於水竹涯。只今争富麗，唤作洛陽花。國色酣朝酒，天香散曉風。荒村蜂與蝶，老死菜花叢。

元 華幼武《栖碧先生黄楊集》補遺《白牧丹》 金縷杯承白玉盤，涓涓驚露出瑶壇。微風卷幔霓裳舞，皓月窺闌雪羽寒。嗜潔不從脂粉污，惜芳還許子孫看。沉香亭北繁華夢，妖血于今洗未乾。

元 韓奕《韓山人詩續集》卷七《海雲白牡丹盛開因寄鏡上人》 移根猶記舊同栽，今見花如斗大開。花漸大時人漸老，看花莫怪每年來。

恍如林下白衣人，黄紫從他去競春。盆尺面盤如滿月，看當日午倍精神。照人百朵玉葳蕤，哀白人看嫩玉姿。日午禪房春漏永，却疑身到白蓮池。珠光玉潔照衰翁，不與人間國色同。縠雨乍晴松院午，幾回花下坐春風。

明 張昱《可閒老人集》卷三《殘牡丹》 繞闌莫惜酒行頻，開到姚黄已暮春。瓊樹今朝歌正好，彩雲昨夜夢非真。園林雖不異前日，車馬可憐非舊人。欲倩東風問蝴蝶，花前誰是百年身。

明 皇甫汸《皇甫司勳集》卷三一《題牡丹》 一種天香異，千株國色傾。應憐花似臉，半醉倚華清。

明 朱有燉《誠齋録》卷二《亡弟賡牡丹百詠詩就依韻酬謝律詩一首》 覩麗新詩覺王神，金聲玉振叢奇真。憐吾白髮風流老，羡爾青春灑落人。佳景明年宜更勝，名花此日逈超塵。奎章珎襲多承謝，華蕚相輝暎早春。

明 李攀龍《白雪樓詩集》卷一一《山齋牡丹三首》 醉把名花掌上新，空山開處幾迴春。西施自愛傾城色，一出吴宫不嫁人。

西山風雨錦溪寒，春色沈沈醉牡丹。不是故人裁麗句，那能蕭瑟病中看。

青山繚繞樹横斜，中有紫桑令尹家。白髮幾廻能載酒，春風何處不看花。

明 林章《林初文詩文全集·牡丹有引》 牡丹無慮千種，傳者甚稱姚魏，不知林家紅之擅名在二氏前久也。此余家品，故爲表之。

至今三月洛陽花，魏紫姚黄處處誇。不道當時紅第一，春風先已屬林家。

明 朱孟震《朱秉器詩集》卷一《緑牡丹次四君韻》 一水吴天共蔚藍，堨來茂苑借花看。枝疑筆格銅紋古，影拂雲鬟鏡面寒。乍許琅玕圍玉砌，可容翡翠傍雕闌。臨邛緑綺心堪寄，一曲春風倩與彈。右陸山人

洛下風流定幾家，儂家國色倍堪夸。牋將天上湔裙水，染作人間壓砌華。書帶書迷齋閣草，賜袍春剪曲江紗。平生慣識陳玄面，未擬仙臺咀絳霞。右王觀察

秀葉穠華浥露光，自憐顔色冠羣芳。依微乍弹秋蟬鬢，宛轉頻矜墮馬粧。金谷春回珠有價，藍田風煖玉飄香。天然異態無雕飾，漢殿空煩半額黄。右王儀曹

春色何來自洛橋，夢經巫峽路迢遥。玉簫吹霧憐秦女，金屋籠烟憶阿嬌。柳帶月明差彷彿，荷裳風急轉飄飖。誰言翠水山川間，今日吴趨更有謡。右范方伯

明 張鍊《太乙詩集》卷五《牡丹》 四圍行藥雜群芳，獨藝名花近草堂。荷芰未開桃李盡，一時紅紫讓天香。

明 陳確《陳確集·詩集》卷八《清明後十日牡丹未開用韻》 虛檐長日望青森，未解新來造物心。從哭介推還改甲，可知杜甫不留吟。庭花見主春相亂，山月無朋夜自深。國色定教終一遇，莫因遲暮怨春陰。

明 張重華《滄漚集》卷八《孫刺史宅牡丹盛開》 名園傾國豔琪花，一曲清平拍紫霞。珍重洛陽姚魏色，東皇莫待好風斜。

清 宋犖《西陂類稿》卷七《漫堂草·朝鮮牡丹》 花葉羅羅傍檻披，也從穀雨鬭芳姿。沈香亭暖柯全改，鴨緑江空種乍移。苞奪臙脂明霽日，穗分瓔珞颺微颸。慇懃一萼穠春色，會遣朝雲識此奇。

清 李敬《退菴詩集》卷一《牡丹行》 江南穀雨節，牡丹吐奇芳。曾聞先達記天地，留殿九十之風光。菲菲復熳熳，猩紅間粉瓤。其中二種爲最貴，魏家紫並姚家黄。瑶臺窈窕護不足，金谷岧嶤樂未央。長干少年兒女意，無端十日皆奔忙。咄嗟乎，繡領宮中傳片紙，八縣追呼馳驛使。雲衣花貌盡雕輿，朝酣夜染

空文綺。獨悲洛下盡風沙，欲覓名株向誰是。君不見，天寶馬嵬終復然，肉載大車酒行船。太平志氣銷管絃，我來看花花可憐。高歌一曲在花前，祇恐沉香羯鼓聲□易，滿城落日生黄烟。

清 閔南仲《寒玉居集》卷下《和長康牡丹十咏・初日》 日影璁瓏射玳梁，開簾一笑見姚黄。東君欲鬬傾城色，西洛重翻絶世妝。卯酒可能添國艷，朝霞似爲熨天香。美人睡起呼明鏡，卧看飛瓊照蜃光。

又《緒風》 輕颸拂拂吐奇芳，揄袂凌空弄艷陽。竟體輕盈憐楚舞，透簾旖旎散宫香。纖腰舊作迴鸞步，高髻新梳墮馬妝。無計留仙腸欲斷，却憐蝴蝶在隣牆。

又《微雨》 日炙風吹恨有餘，恩膏沾處潤於酥。酣紅半覺燕支沁，帶暈驚看瑪瑙疎。湯餅試餘矜雪艷，温泉浴處見紅膚。若爲倩得徐黄筆，補寫陽臺莫會圖。

又《臨水》 婷婷何事立津傍，聞道西施解愛江。三尺寒泉浸明玉，兩行天女鬬仙妝。湔裙溱洧留連別，解佩湘皋邂逅香。只爲驚鴻曾照影，春殘不忍過迴塘。

又《籠煙》 霱姝天女見應難，只許人間隔幕看。馬上紗輕時揜面，樓頭簾重略凭闌。如雲半覆鬅鬆髻，非霧深遮瓔珞冠。百□蓮花最先識，氤氳別調爇沉檀。

又《夕陽》 愛翫名姝日欲徂，駐顔須倩魯陽扶。朱樓倒射珊瑚艷，火鏡斜飛靺鞨蘇。揜翠更添金絡索，低紅深照玉盤盂。花中只許秦宫宿，蝶化莊生入夢無。

又《月下》 半揜幽姿翟茀塵，尚應消得百花臣。若非兔國嬋娟影，不稱蓬山縹緲人。趙燕新妝迷鏡蛤，蜀珠寒彩鬬冰輪。憑將洛浦無邊艷，添作瑶臺別樣春。

又《乍開》 仙家樓閣本難窮，帝后衣裳豈易逢。豔蕊未舒檀暈白，芳趺徐展鵠翎紅。上弦新月光初麗，内視嬌娃色正穠。還似洛妃窺霧看，全身誰見鄴城東。

又《燈前》 兔華不醒夕陽前，夜色淒迷桂燭然。密炬早添傾國艷，饞燈偏照御香筵。葉施翠幰層層見，露滴檀心顆顆妍。簾底美人看漸妬，蕭郎似欲抱花眠。

清 雍正《畿輔通志》卷九《宸章》 暢春苑衆花盛開，最爲可觀。惟緑牡丹清雅迴常，世所罕有，賦七言絶以記之。

碧蕊青霞壓衆芳，檀心逐朵韞真香。花殘又是一年事，莫遣春光放日長。

清 陳萬策《近道齋文集》卷二《緑牡丹五首》 洛都紅紫競芳芬，一種曹州迥出群。翠幙圍來輕映日，緑蘿深處藹生雲。花藏葉底遥難認，瓣在跗中近不分。若傍蘭閨含曉露，好將眉黛與文君。

傾國名花別樣妝，輕蟬緑鬢鬥容光。踏莎行去纔留影，映竹窺時但有香。左氏何年分紫綬，姚家今日賦黄裳。誰傳鹿韭葱蘢色，占斷深春錦繡場。

疊羅新本艷如煙，樓閣分明暈點圓。影入渌池渾不見，棲來翠羽鬱相鮮。却勝汴郡青飛蝶，休數河陽緑睡蟬。架上荼蘼欄外柳，濃陰一色養花天。

緑暗叢中望有無，芳傳曹國擅名孤。風摇翡翠雙飛翼，露浥蜻蛉午日珠。紫陌紅妝知莫泣，青霓白舞也應殊。花時若值張祠部，座上新添貴客圖。

百雨金開尚及春，峰嵐朝擁楚臺神。洗殘脂粉香偏酷，點著蛾眉色更新。亭畔楊妃爭解語，窗間謝女想宜顰。何當采采堪盈匊，月幌風簾賞浹辰。

清 陳至言《菀青集・賦得雨後牡丹春睡濃》 艷香催雨濕靈苗，金谷名花分外嬌。卸盡綃衣真有淚，吹來紅暈却生潮。阿環倦倚驚呼玉，好夢春深正嫁喬。一段巫雲愁未醒，胭脂零亂可憐宵。

清 鄧廷楨《雙硯齋詩鈔》卷一三《牡丹詞上下平三十首》 枝枝歐碧閒鞓紅，桃隖西偏柳院東。恰似方壺員嶠上，五雲臺閣起當中。 澆泉縛草過三冬，油幕深深護幾重。養到十分春絶麗，直須唤我作花農。 槎酥滴粉豔無雙，香霧銷時拓茜窗。不是侯門傳蠟燭，居然二等列金缸。 腰鼓何須百面持，花神揖我索新詞。鵾弦付與曹綱撥，譜出東風第一枝。 不爭燕瘦與環肥，一種玲瓏著舞衣。遮住琉璃屏六曲，恐教化作彩雲飛。 海棠落後曉晴初，消息探來縠雨餘。不羨南朝王儉府，祇誇渌水泛芙蕖。 萬穪香熏翡尾鑪，海紅帳底綴流蘇。分明度與鴛鍼繡，顛倒天吴紫鳳圖。 忉利天横碧海西，珠塵細碾作香泥。朝來仨歇曼陀雨，彈指都成五色霓。 惜花人起步苔階，無語閒提金縷鞵。不惟有遊蜂真解事，安黄故故傍鸞釵。 殷紅澹白手親栽，底用天彭百馱來。不管故園家四壁，且贏官閣錦千堆。 鄰園跗萼没荒榛，寄怨東風扇未勻。安得芳叢萬胡蝶，含香飛作滿城春。 重重簾幕隔紅雲，隱約金泥簇蝶裠。青瑣窗中人小立，渾身知有異香熏。 膏然緑桂爇温馨，片片紅生一捻痕。閒與親賓

醲輭脚，高談分付玉昆侖。　瑶京宫闕簇鵷鸞，亞字紅牆卍字闌。昨夜東皇開曲宴，擎來徑尺赤瑛槃。　銅鋪玉甃自斕斑，芳樹晴時晝掩關。領取青春過百六，不勞辛苦訪泉山。　瓊枝作態鬥暄妍，一本何須定萬錢。三疊涼州齊打徹，放他和月十分圓。　蔫支濃點韻嬌嬈，咫尺蓬山路未遥。政似金匙調茗酪，羅幬深處見紅綃。　九日陰含豆蔻梢，融風一夜綻香苞。臨安緩緩歸來候，似爲錢王作解嘲。　南宫春啟啓櫻桃，紅藥當階逗采豪。留取花王禯豔在，繡絨端正上宫袍。　盛鬋豐容別館多，内家妝束盡阿那。霓裳舞罷朝元閣，又聽三郎得寶歌。　金谷園開起絳霞，酹花祇合泛銀槎。燒琴煮鶴君須戒，莫向晨葩更啜茶。　燦爛雲機列九張，金猊繫處有煇光。小蓬萊上春如許，便把羣舒當洛陽。　沈香絶調譜清平，倚偏雕闌倦眼明。我是前身丁學士，公然八載主蓉城。　花幡一樹近疏櫺，擘柳風摇九子鈴。傳語令公真富貴，天孫特爲駐輜軿。靈芸紅淚欲成冰，娟好還應勝馬塍。要助金霞光不夜，畫廊西畔九枝鐙。　雨絲紅濕露華流，通德無言擁髻愁。鬟髻宫鬟嬌欲墮，祇應亦歛爲扶頭。　小院風微永晝黔，雙雙鳳子坐花心。夢中自詡遊香國，四面紅樓深復深。　龍蟠虎踞路曾諳，東府春深月正三。惟有龔園花四照，教人回首望江南。　諸天瓔珞妙莊嚴，七寶修成駕彩蟾。位業由來推上界，不應婪尾較穠纖。　天香浥浥染春衫，斑管吟詩鳳味銜。學作金華殿中語，封題合付紫泥函。

清　**劉秉恬《公餘集》卷一《粉紅牡丹》**　何須魏紫與姚黄，傅粉微紅淡且芳。玉女臨風看半醉，佳人對鏡整新妝。數苞雅豔宜初月，一種清香送晚涼。二月風和春晝永，花開爛漫正當陽。

清　**查揆《篔谷詩鈔》卷八《詠牡丹四首》**　朱霞捧出蕊珠宫，只恐徐熙畫未工。不是萬花中第一，一般誰得近薰風。　桃花李花相間飛，舊家姚魏事全非。莫愁利市襴衫破，昨夜東皇已賜緋。　婪尾深盃近麥秋，殿春芳訊尚淹留。年來儘著梅花笑，消受東風在後頭。　那得紅闌面面開，玉川老屋委荒苔。花間別有樓臺起，似向披香殿裏來。

又　**卷一二《白牡丹》**　玉蕊唐昌見亦愁，蘸來藍尾醉鄉侯。東風爲謝諸年少，富貴居然到白頭。　褪盡安妃臉上霞，一般擡舉剩瑶華。輸他黄紫非常艷，多在平泉宰相家。

清　**陶孚尹《欣然堂集》詩集六《牡丹》**　小雨輕寒釀歲華，殿春風物見名花。金鈴好護王根第，錦障初成石尉家。雕玉佩摇西子舞，流蘇帶觧鄂君斜。黄昏燒燭頻來看，只恐穠姿欲化霞。

清　**僧通門《嬾齋別集》卷一三《藿園牡丹盛開漫紀》**　爰有園中約，因成野外遊。名花春盡見，孤策晚來投。側笑能留客，先開解起樓。葉穠香不淺，坐賞一庭幽。　午日憑移影，春雲爲作陰。養花天氣好，唧艸燕巢深。奇種宜分土，春風忽透襟。洛陽今不貴，朱紫重相尋。

雜録

唐　**段成式《酉陽雜俎》卷一九《廣動植類·草篇》**　興唐寺有牡丹一窠，元和中著花一千二百朵，其色有正暈、倒暈、淺紅、淺紫、深紫、黄白檀等，獨無深紅。又有花葉中無抹心者，重臺花者，其花面徑七八寸。興善寺素師院牡丹，色絶佳。

又　**續集卷九《支植上》**　［衛公］又言貞元中牡丹已貴。柳渾善言：「近來無奈牡丹何，數十千錢買一顆。今朝始得分明見，也共戎葵校幾多。」成式又嘗見衛公圖中有《馮紹正雞圖》，當時已畫牡丹矣。

唐　**馮贄《雲仙雜記》卷五《坐間牡丹花》**　宋旻語常帶華藻，李孺安曰：時方三月，坐間生無數牡丹花矣。《鄴郡名録》

宋　**沈括《夢溪筆談》卷一七《書畫》**　歐陽公嘗得一古畫牡丹叢，其下有一猫，未知其精粗。丞相正肅吴公與歐公姻家，一見曰：此正午牡丹也。何以明之？其花披哆而色燥，此日中時花也。猫眼黑睛如線，此正午猫眼也。有帶露花則房歛而色澤，猫眼早暮則睛圓，日漸中狹長，正午則如一線耳。此亦善求古人心意也。

宋　**孔平仲《談苑》卷三**　王文康公詩云：「棗花至小能成實，桑葉雖柔解吐絲。堪笑牡丹如斗大，不成一事又空枝。」亦重厚者之辭也。

宋　**朱勝非《紺珠集》卷一一《松牕録·木芍藥》**　開元《花木記》云：禁中呼木芍藥爲牡丹，當時甚重之。命李白爲新詞，有「漢宫誰第一，飛燕倚新粧」之語。

宋　**袁文《甕牖閒評》卷七**　牡丹謂之真花，見《牡丹記》。又謂之寶花，見宋咸詩。獨歐陽文忠公名爲最好花，嘗與王君貺詩云：「最好花嘗最後開，君貺得之不樂蓋。」有故而然，然非爲惜花者也。又云：好事者多用牛酥煎牡丹花而

食之，可見其流風餘韻。此事得之《蘇東坡集》中。東坡《雨中明慶寺賞牡丹》詩云：「故應未忍著酥煎。」又詩云「未忍汙泥沙，牛酥煎落蘂」是也。

宋 張邦基《墨莊漫録》卷六 西京每歲貢牡丹花，例以一百枝及南庫酒賜館職。韓子蒼去國後，嘗有詩云：「憶將南庫官供酒，共賞西京勅賜花。白髮思春醒復醉，豈知流落到天涯。」

宋 江少虞《事實類苑》卷六二《烏魚骨毒牡丹》 洛陽牡丹歲久蟲蠹，則花開稍小，園户以硫黄簪其穴，蟲死花復盛大。其園户相妒，則以烏賊魚骨刺花樹皮中，及花中必死，蓋牡丹忌烏魚骨耳。

宋 張淏《會稽續志》卷四《花》 牡丹自吴越時盛於會稽，剡人尤好植之。仲皎有詩云：「玉稜金線曉粧寒，妙入天工不可干。老去只知空境界，淺紅深紫夢中看。」

宋 潛説友《咸淳臨安志》卷五八《物産·花之品》 牡丹昌化富陽者頗大，古杭城中吉祥寺最多。東坡有詩。又有《留別釋迦院牡丹》詩。又有一種冬月開者，和述古詩云「一朵嬌紅翠欲流，春光回照雪霜羞」者是也。

宋 吴自牧《夢粱録》卷一八《物産·花之品》 牡丹有數種色樣，又一本冬月開花。

宋 邱璿《牡丹榮辱志》卷一 姚黄爲王

名姚花，以其名者，非可以中色斥萬乘之尊，故以王以妃，示上下等夷也。

魏紅爲妃

天子立后以正内治，故《關雎》爲風化之治。妃、嬪、世婦所以輔佐，淑德符家人之封焉。然後鵲巢采蘋采蘩，列夫人職，以助諸侯之政。今以魏花爲妃，配乎王爵，視崇高富貴一之於内外也。

九嬪

牛黄　細葉壽安　九蘂真珠

鶴翎紅　鞓紅　潛谿緋

朱砂紅　添色紅　蓮葉九蘂

世婦

麤葉壽安　甘草黄　一捻紅

倒暈檀　丹州紅　一百五

鹿胎　鞍子紅　多葉紅

獻來紅

今得其十，别求異種補之。

御妻

玉版白　多葉紫　葉底紫

左紫　添色紫　紅蓮萼

延州紅　駱駝紅　紫蓮萼

蘇州花　常州花　潤州花

金陵花　錢塘花　越州花

青州花　密州花　和州花

自蘇、臺、會稽至歷陽郡，好事者衆，栽殖尤夥。八十一之數，必可備矣。

花師傅

賁莢　指佞草　莆蓮

燕胎芝　螢火芝　五色靈芝

九莖芝　碧蓮　瑶花

碧桃

花彤史

同頴禾　兩岐麥　三脊茅

朝日蓮　連理木　薝蔔花

長樂花

花命婦

上品芍藥　黄樓子等　粉口

柳浦　茆山冠子　醉美人

紅纈子　白纈子　黄絲頭

紅絲頭　蟬花　重葉海棠出蜀中

千葉瑞蓮

花嬖倖

中品芍藥　長命女花出蜀中　素馨

茉莉　荳蔻　虞美人出蜀中

丁香　含笑　男真

鴛鴦草出蜀中　女真　七寶花

石蟬花出蜀中　玉蟬花出蜀中
玉屑

花近屬

瓊花　紅蘭　桂花
娑羅花　棣棠　迎春
黃拒霜　黃雞冠　忘憂草
金鈴菊　酴醿　山茶
千葉石榴　玉蝴蝶　黃酴醿出蜀中

花疎屬

麗春　七寶花出蜀中　石瓜花出蜀中
石巖　千葉菊　紫菊
添色拒霜出蜀中　羞天花　金錢
金鳳　山丹　吉貝
木蓮花　石竹　單葉菊
滴滴金　紅雞冠　矮雞冠
黃蜀葵　千葉郁李

花戚里

旌節　玉盤金盞　鵝毛玉鳳出蜀中
瑞聖　瑞香　御米
都勝　玉簪

花外屏

金沙　紅薔薇　黃薔薇
玫瑰　密有　刺紅
紅薇　紫薇　朱槿
白槿　海木瓜　錦帶
杜鵑　梔子　紫荊
史君子　凌霄　木蘭
百合

花宮闈

諸類桃　諸類李　諸類梨
諸類杏　紅梅　早梅
櫻桃　山櫻　蒲桃
木瓜　桐花　栗花
棗花　木錦　紅蕉

花叢脞

紅蓼　牽牛　鼓子
芫花　蔓陀羅　金燈
射干　水葓　地錦
地釘　黃躑躅　野薔薇
薺菜花　夜合　蘆花
楊花　金雀兒　菜花

花君子

溫風　細風　清露
暖日　微雲　沃壤
永晝　油幕　朱門
甘泉　醇酒　珍饌
新樂　名倡

花小人

狂風　猛雨　赤日
苦寒　蜜蜂　蝴蝶
螻蟻　蚯蚓　白晝青蠅
黃昏蝙蝠　飛塵　妬芽
蠹　麝香　桑螵蛸

又　花亨泰

閏三月　五風十雨　主人多喜事
婢能歌樂　妻孥不倦排當
僮僕勤幹　子弟韞籍
正開值生日　欲謝時待解醒
門僧解栽接　借園亭張筵
從貧處移入富家

花屯難

醜婦妬與憐　猥人愛與嫌

盛開值私忌　主人慳鄙

和園賣與屠沽　三月内霜雹

賞處看棊鬬茶　筵上持七八

盛開債主臨門　箔子遮園

露頭跣足對酌　遭權勢人乞接頭

剪時和花眼　正歡賞酗酒

頭戴如厠　聽唱辭傳家宴

酥煎了下麥飯　凋落後苔幕掃

園吏澆濕糞　落村僧道士院觀裏

宋　郭若虛《圖畫見聞誌》卷二《紀藝上》　梁相國于兢善畫牡丹。幼年從學，因覩學舍前檻中牡丹盛開，乃命筆放之，不浹旬，奪真矣。後遂酷思無倦，動必增奇。貴達之後，非尊親旨命不復含毫。有人贈詩曰：「看時人步澀，展處蝶争來。」有《寫生全本折枝》傳於世。

宋　程棨《三柳軒雜識・花客》（《説郛》卷二四下引）　花名十客，世以爲雅戲。姚氏《殘語》演爲三十一客，其中有未當者，暇日因易其一二，且復得二十客，併著之，以寓獨賢之意。牡丹爲貴客。

元　姚燧《牧庵集》卷三三《爰裔堂牡丹》　宣相家牡丹雖多，然止三種，玉板白、葉底紫、淺紅。惟二十一日最研盛，邵子所謂看花須及未開時，今已凋落矣。

明　陸容《菽園雜記》卷二　吴中有白牡丹，每瓣有紅色一點，云是楊妃粧時指捻痕。

明　王鏊《姑蘇志》卷三二《園池》　何仔園亭在尹山，種植甚繁，而牡丹尤多，周益公嘗遊。

明　張大復《梅花草堂集筆談》卷一一《牡丹》　晴光雨思，盡態而出，砌上牡丹便有一二瓣欲吐。新韻晶然，作水紅寶色，淺于桃花。蠟而醇膩過之，真人工所不能肖也。念西行當復十日，恐遂無花。然朝來已食其鮮矣。偶得句云：「幾回欲問催花使，上苑何如趂曉看。」

明　薛鳳翔《亳州牡丹史》卷二《别傳・紀園・單家莊》　去城十八里，長河迤南，故沃壤。單氏爲亳掾，以餘力種牡丹，益獲利。凡有所見，無論本土新生，别鄉初至，輒致之，且能爲花王護法，即達官貴人以至好事者莫能取，故牡丹尤備於諸園，凡遠近市奇花者，必先單氏焉。

明　曹學佺《蜀中廣記》卷五《成都府五・彭縣》　陸放翁云天彭號小西京，以其俗好植牡丹，有京洛之遺風。《古今雜記》：孟氏以牡丹名苑，于時彭門爲輔郡，典州者多其戚里，得之上苑，此彭門花之始也。天彭亦謂之花州，而牛心山下謂之花村云。

又　卷六《成都府六・灌縣》　《古今記》云：老人村有牡丹坪。王溉序謂牡丹高數十丈，花開盈一尺。范至能詩「十丈牡丹如錦蓋，人間姚魏敢争春」即此。《方輿勝覽》云：牡丹坪者，自青城之長平山捫蘿而上，歷鳥道三十里許，有平阜數十畝，高樹蔽天，春深先花後葉，狀如芙蕖，香類牡丹。譙定天授李浩太素二先生隱其中云。

又　卷九《成都府九・彰明縣》　《三洞羣仙録》：黄奉先移家入蜀，隱太華山。山盛牡丹，奉先栽蒔盈籬，春時花開，望之如錦幃，然在治北五里。

明　高濂《遵生八牋》卷一六《燕閑清賞牋下・瓶花之法・牡丹花》　貯滚湯於小口瓶中，插花一二枝，緊緊塞口，則花葉俱榮，三四日可玩。芍藥同法。一云以蜜作水，插牡丹不悴，蜜亦不壞。

明　焦周《焦氏説楛》卷二《唐莊宗牡丹名》　百葉仙人　月宫花

小黄嬌　雪夫人　蓬萊相公　粉奴香　卯心

黄　御衣紅　紫龍盃　三雲紫　盤紫酥

天王子　出樣黄　火焰奴　太平樓閣

明　姚旅《露書》卷一〇　長安獻歲，朔日即有牡丹花，花大如巨盌，葉菁葱如翡翠，蓋於窖中以火力奪天工也。中貴市以進上，初折枝，一瓶酬五十金，漸次減值。余於初四、五在郭聖胎齋頭賞之，蓋中貴以悦一甲科，甲科以詒聖胎，爲催詩使者也。

明　王路《花史左編》卷一《花之品・花王擬熙臨萬國》　錢思公曰，人常以牡丹爲花中之王，今姚黄真其王，而魏紫在其次。

又　卷一〇《花之味・牡丹花》　牡丹花煎法，與玉蘭同。可食，可蜜浸。玉蘭亦可蜜浸。

明　周文華《汝南圃史》卷六　《五色線集》云：孟蜀時，兵部尚書李昊每將牡丹花數枝遺親友，以興平酥同贈，曰：俟花凋謝以酥煎食之，無棄穠豔也。其

風流貴重如此。【略】《洛陽名園記》云：洛中花甚多種而獨名牡丹曰花王，凡園皆植牡丹，而獨名此曰花。園子蓋無他池亭，獨有牡丹數十萬本。凡城中賴花以生者，畢家於此，至花時張幕幄、列市肆，管絃其中，城中士女絶煙火游之，過花時則復爲丘墟矣。

明　陳禹謨《説儲》卷二　牡丹成樹者最少，惟秦中有之。唐馬嵬驛者，歷唐迄宋元尚存，至正德間始萎。又池之銅陵盛氏，亦畜有木本，大可繫馬。南粤茄種，宿根二三年，枝幹如樹，摘者必緣梯而上。《吕氏春秋》云：「餘稌之南，有菜名嘉樹，其色若碧。」如南粤茄，幾成嘉樹矣。

明　徐宏祖《徐霞客遊記》卷五下《記遊太華山》　余輒從危崖歷隙上，壁雖峭，石峯多稜，懸躍無不如意。壁紋瓊葩瑶莖，千容萬變，皆目所未收。素習者惟牡丹，枝葉離披，布滿石隙，爲此地絶遺，乃結子垂垂，外緑中紅，又餘地所未見。土人以高遠，莫知採鑒，第曰山間野藥，不辨何物也。

清　王士禛《池北偶談》卷二四《黑牡丹》　曹州牡丹，品類甚多，先祭酒府君嘗往購得黄白緑數種。長山李氏獨得黑牡丹一叢，云曹州止諸生某氏有之，亦不多得也。

又　卷二六《大將軍小將軍》　錢舜舉《折枝牡丹》一卷，有蜀郡桑門公實悟光題云：「三月江南媚景天，姚黄魏紫鬬争妍。那知十丈將軍樹，却在青城古洞前。」自注云：青城山文人觀前牡丹二株，一高十丈，名大將軍。一高五丈，名小將軍。

又　《白牡丹》　高淳縣花山有白牡丹，歲開數枝，種非人力，亦無恒所。有折者輒得疾，施侍讀愚山閏章詩云：「空山石纍纍，獨立天風吹。攀條莫敢折，含芳貽阿誰。」

清　王士禛《分甘餘話》卷一　黄牡丹，今亳州曹縣皆有之，荷花則未聞有黄色者。

清　王士禛《居易録》卷六　高淳縣丹陽湖之南花山有白牡丹，歲開不過五枝七枝，香聞十餘里，散生石罅中，移山下人家，輒不活。山南有孔家村，孔氏聚族于此，每山上花時，村中異香彌月不散。

清　陳淏子《秘傳花鏡》卷三《花木類考·牡丹》　八月十五，是牡丹生日。洛下名園，有植牡丹數千木者，每歲盛開，主人輒置酒延賞。若遇風日晴和，花忽盤旋翔舞，香馥異常，此乃花神至也。主人必起其酒脯，羅拜花前。移時始定，歲以爲常。

清　鈕琇《觚賸續編》卷一《言觚·牡丹狀元》　崇禎戊辰，揚州鄭元勳集四方才士于影園，賦黄牡丹詩，推虞山錢宗伯爲騷壇盟主，品題羣咏最者，賚以金罍。番禺孝廉黎遂球下第南還，亦與斯會，即席成七律十章，崇伯評置第一，時號牡丹狀元。其詩有：「月華蘸露扶仙掌，粉汗更衣染御香。」又曰：「燕銜落蕊成金屋，鳳蝕殘釵化寶胎。」皆麗句也。而讀其全篇，尚未盡體物之妙。兼與揚州少切，余因點筆題四韻於後：「聞道姚家種絶倫，雕欄重見一枝新。色分鶯羽迎風艶，香染蜂鬚浥露勻。小草豈能齊富貴，羣花從此辨君臣。碧簫聲裏紅橋畔，金帶徒誇往日春。」

清　雍正《江西通志》卷一二《山川六·九江府》　崑崙山在德安縣西北一百二十里，山前有東西二湖，上有王喬禮斗臺，元陽觀後有牡丹一本，色如丹砂，傳爲王仙手植。

清　雍正《陝西通志》卷一二《山川五·同州·韓城縣》　牡丹山　在縣西北六十里，多産牡丹。開時紅紫滿山，香聞數十里。土人采以當薪。又有牡丹坪，在渚北村西北，亦多牡丹。《縣續志》

又　卷四四《物産二·木屬》　寶雞縣北二里蟠龍山，有故相國少傅黨公崇雅別業。公好蒔花竹，一日，有樵人獻牡丹一枝，色如墨，四邊作金線界道，云得之棧中，令人踪跡之，不復見矣。《隴蜀餘問》牡丹色名錯出，約百餘種。《咸寧縣志》鳳翔廨舍内有牡丹一叢，四十餘枝，枝大如斗，是東坡以斗酒易之者，在蓮池亭之北。蘇子由有《岐下詩》二十韵。《鳳翔縣志》

清　雍正《畿輔通志》卷五六《土産·花屬·牡丹》　《燕都遊覽志》：草橋牡丹栽如稻麻。《淥水亭雜識》：北地大房山僧多種之。其色有大紅淺緑，江南所無也。《撫寧縣志》：牡丹坡多産牡丹。

清　雍正《四川通志》卷三八之六《物産·龍安府》　牡丹有數色，紅、紫、白、一捻紅，俱重臺，花大如盤，本可繫馬，甲於他處。

清　雍正《甘肅通志》卷六《山川·直隸秦州·通鳳縣》　牡丹原　在州西南六十里嶓冢山西，廣沃宜稼，岩岫間多産牡丹，花時滿山如畫。

清　乾隆《江南通志》卷一一《輿地志·山川一·江寧一府》　花山在高淳縣東南四十里，上産白牡丹，名曰仙。

清　乾隆《雲南通志》卷二七《物産·花屬》　牡丹有紅、黄、紫、香、粉紅數種。

清 乾隆《貴州通志》卷一五《貴陽府》 牡丹花繁多種，其美者曰鶴鶴紅、軍容紫。

清 乾隆《永春州志》卷一六《外紀》 牡丹芍藥二花，南土所稀。德化湯嶺，有深紅、淺紅、淡白二三本。按德邑牡丹，此時士民家分種甚多，不獨湯嶺爲然。

清 于敏中《日下舊聞考》卷三二《宮室元三》 原棕殿少西，出掖門爲慈仁殿，又後苑中爲金殿，四外盡植牡丹百餘本，高可五尺。《大都宮殿考》

又 卷七九《國朝苑囿泉宗廟》 原武清侯別業，額曰「清華園」，廣十里。園中牡丹多異種，以緑蝴蝶爲最。開時足稱花海。西北水中起高樓五楹，樓上復起一臺，俯瞰玉泉諸山，御書「青天白日」四字於中，東西書「光華」「乾坤」相對，字各長二尺餘。《燕都遊覽志》

又 卷九六《郊坰西六》 原都城牡丹時，無不往觀。惠安園者，園在嘉興觀西二里堂後，牡丹數百畝。《帝京景物略》

又 原惠安伯張元善園中牡丹，自言經營四十餘年，筋力半疲于此花。自籬落至門屏，無非牡丹也。最後一空亭，周遭皆芍藥，密如韭畦，約有十萬餘本。《袁中郎集》

又 卷一四九《物産一》 原牡丹，近數曹亳，北地則大房山僧多種之，其色有天紅、淺緑，江南所無也。《淥水亭雜識》

清 同治《上海縣志》卷三二《雜志》 牡丹自宋以來盛於吳下。上澳曹仲明所譜十五奇品，時實有之。菊自元郡人李明復所賦三十種，孫子奕至百有二十種。《鄭志》

清 光緒《畿輔通志》卷七三 牡丹，一名鼠姑，一名木芍藥。性宜寒畏熱，喜燥惡溼。得新土則根旺，向陽則性舒，忌烈風炎日。若種治有法，花可開至七百葉，面可徑尺。《羣芳譜》易州進十二相牡丹，《天中記》北地大房山僧多種之。其色有大紅、淺緑，江南所無也。《淥水亭雜識》草橋牡丹，栽如種麻。《燕都遊覽志》嘉祐寺牡丹，多於薤惠。安伯園牡丹，數百畝一圃也。客各乘竹兜周行塍間，遞而覽觀，日移晡乃竟。右安門外草橋，唐時有萬佛寺，寺廢而橋存。天啓間，建碧霞元君廟。其北土近泉居，人以種花爲業。冬則蘊火暄之，十月中旬牡丹已進御矣。《帝京景物略》：明袁宏道《惠安伯園亭看牡丹》詩：「古樹暗房櫳，登樓只辨紅。分畦將市地，合餤欲焚空。蝶醉輕綃日，鶯梢煖絮風。主人誉一世，身老衆香中。」國朝陳倬《牡丹》詩：「蓬萊佳氣□晴霞，栽作人間富貴花。一陣煖風來閬苑，天香吹上五雲車。」

菊

題解

《爾雅・釋草》 蘜，治蘠。注：今之秋華菊。蘜，字或作菊，居六反。《説文》云：蘜，治蘠也。又作鞠，云日精也。疏：蘜，一名治蘠。郭云：今之秋華菊。案，《月令・季秋》云：菊有黄花。《本草》云：菊華，一名節華。陶注云：菊有兩種。一種莖紫，氣香而味甘，葉可作羹而食者爲真。一種莖青而作蒿艾氣，味苦不堪食者名苦薏，非真也。

漢 許慎《説文》卷一 菊 ，大菊、蘧麥。从艸，匊聲。居六切。

明 李時珍《本草綱目》卷一五 菊：釋名：節華《本經》、女節《别録》、女華《别録》、女莖《别録》、日精《别録》、更生《别録》、傅延年《别録》、治蘠《爾雅》、金蕊《綱目》、陰成《别録》、周盈《别録》。時珍曰：按陸佃《埤雅》云：菊本作蘜，从鞠。鞠，窮也。《月令》：九月，菊有黄花。華事至此而窮盡，故謂之蘜。節華之名，亦取其應節候也。崔實《月令》云：女節、女華，菊華之名也。治蘠、日精，菊根之名也。《抱朴子》云：仙方所謂日精、更生、周盈，皆一菊而根莖花實之名異也。頌曰：唐天寶《單方圖》載白菊云：原生南陽山谷及田野中。潁川人呼爲回蜂菊，汝南名茶苦蒿，上党及建安郡、順政郡并名羊歡草，河内名地薇蒿。

集解：《别録》曰菊花生雍州川澤及田野。正月采根，三月采葉，五月采莖，九月采花，十一月采實，皆陰干。弘景曰：菊有兩種。一種莖紫氣香而味甘，葉可作羹食者，爲真菊。一種青莖而大，作蒿艾氣，味苦不堪食者，名苦薏，非真菊也。華正相似，惟以甘苦别之。南陽酈縣最多，今近道處處有之，取種便得。又有白菊，莖葉都相似，惟花白，五月取之。仙經以菊爲妙用，但難多得，宜常服之。藏器曰：白菊生平澤，五月花，紫白色。頌曰：處處有之，以南陽菊潭者爲佳。初春布地生細苗，夏茂，秋花，冬實。然種類頗多。惟紫莖氣香，葉厚至柔者，嫩時可食，花微小，味甚甘者，爲真；其莖青而大，葉細氣烈似蒿艾，花大味苦者，名苦意，非真也。南陽菊亦有兩種：白菊葉大如艾葉，莖青根細，花白蕊黄；其黄菊葉似茼蒿，花蕊都黄。今服餌家多用白者。又有一種開小花，花瓣下如小珠子，謂之珠子菊，云入藥亦佳。宗奭曰：菊花近世有二十餘種。惟單葉花小而黄，緑葉色深小而薄，九月應候而開者是也。鄧州白菊單葉者，亦入藥。餘皆醫經不用。瑞曰：花大而香者，爲甘菊；花小而黄者，爲黄菊；花小而氣惡者，爲野菊。時珍曰：菊之品凡百種，宿根自生，莖葉花色，品品不同。宋人劉蒙泉、范致能、史正志皆有《菊譜》，亦不能盡收也。其莖有株蔓紫赤青緑之殊，其

葉有大小厚薄尖秃之異，其花有千葉單葉、有心無心、有子無子、黄白紅紫、間色深淺、大小之别，其味有甘苦辛之辨，又有夏菊秋菊冬菊之分。大抵惟以單葉味甘者入藥，《菊譜》所載甘菊、鄧州黄、鄧州白者是矣。甘菊始生於山野，今則人皆栽植之。其花細碎，品不甚高。蕊如蜂窠，中有細子，亦可捺種。嫩葉及花皆可炸食。白菊花稍大，味不甚甘，亦秋月采之。菊之無子者，謂之牡菊。燒灰撒地中，能死蛙黽。説出《周禮》。

論説

宋 劉蒙《劉氏菊譜・説疑》 或謂菊與苦薏有兩種，而陶隱居、日華子所記皆無千葉花，疑今譜中或有非菊者也。然余嘗讀隱居之説，以謂莖紫色青，作蒿艾氣，爲苦薏。今余所記菊中，雖有莖青者，然而爲氣香味甘，枝葉纖少，或有味苦者而紫色細莖，亦無蒿艾之氣。又今人間相傳爲菊其已久矣，故未能輕取舊説而棄之也。凡植物之見取於人者，栽培灌溉不失其宜，則枝葉華實無不猥大。至其氣之所聚，乃有連理、合穎、雙葉、並蔕之瑞，而況於花有變而爲千葉者乎？日華子曰：花大者爲甘菊，花小而苦者爲野菊。若種園蔬肥沃之處，復同一體。是小可變而爲甘也。如是，則單葉變而爲千葉，亦有之矣。牡丹、芍藥，皆爲藥中所用，隱居等但記花之紅白，亦不云有千葉者。今二花生於山野，類皆單葉小花；至於園圃肥沃之地，栽鉏糞養，皆爲千葉，然後大花千葉變態百出。然則奚獨至於菊而疑之？注《本草》者謂菊一名日精。按：《説文》從鞠，而《爾雅》「菊，治蘠」，《月令》云鞠有黄華，疑皆傳寫之誤歟。若夫馬藺爲紫菊，瞿麥爲大菊，烏喙苗爲鴛鴦菊，旋覆花爲艾菊，與其他妄濫而竊菊名者，皆所不取云。

宋 歐陽修《文忠集》卷一二九《辨甘菊説》 《本草》所載菊花者，世所謂甘菊，俗又謂之家菊。其苗澤美，味甘香，可食。今市人所賣菊苗，其味苦烈，迺是野菊，其實蒿艾之類，强名爲菊爾。家菊性涼，野菊性熱，食者宜辨之。余近來求得家菊，植於西齋之前，遂作詩云：「明年食菊知誰在，自向欄邊種數叢。」余有思去之心久矣，不覺發於斯。

宋 蘇軾《東坡先生外集》卷六一《記南海菊》 菊，黄中之色，香味和正，花葉根實皆在生藥也。北方隨秋之早晚，大略至菊有黄花乃開。獨嶺南不然，至冬乃盛發。嶺南地暖，百卉造作無時，而菊獨後開，考其理，菊性介烈，不與百卉並盛衰，須霜降乃發，而嶺南常以冬至微霜故也。其天姿高潔如此，宜其通仙靈也。吾在海南藝菊九畹。以十一月望與客汎菊作重九，書此爲記。

宋 朱翌《猗覺寮雜記》卷下 歷書七十二候，惟桃桐菊言華。至菊又言黄華。桃以候婚姻，桐以待鳳，盛於二三月，得陽之盛。菊非得霜不盛，開於九月、十月，得陰之盛。然則其他皆不可言華。菊以黄爲正，東坡亦載朱勃之言。

宋 姚寬《西溪叢語》卷下 《楚辭》云：夕餐秋菊之落英。王逸云：英，華也。《類篇》云：英，草榮而無實者。後漢馮衍賦云「食玉芝之茂英」，言英華之英。洪興祖補註《楚辭》云：秋花無自落者，讀如我落其實而取其華之落。此言爲是。今秋花亦有落者，但菊蘂不落耳。若云「黄菊飄零滿地金」，即詩用《楚辭》之句。且《宋書・符瑞志》沈約云：英，葉也。言食秋菊之葉。據《神農本草》：菊服之輕身耐老，三月採葉。《玉函方》：王子喬變白增年方，甘菊三月上寅採，名曰玉英。是英謂之葉也。晉許詢詩云：青松凝素體，秋菊落芳英。

宋 吴仁傑《離騷草木疏》卷一《菊》 夕飡秋菊之落英。又：春蘭兮秋菊。王逸註：英，華也。言己食菊之落英，以香淨自潤澤也。五臣云：取其香潔以合己之德。洪慶善引魏文帝云：芳菊合乾坤之純和，體芳芬之淑氣。故屈原悲冉冉之將老，思飱秋菊之落英。輔體延年，莫斯之貴。仁傑按：《山海經》：女几之山，其草多菊。《爾雅》：蘜，一名治蘠。郭云：今之秋華。菊，《本草》云：菊，一名日精，一名女節，一名女華，一名女莖，一名更生，一名周盈，一名延年，一名陰威。陶隱居云：菊有兩種，一種莖紫，氣香而味甘，葉可作羹食。一種青莖而大作蒿艾，氣味不堪食者，名薏。《圖經》云：南陽亦有兩種，白菊葉大，似艾，莖青，根細，花白，蕋黄。其黄菊葉似桐蒿，花蕋都黄，然今服餌家多用白者。南京又有一種開小花，花瓣下如小珠子，謂之珠子菊，入藥亦佳。正月採根，三月採葉，五月採莖，九月採花，十一月採實。潁川人呼白菊爲回蜂菊。汝南名荼苦蒿，上黨及建安順政郡並名羊歡。河内名地薇。《高齋詩話》載：東坡跋王荆公詩云：秋英不比春英落。而荆公自謂取《離騷經》落英之意。按落英固有意義，然以爲飄零滿地金，則過矣。東坡詩又有「謾遶東籬嗅落英」之句，亦用《騷經》語者，落之義非隕落之落。《爾雅釋詁》文：俶落權輿，始也。郭璞引「訪予落止」爲證。蓋成王訪羣臣於廟中謀始即政之事。邢昺乃云：落者，木落隕墜之始，失義矣。《西溪叢語》引《宋書・符瑞志》沈約云：落英也。《類篇》云：英，草榮而無實者。此言食秋菊之葉耳。其説恐亦未然。《爾雅》：華荂，榮也。榮而不實者，謂之英。《月令》：仲夏木堇榮，謂於此時著花也。菊葉固

可食。然按《本草》採葉在三月，今云秋菊，則非食葉之時矣。著花在八九月，落英云者謂始華之時。故沈存中云：採藥用花者，取花初敷時。菊性喜寒，惟寒則開早。唐太宗詩云：細葉抽輕翠，圓花簇嫩黄。東坡亦云：菊，黄中之色，香味和正，花葉根實皆長生藥也。北方隨秋之早晚，大約至菊有黄花乃開，獨嶺南不然，至冬至乃盛發。嶺南地暖，百卉造作無時，而菊獨後開。考其理，菊性介烈，不與百卉盛衰，須霜降乃發，而嶺海常以冬至微霜故也。其天性高潔如此，宜其通仙靈也。近世菊品最多，有金鈴、珠子、桃花等，種類不同。東坡取朱遜之之説，云當以黄爲正，餘皆可鄙。蓋本之《月令》也。今服食家多用白菊，然遜之之説亦自有理。《抱朴子》云：南陽酈縣山中有甘谷，谷上左右皆生甘菊，菊花墮其水中，水爲變，居民食甘谷水，無不壽考。故司空王暢、太尉劉寬、太傅袁隗爲南陽太守，縣月送甘谷水四十斛。《西京雜記》云：九月九日飲菊花酒，令人延壽。菊花舒時，并采莖葉，雜黍米釀之，至來年九月始熟，就飲焉。《圖經》云：河内以八月合花收暴乾，浸酒中服之。今諸州菊花酒，其法得於此。

宋 史鑄《百菊集譜》卷三《古今詩話》　愚齋云：陶淵明《和郭主簿》詩：「芳菊開林耀，青松冠巖列。懷此貞秀姿，卓爲霜下傑。」愚愛「霜下傑」三字最佳。東坡《和子由所居》詩：「粲粲秋菊花，卓爲霜中英。」【略】苕溪漁隱曰：「先君《題泗上秋香亭》詩：『騷人足奇思，香草比君子。況此霜下傑，清芬絶蘭茝。』自淵明妙語一出，世皆師承用之，可謂殘膏賸馥，沾丐後人多矣。」

愚齋云：崇觀間，陳子高名克有詩名，集中有《五月菊》，云「黄菊有本性，霜餘見幽茂。名緇喻般若，太史謹占候」云云。僧雪菴詩：滿徑露溥黄般若，戛簷風裊翠真如。按《六祖金剛經解》：何名般若？是梵語，唐言智慧也。《傳燈録》云：僧問忠國師古德云：青青翠竹盡是法身，鬱鬱黄花無非般若，不知若爲？國師曰：《華嚴經》云：佛身充滿於法界，普現一切羣生前，隨緣赴感靡不周，而常處此菩提座。翠竹既不出於法界，豈非法身乎？《般若經》云：色無邊，故般若亦無邊，黄花既不越於色，豈非般若乎？《傳燈》又云：趙州或謂青青翠竹盡是真如，鬱鬱黄花無非般若。

愚齋云：菊苗不惟可爲菜，亦可以代茶。本朝孫志舉勴有《訪王主簿同泛菊茶》詩云：「妍暖春風蕩物華，初回午夢頗思茶。難尋北苑浮香雪，且就東籬擷嫩芽」云云。見鄭景龍《續宋百家詩選》。洪景嚴遵《和弟景盧邁月臺》詩「築臺結閣兩争華，便覺流涎過麴車。户小難禁竹葉酒，睡多須藉菊苗茶」云云。見《瓊野録》

愚齋云：菊花，古人惟以泛酒，後世又以入茶，其事皆得於名公之詩。唐釋皎然有《九日與陸處士羽飲茶》詩云：九日山僧院，東籬菊也黄。俗人多汎酒，誰解助茶香。陸放翁《冬夜與溥庵主説川食》詩：何時一飽與子同，更煎土茗浮甘菊。愚又嘗見人或以菊花磨細，入於茶中啜之者。

文保雍《菊譜》中有小甘菊詩：莖細花黄葉又纖，清香濃烈味還甘。祛風偏重山泉漬，自古南陽有菊潭。愚齋云：此詩得於陳元靚《歲時廣記》，今類于此，所謂保雍之譜恨未之識也。

愚齋云：唐宋詩人詠菊，罕有以女色爲比，其理當然。或有以爲比者，惟韓偓《歎白菊》云：「正憐香雪披千片，忽訝殘霞覆一叢。還似妖姬長年後，酒酣雙臉却微紅。」此唐人詩也。又魏野有菊一絶云：「正當摇落獨芳妍，向曉吟看露泫然。還似六宫人競怨，幾多珠淚濕金鈿。」此本朝人詩也。愚竊謂菊之爲卉，貞秀異常，獨能悦茂於風霜摇落之時，人皆愛之，當以賢人君子爲比可也。若輒比爲女色，豈不污菊之清致哉？故二詩愚不敢采取，以入此詩選。且范文正公賦云「黄中通理，得君子之道」，魏野又有詩云「易把方先哲」，王龜齡詩云「端似高人事幽獨」，陸務觀詩云「菊花如端人，獨立凌冰霜」，凡此等語，比類無不得其宜，故諸篇今預於選中。

愚齋云：荆公因有「殘菊飄零滿地金」之句，歐公輒戲而非之，乃有「秋英不比春花落」之語。從而後人泥於此言，竟以爲不落。愚竊以爲未然，故辨落與不落之理，各有其説，入於「辨疑門」内。又取唐宋數家詩句凡言其落者，併列之。唐太宗《殘菊》詩：「細葉彫輕翠，圓花飛碎黄。」又《秋日》詩：「菊散金風起。」趙嘏詩：「節過重陽菊委塵。」崔灝《晚菊》詩：「曉來風色清寒甚，滿地繁霜更雨(去聲)金。」薛瑩《十日菊》詩：「今朝籬下見，滿地委殘黄。」梅聖俞《殘菊》詩：「零落黄金蘂，雖枯不改香。」蘇子由《戲題菊》詩：「更擬食根花落後，一依本草太傷渠。」彭汝礪詩：「重陽黄菊花，零落殆無有。」陸務觀《菊》詩：「碎金狼籍不堪摘。」又云：「紛紛零落中，見此數枝黄。」

愚齋云：紫菊之名見於孫真人《種花法》，又見於諸譜中。此品傳植既久，故唐宋詩人稱述亦多。蕭穎士《菊榮篇》：紫英黄萼，照曜丹墀。杜荀鶴詩：雨匀紫菊藂藂色。趙嘏詩：紫艷半開籬菊静。夏英公詩：落盡西風紫菊花。韓忠獻公詩：紫菊披香碎曉霞。此既出於名公稱述，必是佳品也。

愚齋云：菊之開也，四季泛而有之。開於三月者，曰春菊。前賢有詩聯云：不許秋風常管束，競隨春卉鬭芳菲。又云：似嫌九月清霜重，亦對三春麗日開。《沈譜》云：春菊花小而微紅者。有開於四月者，張孝祥嘗有詩。見《詩選門》。開於五月者，陳子高嘗有詩。開於六月者，符離王常嘗有詞。見《芳菲集》。惟開於秋季者，其品至多。開於十月者，歐陽公及王龜齡皆有詩，朱希真又有詞。以諸公詩詞觀之，果見其所謂春菊、夏菊、秋菊、寒菊者也。雖然，此當以開於秋冬者爲貴，開於夏者爲次，開於春者未必是真菊也。若論其色，亦有差等。菊當以黄爲尊，以白爲正，以紅紫爲卑。楊繪詩：爛紫妖紅色盡卑。漁隱亦云：菊春夏開者，終非其時。有異色者，亦非其正。

又 卷五《杜甫詩以甘菊名石决》 《秋雨歎》詩曰：「雨中百草秋爛死，堦下决明顔色鮮。著葉滿枝翠羽蓋，開花無數黄金錢。」説者以爲即《本草》决明子。此物乃七月作花，形如白扁豆，葉極稀疎，焉得有翠羽蓋與黄金錢也？彼蓋不知甘菊一名石决，爲其明目去翳，與石决明同功，故吴越間呼爲石决。子美所歎，正此花耳。而杜、趙二公妄引《本草》以爲决明子，疎矣哉。

元 葉容《樵雲獨唱》卷一八《愛菊説》 鄞有高世之士曰駱先生，以大貌嚴而氣剛，行峻而言直，學廣而聞多，落落不與世俗相俯仰。一語之不合，一事之不諧，則望望而去，終其身不齒。以故世之士子鮮有當乎其意，辱與爲忘形交者。然獨視菊，如賢友朋。每歲，即小齋之外，羅植數百本。春而鋤，夏而灌，秋編其榦而屏列之。當天氣始肅，寒英盛開，披鶴氅衣，戴折角巾，擕九節杖，巡行圃中，見夫幽姿勁質，凌轢風霜，則思淬厲節操，處艱瘁而不屈。見夫黄而不雜，得土之中，則思正色獨立，使君子有所敬，而小人有所畏。見夫早培晚盛，不競不争，則思居謙處讓，退可以無咎，而進爲有悔。見夫味甘而氣馨，品高而性介，則思蓄用以待時，潔身而處俗，不與黄茅、白葦俱出於斯世。凡是數者，一或不類於是菊，又爲之徘徊花下，仰而視，俯而思，且愧而且責。必也物我兩忘，彼此無間，然後與之曹處乎軒牕寂寞之濱，並驅乎草木摇落之際。若相磋以道，相錯以德，不自知其情之孚而身之化也。夫如是，則菊也，先生也，真所謂賢友朋也。菊有賢友朋之象，而先生猶愛之如此，況世之賢士子乎？是故無賢士子則已，有則必爲先生之所愛，如愛斯菊矣。先生愛賢之心，豈果有異於愛菊之心乎？嗚呼，菊不能以自賢，惟先生能賢之。士子不能自知其賢不賢，惟先生能知之。賢也，吾其愛；不賢也，吾其棄。嗚呼，安得賢如是菊，陶姓而潛名者，與之論先生之交際哉！

明 慎懋官《華夷花木鳥獸珍玩考》卷四《菊有黄花》 吾鄉范文穆公至能作《菊譜》，言《月令》以動植志氣候，如桃桐輩直云始華，而菊獨云菊有黄華。豈以其正色獨立，不伍衆草，變詞而言之與？子始甚疑之，信如譜中所載，其色已不勝其多，而《月令》獨云菊有黄華，何也？及來河南，行熊耳、錦屏、弘農、崤函諸山，時正秋，草木俱衰謝盡，山上下暨水厓籬落皆黄菊，大如錢，藂生粲然。乃悟河南爲中州，得風氣之正，黄爲正色，而正秋時者花，隨地皆有，此《月令》紀候所以獨言之也。然則如譜中所載諸品，得無人智力變幻所致與？則其見述于《月令》，宜矣。

明 何三畏《新刻何氏類鎔》卷三〇《菊》 菊有白有紫，有黑有黄。有名延年傅公者，有名更生陰威者，有名日精朱嬴者，有名節花女花者。有爲甘菊而氣香莖紫，其得名以香。有爲錦菊而粉紅碎花，其得名以色。有爲孩兒菊而粉紅青萼，其得名以形。有爲金絲菊而紫花黄心，其得名以葉。菊亦名花也，蓋浸三泉而結根，晞九陽而挺幹。春榮翠葉，秋耀金華。沾露而其色不滓，經霜而其條不改。流芳越乎群卉，垂采煒于寒丘。鵷雛遥集而弄音，遊女望榮而巧笑。可以充虚益氣，蠲疾弭痾。可以輕體通神，延期益筭。故真人採其實，王母啜其葩。費長房登高而飲菊醪輒消灾患，朱孺子服食而飡菊莖遂升雲天。康風子餌菊花而得仙，劉先生飲菊汁而長壽，王子喬採菊根莖而變白增年。其他若劉寬之瘳風眩，胡廣之愈風羸。甘谷中三千餘舍之人家，一百多歲之老叟，未有不由菊者。斯草涉節變而不能傷，則超于蒼栢。此花經素秋而不可廢，則等于春蘭。王淑之銘菊也，而曰孰爲芳質，在幽愈馨。張栻之賦菊也，而曰曾是頹齡，何物不制。别去長年景物，只有黄花。是故人看來老圃秋容，誰似黄花堅晚節。就人飲而摘菊盈把者，以此知陶令之不羈；誦人詩而飡菊落英者，以此笑歐公之不學矣。

明 謝肇淛《五雜俎》卷二《天部》 菊有黄華。桃華於仲春，桐華於季春，皆不言有，而菊獨言有者，殞霜肅殺，萬木黄落，而菊獨有華也。菊色不一，而專言黄者，秋令屬金，金以黄爲正色也。

清 姜宸英《湛園集》卷七《菊隱説》 草木之族，唯菊種至多。治之者，有護芽、分種、接幹、去蠹、防風、避雨之法。積勞終歲，而取玩於一時，故藝之比他種猶難。按《本草》，菊黄者味甘。世稱陶公好菊，亦其味甘叢生於籬落間者耳。

然余聞之種菊者曰：「凡塒菊，不獨其花時可喜，雖其萌芽、藏荄、凝露、受霜，隨時按候而驗其消息，亦莫不有天地自然之生趣。」由其嗜好專一，則雖用力之煩且久，而亦不知其疲也。有隱君子陸君翼王，少事舉子業，中遭感憤，廢輟窮研于六經，無虚日夜，各成疏義十餘卷。其自號「菊隱」，余視其庭中無一菊者，竊疑其所稱非實。抑思菊之爲性，掩葩于艷陽之日，挺節于嚴霜之候，是屈子之所欲餐，而陶公之所嘗采者也。今以君之慕乎古也，耽其精英，擷其茂實，至于窮歷年歲，塵視軒冕，窅然若不知天地之爲大，而萬物之爲衆。以視乎種菊者之專一，其所好而不移也。則君之所自寓，舍是其奚取焉？

清 安致遠《玉磑集》卷二《後菊説》 余性愛菊，而嬾於修治，每歲乞數本以自娱。丁丑九日，乞菊不得，以養菊者九日爲盛賞之時，故艱於乞人，其實花方蓓蕾耳。至十九日，方購得數株，開始璀璨矣。宋人亦以是日爲重陽，予於菊固未嘗負也。鍾退谷詩云：「辟彼黄花説重陽，重陽幾曾見花黄。」九日不過競於其名耳，世之趨名而不求實者，寧獨一菊哉？

清 王復禮《似菊非菊辨》（《藝菊志》卷二引） 花有名菊而實非菊者，如藤菊，豆緑色，其大如菊，梗黑而細，蔓沿滿架，花開最多，又名銕線蓮，以其梗似也。然形如菊而稱蓮，非矣。蒿菊，即春時蒿菜花也，色黄有心，大亦如菊。藍菊，草本，有藕合、石青諸色，長尺餘，花極爛漫，即杜若也。萬壽菊，金黄色，千瓣，大亦如菊。沿藤菊，花中無此色，故藉以點綴。波斯菊，重瓣，西番菊，單瓣，皆老黄色，蔓生者也。六月菊，又名滴滴金，瓣最紋，心極密，枝高三四尺，惜花小耳。又有花似菊而不名爲菊者，如秋牡丹，色紫，草本，黄心，花亦如菊，萼大倍之。馬蘭，藕合色，形如小菊，野生，開花甚多。千里光，色黄，花更小矣。旋覆花，四月開，色黄，花小而繁，草花之酷似者。又有名爲菊而絶不似菊者，如僧鞋菊，又名鸚哥菊，色青，比之僧鞋、鸚哥，其形絶肖，但其花何嘗似菊。孩兒菊，其葉香，婦人暑月夾于髮中，去穢氣而已，何嘗有花。至若石菊，譜中詩中皆云花，比菊較大，又名石竹，即瞿麥也，此大誤矣。花中無石菊，但有石竹，色紫，千瓣。瞿麥，色藕合，單瓣，入藥，與洛陽花千瓣單瓣各種色者，剪秋紋大紅及桃紅單瓣者，此數種一類，花皆剪絨，並非菊也，安得載入。史鑄譜云，徧問園官總不知，宜乎退于各條之末。

清 李漁《閒情偶寄》卷一四《種植部・草本第三・菊》 菊花者，秋季之牡丹、芍藥也。種類之繁衍同，花色之全備同，而性能持久復過之。從來稱植之書，是花皆署，而叙牡丹、芍藥與菊者獨詳。人昔謂三種奇葩，可以齊觀等視，而予獨判爲兩截，謂有天工人力之分。何也？牡丹、芍藥之美，全仗天工，非由人力。植此二花者，不過冬溉以肥，夏澆以濕，如是焉止矣。其開也，爛熳芬芳，未嘗以人力不勤，畧減其姿而稍儉其色。菊花之美，則全仗人力，微假天工。藝菊之家，當其未入土也，則有治地釀土之勞，既入土也，則有插標記種之事。是萌芽未發之先，已費人力幾許矣。迨分殃植定之後，勞瘁萬端，復從此始。防燥也，慮濕也，摘頭也，掐葉也，芟蕋也，接枝也，捕蟲掘蚓以防害也，此皆花事未成之日，竭盡人力以俟天工者也。即花之既開，亦有防雨避霜之患，縛枝繫蕋之勤，置盞引水之煩，染色變容之苦，又皆以人力之有餘，補天工之不足者也。爲此一花，自春徂秋，自朝迄暮，總無一刻之暇。必如是，其爲花也，始能豐麗而美觀，否則同于婆娑野菊，僅堪點綴疎籬而已。若是，則菊花之美，非天美之，人美之也。人美之而歸功于天，使與不費辛勤之牡丹、芍藥齊觀等視，不幾恩怨不分，而公私少辨乎？吾知斂翠凝紅而爲沙中偶語者，必花神也。

自有菊以來，高人逸士無不盡吻揄揚，而予獨反其説者，非與淵明作敵國。藝菊之人終歲勤動，而不以勝天之力予之，是但知花好，而昧所從來。飲水忘源，併置汲者于不問，其心安乎？從前題詠諸公，皆若是也。予創是説，爲秋花報本，乃深于愛菊，非薄之也。

予嘗觀老圃之種菊，而慨然于修士之立身與儒者之治業。使能以種菊之無逸者礪其身心，則焉往而不爲聖賢？使能以種菊之有恒者攻吾舉業，則何慮其不掇青紫？乃士人愛身愛名之心，終不能如老圃之愛菊，奈何！

清 陸次雲《尚論持平》卷一《菊有黄華》 《月令》之志華，不一矣。如桐始華，桃始華，獨至季秋之月，則曰菊有黄華。變文以書重菊之晚節也。蓋春當發生之時，故其華色多艷，然皆易開而易謝。至於九月，秋氣深矣，收斂固結，故菊開獨久。詩曰：菊殘猶有傲霜枝。以見凡花所不易有而菊獨有之，露潤益榮，霜侵愈茂，非花中之松栢耶？

清 張必剛《濬元》卷六《鞠有黄華寒露未候》 養花必以百日，而賞花不過數朝。賞鞠花不止數朝，而養鞠花亦不止百日。故草木之能乘時以花者，未有不由培養溉壅之力之多也。凡花與鞠花，皆待養於主人者。主人愛凡花，何殊愛鞠。其欲得凡花以賞，何殊欲賞鞠。夫欲賞花而不先養花者，主人之過。而主人既養花，花不能久待，以供主人之賞者，則爲花之負主人之恩。鞠花於秋末者

也，凡花花於春與夏者也。鞠於春夏則不花，凡花亦於春夏間傲鞠。主人見凡花之傲鞠，亦得無微厭夫鞠。然而卒能報主人培養溉壅之恩者，固即此鞠也。使主人多養鞠，則何藉於凡花。使凡花皆能學鞠，則烏在不能報主人。迨至凡草木皆黄以落，鞠獨黄以花，而主人於是始愈愛鞠，而凡花於是始遜謝鞠也。夫鞠不花於春夏，則遂可以秋。若主人惜之，空荔房貯之，則并可以冬。其黄者，雖不貯亦冬，秋冬者之異於春夏明矣。彼凡花之灼灼早發，而不能久待者，其終何爲耶？

系曰：今於土牆、柴扉、菜圃、竹逕曲折之區，而有鞠花隱躍其際，則逸甚。今於松濤泉籟、烟横霧籠、猿鳥啼號之時，而有鞠花出没其間，則幽甚。今於高人達士、琴書杖履棲息之所，而有鞠花蕭踈其側，則韻甚。韻以人事，幽逸以時以地，而況加之以鞠，則豈有不更逸、不更幽、不更韻者乎？夫物之所以不能逸、幽且韻者，因其能通而不能窮也。物惟能窮，然後能得其正。然物雖不通而窮，尚有不得其正者。況不能窮，則更未有不失其正。惟鞠不然，其花也，以窮之時而花；其色，以黄之正色爲色。他物無有能窮，無有能守正者，而惟鞠之中有之。鞠既能窮，既能守正，則亦安往而不得其逸，安往而不得其幽，安往而不得其韻也。昔陸平泉謁權貴，對鞠花而慚屈子曰：「惜吾不見古之人兮，吾誰與玩此芳草。」芳草之玩也，以屈子高潔之品而然也。苟品不高以潔，則雖欲浮慕之，强對之，且大爲芳草羞矣。何玩之敢言？

贊曰：諺曰：「寒露風，殺花叢。欲避風，置屋中。」予嘗誦此爲植花者言，而彼不予信也。歷寒露節而諸花果殺以死，植花者始信之，且悔之。至次歲，雖菊花亦别置之。予偶造其室，嘆曰：「向之言，豈爲鞠言也耶？若果鞠也，又何畏寒露風也。」

清 許兆熊《東籬中正·評松子》 古人論細葉菊，只剪茸、西施二種。剪茸，本色花，鈴管半剪，一鉤一戟。鉤從内向，戟往外張，而管中又抽細絲，攢碎玲瓏，無單散之瓣。有大小二種，小者貴，其灑金滿英者尤貴也。西施，本色花，層層超瓣，徑大可逾五六寸，高特捧簇，上下如一，玲瓏四維。瓣外叢生毛刺者乃佳也，今皆不可得而見矣。由剪茸而出，尚在人間者曰毬，曰丁香，曰萬卷，由西施而出，今尚存者，曰幢、曰蠟瓣、曰月下、曰芒刺、曰松子檇李。屠承爔《東籬集》曰：「由西施而變，短瓣反鉤，始終不垂，鬅鬆匀疊者，而松子。」則松子亦西施之一種耳。今之言菊者，但目松子爲細種。餘者俱列中等，所不解矣。若就品色而論，恐不如毬幢之齊整且色佳也。池上手植者，曰老肝紅松子、新肝紅松子、金黄松子、蜜黄松子、金紅松子、水緑松子、白松子、瑪瑙松子、琥珀松子、蘇桃松子，凡十種，而琥珀乃剪茸别種。蘇桃，古譜中稱團瓣捧簇，開剪而多矽者爲蘇桃，則蘇桃自與松子異，王譜所謂紫絲桃者是也。今亦以松子目之。余惡其獨擅虚名，無出類拔萃之奇，不能如王夷甫取三語掾也，故屏而不種矣。

贊曰：春巖澹蕩，松花細落。孕秀疎籬，辭賞高閣。鬥巧玉楮，振奇縞鶴。鱗比短羽，房攢素葯。錯采霜鮮，冶金風鑠。黄蝶何來，清觴滿酌。

又《評細葉》 評細葉 凡非由剪茸、西施而出皆爲中等，今概入不復分列。

幢之屬。屠承爔曰：由西施而變，初放蛤蜊口，瓣短而狹、團而瓦，匀齊層叠、上下如一者爲幢。今僭稱者不一，闒隴暴貴，託山東甲族，吏胥雜流，號衣冠士夫，其風不可長也。考其實出自西施者得四種：

金幢，一名金鵞毛；

玉幢，一名銀鵞毛，一名鵞毛幢；

菉豆幢，一名緑頭幢；

水菉豆幢，一名頭緑幢，一名小銀毬。

贊曰：兜羅綿手，指出寶幢。金繩四垂，瓊閣八窗。瓏瓏初日，燄燄明釭。孕檀封蠟，點翠裁紅。一錢許看，千佛呈容。那知玉骨，莕草吴宫。

毬之類出自剪茸，古所稱帶剪間紐捩者爲蘇毬，垂瓣帶剪間絨線者爲絨毬，垂瓣帶剪間單散者爲麝香毬。抽瓣之屬，今皆不可得而見，世人但以花頭圓滿者目之。考其品格確然無疑者得三種：

金絲毬，一名龍須毬，一名金獅毛幢；

桂毬，一名蜜幢，一名桂花幢，一名桂花毬；

椒毬，本名花椒毬，又名花椒幢。

贊曰：陳州玉毬，大圜重規。對鏡施的，墮月入懷。華鬘影滿，明璫聲來。同心金盒，含笑璧臺。朝華煙媚，宵光露垂。孰乘綵鸞，徙倚玉堦。

丁香，出自剪茸。屠承爔曰：抽瓣皆筒，英口如丁香者爲丁香。池上手植者曰古色、曰銀紅、曰金、曰蘆花、曰白、曰青蓮。白與蘆花無少差别，當是一種。青蓮較銀紅色少暗，疑即銀紅之劣者，不足取也。今選存三種，而銀紅、古色尤勝。徙倚南榮，朝光晃眼，杜陵詩老，白頭亂髮，回作韋曲，春風思也。

銀紅丁香；
古色丁香，一名玻珀丁香；
金丁香。
贊曰：暖風解結，嫣然初露。鄂足繡靸，蕊心錦聚。月小施眉，霧醲作絮。空山遠春，虛堂迎曙。乙乙香抽，垂垂雲布。寂寥抱冬，落英倘賦。

甲之屬，不言其所出，帝釋林中遺札，偶墮下方耶。屠承爌摭入中等菊中。以余考之，當亦出自西施也，但無芒刺耳。向只松花、瑪瑙二種，戊辰歲種菊池上松花甲一本忽作金色，光焰耀目，一切黄花無可與比，如佛身金色，一切賢聖梵天色身無可與比，名曰池上金甲。古菊譜中雖有是名，恐未必具八十種好也。近年朋好乞苗分植，不啻鳳城遍插，然楊邁精瑩，終輸初地，小草亦有夙緣耶。瑪瑙，甲品色不佳，汰去久矣。
松花甲，一名蜜甲；
池上金甲。
贊曰：翠虬鬣舒，赤鯶鱗櫛。葉葉絣組，英英韜札。老圃揚菁，嘉卉挺質。秦王獻俘，精鏐照闕。飲光施鍛，寶相奪目。作戰秋醉，擒生花筆。招我織簾，光欻與匹。

萬卷之屬，初疑出自西施，及觀《東籬集原菊略》方知出自剪茸。凡論剪茸，以金多爲貴，萬卷雖無金英，而花極匀圓，層層超瓣，自是名花。世以金之有無定優劣，乞兒作宰，但取紈綺，豈足稱水鏡乎？文子云：體大者節踈，度巨者擧遠，不當沾沾於小節也。今吴江人論菊，於松子之外獨推天仙一種，得之矣。天仙者，萬卷之别名也。花有五色，白者不齊整，黄色頗難培植，點紅與錦者無多分别，今存二色：
紫萬卷，一名天仙子；
錦萬卷，一名錦天仙。
贊曰：撚絲搓領，蹙金比肩。順聖作紫，敷梵成蓮。萬卷盤欝，五花連豣。嚶和吐綬，鬟重帖鈿。分插軍持，輝我芸编。

金拍，只一種，不知其所出，或曰古洋種也。榦青葉緑，花瓣瑩整，色亦佳。雖非舍脂絶豔，亦是諸天眷屬，高視塵世。嘉興人極尊貴，獨冠毬幢之上曰拍甲毬幢云。

文君面，只一種，色豔，瓣匀圓，與金拍並列，足稱伯仲。汲泉瀹茗，静好相參，不患長卿消渴也。
金拍，
文君面。
贊曰：香蒐百和，曲犯六么。駢羅衆品，凑泊異翹。小鳳偏愛，阿龍固超。繡簾乍啓，絶豔非遥。遠山承黛，宿酒暈潮。築脂刻玉，擁髻蜱腰。輞鐖良慰，剪燭深宵。

鶴翎，種類極多，勝國時極貴重，熱官豪賈，饜心眩目。然花粗俗少韻，想對羊公氉氃，階前者正是此類。《東籬集》載入中等菊中，先得我心矣。池上曾種者，徐火放、西火放、金、銀、銀紅、緑、水紅、水緑八種，今但存西火放與金色者二種。

西火放，此花當稱西火放金鶴翎，今言火放，只半語也。按醉花居士王元符曰：鶴翎有二種，柔枝火放者爲佳。東江僧人唐朗初所植者，色深花大，最爲可觀。此即世所稱東火放也，今不甚貴重，俱推西火放矣。不知其所出，俟考。徐火放則嘉興徐篁村種，比西火放更貴重。又有鄂火放，出自鄂氏，超瓣極佳，今無種。火放者，言其初放時花光如火欻也。
金鶴翎。
贊曰：長松卷浪，老鶴猗翎。鳳毛選色，翠羽感霊。冷招月魄，欻發日精。火齊華燭，寶炬焌熒。五光十色，妃白儷青。夢回紙帳，影暗一燈。

核桃，只黄色一種，出自剪茸，疑即古之絨毬。屠氏言絨毬抽瓣如筒，一旗一槍，間出絨瓣，此花實似之。
黄核桃，一名金繡口。
贊曰：土德嘉榮，搗羅築欝。雀釵分英，金苔助織。血玉朝曦，孕珠夜色。旗槍四衢，飣餖六出。蔡絹生輝，江豪披質。

飛雁，初疑出自西施，及與藝菊者討論，亦古洋種也。不知有幾色，池上僅二種，蜜色，花俗少韻。今只植銀紅色一種。雁足鐙殘，寥天清唳，顧視此花，縈魂爽籟。

剪絨，亦古洋種也。花極大，瓣出倒垂，久如微卷，類胡僧卷髮，故一名波斯，五色咸備。池上手植者，有金，有白，有銀紅，有水紅，有緑，有水緑，今存金色，以概此屬。
銀紅飛雁，一名銀紅西施；

金剪絨，一名金波斯。

贊曰：絨吐繡牀，蠟殘金雁。引絲攢跗，採珠飣面。風露稍深，綺羅如見。紫鴛罷舞，涼蟾斜盼。枝枝偎人，紙窗淩亂。

蠟瓣西施，只一種。出自西施，疑即古之蜜西蠟瓣。嘉興嘉定人稱蠟甲，謬也。無錫人稱蠟瓣，僅言半橛，今特改正。

月下西施，有二種，出自西施。一純白，有心，名大玉；一微有紅暈、花頭圓滿，名月下。金鴨温馨，涼蟾孤冏，顧影相賞，恍若漢臯邂逅，豈特動白衣之興也。凡菊以西施名者頗多，只此黄白二色，真的支也。

蠟瓣西施，一名蠟瓣，一名蠟甲；

大玉西施，一名大玉甲，一名大玉脂甲；

月下西施，一名月下，一名小玉脂甲。

贊曰：五湖秋老，煙水生波。翦冰種玉，妝澹頩酡。縞衣林下，翠袖山阿。雲停凝睇，月轉迴蛾。晶盤長對，瓊樹無過。珊珊來未，妒影如何。

芒刺，出自西施，五色咸備，蓋即王敬美所謂狼牙也。綺羅叢中，凜凜有孫夫人平陽主之槩，豈僅閨房稱秀也。池上皆曾種，今選存二種，品色兼優，足槩此屬矣。

蜜芒刺，一名蜜蠶，又作蜜攢，榦細葉翠，丰韻頗佳。

銀紅芒刺，近歲出自香山，名毛女殢霞，花大，色豔纖。

刺髯鬙，極品也。人以洋種目之，謬矣。

贊曰：魂魂倏態，作作生芒。金人亙古，玉女飛行。□痋起粟，濛淞閒霜。奇錦凸紋，晶簾隱光。朝霞不散，殘雪猶明。纖纖粉印，如見新妝。

黄松毬，只一種，非剪茸屬之毬也。花頭圓滿，淡金色，品格極嚴整，放特早，霜降前八九日必花矣。徐良輔先生耕漁軒舊種也。山中人以司空見慣，俱不稱許，余特賞之。孫叔敖秀羸多能，陸士龍文弱可愛，其此花歟。

黄松毬

贊曰：感秋而蓓，迎霜而嫁。一觴一詠，風廊月榭。北郭聯吟，東籬命駕。人似黄花，獨立西風。花如高士，不出山中。更數百年，臭味猶同。

又《評洋種》 洋種不一，入華鬘市，皆稱鮮好，以敵春蘭，未可便當。夕秀温太真，故是第二流耶。十餘年來，曾經手植者不下三四百種，披沙揀金，得一十三種，俱品色兼優者。

塘種有定名，不能改易。洋種近時人都以子種，變幻百出，咸以甜俗字面目之，潦倒園官，應供俗客，買菜求益，市瓜取大，就其名稱不足，直淵明籃舁，門生一笑也。故俱就其色相，改易新名。

霓裳，本名閬苑瓊樓。花大色豔，榦極細，臨風摇曳，婀娜欲仙。令華山女唱步虛，便有淩雲之意。霓裳二字，雖僅言色，然品亦在其中矣。

絳雪，本名廣寒雪素，花白，微有紅暈。名不稱實，因其名素雪也，改名絳雪，然亦僅言其色耳。

紫爪，本名金爪紅蓮，色紫，瓣如爪，不知何云金與紅也，今直名之曰紫爪，或彷彿菊花孃子搔背癢時也。

紫雲，本名佛見笑，花大而色深紫。過客獨多稱賞，但解吟色，借相公袍上，紫准勅惡詩，豈爲寃抑，無以爲名，强名之曰紫雲，恐杜樊川見之，未便流盼也。

墨超，本名墨池香靄，紫花中之深黑色者，類古之順聖紫。層層超瓣，極可觀。與嘉興、嘉定之墨牡丹、一品朱衣色態相類，然終不如此花入掖庭法相也。故只留此一種。

雪超，本名潘家白，超瓣，瑩白如雪，洋種中白花，無有出其右者。霜天月地，白鷴弄影，潔客泠香，敻然獨絶，苦無趙子固一輩人耳。

大金，本名蓮座，堆金，花與金拍相似，因呼大金拍，今直名大金云。

蜜白，本名杏花，一色白，蜜色，瓣超，整而厚，榦極細，妙品也。時有談蟋蟀者，云蜜白一種最佳，交冬色愈瑩潔，如蜜，因以名此花。借半閒堂平章，爲冷淡生涯解嘲。

蜜黄，本名蜜牡丹，佳種也，因蜜白而改名蜜黄。

玉龍子，本曰玉夔龍。被以嘉名，不足爲阿瞞弄物，松風清轉，助我作鸜鵒舞耳。

金樓，本名黄金樓，湘東列屋有作半面妝人，否也。

秋牡丹，本名彩鳳雲毬，花與秋牡丹極相似，故即以秋牡丹目之。花葉朝雲作春夢婆相對矣。

荔丹，本名珊瑚寶塔。榦强花俗，本不足取，因菊中紅色者絶少，故存之，而易以新名。逢麴流涎，未嘗不神往於炎風瘴雨也。

贊曰：金釭二等，玉英三采。照耀窮秋，填駢少海。月地雲階，迷金醉紙。繡影燈前，貢妍霜裏。阿杜分釵，薛公進珥。軟屏四圍，洞房對起。香沁紗厨，

寒生翠被。遥酹湘纍，小稱栗里。老圃自吟，富貴如此。

論曰：余自甲子歲種菊，迄今一十四年，所植之種類夥矣。今選存細葉二十七種，洋種一十三種，雖與世之言菊者有同有異，牝牡驪黃，所可濶略，以此爲余羊棗之嗜乎？然菊以近人之故，因得詳其形態物色，彼深巖幽壑，瑶草瓊葩，夏暐冬倩者何窮？抑古今莫得而名焉。草木之微，顯晦固有數哉！益念夫倜儻非常之士不遇爲可悲也。

韻語清言，霏霏不絶。安石《碎金》，定是可寶，君家《月旦》，復作《草木春秋》耶？昔陳羣立九品中正以裁量人材，定爲銓法。宋明帝好圍棊，《南史》稱其嘗置圍棊中正。皃舟於翰墨之暇，與園官攷覈精粗，汰俗存雅，爲陶公補此缺事，亦可以東籬中正名之，他日藝苑更留一佳話也。沈欽韓書尾。

综述

晋 張華《博物志》卷四　菊有二種，苗花如一。唯味小異，苦者不中食。

宋 劉蒙《劉氏菊譜·定品》　或問：菊奚先？曰：先色與香，而後態。然則色奚先？曰：黄者中之色，土王季月，而菊以九月花，金土之應，相生而相得者也。其次莫若白，西方金氣之應，菊以秋開，則於氣爲鍾焉。陳藏器云：白菊生平澤，花紫者，白之變；紅者，紫之變也。此紫所以爲白之次，而紅所以爲紫之次云。有色矣，而又有香；有香矣，而後有態。是其爲花之尤者也。或又曰：花以艷媚爲悦，而子以態爲後歟？曰：吾嘗聞於古人矣，妍卉繁花爲小人，而松竹蘭菊爲君子，安有君子而以態爲悦乎？至於具香與色而又有態，是猶君子而有威儀也。菊有名龍腦者，具香與色而態不足者也。菊有名都勝者，具色與態而香不足者也。菊之黄者未必皆勝而置于前者正其色也，菊之白者未必皆劣而列于中者次其色也。新羅、香毬、玉鈴之類，則以瓌異而升焉。至於順聖、楊妃之類，轉紅受色不正，故雖有芬香，態度不得與諸花争也。然余獨以龍腦爲諸花之冠，是故君子貴其質焉。後之視此譜者，觸類而求之，則意可見也。

花總數三十有五品。以品視之，可以見花之高下；以花視之，可以知品之得失。具列之如左云：

龍腦第一

龍腦，一名小銀臺，出京師，開以九月末。類金萬鈴而葉尖，謂花上葉。色類人間染鬱金，而外葉純白。夫黄菊有深淺色兩種，而是花獨得深淺之中。又其香氣芬烈，甚似龍腦，是花與香色俱可貴也。諸菊或以態度争先者，然標致高遠，譬如大人君子，雍容雅淡，識與不識，固將見而悦之，誠未易以妖冶嫵媚爲勝也。

新羅第二

新羅，一名玉梅，一名倭菊，或云出海外，國中開以九月末。千葉，純白。長短相次，而花葉尖薄，鮮明瑩徹，若瓊瑶然。花始開時，中有青黄細葉，如花蘂之狀，盛開之後，細葉舒展，迺始見其蘂焉。枝正紫色，葉青，支股而小。凡菊類多尖闕，而此花之蘂分爲五出，如人之有支股也，與花相映。標韻高雅，似非尋常之比也。然余觀諸菊，開頭枝葉有多少繁簡之失，如桃花菊，則恨葉多；如毬子菊，則恨花繁。此菊一枝多開，一花雖有旁枝，亦少雙頭並開者，正素獨立之意，故詳紀焉。

都勝第三

都勝，出陳州，開以九月末。鵝黄，千葉。葉形圓厚，有雙紋，花葉大者，每葉上皆有雙畫直紋，如人手紋狀，而内外大小重疊相次，蓬蓬然，疑造物者著意爲之。凡花形，千葉如金鈴則太厚，單葉如大金鈴則太薄，惟都勝、新羅、御愛、棣棠，頗得厚薄之中，而都勝又其最美者也。余嘗謂，菊之爲花，皆以香色態度爲尚，而枝常恨麤，葉常恨大，凡菊無態度者，枝葉累之也。此菊細枝少葉，婀娜有態，而俗以都勝目之，其有取于此乎？花有淺深兩色，蓋初開時色深爾。

御愛第四

御愛，出京師，開以九月末，一名笑靨，一名喜容。淡黄，千葉。葉有雙紋，齊短而闊，葉端皆有兩闕，内外鱗次，亦有瓌異之形，但恨枝榦差麤，不得與都勝争先爾。葉比諸菊最小而青，每葉不過如指面大。或云出禁中，因此得名。

玉毬第五

玉毬，出陳州，開以九月末。多葉，白花，近蘂微有紅色。花外大葉有雙紋，瑩白齊長，而蘂中小葉如剪茸。初開時有青殻，久乃退去。盛開後小葉舒展，皆與花外長葉相次倒垂。以玉毬目之者，以其有圓聚之形也。枝榦不甚麤，葉尖長無刓闕，枝葉皆有浮毛，頗與諸菊異。然顔色標致，固自不凡。近年以來，方有此。本好事者競求，致一二本之直比于常菊蓋十倍焉。

玉鈴第六

玉鈴，未詳所出，開以九月中。純白，千葉。中有細鈴，甚類大金鈴。菊凡白花中如玉毬、新羅，形態高雅，出於其上。而此菊與之争勝，故余特次二菊，觀名求實，似無愧焉。

金萬鈴第七

金萬鈴，未詳所出，開以九月末。深黄，千葉。菊以黄爲正，而鈴以金爲質。是菊正黄色而葉有鐸形，則於名實兩無愧也。菊有花蜜枝褊者，人間謂之鞍子菊，實與此花一種，特以地脈肥盛使之然爾。又有大萬鈴、大金鈴、蜂鈴之類，或形色不正，比之此花，特爲竊有其名也。

大金鈴第八

大金鈴，未詳所出，開以九月末。深黄有鈴者，皆如鐸鈴之形，而此花之中實，皆五出細花，下有大葉承之。每葉之有雙紋，枝與常菊相似，葉大而疎，一枝不過十餘葉。俗名大金鈴，蓋以花形似秋萬鈴爾。

銀臺第九

銀臺，深黄，萬銀鈴。葉有五出，而下有雙紋白葉。開之初，疑與龍腦菊一種，但花形差大，且不甚香耳。俗謂龍腦菊爲小銀臺，蓋以相似故也。枝幹纖柔，葉青黄而麤疎。近出洛陽水北小民家，未多見也。

棣棠第十

棣棠，出西京，開以九月末。深黄。雙紋多葉，自中至外，長短相次，如千葉棣棠狀。凡黄菊，類多小花，如都勝、御愛，雖稍大而色皆淺黄，其最大者若大金鈴菊，則又單葉淺薄，無甚佳處。唯此花深黄多葉，大於諸菊，而又枝葉甚青，一枝聚生至十餘朵，花葉相映，顔色鮮好，甚可愛也。

蜂鈴第十一

蜂鈴，開以九月中。千葉，深黄，花形圓小而中有鈴。葉擁聚蜂起，細視若有蜂窠之狀。大抵此花似金萬鈴，獨以花形差小而尖，又有細蘂出鈴葉中，以此别爾。

鵝毛第十二

鵝毛，未詳所出，開以九月末。淡黄纖細，如毛生於花萼上。凡菊大率花心皆細葉，而下有大葉承之間，謂之托葉。今比毛花自内至外葉皆一等，但長短上下有次爾，花形小於金萬鈴。亦近年新花也。

毬子第十三

毬子，未詳所出，開以九月中。深黄，千葉。尖細重疊，皆有倫理。一枝之杪聚生百餘花，若小毬。諸菊黄花最小無過此者，然枝青葉碧，花色鮮明，相映尤好也。

夏金鈴第十四

夏金鈴，出西京，開以六月。深黄，千葉。甚與金萬鈴相類而花頭瘦小，不甚鮮茂，蓋以生非時故也。或曰：非時而花失其正也，而可置於上乎？曰：其香是也，其色是也，若生非其時，則係於天者也，夫特以生非其時而置之諸菊之上，香色不足論矣，奚以貴質哉？

秋金鈴第十五

秋金鈴，出西京，開以九月中。深黄，雙紋，重葉。花中細蘂，皆出小鈴萼中。其萼亦如鈴葉，但比花葉短闊而青，故譜中謂鈴葉、鈴萼者，以此有如蜂鈴狀。余頃年至京師，始見此菊，戚里相傳，以爲愛玩。其後菊品漸盛，香色形態往往出此花上，而人之貴愛寖落矣。然花色正黄，未應便置諸菊之下也。

金錢第十六

金錢，出西京，開以九月末。深黄，雙紋，重葉。似大金菊而花形圓齊，頗類滴漏花。欄檻處處有，亦名滴滴金，亦名金錢子。人未識者，或以爲棣棠菊，或以爲大金鈴，但以花葉辨之，乃可見爾。

鄧州黄第十七

鄧州黄，開以九月末。單葉，雙紋，深於鵝黄而淺於鬱金。中有細葉，出鈴萼上，形樣甚似鄧州白，但小差爾。按陶隱居云：南陽酈縣有黄菊而白者，以五月採。今人間相傳多以白菊爲貴，又採時乃以九月，頗與古説相異。然黄菊味甘氣香，枝幹葉形全類白菊，疑乃弘景所記爾。

薔薇第十八

薔薇，未詳所出，九月末開。深黄，雙紋，單葉。有黄細蘂出小鈴萼中，枝幹差細，葉有支股而圓。今薔薇有紅黄千葉、單葉兩種，而單葉者差淡，人間謂之野薔薇，蓋以單葉者爾。

黄二色第十九

黄二色，九月末開。鵝黄，雙紋，多葉。一花之間自有深淡兩色。然此花甚類薔薇菊，惟形差小，又近蘂多有亂葉，不然，亦不辨其異種也。

甘菊第二十

甘菊，生雍州川澤，開以九月。深黃，單葉。閭巷小人且能識之，固不待記而後見也。然余竊謂古菊未有瓌異如今者，而陶淵明、張景陽、謝希逸、潘安仁等或愛其香，或詠其色，或採之於東籬，或泛之於酒斝，疑皆今之甘菊花也。夫以古人賦詠賞愛至於如此，而一旦以今菊之盛，遂將棄而不取，是豈仁人君子之於物哉？故余特以甘菊置於白紫紅菊三品之上，其大意如此。

酴醾第二十一

酴醾，出相州，開以九月末。純白，千葉。自中至外，長短相次，花之大小正如酴醾，而枝幹纖柔，頗有態度。若花葉稍圓，加以檀蘂，真酴醾也。

玉盆第二十二

玉盆，出滑州，開以九月末。多葉，黃心，内深外淡。而下有闊白大葉，連綴承之，有如盆孟中盛花狀。然人間相傳，以謂玉盆菊者，大率皆黃心碎葉，初不知其得名之由，後請疑於識者，始以真菊相示。乃知物之見名於人者，必有形似之實，非講尋無倦，或有所遺爾。

鄧州白第二十三

鄧州白，九月末開。單葉，雙紋，白花。中有細蘂，出鈴蕚中。凡菊，單葉如薔薇菊之類，大率花葉圓密相次。花葉謂頭上白葉，非枝葉之葉。他稱花葉，倣此。而此花葉皆尖細，相去稀疎，然香比諸菊甚烈，而又正爲藥中所用。蓋鄧州菊潭所出爾，枝幹甚纖柔，葉端有支股而長，亦不甚青。

白菊第二十四

白菊，單葉，白花。蘂與鄧州白相類，但花葉差闊，相次圓密，而枝葉麤繁。人未識者，多謂此爲鄧州白，余亦信以爲然，後劉伯紹訪得其真菊，較見其異，故譜中別開鄧州白而正其名，曰白菊。

銀盆第二十五

銀盆，出西京，開以九月中。花中皆細鈴，比夏、秋萬鈴差疎，而形色似之。鈴葉之下，別有雙紋白葉，故人間謂之銀盆者，以其下葉正白故也。此菊近出，未多見。至其茂肥得地，則一花之大有若盆者焉。

順聖淺紫第二十六

順聖淺紫，出陳州、鄧州，九月中方開。多葉，葉比諸菊最大。一花不過六七葉，而每葉盤疊凡三四重。花葉空處，間有筒葉輔之，大率花形枝幹類垂絲棣棠，但色紫花大爾。余所記菊中，惟此最大，而風流態度又爲可貴，獨恨此花非黃白，不得與諸菊争先也。

夏萬鈴第二十七

夏萬鈴，出鄜州，開以五月。紫色，細鈴。生於雙紋大葉之上，以時別之者，以有秋時紫花故也。或以菊皆秋生花，而疑此菊獨以夏盛。按《靈寶方》曰菊花紫白，又陶隱居云五月採，今此花紫色而開於夏時，是其得時之正也，夫何疑哉？

秋萬鈴第二十八

秋萬鈴，出鄜州，開以九月中。千葉，淺紫。其中細葉盡爲五出鐸形，而下有雙紋大葉承之。諸菊如棣棠，是其最大，獨此菊與順聖過焉。或云與夏花一種，但秋夏再開爾。今人間起草爲花，多作此菊，蓋以其瓌美可愛故也。

繡毬第二十九

繡毬，出西京，開以九月中。千葉，紫花。花葉尖闊，相次聚生，如金鈴。菊中鈴葉之狀，大率此花似荔枝菊花，中無筒葉，而蕚邊正平爾。花形之大，有若大金鈴菊者焉。

荔枝第三十

荔枝，純紫，出西京，九月中開。千葉，紫花。葉卷爲筒，謂花葉也。凡菊，鈴葉有五出，皆如鐸鈴之形，又有卷生爲筒無尖闕者，故謂之筒葉，他與此同。大小相間。凡菊，鈴并蘂皆生托葉之上，葉背乃有花蕚與枝相連，而此菊上下左右攢聚而生，故俗以爲荔枝者，以其花形正圓故也。花有紅者，與此同名，而純紫者蓋不多爾。

垂絲粉紅第三十一

垂絲粉紅，出西京，九月中開。千葉。葉細如茸，攢聚相次，而花下亦無托葉。人以垂絲目之者，蓋以枝幹纖弱故也。

楊妃第三十二

楊妃，未詳所出，九月中開。粉紅，千葉。散如亂茸而枝葉細小，嫋嫋有態，此實菊之柔媚爲悅者也。

合蟬第三十三

合蟬，未詳所出，九月末開。粉紅。筒葉，花形細者與蘂雜比，方盛開時筒之大者裂爲兩翅，如飛舞狀。一枝之杪凡三四花，然大率皆筒葉，如荔枝菊。有

蟬形者，蓋不多爾。

紅二色第三十四

紅二色，出西京，開以九月末。千葉，深淡紅。叢有兩色，而花葉之中間生筒葉，大小相映。方盛開時，筒之大者裂爲二三，與花葉相雜比，茸茸然。花心與筒葉中有青黄紅蘂，頗與諸菊相異。然余怪桃花、石榴、川木瓜之類，或有一株異色者，每以造物之付受有不平歟，抑將見其巧歟。今菊之變其黄白而爲粉紅深紫，固可怪。而又一株亦有異色並生者也，是亦深可怪歟。花之形度無甚佳處，特記其異爾。

桃花第三十五

桃花，粉紅。單葉中有黄蘂，其色正類桃花，俗以此名，蓋以言其色爾。花之形度雖不甚佳，而開於諸菊未有之前，故人視此菊如木中之梅焉。枝葉最繁密，或有無花者，則一葉之大踰數寸也。

又《雜記》　叙遺

余聞有麝香菊者，黄花，千葉，以香得名；有錦菊者，粉紅，碎花，以色得名；有孩兒菊者，粉紅，青萼，以形得名；有金絲菊者，紫花，黄心，以蘂得名。嘗訪於好事，求於園圃，既未之見。而説者謂孩兒菊與桃花一種，又云種花者剪掐爲之。至錦菊、金絲，則或有言其與別名非菊者。若麝香菊，則又出陽翟洛人，實未之見。夫既已記之，而定其品之高下，又因傳聞附會而亂其先後之次，是非余譜菊之意，故特論其名色列於記花之後，以俟博物之君子證其謬焉。

補意

余嘗怪古人之於菊，雖賦詠嗟嘆嘗見於文詞，而未嘗説其花瓌異如吾譜中所記者，疑古之品未若今日之富也，今遂有三十五種。又嘗聞於蒔花者云，花之形色變易如牡丹之類，歲取其變者以爲新，今此菊亦疑所變也。今之所譜，雖自謂甚富，然搜訪所有未至，與花之變易後出，則有待於好事者焉，君子之於文，亦闕其不知者斯可矣。若夫掇擷治療之方，栽培灌種之宜，宜觀於方册，而問於老圃，不待予言也。

拾遺

黄碧、單葉兩種，生於山野籬落之間，宜若無足取者。然譜中諸菊多以香色態度爲人愛好，剪鉏移徙或至傷生，而是花與之均賦一性，同受一色，俱有此名，而能遠迹山野，保其自然，固亦無羨於諸菊也。余嘉其大意而收之，又不敢雜置諸菊之中，故特列之於後云。

宋　史正志《史氏菊譜》　菊，草屬也，以黄爲正，所以槩稱黄花。漢俗，九日飲菊酒以祓除不祥。蓋九月律中無射而數九，俗尚九日而用時之草也。南陽酈縣有菊潭，飲其水者皆壽。《神僊傳》有康生服其花而成僊。菊有黄華，北方用以準節令，大略黄華開時，節候不差。江南地暖，百卉造作無時，而菊獨不然。攷其理，菊性介烈高潔，不與百卉同其盛衰，必待霜降草木黄落而花始開，嶺南冬至始有微霜故也。《本草》：一名日精，一名周盈，一名傅延年。所宜貴者，苗可以菜，花可以藥，囊可以枕，釀可以飲。所以高人隱士，籬落畦圃之間，不可一日無此花也。陶淵明植於三徑，采於東籬，裛露掇英，汎以忘憂。鍾會賦以五美，謂圓華高懸，準天極也；純黄不雜，后土色也；早植晚登，君子德也；冒霜吐穎，象勁直也；杯中體輕，神僊食也。其爲所重如此。然品類有數十種，而白菊一二年多有變黄者。余在二水植大白菊百餘株，次年盡變爲黄花。今以色之黄白及雜色品類可見於吳門者，二十有七種，大小顔色殊異而不同。自昔好事者爲牡丹、芍藥、海棠、竹筍作譜記者多矣，獨菊花未有爲之譜者，殆亦菊花之闕文也歟！余姑以所見爲之。若夫耳目之未接，品類之未備，更俟博雅君子與我同志者續之。今以所見具列于後。

黄

大金黄，心密，花瓣大如大錢。小金黄，心微紅，花瓣鵝黄，葉翠，大如衆花。佛頭菊，無心，中邊亦同。小佛頭菊，同上微小，又云疊羅黄。金鏊菊，比佛頭頗瘦，花心微窪。金鈴菊，心微青紅，花瓣鵝黄色，葉小，又云明州黄。深色御袍黄，心起突，色如深鵝黄。淺色御袍黄，中深。金錢菊，心小，花瓣稀。毬子黄，中邊一色，突起如毬子。棣棠菊，色深黄如棣棠狀，比甘菊差大。甘菊，色深黄，比棣棠頗小。野菊，細瘦，枝柯凋衰，多野生，亦有白者。

白

金盞銀臺，心突起，瓣黄，四邊白。樓子佛頂，心大突起，似佛頂，四邊單葉。添色喜容，心微突起，瓣密且大。纏枝菊，花瓣薄，開過轉紅色。玉盤菊，黄心突起，淡白緣邊。單心菊，細花心，瓣大。樓子菊，層層狀如樓子。萬鈴菊，心茸茸突起，花多半開者如鈴。腦子菊，花瓣微縐縮，如腦子狀。荼蘼菊，心青黄微起，

如鵝黃，色淺。

雜色紅紫

十樣菊，黃白雜樣，亦有微紫，花頭小。桃花菊，花瓣全如桃花，秋初先開，色有淺深，深秋亦有白者。芙蓉菊，狀如芙蓉，亦紅色。孩兒菊，紫萼白心，茸茸然，葉上有光，與他菊異。夏月佛頂菊，五六月開，色微紅。

宋 李石《續博物志》卷二 真菊可以延齡，野菊可以瀉人。張華云「黄精益壽，鉤吻殺人」是矣。

又 卷五 菊花舒時，採莖葉雜黍米釀之，至來年九月九日始熟，謂之菊花酒。

宋 鄭樵《通志》卷七五 菊花，曰日精，曰節華，曰女節，曰女革，曰女莖，曰更生，曰周盈，曰傅延年，曰陰成，曰治蘠。其白花者，潁川曰回峯，汝南曰茶苦蒿，河内曰地薇蒿，上黨曰羊歡草。

宋 范成大《范村菊譜·菊品》 黄

勝金黄　疊金黄
棣棠菊　疊羅黄
麝香黄　太真黄
垂絲菊　千葉小金黄
鴛鴦菊　金鈴菊
毬子菊　單葉小金錢
夏小金鈴　十樣菊
甘菊　野菊

白

五月菊　金杯玉盤
喜容千葉　御衣黄千葉
萬鈴菊　蓮花菊
芙蓉菊　茉莉菊
木香菊　酴醿菊
艾葉菊　白麝香
白荔支　銀杏菊
波斯菊一枝只一葩，倒垂如髮之鬈。

雜色

佛頂菊　桃花菊
臙脂菊　紫菊一名孩兒

黄花

勝金黄，一名大金黄。菊以黄爲正，此品最爲豐縟而如輕盈。花葉微尖，但條梗纖弱，難得團簇作大本，須留意扶植乃成。

疊金黄，一名明州黄，又名小金黄。花心極小，疊葉穠密，狀如笑靨花，有富貴氣，開早。

棣棠菊，一名金鎚子花，纖穠酷似棣棠，色深如赤金，他花色皆不及，蓋奇品也。窠株不甚高，金陵最多。

疊羅黄，狀如小金黄，花葉尖瘦如剪羅縠，三兩花自作一高枝出叢上，意度瀟灑。

麝香黄，花心豐腴，傍短葉密承之，格極高勝。亦有白者，大略似白佛頂，而勝之遠甚，吴中比年始有。

千葉小金錢，略似明州黄花，葉中外疊疊整齊，心甚大。太真黄，花如小金錢加鮮明。

單花小金錢，花心尤大，開最早，重陽前已爛漫。

垂絲菊花，蘂深黄，莖極柔細，隨風動摇如垂絲海棠。

鴛鴦菊，花常相偶，葉深碧。

金鈴菊，一名荔枝菊，舉體千葉細瓣簇成小毬，如小荔枝，枝條長茂，可以攬結。江東人喜種之，有結爲浮圖樓閣，高丈餘者。余頃北使過欒城，其地多菊，家家以盆盎遮門，悉爲鸞鳳亭臺之狀，即此一種。

毬子菊，如金鈴而差小，二種相去不遠，其大小名字出於栽培肥瘠之别。

小金鈴，一名夏菊，花如金鈴而極小，無大本，夏中開花。藤菊，花密條柔，以長如藤蔓，可編作屏幛，亦名棚菊。種之坡上，則垂下裊數尺如纓絡，尤宜池潭之瀕。

十樣菊，一本開花，形模各異，或多葉或單葉，或大或小，或如金鈴，往往有六七色，以成數通名之曰十樣。衢嚴間花黄，杭之屬邑有白者。

甘菊，一名家菊，人家種以供蔬茹。凡菊葉皆深緑而厚，味極苦，或有毛，惟此葉淡緑柔瑩，味微甘，咀嚼香味俱勝。擷以作羹及泛茶，極有風致。天隨子所

賦，即此種。花差勝野菊甚，本不繫花。

野菊旅生田野及水濱，花單葉，極瑣細。

白花

五月菊，花心極大，每一鬚皆中空，攢成一匾毬，子紅白，單葉繞承之，每枝只一花，徑二寸，葉似同蒿，夏中開。近年院體畫草蟲，喜以此菊寫生。

金杯玉盤，中心黄，四傍淺白，大葉三數層，花頭徑三寸，菊之大者不過此。本出江東，比年稍移栽吴下。此與五月菊二品，以其花徑寸特大，故列之於前。

喜容千葉，花初開微黄，花心極小，花中色深，外微暈淡，欣然丰艷有喜色，甚稱其名。久則變白，尤耐封殖，可以引長七八尺至一丈，亦可攬結，白花中高品也。

御衣黄，千葉，花初開深鵞黄，大略似喜容而差疎瘦，久則變白。

萬鈴菊，中心淡黄，鎚子傍白花葉繞之，花端極尖，香尤清烈。

蓮花菊，如小白蓮花，多葉而無心。花頭疎，極蕭散清絶，一枝只一葩，緑葉亦甚纖巧。

芙蓉菊，開就者如小木芙蓉，尤穠盛者如樓子芍藥，但難培植，多不能繁穊。

茉莉菊，花葉繁縟，全似茉莉，緑葉亦似之，長大而圓净。

木香菊，多葉，略似御衣黄，初開淺鵞黄，久則一白。花葉尖薄，盛開則微卷，芳氣最烈，一名腦子菊。

酴醾菊，細葉稠疊，全似酴醾，比茉莉差小而黄。

艾葉菊，心小葉單，緑葉尖長似蓬艾。

白麝香，似麝香，黄花差小，亦豐腴韻勝。

銀杏菊，淡白，時有微紅，花葉尖，緑葉全似銀杏葉。

白荔枝，與金鈴同，但花白耳。

波斯菊，花頭極大，一枝只一葩，喜倒垂下，久則微捲如髮之鬈。

雜色

佛頂菊，亦名佛頭菊，中黄，心極大，四傍白花一層繞之。初秋先開白色，漸沁微紅。

桃花菊，多至四五重，粉紅色，濃淡在桃杏紅梅之間，未霜即開，最爲妍麗，中秋後便可賞。以其質如白之受采，故附白花。

臙脂菊，類桃花菊，深紅淺紫，比臙脂色尤重，比年始有之。此品既出，桃花菊遂無顔色，蓋奇品也。姑附白花之後。

紫菊，一名孩兒菊，花如紫茸，叢茁細碎，微有菊香，或云即澤蘭也。以其與菊同時，又常及重九，故附於菊。

宋 史鑄《百菊集譜》卷一《洛陽品類》 鄞江周師厚愚齋云：公因倅洛陽，作《洛陽花木記》。愚今於記中惟摭取菊名，列於此。若乃諸形狀，據元本皆不該。

菊單葉	金鈴菊	紫幹子
萬鈴菊	毬子菊	鷄冠菊
地棠菊	千葉大黄菊	五色菊
粉紅菊	碧菊	千葉晚紅菊
黄簇菊	柿葉菊	青心菊
葉紅菊	黄窠廷子	探白子
白菊	六月紫菊	紅香菊
釵頭菊	紫菊亦謂之旱蓮	金錢菊一名夏菊
川金錢深紅色單葉	川剪金	

又 卷二《諸州及禁苑品類》 吴人沈競撰譜元本，列爲六篇，愚今乃分入集譜諸門。

潛山朱新仲有菊坡，所種各分品目。玉盤盂與金鈴菊其花相次。又有春菊花，小而微紅者。有佛頭菊，花不作瓣，而爲小筩樣者。有枇杷菊，葉似枇杷，花似金盞、銀盤，而極大却不甚香。有丁香菊，花小而外紫内白者。

至今舒州菊多品，如蜂兒菊者，鵝黄色。水晶菊者，花面甚大，色白而透明。又有一種名末利菊者，初開花小，四瓣如末利，既開花大如錢。

潛江品類甚多，有鋪茸菊，色緑，其花甚大，光如茸，二月間開。

今臨安有大笑菊，其花白心，葉葉如大笑，或云即枇杷菊。

頃在長沙見菊亦多品。如黄色，曰御愛、笑靨、孩兒黄、滿堂金、小千葉丁香、壽安真珠。白色，曰疊羅、艾葉毬、白餅、十月白、孩兒白，銀盆大而色紫者曰荔枝菊，又有五月開者。

他處有所謂十樣菊者，一叢之上開花凡十種，如大金錢、小金錢、金盞、銀盤，則在在有之。

如婺女則有銷金北紫菊，紫瓣黄沿。銷銀黄菊，黄瓣白沿。有乾紅菊，花瓣乾紅，四沿黄色，即是銷金菊。三菊乃佛頭菊種也。

浙間多有荷菊。日開一瓣，開足成荷花之形。衆菊未開則不開，衆菊已謝則不謝。又有腦子菊，其香如腦子，花色黄如小黄菊之類。又有茱萸菊、麝香菊、水偎菊，水偎者即金盞銀臺也。

金陵有松菊，枝葉勁細如松，其花如碎金，層出于密葉之上，予在豫章嘗見之。

臨安西馬城一作塍園子，每歲至重陽，謂之鬬花，各出奇異，有八十餘種。予不暇悉求其名，有爲予於禁中大園子得菊品近六十種，多與外間同名者，姑次第之。

御袍黄菊大花頭　御衣黄小花頭
白佛頭花早　黄佛頭花晚
黄新羅　白新羅
戴笑菊即大笑菊　橙子菊
薔薇菊　末利菊
樝子菊花小色黄，香如樝子。　大金錢
小金錢　金盞銀臺
金盞金臺　明州黄
泰州黄　黄素馨
白素馨　黄木香
白木香　牡丹菊
黄酴醾　白酴醾
大金黄　小金黄
夏菊花與佛頭一同五月開。　桃花菊八月開
銷金菊　金鈴菊
蹙線菊　燕脂菊
白喜容　黄喜容
黄笑靨　白笑靨
金井銀欄　金井玉欄
鵝兒菊　棣棠菊
丁香菊　萬鈴菊蘇州出高枝兒。
玉盆菊　鐵脚黄鈴
黑葉兒　輕黄菊
黄纏枝　白纏枝
勝金黄　賽金錢
早紫菊四月　早蓮菊
團圓菊　柳條菊
枝亭菊枝梗甚長，用杖子撐，即籬菊一丈黄。鞍子菊雙心兒牽長。
碧蟬菊青色　鈸兒菊一種紫梗，開早。一種青梗，開晚。

又《越中品類》以下諸菊之次第所排近似失序，此蓋粗以形色之高下而爲列，非徒徇名而已，比之前後二目不同。凡菊之開，其形色有三節不同，謂始中末也。今譜中所紀，多紀其盛開之時。

黄色

勝金黄　花頭大過折二錢，明黄瓣，青黄心，瓣有五六層，花片比大金黄差小，上有細脉。枝杪凡三四花，一枝之中有少從蘂，顔色鮮明，玩之快人心目。

大金錢開遲。大僅及折二，心瓣明黄一色，其瓣五層。此花不獨生於枝頭，乃與葉層層相間而生，香色與態度皆勝。

金絲菊　花頭大過折二，深黄細瓣，凡五層一簇，黄心甚小，與瓣一色，顔色可愛。名爲金絲者，以其花瓣顯然起紋綹也，十月方開。此花根莖極壯。

小金黄　花頭大如折二，心瓣黄，皆一色，開未多日。其瓣鱗鱗六層而細，態度秀麗，經多日則面上短瓣亦長，至於整整而齊，不止六層，蓋爲狀先後不同也如此。緑葉頗小。

密友菊　花頭大過折三，明黄闊片，花瓣形色不在諸品之下。初開時長短不齊，開及其盛，乃齊，至於六層。其中如抽芽數條，短短小心，與瓣爲一色，狀如春間黄密友，花窠株低矮。緑葉，最繁密，見霜則周圍葉緑變紫色。

橙菊亦名金毬菊。此品花瓣與諸菊絶異，含蘂之時，狀如粉團菊，黄色，不甚深。其瓣成筩排豎生於萼上，後乃開作小片，婉孌至於成團。衆瓣之下又有統裙一層承之，亦猶橙皮之外包也。其中無心。愚齋云：據愚視之，橙黄菊與粉團菊必是一種，但橙小粉大，及色異耳。

大金黄　花頭大如折三錢，心瓣黄，皆一色。其瓣五六層，花片亦大，一枝之杪多獨生一花，枝上更無從蘂。緑葉亦大，其梗濃紫色。

側金盞　此品類大金黄，其大過之，有及一寸八分者。瓣有四層，皆整齊，

花片闊大，明黄色，深黄心，一枝之杪獨生一花，枝中更無從蘂。名以側金盞者，以其花大而重，欹側而生也。緑葉亦大，其梗淡紫。

小金錢開早。大於小錢，明黄瓣，深黄心。其瓣齊齊三層，花瓣展，其心則舒而爲筩。

御愛黄　花頭大如小錢，淡黄色，其狀與御袍黄相類，但此花瓣頗細凡五六層。向上二三層黄色鮮明，向下層則色帶微白。層層鱗次不齊。心乃明黄色，其細小料十餘縷耳。

御袍黄　花頭大如小錢，淡黄色。其狀略觀之與御愛黄相類，但此花瓣頗闊，凡五層此色上下層同。上下層層稍齊，心乃深黄色，比之御愛黄，細視則不同，況此心又有大小之别。

黄佛頭　花頭不及小錢，明黄色，狀如金鈴菊，中外不辨心瓣，但見混同，純是碎葉，突起甚高，又如白佛頭菊之黄心也。

九日黄　大如小錢，黄瓣黄心，心帶微青，瓣有三層，狀類小金錢，但此花開在金錢之前也。開時或有不甚盛者，惟地土得宜方盛。緑葉甚小，枝梗細瘦。

黄寒菊　花頭大如小錢，心瓣皆深黄色。瓣有五層甚細。開至多日，心與瓣併而爲一，不止五層，重數甚多，聳突而高。其香與態度皆可愛，狀類金鈴菊，差大耳。

荔枝菊　花頭大於小錢，明黄，細瓣，層層鱗次不齊，中央無心鬚，乃簇簇未展小葉。至開遍，凡十餘層。其形頗圓，故名荔枝菊。此香清甚，姚江士友云其花黄，狀似楊梅。

茱萸菊闕

末利菊　花頭巧小，淡淡黄色，一蘂只十五六瓣，或至二十片。一點緑心，其狀似末利花，不類諸菊，葉即菊也。每枝條之上抽出十餘層小枝，枝皆簇簇有蘂。

艾菊闕

金鈴菊　花頭甚小，如鈴之圓，深黄一色。其榦之長與人等。或言有高近一丈者，可以上架，亦可蟠結爲塔，故又名塔子菊。一枝之上，花與葉層層相間有之，不獨生於枝頭。緑葉尖長七出，凡菊葉多五出例皆不該。

甘菊　陶隱居云菊有兩種，一種莖紫氣香而味甘，一種青莖作蒿艾氣而味苦。日華子亦云菊有兩種，花大氣香莖紫者爲甘菊，花小氣烈莖青者名野菊。楊損之云甘者入藥，苦者不任。史氏譜云甘菊色深黄，野菊枝柯細瘦。劉氏譜云甘菊深黄單葉，閭巷人能識之，固不待記而知。竊謂古菊，陶淵明等採於東籬，泛於酒斝，疑皆今之甘菊也。今據《本草》諸書所載，二者較然可見矣。

滴滴金夏菊也。花頭巧小，或有如折二大者，蓋所産之地不同也。花瓣最細，凡二三層，明黄色，心乃深黄，中有一點微緑。自六月開至八月。俗説遍地生苗者，由花梢頭露水滴而出也，故名滴滴金。予嘗與好事者斸地驗其根，其根即無聯屬，方知此説不妄。

野菊亦有三兩種。花頭甚小，單層，心與瓣皆明黄色，枝莖極細，多依倚他草木而長。上聲，緑葉七出。又有一種，其花初開，心如旱蓮草，開至涉日，則旋吐出蜂鬚，周圍蒙茸然如蓮花鬚之狀，枝莖頗大。緑葉五出，吾鄉能仁寺側府城墻上最多。

白色

九華菊　此品乃淵明所賞之菊也，今越俗多呼爲大笑。其瓣兩層者，本曰九華，白瓣，黄心，花頭極大，有闊及二寸四五分者。其態異常，爲白色之冠，香亦清勝，枝葉疎散，九月半方開。昔淵明嘗言秋菊盈園，其詩集中僅存九華之一名。今以重瓣大笑爲九華，此得於諸士友之説，凡畦丁率皆不知。若姚江士夫又稱九華爲大佛頂。或謂九華緑葉，與諸菊葉不相類，疑非菊之正品。然愚嘗觀《本草圖經》所畫鄧州菊、衡州菊，此二名品亦皆是混浄之葉，未見其有出稜角者，且古人别菊，惟在於臭味，豈拘拘論其葉哉！

大笑菊　白瓣黄心，本與九華同種，其單層者爲大笑，花頭差小，不及兩層者之大。其葉類栗木葉，亦名栗葉菊。

佛頂菊　大過折二，或如折三。單層，白瓣突起，淡黄心。初如楊梅之肉蕾，後皆舒爲筩子狀，如蜂窠，末後突起甚高，又且最大，枝榦堅麄，葉亦麄厚，又名佛頭菊。一種，每枝多直生，上只一花，少有旁出枝。一種，每一枝頭乃分爲三四小枝，各一花。

淮南菊　先得一種，白瓣黄心，瓣有四層，上層抱心，微帶黄色，下層黯淡純白，大不及折二，枝頭一簇六七花。後又得一種，淡白瓣，淡黄心，顔色不相染，心瓣有四層。一枝攢聚六七花，其枝杪六花，如六面仗鼓相抵然，惟中央一花大於折三，餘者稍小。予視之，疑非一種，園丁乃言所産之地力有不同也。大率此花自有三節不同，初開花面微帶黄色，中節變白，至十月開過，見霜則變淡紫色，

且初開之瓣只見四層，開至多日乃至六七層，花頭亦加大焉。

酴醿菊闕

木香菊　大過小錢，白瓣淡黃心，瓣有三四層，頗細，狀如春架中木香花，又如初開纏枝白，但此花頭舒展稍平坦耳，亦有黃色者。

粉團菊亦名玉毬菊。此品與諸菊絶異，含蘂之時淺黃色，又帶微青，花瓣成箭排竪，生於萼上，其中央初看一似無心，狀如橙菊，盛開則變作一團純白色，其形甚圓，其香頗烈，至白瓣彫謝，方見瓣下有如心者，甚大。其白瓣皆匼匝出於上也，經霜則變紫色，尤佳。緑葉甚麄，其梗柔弱。

原本闕　開則短，至多日則攢出，近於齊長巧小，淡黃心，瓣凡五層，開至末後，則瓣增多至於七層，側看如千葉白蓮。其態秀麗，枝條婀娜，其葉稍密，亦名甌子菊，見霜則色變淡紫。

玉甌菊　或言甌子菊，即纏枝白菊也，其開層數未及多者，以其花瓣環拱如甌盞之狀也。至十月經霜則變紫色。

金盞銀臺　大如折二，此以形色而爲名也，惟初開似之，爛開則其狀輒變。

寒菊　大過小錢，短白瓣，開多日其瓣方增長，明黃心。心乃攢聚碎葉，突起頗高，枝條柔細，十月方開。

徘徊菊　淡白瓣，黃心，色帶微緑。瓣有四層，初開時先吐瓣三四片，只開就一邊，未及其餘。開至旬日，方及周徧，花頭乃見團圓。按字書「徘徊」爲不進，此花之開亦若是矣，其名不妄。十月初方開，或有一枝花頭多者，至攢聚五六顆，近似淮南菊。

銀盤菊　白瓣二層，黃心突起頗高，花頭或大或小不同，想因其地有肥瘠之故也。

輪盤菊闕

紅色

桃花菊又名桃紅菊。花瓣如桃花，粉紅色，一蘂凡十三四片，開時長短不齊，經多日乃齊。其心黃色，內帶微緑。此花齅之無香，惟撚破聞之，方知有香。至中秋便開，開至十餘日，漸變爲白色。或生青蟲食其花片，則衰矣。其緑葉甚細小。

繡菊闕

石菊即古之大菊也。花瓣五出，有紫色者，有深紅色者，有深紅粉緑者，各有種也。其萼長而小，其莖有節，其葉亦頗類竹，故又名石竹。諸色皆自五月而開，或有開遲者，至七月方開。惟紫色者開至八九月方衰。衰即結實。或云石菊結實爲蘧麥，愚按《爾雅》云：「大菊，蘧麥也。」《本草》云：「瞿麥，一名大菊。」陶隱居云：「一莖生細葉，花紅紫赤可愛，子頗似麥。」日華子云：「又名石竹。」《本草圖經》曰：生泰山及淮甸，今處處有之。苗高一尺以來，葉尖小，二月至五月開，七月結實，頗似麥，故名之。予以本土所産石菊，參照《爾雅》、《本草》所言，大菊之形色固相似矣，然本土所産者，初未審有實無實爲疑，遂問諸老圃，皆云未嘗有結實者。至甲辰八月，予於僧舍見紫色一種，就摘花瓣脱盡一殘萼，撚破驗其子之有無，其中果有一粒如細麥者存焉，粒中仍有如掐之一痕，易爲辨認。次以摘花瓣未脱者一萼，亦撚破驗之，其中所存者，與前一同。陶隱居又云：「立秋採實，實中子至細。」故予今撚破其萼以視實，復撚破其實以視中有何物，果見有如鰕子者，細不可數也。予初爲老圃所惑，故詳記之。按劉蒙《説疑》曰：瞿麥爲大菊，此乃妄濫竊名者，皆所不取。愚齋亦云此品石菊。初以其花與蘂比之諸品不同，且顔色天冶兼乏芬馥清致，當以格外菊處之，亦列此名於濫號品中。後考結實有據，乃知即古之大菊也。竊以《爾雅》、《本草》既載其名，其來也遠，以是論之，非所宜輕，於是陞於正品紅色之後云。

濫號

孩兒菊　白瓣黃心，其狀與諸菊迥然不同。自七月開至九月，其葉甚纖。按劉氏譜，其後《敘遺》乃言孩兒菊粉紅色，如此則比越中所有者不同也。按史氏譜入此於紅紫品中。愚今以本土所出者品格最下，兼之無香可取，故降於是也。或言此花與葉既不類菊，而世俗皆呼爲孩兒菊者，何也？予意其名以孩兒者，爲品卑微之謂也。呼以爲菊者，數榮能久之謂也，或謂此花本名鵝兒菊。

假名

春菊　蒿菜花是也，三月末開花，頭大及二寸，金彩鮮明，不減於菊。東嶽社會日人取以粧花檐，花籃即此物也。

紫菊　馬蘭花是也。八九月開。《大觀本草》云：生澤傍北，人見其花呼爲紫菊，以其花似菊而紫也。玉峯先生《汪擇善詩集》又以旱蓮亦名紫菊，有詩一篇。愚竊謂此二花其物性不同，以馬蘭花爲菊，而馬蘭亦有療疾之功，使其名益著可也。以旱蓮爲菊，胡不知有害人之毒，事見《博聞録》。黜其名可也。

觀音菊　天竺花是也，此非南天竺，或呼爲落帚花，亦非也，落帚別是一種。自五月開至七月，花頭細小，其色純紫，枝葉如嫩柳，其榦之長與人等，或呼爲觀音菊，蓋取錢塘有天竺觀音之義也。

繡線菊　厭草花是也。花頭碎紫成簇，而生心中吐出素縷，如線之大。自夏至秋，有之俗呼爲厭草花。或云若人帶此花賭博，則獲其勝，故名之。古有厭勝法。

列諸譜外之菊一十名愚皆記其所得之，自今盡類入卷首之品目。

九華菊見《靖節先生集》，此一品，今新入越譜。凌風菊黄色，見山谷詩。

柑子菊黄色，見《陳後山詞》。楊妃裙黄色，見徐仲車詩。

蠟梅菊見《聞人善言菊鄉公暇集》。朝天菊見《洪氏瓊野録》。

珠子菊白色，見《本草註》云：南京有一種，開小花，花瓣下如小珠子。

丹菊見《初學記・嵇含菊銘》云：煌煌丹菊，暮秋彌榮。

鷺鷥菊士友云：嚴州多菊，此品嚴州有之。花如茸毛，純白色，中心有叢簇起，如鷺鷥頭。

襄陽紅士友云：並蒂雙頭，亦一種菊也。九江彭澤有之。

今榮王府皇弟大王居邸之側有園曰瓊圃，池曰瑶沼。皆賜御書爲匾，如園内異菊尤爲不少，但未得其名，今姑闕其左，當俟他日列之。

明　屠本畯《離騷草木疏補》卷一《菊》　《離騷》曰：夕飡秋菊之落英。《爾雅》曰：落，始也。王逸注：英，花也。言己食菊之始，花以香潔自潤澤也。菊，日精也。春初布地，生細苗，夏茂，秋花，冬實，遇霜終不標落。一名女節，一名女花，一名更生，一名周盈，一名傅延年，一名陰成。有莖紫氣香味甘，可作羹食。有青莖而大作蒿艾，氣味不堪食者，名薏。有葉大似艾，莖青根細，花白蕋黄。有葉似桐蒿，花蕋都黄。有開小花，花瓣如小珠子，名珠子菊，可入藥。今服餌家多用白菊也。近世菊譜乃至有百餘品類。

明　朱橚《救荒本草》卷二

六月菊　生祥符西田野中，苗高一二尺，莖似鐵桿音杆蒿莖，葉似雞兒腸葉，但長而澁，又似馬蘭頭葉而硬短，梢葉間開淡紫花，葉味微酸澁。

又　卷四

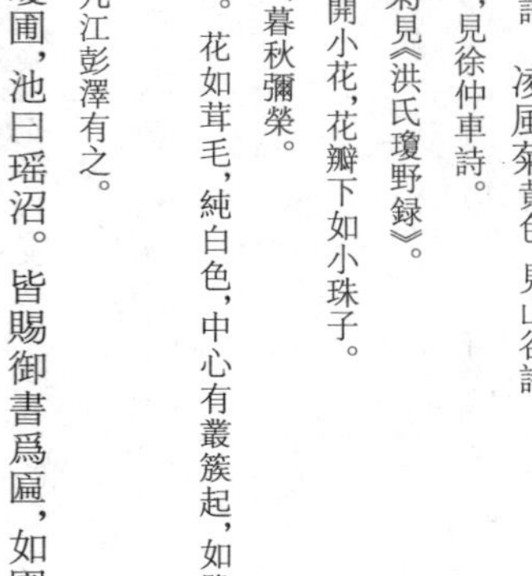

菊花　一名節華，一名日精，一名女節，一名女華，一名女莖，一名更生，一名周盈，一名傅延年，一名陰成。生雍州川澤及鄧衡齊州田野，今處處有之。味苦甘，性平無毒，術、枸杞、桑根、白皮爲之使。

明　楊慎《升菴集》卷八〇《菊有兩種》　《説文》：蘜，治蘠。《埤雅》曰：鞠如聚金，鞠而不落，故字从鞠。《周禮》：后服鞠衣，其色黄也。又作蘜。注：日精也。散草麗秋株。《日華子》：菊有兩種：花大氣香莖紫者爲甘菊花，此日精也。花小氣烈莖青味苦爲野菊花。其花相似，惟以甘苦别之。其葉可羹，其花可釀，其囊可枕，其實可仙。菊亦有實，但難得爾。

明　周履靖《菊譜》卷上《藝菊法・十四品第》　或問：菊奚先？曰：先色與香，而後有態。曰：然則色奚先，曰：黄。黄者，中之色。《易》曰：黄中通理。《詩》曰：緑衣黄裳。土旺季月，而菊以九日花。金土之應，相生而相得者也。其次莫若白，西方金氣之應，菊以秋開，則于氣爲有鍾焉。紫爲白變，而紅又紫之變也，紫所以白之次，而紅又紫之次。云有色矣而後有香，有香矣而後有態，是其爲花之尤著也。或又曰：花以艷媚爲悦，而子以態爲後歟。曰：吾嘗聞諸古人矣，妍卉凡花爲小人，而松竹蘭菊爲君子，安有君子而以態爲悦歟？至於具香與色而又有態，是君子而有威儀也。又嘗聞昔之譜菊者，每稱勝爲最勝故在也。擬之金鶴翎，非其所彷彿豈其無祖於古而屈隆于今耶？或見愛之者衆而逞

詭獻奇耶？皆不可曉也。班志有曰：小説家流，千三百八十三篇，蓋出於稗官道塗之説也。矧其事者必先利其器，尋其波者必討其源。吾嘗觀《茶經》、《竹譜》，尚言始末，成一家之説，況菊之所受又有不同焉。老圃云：菊有千種，惟花碩豐麗千葉無心爲上。予之井見十之二三，或因人所好，名噐不同，實一色耳。子曰：雖小道必有可觀者焉，苟致遠而不泥，庶幾近道矣。

金鶴翎深黃色千葉

蜜鶴翎蜜色千葉

紅鶴翎深紅色千葉

銀芍藥白色千葉

銀寶相白色千葉

白西施純白色千葉

蜜西施淡黃色千葉

蠟瓣西施黃蠟色千葉

玉板西施粉紅色千葉

二色西施淡黃純白色千葉

韃蠻西施白色千葉

黃牡丹嫩黃色千葉

白牡丹白色千葉

紫牡丹艷紫色千葉

紅牡丹大紅千葉

紫剪絨深紫千葉，葉茸如剪

墨蘇桃紫黑色千葉

白粉毬淡粉色千葉

紫粉毬紫色千葉

射香毬紅黃色千葉

粉妲己粉紅色千葉

雀舌牡丹花同雀舌，葉似牡丹，千葉

黃鶴頂深黃色千葉

檀香鶴頂淡黃色千葉

鶴頂紅粉紅千葉，中心深紅突出

銀鶴翎白色千葉

紫鶴翎淡紫色千葉

金芍藥深黃色千葉

金寶相深黃色千葉

金西施嫩黃色千葉

病西施萎黃色千葉

錦西施紅黃千葉

蜜褐西施重蜜褐色千葉

銀紅西施銀紅色千葉

陰陽西施每花中分黃白色千葉

瑪瑙西施紅白色千葉

蜜牡丹蜜色千葉

錦牡丹紅黃色千葉

粉牡丹粉紅色千葉

二色牡丹大紅艷紫色、千葉

剪蘇桃彷彿紫剪絨，韻度似不侔矣

紅蘇桃重紅千葉，葉茸如剪

二色粉毬粉紅淡紫二色、千葉

粉萬管粉紅千葉葉如管

紫霞觴紫色千葉

紅綉毬大紅千葉如毬

紫妲己紫花千葉

白鶴頂白色千葉

瑪瑙鶴頂紅黃色千葉

紅心鶴頂粉紅色千葉

粉紅鶴頂粉紅色千葉

瑪瑙盤紅黃色千葉

瑪瑙黃紅黃色千葉

粉玉盤粉紅色千葉

萬卷樓粉紅千葉，葉加卷

賽瓊花粉紅色千葉

葵菊粉紅色千葉

出爐銀銀紅色千葉

二色芙蓉重粉淡黃二色，千葉

白佛見笑白色千葉

吴江秋牡丹粉紅色千葉

白鑾毬白色千葉如毬

大楊妃粉紅色千葉

退姿白初開微紅，後漸白色，千葉

紅玉蓮重粉色千葉

金瑞香毬深黃色千葉

散瓣瑞香紫色千葉

紅瑞香毬深紅色千葉

西番蓮白細色千葉

紫楊妃紫色千葉

白褒姒白色千葉

粉褒姒粉紅色千葉

吕公袍淡葱白色千葉

王蓮環白色千葉，花開葉皆圓卷

闞板大紅毬大紅千葉，反葉成毬

大紅獅子毬大紅千葉，每花有二三青蕋突起

黃四面重黃千葉

白四面白色千葉

樓子紅大紅千葉，黃心中又起數瓣

洒金紅深紅千葉，葉開有黃點如洒

金絲鶴頂粉紅色千葉，中有黃紋

瑪瑙紅淡紅色千葉

二色瑪瑙粉紅淡黃二色，千葉

瑤臺雪千葉大白花

一捧雪千葉大白花

玉菡萏粉紅色千葉

二色菡萏粉紅淡黃二色，千葉

水紅蓮粉紅色千葉

菡萏紅粉紅色千葉

嘉興秋牡丹粉紅色千葉

常熟秋牡丹粉紅色千葉

粉鑾毬粉紅千葉如毬

二色楊妃重粉紅黃二色，千葉

浦花粉紅色千葉，花朵極大

錦瑞香毬紅黃色千葉

紫瑞香毬紫色千葉

八寶瑞香毬粉紅色千葉

白瑞香毬白色千葉

紅楊妃淡紅色千葉

金褒姒金黃色千葉

紫褒姒紫色千葉

紫撓頭粉紅色千葉

班鳩翎紫蒼色如班鳩之翎，千葉

瑣圍大紅千葉，葉邊周圍有黃色

細葉小紅毬大紅千葉如毬

錦四面紅黃千葉

紫四面深紫色千葉

紫袍金帶紫紅色千葉，中有細黃心

蜜萼蜜色千葉

導金蓮深黃色千葉
紫雙飛紫色千葉，每花有二心
金芙蓉深黃千葉
紫芙蓉淡色千葉
紅芙蓉淡紅千葉
白荼蘼白色千葉
蜜芍藥蜜色千葉
紫芍藥淡紫千葉
白雀舌玉色千葉
粉雀舌粉紅千葉
銀硃紅嬌紅千葉
蜜雀舌蜜色千葉
赭袍黃深黃千葉
采石黃淡黃千葉
黃眉嫩黃千葉
鄧州白千葉大白花
蜜疊雪蜜色千葉
蓮肉紅肉紅千葉
玉蛾嬌粉紅千葉
海棠春嬌紅千葉
黃樓子淡黃千葉，葉起如樓子
紫袍金甲深紫單葉，中心細管上作黃色
檀香毬重蜜色千葉
蠍鎖口花似金鎖口黃蠟色
黃木樨毬蜜色千葉如毬開花極後
白羅傘白千葉，葉下垂如□
羅山紫重紫千葉成毬
紫間金深黃重紫二色，千葉
萬管紅深紅千葉，葉如管
紅剪絨淡紅千葉，葉細茸如剪

通州紅嬌紅千葉
蜜探蜜色千葉
錦芙蓉紅黃千葉
玉芙蓉粉紅千葉
黃荼蘼蜜色千葉
黃芍藥重黃千葉
白芍藥白色千葉
金雀舌重黃千葉，葉尖如雀之舌
錦雀舌紅黃色千葉
紫雀舌淡紫色千葉
相袍紅深紅色千葉
倚欄嬌淡紫千葉，花頭倒側如倚
勝荷紅粉紅千葉，花如荷瓣
紫薔薇淡紫色千葉小花
福州艷紫千葉
鄧州黃淡黃千葉
白疊雪白千葉
紅蛾嬌紅色千葉
粉蓮粉紅千葉
佛座蓮粉紅千葉
茄菊淡紫千葉
白羅毬白千葉如毬
金鎖口大紅多葉，葉週邊作黃色
白木樨毬白千葉
羅山錦紅黃千葉，反葉成毬
紫綬金章紅黃千葉
勝緋桃深紅千葉小花
剪金紅深紅千葉
黃玉樓春淡黃千葉

白玉樓春白千葉
二色並金紅重紅二色、千葉
金蓮寶相紅黃千葉
大金毬深黃千葉如毬
玉指甲粉紅千葉
蜜彩毬蜜色千葉
雞冠紫深紫千葉
銀紅雞冠淡紅千葉
狀元紫深紫千葉
銀紐絲白色千葉
鴛羽黃嬌黃千葉
勝紫衫深紫千葉
荔枝丹紅黃千葉
白雪團白千葉小花
黃萬管嫩黃千葉，葉如管
紫玉蓮粉紅千葉小花
僧衣紅淡黃紅千葉
五色梅單葉小花，花具五色
五月白白花千葉，一歲中開五月九月二度
狀元黃深黃千葉
賓州紅淡紅千葉
茶菊淡黃千葉
黃玉蓮嫩黃多葉小花
錦荔枝紅黃多葉，中有黃心
甘菊深黃多葉花極小
大金錢深黃多葉小花
冬菊深黃多葉，開以十月
黃鸞裘嬌黃千葉

並頭紅重紅千葉
通州黃重黃千葉
紅蓮寶相嬌紅千葉
御袍黃重黃千葉
金剪絨深黃葉，葉茸如剪
水晶毬初開微青，後白，千葉如毬
象牙毬初開微紅，後蒼白色，千葉
雞冠紅深紅千葉
金鳳毛深黃千葉
龍鬚黃嫩黃千葉
剪金黃淡黃千葉如剪
傲霜黃嫩黃千葉
報君知深黃千葉，開于九日前
黃丁香深黃千葉小花，又名滿天星
赤丁香紅黃千葉
錦八寶紅黃千葉
錦玲瓏紅黃千葉小花
黃都勝紅黃千葉，花朵豐大
金紐絲重黃千葉
粉剪毬粉紅千葉，葉茸如剪
紫剪毬淡紫千葉，如粉色者
相袍黃淡黃多葉
金盞銀臺四邊白色，中心正黃千葉
小金眼深紅多葉，中有黃心
銀茉莉單葉小白花
白冬菊多葉小白花

明 徐渭《刻徐文長先生秘集》卷一一《菊》 菊以介勝取其操。宜踈籬，宜幽逕，宜蔬圃，宜書齋，宜玉斝餐英，宜瓊盃泛蘂，宜白衣送酒，宜彩筆題詩，宜高

人隱士嘯傲林皋，宜候雁寒蛩，繽紛簷際。

明 彭儼《鐫五侯鯖》卷五《菊》 菊，一名治蘠、節花、傅公延年、日精、更生、白花、陰蔵、朱蠃、女花、女莖、剪絨、蘇桃、琅玡。

明 王路《花史左編》卷四《花之辨・夏菊》 花瓣雖細，凡一二層，色黄肖菊。俗説遍地生苗者，由花稍滴露而出也，故名滴滴金，又名金錢菊。

又《文菊》 其莖丈餘，榦亦堅粗，每多直生，雖有傍枝，只生一花，大如盤盂。單瓣色黄，心皆作窠，如蜂房狀，至秋漸紫黑而堅，劈而秧之，其葉類麻而尖，又名迎陽花。

明 周文華《汝南圃史》卷九《菊》 《西清詩話》載歐陽永叔與王介甫争辯落英，詢之楚人，實無此種。《離騷》半部，竝是英雄欺人語。或謂落字之義，當訓作始，如《毛詩》訪落之落，誠然哉。大要菊有數種，黄者爲正。《月令》他卉皆曰始華，於菊獨曰菊有黄華，正其驗矣。王弇州曰：時至暮秋，群芳揺落，而菊獨殿秋光，抱寒馥以競晚節，所以識之者，儕之芝蘭，比之君子，寧有君子而人不悦慕者耶！故幽人貞士，或餐英以療饑，飲水以滋壽，釀酒以祓除不祥，咸於菊焉。取之粤，自漢胡太尉收其實，種之燕都，而其傳遂廣。陶靖節植之三徑，而其名始重。然當時東籬把菊，而白衣送酒，賞之者惟黄花而已。麗色奇態，人亦罕覩。繼後東陽菊園，多至七十種，《菊譜》有八十一種，范村所植有三十六種，吴門史老有二十七種，今三吴約有百種，豈風土不同，而名品亦因之以異耶？抑人情所鍾而花神遂變幻耶？惟其種類蕃衍，色相奇出，故好之者聲應景從，獲異種者藏之若珍，購之者不恤裘帶。若然，則培植愛護，全其天葩以供吾之清賞者，不可不豫也。

又 卷一〇《草木花部下・僧鞋菊》 僧鞋菊春初發苗，如蒿艾，長三四尺。九月中開花，碧色，狀如僧鞋，故名。《松江府志》云：西番蓮，葉如菊，花如寶相，色淡青，與諸花異，人家間有之。蓋指此也。《浣花雜志》曰：此花最易茂，正月即發芽，不耐栽移，極喜肥地。

明 高濂《遵生八牋》卷一六《菊譜・菊之名品》

御袍黄 太師紅 緑芙蓉 赤金盤
瓊芍藥 金芍藥 蜜芍藥 紫牡丹
白牡丹 黄牡丹 紅牡丹 病西施
黄西施 賽西施 醉西施 白西施
醉楊妃 剪霞綃 合蟬菊 賽楊妃
太真紅 太真黄 狀元紅 狀元黄
玉寶相 金寶相 鶴頂紅 紫玉蓮
佛座蓮 勝金蓮 金佛蓮 西番蓮
太液蓮 錦芙蓉 玉芙蓉 金芙蓉
粉雀舌 密雀舌 紫蘇桃 黄疊羅
白疊羅 一弇雪 青心白 鶯羽黄
金絡索 玉玲瓏 紫霞觴 瑞香紫
蘸金盤 相袍紅 僧衣褐 火煉金
勝緋桃 勝瓊花 琥珀盤 黄鶴翎
紫鶴翎 白鶴翎 瑪瑙盤 一捻紅
黄茉莉 白茉莉 黄薔薇 荔枝紅
金鳳仙 玉蝴蝶 錦雲紅 白粉團
紫粉團 粉鶴翎 金鎖口 銀鎖口
綿絲桃 粉絲桃 紫絨毬 檀香毬
白絨毬 蜜絨毬 殿秋香 黄綉毬
剪金毬 象牙毬 本紅毬 錦綉毬
水晶毬 晚黄毬 十采毬 粉綉毬
大金毬 小金毬 銀紐絲 二色楊妃
紅萬卷 黄萬卷 粉萬卷 二色西施
錦牡丹 粉褒姒 紫褒姒 出爐金銀二名
錦褒姒 白褒姒 紅牡丹 蠟瓣西施
縷金粧 蘸金白 洒金紅 劈破玉
海雲紅 錦雀舌 金孔雀 紅剪絨
紫剪絨 黄剪絨 白剪絨 無心對有心
鄧州白 鄧州黄 福州紫 錦心繡口
賓州紅 黄都勝 順勝紫 大小金鈴
錦丁香 金紐絲 呂公袍 黄白木香菊
麝香黄 波斯菊 試梅粧 紫袍金帶
粉蝎瓣 白蝎瓣 黄羅繖 金盞銀臺

紫羅繖　紅羅繖　玉盤盂　垂絲粉紅
桃花菊　芙蓉菊　石榴紅　金章紫綬
玉樓春　海棠春　紫羅袍　鳳友鸞交
觀音面　玉堂仙　頭陀白　黃五九菊
玉蓮環　倚闌嬌　金帶圍　四面鏡白菊
玉帶圍　五月白　纏枝菊　五月翠菊
白佛頂　黃佛頂　九煉金　六月菊名滴露
玉指甲　紅荔枝　紫荔枝　七月菊名鐵錢
金荔枝　銀荔枝　錦荔枝　白五九菊
紫金鈴　紅粉團　黃粉團　樓子佛頂
紫粉團　紅傅粉　雙飛燕　墨菊
勝緋桃　荷花毬　紫萬卷　甘菊
藍菊

明　屠承爋《渡花居東籬集・原菊略》（《東籬中正》引）　菊有早中晚之別，佳者獨在晚花。晚花者，細葉也。余自總角迄今三十餘年，始悟藝之之術與評之之當，而決其所從來焉。夫細葉之祖，名色雖殊，極其幻化，皆自剪茸、西施二種所變。剪茸本色，花頭鈴管半剪，一鈎一戟，鈎從内向，戟往外張，而管中又抽細絲，攢碎玲瓏，無單散之瓣始佳。有小大二種，小者貴，其灑金滿英者尤貴也。繇剪茸而變，抽瓣皆筒末剪齊簇者，爲攢花。抽瓣皆散邊剪挺出者，爲剪綃。剪瓣末絞尖垂參差者，爲鳳毛。剪瓣末捲鬈屈鬅鬆者，爲獅頭。垂瓣帶剪，間以扭捩者，爲蘇毬。垂瓣帶剪，間以絨線者，爲絨毬。垂瓣帶剪，間以單散者，爲麝香毬。抽瓣如筒，外叢毛刺者，爲琅琊。抽瓣如管，外無毛刺者，爲萬管。抽瓣如管，捲曲而出，亦無毛刺者，爲萬卷。筒瓣捲捩，雜以長管者，爲妲己。散瓣捲捩，絶無捲筒者，爲駝猊。散瓣交錯，屈曲下垂如兜子，鼠耳中抽一絲寸餘者，爲披髮。抽瓣如筒，半剪反鈎向上者，爲撮頭。抽瓣皆筒，英剪如丁香者，爲丁香。抽瓣如筒，一旗一鎗，間出絨瓣，鈎反成毬者，爲絨毬。抽瓣單散，中心盡筒者，爲託瓣。此十七種共七十一品，皆自三十六品剪茸所變。西施本色，花頭層疊超拱，徑大可逾五六寸，高特捧簇，上下如一，玲瓏鬆整，瓣外叢生芒刺者乃佳也。繇西施而變，團瓣捧簇，間剪而多砌者，爲蘇桃。初放如蛤蜊口，英未斂而尖、超而正、外有毛刺者，爲荔支。短瓣反鈎，終始不垂，鬅鬆勻疊者，爲松子。瓣末尖簇超拱，宛如蓮花者，爲荷花。初放蛤蜊口，瓣短而狹，團而瓦，勻齊層疊，上下如一者，爲幢尖。瓣下垂，末多捲紐者，爲牡丹。尖瓣下垂，邊繞紅暈者，爲繡芙蓉。英尖反鈎，鬅鬆圓整如萬珠攢簇者，爲珠面。瓣長而厚，圓而勻齊，上拳，外生毛刺，中有雙心攢簇者，爲霞觴。瓣尖特倒垂向下捲捩，大而厚，如雀之舌者，爲雀舌。蓓蕾雙發有二心，瓣尖捲，下垂如飛燕之翅者，爲雙飛。此十一種共五十二品，皆自十六品西施所變。或花變而青葉仍肖其舊者，則來歲斷復還原。必花與葉俱變，始各自成類，不與本來面目相侔矣。故曰剪茸西施，細葉之祖也。此外即有間出新花，變而又變，千態萬狀，原其所自，不能越此別成風格也。若粗葉，自鶴頂、鶴翎之下約二百五十餘品，寧無名葩足供一時絶調？而丰姿韻骨，自霄壤耳。嗟乎！吾地藝者日衆，真能好者靡幾。鶴頂、鶴翎諸種，且未暇辨其妍媸，別其稱謂，又烏計孰爲剪茸，孰爲西施，一一精詳剖判，定其源流哉？故余特原其略而傷真好之難也。

又《續原菊略》　菊之種類亦多矣。昔於練川得金粟剪茸、水白剪茸、苔蕘剪茸於侍溪朱氏。蓋剪茸首貴金粟，大約植數本，必變幻不一，或爲純黃，或爲純紅，或紅黃間綵。故金粟者，又小剪茸之祖也。水白外微紛暈，鉤戟内含如玉焯，有水光可鑑。苔蕘更自起樓，尖突嬌豔盈盈。始皆繇金粟所變，聲價高絶，冠於羣葩。又得小紫剪茸、大紫剪茸於文學朱氏。凡剪茸小者，花頭恆緊簇玲瓏，鈴管鉤戟參差，絶無單散，更金灑滿面，如游蜂點滴股上之黃，真化工著意之奇。若大者則花雖豐滿，稍嫌質實寡韻，且單散爲多，金亦頗鮮，故不免雲塗之殊焉。又得金紅、大小松子西施。夫金紅亦二品，大小各殊，大者雖超而純瓣，小者瓣與鉤管常相半之，幻化尤異。余圃中手植者，一變爲桃紅牡丹，超捲雜出，瑰麗争妍。一變爲披金大紅毛幢，色逾堆砂，超瓣捧簇，背芒若蝟，而金如飛綴，誠耳目未見聞，參考未紀載者也。又見大墨紫剪茸與錦蘇桃二品，大墨紫者，榦高逾常，濃豔重紫。亦碎剪鉤戟，無單散，大若杯盂，堪作諸花翹楚。蘇桃錦色細瓣捲捩，雖未快人意，然自是名葩流亞，購之再四，終不得，今猶悵然耳。又覓江陰白牡丹於徐氏，瓣挺而帶捲，紐背微紅，面純雪，晶瑩雅淡，種雖稍易，亦佳絶也。又得范莊剪茸於沙上元甫費氏，范莊本虞山范氏，色粉而放早，金雖略少，玲瓏剪簇，無單散，是實小剪茸之傑出者，甯容猥以優劣議哉。又於海虞得油葉紅剪茸與蜜西施於爾碩顧氏。油葉自初植抵夏，青葉作嫩緑色，纖薄輕秀，迨祝融漸退，青陽乍轉，一吸涼飆，即緑潤而膩澤，恍若膏沐新濡，炯爍光亮，

另成丰度。此又諸品所從無者，花色雖未及海榴之彩，然異之更異者也。蜜西施則開後嫌其瓣挺而不捧，背刺亦少。猶憶往昔遇此種於吕天遺翁，時超拱上聳，高頭起樓，背刺稠密如狼牙，且黄紫間出，時作鸞鳳雙飛，惜今不可覯矣。又得黄薇一品於養甫孫氏，細瓣捲捩，丰度稍減，時幻黄紫，或一花而半紫半黄，殊覺顧盼生姿。又得水桃紅剪茸、蜜牡丹於槐培孫氏，錦剪茸、碧霞剪茸、水白松子於和仲陸氏。水桃紅者，碎剪而帶水色，絞金滿英口，鈎戟玲瓏，起樓捧簇，小剪中之奇妙，真可與金剪頡頏。蜜牡丹較海上所得蜜西施，仿佛似之，因其培溉得宜，悉高六七尺，榦大幾過於指。花若盆盎，精彩焕發，真令人魄動心驚也。錦剪茸原由金粟所變，格調丰神，宛然無二，名葩之傑，誰復可擬。碧霞雖名剪茸而單散居多，第色之嬌倩勝於他種，自不容少此點綴。水白松子花頭緊小，層叠超拱，高及二寸許，亦名玉幢，兼時作水緑色，開徑較大者復名水緑西施。又得紫駝耳、桃花紅、松子西施、大紫松子西施、銀紅松子西施於海上黄氏元卿。駝耳重紫，純瓣捲捩上反，富麗爲冠。桃花紅原屬紅者所幻，超拱迥逾常種，妖冶妍媚，不遜青蓮珠藤之韻，常一花而半作紅色。余一本四花，悉變筒管，絶無散格，遂成萬管西施，神花之奇有至於此，甯非松子最佳者乎？紫西施三品，一則瓣悉捧簇，鈎管間焉，色爛夭桃，背無芒刺，是名荷花；一則亦盡捧簇，絶無鈎管，色稍黑，背芒最多，名瓦灰西施，又名紫色幢；一則色亦微黑，花徑小而厚，層叠如松殼，名小黑荷。皆若仙子凌波，應不爲一塵所染也。銀紅者如銀新出於爐，誠輕珠拂玉之姿，叠叠超突，背芒亦多。色帶微黄者名瑪瑙西施，小而厚者名銀紅幢，皆一種所分。又得紫蘇桃、銀紅蘇桃二品於海昌鄔氏象賢，皆細瓣如薇，覺稍薄耳。又得紫褭鈴一種於北角，高出倍常，一本二花，上下相去幾二尺。開徑大逾六寸，皆半管碎剪，不作鈎戟態，團簇周正，紫豔燦灼如毬，所稱攢花者是也。至若又有見者如葛衣剪茸、沈香剪茸、大小金心剪茸、匾金剪茸、蔗段剪茸、竹莊剪茸、鵞黄西施、蠟黄西施、瓊玉西施、它耳西施等類，與夫管茸毛刺之狼牙、中抽絨線之披髮、頂舒長瓣之舞猊以及萬卷芙蓉托瓣，咸不過一二遇目，多方不易入手。蓋剪茸以金多爲貴，金少者即屬恆流。西施以芒刺爲貴，芒少者即屬變格。總之，諸品皆繇二品所變，余前言已詳。大略繇剪茸出者蕊多，纍纍若楊梅，繇西施出者蕊多，層層若衣夾，此定概也。

明　佚名《名花譜·菊花》　春抽苗，秋綻蕊，皆正色麗容而絶無妖媚之色，歲寒挺秀，傲睨風霜，有幽人逸士之操，故石湖品類以菊比之君子。《秋香菊譜》云：種宜高阜之地，鋤鬆去瓦礫蟻蚓，用肥和潮泥做起溝稜，不宜近樹影、低濕處。菊喜陰，而陰處又不發。喜濕，而積水又傷根。

清　吴淏子《秘傳花鏡》卷五《花草類考·藍菊》　藍菊，産自南浙。本不甚高，交秋即開，花色翠藍，黄心似單葉菊，但葉尖長，邊如鋸齒，不與菊同。然菊放時得一二本，亦助一色。

又《萬壽菊》　萬壽菊，不從根發，春間下子，花開黄金色，繁而且久。性極喜肥。

又《西番菊》　西番菊，葉如菊，細而尖，花色茶褐，雅淡似菊之月下西施。自春至秋，相繼不絶，亦佳品也。春間將藤壓地，自生根，隔年絶斷，分栽即活。

又《扶桑菊》　扶桑菊，花似薔薇而色粉紅，葉似菊而枝蘗。

又《雙鸞菊》　雙鸞菊，一名烏啄，花發最多。每朵頭若尼姑帽，折出此帽，内露雙鸞竝首，形似無二，外分二翼一尾。天巧之妙，肖生至此。春分根種，根可入藥。

又《孩兒菊》　孩兒菊，一名澤蘭，花小而紫，不甚美觀。惟嫩葉柔軟而香，置之髮中，或繫諸衣帶間。其香可以辟炎蒸汗氣，婦女多佩之，乃夏月之香艸也。其種亦有二，紫梗者更香。

清　高士奇《北墅抱瓮録·萬壽菊》　萬壽菊莖葉細小，花赤黄多瓣，蔕長寸許，不香而艷。其開耐久，盛於秋深，亦有傲霜之意。

又《雙鸞菊》　雙鸞菊，即草烏花，形如僧帽，内藏兩萼，若雙鸞之並肩，尾翼宛然。化工之奇，真有不可揣測者。其色紫艷，繁而且久，秋齋之玩，冠絶一時。

清　鄒一桂《小山畫譜》卷上《菊》　今之菊，古之茱萸也。具五色，種類不一。方梗缺葉五出，花千瓣，圓者如毬，扁者如盤。苗生宿根，三月分種，四月摘頭，止留四五枝。諺曰：未種菊，先插竹，使有依傍，則不柔蔓。蘂多俟其有微柄，則以針刺之，止留頂花，則瓣多而開大。無取太高，三尺餘足矣。【略】佳種開不見心，花紅者梗亦微紅。【略】《記》曰鞠有黄花，陶詩「采菊東籬下」，非今之盆植也，其花小色黄而香甚，性清和，入藥。今人謂之野菊，亦先進禮樂之説耳。近復尚洋菊，而後進又爲先進矣。

又《藍菊》　又名江西藍，子布於地。初生如菜，交秋發梗生花，黄心，如錢大，長瓣排列周圍，色有紅紫白三種。近有千葉者，著心處爲五出筒，葉則先

大後小，俱有尖叉。

又《僧鞋菊》 其根即附子，梗高三四尺，叢生。葉如艾，花開於頂，一枝數十朵，色深紫，形如僧鞋。圓瓣二，尖瓣二，前一兜彎而尖，四瓣内有鬚數莖，白點。兜内藏兩鈎含蜜。花卸後結子如小瓶。此花開於九月，經霜乃凋，明春復發。

又《萬壽菊》 金黄色，千葉，花大如杯，開足圓滿。蒂長，蘂如瓜，瓣末鋸齒，葉細而尖鋸。一枝十餘出，一本數十花，光燄奪目。

又《波斯菊》 單瓣者五出，中心如棋子大，色金紅。千葉者長瓣，莖、葉、蒂、蘂與萬壽菊同。

又《三月菊》 即蓬蒿也，葉細碎如番菊，花如藍菊，長柄，色黄，瓣末方而微鋸，如金盞。

清 葉天培《菊譜》卷上《黄類》 銅雀騰輝，色正黄，管細光浮，參差珠落，生動欲飛，長□銅雀，每鳴五穀豐登。鳥鳴可堪年豐，花開亦應人壽，用冠斯譜，恰稱延齡。

大士座，色正黄，粗管未放，荷瓣上超，儼如觀自在，座下蓮臺金光叠叠。我欲合十花前，乞取净瓶甘露，遍灑籬頭蘇，求其變化無方，一時競秀。

金鳳銜珠，色黄，管道勁錯出，末開長口，口内如露珠，金翅蹁躚，珠光圓潤。將毋墮地呈祥，莫錯認遲中競粒。

雛鶯刷羽，色嫩黄，管細長，上隱微毛茸茸。然條條不紊，宛美金衣初試，毛羽未豐，學語如簧，引喉尚稺，晴梢倦息，□□□□。

鵝兒初浴，色嫩黄，管末寬瓣内抱，瓣外密刺以毛，盤旋潤膩。宛然曲項新雛，清波游泳，倘□逸少□寫黄□，一任籠之而去。

佛手拈花，色黄頭俛，長管虬屈，花外間越一二寬瓣。世有迦葉，一見此花，也應微笑。

蓮座堆金，色深黄，管末匙瓣雀起，層叠光流，如入秪園，目炫如來寶座，漫芳長者，地布黄金。

黄鶴舒金，色黄，管瓣相錯，間出長瓣，越於花外，翩翩欲飛。每醉東籬，遐思楚□□樓，便擬騎之仙去。

金笄，色黄，金絲扭結，屈管盤旋，十五鴉鬟初上頭，插此一枝，覺副六珈爲多事。

金如意，色黄，粗管攢結，濶扁不圓。莫教□贈感秋人，恐一枝在手，必爾誤擊唾壺。

金烏，色黄，管根帶黑，末放寬瓣邊暈圍金。自是純陽之精，出應重陽之□。

紫金盞，色正黄，粗管，末放寬瓣超起，内抱如盂。此種形模，□賜紫高僧，得以副衣傳法。彼沿門乞食者，未稱輕括。

金盤桂蕊，色黄，内短管上竪，外長瓣平鋪。似取星星金粟，碎簇金盤，露白風清，隱隱天香馡馥。

金風破斜陽，色金黄，管瓣錯出，背暈微紅。却疑宴罷瑶池，晚霞西露，遥伴青鸞翔翥，閃灼飛來。

鵬翅梳金，色黄，細管齊出，儼然怒翅舒張，□鵬雲翼垂天，究未解作得形狀。客謂此花如云言大而悖，姑存鑒家品目。

忽雷駁，色黄，勁管硬瓣，凌厲騰空，勢如秦□實坐下黄驃，不可羈勒。

丹爐吐焰，色黄帶紅，管瓣相間，管内赤焰炎炎，飛光眩目，儼□龍虎鼎中九轉將成之侯。

金蝶雙飛，色黄，管少瓣多，花多並蒂。宛美雙蝶，栩栩籬邊，誤拍輕紈，恐損却金衣數片。

烏弋金獅，色黄而光，管粗而勁，戧戧錯出，根根下垂。儼似銅頭被彨，斗尾拖金，風動枝梢，備俱猙獰拏攫之勢。

金塔插天浮，色黄，管瓣相間，□叠瘦硬，上鋭下平，恍如浮屠插天，金光四射，每醉東籬，一似神遊真臘。

寒潭秋月，色嫩黄，暈碧，純瓣平匀，中心深黄，有如皓魄當空，澄波不動，秋江獨立，静影沉沉。挹此花光，令我悠然神往。

鷹爪舒張，色赭黄，粗管虬屈，末開尖爪，如健隼盤空，騰拏欲搏，等□絛□在脊，放獵平原。

金絡索，色黄近紅，管長細微皺，末開兔耳，的的斜鈎。醉眼矇眬，錯認聯環金縷，風穿籬隙，如聞細響琅琅。

金鏁甲，色深黄，初放粗管，開足純瓣，銀缸晚映，熠燿光生。倘繞徑圍籬，偏栽此種，可減營開細柳，兵衛森嚴。

金蕉葉，色正黄，瓣寬長，瓣瓣紛披，含紋抱光，自然秋意，觸目悲興，志士正

不必颼颼夜雨時也。

黄鵠高騫，色黄，管少瓣多，枝高花大，傲骨凌霜，俯視一切，有一舉千里之勢。

金輪，色黄，單管齊頭，條條勁直，如夜當三五，兔魄初肥，圓湧晴空，抱雲旋轉。

金針，色黄，單管尖鋒，條條瘦硬，疑花神是針神化身，繡罷鴛鴦，不把纖纖度與，團心攢簇，都非世間女手能拈。

金蓮倒掛，色深黄，管末展口如蓮，佛前長明燈，宜用此花爲纓絡，强勝百寶流蘇。

金雀，色黄瓣稀，間出粗管，管内吐穎，如吻上鈎。霜清九月，雀正披綿，花前把酒持螯，未免垂涎美鲊。

虎珀玦，色黄暈赤，粗管圓齊，光瑩透背，近根處疑有三千年松脂團結，薰兹寶氣，燦此奇光。

金蘭，色黄，如葉子金剪成蘭瓣，簇聚成花，貯以磁□，養以綺石，不减輞以逸趣。

金蘭契，色黄帶赤，瓣珠而大，管短而細，交錯有倫，取友者當作如是觀。

鏤金華蓋，色絳黄，細管，内短外長，其狀團欒，其光熣燦，其交瓣處透漏如鏤，用覆如來七寶莊嚴法座，映帶綵綉旛幢，庶爲宜稱。

柳線垂金，色黄，管細如絲，縷縷下垂。前人「嫩柳纔黄半未匀」之句似爲此花寫生。

秋葵向日，色正黄，花近尺稱大，瓣密攢。韓冬郎《黄葵賦》云：「色配中央，心傾太陽。」如此平正圓匀，金光奪目，亦復不愧斯言。

水仙映月，色嫩黄，白長管，周外平鋪，黄短管簇内上竪。山谷詩云：「凌波仙子生塵襪，波上盈盈步秋月。」可以移贈此花。

黄鶴迴風，色黄，管粗末放長瓣，於□飛翔。崔顥詩云「黄鶴一去不復返」，而此花偏作迴風之勢，悠悠千載，可無庸悵望白雲。

金盤承露，色黄，單管，管末放寬瓣上超，瓣中凸起如凝露。一自銅仙辭漢，掌經金莖，得此擎空一枝，雲霄可接。曉起就花餐吸，清沁詩脾。

木樨黄金縷，色黄，管管是絲，絲絲密簇。倩誰移此，種向蘇小墳頭，吾識芳魂，花落花開，不復重歌此曲。

金鳳鈎，色黄，管末如風味斜鈎，彎環抱心，瓏鬆圓美。曾見箇□裙，應微露□尖，鳳頭翹起，蓮步輕移，不羡窅娘，屈曲作新月狀。

又《緑類》　么鳳，色白帶碧，細管平圓，管末銀鈎斜轉，管外素縷茸茸。似此迷籬清影，宛然倒掛環毛，氣味芬芳，得减沉水濃燒，香收細瓣。

碧天銀鳳，色淺碧，管攢簇，條直整齊，恍然玉宇無塵，纖雲不翳，素羽翩翩，降自銀河。

青鸞，色碧，粗管，末放圓瓣，玉光皎潔，翠翮裔裔。欣逢盛世安寧，花亦效珍禽獻瑞。

碧玉鈿，色白暈碧，管細光浮，末開尖口，黄心凸起。非珠非翠，宛如玉鈿，解事佳人，取爲額飾，素陽梅花粧，不得耑美於前。

青玉菜，色碧，管粗光浮，末放圓瓣，内抱如碗。倘教舉以齊眉，雕璞□瓊，恐任春廡下人無此寶器。

天水碧，色緑，粗管攢抱，漸開漸白。宋南渡宫人服色，一時競尚此種，不素此種花色，乃於數百年後翻舊爲新。

碧玉甌，色碧管粗，環口内抱，光同玉潔，瓣若銀匙。試取此爲飲器，雅趣當不讓鄭公碧筩盃。

碧雲天，色碧瓣寬，潔净圓明，環心微露，黄花遍地，忽開成碧雲滿天。倘教折取贈行人，恐觸西風北鴈，又惹出無限離情。

水天一色，色淺碧，粗管，晶瑩纖瓣，波皺恍如坐臨空際，俯仰水天，上下一碧。

又《白類》　玉搔頭，色白管粗，屈伸不一。管末展口微彎，疑是漢武李夫人遺簪墮地，幻此通明膩潤之姿，試取荆釵合簪，□□大爲雅稱。

素娥，色白暈黄，素影晶瑩，依稀廣寒仙子，披霓裳羽衣，玉立亭亭，翛然塵壒之外。

白鳳梳翎，色白，粗管□舉，末開鳳頭，有條有理。疑從揚子雲夢中吐出，栖上東籬，整翮修翎，不令太元腹中墨汁污我素衣。

晴空月暈，白單管週圍平鋪黄短管，交互凸起，如秋宵皓魄，素暈一圍，見此花形，應防風信。

雪塔，色白硬瓣，累玉堆瓊，上鋭下平，高約三寸許。猶記湖山雪後過段二家橋，望雷峰浮屠，如玉笋亭亭，鵠立雲表。

越裳白雉，色白，初出粗管，漸放長瓣參差，修尾飄揚，縞衣鮮潔。似是異域珍禽，又見林航來獻。

冰盤桂蕊，色白，粗管平圓，中心黄管攢簇。誰把星星金粟，細摘盈盤，定是素娥，將貽青女。

冰盤托雪，色白，長瓣齊出如盤，中心短管攢簇。冰魂雪魄，幻出冷艷寒香，人淡如花，花亦可禁。和盤托出，□末稱紅塵熱客，服此清凉。

玉樓人醉，色白，密管攢簇，漸放齊頭才瓣，瓣邊碎剪茸茸，上浮紅暈，恍如二八女郎花間宴集，發頰微酡，無限風情，消魂欲絶。

銀巵覆玉盤，色白，單管平圓，中心短管攏抱，形如反坫。此種宴器，性宜注瓊漿，斟玉醴，否則梅花釀，竹葉春，捧觴者宜瑶姬手，侑觴者宜雪兒歌，舉觴者宜宗之白眼望天一輩人物。

冰盤，色白，單管平圓，管末匙瓣内鈎，琢冰爲盤，才斯雅潔，微嫌質亦如冰，不能受日。

玉鏡，色白，細管平匀，晶瑩可鑒。如此花品配以温家鏡臺，可稱合璧。

月魄，色白，粗管平圓，中含黄暈。古云明月懷人，又云相思共明月，玩此花光，便覺五柳先生去人未遠。

粉蝶兒，色白浮膩，管粗細不等，間出寬瓣，舞致蹁躚，臨風欲活。未識滕王寫影，曾向陶令籬邊，一倫粉本否。

鷺羽襹褷，色白，管少瓣多，柔縷離披，宛爾豐標，公子拳立芳洲蘋末，風來不勝凉吹。

鷺羽凝霜，色白，寬瓣平鋪，邊如□刀碎剪，形似寒江屬玉，以翼閣頸拚首酣眠，不知霜花之覆體。

緱鶴瑶笙，色白，細管錯出，攢抱如笙。淡月珠籬，微風幽徑，翩翩素羽，隱隱清音，子喬在焉，呼之欲出。

倒捲銀鸞尾，色白，玉光皎然，粗管末放尖瓣，紛披倒捲。如此花秋，須□飛瓊董□成一輩人，被五銖衣，憑□驂控，衹覺霜翎雪羽與霧鬢風鬟，映帶迴環，如遮宫扇。

銀針，色白，管細如針，密密向花心攢簇。吾鄉茗荈，以此種爲純品。若細揉纖瓣瀹以名泉，勝餐小峴春芽。

老君眉，色白，單管彎環，皓然飄舉。每來籬下，便覺道氣迎人，偃風可挹。

鶴舞霜天，色白，粗管圓繞，末放寬瓣，皜潔無塵。宛然氣肅秋高，風尖月冷，静玩胎仙獨舞，不須三弄瑶琴。

銀漢水，色白，粗管雪亮，花紋波皺，活潑光流。静玩移時，幾欲乘博望槎，一問天孫，還剩有支機石否。

玉拳，色白，粗管伍垂，雪縷霜條，□包叠裹，此握拳鈎弋，不逢漢武，恐開展無時。

玉燕，色白，根管末瓣，梗細花輕，素羽迎風，不勝摇曳。倘非出匣飛昇，定是投懷入夢。

玉兔，色白，管粗細錯出，末展兔耳，肥膩如脂，放翁詩云「迎霜秋兔美」，似爲此花咏之。

玉輪，色白，粗管圓齊。却疑青女雲軿，□轂碾霜，周圍盡白。

璇璣，色灰白，管末開瓣，宛轉盤旋，縱横不定。始晤花神匠心之巧，前身蘇若蘭，後身冲和子。

漁翁雪笠，色白，碎管團簇結頂，輭瓣披垂圍邊，形如篛笠，六出花堆，一枝斜倚珠籬，宛若獨釣寒江，須眉不露，但見白影團空。

日魂，色白，管硬，外長管，齊頭平鋪，内短管，末開五出。上浮紅暈。恍如紅日當空，水庉光芒映射。

冰輪碾雪，色白，粗管晶瑩，末開六出。有如斲冰爲輪，推轉於霙花之上，素影旋空，通體透亮。

淡白梨花面，色白泛紅，瓣多管少，艷膩鮮潔，儼若二八女郎，粉施素面，所謂「常滋沆瀣生肌脆，不假胭脂上臉紅」者，是也。

又《粉紅類》 飛燕新粧，色嫩紅，管瓣稀疎，容嬌體瘦，纖便輕細，美不勝情，風動枝頭，彷彿掌中翔舞。

酣太真，色微紅，管瓣相間，體態豐艷，膩潤多姿，純似肥婢當年，酡顔殘粧於帝前，不能再□時光景。

杏臉，色淡紅，細管平匀，末開斜口，嬌媚可人。不期冷澹秋容，偏露鬧紅春意，珠籬斜出，動如隣女窺墻。

桃腮，色淡紅，初管後瓣，豐艷多脂，瓣尖微滲深紅一點。此種疑是陶公從

武陵源分出，被洞口花光薰染，紅媚嫣然。

馥微斌媚，色粉紅，細管，剛健中偏含婀娜。每讀《十漸疏》今人作此花想。

紅袖鸞綃玉笋長，長管珠落，管根粉紅，管末淡白，末放尖瓣。美人舞罷柘枝，腰肢微困，□擡玉腕，捲袂欠伸。

玉指調脂，色淡紅，粗管，管末放鮮紅尖瓣。匀粧玉指，未浣薔薇。美□戲摇檀郎，便爾紅生一捻。

摻摻玉手，色粉紅，粗管虬屈抱心，末放瓣如指。恍悟花神現身，一露剪裁之妙。

醉紅粧，色紅，粗管錯出，管分表裏，裏白素紅，薄醉微赬。似此花態，自應銀燭高燒，莫教夜深睡去。

出水芙蕖，色紅，根管末瓣，瓣末秋擬蓮鈎。色相天然，絶去雕飾。

赤龍怒鬣，色殷紅，粗管齊頭，彎如角，弓朗如珀簪，根根勁硬，向背怒生。錢唐君叱咤破陣時有此氣概。

楊妃新浴，色微紅，管瓣相間，脂柔粉潤，妙看無發。曉露微含時，不知三郎又費黄金幾餅。

海棠着露，色水紅，蒂深紅，管末放瓣，姿膩光流，溶溶欲滴，真是美女懷人不至，佢形灑淚時情態。

麻姑爪，色淡紅，管長數寸，珠落不多，末放尖瓣如指甲，玉笋輕搔正着余心癢處。

出墻紅杏，色淡紅，初管末放寬瓣，枝最高秀挺疎籬，嫣然着雨，縛憶江南二月，野店青簾。

貴妃藕覆，色嫩白，上浮紅光，根管末瓣，肥膩新鮮，花多並蒂，明皇戲語太真云：貴妃錦袴襪上，真是並頭蓮花也。謂此中覆者白藕耳。今見此花，似可摹想。

霞帔，色微紅，長管披垂。末開匙瓣，飛越飄颺，霞光射目，姿容鮮潔，裁剪精工，堪作姮娥之飾。

藐姑仙，外長管，光浮紅暈，内短管，口開五出。處子綽約，冰雪肌膚，飄然籬下，如遇白石夫人。

瑪瑙盤，色殷紅，一花數管，管粗於箸，踈硬平圓，光瑩透背。杜詩云「内府殷紅瑪瑙盤」，似爲此花咏之。

又**《紅類》** 丹山赤鳳，色正紅，勁管平圓，末開鳳□長吻。踈籬逸品，幻爲阿閣仙禽，絳羽迴風，軒軒霞舉。似此來儀有象，將毋瑞應花王。

火榴初露，内正紅，外丹黄，管瓣攢抱，色艷光浮。日烘碧萼紅縈火，雨過柔條緑噴烟，此熟客也。花神亦欲使石家阿醋，分取冷淡秋光，一洗趨炎面孔。

赤兔，色赤紅，外管長内管碎，間開數瓣飄颺。千秋神驥，幻此花光，絳鬣丹鬃，猶作電掣風馳之勢。

赤城霞，色正紅，背赭黄，管瓣團結，花態豐肥。如入天台山中，滿城霞光盡赤。

飛輪，色赤帶紫，□管齊頭，平圓勁硬。快如車輪，三徑西風，自然旋轉，輪勝於鈿車繡轂，春郊二月，亂輥香塵。

珊瑚索，色紅，輭管佢垂，長短不一。望如珊瑚粒粒，一線穿成。此花宜斜簪雲髻，與翠翹珠串，映帶生妍。

燃犀，色絳紅，根管末瓣，裏捲外翻，勢如火焰。温嶠燃犀，水族之怪異畢見，花神故幻此形，使菊中之變態百出。

火煉蠙蛦甲，色紅管粗，末放荷瓣内抱。亮如蟬脱，紅若火珠。不必食以丹砂，而通體盡赤。

赤瑛盤，色深紅，粗管圓明，末放匙瓣，瓣口凸起如珠。明帝以赤瑛盤盛櫻桃賜羣臣，月下視之，盤桃一色，此似近之。

又**《紫類》** 紫雲聳月，背紫面白，黄心凸起，長管稀踈，末放匙瓣。超起抱心，皓魄初升，餘霞尚艶，光華映射，炫□心眸。此花妙看無雙，令人作天際想。

雕輪，色紫，單管平圓，管末碎剪花邊，玲瓏齊整，即令輪扁運斤，未必有此工巧。

紫閣巍峨，色紫，粗管平鋪，漸開長口，斜鈎内向。宛若翟毺匝地，棨戟排雲，一朵高擎，端嚴壯震。第恐柴□處士解組歸來，未必喜此臺閣氣象。

紫霞盃，色紫，粗管竪起，末開匙瓣，内抱如盃。我欲取此霞盃，酌流霞酒，一醉霞外游仙。

紫芝獻瑞，色暗紫，根管末瓣，中心短管，錯綵成毬，便是商山僊品，益壽延年，不必摻採雲窩，瑞分三秀。

螺紋紫玉佩，色紫，長管虬屈，短管盤旋，管方有紋，口開五出，寶光熣燦，雕琢瓊瓏。屈大夫餐兹落英，若取以爲佩，不必更紉秋蘭。

紫蟹初肥，色紫，粗管虬屈，尖爪縱横，花發霧天，不啻□來秋水，不必斫雪含英，而風味亦復不淺。

蓮臺紫氣，色紫，粗管抱心，末放寬瓣，花光舒紫，瓣瓣芳蓮，瑞靄浮空，宛有如來趺跏其上。

紫電藏鋒，色微紫，粗管稀踈，管管開口，中含芒穎，風旋日映，光躍金虵，似公孫大孃欲舞時颷然出鞘。

紫雲窩，色深紫，粗管短簇，齊頭内抱，霧氣彌綸，霞光希濩。一團紫雲凝結，空是天女行窩。

天吴紫鳳，色深紫，長瓣飛舞，短管參差，花光眩目，怪狀駭人，杜云「天吴及紫鳳，顛倒在裋褐」，確是此花小照。

紫綃毬，色深紫，管瓣團結。是誰好手碎剪露綃，簇叠成毬，抛擲籬頭，一任西風旋轉。

怒爪如腥，色紫，粗管虬屈，管口尖利，赤而有光。有如龍争血食，牙爪怒張，雖未至□木披靡，而拏攫之勢，凛不可犯。

又《間色》　衣錦尚絅，粗管平堆，末開兔耳，内猩紅外雪白。絅襲於外，美在其中，闇然日牽，大得君子之道。

月天鴻影，色灰白，微帶黄暈，管瓣飛揚，每懷高秋清夜，淡月微茫，白雁横空，霜翎冉冉，此種形似。幾回錯向花前，問取故人書信。

玳瑁簪，色斑斕，粗管齊頭，一花數管，虬屈稀珠。每對此花，如入平原君座上，三千賓客冠飾輝煌。

散花仙，面白背黄，管細如針，末放圓瓣如匙。是花神現美人身，綵袖翩翩，竚立空際，俛視一切，妙色生香，咸歸掌握。

凌波仙子，面粉白，背微紅，管細如針，末放尖瓣，踈落玲瓏。此種態度湘妃耶？洛神耶？曉露輕圓，溶溶花際，又疑龍女弄珠來也。

隋宫剪綵，色黄帶紅，寬瓣攢堆，瓣末如剪。花容花樣，似花神聚玉鈎斜内，艷魄香魂，剪刀争試。

蜂房倒掛，色闇淡，長管佢垂，短管攢簇，形似蜂窠□分累累，倒懸樹杪。花神依樣，開向籬頭，不見螫人有毒，但覺向人有情。

猩紅襯藕衣，細管齊出，管外藕色，管内深紅。此自是内家粧束，濃淡映帶得宜，亦得衣錦尚絅之意。

蝟翎錯出，色白帶紫，中多斑點，光浮管上，長短參差。其形如蝟，乍見則瑟縮可畏，細玩則光怪動人。

金蝶舞殘霞，色黄，管根帶紫，開足純瓣。内紫外黄，金邊圍暈，餘霞散綺，粉蝶飄金，蝶影無痕，霞光不定，繞籬諦視，不知是霞是蝶是花。

古貌黄冠，色赭紅，管瓣相間，闇淡不鮮。形如深山道士，修煉年深，黄髮蒼顔，自有三分仙氣。

赭帶飄風，色赭紅，管瓣相間，腰間間出大瓣，彎環如帶，飄揚自若。大似陶令歸來，不受拘束的態度。

鷹背翻風，灰色，寘瓣飄揚，大似平坡放鷂，展翮摩空，背影翻騰，有不勝風高凌厲之勢。

山鷄舞彩，内鮮紅外丹黄，單管參差，末放長瓣。炫爛花光，宛若山鷄毛羽，不用菱銅照影，自然舞態蹁躚。

牙輪，色淡黄，粗管，勁直平圓，如斲象鑿，排轉成輪。試取此花爲稚子□運鳩車，頗稱精緻。

落花依舊，色淡碧，外管伸内管居，上滲硃斑，平坡展□，亂點殘紅。不意冷淡秋容，乃露茲暮春景色。

古佛蒲團，棕色，細管密布，花厚而圓，菊有名老僧鞵者，取彼一枝，配以此種，令人想見達摩渡江時光景。

棕簑溜雨，棕色，細管下垂，管口凸起如露。花態紛披，烟光闇淡，絶似風雨漁磯，瀉簑瀝滴。

淡雲烘月，内管短，色黄，外管長，色白。平圓周密，如雲籠月，如月穿雲。月既微茫，雲亦淡蕩，月藉雲而瓏鬆散彩，雲籍月面瀲灩生光。

古鏡，色赭黄，單片平圓，面浮光澤。疑是師曠所鑄，入井年深，土花侵蝕，而盎然寶氣自不可揜，何須負局□更爲磨鑢。

塞鴻，色暗黄，管踈瘦間出，寬瓣葱白。每開晴空嘹唳，挹茲花態，令人懷想覇陵夜獵之將軍，每識花名，又令人思長樂驛中煎茶驛使。

月芒四射，色黄帶赤，單管平圓，管外密刺茸茸，諺云「月亮生毛」，此似近之。望雨震火，見此花光，必當慶幸。

老圃秋容，叠管平圓，非黄非赤，闇淡無華，確是此君本色。韓馥公詩云「莫嫌老圃秋容淡，猶有黄花晚節香」。譜遍羣芳，取以爲殿。

清 謝堃《花木小志・滴滴金》 六月所開之黄菊花也。其千瓣者瑣碎層層，瓣色輕黄，花心重黄，中有一點微緑，千花無訛，可謂巧矣。

清 吴其濬《植物名實圖考》卷二七《藍菊》

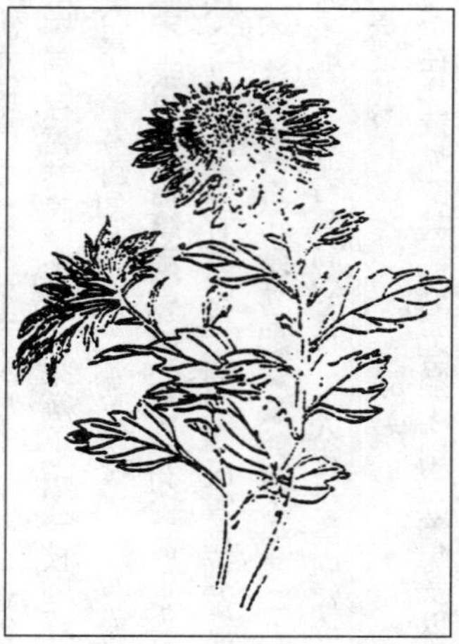

藍菊，蒿莖，菊葉先菊開花，亦如千瓣菊，有紅、白、藍三色。種亦有粗、細。以藍色爲秋菊所無，故獨以藍著。其早者，六月中開，故又呼六月菊。《花鏡》：「藍菊，翠藍，黄心，似單葉菊，但葉尖長，邊如鋸齒，不與菊同。」

又《滿天星》

滿天星，野菊中之别種，密瓣無數，大於野菊，或謂黄菊，不摘頭則瓣小花多。然菊中自有一種千瓣小菊，雖摘頭亦如此。

又《萬壽菊》

《花鏡》：「萬壽菊，不從根發，春間下子，花開，黄金色，繁而且久，性極喜肥。」按，萬壽菊有二種。小者色豔，日照有光，如倭段；大者名臭芙蓉，皆有臭氣。

紀事

漢 劉歆《西京雜記》卷三 戚夫人侍兒賈佩蘭，後出爲扶風人段儒妻。説在宫内時，【略】九月九日佩茱萸，食蓬餌，飲菊花酒，令人長壽。菊花舒時，并採莖葉雜黍米釀之，至來年九月九日始熟，就飲焉，故謂之菊花酒。

晉 葛洪《抱朴子・内篇》卷一一《僊藥》 南陽酈縣山中有甘谷水，谷水所以甘者，谷上左右皆生甘菊，菊花墮其中，歷世彌久，故水味爲變。其臨此谷居民皆不穿井，悉食甘谷水，食者無不老壽，高者百四五十歲，下者不失八九十，無夭年，人得此菊力也。

南朝梁 沈約《宋書》卷九三《隱逸傳》 [陶潛]嘗九月九日無酒，出宅邊菊叢中坐久，值宏送酒至，即便就酌，醉而後歸。

南朝梁 吴均《續齊諧記》 汝南桓景隨費長房遊學累年。長房謂曰：九月九日，汝家中當有災，宜急去，令家人各作絳囊，盛茱萸以繫臂，登高飲菊花酒，此禍可除。景如言，齊家登山。夕還，見雞、犬、牛、羊一時暴死。長房聞之曰：此可代也。今世人九日登高飲酒，婦人帶茱萸囊，蓋始於此。

唐 房玄齡《晉書》卷九二《羅含傳》 羅含，字君章，桂陽耒陽人也。【略】致

仕還家，階庭忽蘭菊叢生，以爲德行之感焉。

唐 馮贄《雲仙雜記》卷二 樂天方入關，劉禹錫正病酒。禹錫乃餽菊苗、虀蘆菔鮓，換取樂天六班茶二囊以醒酒。《蠻甌志》

宋 李昉《太平廣記》卷四一四《飲菊潭水》 荆州菊潭，其源傍芳菊，被涯澳，其滋液極甘。深谷中有三十餘家，不得穿井，仰飲此水。上壽二三百，中壽百餘，其七十八十猶以爲天。菊能輕身益氣，令人久壽有徵。出《十洲記》

宋 歐陽修《新唐書》卷二〇二《李適傳》 凡天子饗會游豫，唯宰相及學士得從。【略】秋登慈恩浮圖，獻菊花酒稱壽。

宋 陶穀《清異録》卷上《菊道人》 亳社吉祥僧刹有僧誦華嚴大典，忽一紫兎自至，馴伏不去，隨僧坐起，聽經坐禪，惟飡菊花，飲清泉，僧呼菊道人。

宋 孟元老《東京夢華録》卷八《重陽》 九月重陽，都下賞菊，有數種。其黄白色蘂若蓮房曰萬齡菊，粉紅色曰桃花菊，白而檀心曰木香菊，黄色而圓者曰金鈴菊，純白而大者曰喜容菊，無處無之。酒家皆以菊花縛成洞户。

宋 陸游《老學庵筆記》卷四 遼相李儼作《黄菊賦》，獻其主耶律弘基。弘基作詩題其後以賜之，云：昨日得卿《黄菊賦》，碎剪金英填作句。袖中猶覺有餘香，冷落西風吹不去。

宋 林洪《山家清供》下卷《金飯》 昔之愛菊者，莫如楚屈平、晉陶潛。今有劉石澗元茂焉，雖一行一坐，未嘗不在于菊。繙帙得菊葉詩云：何年霜後黄花葉，色蠹猶存舊卷詩。曾是往來籬下讀，一枝閒弄被風吹。觀此詩，不惟知其愛菊，其爲人清芬可知矣。

宋 張淏《會稽續志》卷四《花》 菊，《前志》云：昌安門内朱氏莊有佳菊數十種，今上原所藝名品亦多。剡中高氏雪館種菊一二百本，最奇者紫菊、丹菊。

宋 沈競《評奇·禁苑品》（《養餘月令》卷二八引） 東平府有溪堂，爲郡人遊賞之地。溪流石崖間，至秋，土人泛舟溪中，採石崖之菊以飲，每歲必得一二種新異之花。

予在豫章見菊甚佳，問之園丁，則云菊每歲以上巳前後分種，失時則花少葉多，如不逐莖分植，非惟花不暢茂，且往往一根數幹，一幹之花各自爲樣，所以命名不同。

宋 史鑄《百菊集譜》卷三《古今詩話》 唐《輦下歲時記》：九日，宫掖間争插菊花，民俗尤甚。杜牧詩云：「塵世難逢開口笑，菊花須插滿頭歸。」又云：「九日黄花插滿頭。」司馬文正公《九日贈梅聖俞瑟姬歌》云：「不肯那錢買珠翠，任教堆插階前菊。」

《西清詩話》：嘉祐中，歐陽公見王荆公詩「黄昏風雨瞑園林，殘菊飄零滿地金」，笑曰：「百花盡落，獨菊枝上枯耳。」因戲曰：「秋英不比春花落，爲報詩人子細看。」後人以韻協之，改「看」作「吟」。荆公聞之，怒曰：「是定不知楚詞『夕餐秋菊之落英』，歐陽九不學之過也。」

樂菴先生李侍御，名衡。語録云：韓魏公嘗言「保初節易，保晚節難」。在北門，九日燕諸曹，有詩：「莫羞老圃秋容淡，魏公《言行録》作不羞。要看閒花晚節香。」《言行録》作且看寒花。先生深敬此語，嘗大書于壁，以爲晚節之規。

《沈譜》云：徐仲車最好菊，即西籬下多種之花，至冬月猶有存者，名曰晚菊。公常自比陶淵明，種菊之所雖東西相反，論其所以樂，則無以異也。有菊詩云：「楊妃只有黄裙在，且問風霜留得無。」所謂楊妃裙者，蓋菊名也。

漁隱胡仔曰：余嘗因庭下黄白菊相間開，遂效蘇黄格作詩詠之曰：何處金錢與玉錢，化爲蝴蝶夜翩翩。青絲網住芳叢上，開作秋花取意妍。《杜陽雜編》：唐穆宗時，禁中花開，夜有蛺蝶數萬飛集花間，宫人以羅巾撲之，無有獲者。上令張網空中，得數百。遲明視之，皆庫中金玉錢也。

陸放翁因山園草間菊數枝開，席地獨酌，有詩云：「屋東菊畦蔓草荒，瘦枝出草三尺長。碎金狼籍不甚摘，掃地爲渠持一觴。日斜大醉叫墮幘，野花村酒何曾擇。君不見，詩人跌宕例如此，蒼耳林中留太白。」於此，可見放翁愛菊之意。

明 史鑑《西村集》卷七《菊花記》 余友汝其通，嘗言其隣顧氏藝菊之盛，約余往觀焉。然各縻所役，屢訂而屢廢也。成化丁未歲十月乙亥，始克往踐之。顧氏喜客至，以酒觴客。俄而，其通之厨饌繼至，相與對花樂飲，而醻之以詩。主人曰：「今兹多雨且風大，爲花病矣。花無恙時，君能再觀而記之否乎？」余曰：「諾。」後閲月以卷軸至。弘治元年九月，余家燬於火，不及往，且并其卷亡去。顧氏不以爲憾，又從而繼之。明年己酉秋，其通舉於鄉，將與計偕粤。十月戊子，余從賓客之後，往與之別。而顧氏之花方盛開，因得以飫觀而徧識焉。有花大瓣、密而色黄者，深曰赤金盤，淺曰佛面金。有花小瓣、密而色黄者，深曰黄木香毬，淺曰白木香毬。此花同而色有淺深之異，其名有不同焉。有色如荔枝，而花敷者曰荔枝紅，花卷者曰荔枝毬。此色同而花異，其名不同焉。有花瓣如

爪甲，而微黄色者曰黄金瓣，瑩白者曰白玉盤。有花圓瓣密，而深黄色者曰金毬，瑩白者曰玉毬。有心紅，而花黄者曰黄鶴頂，白者曰白鶴頂。有花大瓣鬈，而黄色者曰黄鶴翎，正白者曰白鶴翎。有潤瓣線紋，而深黄色者曰金芙蓉，白者曰玉芙蓉。有花瓣修索，而深黄色者曰金絞絲，正白色者曰銀絞絲。有花大無心，而黄色披拂者曰金絡索，白色者曰銀絡索。有花大心抽如臺，而白色者曰白牡丹，紫色者曰紫牡丹。此花同而色異，其名之又不同焉。有花大無心而色黄鎣者，曰御袍黄。有花小而色深黄者，曰黄羅繖。有花小瓣密而色微黄者，曰西番蓮。有花大而色嬌黄者，曰鶯羽黄。有花小而色鎣黄者，曰内家金。有花大而色渾紅黄者，曰黄玉蓮。有花大而無心，色正白者，曰清心蓮。有花小而色初紅後白者，曰玉繡毬。有花小而色皎白者，曰賽月明。有花瓣密而色鮮紅者，曰狀元紅。有花辬而色微紅者，曰金蓮寶相。有花瓣密而深紅者，曰大紅毬。有花瓣密而色匀紅白者，曰粉香毬。有花紅而心黄者，曰錦香毬。有花紅而純以金線，心黄而標以紅臺者，曰金帶圍。有花小而淡紅者，曰瑪瑙圍。有花甚大而色紅嫩者，曰佛座蓮。有花小而色紅暈者，曰醉楊妃。有花小瓣密而嬌紅者，曰勝緋桃。有瓣少而色紫心黄者，曰紫袍金帶。有花大而色淺紫者，曰紫寶相。有花與色皆如瑞香者，曰瑞香毬。有花大而色兼紅紫者，曰水戀紅。有花深紫而純者，曰鷄冠紫。有花紅紫而間者，曰紫霞觴。有花小而色渾紅白者，曰檀香毬。此花之與色俱異，而其名益不同焉。然其間，有以形言，有以蕊言，有以香言，有以色言，有以風神言，有以韵度言，有以標格言，或兼之以述其全，或離之以舉其盛，其亦善於取譬也。夫最黄之色，十有八；白之色，十有一；紅之色，十有二；紫之色，七。亦可謂多且佳矣。顧氏乃猶以爲未足，父子恒皇皇焉。以求而不得爲恨，其用志不亦專乎？且求觀之賓，日盈其門而不厭。有章縫之士，輒畜花贈之，無吝色。其取之以貨者，拒而不受，率以爲常。則其爲人，又豈特藝夫菊也哉！昔人推洛陽牡丹、廣陵芍藥甲於天下，咸以爲由土之宜。今二郡之花，無幾存者。而菊則隨人致力，不擇地而盛然。則在人，而不在土，亦明矣。因記其所寓目者如右，且爲更定其名之不雅馴者。竢其後有得，當續爲之記。余又聞吏於蜀之威州者言，嘗以事至松潘。松潘之地，甚寒。盛夏雨雪，諸花皆遲，惟菊先花於内地者十日。於是，益信其傲風霜，秀摇落，耐荒寒，有非百卉之所能幾也。因併記之。

明 王世懋《學圃雜疏・花疏》 菊至江陰、上海、吾州而變態極矣，有長丈許者，有大如盌者，有作異色二色者，而皆名粗種。其最貴乃各色剪絨、各色撞、各色西施、各色狼牙，乃謂之細種。種之最難，須得地得人，燥濕以時，蟲蠧日去，花須少而大，葉須密而鮮，不爾，便非上乘。元馭閣老尤愛種菊，京師有一種大紅曰麻葉紅、曰相袍紅，元馭爲翰林時，特命囊之馬首歸。今吾地尚有此種，然開不能大佳，想亦地氣使然。菊中有黄白報君知，最先開。甘菊可作湯，寒菊可入冬，皆賤種也，而皆不可廢。又有一種五九月開，亦異種也。

明 王路《花史左編》卷七《菊花》 和州之含山野墅，四望寥廓，艸木蕃盛，春花秋鳥，自慶歲華，人亦罕到之者。洪熙間，有士人戴君恩者，適他所，路迷，偶過其地。叠叠朱門，重重綺閣，煙雲縹緲，望之若畫圖然。君恩爲驚訝，謂不當有此華屋也。佇立久之，忽見門内出二美人，一衣黄，一衣素，笑迎於君恩前，曰：「郎君才人也，請垂一顧，可乎？」君恩悦其人，從之。於是美人前導，君恩後隨。歷重門，登崇階，乃至中堂。叙禮延坐，羅以佳果，飲以醇醪，情意頗濃。而君恩時半酣，乃散步於中堂。四壁間挂黄白菊二幅，花葉清麗，筆端秋色盈盈，君恩大悦，即顧謂美人曰：「壁間畫菊甚工，不可不贈以句。當各吟短律，何如？」於是黄衣美人先吟黄菊曰：「芳叢燁燁殿秋光，嬌倚西風學道粧。一自義熙人采後，冷煙疎雨幾重陽。」君恩吟曰：「平生霜露最能禁，彭澤陶潛舊賞音。蝴蝶不知秋已暮，尚穿籬落戀殘金。」白衣美人吟白菊曰：「嫩寒籬落數枝開，露粉吹香入酒盃。却笑陶家狂老子，良花錯認白衣來。」君恩吟曰：「冷香庭院曉霜濃，粉蝶飛來不見踪。寂寞有誰知晚節，秋風江上玉芙蓉。」三人吟畢，撫掌大笑，彼此俱忘情矣。君恩乃從容言曰：「娘子獨守孤幃，寧無覩物傷情之感乎？」美人笑曰：「萬物之中，惟人最靈，吾豈匏瓜也哉，焉能繫而不食？既見君子，我心則降。永偕琴瑟，復奚疑哉？」是夕，二美人與君恩共薦枕席，情愛尤加。翌日，君恩辭歸。美人泣曰：「君□未足，衾枕未温，安忍棄妾而去乎？」君恩曰：「果不忍舍，其如家人之屬，目懸切耳。去而復來，庶幾兩全。」於是黄衣美人出金掩髩以贈别，白衣美人出銀鳳釵二股以贈別，僉曰：「好賞二物，聊見此衷。伏乞覩物思人，不忘妾於旦暮可也。」黄衣美人泣吟曰：「山自青青水自流，臨期别話不勝愁。含陽門外千條柳，難繫檀即欲去舟。」白衣美人亦泣吟曰：「爲道君即赴遠行，匆匆不盡别離情。眼前落葉紅如許，總是愁人淚染成。」君恩欷歔，不及成韻慰答二人，各含淚而別。君恩歸第，時切眷注。或成夢寐，或形詠歎，私心喜不自禁矣。追明年，復有故它往，道經別墅，君恩謂可再見

美人。訪之，則不知所在。君恩驚以爲神，急取掩髻，鳳釵視之，皆菊之黄白瓣也。

又　卷九《秋期菊蕊私約》　古有女子與人約曰：「秋以爲期。」至冬，猶未相從。其人謂曰：「菊花枯矣，秋期若何？」女戲曰：「是花雖枯，明當更發。」未幾，菊更生蕊。

明　陳詩教《花裏活》卷一　晉陶潛愛菊，嘗對花命酒，獨酌吟賞終日。

明　張大復《梅花草堂集筆談》卷八《好菊》　王文肅公喜菊，多畜異種。杜醒陶造之，卒見白剪絨，不覺身入花叢間，都不交一字。文肅笑曰：「君興故不減吾。」乃贈與之。常夏六月，文肅科跣據地，手捉菊蝨。鄰叟意花丁也，頻呼不應，直入蹴之。文肅曰：「叟愛菊耶？」亦贈與之。此二事可稱佳話，如文肅可以言好矣。吾鄉魏孝廉善價，訪菊既得，多羅置倉中，不宜眎客。有求看者，輒出之袖中，曰此甲、此乙，其好更不可鮮也。

清　袁棟《書隱叢説》卷一五《墨菊》　又漢時永壽里出墨菊，其色如墨，古用其汁爲書。

清　龔煒《巢林筆談續編》卷下　菊花莫盛於嘉邑，向推金氏。予問篁老金處菊花如舊否，篁曰：何必舍近求遠，此地大德寺天笠師栽菊甚盛，今正開，盍往觀乎？予狂喜，即與同往。净室中分列百餘株，高低層叠，濃淡參差，清韵紛霏，五彩不沾。脂粉幽芳，静穆三秋，諳盡烟霞。香阜位置於地，宜逸老相對，與人合啜茗，欣賞之餘，頓使神情開滌，積疴欲瘳，拜花惠即拜笠師惠矣，何不更效遠公一醉陶令也。既反，擇其種尤佳者附録之。

黄薇　紅幢有予直二十四金者，師不售。　紫幢　松針　破金　鶴翎　松子未開　蜂鈴　獅蠻　蟹爪　金超　銀超　蜜珀　檀香毬　月下白　青心白　一喬　醉楊妃　玉樓春　三學士

花中最耐久者無如菊花，極愛之而苦於不善培植。猶憶少時有僕，嘉定人，知藝菊，先君令栽數十本，中有松子、鶴翎等種，花時陳列，由粗及細，可得一二月賞玩。草堂勝事，已成陳迹久矣。戊午秋杪，過槎溪，適神廟賽會，時有維揚富宦大陳供具於廟中，旁列菊花甚盛，多細種，惜置之熱鬧之地，幽賞不足耳。甲申初冬至甫里，與一友談及菊譜，云鄰舍尚有松子，拉與俱往，所見一二株，已殘，不足觀矣。前年筠姪曾有此興，小藝數種，頗可觀，尋亦興闌。秋來輒問親友家有菊花否，自笑生負花癖，但思看現成花，亦太自適意。

清　昭槤《嘯亭雜録》卷九《甯王養菊》　京中向無洋菊，籬邊所插黄紫數種，皆薄瓣粗葉，毫無風趣。甯恪王弘晈爲怡賢王次子，好與士大夫交，因得南中佳種，以蒿接莖，枝葉茂盛，反有盛於本植。分神品、逸品、幽品、雅品諸名目，凡名類數百種，初無重復者。每當秋塍雨後，五色紛披，王或載酒荒畦，與諸名士酬唱，不減靖節東籬趣也。王又自製精扇，體制雅潔，名東園扇，一時士大夫爭購之，以爲賞鑒云。

清　鄭光祖《醒世一斑録・雜述》卷四《看菊入夢》　淵明採菊，乃今之野菊，朵小花黄，菊之源本如是也。日後因人灌溉栽培，種變而多，由粗及細，名號不一。曰松子，曰鶴翎，曰蟒刺，曰剪絨，曰蓮，曰球，曰幢，曰超，各備五色而佳種之。來必自鄰邑嘉定，吾鄉覓得多種，善爲培植，至深秋吐豔，供於室，插於瓶，留於圃者，並足賞玩，而世守弗替者，莫如在前。郟氏猶憶三十年前，余偕衆往訪，同人多有詩章寄興，而我亦以俚句效颦。先入郟氏圃有句曰：花到重陽如有約，天教三徑不全荒。菊主人順昌白衣也，因又有句曰：花分五色黄爲正，令屬三秋白亦尊。菊種有名緑波斯者，主人造句曰「澹含秋水波斯緑」，倩客爲對。余知菊中又有名黄金甲者，因爲對曰：力戰西風金甲黄。主人甚喜，即倩同人能書者，書作對聯懸掛草堂。旋余等並至舅家，見亦供多菊，紅燈緑酒迥異，茅檐因有句曰：莫道花神非富貴，不終籬下過重陽。及夜月色燈光之下，花影縱横，因又有句曰：金屋藏嬌秋有夢，銀蟾到圃夜離魂。是夜擕多菊歸插於小盎，掛壁而臥夢，仍游郟氏。菊主人謂余曰：君前生亦在詩人之末，今慧心已失，何必復事咿唔以形其拙。余問前生何名，則指伊壁上聯曰：此非君所題耶？有款可自觀之。囑目先見下聯是「竹杖扶持未折腰」七字，款不及計，忽爲大聲驚醒，乃花盎繫絶而墮也。惜哉！花神妒我夢耶！既念佳夢，亦須福命消受。余不得終此一夢，夫亦何憾。有題邯鄲夢曰：四十餘年公與侯，雖然是夢也風流。吾今落臯邯鄲道，要與先生借枕頭。余則謂得借枕頭即是命中應有此一場好夢。戲以俚句，駁之曰：無端幻爾作公侯，可信平生福命優。好夢不堪消受得，邯鄲道上莫來游。又曰：人生有命得封侯，何必神仙借枕頭。落臯邯鄲圖一夢，恐君入夢不風流。不禁爲之軒渠。

清　王棫《秋燈叢話》卷一一　泰安劉月潭，雅好菊，有淵明之癖。每聞佳種，必多方購致，秋日花開，燦若錦繡。泰安多藝菊者，推劉爲冠。一日有道人來謂曰：「南山下某種菊數畦，頗堪寓目，子箇中人，能一往賞鑑乎？」劉欣然從之，穿林渡澗約數十里，至其處則叢菊盈谷，花大若槃，不下百餘種，光艷奪

目，晶瑩可鑑，視己園中所植，真不足觀矣。附根有嫩芽，長尺許，怪問之，曰：「土腴而樹藝有法，故發獨早耳。」劉乞其芽，道人靳弗與，堅求之，始分兩芽授焉，劉復强折白菊一枝，歸插諸瓶，隆冬如新，經春分乃萎。芽植園中，花發，與道人所植無異，第微欠瑩澈耳。次歲開漸小，三年乃同凡質，再造其地訪之，層巒疊巘，烟雲滿目而已。

清 謝堃《花木小志·菊》 居揚郡時，所種菊花有三百餘種，内有二種尤愛重之。其一黄色者，名黄金如意，花大如盌，大開之後心分二股，一左旋，一右旋，皆突起，相對若如意然。其一白色者，名玉鉤斜，花攢碎瓣，於中心斜拖一瓣，約長二寸許，若匙若瓢，對之怡人。居魯以來，不復能想像矣。

著録

宋 劉蒙《劉氏菊譜·譜叙》 草木之有花，浮冶而易壞，凡天下輕脆難久之物者，皆以花比之，宜非正人、達士、堅操、篤行之所好也。然余嘗觀屈原之爲文，香草龍鳳，以比忠正，而菊與菌桂、荃蕙、蘭芷、江蘺同爲所取。又松者，天下歲寒堅正之木也，而陶淵明乃以松名配菊，連語而稱之。夫屈原、淵明，寔皆正人、達士、堅操、篤行之流，至於菊，猶貴重之如此，是菊雖以花爲名，固與浮冶易壞之物不可同年而語也。且菊有異於物者，凡花皆以春盛，而實者以秋成，其根柢枝葉無物不然。而菊獨以秋花悦茂於風霜摇落之時，此其得時者異也。有花葉者，花未必可食，而康風子乃以食菊僊。又《本草》云：以九月取花，久服輕身耐老，此其花異也。花可食者，根葉未必可食，而陸龜蒙云：春苗恣肥，得以採擷，供左右杯。按，又《本草》云：以正月取根，此其根葉異也。夫以一草之微，自本至末，無非可食，有功於人者。加以花色香態纖妙閑雅，可爲丘壑燕静之娱。然則古人取其香以比德，而配之以歲寒之操，夫豈獨然而已哉！洛陽之風俗大抵好花，菊品之數，比他州爲盛。劉元孫伯紹者，隱居伊水之瀕，萃諸菊而植之，朝夕嘯詠乎其側，蓋有意譜之而未假也。崇寧甲申九月，余得爲龍門之游，得至君居。坐於舒嘯堂上，顧玩而樂之，於是相與訂論。訪其居之未嘗有，因次第焉。夫牡丹、荔枝、香、筍、茶、竹、硯、墨之類，有名數者，前人皆譜録。今菊品之盛，至於三十餘種，可以類聚而記之，故隨其名品論叙于左，以列諸譜之次。

宋 史正志《史氏菊譜·後序》 菊之開也，既黄白深淺之不同，而花有落者，有不落者。蓋花瓣結密者不落，盛開之後，淺黄者轉白，而白色者漸轉紅，枯于枝上。花瓣扶疎者多落，盛開之後，漸覺離披，遇風雨摵之，則飄散滿地矣。王介甫武夷詩云：黄昏風雨打園林，殘菊飄零滿地金。歐陽永叔見之，戲介甫曰：秋花不落春花落，爲報詩人子細看。介甫聞之笑曰：歐陽九不學之過也。豈不見《楚辭》云：夕餐秋菊之落英。東坡，歐公門人也，其詩亦有「欲伴騷人賦落英」，與夫「却繞東籬嗅落英」，亦用《楚辭》語耳。王彦賓言：古人之言有不必盡循者，如《楚辭》言秋菊落英之語。余謂詩人所以多識草木之名，蓋爲是也。歐王二公文章擅一世，而左右佩紉，彼此相笑，豈非於草木之名猶有未盡識之，而不知有落有不落者耶？王彦賓之徒又從而爲之贅疣，蓋益遠矣。若夫可餐者，乃菊之初開，芳馨可愛耳。若夫衰謝而後落，豈復有可餐之味？《楚辭》之過，乃在於此。或云《詩》之《訪落》，落訓始也，意落英之落，蓋謂始開之花耳。然則介甫之引證，殆亦未之思歟。或者之説，不爲無據，余學爲老圃而頗識草木者，因併書于《菊譜》之後。淳熙歲次乙未閏九月望日，吴門老圃叙。

宋 范成大《范村菊譜》 山林好事者或以菊比君子，其説以謂歲華婉娩，草木變衰，乃獨燦然秀發，傲睨風露，此幽人逸士之操，雖寂寥荒寒中，味道之腴，不改其樂者也。神農書以菊爲養生上藥，能輕身延年。南陽人欲其潭水，皆壽百歲，使夫人者有爲於當世，醫國惠民，亦猶是而已。菊於君子之道，誠有臭味哉。《月令》以動植志氣候，如桃桐華，直云始華，至菊獨曰菊有黄華，豈以其正色獨立，不伍衆草，變詞而言之歟？故名勝之士，未有不愛菊者，至陶淵明尤甚愛之，而菊名益重。又其花時秋暑始退，歲事既登，天氣高明，人情舒閒，騷人飲流，亦以菊爲時花，移檻列斛，輦致觴詠，間謂之重九節物。此非深知菊者，要亦不可謂不愛菊也。愛者既多，種者日廣，吴下老圃，伺春苗尺許時掇去其顛，數日則岐出兩枝，又掇之，每掇益岐，至秋則一榦所出數千百朵，婆娑團植，如車蓋熏籠矣。人力勤，土又膏沃，花亦爲之屢變。頃見東陽人家菊圖，多至七十種。淳熙丙午，范村所植，止得三十六種，悉爲譜之，明年將益訪求他品爲後譜云。

又 《范村菊譜·後序》 菊有黄白二種，而以黄爲正，人於牡丹獨曰花而不名，好事者於菊亦但曰黄花，皆所以珍異之故。余譜先黄而後白。陶隱居謂菊有二種，一種莖紫氣香，味甘葉嫩，可食，花微小者，爲真菊。青莖細葉，作蒿艾氣，味苦花大，名苦薏，非真也。今吴下惟甘菊一種可食，花細碎，品不甚高，

餘味皆苦，白花尤甚，花亦大。隱居論藥，既不以此爲真，後復云白菊治風眩。陳藏器之説亦然。《靈寶方》及《抱朴子》丹法又悉用白菊，蓋與前説相牴牾，今詳此。惟甘菊一種可食，亦入藥餌，餘黄白二花，雖不可餌，皆入藥，而治頭風則尚白者，此論堅定無疑，併著于後。

宋 劉克莊《後村集》卷三一《跋建陽馬揖菊譜》 菊之名著於《周官》，詠於《詩》《騷》。植物中可方蘭桂，人中惟靈均淵明似之。後漢胡廣貴壽偶然爾，乃托菊水以自神。糞士之評，萬古不磨。烏乎！非廣之辱，菊之辱也。至忠獻韓公始有晚香之句，膾炙人口。近有番禺崔公，辭相印不拜，自號菊坡，俱爲本朝佳話。嗚呼！非二公之榮，菊之榮也。建陽馬君譜菊得百種，各爲之詠。其嗜好清絶可喜，亦幸君未爲人爵所縻，林下趣專獲與菊相周旋如此，未知君他日官達將爲伯始乎？抑爲韓爲崔乎？將以榮是菊乎？抑以辱爲君乎？君其謹之，慎勿以菊以遺憾。

宋 史鑄《百菊集譜》卷五 淳祐丙午中夏，愚始飭工爲此鋟梓，越旬餘，又得同志陸景昭特攜赤城胡融嘗於紹熙辛亥歲撰《圖形菊譜》二卷以示，所恨得見之晚，不及寘于其前，今姑摭其要，并序續爲第五卷云。

萬物以節操爲高，與春俱華，與秋偕瘁者盈山滿谷，騷人墨客，歌詠乎古今，務以句語文辭相誇尚，是何足以浼吾之筆端乎哉！吾之所愛者獨菊爾。時維季秋，霜風淒緊，草木之葉，或黄或瘠，或槁或脱。而菊也方濯濯然獨立於霜露之中，含曜吐穎，精采奪目，與吾相對竟日，冷淡而耐久，瀟灑而有遠韻，正可比方高人貞士，立於世道之風波，操履卓絶，不爲威武勢力之所摧屈者矣。夫其天姿高潔，獨受間氣，生不與草木同流，死不與草木偕逝，可謂物中之英，百卉之桀然者也云云。

又 卷六 愚自丙申迄于甲辰，每得菊之一品一目，必稽于衆，其言同者，然後筆而記之。今譜内有六品尚闕其説，緣愚曩嘗一見，今畦丁罕種，未獲再覈以取其的故也。凡九年間，於吾鄉得正品與濫號假名者，總四十五種，以次諸譜之後。予昨當花時，每歲須苦吟體題詩與集句詩一二十篇，以揄揚衆品之清致，積稔彌久，幾至二百篇。今選百篇濫贅卷尾，至此興盡而絶筆矣。爾後雖間有黄薔薇、金萬鈴之類始出，此二品首見於號地品類，近時吾鄉亦有之。然愚年將耄景，則頽眼勸於辨眎，未容苟簡增入也，如有與我同志者幸爲續譜云。

又 《百菊集譜・補遺序》 前編始成，愚乃標之爲《百菊集譜》，因同里判簿兆偉伯見之，乃哀以佳名曰《菊史續》。又見古人江奎詩有「他年我若修花史」之句，高疎寮有《竹史》之作，但鑄才疎識淺，所愧不足聯芳於前賢。乃者物色府察，盧舜舉譔選録示《黄華傳》，近又蒙同志陸景昭假及《蘜先生傳》，今故併行校正，列於補遺卷端。戲表此編，濫有稱史之名耳。旹淳祐庚戌歲季春吉旦，愚齋史鑄顔甫識。

清 永瑢《四庫全書總目》卷一一五 《劉氏菊譜》，宋劉蒙撰。蒙，彭城人，不詳其仕履。其叙中載崇寧甲申爲龍門之游，訪劉元孫所居，相與訂論爲此譜。蓋徽宗時人。故王得臣《麈史》中已引其説。焦竑《國史經籍志》列於范成大之後者，誤也。其書首譜叙，次説疑，次定品，次列菊名三十五條，各叙其種類形色而評次之，以龍腦爲第一，而以雜記三篇終焉。書中所論諸菊名品，各詳所出之地，自汴梁以及西京、陳州、鄧州、雍州、相州、滑州、鄜州、陽翟諸處，大抵皆中州物産，而萃聚於洛陽園圃中者，與後來史正志、范成大之專志吴中蒔植者不同。然如金錢、酴醿諸名，史、范二志亦具載焉，意者本出自河北，而傳其種於江左者歟。

《史氏菊譜》，宋史正志撰。正志，字志道，江都人。紹興二十一年進士，累除司農丞。孝宗朝，歷守廬揚、建康，官至吏部侍郎，歸老姑蘇，自號吴門老圃。所著有《清暉閣詩》、《建康志》、《菊圃集》諸書，今俱失傳。此本載入左圭《百川學海》中，《宋史・藝文志》亦著於録。所列凡二十七種，前有自序，稱自昔好事者爲牡丹、芍藥、海棠、竹筍作譜記者多矣，獨菊花未有爲之譜者，余姑以所見爲之云云。然劉蒙《菊譜》已在前，正志殆未之見而爲是言耳。末有後序一首，辨王安石、歐陽修所争《楚詞》落英事，謂菊有落有不落者，譏二人於草木之名未能盡識，其説甚詳，乃向來所未發。世俗所傳，蘇軾以唫點安石詩，誤謫黄州其地，菊皆落瓣，軾始媿服其言。甚怪誕不根。明人作説部者或多信之，得此亦可以證其妄也。

《范村菊譜》，宋范成大撰。記所居范村之菊，成於淳熙丙午歲，蓋其以資政殿學士領宫祠家居時所作。自序稱所得三十六種，而此本所載凡黄者十六種，白者十五種，雜色四種，實止三十五種，尚闕其一，疑傳寫所脱佚也。菊之種類至繁，其形色變幻不一，塲師老圃因隨時各爲之題品，名目遂日出而不窮，以此譜與史正志譜相核，其異同已十之五六。而成大但記家園所植，採擷亦未盡賅備，然叙次頗有理致，視他家爲尤工。至種植之法，黄省曾謂花之朶視種之大小

而存之，大者四五蘂，次者七八蘂，又次者十餘蘂。今吳下藝菊者猶用此法，其力既厚，故花皆碩大豐縟。成大乃謂一榦所出數千百朵，婆娑團植，幾於俗所謂千頭菊者，此則今古好尚之不同矣。乾隆四十六年十一月恭校上。

清 叶天培《菊譜·自序》 余平生嗜花成癖。無論名葩、野卉，一花一葉，一香一色，一瓣一鬚，細諦觀之，皆含天趣。因悟化工之巧，不可思議。菊在花中其最著者，菊之品，傲骨凌霜，葉然自逸；菊之色，奇而正，艷而不妖；菊之味，清芬郁烈，氣别酸甜。前人備序而賦之矣，而猶未盡菊之變態也。宅後荒園半畝，每歲手植千餘本。當秋冬之交，爛然滿徑，其種類形狀，多有未經見者。人每詫菊之於余殆有神助，而不知余之於菊蓋有獨領之趣焉。憶自藝菊以來，數十載草鞋竹笠，日從事於疏籬野圃中。其間審氣候，别雨暘，調燥濕，體性情，相時之宜，因地之利，與夫得心應手之妙，神爲契而口弗能言。惟方子養菘得余三昧，惜不能邀延壽客爲制頹齡。至其嗣子慎栖及□子蒼懷、王叟奏平、張子辛谷、程子廷鑄、張生體元、余子抱潔、王子豈凡、洪子德明、任子香雲、宋子笠薪、江子召思，亦頗稱同嗜。西風籬落，把酒持螯，相視莫逆，殆未可爲外人道者。荒齋無事，杼軸余懷，聊書數則，公諸好事。未知世之同嗜者，且以爲何如也。

藝文

三國魏 曹丕《與鍾繇九日送菊書》(《漢魏六朝百三家集》卷二四引) 歲往月來，忽逢九月九日。九爲陽數，而日月並應，俗嘉其名，以爲宜於長久，故以享宴高會。是月律中無射，言羣木百草無有射地而生。惟芳菊紛然獨榮，非夫含乾坤之純和，體芬芳之淑氣，孰能如此。故屈平悲冉冉之將老，思餐秋菊之落英，輔體延年，莫斯之貴。謹奉一束，以助彭祖之術。

三國魏 鍾會《菊花賦》(《漢魏六朝百三家集》卷三六引) 何秋菊之可奇兮，獨華茂乎凝霜。挺威蕤於蒼春兮，表壯觀乎金商。延蔓蓊鬱，緣阪被岡。縹幹緑葉，青柯紅芒。芳寔離離，暉藻煌煌。微風扇動，照曜垂光。於是季秋九月，九日數并。置酒華堂，高會娛情。百卉雕瘁，芳菊始榮。紛葩韡曄，或黄或青。乃有毛嬙西施，荆姬秦嬴。妍姿妖艷，一顧傾城。擢纖纖之素手，雪皓腕而露形。仰撫雲髻，俯弄芳榮。

又 夫菊有五美焉：黄花高懸，準天極也。純黄不雜，后土色也。早植晚登，君子德也。冒霜吐穎，象勁直也。流中輕體，神仙食也。

晉 傅玄《菊賦有序》(《漢魏六朝百三家集》卷三九引) 詩人覩王睢而咏后妃之德，屈平見朱橘而申忠臣之志。

布濩河洛，縱横齊秦。掇以纖手，承以輕巾。揉以玉英，納以朱脣。服之者長壽，食之者通神。

晉 成公綏《菊頌》(《漢魏六朝百三家集》卷五二引) 先民有作，詠茲秋菊。緑樹黄花，菲菲彧彧。芳踰蘭蕙，茂過松栢。其莖可玩，其葩可服。味之不已，松喬等福。

晉 孫楚《菊花賦》(《藝文類聚》卷八一引) 彼芳菊之爲草兮，稟自然之醇精。當青春而潛翳兮，迄素秋而敷榮。於是和樂公子，雍容無爲。翺翔華林，駿足交馳。薄言采之，手折纖枝。飛金英以浮旨酒，握翠葉以振羽儀。偉茲物之珍麗兮，超庶類而神奇。

晉 潘岳《秋菊賦》(《藝文類聚》卷八一引) 垂采煒於芙蓉，流芳越乎蘭林。遊女望榮而巧笑，鵷鶵遥集而弄音。若乃真人採其實，王母接其葩。或充虚而養氣，或增妖而揚娥。既延期以永壽，又蠲疾而弭痾。

晉 陸雲《陸士龍集》卷二 思樂芳林，言采其菊。衡薄遵塗，中原有菽。登彼修巒，在林寤宿。彷彿佳人，清顏如玉。

晉 嵇含《菊花銘》(《漢魏六朝百三家集》卷五二引) 煌煌丹菊，翠葉紫莖。詵詵仙神，徒食落英。

晉 郭璞《菊贊》(《太平御覽》卷九九六引) 菊名日精，布華玄月。仙客是尋，薄採薄捋。

晉 盧諶《菊賦》(《歷代賦彙逸句》卷二引) 何斯草之特偉，涉節變而不傷。超松柏之寒茂，越芝英之衆芳。浸三泉而結根，晞九陽而擢莖。若乃翠葉雲布，黄蕊星羅。熒明蒨粲，菴藹猗那。

晉 袁山松《菊》(《藝文類聚》卷八一引) 靈菊植幽崖，擢穎淩寒飈。春露不染色，秋霜不改條。

晉 陶潛《陶淵明集》卷二《九日閒居并序》 余閒居，愛重九之名。秋菊盈園，而持醪靡。由空服九華，寄懷於言。

世短意常多，斯人樂久生。日月依辰至，舉俗愛其名。露凄暄風息，氣澈天象明。往鷰無遺影，來雁有餘聲。酒能祛百慮，菊爲制頽齡。如何蓬廬士，空視時運傾。空視時運傾，指易代之事。塵爵恥虚罍，寒華徒自榮。斂襟獨閒謡，緬焉起深情。棲遲固多娱，淹留豈無成。淹留無成，騷人語也。今反之謂不得於彼，則得於此。後「棲遲詎爲拙」亦同。

又 卷三《飲酒》其五　結廬在人境，而無車馬喧。問君何能爾，心遠地自偏。採菊東籬下，悠然見南山。山氣日夕佳，飛鳥相與還。此中有真意，欲辯已忘言。

南朝宋 鮑照《鮑明遠集》卷八《答休上人》　酒出野田稻，菊生高岡草。味貌復何奇，能令君傾倒。玉椀徒自羞，爲君愧此秋。金蓋覆牙柈，何爲心獨愁。

南朝齊 卞伯玉《菊賦》（《藝文類聚》卷八一引）　伫寒丘以彌望，覿中霜之軟菊。肇三春而懷芬，淩九秋以愈馥。不履苦而淪操，不在同而表淑。傷衆花之飄落，嘉兹卉之能靈。振勁朔以揚渌，含凝露而吐英。

北周 庾信《庾子山集》卷四《秋日》　蒼茫望落景，羇旅對窮秋。賴有南園菊，殘花足解愁。

唐 李世民《賦得殘菊花》（《文苑英華》卷三二二引）　階蘭凝曙霜，岸菊照晨光。露濃晞曉笑，風勁淺殘香。細葉彫輕翠，圓花飛碎黄。還待今歲色，復結後年芳。

唐 駱賓王《駱丞集》卷一《秋菊》　擢秀三秋晚，開芳十步中。分黄俱笑日，合翠共摇風。碎影含流動，浮香隔岸通。金翹徒可泛，玉斝竟誰同。

唐 楊炯《盈川集》卷一《庭菊賦并序》　庭菊，美貞芳也。太子幸於東都，皇儲監守於武德之殿，以門下内省爲左春坊。今庶子裴公所居，即黄門侍郎之廳事也，其庭有菊焉。中令薛公，昔拜瑣闥，此焉遊處。今兼左庶子，止於東廳。甍宇連接，洞門相向。每罷朝之後，未嘗不遊於斯，詠於斯，覽叢菊於斯。歎其君子之德，命學士爲之賦。是日也，薛愷以親賢爲洗馬，田巖以幽貞爲學士。高元思、張師德以至孝託後車，顔强學、沈尊行以博聞兼侍讀。周琮、李憲、王祖英、曹叔文以儒術進，崔融、徐彦伯、劉知、石抱忠以文章顯。德行則許子豐，耆舊則權無二。駱縯則詁訓之前識，張相則老莊之後英。並承高命，咸窮體物。小子託於吹竽之末，敢闕其詞哉。遂作賦云：

日之貞矣，于彼重陽。菊之榮兮，于彼華坊。含天地之精氣，吸日月之淳光。雲布霧合，箕舒翼張。鬱兮蔓衍，郁兮芬芳。珉枝金萼，翠葉紅芒。其在夕也，言庭燎之晢晢。其向晨也，謂明星之煌煌。爾其萬里年華，九州春色。花的爍兮如錦，草綿連兮似織。當此時也，和其光，同其塵，應春光而早植。及夫秋星下照，金氣上騰。風蕭蕭兮瑟瑟，霜刺刺兮稜稜。當此時也，弱其志，强其骨，獨歲寒而晚登。雨還風去，天長地久。純黄象於后土，故尋藥而菊衣。輕體御於神仙，故登山而菊酒。文賓採之而羽化，康公服之而不朽。東極於是長在，南陽以之眉壽。胡太尉之允誠，光輔漢庭。萬機理，泰階平。及暮年華髮垂肩，秋菊落英，觸邪滌瘵，於焉永貞。鍾太傅之家聲，彝倫魏室，道合鹽梅，功成輔弼。降文皇之命，脩彭祖之術。保性和神，此焉終吉。君章請老，歲久懸車。秋風生兮北園夕，白露濕兮前堦虚。伫閑庭之曠邈，對涼菊之扶踈。人生行樂，孰知其餘。淵明解印，退歸田野。山鬱律兮萬里，天蒼莽兮四下。憑南軒以長嘯，坐東籬而盈把。歸去來兮何爲者？若此窈窕重闈，亘青鎖兮接皇扉。深沉大壯，通肅成兮連博望。乃有萛鄉貴族，薛縣名家。共汾河之鼎氣，同庶子之春華。朝遊夕處，徘徊顧慕。歎摇落於三秋，偉貞芳於十步。伊纖莖之菲薄，荷君子之恩遇。不羡池水之芙蓉，願比瑶山之桂樹。歲如何其歲已秋，叢菊芳兮庭之幽。君子至止，悵容與而淹留。歲如何其歲將逝，叢菊芳兮庭之際。君子至止，聊從容以卒歲。

唐 李嶠《李嶠雜咏》卷上《芳草部十首・菊》　玉律三秋暮，金精九日開。榮舒洛媛浦，香泛野人杯。靃靡寒潭側，芼茸曉岸隈。今日黄花晚，無復白衣來。

唐 李白《李太白文集》卷二一《感遇》　可歎東籬菊，莖疏葉且微。雖言異蘭蕙，亦自有芳菲。未汎盈樽酒，徒沾清露輝。當榮君不採，飄落欲何依。

唐 韋應物《韋蘇州集》卷一《效陶彭澤》　霜露悴百草，時菊獨妍華。物性有如此，寒暑其奈何。掇英泛濁醪，日入會田家。盡醉茅簷下，一生豈在多。

唐 王建《王司馬集》卷七《野菊》　晚艷出荒籬，冷香著秋水。憶向山中見，伴蛩石壁裏。

唐 劉禹錫《劉賓客外集》卷三《和令狐相公九日對黄白二菊花見懷》　素萼迎寒秀，金英帶露香。繁華照旄鉞，榮盛對銀黄。琮璧交輝映，衣裳雜彩章。晴雲遥蓋覆，秋蝶近悠揚。空想逢九日，何由陪一觴。滿叢佳色在，未肯委嚴霜。

唐 白居易《白氏長慶集》卷六《東園翫菊》　少年昨已去，芳歲今又闌。如何寂寞意，復此荒涼園。園中獨立久，日淡風露寒。秋蔬盡蕪没，好樹亦凋殘。

唯有數叢菊，新開籬落間。攜觴聊就酌，爲爾一留連。憶我少小日，易爲興所牽。見酒無時節，未飲心欣然。近從年長來，漸覺取樂難。常恐更衰老，强飲亦無歡。顧謂爾菊花，後時何獨鮮。誠知不爲我，借爾暫開顔。

又 卷一四《禁中九日對菊花酒憶元九》 賜酒盈杯誰共持，宫花滿把獨相思。相思只傍花邊立，盡日吟君詠菊詩。元詩云：「不是花中偏愛菊，此花開盡更無花。」

又 《和錢員外早冬翫禁中新菊》 禁署寒氣遲，孟冬菊初拆。新黄間繁緑，爛若金照碧。仙郎小隱日，心似陶彭澤。秋憐潭上看，日慣籬邊摘。今來此地賞，野意潛自適。金馬門内花，玉山峰下客。寒芳引清句，吟翫煙景夕。賜酒色偏宜，握蘭香不敵。淒淒百卉死，歲晚冰霜積。唯有此花開，殷勤助君惜。錢嘗居藍田山下，故云。

又 卷二七《重陽席上賦白菊》 滿園花菊鬱金黄，中有孤叢色似霜。還似今朝歌酒席，白頭翁入少年場。

又 卷三二《酬皇甫郎中對新菊花見憶》 愛菊高人吟逸韻，悲秋病客感衰懷。黄花助興方攜酒，紅葉添愁正滿階。居士葷腥今已斷，仙郎杯杓爲誰排。愧君相憶東籬下，擬廢重陽一日齋。

唐 姚合《姚少監詩集》卷三《病中辱朱諫議惠甘菊藥苗，因以詩贈》 蕭蕭一畝宫，種菊十餘叢。採摘和芳露，封題寄病翁。熟宜茶鼎裏，飡稱石甌中。香潔將何比，從來味不同。

唐 賈島《長江集》卷二《對菊》 九日不出門，十日見黄菊。灼灼尚繁英，美人無消息。

唐 元稹《元氏長慶集》卷一六《菊花》 秋叢遶舍似陶家，遍遶籬邊日漸斜。不是花中偏愛菊，此花開盡更無花。

唐 李商隱《李義山詩集》卷上《菊》 暗暗淡淡紫，融融冶冶黄。陶令籬邊色，羅含宅裏香。幾時禁重露，實是怯殘陽。願泛金鸚鵡，升君白玉堂。

又 卷中《野菊》 苦竹園南椒塢邊，微香冉冉淚涓涓。已悲節物同寒鴈，忍委芳心與暮蟬。細路獨來當此夕，清樽相伴省他年。紫雲新苑移花處，不取霜栽近御筵。

唐 王棨《麟角集·附録·省題詩·詠菊》 秋來多野菊，節應皆黄花。間葉玉如粟，滿藂金出沙。池邊迷瑞鵠，洞裏悟仙牙。藂散非紅豔，香飄異闕葩。贈詩宜魏帝，泛酒稱陶家。明日登高處，期君酒不賒。

又 《月前菊》 秋菊近重陽，原頭復道旁。藂滋寒露緑，花綻晚風黄。蘖染枝枝豔，星分處處芳。乍疑金散野，遥悞葉經霜。籬下何人採，罇中滿座香。唯應未歸客，對此欲沾裳。

唐 崔璞《奉詶霜菊見贈之什》（《松陵集》卷九引） 菊花開晚過秋風，聞道芳香正滿叢。争奈病夫難强飲，應須速自召車公。

唐 陸龜蒙《奉和諫議詶先輩霜菊》（《松陵集》卷九引） 紫莖芳豔照西風，秖怕霜華掠斷叢。雖伴應劉還强醉，路人終要識山公。

唐 陸龜蒙《甫里集》卷八《重憶白菊》 我憐貞白重寒芳，前後叢生夾小堂。月朵暮開無絶豔，風莖時動有奇香。何慙謝雪清才詠，不羨劉梅貴主粧。更憶幽窗凝一夢，夜來村落有微霜。

又 卷一〇《幽居有白菊一叢因而成詠呈知己》 還是延年一種材，即將瑶朵冒霜開。不如紅豔臨歌扇，欲伴黄英入酒杯。陶令接䍦堪岸著，梁王高屋好欹來。月中若有閒田地，爲勸嫦娥作意栽。

唐 許渾《丁卯詩集》卷下《南海使院對菊懷丁卯别墅》 何處曾移菊，溪橋鶴嶺東。籬踈還有豔，園小亦無叢。日晚秋煙裏，星繁曉露中。影摇金澗水，香染玉潭風。罷酒慙陶令，題詩答謝公。朝來數花發，身在尉佗宫。

唐 鄭谷《雲臺編》卷中《菊》 王孫莫把比荊蒿，九日枝枝近鬢毛。露濕秋香滿池岸，由來不羨瓦松高。

又 《十日菊》 節去蜂愁蝶不知，曉庭還繞折殘枝。自緣今日人心别，未必秋香一夜衰。

唐 韓偓《韓内翰别集·和吴子華侍郎令狐昭化舍人歎白菊衰謝之絶次用本韻》 正憐香雪披千片，忽訝殘霞覆一叢。此花將謝却有紅色。還似妖姬長年後，酒酣雙臉却微紅。

唐 韋莊《浣花集》卷五《庭前菊》 爲憶長安爛熳開，我今移爾滿庭栽。紅蘭莫笑青青色，曾向龍山泛酒來。

唐 羅隱《羅昭諫集》卷二《菊》 籬落歲云暮，數枝聊自芳。雪裁纖蕊密，金拆小苞香。千載白衣酒，一生青女霜。春叢莫輕薄，彼此有行藏。

南唐 李建勳《李丞相詩集》卷上《採菊》 簇簇竟相鮮，一枝開幾番。味甘資麴蘖，香好勝蘭蓀。古道風摇遠，荒籬露壓繁。盈筐時採得，服餌近知門。

宋 徐鉉《騎省集》卷五《菊》 細麗披金彩，氤氳散遠馨。汎杯頻奉賜，緣解制頹齡。

宋 田錫《咸平集》卷七《菊花枕賦》 粲粲佳人，虹綬朱纓；采采芳菊，霜籬月庭。晞彩日以微燥，逗輕風而益馨。畫帕開覆，珍盤久停。書閣閒開，讀錦囊之藥録；爐香静爇，披瑶檢之仙經。味甘而豈獨蠲疾，品貴而仍堪續齡。於是剪紅綃而用貯金蘂，代粲枕而爰寘銀屏。誰羨陳宫，帶黄金以加飾；慵思漢邸，祕鴻寶以稱靈。當乎夜烱玉蟬，漏催銀箭，拂芳塵於象榻，展餘霞之綺薦。蘭燈背壁，慘寒焰之九華；珠箔垂軒，挂繁星之一片。於是撫菊枕以安體，憐菊香之入面。當夕寐而神寧，迨晨興而思健。或松醪醒而心頓解醒，或春病瘳而目無餘眩。益知靈效，雖琥珀以奚珍；自悦幽芳，豈珊瑚之足羨。昔也睥紫菊與白菊，和煙容與露芳。咸見采於玉指，惜徒況於金觴。巧思潛得，重緘有方。錦文緣飾以增麗，彩線彌縫而漏香。匱掩槐實，名踰蕙芳。月幌斜開，恨西窗之欲曉；書帷半掩，順東首以延祥。魯國回賢，誰念曲枕之樂；漆園吏傲，空懷化蝶之鄉。每至蘭堂夙興，寶篋朝斂，輕藻繪於芙蓉，勝琢彫之琬琰。香在玄髮，芳留雙臉。致元首之康哉，美馨德兮難掩。

宋 楊億《樞密王左丞宅新菊》（《西崑詶唱集》卷下引） 中樞多暇日，小圃占秋光。雕玉新成檻，繁金乍泛觴。陶籬侵柳色，羅宅掩蘭芳。芝影連虚室，萱叢接後堂。傅巖猶借雨，豐嶺未飛霜。温樹偏分蔭，芸籤亦闘香。交枝迷露井，墜葉點横塘。桐録知延壽，千齡奉紫皇。

宋 劉筠《樞密王左丞宅新菊》（《西崑詶唱集》卷下引） 東閣留佳客，寒葩豔晚光。秋風自蕭瑟，台座對熒煌。麗奪雙南價，清含九畹香。嵊山秋薦味，太液鵠分裳。已助蜂成蜜，還隨蟻泛觴。俯臨輝艾綬，佩服間萸房。節物傳荆俗，詩情掩謝塘。更期松偃蓋，永奉太清方。

宋 錢惟演《樞密王左丞宅新菊》（《西崑詶唱集》卷下引） 賀燕翻飛地，靈芳茂遂時。陰連桃李徑，潤接鳳凰池。夕照輝金萚，輕風拂翠蕤。露珠清自泫，烟素引還披。西顥霜雖勁，南榮暖更滋。擷芳多楚澤，得地勝陶籬。味可登蘭籍，香應奪桂旗。願公長却老，晏寢奉瓊巵。

宋 李維《樞密王左丞宅新菊》（《西崑詶唱集》卷下引） 青規前席暇，歸沐興何長。北地秋將晚，東籬菊正芳。幽叢霏薄霧，桂色艷輕霜。已近黄金印，兼臨白玉堂。甘疑掩萍實，秀肯讓芝房。有佞還應指，無憂可要忘。蕊浮丞相酒，氣馥令君香。好固松椿壽，仙經識祕方。

宋 韓琦《安陽集》卷五《菊》 萬卉趂枯死，香金闘晚葩。甘名應得露，野色豈如家。俗態惜遲暮，芳情誰怨嗟。重陽樽酒伴，不見牡丹花。

又《菊觴》 九日陪嘉客，金英泛酒舩。撥醅時上下，浮蟻自周旋。香逐榴花發，甘嗤栢葉先。坐中宜醉挹，仙録載延年。

又 卷九《重九席上賦金鈴菊》 黄金綴菊鈴，兖地獨馳名。細蘂浮杯雅，香筩貯露清。風休沉夜警，雨碎入寒聲。自此傳仙種，秋芳冠玉京。

又《和崔象之紫菊》 紫菊披風碎曉霞，年年霜挽賞奇葩。嘉名自合開仙府，麗色何妨奪錦砂。雨徑蕭疎凌蘚暈，露叢芬馥敵蘭芽。孤標只取當筵重，不似尋常泛酒花。

宋 梅堯臣《宛陵集》卷一一《詠蘇子美庭中千葉菊樹子》 生與衆草生，不與衆草榮。彼皆春争葩，兹獨秋吐英。千葉共一萼，百蔕共一莖，幽亭聳扶疎，獨本非拄撐。吾友蘇子美，有酒對自傾。香隨青陵蝶，色映黄金鶯。昨日偶來過，頗興陶令情。豈敢復言詩，君家有子卿。

又 卷三四《殘菊》 零落黄金蕊，雖枯不改香。深叢隱孤秀，猶得奉清觴。

宋 宋祁《景文集》卷二《酈潭秋菊賦》 采采佳菊，生潭之湄。託厚土之善養，亦纖植之所宜。乏彊幹之爲衛，保深根以自持。苒苒蕃葉，纖纖縹致。歷青春以戢景，觸素秋而揚蕤。觀其密藹攢敷，圓房四附。英披夕風，蔕裛朝露。揮碎金以炫條，揉寶釘而綴縷。燦兮萃林苑之螢焰，煒兮舒夜池之鵠羽。沿緣烟汭，散蔓霜渚。抱酷郁之幽香，無變衰之平楚。竊同蘭草，無人而自芳；幸比冢苓，得詩而爲主。于是俞跗之徒，居多暇日，心玩其華，手擷其實。紬太清之祕方，咨酈川之茂質。乃可以輕身益氣，可以延期蠲疾。雖甘苦之種有二，精盈之名不一。而胡公餌焉，享曼壽之永；鍾繇奉焉，助養生之術。淵明垂賞於佳色之辰，長房見佩於登高之日。誠仙真之所玩，匪吾人之輕悉也。若乃宗臣名世，駿嶽儲休。君託股肱之體，天與忠孝之侯。惟載育之在旦，藹祝延以相求。矧靈卉之可嘉，助永年而是遒。匪蔥車之興謗，越萱背而忘憂。幸春期之可續，庶藥圃其長遊。

宋 歐陽修《文忠集》卷七《居士集·西齋手植菊花過節始開偶書奉呈聖俞》 秋風吹浮雲，寒雨灑清曉。鮮鮮牆下菊，顔色一何好。好色豈能常，得時仍不早。文章損精神，何用覷天巧。四時悲代謝，萬物惜凋槁。豈知寒檻中，兩鬢甚

秋草。東城彼詩翁，學問同少一作年小。風塵世事多，日月良會少。我有一罇酒，念君思共倒。上浮黄金蕊，送以清歌裊。爲君發朱顔，可以却君老。

宋 蘇舜欽《蘇學士集》卷三《和聖俞庭菊》 不謂花草稀，實愛菊花好。先時自封植，坐待秋氣老。類糙翠羽枝，已喜金靨小。嚴霜發層英，益見化匠巧。摇疑光豔落，折恐叢薄少。一日三四吟，一吟三四遶。賞專情自述，美極語難了。得書所賦詩，爛漫感懷抱。朗咏償此花，心清爲之倒。

宋 陳襄《古靈集》卷二三《重陽席上賦菊花》 折菊東籬下，携觴爲燕遨。閒情秋後放，幽艶静中高。九月陶公酒，三閭楚客騷。及時須採掇，忍使棄蓬蒿。

又 卷二四《和通判九月望日始見菊花二首》 月滿霜飛菊始華，幽叢冷落帶烟斜。籬邊過却重陽酒，澤畔誰憐野草花。湖學先生歸解組，胡翼之先生年六十餘，始作學官天章閣待詔，朝廷方用而以疾告老。安州司户老居家。季甫年四十始授安州司户，國子監直講而終。皆因晚節無人用，損涕臨風爲爾嗟。

其二

灼灼秋英綴露華，白衣不見日空斜。細看未減重陽淚，更晚猶勝二月花。城裏好山何處寺，門前多竹甚人家。直須載酒頻來賞，莫爲衰遲便感嗟。

宋 徐積《節孝集》卷二〇《菊花》 爲汝花中開最孤，詩翁何惜屢提壺。却應有意酬青眼，渾似傾心向日鬚。擊銅鉢時吟更好，擲金錢後醉相娱。楊妃只有黄裙在，且問風霜留得無。

宋 邵雍《擊壤集》卷一《和張二少卿丈白菊》 清淡曉凝霜，宜乎殿顥商。自知能潔白，誰念獨芬芳。豈爲瓊無艷，還驚雪有香。素英浮玉液，一色混瑶觴。

宋 司馬光《傳家集》卷五《菊》 瑣瑣南陽菊，秋潭歲自開。孤根擁紅葉，落蘂媚蒼苔。正以參靈藥，因之植紫臺。願兼金掌露，同入柏梁杯。

又 卷六《和李殿丞倉中對菊三首》 高士寄朝市，迥然心迹殊。秋風太倉裏，黄菊滿庭隅。陶令成詩後，王公送酒無。遥知厭俗事，未免强躊躕。文案漸消散，倉門吏已稀。庭空數蝶下，夜静一螢飛。愛賞忽成句，淹留時忘歸。高情雖不繫，遇此獨依依。涼風正蕭瑟，好月復徘徊。幽興眇不盡，芳罇時一開。餘英蓋紅葉，墜露濕蒼苔。從此東籬下，應忘歸去來。

又 卷八《和江鄰幾金鈴菊》 何處見佳菊，秋風汶水陽。酒浮金鐸細，露泛蜜房香。不謂紅塵地，相逢君子堂。依然故人意，不減舊芬芳。

又 《野菊》 野菊未嘗種，秋花何處來。羞隨衆草没，故犯早霜開。寒蝶舞不去，夜蛬吟更哀。幽人自移席，小摘泛青杯。

宋 王安石《臨川文集》卷二〇《和晚菊》 不得黄花九日吹，空看野葉翠葳蕤。淵明酩酊知何處，子美蕭條向此時。委翳似甘終草莽，栽培空欲傍藩籬。可憐蜂蝶飄零後，始有閑人把一枝。

又 卷三三《城東寺菊》 黄花漠漠弄秋暉，無數蜜蜂花上飛。不忍獨醒孤爾去，慇懃爲折一枝歸。

宋 曾鞏《元豐類藁》卷三《菊花》 菊花秋開只一種，意遠不隨桃與梅。遊人有幾愛孤淡，零落野水空崖隈。層層露萼間枝葉，金靨萬箇圍蒼苔。直從陶令酷愛尚，始有我見心眼開。爲憐清香與正色，欲搴更惜常徘徊。當携玉軫就花醉，一飲不辭三百杯。

又 《菊花》 東籬菊花今已開，萬物各自相驅催。却尋桃杏那復有，舊樹慘慘空牆隈。年光日日已非昔，人世可能無盛衰。朱顔白髪相去幾，勢利聲名相抑排。三公未能逃餓死，九鼎竟亦爲塵埃。乃知萬事皆自枉，有便只宜持酒杯。

宋 蘇軾《東坡全集》卷二 野菊生秋澗，芳心空自知。無人驚歲晚，惟有暗蛩悲。花開澗水上，花落澗水湄。菊衰蛩亦蟄，與汝歲相期。楚客方多感，秋風詠江蘺。落英不滿掬，何以慰朝飢。

宋 蘇轍《欒城第三集》卷一《五月園夫獻紅菊二絶句》 黄花九月傲清霜，百草滿園無此香。紅紫無端盗名字，試尋本草細商量。

南陽白菊有奇功，潭上居人多老翁。葉似皤蒿莖似棘，未宜放入酒盃中。

又 卷二《白菊》 白菊長先黄菊開，年年九日泛新醅。猶存古歷摽花候，不忝時人信手栽。得勢從教盈九畹，俛眉聊復引三盃。愈風明目須真物，能使神農爲爾回。

宋 黄庭堅《山谷集》卷一一《戲答王子予送淩風菊二首》 病來孤負鸕鷀杓，禪板蒲團入眼中。浪説閒居愛重九，黄花應笑白頭翁。

王郎頗病金瓢酒，不耐寒花晚更芳。瘦盡腰圍怯風景，故來歸我一枝香。

又 《山谷外集》卷一一《采菊》 采菊，傷君子也。君子將有爲，獨立而無佽助，是故傷之。

南山有菊，于采其英。誰從汝往，視我惸惸。伊時之人，誰適有比。不與我謀，不如其己。薄言采之，遵彼山曲。汝來遲遲，去我何速。伊時之人，誰適與同。不與我好，殆其覯凶。江漢滔滔，有楫有杭。誰以濟此，中流且風。嗟爾君子，時處時默。微雲反覆，無傷爾足。

宋 李復《潏水集》卷一六《和張總管菊》 雲裏霓裳閑儼雅，霜前黃鵠獨軒昂。不從春意裝穠巧，却被秋風漏泄香。

開落紛紛不自知，春秋莫較後先期。清霜滿地凋零急，正是黃花得意時。

宋 晁補之《晁無咎詞》卷二《清平樂・對晚菊作》 黃花過也，月酒何曾把。寒蝶多情愛瀟灑，晴日雙雙飛下。沉吟獨倚朱闌，採芳貽向誰邊。枕上醉排金釅，幽香一段堪憐。

又《洞仙歌・菊》 今春閏好，怪重陽菊早，滿檻煌煌看霜曉。喚金錢翠羽，不稱標容，瀟灑意，陶令詩中能道。不應誇絕艷，曾妒春華，因甚東君意不到。又似鏁，三千漢女，偏教明妃，怨西風邊草。也何必，牛山苦霑衣，算只好龍山，醉狂吹帽。

宋 謝逸《溪堂集》卷五《仲邦惠菊花詩以戲之》 重九登高折未殘，霜蕤猶帶晚香寒。莫嫌爛熳開何益，秀色侵人若可餐。

宋 謝薖《竹友集》卷五《杞菊》 雨洗幽叢清客襟，厨人採掇獨何心。根苗扶老或名杖，蓓蕾舒黃無數金。

宋 孫覿《鴻慶居士集》卷五《題德清縣舍松筠堂菊》 籬脚金花玉露團，柁叢寒蜨冷相看。不隨桃李供春事，且伴松筠到歲寒。

宋 周紫芝《太倉稊米集》卷一八《憫白菊兩枝作》 鮮鮮凌霜菊，艷艷粲雪綺。團欒雙毬枝，婆娑照窗几。頗訝銀臺俗，深憎澤蘭紫。瑣碎懸萬鈴，金錢坐堪擬。彼美誰家姝，軒然兩仙子。一登君子堂，衙官列桃李。殷勤極調護，出斛埋地底。結草障飛霜，分渠泄流水。那知病根株，咬齧遭蠹蟻。人生意外憂，多智亦謾爾。朝來踏雪泥，呼奴亟移徙。東株真已萎，西株有生理。萎者不自持，生者能有幾。君看金谷園，花木亘百里。忽然奇禍作，過眼盡荆杞。悠悠可奈何，歸步一笑喜。

宋 李綱《梁谿集》卷二二《秀容菊》 黃菊已槁餘微馥，白菊初開疊羅縠。秀容丰淡却嫣然，故伴幽人慰愁獨。吾聞此種南陽多，千花萬蘂爭駢羅。鬱葱佳氣久蕭瑟，悵望菊潭今若何。

宋 鄭剛中《北山集》卷二一《對菊》 淵明不可作，遺芳落天涯。幽香抱孤蘂，正色敷金葩。眷言出俗韻，寒透方相宜。南方十月温，不見落葉飛。江氛與領侵，負此傲霜姿。向晚過微雨，月波湛明輝。風高便覺好，獨酌臨東籬。對之不須寐，要看清露滋。

宋 王洋《東牟集》卷六《題宓庵壁九月十日，凌季文約孔老人同游》 西風吹徹菊花黃，喚我東籬泛一觴。白髮插花休笑我，年年汝亦負重陽。

宋 王之道《相山集》卷一《次韻因上人晚菊簡魏定父》 荆棘困松栢，風雨亂昏曉。干戈幾時息，年來費天討。孤芳如謝安，端恐非小草。此意誰人知，伊余相自保。

不學桃與李，芬芳競春時。天公豈多情，清露爲君遲。榮悴休問命，冷暖當自知。青熒夜窗燈，相對哦新詩。

離索自可笑，衰遲誰見憐。亭亭摇落中，一枝小窗前。正色有家法，細看清且妍。浮觴未云晚，松醪吾所便。

經年混蒿艾，蘊藏應待時。清香密漬沉，微風助紛披。宋玉昧秋意，乃作兒女悲。君子有所養，因君觀解頤。

道人如青松，孤高不成叢。愛此黃金花，蕭然有淳風。新詩皎秋月，警我野性慵。佳意不在酒，此身今醉翁。

介壽誠有取，無問人所宜。君看菊花潭，事見桃源詩。東坡百世士，敢比流俗知。相逢勿相失，不醉欲何時。

黃花如故人，别久喜復面。澆泥一杯酒，安用較深淺。清霜開浮雲，黃落信風捲。巖巖幽素姿，秋來不多見。

又《秋晚采菊和徐伯遠》 少皞司肅殺，於渠獨留情。一枝黃金花，照眼增雙明。香清露溥溥，秀色雲英英。會當飲潭水，使我病骨輕。

又 卷二《和沈元吉與唐用崔乞菊》 黃花如幽人，别來心念之。邂逅適我願，詎可無一辭。細懷東籬游，舊與西風期。乞我三百株，爛醉風前杯。休文有佳裔，咳唾成新詩。把玩乞菊章，頗愧前篇非。寄言崔藍田，捨之復誰貽。

又 卷七《追和李義山賦菊二首》 嫩萼猶封緑，繁英已醉黃。雨餘二徑晚，秋到一枝香。滴滴盈朝露，暉暉映夕陽。何妨浮玉斝，共醉木蘭堂。

團團青蓋小，拂拂御袍黃。翠葉凌霜秀，繁英浥露香。浮觴追北牖，飲水記南陽。采采東籬下，行歌對草堂。

又　卷一二《菊有黄花爲彦逢弟壽》　正色憎桃李，凌霜見嫩黄。有同高士操，常占晚秋芳。裊裊金風軟，溥溥玉露光。君恩隆一束，時令應重陽。幸遇桑蓬慶，欣逢麴米香。敢因難老祝，採掇奉瑶觴。

又　卷一三《菊》　千林摇落見孤芳，色映青松破嫩黄。玉露凄涼三逕晚，金英芬馥幾叢香。

宋　鄒浩《道鄉集》卷五《詠菊》　菊菊叢叢簇簇，種階除脱巖谷。玉幹碧鮮，金英黄郁。争妍無小桃，結好有修竹。滿泛醇酒千杯，高簪道巾一幅。庭前子美休作詩，籬外淵明自留目。

宋　陳與義《簡齋集》卷二《九日賞菊》　黄花不負秋，與秋作光輝。夜霜猶作惡，朝日爲解圍。今晨豈重九，節意入幽菲。孤芳擅天地，衆卉亦已微。殷勤黄金靨，照耀白版扉。沽酒欲壽花，孔兄與我違。清坐絶省事，未覺此計非。夕英豈不腴，騷人自難肥。

宋　劉子翬《屏山集》卷一八《菊》　青叢馥郁早抽芽，金蕋斕斑晚着花。秋意秖應宜淡泊，化工可是惜鉛華。輕煙細雨重陽節，曲檻疎籬五柳家。暮醉朝吟供採摘，更憐寒蝶共生涯。

宋　范浚《香溪集》卷一《甘菊賦》　爾英之可藥兮，將使人壽而不死，因見髡于朱孺子。爾華之可蔬兮，將使人飢而得羹，因見戮于天隨生。既髡既戮，根莖瘁禿。爾曾不如不材之木，大爲槃瘻，細爲卷曲。永無濟世拯人之用兮，迄天年於窮谷。

宋　王十朋《梅溪前集》卷六《菊花》　不恨開時晚，自知能傲霜。慎毋同瑣細，采擷上君堂。

又　《梅溪後集》卷六《菊》　百花春放菊秋榮，霜裏鮮鮮照眼明。歲晚不妨開自好，何須三嗅泣繁英。

宋　曾協《雲莊集》卷一《植菊賦》　余問舍之未遂，憩供佛之餘屋，得閒地之函丈遠，莫待於種木，聊因既雨之澤，植以未霜之菊。商吹始披，朝露新沐，脱落塵坌，悦暢心目。斯時也，天地將塞，歲晏風積。飜渤澥以摇動，攬鄧林而辟易。洶洶蕘蕘，柯改葉脱。日將旦而起視，慘喬木之無色，旋俯盼於孤芳。曾不磷堅而淄白，瞻柔弱之自持。羨光彩之相射，彼羣妍之競春。散紅紫之紛如，顧慶賞之未已。倏顛沛於須臾，乍烏合而烏散。正比夫市人之與販夫，況白頭之如新約。久要於索居，何此華之挺特，莫再荚而猶初，處顧盼之近地。期香盡而色渝，豈附萼之膠固。卒自遠於泥塗，當三徑之就荒，扳孤松以爲徒。形傳畫史之譜，功載醫師之書。還翠葆於槁項，滅空華於清矑。奉晨昏於甘旨，欣壽母之顔朱。故得英實騷人之腹，苗登天隨之案。供南陽之汲飲，入東籬之把玩。偉微物之異稟，宜君子之屢觀。命家僮以封植，俾本根之無患。春苗兮秋芳，永作幽人之伴。

宋　李處權《崧菴集》卷一《次韻德孺晚菊》　屈原作離騷，採菊飧其英。淵明賦歸來，徑荒菊猶榮。此物有至性，名因君子成。豈知時節過，不顧霜露凝。歲華易晼晚，芳物隨凋零。艷色始獨秀，馨香自孤清。花似時美女，俗惡空娉婷。由來品次定，横議那得争。公如醉翁賢，雅好違世情。三嗅復三遶，莫逆如友生。泛之黄金杯，願言制頽齡。更呼門下士，哦詩同倒傾。

宋　王質《紹陶録》卷下《甘菊》　花黄，莖紫，葉青。春苗可食，甘香尤宜茶。莖青者，氣微帶蒿艾號苦意，不堪食。

我取友兮得甘菊，高叢低葉貯清馥。石盂皤縭乳花飛，錯落紛敷間寒緑。入顧渚，入蒙山。所思兮，安可捐，椿兒桂子争芳鮮。

宋　張孝祥《于湖集》卷一一《偶得四月菊以奉提刑運使》　午陰籬落小裴回，底許清香鼻觀來。定自霜臺風力峻，故教霜菊暑中開。

又

金縷裁衣玉綴裳，掃除瘴暑作秋香。一杯擬作重陽賞，更借西風一夜涼。

宋　范成大《石湖詩集》卷二七《重陽後菊花二首》　寂寞東籬濕露華，依前金靨照泥沙。世情兒女無高韻，只看重陽一日花。

過了登高菊尚新，酒徒詩客斷知聞。恰如退士垂車後，勢利交親不到門。

又　卷三二《重陽不見菊二絶》　節物今年事事遲，小春全未到東籬。可憐短髮空欹帽，欠了黄花一兩枝。

冷蕊蕭疎蝶懶飛，商量何日是花時。重陽過後開無害，只恐先生不賦詩。

宋　楊萬里《誠齋集》卷一〇《黄菊》　鶯樣衣裳錢樣裁，冷霜涼露濺秋埃。比他紅紫開差晚，時節來時畢竟開。

又　卷一七《九日郡中送白菊》　未應白菊減於黄，金作鈿心玉作裳。一夜西風開瘦蕾，兩年南海伴重陽。若言佳節如常日，爲底寒花分外香。桜藥浮杯莫多著，一枝留插鬢邊霜。

又　卷四一《九日菊未花》　舊説黄楊厄勝年，今年併厄菊花天。但挼青蕋

浮新酒，何必黃金鑄小錢。半醉嚼香霜月底，一枝却老鬢絲邊。阿誰會得開遲意，暗展重陽十月前。

宋 陸游《劍南詩稾》卷一三《山園草間菊數枝開席地獨酌》 屋東菊畦蔓草荒，瘦枝出草三尺長。碎金狼藉不堪摘，掃地爲渠持一觴。日斜大醉叫墮幘，野花村酒何曾擇。君不見，詩人跌宕例如此，蒼耳林中留太白。

又 卷三五《新菊》 已過重陽十日期，菊叢初破兩三枝。自憐短鬢蕭蕭白，不似黃花驛裏時。

又 卷四八《九月十二日折菊》 黃菊芬芳絶世奇，重陽錯把配萸枝。開遲愈見凌霜操，堪笑兒童道過時。

又 卷五五《小飲賞菊》 菊得霜乃榮，性與凡草殊。我病得霜健，每却稚子扶。豈與菊同性，故能老不枯。今朝唤老父，采菊陳酒壺。舉觴舞翩僊，擊缶歌烏烏。秋晚遇佳日，一醉詎可無。

又 卷六一《枯菊》 翠羽金錢夢已闌，空餘殘蘂抱枝乾。紛紛輕薄隨流水，黃與姚花一樣看。

又

積雪嚴霜轉眼空，春回無處不春風。欲知造物無窮妙，但看萱根與菊叢。

又 卷六九《晚菊》 蒲柳如懦夫，望秋已凋黃。菊花如志士，過時有餘香。眷言東籬下，數株弄秋光。粲粲滋夕露，英英傲晨霜。高人寄幽情，采以泛酒觴。投分真耐久，歲晚歸枕囊。

宋 陳傅良《止齋集》卷七《和林宗易菊花韻》 一歲所餘秋有幾，重陽偏與老相催。每憐白髮能長健，雖愛黃花亦懶栽。好景游從須好友，新詩風味似新醅。人生適意無過此，恣聽東籬早晏開。

宋 朱熹《晦庵集》卷九《秋華四詩・菊》 青蕤冒珍叢，幽姿寒曉露。政爾破荒寒，詎免傷遲暮。

宋 陳棣《蒙隱集》卷二《白菊》 千芳百卉正凋零，喜見東籬粲玉英。粉面真能延月姊，檀心端不羡梅兄。騷經豈爲黃花作，丹鼎應須素液成。勿訝開遲後佳節，白衣猶足向淵明。

宋 喻良能《香山集》卷一《菊賦並序》 喻子有園二畝，畦菊百本，日遊其間，乃爲之賦。其辭曰：

西風兮東籬，金英兮紫枝。著嘉名兮既遠，豈衆卉兮等夷。標黃華兮《月令》，寓落英兮《楚辭》。生高岡兮蠋原隰，吟鮑昭兮賦潘尼。亙松兮偕杞徑，淵明兮宅天隨。秋日兮淒淒，秋露兮離離。萬木槁兮既下，一雁鳴兮初飛。送孟嘉兮帽落，逆王弘兮白衣。其操兮箕山之潔，其韻兮竹林之絶。瀏兮禦寇之御風，慓兮馬曹之泛雪。臨清流兮子陵之居瀨，含夕霏兮真長之望月。孤叢兮特秀，幽香兮微透。紫蝶兮黃蜂，凛既寒兮猶湊。聘芙蓉以爲妃兮，命秋蘭以爲友。官槐斂迹以杳逝兮，巖桂容沮而色黝。揖江梅以先發兮，曰子之茂兮其庸可後？邀黃葵以旅處兮，曰珠玉其在側，予豈不知予之陋？一束既多兮魏帝之賜，少者百年兮甘谷之壽。枝葉老硬兮飽予腹於五月，葩華丰好兮悦予目於重九。歲植百本，日遶百匝兮，抑臨風而三齅。

宋 陳造《江湖長翁集》卷一八《次張丞送菊韻二首》 粉身免泛杯中物，並駕容陪隴首花。況耐歲寒雙幹在，周旋三益羨君家。

寒花彭澤門闌舊，好句柯山伯仲間。貧負清樽只三益，詩人錯笑庾郎慳。

宋 許綸《涉齋集》卷五《次韻才叔賦菊屏》 賓主鐺坐成三丁，以菊分題君得屏。兩屏夾立君中坐，君其吉兆當屏星。化工開花等兒戲，園子結花象物形。宗英乘船正蕩漾，而我對塔方岧亭。人幸似花同臭味，花亦與人共芳馨。菊潭之水明且清，楚畹之英駐而齡。細思杜老看誰健，争似劉伶終不醒。男兒聞健且飲酒，良辰莫作癡凍蠅。

宋 趙蕃《章泉稿》卷三《菊》 蔓菊伶俜不自持，細香仍著野風吹。少年踴躍豈復夢，明日蕭條休更悲。潭水解令胡廣壽，夕英何補屈原飢。我今漫學潯陽隱，晚立寄懷空有詩。

又 《菊殘有感》 病骨支寒政覺難，莫驚蒲柳望秋殘。凄涼不但歎荒菊，寂寞更堪傷敗蘭。有鬢已霜那得制，無英可落若爲餐。玉山禾遠竹遲實，天驥長饑愁鳳鸞。

宋 葉適《水心集》卷八《菊花開送徐靈淵》 白頭幾度重逢九，方是今年種菊花。衰病自憐何處看，馨香聊向小園誇。討論摇落生光怪，暖熱風霜與麗華。正好行吟君已去，別移秋色付誰家。

宋 張鎡《南湖集》卷五《十月菊》 幽芳何事獨開遲，寂寞寒金照短籬。老子樽罍方欠此，春風景物最相宜。要隨得煖南枝發，肯趁登高九日悲。翻笑陶家門外柳，夜深零落舞腰肢。

宋 高似孫《剡録》卷九《草木禽魚上・菊》 朱放《剡溪舟行》詩：「漠漠黃

花覆水，時時白鷺驚船。」此溪邊菊有花也。先公於雪館西坡，手種一二百本。最奇者，紫菊，丹菊。杜荀鶴詩：「雨匀紫菊層層色，風弄芭蕉葉葉聲。」庾信詩「層霄映紫芝，潛澗泛丹菊」者是也。先公有《種菊》詩：「菊載神農經，不見詩三百。周官叙鞠衣，一言僅可摘。黄華紀吕令，落英餐楚客。伯始飲得壽，桐君書採蹟。移根候萌動，需時當甲拆。我羡柴桑里，敢希履道宅。不種兒女花，朱朱與白白。閲譜品雖多，求栽地恐窄。揠苗助其長，抱甕溉以澤。朗詠黄爲正，流播風傳格。寒香紫茁蘭，晚節銅柯栢。相繼早梅芳，一笑巡簷索。」

宋 韓淲《澗泉集》卷一《露菊》 英英輝叢菊，重露滋其花。移來秋已深，不飲亦已嘉。小檻憑虛簷，山迥無風沙。霽色寒未生，此地玉溪家。

宋 高翥《菊磵集·對菊三首》 白白黄黄自歲寒，詩翁但作菊花看。牡丹茉莉非吾事，自是時人被眼瞞。

親向東籬手自栽，夕陽小徑重徘徊。花應得似人乖覺，過了重陽爛漫開。

愛花千古説淵明，肯把秋光不似春。我重此花全晚節，賸栽三徑伴閒身。

宋 杜範《清獻集》卷四《問淵明菊》 世以淵明名爾菊，却來紫陌换青銅。東籬采采知何處，豈不包羞負此翁。

又《代菊對》 未有淵明先有我，何人唤我作淵明。東籬宛在南山下，誰向秋風管落英。

宋 劉克莊《後村集》卷九《菊》 羞與春花艷冶同，殷勤培溉待秋風。不須牽引淵明比，隨分籬邊要幾叢。

又 卷二〇《念奴嬌·菊》 老夫白首，尚兒嬉，廢圃一番料理。餐飲落英并墜露，重把《離騷》拈起。野艷幽香，深黄淺白，占斷西風裏。飛來雙蝶，遶叢欲去還止。 嘗試詮次羣芳，梅花差可，伯仲之間耳。佛説諸天金色界，未必莊嚴如此。尚友靈均，定交元亮，結好天隨子。籬邊坡下，一杯聊泛霜蘂。

宋 周文璞《方泉詩集》卷三《晚菊》 亭亭砌下黄金花，霜後顔色如矜誇。玄英摧挫百卉盡，獨自照耀山人家。湘纍晨餐不論數，千歲高丘恐無女。君不見天寶杜陵翁，晚節嘗爲少年侮。

宋 吴文英《夢窗丁稿》卷四《惜黄花慢·賦菊》 粉靨金裳，映繡屏認得，舊日蕭娘。翠微高處，故人帽底。一年最好，偏是重陽。避春祇怕春不遠。傍幽徑，偷理秋妝。殢醉鄉，寸心似剪，飄蕩愁觴。 潮顋笑入清霜。鬭萬花樣巧，深染蜂黄。露痕千點，自憐舊色，寒泉半掬，百感幽香。雁聲不到東籬畔，滿城但、風雨淒涼。最斷腸，夜深怨蝶飛狂。

宋 張炎《山中白雲詞疏證》卷二《新雁過妝樓·賦菊》 風雨不來，深院悄，清事正滿東籬。杖藜重到，秋氣冉冉吹衣。瘦碧飄蕭摇露梗，膩黄秀野拂霜枝。憶芳時。翠微唤酒，江雁初飛。 湘潭無人弔楚，歎落英自采，誰寄相思。淡泊生涯，聊伴老圃斜暉。寒香應徧故里，想鶴怨山空猶未歸。歸何晚，問徑松不語，只有花知。

宋 胡次焱《梅巖文集》卷四《菊墅記》 晉處士不仕寄奴，蓺菊自老，于是世之隱者率有取于菊。韋表微雖爲松菊主人，天隨子爲杞菊作賦，皆淵明倡之。雖然，菊非素負隱操，淵明果何取焉？博觀草木中孰有如菊之高蹈者？槐爲公屈，菊不屑也。棘爲卿淹，菊不屑也。紫微、紅藥爲中書留，菊不屑也。監有芸，臺有栢，翰苑有榴，泮有芹藻，營有細柳，菊不屑也。上之則魏園有芙蓉，唐禁有牡丹。下之則幕府有蓮，縣封有桃李，法廨有梅，丞廳有松，簿庭有枳。御苑官署，他草木皆托身爲榮，而菊獨不屑，豈非高蹈者耶？周元公指菊爲花之隱逸，有味乎其言哉！高人勝士，臭味攸同，其愛菊則宜。碧桃和露，紅杏倚雲，菊一無所羡，而甘心籬落春陽者，物所競趨也。菊爲向隅之夫，譬周室方隆，夷齊餓于首陽也。秋霜者，物所畏讐也。菊爲守節之士，譬秦政方虐，園綺亨于商巖也。淵明之戀晉也，猶夷齊于商，而其鄙劉也，猶園綺于秦，宜其愛菊爲萬世之倡。嗚呼！士有不幸而類淵明所遭之世者，不有籬菊，將誰與歸？拱辰洪君自符山遷寓清港，一以廬墓，一以辟地，蒔菊盈畹，而以菊墅自號，誠有志于淵明輩行者歟！科舉停，時文歇，拱辰所挾以糊其口者，如賣屨于跣者之門，歸餐落英，無競于世。嗟夫！服菊得仙，付之渺茫，而瘳風延壽，庶幾南陽人，此拱辰志也。其視公槐、卿棘，下至松、枳，彼不此容，此亦不彼屑也。抑聞之陶隱居論菊有二種，莖紫味甘者，真菊也；莖青味苦者，薏也，非真菊也。菊有真僞，借菊以自況者，亦有真僞。眼底紛紛，或園或圃，或巖或徑，非不冒菊之名，率名菊而實薏。陸龜蒙辭高士徵，自比培翁漁父，此真菊者耶？韋子明雖有松菊主人之約，已而爲翰林學士，進知制誥，遷中書舍人，擢户部侍郎，卒以病痼罷，不病不罷也，此殆名菊而實薏者耶。拱辰藏修乎墅中，與菊莫逆，殆將儕陸而希陶，彼哉表微，何能爲役？噫！亦必

有識菊如隱君者，始能辨之。拱辰名斗祥，龍溪華青，能世其學者。菊之品第，塈之延袤，俟他日升堂賦之。

宋 史鑄《百菊集譜》卷六《體題新詠》 以後附入諸士友十九首。凡二者之内，除於題下該臆吟者八首，其他諸篇皆是詠越中所有之品。

勝金黃

籬下秋深花正敷，煌煌金彩照吾廬。維揚貢品雖稱貴，顔色看來反不如。

御愛黃

貴品傳來自禁中，色鮮如柘恍迷蜂。作歌亦見鍾情重，承眷應曾遇德宗。

御袍黃

秋晚司花逞巧工，解將柘色染幽叢。待看開向丹墀畔，蕭穎士《菊榮篇》：照曜丹墀。宛與君王服飾同。杜甫《花卿歌綿州副使著》柘黃注：僭乘輿服色也。

九日黃

露叢花發例皆遲，異品敷金不詭隨。應節及時真可愛，登高且把泛瑶巵。

又

應時寒蘂拆秋含，晃耀良金色可參。似遇道人殷七七，故開佳節日三三。

金錢菊

陰陽鑄出遶籬邊，露洗風磨色燦然。未解濟貧行世上，且圖買笑向樽前。

又此作明用題字。

天女將圖買斷秋，筭來白帝價難酬。金錢滿閤翻嫌富，撒向幽叢竟不收。

金絲菊明用題字。

染人徒染金絲色，侍女謾歌金縷衣。争似黃花得天巧，織成紋絡不須機。

金鈴菊

化工寫出爛盈枝，顆顆光明耀竹籬。賞翫佳人應笑道，待教繫向雪獅兒。

金蓮菊臆吟。

迥出嬌紅媚一川，風刀細鏤耀籬邊。不妨捧向孩兒手，留取清香在佛前。

側金盞

圓模羅列占東籬，西帝賜來宮樣奇。疑是花神清酌罷，儘教放處不妨攲。

金盞銀臺

黃白天成酒器新，曉承清露味何醇。恰如欲勸陶公飲，西皞應須作主人。又作：擬將享宴司花女，須報韋公舊主人。

滴滴金夏菊也。

未見秋來花便開，人言因露作根荄。千團萬點枝頭墜，盡化黃金出土來。

密友菊按：《洛陽花木記》用此密友字。

寒英雅稱伴吾徒，色正香清態有餘。日涉中園長與會，何憂因數反成疏。楊巽齋：密友花有「朵朵相迎意更親」之句，愚今所作蓋取此義。

又密卣菊據高疎寮用此蜜卣字。

化工也學割蜂房，秋卉粧成春蘂黃。芬馥猶疑盛秬鬯，未容輕把泛霞觴。《書·洛誥》秬鬯二卣，《正義》曰：秬，黑黍也，以此爲酒，煮鬱金草築而和之，使芬香調暢，謂之秬鬯酒。卣，中樽也。

橙菊

上林佳果久流聲，《西京雜記》云：上林苑橙十株。秋徑香苞特假名。正賴蟹肥新酒熟，幽人來賞兩含情。

荔枝菊

莫論枝上粟團黃，且喜籬邊珍顆香。若使唐家妃子見，料應誤摘醉中嘗。

茱萸菊

品出陶家花品外，名存吴地藥名中。若將泛入重陽酒，不用分香摘兩叢。

艾菊明用題字。

一入陶籬如楚俗，重陽重午兩關情。惜哉删後詩三百，菊奈無名艾有名。一换押鄉字韻云：怪底陶籬似楚鄉，寒花暑葉共枝芳。無求往古三年効，且挹明朝九日香。

末利菊明用題字。

來從西域馨香異，《蓮經》有末利花香之言。翻作東籬品目新。悟此肯爲微利役，殷勤來賞屬幽人。王梅溪《求末利花》詩：老來恥逐蠅頭利，故向禪房覓此花。今之鄙句，蓋祖此義。

甘菊

南陽佳種傳來久，濟用須知味若飴。苗可代茶香自別，花堪入藥效尤奇。

塔子菊以金鈴菊蟠結而成。

金彩煌煌般若花，高蟠層級巧堪誇。更添佛頂週遭種，成此良緣勝聚沙。聚沙爲佛塔，見《蓮經》偈言。

毬子菊

團圞秋卉出籬東，惹露凌霜袞袞中。疑是花神抛未過，更教輾轉向西風。

野菊

寒郊露蘂疎仍小，一年野菊，甚盛，乃改作繁，何小。瘦地霜枝細且長。境僻人稀誰與採，馬蹄贏得踐餘香。

黄白菊

二色秋英併一根，金宜爲友玉爲昆。相依笑向西風裏，皓色須還中色尊。

十樣菊臆吟

霜蘂多般同一本，天教成數殿秋榮。從他蛺蝶偷香慣，偷遍無過一例清。

九華菊吴有趙廣信嘗鍊九華丹，此菊以丹爲名。猶酴醿花以酒名之，其意各有所寓。杜光庭詩：初開九鼎丹華熟。

功成丹鼎花堪比，花到重陽色正鮮。靖節集中名甚著，羨他慣服制頹年。

又

流芳千古傲霜英，剪玉絲金照眼明。若論駐顔功不小，仙丹端可與齊名。

佛頂菊

籬畔光明緣底盛，秋來千百化身多。露棲不必醍醐灌，仁宗皇帝《御贊蓮經》：灌頂醍醐滴滴涼。醍醐：酥之精液也。雨沐何煩手掌摩。《楞嚴經》：世尊憐愍阿難，以手摩其頂。

大笑菊丁晉公詩：花能含笑笑何人。東坡詩：花非識面常含笑。今愚鄙句亦祖此義。

玉顔已破晚秋葩，不費千金亦可誇。幽徑主人偏愛惜，且贏耳畔弗諠譁。

又明用題字。

晚節敷華性異常，黄冠白羽道家粧。料應識破榮枯事，獨對秋風笑一場。

又明用題字。

桃笑春風菊笑秋，冶容正色不相侔。寒梅一笑如堪索，這笑方爲是匹儔。

玉甌菊

化工施巧在秋葩，琢就圓模瑩可嘉。著底香心真蠟色，似留賞容欲分茶。

銀盤菊

秋英疑是白金裁，承露如從仙掌來。翻笑漢皇銅制古，斬新一樣也奇哉。

輪盤菊

秋深籬下拆霜英，圓質風吹颺不停。天巧固非煩扁斲，日新又豈待湯銘。

粉團菊

月姊容顔別一家，天真何必御鉛華。秋來殘膩方抛棄，幻作籬邊馥馥花。彭齊霜月詩：應是姮娥剩粧粉，一時抛撒下天來。此借其意。

月下白

素質鮮明絶點塵，冰輪高照轉精神。叢叢皓彩如羅綺，謂彩帛之紋，亦有粟地菊之類。箇樣誠堪示染人。

纏枝白

西風頓拆晚秋葩，色映霜華與月華。不特翠枝柔猗儺，更饒緑葉密交加。

酴醿菊宋景文公《酴醿》詩：來自蠶叢國，香傳弱水神。按古蠶叢國即蜀中也。

春架秋籬景一同，想因分種自蠶叢。但將酩酊酬佳節，不管花居酒品中。

木香菊

秋花也與藥名同，素彩鮮明曉徑中。多少清芬通鼻觀，何殊滿架拆東風。

寒菊

不畏霜風質自殊，不招蜂蝶艷何孤。梅花松竹如相見，朱希真《十月菊》詞：須添羅幕護風霜，要留與疎梅相見。便合添爲四友呼。

淮南菊

割脂簇蠟密成團，傑出東籬最奈寒。加紫翻宜霜後看，料應慣見屬劉安。

徘徊菊

花神著意駐秋光，不許寒葩陡頓芳。敷彩盤桓如有待，幽人把玩不須忙。

饅頭菊

離火供炊餅餅圓，陸放翁《菊》詩有餅餅香字。前輩《菊》詩：籬邊餅餅金。幽人飽翫向籬邊。採來還問堪餐否，應使癡兒口墮涎。

桃花菊

仙源分派到籬東，灼灼穠華綴露叢。崔護詩章陶令酒，兩家混作一家風。

燕脂菊臆吟。

天女染花情若狂，鮮妍直欲媚秋光。忍將陶徑黄金色，也學秦宫朱臉粧。

牡丹菊臆吟。

本是秋香九日黄，假爲國色百花王。待殘擬把酥煎啗，見《漁隱叢話後集》二十三卷，孟蜀時李昊事。莫採芳英泛酒觴。

紅薇菊臆吟

天厭花黄色改殷，烏閑切，赤色也。東籬景物似東山。逗遛春蘂爲秋蘂，荆棘了無藏葉間。

繡菊

寒葩縷縷結緗紅，不待纖針見巧工。秋老從他宫線減，彩文翻喜人花叢。

石菊

花美雖堪寫團扇，艷妖未必入東籬。紀名何取它山物，徧問園官總不知。

愚辨石菊、大菊，雖今古之名不同，其實一種物也。至秋結實名曰蘧麥，今窮見麥粒之形，了無所惑矣。討論既定，竊意其石字當爲碩。案《字書》：碩，大也，庶幾意合於古書，今復成一絶以紀其實云。

又

榦弱葉纖花特奇，艷濃九夏到秋時。枝頭結實元爲藥，争奈越中人罕知。

若蘧麥所出之地，其榦直而堅。

大菊明用題字，即今之石菊也。

菊名何大爲誰開，子結秋叢是藥材。若所産之地者，結子乃至作穗。若用催生功不小，請嘗便可見嬰孩。《千金方》：治産經數日不出，或子死腹中，以瞿麥煮濃汁服之。

孩兒菊

地母提來風露徑，笑風泣露並堪憐。品微元乏香肌骨，濫預秋英得浪傳。

春菊蒿菜花是也。

莫論園蔬品目卑，花開不減菊幽奇。燦然金色仍堪採，春老恰如秋老時。

紫菊馬蘭花是也。

秋野閒花是繡鋪，佳名得自北人呼。見《本草》若教尼父當時見，應惡紛紛色亂朱。

觀音菊天竺花是也。

霞幢森列引薰風，高出疎籬紫滿叢。翠葉纖纖如細柳，直宜插向浄瓶中。

繡線菊厭草花是也。

天成素縷結秋深，巧刺由來不犯針。籬下工夫何絢爛，條條綰綴紫花心。

佳友昔曾端伯以菊爲佳友，愚今以詩實其名。

氣清色正品尤高，好事幽人善與交。開徑何須望三益，相陪雅尚在香苞。

壽客近世張敏叔以菊爲壽客，愚今以詩實其名。

東籬冷落舊家鄉，性耐風霜氣味長。幾度入來重九宴，主人傳得引年方。

對菊懷古

靖節先生菊滿園，其名獨有九華存。東籬若許塵蹤到，佳品須當盡討論。

菊花單題

獨芳三徑屬秋深，清致貞姿快賞心。解道卓爲霜下傑，平生靖節最知音。

金絲菊　馮發藻十首闕一

纏風綰雨短籬旁，織出黄花縷縷黄。遥想司花幾仙子，鮮明擬作六銖裳。

茱萸菊

一種秋英具兩般，摘來浮向酒盃寬。阿誰到得重陽日，醉把花枝子細看。

夏月佛頭菊

圓英現出端嚴相，素瓣染成知見香。必竟白毫破炎毒，故教開向夏畦涼。

酴醾菊

怪底玄都花發遲，西真著意在霜枝。春葩也耐秋風勁，紅雨何愁亂入籬。

牡丹菊

秋香剛欲竊天香，遥想南陽似洛陽。莫道東籬藹聲價，詩人曾擬作花王。

孩兒菊

穉叢弱質巧相如，曉沁啼痕一雨餘。天亦何心鍾愛汝，也呈佳色殢陶廬。

采菊用古人名賦。

和霜旋采黄香嗅，與客登高適興時。多謝安排滿頭插，相隨何得怨開遲。

金鈴菊　孫耕三首

疑是良工巧鑄成，天然顆顆帶黄英。籬邊一任風摇動，不學簷前斷續聲。

孩兒菊

弱質生成由地母，清姿保愛藉園公。花偏嬌嫩葉偏細，凝竚籬邊弄晚風。

鷺鷥菊臆吟。此品嚴州有之。

玉羽毿毿剪作花，花心挺出傲霜華。恰如未上青天去，且立西風古徑斜。

楊妃菊臆吟　陸希澄

含笑向籬旁，花叢似洞房。露濃新出浴，霜薄淺成粧。尚帶霓裳色，猶存輦路香。張全真《題明皇太真聯鑣圖》詩：並轡春風輦路香。故今千載下，還許侑瑤觴。

金盞銀臺　許光曾

黄中素表拆秋葩，恰似開筵富貴家。晃耀西風深院裏，清標不減水仙花。

佛頭菊　僧希高二首

佳卉超凡沐雨開，恍如螺髻出山來。世尊肉髻，見《蓮經》與《楞嚴經》。就叢更種金蓮菊，闕

大笑菊

寒花也解媚清秋，貌似呵呵滿檻稠。若使幽王能著眼，何須舉火戲諸侯。

金錢菊　僧文行二首

化工鑄出最光圓，間數枝頭不計千。滿徑黄花秋富貴，陶公何必苦無錢。

大笑菊

遶籬喜色破新愁，一粲西風卒未休。《穀梁傳》注：粲然，盛笑貌。非學野花留寶曆，應嗤楚客獨悲秋。

集句詩　史鑄四十首

鑄兒童時，嘗閱東軒臞儒趙公保集句梅詩，喜其多有可取，今故效顰，采擷百家英華爲菊成章也。

種菊

幽懷遠慕陶彭澤，王禹偁一畝荒園試爲鉏。蘇子由自種黄花添野景，謝景山，見《詩話總龜》。幾多光彩照庭除。魏野

菊花十二首

無艶無妖別有香，僧齊已《對菊》知心誰解賞孤芳。陸務觀淵明酩酊知何處，王荆公安得斯人共一觴。謝無逸

二

霜裏鮮鮮照眼明，王十朋人言此解制頽齡。梅聖俞憐香擘破花心𪍑，姚揆酌盡齋中竹葉缾。黄山谷

三

一夜清霜殞物華，蔡柟寒芳開晚獨堪嘉。丁寶臣折來嗅了依前嗅，邵堯夫不是尋常兒女花。王十朋

四《千金方》：菊花作枕袋，大能去頭風，明眼目。陸務觀《菊詩》：傍籬小摘供囊枕，留得殘香夢亦清。

籬菊含風暗度香，余安行栽多不爲待重陽。齊已愈風明目須真物，蘇子由《白菊》夢寐宜人入枕囊。山谷

五

露叢芬馥敵蘭芽，韓忠獻公清賞終存好事家。丁寶臣莫遣兒童容易折，洪景盧此花開後更無花。元微之

六

露裛幽花冷自香，釋皎然藥中功效不尋常。王十朋《食薑》祛風偏重山泉漬，文保雍胡廣隨緣却壽長。鄭剛中《菊》

七

清香裛露對高齋，司空圖端仗茲花慰老懷。王十朋欲折一枝來侑酒，蔡柟登高能賦屬吾儕。陳後山

八

八月九月天氣涼，李白遶欄種菊一齊芳。邵堯夫好風應會幽人意，江奎時去時來管送香。張芸叟

九

不趁盛時隨衆卉，文與可幽姿高韻獨蕭然。田元邈別開小徑連松路，王介甫常愛陶潛遠世緣。梅聖俞

十

籬菊開時寒有信，王彦霖幽香還釀客懷清。周麟之折歸忍負金蕉葉，張彦實欲伴騷人賦落英。蘇東坡

十一

菊花有意浮盃酒，汪彦章秋老霜濃滿檻開。江袤多謝主人相管領，沈瀛盡收清致助吟才。張子野

十二

一夜新霜著瓦輕，歐陽永叔照窗寒菊近人清。閭人善言《次韻童恭叔》。賸收芳蘂浮巵酒，曾端伯白髮年年不負盟。閭人善言《中秋月》。

黃菊二十首

黃花漠漠弄秋暉，王荆公竚立階前香在衣。王性之正色逢人何太晚，强幾堅衰翁相對惜芬菲。白樂天

二

白露黄花自遶籬，羊士諤幽香深謝好風吹。寇萊公陶公没後無知己，李山甫，一作羅隱。歲歲花開知爲誰。李頎

三凡菊詩中言霜露者甚多，至於言雨者，惟王龜齡嘗稱范文正公有句云「半雨黄花秋賞健」云。

遶籬黄菊自開花，僧洪覺範開日仍逢小雨斜。丁寶臣《菊》第三首句自得金行真正色，丁寶臣《菊》第二首句肯參紅紫鬭紛華。朱希真

四

金英寂寞爲誰開，王禹偁底許清香鼻觀來。張孝祥籬下先生時得醉，白樂天餘風千載出塵埃。王荆公

五

滿園佳菊鬱金黄，白樂天《重陽席上》壽質清癯獨傲霜。楊巽齋且喜年年作花主，白樂天《花前歎》依然相伴向秋光。羅隱菊

六

五行正氣産黄花，杜光庭不在詩家即酒家。錢易詩筆酒盃俱有味，元絳亦同元亮舊生涯。本朝江爲

七

滿地黄花得意秋，良祐闕姓，下句「浪陪使節赤松遊」見於石刻。移來庭檻助清幽。齊唐自緣禀性天生異，張齊賢不與繁華混一流。楊時可

八

籬邊黄菊爲誰開，李嘉祐轉憶陶潛歸去來。高適插了滿頭仍漬酒，邵堯夫且謀歡洽玉山頹。元澶

九

倚風黄菊遶疎籬，彭應求自有清香處處知。毛友今日王孫好收采，鮑容濁醪霜蟹正堪持。蘇子由

十

金蘂繁開曉更清，歐陽修薄霜濃露倍多情。劉原父歸田誰是淵明輿，趙嘏獨遶東籬萬事輕。周紫芝

十一

叢菊疎疎著短籬，僧璉不器重陽前後始盈枝。文與可托根占得中央色，趙宋英《見氣候推蒙》不比凡花兒女姿。姜特立

十二

自有淵明方有菊，辛幼安因人千古得嘉名。韓忠獻一年好處君須記，蘇東坡翠葉金華刮眼明。劉原父

十三

東籬黄菊爲誰香，王十朋不學羣葩附艷陽。蘇澄庵直待素秋霜色裏，廖匡凝自甘深處作孤芳。文與可

十四

香霧霏霏欲噀人，蘇東坡黄花又是一番新。宋邦永，見《愚園咏史》。陶家舊已開三徑，韓治直到如今迹未陳。楊巽齋

十五

滿眼黄花慰素貧，山谷年年結侶采花頻。劉禹錫要收節物歸觴詠，張灝只許閒人作主人。姜特立

十六

菊花天氣近新霜，陸務觀節近花須滿意黄。陳後山陶令籬邊常留宿，曾端伯朝來滿把得幽香。蘇子由

十七

東籬九日富黄花，曾端伯節物驚心秖自嗟。許景衡盡日馨香留我醉，王禹偁銀瓶索酒不須賒。王十朋

十八

斜照明明射竹籬，僧道潛黄花能與歲寒期。范文正公人疑五柳先生宅，周紫芝消得攜觴與賦詩。鄭谷

十九

黄花弄色近重陽，僧道潛風拆霜苞細細香。江袤似與幽人爲醉地，陸務觀隨晴隨雨一傳觴。陳與義

二十

可意黄花是處開，蘇東坡芝蘭風味合相陪。綦密禮應須學取陶彭澤，白樂天左把花枝右把盃。司空圖

白菊三首

我憐貞白重寒芳，陸龜蒙小徑低叢淡薄粧。蔡枏謝女黄昏吟作雪，徐仲車天然別是一般香。李端叔

二

幽芳天與不尋常，江袤逆鼻渾疑雪亦香。陳後山，一作張文潛。把酒可能追靖節，汪彦章素英一色混瑶觴。邵堯夫只此一句，取於五言。

三

瓊葩燦彩逸籬東，楊巽齋不怯清霜更耐風。趙令衿淡濘精神無俗艷，江袤獨高流品蕙蘭中。李薦

黄白菊胡侍郎《二色蓮詩》，見《醉翁談録》。

金英鑠鑠擅秋芳，楊巽齋中有孤叢色奪霜。白樂天手把數枝重疊嗅，邵堯夫兩般顔色一般香。胡侍郎詩「紅白蓮花共一塘」云。

野菊

一簇疎籬有野花，邵堯夫不應青女妬容華。洪龜父繁英自剪無人插，李薦只有黄蜂趂兩衙。孫仲益

晚菊

青蘂重陽不堪摘，杜甫重陽已過菊方開。邵堯夫不將時節較早晚，王十朋且折霜蕤浸玉醅。蘇東坡

殘菊

節去蜂愁蝶不知，鄭谷冷香消盡晚風吹。謝無逸碎金狼藉不堪摘，陸務觀《菊》空作主人惆悵詩。于武陵，一作韋莊。

金 李俊明《莊靖集》卷三《菊》 色笑秋光淡，香嫌酒力慳。東籬在何處，客裏見南山。

又 卷五《野菊》 風露叢中取次芳，愁邊過却幾重陽。秋光到處多無主，不是閑花不肯香。

金 元好問《遺山集》卷九《爲鮮于彦魯賦十月菊追録》 清霜淅淅散銀沙，驚見芳叢閲歳華。借煖定誰留翠被，鍊顔應自有丹砂。秋香舊入騷人賦，晚節今傳好事家。不是西風苦留客，衰遲久已避梅花。

金 段克己、段成己《二妙集》卷五《菊花霜》 風簾斜揭玉鈎欄，端正樓高燭影殘。宿酒困人梳洗懶，從教殘粉涴金鈿。

六宫試手學梅粧，曾見飛英點額傍。香粉嚼餘濃不散，唾花誤染縷金裳。

元 郝經《陵川集》卷一《牡丹菊賦》 初入新館，客將宋日新致朱砂紅牡丹菊一本，秪三四花，慘悴萎暗，不以爲奇，遂植之穿廊西之隙地。今歳忽茂達成叢，高六七尺，及秋而放數百花，所未見也。適正甫書秋狀生朝，而其花尤盛，故作賦以寓感。其辭曰：西風悄兮幽扃，木葉下兮空庭。忽異卉之呈芳，乃示予以不情。郁霞腴之春姿，敷玉瀣之秋英。蹙絳綃于青苞，翦翠羅于緑莛。拆緗桃與紫微，訝輕紅與鶴翎。高層層以奕奕，重裊裊以盈盈。結膩黄以爲心，抹沉粉而含馨。凝夜氣以夸晝，奼斜陽而辨晴。仍牡丹之花王，强將菊以爲名。嗚呼噫嘻時哉匪時。造化則奪，形色不移。雖反常而似妖，顧真宰豈予欺。寓國色於羈孤，謝凡品之芬菲。挾金氣於西陸，吐霜葩於東籬。鄙傾城之鄭袖，期佩蘭之湘纍。獨超出於羣倫，不繫累於等夷。特以秋而爲春，乃奇花之出奇。彼自爲一時，殆非後時也。且持盃而浥露，更嚼句以待月。儘吴江之飛霜，甚窮海之饕雪。與後凋之姚魏，共終全于晚節。

又 卷三《野菊》 乾坤入消數，萬物呈晚節。秋晏菊始華，荒叢翳林樾。野逈幽姿清，罔斷寒艷接。絲蟲罥青苞，啼螿抱枯葉。瀼露積玉華，層層擁金屑。我欲摘以杯，飲之濯中熱。霜栽郁高標，胡與荒穢列。嗟爾夷惠儔，玉質難變滅。不謂無人看，便使幽香歇。安得老瓦盆，坐對澆古月。

元 李庭《寓庵集》卷一《楊妃菊》 漁陽鐵馬嘶函谷，夜半青騾催幸蜀。可憐倉卒馬嵬傍，三尺生綃縊紅玉。沈香花萼變荆杞，燐走螢飛鬼宵哭。妖魂一去復誰招，脈脈餘妍託秋菊。生前豔冶惑君王，後身精靈鍾草木。長生私語杳難憑，萬古東籬怨幽獨。瑶肌被酒暈仍在，粉頰生香睡初足。晚來涼吹動纖枝，猶舞霓裳舊時曲。當年傾國與傾城，尤物移人詎爲福。至今嘉薦擅虚名，徒使癡兒生愛慾。秦川野叟妄習盡，老眼看花如隔縠。援毫未暇賦閒情，且對南山吸醇醁。

元 王惲《秋澗集》卷一四《晚菊》 竹瘦松枯怨歳寒，爲誰含露發幽妍。早花儘秀開何益，晚節能昌固自賢。採擷落英悲楚客，破除秋色静斜川。不辭潦倒東籬下，桃李成蹊世舉然。

又　卷一八《桃花菊四首》　淚灑明妃寄露葩，換根非爲貯丹砂。黃輕白碎空多種，碧爛紅鮮自一家。騷客賦詩憐晚節，野人修譜是頭花。九秋霜露無情甚，時約行雲護彩霞。

爲厭秋容慘淡天，故將濃艷發清妍。烟霜輕拂吴姬面，丹臉能回白帝權。寄傲儘淩青女肅，鬧粧宜刺繡衣鮮。留連最是東籬蝶，細繞芳叢兩翅翩。

容色風流操潔蠲，一枝紅雪秀霜天。氣淩金井欄杆曲，香在紅鸞扇影邊。塞上閼氏凝夜紫，月中仙子怨秋偏。少陵若遇情增重，肯數重嵓細蘂團。

葉細枝柔巧翦裁，丹砂濃抹入纖荄。朱顔肯教劉郎老，紅影情闌葛井開。慘淡秋容空野圃，飄瀟風露際天台。晚涼更覺清香異，不厭芳叢百匝來。

元　方回《桐江續集》卷二二《讀陶集，愛其致意於菊者八，因作八首》　一曰秋菊盈園，而持醪靡由：

陶公愛菊滿園秋，甚欲持醪竟靡由。世事重華那復爾，無錢更覺少陵愁。

二曰空服九華：

金英足可換君骨，綠醑寧當腐我腸。空服九華無九醖，帝卿何似醉爲卿。

「世短意恒多，斯人樂久生。」佳句也。九月而九日，久之又久之義，人生所樂，故舉俗愛重九之名。

三曰菊爲制頽齡：

自性不隨黃落去，始能爲爾制頽齡。涪翁具眼曾拈出，我爲重吟換鬼聽。

四曰塵爵耻虚罍：

杯空無酒非瓶恥，恥在虚罍敢怨嗟。想見此翁不憔悴，天寒猶自有榮花。

五曰芳菊開林耀，青松冠巖列。懷此貞秀姿，卓爲霜下傑：

人間紅葉去無蹤，膏沐誰爲百草容。霜傑同時謚貞秀，抗衡惟許老蟠龍。

六曰採菊東籬下，悠然見南山：

採採東籬迹易尋，悠然見處孰知心。也曾目送飛鴻否，誰不能揮叔夜琴。

七曰秋菊有佳色，裛露掇其英：

飲酒成詩二十篇，詩成多在菊花邊。秋英掇取枝頭露，想見朝朝起卯前。

八曰松菊猶存：

種松今世見松老，種菊常年見菊開。十一月霜花欲槁，巾車豈可更遲迴。

淵明官彭澤八十餘日，仲秋出，十一月歸，歲在乙巳。

又　卷二六《題淵明采菊圖》　東籬東籬所至有，南山南山古至今。東籬之西拄我杖，秋菊千叢開黃金。南山之北送我目，鴻飛山陽我山陰。今是昨非栗里宅，三徑就荒猶可尋。畫工可寫淵明面，政恐難寫淵明心。淵明面匪宣明面，誰歟障我西風扇。翁醉欲眠遣客去，淵明此心我常見。歸去來兮歸去來，淵明方寸焉在哉。寧入東鄰白蓮社，不上徐州戲馬臺。

元　仇遠《金淵集》卷六《菊》　晶晶雪前黃，矯矯霜下傑。秋香寧可哀，相與全晚節。

元　劉因《靜修集》卷四《白菊》　仙草尚孤潔，東籬芳未芳。精神渾是露，氣勢已無霜。夜月藏不得，晚風吹又香。天教陶靖節，素髮與交光。

元　何中《知非堂稿》卷一《菊》　我畊不半畝，黃花列千叢。蕭條變衰時，一夕萬里風。孤立不作難，英英異風骨。君看墻東客，夜寒步霜月。

又

黃花來何晚，及此秋霜繁。寄語山外人，棄捐我何言。幽芳具四時，要在培深根。我來繞花行，我道將無存。

又

菊花如幽人，梅花如烈士。同居冰雪中，標格不相似。道里阻荒塞，故人萬里餘。菊枝儻可折，持以寄遠書。

元　艾性夫《剩語》卷下《歲菊》　不逐登高老孟嘉，同來守歲阿戎家。能將秋圃風霜骨，直作寒梅輩行花。香稱屠蘇浮臘蟻，色侵幡勝插雲鴉。老夫細把金英擷，獨擬明朝早供茶。

元　洪希文《續軒渠集》卷七《番菊》　黃金點綴碧叢叢，不與東籬住貫同。畢竟秋官員數滿，揭來借注在春風。

元　黃庚《月屋漫稿·對菊》　菊似靈均帶楚愁，餐英人去思悠悠。西風籬落甘清苦，不愛春光只愛秋。

又《對菊》　春花能得幾時紅，萬樹繁華轉眼空。黃菊雖黃偏耐久，西風雅淡似東風。

元　張觀光《屏岩小稿·梅菊》　菊清獨占風霜國，梅白偏宜雪月天。晉宋

後來愛花者，豈無靖節與逋仙。

又《對菊》 菊似靈均帶楚愁，餐英人去思悠悠。西風籬落甘清苦，不愛春光只愛秋。

又《黃菊》 壓叢秋色萬黃英，多少金風染得成。籬下年來無靖節，寒香不似晉時清。

又《對菊》 春花能得幾時紅，萬樹繁華轉眼空。黃菊雖黃偏耐久，西風雅淡似東風。

元 王翰《友石山人遺稿・題菊》 我憶故園時，繞籬種佳菊。交葉長青葱，餘英吐芳馥。別來二十載，粲粲抱幽獨。豈無桃李顏，歲晚同草木。及茲覩餘芳，使我淚盈掬。離披已欲摧，瀟灑獨在目。雨露豈所偏，歲月不可復。歸去來南山，餐英坐空谷。

元 謝宗可《詠物詩・紅菊》 錦爛重陽節到時，繁華夢裏傲霜枝。晚香帶冷凝丹粒，秋色封寒點絳蕤。淡暎殘虹迷老圃，濃拖斜照落東籬。靈砂換却淵明骨，倦倚西風不自知。

元 許有壬《至正集》卷二五《菊》 十年干禄走天涯，却愛人間隱逸花。坐對短籬心語口，高風端合讓陶家。

元 楊維禎《黃華先生傳》（《古今寓言》卷一二引） 《神農書》以菊爲養性上藥，能輕身延年，則菊固仙品無疑也。晚得陶元亮亟加賞重，非以其老圃秋容，悦茂於風霜摇落之秋，而與有道者同其臭味哉。

先生姓黃，字華，其先日精者《本草》：菊，一名日精。初生，得筮之繇曰：「煒煒煌煌，緑衣黃裳。德與坤協，敷用九彰。九九相仍，俾爾壽昌。佐用炎皇，起於允之方，世爲中黃。」繇詞頗有逸氣。中，五數也，寄旺四時。九九，重陽數也。允，秋方也，雖旺四時，而必盛於秋與其方乎！陶桃氏旺春，劉榴氏旺夏，陶、劉氏謝，而中黃氏其昌乎。後日精以養生術佐農皇氏，農皇氏壽登一百二十餘歲，《風俗通》：酈縣有甘谷，水甘美。山上有大菊落水，從山下流谷中。仰飲此水，壽百二三十。嘉其功，封諸雍州之土，爲壽鄉公，遂賜姓中黃氏。日精後有治蘠。《爾雅》：蘜曰治蘠。注姬公旦《爾雅》，旦上其名，綴衣薦服於帝。帝服之喜，特賜御愛黃號。蘠三十世孫英，其祚始落，客三湘，與屈原同夕飡。《楚辭》：夕飡秋菊之落英。落，不解□也。今云其祚貽落，殆亦借用耳。英子爲華，西入秦，遇陽翟大賈衔金争文價咸陽市，華文有正色，得備名，揆次月令。至今《夏小正》以華之善記節爲名。《月令》：九月，菊有黃華。華後入漢，以服餌法干上，漢俗：九日飲菊酒，以祓除不祥。出入宮禁。后妃侍兒咸與之飲酒，乞其祝辭，曰「長壽長壽」。宣帝時，華以外國肥甘進。上嘗之喜，曰：「金盞玉盃，真神仙食也，吾不能效武帝食露盤矣。」華嘗以氣岸自高標置，曰：「予圓冠凖天，純色凖地。《菊譜》：圓華高懸，凖天極也。絶黃不雜，后土色也。開入荒壽域，黃中通理，獨暢四支，非予前聞人佐農皇志也。」時陽九厄矣，遂入平蓋山，煉九華大藥，菊以應九日之候者爲佳，故稱九華。時時與好事者出沽酒市中，見者咸呼爲九華先生。彭澤令陶潛方棄官柴桑，聞先生名，特延致之。後徙宅東，潛不敢名，惟以九華呼之。潛嘗九月九日無酒，與先生口講服餌法，語之曰：「南山朝來，致有佳氣耳。」淵明詩：「採菊東籬下，悠然見南山。」少時江州刺史王弘送酒至，潛以酒讓先生欲。先生嘉曰：『吾得拍浮此足矣。』《菊譜》：杯中體輕，神仙食也。故用拍浮語。潛平生交惟兩人，先生與五鬣大夫也，松也。五鬣在先生上。先生戲與五鬣較短長，曰：汝雖長，遭斧戕。我雖短，升中堂。又以其能相殿最，曰：吾茹能使饑人辟糧，汝能乎？曰：吾能。飲能使癃殘人康寧壽考，汝能乎？曰：能。曰：吾一出，能使時王知正氣。一灰迹，能使諸蟈族吞其譟而不聲。《周禮》：蟈氏掌去鼃黽，焚牡鞠，以灰灑之，則死。以其煙被之，則凡水蟲無聲。汝能乎？曰：不能矣。曰：不能，何以上吾也？《歸去來詞》「松菊猶存」，故云上。五鬣亦曰：吾一出，能棟天子明堂。一灰迹，能染歷代之文章。松煙，造墨之説。子能乎？曰：不能也。曰：此吾所以上子也。潛聞而笑曰：九華既失，而五鬣亦未得也。二三子黜德滅巧，將太上從。太上無名，功故無窮。二三子無懷氏之蠓，孰長短小洪？語奇崛，意曠遠。於是二人者，相與持酒驩甚。潛頹然醉，醉則遣客。而二人者侍門下，至蒙霜露不去。先生自譜其族凡一百六十三，黜其冐族類者曰滴金、馬蘭、童萬、錢覆等，凡六種。馬蘭草爲紫菊，旋覆花爲艾菊。□《爾雅》，餘未詳。題曰《九華壽譜》，藏於家云。

太史氏曰：黃本出陸，後終受封。黃華之先啓土雍州，實爲中黃氏。秦有黃石公、夏黃公，得辟穀法。又有中黃子，以服食節度。見《抱朴子》書。豈皆其裔耶？華先德活萬民，子孫當有興者。訖與晉處士同逸，奇乎時也。子姓至今有隱君子風，世徒以黃白術，却老延年者方之，又烏睹華之大道者哉。

元 華幼武《栖碧先生黃楊集》卷中《養浩齋雜詠・五月菊》 幽姿本自傲秋霜，却迓薰風滿徑黃。五月不知非九月，端陽錯認是重陽。紛紛似識炎涼態，煒煒終存晚節香。想得淵明多嗜酒，故尋醒客弔沅湘。

元 呂彦貞《滄浪軒詩集》卷六《菊花二首》 鎮日幽姿不染塵，西風勁後氣彌伸。黄花最是多情種，獨伴空山冷落人。　桃李當春早擅名，閒花野草亦争榮。東籬獨汝憂遲暮，大器何妨竟晚成。

又《菊花》 種菊年年慣，今朝分外佳。素心三徑契，傲骨九秋諧。自爲幽人獨，何曾俗侶偕。高堂憂患意，對此暫開懷。

明 張昱《可閒老人集》卷二《紫菊花》 應爲揚州舊使君，雞冠顔色染歌裙。陶家九日東籬下，誰肯花前問紫雲。

又 卷三《白菊》 雪羽毿然欲滿叢，秋香吹遍畫闌東。今宵白露今宵月，昨夜清霜昨夜風。朝灌尚於青蕊見，夕餐將與素霞同。數莖白髮閒相對，誰識柴桑畤苧翁。

明 胡奎《斗南老人集》卷五《詠菊》 去年地旱菊苗荒，今年養得過人長。珍重花神不愛寶，鑄就金錢萬箇黄。　一株兩株紫綺袍，十朵五朵勝緋桃。太真睡起酒痕淺，西子舞回山月高。　東家分送玉玲瓏，西家邀看狀元紅。非關白髮被花惱，自是詩人興味同。　九日年年不見花，今年秋色在誰家。山童踏雨走相報，分得仙人鶴頂砂。

明 胡翰《胡仲子集》卷一〇《維南有佳鞠》 維南有佳菊，風露發清妍。離離緑玉樹，粲粲黄金錢。色含坤裳美，質抱日精圓。藴靈自女几，滋布彌樊川。既入神后品，還充仙子飡。中壽登百歲，上壽延千年。千年與百歲，何異瞬息間。獨有幽貞節，可比金石堅。託以奉君子，歲晏期弗諼。

明 高啓《大全集》卷一六《菊蹊》 獨行林下路，望望南山暮。無酒掇英嘗，寒香已零露。

明 劉基《誠意伯文集》卷一六《悼廢圃殘菊》 舊菊將蕪尚有根，高秋相顧耿無言。芳心不共青莎死，生態猶欺白露繁。要待靈均餐落蕋，從教元亮恥空尊。何人解識淒涼意，分付寒螿仔細論。

明 朱有燉《誠齋録》卷一《詠菊長篇》 三月梁園穀雨時，菊苗經雨春初肥。芃芃翠葉可人意，此際正好勤栽培。一叢不啻數十枝，一枝一幹皆分移。覆沙壅土欲堅實，汲水灌溉須盈畦。初當永日或醉倚，露涼一夕醒沉迷。此花根不受污濕，欲植高地仍豐腴。清霜下空雲氣冷，彼各鬬巧呈新奇。黄花最數金孔雀，其次金盤微葉稀。久看忽若光墮地，赤雲迸出金玻瓈。嬌黄嫩白兩相似，真與牡丹丰韻齊。鶴頂鶴翎間紅白，木香二色無妍媸。侵人艷麗紅菡萏，豈若沉醉唐楊妃。真金剪黄紐細絲，大錢鑄出光陸離。綉毬相等異紅蜜，芙蓉傘蓋金鈴垂。太真西子黄一色，喜容含笑長怡怡。金纓雅稱玲瓏玉，三品紅黄錦荔支。玉英染黄並羅傘，粉團搓白如膚肌。甘冬紫墨四絶品，秋棠鷺乳雙奇葩。嚴霜凋枯儼不萎，紫袍金帶何威儀。賓州最紅無可賽，靈根特異誠難欺。腰金紫對黄蠟辦，粉蜜蠟者三西施。如玉井闌真罕有，似書萬卷風開彌。以火煉金常不壞，銀臺金盞傾淋漓。全開半展相絲披，化工巧思非人爲。千枝萬朵競顔色，爛若雲錦光參差。蕭條籬落百卉腓，賴有嘉植供遊嬉。晴烘雨浥倍妍媚，最喜不怕霜風吹。春紅須臾即委泥，敢與霜傑論高卑。一樽盡日淹東籬，謾摘盈把高哦詩。頹齡可制誠有之，茹芳飲水全期頤。

又 卷二《詠鶴頂紅菊花外瓣白色，中心深紅》 厭伴羣芳學素禽，駐顔惟嘿九皐音。不隨南嶽窺丹頂，且向東籬吐赤心。清露一天香滿室，閑雲千里思鳴琴。乘軒慎莫誇豪貴，獨對高人九日吟。

又《詠金孔雀菊千葉黄花，中心深紅色。開比他菊最遲，色正而花朵最豐厚也》 好菊親曾植北坡，淺黄低壓緑瓊柯。芳姿總是含元氣，珍物由來感太和。中色染成宫錦障，晚香濃透欝金羅。從他霜雪凋零久，一點丹心老更多。

明 王紱《王舍人詩集》卷一《題秋菊軒》 九月霜露零，我氣亦云肅。草木盡凋瘁，而有籬下菊。粲粲如有情，盈盈抱幽獨。我欲餐其英，采之不盈掬。呼兒具雞黍，白酒正可漉。素心二三人，於焉敘心曲。陶然付一醉，萬事亦已足。詠歌柴桑詩，千載有餘馥。

明 袁凱《海叟集》卷四《己未九日對菊大醉戲作四首洪武十二年》 老夫愛此黄金蕋，兒子須將白酒除。直到殘陽下天去，更添燈火照攲斜。　遮莫隣家酒已無，教兒更往遠村沽。老夫强健如平日，醉過三更不要扶。　只今何處無黄菊，醉著茅茨有幾人。賢婦稍能知此意，殺雞爲黍莫辭貧。　縱道今年杍軸貧，乃翁才力不超羣。明朝若賣長門賦，還爾黄金一百斤。

明 葉盛《菉竹堂稿》卷二《菊花》 不喜東西蝶僥枝，秋光冷淡正相宜。于今處處花開偏，只欠韓公老圃詩。

明 何喬新《椒邱文集》卷二五《題菊》 霜葩露葉冷香浮，別是人家一種秋。歲晏羣芳摇落盡，脩脩翠篠伴清幽。

明 沈周《石田詩選》卷九《二十日見菊》 刺眼新黄見曉枝，衆皆争早獨何遲。晚成霜下真能奈，静寄籬根不自卑。聊補一年秋淡薄，追嫌九日事參差。

老夫謝酒緣多病，醒咏還如落帽時。

又《病中折菊爲供》　憂懷判與菊無私，柰此籬根爛漫枝。彊借陶瓶應秋事，因將病眼洗寒姿。夢中笑口簪花伴，枕上清齋止酒詩。小閣紙簾岑寂地，藥烟零亂鬢絲垂。

又《病起詠菊》　試步庭中雨迹晴，籬花黄白似相迎。病腰徙倚秋分瘦，老眼矇朧晚借明。南國金夫空倚富，東家玉女自含貞。一年一度期追慰，今怪山盃欠此情。

又《詠齋中黄菊》　宛宛黄金盃，虚器莫挹酒。造化爲鼓鑄，賦色應西睺。溥溥朝露浥，宛宛秋苞剖。深翫不盡愛，欲折還惜手。氣屬蕭颯中，遲暮以爲候。病夫蕭颯人，意味相昵厚。顧非兒女花，貞固知所負。吾齋空四座，命作歲寒友。

又《墻下野菊》　墻根野菊自爛漫，新黄瑣碎無人憐。幽芳不揚抱隱德，僻地蕭條宜養賢。聊因盃酒少慰藉，三嗅三歎秋風前。

又《蒔菊》　合瓦團團縛小盆，烟叢分蒔遶秋軒。先教辯葉方知種，更慮澆泉太漬根。寒送餘甘歸藥籠，晚投薄分與柴門。開花解向天涯笑，遊子何時憶故園。

明　陳獻章《陳白沙集》卷七《楚雲臺觀民澤所栽菊，寄民澤用作九日韻，時民澤還五羊未返》　當軒玉朵孤，植竹翠莖扶。香細風初動，神清俗本無。寒深溪井涸，月出山瓢踈。何處異鄉客，永懷歌茱萸。

又《野菊吟寄子長再次》　野菊生何處，尋香杖偶扶。孤標猶訝絶，佳色舊知無。老弄真成獨，秋來不作踈。金樽誰九日，引滿對茱萸。

又《吴明府送菊次韻答之》　黄菊有名花，淵明無酒官。酒多人自醉，花好月同看。老未厭人世，天教共歲寒。未應攜不去，高步蓬萊山。

又　卷九《題淵明菊》　籬下花堪把，先生有酒不。遥看白衣者，不復問江州。

明　黄仲昭《未軒文集》卷一一《詠菊》　東籬一夜花開遍，能使秋光勝似春。香遂金風偏馥郁，色滋玉露倍精神。月中恍惚楊妃笑，雨後分明西子顰。試問頽齡端可制，慇懃摘奉白頭親。

明　張寧《方洲集》卷一〇《黄紫菊花圖》　春色多紅紫，秋香尚白黄。良工亦何意，隨手作低昂。

又　卷一一《題菊二首》　清勁姿標淺淡黄，幽篁古石共冰霜。生來不是春園物，老向枯枝死亦香。白石塵消苦竹生，一枝秋色淡無情。幽居莫作芳菲看，晚露寒霜老更清。

明　李東陽《懷麓堂集》卷六《墨菊二首》　白露被原隰，黄菊秋始花。餘馨引遥袂，采掇初還家。秀色雖可玩，玩久不復華。入畫清且古，爲詩正而葩。幽懷託揮寫，庶用傳無涯。持此問真幻，無言空自嗟。

其二

畫菊不畫香，香空詎堪掬。畫菊不畫色，色似花已俗。都無色香在，安用此爲菊。登堂見孤標，入手疑可觸。自非識菊者，但看桃李足。古色今不知，世人空有目。

又　卷一三《醉楊妃菊次韻亨父》　誰采繁花席上題，偶將名姓託唐妃。日烘花萼醺時面，雨换華清浴後衣。隔坐似邀秦國語，揮毫未放謫仙歸。欲從顔色窺生相，已落詩家第二機。

又《後園種菊，經月忽見數花，用亨父韻并呈城東賞菊諸君子》　幽花種得偶相忘，步轉南簷却背堂。但有芳心寧擇地，更無佳客亦宜觴。登臨憶負重陽雨，採掇愁沾昨夜霜。滿袖餘香試披拂，晚來風力止悠揚。

又　卷一四《周原己席上賦十月菊》　布袍蕭索不勝涼，坐愛芳心共日光。何用門前看五柳，始知秋後有重陽。故園栽處田應熟，小市開時藥正香。自古交期須歲晚，相過不敢避風霜。

又　卷五五《九日盆菊盛開將出郭有作》　買得長安擔上秋，南山只在屋西頭。花開正好逢佳節，身病那堪復遠游。昨夜月明空對酒，晚來風急怕登樓。多情重有燈前約，爲報花神作意留。

又《月下賞菊限韻柬邃菴太常先生》　不隨春蝶夢滕王，又送秋蟬過緑楊。佳客到時非舊雨，好花開處亦重陽。爲園恨少青山地，插帽羞看緑鬢郎。長對此花還此客，縱教多病也身康。

又《十月賞菊體齋席上限韻》　尋芳何意到君家，雨過高城少暮沙。此夜幽歡還月下，去年孤館各天涯。狂思晚節曾吹帽，壽擬春期及進瓜。不是老來詩骨健，誰能白髮對黄花。

又　卷六〇《菊花》　寒影蕭蕭照墨池，西園晚色正相宜。蒼頭黑髮秋風裏，應是陶翁未醉時。

明　吴寬《家藏集》卷五《過相城爲沈陶菴和天全翁賞菊之作》　菊花開日是

重陽，坡翁妙語不可當。我云但得花之趣，何必秋來菊有黃。神僊中人壽且康，老年見客纔下堂。幅巾飄飄映華髮，導我直過東籬傍。菴居春風定先到，已見菊苗三寸長。浩歌淵明飲酒章，悠然依舊虞山蒼。素琴無絃舊有例，當春賞菊嗟何妨。封題一笑報蘇子，爲我轉致陶柴桑。

又　卷一〇《原己宅賞菊》　休從雲外望天香，誰似蕭然林下妝。嫩蕋漸成黃面老，低枝猶比白衣長。曾隨枸杞添風味，却笑芙蓉住水鄉。詩社清忙今又動，看花直擬過重陽。

又　《次韻李士英劉道亨過園居看菊二首》　詩人渾不厭貧家，閒就荒園看菊花。傾倒臘醅瓶未罄，品題秋色句争嘉。殘英抱節真霜傑，本草言功有日華。醉後却勞歸騎晚，西風烏帽數枝斜。

天寒牆下見枯桑，叢菊朝來未減黃。小巷幸違東市遠，疎籬能受北風涼。肯因過客開門嬾，賴有呼童洗盞忙。日暮掇英衣袖滿，紙屏低擁漫焚香。

明　唐寅《唐伯虎先生外編續刻》卷五《題菊花》　九日風高斗笠斜，籬頭對酌酒頻賒。御袍采采楊妃醉，半夜扶歸挹露傘。

佳色含霜向日開，餘香冉冉覆莓苔。獨憐節操非凡種，曾向陶君徑裏來。

颯颯金颸拂素英，倚闌璚朵入杯明。秋光滿眼無殊品，笑傲東籬羨爾榮。

明　李夢陽《空同集》卷二八《詠庭中菊》　亦隨羣草出，能後百花榮。氣爲凌秋健，香緣飲露清。細開疑避世，獨立每含情。可道蓬蒿地，東籬萬代名。

又　卷三四《九日京中》　白雁獨横秋，黃花伴醉遊。眼看風物换，愁殺仲宣樓。

明　何景明《大復集》卷二《白菊賦并序》　甲子九月十四日，馮侍御宴集，出白菊詠賞，屬予賦之。蓋以奉賓主之歡洽耳，豈有望於榮觀哉。辭曰：

緊季秋之將望，子恤夫序次之易代。既無暇于遊覽，亦索處而寡類。接芳鄰之招引，誠欽志于雅誨。厘主人之投轄，肅羣俊而弭蓋。迺陳秋卉以侑觴，冀逸興之可貸；咸式燕以延賞，異過時而尚薆。喜幽玩以怡情，追佳節之莫待。豈無得于物觀，寔有感于斯會。猥受簡以紓思，庶形狀之具載。爾其葳紫莖而上擢，麃奇荄以孤植。葉萋萋其微藹，萼栗栗以寒色。申纖縞以自貞，羞組綵之外飾。承危朵而不傾，挺柔枝而益力。香冉冉而不繁，艷娟娟而稍抑。態屢覯而愈妍，意凝想而彌極。始嚴整而莫褻，終温郁而可即。華不露而已章，思欲語而復默。神超有而入無，豈彷彿之遽得。迺若閒館重深，高幕虛涼。簷蕭蕭以下月，庭藹藹而降霜。燦爍灼以映夕，紛委綴而明廊。素娥兮聯裙，青女兮駢妝。縹輕鬢以雲鬟，皎靚質而雪光。驂連蜷兮鸞鶴，服陸離兮珮璫。信雕容之可赧，唅效顰之不量。于是賔倚徙而久竚，若耿耿其懷傷。釭滅影兮續膏，夜就深兮移牀。馳留嘆于永謝，結華思于餘芳。久思美之所遇，亦既隱而復揚。乃歲律之甫遷，慨金氣之何速。鳥棲棲而斂翮，颷颯颯以驚木。悦窮莽于廣隰，班紛薄于脩陸。衆已謝于埸野，獨宛轉于寒谷。甘苦心于螻蟻，等末榦于樸樕。雖曠絶以自持，胡偃蹇而下伏。夕淹雨而泣素，朝披煙而委緑。羌守操以堅冰，徒有容之若玉。倘衣袖之是將，亦絃琴而可録。吾觀夫懷達人之隱德，抱烈女之幽衷。詎嬰情于豐華，奚移志于始終。桃早秀而先萎，槿晨敷而暮空。苟清白之爲尚，曷芊菲之足崇。嗟予之不淑兮，撫年運而興悲。覩茲植之所由，懼脩名之失時。彼斯人之同志，吾何俗之不隨。迺孑孑以矯激，羨草木之所爲。偉夫君之超越，幸方圓之有持。矧諸公之奮奇，俱發蹤之可師。顧會合之不偶，常寡歡而多離。指孤芳而締好，創遊燕以爲嬉。誠後期之不忘，或有徵于微辭。

《後白菊賦并序》　菊有白色者，超越他品，予嘗賦之矣。丙寅之秋，京師桃李皆花，予庭是種生意凄然，久而不敷。至十月，始盛開，色益鮮麗。予感焉作賦，以繼前聲。

大運荒乎何停，陰陽奄以代謝。究動植之所由，嗟何物之弗化。時維孟冬，金虎兮屏舍，白帝兮徂駕。氣厲厲兮始嚴，景曶曶兮將下。值抱痾以閒居，循周除而蕩思。庭葉委以陳翳，堦薜穢而不治。覽庶草之先蘦，撫茲根之獨遲。彼桃李之非令，亦競榮而呈姿。晷丹華以鬱鬱，冐緑林而萋萋。胡衆人之好侈，班紛慕其芳菲。朝絲吹兮填闉，夕車馬兮成蹊。咎玄樞之舛訛，諒人事之尤違。矧天道之無遠，或省予而弗知。緊予植之雖晚，實鄙志之所欣。賤羣穠之溷濁，耻雜敷之糾紛。俱並進以取妍，表孤花以見珍。寧他卉之我先，甘避迹而弗羣。乃其藴金氣以内凝，標皜質而外暎。蔓不踰垣，繁不披徑。葉塗塗其自沃，枝矯矯而獨勁。宛含意其孰語，若鍾情而未定。女幽房而專情，士窮巷而寡行。服縞組以修容，佩珩璜以昭令。寄岑寂以怡心，襲馨香以飾性。無良朋以修好，憾邪妁之干正。又如下國之擯臣，離宫之斥嬪。心怦怦以憯惻，懷耿耿而苦辛。緬中宵以前席，念昔日之下陳。慨微欵之莫宣，若有怨而弗伸。分孤蹇以終畢，羌孰予兮幸親。結柔條而三嗅，重延佇而欽心。寂閒館以容與，散塵眥以滌襟。鑒微月之曖曖，步列星之森森。天窈窈以條革，疾風起而夕陰。念冱寒之已逼，

慘獨悲夫衆林。苟操性之殊軌，豈華色之遽沉。內惝恨以懷顧，悗屛營以咨嗟。覩日月之減毁，恐霜雪之增加。抱孤英以自明，悵情親之我遐。慮寒香之終賈，俾予身之蹉跎。負大塊以馮生，豈惟是乎獨嘉。物何盛而弗衰，亦何枯而弗華。夫芝焚而栢薪，皆菸顔而殞葩；伊桃李之既零，亦奚異乎泥沙。委常運以流轉，復胡戚而胡夸。誠予衷之不爽，彼夸戚兮如何。亂曰：有美一人揚清芬兮，縞袖合沓回素雲兮。被服文徽皓繽紛兮，令儀襜襜斂玉手兮。傾城獨立世不有兮，時無蹇脩誰則覯兮。谷逶迤兮，雪霰來兮。衆芳萎兮，嗟伊人兮，秉志不迴兮。

又 卷一四《畫菊歌》 楊郎畫菊只三本，千花萬草無顔色。夏卿墨竹差可比，陶生桂樹何須得。徐君向我誇所有，閣中攜此更攜酒。翠幔披雲出院遲，金杯映日憑闌久。深黄穠紫雜烟皋，想見五色臨揮毫。叢篁瑣碎白晝静，錦石斕漫霜天高。楚江茅堂若在眼，鳳闌彤闈對秋晚。白葛飄零處士稀，朱絃寂寞佳人遠。寒香晚節真可憐，惜哉楊郎不在前。開窻爲我拂絹素，落筆點綴黄金錢。徐君徐君珍重此，君不見天寒歲暮百草死，綺羅無地看桃李。

又 卷二一《八月二十八日子容過對菊》 近節逢花放，開尊集異鄉。乾坤共一笑，風雨似重陽。誰識暮蟬意，獨憐秋樹芳。它時益爛熳，邀爾醉西堂。

又 《九月一日過劉氏昆弟對菊》 謝庭看朔菊，楚客醉燕邦。瓊樹元相對，金花亦自雙。霜雲陰夕院，燈火燦秋牕。待到重陽日，還來倒玉缸。

又 《汝濟夜過同以行對菊》 摇落相過地，芳菲晚更親。酒醺留媚眼，燈色笑生春。風雨新晴夜，江山未老身。百年如不醉，恐負此花神。

又 卷二二《汝慶宅紅菊二首》 紅菊開時暮，亭亭冠物華。亦知顔色好，不是豔陽花。羅綺嬌秋日，樓臺媚晚霞。清香如不改，常傍美人家。

二

秋花何太豔，緑盞慰飄零。笑比西施醉，愁憐楚客醒。雲高開爛熳，烟細裊娉婷。好爲多沽酒，頻來倒玉瓶。

明 林大輅《愧瘖集》卷六《分菊》 陶令歸來日，東籬醉菊花。伊子開石户，九日絢彤霞。儒品移朱圃，尊前戀物華。良朋有佳詠，頻到野人家。

明 孫承恩《文簡集》卷一五《菊》 野菊叢叢艷，清香細細寒。孤根謝桃李，幽致契芝蘭。欲共陶翁醉，思遺屈子餐。小齋明棐几，移得一枝看。

明 李承芳《東嶠先生集》卷五《孤菊花》 憔悴孤花落七秋，寒風自軫逐□愁。東君道有東籬興，不見東籬一度遊。

明 陸楫《蒹葭堂稿》卷一《次瞻嶽賞菊二首》 花富東籬破却貧，對花須索卸陶中。一尊酹盡三千朵，誰數田文席上賓。

青山結社共論文，掃却塵心與世紛。愛殺休文多逸思，賞花詩句更超羣。

明 顧紹芳《寶菴集》卷四《課童子蓺菊》 短短籬邊菊，榮枯總化工。春來新見葉，雨後細分叢。灌溉消閒日，犂鋤課小童。嬾夫何所事，煎茗自從容。

明 徐渭《徐文長文集》卷一《鞠賦》 渭既賦牡丹，滕子復申辭曰：「曩吾之庭，牡丹春華，菊英秋發。吾子抽精於彼，而絶響於此，毋亦如吾所謂避其涼，而趨其熱者乎？」渭曰：「有是哉？子之善戲而挾也。」乃筆不停綴，詞不及展，遂賦曰：誰乎誰乎，芒芴曷常。春至麗日，秋臨抗霜。彼亦何熱，此亦何涼。惟付與之是聽，非知計之可詳。履子廣庭，覩茲烈芳。繄名相之別數，亦荄莖之異萌。染不出於五色，維其變之莫量。歷九秋而自如，周數望而靡謝。從顔色之中乾，永附帶而不舍。於時白帝司辰，冽冽辛辛。木葉下而草萎，霜露降而鳫征。乃自圃畦，遷爾廣楹。一則不足，百尚有贏。群而不黨，矜而不争。槩望若結伴而違俗，單玩則各立而獨行。乘金令而始拆，秉土氣之正精。雖雜采之並敷，惟彼黄之盛榮。諒盈庭而冒錦，亦剖符而鋈金。耀愈澤而不妖，烈無吹而自馨。方辭謝乎徑塗，處規埴而託身。非瓦礫以爲嘉，有大朴之希聲。彼主人兮誰子，懷高廓兮心貞。秉圭璋之潔白，樹文學之干旌。則有幽人處士，墨卿逸史，候節序之高朗，知寒燠之迅駛。弭蓋於門，肅隊而至。或移觴而就筵，賦篇章而未已。爾則不以物驚，不以物喜。挺危朶而愈勁，舒正色而不媚。匪鉛華以事人，多君子之枉戾。豈無人而不芳，亦胡庸以采佩。當夫青陽發生，桃李盛花。名園如霰，上國如霞。嚶好鳥其載鳴，將何物之不化。胡爾類之自矜，乃偃伏其萌芽。迨寒氣之始肅，日馳騖乎南陸。雲慘淡而無光，野何萌而不縮。爾乃自耀其孤標，眇賤同而貴獨，謂所性之若斯兮，或未必其盡然。夜不可以爲夙兮，晨不可以爲昏。苟榮悴之有時，奚爾類之能專。將推之而不後，抑挽之而不前。彼蒼厚爾以遲莫，又何辭於未年。紛後先亦何心兮，避桃李之盛時；抗素秋而挺茂兮，終焉保其不衰。至乃微霜襲宇，驚飇振帷。蕚紺紫而不起，葉比次而下垂。閲閒宇兮無人，悗星月之懸輝。則有似乎貞女，永絶乎夫君。放臣懷國而酸悲，尹子履霜於中野，蘇武嚙雪於沙陲。在顛沛而愈厲，至九死其靡違。外容色之凋傷，實中心之永矢。嗟主人之懷抱，美朴質之修嫮。逾盛年而云邁，

稍凌夷乎末路。苟蒼蒼之爾私兮，又何病於遲莫；日中易而彌烈兮，金粹精於融鑄。直守貞而罔渝，於茲英其何負。余假托以抒忱兮，信毋必而毋固。

明 徐渭《徐文長逸稿》卷四《菊花》 曾是將軍蒔菊餘，尚遺秋雪一藤癯。落英籬香伴酒經三主，錢樹塗銀散五銖。往往抱霜冰夜蝶，亭亭插帽朗晴萸。又道堪餐甚，坐看柴桑一事驅。

明 于慎行《穀城山館集》卷五《雪中菊花小歌》 去年九月雪雨集，菊花吐向雪中泣。今年十月菊始開，雪花又落黄金疊。繁華何意同蕭瑟，冷蕋疎枝一半白。羅綺三千夢早春，却將鉛粉妝佳色。素影闌山夜欲流，寒香寂寞楚天秋。不知陶令吟時醉，正是袁安臥處愁。籬邊吾亦憐吾友，苦節貞心成素首。試看東園桃李花，霜前零落今何有。

又 卷一七《閣試賦得秋菊有佳色八韻》 曄彼黄金蕚，偹然白露天。馨香堪自葆，顔色爲誰鮮。零落玄都蕋，蕭疎灞上烟。亭亭涼雨後，冉冉曉霜前。小苑寒無奈，疎籬翠可憐。餐英騷客賦，送酒逸人眠。不爲春華少，其如晚節堅。擷芳未云已，聞雁夕陽邊。

明 臧懋循《負苞堂詩選》卷二《秋菊》 百卉行俱靡，一叢看獨芳。纖莖敷密翠，細蘂坼輕黄。瀉豔恒依水，涵芬故待霜。不愁逢採摘，爲爾泛金觴。

明 趙琦美《趙氏鐵網珊瑚》卷一〇《菊山詩》 晉有高士，食不求餘。缾粟幾何，尚曰無儲。菊豈樂飢，聊以自娱。若將忘世，氣雄萬夫。復將有爲，時與事殊。去之千載，君子是則。種菊東山，以樂朝夕。匪玩其好，實肖于德。嚥咀甘華，膏沐芳澤。詒爾孫子，世守清白。元統二年秋七月二十有二日，龍翔大訢。

吴興黄君，隱德不仕。賁于丘園，自號菊山。蓋有慕于靖節者也。靖節之時，八表同昏，南山蔽于陰霾。采菊之際，悠然見之，不能不以之興懷。其不書義熙，更字元亮，其志將以有爲也。其賦歸去來，而徜徉乎松菊之間，蓋知其無可奈何，而安之若命者也。豈若吾黄君老于，太平之世，幅巾杖履，優游田里，爲太平之民。蒔菊東籬之下，對南山之蒼寒，舉杯獨酌，挹爽氣而咀秋香之爲樂也。夫靖節之自謂羲皇上人，願爲之而不得者也。若黄君者，其無慊矣。爲賦詩一章，歌以侑酒。詩曰：

英英嘉菊，樹之盈畝。瞻彼南山，在我軒牖。邈矣羲皇，同寓一宙。昔淳今漓，于我何有。嘉菊秋榮，我有醇酎。嘉賓不速，翠瓢在手。酒酣歌起，清商滿天。嫣然遐觀，南山蒼然。右麾寄奴，左拍陶肩。時不我與，已旃已旃。爰采一枝，笑插華顛。優哉游哉，聊以永年。至元三年六月廿三日，松陵釋祖瑛。

餐菊者壽，樂山者仁。惟仁而壽，在乎吉貞之幽人。幽人爲誰，盍擬其倫。或以爲黄香之裔，或以爲黄石之孫。香則彌遠，石則不磷。兼而有之，盍將躋仁壽之域，而樂夫天真。翰林國史院編修官鄧汝礪。

秋菊兮青青，叢生兮山下。緑葉兮欣榮，紛金英兮楚楚。白露降兮百草蔫，蹇孤芳兮誰伍。若有人兮苕東，企元亮兮高風。苟中情兮永契，曠百世兮相從。琴無絃兮尊有醑，南山爲賓兮花爲侶。歸來兮歸來，微斯人兮誰與。京兆宇文公諒。

世有隱君子，種菊巢空山。心同白雲遠，身與黄花閒。朝飢飡落英，采擷露未乾。幽香被三徑，晚節當歲寒。林下豈無人，獨在柴桑間。風味略相似，窮年以盤桓。金華胡助。

聞君有佳致，卜築南山幽。緑樹坐終日，黄花香晚秋。吴中我云獨，世外誰堪儔。樂山同可壽，更酌清溪流。程敬直。

斯人在何處，蒔菊向東山。造物無盡藏，秋風爲破慳。太白老衲如砥（平石）。

種菊南山下，山空夕氣涼。黄花開晚節，紫豔照寒蒼。狂客詩堪賦，比鄰酒正香。澹然坐終日，不復夢柴桑。馬夷中。

菊蕊逢秋放，山居可醉眠。落英倚石冷，佳色傍雲鮮。舊摘烟蘿外，新栽水竹邊。思君多道味，何日共攀緣。柯九思。

處士菊山隱，山中事事幽。飛泉來木杪，濺沫落巖頭。衣潤朝嵐重，花開涼露秋。思君不可見，塵土歎淹留。番陽余震。

明 張大復《梅花草堂集》卷一五《採菊》 短籬稠叠數枝花，自傲重陽放紫霞。霜曉半開香細細，秋燈初試影斜斜。悠然偶識陶潛興，滿把難禁白賦嗟。便欲採將羞髩雪，輕黄淺白一從遮。

明 陳繼儒《陳眉公集》卷四《詠花竹十二絶・菊》 桃李領春色，黄花點秋容。萬物各有時，而況真英雄。

明 曹學佺《曹大理集・石倉詩稿・齊王孫菊》 王孫失芳草，相對此寒英。一入吴宮裏，秋霜猶自驚。詎符陶令旨，應識楚騷情。余本長歌客，持杯泪已盈。

又《舊内菊》 天中舒菊蘂，户外置丘巒。石巧微通影，臺高易受寒。恍然承玉露，正在此金盤。亦有相如渴，還來就一餐。

又《董九博士菊》 有花自可入，有酒況堪把。想君飛來鵠，爲我繫去馬。怪失高樓居，日臥東籬下。叢中信淩亂，不辨爲何者。世人好脩飾，之子尚其野。譬如千南金，不就良工冶。陶公頹然時，此意良可寫。

又《余中臺菊》 軒冕無俗韻，何必農圃家。余公性愛菊，奇種罔不羅。培植盡厥法，既精尤能多。緑葉垂綺障，黄華流金波。雖曰几席玩，亦在山之阿。山阿信佇立，纏綿皆薜蘿。易素乃爲絢，視遠良有加。不知法署霜，宛若赤城霞。餐此獲昐夕，延年以蠲疴。

又《詠同心菊》 惟有此同心，悠然不斷金。所思憔悴日，相見也難禁。

明 易震吉《秋佳軒詩餘》卷六《浪淘沙·詠菊》 黄艷吐秋窮，敢敵西風。一籬相間白和紅。畢竟貴黄餘可鄙，此論元公。 霜後暖融融，天外飛鴻。綵雲零亂映簾櫳。裁剪想經青女手，簇就芳叢。

明 李維楨《忠貞録》卷一《西施菊》 返魂香幻作秋叢，賞識東籬靖節翁。粧濕有痕凝曉露，酒酣無力倚西風。恃妍曾得夫差寵，雪恥先來范蠡功。千古館娃遺恨處，清吟難與洗妖紅。

又《墨菊》 我向玄都逢羽士，自言種菊不多根。灌園只汲臨池水，歲歲開花帶墨痕。

明 陳確《陳確集·詩集》卷九《海上看菊口占贈主人》 九月南塘天氣空，小圜晴日正花叢。堂開春野千重錦，門拚秋山萬樹楓。風引帆檣來海上，雲移軒騎出城東。主人一笑忘投轄，舉世曾誰識此翁？

清 范纘《四香樓詩鈔》卷三《菊花六咏恪庭屬賦》 種菊

好種擇好種，種好如門業。清白世相傳，孤標獨高潔。分栽春雨中，聊板潤新葉。

灌菊

名卉具五美，灌溉非所難。抱甕須及時，調養同朱顔。但得冲和氣，幽光秀可餐。

訪菊

高品含冷香，端不近城市。新譜傳范邨，舊本推栗里。躡屐來山中，借看秋光裏。

載菊

溪净山涵影，櫓摇花帶風。幽情何灑灑，香意淡晴空。幾世修來福，閒身落畫中。

對菊

季秋菊始華，金魚换名酒。南山立酒邊，雙鶴依前後。紅紫次第開，方知坐來久。

采菊

拾紫方青春，掇英正强仕。愛此號延年，服之旺神氣。與世淡無心，衛生有餘味。

清 竇遴奇《倚雉堂集》卷六《菊花咏》 野風吹蔓草，群芳俱已歇。霜下林葉落，籬菊花始發。主人惜寒葩，羅列傍門楔。三五排成序，顔色取黄白。清影涼如水，寒枝冷似鐵。淡同静女貌，寂悟老僧偈。似共幽人語，商量細細折。秋去冬已至，不久寒將□。庭前噪鳥雀，簷溜灑冰雪。何以賞孤芳，開窓延明月。

清 吴偉業《梅村集》卷一四《菊花》 夜深銀燭最分明，翠葉金鈿認小名。故著黄絁貪入道，却翻紫袖擅傾城。生來艷質何消瘦，移近高人恰老成。幾度看花花耐久，可知花亦是多情。

清 朱鶴齡《愚菴小集》卷五《菊花》 籬間金蘂漫縱横，莫訝精神太瘦生。種貴延年堪送老，人能載酒可同傾。甘馨露下含芳淡，疎放燈前取影清。杜詩：「菊蘂凄疎放。」陶徑不須愁落瓣，靈均原自解餐英。孝章曰：詠物詩不切則泛，太切則黏。離即之間，情景傳合。旖旋香艷，齒頰流芬。諸作已擅其勝。

清 方象瑛《健松齋集》卷一七《秋琴閣詩·馬蘭菊》 同是芳堤草，雙毿載影新。韻宜蘭作字，淡亦菊爲人。隱約微香遠，蕭疎淺翠匀。東籬三兩朵，分醉與陶隣。

清 錢謙益《牧齋初學集》卷一〇《崇禎詩集六·東皐種菊詩四首贈稼軒給諫》 君畊東皐田，復種東籬菊。王績與陶潛，俯仰共一屋。東皐黄花時，悵望節候獨。陶令苦乏酒，辜負葛巾漉。羡君浣溪堂，秋菊粲盈目。有花復有酒，開筵招近局。何須嘆荒寒，已許占清福。酌酒酹兩賢，如農祀先穀。

其二

菊以黄爲正，君子正其名。所以東坡老，欲掃紫與赬。東皐千株菊，畦圃吁未經。單心複纏枝，千葉拜萬鈴。庶以説耳目，何用攙品評。節物苟如此，敢與

時好争。高咏南山詩，悠然想淵明。

其三

胡廣患風疾，休沐飲菊水。八十猶克壯，侍母謝杖几。庸庸撓大議，公台負譏毁。惜哉神仙藥，遺穢等馬矢。靈均餐落英，早沉汨羅死。安知椒蘭徒，壽考非伯始。種菊愛其芳，紛紛且休矣。不如飲君酒，共醉寒香裏。

其四

種菊東皋上，所喜秋露瀼。移檻復列斛，馥郁開草堂。叢菊如羣賢，不雜屠沽行。其中高秀者，黄衣傲風霜。對之不敢媟，肅拜陳壺觴。君爲醒無功，我似瘖子光。秋光淡如菊，燕静彌芬芳。老圃良足學，晚節安可忘。旨哉東皋詩，山菊秋自香。

清 方文《嵞山集》卷五《野菊花》 陶公籬下物，豈是有心栽。野菊天然秀，寒花秋自開。澹香全勝橘，幽韻欲争梅。可嘆無知者，霜根混草萊。

清 屈大均《翁山詩外》卷七《尋菊》 花頭垂雨重，朵朵濕雲邊。日照寒英少，霜含苦蕊偏。秋深惟汝在，歲晏欲誰妍。野外還遲暮，相尋及雪前。

又《過獻孟池亭采菊作》 愛爾池亭好，黄花食幾枝。口香寒露日，心苦暮秋時。有地開難早，無人落易遲。故園明欲返，吾亦有東籬。

食葉從春始，花時汎酒多。味因霜氣好，香奈露華何。蟬影初辭柳，螢光尚在荷。冬來真菊少，采采好相過。

開透疑無蕊，花頭色更黄。食須尋細朵，簪莫墜寒香。惡濕常依日，宜寒必待霜。凄清當歲暮，不忍説孤芳。

瓣瓣分蟲口，黄黄味最甘。離披芳艸外，冷落小亭南。蔕弱多縈石，莖長或過潭。野間憐苦薏，采亦滿花籃。

又《菊》 一從籬下采，黄菊屬陶公。朵朵無懷氏，枝枝太古風。香沾紗幘潤，光映玉杯空。大雪開逾盛，同心梅與同。

芬芳憐野薏，不必菊花真。淚憶分甘母，情牽共苦人。一生長抱節，九日益傷神。搔首無多髮，吾衰爲不辰。

清高是女傘，生長出陶家。欲泛無名酒，長餐當紫霞。敢期華髮變，但願大年加。傘盡還羹葉，神仙未有涯。

重九已嘉名，秋傘況日精。紛葩非衆艸，服食是平生。蠲疾憑金蘂，忘憂仗玉英。當年朱孺子，於爾得仙成。

霜催苞蘂熟，未吐已芬芳。不忍同秋草，惟知媚夕陽。粉多嫌太白，金重愛純黄。朵朵從籬落，誰争處士香。

又 卷八《晚菊》 豈爲尊無緣，黄花不肯開。暖隨重九過，寒待立冬來。葉頩愁霜染，葩香愛雪催。稀疏難飽食，看殺在莓苔。

漸轉南天氣，冬來寒不知。非關幽菊晚，自是肅霜遲。瘦弱全生葉，芬芳半在枝。苦心成數本，培植學場師。

未開香已出，朵朵入秋心。蘂恨含霜少，花愁飲雨深。分來田父種，采向石室陰。笑共龍鍾節，朝朝作意簪。

勸影嗟無酒，黄花笑一秋。風難乾客淚，雪易白人頭。病恐高堂覺，貧憐小婦愁。平生謀食拙，老更作黔婁。

杯杓生塵久，無錢送酒家。長齋憎苦葉，不食待明霞。白蚤三秋艸，黄遲九日華。貧中無一可，嘯詠是生涯。

又《野菊》 苦苡生宜野，無心籬落間。秖因甘味少，得使冷香閒。蘭已當門盡，柗猶待客還。蕭疎簪數朵，未覺鬢毛斑。

何妨同野艸，歲晚爲誰貞。蒂已平生苦，花猶一日榮。東籬無此種，靖節未知名。珍重過霜雪，微芳莫自輕。

又《菊》 重陽殊未發，誰識歲寒情。少苦因黄蕊，多甘是素英。帶霜拖麪白，和露點茶清。種爾宜饑渴，芬芳養此生。

蕊至秋猶小，重陽不得看。白嫌霜降煖，黄待立冬寒。冷落辭蓬户，馨香上襻冠。數枝那忍食，香沁已心寬。

籬間雞犬到，枝葉不成窠。種處秋陽少，分時暮雨多。香真吾臭味，影只自婆娑。老大宜簪汝，其如短髮何。

春秋佳日少，艸木本心多。人老同黄菊，天寒在緑蘿。味經青女苦，顔待白衣酡。蕊熟雖能發，終如歲晏何。

又 卷一〇《菊》 天留一本是純黄，吐蘂偏宜十月霜。滋味總因秋後苦，芬馨全以臘前香。憐生石上無肥土，恨種墻陰少太陽。白髮孀慈勤灌溉，明年重九待浮觴。

歲歲遲開苦積陰，重陽不得逐登臨。幽人豈可無甘節，芳艸繇來有本心。老向炎天嫌雪少，寒成佳色喜霜深。東籬人去誰能采，汎酌秋英更鼓琴。

無多花蘂在籬東，不食愁將苦薏同。朵朵霜乾猶抱蒂，枝枝露濕已當叢。

秋來栗里多佳日，歲晏陶公有素風。天爲忘憂生此物，摘來休使酒樽空。

南村未有素心賢，閉户惟將醉石眠。孤影甚思名酒勸，白頭微得好花憐。餐英一一兼寒葉，飲露依依似暮蟬。香入簞瓢霜氣早，清齋不必露葵鮮。

幾本蕭疎出艸間，清霜染得淚痕斑。猶嫌太白同衰鬢，且喜微紅上老顔。尺寸培根終歲苦，東西乞種一身閒。乾來作枕圖明目，細作真書寫小山。

衰年服餌最相宜，甘苦惟應薏苡知。無酒易過重九日，有花難及肅霜時。香薰百艸誰能似，根浸三泉更不移。長與青青沅澧者，春蘭終古一相思。二九人人望節花，那知真菊未英華。白衣自愛陶公酒，秋色誰争處士家。葉葉煎成油餅大，枝枝壓得擇冠斜。陰威最喜佳名好，餐服功多勝海霞。霜姿偏向歲寒新，早識秋榮絶勝春。三秀喜非秦代物，九華疑是晉時人。山妻麗艸能爲頌，野老金英解與鄰。裛露不辭懷袖濕，仙靈教我納朱唇。

又《食菊》 白苦黄甘早已知，生餐好及歲寒時。落英不落真惟汝，香國無香總在兹。瘴地豈愁南雪食，炎天那得早霜欺。朝朝采摘當籬落，未有忘憂酒滿卮。

食盡枝枝白與黄，飽焦蔬好讓芬芳。終年灌溉圖秋飽，最早栽培爲晚香。味苦不妨蟲蟻避，影孤那代李桃僵。梅花至日勞相伴，佳色參差映壽陽。烹瀹甘酸任意餐，仙人服食不曾難。芝傘豈是療饑物，菊蘂繇來久視丹。九日色同高士醉，三秋香爲逐臣寒。芙蓉墜露長兼飲，高潔如蟬取自歡。

又 卷一四《丈菊》 挺出東籬丈許長，越人争道女傘王。霜英未易枝頭掇，一一高含歲晏香。

清 彭孫遹《松桂堂全集》卷三四《白菊花》 冷蘂疎香各占新，天然素艷淡無塵。餐來楚澤冰爲骨，夢斷柴桑月似銀。籬下霜濃花冉冉，枝頭風細玉鱗鱗。斜陽逕裏亭亭立，疑見陶家載酒人。

又《水紅菊花》 艷色偏能傲朔風，疎花密葉占芳叢。輕沾薛女壺中淚，淺拂楊妃簞上紅。心抱幽香寒自束，枝迎曉日暈微烘。東牆若近東籬下，傅粉施朱總未工。

又《黄菊花》 三逕秋深景物賒，淩霜仙卉吐黄芽。疎枝巧映千林葉，芳信長開九月花。清露滴時金縷濕，愁雲合處鶴翎斜。姚家國色多奇麗，未必風流壓衆葩。

又《蜜色菊花》 嘉卉栽來處士家，重陽霜後幾枝斜。春條曾見花成蜜，秋艷誰知蜜是花。蜂蕊初交黄未褪，鶯肪細縷玉無瑕。幽人欲采還相惜，醞釀芳心咽露華。

清 王鉞《世德集》卷三《十月菊二首》 覆錦山頭瀧水隈，北風不到鴈飛廻。卻看十月猶黄菊，天遣陶潛未去來。

又

天遣陶潛未去來，閒衙十月菊猶開。縱然不及吾廬好，也有南山落酒杯。

清 毛奇齡《西河集》卷一五四《看菊聯句》 北苑尋幽鞠，(甡)東籬見治蘠。佳名渾不辨，(張杉)妙植想多方。種集伊川盛，(甡)泉通酈縣香。銅鐶鋪處白，(杉)金盌鍍來黄。龍腦蟠銀埒，(甡)獨絲旋錦囊。輪銜千輻廣，(杉)錢取五銖良。蠟朵紅兒髻，(甡)檀窩青女粧。苞沿野茗甲，(杉)瓣底綴瓜瓤。敞類仙盤舉，(甡)圓同佛面張。微紅名馬藺，(杉)小臭似蛇牀。塢闢辛椒外，(甡)園隣苦竹傍。穿鶯疑住久，(杉)報雀欲銜將。高士栽爲佩，(甡)夫人染作裳。分花餐屈子，(杉)釀酒送長房。合蜜團松餌，(甡)和英煮桂漿。翻叢袪蛺蝶，(杉)啄蕋妬鴛鴦。暫吸枝頭露，(甡)潛窺葉上霜。候遲猶猗狔，(杉)風動自低昂。重叠排成障，(甡)離披布近牆。記時存小正，(杉)遣興在重陽。賜粿悲將老，(甡)横芬誦有芳。秋葩應晚歇，(杉)爲我罄餘觴。(甡)

清 張培源《灌菊》(《洛如詩鈔》卷六引) 清氣澄餘滓，長吟掩柴門。晨興理荒穢，且遂灌西園。

清 葉之溶《灌菊》(《洛如詩鈔》卷六引) 根與水相需，絡之以古瓦。桔槔多危機，抱甕無心者。山雨猶未來，徙倚東籬下。

清 惠衛《灌菊》(《洛如詩鈔》卷六引) 托身已得所，但恩時我遺。枝條始欲茂，願君汩其泥。

清 陸載霍《灌菊》(《洛如詩鈔》卷六引) 畦菊發新穎，廉泉春未流。區區效一溉，身自雜蒼頭。

清 熊賜履《經義齋集》卷一七《菊》 三徑高風杳，飄零對汝醺。雁聲雲外度，花氣酒中聞。潦倒情如失，悲歌興不羣。徘徊籬落下，白日已成曛。

清 王士禎《帶經堂集》卷六二《鬣尾續詩卷八・分賦菊得孔雀尾》 豈是炎州種，東籬絢素襟。未登嵇氏狀，却號孔家禽。斜日明金碧，流波映淺深。舞餘終自惜，霜露忍相尋。

清 張篤慶《崑崙山房集》卷二《秋菊》 十日看花細雨天，每逢重九意悠然。

畫如逸品超神紗，清比香醪中聖賢。偏向清寒標晚節，不隨穠艷□芳年。幽情千古陶彭澤，爛醉東籬落日邊。

清 姚廷謙《和景子菊花枕歌》（《于野集》卷三引） 徐君逸致神仙儔，夢魂亦與清香某。帳中有枕縫尺素，實以黃花可代絮。秋來花發盈籬邊，落英萬點鋪黃綿。呼奴采采向日曝，曝乾盈斗用不潰。芬芳直欲沁肺肝，花神夜夜朝泥丸。世人但知高枕好，那識枕中藏至寶。吾聞開元有枕號遊仙，十洲三島別有天。又聞元和貢枕名重光，樓臺人物增輝煌。徐君高趣在枕不在枕，衆香國裏常酣寢。

清 愛新覺羅·玄燁《御製文第二集》卷四二《菊賦》 當金飈之蕭摵，正珠露之飄零。睹百卉之具腓，感菀枯之遞更。疇晚序而挺節，矯氣化而敷榮。爰有紫蔕含芳，黃華逞茂。擢苕穎於春初，曜丰容於霜後。先梅萼而吐芬，繼蘭叢而擅秀。既勁操之彌堅，實寒香之可嗅。爾其密葉蒙茸，繁英歷碌，霞蔚雲蒸，煙披雨沐。色徵土德之純，氣禀金行之肅。舞燈影而紛披，傍籬根而芳馥。似幽人之相依，豈世情之共逐。是以丘園逸叟，山澤癯儒，植而供玩，擷以當蔬。存真味於淡泊，協潛德以敷腴。亦有餐霞御氣，乘雲握符，盤飣桐杞，囊繫茱萸。或年壽之永延，或災患之潛祛。斯其著效於仙靈之籙，尤不可以耳目拘也。至若賦餐英於楚容，傳送酒於晉賢。泛甘馨於南郡，準節令於渾天。罔不貞操，卓爾高韻。悠然宜名流之競羡，亦譜籍之長編。矧茲北闕秋深，西山氣爽。餘柏葉之參差，剩楓林之莽蒼。蝶揚揚而媚秋，鴈嗈嗈而流響。寒漠漠而侵階，月溶溶而度幌。爾乃横逸態以寡儔，吐層蘤而直上。種類間錯，名品紛羅。映小山之叢桂，覆潭水之澄波。仰昂兮如紫衣之垂袖，璀璨兮如白貝之編珂。禀黃中之通理，知中美之孔多。蓋與松筠而共勁，亦視桃李而殊科。彼夫揚霜傑於詩人，誇日精於本草。藉滋培於寒雨，綻鮮華於清曉。咸以孤潔方幽人之貞，高逸擬君子之道。苟其歷歲寒而長存，何恨乎挺生之不早。

清 陸奎勳《陸堂詩集》卷二《菊》 籬角燦燦金，秋風吹不死。何以鑄好顏，挹彼酈泉水。

又 卷一〇《僧鞋菊》 病減維摩丈室開，秋英幻化蝶驚猜。更生一樣扶青竹，不借天然映紫苔。陶令莫嫌送酒至，遠公翻笑過溪來。色空空色元非二，試與拈花問鏡臺。

又《合懽藍菊》 寂寞秋花未是羣，小藍染就色氤氳。天光過雨宜雙笑，水勢拖煙莫浪分。紅桂孤虛憐月姊，紫蘭重疊怨湘君。懽場爲爾燒銀燭，睡去還疑化碧雲。

又《菊》 菊畦黃綴一叢花，負杖相看到日斜。倦蝶趁香飛又息，寒蛩隔葉語無譁。閒吟脈脈風攲帽，對影疏疏雪點茶。往者配松今醒杞，陸家生計勝陶家。

清 陳玉璂《學文堂集·金菊對芙蓉山塘買小梅數盆，最愛色朱者》 七里山塘，疎籬曲岸，烟光處處堪圖。正花堪賣也，柳欲愁無。是誰選得羅浮夢，有枝頭、小綴珊瑚。疑落似朱霞，如凝絳雪，影横香疎。　多少裁剪工夫。羡離奇夭矯，雅淡濃枯。有青苔作伴，巧石相扶。攜來位置紅牕側，恍相對、飄渺仙姝。如何消得，歌迎翠袖，酒泛金壺。

清 王頊齡《世恩堂詞集》卷一《風入松》 藝菊數盆，清香滿室，晨夕對之，可以消寂，喜而賦此：

數枝菊影一窓閑，終日足怡顔。淡粧不鬪閑脂粉，甘消受、道貌清寒。仿佛藐姑仙子，驂鸞暫下雲端。　香飄篆縷鴨爐丹，書卷伴閑官。寂寥退食無聊賴，喜三徑、黃菊堪餐。衮衮門前車馬，一樽籬下盤桓。

清 王道《江湖閒吟》卷六《杞菊》 杞菊榮秋圃，辛香却類荃。自然成皎潔，直可謝腥羶。逸是仙人氣，清憑高士傳。終朝總不徹，暮景看延年。

又 卷七《剪菊》 剪菊簪瓶伴苦吟，秋英未落晚香沉。離魂欲下靈均淚，望古徒傷宋玉心。居近魚龍非卜吉，詩成鬼魅莫知音。蕭條日甚形隨影，佳色還應照枕衾。

清 程夢星《今有堂詩集·分藜集·咏鴛鴦菊》 秋老西皇欲弄奇，東籬幻出兩三枝。屏窺玉靨匀妝後，袖掩金鈿半面時。異本開齊分紫白，佳名難遣是離披。新篘酒熟還堪把，却笑陶公未入詩。

又《今有堂詩集·分藜集·同人各畜盆菊迭爲宴集作歌》 越鳥不得巢南枝，慰意略有花史知。春風芍藥曾競賞，甌罌惟惜無多時。大邑燒甆辦盆盎，秋來早與老圃期。菊花論擔排日買，有賣不顧官錢支。同人好事亦如我，紛紛争致連階墀。霜天雁過秋瑟瑟，簾櫳遮護兼書帷。銀臺門外小三昧，下直上馬聯鑣馳。潞河落帆酒船到，朝衣且典供尊彝。初筵經史徵雅令，酒半間雜歌聲詩。鬅鬙鬅鬙亂花影，醉眼紅碧評高卑。茫茫天地此身世，西堂蟋蟀何傷悲。陶公棄官固過我，得意亦只窺東籬。醉語自喜聊自解，菊花淡蕩恐見嗤。人生

有味秋風裏，畢竟蓴鱸下釣絲。

清 程夢星《今有堂詩後集·漪南集·十月九日集晚清軒看菊，依東坡作重陽次彭澤九月九日韻》 菊性澹於人，耐久君子交。踈籬抱霜枝，十月能不凋。孤香藹亭榭，如對南山高。潭浄沉緑藻，雲薄空青霄。愛此好風日，何爲常芳勞。且過三徑仲，還醉五斗焦。依韻共吟嘯，安問蘇與陶。更訂重遊期，切勿虛昏朝。

又 《就簡集·野菊》 苦薏發叢艷，寒原布晚金。春羞凡卉伍，秋任早霜侵。不入洛陽譜，偏含彭澤心。寂寥甘在野，杖策一相尋。

又 《就簡集·冬齋晚菊》 暖室有殘菊，重陽到小陽。似留籬下色，還待隴頭香。堪與傾寒釀，毋勞避曉霜。翻憐陶靖節，空惜故園荒。

清 黄之雋《唐堂集》卷二《菊賦六首爲沈恪庭太史作》 種菊賦

造化兮手中儲，秋甄兮迫春功。傳芳馨兮餘澤，延澹蕩兮遥風。於是就本驗芽，巡籤記花。繁叢剔抉，宿土搔爬。宜却老而還稺，務存直而去斜。欄邊離立儼成行，小葉盈盈已載香。培泥酌深淺，覆箔相陰陽。日長人暇，因閒得忙。勤藝植之攸始，聽發育於東皇。時則小雨施寒，嫩晴炙暖。謹護青纖，徐看緑滿。

灌菊賦

倚水爲母，以器作天。不雲施雨，避日引泉。彼庶卉而待澤，矧嘉種其嬋娟。秋續紛而報我，胡培溉之不先。爾乃綆汲籬陰，甯攜徑曲。瓊液膏融，金莖露浴。泥疏疏兮入潤，苗亞亞兮受沃。葉灑灑兮流根，榦沾沾兮倚竹。夫其劑濕調暘，連秋接夏。花養據書，枝删入畫。皆抱甕之餘勞，或雨中而稍暇。

訪菊賦

懷别兮寒籬穆，渺渺兮三時與。佳期兮將至，紬不盡兮相思。徑隔煙深，園藏霜淺。駱砌纔舒，陶階乍滿。遲高人兮來未來，循幽塗兮遠復遠。倘相見而一笑，還相逢而恨晚。若夫融風問柳，豔日尋花。情馳冶麗，態暱夭斜。未若淩霜冒雨，入谷緣涯。足以締芳盟于隱逸，結知己於煙霞。

載菊賦

漁艇桃花空復尋，吴橈采蓮秋已陰。船空岸遠，人閒趣深。胡勿蕩此輕舠，黄華竝邀。篷窗葉礙，瓦盎枝橑。香近水以蕭瑟，影横舟而動摇。傍花同坐，歸路非遥。不是鄂君擁繡，豈其少伯携嬌。於時野水如羅，繁英映波。陪芳狎秀，擊槳爲歌。歌曰：幽姿盟晚香，同澤復同裳。烟波渺何許，與爾入沅湘。

對菊賦

黄衣兮素裳，翠佩兮紫囊。紛緫緫兮盈坐，芳菲菲兮滿堂。面面相邀，津津欲語。影度吟邊，枝交飲所。盼四壁而無言，伴一燈而延佇。亦映靨而軒眉，復誰賓而誰主。噫嘻！此是深巖道士，邃古逸民。胡乃西施褒姒，粉擬脂論。菊若有知，將遁跡塵埃之外，棲神寂寞之濱。宜其終日相對，而闃若無人。

采菊賦

五柳初歸，寒香滿衣。階前日薄，瓦上霜微。秖覺三徑太涼，重簾向寂，人澹如花。窺籬偶摘，爲插鬢而贈人，亦攜瓶而供客。拾華滋於勁條，養金精之餘脈。誠託興於南山，雖采采而何惜。選枝合態，觸手成香。何辭滿把，是謂折芳。釀山醪而味冽，浸谷液而齡長。搴芙蓉兮奚以，擷茱萸未當。

清 徐以升《南陔堂詩集》卷三《白茶菊》 月朵光凝粉蝶寒，叢叢籬落吐秋殘。摘來試瀹釵頭茗，雪椀冰甌浸露團。

清 石球《有蘭書屋存藁》卷二《並蒂菊》 寂寞秋光百卉殘，女華應自怯孤單。聯葩璧合明蟾映，異蕊珠分白露漙。偕隱山中風最迥，雙棲廡下韻偏寒。莫嫌三逕荒涼甚，把臂求羊足舊歡。

又 卷三《和栖素齋對菊歌》 千花百草隨春風，雕闌錦砌粉白紅。庭菊青青自岑寂，晚節獨耀疎籬東。孤芳本不投時好，只許幽人供笑傲。夕英菲菲飢可餐，瘦影依依月初到。栖素齋前地百弓，主人種菊何叢叢。異花偏放重陽後，佳色還看細雨中。花前客過無塵俗，花下詩成盡珠玉。名花好句肯移贈，起我三秋久蹺跼。朝來對菊哦新詩，女病妻愁總不知。花光照眼看未足，詩興撩人貂可續。須臾塗抹已滿幅，蒿艾何妨混真菊。

又 卷四《次韻洋菊》 炎海争傳紅佛桑，黄花猶自耐秋霜。東籬摘蕊露盈把，蓬島移根月滿航。名士風流宜泛酒，蠻姬突兀故慵粧。秖今萬里滄溟静，老圃新添絶域香。

清 黄任《秋江集》卷一《送菊》 欲採不盈袖，因之傷遠懷。白衣人不到，杯酒又天涯。冷圃霜千本，空籬月一堦。挂巾閒處士，蕭瑟卧秋齋。

又 《白菊》 簇簇叢叢卧晚涼，鶴翎墜地雪堆墻。淡交不語心俱素，縞袂相將酒亦香。粉壁乍摇三徑月，銀盤新剪一籬霜。風尖露重催將别，腸斷斑騅送陸郎。

清　商盤《質園詩集》卷八《殘菊》　秋來手種一籬黄，晚節曾無百日芳。幸免飄零歸溷厠，直須醖釀出馨香。多情解惜無鶯燕，盛氣相凌有雪霜。采采莫嫌憔悴甚，好收金屑枕中藏。

半舒全放本蕭疏，況值霜嚴雨横餘。新到元冥方乘令，已歸少昊定沾裾。寫真一代無高手，堆案三冬只異書。兩樹古梅猶偃蹇，待他香倍入庭除。

清　程晉芳《勉行堂詩集》卷一六《寄藤集·訪菊四首》　擁衾夜氣懔微霜，曉起尋思菊有芳。拂帽風尖過柳市，著靴塵厚踏槐廊。深叢大本纔舒葉，細萼圓瞿盡倚墻。壓架瓜花寒不謝，尚緣籬角鬭新黄。

但是毗耶都種菊，兩三連欒挾吟曹。灌畦老叟延賓嬾，扶杖殘僧説價高。聊借狂遊舒野抱，漸看暮色隱晴皐。移栽酷愛遲開種，炙蟹冬軒伴老饕。

聞説花農灌蒔勤，芳塍一日走千巡。捉生手亦誇擒虎，食菊蟲，類蝇虎，謂之菊虎。記事符應抵刻麟。菊之名品，及他家寄養年月，皆有牌記。每近禪枝參佛性，偏教忙計屬閑身。如何匝歲論辛苦，纔到開時盡乞人。

北方絶少梅迎臘，開到黄花勝序闌。户大幾經連軫載，官貧也要貯瓶看。何人泥飲傳歌敷，幾處西風剩本寒。深羡酒顛錢庶子，墨香粉暈寫無難。錢庶子籜石，近畫墨菊長卷。

清　劉秉恬《竹軒詩稿·有竹軒分箋·菊屏》　盆菊離離翠作屏，氤氲香氣繞中庭。參差位置環齋壁，錯落横陳傍曲櫺。風月半牕摇素影，琴書一榻伴芳馨。秋花不比春花艷，留得霜枝幹獨青。

清　龔景翰《澹静齋詩鈔》卷五《思存草·菊花》　菊花格本高，獨立有幽意。近者極人工，羈縛出姿媚。譬如遺世士，屈曲就俗累。衆目苟相悦，天真已憔悴。齋前種數本，偪側不得地。枝瘦影横斜，蕊多花薈蔚。色淡香亦稀，盡日無人至。我獨數徘徊，對此心爲醉。所喜全其天，豈獨知希貴。

清　曹雪芹《紅樓夢》第三八回《林瀟湘魁奪菊花詩　薛蘅蕪諷和螃蟹咏》

訪菊

閒趁霜晴試一遊，酒盃藥盞莫淹留。霜前月下誰家種，檻外籬邊何處秋。蠟屐遠來情得得，冷吟不盡興悠悠。黄花若解憐詩客，休負今朝挂杖頭。

又　種菊

携鋤秋圃自移來，籬畔庭前處處栽。昨夜不期經雨活，今朝猶喜帶霜開。冷吟秋色詩千首，醉酹寒香酒一杯。泉溉泥封勤護惜，好和井逕絶塵埃。

又　對菊

别圃移來貴比金，一叢淺淡一叢深。蕭疏籬畔科頭坐，清冷香中抱膝吟。數去更無君傲世，看來惟有我知音。秋光荏苒休辜負，相對原宜惜寸陰。

又　供菊

彈琴酌酒喜堪儔，几案婷婷點綴幽。隔坐香分三逕露，抛書人對一枝秋。霜清紙帳來新夢，圃冷斜陽憶舊遊。傲世也因同氣味，春風桃李未淹留。

又　殘菊

露凝霜重漸傾欹，宴賞纔過小雪時。蒂有餘香金淡泊，枝無全葉翠離披。半床落月蛩聲切，萬里寒雲雁陣遲。明歲秋分知再會，暫時分手莫相思。

又　菊夢

籬畔秋酣一覺清，和雲伴月不分明。登仙非慕莊生蝶，憶舊還尋陶令盟。睡去依依隨雁斷，驚廻故故惱蛩鳴。醒時幽怨同誰訴，衰草寒烟無限情。

又　菊影

秋光叠叠復重重，潛度偷移三逕中。牕隔疎燈描遠近，籬節破月鎖玲瓏。寒芳留照魂應駐，霜印傳神夢也空。珍重暗香踏碎處，憑誰醉眼認朦朧。

又　簪菊

瓶供籬栽日日忙，折來休認鏡中粧。長安公子因花癖，彭澤先生是酒狂。短鬢冷沾三徑露，葛巾香染九秋霜。高情不入時人眼，拍手憑他笑路傍。

又　問菊

欲訊秋情衆莫知，喃喃負手扣東籬。孤標傲世偕誰隱，一樣花開爲底遲。圃露庭霜何寂寞，鴻歸蛩病可相思。莫言舉世無談者，解語何妨話片時。

又　畫菊

詩餘戲筆不知狂，豈是丹青費較量。聚葉潑成千點墨，攢花染出幾痕霜。淡濃神會風前影，跳脱秋生腕底香。莫認東籬閒採掇，粘屏聊以慰重陽。

又　咏菊

無賴詩魔昏曉侵，遶籬欹石自沉音。毫端藴秀臨霜寫，口角噙香對月吟。滿紙自憐題素怨，片言誰解訴秋心。一從陶令評章後，千古高風説到今。

清　胡季堂《培蔭軒詩集》卷四《憶菊濱州無菊，因有是作》　滿目風霜日，黄花正放時。秖因來渤海，無處問東籬。想像清臞影，依稀淡雅姿。耐寒知可久，歸賞莫嫌遲。

過眼春花艶，闌心晚節香。徘徊空對月，遮莫是迎霜。杜興憑詩遣，陶情賴酒償。好將今日意，歲歲種千行。

清　陶元藻《泊鷗山房集》卷二五《籬菊詞》　菊兮菊兮，自春徂夏。發榮於秋，凌霜勿謝。餐英可仙，彼識者寡。吁嗟乎菊兮，寄人籬下。

又　《殘菊》　瘦減西風不自由，榮枯一半寄林邱。籬邊牢落無聊飲，眼底闌珊未了秋。踈影獨憐衰鬢對，餘香應爲苦吟留。那堪碎函零煙後，重憶當初插滿頭。

清　趙希璜《四百三十二峯草堂詩鈔》卷七《甘菊》　終朝采盈菊，卷曲東籬好。愛彼色香幽，已歷風霜老。佳名著晚節，落英異春草。茝蘭與競秀，芬馥各傾倒。翩翩孤鴻飛，熒熒衆星掃。足下青雲生，捧出黄金寶。枯磵浮榮光，流泉擷瑞藻。中多百年人，不識雙髩稿。飲水當療飢，含貞快聞道。置身夷惠間，羡爾知幾早。

又　卷一三《叢菊》　零露何溥溥，燦燦黄金盤。東籬下叢生，對我相悠然。昴精忽熠熠，月影忘嬋娟。霜鏖花骨瘦，砌悲蟲號寒。幽人同其澹，抱琴而獨彈。一奏鴻鵠驚，再奏聲纏綿。白頭吟者誰，晚節香非殘。

又　卷一七《種菊》　種荷復種菊，東籬在東麓。曾受遠公戒，況接西史躅。西史治漳水，桑麻稱土沃。顧我得緒餘，澆花頗需足。栽培不憚煩，灌溉聊免俗。三月芽新分，四月丫如簇。朝夕課時雨，耰鋤勤五六。待得餐落英，已飽幽人目。

又　卷一八《洋菊歌》　鯉魚風起，青女霜酣。圃老秋容，香高晚節。顧海洋佳種，五色斑斕；瀟灑閒情，一囊錦繡。筵開生面，畢卓持螯。眼轉方瞳，王宏送酒。不濫觴於彭澤，鋪張籬下黄金；冀落帽之參軍，歌詠山前白雪云爾。

東洋菊種以百計，擇其佳者娛隱吏。經年灌溉走赤日，九月霜華催綺思。一種翩翩黄鶴翎，籬邊的皪舒金翅。一種皎皎白玉樓，階前蕩颺披雲帔。更有霓裳拖藕色，紫荷衣襯楊妃醉。紅燒鶴頂耀人目，碧吐松針簇鳳髻。參參差差海屋籌，踈踈密密鴛鴦帶。瑤臺月照老君眉，青山雪掛瓊姬佩。佳種一一不可數，狂生放浪形骸外。清癯頗稱餐落英，少小原無温飽志。

清　彭元瑞《恩餘堂輯稿》卷四《移菊》　秋老雁聲寒，東籬宿種攢。移益避青女，易菜聽園官。郊外腴多茁，階前瘦耐看。何曾有三徑，花亦笑予酸。

清　舒位《缾水齋詩集》卷八《殘菊篇》　楚國既秋，黄花無信。牆陰或置殘菊兩盆，景裴取以作供，得三花焉。余感其意，爲詩。

有秋無花秋不住，敦請花來秋已去。當年楚客餐落英，至今疑是欺人句。心知遲暮傷幽獨，柰是淵明偏愛菊。不從南海拜觀音，竟向東牆窺宋玉。嫣然一笑花之神，低頭洗向玉女盆。露索風弦不相惜，雲階月地空銷魂。似訴相逢苦不早，若箇視花如視草。冷葉陰無翠色留，孤根濕有青泥抱。既似娉婷不嫁年，又似英雄不據鞍。眉顰乍起姑山影，髀肉復生遮箭瘢。先生與花同是客，不替花愁替花惜。翻爲千偈水在瓶，吟成三影鐙横壁。我意看花如用兵，不貴在多貴在精。又謂品花如判獄，不求其死求其生。變聲譜作無弦曲，菊部頭來看不足。倚枕猶思白玉堂，墜茵直抵黄金屋。芙蓉有露柳無鴉，夜深商婦彈琵琶。借來夢裏一枝筆，書寄人間三朵花。

清　戴殿泗《風希堂詩集》卷一《采菊篇》　清晨步東籬，羣花向人笑。無將塵土容，試攬清芬妙。清芬非一枝，請言未開時。移根自幽谷，甘泉迸清池。深培東華土，淡和煙霜姿。朝行褰薜荇，夕行斬蒿翳。羅列千百種，芃芃茂葉滋。旁人顧而哂，是子愚且蚩。不聞春豔冶，顧向秋淒其。凝情雖擁護，中輟理則宜。佳葩秉天精，深膏毓地秀。一香可千年，煌煌早云覯。逸客來歡欣，採擷久歆嗅。光華森滿堂，高舉視宇宙。此時顧哂者，亦復聲喁喁。土腴吾不惜，餉遺當相同。誰令花滿眼，而不爲我容。答言傲霜幹，厚薄非所云。君園多馬莧，珍惜逾荃蓀。若令待扶植，蕪没秋葵根。況今金風豔，未阻開清尊。光華不相掩，粲粲存爾真。陶公去千載，爛漫明秋原。四座且莫喧，黄菊本無言。

又　卷四《買菊吟》　菊爾何不生于蒼岑之陰，清溪之隩，道人澄心展素書，日嗅微香看不足。又何不挹彼太陽之精，瑶光之英，潛形匿曜入寥泬，不以玩好供缾甖。何爲碌碌滿街市，擔頭束縛泥團莖。施爲屏幛耀凡目，爛如雲錦恢秋晶。微風吹衢塵拂拂，香蘂染衣生色活。荆州地誌譜爾形，笠澤閒人賦爾質。生平偶逢陶靖節，露真面目稱隱逸。不然羞比水仙王，難薦西湖處士室。空霄澄寒天欲霜，傲骨際此神飛揚。幽齋手拈作微笑，買自金臺大路旁。一枝入簾足風韻，餘者雖多吾不問。花傭慳以種貽人，插蒿作根接香暈。花傭花傭爾烏知，菊之生也有自來。妙無花處花斯開，裨販隱士何爲哉。

清　沈欽韓《幼學堂詩稿》卷九《和黄香涇栽菊四首》　昔年長安道，與君同躡屩。小艸轉飛蓬，朱闕歸白堊。便自成老翁，勞苦久離索。春榮玩芳鮮，秋蒂

慰濩落。所恨無隟地，臥蔓交璀錯。雅與傅延年，臭味遭淡泊。夏苗同蒿蒸，秋英共糗嚼。晻葉映重葵，煌扈照簾箔。晚香客品評，瘦影婦量度。酸寒氣聊洗，枯寂心還著。更欲招素郎，呼兒支鐺脚。君嬾不作詩，淵雲墨微燥。捫胸若太空，浮雲喜浄埽。紙窗初日映，布帽東籬遶。技癢那忍俊，肺附一傾倒。淒淒風露砭，冏冏驪珠抱。業已洗鉛華，意豈恨枯槁。唤我宿愁起，如人素心道。風詠接清芬，飢腸亦搜討。各將耐冷心，霜月門娟好。豈徒示詩篇，更與添畫稿。奉敕寫邨楳，世眼真艸艸。多事此兩生，煮之寧堪飽。

我家數長物，視君尤寒儉。架倒青蔓除，壁罅蒼苔點。窯煙低冪簷，梁塵塌侵簟。芳菲未入眼，粉飾苦無漸。譬諸國事蹙，符頌諒所歉。西鄰好門户，霜葩爛餤餤。醫俗俗未除，對花花應忝。我復杖藜窺，嘯咏意亦慊。得君乃神王，孤影差自貶。卧斗招七童，荆扉盡日掩。此花倘作枕，庶幾頭風減。寒雲宿遠水，折葦壓西風。秦吴極天末，霜華滿征鴻。憶昔與周生，把袂青門中。我時小團瓢，殘菊拗數叢。所期隤齡駐，又許臭味同。搏沙驚聚散，此花復瓏瓏。思欲致一束，道遠莫能通。自謂流離鳥，欒欒百憂攻。斯才豈易得，一喝俗耳聾。所慮毛羽摧，不獲天衢冲。恨君未識面，聊復述篇終。有酒酹寒英，浮白呼此公。

清 趙文楷《石柏山房詩存》卷八《補遺·菊影》 瑟瑟秋英閉院門，一枝一葉漏餘痕。欲留澹墨勾清照，試染濃香膩醉魂。風動簾櫳看不落，煙生臺榭梢無言。倏然撫玩忘形久，二尺燈檠夜尚温。

秋老園林半已荒，蕭蕭掩映在迴廊。相看更覺和卿瘦，一拍還應笑我狂。静夜祇邀三徑月，薄寒不怕五更霜。東窗真是忘憂者，敬爇淵明一瓣香。

花圓綻處葉珊珊，映向東籬愜古歡。四壁煙雲燈火暗，九秋風雨竹門寒。性情澹似圖中見，色相空如夢裏看。猶有飄然蝴蝶在，紙屏開過一盤桓。

排來密密復疎疎，淺映深藏一座餘。香色不留緣底澹，精神俱在未成虚。高低研席更殘後，長短屏風月照初。休遣銀筝彈别調，此君身已到華胥。

清 馮雲鵬《掃紅亭吟稿》卷一〇《菊花二百咏》 古之咏菊始於靈均，盛於彭澤。其種類每不傳，至劉蒙泉《菊譜》，遂有百六十三品。范至能、史正志、馬伯州、王蓋臣，皆有譜録。迨《羣芳譜》彙録，近三百種，亦云備矣。但古時花小，其命名亦質，如枇杷、菊水、僊菊之類，祇記形似，絶少題咏。今則洋種疊至，愈出愈奇，花既大觀，名亦新艷。採今酌古，取其尤雅者，合成二百咏，暇則展玩，如日坐百花中云。

報君知 一名九日黃，早開亦耐久。

金風有信到東籬，九日黃開第一枝。唯恐登高無逸興，花神先遣報君知。

御袍黃《羣芳譜》舊名，今山東亦有之，花較大，略似姚黃。

秋入疎籬氣象雄，赭黃鋪上碧雲叢。等閑一樣中央色，位置山龍便不同。

黃羅繖

高擡羣芳傲性存，肯隨薄植冷紫門。星精耀日圓成象，黃屋森嚴傍至尊。

蔡邕《獨斷》：黃屋左纛。

珍珠繖

摇曳西風淡不收，花如倚蓋寶光浮。拚將十斛明珠綴，换得頭銜高密侯。江南周則少賤，以造雨傘爲業，後戚連椒闈。後主戲之曰：高密侯提携爾起家也。見《春明退朝録》。

黃金印 萊陽種，初開時瓣四出，似方印，後亦圓。

黃金鎮日煉秋陽，不鑄錢圓鑄印方。付與司花神執掌，好將稜角壓羣芳。

將軍印

將軍風骨冷颼颼，紅籀開函恰入秋。天遣花封加節鉞，西涼刺史傲霜侯。

黃金塔

吴王八萬金塗塔，此較金塗更朗圓。一夜西風吹九級，欲將香影散諸天。

吴越王錢宏俶造八萬四千金塗寶墖，每墖四片，合成其形方。

泥金鉢 花大如盂泥，金色、中室捲邊，絶似佛鉢，此山東新種。

花間托鉢見泥金，度入松□氣量深。舍衛大城齋食畢，清風朗月貯禪心。

柳線垂金

千絲萬縷撚黃金，欲挂斜陽軟不禁。却憶門前垂五柳，嫩春時節罩花陰。

金鳳舒翎 山東稱金鳳翎，鎮江名金鳳舒翎，花較參差。

參差屈削幾枝寒，金鳳齊飛散羽翰。似有光華能炫目，漫同凡鳥一般看。

金鳳羽 鳳翎筒瓣，鳳羽片瓣。

金風陣陣逼吾廬，金羽煌煌耀有餘。竹屋紙窓飛不去，鳳陽門上笑當初。

《鄴中記》：鳳陽門上有層樓，安金鳳凰二頭。石虎將衰，一頭飛入漳河。

金紐絲

不借天邊織女機，夕陽墻角美輝輝。金風紐出金絲細，合作秋娘金縷衣。

金絲絡

纖金壓線織花黃，細瓣鈎邊爾許長。恰對茆檐風露冷，一聲聲聽絡絲娘。

金蕉葉

綠天書屋已霜凋，惟有黃花瘦亦嬌。日與詩人對晨夕，西窗不打雨瀟瀟。

金翠盤

蘭陜蕙晦幾銷磨，剩有庭邊夕照多。寫出盤中詩宛轉，翠翹金雀影婆娑。

蘇伯玉妻作盤中詩寄夫，迴旋書之。有云：今之人，知四足。與其書，不能讀，當從中央周四角。

金盤承露花鈎邊，中心瓣尖白色，若承露狀。

漢武求仙未是僊，金莖十二冷淒肰。此花自有生成露，沆瀣何曾乞九天。

金盤托桂

盤盂一一鑄黃金，猶恐黃金色不深。昨夜和盤俱托出，廣寒丹桂簇花心。

金盤托荔枝河南種，黃瓣紫心，結毬如托荔枝，逐層開放，邊管中抽絲下垂。

果是楊妃性所耽，星毬綴玉紫綃函。金盤慣獻三秋景，萬里無須貢嶺南。

金盞銀臺外瓣尖白色，中筒瓣鵞黃。

盞盂重疊狀疑真，黃白交輝艶絶倫。高士不貪偏有象，先從花氣識金銀。

杜詩：不貪夜識金銀氣。

金孔雀一名金縟菊，花大四寸。初開金黃，後赤黃。

金縟開成色淺深，編門孔雀到花陰。錦屏風底誰能射，目炫黃金又赤金。

金芍藥一名寶相，氣香，瓣濶，愈開愈黃，譜稱菊中極品。

花高瓣濶氣生芳，寶相金容簇艶光。我亦將離離不得，一番秋染一層黃。

金菊對芙蓉一名二色楊妃，多瓣，淺紅、淡黃，兩朵叓出如金銀花。

二色楊妃黃粉容，宜歌金菊對芙蓉。曲譜中有金菊對芙蓉調。傲霜枝上霜能拒，奇絶仙姿兩面逢。

金刀破夕陽

夕陽一片影空濛，剖出金刀縷縷紅。豈爲郊原留武備，花神命爾戰西風。

金如意

非玉非犀迥出羣，黃金如意捲斜曛。清風自爾資談柄，香氣何須擁握君。

《杜陽雜編》：李訓講《易》頗叶上意，上賜以辟暑犀如意，訓謝。上曰：如意足與卿爲談柄也。《清異録》載：香如意爲握君。

金輪花大而疎，中心團結，外筒到梢如車輪肰。

放大光明寶相完，漫從天冊紀長安。斵輪豈出凡夫手，請向扶桑影裡看。

天冊金輪萬歲，武則天年號。文丞相詩有「扶桑影裡看金輪」句。

金萬鈴花多，筒瓣，瓣口六出，如小金鈴。

誰將小鐸鑄瓏玲，密比花心暗自聽。似恐秋閨嫌寂寞，晚風細碎響金鈴。

金鎖口深紅，千瓣，週邊黃色如鎖口，亦名金錦鱗。

錦鱗開拆艶秋陽，笑口無心慎括囊。何日偷窺金鎖闥，紅英朵朵學金鑲。

金連環

差將艶飾傍珠鬟，宛轉相當月子彎。一自金風團鑄就，更無人會解連環。

金玲瓏

秋老黃深見幾枝，金玲瓏好勸金巵。就中虛實參難透，惟有檐前月影篩。

玉玲瓏火如盂，外瓣微紅，中心純白，鈎尖，玲瓏如琢玉。

鈎心鬥角有天工，玉椀高擎萬竅通。憶得捲簾人獨坐，花玲瓏映月玲瓏。

玉連環

此種莖柔花重，非用細鐵絲纏紐難見花面，予家向有此種，爲諸前輩所珍賞，今不可得矣。

無瑕大璧出南邦，誰鏤連環映瑣窗。秖許星娥偕月姊，花間弄影一雙雙。

玉鈎

如環似玦寶光浮，細抱花鬣卷素秋。引起十年鄉思緊，玉鈎斜畔夢揚州。

玉龍爪

秋入衡門素影添，依稀鱗甲隱茆檐。玉龍本自難窺測，未露全身但爪尖。

玉獅子

鬌尾髟髟出大秦，花肥瓣濶狀來真。天工別具馴獅手，萬鎰翻疑使玉人。

雪獅子

怎將神獸寄人籬，六出花添素影披。怪底詞場人學步，後庭也唱雪獅兒。

雪獅兒，詞調名。

雪縧

未到嚴寒雪滿縧，素心人見想孤高。角巾鶴氅逍遥履，倩汝垂垂束道袍。

白牡丹

蒹葭擁徑百花殘，隱士招尋看牡丹。一捻脂紅無覓處，沉香亭北雪漫漫。

寒光一品通州舊種。

花之一品壓南江，凜凜寒光逼素窗。每與寒梅鬥冰雪，晚香隊裡更無雙。

此種與瑶臺月開遲而耐久，家君每善護之，留至正月，與紅緑梅作几玩也。

瑶臺月亦通州本種。

瑶臺冰鏡忒高寒，挂向茅檐印粉丸。清澈何分天上下，花容月貌一般看。

大銀環山東多有之。

門掩雙扉兩兩敲，俄驚新月挂南郊。霜華落處銀光大，不下罏錘影亦交。

銀盆大瓣如盆，中多筒管，如細銀鈴。

一圜空影貯冰菟，點破秋煙夜有痕。萬顆銀鈴摇素彩，西崦恰對月如盆。

銀盤

銀盤小不比銀盆，也有瑩凝傲骨存。磨洗露華饒野趣，好盛苜蓿餉紫門。

銀盤托雪

銀盤已自比銀蟾，況復當心雪影添。應似晉人清品格，就中清絶有陶潛。

銀鳳尾花中細翎，管長短三層，與碧琉璃相似。

差池鳳尾掠花茵，長短三層一色銀。儻見齊王書諾字，應將飛白悟前身。

齊江夏王鋒五歲時，學書鳳尾諾，一學即工，高帝悦，以玉麒麟賜之，曰麒麟償鳳尾也。

銀鶯尾花不甚大，中心白瓣，高翹如尾。

秋光明浄降銀鶯，尾影高翹出色看。王母騎來人不見，萬條銀燭夜光寒。

銀佛手

汝等觀吾金色身，云何此手復爲銀。須知寶相都無定，悟得銀函亦解人。

《指月録》：世尊於涅盤會上，以手摩胸告衆曰：汝等善觀吾金色之身，瞻仰取足。

銀芍藥一名瓊芍藥，初淡黄，後白。

竟同婪尾不争差，閃閃銀光疊九華。銀管題詩增逸興，殿秋時節殿春花。

銀虎鬚

山中豪氣有如無，嘯谷生風到座隅。素影鬑鬑銀燭映，詩人對爾撚吟鬚。

《樂府》：鬑鬑頗有鬚。

銀蟹爪

霜沾竹簖身無跡，月照銀沙爪有痕。幾度不曾尋蠏舍，一般猶自入蓬門。

銀撚線

初含蓓蕾帶微黄，撚出銀絲爾許長。紅線不來春信杳，聊將素影繫斜陽。

仙鶴毛

瘦羽褷褷矯軼羣，任他粉本不如君。王恭披氅渾相識，一叚儛風吹駕雲。此種極參差踈放，管瘦細至梢不破，望之若仙。予家向有此種，今亦無之，惟見白鶴毛，遠不及也。

白鶴毛

瘦影花摇月影高，胎禽骨相比仙會。吹笙人去緱山冷，自向霜天刷羽毛。

鵬翅

大翅驚如北海鷗，身雖棲隱勢飛騰。若教得假摶風便，直上瑶臺第一層。

鷺鷥毛花如茸毛，中心翹起，似鷺鷥頂。

鷺鷥頂上拂秋風，毛羽雖長色相空。兩岸蘆花飄似雪，翹翹想立月明中。

大鵞毛花大於鵰翅，徑可六寸許。

書罷黄庭挈爾歸，何時相約伴柴扉。蕭齋無酒人無賴，羨爾横空似雪飛。

鵞兒黄

簷前無復鶯呢喃，花染鵝黄態不凡。五美圖中推上色，多應莫辨女兒衫。

魏鍾會賦菊有五美。

太史黄花大、枝短、黄色，明麗。

低枝容得幾層花，蔀屋遷移太史家。仿佛老臣深夜坐，挑燈視草拂黄麻。

蒼龍啓蟄花蒼黄色，枝高大過人頂。

盤空天矯發高枝，宛似蒼龍起蟄時。仰面看花花不語，想因不肯寄人籬。

東籬獨步花淡碧而韻甚。

停雲浴碧見清真，未許羣芳步後塵。此種應推霜下傑，籬邊徙倚更何人。

「卓爲霜下傑」見陶詩。太史黄以下三種，皆膠萊間産。胡升巖學博，爲予言之。胡，膠州人。

碧螺春徐州種。

春山如笑遠煙和，似有疑無隱碧螺。欲借春光染秋色，水晶簾底畫雙蛾。

碧琉璃花碧色，中層細管疊出，管梢破作六出花。

輕雲一片細鑽研，玉琯參差籠碧煙。一管一花皆六出，琉璃世界幻三千。

翡翠盤

批風抹月露華團，嫩緑鋪來翡翠般。此品如登青玉案，誰人更賞赤瑛盤。

翡翠蓮臺

漫同翡翠戲蘭苕，幻出層臺映碧霄。方外有人分惠好，妙蓮花頂挹清標。

兗城二郎廟僧盛林贈予盆菊，凡八種，以碧琉璃、翡翠盤及此種爲最，□玩兩月。

緑玉含珠曲阜有之。

何處飛來萼緑華，盈盈曳曳美窓紗。圓旋方折含情重，珠玉分明是一家。

綠芙蓉與清霧蓮俱南種。

嫩綠裁雲淡若無，疎枝净植起平蕪。青蓮居士如相訪，五柳村邊滕五湖。

清霧蓮花似鐵線蓮。

不同荷葉怨霜殘，碧玉迷離瘦影寒。本是此花清若霧，況將老眼霧中看。

雨過天青徐州種。

者般顏色更清幽，雨過天青在上頭。我欲渾融無辨别，柴窑瓶供一枝秋。

柴世宗愛造瓷器，有司奏請顏色。世宗批其本云：雨過天青雲破處，者般顏色着將來。

水天碧

蒼波浩淼拍長空，斷岸疎籬一色同。繪出蔚藍天更好，芳名宜號碧翁翁。

晉出帝不善詩，其咏天云：高平上藍碧翁翁。

青山挂雪上二種曲阜有。

花光簇簇擁青鬟，素雪飄零杳藹間。籬畔有人凝望眼，悠肰幾不見南山。

秋江月江南種。

花容净白望盈盈，净綠團心不變更。月點秋波波映月，錢塘江上看分明。

淡雲籠月大白瓣，近中處微黄。

淡月微黄籠淡雲，枝頭惟覺氣氤氳。此花此景難描寫，小院無人盼夜分。

近在滋陽劉茂亭家始見此種，清遠無匹。嘗題句：輕黄疑有暈，淡白欲生煙。即謂此。

小樓夜月初開微紅，漸開漸高，色白逗出黄心。

小樓紅淡夜光澄，樓子花開一片冰。此際看花兼看月，登樓人與月同升。

月下白一名玉兔華，花青白色如月下。

夕陽西墜掩蓬門，玉兔華生淺淡痕。月下徘徊花一色，幽人瘦影美人魂。

蘸金白白花千瓣，邊有黄暈。

幽居久已却華簪，白水盟心俗不侵。秖有花光頻蘸影，金烏送上一鈎金。

喜容一名御愛，中黄，暈淡，欣然似有喜色。

花容一笑暈生香，嬌額塗黄學漢粧。贏得大家稱御愛，無愁天子莫愁娘。

陳後主自號無愁天子。

添色喜容一名都勝。出陳州，面黄背紅，初黄暈後紅暈，中高如蓋。

芳名都勝出陳州，暈轉紅黄笑靨浮。添色裝成憐喜佛，不教宋玉賦悲秋。

桃花面粉片瓣，近中處微帶黄影，兖州佳種。

月様容華雪様肌，輕黄淡粉襯燕支。桃花兩頰秋煙裏，細想崔娘靧面時。

北齊盧士琛妻崔氏有才學，春日以桃花和雪，與兒靧面，咒曰：取紅花，取白雪，與兒洗面作光悦。

醉春容

花從冶淡見春容，薄醉還看態欲慵。豈爲秋涼斟卯酒，腮邊泛暈一重重。

顏秋艷銀紅，筒瓣，邊稍白。

秋水蒹葭半已蒼，佳人空怨薄羅裳。秋娘老去春情重，背立西風理艷粧。

藐姑仙瓣薄，而色瑩白如仙。

清於冰雪淡於煙，姑射山頭意藐肰。怳向成都探石室，菊花娘子菊花仙。

漢文翁石室内畫一女像手持菊花，號曰菊花娘子，亦稱菊花仙，士人祈禱，頗有靈應。

麻姑爪花瓣細而淡白，尖梢帶粉紅，此萊陽種。

花光净極粉痕添，指爪香生尖上尖。艷説麻姑擘麟脯，蔡經曾見玉纖纖。

粉西施

石隱風清絶點塵，也將紅粉贈佳人。夷光此日春生面，無復東施更效顰。

西施名夷光。

醉西施

吳苑秋荒蔓草多，一枝猶見醉顏酡。紅粧曼舞嬌無力，不似當年浣苧蘿。

李詩：西施醉舞嬌無力。

黄西施嫩黄色，以上三種見舊譜。

瘦到西施亦耐看，嫩黄微怯玉肌寒。銷䰟更有人相比，簾捲西風李易安。

李易安詞：莫道不銷䰟，簾捲西風，人比黄花瘦。

西施晚粧

卸罷新粧又晚粧，天肰眉目好端詳。花䰟一搦無拘束，絶代人思響屧廊。

楊妃出浴

綽態柔肢玉雪膚，怕風吹倒侍兒扶。此花領畧楊妃趣，何必真看出浴圖。

醉楊妃隨處有之，《羣芳譜》云：色深，桃紅，柄弱。

英可餐時色可餐，夕陽籬落憶長安。楊妃酒醉腮添暈，不獨君王帶笑看。

憨太真色淡而韻，石渚有此名，其濃艷者爲醉楊妃。

竹籬茆舍豈無情，韻極翻疑憨態生。似醉如癡描不就，可人風致入華清。

淡掃蛾眉花細管而長，淡冶蕭疎，綠心不變，通州種，勝老君眉。

絶無粉黛有天姿，虢國夫人上馬時。五十年前花事杳，有誰搦管寫蛾眉。

此花今亦無之，憶幼時家中多菊。謝石農老人尤愛此種，爲作畫圖。其自題云：無端饞老眼，搦管畫蛾眉。已不覺五十餘年矣。

藕絲霓裳

花擬姮娥月裡粧，藕絲細巧織霓裳。黎園弟子如偷眼，不話羲皇話上皇。

羽衣霓裳與上種俱兗州有，此更參差不齊。

霓裳舞動羽衣垂，影落秋籬花效之。想像廣寒奏三疊，晚風吹度玉參差。

姜白石詩：倚窓閒品玉參差。

美女宫粧

何必長洲與若耶，内家粧束起田家。明璫翠羽風神逈，雅合名呼帝女花。

菊亦名帝女花。

美女桃腮

小白長紅露井開，佳人含笑臉相偎。臙脂一抹皆天賜，趙女腮耶越女腮。

小白長紅越女腮，天賜臙脂一抹腮俱唐句。蓮花泛水艷如趙女之腮見《昭明太子錦帶書》。

換新粧

交光接影手摻摻，珠翠叢中發錦函。叠換新粧不同樣，杏黄衫又杏紅衫。

碧桃紅

青女飛霜色相空，何時匀染靚粧紅。碧桃省識東風面，惆悵崔郎夕照中。

細雨飛紅粉管細弱，淡紅點梢，花極韻秀。

點點飛紅淡若無，蕭齋見有幾枝扶。雨絲風片斜陽裡，繪得南郊入畫圖。

滋陽南境孫氏店間邱霜湖秀才善鼓琹蒔菊，予過訪之，見此種尤佳。嘗贈句云：琹聲風裡聽，花意雨中參。

出水芙蓉

濯濯丰姿挹露妍，芙蓉出水想天肰。若教五柳先生見，不待濂溪説愛蓮。

粉荷蓮

貌似蓮花本不分，荷殘誰與對斜曛。六郎自傅何郎粉，掩映踈籬更出羣。

粉蓮臺

疊玉搓酥粉澤鮮，秋窓人静漫逃禪。蓮臺費盡臙脂染，不坐金僊坐女僊。

桃紅鳳尾

秋老花濃興不孤，丹山有鳥下庭梧。尾長猶帶桃花影，不羡人間五客圖。

唐李文正命畫白鶴、孔雀等，爲五客圖。

大紅孔雀毛色如山丹，花瓣亦丰茸流艷，紅菊之冠。

江南異種得東洋，孔雀開屏毛羽張。此是真紅無上品，扶桑流艷到柴桑。

凡菊之大紅者近紫，此真紅也。通州興仁鎮王玉泉愛菊成癖，于嘉慶十五六年春間訪菊苗於浙，購得異品，以大紅孔雀毛及大紅孔雀爲最。

大紅寶珠

火齊珠紅未可懷，碧雲鼓裡好安排。寶光自燭高賢宅，莫比香奩綴鳳釵。

大紅繡毬一名紫骨朵。先紫後紅，明潤如榴子，開徹成毬。

簇繡攢紅綵暈浮，花如榴子復如毬。春風小陰秋煙裏，曾倩傍人認也不。

唐詩：春風小隊打紅毬。宫詞：笑倩旁人認繡毬。

大紅蓮

隱逸何殊君子風，丹砂濃染費天工。爲憐映日無奇彩，浄植叢中補大紅。

硃砂塔初開似黑，漸高漸紫，項上紅色如硃。

浮圖頂上潑丹砂，紫黑光中一縷霞。若把濃華配清冷，除將雪塔更無花。

硃砂碇此嶺南種。

紅擬丹砂錠子鮮，秋來借得露華研。斜陽院宇無人到，願供仙真點内篇。

萬點硃砂此江南種。白管細而紐，瓣梢硃點大。

勾漏飛來萬點圓，庭前小玉紫含煙。栽培雖藉陶高士，研煉還憑葛稚川。

昔在石渚許公時卿家賞菊，拈得此題，曾有句云：子晉吹笙斜染絳，麻姑擲米捻成丹。餘不復記憶。

硃砂萬點此山東種，粉管直放，硃點不大。

辰砂原不入紅塵，花管輕沾萬點匀。恍似論文逢得意，密加朱筆顯精神。

落紅萬點似硃砂萬點，點成藕色似落紅，尤韻。

一路尋芳踏燕泥，落紅成陣淺深迷。閒庭小院無人掃，留與秋英入品題。

黄萬卷書

功深黄卷數家珍，如對紛綸井大春。坐擁百城香不絶，花神從此號經神。

井丹博學高論，時人語曰：五經紛綸井大春。《李謐傳》：丈夫擁書萬卷，何假南面百城。

紅萬卷書

一燈紅照愛吾廬，花裡頻看萬卷書。玉軸牙籤交掩映，縹緗儘彀讀三餘。

朱衣點額太倉有之。

白屋掄材入玉堂，朱衣點額暗生芳。請看散艷飄紅處，不比梅花點壽陽。

泥金報捷筒瓣、泥金色，梢帶紫䌽，有光彩，兖州佳種。

果肰真味出書香，異彩驚看溢畫堂。暢好花前人飲酒，泥金帖子報重陽。

狀元紅花重紅，瓣濶而短厚，明艷有致。

第一人將雁塔題，飛光遥指日輪西。此花紅艷應無匹，十里香雲襯馬蹄。

紫魁

短短疎籬闢草萊，晚香也自占花魁。神僊紫府高難接，不在毓華徑裡開。

紫日精花大如椀，色比玫瑰，種出嶺南。

南海珍傳紫日精，審來端的是佳名。玫瑰艷發秋陽裡，憶否當年産背明。

馮子阜明府言嶺南有之。按《拾遺記》：背明國有紫菊，謂之日精，一莖一蔓，延及數畝，味甘，食者不飢渴。此猶沿倣古名也。

紫金冠

金光紫氣簇團圞，弁冕花曹作大觀。任是閉門稱石隱，也教籬下一彈冠。

紫袍金帶花有頂似亞胥葫蘆，胥繞黄蕊，開徹黄蕊不見，簇成紫毬。

紫袍浥露有光輝，胥束還添金帶圍。比似朝廷徵隱士，緋魚乍錫出彤扉。

紫綬金章

紫綬紆將雲糺縵，金章挂向日曈曨。雖肰富貴超凡品，終有逍遥林下風。

紫瓊環

西風細鏤紫雲英，疊艷浮光照眼明。宛轉迴環環不盡，持來好贈葉瓊瓊。

葉瓊瓊，名媛，學仙者。

紫霞觴

花前更進紫霞觴，玉液金波若箇嘗。倘向青蓮索詩句，此中合貯紫霞霜。

《雲仙記》：李太白遊慈恩寺，寺僧乞新詩，白爲題訖，僧獻檀香筆格、紫霞霜。

紫鸚鵡山東稱紫鸚鵡，江南名鸚鵡紫。

翅羽從今拂紺霜，紫衣非復雪衣娘。花間有伴能言語，欲賦閑居倩謝莊。

淵明有《閑居賦》，謝莊有《赤鸚鵡賦》。

紫燕雙飛一名雙飛燕。淡紫，千瓣，每花有兩心，斜開，捲如飛燕。

同心側翅掠斜暉，王謝堂前舊紫衣。秋興雖闌花信在，枝頭成隊作雙飛。

紫燕飛霜

紫鷰歸來秋事深，嚴霜幕地曉寒侵。烏衣巷口槺櫳閉，錯認楓林作杏林。

紫松針其類有黄松針、銀紅松針之屬。

三徑雖荒有舊蹤，穿雲剌月一重重。紫姑拈得金針巧，不度青松度赤松。

紫虎鬚

花間假虎不同羣，鬚影垂垂半紫雲。捋亦無妨攖亦敢，山人有伴是山君。

紫蟹爪

紫蠏初肥酒亦嘉，持螯坐賞竹籬斜。忽驚席上零星爪，化作枝頭映日花。

紫剪絨剪絨有黄、白、紅、紫四種，譜稱紫者爲勝。

小巧花開縷可纅，紫絨艷奪赤霜袍。天工裁出圓光膩，也倩秋風作剪刀。

徐家紫

牡丹魏氏此徐家，姹紫超羣冠物華。人不知名花有姓，一般傳誦到天涯。

魏紫，牡丹名。今菊有沿稱魏紫者不合，惟徐家紫明艷耐久，爲兖州紫菊之冠，它處皆艷稱之，或改名一品朱衣，轉失其舊。

玉堂春

瘦極偏宜着色鮮，陽春寄在竹籬邊。玉堂明艷渾如畫，忘却霜飛九月天。

玉樓春

玉樓春憶牡丹紅，莫訝名同實不同。近日名園摇落甚，全憑後勁殿秋風。

杏林春色

冰綃絳蠟曳春光，秋盡何來碎錦坊。我向柴桑村裏住，恍肰重入午橋莊。

裴晉公午橋莊上有文杏百株，其處立碎錦坊，見《異景録》。

粉蝴蝶徐州種。

秋老花殘換幾番，枝間蝴蝶尚翩翻。粉香細撲霜華冷，一枕西風夢漆園。

粉雀舌其類有金雀舌、銀雀舌之屬。

玉椀曾呼雀舌茶，又添幽致入窓紗。何時偷啄粧臺粉，唾出枝頭一片花。

古佛蒲團

古佛無言萬慮空，蒲團打坐證秋風。東籬幻作西天竺，盡在燃燈一照中。

釋典有燃燈古佛。

椶蒲團

團圞影入梵王宫，花似編蒲色似椶。海衲芒鞋人比稱，安排説法請生公。

四面佛花紫，重樓，四面交撑作三截，逐層開放。兖州有之，譜亦名鴛鴦錦。

選佛場中此異觀，重重紫䌽湧旃檀。沿籬直接南山路，四面人來四面看。

醉菩提

菩薩低眉泥囗漿，晚香如載麴車香。陶公不用攢眉去，蓮社於今亦醉鄉。

遠師勉邀陶淵明入蓮社，淵明見社中無酒飲，攢眉而去。

蓮座堆金花高大，黄瓣，密抱起樓子，此通州種。

寶光鱗次起蓮臺，蓬户無端金作堆。見説金人長丈六，此間遮莫坐如來。

沉香寶座

海南異産色纁黄，露葉風條欲傲霜。一自瓌瓏成寶座，沉香不斷冷香香。

白佛座

色相空明玉一團，風幡雪氅想清輝。重陽送酒人相視，恰好欣肰對白衣。

佛手放初開只放一二瓣，餘俱卷曲。此家中舊種，與黄佛手不同，今無。

妙諦含於放不全，兜羅幻色影宜偏。愛吾廬畔人枯坐，悟到天龍一指禪。

茄藍袈裟

花中奥妙與禪參，斜搭毶毿佛一龕。色借茄藍深意在，塵囂絶處悟伽藍。

内典袈裟字作毶毿，蓋西域以毛爲之，一名無塵衣，一名逍遥服。《魏志》：伽藍净土，理絶囂塵。

舊朝衣一名舊朝服，兖州有之。初殷紅，後木紅。《羣芳譜》亦稱海雲紅。

不辨紅綾與紫綃，宫袍檢出黯魂銷。自從彭澤抽簪後，無復垂紳侍早朝。

素娥

姍姍仙骨曳冰羅，不號金娥號素娥。耐冷最宜伴青女，枝頭占得月明多。

紫娥上二種花小。

紫娥明艷逞丰神，野色秋容態逼真。大抵佳人多愛紫，紫煙紫玉悟前身。

袁紫煙，隋煬帝宫人。紫玉，吴王夫差小女，慕童子韓重而死，作紫玉歌。

醉六郎

綽態酣容映畫屏，可人風韻勝娉婷。六郎自醉淵明酒，一任西風吹不醒。

古色蓮俱兖州種。

似此蓮花不計年，獨將古色歷秋煙。無絃琹畔坐相賞，古貌古心人闇然。

二色蓮譜有此種，僅二寸許，今則大可五寸，黄瓣如勺，瓣中紫燄光彩。

名花艷極忽交光，二色蓮開紫閒黄。似比同心蓮更好，雙雙欲襯錦鴛鴦。

火金蓮通州種。

秋空湧出火金蓮，縷縷金煙罩紫煙。丹到成時風骨迥，看花人亦地行仙。

蜜瓣荷花通州種。

瓣裁蜜蠟異紅粧，留得荷花晚節香。別有秋容綻秋日，莫愁風露捲銀塘。

蜜瓊環兖州種。

瓊華挹露幾重彎，絶勝彄金作指鐶。豈有芳心甜似蜜，引人秋興日迴環。

垂絲瑪瑙如皐種。

瑪瑙纏絲亦解垂，不煩鏤刻自離離。劇憐弱細光難定，露冷霜凝月墮時。

《格古要論》：瑪瑙有紅白雜色如絲相間者，謂之纏絲瑪瑙，價貴。

蕅絲纏光通州種。

縑素之中着色微，蕅絲縈繞美光輝。柴門未有佳人雪，纔向金風冐夕暉。

象牙毬花豐碩，初黄白，後牙色，簇成毬。

花開毬子不争差，非白非黄鏤象牙。萬軸牙籤相映處，寶光分出鄴侯家。

沉香毬廣州種。

不用絲纏五色交，沉香密裹出花梢。天人美綵尋何處，剩有封姨月下拋。

李詩：天人美綵毬。

大金毬金黄千瓣，瓣反成毬。

簇彩團黄寶暈浮，大金毬勝小金毬。三郎去後誰拘管，拋入疎籬夜不收。

八稜毬大紅色，初開八稜，曲阜種。

蹴踘花塲逐曉風，一團光艷八稜紅。愛他一捧皆盂八，采色争誇韓魏公。

盂八，蹋踘采名。韓魏公弱冠應舉時，夢打毬一捧盂八，是年登第。見《青箱雜記》。

錦繡毬初殷紅，後鮮紅，漸作紅黄。瓣濶而短，其花抱蒂。

製錦成毬帶露漙，花神撲打艷秋欄。雖非玉鎣金鎚地，也作瑚文寶杖看。

蔡孚《打毬》篇：金鎚玉鎣千金地，寶杖瑚文七寶毬。

木犀毬即黄繡毬，江南呼桂爲木樨，字本作犀，謂木之文理如犀。

結廬人境作毬塲，金粟穿成簇簇黄。不爲閨幃加艷飾，要人聞得木犀香。

黄山谷遊龍山，晦堂和尚問吾無隱之義，詮釋至再，不然其説，公怒形于色。時桂香滿院，晦堂曰：聞木犀香乎？曰：聞。晦堂曰：吾無隱乎爾。公欣然領解。

水晶盤

信是雕成南水晶，花光一片湛空明。五辛味美全無着，我有清風借爾盛。

《潛確類書》：南水晶白，北水晶黑。

出爐金金紅，千瓣，如爐金出火。

千瓣花紅似附炎，看來忘却曉霜嚴。爐金出火渾相似，寶燄騰於紫燄尖。

出鑪銀譜有之，一名銀紅西施。藥寶色，瓣厚大，初微紅後蒼白。

膚金在冶有容姿，分向藥曹見幾枝。活色寶光看莫定，令人想像出鑪時。

膚金謂銀尤射，云乞膚金于我。

南出鑪銀此種初見於兖。細白，瓣紫，梢甚長扭成尖餤，與譜異。人云南種。

粉絲抽出爛如銀，紫餤纖長縷縷勻。造化爲鑪剛就範，此花嬌冶更無倫。

水天一色

秋水長天有是夫，霜容净盡見真吾。何爲天色何爲水，欲辨忘言淡到無。

霜天曉日俱兖州有。

淡到無痕復有痕，霜天曉日醒花魂。門開却射曈曨影，秋色先歸栗里村。

夕陽返照徐州種。

西崦向夕隱巉巘，花影猶隨返照銜。一叚迷離難畫處，斷紅瑣碎漏松杉。

落霞通州種，日中如舊帽纓，燈下紫餤。

赤城標起朝無色，絳帳燈明夜有輝。花號落霞宜晚景，曾隨孤鶩一齊飛。

平分秋色即二色西施。

秋到人間説短長，或云色白或云黄。花枝妙在平分剖，漫笑徐妃半面粧。

譜稱一名紅二色，白二色，黄二色，花可三寸，開最久。初開數朵淡紅，數朵淡黄，迥然不類，開徹成淡桃紅。今亦有黄白二色不變者。

二喬

深淺花容判二喬，秋來一見一魂銷。霜飛銅雀臺邊瓦，那怕春深鎖阿嬌。

劈破玉每白瓣中有黄線，界而爲二。

庭前疊疊起瓊華，界破黄絲幾道加。一二還成二而一，由來此玉本無瑕。

合懽金一名鴛鴦菊，小朵，黄花，花皆竝蒂。

朵朵金裝兩髻丫，合懽盃憶舊繁華。同心蓮謝秋籬艷，更看枝頭並蒂花。

縷金粧深紅，千瓣，瓣中俱有黄紋兩道。

花開絳玉艷黄昏，縷縷金絲細有痕。合唱當年金縷曲，晚粧樓上勸金罇。

大金錢如折二錢。

莫向花間戒漫藏，精鏐有様鑄函方。春光買斷秋還買，十萬金錢栲栳量。

精鏐金也。「半夜光滿屋，潛知是精鏐」，孔武仲詩。栲栳量金買斷春，亦唐人句。

銀紅蠟瓣瓣厚有光，通州亦有。各色蠟瓣與譜同，不具咏。

花間撥蠟寶光嵌，奪目流輝訝不凡。合伴幽閨小兒女，研花綾子退紅衫。

退紅即銀紅色。

燈下臙脂徐州種。

弄粉調朱暗自猜，柴關人静數枝開。燈前瞥見臙脂顯，紅拂宜呼薛夜來。

老君眉似淡掃蛾眉而踈放。

養氣還精歷有年，雙眉蕭颯轉飄肰。青牛函谷難尋訪，花裏新除玉局仙。

《高士傳》：老子好養精氣，時號隱君子。《彭城記》：李老君至此，有局脚玉牀自地而出，老君昇坐與張道陵説南北斗經，故名玉局。陸游詩：黄紙新除玉局仙。

壽仙眉白瓣細尖，拳曲如眉。

南陽甘谷制頹齡，曾共秋郊見壽星。煉得長眉霜影重，笑他黄葉怨飄零。

陶詩：菊解制頹齡。

粉壽眉似壽仙眉，有粉色花，耐久，大雪時猶盛開。

風霜歷劫粉痕鮮，雪裡蛾眉犯雪妍。女几山頭頻對影，不延年者亦延年。

《山海經》：女几之山，其草多菊。

雁翎秋

江南塞北路悠悠，鳥影花光一色秋。望斷衡陽音信杳，幽人和月上西樓。

黄鶴毛

黄鶴升天事有之，名花對照影離披。欲將陶令籬邊景，更乞崔郎樓上詩。

紫鶴翎

鶴傳四色入圖經，元白蒼黄各異形。花影蹁躚添紫艷，陸機詩疏補風翎。

陸機《詩疏》鶴有元、有白、有黄、有蒼。

灰鶴羽初開灰色，久亦白，以上四種兖州有。

漊娑瘦羽形如鶴，黯淡幽姿色似灰。觧識此花真面目，要看初放未全開。

寒鴉點雪甘肅種。

瓊枝裹雪失藍關，憑仗寒鴉幾點斑。我聽友人談異品，甘州古寺米倉山。

白翎管，尖梢有黑點。齊東少尉陸春舫言幼年在甘肅米倉山古寺中見有此種，寺僧寶之，有竊去者，甚至成訟。

銀龍捲尾

銀光交迸入花田，夭矯盤空素影懸。尾大何曾虞不掉，白雲堆裏捲秋煙。

赤龍卧雪

冰天雪窖有龍潛，花影紛揉如是觀。未到爲霖舒赤甲，也曾高卧比袁安。

雪蓋朱簾

朱簾艷影射房櫳，素雪穿來狀不同。恰似此花看不定，日瓏瓏又月瓏瓏。

臙脂蓋雪

傅粉施朱兩色宜，一層清素一層脂。籬邊淡極生風韻，笑看紅兒偎雪兒。

雖陰官妓杜紅兒美貌慧悟出羣，羅虬作《比紅兒詩》一百首。李密愛姬雪兒善歌舞，每見賓客詩詞藻麗者，即付雪兒叶音律歌之。

紅罏點雪千葉，紅瓣，整齊中有白點如雪。

獸炭紅罏破寂寥，花心轉帶雪花飄。紅鹽白雪歸同調，不逐寒隨九九銷。

臨風舒錦花四寸許，黄紫碧色，參差重疊，如舒錦，兖州佳品。

黄瓣梢頭點點硃，中心紺碧帶金鋪。西風吹出光明錦，摇曳柴桑作畫圖。

洛陽錦江南佳種，山左亦有。

洛陽三月花如錦，成句。織到深秋錦益奇。從此頓教增紙價，又添彭澤寫新詩。

襄陽錦

花間製錦擬襄陽，小朵重輪五色章。恍見襄陽大堤女，香羅玉佩轉鳴璫。

北魏樂府《大堤女》：寶髻耀鳴璫，香羅鳴玉珮。大堤諸女兒，一一皆春態。

十樣錦一本開花形模各異，或單瓣或多瓣，黄白紫六七色不等。

柔枝密朵不同科，各自分裁各色羅。不見此花開十樣，秋光那覺十分多。

錦心繡口外大瓣，深桃紅，中筒粉紅，筒口黄暈，爛如錦繡。

錦心抽出條條玉，繡口縈成縷縷霞。日坐花間觀彩暈，頓教斑管亦生花。

鶴頂紅

未見皐禽暗有形，殷紅吐艷冠霜翎。此花雖小非凡品，朱頂曾傳相鶴經。

《相鶴經》：鶴之上相，瘦頭朱頂。

雞冠紫

雞冠花謝見雞冠，欲與詩人另眼看。染到五更霜更紫，滿園絳幘屬秋官。

小玉

霍家小玉賽羣芳，學得幽姿粉淡粧。几净窻明盆玩好，莫辭細瑣入中堂。

杜詩：採擷細瑣升中堂。

殿秋黄一名晚節香，一名大蠟瓣花，蜜蠟色，瓣濶微縐，開于秋末。

羅含宅裏叢生見，杜甫詩中兩度開。休向美人悵遲暮，晚香端爲殿秋來。

李詩：羅含黄菊宅。

九華菊白瓣黄心，大二寸半。

昔日陶公愜素懷，九華名在少同儕。白雲一片無今古，常對南山日夕佳。

譜稱淵明所賞，今越俗呼爲大笑。瓣兩層者爲九華，其態異常。香亦清勝，淵明嘗言秋菊盈園，詩集中僅存九華之一名。

甘菊

小朵甘芳性氣和，也堪採摘入詩歌。南陽酈水同延壽，漫誚郇中苦薏多。

陳恂詩：百薏叢中無一菊，范村修譜便淆訛。

清 陸繼輅《崇百藥齋二集》卷四《觴菊》 觴芰傳柑興易闌，尊前風景太清寒。聊將緑豔矜姚魏，幸未虚名附芷蘭。四壁紅羅圍綺席，一簾紫霧擁雕欄。此時愁絶陶彭澤，衰柳蕭蕭倚杖看。

清 王培荀《寓蜀草》卷一《買菊》 九月未隕霜，石徑滋苔蘚。藝菊素憚勞，枝葉費剔翦。老圃頗幽閒，種植逾九畹。秋來齊放花，紅白雜深淺。擔負向市頭，紛披待客選。嗟彼高潔姿，塵囂未能免。猥辱賣菜傭，帶露泣猶泫。我見每低徊，不惜將衣典。階墀妥位置，幽韻一朝顯。軒昂頭屢摇，困蘇葉猶卷。耐久得良朋，相遇何辭晚。

清 張澍《養素堂詩集》卷一三《入蜀集上·移菊》 我無屈原憤，而有陶潛愛。愛此葳蕤花，清姿世無輩。官廨殊少佳，探求擔荷内。插之老瓦盆，的皪妍多態。移之古墻根，爛漫紛可對。繞籬自成叢，緑階儼分隊。黄如金千鎰，白如珠百琲。紅如山鞨靺，紫如海瑇瑁。繁英次第開，攢蘂高低挂。摇曳動商飆，鮮潤受沆瀣。陵霜或議傲，向月又疑背。秋客獨自擎，晚節定鮮穢。一束助彭籛，滿頭謝粉黛。素笑梅巡檻，忘憂萲樹背。采之欲遺誰，盈尊聊自酹。蠻天氣候殊，暑煩寒亦欬。珍惜婉孌枝，毋令荆棘礙。

清 陸應穀《抱真書屋詩鈔》卷四《種菊》 久客歸來身暫閒，無人鎮日掩柴關。三春陰雨渾難定，滿眼繁華欲盡删。攤飯不妨眠北牖，荷鋤長自對南山。黄花好種乘時種，待得秋風幾日閒。

隙地新開祇數弓，疏籬編好護花叢。憐他生意逢春盛，尚有孤標與我同。移得靈根方浥露，帶來秋氣自禁風。衆芳莫與争顔色，晚節相看霜雪中。

清 吴清鵬《笏庵詩》卷一二《又和小圓五詠·甘菊》 菊種七十餘，花葉並娟好。向來餐英客，多借却衰老。可食實惟二，白者入藥草。花大莖葉粗，歲壓霜籬倒。性味極苦寒，明目可一掃。黄者乃甘和，小綴星星寶。釀酒發秋馥，點茶助春藻。採擷及芳鮮，儲用待乾槁。農經無解人，恨坡亦不道。惟有石湖翁，

爲汝辨之早。

清 吴振棫《花宜館詩鈔》卷七《書農香泉蕙窗小米松如集小羅浮山館看菊》

種菊無閒園，買菊償所好。冷香不出屋，瘦蝶忽飛到。無事日相對，一静息萬躁。晴窗罷午櫛，嘉客儼然造。清談聊肆情，花意亦不傲。置觴相流連，九月落烏帽。

清 許瑶光《雪門詩草》卷九《賞菊》 去年養菊數枝黄，今年種菊滿庭芳。奢心更欲求奇種，那管栽培後日忙。 名花此地被兵蹂，香草離騷楚國稠。兒輩寄來親手灌，憐伊色是故園秋。 澆泉剔蠹曉涼天，僮僕朝朝破早眠。更報南湖倚城曲，蘇州摇到賣花船。 紅花開白白花紅，消息陰陽變幻中。惟有香心終不變，忍霜禁露對西風。 删除蔓艸覺園寛，添蒔僧鞋與馬蘭。一樣霜中能弄色，何妨齊當晚香看。 我是吟詩欲瘦身，天涯長作看花人。花遲轉怪重陽早，留與梅花伴小春。

又《燒燭看菊》 園林蕭瑟正愁人，賴有黄花冷可親。我亦爲花解寥寂，更燒銀燭夜添春。

重陽開到小春時，鎮足秋冬兩月期。花壽本長兼夜賞，圓成香夢慰相思。

青煙香霧漫重幃，省識東籬景象非。莫笑幽人近炎熱，繁華從古出寒微。

又 卷一〇《賞菊》 官閣勝山家，闌闌菊影斜。天開重九宴，人愛暮年花。東海滋朝雨，南湖過晚霞。只憐雍州谷，尚冒戰場沙。

簾捲西風起，秋光好過春。繁華偏永壽，幽艶不迷人。弄影蟲吟月，憐香蝶抱晨。持瓶霜裏灌，冷淡出精神。

朵朵向秋日，誰言性喜陰。栽培一年事，繫戀小春心。楚國離騷富，陶家雨露深。五旬余髮白，狂欲滿頭簪。

葉瘦花非瘦，茶香酒更香。一囊仙藥飽，半枕夢雲涼。那用多錢買，居然遍地黄。山華有霜傑，種莫問東洋。

艶放人争賞，未開誰見憐。編籬遮俗客，掃徑醉霜天。小女愛纖朵，家僮汲冷泉。櫻桃如結實，平地已神仙。

黄金色固重，潔白更宜秋。一洗羣花俗，能消落木愁。功名思戰甲，時序近輕裘。休怨無同伴，芙蓉翠滿樓。

又 卷一三《禾人品菊索詩》 金閶舊有蘭花會，滸墅關前喧暮春。兵後豪家半蕭索，斯會移至黄浦濱。 風流雅集隨繁盛，世間萬事如轉輪。嘉興無蘭且品菊，人與狂花填滿屋。千首詩成白帝秋，一尊酒壽黄金馥。我思春花如伯仲，菊花晚榮如季叔。蒼天留作暮年芳，佳節重陽饒眼福。大塊文章老更成，西風艶與東風争。伊誰品作隱逸侣，只因曾識陶淵明。比讀魏公晚節句，復作地年辛輔評。人生顯晦花何與，問花無語香縱横。君不見老杜抱牢愁，兩開他日淚。小杜肆清狂，滿頭花得意。同對秋光前，悲歡情各異。於今世運轉中興，黄花不傍戰場地。物阜民康庶草蕃，誰復餐英賦憔悴。劉史范胡高沈周，羣稽舊譜求周備。鏤金團玉贊天工，護雨遮風課人事。珍名次第注牙牌，樓前笑對芙蓉翠。而我看花協大同，紫黄紅白無軒輊。不擕供佛不求仙，但把新詩酧一醉。白雲南雁想雄風，逸駕秋潭紹奇思。芳菲入詠本陶情，咄咄歐王争落字。

清 胡鳳丹《退補齋詩存》卷一四《催菊》 風雨滿城花信遲，漫教擊鉢賦新詩。緣何蛺蝶頻窺豔，恐負佳辰九日期。 重陽未見白衣來，莫向東籬酹酒杯。縱使花奴敲羯鼓，黄華有意不先開。 醉飲淵明酒一壺，秋風冷淡着花無。欲從籬下探消息，偏恨門前索欠租。 番風廿四費評量，老圃繁花色未黄。不愛趨時偏愛晚，故留高節傲羣芳。

清 蒯德模《帶耕堂遺詩》卷五《乞菊》 今年南北復西東，欠種籬邊菊幾叢。乞取隔牆佳色到，不教孤負此秋風。 霜英露蕊正紛開，一笑高人次第來。點綴閒階秋爛漫，好花何必定親栽。

清 孫衣言《遜學齋詩鈔》卷二《郡城看菊花》 今春看花東花菴，城南垂柳青毿毿。秋風雙槳櫂湖渌，華蓋山前看黄菊。長安菊花今已繁，白紙坊頭車接轂。八年京洛真倦游，此度爲誰成淹留。豈有佳客同游宴，但數花朵消清秋。湖田霜涼蟹黄出，新篘美酒玉缸活。明朝迴棹演溪頭，窗前但候梅花發。

清 汪士鐸《悔翁詩鈔》卷一《菊甲寅》 春風喜華藻，雕鏤偏花柳。秋風惡其妍，收拾無一有。何期圃中菊，自言受命後。檜柏結同盟，霜露雜然受。肅殺滿天地，斬刈無好醜。兀傲籬下姿，獨享太古壽。頹垣石井月，良儔瓦尊酒。塗丹伴甘橘，研朱綴杞枸。偕子老禿翁，是爲商山叟。

清 李孚青《野香亭集·戊辰稿·燈下對菊》 五柳先生抱羇獨，濁酒沾唇摘殘菊。籬下濃霜雖不凋，愁餘每恨秋光促。晚來葉亂風滿天，破簾短燭人蕭然。桂子黄菁那可採，牀頭孤影聊相憐。長安冬葅緑如竹，但能克腹差勝肉。

塵中得此消煩憂，滿把幽香亦云足。旅途日對如親知，華堂競艷非其宜。張梨梁柿久薦熟，嗟君未免過時悲。

清 林則徐《雲左山房詩鈔》卷二《醉菊》 襟上新霜映酒痕，黄花相對澹無言。南山山下日將夕，恰有白衣人到門。

清 寶廷《偶齋詩草·外次集》卷一《壬庚集·乞菊》 愛煞黄花滿逕幽，腆然卻向主人求。移來韓圃三分豔，借得陶家一半秋。傲骨似卿真可羨，厚顔如我未知羞。特歸偏種疏籬下，索句聊將古誼酬。

又 《訪菊》 正是黄花徧放時，攜笻載酒去休遲。霜中獨立君何傲，殘月下頻來我不辭。蜨戀晚香尋故逕，人隨秋色問東籬。相逢深愧無堪贈，醉把五枝自詠詩。

又 《載菊》 翠葉金英淡更幽，載歸渾忘路悠悠。落花逐步霏村口，餘馥隨人散陌頭。斜照冷挑雙擔影，西風香送一車秋。仔肩自有園丁任，壽友遷家不必愁。

又 卷七《飯眠集·緑菊倣聚星堂體禁用青黄紅緑及金玉翠黛等字》 花神變化良不測，故使秋花作春色。殊衆羞因夏雨生，違時嬾借東風力。竹籬掩映望難真，淵明魂來覓不得。徑荒誤認覆松陰，露浥渾疑沾柳汁。京華貴家尚菊花，花農接换要重值。不期逸種出窮居，無心得之非藻飾。應是萇宏血未乾，化花特給靈均食。落英掇得幾端詳，猶當朝蘭開達夕。采來盈匊不終朝，照影寒潭淡無跡。醉歸滿鬢插不羞，聊代搔頭人莫識。牡丹且勿比歐家，彼以富貴此隱德。晚節相期耐歲寒，萼華作友增三益。

又 卷一〇《九九集·春菊》 籬外東風拂面柔，天教傲骨隔年留。開因過晚翻如早，花縱當春亦似秋。佳色恐招桃李妒，高標合是竹梅儔。兕觥介壽逢新歲，試問柴桑泛此不。

清 俞樾《春在堂詩編》卷一《蘭陵菊花歌》 秋風秋雨蘭陵城，繞城菊花如雲平。花農擔花入城賣，萬家秋色肩頭輕。殷勤折花向我道，此花不如城外好。士入朱門顔色低，女藏金屋年華老。東門城外竹籬笆，竹籬笆内老夫家。諸君無事試過我，與君偏看城東花。書生各有看花癖，一枝短笻幾兩屐。花農一見迎花開，笑揀好花指向客。城中愛花不惜花，苦將新樣年年誇。根被錢絲盤屈曲，枝從瓷斗插横斜。幾人解看花真面，今來城外真花見。一叢月下舞霓裳，一叢風裏搖金綫。獨憐零落滿天星，籬邊瘦影偎伶仃。碩人黄裳豈不貴，妖冶不如尹與邢。霓裳、金綫及滿天星，並菊名。萬頃黄花看未足，花農招我坐茆屋。自言抱甕作生涯，繞了春蘭又秋菊。蘭陵城中年少郎，争選花枝侑客觴。誰料老夫看已厭，落英歲歲春爲糧。話久斜陽上城堞，拗花贈我連枝葉。歸去不知滿袖香，但驚飛滿黄蝴蝶。

又 卷二二《菊樹歌》 花農於京寓種菊，隔歲茁芽，今歲高五尺許，花開甚盛，名之曰菊樹。余爲賦短歌。

昔聞江陰太倉菊，其高可至一丈許。余客吴中亦有年，未見日精如此鉅。江陰、太倉、上海，菊有高一丈者，見明太倉人所著《學圃襍疏》。徐子花農善藝花，菊花隔歲先抽芽。三尺短籬遮不住，尚留二尺枝横斜。連日金風吹玉露，枝頭爛漫開無數。遂將陶令徑邊花，唤作謝公階下樹。寄語花農好護持，明年更茁最高枝。試將鈿尺裁量看，壓倒尋常金絞絲。菊有名金絞絲者，高一丈餘，見《彙苑》。

清 劉光第《衷聖齋詩集》卷下《京師菊花》 斜街市中菊花至，炫奇鬭麗迎人意。頗驚花事亦知時，秋花能作春花媚。揚州芍藥曹牡丹，爾豈不耐山中寒。胡爲天然有佳色，也逐富貴來長安。裛露精神誰愛惜，傲霜節概空拋擲。低眉俯首二尺强，慚愧山中高八尺。山中之花偉丈夫，京師截花爲侏儒。瓊窗綺席供笑弄，朱門酒肉還遭汙。豈無熱官貌秋士，强吐瘦語終肥癟。竹籬仰看爛漫時，冷豔蕭散神仙姿。野情高意迥出世，星冠佩珠揚翠蕤。冰天雪地愁香夢，水仙烟火盆梅凍。寒花北來變本心，惟有青松還可種。

清 丘逢甲《嶺雲海日樓詩鈔》卷一《野菊》 尋秋東皋，有金英爛然於隴之畔。開不後時，而乃無賞者。喜其獨秀，而復傷其不遇也。長言詠歎，豈曰不宜。

入眼驚看秋氣新，孤芳難撓出叢榛。英華豈復關培植，爛熳依然見本真。淡極名心宜在野，生成傲骨不依人。陶潛死後無知己，淪落天涯爲愴神。

又 《采菊歌》 清辰采菊東山陽，紫莖緑葉垂幽芳。世人貴薏賤真菊，棄置在野容堪傷。蕭敷艾榮苦迫壓，誰復過問荒丘旁。秋霜殺物百卉死，若抱晚節天爲彰。空山無人蔚深秀，正色獨得中央黄。流傳僞種世競采，紫色奪正工時妝。此花隱逸應鮮識，山中開並神芝光。我生於時得秋氣，獨寡時好成清狂。黄金照耀忽滿谷，采擷寧使英華藏。度阡越陌野則獲，煙荑露柏珍同囊。貴之爲寶賤則草，齊東野語非吾誑。要之摧折世俗手，毋如老死荒山荒。吁嗟乎故園有菊看不得，開傍戰場空太息。采花釀

酒強作歡，共保風塵好顔色。

又　卷一一《菊花詩四律》　平生遇合多乖忤，不爲看花不出游。良友偶來三徑夕，美人相見一庭秋。飛鴻故國經年别，下馬荒園竟日留。笑口自開愁眼豁，西風休更送離憂。逢菊

平生恥作呈身事，坐愛黄花淡不濃。何忍投人羞晚節，不妨供佛借秋容。飄零冷艷荆山璞，催送寒香古寺鐘。雲水半瓶花一束，梵天持取對芙蓉。獻菊

平生百不償所願，惟愛秋英願獨償。何以報之花九錫，誰其云者雁孤翔。黄金戰罷先皇甲，紫綬勳垂島國章。有酒自澆詩自唱，故園明日又重陽。酬菊

平生不飲自天性，惟賞金英飲獨多。十日壺觴秋色老，滿城風雨醉顔酡。獨醒漫作餐英想，相對欣逢載酒過。我自壽花花共壽，尊前來聽百年歌。飲菊

清　樊增祥《樊山集》卷一八《菊潭行》　爽秋製此題，且自敘云：桃源事經名家題詠，遂爲人間異境。獨南陽酈縣菊潭之名，見於史志，無人能揄張其事，遂名字翳如云云。昔余初入關，嘗賦桃花源詩以見志。比再涖咸甯，益迫迮無驩悰。讀君此詩，欣然慕效。又其事出《荆州記》，益觸懷土之思。異日拂衣東歸，買山招隱，徜徉於花黄水碧間，爽秋倘能扁舟過訪乎？吾知此樂南面不易矣。

菊花潭水漢時春，飲水餐花多壽人。高下田疇俱種秫，等閒桑柘自成村。千木黄花千尺水，花香在水甘如醴。汲飲心知勝玉漿，篾和猶得同甘杞。臨水開門風露清，生男美好女聰明。中壽百年無疾病，家常兩膳足魚牲。煙波不數羅含宅，行歌近接銅鞮陌。子弟能文罷制科，田園歲稔無兵革。繞潭樵汲三十家，半種桑榆半種花。已共門冬浸春酒，更隨芳露點秋茶。人間一片蕭閒地，柳蓑花穮百無事。舉世由來水最清，官家惟有花無税。後來草木競輝光，貢篚星馳入建章。天子徘徊矜蜀柳，相公忠愛進姚黄。此花隱逸羞臺閣，平生不入南陽郭。秋風萬箇黄金錢，肯向西園買官爵。高情那得合時宜，水畔籬根見幾枝。聚族總爲陶令有，捨身惟救楚人飢。伊余再插紅塵足，二年不飲秋江渌。屢欲東園問紫芝，亦思同谷尋黄獨。忽憶荆州記裏人，幅巾藜杖古潭濱。何須丹藥才延壽，不是桃花也避秦。抽簪早晚歸田里，手弄清波掇芳蕊。嬌女收香入枕囊，小兒垂釣供魴鯉。南陽南去峽江東，尚有瓜牛一畝宫。莫道伏龍鳳雛事，但從桑下認龐公。

雜録

《山海經・中山經》　岷山之首曰女几之山，【略】其草多菊。

宋　陶穀《清異録》卷上《金剛不壞王》　懿宗《賞花短歌》云：長生白，久視黄，共拜金剛不壞王。謂菊花也。

宋　史鑄《百菊集譜》卷三《雜説》　《寶櫝記》云：宣帝異國貢紫菊一莖，蔓延數畝，味甘，食者至死不饑渴。【略】《釋典》云：拘蘇摩華，其華白色，大小如錢，似此白菊也。按諸字書，菊之字有五，其體雖異，而用則同。□□見《説文》。蘜見《爾雅》，亦見《説文》。鞠見三《禮》。菊見《篇韻》。今人多從簡用之。

愚齋云：諸菊得名，或以色，或以香，或以形狀，其義非一，皆明而可知。惟九華一古名，初莫知其義。今按晉宋以前，淵明而上，漢有九華殿，魏有九華臺，二者於菊皆不聞有事迹相關。惟《真誥》載吴有趙廣信，至魏末賣藥，鍊九華丹，丹成遂乘雲駕龍登天。又漢《天師家傳》云：真人入鹿堂山，煉九鼎神丹，遷平蓋山煉九華大藥。注曰：服此成僊。愚意其菊之爲名，必比擬於此。何則？蓋白菊久服則輕身延壽，亦至成僊故也。士友云：恐此菊出於九華山，故有是名。愚竊謂不然，且池州九華之名，始於李白，於晉時絶無干涉。

明　李日華《六研齋二筆》卷四　東流彭澤接壤，相傳淵明種菊于此，有菊所，故縣曰菊邑，江曰菊江。

明　木增《雲薖淡墨》卷三　菊花，名延壽客。禽華菊，季秋之月，鴻雁來賓後，菊有黄華，故名。又云雁來紅，見班婕妤《擣素賦》：「見禽華以鹿色。」

清　宋長白《柳亭詩話》卷二《萸菊》　《仙書》：茱萸號辟邪翁，菊花爲延壽客。後人因費長房陶彭澤故事，沿爲九日詩料。上官昭容《應制》詩：却邪萸入佩獻壽，菊傳杯尤見根氏。

清　來集之《倘湖樵書・初編》卷一《草木雌雄》　菊之無子者號曰牡菊，燒灰撒地中，可死□黽，説出《周禮》。

清　俞樾《茶香室叢鈔三鈔》卷二八《寒菊》　明李日華《紫桃軒又綴》云：寒菊十二月始花，枝葉皆柔荏，青翠燦然，榮茂於風霜冰雪之中而略無悴色，亦

異品也。按：十二月菊余未之見，然菊爲壽客，自是耐久。吴下潘文恭公曾有元日賞菊詩，其季子玉泉觀察，因瓶内菊花新春猶在，追用文恭韵賦詩，余有和作，今失記。

圖表

明　李時珍《本草綱目・圖卷》

清　門應兆《補繪蕭雲從離騷全圖》卷下　右菊　真菊與苦薏異，其葉柔，其花小，《神農書》以菊爲養生上藥。

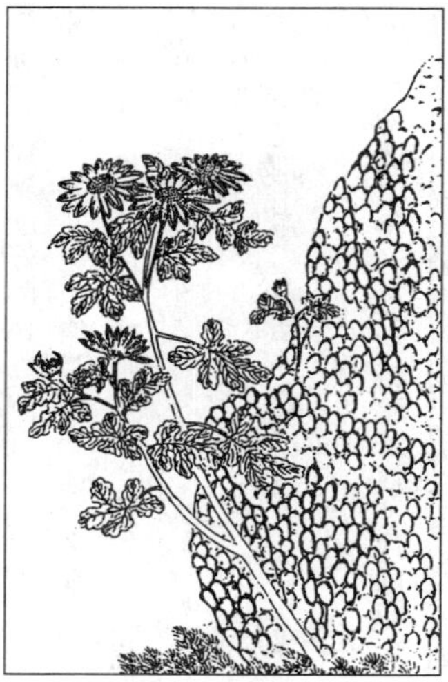

清　王概《芥子園畫傳・菊譜》

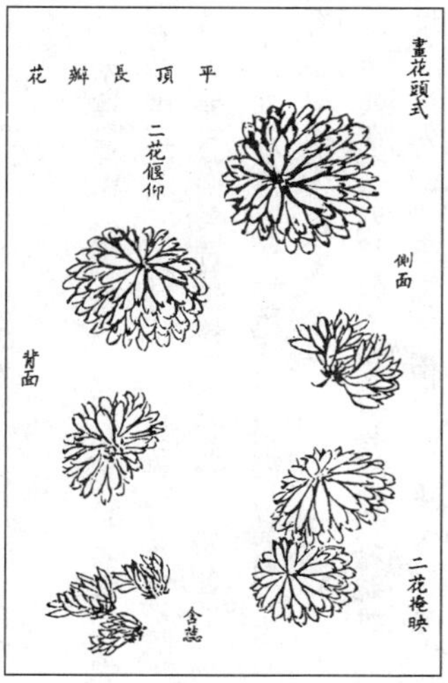

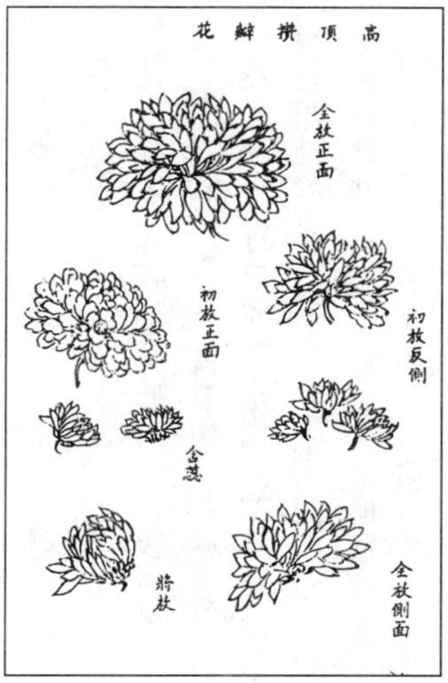

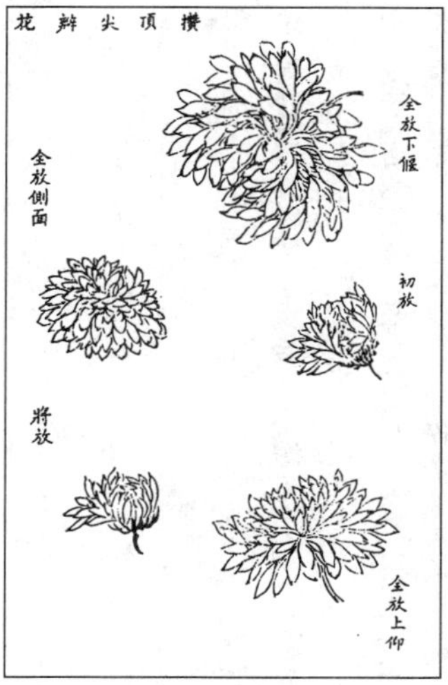

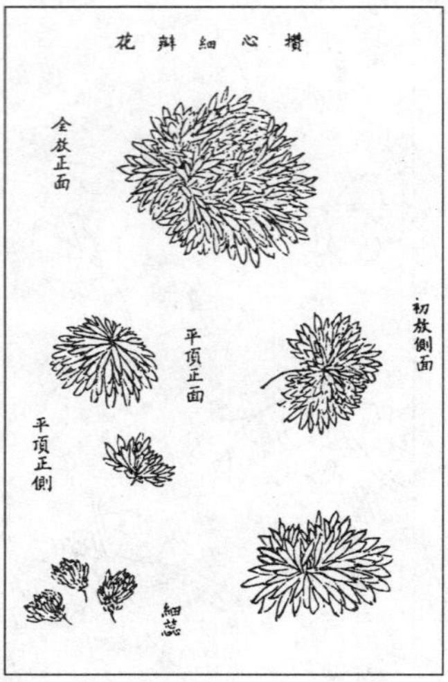
攢心細鮮花
全放正面
初放側面
平頂正面
平頂正側
細蕊

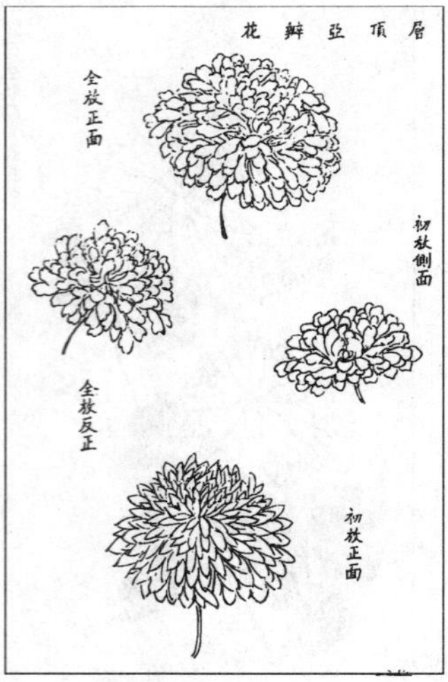
居頂亞鮮花
全放正面
初放側面
全放反正
初放正面

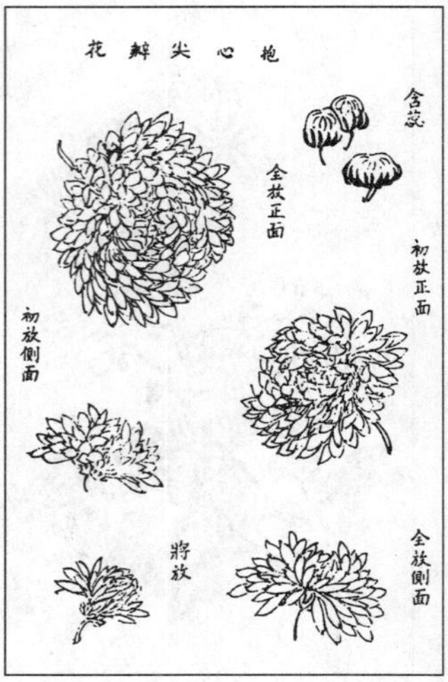
抱心尖鮮花
含蕊
全放正面
初放正面
初放側面
將放
全放側面

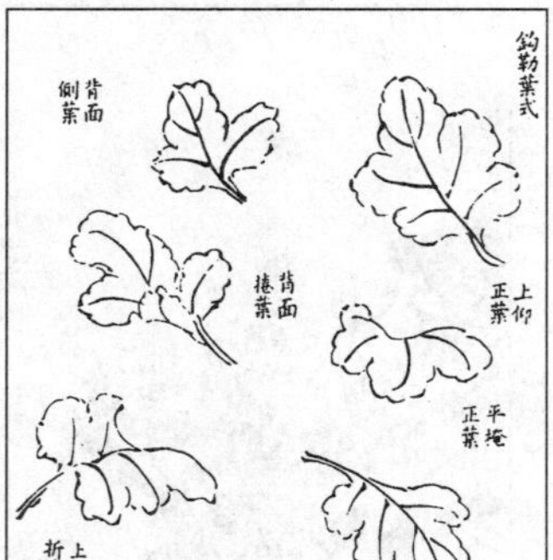
鈎勒葉式
背面側葉
背面捲葉
上仰正葉
平掩正葉
上仰折葉
下垂正葉
下垂折葉
正面捲葉

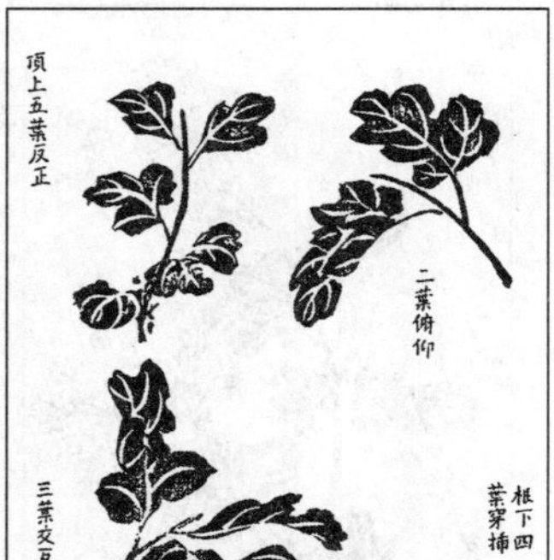
頂上五葉反正
二葉俯仰
三葉交互
根下四葉穿插

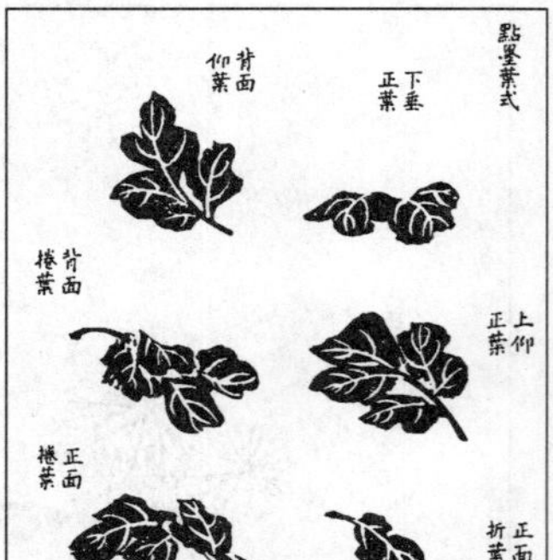
點墨葉式
背面仰葉
下垂正葉
背面捲葉
上仰正葉
正面捲葉
正面折葉
背面折葉
正面仰葉

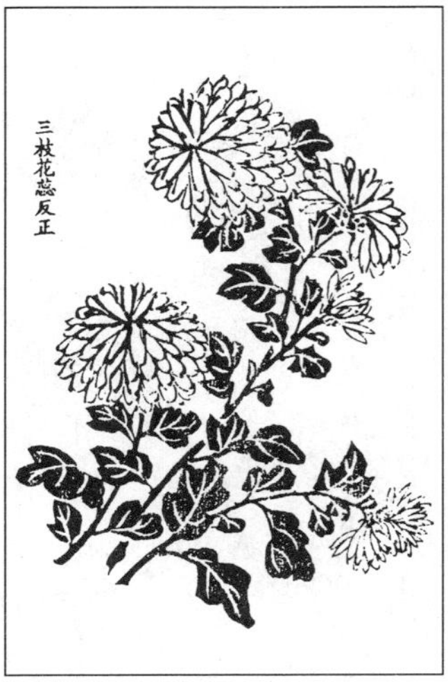
三枝花蕊反正

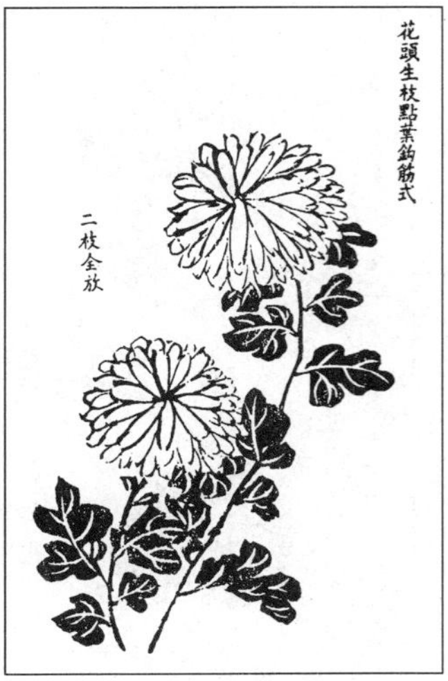
花頭生枝點葉鈎筋式
二枝全放

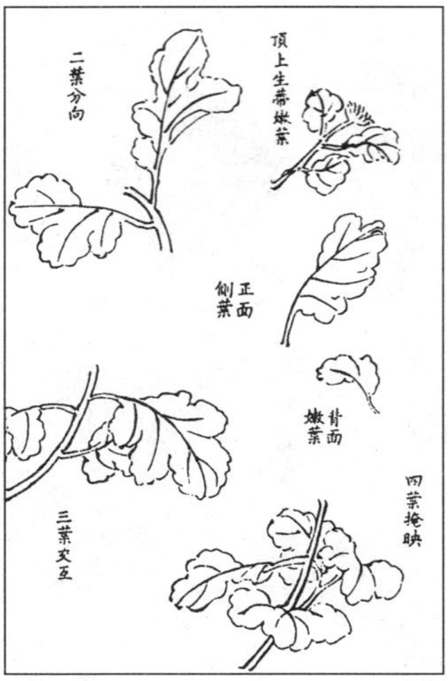
頂上生蒂嫩葉
二葉分向
正面側葉
背面嫩葉
四葉掩映
三葉交互

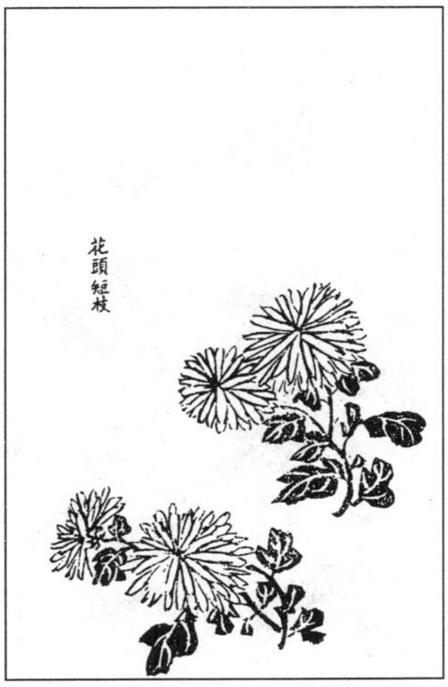
花頭短枝

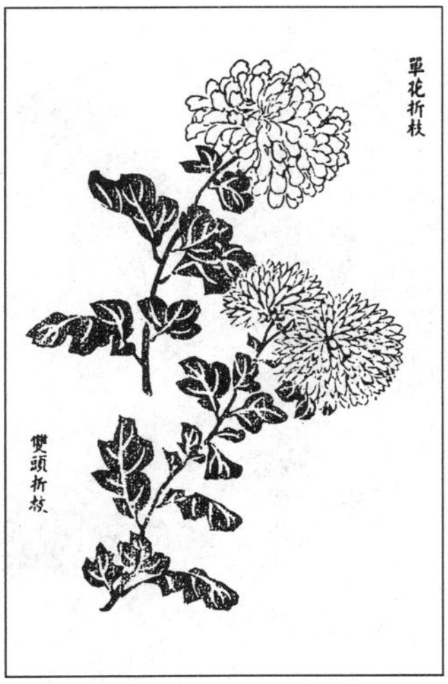
單花折枝
雙頭折枝

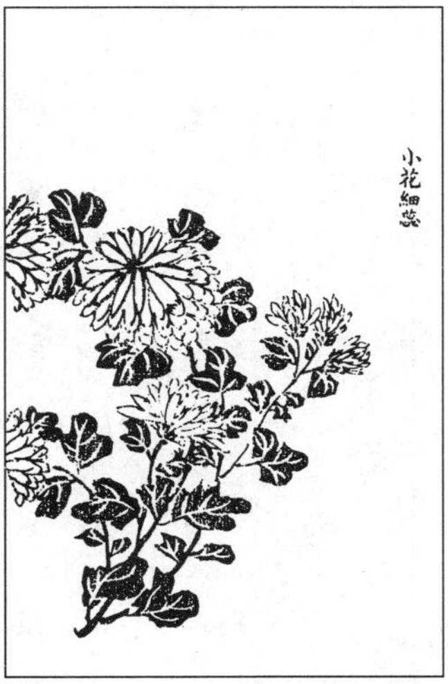
小花細蕊

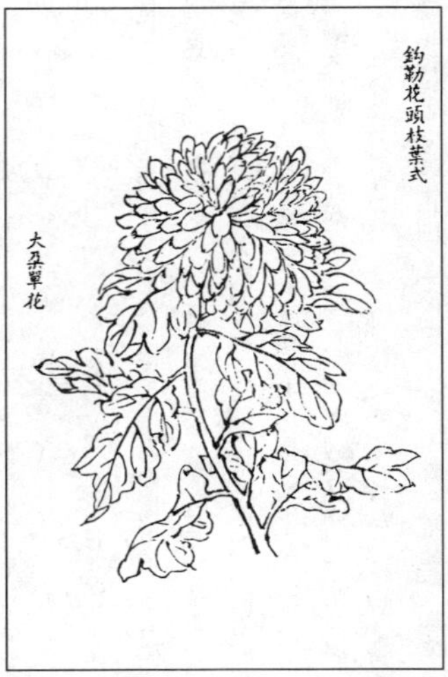

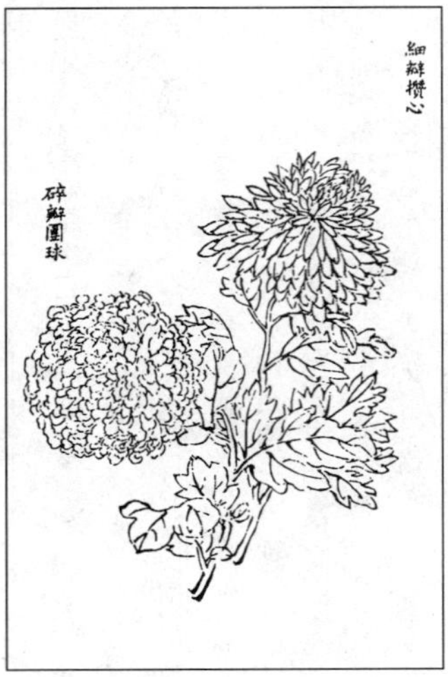

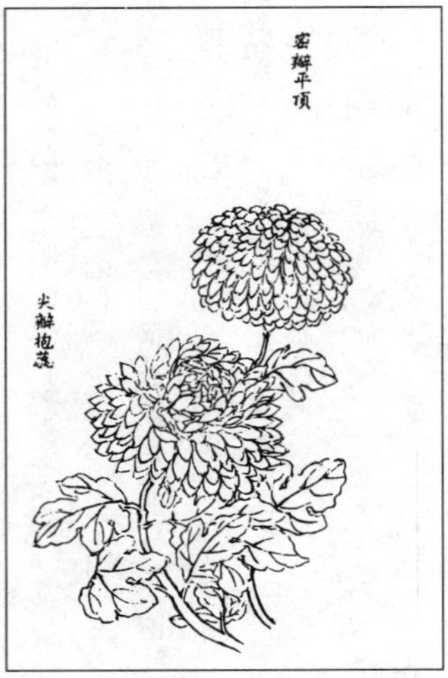

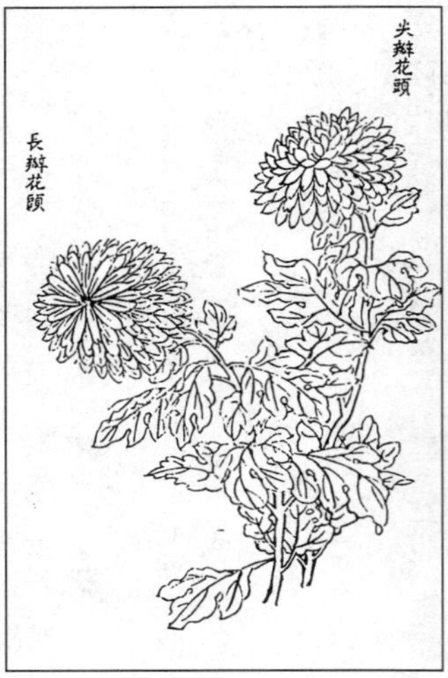

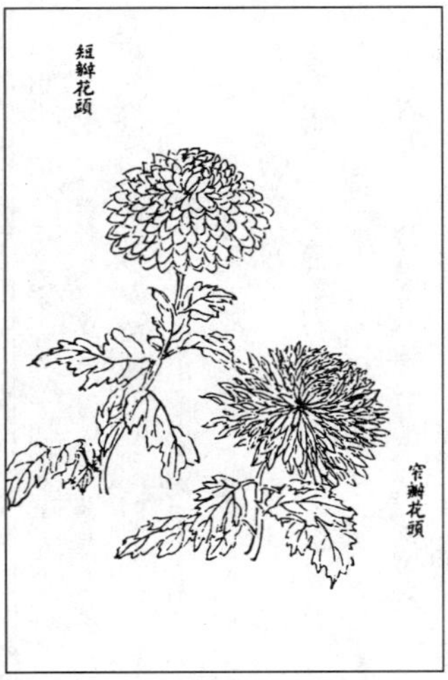

蘭

題解

漢 許慎《説文》卷一 蘭 蘭，香艸也。从艸闌聲。落干切。

宋 戴侗《六書故》卷二四《植物四》 蘭 蘭，洛干切，芳草也。春蘭葉細，夏蘭葉細而長，秋蘭葉大而澤，冬蘭葉差大，葉皆不冬凋。春蘭一榦一華，夏秋冬一榦十數花。四時之蘭芬馨最於衆芳。《本草》曰：蘭與澤蘭相似，生水旁。紫莖赤節，高四五尺，緑葉光潤，纖長有岐，葉陰小紫。五六月華，華紅白色而

香，一名都梁，一名水香，又名燕尾香。澤蘭葉纖，微有毛，方莖。按《傳》曰：鄭穆公子燕姞蘭而御之，曰以蘭有國香，人服媚之。又《楚辭》曰：「秋蘭兮青青，緑葉兮紫莖。」又曰：「紉秋蘭以爲佩。」朱子曰：今所謂蘭，雖香而不可佩，《本草》所指是也。按《離騷》引物，如荷衣蕙帶之類，皆託辭也，佩蘭之説亦未可徵。然以《左氏傳》考之，則蘭固古人所服佩容臭之物也。澤生者曰澤蘭，木生者曰木蘭，以類推之，則《本草》所指正古所謂蘭也。但蘭芷之蘭，今不聞服佩，而四時之蘭，獨著於今，予故兩著之。

蕙　，胡桂切。《楚辭》：「蕙華之曾敷兮，紛旖旎乎都房。何曾華之無實兮，从風雨而飛颺。」《本草》曰「薰草」也，生下濕地，麻葉方莖，赤華黑實，氣如蘼蕪。可以已癘。陳藏器曰即零陵香也。黄魯直曰：「一榦一華者蘭，一榦數華者蕙。」按山中人所謂蕙，葉似秋蘭而大，一莖十數花，華細而芳薄，與魯直説稍異，皆非蕙茝之蕙也，但不知其果爲零陵香否也？

明　李時珍《本草綱目》卷一四《蘭草》　釋名：蕑音閑、水香《本經》、香水蘭《開寶》、女蘭《綱目》、香草《綱目》、燕尾香《開寶》、大澤蘭《炮炙論》、蘭澤草弘景、煎澤草《唐本》、省頭草《綱目》、都梁香李當之、孩兒菊《綱目》、千金草。《志》曰：葉似馬蘭，故名蘭草，其葉有岐，俗呼燕尾香。時人煮水以浴風，故又名香水蘭。藏器曰：蘭草生澤畔，婦人和油澤頭，故云蘭澤。盛弘之《荊州記》云：「都梁有山，下有水清淺，其中生蘭草，因名都梁香。」時珍曰：「都梁即今之武岡州也。又臨淮盱眙縣亦有都梁山，産此香蘭，乃香草，能辟不祥。」陸璣《詩疏》言「鄭俗三月男女秉蕑于水，用以自祓除」，蓋蘭以闌之，蕑以閑之，其義一也。《淮南子》云：男子種蘭，美而不芳。則蘭須女子種之，女蘭之名或因乎此。其葉似菊，女子小兒喜佩之，則女蘭孩菊之名，人或以此也。唐瑶《經驗方》言：「江南人家種之，夏月采置髮中，令頭不膩，故名省頭草。」其説止合煎澤之義。古人蘭蕙皆稱香草，如零陵香草、都梁香草，後人省之，通呼爲香草。爾近世但知蘭花，不知蘭草，惟虚谷方回考訂極言古之蘭草即今之千金草，俗名孩兒菊者，其説可據，詳下正誤。

集解：《别録》曰：「蘭草生太湖池澤，四月五月采。」弘景曰：「方藥俗人並不識用，太吴應是吴國太伯所居，故呼太吴。今東門有煎澤草，名蘭香，或是此也。」李當之云是今人所種都梁香草也，澤蘭亦名都梁香。恭曰：「蘭即蘭澤香草也，圓莖紫蕚，八月花白，俗名蘭香。煮以洗浴。生溪澗水旁，人間亦多種之，以飭庭池。陶所引煎澤草，都梁香者是也，而不能的識。」保昇曰：「生下濕地，葉似澤蘭，尖長有岐，花紅白色而香。」藏器曰：「蘭草、澤蘭，二物同名。陶不能知，蘇亦浪别。」蘭草生澤畔，葉光潤，根小紫，五月、六月采，陰乾即都梁香也。澤蘭葉尖微有毛，不光潤，莖方節紫，初采微辛，乾之亦辛。蘇云：「八月花白者，即澤蘭也，以註蘭草殊誤矣。」時珍曰：「蘭草、澤蘭，一類二種也。俱生水旁下濕處。二月宿根生苗成叢，紫莖素枝，赤節緑葉，葉對節生，有細齒，但以莖圓節長而葉光有岐者，爲蘭草，莖微方節短而葉有毛者，爲澤蘭。嫩時並可挼而佩之。八九月後漸老，高者三四尺，開花成穗，如鷄蘇花，紅白色，中有細子。」雷斆《炮炙論》所謂大澤蘭即蘭草也，小澤蘭即澤蘭也。《禮記》「佩帨蘭茝」，《楚辭》「紉秋蘭以爲佩」，《西京雜記》載「漢時池苑種蘭以降神」，或雜粉藏衣書中辟蠹者，皆此二蘭也。今吴人蒔之，呼爲香草，夏月刈取，以酒油灑制，纏作把子，貨爲頭澤佩帶，與《别録》所出太吴之文正相符合。諸家不知二蘭乃一物二種，但功用有氣血之分，故無定指，惟寇氏朱氏之誤尤甚。故考正于下。或云家蒔者爲蘭草，野生者爲蘭澤，亦通。

正誤：寇宗奭曰：「蘭草諸家之説異同乃未的識，故無定論。今江陵鼎澧州山谷之間，頗有之，山外平田即無。多生陰地幽谷，葉如麥門冬而潤且韌，長及一二尺，四時常青，花黄緑色，中間瓣上有細紫點。春芳者爲春蘭，色深。秋芳者爲秋蘭，色淡，開時滿室盡香，與他花香又别。」朱震亨曰：「蘭葉稟金水之氣而似有火，人知其花香之貴而不知其葉有藥方，蓋其葉能散久積陳鬱之氣，甚有力，即今之栽置座右者。」時珍曰：「二氏所説，乃近世所謂蘭花，非古之蘭草也。蘭有數種：蘭草、澤蘭，生水旁。山蘭即蘭草之生山中者。蘭花亦生山中，與三蘭迥别。蘭花生近處者，葉如麥門冬而春花，生福建者，葉如菅茅而秋花。黄山谷所謂『一幹一花爲蘭，一幹數花爲蕙』者，蓋因不識蘭草、蕙草，遂以蘭花强生分别也。蘭草與澤蘭同類，故陸機言：『蘭似澤蘭，但廣而長節。』《離騷》言：『其緑葉、紫莖、素枝，可紉、可佩、可藉、可膏、可浴。』《鄭詩》言：『士女秉蕑。』應劭《風俗通》言：『尚書奏事，懷香握蘭。』《禮記》言：諸侯贄薰，大夫贄蘭。《漢書》言：『蘭以香自燒也。』若夫蘭花有葉無枝，可玩而不可紉佩，藉浴、秉握、膏焚。故朱子《離騷辨證》言：『古之香草，必花葉俱香，而燥濕不變，故可刈佩。今之蘭蕙但花香，而葉乃無氣，質弱易萎，不可刈佩，必非古人所指甚明。』古之蘭似澤蘭，而蕙即今之零陵香。今之似茅而花有兩種者，不知何時誤也。熊大古《冀越集》言：『世俗之蘭，生於深山窮谷，决非古時水澤之蘭也。』陳遯《齊閑覽》言：『楚騷之蘭，或以爲都梁香，或以爲澤蘭，或以爲猗蘭，當以澤蘭爲正。』今人所種如麥門冬者，名幽蘭，非真蘭也。故陳止齊著《盜蘭説》以譏之。方虚谷《訂蘭説》言：『古之蘭草即今之千金草，俗名孩兒菊者。今之所謂蘭，其葉如茅而嫩者，根名土續斷，因花馥郁，故得蘭名也。』楊升菴云：『世以如蒲萱者爲蘭，九畹之受誣久矣。』又吴草廬有《蘭説》甚詳，云：『蘭爲《醫經上品》之藥，有枝有莖，草之植者也。今所謂蘭無枝、無莖，因黄山谷稱之，世遂謬指爲《離騷》之蘭。寇氏《本草》亦溺於俗，反疑舊説爲非。夫醫經爲實用，豈可誤哉？今之蘭果可利水殺蠱，而除痰癖乎，其種盛于閩，朱子乃閩人，豈不識其土産，而反辨析如此。』世俗至今猶以非蘭爲蘭，何其惑之難解也。嗚呼！觀諸儒之明析如此，則寇朱二氏之誤可知。而醫家用蘭草者，當不復疑矣。」

論説

宋　陸佃《埤雅》卷一八《蕙》　蕙，香草也。或謂之薰。《左傳》曰所謂「一薰

一蕕」者是也。凡氣薰則惠和，暴則酷烈。故於文惠艸爲蕙。《詩》曰：南風之薰兮，可以解吾民之愠兮。薰，惠和也，故可以解民之愠。《莊子》曰：薰然慈仁謂之君子。蓋取諸此。今惠亦通於蕙。揚雄曰「蹂蕙圃，踐蘭唐」是也。《傳》曰：天子鬯，諸侯薰，大夫蘭芝，士蕭，庶人艾。大夫幷言蘭芝者，上大夫蘭，下大夫芝也。蓋凡摯，諸侯圭，大夫羔鴈，士雉，庶人鶩，此見生者之摯也。天子以鬯，諸侯薰，大夫蘭芝，士蕭，庶人艾，此見死者之摯也。《禮》曰：凡摯，天子鬯，諸侯圭，卿羔，大夫鴈，士雉，庶人匹，此相備也。天子言鬯，諸侯而下言見生者之摯，蓋言之法也。先儒以爲諸侯薰，謂未得圭瓚之賜，以此和酒，則於王制資鬯之説害矣。且此諸草類皆燒以降神云爾。蓋非煮以和酒。故《博雅》曰：天子祭以鬯，諸侯以薰。而漢之隱君子以爲薰以香，自燒膏以明自銷也。香草之類，大率多異名。所謂蘭蓀，蓀，今菖蒲是也。蕙，今零陵香是也。茝，今白芷是也。芸，今七里香是也。葉類豌豆，作小叢生，其花極芬香，秋則葉間微白如粉，汙辟蠹殊驗。

又《蘭》 蘭，香草也，而文闌艸爲蘭，蘭，闌不祥，故古者爲防刈之也，一名蕑。有蒲與蕑，蓋蘭以闌之，蕑以間之，其義一也。《傳》曰：德芬芳者佩蘭。古之佩者各象其德，故德芬芳者佩蘭。《楚辭》所謂「紉秋蘭以爲佩」是也。又曰：遺余佩兮澧浦。今鼎澧之間生蘭。荀子曰：蘭茝槀本，漸於蜜醴，一佩易之。又曰：其漸之滫，君子不近，庶人不服。此言善惡在所與游而已，故交不可以不擇也。《易》曰：同心之言，其臭如蘭。陰爲臭腐，而同人之五陽也，故有蘭之象。《草木疏》云：蘭爲王者香草，其莖葉皆似澤蘭，廣而長節，節中赤，高四五尺，藏之書中辟魚，故古有蘭省芸閣，芸亦辟蠹。《淮南子》曰：芸草可以死復生。舊説青苔，至秋而紫，紫蘭至秋而紅。《詩》曰：溱與洧，方渙渙兮。士與女，方秉蕑兮。言鄭人會於溱洧兩水之上，秉蕑以自祓除，其風俗之舊也。及其甚也，淫風大行，過時而不反，來者日益以衆。故二章曰：溱與洧，瀏其清矣，士與女，殷其盈矣。即序所謂「莫之能救」者也。《十道志》曰：鄭俗以三月合於溱洧之上，以自祓除。《淮南子》曰：男子樹蘭，美而不芳。説者以爲蘭女類也，故男子樹之不芳。夫草木之性，蘭宜女子，樹之而靈。麻乃欲夫婦對種。則《周官·內宰》上春詔王后帥六宮之人而生種稑之種，而獻之于王，取其傳類蕃孳之祥，有以也。

宋 呂大防《辨蘭亭記》（《成都文類》卷二七引） 蜀有草如諼，紫莖而黄葉，謂之石蟬，而楚人皆以爲蘭。蘭見於《詩》、《易》而著于《離騷》，古人所最貴，而名實錯亂，廼至於此。予竊疑之，廼詢諸游仕荆湘者。云楚之有蘭舊矣，然鄉人亦不知蘭之爲蘭也。前此十數歲，有好事者，以色臭花葉驗之於書而名著，況他邦乎？予於是信以爲蘭。攷之《楚辭》，又有石蘭之語，蓋蘭，蟬聲近之誤。其葉冬青，其華寒，其生沙石瘠土而枝葉峻茂，其芳不外揚，暖風晴日，有時而發則郁然滿乎堂室，是皆有君子之德。此古人之所以爲貴也。廼爲小亭種蘭於其旁，而名曰辨蘭，無使楚人獨識其真者，命亭之意也。

宋 沈括《補筆談》卷下 零陵香，本名蕙，古之蘭蕙是也。又名薰。《左傳》曰：「一薰一蕕，十年尚猶有臭。」即此草也。唐人謂之鈴鈴香，亦謂之鈴子香。謂花倒懸枝間，如小鈴也。至今京師人買零陵香，須擇有鈴子者。鈴子，乃其花也。此本鄙語，文士以湖南零陵郡，遂附會名之。後人又收入《本艸》正經，自有薰草條，又名蕙艸。注釋甚明。南方處處有。《本艸》傳會其名，亦出零陵郡，非也。

宋 蘇軾《東坡易傳》卷二 子曰：「君子之道，或出或處，或默或語，二人同心，其利斷金。同心之言，其臭如蘭。」由此觀之，豈以用師而少五哉？夫以三四之强而不能奪，始於號咷，而卒達於笑。至於用師相克矣，而不能散其同。此所以知二五之誠同也。二，陰也；五，陽也。陰陽不同而爲同人，是以知其同之可必也。君子出、處、語、默不同，而爲同人。是以知其同之可必也。苟可必也，則雖有堅强之物，莫能間之矣。故曰其利斷金。蘭之有臭，誠有之也。二五之同，其心誠同也。故曰其臭如蘭。

宋 羅願《爾雅翼》卷二《蘭》 蘭是香草之最，而古今沿習，但以蘭草當之。陸璣解溱洧所秉之蕑，以爲蕑即蘭也，莖葉似澤蘭，廣而長節，節中赤，高四五尺。漢諸池館及許昌宮中皆種之，可著粉中藏衣著書中，辟白魚。劉次莊《説樂府》又引《離騷》「秋蘭兮青青，緑葉兮紫莖」，以爲沅澧所生花，在春則黄，在秋則紫，春黄不若秋紫之芳馥。二家所説皆是。蘭草，一名都梁香，一名水香，以之解秉蕑可也，何關古之所謂蘭乎？予生江南，自幼所見蘭蕙甚熟。蘭之葉如莎，首春則茁，其芽長五六寸，其杪作一花，花甚芳香。大抵生深林之中，微風過之，其香藹然達於外，故曰「芝蘭生於深林，不以無人而不芳」。又曰：「株穢除兮蘭芷覩。」以其生深林之下，似慎獨也，故稱幽蘭。與蕙甚相類。其一幹一花而香有餘者蘭，一幹五六華而香不足者蕙。今野人謂蘭爲幽蘭，蕙爲蕙蘭，其名不變

於古。然江南蘭只春芳，荆楚及閩中者秋復再芳，故有春蘭秋蘭。至其緑葉紫莖，則如今所見，大抵林愈深而莖愈紫爾。近世惟黄太史豫章人説蘭蕙合此，餘皆蘭草。蘭草生水傍，非深林之物，又稱紫莖而解以紫花，皆非其理矣。蘭爲王者香草，故夢蘭者以其有國香。《離騷》滋蘭九畹，植蕙百畝，留夷揭車，則畦之杜衡芳芷，則襍種之。又云：「覽椒蘭其若兹兮，又況揭車與江離。」可知蘭之最貴，而説者稱古者之摯，天子鬯，諸侯薰，大夫芝蘭，士庶人艾，則蘭何以爲王者之草也。蘭雖天子諸侯所服，又女子之事，故古者女子佩之。《左傳》曰「季蘭尸之」，言有齊季女佩蘭而尸祭事。又燕姞夢天與蘭，亦曰人服媚之。文公遂與之蘭而御之。《内則》曰婦或賜之茝蘭，則受而獻諸舅姑，此蘭女事，故一名女蘭。《淮南子》曰：「男子植蘭，美而不芳。繼子得食，肥而不澤。情不相與往來也。」屈平「滋蘭之九畹」，蓋知愛芳矣，而植之者非其人，所以不免於萎絶也歟。

又《蕙》　蕙，大抵似蘭，花亦春開。蘭先而蕙繼之，皆柔荑其端作花。蘭一荑一花，蕙一荑五六花，香次於蘭。大抵山林中一蘭而十蕙，故黄太史曰：光風轉蕙氾崇蘭。《離騷》：蘭九畹，蕙百畝。以是知楚人賤蕙而貴蘭矣。按《離騷》：滋蘭九畹，植蕙百畝。畦留夷與揭車，襍杜衡與芳芷。王逸《章句》曰：十二畝曰畹。或曰：田之長爲畹，二百四十步爲畝，五十畝爲畦。然則蘭得一百八畝，蕙百畝，留夷揭車合百畝，則多少亦不相遠矣。若以《説文》言之，田三十畝曰畹，則蘭得二百七十畝，多於蕙兩倍。留夷揭車各五十畝，多於兩草一倍，亦多少之差。然言蘭者，每及蕙，畹蘭而畝蕙也，氾蘭而轉蕙也，蕙殽蒸蘭籍也。蕙雖不及蘭，勝於餘芳遠矣。《楚辭》又有菌閣蕙樓。蓋芝草幹杪敷華，有閣之象，而蕙華亦於幹杪重重累積，有樓之象云。

又《薰草》　蘭蕙之名實，已詳辨之諸家説。蕙乃蕙草，蓋即薰草，今之零陵香，南越名燕草者。《西山經》曰：浮山有草，名曰薰草，麻葉而方莖，赤華而黑實，臭如蘼蕪，可以已厲。蓋能去惡臭，令身香，故古之祓除以此草熏之，因謂之薰草。齊得管仲三釁三浴之釁，或爲薰是也。古稱薰蕕不同器而藏，又曰一薰一蕕，十年尚猶有臭，以薰香而蕕臭，慮爲臭所奪故也，未始以爲蕙。至王逸《章句》始云菌，薰也，葉曰蕙，根曰薰。陳藏器亦云：薰草一名蕙草。薰草爲蕙，蓋始於此。古今稱蕙草晚，莫知其説。《博物志》乃云：君子國多薰華之草，薰華朝生而夕死。然則蕙草之晚，蓋亦謂薰。又《七諫》曰：飲菌若之朝露。言此草既朝生而夕死，則飲其露者尤不可遲也。《莊子》所謂朝菌，豈亦謂此耶？然司馬云「大芝」，支遁云「舜華」，許慎云「朝生暮死之蟲」，其説各異，故不可得而一。

宋　袁文《甕牖閑評》卷七　《事物紀原》載蘭香本名羅勒，後避石勒諱，改曰蘭香，至今以爲然。然春秋時，鄭文公有賤妾燕姞，夢天使與己蘭，且曰：「以蘭有國香，人服媚之。」如是故生穆公，而名之曰蘭。《事物紀原》何以謂先名羅勒耶？而沈存中《忘懷録》又謂蘭有二種，黄花者最香，紅者次之。然蘭皆是紫花，無黄、紅二種，未審存中將何者爲蘭也。

司馬相如賦云：「蕙圃衡蘭。」顔師古註云：「蘭，即今澤蘭，别是一種花，非蘭也。」此乃不曾親見，妄意而言之耳。此物余鄉有之，故知其言之失。若遠地不生之處，則遂信以爲誠然者矣，豈不誤天下後世乎？

宋　吴仁傑《離騷草木疏》卷一《蘭》　「紉秋蘭以爲佩」，王逸註：行清潔者佩芳，言已修潔，乃取江離、芷蘭，以爲被服，博採衆善以自約束也。又「滋蘭之九畹」，言行仁義勤身自勉，猶蒔衆香也。又蘭藉則以薦肴，蘭湯則以潔濯，蘭旌、蘭枻則以爲居室器用之飾，皆以自喻也。《本草》有蘭草、澤蘭二物。蘭草一名水香，一名水蘭。澤蘭一名虎蘭，一名龍棗，一名虎蒲。顔師古註司馬相如賦云：蘭即今澤蘭也。陶隱居云：蘭草，都梁是也。《水經》云：零陵郡都梁縣西小山有渟水，其中悉生蘭草，緑葉紫莖。盛洪之《荆州記》亦云：都梁縣山下有水生蘭草名爲都梁，因山爲號也。洪慶善云：澤蘭如薄荷微香，荆湘嶺南人家多種之，此與蘭草大抵相類，但蘭草生水傍，葉光潤尖長有岐，陰小紫花紅白而香，五六月盛，而澤蘭生水澤中及下濕地，苗高二三尺，葉尖微有毛，不光潤，方莖紫節，七月八月開花帶紫白色，此爲異耳。《詩》「方秉蕑兮」，陸璣：蕑即蘭也。其莖葉似藥草。澤蘭廣而長節，中赤，高四、五寸，漢諸池苑及許昌宫中皆種之，可著粉中藏衣著書中，辟白魚。《文選》云：秋蘭被涯。汪云：秋蘭香草，秋時盛也。近時劉次莊《樂府集》云：《離騷》曰：紉秋蘭以爲佩。又曰：秋蘭兮青青，緑葉兮紫莖。又曰：春蘭兮秋菊。今沅澧所生花，在春則黄，在秋則紫，然而春黄不若秋紫之芬馥也。由是知屈原真所謂多識鳥獸草木，而能盡究其所以情狀者歟。三劉《漢書刊誤》云：蘭，今管城多有之。澤蘭自别一種草，非蘭也。蘭苗如麥門冬而長大，花黄紫兩色。山谷云蘭生深山叢薄之中，不爲無人而不芳，含香體潔，平居與蕭艾同生而不殊，清風過之，其香藹然，在室滿室，在堂滿堂，所謂含章以時發者也。然蘭蕙之才德不同，蘭似君子，蕙似士。

大槩山林中十蕙而一蘭也。《離騷》曰：「予既滋蘭之九畹，又樹蕙之百畝。」《招魂》：「風光轉蕙，汜崇蘭。」以是知楚人賤蕙而貴蘭矣。又「畦留夷與揭車兮，雜杜衡與芳芷」，仁傑按：《說文》：畹，三十畝也；畦，五十畝也。如此則蘭爲畝者二百七十，蕙百畝，留夷以下五十畝。蓋蘭爲上，蕙次之，留夷之屬爲下，所貴者不厭其多，而所賤者不必多。山谷言賤蕙貴蘭之意則是，其所以爲貴賤之意則失之矣。蘭俗呼爲燕尾香，煮水以浴療風，故又名香水蘭，《夏小正》五月蓄蘭爲沐浴也。故曰：浴蘭兮芳蘭。固可用浴而不可食。頃聞蜀士云屢見人醉渴，飲瓶中蘭花水，吐利而醒者。又峽中儲毒以藥人，蘭花爲第一，乃知甚美必有甚惡。蘭爲國香，人固服媚之，又當愛而知其惡也。《離騷》以蘭爲不可恃，亦不爲無說。

又《蕙》 「豈惟紉夫蕙茝」，「既替余蕙纕兮」，「荷纕兮蕙帶」，凡此皆以爲服飾也；「薜荔柏兮蕙綢」，「擗蕙櫋兮既張」，此則以爲屋飾也：皆取香潔自修飾之意。「蕙肴蒸兮蘭藉」，則取其芬芳以爲俎羞也。又「植蕙之百畝」，則以喻賢人君子，欲其衆也。洪慶善引《本草》云：潔草，一名蕙草。《山海經》云：薰草麻葉而方莖。陳藏器云：此即是零陵香。黄魯直説與此異。仁傑按：《山海經》「天帝之山下多菅蕙」，又「升山其草多藷藇蕙」，郭璞註：蕙，香草，蘭屬。或以蕙爲薰葉，失之。則蕙與薰葉本非一種。《廣雅》云：蕙草綠葉紫花。今蘭葉與花亦然，故景純以爲蘭屬。如山谷謂「蘭蕙叢出，蒔以沙石則茂，沃以湯茗則芳」，是所同也。至其發花，一幹一華而香有餘者蘭也，一幹五七華而香不足者蕙也。蕙雖不若蘭，其視椒榝則遠矣。然則蘭蕙蓋略相似，但以著花多少爲別耳。《本草》於薰草外別出蕙實，云生魯平澤，五月花，味辛香，正應是蘭蕙之蕙。此説是也。

宋 高似孫《緯略》卷一二《秋蘭》 秋蘭，古人最所鍾愛。一經靈均風騷之士，競知慕焉。《九歌》曰：「秋蘭兮蘼蕪，羅生兮堂下。綠葉兮素華，芳菲菲兮襲予。」又曰：「秋蘭兮青青，綠葉兮紫莖。」張衡《思玄賦》曰：「紉幽蘭之秋華。」《東京賦》曰：「芙蓉覆水，秋蘭被涯。」魏武帝《陌上桑》曰：「拄杖桂枝佩秋蘭。」曹植《迭迷香賦》曰：「芳暮秋之幽蘭兮，麗崑崙之英芝。」又詩「繁華將茂秋霜，悴之君不垂眷。豈云其誠秋蘭，可喻桂樹冬榮」。又詩「秋蘭被長坂」。晉傅玄《秋蘭篇》：「秋蘭陰玉池，池水芳且香。」又詩：「秋蘭豈不芬飽肆，亂其芳玄鼓吹曲。」又曰：「謀言協秋蘭，清風發其芳。」陸機詩「氣惠秋蘭闕」，潘尼詩「流聲馥秋蘭」，一秋蘭之微，而詞人眷眷如此。是亦懷貞挺秀，可以比德歟！比從永嘉移本，大略如蕙擢花。八九月之交香，特重於春蘭也。

宋 張淏《雲谷雜記》卷一 《史記·司馬相如傳》：蕙圃衡蘭。司馬貞《索隱》曰：《本草》云薰草，一名蕙。陸農師《埤雅》：蕙，今之零陵香也。邵氏《聞見後録》、魯直《蘭説》云一幹一花而香有餘者蘭，一幹五七花而香不足者蕙。非也。蕙，今零陵香，又名薰。所謂「一薰一蕕」者也。又《墨客揮犀》及潘子真《詩話》亦皆云：蕙，今零陵香也。予謂古人以蘭蕙對言者，正以二物花葉既相似，芳氣亦相若，實爲儕類，故舉蘭必及蕙，如「滋蘭九畹，樹蕙百畝」，「光風轉蕙汜崇蘭」者是也。今既以零陵香爲蕙，不知以何物爲蘭耶？魯直以一幹一花爲蘭，一幹五七花爲蕙，可謂真識蘭蕙者也。而邵公濟反以爲非，亦由司馬貞倡其誤于前也。原其所以致誤者，由讀《本草》不熟耳。《本草》：零陵香一名蕙草，根名薰，故又謂之薰草。諸公見零陵香有蕙草之名，故斷然以蕙爲零陵香，殊不知《本草》中又自別有蕙，實一種。云是蘭蕙之蕙，此正一幹六七花者也。以其實可用，故云蕙實。如此，則蕙與零陵香各爲一物甚分明，何諸公之未審也。大率物之名字偶爾相同者甚多，要在博考而詳究，最不可于疑似未辨之間而遷就其説。蓋相承稍久，則二物併而爲一，卒至于不可辨云。

司馬相如云：「蕙圃衡蘭。」張揖于《史注》云：「蘭，秋蘭。」顔師古于《漢書注》云：蘭，即今之澤蘭。《文選》郭璞《江賦》「褸以蘭紅」，李善注：蘭，澤蘭也。予按：蘭非一種，馬蘭、澤蘭、山蘭、蘭草皆見之《本草》中，但相如既與蕙併言之，則非澤蘭矣。澤蘭七月間開花，似薄荷，其香甚微，初無芳馨可取，秖堪入藥，李善、顔師古指以爲蘭，蓋二公未嘗親識所謂蘭者。劉仲馮《漢書刊誤》云：澤蘭自別一種草，非蘭也。蘭，今管城多有，苗如麥門冬，長大，花黄紫兩色。又寇宗奭《本草衍義》云：蘭草，諸家之説異同，是未曾的識，故無定論。葉不香，惟花香。今江陵澧州山谷間頗有，多生于陰地幽谷。葉如麥門冬而闊且韌，長及一二尺，四時常青，花黄中間有細紫點。有春芳者爲春蘭，色深；秋芳者爲秋蘭，色淡。秋蘭稍難得，二蘭移植小檻中，置座右，花開時滿室盡香，與他香別。仲馮、宗奭二説可謂詳的，張揖之注蓋得之矣。其以秋爲言者，蓋秋花芳烈勝于春花，且極難得，所以爲貴，古人多稱之。

宋 趙時庚《金漳蘭譜》卷上《品蘭高下》 余嘗謂天下凡幾山川，而其支派源委與夫人跡所不至之地，其間山坳石罅，斜谷幽竇，又不知其幾何。歲遇古之

修竹，矗空之危木，靈種覆濩，溪澗盤旋，森羅蔽道，暉陽不燭，冷然泉聲，磊乎萬狀。隨地之異則所産之多，人賤之蔑如也。倏然經乎樵牧之手而見駭然識者，從而得之，則必攜持登高岡，涉長途，欣然不憚其勞，中心之所好者，何邪？不能以售販而置之也。其他近城百里淺小去處，亦有數品可服，何必求諸深山窮谷？每論及此，往往啓識者雖有不韙之誚，毋亦地邇而氣殊，葉萎而花蠹，或不能得培植之三昧者耶？是故花有深紫，有淺紫，有深紅，有淺紅，與夫黄白、緑碧、魚魫、金鏤邊等品，是必各因其地氣之所鍾而然，意亦隨其本質而産之歟？抑其皇穹儲精，景星慶雲，垂光遇物而流形者也？噫！萬物之殊亦天地造化施生之功，豈予可得而輕哉？竊嘗私合品第而類之，以爲花有多寡，葉有強弱，此固因其所賦而然也。苟惟人力不知，則多者從而寡之，強者又從而弱之，使夫人何以知其蘭之高下，其不悮人者幾希。嗚呼！蘭不能自異而人異之耳。故必執一定之見，物品藻之，則有炎然之性在，況人均一心，心均一見，眼力所至，非可語也。故紫花以陳夢爲甲，吴、潘爲上品。中品則趙十四、何蘭、大張青、蒲統領、陳八尉、淳監糧。下品則許景初、石門紅、小張、蕭仲和、何首座、林仲孔、莊觀城。外則金殿邊爲紫花奇品之冠也。白花則濟老、竈山、施花、李通判、惠知容、馬大同爲上品，所爲鄭少舉、黄八兄、周染爲次，下品夕陽紅、雲嶠、朱花、觀堂主、青蒲、名第、弱卿、王小娘者也，趙花又爲品外之奇。

宋 王貴學《王氏蘭譜・品第之等》（《説郛》卷一〇三上引） 涪翁曰：「楚人滋蘭九畹，植蕙百畝，蘭少故貴，蕙多故賤。」予按《本草》薰草亦名蕙草，葉白。蕙根曰薰。十二畝爲畹，百畝自是相等。若以一幹數花而蕙賤之，非也。今均目曰蘭，天下深山窮谷，非無幽蘭，生於漳者，既盛且馥，其色有深紫、淡紫、真紅、淡紅、黄白、碧緑、魚魫、金錢之異，就中品第，紫蘭陳爲甲，吴潘次之。如趙、如何、如大小張、淳監糧、趙長秦、紫蘭、景初以下，又其次。而金稜邊爲紫袍奇品。白蘭竈山爲甲，施花、惠知客次之，如李、如馬、如鄭、如濟老、十九蕊、黄八兄、周染以下，又其次。而魚魫蘭爲白花奇品，其本不同如此。或得其人，或得其名，其所産之異其名，又不同如此。

宋 王應麟《困學紀聞》卷一七 夾漈《草木略》以蘭蕙爲一物，皆今之零陵香也。然《離騷》「滋蘭樹蕙」，《招魂》「轉蕙氾蘭」，是爲二草，不可合爲一。若璩按：蘭莖與蕙，各自爲類。黄山谷：一榦一花而香有餘者蘭，一榦數花而香不足者蕙。説亦未必然。

明 宋濂《文憲集》卷二七《辯蘭》 王度記曰：古者之摯，天子鬯，諸侯薰，大夫蘭，士茝，則蘭爲瑞草而取貴於世也尚矣。然其種有九，而九之中又有山澤二者之殊。生於山者其葉類茅，當春氣初發，有莖出其荄，長可六寸，而一華冠其顛，華絶香。每行逶迤深谷間，微風忽過，而清馨悠悠遠聞，故昔人有云：「芝蘭生於深林，不以無人而不芳。」此花質易萎而不可佩服者也。生於澤者廣而長節，節中亦高四尺。漢諸池苑及許昌宫中皆種之以降神。或襍粉中藏衣，皆取其芬芳耳，即所謂蘭，又所謂都梁香。故昔人之言「士女秉蘭，必於溱洧之曲」，然華葉俱香而可紉佩者也。澤中之蘭，吴郡陸機明之，山中之蘭，豫章黄庭堅始能詳著其説。或者不察二者之異，徒泥佩帨茝蘭之文，力觝庭堅爲非。於是學者始病不知所從矣。京口徐仲輝性愛蘭，室之東西列植者皆蘭也。金華宋濂，故爲作《辯蘭》。雖然，草之類夥矣，其難辯者亦衆矣。唐，一物也，許慎以爲菜名，郭璞以爲今之菟絲也。緑竹，一物也，陸元恪以爲草名，李石以爲今之篁竹也。矧蘭乎哉！仲輝更求博雅君子質之，慎毋以予言爲足信也。

明 王世貞《弇州四部稿》卷一五六 「滋蘭九畹，種蕙百畝。」十二畝爲畹，九畹百畝，正相等也。古人所畫蘭，皆今之宜興産者。漫被山谷，而獨漳建蘭香色絶人，價亦貴。今人以興蘭爲蘭，而漳建蘭爲蕙，則又非也。楚中絶無蘭蕙如漳建者，何得言百畝？按《本草》董草亦曰蕙草，葉曰蕙，根曰董。一説，即今零陵香。零陵香，芸香也。恐亦未的然。

明 張鼎思《琅邪代醉編》卷四《蘭芷》 荀子云：蘭槐之根爲芷。蘭芷自是兩物。又云：蟹六跪而二螯。蟹實八足，不應言六跪。荀卿楚人，蘭、芷、蟹，皆楚地所有，著書者既借物以爲喻，當能辯物之形性，不知何以致誤如此。《遯齋閒覽》：《楚詞》「沅有芷兮，汀有蘭」，分明二物。

明 李贄《李卓吾先生讀升菴集》卷一八《蘭草》 古樂府云：蘭草自然香，生於大道傍。腰鐮八九月，俱在束薪中。孟郊詩：昧者理芳草，蒿蘭同一鋤。實本古樂府意。

卓吾子曰：升菴先生謂人家盆植如蒲萱者，乃蘭之别種，曰蓀與芷耳。惟蒜葉紫莖，春華秋馥，則楚騷所稱紉佩之蘭也。余嘗記漢昭烈皇帝有「蘭草當門，不得不鋤」之語。雖諸葛忠武侯以魚水之歡，竟不得藉一言而貸之。夫蘭生道傍，可謂混世之極矣，而不免辱於樵豎之手；挺而當門可謂庶幾一遇矣，而又不免終入朝之嫉。蘭乎蘭乎，將安所處乎？余既無如之何，則戲爲問荅二首，

以紀之感懷者，無重爲升菴先生之不幸可也。

明 何三畏《新刻何氏類鎔》卷三〇《蘭》 蘭稱王者之香，不與衆草而爲伍。蘭爲深林之種，不以無人而不芳。菊雖獨茂于三秋，僅可以當春蘭一時之秀。蕙雖叢生于百畝，不足以比幽蘭一穗之芳。蘭馥有餘，總是春黄秋紫。蘭摧猶可，豈爲蕭敷艾榮。婦人有茝蘭之賜，則受而獻諸舅姑子姪。有芝蘭之姿，則欲其生于庭序。握蘭以含香，則在郎官之晝省。采蘭以爲佩，則循孝子之南陔。燕姞以賤妾承寵，而夢與蘭于天上，遂爲胤嗣之徵。羅含以致仕還家，而忽生蘭于庭中，乃爲德行之感。曹瞞之殺楊修也，而曰芳蘭當門。梁武之愛謝覽也，而曰芳蘭竟體。蓋蘭者，花點暄妍之節，葉抽清淺之波，或蔭玉池，或披長坂。幽崖亂吐，雪徑偷開。湛露微懸，光風細轉。詠秀質于楚賦，騰英聲于漢篇。思結蔭于玉池，願擢姿于金陛。即韻非桃李春風面，而名在山林處士家。柔軟如美人之心，光華作童子之佩。是十步之内所必有，而三月之時所祓除者也。若有春芳者，爲春蘭，其色深；秋芳者爲秋蘭，其色淡。春蘭之花生于葉之下，叢蘭之花生于葉之巔，則又稍稍不同耳。

明 謝肇淛《五雜俎》卷一〇《物部二》 芝蘭生於空谷，不以無人而不香。然芝實無香也。蘭，閩中最多，其於深山無人跡處掘得之者爲山蘭，其香視家蘭爲甚。人家所種，紫莖緑葉，花簇簇然。若謂一幹一花而香有餘者爲蘭，一幹數花而香不足者爲蕙，則今之所種皆蕙耳，而亦恐未必然也。即山谷中絶香之蘭，未見有一幹一花者。吾閩蘭之種類不一，有風蘭者，根不着土，叢蟠木石之上，取而懸之簷際，時爲風吹則愈茂盛，其葉花與家蘭全無異也。有歲蘭，花同而葉稍異，其開必以歲首，故名。其它又有鶴蘭、米蘭、朱蘭、木蘭、賽蘭、王蘭，則各一種，徒冒其名耳。

明 張大復《梅花草堂集筆談》卷二《蘭蕙》 語云：山林間十蕙而一蘭，故曰蕙賤而蘭貴，蘭少而蕙多也。此不然，衆與少豈貴賤之徵與？蘭氣醇遠不射而蕙艷發，蘭韻長而蕙微短，等是國香，政堪伯仲耳。必貴賤人物于衆少之間，則荀氏八龍，當以多故減貴，而李白、蕭穎士僅然有，子將亦曰：少者固不賤耶？《楚經》云：「既藝蘭之九畹兮，又種蕙之百畝。」蓋所謂有此内美，故不爲貴賤之證。

又 卷六《蘭》 與蘭俱化，故有是言，然而非也。今日倚蘭而坐，游香氤氲，隨風近遠，時有爽致，逼人鼻觀間。急起從之，則不知所如矣。無人自芳，久而愈奇者，蘭耶！

又 卷八《蘭》 蘭之味，非可逼而取也。蓋在有無、近遠、續斷之間，純以情韻勝，氤氲無所，故稱瑞耳。體兼衆綵而不極于色，令人覽之有餘而名之不可，即善繪者以意取，似莫能肖也。共真、文王、孔子、屈原之徒，不可得而親，不可得而跡者耶？徐伯衡採蘭見贈，微風適至，歌曰：薰爽南來，虛室生白。漪漪幽人，覩此大國。覩此大國，吾愛吾廬。紉斯佩斯，寘彼枯魚。

清 王夫之《詩經稗疏》卷一《秉蕳》 《毛傳》曰：蕳，蘭也。所謂蘭者，一謂之都梁香。盛弘之《荆州記》曰：都梁縣有山，山上有水，其中生蘭艸，因名都梁縣。陸璣《疏》曰：莖葉皆似澤蘭。《川本艸》云：葉尖，上有岐，花紅白色。《伽藍記》曰：蘭，開紫莖。《潛溪詩話》以爲形如藿香，蘭爲紫莖，莖上生葉之香艸，其香在葉而不在花，明矣。自宋以後，以福建及湖南山谷所生，葉似茅獨莖旁出，莖上無葉，開碧間紫花之香花爲蘭，遂令天下無人識蘭。而冠宗奭、朱震亨竟以蘭花爲蘭艸，誤人服食。李時珍原古證今，定爲今之省頭草，其功偉矣。今之蘭花，唯産八閩及郴道諸州。好事者迻至北方，凌冬即死。孔子賛《易》云：其臭如蘭。《左傳》：鄭文公賜燕姞以蘭。秦漢以前中國並不知有蘭花，魯鄭何從有此省頭艸，既似澤蘭，亦似馬蘭。陶弘景謂之煎澤艸。《唐瑤經驗方》言其采置髮中，令頭不膱。今人以煎油澤髮。其艸紫莖素枝，赤節緑葉，葉對節生，旁有細齒，八月開花成穗，花紅白色，中有細子，花包堅燥，微類夏枯艸花，其香在葉，秋則香在子。故《楚辭》云：紉秋蘭以爲佩。凡此皆證毛公所云蘭者也。若此所秉之蕳，則又非紫莖、香葉之都梁。所以然者，下云：贈之以勺藥。勺藥春榮，都梁秋秀，不同時矣。蕳與葌通。許慎曰：葌艸出吴林。郭璞曰：葌似茅。《山海經》：洞庭之山，其艸多葌。葌，香艸也。言秉者手持之如束禾，然此艸，《本艸》謂之茅，香如茅，明潔而長。冠宗奭曰：可作浴湯、去風，此士女就浴溱洧，故手把之，亦或謂之爲蘭。《穀梁傳》：刈蘭以爲防茅也。而范甯注曰：香艸是已。《周禮》：男巫掌望祀、望衍、旁招以茅。《風俗通》曰：此祓禊之始，則秉蕳之爲香茅。可知又不容以都梁蘭艸亂也，況今閩嶺之蘭花乎？

清 汪琬《鈍翁續稿》卷一八《蘭室記》 晉士會食采於范，而武子其謚也。而班固《古今人表》則列士會於中上，列武子於上中。兩公孫龍，相距踰百餘年，而鄭玄謂仲尼弟子，即論堅白異同者。盧橘枇杷一果也，而相如《上林賦》有

云：「盧橘夏熟，枇杷橪柿。」蔓菁、萊菔兩菜也，而注《本草》者或云在南名萊菔，在北名蔓菁。古之名物甚夥，載籍甚冗，而學者彼此詆訶，又甚緐碎。雖有博洽之士，亦安能一一疏通證明，而俾無小誤於其間乎？予家藝蘭數本，每夏秋之交，雩既放，舁置室中以自怡説，客至輒從而誇示之。有客笑曰：「此土續斷耳，非《離騷》、《詩疏》、《淮南子》、陶隱居之所謂蘭也，而吾子取以誇客，其不爲有識誚者幾希。」予曰：「不然。班固不知士會、范武子爲一人，不害其爲良史。鄭玄不知周時有兩公孫龍，不害其爲大儒。相如不知枇杷之即盧橘，不害其有辭賦名。注《本草》者不知蔓菁之非萊菔，不害其有活人之伎。今茲雩也，嗅其氣，則郁然而芳。覩其色，則油然而潤。可以入咏歌，可以侑栝酌，可以供采掇，可以對之而忘埃𡏖之爲患、溽暑酷日之爲煩。蓋非幽人逸士，莫之能樂此也。雖以蘭譽之，夫亦宜矣。予固非博洽者，又何必辨其孰真蘭孰贋蘭，孰專蘭之實，孰冒蘭之名，而誤者邪？」因揮手謝客：曰：「姑爲我撥去《離騷》《詩疏》，請以異日受命。」

清 李漁《閒情偶寄》卷一四《種植部·草本第三·蕙》 蕙之與蘭，猶芍藥之與牡丹，相去皆止一間耳。而世之貴蘭者必賤蕙，皆執成見，泥成心也。人謂蕙之花不如蘭，其香亦遜。吾謂蕙誠遜蘭，但其所以遜蘭者，不在花與香而在葉，猶芍藥之遜牡丹者，亦不在花與香而在梗。牡丹係木本之花，其開也，高懸枝梗之上，得其勢，則能壯其威儀，是花王之尊，尊于勢也。芍藥出于草本，僅有葉而無枝，不得一物相扶，則委而仆于地矣，官無輿從，能自壯其威乎？蕙蘭之不相敵也反是。芍藥之葉苦其短，蕙之葉偏苦其長。芍藥之葉病其太瘦，蕙之葉翻病其太肥。當强者弱，而當弱者强，此其所以不相稱，而大遜于蘭也。蘭蕙之開，時分先後。蘭終蕙繼，猶芍藥之嗣牡丹，皆所謂兄終弟及，欲廢不能者也。善用蕙者，全在留花去葉，痛加剪除，擇其稍狹而近弱者，十存二三。又皆截之使短，去兩角而尖之，使與蘭葉相若，則是變蕙成蘭，而與「强幹弱枝」之道合矣。

清 曹溶《倦圃蒔植記·總論》卷上《論花》 蘭蕙之辨自山谷老人發之，然《楚詞》既曰「春蘭兮秋菊」，又曰「秋蘭兮青青」，陶詩亦曰「秋蘭氣應馥秋芳」，絶無一幹一花者而亦名爲蘭，則其説未可盡泥也。今陽羨臨安之蕙，其木如本地之蘭，則誠然矣。閩之多花者豈遽遜近境之一花者耶？閩人舊譜以獻歲蘭如鷹爪者，不列甲品，諒亦自有公論。予嘗細玩興蘭之氣足神全者，其花隨長隨香，彌月不衰，惟玉魫蘭亦然。初疑其蕊瘦弱，吐花後漸舒漸白，大倍常花，香之奇而且久，亦不啻倍焉，所以人人貴之要非孟浪也。然則閩之甲品乃可當興之獨花，其地位固自迥别，山谷亦具眼哉！

清 黃叔琳《硯北雜録》卷一五《蘭蕙》 黃山谷云：一榦一花爲蘭，一幹五七花爲蕙。《遯齋閒覽》云：《楚騷》之蘭蕙，或以爲都梁香，或以爲澤蘭，或以爲猗蘭。當以澤蘭爲正。今人所種如麥門冬葉者，名幽蘭，非真蘭也。故陳止齋作《盜蘭説》以譏之，朱文公《離騷辨正》云：古之香草，必花葉皆香，燥濕不變，故可佩。今之蘭蕙，但花香而葉乃無氣，質弱易萎，必非古人所指甚明。古之蘭似澤蘭，而意即今之零陵香。今之似茅而花有二種者，不知何時始誤也。吴草廬《蘭説》云：蘭爲醫經上品，草植者也，今所謂蘭，乃無枝莖，因黃山谷稱之，世遂謬指爲《離騷》之蘭。

清 陸廷燦《南村隨筆》卷五《蘭》 《蘭譜》云：一榦一花曰蘭，一榦數花曰蕙，而蘭與蕙俱以素心者爲極品。閩蘭開於夏秋，花似蘭而葉潤勁，種數甚多，間亦有素者，不可多得，大槩以魚魫嬌爲上品。昔人詩有「蘭花秋更紅」之句。今人慕之而以不得見爲恨。然閩中實有紅者，但花開無香，不足取也。另有墨蘭一種，葉帶纖柔，花莖瘦勁，花瓣尖長，顔色淡黑，香極清越，開以秋冬，惜無常種，偶一遇之耳。

清 謝堃《花木小志·蕙》 一花一幹爲之蘭，一幹數花爲之蕙，蘭葉柔媚，蕙葉勁徤，楚省多蘭，閩省多蕙。蘭有梅瓣、荷瓣、素心之稱，蕙惟一色花而已矣。近□閩賈所攜勁葉一幹數花而曰建草者，蕙草也，識者辨之。

清 汪縉《汪子文録》卷一六《藝蘭説》 客有喜藝蘭者，以春日酌予。於時，蘭芽盡茁矣。客藝蘭百盆，將以數盆詒予。坐有數客，喜品蘭，謂藝蘭者曰：「贈汪生蘭，必以素。」藝蘭者曰：「芽方茁，素不素未可知也。」於是，相與言品蘭之術。藝蘭者曰：「吾嘗試之，無一驗者。」品蘭者曰：「擇其佳者，取其心。視之素不素，可知也。」藝蘭者曰：「吾嘗取而視之矣，視之素，及華放不素。」品蘭者曰：「取其心，浮之以定水。宿而視之，素不素可知也。」藝蘭者曰：「吾試之亦無驗。」品蘭者曰：「君之抽於品蘭也。以吾術爲君擇蘭數種，素必可得也。」遂擇而贈予，華放，心如丹砂。後予偶遊虎邱，於時蘭華萎謝盡矣。行至韓公祠前，見盆蘭一枝，欲開未開也。其華幽緑可娱。予徘徊久之，歎爲國香。業蘭者曰：「佳不佳，未可知也。」予曰：「華將放，尚無動者機，其德至静，此而不佳，何者爲佳？」業蘭者曰：「蘭之德，難言哉。有華未開時，静若可保。華乍開，已失

其靜者。有華乍開時，靜若可保。華既開，漸失其靜者。有華既開時，靜若可保。華久開終失其靜者。有今歲華開時，靜若可保。來歲華開，忽失其靜者。故曰難言也。佳不佳，未可知也。」予問曰：「儻有術以知之乎？」業蘭者曰：「吾老於種蘭矣，誠無術以知之也。」予聞而歎曰：「品蘭者，挾術以知蘭，不知蘭者也。藝蘭者，術窮於知蘭，其知蘭之淺者與。業蘭者無術以知蘭，其知蘭之深者與。」已而予授徒於外，主人嗜蘭。予爲言蘭之難知也。主人曰：「蘭德之靜，難知也。其素，易知也。取其心，暎日以視之。其心瑩然，明且徹，點滓潔盡，華必素。點滓未盡，不素。滓多，紅多。少則紅少，淺則紅淺，深則紅深。華心之滓，則華心之紅也。」予撫掌曰：「得之矣。以其言之通於學得之也。吾友允初子靜者也，其爲人内明而外渾。然恐其明之未盡并於其渾者，時時失之，以是不能保其靜。」爲作藝蘭說。

綜　述

三國吴　陸璣《毛詩草木鳥獸蟲魚疏》卷上《方秉蕑兮》　蕑即蘭，香草也。《春秋傳》曰：「刈蘭而卒。」《楚辭》云：「紉秋蘭。」孔子曰：「蘭當爲王者香草。」皆是也。其莖葉似藥草澤蘭，但廣而長節，節中赤，高四五尺。漢諸池苑及許昌宫中皆種之。可著粉中，故天子賜諸侯茝蘭，藏衣著書中，辟白魚也。

宋　陶穀《清異録》卷上《香祖》　蘭雖吐一花，室中亦馥郁襲人，彌旬不歇，故江南人以蘭爲香祖。

宋　莊綽《雞肋編》卷上　蘭蕙葉皆如菖蒲而稍長大，經冬不凋，生山間林篁中。花再重，皆三葉，外大内小，色微青，有紫文。其内重一葉，色白無文，覆卷向下，通若飛蟬之狀，以春秋二時開。莖短，每枝一花者爲蘭。莖長，一枝數花者爲蕙。《本草》載蘭草、馬蘭、澤蘭、山蘭四種。蘭草葉似澤蘭，尖長，有枝，花紅白色而香，生下濕地。澤蘭生下地水傍，葉似蘭草，赤節，四葉相值岐節間。馬蘭生澤傍，氣臭，花似菊而色紫。山蘭生山側，似劉寄奴，葉無椏，不對生，花心微黄赤。又有木蘭，乃大樹。皆非騷人所歌詠者。又云零陵香，一名蕙草。既唯生零陵山谷，而莖葉都不與蕙相類。豈二物不入藥用而遺之乎？後至衢州開化縣，山間多春蘭，而暨僧允濟謂蘭根即白薇也。按白薇，一名白幕，又名薇草。《本草》乃云生平原川谷，陶隱居謂近道處處有之，又與蘭小異。然藥肆皆收貨爲白薇，未知是否？夷齊採食，豈謂是邪？味雖苦醎大寒而無毒也。

宋　洪興祖《楚詞補注》卷一《離騷》　扈江離與辟芷兮，扈，被也。楚人名被爲扈。江離、芷，皆香草名。辟，幽也。芷幽而香。《文選》離作蘺。五臣云：扈，披也。補曰：扈音户。《左傳》云：「九扈爲九農，正扈民無淫者也。」扈，止也。「江離」説者不同。《説文》曰：「江蘺蘼蕪然。」司馬相如賦云：「被以江蘺，糅以蘼蕪。」乃二物也。《本草》：蘼蕪，一名江離。江離非蘼蕪也，猶杜若一名杜衡，杜蘅非杜若也。蘼蕪見《九歌》。郭璞云：江離似水薺。張勃云：江離出海水中，正青似亂髮。郭恭義云：赤葉，未知孰是。辟，匹亦切。白正，一名白茝。生下澤，春生葉，相對婆娑紫色，楚人謂之藥。紉秋蘭以爲佩。紉，索也。蘭，香草也。秋而芳。佩，飾也。所以象德。故行清潔者，佩芳。德仁明者，佩玉。能解結者，佩觿。能決疑者，佩玦。故孔子無所不佩也。言己修身清潔，乃取江離辟芷以爲衣被，紉索秋蘭以爲佩飾，博采衆善以自約束也。補曰：紉，女鄰切。《方言》曰：續，楚謂之紉。《説文》云：繟，繩也。古者男女皆佩容臭。臭，香物也。又曰，佩帨茝蘭。則蘭芷之類，古人皆以爲佩也。相如賦云：「蕙圃衡蘭。」顔師古云：蘭即今澤蘭也。《本草注》云：蘭草、澤蘭，二物同名。蘭草，一名水香，李云都梁是也。《水經》云：零陵郡都梁縣西小山上有渟水，其中悉生蘭草，緑葉紫莖。澤蘭如薄荷，微香。荆湘嶺南人家多種之。此與蘭草大抵相類，但蘭草生水傍，葉光潤尖長，有歧陰，小紫花紅白色而香，五六月盛。而澤蘭生水澤中及下濕地，苗高二三尺，葉尖微有毛，不光潤，方莖紫節，七月八月開花，帶紫白色，此爲異耳。《詩》云：「士與女，方秉蕑兮。」陸機云：蕑即蘭也。其莖葉似藥草。澤蘭廣而長節，節中亦高四五尺。漢諸池苑及許昌宫中，皆種之。《文選》云：「秋蘭被涯。」注云：秋蘭，香草。生水邊，秋時盛也。《荀子》云：「蘭生深林。」《本草》亦云：一種山蘭生山側，似劉寄奴，葉無椏，不對生，花心微黄赤。《楚詞》有秋蘭、春蘭、石蘭，王逸皆曰香草，不分別也。近時劉次莊《樂府集》云：「《離騷》曰『紉秋蘭以爲佩』，又曰『秋蘭兮青青，緑葉兮紫莖』，今沅澧所生花，在春則黄，在秋則紫，然而春黄不若秋紫之芬馥也。由是知屈原真所謂多識草木鳥獸，而能盡究其所以情狀者歟。」黄魯直《蘭説》云：「蘭生深山叢薄之中，不爲無人而不芳。含香體潔，平居與蕭艾同生而不殊。清風過之，其香藹然，在室滿室，在堂滿堂。所謂『含章以時發』者也。然蘭蕙之才德不同，蘭似君子，蕙似士夫。槩山林中，十蕙而一蘭也。《離騷》曰：『予既滋蘭之九畹，又樹蕙之百畝。』《招魂》：『光風轉，蕙泛崇蘭。』以是知楚人賤蕙而貴蘭矣。蘭蕙叢出，蒔以沙石則茂，沃以湯茗則芳，是所同也。至其發華，一幹一華，而香有餘者蘭。一幹五七華，而香不足者，蕙也。蕙雖不若蘭，其視椒椴則遠矣。」其言蘭蕙如此，當俟博物者。

又　卷二《九歌》　秋蘭兮麋蕪，羅生兮堂下。言已供神之室，空閒清淨。衆香之草，又環其堂下，羅列而生。誠司命君所宜幸集也。秋，一作穐，下同。麋，一作蘪。補曰：「《爾雅》曰：『蘄茝，蘪蕪。』郭璞云：『香草葉小，如萎狀。』《山海經》云：『臭如蘪蕪。』

《本草》云：『芎藭，其葉名蘼蕪。似蛇床而香。騷人借以爲譬。其苗四五月間生，葉作叢而莖細，其葉倍香。或蒔於園庭，則芬香滿徑。七、八月，開白花。』《管子》曰：『五沃之土，生蘼蕪。』相如賦云：『穹窮昌蒲，江離蘪蕪。』師古云：『蘪蕪，即穹窮苗也。』下，音户。」緑葉兮素枝，芳菲菲兮襲予。襲，及也。予，我也。言芳草茂盛，吐葉垂華，芳香菲菲，上及我也。枝，一作華。五臣云：四句皆喻懷忠潔也。補曰：襲音習。予，上聲。

宋 鄭樵《通志》卷七五 蘭即蕙，蕙即薰，薰即零陵香。《楚辭》云：滋蘭九畹，植蕙百畝。互言也。古方謂之薰草，故《名醫别録》出薰草條。近方謂之零陵香，故《開寶本草》出零陵香條。《神農本經》謂之蘭。臣昔修本草，以二條貫於蘭後，明一物也。臣謹案：蘭舊名煎澤草，婦人和油澤頭，故以名焉。《南越志》云：零陵香，一名燕草，又名薰草，即香草，生零陵山谷，今湖嶺諸州皆有。又《别録》云：薰草一名蕙草，明薰蕙之爲蘭也，以其質香，故可以爲膏澤，可以塗宫室。近世一種草如茅葉而嫩，其根謂之土續斷，其花馥郁，故得蘭名，誤爲人所賦詠。

宋 趙時庚《金漳蘭譜》卷上《敘蘭容質》 陳夢良，色紫，每幹十二萼，花頭極大，爲衆花之冠。至若朝暉微照，曉露暗濕，則灼然騰秀，亭然露奇，斂膚傍幹，團圓心向，婉媚綽約，佇立凝思，如不勝情。花三片，尾如席徹，青葉三尺，頗覺弱，翠然而緑，背雖似劒脊，至尾稜則軟薄，斜撒粒許帶緇，最爲難種，故人稀得其真。

吴蘭，色深紫，有十五萼，幹紫英紅，得所養則岐而生，至有二十萼。花頭差大，色映人目，如翔鸞翥鳳，千態萬狀。葉則高大，剛毅勁節，蒼然可愛。

潘花，色深紫，有十五萼。幹紫，圓匝齊整，疏密得宜，疏不露幹，密不簇枝，綽約作態，窈窕逞姿，真所謂艷中之艷，花中之花也。視之愈久，愈見精神，使人不能捨去。花中近心所，色如吴紫，艷麗過於衆花。葉則差小於吴，峭直雄健，衆莫能比。其色特深。或云仙霞，乃潘氏西山於仙霞嶺得之，故人更以爲名。

趙十四，色紫，有十五萼。初萌甚紅，開時若晚霞燦日，色更晶明。葉深紅，合於沙土則勁直肥聳，超出羣品，亦云趙師傅，蓋其名色。

何蘭，紫色，中紅，有十四萼，花頭倒壓，亦不甚緑。

品外之奇

金殿邊，色深紫，有十二萼，出於長泰陳家。色如吴花，片則差小，幹亦如之，葉亦勁健。所可貴者，葉自尖處分，二邊各一線許，直下至葉中處，色映日如金線。其家寶之，猶未廣也。

白蘭

濟老，色白，有十二萼，標致不凡，如淡粧西子，素裳縞衣，不染一塵。葉與施花近似，更能高一二寸，得所養致岐而生，亦號一線紅。

竈山，有十二萼，色碧。玉花枝開，體膚鬆美，顒顒昂昂，雅特閑麗，真蘭中之魁品也。每生並蔕，花幹最碧，葉緑而瘦薄，開花生子，蔕如苦蕒菜，葉相似，呼爲緑衣郎、黄郎，亦號爲碧玉幹。

施花，色微黄，有十五萼，合並幹而生，計二十五萼，或迸於根。美則美矣，每根有萎葉，朶朶不暇，細葉最緑，微厚。花頭似開不開，幹雖高而實貴瘦，葉雖勁而實貴柔，亦花中之上品也。

李通判，色白，十五萼，峭特雅淡，迎風浥露，如泣如訴，人愛之，比類鄭花則減。頭低葉小，絶佳。劒脊最長，真花中之上品也，惜乎不甚勁直。

惠知容，色白，有十五萼。賦質清癯，團簇齊整，或向或背，嬌于瘦困。花英淡紫，片色尾凝黄，葉雖緑茂。細而覩之，但亦柔弱。

馬大同，色碧而緑，有十二萼。花頭微大，開有上向者，中多紅暈。葉則高聳，蒼然肥厚。花幹勁直，及其葉之低，亦名五暈絲，上品之下。

鄭少舉，色白，有十四萼，瑩然孤潔，極爲可愛。葉則修長而瘦，散亂，所謂蓬頭少舉也。亦有數種，只是花有多少，葉有軟硬之别。白花中能生者，無出於花。其花之色，姿質可愛，爲百花之翹楚者。

黄八兄，色白，有十二萼。善於抽幹，頗似鄭花，惜乎幹弱，不能支持，葉緑而直。

周染，花色白，十二萼，與鄭花無異，等餘短弱耳。

夕陽紅，花八萼，花片凝火，色則凝紅，夕陽返照於物。

觀堂主，花白，有七萼，花聚如簇，葉不甚高，可供婦人曉粧。

名弟，色白，有五六萼。花似鄭，葉最柔軟。如新長葉則舊葉隨换，人多

不種。

青蒲，色白，有七萼，挺肩露骨，甚類竈山，而花潔白，葉小而直，且緑，只高尺五六寸。

弱脚，只是獨頭蘭，色緑，花大如鷹爪。一幹一花，高二三寸，葉瘦，長二三尺。入臘方花，薰馥可愛而香有餘。

魚魫蘭，十二萼，花片澄徹，宛如魚魫，采而沈之水中，無影可指。葉則頗勁，色緑。此白蘭之奇品也。

又 卷中《紫花》 陳夢良極難愛養，稍肥隨即腐爛，貴用清水澆灌，則佳也。

潘蘭雖未能愛肥，須以茶清沃之，冀得其本地土之性。吴花看來亦好種，肥亦灌溉之，一月一度。

趙花、何花、大張、小張青、蒲統領、金殿邊，半月一澆，其肥則可焉。

陳八尉、淳監糧、蕭仲和、許景初、何首座、林仲孔、莊觀成，縱有太過不及之失，亦無大害。於用肥之時，當俟沙土乾燥，遇晚方加灌溉，候曉以清水碗許澆之，使肥膩之物得以下漬其根，使其新來未發之篦自無勾蔓送上，散亂盤盆之患，更能預以瓮𦉪之物蓄雨水，積久色緑者，間或進灌之，而其葉則潑然挺秀，濯然争茂，盈臺簇檻，列翠羅青，縱無花開，亦見雅潔。

又《白花》 濟老、施花、惠知容、馬大同、鄭少舉、黄八兄、周染愛肥，一任灌溉。李通判、竈山、鄭伯善肥，在六之中四之下，又朱蘭亦如之。

魚魫蘭質瑩潔，不須過肥，徐以穢膩物汁澆之。夕陽紅、雲嬌、青蒲、觀堂主、名第、弱卿、肥瘦童，亦當觀其土之燥，晚則灌注，曉則清水灌之，欲儲蓄雨水，令其色緑，沃之爲妙。

惠知容等蘭，用[氵非]沙簸去泥塵，夾糞蓋泥種，底用麁沙和糞。鄭少舉，用糞蓋泥和便曬乾種已，上面用紅泥覆之。竈山，用糞壤泥及用河沙，内草鞋屑鋪四圍種之，累試甚佳，大凡用輕鬆泥皆可。

濟老、施花用糞泥，用零小便糞澆濕攤曬，用草鞋屑圍種。又竈山用園泥，下有糞，澆濕泥種，四圍用草鞋屑，然後種之。

宋 王貴學《王氏蘭譜・紫蘭》（《説郛》卷一〇三上引） 陳夢良有二種，一紫幹，一白幹。 花色淡紫，大似鷹爪，排釘甚疎，壯者二十餘萼，葉深緑，尾微焦而黄。好濕惡燥，愛肥惡濁，葉半出架而尚抽蕊，幾與葉齊而未破。昔陳承議得於官所而奇之。陳夢良字也，棄之鷄柵傍，一夕吐萼二十五，與葉俱長三尺五寸有奇，人寳之，曰陳夢良。諸蘭，今年懶爲子，去年爲父，越去年爲祖。惟陳蘭多缺祖，所以價穹。其葉森潔，狀如劍脊，尾焦。衆蘭頂花皆並俯，惟此花獨仰，特異於衆。

吴蘭色深紫，向吾得於龍岩漳州縣名鐵礦山鐵叢。石心而婉娟，葉之修緑冠諸品，得所養則蕤岐生，有二十餘萼。性頗受肥，亭亭特特，隱然君子立乎其前。初成翁本性有仙霞，色深紫，花氣幽芳，勁操特節，幹葉與吴伯仲，特花深耳。

趙十四，即師傅，色淡，壯者十四五萼，葉色深緑，花似仙霞，葉之修勁不及之。

何蘭，壯者十四五萼，繁而低壓，冶而倒披。花色淡紫，似陳蘭。芽花幹壯而何則瘦，陳葉尾焦而何則否。或名潘蘭，有紅酣香醉之狀，紅雨露則嬌困，號醉楊妃，不常發，似仙霞。

大張青，色深紫，壯者十三萼，資勁質真，向北門張其姓讀書岩谷得之。花有二種，大張花多，小張花少，大張幹花俱紫，葉亦肥瘦勝，小張慳於發花。

蒲統領，色紫，壯者十數萼。淳熙間，蒲統領引兵逐寇，忽見一所，似非人世，四周幽蘭，欲摘而歸，一老叟前曰：此蘭有神主之，不可多摘。取數穎而歸。

陳八斜，色深紫，壯者十餘萼，發則盈盆。花類大張青，幹紫過之，葉緑而瘦，尾蒲下垂，紫花中能生者爲最，間有一葉雙花。

淳監糧，色深紫，多者十萼，叢生，並葉。幹曲花壯，俯者如想，倚者如思。葉高三尺，厚而且直。其色尤紫，大紫壯者十四萼，出於長秦，亦以邑名。近五六載，葉緑而茂，花韵而幽。

許景初，十二萼者，花色鮮紅，凌晨浥露，若素練輕茜，玉顔半酡。幹微曲，善於排釘，葉頗散垂，緑亦不深。

石門紅，其色紅，壯者十二萼，花微而促，色紅而淺，葉雖麁，亦不甚高，滿盆則生，亦云趙蘭。小張青，色紅，多有八萼，淡於石門紅，花幹甚短，止供簪插。

蕭仲和，色如褪紫，多者十二萼，葉緑如芳茅。其餘幹纖長，花亦離疎，時人呼爲「花梯」。

何首座，色淡紫，壯者九萼。陳吴諸品未出，人争愛之。既出，其名亞矣。

林仲孔，色淡紫，壯者九萼，花半開而下視，葉勁而黄，一云仲美。

粉粧成，色輕紫，多者八萼，類陳八斜。花與葉亦不甚都。茅蘭，其色紫黯，

長四寸有奇，壯者十六七萼，簏而俗，人鄙之。是蘭結實，其破如線，紫絲片片，隨風飄地輕生。夏至抽篦，春前開花。

金稜邊，出於長秦陳氏，或云東郡迎春坊門王元善家。如龍溪縣後林氏花，因火，爲王所得。有十二三萼，幽香凌桂，勁莭方筠，花似吴而差小。其葉自尖處分爲兩邊，各一線許。夕陽返照，恍然金色，漳人寶之，亦罕傳於外，是以價高十倍於吴、陳，目之爲紫蘭奇品。

又《白蘭》 竈山，色碧，壯者二十餘萼，出漳浦。昔有煉丹於深山，丹未成，種其蘭於丹竈傍，因名。花如葵而間生並葉，幹葉花同色，萼齊修，中有薤黄。東野朴守漳時，品爲花魁，更名碧玉幹，特以秋花，故殿於紫蘭之後。

濟老，色微緑，壯者二十五萼，逐瓣有一線紅暈界其中，餘絶高，花繁則幹不能制，得所養則生。紹興間，僧廣濟修養窮谷，有神人授數穎：蘭在山陰久矣，師今行果已滿，與蘭齊芳。僧植之岩下，架一脉之水溉焉，人植而名之，又名一線紅，以花中界紅脉若一線然。幹花與竈山相若，惟竈山花開玉頂，下花如落，以此分其高下。此花慳生蕊，每歲只生一。

惠知客，色潔白，或向或背，花英淡紫，片尾微黄，頗似施蘭。其葉最茂，有三尺五寸餘。

施蘭，色黄，壯者十五萼，或十六七萼。清操潔白，聲氣薰香，花頭頗大，岐幹而生。但花間未周下蕊半隨，葉深緑，壯而長，冠於諸品，此等種得之施尉。

李通判，色白，壯者十二萼，葉有劍脊，挺直而秀，最可人眼，所以識蘭趣者，不專看花，正要看葉。

鄭白羊，色碧，多者十五萼，岐生過之，膚美體膩，翠羽金肩，花若懶散，下視其跗尤碧，交秋乃花，或又謂大鄭。

鄭少舉，色潔白，壯者十七八萼，鄭得之雲霄，葉勁曰大鄭，葉軟曰小鄭。散亂蓬頭，少舉葉硃，花一生則盈盆引於齊葉三尺，勁壯似仙霞。

仙霞，九十蕊，色白。鮮者如濯，含者如潤。始得之泰邑，初不爲奇，植之蕊多，因以名花，比李通判則過之。

馬大同，色碧，壯者十二萼，花頭肥大，瓣緑片多紅暈，其葉高聳，幹僅半之。一名朱撫，或曰翠微，又曰五暈絲，葉散，端直冠他種。

黄八兄，色潔白，壯者十三萼，葉緑而直，善於抽幹，頗似鄭，花多，猶荔之十八娘。

朱蘭，得於朱僉判，色黄，多者十一萼。花頭似開倒向一隅，若虫之蠹，幹葉長而瘦。

周染，色白，壯者十數萼，葉與花俱類鄭，而幹短弱。葉幹長者爲少舉，促而葉微黄者爲白羊，幹短者爲周花。

夕陽紅，色白，壯者八萼，花片雖白，尖處微紅，如夕陽返照。或謂産夕陽院東山，因名。

雲嶠，色白，壯者七萼。花大紅心，隣於小張，以所得之地名。葉深厚於小張，清高亦如之。雲嶠，海島之精寺也。

林郡馬，其色緑，出長泰。壯者十三萼，葉厚而壯，似施而香過之。

青蒲，色白，七萼，挺肩露穎，似碧玉而葉低小，僅尺有五寸。花尤白，葉緑而小，直而修。

獨頭蘭，色緑，一花，大如鷹爪。幹高二寸，葉類麥門冬，入臘方薰馥可愛，建浙間謂之獻歲正。一幹一花而香有餘者，山鄉有之，間有雙頭。涪翁以一幹一花而香有餘者蘭也。

觀堂主，色白，七萼，幹紅，花聚如簇，葉不甚高，婦女多簪之。

名第，色白，七八萼。風韵雖亞，以出周先生讀書林，先生諱匡物，元和進士榜。邦人以先生故，愛而存之。

魚魫蘭，一名趙蘭，十二萼，花片澄澈，宛如魚魫，采而沈之水，無影可指。葉頗勁，緑頗微曲焉。此白蘭之奇品，更有高陽蘭、四明蘭。

碧蘭，始出於葉興化郡名龜山院陳沈二仙修行處。花有十四五萼，與葉齊修。葉直而瘦，花碧而芳。用紅沙種，雨水澆之。莆中奇品，或山石和泥亦宜之。

翁通判，色淡紫，壯者十六七萼，葉最修長。此泉州之奇品，宜亦泥和沙。

建蘭，色白而潔，味芎而幽，葉不甚長，只近二尺許，深緑可愛。最怕霜凝，日曬則葉尾皆焦，愛肥惡燥，好濕惡濁。清香皎潔，勝於漳蘭，但葉不如漳蘭修長，此南建之奇品也。品第亦多，而予尚未造奇妙，宜黑泥和沙。

碧蘭，色碧，壯者二十餘萼，葉最修長，得於所養則萼修於葉。花葉齊色，香韻而幽，長三尺五寸有餘。更有一品而花葉俱短三四寸許，愛濕惡燥，最怕烈日曬之，不得其本性則腐爛，此廣州之奇品也。

明 楊慎《升菴集》卷三九《伊蘭花》 蜀中有花名賽蘭香，花小如金粟，特馥

烈，戴之髮髻，香聞十步，經月不散。曾少岷爲余言：「此花之香冠于萬卉，但名不佳。」余按佛經云：天末香莫若牛頭旃檀，天澤香莫若詹糖薰陸，天華香莫若伊蒲伊蘭。則伊蘭，即此花也。西域以之供佛，《後漢書》所謂伊蒲之供也。蒲，即菖蒲花。世不恒有，貴其難得耳。

明 田藝衡《留青日札》卷三三《劍葉蘭》 嶺南劒葉蘭，即今建蘭，其名甚佳。有魚子蘭，廼蔓生，細粟花。其春蘭，廼名樹蘭。海濱别有挂蘭，亦頗奇異。

明 徐渭《刻徐文長先生秘集》卷一一《蘭》 蘭以幽勝取其品。宜深谷，宜長林，宜皓月清颸，宜殘霞踈雨，宜巖邊舒嘯，宜澤畔行吟，宜匣劒冲星，宜囊琴對月。

明 王路《花史左編》卷四《花之辨·蘭花》 紫梗青花者爲上，青梗青花者次之，紫梗紫花者又次之，餘不入品。種時須將山土和匀，團成茶甌大，以猛火煆之，取出搥碎，鋪以皮屑，納盆缶中。二八月分種，溉之以土煆者，爲其根最甘，恐蚯蚓傷耳。

莖葉柔細，生幽谷竹林中，宿根移植膩土多不活，即活亦不多開花。其莖葉肥大而翠勁可愛者，率自閩廣移來也，非草蘭比。

又《杭蘭》 此種有紫花黄心，有白花黄心，紫若胭脂，白若羊脂，花香可愛。正月間杭人取堆混堂促開，故花不香。須買大本，根内無竹釘者，取横山黄土揀去石塊種之，見天不見日，羊鹿糞灌之，來年花盛。一説用水浮炭種之，上蓋青苔，茂花，且頻灑水，花香。一説用雞鵝毛水澆之亦可。

又《建蘭》 建蘭莖葉肥大，翠勁可愛。其葉獨潤，若非原盆，必用山土栽，取脚缸盛水，中間安頓，恐蟻傷根。水須一日一换，若起水皮，則蟻可度。忽然葉生白點，謂之蘭虱，魚腥水或煑蚌湯頻灑之即滅。夏月用醬豆汁澆之則花茂。

又《風蘭》 種小似蘭，枝幹短而勁，類瓦花。不用砂土，取竹籃盛貯，其大窠懸於有露無日之處，朝夕灑水。三四月中開小白花，將萎轉黄色，黄白相間，如老翁鬚。或云宜以冷茶沃之，或云用婦人髻鐵絲盛之，而以頭髮襯之則花茂。又云此蘭能催生，將分娩掛房爲妙。

又《箬蘭》 其葉如箬，四月中開紫花，形似蘭不香，與石榴紅同時以開。大都産海島陰谷中，羊山馬迹諸山亦有。

又《挂蘭》 浙之温台山中巖壑深處懸根而生，故人取之，以竹爲絡挂之樹底，不土而生。花微黄，肖蘭而細，不可缺水。或云宜以冷茶沃之。

又《興蘭》 即蕙草也，又名九節蘭，其葉長杭蘭大半，種之得宜，來年愈盛。買揀大窠得氣者，將根洗净，根剪去一□，盆下用細沙，上用鬆土，無不花者。

明 屠本畯《離騷草木疏補》卷一《蘭》 蘭，緑葉紫莖，葉如莎草。初春則茁其牙如麥門冬，長五六寸，一幹一花，花有紅白紫三色而甚香。在江南者春芳，在荆楚及閩中者秋復再芳，故曰春蘭、秋蘭也。今沅澧所生花在春則黄，在秋則紫。然春黄不若秋紫之芬馥也，以其生於深林之下，故稱幽蘭。吴仁傑按「浴蘭兮沐芳」，言蘭政可用浴而不可食，頃間蜀士云屢見人大醉，渴飲瓶中蘭花水，吐利而卒。又峽中儲毒，蘭花爲第一，乃知甚美者必有甚惡也。

明 謝肇淛《滇略》卷三 楚雄之響水坡産蘭甚繁。楊慎稱其葉大而香遠，實《離騷》所稱可佩之真蘭，莖葉皆香，不獨花也。

明 高濂《遵生八牋》卷一六《蘭譜·叙蘭容質》 陳夢良 色紫，每幹十二萼，花頭極大，爲衆花之冠。至若朝暉微炤，曉露暗濕，則灼然騰秀，亭然露奇。斂膚傍幹，團圓四向，婉媚嬌綽，竚立凝思，如不勝情。花三片，尾如帶，徹青，葉三尺，頗覺弱黯。然而緑背，雖似劒脊，至尾稜則軟薄。斜撒粒許，帶緇最爲難種，故人希得其真。

吴蘭 色深紫，有十五萼，幹紫英紅。得所養，則岐而生至有二十萼。花頭差大，色映人目，如翔鸞翥鳳，千態萬狀。葉則高大剛毅，勁節，蒼然可愛。

潘花 色深紫，有十五萼，幹紫圓匝齊整，踈密得宜，踈不露幹，密不簇枝，綽約作態，窈窕逞姿，真所謂艷中之艷，花中之花也。視之愈久，愈見精神，使人不能捨去。花中近心，所色如吴紫，艷麗過於衆花。葉則差小於吴，峭直雄健，衆莫能，及其色特深。

仙霞 乃潘氏西山於仙霞嶺得之，故更以爲名。

趙十四 色紫，有十五萼。初萌甚紅，開時若晚霞燦日，色更晶明。葉深紅者，合於沙上，則勁直肥聳，超出羣品。亦云趙師博，蓋其名也。

何蘭 紫色，中紅，有十四萼，花頭倒壓，亦不甚緑。

品外之奇

金稜邊 色深紫，有十二萼，出於長泰陳家。色如吴花，片則差小，幹亦如

之。葉亦勁徤，所可貴者，葉自尖處分三邊，各一線許，直下至葉中處。色映日，如金線。其家寶之，猶未廣也。

白蘭甲

濟老　色白，有十二萼，標致不凡，如淡妝西子，素裳縞衣，不染一塵。葉似施花，更能高一二寸。得所養，則岐而生。亦號一線紅。

竈山　有十五萼，色碧玉。花枝開，體膚鬆美，顒顒昂昂，雅特閑麗，真蘭中之魁品也。每生並蒂花，幹最碧，葉緑而瘦薄。開生子，蒂如苦賁菜，葉相似，俗呼爲緑衣郎。

黄殿講　號爲碧玉幹，西施花。色微黄，有十五萼。合并幹而生，計二十五萼。或迸於根，美則美矣。每根有萎葉，朶柔不起。細葉最緑，肥厚。花頭似開不開，幹雖高而實瘦，葉雖勁而實柔。亦花中之上品也。

李通判　色白，十五萼。峭特雅淡，追風浥露，如泣如訴，人愛之。或類鄭花，則減一頭地位。

葉大施　花劍脊最長，真花中之上品。惜乎不甚勁直。

惠知客　色白，有十五萼。賦質清癯，團簇齊整。或向背，嬌柔瘦潤。花英淡紫，片尾凝黄。葉雖緑茂，細而觀之但亦柔弱。

馬大同　色碧而緑，鬭有十二萼。花頭微大，間有向上者，中多紅葉。葉則高聳蒼然，肥厚。花幹勁直，及其葉之半。亦名五暈絲，上品之下。

鄭少舉　色白，有十四萼。瑩然孤潔，極爲可愛。葉則修長而瘦，散亂，所謂蓬頭少舉也。亦有數種，只是花有多少，葉有軟硬之別。白花中能生者，無出於此。其花之資質可愛，爲百花之翹楚者。

黄八兄　鬭有十二萼。善於抽幹，頗似鄭花。惜乎幹鬭　　文持，葉緑而直。

周染花　鬭二萼，與鄭花無異，但幹短弱耳。

夕陽紅　花八萼，花片凝尖，色則凝紅，如夕陽返炤。

觀堂主　花白，有七萼，花聚如簇，葉不甚高，可供婦女時粧。

名弟　色白，有五六萼，花似鄭，葉最柔軟。如新長葉，則舊葉换。人多不種。

弱脚　只是獨頭蘭，色緑，花大如鷹爪。一幹一花，高二三寸。葉瘦，長二三尺。入臘方花，薰馥可愛，而色有餘。

魚魫蘭　十二萼，花亦澄澈，宛如魚魫，采而沉之水中，無影可指。葉頗勁緑，此白蘭之奇品也。

明顧起元《客座贅語》卷一　蘭花自建蘭而外有樹蘭，樹可高三四尺許，枝葉類冬青而柔碧過之。花如粟，綴于弱幹上。始作青蕋，已放則色黄，香撲鼻如建蘭。又有魚子蘭，似樹蘭而幹柔可架，其花亦類之。又有朱蘭，色紅。道州蘭，葉大，以初冬開。吊蘭，無土而縣之。賀正蘭，以正月開，尤奇異。而建蘭有二種，閩産則葉闊而稍短，江右産者葉長而狹，花之色香不逮閩，而俗皆名曰建蘭。至土産蘭，一幹止一花，長止可三四寸，香色俱類建蘭。又蕙草，花繁，具白紫二種，香不逮蘭。二者宜興所産尤勝。

明周文華《汝南圃史》卷九《草本花部上·蘭》　蘭，一名玉整花。自遠方來者，曰閩，曰贛。閩少而優，贛多而劣。凡葉闊厚而勁直色蒼潤者，閩也；葉隘薄而散亂色灰燥者，贛也。閩花大萼多而香韻有餘，贛花小萼少而香韻不足。就閩中亦自有異，從福州抵泉漳五百里而遥，所産蘭彌奇，道路彌艱，梯山航海得之者尤邁等倫。然閩蘭來此地者十未一二。按：舊譜有玉魫蘭，一曰玉幹，一曰魚魫，總名玉魫。其花皜皜純白，瓣上輕紅一線，心上細紅數點，瑩徹無滓，如浄琉璃，花高於葉六七寸，故别名出架白。葉短勁而嬌細，色淡緑近白，香清遠超凡，舊譜以爲白蘭中品外之奇。有金稜邊，花莖俱紫，其色鮮妍，夐出他紫之上。一幹十二萼，花質豐腴而嬌媚動人，香清而郁，勝於常品數倍。葉蒼翠勁徤，自尖起分，兩邊各緣，一黄紋直至葉中，映日鮮明，如金線可愛。舊譜以此爲紫花中品外之奇。有朱蘭，花莖俱紅，赫如渥赭，光彩耀日，短葉婀娜。一幹九萼，香倍他花。有四季蘭，葉長勁蒼翠，幹青微紫，花白質而紫紋，自四月至九月相繼繁盛。聞諸閩人云，此種在彼處，隆冬亦常有花，要不甚貴，蓋其所長，獨勤於花耳。若宜興、杭州皆有本山蘭蕙，土人掘取，以竹籃裝售。吾蘇几案間皆以盆植之，其花香與閩埒，但質則一妍一癯而遠不逮矣。杭最早出，興即繼之，其品以白爲上，次紫，又次青。唯大垛不動，叢生結密者，乃受培植，售者往往解散，故元氣泄傷，不堪養矣。須益其價，戒令勿拆原垛乃妙。蕙蘭亦然，一幹一花爲蘭，開在冬春之交，一幹數花爲蕙，昔魏武帝取以爲香燒之。開在春末夏初，正與閩蘭各占一時。齋中兼蓄二友，即一年芳意綿綿不絶也。

又《紫蘭》　紫蘭，葉狹如水仙，比蘭蕙短而柔。三月中開紫花，有色無香，春初苗長可分，或云即馬藺子。

明 文震亨《長物志》卷二《花木·蘭》 蘭，出自閩中者爲上，葉如劒芒，花高於葉，《離騷》所謂「秋蘭兮青青，緑葉兮紫莖」者是也。次則贑州者亦佳。此俱山齋所不可少，然每處僅可置一盆，多則類虎丘花市。盆盎須覓舊龍泉均州内府供春絶大者，忌用花缸牛腿諸俗製。四時培植，春日葉芽已發，盆土已肥，不可沃肥水。常以塵帚拂拭其葉，勿令塵垢。夏日花開葉嫩，勿以手搖動，待其長茂然後拂拭。秋則微撥開根土，以米泔水少許注根下，勿漬污葉上。冬則安頓向陽暖室，天晴無風舁出，時時以盆轉動，四面令匀，午後即收入，勿令霜雪侵之。若葉黑無花，則陰多故也。治蟻虱惟以大盆或缸盛水，浸逼花盆，則蟻自去。又治葉虱如白點，以水一盆滴香油少許於内，用綿蘸水拂拭，亦自去矣。此秇蘭簡便法也。又有一種出杭州者曰杭蘭，出陽羨山中者名興蘭。一幹數花者曰蕙，此皆可移植石巖之下，須得彼中原本，則歲歲發花。珍珠、風蘭俱不入品。箬蘭，其葉如箬，似蘭無馨，艸花奇種。金粟蘭，名賽蘭，香特甚。

明 陳正學《灌園草木識》卷一《花之屬·歲蘭》 葉長四尺餘，花一莖廿餘，蘂赤黑色，無香不韻。拜歲時方開，亦蘭類也，植以備品。

明 馮京第《蘭易》卷上《天根易》 夏易《連山》，始於艮也。殷易《歸藏》，始於坤也。周易《太極》，始於乾坤也。蘭易始於復，故曰天根。萬物本於根，根本於天，天根本於復。天且有根，而况於萬物乎？况於蘭乎？

䷗復蘭，十一月卦也。天根久，始蘭，退藏於室，元亨。

繫曰：知用知藏易之道也。藏蘭勿用，又何咎也。蘭然後可大，亦可久也。復者，易之終始。君子藝蘭以自考也。

䷒臨蘭，十二月卦也。納日自牖吉。

繫曰：日至自南向之，有喜也。自冬至於孟春，澆可已也。天煦土乾，澆有之矣。旬以爲期，微潤勿止也。

䷊泰蘭，正月卦也。陽道將長，與蘭俱開。

繫曰：春日向陽，乘時也。時有餘寒，復閉置也。莫不仁於春雪；葉之災也。厥性好風，宜高臺也。臺高不過五尺，亢陽方來也。向南倚北，左林右野，居之宜也。

䷡大壯蘭，二月卦也。見風雪凶。

繫曰：霜雪既消，出於中庭也。庭廣多陽，庭狹多陰，必有方也。蟲嚙其葉，不亦傷乎。削竹爲箴，除去殃也。油帛以拭之，法之良也。灑用鱗羽之瀋，亦可以滅形也。束之從横，風之防也。蛛網必除，埄埃必除，除穢之象也。

䷪夬蘭，三月卦也。有風自西來，吝。

繫曰：去寒就燠，必位乎其所也。灌水汲於河且貯雨也。豆麻皮鱗及毛羽也。漬之爲肥，三春之所用也。灌則四注，勿灑乎上也。上灑之致葉黄也。若汁以滌之，黄去而復常也。

䷀乾蘭，四月卦也。香升于天，利見大人。

繫曰：水清濁有宜，慎勿用井也。三日爲期，夏之正也。灌必本明，或曰本升也。再灌以曛黄，是爲經程也。

䷫姤蘭，五月卦也。辟暑雨，小有悔，無咎。

繫曰：自夏徂秋，恒避日也。雨三日以往，宜入室也。雨徃日來驟致，下熱也。傷根及葉，乃大有害也。肥以救淫，亟不敗也。敗葉必剪，自治也。

䷠遯蘭，六月卦也。陰伏於下，不爲水困。

繫曰：六月維暑，何可當也。水亭凉架，各于其方也。華大盛則衰來，玆窮也。長兄去弟，大有功也。

䷋否蘭，七月卦也。蠹去濕出，利貞。

繫曰：秋陽維烈，蔭之爲貴也。敺蚓有術，溺中甚快也。其後用水，未悖也。

䷓觀蘭，八月卦也。壅灌以時，華落氣滋。

繫曰：熱則用水，凉則用肥。至於八月有事也。花退澆培，自此始也。焚牛之骨，用其灰肥之尤也。

䷖剥蘭，九月卦也。分羣類族，元吉。

繫曰：上畏隕霜，下蟻食也。投骨餌之，羶慕意也。是月何晦，分種亟也。三歲之叢，根可折也。根老者芟，少足惜也。其種葩如，以三爲節也。宿中新外，根各有合而相得也。拚土欲浮，不欲實也。盆底竅之，風氣不相塞也。革履芒，屩敝勿棄也。燒土種之，以爲鋪屑也。

䷁坤蘭，十月卦也。萬物終始，藏于天根。

繫曰：陽月華胎，灌宜肥也。戒之爲分種後時也。陰往陽來，氣含滋也。藏于月窟，復于天根，是爲陰陽之樞機也。

明 馮京第《蘭史》 野史氏曰：蘭生幽谷，聚族而居。在處成都邑，故國之

國則有史矣。作九品，蘭爲王者香。雖然一國不兩王，故定一尊而奉之作本紀。次于王者，內則后妃，外則公侯，作世家。其佗則諸大夫、士之屬，有德有功，可紀者也，作列傳。非蘭而擬于蘭者，蘭外國也，使之隸服于蘭，作外紀。國必有君有臣，外國之君亦有我外臣焉，作列傳。

蘭九品

上上品	上中品	上下品	中上品	中中品	中下品	上下品	下中、下下二品
陳夢良	吳紫	潘紫	趙師傅	何紫	大張青	小張青	不別
	金稜邊				蒲統領	許景初	
					陳八斜	石門紅	
					淳監糧	蕭仲弘	
						何首座	
						林仲孔	
						莊觀成	
右	紫品	一十	七種				
濟老	竈山	李通判	黃殿講	鄭少舉	黃八兄	夕陽紅	
	魚魫	葉大施	馬大同		周染	雲嶠朱	
		惠知客				觀堂主	
		玉莖				名弟	
						弱脚	
						青蒲	
						玉小娘	
右	白品	一十	九種				
樹蘭	真珠蘭	伊蘭	蘭草	蕙草	含笑花	風蘭	山蘭
玉蘭	木蘭	朱蘭	澤蘭			箣蘭	馬蘭
右	外品	一十	四種				

贊曰：九品無下下者，苟爲蘭則皆王者香也。不然，則猶爲王者之香之類也。下品已過抑之，故闕之以處失，同乎猶臭者焉。

蘭本紀

建蘭，建蘭以福建得名，而楚粵山谷皆生之。莖葉皆肥大蒼翠。然種類甚多，開時亦異。故有春蘭、秋蘭、夏蘭、冬蘭四季蘭之稱。江南蘭止春芳，楚閩皆春秋再芳。春芳者，爲春蘭，色深。秋芳者，爲秋蘭，色淡，但壅培得法，花常不絕。又有素蘭、石蘭、竹蘭、鳳尾蘭、玉梗蘭諸名。春蘭花生葉下，素蘭花生葉上。秋蘭一莖四五花，葉同春蘭，開于秋月。取根煎湯，服爲催生勝藥，吉州人用之。又有獻歲蘭，元旦開花。報春蘭，先立春三日開花。皆奇品也。紫莖青花爲上，青莖青花次之，紫莖紫花又次之，餘不入格。然細分，花色有深紫、淺紫、深紅、淺紅、黃、白、綠、碧、金稜諸種。今內品正分紫白二種，而紫嘗爲先。又不可以前說定也。沅澧所產花，在春則黃，在秋則紫，而秋芳勝于春。總以葉短莖長、花梃出者爲佳。其產逾幽深，則莖逾紫。惟玉梗，莖白如玉耳。花可點湯，以鹽梅乾醉，取汁名曰梅油，用浸鮮花。臨點湯時，先以熱水瀹過，乃投茶盌，花色如新。

山蘭，江南諸春蘭，皆名山蘭。寇宗奭所謂葉如麥門冬而潤且韌，莖長一二尺，四時常青。花黃綠色，中間瓣上有細紫點。一莖一花，花比常建蘭稍大，香最芳烈。又建蘭一種名山蘭者，一莖七花，綠色，瓣尖薄而狹，莖紫色，葉細短而潤，惟冬月開之。建蘭有名冬蘭者，即四季蘭。何以名冬？若冬蘭當以名此種耳。又有九節蘭，山蘭之別種也。浙粵山谷多有之，一莖八九花，葉細長，蒼色，不甚綠。黃山谷誤以爲蕙者，故一名蕙蘭。種法：悉芟去浮根，用便溺瓦器、打碎漂淨，鋪盆底，用山上沙土一層鋪雞矢，其上又加沙土一層鋪頭髮，其上乃將煉土與沙土各半，拌勻種之，勿以手築實，置盆大樹下、通風無日處，平時只澆清水。惟梅雨天一澆糞，歷年彌盛，可勝建蘭。

杭蘭，惟杭州有之。花如建蘭，一幹一花，葉比建蘭差大。有紫白二種，皆黃蕊。最香豔，性宜見天不見日。種用黃沙土，或以水浮炭，實盆之半種之。上覆青苔，則花益茂。澆用羊鹿矢水，或燖雞鵝諸水，頻灑水，花益香。

蘭世家

陳夢良紫，一莖十二華，紫色。花朵最大，三瓣尖竊碧。葉長三尺許，深綠色。葉梗微桑，背作劍脊，至尾稍處減薄，斜分變緇色。芳豔婉媚，爲衆花冠。希得其真種，種宜黃沙細潔無泥者。此種最難養，忌用肥。稍肥即腐爛，灌宜

清水。

吳花紫，一莖十五華，盛者岐生至二十華。色深紫。莖紫苞紅。花朵差大，葉最長，勁而綠。種宜赤沙泥，頗好肥，宜一月溉一次。

金稜邊紫，花色如吳紫，瓣差小。幹葉並如之。葉尖兩金線綠邊半。葉之長爲紫花奇品。種出長泰陳家，未廣也。

潘花，一名仙霞紫紫，一莖十五華，紫色。近蕊處深紫，同于吳花。莖亦紫色。葉如吳花，但差小。潘氏於西山仙霞嶺得之，故一名仙霞。種亦宜赤沙泥，不喜肥，宜時灌以清茶。

濟老，一名一線紅，俗名了蘭白，一莖十二華。葉似施蘭差長，得氣則生岐，故名了蘭。潔豔爲白色冠。種宜溝渠黑沙泥，和以糞壤，或用糞鍊土。種之盆內，艸鞋屑四圍鋪種。性愛肥，隨所灌溉。

竈山，俗名綠衣郎白，一莖十五華。碧色，莖尤深碧。花常並蒂，葉綠而瘦薄。種宜河沙糞壤，或山澗下流聚沙泥，盆內用艸鞋屑，同「濟老」。溉宜半肥。

魚魫，一名趙花白，花最瑩徹，一如魚魫沉之水中，不復可見。葉亦勁綠。種宜山下流聚沙泥。性最潔，不可溉諸肥水。

玉莖，一名雪蘭，亦名玉瓣、玉梗白，花白如雪，故得雪蘭之名。其莖如玉，又名玉莖蘭。此種至貴，不可易得，爲白蘭奇品。

李通判白，一莖十五華，白色雅淡爲最。種宜山下流聚沙，同「魚魫」。溉宜半肥。

葉大施白，華白色，葉作劍脊甚長，而不甚勁直。種溉同「濟老」。

惠知客白，一莖十五華，色白竊紫，瓣尖帶黃。花體清瘦，而簇簇圓整。葉肥綠，頗弱。種溉同「濟老」，或用河沙淘去垢塵，下用麄沙，並和以糞，種之。

蘭列傳

趙師傅，本名趙十四紫，一莖十五華。蓓蕾甚紅，開時變紫，特豔。葉亦勁綠。種溉同「金稜邊」，每半月一用肥。

何花紫，一莖十四華，紫色。苞紅。花朵倒垂，葉蒼色。種溉同「金稜邊」，每半月一用肥。

大張青紫，蒲統領，紫種溉半月一用肥，同「趙」、「何」。

淳監糧紫，蕭仲和紫，許景初紫，何首座紫，林仲孔紫，莊觀成紫，皆下品。種溉隨意。

黃殿講，一名碧玉幹西施白，一莖十五華，岐生或二十餘華。亦有二莖連理生者。莖瘦而長。花白色竊黃，萼半開合。葉綠色，柔細而勁厚。每葉下有一萎者。

馬大同，一名五暈絲，白一莖十二華，碧色中多紅暈。花差大，間有昂首者。莖勁直半葉之長。葉高聳肥厚。種同「惠知客」，溉同「濟老」。

鄭少舉白，一莖十四華，白色，最瑩潔。葉瘦長而踈散，謂之蓬頭少舉。其種不一，以花葉多少、柔勁別之。白花易生者，惟蓬頭一種。種溉同「濟老」，或用糞鍊土，上覆赤壤。

黃八兄白，一莖十二華，白色。莖甚長，然最弱。葉綠而直，略似鄭花。種溉同「濟老」。

周染白，一莖十二華，白色，與鄭花相似，莖則短弱。種溉同「濟老」。

夕陽紅白，一莖八華，白色。瓣上凝紅，故有夕陽之號。種溉隨意肥潔。

觀堂主白，一莖七華，花白色，聚如簇，葉不甚高。種溉同「夕陽紅」。

名弟白，一莖五六華，白色，似鄭花，葉最柔長，然新葉長即舊葉枯。種溉同上。

弱脚，白一莖一華，綠色。瓣上如鷹爪，長二三寸。葉瘦，長二三尺。冬深始華，香甚清遠。莖短，葉細。種溉同上。

蘭外紀

樹蘭，色紫。花蓓蕾纍纍，如細珠攢簇。其瓣最微，與真珠蘭全同，但有艸木之異。每歲夏秋交始華萌，蕊甚久而開，止五六日輒謝。然異香可愛，置衣笥中，歷歲如新，芬芳不歇。亦可合諸香製服。葉色綠沉，似桂橘。性畏煙與霜，喜煖。分栽于有枝處，截一節去皮，以鋏刀斜劃開，使得生根。置竹筒，埋乾土中。日灌以水，生根即去筒入盆。

玉蘭，九瓣，色白竊碧，叢生，一幹一花，皆着木末，並無柔條。香味似蘭，故名。冬結蕾，莫春開花。澆以糞水，則花大而香。花落從蒂中抽葉，特異他艸木。亦有黃花者。最忌水浸，寄枝用木筆，秋後接之。花瓣揀淨，拖麪麻油，煎食味美。

真珠蘭，一名賽蘭，俗名魚子蘭，今或稱金粟蘭。花紫色，蓓蕾如粟。瓣作桃形，嫩莖叢生，如珊瑚枝。花著枝間，纍纍如穗，折之簪佩，香氣甚烈。北粵中牙香、棒香名蘭香者，皆此花蒸爲之也。葉能斷人腸，葉似茉莉蔓生。喜煖畏寒，與樹蘭形性皆同，但有艸木之異。四月內，節邊斷二寸，種之即活。喜肥忌

糞，澆以魚腥水。十月中收無風處，以盆覆土封之，水澆勿令乾。

木蘭，一名木蓮，一名廣心，一名黄心，一名林蘭，一名杜蘭。樹似楠，高五六丈。枝葉扶疎，葉似菌桂，厚大無脊，有三道縱紋。皮似板桂，有縱横紋。花似辛夷，内白外紫。四月初開，二十日即謝，不結實。亦有四季開者。又有紅、黄、白數色。其木肌理細膩，梓人所重，十一二月採皮陰乾。出蜀、韶、春州者，各異。木蘭洲在潯陽江，其中多此木。

伊蘭，一名賽蘭。蔓生如茉莉，花小如金粟，香特馥烈，生蜀中。

朱蘭，形似蘭，色深赤，瓣亦大。每瓣有二三黝斑。五月中開，色艷而淡，葉潤而柔。

蘭草，本名蕑，《詩》云「秉蕑」是也。此與澤蘭，正《楚辭》所云「蘭」也。葉似馬蘭，故名蘭草。生下溼地，故名水香、大澤蘭、蘭澤草、煎澤草。煮水浴風，故名香水蘭。其葉有岐，俗呼燕尾香。婦人和油澤頭，或夏月采置髮中，令髮不膻，故名省頭草，又名女蘭。生都梁山，又名都梁香。又俗因其花形，名孩兒菊。入藥，名千金草。生水旁下濕處，二月宿根生，苗成叢。紫莖，素枝，赤節，緑葉。葉對節生，有細齒，與澤蘭一類二種。嫩時並可挼而佩之，八九月後漸老。高者三四尺。開花成穗，如雞蘇花，紅白色中，有細子。但蘭草莖圓節長，而葉光潤有岐，根小，紫五六月盛，以此别異也。

澤蘭，又名虎蘭，虎蒲龍棗，根名地笋。與蘭草通名水香、都梁香、孩兒菊。俗名風藥。今人稱大澤蘭即蘭草，小澤蘭即澤蘭也。或云家蒔者爲蘭草，野生者爲澤蘭，亦通。然二種自是不同，入藥氣味並異。根紫黑，色如粟。根二月生，苗高二三尺。莖幹青紫色，作四稜。葉生相對，如薄荷，微香。七月開花，帶紫白色。萼通紫色，亦似薄荷花。三月采苗，陰乾。與蘭草異者，生水澤中，及下濕地。葉尖微有毛，不光潤。方莖紫節。七月八月初采微辛，乾之亦辛。《禮》「佩帨蘭茝」。《楚詞》「紉秋蘭以爲佩」。雜粉藏衣書中，辟蠹。此與蘭草，皆古所謂真蘭也。可佩、可藏、可浴、可食，功用甚多。而品在中上者，其性姿、族類，只是人臣之極貴者耳。以擬至尊，便覺有田舍翁故態。

蕙草，《楚辭》所云「蕙」也。一名薰草，一名黄零草，又名零陵香，古以生零陵者佳。一名燕草，亦通稱香草。生下濕地，葉如麻，兩兩相對。莖方。常以七月中旬開花，至香。三月采苗陰乾脱節者，又藥最良。《山海經》云：「浮山有草，麻葉而方莖，赤華而黑實，氣如蘼蕪，名曰薰草。可以已癘是也。」陳藏器云：「薰乃蕙草根。今人呼爲廣零陵香者，乃真薰艸。出廣、融、宣等州，至多。吴人亦盛。蒔之以酒灑，制芳香益烈。」

蘭外傳

含笑花，花如蘭，形色俱似，開不滿，若含笑，隨即凋落。生廣東。

風蘭，一名桂蘭，又名髮蘭，亦名弔蘭。生浙温台山中。花白色竊黄，似蘭。瓣小分許，莖長三寸。一種花紅色、黄邊、紫粉心者，最佳。出閩粤。不土而生，懸挂簷前，無日照處。性喜風，故名風蘭。纏之以髮，故名髮蘭。挂在水上，即得水氣升蒸，亦時取下，水中浸潤之。

篛蘭，葉似箬，花紫，形似蘭，而無香。四月開，與石榴紅同時生海島陰谷中。羊山、馬跡山諸處有之。性喜陰，春雨時種。

山蘭，生山側，似劉寄奴，葉無椏不對生，花心微黄赤，亦入藥用。此與前閩越所稱山蘭絶異，以名同，得附品末。

馬蘭，一名紫菊。葉似蘭而大，花似菊而紫，故得此名。俗稱物之大者，爲馬也。生湖澤卑濕處。二月生，苗赤，莖白，根長，葉有刻齒狀。似澤蘭，但不香爾。南人多采汋曬乾爲蔬及漫頭餡。又憂高二三尺，開紫花。花罷自細子。此草亦絶非香種，以蘭之命名，取似所出，故附之。

明 佚名《名花譜・箬蘭》 某葉如箬，四月中開紫花，形似蘭，不香而色可愛。大都産陰谷中，羊山、馬跡諸山多有之。

清 屈大均《廣東新語》卷二七《草語・蘭》 蘭爲香祖。蘭無偶，乃第一香。以椏蘭爲上。椏者，莖多岐出。其葉長至三尺，蕾尖花大且繁多，有一莖及椏開至五十餘花者。色黄有紫點，香味甚厚，稱隔山香，次則公孫偪。每一大莖輔以二小莖，若公領孫。其花從上開下。次曰出架白，花高出葉上，甚潔白，從下開上。次則青蘭，葉長二尺，小而直。其花青碧。以白幹者爲上，青幹紫幹次之。次黄蘭，葉長而稍大，花淡黄，有小紅紋。次艸蘭，以短葉白幹者爲上，其花肥，喜食霜雪，不資灌穢，有雙花單花之别。外有風蘭，花如水仙，黄色，從葉心抽出，作雙朵，繫置簷間，無水土自然繁茂。又有花如秋海棠蘂，則蘭花紫蘂黄甚幽媚，名鹿角蘭，葉細如鹿角海藻。有石蘭，生於石上，與相類。葉長四五寸，小而柔韌，花色淡白。有小玉蘭，花亦作淡白色，甚清香。有倒蘭，花倒垂，紫色。有報喜蘭，如蠟梅而色紅紫，香味亦同。每莖作七八枝，懸樹間，勿侵地氣，遇有吉事則開。寤生者以花棍懸户上即生，亦曰催生蘭。是皆以空爲棍，以露爲命，

乃風蘭之族。有賀正蘭，每當大春及元日開。有夜蘭，尋之不見，夜乃聞香，羅浮多有之。凡蘭生深林中，微風過之，其香藹然達於外，故曰幽蘭。林愈深則莖愈紫，香更有餘，而夜蘭開於夜，尤爲幽絶，斯又蘭之隱者也。有翡翠蘭，六瓣三蘂，色如翡翠。有鶴頂蘭、鳳蘭、龍蘭，皆以花形似名，然不香。鶴頂蘭花大，面青緑，背白，蘂紅紫，卷成筒形，微似鶴頂，一莖直上，作二十餘花，葉甚大。有朱蘭，花小色麗，開只一朶。朶六出，葉如百合。有毬蘭，開至五十餘朶，團圓如毬。有竹葉蘭，葉似竹似萱，花則蘭也。深紫叢生，有微香。有文殊蘭，葉長四五尺，大二三寸而厚，花如玉簪，如百合，而長大。色白，甚香，夏間始開。是皆蘭之屬。或謂蘭與蕙難辯。凡生下溼方莖赤花者爲蕙，所謂薰也。凡多花者皆蕙，非真蘭。真蘭者，葉短而柔，一莖一花，色如玉瓣，中無黑脈紫紋。蕾未出土，香已噴人，幽谷中亦不可多得，是爲真蘭。然大抵春芳者爲春蘭，色深；秋芳者爲秋蘭，色淺而椏。蘭四時有花，春秋尤盛，故爲蘭之伯長。舊説謂楚人賤蕙而貴蘭，故其室西養蕙而東養蘭，南粵亦然。予有種蘭經云：植以蘭盎，培以蘭泥，沃用豨毛之水，或兼白蜆之肥。半陰半陽，風日遲遲，温湯最善，人氣尤宐。美人膏沐，灌之繁滋，於是芽抽不已，葩吐無時。發箭九節，開椏十枝。三歲一分棍，忌盤結。瘠則少花，腴則多葉。凡蘭生虱斑，謂之鷓鴣斑，以佳茗和茶子油灑葉斑，則自除。蘭性畏寒，而荆棘氣可以温之。燥則葉黄，溼則蝨，置之橘柚樹下少蝨，龍吧樹下多蝨。

《離騷》：香艸皆服御恆珍，而尤以蘭爲貴。言蘭必兼言蕙，蘭花少而香多，蕙花多而香少。蘭兄也，蕙其弟也。蘭又女類，故男子樹之不芳，艸木之性，惟蘭宐女子樹之。一名水香，以其多生水旁，故溱洧士女，秉之以祓禊也。然此蘭古謂都梁香，《本艸》以爲大澤蘭。其花葉皆香而燥溼不變，故可刈而爲佩，凡香艸皆然。今之所謂蘭者，花雖香，葉乃無氣。又其花質弱易萎，皆非可刈而佩者，斯乃蕙也，非蘭也。沅澧所生，在春而黄，在秋而紫，秋紫之芬馥勝於春黄。嶺南之蘭不然，其非三閭之所采也明甚。予詩：猗彼幽蘭花，春黄而秋紫。顔色能隨時，所以媚君子。又云：花葉皆有香，乃可持爲佩。幽幽君子心，非蘭無所愛。

種蘭之泥宐色黑，以日暴之，泥既乾則隔以尿。以火燔燒之，亦勿過熟，使生氣多留。蓋暴以取日之陽，燒以取火之煖，亦使泥一一成塊而爽水也。泥不可滿，水不可多，燥溼得宐，蘭斯茂發。故疎之使其不逼，密之使其相親，深之使其棍固，淺之使其易芽。芽生於鬆，不於實，花生於煖，不於寒。故冬勿覆蓋，春勿灌溉，夏勿曬，而秋勿肥。依時以爲珍護，而後蘭乃暢盛也。蘭者花之君子，能知恩義，有喜則報，有哀則知。所手植之人夗，必以衰麻一片挂之，否則大槁。

清 曹溶《倦圃蒔植記·總論》卷上《論花》 金邊蘭，細辨，其種有二，一幹十二花，香重而葉邊黄色深長者爲上，一幹九花，香輕而葉邊黄色淺短者爲次，故好事者又有金邊銀邊之疑云。木蘭，一種色深赤而香勝，又一種色更赤而無香。物之同中有異如此。除此三種奇品之外，莫若四季蘭爲實受用，閩中隆冬亦芳。此地尚自四月以至十月可大半年不乏花也。珍珠蘭，余屢植之，怯寒暑輕，今一本已五年無恙矣。樹蘭，曾植而未見花，近又購得，拭目以俟。

愚有羅鍾齋《蘭譜》一卷，養法頗詳，然似浩汗，今撮其要於此，以便遵守。大率購時宜擇精神完足者，換土用好泥，烈火煅透。三伏宜避西曬，立冬入室，滴水勿沾。寒風必避，遇暄則曝。澆灌用天雨淡水，新鮮豆漿，盆底却須滲洩。春間忌早出户及驟加冷濕，穀雨後方可隨意，如此即蘭事思過半矣。按《月蘭譜》，六月宜置涼亭水閣。蓋三伏時元無露水，故知此法良是。培蘭四戒：春不出，夏不日，秋不乾，冬不濕。

清 曹溶《倦圃蒔植記》卷上《蘭蕙》 《楚辭》：滋蘭九畹，植蕙百畝。蘭蕙之臭，幾同靈均矣。及讀《淮南子》，復云：「男子種蘭，美而不芳。繼子得食，肥而不澤。」則又似有兒女情者。花有數種，一曰建蘭，莖葉肥大，翠勁可愛。若葉生白點，謂之蘭虱，以魚腥水或蚌水洗之。二曰杭蘭，蘇長公詩「春蘭如美人，不採羞自獻。時聞風露香，蓬艾深不見。丹青寫真色，欲補《離騷》傳。對之如靈均，佩冠不敢蕪」者是也。今其俗賈利者多置浴室，取煖促開，香韻頗減，大負前詩矣。然取大本，種以黄土，用羊鹿糞澆之，花亦茂盛。三曰興蘭，一名九節蘭，花有餘，香實不足，所謂蕙也。四曰風蘭，幹短勁，花黄白，不用沙土，取竹籃貯之，懸於有露處，或盛以敝髻，用頭髮襯之。五曰箬蘭，其葉如箬，似蘭無香。以上二種俱可勿藝。別有一種名賽蘭者，佛家謂之伊蘭，樹如茉莉，花作金粟，香特馥烈，尤堪戴插。好事者易名金粟蘭，諸譜不載，殆非蘭種，亦猶蠟梅之於梅花也。相傳培蘭四戒，曰：春不出，夏不日，秋不乾，冬不濕。大要先於梅雨後取溝瀆肥泥曝乾羅末，或團山頭黄土猛火煅過，取出搥碎，俟九月終挑起舊本，删去老根，鋪以皮屑，分種盆內，摻泥壅之，勿使根曲，長滿復分，三歲爲度。但性畏寒暑，尤忌塵埃，葉上有塵，當即洗去。又忌春雪，着點即枯，須以竹籃罩盆

計日轉曬。風雪既却，日色復匀，迨至花發，周圍如一。澆用雨水、河水或皮屑魚腥水，須四畔匀灌，勿得灑下致令葉黄，黄則以清茶澆之。又聞注茶瓶中，亦可插花。黄山谷云：「培以沙土則茂，沃以茗汁則芳。」良有以也。故肥水頻澆，多生蝨虱，宜研大蒜和水，以筆蘸洗除之。或云盆須水奩，可隔螻蟻。分宜毀盆，不傷花根，最爲得之。舊有李延平口訣，謹附如左。

正月安排用坎方，離明相對□陽光。雨淋日炙都休管，要使蒼顔作改常。

二月栽培更是難，須愁葉變鷓鴣斑。四時插竹防風折，惜葉猶如惜玉環。

三月新條出舊叢，花盆切忌面西風。隄防濕處多生虱，根下猶嫌大糞濃。

四月清和日似丹，沙泥立見漸時乾。新鮮井水休澆灌，膩水時傾儘若干。

五月新芽滿舊窠，緑陰深處最平和。此時葉退從他性，翦子芟時又見多。

六月驕陽酷雨加，盆中蘭蕙正開花。涼亭水閣堪安頓，否則簷前作架遮。

七月新涼暑漸消，却宜三日一番澆。更防蚯蚓傷根本，肥水長將使尿調。

八月天時稍覺涼，任他風日也何妨。經年污水耑爲好，還用雞毛積漬良。

九月時中有薄霜，階前簷下慎行藏。若生白蟻并黄蟻，葉灑清油定不妨。

十月陽春暖氣回，來年花笋又胚胎。幽根不露真奇法，盆滿猶宜急换栽。

十一月天宜向陽，夜間須用密收藏。□教土面生微濕，乾燥之時葉正黄。

十二月天霜雪欺，謹宜屋裡保孫枝。直須解凍春前動，纔是斯人道長時。

清 陳淏子《秘傳花鏡》卷五《花草類考·蕙蘭》 蕙蘭一名九節蘭，葉同歐蘭，稍長而勁。一莖發八九花，其形似歐蘭而瘦，即香味亦不及焉。但後歐蘭而開，猶可繼武歐蘭，先建蘭而放，聊堪接續建蘭。則一歲芳香，半牕清供，可以綿綿不絶矣。其澆壅之法，亦同歐蘭。

又《建蘭》 建蘭産自福建，而花之名目甚多。或以形色，或以地里，或以姓氏得名，俱詳後諸内。其花五六月放，一幹九花，香馥幽異，葉似歐蘭而濶大勁直。凡蘭皆有一滴露珠在花蕊間，謂之蘭膏，雖美不可多取，恐損本花。若年久苗盛盈盆，至秋分後可分種。泥須黄土，預用楛蕨草火將泥煨過方用。分時勿惜小費，必擊碎其盆，將竹刀先剔去其旁土，緩緩解折其交結之根，毋使有拔斷之失。然後逐篦蔸取出種年腐蘆頭。方用新盆，先將瓦片填底，後以煉過土覆上，即將三篦蔸之，互相枕籍，作三方向而種之。上覆瘦沙泥少許，澆清水一勺以定其根。蘭根香甜，蟻最喜食，多做窠其上，以至根傷葉瘁，須置一淺盆坐水，使蟻不能渡。若葉上生黄白斑點，謂之蘭蝨，用魚腥水洒之，或研大蒜和水或蚌水，以白筆蘸之，拂洗葉上數次，則蝨自無矣。如梅雨連朝，則水太多，一遇烈日熱蒸，則根必爛，須移陰處。養蘭訣云：春不出，無霜雪冷風之患。夏不日。最忌炎蒸烈日。秋不乾，多澆肥水或豆汁。冬不溼。宜藏煖室或土炕内。其法盡之矣。

又《歐蘭》 甌蘭，一名報春先，多生南浙陰地山谷間。葉細而長，四時嘗青。秋發蕊，冬盡春初開花有紫莖、玉莖、青莖者。一莖一花，其紫花黄心，白花紫心者，酷似建蘭，而香尤甚。盆種之，清芬可供一月，故江南以蘭爲香祖。若欲移植，必須帶土厚敦，方能常盛。種宜黄砂土，用羊鹿屎和水澆。若遇暑月須每早澆以冷茶。嘗移盆，四面曬則四面有花。冬月當藏暖處，經霜雪恐凍傷其蕊，然較起蘭入窖，則不必矣。又一種葉較蘭稍闊而柔，花開紫白者，名蓀。凡花開久香盡，即當連莖剪去，勿令結子，恐耗氣奪力，則來年花不繁也。

清 高士奇《北墅抱瓮録·蘭》 蘭香最幽，迥出羣卉之上，號稱香祖，古人多愛之。羅畸云：「朝襄其馨，暮擷其英。攜書就觀，引酒對酌。」可謂愛蘭之癖矣。舊譜春蘭一莖一花，以紫莖青花者爲上品，青莖青花者爲中品，非也。惟莖淡白、花淡緑、心純素者爲玉根蘭，又名素蘭，格價最高，青與紫皆不及。

又《蕙》 《楚辭》：「既滋蘭之九畹兮，又樹蕙之百畝。」所指爲蘭者，乃澤蘭，非春蘭。所指爲蕙者，乃零陵香，非蘭類也。今人以九節蘭爲蕙，長莖秀擢，芳萼貫連，與春蘭相伯仲。

又《建蘭》 建蘭極不易養，今得數盆，每盆各抽箭五十餘莖，含風受露，異香茂發，夏秋之際，清韻殊多，當湖蓄花之家，皆無若此之盛者。

清 王弘《山志》卷二《蘭蕙》 世重劒蘭，久矣。先司馬在虔州日庭前，嘗蓄之。時吾宗昆華公爲南國子監祭酒，每書來索。予同三兄，自豫章歸。舟過白下，曾遺之數叢。華山有蕙，亦蘭類。孟雲野謂劒蘭即華山蕙，似無目者。劒蘭花肥而葉勁，與蕙特異。且蕙花時在春，劒蘭花時在夏。肰黄太史有云：「一幹一花者爲蘭，一幹數花者爲蕙。」蕙即今山蘭，則劒蘭又不知當居何等？所謂一幹一花者，予自婺州歸，曾攜一叢，其花色緑而香更幽，澹彼中謂之冬蘭。又有秋蘭，是一幹數花者，若草蘭，則最下。別有風蘭，色香不足取，特懸之樹枝間或檐際，不著土自生爲異耳。其蔓生者，曰珠蘭，花如粟米，與蘭迥殊，而香則無二。賈人多采之以入茗。今茗有名曰蘭花者是也。

清 陸廷燦《南村隨筆》卷五《蘭》 《蘭譜》云：一幹一花曰蘭，一幹數花曰蕙。而蘭與蕙俱以素心者爲極品。閩蘭開於夏秋，花似蘭而葉濶勁。種數甚

多。間亦有素者，不可多得。大槩以魚魷嬌爲上品。昔人詩有「蘭花秋更紅」之句。今人慕之而以不得見爲恨。然閩中實有紅者，但花開無香不足取也。另有墨蘭一種，葉帶纖柔，花莖瘦勁，花瓣尖長，顏色淡黑，香極清越，開以秋冬。惜無常種，偶一遇之耳。

清 鄒一桂《小山畫譜》卷上《蘭》 春蘭最早正二月即開，莖長三寸，層苞。花五瓣，三長二短，心如象鼻，紫文如貝，著裏處兩旁超起，色白，上另一青。子三角，末微紅，即花後結孩者也。葉長條尺餘，潤三四分，背有劍脊，經冬不凋。此花本生於深林山澤中，取貯盆盎，經年則葉短而花高，香氣彌郁。一剪一花，間有雙花者。又有翠蘭、蜜蘭、紅蘭，而以素心者爲貴。其大者爲燕銜珠，香達户外，花開月餘，采之風乾，可療心疼。又建蘭，似蕙，一幹數朶，葉潤而直上，香襲人。又漢中蘭，亦幹生，花葉俱小，皆夏秋開。至冬蘭，則花大而不香，以開在冬月也。

又《蕙》 花似蘭而一莖數朶，多至十餘花，以緑莖緑花者爲貴。其花破節生，一花一苞，心亦如蘭。凡蘭蕙，花開有一露珠綴於花底，忌蜂，採去則花不精神。蕙葉長至二尺餘，莖長尺餘，服盆則葉短，四月初開。

清 吴崧《箋卉》卷一 石蘭色紫，産峭壁上，一莖一葉一花。古所謂頳蘭者，此耶？

紀 事

漢 司馬遷《史記》卷四二《鄭世家》 二十四年，文公之賤妾曰燕姞，夢天與之蘭，曰：「余爲伯鯈。余，爾祖也。以是爲而子，蘭有國香。」以夢告文公，文公幸之，而予之草蘭爲符。遂生子，名曰蘭。

漢 王符《潛夫論·志氏姓》 姞氏封於燕，有賤妾燕姞，夢神與之蘭曰：「余爲伯鯈。余，爾祖也。是以有國香，人服媚。」及文公見姞，賜蘭而御之。姞言其夢，且曰：「妾不才，幸而有子，將不信，敢徵蘭乎？」公曰：「諾。」

唐 馮贄《雲仙雜記》卷四《竊花》 霍定與友生遊曲江，以千金募人竊貴侯亭榭中蘭花插帽，兼自持往綺羅叢中賣之，士女爭買，拋擲金錢。又各以錐刺藕孔，中者罰巨觥，不中者得美饌。《曲江春宴録》

宋 陶穀《清異録》卷上《馨列侯》 唐保大二年，國主幸飲香亭，賞新蘭，詔苑令取滬溪美土爲馨列侯壅培之具。

宋 張淏《會稽續志》卷四 蘭：《越絶書》曰：句踐種蘭渚山。《舊經》曰：蘭渚山，句踐種蘭。

明 田汝成《西湖遊覽志餘》卷二四 蘭、蕙同臭而異種，一幹一花而香有餘者爲蘭，一幹數花而香不足者爲蕙。杭州蘭蕙，莖葉柔細，生幽谷竹林中，惟春時取置盆盎間，供一時清玩。宿根移植膩土，多不活，即活亦不多開花。其莖葉肥大而翠勁可愛者，率自閩廣移來，非富貴之家不能有也。自嘉靖已來，滿城皆植，而市廛中亦有擔荷而鬻之者。豈地氣之遷易歟？蘇子瞻在杭時，有《題楊次公春蘭詩》云：春蘭如美人，不採羞自獻。時聞風露香，蓬艾深不見。丹青寫真色，欲補《離騷》傳。對之如靈均，冠佩不敢燕。其《蕙》詩云：蕙本蘭之族，依然臭味同。曾爲水僊佩，相識楚詞中。幻色雖非實，真香亦竟空。云何起微馥，鼻觀已先通。

明 王世懋《學圃雜疏·花疏》 一莖一花者曰蘭，宜興山中特多，南京杭州俱有。雖不足貴，香自可愛，宜多種盆中。今人絶重建蘭，却只是蕙。見古人畫蘭，殊不爾。虎丘戈生曾致一盆，葉稀而長，稍粗於興蘭。出數莛，正春初開花，特大於常蘭，香亦倍之，經月不凋，酷似馬遠所畫。戈云得之他方，今尚活。時花廣求此種，以備春蘭之絶品。

建蘭盛於五月，其物畏風畏寒畏蚓畏蟻。其根甜，爲蟻所逐。養者常以水奩隔，不令得緣入。余作一屋於竹林南，外施兩重草席，坎地令稍深，貯蘭於其上。無風有好日，開門暴之。所畜二三十盆，無不盛花者。其種亦多，玉魷爲第一，白幹而花上出者是也。次四季，次金邊，名曰蘭，其實皆蕙也。閩産爲佳，贛州蘭葉不長勁，價當減半。

明 慎懋官《華夷花木鳥獸珍玩考》卷四六《蘭》 石門山在慶符縣治南，下瞰石門江，其林薄間多蘭。有春蘭、秋蘭、鳳尾蘭、素蘭、石蘭、竹蘭。春蘭花生葉下，素蘭花生葉上。黄庭堅《幽芳亭記》：一幹兩三花而香有餘者蘭，一幹十數花而香不足者蕙，一名蘭。山蜂採百花，俱置翅股間，惟蘭花則拱背入房以獻於王，物亦知蘭之貴如此。

明 姚旅《露書》卷一〇 寧洋縣有蘭生木上，取懸簷下，不資灌溉，不萎不枯，開花如故，因曰倒吊蘭。花香視蘭稍甜，或曰即石斛草。攷之，生石上者曰石斛，生木上者曰木斛，則木斛也。徐興公謂永福有此，亦只呼爲石斛。

明 佚名《名花譜》 宋孝宗時，禁中納涼，多置建蘭、茉莉等花，鼓以風輪，清芬滿殿，時謂花有吹噓。

黄山谷居保安僧舍，開東牖以養蘭，西牖以養蕙，以蘭宜令向陽也。

清 孫之騄《枝語》卷上《風蘭》 温台山幽谷中有風蘭，人取者多盛以竹器，束以人髮，懸根于空，不土而花，殆風生者與。北屈縣故城西十里，有風山，上有穴如輪，風氣蕭瑟，習常不止，當其衝飄也，而略無生草，蓋不定衆風之門故也。

清 王士禎《居易録》卷三一 蘭于花品中最清幽，而其根能殺人。後魏人乃有名魏蘭根者，取義亦不典矣。

清 江昱《瀟湘聽雨録》卷八 常寧南鄉猺峝間，蘭蕙極多，種類亦繁。有冬開者，有四季者，有紅者，有素心者，有莖瘦如鐵線者。分别蒔之，奇可愛翫。嘗命僕隸往采，動得擔荷以歸。問諸土人何以不賣，言無售者。貧人刈草供爨，蘭不足薪，輒棄之爾。

清 謝堃《花木小志·蘭》 蘭之有譜舊矣。余於廣西全州見蘭一叢，花色正赤，寄生於古松節穴中。又於齊趙之郊見蘭一叢，花色藍翠，光景可愛。其葉稍勁，亦可謂奇卉矣。然廣東風蘭，不沾水土，縣之簷際，花開甚盛，香氣襲人，不見者難與言矣。

著録

宋 周必大《文忠集》卷五〇《跋楊無咎畫秋蘭》 鄉人徐丙，字漢章，博于學而贍于文，示予楊無咎手畫香草，題曰秋蘭。後有兵部侍郎章茂獻、國子博士湯君寶跋語，其説特未定也。予老而學圃，問諸園丁，則曰：春蘭夏芷，秋蕙冬蓀，葉莖花色及多寡往往不同。予異其説，徧以古書考之。屈原《離騷經》「紉秋蘭以爲佩」，張衡《東京賦》「秋蘭被涯」，又《思玄賦》「幽蘭秋華」，曹植《朔風》詩「秋蘭可喻」，潘尼《贈河陽》詩「流聲馥秋蘭」之類，此言蘭以秋而花也。屈原《九歌》「春蘭兮秋菊」，陸機《庭中奇樹》詩「歡友蘭時往」注「春時也」；梁元帝詩「春蘭本無絶」，唐太宗詩「春暉開紫苑，淑景媚蘭湯」之類，此言蘭以春而花也。宋玉《招魂》「光風轉蕙，汜崇蘭」，《抱朴子》「春蕙秋蘭」，陸機《悲歌行》「春芳傷客心，蕙草饒淑景」，是蕙亦可言春矣。《本草圖經》「蕙七月中旬開花至香」，是蕙亦可言秋矣。故《騷經》曰「蘭芷變而不芳，荃蕙化而爲茅」，蓋合四者而言之。《湘君歌》亦云：薜荔柏兮蕙綢，荃橈兮蘭旌。《湘夫人》則並言：蓀壁蘭橑，蕙櫋芷葺。司馬相如《長門賦》：摶芬若以爲枕，席荃蘭而茝香。乃知四時香草，同出異名，葉長青而花隨時。自屈宋至漢唐，皆于蘭蕙互言春秋，豈特邵伯温《見聞録》證黄氏之誤而已。然則園丁之言，未爲無據，所謂禮失求之野與。嘉泰壬戌下元節平園老叟周某書。

宋 趙時庚《金漳蘭譜·原序》 予先大夫朝議郎自南康解印，還卜里居，築茅引泉，植竹因以爲亭，會宴乎其間。得郡侯博士伯成名其亭曰篔簹世界。又以其東架數椽，自號趙翁書院。回峰轉向，依山壘石，盡植花木，藂雜其間。繁陰之地，環列蘭花，掩映左右，以爲游憩養痾之地。予時尚少，日在其中。每見其花好之。艶麗之狀，清香之夐，目不能捨，手不能釋。即詢其名，默而識之，是以酷愛之心殆幾成癖。粤自嘉定改元以後，又采數品，高出於向時所植者。予嘉而求之，故盡得其花之容質，無失封培愛養之法而品第之。殆今三十年矣，而未嘗與達者道。暇日有朋友過予，會詩酒琴瑟之後，倏然而問之。予則曰：有是哉。即縷縷爲之詳言。友曰：吁！亦開發後覺一端也，豈予一身可得而私有，何不與諸人以廣其傳。予不得辭，因列爲三卷，名曰《金漳蘭譜》，欲以續前人牡丹、荔枝譜之意，余以是編。紹定癸巳六月良日，澹齋趙時庚謹書。

又 卷下《金漳蘭譜跋》 余嘗身安寂然一榻之中，置事物之冗來紛至之外，度極長日。篆香芬馥，怡神默坐，峰月一視，不覺精神自恬然也。種蘭之趣，蓋別觀其生意也。每日一周旋其側，撫之太息，愛之太勤，非徒悦目，又且悦心怡神。其茅葺，其葉青青，猶緑衣郎挺節獨立，可敬可慕。迨夫開也，凝情瀼露，萬態千妍，薰風自來，四坐芬郁，豈非真蘭室乎？豈非有國香乎？親朋過訪，遺以《蘭譜》，予按味再三，盡得愛之養之之法，因其譜想其人，又豈非懷馨陽馥日乎？時己卯歲中和節望日，嬾真子李子謹跋。

宋 王貴學《王氏蘭譜》《説郛》卷一〇三上引 窓前有草，濂溪周先生蓋達其生意，是格物而非玩物。予及友龍江王進叔，整暇於六籍書史之餘，品藻百物，封植蘭蕙，設客難而主其譜，擷英於幹葉香色之殊，得韻於耳目口鼻之表，非體蘭之生意不能也。所稟既異，所養又充，進叔資學亦如斯蘭，野而巖谷，家而庭堦，國有臺省，隨所置之，其房無斁。夫草可以會仁意，蘭豈一草云乎哉？君子養德，於是乎在。淳祐丁未，孟春戊戌，蒲陽葉大有序。

萬物皆天地委形，其物之形而秀者，又天地之委和也。和氣所鍾，爲聖爲賢，爲景星，爲鳳凰，爲芝草。草有蘭亦然，世稱三友，挺挺花卉中。竹有節而嗇花，梅有花而嗇葉，松有葉而嗇香。惟蘭獨併有之。蘭，君子也。飡霞飲露，孤竹之清標；勁柯端莖，汾陽之清節；清香淑質，靈均之潔操。韵而幽，妍而淡，曾不與西施何郎等伍，以天地和氣香之也。予嗜焉成癖，志几之暇具於心，服於身。復於聲譽之間，搜求五十品，隨其性質植之。客有謂予曰：此身本無物，子何取以自累？予應之曰：天壤間萬物皆寄爾。耳，聲之寄；目，色之寄；鼻，臭之寄；口，味之寄。有耳目口鼻而欲絶夫聲色臭味，則天地萬物將無所寓其寄矣。若總其所以寄我者而爲我有，又安知其不我累耶？客曰：「然。」遂譜之。淳祐丁未龍江王貴學進叔敬書。

明 王世貞《弇州續稿》卷四五《國香集序》 閩多蘭，趙時庚、王貴學氏皆閩人，故後先能譜蘭，諸所以爲蘭之事盡矣。而吾老友張應文氏顧又能爲《續蘭譜》，其所以爲蘭之事，又大出於二譜之外，而又能爲歌詩古近體幾百篇以侈之。若杲禪師悟後，雋語百出而百不窮。張君，吾吴人也。酈道元高陽而注江南《水經》，歐陽永叔廬陵而譜洛中牡丹，不是過也。余不能從稽含曉南中花木，意亦不大好之，顧獨好蘭而不甚曉其事與所以滋培之理，而圜居力不能致。友人有見貽者，至冬輒萎敗，亦任之而已。今從張君譜，稍得其事與理，今者似別得策第手靖節栗里譜與其詩各一編，陸羽、張又新《水譜》各一編，蔡君謨《茶録》一編，以佐張君之二譜，而日與之徜徉於峭蒨青葱之下。間歌陶詩，渴則拈茶水譜隨意讀之，覺此身如入陽羨，吸中泠已。徐翻張君所纂譜，詠其得意句，鼻觀習習芬馥，兩腋風舉，作天際真人想。又何必左擁陳良紫，右侍魚魫白而後快哉。或曰：蘭之傳，自屈子騷始也。子何以不騷而靖節之是援，且不虞彼鞠忌哉？曰：不然。蘭，君子也。貴而大國，賤而幽谷，所爲香不改也。屈子才大於蘭，而志趣不一，吾故取陶氏焉。今之鞠，麗矣，非陶氏鞠也。以故不能與蘭偕，蘭亦不受妬。不爾寧無東籬數枝以伴我九畹哉。吾取蘭而陶之，取陶而蘭之，即屈子所不能妬，而況鞠也。張君善吾言識而弁於簡端。

明 馮京第《蘭易》卷上《天根易》 蕈溪子曰：《蘭易》一卷，受之四明山中田父，書稱宋鹿亭翁著。按郡縣志山有鹿亭，今迷不知處，無問作者姓氏矣。要是不代隱士。易道盛於宋，授受明而家學衆，不意更有《蘭易》如此。蘭於萬物，一草也。而書可謂易，豈即萬物各一大極之旨邪？但其書都不言象數，直説事理，此固宋人之爲易也。與其文儗易辭，似善易者用韻亦然，俗學鮮能通之。所論種溉之法，簡而盡近而不褻，他日入四明爲鹿亭，接山林將絶之統，稱異代弟子。此書，其顓門之業也。抑今蘭艸生江南、楚越、閩中者，皆非屈騤之所樹所紉。然天地開闢幾萬千年，真簡既微，而此蘭晚生幽谷，乘時爲帝，氣味卓越，始知世間有王者香。正如漢高奮跡使步，系統三代，腐儒呶呶，猶爲蘭著真僞之辨，天下所君則即真矣。何僞之有如人言甘者名菊，苦者名薏。今菊爲時所尊貴者，皆不必味甘有黄華也。他若布有綿花可代裘紵器，有倚卓可代几席，茶可爲飲，秦可蒸酒，毫爲筆，煙爲墨，魚網籐竹爲紙可代簡，漆書可版鏤之類。周孔以前豈曾知此耶？凡後今之制勝于前古者多矣，必將求所謂九畹十晦而復種之，皆反古之戮民耳。夫屈公嘗不解有梅，不聞梅以見遺騷經爲嫌也。君子隨時育物，愛養之道於蘭必盡心焉。故有取乎此書。

古易氏贊曰：躋仲著淪，極言英雄與盜賊不同。蓋方正統未定，真人未出時，此自有王有霸，不可與僭竊篡逆同條而論。如遷史列項世家，陳志鼎分三國，魏文貞請爲李密立碑是也。今人於此一切追書黜之爲僞朝，不使英雄裂眼地下邪。其論議動駴流俗如此，然此正其是非不詭。聖人處今，復爲蘭艸辨，去一僞字略同，此意抑蘭，自此坐得正統矣。

藝　文

《詩經·國風·溱洧》 溱與洧，方涣涣兮；士與女，方秉蕑兮。

《猗蘭操》（《樂府詩集》卷五八引） 一曰：《幽蘭操》，《古今樂録》曰：孔子自衛反魯，見香蘭而作此歌。《琴操》曰：《猗蘭操》，孔子所作。孔子歷聘諸侯，諸侯莫能任。自衛反魯，隱谷之中。見香蘭獨茂，喟然歎曰：蘭當爲王者香，今乃獨茂，與衆草爲伍。乃止車援琴鼓之，自傷不逢時，託辭於香蘭云。《琴集》曰：《幽蘭操》，孔子所作也。

習習谷風，以陰以雨。之子於歸，遠送於野。何彼蒼天，不得其所。逍遥九州，無所定處。時一作世人闇蔽，不知賢者。年紀逝邁，一身將老。

《楚辭·離騷》 吾令帝閽開關兮，倚閶闔而望予。時曖曖其將罷兮，結幽蘭而延佇。

蘭芷變而不芳兮，荃蕙化而爲茅。何昔日之芳草兮，今直爲此蕭艾也。豈

其有他故兮，莫好修之害也。

余以蘭爲可恃兮，羌無實而容長。委厥美以從俗兮，苟得列乎衆芳。椒專佞以慢慆兮，樧又充夫佩幃。既干進而務入兮，又何芳之能祗。固時俗之流從兮，又孰能無變化。覽椒蘭其若茲兮，又況揭車與江離。

《楚辭・九歌》 浴蘭湯兮沐芳，華采衣兮若英。

秋蘭兮蘪蕪，羅生兮堂下。綠葉兮素枝，芳菲菲兮襲予。夫人自有兮美子，蓀何以兮愁苦。

秋蘭兮青青，綠葉兮紫莖。滿堂兮美人，忽獨與余兮目成。

乘赤豹兮從文狸，辛夷車兮結桂旗。被石蘭兮帶杜衡，折芳馨兮遺所思。

《楚辭・招魂》 川谷徑復，流潺湲些。光風轉蕙，氾崇蘭些。

漢 張衡《怨詩》（《太平御覽》卷九八三引） 秋蘭，嘉美人也。嘉而不獲用，故作是詩也。

猗猗秋蘭，植彼中阿。有馥其芳，有黄其葩。雖曰幽深，厥美彌嘉。之子之遠，我勞如何。

晉 陸雲《陸士龍集》卷二《四言失題》 思媚古人，有懷良盤。沈曦含暉，芳烈如蘭。

又 卷三《贈顧尚書》 彼棄芝英，玩此蘭茝。異世同芳，其馥不已。我蘭既馥，我風載清。能芬南岳，運芳北征。子有其德，人求其馨。逝此陋巷，薰彼紫庭。厥音不已，鼓鐘有聲。

晉 嵇康《嵇中散集》卷一 鴛鴦于飛，嘯侶命儔。朝遊高原，夕宿中洲。交頸振翼，容與清流。咀嚼蘭蕙，俯仰優游。

晉 王淑之《蘭菊銘》（《藝文類聚》卷八一引） 蘭既春敷，菊又秋榮。芳薰百草，色艷羣英。孰是芳質，在幽愈馨。

晉 陶潛《陶淵明集》卷三 幽蘭生前庭，含薰待清風。清風脱然至，見別蕭艾中。行行失故路，任道或能通。覺悟當念還，鳥盡廢良弓。

南朝宋 鮑照《鮑明遠集》卷四《幽蘭五首》 傾輝引暮色，孤景留恩顔。梅歇春欲罷，期渡往不還。簾委蘭蕙露，帳含桃李風。攬帶昔何道，坐令芳節終。結佩徒分明，抱梁輙乖忤。華落知不終，空愁坐相誤。眇眇蛸掛網，漠漠蠶弄絲。空慙不自信，怯與君畫期。陳國鄭東門，古今共所知。長袖暫徘徊，驅馬停路岐。

又 卷八《秋夕》 慮涕擁心用，夜默發思機。幽閨溢涼吹，閑庭滿清暉。紫蘭花已歇，青梧葉方稀。江上淒海戾，漢曲驚朔霏。髮斑悟壯晚，物謝知歲微。臨宵嗟獨對，撫賞怨情違。躊躇空明月，惆悵徒深帷。

南朝梁 蕭衍《紫蘭始萌》（《玉臺新詠》卷七引） 種蘭玉臺下，氣暖蘭始萌。芬芳與時發，婉轉迎節生。獨使金翠嬌，偏動紅綺情。二遊何足壞，一顧非傾城。羞將苓芝侶，豈畏鶗鴂鳴。

南朝梁 蕭繹《賦得蘭澤多芳草》（《文苑英華》卷三二七引） 春蘭本無艷，春澤最葳蕤。燕姬得夢罷，尚書奏事歸。臨池影入浪，從風香拂衣。當門已芬馥，入室更芳菲。蘭生不擇逕，十步豈難稀。

南朝梁 蕭詧《蘭》（《文苑英華》卷三二七引） 折莖聊可佩，入室自成芳。開花不競節，含秀委微霜。

南朝陳 周弘讓《山蘭賦》（《藝文類聚》卷八一引） 爰有奇特之草，産於空崖之地。仰鳥路而裁通，視行踪而莫至。挺自然之高介，豈衆情之服媚。寧紉結之可求，非延佇之能洎。稟造化之均育，與卉木而齊致。入坦道而銷聲，屏山幽而静異。獨見識於琴臺，竊逢知於綺季。

南朝陳 張正見《賦新題得蘭生野逕》（《文苑英華》卷三二七引） 披襟出蘭畹，命酌動幽心。鋤罷還開路，歌喧自動琴。華燈共影落，芳杜雜花深。莫言閒逕裏，遂不斷黄金。

唐 李世民《芳蘭》（《全唐詩》卷一引） 春暉開紫苑，淑景媚蘭場。映庭含淺色，凝露泫浮光。日麗參差影，風傳輕重香。會須君子折，佩裏作芬芳。

唐 顔師古《幽蘭賦》（《歷代賦彙補遺》卷一五引） 惟奇卉之靈德，稟國香於自然。灑嘉言而擅美，擬貞操以稱賢。詠秀質於楚賦，騰芳聲於漢篇。冠庶卉而超絶，歷終古而彌傳。若乃浮雲卷岫，明月澄天，光風細轉，清露微懸，紫莖膏潤，綠葉水鮮。若翠羽之羣集，譬彤霞之競然。感羈旅之招恨，狎寓客之流連。既不遇於攀採，信無憂乎翦伐。魚始陟以先萌，鶗雖鳴而未歇。願擢穎於金陛，思結蔭乎玉池。泛旨酒之十醖，耀華燈於百枝。

唐 楊炯《盈川集》卷一《幽蘭賦》 惟幽蘭之芳草，稟天地之純精。抱青紫之奇色，挺龍虎之嘉名。不起林而獨秀，必固本而叢生。爾乃豐茸十步，綿連九畹。莖受露而將低，香從風而自遠。當此之時，叢蘭正滋，美庭幃之孝子，循南陔而采之。楚襄王蘭臺之宮，零落無叢；漢武帝猗蘭之殿，荒涼幾變。聞昔日

之芳菲，恨今人之不見。至若桃花水上，佩蘭若而續魂；竹箭山陰，坐蘭亭而開宴。江南則蘭澤爲洲，東海則蘭陵爲縣。隰有蘭兮蘭有枝，贈遠别兮交新知。氣如蘭兮長不改，心若蘭兮終不移。及夫東山月出，西軒日晚，授燕女於春闈，降陳王於秋坂。乃有送客金谷，林塘坐曛，鶴琴未罷，龍劒將分。蘭缸熠燿，蘭麝氛氲。舞袖迴雪，歌聲遏雲。度清夜之未央，酌蘭英以奉君。若夫靈均放逐，離羣散侶，亂鄢郢之南都，下瀟湘之北渚。步遲遲而適越，心鬱鬱而懷楚。徒眷戀於君王，歛精神於帝女。汀洲兮極目，芳菲兮襲予。思公子兮不言，結芳蘭兮延佇。借如君章有德，通神感靈，懸車舊館，請老山庭。白露下而警鶴，秋風高而亂螢。循階除而下望，見秋蘭之青青。重曰：若有人兮山之阿，紉秋蘭兮歲月多。思握之兮猶未得，空珮之兮欲如何？乃抽琴操爲幽蘭之歌，歌曰：幽蘭生矣，于彼朝陽。含雨露之津潤，吸日月之休光。美人愁思兮，採芙蓉於南浦；公子忘憂兮，樹萱草於北堂。雖處幽林與窮谷，不以無人而不芳。趙元淑聞而歎曰：昔聞蘭葉據龍圖，復道蘭林引鳳雛。鴻歸鶯去紫莖歇，露往霜來緑葉枯。悲秋風之一敗，與蒿草而爲芻。

唐 李嶠《蘭》（《全唐詩》卷六〇引） 虛室重招尋，忘言契斷金。英浮漢家酒，雪儷楚王琴。廣殿清香發，高臺遠吹吟。河汾應擢秀，誰肯訪山陰。

唐 陳子昂《陳拾遺集》卷一《感遇》 蘭若生春夏，芊蔚何青青。幽獨空林色，朱蕤冒紫莖。遲遲白日晚，嫋嫋秋風生。歲華盡摇落，芳意竟何成。

唐 張九齡《曲江集》卷三《園中時蔬盡皆鋤理，唯秋蘭數本委而不顧，彼雖一物有足悲者，遂賦二章》 場藿已成歲，園葵亦向陽。蘭時獨不偶，露節漸無芳。旨異菁爲蓄，甘非蔗有漿。人多利一飽，誰復惜馨香。幸得不鋤去，孤苗守舊根。無心羨旨蓄，豈欲近名園。遇賞寧充佩，爲生莫礙門。幽林芳意在，非是爲人論。

唐 李白《李太白文集》卷一《古風》 孤蘭生幽園，衆草共蕪没。雖照陽春暉，復悲高秋月。飛霜早淅瀝，緑豔恐休歇。若無清風吹，香氣爲誰發。

又 卷一〇《贈友》 蘭生不當户，别是閑庭草。夙被霜露欺，紅榮已先老。謬接瑶華枝，結根君王池。顧無馨香美，叨沐清風吹。餘芳若可佩，卒歲長相隨。

唐 喬彝《幽蘭賦以遠芳襲人終古無絶爲韻》（《歷代賦彙》卷一二一引） 蘭之生矣，不以無人而不芳。被廣澤，森回塘。和寡調高，未儷郢中之曲；神符夢葉，終傳鄭國之香。贈靈修於南浦，襲嘉慶於北堂。於是芊眠茂苑，靡迤秋坂。紉而爲佩，騷人之意已深；間以在衿，楚客之情何遠。薄秋風而香盈十步，汍皓露則花飛九畹。豈衆草之敢陵，幸移根之未晚。若乃吴山清兮天氣新，湘水碧兮楓岸春。煙轉緑蕙，波揺白蘋。榮曲沼之初蓮，遺天涯之美人。離别經時，歎孤芳於秀質；豔陽可惜，悵獨立於良辰。復有映金砌，羅玉户。分竹宫，疏蕙圃。因風而起，不隨彼茁之蓬；擇地以生，能殊有杕之杜。宜其比同心於先哲，冠美名於前古。

唐 陳有章《幽蘭賦以遠芳襲人終唐古無絶爲韻》（《歷代賦彙》卷一二一引） 翹翹嘉卉，獨成國香。在深林以挺秀，向無人而見芳。幽之可居，達萌芽於陰壑；時不可失，吐芬香於春陽。所以紫翹十步，名傳九畹，自下并高，結根聳榦，布葉逾密，重陰未晚。開緗蕊而乍含，擢丹穎而何遠。好遵正直，生匪臨於斜徑；不向嶮巇，質寧被於長坂。獨茂幽壑，厭若錯薪。幾霑雨露，猶苦風塵。采掇兮有日，芳菲兮度春。得臨刈楚之地，曷異修詞之人。燕妃夢中，榮何名而不遂；蜀琴曲裏，奏何聲而不新。況衆英聚集，傳香氣而相襲。佳色葱蘢，帶煙翠而攢叢。固已歎夫貞潔，期見賞於始終。幽處斯久，照臨忽通。喜會無私之日，深緊有力之風。幽莫過於芳蘭，誠匪同諸草莽。充佩而靈均不棄，入握而仙都必取。詎比夫山上靡蕪，泥中蘅杜。將虛名以共播，竟無善而足數。焉知夫光善才於左思，能成賦於師古而已哉！知我者謂我如碩儒，不知我者謂我如生芻。此幽人之未已，亦何代而云無？幸逢昭代，得遇良哲。雖偕薰蕕，固有分别。勿以卉賤，不顧幽芬。勿心地寒，不軫孤絶。儻折英而入用，庶有光於優劣者也。

唐 韓伯庸《幽蘭賦以遠芳襲人終古無絶爲韻》（《歷代賦彙》卷一二一引） 陽和布氣兮，動植齊光；惟彼幽蘭兮，偏含國香。吐秀喬林之下，盤根衆草之旁。雖無人而見賞，且得地而含芳。於是嫩葉旁開，浮香外襲。既生成而有分，何掇採之莫及？入握稱美，未遭時主之恩；納佩爲華，空戴騷人之什。光陰向晚，歲月將終。芬芳十步之内，繁華九畹之中。亂羣峰兮上下，雜百卉兮横叢。況荏苒於光陰，將衰敗於秋風。豈不處地稍幽，受氣仍别。蕭艾之新苗漸長，桃李之舊蹊將絶。空牽戲蝶拂花蕊之翩翾，未遇來人尋芳春而採折。既生幽徑，且任榮枯。羃輕煙而葱翠，帶淑氣而紛敷。冀雨露之溥及，何見知之久無。及夫日往月來，時占歲覩，遇達人之回盼，披荒榛而見取。横琴寫操，夫子傳之而至今；入夢爲徵，燕姞聞之於前古。生雖失處，用乃有因。枝條嫩而既麗，光色發

而猶新。雖見辭於下士，幸因遇於仁人。則知夫生理未衰，採掇何晚。幽名得而不朽，佳氣流而自遠。既徵之而見寄，願移根於上苑。

唐 仲子陵《幽蘭賦以遠芳襲人終古無絶爲韻》（《歷代賦彙》卷一二一引）　蘭惟國香，生彼幽荒。貞正内積，芬華外揚。和氣所資，不擇地而長；精英自得，不因人而芳。況乃崖斷坂折，蹊分石裂。山有木而轉深，逕無人而自絶。柔條獨秀，芳心潛結。翡翠戲而相鮮，蘼蕪生而共悦。然後衆草之中，迥爲一叢。卑以自牧，和而不同。揚翹布葉，舒翠錯紅。宵承結露，曉汎光風。傾於陽，希所照無隱；託其地，知其道有終。且求之昔人，徵以邃古。宛成章於楚客，爰命操於尼父。佩之衆，匪蘭不紉；曲之多，匪蘭奚鼓。夫以薰蕕之喻，臭味斯殊。同之，則十年猶有；異之，則一日而無。乃清以爲露，滋而爲畹。比德者以之守貞，贈離者以之傷遠。宜其出幽谷之濱，爲階除之珍。羅堂未晚，被逕知春。依瑶池而自庇，與玉樹之爲鄰。杜若芳芷，香辛白蘋。俱受生於大塊，獨取象於同人。是故蘭也之采，伊人所急。篇章間起，比興俱入。道之廢可鉏而去，道之興可俯而拾。爲君灑微芳於素衿，希見寳於重襲。

唐 李公進《幽蘭賦以遠芳襲人終古無絶爲韻》（《歷代賦彙》卷一二一引）　幽有寂兮蘭有香。香者取其服媚，寂者契其韜光。是以緑葉紫莖，偶貞士而必佩；深林絶壑，挺奇質而獨芳。觀其異彩特秀，結根自遠。靡生於門，寧滋於畹。朝陽照而雜花不得間其榮，光風轉兮衆草無以齊其偃。杳杳深處，芬芬絶倫。保貞操以擅美，發英華以藻春。葉凝露以珠綴，花含煙而色新。移於友也，則斷金之利；樹之庭也，則如玉之珍。豈比夫協夢呈祥，表嘉名於鄭國；循陔見采，流雅詠於詩人而已哉。蘭之幽兮芳可折，幽無人兮芳不絶。蘭之生兮美自豐，生得地兮美無終。故雖敗於涼飈，諒有嘉於前古。方比契於松筠，詎齊名於蘅杜。且夫麗白雪之綺靡，被長坂之芬敷。激餘芳以孤映，極幽致而自殊。則在握者何有，居擇者何無。蘭處幽而轉芳，芳無遠而不襲。賢尚晦而必著，著何道而不入。伊哲人之素履，盍徵蘭以自執。苟馨香之發聞，越江山而採拾。

唐 李農夫《幽蘭賦》（《歷代賦彙補遺》卷一五引）　蘭之猗猗，窅窅其香。遁世無悶，抱道深藏。不以無人，而遂廢其芳。磅礴冰霜之際，虚徐蕭艾之場。揭之揚之，於古有光；不采而佩，於蘭無傷。豈膏黍之爲用也，必焚必割；珠犀之畢通也，必剖必絶。雖佩玉而垂紳，亦吐哺而握髪。

宋 梅堯臣《宛陵集》卷三二《蘭》　楚澤多蘭人未辯，盡以清香爲比擬。蕭茅杜若亦莫分，唯取芳聲襲衣美。

宋 王安石《臨川文集》卷二六《朱朝議移法雲院蘭》　幽蘭有佳氣，千載閟山阿。不出阿蘭若，豈遭乾闥婆。

宋 蘇轍《欒城集》卷一三《幽蘭花》　李徑桃蹊次第開，穠香百和襲人來。春風欲擅秋風巧，催出幽蘭繼落梅。　珍重幽蘭開一枝，清香耿耿聽猶疑。空應欲較香高下，故取羣芳競發時。

宋 郭印《雲溪集》卷一二《蘭》　幽人紉爲佩，不爲香與色。秋菊暨江南，未可比君德。

宋 周紫芝《太倉稊米集》卷二三《種蘭》　桃杏花中偶並欄，依然風味是幽蘭。莫因移種長安市，不作春山一樣看。

宋 李綱《梁谿集》卷一《幽蘭賦并序》　蘭有二種：華以春者似蕙，華以秋者似菊。《楚辭》曰：「秋蘭兮青青，緑葉兮紫莖。」又曰：「春蘭兮秋菊，長無絶兮終古。」今世人之所識者素葩叢本，特春蘭耳。予嘗得一種蘭於亡友蕭子寬家，緑葉紫莖，至秋始華，如《楚辭》之所賦。其華似菊而色微紫，其香似春蘭而加芳，食之味尤辛甘，可以調芼。曹子建七啟於餚饌之妙，言紫蘭丹椒施和必節，滋味既殊，遺芳射越。乃知茲蘭可食，其爲秋蘭無疑也。二蘭皆喜生於高山深林閴寂無人之境，則芬芳郁烈，茂盛而遠聞。移而置於軒庭房室之間，不過一再歲，華益鮮而香益微，蓋其天性如此。故古人又以幽蘭目之，與夫山林隱遯之士，耿介高潔不求聞達於人，而風流自著者亦何以異，故感而賦之，其辭曰：

相百卉之芳菲兮，待培植而乃成。何茲蘭之異稟兮，處幽僻而方興。高山崔嵬而巃嵸兮，深林杳杳以冥冥。下波濤之噴激兮，上雪霰之飄零。邈人跡之不到兮，蘭於焉而獨馨。言茁其芽，載擢其英。春與蕙兮偕秀，秋與菊兮並榮。或素葩而叢本，或緑葉而紫莖。雖春秋之異種，豈殊德於幽貞。耿介自許，芬芳誰與。久而不知其香，晦而不改其度。榮何謝於光風，瘁何傷於白露。配芝桂以爲友，奚蕭艾之能侣。類同心之契合，比明德之欣附。淑人君子，愛而不忘，蒸以爲藉，沐以爲湯，紉之爲佩，刈之爲防。實有取於雅操，匪徒慕夫國香。若夫出自故山，同夫小草。資耳目之嘉玩，供園林之幽討。雖得托於孤根，蓋已違其所好。譬猶高潔之士、隱遯之人，蹈山林而長往，友麋鹿而同羣，付功名於脱屣，等富貴於浮雲。室雖邇而人則遠，可得聞而不可見。有泉石之枕漱，無猿鶴之驚怨。晦其跡而彌芳，懷其道而愈顯。子真谷口，德公鹿門，二子食薇於首

陽，四皓採芝於商山。名與實兮兼茂，心與跡兮俱閑。播清芬於今古，亦何以異於幽蘭。

宋 曹勛《松隱集》卷六《感秋蘭》 雲何爲兮深山，水何爲兮幽谷。匪雜珮于華裾，恥見珍于流俗。噫嘻，疑枳棘與荆榛，不辭榮於秋緑。

宋 范成大《石湖詩集》卷六《次韻温伯種蘭》 靈均墮荒寒，采采紉蘭手。九畹不留客，高丘一迴首。峥嶸路孔棘，悽愴肘生柳。遂令此粲者，永與窮愁友。不如湯子遠，情事只詩酒。但知愛國香，此外付烏有。栽培帶苔蘚，披拂護塵垢。孤芳亦有遇，洒濯居座右。君看深林下，埋没隨藜莠。

宋 許綸《涉齋集》卷一四《芷》 銀箸有生香，葉排元紫房。更名歌九畹，課效萬金方。

宋 楊萬里《誠齋集》卷二八《蘭花》 雪徑偷開淺碧花，冰根亂吐小紅芽。生無桃李春風面，名在山林處士家。政坐國香到朝市，不容霜節老雲霞。江蘺圃蕙非吾耦，付與騷人定等差。

又 卷三〇《蘭畹》 健碧紛紛葉，斑紅淺淺芳。幽香空自祕，風肯祕幽香。

宋 陸游《劍南詩稾》卷三六《蘭》 南巖路最近，飯已時散策。香來知有蘭，遽求乃弗獲。生世本幽谷，豈願爲世娱。無心託階庭，當門任君鋤。

宋 徐照《芳蘭軒集·采蘭曲》 門前春水清如羅，采蘭船小長經過。未須折蘭喜相贈，見此自令憂思多。

宋 朱熹《晦庵集》卷二《謝人送蘭》 幽獨塵事屏，晼晚秋蘭滋。芳馨不自媚，掩抑空相思。晤對日方永，披叢露未晞。翛然發孤詠，九畹陳悲詩。

又 淹留閲歲序，契濶心懷憂。獨卧寄僧閣，一室空山秋。徘徊起顧望，俯仰誰爲儔。伊人遠贈問，孤根亦綢繆。芳馨不我遺，三載娱清幽。愧無瓊琚報，厚意竟莫酬。瞻彼南陔詩，使我心悠悠。

又《秋蘭已悴以其根歸學古》 秋至百草晦，寂寞寒露滋。蘭皋一以悴，蕪穢不能治。端居念離索，無以遺所思。願言託孤根，歲晏以爲期。

又 去歲蒙學古分惠蘭花，清賞既歇，復以根叢歸之故畹，而學古預有今歲之約。近聞頗已著花，輒賦小詩以尋前約，幸一笑：秋蘭遞初馥，芳意滿冲襟。想子空齋裏，凄涼楚客心。夕風生遠思，晨露灑中林。頗憶孤根在，幽期得重尋。

又 卷九《蕙古所謂蕙，乃今之零陵香。今之蕙，不知起於何時也》 今花得古名，旖旎香更好。適意欲忘言，塵編詎能考。

又 卷一〇《蘭》 謾種秋蘭四五莖，疎簾底事太關情。可能不作涼風計，護得幽香到晚清。

宋 薛季宣《浪語集》卷六《種蘭》 蘭生林樾間，清芬倍幽遠。野人坐官曹，兹意極不淺。西窓蔽斜日，松釵架春晚。牆陰蒔花木，憔悴根日損。植此山國香，坐與前事反。扶疎可紉佩，心緒端有本。芽生僅盈壇，高風九成畹。羣芳顔色好，祇自誇園苑。何如淡嚼蠟，草莽曾誰混。對我静無言，忘形如苯蕁。

又《刈蘭》 東畹刈真香，静院篸瓶水。高遠不勝情，時逐微風起。和雨剪閒庭，誰作騷人語。記得舊家山，香來無覓處。

宋 高似孫《幽蘭賦有序》（《歷代賦彙》卷一二一引） 蘭曾伴屈大夫，政復何恨，然非屈大夫無知蘭者。余固非知蘭，亦非知大夫者。後五百年，或有知余者焉。

皇以度而揆余兮，宛貞貞而孔安。含素光以致蠲兮，考幽人之所槃。澹羣動而不競兮，約洵美而且閑。嫋孤風之翛翛兮，幾激貪而律頑。一既分而爲乾兮，老羣星之芒寒。又一索而坤動兮，百嘉熾而多蕃。余乃持其神秀兮，成天地之所難。陵高姿以吐妙兮，抱幽古而遐觀。峭夷齊之特立兮，非盜蹠之可奸。懿西子之孤靚兮，豈嫫母之並歡。彼釜礫之自珍兮，有瓚罍之獨刓。又蒿蕕之盛蔚兮，幸蘅若之未殘。勺明水以薦芳兮，三沐浴乎清瀾。耿積雪其如素兮，尚有知余寸丹。眇洞庭之始波兮，木舞葉其珊珊。凍沅湘而欲合兮，騁白蘋而渺漫。招帝子而不來兮，棄余璫於江干。導微馨以輸誠兮，律九歌其銷魂。

又《秋蘭賦有序》（《歷代賦彙》卷一二一引） 客有遺余秋蘭者，比家山所毓尤清癯，特香味稍減，豈涼未深邪？系之以辭。

眇銀渚之如傾兮，訊霄涼之方幼。俶有風之西香兮，竦孤貞之俄秀。宛青葉而紫莖兮，花四三叢且瘦。心兩兩而一知兮，驚汝我之俱舊。吁靈均之有靈兮，炯不死而猶壽。九其歌之迢迢兮，豈韶勺之可奏。洞庭波而舞葉兮，菊英英而趨茂。何獨憐此幽深兮，了非聞而非嗅。杳渚北之雲興兮，帝子澹乎先後。擷微芳而薦嘉兮，叫湘皋而寒溜。余既莫之偶兮，律遺聲而孰扣。勺明水以酬君兮，耿斯意之不可。又君亦褭回而忘歸兮，指蘅茎而將授。余更曰芳之克肖兮，豈氛凡之能垢。不能易其何言兮，今琅琅乎其臭。

宋 高似孫《剡録》卷一〇《草木禽魚下·蘭》 《越絶書》曰：勾踐種蘭于蘭渚山。《舊經》曰：蘭渚山，勾踐種蘭之地，王謝諸人修禊蘭渚亭。《山居賦》

曰：風生浪于蘭渚，日倒景于椒塗。豈惟蘭渚多蘭，剡蘭固自漫山競秀，但花不如蘭渚豊挺耳。仲子陵《幽蘭賦》曰：「貞正内積，芬華外揚。和氣所資，精明自得。此十六字，超出筆墨蹊逕，其知蘭者乎？王拱辰《送陸軫守越》詩：棊墅風烟清早夏，禊亭蘭茝暗殘春。一時稱傑句，録之。

又《秋蘭》《山居賦》曰：水香送秋而擢蒨。注曰：水香，蘭草也。當是秋蘭。秋蘭古人最所鍾愛，一經靈均，風騷之士競知慕焉。《離騷》曰：秋蘭兮蘼蕪，羅生兮堂下。緑葉兮素華，芳菲菲兮襲予。又曰：秋蘭兮青青，緑葉兮紫莖。張衡《思玄賦》曰：纗幽蘭之秋華。《東京賦》曰：芙蓉覆水，秋蘭被涯。魏武帝《陌上桑》曰：柱杖桂枝佩秋蘭。曹植《迷迭香賦》曰：芳暮秋之幽蘭兮，麗崑崙之英芝。又詩：繁華將茂，秋霜悴之。君不垂眷，豈云其誠。秋蘭可喻，桂樹冬榮。又詩：秋蘭被長坂。晉傅玄《秋蘭篇》：秋蘭蔭玉池，池水且芳香。又詩：秋蘭豈不芬，鮮肆亂其芳。元《鼓吹曲》又曰：謀言協秋蘭，清風發其芳。陸機詩：氣惠秋蘭。潘尼詩：流聲馥秋蘭。一秋蘭之微而詞人眷眷如此，是亦環貞挺秀，可以比德歟？比從永嘉移本大畧如蕙，擢花八九月之交，香特重于春蘭也。

又《蕙》《廣雅》曰：蕙草緑葉紫華。林槩詩：「吴娘晚唱穿菱葉，楚客春心記蕙叢。」

宋 徐鹿卿《清正存稿》卷六《詠蘭》　叢蘭抱幽姿，結根托山壤。所據良孤高，其下俯深廣。雲氣接清潤，雨露從資養。雖然翳深林，未肯逐衆莽。輪蹄紛紫陌，誰此事幽賞。幽賞縱不及，香風自來往。

宋 劉克莊《後村集》卷三《蘭》　深林不語抱幽貞，賴有微風遞遠馨。開處何妨依蘚砌，折來未肯戀金缾。孤高可挹供詩卷，素淡堪移入卧屏。莫笑門無佳子弟，數株濯濯映堦庭。

又 卷四《詠隣人蘭花》　兩盆去歲共移來，一置雕闌一委苔。我拙事持令葉瘦，君能調護遣花開。隸人挑蠹巡千匝，稚子澆泉走幾迴。亦欲效顰耘小圃，地荒終恐費栽培。

又 卷九《蘭》　蕭艾敷榮各有時，深藏芳潔欲奚爲。世間鼻孔無憑據，且伴幽窻讀楚詞。

宋 王柏《魯齋集》卷二《蘭》　早受樵人貢，春蘭訪舊盟。謝庭誇瑞物，楚澤擷芳名。蒼玉裁圭影，紫檀含露英。奚奴培護巧，苔蘚緑菁菁。

宋 方岳《秋崖集》卷二《買蘭》　幾人曾識離騷面，説與蘭花枉自開。却是樵夫生鼻孔，擔頭帶得入城來。

元 侯克中《艮齋詩集》卷七《蘭花》　幽谷佳人不世粧，澹然相對兩相忘。偶從詩興濃時發，或向禪心定處香。孔父琴中傳雅操，楚臣筆底藹餘芳。冰根玉榦元貞潔，肯與凡花較短長。

元 揭傒斯《文安集》卷三《題信上人春蘭秋蕙四首》　深谷暖雲飛，重巖花發時。非因采樵者，那得外人知。

孤芳不足榦，奕葉自含滋。白石蒼苔路，落花流水時。

山深風露冷，何處有花開。直入雲林去，香沿石澗來。

幽䕺不盈尺，空谷爲誰芳。一徑寒雲色，滿林秋露香。

元 吴鎮《梅花道人遺墨》卷上《蘭》　舶棹風下東吴舟，梧土移入漳泉秋。初疑紫蓬攢翠鳳，恍如緑綬蒙青虬。猗猗九畹易消歇，奕奕百畝多淹留。軒窓相逢與一笑，交結三友成風流。

元 洪希文《續軒渠集》卷六《幽蘭》　芳草推蘭作長雄，長身大葉聳叢叢。崑崙瓊樹風摇碧，勾漏丹砂露滴紅。屈子手紉曾作佩，淵材鼻塞曷由通。僧名淵材，前賢詩云「淵材無鼻孔，信口道無香」。雖非桃李春風面，名在《離騷》九畹中。

元 岑安卿《栲栳山人詩集》卷上《盆蘭》　猗猗紫蘭花，素秉岩穴趣。移栽碧盆中，似爲香所誤。吐舌終不言，畏此塵垢污。豈無高節士，幽深共情素。俛首若有思，清風颯庭户。

元 陳旅《安雅堂集》卷一《題畫蘭二首》　楚畹春露濃，幽芳發瓊莖。寧同薺麥秀，不與蕭艾生。

九畹光風轉，重巖墜露香。紫宫祠太乙，瑶席薦瓊芳。

元 倪瓚《清閟閣全集》卷六《趙魏公蘭》　天上宣和落墨花，彝齋松雪擅名家。遥看苕霅山如玉，雪後春風自茁芽。

元 王禮《麟原前集》卷一〇《題蘭》　擷衆芳而周流兮，紛總總其蕭艾。遵澧浦以回輈兮，微幽蘭吾奚佩。

元 釋善住《谷響集》卷三《蘭四首》　靈均不可見，令我憶瀟湘。獨步空林下，滿身風露香。草長欲無地，國香終有根。一花才破萼，蜂蝶盡棼棼。穿雲采清芬，竟日不盈把。凍雨灑輕塵，颸輪幾時下。風葉美無度，露花何萎蕤。樵人不到處，抱石弄幽姿。

又《友蘭》　欲識古君子，楚花吾友于。因懷蕭散志，詩酒老江湖。

明 王冕《竹齋集》卷下《明上人畫蘭圖》 吳興二趙俱已矣，雪窗因以專其美。不須百畝樹芳菲，霜毫掃動光風起。大花哆唇如笑人，小花斂媚如羞春。翠影飄飄舞輕浪，正色不染湘江塵。湘江雨冷暮烟寂，欲問三閭杳無迹。愾慷不忍讀離騷，目極飛雲楚天碧。

明 黃淮《省愆集》卷上《勵志》 奕奕者蘭，勵志也。達不離道，窮不失義，君子優之。奕奕者蘭，于彼空谷。悠悠我思，曷云其穀。奕奕者蘭，維芳維馨。我有好爵，君子攸寧。蘭其榮矣，繁霜瘁之。静言孔念，中心悵而。蘭之瘁矣，益厚其根。我之懷矣，匪善奚敦。蘭之瘁矣，芳華載揚。淑慎其身，終焉允臧。

明 謝晉《蘭庭集》卷下《咏蘭》 只合度琴成雅操，不須紉佩惹清風。若非歲晚幽香在，何異蓬萊隱谷中。

明 葉盛《菉竹堂稿》卷二《蘭》 亭館池臺耐久看，潭邊澤畔也能安。無教冷落無人採，自有幽香自可懽。

又《蘭蕙》 看他蘭蕙在中林，接葉連枝雨露深。小艸也知同類好，廉頗賈復何果心。

明 陳獻章《陳白沙集》卷五《古詩・賽蘭》 南有賽蘭香，名花人未識。光風散微馨，甘露洗新碧。一月薰蒸來，氤氳在肝膈。乃知方寸根，中禀天地塞。誰爲續騷手，俯仰空悽惻。窓户悄無人，圖書共昕夕。

又 卷六《七言絶句・賽蘭花開》 晴光三日轉花枝，坐對微馨忽有詩。涓滴未嘗花上露，南風莫只報人知。曲欄砌下少人窺，戲蝶遊蜂忽滿枝。君欲尋花須早計，只今猶是未開時。微風巾袂細氤氳，楚畹叢中别有春。啜茗亦嫌風景殺，明朝載酒是何人。山花豔豔綴旒傍，君愛深紅愛淺黄。楚客見之揮不去，向人説是賽蘭香。

明 李東陽《懷麓堂集》卷六《題蘭爲司寇何公》 楚澤有幽蘭，名高百花選。孤根託地靈，芳心應時展。陽和一披拂，春色無深淺。清風徧六合，孰謂知者鮮。援琴思昔人，古意嗟已緬。層厓數枝竹，意若相慰勉。穠華須郤避，荆棘行當翦。幸此挹餘芬，披圖漫舒卷。

又 卷九《觀畫蘭有感作》 春風吹香出芳林，叢蘭開傍西巖陰。幾回欲采意不適，路轉溪廻山更深。虚堂披圖對幽襟，忽如攬衣度崎嶔。杏壇尼父去已遠，湘江屈原空獨沈。我方揮絃坐微吟，微吟未成日將晚。冰霜欲來侵九畹，蘭兮蘭兮竟誰管。

明 朱誠泳《小鳴稿》卷六《花砌》 紋甃接庭堦，芝蘭繞砌栽。最憐雙白鶴，來往啄蒼苔。

明 文彭《博士詩集・題畫蘭》（《文氏五家集》卷七引） 光風薄叢蘭，奕葉有餘香。莫以一枝少，九畹亦同芳。

明 文徵明《甫田集》卷六《建蘭》 靈根珍重自甌東，紺碧吹香玉兩叢。和露紉爲湘水佩，凌風如到蕋珠宫。誰言别有幽貞在，我已相忘臭味中。老去相如才思減，臨牕欲賦不能工。

明 潘希曾《竹澗集》卷四《詠蘭四首》 蘭蕙一類而蘭特少，其香特勝，開謝之早晚遲速亦異，予於贛之行臺並植之。

山人遺我蘭，百里到城邑。采之千仞崖，故土帶砂礫。瓦盆及時栽，風雨相潤色。空階白日静，緑葉光嶷嶷。

猗蘭含紫甤，經冬凍不發。春風幾何時，碧幹争挺拔。一幹僅一花，清香乃傾國。貞姿頗耐久，逾月未衰落。

蕙本蘭之族，氣味亦相似。一幹五七花，生香春夏際。復有閩中産，葉高而稍膩。誰書本草經，誤以零陵視。

古人多佩蘭，貴有君子德。況爲王者香，尼父興歎息。芳名播終古，俗眼常罕識。高齋風日和，相對余心懌。

明 楊慎《升菴集》卷一六《采蘭引并序》 廣通縣東響水關産蘭，緑葉紫莖，春華秋馥，蓋《楚騷》所稱紉佩之蘭也。人家盆植如蒲萱者，蓋蘭之别種曰蓀與茝耳。時川姜子見而采之，以贈予。知九畹之受誣千載矣，一旦而雪，作采蘭引。

秋風衆草歇，叢蘭揚其香。緑葉與紫莖，猗猗山之陽。

結根不當户，無人自芬芳。密林交翳翳，鳴泉何湯湯。

欲采往無路，跼步愁褰裳。美人馳目成，要予以昏黄。

山谷歲復晚，脩佩爲誰長。采芳者何人，蓀芷共升堂。

徒令楚老惜，坐使宣尼傷。感此興中懷，絃琴不成章。

明 陳洪謨《静芳亭摘稿》卷八《臘月觀蘭》 秀色淩寒葉葉新，肯隨凡卉困風塵。乾坤生意元無限，根下靈芽又動春。

明 鍾惺《翠娱閣評選鍾伯敬先生合集・詩選》卷二《五色蘭卷歌》 萬曆己未十月初六夜，毘陵舟中，夢與内人吴孟子同種五色蘭，以爲男子之祥，許爲予圖之。以畫蘭施色不韻，珍重未成。天啟元年秋，忽作墨蘭至八本，正側委垂，

意態不一。持告予曰：「向所謂五色，應是五種也。此八本中豈不具五種相乎？」予是其説，紀之以詩。

蘭譜前無五色名，應是同時因想生。吉夢胡爲久未踐，遲回待爾墨花成。國香階秀是何物，肯以青黄輕點拂。忽然意到得數株，偃仰風月意各殊。從傍觀者試擇之，就中五色亦非無。吾聞五帝不盈五，恰逢劉季公然補。故將五種缺其一，有意待予閒與數。畫蘭人本解語花，吾將添作幽香主。

明 童軒《清風亭稿》卷三《詠蘭》 汎汎崇蘭姿，托根雲水涯。光風一披拂，緑葉何葱萋。君子采而佩，馨香竟無比。羞彼春芳榮，嫣然媚紅紫。

清 錢澄之《藏山閣集·詩存》卷六《生還集·早蘭》 何處尋蘭早，空山獨往時。自然芳氣至，不藉好風吹。步去叢全失，閒中香忽隨。獨憐幽未極，猶使路人知。

清 屈大均《翁山詩外》卷二《松上蘭》 蘭生乃無土，托根高松端。爲君作蘿蔦，青青同歲寒。馨香在天半，無因充玉盤。嗟爾搴芳人，盻望空長歎。紫莖何婀娜，緑葉何反反。但見白雲覆，安知清露溥。嗟彼生沅湘，枝枝臨江干。行人得采擷，持以成幽歡。一朝蕙艸晚，棄捐同齊紈。雖蒙置箱篋，詎異塗泥間。

清 王澤弘《鶴嶺山人詩集》卷九《乙丑年稿·幽蘭》 爲愛幽蘭癖太深，夕迎涼露晝移陰。秖憐葉性存孤直，每到花時感陸沉。遠避當門千古恨，長依空谷一生心。國香此日人誰惜，腸斷停車託素琴。

清 張習孔《詒清堂集》卷一二《蘭》 在山顔色榮，入室顔色瘁。胡稱王者香，只合知希貴。

又《珍珠蘭》 質本同凡卉，稱名並國香。正如相馬者，不必問驪黄。

又《建蘭》 閩粤緑雲質，偏來異地萎。總緣香受累，遂性遜資葹。

清 張篤慶《崑崙山房集》卷二《秋蘭》 采采幽芳玉蕋新，移來九畹總無塵。憑誰結佩思公子，憐爾臨江怨美人。每羡含香栖谷口，却因作賦弔靈均。凄風苦雨湘潭側，零落殘枝未可紉。

清 陳至言《菀青集·七言律詩·四季蘭》 曾傳九畹係相思，又向幽人伴絳帷。入夢長爲作佩日，當門多是握香時。隨他代謝同心出，任爾寒暄獨自知。静對碧欄看不厭，一年端不負花期。

清 龐塏《叢碧山房詩三集》卷二《秋蘭篇》 秋蘭木香草，託根於野田。紫莖含夕露，緑葉揚秋烟。兔絲無根蒂，引蔓迫其前。蘭性自芳潔，誰與結纏綿。側見蕭與艾，氣類遥相牽。青黄互倚託，孤芳良可捐。繁華能幾時，運序忽已遷。霜露塗廣野，憔悴一靡然。蘭生獨不化，懷抱何由宣。幸有青松枝，可以共周旋。

又《叢碧山房詩五集》卷三《咏玉真蘭花出葉上純素無紅點》 根生幽谷中，花出緑葉上。馨香將無同，素心獨見賞。

又 卷四《蘭花線香準彌上人送》 一星逗朱火，蒸霧起精廬。蘭澤渾疑近，香風自可居。聞思應有入，觀相即非虚。有感殷勤贈，無言亦起予。

清 王項齡《世恩堂詩集》卷二九《孫生彌月爲湯餅會，適蘭開並頭，喜而賦之》 九畹移栽滿院香，奇葩忽吐並頭芳。同心臭結瑶華蕋，駢蕚風摇紫玉光。老去幽姿聊作伴，閑來嘉客共飛觴。抱孫喜遇蘭孫茂，湯餅筵開遇此祥。

又《對秋蘭偶詠》 秋蘭數朵傲霜開，滿室幽香撲鼻來。静對超然忘世慮，不知户外有黄埃。

清 鄭方坤《蔗尾詩集·删餘草·瓶蘭和韻》 幽姿綽約掌中看，并剪聲輕趁未殘。懶貼冰肌圓好夢，拋依玉膽供清歡。綺寮乍覺湘雲濕，空谷終憐翠袖寒。擬代騷人譜□怨，七絲爲付董庭蘭。

清 陸奎勳《陸堂詩集》卷一〇《同心蘭》 潘紫施黄敢並驅，漳蘭靈異茁紗幮。鏤成八瓣花明玉，吸上雙心露迸珠。添種留夷情便減，微吟梔子韻還輸。劉令嫺詩「同心何處恨梔子」最關人。古餅供養同龕佛，無臭無言證得無。

清 王道《江湖閒吟》卷四《朱茂才致蘭花》 江畔獨步何處尋，幽蘭一枝雙南金。九畹移來度雲水，國香已挈高人心。分我奇珍超雜佩，一時羣芳俱却退。氤氳在室復在堂，如逢舊雨欣相對。吾家建溪三百灣，溪上花開無閉關。崖蜜巖茶同臭味，神仙風骨不可攀。自入江南常戀此，花不遐棄良有以。何年玉幹遠貽君，謾説投桃應報李。

清 孫元衡《赤嵌集》卷一《乙酉·庭前樹蘭二株入夏兩度盛開》 清芬殊絶世，不與衆芳同。香溢珠蘭畹，黄先月桂叢。交枝深照席，一夏兩温風。天意持相贈，憐余大海東。

清 程夢星《今有堂詩後集·五覎集·早蘭得無字》 入春才五日，東風變榮枯。百卉肇萌甲，蘭蕚先紛敷。知爲美人遺，位置於座隅。室暖苞乍拆，坐久香似無。乃知君子心，淡與世俗殊。不屑陽氣生，自有春風俱。

清 魏茘彤《懷舫詩集》卷二《和朱悔人咏新城司寇庭中花木四首·建蘭》 春生幽谷間，習習陰雨薄。植根王謝家，孤芳欣有托。晚風徐然來，暗香滿東閣。有客咏猗蘭，紙價高京洛。世味鄙清芬，當門竟刈削。誰是素期人，泉石相

培淪。芳心委秋陽，尚望霖雨作。

清 石球《有蘭書屋存藁》卷二《蘭影》 我愛蘭花影，分明勝畫蘭。一燈書幌映，半醉紙屏看。有態烟俱動，無痕筆任乾。幽香元在室，真幻欲齊觀。

清 范纘《四香樓詩鈔》卷三《珍珠蘭》 粵嶺攜來翠一叢，只因香與國香同。常疑葉在遊絲下，難辨花於曉露中。蟬翼鬅宜簪寶弗，六銖衣合罩薰籠。梅妃倘見無心摘，點點清芬弄晚風。

其二

七寶粧成九畹花，品題惜未徧詩家。黄磁斗小沉烟遠，碧玉釵偏滴翠斜。魚散子時光歷亂，翡分絲處影交加。蕋宫誰道多仙女，只有蘭香與緑華。

其三

牟尼結夏現香林，紅粉都消浄業深。貝葉層層書緑字，黛眉曲曲漏芳心。紉翻舊樣騷人佩，操換新聲太古琴。縱使暗投涼月夜，隔簾馚馥易招尋。

其四

蘭氏君應別派傳，邀浮緑蟻晚尊前。開來夏信經三月，移到吳中未百年。里老相傳，此花到吴未及百載。幸與葱符離楚澤，好同芝蓋種藍田。我家香譜和花譜，留取然膏補後編。

清 徐昂發《畏壘山人詩集》卷二《張三日容寓齋雜花四絶句·蘭花》 幽蘭雖是未當門，碧蘂香埋沙土痕。縱使花開也憔悴，山中空長十年根。蘭花至京師開者，率百分不及一，又皆憔悴，與南方迥異。

清 沈廷芳《隱拙齋集》卷二《幽蘭賦》 萩林子，僑寓嶺南端。居多暇，瘦吟穗城，紬書鄴架。菊紛幽□，蘂羅芳榭。敷芍蘂以成臺，燦茱萸以繞舍。招秀質于甌閩，引奇英于江介。襲旖旎乎都房，動葳蕤于縹夏。顧而嘆曰：「此非三閭大夫之所託歟？」觀其幽芬艷定，綽態滂只。嘉名藹若，比德閒爾。可以忘憂，可以樂飢。可以養性，可以娱時。掩石渠而摇彩，吐金蔓而縈絲。何必種翔鵷之八樹，折羅浮之一枝。温芳漢殿之含，馡郁荆媛之手。緝君子之綈緗，刻仙人之瓊玖。紛獨粲乎中庭，羌安滋兮百畝。爾其的的豐叢，猗猗茂容。繽繙隱谷，婑媠遥踪。鮮離幽靄，轉氾光風。素采朝蔚，琅苞夜重。披芳砂于錦岸，澗明溜于瑶淙。一榦兩榦之花，三分四分之葉。懸縹帶于岑嶔，綴緗簪于磴叠。養雲氣于林深，静風言于徑絶。攢鳳尾之雝翎，擢龍頷以勁儼。異梔子而同心，非菖蒲以九節。玉榮交葉，石蜜聯芝。紛敷湘坂，娟翻澧湄。伊嬋媛之秀德，頻俯仰于靈祠。送美人以延佇，報公子以相思。殆夕英而未落，浴甘瀾而不萎。迷康成于曉綬，褰平泉之晚帷。新年二月，鳥聲百囀。崖暖冬冰，颸涼夏扇。彤芽秋乳，緑翹春箭。燕尾紅菁，魚魫玉洗。沙蘸檀心，膏啼露眼。桂叢羃羃，栴林片片。未擷貞荄，先盈璧畹。露浥華姿，日融香靨。娟窈窕于山阿，悵離騷于澤畔。夫紫莖文波，江南採荷。松舟桂楫，夫容木末。杜若汀洲，悠悠暮愁。申椒薜荔，逍遥卒歲。豈如蕙佳植，揚清音，貽短佩，託修吟。送君堂下之瑞，徵君庭内之馨。入燕姞之祥夢，結楚客之幽紉。而得奏雅操于白雪，懸芳聲于斷金。

又 卷一七《早蘭》 幽蘭茁南土，緑葉自猗猗。海國重爲佩，雲帆載到遲。寄將良友意，頻動美人思。花畔歌韓操，絲桐静對時。

又 卷二一《蘭》 春芳早已歇，爾獨挺秋庭。遥浦曾移種，涼天始發馨。佩應屬君子，名久著騷經。更得循陔樂，長看霜葉青。

又 卷二三《張愚山太守惠蘭數盆，對花小酌，賦柬二首》 對花如日坐春風，香氣微涵斗室中。静下湘簾陰漠漠，薄寒開遍夕陽紅。蘭名。

重陽不見小銀臺，王者香從好友來。門下有人剛載酒，陶然勝醉菊花杯。

清 薛雪《石桂山房詩存》卷六《半面蘭》 花影蕭踈月影長，淡無金粉趂容光。緣知不得君王寵，也學徐妃半面妝。

清 潘鍾麟《深秀亭詩集》卷三二《草蘭》 不礙當門種，惟憑位置高。幽齋約楚畹，淺土透風騷。苔宿芳春雨，心黏緑玉膏。清新吞鼻觀，蟹眼自文熬。

又 卷三九《秋蘭》 秋蘭滋挺秀，雅覺後成芳。玉質三分瀹，金莖二尺長。謝庭生貴此，楚畹晚無妨。君子終爲佩，栽培望肯堂。

清 劉秉恬《公餘集》卷四《珠蘭》 花質珠相似，花名亦副蘭。珎珠圓粒粒，魚子小團團。穗細香聞遠，叢繇蕊結攢。當階添潤色，翡翠映朱欄。

清 王汝璧《銅梁山人詩集》卷一三《貝區集·素心蘭》 仙姝靈瑩本天姿，采采春痕浄緑垂。幾朵香生人定後，一枝開向月斜時。光分曉露神逾静，澹入秋煙骨更奇。不得素心人邂逅，清揚蔓艸有誰知。

清 汪縉《汪子詩録》卷二《枯蘭》 古巷顔淵夘，秋江屈子沈。善根從落葉，香國已空心。雪下增松氣，風過滿谷音。他家山自在，無意動哀吟。

清 謝啟昆《樹經堂詩初集》卷四《蘭》 別苑榮分九畹滋，盎盆貽贈出同枝。階前種好傳家物，池上春生夢客兒。雜佩容與初服咏，叢芽愛護角弓詩。憐余

芳氣菲菲襲，曲檻風來小立時。

清 王昶《春融堂集》卷一一《勞歌集·珍珠蘭》 珠蘭本非蘭，時俗號魚子。空齋風露清，幽香宛相擬。乃知古論交，同心具微旨。所尚臭味諧，不取標格似。兹花在南吴，其長尺有咫。炎陬易敷榮，蕤條俯牕几。離離綴微翠，九畹娣姒耳。誰補楚騷詞，定可續芳芷。

清 詹應甲《賜綺堂集》卷二〇《詩盆花十首·草蘭》 年來芳訊斷江洲，分得春叢一剪抽。莫笑湘皋香草賤，瓦盆還爲此花留。

清 沈叔埏《劍舟律賦》卷上《素心蘭賦》 惟兹蘭之馥郁，稟二氣之淳精。抱寸心而自賞，完太素而能貞。嗤几席之芬若，陋汀洲之杜衡。當隱谷而希知，衆草何妨爲伍。追循陔而薄采，白華原與齊名。易取斷金，訝同心之絶少；騷歌紉佩，洵比德以相成。中固貴乎獨純，一任疎花而簡葉；外仍可以爲絢，猶然丹穎而紫莖。爾其遺世亭亭，動人奕奕。生於深林，有於彼澤。來海上之豐姿，挺天然之標格。入楚謠而儷曲，真成白雪之吟；過漢殿而聞香，莫辨丹霞之迹。豈有纖毫之滓韻，彌覺其超超；曾無一點之通情，更深於脉脉。有元精以貫注，相將敷十步之芬芳；倘駢穗而摘來，正可數二人之晨夕。若乃出莆中而非碧，生桂郡而焉紅。冰玉想其清迥，露珠裛其沖融。緇塵灑以飛雨，勁氣激以清風。要無忝於蕙心，又奚羨乎紛華之飾。孰與同其蘭臭，秖自抒其清白之衷。知獨立於蒼茫，與湘波而無極；肯争妍於青紫，洗楚畹而一空。思公子兮忘言，用推襟而送抱；恐美人之遲暮，羌蕴潔而懷忠。爰有甫人承明，初登建禮。鳴珂玉而趨墀，綰銀黄而造陛。貢精白以孚誠，萃潔芳於竟體。對玉階之獨秀，敢渝君子之姱修；看華省之分蕤，勉樹士夫之根柢。行且操益，堅其守樸。正如嚴握瑾於攻瑕，俗庶轉於還淳；無異聚懷瓊而飲醴，擕爐烟而細駐。鑒明德之惟馨，浴香水而流芳，覺蓬心之盡洗。他如花名，稱意竹，號相思。香啜緑净之茗，豔宜素馨之枝。非不移栽於閬坂，亦嘗擢麗於滄池。豈若玉受采而多奇，方驗情田之瑶草；犀辟塵而不染，始徵意蕊之瓊蕤。吹氣難勝衣，纓拂而體痕。旋復生香，不斷顧盼。動而光彩，如遺倩淡抹以偏工。畧借孟堅之墨，畫訂神交而最愜，體誇摩詰之黄磁。況夫敷藻翰林，託根芳苑。幸得地而滋榮，喜逢時而未晚。同蔫瑞於蓂莢，並蒸祥於芝菌。思斵雕而爲樸，寧忘面目於從來。願抱質而摛文，忍昧虚靈於自返。所以搴之而不空，延竚詎因榮路之欣欣；藉之而偏愛，猗靡似契朴誠之悃悃。又何必滬溪美壤，得預擁培。則亦惟庾嶺梅花，方斯清遠。

清 莊述祖《珍藝宧詩鈔》卷一《蘭》 氣味清芬品格幽，静中相對足淹留。殷勤紉得靈均佩，待我秋風賦遠游。

清 謝元淮《養默山房詩稾》卷三一《真州集·素心蘭》 豈有徵蘭瑞，亭亭玉茁階。素心應我共，竟體欲誰偕。室邇朋交合，庭珍子弟佳。小窗相對處，芬馥皎瓊懷。

清 王慶勳《詒安堂詩初稿》卷二《詠蘭》 空谷何須意自傷，離騷卷裏有餘芳。分明情種天生就，不爲無人减却香。

清 張之洞《張文襄公全集》卷一一五《湖北提學官署草木詩十二首·蘭》 楚澤多香草，一香爲之祖。風露靄清晨，静貞出媚嫵。梔柰徒馨烈，雅鄭不同語。屏息久相對，和悦達肺府。吾聞離騷經，動以畹畮數。何異柴與桔，車載過梁甫。及今頗衰歇，幽芳萎江渚。草木亦有心，願爲君子伍。世無屈靈均，雖佩亦辱汝。

清 陳作霖《可園詞存》卷三《生查子素心蘭》 紅情滌已空，翠影吹猶動。結就淡中交，晨夕常相共。花魂一縷殘，甜露凝香重。贈與孕珠人，好竝宜男種。相傳密浸素心蘭，催生極效。

雜録

宋 陶穀《清異録》卷上《蘭花第一香》 蘭無偶，稱爲第一。

宋 王欽臣《王氏談録·蘭蕙》 公言蘭蕙二草，今人蓋無識者，或云藿香爲蕙草。

宋 葉廷珪《海録碎事》卷二《桃花水》 《韓詩外傳》：三月桃花水之時，鄭國之俗，三月上巳於溱洧兩水之上，執蘭招蒐，祓除不祥也。

宋 祝穆《古今事文類聚續集》卷一二《雞舌香》 漢尚書郎懷香握蘭，含雞舌香。《官儀》

明 王圻《稗史彙編》卷一四八《待女花》 蘭得女子同種則香，故名待女。「待女花」、「宜男草」是絶對也。《採蘭雜志》

又《羅勒》 蘭本名羅勒，後趙石勒以羅勒犯己名，改爲蘭香，至今以爲名。

又《玉峯幽蘭》 高疎仙玉峯山四畔皆幽蘭，日採數十花，酌明水，箋《離騷》。自謂靈均有知，當領吾意。

又《世愛君》 南華封蘭爲「世愛君」。

明 王路《花史左編》卷一《花大夫擬簪纓》 或以蘭爲君子，蕙爲大夫。

明 吴之俊《獅山掌録・小山館》卷一七《蘭膏》 凡蘭，皆有一滴珠露在花蕋間。甘香不啻沆瀣，是謂蘭膏。

圖表

明 李時珍《本草綱目・圖卷》

清 王概《芥子園畫傳・蘭譜》

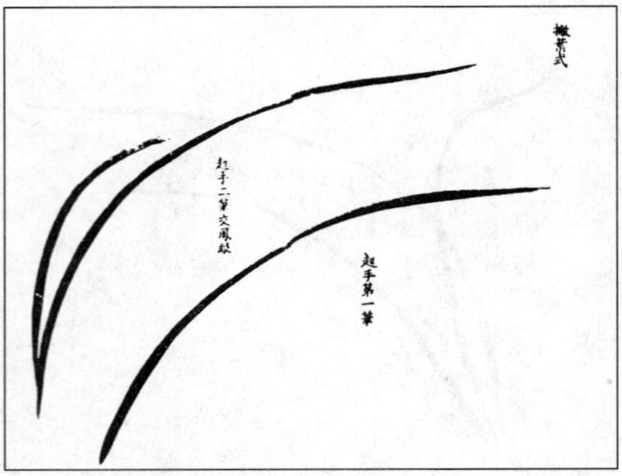

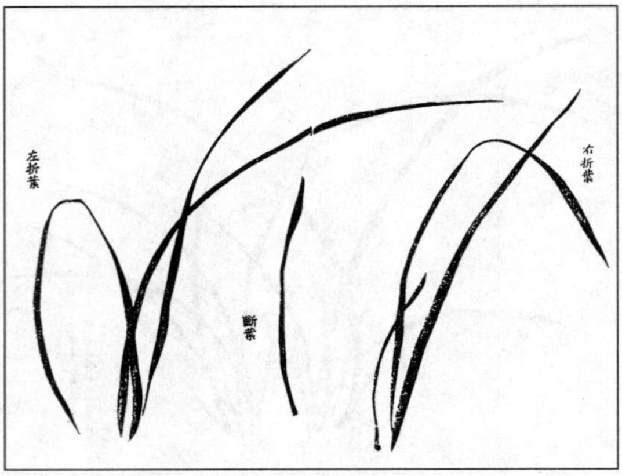

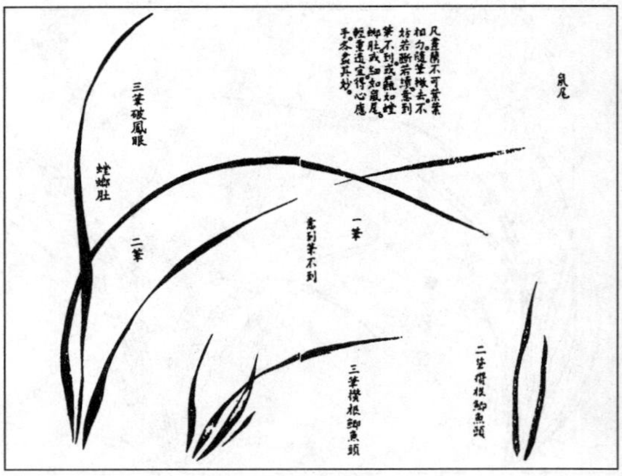

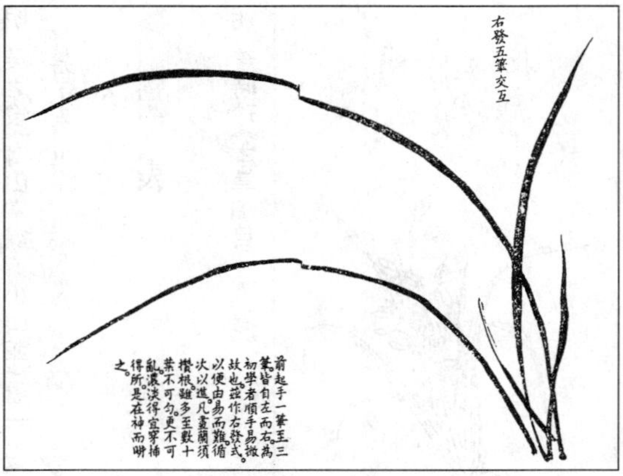
右發五筆交互
前起手一筆至三筆。皆自左而右。爲初學者順手易撇故也。茲作右發式。以便由易而難。循次以進。凡畫蘭須攢根。雖多至數十葉不可勻。更不可亂。濃淡得宜穿插得所。是在神而明之。

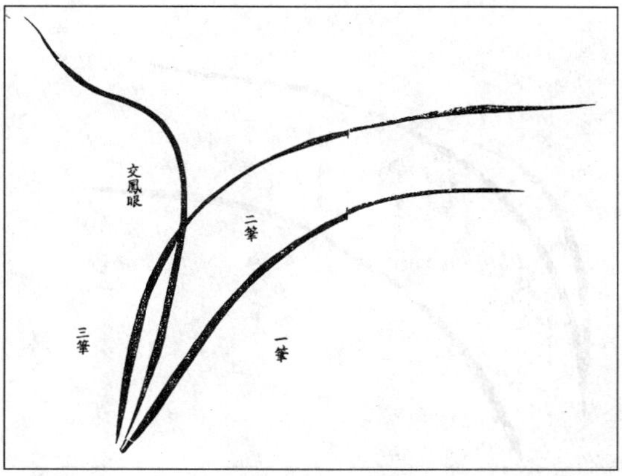
交鳳眼
二筆
三筆
一筆

凡畫蘭不出稀密二則。密之所忌者結。稀之所忌者枯。
側勾葉式
正發密葉
偏發稀葉

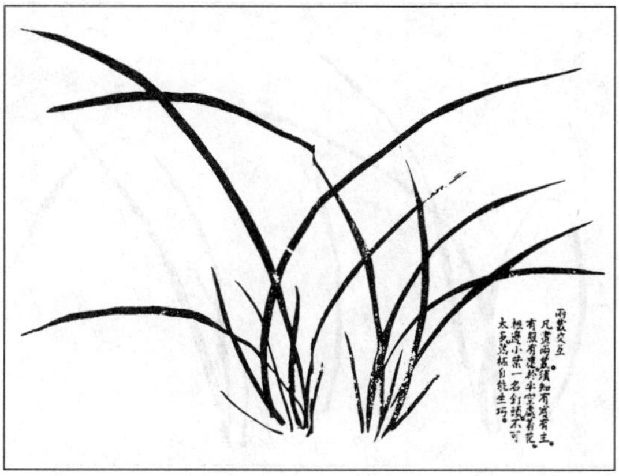
兩叢交互
凡畫兩叢。須知有賓有主。有顧有盼。於半空處著花。根邊小葉一名釘頭。不可太多。熟極自能生巧。

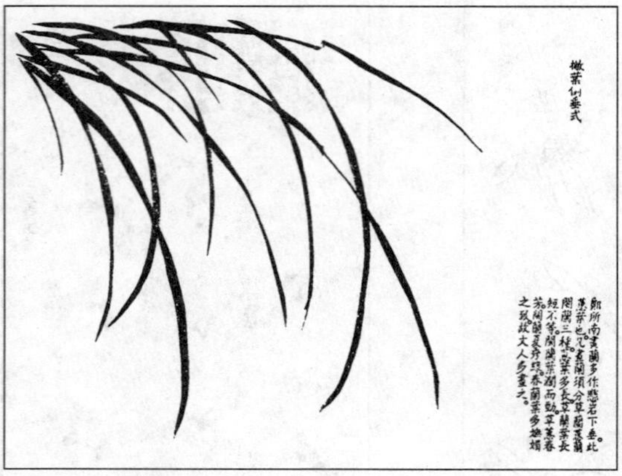
撇葉倒垂式
鄭所南畫蘭多作懸岩下垂。此墨葉也。凡畫蘭須分草蘭蕙蘭。闊蘭三枝。葉多長。草蘭葉長短不等。闊蘭葉闊而勁。草葉春芬。闊蘭夏秀。春蘭葉多嫵媚之致。故文人多畫之。

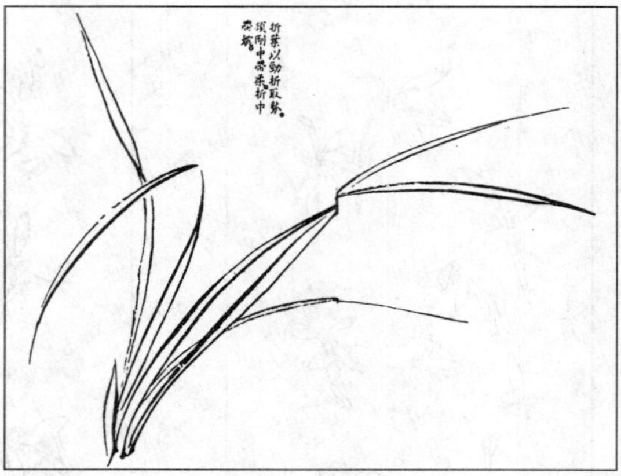
折葉以動折取勢。須剛中帶柔。折中帶婉。

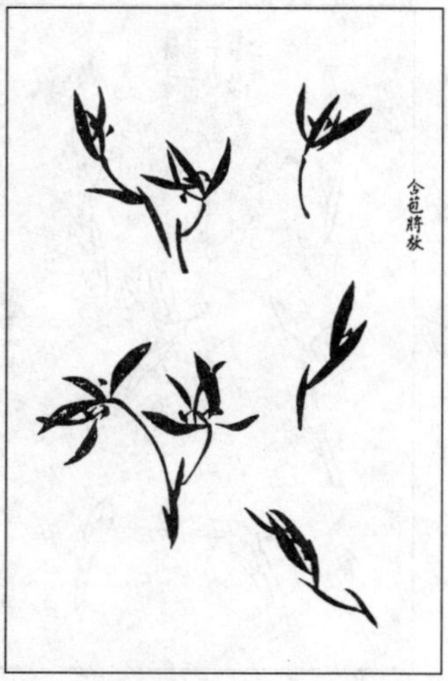
含苞將放

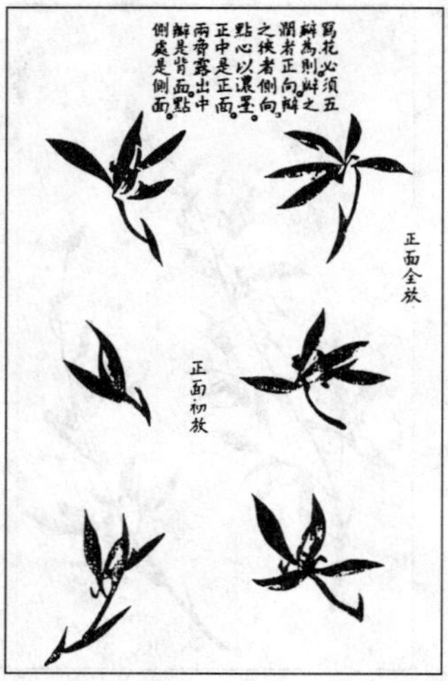
寫花必須五瓣為則。瓣之闊者正向。瓣之狹者側向。點心以濃墨。正中是正面。兩旁露出中瓣是背面。點側處是側面。
正面全放
正面初放

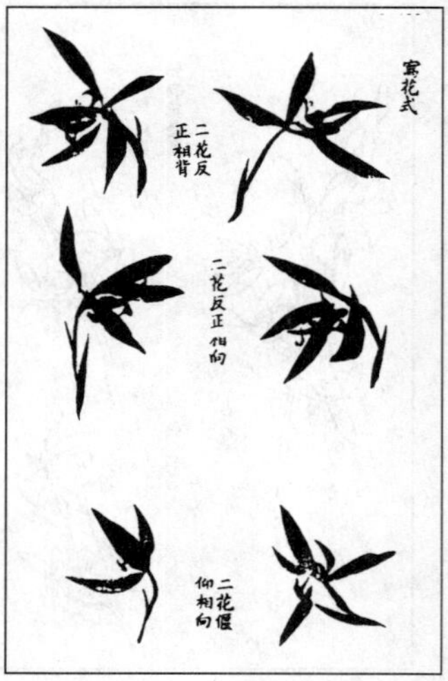
寫花式
二花反正相背
二花反正相向
二花偃仰相向

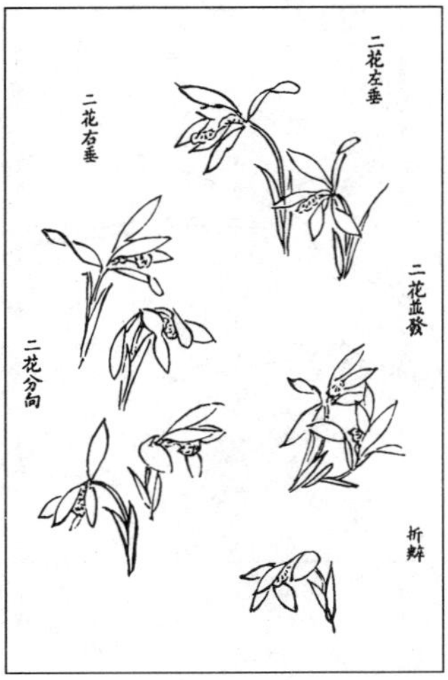
二花左垂
二花右垂
二花並發
二花分向
折辧

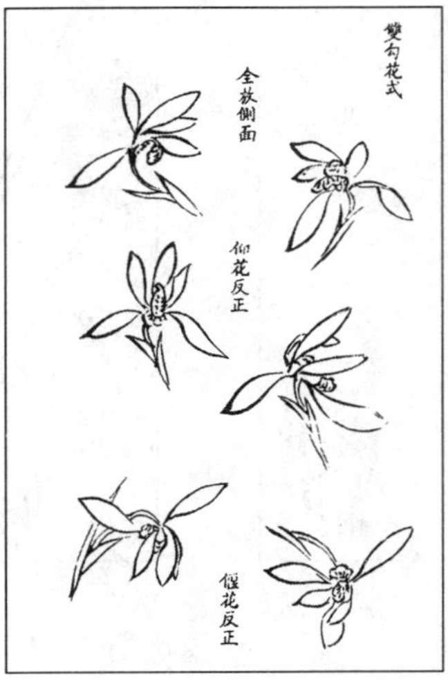
雙勾花式
全放側面
仰花反正
俯花反正

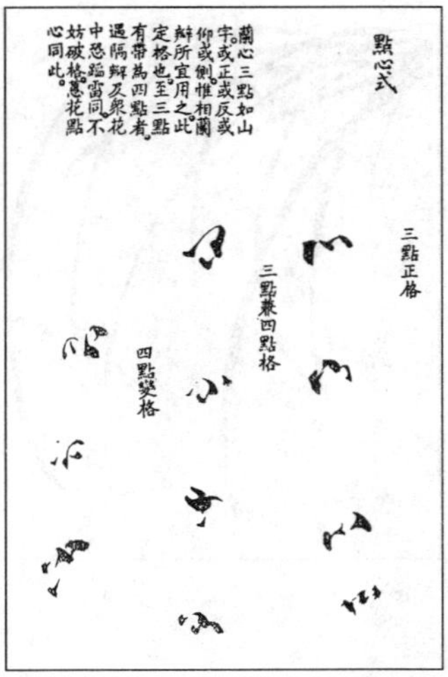
點心式
蘭心三點如山字。或正或反或仰或側。惟相蘭鮮所宜用之。此定格也。至三點有帶爲四點者。遇隔鮮及衆花中恐端富同。不妨破格。蕙花點心同此。
三點正格
三點兼四點格
四點變格

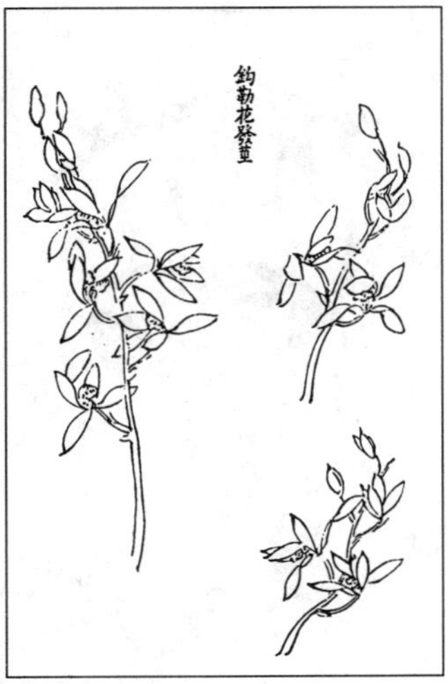
鉤勒花發莖

墨花發莖

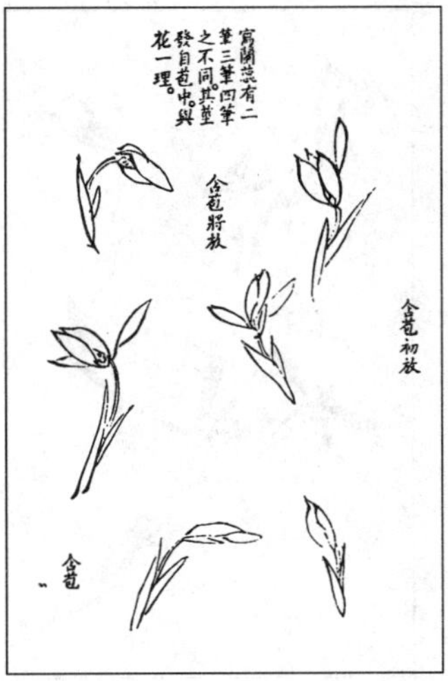
寫蘭蕊有二筆三筆四筆之不同。其莖發自苞中。與花一理。
含苞將放
含苞初放
含苞

月季

題解

明 李時珍《本草綱目》卷一八《月季花》 釋名：月月紅、勝春、瘦客、鬭雪紅。

集解：時珍曰：處處人家多栽插之，亦薔薇類也。青莖長蔓，硬刺，葉小於薔薇而花深紅，千葉厚瓣，逐月開放，不結子也。

論說

清 李漁《閒情偶寄》卷一三《種植部・藤本第二・月月紅》 俗云：「人無千日好，花難四季紅。」四季能紅者，現有此花，是欲矯俗言之失也。花能矯俗言之失，何人情反聽其驗乎？綴屏之花，此爲第一。所苦者樹不能高，故此花一名「瘦客」。然予復有用短之法，乃爲市井之人强迫而成者也。

此花又名「長春」，又名「鬭雪」，又名「勝春」，又名「月季」。予于種種之外，復增一名曰「斷續花」。花之斷而能續，續而復能斷者，只有此種。因其所開不繁，留爲可繼，故能綿邈若此，其餘一切之不能續者，非不能續，正以其不能斷耳。

綜述

宋 宋祁《益部方物略記》 花亘四時，月一披秀，寒暑不改，似固常守。

右月季花此花即東方所謂四季花者。翠蔓紅蘤，蜀少霜雪，此花得終歲，十二月輒一開。

明 王路《花史左編》卷四《花之辨・月月紅》 俗名月月紅，又名月季花，又名長春花，又名勝春花，又名鬭雪花。一本叢生，枝榦多刺而不甚長，花有深紅淺紅之異。

明 高濂《遵生八牋》卷一六《燕閑清賞牋下・月季花二種》 俗名月月紅。凡花開後即去其蒂，勿令長大，則花隨發無已。二種，雖雪中亦花，有粉白色者甚奇。月季非長春，另是一種。按月發花，色相妙甚。

清 陳淏子《秘傳花鏡》卷四《籐蔓類考・月季》 月季，一名鬭雪紅，一名勝春，俗名月月紅。藤本叢生，枝幹多刺而不甚長。四季開紅花，有深淺白之異。與薔薇相類而香尤過之。須植不見日處，見日則白者一二紅矣。分栽種扦俱可，但多蟲莠，須以魚腥水澆。人多以盆植爲清玩。

清 吴綺《嶺南風物記》 月月紅，出瓊州，有樹高丈餘者。

清 高士奇《北墅抱瓮録・月季》 月季花，有紅白淡紅三色，香甚清越，逐月一開，四時不絶。種之籬落間，晨露未乾，鮮妍有態，臘中映雪，愈覺泥人。

清 汪灝《佩文齋廣羣芳譜》卷四三《月季》 月季花，一名長春花，一名月月紅，一名鬭雪紅，一名勝春，一名瘦客。灌生，處處有。人家多栽插之。青莖長蔓，葉小於薔薇，莖與葉俱有刺，花有紅白及淡紅三色。白者須植不見日處，見日則變而紅，逐月一開，四時不絶。花千葉，厚瓣，亦薔薇之類也。性甘温無毒，主活血消腫傅毒。

清 鄒一桂《小山畫譜》卷上《月月紅》 花似薔薇，葉五出，著花處或三出。花色粉紅，每月花開，又謂月季花。又有深紅者爲月桂，白者爲月白。

清 嵇璜《續通志》卷一七四 月季花，薔薇類也。其花逐月開放，故名。一名月月紅，一名勝春，一名瘦客，一名鬭雪紅。

清 謝堃《花木小志・月季》 此花無月不開，冬夏花色稍減，亦不爽信。古人比此花若婦女信水，故又名月月紅。採花入藥，爲婦女調經妙劑。花有紫色，紅色，滄紅色，白而紅邊者，白而有絳色點者，白而帶黄者，白而帶淺緑者。然入藥嘗以鮮紅者爲佳，賞翫當以純黄純白者爲上。又有水紅色者，花如盌大，名曰寶相，爲最上品。

清 佚名《月季花譜・品種》 現在所有佳種列之如左：

藍田碧玉此種不宜過肥，每日澆糞兩次，比別種更宜淡。 金甌泛緑

朝霞散綺即羽士裝。 虢國淡妝

赤龍含珠此種宜肥，否則花甚細小。 曉風殘月即新春柳，又云瑶臺清品。

淡抹鵝黄即密波淡黄袍。

春水緑波此種最易脱葉，宜爲透風，開花時供屋内，夜必出露，否則葉脱。又此與新春柳俱不宜過肥，澆法與藍田碧玉同。

六朝金粉

玉液芙蓉即水月妝，此種本無特異，以其色香兼擅，是以列於貴品。若春水緑波亦漸有香氣也。以上各種，均別有豐姿，獨標新異爲上品之尤貴者。月季花多有色無香，惟水月妝香氣更甚。

漢宫春晚　漢口黄

猩紅海棠　通草寶相

南海天竹　姣容三變

雨過天青　岳陽三醉

珠盤託彩　飛燕新妝

國色天香　銀紅牡丹

桃湖春曉　西施醉舞

朱衣一品　小玉樓即緑蝴蝶。

大富貴　黑葵

一捻紅此種花心過盛，難開，結蕊時不宜澆糞。　洞庭秋月

杏花天　紫驪珠

映日荷　宿雨含紅

丹桂飄香即子瓣黄。　楓葉蘆花

歡合巫山　緑珠春醉

血芽黄　金砂寶相

醉青蓮　醉楊妃

粉妝波斯　銀紅卍字

七寶冠　佛背回光

冰輪　秋水芙蓉

荳緑芙蓉　琪緑

緑葵　玉樓春

朱衣象笏　玉顔紅汗

著録

清　佚名《月季花譜》　月季花先止數種，未爲世貴，攷之花譜，種法未明，近得變種之法愈變愈多，愈出愈妙，始於清淮，延及大江南北，高人雅士爲之品題，花則盡態，名亦日新，而吳下月季之盛，始超越古今矣。種類之多幾與菊花方駕，而今之好月季者更甚於菊。余有月季之癖，栽種之法頗得其精，用將生平歷試之法，著之以供同好，列目爲九：一曰洗灌，二曰培壅，三曰養胎，四曰脩剪，五曰避寒，六曰扦插，七曰下子，八曰去蟲，九曰品類。

藝文

宋　宋祁《景文集》卷七《四季花》　羣葩各分榮，此獨貫時序。聊拔淺深艷，不易冬春慮。真宰竟何言，予將造形悟。

宋　韓琦《安陽集》卷九《中書東廳十詠・四季》　牡丹殊絶委春風，露菊蕭踈怨晚叢。何似此花榮艷足，四時長放淺深紅。

宋　蘇軾《東坡全集》卷二四《次韻子由月季花再生》　幽芳本長春，暫瘁如蝕月。且當付造物，未易料枯枿。也知宿根深，便作紫笋茁。乘時出婉娩，爲我暖栗冽。先生蚤貴重，廟論推英拔。如今城東瓜，不記召南茇。陋居有遠寄，小圃無潤蹋。還爲久處計，坐待行年匝。臘果綴梅枝，春盃浮竹葉。誰言一萌動，已覺萬木活。聊將玉蕊新，插向綸巾折。

宋　蘇轍《欒城後集》卷二《所寓堂後月季再生與遠同賦》　客背有芳藂，開花不遺月。何人縱尋斧，害意肯留枿。偶乘秋雨滋，冒土見微茁。猗猗抽條穎，頗欲傲寒冽。勢窮雖云病，根大未容拔。我行天涯遠，幸此城南茇。小堂劣容卧，幽閣粗可蹋。中無一尋空，外有四隣匝。窺牆數柚實，隔屋看椰葉。葱蒨獨兹苗，愍愍待其活。及春見開敷，三嗅何忍折。

宋　張耒《柯山集》卷二六《月季》　月季祇應天上物，四時榮謝色常同。可憐摇落西風裏，又放寒枝數點紅。

宋　楊萬里《誠齋集》卷三八《臘前月季》　只道花無十月紅，此花無日不春風。初尖已剥臙脂筆，四破猶包翡翠茸。別有香超桃李外，更同梅鬭雪霜中。折來喜作新年看，忘却今晨是季冬。

宋　史彌寧《友林乙稿・賦棲真觀月季》　荼蘼從臾訪棲真，闖户嫣紅絶可人。不逐羣芳更代謝，一生享用四時春。

元　陳基《夷白齋稿》卷一一《月季折枝圖》　瑞葉時時緑，靈葩月月紅。天

非私雨露，人自競春工。

明 劉繪《月季花》（《佩文齋詠物詩選》卷三四四引） 綠刺含烟鬱，紅苞逐月開。朝華抽曲沼，夕蘂壓芳臺。能鬬霜前菊，還迎雪裏梅。踏歌春岸上，幾度醉金杯。

明 張新《月季花》（《佩文齋詠物詩選》卷三四四引） 一番花信一番新，半屬東風半屬塵。惟有此花開不厭，一年長占四時春。

明 畢自嚴《石隱園藏稿》卷一《月季花》 花開惟一度，爾獨占四時。幾番新雨後，綠葉發華滋。春明伴桃李，夏至映榴葵。秋爭霜菊艷，冬鬬雪梅姿。高低互隱見，深淺總葳蕤。節序暗中遞，紅顏無老期。燦燦奪朝霞，而堪薦玉卮。聊植中庭畔，悠然慰我思。安得騷人筆，爛漫寫新辭。

清 彭孫遹《松桂堂全集》卷三四《月季花》 紅兒生小本倡家，香纈重重剪落霞。朝槿若能知晦明，仙蓂應自吐妍華。開時長對團圞月，萎去曾非頃刻花。二十四番風信後，一枝疎艷映窗紗。

轉薄姿容荏苒情，小紅偏得可憐名。柔枝倍覺風神姣，芳信還隨月魄盈。韓女懷春初病起，程姬避夜太憨生。從今仙的休頻注，淡抹輕黃點絳英。

清 湯右曾《懷清堂集》卷一四《庭前月季連旬爲雨所敗昨忽於叢綠中出一枝紅鮮可愛偶得六言一篇》 天紅淨綠不二，偶然橫出一枝。佛法是何分別，拈花微笑移時。

又 卷一九《月季》 四季有蘂花，風前月下俱。寫生南劍老，添入錦堂圖。

清 吳清鵬《笏庵詩》卷一九《詠月季花》 雪中猶見鬬紅芳，疑似吴宫不卸粧。風裏忽看攢綠刺，却如洛浦自申防。吾園舊種枝枝豔，每歲能開月月常。聞道君家兩株色，昨還新植近階旁。

杜鵑

論說

宋 張淏《會稽續志》卷四 石巖花與杜鵑花本一種，石巖先敷葉後著花，其色丹如血。杜鵑先著花後敷葉，色差淡。仲皎《石巖花》詩：繁英歷歷爍晴空，過了花間幾信風。明日畫欄供徙倚，却須有句到芳叢。

明 周文華《汝南圃史》卷七《木本花部上·杜鵑》 宋培桐曰：石巗乃日顔，石巗則訛字也。杜鵑、春鵑、日顔非一種，因花之相似，故人皆誤稱其爲杜鵑耳，竟不知杜鵑長止尺許，春鵑長有丈許，其枝幹盤圓五六臺者。日顔枝葉若黄楊之狀，盤圓大如輪，花茂如錦，價甚貴。

清 謝堃《花木小志·躑躅》 本名杜鵑，譜云：杜鵑以四川産者爲上，吴越産者次之，且祇黄白二色，躑躅又一種，所論非是。按杜鵑，鳥也，傳云蜀帝魂魄思鄉遂化此鳥。夜深啼血，若因鳥血漉於花上得名，當是紅色，不當又云祇有黄白二色。或謂詩云「杜鵑枝上月三更」爲證，殊不知枝字屬下方，與出句成偶，詩所云杜鵑之鳥歇於枝上，因月而見鳥也。且余於楚北見之滿山遍野，五色兼備，千葉者，單花者，不一而足，牛羊踐踏，旋踐旋生，其名躑躅明矣，土人亦不之惜。所可惜者，今居山左，購之甚難，非購之難，水土不宜，奈之何哉。

綜述

宋 沈作賓《嘉泰會稽志》卷一七《木部》 杜鵑花，以二三月杜鵑鳴時開，一名映山紅，一名紅躑躅。會稽有二種，其一先敷葉後着花者，色丹如血，其一先着花後敷葉者，色差淡。近時又謂先敷葉後着花者爲石巖，以别之。然鄉里前輩舊但謂之紅躑躅，尚未謂之石巖，不知石巖之名起於何年。荆公送黄吉父歸臨川詩云「亦見舊時紅躑躅，爲言春至即傷心」，則江西亦謂之紅躑躅也。越人多植庭檻間，結縛爲盤盂翔鳳之狀。

宋 阮閲《詩話總龜》卷二一 映山紅生於山坡欹側之地，高不過五七尺，花繁而紅，輝映山林，開時杜鵑始啼，又名杜鵑花。成幹詩云：杜鵑花與鳥，怨艷兩何賒！疑是口中血，滴成枝上花。一聲寒食夜，數朶野僧家。謝豹出不出？日遲遲又斜。

宋 陳耆卿《嘉定赤城志》卷三六《風土門一·花之屬》 杜鵑俗號映山紅，一曰紅躑躅。王荆公詩所謂「亦見舊時紅躑躅」是也。又有一種紫色，唐開元中，僧自天台鉢中以藥養其根，種闕林寺，或見紅裳女子遊花下，俗傳花神，即此花也。

宋 潛説友《咸淳臨安志》卷五八《花之品》 映山紅大概如杜鵑，但色淡質粗耳。

明 李時珍《本草綱目》卷一七 山躑躅時珍曰：處處山谷有之，高者四五尺，低

者一二尺。春生苗，葉淺緑色，枝少而花繁，一枝數萼，二月始開，花如羊躑躅，而蒂如石榴花。有紅者，紫者，五出者，千葉者。小兒食其花，味酸無毒。一名紅躑躅，一名山石榴，一名映山紅，一名杜鵑花。其黄色者即有毒羊躑躅也。

明 王世懋《學圃雜疏·花疏》 花之紅者杜鵑，葉細花小。色鮮瓣密者曰石巖，皆結數重臺，自浙而至，頗難畜。余于安仁間，徧山如火，即山躑躅也，吾地以無貴耳。

明 文震亨《長物志》卷二《花木》 花極爛熳，性喜陰畏熱，宜置樹下陰處，花時移置几案間。別有一種名映山紅，宜種石巖之上，又名羊躑躅。

明 吴楚才《疆識略》卷三〇 杜鵑 樹高四五尺，葉緑花紅，蜀人號曰映山紅。杜鵑啼時始開，羊誤食其葉則躑躅死，故又名山躑躅。

明 高濂《遵生八牋》卷一六《燕閑清賞牋下·映山紅》 本名山躑躅，花類杜鵑稍大，單瓣色淺，若生滿山頂，其年豐稔，人競採之，外有紫粉紅二色。

明 陳詩教《灌園史》 杜鵑，花極爛熳，以杜鵑啼時開得名。乃古來咏花者，輒使蜀帝事，何異龍王欲誅有尾族，蝦蟇亦哭乎？《尊生八牋》云花有三種。予嘗見張志淳《永昌二芳記》載杜鵑山茶，各數十餘種。大都花性喜陰畏熱。法用山泥，揀去粗石，羊矢浸水澆之。更置樹下陰處，則花葉青茂。較之石巖，以映山紅接者，大不侔也。世傳羊嚙草木，其處不生。獨誤食此花，則躑躅以死。故亦名羊躑躅。審如是可稱花之荆聶矣。修花史者，其收之游俠傳中。

明 王路《花史左編》卷四《花之辨·杜鵑花》 出自蜀中者佳，謂之川鵑。花内十數層，色紅。出四明者，花可二三層，色淡，緫名杜鵑。有一種石巖暎山紅，接者不佳。

又 卷五《花之候·杜鵑花》 端陽時花茂。

又 卷八《花之宜·杜鵑》 喜陰惡肥，早以河水澆之，樹陰下放置，則葉茂色青。有黄白二色者，畏熱不畏冷。種法：用山泥揀去粗石，羊屎浸水澆之。

又 卷一四《花之運·映山紅》 本名山躑躅，類杜鵑，稍大，單瓣色淺，若生滿山頂，其年豐稔。山花應是田禾好友，否則何以豐歉同之。

明 周文華《汝南圃史》卷七《木本花部上·杜鵑》 顧長佩《花史》云：杜鵑花有大紅粉紅二色，春初扳枝著地，用黄泥覆之，俟生根截斷，來年分栽。又云：浙人分杜鵑用掇法，以竹管套於枝上，肥土填實，俟生根鬚截下栽之。《瑣碎録》云：杜鵑花，止用雨水澆，最忌糞。

明 方以智《物理小識》卷九《草木類》 杜鵑花 即躑躅類，有大紅、粉紅、黄者，千葉可珍。喜陰，畏油烟。映山紅有紅白深淺，皆單葉，紅者取汁可染。

明 陳正學《灌園草木識》卷一《花之屬》 杜鵑 花千葉，朱紅，根甚綿細。難培，只澆以清水，無別宜者，小園屢植屢槁。曾見三山居亭一株甚茂，植之盆中，安置不甚向陽，抑地氣然與。

滿山紅 名山杜鵑，花色一樣，只單瓣，中吐一絲，瓣上有斑點，一叢之花次第開至三月。

明 宋詡《竹嶼山房雜部》卷一〇《樹畜部二·種花卉法》 杜鵑花《廣記》南方多躑躅花，照耀如火，即今杜鵑花。《本草》言：羊躑躅，花黄似鹿葱。鮮紅花，粉紅花皆重葉而小。性喜陰，澆宜天雨水、井水，畏煙油。

映山紅全類杜鵑。

肉紅花，白花，淺深數種，花皆單葉。春時從根側分小本種。

清 高士奇《北墅抱甕録·杜鵑》 杜鵑，一名山躑躅，唐詩「五渡溪頭躑躅紅」即此花也。春晚發花，密蘂攅簇，其色深紅，久經風日。

紀事

唐 李德裕《李衛公别集》卷九《平泉山居草木記》 己未歲，又得【略】稽山之四時杜鵑。

宋 王十朋《會稽三賦》卷上 天衣杜鵑天衣寺有杜鵑花，最奇，每歲競開，觀者雲集。

宋 洪邁《夷堅志·支志·丁》卷一〇《平陽杜鵑花》 王順伯爲温州平陽尉，嘗以九月詣村墅視旱田。道間見杜鵑花一本，甚高，花正開，幾數千朶，色如渥丹，照映人面皆赬。訝其非時，以詢土氓。皆云此種只出山谷，一歲四番開，於春秋爲盛。順伯欲訪求小者，竟不可得，疑亦但有其一云。予記《神仙傳》所載，潤州鶴林寺有此花，高丈餘，每春末花爛熳。或窺見三女子，紅裳艷麗，共游樹下，俗傳花神也。是以人共保惜，繁盛異於常花。節度使周寶謂道人殷七七曰：「鶴林之花，天下奇絶。嘗聞能開非時花，此花可開否？」七七曰：「可也。」寶曰：「今重九將近，能副此日乎？」而七七乃前二日往鶴林，中夜，女子來曰：「妾爲上玄所命，下司此花。與道者共開之。」來日晨起，花漸拆蘂，及九日，爛熳

如春，一城驚異。然則杜鵑之秋華，在於平陽，固不假女仙及道人之力也。

宋 沈作賓《嘉泰會稽志》卷一一《上虞縣》 雙笋石在釣臺山通澤廟側，石雙立各數百尺，其巔有異花，若人立而冕者，每杜鵑花開，爛若霞錦，里人競觀之。

又 卷一七《木部》 ［杜鵑花］惟法華山奉聖寺佛殿前者特異。樹高與殿簷等，而色尤紅，花正發時，照耀楹桷牆壁皆赤。舊例花苞欲拆時，寺僧先期以白，郡守府倅率郡僚往燕其下，邦人亦競出。久之，寺僧厭其擾，陰戕之，今枯已二十年。郡齋有杜鵑樓，今廢。李公垂有詩自注云：樓前植杜鵑，因以爲名。王性之詩云「杜宇啼時花正開」，是也。法華雲門諸山皆有之。上虞縣南有釣臺山，山足二石筍特起五六十尋，其顛皆有花。春夏照爛，望之有若人立而飾其冠冕者。自國朝太祖太宗真宗遏密之時花枯，瘁者皆三載乃復。此齊賢良唐所記也。

宋 曾慥《類説》卷三《列仙傳·殷七七》 殷七七名文祥，每醉歌曰：琴彈碧玉調，藥鍊白硃砂。解醖逡巡酒，能開頃刻花。時鶴林寺有杜鵑花，每春甚盛，時將重九，或謂七七曰：汝能令開此花乎？七七曰：可爲九日之玩，前二日往，宿其下，次日花發，九日爛漫如春。此花平日每開，常見一紅裳女子護之，及七七欲開此花，女子忽至，曰：妾司此花，今爲道者相共開之。

明 周文華《汝南圃史》卷六 潤州鶴林寺有杜鵑花，相傳正元中，外國僧自天台鉢中以藥養其本，來植此寺。人或見女子紅裳佳麗遊於花下。殷七七能開非時之花，女子謂七七曰：欲開此花乎？吾爲上帝所命，下司此花，在人間已逾百年，非久即歸閬苑去，今與道者共開之。來日花果盛開如春夏。閒數日，花俄不見，亦無落花在地。

明 陳詩教《花裏活》卷三 五代 潤州鶴秼寺有杜鵑花，高丈餘。相傳正元中，有僧自天台移栽之，以鉢盂藥養其根，植于寺中。或見二女子紅裳豔妝，遊于花下。俗傳花神也。周寶鎮浙西，一日謂道人殷七七曰：「鶴林之花，天下奇絶。聞道者能作非時花，今重九將近，能開此花乎？」七七乃往寺，中夜二女謂殷曰：「妾爲上帝司此花，今與道者開之。然此花不久歸閬苑矣。」時方九日，此花爛漫如春。寶等遊賞累日，花俄不見。後兵火焚寺，樹失根株。歸苑之事信然。

藝 文

唐 李白《李太白文集》卷二二《宣城見杜鵑花》 蜀國曾聞子規鳥，宣城還見杜鵑花。一叫一迴腸一斷，三春三月憶三巴。

唐 孟郊《孟東野詩集》卷九《酬鄭毗躑躅詠》 不似人手致，豈關地勢偏。孤光裛餘翠，獨影舞多妍。迸火燒閑地，紅星墮青天。忽驚物表物，嘉客爲留連。

唐 張籍《張司業集》卷七《寄李渤》 五度谿頭躑躅紅，嵩陽寺裏講時鐘。春山處處行應好，一月看花到幾峯。

唐 王建《王司馬集》卷八《宮詞》 太儀前日暖房來，囑向昭儀乞藥栽。敕賜一窠紅躑躅，謝恩未了奏花開。

唐 白居易《白氏長慶集》卷一二《山石榴寄元九》 山石榴，一名山躑躅，一名杜鵑花，杜鵑啼時花撲撲。九江三月杜鵑來，一聲催得一枝開。江城上佐閒無事，山下斸得廳前栽。爛漫一欄十八樹，根株有數花無數。千房萬葉一時新，嫩紫殷紅鮮麴塵。淚痕裛損臙脂臉，剪刀裁破紅綃巾。謫仙初墮愁在世，姹女新嫁嬌泥春。日射血珠將滴地，風翻焰火欲燒人。閒折兩枝持在手，細看不似人間有。花中此物是西施，芙蓉芍藥皆嫫母。奇芳絶豔別者誰，通州遷客元拾遺。拾遺初貶江陵去，去時正值青春暮。商山秦嶺愁殺人，山石榴花紅夾路。題詩報我何所云，若云色似石榴裙。當時叢畔唯思我，今日欄前只憶君。憶君不見坐銷落，日西風起紅紛紛。

又 卷一六《題山石榴花》 一叢千朵壓欄干，剪碎紅綃却作團。風嫋舞腰香不盡，露銷粧臉淚新乾。薔薇帶刺攀應懶，菡萏生泥翫亦難。爭及此花簷户下，任人採芺盡人看。

又 卷一七《雨中赴劉十九二林之期，及到寺，劉已先去，因以四韻寄之》 雲中臺殿泥中路，既阻同遊懶却還。將謂獨愁猶對雨，不知多興已尋山。纔應行到千峰裏，只校來遲半日間。最惜杜鵑花爛熳，春風吹盡不同攀。

唐 白居易《白香山詩集》卷一六《戲問山石榴》 小樹山榴近砌栽，半含紅萼帶花來。爭知司馬夫人妬，移到庭前便不開。

又 《白香山詩集》卷二八《山石榴花十二韻》 煜煜復煌煌，花中無比方。豔天宜小院，條短稱低廊。本是山頭物，今爲砌下芳。千叢相向背，萬朵互低昂。照灼連朱檻，玲瓏映粉牆。風來添意態，日出助晶光。漸綻臙脂萼，猶含琴軫房。離披亂剪綵，斑駮未匀妝。絳焰燈千炷，紅裙妓一行。此時逢國色，何處覓天香。恐合栽金闕，思將獻玉皇。好差青鳥使，封作百花王。

唐　李紳《追昔遊集》卷中《杜鵑樓》　七年冬所造，自西軒延架城隅，樓前植其杜鵑，因以爲名，杜鵑多在其上。

杜鵑如火千房拆，丹檻低看晚景中。繁艷向人啼宿露，落英飄砌怨春風。早梅昔待佳人折，好月誰將老子同。惟有此花隨越鳥，一聲啼處滿山紅。

唐　施肩吾《杜鵑花詞》（《全唐詩》卷四九四引）　杜鵑花時夭艷然，所恨帝城人不識。丁寧莫遣春風吹，留與佳人比顔色。

唐　杜牧《山石榴》（《萬首唐人絶句》卷二五引）　似火山榴映小山，繁中能薄艷中閒。一朵佳人玉釵上，秪疑燒却翠雲鬟。

唐　李群玉《李群玉詩·後集》卷二《歎靈鷲寺山榴》　水蝶岩蜂俱不知，露凝紅艷數千枝。山深春晚無人賞，即是杜鵑催落時。

又　卷四《山榴》　洞中春氣蒙籠暄，尚有紅英千樹繁。可憐夾水錦步障，羞殺石家金谷園。

唐　方干《玄英集》卷二《杜鵑花》　未問移栽日，先愁落地時。疎中從間葉，密處莫燒枝。郢客教誰探，胡蜂是自知。周迴兩三步，常有醉鄉期。

唐　温庭筠《錦城曲》（《才調集》卷二引）　蜀山攢黛留晴雪，簝笋蕨芽縈九折。江風吹巧剪霞綃，花上千枝杜鵑血。杜鵑飛入巖下叢，夜叫思歸山月中。巴水漾情情不盡，文君織得春機紅。怨魂未歸芳草死，江頭學種相思子。樹成寄與望鄉人，白帝荒城五千里。

唐　曹松《寒食日題杜鵑花》（《萬首唐人絶句》卷一八引）　一朵又一朵，併開寒食時。誰家不禁火，總在此花枝。

唐　司空圖《漫書》（《石倉歷代詩選》卷一〇二引）　溪邊隨事有桑麻，盡日山程十數家。莫怪行人頻悵望，杜鵑不是故鄉花。

唐　韓偓《韓内翰別集·淨興寺杜鵑一枝繁艷無比》　一園紅艷醉坡陀，自地連梢簇蒨羅。蜀魄未歸長滴血，祇應偏滴此叢多。

唐　李咸用《同友生題僧院杜鵑花得春字》（《全唐詩》卷六四六引）　若比衆芳應有在，難同上品是中春。牡丹爲性疎南國，朱槿操心不滿旬。留得却緣真達者，見來寧作獨醒人。鶴林太盛今空地，莫放枝條出四鄰。

唐　吴融《送杜鵑花》（《石倉歷代詩選》卷八五引）　春紅始謝又秋紅，息國亡來入楚宫。應是蜀冤啼不盡，更憑顔色訴西風。

南唐　成彦雄《杜鵑花》（《詩話總龜》卷二一引）　杜鵑花與鳥，怨艷兩何賒。疑是口中血，滴成枝上花。一聲寒食夜，數朵野僧家。謝豹出不出，日遲遲又斜。

宋　梅堯臣《宛陵集》卷三六《九月十八日山中見杜鵑花復開》　山中泉壑暖，幽木寒更華。春鳥各噤口，游子未還家。云誰未及還，對此重興嗟。何必因啼血，顔色勝曙霞。

宋　劉敞《公是集》卷二八《杜鵑花》　嫩紅輕紫仙姿貴，合是山中寂寞開。九陌風塵肯相顧，可憐空使下山來。

宋　蘇軾《東坡全集》卷二五《趙昌躑躅》　楓林翠壁楚江邊，躑躅千層不忍看。開卷便知歸路近，劍南樵叟爲施丹。

宋　蘇軾《東坡詩集註》卷二五《菩薩南漪堂杜鵑花》　南漪杜鵑天下無，披香殿上紅氍毹。鶴林兵火真一夢，不歸閬苑歸西湖。

宋　王十朋《梅溪前集》卷八《法燈俊上人惠杜鵑花》　杜鵑嘉樹狀非常，久向緇林壓衆芳。春去尚疑啼蜀魄，客來還錯認丁香。高人好事栽蓮社，野叟移根植草堂。習氣未除端自笑，賞花銜惠意難忘。

宋　楊萬里《誠齋集》卷三四《曉行道旁杜鵑花》　泣露啼紅作麽生，開時偏值杜鵑聲。杜鵑口血能多少，不是征人淚滴成。

宋　辛棄疾《稼軒詞》卷三《定風波·賦杜鵑花》　百紫千紅過了春，杜鵑聲苦不堪聞。却解啼教春小住，風雨，空山招得海棠魂。　恰似蜀宫當日女，無數，猩猩血染赭羅巾。畢竟花開誰作主，記取，大都花屬惜花人。

宋　高似孫《剡録》卷九《草木禽魚·杜鵑》　剡僧擇璘《杜鵑花》詩：「春老麥黄三月天，青山處處有啼鵑。懸崖幾樹深如血，照水晴花暖欲燃。三嘆鶴林成夢寐，前生閬苑覓神仙。小山拄頰愁無奈，又怕聲聲聒夜眠。」剡人謂之映山紅，唐僧修睦有《映山紅》詩：「山前幾見烟邊重，溪畔曾逢雨後斜。」

宋　周文璞《方泉詩集》卷二《杜鵑花》　雲樹重重和淚吟，故宫遺廟有知音。秦吴萬里皆芳草，染到山花恨最深。

宋　舒岳祥《閬風集》卷二《杜鵑花》　杜陵野花拜杜鵑，念渠蜀王身所變。我今流涕杜鵑花，爲是此禽流血濺。嗟哉杜宇何其愚，萬事成敗皆斯須。一枰黑白翻覆手，揖讓放弑皆丘墟。汝初一身今百億，凝滯結戀胡爲乎。爾生不能存社稷，死怨謝豹何區區。至今有子不自保，寄巢生育非良圖。百億禽分百億花，數若恒河沙復沙。此花開時此鳥至，青楓苦竹爲其家。錦官玉壘不可念，翠華黄屋天之涯。俚語云：謝豹勸杜宇遜位于其相開明，故怨之。今杜鵑若呼謝豹云。不

聞十月杜鵑鳥，只見十月杜鵑花。何必看花與聽鳥，老夫日日自思家。

宋 高觀國《竹屋癡語・浪淘沙・杜鵑花》 啼魄一天涯，怨入芳華。可憐零血染煙霞。記得西風秋露冷，曾浼司花。 明月滿窗紗，倦客思家。故宮春事與愁賒。冉冉斷魂招不得，翠冷紅斜。

宋 僧北礀《杜鵑花》（《全芳備祖前集》卷一六引） 露凝丹臉粲芳肌，不御鉛華亦自奇。强學海棠春睡足，如何學得未醒時。

宋 楊巽齋《杜鵑花》（《全芳備祖前集》卷一六引） 鮮紅滴滴映霞明，盡是冤禽血淚成。羈客有家歸未得，對花無語兩含情。

宋 易寓言《杜鵑花》（《全芳備祖前集》卷一六引） 輕剪梢頭薄薄羅，子規湔血恨難磨。園林莫道香飛盡，嫩緑枝頭不用多。

宋 趙成德《白杜鵑花》（《全芳備祖前集》卷一六引） 雲樹重重和淚冷，故宮遺廟有知音。秦吳萬里皆芳草，染到山花恨最深。 春山未有杜鵑啼，花發杜鵑知不知。寄語催歸儘哀怨，莫將啼血汙仙姿。 冰肌玉骨擅無雙，不與山花鬬艷粧。欲染啼紅冤杜宇，爭如傅粉伴何郎。

宋 真桂芳《真山民集・杜鵑花得紅字》 愁鎖巴雲往事空，只將遺恨寄芳叢。歸心千古終難白，啼血萬山多是紅。 枝帶翠煙深夜月，魂飛錦水舊東風。至今染出懷鄉恨，長挂行人望眼中。

元 楊公遠《野趣有聲畫》卷上《白杜鵑花》 從來只説映山紅，幻出鉛華奪化工。莫是杜鵑飛不到，故無啼血染芳叢。

元 鄭韶《游弁山李雲山點杜鵑花與玉山同賦》（《草堂雅集》卷一〇引） 金井西頭萼緑仙，霞裾風度影翩翩。隴西才子多清思，謾把春雲染杜鵑。

明 張獻翼《杜鵑花漫興》（《佩文齋詠物詩選》卷三六〇引） 花花葉葉正含芳，麗景朝朝夜夜長。何事江南春去盡，子規聲裏駐年光。

明 王叔承《竹枝詞》（《佩文齋詠物詩選》卷三六〇引） 白鹽生井火生畬，女子行商男作家。橦布紅衫來换米，滿頭都插杜鵑花。

明 佘翔《薜荔園詩集》卷三《雨中杜鵑花》 何來杜宇葉離離，三月當庭花滿枝。莫是啼魂哀帝子，至今香染濕胭脂。

清 彭孫遹《松桂堂全集》卷三三《杜鵑花》 萬點猩紅躑躅枝，鶴林風景憶當時。霄光擁樹日將暮，霞氣滿山人未知。偶逐神仙爲狡獪，還同天女播芳蕤。春來花下俱牽恨，殘月三更唤子規。

清 陳廷敬《午亭文編》卷一九 杜鵑花，江南處處有之，皆紅色，至武林乃有進白杜鵑花者。扈從諸公皆有作，亦作一首。

杜鵑花發杜鵑枝，絶域經年到玉墀。自有風光隨鶴駕，豈因霜雪老蛾眉。月明影静三更後，香冷聲銷萬籟時。解語無言還獨笑，啼紅空負錦城詩。

清 愛新覺羅・玄燁《御製文第三集》卷四六《詠杜鵑花賜高士奇》 石巖如火本天台，秀質丹心日月催。移根禁苑清詩句，朱夏山林惜茂才。

清 謝元淮《養默山房詩稾》卷一七《上海邑廟看杜鵑花》 柳絮飄零萬樹空，啼殘蜀魄惱東風。留春不住還歸去，淚染花枝朵朵紅。

高臺曲沼好林泉，看過幽蘭又杜鵑。多恐世人無此福，賞花清興讓神仙。

上海城隍廟園亭之勝，甲於江左。每當花時，各出異品供神。盛陳燈綵，縱人遊觀。如水仙、梅花、牡丹、芍藥、蘭花、杜鵑、菊花，各以時獻。

雜 録

宋 陶穀《清異録》卷上《花經九品九命》 張翊者，世本長安，因亂南來。先主擢置上列，時邦西平昌令，卒。翊好學多思致，嘗戲造《花經》，以九品九命升降次第之，時服其允當。【略】

七品三命

散水 真珠 粉團 郁李

薔薇 米囊 木瓜 山茶

迎春 玫瑰 金燈 木筆

金鳳 夜合 躑躅 金錢

錦帶 石蟬

宋 張淏《會稽續志》卷四 杜鵑花，王十朋《會稽風俗賦》：「天衣杜鵑，東山薔薇。」注云：「天衣寺有杜鵑花最奇，每歲盛開，觀者競集。」越僧擇璘《杜鵑花》詩：「蠶老麥黄三月天，青山處處有啼鵑。斷崖幾樹深如血，照水晴花暖欲燃。三嘆鶴林成夢寐，前生閬苑覓神仙。小山拄頰愁無奈，又怕聲聲聒夜眠。」越人謂之映山紅，唐僧修睦有《映山紅》詩。

宋 程棨《三柳軒雜識・花客》（《説郛》卷二四下引） 花名十客，世以爲雅戲，姚氏殘語演爲三十一客，其中有未當者，暇日因易其一二，且復得二十客，併

著之，以寓獨賢之意。【略】杜鵑爲仙客。

元　袁桷《延祐四明志》卷一七《奉化州》　慈氏教院州南三里，唐文德初朱會等建，名清化。天祐初改名寶化，宋治平初改今額寺。有杜鵑花，蟠屈如凰。主簿樊圃詠云：「山僧取巧蟠珍叢，九苞占盡千葩紅。倚闌精彩欲飛動，百鳥不敢啼春風。」

明　田汝成《西湖遊覽志餘》卷二四《委巷叢談》　杜鵑花，諸山皆有之。而宋時菩提寺南漪堂獨盛。蘇子瞻詩云：「南漪杜鵑天下無，披香殿上紅氍毹。鶴林兵火真一夢，不歸閬苑歸西湖。」

明　張聯元《天台山全志》卷四　杜鵑　道近石梁杜鵑，高二三丈許，二三月間遍山開放，如桃花如紫薇，絢爛奪目。張聯元詩：「翠岫從容出，名花次第逢。最憐紅躑躅，高映碧芙蓉。琪樹應同種，桃源許竝穠。無人移上苑，空置白雲封。」

清　雍正《廣西通志》卷二四《山川·平樂府·平樂縣》　北澗水【略】，澗旁石壁多杜鵑花，春時大放如錦屏。

清　雍正《湖廣通志》卷一一《山川志·長沙府·衡陽縣》　巾紫峯在縣北，山無林木，多杜鵑花，狀若紫巾。

清　雍正《浙江通志》卷一〇四《物產四·紹興府》　映山紅　袁宏道《游五泄記》：山中映山紅，有高七八尺者，與他山絕異。

清　乾隆《雲南通志》卷二七《物產》　杜鵑有五色雙瓣者，永昌蒙化多至二十餘種。

清　乾隆《盤山志》卷一五《物產》　杜鵑花，一名映山紅，遍山有之，較南方者色微紫。

清　吳菘《箋卉》卷一　杜鵑花，處處有之，叢生瑣屑，映山紅紫而已。此則高柯撐雲，濃香浮谷，爲特異。

山茶

題解

明　李時珍《本草綱目》卷三六《山茶》　釋名：時珍曰：其葉類茗，又可作飲，故得茶名。

集解：時珍曰：山茶產南方，樹生高者丈許，枝榦交加，葉頗似茶葉，而厚硬有棱，中闊頭尖，面綠背淡。深冬開花，紅瓣黃蕊。《格古論》云：花有數種，寶珠者花簇如珠，最勝。海榴茶，花蒂青。石榴茶，中有碎花。躑躅茶，花如杜鵑花。宫粉茶、串珠茶，皆粉紅色。又有一捻紅、千葉紅、千葉白等名，不可勝數，葉各小異。或云亦有黃色者。《虞衡志》云：廣中有南山茶，花大倍中州者，色微淡，葉薄有毛。結實如梨，大如拳，中有數核如肥皂子大。周憲王《救荒本草》云：山茶嫩葉煠熟，水淘可食，亦可蒸曬作飲。

論說

明　楊慎《升菴集》卷七九《海紅花》　菊莊劉士亨《詠山茶》詩云：「小院猶寒未煖時，海紅花發景遲遲。半深半淺東風裏，好似徐熙帶雪枝。」蓋海紅即山茶也。而古詩亦有「淺爲玉茗深爲都勝，大曰山茶小曰海紅」。

明　田藝蘅《留青日札》卷三二《茶梅》　劉長卿有海紅花詩，李太白詩注：新羅國多海紅。今茶梅即小樣粉紅山茶，本名海紅花，以其自十二月開至二月，與梅同時，故曰茶梅。劉仕亨詩：「小院猶寒未暖時，海紅花發晝遲遲。半深半淺東風裏，好似徐熙帶雪枝。」蓋山茶一種數名，花極紅而瓣極厚者曰都勝，即今寶珠也。又以其心紅簇如鶴頂，故曰鶴頂。色淡而無心者曰玉茗，即今粉紅山茶。嘗憶古詩有云：「淺爲玉茗深都勝，大曰山茶小海紅。」

明　徐伯齡《蟫精雋》卷一一《海紅花》　世傳海紅花，人人能道之，而莫知爲何物。因讀菊莊詩，始知即山茶花也。詩云：「小院猶寒未暖時，海紅花發晝遲遲。半深半淺東風裏，好似徐熙帶雪枝。」蓋古詩有云：「淺爲玉茗深都滕，大曰山茶小海紅。」先生之博，於斯見矣。

明　繆希雍《神農本草經疏》卷三〇《木部·山茶花》　得一陽之氣以生，故其花開於冬末春初之時。其味甘而微辛，氣平而微寒，色赤而入血分，故主吐血、衄血、腸風、下血，並爲末，入童溺及酒調服。

清　李漁《閒情偶寄》卷一三《種植部·木本第一·山茶》　花之最不耐開，一開輒盡者，桂與玉蘭是也；花之最能持久，愈開愈盛者，山茶、石榴是也。然石榴之久，猶不及山茶。榴葉經霜即脫，山茶戴雪而榮。則是此花也者，具松栢之骨，挾桃李之姿，歷春夏秋冬如一日，殆草木而神仙者乎？又況種類極多，由淺紅以至深紅，無一不備。其淺也，如粉如脂，如美人之腮，如酒客之面。其深

也，如硃如火，如猩猩之血，如鶴頂之珠。可謂極淺深濃淡之致，而無一毫遺憾者矣。得此花一二本，可抵群花數十本。惜乎予園僅同芥子，諸卉種就，不能再納須彌，僅取盆中小樹，植于怪石之旁。噫，善善而不能用，惡惡而不能去，予其郭公也夫！

清 樸静子《茶花譜·總説》 洋茶花，云自日本來入中土，纔廿年餘，品類之多幾及三十種。莫不各含秀色，另表殊形，與漳南所産十來種判然不同。故其命名有以色取者，有以形取者，亦有繼名不解其取意者，如干龍是也。或先或後，雖不同時，亦能相繼續紛，至枝幹之柔細勁直，顯然易辨，而葉之長短尖圓，幾微難分。總與漳南山茶同似木樨，但厚而有稜，尤覺湛緑光滑。如各種備具一園加以培植灌溉之功，剪剔有方，位置得所，花亦不負主人，可自九、十月至二、三月豁目賞心，暢於羣卉。至《雲南誌》載，謝肇淛謂茶花有七十二品，趙璧譜近百種，未傳花之名，亦不見其譜，或他省更有名茶，亦可不必問矣。

又《變色變態説》 譜著三十條，凡四十一種。有一名而兩三種，或四五種者，有一種而兩三名者。據園叟云，花盛則變色、變態。揆其理，不特根株老嫩之别，即陰陽燥濕及工夫勤惰，已判然肥瘦濃淡矣。況漳地春冬皆煖，花嘗有放，早放遲，過時失候之容，亦不可不知也。余蒞兹既久，目覩心賞，爰訂是譜，如虎斑即錦蓮，漳人謂爲兩種五寶即平分，亦名柳條，漳人謂三種。此正變色變態之驗也，不吝贅筆。

綜 述

北魏 佚名《魏王花木志·山茶》（《説郛》卷一〇四下引） 山茶似海石榴，出桂州。

唐 段成式《酉陽雜俎續集》卷九 山茶，似海石榴，出桂州，蜀地亦有。

又 卷一〇 山茶花，山茶葉似茶，樹高者丈餘，花大盈寸，色如緋，十二月開。

宋 周師厚《洛陽花木記》（《説郛》卷一〇四下引） 山茶臘月開 晚山茶寒食開 粉紅山茶 白山茶

宋 范成大《桂海虞衡志·志花》 南山茶，葩萼大倍中州者，色微淡，葉柔薄有毛。别自有一種如中州所出者。

宋 周去非《嶺外代荅》卷八《南山茶》 南山茶，葩萼大倍中州者，色微淡，葉柔薄有毛，結實如梨，大如拳，中有數子如肥皂子大。别自有一種，葉厚硬，花深紅，如中州所出者。

宋 潛説友《咸淳臨安志》卷五八《花之品》 山茶今東西馬塍色品最盛。陳了齋有接花詩云：「花單可使千，色黄可使紫。」末意乃歸于不能違時，以謂天者卒不可易也。今觀馬塍栽接，有一本而十色者，有早開而晚發者，大率變物之性，盜天之氣，雖時亦可違矣。他花往往皆然，惟山茶在今爲甚。

宋 吴自牧《夢粱録》卷一八《物産·花之品》 山茶：磬口茶、玉茶、千葉多心茶、秋茶，東西馬塍色品頗盛。栽接一本，有十色者，有早開而晚發，大率變物之性，盜天之氣，雖時亦可違，他花往往皆然。頃有接花詩云「花單可使千色黄」，果奪天之造化。

明 正德《姑蘇志》卷一四《生植·雜花十九》 山茶開於雪中，有單葉千葉之異。别有深紅者，名寶珠山茶。朱長文：「栢葉元同翠，桃顔未比紅。留芳占春月，夭蕊耐秋風。自稱階庭翫，休煩帟幕籠。佳篇補韋白，流品重吴中。」「珍木何年種，繁英滿舊枝。開從殘雪裏，盛過牡丹時。對日心全展，淩風幹不攲。藥階如賦咏，欠此尚相思。」

明 何宇度《益部談資》卷中 山茶有雲南紅、石榴紅、謝萬定數種，朵大勝芍藥，重瓣如芙蓉。土人自能接，他處所莫匹也。寶珠雖有，又拜下風矣。

明 慎懋官《華夷花木鳥獸珍玩考》卷四《山茶花》 樹高者丈餘，低者二三尺許。枝幹交加，葉硬有稜，稍厚，中闊寸餘，兩頭尖，長三寸許。面深緑光滑，背淺緑。花有數種，寶珠茶、雲茶、石榴茶、海榴茶、躑躅茶、茉莉茶、真珠茶、串珠茶、正宫粉、賽宫粉、一捻紅、照殿紅、千葉紅、千葉白者，不可勝數。葉各不同，海榴茶花青蔕而小，石榴茶中有碎花，躑躅茶山躑躅樣，宫粉茶串珠茶皆粉紅色。其中最佳者寶珠茶也。或又言此花品者有黄者，然亦鮮見矣。南山茶，葩萼大倍中州者，色微淡，葉柔薄有毛，結實如梨，大如拳，中有數子如肥皂子。秀山有山茶一株，花如木芍藥，中原所未見也。鶯聲老矣移雖晚，鶴頂丹時看始嘉。雨葉鱗鱗成小蓋，春枝艷艷首群花。

明 王世懋《學圃雜疏·花疏》 黄山茶、白山茶、紅白茶梅皆九月開。二山茶花大而多韻，亦茶中之貴品。楊妃山茶稍後，與白菱同時開。楊妃是淡紅，殊不能佳，爲是冬初花，當具一種耳。白菱花純白而雅，且開久而繁，人云來自閩

中，余在閩間之，乃無此種，始在豫章得之，定是嶺南花也。花至季冬始盡，性亦畏寒，花後宜藏室中。

明 王路《花史左編》卷四《花之辨・山茶》 如罄口外有粉紅者。有鶴頂茶，如碗大，紅如羊血，中心塞蒲如鶴頂，求自雲南，名曰滇茶。有黃、紅、白、粉四色爲心，而大紅爲盤，名曰瑪瑙山茶，産自浙之温州。有千葉而攢簇曰寶珠，有似寶珠而蕋白色蕉者，蕉蕚白寶珠。九月發花，其香清可愛。若杭之所爲寶珠者，花心叢簇，甚少，且有白絲吐出，不佳。

又《南方艸木記》：山茶花有數種，有寶珠茶、石榴茶、海榴茶（中有碎花）、躑躅茶、茉莉茶、宫粉茶、寧珠茶（皆粉紅色）、一捻紅、照殿紅，葉各有不同。

又 卷五《花之候・山茶》 十月開，二月方已。春間臘月皆可移。

又 卷一八《花之証・山茶》 以單葉接千葉，花茂樹久，或以冬青接，十不活二三也。

明 高濂《遵生八牋》卷七《高子花謝詮評》 粉紅山茶，千瓣白山茶，大紅滇茶大如茶盞，種山雲南。瑪瑙山茶紅黃白三色，夥作堆心外大瓣，硃砂紅色。寶珠、鶴頂山茶中心如饅，叢簇可愛，若吐白鬚者不佳。【略】茶梅花小朶，粉紅，黃心。開在十一月，各花凈盡之時。得此可玩。

又 卷一六《燕閑清賞牋下・山茶花六種》 别名甚多，以可觀玩，世所廣者録之。如磬口外有粉紅者，十月開，二月方已。有鶴頂茶，如碗大，紅如羊血，中心塞滿如鶴頂，來自雲南，名曰滇茶。有黃紅白粉四色爲心，而大紅爲盤，名曰瑪瑙山茶，花極可愛，産自浙之温郡。有曰寶珠，九月發花，其香清可嗅。

又《茶梅花》 開十一月中正諸花凋謝之候，花如鵝眼錢而色粉紅，心黃，開且耐久，望之雅素，無此則子月虚度矣。

明 周文華《汝南圃史》卷八《木本花部上・山茶》 山茶，葉如木犀，深緑，有稜。花正紅，如小漆盌。冬末春初開，最富麗。《興化府志》云：有數種，花開單葉而極大者曰日丹，單葉而小者曰錢茶，有類錢茶而粉紅色者曰溪圃，又有百葉而攢簇者曰寶珠，有類寶珠而蘂白色焦者曰焦蕚。當歲暮百花摇落之後，此花獨開，故人重之。曾南豐《以白山茶寄吴仲庶》詩云：「山茶純白是天真，筠籠封題摘尚新。秀色未饒三谷雪，清香先得五峰春。瓊花散漫情終蕩，玉蘂蕭條跡更塵。遠寄一枝隨驛使，欲分芳種更無因。」注云：初唯此花與揚州后土廟瓊花天下一枝，近年瓊花可接，遂散漫而此花爲獨出也。今人家園圃所植，多單葉深紅，花中有黃心，樹高丈餘，結子可復出，即寶珠茶，已自難得。所云白色者未見也。《水雲録》云：臘月及春間皆可移栽，三月中以單葉接千葉，其花茂盛，或以冬青接者，十僅能活一二。又有一種來自滇南，花大如蓮，尤爲瑋異。

茶梅花，葉皆小於山茶，其花單葉，粉紅色，秋深始開，殆所謂溪圃耶？然亦有白色者。

明 文震亨《長物志》卷二《花木・山茶》 蜀茶滇茶俱貴，黃者尤不易得。人家多以配玉蘭，以其花同時而紅白爛然，差俗。又有一種名醉楊妃，開向雪中，更自可愛。

明 方以智《物理小識》卷九 山茶 紅白寶珠，肉紅曰楊妃，有磬口、匏口、黃白，四季者，可以寄枝。白曰玉茗。坡詩「葉厚有稜犀甲健，花深少態鶴頭丹」，咏寶珠也。馮時可《滇記》：滇多茶花，大於牡丹，木高十丈餘，沐府有寶珠樓。又一種曰茶梅，其蕚如山茶而小，淩冬不凋。

明 張岱《夜航船》卷一六《植物部花卉》 茶花 以滇茶爲第一，日丹次之。滇茶出自雲南，色似衢紅，大如茶碗，花瓣不多，中有層摺，赤豔黃心，樣範可愛。

清 曹溶《倦圃蒔植記・總論》卷上《論花》 蜀茶比本地寶珠迥别，外瓣宏濶而内瓣舒暢，色倍鮮明。《譜》所謂石榴茶即此，有大紅、深紅二種，年久者亭亭如蓋，其紅可亞佛桑。又一種外紅而心如瑪瑙，紅白相間，名曰二喬。後三種皆蜀茶也。滇茶則來自雲南，其性畏熱，畏寒，喜潔、惡穢，花大如碗，二十餘瓣，一樣均匀。而重臺交覆，色比大紅畧淺，嬌媚無比。

清 陳淏子《秘傳花鏡》卷三《花木類考・山茶》 山茶，一名蕚陀羅，樹高者一二丈，低者二三尺。枝榦交加，葉似木樨濶厚而尖長，面深緑光滑，背淺緑，經冬不凋。以葉類茶故得茶名。花之名色甚多，姑列於後。其開最久，自十月開至二月方歇。性喜陰燥，不宜大肥。春間臘月皆可移栽。四季花寄枝宜用本體，黃花香寄枝，宜用茶體，若用山茶體花仍紅色，白花寄枝同上，磬口花匏口花宜子種，以單葉接千葉則花盛而樹久，以冬青接，十不活一二。

附山茶釋名共十九種

諸色茶花

瑪瑙茶産温州，紅黃白粉爲心，大紅盤。鶴頂紅大紅蓮瓣，中心塞滿如鶴頂，出雲南。寶珠茶子葉攢簇，殷紅若丹砂，出蘇。焦蕚白寶珠似寶珠，蕋白，九月開，甚香。楊妃茶單葉，花開最早，桃紅色。正宫粉 賽宫粉花皆粉紅色。不榴茶中有碎花。梅榴茶青

蒂而小花。真珠茶淡紅色。莱榴茶有類山躑躅。躑躅茶色深紅如杜鵑。串珠茶亦粉紅。磬口茶花瓣皆圓轉。茉莉茶色純白，一名白菱，開久而繁，亦畏寒。一捻紅白瓣，有紅點。照殿紅葉大而且紅。晚山茶二月方開。南山茶出廣州，葉有毛，實大如拳。

又《茶梅花》 茶梅，非梅花也，因其開於冬月，正衆芳凋謝之候，若無此花點綴一二，則子月幾虛度矣。其葉似山茶而小，花如鵞眼錢，而色粉紅，心深黄。亦有白花者，開最耐久，望之雅素可人。

清 王士禎《香祖筆記》卷九 玉茗花、海紅花，皆山茶也。古詩云：「淺爲玉茗深都勝，大曰山茶小海紅。」都勝即寶珠山茶。

清 汪灝《佩文齋廣群芳譜》卷四一《山茶》 山茶，一名曼陀羅，樹高者丈餘，低者二三尺，枝幹交加，葉似木樨，硬有稜，稍厚，中濶寸餘，兩頭尖，長三寸許，面深緑，光滑，背淺緑。經冬不脱，以葉類茶，又可作飲，故得茶名。花有數種，十月開至二月。有鶴頂茶、大如蓮，紅如血，中心塞滿如鶴頂，來自雲南，曰滇茶。瑪瑙茶、紅黄白粉爲心，大紅爲盤，産自温州。寶珠茶、千葉攢簇，色深少態。楊妃茶、單葉，花開早，桃紅色。焦萼白寶珠、似寶珠而蘂白，九月開花，清香可愛。正宫粉、賽宫粉、皆粉紅色。石榴茶、中有碎花。海榴茶、青蒂而小。菜榴茶、躑躅茶、類山躑躅。真珠茶、串珠茶、粉紅色。又有雲茶、磬口茶、茉莉茶、一捻紅、照殿紅、郝經詩注云：山茶大者曰月丹，又大者曰照殿紅。千葉紅、千葉白之類，葉各不同，或云亦有黄者。不可勝數。就中寶珠爲佳，蜀茶更勝。《虞衡志》云：廣州有南山茶，花大倍中州，色微淡，葉薄有毛，結實如梨，大如拳，有數核如肥皂子大。于若瀛云：寶珠山茶千葉，含苞歷幾月而放，殷紅若丹，最可愛。聞滇南有二三丈者，開至千朵，大于牡丹，皆下垂，稱絶艷矣。

清 樸靜子《茶花譜·花品》 觀音白，枝稍細，葉湛緑，一二片或淡黄，經久不凋。初非病水，葉已秀矣。其花大於大茶甌，又名佛座白。賦質瑩潔柔膩，得超塵絶俗之容。瓣有微缺，捲兩邊作菡萏花形。大放，瓣漸舒，片片作銀鱗叠砌。花既圓渾，升滿月矣。觀音佛座之稱，使蘇晉聞之，應合掌於花下，録之神品，足稱第一。所可惜者，不能久耐風日耳。

吐鬚紅，又名紅吐絲。外輪瓣皆大，起樓處小大叢錯。鬚牽黄蕊者少，牽碎瓣者頗多。不細玩不知。碎瓣連鬚，鬚成碎瓣，豈其病春縈花緒耶？否則花中亦有髯公，以之贈坡老，定云謔已。花之命名在此。色比深桃紅，得致甚雅，雖妙染工描，恐不能盡其態。開足色漸淡，致益佳。大亦近茶甌，異品也。

大六角，枝柔長，葉小於各種。花面粉紅，微兼藕色，花背色稍重，力足大於茶甌。蓮心無鬚蕊，尖瓣六出停匀，向内漸小，叠叠層層，整飭不亂。惟外輪數大瓣錯綜而圓，即以通草極人力爲之，不能及化工之妙。含苞最偉，韠下纍纍，若火珠欲然，心尤緊密，如處女之抱貞芳，不以針刺蒂，不易見其開也，允屬奇品。

牡丹紅，妍品。枝幹虬勁，葉片較小，嫩時色赭赤，及老，緑嘗淺。花之叢，瓣如榴，萼圓渾近繡毬，潛露心鬚，意頗鬆動。宜雨宜晴，耐風耐日。其盛開也，絳綃初染，紥綵枝間，落殘時胭脂失色，偶點蓮青。睇伊有花王之稱，引人作洛陽之想。

醉芙蓉，花大於茶碗，厚，瓣白，其外近心連蒂處淡抹胭脂，紅白可愛。真不亞西風江上，玉露曉暈，秋容惹人着眼。間有一二朵純素精潔者，差擬人醉獨醒。或曰此即白千龍之變也，未確。宜録於佳品。但開不足者有虬屈之嫌，心雖微緑，形不足觀矣。

粉孩兒，憐其么小也。一名出爐銀，一名粉紅蓮，皆狀其色也。質本不鎔於離宫，根原不託乎水國。遠睇其精神，長春惹妒，扶持以桂葉，恨不得月月紅耳。余更其名曰長春紅。此種較少，瓣多開展，以助雲粧，誠爲妙品。

麗春紅，洵美品。花形帶匾，大不遜茶甌。起碎瓣於近心，承大瓣於下廓。色重奪麗春之嬌，春光在眼，色淡亞芙蓉之艷，秋意迎人。故其名兩立，其寔一種也，或曰芙蓉紅。葉稍尖長，又訛傳簪此花者多自撲跌，要皆欺詐之辭。

紅點白、白點紅，與千龍差同致，瓣多大片紅白耳。白多於紅則謂之紅點白，紅多於白則謂之白點紅。紅若塗丹，白疑凝雪，襯以翠葉黄鬚，耀日炫目，花之富麗，至此極矣。二種或舊名所謂瑪瑙茶，一捻紅者，是耶非耶？不録上品，恐花神作嗔也。

大象白，瓣止兩三層，潔白細柔，媚於迎風蝶翅，短鬚疎蕊，滿放大於茶鍾口。大象之稱，豈命自釋氏耶？可植之普賢座右，在白毫光中，花相掩映，不愧爲净品也。

小六角，大於酒鍾口。其色藕和，與桃紅相犯，又名叠葉，謂如大六角，亦嘗叠其瓣也。又名松塔，以其初放，瓣瓣傴僂，層層叠聳，如細零金粉。之後，結成龍尾梢頭，鼠竄枝間，欲墜松關堦砌。又名菊花，以其既開，狀似霜下之傑，瘦影離披，早晚殘時含玫瑰幽香，是真名茶之逸品也。

青梅枝，多四分對出，直而異致。葉最小，花如玉錢，岐瓣分兩圓。初時緑蒂，含苞纍纍，作珠懸滴翠。既放素姿，鏤玉霏霏，猜庾嶺春魁。獨是心乏寒香，葉添蛇足。另標雋品，花亦榮矣。如攢如觸，憐其將萎之形，難引孤山野鶴，産中土即梅茶。

河蓮茶，有紅白二種。綴枝都似小芙蕖。瓣厚而形尖，到心無鬚蕊。具此不染之冶色，止乏澤畔之清芬。紅者種畧少，殘時終未讓蓮芳；白者種倍多，含笑初竊，粉紅展容，漸還淡白，枝勁直，葉淺翠。二種花皆大近茶甌，獨是心抱餘芳，外易黄萎，斯豈君子之未遇乎？録之茶譜，可稱淑品。

五寳，不惟一樹花五異，即嫩緑方舒，間縈絳縷，葉亦出其類矣。花有純白者，美玉無瑕。有淺紅者，其潤如璞。深紅者，奪映紅之色。半紅半白者，得合璧之稱。有帶紅點紅線者，琢瑪瑙爲玲瓏，惜不早見。金谷閗富，石崇窺其花，與秋色平分，原無異致。柳條者，亦别贈其名，枝柔葉長，品可稱貴。

銀紅牡丹，重叠起樓，碎瓣之下承大瓣一層，又叠小瓣。小瓣之下，又以大瓣爲輪廓。粉紅色間帶紅線數縷。微鬚蕊，花小於各種，不多見。但恨未遇太真，植之沉香亭北，若使春風拂檻，定亦寫入清平，譜爲艷品。

王紅，以其大也。大近宫盌口，瓣柔薄，多皺捲，細理如蜀葵，鬚尤短少。初放深桃紅，漸次轉粉色。開足形常匾，以枝柔不勝花，有嚴威下偃之勢。間放一二朵，不見心鬚，亂攢密瓣作三面妝，有並蒂之形，大可稱賞。豈將以此號令諸茶乎？吾亦尊之爲極品。又名狀元紅，標花中有甲第也。

干龍，不知何謂，或云籠肩，謂初來時擔入，街市人多未識，但以籠肩取名，無從詳攷。余疑茶可作杖，杖能化龍，因花之色，取茶之義以命名歟？花有紅白紫三種，皆可以優品稱。紅者瓣厚近硃赤，微撒雪點，如片如星，此種最易開。白者較五心瓣密而有致，培植不勤，其心淺緑，則虬屈不舒矣。紫色者較二種畧小，力足色近大紅，惟沿邊一暈紫，抱心四五瓣粉紅可觀。余疑即錦蓮紅，但其形多與芍藥近，更其名曰芍藥紫。

錦蓮，有二種。枝幹稍勁，翠葉尤厚。苞綻柳黄，如濺血點。既放，葱白引紅綿，或連或斷，成縷成絲，疑花姨竊機杼之餘，摺向枝頭以欺六郎也。再轉柳黄，花其萎矣。有開全蕊玫瑰色者，近心四五瓣色淡白，名曰錦蓮紅，與虎斑開全蕊桃紅者近似。或云虎斑瓣微厚而小，余疑兩名即一類，或借山君作護花計耳，不然誰之虎威抓破花腮耶？稱華品。

五心白，較干龍瓣畧小。枝幹勁直，花大於茶鍾。未放輒見蕊，既放作仰盂形。長鬚挺直，錯雜五叢，若有故土之思，遥牽心緒也。或抱朴守素，不屑作媚人粧，抑窮愁莫釋，作托鉢態。又最易焦，置之陰處，得雨稍可以觀，亦不過如人之暫解憂容耳。録殊品。

日丹，産漳南，似絨茶而倍大，可謂偉品。三瓣大展，三瓣短小，中墳碎瓣作饅首形，色黑紅。以其豊偉匀圓，擬金烏出扶桑也。燿赤流丹，烘枝射目，及其欲墜殘紅，疑是羲和按馭。

鍾欵，有五種。葉輒皺捲，瓣不甚多。花如茶鍾狀，蓋蒂緊不大展也。有桃紅色者，有白色心帶淡黄者，有玫瑰色者，漳人謂之茄花，又有單瓣紅帶白點者，亦名白點紅，有白瓣帶紅點者，亦名紅點白。二種近日少見，總是日爐風炭，陶冶成形，曉色籠烟，疑花姨烹雪，欲把此爲主人消卯酒也，可爲令品。若稱之如懸鐘，則蒲牢作蒂，不洽其好鳴，杜宇啼枝，又焉用釁血？

寳珠，有紅白二種。外廓六瓣大展，餘皆小瓣合抱，中心紅綃簇簇，圓其頂，亦如日丹絨茶狀。悦人已久，入畫亦多，可標名品。白者有微香，開□早，豈老蚌先吐於甓湖，寒光飛落枝上耶？紅者艷媲丹砂，閃葉底之光，疑照十二乘，春起雲雷，恐驪龍欲取之去。

大紅山茶，單瓣長鬚，黄其蕊，漳南之種，取其艷色光彩如硃，密葉翠攢，有霞蒸雲蔚之觀。我欲向山中覓丹訣可植，此與梅花、水仙作三友，供歲寒之賞，寫入畫圖，亦無一點塵俗氣韵，品哉此茶也！

珠茶，三種，漳南花也。其狀皆近結實之榴，萼有大紅者，緑蒂單瓣，三瓣長，背尖葱翠，兩瓣畧小，其一瓣尤小，似瓣似蒂，紅緑相匀。開時花甚繁，糢糊，遠視欲作貼梗海棠看。粉紅者色似秋海棠，二種或舊名安石榴，小楊妃者，近是。白者少見，窺其微鋭含苞，原乏滚盤之勢，完貌辭蒂，真有脱串之形。既屬芳珍，何妨小品！

絨茶，不甚紅鮮，碎瓣似披白毫，亦墳其頂，掩罨心鬚，先展三大瓣承其下，間以三小瓣。其一瓣畧短小，猶大於間生之小瓣，苞輒焦，無雅致。似機頭之敗絮，閨娃拾向紅窓，着意剪縛，爰成細品。

川茶，紅白二種，瓣皆展放稀疎。白色瓣稍長，紅比深桃紅，名以川茶，豈來自西蜀歟？使花識曾經過白帝，芳魂羈此，於今定憶錦官城。紅也妖嬈，白猶濯濯，雖單瓣，品亦雅。

嬌蓮，殿諸茶之後。中抱五心，鬚少蕊黃，瓣亦稀疎，葉常捲。余於春殘見一折枝，憐其怯怯芳容，洵媚品也。因拈二句：「不信潘妃湘摺下，於今印得到梢頭。」

三學士，一本而三品。花頭有似絨茶碎瓣抱心者，有疎心露鬚蕊者，有單瓣似山茶未大放者。或即絨茶樹老力微，致花各異歟？學士之稱，大抵以花似宫袍，紅鮮艷麗耳。可許植向上林，傍花磚、充染翰否？得品尚文。

柳條，亦如五寶，有全紅，有純白，有紅白間瓣，有紅絲紅縷牽于瓣上者。漳郡機中有以金線間綵，織就倭絨，縱横炫目，名曰柳條錦花，名之取義，蓋出此也。非比陽關曲裏，絲絲不綰行人，亦非青瑣闥前，裊裊半藏鶯語。若不另書鮮品，花其向雨中暗泣也。

虎斑，經紅緯白，依稀借機杼於陰陽，非錦蓮之一種而何。但紅色稍淡，瓣似厚勁，或者即錦蓮之炳變也。不然騶虞仁獸，血跡安從掩黑文？補録雄品，風來樹底，莫教咆哮於芳叢。

清 鄒一桂《小山畫譜》卷上《山茶》 木本，單葉，粉紅者名楊妃山茶，破臘開。大紅者爲蜀茶，正月開。皆五瓣，黃心一簇如瓣，大白鬚半寸，苞蒂數層，葉厚，尖長有稜。又重臺大紅者名寶珠山茶。樹高，花千朵，粉色者名玉林山茶，品貴。又洋茶，五色具備，并有灑金二色者，其花平板少韻。

清 嵇璜《續通志》卷一七六 山茶一名曼陀羅，葉頗似茶而厚梗，故名。花有數種，寶珠最勝。

清 謝堃《花木小志·山茶》 葉似木樨，硬而有稜，花有數種。交冬始開，延至仲春。其大如蓮、紅如血者名鶴頂紅。深黃瓣、白心紅盤名瑪瑙茶。攢瓣深紅者名寶珠茶。單瓣色澹紅者名楊妃茶。其它如賽宫粉、一捻紅、千葉白者，種類不一，不可勝記。

清 鄭績《夢幻居畫學簡明》卷三 山茶冬開，花深紅如朱丹，正面如木棉，鬚英亦黑點。葉厚有稜，兩頭尖，腰濶，如茶。蕋緑而黃，形若梅子。茶有數種，寶珠茶，其花簇如珠。

紀事

唐 李德裕《李衛公别集》卷九《平泉山居草木記》 己未歲，又得番禺之山茶。

宋 沈作賓《嘉泰會稽志》卷一七 山茶，《酉陽雜俎》云：山茶葉如茶，樹高丈餘，葉大盈寸，色如緋，十二月開。一説山茶似海石榴，出桂州，蜀地亦有。然今會稽甚多，昌安朱通直莊有樹高三四丈者，蜀地乃絶少。成都海雲寺僅有一樹，每歲花發，則蜀帥率郡僚開燕賞之，邦人競出，士女絡繹於路，數日不絶。

元 楊瑀《山居新話》卷一 余外祖英德路治中馮公世安園中茶花一本，其花瓣顔色十三等，固雖出人爲，亦可謂善奪造化之功者。

明 郎瑛《七修類稿》卷二二《海紅花》 世俗每云「紛紜不靖爲海紅花」，今人不惟不知「紛紜不靖」之意，亦未知海紅花。吾友王蔭伯家有一本，郎山茶花也。但朵小而花瓣不大放開，其葉與花叢雜蓬菘，不見枝幹，真可謂「紛紜不靖」也。自十二月開至二月，故劉菊莊詩云：「小院猶寒未煖時，海紅花發晝遲遲。半深半淺東風裏，好似徐熙帶雪枝。」又世傳一種寶珠花，亦肖山茶，但花極紅而葉極緑，間雜，甚可愛也，殊不知亦山茶也。故古詩有：「淺爲王茗深都勝，大曰山茶小海紅。」則知今寶珠乃都勝，粉紅者爲玉茗，大朵爲山茶，小朵爲海紅矣。若《格物論》所載，其名尚多，然耳目所接，不過四種。觀其論曰皆粉紅色是耳。昔楊升菴於《丹鉛》亦曰未詳爲何花。

明 田汝成《西湖遊覽志餘》卷二四《委巷叢談》 山茶，馬塍之間多有之，有紅白二種。其花有寶珠、樓子、千葉、單葉之分，有一本而接爲數色者，有早開而晚落者。楊廷秀詩云：「江南池館厭深紅，零落山烟山雨中。却是北人偏愛惜，數枝和雪上屏風。」

明 王世懋《學圃雜疏·花疏》 吾地山茶重寶珠，有一種花大而心繁者，以蜀茶稱，然其色類殷紅，嘗聞人言滇中絶勝。余官莆中，見士大夫家皆種蜀茶，花數千朵，色鮮紅，作密瓣，其大如盆，云種自林中丞蜀中得來。性特畏寒，又不喜盆栽。余得一株，長七八尺，舁歸植澹圃中，作屋幂於隆冬，春時拆去。蕋多輒摘却，僅留二三，花更大絶，爲余兄所賞。後當過枝廣傳其種，亦花中寶也。

明 王士性《汎舟昆明池歷太華諸峯記》（《雲南通志》卷二九之七引） 余以辛卯春入滇，滇迤東西，花事之勝，甲於中原，而春山茶尤勝。其在昆明者，城中園亡論，外則稱太華蘭若焉。【略】余右陟飛磴，歷龍藏，東下黔寧祠，覽其世像。出文陛前兩墀，山茶八本，高三丈，萬花霞明，飛丹如茵，列繡如幄。

明 姚旅《露書》卷一〇 川茶花，花艷而清，芍藥疑不敢稱弟，莆中嘉靖前

未有此。有仕蜀者携至，秘不以分人。鄭僉憲東白訪其人，其人尚以僉憲令蒼頭移去，因折枝插地，明年遂成數十本。自是莆中盛開。初時售人計葉取錢，葉可百錢，今亦計樹之大小。

半月泉不數武有聽松堂，堂前有川茶花可拱把，傳是宋時所植者。

明　陳繼儒《古今韻史》卷一二《鸚鵡山茶》　青山寺庭中有山茶一株，其花宛如鸚鵡狀，二瓣左右互掩爲翼，二瓣合爲腹，其鬚垂爲足，而蒂横出爲頭，兩旁復黑點如目。

明　徐宏祖《徐霞客遊記》卷九下《西南遊日記十六·雲南》　十四日【略】於市見街北有祠，入謁之，乃祠死節段公者。段名高，選州人，萬歷末以進士爲重慶巴縣令，閤家死奢酋之難，故奉詔立祠。今其長子暄廕錦衣，在都。祠中有一生，授蒙童，植盆中花頗盛，山茶小僅尺許，而花大如碗。

清　曹溶《倦圃蒔植記》卷中《山茶》　嘗見宋姚伯聲《三十客圖》載：曼陀羅一種，不知何卉。後閲《文苑豹斑》知爲經言山茶，當如《清異録》所載。閩昶春餘宴後庭，飛紅滿空。昶曰：《彌陀經》云：雨天曼陀羅華，此景近似。然此花種色亦多，不獨紅也。春開臘月，皆可移植，以單葉接千葉則花茂樹久。或以冬青接者，十不活二三也。又有一種來自滇南，花大如蓮，尤爲瑋異，假令閩昶見之，又當作何排辦矣。

清　王士禎《香祖筆記》卷一〇　勞山多耐冬花，花色殷紅，冬月始盛開，雪中照曜山谷，彌望皆是。説者謂即南中之山茶，然花不甚大，所云海紅花是也。

清　乾隆《福建通志》卷六五《雜紀·漳州府》　紹興四年春，威惠廟燕堂中山茶葉吐兩花如龍爪，一本五出，一本八出，色青緑，有異香。

著　録

清　樸静子《茶花譜·序》　茶花何必譜，譜花蓋有意焉。窺其秉造化之精英，吐枝頭之旖旎，殊形變態，鬧白争紅。近年來自重洋，種出日本，與中土之各色名茶後先含笑，容易動人。或有鍾情芳麗，耳名而未見者，不以道遠維艱，耗財勞力，欲購之以賞心如前人。不無因花而起事，掘種而致擾也，况以此洋茶乎？茶花之性，喜煖畏寒，以氣候限其地，移去輒悴，非註譜繪圖不得以廣博物之學。亦且負天地生物之心。若玩而好之，則不免喪志貽譏。是慮茀親政臨民，責有攸歸者，亦何暇及此哉！惟漳地以四時皆夏，一雨成秋，培養洋茶猶易生活。余奉涖兹，不以費財致遠而得之，植之庭院，敢因花以妨政耶？每覽花明春暢，則知農事之將興；辭蒂春殘，以攷蒔秧之届候；葉裹胎芳，則已早冬望稼；枝間剔蕊，又及種蓄秋苗；迨夫大冬將刈，則茶花之含苞豊長，似爲田畯報登矣。且其間蓁蓁翠葉，過雨則萎黄，過旱則焦卷，不免灌溉培護之勤，幾何不同桔槔聲裏，識民力之艱難。此固可以借花察農時也，亦何妨政之有？花譜之作，止可云爲花報賽耳，至所謂博物之學，是其小者。意欲見此譜者，知花之品類如此，道遠難致，易地則悴。又如此，則購花不如繪譜，以之供常玩，亦省力。惜費之一端，不復似因花起事而致擾，則譜花者之大功也。更益以俚句詠各品，併爲之序□。康熙己亥仲秋，樸静子題於漳署之天海山堂。

又《跋》　茶花之入畫者，惟山茶寶珠暨川茶數種而已，其他則曠見于古今。且洋茶至漳郡廿餘年，圖繪品題猶闕焉。恨事，真花之不幸也。今遇我于兹，花皆素笑，乃商之高氏，時教以寫生，手描來幅，上成不卸之春華，竟有臨風欲顫之意致。因不揣疎庸，註品吟花，□前人之未有，發後此之新機，使見者或以有是花而不遺是譜，或以有是譜則不必求是花，置之案頭，非僅作一時之玩好已也。又採培植灌溉接種之法，備録譜中，以示窮民無恒業者，亦可于此覔生活。友人見之，請付梓。奈繪事登版不能爲花生色何，故兹集不具圖。閲俚詠與花品，亦可知花之概矣。

藝　文

唐　釋貫休《禪月集》卷三《山茶花》　風裁日染開仙囿，百花色死猩血謬。今朝一朵墮堦前，應有看人怨孫秀。

宋　梅堯臣《宛陵集》卷一六《山茶》　紅蘤勝朱槿，越丹看更大。臘月冒寒開，楚梅猶不奈。曾非中土有，流落思江外。

宋　陶弼《邕州小集·山茶二首》　浅爲玉茗深都勝，大曰山茶小海紅。名譽漫多朋援少，年年身在雪霜中。

江南池館厭深紅，零落空山烟雨中。却是北人偏愛惜，數枝和雪上屏風。

宋　曾鞏《元豐類藁》卷二《山茶花》　山茶花開春未歸，春歸正值花盛時。蒼然老樹昔誰種，照耀萬朵紅相圍。蜂藏鳥伏不得見，東風用力先吹噓。追思

前者葉蓋地，萬木慘慘攢空枝。寒梅數綻小顏色，霰雪滿眼常相迷。豈如此花開此日，絳艷獨出凌朝曦。爲憐勁意侶松栢，欲攀更惜長依依。山榴淺薄豈足比，五月霧雨空芳霏。

宋 蘇軾《東坡全集》卷一五《山茶》 蕭蕭南山松，黄葉隕勁風。誰憐兒女花，散火冰雪中。能傳歲寒姿，古來惟丘翁。趙叟得其妙，一洗膠粉空。掌中調丹砂，染此鶴頂紅。何須誇落墨，獨賞江南工。

宋 蘇轍《欒城集》卷四《茶復開千餘朵因作二詩奉寄》 旱湖堤上柳空多，倚岸輕舟奈汝何。秋雨連渠添積潤，春風吹凍忽生波。蟲魚便爾來無數，鳧鴈猶疑未肯過。持詫錢塘應笑我，坳中浮芥兩么麽。 古殿山花叢百圍，故園曾見色依依。凌寒强比松筠秀，吐豔空驚歲月非。冰雪紛紜真性在，根株老大衆園希。山中草木誰擕種，潦倒塵埃不復歸。

宋 朱長文《樂圃餘藁》卷二《次韻司封使君和練推官再咏山茶》 珍木何年種，繁英滿舊枝。開從殘雪裏，盛過牡丹時。對日心全展，凌風幹不欹。藥階如賦詠，欠此尚相思。

宋 黄庭堅《山谷集》卷一《白山茶賦》 姨母文城君作《白山茶賦》，興寄高遠，蓋以自況類楚人之《橘頌》，感之作《後白山茶賦》。

孔子曰：「歲寒，然後知松栢之後凋也。」麗紫妖紅，争春而取寵，然後知白山茶之韻勝也。此木産於臨川之崔嵬，是爲麻源第三谷，仙聖所廬，金堂瓊樹。故是花也，稟金天之正氣，非木菓之匹亞。迺得骨於崑閬，非乞靈於施夏。造物之手，執丹青而無所用；析薪之斤，雖睥睨而幸見赦。高潔皓白，清修閒暇。徘徊冰雪之晨，偃蹇霜月之夜。彼細腰之子孫，與莊生之物化。方坯户以思温，故無得而陵跨。蓋將與日月争光，何苦與洛陽争價。惟是當時，而見尊顯處於瑶臺玉墀之上。是以閉藏而無悶，淡然於乾楓枯柳之下。江北則上徐庾，江南則數鮑謝。蓋不能刻畫常娥，藩飾姑射。諒無地以寄言，故莫傳於膾炙。況乎見素抱朴，難乎郢人。故徐熙趙昌，舐筆和鉛，而不敢畫。或謂山丹之皓質，足以争長而更霸。知我如此，不幾乎罵。雖瓊華明后土之祠，白蓮秀遠公之社，皆聲名籍甚，俗態不捨。挾脂粉之氣，而蘊蘭麝。與君周旋，其避三舍。

宋 謝薖《竹友集》卷七《玉茗花》 佳園昨夜變春容，清曉驚開玉一叢。素質定欺雲液白，淺粧羞退鶴翎紅。似聞金谷初無種，欲畫鵝溪恐未工。底事餘花避三舍，孤高元有史君風。 騷人浪説麻源谷，本在風流刺史家。直與瑶林共高徹，可須梅影鬬横斜。芳尊莫待紅粧賞，幽艷長令烈士嗟。 凴仗邊鸞折枝手，應宜展障玉鴉義。

宋 王安中《初寮詞·山茶花》 無窮芳草度年華，尚有寒來幾種花。好在朱朱兼白白，一天飛雪映山茶。

巧剪明霞成片片，欲笑還嚬，金蕋依稀見。拾翠人寒粧易淺，濃香别注脣膏點。

竹雀喧喧烟岫遠，晚色溟濛，六出花飛遍。此際一枝紅綠眩，畫工誰寫銀屏面。

宋 王十朋《梅溪前集》卷七《族兄文通贈山茶》 野性無端喜種花，吾兄得得贈山茶。鶯聲老後移雖晚，鶴頂丹時看始嘉。雨葉鱗鱗成小蓋，春枝艷艷首羣葩。自慚欲報無瓊玖，來往同看本一家。

宋 洪适《盤洲文集》卷八《山茶》 平泉窮勝事，南守送名花。寓意懲多愛，勞人召怨嗟。

宋 陸游《劍南詩藁》卷一六《人日偶遊民家小園有山茶方開》 人日西郊路，晨光射淺灘。停橈喜蕭散，照影歎衰殘。社酒香浮瓮，春蔬緑滿盤。山茶雖慰眼，不似海雲看。成都海雲寺山茶花，一樹千苞，特爲繁麗。

又 卷三二《山茶一樹自冬至清明後著花不已》 東園三日雨兼風，桃李飄零掃地空。惟有山茶偏耐久，緑叢又放數枝紅。

又 卷五〇《山茶》 雪裏開花到春晚，世間耐久孰如君。憑闌歎息無人會，三十年前宴海雲。成都海雲寺山茶開，故事宴集甚盛。

宋 范成大《石湖詩集》卷一七《十二月十八日海雲賞山茶》 追趁新晴管物華，馬蹄鬆快帽檐斜。天南臘盡風晞雪，冰下春來水漱沙。已報主林催市柳，仍從掌故問山茶。豐年自是驩聲沸，更著牙前畫鼓撾。

又 《玉茗花》 折得瑶華付與誰，人間鉛粉弄粧遲。直須遠寄驂鸞客，鬢脚飄飄可一枝。

又 《十一月十日海雲賞山茶》 門巷歡呼十里村，臘前風物已知春。兩年池上經行處，萬里天邊未去人。客鬢花身俱歲晚，粧光酒色且時新。海雲橋下溪如鏡，休把冠巾照路塵。

宋 楊萬里《誠齋集》卷四一《山茶》 樹子團團映碧岑，初看喚作木犀林。誰將金粟銀絲膾，簇飣朱紅菜椀心。春早横招桃李妬，歲寒不受雪霜侵。題詩畢竟輸坡老，葉厚有稜花色深。

宋 張鎡《南湖集》卷四《山茶花》 翠翼高攢葉，朱纓澹拂花。來從山塹側，開稱畫簷牙。影薄誰停繡，香清似煑茶。幾多輕斂態，月動夾牕紗。

又 卷九《謝人送白山茶花二首》 韻勝初聞不記年，偶逢俄在軟紅邊。山礬不遇南昌老，争得嘉名亞水仙。山茶花，初因山谷得名，而韻勝字亦見山谷《白山茶賦》。近時都城來有重此花者。

屋角春聲喜報晴，青裳玉面曉粧明。爲君自斷天休問，依倚清香樂此生。欲移植書軒旁。

宋 高似孫《剡録》卷九《草木禽魚上・山茶》 《平泉草木記》曰：得會稽之山茗，越山固多也。陶弼《山茶詩》：「淺爲玉茗深都勝，大曰山茶小海紅。」先公《雪館山茶詩》：「江南嘉木蔚蒼蒼，能與山梅次第芳。葉厚耐擎三寸雪，飛初怯受一番霜。」

宋 劉克莊《後村集》卷三《山茶》 青女行霜下曉空，山茶獨殿衆花叢。不知户外千林縞，且看盆中一本紅。性晚每經寒始折，色深却受日微烘。人言此樹尤難養，暮溉晨澆自課僮。

宋 程公許《滄洲塵缶編》卷八《和虞使君賦山茶花二首》 眼明絶艷照凋年，傲雪凌霜分外妍。鶴頂染砂那得似，犀棱削角自蒼然。若爲白瑞三冬裏，獨抱丹心一節堅。歲晚須公與商署，儘渠春晝萬紅嫣。

梅花蘸影碧江潯，似怪高人金玉音。詠絮可憐清寡伴，冠霞來與共論心。定知句追瓊瑶響，莫惜杯浮琥珀深。姑射清寒西子醉，一時嫵媚索高吟。

宋 胡仲弓《春晚山茶花數朵艷甚》（《江湖後集》卷一二引） 萬紅彫落盡，留住隔年花。獨艷迎人笑，殘粧帶雨斜。物情無老少，春意自繁華。顔色休相妬，風流别一家。

宋 張炎《山中白雲詞》卷六《蝶戀花・山茶》 花占枝頭忺日焙，金汞初抽，火鼎鉛華退。還似瘢痕塗獺髓，胭脂淡抹微酣醉。 數朵折來春檻外，欲染清香，只許梅相對。不是臨風珠蓓蕾，山童隔竹休敲碎。

金 段克己、段成己《二妙集》卷五《山茶雪》 娘子宫中儀體新，八姨羞把舊粧勻。畫羅瑞錦難相稱，故著龍香簇絳巾。

元 郝經《陵川集》卷一三《山茶》 雪塢欹斜緑葉稀，梅邊竹底弄嬌姿。小山曲檻偏宜著，飛蝶狂蜂總不知。秦樹怨離抛翡翠，漢宫愁絶冷臙脂。內家最愛常留得，生色屏風有數枝。

又 《月丹》 小艇移來江漲橋，盤盤矮矮格仍嬌。丹霞皺月琱紅玉，香霧凝春翦絳綃。

一種是花偏富貴，三冬無物比妖嬈。廣寒記憶曾攀折，滿殿光摇照紫霄。

元 方回《桐江續集》卷一九《山茶花》 石楠巖桂萬年枝，方駕分花占四時。犀甲鶴頭傲霜雪，入春猶見歲寒姿。

元 尹廷高《玉井樵唱》卷上《山茶》 東風知費幾工夫，綉出堂前晝錦圖。不假丹砂塗鶴頂，任教黄粉染蜂鬚。

元 馬祖常《石田文集》卷四《趙中丞折枝圖・山茶》 火齊珠紅拂翠翹，石家步障曉寒消。千枝臈炬燒春夜，羯鼓催花打六幺。

元 王沂《伊濱集》卷一二《山茶》 青雀西飛阿母宫，霓旌羽蓋緑雲中。丹砂費盡三千斛，染出仙衣鶴頂紅。

元 薩都剌《雁門集》卷三《阻風南露筋過羅漢寺登樓看山茶》 野寺尋春酒未醒，不知幾日過清明。小闌干外東風急，一樹山茶落晚晴。

明 劉崧《槎翁詩集》卷五《山茶》 聞説真常觀，山茶兀老蒼。根盤千古盛，幹拔五枝長。翠羽團秋色，丹砂注夜光。神仙誰種此，又見海成桑。

又 卷七《山茶》 緑剪龍鱗片，紅翻鶴頂砂。誰家小庭院，雪裏見宫花。

明 蘇伯衡《蘇平仲文集》卷一五《中丞劉先生齋閣前山茶一枝並蔕因效柏梁體呈》 朔風剪水雨雪雱，萬木蕭條凍且僵。青蕤丈人鈐閣傍，山茶作花紅錦香。中有一枝並蔕芳，苻彩爛若雙鴛鴦。嫣然占盡三春光，皇英采自雲中央。赤旗翠節兩作行，阿母笑執瑶池觴。仙童雙雙吹鳳凰，綵女齊綰珊瑚璫。麗色照耀青霞裳，芳氣氤氲滿中堂。大君尺劍定八荒，牛歸桃林馬華陽。百度既貞四維張，禮樂誰云謙未遑。制作直欲追虞唐，丈人今之杜與房。主臣合德真明良，朝夕左右扶維綱。餘子議論安敢當，一朝嘉惠錫后皇。乃是人文發禎祥，玉局仙子喜欲狂。更祝文人壽而康，黼黻鴻猷煥天章，山茶之瑞垂無疆。

明 楊慎《升菴集》卷三〇《次沐希甫山茶花韻》 山茶競開如火然，山城淑氣銷寒煙。幾經南國芳華遠，忽憶上林花信前。賞心避地日多阻，抱病閉門春可憐。黄須紫蕚莫相惱，青鏡緑樽非壯年。

又 卷三四《山茶花》 緑葉紅英鬬雪開，黄蜂粉蝶不曾來。海邊珠樹無顔色，羞把瓊枝照玉臺。

明 俞允文《仲蔚先生文集》卷九《山茶》 山茶多種山人家，此地寒多少着花。聞道南中饒暖處，千花萬蕋簇丹砂。

明 鄧渼《茶花百詠》（《雲南通志》卷二九之一四引） 滇茶甲海內，種類之繁，至七十有二。其在省城內外者尤佳。予以庚戌歲按部事竣，駐省候代。時值冬末春初，此花盛開，名園精舍，閒獲寓目，爍日蒸霞，摛文布繡，火齊四照，雲錦成帷，信天壤之奇觀，品物之鉅麗也。昔人謂此花有七絶，予以爲未盡厥美。有十德焉：色之艷而不妖，一也；樹之壽有經二三百年者，猶如新植，二也；枝幹高竦，有四五丈者，大可合抱，三也；膚文蒼潤，黯若古雲氣罇罍，四也；枝條黝斜，狀似麈尾，龍形可愛，五也；蟠根獸攫，輪囷離奇，可屏可枕，六也；豐葉如幄，森沉蒙茂，七也；性耐霜雪，四時常青，有松栢操，八也；次第開放，近二月始謝，每朵自開至落，可歷旬餘，九也；折入瓶中水養，十餘日不變，半吐者亦能開，十也。此皆他花所不能全者，因考唐人以前，此花獨不經題咏，以僻遠故，不通中土，遂使奇姿豔質淪落無聞。近代有作，率多不能爲此花傳神。暇日因戲爲百咏詩一首，牽綴比擬，未免兒態。庶幾爲此花吐氣，傳之四方，或有採焉。

偏檢古人句，山茶未得名。形容應有待，品價似難輕。此地本炎德，在天疑火精。芳菲迎暮歲，爛熳及元正。宜壽如山木，《莊子》篇名。經霜似女貞。柔條牽百丈，老幹倚孤撐。美蔭團松蓋，新蕤怒竹萌。重葩翻蔽葉，岐蒂總依莖。接植人工巧，土人植茶法：用兩樹相接，花始繁盛。開先品物亨。光華分若木，肌理細般檉。疊蕚曾承露，豐苞獨嚮明。叢深疑避蝶，春淺未聞鶯。次第開偏久，交紛壓恐傾。巨於瓊碧醆，圓若紫繁纓。戟綬交垂綵，綃紈乍染頳。紅膚時綻甲，赤色合居庚。按譜遺金谷，邀歡即錦棚。流雲相照映，射日更光晶。篋啓紅羅纈，餐分紫石瑛。摘鬚嫌斷線，接蕊愛連瓔。覽德冠稱鳳，能言喙屬鸚。火齊銜粉壁，舍利到金罌。道士霞爲帔，佳兒錦作綳。枝枝經纂組，朵朵薦璣珵。漢苑栽何得，隋宫翦不成。深宜藏翡翠，艷欲惱鵁鶄。摯虞《鵁鶄賦》：見水則喜，睹火則憂。步障褰華薄，氍毹展絳英。影懸金較帶，汗落錦斑騂。似餤噓丹竈，爲霞燒赤城。深元同燕燕，點血類猩猩。繡羽懸雕籠，朱輝發短檠。霜林揺翠葆，海日浴金鉦。錦水徐鄰浪，喬雲不作霙。紅毬分綵索，朱芾閒葱珩。柳絮空傷媚，芝房詎足正。稱名根野莽，奪色妬山櫻。蓮或羞泥汙，葵空向日誠。珠離酒泉柰，蜜剖楚江萍。質本堅蒲柳，香無取杜衡。道旁徒樹李，庭院枉栽荆。乍可蘭爲友，誰言棣是兄。繽紛異紅藥，憔悴惜朱嬴菊名。逾月遲蓂落，終朝惜蕣榮。古詩：「蕣榮不終朝。」詎稱霜挺桂，《天台山賦》：「八桂森挺以凌霜。」何事雨移橙。用杜詩。嘉種雖分部，茲花合主盟。杜鵑殊不類，《二芳記》以杜鵑花配山茶。鵾鴂敢先鳴。的皪披林影，菲微散曉晴。後彫仍早放，霧繞更烟縈。閩婢空慚賤，金鳳花。楊妃別有情。別種有楊妃山茶。寶珠光自溢，磬口韻猶清。枝愛垂絲軟，心憐捲瓣生。蝶翎看墜粉，鶴頂似含瓊。茶品之貴者有寶珠、磬口（軟枝、分心、捲瓣）、蝶翅粉、鶴頂紅諸名。一種皆稱美，羣芳孰與争。嬌姿長似寤，姱質更如儜。露下啼粧泫，風前舞態呈。施朱嫌太赤，頳玉未辭酲。絛似顰容斂，遥當笑靨迎。口脂香澤傅，眉黛遠山横。合德偕宜主，娥皇儷女媖。令人疲應接，有客更屏營。倚處慚形穢，看時恐目盲。《道德經》：五色令人目盲。每當春澹蕩，及此歲峥嶸。節候佳南詔，繁華匹上京。深紅間淺紫，布谷復彌阬。旭景宜蘭若，霞鋪駭楚傖。紛敷彌繡野，徙植近雕甍。竊慮霜威入，思將夏屋帡。窺垣恒寂寂，隔水更盈盈。早沐緋衣賜，偏宜素腕擎。助嬌斜寶髻，充耳當瓊瑩。賞玩須歌伎，吹噓借墨卿。招揺多伴侣，感愴易嫠惇。天女貪分供，園丁差價贏。每歲元日，市賣此花，供佛，紅紫溢目。出門逢巨麗，曳杖陟嶢峥。婀娜隨烏帽，飄颻墮兒觥。杯盤狼藉列，車馬往來偵。曉駐浮雲蓋，宵移玉柱箏。佳人理釵釧，貴客駐干旌。競作尋花使，寧辭醉酒鐺。夷謳徵穆護，曲調擬清平。舞袖淹同坐，纏頭費從伶。攀留思遠道，折贈付來伻。不遇神農録，空留姚魏聲。紅顔銷瘴癘，珍品失寰瀛。安得移中土，猶堪慰此行。僰童應見慣，楚客易心驚。幾樹臨官舍，三年慰旅程。有時還獨倚，竟日但空瞪。盛極憂衰至，憐深與恨并。物華虚冉冉，此意自怦怦。坐撫琴三弄，閒消酒一盛。眠須攜枕簟，狂或繞簷楹。相賞無知己，餘酣對老兵。何心思北土，有賦侈南征。感處人千里，吟當月五更。未須怨揺落，終許伴幽貞。暗覺鄉園近，深嗟世網嬰。嵇含狀草木，柱海志虞衡。逸史奇應續，新詩暇自賡。屬辭深比興，從此定佳評。

明 陳繼儒《陳眉公集》卷四《詠花竹十二絶・山茶》 少竹倚朱顔，婍妮山圈裏。何如玉川翁，松風煑秋水。

清 曹亮武《南耕詞》卷四《山花子・楊妃山茶》 直欲輕盈鬭麗華，肌膚凝雪暈紅霞。應是君王初罷寵，做寒花。　杏臉桃腮音信杳，獨將春色暫時賒。恰似玉容微醉後，隔窗紗。

清 吴偉業《梅村集》卷七《詠拙政園山茶花并引》 拙政園，故大弘寺基也，其地林木絶勝，有王御史者侵之，以廣其宫，後歸徐氏最久。兵興，爲鎮將所據，已而海昌陳相國得之。內有寶珠山茶三四株，交柯合理，得勢争高。每花時，鉅麗鮮妍，紛披照矚，爲江南所僅見。相國自買此園，在政地十年不歸，再經譴謫遼海，此花從

未寓目。余偶過太息，爲作此詩，他日午橋獨樂，定有酬唱，以示看花君子也。

拙政園内山茶花，一株兩株枝交加。艷如天孫織雲錦，赬如姹女燒丹砂。長養吐如珊瑚綴火齊，映如蝃蝀凌朝霞。百年前是空王宅，寶珠色相生光華。長養端資鬼神力，優曇湧現西流沙。歌臺舞榭從何起，當日豪家擅閭里。若奪精藍爲甃花，旋拋先業隨流水。兒郎縱博賭名園，一擲留傳猶在耳。後人修築改池臺，石梁路轉蒼苔履。曲檻奇花拂畫樓，樓上朱顔嬌莫比。千條絳蠟照鉛華，十丈紅牆飾羅綺。鬬盡風流富管弦，更誰瞥眼閒桃李。齊女門邊戰鼓聲，入門便作將軍壘。荆棘從填馬矢高，斧斤勿剪鶯簧喜。近年此地歸相公，相公勞苦承明宮。真宰陽和暗迴斡，長安日日披薰風。花留金谷遲難落，花到朱門分外紅。獨有君思歸未得，百花深鎖月明中。灌花老人向前説，園中昨夜零霜雪。黄沙淅淅動人愁，碧樹垂垂爲誰發。可憐塞上燕支山，染花不就花枝殷。江城作花顔色好，杜鵑啼血何斑斑。花開連理古來少，並蒂同心不相保。名花珍異惜如珠，滿地飄殘胡不掃。楊柳絲絲二月天，玉門關外無芳草。縱費東君着意吹，忍經摧折春光老。看花不語淚沾衣，惆悵花間燕子飛。折取一枝還供佛，征人消息幾時歸。

清 錢澄之《田間詩集》卷九《江上集·來園雜詩》 山茶何代樹，豔色吐丹砂。只得一枝在，還開千朵花。山茶

清 樸靜子《茶花譜·茶花別名詠》 佛座白：觀音白别名。净土芳根託上乘，如蓮地湧待飛昇。何須貝葉開靈覺，洗浴身心便可登。 狀元紅：王紅别名。花裏臚傳第一聲，宫袍灑落稱芳名。假他大塊文章麗，偃慰書生燈火情。 出爐銀：粉孩兒別名。花姨原不受追呼，春色曾經銷鑠無。風炭鎔來紅未冷，難償拙宦積年逋。 粉紅蓮：亦粉孩兒別名。未近蓮房露冷時，忽披霞艷亞清池。托根絶異青泥染，那得牽纏不斷絲。 長春紅：粉孩兒新贈名。柔麗安能月月紅，慣憑芳意挽東風。陰霾勿使凌生趣，化洽春曛和氣融。 菊華：小六角别名。羅含宅裏洩韶光，秀色離披似耐霜。誰道春榮無晚節，貞英早已毓秋香。 松塔：亦小六角别名。徂徠春色本無同，偶似蒼鱗馬鬣叢。人羡芳名皆屬目，欲披謖謖大夫風。 芍藥紫：錦蓮紅新贈名。春葩婪尾儘風流，媚紫尤宜士女儔。莫令繁卿知異種，又教選會病揚州。 紅吐絲：吐鬚紅别名。嬝娜春從地軸旋，繅車那綰自然妍。抽將寸寸丹靈血，尤比啼鵑喉舌鮮。 叠葉：小六角别名。幻想名花充下陳，花如解語笑生嗔。海疆滯爾單寒跡，那有重裀累褥人。

又《擬詠鐘欵茶花詩有小序》 鐘欵之説已著花品矣，但恐執一見者，疑爲秃筆江郎捨難就易，撰名鐘欵便於裁詩，然不知鐘欵呼花不惟未洽，而拈題尤近口吻也。何惜吟毫再成五絶俾誦之者，聊以解嘲云。

鐘欵紅

不易牛羊待血濡，春同鐵冶變芳模。惠風月下徐徐扣，花裏迷人唤醒無。

鐘欵白

鼎食人欽素艷名，賞心尤冀吼如鯨。寸莛誰識難施巧，暗撞風聲總不鳴。

鐘欵茄花

可是群芳欲勒勲，賦形故向景陽分。花光莫認驅風朵，貿貿删根煑甕雲。

單瓣鐘欵白點紅

商周樂器媲花妍，剥蝕硃砂斑不全。欲和淵淵宗廟鼓，等閒未肯一聲傳。

單瓣鐘欵紅點白

弗惹香煙朝暮禪，似迷遺則篆餘丹。栖芳蛺蝶潛聽處，差比金門待漏寒。

又《茶花詠》

觀音白

不染慈雲發妙香，落伽色相净蓮芳。大千莫誤叅金碧，瞥眼靈枝郎慧光。

粉紅珠茶

暈紅乍剥蚌胎時，誰付花姨上串兒。殘擬江皋逢解佩，年年誘我守株痴。

干龍紅

恍借瓊娥灑雪輕，爲防赤熖自焚英。知他非染屠龍血，姤雨驚風何不情。

牡丹紅

韵絶瑶臺月下姿，猶虚太白奏新詞。洛陽豪貴如相問，迥異當年馳驛時。

五寶

瑪瑙鏤空褋瑾瑜，瓊英瑶蕊共根株。漫誇富有宜金谷，定尚珍奇入貢圖。

秋色平分

半似烘陽半怯霜，捻無肥瘦兩相妨。久貽麗影春邊髀，均得嬋娟八月光。

柳條

九烈神君變態痴，不同張緒少年時。人憐絶似相思種，另出河橋贈别枝。

荷蓮紅

不倚晴熏膩粉紅，水芝丰采化春工。寒梅同植雞窓畔，雅稱幽人君子風。

大六角

宛漱靈均六藝芳，也披菡萏飾華章。無人不羨端容表，風度稜稜出異常。

白寶珠有微香

碎攢香雪一團團，聲價原同徑寸看。明月枝間分素采，夜光也覺逼人寒。

白珠茶

曾還合浦事疑訛，粒粒分明綴翠柯。把酒酬花花寓感，世間魚目混人多。

大紅珠茶

季倫如意碎珊瑚，花谷曾經遺却無，近日舊家人守素，適宜新貴挂朝珠。

大紅山茶

素封久識薄人情，卧雪難埋高士名，自是終南多捷徑，眼中博得賜緋榮。

三學士

同姚花磚染翰人，緋袍紫袖各榮身。久濡雨露根株固，品秩高標冠縉紳。

日丹

幻引窮黎欲曝暄，轑同靈曜照乾坤。可憐不識花閒趣，大澤空嗤夸父奔。

五心白

庭院韶華總一般，獨憐瘦態欠舒閒。料因縷縷多心緒，易損精神減玉顔。

絨茶

兒女窗中倦綉情，蓮鬚亂緒縷難清。露華如茜風如剪，渾代柔荑紮縛成。

青梅

官閣春生一樣開，欣榮翠葉獨常偎。覷伊世外殊芳韻，也趂東風報占魁。

虎斑

花圃何來卜地踪，撼枝却駭有風從。但宜文炳留青眼，一震威名世鮮容。

大象白

不生豐鼻不生牙，玉潤枝頭絶點瑕。大力空門嘗喻法，瑶光特爲散天花。

麗春紅

倚占春濃笑靨驕，不憑芒刺衛高標。曝晴如熖將烘手，那計紅殘風雨摇。

小六角

堆紅砌紫有芳規，莫等閒花微末窺。特報上林傳保息，榜標六養在春枝。

干龍紫

奪朱有意色常豐，春藉醖釀淑氣融。霖雨幾番花浴臉，矜伊失影電光中。

干龍白

疑是摇空振玉鱗，褪來葉底旋生春。白雲掩映如相護，不許人寰着點塵。

紅點白

勻脂漚粉豈傾城，紅白天然媚自生。風雨妬他全不減，守宫留得表清貞。

白點紅

或恐前身是太真，馬嵬埋玉不勝春。游魂污血無歸着，託得芳心又絶倫。

荷蓮白

致凌玉井太華西，淡潔真稱不染齊。猜是徵文花有意，春容變幻動濂溪。

錦蓮紅

紫飾紅敷未借機，風騷豈識緝爲衣。棹歌莫向湖心覔，便道吴宫見亦稀。

錦蓮

天孫不降玉梭飛，澤國清芬令亦違。畢竟妖嬈何所似，昌宗新幸晝滎歸。

嬌蓮

太液風光較更優，春殘無那惹含羞。憐伊若不删繁蕊，定見枝枝會並頭。

粉孩兒

艷冶猶饒嬌怯姿，比他丱角惜春遲。謝家膝上能吟態，贏得風流盡在兹。

銀紅牡丹

東皇畢竟用常敷，富貴春光鎔日爐。費盡國忠無限意，沉香閣下致全輸。

王紅

當權赤帝號無雙，臣妾群芳僭外邦。倘被牡丹聞警息，東風戰罷果誰降。

吐鬚紅

護得輕綃是絳囊，朱顔化作丈夫裝。但愁蜂蝶猶窺覷，黯黯傷春也易蒼。

醉芙蓉

采采精神白暈紅，芳名舊與錦官同。若凝曉露春江側，誤認和風作泰風。

鍾欵紅

剪韭宜看向雨窗，名花恰稱紫泉缸。乞他願得東君諾，留與詩翁宴曲江。

鍾欵白

動人欲輾綠塵飛，白定吟他挂沏肥。不信請看擎曉露，是誰高把祖春歸。

芙蓉紅

一色紅鮮已娟人，何須三醉始傳神。閨窗解識春風面，宜笑宜嗔對鏡勻。

鍾欵茄花

叢芳簇簇閗奇英，恍勸長星曉夜擎。笑倒鄉農猜秀色，園蔬到此也爭榮。

單瓣鍾欵白點紅

玉蝕腥紅幾費猜，陰陽發育脱花胎。知因時好崇珍玩，血古呈來琬琰杯。

單瓣鍾欵紅點白

海棠斂艷失梨雲，痕媲春葱一捻文。似酌似斟花有度，玉山應是倒東君。

川白

峨嵋山雪映丰標，不事鉛華意致饒。知爲紛囂難寄迹，冰魂每擬艸堂招。

川紅

入眼令人意便傾，春風猶吊薛濤情。似沉昨夜臨邛酒，病曆今朝帶宿酲。

大紅寶珠

彈雀看他殊不經，火齊輪熖射芳庭。若教大曆留丹陛，貢使何勞致日靈。

清　**魏方泰《秀山茶花行》（《雲南通志》卷二九之一三引）**　滇中四時春不斷，山行日月褰帷看。絶倫最是秀山茶，彷彿朱霞燦天半。七十二種各天嬈，卷瓣分心作意嬌。密葉真成青幄幔，臨花偏愛輭枝條。寶花玩月飄輕倩，更聞朵朵隨風轉。到地猶同向日葵，不教泥滓涴花面。自從初夏已含胎，破臘驚看共蚤梅。一花能耐經旬綻，一樹能經兩月開。讀書寒士娱清暇，數枝分種雞窻下。聊學郭駞供筆資，售向人間無高價。豪家競費賞花錢，牡丹富貴芍藥妍。寂寞自開還自落，無人攜酒此花前。我今爲爾澆醽醁，盌大紅毬喜不俗。繞樹日長千百廻，夜深還復燒高燭。高燭頻燒喚奈何，金罇莫惜醉時歌。有客座中忽太息，不知何事感生多。客言海棠雖嬌嫩，香氣有無何足論。有香未到十分憐，無香寧抵十分恨。憐轉深兮恨轉深，此花植得費沉吟。可惜當年人不見，空抱烟村一片心。我亦雅同彭氏趣，不計無香廁花數。憐到此花恨不生，轉恨客情太膠固。小枝覓得兩三盆，準擬攜歸溪上村。清風也自慚投硯，隔霧不圖老眼昏。更酬司花祝不已，願花長似昆明美。江北江南總是春，莫教橘去翻成枳。

清　**曹寅《楝亭詩别集》卷一《詠花信廿四首・山茶》**　臨風密葉碧琅玕，也抵千金帶笑看。爭似王孫茅屋畔，垂垂兩樹寶珠團。

清　**李調元《童山詩集》卷二七《白山茶》**　園小纔如丰，枝繁粲若銀。含苞中夏日，拆朵小陽春。寇脱瓢初剪，瓠犀齒乍勻。漫言殷未久，也勝百花新。

清　**沈欽韓《幼學堂詩稿》卷一二《詠茶花》**　玉茗延秋影，寒空澹着花。苔青助幽意，雨白孕靈芽。插髻當修竹，橫闌憶折麻。何時珠琲瓃，雲脚散窗紗。差比山礬瘦，涼蟾媚玉池。西風翦素魄，老屋映秋眉。霜曉冰花結，宵深舌本思。冬心寂寥甚，只待向南枝。

清　**鄧廷楨《雙硯齋詩鈔》卷一一《白山茶》**　盆供白山茶，作花一枝，瓣層層鋪貼如槊，不似寶珠之攢簇。色正白而孚尹旁達，殆即所謂玉茗者。

大峩仙人發高詠，新花唯見鶴頭丹。臨川老子獨清絶，玉茗斜亞青琅玕。瑶華一朵忽飛墮，雪色直逼銀屏寒。碩人凝脂差可擬，鬼工刻楮環無端。庭前辛夷頓失素，攺似魯縞羞齊紈。相看不慮煞風景，旋瀹活水烹龍團。

清　**謝元淮《養默山房詩藁》卷一八《江頭集・金雞嶺看山茶花》**　雲臺山下金雞嶺，三月繁花繪芳景。千紅萬紫總尋常，一樹山茶嬌自逞。瓊葩朵朵火吐熖，翠葉層層春無影。寶珠亂綴珊瑚林，紅霞忽蔚彩雲頂。百尺老榦藏古春，十笏禪堂蔭清迥。前月尋芳初到來，含苞露蘂猶未開。早知燦爛有此好，當時想望徒徘徊。流光照耀娱春目，蜂蝶紛紛相追逐。盡在天心慰藉中，何須玩賞爭遲速。江南茶花天下奇，況有東風日夜吹。拙政園中雖未見，青螺閣陽羡南嶽寺上曾題詩。都放此株出頭地，植根遠説唐宋時。洞庭絶品稱花國，葉紅嚴紅與僧白。磁盆雅潔畫堂閒，一一階庭鬬顔色。花正好時客不歸，客裏看花花憐客。今年看花京江濱，明年看花何處春。年年願醉花前酒，莫教花枝空笑人。

清　**俞樾《春在堂詩編》卷二二《山茶花》**　抛却園林滿院花，余病，不窺園一年矣。只堪窗外看山茶。同昌公主塗紅蜜，軒帝宫人點赤霞。似爲病懷嫌落寞，故將春色弄夭斜。隔牆更有一株玉，牆外有玉蘭花。映照瓊英豔更加。瓊字從《説文》赤玉之訓。

雜録

明　**田汝成《西湖遊覽志餘》卷二五《委巷叢談》**　言紛紜不靖曰海紅花，蓋海紅花乃山茶之小者，開時最繁鬧，故借以爲喻。

明　**謝肇淛《滇畧》卷四《俗畧》**　滇中氣候最早，臘月茶花已盛開。

圖表

明 李時珍《本草綱目・圖卷》

荷

論說

宋 陸游《老學庵筆記》卷一〇 芰，菱也。今人謂卷荷爲伎荷。伎，立也。卷荷出水面，亭亭植立，故謂之伎荷。或作芰，非是。白樂天《池上早秋》詩云：「荷芰緑參差，新秋水滿池。」乃是言荷及菱二物耳。

宋 袁文《甕牖閑評》卷七 黄太史詩云：「緑荷菡萏稍覺晚，黄菊拒霜殊未秋。」觀太史詩意，似直以菡萏爲蓮花。夫菡萏，本蓮花未開之狀。故《說文》云：「芙蓉，華未發，菡萏；已發，芙蓉。」宋之問《秋蓮賦序》云：「玉池清冷，紅蕖菡萏。」李白詩亦有「鏡湖三百里，菡萏開荷華」之語，于此蓋可知矣。【略】世人用芰荷字，多不辨。夫芰，菱也；荷，蓮也，二者初非一物。屈到嗜芰，蓋喜食菱耳。而秦少游詩云「紅菱秋開鑑水香，菱花潔白無紅者」，豈少游亦誤以芰荷爲一物而未之察耶？

宋 許顗《彥周詩話》 世間花卉，無踰蓮花者，蓋諸花皆藉暄風暖日，獨蓮花得意於水月。其香清涼，雖荷葉無花時亦自香也。梁江從簡爲《採荷調》云：「欲持荷作柱，荷弱不勝梁。欲持荷作鏡，荷暗本無光。」此語嘲何敬容，而波及蓮荷矣。

宋 羅願《爾雅翼》卷八《芙渠》 郭璞曰：蔤，莖下白蒻，在泥中者。今江東人呼荷華爲芙蓉，北方人便以藕爲荷，亦以蓮爲荷。蜀人以藕爲茄。或用其母爲華名，或用根子爲母、葉號。此皆名相錯，習俗傳誤，失其正體者也。

宋 胡次焱《梅巖文集》卷六《問愛蓮說》 六合一窖，木焦草焫。時兮有蓮，爛其錦文。畏赫曦之鬭艷，藹晚風其薦馨。予嘗棹舟西湖，問訊鷗鷺之羣。浩吟李白宋之問之歌之賦，以驅除祥暑爲一餉樂也。則作而曰：我濂溪夫子，非流連光景者，而雅意愛蓮，豈若太液池邊、若耶溪畔昵昵兒女態哉！歸取《愛蓮說》讀之，忽若有得，乃爲之說，曰：佳哉！蓮乎有花，可以爽人之目。而又有實，可以清人之心。花之得名，君子有以也。楚楚其容儀，濟濟其風度。而究其功用，曾不足以濟人利物，則不得爲君子。芳心艷葩，徒以供富兒俗子之遊翫。清芳麗色，秖以輸騷人墨客之吟賞。而究其成實，上不登俎豆之列，次不入藥籠之需，則不得爲花之君子。何則？君子者，有華有實，有德義有功業相稱。水陸草木之花，其華而不實者，何可勝數，姑以愛蓮一說論之。牡丹，花之富貴者也，而堪嘆「牡丹如斗大」之句，于實竟何有哉？菊，花之隱逸者也，而「殘菊飄零滿地金」之句，于實竟何有哉？隰有荷花，則異乎三子者之撰。請先論其花，而次論其實，可乎？八九紅芰，婉姹晚顏，蓮則與霽宜；霡霂霏霏，滑肌香潤，蓮則與雨宜；南薰其徐，檀心清遠，蓮則與風宜；冰輪嬋娟，玉簪隱映，蓮則與月宜；含英咀華，幻其肺腑，寫之十指，勃勃生意，則蓮與詩宜；拈芳掇艷，剩入尊罍，平生不平，散從毛孔，則蓮與酒宜。炎歊之氣，惔焚之暑，一見此花，辟易三舍。故曰：花可以爽人之目。乃若麝囊既收，蜂房告成。緇墨其衣，冰雪其肌。挹沆瀣其滿腔，收絲綸于户牖。渴者得之，如瓊之漿。饑者得之，如玉之乳。不特此之，岐伯黄帝與夫扁鵲倉公，下至陶隱居諸人，著書濟世，起膏肓而生全之，必以蓮實爲功。在人心品，在甘草國老之右，故曰：實可以清人之心。古今讚蓮者，往往及其華而不及其實。而蓮之得爲君子者，其成就竟不白于天下，而後人亦遂以君子爲無益于人國，亦可悲夫！天之生君子也甚難，而人之自樹也尤不易，宜有以發執事之歎也。執事且曰：白露既戒，百草先零，向之天機雲錦，收拾何歸，且指以爲造物者之不少借物，若有以憫之者。愚則謂此正造物者所以

大蓮之成就而斂其華，將食其實者也。蓋扶輿假天之時，天所以昌蓮之華，其顯然在人目者，誰不欣于一遇。白露既戒之時，天所以堅蓮之實，其隱然在人心者，誰其知之？此觀蓮法也，亦觀君子法也。騷經以香草比君子，庶幾知蓮者而恐鶗鴂之先鳴，傷美人之遲暮，憂讒悶怨，憔悴枯槁，自殞其華，自剥其實。不識此義，亦可憐矣。自有宇宙，已有此蓮，更幾千百年知之者屈原周子，而屈原知之尤未悉，他何望哉？或曰：《愛蓮説》以菊與牡丹比而言之，若是班乎？子曰不然。菊與牡丹不足以儕蓮，而蓮則兼乎菊與牡丹，故周子以君子許之。君子人歟，進可同牡丹之富貴，而盛行不加；退可同菊之隱逸，而窮居不損。故其富貴也，小則居王侯之幕，進則對令狐之炬，以至班從橐、歌相府，而富貴不能淫也。其隱逸也，則制芰荷以爲衣，纍芙蓉以爲裳，以至歌碧篇、搴木末，而貧賤不能移也。故夫太液昆明金池玉砌，君王一顧，公侯嗟賞，時則與上林之牡丹同一富貴，而蓮不以爲泰，自華自實自爾也。荒塘污池，菱芡交襲，樵夫牧子，蹂躪鄙薄，時則等東籬之菊，同一隱逸，而蓮不以爲辱，自華自實自爾也。嗚呼！使屈原知此，亦何至不自聊賴邪？行汨羅，葬魚腹，君其問之水濱，而風月襟懷，庭草意思，九京可作，吾誰與歸？思濯滄浪之清，欣對水花之浄，願執筆從先生後，相與訂《離騷》經，衍《愛蓮説》，以告世之名，爲君子而獨不爲蓮也者。噫嘻，世之名爲君子者，非不何郎其肌也，非不荀令其香也，而其實竟何益于生民之利病？謹毋徒翫其華。

明 陶宗儀《説郛》卷一三《周子愛蓮説如屈原橘頌》 《左傳》云：「譬諸草木，吾臭味也。」屈正平《離騷經》一篇之中，固以香草而比君子矣，然於《九章》中特出《橘頌》一章，朱文公謂受命不遷，謂橘踰淮爲枳也。原自比志節如橘，不可移徙也。末乃言橘之高潔可比伯夷，宜立以爲像而效法之，亦因以自託。余因文公之言，而謂濂溪周子作《愛蓮説》，謂蓮爲花之君子，亦以自況，與屈原千古合轍。不寧惟是，而二篇之文，皆不滿二百字，詠橘詠蓮，皆能盡物之性，格物之妙，無復餘藴。蓋心誠之所發，越萬物皆備於我之所著形。是可敬也，讀者宜精體之。

明 唐寅《蓮花似六郎》（《小窗艷紀·論部》引） 嘗讀史，唐武氏幸張昌宗，或譽之曰：「六郎而似蓮花。」内史楊舟思曰：「不然，乃蓮花似六郎耳。」嗚呼，蓮花之與六郎，似耶不似耶？縱令似之，武氏可得而幸耶？縱令幸之，再思可得而諛耶？以人臣侍女主，黷也，昌宗之罪也。以女主寵人臣，媱也，武氏之罪也。以朝紳譽嬖幸，諂也，再思之罪也。古之后妃，吾聞有葛覃之儉矣，有樛木之仁矣，有桃夭之化矣，未聞有美男子侍椒房也。漢吕氏始寵辟陽侯，其後趙飛燕多通侍郎宫奴，沿魏晉而媱風日以昌矣，然未有如武氏之甚也。自白馬寺主而下，其爲武氏之所幸者，非一人矣，然未有如昌宗之甚者也。彼其手握王爵，口啣天憲，吹之則春葩頃萎，嘘之則冬葉旋榮。以檢夫小人，争爲諂媚。后嘗衣以羽衣，吹以玉笙，騎以木鶴，號曰王子晉，則人皆子晉之矣。俄而稱子晉爲六郎，則人皆六郎之矣。俄而諛六郎爲蓮花，則人皆蓮花之矣。然未有如再思之甚也。故獨曰：「蓮花似六郎。」夫蓮之脱青泥，標緑水，可謂亭亭物外矣，豈六郎之媱穢可比耶？彼似之者，取其色耳。若曰蓮之紅艷，后可玩之而忘憂矣；蓮之清芳，后可挹之而蠲忿矣；蓮之綽約，后可與之而合懽矣。金莖之露，可共吸焉；玉樹之花，可共歌焉；薔薇之水，可共浴焉。上林春煖，蓮未開也。對若人而蓮已開，可以醒海棠之睡矣。太液秋湲，蓮已謝也。對若人而蓮未謝，可以增夜合之香矣。一切奉宸，將娱聖意，非蓮花其誰與歸？此其尊之寵之之意極矣，而再思猶謂不然。將以蓮出乎青泥，垢也。若六郎自有僊種，不啻天上之碧桃乎？蓮依乎緑水，畢也。若六郎自有仙根，不啻日中之紅杏乎？蓮有時而零落，非久也。若六郎顔色常鮮，不啻月中之丹桂乎？以蓮之近似者，人猶寶焉，惜焉，壅焉，植焉，而況真六郎乎？是故芙蓉之帳，僅足留六郎之寢。菡萏之杯，僅之邀六郎之懽。步步生蓮，僅足隨六郎之武。柳眉淺黛，藉六郎以舒之。蕙蔕同心，偕六郎以結之。鏡吐菱花，想六郎而延佇。户標竹葉，望六郎而徘徊。此再思之意也。不惟是也，菰蓮者，護其風霜，防其雨露，剪其荆棘，培其本根。今六郎思倖無比，而群臣若元忠者，非其荆棘乎？則竄之。如易之者，非其枝葉乎？則寵之。賜以翠裘，恐露隕而蓮房冷也。傅以朱粉，恐霜落而蓮花褪也。此再思之意也。不惟是也，枝有連理，花有並頭，以六郎之美，蓮且不及。宜后之纏綿固結，而不可解矣。是故九月梨花，后以爲瑞也。再思則以九月之梨，不若六郎之蓮。百花連夜發，莫待曉風吹，后以爲樂也。再思則以百花之奇，不若一蓮之艷。不信比來常下淚，開箱驗取石榴裙，后以爲悲也。再思則以蓮花常在伴，而石榴可無淚。極而言之，桃李子之丕基可奪也，六郎之思寵，必不可一日而奪。黄臺瓜之天性可傷也，六郎之情好，必不可一言而傷。使后與昌宗如蔦蘿相附，如葭莩相倚，如藕與絲之不斷，夫然後愜再思之意乎！甚矣，其諂也。嗟呼，「伊其相謔，贈之以芍藥」，刺士女之滛奔也。「期我乎桑中，要我乎止宫」，刺公族之

滛奔也。「墻有茨，不可埽也。中篝之言，不可道也」，刺國母之滛奔也。況武氏以天下之母，下寵昌宗，污穢媱媟，無復人禮。此尤詩人所痛心，志士所扼腕也。是故對御而褫之，有如植桃李之懷英矣。置獄而訊之，有如賦蓮花之廣平矣。始許而終拒之，有如蓬生麻中之張説矣。此皆所謂正人如松栢也。若再思者，所謂小人如藤蘿也。己面似高麗，則高麗之。人面似蓮花，則蓮花之。不知五王之兵一入，二竪之首隨懸，一時山黨如敗荷殘芰，零落無餘，而池沼中之蓮花自若也。尚安得六郎之面，與之相映而紅哉！嗟乎，福生有基，禍生有階。唐之先，高祖私其君之妃，太宗嬖其弟之婦，高宗納其父之妾。閨門無禮，内外化之。是故人臣亦得以烝母后，而當時謟諛之子，如再思者，若以爲禮，固宜也，一傳而韋氏，三思其蓮花矣。蓬萊别殿，化爲麀聚之場。花谷深宫，竟作鶉奔之所。而題詩紅葉者，且以爲美談矣。此皆創業垂統之所致也，於武氏何尤，於昌宗何尤，於再思何尤。

明　吴從先《小窗自紀》卷二《荷葉辨》　蓮之香也，花甜而近，葉清而遠，風聞十里，皆葉之清芬所扇。鋪疊池塘，自田田而擎露而破霜，翠羽欲流，碧雲爲颶，情致清異。花實藉之，而賞者多不及葉，亦花中缺陷也。聞詩有曰：「殘霞斷靄湖光裏，荷葉荷花俱可憐。」似亦憐及葉者，於予心少獲焉。

明　王路《花史左編》卷一二《花之辱·蓮貌》　蓮本出於泥而不滓，故爲净友。唐張昌宗廼以姿貌幸，楊再思曰：人言六郎似蓮花，非也，正謂蓮花似六郎耳。反令花有厚顔，妄遭玷辱。

清　李漁《閒情偶寄》卷一四《種植部·草本第三·芙蕖》　芙蕖與草本諸花，似覺稍異；然有根無樹，一歲一生，其性同也。《譜》云：産于水者曰草芙蓉，産于陸者曰旱蓮。則謂非草木不得矣。予夏季倚此爲命者，非故效顰于茂叔，而襲成説于前人也。以芙蕖之可人，其事不一而足，請備述之。群葩當令時，只在花開之數日，前此後此，皆屬過而不問之秋矣。芙蕖則不然，自荷錢出水之日，便爲點綴緑波，及其勁葉既生，則又日高日上，日上日妍，有風既作飄颻之態，無風亦呈嫋娜之姿，是表于花之未開，先享無窮逸致矣。迨至菡萏成花，婿姿欲滴，後先相繼，自夏徂秋。此則在花爲分内之事，在人爲應得之資者也。及花之既謝，亦可告無罪于主人矣，乃復蒂下生蓬，蓬中結實，亭亭獨立，猶似未開之花，與翠葉並擎，不至白露爲霜，而能事不已。此昔言其可目者也。可鼻則有荷葉之清香，荷花之異馥。避暑而暑爲之退，納涼而涼逐之生。至其可人之口者，則蓮實與藕，皆並列盤餐，而互芬齒頰者也。只有霜中敗葉，零落難堪，似成棄物矣，乃摘而藏之，又備經年貯物之用。是芙渠也者，無一時一刻，不適耳目之觀；無一物一絲，不備家常之用者也。有五穀之實，而不有其名；兼百花之長，而各去其短。種植之利，有大于此者乎？予四命之中，此命爲最。無如酷好一生，竟不得半畝方塘，爲安身立命之地；僅鑿斗大一池，植數莖以塞責，又時病其漏，望天乞水以救之。殆所謂不善養生，而草菅其命者哉。

清　郝懿行《曬書堂文集》卷一〇《雙蓮華記》　嘉慶四年六月，余家瓦盆内蓮一枝忽作竝蔕，遠近多來觀者。其華房峩峩如髻狀，蓋蓮單華則結房，圓直竝蔕則萼跗，迫迮而形作宛屈，其勢自然也。是年，余適登第受職，於時觀者咸讚歎，稱吉祥，或引孫氏《瑞應圖》云：竝頭蓮名華莘，實科名之佳兆。余在京邸，始聞頗涉疑怪，將恐妖由人興，既而觀變察理，乃悟妖祥二端，都了不相與耳。何者？以爲祥也則無德，以爲妖也則亦無怨，斯乃物類之適然，曾何足深異乎？吾嘗觀古紀瑞之書，率多荒誕，俗儒寡昧，便事張皇，乃至鳥獸草木之儔，偶形怪異，率乃任情附會，妄測禨祥。斯皆緯候之陋談，非夫英達之特論也。且如鶼稱比翼，禽類所珍，而逆鶬九頭，鳥乃爲怪。木産連理，人咸稱祥，而桑穀共生，木乃是妖。由斯以談妖祥之説，迄無定形。禍福之求，罔不由己。聖賢遇災修省，妖即是祥。庸愚侈瑞恣睢，祥乃爲妖矣。故曰：禍福同門，吉凶竝域。君子修身，不改其度，成敗利鈍，非所逆覩也。余覽唐人《稽神録》載：婺源尉朱慶源罷任，家於豫章之豐城，庭中忽生蓮一枝，其家駭懼，多方禳之，蓮生不已，遂乃築堰鑿池。迨後數年，慶源仕宦，終亦無他。《藝文類聚》八十二卷載晉范甯表云：爲豫章郡守新淦縣廳事前陸地生一蓮花。入冬花十六，年更生四枚，今年復生二十六枚，鮮明可愛。夫蓮生陸地，乃不爲妖，即知華作竝頭，未便是祥矣。余深怪世人之好語祥而不語妖也，嗟嗟小人，福薄禄過災生。今兹余忝一官，懼弗稱焉，那復敢妄意扳援，比他廣陵芍藥開作金帶圍，侈語祥瑞耶？聊述余之所志，爲記其事如此，時十月四日也。

綜　述

《詩經·鄭風·山有扶蘇》　山有扶蘇，隰有荷華。傳：興也。扶蘇，扶胥，小木也。荷華，扶渠也。其華菡萏。【略】音義：未開曰菡萏，已發曰芙蕖。

《爾雅・釋草》 荷，芙蕖。注：別名芙蓉，江東呼荷。其莖茄，其葉蕸，其本蔤。注：莖下白蒻，在泥中者。其華菡萏。注：見《詩》。其實蓮。注：蓮謂房也。其根藕，其中的。注：蓮中子也。的，中薏。注：中心苦。【略】疏：李巡曰：皆分別蓮、莖、華、葉、實之名。芙蕖，其總名也，別名芙蓉，江東呼荷。菡萏，蓮華也；的，蓮實也；薏，中心也。郭璞曰：蔤，莖下白蒻，在泥中者。今江東人呼荷華爲芙蓉，北方人便以藕爲荷，亦以蓮爲荷。蜀人以藕爲茄，或用其母爲華名，或用根子爲母葉號，此皆名相錯，習俗傳誤，失其正體者也。陸璣疏云：蓮青皮，裏白，子爲的，的中有青爲薏，味甚苦，故里語云「苦如薏」是也。《詩・陳風》云：彼澤之陂，有蒲與荷。又曰：有蒲與蓮。又曰：有蒲菡萏，是也。

漢 劉安《淮南子》卷一六《說山訓》 譬若樹荷山上。荷，水菜，芙渠也。其莖曰茄，其本曰密，其根曰藕，其華曰芙蓉，其秀曰菡萏，其寔曰蓮。蓮之茂者花，花之中心曰薏。

三國吴 陸璣《毛詩草木鳥獸蟲魚疏》卷上《有蒲與荷》 荷，芙蕖，江東呼荷。其莖茄，其葉蕸，莖下白蒻。其花未發爲菡萏，已發爲芙蕖，其實蓮。蓮青皮裏白，子爲的，的中有青，長三分，如鈎，爲薏，味甚苦，故俚語云「苦如薏」是也。的五月中生，生啖脆。至秋表皮黑，的成。食，或可磨以爲飯，如粟飯，輕身益氣，令人强健，又可爲糜。幽州揚豫取備饑年。其根爲藕，幽州謂之光旁，爲光如牛角。

晉 崔豹《古今注》卷下《草木第六》 芙蓉，一名荷華，生池澤中，實曰蓮，花之最秀異者。一名水芝，一名水花。色有赤、白、紅、紫、青、黄，紅白二色荖多花，大者至百葉。

晉 嵇含《南方草木狀》卷上 花之美者，有水蓮，如蓮而莖紫，柔而無刺。

晉 王嘉《拾遺記》卷三 素蓮者，一房百子，陵冬而茂。

北周 庾信《庾子山集》卷四《賦得荷》 秋衣行欲製，風蓋漸應欹。若有千年蔡，須巢但見隨。《楚辭》曰：製芰荷以爲衣。又曰：援芙蓉以爲蓋。張景陽《七命》曰：兆發靈蔡。《漢書・食貨志》曰：元龜名蔡。師古曰：李以蔡出善龜，故名龜爲蔡。《抱朴子・王策記》曰：千歲龜，五色頟骨起如角，浮於蓮葉之上，或在叢著之下。

又 卷一二《秦州天水郡麥積崖佛龕銘》 從容滿月，照曜青蓮。《瑞應經》曰：面如滿月，色從容。《維摩經》曰：目凈修廣如青蓮。肇曰：五情百骸，目最爲長。瞻顔而作，故先讚目也。天竺有青華，其葉修而廣，青白分明，有大人目相，故以爲喻也。《法華經》曰：有人聞是品，能隨喜讚善者，是人口中出青蓮香。《晉書・佛圖澄傳》曰：澄咒鉢水生青蓮花，光色曜目。

唐 段公路《北户録》卷三《睡蓮》 睡蓮，葉如荇而大，沉於水面。上有異浮根，菱耳。其花布葉數重，不房而蘂，凡五種色。當夏晝開，夜縮入水底，晝復出也。與夢草晝縮入地，夜即復出一何背哉？

宋 宋祁《益部方物略記・朝日蓮》 素花碧葉，浮秀波面，日中則向，日入還斂。右朝日連。花色或黄或白，葉浮水上，翠厚而澤。形如菱花差大，開則隨日所在，日入輒斂而自藏於葉下，若葵藿傾太陽之比。

宋 陸佃《埤雅》卷一七《釋草・荷》 荷，揔名也。華葉等名具衆義，故以不知爲問，謂之荷也。昔人正名百物，有是哉，故曰：萬物有成理而不說。郭璞以爲芙渠，一名芙蓉。按《說文》：未發爲菡蕳，已發爲芙蓉。芙蓉，華之號也，蓋亦通曰芙蕖。《毛詩傳》云：荷，芙蕖也，其華菡蕳。許慎以爲其華曰芙蓉，其秀曰菡蕳，其實曰蓮，蓮之茂者曰華。今其的中有青爲薏，皆倒生兩牙，一成芰荷，一蕅荷也，又生一牙爲華。蕅，荷帖水生蕅者也。芰荷無蕅，卷荷也。與華偶生，出乎水上，亭亭如繖者，是亦或謂之距荷。蕅荷，一本，其支旁行爲蕅節，生一華一葉。《詩》曰「有蒲與荷」，蓋荷善傾欹，蒲無骨榦而柔從。《字説》曰：蕅藏於水，其自處卑，無所加焉。其所與汙，潔白自若，中有空焉，不偶不生，若此可以偶物矣。茄無枝附，泥不能汙，水不能没，挺出而立，若此可以加物矣。蓮既有以自日，又會而屬焉，若此可以連物矣。菡蕳實若臽，隨昏昕闔闢焉。蕸，假根以立，而不如蕅之有所偶；假莖以出，而不如茄之有所加；假華以生，而不如蓮之有所連，菡蕳之有菡也，若此可謂遐矣。夫菡物者終於吐，連物者終於散，偶物者或析之，加物亦不可爲常，故遐在此不在彼也。蔤退藏於無用而可用可見者本焉，若此可謂密矣。合此衆美，則可以荷物，可以爲芙，可以爲蕖，故曰荷，芙蕖也。荷以荷物爲義，故通於負荷之字。

又 《菡萏》 《爾雅》曰：「其華菡萏，其實蓮。」蓋苓曰芙蓉，秀曰菡萏，暢茂華至百葉。然則華亦謂之芙蓉。《楚辭》所謂「搴芙蓉兮木末」，蓋言此也。凡物皆先華而後實，獨此華果齊生，故西域之書多言此。《詩》曰：「有蒲與荷，有蒲與蕳，有蒲菡萏。」荷言其質之柔，蕳言其氣之芳，菡萏言其色之美。《拾遺記》曰：「昆流素蓮，一房百子，凌冬而茂。」王文公曰：蓮華有色有香，得日光乃開敷。生畢㶑淤泥，不生高原陸地。雖生於水，水不能没。雖在淤泥，泥不能汙。即華時有實，然華事始則實隱，華事已則實現。實始於黄，終於玄，而莖葉緑葉

始生也，乃有微赤。實既能生根，根又能生實。實一而已，根則無量，一與無量互相生。起其根曰蔤，常偶而生，其中爲本，華實所出。蔤白有空，食之心歡，本實有黑，然其生起爲緑、爲黄、爲玄、爲白、爲青、爲赤，而無有黑，無見無用而有見有用，皆因以出，其名曰蔤，退藏於密故也。

又《藕》《爾雅》曰：其本蔤，其根藕。蓋莖下白蒻在泥中者曰蔤。藕，偶生，又善耕泥引長，故藕之文从耦，名之亦曰藕。今江左穿池取汲，不欲種藕，以藕善耕泥壞池也。俗云藕生應月，月生一節，閏輒益一。今芋有十二子爲衛，里俗以爲應月之數。《説文》曰：大葉實根駭人，故謂之芋。舊説赤箭根有十二，爲衛如芋，有風不動，無風自摇，亦其類也。趙辟公雜記曰：藕能移鯉，能飛鼂，能守凡。芙蕖行藕，如竹之行鞭爾，節生一葉一華，華葉常偶生，故謂之藕。又華初著子，首顧在下，久之其房倒垂，首更在上也。

宋 洪興祖《楚辭補注》卷一《離騷經》 製芰荷以爲衣兮，製，裁也。芰，菱也，秦人曰薢茩。荷，芙蕖也。補曰：芰，奇寄切，生水中，葉浮水上，花黄白色。雧芙蓉以爲裳。芙蓉，蓮華也。上曰衣，下曰裳。言已進不見納，猶復裁製芰荷，集合芙蓉以爲衣裳，被服愈潔，修善益明。雧，一作集。補曰：《爾雅》曰：荷，芙蕖。注云：别名芙蓉。《本草》云：其葉名荷，其華未發爲菡萏，已發爲芙蓉。芰，荷葉也，故以爲衣。芙蓉，華也，故以爲裳。《反離騷》云「衿芰茄之緑衣，被芙蓉之朱裳」，是也。《北山移文》曰「焚芰製而裂荷衣」，蓋用此語。薢茩音皆苟，又上胡買切，下胡口切。

宋 楊彦齡《楊公筆録》 草一物而名備者，莫如蓮。其葉謂之荷，其莖謂之茄，其本謂之蔤，其實謂之蓮，其花未發謂之菡萏，已發謂之芙蓉。

宋 鄭樵《爾雅注》卷下《釋艸》 荷，芙蕖，其莖茄，其葉蕸，其本蔤，其華菡萏，其實蓮，其根藕，其中的，的中薏。本，謂近根處白莖也。實，謂蓮房。的，謂子。薏，蓮子中苦心。茄，遐蔤，音加遐密。菡，户感反。萏，徒感反。

宋 吴曾《能改齋漫録》卷一五《朝日蓮》 宋《景文公筆記》謂：蜀中有蓮，大如雀殼，葉舒如錢，幹亦有絲。其萼盛開則向日，朝則指東，亭午則遡南，夕則西指，隨日所至，蜀人名曰朝日蓮。予按鄭熊《番禺雜記》，海南有向日蓮，花似木芙蓉而極香，其花東西向日，至暮而謝，一呼夜合。然則景文所記朝日蓮，不特蜀中有也。

宋 沈作賓《嘉泰會稽志》卷一七 山陰荷最盛，其别曰大紅荷、小紅荷、緋荷、白蓮、青蓮、黄蓮、千葉紅蓮、千葉白蓮。大紅荷多藕，小紅荷多實。白蓮藕最甘脆，多液。千葉蓮皆不實，但以爲翫耳。出偏門至三山多白蓮，出三江門至梅山多紅蓮。夏夜香風率一二十里不絶，非塵境也，而遊者多以晝，故不盡知。

明 慎懋官《華夷花木鳥獸珍玩考》卷四《分枝荷》 淋池分枝荷，莖四葉，狀如駢蓋。日照則葉低蔭根，若葵之衛足也，名曰低光荷。實如玄珠，可以飾珮。花葉雜萎，芬芳之氣徹十餘里。食之令人口氣常香，益人肌理。宫人貴之，每遊宴出入皆含咀。或剪以爲衣，或折以蔽日，相爲戲。《楚詞》謂「折芰荷以爲衣」，意在斯也。

明 高濂《遵生八牋》卷一六《燕閑清賞牋下·瓶花之法·荷花》 採將亂髮纏縛，折處仍以泥封，其竅先入瓶中，至底後灌以水，不令入竅，竅中進水則易敗。

又《蓮花六種》 紅白之外，有四面蓮，千瓣，四花，兩花者名並蒂，總在一蕋發出。有臺蓮，開花謝後，蓮房中復吐花英，亦奇種也。有黄蓮。又云：以蓮子磨去頂上些少，浸靛缸中，明年清明取起種之，花開青色。有此法而未試。

又《種盆荷花》 老蓮子裝入鷄卵殻内，將紙糊好，開孔，與母鷄混衆子中同伏，候雛出，取開收起蓮子。先以天門冬爲末，和羊毛角屑拌泥，安盆底，種蓮子在内，勿令水乾，則生葉開花如錢大，可愛。

又《金銀蓮花二種》 湖中甚多，園林盆泥蓄水種之，但取二色，重臺者可愛。

明 彭儼《鐫五侯鯖》卷五《蓮》 荷花一名水旦、水芝、水花、澤芝。蓮子曰湖目，花曰渡雲錦、低光荷、水仙宫。淋池有分枝荷，一莖四葉如駢。蓋日照，則葉低蔭根。花香十餘里，食之令人口氣香。實如珠，可以飾佩。

明 王路《花史左編》卷四《花之辨·芙蓉》 有數種，惟大紅千瓣，白千瓣，半白半桃千瓣。有醉芙蓉，朝白午桃紅，晚改大紅者佳甚。今人每種池蕩邊，取其映水。俗傳葉能爛獺毛。隔夜以靛水調紙包花蕋上，來日開花青色。黄色者種貴難得。

又 卷六《花之瑞·荷花》《格物叢話》：荷花有重臺者，有雙頭者，世人指以爲瑙。又有曉起朝日，夜入水者，名爲睡蓮。

又 卷八《花之宜·種蓮法》 驚蟄將大缸底用地泥一層築實，上用河泥一淺缸築平，有日曬之，有雨蓋之，曬令開裂。至春分日，買壯茁大荷秧，開泥種

之，枝頭向南，泥壅好，勿露出。再曬，雨仍蓋之。至清明日，加河水平口，不可加井水。春分前種一日，花在葉上；春分後種一日，葉在花上；春分日種，則花與葉平。【略】一説用稻榦泥實其半，壅牛糞寸許，隔以蘆蓆，置藕上，以河泥覆之，曬極乾，舟壅之。如此一二次方可下水，遇雨則遮。或云用臘糟少許置藕上，不宜着藕。或云用瓶泥種則花盛。

明 周文華《汝南圃史》卷五《水果部・荷》 《爾雅》曰：荷，芙蕖，其莖茄，其葉蕸，其本蔤，其花菡萏，其實蓮，其根藕，其中菂，菂中薏。釋曰：芙蕖，其總名也，别名芙蓉，江東人呼荷。菡萏，蓮華也。的，蓮實也。薏，中心也。郭云：蔤，莖下白蒻在泥中者，今江東人呼荷花爲芙蓉，北方人便以藕爲荷，亦以蓮爲荷，蜀人以藕爲茄。或用其母爲花名，或用根子爲母葉號，此皆名相錯，習俗傳誤，失其正體也。陸璣疏曰：蓮青皮裹白，子爲菂，菂中有青爲薏，長三分，如鈎，語曰「苦如薏」也。《埤雅》曰：荷，總名也，華葉等名具衆義，故不以知爲問，謂之荷也。《管子》曰：五沃之土生蓮。《古今注》曰：芙蓉，一名荷花，生池澤中，實曰蓮，花之最秀異者也。一名水芝，一名水花。有赤、白、紅、紫、青、黄數種，然紅白二色最多。花大者至百葉。周子《愛蓮説》云：「出淤泥而不染，濯清漣而不妖，中通外直，不蔓不枝，香遠益清，亭亭静直。可遠觀而不可褻翫，花之君子也。」《建昌府志》云：竝頭蓮，近自浙江得。種或竝頭而鬭，或四面而拱，或蘩突而臺，或紛糾而綴。茜靓欹盈，奇態不可名狀。卒之秋露冷冷，厭而不落，雖經風雨，而池上無殷紅委瓣，殆兼牡丹之艷與菊之操矣。宋時聚景園中有繡蓮，紅瓣而黄緑，結實如飴，此又花之奇品也。《姑蘇志》云：蓮菂，其紅花者實小而甘，其白花者實大而淡。花落實出。始黄中玄爾。《齊民要術》種蓮子法：八九月取蓮子堅黑者，於瓦上磨頭令皮薄，取墐土作熟泥封之，如三指大，長二寸。使蔕頭平重，磨去尖鋭，泥乾時擲於池中，重頭沉下，自然周正，皮薄易生，少時即出。其不磨者，皮既堅厚，倉卒不能生也。《便民圖纂》曰：二月間取帶泥小藕栽池塘淺水中，不宜深水，待茂盛，深亦不妨。或糞或豆餅，壅之則盛。一云用煑酒瓶頭泥栽種。《瑣碎録》云：種蓮，用臘糟少許裹藕種，來年花盛。又云：種藕法，春初挹取三節無損者種入深泥，令到硬土。穀雨前種，當年有花。又云：蓮藕極畏桐油，就池中以手掐去荷葉，中心滴桐油數點入其中，雖數頃亦盡。今人家種盆荷先用稻管泥椿實其半，壅牛糞寸許，隔以蘆蓆，置藕秧於上，用漊中淤泥覆之。若通潮水者尤妙。或云，清明前種，花在葉上；清明後種，花在葉下。

又 卷一〇《草木花部下・觀音蓮》 觀音蓮，葉如芋，高大倍之，甚盛者不減芭蕉。秋間開花，白色，止一大瓣如蓮。蓮葉中花蘂頗類佛像，故名。或云孕婦不宜近，近則墮胎。治圃須知有佛龕花，想即此矣。

明 木增《雲薖淡墨》卷二《朝日蓮》 《方物記》：蜀中有朝日蓮，花色或黄或白，葉浮水上，開則隨日所在，日入輒斂藏葉下，若葵藿傾太陽也。

明 方以智《物理小識》卷九《草木類・種蓮》 夏前淺池腴土築實，卧藕覆泥，竦種露萌而浸之瓨，種以糟查皮屑壅之，女栽則矮。周益公曰：羊角入池，栽荷立成。寧獻王曰：酒甕頭泥種即開花。建寧饒州蓮子大而矬。墨娥曰：蓮子入雞卵伏如法，取出，以天門冬爲末，和肥泥安盆中，將蓮實磨穿一頭種之，勿令水乾，自然生葉，開花如錢，極惡桐油。又有睡蓮。《北户録》曰：睡蓮如荇而大，沈於水面，花數莖，五色。當夏自開，夜縮入水底，晝復出，乃是萍蓬草類。别有蓮心。蓮心一名荼菱，出建寧及寧州。五月淺水種子，角柔，肉甘香，非蓮花之心也。

明 陳正學《灌園草木識》卷一《花之屬・青蓮》 出水時外葉甚青，開時千葉如碧玉，韻致遒然。《大智度論》云：蓮華有三種，一者人華，二者天花，三者菩薩花。人華十餘葉，天華百葉，菩薩華千葉。又云蓮所表示：白，净也；青，喜也；赤，覺也。因時開敷，悦可衆心，是謂玅法蓮華。

又 《花之屬・紅蓮》 有千葉者，有單葉者。

又 《花之屬・錦邊蓮》 花佳，蓬中多子。

又 《花之屬・白蓮》 單葉子種。凡荷最忌桐油，滿沼之荷，滴幾點桐油立斃。種之小盆及沼中，一年一易其泥。取根於立春後種之，花盛。如二年不易泥，則花衰；三年不易泥，則花盡。如種之太早，爲寒所欺，葉不蔚起，取雄黄或硫礦成塊者觔許入泥中，則葉盛花開矣。□呂良常，桂林人，謫居漳幕，過□，取荷葉出水新嫩未開者，淖以滚湯，裹肉絲笋豉若餛飩然，食之信美，名曰荷管。山居取葉爲甑，置烈火中煮粥，甚香美，色碧緑，粥熟而葉不焦。《本草》欠詳，故表之。

清 曹溶《倦圃蒔植記》卷中《蓮》 宋曾端伯以十花爲十友，張景修以十二花爲十二客。予謂蓮花德比君子，更當以師事之。種色甚夥，散見諸帙。可異者，琳池有分枝蓮，南海有睡蓮，滄洲有金蓮，流香渠有夜舒蓮，芸揮堂有碧蓮，

玉井有十丈蓮，九嶷潤有黃蓮，柳池有斗大紫蓮，儋州有四季蓮，而釣仙池分香蓮爲冠。郡人稱分香蓮不用錢者是也。至如近日所傳併頭、重臺、品字、四面觀音，品目愈奇，風致愈減矣。大約此花白者藕勝，紅者蓮勝。種藉之法，驚蟄之後，先取田泥築實缸底，復將河泥平鋪其上，日曬開裂，雨則蓋之。迨至春分，將秋分種枝頭向南壅好，勿露。夏日酷烈，勿令水乾，冬天凍結，宜遮稻草，既免花刑，且善後計矣。一説半實田泥，壅牛糞少許，隔以蘆蓆，令藕根上行，以河泥覆之。至如藕根之下，糝放硫磺，或以鵝糟塗藕少許。古法雖然，未可輕試也。種盆蓮之法，將乾黑蓮實裝入卵殼中，令雞母同抱，候子雞既出，取□□搗米和泥安置盆中，收蓮實種之，花開如錢。如欲青蓮，磨穿硬殼，署侵染缸，依法種之。昔湖州染工世治靛甕，嘗以蓮子浸於甕底，經歲種之，便生青蓮。事載《太平廣記》，當信此法不謬。

清　王士禎《池北偶談》卷二六《黃連花》　《本草》：黃連叢生，一莖三葉，葉似甘菊，凌冬不凋。四月開花，黃色。六月結實，似芹子，色亦黃。江左者，葉如小雉尾，正月開花作細穗，淡黃白色。予聞蜀人云：明時馬湖府一縉紳，應巡撫某之求，求之深山叢箐中。凡一枝重可二兩者，僅得十枝。其一枝，生絶壁間，募人懸絙倒垂取之，重至三兩。有老人云，兒時即見之，每春開花，大如椀，紅如山茶，與《本草》所云不類。

清　來集之《倘湖樵書·初編》卷四《草木靈異》　《名勝志》云：西雩都縣産異蓮，其葉曰雙捲劍脊。其花曰雙頭丫髻，三萼二十四葉。其實曰覆鐘金鋌。移之他處，□類常種。俗傳雩山倒影所致。

清　鄒一桂《小山畫譜》卷上《荷》　水華之極大者，生池澤中，即古所謂芙蓉也。種類不一，紅白二色爲多。清明後生圓葉，初貼水如錢，漸高如蓋，色青翠。六月花開，重葉者多至百葉，惟大紅十八瓣者爲佳。花時已具蓮房，嫩黃色，鬚長寸餘，著花半白，上四分黃，末有米色橫粒環抱花房。瓣如勺，外深紅，蘂如筆。花高於葉，一葉一花。花落後蓮房漸青，垂下，子一二十粒。千葉者子少，并有不實者。

清　高士奇《北墅抱瓮録·觀音蓮》　觀音蓮，葉形類芋而大，片葉可以蔽人。色最媚緑，中心抽莖，發花白色，瓣若小蓮。土人謂可救毒螫，以此得觀音之名。

又　《金絲荷》　窗前幽蔭之地，多生金絲荷。其葉大者幾於盈掌，心中抽長鬚，作細白花，根旁時長紅絲，沾土即成根株，最易繁茂。

清　王棠《燕在閣知新録》卷三一《倒垂蓮》　倒垂蓮似菡萏未舒，瓣瓣自上垂下，倒苞，其莖頂圓如椎。開時瓣復上仰，若小蓮臺，瓣小而多層，無房，药中有微須。養以天泉，經半月瓣枯不脱。云是洋産，攜根而種中土也。予於揚州聞之黃蓮坡云。

清　乾隆《盛京通志》卷一〇六《花類》　荷花即《詩》之菡萏，《爾雅》謂之芙渠，今名蓮花，有紅白二色。

清　乾隆《福建通志》卷一〇《物産》　蓮紅白二種，有千葉者，俱有實。《爾雅》及陸璣疏：荷爲芙蕖，華未發爲菡萏，已發爲芙蓉，其實蓮，其根藕。

清　謝堃《花木小志·蓮》　蓮之大者見於詩，花開十丈，藕如船。蓮之小者見於崑山張道士家，嘗以蓮心插於甌泥中，未匝月時，葉大如錢，花開似豆，疑其有術者也。至於池塘之中紅者、白者、白瓣而紅邊者，又有蓮實高出蓮房者，名八仙蓮，其十八瓣者顔色尤麗。

又　《子午蓮》　藤本蔓生，花瓣六出，澹粉緑色。大如酒盞，花鬚周匝，上黃下紫，蠕蠕若動。午開子卸，亦奇品也。

又　《鐵線蓮》　藤本，其梗勁如鐵線，花與子午相似，惟花鬚不能轉動。開可浹旬，此稍異耳。

紀　事

晉　王嘉《拾遺記》卷六　靈帝初平三年遊於西園。【略】渠中植蓮大如蓋，長一丈，南國所獻。其葉夜舒晝卷，一莖有四蓮，叢生，名曰夜舒荷。亦云月出則葉舒，故曰望舒荷。帝盛夏避暑於裸遊館，長夜飲宴，帝嗟曰：使萬歲如此，則上仙也。

唐　段成式《酉陽雜俎》卷一二《廣知》　歷城北二里有蓮子湖，周環二十里，湖中多蓮花，紅緑間明，乍疑濯錦。又漁船掩映，罟罾疎布，遠望之者，若蛛網浮杯也。魏袁翻曾在湖醮集，參軍張伯瑜諮公言：「向爲血羹，頻不能就。」公曰：「取濼水必成也。」遂如公語，果成。時清河王怪而異焉，乃諮公：「未審何義得爾？」公曰：「可思湖目。」清河笑而然之，而實未解。坐散，語主簿房叔道曰：「湖目之事，吾實未曉。」叔道對曰：「藕能散血，湖目蓮子，故令公思。」清河

歎曰：「人不讀書，其猶夜行，二毛之叟，不如白面書生。」

唐　孫光憲《北夢瑣言》卷九《白蓮女惑蘇昌遠》　唐中和中，有士人蘇昌遠居蘇臺，屬邑有小莊，去官道十里。吴中水鄉率多荷芰，忽見一女郎，素衣紅臉，容質絶麗，閲其明悟，若神仙中人。自是與之相狎，以莊爲幽會之所。蘇生惑之既甚，嘗以玉環贈之，結殷勤。或一日，見檻前白蓮花開，敷榮殊異，俯而翫之，見花房中有物，細視之，乃所贈玉環也。因折之，其妖遂絶。鬼神無形，必憑於物，精氣所附，非菡萏之能哉。聞於劉山甫。

五代　王仁裕《開元天寶遺事》卷三《解語花》　明皇秋八月，太液池有千葉白蓮數枝盛開，帝與貴戚宴賞焉。左右皆歎羨，久之，帝指貴妃示於左右曰：争如我解語花。

宋　陶穀《清異録》卷上《黄玉玦》　錢俶以弟信鎮湖州，後圃芙蓉枝上穿一黄玉玦，枝梢交雜，不知從何而穿也。信截榦取玦以獻，人謂真僊來遊，留此以驚世耳。

宋　徐鉉《稽神録》卷四《朱慶源》　婺源尉朱慶源罷任方還，家在豫章之豐城，庭中地甚爽塏，忽生蓮一枝，其家駭懼，多方以禳之，蓮生不已。乃築堤堰水以沼之，遂成大池，芰荷甚茂。其年慶源授南豐令，後三歲入爲大理寺評事。

宋　洪邁《夷堅志·支志·甲》卷四《雙頭蓮》　鄱陽高嵲就館於邑宰，以無訟堂爲學舍。池中蓮生花雙頭，丞賈爃見之曰：「此嘉祥也。先君大觀二年，在吴興鄉校肄業，直廬後産此花，守兵白教授，率諸生來觀之，折取諦翫，葉間隱隱有金書先君姓名二字。諸人共致慶語，勉令力學，以來歲大魁相期。輕薄子翕然笑曰：『賈癩子作狀元，是天下無士人也。』時正病瘡瘍遍體，故云。至秋獲薦送，廷對爲第一。」賈名安宅。

又《支志·癸》卷一《曹家蓮花》　鄱陽義仁卿車門，一大聚落也。曹氏環而居之，至數十百家。有曰曹廿一者，慶元元年中夏，住屋内平地上忽踴出白蓮一朵，闊七八寸，其高二寸餘。四畔焕如繪畫雲彩，花粲然居中，芬香艷好。傳聞來觀，充塞門巷，皆以爲其家且有吉祥。識者曰：水花陸産，亦非佳兆。明日已化作菊花，半開半蔫，越三日不變。舉室疑怪。圍薪然火以焚之，其後按堵如初。

明　何良俊《語林》卷二〇《棲逸》　鄭次都去吏，隱居蟻陂之陽。謝承《後漢書》曰：鄭敬字次都，釣於大澤。《汝南先賢傳》曰：鄭敬隱蟻陂之陽，以漁釣自娱，彈琴詠詩，常方坐於陂側，隨杞栁之蔭，鋪茅藋爲席。與同郡鄧敬，折芰爲坐，以荷薦肉，瓠瓢盈酒，言談彌日，蓬廬蓽門，琴書自娱。謝承《後漢書》曰：敬閒居，不修人倫。新遷都尉逼爲功曹，廳事前樹時有清汁，以爲甘露。敬曰：明府政未能致甘露，此青木汁耳。辭病隱處，精學蟻陂中。陰就、虞延並辟，不行。

明　慎懋官《華夷花木鳥獸珍玩考》卷四《蓮花朶》　在興化縣安仁鄉，舊傳有姑叟共刈稻。姑忽墜深溝中，嫂急救之，俱溺死。二屍葬於溝傍，忽生蓮花數朶。里人驚異，啓棺視之，蓮花皆從口出。人稱爲蓮花朶。今雙塚尚存。

明　錢希言《獪園》卷六《釋異·火中蓮》　嘉靖中，有民黄瑩家火爐内熾炭中挺生蓮花五朶，朶六瓣，中紅外白，枝長六七寸。曹旭家烹茶爐内亦開蓮花七朶。故老相傳，是庚戌辛亥年間事也。

又《鑪中蓮》　莊靖公女陳氏嫁于孫，今太學胤伽之母也。家常熟城西山塘涇上，先是有楚尼來里中，以西方之教倡化朱門。夫人娘子歸信甚衆。陳氏平居見莊靖公奉佛，亦奉佛。既嫁之後，持誦益虔。在家常設觀音齋，萬曆五年六月十九，齋會畢，焚紙錢于爐，灰且冷矣，移置佛案之下，爐中忽挺出青蓮花一枝，形如菡萏，乍吐尚含，翠色欲摘，其下莖微有刺。于時中外姻黨，無不讚嘆。三日後，爲一姙身婦人觸之而萎。西川叙州僉臬陳禹謨，其同産兄也，嘗爲余言。

明　王路《花史左編》卷六《花之瑞·蓮花》　關令尹喜生時，其家陸地自生蓮花，光發滿室。

又　平安王子懋，武帝子也。年七歲時，母阮淑媛病篤。請僧行道，有獻蓮花供佛者。子懋誓曰：「若使阿姨獲祐，願花竟齋如故。」七日齋畢，花更鮮紅，視甖中微有根鬚，母病尋愈，世稱孝感。

又　卷七《花之妖·菜花》　熙寧中李及之知潤州，園中菜花盛開，悉成蓮花，各有一佛，坐於花中，形如雕刻，莫計其數。曝乾，其像依然。

又《蓮花》　唐冀國夫人任氏女，少奉釋教。一日，有僧持衣求浣，女欣然濯之溪邊。每一漂衣，蓮花應手而出。驚異求僧，不知所在。因識其處爲百花潭。

又《蓮花》　王敦在武昌，鈴下儀仗生蓮花，五六日而落。

又《紙蓮》　漢武時，海中有人丫角，面如玉色，美髭髯，而腰蔽槲葉，乘一葉紅蓮，約長丈餘，偃臥其中，手持一書。自東海浮來，俄爲雲霧所迷，不知所

之。東方朔曰：「此太一星也。」

又《青蓮》 法華山樵夫得青蓮一枝，掘地有石匣，藏一童子，舌根不壞，花自舌出。

又 佛圖澄嘗於鉢中生青蓮花。

又 陳豐嘗以青蓮子十枚寄葛勃。勃啗未竟，墜一子於盆水中。明晨有並蒂花開於水面，大如梅花。勃取置几間，數日方謝。剖其房，各得實五枚，如豐來數。

又《蓮莖》 ［北齊］後主［高緯］武平中，特進侍中崔季舒宅中池內蓮花一作莖皆作胡人面，仍着鮮卑帽。俄而，季舒見殺。

又《千葉蓮》 唐乾符中，天台教寺僧見沉香觀音像泛太湖而來，迎得之，有艸繞像足，投之小湖，遂生千葉蓮花。

又《碧芙蓉》 唐元載芸輝堂前有池，中有碧芙蓉，香潔倍常。載因暇日憑闌以觀，忽聞歌聲，清響若十四五女子唱焉，其曲則《玉樹後庭花》也。載驚惡既甚，遂剖其花，更無所見。按蓮爲水芙蓉。

又《花舍利》 宋元嘉六年，賈道子行荆上，明見芙蓉方發，聊取還家，聞花有聲，尋得舍利，白如珍珠，焰照梁棟。

又 卷八《花之宜·碧筩杯》 《鷄跖集》：魏鄭公三伏之際率賓僚避暑，取蓮葉盛酒，以簪刺葉，令與柄通，屈莖如象鼻焉。傳吸之，名碧筩林。故東坡云：「碧㼜猶作象鼻彎，白酒猶帶荷心苦。」

又《龍香劑》 唐玄宗以芙蓉花汁調香粉作御墨，曰龍香劑。

又 卷一〇《花之味·蓮花飲》 雍熙中，君房寓廬山開光寺，望黄石巖瀑水中，一大紅葉泛泛而下。僧取之，迺蓮一葉，長三尺，闊一尺三寸。君房因分花葉，磨湯飲之。其蓮香經宿不散。

又《碧芳酒》 房壽六月召客，擣蓮花，製碧芳酒。

又 卷一一《花之榮·點綴》 霍光園中鑿大池，植五色睡蓮，養鴛鴦三十六對，望之爛若披錦。

又 卷一二《花之辱·裸遊館》 ［漢］靈帝起裸遊館千間，渠水遶砌，蓮大如盖，長一丈，夜舒晝捲，名夜舒荷。宫人靚粧，解上衣着内服，或共裸浴。

又 卷一六《花之事·東林植》 謝靈運卽東林寺翻《涅槃經》，且鑿池植白蓮其中。

明 徐應秋《玉芝堂談薈》卷三五《十丈蓮花》 韓昌黎詩：「太華峰頭玉井蓮，花開十丈藕如船。」以爲退之豪舉之詞耳。按《物類相感志》：「華山頂上有池，池生千葉蓮花，長十丈，藕如大船。服之羽化。」《關尹傳》：老子曰：「真人遊時，冬坐蓮花之上，花輒徑十丈珍珠船。」雍熙中，君房寓舊廬山開元寺，望黄石巘瀑水中，一大紅葉泛泛而下。取之乃紅蓮一葉，長三尺，闊一尺二寸。武帝元狩中，有日者言：「太乙星不見。」帝召問東方朔，朔奏曰：「是星不見，則遊於世。爲居民福壽。」是月，果有會稽太守奏，海中有人丫角，面如玉，美髯髮，而腰蔽槲葉，乘一葉紅蓮，約長丈餘，偃卧其中，手持一卷黄書，自東海浮來。其書帝視朔驗之，曰：「此上界《火珠經》也。」然則十丈之蓮，當非謾語。隋煬帝《步虚詞》：「八行分寶樹，十丈散芳蓮。」

明 張樂舜《蓮池亭碑記》（《成縣新志》卷四引） 夫蓮亭者，唐成州刺史裴守真所剏建也。裴公治成時，觀斯勝槩，遂鑿池引水，建亭其上，環亭種蓮以供賞玩。每夏月薰風，葉舒圓蓋，花綻長簪。斯時也，聽四起之菱歌，歎荷香之十里。壯濂溪之偉觀，映六郎之粉面。公登亭歡笑，水天一色，羣鷗鷺而侶魚蝦，熙熙然，殆不覺隴頭間，又有一小西湖也。乃歲久景移，池涸亭敝，裴公之蓮，殆爲禾黍之區矣。歎心哉，歎心哉。予萬歷己丑來典是縣。□其遺址，慨然思興。乃與一二父老，引西郊之水，甃南山之石，採木爲棟，砌瓦爲亭，中三楹而前後列複道。種荷其中，外雜花卉。觀者翕然，咸以爲不減裴公之舊。厥工成而屬予爲記。予惟蓮花之君子者也，樂只君子，民之父母者也。有樂只君子，而後可玩花中之君子。何者？心相孚也，景相契也。不然，中不虛，無蓮之竅。本不潔，無蓮之白。節不苦，無蓮之味。民不被澤，何如蓮之葉。野有菜色，何如蓮之蕊。子惠不結，何如蓮之房。菱歌四起，反爲怨聲之載道；荷香十里，徒爲穢德之彰聞。卽植太華之根，培玉井之種，酒酌碧筩，觴實雪藕，其愧於蓮也，亦多矣。又何取於蓮之亭？昔人云：「賢者而後樂。」此不賢者，雖有此不樂也。信矣哉！予高裴公之雅，姑舉遺址而重修之，尤不敢以樂只君子自待，輒僭爲之記。

明 陳詩教《花裏活》卷一 漢有女子舒襟，爲人聰慧，事事有意。與元羣通，嘗寄羣以蓮子曰：「吾憐子也。」羣曰：「何以不去心。」使婢答曰：「吾欲汝知心内苦。」【略】［晋］孫德璉鎮鄞州，合十餘船爲大舫，于中立亭池，植荷芰。良辰美景，賓僚竝集，泛長江而置酒，一時稱爲勝賞。

又　卷三　孟蜀後主以芙蓉花染繒爲帳幔，名芙蓉帳。

又　歐陽文忠公在揚州作平山堂，每暑時，輒凌晨攜客徑遊，遣人走邵伯，取荷花千餘朵，以畫盆分插百許盆，與客相閒。遇酒行，即遣妓取一花傳客，以次摘其葉，盡處則飲酒。往往侵夜載月而歸。【略】宋林山人洪，嘗採芙蓉花煮荳腐，紅白交錯，恍如雪霽之霞，名雪霞羹。

明　吴之俊《獅山掌録・小山館》卷一七《夜舒荷》　靈帝於西園，以小舟遊漾。又奏招商之歌，以來涼氣也。歌曰：「涼風起兮日照渠，青荷晝偃葉夜舒，惟日不足樂有餘。清絲流管歌玉鳧，千年萬歲喜難踰。」渠中植蓮大如蓋，長一丈，其葉夜舒晝捲，一莖有四蓮叢生，名曰葉舒荷。亦曰月出則舒，故曰望舒荷。

又　《紅蓮瓣》　雍熙中，張君房於瀑布水中得紅蓮一瓣，長三尺餘，闊一尺三寸。因思廬山雙劍峯頂，生蓮花如車輪，此□其衣耳。遂持歸，分貽好事者磨湯飲之，其香經窗不散。

清　王士禛《隴蜀餘聞》卷一　天啓七年，鄭州書院中開蓮華一枝，如品字。國朝順治十二年十一月望日，興國寺殿前夜湧花一枝，如佛手，高可尺許，表裏皆竪紋，潔白似雪。次日又湧一花，根有二，上合爲一，色紋如前，略似荷花。二十五日，又生一花，高三尺許，大如箕。下分上合，色紋亦如前，略似牡丹，或曰天花也。

清　楊式傳《果報聞見録》卷一《衣上蓮花》　常熟小東門外鄉間有寡婦張姓，奇窮苦守，一心念佛，却不揀浄穢，即登厠亦念不輟，後以痢疾而終。遺下破裙一條，即其平日所用，曾無替換，病時用以襯體，汙穢不可近。拋之河中，即見蓮花朵朵，五色燦爛，散布水面。見者稱異，始知念佛果往西方也。將裙送相近菴中，作佛座卓圍，至今在焉。順治年閒事。

清　查慎行《人海記》卷下《殯殿九蓮》　[明]神宗侍皇太后最恭篤。萬歷丙戌，梓宫殯殿產蓮花九枝，故後稱九蓮菩薩閣。臣申時行、許國、王錫爵皆有《瑞蓮賦》。

清　乾隆《長沙府志》卷三七《災祥志》　[宋]嘉定七年，安化縣治產瑞蓮，一幹雙葩。

清　乾隆《福寧府志》卷四三《祥異》　[宋紹興]福安縣大有年，先是臨溪沼中紅蓮變白，人以爲豐年之兆。

至正四年，孝子林大興之池，紅蓮悉變爲白。

清　乾隆《高郵州志》卷一二《災祥》　武宗正德元年旱。【略】五年，民周某家娶婦，炭火内生金蓮花、青蓮花二朵。後其家敗亡。

清　道光《順昌縣志》卷九《祥異》　成化十年，廖中家蓮開並蒂，結實二十四枚。明年登第，歷官二十四年。

清　道光《寶慶府志》卷九九《五行略》　國朝順治十八年，邵陽愛蓮池產並頭蓮一莖，次年復產。縣人車以遵瑞蓮爲李別駕，賦詩云：「芙蕖出水自天然，猶喜迎風並蒂傳。仙掌金莖同露□，峯頭玉柱總鈎蓮。應知若木能扶日，未許嘉禾獨記年。卻似清操能不染，此花君子亦鮮妍。」又次年，瑞蓮復開，再賦詩云：「聞道江南盛采蓮，至今疑在若耶邊。誰家姊妹同臨鏡，天上星辰會隔年。池畔影清原對照，房中子細亦雙妍。緑亭宛在無涯岸，荷雨荷風亦好天。」

清　光緒《蘇州府志》卷一四六《雜記》　正統四年己未，吴縣施槃廷對擢第一。先是巡撫侍郎周忱、知府況鍾遷建縣學。戊午夏，蓮生泮池，一莖三花。其年學之士舉者三人，槃連登第，魁天下。

藝　文

《楚辭・九章・思美人》　令薜荔以爲理兮，憚舉趾而緣木。因芙蓉以爲媒兮，憚褰裳而濡足。登高吾不説兮，入下吾不能。固朕形之不服兮，然容與而狐疑。

三國魏　曹植《曹子建集》卷四《芙蓉賦》　覽百卉之英茂，無斯華之獨靈。結脩根於重壤，泛清流而濯莖。其始榮也，皦若夜光尋扶桑。其揚暉也，晃若九陽出暘谷。芙蓉蹇產，菡萏星屬。絲條垂珠，丹榮吐緑。焜焜韡韡，爛若龍燭。觀者終朝，情猶未足。於是狡童媛女，相與同遊。擢素手於羅袖，接紅葩於中流。

又　卷六《芙蓉池》　逍遥芙蓉池，翩翩戲輕舟。南楊雙栖鵠，北柳有鳴鳩。

晋　陶潛《陶淵明集》卷四《讀山海經》　粲粲三珠樹，寄生赤水陰。亭亭凌風桂，八榦共成林。靈鳳撫雲舞，神鸞調玉音。雖非世上寶，爰得王母心。《山海經》云：三珠樹生赤水上，其樹如栢，葉皆爲珠。桂林八樹，在番隅東。八樹而成林，言其大也。載民之國，爰有歌舞之鳥，鸞鳥自歌。

南朝宋　鮑照《鮑明遠集》卷一《芙蓉賦》　感衣裳於楚賦，詠憂思於陳詩。訪羣英之艷絶，標高名於澤芝。會春陂乎夕張，搴芙蓉而水嬉。抽我衿之桂蘭，

點子吻之瑜辭。選羣芳之徽號，抱茲性之清芬。禀若華之驚絶，單蔖陽之妙手。測洈池之光潔，爍彤輝之明媚，粲雕霞之繁悦。顧椒丘而非偶，豈園桃而能埒。彪炳以蒨藻，翠景而紅波。青房兮規接，紫的兮圓羅。樹妖遥之弱幹，散菡萏之輕荷。上星光而倒景，下龍鱗而隱波。戲錦鱗而夕映，曜繡羽以晨過。結游童之湘吹，起榜妾之江歌。備日月之温麗，非盛明而謂何。若乃當融風之暄盪，承暑雨之平渥。被瑶塘之周流，繞金渠之屈曲。排積霧而楊芬，鏡洞泉而含緑。葉折水以爲珠，條集露而成玉。潤蓬山之瓊膏，輝葱河之銀燭。冠五華於仙草，超四照於靈木。雜衆姿於開卷，閲羣貌於昏明。無長袖之容止，信不笑之空城。森紫葉以上擢，紛湘蘂而不傾。根雖割而琯徹，柯既解而絲縈。感盛衰之可懷，質始終而常清。故其爲芳也綢繆，其爲媚也奔發。對粧則色殊，比蘭則香越。泛明彩於宵波，飛澄華於曉月。陋荆姬之朱顔，笑夏女之光髪。恨狎世而貽賤，徒愛存而賞没。雖凌羣以擅奇，終從歲而零歇。

南朝梁　江淹《江文通集》卷一《蓮花賦有序》　余有蓮花一池，愛之如金。宇宙之麗，難息絶氣。聊書竹素，儻不滅焉。

檢水陸之具品，閲山海之異名。珍爾秀之不定，乃天地之精英。殖東國之流詠，出西極而擅名。方翠羽而結葉，比碧石而爲莖。蘂金光而絶色，藕冰折而玉清。載紅蓮以吐秀，披絳華以舒英。故香氛感俗，淑氣參靈。躑躅人世，茵蒀祇冥。青桂羞烈，況水慙馨。於是生乎澤陂，出乎江陰。見綵霞之夕照，覿雕雲之晝臨。既翕赩於洲漲，亦映曖於川潯。奪夜月及熒光，掩朝日與赩火。出金沙而延曜，被淥波而覃拖。冠百草而絶羣，出異類之衆夥。故仙聖傳圖，英隱流記。一爲道珍，二爲世瑞。發青蓮於王宫，驗奇花於陸地。若其江淡澤芬，則照電爍日。池光沼緑，則明壁洞室。曜長洲而瓊文，暎青崖而火質。或憑天淵之清峭，或殖疏圃之蒙密。故河北櫂歌之姝，江南采菱之女。春水厲兮楫潺，湲秋風駛兮舟容。與著縹芰兮出波，擥湘蓮兮映渚。迎佳人兮北燕，送上客兮南楚。知荷華之將晏，惜玉手之空佇。乃爲謡曰：秋雁度兮芳草殘，琴柱急兮江上寒。願一見兮道我意，千里遠兮長路難。若其華實各名，根葉異辭。既號芙渠，亦曰澤芝。麗詠楚賦，艷歌陳詩。非獨瑞草，爰兼上藥。味靈丹砂，氣驗青䨼。乃可棄劍海岫，龍舉雲粤。畫臺殿兮霞蔚，圖綵縞兮炳爍。永含靈於洲渚，長不絶兮川壑。

南朝梁　蕭統《昭明太子集》卷一《芙容賦》　色兼列綵，體繁衆號。初榮夏芬，晚花秋曜。興澤陂之徽章，結江南之流調。

又　《詠同心蓮》　江南採蓮處，照灼本足觀。況等連枝樹，俱耀紫莖端。同踰並根草，雙異獨鳴鸞。以茲代萱草，必使愁人歡。

北周　庾信《庾子山集》卷一《竹杖賦》　開木瓜而未落，養蓮花而不萎。

又　卷三《奉和山池》　樂宫多暇豫，望苑暫迴輿。鳴笳陵絶浪，飛蓋歷通渠。桂亭花未落，桐門葉半疎。荷風驚浴鳥，橋影聚行魚。日落含山氣，雲歸帶雨餘。

又　卷四《和迴文》　旱蓮生竭鑊，嫩菊養秋鄰。滿池留浴鳥，分橋上戲人。

又　《奉和夏日應令》　開冰帶井水，和粉雜生香。衫傘蕉葉氣，扇動竹花涼。早菱生軟角，初蓮開細房。

又　《奉和初秋》　祥鸞棲竹實，靈蔡上芙蓉。

又　《詠畫屏風》　停車小苑外，下渚長橋前。澁菱迎擁楫，平荷直蓋船。殘絲繞折藕，芰葉映低蓮。遥望芙蓉影，只言水底然。

又　《詠畫屏風》　荷香薰水殿，閣影入池蓮。平沙臨浦口，高柳對樓前。上橋還倚望，遥看采菱船。

唐　白居易《白氏長慶集》卷一《京兆府新栽蓮時爲盩厔縣尉趨府作》　污溝貯濁水，水上葉田田。我來一長歎，知是東溪蓮。下有清泥污，馨香無復全。上有紅塵撲，顔色不得鮮。物性猶如此，人事亦宜然。托根非其所，不如遭棄捐。昔在溪中日，花葉媚清漣。今來不得地，顦顇府門前。

又　《東林寺白蓮》　東林北塘水，湛湛見底清。中生白芙蓉，菡萏三百莖。白日發光彩，清飈散芳馨。洩香銀囊破，瀉露玉盤傾。我慙塵埃眼，見此瓊瑶英。乃知紅蓮花，虚得清浄名。夏萼敷未歇，秋房結纔成。夜深衆僧寢，獨起繞池行。欲收一顆子，寄向長安城。但恐出山去，人間種不生。

又　卷一二《隔浦蓮》　隔浦愛紅蓮，昨日看猶在。夜來風吹落，只得一回採。花開雖有明年期，復愁明年還暫時。

又　卷二六《六年秋重題白蓮》　素房含露玉冠鮮，紺葉摇風鈿扇圓。本是吴州供進藕，今爲伊水寄生蓮。移根到此三千里，結子經今六七年。不獨池中花故舊，兼乘舊日採花船。

又　卷二九《感白蓮花》　白白芙蓉花，本生吴江濆。不與紅者雜，色類自區分。誰移爾至此，姑蘇白使君。初來苦顦顇，久乃芳氛氲。月月葉換葉，年年

根生根。陳根與故葉，銷化成泥塵。化者日已遠，來者日復新。一爲池中物，永別江南春。忽想西涼州，中有天寶民。理没漢父祖，孳生胡子孫。已忘鄉土戀，豈念君親恩。生人尚復爾，草木何足云。

又 卷三一《衰荷》 白露凋花花不殘，涼風吹葉葉初乾。無人解愛蕭條境，更遶衰叢一匝看。

唐 李商隱《李義山詩集》卷中《贈荷花》 世間花葉不相倫，花入金盆葉作塵。唯有緑荷紅菡萏，卷舒開合任天真。此花此葉長相映，翠減紅衰愁殺人！

宋 胡宿《文恭集》卷五《千葉瑞荷花》 絳蘂層層吐翠羅，水妃冠重曉峩峩。應嫌菡本開花少，卻鬬榴房著子多。含露自知芳意在，偃風無奈落英何。更憐玉骨藏深怨，暗結千絲在緑波。

又 卷六《荷花》 露夕偎葩卷，風晨寶豔開。妖漦夏庭出，禍水漢宮來。玉冷埋秋骨，珠寒斂夜胎。河分龍浪灌，月借藥淵栽。神襪能凌水，偎裙不惹埃。文魚纔可戲，鴆鳥莫爲媒。卻死熬香釜，延年刻壽杯。息嬀今不語，猶尚怨荆臺。

宋 宋祁《景文集》卷一三《荷花》 晚雨跳珠萬蓋勻，紅房高下照池新。採時雙艇須加槳，行罷微波不見塵。解把清香貽密坐，忍將芳意付蕭晨。如何老帥殘風味，三占秋英作主人。

宋 李覯《盱江集》卷三五《戲題荷花》 昔人詩筆説蓮花，不嫁春風早可嗟。今日倚欄添懊惱，池臺多是屬僧家。

宋 文同《丹淵集》卷七《西湖荷花》 紅苞緑葉共低昂，滿眼寒波映碧光。應是西風拘管得，是人須與一襟香。

宋 劉攽《彭城集》卷一〇《荷花》 白水滿方塘，荷花五月芳。弄珠圓不定，濯錦冷逾光。香憶風醒酒，聲宜雨送涼。扁舟學騷客，葺室近滄浪。

又 卷一八《九蘂芙蓉》 托根不近芙蓉苑，移植猶依瘴癘鄉。並蘂連心九相似，看來還使九回腸。

宋 郭祥正《青山續集》卷六《詠荷花》 一花一葉自相連，待得花開葉已圓。應爲施朱嫌大赤，故將嫩緑間嬋娟。

宋 蘇轍《欒城第三集》卷一《千葉白蓮花》 蓮花生淤泥，净色比天女。臨池見千葉，謫墮問何故。空明世無匹，銀瓶送佛所。清泉養芳潔，爲我三日住。蔫然落寶床，應返梵天去。

宋 楊時《龜山集》卷四二《荷花》 照眼紅雲鬬晚霞，重重青蓋半傾斜。會須直跨三千仞，移取峯頭十丈花。

宋 李復《潏水集》卷一〇《雨中觀池荷》 急雨過池荷，飛灑來縱横。光圓走青盤，的皪寒珠明。炫轉勢不定，積多忽自傾。浩然江湖思，蓬窗聽秋聲。

宋 鄒浩《道鄉集》卷六《王憲湖上分韻得荷字》 使星明處是天河，習習輕颸生芰荷。自有芝蘭生後乘，更容簪履侍鳴珂。未甘城鼓促清賞，聊與汀鷗分素波。異日定應如此少，雲雷行欲起龍梭。

又 卷一三《枯荷》 萬頃菱荷一一荒，駢頭相倚卧池塘。追惟弄日摇深緑，不謂凌風折敗黄。飢鴈飛銜投遠渚，寒魚浮觸動斜陽。那知凛凛梢雲者，自有松筠傲雪霜。

宋 王灼《頤堂先生文集》卷一《朝日蓮賦》 朝日蓮似蓮而小，花之外有四萼，隨日出没，舊説朝東暮西者，妄也，感而賦之。

蓮之種夥矣。偎峰十丈，禁池千葉。花之駢，幹之接，斗之披，珠之結。留大家之嚴蹕，下衆靈之絳節；蕩漢女之輕漿，開吴娃之笑頬。雖舍芬吐秀，雲布星列，曾未睹夫殊絶者也。相彼小芳，亦其族徒。寄清泠之赤水，涵微眇之寸軀。氣奪蘭茝，色比瓊琚。金蘂中峙，緑萼外郛。悦朝夕之異變，顯晦隨於日車。若夫日外暘谷，至于曲阿，則花舒萼開，亭亭浮波。迎風窈窕照影，婆娑日回女紀。頓于連石，則花斂萼閉，苒苒而没煙水。四瞑杳無遺迹，初疑宓妃容與洛濱，又似曹娥銜寃自沉。仰止子陵江瀨之曲，忽悲靈均葬於魚腹。曉而望之，晡而察之，未有不同日之起伏也。吾意夫川后河伯之倫，發奇露珎以警世。矇懼夜半有負走者，復取拾於貝闕珠宫。不然，擢執機，真有化工也。顧天壤之内，恢詭譎怪，糾錯不同，鉅者林林，細者叢叢，豈耳目之能窮哉。惟其妙用，莫詰動静相時，利欲昏醉。人或友之，身隕名滅，此花所嗤，識諸座右以當箴詩。

宋 李綱《梁谿集》卷一《蓮花賦》 釋氏以蓮花喻性，蓋以其植根淤泥而能不染。發生清净，殊妙香色，非他草木之華可比，故以爲喻。宋之問、歐陽永叔皆嘗賦之，清便富豔，然未嘗及此。予暇日訪羅疇老修撰，見其園池蓮華盛開，因感而爲賦。極其美而卒歸之於正云。其辭曰：偉哉造物之播氣也。天地絪緼，陰陽蕩摩，植物得之，發爲奇葩。葩之甚奇，莫如蓮華。擢修榦於波瀾，結芳根於泥沙。氣馥芝蘭，彩豔雲霞。相草木之芳菲，孰色香之可加。緑水如鏡，紅

裳影斜。乍疑西子，臨谿浣紗。菡萏初開，朱顔半酡。又如南威，夜飲朝歌，亭亭煙外，凝立逶迤。又如洛神，羅襪凌波，天風徐來，妙響相磨。又如湘妃，瑟鼓雲和，嬌困無力，摇摇纖柯。又如戚姬，楚舞娑娑，風雨摧殘，飄零紅多。又如蔡女，蕩舟抵訶。爾乃藕埋玉骨，花炫新妝。緑荷倚蓋，翠的連房。脩莖聳碧，嫩蘂摇黄。貯盈盈之真色，泛苒苒之天香。斂若凝羞，婉若含笑。仰若吟風，俯若窺沼。波静露寒，風清月曉。動嬉戲之遊魚，來翩翻之白鳥。藹江湖之秋思，增園亭之幽渺。則有高世之士，味道之人，悟色香之妙覺，獲圓通於見聞。深契無生，不離根塵。豈止玩其英華，攬其芳芬而已哉！言觀其本生於淤泥，言觀其末出於清漪。處汙穢而不染，體清净而不移。至理圓成，孰能知之。西方之人，强名爲佛。以兹取喻，其誰曰不。是以毗盧之坐，千葉齊敷，華藏之海，十方咸出。惟植根之得地，爰開華而結實。功用既圓，退藏於密。返觀自性之蓮華，又何資於造物。

又 卷一二《芙蓉》 浥露披風浩莫收，嫣然秀色照清秋。佳人日暮來何處，翠袖紅粧相對愁。

宋 鄭剛中《北山集》卷一一《荷花》 美艷向人花灼灼，青圓如鑑葉田田。月明徙倚闌干處，細得真香憶去年。

宋 王之道《相山集》卷一三《荷花》 亭亭青盖倚宫粧，新浴温泉體自香。暫借青風來一霎，欲披雲錦見蜂房。

又 《和趙積中白蓮三首》 翠盖亭亭水滿塘，六銖新製帶天香。晚來扶洗嬌無力，盡鬭冰肌不鬭粧。 清風習習晚香微，坐使詩人賦采菲。想見温泉初濯玉，侍兒嬌擁太真妃。 耻同流輩美胭脂，一様新裁雪白衣。何日與君携酒去，兩般分取載將歸。

宋 胡寅《斐然集》卷三《荷花》 夢到南塘翠蓋稠，姹然得意斂然羞。驚鴻遠映朝霞色，白鷺先窺霽雨秋。裊裊芳馨煩折贈，霏霏涼吹想追遊。天花欲試維摩病，衣袂何曾一片留。

宋 楊萬里《誠齋集》卷七《小池》 泉眼無聲惜細流，樹陰照水愛晴柔。小荷纔露尖尖角，早有蜻蜓立上頭。

又 卷二三《曉出净慈送林子方》 出得西湖月尚殘，荷花蕩裏柳陰間。紅香世界清涼國，行了南山又北山。 畢竟西湖六月中，風光不與四時同。接天蓮葉無窮碧，映日荷花别樣紅。

交戰。淮鄉六月春，嫣然擔頭見。香凝素囊拆，濕餘清露泫。豐膚專正色，一忠百佞賤。祝融酒司花，慰我紅塵面。買歸一盃適，得共黄葵薦。

東蕩百頃寬，滿蕩蓮結花。孤村蓮蕩西，茅茨吾所家。年年紅紫盡，爲春留芳華。酒船墮雲錦，歌棹凌瑞霞。只今鄉閭夢，不道身風沙。把花但三嗅，對酒長咨嗟。

東蕩花清晨，西湖渺無津。涼荷引天遠，極目粧面新。嗚榔與鼓枻，彼豈尋芳人。香風漂我舟，領略不及賓。當時賞花句，興在迹已陳。歌似冰玉友，花面俱迴春。

宋 張鎡《南湖集》卷八《題荷花畫屏》 芙蓉世界水爲宫，宴處鏗轟沸鼓鐘。後乘舞妃香十里，月寒誰見曉騎龍。

宋 鄧深《大隱居士詩集》卷下《荷》 田田藕葉緑如裳，拍塞池亭盡是香。不受纖塵偏受露，十分清絶倚晨光。 蓮未開時香在葉，他花縱好葉無香。 製衣未入騒人手，象鼻何妨吸酒光。

宋 杜範《清獻集》卷一《詠芙蓉與菊花》 秋光濃欲滴，結束東籬花。糝糝紛點綴，戢戢相參差。淵明太好事，言樂酌流霞。誰云制頹齡，爲與霜争華。映水開芙蓉，麗色如春葩。謾以拒爲名，青女不能加。持此問淵明，何乃吝齒牙。門外風如箭，黄落滿天涯。

再用韻

浮艷誇春苑，貞耐還秋花。有菊與芙蓉，誰能分等差。金蘂含朝暉，丹臉粲夕霞。素商太冷淡，歲晚生光華。詩人抱幽獨，東籬愛天葩。可惜亭亭姿，誤以脂粉加。知音須子期，知味須易牙。臨風慨千古，雲海浩無涯。

宋 釋文珦《潛山集》卷一〇《東湖荷花》 酣紅膩緑三千頃，總是波神變化成。出自淤泥元不染，開於玉井舊知名。暑天勝似涼天好，葉氣過於花氣清。

宋 羅椅《澗谷遺集》卷二《白蓮花》 白鷺仙人按羽衣，曲中弄影江南漪。江妃閉置未許歸，一把青寒紫玉絲。玉絲蟬連不禁折，折著透根仍透葉。風流極處絶成愁，君不見秋扇團圓似明月。

宋 舒岳祥《閬風集》卷三《旱蓮》 紫玉炎天菊，紅芽陸地荷。孤芳羣訕集，一笑百憂多。美味河豚虐，妍姿鴆毒苛。借渠存警戒，何必辯真訛。

宋 宋伯仁《西塍集・荷花》 緑盖半篙新雨，紅香一點清風。天賦本根如玉，濂溪以道心同。

宋 陳普《石堂先生遺集》卷一五《蓮花賦》 夫天地之生物，各品類以賦形。惟木行之爲盛，分四序而敷榮。梅枝可以知乾坤之消息，蓂莢可以知月數之靈盈。蕙蘭紛其秋香，竹松凌其冬青。緊兹蓮之爲卉兮，托濕壤之根莖。于時炎風烜爗，炅景朱明。湖光澄練，池舘風生。張當炎之緑盖，施傅粉之紅英。紫苞冉冉，凈植亭亭。俯如鱗集，仰若塔層。出污泥而不染，含清露而欹傾。色幽幽兮不媚，香遠遠兮益清。嬌楊妃之欲語，非六郎之可名。宜元公之獨愛，是以有君子之稱也。若夫紅中之白，清素可貴。燦燦瓊臺，搖搖王珮。或同榦而雙頭，或千葉而出類。是皆永宫之仙子，爲赤帝呈祥而獻瑞。至於萍光轉霽，細風微波。雕盡舫，金叵羅。或凌波而觴酌，或托聲於揚珂。是皆一時之賞翫，恐紅芳之蹉跎也。客有執爵而繼歌曰：太華高兮崒峩，玉井深兮柰何。安得長梯取霜雪之藕兮，痊濁世煩溽之沈痾。

元 王惲《秋澗集》卷二〇《芙蓉》 草生不識翠苞纖，真色還欣到爾瞻。嬌綻葵芳無兩樣，鬧裝橙葉更多尖。一溪野水明粧鏡，滿樹清香拂繡簾。開謝已甘秋色晚，碧桃紅杏我何嫌。

元 艾性夫《剩語》卷上《荷葉》 愛蓮盡愛花，而我獨愛葉。水仙剪圓碧，萬柄相倚疊。風掀翠釜舉，露浥鮫珠喧。不必滿川紅，香氣自薰浹。龜魚蔭涼影，鷺鷗憩別業。潔可包龍城賈客之飯，清可製三閭修士之衣，大可載太乙真人之卧，高可蓋桐江神女之歸。醉仙捲作碧玉盞，歌妓携來緑雲扇。有時聽雨隔窗眼，湖聲十里錢塘晚。

元 劉因《静修集》卷一《白蓮》 冰華離風塵，素質更深静。灝露凝幽香，皎月散清景。誰泣絶世姿，澹然水中影。青房生苦心，秋風逼涼冷。安得同愛人，共此良夜永。

元 吾丘衍《竹素山房詩集》卷三《卷荷》 破苻穿萍礙緑波，雙尖摇蕩碧雲柯。水荷要織芙蓉錦，借與鮫人紫玉梭。

元 侯克中《艮齋詩集》卷七《木芙蓉》 落盡羣芳木葉黄，數枝絳雪暎寒塘。晚於紫菊嬌無艷，早似紅梅冷不香。萬里西風霜信遠，一天清露月波涼。多情留得幽花在，莫謂秋容只淡粧。

又 《荷葉》 五月西湖最好看，緑荷千頃水雲寒。凈磨洛浦玻瓈鏡，香靉龍宫翡翠盤。青盖拂船撩逸興，碧筩酌酒助清歡。且留遮護閑鷗鷺，驟雨狂風莫打殘。

元 許有壬《圭塘欸乃集》卷上《瑞蓮歌》 有孚

圭塘活水分清洹，主人嗜好同先賢。蓮根培植未逾歲，孰謂一旦生嘉蓮。初疑霞臉影附鑑，又似絳幘了分鬟。幻成彩鳳翼自比，瑑開香玉環仍連。李唐以來具圖表，趙宋奏賀尤駢闐。我元聖德極涵育，瑞應只許書有年。當思至正辛巳夏，吾兄實握綱轄權。廣寒殿下太液池，亭亭並蔕薰風前。守臣有請願馳獻，獨以義折煩便便。歸來對此蹄涔水，肯將異卉誇里廛。吾鄉自昔號多士，諸君巨筆如修椽。僉言此是閭里榮，歌詩倏與圖俱傳。身閒意適物闕寓，園林何必皆平泉。天公端爲表餘慶，慶緒日與絲綿綿。蓮房有子風味好，不待食藕沈痾痊。願言七澤均此瑞，主人福壽方如川。【略】

可翁和

相攸西郭瀕吾洹，老病宜退非遺賢。平生竊慕君子德，池上種竹池中蓮。蓮兮何獨出奇異，聯房蕊簇金絲鬈。二姝同體面目別，七澤移種根株連。書祥史籍見歷歷，走觀士女來闐闐。人言培植久方盛，一泓疏鑿未及年。自知不作駭俗事，兹馬誰握生發權。形容敢勝周子説，胚腪又在太極前。亭亭照影欲輕舉，凌波微步俱清便。倦游夢不到玉井，歸來老屋安一廛。小池偶爾薙蕪穢，池上敝亭才數椽。酒從隣貰已多債，詩取意適誰令傳。天公特與慰岑寂，嘉瑞湧出如源泉。卯君有唱阿買和，僮歌況復清且綿。擬爲表頌僭歸美，柰此嬾痼誰能痊。予心真樂更多有，傍花隨柳在前川。

楨和

太行山下溪名洹，洹溪主人今得賢。石渠分溜入方沼，種出萬柄紅白蓮。就中一茄發挺特，艷粧雙出雲髻鬟。有如二女降嬀汭，翠裙紅袖相牽連。岐分駭目未信宿，里傳闕耳何喧闐。波神有爲獻嘉瑞，要並太史書豐年。主人謙德不敢有，福善自是天行權。亭亭植立萬花表，可人適在亭之前。日酣欲語轉嬌姹，風動似舞尤輕便。一時圖寫溢紈素，十日車馬空市廛。昔聞蓂莢曾表異，乃因土階與采椽。景星鳳鳥豈常有，考信前史真宜傳。醴湖燕塞不復見，而今乃濯圭塘泉。禎祥奕葉定不斷，藕絲萬縷相纏綿。幽人到此自怡悦，膏肓泉石尤難痊。要須紀録入郡乘，千年增重吾山川。

又 卷下《可行瑞蓮歌》 休官林下堂名洹，觀魚今又師鄉賢。軒前未暇植

他物，清漪萬頃花開蓮。凌波仙子弓袖濕，御風毛女雲鬟鬖。就中一朵特獻瑞，蕊岐蔕並房仍連。里人傳繪筆幾禿，羣宦趨慶門應闐。三陳秉軸昔接踵，二宋射策嘗同年。當時豈無草木祥，水花未必曾司權。平輿施厚報未食，相臺雙桂宜光前。歲寒勁節各挺挺，傳家經笥均便便。伯兮勲業在廟社，用藏功歛安受廛。季才本是楝樑具，胡不領袖棁與椽。登庸便合踵舊轍，天公有語令花傳。洹堂嘉貺又繼出，慶源衮衮逾淵泉。階庭連理見玉樹，合歡不但瓜綿綿。嗟予病減詩復病，探囊試藥猶未痊。誦公新句弗克和，飽觀紅日酣平川。

元 王沂《伊濱集》卷一一《木芙蓉》 白露江清水殿凉，館娃宫裏宴吴王。美人醉起更衣晚，密帳温帷翡翠粧。

元 謝宗可《詠物詩·白蓮》 三千宫額翠雲房，洗褪鉛華淺淡粧。仙掌月明應自怨，東林夢遠爲誰芳。波澄夜静花無影，露冷風清玉有香。舞罷霓裳誰得似，六郎清瘦比何郎。

元 郝經《陵川集》卷九《樓子白蓮》 玉樓一尺千蘂攢，緑雲高擁白玉盤。真出清波絶點塵，水仙解種水牡丹。秋渚亭亭倚妍素，冰肌不受煙脂汙。都將金粉抹蘭膏，香盡西風一天露。洛神漢女回清顧，脈脈溶溶縱微步。我將一葉卧爲舟，載向水晶宫裏住。誰意無心復無子，褪雪堆霜委波底。空餘潔白漫清高，古來薄命皆如此。

又 卷一三《芙蓉》 池館無人花正愁，仙家城郭楚江頭。一簾斜日錦雲晚，萬里西風紅露秋。深院周圍情脈脈，小山側畔思悠悠。秪應來歲蓬蒿底，埋没兵塵取次休。

明 劉嵩《槎翁詩集》卷七《芙蓉》 嬌艶不自持，西風夜中起。寒香逐墜露，下滴秋江水。

明 釋妙聲《東臯録》卷上《荷花詠》 彼澤有嘉植，淤泥擢朱華。宛在水中央，塵土無由加。秀色一何麗，幽氣静以遐。羣魚戲其下，遊蜂亦來過。而愛君子心，獨立終非他。我欲集爲裳，佩之以揭車。臨波託文鰩，遺彼帝子家。采蓮者誰子，日暮發清歌。歌長路且迥，使我一咨嗟。

明 劉永之《劉仲修先生詩文集》卷三《咏荷葉》 圓絨初出水，規蓋已迎風。色迷青鳥度，蔭密戲魚通。裁衣偏覺爽，酌酒乍如空。向曉珠揺蕩，時瀉玉盤中。

又 卷六《寫荷葉上》 草露涓涓滿玉蜂，山風拂拂透輕練。一時幽意無人語，聞向青荷葉上書。

明 張甯《方洲集》卷一〇《芙蓉》 萋迷碧沚烟，淺薄青蘋雨。何事涉江人，褰衣悄然去。

明 文洪、文徵明《文氏五家集》卷四《太史詩集·采蓮圖》 横塘西頭春水生，荷花落日照人明。花深葉暗不辨人，有時葉底聞歌聲。歌聲宛轉誰家女，自把雙橈擊蘭渚。不愁擊渚濺紅裳，水中驚起雙鴛鴦。

明 何景明《大復集》卷二《荷花賦》 曲池兮清波，緑葉兮丹華。叢生兮若屯，並蔕兮連葩。爾其耀靈株之扶綏兮，搏輕荷而低卬。呈紅顔以流曄兮，麗繁星之煒煌。枝婀娜以承蕤兮，媚清漣而揚芳。委微吹以披靡兮，紛若纖羽之回翔。倏煙霏而霧滃兮，態隱約而凝妝。蔽華月於鮮雲兮，晃朝日之照虹梁。乃若遠兮益清，近兮愈妍。接臯蘭以被緌，暎堤楊而聯娟。垂清房以綴珠，結翠萍而連錢。美曼如静女，翩躚若飛仙。恣意態之横出，匪擬像之可殫。於是乃有姣姬連袂，或三或五。貌傾名都，香出洛浦。袪徽袿，御輕紗，操木蘭，揭蘅莎。赴中流而競掇，竦迅體而揚波。於是稱曰：緑波揚兮清風會，歌宛轉兮聲流喝。花爲房兮翳荷蓋，弗樂胡爲兮歲云邁。又稱曰：製緑芰兮爲衣，把瓊枝兮餐玉蕤。夜已央兮風露微，明河繁宿兮横參差，心中樂兮樂忘歸。

明 張鳳翼《處實堂集》卷二《芙蓉》 穠葉披深碧，嬌花露淺紅。新粧迎鴈候，倒景瀉鮫宫。臉際琴心動，城隅客夢通。空江自摇落，不敢怨春風。

明 朱長春《朱太復文集》卷二《荷花詞三首》 兒家湖上住，來往荷花池。池光耀人目，荷葉亂人思。

其二

下船采荷花，輕檝蕩如飛。但顧堤上郎，紅刺入兒衣。

其三

荷花落泥中，人棄兒獨憐。爲有根頭藕，自成心内蓮。

明 沈周《石田詩選》卷九《九日無菊賞芙蓉》 芙蓉九日爛尊前，籬脚黄花苦未全。素謂及時番落後，本開遲者却當先。紅粧風露秋無價，白髮年光醉有緣。今許滿頭還亂插，齊山笑口不須偏。

清 屈大均《翁山詩外》卷一二《蓮子》 菡萏含猶淺，青青帶露寒。的中元有薏，莫但作蓮看。

又《蓮葉》 蓮葉不多長，先花已作香。一珠愁蕩漾，攀弄濕羅裳。葉小亦留雨，風吹珠不圓。瀉時驚寶鴨，花下不成眠。

清 愛新覺羅·胤禛《世宗憲皇帝御製文集》卷二五《荷花》 緑蒂紅衣薄醉妝，凌波舒影覆鴛鴦。蓮房有子心偏苦，藕節無香絲更長。

清 程夢星《今有堂詩後集·盍餘集·兩明軒盆荷用李義山贈荷花韻》 出水天然浄絶倫，窓紗襲露簟無塵。白蘋風起波紋細，自寫湘妃鏡裏真。齊翻水調老詩客，何似秋塘鼓枻人。

又《琴語集·雨後泛舟小漪南觀荷分韻二首》 誰埽炎熇暑盡收，芙蓉塘外放輕舟。翠雲十畝爛如錦，香雨一番清若秋。侵岸水平初吠蛤，約池風細不驚鷗。何緣肯藉新涼色，桐帽蕉衫得自由。 紅酣落日記歸遲，浄洗濃粧覺更宜。重賞每逢曾宿客，乍開好是獨來時。寫心試奏琴三叠，勸飲須沽酒一巵。却憶圓珠傾萬顆，未看風葉影離披。

又《五覝集·雨後兩明軒看盆荷再用山谷韻》 兩明軒子風月俱，種樹自繙老圃書。荷葉田田花柄柄，午餘驟雨跳新珠。素瓷五十紛雪腴，三十六陂紅不如。晚天吟賞不歸去，小窓清興同江湖。

清 杭世駿《道古堂詩集》卷一七《嶺南集二·白蓮池》 淪漪方一頃，都種白蓮花。葉大深藏鷺，波明細數沙。色欺殘月暗，香入曉風賒。只恐妨溪路，無心著釣槎。

清 商盤《質園詩集》卷二八《獨脚蓮》 夕竊芙蕖號，盈盈不在江。愛看身樣小，疑聽足音跫。舒葉渾如艾，垂條亦類豇。玉兒誇步步，宜隻更宜雙。

清 沈廷芳《隱拙齋集》卷二五《盆蓮》 衆緑見蔫紅，亭亭出盎中。花聞連夜雨，香度隔簾風。華嶺趺遥對，明湖夢乍通。故園留曲院，此際與誰同。

清 朱珪《知足齋詩集》卷二〇《荷花》 荷花周遭百頃餘，平鋪紅雲錦不如。西南絳帷丹羅襦，曉妝開奩晃暾榑。彤幢迎導羲和車，灣環飛浴鴛鴦鳧。彩霞拖虹影方諸，翠蓋繙帬萬婭好。中露皓腕凝脂膚，玉女浄濯不施朱。反照火軍閒如茶，夜月半吐銀蟾蜍。雨露噴唾傾圓珠，左右眄睞香徐徐。一日百匝揚清臚，蒼松垂楊兩岸疎。穿插不盡菰菱蒲，迴塘繞屋卉蕃敷。休夏自恣夢蘧蘧，田田四游濠梁魚，不知孰樂真華胥。

清 石球《有蘭書屋存藳》卷二《西番蓮》 奇葩西域有青蓮，別種爭開入夏天。花滿十分看正午，根移萬里記何年。難名秀色藍拖處，易轉芳心風動邊。蘋蘩豈堪爲伴侶，髮華悉茗共因緣。

清 陳壽祺《絳跗草堂詩集》卷六《題畫荷》 明鏡紅雲向晚收，斜陽不見盪蘭舟。莫嫌花葉蕭疎甚，猶占風清月白秋。

清 陸繼輅《崇百藥齋文集》卷七《荷箭》 鄉思隨花發，伊人對影雙。弄珠憐曉露，累麴近春江。瓜擘迎涼讌，燈昏聽雨窗。可能留淺醉，引夢上歸艭。

又《崇百藥齋三集》卷一〇《憶署舍荷花》 手莳方塘紅藕花，年年花發映朝霞。今年花發人先去，却憶官齋似憶家。

連日大雨傾淋浪，平地水深三尺强。多恐水深花葉短，和花和葉没中央。

清 吴榮光《石雲山人詩集》卷三《和温竹堂典簿招同鄭建亭舍人應元南西門外看荷花詩四首》 漸近芳郊遠市塵，城南清陝曉波新。問誰許共烟霞約，谷口宜呼鄭子真。

水曲山陲野老家，長渠真合種荷花。朝暉瀲灧橫塘路，十里香風護紺霞。

浄植亭亭識本來，搴芳遥漾水紋開。憐他消夏人如玉，同是風前絶點埃。

前路迢迢望碧漪，寺僧遥指蓼花磯。陂塘六月催詩雨，兩岸新涼送客歸。

又 卷一一《宋仁圃招賞荷花》 萬里薰風到客鄰，鄰家花事芰荷新。天涯何處無芳草，彼澤之陂有美人。楚水衣裳期後日，洛川環珮認前身。廿年待漏從頭憶，玉蝀橋涼夜向晨。

清 鄧廷楨《雙硯齋詩鈔》卷二《蓮花白》 搡合潘妃步，光凝姑射膚。香苞深破玉，嫩甲穩含珠。雪圃根初劚，晶盤味獨腴。醉餘供細嚼，爲爾傳冰壺。

清 劉秉恬《公餘集》卷四《九龍池荷花》 出水風光在眼前，紅衣緑盖忽翩翩。自春徂夏無多日，攬勝尋芳又一天。撲鼻清香行處繞，環城好景望中鮮。尤希大沛滂沱雨，水滿龍池澤滿田。

清 王汝璧《銅梁山人詩集》卷一七《恆山集·詠紅蓮》 何時寶錟出龍宮，鏡裏花光更不同。冷翠多情遮火傘，茜粧着意傲西風。飛霞頡頏層波影，野水參差夕照中。一自紅綃人去後，誰將雙頰爲晞紅。

清 顧宗泰《月滿樓詩集》卷三四《白蓮花》 雪柄亭亭出素波，聞香始認晚開荷。一池但訝涼雲滿，半岸偏憐皓月多。立着鷺鷥空不見，采將縞紵妬如何。依然玉井分仙種，最稱清宵倚櫂歌。

清 王慶勳《詒安堂試帖詩鈔·風動荷花水殿香》 荷忽隨風動，吹來陣陣香。花看圍水殿，人似住仙鄉。蓮榭全無暑，筠簾暗送涼。有時欹翠蓋，隨處繞

紅妝。清氣浮雕檻，餘芬透畫梁。馨還蒸十里，夢宛入三湘。佳興憑拈管，閒懷合舉觴。祥和披太㶲，共慶沐恩長。

清　孫衣言《遜學齋詩鈔》卷二《十刹海觀荷花歌》　北湖湖頭萬荷花，輕風吹香來酒家。珠簾不捲見秋水，新蒲煙柳交傾斜。昨者湖頭一夕雨，洗出紅粧尤楚楚。湖光瀯洄青玉環，安得人間有塵土。高鞍翩翩不宵來，天遣酒人時傾杯。手揮荷葉持勸客，世間哀樂何有哉。船舫鐙毬五百載，韋杜芳華幾遷改。一尊聚散尤無常，只今惟有煙波在。悠悠復悠悠，東流不掉頭。昔人不見今人游，年年相送湖上樓。卽如芙蓉顔色好，昨日開花今亦老。金盃在手且莫辭，相向花前須醉倒。

又　卷六《次韻子貞澄懷園看荷花》　廿年朝官不得進，正坐讀書少俗韻。昨來卻作散人遊，草露芒鞋半沾潤。澄懷荷如萬錦張，走馬看及五月閏。新詩出險奇無窮，片紙投人了不吝。知君此事有天機，解道翠葉成風陣。兩年禁近容疎頑，妄事鞍鐙隨輕儁。天上歸來學閉關，獨與幽人通詩信。今年花盛昔所無，百態争新春能醞。每窺曉鏡憐紅妝，但搔短髪羞緑鬢。水軒四展碧紗窗，酒樽細坼赤泥印。輕風一縷香來徐，白雨滿湖珠走迅。偶然閲物俱清新，那復與人角雄駿。今君罷官轉能豪，視世一鬨何足瞬。荷花猶好可數來，莫待涼鴻送霜訊。

清　吴重憙《石蓮闇詩》卷三《南淀觀荷追和高陽師韻》　鄠杜居然鈷鉧潭，從游佩紱屏銀藍。一池荷芰鋪雲膩，兩岸菰蘆戰雨酣。脱稿何人擬苕霅，裁詩幾輩繼樊南。深慙貂續無佳句，頷下驪珠已早探。

青草池塘緑蔭潭，羅衣葉葉染秋藍。湖沈魚氣迎涼白，暑入蟬聲到晚酣。孤塔遠標香界北，雙流分滙液池南。行蹤付與輪蹄鐵，幽境清游未與探。

千章夏木蔭風潭，蓼穗垂紅柳織藍。短彴全教新漲拍，遠山濃趁晚霞酣。如舟屋在花香裏，戴笠人行柳市南。北淀煙波聞更好，何時鼓興與窮探。

桃花曾記禊春潭，紅藥開殘尾已藍。三尺涼波鷗背穩，十年塵夢馬頭酣。白蘋渺渺懷江渚，碧柳依依感漢南。一處勝游差足抵，田盤雲物獨登探。

清　吴昌碩《缶廬詩・别存》卷一《荷》　出汙泥而不染，有君子風。何時買陂塘，徧種此花，臨水結茅，爲長夏閒吟之所。香徧三千與大千，青蓮能結佛因緣。何人夢上花趺坐，一夜同參畫裏禪。

清　劉光第《衷聖齋詩集》卷下《白蓮》　野風香遠忽吹回，一片明湖浄少苔。殘月自和煙際墮，此花方稱水中開。碧波瑟瑟情無限，玉佩珊珊望不來。姑射神人藐天末，乾坤可愛是清才。

清　林旭《晚翠軒集・閔月湖荷花》　月湖六月南風吹，紅裳翠蓋浮漣漪。昔聞其語今見之，眼前反覆人得知。壯夫腰鐮方縱意，漁父拏舟自垂淚。哀哉斬艾不自保，紛紛載去如束藁。風水之説詎有憑，邦人波靡誠可憎。花神伉爽愬炎帝，妖氣天閽反見擠。蒼蒼豈必矜君子，我懟禍端由自取。中通外直得之性，蒲稗雖多何足競。一朝讒口巧中傷，坐令喪氣及羣芳。藏山居士倘見此，爲爾痛哭摧肝腸。

雜録

唐　段成式《酉陽雜俎》卷一九《廣動植類・草篇・蓮》　石蓮入水必沈，唯煎鹽鹹滷能浮之。鴈食之，糞落山石間，百年不壞。相傳橡子落水爲蓮。

又《睡蓮》　南海有睡蓮，夜則花低入水，屯田韋郎中從事南海親見。

又《荷》　漢明帝時，池中有分枝荷，一莖四葉，狀如駢蓋，子如玄珠，可以飾珮也。靈帝時，有夜舒荷，一莖四蓮，其葉夜舒晝卷。

唐　馮贄《雲仙雜記》卷七《分香蓮》　三堂使宅有鈎仙池，一種蓮子一歲再結實，子十隻。其花時香兼桃梅萸菊，郡人傳分香蓮，不論錢。

宋　羅願《爾雅翼》卷八《芙蕖》　古詩有「魚戲蓮葉間，魚戲蓮葉東，魚戲蓮葉西，魚戲蓮葉南，魚戲蓮葉北」。今人言池中養蓮者，莖葉茂密，魚動輒損鱗，不得遂長。《古今注》：一名水芝，一名澤芝，一名水花。《管子》曰：「五沃之土生蓮。」

宋　林洪《山家清供》上卷《蓮房魚包》　蓮花中嫩房，去截底，剜穰，留其孔，以酒漿、香料和魚塊實其内，仍以底坐甑内，蒸熟。或中外塗以蜜，出楪，用漁父三鮮供之。向在李春坊席上曾受此供，得詩云：錦瓣金房織幾重，遊魚何事得相容。湧身既入花房去，好似華池獨化龍。李大喜，送端硯一枚，龍墨五笏。

又《碧筩酒》　暑月，命客棹舟蓮蕩中，先以酒入荷葉飲之，又包魚鮓作供，真佳適也。[蘇東]坡云：碧筩時作象鼻彎，白酒疑帶荷心苦。坡守杭時，想屢作此供也。

宋　吴自牧《夢粱録》卷一八《花之品》　荷花，紅白色千葉者。西湖荷蕩邊

風送，荷香馥然。白樂天有「遶郭荷花三十里」之句。屬官楊萬里《在西府直舍詠盆池種荷》詩二首曰：「飛空天鏡墮莓苔，玉井移蓮盆内栽。坐看一花隨手長，挨開半葉出頭來。稍添芰荇相縈帶，便有鰸魚數往廻。剩欲遶池三兩匝，數聲排馬苦相催。」又曰：「西府寒泉汲十尋，深澆淺灑碧森森。高花已照紅粧鏡，小蘂新抽紫玉簪。鈿破尚餘折雨恨，繖疎遶作半池陰。西湖瘦得盆來大，更伴詩人恐不禁。」

宋 程棨《三柳軒雜識・花客》（《説郛》卷二四下引） 花名十客，世以爲雅戲，姚氏殘語演爲三十一客，其中有未當者，暇日因易其一二，且復得二十客，併著之，以寓獨賢之意。【略】蓮爲浄客。

明 陶珽《説郛續》卷四四《金陵女士殿最・清香蓮》 《花史》云：蓮，君子也。十友中稱爲浄友，十二客中又稱浄客。按：浄土之蓮，青黄紅白四色，金光，花長一由旬。諸佛坐七寶蓮臺説法，梵語一大由旬八十里，一小由旬四十里。

殿最曰：色妍而潤，香遠益清。彼君子兮何美魏家富貴，抑通人也却嫌陶氏隱淪。

明 郎瑛《七修類稿》卷四六《優鉢羅花》 嘗聞佛家有優鉢羅花，《本草》、《爾雅》諸所不載，意爲幻言也。及見胡致堂云：奉佛者，每假樹木花草爲佛之名，愚惑世道。故以仙人栢爲羅漢松，三春柳爲觀音柳，獨脚蓮名觀音蓮，薏苡子爲菩提子，大林擒爲貧婆菓，金蓮花爲優鉢羅花。然又聞北京禮部儀制司後堂，舊有千葉青蓮，花開時四月初八。至冬結如鬼，蓮蓬脱去，其衣中有金色佛一座，因名爲此花。昨讀《岑嘉州集》有《優鉢羅花歌》，則又知其實有此花。其歌之《序》云：交河小吏，有獻此花者，云：「得之於天山之南，其狀異於衆草。勢巃嵸如冠弁。嶷然上聳，生不傍引。攢花中折，駢葉外包。異香盈叢，秀色媚景。」其《歌》云：「白山南，赤山北，其間有花人不識，緑莖碧葉好顔色。葉六瓣，花九房，夜掩朝開多異香。何不生彼中國兮，生西方。移根在庭，媚我公堂。耻與衆草之爲伍，何亭亭而獨芳。何不爲人之所賞兮，深山窮谷委嚴霜。吾竊悲陽關道路長，曾不得獻於君王。」

明 愼懋官《華夷花木鳥獸珍玩考》卷二《蓮花茶》 就池沼中，早飯前，日初出時，擇取蓮花蕋畧破者，以手指撥開入茶蒲，其中用麻絲縛扎定。經一宿，明早蓮花摘之，取茶紙包曬。如此三次，錫罐盛，扎口收藏。

又 卷四《百里荷花》 自百里坊至平陽峙，一百里皆荷花。王羲之自南門登舟賞荷花，卽此地也。

又 《金蓮》 金池可方數十里，水石泥沙皆如金色。其中有四足魚、金蓮花，洲人研之如泥，施之彩繪，光輝煥爛，與真金無異。

又 《黄蓮》 王歆之《神境記》曰：「九疑山過半路，皆行竹松下，狹路有清澗，澗中有黄色蓮花，芳氣竟谷。」

明 高濂《遵生八牋》卷一一《飲饌服食牋上・蓮子粥》 用蓮肉一兩，去皮煑爛，細擣，入糯米三合，煑粥食之，益精氣，强智力，聰耳目。

又 《藕粉》 法取麤藕，不限多少，洗浄截斷，浸三日夜，每日换水，看灼然潔浄，漉出，擣如泥漿，以布絞浄汁，又將藕楂［渣］擣細，又絞汁，盡濾出惡水，以清水少和攪之，然後澄去清水，下即好粉。

又 卷一三《飲饌服食牋下・服藕食莖法》 味甘平寒，無毒，主補養神益氣力，除百疾，久服輕身，耐老不饑，延年。一名水芝。按《藥性論》云：藕汁亦單用，味甘，能消淤血不散。節擣汁，吐血及鼻血不止，並皆治之。又云：蓮子性寒，主治血不足傷中氣，絶利益十二經脉血氣。生食，有寒氣，蒸食之良。又，熟，去心，爲末蠟蜜和丸，日服數丸，令人不饑。此方仙家用爾。陳藏器云：荷葉味苦，平無毒，主安胎，去惡血，留好血，血痢煑即止。荷葉并蒂及蓮房，主血服腹痛，産後淤血不下，酒煑服。又，食野菌毒，用水煑服藕粉深處。曾製取麄者，洗浄擣爛，布絞取汁，以疎布再濾過，澄去上清水，如汁稠難澄，添水攪勻，定爲粉，服之輕身延年。

明 吴之俊《獅山掌録・小山館》卷一七《華芉》 《祥瑞圖》曰：雙蓮爲芉華。芉，並頭蓮也。

又 《異蓮》 雲都有瑞蓮池，池産異蓮，其葉曰劍脊，其花曰丫髻，其實曰覆鐘，傳是雲山倒影所致。

明 王路《花史左編》卷一《花之品・君子擬正直忠厚》 周濂溪《愛蓮説》以蓮爲花中之君子，亭亭物表，出於泥而不滓。

又 卷九《花之情・滄州金蓮》 滄州金蓮花其形如蝶，每微風則摇蕩如飛。婦人競採之爲首飾。語曰：不戴金蓮花，不得到仙家。

又 卷一八《花之証・芙蕖》 《爾雅》曰：荷，芙蕖。其莖茄，其葉荷，其本蔤密，其蘂菡萏，其實蓮，其根藕，其中的，的中薏。《華山記》曰：華山頂上有池，

生千葉蓮花，服之者羽化。《太清諸艸本方》曰：七月七日採蓮花七分，八月八日採蓮根八分，九月九日採蓮實九分，陰乾下篵，每能服方団回令人不老。

明　張存紳《增定雅俗稽言》卷三八《芙蕖》　芙蕖，一名芙蓉。《爾雅》及陸璣《艸木疏》以荷花爲芙蕖。未開曰菡萏，其莖曰茄，葉曰蕸，根曰藕，實曰蓮，俗呼稱蓮蓬。郭璞曰，北方人以藕爲荷，江東人呼荷葉爲芙蓉，蜀人以藕爲茄，此皆名實相亂，沿習之悮。《花史》：芙蕖，君子花也。又《太平御覽》引《廣志》曰：君子樹似樫松，曹爽植之于庭。戴崧詩：「接越稱交讓，連樹名君子。」江總詩：「連楹君子樹，對幌女貞枝。」皆用此事。吁君子吾不得而見之矣，見之花與木。《祥瑞圖》曰：雙蓮爲華萍。《孝經援契》：王者德至于地則華萍感。注：華萍，並頭蓮也。睡蓮夜則花低入水，南海有之。睡蓮可與「舞艸」作對，舞艸者，虞美人艸也，唱虞美人詞則舞，雅州有之。見《白帖》。睡蓮亦可對「眠柳」。按漢苑中有柳，狀如人形，號人柳，一日三眠三起。見《三朝故事》。又石脾，入水則乾，出水則濕，獨活有風不動，無風則摇。南倭蚌淚，着色，夜現晝隱。沃山石脂，着色，晝現夜隱。睡蓮，晝開花，夜縮入水底。蓋雖縮水，夜半復出。見《宛委餘編》。然則睡蓮亦可對「夢艸」。浄土之蓮青黄紅白四色，金光，花長一由旬，諸佛座也。實蓮臺説，梵語一大由旬八十里，一小由旬四十里。湖目，蓮子也。見《酉陽雜俎》。《廣知篇》云：蓮實下垂，則取其象以治心，故桃實夜縮，則資其形以斂脉。北齊童謡：「千金□藥園，中有芙蓉樹。破家不分明，蓮子隨他去。」楊用修詩：「偃月堂空罷舞塵，綾安坊冷怨佳人。芙蓉蓮子隨他去，不及當年石季倫。」蓋用此事。《博物志》：藕生應月，潤月益一節，芋以十二子爲限，亦應月之類也。

明　陳正學《灌園草木識》卷一《花之屬・青蓮》　出水時外葉甚青，開時千葉如碧玉，韻致逌然。《大智度論》云：蓮華有三種，一者人華，二者天花，三者菩薩花。人華十餘葉，天華百葉，菩薩華千葉。又云蓮所表示，白，浄也；青，喜也；赤，覺也。因時開敷，悦可衆心，是謂妙法蓮華。

清　鈕琇《臨野堂文集》卷九　舊傳六月二十四日，爲蓮花生辰。於斯時也，流觴者濡首千鍾，點筆者斷髭四韻。花正逢夫誕降，人俱愜乎遊思。于乃綴以文，並因爲祝。紅雲十里，舞作綵衣。白露一方，獻同莖液。與智者言所樂，感有别于靈均爲君子。頌其年，愛更深乎。

清　雍正《廣東通志》卷五二　麻姑峰下有池，獨産白蓮。《道書》云：「真人遊時，各坐蓮花之上，其莖十丈。」《羅浮志》

圖表

晉　郭璞《爾雅音圖・釋草》

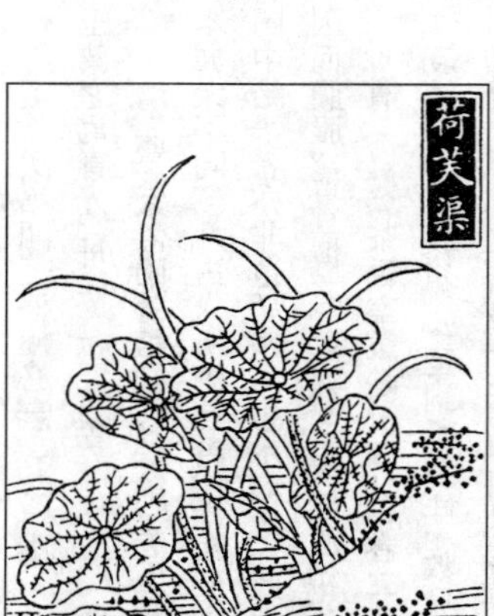

桂

論説

《呂氏春秋・本味》　和之美者，陽樸之薑，招摇之桂。陽樸，地名。在蜀郡。招摇，山名。在桂陽。《禮記》曰：草木之滋，薑桂之謂也。故曰和之美。

唐　白居易《白氏長慶集》卷一《潯陽三題序》　廬山多桂樹，湓浦多脩竹，東林寺有白蓮花，皆植物之貞勁秀異者。雖宫囿省寺中，未必能盡有。夫物以多爲賤，故南方人不貴重之，至有蒸爨其桂，剪棄其竹，白眼於蓮花者。予惜其不生於北土也，因賦三題以唁之。

唐　丘光庭《兼明書》卷五《雜説・月桂》　代人謂及第人爲折月桂者。明曰：昔者郄詵射策登第，天子問之曰：卿自以爲何如？對曰：臣以爲桂林之一枝，崑山之片玉。今人謂爲折月桂，何其謬歟！且月中無地，安得有桂？蓋以地影入於月中，似樹影耳。

宋 陸佃《埤雅》卷一四《釋木·桂》 莊子曰：「桂可食，故伐之；漆可用，故割之。」言此皆以其能苦其生者也。桂猶圭也，久服通神。若服以祀，宣道諸藥，爲之先聘。若執以使，又謂之梫，能侵他木，斃之。《談苑記》：江南後主患清暑閣前草生，徐鍇令以桂屑布磚縫中，宿草盡死。《吕氏春秋》云：桂枝之下無雜木，蓋桂味辛螫故也。然桂之殺草木，自是其性，不爲辛螫也。《雷公炮炙論》云：以桂爲丁，以釘木中，其木即死。一丁至微，未必能螫大木，自其性相制爾。《越絶書》曰：人固不同，慧種生聖，癡種生狂，桂實生桂，桐實生桐，以鯀生禹。考之殆不然矣。

明 周琦《東溪日談録》卷八 世有月桂之説，《酉陽雜俎》之妄也。《酉陽雜俎》曰：月中有桂，高五百丈。下有一人，嘗斫之，樹創隨合。其人姓吴名剛，西河人，學僊有過，謫伐桂。夫月者，陰之精，在天地氣中轉旋不已，曷嘗有他物雜之於内。桂之爲物，非土地不生，非雨露不滋，豈此陰寒氣中可以産此植物。一夜一周，隨月轉旋，根株枝幹，顛倒上下而傾覆邪。吴剛何等人也，抑何從而入於月邪？《酉陽雜俎》荒唐孰甚，世人附會其説，使助詞章之什，同爲荒唐也，孰甚哉！

明 徐渭《刻徐文長先生秘集》卷一一《桂》 桂以香勝，取其韞，宜寒巖，宜幽洞，宜僧家道院，宜書幌黌宫，宜皓魄一輪，宜清風四座，宜潺湲流水，宜窈窕孤峰，宜羽衲清吟、身依月窟，宜嬋娟徐步。

明 張大復《梅花草堂集筆談》卷九《桂梅》 桂吐一粟則香，一樹則酷。梅開一蕚則清而芬，一樹則更清。蓋桂近而梅遠，桂觸而梅閒也。雖然向寒而酷，非桂不能凌寒。發天地之秀者，梅乎。桂爲味，梅爲骨。桂爲黄金，梅爲玉。

明 劉春《東門劉文簡公集》卷一五《瑞桂記》 蓬州分司之廳事南，舊植桂花，色淡黄，婆娑蔭密可愛。久爲栢枝侵壓，其勢若欝而不發者。弘治己酉夏六月，提學憲副南陽焦公適莅校士，見而訝之，命臺隸剪除其侵壓者，使得直達。經宿，是桂即挺然秀出二三尺許，如或揠之。公乃語于衆曰：桂侵壓於客枝，不獲遂若性，其猶士之屈抑於下者乎？芟其所壓，而挺然秀出，其猶士之際時而效用者乎？兹所校士，意或有當之者。衆相顧忻然。已而公去，比秋桂益茂，迥異徃時。其花之開，變黄爲紅。州守郭侯瑾滋異之，乃置酒。命僚吏且召庠士母生寵之曰：蓬自成化甲午迄今十有五年，士未有拔於科目者，可謂欝而不發矣。桂之異，殆將有所兆乎？兆必在子。子是州之秀，且公所與也。已而寵之果以戴記裒然魁蜀省。越明年，會試禮闈弗偶，而桂之開復如舊色，州之士亦斬焉，不録於有司者。又十年，戊午之秋，花偶如己酉，議者以爲吾蓬之士殆將有如己酉者乎？乃未有以應。越己未春，則寵之始登甲科，盖又爲其兆也。夫桂一卉類耳，而始終兆於寵之如此，亦獨何哉！或曰：物得氣之先，而草木爲甚。是固無疑若寵之者，頴敏俊邁。雖久蜚聲庠序，然不得公簡拔於儕輩中，則無以自達。故桂之借公以芟除剪伐，實爲寵之發其兆也。或曰：自古賢哲出處，寔關一方之氣化，不偶也。肆以蜀言之，則桂之産其地者何限？而士之未遇者亦未易枚數而獨於蓬州，乃感召如此，豈非其人之芳潔清芬，持節秉操，亦有似之者乎？或曰：公以文學結知先皇，侍今上於青宫，聲望重天下，乃出禁近清華之地，留滯一方，不可謂不屈矣。未幾復承主上念舊學起司銀臺於南都，再任詞林，侍經筵，纂脩國典，貳宗伯，柄用未艾，則桂之屈而起，起而秀，殆兆之耶？是其作人之功。豈徒於蓬昭之天下之士，固將籍其振作奮起，有如是桂，有如寵之者矣。余聞而韙之，因爲之記。且以見天下之事，屈信猶循環。儒者曰，脩己者，不可以是遽爲憂喜；觀人者，不可以是輕爲進退。余於是桂，竊有所感也。

清 李漁《閒情偶寄》卷一三《種植部·木本第一·桂》 秋花之香者，莫能如桂。樹乃月中之樹，香亦天上之香也。但其缺陷處，則在滿樹齊開，不留餘地。予有《惜桂》詩云：「萬斛黄金碾作灰，西風一陣總吹來。早知三日都狼籍，何不留將次第開。」盛極必衰，乃盈虚一定之理，凡有富貴榮華，一蹴而産者，皆玉蘭之爲春光，丹桂之爲秋色。

清 曹溶《倦圃蒔植記·總論》卷上《論花》 桂君禀性剛正，深有益於人，與木樨大不同。凡古人所謂桂者，多指藥中桂皮之樹耳。不但此土木樨未是，而閩中結子者亦非也。嶺南患木樨瘴，此地亦頗有聞氣眩暈者。又入茶酒中，或因而腹脹，皆宜慎之。試觀全局桂酒頌，則知吴樨閩子能不避三舍耶。

清 俞樾《茶香室叢鈔·四鈔》卷二八《陸放翁未見桂花》 宋無名氏《愛日齋叢鈔》云：陸務觀云楚詞所謂桂，數見於唐人詩句及圖畫間，今不復見矣，屬山僧野人試求之，賦絶句云：「丹葩緑葉鬱團團，銷得姮娥種廣寒。行盡天涯年八十，至今未得一枝看。」又別記其説云：桂花以春芳，其色丹，亦或紫。《南部新書》云：錢唐靈隱山多有之，香紫可愛，白樂天謂之「紫楊華」，今不復見。雖問靈隱山僧，亦莫知矣。往往妄指木犀爲之，草木顯晦，亦有時如此。按自有木犀，而天下無桂久矣。宋人猶有此種議論，今并不復知也。

又云李衛公《平泉草木記》中列桂之品三：其一紅桂樹，云此樹白花紅心，

因以爲號；其一月桂，云出蔣山，淺黄色；其一山桂，云此花紫色，英蘂繁縟。三者未詳孰是。《爾雅》：梫木，桂。郭景純曰：白華不言丹紫。《選詩》：秋風生桂枝。亦鮮言春也。孫少媿《東皋襍録》：自邵州至全州，道旁多巖桂。冬初花發，芬馥特異，俗謂之九里香。又謂之木犀，以其文理黑而潤，珠類犀角也。冬初發花，固由土氣有異。以桂與木犀一種，相傳久矣。陸氏之説，孤而不章。按此則放翁所説，在愛日齋主人，已不甚爲然也。

又按桂花以春芳之説，余終未敢信。唐王績有《春桂問答詩》：問春桂，桃李正芬華，年光隨處滿，何事獨無花？春桂答，春華詎能久，風霜摇落時，獨秀君知否？是初唐人詩，已言春無桂花也。

宋楊萬里《木樨花賦》曰：摩挲玉蟾蜍而問焉，亦不知其名，而字之曰桂，蓋以木樨爲桂。采以來無不皆然矣。

綜　述

《楚辭·招隱士》　桂樹叢生兮山之幽，偃蹇連蜷兮枝相繚。山氣巃嵸兮石嵯峨，谿谷嶄巖兮水曾波。猿狖羣嘯兮虎豹嘷，攀援桂枝兮聊淹留。

《爾雅·釋木》　梫，木桂。注：今南人呼桂厚皮者爲木桂。桂樹葉似枇杷而大，白華，華而不著子，叢生巖嶺。枝葉冬夏常青，間無雜木。音義：梫字林，音寑。郭音浸，或初林反，一音侵。枇，房私反，又音毗。杷，步巴反。著，丁略反，又直略反。疏梫，一名木桂。郭云：今南人呼桂厚皮者爲木桂，桂樹葉似枇杷而大，白華，華而不著子，叢生巖嶺。枝葉冬夏常青，間無雜木。案《本草》謂之牡桂者是也。

晉　嵇含《南方草木狀》卷中　桂出合浦，生必以高山之巔，冬夏常青，其類自爲林，間無雜樹。交趾置桂園。桂有三種：葉如柏葉皮赤者爲丹桂；葉似柿葉者爲菌桂；其葉似枇杷葉者爲牡桂。《三輔黄圖》曰：甘泉宫南有昆明池，池中有靈波殿，以桂爲柱，風來自香。

唐　李德裕《李衛公别集》卷九《平居山居草木記》　木之奇者，【略】剡溪之紅桂。

唐　段成式《酉陽雜俎續集》卷九《支植上》　月桂葉如桂花，淺黄色，四瓣青蘂，花盛發如柿，葉蔕稜，出蔣山。【略】牡桂葉大如苦竹葉，葉中一脈如筆跡。花蔕葉三瓣，瓣端分爲兩岐，其表色淺黄，近岐淺紅色。花六瓣，色白，心凸起如荔枝，其色紫，出婺州山中。【略】山桂葉如麻，細花紫色，黄葉簇生，如慎火草，出丹陽山中。

唐　郭橐駝《種樹書·花》（《説郛》卷一〇六下引）　月桂花葉常若蟲食者，以魚腥水澆之乃止。木犀接石榴，開花必紅。

灌溉花木各自不同，木犀當用猪糞。

凡種花欲得花多，須用肥土，秋冬間壅根，春來著花自然盛。以猪糞和土令發熱爲肥土，木犀葉有齒如鋸，其紋亦麄，灑者乃香。有一等葉光澤者，殊無香也。又有一等花極白者，亦無香，蘭亦如之。

宋　温革《分門瑣碎録·雜説》　木犀葉有齒如鋸，其紋亦粗，澁者乃香。有一等葉光澤者，殊無香也。又有一種花極白者亦無香，蘭亦如之。

宋　陸佃《埤雅》卷一四《釋木·桂》　蘇秦曰：「楚國食貴於玉，薪貴於桂，謁者難見於鬼，王難見於帝。」蓋桂藥之長也。凡木葉皆一脊，惟桂三脊。桂之輩三：一曰菌桂，葉似柿葉而尖滑鮮浄，《蜀都賦》所謂菌桂臨崖者，即此桂也；二曰牡桂，葉似枇杷而大，《爾雅》所謂梫木桂者，即此桂也；菌桂無骨，正圓如竹，故此云木桂也；三曰桂，舊云葉如柏葉者，即此桂也。皆生南海山谷間，冬夏常青，故桂林、桂嶺皆以桂爲名也。《本草》言桂宣導百藥無所畏，又云菌桂爲諸藥先聘通使，故《説文》以爲百藥之長也。

宋　范成大《桂海虞衡志·志草木·桂》　桂，南方奇木，上藥也。桂林以桂名，地實不産，而出於賓宜州。凡木葉心皆一縱理，獨桂有兩紋，形如圭，製字者意或出此。葉味辛甘，與皮無别而加芳，美人喜咀嚼之。

宋　梁克家《淳熙三山志》卷四一《土俗類三·物産·花》　巖桂其葉兩兩相向，粟結其間，及開，清馥斷續而遠聞，俗呼爲九里香。木紋如犀，可以爲器，亦號木犀。數種，有四時開者，紫者，鞓紅者，深紅者曰丹桂。凡色勝則香薄。

宋　張邦基《墨莊漫録》卷八　木犀花，江浙多有之，清芬漚鬱，餘花所不及也。一種色黄深而花大者香尤烈；一種色白淺而花小者香短。清曉朔風，香來鼻觀，真天芬仙馥也。湖南呼九里香，江東曰巖桂，浙人曰木犀，以木紋理如犀也。

宋　陳耆卿《嘉定赤城志》卷三六《風土門一·花之屬》　巖桂一名木犀，紅者號丹桂，又有黄白紫碧四色與重臺及四時開者，而黄者尤香。

明　張志淳《南園漫録》卷四《桂辨》　桂，有桂樹之桂，有桂花之桂。桂樹則

《楚辭》桂酒、箘桂之類，即今醫家所用，取其氣味辛甘，乃用其皮也。桂花之桂，則詩詞所言，今人家所植，取其香氣馥烈，乃尚其花也。今類書載桂通不別白，雖《白孔六帖》亦然。

明 郎瑛《七修類稿》卷二六《桂花四出》 諸花皆五出，蓋土之生物，五爲成數也。巖桂止四出者，秋已屬金，西方金之成數又四也。故桂金色而四出，開於秋也。

明 田藝蘅《留青日札》卷三二《白桂》 張曲江云：桂華秋皎潔。段成式云桂花三月生，黄而不白，以譏九齡之妄。夫桂本秋樹，有紅，有黄，有白；有春桂，四季桂。或段公所見，止知有春桂耳。紅桂，宋象山史本初家有之，因接本獻于朝，多植禁中，高宗雅愛之，號曰丹桂。四方争求，歲接數百本。今出象山者，香色芬麗。移之四方，則香色少損矣。蓋地氣使然也。

明 王世懋《學圃雜疏・花疏》 木樨，吾地爲盛，天香無比，然須種早。黄毬子二種不惟早，黄七月中開，毬子花密爲勝，即香亦馥郁異常。丹桂香減矣，以色稍存之，餘皆勿植。又有一種四季開花而結實者，此真桂也，閩中最多，常以春中盛開，吾地亦間有之，宜植以備一種。

明 江之源《百花藏譜・桂花四種》 金黄、白、黄、四季結子，惟金桂爲最。葉邊如鋸齒，而紋麄者香。性喜陰，不宜人糞，灌以猪糞，蠶沙壅之，茂臘雪高壅于根，則來年不灌自發。四月間將枝攀着地，以土壓之。至五月，自生根。一年後截斷，八月含蕋時移種，來年尤茂。桂樹接石榴，開花必紅。

明 文震亨《長物志》卷二《花木・桂》 叢桂開時，真稱香窟。宜闢地二畝，取各種並植，結亭其中，不得顔以天香小山等語，更勿以他樹雜之。樹下地平如掌，潔不容唾，花落地即取以充食品。

明 高濂《遵生八牋》卷一六《燕閑清賞牋下・木樨花四種》 有四種：金黄花，白花，黄花，結子四季花。惟金桂爲最，葉邊如鋸齒而紋麄者其花香甚，灌以猪糞則花茂，蠶沙壅之亦可。

明 王路《花史左編》卷四《花之辨・桂花》 金黄、白、黄、四季，惟金桂爲最，葉邊如鋸齒而紋麄者香。灌以猪糞，蠶沙壅之茂。臘雪高壅於根，則來年不灌自發。桂樹接石榴，開花必紅。

又 卷五《花之候・桂花》 四月間，將枝攀着地，以土壓之，至五月自生根。一年後截斷，八月含蕋時移種，來年尤茂。

又 卷一三《花之忌・桂花》 桂花喜陰，不宜人糞。

明 周文華《汝南圃史》卷七《桂花》 桂花，一名巗桂，謂其多生巗嶺間也。俗稱木犀。《興化府志》又名九里香，有數種。惟深黄色者花蕾繁簇，香尤清烈，俗謂之毬子木犀，此爲第一。《羣書一覽》以紅爲狀元，黄爲榜眼，白爲探花，蓋取其色之紅耳。其實紅劣於黄，至白色者尤劣。有先數日開者爲早黄，有四時開者，有結子者。

明 夏旦《藥圃同春・九月》（《説郛續》卷四〇引） 桂花丹黄白三色，一種名「日月桂」，俱香。

明 方以智《物理小識》卷九《草木類・桂》 官桂，四月花，無實。其樹高數丈，出邕交。嵇含曰：桂自踞嶺爲林。葉如枇杷葉，鋸邊，表裏白毛者爲肉桂。臨嵓如竹，其葉似柿，無鋸齒者爲菌桂。其秋開者，木犀也。以木肉赤有縱文，凌冬香辣，故皆以桂名。木犀有結實者，四季開者，無實而冬季花尤繁。王麟洲言：有子者桂，無子者木犀，訛也。木犀結子如豆，今呼月桂。木犀呼巖桂，不宜灌糞。花時遂屈其條，壓土中，能自生根，亦可以冬青接。寧都赤面石桂葉乃大五六寸，四圍鋸齒如刺。張邦基曰：湖南呼九里香，江東曰巖桂，浙人曰木犀。引王以寧九里香詩爲證。郭青螺曰：西昌山桂二月開白花，叢開，其香似月季花，樹近於木犀。江北謂之九里香，其葉似禾樹，冬不落。新安謂之春桂。色有紅白二種。紅者肥而稀得，性喜野而畏俗，人家植之九死一活。智按此九里香非一種矣。

明 陳正學《灌園草木識》卷一《花之屬・桂花》 自中秋以後，月月作花，至首夏方止，故名月桂。張曲江《感遇》詩云：「蘭葉春葳蕤，桂花秋皎潔。」段成式以爲桂花三月作花，黄而不白，曲江妄也。不知風土節候不同，未可厚詆曲江。漳有黄白二種，黄者山桂也，一年只九月盛開一次，名木犀。白者月桂也，秋深盛開，花稠葉稀，白若玉樹，歷冬春而至首夏。灌以糞漿，切忌溺水，其花煮以飴蜜而爲膏，擣以糖霜而爲餅，漬以黄楊梅汁而爲葅，皆盤供佳品也。

又 《丹桂》 色如紅丹，以博接成樹。二月初剪截山桂叢，接以丹桂枝，過四五年方作花。

清 朱虚《古今疏》卷一五《桂》 菌桂爲諸藥先聘通使，故《説文》以爲百藥之長也。以桂爲丁，以釘木中，其木即死。

清 曹溶《倦圃蒔植記》卷中《花卉二・桂》 昔人謂：「有錢當作五窟室，吴

香窟盡種梅株，秦香窟周懸麝臍，越香窟植岩桂，蜀香窟栽椒，焚香窟畦蘭。四木草各占一時，餘日入麝，使廷子一年死且爲香鬼，況於生乎？」栽桂之法，須俟夏初，攀枝着地，以土壓之，逾年截斷，含蕊移栽，灌以猪糞，蠶沙壅之。如患蛀損，取芝蔴梗懸之樹間，能殺諸蟲。《種樹書》云：木樨接石榴其花必紅。然則宋高宗時，山陰史氏本又不足奇矣。別有草本名水木樨，二月分種，香味不減。又有月桂一種，實非同族，法於花謝摘去其蒂，亦如鳳仙花，發無已。如遇蟲食，魚腥澆之，次第栽培，真堪鼻選矣。

清　高士奇《北墅抱甕録·桂》　桂分紅、黃、白三色。紅者曰丹桂，黃者曰金桂，白者曰銀桂，每秋發花兩度。丹桂有子。凡花之香者，或清或濃，不能兩兼，惟桂花清可絶塵，濃能透遠，一叢盛放，鄰牆別院莫不聞之。江南好事者多結之作屏。余園中小徑鱗次，種植左右成行，接葉交枝，上不通日，花時金粟滿望。李義山所謂「桂巷」，殆不過是。

清　陳淏子《秘傳花鏡》卷三《花木類考·桂》　桂，一名梫，一名木樨，一名巖桂。葉對生，豐厚而硬，凌寒不凋。枝條繁密，木無直體。花甚香甜，小而四出，或有重臺，亦不易得。其種不一，白名銀桂，黃名金桂，能著子。紅名丹桂，不甚香。又有四季桂、月桂，閩中最多。葉如鋸齒而紋粗，花繁而香濃者，俗呼毬子木樨。花時凡三放，爲桂中第一。澆以猪穢則茂，壅以二蠶沙則肥，但不宜糞而喜河泥。若移栽，須擇高阜，半日半陰處，以臘雪高壅其根，則來年不灌自茂。冬月以撏猪湯澆一次，尤妙。如木生蟲，取芝蔴梗懸之樹間，能殺諸蟲。一云：木樨接於石榴樹上，其花即成丹桂。花樹後摘去其蒂，亦如鳳仙，可發二次。屈其條壓土中，良久自能生根。一年後截斷，八月含蕋時移種，若以冬青樹接亦可。花以監滷浸之，經年色香自在，以糖椿作餅，點茶香美。

清　鄒一桂《小山畫譜》卷上《桂》　一名木樨，樹高一二丈，枝葉對生。葉如冬青，尖長而彎角，旁超而中陷。花開葉間，四瓣，黃心二點。有柄。將開則苞落，一苞數花，叢密，色正黃，香濃郁。一種色紅者爲丹桂，白者爲銀桂，金色者爲金桂，香俱遜。又有四季桂，四時俱花，結子如小青果。至藥名肉桂者，則白花如茶，非其類也。

清　乾隆《雲南通志》卷二七《物産·花屬》　桂花有丹桂、金桂、銀桂三種。又有月桂，四季開花，夏秋結子。

清　嵇璜《續通志》卷一七六《昆蟲草木畧三·木類》　巖桂，一名木犀，其花白者名銀桂，黃者名金桂，紅者名丹桂。

天竺桂生閩粵兩浙，而台州天竺最多，故名大樹。繁花，結實如蓮子狀。天竺僧人稱爲月桂，其花時常不絶，故道經謂之不花，不以供獻。

清　鄭績《夢幻居畫學簡明》卷三　桂與木樨同類別種。而桂亦有多種，概其名則有三，枝幹皆直，皮紋皆皺。一曰牡桂，葉長尺許，如枇杷，葉邊有鋸齒，表裏生毛。一名箘桂，葉似柿，葉中有縱紋三道，光浄無毛，與牡異。牡箘皆白花黃蕋，四月開，五月結子，生交趾桂林山谷中，樹高數丈，採其皮即藥，名肉桂。一曰巖桂，比牡箘樹小，嫩葉長瘦有齒，老葉短肥光厚無齒，如卮子葉，又如茶葉，因叢生巖領間，謂之巖桂。今園林中多移接種之，俗呼爲木樨者是也。其花白者名銀桂，黃者名金桂，紅者名丹桂。有秋蒼者，春彎者，四季花者，逐月花者。

清　謝堃《花木小志·桂》　桂之花，有赤色者名硃砂桂，深黃色者名丹桂，淺黃色者名金桂，白色者名銀桂。又有名四季桂者，其花雖四季能開，然色香稍減，蓋齊魯間多以翦背羅本接之故耳。其壯大者算如廣西桂林郡及潯州，余嘗見其有數十抱者，花開不落，結實若梧桐子。駱賓王詩云「桂子月中落，天香雲外飄」，蓋指此也。

清　吴菘《箋卉》卷一　春桂，經冬不彫枝葉，皆桂也。惟花五出，而飄香在三月，迥與仙客不類。

紀　事

南朝宋　劉義慶《世説新語》卷上之上《德行》　客有問陳季方：足下家君太丘有何功德，而荷天下重名？季方曰：吾家君譬如桂樹，生泰山之阿，上有萬仞之高，下有不測之深。上爲甘露所霑，下爲淵泉所潤。當斯之時，桂樹焉知泰山之高，淵泉之深，不知有功德與無也。

北魏　酈道元《水經注》卷六《汾水》　王肅《喪服要記》曰：昔魯哀公祖載其父，孔子問曰：寧設桂樹乎？哀公曰：不也。桂樹者，起于介子推。子推，晉之人也。文公有内難，出國之狄，子推隨其行，割肉以續軍糧。後文公復國，忽忘子推。子推奉唱而歌，文公始悟，當受爵禄。子推奔介山，抱木而燒死。國人葬之，恐其神魂霣于地，案霣，近刻訛作賈。故作桂樹焉。

唐 段成式《酉陽雜俎》卷一《天咫》 舊言月中有桂有蟾蜍，故《異書》言：月桂高五百丈，下有一人常斫之，樹創隨合。人姓吴名剛，西河人，學仙有過，謫令伐樹。《釋氏書》言：須彌山南面有閻扶樹，月過，樹影入月中，或言月中蟾桂地影也，空處水影也，此語差近。

唐 李肇《唐國史補》卷下 每歲有司行祀典者，不可勝紀。一鄉一里，必有祠廟焉。爲人禍福，其弊甚矣。南中有山洞一，泉往往有桂葉流出。好事者因目爲流桂泉，後人乃立棟宇，爲漢高帝之神，尸而祝之。

宋 高似孫《剡録》卷九《草木禽魚・四季桂》 予雪館嘗植四季桂。白居易詩：「有木名丹桂，四時常馥馥。」稟據詩：「芳林挺芳榦，一歲三四花。」據，晉人也。

宋 陳鬱《藏一話腴》卷上 明之象山士子史本有木犀，忽變紅色，異香。因接本以獻闕下，高廟雅愛之。

宋 潛説友《咸淳臨安志》卷五八《物產・花之品》 木犀有黄、紅、白三色，舊天竺山多有之。東坡有《天竺山送桂花分贈元素》云：「月闕霜濃紅蕊乾，此花原屬桂堂仙。鷲峯子落驚前後，蟾窟枝空記昔年。」云云。霅川陳大昌《演繁露》載明之士子史有木犀，忽變紅色，異香，因接本以獻闕下。高宗愛賞，畫爲扇面，仍製詩以賜從臣云：「秋入幽岩桂影團，香深粟粟照林丹。應隨王母瑶池宴，染得朝霞下廣寒。」

宋 舒岳祥《閬風集》卷一一《月中桂記》 余記童丱時，先祖拙齋翁夜課余讀書。會中秋月色，浩然聞瓦上聲如撒雹，甚怪之也，先祖曰：此月中桂子也。我少時嘗得之，天台山中呼童子，就西廂天井燭之，得二升許，其大如豫章子，無皮，色如白玉，有紋如雀卵，其中有仁，嚼之作脂麻氣味。余囊之，雜菊花作枕。其收拾不盡，散落磚罅甃縫者，旬日後輒出樹子，葉柔長如荔支，其底粉青色，經冬猶在，便可尺餘。兒戲不甚愛惜，徙植盆斛，往往失其所在矣。是後未之見也。每遇中秋月明，輒憶此時事。今年五十九，對月悵然，此至清之精英也。今若有此，定汲井花嚥下也。

宋 吴自牧《夢粱録》卷一八《物產・花之品》 木犀有黄、紅、白色者，其香且韻。頃天竺山多。天長橋慶樂園有數十株，士大夫嘗往賞此奇香。向東坡《送花贈元素》詩云：「月闕霜濃細蘂乾，此花原屬桂堂仙。鷲峯子落驚前夜，蟾窟枝空記昔年。」高宗在壽宮時，賞桂，嘗命畫工爲岩桂扇面。仍製御詩分賜羣臣親王。

元 馬端臨《文獻通考》卷二九九《物異考・木異》 垂拱四年三月，雨桂子於台州，旬餘乃止。占曰：天雨草木，人多死。

明 慎懋官《華夷花木鳥獸珍玩考》卷四《桂》 《玉虚宫六圖》述齋堂前老桂三。其最大者，以指絜之得二十二圍。雖柯榦方盛，然葉遲如子母錢。花枝間時時綴數點，不能多。獨異香不減他植。一本十圍空中立，枯猶崛強如平昔。一本十三圍，偃蹇墻下。若付是非欣戚于人者，蓋皆百餘年物也。慶元府象山州東一百六十里，有山如象形，東南北皆至海，惟西南有陸路接台州寧海縣界。山出紅木犀，嘗移植禁中。高宗雅愛，畫爲扇面，且賦以詩。詩云：「月宫移向日宫栽，染得嬌容八面來。多謝秋風揚雨露，丹心一一爲君開。」

明 王同軌《耳談類增》卷一三《冥定篇三・春桂花》 儀真王公大用、蔣公南金未第時，同舍課秇，最親。元旦同遊於某廟。曰：桂花香若此乎？時遊客雜沓，皆若未聞。曰：雪候桂有花乎？二公分超左右樹，各折得已發花一枝，衆始詫而争折取。蔑昌言：事不磨，甘棠貽蔭下，歸去養天和。是科果第，廷試三甲。後授南昌理，擢兵科給事中，抗疏最多。前語皆驗，獨甘棠句不解。後歷陝西憲長，抵任，見後堂一扁曰「甘棠貽蔭」，方圓解組而已有忤者，遂歸隱十五年，享年八十三卒。

明 錢希言《獪園》卷一六《環聞・桂兆》 熊秉鑑秀才，別駕之孫。余昔嘗與別駕會飲，知其人長者。壬子秋，秉鑑家有老桂，六十年矣。其花本黄色，是歲忽變爲丹。徐道登秀才家，住長洲葑門之外村落，辛亥除夜，中庭桂花盛開，有白鼠常游走其下，家人跡之不及。是秋報捷者至，見而擊死之。兩人並聯捷。

明 王路《花史左編》卷七《花之妖・桂花》 仁和狄明善至瞰浦，天色已暝，野無人居。遥見前村一酒肆，疾趨赴，見一女甚美，叩其姓，云姓桂名淑芳。遂設席，與狄對酌。明善半醉，乃咏桂一律以挑之。女咲曰：君之詩其御溝之紅葉乎？乃相與就寢，極其繾綣。越明日，欷歔而別。明年秋，復往訪之。第見豐艸喬林，杳無酒肆，惟一老桂，夾道而花耳。

又 《月宫桂》 《天寶遺事》：唐明皇遊月宫，見天府榜曰「廣寒清虚之府」，素娥十餘人，皓衣乘白鸞，舞於桂樹下。

又 《青桂》 武帝使董謁乘琅霞之輦，以昇壽靈壇上。至三更，西王母駕玄鸞之輿至。壇之四面，列種軟條青桂。風至，桂枝自拂階上遊塵。

又 《月中桂》 吴剛，西河人。學仙有過，謫伐月中桂。創處隨合。

明 佚名《名花譜·桂子》 桂子之説起自唐時，後宋慈雲式公月桂詩序云：天聖丁卯中秋，月有濃華，雲無纖迹，天降靈實，其繁如雨，圓潤如珠，五色具備，殼如芡實而味辛。識者曰此月中桂子也。好事者播種林下，無不即活。

無瑕嘗着素桂裳折桂，明年花開，潔白如玉。

唐一老人以畫桂扇贈賣糕者，後取以扇糕，糕皆桂香。

清 康熙《臨海縣志》卷一一《雜事》 月桂子大如豫章子，色白有紋，内有仁，嚼之味香。《封氏聞見録》及《陸龜蒙集》：唐垂拱四年三月降于臨海縣境，芳香有桂味，食之和暢，郡司馬孟詵以聞。

清 景星杓《山齋客譚》卷七《月中桂子》 唐人靈隱寺詩：「桂子月中落，天香雲外飄。」相傳天上桂子散落，必於靈鷲，人未之信。康熙戊寅，鷲嶺果有桂子散落滿地。較黄豆尤大，深青色，上有烏絲紋，如篆者，斑剥盈子。

清 雍正《浙江通志》卷一〇四《物産·紹興府》 紅桂《平泉草木記》：木之奇者，剡中之真紅桂。程顥《剡桂》詩序：李德裕嘗言，洛龍門敬善寺有紅桂樹，獨秀伊川。嘗於江南諸山訪之，莫致。陳侍御知余所好，因訪剡溪樵客，偶得數株，移植郊園，衆芳色阻，乃知敬善所有，是蜀道茜草，徒得其名。

清 姚之駰《元明事類鈔》卷三三《花草門一》 重榮桂，《宋濂集》：廬陵周氏廬桂樹一章，陰可二畝。元至正間，紅巾盜起，桂焚死。越五年，忽發緑芽膚間，已而怒長，不數年，蓊若雲布。爲賦「重榮桂」。

清 乾隆《蓮花廳志》卷四《官署》 （公）廨西舊有丹桂一株，老幹扶蘇，凌霜不改。偪近庖湢，四時花發，徒攀折於奴隸之手。予惜其嘉植之委頓，亟拔污泥中，移栽堂陛之西。

清 同治《續漢州志》卷一九《古蹟·古桂》 州西十里有慧燈寺，大殿前有古桂四株，二丹二白。大十數圍，高五六丈許。望之蔚然深秀，若雲屯山峙，聳出層霄。每歲花開，香聞數里。此係州之文風地脈所□。寺内住持及附近居民，毋得擅伐。

清 盧培《碧陽書院樹本記》（《黟縣三志》卷一五引） 黟邑碧陽書院，自邑侯吴明府建議諭輸，各都人士踴躍急公。西川胡君崑泉，實爲首倡。籌畫經營，備極周緻，非第揮金襄事，累萬累千不惜也。工既落成，一切悉倣紫陽舊章，申府立案，以垂久遺。胡君又體樹人樹木之義，偏植桂樹以環其垣。子飄金粟，彩煥玉蟾，臨風則影拂琴書，浥露則香生翰墨。羞桃李之無言，與芝蘭而共契。其用意不更深且遠乎？從此勤爲灌溉，善與護持，厚培其本，以暢其枝，毋摇其根，以傷其性，將來沐□天家之雨露，拂月窟以繽紛，詎特如小山叢中，香盈絶壑已哉。是爲記。

清 同治《德安府志》卷三《地理志下·古蹟·五桂堂》 在府署西。宋元豐間，方城范愉爲安州掌書記，官舍西偏有桂，茂甚。後愉之五子致君、致明、致虚、致祥、致厚，相繼登第。周必大有記，今廢。

清 尹治《桂花洞考》（《宣威州志》卷七引） 凡物之無者，不得謂之有。與有者，不得謂之無，均之不可不考也。距城西三十里，有桂花洞，擅名千古，未嘗有樹。余每叩之，僉曰：一帶平原，蒼松萬畝。中有小山，山下横衍石磵，截然四壁，樹木叢雜，莫窺其奥。當秋過此，桂香撲鼻，故名諸地，以實其有。余曰：信如子言，此磵耳，胡以云洞？蓋洞必側通，磵則仰出，而磵中之物可以俯視守觀，罄其所有。且山中四序，不乏幽香，兹乃以磵爲硐，焉知所謂香者，亦不桂耶？旁有應之者曰：吾世居其地，歲必食香，聞者亦衆，豈予一人？更有進之者曰：此仙桂也，謂之松徑凝香。又曰：天芬籠翠，予所取者，不係乎樹。若其有樹，亦凡花耳，樹且□哉。彼夫祇園玉樹，閬苑瓊葩，傳諸釋典，見諸道藏。然玉生而樹，瓊放而葩，不亦幻乎？惟此仙香，奇冠古今。子未身歴，反以疑人，余曰：佛國西方，仙都海島，或限流以八百，或繞弱水三千，其風閬之有無，亦未敢必也。況遼隔異域，萬無可至之理。雖有其説，任之可也。乃若聞者鑿鑿，見者寥寥，既有香以襲襟袖，寧無路而入天台。誰其聽之？意者牧童樵子，循名而不核實。行旅過客，稍憩而不及詳求。遂使香自口傳，人從耳食，此桂之有有無無，亦與祇園閬苑等耳。其人弗應，微笑而退。因思桂之爲香，亦衆所習聞，屢欲訪之，因循未果。歲丁酉猛秋，時届花朝，乃携酒遊朋試探其勝。行至林中，意尚疑之。然翠色迎人，蒼苔軟步，烈日蒸而不暑，微風至而倍涼。不必更有奇芳，而幽致已清遠矣。行不數武，果聞香馥。遂疾至山邊，遶磵尋覔，香氣愈濃，桂終莫覩。跡遍林中，而消息杳無。徘徊留戀，不覺怏怏。乃就磵側，濃陰掃石而坐，酌所携酒，恭酹山靈，且耐花氣。納松翠以乘陰，領仙芳而噍酒。始信天壤之間，何幻蔑有。苟臆斷有無，不亦妄乎？豈知奇奇幻幻，留不盡於人間者，造物之常也。滿酌一觴，快領花香。羡衆人之我先，愧懷疑而獨後。擎杯凝睇，俯視巖阿。俄而風動林枝，飜陰弄葉，離離金粟，露於巖端。余乃攝衣牽籐，循巖而下。岸半有洞，勢若偏厦。洞前石磴一埌，蜿蜒數丈，廣狹不一，而下復嶄

然峭壁，壤積石磴，桂即生焉。大小十餘枝，高低錯植，條榦青鮮，枝繁葉茂，而花之附於萼者，稠密異常。因恍然於郭橐駝種樹之説，益信世之植木者，誠愛而害之也。再酌一觴而爲之喜，曰：通都大邑，不乏君儔。遷客騷人，憐香素韻，詩喧酒鬧，日肆盤桓。神勞莫謝，芳倦欲辭，而子且瘁矣。更有重垣疊壁，護而蓄之者，愛之也。然或採爲雲鬢之妝，折供几席之玩。根本既離，倏焉棄擲，以致春深猶自寒，倏秋華勉開數萼，偃蹇禿兀，甚無賴也。以視夫屏跡山材，遊人罕覯。香把雨露裛冰肌，花茂而雲覆芳蕊。以芽以茁，以熾以昌。日月東西過賞，乾坤上下護持，永永綿綿，福何厚焉。余以濫跡造爾靈窩，挹爾清英，飽爾異馥，乃披翠以言，旋因長揖以致謝。

藝文

《楚辭·九歌·東君》 援北斗兮酌桂漿，撰余轡兮高駝翔，杳冥冥兮以東行。

《楚辭·九歌·大司命》 乘龍兮轔轔，高駝兮冲天。結桂枝兮延佇，羌愈思兮愁人。

《楚辭·遠遊》 嘉南州之炎德兮，麗桂樹之冬榮。神依魄以常存，則魄無幽滯，枯木生花，形皆靈化，如桂樹冬榮，無凋瘁矣。神屬南方朱鳥，其德炎上，故曰南州。

《楚辭·九昭》 吞冥阨以無外兮，卷河鼓而浮天街。旅北斗使挹桂酒兮，固誰昔之所懷。冥阨，楚塞。河鼓，牽牛星。北方宿。天街，昴畢之間。西方辰度，言北卷中原而收秦也。旋北斗使挹桂酒，代周受命。楚先君之志事如此，豈一郢之不保哉！

南朝梁 范雲《詠桂》（《藝文類聚》卷八九引） 南中有八樹，繁華無四時。不識風霜苦，安知零落期。

南朝梁 庾肩吾《詠桂樹》（《藝文類聚》卷八九引） 新叢入望苑，舊幹別層城。倩視今移處，何如月裏生。

北周 庾信《庾子山集》卷四《和王少保遥傷周處士》 忽聞泉石友，芝桂不防身。傷弘讓之死也。泉石，喻隱者也。《謝宣城別傳》曰，眺常有言，烟霞泉石，惟隱遯者得之，宦遊而癖此者鮮矣。芝桂不防身者，言隱士死，如芝草之焚，桂枝之落也。

北周 庾信《庾開府集箋注》卷五《詠桂》 南中有八桂，繁華無四時。不識風霜苦，安知零落期。

唐 王績《東皐子集》卷中《春桂問答二首》 問春桂：桃李正芬華，年光隨處滿，何事獨無花？

二

春桂答：春華詎能久？風霜摇落時，獨秀君知不。

唐 李白《李太白文集》卷二二《詠桂二首》 園花笑芳年，池草豔春色。猶不如槿花，嬋娟玉階側。芬榮何夭促，零落在瞬息。豈若瓊樹枝，終歲長翕艶。

世人種桃李，多在金張門。攀折争捷徑，及此春風暄。一朝天霜下，榮耀難久存。安知南山桂，緑葉垂芳根。清陰亦可託，何惜樹君園。

唐 白居易《白氏長慶集》卷一《廬山桂》 偃蹇月中桂，結根依青天。天風繞月起，吹子下人間。飄零委何處，乃落匡廬山。生爲石上桂，葉如剪碧鮮。枝幹日長大，根荄日牢堅。不歸天上月，空老山中年。廬山去咸陽，道里三四千。無人爲移植，得入上林園。不及紅花樹，長栽温室前。

又 卷二《有木詩》 有木名丹桂，四時香馥馥。花團夜雪明，葉剪春雲緑。風影清似水，霜枝冷如玉。獨占小山幽，不容凡鳥宿。匠人愛芳直，裁截爲厦屋。幹細力未成，用之君自速。重任雖大過，直心終不曲。縱非梁棟材，猶勝尋常木。

又 卷八《別萱桂》 使君竟不住，萱桂徒栽種。桂有留人名，萱無忘憂用。不如江畔月，步步來相送。

唐 李德裕《李衛公別集》卷一〇《月桂》 何年霜夜月，桂子落寒山。翠幹生巖中，金英在人間。幽崖空自老，清漢未知還。惟有涼秋夜，嫦娥來暫攀。

又 《山桂》 吾愛山中樹，繁英滿目鮮。臨風飄碎錦，映日亂霏烟。影入春潭底，香凝月樹前。豈知幽獨客，賴此當朱絃。

又 《紅桂樹》 欲求塵外物，此樹是瑶林。後素合餘絢，如丹見本心。妍姿無點辱，芳意託幽深。願以鮮葩色，凌霜照碧潯。

唐 陸龜蒙《甫里集》卷二《小桂》 諷賦輕八植，擅名方一枝。才高不滿意，更自寒山移。宛宛別雲態，蒼蒼出塵姿。烟歸助華杪，雪點迎芳蕤。青條坐可結，白日如奔螭。諒無劉鶯翦憂，即是蕭森時。洛浦雖有蔭，騷人聊自怡。終爲濟川檝，豈在論高卑。

宋 韓維《南陽集》卷一三《陪晏相遊楚家園賦四題·桂》 葉裁青玉層層合，花結丹砂小小垂。不惜淹留賞殘艶，抽毫愧乏楚人詞。

宋 劉攽《彭城集》卷一八《桂花》 月中丹桂昔誰栽，經歲光華十二回。正似此花多意思，一番紅過一番開。

宋 蘇軾《東坡詩集註》卷二五《八月十七日天竺山送桂花分贈元素》 月缺霜濃細蘂乾，此花元屬桂堂仙。鷲峯子落驚前夜，厚天竺山昔有梵僧云：「此山自天竺鷲山飛來，八月十五夜晝有桂子落。」蟾窟枝空記昔年。破衲高僧憐耿介，練裙溪女鬬清妍。願公採擷紉幽珮，莫遣孤芳老澗邊。

宋 范祖禹《范太史集》卷一《月桂》 天寒桂子墮，花發向庭中。月華十二滿，常照此芳叢。

宋 李復《潏水集》卷九《山中有桂樹》 山中有桂樹，樛虬散巖曲。高枝動秋風，霜凝不改緑。美人與世遠，嘯歌樂幽獨。揮手弄浮雲，寒光滿空谷。忽忽自搔首，神馳逐清躅。何時山下泉，一濯飛塵足。

宋 鄒浩《道鄉集》卷一一《桂花》 丹桂從來未發花，今年花發衆驚嗟。盈盈簇蓋真珠細，片片籠車美玉斜。閶闔携香燻席綺，嫦娥流影動牕紗。乾坤着意欣逢遇，收得風光向北誇。

宋 周紫芝《太倉稊米集》卷二五《劉文卿燒木犀沈爲作長句》 海南萬里水沉樹，江南九月木犀花。不知誰作造化手，幻出此等無品差。劉郎嗜好與衆異，爇蜜成香出新意。短窓護日度春深，石鼎生雲得煙細。夢回依約在秋山，馬上清香撲霜霽。平生可笑范蔚宗，甲煎淺俗語未公。此香似有郢人質，能受匠石斤成風。不須百和費假合，成一種性無異同。能知二物本同氣，鼻觀已有香嚴通。聊將戲事作薄相，辦此一笑供兒童。

又 卷二九《剪蘆藩出木犀二絶》 小窓幽絶爲誰通，分得清陰落坐中。可笑森嚴木居士，肯來相伴竹坡翁。

特地移藩喚木犀，眼明初見歲寒枝。臨風想像香來處，不到黄昏滿樹時。

宋 李綱《梁谿集》卷八《巖桂》 閩山氣候真不常，浪蘂浮花渾欲狂。團團巖桂著春雨，擢秀不待秋風涼。微舒嫩葉玉剪碧，巧綴碎顆金排黄。木如犀理自堅緻，噴作十里旃檀香。沙陽滿眼皆此樹，安得白露零清商。芳根端可伴真隱，他日移植梁溪傍。

宋 李清照《攤破浣溪沙》（《花草稡編》卷七引） 揉破黄金萬點輕，剪成碧玉葉層層。風度精神如彦輔，大鮮明。 梅蘂重重何俗甚，丁香千結苦麄生。熏透愁人千里夢，却無情。

又《鷓鴣天》（《佩文齋廣羣芳譜》卷四〇引） 暗淡輕黄體性柔，情疎迹遠只香留。何須淺碧深紅色，自是花中第一流。 梅定妒，菊應羞，詩書閑處冠中秋。騷人可煞無情思，何事當年不見收。

宋 鄭剛中《北山集》卷二一《小飲木樨花下》 東山有佳處，修竹臨滄浪。上下秀色中，木樨寄孤芳。玉露後叢菊，先作萬蕾黄。置之婆娑杪，金釘澹熒煌。或云仙人醉，披拔緑羅裳。隨此小珮玦，散落天一方。我來便酌酒，是否那能詳。但怪秋山老，猶有幽意長。哦詩未得詩，已照明月光。樂哉徑酩酊，知在夫何鄉。豈非化蝴蝶，以夢棲其旁。明朝整冠坐，開卷書亦香。

宋 張九成《横浦集》卷三《聞桂香》 清晨未盥櫛，桂香遞秋風。不知此花意，何爲惱衰翁。舉頭復何有，燕鴈書晴空。景物如此好，誰云吾道窮。

又《桂》 清香不復聞，雪英驚滿地。尚餘青青葉，濃陰猶可庇。我欲營茅屋，示此惜花意。茲謀未易言，俗士寡清致。

又 卷四《憶天竺桂》 湖上北山天竺寺，滿山桂子月中秋。黄英六出非凡種，肯許天香過別州。

宋 曹勛《松隱集》卷一五《和次子積雨損紅木犀》 應向西瑶立赤墀，鮮雲仍帶緑烟宜。要先籬菊三秋艷，不放蟾華一點窺。頗訝夙宵涼雨疾，頓思晨發曉光披。騷人豪舉經年意，絶歎豐姿積漸吹。

宋 吴芾《湖山集》卷七《巖桂盛開感而有作》 抱痾三月未能瘳，樂事都無祇有愁。忽覺天香參鼻觀，頓令病客展眉頭。擬招賓佐同歡賞，奈怯壺觴且罷休。却憶向來無事日，年年花下醉千秋。

又《和天予即席詠巖桂》 衰病無悰日日加，喜君來自帝王家。素娥正駕一輪玉，老桂方開雙樹花。置酒雖欣陪重客，侑尊還愧乏名娃。莫辭今夕如泥醉，須念明朝各一涯。

宋 王十朋《梅溪前集》卷六《岩桂》 岩桂何時種，遥聞月窟香。君家似燕竇，會見五枝芳。

又《桂》 丹霄休歎路難通，學取燕山種桂叢。異日天香滿亭院，吾廬當似廣寒宫。

宋 史堯弼《蓮峰集》卷二《叢桂》 秋風芳桂叢，的皪好顔色。乃公欲盤旋，戒子勿剪伐。

宋 張擴《東窗集》卷五《用文之韻賦巖桂》 葉底倒懸香作團，鵝黄新染色

初乾。晚秋風露易摇落，合屬幽人仔細看。

昔年曾賦道邊花，歲月侵尋鬢已華。衰病不堪無好語，却憑三嗅作詩誇。

宋 范成大《石湖詩集》卷二一《真瑞堂前丹桂》 血色凡花太俗生，花工新意染秋英。袍紅太重鞓紅淺，畫不能摹句寫成。

宋 楊萬里《誠齋集》卷六《木犀》 天將秋氣蒸寒馥，月借金波滴小黄。不會溪堂老居士，更談桂子是天香。

宋 朱熹《晦庵集》卷九《秋華四詩·木犀》 喬木生夏涼，芳蕤散秋馥。未覺歲時寒，扶疎方遶屋。

又 卷一〇《詠巖桂二首》 亭亭巖下桂，歲晚獨芬芳。葉密千層緑，花開萬點黄。天香生静想，雲影護仙粧。誰識王孫意，空吟招隱章。

露浥黄金蕋，風生碧玉枝。千林向摇落，此樹獨華滋。木末難同調，籬邊不並時。攀援香滿袖，歎息共心期。

宋 張孝祥《于湖集》卷三三《如夢令·木樨》 花葉相遮相映，雨過翠明金潤。折得一枝歸，滿路清香成陣。風韻，風韻，寄贈綺窗雲鬢。

又 卷三四《好事近·木樨》 一朵木犀花，珍重玉纖新摘，插向遠山深處，占十分秋色。

宋 陳造《江湖長翁集》卷二〇《八月十二日夜偕客賞木犀八首》 冰蟾蜚下一天霜，領略巖花旖旎香。我亦小園清絶處，與君同命醉爲鄉。

謝蘭潘璧少年場，玉麈金罍度夜央。老子遽能忘此興，且容投杖唤胡床。

朋來濟濟盡嘉賓，飲興翩翩笑語真。絶勝謫仙邀月醉，當時和影秪三人。

露顆零空沍欲冰，風姨收盡晚林聲。金波泠浸山河影，直爲高陽酒伴明。

哀懷對客便超然，病骨枝梧勝去年。未作槌腰摩腹想，尚堪渌蟻翠蛾前。

客間那不笑翁癡，酒處猶須古錦爲。不道詩成還玉雪，聊憑一解桂娥顧。

人間雨恨更雲愁，月殿儇娥替汝羞。試酹此觴堅後約，與人晴霽作中秋。

酒邊先起未須扶，猶聽槌床擊唾壺。風月撩人成不寢，隔墻却擬應歌呼。

宋 廖行之《省齋集》卷一《巖桂賦》 秋氣之清，萬殊稟成。斂英華於品彙，孕粹精于桂根。猗歟休哉！何其挺挺乎，不狗世態；飄飄乎，欲凌高旻也邪。當其玉宇涵空，金行奪暑。庭梧憔悴於銀牀，江蓼凄涼於沙渚。睠籬菊之未專，嘆園葵之已暮。茲桂也，壓衆卉以推先，争秋光而獨主。時也，莫不緣蓓攢枝，吐芳露奇。若瑣若碎，若繁若稀。若什若倍，若贏若畸。或出類以若長，或附承而若卑。珠綴甚富，酥凝未澌。雖玉蟲差擬，風韻之奚取。金粟可媲，典刑之已非。至若露霽晨興，月浮夜明。動微颸於披拂，暢奇芬而遠聞。蕩世俗之喧濁，掃鼻觀之羶塵。可使沉水斂煙於燕寢，猗蘭奪氣於深林。得非蓐收肅殺之威，或有所寓太白剛勁之氣，或有所憑而然耶。彼芙渠兮，不亦華乎。凌波間，而顔如渥朱。水茍涸兮，幹隨以枯。彼桃李兮，何彼穠矣。競春朝兮，天然綺麗。秋之至兮，葉紛以委。萱忘憂兮，何事容悦。花含笑兮，其如嫵媚。寧寒巖之一枝兮，名園之屬子。寧霜林之獨秀兮，韶華之付爾。君不見伯夷之行兮，得清之全，風聞百世，激貪懦之心焉。又不見孟軻之志兮，養其浩然，至剛至大，則天地而塞焉。此蓄之有素，而發之無前。豈與夫競紛華於頃刻，誇美艷之鮮妍者，同年而語哉！此東皐子之問答，所以發德馨於幽潛者也。

宋 王洋《東牟集》卷五《趙倅兼善再用前韻賦木犀》 物外家風本自奇，人間獨步九秋時。誰登月姊青霄露，折得郄詵丹桂枝。韞玉巖扉通户牖，蕋珠花殿徹藩籬。淵明不共真香醉，只與黄花作便宜。

宋 劉才邵《檆溪居士集》卷三《賦得秋風生桂枝》 金飈隨素律，丹桂吐幽姿。潛動驚秋意，生從傲雪枝。高應翻月窟，清已徹天涯。雖效紛披態，終無摇落悲。低嫌蘋末起，涼異棘心吹。幸有乘風興，高攀自不遲。

宋 辛棄疾《稼軒詞》卷四《清平樂·賦木樨詞》 月明秋曉，翠蓋團團好。碎剪黄金敷恁小，都著葉兒遮了。 打來休似年時，小窓能有高低。無頓許多香處，只消三兩枝兒。

宋 楊簡《慈湖遺書》卷六《丹桂》 世眼紛紛丹與黄，廣寒宫裏亦如常。目前不作兩般見，筆下方騰萬丈光。且莫錙銖深淺色，也休斤兩淡濃香。靈根已入詩人手，不許姮娥擅此芳。

宋 袁燮《絜齋集》卷二三《桂花上侯使君》 秋雨洗殘暑，秋空渺寥廓。秋清入花骨，風致殊灑落。何人剪瑠璃，被以寶瓔絡。英英妙點綴，細細疑紛錯。誰知一粟中，十里香噴礴。自便金氣爽，不赴東皇約。黄裳得中正，無心羨丹艧。我欲縱幽賞，村醪不堪酌。攀折不辭勞，相對空索寞。風流賢使君，襟懷富丘壑。敬爲使君壽，芳菲兩相若。

宋 晁公遡《嵩山集》卷一〇《木犀花二首》 粟玉開花顔色新，秋光未覺減

陽春。蕭然不受風埃涴，知是高標可辟塵。

滿貯彫盤可鎮帷，論花壓盡劍東西。豈惟鼻觀遭渠惱，鄰舍聞香亦駭雞。

宋 張鎡《南湖集》卷三《觀園中桂花》 我家城中煙雲鄉，秋風晴日千桂香。交遊半是漁樵郎，門前水深通潮江。和詩到此推硯牘，必不能教鬼神哭。何如且向桂花中，快瀉鵝黄入杯玉。去年試君當夏初，知君直氣非狂夫。平生批龍編虎鬚，千言萬言長短書。誠齋許人以文字，須待其人有餘味。君今莫問且速來，不醉明朝花滿地。

又 卷四《桂樹下作》 芳桂年年種，今秋兩倍開。略無蜂敢傍，爲是月中來。幸自晴多日，須擡醉幾回。便教香殺了，猶勝別人獃。

又 卷五《冬至日曉雪庭桂一枝著花戲成長句》 居士歸來百事嘉，木樨雪裏也開花。麩金一掬枝頭小，蘂玉千溝屋上斜。境界許奇非浪得，色香俱静更何加。高寒似我休拈出，微笑從來少作家。

又 《誠齋再韻見遺走筆復和并邀尤檢正京右司觀花》 要趁清霜未染林，小山同賞桂叢深。已拚醉後纏頭錦，莫待風前布地金。蘭槳遡流歌客櫂，麝材匀搗付香砧。戈揮就借如椽筆，不信湖邊日易沉。

又 《安溪山間尋桂得之》 心期經歲只秋芳，況有溪山近好涼。天宇蕩開喧濁意，巖花催就沉寥香。招尋擬把深枝折，愛護休令背蘂傷。三五冰輪行散影，仙凡同異要平章。

宋 孫應時《燭湖集》卷一六《見巖桂有感》 苦被天香惱，璁瓏又一枝。年年秋好處，故故月明時。勝絶何妨晚，凄涼却自宜。客愁添白髮，辜負小山期。

又 《和真長木犀》 一從月窟移根到，不落人間第二香。商略江梅是兄弟，等閒休復鬬風光。香傳萬里到蠶叢，依舊江南林下風。憶著小山招隱句，不堪流落更相逢。長憐花月不相謀，月滿花開得更休。待倚高樓吹鐵笛，爲君極意作吟秋。

宋 沈端節《克齋詞・惜分飛・桂花》 喜入眉心黄點瑩，珠珮玲瓏透影。風露蕭蕭冷，夢回月窟香成陣。秋後情懷君莫問。拚了因他瘦損。不似尋常韻，細看没處安排悶。

宋 戴復古《石屏詩集》卷六《桂》 金谷園林知幾家，競栽桃李作春華。無人得似天工巧，明月中間種桂花。

宋 高翥《菊磵集・桂》 玉蕊琅玕樹，天香知易薰。露寒清透骨，風定遠含芬。

宋 杜範《清獻集》卷四《和汪子淵桂花一絶》 姮娥剪綵壓羣芳，一夜秋風入酒囊。薰徹醉魂清入骨，敢言天下更無香。

宋 程公許《滄洲塵缶編》卷一二《桂花》 露香消渴桂花芳，天氣偏饒八月涼。不是窅窊分得種，人間那得許清香。一秋無雨亦無風，比似常年迥不同。鼻觀了無分別想，道人結習本來空。雨花那得著衣裾，遍界香分佛飯餘。金粟如來元一點，横陳妙供儘從渠。

宋 劉克莊《後村集》卷九《桂》 譏言自昔架空虚，薏苡非珠偶似珠。半夜庭中金屑滿，老夫明日費分疏。

宋 劉學箕《方是閒居士小稿》卷下《木犀賦并序》 避世之士，遯其光而弗耀，卷其道而弗售。雖不知於人，弗遇於世，澹泊沖和，怡樂四時。初何蘄於人之知，世之遇哉。然一經品題，足以遺芳後代。是山林巗谷，所不能終汩没其身，而無所表，暴於世也。草木之生也亦然。蓋所謂知於人、遇於世者，亦有幸不幸、時不時之嘆。木犀爲花，高雅出類。馨發而不淫，清揚而不媚。有隱君子之德，媲之籬菊江梅，雖不同調而同其情。其五栁孤山之朋儕乎？然見於楚詞，之後世或未賦之。至如牡丹、桃花、橘柚、槐、栁，抑何所長，而皆著之賦頌，獨於此花絶未有。發幽光而出潛德者，豈闕典歟？爲作數語以廣之。其詞曰：對西風之摇落，慘灝氣於素商。憫百草之殄瘁，驚木犀之吐香。緑葉扶疏，高枝蟠虬。潤沐乎曉烟夕露，清颺乎皓月明秋。崇岡之崕，小山之幽。黄英燦然，宛其靚修。可援可攀，可處可遊。儼商山之隱士，邈未可以晤語。左揖手兮素娥，右拍肩兮青女。青女兮拭妝，素娥兮照袂。散十里之清芬，揚郁烈而不媚。兹蓋與菊英兮齊驅，並梅花於伯季者也。彼春風穠華，非不毓嘉。爛然紅紫，燦若朝霞。嗟美麗之過眼，等委氣於泥沙。惟此叢生，雅有深致。獨抱明哲，遠屏聲利。託根雲林，絶跡朝市。飽三秋之風霜，復優游以卒歲。韜葉底之輕明，類有德者之避世。迨夫冰雪沍寒，晚節彌厲。雖零落於山樊之間、蒼苔之上，有騷人雅士申之以無斁之歌。亦既見止，不忍遐棄，收其朽臘，暇日而爇之明窗淨几。猶足返其魂，而續其遺味也耶。

宋 李曾伯《可齋雜稿》卷二一《巖桂賦》 厥初二儀，肇分五德。始備散爲萬象，鍾作庶類。有其偏者則粗，具其體者必異。惟秋之德在金，若月之精以水。土得之而儲英，木受之而孕美。稟四氣之相生，出千林而曰桂。由是常娥

氏爲之胚胎，蓐收氏爲之發育。根蟾宮之窟穴，種鷲峰之岩谷。青葱乎碧玉之樹，髣髴乎黄金之粟。犀之靈，不足以比其質；麝之馥，不足以喻其郁。其標格以屑屑乎造物，其風味何飄飄而軼俗。于時羊角拂軒，兔影照屋。挹有餘馨，採不盈掬。如廉吏之遺芬，類文人之勝馥。若乃露葉垂珠，雨枝滴玉。一塵不侵，孤標自鬻。若盛德之不緇，似幽人之新沐。是盖得剛方勁直之所賦，而爲清修明潔之所毓者也。然而不競于東皇艷陽之日，不出于南薰微涼之時。及梧井之墜黄，與楓林之染脂。然後碎瓊瑰之屑，綴琅玕之枝。是豈司花之神悦于兑，故不出于震而見于離乎。乃有赧然其羞，凄兮其悲。拱乎側而欲訴，恍兮名之不知。或號桃紅，或稱李白。立彫零中，作憔悴色。有人于此，以花喻之。是盖貧時而慕，榮時已去，而事違者也。或名姚黄，或氏魏紫。當垂盡時，若無聊意。有人于此，以花喻之。是盖以色而事人，色已落而寵衰者也。又有自比妃子，切慕何郎。一遇擯斥，不堪凄涼。有人于此，以花喻之。是又前日之以富貴而驕人，此時之志滿意喪而是非者也。故于是大悟。此花之生，雖晚非遲也，時也。雖小非卑也，分也。客有課花譜者，不許之第一，豈在第二耶？已矣乎，花未萌兮，暑正酷。花已芳兮，天始肅。何以遠交兮，永谷傲寒之梅。何以引類兮，霜籬香晚之菊。夫豈特此花而已哉，物固有榮枯而遲速。我欲乘仙槎兮，訪靈根。安得紫皇兮，迎我以黄鵠。

宋 華岳《翠微南征録》卷七《巖桂》 西風吹老碧蓮房，萬壑風流拆麝囊。謾與籬花争曉色，肯教盆蕙壓秋芳。月中有女曾分種，世上無花敢鬬香。要識仙根迥然別，一枝開傍郄家牆。

宋 袁甫《蒙齋集》卷二〇《詠丹桂贈周純甫馮德厚》 一種自然色，如吾方寸丹。天教傳信到，人莫作花看。骨氣超凡俗，聲名徹廣寒。留君良爲此，憶別鼻休酸。

復用前韻

孤卻團圓月，今朝桂子丹。莫教疎雨打，留向晚秋看。色借幽巖秀，香通古壑寒。癡兒被花笑，世味只辛酸。

宋 周文璞《方泉詩集》卷四《桂》 偶向花邊立，懸知病已瘳。小山今夜月，團樹滿庭秋。清露霑叢底，斜河在上頭。須臾香更好，還與碧雲浮。

宋 衛宗武《秋聲集》卷一《賞桂》 駕言適東野，聊以慰離索。攝齊甫升堂，開尊隨命酌。芳鮮羅果羞，珍重如宿約。主客成五人，爽氣涵秋嶽。風生雄辯豪，春容笑語狎。曲徑行委蛇，幽亭恣盤礴。團團駢翠樹，一一耀丹萼。葳蕤花四出，氤氲香徧達。方恨負清賞，不料此行樂。有女嬌婭姹，有子見頭角。舉醆競屬賞，此情尤不薄。英英晚節叢，芳意滿籬落。載酒儻重來，應無爽宿諾。

又 卷二《賡南塘桂吟》 卉木摇落如齒牙，紅紫浄盡無浮花。秋芳俄從天上至，人世有香誰敢誇。纍纍金粟疊爲蕊，風韵别自成一家。葱葱緑玉不改色，歲寒氣節何以加。滋榮豈但壓衆植，纖巧直可凌春華。一枝纔折聞四表，芬敷發達其無涯。看花花好時亦好，到眼不覺忘聲嗟。君家喬木知幾載，世世封植今彌嘉。來章璀璨耀珠璧，行墨遒勁飛龍蛇。我營小圃富靈種，丹犀列樹尤豪奢。虚堂中夜忽生白，扶疎清影來牕紗。世間萬事等塵土，何苦閉縮如藏蝸。只今有酒爛醉廣寒下，但恨無鼓可作漁陽撾。

又 卷四《聞桂》 山光水色染秋容，天際明霞一線紅。冉冉有香來鼻觀，廣寒花氣散晴空。

宋 舒岳祥《閬風集》卷八《賦庭前落桂》 去歲花開三日事，今秋陸續兩番開。渥丹如雨香猶好，乞與幽人護緑苔。

宋 吴泳《鶴林集》卷一《桂》 南之山叢叢，桂樹生也直。朱華自成林，不雜衆芳植。上有青鸞棲，因之爲羽翼。移根上林苑，零露滋曉色。豈不罹凝寒，高標竦孤特。丹心能自渥，身性不加飾。所以離騷詞，嘉其秉炎德。相觀穹壤間，人統形氣識。陽根爲剛明，陰質爲闇塞。靈均莫能招，聊與花辯惑。

又 卷四《桂》 團團玉葉振天芳，清澈瓊樓午夜光。元是小山分種去，移來西蜀作甘棠。

宋 方夔《富山遺稿》卷九《木犀》 下土花中第一流，移根自笑此生浮。獨依上界清虚府，滿貯青冥沆瀣秋。稜葉風翻低散亂，蒼皮蟲蝕老雕鎪。醉來徑向高寒處，自駕青鸞擁玉虬。【略】蒼蒼珠樹俯寒流，析木津頭戲拍浮。褐鳳摶風朝紫極，硯蟾滴露寫清秋。返魂香倩羅裳貯，凝月枝憑玉斧鎪。夜景未闌清入骨，蕭蕭鱗甲卧癡虬。【略】緑衣年少正風流，手折高枝喜氣浮。三樹獨標仙窟種，四花分占玉壺秋。濃薰藥杵長春搗，清逼詩肝巧斲鎪。世上紅兒那可比，試將此句問羅虬。

又《桂花》 服食生平屑辟邪，死埋金粟或金沙。忽驚秋骨開成雪，誰遣香魂化作花。雲外孤芳吟舞鷰，月中半影匿妖蟇。先生幽佩乘風去，獨向仙堂看織紗。

又 卷一〇《桂花》 仙府分根飽月光，百車金粟撒瑶房。夜來東壁西風勁，三萬牙籤字字香。

元 郝經《陵川集》卷一三《木犀》 湖玉山前緑玉房，靈犀幾點透心香。麝塵和露花間結，金粟嫌風葉底藏。寂寞生情動騷客，殷勤通信與春娘。短襟翠袖偏能惜，戴了還看意緒長。

元 王惲《秋澗集》卷一三《月桂》 花名誰品藻，歲與月華新。不屬孤根細，能留四季春。子深丹竈術，葉映碧苔裀。我近雕欄側，終朝倚杖頻。

元 侯克中《艮齋詩集》卷七《桂花》 恐礙銀蟾吐夜光，故移丹桂到炎方。一枝天上何年種，八月江南到處香。幸與紫蘭均雨露，厭隨黄菊戰風霜。等閑童豎皆能折，何事紛紛舉子忙。

元 謝宗可《詠物詩·月中桂花》 金粟如來幻化身，嫦娥留得護冰輪。枝横大地山河影，根老層霄雨露春。長有天香飛碧落，不教仙子種紅塵。折來何必吴剛斧，還我淩雲第一人。

元 張仲深《子淵詩集》卷六《小桂》 根分兔窟翠婆娑，秋影團團數尺過。自是天香落人世，也將金粟鬬嫦娥。

元 尹廷高《玉井樵唱》卷中《桂花》 吹老西風粟滿梢，天來爽氣助揮毫。影摇夜月金波碎，香度秋雲玉宇高。萬點嬌黄光醉眼，一團冷翠潤征袍。吟邊受用清無盡，獨據繩床興轉豪。

明 釋宗泐《全室外集》卷二《桂之樹行》 桂之樹，桂生一何偏，兩株分立於庭前，西株憔悴東株妍。桂之樹，桂生一何蠹，西株方來采其榮，東株又復無人顧。桂兮桂兮非汝憐，縱觀萬事無不然。武安堂上席方暖，魏其門前秋草芊。莫道榮枯長異勢，從來反覆無根蔕。高歌感激君不聽，請君試看庭前桂。

明 葉盛《菉竹堂稿》卷二《桂》 擢桂當年到禮闈，至今香霧撲人衣。自知不是忘情者，每到花時有夢飛。

明 陳獻章《陳白沙集》卷五《九月木犀花盛開偶成寄賀黄門克恭》 香逐西風起，氤氲入杳冥。不知從此去，幾日到遼城。

又《木犀花下待陳秉常》 常疑楚客餐秋菊，不信唐人醉牡丹。何處木犀香可愛，須君曾到玉臺山。

又《九日木犀未開》 野徑香沉舞蝶稀，柴門樹老著花遲。含章此日無窮意，只有階前拄杖知。菊來栗里何須酒，梅到孤山不欠詩。老去未甘詩酒廢，木犀其那放花遲。

又 卷六《木犀》 曉枕東窻睡不來，木犀造次隔籬開。阿田拍手黄鸝到，寫盡春風得意杯。東風披拂滿林塘，脚債東山也未償。捫虱不禁春意動，日華初吐木犀香。茗碗朝朝怕侍兒，采花莫采稱心枝。床敷愛就東窻暖，分付東風敵面吹。人間花草鬭春肥，粉蝶黄鶯接翅飛。也愛白頭肝肺好，木犀墻下嘯朝暉。名花得見太平年，擊壤聲高壓管絃。化日熙熙春蕩蕩，華夷何處不同天。白頭無酒不成狂，典盡春衫醉一場。只許木犀知此意，晚風更爲盡情香。

明 黎民表《瑶石山人稿》卷三《桂之樹行》 桂之樹，枝葉一何紛披。託根三山陽，流輝南海湄。隆冬霜露常不衰，扳桂之枝仰母慈。雲衣霓帶皇所綏，榮光煒煜無休期，丹穴之鳥將來儀。桂之樹，其實何離離。惟母有子載以馳，南覲上元西瑶池。鳲鳩均平巢樹杖，嶺海之氓飽而嬉。非母之德嗟何爲猗桂樹壽無極。長江如虹流不息，踆烏之飛矯其翼。何以壽母此其匹，於萬斯年保貞吉。

明 王世貞《弇州四部稿》卷四《桂之樹行》 桂之樹，桂之樹，乃在蒼梧之陽嶺。曼衍而峭崒。翠羽爲葉，蒼虯爲株。萼何葳蕤，荂敷黄如黄金，粟赤如珊瑚珠。桂之樹，僊者四五人，驂駕鳳皇來，謂是日精月華，教爾采服不衰。一歲口澤馨，二歲體骨輕，三歲毛羽生。朝見上帝賜女，麟車霓旌，翱翔玉虚太清。翱翔太清天，爲樂不可言。

明 張元凱《伐檀齋集》卷二《桂樹》 桂樹何蒼蒼，不生桃李園。久滋潁川水，遠託箕山根。離立不成林，偃蹇何所援。商山采芝叟，無端去乘軒。楚臯佩蘭者，不返湘江魂。何如老此樹，終焉絶塵喧。小山空有招，白雲竟無言。

明 徐㶿《鼇峰集》卷一〇《丹桂》 老樹乘秋發，古香風自吹。青枝生自直，金粟落先知。偶讀離憂賦，閒吟招隱詩。懷人正延佇，對此益相思。

清 趙士麟《讀書堂綵衣全集》卷三九《四序詩·百秋詩·秋桂》 叢桂應從淮苑移，星河掩映露華滋。郗詵射策親搴幟，曹植飛觴謾賦詩。香散天街時馥郁，花留月樹自紛披。禪空不語微微笑，金粟堆中拈一枝。

清 熊賜履《經義齋集》卷一七《園林雜咏·桂》 名居百藥長，花占一枝芳。月裏何年植，山中滿院香。靈波高殿柱，醑露汎宫觴。蠹老難爲器，淹留自可傷。

清 查慎行《敬業堂詩集》卷四六《夏課集·西阡桂六韻》 手種西阡桂，三

年漸看長。玉蘭輪舊翠，金粟試新黃。露重朝流潤，牆低遠遞香。婆娑佳月色，報答好秋光。敢擬栽爲柱，差堪署作堂。丁寧松檜伴，稍待共成行。

又《南堂桂八韻》　五桂階庭樹，迎秋候蚤催。著花多四出，得氣必齊開。自我先人植，仍資造化培。好風香世界，涼影月樓臺。天上逃斤斧，山中混草萊。在家僧偶聚，不速客頻來。豆莢瓜瓤味，兄酬弟勸杯。最宜星露下，永夕與徘徊。

清　納蘭性德《通志堂集》卷四《桂》　叢樹淮南茂，秋林嶠外芳。碧珊天女珮，金縷月娥纕。露鑄鸞釵色，風薰鷲嶺香。釀花新醑熟，味美勝椒漿。

清　魏荔彤《懷舫詩續集》卷六《八月十三買桂一株植堦下》　山農荷桂賣，斗粟與交成。村舍來阿秀，幽堦立寧馨。繁枝嵐氣護，芳蘂露光凝。日下亭亭影，風高瑟瑟聲。膽瓶盛水足，螺髻抹膏輕。欲折還深惜，留香供月明。

清　陸奎勳《陸堂詩集》卷一〇《巖桂》　樹聲昨夜送秋來，叢桂連蜷大可哀。月落淮南成兔窟，風高岱北足薪材。一番逆鼻膏燃鼎，幾次攀條露濕臺。但與麩金鬬顏色，薌林何苦盡情開。

清　張廷玉《澄懷園詩選》卷三《桂》　瓊樓人去歎離居，愁見當窗桂萼舒。猶記香飄金粟夜，一簾明月共攤書。

清　陳至言《菀青集・桂花先放一枝》　豈必淮南樹樹垂，秋香一點頗相宜。可知天上飄來早，不許人間到得遲。細簇蘂珠初弄影，碎揉金粟恰先時。桂堂麗句依稀好，誰占瑶林折半枝。

清　潘鍾麟《深秀亭詩集》卷三九《秋桂》　秋桂團金粟，人間天界遊。小山香八月，老子興南樓。象管招雲鶴，詩籤賽酒籌。敢言消受易，濕露未曾收。

清　愛新覺羅・弘曆《御製詩初集》卷一三《餅中桂》　辭林帶餘芬，篸餅伴高咏。怳疑金粟界，色香皆清净。

又　卷二三《早桂》　垂垂金粟當秋孟，小山丰韻紗窗映。迢遞經年苦別離，不禁芳思催人詠。得秋一例足瀟灑，況是色香兩清净。如如相對者爲誰，交蘆離合無真性。只此逍遥坐廣寒，底須天上懸金鏡。

又　《御製詩二集》卷一九《桂》　露重檻風涼，迎階緑間黃。中去聲秋先報節，隔歲入吟章。一例臯塗種，偏依楚畹芳。誰曾到蟾窟，此處滿天香。

又　卷二〇《桂》　垂垂金粟亞盆閒，花信遲因待此間。半放別來逢盛放，盤山却幻作香山。

又　《御製詩三集》卷七《桂枝詞三首》　桂花時節多孤負，亦有天香塞外飛。却訝精神似王粲，山川信美土斯非。

今年八月好中秋，應節臯塗噴蕊稠。金殿玉階流馥處，一輪圓滿正當頭。

無花色相有花馣，瓊緑雲中放正酣。金粟如來真實體，心香意蕊恰宜參。

又　卷三二《桂》　天香那讓時，金粟又盈枝。真是飄雲外，誰云此塞陲。芳惟秋可擷，影共月來移。何物不能致，予方怵在兹。

又　卷三四《桂》　好花不讓節，滿樹粟霏黃。標出正中色，散爲真静香。種來應月窟，根徙自江鄉。塞苑揚猗處，寧知道路長。

又　卷三七《詠桂》　玉華育桂有僧寮，緑葉依然冬弗凋。不似杏桃似松竹，故當香粟放秋朝。

又　卷四二《桂》　氣暖花遲放，粟胎纔漸黃。依然江國候，誰曰塞山涼。雅愛扶疎格，惟思道路長。蟾宫原有約，應節自芬芳。

又　卷六〇《晚桂》　塞中有桂已屬奇，況於秋晚奇斯甚。然其理實易可知，特爲霜遲致暖審。百卉率得暖氣開，桂菊獨待涼氣來。桂先菊後稟金令，乍看同菀誠希哉。聯芳合德金英簇，奚必分疏草與木。秋蟾三度又團圓，佳節何殊廣寒馥。誰云南産艱北生，窨中培護應時榮。莫謾小山更招隱，人品依稀蘇子卿。

又　卷六八《桂》　逢閏得秋早，臯塗已放芬。色原塵外質，香合静中聞。金玉非宜擬，麝檀底藉薰。崇情託雲表，招隱漫云云。

又　卷一〇〇《桂》　塞苑何來江國枝，中秋節近不違期。猗風香逐金風遞，浥露穗擎玉露垂。又已隔年看净品，誰能特地麗擒詞。設如擬作月中樹，無翼飛來有所思。

又　《御製詩五集》卷六六《桂花》　春輕木芍富貴者，夏讓溪荷君子倫。冬玉秋金如相擬，雪猶假借月應真。

清　石球《有蘭書屋存藁》卷二《次和顔園老桂》　古桂移根不記年，欝葱枝葉鎖蒼烟。纖纖子訝雲中落，馥馥香餘野外傳。涼露乍零花信早，芳樽共倒月華鮮。最宜老伴長吟賞，封植今看更勝前。

清　沈廷芳《隱拙齋集》卷二八《三秋丹桂》　小山數叢發，爲慕小遊仙。種得月中樹，清輝滿碧天。花開落如霰，招隱懷當年。

清　僧湛性《雙樹堂詩鈔・憶山中桂花》　老桂花曾放，空堂夢易生。惝他

招隱客，遲我入山情。悵望香飄遠，低佪賦嫩成。幾時雲路近，分折一枝榮。

清　吴榮光《石雲山人詩集》卷一七《茶園連理桂樹》　傳舍朝餐日未移，桂花連理折連枝。連枝風露香盈手，正是懷人望信時。

清　蒯德模《帶耕堂遺詩》卷三《蕇桂行》　蕇桂有本性，秉賦不可奪。靡靡草木中，臭味獨自別。佐食既宜辛，入藥亦取烈。澧蘭沅芷徒空名，馬勃牛溲殊惡劣。蕇桂之氣可通神，蕇桂之用能活人。神農不作扁鵲死，庸醫祇用平淡耳。平淡氣質無用多，扶危起死將奈何。君不見藥中甘草長樂老，歷事五朝身自保。到處與人作和好，白雲深處採藥行。藥籠難盡貯參苓，蕇兮桂兮性辛熱。振聵發聾老愈辣，碌碌因人總不屑。

清　胡敬《崇雅堂詩鈔》卷八《城南探桂》　巖桂經秋嬾作花，幾回丹磴步欹斜。盈眸色未鋪金粟，逆鼻香先挹露華。明月助脩新伴侶，小山歸隱舊生涯。最高寒處開應滿，雲徑休辭鷲嶺賒。

清　郭嵩燾《養知書屋詩集》卷八《桂花樹下飲酒至夕》　少年愛花隨處家，祇道歲月來無涯。眼看生意年年謝，花開花落成長嗟。退思堂前五株桂，爛漫又著秋來花。今年花事計數盡，得醉莫惜嗁昏鴉。絳雲漫空送飛霰，濃香泛浥披晴霞。試揀繁枝挂鸜鵒，翠蕤雲帔紛交加。屈原離騷攬芳芷，不見古榦攢仙葩。嗟予篤嗜不論命，婀娜相對無疵瑕。自憐歲歲花經眼，把盞更削秋園瓜。蠻方相待留手迹，移栽兩樹新萌芽。明年花開應更盛，坐視日月如轉車。盛衰榮落復誰料，祇恐兩鬢摧霜華。餘芳墮地坐客散，耿耿白日西南斜。

清　吴昌碩《缶廬詩別存》卷一《桂》　色香味俱佳，秋花中仙品。月中所生，乃叢桂之祖。而帝使吴剛斫之不已，豈非殺風景事。我欲使道士上奏緑章，乞免此役。

月中老桂枝輪囷，丹華碧葉壽萬春。偶然寫出不能似，應使嫦娥冷笑人。

雜　録

《尸子》卷下　春華秋英，其名曰桂。

南朝陳　徐陵《徐孝穆集箋注》卷三《荅李顒之書》　華而不實，將同桂樹。《漢五行志》：成帝時，歌謡云，桂樹華不實，黄雀巢其顛。故爲人所羡，今爲人所憐。

宋　范成大《吴郡志》卷三〇《土物下》　桂本嶺南木，吴地不常有之。唐時尚有植者。白樂天謂蘇之東城，古吴都城也。今爲樵牧之場，有桂一株，生乎城下，惜其不得地，因賦三絶句以唁之。近世乃以木犀爲巖桂。詩人或指以爲桂，非是。

宋　羅願《爾雅翼》卷一二《釋木·桂》　桂，江南木，百藥之長。屈原《遠遊》曰：「嘉南州之炎德兮，麗桂樹之冬榮。」《周書》：王會自深桂。《山海經》：桂林八樹，在番隅東，招摇，臯塗之山多桂。《本草》：桂有三種：菌桂生交趾桂林，正圓如竹，有二三重者，葉似柿，花白蘂黄，四月開，五月結實。《離騷》「雜申椒與菌桂，矯菌桂以紉蕙」是也。今有筒桂，筒、菌字近，或傳寫之誤，或云即肉桂也。牡桂生南海，葉似枇杷，皮薄色黄，少脂肉，氣如木蘭，削去皮名桂心，所謂官桂也。桂生桂陽，是半卷多脂者，所謂板桂也。陳藏器云：同是一物。《爾雅》但言梫木，桂。郭璞云：南人呼桂厚皮者爲木桂。蘇恭謂牡桂即木桂，及單名桂者是也。《廣志》曰：桂出合浦而生必於高山之巔，冬夏常青。《尸子》乃云：春華秋英曰桂。《吴都賦》云：丹桂灌叢。古者蕇桂爲燕食庶羞，和之美者，招摇之桂。切桂置酒中，謂之桂酒。《列仙》有桂父服桂葉，以龜腦和之。《吕氏春秋》云：桂枝之下無雜木，辛螫故也。南越有桂蠹，此蟲食桂，味辛，漬以蜜食之。漢常以獻陵廟，載以赤轂小車。《春秋運斗樞》曰：椒桂連，名士起。

宋　高似孫《剡録》卷九《草木禽魚·桂》　梅溪王公記周氏天香亭曰：嵓桂數百根，皆古木也。蒼然成林，森然成陰，洞然而深窅，徑通幽而亭乎其中。主人日與客游焉，如入宜人之林而夏不知暑，如登飛來之峯而香生自天，如騎蟾蜍遊兔宫而下游人間世，真剡之絶境也。先公《次韻楊少雲桂花》詩：「溶溶漠漠秋光淡，耿耿寥寥夜色清。不是靈根函爽氣，如何醞得此香成。玉兔搗霜千萬粒，淒風折作四花凝。廣寒慣識朝真趣，一笑秋空意欲淩。」少雲名寅，爲兵部侍郎，時同在剡。

又　卷一一《八桂》　孫綽《天台賦》曰：八桂挺森以凌霜，五芝含秀而晨敷。李善注引《山海經》曰：桂林八樹在賁隅東。所謂賁隅東者，招摇之山也。五芝在天台，固自有之，不應八桂遠取招摇之山。按《臨海記》曰：白石之山，望之如雪，山有湖。《傳》云：金鵝之所集，八桂之所植。又《地理記》曰：天台山有八桂嶺，此尤曉然。梁褚禋詩：誰謂重三珠，終焉競八桂。張九齡詩：分庭八桂樹，肅客兩童子。盧綸詩：玉壇標八桂，金井識雙桐。皆用八桂事也。

宋　張淏《會稽續志》卷四《花》　《平泉草木記》又有《訪剡溪樵客得紅桂移

植郊園》詩云：「來自天姥岑，長凝翠嵐色。」前又有「越叟遺數株，周人未嘗識」之句。意此桂在唐唯龍門敬善寺及剡中有之，今所至婆娑森立，不特剡也。

四季桂有植於剡之雪館者，城圃亦有之。白居易詩：「有木名丹桂，四時常馥馥。」東據詩：「芳林挺芳幹，一歲三四花。」

宋 程棨《三柳軒雜識·花客》（《説郛》卷二四下引） 花名十客，世以爲雅戲，姚氏殘語演爲三十一客，其中有未當者，暇日因易其一二，且復得二十客，併著之，以寓獨賢之意。【略】桂爲岩客。

宋 戴植《鼠璞》卷上《桂玉》 馬存子長游謂：子游京師，薪如束桂，膏肉如玉，世以桂玉之地爲京師。按，《戰國策》蘇秦曰：楚國食貴於玉，薪貴於桂，謁者難見如鬼，王難見如天帝。乃楚國故事。

元 方回《瀛奎律髓》卷二七《巖桂》 粟玉黏枝細，青雲剪葉齊。團團巖下桂，表表木中犀。江樹風蕭瑟，園花氣慘悽。濃薰不如此，何以慰幽棲。

五言律着題詩，絶少佳者。除梅花專作一類，外如牡丹、芍藥、蓮花、菊花，亦無五言律好者。木犀之名曰巖桂，非古之所謂桂。其香特盛於晚秋，詩人所尚。此詩「濃薰」二字善模寫，故取之。

明 正德《姑蘇志》卷一四《土産·生植·雜花》 桂《吴郡志》云：桂本嶺南木，吴地不常有之。唐時尚有植者。樂天守郡日謂蘇之東城有桂一株，惜其不得地，賦詩唁之。近世以木犀爲巖桂，詩人或指以爲桂，非是。按此則桂與木犀當是二種。今吴中不復有桂，姑因舊志存之。白居易詩：「子墮本從天竺寺，根盤今在闔閭城。當時應逐南風落，落向人間取次生。」「霜雪壓多雖不死，荆榛長疾欲相埋。長憂落在樵人手，賣作蘇州一束柴。」「遥知天上桂華孤，試問姮娥有更無。月宫幸有閒田地，何不中央種兩株？」皮日休：「一子落天上，生此青壁枝。欻從山之幽，斸斷雲根移。勁挺隱珪質，盤珊綴油姿。葉彩碧髓融，花狀白毫蕤。稜層立翠節，偃蹇樛青螭。影澹雪霽後，香泛風和時。吾祖在月竄，孤真能見貽。顧老君子地，不敢辭喧卑。」陸龜蒙：「諷賦輕入植，擅名方一枝。才高不滿意，更自寒山移。宛宛别雲態，蒼蒼出塵姿。烟歸助華杪，雪點迎芳蕤。青條坐可結，白日如奔螭。諒無劚剪憂，即是蕭森時。洛浦雖有蔭，騷人聊自怡。終爲濟川檝，豈在論高卑。」

明 田汝成《西湖遊覽志餘》卷二四《委巷叢談》 天竺桂花，秋來特盛，非必種出月中，蓋亦地氣使然也。蘇子瞻《中秋分桂贈楊元素》詩云：「月缺霜濃細蘂乾，此花元屬桂堂僊。鷲峰子落驚前夜，蟾窟枝空記昔年。破裓山僧憐耿介，練裙溪女鬬清妍。願公采擷紉幽佩，莫遣孤芳老澗邊。」

明 張大復《梅花草堂集筆談》卷八《老桂》 苕溪施水庵有老桂。本可合抱，枝覆兼之，其高十仞，周廣三十丈許。每秋盛花，香雨繽紛，黄金滿界。庵僧編帚擎畚，忙忙作掃花使，數日乃已，顧莫知其勝也。而溪上人亦絶無賞之者，酒盆茶椀皆未所嘗，何論題識。然此樹竟以是得全其天年，而僧亦無害。即不韻，何患焉？然則苕溪俗賢于他方遠矣。未遠又有圓證寺，丹桂合圍，秋風紅雨，狼籍不收。較之施水，即不以香自伐，未免勞人。

明 包衡《清賞録》卷一 桂皆四季花而反盛于冬，有子。唐人詩云「桂子月中落」，此桂也。福南四郡有之。江南桂八九月盛開，無子，此木樨矣。然桂亦能作瘴。

明 周祈《名義考》卷一〇《桂蠹》 《漢成帝紀》：「桂蠹，花不實。」《文帝紀》：「賜尉佗書衣服，使者獻桂蠹一器。」東方朔《七諫》：「桂蠹不知所淹留兮。」《大業拾遺録》：「桂蠹，紫色，有香，噉之已陰痿之疾。」按桂蠹，桂樹中蝎蟲，食桂，味辛蜜，漬之可食。《成帝紀》：桂蠹，謂桂有蠹。後二言桂蠹，皆指蝎蟲言。此亦可見桂有實。

明 吴楚才《疆識略》卷三〇 桂，梫木也，一名木犀。《山海經》：臯塗山有桂木八樹，在賁禺東。賁禺即番禺也。月中桂樹，高五百丈，吴剛斫之，樹創隨合，見《酉陽雜俎》，故今人謂蟾宫丹桂。宋之問詩：「桂子月中落，天香雲外飄。」故今人謂廣寒天香桂子落。天竺梵僧云：八月十五夜鷲山事也。《晋史》郄生對策第一，猶桂林一枝。故今人登第謂之攀桂。又淮南王劉安好道，感八公，共登山，攀桂而賦。有大小桂山，因以自號「招隱士者劉安」，小山所作也。故今人賦隱士謂叢桂青桂。

明 王路《花史左編》卷一《花之品·花狀元擬文華》 古辭桂花，紅是狀元，黄爲榜眼，白爲探花郎，謂之三種。

明 何三畏《新刻何氏類鎔》卷三一《桂》 桂生泰山之北，亦在賁禺之東。上爲甘露所沾，下爲淵泉所潤。歲餘雖凋晚葉，年至忽長新園。桂之味辛，其下曾無雜木。桂之實赤，其上常集彩鸞。闔河之紫桂成林，皆標異色。龍門之紅桂挺秀，獨擅芳姿。朱桂樹于靈光，黝儵南北之地。叢桂生于别墅，紛披小大之山。岱與有丹桂、白桂之枝，百尋直上。平泉有真桂、牡桂之本，羣卉謝榮。漢時芳林苑之中，有桂婆娑而成列林。邑城隍塹之外，有桂叅錯而際天原。夫王母之來壽靈壇，風至而桂枝自拂。武帝之御凌波殿，風來而桂柱自香。天台有桂嶺以凌霜，孝宣起桂臺以望氣。若九微之燈，惟取桂膏燃之以照夜。即羣仙

之餌，常採桂實飡之以延年。吴猛之過石粱，老翁盛丹桂露與之。袁高之遊杼山，陸羽折青桂花寄之。良非偶而已也。世俗傳蟾宫月中之影，爲娑羅樹。而白公稱靈隱寺中之種，爲紫陽花。幸當清秋之時，偏布黄金之粟。或拾桂皮于地下，或落桂子于天邊。倘如離婁公者，餌桂而得長生之訣。如淮南王者，攀桂而賦招隱之辭。斯亦不負此桂矣。

望白石之山高，而八桂森挺。羡靈椿之枝老，而五桂留芳。疢疾可防，則芝桂備籠中之藥。天帝可見，則薪桂干謁者之門。人有造舟者，以文桂爲航。客有學釣者，以香桂爲餌。尉佗之所獻者，桂蠹二器。郄詵之所占者，桂林一枝。

清　王弘《山志》卷二《桂》　桂非北方産，恨無從得之。王雨公見貽一株，甚喜。聞馮具區，云：桂出合浦，生必於高山之巔。冬夏長青，其類自爲林，間無雜樹。芬芳貞潔，有君子之德。入藥則爲百藥長，徵佩則與茝蘭竝。又可爲舟車宫室之用。蓋嘉木之最。不知者率以木犀當之，而桂因以掩矣。今吴越所有皆此類耳，不知何以别之。

清　雍正《江西通志》卷一一《山川·廣信府》　秋香源，在貴溪縣北，地多桂樹，涼秋著花，清香襲人。

清　雍正《浙江通志》卷一八　桂巖：《常山縣志》：在縣北二十里麻山之麓，上有桂樹百餘株，不種自生，過秋花發，風送清香數里。

清　江昱《瀟湘聽雨録》卷三　僧石浪，號破門，能詩善草書，爲懷素體，本揚州人。結茅於衡，與樞巡彭禹峯而述友善。彭有《中秋前二日，粵署桂花盛開，同胡方伯、黄觀察、衡僧破門斂詩》，云：「桂林恰值桂花開，難得相逢共酒杯。萬里蠻鄉同作客，一城黄葉此登臺。天邊宦迹僧能到，嶺外秋聲雁不來。明月況臨金粟夜，莫教漏鼓更相催。」

清　胡鳴玉《訂譌雜録》卷五《折桂》　郄詵對策東堂，爲天下第一。曰臣猶桂林一枝，崑山片玉。後世遂以登科爲折桂，如杜詩「夢蘭他日應，折桂早年知」，白樂天詩「桂折因同樹，鶯遷各異年」，又「桂折一枝先許我，楊穿三葉盡驚人」。温飛卿詩「猶喜故人先折桂，自憐羈客尚飄蓬」之類，已屬假借。俗更以月中有桂樹，謂之蟾宫桂，以登科爲登蟾宫。展轉傅會，博雅之士所勿道也。杜詩：「禮闈曾擢桂，憲府舊乘驄。」孟襄陽詩：「桂枝如已擢，早逐鴈南飛。」折改爲擢，與郄語本指便合。

水仙

論説

宋　楊萬里《誠齋集》卷二九《千葉水仙花》　世以水仙爲金琖銀臺，蓋單葉者其中真有一酒琖，深黄而金色。至千葉水仙，其中花片捲皺密蹙，一片之中下輕黄而上淡白，如染一截者，與酒盃之狀殊不相似，安得以舊日俗名辱之？要之單葉者當命以舊名，而千葉者乃真水仙云。

薤葉葱根兩不差，重蕤風味猶清嘉。薄揉肪玉圍金鈿，淺染鵝黄剩素紗。臺琖元非千葉種，丰容要是小蓮花。向來山谷相看日，知是他家是當家。

明　王世懋《學圃雜疏·花疏》　凡花重臺者爲貴，水仙以單瓣者爲貴。出嘉定短葉高花，最佳種也，宜置瓶中。其物得水則不枯，故曰水仙，稱其名矣。前接蠟梅，後迎江梅，真歲寒友也。

清　李漁《閒情偶寄》卷一四《種植部·草本第三·水仙》　水仙一花，予之命也。予有四命，各司一時。春以水仙、蘭花爲命，夏以蓮爲命，秋以秋海棠爲命，冬以蠟梅爲命。無此四花，是無命也；一季缺予一花，是奪予一季之命也。水仙以秣陵爲最，予之家于秣陵，非家秣陵，家于水仙之鄉也。記丙午之春，先以度歲無資，衣裘質盡，迨水仙開時，則爲强弩之末，索一錢不得矣。欲購無資，家人曰：「請已之。一年不看此花，亦非怪事。」予曰：「汝欲奪吾命乎？寧無一歲之壽，勿減一歲之花。且予自他鄉冒雪而歸，就水仙也，不看水仙，是何異于不返金陵，仍在他鄉卒歲乎？」家人不能止，聽予質簪珥購之。予之鍾愛此花，非痂癖也。其色其香，其莖其葉，無一不異群葩，而予更取其善媚。婦人中之面似桃，腰似柳，豐如牡丹、芍藥，而瘦比秋菊、海棠者，在在有之；若如水仙之澹而多姿，不動不摇，而能作態者，吾實未之見也。以「水仙」二字呼之，可謂摹寫殆盡。使吾得見命名者，必頽然下拜。

不特金陵水仙爲天下第一，其植此花而售于人者，亦能司造物之權，欲其早則早，命之遲則遲，購者欲于某日開，則某日必開，未嘗先後一日。及此花將謝，又以遲者繼之，蓋以下種之先後爲先後也。至買就之時，給盆與石而使之種，又

能隨手布置，即成畫圖，皆風雅文人所不及也。豈此等末技，亦由天授，非人力邪？

清　曹溶《倦圃蒔植記・總論》卷上《論花》　水仙獨爲東土所宜，若欲事逸功倍，但須舍己從人。水仙之弟，爰有山礬，樹大香大，何必屈盤。

綜　述

唐　段成式《酉陽雜俎》卷一八　㮈祇出拂林國，苗長三四尺，根大如鴨卵，葉似蒜。葉中心抽條甚長，莖端有花六出，紅白色，花心黄赤，不結子。其草冬生夏死，與薺麥相類。取其花壓以爲油，塗身除風氣。拂林國王及國内貴人皆用之。

宋　温革《分門瑣碎録・種花》　種水僊花須是沃壤，日以水澆則花盛，地則瘦無花，其名水僊，不可缺水。

宋　沈作賓《嘉泰會稽志》卷一七《草部》　水仙本名雅蒜，元祐間始盛得名。黄魯直、張太潛皆極稱之。魯直初以爲可比梅，故曰「乞與江梅定等差」，既而曰「但枝不及梅耳」，故又曰「只比江梅無好枝」。今山陰此花有兩種，一曰水仙，一曰金盞銀臺。金盞銀臺香既差減，格韵亦稍下，故徐師川水仙詩曰「金盞銀臺何足比」也。園丁以爲此花六月并根取出，懸之當風，八月復種之則多花。或曰多糞之，花自多。又曰但勿移，三四年數灌溉之而已，不必他法也。

宋　趙彦衛《雲麓漫抄》卷四　水仙花有單葉者，有千葉者。

明　李時珍《本草綱目》卷一三《水仙》　釋名：　金盞銀臺。　時珍曰：此物宜畢濕處，不可缺水，故名水仙。金盞銀臺，花之狀也。

集解：　機曰：水仙花葉似蒜，其花香甚清。九月初栽于肥壤則花茂盛，瘦地則無花。五月初收根，以童尿浸一宿，曬乾，懸火煖處。若不移，宿根更旺。時珍曰：水仙叢生下濕處，其根似蒜及薤而長，外有赤皮裹之。冬月生葉似薤及蒜，春初抽莖如葱頭，莖頭開花數朵，大如簪頭，狀如酒盃，五尖上承黄心，宛然盞樣。其花瑩韻，其香清幽。一種千葉者，花皺，下輕黄而上淡白，不作盃狀，人重之，指爲真水仙。蓋不然，乃一物二種爾。亦有紅花者。按：段成式《酉陽雜俎》云：㮈祇出拂林國，根大如雞卵，葉長三四尺，似蒜，中心抽條，莖端開花，六出，紅白色。花心黄赤，不結子，冬生夏死，取花壓油塗身，去風氣。據此形狀，與水仙彷彿，豈外國名謂不同耶？

明　高濂《遵生八牋》卷一六《燕閑清賞牋下・水僊花二種》　有二種，單瓣者名水僊，千瓣者名玉玲瓏。又以單瓣者名金盞銀臺。因花性好水，故名水仙。單者葉短而香可愛，用以盆種上几。其法云：五月不在土，六月不在房。栽向東籬下，花開朵朵香。五月取起以人溺浸一月，六月近竈處置之，七月種則有花。甚不然也，余曾爲之，無驗。且杭之近江水處菜户成林種者，無枝不花，未嘗用此法也，惟土近滷鹹則花茂。

明　彭儼《鐫五侯鯖》卷五　水仙花，單葉者，呼金盞銀盤，心深黄。有千葉者，花片捲縐密蹙，下輕黄，上淡白，此真水仙花。

明　王路《花史左編》卷一三《花之忌・水仙》　起種犯鐵器，永不開花。

明　周文華《汝南圃史》卷七《山礬》　山谷《賦水仙花》：山礬是弟梅是兄。但白花耳，却有歲寒之意。今人家墳墓及園亭多植之，二月中可分栽。

又　卷九《草本花部上・水仙》　水仙，葉如蒜，故一名雅蒜。一莖數花，花白中有黄，心如盞狀，俗呼爲金盞銀臺。其中花片捲皺密蹙，一片之中，下輕黄，上淡白如染一截者，乃千葉，通謂之水仙。然單瓣者貴。黄山谷詩曰：何時持上紫宸殿，乞與宫梅定等差。其見重如此。種須沃壤，日以水澆則花盛，地瘦則無花，其名水仙，不可缺水。又云：收時用小便浸一宿，取出曬乾，懸之當火處。候種取出，無不發花者。《水雲録》云：五月分栽，以竹刀分根，若犯鐵器，三年不開花。《便民圖纂》云：六月不在土，七月不在房。栽向東籬下，寒花朵朵香。《灌園史》曰：和土曬煖，半月方種，種後以糟水澆之。《神隱》云：不移出浸吊，宿根在土更旺。《浣花雜志》云：如在土，恐葉長花短，宜六月初起根，懸於透風廡下，七月終栽於肥土，澆用小便，最威冰雪。《委齋雜録》云：霜降後搭棚遮護霜雪，仍留南向小户以進日色，則花盛。高深甫曰：土近滷鹹，花發必茂。故吴中水仙唯嘉定、上海、江陰諸邑最盛，而插瓶亦用鹽，最可久。宋培桐曰：如種在盆内者，連盆埋入土中，候開花取起，頻澆梅水，則精神自旺。

明　佚名《花史》冬集《水仙花》　《神隱》曰：九月初栽，用肥壤地則花繁，地瘦則無花，不可缺水，故名水仙。

《多能鄙事》曰：五月初掘其根，以小便浸一宿，暴乾，懸火烟所及處。九月初，拾肥下濕地栽之，常用水澆之，此法曾爲之，無驗，惟主近滷鹹則茂。五月以竹刀分根，犯鐵器，其花三年不開。法云：五月不在土，六月不在房。栽向東籬

下，開花朵朵香。

明 方以智《物理小識》卷九《草木類》 水仙 六月根囊出土，取縣簷下風吹，又烟薰踰月，浸糞而復簷吹。十月盆栽沙石，水養，不用泥土。花高於葉，金盞銀臺。南京安德門華嚴寺前，花匠畜水仙，云但取大如卵者，夏出土縣之，九月積石子栽，數年乃大，大則開花。

明 宋詡《竹嶼山房雜部》卷一〇《樹畜部二·種花卉法·水仙》 苞生，根有囊，花清香。山谷詩云：「水沉爲骨玉爲肌。」金盞銀臺花，重葉花，六月時其根囊自出土上通，鋤起曬六七日收，至九月浸糞中，亦如日曬數。取瓦規沃壤用露芽向上苞種之，則花繁密而葉短少。

清 曹溶《倦圃蒔植記》卷中《花卉二·水仙》 《水雲集》以玉梅、蠟梅、水仙、山茶爲雪中四友。予按：水仙二種，單瓣者佳。五月初旬竹刀起根，小便浸之，逾月取出，懸近煙灶處，至八九月間純用猪糞拌上植之。不可缺水，凌波之名，殆不虛也。或云和土曬暖，半月方種，覆以肥土，糟水澆之。霜降後搭棚遮護霜雪，仍留南向小户，天暖即開曬之。北方土寒，凡牡丹海棠俱用此法。高深甫云，土近滷鹽，花發必茂，雖花忌水鹽，然梅花水仙插瓶用鹽，當無所損耳。昔馮夷服花八石，得爲水僊，栽向東籬，何啻刀圭耶！

清 陳淏子《秘傳花鏡》卷五《花草類考·水仙》 水仙一名金盞銀臺，因其性喜水，故名水仙。冬季於葉中抽出，莖頂上有數蒂，兩兩層次而開，白瓣中有黄心如盞。葉如萱艸而短，其根似蒜頭，外有赤皮裹之。有單葉千葉二種，單葉者名水仙，其清香經日不散。千葉者名玉玲瓏，其花皺，下輕黄而上淡白，不作盃狀。因其難得，人多重之。但種不得法，徒葉無花。昔人種訣云：五月不在土掘起，以童尿浸一宿後漸乾。六月不在房懸近竈房煖處。栽向東籬下八九月間復種，用猪糞拌土壅。花開久且芳。凡種須沃壤，日以肥水澆則花自盛。其葉北生三四片者無花，至五片者方有花。如五六月不掘起浸吊，宿根在肥土內亦旺，但葉長花短，不甚可觀。若於十一月間用木盆密排其根，少着沙石實其罅，時以微水潤之，日曬夜藏，使不見土，則花頭高出於葉。如不起土，冬月必須遮護，使不見霜雪。遇日即開曬之。凡起種須用竹扦，若犯鐵器，則永不開花。一槩花木最畏鹹水，惟梅花與水仙插瓶宜鹹水養。拂林國有紅水仙，花開六出，亦異品也。又拘樓國有水仙樹，其樹腹中有甜水，謂之仙漿。其人飲之者，一醉可以七日，皆異聞也。

清 鄒一桂《小山畫譜》卷上《水仙》 以單葉者爲佳，白花六出，上如金盞，内檀心三點，根葉如蒜，中抽一莖，開四五花，花柄如萱，綠色叢處，有苞二片，尖長，赭色。每剪葉不過四五，以法植之，葉短花高，香氣清微。千葉者爲玉玲瓏，香遜。

清 乾隆《福建通志》卷一〇《物産》 水仙葉如蒜，一莖數花，花白中有黄，心如盞狀，故俗呼金盞銀臺。黄山谷詩有「山礬是弟梅是兄」之句。

清 謝堃《花木小志·水仙》 此種出自外洋，性不畏寒，浸水而生，愈潔愈佳。根似蒜，葉亦如之。一幹數花，花片潔白，花心深黄，故又名金盞銀臺。

紀 事

明 陶宗儀《説郛》卷三一下《内觀日疏》 姚姥住長離橋，十一月夜半大寒，夢觀星墜于地，化爲水仙花一叢，甚香美，摘食之，覺而産一女，長而令淑有文，因以名焉。觀星即女史，在天柱下。故迄今水仙名女史花，又名姚女兒。

明 吴之俊《獅山掌録·小山館》卷一七《肉身水仙》 玄宗賜虢國夫人紅水仙花十二盆，盆皆七寶金玉所造。夫人每夜採其花一斗，覆裙襦其上，詰朝服以見帝。帝謂之肉身水仙。

明 王路《花史左編》卷一五《花之夢·水仙花》 謝公夢一仙女畀水仙花一束，明日生謝夫人，長而聰慧，能吟咏。【略】姚姥住長離橋，夜夢觀星墜地，化水仙一叢，摘食之，覺而生女，長而令淑有文。

明 陳詩教《花裏活》卷上 ［南北朝］薛寮，河東人。幼時于牕櫺内閒窺，見一女子素服珠履，獨步中庭。嘆曰：「良人負笈游學，艱于會面。對此風景，能無悵惋。」因吟曰：「夜凉獨宿使人愁，不見檀郎暗淚流。明月將書一作舒三五候一作夜，何來别恨更悠悠。」又袖中出一畫蘭卷子，對之微笑，復淚下。吟曰：「獨自開廂覓素紈，聊將綵筆寫芳蘭。與郎圖作湘江卷，藏取齋中當臥觀。」其音甚細而亮，聞有人聲，遂隱于水仙花中。忽一男子從叢蘭中出，曰：「娘子久離，必應相念。阻于跬步，不翅萬里。」亦歌詩曰：「佳期逾半載，要約不我踐。居無鄉縣隔，邈若山川限。神交惟夢中，中夜得相見。延我入蘭幃，羽帳光璀璨。珊然解寶襪，轉態皆婉孌。歡娛非一狀，共協平生願。柰何庭中鳥，迎旦當牕唤。繾綣猶未畢，使我魂夢散。於物願無鳥，於時願無旦。與子如一身，此外豈足羨。」又歌曰：「憶昔初邂逅，元蟲鳴樹聞。崔隤沓飲好，鶗鴂又將還。隱几夜不寐，

朱火颺青煙。顯没紬墳素，藉以開我顏。輾轉復反側，傷彼關雎篇。沈吟下階步，四五月方殘。嗟哉牛女星，遥遥隔河端。鴛機不成匹，服箱良獨難。虚名如有益，敢惜同心肝。」歌已，仍入叢蘭中。寮苦心强記，驚訝久之，自此文藻異常，蓋花神啓之也。一時傳誦，謂二花爲夫婦花。

按聘禮花槩，實始于此。今人易爲葱蘭，當是水仙之誤。

又 卷下 宋高似孫嘗作《水仙賦》。後得花一二百本，以兩古銅洗藝之。學《洛神賦》體，復作《後水仙賦》。

明 佚名《名花譜》 謝公夢天女畀水仙一束，明日生謝女，聰慧絶人。寶兒每夜採水仙花覆裙襦上，詰朝服以見帝，帝謂之肉身水仙。

清 孫之騄《枝語》卷下《水僊》 壬辰春正月，有客遺余水仙花，且告曰：《清泠傳》載：湯夷華陰人服水仙八石，是爲河伯。晉郭璞《馮夷贊》曰：稟華之精，食惟八石。乘龍隱淪，往來海若。意馮夷即湯夷，古水仙之神，敢請子銘。余曰：花有形無知，不耳目，不口骵，不嗜好飲食，不手足持行，與人異。余固不能銘也。越一月，偶泛舟湖上，見春波駘蕩，湖光晴霽。穆然想蘓、白二公，當年疏鑿濬治之勞，沾溉杭民者，遺澤長矣。舟過壓堤橋，聞舊有崇真道院，賈似道所建，俗稱施水庵。傍有石墓龕燈，以昭夜船，曰水仙王廟，亦名龍王祠。先是以樂天、和靖、子瞻附祀，兩廡有井曰「薦菊」。蓋取蘇詩「不然配食水仙王，一盞寒泉薦秋菊」之句。龍王廟，今廢而移於望湖亭之傍。水仙之名，不傳矣。《祭法》曰：「法施於民，則祀之。以勞定國，則祀之。能禦大災，則祀之。能捍大患，則祀之。」水仙王廟，食於湖上，其法施勤勞、禦災、捍患。自唐宋迄今，不爲不久。而忘其姓氏，并廟貌亦不傳郡人之口，是安可無誌也。夫乃爲之銘曰：

杭地濱海，水泉鹹苦。六井既湮，四民勿聚。白公之來，共浚而深，民用取汲。復開聖湖，以蓄以洩。溉田千頃，民食其德。自唐迄宋，湖漸淤塞。民度凶年，不語涕泣。天生蘇公，憫我杭人。開濬兩河，修完六井。去彼葑田，築爲長堤。行者有陌，網者有魚。芰菱米麥，仰濟不虞。惟水仙王，爲民降康。不雨而苦，不旱而蝗。秔稌充羡，厲鬼潛藏。我民報事，煮鷄牽羊。雜肴與蔬，進王之堂。蘇公曰公，左右維王。配食虔虔，莫敢或遑。山川毓美，是生偉人。翩翩高士，惟德有馨。乃困於時，而與道亨。侍王之側，匪貴而榮。幽明顯問，百辟其刑。英英厥聲，休休令聞。欽於世世，宜王宜君。時遠代湮，廟貌頹傾。氓之蚩蚩，亦莫祗承。何以旌之，拈花作銘。花非有靈，惟王之神。以水爲身，以仙爲名。白玉其相，黄冠峩峩。獨立春風，海不揚波。石有時泐，名有時歇。惟王之德，永永無逸。匪我謏詞，以貽來哲。

清 朱亦棟《群書札記》卷一二《水仙花》 《類函》：謝公夢一仙女畀水仙一束，明日生謝夫人，長而聰慧能吟咏。又《内觀日琉》，姚姥住長離橋，十一夜半大寒，夢觀星墜於地，化爲水仙花一叢，甚香美，摘食之。覺而産一女，長而令淑有文，因以名焉。觀星卽女史，在天柱下，故迄今水仙名女史花，又名姚女兒。《三餘帖》：和氣旁薄，陰陽得理，則配玄榮于堂。配玄卽今水仙花也，一名□蘭，一曰女星，散爲配玄。

藝文

宋 韓維《南陽集》卷一一《謝到水仙二本》 黄中秀外幹虚通，此花黄白中黄，莖幹虚通如葱本，生武當山谷中，土人謂之天葱。乃喜佳名近帝聰。密葉暗傳深夜露，殘花猶及早春風。拒霜已失芙蓉艷，出水難留菡萏紅。多謝使君憐寂寞，許教綽約伴仙翁。

宋 劉攽《彭城集》卷一八《水仙花》 早於桃李晚於梅，冰雪肌膚姑射來。明月寒霜中夜静，素娥青女共徘徊。

宋 黄庭堅《山谷集》卷七《王充道送水仙花五十枝欣然會心爲之作詠》 淩波仙子生塵襪，水上輕盈步微月。是誰招此斷腸魂，種作寒花寄愁絶。含香體素欲傾城，山礬是弟梅是兄。坐對真成被花惱，出門一笑大江横。

又 《劉邦直送水仙花》 錢塘昔聞水仙廟，荆州今見水仙花。暗香靚色撩詩句，宜在林逋處士家。錢塘有水仙王廟，林和靖祠堂近之。東坡先生以爲和靖清節映世，遂移神像，配食水仙王云。

又 卷一〇《吴君送水仙花二大本》 折送南園栗玉花，并移香本到寒家。何時持上玉宸殿，乞與宫梅定等差。

又 《劉邦直送早梅水仙花三首》 篋船縴纜北風嗔，霜落千林憔悴人。欲問江南近消息，喜君貽我一枝春。

探請東皇第一機，水邊風日笑横枝。鴛鴦浮弄嬋娟影，白鷺窺魚凝不知。

得水能仙天與奇，寒香寂寞動冰肌。仙風道骨今誰有，淡掃蛾眉簪一枝。

又《次韻中玉水仙花二首》 借水開花自一奇，水沉爲骨玉爲肌。暗香已壓酴醾倒，只此寒梅無好枝。

淤泥解作白蓮藕，糞壤能開黄玉花。可惜國香天不管，隨縁流落小民家。

宋 張耒《柯山集》卷二五 水仙花葉如金燈而加柔澤，花淺黄，其幹如萱草，秋深開至來春方已，雖霜雪不衰。中州未嘗見，一名雅蒜。 宫様鵝黄緑帶垂，中州未省見仙姿。只疑湘水綃機女，來伴清秋宋玉悲。

宋 王之道《相山集》卷一三《和張元禮水仙花二首》 素頰黄心破曉寒，葉如諼草臭如蘭。一樽坐對東風軟，敢比江梅取次看。

沉水香濃晝不煙，賦花誰是飲中仙。顧予老拙辭源澁，空想東坡萬斛泉。

宋 史浩《鄮峰真隱漫録》卷三《水仙花得看字》 奇姿擅水仙，長向雪中看。翠碧瑶簪盍，鵝黄粉袂攢。夜闌香苒苒，風過珮珊珊。著在冰霜裏，姮娥御廣寒。

宋 范成大《石湖詩集》卷二五《次韻龔養正送水仙花》 色界香塵付八還，正觀不起況邪觀。花前猶有詩情在，還作凌波步月看。

宋 楊萬里《誠齋集》卷八《水仙花》 江妃虚却蘂珠宫，銀漢仙人謫此中。偶趁月明波上戲，一身春雪舞春風。 額間拂殺御袍黄，衣上偷將月姊香。待倩春風作媒却，西湖嫁與水仙王。 韻絶香仍絶，花清月未清。天仙不行地，且借水爲名。開處誰爲伴，蕭然不可親。雪宫孤弄影，水殿四無人。

宋 朱熹《晦菴集》卷五《賦水僊花》 隆冬凋百卉，江梅厲孤芳。如何蓬艾底，亦有春風香。紛敷翠羽帔，温艶白玉相。黄冠表獨立，淡然水僊裝。弱植愧蘭蓀，高操摧冰霜。湘君謝遺楪，漢水羞捐璫。嗟彼世俗人，欲火焚衷腸。徒知慕佳冶，詎識懷貞剛。凄涼栢舟誓，惻愴終風章。卓哉有遺烈，千載不可忘。

又 卷九《用子服韻謝水僊花》 水中僊子來何處，翠袖黄冠白玉英。報道幽人被渠惱，著詩送與老難兄。

宋 張孝祥《于湖集》卷一〇《以水仙花供都運判院》 十月西湖冰齒涼，梅間松下小齊房。幽芳靚色天爲笑，落莫南來也自香。

又

瘴士風烟那有此，却疑姑射是前身。冰肌玉骨誰消得，付與霜臺衣繡人。

再和韻

雪屋因君發妙思，作歌可比漢芝房。根塵已證清浄慧，鼻觀仍薰知見香。

又

玉壺寒露映真色，霧閣雲窗立半身。可但凌波學仙子，絶憐空谷有佳人。

又 卷一一《水仙》 浄色只應撩處士，國香今不落民家。江城望斷春消息，故遣詩人詠此花。

宋 陳傅良《止齋集》卷四《水仙花》 江梅丈人行，歲寒固天姿。蠟梅微着色，標致亦背時。胡然此柔嘉，支本僅自持。迺以平地尺，氣與松篁夷。粹然金玉相，承以翠羽儀。獨立萬槁中，冰膠雪垂垂。水仙誰强名，相宜未相知。刻畫近脂粉，而況山谷詩。吾聞抱太和，未易形似窺。當其自英華，造物且霽威。平生恨剛褊，未老齒髮衰。掇花寘膽瓶，吾今得吾師。

宋 辛棄疾《稼軒詞》卷一《賀新郎·賦水仙》 雲卧衣裳冷。看蕭然、風前月下，水邊幽影。羅襪生塵凌波去，湯沐煙波萬頃。愛一點、嬌黄成暈。不記相逢曾解佩，甚多情，爲我香成陣。待和淚，收殘粉。 靈均千古懷沙恨。記當時，匆匆忘把，此仙題品。煙雨凄迷僝僽損，翠袂摇摇誰整。謾寫入，瑶琴幽憤。絃斷招魂無人賦，但金杯的皪銀臺潤。愁殢酒，又獨醒。

宋 張鎡《南湖集》卷六《水僊花》 鯉魚程闊海茫茫，照眼瓊標十二行。礬弟梅兄同舊隱，風姨月姊特新粧。湘濱人遠難聞瑟，洛浦才高最斷腸。何似香嚴真實處，鼻端無竅著猜量。

又 卷七《題水墨畫水仙木犀》 翠袖擎金盞，香風動寶車。几間莫輕覷，故故薄雲遮。 昔年風露鄉，裙破鬱金黄。别來參祖意，壞色染衣裳。

宋 韓淲《澗泉集》卷一八《水仙花》 清浸數枝香動人，待吟詩句與花新。洞庭風度湘靈瑟，月冷波寒誰寫真。

冬深猶有水仙花，雪打霜催更好葩。歲歲山間連檻種，數枝亦足傲塵沙。

宋 陳起《江湖小集》卷六七《水仙》 玉潤金寒窈窕身，翩翩翠袖挽青春。水晶宫裏成仙女，香醉山中得道人。 朔雪幾回埋不死，南洲一出浄無塵。朴翁老矣誰同調，相對無言意轉親。

宋 舒岳祥《閬風集》卷七《賦水仙花》 冷淡不生桃李徑，只將素艶伴紅梅。冰清玉潤檀心炯，日暮天寒翠袖迴。似倚蘭舟并桂楫，羞稱金盞共銀臺。誰將六出天花種，移向八閒妙奪胎。

宋 郭印《雲溪集》卷一二《水仙花二首》 琉璃擢幹耐祁寒，玉葉金鬚色正鮮。弱質先梅誇綽約，獻香真是水中仙。

隆冬百卉若爲留，獨對冰姿不解愁。誰插一枝雲鬢裏，清香渾勝玉搔頭。

宋 劉學箕《方是閒居士小稿》卷下《水僊説》 予酷愛水僊花，以金華僊伯所賦八句櫽括作《浣沙溪》詞云：「水上輕盈步月明，凌波僊子韈生塵，是誰招此斷腸魂。 種作寒花愁絶意，含香艷素欲傾城，並芳難弟與難兄。 對花把酒，歌之無斁。」此花最難種，多不著花，惟建陽園户植之得宜，若葱若薤，綿亘疇陌，含香艷素，想其風味，恨不醉卧花邊。 昨令健步買百十叢而來，空手以返，再三詰責，但云有金琖銀臺而無水僊花。 其欺侮固不在言，然政憚於賚擎，姑藉爲辭耳。 殊不知水僊花即世人所謂金琖銀臺者是也。 俗子敗思，每每如斯；世事欺凌，比比皆是，豈獨水僊花。 筆之説似佳客。

宋 姜特立《梅山續藁》卷九《水仙》 六出玉槃金屈巵，青瑶叢裏出花枝。清香自信高羣品，故與江梅相並時。

元 丁鶴年《鶴年詩集》卷二《水仙花二首》 湘雲冉冉月依依，翠袖霓裳作隊歸。 怪底香風吹不斷，水晶宫裏宴江妃。

影娥池上晚涼多，羅韈生塵水不波。 一夜碧雲凝作夢，醒來無奈月明何。

元 仇遠《金淵集》卷六《水仙》 翠翹玉搔頭，湘妃赴蓬島。 如何譜騷人，不收此香草。

又《山村遺集·題趙子固水墨雙鈎水仙卷》 冰薄沙昏短草枯，采香人遠隔湘湖。 誰留夜月羣仙珮，絶勝秋風九畹圖。 白粲銅盤傾沆瀣，清明寶玦破珊瑚。 却憐不得同蘭蕙，一識清醒楚大夫。

元 任士林《松鄉集》卷六《水仙花賦》 眇伊人之蟬蜕兮，宅清泠以爲扉。越蓬隔弱，窅不知其幾千里兮，跂余望之，忽軒窓之翠舊分，見此綽約之芳姿。曳青葱之華裾兮，倚王薤之披披。 逍遥清霜之夕，徘徊明月之辰。 佩乞碧霞，衣紉緑雲。 金杯盥雨，玉盤承津。 斟和注淳，斟酌天均。 于時庭空人静，萬竅不作。 聲沉步虚之歌，奏杳鈞天之樂。 江妃具俎以進羞，海若充賓而酹酢。 持杜觶而未揚，想堂中之歡樂。 予亦洗盞更酌，接芳蕤而爲客縱歌，頽然不知天河之既落。

元 袁士元《書林外集》卷七《水仙》 醉闌月落金杯側，舞倦風翻翠袖長。相對了無塵俗態，麻姑曾約過潯陽。

元 倪瓚《清閟閣全集》卷七《水仙花》 曉夢盈盈湘水春，翠虬白鳳照江濵。香魂莫逐冷風散，擬學黄初賦洛神。

元 劉鶚《惟實集》卷六《水仙花二首》 水府羣仙別一家，清標爲洗世鉛華。霜根種種八九月，獨榦亭亭四五花。 素質自堪齊玉雪，冰肌那肯泥烟霞。 他時明月瑶臺下，一笑相逢更絶佳。

凌波仙子太輕盈，鍾得扶輿氣質清。 太史謬稱礬是弟，花神應許我爲兄。翠葩不逐春風轉，玉骨惟隨夜月明。 置向席間看不厭，哦詩同訂歲寒盟。

明 劉璟《易齋稾》卷一《水仙花》 婀娜仙姿江漢阿，宛疑月殿下姮娥。 翠翹弄影天風細，玉質浮香雨露多。 交甫褰裳承委佩，思王按轡賦凌波。 歲寒無愧盟三友，擊節抒情爲爾歌。

又 卷六《盡水仙花》 若有人兮在沅湘，金英玉質含清香。 翠雲衣兮佩琳琅，我欲致之道路長。 江波滔滔兮，葦不可航。 斷縑寫之懸高堂，天機與紗歸毫芒。 凌波微步來銀潢，洛神陽臺誠緲茫。

明 李東陽《懷麓堂集》卷六〇《水僊》 澹墨輕和玉露香，水中僊子素衣裳。風鬟霧鬢無纏束，不是人間富貴粧。

明 文徵明《甫田集》卷七《賦王氏瓶中水仙》 羅帶無風翠自流，晚寒微嚲玉搔頭。 九疑不見蒼梧遠，憐取湘江一片愁。 新黄點額淡生春，日暮含顰故惱人。 老去陳王才力減，相看無那洛波神。

明 朱有燉《誠齋新録·水仙花》 予於東園種水仙花數畦，當此仲冬嚴□之時，開花數百餘枝。 素色清香遥通鼻。 觀山谷老人所謂凌波仙子生塵襪，亦能深得夫花之三昧者也。 予步畦畔，採花盈把，口占成律詩一篇。 深賞花之傲霜雪，凌冬寒，況高人之節操，爲不誣矣。 今録典本府一應能詩能文者，各製一篇，以爲吾花之清賞云。

水仙夜降碧雲宫，素魄冰魂杳靄中。 滿室光涵霜月夢，一簾香散麝檀風。松篁勁節情堪擬，梅菊清標興頗同。 粃點小窗冬日景，膽瓶高插五玲瓏。

明 永瑛《水仙》（《小瀛洲十老社詩》卷五引） 我愛凌波仙，不住寒江上。小圃默無言，含情自相向。

明 吴錦《水仙花》（《徽郡詩》卷四引） 江妃游漢浦，婉孌兩相仍。 對月嬌無奈，凌波弱不勝。 絲颦雲影動，環珮露華凝。 一自逢交甫，人間幽怨增。

明 袁宏道《瓶史》卷下《九使令》 菊以黄白山茶、秋海棠爲婢，蠟梅以水仙爲婢。 諸婢姿態，各盛一時，濃淡雅俗，亦有品評。

水仙神骨清艷，織女之梁玉清也。 山茶鮮妍，瑞香芬烈，玫瑰旖旎，芙蓉明

艷，石氏之翾風，羊家之净琬也。

明 張鳳翼《處實堂集·續集》卷三《水仙》 金鈿點玉容，翠帶羞眉嫵。月明忽不見，幽香生極浦。

明 董斯張《靜嘯齋存草》卷八《水仙花》 碧葉冰霜餘，老梅未能發。那知紙帳外，檀暈吹瑶雪。

明 徐渭《徐文長逸稿》卷七《水仙》 江水拂鏡明，江波蹙鮮滑。湘君少侍見，煩儂步羅襪。

明 趙琦美《趙氏鐵網珊瑚》卷一二《子固自題水仙花》 自欣分得槠山邑，地近錢清易買花。堆案文書雖鞅掌，簪缾金玉且奢華。酒邊已愛香風度，燭下猶憐舞景斜。攀弟梅兄來次第，攙春熱閙令君家。愛閒叔曾爲子固姪言：方此未老，筆力尚勁，宜爲諸父供畫藝，更老倦將無取才也。此約已三載矣。己酉良月下旬，孟堅識。

清 彭孫遹《松桂堂全集》卷三四《水仙花》 冷艷幽香閲歲華，獨憑水石結根芽。莫將國色輕相比，碧玉從來是小家。

清 陳恭尹《獨漉堂詩集》卷一四《咏物集·水仙花》 香滿東風莫可尋，一枝空見玉和金。不階尺土神偏王，獨立微波韻亦深。何處杯盤猶獻舞，誰家海外更投簪。伯牙不作成連往，留得新聲入素琴。

清 徐元文《含經堂集》卷一二《水仙》 玉盤擎出潔，鏡閣望來新。麝重香能奪，梅寒意最親。娟娟明秀靨，婉婉净浮塵。恍動凌波韈，凝眸欲睇人。

清 湯右曾《懷清堂集》卷一二《詠齋中水仙己丑除夕作》 一重簾外即飛霜，小璒幽花護曲房。天與風光殘臘後，人教位置早梅旁。清姿自擢娟娟秀，素艷時披脉脉香。折贈春湖有遊女，凌波先拜水仙王。

清 閔南仲《寒玉居集》卷上《水仙同憩召叔作》 翠被舟中泣夜殘，細腰宫畔倚危闌。浣紗人向江頭見，出塞妃從雪下看。孔雀鈿明金拚冉，鴛鴦佩冷玉闌珊。與君同有江南恨，風露盈盈訴曉寒。冰雪肌膚龍麝煙，珠鞋躡影記身前。水湔羅韈從來瘦，香到帬襦亦可憐。獨抱幽貞殘月夜，不勝凄淡嫩寒天。芳蘭氣味元同調，便作卿卿恐未然。

清 程夢星《今有堂詩集·江峰集·水仙花》 種自枸樓國，依稀洛浦神。江皋初解佩，羅襪未侵塵。簾下留香静，燈斜弄影新。消寒數晨夕，此是素心人。

清 陳玉瑾《學文堂集·水仙》 素質亭亭想若耶，水晶簾畔護輕紗。曉來和露和煙看，疑是南朝玉樹花。

清 潘鍾麟《深秀亭詩集》卷三二《水仙》 月下凌波態，南窓白玉姿。亭亭仙女佩，幽絶歲寒思。

又《水仙》 特立冰澌淺，須知根蒂清。瑶華方在冷，風度韻而明。直射陽春脚，青圍絳蠟檠。江皋遺贈後，約署吐心盟。

清 方觀承《述本堂詩續集·燕香集上·冬齋八詠·水仙花》 綴石含幽影，燈沙濯舊苔。芳馨貽水國，几席遠塵埃。作賦騷人去，凌波仙子來。江干有歸夢，漠漠侣寒梅。

清 宋犖《西陂類稿》卷六《水仙》 海國名花冰雪姿，叢叢冷豔浸漣漪。黄冠乍識仙壇返，玉體横陳小閣宜。雙蝶不侵香寂歷，孤梅相伴影凄其。開門無復澄江在，惆悵涪翁一首詩。

清 伍之珩《東皋詩序》卷三一《水仙》 盂水根盤結，仙姿映玉堂。珊珊皆骨立，隱隱透肌香。鼓瑟何年恨，凌波絶世粧。陳思應有賦，還倩月平章。

清 莊述祖《珍藝宧詩鈔》卷一《水仙》 凌波仙子翠爲裳，猶帶鮫宫夜雨涼。玉檢千函周册府，金缸二等漢昭陽。云何吁矣魂招屈，焉用交之頤解匡。脉脉神光乍離合，望塵無處獻明璫。

清 茹綸常《容齋詩集》卷四《樂與集·水仙花》 畧注清泉絶點塵，鮮芬微逗六銖新。怯當窓雪侵寒夜，愁共盆梅試早春。小立亭亭時顧影，澹妝嬝嬝倍宜人。相看無限凌波意，欲疊紅牋賦洛神。漁洋句

又 卷二三《村鄉集·水仙花二首和厚田》 亭亭纖影欲凌波，銅洗瓷甖藝孰多。最是花南與硯北，更無人處弔湘娥。

玉骨冰肌試早春，黄簾緑幕正横陳。那知白髮支離叟，絶少心情賦洛神。

清 孫原湘《天真閣集》卷二九《水仙》 莫漫相逢賦洛神，翛然風格更天真。空靈肯託凡間土，飄渺疑來世外人。捉月前身原近水，凌波微步不生塵。蓮花尚帶拖泥相，修到湘妃是此春。

又《外集》卷四《水仙》 花如梅萼玉爲肌，葉似蘭苕翠帶飛。若與二花同供養，便應猜作古三妃。

清 英和《石渠寶笈續編》寧壽宫藏一一《趙孟堅畫水仙·御題行書》 清泉照影淡無痕，白石爲隣態共鶱。紀異無須道河伯，傳神端許擅王孫。屈子行吟

湘水濵，楚人擬説水仙人。《離騷》讀盡無名字，應是難爲白寫真。

清　詹應甲《賜綺堂集》卷二〇《水仙》　平生心跡託微波，香火因緣可奈何。塵海抽身還插脚，累他泉石亦消磨。

清　龍啓瑞《浣月山房詩集》卷一《以水仙花贈錢萍矼同年疊韵二首》　水仙本花王，素豔羣卉伏。娟然如静女，無言自清淑。惟子與此花，對影稱雙玉。惟我與夫子，臭味實一族。甆盆手自蓺，浄極若新沐。中有小白石，細寫秋蘚緑。晴暉照窗牖，莖葉抽簇簇。我齋實荒陋，得此春意足。因念君子室，寒霜團老屋。北風吹海棠，蕪穢雜衆木。榮華有時謝，舊遊那忍觸。不有綽約姿，何堪媚幽獨。移根得善地，是亦花所欲。聘錢豈必費，佳客來不速。遥知清夜裏，静展離騷讀。屋暗燈火寒，漏永幽香逐。清如和靖梅，韵勝子猷竹。曾當踏雪來，對坐領芬馥。

羣芳闘香國，倔彊未肯伏。竊意太真豔，未若江妃淑。仙人海上來，翦此一叢玉。與梅雖異類，香豔乃同族。肌膚結冰麝，容華屏膏沐。憶生沙岸旁，晴波漾空緑。靈根得灌溉，嫩蕊紛攢簇。不遇搴芳人，汀洲老亦足。一朝入城市，供養珍華屋。託根盆盎閒，棐几藉文木。俗工强位置，凡手競相觸。誰知草木情，厭衆常喜獨。幽賞固所期，喧譁諒非欲。甘爲北枝後，恥效唐花速。何修近君子，得伴芸窗讀。晨昏對清影，永謝紛華逐。想見空谷姿，日暮倚修竹。歲寒君勿怨，閒居守芳馥。

清　趙文楷《石柏山房詩存》卷六《獨秀草堂存稿·水仙花》　世人重千葉，吾獨愛層臺。雅潔故無匹，穠華莫浪猜。斷魂臨水澹，清夢逼香回。夜畔燈前影，盈盈欲下來。

又題

試與仙姿較衆芳，終朝相對費商量。劇憐嬌女猶能説，合是梅花與海棠。

冷艷幽香亦太清，向余何事獨多情。涪翁一語真唐突，枉與山礬作弟兄。

清　陸應穀《抱真書屋詩鈔》卷六《唐花五首·水仙》　弱質何娟娟，仙心托秋水。一枝墮紅塵，熱中從此始。色共嶺梅争，香怕湘蘭死。洛川彼何人，微步春風裏。

清　胡敬《崇雅堂駢體文鈔》卷一《水仙花賦》　爾乃冰堅曲沼，雪積閒庭。几卉凋景，仙葩吐馨。藉玉盤之瑩潔，貯金屋之娉婷。芳心綴黄，稠葉敷緑。豔質纏金，幽姿琢玉。揚秣陵之素華，展淩波之芳躅。含脈脈之深情，隔盈盈之一曲。顧影徘徊，將開未開。移春有檻，避風無臺。似妃逢洛浦，曳輕裾而乍來。日暄煙藹，搓酥洗黛。珠璣綴裳，瓊瑶結佩。似神來洞庭，迷婥約而多態。碧紗文石，淺步無塵。閉門獨笑，幽懷泥人。恍如神女，逢交甫於江濵。冷豔涵虚，澄波微瀁。神光陸離，芳悰惝怳。又如湘靈鼓雲，和而來往。羌窈窕兮纏綿，濯寒波兮色鮮。暎玉壺而莫辨，照銀蟾以增妍。羅韈淩風，銖衣疊雪。與畹蘭以比真，同庭梅而齊潔。洵含芳以待時，終出塵而抗節。伴歲寒於吾廬兮，對形影之清絶。

清　查揆《篔谷詩鈔》卷二〇《水仙》　洵美藐姑射，仙乎仙置幽。離騷收未得，老圃看誰侔。肯許淤泥著，無妨瓦礫投。種原憑水德，開不識春愁。小萼重臺賤，纖莖一箭抽。様真銀鑿落，痕是玉雕鎪。自愛冰霜潔，偏憐荏苒柔。峭寒屏四角，初日屋東頭。叠叠偎文石，微微起浄漚。風晴横棐几，香暖近熏篝。直欲凌波去，翻因顧影留。彈琴存髣髴，解珮記夷猶。澹澹如相接，娟娟不可求。無人成獨賞，入畫定雙鉤。破臘過燈市，銷閒試茗甌。放從殘歲早，清亦幾生修。比士應稱狷，如蘭不在秋。與君同臭味，吟思滿芳洲。

清　吴清鵬《笏庵詩》卷一《唐花五首·水仙》　碧玉抽簪直，黄金覆盞欹。温泉新浴後，洛浦乍來時。燈影寫幽絶，琴心託静宜。只争先一月，無乃失非期。

又　卷一二《水仙二絶》　一瓶花供坐經年，又過黄梅小雪天。可愛水仙清絶甚，换教銅洗養寒泉。

小窗時有月來尋，正是昭文不鼓琴。何用出門同一笑，天風吹海入衣襟。

清　董平章《秦川焚餘草》卷四《水仙花》　隴右地苦寒，水仙罕有至者，至亦鮮能花。近漸可植，因乞得兩盆。日輭風和，湯沃而陽曝之，已作花八九箭，襯以卵石，供於斐几，吟此以貺花神。

弱卉幽蹤問水濱，珊珊仙骨認前身。采從空谷和煙斸，栽向明窗映日新。色割蜜脾金盞豔，香参麝味玉盤珍。冬心宛抱湘江怨，臘意能回隴阪春。斗室孤標雲冉冉，瓷盆清供石磷磷。瓣分六出冰輕縷，鬚裊重臺蠟舊匀。交甫奇逢疑可再，季鷹逸韻得其真。羣芳譜更編龍女，彼美圖宜著洛神。吮墨寫生思道子，撫琴動操弔靈均。黄冠登岸渾無垢，緑帔淩波迥絶塵。礬弟梅兄誰是伴，雲階月地若爲鄰。歲闌莫與鄉愁遣，賴此繁花慰旅人。

清　謝章鋌《賭棋山莊所著書·詩集》卷一三《水仙不花有感》　白石清泉自

在春，此花獨看已傷神。湘簾初下爐煙軟，一縷寒光到美人。只見纖叢幾葉新，惱人花事問頻頻。瑤妃想是魂銷盡，不墜淩波襪底塵。

清 胡鳳丹《退補齋詩存二編》卷一《水仙茶花》 光緒紀元花朝前十日，小園茶花含苞未放，忽寶珠一樹，紅逾瑪瑙，離花梢寸許，傍開水仙一朵，素瓣黄心，清香撲鼻，爲生平所未見。誠異事也，詩以誌之。

我聞枸樓國有水仙樹，瓊漿醉飲如仙露。又聞古銅洗藝水仙花，仲囦作賦相矜誇。水仙情性潔於水，生平不受污泥滓。銀蒜冰心擎玉盤，胡爲曼陀羅樹生。連理茶花種類原尋常，竟能拔萃冠羣芳。盤根未深不盈尺，珊瑚玉佩凝濃妝。湘娥翩翩下湘渚，出浴楊妃與儔侶。旁生側挺吐奇葩，誰爲天公催羯鼓。對花思對素心人，玉茗風流替寫真。鍊丹可是饒仙骨，傅粉將毋賦洛神。呼僮洗盞招吾黨，如此名花共欣賞。莫辨前身與後身，嫩白深紅世無兩。回憶同治己巳秋，水仙蘭開歲七周。今春凡卉多未發，獨有山茶紅於榴。久廢吟哦詩腸槁，爲爾涉園起常早。撫摹愛翫三歎息，絶代佳人空谷老。

清 吴昌碩《缶廬詩·别存》卷一《水仙》 此花中之潔者，淩波仙子不染點塵。香氣清幽，與寒梅相伯仲。蕭齋清供，斷不可缺。六朝人謂之雅蒜，大可軒渠。

谿流濺濺石峆岈，菖蒲葉枯蘭未芽，中有不老神仙花。花開六出玉無瑕，孤芳不入王侯家。苧蘿浣女歸去晚，笑插一枝雲鬢斜。

清 邱煒萲《五百石洞天揮麈》卷四 供水仙花者，每乘未抽箭時，取利刃横截其心，再由表而裏，細細剜刻，勿傷花房。來日開放莖葉，自拳曲如意，亦《羣芳譜》中一賞心樂事也。此種又稱蟹爪水仙，義取象形，别饒風格，古來未見詠者。近閲虚舟詩草，有此題十首。造語生新，運用貼切，合亟載之。其一居然箕踞首羣英，出手先教滿座驚。身世似仙猶暫屈，文章輸爾竟横行。瓣香溯去原高足，芳信傳來已服膺。伴我正憑搔癢處，杜詩韓筆與花情。其二一拳初剖玉棱棱，混沌中分擘華形。開士指尖隨幻化，仙人心事本通靈。逐潮尸解空留相，浸月魂香久鍊腥。漸看纖纖垂透握，儼推雲霧下青冥。其三伐毛從此毓靈軀，出水妍生緻緻趺。影側乍疑傾鯉背，香留休更捲蝦鬚。銀蟾月下堪爲侶，金鳳泥中合作奴。饒有江鄉風味在，玉盤金盞對屠蘇。其四三花貫頂自如如，蹴浪如將躡太虚。乳水長生兼白蝠，丹泉安步渫紅魚。行烟亂颭芙蓉逕，掬月微揎薜荔裾。願與女華同駐世，莫教逃去作蟾蜍。其五金苗玉蕊腹中芒，肘後猶囊不死方。悟到拈花微有指，想緣辟穀已無腸。縱横吐露文何富，咳唾承風水亦香。疑是長卿身羽化，渴躭瓊液其裴航。其六淩波綽約玅天葩，誰賦驚鴻手八義。解甲幾看成正果，躁心纔洗卽黄芽。葆真定仰雞頭實，渡弱應騎鶴頂花。漱石枕流吾亦慣，寄身尤怯穴中蛇。其七六寸膚圓百琲身，風前掌上憶前因。道成已過肱三折，望去疑抓月一痕。悟到空花誠脱屣，落隨流水不沾茵。存思我亦希龍蹻，可許肩隨步後塵。其八臘來春去底倉忙，蹤跡如曇屬渺茫。涉世本妨身太直，爲花便爾骨都香。蓼洲拳鷺偷形去，藥鼎飛魚染指嘗。一自靈心通徹後，已銷腸斷到鴛鴦。其九就能跌蕩亦仙才，屈曲同屏爲俗開。詫爾幾時方脱殼，笑余十指總如鎚。支離莫更安蛇足，戌削還疑奪蚌胎。盆沼未應留得汝，好乘飛掉上蓬萊。其十人間日月易居諸，幻相難留掌上珠。彈指已過燈節後，香踪重認爪痕餘。玉冠似蜕憐鈎弋，貝葉閒翻憶侍書。惆悵鷺灘翹首望，水天無際又芙蕖。

清 沙琛《點蒼山人詩鈔》卷二《水仙》 孤根依蘚石，瘦影嫩寒生。自葆無瑕白，天然出水清。暗香春脈脈，猜笑月盈盈。仙子憐嬌小，淩波更有情。

清 萬壽祺《隰西草堂詩集》卷五《水仙花》 何處行雲去不還，獨留冰雪向人間。仙人自在瀟湘裏，更有春風吹佩環。

雜録

宋 高似孫《剡録》卷九《草木禽魚·水仙》 水仙，自魯直、文潛詩得名者。有單葉者。先公詩：「朝朝暮暮泣陽臺，愁絶冰魂水一杯。巫峽雲深迷昨夢，瀟湘雪重寫餘哀。菊如相得無先意，梅亦傾心敢後開。惱徹會心黄太史，他花從此不須栽。」

宋 程棨《三柳軒雜識·花客》（《説郛》卷二四下引） 花名十客，世以爲雅戲。姚氏《殘語》演爲三十一客，其中有未當者，暇日因易其一二，且復得二十客，併著之，以寓獨賢之意。【略】水仙爲雅客。

明 陳繼儒《太平清話》卷一 寶慶人呼水仙爲雅蒜。

明 張謙德《缾花譜·品花》 《花經九命升降》：吾家先哲所製，可謂縮萬象於筆端，實幻景于片楮矣。今譜缾花例當列品，録其入供者，得數十種，亦以

九品九命次第之。

一品九命：

蘭，牡丹，梅，蠟梅，各色細葉菊，水仙，滇茶，瑞香，菖陽。

明 王路《花史左編》卷一《花之品·夫婦擬唱隨》 或以水仙、蘭二花爲夫婦花。水仙爲婦，蘭爲夫。詳《花妖》卷。

明 陳正學《灌園草木識》卷一《花之屬·水僊花》 漳南冬暖，多不作花。蔣元實遺余以備品云。

竹文化部

總論

題解

漢 許慎《説文》卷五 竹 𥫗，冬生艸也。象形。下垂者，箁箬也。凡竹之屬皆从竹。

晉 戴凱之《竹譜》 植類之中，有物曰竹，不剛不柔，非草非木。

《山海經》、《爾雅》皆言以竹爲草，事經聖賢，未有改易。然竟稱草，良有難安。竹，形類既自乖殊，且經中文説又自背訛。經云：其草多族。復云：其竹多篃。又云：雲山有桂竹。若謂竹是草，不應稱竹。今既稱竹，則非草可知矣。竹是一族之總名，一形之偏稱也。植物之中，有草、木、竹，猶動品之中有魚、鳥、獸也。年月久遠，傳寫謬誤，今日之疑，或非古賢之過也。而比之學者，謂事經前賢，不敢辨正。何異匈奴惡郅都之名，而畏木偶之質耶？

小異空實，大同節目。

夫竹之大體多空中，而時有實十或一耳，故曰小異。然雖有空實之異，而未有竹之無節者，故曰大同。

或茂沙水，或挺巖陸。

桃枝、篔簹多植水渚，篁篠之屬必生高燥。

條暢紛敷，青翠森肅。質雖冬蒨，性忌殊寒。九河鮮育，五嶺實繁。

九河，即徒駭、太史、馬頰、覆釜、胡蘇、簡、絜、鉤盤、鬲津，禹所導也，在平原郡。五嶺之説，互有異同。余往交州，行路所見，兼訪舊老，考諸古志，則今南康、始安、臨賀爲北嶺，臨漳、寧浦爲南嶺，五都界内，各有一嶺，以隔南北之水，俱通南越之地，南康、臨賀、始安三郡通廣州，寧浦、臨漳二郡在廣州西南，通交州，或趙佗所通，或馬援所併，厥跡在焉。故陸機請伐鼓五嶺，表道九真也。徐廣《雜記》以剡、松、陽、建安、康樂爲五嶺，其謬遠矣。俞益期與韓康伯以晉興所統南移、大營、九岡爲五嶺之數，又其謬也。九河鮮育，忌隆寒也。五嶺實繁，好殊温也。

萌筍笣籜，夏多春鮮。根幹將枯，花䈏乃縣。

竹生花實，其年便枯死。䈏，竹實也。䈏，音福。

箹必六十，復亦六年。

竹六十年一易根，易根輒結實而枯死。其實落土復生，六年遂成町。竹謂死爲箹。箹，音紂。

唐 段成式《酉陽雜俎》卷一八 竹，竹花曰獲，一曰覆。死曰箹，六十年一易根，則結實枯死。

宋 羅願《爾雅翼》卷一二《竹》 《説文》：冬生艸也。象形。下垂者，箁箬也。《竹譜》：別類有六十一。《山海經》：岳山尋竹生焉，衛丘山南帝俊竹林在焉，大可爲舟。闕

宋 戴侗《六書故》卷二三 竹 𥫗，象形。兩之象其族生也，與艸同。竹之指事。

明 李時珍《本草綱目》卷三七《竹》 釋名：時珍曰：竹字象形。許慎《説文》云：竹，冬生艸也。故字從倒艸。戴凱之《竹譜》云：植物之中，有名曰竹，不剛不柔，非草非木，小異實虛，大同節目。

集解：弘景曰：竹類甚多。入藥用篁竹，次用淡苦竹。又一種薄殼者，名甘竹，葉最勝。又有實中竹、篁竹，並以筍爲佳，于藥無用。頌曰：竹處處有之，其類甚多，而入藥惟用篁竹、淡竹、苦竹三種。人多不能盡別。按《竹譜》：篁竹，堅而促節，體圓而質勁，皮白如霜，大者宜刺船，細者可爲笛。苦竹，有白，有紫。甘竹，似篁而茂，即淡竹也。然今之刺船者多用桂竹，作笛自有一種，亦不名篁竹。苦竹，亦有二種，一出江西閩中，本極粗大，筍味殊苦，不可噉。一出江浙，肉厚而葉長濶，筍微有苦味，俗呼甜苦筍是也。今南人入藥燒瀝，惟用淡竹一品，肉薄，節間有粉者。時珍曰：竹惟江河之南甚多，故曰九河鮮有，五嶺寔繁。大抵皆土中苞筍，各以時而出，旬日落籜而成竹也。莖有節，節有枝，枝有節，節有葉，葉必三之，枝必兩之。根下之枝一爲雄，二爲雌，雌者生筍。其根鞭喜行東南，而宜死貓，畏皂刺、油麻。以五月十三日爲醉日。六十年一花，花結實，其竹則枯。竹枯曰箹，竹實曰䈏，小曰篠，大曰簜，其中皆虛。而有實心竹，出滇廣，其外皆圓。而有方竹，出川蜀，其節或暴，或無，或促，或疎。暴節竹，出蜀中，高節磥砢，即笻竹也。無節竹，出溱州，空心，直上，即通竹也。篃竹，一尺數節，出荆南。笛竹，一節尺餘，出吳楚。篔簹竹，一節近丈，出南廣。其幹或長，或短，或巨，或細。交廣由吾竹，長三四丈，其肉薄，可作屋柱。簹竹，大至數圍，其肉厚，可爲梁棟。

永昌漢竹，可爲桶斛。篔竹，可爲舟船。嚴州越王竹，高止尺餘。辰州龍絲竹，細僅如鍼，高不盈尺。其葉或細，或大。鳳尾竹，葉細三分。龍公竹，葉若芭蕉。百葉竹，一枝百葉。其性或柔，或勁，或滑，或濇。濇者可以錯甲，謂之篣簩。滑者可以爲席，謂之桃枝。勁者可以爲戈刀箭矢，謂之矛竹、箭竹、筋竹、石麻。柔者可爲繩索，謂之蔓竹、弓竹、苦竹、把髮。其色有青有黄，有白有赤，有烏有紫。有斑斑者駁文點染，紫者黯色黝然，烏者黑而害母，赤者厚而直，白者薄而曲，黄者如金，青者如玉。其別種有棘竹，一名竻竹，芒棘森然，大者圍二尺，可禦盜賊。棧竹，一名實竹，其葉似棧，可爲拄杖。慈竹，一名義竹，叢生不散，人栽爲玩。廣人以筋竹絲爲竹布，甚脆。

論說

宋 釋贊寧《筍譜·四之事》 竹之與筍，蓋草木中之殊名，親屬一物，則其根葉密而堅，其莖心空而直，其枝背戾而裊，其葉玲瓏而繁，貞而不剛，柔而不屈，居天下之大端，貫四時而不易葉，蓋得氣之本也，是故君子愛之。壯者謂之竹，弱者謂之筍，厥譬母子焉，少慕長焉，言其濟人之利博矣。

宋 陸佃《埤雅》卷一五《竹》 竹，物之有筋節者也。故蒼史制字，筋節皆从竹。《爾雅》曰：「東南之美者，有會稽之竹箭焉。」今竹性亦喜東南引生，故古之種法云：「斸取東南，引根於園角西北種之，久之自當滿園。」語曰：西家種竹，東家治地。言其滋引而生來也。《易》曰：方以類聚。竹引東南，則以卦推之，巽爲竹矣。震，東方也，故震爲蒼筤竹而已。蒼筤，幼竹也。今人穿沐叢竹，芟其繁亂，不使分其勢，然後枝幹茂擢，俗謂之洗。洗竹第如洗華例，非用水也。《傳》曰「淇衛箘簬」，又曰「淇衛之箭」，又曰「下淇園之竹以爲楗」，又曰「伐淇園之竹以爲矢」。蓋淇之産竹，土地所宜，故風人以此美武公之德也。《詩》曰：「瞻彼淇奧，緑竹猗猗。瞻彼淇奧，緑竹青青。」竹之初生其色緑，長則緑轉而青矣。故是詩如此。然其卒章又曰「如簀」。如簀，言盛也。且曰「如簀」，則又以明其爲竹矣。《禮器》曰：「禮器是故大備。」大備，盛德也。其在人也，如竹箭之有筠。蓋曰「如切如瑳，如琢如磨」，則禮至於器矣，禮器是故大備。大備，盛德也。故《詩》曰：「有匪君子，終不可諼兮。」道盛德至善，民之不能忘也。《國語》曰：及其没也，謂之睿聖武公，然則武公其殆聖矣乎！《爾雅》曰：如竹箭曰苞，如松柏曰茂。苞言其本，茂言其末。竹性叢生，行鞭深遠，故曰苞。《詩》曰：秩秩斯干，幽幽南山。如竹苞矣，如松茂矣。干，言原流之長也。山，言基址之固也。竹，言根本叢緻。松，言枝葉繁衍。蓋不如是，雖有室，豈足樂哉？故考室之詩，首章如此。《竹譜》曰：北方寒冰，至冬地凍，竹根類淺，故不能植，爲是故也。《爾雅》又曰：莽，數節。桃枝，四寸有節。粼，堅中。簢，筡中。凡此皆竹之類。一疏，一數，一虛，一實。《爾雅》又曰：簜，竹。孫炎以爲潤節爲簜。按《儀禮》：簜在建鼓之間。簜，蓋簫屬，明非數節者也。舊説竹率六十年輒一易，即華實而枯死。實落於土復生，六年成曈。《稽聖賦》曰：竹布實而根枯，蕉舒花而株槁。《禮》：斬衰杖竹，齊衰杖桐。説者以爲竹圓效天，桐方法地。又曰：竹者，蹙也。桐者，痛也。竹外節桐内節，喪禮以壓於父，故爲母朞，則其節有不得達於外矣。且桐削杖亦以明其朞禮。夫父不可亢也，然母亦豈可略哉？故齊衰杖桐削之，使勿充而已。《檀弓》曰：竹不成用，瓦不成味，木不成斲。竹言用，瓦言味，木言斲，相備也。竹曰不成用，主其質言之。木曰不成斲，主其文言之。其曰瓦不成味，則言以受飲食，又不足以成味也。《荀子》曰：木器不成斲，陶器不成物，薄器不成内。變味言物，變用言内，其義一也。《説文》云：竹，冬生艸也。象形。下垂者，箁箬也。蓋竹从倒艸。竹，艸也，而冬不死，故从倒艸。一曰：竹倒種，故从倒艸。其萌曰筍。筍从勹，从日。勹之日爲筍。解之日爲竹。一曰：从旬，旬内爲筍，旬外爲竹。今俗呼竹爲妬母草，言筍旬有六日而齊母。

宋 蘇軾《東坡志林》卷九 竹有雌雄，雌者多筍，故種竹當種雌。自根生上至生梢一節發者爲雌。物無逃於陰陽，可不信哉！

宋 倪思《經鉏堂雜誌》卷四《竹》 竹如君子，自其爲鞭、爲筍、爲竹，伐而爲器，無一不可愛者。至於霜竹，風稍雨葉，愈觀之不厭，真顛君子矣。

宋 羅大經《鶴林玉露》卷一〇 松栢之貫四時，傲雪霜，皆自拱把以至合抱。惟竹生長於旬日之間，而干霄入雲，其挺特堅貞，乃與松栢等。此草木靈異之尤者也。白樂天、東坡、潁濱與近時劉子翬論竹甚詳，皆未及此。杜陵詩云：「平生憩息地，必種數竿竹。」梅聖俞云：「買山須買泉，種樹須種竹。」信哉！

元 方回《桐江續集》卷二三《題陳學正巨源萬竹濤遂安人并序》 或問種竹之法，少爲貴歟？多爲貴歟？曰：皆可也。屋之外僅有隙地，數竿可，數百竿亦可。其或長林巨麓流泉飛瀑間，則千竿亦可，萬竿亦可。猶若讀書然。緊切之書，能消幾卷不遠，復爲三字符一句，亦足以終身矣。然古之博洽之士，或讀至萬卷不厭。竹所以清世之塵俗，書所以神人之智慮，少有之不爲少，多有之不爲

多。今之人家既有竹，腹又有書者，蓋寡。遂邑陳君濤巨源，徙家睦城，種竹至萬。予舊太守解郡十七年，始再見之。雖未嘗造其竹所，而窺其胸中多書，足以稱。是云多竹，故喜而賦之。

種竹，種竹，種愈多，愈不俗，種至萬竿猶不足。讀書，讀書，讀愈多，愈不愚，讀過萬卷非有餘。竹萬竿，環我屋；書萬卷，遮我目。書在竹中身書中，竹風吹書沃心胸。倚竹挾書送飛鴻，不識人間有王公。

明 徐有貞《武功集》卷三《跋華彦謀友竹卷》 取友者，必以類。非其類者，弗友也。竹，植物也，非人之類，彦謀何取以爲友耶？吾有以知其意矣。竹雖植物，而有君子之稱。奇材美實，虚心直節，獨在歲寒而不變，此其德固有象乎君子也。既有象乎君子，吾斯友之。友以其德，不以其類也。友以其德，不以其類，則雖人也而德非君子，有弗友焉。不得於人，而得於竹，此彦謀之所以合其類而友之歟？雖然，竹有君子之象，彦謀友之如此，況真所謂君子之人乎？苟有其人，吾知彦謀必且師事而求肖矣，豈徒友之云乎？

明 田藝蘅《留青日札》卷三三《上番下番》 竹之有上番下番，即今言大番小番也。番，去聲，謂大年生笋多，小年生笋少也。杜詩「會須上番看成竹」，蔡夢弼注不知此義，乃云：「上番音上箕，蜀名竹叢曰林箕。」誤之甚矣。既不識竹，又不識詩，真瞎子也。何以注爲？非萬玉主人，不知此妙。

明 何良俊《何氏語林》卷三〇 夫南山之竹，不揉自直。然括而羽之，可以射遠。況天之降才爾殊，不必盡會稽之竹箭也。不加櫽括，欲無紕漏，其能免乎？是以君子貴學也。

明 何三畏《新刻何氏類鎔》卷三一《竹》 竹有雌有雄，以雙枝獨枝而别。竹有笄有苦，以細葉大葉而分。有青有紫，有紅有緑，有赤有黑，有斑皮紺族，有素筍彤竿，有龍種鷄脛，有函人雲母，有文無文籜，有合莖合款，有檀欒嶰谷臨賀山陽，有鄠杜龜山雷州南岳。或長十尋，而其大如甕。或高一丈，而其直如松。或徑至三四圍，且至數十圍。或節懸六七尺，且懸十數尺。河源竹可以爲杖，南越竹可以爲簀，棘竹可以爲城，篤簩竹可以爲甲，會稽竹、淇園竹可以爲箭，舜林竹、衛丘竹可以爲船，鄒山竹、華山竹可以爲笙、爲簫，金門竹、沙門竹可以爲管、爲笏，柯亭竹可以爲笛，末昌竹可以爲盤，冷龔竹可以爲屋梁，少室竹可以爲釜甑，文成竹佩之可以辟患，不夗竹覆之可以活人，鄜延凌雲竹剖之而仙翁出其中，蓬山浮筠竹拂之而青鸞集其上，吴郡桐廬遺竹伐之而蛇與雉變幻其間，則異矣。

有湘妃竹者，因湘江之濱，二女倚竹，而灑淚其竹，遂以成班。有王祠竹者，因遯水之上一女剖竹而得兒，其竹遂以爲姓。補陀落伽山有佛座後旃檀竹，削之有光，老叟遂易蕈珠之寶。江寧慈母山有江水邊簫管竹，按之有韻，土人遂加鼓吹之名。白虎殿之竹，新舊叢生，帝詔羣臣皆作《孝行頌》，此則情憐子母，而美以孝竹之稱。太液池之竹，根芽交結，帝語諸王，毋懷離間心，此則意切，弟昆而褒以義竹之號。王猷寄居空宅，而便令種竹者，一日惟恐其無。庾詵被火臨池，而苐令護竹者，一時惟恐其損。袁尹不通主人，而直造竹所，惟知嘯咏爲佳。蕉公不貴肉食，而惟嘗竹居，但欲瀟疎不俗。蓬萊之竹幹，莖紫葉青，輒集彩鸞之羽。東陽之竹林，葉叢節密，忽生連理之枝。山陽城畔，嵇中散之竹址猶存。雷州道中，寇萊公之竹叢如故。齊景公樹竹，而守吏犯罪，即聽晏大夫之諫，而釋斬竹之囚。宋高宗採竹，而中使虐民，卒納蘓長史之疏，而下棄竹之令。褚瑶致政，惟從船上抽竹一竿贈人，所以爲廉吏。張薦隱居，苐於屋邊種竹數頃頤志，所以爲高人。北都寺有日報竹一窠，纔長數尺，以報每日之平安。嘉定州有月生竹一叢，常發數枝，以供每月之肴脯。若王子罕之爲親祈禱，以竹爲燈纘，而此竹忽發柯條，人以爲孝而母病旋瘳。郭仲産之營建齋居，以竹爲窓偘，而此竹遂生枝葉，自以爲祥而禍機隨及。即此兩人者，幸則爲王，不幸則爲郭。所謂禍福無門，惟人所召者，非耶？

明 謝肇淛《五雜俎》卷一〇《物部二》 宋葉夢得善種竹，一日遇王份秀才曰：「竹在肥地雖美，不如瘠地之竹，或巖谷自生者，其質堅實，斷之如金石。」夢得歸而驗之，果信。余謂不獨竹爲然。凡梅、桂、蘭、蕙之屬，人家極力培養，終不及山間自生者，蓋受日月之精，得風霜之氣，不近烟火城市，自與清香逸態相宜。故富貴豢養之人，其觔骨常脆於貧賤人也。

明 佚名《名花譜・竹》 竹有雌雄，當自根上第一枝觀之。雙枝者，雌而笋多。獨枝者爲雄。亭樹植此，則青翠蕭森，秀色欲滴，羅羅清疎，如雲林之畫。長夏散步入林，可以忘世，可以傲世矣。

綜 述

北魏 賈思勰《齊民要術》卷一〇《竹》 《山海經》曰：皤冢之山，多桃枝、鉤

端竹。雲山有桂竹，甚毒，傷人必死。今始興郡出筀竹，大者圍二尺，長四丈。交阯有篥竹，寔中，勁强，有毒，鋭似刺，虎中之則死，亦此類。龜山多扶竹。扶竹，笻竹也。《漢書》：竹大者，一節受一斛，小者數斗，以爲柙榼。邛都高節竹，可爲杖，所謂「邛竹」。

《尚書》曰：揚州厥貢篠、簜。荆州厥貢箘、簵。注云：篠，竹箘；簜，大竹。箘、簵，皆美竹，出雲夢之澤。

《禮斗威儀》曰：君乘土而王，其政太平，蔓竹、紫脱常生。其注曰：紫脱，北方物。

《南方草木狀》曰：由梧竹，吏民家種之，長三四丈，圍一尺八九寸，作屋柱，出交阯。

《魏志》曰：倭國竹有篠、幹。

《神異經》曰：南方荒中有沛竹，長百丈，圍三丈五六尺，厚八九寸，可爲大船。其子美，食之可以已瘡癘。張茂先注曰：子，笋也。

《外國圖》曰：高楊氏有同産而爲夫婦者，帝怒，放之，於是相抱而死。有神鳥以不死竹覆之。七年，男女皆活。同頸異頭，共身四足，是爲蒙雙民。

《廣州記》曰：石麻之竹，勁而利，削以爲刀，切象皮如切芋。

《博物志》曰：洞庭之山，堯帝之二女常泣，以其涕揮竹，竹盡成斑。下儁縣有竹，皮不斑。即刮去皮，乃見。

《華陽國志》曰：有竹王者，興於豚水。有一女浣於水濱，有三節大竹，流入女足間，推之不去。聞有兒聲，持歸，破竹，得男。長養，有武才，遂雄夷狄，氏竹爲姓。所破竹，於野成林，今王祠竹林是也。

《風土記》曰：陽羨縣有袁君，家壇邊，有數林大竹，並高二三丈。枝皆兩披，下掃壇上，常潔浄也。

盛宏之《荆州記》曰：臨賀謝休縣東山有大竹數十圍，長數丈。有小竹生旁，皆四五尺圍。下有盤石，徑四五丈，極高，方正青滑，如彈棊局。兩竹屈垂，拂掃其上，初無塵穢。未至數十里，聞風吹此竹，如簫管之音。

《異物志》曰：有竹曰「篔」，其大數圍，節間相去局促，中實滿，堅强，以爲柱榱。

《南方異物志》曰：棘竹，有刺，長七八丈，大如甕。

曹毗《湘中賦》曰：竹則篔簹、白、烏，實中、紺族。濵榮幽渚，繁宗隈曲；萋蒨陵丘，薆逮重谷。

王彪之《閩中賦》曰：竹則苞甜、赤若，縹箭、斑弓。度世推節，征合實中。篔簹函人，桃枝育蟲。緗箬、素笋，彤竿、緑筒。篔簹竹，節中有物，長數寸，正似世人形，俗説相傳云「竹人」，時有得者。育蟲，謂竹䶉，竹中皆有耳。因説桃枝，可得寄言。

《神仙傳》曰：壺公欲與費長房俱去，長房畏家人覺。公乃書一青竹，戒曰：「卿可歸家稱病，以此竹置卿卧處，默然便來還。」房如言。家人見此竹是房屍，哭泣行喪。

《南越志》云：羅浮山生竹，皆七八寸圍，節長一二丈，謂之「龍鍾竹」。

《孝經河圖》曰：少室之山，有爨器竹，堪爲釜甑。安思縣多苦竹，竹之醜有四：有青苦者，白苦者，紫苦者，黄苦者。竺法真《登羅浮山疏》曰：又有節竹，色如黄金。

《晉起居注》曰：惠帝二年，巴西郡竹生紫色花，結實如麥，皮青，中米白，味甜。

《吴録》曰：日南有篥竹，勁利，削爲矛。

《臨海異物志》曰：狗竹，毛在節間。

《字林》曰：茸竹，頭有父文。篾竹，黑皮，竹浮有文。簕竹，有毛。箻竹，實中。

明 慎懋官《華夷花木鳥獸珍玩考》卷五《竹》

《竹譜》曰：竹之則類六十有一。《志林》云：竹有雌雄。雌者多笋，故種竹半擇雌者。物不逃於陰陽，可不信歟？凡欲識雌雄，當自根上第一枝觀之。雙枝是雌，即出笋。若獨枝者是雄。冬至前後各半月不可種植，蓋天地閉塞而成冬，種之必死。若遇火日及西南風則不可，花木亦然。種竹處當積土，令稍高於傍地二三尺，則雨潦不侵損，錢塘人謂之竹脚。竹有醉日，即五月十三日也。《齊民要術》謂之竹醉日，《岳州風土記》謂之龍生日。種竹以五月十三日爲上，是日遇雨尤佳。一云用辰日，山谷所謂根須辰日，斸笋看上番成。又一云宜用臘日。杜少陵詩：東林竹影薄，臘月更宜栽。予觀諺云：栽竹無時，雨過便移，多留宿土，切記南枝。則三説皆拘也。又法：三兩竿作一本移，蓋其根自相持，則尤易活也。種竹：以竹斫去本，止留二三寸，填土，硫黄在管内。覆轉根反居上，用土覆，當年生笋。竹與菊根皆長向上，添泥覆之爲佳。竹留三去四，蓋三年留，四年者伐去。竹以五月前，血忌日，三伏内及臘月斫者，不蛀。竹之滋澤，春發於枝葉，夏藏於榦，冬歸

於根。如冬伐竹，經日一裂，自首至尾，不得全盛。夏伐之最佳。但鞭皆爛。然要好竹，非盛夏伐之不可。七八月尚可。自此滋澤歸根，而不中用矣。《説文》竹節曰「約」。渭川千畝竹，其人與千户侯等。《史記》竹得風，其體夭屈，謂之竹笑。筍：陸佃云字從旬，從日。包之曰爲筍，解之曰爲竹。又曰：字從竹從旬，旬内爲筍，旬外爲竹也。上番下番：竹之有上番下番，即今言大番小番也。番，去聲，謂大年生笋多，小年生笋少也。杜詩：會須上番看成竹。蔡夢弼注不知此義，乃云：「上番音上筤，蜀名竹叢曰林筤。」誤之甚矣。既不識竹，又不識詩，真瞎子也，何以注爲？非萬玉主人，不知此妙。竹復死曰簕。《山海經》曰：竹生花，其年便枯。竹六十年易根，易根必花結實而枯死。實落復生，六年而成町，子作穗似小麥。其治法：於初米時，擇一竿稍大者，截去近根三尺許，通其節以糞之，則止。

明 周文華《汝南圃史》卷一一《竹》 竹幹凌青雲而直上，枝葉瀟疎，開色青翠，風來有聲。東坡居士曰：「可使食無肉，不可居無竹。無肉令人瘦，無竹令人俗。人瘦尚可肥，士俗不可醫。」

清 曹溶《倦圃蒔植記》卷下《竹·樹竹》 東坡居士云：「可使食無肉，不可居無竹。無肉令人瘦，無竹令人俗。人瘦尚能肥，士俗不可毉。」傍人嘆此言似高還似癡。若對此君還大嚼，世間那有揚州鶴？竹能清人如此。

清 高士奇《北墅抱瓮録·竹》 竹於草木之外，别爲一類，植物之仙品。方塘曲徑，到處植之。宜月，宜風，宜晴日，宜晚雨，宜殘雪。至於伏暑方炎，石牀蒲几，坐臥密林中，冷翠襲衣，爽籟盈耳。正未知羲皇上人，視此若何。

清 牟應震《毛詩物名考》卷六 竹，《衛風》菉竹即此。菉當作緑，中空外直而有節，貫四時而不改柯易葉，故《詩》取以喻君子。《竹譜》云：竹之别類六十有一。今解家以菉爲王芻，以竹爲篇蓄，二者小草，與取興之意不符。酈道元云淇川無竹，後人多信之。然考《淮南子》云「貫淇衛之箭」，《漢書》亦云「下淇園之竹以爲楗」。何得以近今所無疑三代前耶？

紀事

《晏子春秋·諫下》 景公樹竹，令吏謹守之。公出，過之，有斬竹者焉。公以車逐，得而拘之，將加罪焉。晏子入見，曰：「君亦聞吾先君丁公乎？」公曰：「何如？」晏子曰：「丁公伐曲沃，勝之，止其財，出其民，公日自莅之。有輿死人以出者，公怪之，令吏視之，則其中金與玉焉。吏請殺其人，收其金玉。公曰：『以兵降城，以衆圖財，不仁。且吾聞之，人君者，寬惠慈衆，不身傳誅。』令捨之。」公曰：「善！」晏子退，公令出斬竹之囚。

唐 李延壽《南史》卷七六《庾詵傳》 庾詵，字彦寶，新野人也。【略】特愛林泉，十畝之宅，山池居半。蔬食弊衣，不修産業。遇火，止出書數簣，坐於池上。有爲火來者，答云：唯恐損竹。

唐 馮贄《雲仙雜記》卷三《菖蒲當拜此君》 王徽之以菖蒲映竹，曰：「菖蒲止以九節爲貴，而此君面目聳然，正當再拜此君。而此君亦安得而不受之耶？」《高士春秋》

唐 佚名《大唐傳載》 開元中，進士第唱於尚書省，其策試者並集於都堂，唱其第於尚書省。有落去者，兩兩三三戴帽子，日暮但候吟一聲，長安竹帛皆枯死。

清 張廷玉《明史》卷二八《五行志》 五年正月，江南諸府大雪連四旬，蘇、常凍餓死者無算。是春，羅山大寒，竹樹魚蚌皆死。

清 劉光第《衷聖齋文集·南郭看竹記》 京師賣竹，載小車，騰呼徧閭巷，雜賣花聲中，甚可聽。余爲買數個植階下，楚楚有致。詢竹人，言厥園在右安門外數里，無非竹者。一日天雨方霽，買車往。將出郭，人家漸稀。稺葦青蒼，滿窪横直，如棨戟。荒墳若釜若笠。貼野花紅白成碎錦，譙樓召雲氣相吞吐。環城柳碧波青，草深馬肥。沙岸羣鴨，大皆如鳧雁，不避人。西山欲飛來，與人揖讓。驅車行碧草上里許，人家多傍竹居。泉甘壤疏，培溉甚力。種皆堅質，能敵寒雪。尋徑入，野鳥迎客，藤蘿礙衣。翠雨亂落，著人肩如露珠，京洛緇塵爲之滌焉。其勁枝媚葉，高情逸致，若偉丈夫掀髯慷慨而論當世事，若仙女乘鸞在烟露，若古衣冠大儒正立而不倚，若孫登、陶潛遠舉出世，殊不可即，仿佛古淇園裏。猶記少時見有竹處，便流連永日，永日不食不飢也。吟嘯不輟，神氣灑然，自謂過魏晉閒人。著《愛竹説》一篇，以見志。今兹棖觸，舊緒一新。然余復有説者：每慨京秩閒曹，日營營趨利禄，不暇謀妻子，究美衣粱肉，奔走權勢，猶以爲不可及，競羡人富貴，熱中薰心。抑或徵逐浮薄，藉詩酒相趨奉。否則妄立名字，假聲譽，欺當世，自欺。甚有摭拾是非，以爲寵利，苟苟碌碌，别親棄戚友，而

來此作汨没生意，陸沈知覺，國艱民隱，沓無提警。余甚惑之，求謂頓出塵囂，漸清神志，以蕲入道者，匪不屑，亦不暇也。余豈敢遊覽自多，但當繁擾場中，抽身片時，亦得清涼不少。願證懷觀道者，偶一領略，慨乎其有奮興焉，知必不作一遊觀也。附識於兹以自厲，並貽與同好君子焉。

著録

唐　魏徵《隋書》卷三三《經籍志》　《竹譜》一卷。

五代　劉昫《舊唐書》卷四七《經籍志》　《竹譜》一卷。戴凱之撰。

宋　歐陽修《新唐書》卷五九《藝文志》　戴凱之《竹譜》一卷。

宋　釋文瑩《玉壺野史》卷一　錢昱，忠獻懿王長子也。讀書强記。在故國與贊寧僧録迭舉竹數束。得一事，抽一條，昱得百餘條，寧倍之。昱著《竹譜》三卷，寧著《筍譜》十卷。

宋　趙希弁《郡齋讀書後志》卷二　《竹譜》一卷。右戴凱之撰。凱之字慶預，武昌人。裒輯竹事，四字一讀，有韻，類賦頌。李邯鄲云：未詳何代人。

宋　陳振孫《直齋書録解題》卷一〇　《竹譜》一卷。案：《宋史·藝文志》作三卷。

武昌戴凱之慶預撰。皆四字語。

宋　鄭樵《通志》卷六六　《竹譜》一卷。戴凱之撰，見《隋志》。《竹記》一卷。

元　脱脱《宋史》卷二〇五《藝文志》　戴凱之《竹譜》三卷。吴良輔《竹譜》二卷。

又　卷四八〇《錢昱傳》　昱好學，多聚書，喜吟詠，多與中朝卿大夫唱酬。嘗與沙門贊寧談竹事，迭録所記，昱得百餘條，因集爲《竹譜》三卷。

元　馬端臨《文獻通考》卷二一八《經籍考》　《竹譜》一卷。鼂氏曰：戴凱之撰。凱之字慶預，武昌人。裒輯竹事，四字一讀，有韻，類賦頌。李邯鄲云：未詳何代人。

明　慎懋官《華夷花木鳥獸珍玩考》卷五　《竹譜》一卷。晁氏曰：戴凱之撰。

清　陳鼎《竹譜·張潮〈竹譜題辭〉》　儕于植物之中，而超乎草木藤蘿之外者聿惟竹，古人用以比君子焉。其爲物也，雖在童稚，翛然有淩霄之姿。是以一歲即與母齊，能屈能伸，而不改其節。晉王子猷謂不可一日無此君，每到一處即令種竹。則甚矣竹之可貴也，顧其爲類也繁。世人耳目囿于一方，少所見，遂不免多所怪。與之談異物，輒相與目笑之。不知天下之大，何所不有，安得以一人之識遂謂世無斯物耶？今天子性愛修竹，御製《竹賦》一篇，喬喬皇皇，非臣下所能彷彿。蓋不獨愛其形，兼愛其德也。陳子定九所著《竹譜》，考其名目，約五六十種，無論今古，凡竹之異者悉載焉。予受而讀之，如數頃琅玕森然在目，如渭川千畝坐享侯封。使我得遇此君數輩，便當把臂入林矣。定九具文武才，竹亦具文武才。以之削簡，其文也；以之作箭，其武也。然則定九之譜斯竹也，其殆自爲寫照也夫？歙縣張潮題。

清　嵇璜《清通志》卷一一四《圖譜略二》　陳鼎《竹譜》。謹按：是編記竹之異者凡六十條。

清　永瑢《四庫全書總目》卷一一五　《竹譜》一卷。内府藏本。舊本題晉戴凱之撰。晁公武《郡齋讀書志》云：凱之字慶預，武昌人。又引李淑《邯鄲圖書志》云：謂不知何代人。案《隋書·經籍志》譜系類中有《竹譜》一卷，不著名氏。《舊唐書·經籍志》載入農家，始題戴凱之之名，然不著時代。左圭《百川學海》題曰晉人，而其字則曰慶豫。預、豫字近，未詳孰是。其曰「晉人」，亦不知其何所本。然觀其以崙韻年、船，以邦韻同、功，猶存古讀。註中音訓，皆引《三蒼》。他所援引，如虞豫《會稽典録》、常寬《蜀志》、徐廣《雜記》、沈瑩《臨海水土異物志》、郭璞《山海經註》、《爾雅註》，亦皆晉人之書。而《尚書》「篠簜既敷」，猶用鄭元「篠，箭竹；簜，大竹」之註。似在孔《傳》未盛行以前。雖題爲晉人，别無顯證，而李善註馬融《長笛賦》已引其「箹必六十復亦六年」一條，段公路《北户録》引其「箹必六十復亦六年」一條，足證爲唐以前書。惟《酉陽雜俎》稱《竹譜》竹類三十九，今本乃七十餘種，稍爲不符。疑《酉陽雜俎》傳寫誤也。其書以四言韻語記竹之種類，而自爲之註，文皆古雅。所引《黄圖》一條，今本無之，與徐廣註《史記》所引《黄圖》均爲今本不載者，其事相類，亦足證作是書時《黄圖》舊本猶未改修矣。舊本傳刻頗多譌脱。如「蓋竹所生，大抵江東，上密防露，下疎來風，連畝接町，竦散岡潭」六句，潭字於韻不協。雖風字據《詩·衛風》有孚金切一讀，於古音可以協潭，而東字則萬無協理。似乎「潭岡散竦」四字誤倒其文。以竦韻東、風，猶劉琨詩之以叟韻璆，潘岳詩之以荷韻歌也。然諸本竝同，難以臆改。凡斯之類，皆姑仍其舊焉。

又　卷一一六《竹譜》一卷。兩江總督採進本。國朝陳鼎撰。鼎有《東林列傳》，已著録。此書記竹之異者凡六十條。

藝　文

晉　江逌《竹賦》（《歷代賦彙》卷一一八引）　有嘉生之美竹，挺純姿於自然，含虛中以象道，體圓質以儀天。託宗爽塏，列族圃田，緣崇嶺，帶迴川，薄循隰，行平原。故能淩驚風，茂寒鄉，藉堅冰，負雪霜，振葳蕤，扇芬芳。翕幽液以潤本，承清露以擢莖，拂景雲以容與，拊惠風而迴縈。

晉　謝莊《竹贊》（《藝文類聚》卷八九引）　瞻彼中唐，緑竹猗猗。貞而不介，弱而不虧。杳裊人圃，蕭瑟雲崖。推名楚潭，美質梁池。

南朝齊　謝朓《謝宣城集》卷五《詠竹》　牕前一叢竹，青翠獨言奇。南條交北葉，新筍雜故枝。月光疎已密，風來起復垂。青扈飛不礙，黄口得相窺。但恨從風籜，根株長別離。

南朝齊　虞羲《見江邊竹》（《藝文類聚》卷八九引）　挺此堅貞性，來樹朝夕池。秋波漱下趾，冬雪封上枝。葳蕤防曉露，葱蒨集羈雌。含風自颭颭，負雪亦猗猗。金明無異狀，玉洞良在斯。但恨非嶰谷，伶倫未見知。

南朝梁　蕭繹《竹》（《文苑英華》卷三二五引）　嶰谷管新抽，淇園節復脩。作龍還葛水，爲馬向并州。柯亭臨絶澗，桃枝夾細流。冠學芙蓉様，花堪威鳳遊。卭王若有獻，張騫應拜侯。

南朝梁　劉孝先《竹》（《文苑英華》卷三二五引）　竹生荒野外，捎雲起（類集作聳）百尋。無人重（類集作賞）高節，徒自抱貞心。恥染湘妃淚，羞入上宫琴。誰能制長笛，當爲作（類集作吐）龍吟。

北齊　蕭放《竹》（《文苑英華》卷三二五引）　懷風枝轉弱，防露影逾濃，既來丹穴鳳，還作葛陂龍。

隋　蕭大圜《竹花賦》（《歷代賦彙》卷一一八引）　嗟春色之澄明，映陽流之澈清；花繞樹而競笑，鳥徧野而俱鳴。殘陂萍合，斜蹊草榮；喧條絮滿，煖路絲横。游蜂集而銜蕊，戲蝶飛而帶英；鵙欲啼而茝歇，鴈始去而蘆生。別有葳蕤繡蕩，婢娟緑筒；縹枝承露，緗箬來風。漢律依節，月桂臨叢，乍影翻於樂沼，時名留於瑞宫。學應龍於葛水，宿鷃鳳於芳桐。洛下七賢，湘濵二女，傾翠蓋之踟躕，汎蓮舟之容與。倜儻傲人，便嬛笑語，拊嫩笥以含啼，顧貞筠而命酹。

唐　王績《東皋子集》卷中《古意六首》　竹生大夏溪，蒼蒼負奇質。緑葉吟風勁，翠莖犯霄密。霜霰封其柯，鵷鸞食其實。寧知軒轅後，更有伶倫出。刀斧俄見尋，根株坐相失。裁爲十二管，吹作雄雌律。有用雖自傷，無心復招疾。不如山下草，離離保終吉。

唐　許敬宗《竹賦》（《歷代賦彙》卷一一八引）　惟脩竹之勁節，偉聖賢之留賞。覽山經而逖聽，詠周詩而遐想。掩寰中而獨秀，非庶物之所仰。若夫嶰谷著美，稽山見知。衛國之稱淇澳，梁園之賦夾池。山陽之翻密葉，江潭之竦喬枝。雖有聞於在昔，諒無得而標奇。乃徙植於廣庭，爰移根於禁苑。亘蓂草而界列，繞醴泉而右轉。脩幹横於松徑，低枝拂於蘭畹。對紫殿之初旭，臨丹樓而向晚。望威鳳而來儀，佇化龍之爲遠。爾乃春光變色，夏景開松。枝藏戲鳥，葉間殘虹。上便娟而防露，下檀欒而來風。散歸雲之掩翳，引落日之玲瓏。雖復嚴霜曉結，驚飈夕扇。雪覆層臺，寒生複殿。惟貞心與勁節，隨春冬而不變。考衆卉而爲言，常最高於歷選。

唐　李嶠《李嶠雜詠》卷上《芳草部十首·竹》　高簳楚江濆，蕭條含曙氛。白花揺鳳影，青節動龍文。葉拂東南日，枝捎西北雲。誰知湘水上，流淚獨思君。

唐　張九齡《曲江集》卷二《和黄門盧侍郎詠竹》　清切紫庭垂，葳蕤防露枝。色無玄月變，聲有惠風吹。高節人相重，虛心世所知。鳳凰佳可食，一去一來儀。

唐　吴筠《宗玄集》卷上《竹賦》　惟坤靈之播育，何備物之實繁。偉兹竹之標挺，得造化之清源。契道含靈，表貞示節。葉森散以翠錯，莖鮮脩而瓊潔。爾其和風流暢，萬彙昭陳。揚葩曄其密苑，荑柳藹於通津。不郁馥以啓曜，但葳蕤而有筠。亦未知爲異也。至如殺氣凌厲，凝霜蕭瑟。覽平楚之蒼茫，窺衆林其如失。冒冰霜之涸沍，逾青熒以鬱密。則殊可重焉。故《詩》曰如苞，《書》稱厥貢。猗兹淇園，美彼雲夢。昔在軒后，肇宫陰陽。俾伶倫於嶰谷，伐脩竹之珍篁。裁六律以協氣，調八風而順常。然後成竽籥以備樂，其聲濫而彌長。笙鏞以間，鳥獸蹌蹌。諒自然之純粹，曷羣材之可芳。若乃渭川千畝，山陽數林。會稽方潤於碧玉，羅浮比色於黄金。上點點以雲翳，下泠泠而鳳吟。祛赫曦之燠

景，納淒涼之清陰。王子所以嘯詠，稽生爲之幽尋。召嘉賓及令友，暢緑醖與鳴琴。美遊盤之逸趣，清寂寞之遠心。若乃夾滄江，倚丹崿。蓄水霧之沈沈，摇巖煙之漠漠。湘妃有揮涕之感，楚謡興防露之作。或挺鼓吹之嶔崟，或垂天門之旁薄。皆鸞鳳之所翔集，孔翠之所棲託。豈獨嬋娟於廣漢之壤，亦有璀璨於蓬萊之峯。結實珠粒，敷花紫茸。拂皓絮以飛雪，摧紺莖以韻鐘。故列仙之攸翫，匪吾人之所從也。亦有化雉吴國，成龍葛陂。容人篔簹，育蟲桃枝。一笋明其胤嗣，三節獲乎嬰兒。榮燈纂以感孝，茂牕檽以表奇。篤家壇以塵滅，環石牀以陰滋。皆靈變之譎怪，良難得而備知爾。其衆彙非一，則有篻簩筋篗，射筒箖箊，簵箬箛箠之肅矗，龍鍾雲母之扶疎。箸箭浮色以縹煥，篘篴綷文而繡攄。方志之所遺載，山經之所闕書，安可得而詳矣。靡不勁堅其性，葱蒨厥色。不規而圓，不操而直。故高皇製冠以守位，孝文剖符以表職。博望侯傳於大夏之外，穆天子樹於玄池之側。推此類以彌廣，匪斯文之可極也。

唐 戴叔倫《竹》（《文苑英華》卷三二五引） 卷籜正離披，新枝復蒙密。翛翛月下聞，裹裹林際出。豈獨對芳菲，終年色如一。

唐 薛濤《薛濤李冶詩集·薛濤詩集·酬人雨後玩竹》 南天春雨時，那鑒雪霜姿。衆類亦云茂，虚心寧自持。多留晉賢醉，早伴舜妃悲。晚歲復能賞，蒼蒼劲節奇。

唐 朱放《竹》（《文苑英華》卷三二五引） 青林一作竹何森然，沉沉獨曙前。出墻同淅瀝，開户滿嬋娟。籜卷初呈粉，苔侵亂工錢。踈中思水過，深處若山連。疊夜常栖露疑作鷺，清朝乍有蟬。砌陰迎緩策，簷翠對欹眠。迸笋雙分箭，繁梢一向偏。月過驚散雪，風動極聞泉。幽谷添詩譜，高人欲製篇。蕭蕭意何限，不獨住湘川。

唐 劉禹錫《劉賓客外集》卷三《令狐相公見示贈竹二十韻仍命繼和》 高人必愛竹，寄興良有以。峻節可臨戎，虚心宜得士。衆芳信妍媚，威鳳難棲止。遂於鼙鼓間，移植東南美。封以梁國土，澆之浚泉水。得地色不移，凌空勢方起。新青排故葉，餘粉籠疎理。猶復隔牆藩，何因出塵滓。茲辰去前蔽，永日勞瞪視。槭槭林已成，熒熒玉相似。親摹起心匠，洗滌在頤指。曲直既瞭然，孤高何卓爾。垂梢覆内屏，迸笋侵前阯。妓席拂雲鬟，賓階蔭珠履。抱琴恣閒翫，執卷堪斜倚。露下懸明璫，風來韻清徵。堅貞貫四侯，標格殊百卉。歲晚當自知，繁華豈云比。古詩無贈竹，高唱從此始。一聽清瑶音，峥然長在耳。

唐 白居易《白香山詩集》卷四〇《韋式郎中賦竹》 竹：臨池似玉裛露靜，和煙緑抱節寧改。貞心自束渭曲種，偏多王家看不足。仙杖正驚龍化美，實當從鳳熟。唯愁吹作别離聲，回首駕驂舞陣速。

唐 陳陶《竹五首》（《文苑英華》卷三二五引） 不厭東溪碧玉君，天壇雙鳳有時聞。一峰曉似朝仙處，青節森森倚絳雲。

二

萬枝朝露學瀟湘，杳靄孤亭白石涼。誰道乘龍不行雨，春雷入地馬鞭狂。

三

嘯入新篁一里行，萬竿如甕鎖龍泓。驚巢翡翠無尋處，閒倚雲根刻姓名。

四

青嵐箒疑亞思吾祖，緑潤偏多憶蔡邕。長聽南園風雨夜，恐生鱗甲盡爲龍。

五

迸玉閒抽上釣磯，翠苗番次脱霞衣。山童泥乞青驄馬，騎過青一作春泉掣手飛。

唐 李群玉《李群玉詩後集》卷五《題竹》 一頃含秋緑，森風十萬竿。氣吹朱夏轉，聲掃碧霄寒。

唐 羅隱《羅昭諫集》卷四《竹》 籬外清陰接藥欄，曉風交戛碧琅玕。子猷没後知音少，粉節霜筠漫歲寒。

唐 羅鄴《竹》（《文苑英華》卷三二五引） 翠葉纔分細細枝，清陰猶未上堦墀。葸蘭雖許相依日，桃李還應笑後時。抱節不爲霜霰類詩作雪改，成林終與鳳凰期。渭濵若更徵賢相，好作漁竿繫釣絲。

唐 徐寅《徐正字詩賦》卷二《竹》 翠染琅玕粉漸開，東南移得會稽栽。遊絲挂處漁竿去，緑水夾時龍影來。風觸有聲含六律，露沾如洗絶浮埃。王猷舊宅無人到，抱却清陰蓋緑苔。

唐 鄭谷《雲臺編》卷中《竹》 宜煙宜雨又宜風，拂水藏村復間松。移得蕭騷從遠寺，洗來疎浄見前峰。幽堦蘚拆春芽迸，繞徑莎微夏蔭濃。無賴杏花多意緒，數枝穿翠好相容。

唐 崔涯《竹》（《文苑英華》卷三二五引） 領得溪風不放迴，傍窗緣砌遍庭栽。須招野客爲隣住，看引山禽入郭來。幽院獨驚秋氣早，小門深向緑陰開。誰憐翠色兼寒影，静落茶甌與酒杯。

唐　韓溉《竹》(《文苑英華》卷三二五引)　緑色連雲萬葉開，王孫類詩作王家不厭滿庭栽。凌霜盡節無人見，終日虚心待鳳來。誰許風流添興詠，自憐瀟洒出塵埃。朱門處處多閒地，正好移陰覆類詩作結翠苔。

唐　張南史《竹》(《文苑英華》卷三二五引)　竹，竹，被山連谷。出東南，殊草木。葉細枝勁，霜停露宿。成林處處雲，抽笋年年玉。天風乍起争，韵池水相涵更緑。却尋庾信小園中，閒對數竿心自足。

唐　秦韜玉《竹》(《文苑英華》卷三二五引)　削玉森森幽思深一作清，阮家高興尚分明。卷簾陰薄漏山色，敧枕韻寒宜雨聲。宜，類詩作疑。斜對酒缸偏覺好，静籠碁局最多情類詩作舒情。却驚九陌輪蹄外，獨有溪烟數十莖。

唐　佚名《竹賦》(《歷代賦彙》卷一一八引)　總羣籟以擇音，歷衆材而簡質，惟兹竹之珍勁，獨懷貞而守一。若洗文濃露，濯影華池，離離嘉實，冉冉纖枝。含夕氣而拖翠，照晨旭以舒猗。凌積霜而莫改，因虚心而不虧。上横桂暉，下拂松蓋。抗脩莖於雲表，脱輕花於霞外。千仞未極其高，十圍寧申其大。既絶羣以標傑，亦冠叢而稱最。連星影而類珠，晚虹掛而猶帶。蒙密柔柯，布濩繁葉。白日朝映，素輪夜接。色浄潭深，影沈攢疊。泊乎層陰結，長飈起。清徵奏，鳴弦理。金罍溢而未傾，玉山儼而猶峙。詆訶六籍，咀嚼三史。窮玄熙之根柢，極天地之終始。此乃至人勝集，七子碌碌，則安齒。故語其用也，則五離十折，絲剖毫分。縈九華於紈扇，結雙雉於簞文。乍摇紈袖，時拂湘裙。掩凝鉛之豔逸，籠流麝之氤氲。若夫取象制儀，激商流雅。圓徵有素，清亮非假。信鳳鳴之可習，實龍吟而可寫。乃曲絶而和微，非韻高而調下。豈知分光綺殿，散影華軒。淡雲霞之遠色，霑雨露之餘恩。嘉庭樹之蠲忿，歧桃李之無言。庶歲寒而無易，常耀節於梁園。

宋　徐鉉《騎省集》卷五《竹》　勁節生宫苑，虚心奉豫遊。自然名價重，不羨渭川侯。

宋　歐陽修《文忠集》卷六《刑部看竹效孟郊體》　花妍兒女姿，零落一何速。竹色君子德，猗猗寒更緑。京師多名園，車馬紛馳逐。春風紅紫時，見此蒼翠玉。凌亂迸青苔，蕭疏拂華屋。森森日影閒，濯濯生意足。幸此接清賞，寧辭薦芳醁。黄昏人去鎖空廊，枝上月明春鳥宿。

又　卷五三《賦竹上甘露》　梢梢兩竹枝，甘露葉間垂。草木有靈液，陰陽疑以時。深山與窮谷，往往嘗有之。幸當君子軒，得爲衆人知。物生隨所託，晦顯各有宜。聊以助歌詠，兼堪飲童兒。

宋　李覯《盱江集》卷三六《詠竹》　外邊雖節目，内裏卻空虚。從來汗流浹，只爲寫經書。

宋　韓維《南陽集》卷一三《竹》　繁根傍水生先合，翠色通門望更深。待得牆東春笋長，好來乘暑坐清陰。

宋　文同《丹淵集》卷一五《贈竹篔簹谷》　我昔初來見爾時，禿稍攣葉病襹褷。遮根護筍今成立，好在清風十萬枝。

又　《竹答》　我實仙陂百世孫，二年生長感君恩。近聞官滿將歸去，更望臨時莫洗園。

又　卷一七《詠竹一字至十字成章》　竹，竹。森寒，潔緑。湘江濱，渭水曲。帷幔翠錦，戈矛蒼玉。心虚異衆草，節勁踰凡木。化龍枝入仙陂，呼鳳律鳴神谷。月娥巾帔静苒苒，風神笙竽清簌簌。林間飲酒，碎影摇罇。石上圍棊，輕陰覆局。屈大夫逐去，徒悦椒蘭。陶先生歸來，但尋松菊。若論檀欒之操，無敵於君。欲圖瀟灑之姿，莫賢於僕。

宋　强至《祠部集》卷一《和施耕進士憶竹》　夫子卧古屋，趣敵巖谷深。六籍環一身，口誦頭不簪。瘦碧久去眼，寂寞清風心。朝思蔭之醉，暮思繞以吟。秋空碧新弄，無處停幽禽。安得青玉枝，來作半畝陰。終朝對几榻，歲寒結知音。於焉傲富貴，追蹤晉賢林。

宋　鄭獬《鄖溪集》卷二四《詠竹寄元忠》　寄卧丞相廬，東軒富脩竹。如對古賢人，高標鎮浮俗。露氣沃人清，烟色沾衣緑。丹鳳何時來，瘦損琅玕玉。

又　《松竹》　鉏蘭種松竹，意嫌蘭易衰。土氣不變惡，物性先自欺。勁竹見破節，直松生曲枝。嗟嗟松與竹，空使幽蘭悲。

又　卷二八《竹》　經時不到紫雲溪，新筍斕斑青玉枝。生怪南山惡風雨，夜來長得碧龍兒。冰骨清疎緑玉君，連環高節粉花紋。截來好作仙翁箒，獨倚扶桑掃白雲。鸞節朝元昨日歸，玲瓏玉佩解雲衣。幾多碧玉鳳凰尾，鬬向秋烟不肯飛。

宋　劉攽《彭城集》卷三《和王綯道贈高七植竹》　人言植物中，唯竹類有德。虚心道所存，外勁禮自飾。風霜不改陰，一何金玉色。丘澤無變根，還如古人直。繁花豈無實，所待鵷鸞食。卑枝亦可栖，不許鴟鳶息。爲君裁管

籥，於此諧金石。爲君度短長，於此齊尋尺。濟川倚巨檝，扶老杖輕策。大厦莞簟安，射侯弓矢力。乃知天材美，固待君子識。飽聞崑崙秀，盛説瀟湘碧。豈曰生不還，念當厚封植。惟君傲聲利，心遠地更僻。擇交獨此君，開逕如三益。清風共忘言，明月爲莫逆。還當掃塵榻，會待遺名客。

宋 黄希旦《詠竹》（《石倉歷代詩選》卷二二五引） 生涯何所有，滿砌植琳琅。瘦影碎秋月，健梢横曉霜。且從喧鳥雀，終待集鸞皇。吟遶都忘却，誰知此興長。

宋 韋驤《錢塘集》卷二《詠竹》 此君堅直本天然，豈學妖花艷主軒。筠帶輕霜凝不落，幹搓圓玉碧無痕。非春長自繁枝葉，有地終須大本根。誰爲裁音薦清廟，定勝嘉木就犧樽。

宋 蘇轍《欒城集》卷九《榆槐竹柏》 故園今何有，猶有百竿竹。春雷起新萌，不放牛羊觸。雖無朱欄擁，不見紅塵辱。清風時一過，交戛響鳴玉。淵明避紛亂，歸嗅東籬菊。嗟我獨何爲，棄此北窗緑。

宋 蘇轍《欒城第三集》卷三《洗竹》 寒甚南軒竹半黄，晚抽早筍雜榛荒。扶持不嫌毒手千竿盡，稍放清風八月涼。短篲只堪除糞壤，新萌會看伏牛羊。扶持造化須人力，早聽人言布麥糠。

宋 蘇轍《欒城後集》卷四《養竹》 病竹養經年，生筍大如母。初番放出林，末番任供口。欲求五寸圍，更聽三年後。蕭疎盡椽桷，無復堪作帚。吾廬適營葺，便可開户牖。秀色到衣冠，清風盪塵垢。物生恨失養，養至無不厚。斧斤日摧剥，陰陽自難救。閑居翫草木，農圃即師友。養人如養竹，舉目皆孝秀。

宋 黄庭堅《山谷集》卷四《次韻子瞻題無咎所得與可竹二首粥字韻戲嘲無咎人字韻詠竹》 十字供籠餅，一水試茗粥。忽憶故人來，壁間風動竹。舍前粲戎葵，舍後荒苜蓿。此郎如竹瘦，十飫九不肉。

地下文夫子，風流絶此人。能和晚煙色，幻出歲寒身。馬鬣松成拱，鶖溪墨尚新。應懷斲泥手，去作竹林神。

宋 李復《潏水集》卷七《竹聲賦》 高秋氣肅，夜色如水。喧逐衆歸，静與孤至。不知何聲，紛然滿耳。疑有天人，來過虚庭。瓊旒寶絡，玉佩珠旌。風散湘瑟，霜感緱笙。飄流蘇於簷宇，缈金奏於煙雲。前導既往，後陪載作。乍低徊而掩抑，俄飄起於青冥。顧命擁腫，開門以視。錯愕遽回，驚語其異。曰：天空月明，河轉杓横。行雲去盡，時度飛星。有物無形，但聞其聲。來自太虚，下感叢筠。崩摧披靡，婆娑輕盈。既去復還，似喜如争。頃繁音之雜奏，皆此物之所憑。予俛然以思，涣然以釋。因告之曰：陰陽之相摩，虚空之相盪，乃天地之一噫。是惟不作，作則悲號。清唱幽韻，和音自發於萬形之竅。昔黄帝考律於嶰谷之管，長房投杖於葛陂之水。律應鳳鳴，杖化龍戲。惟今日霜雪之根，乃當時龍鳳之子。宜其嘯韻之高絶，不合世間之凡鄙。驚虚堂之岑寂，蕩俗心之頑累。須臾風止聲寂，葉閑露滴。擁腫掩關，垂頭以息。

又 卷一三《竹》 園竹三年種，今春緑始稠。未知能却暑，但愛不悲秋。影補頹垣缺，枝多暮翼留。近因開小徑，時有客相投。

又 卷一五《和人汰竹》 與世論交獨厭數，此君多冗豈無煩。欲期虚静延清影，莫懶芟除去惡根。漸見遠山開晚靄，更無繁鳥亂黄昏。直須放手留閒地，別待春雷見子孫。

宋 鄒浩《道鄉集》卷五《詠竹》 竹竹瀕江遶屋聲，泠泠影矗矗霜雪。難侵塵埃莫漬梢，雲齊老松帶日映。寒菊擘置頂上高，冠葉成樽中美禄。行看威鳳飽相從，不但子猷情最熟。

宋 李綱《梁谿集》卷一四〇《虚心贊》 君子學道，其心貴虚。此君之心，一物本無。勁節堅竦，清影扶疎。劍拔環侍，十萬丈夫。細細其香，猗猗其緑。滴露和煙，鏘金戛玉。與子爲友，惟日不足。何年棲鳳，慰此幽獨。

宋 劉才邵《檆溪居士集》卷三《詠竹》 護惜龍孫意正勤，風漪誰愛織成紋。林中莫著山王輩，擬向他時詠五君。

宋 陳與義《簡齋集》卷一五《竹》 高枝已約風爲友，密葉能留雪作花。昨夜常娥更瀟洒，又携疎影過牕紗。

宋 張九成《横浦集》卷四《竹》 簾外誰家竹，涼風日日生。凌霜驚節老，帶月出雲明。色映樽罍緑，聲傳鐘磬清。葛陂看變化，甘雨滿寰瀛。

宋 張嵲《紫微集》卷一〇《題竹》 山磎犖确霧冥冥，瘦筍初從石罅生。開圖細想經過地，記得南山步晚晴。

又 《題竹》 細葉蕭蕭擁瘦枝，石間新筍迸根遲。輕筠爲使兒童護，待看娟娟解籜時。

宋 史浩《鄮峰真隱漫録》卷一《洗竹》 春林藉雷驚，戢戢牛羊出。風月邇

來稀，厭此琅玕密。繁柯謝一洗，挺挺歲寒質。終成葛陂龍，雲路騁駿逸。

又《澆竹》 芳圃向成趣，雨澤多愆時。花開不抱甕，花謝嗟何爲。潘岳興不淺，陶潛顔可怡。安得商家霖，萬木均嬉嬉。

宋 王十朋《梅溪後集》卷一三《竹》 郡齋誰種竹，緑蔭未多濃。我欲添清閟，殷勤護籜龍。

宋 陳造《江湖長翁集》卷二〇《次韻楊宰愛竹》 看竹排門愛靚深，青青不受雪霜侵。誰知倦客幽尋去，老越風波亦此心。

宋 王炎《雙溪類稾》卷一《竹賦并序》 小人之情，得意則頡頏自高；少不得意，則摧折不能自守。君子反是。竹之操甚有似夫君子者，感之作賦以自箴。其詞曰：

晦叔讀書南齋之上，門巷僻左，交游日稀，環以桑麻之場，帶以瓜芋之區。路折西南，萬竹蒼然，下緣乎曲澗之湄。其清可以延風月，其高可以攙雲霓，珊珊乎鳴蒼玉之佩，摇摇乎舒翠鳳之旗，森森乎甲胄之褷峙，而切切乎矛戟之參差。其偃蹇挫折者，如忠臣節士赴患難而不辭；其嬋娟蕭爽者，如慈孫孝子侍父祖而不違；其挺拔雄勁者，氣毅色嚴，又如俠客與勇夫；其孤高介特者，格清貌古，又如騷人與臞儒。予雖朝夕吟嘯於其下，曾無以名其美而狀其奇。然泛觀宇宙之中，萬物均函育於一氣，而有剛柔堅脆之不齊。榮者必悴，盛者必衰，實繁者易剥，色麗者早萎，惟松柏之有心，及竹箭之有筠，足以閉寒暑而貫四時。春日載陽，山川含滋，零露兮宵潤，惠風兮曉披，或蕚或條，或茁或荑，含英吐華，夭夭怡怡。竹於是時，清而不腴。冬日祁寒，天地積威，雪慘兮冰堅，風號兮日凄，川原千里，木脱草枯，香盡芳歇，掃迹無遺。竹於是時，秀而不癯。今而後見其含德之有常，特操之不移，此吾所以無羡渭川之千畝，有取淇奥之猗猗，願定交於金石，邀歲寒以爲期。否泰兮消長，剥復兮乘除，秉吾心之堅，一視此君乎庶幾。

宋 袁燮《絜齋集》卷二三《咏竹二首》 去年種蒼玉，今歲抽華簪。初萌節已具，欲奮力未任。雷風驅急雨，滂沱三日霖。籜龍不許蟄，倏起騰深林。逶迤初戢戢，穿籬俄森森。吾觀植物性，漸長歲月深。此君獨超軼，生來氣駸駸。偉哉歲寒種，有此特達心。大勇久不作，進尺退復尋。對此發幽興，作詩因自箴。

野性與俗違，澹然都無營。牕前水蒼玉，未能獨忘情。對之三伏中，爽氣高秋橫。數竿亦已好，況此繁陰成。中虛洞無物，節勁老更清。霜雪自凌厲，柯葉長敷榮。物意有相合，人心原自明。僻居寡朋儕，命汝爲友生。雖無切磋語，而有清越聲。入耳久亦佳，此意不可名。

又 卷二四《咏竹》 此君林下静無塵，苗裔生來便逸羣。頭角嶄然圓玉峙，養成直節要凌雲。

宋 翁卷《西巖集·竹》 偶種得成陰，翛翛過別林。月寒雙鴿睡，風静一蟬吟。映地添苔碧，臨池覺水深。貧居來客少，賴爾慰人心。

宋 陳元晉《漁墅類稿》卷七《竹》 吾敬王子猷，傲俗獨愛竹。行止必與俱，情義均骨肉。雲龍求友心，上下亦相逐。彼哉絶彝倫，乃戒桑下宿。

宋 葛天民《葛無懷小集·竹》（《兩宋名賢小集》卷二八五引） 此君别後稍添丁，留得清風鎮户庭。老鬢不禁霜點綴，舊隣多似樹凋零。一竿帶雪寒垂釣，數畝連苔晝掩扃。此話有誰堪委似，幾回無語向青青。

宋 黄大受《露香拾藁·竹》（《兩宋名賢小集》卷二六六引） 虚心懷明月，勁節挺玉立。豈是外春風，春風無處入。

宋 謝枋得《竹》（《宋元詩會》卷五一引） 新篁娟娟如緑玉，瀟然出塵澹無欲。清風明月誰主張，留得此君在空谷。

宋 李龏《剪綃集》卷下《竹》 錦籜飄零粉節深，萬竿如束翠沉沉。子猷殁後知音少，忍翦凌雲一寸心。

宋 金履祥《仁山文集》卷二 圖書閱罷獨高齋，撰杖油然午蔭回。楮穎從容侍函丈，不妨閒引此君來。

金 李俊明《莊靖集》卷三《竹》 瀟洒能醫俗，檀欒看上番。我寧負此腹，忍使籜龍寃。

元 劉秉忠《藏春集》卷二《竹》 幾竿蒼翠抵千金，對皷焦桐意更深。雙淚洒時匀作點，七賢居處密成陰。飛霜著葉不改色，流水漱根還有音。我似此君君似我，枝枝節節本無心。

元 洪希文《續軒渠集》卷四《詠竹》 幽軒多種竹，繞徑復依牆。月弄三分色，風吹一味香。空堦翻籜下，隙路引稍長。客至休書刺，嗔渠踏破蒼。古未有紙，削竹木，書姓名曰刺。後用紙，曰名紙。漢禰衡懷刺無所適，至於滅字。又魏文帝賔客百餘人，人奏名刺，悉書其郡邑名氏，曰爵里刺。杜詩《嚴鄭公宅同詠竹》：「風吹細香。」

元 蕭𣂏《勤齋集》卷八《謝竹》 荒齋觸目但蓬蒿，能致此君非俗交。合著新詩答清貺，一軒晴日看風梢。

元　貢性之《南湖集》卷下《題竹》　皇英倒騎蒼鳳尾，白月半吐驪龍珠。湘風颯颯天在水，翠華不見空躊躇。美人環珮玉玲瓏，騎得青鸞下碧空。寂寞湘魂招不返，鳳簫聲斷月明中。九疑山頭天欲雨，美人遥遥隔湘浦。自甘林下抱幽貞，不與梅花續芳譜。

珊瑚獻樹出海水，鳳凰振羽鳴朝陽。鈞天一夢十年隔，風雨令人空斷腸。

湘雨涼生綵鳳翎，隔牕清影動秋聲。何當截作參差管，付與伶倫奏九成。

又《題竹》　渭風湘雨晚蕭蕭，腸斷佳人不可招。安得結成千歲實，遲他丹鳳下青霄。

翩翩么鳳下晴空，半入江雲半落風。憶昔瀟湘泊船處，玉簫聲斷月明中。

又《題竹》　美人别後不堪招，十載風流已寂寥。醉裏看詩仍看畫，渭風湘雨晚蕭蕭。

元　倪瓚《清閟閣全集》卷六《題竹》　歎息真成汗漫遊，經春歷夏又嗟秋。林居已是能鳴士，顧我寧非不繫舟。江渚出吟聊自適，竹梢清淚浩難收。王孫莫道歸來好，芳草天涯恨未休。

元　王沂《伊濱集》卷一二《題竹》　篔簹偃竹何年寫，石上孤根碧蘚封。煙雨從教藏翡翠，風雷慎勿起蛟龍。

明　釋宗泐《全室外集》卷八《題竹》　風過如聞玉佩，雨餘似長龍孫。静愛此君高致，長日幽齋閉門。

明　胡奎《斗南老人集》卷五《題竹》　黄陵女兒佩明璫，騎得雲間白鳳凰。回首蒼梧渺何處，涼陰墮地月如霜。

又　卷六《題竹》　江上靈妃過，秋風響佩環。騎龍向何處，只在九嶷山。崑丘多玉子，雲氣不曾收。數尺伶倫管，天生在上頭。昨夜西齋雨，秋聲葉葉涼。平明推户看，蒼雪灑衣裳。雨後翠寒生，鷓鴣啼晚晴。湘妃江上過，環佩落秋聲。春雷破崖石，驚起籜龍兒。南風吹十日，便有拂雲姿。涼陰生墨池，葉葉秋可數。朝來禪夢醒，一片湘江雨。

明　劉永之《劉仲修先生詩文集》卷三《題竹》　十日聽山雨，新梢長鶴翎。清風動鳴玉，露濕蕊珠輕。

明　劉璟《易齋稾》卷三《題竹二首》　誰將天上琅玕樹，栽向連彎緑水湄。歲晚江空鸞鳳遠，白雲幽石自相宜。

瀟洒含風玉數莖，若何偏向石間生。貞心諒有夷齊識，耐貫冰霜老更青。

明　李昌祺《運甓漫稿》卷六《題竹》　兩竿蕭灑墨淋漓，師法東淮顧定之。却憶紫薇堂後坐，翠陰摇曳午晴時。解籜新梢緑未全，一枝斜出更娟娟。錢塘太史春風筆，移得瀟湘到几前。

明　許端弘《題竹》（《天台詩選》卷二引）　不入桃李叢，孤標自容與。山窗朝雨晴，青鸞忽飛起。

明　薛瑄《敬軒文集》卷四《竹》　三年烏府長琅玕，粉籜新梢次第看。今日成林足風雨，坐聽清響徹雲端。

又　卷六《錦城館雜題十三首·竹》　誰種庭前竹，蕭森數十竿。高簷晴落翠，虚室晝生寒。韻喜風前聽，陰宜月下看。莫言家在遠，長得報平安。

明　馬愉《馬學士文集·題竹四首》　春到瀟湘淋氣多，斑斑蒼玉欲成柯。何當截作伶倫管，奏向虞廷表泰和。

長養乾坤雨露深，笋能成榦葉成陰。晉賢有意同尊俎，應待巾車話素心。

緑繞亭臺萬萬枝，客來共賞習家池。醉歸何處西風急，正是瀟湘夜雨時。

霏霏玉屑壓琅玕，好景吟詩得句難。獨理絲桐寄閑趣，此君相對不知寒。

又《題竹》　一川烟雨簇琳瑯，小院風生六月涼。坐對不知塵慮遠，却疑身世在篔簹。

明　謝晉《蘭庭集》卷下《題竹》　夢醒虚堂月半斜，毵毵涼影拂窗紗。恍疑人曳青鸞尾，來向閒庭掃落花。

翠玉亭亭只數柯，南薰纔入舞婆娑。清標自足供吟思，絶勝渭川千畝多。

又《題竹》　吟邊相見忽驚秋，節粉凝香宿雨收。簾捲客堂清似水，涼聲只在翠梢頭。

舟泊黄陵古廟前，湘雲籠月净娟娟。酒醒孤坐蓬窗底，聽徹龍吟未就眠。

明　倪謙《倪文僖集》卷八《題竹》　金壺素楮墨淋漓，寫出扶踈帶雨枝。湘浦啼痕秋作點，淇園翠色晚含滋。窗前把酒閒吟處，篷底停橈獨聽時。滄海新波添幾尺，長竿欲繫釣鰲絲。

又　卷一〇《竹》　懸崖見一枝，露葉青可數。宛轉逗回風，翩翩翠鸞舞。

又《題竹》　露葉凝香翠欲流，月華涼浸一庭秋。恍疑阿母停鸞馭，玉節玄旌散不收。

又《題竹》　誰剪脩篁百尺梢，獨餘翠篠半含苞。不妨紫鳳飛來晚，認得烟莖有舊巢。一夜涼颸轉素商，鳳毛月下影回翔。玉枝瘦損知誰似，却憶夷齊

在首陽。

又　卷一一《題竹二首》　扶疎林外幾枝存，猶有清陰落酒尊。莫惜烟梢半摧折，春風争看長龍孫。

蕭森緑玉楚江潯，積翠凝烟自滿林。試看歲寒冰雪裏，青青方見一生心。

明　彭時《彭文憲公集·題竹》　誰人寫此雙琅玕，淋漓秀色秋毫端。鳳鸞翻空日月白，蛟龍起陸風雨寒。劉君自是青雲士，玉雪清標宛相似。擬將直節獻天子，九奏鳴和洗凡耳。

明　卞榮《卞郎中文集》卷五《竹》　飽歷永霜蒼玉郎，斷厓孤鳳倒垂毛。釣鰲氣象分明在，誰似任公手段高。

明月滿天秋似水，隔墻誰戞玉參差。此聲出自淇園裏，説與傍人總未知。

開闢以來有竹祖，森然玉立見諸孫。憑誰大筆脩宗譜，少室員丘共一門。

碧天如水露華寒，佇立閑庭夜向闌。應是乘鸞仙子過，清風玉珮響珊珊。

夜來夢落湘江曲，今日披圖一惘然。安得濛濛烟雨散，鳳簫聲裏月當天。

客子愁心在何許，黄陵廟前啼鷓鴣。何侶竹樓看畫處，清風掃地一塵無。

明　葉盛《菉竹堂稿》卷二《竹》　黄陵祠下記曾過，青艸茫茫自緑波。隔岸似聞瑶瑟怨，一簾明月奈秋何。

明　莊昶《定山集》卷一《題竹》　獨坐湘江潯，見此叢篁幽。風雨日暝晦，萬雀聲啁啾。垂垂正結實，恐爲鴝鵒謀。豈無九苞羽，飛下十二樓。延佇久不見，此意良悠悠。我因王者瑞，極意垂鴻猷。採之欲往食，道路阻且修。問之在何所，乃古西康州。西康有西伯，已矣三千秋。至尊應昌運，致此能無憂。清時一再睹，咄哉何所求。

又　卷二《題竹爲五叔父作》　多少金相玉質温，百年高節老乾坤。憑誰欲把栽培問，箇箇清風是子孫。

又《題竹》　千溪鸞鳳舞蒼空，虚直分明是此中。玉振許誰知萬古，白頭天下領清風。

又《題竹》　人間萬事本無窮，都在金聲玉振中。老我平生空愛此，鬢毛蕭颯滿秋風。

明　唐寅《唐伯虎先生外編》卷一《題竹》　修竹當窻白日遲，山僧出定客來時。欲從節下題詩句，妙在無言不在詩。

明　張弼《竹詠》（《石倉歷代詩選》卷四〇八引）　擊節歌離騷，湘靈招不得。開門看明月，幽篁倚蒼石。春風千萬花，花落春無迹。此君冷淡姿，常有好顔色。

明　黄仲昭《未軒文集》卷九《賓竹歌賓竹者，舉人曾琰一潤號也》　君不見，坡仙譏俗士，無竹不可醫。又不見，衛風美進德，菉竹歌猗猗。天生嘉植異凡卉，狷士品題號君子。凌霄高節挺琅玕，撲地清陰絶塵滓。曾君種竹遶庭宇，謂竹爲賓我爲主。醫俗豈獨懷坡仙，進德直期追衛武。古人取物修其身，知仁山水垂法程。竹之直兮，可以勵吾節。竹之虚兮，可以廣吾心。直節虚心貫始終，高標與竹將無同。天上清風一揮灑，人間酷暑何所容。功成三徑重歸日，賓主相看無愧色。

明　倪嶽《清溪漫稿》卷九《題竹二首》　湘雲流盡水痕乾，玉骨傷秋露氣寒。饑鳳夜深飛不去，也隨羣鳥宿江干。

闕穩楚江秋，靈瑟聲寒泪不收。明月莫隨流水去，好應長照夢中遊。

明　林俊《竹》（《石倉歷代詩選》卷四一五引）　斷靄横天外，青山落水中。林稀行野鶴，笋熟過溪翁。索莫無諸事，蕭疎又一風。炎歊移處薄，披寫此君同。

明　朱誠泳《小鳴稿》卷一《竹枝詞》　娴娴萬竿秋影，點點二女淚痕。試聽鷓鴣聲裏，滿川風雨黄昏。

又　卷六《古意》　裊裊竹成竿，纍纍花結子。永懷不寐人，空閨愁欲死。

明　祝允明《懷星堂集》卷八《竹》　淇園一枝春雨足，渭川千畝秋風高。先生青眼對君子，撚落吟鬚如鳳毛。

明　藍田《藍侍御集》卷二《竹》　蕭蕭幾箇竹，歲晚是知心。憑君截作管，吹出古韶音。

明　顧潛《静觀堂集》卷二《玉山人竹歌》　山人風雨生高端，墨池霹靂蛟螭蟠。寫竹或寫懸崕竿，青鸞尾蘸滄波寒。山人高節與竹似，紫罽黄金常唾視。幾廻興逸揮染成，不乞錢奴乞寒士。此幅傳來粱用行，烟枝露葉含春榮。懷璧見奪野航叟，亡弓又屬丹巖生。丹巖愛畫尤愛竹，貧似坡翁可無肉。得此溪堂愈增重，齋壁清風醒吟目。東吴夏竹名四馳，豈知山人乃其師。臺閣華衡世爭慕，林壑絶才多見遺。山人墓木今拱矣，斷楮殘縑僅存爾。不遇丹巖鑒裁精，誰與題評具詩史。嗚呼！庸流賤目惟貴耳，志士千秋待知己。

明　張璧《陽峰家藏集》卷一四《竹》　猗猗玉數竿，歲久忽成林。玄冬靄蒼

色，朱炎森翠陰。柯葉矢不移，塵土誰見侵。相期保貞素，此生偕此心。

明 方清《竹先生傳》（《古今寓言》卷一二引） 士有虛心勁節，文有斐而德不回者，當其流風餘韻之所被及，人鮮不忻忻慕焉。至或身親面覿之，乃顧相視，如雲蹤萍迹。然兹非所謂好畫竹，而不好真竹者耶？方君愛竹而曲盡，子直心事，不覺令人擊節嘆賞。

先生姓竹，名榦，字子直，號清虛居士。始祖名籦，黄帝時避蚩尤亂，隱居嶰谷。帝平涿鹿始定，將作咸池之樂。訪律呂材於群臣，伶倫以籦對。帝即命使持節鉞召之，籦甘山谷不肯應召。使者肩曳以行，詣闕猶僵仆不起。帝慰諭再四，乃就斷制，敷宣徵角，含嚼羽宫，樂大成。絪緼而群生樂，文鳥巢阿，瑞獸遊郊。帝奇其功，欲封之。籦聞而嘆曰：「寵利居成功，非臣之福，況以口舌得官乎？」乃上疏，乞骸骨歸嶰谷。帝不允，留樂府，封其同姓居嶰谷者以萬計。籦卒，帝思悼不已，蔭其子爲湘江侯。至有虞，舜陟方，崩蒼梧野。二妃慟哭，□扶持嬛疚，身染血淚，痕不可洗，人嘉其忠，號斑氏。二妃卒，湘人立廟於江滸，曰湘君。侯不自安，徙淇澳。子孫玉立，根盤而固，支繁而衍。世以清潔自勵，耿耿之操，直與冰雪争衡。有猗猗子者，文學斐然，虛懷待物，衛武公托爲布衣交。武公晚年進德，皆其切磋。事載《國風》。自是子孫散處四方，皆以籦裔得賜氏，不可一一數。其尤著者，曰山陰氏，渭川氏，曰毛氏，苦氏，淡氏，篁氏，爆氏，箭氏，篠氏。至晉有林氏，渭川所居延蔓千畝，人稱萬户封。山陰孤介寡同，獨王子猷延之二徑，呼以君而不名。毛有名楚者，《書》曰：夏楚二物。此借字用之。好申韓刑名之學，嫉惡如仇。名紙者，受學蔡倫，雅好筆墨，官秘書省著作郎。篠之顯者，曰竿曰杖。竿好魚，隱釣磯。杖能扶人之顛危，國老多賴之。後遇煉師受刀圭，化爲龍。費長房從壺公學仙後辭歸。公與一竹杖曰：騎此任所之，既至，可投之葛陂。秉杖，須臾來歸。自謂去家旬日而已十餘年矣。以杖投陂，顧視，則龍也。曰箭曰矢者，有武才，能致遠。蓋其造詣有的也，爆事神荼，能以火作霹靂聲，驅山魈，頗自重，今除夕多以楮生代。篁、淡、苦三子者，好軒岐術，善療風痰渴熱，遇病者輒解衣爲劑，吐液爲湯，急於救人如此。林生於兩晉間，清而不溢，和而不流，士大夫傾慕之。山、阮、康、伶輩，競爲風流，蕩廢禮法，日就林觴詠風月。林不能拒，然屹立溪壑，未嘗少亂，識者知爲節介君子也。林數傳而爲筠，孤高絶俗，好空寂之學。於潛上人，搆軒禮之。東坡詩云「無竹令人俗」，指筠也。竹氏之宗，代多聞人如此。筠又數傳而生節，節生榦，是爲先生。踈暢洒落，神采若飛，羽儀如鸞鳳，頎然而形，蒼然而色，下實上虛，中通外直，有君子操。拂雲冲霄，玉立風塵表，翩翩飄飄，真神仙侣也。所居或深山窮谷，雲溪月徑，或困守籬落，或飄泊舍宇。要之，隨寓而安。時則臨風而舞，掃月而眠，意適如也。趣向甚正，獨好儒者之學。率其徒徃從頤方子，方子與之處。其徒數十人，皆衣緑，飡風吸露以爲食。環繞門墻，布列堦下，風雪不退，雖夜未嘗就寢煙雨中。時或垂頭而睡，風觸之醒，擊節微吟，聲入枕畔，鏘然可愛。惜其本根雖固，外面苦被枝葉纏繞，榦能虛心聽受，學無根柢，外多牽繞而且自盈者，眎先生何如？輒作點頭狀。與徂徠木公、孤山梅生友善，一日從容問榦曰：「梅生、木公與子孰優？」曰：「含英咀華，流芳百世，吾不如梅生。挺然獨秀，壁立萬仞，吾不如木公。至於有主則虛，秉直不回，吾於二子，亦有微長。若乃寧耐歲寒，不以盛衰改節，此吾三人之所以同。願屈致軒下，合公爲四，幸堪歲寒。」方子曰：「梅生有寒酸氣，木公自立太峻，不免假秦封以驕士。孰若吾子之清脩高潔，虛直洒落，勁節凌寒，終始不易，而文采外見，清氣襲人。今且與子爲歲寒交，他日立玉堦寸地。」隨議二子之任使耳，榦不豫，退乃上書。力疏二子才可用，推引弗置。方子頷之，明日命使徃孤山。梅生辭曰：「聞江城有玉笛者，欲梡吾魄。侯少過夏五，用「黄鶴樓中吹玉笛，江城五月落梅花」意。當徃就東閣。」徃徂徠，木公辭曰：「以吾從大夫之後，不敢徒行也。」方子惡其迂，不復召。遂專與榦爲忘形交，親好日密，神與之遊，心與之契。友其虛，外欲不擾也。友其節，剛勁不摇也。友其丈，斐然可觀也。友其直，經德不回也。有友如此，益矣。暇或呼酒對之飲，携書對之讀。良朋集止，必引造榦所與談。和答聲響，顧影徘徊，不自知榦之非我也。榦亦幸遇知己，植其黨類，排匝如垣，屏蔽百邪，藩衛斗室。方子得以驅掃群寇，静室自養，坐鎮天君，肌骨如濺，秋毫皆榦力也。嘗語人曰：「自吾得竹生，擺脱許多俗氣。吾其所謂不可一日無此君也。」又謂榦曰：「子吾長城耶？」因號其居曰「竹城」云。榦妻鞭氏，有婦德，韜晦坤宫，人罕見其面貌。明年仲春，生子笋，頭角森森，進長甚鋭。榦鍾愛之，置膝下不少離。笋性孝，嘗效老萊，着斑斕衣以娛榦。笋生篁，綽有祖風。然剛勁不足而文采過之。識者嘉竹氏之有後。嗟乎！榦，古君子也。鞭氏之操可以爲冶容誨淫者訓。笋，孝子也，篁以求世，不墜其先，法皆當書，故並書之。

論曰：榦才可以不器，爲笙簧鳴治道，爲汗青紀勛庸。人有如此才，而

使之流落不偶，此宰相之罪也。曠百世遇一方子，豈天遺以相有道，特假手於人也耶？世之好事者，得其遺影，必置上座，把玩自珍，而於其身乃漠然不之顧，況復知其心事耶？喜近似而惡其真，慕形迹而厭夫實用。此世俗之積習也。高潔之操，歷世不磨。世人之知不知，於幹無增減也。梅生、木公，夙相友善，深有歲寒之義。然二子之不遇於方子者，亦所知不合耳。此適然之數也。

明 趙完璧《海壑吟稿》卷五《竹韻》 幽響蕭蕭隔座迴，秋聲遥送楚湘來。驚風滿院清如許，度靄閒窻静可猜。瓊珮人歸明月下，緑琴調合碧雲隈。高齋剩有銜杯趣，七子襟懷曠古開。

明 薛蕙《考功集》卷四《題竹》 使君擁千騎，蹋雪向長安。雪中芳草盡零落，贈此青錦金琅玕。江南邱墟繞江水，中有琅玕拂雲起。應龍夜穿崖石裂，江妃朝游春雨歇。風梳露洗助嬋娟，沙崩水濺映潺湲。坐看綵筆題苔蘚，想見翠葆摇風煙。只今四海歌太平，甘露晝降黄河清。願言植此玉墀側，會聽丹山鳳鳥鳴。

明 錢薇《海石先生文集》卷七《竹》 竹色散晴煙，欣看暮靄前。須教明月上，深翠自相憐。

明 劉春《東川劉文簡公集》卷二四《和馬先生書堂雜詠》 淇澳魯聞衛國詩，清陰不攻歲寒時。東皇更喜方培植，便有孫枝接子枝。

明 楊慎《丹鉛摘録》卷一二 竹亦有香，人罕知之。杜詩：「風吹細細香。」李賀詩：「竹香滿幽寂，粉節塗生翠。」

明 程文德《程文恭公遺稿》卷三〇《題竹》 誰寫湘江數葉秋，亭亭□曲思幽幽。夢廻影落虚牕月，千載丰神挹子猷。

明 陳鶴《海樵先生全集》卷一一《詠竹》 山亭别君久，老竹幾生孫。安得蒼林下，清風對酒樽。

又 當年别君日，霜樹正凋零。今日重逢處，嵓頭竹又青。

又 卷一四《詠竹》 壯歲移居向越城，幽懷偏與竹同清。多時不踏篁河路，每見脩篁便憶君。老樹查牙蘚作皮，叢篁白石是心期。山中歲久無人識，歷盡冰霜只自知。

明 俞允文《仲蔚先生文集》卷四《竹枝舞歌》 巴丘雨多無絶時，江蘭萎謝汀芷稀。唯有檀欒青竹枝，含烟泣露無改移。巴人能歌還制詞，流聲度曲令參差。管清調急月將落，風輕裹長卷秋葯。濬房曲筵隔阿閣，銜雲玉杯細斟酌。人生百年能得幾時樂，願保貞心永照灼。

又 卷八《竹》 曲池自清渼，瀟灑落空翠。竟夕不聞人，居然有靈對。

明 羅洪先《念菴文集》卷二〇《乞竹二首》 我有仙人石室奇，絶憐緑玉久披離。聞君亦愛霜筠色，莫惜孤根帶雨移。

我洞壺山山更西，與君相對共幽栖。不妨分與篔簹種，助得雲深斷路蹊。

明 汪道昆《太函集一》卷七九《竹頌》 楚有《橘頌》，作者將有託焉。乃今藝竹，以萬玉鳴橘不良于竹也。爲之歌楚，其治世之音乎？作《竹頌》：荆山之麓，税使車兮。開閒十畝，君子廬兮。幽篁叢生，徙南服兮。佩玉珊珊，無庸璞兮。江漢曾波，一洗余耳兮。聲中九成，余因以隱几兮。亭亭姱節，脩且貞兮。屏琴捐珮，納英聲兮。湘靈釋憾，愉色喜兮。齪齪封君，其將焉比兮。鳳鳥來下，青琅玕兮。既秀而野，若可餐兮。雷聲龍見，角而翼兮。皇人委蛇，扈特室兮。響應咸池，闐八極兮。兩階萬國，程司直兮。豈不耽耽，懷故宇兮。帝命伶倫，作鐘吕兮。雌雄六鳴，中聲舉兮。燕郢相望，庭可旅兮。

明 徐渭《徐文長佚草》卷三《竹》 數葉蒼林近不踈，一層新擇遠模糊。憑君粧殺瀟湘景，到底飛來無鷓鴣。

明 劉玉《執齋先生文集》卷八《題竹》 高節清標耐歲寒，故園日日報平安。無端浪跡風塵下，却向人家畫裏看。

明 王越《竹》（《石倉歷代詩選》卷三八六引） 湘妃分翠滿蒼梧，管領春風叫鷓鴣。我欲放舟閒載酒，紫簫吹過洞庭湖。

明 方維則《題竹》（《御選明詩》卷六七引） 小院何空寂，相依獨此君。雪深愁易折，風急不堪聞。白石移花影，青苔擁籀文。樓頭明月上，空翠落紛紛。

明 杜瓊《竹》（《御選明詩》卷一〇四引） 露葉風梢接水鄉，幾回相對憶瀟湘。寒雲流水斜陽暮，一曲清歌斷客腸。

明 張時徹《詠竹》（《御選明詩》卷一〇八引） 山陰誰種碧琳琅，日日春風繞畫堂。海上月明吹玉笛，令人錯認是瀟湘。

明 吴大經《蘗桂軒詩》卷上《詠竹》 千挺碧琅玕，分蘘傍曲欄。寔垂將引鳳，梢偃欲栖鸞。淇澳風徽遠，湘江淚點寒。主人何必問，一任子猷看。

明 陳鐸《坐隱先生精訂梨雲寄傲・詠竹・北落梅風》 淩霄漢，宿鳳凰，種將來與草堂相傍。月明一枝幽趣長，斜横在碧紗窗上。

明 張鳳翼《處實堂集》卷四《竹》 日引丹山鳳，雲歸葛水龍。若將清廟用，還擬協黃鍾。

明 黃汝亨《寓林集詩》卷三《看竹》 此君久與别，不意見長安。氣忽開新爽，情疑浹故歡。因風絃寳瑟，和月委朱欄。相對忘賓主，何妨竟夜看。

又《徑山看竹》 竹色自可愛，無如此徑深。千秋寒玉立，萬畝緑雲沉。遠竇窺天入，清光覆地陰。泠泠秋響切，到處奏嵇琴。

明 陳繼儒《陳眉公集》卷四《竹》 直竹寧爲竿，曲竹寧爲杖。莫以不韻人，題詩粉花上。

明 孫承宗《高陽集》卷七《竹吟》 戛戛萬玉鳴，青碧秋如剪。風雨蛟螭飛，莫作笙簫選。

又 卷九《竹》 一札平安問此君，東頭夜雨漫相聞。移來幾箇蒼龍尾，占盡瀟湘一片雲。

其二

篔簹谷口倚風行，瑟瑟藍田玉一泓。何處高人偏得趣，看殘夕日未通名。

明 柴惟道《瑞梅亭集稿》卷下《題竹心爲黃九仞》 君家種竹古園深，枝葉横斜映翠陰。數畆清歸淇澳夢，一竿遠有渭川心。虚明若現如來境，空響時諧律吕音。莫怪坡僊屏肉食，山窓長獨伴幽吟。

清 諸匡鼎《說詩堂集》卷一《竹賦》 楚撫署中來青軒有竹數竿，乃予先大兄駿男手植。大兄墓有宿草，而斯竹儼然成林。昔人所謂物在人亡，無見期也。感歎嗚咽，遂爲賦焉。

念篁篠之脩脩兮，迺予兄之手植。既凌霄以冲天兮，何虚中而圓質。上葳蕤而防露兮，下嬋娟而森萃。伊開花而紫色兮，復離離而翠實。曾擅美于東南兮，又遺種乎楚北。匹淇園之漪漪兮，夾渭川之籦籦。或産瀟湘之濱兮，亦生雲夢之陌。一竿兩竿扶踈兮，千枝萬枝相射。當春日之菁葱兮，歷冬霜而飂□。風鏦錚而秋聲兮，雲靉靆而夏碧。抽雉頭而怒號兮，披鳳尾之絡繹。悠揚如簫管之奏鳳鳴兮，縹緲似鸞鷟之來棲。集怳爲竹中之高士兮，且冠皮而巾幅。何可一日無此君兮，來蓮華幕下而結宅。敢追晉代之七賢兮，還慕夫唐時之六逸。聊放歌於其間兮，激清音而按律。昔孟宗痛母之早逝兮，孝思格而笋冬出。今予傷兄之儀音不可見兮，對檀欒而空悲。手澤因篬筤而感歎兮，遂陳詞而嗚咽。

清 許虬《萬山樓詩集》卷二二《竹》 瀟湘水色映千竿，拂破青雲傍日看。莫厭荒山頻手植，天家終待碧琅玕。

清 陸世儀《桴亭先生詩集》卷一《詠竹》 吾聞竹有君子德，心内虚兮節外直。豈惟二者良足稱，歲寒更比青松質。丹葩離離結朱實，粒粒堪爲鳳凰食。鳳兮鳳兮胡不來，使我不見心痛惻。

清 黃宗羲《姚江逸詩》卷一《見江邊竹》 挺此貞堅性，來樹朝夕池。秋波漱下趾，冬雪封上枝。葳蕤防曉露，葱蒨集羈雌。含風自颯颯，負雪亦猗猗。金明無異狀，玉洞良在斯。但恨非嶰谷，伶倫未見知。

清 釋元璟《完玉堂詩集》卷七《買竹》 酷暑何由避，閒愁客裏凝。典將一破衲，喜致十良朋。鸞尾翠如剪，龍身瘦未騰。載歸北牕下，幽意接眉稜。

又《種竹》 齋前方丈地，苔蘚久荒蕪。須待鳩頭杖，重揮鴨嘴鉏。清風移榻就，赤日過庭無。是處堪埋照，難招嵇阮徒。

又《澆竹》 素綆汲寒碧，侵晨手自澆。私情祝芳土，生意托孤標。嘉會追梁苑，渝歌續楚騷。夜來滴疎雨，鄉夢斷蕭蕭。

又《看竹》 特立有高人，相看不厭頻。新香飄枕簟，冷翠襲衣巾。長嘯答清籟，彈琴忘老貧。終當學船子，借汝釣金鱗。

又《語竹》 片塵不到處，何異湘江口。林深弄朱絲，日暮倚翠袖。虚心伴老禪，末路得直友。悄然致殷勤，歲寒當共守。

又《對竹》 庭有青琅玕，嘯詠竟忘我。釣鼇興猶賒，製笛材亦可。袪暑無躁容，追涼每堅坐。弗許俗人來，柴扉教反鎖。

又《頌竹》 卓爾古君子，凌雲抱奇志。又類苦行僧，拔俗自高寄。雖飽冀北雪，不改江南翠。媚我晚香齋，披襟引涼吹。

又《再詠竹四首》 當午影亭亭，深延秋一庭。客懷無處熱，老眼忽然青。罠罬晴疑雨，森梢醉亦醒。孤吟差自慰，只許鶴來聽。

冉冉碧雲外，娟娟紺宇東。静邀風淅瀝，踈漏月玲瓏。有淚留湘女，無心賦惱公。明年應結實，飢鳳下晴空。

地偏人自遠，寂歷似山家。煮茗青煙直，攤書緑字斜。半生茹蓼葉，十載别梅花。要且憐幽獨，纖纖挂月牙。

漫道瓊枝貴，京師得此難。多情依逆旅，每日報平安。翡翠窺來數，莎雞語未闌。故園三萬個，溪水漾檀欒。

清 熊賜履《經義齋集》卷一七《園林雜咏・竹》 葱蒨千竿竹，葳蕤百尺莖。凌雲總勁節，掃石亦菁英。杖委疑龍化，風翻作鳳鳴。十尋終不屈，颯颯表堅貞。

清 潘鍾麟《深秀亭詩集》卷一二《竹》 鳳尾不盈尺，居然高節風。瀟湘零雨剪，篔谷薄陰叢。淺土生柔籜，虚牕寫隔籠。子猷應未識，留客對青瞳。

清 鄭日奎《鄭静菴先生詩集》卷五《竹》 王猷逸興未全闌，繞徑猶存玉數竿。晉魏人應塵外住，瀟湘秋向座中看。清惟自信虚而直，高亦何妨瘦與寒。寂寞山齊無一事，課童分日報平安。

清 愛新覺羅・玄燁《御製文集》卷三〇《竹賦并序》 江南修竹成林，森如緑玉，見輒愛之。昔人所以歌君子也，舟行閑暇，偶作賦曰：

攬嘉生之植物，美修竹之嬋娟。振葳蕤以擢地，結蒼翠而參天。吐碧鮮於原隰，含玉潤於山川。拂丹霄以焕采，濯晨露以增妍。爾其體本貞堅，性惟高孑。欵欵虚中，亭亭秀越。居遠俗以無塵，生自然而有列。游必集於鵷鸞，色不渝於霜雪。抱君子之德生，豈凡姿之可埒。至於汗青爲簡，截管成聲，文章彬郁，律吕和鳴，流兩間之元化，開萬古之菁英。亦有蕩材敷布，箭括叢生，鏃礪作器，規矩中程。或垂美於九府，或呈能於五兵。斯其爲致用之廣遠，尤不可以一得名也。至若淇澳見稱於衛國，夾池作賦於梁園，詠千畝於渭上，想一葉於湘潭，罔不絶羣標傑，意殊態嚴。況爾開北秋高，江南地潔，見衆茂之咸凋，知孤貞之自結。巨幹凌風，修莖映月。豈徒覽夫清陰，實興感乎勁節。何當植根綺殿，布影彤庭，彩鸞下集，丹鳳載鳴。將曉餐夫珠實，亦暮託於紺莖。逌其峭蒨之容，檀欒之美，繁條綴青，芳筠孕紫。散夏景於瑶林，蔭春華於仙沚。戛素籟以風疎，被青暉而雲委。影入户而窺簷，聲含宫而嚼徵。亦足以怡情適性，娱目賞心，徘徊晨夕，抒寫高吟。響蕭蕭而隱几，颸颯颯以開襟。披十重之緗帙，鼓五絃之雅琴。聊濡毫以成賦，寄予思於遥深。

清 揆叙《隙光亭雜識》卷一 陳陶詠竹詩：「青嵐帚亞思君祖，緑潤偏多憶蔡邕。」按：陳張君《祖竹賦》云：「青嵐運帚，碧空埽煙。」蔡邕《竹贊》云：「緑潤碧鮮，紺文紫錢。」陶詩用此。

清 趙吉士《林卧遥集・叠韻律詩》卷上《咏竹》 漫説黄州獨有樓，歡同少壯覓林遊。拂簾影亂寒水響，掃壁烟籠碎玉流。雲裊書牕枝半礙，月臨藥檻葉先留。臨池拔拂波全緑，嘯入叢篁萬籟秋。

石壇空掃絶纖塵，霜籜風條玉立真。青簡能傳今古事，緑陰藉庇去來人。干雲有態横斜舞，含露無聲裊繞伸。樓外深篁吟客倚，纖竿籊籊作魚綸。

千波輕泛翠光餘，一簇檀欒好護居。莫笑元耆髤贈杖，願從無恤剖遺書。盤根凝石籓籬擁，直幹凌雲紛澤疎。幸得仙壇長倚徙，青陰覆砌静觀魚。

獨抱貞心孰可論，紫莖錦籜此君存。流音嶰谷呼慈母，慈母山産簫竹，伶倫采竹嶰谷，即此。扶老員池庇弱孫。邛竹，高節實中，狀如人，謂之扶老。鐘鐸聲和傳午漏，林巒擷翠倒空樽。梢雲早已棲鸞鳳，折節何妨掃石墩。

清 愛新覺羅・胤禎《御製文集》卷二五《竹》 緑染竿竿潤，青籠個個陰。節高寒愈勁，氣潔暑難侵。密雨驚龍起，清風引鳳吟。幸邀君子號，爲爾解虚心。

清 李爵《心遠堂詩集》卷一《竹》 去年僦竹居，今年抽新筍。脩脩數十竿，青翠自相引。對之終日閒，頗使幽興盡。無爲愁西風，不隨秋霜□。

清 吴兆騫《秋笳集》卷一《竹賦》 閒遊別墅，見有竹數竿。臨池獨秀，而托根荒徑，延賞無人。僕感幽質之飄摇，憐貞姿之蕪没，乃設爲子桓季重之事以諷。其詞曰：

魏太子從容多暇，言遊西園，御華轂，靡朱軒。馳武賁于先路，托文學于後轅。爾乃遡惠風而揚葭，承清雲而轉旆。度蘅薄之邅廻，指蘭唐之如帶。于時，池臺綺合，帷幙珠連，珍卉被麗，脩竹嬋娟。繞亭皋而蔭景，夾曾閣而垂鮮。太子乃感湘流之怨歌，撫楚潭之逸曲，顧寘御而長懷，招季重而進牘。季重于是跽而稱曰：「臣聞坤靈誕育，庶族繁生。見篻簩于幽記，表篔簹于祕經。結根水澨，晞幹山岑。抱偃蹇之姱節，含萋蒨之幽心。出炎洲而獨立，臨江介而流音。織桃枝之珍簟，傳雲母之怪琛。仙人掃陽嶼之石，烟客擅羅山之金。乍成船于百丈，或如甕于十尋。徒觀其黛色參差，翠筠窈窕。延華月而玲瓏，翳流雲而夭矯。散空碧于玄墀，下浮青于綺沼。旖旎無定，嬺娟自持。苞新潤粉，籜細含滋。積雪霏兮冬蒨，繁景麗兮春遲。若其抗莖公子之庭，列植佳人之室。上冷二兮削成，下離一兮如織。于是，未下葳蕤，初舒屈戍。瓊鉤卷兮臨花，綺疏空兮停日。見繡篠之森梢，對縹枝之乍密。輕颸肅兮，結玄陰；暮雨封兮，疎翠滴。復如幽茂山椒，宗生烟路。俯碧澗之陰岑，交蒼厓之紆互。涼葉棲霜，脩篁承露。鎖岫靄于冬春，嘯清猨于朝暮。紫花落兮無人，素筍抽兮誰護。結海山之珠，實青鳥空來。拂江南之石，盤洞簫時悞。若乃曲臺依

夕，景昃明羅。白露警鶴，素月驚烏。寫薄霧于緗箬，曳輕烟于緑柯。爾乃影亂珠罳，聲傳翠幌。橫瓊砌而增涼，拂金鋪而助響。秋徑夕兮猗靡，寒塘静兮蕭朗。至其蒼二延秀，飄二蕩姿。泛微霜于曉葉，聽歸風于夜枝。起騷人之獨感，動山客之相思。是以質謝暄妍，氣分秋朔。笑十蘭之徒芳，悲三秀之易落。送短羽之羣棲，望長離之永托。雖移根于玉階，終寄心于雲壑。太子于是綢繆，浩唱諷采，妍辭披廣，殿俯華池。出絳樹之雙曲，進翠羽之交戹。命吳生于密讌，長接席而不違。

清　黄之雋《痦堂集》卷四一《竹》　乍喜見修篁，檀欒翠作行。停車一以過，心地灑然涼。京邑三年夢，家園百箇長。翻從遠行役，趨走此君旁。

清　高之騱《强恕堂詩集》卷七《竹》　聽竹偏宜誦楚騷，香生瑞露滿庭皋。啼殘細雨鳴寒玉，擊碎西風漲怒濤。洗耳秋香塵意浄，澄心清影月輪高。幽人昨夜絃中曲，譜出龍吟鳳尾槽。

清　李紱《穆堂初稿》卷三《竹》　池上數竿涵晚翠，淇水早晴湘水暮。不嫌鳥雀争空巢，時有龍虵出風雨。山中絶無好事人，主人箕踞岸其巾。醉後不知寒影亂，落葉重重空滿身。

清　薛雪《斫桂山房詩存》卷六《竹》　嘯雨寒稍百尺長，渭濵千畆壓瀟湘。柯亭一節尤堪賞，不是哀猿亦斷腸。

又《題竹》　到門有客看能醉，盡日無風坐亦涼。但得虚心修勁節，爲龍爲杖總何妨。

清　弘曉《明善堂詩集》卷九《竹》　幽篁植數竿，清蔭垂簾幕。烟外見青枝，風中鳴紫籜。蕭蕭瘦影寒，颯颯秋聲落。截取作笙簧，九臯聞白鶴。

清　愛新覺羅·弘曆《御製詩初集》卷一三《竹》　脩竹自成林，森然圍户庭。玉色潤琅玕，清籟戛竽笙。當春布始和，萬卉欣向榮。柔紅枝頭綻，嫩緑坡間萌。植生無妍媸，紛紛競形形。惟竹於此時，葆光而韜英。窣窣葉欲乾，瑟瑟枝遜青。豔輸桃李華，態謝棠梨輕。緑叢染淡黄，似失凌霜勍。卓彼歲寒姿，凋萎豈其情。況借青陽力，發生詎不能。徘徊倚玉竿，妙理入吟評。譬之君子德，不與衆相争。

清　黎簡《五百四峰堂詩鈔》卷一九《竹》　東墻才幾個，暮景静蕭蕭。子舍分根邇，爺枝隔歲遥。廣州諸山縣人，呼一年竹曰祖竹，二年爲爺竹，三年孫竹則多矣。風情且葡架，畫意已溪橋。深碧秋燈夜，何時稱沉瀣。

又　卷二一《竹》　我心風葉勞，我竹日堅高。開户雲停月，驚禽露滴袍。故人魂一片，今夜水三篙。自照亭亭影，歸看新鳳毛。

又　卷二五《雨中隔墻見梅高枝始花感我所種竹二首》　官梅初已花，花上雨如屑。誰知百蠻地，此是半天雪。花光暎空遠，相資轉清切。袖手晚雲高，冰眼明水纈。暮寒耐仰面，似有枝頭月。稍驚棉裘薄，濕重欲凍折。遥知花下人，酒氣烟霧熱。寧憐立天風，仙者瑣子骨。

我此一竿竹，離立未我長。與彼同清標，恐不同風霜。風霜豈不同，地勢有炎涼。梅汝暖花白，我竹寒葉黄。吾知艸木性，各自信其芳。世情重分別，期期生較量。遂謂春與秋，偏此閒尺墻。萬物自占時，代謝成百昌。竹汝致高大，亦爲人所望。

清　王昶《春融堂集》卷一《勞歌集·竹》　濕地饒脩篁，如蓬最繁庶。脩脩亞牆邊，新翠滿行路。我衰更流落，病起澹無豫。此君真高朋，浮筠照巾屨。巒陬無歲寒，何以别貞素。地磽笋亦苦，餉客難下箸。惟餘清節在，對我永朝暮。因思蒲褐齋，蘙蘙尚如故。應爲報平安，含風曉相語。

清　劉大紳《寄庵詩文鈔·詩鈔續附》卷九《竹》　樓成纔種竹，竹已與樓齊。根柢延山谷，枝梢出澗溪。清風無日夜，幽徑各東西。長在烟霞裏，門前客自迷。

迎送無生客，柴門出亦稀。萬竿難盡畫，一詠輒相依。涼意水千頃，秋聲山四圍。夕林飛倦鳥，同向此間歸。

清　王芑孫《淵雅堂全集·外集賦得詩一·種竹交加翠得加字》　竹記前時種，今來翠似遮。叢緣低壓亂，陰漸密交加。月寫庭中藻，烟迷帳角紗。小分金瑣碎，孤挺玉丫義。鵶嘴鋤懸壁，貓頭擔滿家。曲因穿蘚逕，直未夾桃花。紙閣朝聽雪，柴門晚踏沙。杜陵空谷意，倚袖念桑麻。

又《外集賦得詩二·近竹花終俗得花字》　矗矗緣坡竹，娟娟别院花。從來區格調，偏與近交加。無奈攙寒緑，終難著綺霞。此君殊灑脱，彼美太風華。午韻非真俗，春工稍覺奢。誰言金谷障，許入子猷家。鳳待餐朝實，蜂嫌鬧晚衙。只應梅信到，未礙一枝斜。

清　武億《授堂詩鈔》卷七《憶椒花吟舫草木六首·竹》　北地苦沍寒，僵土凍根裂。竹弱尤跉蹶，經冬惟抱節。緬惟小園内，蒼玉束成列。翹立三十竿，挺特焉可折。我歸師翁意，墻東謀養拙。數叢幸栽成，塵外傍孤孑。森踈茁芽繁，

嶷嶷秉圭臬。坐聽解籜風，颯然銷内熱。

清　黄釗《讀白華草堂詩初集》卷四《竹詩四首》　十萬當年許買鄰，清流合稱此君身。笑聲大似風狂士，醉態欹於酩酊人。應有煙雲留粉壁，幾曾斤斧代樵薪。蓬萊且待青鸞集，未許皮冠托隱淪。

故人掃徑接羊求，把臂林間續舊遊。作筍何曾虧負腹，寄檐那肯便低頭。由來太守能推抱，況遇中郎善解愁。千萬個中看直節，不應倒影逐波流。

高低疎密儼成行，汲水擔泥事太忙。稚子看抽頭上筍，女兒催整嫁時箱。也知弱幹還緣嶺，其奈横枝待出牆。料理千金分種好，買山此後再商量。

相思無那盼檀欒，徙倚重吟翠袖寒。遠道淇泉分左右，經年蕭寺訊平安。剛憐出土篁猶嫩，且喜經秋籜未乾。好趁晴窗揮雪紙，管夫人寫兩三竿。

又《憶竹》　寒玉森森夾一渠，閉門風雨護吾廬。美人紅淚餘新粉，名士青編訂異書。渡水偶然横彴略，遊山準擬辦籃輿。春來尚待龍孫長，爲囑園丁漫劚鋤。

肉食年來計太非，故園玉版寸心違。湘江笛碎蒼龍咽，閬圃糧空紫鳳飢。醫俗有誰脱畦町，卜居何日傍巖扉。海天緑浸珊瑚樹，待斫琅玕坐釣磯。

清　黄釗《讀白華草堂詩苜蓿集》卷八《雨中雜詠小園卉水四首·竹》　新筍穿泥節節長，幾時成個作篔簹。冷厨自有花豬肉，不用當官取瘦羊。

清　吴榮光《石雲山人詩集》卷六《種竹四首柬額約齋直指》　夜氣散歊氛，朝烟到牕緑。滃然好雨來，灑我新畦足。坐數清陰滿，娟娟幾竿玉。澹對各忘言，代序秋懷觸。

昨夢湘江人，贈我湘月色。江水清且長，古心照無極。蘭芷有芬芳，橘柚自雕飾。願保歲寒盟，勵兹君子德。

津水多黄塵，何以消我暑。掩關萬碧中，時聞雙鳥語。朝暾出東方，零露浩如湑。相期故人來，清風入延佇。

秋心如水澂，秋雲遥在天。漸與此君别，徘徊步庭前。願言勿剪伐，清修殊可憐。他時終不諼，各誦淇隩篇。

清　石韞玉《獨學廬初稿·詩》卷一《齋前五君詠·竹曰有斐君》　震爲蒼筤竹，初生纖如錐。春雷一聲鳴，旦暮陰襹褷。緑條翠靈柯，環吾讀書簃。良夜清風來，如聞吹參差。摩天不少屈，凌霜不少衰。竹中有佳人，其節彷彿之。

清　陸繼輅《崇百藥齋文集》卷五《嘲竹》　一院聲蕭蕭，風影亂叢筱。此君尚折腰，梅花應絶倒。

清　張祥河《小重山房詩詞全集·福禄鴛鴦集·詠竹》　瘦枝扶出玉珊珊，步幛居然坐右環。朝士青詞書秘院，閨人翠黛學秋山。初陽隱隱三竿晚，一色猗猗十畝閑。頗憶韶光琴筑響，籜龍滿地接禪關。

清　陸嵩《意苕山館詩稿》卷八《大風折竹歌》　荒齋高枕山之麓，終日閉門少剥啄。天公知我苦寂寥，爲挺窗前數竿竹。干霄勁直無媚姿，拂檻蕭疏遠塵俗。伴我苦吟已兩年，頗令胸懷免齷齪。忽然狂風動地來，亂捲重茅壓低屋。長松合抱看盡拔，況此森森僅一束。真如相對失故人，太息空庭步躑躅。從今更無王子猷，排闥相過問寒緑。書生福薄亦可想，拌得黄埃仍滿目。題詩悼竹還自悼，摧折無端豈嘗卜。

清　永理《詒晉齋集》卷三《竹》　幽韻動湘濆，亭亭遠世氛。斑弓輕巧質，青簡古今文。窗夜聽鳴雨，庭秋見拂雲。貞心原可貴，愛賞却因君。隋明克讓年十四詠竹云：「非君多愛賞，誰貴此貞心。」

清　陳錦《補勤詩存》卷一〇《竹韻》　新筠微緑抱芳姿，折節相逢是我師。篩出薰風聞處遠，擱殘清露下來遲。書成千個字無俗，斜好一枝花有詩。玉版摇摇渾不定，秋聲聽到夜涼時。

幽篁雪静碧天沈，不數龍孫解籜吟。嫋嫋湘雲愁楚瑟，娟娟巖翠滴嵇琴。小欄花午招竿影，深院人來逗足音。千古風流今不斷，留青常在七賢林。

清　柏葰《薜箖吟館鈔存》卷一《雨中看竹再疊前韻》　風雨静重扉，層陰萬竹圍。寒聲驚鶴枕，急點濺魚衣。琴筑鳳聲叶，烟雲龍勢飛。會看生稚子，晴帶土膏肥。

清　吴清鵬《笏庵詩》卷四《種竹》　北地苦無竹，有竹亦不肥。嶷嶷黄犢角，不見生春泥。空懷江南夢，歲逐燕子飛。屋東有席地，量度可以畦。臘月利栽種，辰日不可遲。朝起理荒穢，夕來加灌滋。幾日幸得氣，生意頗見宜。人生手自營，私愛過所期。明年春風香，當爲開園扉。誰云慕高節，一飽倘庶幾。

清　何紹基《東洲草堂詩鈔》卷三〇《補竹》　種竹新秋使雨濡，嚴冬雪凍半生枯。爇餘瓦礫深三尺，敢望枝枝盡藟敷。移借琅玕十四莖，雖然寡取有餘清。九峰亭館寥寥夜，減卻許多風雨聲。略删階蘚埽庭莎，三徑欣增好友過。直節虚心瀟灑韻，不曾嫌少豈嫌多。老成猶見典型存，後起英材盡不羣。比

耦莫訾新閒舊，同心努力上青雲。　嗔汝删除近下枝，倚闌自笑我真癡。　疏疏密密天然意，豈許畦丁井婦知。　蓊蔚才遮午日炎，月光依舊到楹檐。　客來但賞風篁韻，不覺新陰一夜添。

清　祁寯藻《䜣䜣亭集》卷二三《和許蓮西詠竹》　聞君談瀑裏，修竹間桃花。瀑裏，平定村名，有流水花竹之勝。鄉國渺難見，客懷愁更賒。疏籬寒雨重，曲徑翠煙斜。何意澄江上，銜盃對冷衙。

清　吴文鎔《吴文節公遺集》卷八〇《看竹何須問主人》　欣然隨所遇，修竹每招人。但覺娱心目，何知辨主賓。煙雲情一往，風雨意彌親。唐突爲開徑，周旋迴出塵。相偕君莫逆，不速客休瞋。祇欲平安訊，翻嫌款洽頻。蕭疎忘地僻，脱畧妙天真。興盡歸來晚，深林月半輪。

清　徐榮《懷古田舍詩節鈔》卷二《學海堂中草木詩·竹》　春風吹玉山，百卉競紅紫。山堂文雅地，不可無君子。初來倚微醉，漸久傷半死。明年新筍生，磊落青雲士。寄語堂中人，名節定如此。

清　董文涣《峴嶕山房詩集初編》卷四《種竹》　京國饒奇葩，而無青玉質。孤根從遠寺，補此軒楹密。筍迸防踐履，鞭抽惜横逸。環庭蔭相向，臥砌行如一。抱甕僮屢灌，荷鋤手自恤。曙風行處生，晴月坐來溢。閉門人事静，掃地驕陽失。伊余本蹇劣，兼得保閑佚。敢冀垂魚竿，終焉慕鳳實。歲□幸不改，初願儻此畢。

清　袁翼《邃懷堂全集·詩集後編》卷四《竹生花》　竹花之狀，數葉踡縮，中含細穗，若絲縷穿成者，淡青色，長二三寸。種竹家以爲不祥。余自丁巳五月來玉山，見署中千竿矗矗，葉盡焦黄。詢其故，云：「闔邑皆然。」竹既生花，鮮不枯槁。流寇犯境，殆兆於此與？
預示烽烟兆，先流草木災。及時須補種，留待鳳凰來。

清　釋敬安《八指頭陀詩集》卷一《題竹》　一片清陰覆緑苔，心虚原不著些埃。臨風忽忽秋聲起，疑是瀟湘夜雨來。

清　樊增祥《樊山集》卷一《奉和張孝達師官署草木詩十二首·竹》　西隅治精舍，列構緣山根。蘭橑清夏氣，桂館洗秋氛。當軒種美竹，娟冷如幽人。虚中表貞榦，通理舒浮筠。鳳皇去阿閣，行辭湘水濱。卻顧青琅玕，裒裒達夕晨。棲條莫如舊，居室莫如新。逝當報平安，曷云忘此君。

清　樊增祥《樊山續集》卷九《憶竹》　豈可居無汝，叢叢倚石根。林中茶竈滅，渭上釣竿存。佳士相師友，仙禽養子孫。湘東第三管，莫染泣珠痕。

竹品

題解

《爾雅·釋草》　莽，數節。注：竹類也，節間促。桃枝，四寸有節。注：今桃枝節間相去多四寸。粼，堅中。注：竹類也，其中實。簢，筡中。注：言其中空，竹類。仲，無笐。注：亦竹類。未詳。簄，箭萌。注：萌，筍屬也。《周禮》曰：「簄菹鴈醢。」篠，箭。注：别二名。疏：此辨竹節希數及中空實萌篠之異名也。凡竹節間促數者名莽，相去四寸有節者名桃枝竹。其中堅實者名粼，其中空者名簢。筡，空中。仲，無笐。注「未詳」。簄，一名箭萌，即筍也。篠，一名箭。《書》曰：「篠簜既敷。」《釋地》云「會稽之竹箭」是也。郭云「今桃枝節間相去多四寸」者，郭以時驗而言也。《尚書·顧命》云：「敷重篾席。」孔安國云：「篾，桃枝竹。」《周禮·春官·司几筵》云：「加次席黼純。」鄭注云「次席，桃枝席，有次列成文」是也。注《周禮》曰「簄菹鴈醢」者，《天官·醢人》職文也。彼文作箈。鄭玄注云：「箈，箭萌。」字雖異，音義同。【略】

簜，竹。注：竹别名。《儀禮》曰：簜在建鼓之間，謂簫管之屬。音義：《説文》云：大竹也。《尚書》云「篠簜既敷」是也。本或作篡，音同。案《説文》：篡，大(作)[竹]筩也。疏：簜則竹之别名。李巡曰：竹節相去一丈曰簜。孫炎曰：竹闊節者曰簜。《禹貢》：篠簜既敷。孔安國云：簜，大竹。郭氏云：竹别名，無大小之異，故引《禮經》爲證也。注「《儀禮》曰」者，《大射禮》文也。【略】一建鼓在西階之東南面。簜在建鼓之間。鄭注云：簜，竹也。謂笙簫之屬倚於堂。以笙簫之屬，固非大竹，故郭氏引之也。鄭又云：建猶樹也。以木貫而載之，樹之，跗也，故謂之建鼓。云「謂簫管之屬」者，郭用鄭玄之説也。

漢　許慎《説文》卷五　箭　箭，矢也。从竹，前聲。

箘　箘，箘簬也。从竹，囷聲。一曰博棊也。

簬　簬，箘簬也。从竹，路聲。《夏書》曰：惟箘簬楛。簵　古文簬，从輅。

筱　筱，箭屬，小竹也。从竹，攸聲。

簜　簜，大竹也。从竹，湯聲。《夏書》曰：瑶琨筱簜。簜可爲幹，筱可

爲矢。

薇，竹也。从竹，微聲。籀文从微省。

節，竹約也。从竹，即聲。

筡，折竹筤也。从竹，余聲，讀若絮。

篙，筡也。从竹，㝵聲。

筤，竹膚也。从竹，民聲。

笨，竹裏也。从竹，本聲。

篛，竹皃。从竹，翁聲。

篁，竹田也。从竹，皇聲。

筠，竹皮也。从竹，均聲。

宋 戴侗《六書故》卷二三 箘 又作箬箟。

箟簬 《禹貢》：荆州之貢，惟箘簬楛。《楚辭》曰：箟簬褋於廏烝兮，機蓬矢以射革。又曰：箟蔽象棊有六博。《戰國策》曰：發宫室之垣荻蒿苦楚，試以爲矢，箘簬之勁不能過也。孔氏曰：箘簬，美竹。舅氏曰：小曰箘，大曰簬。按：箘、簬、楛，皆矢才也。故《類篇》合箘與箟爲一。簬，亦作簵。

筱簜 ，息了切，小竹也。，徒廣切。《禹貢》：震澤厎定，篠簜既敷。孔安國曰：篠，竹箭。簜，大竹。孫炎曰：竹節闊者爲簜。《説文》曰：篠，小竹，箭屬。簜，大竹。《大射儀》：簜在建鼓之間。鄭氏曰：謂笙簫之屬。按：小竹爲篠。笙簫雖非大竹，亦竹之脩節者。孫炎之説近之。簜别作簜。

筀 ，竹名，薄笴而美筍。其種不一，有早筀、晚筀、紫筀、班筀。

篔簹 竹名。王彪之《閩中賦》：篔簹函人。言竹之大。

筤 《説卦》曰：震爲蒼筤竹。别本作琅。《説文》：筤，籃也。

篁 《説文》曰：竹田也。《淮南王書》曰：豁谷篁竹之中。張衡賦：篠簜敷衍，編町成篁。竹林也。

筥 竹之叢生而大者。竹筥虚中，木筥實中，其筍亦美。

論 説

唐 李匡乂《資暇集》卷上 绿竹漪漪。《詩·衛·淇澳篇》云：「绿竹漪漪。」按陸璣《草木疏》稱：郭璞云：绿竹，王芻也。今呼爲白脚蘋，或云即鹿蓐草。又云，萹竹，似小藜，赤莖節。《韓詩》作薄，亦云薄萹竹，則明知非笋竹矣。今爲辭賦皆引「漪漪」入竹事，大誤也。當時謝莊《竹贊》云「瞻彼中唐，绿竹漪漪」，便襲其謬。

宋 鄭剛中《北山集》卷二五《人面竹説》 嶺南以人面竹爲拄杖，盖竹之奇也。其節疏密不齊。密則節相去不以寸，前平後擁，擁處傴僂下向，類人之背；平處上方下鋭，類人之面。竹由是而得名。予始見之，謂如顧凱之所謂篋篚者，是必中實。偶有折杖，剖視之，其心洞洞然也。嗟乎！竹類人之面，而人不類竹之心也。人心不同如面，謂面之生不一，而人心隨之。今竹之面如一，其心之虚亦如一，過人遠矣。夫具耳目口鼻之用者，必謂之人，而其心或非也。人面而人心者，固稱矣。人面而心不然者，果人也歟？竹無耳目口鼻之用，偶以體似，故人面目之。曾不知中虚且直，心與面如一。彼非特人面，而心亦人矣。世必有人其面竹其心者，吾謂之君子。

宋 王觀國《學林》卷一《木瓜詩》 《淇澳》詩曰「绿竹猗猗」、「绿竹青青」、「绿竹如簀」。毛氏傳曰：「绿，王芻也。竹，萹竹也。」觀國按：绿與竹，二物也。非笋竹之竹，而世多誤用绿竹爲笋竹之竹。《采绿》詩曰：「終朝采绿，不盈一匊。」毛氏傳曰：「绿，王芻也。」盖《爾雅》曰：「菉，王芻。」又曰：「竹，萹蓄。」此乃《詩》所謂绿竹也。《禮記·大學篇》曰：《詩》云「瞻彼淇澳，菉竹猗猗」，此正用菉字。《毛詩》借用绿字，其義則通也。先達詩集中，有《绿竹》詩曰：「自得東南號，猗猗相悦同。」盖用東南之竹箭事，乃用爲笋竹之竹也。誤矣。

宋 魏泰《臨漢隱居詩話》 竹有黑點，謂之斑竹，非也。湘中斑竹，方生時每點上有苔錢，封之甚固。土人斫竹浸水中，用草壤洗出苔錢，則紫暈爛斑可愛，此真斑竹也。韓愈曰「剥苔弔斑林，角飯餌沉塚」，是也。

明 馮復京《六家詩名物疏》卷一六《竹》 绿，一作菉，王芻也。竹，一作薄，萹蓄也。毛、韓説皆同。而《竹譜》、朱《傳》皆以爲即《漢書》淇園之竹。酈道元云：淇川無竹，惟王芻、萹草，不異毛興。劉執中云：淇水之旁至今多美竹，豈淇園之竹在後魏無復遺種，而至宋更滋茂乎？然據兩《漢書》，淇奥有竹。據《水經注》有王芻、萹艸。毛、韓、朱三家各自可通。陸《疏》又以绿竹爲一草名，古今並無從其説者。今木賊草，醫方通用，木工以治器，但無華葉，寸寸有節，與陸説有葉者稍殊，未知即一物否也。《爾雅》釋簜、荞等在草中，然實非草類。王元美

所云「竹于草木，如魚于鳥獸」是也。其類至多，《山海經》：帝俊竹、共谷竹、鉤端竹、尋竹。《禮斗威儀》：篡竹。《吴越春秋》：晉竹。《述異記》：班竹、孤竹、孝竹。《吕覽》：嶰谷竹。《南都賦》：籦籠篁篾，篠簳箛箠。《吴都賦》：篔簹、林箊、桂、箭、射筒、柚梧、篻簩。《竹譜》單名者，簛、篁、棘、單、苦、甘、弓、筋、笻、簹、簕、簦、盖、狗、蘆、篃之屬；雙名者，蘇麻、般腸、百葉、鷄脛、篔篠之屬。《廣志》有雲母、襹䈡、漢利之屬。《西陽雜俎》有箘篞之屬。《筍譜》至有八十五種竹筍。及諸方志有疎節、人面、鯀、貓、叢澁、碧玉、黿班之屬，難以具載。然多出交廣荒外，非詩人所盡見也。竹田曰篁，竹胎曰筍，竹膚曰筤，竹皮曰筠，竹裏曰笨，竹枝曰箇，竹約曰節，剖竹未去節曰篺，竹死曰箹。竹有雌雄，雌者多筍。五月十三日謂之竹醉日，栽竹多茂盛。其性惡寒好温，故曰「九河鮮育，五嶺實繁」，然處處有之，不似萹蓄，但盛于淇川也。

清 **張鵬翮《信陽子卓録》卷三《脩竹》** 松栢之貫四時，傲霜雪，皆自拱把，以至合抱。惟竹生長于旬日之間，而干霄入雲，其挺持堅貞，乃與松栢等。古人以之象賢良有以也。余山房四週，植竹四十種。蔭座袪煩，自幸淂朋之慶。無奈歲月滋久，蔓行浸淫，密不漏宵月，踈不泊晴煙，曲不備笙簧，倚不棲鸞鳳，則需于脩。夫竹之象賢也，取其節耳。大節已曲，何用虚中。曲者有脩，取其群君不亂耳。四序不正，一庭常昏。亂者有修，取其中立不倚耳。不能獨立，隨風披靡。倚者有脩，取其堪配松栢耳。若逢歲寒，遽有焦瘁，亟宜脩去，取其可凌霜雪耳。一經摧殘，便覺零落，亟宜修去。故竹以修著，賢以用顯。竹不能自修，惟人脩之。賢不能自用，惟人用之。竹脩則日出有清陰，風來有清音，翩翩然映影于几席間。山房何可一日無此君。賢用則所映影于國家者，其爲清陰清音當何如國家，亦何可一日無此人哉！故吾因脩竹，而有望于今之用賢者焉。

清 **僧如乾《憨休和尚敲空遺響》卷二《叢竹説》** 居室之側有叢竹焉，不知其植爲誰也。依墻附壁，背日就陰。若隱伏於窮岩幽壑之間，人少有見而悦之者。雖埃氛錯雜，而孤根挺秀，生意亦蔚如也。幹直自踈，不以處畢而屈其節。葉密斯茂，不以蕪穢而亂其清。雖隆冬霜雪之嚴寒，而不能易其操。雖非時風雨之擊礫，而不能挫其莖。亭亭物表，矗矗干雲。勁節孤貞，推蕭穎之君子；臨軒生動，來李白之故人。欝欝然，遠可觀而近猶可親也。余日彷徨其下，或滴露研朱，或掃葉烹茗。瞻凌空而鳳舞，聽漱雨以龍吟。碎篩金於月夜，清戛玉於風聲。梢拖煙而拂翠，籜驚飇而出林。音傳嶰谷，韻叶柯亭。於是擬葛陂之仙杖，垂東海之釣綸。耿介拔俗，瀟灑出塵。雖托根而非地，長抱節以虚心。一種超然自得之趣，其得於心而會於神。雖有智者，亦不能以言而得致其極者也。信乎王子猷之言曰「何可一日無此君」。

清 **方苞《禮記析疑》卷一一《禮器》** 如竹箭之有筠也。

以竹與均成字，似當爲竹節，謂其長短畧均也。竹有節，所以約束而能固禮，亦君子之所以自約束也。鄭注「竹之青皮，故先儒相承，以爲致飾於外」，與下「貫四時而不改柯易葉」，義不相應。

清 **尹開治《孝竹記》（《梓潼縣志》卷五引）** 竹中空而有節，《記》曰如竹箭之有筠，言其勁也。其最貴者曰孝竹。夏則笋生叢中，使母得涼。冬則笋生叢外，衛母使煖。其獨鍾造物之靈乎？今劉子之母以節著，而劉子以孝聞。天地之大經，萃於一門。是以孫枝班班，皆頭角不凡，方興而未艾。古云根實者枝茂。異日之昌熾，甯可數計乎？因作指畫以遺之，並爲之記，以爲它日干霄拂雲左券。乾隆丙辰，律中大吕，黔南尹開治記。

清 **盧文弨《鐘山札記》卷三《晉竹》** 《吴越春秋·句踐歸國外傳》：遣使送吴王，有晉竹十廋。晉竹，即箭竹也。《周禮·夏官·職方氏》：揚州，其利金錫竹箭。鄭注：箭，篠也。故《書》箭爲晉。此可證晉之即箭矣。蓋古人讀箭皆如晉，如搢與薦亦同音。《爾雅·釋地》：「東南之美者，有會稽之竹箭焉。」然則越之所産貴於天下，故以獻吴王也。

綜述

晉 **戴凱之《竹譜》** 籦龍之美，爰自崑崙。

籦龍，竹名。黄帝使伶倫伐之於崑崙之墟，吹以應律。《聲譜》云：籦龍，大竹。此言非大小之稱。《笛賦》云：籦龍非也。自一竹之名耳。所生若是大竹，豈中律管與笛？

員丘帝竹，一節爲船，巨細已聞，形名未傳。

員丘帝俊竹，一節爲船。郭注云：一節爲船，未詳其義。俊即舜字假借也。

桂實一族，同稱異源。

桂竹，高四五丈，大者二尺圍，闊節大葉，狀如甘竹而皮赤，南康以南所饒也。《山海經》云：靈原桂竹，傷人則死。是桂竹有二種，名同實異，其形未詳。

䉕尤勁薄，博矢之賢。

䉕，細竹也，出《蜀志》，薄肌而勁中，三續射博箭。䉕，音衛，見《三倉》。

篁任篙笛，體特堅圓。

篁竹，堅而促節，體圓而質堅，皮白如霜粉。大者宜行船，細者爲笛。篁，音皇，見《三倉》。

棘竹駢深，一叢爲林。根如推輪，節若束針。亦曰笆竹，城固是任。篾笋既食，鬢髮則侵。

棘竹，生交州諸郡。叢生有數十莖，大者二尺圍，肉至厚，實中。土人破以爲弓，枝節皆有刺。彼人種以爲城，卒不可攻。萬震《異物志》所種爲藩落，阻過層墉者也。或卒崩根出，大如十石物，縱橫相承如繅車。一名笆竹。見《三倉》。筍味落人鬚髮。

單體虛長，各有所育。

單竹，大者如腓，虛細長爽。嶺南土人取其筍未及竹者，灰煮績以爲布，其精者如縠焉。

苦實稱名，甘亦無目。

苦竹有白有紫而味苦甘。竹似篁而茂葉，下節味甘，合湯用之。此處處亦有。

弓竹如藤，其節郄曲。生多卧土，立則依木。長幾百尋，狀若相續。質雖含文，須膏乃縟。

弓竹，出東垂諸山中。長數十丈，每節輒曲，既長且軟，不能自立，若遇木乃倚。質有文章，然要須膏塗火灼，然後出之。篾，卧竹上出也。

厥族之中，蘇麻特奇，修榦平節，大葉繁枝，凌羣獨秀，蓊茸紛披。

蘇麻竹，長數丈。大者尺餘圍，概節多枝，叢生四枝，葉大如履，竹中可愛者也。此五嶺左右徧有之。

篔簹射筒，箖箊桃枝。長爽纖葉，清肌薄皮。千百相亂，洪細有差。

數竹，皮葉相似。篔簹最大，大者中甑，笋亦中射筒。薄肌而最長，節中貯箭，因以爲名。箖箊，葉薄而廣，越女試劍竹是也。桃枝，是其中最細者。並見《方志賦》。桃枝皮赤，編之滑勁，可以爲席，《顧命篇》所謂篾席者也。《爾雅·釋草》云：四寸一節爲桃枝。郭注云：竹四寸一節爲桃枝。余之所見桃枝竹，節短者不兼寸，長者或踰尺，豫章徧有之，其驗不遠也。恐《爾雅》所載草族，自別有桃枝，不必是竹。郭注加竹字取之，謬也。《山海經》云：其木有桃枝、劍端。又《廣志·層木篇》云：桃枝出朱提郡，曹爽所用者也。詳察其形，寧近於木也，但未詳。《爾雅》所云，復是何桃枝耳。經雅所説二族，決非作席者矣。《廣志》以藻爲竹，是誤。後生學者往往有爲所誤者爾。

相繇既戮，厥土維腥。三堙斯沮，尋竹乃生。物尤世遠，畧狀傳名。

禹殺共工、相繇二臣，膏流爲水，其處腥臊，不植五穀。禹三堙皆沮，尋竹生焉。在崑崙之北有嶽之山。見《大荒北經》中。

般腸實中，與笆相類。於用寡宜，爲筍殊味。

般腸竹，生東郡緣海諸山中。其筍最美。云與笆竹相似，出閩中。並見《沈志》。其形未詳。

筋竹爲矛，稱利海表。槿仍其榦，刃即其杪。生於日南，別名爲簝。

筋竹長二尺許，圍數寸，至堅利。南土以爲矛，其筍未成竹時堪爲弩絃。見徐忠《南中奏》。劉淵林云：土人以史葉竹爲矛，余之所聞即是筋竹，豈非一物而二名者也？

百葉參差，生自南垂。傷人則死，醫莫能治。亦曰篣竹，厥毒若斯。彼之同異，余所未知。

百葉竹，生南垂界，甚有毒，傷人必死。一枝百葉，因以爲名。《沈志》劉淵林云：篣竹有毒，土人以刺虎豹，中之輒死，或有一物二名，未詳其同異。

簹與由衙，厥體俱洪。圍或累尺，簹實衙空。南越之居，梁柱是供。

簹實厚肥，孔小，幾於實中，二竹皆大竹也。土人用爲梁柱。簹竹，安成以南有之，其味苦，俗號簹。由衙竹，交州《廣志》云：亦有生於永昌郡，爲物叢生。《吳郡賦》所謂由衙者篁簹，性柔弱。見《三倉》。

竹之堪杖，莫尚於筇。磥砢不凡，狀若人功。豈必蜀壤，亦產餘邦。一曰扶老，名實縣同。

筇竹，高節實中。狀若人，刻爲杖之極。《廣志》云：出南廣邛都縣。然則邛是地名，猶高梁堇。《張騫傳》云：於大夏見之，出身毒國，始感邛杖，終開越巂。越巂則古身毒也。張孟陽云：邛竹出興古盤江縣。《山海經》謂之扶竹，生尋伏山，去洞庭西北一千一百二十里。《黃圖》云：華林園有扶老三株。如此則非一處。賦者不得專爲蜀地之生也。《禮記》曰：五十杖於家，六十杖於鄉者，扶老之器也。此竹實既固杖，又名扶老，故曰名實縣同也。【略】

蓋竹所生，大抵江東。上密防露，下疎來風。連畝接町，竦散崗潭。

蓋竹亦大，薄肌白色，生江南深谷山中，不聞人家植之。其族類動有頃畝。《典録・賀齊傳》云：討建安賊洪明於蓋竹。蓋竹以名地，猶酸棗之邑，豫章之名邦者類是也。

鷄脛似篁，高而笋脆。稀葉梢杪，類記黄細。

鷄脛，篁竹之類。纖細，大者不過如指。踈葉黄皮，彊肌無所堪施。笋美，青班色緑，沿江山岡所饒也。

狗竹有毛，出諸東裔。物類衆詭，于何不計。

狗竹，生臨海山中，節間有毛。見《沈志》。

有竹象蘆，因以爲名。東甌諸郡，緣海所生。肌理匀浄，筠色潤貞。凡今之篪，匪兹不鳴。

此竹膚似蘆，出揚州東垂諸郡。浙江以東爲甌越，故曰東甌。蘇成公始作篪，似於今篪，故曰凡今之篪。會稽之箭，東南之美，古人嘉之，因以命矢。

箭竹高者，不過一丈，節間三尺，堅勁中矢。江南諸山皆有之，會稽所生最精好。故《爾雅》云：東南之美者，有會稽之竹箭焉。非總言矣。大抵中矢者雖多，此箭爲最，古人美之以首。其目見《方言》。是以楚俗。鬭伯細箭五十，跪加莊王之背，明非矢也。

箘簬載籍，貢名荆鄙。

箘簬二竹，亦皆中矢。皆出雲夢之澤。《禹貢篇》出荆州。《書》云：底貢厥名。言其有美名，故貢之也。大較故是會稽箭類耳，皮特黑澁，以此爲異。《吕氏春秋》云：駱越之箘。然則南越亦産，不但荆也。

篃亦箘徒，概節而短。江漢之間，謂之竹䈙。

《山海經》云：其竹名篃，生非一處。江南山谷所饒也。故是箭竹類。一尺數節，葉大如履。可以作篷，亦中作矢。其笋冬生。《廣志》云：魏時，漢中太守王圖每冬獻笋。俗謂之䈙笋。

根深耐寒，茂彼淇苑。

北土寒冰，至冬地凍。竹根類淺，故不能植。唯䈙根深，故能晚生。淇園，衛地，殷紂竹箭園也。見班彪《志》。《淮南子》曰：烏號之弓，貫淇衛之箭也。《毛詩》所謂「瞻彼淇澳，緑竹猗猗」，是也。

簹篠蒼蒼，接町連篁。性不卑植，必也崮崗。踰矢稱大，出尋爲長。物各有用，掃之最良。

簹篠，中掃箒細竹也，特異他篠。見《廣志》。至大者不過如箭，長者不出一丈。根杪條等下節生，惟高陰動有町畝，廬山所饒也。掃箒之選，尋陽人往往取下都貨焉。

又有族類，爰挺嶧陽。懸根百仞，竦幹風生。簫笙之選，有聲四方。質清氣亮，衆管莫伉。

魯郡鄒山有篠，形色不殊，質特堅潤，宜爲笙管，諸方莫及也。《笙賦》云：所謂鄒山大竹，嶧陽孤桐。此山竹特能貞絶也。

亦有海篠，生於島岑。節大盈尺，榦不滿尋。形枯若筋，色如黄金。徒爲一異，罔知所任。

海中之山曰島山，有此篠，大者如筋，内實外堅。拔之不曲，生既危埆，海又多風，枝葉稀少，狀若枯筋。質雖小異，無所堪施。交州海石林中偏饒是也。

赤白二竹，還取其色。白薄而曲，赤厚而直。沅澧所豐，餘邦頗植。

頗，少也。俗曰白鹿竹，亦可作簞，潯陽郡人呼爲白木竹，燥時皮肉皆赤，武陵溪中是所豐足也。【略】

箛篥誕節，内實外澤。作貢漢陽，以供輅策。

箛篥竹，生於漢陽，時獻以爲輅馬策。見《南都賦》。

浮竹亞節，虚軟厚肉。臨溪覆潦，栖雲蔭木。洪笋滋肥，可爲旨蓄。

浮竹，長者六十尺，肉厚而虚軟，節闊而亞，生水次。彭蠡以南，大嶺以北偏有之。其笋未出時，掘取以甜糟藏之，極甘脆，南人所重旨蓄，謂草菜。甘美者可蓄藏之以候冬。《詩》曰：我有旨蓄，可以禦冬。

厥性異宜，各有所育。篾植于宛，荼生于蜀。

篾竹，見《南都賦》。荼竹，見《蜀都賦》。

細篠大簜。

《書》云：篠簜既敷。鄭玄云：篠，箭。簜，大竹也。

竹之通目，玄名統體，譬牛與犢，人之所知，事生軌躅。

車迹曰軌，馬迹曰躅。

晉 嵇含《南方草木狀》卷下 雲丘竹，一節爲船，出扶南。然今交廣有竹，節長二丈，其圍一二丈者，往往有之。

䈑簩竹，皮薄而空多，大者徑不過二寸，皮麤澀，以鎊犀象，利勝於鐵，出

大秦。

石林竹，似桂竹，勁而利，削爲刀，割象皮如切芋，出九真交趾。

思摩竹，如竹大而筍生其節，筍既成竹，至春節復生笋焉。交廣所在有之。

簞竹，葉踈而大，一節相去六七尺，出九真。彼人取嫩者硾浸紡績爲布，謂之竹踈布。

越王竹，根生石上，若細荻，高尺餘，南海有之。南人愛其青色，用爲酒籌，云：越王棄餘筭而生竹。

唐 段成式《酉陽雜俎》卷一八 篙墮竹，大如脚指，腹中白幕蘭一曰闌隔，狀如濕麪。將成竹而筒皮未落，輒有細蟲齧之，隕籜後，蟲齧處成赤跡，似繡畫可愛。

棘竹，一名芭竹，節皆有刺，數十莖爲叢，南夷種以爲城，卒不可攻。或自崩根出，大如酒瓮，縱横相承，狀如繰車，食之落人齒。

筋竹，南方以爲矛，筍未成時，堪爲弩絃。

百葉竹，一枝百葉，有毒。《竹譜》：竹類有三十九。

慈竹，夏月經雨，滴汁下地，生蓐似鹿角，色白，食之已痢也。

唐 段公路《北户録》卷三《越王竹》 嚴州産越王竹，根於石上，狀若荻，枝高尺餘。土人加其色，用代酒籌。次有沙筋，産於海島間，狀如蓴菜。春吐黄花，其心若骨，可爲籌筯。凡欲採者，須輕步拔之。不爾，聞人行聲，則縮入沙中，了不可取。陳藏器云：越王餘筭，味鹹，生南海，筭子長尺許。《異苑》云：晉安有越王餘筭菜，白者似骨，黑者似角。古云，越王行海中，作籌有餘，棄之於水，遂生焉。《臨海水土志》曰：越王筭，如筭大，正白，長尺餘。生海邊沙中，見便取之即可得。心中存來取，則入土中。又遠飛云：東海中筯洲，洲上故筯無極，連船取之不盡。世中好失筯，言天下筯悉歸於此。乃驚耳之説也。

宋 陶穀《清異録》卷上《蚱蜢竹》 江湖間有一種野竹，其葉糾結如蟲狀，山民曰此蚱蜢竹也。

宋 釋贊寧《東坡先生物類相感志》卷一四《桃竹》 涪陵相思崖産此竹。昔有童子在岩吹竹，神女悦之，投以桃竹釵，童子根之以蕨。今桃枝與竹俱生岩畔，故號云相思岩矣。

又《孤竹》 新舊之竹交生而不相見，謂之竹。今襄陽薤山下有孤竹。其爲竹也，三年方生笋，及笋成竹，竹母死矣，代謝如春秋焉。

又《篥竹》 出交趾國，而實中，勁強，有毒。彼土人鋭以刺虎，中之則死。亦同《山海經》中桂竹，甚毒，傷人必死也。

又《踈節竹》 出南方水中，笋萌持，隨水高低成節也。又秦大國有竹一節。

宋 宋祁《益部方物畧記》 竹生三歲，色乃變紫。伐幹以用，西南之美。右紫竹。蜀諸山中尤多，園池亦種爲玩。然生二年色乃變，三年而紫。

根不它引，是得慈名。中實外堅，筍不時萌，末或下垂，苒弱緣縈。右慈竹。性叢産，根不外引，其密間不容笴。筍生夏秋，閲歲枝葉乃茂。別有數種，節間容八九寸者曰籠竹，一尺者曰苦竹，弱稍垂地者曰釣絲竹。或取節修膚緻者，用爲簟笠。【略】

竹箇皆圓，此獨方形，厚倍於竅，緗節稜稜。右方竹。圓衆方寡，取貴方者，差小。

宋 朱翌《猗覺寮雜記》卷下 嶺表有竹，俗謂司馬竹，又曰私麻竹。《南越志》曰：河麻竹，可爲弓，似弩，謂之溪子弩。或曰蘇麻竹。今記爲司馬竹。《嶺表録異》云：河麻大如茶盌，厚而空小，一人擎一莖，堪爲椽梁。正此竹也。又有勒竹者，棘之訛也。《竹譜》曰：棘竹，生交州諸郡，蘩生，竹厚實。夷人以爲弓。枝節有棘。《異物志》云：種爲藩落，卒倒根出，大如十石物，縱横相承，狀如繰車，一名笆竹。筍味落人鬚鬢。《録異》云：南土有刺竹，南人呼刺爲勒，自根横生，枝條展轉如織，野火止能燒其細枝嫩葉，春色轉密。邕州以爲墻，蠻蜑不能入。

宋 鄭樵《通志》卷七六 竹之類不一。《爾雅》云「桃枝，四寸有節」，今桃枝竹也。唐人有桃竹杖詩，以其宜爲杖也。又云「鄰，堅中」，此竹類而中實者，今人謂之木竹也。又云「簢，茶中」，此竹類而中虚薄者。又云「仲，無笐」，今之篔簹竹也。又云「簬，箭萌」，此箭筍，凡筍類惟箭筍爲美，故會稽竹箭有聞焉。又云「篠箭」，今箭竹小而希節者。然竹之良者惟有篁竹。謝靈運所游之澗，今在鴈蕩，其自死筍則謂之仙人杖。

宋 林之奇《尚書全解》卷八 篠簜既敷，厥草惟夭，厥木惟喬。郭璞云：竹之別名。竹之小者爲篠，竹之大者爲簜。揚州有竹箭之利，故當洪水既平之後，竹之小大者皆得敷布而生也。

宋 范成大《桂海虞衡志·志草木》 簜竹，葉大且密，略如蘆葦。澀竹，膚麄澀，如木工所用砂紙，可以錯磨爪甲。

人面竹，節密而凸，宛如人面，人采以爲拄杖。

釣絲竹，類蕩竹，枝極柔弱。

斑竹，中有疊暈。江浙間斑竹直一淚痕，無暈也。

貓頭竹，質性類簕竹。

桃枝竹，多生石上，葉如小棕櫚，以大者爲杖。

竻竹，棘竹也，芒棘森然。

箣竹，山中悉有。

宋 周去非《嶺外代答》卷八《花木門·竹》 嶺南竹品多矣。傑異者數種，因録于後。斑竹，本出全之清湘，桂林屬縣皆有之。初生時，但點點淡青，曆如苔痕。久則青退而紫，斑漸明，中有疊暈。江浙間斑竹直一沁痕，而無暈也。澀竹，一名思勞竹，每一節上半猶是常竹，其半筍膚粗澀，視之似生細毛。可以錯磨爪甲，人取其澀處，削成錯子，黑漆其裏，以相贈遺。用久刓滑，醋浸少頃，火炙乾，復澀矣。老者彌澀，然亦奇物。邕州兩江多有之。蕩竹，葉大且密，略如蘆葉，穠陰鬱然，它竹不逮。節上出小筍，擁破成枝。春深，根旁大筍才出，經冬不已。極易種。竻竹，其上生刺，南人謂刺爲竻。種之極易密，久則堅甚。新州素無城，以此竹環植，號曰竹城。交阯外城亦種此竹。人面竹，節密而凸，橫斜相間，每凸處突出長圓，宛如人面。近根之處幾百節，密密相聚。人亦採爲拄杖。釣絲竹，身葉皆類蕩竹，枝極柔弱，垂下揺曳數尺，如釣絲可愛。筍瘦而白，於食品最佳。箣竹，山中悉有之。諸郡治兵器，各自足用，不求之嶺北。桂林十二枝箣爲錢二百，則其簳賤可知矣。

宋 吳仁傑《離騷草木疏》卷四《篁》 余處幽篁兮終不見天，路險難兮獨後來。五臣云：篁，竹叢。言己不得見君，讒邪蔽塞也。洪慶善引《漢書》「篁竹之中」註云：竹叢也。竹田曰篁。《西都賦》云：篠蕩敷衍，編町成篁。註：篁，竹墟名。仁傑按：《爾雅》竹有蕩，有莽，有桃枝，有鄰，有簢，有篠，有箭。戴凱之《竹譜》有筀，有棘，有箘簵，有籦籠，有篔節，有篃，有雞脛。《廣志》有攡竹、篦竹、䉒竹、雲母竹、溪竹、利竹。《永嘉譜》有慈竹、石竹、綿筀竹、茅竹、菡箓竹、雙竹、亶竹、慈孝竹、粘翠竹、苦油竹、蘆栖竹、大箴竹、一曰月竹、公孫竹、方竹、紫竹、江南竹、斑竹、湘江竹。《本草》有篁竹、扁竹、苦竹、甘竹。而篁竹在衆竹中最其下，故見斥於《離騷》，比之讒邪，正以其叢薄幽昧蔽塞而已。唐劉寬夫有《竹記》，其略曰：有竹叢生，日光不透。陰氣來凝，一庭常昏。忘時失序，病其蔽翳。因命斤斧有質微而葉笨篿者芟之，聚而曲者去之，其獨立自持者保之。去其邪者，存其正者。其説盖祖《離騷》之遺意云。

宋 趙溍《養痾漫筆》（《古今説海》卷一二六引） 竹之異品頗多。《成都古今記》云：對青竹，黃而溝青，故每節若間出云。此竹今浙中亦有之，惟會稽頗多。彼人呼爲黃金間碧玉。辰州有一種小竹，曰龍絲竹，生山谷間，高不盈尺，細僅如針。前輩詩有「小竹如針能具體」，即此也。武陵桃源山有方竹，四面平整如削，堅勁可以爲杖。予頃在湖湘間，見有以竹爲桶者，其徑幾二尺。《羅浮山記》云：第三峯有竹大徑七尺圍，節長丈二，葉若芭蕉，謂之龍公竹。《松窻雜録》有異竹，篋長二百餘尺。《玉篇》云：篿竹可爲舟。但未親見耳，云實有之。

宋 高似孫《剡録》卷九《草木禽魚上》 竹，許敬宗《竹賦》曰：篔谷著美，稽山見知，衛稱淇澳，梁賦夾池。吳筠《竹賦》曰：渭川千畝，山陽數林，會稽潤玉，羅浮色金。竹在會稽，尚矣。剡左右沙村，最宜竹。

箭竹，《左傳》曰：東南之美，有會稽之竹箭。剡謝巖五龍山尤多。靈運《山居賦》曰：二箭殊葉。注曰：苦箭大葉，笄箭細葉。戴凱之《竹譜》曰：會稽箭最精，節間三尺，堅勁中矢。《字統》曰：箭，竹之別形，小身大葉曰箭竹。原父《箭竹》詩：冉冉東南美，托根那在兹。黄太史《箭筍》詩：會稽竹箭天下聞，青嶺霜筍揺紫雲。巽中詩：適越長懷冬箭美，遊吳未數蓴絲滑。

毛竹，金庭曰：毛竹，洞天有毛竹。李清叟詩：雲藏毛竹深深洞，烟起香爐裊裊風。

斑竹，《博物志》曰：洞庭二女以涕揮竹，盡斑。唐蔣防《湘妃泣竹賦》曰：帝舜兮南巡不回，二妃兮心傷已摧。淚浪浪而墮睫，竹冉冉而凝苔。李端詩：雲去低斑竹，風來動白蘋。

燕竹，燕來時作筍，取其早也。王梅溪在剡有詩：問訊東墻竹，佳名始得知。龍孫初迸處，燕子正來時。

苦竹，《山居賦》曰：竹則四苦齊味。謂黃苦、青苦、白苦、紫苦也。越又有烏末苦、頓地苦、掉尾苦、湘簟苦、油苦、石斑苦。苦筍，以黃苞推第一，謂之黃鶯苦。剡亦有之。孟浩然詩：歲月青松老，風霜苦竹餘。

水竹，《山居賦》曰：水石别谷。注曰：水竹依水而生，甚細密。

石竹，《山居賦》注曰：石竹，别叢大，以充屋。其巨者，竿挺之屬。細者，無

箐之流。《閩中記》曰：勞竹似石竹。

慈竹，任昉《述異記》曰：南中生子母竹，慈竹是也。《酉陽雜俎》曰：慈竹，夏雨滴汁入地而生。王勃《慈竹賦》曰：如母子之鉤帶，似閨門之悌友。喬林《慈竹賦》曰：類宗族之親比，同朋友之造膝。宋景文公《慈竹贊》曰：根不他引，是得慈名。注曰：竹性土產，根不外引，密不容笴，生夏秋也。

桃枝竹，《書》曰：篾席紛純。孔安國曰：篾，桃枝竹也。《爾雅》曰：桃枝竹，四寸有節。又有梁簡文帝《竹賦》曰：玉潤桃枝之麗，魚腸雲母之名。梁元帝詩：柯亭臨絶澗，桃枝夾細流。皮日休詩：鼓子花明白石岸，桃枝竹引翠嵐溪。

筀竹，《字書》曰：筀，竹名也。有早竹、晚竹、棉竹。梅聖俞詩：侵天筀竹溪西東。

筋竹，《羅浮山疏》曰：筋竹堅利，南土以爲矛。筍未竹時，堪爲弩絃。皮日休詩：烏紗任岸穿筋竹，白袷從披趍肉芝。

閃竹，越閃竹，即宋景文、黄太史所謂「對青竹」。宋公贊曰：翠溝如畫。太史賦曰：金碧其相。

紫竹，剡山谷間往往有之。宋景文《紫竹贊》曰：竹生三歲色乃紫。

方竹，玉岑山所植。贊寧《筍譜》曰：辰山有方竹，其方二寸。《桂苑叢談》曰：李德裕遊甘露寺，贈僧方笻竹杖。後數年，至寺，僧圓之矣。陸龜蒙《筍賦》曰：洪鑪靡定，方圓不均。注曰：南方有方竹。宋景文《方竹贊》曰：竹箇皆圓，此獨方形。張忠定公《方竹》詩：筍從初茁已方堅，峻節凌霜更可憐。王平父《方竹》詩：方竹同吾操，端然直物間。

人面竹，剡山有之。竹徑幾寸，近本逮二尺，節極促，四面參差。《竹書》曰：如魚身而凸，頗類人面。

淡竹，《本草》曰：竹類不一。而《農經》所載，惟筀竹、苦竹、淡竹耳。

宋 吴自牧《夢粱録》卷一八《竹之品》 竹，碧玉間黄金、筀、淡、紫、斑、金、苦、方竹，鶴膝、貓頭竹。筍有數名，日南、路白、象牙、哺雞、貓兒頭、黄鶯、晚筀，皆即涼筍。和靖有「煙崖早筍肥」之句，又有紫筍、邊筍。

宋 吴曾《能改齋漫録》卷一五《慈竹》 國初，樂史子正作《慈竹詩》數十韻。首云：「蜀中何物靈，有竹慈爲名。一叢闊數步，森森數十莖。高低相倚賴，渾如長幼情。」云云。予按任昉《述異記》云：南中生子母竹，今之慈竹也。乃知慈竹不特蜀中有也。

元 李衎《竹譜》卷四《竹品譜》 竹品雖多，今以南北俱有宜入圖畫者爲全德品，以形狀詭怪者爲異形品，以顔色不同者爲異色品，以神異非常者爲神異品，又有似是而非竹者，有竹名而非竹者，通爲六品。或因所睹見，或質諸傳記，或得之傳聞，惟與常竹同者，皆不復畫；凡其狀殊異者，必表而出之，以助多識。

竹之爲物，非草非木，不亂不雜，雖出處不同，蓋皆一致。散生者有長幼之序，叢生者有父子之親。密而不繁，踈而不陋，冲虚簡静，妙粹靈通，其可比於全德君子矣。畫爲圖軸，如瞻古賢哲儀像，自令人起敬起慕，是以古之作者於此亦盡心焉。故作全德品。

全德品

筀竹，出江浙，河南北、湘漢兩江之間俱有之。凡六種，有黄筀、綿筀、早筀、晚筀、石筀、操筀。節葉枝幹皆同，但筍出時無斑花者名黄筀，劈開柔韌者名綿筀，筍出早者名早筀，筍出晚者名晚筀。早筍出三月，晚筍出五月。都城北壖城山中者筍出四五月，河南亦有筍出三月者。石筀，竹筍出時斑花一同晚筀，但其節促密，竹性甚柔韌，雜用又勝於晚筀，以其有石地中偏宜栽植，故名。操筀，筍出四月，其竹性操烈，不堪劈篾，全用甚堅。《山海經》云：丙山多筀竹。南陽人名爲季竹，取筎入藥，其皮曝乾可照夜。《新安志》云：竹有甜筀、苦筀。凡竹之雄者，體質不堅，不堪爲篾，於筀爲尤多。《會稽續志》云：筀竹，越中剡爲多，有早竹、晚竹、綿竹。

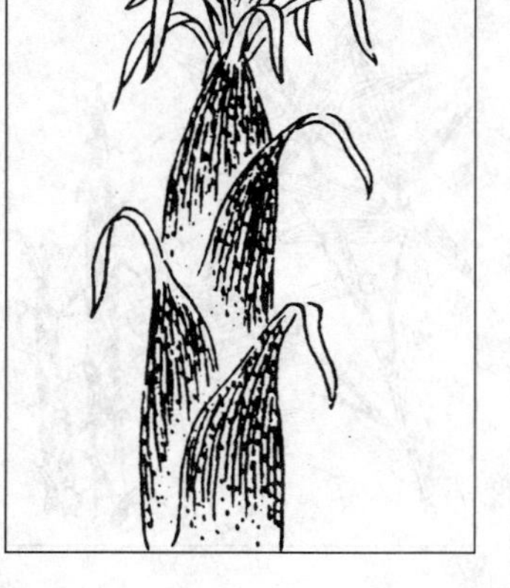

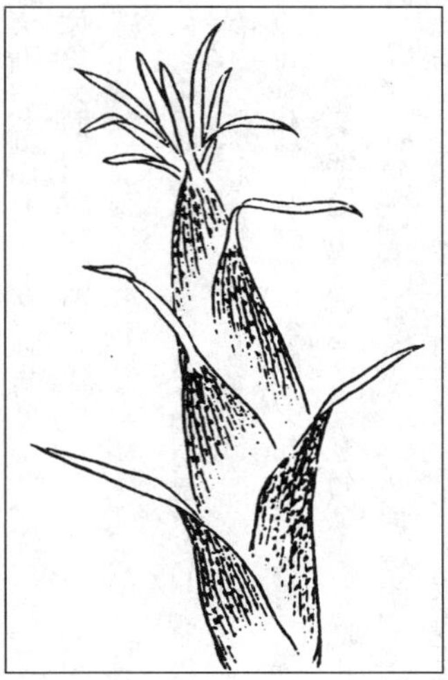

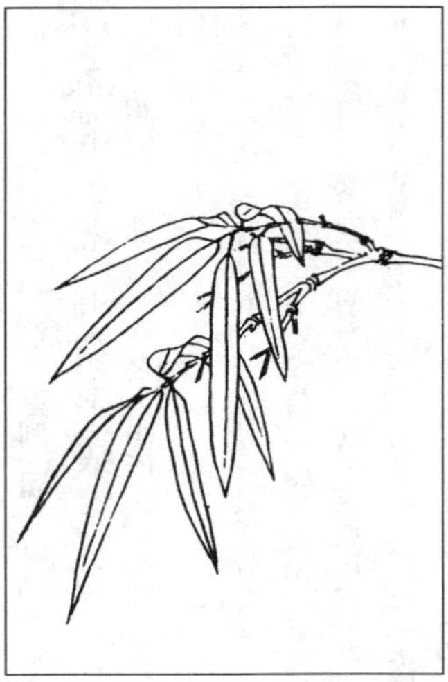

三月竹，生衡陽山中，比筆竹差細瘦。三月出筍，甘脆異常。或云此名瘦筆竹。

淡竹，處處有之。凡三種。南方者高二丈許，大槩與筆竹相類，但節密皮薄，節下粉白甚多，葉差小，筍籜上有細紋理，無斑花。北方者止高丈許，葉入藥爲良，筍食亦佳，醫方用竹瀝，惟出此竹者最妙。筍出土正墨色者名爲烏花淡。沈内翰存中《筆談》云：淡竹對苦竹爲文。除苦竹外，悉謂之淡竹，不應别有一品謂之淡竹。後人不曉，於《本草》内别疏淡竹爲一物。今南人食筍，有苦筍、淡筍兩色。淡筍即淡竹也。以今考之，亦恐未盡然也。竹品雖多，各有名色。淡竹自有此三種，豈有一槩云爾？竹嫩時可造紙也。

清宴竹，枝葉大似筆竹，竿節如淡竹，筍極早出，味尤珍美。江浙之間多有之。大者亦中雜用。蓋筆竹之下品者。篁音斤，又音謹。竹，處處有之。大似淡竹，堅而促節，體圓而質勁，節下粉白如霜。大者最宜爲船篙，細者亦中雜用。或云用作篁，不潮汗鹵。鄭樵《通志略》云：竹之良者惟有篁竹。《新安志》云：篁竹，古之⿱竹釛，爲用甚佳。其筍類紫筍，不可食。

硬殼竹，生浙東山間，或村落，處處有之。大槩如篁竹，但節稍密，堅硬，不堪劈篾。惟大者宜爲屋椽。筍硬無味，不堪食。

苦竹，處處有之。其種凡二十有二。北方有二種：一種節稀而堅厚，枝短葉長；一種與淡竹無異，但筍味差苦。江西及谿洞中出者本極大，筍味甚苦，不可食。浙西出者筍微苦，可食。廣西山中一種散生，每節間生枝，葉長如筆竹，色深緑，瑩净婆娑，極可人意。筍味苦，病積熱者煮食之，甚良。或云亦可生食。黄休復云：蜀川滕昌祐家有苦竹，葉濃多陰，筍高之時，粉香籜翠。《孝經河圖注》曰：安思縣多苦竹。竹之醜有四：有青苦者，白苦者，素苦者，黄苦者。謝靈運《山居賦》曰「竹則四苦齊味」，注與上同。黄苦，土人亦曰金竹，又曰蠟竹。筍大而短，狀似馬蹄，又以黄苞爲第一，故謂之黄鶯舌。又有拜苦竹。《新安志》云：本大末鋭，與釣絲竹相似，而釣絲筍味甘。今越州亦有此四種。又有頓地苦，堅中，可以爲矛。又掉頴苦，節頗踈。又湘潭苦，節踈，宜爲篁。又油苦、石斑苦、烏末苦、山苦。又有高苦竹，名曰青蛇枝，各有用處。然嘗見越人多煮烏末苦爲紙，但堪作寓錢，不堪印書寫字。婺州山中有長筒苦，一節有數尺者，人多取爲葦竿，葦竿即轎扛也。又塞苦，竹長實勁靱，可爲鎗幹。僰道苦竹，出僰侯國，在馬湖江古叙州也。竹無用，筍甚美。山谷賦云「僰道苦筍，冠冕兩州」者

是也。廬山苦竹，《江州圖經》云：陸静修所植，筍苦而甘。陳舜俞記云：春筍初出，其味甘美。相傳詩云：簡寂觀中甜苦筍。《海物記》云：越人以苦毒竹爲槍，中虎即斃。

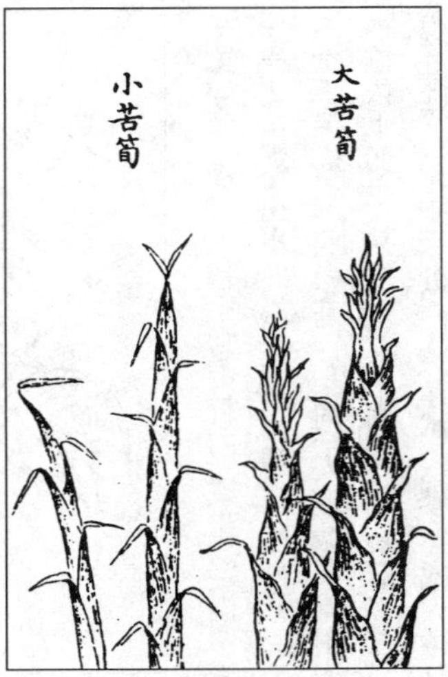

右已上種類，品格尤高，宜圖畫，南北俱有之。但北方筆竹、苦竹二種差少，故文湖州多畫筆竹，王黄華多畫淡竹，習慣也。

甜竹，生河内，衛輝、孟津皆有之。葉類淡竹，亦繁密。大者徑三四寸，小者中筆管，尤細者可作掃箒。筍味極甘美。以司竹監禁制，故人罕得而食。又名管竹。戴凱之云：下節味甘，宜入湯劑。

筆管竹，出廣右山中，節長圓正，一如苦竹。大者止中筆管，作火炮者取爲焞火之筒。

壽竹，出湘、全、衡、永間。大槩一似筆竹，但竿色差白，不甚光净。節稍密，而葉差短。筍味甘，又且堅實。《寰宇記》曰：昭州多産壽竹。

白眼竹，出廣州山中。大槩類淡竹。大者徑二三寸，節密且高，榦圓而瘦，中作椽柱。性脆不可作篾，枝葉婆娑可愛。

綿竹，生漢州之綿竹縣。今延平後山及永州、全州山中皆有之。叢生，節稀圓正，有長三尺六寸者。道家漁鼓，惟此有聲。葉小，一如淡竹，作篾甚良，又爲櫛篾之最。客旅往往販至江上，作船掣纜，妝束絞縛，極筋韌。

刔竹，出浙東。類淡竹，節差遠。越人煮以爲紙，多此竹也。篌竹，江南兩浙有之。節稀，枝葉短少，生道邊水次。一叢止三五竿或一二竿，筍與常竹不同。

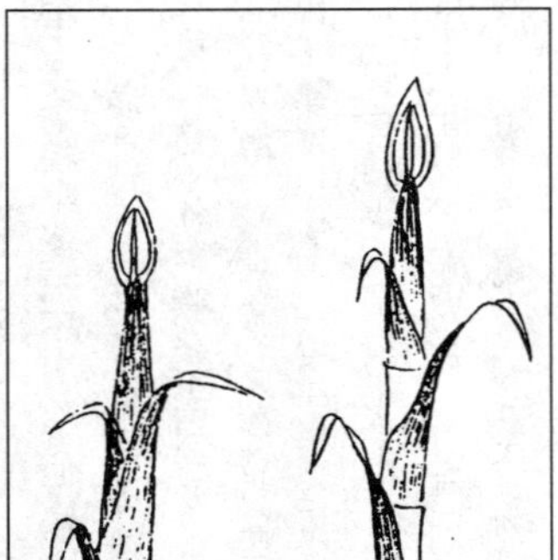

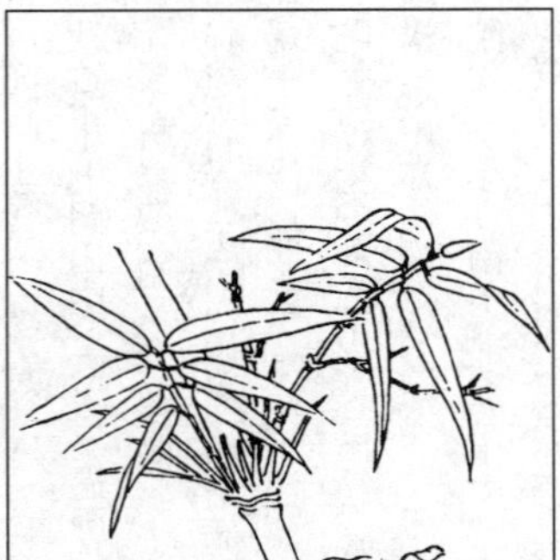

右篠竹，古人少畫之者，惟崔白《子母(描)[猫]圖》，側畫兩竿，絶佳。

簕竹，江浙閩廣之間，處處有之。凡二種，大槩與篠竹相類，差匀細，皮薄，深緑色，但可作篾用，甚堅靭，他無所宜。筍未與篠竹不同，安南呼爲小竹。生浙東山中者，肉厚，竅中可爲弩，《説文》云「物之多筋」者也。婺州蘭溪山中有一種，長二三丈，身如筀竹，筍如猫頭竹，色不甚緑，斑花隱然，不甚明，劈篾織篋筥皆可，亦名簕竹。竺法真《登羅山疏》云：嶺南道無簕竹，惟羅山有之，其大尺圍，細者色如黄金，堅貞疎節。或云簕竹長二丈許，圍數寸，至堅利，南土以爲矛，其筍未成竹時可錘作弩絃，故名簕竹。又云夷人名爲史葉竹，戴凱之以爲即日南簞竹也。張得之云：賀州俚人削爲箭，以葉羽之，名曰筀黎。筍能止渴。僕謂此二説皆簞竹，非今之所謂簕竹者也。

瀟湘竹，凡二種，出七閩山中。一種圓而長，大可爲傘柄，小爲笛材。一種高止數尺，人家移植盆檻中，芃芃可愛。

水竹，凡二種。一種出黔南管内，或生巖下潭水中，其筍隨水深淺以成節。若水深一丈，則筍出水面爲一節，蠻蜑採以爲食。一種江廣處處有之，多生水邊及道傍下濕處，形狀與簕竹相同，人取劈篾雜用皆可。謝靈運《山居賦》注云：水竹依水而生，甚細密，吴中亦有。《新安志》云：水竹柔靭，可爲篾。

還音旋味竹，生福州以南，大類水竹，春生筍，人煮食甚苦澁，停久則味還甘，可食，故名。一名苦伏竹，一名苦蒲竹。

四季竹，出浙東慶元山中，浙西亦或有之。高不過八九尺，節如苦竹，筍如笄箭，枝生節間，叢密，小鐸亦隨生節間，不脱落。葉長細而柔媚，甚宜圖畫。又名四時竹，以四時生筍故。冬春筍大，夏秋筍小。

秋竹，生七閩山中，大者不過胟指許，枝幹柔弱，葉長細，大槩如四季竹。興化軍尤多，析爲篾，耐濕而遲腐。

笷音卯竹，生天台、鴈蕩、樂清諸山中，形狀類水竹，但葉梢尖，似桃李。作篾柔靭，雜用亦佳，俗名笆籬竹。

陀笣竹，生安南山中，春出筍，味苦，亦可煮食，節高而密，類淡竹，葉稍長，中屋椽，雜用亦佳。

陀嬰竹，生安南乍音只陵山中，比苦竹差薄，可開作簫笛。

陀買竹，生安南山中，平陸亦有之。竿如筀竹，葉如蕩竹，可雜用，筍味甘美。

慈竹，又名義竹，又名孝竹。兩浙江廣處處有之。高者至二丈許，叢生。一叢多至數十百竿，根窠盤結，不引去聲他處，四時出筍，經歲始成竹，子孫齊榮，前抱後引，故得此名。漢章帝三年，子母竹生白虎殿前，謂之孝竹，羣臣作《孝竹頌》。唐明皇後苑有竹，叢密，筍不外出，顧諸王曰：父子兄弟相親當如此竹。因號義竹。《天寶遺事》：太液池岸有竹數十叢，芽筍未嘗相離，帝與諸王閒步於竹間，曰：「人世父子兄弟尚有離心離德，此竹宗本未嘗相疎。人有懷二心、生離間之意者，覩此可以爲鑑易也。」帝因呼爲義竹。又名紫雲蓋。任昉《述異記》云：南中生子母竹，慈竹是也。《酉陽雜俎》云：慈竹，夏月經雨，滴汁下地，生蓐似鹿角，色白，食之已痢。王勃《慈竹賦》曰：如母子之鈎帶。喬琳《慈竹賦》曰：類宗族之親比。《晉安海物記》云：義竹亦曰兄弟竹，秋叢生曰秋竹。注云：其筍叢生，俗謂之兄弟竹，筍味不中食也。《新安志》云：慈竹叢生，不離母，四時有筍，裊裊如釣竿，一名四季竹。今秋竹、四季竹別見。

順竹，生宜春，與慈竹大同而小異，薄脆無所用。

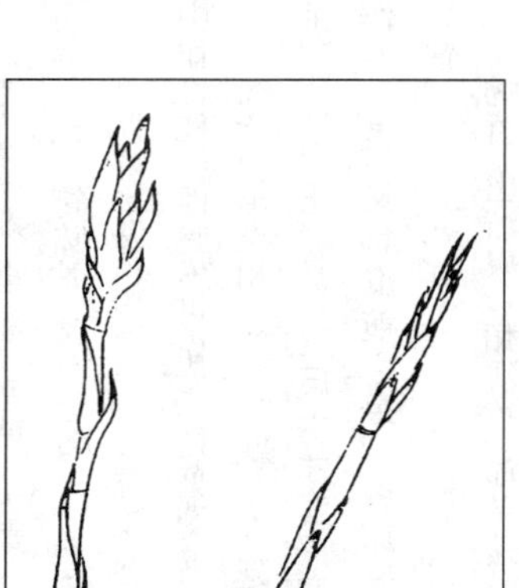

右慈竹，古人亦少畫之者。吾亡友李仲方喜作此竹，嘗爲高彥敬侍御畫一幅，絶佳。

簀竹，出江淮間，叢生，與慈竹大同，但比慈竹差稀疎，節頗長，枝葉少，可作笙簀，故名。大者亦可開作長笛。《廣志》云：任作笛。

蘆箟竹，一名蘆栖竹，出揚州東垂諸郡及江浙間，大同簀竹，可以爲篪。處州青田縣盧栖溪有洞，廣數丈，唐時道士姓盧者栖其中，洞旁多筍，鄉人以爲佳味，亦號盧栖筍。事見《圖志》，未審異同。《廣韻》注：蘆栖竹出會稽。《會稽續志》云：蘆栖竹，嵊縣嶀山有蘆栖灣。宋景文公《蘆仙竹贊》曰：弱竿近節，攢與蘆類，緑葉纖長，蓴蓴而概。注云：生山澗中，大抵若篠。蘆仙字音與蘆栖稍近，附見於此，以俟考證。

篣竹，出廣右安南，大槩類慈竹。性甚易活，雖六月盛暑，移植不瘁。

篁竹，又名麻竹，出兩廣兩江。枝葉一如篣竹，節長可作細篾織笠，筍甘可食。僧贊寧謂篁竹生浙東，節稀，八月生筍，待來年正月成竹，稍弱時便斷取以火燎之，每重起之爲條而柔韌，謂之竹麻。泉州以往路旁多有之，每節可八九尺，堅捺之青皮繞爆，內白肉便爲麻，即不見火，謂之麻竹。南中轉高長，節疎，其筍皮黑紫色，其心實。《文選注》：竹叢生曰篁。

鷄頸竹，又名鷄脛竹，篁之類。大者不過指許，疎葉黄皮，强脆無所堪施。筍美，有青斑，色緑，沿江山崗之所饒也。按：原本無沿字，今從戴凱之《竹譜》增入。贊寧謂鷄脛竹。《博文録》云狀似蛇雉。皮日休詩：雞頭竹上開危徑，鴨脚花中擿廢泉。雞頭竹未詳。

簝竹，亦名篎竹。出江廣兩浙，齊魯之間亦有之。大者止如箭幹許，小者中描筆，高不過五七尺，葉長尺許，濶一二寸，促節，體柔，筍無味，人亦不食。

右簝竹，古人多於欄檻湖石旁畫之。金朝待詔趙紹隆、冀珪等尤喜作此，特裝點景物耳。墨畫則不雅，故前輩略之。

箭竹，又名筏竹，即《書》所謂箘簬也。浙閩及兩廣皆有之，凡二種。一種葉小如四季竹，每節長二三尺餘，秋筍香脆可食者，名笄箭竹。一種葉大如簝竹，節亦許長，亦有黑紫色者，名箬箭竹。二種皆細小而勁實，通幹無節，可作箭用，故名。謝靈運《山居賦》云「二箭殊葉」，注曰「箬箭，大葉；笄箭，細葉」者是也。《周禮·夏官·職方氏》：東南曰揚州，其利金錫竹箭。鄭氏云：箭，篠也。《山海經》：竹山，其陽多竹箭。《爾雅》：東南之美者，有會稽之竹箭。郭氏注云：箭，篠也。又《爾雅·釋草》：篠，箭。疏云：篠，一名箭。《尚書·禹貢》「篠簜既敷」，孔氏云：篠，竹箭。今考篠與箭，若同而異。篠竹別見後。

燕竹，與箭竹同類，但此竹以燕來時作筍，因以爲名。嘉興在處生。一種與筋竹相同，亦以燕來時作筍而名，其苞紫。王梅溪詩云「龍孫初迸日，燕子却來時」者是也。

䉫音禮竹，大槩與簝竹相同，但節葉差密耳。戴凱之《竹譜》曰：篎、䉫二族，亦甚相似，肥象苦竹，按：《竹譜》原本「肥象」作「把髮」。促節薄齒，束物柔韌，殆同麻枲。《番禺志》：南海煎鹽，以䉫竹編爲鼎，韌而耐久，他竹莫敵。

篃竹，或作郿，或作𥳽，又名𥳫竹。枝葉與簝竹同，但每節止長五七寸，根深耐寒，夏秋出筍，可食。節長者名篃竹。戴凱之《竹譜》曰：篃亦箘徒，概節而短。江漢之間謂之𥳫竹。《太平御覽》云：𥳫音蒯。恐即𥳫字之訛。《韻書》：

⿱竹敝，竹箭也。《山海經》：英山其陽多箭䉋，牡山其下多竹䉋，暴山其木多竹箭䉋箘。郭氏云：今漢中郡出䉋竹，厚裏而長節，根深，筍冬生地中，人掘取食之。《廣志》曰：篃竹可以爲屋椽。恐非一種。然余未之見，俟别考。

石龜竹，出同慶府，宜爲箭。杜詩云「伐竹者誰子？悲歌上雲梯。爲官采美箭，五歲供梁齊。皆云直幹盡，無以充提攜」是也。

箬竹，又名篛竹。出江浙及閩廣，處處有之。葉類簝竹，但多生旁枝，幹如箭竹，高者不過五七尺。江西人專用其葉爲茶罨，云不生邪氣，以此爲寶。福州西鄉安樂林有箬竹一種，葉大，長三尺，廣六寸餘。《新安志》云：箬竹羅生，葉大，可以苴裹。《書·顧命》：敷重筍席。鄭氏云：筍，篛竹。《正義》謂「取筍竹之皮爲席」，則又非此篛竹也。

籚竹，生廬州，形狀亦如箬竹，葉稠而利，可用割物，筍苦。

桃枝竹，一名蒲葵竹，一名赤玉脂。出江浙兩淮，處處有之。叢生，形如慈竹，節長一二尺許，差薄。《魏志》云：倭國有桃枝竹。《山海經》謂「嶓冢之山、嚻水之上多桃枝」，今蘄人批取標皮作簟，滑净可人，《禮》所謂「冬虎皮，夏桃枝」者是也。《書·顧命》：篾席黼純。孔安國云：篾，桃枝竹。《周禮·春官·司几筵》：畫純次席。鄭氏云：次席，桃枝竹，有次列成文。《爾雅》云：桃枝，四寸有節。張得之云：桃枝竹，葉如椶櫚，節四寸，皮黄滑，可爲簟。柳子厚謂之桃笙。《唐志》：合州土貢桃枝竹箸。石虎造桃枝竹扇。筍叢生，皮毛聚蟲蟻，不可食。或云桃枝竹出海南番中，如椶櫚，其皮作簟如竹，又紅紫色，如桃枝皮，故云。今作簟者，非也。兩浙謂之桃絲竹，衡湘謂之桃笙竹。《方言》曰：簟謂之笙。戴凱之云：桃枝竹，皮滑而黄，可以爲席，即今之蘄竹也。廣中一種好生石上，葉如椶櫚，膚色黄紫，大者可爲杖，留其根削作螭虬帶角之狀。小者可爲馬箠，損折處刺有毒，破人手則難療。東坡云：葉如椶，身如竹，密節而實中，犀理瘦骨。蓋天成拄杖也。嶺外人多種此而不知其爲桃竹，流傳四方，視其端有眼者蓋自東坡出也。今蜀中亦以此爲桃枝竹，北人謂之紫籐，併記於此，以待知者。

笙竹，出會稽臥龍山。云樂部中取此竹作笙爲最貴，今無之。

觀音竹，江浙兩淮俱有之。一種與淡竹無異，但葉差細瘦，彷彿楊柳，高止五六尺，婆娑可喜，亦有紫色者。永州祁陽有一種止高五七寸，人家多植於水石之上，數年不凋瘁，彼人亦名觀音竹。張得之云：近道有一斛之中至有盈萬竿者，灑灑可愛，宜植拳石之上，筍必倒垂而下吸水氣，及其長也，根鈎而幹直。即此竹也。

哺雞竹，又名雞⿱竹捕竹。出蘇湖山中，人家庭院亦或植之，不甚高大，凡八種。大槩相似，節葉差異，筍出亦有早晚，食之極甘脆。嘉禾人以莽竹之筍爲哺雞筍。湯與權云「春雞哺出時此筍出，故名」，非也。《吴郡志》：哺雞竹，葉大多濃陰，雖園徑難得極大者，而至易種，其筍蔓延滿地，若雞之生子衆多，故名。吴人謂雞鶩伏卵爲哺。《番禺志》云雞⿱竹捕竹。

雞窠竹，江南處處有之，爲篾柔韌，秋生筍，每一竿有十數筍，繞之如雞抱子。

窃竹，生全永山中，道傍水傍皆有之。高不過一丈二三尺，葉細而長，四月出筍，極柔嫩而甘脆。寶慶生者筍出初春。

雷竹，生浙東山中，人家園圃亦有之。大槩與常竹不異，始聞春雷即發筍，故名。

⿱竹時竹，生衡陽山中，高有二三丈者，節平而又勻長，皮膚滑净，劈篾爲椽，編箱織籠，無不宜。枝葉稀疎，筍味甘美。

油⿱竹時竹，出湘潭山中，高二三丈，葉與⿱竹時竹少異，節差高，堅厚端直，宜作弩箭，筍亦甘脆。

朱簾竹，生湖州山中，與常竹不異。但枝葉細長垂下，摇摇如垂簾之狀。又節間頗長，條析之，柔韌不折，尤宜織簾，故名。

篠竹，凡四種。一出江浙間，喜生山岡之上，連延數十畝，高不過七八尺，大不踰指，枝繁勁細，爲掃箒最良。戴凱之《竹譜》曰：篲篠蒼蒼，接町連篁，性不卑植，必也巖岡。《廣志》曰：篲篠中掃箒，細竹也。一出魯郡鄒縣嶧陽，形色與他篠不殊，質特堅潤，宜爲笙管，諸方莫及。戴凱之《竹譜》曰：又有族類，爰挺嶧陽，懸根百仞，竦幹風生，簫笙之選，有聲四方。一出海島上，內實外堅，拔之不曲，枝葉稀少，狀若苦筋，名爲海篠。戴凱之《竹譜》曰：亦有海篠，生於島岑，節大盈尺，榦不滿尋，狀不曲生，色如黄金。注云：交州海石林中偏饒此竹。一出姑蘇靈巖山中，極短，高者不過二尺。一枝三葉，冗細可玩，土人呼爲趁篠。《山海經》云：中次四經：釐山之首，又西三百里曰牡山，其上多文石，其下多竹箭、竹䉋。又云：求山多䉋。注云：篠屬。又云：暴山多竹箭、䉋箘。注：箘亦篠類，中箭。

⿱竹僕竹，出温處建寧諸郡，叢生如苦竹。長節而薄，可作屋椽。春生筍，可食。

《後漢·哀牢夷傳》云：其竹節相去一丈，名曰濮竹。見《華陽國志》。

支竹，《水經注》：定陽縣夾岸緣溪悉生支竹。定陽，今衢州常山。

新婦竹，出武林山陰，圓直且靱，可爲篾，以柔靱易使，故名。三月出筍，可食。

秀竹，出上黨。叢生，人家庭院植之，葉如淡竹，差細小，莖如箭竹。

笠竹，生浙東，縉雲以南多有之。自七月生筍至十月，味苦而節踈，筍大於箭筍，土人採剥以灰汁熟煮之，都爲金色，然後苦味減而甘味出，食之甚美。竹亦中雜用。

晉竹，《吴越春秋》：吴王聞越王盡心自守，賜之以書，增之以封。越王乃使大夫種索葛布十萬，狐皮五雙，晉竹十廋，以答封禮。

種龍竹，《廣志》曰：任作笛。戴凱之《竹譜》曰：籦籠之美，爰自崑崙。吴良輔《竹書》曰：籦籠，竹名。黄帝使伶倫伐之崑崙之陰，吹以應律。按：籦、穜字與音皆相似，疑即一物，但後又有種龍竹，未詳。

桂竹，《山海經》云：中次十二經：洞庭山之首，又東南五十里曰雲山，有桂竹，甚毒，傷人必死。郭璞注：今始興郡桂陽縣出筀竹，大者圍二尺，長四丈。戴凱之《竹譜》曰：桂實一族，按：原本「一」作「三」，今從戴凱之《竹譜》改正。同稱異源。注云：桂竹高四五丈，大者二圍，澗節大葉，狀若甘竹而皮赤，南康以南所饒也。《渚宫故事》曰：竹林堂，宋臨川王義慶所作，庭前有竹，名桂竹。

中母竹，出處未詳。孟詵云：中母筍雖美，而能發痼疾。

素竹，出五嶺。王彪之云：閩中素筍苦無多。

篃竹，戴凱之《竹譜》云：篃植于宛。

筀竹，戴凱之《竹譜》云：筀一本作笙竹似桂而概節，其筍可食。

筣竹，《齊民要術》云：筍無味。

檳榔竹，生南海，見杜臺卿《淮賦》云：寘郎之筍，盛冬所育。

龍葱竹，生羅浮山，因名羅浮竹。《茅君内傳》云：洞曰朱明，耀真天山，有洞房七十二所，有巨竹，皆十圍。杜詩謂之龍竹。《惠陽志》：龍葱竹産於羅浮，有鸞鳳棲宿其上，山東有溪曰羅陽。偶溪漲，有竹葉流出如芭蕉大，長及一丈，蓋龍葱竹也。《番禺志》：龍葱竹葉大如手，徑二三尺，兩節相去丈餘，産羅浮山。採藥者深入諸嶺時或見之。予嘗遇一羅浮道士，爲予言中閣寺南廊下有小井，彼僧以此竹一節爲欄，僅六七尺，厚二三寸，人呼爲龍葱竹。初甚不信，後有僧至，試問之，一如道士之説。

簕竹，見《南都賦》，又見《洞簫賦》。《文選》注云：簕，小竹也。

睢園竹，出江州大孤山及柴桑里，見晁補之《九江志》。

砂竹，生處州山溪傍砂土，高不過二三尺，彼人移入盆檻中，置几案上爲雅玩。

天目竹，出於潛天目山，五月筍色黄，旱歲則無。

陰江竹，出峽郡。《峽程記》云：瀘、合、遂、蜀四州，皆峽之郡，凡江會於此前者非一，如大江、中江、北江之水，又自峽下荆州。北江，即陰江也。其竹凌雲而葉婆娑，影氣寒冷，故杜子美移種萬竿於浣花草堂，詩云：我有陰江竹，能令朱夏寒。陰通積水内，高映浮雲端。

嘉竹，出建寧天柱峯南一隅，檀欒可愛，故曰嘉竹。

篔山竹，出黎州前篔山、後篔山，竹無用，春筍甚美。

港竹，出益陽縣廣法寺莊，正月出筍。

柔竹，《祥符圖經》所載，未詳。

簠竹，僧神珙云：小竹也。

又 卷五《竹品譜》 凡竹生於石則體堅而瘦硬，枝葉多枯焦，如古烈士，有死無二，挺然不拔者；生於水則性柔而婉順，枝葉多稀踈，如謙恭君子，難進易退，巽懦有不自勝者；惟生於水石之間則不燥不潤，根幹勁圓，枝葉暢茂，如志士仁人，卓爾有立者。雖少有不同，相去亦不遠矣。其有曲節方莖、中通外澁，或擁節邪對、直幹岐分、杪生細籜、腰出横枝，類如虞舜重瞳、高辛廣顙，河目海口，隆準龍顔，蓋皆特異於常，不容不審，故作異形品。

異形品上

方竹，兩浙江廣處處有之。枝葉與苦竹相同，但節莖方正如益母草狀，深秋出筍，經歲成竹。高者二丈許，無甚大者，爲拄杖最佳。《番禺志》云：竹方而實心，編織不及他竹，止以方爲異矣。《武陵圖經》云：方竹出桃源山，四方而不觚，其材中杖。《會稽續志》云：方竹中堅而外方，玉岑山所植。贊寧云：澧州辰山方竹，其方二寸，出天台玉霄峯者最妙。或云人家忌種，指爲不祥，筍亦不中食。常德節推廳植之，韓魏公作記。

六稜竹，出都梁山，一如方竹而六稜，高六七尺，節密有刺，甚瀟灑。

右方竹，古人少有畫者。金海陵庶人完顔亮獨喜作此，多有圖軸。吾友仲

方亦愛其方正，每每畫之，凡見十數本。

淨瓶竹，江浙閩廣俱有之，枝葉與澹竹不異，但去地一二節便臃腫，有項有腹，宛如一瓶。以上幹節仍如常竹，其質極堅，人取爲拄杖。

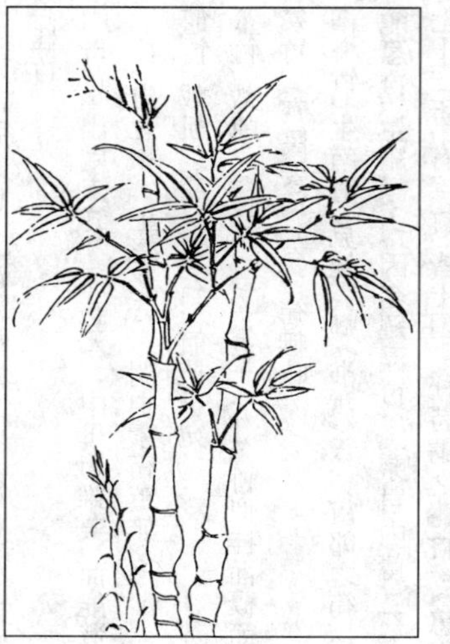

實竹，枝葉、節莖、出處，一如淨瓶竹，但無腹、項，心不空虛，枝葉差少，今人好斷取作馬箠，幹甚堅韌。

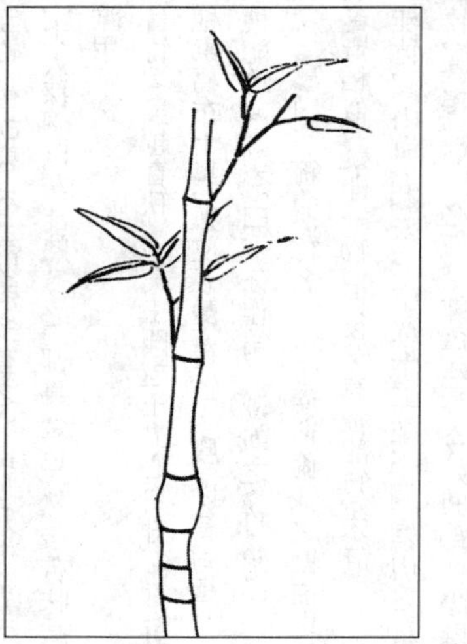

石竹，出興化路瀨溪，生宜近石，故名石竹。其高大長短與筆竹無異，但節頗長，色頗淡，葉扶疎，質堅韌，無施不宜。土人伐之，浮海以貨江浙，筍可食。今兩浙傍海諸山亦有之，但不柔韌。謝靈運《山居賦》注云「石竹，本科叢大，以充屋榱」，當是別種也。

石簝竹，一名篻簩竹，生閩中，似石竹而小，筍中食。《會稽續志》云：石竹，小而密，人家植之以爲籬援。《吴都賦》云：篻簩有叢。劉淵林註以篻、簩爲二種，已別見後。

箛築竹，亦石竹之類，生漢陽山谷之間，比石竹節差稀，舊任土貢爲輅馬之策。戴凱之《竹譜》曰：箛築誕節，内實外澤，作貢漢陽，以供輅策。

鶴膝竹，又名木槌竹，生杭州西湖靈隱山中。節密而内實，畧如天壇藤，間有突起如鶴膝，人亦取爲拄杖。生於閩嶠者，俗名鼓槌竹。節箹臃腫而莖管削，宛如鶴膝，筍可食。葉世程《閩中記》云：鶴膝竹出古田縣，似靈壽杖，不須治削，人多取以扶老。高續古似孫有《次韻陳校書送鶴竹筍》詩云：竹如鶴脚瘦交加，驚識英英玉露沙。一見已知仙骨健，高於越箭更無差。

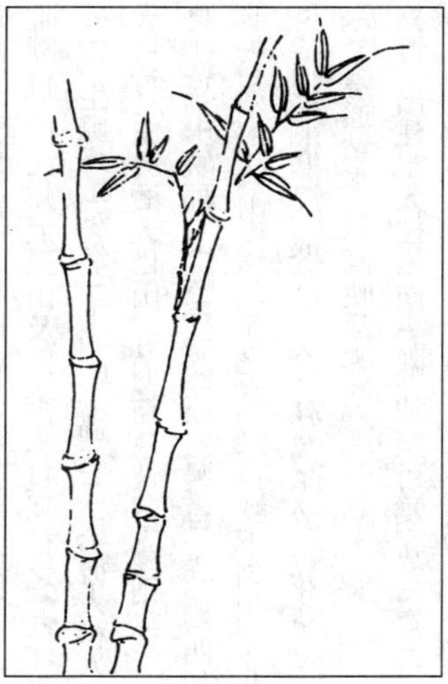

般腸竹，生東郡緣海山中，其筍最美。或云出閩中，與笆竹相似，其竹中實，但聞其說而未之見也。戴凱之《竹譜》曰：般腸實中，與笆相類，於用寡宜，惟筍

殊味。《晏公筆鈔》：般腸竹出東海。

銀鋌竹，又名高節竹，色如金，其節隆起，莖旋彎削，節密處宛如銀鋌之狀，非鶴膝人面之類，別爲一種，筍可食。七閩處處有之。

石大頭竹，生餘杭山中，狀與常竹不異。四五月間出筍，上細下大，其籜淡黄色，無斑花，唯上截甘美可食，下截木硬，但可煮汁，以此得名。

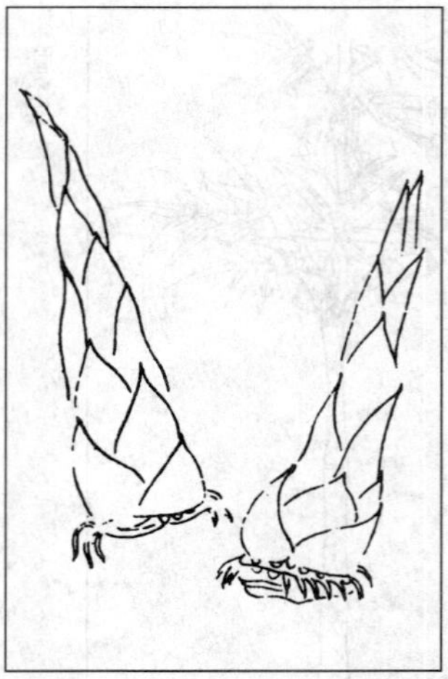

木竹，閩浙山中處處有之，葉生，堅實，中間亦通小脉，節内如通草，其筍堅，可食。福建生者心實筍硬，不可食，土人呼爲柴竹。又一種生於韶州山中最多，莖如萬歲藤，中實如木，可爲杖。《海物異名記》云：靈壽木，其節竹。《漢書》賜三老靈壽杖者，此也。無花而實，如草荳蔲，味酸。

人面竹，又名鬼面竹，又名佛面竹，又名佛眼竹。兩浙江廣俱有之。去地上一二節皆左右邪正兩節相對，中間突起長圓，宛如人面。或多至十數節之上始平正如常竹，筍亦可食，人多採以爲拄杖。福建人呼爲佛眼竹，東坡送與羅浮長老者，即此竹也。或云天竺國所産者形似尤奇。

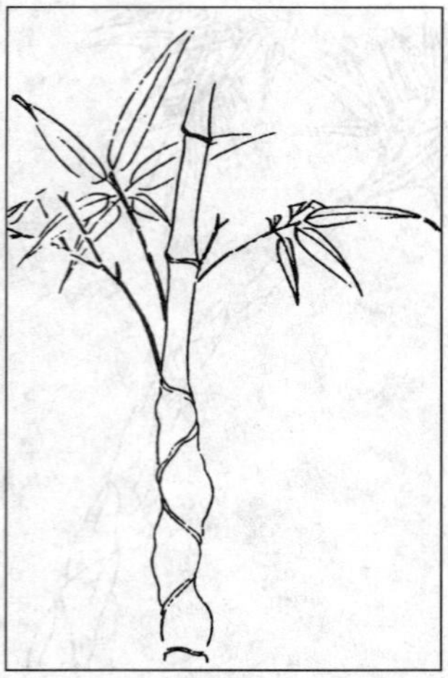

薑竹，生兩浙山中，園丁植盆檻中爲人清翫。亦人面竹之類，但竿下尺許節密如此。

多般竹，亦人面竹之類。去土一二節之上生節短長斜正不等。或如人面，或如鶴膝，或如鱗甲，或如螃蟹，或如縮頸之鼈，或如藏六之龜，五七十節後方如常竹，故名。東陽金華山中尤多。

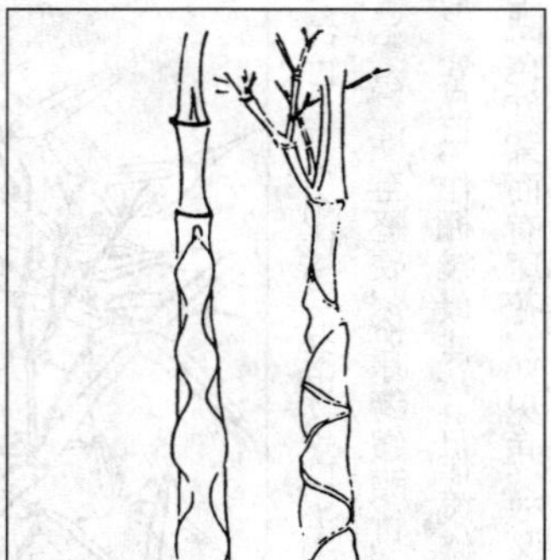

龍鱗竹，江東西及湘潭之間俱有之，亦人面之類。徑三五寸，兩節曲屈相對，中間突起如龍鱗狀，三十餘節之上即如常竹矣。

象牙竹，出會稽山中，大槩與常竹不異。但筍出肥壯，微彎屈且純白，狀如象牙，故名。筍味甚佳，嘉禾境內亦時或有之。

菩薩竹，生西蜀峨嵋山中，結花於節外之枝，茸密如毬。周侍郎《端朝峨嵋山行記》云：菩薩竹者，亦常竹。以綴蘚，故節有一靨似佛面，取而炙熨之以爲杖。

篠竹，出襄州卧龍山諸葛孔明祠中，長百尺，只梢上有葉，土人多取作幡竿、承落，筍甚美。

江南竹，江浙閩廣間皆有之，大槩與淡竹相同，但一面出三小枝，葉頗繁盛，安南生者枝葉頗長大，筍亦可食，然每歲必於初種之月生筍，味甚美，葉色嫩緑，水不染塵也。

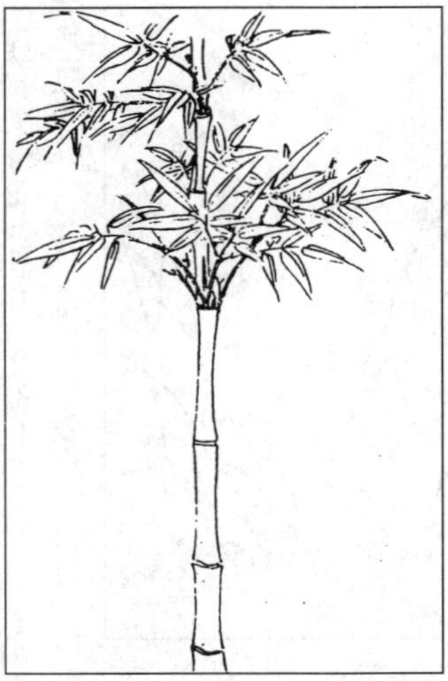

雙葉竹，江浙兩廣俱有之。枝榦一如常竹，節差高，但他竹一枝杪生五七葉，此竹只生兩葉，故名。今俗工所畫，率皆類此。其筍亦可食。苞籜生作兩段，與他竹不同。

台竹，一名剛竹，一名鬼角竹，生江南，蘇湖往往有之，大者尺圍，小者如拇指，色黲褐，性至堅硬，俗呼鋼鐵頭竹。每節間生四五枝，圓直條暢，葉稀踈而薄小，形類苦竹，作棚棧最佳。若作篾條，則脆不堪用。可爲弓材。其筍中食。初出土時色紅紫而有斑花，如鬼角，故又名鬼角竹。

拂雲箒竹，出廬山，莖大如指，竹杪細，葉翠密如箒，彼人採爲方物以相遺贈。張得之云：名篲篠竹，根杪條等特異他篠，中爲掃箒。

百葉竹，生南蠻界，有毒，傷人必死。蠻人以刺虎豹，中之輒死。一枝百葉，因以爲名。筍不可食。劉淵林云：簩竹有毒，蠻人以爲觚，刺獸，中之必死。是或一類耶？戴凱之《竹譜》云：百葉參差，生自南垂，傷人則死，醫莫能治。亦曰簩竹，厥毒若斯。

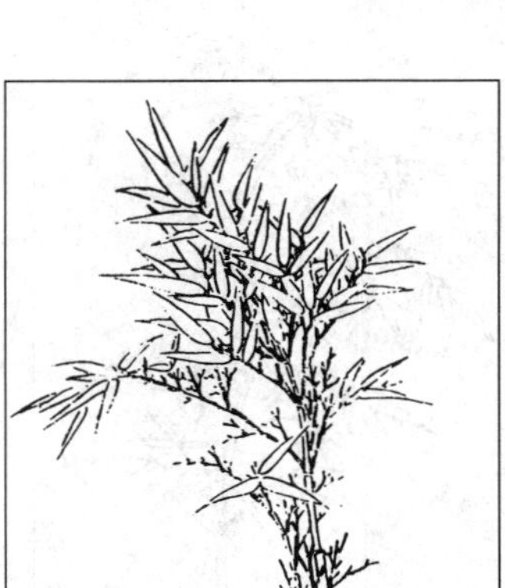

蘆竹，出閩越山中，沿海諸郡皆有之，形如蘆，故名。戴凱之《竹譜》云：有竹象蘆，因以爲名。東甌諸郡，緣海所生。肌體匀净，筠色潤貞。凡今之篪，匪

兹不鳴。今作簫篪之類，聲最清亮。又堪爲矛戟之幹，又堪爲筆管，但葉闊而利，筍苦而可食。

秋蘆竹，其竹似蘆，身如荻蔗，冬月不凋，插之如生。

駢竹，一根數節之上分爲兩竿，冬生枝葉，別無種類，特常竹之變，猶連理木、並蒂蓮之屬，故亦罕有。揚州焦太易招討家一株，纔高數尺。玉泉山樸翁和尚贈予一拄杖，甚妙，後轉贈廉庭臣都運。今姑蘇東季博提舉家園怡老堂有一株，高五尺餘。吕端明園中亦有一株，是薑竹之駢生者，高約七八尺，園丁屈折作葫蘆形，枝葉茸細可愛。予官嘉禾，後圃亦得一株，兩節之上分爲三榦，枝葉敷榮，是筆竹之變者，尤奇特。

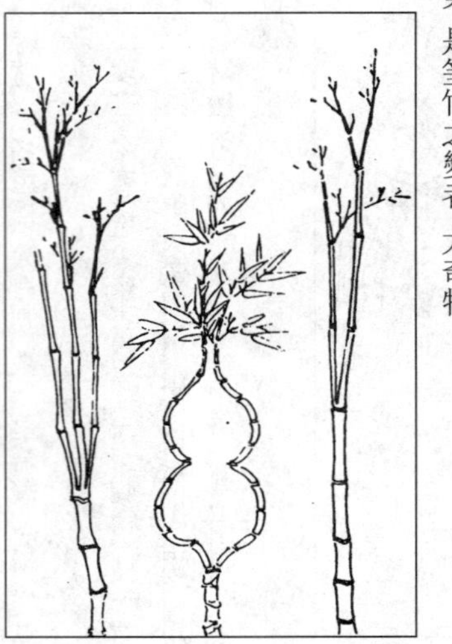

合歡竹，出南嶽下諸州山溪間，郴州尤多。其筍初生便有合歡形勢，及成竹時，或三莖合，或兩莖合，斷其間有竅，竹皮或斑點紋，彼中僧人斷取作針筒。

雙梢竹，出九疑山第二重麓臺側，筍長獨莖，及生枝葉，即分爲兩梢，葉密而細。

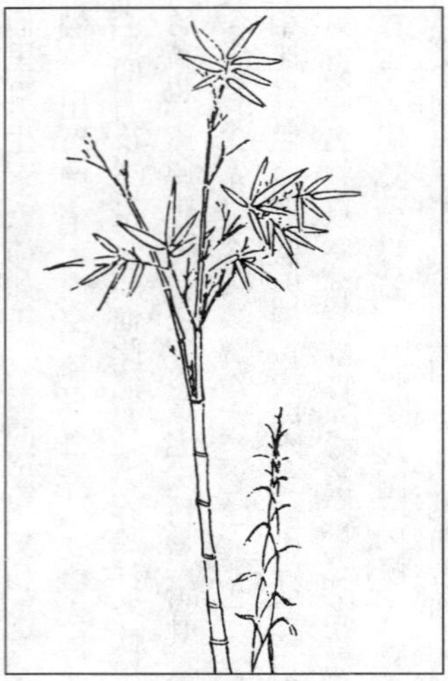

扁竹，處處有之，廬山尤多。筍出土時即匾薄，及成竹，匾而長。傳云釋惠遠住此，鬼神號避，辟蛇行者捻此竹爲匾也。

扶竹，出武林山中，與他竹無異。但生筍時皆對抽並立，有合歡之意。司馬温公云：杭州廣嚴寺有之，相比而生，舉林皆然。故有「龍騰雙角立，鯨噴兩鬚長」之句。僧惠律詩云：饑殘夷叔風姿瘦，泣盡娥英粉淚乾。贊寧云：武林山西雙竹寺中所産，自永泰以來有之，馮翊嚴諸爲之記。王子敬譜云：會稽箭竹、錢塘扶竹，猶東方之扶桑，兩兩並之而生，謂之扶竹。《山海經》注又以扶竹爲筇竹，未詳。

服傷竹，江南諸郡往往有之，大者五六寸圍，長二丈許，其中實，四月以後出筍，味甚美，枝葉與他竹亦類。服傷之義未聞。贊寧云：大者五六寸圍，長二丈，中實，古人用以削弩箭，四月筍美。

扶南竹，見《番禺志》。

簜竹，《書·禹貢》：篠簜既敷。孔安國云：簜，大竹。《爾雅·釋草》：簜，竹。郭璞注：竹別名。《儀禮》曰「簜在建鼓之間」，謂簫管之屬。《爾雅疏》：李廵曰：竹節相去一丈曰簜。孫炎曰：竹闊節者曰簜。笙簫之屬，固非大竹，今此竹不同。生嶺南，江廣之間皆有之，叢生，極高，葉大且密，一叢有生至十八九葉者。節上每茁小筍三，擘破成枝，中間一枝彷彿與本身等，傍二枝亦麄大，皆横出，尤易植。至秋根旁出，大筍綿綿不絶，隔年成竹。或云擘下節間筍植之亦活，江西人呼爲横枝竹。筍色甚白，味甚佳，名玉版筍。過母梢極細長，彎曲垂下如柳絲摇曳。東坡自注其詩云：海南勒竹，每節生枝如竹竿大，蓋竹孫也。今彼卷有澀勒竹別見。

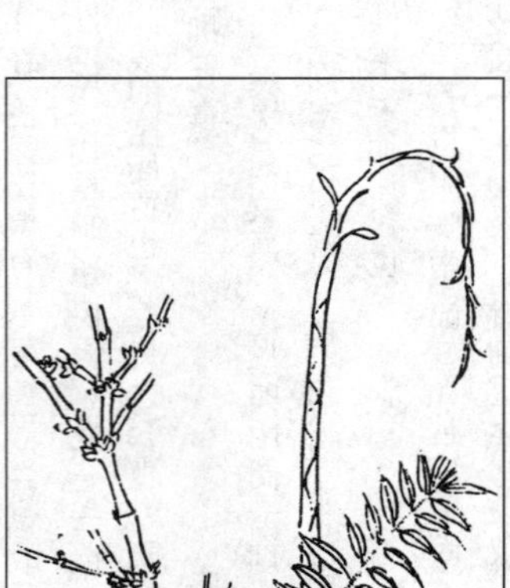

他里竹，生安南，節如筆竹，節間茁筍，又如簜竹，葉差細薄。

鏞竹，出廣南，絶大內空，節可容三升，交廣人持此以量出納。中有水，甚清徹，溪洞四月後水皆有毒，惟此無毒，土人陸行多飲用之。至深冬則凝結如玉，即天竹黄也，療風痼疾。按：竹黄名天竹者，言其大也，亦猶天麻、天蓼，如兔葵、燕麥，言其小也。今人或寫作天竺之竺，非也。

相迷竹，生廣州，狀與鏞竹大同小異。中亦有黄，堪作丸治病，力減於鏞竹。

竻竹，一名棘竹，一名答黎竹，一名攤竹，一名笣竹，出廣右兩江，安南尤多，即刺竹也。南方呼刺爲竻。大者二尺圍，肉厚，幾實中。人破爲弓材。枝葉下垂，自根至梢每枝節間對生二刺，尖杪，彎曲若鈎，人家環植爲垣墻。初植數莖作一叢，三五年後枝蔓，自相糾纏，多鈎刺，雖雞犬羔豚不能徑入。戴凱之《竹譜》曰：棘竹駢深，一叢爲林。根如推輪，節若束針。亦曰笣竹，城固是任。篾筍既食，鬢髮則侵。《南方異物志》曰：棘竹有刺，長七八丈，大如甕。《酉陽雜俎》：棘竹，一名笣竹，節有刺，數十莖爲叢，南夷種以爲城，卒不可攻。或自崩根出，大如酒甕，縱横相承，狀如繅車，筍食之落人齒。按：此棘竹即竻竹、刺竹是也。《廣志》名攤竹。《嶺表録異》云：刺竹，枝上有刺，南人呼爲刺勒。自根横生枝，展轉如織，野火焚燒，只燎細枝嫩葉，至春復生，轉復牢密。邕州舊以刺竹爲墻，蠻蜑來侵，不能入。又新州舊無城，紹興間黄濟來爲守，以竻竹環植之，號竹城。

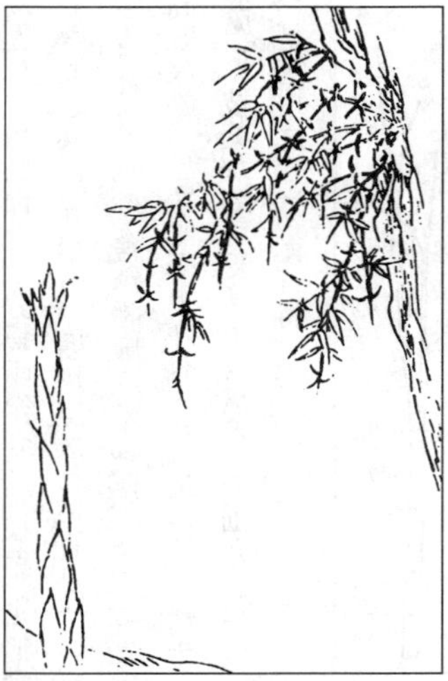

由衙竹，又名籬竹，又名笆竹，又名梧竹。生安南，一如貓頭竹，葉小如澹竹，筍夏生，可食。每節間生三枝，皆圓長堅厚。初年上半散枝生，亦自婆娑可喜。漸漸年深，近下生横枝，皆作刺，老則至梢皆有之，齷齪可惡。亦有小者，徑寸許，竹與筍俱有刺，可種爲笆籬，故名。八九月筍生，淡澁不可食。《南方草木狀》曰：由梧竹，吏民家種之，長三四丈，圍一尺八九寸，作屋柱，出交趾。按：此或即由衙竹也。左思《吴都賦》曰：柚梧有篁。柚音由。注云：由梧竹出交趾、九真。

䈏音雹，又音福。竹，與由衙一種，但實厚體小，爲梁柱佳。筍味苦，不可食。《異物志》云：䈏竹，其大數圍，節間相去局促，中實滿堅强，以爲柱㮰，斷截以爲棟梁，不加斤斧也。

答竹，出安南，節榦如苦竹，堅厚圓正，歲久則變黄色。生枝處亦不凹窳，小枝圓長，葉如淡竹，有刺，筍味苦，不堪食。

青皮竹，一如答竹，但差輕薄，老亦有刺，筍味苦，不堪食。

釣絲竹，二種。生廣右、兩江、安南者，《祥符圖經》謂之箕竹，大槩亦如簜竹，但節間横枝細弱柔和，垂下數尺，飄然摇曳，宛如釣絲，故名。又名摇枝竹，又名摇絲，按：此句原本脱去，今從别本增入。亦深秋出筍，隔年成竹。筍過母時，梢極細弱，彎曲垂下。葉世程《閩中記》云「箕竹初生未抽葉，其梢垂下，狀如釣絲」是也。《山海經》所謂「囂水之北多鈎端竹」者，疑即此種。成都簡州謂之垂絲竹，筍有毒，不可食。生浙東者，節葉一如桃枝竹，但梢極細弱，作篾編織，一如番藤，愈細愈妙，温州最多。《嶺外代答》云：釣絲竹，筍瘦而白，於食品最佳。或云無毒，但能發痼疾。黄休復云：「蜀川滕昌祐家有釣絲竹，以其弱杪低而垂至地也。」亦可爲釣竿。

篔簹竹，出廣西，兩江、安南亦有之。形狀與簜竹同，但無大横枝，葉差小。

鎚破少肉多筋，紉如麻枲，可索繩織履。

篻竹，出廣西，兩江、安南俱有之，亦與簜竹大同。枝葉細小，其質堅厚，堪爲弓材及鎗篠。左思《吴都賦》云：篻簩有叢。劉淵林註云：篻竹大如戟槿，中實勁强，交趾人鋭之爲矛，甚利。《吴録》曰：日南有篥竹，勁利堪爲矛。《山海經注》：篥竹，實中勁彊，有毒，鋭以刺虎，中之則死。篥此作篻，未詳。吴良輔《竹書》：篻，讀若摽，有梅之摽。《方言》以爲簝竹。或又云即筋竹，一物而二名者也。戴凱之《竹譜》曰：筋竹爲矛，稱利海表。槿乃其幹，刃即其杪。生於日南，别名惟篻。已互見前筋竹，下亦畧著其同異矣。

滿心竹，生廣西陽朔山中，枝葉一如篻竹，但幹實無心，故名。湖湘之間亦有之。筍味佳。《雲南記》曰：雲南有實心竹，文采斑駁，可爲器用。唐僧清晝有《實心竹杖》詩。按：此或即滿心竹是也。

篸竹，出處形狀與簜竹同，但横枝差小，葉大陰密，畧如萑葦，最堅，大可爲屋柱。筍味甘，可食。

䈽簩竹，出廣右、安南。又名澁竹，節長二尺餘。每節上半截麄澁，如世所用沙紙，人或削成錯子，可磨爪甲。用久刓滑，以好醋浸少頃，火炙乾復澁矣。其半即常竹，江船篷箔多用之，老者彌澁。《廣志》云：䈽竹任作笛，筍味苦，無肉，不中食。亦有止如筆管大者。初成竹時亦可鎚作麻用。嵇含云：出大秦國。《桂海虞衡志》云：兩江有此類，名思簩竹。皮日休詩：退公祇傍蘇簩竹，移宴多隨末利花。蘇簩，或音訛也。劉淵林云：簩竹有毒，夷人以刺獸者。同異未詳。《廣韻》：簩竹，一枝百葉，有毒。今百葉竹已别見。崔德符有《澁竹》詩。

烏計竹，生安南，形狀頗同䈽簩竹，但不澁。節差短，質堅而脆，大者以充屋材，止可爲柱，老者亦生刺。

沙麻竹，又名蘇麻竹，又名麄麻竹，又名沙摩竹，又名䈽䉀竹。桂廣之間在在有之。大者圍六七寸，甚堅厚，可作屋梁柱，亦可爲弓材。種者鈔其竿，每截二尺許，釘入土，不逾月即生根，明年長芽筍，不三五年即成林。或但斫節間茁筍植之，亦生。《南粤志》曰：沙麻竹可爲弓作弩，謂之溪子弩。戴凱之《竹譜》曰：厥族之中，蘇麻特奇，修幹平節，大葉繁枝。註云：蘇麻竹長數丈，大者尺餘圍，槪節多枝，叢生，葉大。《嶺表録異》云：沙摩竹大如茶椀，厚而空小，一人擎一莖，可爲屋椽。正此竹也。土人又訛爲司馬竹。嵇含《南方草木狀》曰：思摩竹，大筍生其節，筍既成竹，春而筍復成節，交廣有之。按：思摩與沙摩稍近，特其品異同未詳。

長枝竹，出漳州山中，叢生，葉長，絲之可爲器皿。

浮竹，生湘、全山中，大者圍約五六寸，一節約長五尺許，圓厚而虚軟。土人斷取浄淘米裝入，以木塞之，加於火上以蒸，米熟爲飯，甚香美。筍未出土時掘取，以糟藏之，可餉遠，極甘脆。戴凱之《竹譜》曰：浮竹亞節，虚軟厚肉。臨溪覆潦，栖雲蔭木。洪筍滋肥，可爲旨蓄。注云：長者六十尺，肉厚而軟，節闊而亞，生於水次，五嶺以北、彭蠡以南有之，筍甘脆。顧夷《義訓》曰：箊竹有文。

韻竹，一名絃竹，出湘、全間，其大與浮竹等，節密而厚，堅壯可作屋椽柱，八月採者不蛀，亦微有斑花。張得之云：韻竹中有自然絲絃，扣之則應，促節聲短，闊節聲長，猶篁之韻。

猫頭竹，一名猫彈竹，處處有之。江淮之間生者高一二丈，徑五六寸，衡湘之間者徑二尺許。其節下極密，上漸稀，枝葉繁細，筍充庖饌，絶佳。此筍出時，若近地堅硬或礙磚石，則無間遠近，但遇可出處即穿土而出，猶狸首鑽隙無不通透，故寓此名。亦有高丈許者，下半特無枝葉，庭院栽植，枝葉扶踈，清陰滿地，殊可愛悦。然竹身下麄上細，竿大葉小，不宜圖畫。廣中出者筍味不佳。江西及衡湘間人入冬視地縫裂處掘之，謂之冬筍，甚美。留不取，至春亦腐朽，别生春筍爲竹。福州人訛爲麻頭竹。

靈竹，生蜀中大面山，竹根如龍首，耳角眉目天然而成。見《輿地紀勝》。

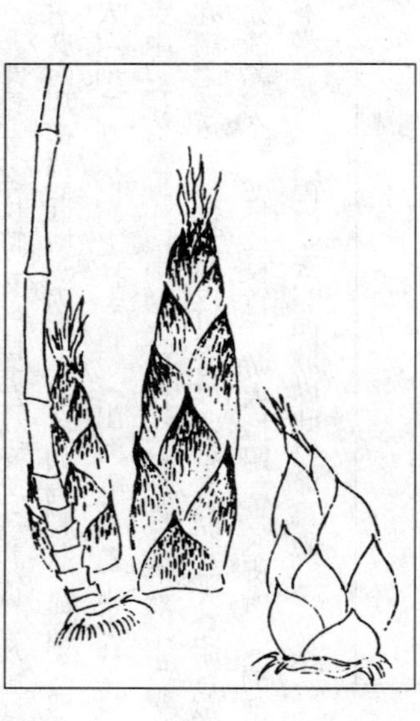

右自蕩竹而下數種，大同小異，高至數丈，林梢茂密，或可休陰息影，爲藩、爲屏、爲弓、爲屨、薦庖厨、架屋室，於世不爲無用。然多出横枝，葉稠節密，態度鄙俗，形狀齷齪，詎堪描畫？雖欲自獻於楮素之間，不可得也。如杜樊川所謂十萬丈夫甲刃樅樅者，但當被堅執鋭，呵衛拱立，以就卒伍之列，苟坐之高車大駟之上，而使衆庶瞻望其顔容，豈不笑且駭耶？

又　卷六《異形品下》　龍鬚竹，生兩浙山谷間，與猫頭竹無異。根下節不甚密，析爲篾，平細柔韌。笋籜微紅色，斑點差少，味甚美，但筋滓頗多，日乾可致遠也。

龍孫竹，亦名龍鬚竹，生辰陽山谷間，高不盈尺，細僅如針，凡所以爲竹者無不具。張得之《譜》云：予頃過一朋舊家，見盆池崑石上有小竹一竿，長六寸許，枝葉蒼翠，根旁别生二白鬚，盤屈水中，伸則長於幹五倍。龍鬚之稱疑出於此。張南軒亦嘗移寘石斛中，暮春生筍，森然可喜，因賦詩云「小竹如針能具體，方春茁筍又堪憐」者是也。

茅竹，一名鬼竹，在處有之，似茅而小，概節分明，宜與菖蒲並植於水石間。

沉竹，生延平山谷，質重易沉，削爲小弩箭投水亦沉。遇風不爲欹側，射者取焉。

鳳尾竹，生江西，一如笙竹，但下邊枝葉稀少，至梢則繁茂，摇摇如鳳尾，故得此名。

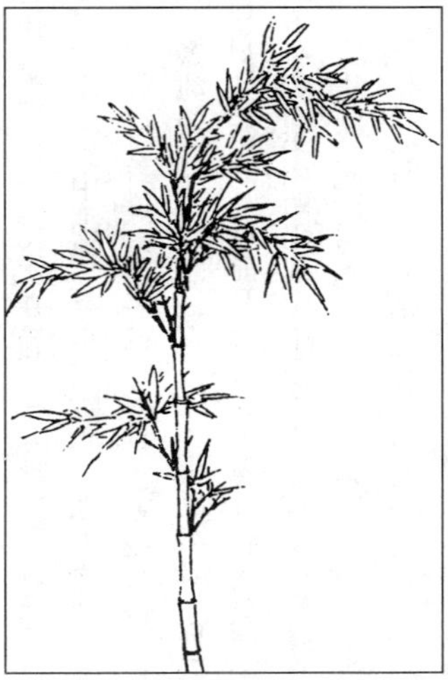

右鳳尾竹，古人亦罕有畫者，惟湖州余子清侍郎喜畫此竹，予家舊有二大幅，今已贈人。

筇竹，又名扶竹，又名扶老竹，又名慈悲竹。凡二種，出西蜀。《廣志》云：出廣南邛都縣，近地一兩節多屈折如狗脚狀，節極大而莖細瘦，高節實中，狀若人，(剖)〔刻〕俗謂之扶老竹。《山海經》：龜山多扶竹。注云：邛，竹也。高節實中，名扶老竹。南中僧人取作拄杖，甚佳。然不可擊捂，擊則隨節斷折，故此亦謂之慈竹。枝葉與常竹無異。昔張騫西至大夏所見者也。峨嵋山中一種，細如箭幹，人呼爲佛拄杖竹。游人攜歸，置於佛所。《蜀都賦》爲筇音邛竹，又作笭音乃叶反竹。《硯譜》云：西域以此竹節爲硯。

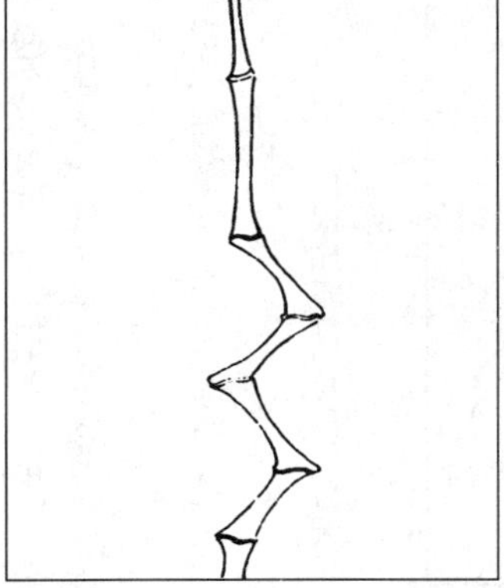

龍尾竹，出雲南，每節止長二三寸，枝短葉密，觀之狀如龍尾，故名。

筰竹，出筰都，今黎州是也。其高參天，常起嵐霧。邛筰人穴山數十丈，用此竹去節牝牡相銜爲井，謂之卓筒，牝者爲筧，牡者名筴，以取醎泉煮鹽。張得之《譜》云别出筴竹者，恐非是。

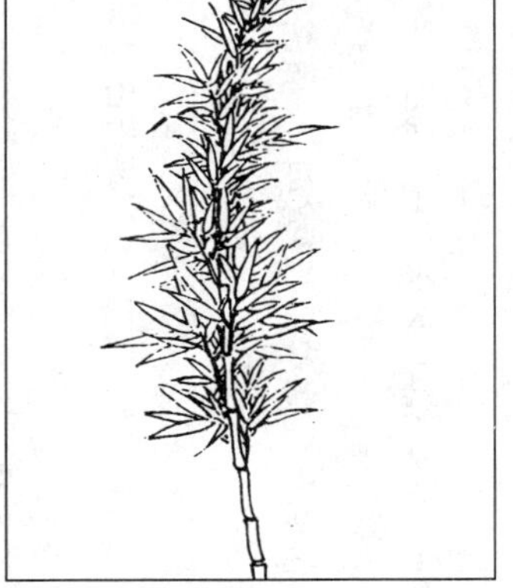

毬竹，每於杭州街市人家見之，植盆檻中，高不過一二尺，下獨竿，上叢密，別無種類。人力爲之，以筍初解擇時折去上梢，則竿杪雜出小枝無數，三二年後枝葉轉密，盤鬱團圓，如毬之狀，繁細可愛，故名。

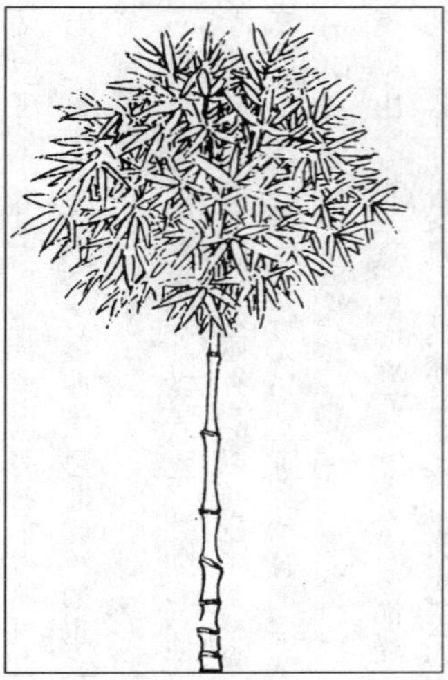

寸金竹，生鬱林等處山中，枝葉一如淡竹，但節節匀密，相去二寸許，從根至梢，圓正衡直，作釣竿、黏竿最妙。

胡孫竹，生江西吉贛，在處有之，與常竹同，但節稍平，中無隔礙，兒童戲取作角吹之，嗚嗚有聲，空通故也。

羅漢杖竹，生紹熙府，即古榮州也。東有榮黎山，山中產此，屈曲如龍蛇之狀。

弔根竹，又名扶根竹，出温州沿海山中。蓋取釣絲竹根上有小枝葉者，漸漸出土移入盆檻中，以竹杖扶持懸起，爲几案之玩，非別有種也。

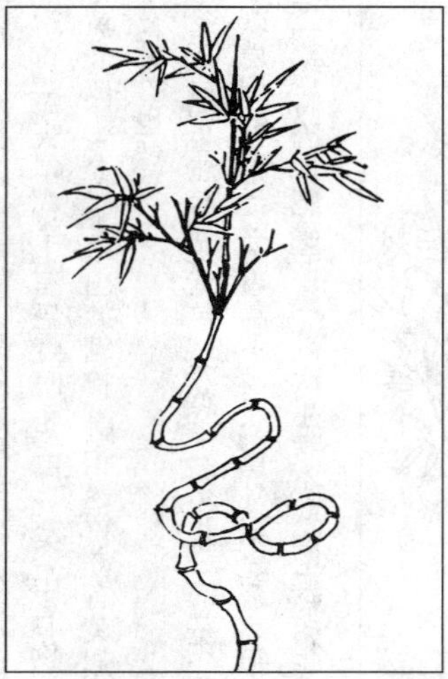

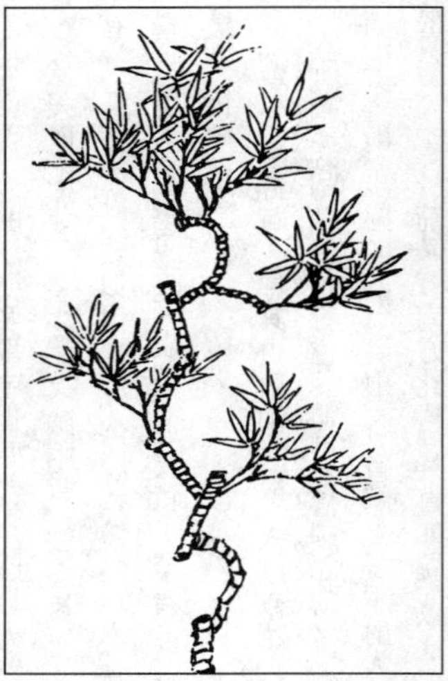

曲竹，叢生，每箇必存曲勢，無有直者。朱丞相勝非《閑居録》云：太學感化齋堂後貯廊東西各有叢竹，勢無不曲，自是一種也。郭仲産《湘中記》云：昭州平樂縣縈山多曲竹。《臨安志》云：安隱院在桐扣地有曲竹，竹根有數節曲處，僧多取以爲杖。林公麟詩云：直節棱棱是此君，耳孫却以曲爲名。首陽山下知難種，亦可斜封向管城。

雪竹，生江西，枝葉如筀竹而稀疏，每節長二尺許，其薄比江蘆，差堅厚，筍絶純白，故名。或云孟宗冬月哭而生筍者，即此竹也。張得之《譜》云：「出清源，深冬生筍冒雪。」一云即江南竹筍之早出者。

嫣竹，生賓州遷江縣山中，湖湘間亦有之。大如筆管，高不過五七尺，節平色黄，如籐梢杪，枝葉叢生，葉短如桃，劈篾織簟，極細滑，不減籐簟。土人亦甚貴重。細篾亦可織笠。

無竹，生廣西、安南、邕州、崑崙關中尤多。張得之《譜》云：無竹黑皮有文，每節生三枝，葉秀媚，婆娑可愛，一如苦竹。大者可爲柱，小者亦堪雜用。

簍竹，生廣西山中，大槩如無竹，其用亦與之同。

篠竹，生安南山中，亦如無竹，但枝葉圓長，緑浄可喜。

簞竹，生賓象山中及浙東諸郡。枝葉如常竹，每節長四五尺，或倍之，圍至一尺許。出博羅縣者，節及二丈，作篾最韌，且色白，人取織笠。五月出筍，甘可食。未成竹時亦可鎚作麻。《西京雜記》曰「會稽竹簞號曰流黄簞」，即此竹也。

笣竹，廣州平鄉縣有此竹，土人煮以爲布。《吳都賦》云：笣筍抽節。

簞竹，出交趾、九真，葉疎而大，每節相去六七尺，土人取嫩者鎚浸紡績爲布，名竹疎布。或云彼中亦名簞竹。戴凱之《竹譜》云：單體虛長。注云：單竹

大如腓，虚細長爽，嶺南夷人取其筍未及竹者灰煮以爲布，精者如縠。《番禺志》云：簞竹，每天旱，竹上有蟲蛀眼子，即死矣，中有物，青白相雜如骨灰狀，是謂天竹黄。按：天竹黄本出於鏞竹，雖相迷竹亦有黄，作丸力減，則知此竹所出當亦不及鏞竹也。

翁孫竹，生江西，正紫色，一莖下節復生三五竿，芃芃而起，比中莖差細，土人取以爲扇柄。生浙間者高不盈尺，爲几案之翫。張得之《譜》云：翁孫竹在處有之，初種時因地肥磽而長，以次生者不敢高過於祖。

廣竹，又名利竹，生永州祁陽山中，莖類苦竹，葉類筀竹，梢細長，每節長二尺許，作笛材甚佳，亦可破篾織笠，篾尤快利，削成刀子即可裂紙。《廣志》云「利竹出西南」者是。春生筍，微苦，須用清灰水煮熟可食。僧贊寧《筍譜》謂：利竹蔓生若藤，實中而堅韌，隨竹蔓而生，恐非此竹類也。張得之引《周禮》謂揚州之利竹箭者，亦恐誤。

石麻竹，出廣州，九真、交趾皆有之。其勁利，他竹莫及。人削爲刀，切象皮如截芋。或云即利竹也。姑兩存之，以待别考。嵇含云「石林竹也」。

藥竹，出安南，叢生，如簾竹，實中勁强，有毒，土人鋭以刺虎，中之必死。筍内實，不中食。

漢竹，出交趾、九真，廣中亦有之。大者一節受一斛，小者受數㪷，可爲尊榼。其筍一節亦可受二三升，味甘而澁。《廣志》云：永昌有漢竹，圍三尺餘。

越王竹，出海南。《嶺表録異》曰：根生石上，如細藤，高尺餘，南中愛其青色，用爲酒籌菜筯，云是越王棄餘籌生此竹。《番禺志》云：越王筯竹，細如箭榦，每一節可爲一筯，故呼越王筯竹。《藝苑》云：越王行海作籌有餘，棄於水中而生。

毛竹，出閩廣間，浙東諸郡亦或有之。《四明洞天記》云：毛竹叢生澗邊。《剡中金庭記》曰：毛竹，洞天有毛竹，又名銀筍竹，以筍白，故名。建寧武夷山有毛竹洞，去山百餘里，徧生此種，每節出一籐，其鉅細與根等，枝弱而毛髩，人以爲蜕登仙。李義山詩云：只得流霞送一杯，空中簫鼓當時回。武夷洞裏生毛竹，老盡曾孫更不來。武夷君自秦漢始列祀典，後仙人結宇山上，與鄰俗往來，悉呼村人爲曾孫，少年慢之。一日，山中忽生毛竹如刺，中者成疾，衆莫敢犯。武夷洞人每斫竹，隨即生，土俗云：仙人入洞生此竹，以隔浮世也。

少室竹，本名爨器竹。《孝經河圖》曰：生少室山中，其大者堪爲釜甑，筍可食。

羅浮竹，大竹也。貞元中有鹽户犯禁逃羅浮山，至第十三嶺，見巨竹千萬，連亘巖谷。竹圍皆二丈餘，有三十九節，節二丈許，逃者伐一竿爲篾。會赦，遂挈以歸。人奇之，獻於太守李復，乃圖而紀之。

鍾龍竹，《南越志》曰：羅浮山生竹，皆七八寸圍，節長一二丈，謂之龍鍾竹。馬融《笛賦》：惟鐘籠之奇生兮，于終南之陰崖。張衡《南都賦》：其竹則鐘籠篁篾。江總《横吹曲》曰：簫聲鳳臺曲，洞吹龍鍾管。陳子昂《修竹篇》：鍾龍生南嶽，孤翠鬱亭亭。未詳此與羅浮所産異同。

右上二竹，類書中有記之者，疑即一種，未敢削去，姑存之以待别考。

沛竹，又名涕竹。東方朔《神異經》曰：南荒中有沛竹，長百丈，圍二丈五六尺，厚八九寸，可以爲船。其子美，食之可以已瘡癘。張茂先註曰：子，筍也。

篔簹竹，一名箄竹，生湘中，蜀廣間亦有之。每節可長四五尺。《廣州記》云：節長一丈。今曲江縣及蜀中俱有此竹，圍尺五六寸，節相去六七尺，夷人煮以爲布，始興以南尤多。王彪之《閩中賦》曰：篔簹函人。《異苑》曰：篔簹竹，節中有物，長數寸許，政似世人形，俗説相傳云竹人，時有得者。

瘦竹，東洛勝境有張文規莊，近溪竹一竿有瘦，其大如李，見《酉陽雜俎》。麻知幾有《竹瘦冠賦》。

射筒竹，《吴都賦》云「其竹射筒」。弋人以修竿，通其節，箭安其内，從本吹之，古人所謂律筒，以射鳥者也。筍可食。謂此竹可作箭房者，非。吹筒之法始於武后，置馬射、步射、手射、筒射，今番舶上多用射人，取中其面，非以箭力能傷人，蓋有射筒，毒於箭鏃。南方此竹，其直如繩，以法去節，令中通，長二丈餘，箭

則以輕竹削成，幾三尺，以鳥翎纏遶其上，欲以受氣，人猛吹之，則著物最易。吴地之筒竹差劣也。劉淵林云：出交趾、九真。

簡篔竹，節踈而筍可食，又名笳簡竹。

籌竹，生滇海山中，本根千丈，斷一節可爲船，竹萌數丈猶是筍。《山海經》「大荒之中，有山名曰成都」，「在崑崙之北，有嶽之山，尋竹生焉」。注云：尋，大竹名。

篪竹，《字林》云：大高百丈，狀類籌竹。

莽竹，生浙右諸郡，嘉禾境内尤多。形葉與淡竹無異，但竿色稍白，近根一二節須有裂壆。土人云：昔王莽死，魂魄無所歸，竄入此竹，撑裂其下，故名。《爾雅》云：莽，數節。疏云：凡竹節間促數者名莽，《爾雅》已有其名，知土人之説妄也。其筍味極珍美。竹性硬，肉薄，作篾不成，屈折即斷。大者可作椽，小者可作藥欄、衣竿而已。亦呼哺雞竹。

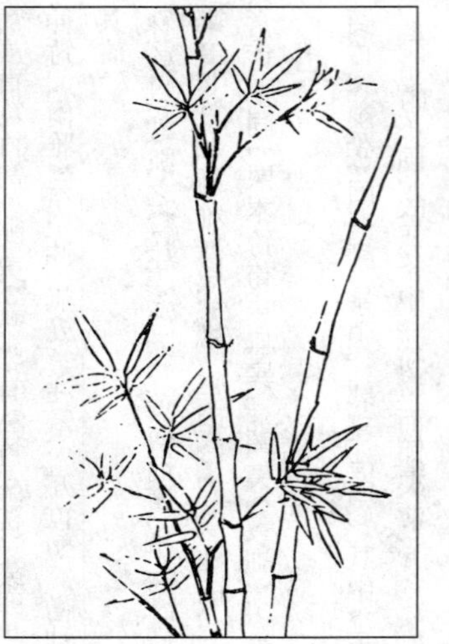

婆娑羅竹，昔人自外國移植於廣州猊山，在增城東二十里多有此竹。其大圍三四尺，至堅，里人取以爲弓。

篵竹，生海畔山中，其筍與竹悉有毛，傷人即死，故舶商不敢取毛筍食，恐中其毒也。

衛邱竹，《山海經》曰：東北海之外，大荒之中，衛於山邱南，帝俊竹林在焉，大可爲舟。郭氏云：言舜林中一節則可以爲船。戴《譜》云：員邱帝竹，一節爲船。注云：負邱，帝陵。九疑山有九邱，員邱、雲邱、衛邱之類。嵇含《草木狀》云：衛邱即雲邱竹，一節可以爲船。出扶南。《晉安海物記》曰：番禺有舜林之竹曰天竹。注云：其節大，中汲桶。然今交廣中竹節長二丈、圍一二丈者往往有之，即此竹也。

狗竹，出臨海郡，圍三寸，節間有毛，三月筍可食，大同篵竹，但無毒也。戴凱之《竹譜》曰：狗竹有毛，出諸東裔。《筍譜》曰：寧海巴東狗竹生筍有毛。

䈽尤竹，勁而薄，可以爲博矢，即今之投壺箭也。《蜀志》曰：䈽，細竹。戴凱之《竹譜》曰：䈽尤勁薄，博矢之賢。《招魂》曰：箟蔽象棊有六博。朱文公注曰：箟，竹名也。蔽，行博箸也。投六箸，行六棊，故爲六博。象牙爲棊，箟簬爲箸。此楚人用之。如晉制，則以犀角爲棊，箸則用䈽，不用箟也。或云堪爲博局行棊之箸也。

弓竹，蜀中人謂之倒生竹，舟師取之以爲百丈。戴凱之《竹譜》曰：弓竹如籐，其節郄曲。生多卧土，立則依木。長幾百尋，狀若相續。質雖有文，按：《竹譜》原本有作「含」。須膏乃縟。注云：弓竹生東垂諸山，長數十丈，每節輒曲，既長且軟，按：原本脱「既」字，今從《竹譜》添入。不能自立，若遇木乃倚。質有文章，然要須膏塗火灼，然後出之。

澁勒竹，出嶺南，中心堅實。坡詩云「倦看澁勒暗蠻村，亂棘孤籐束瘴根」者，即此竹也。

古散竹，節似馬鞭，葉似桐樹而小，皮似栟櫚而柔韌，筍亦可食。建人呼慈竹爲古散者，非。

菜竹，新安多有，長不過三四尺，四月出筍，至秋乃已。常爲菜茹，故名。土人云：種時不宜根密。

孟灘竹，出雲南長滂，其節長三尺，柔細可爲索，人亦取其皮爲麻。見唐樊綽《雲南志》。

簹竹，生温州，瑞安、平陽俱有之。或野生，或栽種，叢生。至秋出筍，經年始成竹，大者徑二三寸，節長肉薄。劈篾最良，土人細縷之，編織箱篋。甚柔韌，尤宜作枕，一如番藤也。

木簹竹，温州諸縣俱有之，亦叢生，極高大，有徑三寸一尺圍者，肉厚，土人取爲彈弓材最妙。五月出筍，味微苦，性凉，可食，煮熟時色淡黄，至秋筍絶。

丹山竹，出夷陵。《括地圖》曰：丹山之竹長千仞，而鳳食其實。丹山在峽州遠安縣，時有赤氣，鳳之居也。

麻竹，在處有之，皮嫩質厚，葉廣而薄，六月筍可爲笱。《晉安海物記》云：麻竹夏晚而生，可鍜爲麻者曰麻竹。注曰：其筍可爲笱。謂麻者，取其瓤煆灰

治經緯爲布，曰華練。陳宣明殿學士姚察嘗有送華練一匹，今呼曰竹練布。《閩中記》云：麻竹筍夏生，可作鹹筍。

交隷竹，在處有之，體靭不甚直，止可爲笮麻之圈。

鐵峽竹，出秦州、三峽。《九域志》言上峽、下峽、鐵峽也。其中多竹，小而長，地寒常雪，竹至堅。子美詩云「修纖無限竹，嵌空太始雪」者，謂此也。

泣珠竹，生密州咸通縣。唐神龍元年，哥汝擇移密州刺史，多植此竹，後人伐之，其節中有漿如雪。

忠節竹，出象郡，節環隱隱而闊，稍遠視之，若無節然。

篤散竹，《博雅》云：篤簕，桃枝竹。或云篤有節，此竹形色似之，因以爲名。撫州舊歲貢篤竹箭。顧夷《義訓》有篤竹、簕竹，或即一種也。

仲竹，《爾雅》云：仲，無笐。注云：亦竹類。僧神珙云：笐似琴，有絃。實未詳其説。

篠簩竹，戴凱之《竹譜》注云：葉薄而廣，越女試劒者也。

粼音憐竹，《爾雅》曰：粼，堅中。郭璞注曰：其中堅實者名粼。謂貞實與常竹不同，與木竹筍味無異。顧夷《義訓》：箻竹，實中。箻音磷。疑即粼竹也。

簢竹，《爾雅》曰：簢，筡中。郭璞注曰：其中空者名筡。贊寧云：其竹内隔叓，與常竹不同，故云筡中。筍嫩而節叓薄。

百丈滑竹，見《番禺志》。

高節竹，出瓊管黎母山，大而節闊丈餘，節又高也。《漢・張騫傳》注：「瓚曰：邛，山名。此竹高節，可作杖。」《齊民要術》引《漢書》乃云：「邛都高節竹可爲杖。」與此不同。

多枝竹，大頭竹。

已上二者見《廣南志》。

倭竹，《魏志》云「倭國竹有條幹」，見《齊民要術》。今《魏志》云「其竹篠幹、桃枝」，與此不同。

篟竹，見謝靈運《山居賦》曰：「石竹細者，篃篟之流。」《廣韻》：篟，青竹。

箨竹，僧神珙云：一名檀纂竹。

簕竹，《清源志》云：番船上嘗有簕篾來貨。

笭竹，僧神珙云：笭，長節。

筱竹，出漢筱人縣，屬太原郡。

竷竹，有毛，見張得之《譜》。《齊民要術》引《字林》：竷音感。

簹竹，生海邊。

篓竹，簇竹。

《玉篇》云：並小竹。

鹿頭竹，見范旻《邕管記》。

篁竹，戴凱之《竹譜》曰：篁任篙笛，按：《竹譜》原本「篁」作「箽」。體特堅圓。《埤蒼》曰：篁竹堅而促節，體圓而質堅，皮白如霜粉，大者宜行船，細者爲笛。

巢竹，《寰宇記》云：臨賀縣有巢竹，叢生，大如戟，堅中，俚人以爲矛。

苦伏竹，《閩中記》云：苦伏竹，筍冬生，人採食之，味尤珍。

簫管竹，《丹陽記》曰：江寧縣慈姥山生簫管竹。王褒賦云：于江南之邱墟，即此處也。自伶倫採竹嶰谷後見此奇，故歷代常給樂府，俗呼鼓吹山。按：慈姥山，今在太平州當塗縣。

鈎端竹，《山海經》曰：嶓冢之山，其上多桃枝鈎端。郭氏云：鈎端，桃枝屬。

簝簣竹、白夾竹，《青城山記》云：青城山有簝簣、白夾之竹。

篋音匯竹、箴竹，《寰宇記》云：昭州龍平縣鼤鼠山多篋竹、箴竹，池澤中多鼠鼤食之。

簴音與竹、元竹，實中。太極竹，長百丈。簩竹、箷竹、筌竹、簡竹、胥竹、覲系竹、簃竹、篗篿音彌竹，《玉篇》：簰竹，篾也。《廣韻》：篳，篾竹。篗簸音般竹，《篇》《韻》並云：簸，篾也。《集韻》：簸籛，竹名。又云：簸筡，竹筤。筡音書竹，高氏《竹畧》云：自簴以下，並出顧夷《義訓》。

莩竹，出常德桃源莩竹村。

笛竹，《蘄春地志》云：笛竹生羅田縣山中，蘄竹亦生於此，用以爲簟。按：謝靈運《山居賦》注云：崑山之竹任爲笛。黄帝時伶倫斬其厚均者吹之，爲黄鍾之宫。今蘄春所産固後出也。

龍公竹，羅浮山第三峯有竹，大徑七尺，圍長丈二，謂之龍公竹，常有鸞鳳棲宿。《圖志》云。

又　卷七　緑者，竹之常色，其有或紫，或黄，或斑，或暈。亦若人有顔如渥丹，美如冠玉，粟黄繒紫，脂白瓜青者，志操雖同，表儀實異，故作異色品。

異色品

紫竹，出江浙兩淮，今處處有之，如筀竹、澹竹、苦竹。或大或小，但色有淺深，通名紫竹。有初緑而漸紫者，有筍出即紫者，世謂之真紫竹。用之繖柄、拄杖，甚佳，亦有製簫笛者，根亦紫色，節節勻停，於馬箠尤宜。《新安志》曰：紫竹，斫之益繁。諺云：一年青，二年紫，三年不斫四年死。行省掾蘇善卿云：静江義寧縣猺洞中有一種，懸崖而生，每節有一白距，大者可作杖，小者中馬箠。生至下端却有三葉，今湖湘間吹笛者取紫竹膜貼之，聲冣清亮。越上人家紫方竹拄杖尤奇特。宋景文公《益部方物贊》曰：竹生三歲色乃變紫，伐幹以用，西南之美。蘇子由詩「紫竹暗生岷岫筍」，此指蜀産而言。周益公《紫竹》詩云：曾到蓬山驗異聞，浮筠翻動雪披紛。紫莖緑葉騷人句，不在秋蘭在竹君。王子年《拾遺記》：蓬萊山有浮筠之簳，葉緑莖紫，下有砂礫，細如粉風。至葉條翻起，拂細砂如雪霰。益公自注用其事也。

穿竹，出七閩山中，漳州尤多。形如澹竹，正黑色。大者爲繖柄，爲杖；小者爲扇柄絶佳。其根能穿遠，故名。

角竹，出越州諸山，亦紫竹之類，但色淡如牛角，故名。其質堅硬。

篶竹，一如紫竹，但色正黑耳。

暈竹，出湘、全間，嶺南、安南皆有之。竿類苦竹，節長，大小不等。初竹青，上生白苔花，漸漸著竹上成斑。及洗去苔蘚，紫褐斑暈，層層間錯，殊可人意。筍不入食品。若他斑竹止一沁痕，無疊暈也。全州西猺洞中及鬱林山中出者，竹色正白，斑花尤分明，冣爲上品。《桂海虞衡志》謂之「斑竹」，云「桂林屬縣皆有之」，所記略同。

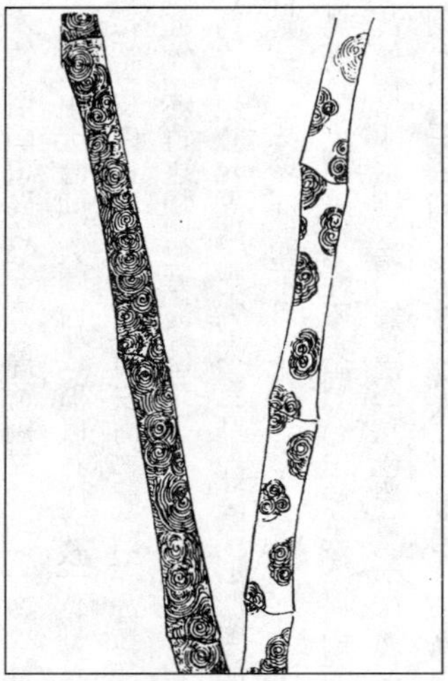

赤錢竹　真珠竹　雨點竹　雲竹　清白竹　龜紋竹

右已上六種，皆暈竹之類，彼人但以斑花之似者輒取以名耳。

冕竹，出冕國中，一節長二三尺，大者如雞鵝卵，黄白二色，天性圓直，不待矯揉，生枝處亦不凹窳。斑花紫褐色，疊暈重重，中又有白暈。彼人取爲標鎗，勁捷無比。小者中爲拄杖。梁貢甫尚書奉使回，嘗將出三五莖，予親見之。

斑竹，處處有之，其類冣蕃，凡生斑花者皆是。然斑花或大或小，或勻或細，皆不等，或重暈，或單暈，色或深淺，各隨出産風土變易。今越人以斑竹作牀椅及他器用，頗雅，士大夫多喜愛之。

舍利王斑竹，幹有虺文。《六帖》云：昔西域舍利王獻樂，有大小匏琴，皆以虺文斑竹爲之，而取聲於匏以合律。

道州斑竹，生高巖，小於箭，文如螺旋不雜。

顧家斑竹，《述異記》云：姑蘇之境有陸家白蓮、顧家斑竹。亦猶花有魏紫、姚黄之稱。

電斑竹，出雷州。《地理志》云「雷州貢電斑竹」，即此物也。

𥳑竹，出湖州，亦斑竹也。斑花不等，極有佳者。

苔竹，《寰宇記》云：信州貴溪水南流上源數十里生苔竹，苔痕點暈，狀如瑑玉，幹直可爲杖。

黄竹，叢生，與慈竹一類，但成竿即黄色，故名。越州蕭山縣東三十里有黄竹山，上有林竹，色微黄，狀如刀削，《志》云是「范蠡遺鞭於此山，生筍爲林」，即此竹也。《晉安海物記》云：黄竹節紫而色黄，筍可爲葅。

緑竹，叢生，浙東及七閩多有之。極高大，其色深緑，竹不堪用，筍味極甘美，日乾餉遠人，亦貴重之。今漳州、建寧、浦城作緑筍乾，漳州者最佳。

青竹，與緑竹無異，但色深青。古譜名紅鵲尾，因筍得名。樊宗師《園記》云：一曰青士，一曰紅鵲尾。《東宮舊事》云：皇太子初拜，供青竹、篔竹扇各有差。

白竹，生江東西，兩廣、安南俱有之。枝葉與澹竹同，但筍出時籜葉純白，無赤色及斑花，根甚長，節又勻密，作馬箠尤韌。濟源一種與淡竹同，破作篾條，色正白，堪織笠，亦名白竹。《晉安海物記》曰：白竹節白。戴凱之《竹譜》曰：赤白二竹，還取其色，白薄而曲，赤厚而直，沅澧所豐，餘邦鮮植。注：「尋陽人呼

爲白木竹，俗曰白鹿竹。」今白鹿竹別見。

赤竹，出沅澧間，大同白竹，但以其厚而堅，筍籜正赤色，故名。或云即白木竹也，燥時皮肉皆赤，故名。《晉安海物記》曰：赤竹節直，其本徑尺。

紅竹，赤竹之類，色差淡紅耳。

烏竹，生慶元等處山中，大者五七寸圍，形狀與龍須竹大同，但筍出時烏紫色，日乾致遠味珍，他筍不可及也。

烏筋竹，大同笙竹，性不柔韌，筍出時正黝色，肉薄味美，可食。

黃侯竹，即水竹之類，無甚大者，色淡黃，中作篾，筍可食。

烟竹，出江廣間，形狀一如水竹，亦有如淡竹者。但節高而葉密，竿色淡綠，成竹時節葉間便生黑煤苔，若烟氣薰灼然，故名。或亦名黑竹。濟源一種無黑煤色，但破作篾色雜青黃，不純白，故亦名烟竹。雜用佳，筍可食。

金竹，生江浙間，一如淡竹，高者不過一二丈，其枝榦黃净，如真金竹，故名。竺法真《羅浮山疏》曰：羅浮山有竹，色如黃金。

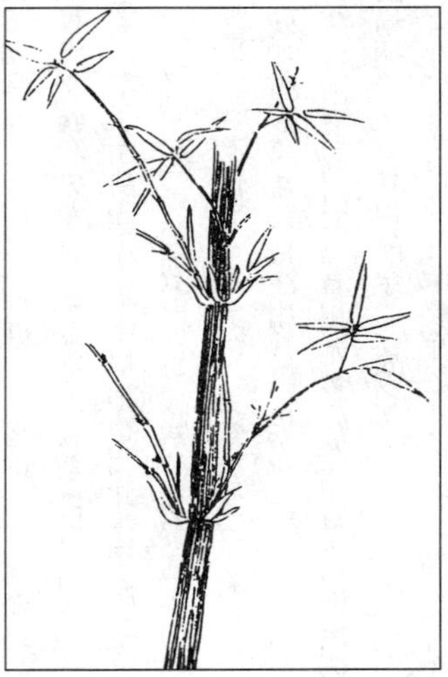

金絲竹，生湘潭間，一名白絲竹，一名刷絲竹，本筍竹之類，以其易活，人多植於盆檻中，至久不瘁，竿上細黃數道，如刷絲然，故名。《志書》：撫州歲貢金絲竹布。

黃金間碧玉竹，一與金竹同，但枝節間凹處一道深綠。越産以是名者又異。詳見後對青竹。

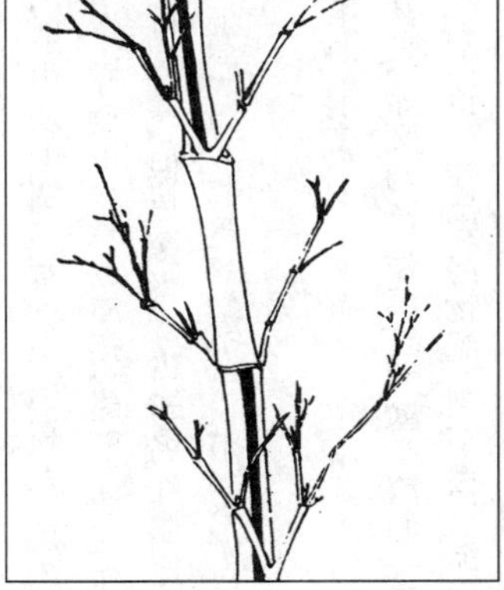

碧玉間黃金竹，亦同上。但竿色全綠，枝節間凹處一道黃。

對青竹，出西蜀，今處處有之。其竹節間青紫各半，二色相映，甚可愛。昔蜀主孟昶作對青竹亭於蜀。今嘉興崇德縣寺中亦有之，僧呼爲二色竹。黃休復云：蜀川滕昌祐家有對青竹，身黃色，有一脉青，節節相對，故謂之對青也。《會稽續志》云：對青竹，每節青黃，左右相間，越俗呼爲黃金間碧玉，又曰間竹。或云越閃竹，即宋景文、黃太史所謂對青竹。宋公贊曰：翠溝如畫。太史賦曰：金碧其相。

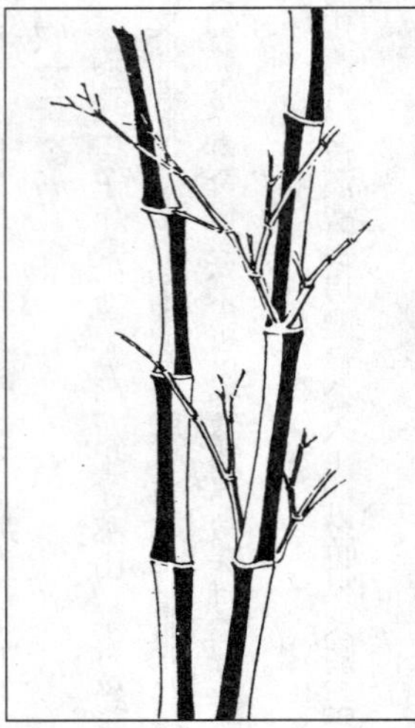

間青竹，生江浙二廣間，處處有之，歷陽尤多。竹不甚大，青黃，節節間色，故名。

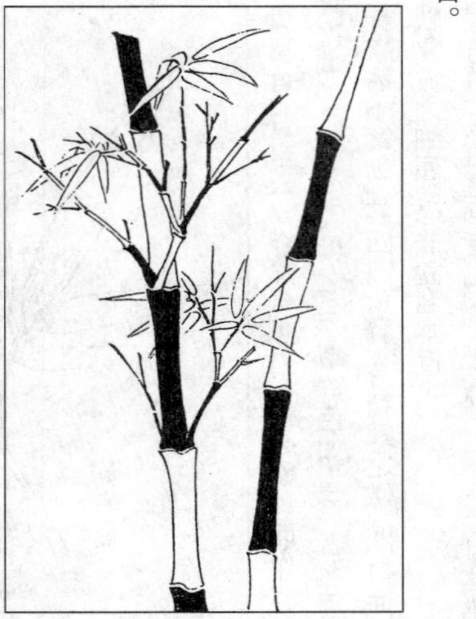

露青竹，生蜀中，節榦修直，色正青。顧況有《露青竹杖歌》云：亭亭筆直無纖節，摩捋形骸一條鐵。

斑鱖竹，建安有之，其斑花如鱖魚之狀，春夏之交出筍，美可食。

白鱖竹，建安城北沙洲所産，夏筍甚美，竹色微白，以對斑鱖竹，故得此名。

青長枝竹，七閩在處有之，色青，裊裊成叢，爲篾丈餘，必假火氣則靱如藤，濕則易腐。

黃長枝竹，亦出七閩。實中而叢卑，箬香可飲，茹可入藥，功與淡竹葉同。

黃陶竹，見《廣南志》。

文竹，生邵陵高平縣，色正緑，扶疎，常隨風委拂石床。

絲竹，生蜀川，滕昌祐家有之。葉細而青，莖瘦而紫，亦謂之墨竹。

蔓竹，生江廣間，皮青，肉白如雪，軟靱可爲索。筍赤，皮青，肉白，嘉禾人呼爲蔓芽竹。王子年《拾遺記》云：岑華山在西海之西，有蔓竹，可爲簫管，吹若鳳鳴。《禮斗威儀》曰：「君乘木而王，其政太平，蔓紫脱爲長生。」紫脱，筍名也。

大竹，生涪溪山中，形葉即與壽竹同，但成竹時竿變焦黃色，性剛利，可削作刀子用。《汲冢周書》曰：成王時路人獻大竹。《孝經河圖》曰：「少室山大竹堪爲甑釜。」此云大者，或以形質而言，非必涪溪所産同也。

丹竹，出海南道州瀧中峭壁之上，每節長可一丈，或八九尺，徑不甚大，裊裊摇空，粉節上似有丹色，心空肉薄，舟人劈爲百丈縴。

毛斑竹，出蘄州，初伐時無斑花，以灰汁漬之，即見。土人織爲簟箔，或笛管。筍不堪食。

白鹿竹，亦名白竹，又名遺竹，出連州，抱腹山爲多。莖色白，節閒微有緑，土人待出筍後隕籜放梢乃採之，以灰煑水浸作竹布鞋。或搥一節作箒，謂之竹拂。成布一疋纔重數兩。

小白竹，全似秋竹，而色差白，篾不如之。韓丕詩云：風韻曉生泉細細，月華宵泛王差差。

玳瑁竹，出湖州諸山中。薛翊《異物志》曰：竹似筋籐，斑駁如玳瑁。

篛篠竹，戴凱之《竹譜》曰：肅肅篛篠，飇飇横植。擢秀初秋，冬乃成竹。今浙東沿海山中處處有之，大如足指，堅厚修直，腹中白膜，闌隔狀如濕麵生衣。初生時正紫色，漸漸變紅，年老則色白也。枝葉一如四季竹，亦四季生筍，可食。生南康者，未解籜時輒有細蟲食其筍，籜脱之後蟲食處成赤紋類繡畫者。浙東人家多取爲籬，匀整可愛，七閩山中尤多。或名鹹竹，恐聲訛也。《閩中記》曰：「答簗竹圓如指大，可編藩籬。」答簗即篛篠也。

蓋竹，戴凱之《竹譜》曰：蓋竹所生，大域江南。上密防露，下疏來風。連陰接町，竦散崗潭。今産江浙山谷間，肌薄而色白，去地七八尺，枝葉婆娑如蓋，故名。此竹動連頃畮，人家庭院罕植之者。

白篛竹，在處有之，莖小於箸，葉如掌大而長。

紫篛竹，亦同，但莖色黑紫耳。

實心竹，生雲南。《記》云：實心竹斑駁殊好，可爲器用，土人取以爲槍榦、胡牀。永泰生者，精於玳瑁，可飾器物。

錦竹，生蜀中，顔色錯雜如錦。杜工部《卜居濯錦江就韋續覓錦竹》有「錦竹

亭亭出縣高」之句，即此竹也。其修竦可見矣。

筭竹，在處敷紛，頭有父文。《字林》云：「筭竹頭有父文。」父文，猶花文也。

蒸竹，《竹記》云：筭之醜也，其文煥然。

白烏竹，亦有實心者，蓋篳之屬，見《湘中賦》。

間道竹，生兩浙山中，人家庭院亦有植之者。竿如水竹，節差密，葉如毛頭竹，頗瘦長，葉上有淡黃間緑細勒道五七行，每叢或生至十四五葉。吴興周公謹知縣，其別業在杭，一叢數本。沈竹真家亦有之。

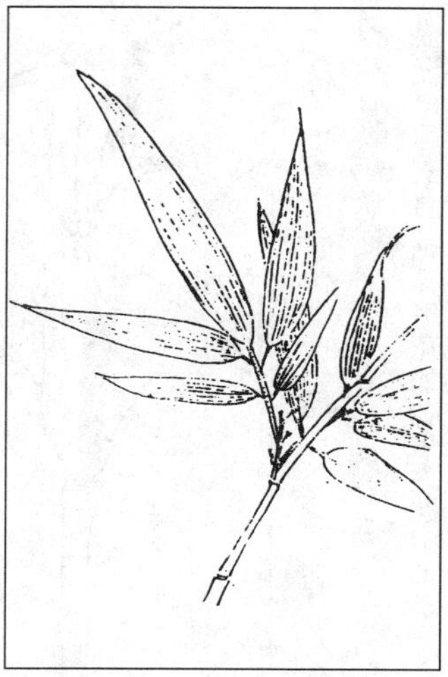

魚腸竹，贊寧云：今詳魚腸爲名，必象實而作，其竹細而屈，筍亦可食。梁簡文《竹賦》有魚腸、雲母之名，謂竹色如雲母者名雲母竹，色如魚腸者曰魚腸竹。昔歐冶子鑄劍，其四曰魚腸，蓋精鍊之鐵，闇白而微青，故以魚腸之色比之。贊寧以象竹之細屈，恐非立名本旨也。

雲母竹，簜竹之巨者也。《濠梁圖經》云：出鍾離南四十里雲母山，山有雲母石，竹皮之色似之，因以爲名。《廣志》云：大竹也，生於交廣。梁簡文《竹賦》有魚腸、雲母之名。

浮筠竹，王子年《拾遺記》曰：生蓬萊山，葉青莖紫，風折之如鐘磬之音。

又 **卷八** 怪力亂神，孔子所不語；神道設教，聖人亦不廢。考之竹類，蓋有變幻非常、奇奇怪怪，不可以理喻者，故作神異品。

神異品

化龍竹，後漢費長房隨壺公入山，以竹杖與騎，至家，長房以杖投葛陂中，顧見化爲龍。

萊公竹，宋寇萊公準貶於雷州，死，詔還葬洛陽，過公安縣，民皆迎祭，哭其喪，斬竹插地，以掛紙錢焚之，竹遂不根而生，尋復成林，邦人神之，號曰相公竹。因立其廟，奉祀甚嚴，劉貢父、王樂道嘗爲刻石以紀其事。《倦游録》所載與此略同。《東軒筆録》云：公赴雷州，道出公安，剪竹插於神祠之前而祝之曰：準之心若有負朝廷，此竹必不生；若不負朝廷，此枯竹當再生。其竹果生。予謂萊公，宋賢相，非罪而貶死，百姓哀之，喪還迎祭，折竹懸紙，忽爾生成，人以爲忠貞之感，故異而祠之。如《筆録》所載，凡人之稍有知者亦必不爲，況萊公乎？今不取。李承之有詩云：已枯斷竹再成林，按：三字原本缺，今從別本補入。既殁賢公帝念深。按：此句見別本，作「天爲忠賢眷獨深」。仆木偃禾如不起，至今誰識大忠心。

冬生竹。宋朱道誠，字信中，幼喪父，事母俞氏至孝。俞多病，道誠截髮求醫。俞卒，葬於湘山景德寺之左，結庵守墳側，忽冬生瑞竹，以蓋其墳。父老以狀聞於州，州聞於朝。景祐四年，有旨賜道誠絹十疋，米一斛，仍令本州存恤。

瑞竹，生洛陽，司馬温公獨樂園中竹。一本去地二尺分爲二榦，並生六節，節間容綫，復合爲一。

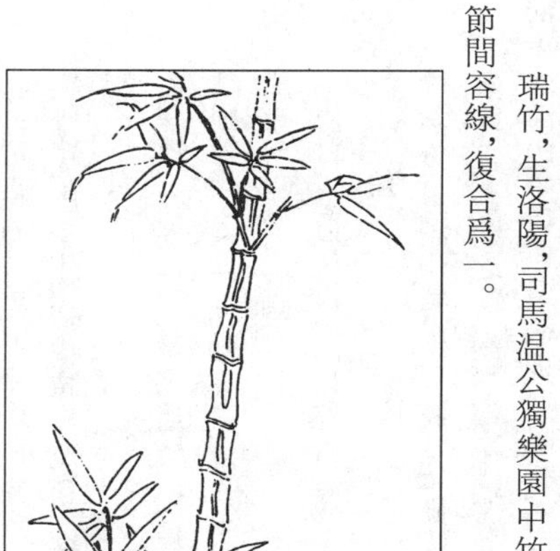

無骨箬，出餘杭洞霄宮。漢武帝元封三年創宮壇於大滌洞前，爲投龍祈福之所。唐高宗時遷於前谷，爲天柱觀。光化二年，錢王更建。大中祥符五年賜洞霄宮額。峰之下多生紺箬。昔許先生邁將上昇，語弟子曰：吾有金丹，藏無骨箬下，他日有緣者遇耳。樵人間有得箬者，及尋採，則不復見。

掃階竹，唐僧全真，姓周氏，郴縣人，元和中居湘源之覆釜山修道。山頂極高，處寂後，生掃階竹。高不過五七尺，枝葉繁密，柔軟芬芳，游山之人折去留數月，葉不脱落，特異於常竹。

神翁竹，神翁，姓徐，名守素，宋宣和間在泰州萬壽觀備灑掃之役，常持竹箒游市肆間，言人吉凶頗驗。死後墓園竹出，每竿節間芃芃生細枝無數，惟一根，窠東之即成掃箒，相傳爲神翁之箒爲種而生。或言懸於室中能辟塵，然常試之無驗。今泰州城内外亦或產此，土人以充方物饋送。

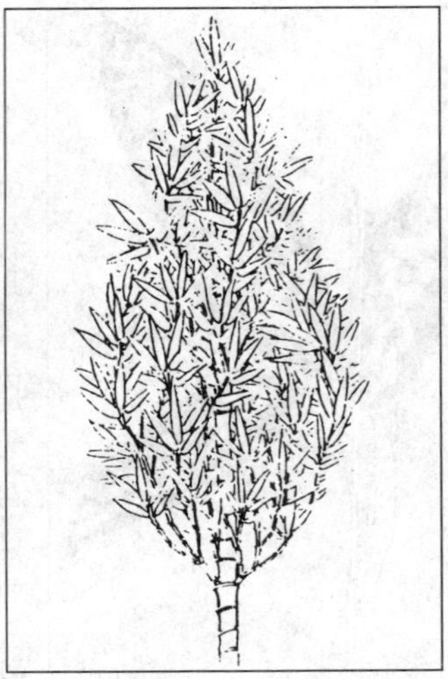

墨竹，傳給事崧卿《題越州戒珠寺竹堂詩》有云：色帶墨痕迷舊沼，響隨鐘韻下層樓。注云：山中有墨竹，下有墨池，父老相傳皆云逸少遺迹。今寺在蕺山，即王右軍故宅。雖有墨池，而堂已廢，墨竹亦未之見也。

墨點竹，生茅山墨池上，葉生黑斑，或一二點，或三五點，如灑墨之狀，池石亦然。

岐竹，生慶元曾丰所居。出土纔一節，別爲霜暈，連旋而上者四，復爲節者三，圍爲寸者九，蓋一苞也。忽岐爲二，長苞成竹。曾自作銘。

點砂竹，生大聖闕南山中，竹細如匕筯，高不過五六尺，葉大而踈，上有朱砂細點如麻豆許。彼人云：杜天師書符筆灑之，遂有此種。

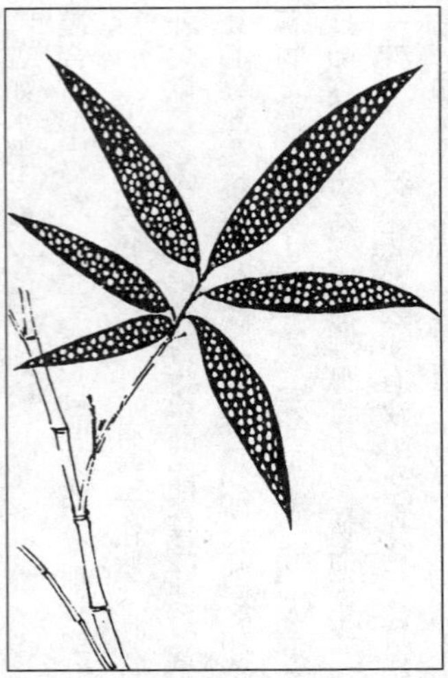

星竹，生太平當塗縣青山李太白塚上，枝榦一如常竹，但葉上有細黄白點，狀如天星。説者謂太白長庚之精，故墓上之竹如此之狀。與點砂竹無異，但其點止黄白二色，無朱紅色者。

淚竹，生全湘九疑山中。《博物志》云：舜南巡狩不返，葬於蒼梧之野。堯二女娥皇、女英追之不及，至洞庭之山，淚下染竹成斑。妃死爲湘水神。《述異記》云：舜南廵，葬於蒼梧。堯二女娥皇、女英淚下沾竹，文悉爲之斑。亦名湘妃竹。

䉈音豁公竹，生福州雪峰山中別山上。人説云：五代巖頭禪師名䉈，一日來訪雪峰義存禪師，憫其山中無菜，而此竹散生多筍，其味又美，特爲栽之。迨今連延百十里間皆此種。大者過三寸圍，枝葉與江南竹不異，其節長匀，可作簫笛，俗音訛爲發竹。

蟲竹，生七閩山中，叢生如蘆，每節生一蟲，如新蟬之未翼者，外無竅隙，隨竹而生。竹將老，乃穴其旁而出。今婺州東陽山中亦有之。

魚尾竹，西蜀邛州西十里許白鶴山白鶴觀，古昔仙人四目老翁得道之所，其山生細竹，葉上每一梢末有細籜，左右相對，一二寸許，二籜亦對生如魚尾狀，視之宛如細魚。人傳四目老翁釣魚其下，折竹貫之，遂成此種。又名穿魚竹。

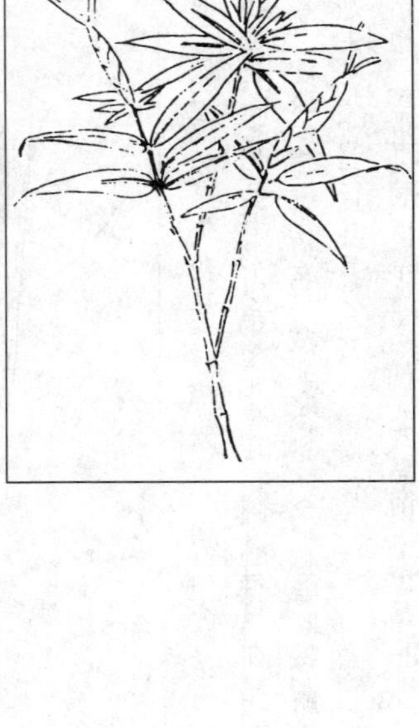

篛竹，《永嘉郡記》云：陽嶼去安固江口六十五里有仙石山，頂上有平石壁方丈餘，名爲仙壇，壇陬有一篛竹，凡有風來動，音自成宫商。又東陽劉道先元嘉四年篛竹林忽生連理，野人無知，謂爲禍祟，斫殺之。

長生竹，出南嶽後洞，高尺許，和根取而枯之經久，見水復生。

香竹，生洞庭君山，一名洞庭君主竹。高五六尺，遇風雨則清香襲人，静夜

或聞陣香如水腦之臭，移過湖則槁。

夜合竹，出涪陵，高二三尺，日間葉開，夜則卷如針。

桃竹，涪陵相思崖生此竹。昔有童子在崖下吹竹，神女悦之，投以桃竹釵，童子報之以簴。今桃枝與竹皆生崖畔，即梓潼使君章彝贈杜工部雙杖者。杜詩云：江心磻石生桃竹，蒼波噴浸尺度足，新根削皮如紫玉。

孤竹，襄陽薤山下有孤竹，三年而生一筍，及成竹，母已死矣，代謝如春秋焉。任昉《述異記》云：東海畔孤竹生焉，斬而復生，中爲管。周武王時，孤竹人獻筍一株。《文選・笙賦》云：有汶陽之孤篠。《竹譜》：汶篠生筍，欲存其母，即折之。如筍成竹，即母竹枯死。

龍牙竹，出永嘉大羅山，其竹長四五尺，稀節，人取必有大風雨雷電之異，人下山即止。二月筍。

月竹，叢生，狀輕短，每月抽筍，故謂之月竹。筍如箭竹，不堪食。宋景文公讃曰：茲筍可嘉，歲十二萌。

三稜竹，狀若欆櫚，葉莖柄若三脊。然筍初抽，川中人家竹林中忽有之，吉兆也。

符竹，廣中惠州羅浮山中生，葉長七八寸，闊一寸許，每一葉上有白道如蟲行迹，屈曲如篆文。土人云：昔天師爲雨暘愆期，嘗臨海岸作法，書符於竹間，故有此種。今茅山亦有此種，云是三茅君書符於此，故生。

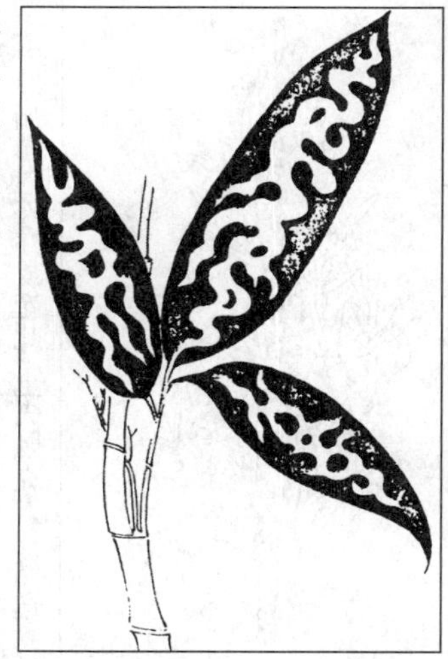

篆文竹，《夷陵志》云：出遠安縣清溪寺之仙居洞，狀似箭竹，葉上多蟲篆文如古籀，俗云鬼谷子遺迹也。與符竹相似，而大小差異。瀘州安樂山有天符葉，類茘枝葉而長，上亦有篆文。

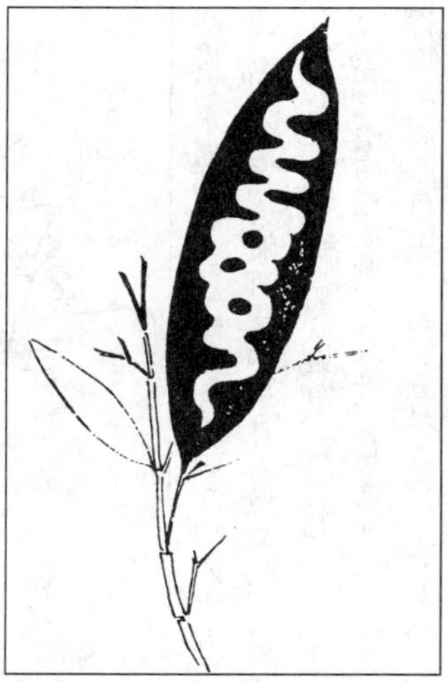

尋竹，《山海經》云：禹湮洪水，殺共工臣相繇，其血腥臭，不可生穀，其地多水，不可居也。禹湮之，三仞三沮，乃以爲池。羣帝是因以爲臺，在崑崙之北有岳之山，尋竹生焉。注云：尋，大竹名。戴凱之《譜》云：相繇既戮，厥土惟腥，三堙斯沮，尋竹乃生。按：尋竹已見《異形品》下卷，此處複見。

射的竹，小竹也。輕直勁利，世罕逢之，仙人取爲箭。《會稽記》曰：射的山南有白鶴山，漢太尉鄭宏常採薪，得一箭，奇之，頃有白鶴神至，取箭，問何所欲。宏曰：常患若耶溪載薪爲難，願旦南風暮北風。後果然。

不死竹，《齊民要術》云：《外國圖》云：高陽氏有夫婦相抱而死，神鳥以不死竹覆之，七年男女皆活。注云：不死人國在海極東，其人不死，居圓邱上，有不死竹木，亦猶《楚辭》所謂木蘭宿莽之不死也。

雲夢竹，《甘澤謡》云：許雲封言，雲夢之南鑒在柯亭之下，其竹可爲笛。以今年七月望前生，明年七月望前伐。過期不伐則其音塞，未期而伐則其音浮。初秋生筍。

鸞竹，生開封之進德里。昔孔希葵縱雙鸞其上，後鸞去而孔亦歸真。每疾風起，竹常作鸞鳴。

連理竹，梁《天監起居注》曰：十六年，連理竹生。《異苑》曰：東陽劉道先篩竹林忽有連理。

木竹，唐萬敬儒父母亡，廬墓五年。嘗插柳枝於墓左，倏變爲竹，木心竹表，今尚有之，在廬州合肥縣西北三十里公成鄉西公村。

爆竹，出袁州仰山爆竹巖，節踈鬆脆。除夕人家率取然之，爆響異於他竹。

騈筍，永州學正劉學海，名洄洙，云：昔居眉山，淳祐乙巳，家園忽産騈筍，

識者以爲祥。未幾，其父果登甲辰進士第。

石筍，宋政和間，延州永寧開大河岸崩入地數十尺，下得筍一林，凡數百莖，根榦相連，悉化爲石。沈存中云：延郡素無竹，此竹乃在數十尺土下，不知其何代物。無乃曠古以前地氣卑濕而宜竹耶？

石竹，未詳所出。近李容齋總管至宣城，與江東廉訪丁太初、盧踈齋訪鼇峰宫録嵇秋山，當軒石上盛栽菖蒲，其間乃有二竹並生，高二尺許，枝葉下垂，視之石也。云得之山中背陰處。附見於此，以廣異聞。

元 劉美之《續竹譜》（《説郛》卷一〇五引） 蜀土有狀若垂釣，俗名釣絲竹也。

毛竹，生武夷山。李義山詩云：安得流霞酒一杯，空中簫鼓當時回。武夷洞裏毛生竹，老盡玄孫不更來。

方竹，生嶺外，大者如巾筒，小者如界方。

瑞竹合歡，發地尺餘，分爲兩竿。

沙摩竹，生桂嶺，一人止可擎一竿。欲種則鉛其苗，截二尺許，釘入土，不踰月而生根葉。期年長芽筍，不三載而爲林。

簞竹，葉踈而大，一節相去五六尺。南人取嫩竹，細破搥漫之，織而爲布。

簏竹，皮上有文，可爲錯子。錯甲利勝於鐵，若鈍以漿洗之，還復快利。

《北户録》云：貞元年，有鹽户犯禁，逃于羅浮山，深入第内三嶺。《南越志》云：「本即有羅山，忽海外有山浮來相合，是曰浮山。有五嶺、三十峯、九百六十瀑泉，域中無出其右也。」見巨竹千萬竿，圍皆二丈餘，有三十九節。節長二尺許。逃者遂伐一竿，破以爲篾。會赦，遂挈以出。有人得一篾，奇之，獻之太守。李復乃圖而記之。今海南以竹爲甑者，屢見之矣。皆羅浮之竹也。

斑竹，世傳二妃將沈湘水，望蒼梧而泣，洒淚染竹成斑。

黄竹，穆天子作詩三章，以哀民，謂之黄竹之歌。

紫竹，其莖如染，出青城峨眉山，可作笙竽簫管。

椶竹，蜀中多有之，皮葉皆似椶，亦謂之桃竹。

猫兒竹，長沙有之，下豐上細，其笋甚甘美，大者重十餘斤。

斑竹，出峽州宜都州縣飛魚口，大者不過寸，鮮美可愛。顧凱之《竹譜》云：南嶺實頫，有毛竹、簹竹、青皮竹、木竹、釣魚竹、桃竹、越王竹。越根生石上，細荻，高丈餘。以其青色者用爲竹籌，越王棄餘算而生焉。篛竹，即節上有刺，南人呼刺爲篛，邕州舊以爲城蠻蜑來侵，竟不能入，即篛竹也。

明 楊慎《升菴集》卷八〇《錦竹》 杜子美有《從韋明府續處覓錦竹兩三叢》詩。黄鶴注云：考《竹譜》、《竹紀》無錦竹，意以其文如錦名之。《竹紀》有蒸竹、簹墮竹，其皮類繡，豈即此乎？余觀錦竹他無見，惟杜詩有之。劉會孟批杜《錦樹行》云：題曰錦樹，使人刮目。錦竹亦新，惜無拈出者耳。近閲梅宛陵集《錦竹》詩：雖作湘竹紋，還非楚筠質。化龍徒有期，待鳳曾無實。本與凡草俱，偶親君子室。又注其下云：此草也，似竹而斑。始知黄鶴有金注之昏耳。

又《扶竹》 武林山西，舊有雙竹院，中所産脩篁嫩篠皆對抽並肩。王子敬《竹譜》所謂扶竹。譬猶海上之桑，兩兩相比，謂之扶桑也。扶竹之笋，名曰合歡。按《律書》注：伶倫取嶰谷之竹，陽律六，取雄竹吹之。陰律六，取雌竹吹之。蜀涪州有相思崖。昔有童子丱女相説，交贈。今竹有桃釵之形，笋亦有柔麗之異。崖名相思崖，竹曰相思竹。孟郊詩曰：竹嬋娟籠曉烟。指此竹也。又有苦竹，黄苦、青苦、白苦、紫苦。孟浩然詩：歲月青松老，風霜苦竹餘。

明 慎懋官《華夷花木鳥獸珍玩考》卷五 帝竹 員丘帝竹，一節爲船。

沛竹

《神異經》曰：南方荒中有沛竹，長百丈，圍三丈五六尺，厚八九寸，可爲大船。其子美，食之可以已瘡癘。

龍公竹

羅浮山第三峯有竹，大徑七尺圍，節長丈二，謂龍公竹，常有鳳凰棲宿。貞元五年，番禺有海户犯鹽禁避罪羅浮山，入至第十三嶺，遇巨竹百丈，海户因破之爲篾，會罷吏捕逐，遂挈而歸。時有軍人獲一篾以爲奇貨，後獻于刺史李復。復命陸子羽圖而記之。許氏《説文》有長節竹謂之笯。黎母山有竹，節長丈許。得非羅浮山龍鍾之義乎？羅浮山東有溪曰羅陽，永泰中暑雨漲。有竹葉若芭蕉葉大，隨水出源。

盛弘之《荆州記》曰：臨賀冬山中有大竹，數十圍，高亦數十丈。有小竹生其旁，皆四五圍。下有盤石，徑四五丈，極方正，青如彈棊局，兩竹屈垂拂埽石上，初無塵穢。未數十里間，風吹此竹，如簫管之音。

桃竹

桃竹，江心蟠石上，出可爲杖。《竹譜》云：竹性中皆空，此竹獨實如木。

桃枝竹

桃枝竹多生石上，葉如小㯶櫚，人以大者爲杖。《竹譜》曰：桃枝竹皮滑而黄，可以爲席。

方竹

澄州産方竹，體如削成，勁挺，堪爲杖，亦不讓張騫筇竹杖也。其隔州亦出，大者數丈。

踈節竹

高潘州出千歲蕨、柱杖之類具多。更有踈節竹五六尺一節，僧道多以爲杖。按：最云溱州通竹直上無節，空心也。

人面竹

人面竹節密而凸，宛如人面，人采爲柱杖。

蘄竹

蘄竹，黄州府蘄州出，以色瑩者爲簟，節踈者爲笛，帶鬚者爲杖。唐韓愈詩：蘄州笛竹天下知，鄭君所寶尤瓌奇。携來當晝不得卧，一府争看黄琉璃。

由梧竹

《南方草物狀》曰：由梧竹，吏民家種之，長三四丈，圍一尺八九寸，作屋柱，出交阯。

紫竹

紫竹小而色紫，宜傘柄、簫笛用。

蔓竹

岑華山在西海之西，有蔓竹，爲簫管，吹之，若羣鳳之鳴。

斑竹

斑竹甚佳，即吴地稱湘妃竹者，其斑如淚痕，杭産者不如。亦有二種，出古辣者佳，出陶虚山中者次之。土人裁爲筯，甚妙。余携數竿回，乃陶虚者，故不甚佳。

越王竹

嚴州産越王竹，根於石上，狀若荻枝，高尺餘，上人用代酒籌。次有沙筯，産於海島間，其心若骨可籌筯。凡欲采者，須輕步從之，不爾聞人行聲，則縮入沙中不可取。陳藏器云：越王餘算，味鹹，生南海，長尺許。

《廣州記》曰：石麻之竹勁而利，削以爲刀，切象皮如切芋。

綿竹

綿竹篾柔軟，可爲諸般器物，竹中之最美者。白竹頗類綿竹，笋堪食，篾薄脆，不堪用。

猫竹

猫竹大者徑七八寸，高而堅實，笋生於冬者曰冬笋，不出土味佳。生於春者，乃成竹，可破篾爲筐筥及織壁用。笋長將開葉，砍浸作竹絲造紙，民利之。

叢竹

叢竹夏月始笋不可食，叢生茂密，鄉民多種之以代藩籬，亦可製筆。

箭竹

篠幹小，節長，葉大，堪作箭，俗呼曰箭竹。

澁竹

澁竹，膚麤澁如木工所用砂紙，可以錯磨爪甲。

簩竹

簩竹有毒，夷人以爲觚刺，獸中之則必死。

緑竹

緑竹，夏笋可食，土人重之。《詩·衛·淇澳》篇云：緑竹猗猗。按：陸璣《草木疏》稱郭璞云：緑竹，王芻也，今呼爲白脚蘋。或云：即鹿蓐草。又云：萹竹似小藜，赤莖節。《韓詩》作薄音篤，亦云：薄，萹竹。則明知非笋竹矣。今爲辭賦，皆引猗猗入竹事，大誤也。當時謝莊《竹贊》云：瞻彼中唐，緑竹猗猗。便襲其謬，殊乖爾。按：謝贊若佳，何不預《文選》，所以爲昭明之棄也，故盡引陸、郭之注疏云。

觀音竹

占城觀音竹如藤，長丈八尺許，色黑如鐵，每節長二三寸。

公孫竹

高不盈尺，可爲几案之玩。見《會稽縣志》

慈孝竹

其笋一年兩出，冬則外生，夏則內生，似有子母相顧之意，故名。

孤竹

薤山在穀城縣西南六十里，山有孤竹三莖，三年生一笋，笋就竹死，代謝不已。

護居竹

一名哺雞，言其笋如雞卵之多。見《無錫縣志》。

雜竹

《字林》曰：茸竹，頭有父文。《臨海異物志》曰：狗竹，毛在節間。竺法真《羅山疏》曰：領南道無筋竹，惟此山有之。其大尺圍，細者色如黄金，堅貞踈節。金猫竹，其節有金色。黄金間碧玉竹。見《無錫縣志》。雷州上貢電斑竹。垂絲竹，枝葉軟弱下垂。出雲南百夷。釣絲竹，類蕩竹，枝極柔弱。百葉竹，一枝百葉，有毒。黄蠟竹，堅實堪用，笋味尤佳。巴州俗以竹根爲酒注，爲時所珍。出叚氏《蜀記》。聖筍，嶺南諸山谷茅地中生笋，甚大，籜皆竹而根乃茅也，土人食之名聖。見《陳和愚集》。竹蕈生叢篠中，柔白如菌，人食之，先以灰煑，其汁如血，去汁再煑，味殊佳。宋陳仁玉《菌譜》云：生竹根，味極甘，嘗與筍通譜，而菌爲北阮矣。

又 卷九 慈竹，秋笋，高數丈。尾甚柔細如釣絲，又名釣絲竹。歷冬及春始開葉，其葉左右並列如鳥翎狀。初歲極嫩，士人破爲篾，裂以成麻，可爲履，號竹麻履。

李畋《該聞集》云：舊稱竹實爲鸞鳳所食。今近道竹間時見開花如棗，結實如麥，江淮號爲竹米，以爲荒年之兆，其竹即死。信非鸞鳳之食也。近有餘干人來言，彼有竹實大如雞子，竹葉層層包裹，味甘勝蜜，食之令人心肺清涼。生深竹林茂密處，頃因得之，雖日久枯乾而味尚存。乃知鸞鳳所食必非常物也。

天親竹

秦維言：雙竹自是一種，有成林者，因出三拄杖兩岐。後問浙人，云此是天親竹。有時出一番雙筍，故例皆分岐，亦非年年有之。

丁香竹

荆南判官劉或棄官秦隴、閩粵，篋中收大竹拾餘頳。每有客，則斫取少許煎飲，其辛香如雞舌湯，人堅叩其名，曰謂之丁香竹，非中國所産也。

蚱蜢竹

江湖間有一種野竹，其葉糾結如蟲狀，山民曰此蚱蜢竹也。

勒竹

宋志云：《林譜記》：中心堅塞，枝榦相交。《嶺表録異記》：枝上有莿，南人呼莿勒竹。東坡云：倦看澀勒暗蠻村。是此竹又名澀勒。見《典化府志》

雪竹

雪竹，出廣西，斑極大，色紅而有暈。

明 王世懋《學圃雜疏·竹疏》 竹類最繁，其載在《竹譜》者今不可盡憑矣。姑就耳目所覩記者述之。竹其名而種絶不類者曰樱竹，曰桃絲竹，産於交廣，質美色斑，可爲扇。管者曰麋緑竹，曰湘妃竹，産於沅湘間。名高而實不稱，色亞二竹者曰雲根竹，産於西蜀。雜篁叢生而筍味絶美，可上供者曰笋尖竹，産於武當山。大可爲椽爲器者曰猫竹。小而心實可編籬曰籬竹。最小而美可爲箭者曰箭竹。皆産於諸山。吾地海濱無山，種不可致，其餘則吾圃中無所不備矣。

竹之小而美者曰紫竹，曰金竹。而金竹中尤美者曰黄金間碧玉，色澤殊常，中界一道緑，尤可愛。有一種大者曰碧玉間黄金，稍不逮，然與黄金竹相對，廢一不可。余圃中俱不乏。

斑竹，笋不中食，大而鮮澤者色用可亞湘妃，亦佳竹也。

土竹之大者無如筀竹。筀有二種，一曰護鷄筀，大可視猫竹，而笋味佳，然絶無用，園林中供翫而已。次曰綿筀，小於護鷄，而筍味尤佳。

諸笋皆初夏所生，而獨嘉定之燕來筍既早而味絶佳，與新茶鬬勝。吾地尚堪種，郡城不可得，遠貽之以爲殊味。

竹之僅可爲筏者曰筏竹。

慈孝竹，叢生，笋以冬生皆在叢外若護其母，故曰慈孝。江閩間皆以編籬，閩種尤極長大，閩竹無他佳者，大都此種也。

竹之最小者曰鳳尾，曰瀟湘，其最小而可置几案間者曰水竹。以上皆余圃中所有。

明 彭儼《鐫五侯鯖》卷五《竹》 篠，竹箭。蕩，大竹。菌簬，美竹。雲母，大竹，出廣。竹曰青士。電斑，雷州貢此竹。瀟碧、玉潤、澁勒、玉槩。桂竹，毒，傷人不可救。

箭竹，節間三尺，堅勁，中爲矢。龍鐘竹，伶倫所伐，出羅浮山，葉似芭蕉。

篤竹，堪作笛，竹笋皆有毛。簹竹，宜爲屋椽。簑竹，皮青，內雪白，軟韌可爲索。

篿竹，可爲舟。衛丘山舜林竹亦可爲舟，一節一舟。漢竹，大者一節受一斛，小者可爲椑榼。衡州竹林，生筍五徹，梢無節目，人神之，名通天筍。䈥竹，出交趾，勁而有毒，刺虎即死。龍牙竹，出永嘉，人取之必有雷電，下山即止。龍公

竹，出羅浮山第三十一峯，有三十九節，葉若芭蕉。天帚，出天門山，角上各一竹，倒垂拂拭，故名。合歡竹，出九嶷山，笋長獨莖，及生枝葉分爲兩梢，故名。僕竹，出牢夷，其節相去一丈。箙音復竹，結子，每六年一結，花不爲妖。笛竹，長百丈，出南荒，圍三丈餘，可爲舟。對青竹，半邊青半邊紫，二色相應可愛，出成都。百葉竹，一枝百葉，毒傷人，又名篣竹。桃竹，産錦江心繙石上，竹實如木，可爲杖。拂雲箒，筮如指，竹杪葉細翠如帚，出廬山。少室竹，大可爲釜甑。垂絲竹，出雲南，枝柔軟下垂。

明 徐應秋《玉芝堂談薈》卷三六《竹不止六十一種》 晉戴凱之《竹譜》：竹之類六十有一。今略考之。曰鐘龍竹，黄帝使伶倫伐之于崑崙之墟，吹以應律者。曰員丘帝俊竹，一節爲船。曰籥竹，薄肌而勁。曰篁竹，堅而促節。曰棘竹，生交州諸郡，叢生有十數莖，大者二尺圍，肉至厚，實中，夷人破以爲弓。其笋食之，落人鬚髮。一名笆竹。曰筸竹，大者如腓，虚細長爽，南人取其筍未及竹者灰煮，續以爲布。曰弓竹，出東垂諸山中，長數十丈，既長且軟，不能自立。薛翊《異物志》云：斑駁如玳瑁。曰蘇麻竹，一名沙麻竹，長數丈，葉大如履，竹中可愛者，可以爲弓，五嶺左右徧有之。曰篠簩竹，葉薄而廣。《吴都賦》所謂竹則篔簹、篠簩，即越女試劍竹是也。桃枝是其中最細者。曰篻竹，生崑崙之北，南岳之山，長千丈，斷節爲大船。曰般腸竹，生東郡緣海諸山中，其形未詳。曰服傷竹，大者五六寸，其中實滿。曰挐摩竹，桂廣皆植，大若茶盌，竹厚而空小，一人止擎一竿，見《嶺表録》。曰笏竹，長三丈許，圍數寸，至堅利，土人以爲矛，可作彈弓弦。其筍未成竹時堪爲缺糾，又名史葉竹，又名篻竹。曰百葉竹，生南垂界，甚有毒，傷人必死，一枝百葉，因爲名，一名篣竹。曰谿簵竹，爲物叢生，見《吴都賦》。曰篃竹，一豐二種，至似苦竹，而細軟肌薄。曰蓋竹，亦大，肌薄，色白，生江南深谷山。曰簡篔竹，竹節疎，而笋可食。曰簩筒竹，見《吴都賦》，笋可食。曰雞脛竹，似篁，大者不過如指，疎葉黄皮。曰簏竹，似蘆，出揚州東郵，肌理匀淨，可以爲篪。曰箭竹，高者不過一丈，節間三尺，堅勁中矢。箘、簬二竹，亦皆中矢。簹竹，一尺數節，葉大如扇，俗謂之篏笴，可以作篷，亦可作矢。簩篠竹，中掃洒。細竹，若箭竹，可作箭。莽竹，疎節。鄰竹，堅中。簢竹，中空。仲竹，無笐。俱見《爾雅》。種龍竹、欐竹，見《廣志》。桃枝竹，皮滑而黄，可以爲席。篙竹，實厚脆，孔小幾于實中，安成以南有之。又桃竹，紅心，蟠石上出，可爲杖。《竹譜》云：竹皆中空，此竹獨實如木。利竹，蔓生若藤，實中而堅韌。漢竹，大者一節受一斛，小者受數斗。菡篷竹，大如脚指，筍皮未落，往往有細蟲齧之，䨱隕成赤，文似綉畫，可愛。木竹，出靈隱山中，堅，亦通節脉。菰菜竹，生于海南，内實外澤。晉竹，吴王賜越，見《吴越春秋》。永嘉大羅山有龍牙竹，其竹長四五尺，稀節，人取必有大風雨雷雹，人下山則止。《齊民要術》：䈽竹，笋無味。杜臺卿《淮賦》有梹榔竹。身毒國出笻竹，可爲杖，一名狹竹。張騫西至大宛所得，見《漢書》，一名芀竹。《廣志》：新州石城陝隘，宋紹興中，州守黄濟植芀竹，圍繞之，竹有刺芒棘華然，一豚不能入。澁勒竹，有芒，可以剉瓜，見《老學庵筆記》。谿梧竹，長三四丈，圍一尺八九寸，可作屋柱，出交趾，見《南方草木狀》。茸竹，頭有父文，見《字林》。狗竹，毛在竹間，見《臨海異物志》。無筋竹，色如黄金，堅貞疎節，出嶺南，見竺法真《羅山疏》。石麻竹，勁利，可爲刀，見裴淵《廣州記》。苞竹，堪作布，見顧微《廣州記》。實心竹，文彩斑駁，可爲器物。又垂絲竹，枝弱下垂，見《雲南記》。咸都有對青竹，黄而溝青，浙亦有之，惟會稽頗多，呼爲黄金間碧玉竹，見《養疴漫志》。護居竹，見《無錫縣志》。竹，如苦竹，長節而薄，可作屋椽。蔓竹，青皮，肉白如雪，軟韌可爲索。三棱竹，狀若欔櫚，葉莖柄三脊。射竹，爲箭。峽州玉泉鬼谷子洞前竹，竹葉有文成符，葉葉不同，佩之可以辟患，見宋陳日華《瑣碎録》。有匾竹，出廬山，釋惠遠使鬼神，號辟蛇行者，捻此竹爲匾竹，筍出便匾。建安篔簹竹，一名簞竹，節中有人，長尺許，頭足皆具，大者中甑，笋亦中射个，見《異苑》。雷州有電斑竹，見《地理志》。相迷竹，内空生黄，堪作丸。鏞竹，内空容三升米，亦生黄，俱出廣州。新婦竹，出武林，竹圓直，可作篦。高潘州有疎節竹，五六尺一節。《通志》：竹之良者，有篁竹，又溱州通竹，直上，無節、空心，見《北户録》。桂陽縣出筆竹，大者圍二尺。又交趾有簞竹，實中，有毒，以刺虎，中之則死，見《山海經》注。辰州有龍絲竹，高盈尺，細如針。江湖間一種野竹，其葉糾結如蟲狀，名蚱蜢竹，見《語異録》。當塗縣慈姥山有簫管竹，圓緻，異於他處篁，堅而促節，皮白如霜粉，蜀嘉定産。月竹，每月生笋。漢陽出篾笮竹。《南方草木狀》：扶南有雲母竹，一節爲船。《山海經》：舜林竹，一節可爲船。羅陽竹，若芭蕉。黎母竹，每丈一節。臨賀竹，其大十抱。人面竹，有節，一覆一仰如畫人面，廣西出。雪竹，斑極大，紅而有暈。蜀涪州有相思竹，對抽並肩。䈡篣竹，《異物志》：南方思牢國所産，可礪指甲。李商隱《射魚曲》：䈡篣弩箭磨青石，綉額蠻渠三虎力。字又作澁勒。東坡詩：「倦看澁勒暗蠻村。」合歡竹，出南嶽下渚州。安思縣多苦竹，有青、白、

紫、黃四色。浙中有天親竹，末皆兩岐。成都府彭縣大隋山生竹，若龍頭，俗呼龍頭竹。九嶷山有雙稍竹，初生枝葉即分兩稍，亦名合歡竹。荻蘆竹，冬天不凋，其竹似蘆荻。鶴膝竹，節下大小似苦竹，閩中人呼爲槌竹。石邉竹，生閩中，竹似石竹而小。古散竹，節似馬鞭，葉似桐樹而小，皮似栟櫚。篨竹，出襄州臥龍山諸葛亮祠中，長百尺，只稍上有葉。《雪峰語録》：雪峰爲刹，與經蔣諸山相甲乙，岡巒百里間皆龕竹。玄倭國有條幹竹。少室山有爨器竹。又谿《廣志》，永昌有漢竹，圍三尺餘，大者一節受一斛。【略】有篩竹，一名太極竹，可以爲船。占城國出觀音竹，如藤，長丈八尺，其色黑如鐵。會稽縣有公孫竹，高不盈尺。越州産越王竹，狀若荻枝，可代酒籌。次有沙筯竹，欲採者輕步從之，聞人聲則縮入沙中。羅浮山有龍公竹，大徑七尺，常有鳳皇棲宿。蓬山有浮筠竹，葉青。梧竹，可作屋柱。奉化新嶺山生竹，高僅五寸，葉皆白色。清江縣瑞筠山有竹，色如爛銀。《齊民要術》：蕪竹、黑皮竹，汗有文，莖紫，子如大珠。郭璞云：怪竹出始興小桂縣，上合防露，下疎來風，每日出羅紈金翠，望若花開山經。雲山有桂竹，甚毒，傷人必死。一曰狀如甘竹，而皮赤。方竹，見《寧波志》，葛仙植於定海靈峰者。《益部方物志》有方竹。贊《筍譜》：方竹出澧州西游川鐵治辰山之陽。《北户録》：澄州産方竹，體如削成，勁挺，堪爲杖，隔州亦出，大者數丈。又黑竹，出西山，長二尺許，如指大，純墨色，葉玄碧，見文太史《墨竹銘》。蘄水縣鳳棲山下有王羲之洗筆池，崖邉小竹俱成墨色。《筍譜》：道州瀧中多月竹，每節一丈或八尺，莖不大，裊裊揺空，粉節上似有丹色。《竹譜》：宜都縣飛魚口有紅竹，大者不過寸許，鮮明可愛。黔陽縣赤竹岡，岡壟糾盤，叢生赤竹。《雲窗褋志》云：波竹，出區吴山，紫枝緑葉，花如石榴，實如蓮子，服之體輕。趙飛燕舞於掌上，服此實也。《暘谷漫録》：張堂云：同邑安福西鄉周俊叔家，有十二時竹，繞節凸生子丑寅卯十二辰字，點畫可數。《清異録》：荆南判官劉彧棄官秦隴，篋中收大竹十餘顆，每飲客則斫取少許煎飲，其辛香如雞舌，人堅扣其名，謂之丁香竹，非中國所産也。《睽車志》：紹興中，四明有巨商泛海，阻風抵一山下，因攀躡而登絶頂，有梵宫焉。窗外竹數個，枝葉如丹，商堅求一二竿，截之爲杖。每以刀鍥削，輒隨刅有光，心異之。至一國，有老叟曰：君親至補陀落伽山，此觀音坐後旃檀林紫竹也。商驚悔，取削棄餘札，寶藏之。有久病無藥可愈者，煎湯飲之即愈。蓋不止六十一種也。

明　周祈《名義考》卷九《竹》　竹類甚多，《本草》所載，惟篁、淡、苦三竹而已。按《竹譜》：篁音斤，其竹堅而促節，體圓而質勁，皮白如霜。大者宜刺船，細者可爲笛。淡竹，肉薄，節闊，有粉，南人以燒竹瀝者。苦竹有二種，一種出江西及閩中，本極麄大，味殊苦，不可噉；一種出江浙，肉厚而葉長濶，笋微有苦味。俗呼甜苦笋，食品所最貴者，不入藥。

明　謝肇淛《五雜俎》卷一〇《物部》　《竹譜》曰：竹之類六十有一。余在江南目之所見者，已不下三十種矣。毛竹最鉅，支提、武夷中有大如斗者。太姥、玉壺庵竹生深坑中，乃與崖上松栝齊稍，計高二十餘丈。其最奇者，有人面竹，其節紋一覆一仰，如畫人面然。又有黄金間碧玉竹，其節一黄一碧，正直如界然。有龕竹，見《雪峰語録》。今雪峰有之，其它不可殫紀也。【略】

廣南多巨竹，剖其半，一俯一仰，可以代瓦。《桂海虞衡志》載傜人以大竹爲釜，物熟而竹不灼。少室山竹堪爲甑。《山海經》：舜林中竹，一節可爲船，蓋不獨爲椽已也。

高潘州有疎節之竹，六尺而一節。黎母山有丈節之竹。臨賀有十抱之竹。南荒有芾竹，其長百丈。雲母竹，一節可爲船。永昌有漢竹，一節受一斛。羅浮巨竹，圍二十尺，有三十九節，節長二丈。此君巨麗之觀，一至於此。

箘竹，細竹也，長數尺許。其筍冬夏生，可食。近日黄白仲詩有「箘竹爲椽」之語，誤矣。

東南之美，有會稽之竹箭焉。竹自竹，箭自箭，乃二物也。《異物志》：箭竹細小勁實，可爲箭，故名之。而竹之用多，又不獨爲箭已也。【略】

竹名妬母，後筍之生必高前筍。竹初出土時，極難長，累旬不盈尺，逮至五六尺時，潛記其處，一夜輒尺許矣。

明　姚旅《露書》卷一〇　廣州龍竹大如桶，可爲甑。葉長七八尺，濶尺有半。朱圖南異之，云：可題詩二三首。

閩中竹品甚多。莆中業有二十四種：曰樱竹、湘妃竹、木竹、筀竹、苦竹、淡竹、猫竹、箭竹、赤竹、緑竹、慈竹、紫竹、釣竹、含築竹、方竹、桃竹、石竹、鳳竹、佛眼竹、箬葉竹、桃枝竹、斑桃枝竹、篔簹竹。王敬美謂：閩中大都有慈孝竹，無他佳者，亦耳視矣。

明　焦周《焦氏説楛》卷三　扶竹，即雙竹，又名相思竹，笋名合歡。伶倫取雄竹吹六律，陰竹吹六吕，出蜀中。筀竹，名防露，傷人則死。庾開府詩：「含風

摇古度，防露動林於」、石介詩「斷霞半赭燕脂木，零露偏留筆竹叢」是也。亦出蜀中。溢勒竹，即箯簩，可礪指甲。崔鶠詩「時一出輕芒，皚皚落微雪」、李商隱詩「思簩弩箭磨青石，綉額蠻渠三虎力」、東坡詩「倦看溢勒暗蠻村」是也。今廣中新州有之。《異物志》云：産思牢國，防露可對拒霜。

又　卷四　劉或棄官，遊秦、隴、閩、蜀，篋中收大竹十餘藾。客至，斫少許，煎飲，辛香如鷄舌，謂之丁香竹。

秦維言雙竹自是一種，名天親竹。有時出一番雙笋，亦非年年有之。

又　卷五　月竹，嘉定州産，每月生筍。

江湖間有一種野竹，葉糾結如蟲，山民曰此「蚱蜢竹」也。

又　卷五　湘中斑竹，方生時，每點上有苔錢，封之甚固。土人斫竹浸水中，草穢洗去苔錢，則紫暈斑斑可愛。退之詩「剥苔弔斑竹，角黍餌沉塚」是也。

又　卷七　段文昌曰：《竹譜》類有三十九。贊寧曰：戴凱之《竹譜》類有六十一。《筍譜》類有九十四。

明　周文華《汝南圃史》卷二《竹木部·竹》　《竹譜》所載竹類甚詳。今止就吴地所種者而次之。一曰毛竹，遍身毛刺。其本堅厚，需用最多。其葉大，即青箬，取作笠及舟蓋諸用。笋冬初即生，名潭笋，味最鮮，出荆溪、苕溪、剡溪一帶山中。過玉山入江右，東粤所産則味苦，以石灰醃過方食，其味失矣。此竹非種山土不活。一曰護基竹，本高大而葉粗，種易盛，宜於園宅，故名護基。四月生笋，肥而甘。一曰燕竹，三月初燕來生笋，故以燕名。其本青細，笋味鮮，喜潮鹵地，故嘉定、上海獨盛。一名貴竹，五月生笋，又名五月貴，即淡竹，又名五月淡。一曰紫竹，高可丈餘，大僅手握。相傳可劈篾，又名篾竹，亦易茂，笋苦不可食。紹興中有商泛海，阻風山下，見一僧背後有竹，斬之作杖，隨刃有光，倏忽即是落伽山觀音座後旃檀林。紫竹，又名觀音竹，可作簫笛。一曰斑竹，《博物志》云：洞庭之山，帝二女揮涕於竹，竹盡生斑，又名斑皮竹。長短大小不等，可作扇邊，又與紫竹竝取充文房諸具之用。一名金竹，幹色純黄似金。一名黄金間碧玉，幹青黄色，間節或一節半青半黄。一曰方竹，本方，可徑寸而長，似紫竹。種出天台，近有移至吴中亦活。一曰慈竹，《述異記》曰：漢章帝三年，子母竹笋生白虎殿前，時謂之孝竹，群臣作《孝行頌》。李太白《姑孰十詠》有慈姥，《行海録》曰紫雲，蓋慈竹也。其本叢生，其色與形俱與他竹迥別。冬夏俱出笋，冬繞於母竹之外，夏生於母竹之内。人取其慈孝名義多植之，種極易生。一曰鳳尾竹，高五六尺，本細葉多，形如鳳尾，庭砌可種。一曰水竹，作盆中清玩，喜瘦不喜肥，宜澆水及冷茶。

明　吴雨《毛詩鳥獸草木考》卷一六《竹》　竹，物之有筋節者也。性喜東南引生，故古之種法云：斸取東南，引根於園角西北種之，久之自當滿園。語曰「西家種竹，東家治地」，言其滋引而生來也。舊説竹率六十年根輒一易，即花實而枯死，實落於土復生，六年成疃。今俗呼竹爲妬母草，言筍旬有六日即齊母也。其種不一。有桂竹，傷人以死。箭竹可爲矢。桃枝竹可爲席。篁竹似桂而概節。篛竹長二尺，圍數尺。鈎端竹、笻竹高節實中。種龍竹可作笛。云母竹、攤竹細而多刺。箯竹、汮竹節間有毛。篃竹一尺數節。由梧竹堪爲梁柱。斑竹、篔簹竹大可竹甑。苦竹、射筒竹、沙摩竹、石麻竹爲刀，切象皮如脂。笣竹堪爲布。雞頸竹、菡竹、奔竹、𥳇竹、篸竹、仲竹、簩竹、漢竹、利竹、林於竹、晉竹、沛竹、棘竹、篃竹、弓竹、簜竹。

明　高濂《遵生八牋》卷一六《竹譜》　《竹譜》曰：竹之品類，六十有一。述其常品記之。《志林》云：竹有雌雄，雌者多笋。

蘄竹

蘄竹，黄州府蘄州出。以色瑩者爲簟，節踈者爲笛，帶鬚者爲杖。唐韓愈詩：蘄州笛竹天下知，鄭君所寶尤瓌奇。攜來當晝不得卧，一府争看黄琉璃。

斑竹湘妃竹

斑竹甚佳，即吴地稱湘妃竹者。其斑如淚痕，杭産者不如。亦有二種，出古辣者佳，出陶虚山中者次之。土人裁爲筯，甚妙。余攜數竿回，乃陶虚者，故不甚佳。

方竹

澄州産方竹，杭州亦有之。體如削成，勁挺，可堪爲杖。亦不讓張騫笻竹杖也。其隔州亦出，大竹數丈。

孝竹

杭産孝竹。冬則筍生叢外以衛母寒，夏則筍生叢内以涼母熱。其竹幹可作釣竿，叢生可愛。

黄金間碧玉竹

杭産。竹身金黄，每節直嵌翠緑一條，不假人爲，出自天巧也。

碧玉間黄金

杭産。竹身全緑，每節直嵌金黄一條，亦天成也。二竹絶妙。

雪竹

廣西産者斑大而色紅，如血有暈。

鈸竹

西蜀所産，下有尺許，花文可愛，即卭竹也。

欆竹

廣之東西咸産之。葉如棕櫚，畏寒，不宜於南。

桃竹俗名桃絲竹也。

古姚有之，似棕竹而花紋粗，質鬆，色淡於欆竹。

紫竹

杭産。色紫黑，可作笙簫笛管，諸用俱可。故雅尚者多畜之。

異竹一十一種

涕竹

南荒有涕竹，長數百丈，圍三丈六七尺，厚八九寸，可以爲船，其笋甚美，可療瘡癘。

棘竹

一名笆竹。節皆有棘，數十種爲叢。南夷種以爲城，堅不可攻，或自崩根出，大如酒甕，縱横相承，狀如繅車，食之人髮盡落。

𥳽𥯨竹

𥳽竹皮薄而空，徑不餘二寸，皮上有粗可爲銼子。銼甲利勝於鐵，若鈍，以漿水澆之，如舊快利。

箘𥳁竹

箘大如脚指，腹中白幕攔隔狀，如濕麩將成。而筒皮未落，輒有細蟲齧處成赤跡，似繡畫可愛。

慈竹

夏月經雨，滴汁下地生蓐，似鹿角，色白，食之止痢。

筋竹

南方以爲茅刃，笋未成，竹堪爲弩弦。

百葉竹

一枝百葉，有毒。

桃枝竹

東宫有蕪地，西接大海，有長洲，多桃枝竹，緣岸而生。

癭竹

東洛近溪忽有竹生癭，大如李。

羅浮竹

羅浮有巨竹，萬千竿連至岩谷。圍二丈有餘，有三十九節，節二丈許。南方以竹爲甑類見之矣。

童子寺竹

唐李衛公言，北都童子寺有竹二窠，纔長數尺。相傳其寺綱，每日報竹平安。

明 鄭仲夔《玉麈新譚·偶記》卷一《天親竹》 天親竹，一根兩岐，當春每發雙筍。又衡州人家有筍，徹梢無節目，名通天筍。又有一種野竹，其葉糾結如蟲狀，鄉人呼爲蚱蜢竹。

明 馬嘉松《十可篇》卷七《竹》 澄州産方竹，如削成，可用爲杖。溱州産通竹，直上無節而空洞。

成都有竹，青黄相間，謂之黄金間碧玉。

蘄州常産十二時竹，其竹繞節凸生子丑寅卯等十二字。

猫竹爲上，空山緑雪，永日忘歸。

又 卷九《月竹》 月竹，嘉定州之産，每月生笋。

州人何幸，時食鮮笋。

明 方以智《通雅》卷四二《竹葦》 員丘，即路人竹。由衙、太極、雲母、濮竹、沙摩，皆大竹也。無節曰通竹，長節曰篔簹。晉武昌戴凱之《竹譜》：凡六十一，大者員丘帝竹，即《山海經》衛丘俊林竹。郭注：舜林者也。岳山，尋竹生焉。簹與由衙，土人用爲梁柱。《神異經》曰：竹名太極，長百丈，南方以爲船。嵇含曰「雲丘竹，一節爲船，出扶南」，即此。負丘當作員丘。《王會》曰：路人大竹。注：以潞爲赤狄，恐在北方無此大竹也。《河圖》曰：少室山大竹堪爲甑器。《廣志》：雲母竹最大。李石言：漢竹，大者一節受一斛。晉常璩《南中志》言：寧州有濮竹，節相去一丈，受一斛許。即李石所謂矣。元劉美之云：桂嶺竹之花出者曰沙摩竹。東璧曰：有無節竹，出溱州，空心直上，即通竹也。《竹譜》：篔簹但云多植水渚。智按：羅浮山竹，節中過丈，此東璧所稱篔簹也。其

曰龍公竹，葉若芭蕉。其龍鍾，大竹之説乎？兩廣今多刺竹。竹生卷曲煩猥。《竹譜》名爲笆竹，李石名爲攡竹，可作籬笆也。嵇云：九真、交趾出石林竹，可切象皮。又出簞竹。大秦出箟簩，以鎊犀象，利于鐵。東璧謂：澁者以錯甲，謂之箟簩。簞竹，凱之作單。今梧州有單竹、泥竹之稱。單竹可爲篋。慈孝竹則叢竹，四時筍。江南竹則葉肥幹薄，不可爲篋。箬葉大可裹粽，夾蓬者也。竹小者曰鳳尾竹、瀟湘竹。《草木狀》言：越王竹，高尺餘。東璧言：辰州龍絲竹，細僅如絲，高不盈尺。今廬山有千里竹，高亦數寸，而葉不甚小，又一種也。鄧潛谷載：觀音竹種之于盆，可玩。《廣志》：有觀音竹、瓔珞竹、析尾竹。方竹，出君山。閩浙詹同以方竹獻，取其四稜。廉隅《益部方物記》贊方竹，中實但小耳，此未見。《北户録》：澄州之大方竹也。紫竹、斑竹，皆有大者，又有極小如瀟湘竹者。廣西仙迴深山有之。條竹實心。笞竹、刺竹及筋竹皆實心。瑶星曰：洑蕒《暘谷漫録》載：安福西鄉周俊叔者，嘗得十二時竹一根，植于家。十秊餘，笋而竹者纔得三枝，繞節凸生十二字，點畫可數。智以此近妖異，如柳葉虫文耳。如顧邇園所記，華嚴寺佛面竹作筒，即人面竹之大者。僧侈其名，遂信之邪？《襍俎》言：篙墮如綉畫，百葉爲一枝，五色綫引。梁簡文《修竹賦》有玉潤、桃枝、魚腸、金母之名，此不足異也。魚腸，筋竹。金母，謂黄淡竹也。

筍，亦曰箘。箭，簸苛。《禹貢》之篠，《爾雅》禮器之箭竹也。《吕覽》：越駱之箘。注：竹筍也。《考工》疏：箘，竹聆風。或竹箬篦，箭竹也。湛若曰：俗謂之簸苛。簸，苦怪反。智按：冬獻筍，即冬筍也。箭，竹叢生，小而疎節，節或長二尺。山澗旁生，南方作矢。白下取爲箸。《譜》曰：箭亦箘徒，謂之簸竹，可蓬可矢。荆州貢箘、簵、楛，皆可爲矢。陸璣曰：楛似荆，赤莖，似蓍。上黨人爲牛筥。智按：楛木爲矢，非箭竹也。箘、簵，堅竹。篠，箭竹。簜，大竹。

桃枝，非一種。范成大言：桃枝似小稯。劉美之亦曰：稯竹，皮葉皆似稯，亦謂之桃竹。則與《爾雅》「桃枝，四寸有節」者又殊。今南都扇肆中，假克稯竹者，名桃絲竹，或即桃竹。贊寧《筍譜》有三棱竹，筍狀若稯，闊莖，柄有三脊。東坡曰：子厚詩「桃笙葵扇安可常」，偶閲《方言》「簟謂之笙」，乃悟桃笙以桃竹爲簟也。梁簡文曰：五離九折，出桃枝之翠笋。桃竹出巴渝閬。杜子美有《桃竹杖引》。智考：桃竹，觔竹、蔓竹之類也，最細，然大于篠箭。《肇慶志》有桃竹。東璧曰：滑者爲席，曰桃枝。凱之曰：方志賦桃枝，皮赤，編之滑勁。《顧命篇》所謂篾席也。郭璞注：《爾雅》加竹字，人言桃竹短節，余見節長踰尺，豫章有之。《山海經》：木有桃枝。又《廣志》：桃枝出朱提郡，曹爽所用者也。則草族木類自别有桃枝耳。智見今有夾竹桃，枝葉如竹，而花如桃花。《太平廣記》：俱那衛，葉如竹，三莖一層，莖端分條，如顏桐，花小類木槲，出桂州。《羅浮山記》云：那衛，外國樹，英花紅粉。此亦夾竹桃之類也。《山海經》：有桃枝、鈎端、箭簵。郭注曰：鈎端，桃枝類，漢中出。簵竹，厚裡而長節。東璧且以鳳仙爲夾竹桃。

扶竹，即邛竹。《山海經》：龜山多扶竹。郭注：邛竹也，名扶老竹。陶潛策扶老。又見蔡順傳注。

今所謂桂竹，古之筆竹也。旴江曰：筆竹可絲，以制器，又可刺船，江楚常用之。《本草》以爲桂。《竹譜》之桂竹云：二尺圍，而皮赤，潮州出，赤竹是也。《山海經》曰：靈原桂竹，傷人則死。是桂竹又有二種矣。

矛竹，非苗竹也，鄧潛谷以爲貓竹。《竹譜》有矛竹。劉淵林云：外國有以史葉竹爲矛，余所聞是筋竹。智按：即廣之利竹，實中堅韌者也。《綱目》以爲矛竹。又載苗竹云：一節尺餘，出吴楚。潛谷曰：筍如貓頭，故名。劉美之載：貓兒竹，筍重十餘斤。又載：毛竹出武夷，此竹江楚賴之。凡事可用，嫩者造紙。《譜》無此名，倘即所謂簜竹。蓋竹乎貓竹不生于北方，北方竹皆筆也。朱子改王芻、箓竹爲今竹。鄧潛谷是之。然北方大都竹少。《水經注》：美溝水東南注淇水，《博物志》謂之奥水，流入于淇。漢武塞決河用淇園之竹。寇恂守河内伐竹淇川治矢。今無復此物。惟王芻、萹草矣。

澁勒，竻竹也。無功言：庾新野詩「防露動林於」，見《竹譜》。智按：今《譜》作箊字。王洙《筆録》有書箖箊亭額。東坡詩：「倦看澁勒暗蠻村。」澁勒，嶺南竹也。《草木子》：竹葉，一名斤斤。《輟耕録》：竹瀝名火泉。智按：《肇慶府志》有竻竹，即李石所言之攡竹也。有刺而堅，村村以爲籓落。土人呼爲勒竹，或云棘勒。東坡所謂澁勒，應是海南一帶鄉語耳。《本草綱目》有竻竹。今韻書無竻者。孫愐收竻字，音勒，以爲竹根。《綱目》之竻，正竻字之訛。升菴以箟簩即澁勒。

笋，一作箰、萑、筍。許慎訓爲竹胎，一曰龍孫。馬援以《禹貢》之包即筍也。宋人小説曰：老杜詩曰：「竹根稚子無人見，沙上鳧雛並母眠。」唐人食筍詩曰：「稚子脱錦棚，駢頭玉香滑。」因竹孫名稚子也。贊寧曰：竹根大鼠，名竹豚，亦名稚子。按：是《玉篇》鼯也。《莊子》「羊奚比乎不箰」，即筍字。又作萑、

栒、箕。《爾雅》：筍，竹萌，以旬而成竹也。周密以竹萌出《周禮》注，何不直引《爾雅》。程泰之言：老杜稚子爲雉雛。唐人食筍詩未可據也。《筍譜》曰：馬援見冬苞筍。上言《禹貢》「厥包橘柚」之包，即此。冬苞筍，貓竹筍也。《廣志》：魏漢中守王圖，每冬獻筍。越中糞地，斷竹種根，土坼十字，即鍬其筍，拭而蒸之焙之，尠甚。天目青筍，廬山拳筍，皆小竹也。南岳擣爲筍膏。閩筍如木，下矣。

清 高士奇《北墅抱甕録》 鳳尾竹

巖畔堂外，小院數弓，有白石遶牆下，堆叠有法，上植鳳尾竹一叢。長不盈丈，纖枝婀娜，翠葉森發，晚晴風過，洒然絶塵。

慈竹

慈竹心實而節疎，灌生上挺，鞭不旁行。其笋於八月間發。窗前陰閒，不宜樹木之處，即種之，其下培蒔秋海棠、鳳仙諸卉，甚覺相宜。

毛竹

毛竹大者圍徑二尺許，刳其根爲筆牀、酒盞等器，諸用畢給。林中多野雉、鳴鴝之聲，極其清越，與竹籟相應。昔人謂園居者須是三分水、二分竹、一分屋，庶幾近之矣。

斑竹

斑竹碧榦紫紋，娟凈莫比，修篁塢中，皆植此種。新梢乍放，殘粉未消，對之令人神遠。

清 陸廷燦《南村隨筆》卷一《綿竹》 貴州關索嶺關帝廟在高臺之上，臺下有竹絶奇，名曰綿竹，俗號旛竿竹。圍大如青松，六七月方抽笋，至來年春二月方布葉。《滇行紀程》云。

又 卷五《異竹》 凡竹皆中空，而廣藤竹中實。王新城夫子《隴蜀餘聞》云：嘉州有月竹，每月輒生笋。周亮工《閩小記》云：劍津西山有朱竹，丹如火齊，但余三過延平，留意覓之，竟未得見。溱州產通竹，直上無節而空洞。蘄州嘗產十二時竹，其竹繞節，凸生子丑寅卯等十二字，尤足異也。

清 袁棟《書隱叢説》卷一五《朱竹》 畫中有作朱竹者，古無所本。起自東坡《閩小紀》云「劍津西山數頃，琅玕丹如火齊」，乃知真有此種竹也。又道州瀧中有丹竹，宜都飛魚口有紅竹，黔陽有赤岡竹。

清 謝堃《花木小志·竹》 竹之種類不一，大者如椽，小者似草。《譜》載六十一種，可謂詳備。然友人從遼東來，遺余一種名脆竹，長尺餘，節葉蕭疎。長養於繫水石上，置石於盆，盆貯凈水供於案頭。每當清風徐來之際，颯颯然有天外真人之想。

清 陳鼎《竹譜》 回春竹

產嶰谷中，作笛吹之，能回寒谷陽春。節長而葉大，青葱如碧玉。擲地有金聲，然易碎，墜地無不破者。嗟乎！物之美者，固易於摧折耶？今嶰谷久已絶種，安得復生于萬箇，作笛千萬枝，令知音者吹之，俾大地無日不陽春也。

孝子竹

江南北俱產，但種不多，歲兩產笋。夏則生母竹中，不欲蔽母竹涼風也。冬則產母竹外，恐寒風攻母竹也。土名孝順竹。嗟乎！物無情者也，有冬温夏清之意，可以人而不如竹乎？

忠臣竹

產荆州公安縣冦萊公祠前，又呼爲萊公竹。相傳冦萊公謫雷州，卒，歸葬西京，道出公安，邑人祭而哭之。插竹地上，以掛楮幣，逾月枯竹盡活，歲餘笋成林。人以爲忠貞之感，故名。

君子竹

產渭川。每千竿必有一竿高出羣竹之上，迥然獨立，如雞羣鶴焉，以異於衆竹，故名君子。嗟乎！渭川千畝竹，不知其幾千萬竿也，然每千竿必有一君子。今天下大矣，兆庶如林，竟無一君子，何哉？豈人而不如草木耶？悲夫聖人，吾不得而見之，得見君子者，斯可矣。對斯竹也，能無君子之思乎？笋甘香如桂馥。

王侯竹

產江浙。色如黃玉，節高而葉細，質最堅，笋甘。此竹植衆竹中，衆竹即不茂。衆竹植此竹中，亦即不活。有王侯獨尊之象焉。

方竹

產山東登州。堅勁可作杖。天台山中亦產，然堅勁不如登州，而青翠過之。湖廣岳州君山亦產，則皆柔軟而長者矣。此竹實多虚少。

碧天霞

產廣東儋州。節長三尺，大不過錢圍。葉亦長三尺，其色如雨過天青。

鳳尾竹

產海南厓州。竹梢如鳳尾，葉類鳳毛，故邱瓊山有「月落斜穿金鳳毛」之句。

羅浮竹

産羅浮山。長十餘丈，每節長丈餘，大徑尺。有五色蝴蝶大如箕，育子於葉。

符篆竹

亦産羅浮。竹小而葉大，有文如篆，若蟲蝕然，土人謂之竹葉符。

玳瑁竹

産廣西近交趾地。幹色如玳瑁，明亮直透於内，笋味甘，籜亦斑斑可愛。

太史竹

産將樂縣。土人搗以作紙極潔，號曰玉版。笋味苦，不堪食。以其可作紙，故名太史。

展誥竹

閩粤俱有此竹。其形如展誥軸狀，又若手卷從兩頭卷合者，然背圓而面凹。大者可作筆桶，置之案頭極文雅。

龍頭竹

産山左登萊山中，華山巴蜀亦有之。根狀龍頭，腹實，止通一線，堅勁可作杖。

高蓋竹

産貴州貴築土司中。長三丈，下無枝葉，及頂方生枝葉，亭亭如蓋。

燕來竹

吴下極多此種，笋最早，燕子來時即生矣。味甘脆，可餐，與護基竹性相近。此二竹最易盛，每植一二株，三年成林。

龍尾竹

産瓊州五指山中。高十餘丈，大如拱。土人鋸節作木桶及盛酒之用。其梢枝葉不散，狀如龍尾，故邱瓊山有「兩餘倒拔蒼龍尾」之句。

香沙竹

産臺灣雞浪山中。最長大，葉黄而幹赤。土人采以作屑爲香，焚之臭如栢子。

合歡竹

兩竹並生，節節相對，無毫末參差。伐其一，則其一必槁。土人呼爲鴛鴦竹。廣西潯州山中最多。

桃笙竹

産四川保寧郡萬山中。節高而皮軟，殺其青可作簟，暑月寢之無汗，故人呼簟爲桃笙，以竹名也。

篔簹竹

産川廣之交茅隆山中。青圓堅潔，風來相戛，聲如鳴玉。開紫花，結實如菽，即鳳鳥以爲餱糧者也。嗟乎！鳳鳥久不至矣，此竹結實何爲？

美人竹

産中州伊洛之間。幹扁而色青，笋亦甘香可啖。葉如柳葉，狀美人之眉，故以美人呼之。植之曲檻，月下風前，楚楚可愛。當秋宵春晝，焚香獨對，如擁十二金釵，呼之欲應。

錦竹

産鄖陽竹山縣山中，房山山中亦有之。幹文如錦，陸離可愛。葉長尺許，可爲笠。

湘妃竹

相傳舜崩蒼梧，二妃追至，哭帝極哀，淚染於竹，故斑斑然如清淚痕也。有數種，最佳者其文如螺旋而色紫，不文處則碧如玉。永州最多，湖南諸郡俱有。又名瀟湘竹。

昭君竹

産歸州昭君故居。凡竹至秋冬，雖不凋，然老葉必黄落。惟此竹之葉，如不生新即不脱，故經年如是。嗟乎！豈與塞外塚草青青同一勁耶？

綿竹

産貴州鎮遠山中。堅圓勁直，狀如陽羡牙竹。然曲之可爲栝棬束縛，經歲縱之，挺然復直。嗟乎！此竹不當以綿稱，合以剛字之斯可矣。

箭竹

細如箭桿，堅勁而直，可爲箭，蓋竹材之最良者也。貴州鎮遠山中頗多，雲南楚雄、麗江諸郡亦産，江右撫州靈谷産者更佳。附以利鏃能洞甲。

龜脚竹

産朝鮮國山中。其葉如龜脚，幹上之紋亦然，其色蒼黑而微緑。

珊瑚竹

産安南國三江府天琹山中。無葉有枝如鹿角，色赤如珊瑚，至冬則色黑，立春又赤。苗人以之紀歲。

九曲竹

産占城國不勞山中。其幹九曲，枝亦然。葉叢生，亦九備五色。

歌畢陀

歌畢陀，真臘國竹也。長數丈，大如斗。葉長七尺，闊五尺，厚寸許。國人采葉作舟以涉水。

天耳竹

即黄斑竹，産滇中蒙化府天耳山，故名。相傳郡城人凡有計度，語言雖甚秘，山中即有人傳，以山有此竹故也。截一管附耳，可聞十里外蒼蠅聲。

芭蕉竹

本如芭蕉，下大上小，葉亦如之，色亦然。笋甘香可啖。出緬甸國。土人取其竹作釜，實米於中，煨之以火，竹焦而飯熟，清香可餐。其葉亦可作紙，苗人以之書爂文。

釣絲竹

産廣西潯州府山中。其枝若素絲，下垂葉綴於巔，如魴魚吞餌，蓋葉白而尾赤也。

筯竹

産粵西平樂府華蓋山中，恭城、富川、永安、昭平，處處有之。其小如筯，堅潔如象牙，作筯甚佳。

布竹

産粵東韶州府仁化縣。節長數尺，土人采以揉碎漬軟，取絲爲布，暑月可代絺綌，但不耐久。

燈絲竹

産温州。削爲絲，柔如線，可織燈，故名。笋生三年始成竹。又名千日竹。

玉版竹

産江右吉安府白鷺洲。皮潔如玉，而笋味甘香，亦如玉版，成竹青青可愛。

實心竹

贛州南安兩郡萬山中俱産。内堅實不虚，可作戈戟，桿勁直有力，不撓不屈。

紅斑竹

亦産江廣之間，閩服亦有。其斑處色如丹砂，質如黄玉。笋味辛，食之令人木强。

夫人竹

産漢陽桃花洞息夫人祠側。伐竹忌男子持斤，男子持斤，伐之則竹寸寸裂，女子伐之則完。君子曰：竹之貞者也，宜以夫人呼之。

蘄竹

産黄州府，各屬俱有，而蘄州者爲第一。有三絶之稱，色瑩者爲簟，節疎者爲笛，帶鬚者爲杖。

羅漢竹

産天全六番打尖鑪地方。大如斗，一本而上，分數幹。凡竹無旁幹，惟此竹如樹。

桃絲竹

産兩廣交趾地。其竹本大如斗，色如墨，葉亦然，與棕竹相類，但有大小之殊耳。可爲盤，爲軍持，爲筆筒，爲酒注，爲茶甌，爲刀劍握。

紫斑竹

産長河蒼筤谷，及秦人三洞。其斑紫，其質白，可爲笛，聲異凡竹。

細腰竹

産岳州、華容、平江、澧州。其節處大如本，如麗人細腰狀，豈楚王宫中諸姬魂魄所化耶？鍛其青爲簟，臥之奪夏月暑。

龍鬚竹

龍鬚竹産衡岳岣嶁峰。枝上生細絲如鬚，長七八尺，狀如龍髯下垂。

淚痕竹

即湘妃竹也。道州斑竹巖産者勝於他産。斑處紋細如髮，作螺旋形。或曰道州斑竹巖笋鬆脆甘香，迥出尋常。

酒注竹

産四川保寧郡巴州境。竹根大如甕，而木細如指。取其根作酒注，如兕觥然，飲之有清芬氣。

筇竹

産四川敘州、烏蒙、黎州、眉州、雅州、邛州，蒼筤、邛筰諸山俱有，皆可爲杖，以其堅潔也。

桃竹

桃竹狀如桃枝，幹、皮、葉皆類桃，但有節中空。産潼川州江心蟠石者佳，可爲杖。

黑斑竹

黑斑竹，其斑處如黑漆，有光可鑑人。葉大如掌，色藍，質色微黄。遵義府

碧雲峰中極多。

白斑竹

白斑竹，斑處如羊脂素玉。其質則如丹砂。葉細類松針，產眉州息臺、崌崍諸山。

月月竹

月月竹，月一生笋，歲十二次。逢朔則笋生，晦日則籜脱盡而葉舒矣。產嘉定州。有堯階蓂莢之義。

刺竹

刺竹，枝、幹、葉俱有刺，如荆棘然。產四川烏撒土司中。苗人取置倉廩及牀頭，鼠遭刺即斃。故鼠聞其氣即不敢來。又名鼠見畏，又名貓子竹。

苦竹

苦竹，閩、廣、黔、滇、楚、蜀諸山俱有之。質甚青葱，而笋味苦不可口。然土人煮去苦水，和肉炙之，可祛暑清火。蜀之永寧者最苦。竹梢露滴處百草不生，苦亦甚矣。其葉煎湯治火症，與淡竹葉、竹瀝同功。

緑斑竹

產四川平茶洞土司中。其斑處色緑，其質如墨，葉亦黑如漆，儼然文與可、管夫人畫竹也。

長枝竹

閩中通省產，竹無他異也，惟是枝長於幹，下覆於地，不見本。取其本鎩爲絲可作器。

朱竹

葉赤，質亦然。笋味甘香。瓊州頗多，東甌、雁蕩山中者色如渥丹，每曉霞相射，紅映數里。

萬王竹

產湖廣柳州、桂東縣萬王城中。萬王，不知何代人，相傳曾寓此城，階砌尚存，砌旁修竹數竿，至今鬱然。每早自仆掃其地而復立，故土人呼爲萬王竹。

清 俞樾《茶香室叢鈔》卷二二 東坡竹

國朝宋長白《柳亭詩話》云：富川有東坡竹。相傳大蘇過此，嘗以題壁餘墨洒叢竹閒，其新篁枝葉俱帶墨痕。自注云：見《九江志》。按：此可與湘妃淚竹並傳矣。

夫人竹

國朝陳鼎《竹譜》云：夫人竹產漢陽桃花洞息夫人祠側。伐竹忌男子持斤，男子伐之，竹寸寸裂，女子伐之則完。君子曰：竹之貞者也，宜以夫人呼之。按：自來詠息夫人者止言桃花，無言竹者。據劉向《列女傳》：夫人固烈女子也。千載之下猶有此竹，以表貞萋，足爲桃花夫人一洗之矣。

篾竹

國朝王漁洋《香祖筆記》云：雪峰百里間多篾竹，筍味甚美。考戴凱之作記無篾竹，篾音豁，《字書》云空大也。

月月竹

國朝陳鼎《竹譜》云：月月竹，月生一筍，歲十二次。逢朔則筍生，晦日則籜脱盡而葉舒矣。產嘉定州。按：此竹人亦罕知者，惜未言其遇閏何如也。

紀事

晉 張華《博物志》卷八 堯之二女，舜之二妃，曰湘夫人。舜崩，二妃啼，以涕揮竹，竹盡斑。

晉 干寶《搜神記》卷七 臨川陳臣家大富。永初元年，臣在齋中坐，其宅內有一町筋竹，白日忽見一人，長丈餘，面如方相，從竹中出，逕語陳臣：「我在家多年，汝不知。今辭汝去，當令汝知之。」去一月許日，家大失火，奴婢頓死，一年中便大貧。

南朝宋 劉敬叔《異苑》卷二 建安有篔簹竹，節中有人，長尺許，頭足皆具。

元嘉四年，東陽流一作留道先家中筋竹林忽生連理。野人無知，謂之禍祟，欲斫殺之。

南朝梁 任昉《述異記》卷上 東海畔有孤竹焉，斬而復生，中有管。周武王時，孤竹之國獻瑞筍一株。

湘水去岸三十里許，有相思宮望帝臺。昔舜南巡而葬於蒼梧之野，堯之二女娥皇、女英追之不及，相與慟哭，淚下沾竹，竹文上爲之班班然。

漢章帝三年，子母筍生白虎殿前。時謂爲孝竹，羣臣獻《孝竹頌》。

唐 段成式《酉陽雜俎續集》卷九 童子寺竹，衛公言北都惟童子寺有竹一窠，纔長數尺。相傳其寺綱維，每日報竹平安。

宋 洪邁《夷堅志·支志·丁》卷三《海山異竹》 温州巨商張愿，世爲海賈，往來數十年，未嘗失時。紹興七年，涉大洋，遭風，漂其船，不知所届。經五六

日，得一山，修竹戛雲，彌望極目。乃登岸，伐十竿，擬爲篙棹之用。方畢事，見白衣翁云：「此是何世界，非汝所當留，宜急回，不可緩也。」船人拱首白曰：「某輩已迷失路，將葬魚腹。仙翁幸教如何可達鄉閭？」翁指東南方，果得善還。十竹已雜用其九。臨抵岸，有倭客及崑崙奴，望桅檣拊膺大叫「可惜」者不絕口。既泊纜，衆凝睇船內，見一竹存，争欲輟呂本作「求」買，曰：「吾不論價。」愿度其意必欲得，試需二千緡，衆齊聲答曰：「好。」即就近取錢以償。愿曰：「此至寶也，我適相戲耳。非五千緡勿復議。」崑崙尤喜，如其數，輦錢授之，而後立約。約定，愿問之曰：「此竹既成交易，不可翻悔。然我實不識爲是何寶物，而汝曹競欲售如此。盍爲我言之？」對曰：「此乃寶伽山聚寶竹，每立竹於巨浸中，則諸寶不采而聚。吾畢世舶游，視鯨波拍天如平地。然但知竹名，未嘗獲睹也。雖累千萬價，亦所不惜。」愿始嗟嘆而付之。予謂温州未必有倭舶到岸，而蕃客安得見仙，當以詢彼人也。「見仙」，呂本作「見錢」。

元　脱脱《宋史》卷六三《五行志》　太平興國二年八月，青城縣民家竹一本，上分雙莖。【略】五年五月，眉山縣竹一莖十四節，上分二枝，長丈四尺。【略】十月，龍水縣華嚴寺舊截竹爲筒引水，忽生枝葉，長二丈許，知州姜宣以聞。六年三月，廣州獻黄芝一本九莖。七月，新津縣趙豐村竹一莖十二節，上分兩岐，知州崔憲以聞。【略】十月，雄州實信院竹叢生芝草，僧致仁采之復生，悉以上獻。【略】十月乙酉，蜀州獻瑞竹一本十六節，上分兩枝。【略】[端拱]二年七月，彭山縣民家生異竹。【略】[淳化]二年二月，射洪縣安國寺竹二莖同本。六月，舒州竹連理，知州樂史以聞。十一月，陵州民趙崇家慈竹二莖，長六尺許，其上別有根柢，莖分十枝，長丈餘；又一本三莖並聳。三年十月，朗州異竹生。【略】至道元年十一月，潭州監軍廨生竹一本，長二尺許，枝葉萬餘，尤爲殊異。咸平元年十二月，宣化縣保聖山瑞竹生一本二枝。二年閏二月，宣、池、歙、杭、越、睦、衢、婺諸州箭竹生米如稻。【略】[大中祥符]四月，京師竹有華，占云：「歲不豐。」【略】天禧元年【略】四月，邵陽等縣竹生穗如米，民饑食之。又浮梁縣竹生穗如米。七月，漢陽軍太平興國寺異竹一本，生二莖，節皆相對。

元　脱脱《金史》卷二三《五行志》　至寧元年，宣宗彰德故園竹開白花，如鷺鷥藤。

明　田藝蘅《留青日札》卷三二《怪竹》　怪竹見《唐書》，不知今爲何竹，名甚奇。高宗遣宦者采怪竹江南，將蒔上苑。荆州長史蘇良嗣囚之。今上亦曾遣使采江南方竹，即此類也。方竹，《寧波志》云：「葛仙翁煉丹于定海靈峰，植竹，節化爲竹而方。」

明　朱孟震《河上楮談》卷三　張德南，名煒，閩人。初爲南大理司務。署中有奇竹二，産簷下，已乃屈曲循簷出。德南援筆爲《瑞竹賦》，諸郎競傳詠之。

明　王同軌《耳談類增》卷二二《脞志草木篇・竹梅松異》　洞庭君山産方竹，不宜移植，故惟君山有之。仲兄嘉甫遊君山，童子掘得一本，而根丰露，因棄之舟尾，受曝最久。歸植庭際，本出無意而獨活。次年抽笋，極方，第傷弱小。久之，新竹可狀，乃漸不方。今滿林，與他竹埒夾。非必湘夫人吝此一枝，猶橘柚之性，過江化枳也。

明　姚旅《露書》卷一〇　丁巳歲，寧洋縣石寮地方，生白竹二株。竹幹、葉盡白。父老云：嘉靖丁巳，邑亦生兩白竹。先是數歲連荒，後遂有蘇阿普之變。

明　朱國禎《湧幢小品》卷二七《竹》　蘄州嘗産十二時竹，其竹繞節凸生子丑寅卯等十二字。安福周俊叔得此，植之家庭，十餘年筍而竹者十之三。

明　徐𤊹《徐氏筆精》卷四《同根竹》　武夷城高巖有巨竹，一幹雙梢。予與謝在杭欲賦詩詠之，未就也。偶閱元人謝宗可詩云：「競秀亭亭一種奇，駢頭會脱錦裍兒。西山二子情依舊，湘浦雙娥影鎮隨。高節原非連理樹，虛心共是傲霜枝。莫教移作仙人杖，恐化雌雄下葛陂。」似不能復繼矣。

明　梁本之《坦菴先生文集》卷二《楊氏瑞竹記》　泰和楊君孟弁家多竹，命洗其繁，有小根閡附別枝間，忽幹葉鮮茂，叢筍駢生，根柢旁合。無培養灌沃之勤，而發榮滋長，有非人力所能致者，亦異矣哉！思貽楊先生知爲瑞，具以告余。按譜，竹之別類，六十有一，而瑞竹不常有。由其不常有，故人異之。異之則謂之瑞，宜矣。古者王政平德至，草木則神，芝生于廟，甘露産于庭，以昭異也。今楊君家獲瑞竹之祥，豈亦有致之者乎？先生曰：「君爲人履信撝謙，事親孝謹，與兄弟友愛。尤篤雍二怡二，撫孤姪如己子。先人手分業多至相讓，一家如一人，斯其有以致之也。」嗟乎！和氣致祥，尚矣。然必因物以著，不期而至。動者有知，而自化之。植者無知，而自生之。天子見諸天下士庶，人見諸其家。雖大小不同，皆和氣所致，誠不常有。夫竹之爲瑞，一本而中分，並節蒔高，聯莖擢秀而已。世或有之，以爲盛觀，見諸賦頌詠歌，載在信史，垂耀無窮。未見不藉土壤培植而異本同榮，如楊君家所産者。其陶陰陽之粹美，孕造化之精英，尤近古所無而罕見於今也。可不謂之祥乎？所以彰楊氏昆弟子孫本支繁衍，異體同

心之徵，何疑哉？余聞楊君之世祖清叔登宋理宗端平二年進士第，官至静江理定縣簿尉，位不滿德，其祥欝而不彰久矣。今乃獲兹異瑞，則其鍾美在人必復有簿尉出而爲楊氏顯者。豈造物假斯竹以爲之兆歟？此可爲楊君賀也。先生曰：如子言，則昔人所謂不于其祥于其人信矣！止齋陳先生喜而賦之，余故樂道其事，爲之記。

清 **乾隆《長沙府志》卷五《山川志·湘陰》** 笙竹，岐縣南三里，俗傳舜採笙竹於此洞庭縣北磊石山下。

又 **卷一二《古蹟志·湘陰縣》** 二妃行吟地。舜南巡狩，皇英從幸。稅駕於此，聞舜崩。蒼梧淚落，染竹成斑。即以身殉，死爲湘神。《楚辭》稱「湘君」、「湘夫人」。

赭山。始皇南巡，疫洞庭，爲風濤所怖。泊湘岸問湘君何神？曰：「堯女，舜妻。」始皇怒，伐竹，赭其廟。迄今山頭，殘燒依稀，俗稱赭山。文武分洲而列，又謂文淵武洲。

又 **卷三七《災祥志·宋》** 寧宗慶元庚申，安化縣治產瑞竹，一根二幹。

清 **乾隆《婺源縣志》卷三八《通考·禨祥》** ［明萬曆］丁未春，端竹生於玉川後龍山，一本，自十節以上分爲兩岐，節節相偶直上，枝葉蓁盛。先是產於荷花橋，故名瑞竹軒。翰林黎淳諸公有記。其後開先館中，復聞瑞桃、瑞榴，人謂一家三瑞之兆云。

清 **乾隆《石屏州志》卷一《災異》** 竹開花八年己酉，寶秀民家竹節吐花，每竿十數枝。時州境俱有年，獨寶秀不雨，田多荒蕪。

清 **嘉慶《寧遠縣志》卷一《山川志》** 斑竹巖，在故舜祠南隩。相傳舜葬九疑，二妃追隨不及，揮淚染竹成斑。劉長卿詩曰：「蒼梧在何處，斑竹自成林。」

清 **余金《熙朝新語》卷一五** 浙江蕭山張氏觀五、采五昆仲，俱以資入爲郎，出宦山東、福建。乾隆丁未歲，其家後園荒地上，忽出大竹兩竿，枝葉凌霄，詫爲奇事。是年秋，觀五擢東昌府知府，采五擢汀州府知府。

清 **光緒《長汀縣志》卷三二《祥異》** ［嘉靖］三十九年，黄竹花，謡云：「黄竹若開花，人頭滚泥沙。」次年盜起，焚刼鄉村，殺人盈野。

藝文

晉 **郭璞《桃枝》（《漢魏六朝百三家集》卷五七引）** 嶓冢美竹，厥號桃枝。叢薄幽藹，從容鬱猗。簟以安寢，杖以扶危。

南朝齊 **謝朓《謝宣城集》卷二《秋竹曲》** 娷娟綺窻北，結根未參差。從風既裊裊，映日頗離離。欲求棗下吹，别有江南枝。但能凌白雪，貞心蔭曲池。

南朝齊 **王儉《靈丘竹賦》（《歷代賦彙》卷一一引）** 靈丘深沈，蔓竹凝陰，神根合拱，楨幹百尋。振芳條乎崑岳，敷緑采於高岑。沿淮海而蔚映，帶沮漳而蕭森。志東南而擅美，在淇衛而流音。方靈壽而均茂，儀菌桂而成林。若乃青春受謝，九野舒榮。緑蘋齊葉，白芷抽萌。幹抽葱而特秀，篠擢穎而垂英。霜皦鏡於原隰，木衰疎於郊阡。翠葉與飛雪争采，貞柯與曾冰競鮮。

南朝梁 **吴均《緑竹》（《古詩紀》卷九一引）** 嬋娟鄣綺殿，繞弱拂春漪。何當逢採拾，爲君笙與篪。

南朝梁 **江淹《江文通集》卷一《靈丘竹賦》** 登崎嶇之碧巘，入朱宫之玲瓏。臨曲江之廻盪，望南山之葱青。欝春華於石岸，艶夏彩於沙汀。遠亘紫林祕埜，近匝玉苑禁垧一作坰。於是緑筠繞岫，翠篁緜嶺，參差黛色，陸離紺影。上謐謐而留閒，下微微而停靖。蒙朱霞之丹氣，暧白日之素景。故非英非蘂，非香非馥。而珍跨仙草，寶踰靈木。夾池水而檀欒，繞園塘而檣矗。既閒霜而無凋，亦中暑而增肅。每冠名於華戎，將擅奇於水陸。況有朝雲之館，行雨之宫。窗崢嶸而緑色，户踟躕而臨空。綺疏蔽而停日，朱簾開而留風。被箘簵之窈蔚，結篠蕩之溟濛。或產鵁鶄之右，或居露寒之東。此皆金輿之所出入，瑶輦之所周通。

南朝梁 **蕭綱《修竹賦》（《歷代賦彙》卷一一八引）** 有娷娟之茂篠，寄江上而叢生。玉潤桃枝之麗，魚腸雲母之名。日映花靡，風動枝輕。陳王歡舊，小堂佇軸。今餞故人，亦賦脩竹。伊嘉賔之獨劭，顧余躬而自恧。

南朝陳 **張正見《賦得風生翠竹裏應教》（《文苑英華》卷一五六引）** 金風起燕觀，翠竹夾梁池。翻花疑鳳下，颺水似龍移。帶露依深葉，飄寒入勁枝。聊因萬籟響，詎待伶倫吹。

南朝陳 **張正見《賦得山中翠竹》（《文苑英華》卷三二五引）** 脩竹映巖隈，乘風異夾池。複澗藏高節，重林隱勁枝。雲生龍未上，花落鳳將移。莫言棲嶰谷，伶倫不復吹。

南朝陳 **顧野王《拂崖篠賦》（《歷代賦彙》卷一一八引）** 《詩》詠淇水，《騷》美江干。崖憐拂石，神貴掃壇。既來儀於鳴鳳，亦攸集於翔鸞。入翠壁之宵月，映沅澧之驚湍。帶金風之爽朗，雜玉潤之檀欒。陪嘉宴於秋夕，等貞節之歲寒。

唐　王勃《王子安集》卷二《慈竹賦并序》　廣漢山谷，有竹名慈，生必向內，示不離本。修莖巨葉，攢根沓柢。叢之大者，或至百千株焉，而縈結跼乎咫尺。好事君子，徙爲堦庭之翫焉。吁嗟！非此土所有，乃有厭流俗之譏。動鄉關之思者，蓋撫高節而興歎，覽嘉名而思歸。遂爲賦曰：

有竹猗猗，生于高陂。左連瑶帶，右雜瓊枝。恨幽客之方賞，嗟君侯之不知。徒蔚丹谷，遷榮緑池。氣凜凜而猶在，色蒼蒼而未離。屈巖壑之容貌，充堦庭之羽儀。爾其劃疆分域，駢陰抗趾。疊幹龍廻，攢根鳳峙。防碧露於霄末，翳紅光於暈始。崇柯振而雲靄生，繁葉動而風飈起。擁涼砌之晨肅，屏炎扃之晝滓。至若白藏載謝，玄英肇切，塞北河堅，關南地裂。觀衆茂之咸悴，驗貞輝之獨潔。抽勁緑以垂霜，總嚴青而負雪。蓋同類之常稟，非殊方之異節。若乃宗生族茂，天長地久。萬柢争盤，千株競糾。如母子之鈎帶，似閨門之悌友。恐孤秀而成危，每羣居而自守。付美名之天屬，而和氣之寘受。嗟乎！道之存矣，物亦自有一作有之。不背仁而貪地，不藏節以遯時。故其貞不自炫，用不見疑。保夷險之無易，哂榮枯之有期。俄蓬轉於岷徼，遂萍流於江汜。分凡弟於兩鄉，隔晨昏於萬里。撫貞容而骨愧，伏嘉號而心死。庶因感而長懷，將策情而勵已。

唐　王維《沈十四拾遺新竹生讀經處同諸公作》（《文苑英華》卷三二五引）　閒居日清静，修竹復舊作自檀欒。嫩節留餘籜，新叢出舊欄。細枝風響亂，疎影月光寒。樂府裁龍笛，漁家伐釣竿。何如道門裏，青翠拂山壇。

唐　李白《李太白文集》卷一九《慈姥竹》　野竹攢石生，含烟映江島。翠色落波深，虚聲帶寒草。龍吟曾未聽，鳳曲吹應好。不學蒲柳凋，貞心常自保。

唐　杜甫《集千家註杜工部詩集》卷五《苦竹》　青寘亦自守，軟弱强扶持。味苦夏蟲避，叢卑春鳥疑。軒墀曾不重，翦伐欲無辭。幸近幽人屋，霜根結在兹。

又　卷八《從韋二明府續處覓綿竹三數叢》　華軒藹藹他年到，綿竹亭亭出縣高。江上舍前無此物，幸分蒼翠拂波濤。

唐　李程《竹箭有筠賦》（《歷代賦彙》卷一一八引）　喻人守禮，如竹有筠。俾脩己以自守，同固本而相因。操持彰於歲暮，勸德貴乎日新。所以取彼後彫之色，戒夫行道之人。將以禦冬，且見檀欒而守節；比於藏器，詎可須臾而去身？若乃清霜翻，玄律改。彼衆卉之具落，同受氣於真宰。何蒻茸而自異，乃婣娟而有待。苟常其性，寒竹何患於時移；不易其心，志士當懷於道在。豈不以和澤自潤，表裏相質。竹無筠不能固其節，人捨禮曷以法於時。伊先哲之善喻，作後代之元龜。企於禮者，勤而行之。苞本之時，已包周身之防；疎莖之勢，更叶淩雲之期。當其冒霰停霜，雪披風靡。諒青青而斯在，何冉冉而居彼。是知禮之於己，如我有徒。筠之於竹，如我有膚。理無特立，義必相須。堅剛自持，雖貫四時而莫改；賞翫不足，奚可一日而或無。嗟乎！皮之不存，何以具其體；心之不固，何以謹其禮。所以大戴之記足徵，相鼠之詩爰啓。君子之道，斯其象諸。示外以固，執中而虚。閱寒暑之不變，齊榮辱之所如。天損不侵，地利空積。包緑籜而未改，交翠葉而不易。君子察於此者，可學禮而受益。

唐　韓愈《新竹》（《古今事文類聚》卷二四引）　筍添南階竹，日日成清閟。縹節已儲霜，黄苞猶掩翠。出欄抽五六，當户羅三四。高標陵秋嚴，貞色奪春媚。稀生巧補林，併出疑争地。縱横乍依行，爛漫忽無次。風枝未飄吹，露粉先涵淚。何人可携翫，清景空瞪視。

唐　釋皎然《杼山集》卷六《寒竹》　褭褭孤生竹，獨立山中雪。蒼翠摇勁風，嬋娟帶寒月。狂花不相似，還共淩冬發。

唐　喬琳《慈竹賦》（《歷代賦彙》卷一一八引）　維竹稱慈，幾乎有知。九族敦叙，孝友威儀，是竹必滋。五服相殘，骨肉攜離，是竹必衰。苟自家而刑國，亦觸類而增思。苯尊固護，檀欒櫛比。如束之稠，如插之密。勁節中聳，攢根内實。聲唯戛風，影不透日。類宗族之親比，同朋友之造膝。至若暮歲窮律，霜凝雪霏。陶鈞無發生之理，松柏有後彫之期。是竹也，叢篁劈開，芽筍怒長。紫籜連披，青筠紛上。有偕老之情，感饋親之養。如受制於籬界，不旁侵於土壤。雨露之澤，謝爾衆芳。細葉未吐，貞心已長。恥高標而迥出，斯裛曲而不揚。匪趨時於律候，寧隨韻於笙簧。保無用而以道自將，愧不才而與物俱昌。苟成陰於隙地，作盛景之清涼。重曰：夫緜緜瓜瓞兮知有子母，邕邕鴻鴈兮如次弟兄。於家則疏附禦侮，於國則盤石維城。田氏不分庭之荆，陳家則應天之星。莫不鬱映棠棣，急難鶺鴒。斯竹也，共根連茹，一本千莖。年深轉密，歲晚彌榮。一可以厚骨肉，一可以敦友生。於靈臺而莫非信性，彰慈孝而感通神靈。

唐　元稹《元氏長慶集》卷七《和東川李相公慈竹十二韻次本韻》　慈竹不外長，密比青瑶華。矛櫕有森束，玉粒無蹉跎。纖粉妍膩質，細瓊交翠柯。亭亭霄漢近，靄靄雨露多。冰碧寒夜聳，簫韶風晝羅。烟含朧朧影，月泛鮮鮮波。鸞鳳一已顧，燕雀永不過。幽姿媚庭實，顥氣爽天涯。峻節高轉露，貞筠寒更佳。託

身仙壇上，靈物神所呵。時與天籟合，日聞陽春歌。應憐孤生者，摧折成病痾。

又　卷八《鄆竹》　庭有蕭蕭竹，門有闐闐騎。囂静本殊途，因依偶同寄。亭亭乍干雲，婀婀亦垂地。人有異我心，我無異人意。

又　卷一四《新竹》　新篁纔解籜，寒色已青葱。冉冉偏凝粉，蕭蕭漸引風。扶疎多透日，寥落未成叢。惟有團團節，堅貞大小同。

又　《山竹枝》　深院虎溪竹，遠公身自栽。多慙折君節，扶我出山來。貴宅安危步，難將混俗材。還投輞川水，從作老龍回。

唐　元稹《斑竹得之湘流》（《才調集》卷五引）　一枝斑竹渡湘沅，萬里行人感別魂。知是娥皇廟前物，遠隨風雨送啼痕。

唐　蔣防《湘妃泣竹賦》（《文苑英華》卷一四六引）　昔帝舜之南巡不迴，緊二妃兮心傷已摧。對三湘之遥兮積水無際，望九疑之作兮愁雲不開。鬱丹誠而飲恨，攀綠篠以興哀。淚浪浪而千重墮睫，竹冉冉而萬點凝苔。歛蛾之怨盈臆，如狸之斑變色。落紅臉而珠影争圓，染碧纖兮纈文交織。天紹嬋娟，鳴咽潸然。瀝青簡兮丹書粲粲，灑綠枝兮白露漣漣。所謂精神達而理歸其著，悲哀集而物謝其堅。想夫萬里迎秋，重江向夕，引蒼翠以歔欷，忽闌干而委積。杖卷然之手，兩點垂絲；揮密爾之叢，衆痕凝碧。是知至哀必感，有怨必通。竹無情而發外，淚有感而從中。慷慨成行，乍洗龍吟之管；斕斒遶節，如交鳳食之叢。寧類夫聲伯再懷其夢想，楊朱徒歎其西東。豈無芳菲，渝其霜霰。豈無浩淼，忘其顧盼。是以委檀欒，寄葱蒨。來非鼓瑟玉箸之滴瀝雙流，去乃望夫粉籜之淋漓一變。懿乎巖巒滿目，今古含情。事雖遷於歲月，理不昧於堅貞。或翦脩竿，對潭中而錦落；或成長簟，施堂上而霞騰。豈不以拂水捎雲，逾千越萬。庶夫知我者謂我點而成文，不知我者徒曰青青而懷怨。

唐　方干《題新竹》（《文苑英華》卷三二五引）　青苔劚破植貞堅，細碧竿排鬱眼鮮。小鳳皇聲吹嫩葉，短蛟龍尾褭輕烟。節環膩色端勻粉，根拔秋光暗長鞭。怪得入門肌骨冷，綴風粘月滿庭前。

唐　薛能《新竹》（《文苑英華》卷三二五引）　柳營苑土倦粗材，因向山家乞翠栽。清露便從終夜滴，好風疑自一作是故園來。欄邊匠去朱猶濕，培後蟲浮穴暗開。他日會應威鳳至，莫辭公府受塵埃。

唐　陸龜蒙《甫里集》卷二《新竹》　別塢破苔蘚，嚴城樹軒檻。恭問稟璇璣，化質離青冥。色可定雞頸，實堪招鳳翎。立窺五嶺秀，坐對三都屏。晴月窈窕入，曙煙霏微生。昔者尚借宅，況來處賔庭。金罍縱傾倒，碧露還鮮醒。若非抱苦節，何以偶惟馨。徐觀稱龍出，更賦錦苞零。

唐　劉蛻《文泉子集》卷一《哀湘竹》　悵二妃之淚竹圓紅，滴滴兮臨乎湮沚。竦枝與脩榦兮，吟哀風之不已。摇勁節而錦舒兮，垂高蔭一作陰而自美。招翔鸞之與翠鳳兮，緝晴霞之數里。繁柯重乎舜祠兮，瘦影疊乎湘水。諒高節之自任一作佳兮，匪庭篠之云比。鄙衆蔭之延接兮，耻凡羽之棲止。入清溪之浪聲兮，無笙簧之相擬。恨葉翻波兮，騷屑之風。露滴煙蒙兮，濯纓之子。悵靈均之節兮依然，想貞姿兮千年若此。

唐　徐寅《徐正字詩賦》卷二《釣絲竹》　篧篧拂清流，堪維舴艋舟。野蟲懸作餌，溪月曲爲鉤。雨潤摇堦長，風吹繞指柔。若將諸樹比，還使綠楊羞。蠶婦非堯女，漁人是子猷。湖邊舊栽處，長映讀書樓。

唐　佚名《孤竹賦》（《歷代賦彙》卷一一八引）　有斐君子兮，將以自怡。藝孤篠於前墀，翫以時，愜所思。且面陛則陽，笑猗猗而處渭；向砌則燠，祕青青之在淇。問君何事生乎玆，嬋娟抱節而無詞。借而東南之美，會稽千里，阻江阻河，所貴則那？至乃柯葉不二，嗟吁此地。彼其之子，賤目貴耳。豈知孤者取稀，物莫之依？含混元之休氣，吸太陽之清暉。長則尺準，大可寸圍。有美遊兮忘其歸，更憶朝霞露未晞。懸明月而影短，帶疎雨而聲微。觀乎褭娜容與，風生其處；應知默定洪鐘律，幾日能令童子悟？實方就而孤鳳食來，枝或成而一龍飛去。天造自然，含虛佩堅；堅以保名，虛以戒盈。瞻彼標兮人之程，萬類則改，千竿森在。其在伊何，增冰峨峨。瞻彼磷兮不可磨，則知天籟奇兮由我起，道生一兮得我始。得之者非取翫物而已。

唐　張蠙《張象文詩集》卷一《新竹》　新鞭暗入庭，初長兩三莖。不是他山少，無如此地生。垂稍叢上出，柔葉籜間成。何用高唐峽，風枝掃月明。

唐　許晝《江南竹》（《文苑英華》卷三二五引）　江南瀟灑地，本自與君宜。固節還同我，虛心欲待誰。澗泉傍借響，山木共含滋。粉膩蟲難篆，叢踈鳥易窺。盡應逢野渡，中忽見村祠。葉掃秋空静，根橫古塹危。影迷寒靄裏，聲出夜風時。客棹深深過，人家遠遠移。遊邊曾結念，到此數題詩。莫恨成龍晚，成龍會有期。

宋　蔣堂《春卿遺稿·詠金竹》　百鎰光寒一徑深，潛疑造化鑄成林。貪夫或有凭闌者，不見脩篁但見金。

宋 梅堯臣《宛陵集》卷一六《紫竹》 西南産脩竹，色異東筠緑。裁簫映檀脣，引枝宜鳳宿。移從幾千里，不改生幽谷。

又 卷二〇《細竹》 森森漢宫竹，託本異孤生。玉砌緣根迸，朱欄與筍平。朝煙生密翠，晚影漏斜明。應待女媧采，參差鳳琯清。

宋 韓琦《安陽集》卷六《樞廷對竹》 一紀前曾對此君，依然軒檻喜重親。丹心自覺同高節，青眼相看似故人。不雜囂塵終冷淡，飽經霜雪尚精神。樞廷豈是琴樽伴，會約幽居稱幅巾。

宋 趙抃《清獻集》卷一《雙竹》 余家有故園，園中可圖録。天然一派根，一根生兩竹。一長復一短，比之如手足。長者似乃兄，短者弟相逐。我見人弟兄，少有相和睦。竹分長幼情，人豈無尊宿？將竹比人心，人殆類禽畜。常記五六歲，不見還啼哭。及至長大時，妻孥相親族。咫尺不相見，相疎何太速。不顧父母生，同胞又同腹。旦夕慕歌歡，幾能思骨肉。枉具人鬚眉，而食天五穀。靜思若斯人，爭及園中竹。

宋 邵雍《擊壤集》卷一《高竹八首》 高竹百餘挺，固知爲予生。忽忽有所得，時時閒遶行。自信或未至，自知或未明。竊比於古人，不能無愧情。

高竹臨清溝，軒小亦且幽。光陰雖屬夏，風露已驚秋。月色林間出，泉聲砌下流。誰知此夜情，邈矣不能收。

高竹已可愛，況在垂楊下。幽人無軒冕，得此自可詫。枉尺既不能，括囊又何謝。賈生若知此，慟哭亦自罷。

高竹碧相倚，自能發餘清。時時微風來，萬葉同一聲。道汚得夷理，物虚含遠情。階前閒步人，意思何清平。

高竹如碧幢，翠柳若低蓋。幽人有軒榻，日夜與之對。宇静覺神開，景閒喜真會。與其喪吾真，孰若從吾愛。

高竹雜高梧，還驚秋節初。晚涼尤可喜，舊帙亦宜舒。池閣輕風裏，園林晚景餘。人生有此樂，何必較錙銖。

高竹數十尺，仍在高花上。柴門晝不開，青碧日相向。非止身休逸，是亦心夷曠。能知閒之樂，自可敵卿相。

高竹逾冬青，四月方易葉。抽萌如止戈，解籜若脱甲。脩静信可愛，遶行不知匝。嗟哉凡草木，徒自費鋤鍤。

宋 蔡襄《端明集》卷三二《慈竹賦》 種植至多，强名萬彙，物拔其萃，兹乃當天地之正氣。有美竹兮，特稟夫慈名而榮被。豈有懷於本根兮，何千千蓊然而環侍。若夫吴郡名園，王家新第，遠閣斜欄，横塘静水，或薰風晝來，或秋露宵墜。日遲留兮簷外陰移，人悽悄兮屏間籟起。方且濯峭格而清舉，足團欒之生意。或翹而舉者，若堂有高年兮，勤素風而講議。或亞而側者，若家有令子兮，聞話言而沈思。佷如出門而事遠遊兮，滋宿雨之清淚。雍如奉巵而介眉壽兮，羃春煙而怡醉。紫芽蟠聯，馨兒季穉，去者奔追，迎者嬉戲，疎者如招，並者如倚。雖復貫千狀於巧筆，曾莫形其放恚。借如秋晚霜重兮，萬木林林而僵悴。隴榆盡兮塞月高，堤楓丹兮楚江紫。此君也束藍田之苗玉，刻炎州之稍翠。固節虚心兮，雖大鈞不能奪其志。於是揖三荆於堂下，結蔓藟於河涘，襲氣同根之豆，交驩承萼之棣，顧威鳳之時下，亦孝烏之來寄。設有用於律筩，天聲發兮大和備。覩此芳物，悲哉遠人。昔我從軍兮，南之海濱；今我辭家兮，西游洛塵。暢然於舊國舊都，感莊生之論。恭止乎維桑與梓，諷周傅之陳。指白雲兮天遠，採幽蘭而露新。嗟碧鮮之得地，乃叢苑莫保反而相親。吾議爾德，豈止乎千畝之渭濱，當訂萬石之封君者也。

宋 陳襄《古靈集》卷二三《慈竹》 天生爾慈竹，恩義不相分。直節雖然勁，虚心所以羣。兒孫同約束，霜雪共辛勤。我願座中客，結交同此君。

宋 劉敞《公是集》卷二七《瑞竹》 聳節偶相並，雪霜終不迷。應將古人比，孤竹有夷齊。

宋 司馬光《傳家集》卷六《雙竹》 草木類同而種殊者，竹爲多。杭州廣巖寺有雙竹，相比而生，舉林皆然。其尤異者，生枯樹腹中，自其頂出，森然駢竦。樹如龍蛇相縈，矯首研然，予見而賦之。

雙榦標枯腹，青青凡幾霜。龍騰雙角直，鯨噴兩鬚長。但欲尋支遁，安能問辟疆。屢來非別意，未與此君忘。

宋 蘇頌《蘇魏公文集》卷二《與諸同僚偶會賦八題·華藏竹》 竹性本孤潔，況在祇園中。經年蔭華宇，永日吟清風。心虚大道合，幹直賢人同。雪霜任摧挫，寒姿獨青葱。

宋 韋驤《錢塘集》卷三《和新竹》 根本堅深豈費培，龍蛇蜕盡見天材。斜穿似愛幽人到，疎列還容小徑開。涼月驟添新影密，清風不減舊枝來。歲窮自有凌霜節，寧比秋衰惡草萊。

宋 范祖禹《范太史集》卷一《笛竹》 鳳食實已美，龍吟聲更奇。惜無蔡邕

識，那得馬融吹。

宋 黄庭堅《山谷集》卷一《對青竹賦有序》 余楚産也，閲東南之竹多矣，未嘗聞對青竹者也。嘉州僧從之包封見貽，爇之而成，乃初識之。惟範圍之內，有知之物一無窮，無知之物一無窮，一耳一目，不能遍攬也，況六合之外者乎？感而賦之。

竹之美於東南以節，不以文也。其在楚之西，鬱鬱葱葱連山繚雲也。會稽之奇，材任矢石；蘄春之澤，夏簟簫笛。沅湘淚血，邛來高節，慈竹相守，孝竹冬苗。慈姥巘谷，笙竽笆篁。長石之山，一節可航。猶未及其瑰怪不常也。故吴楚無竹工，非無竹工，婦能織緝之器，兒能雞鶩之籠也。今夫筥筐籯笲，榱檽翰藩。巴船百丈，下漢爲笪。貴之則律吕汗簡，賤之則箕箒蒸薪。惟所逢遭盡於斧斤。美哉斯竹，黄質墨章，如出杼軸，織文自當，解甲稅枯，金碧其相，歲寒在躬，又免斮烹。彼其文章之種，性不可致詰，刳心而求之不可得，劚根而求之不可得。匪人匪天，有物有則，惟其與蓬蒿共盡而無憾，余亦不知白駒之過隙。

又 卷一五《節竹頌》 偉邛崍之美竹，初發跡於牂牁。有山而不險，有水而無波。金聲而玉節，故貫四時而不改其柯。郭子遺我，扶余澗阿。坐則倚胡牀棐几，行則隨青笠緑蓑。吾衰也久矣。視爾畏友，予琢予磨。百世以俟聖人而不惑，則涪皤不負節竹。危而不扶，顛而不持，惟節竹之負涪皤。

宋 金君卿《金氏文集》卷上《慈竹》 欲知慈姥心，看此磯上竹。四時無改易，一節念幽獨。蟠根石罅牢，倒影潭心緑。直恐霜雪姿，化爲水蒼玉。

宋 釋覺範《石門文字禪》卷三《浙竹》 龍孫初長浙江曲，踈影蕭蕭濯寒玉。平生知愛足風流，只有山陰王子猷。而今流落蒼崖頂，暗换年光鄉路永。冰敲雪壓未應衰，鸞鳳不棲空故枝。堅幹猶堪製長笛，最合宫商勝金石。爲君吹動鏡湖秋，驚起雙龍翼小舟。

宋 李綱《梁谿集》卷六《仙竹》 陰崖翠竹自檀欒，瘦節踈枝特地寒。雖未化龍歸洞府，正宜和月掃天壇。

宋 黄彦平《三餘集》卷一《五峰竹》 此君抱節懷霜露，裁以廣寒修月斧。區區拔穎陋管城，落落中繩宜册府。潛心幾絶西門佩，隸古親傳伏生語。後來頡頏追時好，客卿子墨先生楮。慈恩柿葉剡谿藤，俗嗜紛紛那足數。何人喜事翻新製，林下風流微近古。宣心寫面却緘囊，百草千葩增媚嫵。青奴小忍供筆硯，晴窻示爾梅花賦。

宋 仲并《浮山集》卷三《對竹》 嶔岑何處峯，來伴蕭踈竹。悠然方丈間，寄此千里目。

宋 鄭剛中《北山集》卷二《對竹》 勞生分素定，大患天所辱。時於塵埃中，許我對修竹。此君風味高，瘦骨不生肉。烟梢墮新籜，當面變蒼玉。風邀嘉月過，衆葉亂相觸。寒光下照之，到地影猶緑。誰能相從飲，莫聽人間曲。細響侑孤斟，洗却一生俗。

又 卷一〇《感雪竹賦》 鄭子夜半聞風過庭竹，細響淅瀝。寒入茵被，光在牕壁。晨興啟户，四顧晧然，乃堦除之雪積也。竹有高出林表，受雪既多，壓而低者，竿拳曲以屬地，葉離披而附枝，心固虚而自若，根亦牢而不移。然不畏其寒，而畏其重。頗見高標困戹之可悲。余乃呼童兮假長鑱之巨柄，使盡力兮擊修篁之涷壓。觀負荷兮類積羽之將沉，忽奮起兮信泥塗之可拔。色娟娟其復浄，節落落以難合。寒梢一伸，所謂此君之風流自不可奪也。盖其與蒲柳異類，松栢同條。遭玄冥之强梁兮，雖抑遏而謾屈。分巘谷之餘煖兮，終槫矗而不凋。故積累之勢暫可枉其直，復還舊觀則又吟風而飄摇也。其在人也，初如蔽欺之隔，君子權勢之折。忠臣其窘迫而寒冷，則夫子之被圍原憲之居貧也。終則如浸潤决去朋黨，遽消其氣舒而體閒。則二疏之高引，淵明之不復折其腰也。雖然雲兮正同，雪兮未止，勿抉漉漉之勢。孰見猗猗之美，在物猶然，人奚不爾。亦有窮卧偃蹇於環堵之間者，誰其引之使皤然而起。

宋 華鎮《雲溪居士集》卷一三《會稽覽古・燕竹》 越人以其燕來時出筍，因以爲名。

竹箭黄芽欲老時，杏梁日煖燕初歸。他林未聳千竿翠，此地先抽一握肥。

宋 張擴《東窗集》卷五《澹竹》 誰解香根一種寒，試嘗炎帝作朝餐。余生倘遇袢褋渴，一任清涼露肺肝。

宋 張嵲《紫微集》卷三《野竹》 野竹何修修，森然滿山麓。清溪漱蒼根，夜雨滋寒玉。幹密風豈摇，林深鳥應宿。蒼山黄葉中，見此欻驚目。經行一回首，何用慰羈束。

宋 鄒浩《道鄉集》卷三《雪中對竹》 飛雪一何情，拜我南軒竹。騈頭控於地，默默隃信宿。寒花本輕揚，叢集乃折軸。況此梢雲姿，蕭然異凡木。飄風亦狂生，端來助靈蹴。似欲揉直柯，繞指惟所欲。焉知天與剛，初不愧幽獨。罄折雖爾爲，且異望塵俗。晨光破沈陰，春色盈兩目。風雪安在哉，竹猶故時玉。

宋 晁公遡《嵩山集》卷六《脩竹二首》 虚牕倚脩竹，陰晴見佳景。雨隙落餘滋，風櫺亂疎影。室幽境自閒，心遠地愈静。丁寧護雲根，留伴歲寒永。

脩林出夏筍，戢戢如牛毛。寧亡口腹味，所冀逃炎熇。露節半含粉，風篁微解苞。清陰日夜長，會見干雲霄。

宋 林之奇《拙齋文集》卷三《高竹》 高竹碧相倚，自能發餘清。時時微風來，萬葉同一聲。道污得夷理，物虚含遠情。階前閒步人，意思何清平。

宋 王十朋《梅溪前集》卷六《斑竹》 蒼梧巡不返，斑竹至今存。今日稽山下，幾枝忠孝痕。

又 《燕竹》 問訊東墻竹，佳名今始知。龍孫初迸日，燕子却來時。

又 《脩竹》 至樂齋西碧玉竿，清陰時過酒杯寒。明年看長纖纖筍，解擇當爲漢帝冠。

宋 李呂《澹軒集》卷二《對竹次韻》 舉世稱三友，無心是此君。美花何足竝，俗客未應論。不忍踈添月，須教勁拂雲。晚涼欣對罷，借色入清尊。

宋 樓鑰《攻媿集》卷一《曲竹》 放出一頭地，出墻梢更新。傍人爲稱屈，素志肯求伸。苦節變甘節，曲身成直身。青霄看直上，莫忘手援人。

宋 袁説友《東塘集》卷三《水竹》 拳石環清泚，龍鬚細屈蟠。兩峯低崒嵂，一簇小琅玕。密葉風前影，疎枝水底寒。相從此君爾，著意問平安。

宋 曾丰《緣督集》卷四《岐竹并序》 慶元三年，季春之月。猫竹擢萌於所居之乾，維出土甫一節。别爲霜暈連旋而斜上者四，復爲節者三，韋爲寸者九，蓋一苞也。忽岐爲二，日夜長苞，税而成竹，小大不能殊以分，卑高不能殊以尺。觀者噩然。類曰瑞，或曰妖。予非博物士，莫别也。姑從其實，目以岐竹，既爲之銘，并賦以詩。

漢闕之茅茅之英，豐城之劍劍之精。雙茅雙劍龍變化，一陰一陽數生成。我家穉竹老龍殼，中而岐之相犄角。玉爪蚪爲天矯枝，金鱗蜕作斕斑擇。豈無他處生乾宫，震象爲竹乾爲龍。震吾知是乾之變，竹誰謂非龍所鍾。瀟瀟聲韻蒼蒼色，余褒二主殘精魄。不受冰摧直養剛，無容塵入虚生白。夷齊坐看萬物流，不負知音王子猷。半夜葛陂雷雨作，二疏欲去終難留。君不見震爲龍，又爲竹，竹又爲龍。幾翻覆，學人笑問玉版師，孰是本來真面目？

宋 洪适《盤洲文集》卷一《冉冉孤生竹》 冉冉孤生竹，成陰幽谷中。聿來君子室，葛藟施喬松。喬松千百尋，攀附猶可窮。思君江水深，褰裳往難從。同心而偏棲，愧彼摩霄鴻。灼灼芙蓉花，凌波媚芳風。非不努力愛，秋至無歸鴻。昔盟倘不寒，誰歎久西東。

又 卷八《斑竹》 帝子登湘岸，臨風粉淚彈。梨花多少雨，點點透琅玕。

又 《紫竹》 拾青容色混，著紫寵光偏。幽逕留風月，行多屐易穿。

又 《方竹》 體方如就矩，幹直匪從繩。杖有削圜厄，提携先摸稜。

又 《人面竹》 怪奇存相法，妍醜出天真。此君無二貌，正是葛天民。

又 《猫頭竹》 穹枝迴鳳尾，健筍迸猫頭。安得真致比，勿爲羣鼠羞。

又 《慈竹》 義居傳九世，瑞物記三荆。何似同根竹，春風一死生。

又 《笛竹》 蘄産名天下，含颸别樣青。中郎如一見，應不數柯亭。

又 《箭竹》 美箭東南出，成林地不慳。安邊如有將，寄與定天山。

又 卷九《木竹》 竹葉木枝柯，葱青光可鑑。桃竹最名浮，自知蕭洒欠。

宋 姜特立《梅山續藁》卷一四《竹翠》 竹翠涼虚寢，爐薰養道情。日長無一事，燕坐有餘清。

宋 陸游《劍南詩稿》卷五《東湖新竹》 插棘編籬謹護持，養成寒碧映淪漪。清風掠地秋先到，赤日行天午不知。解擇時聞聲簌簌，放梢初見葉離離。官閒我欲頻來此，枕簟仍教到處隨。

宋 楊萬里《誠齋集》卷一三《新竹》 東風巧弄補殘山，一夜吹添玉數竿。半脱錦衣猶半著，擇龍未信没春寒。

宋 孫應時《燭湖集》卷一八《王子中使君家東澗脩竹》 一徑脩篁百畝深，倚天喬木更陰陰。紅塵萬事不到眼，好景四時長會心。穩著亭臺添遠趣，透開風月自清音。使君晉宋家人物，消得閒中此醉吟。

宋 陳造《江湖長翁集》卷一三《次韻陳倅趙宰雙竹》 兩君深結此君緣，句裏蕭森墮我前。筍茁便應欺瑞麥，詩成端合付雙蓮。窗間儷影斜新月，風處駢梢裹緑煙。會擬韓公頌連理，爲渠小輟枕書眠。

宋 張栻《南軒集》卷六 龍孫竹，生辰陽山谷間。高不盈尺，細僅如針。而几所以爲竹者，無一不具。予寘石斛中，暮春生數筍，森然可喜。爲賦此。

小竹如針能具體，方春茁筍更堪憐。乾坤妙用無餘欠，隱几旁觀爲莞然。

宋 裘萬頃《竹齋詩集》卷三《次洪内相雙竹韻三首》 延平兩龍幾年卧，欻爾化作寒枝雙。春檜長松皆敵國，會須因壘一時降。

嬋娟兩枝翠可掬，絶勝白壁南金雙。留與先生作椽筆，詩壇八面受人降。

管鮑交情真耐久，夷齊義氣更無雙。虛花滿眼風號怒，一節青青終不降。

宋 陳文蔚《克齋集》卷一六《病中對竹》 窓外修篁僅百竿，相看不待報平安。何時得我身彊健，共爾青青到歲寒。

宋 劉學箕《方是閒居士小稿》卷上《次劉伯益三詠韻·方竹》 烟梢修矗畫簷低，春曉叢踈緑玉枝。節立孤高虛静處，身持敬義直方時。清風戛玉聲摇佩，明月篩金影散墀。寄語幽人勤愛護，莫教斲削俗兒知。

宋 許月卿《先天集》卷四《賦新花竹》 花紅竹緑兩相當，緑竹紅花在道傍。竹引花風心浪動，花含竹露面芬芳。須知竹戀花蝴蝶，喜見花貪竹鳳凰。彼此莫嫌花共竹，他年花老竹蒼蒼。

金 譚處端《水雲集》卷上《詠孤竹》 一竿碧玉出芳叢，直節虛心衆莫同。耐雪欺霜堅歲月，自然時復有清風。

金 李俊民《莊靖集》卷四《德老瑞竹》 主人本望鳳來棲，遂把孤根特地移。不念平安猶未報，誰教節外又生枝。

籜龍日日斧斤間，可惜孤根托處難。待得上番成竹後，一枝還作兩枝看。

元 郝經《陵川集》卷三《荒竹》 荒竹遶廢宅，高下隨女蘿。新梢入林莽，迸葉楊條柯。玉骨清且癯，埋没還奄阿。病緑煙慘悽，枯黄雨滂沱。劍斷戟復折，壯士空悲歌。伊昔主家安，森森氣相摩。籜龍起雲雷，平地煙霄過。幽香澹庭除，静陰延綺羅。一自兵塵生，人去斤斧多。寂莫秋不實，饑鳳將奈何。

元 釋善住《谷響集》卷三《墨竹》 龍孫抱節落落，鳳尾弄影亭亭。夜半撼牀雷雨，翻身直上青冥。

元 趙孟頫《松雪齋集》卷一《修竹賦》 猗猗修竹，不卉不蔓，非草非木。操挺特以高世，姿蕭灑以拔俗。葉深翠羽，幹森碧玉。孤生太山之阿，千畝渭川之曲。來清飈於遠岑，娱佳人於空谷。觀夫臨曲檻，俯清溪。色侵雲漢，影動漣漪。蒼雲夏集，緑霧朝霏。蕭蕭雨沐，裊裊風披。露鶴長歗，秋蟬獨嘶。金石間作，笙竽誰吹。若乃良夜明月，窮冬積雪。掃石上之陰，聽林間之折。意參太古，聲沉寥泬。耳目爲之開滌，神情以之怡悦。盖其媲秀碧梧，託友青松。蒲柳慚弱，桃李羞容。歌籊籊於衛女，詠淇澳於國風。故子猷吟嘯於其下，仲宣息宴乎其中。七賢同調，六逸齊蹤，良有以也。又况鳴嶰谷之鳳，化葛陂之龍者哉！至於虛其心，實其節，貫四時而不改柯易葉，則吾以是觀君子之德。

元 許謙《白雲集》卷一《對竹》 主人樹脩竹，近在桃李場。賦性雖不同，相友庸何傷。陽春被桃李，紅白争低昂。無言自成蹊，相媚色與香。何心伴幽獨，徒引蝶蜂忙。此君心本虛，寧逐春風狂。咄嗟桃與李，開落那能常。

元 洪希文《續軒渠集》卷七《風竹》 風入篔簹谷，長驅翠浪平。居然龍種異，還作戰濤聲。盧仝詩：「竹林吾所愛，新笋好看守。萬籜抱龍兒，攢迸溢林藪。」

元 貢師泰《玩齋集》卷一《小篔簹賦》 謂木非喬，謂草非繇。不蔓而夭，不葩而條。閑庭翳翳，密室脩脩。名小篔簹，有扁之昭。或曰：子真以篔簹爲小耶？則僊標出塵，直幹凌霄，聲諧鳴鳳，影挾翔蛟。灑清風之葉葉，弄明月之梢梢。雖並户而當軒，實拂雲而騰霄。子以植數少爲小耶？則兩窻三四，一徑五六，紺實漂黄，錦苞凝緑。或開樽而射金，或援琴而擊玉。雖無千頃之多，聊可數竿而足。然則小篔簹果何在乎？主人曰：肩高於牆，斗大於室，門可旋履，居僅容膝，脩及尋丈，廣袤咫尺。以溉以種，充我餘隙，匪谷斯盈，匪川斯溢。減晉林之七賢，少唐溪之六逸。異蔣詡之三徑，慕子猷之一日。况城西幽迥，堂北愉悗，平安之報，維昕與晚。遺形尚存，先德不遠。則又此心之所以思慕而憂慲也。篔簹雖小，其義實大，謹葺謹培，式萌孝愛。或曰唯唯，子誠是在。虛心有容，直節無懈。庶其茂之，勿翦勿敗。

元 謝宗可《詠物詩·同根竹》 競秀冰霜一種奇，駢頭曾脱錦䙀兒。西山二子情依舊，湘浦雙娥影鎮隨。高節元非連理樹，虛心共是歲寒枝。莫教移作仙人杖，恐化雌雄下葛陂。

元 華幼武《栖碧先生黄楊集》卷下《養浩齋雜詠·䕪竹》 移得渭川竹，栽爲屋外林。未成三徑杳，已作半溪陰。倚月疑鸞舞，聆風想鳳吟。試看春雨後，滿地玉森森。

明 趙時春《趙浚谷詩集·鳳尾竹》 曾韻清風儀舜韶，會看曳尾傍青霄。肯隨桃李争春艷，自與松柏押後凋。

明 劉嵩《槎翁詩集》卷五《仙竹》 壇上竹珊珊，秋風六七竿。至今含雨色，長夏拂雲寒。神女金絲佩，仙翁錦籜冠。建標應有待，曾此下青鸞。

明 沐昂《素軒集》卷九《詠照水竹》 颯颯金風動竹聲，影摇秋水雨新晴。皎如寶匣初開鏡，對照青鸞舞月明。

明 薛瑄《敬軒文集》卷九《詠新竹》 知是乾坤一氣催，滿林新笋迸蒼苔。抽梢漸欲侵雲漢，解籜時應傍憲臺。已覺清風連座起，更摇踈雨到牕來。相看

盡日添新興，白筆新詩爲爾裁。

明 岳正《類博稿》卷一《瑞竹詩》 嘉定道士插竹籓花，其末在地，忽有生意。蘇人異之，稱爲瑞竹，求余賦之。

花容嫵媚竹幽獨，道人愛花不愛竹。斫竹障花倒插地，逆施已分無生意。誰料天公爲斡旋，花容不久竹反妍。道人一見稱爲瑞，昔者賤之今日貴。世間此事紛如麻，豈獨區區竹與花。爲君短歌不成調，落日掀髯空自嗟。

明 董仲昭《未軒文集》卷一《墨竹二首爲林信傳賦》 誰種琅玕傍碧溪，森森高節與雲齊。春風養就林間實，留待丹山彩鳳棲。

籠葱翠玉擅風標，白石清泉伴寂寥。安得伶倫裁鳳管，五雲深處和簫韶。

明 朱誠泳《小鳴稿》卷三《雨竹》 鳳毛褷褷灑寒雨，緑玉團雲飛不起。窓涵翠滴潤圖書，涼氣滿天秋若洗。湘江曾夢泊孤舟，一片瀟瀟落篷底。夜深驚起倚闌干，却憶美人隔秋水。

明 顧璘《憑几集》卷三《新竹》 犢角初穿地，龍稍倏過墻。孫枝高勝母，野色翠侵堂。林許清風入，人將俗抱忘。難逢嵇阮輩，終日弄壺觴。

明 夏鍭《明巖方竹》（《天合詩選》卷四引） 方外人情供細藥，眼中物理課新篇。八寸闌前此君子，一樣無心獨惡圓。

明 何景明《大復集》卷一四《修竹篇》 君不見，真翁堂下竹，貫日干雲千尺高。亭亭萬木避霜色，颭颭空巖迴翠濤。平生直節本無偶，手栽琅玕種瓊玖。風月何曾忘此君，松梅況自稱三友。東曹郎君翁所奇，節概更與翁名齊。神龍昔向滄波化，彩鳳今從玉樹棲。高堂茲辰開壽籙，却洗金盤對春竹。霓旌晝下仙人車，雲管宵停嬴女曲。翁家舊住上林西，托根自近蓬萊池。雪崖冰柱映樓閣，雨露常沾萬歲枝。

明 孫承恩《文簡集》卷九《留都翰林六植賦·叢竹》 維此亭側，有叢竹兮。貞幹扶疎，挺蒼玉兮。濃陰蒙茸，團繁緑兮。夕蔭明月，影朝旭兮。凝霏泫露，如膏沐兮。涼飈徐來，聲簌簌兮。滌除塵氛，解鬱燠兮。泠然中襟，清可掬兮。不如凡葩，衒紛郁兮。維此勁堅，抱貞肅兮。歲寒靡凋，異羣木兮。日暮佳人，倚空谷兮。闇然潔修，豈不爾淑兮。人亦有言，療士俗兮。詎必渭川，茲豈不足兮。有懷王猷，先得所欲兮。我時亭中，坐幽獨兮。顧瞻猗猗，醒心目兮。言念君子，詠淇澳兮。比德匪玩，尚自勗兮。

明 張璧《陽峰家藏集》卷八《新竹》 新竹移來傍小軒，坐憐踈爽對晴喧。階苔莫惜頻穿破，秖願長年長子孫。

又 卷二二《新竹》 檻外青青竹數竿，軒前日日報平安。呼兒吸水頻澆灌，留取清操伴歲寒。

明 文彭《博士詩集·和姚太史雪中竹》（《文氏五家集》卷八引） 飛雪洒蒼筠，分明白鳳翎。風迴翻舞袖，映月淡踈欞。掃去茶初熟，看來酒易醒。更憐人似玉，清氣滿虛亭。

九月十七日，與肇兒夜過呂公祠，浦漵縈廻，菰蒲掩映，月色如晝，真一片江南也。適張氏兄弟攜琴阮至，酒酣，鳴琴撥阮，命童子奏笙簫以和之，恍然。

明 秦夔《五峯遺稿》卷一《晴竹》 秋色魄溟溟，湘江隔岸青。海門涼月白，照見鳳凰翎。

又《雨竹》 蕭洒數枝低，天寒鳳不栖。湘江煙雨夜，愁絶鷓鴣啼。

又《雪竹》 江空雲欲垂，雪暗瀟湘浦。天寒白鳳飢，離披不成舞。

又《老竹》 碧海珊瑚枝，婆娑影三尺。本是柯亭材，俗眼渾不識。

明 汪佃《東麓遺稿》卷三《題畫雪竹》 朔風一夜吹成雪，萬木低摧僵欲裂。唯有此君當此時，獨立亭亭還孑孑。短墻斲看偃長梢，勁色終呈歲寒節。何當爲掃葉上瓊，細煑龍團教君啜。

又《雨竹》 森森碧玉來何許，九疑之麓瀟湘渚。坐聽琴瑟風雨聲，又似當年啼二女。烟枝霧葉風冥冥，步武茫然迷處所。畫師真有縮地功，萬里江山藏尺楮。

又《晴竹》 移家歲晚東山麓，此地人家多種竹。東隣西舍十里園，溪青沙白篔簹菉。晴雲布地風冷冷，豈信朱明作炎燠。它鄉看畫空悵然，搔首幾延南望目。

又《風竹》 牕前聽竹聲宜好，蕭蕭入耳驚秋早。冷然一枕羲皇餘，塵土肝腸淨如澡。尤宜六月三伏中，那知赤日懸高空。積金剩買城中地，廣種琅玕待午風。

明 孫應奎《燕詒録》卷八《對竹》 雨前移竹長新叢，幾箇簷端弄晚風。終日對君無剩語，一簾秋色萬緣空。

海門夜半觀無始，花露林間識有涯。蚤起振衣新沐罷，又看清影過窓斜。

漫聽前林歸鳥亂，自憐餘景捲簾看。若教生意如君子，暑徃寒來只一般。

明 任環《山海漫談》卷三《泣竹》 冬行孝，孝尤異。長哭一聲動天地，須臾

玉笋生滿林。歸來作羹慰親心，沉疴脱體灑然愈。芳聲千載重南金。嗚呼！孝哉兮我知愧，親卧高堂思遠味。如何不將寸草心，却持老竹班班淚。

明 田藝蘅《香宇集》卷九《鳳尾竹》 月出琅玕三徑歸，蒼煙涼露玉成圍。珮聲蕭瑟翻清影，鳳尾翩翩上羽衣。

明 吴國倫《甔甀洞續稾》卷一二《鳳尾竹》 文鳥刷其尾，化爲千葉竹。無風自動摇，清響流嶰谷。

又《仙掌竹》 竹小葉何大，宛然金狄掌。雖無漢銅盤，清露溥其上。

明 劉春《東川劉文簡公集》卷二四《翠竹》 坐愛花間竹，蕭然緑葉叢。貞心元自秉，挺挺歲寒風。

明 屠隆《由拳集》卷一一《湘妃竹》 翠華寐莫倚龍孫，哭向蒼梧白日昏。江雨自深三楚淚，春雲不散九疑魂。

明 張居正《新刻張太岳先生詩文集》卷一《修竹篇》 孤篠植汶陽，籦籠挺陰崖。何似侶幽人，結根煙水湄。修枝拂杳靄，接葉映漣漪。陰森野氣積，戛擊涼飈吹。朝露綴瓊玖，宵月蔭參差。水吟蛟龍蟄，雲盤鳳鳥儀。永願老煙霞，寧知勞歲移。但畏伶倫子，截此凌霄枝。裁鑿豈不貴，所患垂天恣。亭皋霜露下，淒其卉草衰。願以歲寒操，共君摇落時。

明 俞允文《仲蔚先生文集》卷八《淡竹》 似竹還非竹，緑堤被淺涯。天然生異色，石黛點青花。

明 孫繼皐《宗伯集》卷一〇《朱竹》 亦是檀欒池上枝，何緣殊色污胭脂。輕陰却訝繁紅藉，勁節難隨大絳移。結實定爲朱鳳食，騰空堪作赤龍騎。多應血染湘妃淚，賦客梁園總未知。

明 邢侗《來禽館集》卷五《方丈竹》 誰散淇園色，紛披溝上方。平生此君意，今口獨彷徨。

明 謝肇淛《小草齋集》卷二七《朱竹》 秋老龍孫醉不醒，却疑泪血灑湘靈。只緣悞染紅塵色，無復琅玕舊日青。

又 卷二九《雨竹》 寶瑟聲沈月色昏，湘江猶有老龍孫。黄陵祠上三更雨，盡入枝頭作泪痕。

明 許繼烈《題烟竹》（《天台詩選》卷五引） 漠漠平林露未乾，翠微亭榭鎖春寒。恠將勁節羞桃李，半捲紗窗帶醉看。

明 陳繼儒《陳眉公集》卷四《詠花竹十二絶・風竹》 藤枕浚高眠，窓頭忽驚寢。不是故人來，風弄新篁影。

明 萬熼《修竹》（《御選明詩》卷一一〇引） 琅玕千畝拂雲齊，日影參差亂渭溪。但恐玉簫風過弄，夜來驚散鳳凰棲。

清 丁耀亢《陸舫詩草》卷二《詠舊竹》 旱雲不雨影離離，分得殘根到野籬。我本無心成灌溉，若存生意太孤危。千尋月照空庭水，幾葉風吹別苑枝。但有阮嵇來結社，渭川烟雨足追隨。

清 陸世儀《桴亭先生詩集》卷一《叢生竹》 叢生竹，何蕭疏。新枝日以茂，故枝日以枯。去年雖枯尚成竹，今年不見徒欷歔。

清 周亮工《賴古堂集》卷八《朱竹》 高情直與晚楓隣，傞舞安知醉有辰。舊族傳爲絳縣老，孫枝近作赤城人。瀟湘淚盡終餘血，淇澳花繁不是春。曾在龍門柯畔立，支離更見爨中身。亂擲桃花映客酡，斜批鶴頂間青蘿。翻新競比紅兒曲，截笛留吹赤帝歌。酒醞宫城光未定，冠裁薛縣色全訛。遥看巖下斕斒處，或是秋溕柏葉多。

清 施閏章《學餘堂詩集》卷四六《慈竹》 同根苦相抱，日夜中庭清。爲伴孤吟客，長留風雨聲。

又 卷四七《見斑竹》 碧玉森森緑水灣，風鳴環珮滿湘山。遊人自灑離愁淚，不是當年舊淚斑。

清 唐夢賚《志壑堂詩》卷九《新竹》 新篁謖謖漲風濤，似倚長竿坐釣鼇。嶰谷笙鳴音未絶，湘江瑟怨淚難消。翁孫籬外如繩武，伯仲堦前競奪標。欲抱一緡侵碧落，阿誰爲我問琴高。

清 龐塏《叢碧山房詩三集》卷四《簝竹》 簝竹青青未作叢，移栽新向小牕東。相看自有清涼意，不借齊紈扇底風。

清 汪繹《秋影樓詩集》卷二《新竹》 春雷起林麓，筍長何離離。攢迸滿苔徑，抱護籜龍兒。已解黄金苞，漸抽碧玉枝。粉香含新意，汗青託後期。

清 錢令嫺《水仙花倚竹》（《詩觀初集》卷一二引） 水仙花倚竹垂枝，緑影空濛浸月池。似贈洛神螺子黛，供他對鏡掃雙眉。

清 陶孚尹《欣然堂集・詩集六・學圃猫竹歌》 江干遠近烟水鄉，人家竹生如堵墻。籜龍族類不勝數，率多柔脆少堅剛。貓頭巨種出陽羡，聿予移植在圃場。長梢大葉揭旌旆，勁節密理森殳槍。檀欒似入篔簹谷，葱蒨如臨渭水旁。涼風颯然左右至，顛倒萬籟鳴宫商。相其體裁利農器，或取織箋成籧筐。不徒

娟娟逞姿態，僅誇雨後摇新篁。吾生志存松柏勁，世人爭羨桃李芳。歲寒林中有嘉實，遲看鳳鳥來翺翔。

清 黄任《秋江集》卷四《方竹》 天教换骨渭川陰，别有丰裁世所欽。圭角未圓終勁節，廉隅自愛本虚心。如稜合製匡床整，中矩宜栽斗室深。若使伶倫曾作管，定吹從律八風音。

如磋如切結根新，淇澳遥通玉水濱。與我岸然宜取友，此君卓爾本端人。失身忍作規圓杖，用李衛公事。吹籜真成折角巾。不信龍鍾蕭散客，却修邊幅上嶙峋。

舊族篔簹谷裡移，别垂典則到孫枝。森森介石温而栗，步步周行矩且規。方竹圓中方外。遮定門墻轉高峻，嶄然頭角便岐嶷。月明要看如圭樣，斜上闌干界影時。

清 阿克敦《德蔭堂集》卷三《新竹十二韻》 蘗竹添新翠，檀欒夏令時。久持霜節苦，新得露根滋。嫩籜含方拆，長梢漸欲垂。輕飄風淅淅，細墜雨絲絲。碎影摇明月，清陰覆碧池。當軒還動盪，繞徑自葳蕤。翳葉生涼籟，成林障赫曦。能消炎暑酷，更與歲寒期。戛玉聲相類，停雲勢不疑。開花蜂漫採，結實鳳來儀。夢澤蕭踈色，淇園鬱秀姿。一從丹地植，常近萬年枝。

清 王項齡《世恩堂詩集》卷二七《苦竹》 牆角修篁直，經冬亮節堅。梢雲今邈矣，覆雪故依然。不改檀欒蔭，詎爭桃李妍。子猷何好事，名共此君傳。

清 程夢星《今有堂詩後集・盍餘集・響竹》 響竹功非細，驅蠅未許存。憑教來自遠，豈復止于樊。絶勝頻揮劍，何須更杖門。色聲俱不亂，清淨愛秋軒。《埤雅廣要》：青蠅善亂色，蒼蠅善亂聲。

清 徐用錫《圭美堂集》卷九《詠新竹十二韻》 渭川遺種在，净直出牆隅。自有千尋勢，何堪一日無。涼生風瑣細，影帶月扶疎。籜委文蛇蜕，碧齊翽鳳梧。參天雖有待，拔地不嫌孤。截管雲門奏，垂竿任子徒。已能持節堅，漸可繞鵷雛。憶昔栽移始，辛勤畚鍤殊。封泥平幹本，築隴護鞭鬚。醉日仍採曆，禎方預作圖。平安勤有報，嘯詠始能俱。雨露園翁手，時時仗爾扶。

清 錢維城《錢文敏公全集》卷六《御製清曠樓詠竹四首元韻・晴竹》 數竿霽色散猗猗，掩映西山見影時。遂有夕陽開爽籟，更添生翠上疎枝。浮筠浥秀非關沐，新粉飛香不藉吹。得向晴川長獻媚，敢忘春澤自天垂。

又《雨竹》 幾片濃雲覆碧篁，淋漓作勢不尋常。平安有信聯牀聽，問訊非遥隔座商。潑席涼生千畝徧，催詩韻助一秋强。箬簷棕袂農閒望，豈獨溟濛愛涉湘。

又《風竹》 蕭蕭何處打窗風，萬個蹁躚自舞空。浪蹙柳梢憎婀娜，濤翻松頂笑豪雄。本無暑氣能侵客，兼有秋聲欲問童。正好披襟懷與可，未甘低首拜關仝。

又《月竹》 銀蟾飛向隔林過，落影空階爾許多。天作藍牋寫疎快，庭留墨譜印摩挲。静粲玉版長明體，涼引金波漸進科。良夜西堂殊寂寞，移陰何似傍鑾坡。

清 錢維城《錢文敏公全集・茶山詩鈔》卷一二《棕竹》 品在蒼梱翠篠間，篩風舞月致蕭閒。長安待爾裁團扇，不愛湘妃有淚斑。

清 謝道承《小蘭陔詩》卷六《方竹二首》 方塘曲隖寒不勝，元霜夜搗篔簹凝。如何千艇青裊裊，散作萬個風稜稜。崖奔石壓蝕不得，蟲穿鳥啄嗟何能。青光研取作簡版，楚詞一夕供抄謄。

渭川鳳尾何珊珊，昆吾巧斲青琅玕。一蕟霜榦露圭角，四楞蒼玉森檀欒。曲欄有貌骨愈峻，璧月碎影光仍團。戴譜六十一種外，安得潑墨臨千竿。

清 愛新覺羅・弘曆《御製詩四集》卷一二《淡竹葉》 雖倩竹爲葉，却嬴竹有花。翅飛分兩瓣，角結挺雙丫。作伍青青草，開齊萩萩葩。如將擬栩蝶，可以悟南華。

清 愛新覺羅・弘曆《御製詩五集》卷三一《竹枝》 竹葉竹枝多夾寫，變更文與可法特玲瓏。春華秋卉多塗抹，想藉風前一掃空。

清 王文治《夢樓詩集》卷一二《西湖長集・莆塘脩竹》 萬竿脩竹處，靄靄晝陰生。涼吹一以發，寒泉相與鳴。錚鏦奏天樂，斷續聞珮珩。自非子猷輩，誰賞此幽情。

清 汪學金《静厓詩後稿》卷一二《新夏咏物一韻八首・新竹》 午夢醒寒碧，當軒弄響泉。脱苞争秀削，抱節自堅圓。深徑難容暑，虚亭易化煙。青筇落何所，記取籜龍仙。

清 潘奕雋《三松堂集》卷四《修竹》 修竹産淇園，森森碧於玉。謂此似君子，種之令不俗。一叢種廣庭，一叢種牆曲。廣庭地疎豁，瀟瀟風露足。雨葉出檐清，風梢拂雲緑。一幹日以長，一幹日相續。牆曲頗清幽，所苦地局促。有枝

抽不揚，有根行處觸。豈無干霄心，何由展遐躅。亦抱作箭材，苦節誰復録。託地既已殊，菀枯判榮辱。回看廣庭前，千夫擁大纛。

清　王芑孫《淵雅堂全集・外集賦得詩二・竹箭有筠得筠字》　竹箭東南美，翛然記有筠。紫看苞乍脱，緑與粉俱勻。誰謂膚堪削，懸知拭更新。此君何潤澤，爾節未磨磷。却以金剛質，扶兹玉立身。轉從肌細膩，藴得體精神。仙詎經三洗，高難點一塵。詩成遭刻畫，莫語詠花人。

清　伊秉綬《留春草堂詩鈔》卷二《湘江竹》　洞庭渺無際，天末見修竹。風聲動微波，秋氣戛寒玉。一聽水龍吟，何處仙鸞宿。不傷堯女祠，爲誰娟娟緑。

清　李苞《巴塘詩鈔》卷上《溪竹》　疎枝照水影横斜，更傍溪橋賣酒家。踏雪尋君亦不俗，一樽何必就梅花。

清　趙翼《甌北集》卷二二《竹箭有筠》　翠篠榮嘉植，蒼筠竟體舒。文堪彰外美，心本藴中虚。新雨抽萌後，清風解籜初。光分水蒼玉，功在汗青書。麗到凝斑處，嬌含帶粉餘。詩筒鐫易就，墨筆畫難如。自覺菁英焕，何嫌節目疎。猗猗堪咏德，睿賞寄林箊。

清　周篆《艸亭先生集・詩集》卷二《水竹》　纖纖愁近艸，簌簌喜盈盆。疎散心如此，青冥意得存。幾針穿雨笋，一縷結霜根。除是桐花鳳，思從借實飧。

清　陸繼輅《崇百藥齋文集》卷七《響竹》　漫續憎蠅賦，聽雞誤好音。是誰攢碎玉，爲我護幽琴。止棘銷讒口，彈蕉本素心。暑風吹未已，莫厭畫簾深。

清　吴榮光《石雲山人詩集》卷二二《賦得竹箭有筠》　試驗猗猗竹，洵知禮在人。材良看有箭，質美本如筠。金錫淇泉簀，琅玕嶰谷珍。翠留霜節勁，蒼浥露華新。文采雲三色，精神月一輪。地鍾千畝秀，天護四時春。竿許祥鸞集，林宜翽鳳振。清標依禁籞，噓植荷皇仁。

又　卷二二《賦得曉汲清湘然楚竹》　問訊漁翁艇，溪鄉乍曉天。湘流清可鑒，竹影翠相連。垂綆臨風汲，攀條帶露然。擎來紅日漾，爇去碧雲鮮。取次烹茶候，侵尋釀黍年。江山供俯仰，水火正調宣。林密曾棲鳳，碕寒或釣鯿。恩波珊網好，甄此楚材全。

其二

指點湘灣曉，依微封岸烟。山瓢方欲汲，巖竹正堪然。灝氣靈源挹，餘香活火煎。筍纔燒版熟，茶已泛甌圓。旭嫩提壺地，雲深抱甕天。浴蘭懷往事，煨芋記何年。客自吟三楚，人猶想七賢。朝來江上過，有斐愧成編。

清　查揆《篔谷詩鈔》卷一二《新竹二首》　自扶瘦竹幾竿斜，且省敲門過別家。徼幸牽牛無著處，上稍閒放兩三花。

當時櫻筍充厨日，白木長鑱手自芟。玉立如今過五尺，旁人猶笑老夫饞。

清　姚燮《復莊詩問》卷一七《大梅山館集・稚竹》　力弱須牆倚，微搜粉籜開。借聲風薄樹，試影月横苔。闊氣空天照，新枝過蝶猜。丹山有雛鳳，須爾長時來。

清　吴文鎔《吴文節公遺集》卷八〇《修竹引薰風》　何處宜逃暑，新培竹幾叢。豈徒障午日，更與引薰風。鳳尾迷深徑，鸞音宕遠空。竿頭涼信到，天末曠懷通。爽籟逢林下，清襟挹座中。炎消窗四面，陰藹地三弓。樾蔭森難擬，荷香遞更融。虞絃歌解阜，篠蕩貢南東。

又　《律比崑崙竹》　山勢崑崙矗，叢生竹箭多。取材原有準，比律定同和。枝葉修繁冗，宫商任盪摩。鸞音吹本合，鳳琯譜□訛。清淑中聲備，參差逸響羅。籟應傳玉節，韻不數銅柯。六管調如許，千林植若何。睿謨昭豫順，協氣徧謳歌。

清　譚瑩《樂志堂詩集》卷二《椶竹》　水石無緣也自栽，數竿聊足蔭蒼苔。身仍有節非無用，心不能虚亦可哀。棄置敢嫌生隙地，護持猶欲作名材。闌珊風雨支離甚，大葉疎枝待翦裁。

又　卷一二《苦竹》　豈必徽之愛，依然不可無。護持經歲序，摇落稱江湖。也並松陰古，難期筍味腴。歲寒霜雪甚，低亞儘相扶。

清　徐榮《懷古田園詩節鈔》卷四《郡齋四詠・方竹》　永嘉郡齋修竹竿，十十五五生夏寒。土人告我此方種，不比碌碌青琅玕。我重其名不敢狎，一日斂袂十往觀。觚稜照眼且自喜，澁勒觸手誰能干。嗟今世態不可説，郭尖李錐非一般。邪蒿媚柳競成黨，圓荷側栢相交歡。如君通方豈復有，玉水壺山鍾毓久。不憂輪鑿世難行，每勵廉隅還自守。我生入世往輒窮，尚友常懷古人風。牟公祭剛楊震直，宣鄭身清張邴忠。嵇阮執器道不足，此君之德將毋同。與君坐對爲君數，扁弱雙孤非爾伍。交讓木端正樹，爲君擇交伴君住。杖成扶我方外游，甘露殘僧莫相遇。

清　季芝昌《丹魁堂詩集》卷七《文竹》　文同老死篔簹谷，萬丈寒梢皆蹙縮。化爲蜩翼與蛇跗，五寸攢盆出雛竹。誰歟肇錫以嘉名，與可寫生今更生。伯時畫馬入馬腹，用意果到真天成。枝枝輕白間深碧，雪月中間宜此格。獨怪庭空

影許長，收拾清風供瑶席。龐家爲我醉日分，小友忽然來此君。我將晨夜沃文露，文種本是干青雲。

清　胡鳳丹《退補齋詩存》卷一三《咏物雜感十二首·新竹》　千畝横胸不染塵，虚心直節兩無倫。坐中佳士曾餘幾，對此真慚肉食人。

清　蔡洴《斑竹》（《華容縣志》卷一四下引）　帝子怨如何，嬋娟逐楚波。幽情猶在竹，點點淚痕多。

清　袁昶《漸西村人初集》卷一二《竹影》　朝雲解駮漏窗光，瘦竹一枝寒弄日。幽人何自無特操，緑煙離離若亡質。非真非幻中有物，浮霧掩之悵然失。

清　劉光第《衷聖齋詩集》卷上《黑竹》　幽壑極蕭森，黑風吹日陰。全身異孤潔，晦跡並山林。自錬冰霜氣，能虚鐵石心。又元通衆妙，堅忍絶窺尋。

又《斑竹》　一雪湘妃淚，千秋止不乾。雲煙護龍蟄，苞采見凰鸞。抱節深藏恨，多文與自殘。迷春嘯山鬼，月白女蘿寒。

清　張謇《張季子詩録》卷三《竹影》　百尺琅玕刺碧霄，舒風鸞尾自翛翛。二妃幽恨隨雲化，六逸吟魂與月招。荇沼澂空三面映，茶烟收入一絲飄。何人乞得洋川筆，十丈鋪縑子細描。

雜録

晉　王嘉《拾遺記》卷一〇　［含明］國郊有浮筠之幹，葉青莖紫，子大如珠，有青鸞集其上。下有沙礰細如粉，柔風至，葉條翻起，拂細沙如雲霧。仙者來觀而戲焉，吹風，竹葉聲如鐘磬之音。

晉　張華《博物志》卷三　止此山多竹，長千仞。鳳食其實，去九疑萬八千里。

明　焦周《焦氏説楛》卷七　又《山海經》：　衛于山丘南，帝俊竹林在焉，大可爲船。《神異經》：　南方荒中有沛竹，其長百丈，圍二丈五六尺，厚八九寸，可以爲九船。

桃枝，四寸爲節。木瓜，一尺一百二十一節。

明　劉仲達《劉氏鴻書》卷八七　高潘有疎節之竹，六尺而一節。黎母山有丈節之竹。溱州有通節之竹。羅浮有龍公之竹。臨賀有十抱之竹。澄州有方竹。占城有藤竹。員丘有船竹。東方有弓竹焉，却曲如藤，得木乃倚。南荒有沛竹焉，其長百尺。《芸意品》

明　陳詩教《花裏活·補遺》卷一　鄜延長吏有大竹淩雲，可三尺圍，伐剖之，見内有二仙翁。相對云：「平生深根勁節，惜爲主人所伐。」言畢乘雲而去。

清　劉堅《修潔齋閑筆》卷一《龍鍾》　年老者曰龍鍾。按《洞冥記》：　元封二年，大秦國貢花蹄牛。蹄如蓮花，善走多力。帝使輦銅石，作望仙臺。又于陽関外得異石，長十丈，濶三丈，立于望仙宫，因名龍鍾，言其重大難移也。《南越志》：　龍鍾，竹名。張曲江《荅陳拾遺贈竹簪》詩：　遺我龍鍾節，非無玳瑁簪。

圖表

晉　郭璞《爾雅音圖·釋草》

竹居

論說

宋 王禹偁《小畜集》卷一七《黄州新建小竹樓記》 黄岡之地多竹，大者如椽。竹工破之，刳去其節，用代陶瓦，比屋皆然，以其價廉而工省也。子城西北隅，雉堞圮毁，蓁莽荒穢，因作小樓二間，與月波樓通。遠吞山光，平挹江瀨，幽闃遼夐，不可具狀。夏宜急雨，有瀑布聲；冬宜密雪，有碎玉聲。宜鼓琴，琴調和暢；宜咏詩，詩韻清絶；宜圍碁，子聲丁丁然；宜投壺，矢聲錚錚然：皆竹樓之所助也。公退之暇，披鶴氅衣，戴華陽巾，手執《周易》一卷，焚香默坐，銷遣世慮。江山之外，第見風帆沙鳥、煙雲竹樹而已。待其酒力醒，茶煙歇，送夕陽，迎素月，亦謫居之勝槩也。彼齊雲、落星，高則高矣。井幹、麗譙，華則華矣。止於貯妓女，藏歌舞，非騷人之事，吾所不取。吾聞竹工云：「竹之爲瓦，僅十稔，若重覆之，得二十稔。」噫！吾以至道乙未歲，自翰林出滁上；丙申，移廣陵；丁酉，又入西掖。戊戌歲除日，有齊安之命。己亥閏三月，到郡。四年之間，奔走不暇，未知明年又在何處。豈懼竹樓之易朽乎？後之人與我同志，嗣而葺之，庶斯樓之不朽也。咸平二年八月十五日記。

宋 張九成《横浦集》卷一七《竹軒記》 子張子謫居大庾，借僧居數椽。閲七年，即東窗種竹數竿，爲讀書之所，因牓之曰「竹軒」。客有見而問焉，曰：「恥之於人大矣。今子不審出處，罔擇交游。致清議之靡容，紛彈射而痛詆。朋友擯絶，親戚包羞。遠竄荒陬瘴癘之所，侵蛇虺之與鄰。謂子屏絶杜門，蔬食没齒，髡頭喑舌，以祈哀於朝廷，而抱病於老死。不是之務，乃種植墾藝，造立名字，將磅礴偃息，自適於萬物之外。知恥者，固如是乎？」子張子啞然笑曰：「物各有趣，人各有適。子方以竄逐爲恥，我獨以適心爲貴。今吾將叙吾之適，以浣子之適。其可乎？」客曰：「唯唯。」子張子曰：「今夫竹之爲物也，其節勁，其氣清，其韻高。冒霜雪而堅貞，延風月而清淑。吾誦書而有味，攷古而有得。仰首而見，俯首而聽。如笙簫之在雲表，如聖哲之居一堂。爽氣在前，清陰滿几。陶陶然，不知孰爲我孰爲竹？孰爲恥孰爲不恥？盎盎如春，醺醺如醉。子亦知此

樂乎？」客聞吾言，神喪志沮，面無人色。吾因以是言，而刻諸石。

宋 李流謙《澹齋集》卷一五《節齋記》 節齋者，縣治之燕齋，邑大夫青城楊公命其僚廣漢李某爲之名也。曰節者何？齋之前有竹數百竿，蕭森玉立，蔭暎齋几，名所從也。竹爲德不一，而獨節云又何也？竹之德，無美於節也。寒暑之運烈矣，物皆聽焉。而彼曾不與之變，非節之可美者乎？予請言「節」，《易》坎上兑下爲「節」。坎，險也。兑，説也。非險不節，非説以濟險，節則病焉。人之情，善放而易摇。樂於理外，而拘于律中。可欲誘之，淫潰四出，則蕩而莫之檢。非有法制程量，嶄然臨之，如絶壑峻淵嵓嵓在目，則不能節。故凡坎之險，所以節也。然徒險而已，勢薄則悖，情迫則劫，非有以通之，泮涣夷緩，戢其所已甚而矜其所或有，第措之于法制程量之間，則禽攫獸搏，節所爲病。故兑之説又所以通之，而節於是得其正。觀之植物，松柏之不易寒暑，竹畏友也，然形之磥砢盤錯，往往愆繩墨而缺斧斤，不爲榱棟之用，坎之節而已。惟竹也，逕尺而節，節有常處，積其節，而後摩天。又中虚而圓，色粹而潔，有應而不留，介而能通之狀。故人視其翹然自拔者可敬，而娟然爽媚者可愛。固坎兑之節也，因以名之竹，其爲予强名之。楊公岷下夙儒，令靈泉也，條教簡嚴，其要在於區别臧鄙，裁正是否，一髮而不可溷以私。若坎之險，而其實慈恕惠和，春融日温，賓賢子民，人父師之。有兑之説，視竹之節顙能不泚矣。然則予謂竹當强有是名，公獨能强辭是名哉？昔之嗜竹者，指王子猷。子猷縱誕，爲名教之蠹。晉人蓋以是覆其國，不知節者也，乃曰：「不可一日無此君。」予恐竹視之則曰：「不可一日有此君也。」若曰不可無，必節者而後可也。予嘗暇日手擕韋編於竹之前，清風徐來，天然而笑，竹與君皆若爲予首肯。公名某，字某。

宋 吕午《竹坡類藁》卷二《竹坡記》 古人愛竹，隨寓而名者多矣，而其顯則因人。竹林以七賢顯，竹溪以六逸顯，竹里以王摩詰顯，竹間以白樂天顯，竹洞以韓昌黎詩顯，竹樓以王无之記顯。至如竹所未聞扁題，以袁景倩嘗造亦顯。余愛竹如古人，寓居坐起處皆以竹名。後有小圃，圃有坡、有竹僅千箇。因結亭其間，牓曰「竹坡」。顧聲望不能全古人萬分之一，不足以使是竹坡顯于今，顯于後，則牓此坡者，衹以辱此竹耳。雖然，王子猷才不掩行，有愧坦之，而以愛竹，故人稱之至今。是子猷之名，反以竹顯。然則余姓名湮微，或庶幾由是竹坡顯耶？

宋 劉辰翁《須溪集》卷二《竹坡記》 自歐公記相錦以來，鄉郡雖宰執侍從罕至。而開慶己未，吾鄉平林蕭公以王人起家兼江閫。豈惟一時家國異數，茲亦宇宙不多見也。於是飛渡迫矣，環城清野，合村墟鎮市，生聚可數十萬。悍將之烽火一起，惟公以家口保之。今蜂房蟻丘，四望烟綿，孰非公之遺愛？而公之孫元永，復以至元貳卿興，歷帥海瓊。是家喬木將葉葉焉其如初。繇是南北之人，稱公之孫竹坡如平林，迺竹坡自叙慊然曰：斯竹也，吾祖之林之一也，不殖且落，何以示子孫？予曰：物之爲林者衆矣，雖受命如松栢，亦當身而止。惟竹也，乃以孫特聞，非以遠且多耶？是坡坦迤，三徑蒼然，試游目乎區中，其西則金谷之園，盛時花木連堤接壤，避車蓋者無路，今荒苔斷礎容有存焉者乎？稍東爲烏衣，又東緑野青陰，華屋塵空，燕徙不論。幸而存者，館墟而廄飾，幽遷蓬集，入污出奴，過者奈何也。蓋夫昔之爲林也，芳者、葩者、蔓者、絛者，翠而葱者，風霜一旦，凄兮摇落，亦其遺後者早已。就植物而論，東南之美，惟此君獨高，而況是坡是竹，愈厚德以培之，勤學問以溉之，中虚外直，確然當以其節顯，庇其宇者猶慨然如有立，灑然如執熱而濯也。茲非淇澳之猗猗者耶？何其閲世暑寒，復其初，過其祖，以及其子也。則夫竹之爲孫也，有不爲當世用者耶？而又可勝慨耶？且吾嘗笑夫晉人之高興也，子敬、子猷皆以愛竹欵門，而或爲人所閉，或不爲人所禮，孰如家有清風，逍遥其下，披襟永日，嘯歌命客而俗物亦莫能至焉。樂哉！歲寒市而隱以此。雖然，又有去而爲相，而憂其竹之不平安者。竹豈有不平安者哉？毋亦饞者甘其萌，削者剿其根，子孫不賢者則又引山王以爲重，植千户以自封，又不然者，爲郫筒湑之，肆大嚼慁之，雖非戕賊，而有一於此，則愀然日有不安者矣。君起家用世，其踈潤恐不免。予爲記此，以是傳之子子孫孫，即或出或處，雖千萬里外，其平安如一日。君起而謝曰：噫！子孫之幸也，先祖有焉。

元 方回《桐江集》卷二《居竹記》 士莫大於尚志，子莫賢於克家。家之所由來者遠，而承之以志之遠。志之所期者遠，而家之所以光前裕後者愈益遠。此理之必然者也。蘇長公云：「可使食無肉，不可使居無竹。」士不憾於食之無肉，而惟恐乎居之無竹，則其志遠矣。食必有肉，雖豹胎腥唇而不足奢啖侈嚼，必不器瓦杯而友菅屨。居必有竹，則非天下之高人勝流不足以升其堦。世之塵頭俗面之物，望風而退舍矣。士之志宜在此，而不在彼也。孟子曰：「士尚志。」《易》曰：「子克家。」志之遠者家之遠，君子以是觀人焉。華亭縣修竹鄉曹氏，武惠王之後，自汴南徙所居，據九峯三泖之勝，厥壤宜竹，如其鄉名。予友古睦元

同居士邵君壻其家，爲予言曹氏家世之盛。內子之弟和甫，字仲達，祖守齋先生提舉府君年八十餘，以壽終考。梅渚先生司户府君，前太學兩請甲戌進士，蔚爲一時聞人。仲達今年二十有五，俊特英發，於太父樂静堂之餘地，貯飾園廬，植竹千箇以居，竹扁其書室。蓋有取於蘇長公之言，其意若曰：吾之先及吾之身，豈不世世而食有肉。吾之身與吾之後，不若世世而居有竹。古二十而冠，三十而仕，五十而後爲大夫。所以有士冠禮，而無大夫冠禮。仲達以踰冠將仕之年，居是竹也而安。異時雖爲公卿，當常不忘是竹。後之人居是竹也而久安，孫曾雲來常奕葉保有是竹，是則以尚志之士，爲克家之子。曹氏豈不愈益遠而與是竹相爲無窮哉！

旹大德二年歲戊戌二月初八日，通議大夫前建德路總管兼府尹紫陽方回記，前集賢直學士奉議大夫大原路汾州知府兼管本州諸軍奥魯勸農事吳興趙孟頫子昂書。

元 王禮《麟原後集》卷七《竹林小隱記》 深源頻年順適，遂賦斯干，葺屋于竹林之中，以娱其晚。俾予從子穎來告曰：「吾廬將落成，字之曰『竹林小隱』。王生老人，可不爲我記之。」松茂栢悦，聞之助喜，命舟往賀。見其楝宇峻潔，櫺牖疏明，背城而臨江，臯濯纓而俯清流，誠隱士之所棲也。有竹百餘挺森立，前榮可愛，因問之曰：「桃李，君家所種也。今乃獨種乎竹，何居？」曰：「思其中空，吾則謙虚以受善言。撫其高節，吾則抗義而守禮法。見其枝葉四時不改色，則足堅吾富不滛、貧不移之掾。是竹，吾益友也，可不敬哉？」嗟乎！深源薄紅白粉華之難久，喜蒼筤青青之不衰，可謂器識宏遠矣。然予因之有三愧焉。槐竹，吾家所尚也。曩嘗植槐數株，其陰已滿庭矣。而人心不同，有如其面，不能闔廬以受之。一可愧。槐花黄時，子弟争採以遺工人，則有之驚試期之迫而忙者罕見。二可愧。連年種竹，老手親移，犢角之盟，方苞方體，不縱牲畜以戕之，則狂童饞妾採之以菹洳，而渭濱之植在胸中矣，尚望其青青如箐哉？三可愧。此予不特有愧于深源，抑有愧于先世也。惡得不樂爲深源記之？于是復系以歌。歌曰：

竹林兮修修，負郭兮幽幽。青源在右兮，鷺渚中流。清風如濯兮，良月如鈎。良時勝景兮，誰吾與儔。百壺清釀兮，歸與婦謀。嘉賓戾止兮，珍吾肴饈。賞心追暇兮，以敖以遊。光陰過客兮，富貴浮漚。緑鬢一變兮，楊花滿頭。胡不日以嬉兮，懷千載之長憂。我勸兮賓醻，賓醉兮我謳。竹林竹林兮，吾托爾以優游。

元 楊維楨《東維子集》卷一六《有竹人家記》 安陽韓君謣，築室於所居之浴鵝沱上，左右皆植竹，因顔其室曰「有竹人家」。一時名士大夫，咸擇行輩交其人，至或載酒肴以抵其所。吳興趙雍爲作小篆之書，又爲作「人家有竹」之圖。余既賦詩圖之上，復遣書再四以記請。宋蘇公軾曰：「不可居無竹，無竹令人俗。」至拄杖敲門，尋有竹人家。吾不知有竹之家，皆能真有其竹而免於俗者不也。嘻！公之得在竹耳，固不計人家之俗不俗、之能有不能有也。今韓君之家，自命曰有竹，吾知其能有竹矣。一妄庸夫曰有竹居，而竹不爲其有也。吾試詰其所有，則謾言曰：吾擊竹而歌，不啻擊珊瑚也。披竹而咲，不翅披琅玕也。簟筠而臥，不啻茵虎豹。煮萌而食，不翅庖羔豕也。嘻！有竹如是，夫人而能有也。吾觀韓君虚中抱道，有竹其心。貞標絶俗，有竹其性。善建不拔，有竹其本。離立不軋，有竹其朋。德音協鳳凰，或思沾露霜，又有其應律之聲，格瑞之靈也。韓君之有竹若此，其亦異乎人之有者乎？不然，韓君之家，與妄庸人者同曰有竹，而竹不爲其有也。雖渭川千畝之富，徒以等燕秦之栗林、齊魯之麻臬而已耳。竹何有於家，而家又何有於竹哉？然則韓君之有竹，不徒在其家也諗矣。書諸室爲記。至正十三年九月十二日。

又 卷一七《邵氏有竹居記》 松地隸古揚域，厥土卑濕沮洳。自禹決水注之海，然後民與草木得休養生息。其土性最宜竹，《禹貢》所謂「篠簜既敷」可徵也。去松之南六里所，有村曰同安，仲謙邵氏居焉。邵氏自静山君由伊雒徙湖之長興，復自長興徙兹邑。仲謙即先廬斥而大之，左右皆植竹，因顔其室曰「有竹居」。翰林承旨張公夢臣嘗爲大書其居，太常胡公古愚既爲賦詩，復介吾友吕輔之請記於余。余曰：竹之爲物，詠於《詩》，有切磋琢磨之喻。載於《禮》，有釋回增美之喻。竹蓋異於凡卉草木矣。晉王子猷曰：「何可一日無此君。」宋蘇軾亦云「可使食無肉，不可居無竹」也。非竹之比德君子，又何以能有於人哉？今仲謙氏居有竹，亦知有得於竹，而竹爲我之有乎？若其居有竹，而吾不能以有竹也。問其所有，輒謾言曰：吾吟竹，風擊珊瑚也。吾掃竹，月披琅玕也。（雪）〔雲〕煙冰雪蔽虧刻，無不全於竹也。好事者來，引之竹所，彈琴詠詩，或觴酒以爲樂。吁！有竹如是，夫人而能有之也。今夫虚中抱道之心，貞標絶俗，竹之性。獨建而不拔，竹之本。離立而不軋，竹之羽。四時寒暑，不改柯易葉，又其恒也。聲中律吕，協鳳凰之將鳴，又其德音也。啼而斑，泣而萌，動夫婺人孝子

之思，是又其應物之靈也。故君子有取於竹，而必將有其有也。仲謙之得竹如此，斯能有竹之有也。不然，吾懼仲謙氏居曰有竹，竹不爲其有也。雖渭川千畝之富，徒與千户侯等云爾。竹何有於居，居又何有於竹哉？吾問輔之氏，稱仲謙好德君子也。仲謙其克有其竹，不徒在居之云也，審矣。尚以吾言勉之。

明 劉崧《槎翁文集》卷七《東竹軒記》 竹之産於東南而貴重於天下者，莫荆楊若也。是以聖人録之《書》曰「篠簜」、曰「箘簵」，楛而冀之，植無紀焉。其見於《詩》則有《衛》之《淇澳》曰「猗猗」也，曰「青青如簀」也。既興美之，而猶嗟嘆之，乃三致意於有斐君子，終不可諼兮之盛。豈竹之可貴重者，尤在於質美，而君子固將比德於是歟？是何竹之多衛産也，若燕也者，則固荆楊之北，而亦衛之東境也，而竹之産無聞焉，何哉？豈土地所生，風氣所宜，固各有所專，而不能以相通者歟？將燕地當極北窮，邊地鹵斥而時凍，沍天地生生之氣，至是膠固閉距，有不得而施生者乎，何竹産之荒落而鮮聞也？既又疑之以爲荆楊之限隔，固遠矣。若燕之於衛，則地之相去若此，其未遠也。世變風移，烏知今之不異於古，而余固有不得而知之者歟？洪武六年秋，予來北平。北平，古燕地也。入其境，則莽然平曠，草色盡白，時時驚風吹沙，人馬對面不相見。荒壖敗堞間，蟠松偃栢，往往有之。然率離奇勃窣，有慘悴可憐之色，求其一二清修茂悦，彷佛吾南土之常卉，已不可得，而況於竹哉！夫竹中通而節固，理密而氣清，非高明爽塏有未易致生植之遂者。今乃欲求之於風沙冰海之區，難矣。

明 鄭真《滎陽外史集》卷七《聽竹軒記》 姑蘇陳君仲良，來居鳳陽之臨淮，蕭散夷曠，有林野之趣。搆一室，内列圖畫、書史及古彝器等物。外設崇欄，環以奇石。植竹數十本，虛心勁節，整比森密。大者若幽人貞士，特立而不可屈撓。小者若門人弟子，恭肅而不可狎玩。仲良葛巾野服，宴坐其中，披閲今古。或時至夜分，一氣孔神，萬慮不作。而涼飈時來，竹之聲，鏦鏦錚錚，瓏瓏玲玲，如鈞天廣樂，交奏並作，宫商調而律吕諧也。如蓬萊列仙，湘江帝子，乘龍駟鳳，珮玉鳴而琉璜擊也。由是境與心融，心與意會，怡然涣然。有不知其所以然者，乃扁其室曰「聽竹軒」云。夫大鈞播物，坱圠無垠，因所植而形生焉，因所觸而聲生焉。聲之發也，入乎耳，警乎心，徐而察之，其聲何如哉？萬化本乎一理，而萬理會於一心。竹之動，而静以聽之。生物之情，於是見矣。托興之士，所謂聲與静相宜者，蓋在於此。豈但清風故人，想像於彷佛間也耶？嗚呼！若仲良者，其觀物察理者歟？雖然，至人遺物，獨與道俱。仲良學道者也，一齋坐忘，形泯迹化，彼吹萬不同，有若天籟地籟者，固已相忘於無何有之鄉矣，竹聲云乎哉？予家東海上，萬竹林立，耳存目注，清思如洗。時異事殊，蕪廢不治久矣。及來濠梁，與仲良所居爲近，每促膝過從，舊夢爲醒。庶幾朝夕，問竹之平安，以及其人聽竹之聲，以妙悟於無聲，不亦可乎哉？

明 孫瑀《歲寒集》卷上《友竹軒記》 溪南程中立，當軒植竹十數箇，而讀書其間，名其軒曰「友竹」。徵予爲記。予曰：「君子之交友，取其道相同出，義相合也，有益於己，相資以成德也。若之友竹，其何□□？」中立曰：「吾之友竹，正有取於此也。觀夫竹之聳然直上，獨立不倚，固其直也，吾從而友之。根枝一色，四時□渝，固其諒也，吾從而友之。爲簡以載經典，爲管以協音律，若其多聞也，吾從而友之。友其直，思正吾心，以去其邪曲。友其諒，思誠吾意，以去其虛妄。友其多聞，思博吾學，以去其孤陋。然必時習則學博，學博則意誠，意誠則心正，心正則身修。而德之有成，實有資於竹也。竹豈有交於吾而吾視之以爲友，道義固不在竹而在吾心，又何必計其同不同而合不合也哉！」余惟中立之取益於竹，殆孔子所謂益者三友而竹實似之。苟不得直諒多聞之士而友之，與其友便辟柔佞之士以招損，孰若友竹以比德三益，其庶幾乎？《詩》曰：「瞻彼淇澳，緑竹如簀。言念君子，温其如玉。」是亦君子之友也。於是相與結歲寒之盟，以無忘久要之義。故書之以爲記。

明 岳正《類博稿》卷七《竹庭記》 吴松之西曰上洋。上洋宜竹，不種而生，不殖而茂。大者可椽，小者可管，細者可簳，叢者可箒，而編之可籓，縱之長養，而剪伐柔蹸之不加。雖不盈歲，歷年而蓊乎成林不難矣。用是其居人皆易而賤之。有蔣定以寧者，獨異其俗，築館勝處，環以萬竿，號曰「竹庭」。方其意與竹會，則危坐命酒，悠然獨酌，泊然成醺，叩竹而歌曰：「竹兮，竹兮，我依我侣，富貴非我期，抱爾以終始。」其友夏芳遠者，造而問之曰：「子之所好，上洋人之所易而賤之者也。顧吾淞據吴越之交，水陸之珎溢乎層出而品具焉，將無以克子之欲而獨於是者，抑有辭乎？」以寧喟然作曰：「廣陵瓊花，長安牡丹，非不少且貴也。昔人好之，卒以亡其身而敗失其家國。有如吾竹者，虛中之謙，圓外之和，可食之養，可器用之才，四時而不易其色之節。不灌不壤，隨地而生之易。淬之則堅，熨之則曲之時。自江以南無地無之，之有恒可謂全德者矣。至如松雖清也，而或汗爵於秦。梅雖潔也，而或濫名於殷。尚不足以肩吾竹。竹，吾愛之非過也。」芳遠不能難。問以告予，予曰：「是欲逃名者，是方飄飄然，洗耳濯

足以爲高者，詎可以口舌爭邪！待吾以公事過吳淞，爲之走上洋，徑造竹所，試以三機觀之，玆則未可也。」姑書此爲記。

明 何喬新《椒邱文集》卷一四《竹坡記》 出廣昌西門三十里，其鄉曰興城，其里曰仁壽，大姓曾氏世居焉。曾之彦曰：「惟學温恭好禮。」痛斥豪華之習，以詩書文史自娱。晚益厭薄喧囂，而樂閒靜，偏卜里中，以爲隱身之所，得勝地焉。坡陀蜿蜒，溪澗澄澈。武陵金鰲之峰峙其東，獅嶺龍穴之山環其西，芙蓉金屏之岫亘其北，仙人秀嶺之巘拱其南。實一里最佳處，乃作屋數十楹。前爲禮賓之堂，後爲寢休之室，左右爲藏書之齋。種竹數千箇，以爲屏蔽。翠雲蒼雪，浮動几席。因命之曰「竹坡」，而自號「竹坡迂老」。其言曰：古之君子，於物無所好。彼其有所好者，蓋有取爾也。陶元亮之好菊，宋廣平之好梅，牛奇章公之好石。彼豈有聲色臭味之可好哉？蓋有所取焉耳。竹之爲物，非有梅菊之芳，亦非若石有瑰奇之觀。今吾種竹，如是之多，而且以自號者，心與之契而有所取爾。今夫春陽方動，羣卉紛敷，而吾竹淡然自若。有似守道君子，利禄不能動其心者。伯夷之清，徐孺子之介，蓋有類焉。及夫窮冬沍寒，萬木摧折，而吾竹挺然特立，有似忠臣烈士，刀鋸不能奪其志者。顔常山、張睢陽之忠節，蓋有類焉。吾生也晚，於四君子者，雖慕之，不可得而見矣。八窻洞開，靜對吾竹，猶彷彿見四君子之風度焉。屈子《頌橘》有曰「行比伯夷，置以爲像」。吾之於竹，猶屈子之於橘也。唯學問過予，道其言，且請爲之記。予謂知者樂水，意不在水也，取其周流無滯，有契吾之智矣。仁者樂山，意不在山也，取其厚重不遷，有契吾之仁耳。世之好竹者，取其中虛外直而已。而子之好竹，乃有出於虛直之外者，豈尋常之見所及哉？遂爲之記。

明 倪謙《倪文僖集》卷一四《瑞竹菴記》 廣東左布政使臨海侯公仲勳，其先君子樂菴先生之没也，葬于城東白竹山之原，宰木已拱矣。景泰己亥春，墓林之中有竹焉，忽發一筍，挺然秀出，初不知其爲奇也。及夫枯籜乍解嫩葉，始敷數節之後，則岐爲二枝，偕榮並奮干霄直上，見者驚訝。于是咸以爲異焉。曰：此侯氏之瑞也。因名其墓菴曰「瑞竹之菴」。頃者方伯丁艱起復來朝京師，乃以是徵言爲記。予聞之，記曰：嗜欲將至，有開必先，天降時雨，山川出雲，是則祥瑞之來，未有有其兆而無其應者也。侯氏之瑞不生于他所，而生于其親託體之墟，非其世澤所積之厚，而靈秀之發自不能已歟？不鍾于他卉，而鍾于歲寒之節，非其子孫之生既盛且賢，而物之同德者感是氣而先兆歟？是竹也，不著乎他異而著乎兩岐之美，非其家兄弟友恭、夫婦好合無乖戾之風而象之有見于物歟？信佳瑞也。夫德者，無形之理，藴于中而難見者也。理既盡則雖不求天知而天自知之，必假夫有形之物，出奇效異以彰顯之，而使之易見焉。故韓昌黎作董召南之詩，謂其孝慈之行，惟有天知而爲之生祥下瑞焉，此之謂也。方伯以明經登第爲名進士，拜刑科給事中爲良侍從，擢參廣藩，再擢今秩爲賢。方伯德之修于身，刑于家而施于民者，已無不盡，以故上天生祥下瑞，假其墓林之竹以彰顯之，而又昌其後於無窮也。夫豈偶然之故哉？由是，厥應不爽，將見方伯之名位壽考固同是竹之堅貞，而子孫之森然傑立抑同是竹之騈茂者矣。遂不辭而記之。

明 孫承恩《文簡集》卷三三《君子堂記》 翰林院堂後之左偏，有堂四楹，延客處也。堂面陽庭内脩竹幾百竿，森然玉立，趣頗幽潔。而堂故無扁，予近名之曰「君子堂」。夫竹之以君子名，尚矣。而因以扁其居者，豈獨予也哉？然吾謂君子，乃吾人成德之名。竹之名君子，借也，擬而非真也。擬而非真者，名曷若于其真之親切也。夫斯堂固以延客，賢士大夫時辱臨之。威儀肅如，議論侃如，道德充如，聯席布武承謦欬而奉談笑者，皆時之彦碩也。豈非所謂其人哉？而居停主人，若予淺陋，固不足當斯名。而揚休于前，襲美于後，鼎鼎爾也，則斯堂豈竹之所能獨專，即以人當之，奚云不可？雖然，所貴君子者，于實不于名。斯堂之謂也，擬客則倨，擬主則誇。倨則非所以敬賢，誇則復涉于自見。標榜侈炫將無啟，釁而召嫌而惟夫竹也闇然漠然。予名之無詇心，彼受之無德色。又賢士大夫之辱臨者，有時而違。而居停主人，先予後予者，予莫得與偕也。而獨見此百竿者，森然玉立于吾前，未嘗頃刻間抱貞挺節。日于予，有感發之助。夫古人有友竹，有比德于竹。吾固將以此君爲式，而奉以周旋焉。然則斯堂也，非此君之與誰與哉！因爲之記。

又《後聽雨軒記》 濮陽曹子來官留都，葺厥寓焉。嘗獨行于庭而笑曰：「王子猷隨在必植竹，吾亭何可無也。」乃移植數竿，而時偃息嘯歌于其軒中。一日值雨至，竹簌簌有聲。曹子傾聽欣然，若有所得，因名其軒曰「聽雨」，而屬其友毅齋子大書以扁且記。毅齋子謂曹子曰：甚矣，竹之與雨宜也。予未論子之聽，而見子之移竹也。適雨後既復連得大雨，竹乃盡活無改葉焉。子是以有玆聽，以雨而植，以雨而活，以雨而娱。子之聽竹，可一日無雨哉？夫雨被萬物有聲者，不特竹至，風雪皆能聲物。竹之有聲不特雨，而或則其聲煩以俗，或則其

聲粗以厲，而惟竹也異。夫竹，雪冒之而聲微，風撼之而聲亂。而惟雨也異是。雨得竹而聲清，竹得雨而韵清，人得雨竹而聽清。方其聽也，非耳也，心也。非心也，神也。神與心會，心與耳融。翛然、悠然、瀟然、灑然。若泛渭川，若臨瀟湘。嗒焉忘形，栩焉俱化。寂乎玄凝，泊乎天倪，澹乎參寥，杳乎希夷，莽乎無何之鄉，斯其聽雨之趣乎？子之所得將無合于是乎？雖然，情因乎境，興逐乎感，境不得以同也，感不能無異也。是故天下之能聽者，稀矣。予昔家居，嘗于小圃當溪上草木膠轕處，作蓬軒跨焉，亦有兹號。顧嘗一領其趣，因記之，謂與在京邸聽雨異。大要厭煩雜而樂幽閒，厭拘牽而樂蕭散。曹子今兹之聽，固非都下比。抑不知與聽于吾園何如也？若曰達人一致，不以妄而汩真，不以人而累天，則予昔者之爲説淺矣。

明 李默《群玉樓稿》卷三《竹巖記》 吾郡當會稽南部，號多佳山水，而竹之産爲盛。幽篁翠篠，無論千畝。迴塘廣阜，蔚乎蒼然。若崇安、建陽諸邑，尤擅萌籜之利，至以賈鉅值，爲富家翁。崇安之秀，聚于武夷。其停毒蘊結，不可已者，又泄于大安。故其地多層巖削壁，磈磥硉矹，意態雜出。竹生其顛，蕭爽離塵，雲物往來，風雨颯沓。其孤潔可愛，又自與他竹異。吾嘗北走京師過之，意必有閑韻修雅之士，而未遑就訪也。今年夏，大安丘君允嘉者，來卒業太學，始爲予説竹鄉之勝。時方歊蒸，火雲被屋，四壁如甑，稍聞君言，不覺涼風翛翛。坐我竹間，曰嘉本中林客也。望竹巘而棲息者，且少長于斯矣。私心慕之，假以自號，不知其他。予曰：「鐐哉！夫竹之見賞于世也，或以聲珎，或以質顯，或以節標，或以德闡。屣履到門，諷嘯成韻，莫不嬰情于難覯，攄興于煩冤，寄翫于閑遜者也。今吾子者，居前後左右，皆是也。飽咀厥味，暴專其利，剸劇剪剔，爾狎爾暱。宜其相忘於陸海，而胡爲勤説，以求異也邪？」允嘉噫嘻，久乃嘆曰：「吁！何先生之不究予志也。竊聞此君，爲能祛俗砥行，託盟歲寒，爲修姱也。即如先生言，方當耕渭川，結鄠社日，與千户侯較富侈，何暇崇虛美，以冒訕詈哉！且武夷之奇峰麗石，幽汀芳沚，以數十計。顧無以表異，而屑屑於是哉？」予爲之憮然曰：「若允嘉者，其真不負竹者歟？愛其潔，而忘其利己也。竊傷今之學古者，墳素雜陳，充積牛棟，九流百家，蕳汗如漬，猶夫竹鄉也。然糠粃既簸，筌蹄斯斥，口談面習，皓首猶新，雖謂之負竹，可也。不已，謬哉！」允嘉居饒，不事積聚，顧循循服禮樂，從賢士大夫游。觀其以竹喻志，豈齪齪苟殖利者邪？予所謂閑韻修雅之士，非其人歟？予宿於九曲，有扁舟之約，他日儻因步屧過從，主人能復好事，勒文巖陰，與斯竹作盟書否邪？

明 張居正《新刻張太岳先生文集二》卷一七《題竹林舊隱卷》 竹林者，萬子榮故居也。萬子生於潺陵，長待詔宦者，署出爲益内史。是時宗藩中益殿下，最爲親賢好學。而萬子以修潔自將，又聰慧穎悟，以故得幸於王。三年，以類奏走京師。而余與萬子同鄉里，既相見，道故舊勞苦如平生。懽已，迺向余嘆曰：「吾聞君子，樂其所生，而有情之物，思不忘本。故楚客越吟，莊生愛似，其致一也。吾少有烟霞之想，方其隱居修竹之間，圖書自娱。蓋自謂與此君終焉。爾竹堅真，有常性，貫四時，淩霜雪而不改。又盤據糾結，固守其所得君子之止焉。而吾輕去父母親戚，遠宦他國，舊業日蕪，枝柯零落。竹不負吾，而吾負于竹多矣。能無思乎？」張子曰：「若是，則子之愛竹，是得其形而不得其神者也。夫得其形，則視天下之物，皆物也。得其神，則視天下之物，皆我也。故竹，微物，而昔之君子貴之，皆意有所愜焉者也。夫外直而中洞，音中律吕者，虚也。發萌隕籜，筠然蔥蒨者，文也。嚴霜下零，衆草俱萎，寒色森森，與貞松而並秀者，節也。君子取其虚以宅心，可以宏翕受之德。取其文以飾聽，可以焕至德之光。取其節以勵行，可以堅獨立之操。斯所謂得其神者也。得神而形可忘矣。且聖人不攖情於物，而委心以任去留，故以天地爲寄跡，以四海爲一區。若子之言，必處瀟湘之間，日與其蒼翠檀欒者，居而後爲友也。毋亦與昔人之所存者異乎？」萬子矍然曰：「遠哉！先生之談，吾乃今之得與竹爲友也。吾向者之言困，既聞至論，請終身服之。」

明 郭子章《君子軒記》（《甌寧縣志》卷一〇引） 《詩》云：「緑竹猗猗，有斐君子。」《史記》：「勾踐伐吴，用君子兵六千人。」故東坡《詠竹》云：「獨留君子六千人。」竹之爲君子也，古矣。若蓮之德，名爲君子，自周茂叔始。總之中通外勁，均有君子之槩焉。建州理刑館後故有園，園有池，有竹。竹影未茂，池泥未浚。余方至，令毋翦伐其籜。又洗鑿其池，而植其池中以蓮。其明年，荷花冉冉放紅，竹梢森森拂雲矣。余了公家牘，高睨濶步其中。穿三徑，垂萬玉。時或箕踞池頭，命童子折蓮鑿柄，屈其莖爲碧筒，水其中而吸之。薰風南來，新篁拂翠，玶琅交加，芙渠照水，白白紅紅，自爲一家，逌然忘其身之在宦舍也。已而端委，静坐軒下，誦蘇咏，讀周説，然後知其騷耳而奪目者，景也。其所謂中通外勁者，性也。吾懼其滛於景而拂於性也，因扁其軒曰「二君子」云。

明 柯潛《竹巖集》卷一二《移竹記》 置小居，植花卉數十品，光翠可人。然

猶以無竹爲未快，乃就丁仙官與明處移數莖植于軒後，開北牕以臨之。又就童內翰大章處移數莖植於軒前，前後相□，皆當花卉之中。竹之清標雅韻，類大賢君子。他植物宜環拱承順，無或抗也。移之日，適烟雨霏微，柯葉鮮潤。翼日，輒揚蕤布綠欣欣然，意若以爲托根得所。而予因之滌去凡累，益增曠懷，盖人物兩相得也。昔人謂移竹必用辰日，又以五月十三日爲醉竹日，移之多蕃殖。以予觀之，高山出雲而雨澤降，此移竹時也。若必濡滯於日而適遇旱魃爲虐，水涸土焦，幾何能蕃殖也。矧士者之居不可一日無竹，方意之所欲得而猶趦趄以待日時，猶欲用賢者旌帛已具而曰時未可也。姑徐徐云爾，其可乎哉！若夫席珍待聘，進必以時，在賢者不可不自重也。作《移竹記》以自觀省，亦欲以聞於操用賢之柄者云。

明 王思任《謔菴文飯小品》卷四《醮竹軒記》 妻不可與坐，子不可與諧，則客妙。飯采肴俗，茶限水單，則酒妙。花不常富，松不易壽，富不換清，壽且先韻，則竹妙。三者缺一不可。然而客無竹意，客可無。酒無竹色，酒可去。既有竹在，則可友可醉。而客與酒，自不難立至。謔菴先生常北游，客酒甚具。若無竹，則覔竹家抒嘯咏，不亦以箑管几片之類，發會稽五雲之想，既艾將耆矣。復廣文松海至舍，感翟酺之言，脩厥宇，越三日種竹，竹遂成。又作軒以對之，顏之曰「醮竹」。醮曰：「招朋引類成吾黨，生子添孫願此君。」未有酒也，則補之曰：「坐上客常滿，尊中酒不空。」先生于此，凡五日而醉三參。未幾移國子去，喟竹者曰： 菉竹猗猗，瞻彼淇澳。子跣而麃，孰靴而肉。喟軒者曰： 板屋板屋，亂我心曲。昔師行矣，毀其薪木。更有喟者，精鏐及百。粗歡三月，無此大鐶，或亦小拙。先生曰： 不然。言即及利，亦孔之醜。何人何我，何暫何久。山中之七日，抵世上之千年。寓公之三月，即山中之七日。今夫傳舍其官者，必且真視其我。凶于而國，哀于而家，不可訓也。吾惡知後賢之不與我同好也，吾又惡知後賢未來之好，不准前賢見在之好也。即不與我同好，爆此竹以禦□薪，此軒以代魃。要亦復爲馬通溷糞之埸，土還其土已爾。而先生且三月不知肉味矣。二三子弟，時時載酒竹下以報平安。當必有千霄翎鳳之氣，大吐東南之美者。吾不啻醮竹，而且爲後賢醮二三子也。

清 杜詔《中晚唐詩叩彈集》卷五《愛竹居記》 古之人，以竹爲用，至後世，始以竹爲玩焉。自黄帝命伶倫取竹於嶰谷，以爲律吕。虞庭之韶，笙簫與焉。至周，則竹之用備矣。或以爲簡，或以爲笏，或以爲籩，無非以爲用也。漢魏以來猶然。晉世始以風流相尚，不事實用，於是有竹林之遊，然猶未聞有愛之者。愛之者實權輿於王子猷，自是厥後，騷人達士，聞風相尚，取以爲號，用以比德。慕其虚者有之，尚其節者有之，而愛之者益多矣。廬陵劉君隱居不仕，他無所好，性酷愛竹。環其所居，間植竹數百竿，命其里曰「金竹」。至其孫章，不忘先祖之所好，因自扁其所居之室曰「愛竹」。盖以先祖手澤所存，非若晉人之愛也。昔蘇長公有云：「醉翁行樂處，草木皆可敬。」夫慕其人者，於其所行之處，一草一木尚且加敬之，矧爲其後而於其先人之所親植者乎？章之愛竹也，宜矣。公之敬草木者，尊其師也。章之愛竹者，念其祖也。於師也，則敬之。於祖也，則愛之。愛之，仁也。敬之，義也。然則章之愛是竹也，其亦出天理民彝之不容已者乎？章之季父郡博先生，掌教吾郡，今來京師，命予爲記，故不辭而爲之云。

傳記

南朝宋 鄭緝之《永嘉郡記・竹中高士》（《説郛》卷六一下引） 樂城張廌者，隱居頤志。家有苦竹數十頃，在竹中爲屋，常居其中。王右軍聞而造之，廌逃避竹中，不與相見。郡號爲竹中高士。

唐 房玄齡《晉書》卷八〇《王徽之傳》 徽之字子猷。性卓犖不羈，爲大司馬桓温參軍，蓬首散帶，不綜府事。【略】時吴中一士大夫家有好竹，欲觀之，便出坐輿造竹下，諷嘯良久。主人洒掃請坐，徽之不顧。將出，主人乃閉門，徽之便以此賞之，盡歡而去。嘗寄居空宅中，便令種竹。或問其故，徽之但嘯詠，指竹曰：「何可一日無此君邪！」

唐 李延壽《南史》卷二六《袁粲傳》 粲負才尚氣，愛好虚遠，雖位任隆重，不以事務經懷。獨步園林，詩酒自適。家居負郭，每杖策逍遥，當其意得，悠然忘反。郡南一家頗有竹石，粲率爾步往，亦不通主人，直造竹所，嘯詠自得。主人出，語笑款然。俄而車騎羽儀併至門，方知是袁尹。

明 李日華《六研齋筆記》卷一 元楊瑀，字元誠，爲江淛行省掾屬，氣豪而有清尚，一時諸公皆與往還，晚棲峯泖間，植竹千竿，自號竹西居士。趙仲穆圖，楊廉夫作記。元誠自題句云： 翠玉蕭蕭在屋東，主人歸作竹西翁。品題莫作揚州夢，好畫雲間入卷中。仲穆詩云： 籬外涓涓澗水流，竹西花草弄春柔。茅簷相對坐終日，一鳥不鳴山更幽。張伯雨詩云： 問訊揚雄宅，深居在竹西。風林

宜月影，春日聽鶯啼。東老應同樂，南隣憶舊題。東風又花草，相與及幽棲。馬文璧詩云：揚子宅前好修竹，因看萬箇碧交加。薰風滿簟吹蒼雪，春雨充庖盡玉芽。茶臼或聞來北牖，擁龍未許過東家。時時彷像揚州去，拄杖尋君又日斜。錢惟善詩曰：爲竹移家亦苦辛，我如東道竹如賓。石頭路滑機鋒峻，峴首碑沉感慨新。淡月半窓金弄影，清風一徑玉傳神。明當拄杖敲門去，愛汝草玄亭上人。陶宗儀詩云：谿上人家多種竹，林西清意屬詩翁。湘靈鼓瑟風來巽，鳳鳥銜圖月在東。一室蕭閒淇澳似，此君貞節歲寒同。何當徑造談玄處，靜日敲茶試小童。

清 張廷玉《明史》卷二九八《隱逸傳·陳洄》 時有陳洄者，義烏人。幼治經，長通百家言。初欲以功名顯，既而隱居，戴青霞冠，披白鹿裘，不復與塵事接。所居近大溪，多修竹，自號竹溪逸民。常乘小艇，吹短簫，吹已，叩舷而歌，悠然自適。宋濂俱爲之傳。

清 乾隆《長沙府志》卷三一《人物志·國朝》 洪仙年，字鶴□，湘鄉人。幼岐嶷好學，夜不暇寢。年五十，登孝廉，不求仕進。植竹千竿爲吟嘯地，自署友竹主人。

紀事

《左傳·襄公十八年》 十二月戊戌，及秦周伐雍門之萩。范鞅門于雍門，其御追喜以戈殺犬于門中。孟莊子斬其橁以爲公琴。己亥，楚雍門及西郭、南郭。劉難、士弱率諸侯之師焚申池之竹木。

《穆天子傳》卷二 庚戌，天子西征至于玄池，天子三日休于玄池之上，乃奏廣樂，三日而終，是曰樂池。因改名爲廣樂池，猶漢武改祠鄉爲聞喜之類。天子乃樹之竹，種竹池邊。是曰竹林。竹林盛者爲林。

漢 班固《東觀漢記》卷一七 【鍾離】意在堂邑爲政愛利，輕刑慎罰，撫循百姓如赤子。初到縣中，無屋。意出奉錢，帥人作屋，人齎茅竹，或特材木，爭赴趨作，決日而成。

漢 佚名《三輔黄圖》卷三 竹宮，甘泉祠宮也。以竹爲宮，天子居中。《漢舊儀》云：竹宮去壇三里。

晉 王嘉《拾遺記》卷四 始皇起雲明臺，窮四方之珍木，搜天下之巧工，南得【略】雲岡素竹。

唐 釋道世《法苑珠林》卷五二 終南山大秦嶺竹林寺者，至貞觀初，採蜜人山行，聞有鐘聲，尋而往至焉。寺舍三間，有人住處。傍大竹林，可有二頃。其人斷二節竹以盛蜜，可得五升許。兩人負下，尋路而至大秦戍，具告防人。以林至此，可十五里。戍主利其大竹，將往伐取，遣人依言往覓。過小竹谷，達于崖下。有鐵鎖長三丈許，防人曳，鎖掣之。大牢將上，有二大虎，據崖頭向下大呼，其人怖急返走。又將十人重尋，值大洪雨便返。藍田悟真寺僧歸真，少小山栖，聞之便往。至小竹谷，北上望崖，失道而歸。常以爲言，真云此竹林至闕可五十許里。

宋 葉夢得《避暑録話》卷上 晉人貴竹林七賢。竹林，在今懷州修武縣。

明 田汝成《西湖遊覽志餘》卷二三《委巷叢談》 宋時，楊德温居崇新門，外插枯竹以引薜荔。月餘枯竹復生，頃之其妾溺水死。明年，園竹忽發兩岐，扶疎可愛，未幾其妹死。元時，白廷玉家竹亦兩岐，其年廷玉亦死。乃知反常之物，皆非吉兆也。

明 何良俊《何氏語林》卷二五 袁尹在郡時，詩酒自適，不以物務經心。每杖策逍遥，當其意得，悠然忘反。郡南一家，頗有竹石。袁率爾步往，不通主人，直造竹所，嘯詠自得。主人出，語笑欵洽。俄車騎羽儀至，方知是袁。

明 朱國禎《湧幢小品》卷二二《竹生室中》 括蒼王叔誠，爲倪山長家館賓。其齋室中，生笋一莖。叔誠奇之，愛護勿折。長踰尋丈，幹葉猗猗，有拔俗離羣之意。叔誠因賦詩云：「書齋壁左生孤竹，似與騷人伴幽獨。高節不承雨露恩，此身已免牛羊牧。色侵書帙長猗猗，歲寒相守仍相知。吁嗟竹壽不可期，後人見詩當愛之。」童良仲亦有詩云：「笋穿苔吻到書房，愛護成竿過壁長。秀色不須承雨露，高標應解避風霜。瀟湘自此渾無夢，枕簟相親倍覺涼。謾對短檠憐瘦影，渭川千畝亦俱荒。」豹峯陳叔仁，搆軒居林石間，亦有竹倚壁而出，中而不偏，正當客位。因號其軒曰「賓竹」。

明 陳詩教《花裏活》卷一 張牧之隱竹溪，不與世接，客來蔽竹窺之。韻人佳士則呼船載之，或自刺舟與語。

清 釋笑峰《青原志略》卷一《山水道場·真常觀金竹菴》 真常觀劉真人有異授，世呼爲劉神通。懶窩從之遊，得其醫訣。今遠近膳牛不縛釘水移洲，皆其遺也。崇禎中，改爲菴。時生堇竹，其幹節有黄文，相間而垂。《竹譜》謂之「黄

金閶碧玉」，故名「金竹菴」。彭夏夫爲之記。

清　郎廷極《勝飲編》卷一　竹篠飲　《語林》：陸機在洛，夏月忽思東頭竹篠飲，語劉實曰：吾鄉思轉深矣。清雪居士詩：占竹預期逃暑飲，愛蓮嘗作泛湖遊。

又　卷二　竹林　《一統志》：河南獲嘉縣有七賢鄉。相傳即嵇阮諸人竹林遊宴處。北軒主人曰：竹林七賢，惟劉伯倫乃神於酒者，其次當推二阮。若嵇、向，便不可以酒人目之，山王更無論矣。

清　同治《江夏縣志》卷八《藝文》　孟宗故宅，在孟城白鶴山下。宗父若翁，漢賢士也。居江夏，嘗耕於孟城，漁於南浦，種竹千計。值冬，母病思筍，宗哭得之。故爲哭竹亭。今白鶴山陽有孝感祠，右有南竹巷，即古南竹院，此爲宗舊宅。

清　同治《新化縣志》卷七《輿地志七》　［時雍團富溪村］有梧竹山房。伍玉圭《建發雁記》云：道光辛丑，家君於龍池衝宅左建館，延師爲雁兄弟課讀處。顏曰青雲堂，示獎勸也。體崇僕素，不尚繁華。庭右惜字鑪，稍施丹堊。於東牆下，植梧一株、竹一叢。不數年，濃蔭稠密，郁如斐如。越咸豐戊午，家君因子弟日衆，增置房舍，命更其名爲「梧竹山房」。其意深矣。天地閒，植物甚繁。彼臃腫拳曲不中繩墨者，無論已。蒲柳之質，望秋先萎，庸也，非良也。桃李之姿，當春則華，豔也，非雅也。惟茲梧竹，中琴瑟之材，與松梅爲友，朝陽萋萋，念切吉人，淇澳顧瞻，心儀君子，殆良而不庸，雅而不豔者與？今以此命名，誠欲子弟輩觸目警心，日勉勉於春風化雨中。無爲散材，無爲弱質，無作孤芳而棄世，無與羣葩衆卉爭朝夕之榮。惟期如此，梧竹之日新月盛，而成爲吉人之品，君子之操也。非然者，或牿其天，或戕其性，或荒培植之功，根本既壞，枝葉漸彫，又安能百尺參天，猗猗美盛哉？雁用是兢兢也，而凡頌讀於斯者，可不顧名思義，深體此意歟？

清　同治《公安縣志》卷二《營建志·祠宇》　竹林寇公祠，在斗堤舊縣西。即枯竹生筍處。公卒於雷州，柩過公安，士民感其忠義，道旁致祭，折竹掛紙錢焚之。逾月，枯竹盡生筍。衆因爲立廟，號「竹林寇公祠」。宋南渡後，孟公珙拓其旁爲書院，後又改爲學宫。元薛公友諒重修，有記。載《藝文》

清　光緒《荆州府志》卷七《地理志七·古蹟》　張中丞汝濟平楚園，在南湖。茂林脩竹，芳香數里。又築萬玉山房，終老焉。

明曾朝節《萬玉山房説》：博野張公愛竹，山房有竹萬箇，題曰「萬玉」。余疑公之愛竹，非無取也。疏其意，問之。大江以南多竹。惟北苦寒，絶少。即有之，視江南竹異，乃愈珍惜焉。公居江陵，不難有竹，亦不難竹至萬。何以玉視竹？豈易得顧反貴歟？人情貴賤無常。白珩，貴也。《楚語》乃曰楚國無以爲寶。今種竹之多，愛比於玉，是爲白珩者萬也。豈公寶善之寄歟？竹之德，中虚而外直，體剛而用柔，善孰大於是？古人有愛竹者，取其能醫俗耳。不足以窺竹之全，夫萬玉備矣。或者公之愛，以此也。竹之始種也，深土而壅之，汲水而溉之，周樊而謹護之。如此，其不可輟也。君子植德其身，培厚之以基，滋息之以時，兢兢乎恐其戕之者自外也。向以異於種竹乎？吾見公之凝然定也，闇然修也，惕然祇翼也。蓋取諸種竹，將所謂觸目警心者，非耶？夫竹之生，不遽萬，吾盡吾力種之矣。及春而萌生之多植，歲則至於爲林，故能萬也。杜陵曰：「惡竹應須斬萬竿。」然則初非任其猥繁耳，芟洗其惡而後嘉美林列。是以君子觀於竹，得漸之義焉，撑之術焉。凡公取義於竹，或不止此。而此其大也，次第問之，庶幾有以開我。

清　光緒《黄州府志》卷三《疆域志·古蹟》　筆沼，俗名洗筆池。在縣東二里清泉寺，世傳王羲之洗筆於此。今池畔小竹，猶漬墨痕。國朝顧景星《洗筆池》詩：文竹留餘墨，千秋照水涯。如何右軍意，獨許此君知。老筆孤鴻爪，前賢一字師。接䍦堪倒著，日日醉山池。

著　録

元　黄溍《金華黄先生文集》卷三《題跋·跋竹静齋記》　竹植物，非動物，宜若静矣。夫一寸之萌，至于劒拔十尋而上者，氣化而形生之也。是果能離夫動耶？乃若其初，則固静矣。翾飛跂行，未有不本於静者，豈惟竹然耶？夫知竹之爲静，未若夫未始有竹之爲静也。方其未始有竹也，猶未能忘乎静也。是故竹，物也；動静，境也。物我混融，境智冥合，則静且不有，而况於竹耶？世盖有執昔人之言，而求太極於梅枝者矣。先生獨於竹乎若有見焉，是非善觀物而不物於物者耶？欲知先生者，固不必以竹求先生也。

明　邵寶《容春堂前集》卷一三《翠筠軒詩序》　節枝莖葉皆竹之有也，而筠之在竹，見稱獨多，或遂以名竹。蓋竹以筠爲體，凡節枝莖葉之間通謂之筠。至其用也，則席於宗廟，筐篚於朝廷，簡牘於天下後世。又皆筠寔爲之，而節枝莖葉不能加焉。故《傳》曰：如竹之有筠也。此之謂歟？然筠之爲色唯翠者爲多，自擇解後更歷萬變，翠未嘗易，易則變，變則雖有節枝莖葉，摧敗繼之，而竹之用於是乎窮。故論竹者率以筠，稱筠者率以翠，此又物理然也。吴君斯敏，歙故家

子，游江湖間，而以翠筠名軒，其知竹者乎？竹之爲德多矣，而君獨有取於是者，蓋即一以求其全。則凡截然爲節，翹然爲枝，挺然斐然爲莖葉，各色其色，而竹之全德不外是矣。況其爲席、爲筐篚、爲簡牘，又未可量哉。《詩》凡若干首，作者皆時之君子，而實爲之序。

清 毛先舒《潠書》卷二《蔣子西湖竹枝序》 甚矣！著作之不易傳也。遠古亡論，即三百年來詩文之裒然者，不啻數千。然今已多在滅没間，其衆著者，不過數十。而里謡巷謌相傳于婦孺之口者，反多沿而不廢。何也？此蓋有故，入情深而名物多近今也。夫入情深則人易感，近今則通曉便，而今事賴以得傳。同邑蔣子波澄，年少負儁才，賦《西湖竹枝》三十首。摛括斐然，多驚魂洞心之句。而入以俚名近事都成雅音，使人味之儁而有餘。不獨爲西子點綴濃淡之宜，殆亦足以徵遺逸資掌故。其書雖小，必可傳也。夫近三百年之裒然，所以滅没者，類皆膚而不入，不耐人咀嚼之書也。王弇州云：「今代宮室輿地等名不能如古，故千載而後無史記。」余謂近家文之不古，正坐不能用今耳。弇州《操論》且有此蔽，況其他乎？今波澄作小詩而能質敘，將來政未可量。若夫發乎情者，必有所止。固不在一往而深，此局于體制之宜然也。嗟乎！此特波澄一斑耳，能事且復如此，況將來之裒然者歟！余故樂敘之。

清 卞永譽《書畫彙考》卷三〇《明人題崔氏友竹軒卷·友竹軒記》 去縣而西百里曰洚溪，溪之上有德人崔君誼所居在焉。屋前後種竹若干，挺幽閒蒼蔓，不啻一篔簹谷也。因扁其所居曰「友竹」，蓋寓其志然耳。君誼當勝國時，出宦京師，遭時多故，既歸田里，與竹君雅好如昔，終日嘯歌其間，於世利紛華，邈然無聞也。厥子齡國朝任刑部主事，以清慎稱。間持友竹詩卷請記，予於君誼爲通家子弟，其敢辭。夫竹，一植物耳。衛《詩》美其「如簀」，戴《記》美其「有筠」，蓋皆比德於君子。故君子而與友也，固宜世俗亦以松竹梅爲歲寒三友。然則松與梅，其竹之友乎？人之可與竹爲友者，必如松如梅而後可。晉王子猷有「何可一日無此君」之語，是子猷有取於竹而與之友矣。唐李太白有「開門風動竹，疑是故人來」之句，則太白亦與竹爲友焉。今君誼既以「友竹」名其軒，復以爲號，是與竹深交密締，死生以之，固非反覆手者比顧，何以致此哉！吾有以知之矣，主人清脩，蓋取諸竹；主人疎直，亦竹是取。主人與竹，彼此相忘，不知我友於竹，竹之友於我也。其節其心，當有以肩子猷而軼太白。不然，竹之爲竹，混於凡草木矣，何以表然特立於松梅之間也哉。予將徑造竹所，訂三益之盟，以從其所樂，不知可與否也。是爲記。洪武秋八月，户部侍郎吴江莫禮書于鍾山之寓。

猗竹有操，君子所尚。歲寒挺然，與冰雪抗。鳳翥龍騫，霄漢之上。鮮飈度空，靈響振蕩。玉節金奏，比德斯卣。維其友之，若丈人行。嗟彼蕭艾，何所倚仗。軒居笑傲，與君同諒。載歌淇澳，子以自況。淮海秦約

伊人何瀟洒，尚友孤竹君。平生秉高節，獨立迥不羣。朝軒晴旭亂，夜榻清陰分。涼飈拂琴張，餘芳襲爐熏。脩然澹相對，祗有南山雲。天台詹夔

友道久已喪，澆風何由淳。對面論氣誼，轉足生棘榛。斷金臭如蘭，所貴同心人。取友古所難，此君誠可親。霜風凛高節，歲寒相與隣。於馬念同志，碌碌奚足論。河南陸仁

平生抱貞節，獨有此君知。心契形神表，情將歲晚期。鈎簾常對酒，倚石或題詩。何日來裡棲，吹蕭和竹枝。東海徐奂

種竹山石間，江南幾風雨。愛此青琅玕，歷歷皆可數。間持一尊酒，託興爲賓主。酒酣對竹歌，興至爲竹舞。竹疎響珮環，葉亂落飛羽。雖無眼中人，友之豈不古。譬彼陶淵明，采菊東籬下。千秋萬歲名，此意竟誰與。淮南潘牧

好友不可得，索居脩竹林。於世既寡合，此君獨知心。開軒日相對，臨風時共吟。終焉期勿替，庶以消煩襟。東陽沈敬明

下榻碧陰裏，相與成晤言。跡類陋且寡，意在薄可敦。雖無絶交書，俗駕不到門。清風天上來，空谷跫音存。求志諒自得，歲晚道彌尊。横塘秦咼

世人務結託，車馬紛交馳。言笑雖强驩，中懷詎相知。幽林有君子，澹然夙與期。虚心兩無阻，榮悴焉可移。行尋披烟逕，坐對褰風帷。非君此爲偶，誰共歲晏時。渤海高啓

空濛翠雨濕琅玕，繞屋清陰六月寒。自是幽情兩不厭，與君終日澹相看。老癡潘穀

瑤芳絶交亦已久，忘形三徑相追攀。高軒時過翠羽蓋，美人或贈青琅玕。清風慎截鳴鳳琯，滄海勿垂釣鼇竿。一朝羣才盡登用，空山無人同歲寒。黄廣居

古人結交貴相知，傾情倒意心不疑。片言如山重然諾，黄金白璧徒爾爲。今人結交重豪貴，單騎聯翩不相離。一朝勢盡交亦踈，寂寂朱門但空閉。羨君種竹吴江濆，相憶相看如故人。皦皦貞心傲霜雪，青青佳色無冬春。酒酣對之欲起舞，此時無賓亦無主。夜深更有明月來，不用吹笙下仙侣。君心豈與草木

同，青雲之交若飛蓬。萬里辭家逐名利，十年失路隨西東。君不見，古來結交稱管鮑，千載同心亦同道。勿謂今時無此賢達人，一日相逢即傾倒。吳郡許善

吳下風流斯立家，子孫百世更清華。庭軒自友平安竹，池館寧栽富貴花。長日著書翻鶴露，有時把釣共鷗沙。此君相與崇高節，王謝芝蘭未足誇。崔君君誼，避地于吳江之上，屬時擾攘，乃講學于家，益勵清節。名軒「友竹」，蓋有慕於衛之君子者。古稱王謝多佳子弟，今於崔氏見焉。至正丙午歲之仲冬，隴右郏經

伐木久不作，友道誰能持。富貴疎還合，貧賤親亦離。善哉公叔論，後世良可規。咄嗟高節人，清風邈難追。臨軒植脩竹，白首相與期。悟彼非所儔，信此誠足依。摵摵芳葉聲，粲粲芳華垂。卑枝拂簷楹，長條接虹霓。嚴霜歲寒節，蒼翠終不移。月出照園中，喬林鬱參差。涼飈發天籟，屬耳心偏怡。置酒獨相對，神交理無遺。陶然不知醉，此樂當告誰。雖云管鮑遇，其意莫過之。我懷一何深，慷慨歌此詞。匪爲衆人説，冀與達者知。八月廿四日，吳興金鉉寫于貞白軒。

好客招不至，相逢多惡賓。世事每如此，歲晚誰可親。此君非草木，臭味德照鄰。南窓數佰個，北窓蒼翠新。猗猗淇澳姿，濯濯渭水濱。既稟堅勁操，清潤復長身。三益嗜古道，六逸誠天民。鳴琴近蒼雪，酌酒對霜筠。崔君本縫掖，畊釣甘隱淪。誓不競世闞書忘賤貧。過眼鄙桃李，愛君如席珍。虛心與直節，願保交道淳。而我方避俗，高哉懷若人。蜀郡魏奎

我愛此君晩節，迺知能友歲寒。相與了無俗氣，喜聞日報平安。汝陽周敏

白傅養脩竹，高人今作坡。世間青眼少，池上緑陰多。食肉非吾事，書裙喜客過。臨風一遐想，鳴鳳在陽阿。黄戣

藝文

唐　虞世南《賦得臨池竹》（《文苑英華》卷三二五引）　葱翠梢雲質，垂彩映清池。波泛含風影，流摇防露枝。龍鱗漾嶰谷，鳳翅拂漣漪。欲識凌冬性，唯有歲寒知。

唐　岑參《岑嘉州詩》卷五《范公叢竹歌》　職方郎中兼侍御史范公，乃於陜西使院内種竹。新製叢竹詩以見示。美范公之清致雅操，遂爲歌以和之。

世人見竹不解愛，知君種竹府庭内。此君託根幸得所，種來幾時聞已大。盛夏翛翛叢色寒，閑宵摵摵葉聲乾。能清案牘簾下見，宜對琴書窗外看。爲君成陰將蔽日，迸筍穿階踏還出。守節偏凌御史霜，虛心願比郎官筆。君莫愛南山松樹枝，竹色四時也不移。寒天草木黄落盡，猶自青青君始知。

唐　張翬《遊棲霞寺》（《全唐詩》卷一一四引）　躋險入幽林，翠微含竹殿。泉聲無休歇，山色時隱見。潮來雜風雨，梅落成霜霰。一從方外遊，頓覺塵心變。

唐　李嘉祐《寄王舍人竹樓》（《全唐詩》卷二〇七引）　傲吏身閑笑五侯，西江取竹起高樓。南風不用蒲葵扇，紗帽閒眠對水鷗。

唐　張籍《張司業集》卷二《江南曲》　江南人多種橘樹，吳姬舟上織白苧。土地卑濕饒虫蛇，連木爲牌入江住。江村亥日長爲市，落帆度橋來浦裏。青莎覆城竹爲屋，無井家家飲潮水。長干日日沽春酒，高高酒旗懸江口。娼樓兩岸懸水柵，夜唱竹枝留北客。江南風土歡樂多，悠悠處處盡經過。

唐　韓愈《竹溪》（《全唐詩》卷三四三引）　藹藹溪流慢一作漫，梢梢岸篠長。穿沙碧簳浄，落水紫苞香。

唐　韓愈《竹逕》（《全唐詩》卷三四三引）　無塵從不掃，有鳥莫令彈。若要添風月，應除數百竿。

唐　劉禹錫《劉賓客文集》卷二五《庭竹》　露滌鉛粉節，風摇青玉枝。依依似君子，無地不相宜。

唐　李紳《追昔游集》卷中《南庭竹》　東南舊美凌霜操，五月凝陰入坐寒。煙惹翠梢含玉露，粉開春籜聳琅玕。莫令戲馬兒童見，試引爲龍道士看。知爾結根香實在，鳳凰終擬下雲端。

唐　白居易《白氏長慶集》卷八《思竹窓》　不憶西省松，不憶南宫菊。西省大院有松，南宫本廳有菊。惟憶新昌堂，蕭蕭北窓竹。窓間枕簟在，來後何人宿。

又《題小橋前新竹招客》　鴈齒小紅橋，垂簷低白屋。橋前何所有，苒苒新生竹。皮開拆褐錦，節露抽青玉。筠翠如可餐，粉霜不忍觸。閒吟聲未已，幽翫心難足。管領好風煙，輕欺凡草木。誰能有月夜，伴我林中宿。爲君傾一杯，狂歌竹枝曲。

又　卷一一《東樓竹》　瀟灑城東樓，遶樓多修竹。森然一萬竿，白粉封青玉。捲簾睡初覺，攲枕看未足。影轉色入樓，牀席生浮緑。空城絶賓客，向夕彌幽獨。樓上夜不歸，此君留我宿。

又　卷一三《題李次虛窓竹》　不用栽爲鳴鳳管，不須截作釣魚竿。千花百草凋零後，留向紛紛雪裏看。

又　卷三六《北牕竹石》　一片瑟瑟石，數竿青青竹。向我如有情，依然看不足。況臨北牕下，復近西塘曲。筠風散餘清，苔雨含微緑。有妻亦衰老，無子方榮獨。莫掩夜牕扉，共渠相伴宿。

唐　鮑溶《鮑溶詩集》卷六《題禪定寺集公竹院》　公門得休静，禪寺少逢迎。任客看花醉，隨僧入竹行。歸時常犯夜，雲裏有經聲。

唐　姚合《姚少監詩集》卷七《垣竹》　種竹愛庭際，亦以資玩賞。窮秋雨蕭條，但見牆垣長。宣尼高數仞，固應非土壤。

又　《渚上竹》　葉葉新春筠，下復清淺流。微風屢此來，決決復脩脩。詩人月下吟，月墮吟不休。

唐　方干《玄英集》卷七《越州使院竹》　莫見凌風飄粉籜，須知凝石作盤根。細看枝上蟬吟處，猶是笋時蟲蝕痕。月送緑陰斜上砌，露含寒色濕遮門。列仙終日逍遥地，鳥雀前來不敢喧。

唐　薛能《竹逕》（《文苑英華》卷三二五引）　盤逕入依依，旋驚幽鳥飛。尋多苔色古，踏碎籜聲微。鞭節横妨户，枝梢一作苗動拂衣。前溪聞到處，應接釣魚磯。

唐　釋齊己《白蓮集》卷五《病起見庭竹》　病起見庭竹，君應悲我情。何妨甚消瘦，却稱苦修行。每謝侵床影，時迴傍枕聲。秋來漸平復，吟遶骨毛輕。

唐　高無際《大明西垣竹賦》（《歷代賦彙》卷一一八引）　嶰谷脩篁，移植仙堂，左聯温室之樹，前對鳳池之芳。一生孤貞，四時青蒨，不争麗於夏色，不改貞於秋霰。保此歲寒之容，得蔭宰衡之院。露羃歷以珠綴，風清泠而響繁，雜金絲於北掖，對雲高於西垣。曉視含煙，朝歸捧日，挺八柱以獨秀，與三槐而交密。若夫制爲用也，則笙可以下鳳皇，笛可以奏宫商，筆可以播文章，管可以調陰陽。信無施而不可，若有待而韜光。亂曰：托根勝地兮擢榦捎雲，抱貞節兮葱鬱氤氲。若賞七賢之清曠，不可一日無此君也。

五代　杜光庭《題本竹觀》（《全唐詩》卷八五四引）　樓閣層層冠此山，雕軒朱檻一躋攀。碑刊古篆龍蛇動，洞接諸天日月閑。帝子影堂香漠漠，真人丹澗水潺潺。掃空雙竹今何在，只恐投波去不還。

宋　張詠《乖崖集》卷四《庭竹》　挺秀誠堪貴，根莖豈異蓮。高低全賴水，舒卷自知天。已任羣芳妒，難妨後笑偏。向明終有待，呈豔不争先。愛重頻移席，徵求苦費錢。藺蓀饒酷烈，桃杏媿奢妍。應瑞花中絶，標名世上傳。須栽禁池内，用表太平年。

宋　林逋《林和靖集》卷四《竹林》　寺籬斜夾千梢翠，山磴深穿萬籜乾。却憶貴家廳館裏，粉墻時畫數莖看。

宋　强至《祠部集》卷六《若師院詠笋》　戢戢新芽迸舊林，纔生有節便虚心。已隣佛界黄金地，更學仙家碧玉簪。失灌要須防倦僕，偷餐切莫聽饑禽。憑師養取成修竹，截管終令作鳳吟。

又　卷一二《馬上見庭竹》　玉圓碧瘦與誰期，只待丹山綵鳳饑。生傍短墻真失所，可憐直節衆人窺。

又　《別户部勾院竹》　一來省户兩春暉，今日飄然襆被歸。直節貞心惟我受，此君相別似依依。

宋　梅堯臣《宛陵集》卷四《縣署叢竹》　裊裊幽亭竹，團團自結叢。寒生緑樽上，影入翠屏中。陶柳應慙弱，潘花只競紅。方持雪霜操，不敢倚春風。

宋　李覯《盱江集》卷三五《竹齋題事》　低齋結空野，小竹移孤林。齋閒竹浄好，日媚幽人心。南方夏厭暑，獨此留殘陰。戞雨挫促夢，穿風搜涼襟。長茵展麗蘚，亂歌奏歡禽。侍奴裏村服，語客抛塵簪。志高成利譬，思爽生詩淫。值聖喜盈卷，感古悲入琴。山迎穩履遠，月勸澄杯深。榮名雖未染，幸亦非堙沈。

宋　邵雍《擊壤集》卷八《南園花竹》　花行竹逕緊相挨，每日須行四五迴。因把花行侵竹種，且圖竹逕對花開。花香遠遠隨衣袂，竹影重重上酒盃。誰道山翁少温潤，這般紅翠却長偎。

宋　文同《丹淵集》卷五《墨君堂晚晴凭欄》　墨君堂中看新霽，十里平林鋪浄緑。青烟一去抹遠岸，白鳥雙來立喬木。戴勝入園蠶已老，粟留過隴麥將熟。坐待月破東嶺雲，自取簾鉤更高軸。

又　《墨君堂》　嗜竹種復畫，渾如王掾居。高堂倚空岩，素壁交扶踈。山影覆秋静，月色澄夜虚。蕭爽只自適，誰能愛吾廬。

又　卷八《竹閣》　回廡抱曾閣，蕭然深且虚。畫欄憑曲曲，高竹愛踈踈。塵滓外不到，衣襟清有餘。每來聊自適，幽意滿琴書。

又　卷一四《竹軒》　此景絶可愛，叢筠挺修竿。侵簾復映幌，翠影何檀欒。霜威忌晚秀，雨氣矜晴寒。每向極静時，幽禽發清彈。自無車馬塵，飛來泊琅

玕。宜遣老鈴下，日日申平安。李衛公言：北地童子寺有好竹，其綱維令人每日報竹平安。

又《忽憶故園修竹因作此詩》 故園修竹遶東溪，占水侵沙一萬枝。我走宦途休未得，此君應是怪歸遲。

又 卷一五《寄題閬州開元寺澤師竹軒》 澤師種竹三十年，竹成滿院生緑煙。蒼龍子孫太繁盛，分領眷屬來渭川。藏風蓄雨蔭殿壁，不敢輒近寒森然。香飛常入佛座上，葉落不到經窻前。芟除掃掠净如洗，欄外不許行狂鞭。澤師瘦健如老鶴，壞衲幾尺披左肩。手持數珠讀梵筴，狀貌兀若塐與鐫。朝旋暮繞在其下，不肯出院求齋錢。古人亦有愛竹者，豈得似師心意專。我亦平生苦如此，兼解晷把筆墨傳。逢師正謂同所好，但恨尚有區中緣。何時相對月明下，坐徹清影談幽禪。

又《守居園池雜題·竹塢》 文石間蒼苔，相引入深塢。莫撼青琅玕，有時露如雨。

又《霜筠亭》 危亭入幽深，正在修篁裏。坐久寒逼人，暫來須索起。

又 卷一七《此君庵》 斑斑墮籜開新筠，粉光璀璨香氤氳。我常愛君此默坐，勝見無限尋常人。

又《篔簹谷》 池通一谷波溶溶，竹合兩岸煙濛濛。尋幽直去景漸野，宛爾不似在塵中。

又《竹軒》 鐵石枝梢勁，冰霜節目圓。净摇風苒苒，閒映月娟娟。

宋 劉敞《公是集》卷六《庭前箭竹》 冉冉東南美，託根那在兹。鳳凰不可待，歲月方屢移。非復山林意，空餘霜霰姿。清風有時至，獨與幽人期。

宋 王安石《臨川文集》卷二二《與舍弟華藏院此君亭詠竹》 一逕森然四座涼，殘陰餘韻去何長。人憐直節生來瘦，自許高材老更剛。曾與蒿藜同雨露，終隨松柏到冰霜。煩君惜取根株在，欲乞伶倫學鳳凰。

宋 鄭獬《鄖溪集》卷二六《題正夫小齋栽新竹竹皆雙植》 斵開俗境栽新竹，滿地冰圓映玉膚。高梢争出翠鳳尾，孤根對植蒼龍鬚。雨聲曾洗越溪石，風影寫成湘水圖。獨有素娥留夜月，與君相對倒金壺。

宋 韋驤《錢塘集》卷二《廳前叢竹》 軟枝輕翠近簷垂，朝暮清風不失期。明月滿庭無隱伏，夜深惟有此君知。

宋 蘇軾《東坡全集》卷二《和子由記園中草木十一首》 官舍有叢竹，結根問囚聽。下爲人所徑，上密不容釘。慇懃戒吏卒，插棘護中庭。遶砌忽墳裂，走鞭瘦竛竮。我常攜枕簟，來此蔭寒青。日暮不能去，卧聽牕風泠。

又 卷五《竹閣》 海山兜率兩茫然，古寺無人竹滿軒。白鶴不留歸後語，蒼龍猶是種時孫。兩叢却似蕭郎筆，千畝空懷渭上村。欲把新詩問遺像，病維摩詰更無言。

宋 蘇轍《欒城集》卷三《文與可學士墨君堂》 虚堂竹叢閒，那復厭竹遠。風庭響交戛，月牖散凌亂。尚恐晝掩關，嬋娟不長見。中堂開素壁，蕭颯起霜榦。隨宜賦生意，落筆皆葱蒨。根莖雜土石，枝葉互長短。依依露下緑，冉冉風中展。開門視叢薄，與此終何辨。

宋 孔武仲《清江三孔集》卷九《惜竹并引》 東齋有竹數竿，翠蔚可喜。其旁衆筍附生，寖益深茂，最後出者，尤若奇特，無不應意。解籜未盡而爲老兵手折之，悲夫！以干雲蔽日之勢，而摧於窓户之下；以凌霜冒雪之姿，而失於俄頃之間。環步往來，悽愴良久，不能忘情。既而自譬解以爲陰陽之化育，天地所覆載孰非假妄。自四肢百骸外，至耳目所接諸物，若器皿，若室屋，親愛之。聚輿馬之隨，孰能固守而終全之，其會合出於暫然。至於離散壞熄，此理終在，何獨一竹可傷，而介然於懷乎？乃頗能自遣而宥役兵之罪，然復一到其下，則初心還起，不能平也。余真大惑者歟，抑物之難得，而可愛當然者也？始置其說，寓之以詩。

老蘚牆陰夕照間，何人折我翠琅玕。即兹緑葉隨塵化，猶有低枝帶露殘。不放雲梢侵霰雪，因嗟世故足波瀾。故園未乏篔簹品，十頃繁陰六月寒。

宋 范祖禹《范太史集》卷一《竹逕》 整整植翠旗，森森列羽衛。微風羣玉動，赫日蒼雲翳。

宋 黄裳《演山集》卷三《道倫竹閣》 曾看孤山翠微麓，回環閣下千莖竹。醉吟先生唐室賢，灑落情懷出流俗。赤城德士攀高風，特借嘉名榜山腹。雪霜難犯爲心虚，直節凌雲聳蒼玉。月華弄影無纖塵，合有丹霄鳳來宿。趙州庭栢如已知，掃却閒言且觀獨。九年當作無生遊，慎勿窺紅墮私欲。況是天台掌仙籙，煉礦成金石龍谷。落花流水好尋真，豈特蕭蕭閣前緑。

宋 黄庭堅《山谷外集》卷四《寄題安福李令愛竹堂》 淵明喜種菊，子猷喜種竹。託物雖自殊，心期俱不俗。千載得李侯，異世等風流。爲官恐是陶彭澤，愛竹最知王子猷。寒窻對酒聽雨雪，夏簟烹茶卧風月。小僧知令不凡材，自掃

竹根培老節。富貴於我如浮雲，安可一日無此君。人言愛竹有何好，此中難爲俗人道。我於此物更不疎，一官窘束何由到。

宋 鄒浩《道鄉集》卷七《壽星院觀竹》 祇園寂寞聳高材，自有鸞凰接翅來。回首壺觴散桃李，日斜風動使人哀。

宋 謝薖《竹友集》卷九《題跋贊頌銘》 謝子闢軒於書館，鋤荒剔穢，植竹數十本。游居寢臥其下，竹貫四時而不改柯易葉，君子似之，故命其名曰「竹友」而爲之銘。銘曰：

層冰峨峨，萬木被雪。我觀茲竹，勁氣貞節。桃李其華，煒煒中林。我觀茲竹，净緑寒陰。惟竹有材，可管可籩。斤斧勿侵，以保天年。我掛我冠，與竹燕休。養成嘉實，鳴鳳來游。

宋 李光《莊簡集》卷四《題向丞竹軒》 琅玕新植覺深幽，頓使軒窗一夜秋。寒影静侵書幌冷，翠陰清逐桂花浮。蕙蘭終許依霜操，桃李從教媚冶遊。公子已多林下趣，更看仙吏落銀鈎。

宋 劉一止《苕溪集》卷四《酬王元渤舍人方智善學士求余作墨竹一首》 余所居似賢堂，蓋先伯祖雜端爲竹製名。今竹與故牓皆亡，因叙此意。 堂名似賢人似竹，瘦節孤高照崖谷。百年人與竹俱化，尚有諸孫來借宿。家風愛竹餘底事，至今十飯九不肉。惟應説食誑枯腸，更寫寒梢媚幽獨。王郎散帶談清虛，爲竹造門顔不忸。方英炯炯貌臞甚，門倚江干千個緑。兩家人物揔風流，石壁山前烟雨秋。豈惟千首輕萬户，胸中世襲瀟灑侯。我乃癡絶非畫絶，憐此霜根貫金鐵。短綃淡墨持似公，更聽我詩聲激烈。

又 《題等侯軒一首》 姚氏庵種竹萬個，道人瓊公邀予坐其傍。余因名其軒曰「等侯」，且爲他日子孫封侯之讖云。陸龜蒙詩云：「湖山自是清涼國，初竹合封瀟灑侯。」蒼官與青士，都封瀟灑侯。萬個儼相持，更比千户優。道人心安樂，可念過不留。延我聽風颸，凄清韻天球。傍瞻卧麟冢，卿雲覆杯邱。前峰鬱岧嶢，落澗緣道周。居然氣象異，況乃世德修。他日名可占，子孫荷靈休。

宋 王洋《東牟集》卷六《尋趙安道舊居趙與予爲昭武隔政交承，窗前種竹尚存，壁間有題字丁寧主僧愛竹，因以有感》 曾憶山城政在前，人傳遺事總依然。重逢蘭若棲遲處，只有窗前竹似賢。

周家卜政幾專城，曾見長身掩重名。但願常教劉向在，不應異姓敢争盟。

宋 孫覿《鴻慶居士集》卷五《餘杭道中觀何人家竹》 平生不省問寒温，見竹欣然便扣門。我是此君風月主，不應更與俗人言。

宋 林季仲《竹軒雜著》卷二《次韻苗彦先題薛獻可新居四首》 仙隱深深竹徑中，杖藜還許我相從。君能惜取清陰在，斤斧須令赦籜龍。

宋 周紫芝《太倉稊米集》卷二八《睡餘賦東牆雪竹》 飽食枕方便，過午茶未杵。撥火理殘香，倚窗翻故楮。尋我東墻隅，枝筇散腰膂。朔風寒蕭蕭，修竹静楚楚。枝頭雪猶在，秀色乃如許。竹固不受寒，豈但不受暑。老翁日日來，相期伴君語。誰能與俗人，昵昵作兒女。

宋 曹勛《松隱集》卷一二《題吴郡王家雙竹》 環碧亭前碧玉枝，森森連璧揖多姿。節涵宿雨蒼龍並，梢舞晴雲翠鳳差。架雪凌霜俱有志，懷仁抱義本同時。戚垣密協如苞瑞，盛事應先黼扆知。

宋 楊萬里《誠齋集》卷四四《清虚子此君軒賦》 吾友清虚子家有竹軒，命曰此君，誠齋楊某爲之賦曰： 客有問于清虚子，曰：昔者子猷愛竹，字之曰此君，謂此君一日之不可無。古之知竹者，未有若子猷之勤者與？清虚子曰：子猷可謂愛竹矣，知竹則未也。古之知竹者，其惟吾夫子乎？蓋嘗聞之，夫子適衛，公孫青僕，子在淇園，有風動竹，聞蕭瑟檀欒之聲，欣然忘味，三月不肉。顧謂青曰：人不肉則瘠，不竹則俗，汝知之乎？其《詩》曰：瞻彼淇澳，菉竹如簀。言念君子，温其如玉。吾乃今知竹之所以清，武公之所以盛也，蓋君子于竹比德焉。汝視其節，凜然而孤也，所謂直哉史魚，邦有道如矢者與？汝視其貌，頎然而臞也，所謂「伯夷、叔齊餓于首陽之下，民到于今稱之」者與？汝視其中，洞然而虚也，所謂「回也，其庶乎屢空」「有若無」者與？故古之知竹者，其惟夫子乎？子猷非知竹者也。客曰：甚哉！清虚子之言，似夫子也。敢賀此君從陳蔡者皆不及門，君何修何飾，乃得與四子而同席乎？願堅晚節于歲寒，以無忘夫子之德。

宋 李知微《松竹林賦》（《歷代賦彙》卷一一八引） 步東園之清曉，倚藜杖而踐霜。感萬木之凋瘁，倒枯荷於野塘。披胃徑之荒榛，得瞰隰之平岡。唤起山林之夢理，幽思之茫茫，乃課園丁，翦穢鋤荒，叢篠蕭蕭，野菊煌煌，古柳欲偃寒藤未僵，百尋丹楓，屹峙其旁。靡靡之山四圍，油油之雲相望。作岧嶢之一亭，聊逍遥而徜徉。爾乃訟庭電掃，華筵綺張。屏金石之轟豗，延鄒枚而翱翔。補豐樂之嘉頌，賡飛蓋之名章。起雄辯於座間，快鯨飲而呑江。導東征之明月，送西晝之夕陽。由平易而造理，貴清净之老莊。返樸素於自然，除繳繞於申商。

因人情之所欲，順天道而布常。無立的以招敵，納斯民於凱康。蔭松竹而讀書，期無愧於茲邦。

宋 洪适《盤洲文集》卷五《憶隆庭竹爲魏彦成》 聞道隆庭竹滿園，許分蒼翠長兒孫。看看冬盡無消息，始信莊周是寓言。

又 卷六《隆庭竹至四絶句》 憶昨分抄種樹書，三荆今古美同株。閒將草木供詩戲，待把漁樵足畫圖。竹里巧傳幽鳥語，月臺高視客星移。鄉園何幸立分鼎，鳴鼓鏗鐘樂聖時。斑籜遠移湘岸種，猫頭亦是渭川孫。百金得諾今無恨，千畝封侯不在言。裴景松篁渾可喜，忘機鷗鷺不相猜。南牕情話有時盡，唤取青州從事來。

宋 陳造《江湖長翁集》卷二〇《次韻楊宰思庭竹》 數尋脆碧裊輕陰，歲不知寒暑不侵。屬厭吟風仍嘯雨，盡收縣解入琴心。

宋 魏了翁《鶴山集》卷三《臨川過椿年永叔植慈竹義木於庭迺榜其堂曰慈義索余詩》 冬笋與霜堇，孝可使之生。老槐與枯荆，義可使之榮。芸芸天壤間，何物非吾誠。根心貫芽枿，影響於形聲。過君資孝友，早識真重輕。一時東南彦，意氣何相傾。虚几隱天籟，深居觀物情。慈竹吾父子，義木吾弟兄。夜簷月送影，書户煙輪晴。與我一般意，乃作堂堂名。竹根頭戢戢，下覆復上承。木以同本故，葉葉皆相親。承覆匪强合，相親誰使令。茲有靡不有，斧斤日丁丁。願言厚封植，歲晚長青青。

宋 杜範《清獻集》卷三《窻前竹》 拔地停空翠削成，與凡草木不同榮。無心到彼難教曲，有節防身只自清。本是孤根穿草壤，誰令弱杪上雲程。凝簷敲瓦宜芟去，好伴寒松澗壑聲。

宋 岳珂《玉楮集》卷六《豫庵三瑞詩》 環豫庵皆竹也。嘉熙庚子三月，忽呈三瑞，皆前所未覩。或者嘉祥有待而出耶。護以朱欄，表以名扁。因物有感，復系以詩。

鴒竹

雷雨新頭角，煙霄舊羽翰。聯根方拔象，接翼更停鸞。紫錦雙翻籜，青銅並倚竿。摩穹端有待，聊復護雕闌。

右雙竹，抽幹幾尺，始分兩岐，嶷然競秀，其瑞特異，名以鴒竹。

蟬竹

氣並陰陽正，仁無雨露偏。闔開知有地，奇耦自潛天。雖煥雙紋異，仍存一節堅。薰風動蟬腹，槐緑又鳴絃。

右四竹，當竹之半有二節，蔚然前合而一，後分而兩，得奇耦之正，猶蟬腹然，名以蟬竹。

龍竹

夭矯青池近，騰拏碧漢遥。微風鳴嶰管，輕霧映鮫綃。舞翠槐齊秀，蟠青松後凋。終須還直道，勁節自干霄。

右一竹，當竹之頂，盤舞詰曲，夭矯自然，有拏雲騰霄之態，名以龍竹。

宋 釋文珦《潛山集》卷一一《題竹軒》 窻前有修竹，道人心自足。清風入詩腸，何用五鼎肉。

宋 吴錫疇《蘭皐集》卷一《題純老房竹》 有竹便不俗，蕭疎三數竿。雲深茶竈濕，雨過佛燈寒。紀壁何年種，停經了日看。塵勞應可滌，幾欲借蒲團。

宋 衛宗武《秋聲集》卷一《賦南墅竹》 物得氣之清，鍾秀莫如竹。是謂東南美，羣植可奴僕。虚心而獨立，勁節不回曲。傍屋著數挺，能洗塵萬斛。截之作鳳鳴，雌雄相配六。殺以爲汗青，奚啻十年讀。有體兼有用，迥異凡草木。騷人互題品，國風嘗紀録。子有步仞丘，殆類篔簹谷。老筠依雲根，錯出勝千陸。矯虔相長雄，高下森立玉。霏霏霧滴翠，灔灔浪翻緑。蟠根龍蛇走，密葉鸞鳳蹙。林飈振微響，環珮聲戛觸。瑣碎流金輝，霽曉弄清旭。熙陽發菁華，婀娜舞桂纛。滋萌長雲仍，一一錦棚束。火輪行長空，炎歊暑方酷。枕簟入幽深，灑若寒露沃。秋月映嬋娟，清影夜相屬。歲寒交勝友，南枝花倚伏。四序景無涯，風月任追逐。人謂小渭川，我忝共淇澳。邀朋對此君，豈惜醉醽醁。七賢迹已遠，遺響猶可續。冰雪生襟袖，雲烟散毫牘。秖欠與可儔，寫入鵝溪幅。

又 《賦西軒竹》 種竹纔一甽，便有千甽勢。苟能會其趣，何拘尋丈地。其氣偉丈夫，其德象君子。瑩哉冰雪如，潤與珪璋比。中虚而有容，外直而不倚。迥非凡植儔，惟與喬松齒。攬以入吟篇，引以近書几。好之而樂之，雅致要相似。物清我亦清，相對乃無愧。翛然静秀姿，舉世所同嗜。志趣有不侔，肝膽楚越異。將以洗凡俗，凡俗烏可洗。緑猗喻武公，金璧侈歸美。蕭瑟悦宣尼，食肉至忘味。有之而似之，氣類由默契。此君如有知，噲伍亦所恥。苟或冰炭然，雖多亦奚以。

又 卷二《賦竹深處》 淇園既往不足論，渭川徒多未足貴。森然玉立闢幽深，彌望恢恢有餘地。何異東亭手親植，遂使南陽日清閟。緑雲障日間弗容，翠

濤翻空杳無涘。冥冥韓林静而秀，窈窈蔣逕深且邃。洗清袢暑迴莫留，截斷俗塵飛不至。何須層冰置几案，自然涼氣生衣袂。吟弄風月騷人徒，伯季松梅歲寒味。於斯二仲可論交，誰爲六逸宜邀致。何時徒步許直造，著我其間同一醉。祇恐君疑庾亮來，角巾豈免還私第。

又《新暑賦西軒竹》 此君與我同襟期，延致屋宅西南維。涵濡雨露歲未半，柯葉深茂華而滋。恍疑神士萃庭宇，旌幢羽盖紛交馳。非箏非竽發天籟，不湍不瀨含風漪。緑光到眼冰雪潑，頓令六月無炎威。何須挹爽置象簟，不假去熱施龍皮。挺然直節異凡植，四時不改琳瑯姿。翛然雅致滌萬慮，一塵不染珊瑚枝。明蟾寫真銀散彩，騰烏弄影金流輝。千林剥落氣愈勁，更好雪壓并霜欹。無山無水自幽勝，雨天霽景俱相宜。方嗟此地翳草莽，幻出臭腐爲神奇。恨無與可圖作幃，消得坡老模成詩。中虚而静有隱德，妙氣獨有予心知。年今七十諸妄屏，久壓花本芳菲菲。締交惟汝與松栢，嘯風吟月相追隨。願言棲鳳同作伴，慎勿化龍隨所之。武公勳業我所媿，猶覬老壽幾耆頤。

宋 邱葵《釣磯詩集》卷三《寄題朱推官竹齋》 萬紫千紅轉眼非，高齋惟與竹相宜。自從出地有清節，直至參天無曲枝。六月高標寒凛凛，三冬秀色緑猗猗。此君妙處無心得，道在虚中人不知。

宋 陳普《石堂先生遺集》卷一八《竹塢》 竹静塵不染，塢深人不到。欵海不可航，聊須從吾好。

宋 汪炎昶《古逸民先生集》卷一《詠友人竹》 拂雲何日裡，蕭灑傍茅堂。翠重煙分渭，痕乾淚染湘。塹鞭枝倒發，徑篠筍斜行。地緊根相絡，莖高籜漸長。山僧冬覓種，鄰叟夏偷涼。泛户陰開闔，掀風勢簸揚。杖侵鏗瘦玉，爪刮聚浮霜。禽踏枝毿屋，松添影壓墻。箾韶如不棄，或可佐宫商。

又《竹徑》 竹陰清入骨，消得此閑行。不待鋤蒼蘚，頻來徑自成。

宋 郭長倩《義師院叢竹》（《宋元詩會》卷六四引） 南軒移種自西壇，瘦玉亭亭十數竿。得法未應輸老柏，植根兼得近幽蘭。雖無穠艷包春色，自許貞心老歲寒。百草千花盡零落，請君來向此中看。

金 丘處機《棲霞長春子丘神仙磻溪集》卷三《南溪竹》 南溪竹，騰秀入青冥。直節虚心功未顯，深根固蔕道先明，霜雪豈凋零。休悵恨，大器晚圓成。自有孤高棲鳳質，能教倜儻化龍形，佗日看超昇。

金 李俊明《莊靖集》卷三《竹林》 初見錦繃脱，氣已傲霜雪。天寒十萬夫，未聞一死節。

元 劉詵《桂隱文集》卷三《竹外梅梢》 誰家修篁千萬竿，短墻流水朱闌干。孤芳託根得春早，一枝斜出行路看。遥疑青林烟初霽，一點兩點雪未殘。小牕月落霜角動，誰與伴此空山寒。

元 元明善《元懶翁詩集》卷上《題竹居》 張君爲竹移家意，不俗從人説瘦生。緑蔭侵書凝晚色，清風留客聽秋聲。看渠霜雪添標□，祇有松梅可弟兄。若箇主人真領會，歲寒心事不須盟。

元 劉詵《桂隱文集》卷一《庭竹》 庭竹如高人，疎處更堂堂。當其得勝趣，豈必客主忘。月明瀉垂露，危坐肺已涼。閉門良亦勞，有酒乃未妨。

明 方孝孺《遜志齋集》卷八《友筠軒賦》 惟青青之玉立，俯漪漪之軒搆。憩樂矣之幽情，處蔚然之深秀。蒼雪洒乎涼颸，緑陰蔽乎清晝。春之時也，暖律乍起，和氣方剛。對穆穆之龍孫，列斑斑之鵷行。風節持以雅素，體質直而端莊。其夏色也，南薰解籜，丹鳳來儀。香馥纍纍而貝簇，密葉重重而翠圍。笙簧弭乎節奏，珮玉鳴乎參差。毗佳麗以褒雄，據静便而伏雌。若一塵不到之際，萬事脱羈之辰。渭川致乎斯景，黄岡寓乎此身。風徐來而韶合，雨初歇而香勾。至若色侵書帙，涼溢芳樽。日穿漏以噀金，水環迴而嗽銀。座擁碧筒之杯，地敷翡翠之裀。或彈棊而雅歌，或解衣而脱巾。或焚香而啜茗，或聯句而鼎真。固平生以足樂，雖百罰而弗醺。越若秋之與冬，金氣肅兮萬木凋，玄冥降兮羣陰驍。履霜兮冰將至，擁枯拉朽兮焉逃。禀抗雪之英姿，健凌雲之高標。或強董宣之項，或折陶潛之腰。或簇白雲之調，或作重華之韶。既不婉以不麗，亦弗矜而弗驕。世上有玉堂之貴，此豈無甕牖之安。乃緩步以當車，復謝崇而慕閑。彼將聽晨雞而拜楓陛，此獨咀明霞而扃柴關。忘情於漢庭之寵，避世於商陽之山。至於侶魚蝦而友麋鹿，豈復對隆準而瞻龍顔。采玉芝於蒼烟之表，洗兩耳於清溪之灣。然而清則清矣，未有得兹軒之真樂者也。辭曰：清清兮歲寒之心，温温兮琅琳之音。君子居之兮，實獲我心。正俟命兮，履薄臨深。君子處兮，慨古傷今。古人汩汩兮，誰争子所。蔬一器兮，酒一觴。樂以忘憂兮，歲月長羌。彼五陵豪富兮，乃積乃倉。朝重白璧兮，莫手粃糠。松花飯兮，荷葉衣瞶。兩耳兮，遠是與非。朝其遊兮，莫而歸安。得從子兮，其樂有餘。

明 薛瑄《敬軒文集》卷六《竹徑》 竹徑通書室，行來宛轉深。舉頭交翠葉，步屧踏清陰。舊籜頻飄地，新篁亂滿林。好風涼不斷，洒洒滌塵襟。

又《竹下四首》　翠擁如雲竹，門開一逕深。成林常少日，接葉自多陰。山鳥時聞囀，風蟬忽聽吟。把書閒讀處，涼籟覺心清。

愛此竹林僻，千竿翠葉交。濕衣清露重，到面好風飄。旋解龍鱗籜，新抽鳳尾梢。逕幽仍宛轉，聊此慰逍遥。

夜雨朝來霽，閒從竹下行。尚餘零露濕，倍有好風生。凌亂陰還厚，飄蕭韻自清。獨高君子節，長結歲寒盟。

積雨苔長潤，生風竹自涼。誰開延客逕，舊作讀書堂。魚躍盆池水，花傳瓮牖香。清心時宴坐，遠意到羲皇。

明　許端弘《竹軒》（《天台詩選》卷二引）　綠遶幽居竹萬竿，出塵高節許誰攀。懶同桃李爭春色，只與松梅傲歲寒。月影滿簾金點點，風聲落枕玉珊珊。本根自是栽培厚，更見龍孫迥不凡。

明　江源《桂軒藁》卷二《竹莊》　麻丘老翁真不俗，胸中渭川千頃綠。所以不喜紅紫態，結屋開軒種脩竹。千竿萬竿成茂林，風雨瀟瀟灑寒玉。直幹偏凌冰雪多，虛心不受烈暑觸。千年蔣翊同襟期，不待詞人詠淇澳。羅浮仙子秦大夫，昨日書來期卜築。樂哉此翁誰淂知，日甜清陰坦吾腹。春風滿地長兒孫，日報平安靡榮辱。竹莊竹莊何其高，回看俗子真碌碌。

明　朱誠泳《小鳴稿》卷七《過墻竹》　籜龍初卸錦棚香，頭角峥嶸過粉牆。翻訝吹簫秦弄玉，月明騎鳳度瀟湘。

又《堦前竹》　箇箇篔簹手自栽，綠陰密密護蒼苔。小軒不獨添佳致，還有丹山彩鳳來。

明　文洪《涞水詩集・友人陳君竹圃》（《文氏五家集》卷一引）　主人自種千頭竹，手洗長竿結爲屋。層層蒼翠作深幃，瑟瑟清風響寒玉。湘雲一片蔽晴空，卓午猶疑未晨旭。炎炎赤日燒空時，涼陰四布無纖燠。也知高興比王猷，終日臨軒面晴綠。閉户常令俗駕回，掃榻時延清隱宿。豈惟至貴等封侯，得此兼令人不俗。世塵不到意殊清，肯厭常貧食無肉。

明　文徵明《太史詩集・聽竹》（《文氏五家集》卷三引）　虛齋坐深寂，涼聲送清美。雜佩摇天風，孤琴瀉流水。尋聲自何來，蒼竿在庭圯。泠然如有應，聲耳相諾唯。竹聲良已佳，吾耳亦清矣。誰云聽在竹，要識聽由己。人清比脩竹，竹瘦比君子。聲入心自通，一物聊彼此。傍人漫求聲，已在無聲裏。不然吾自吾，竹亦自竹爾。雖日與竹居，終然邈千里。請看太始音，豈入箏琶耳。

明　文彭《博士詩集・竹谷》（《文氏五家集》卷七引）　蔣翊開三益，嵇康稱七賢。風來聲戛玉，月上影含烟。最喜臨丹壑，偏憐映碧泉。會心時解帶，消盡世塵緣。

明　鄒守益《東廓鄒先生文集》卷一一《砌竹》　龍籜既駢茁，鳳毛方怒長。生意不可遏，復穿層砌上。

明　錢薇《海弓先生文集》卷三《竹亭》　望裏瀟湘景，攜筇步綠陰。天炎忘暑氣，意定却塵祲。水遶周遭徑，觴傳笑語深。不留身世念，虛檻足長吟。

明　黎民表《瑶石山人稿》卷一五《竹在亭四絶爲貞吉賦》　高節凌霜雪，孤根有歲年。若論梁苑賦，三徑是青氊。深心探豪素，蕭條無所欲。臨池愛清風，坐蔭數徑竹。人閒不出户，落葉任紛紛。借與青鸞尾，牕前掃白雲。齋閣夜蕭寥，風林散清影。天籟忽刁騷，幽人夢初醒。

明　馬之駿《妙遠堂全集・晨雨示窻竹》　凡竹不因春，燕竹乃有冬。常時值栗烈，亭館無青葱。束縛積茅茨，中損非外攻。鄙哉衆人見，諒匪高士胸。余爲謝數竿，任爾霜堂衝。臘雪日夜盛，洗濯欣初逢。因知根荄固，天地能相從。今辰始春雨，葉葉新聲容。雨意挾私潤，慰答如于喁。竹固傲不受，翻若懷冰淞。孤秀斯經奇，雜植空繁穠。物性各有常，元化殊所鍾。煩君保窻户，溽夏流霜封。

明　左光斗《左忠毅公集》卷三《竹林漫興》　別業初開竹樹幽，輞川佳麗一椽收。晴雲晝黑非關雨，夏日寒飈豈是秋。鳥狎疎簾門半捲，蝶穿虛牖夢同浮。醉中閒染霜毫色，劍戟交横筆語愁。

明　陳正學《灌園草木識》卷六《雜著・灌園絶句・竹垌》　仄徑不容車，人蹤深翠裏。清風灑籜來，心跡應如水。

明　孫承宗《高陽集》卷九《竹亭》　小苑霜筠種幾竿，青蒼時引子猷看。似從黄竹西池咏，分得瑶山一片寒。

明　陳確《陳確集・詩集》卷五《閏月初一省母陸姊家侍竹園納涼竟日》

《家傳》：陸節母，文學覺菴公之女，幼即許字彭墩陸處士允忠。既歸而處士喪其居，節母賃桑而蠶，藝棉而織，久之，積金數百緡。處士落拓負逋，亦數百緡，不使節母知。比歿知之，則曰：「奈何而使夫子負逋以歿也！」爰盡償以所藩，撫妾子如己生，早歿，則又曰：「奈何而使夫子不血食也！」爰嗣姪澐爲之後，且拮據以成其家，節母與同懷弟乾初先生幼同學，故其志行絶相似。

朔日朝慈母，清風姊氏家。老桑十畝蔭，新竹數行斜。梅水烹无盡，荷塘話正睟。依依忘却暮，歸路滿紅霞。璋案：是詩以閏攷之，當在癸巳。

清　陸世儀《桴亭先生詩集》卷三《竹林》　此竹君所獨，而我實共之。每來竹下坐，得意便題詩。

清　孫奭《客菴辛卯集·竹瀁雪竇居四明之中，竹徑縱横各十里，口窕清遠，若渭川焉》　雪竇最幽倩，四山總修竹。僧鉢仰此君，相視爲荒熟。卷雪亞廻岡，逸鞭走重麓。夏日不到地，秋雲自歸宿。葱蘢嘯且舞，旋風頓空谷。逕穿肌骨清，翠濕衣裘緑。塵網幾時破，燈香老僧屋。抱竹背楞嚴，倚醉調蒼鹿。

清　宋犖《西陂類稿》卷一六《紅橋集·鄰家竹園》　客舍傍荒園，相去不數武。修篁聳天畔，參差展鳳羽。清陰隔院來，羅羅徧庭户。時循麂眼籬，逕造無人處。遺籜與蒼苔，委積盈尺許。呼童爲掃除，坐待明月舉。千蠹萬夫閒，葉葉秋可數。倏然坐忘歸，直待鄰鐘杵。風至靈籟生，俗韻洗肺腑。因之念故鄉，寄書葺蒨圃。予家竹圃，梁孝王故址也。

附前題　至

立秋六十天，暑氣時作惡。祠南美修篁，連日出行藥。竹根蔓草纏，蕪穢侵茫屩。呼童加翦除，耳目得一廓。譬如嬰塵坌，忽被清泉瀹。徘徊日欲昏，嘲哳羅歸雀。廣陌起秋風，乾葉蕭蕭落。

清　謝乃實《呇爐山人文集·庭竹賦》　僻巷背郭，叠翠環山。門臨渠水，屋搆樹間。紛長林之葱鬱兮，余亦有園之數畝。靄青士之森翠兮，惟此君焉。益友抱節以挺生兮，當含胎而固然。誰能測其内美兮，貫四時而自堅。彼青帝之邀春兮，衆紛紛其敷榮。雖蒼蒼而不言兮，爰獨懷兹幽情。不花蓝而嬋娟兮，不雨露而癯肥。修短定於初度兮，豈緣榮瘁而爲依違。惟赤熛之司令兮，噴炎暉以燎空。開軒窗而四達兮，來滿座之清風。既葱倩以積陰兮，復傾翠而生涼。潛祝融於何處兮，倏送我於羲皇。忽露白而氣清兮，景蕭條而寂寞。風肅肅其含情兮，悲草木之隕籜。感幽韻之蕭瑟兮，取素琴而夕張。既音叶於宫徵兮，亦律中乎清商。時嚴風之冷冽兮，衆萎美于積雪。挺勁翮以摩空兮，般葱鬱而可悦。卧高士於空山兮，比心跡於皓素。羌猶此初服兮，亦何嗟乎遲暮。厲清操以飭筠兮，亭亭立兹娉節。非托根於寒苦兮，亦孰從知其水蘖。彼虬松之偃蹇兮，排霜空以磅礴。苟内心之不存兮，恐朝榮而夕落。何中空而無心兮，獨柯葉之不改。物以滿而必窒兮，惟虚中其寡悔。余蓬户以隱几兮，聊獨坐乎虚牖。顧彼美而怡懷兮，不知床穿而案朽。歌曰：雲迷江館兮，雨暗瀟湘。幽篁淅瀝兮，若有人焉鼓瑟於其傍。望之兮渺渺，即之兮蒼蒼。我欲覯兮，宛在水中央。吁嗟此君兮，其何能忘。

清　孫枝蔚《溉堂詩集前集》卷六《竹中》　避暑曾無意，追隨到竹陰。只言爲客苦，翻羡入林深。久坐憑風雨，閒行有嘯吟。但能賒美酒，吾不愛彈琴。

已覺數竿好，隣園色更幽。濕時蒼徑改，寒處白雲流。鸝囀偏欺午，蟬鳴欲報秋。相逢無俗客，適興揔科頭。

竟向飢時看，隣僧怪此情。白頭無嗜好，緑竹足生平。書籍賣堪惜，園林租未成。惟應與良友，古寺口同行。

又《隣竹》　終日竹間坐，更看隣竹青。隔籬翻可愛，拄杖偶然停。引景憑開牖，防根不製亭。每因林鳥聒，酒困頓成醒。

清　查慎行《敬業堂詩集》卷三八《槐簃集下·新竹次院長韵》　青瑶流影照明玕，陶詩：「亭亭明玕照。」盡放梢梢出屋寬。粉澤未乾宜露濯，錦裍初脱奈風寒。輕陰拂地應加密，秀色迎人尚可餐。附入戴家新譜内，釋名稱草恐難安。《爾雅·釋草篇》：笋，竹萌。《山海經》：其草多族，厥族多箘。皆以竹爲草類。故戴覬之《竹譜》云：「事經聖賢，未有改易，然稱草良有難安。」

清　程夢星《今有堂詩後集·山心集》　竹下納涼，以放翁「清風掠地秋先到，赤日行天午不知」分韻得掠字。

修竹不受暑，兹理可意度。偶然移榻來，益信此間樂。過葉風自涼，漏枝日逾薄。新筠翠欲流，纖翳净如掠。那知張火傘，恍若坐天幕。聒耳無喧蟬，聽吟但孤鶴。莫問子猷輿，且跂淵明脚。戛戛金玉聲，疑有清琴作。

清　程夢星《今有堂詩後集·琴語集·篠園洗竹用香山洗竹韻》　納涼小漪南，已快荷芰足。留客草堂西，更愛入深竹。但苦枝葉繁，轉礙三徑曲。姑剪翡翠翎，略減珊瑚束。香清顧渚茶，聲應嶧陽木。生憎袁尹來，未免盛騶僕。縱令右軍過，勿造高士屋。謝彼北山文，碧嶺久無辱。

清　翁方綱《復初齋詩集》卷四五《蘇齋小艸一·姚雲東松竹》　記著綀衣話夜涼，煙横半檻水周堂。竹枝穿亞松針密，渾爲詩人寫月光。

清　祁寯藻《䜌䜌亭集》卷一四《食筍齋十詠·竹徑》　齋南竹三叢，當塗夫子手植，遂以名。齋東南隅兩叢，西北牆下一叢，皆余所補也。春夏雨足，筍迸地而出，交柯亂葉款吾扉者，披翠而乃入焉。　南筍笑北竹，謂是黄琅玕。柯葉信不改，青翠終交攢。

豈無時草木，愛此經歲寒。

清 汪啟淑《訒葊詩存·飛鴻堂初稿·題窗下竹》 蕭蕭窗下竹，稱我踞胡牀。隨籜猶堆砌，新梢已出牆。色滋書幌碧，清益酒罇香。却笑青門史，裁桐引鳳凰。

清 陶必銓《嶽麓雜詠八首·竹林冬翠》（《沅湘耆舊集》卷一二六引） 勁節終成直，虛心故耐寒。殘冬無別況，風月倚千竿。

清 柏葰《薜箖吟館鈔存》卷一《種竹依蘇長公寒碧軒韻》 新翠着山扉，叢篁乍作圍。引泉分草帶，掃石破苔衣。終擬青霄上，先期碧雨飛。茆簷終夜滴，明日緑應肥。

清 周壽昌《思益堂集·詞鈔》卷一《古調笑·小對竹軒坐月》 緑竹，緑竹，門對此君眠足。日斜睡起朦朧，又聽林梢晚風。風晚，風晚，莫把濃陰吹散。竹影，竹影，得月破他煙暝。煙消月似秋涼，翠葉移來紙窗。窗紙，窗紙，添寫幾行人字。

清 何紹基《東洲草堂詩鈔》卷七《常南陔督糧署齋看瑞竹》 閩南固多竹，不數淇與湘。猗猗有萬族，森森偶成行。吾黨有常子，篤行等姜黄。謁來過燕寢，往往聞清香。庭前兩竿竹，萌芽已相望。秀出檐檻外，漸入煙雨蒼。枝枝既相對，葉葉又相當。尺蔓復寸刌，齊等無弱强。雕闌與護持，問我是何祥。我思萬物形，參差每難詳。人事與畫一，天性斯可常。齊家有儀則，平政見紀綱。君於體用閒，節度能度量。此君式其義，寸寸自敕防。春暉采蘭屋，屬書采蘭書屋頭。慈竹榮北堂。還看子孫秀，培養有餘慶。

清 樊增祥《樊山續集》卷一九《聽竹》 松清竹俗强區分，次律尋聲未識真。太尉豈能知許事，聽秋別是一流人。房琯云，竹聲最清，及聽松聲，始知竹俗。

竹器

題解

《爾雅·釋樂》 大笙謂之巢。注：列管瓠中，施簧管端，大者十九簧，小者謂之和。注：十三簧者，《鄉射記》曰：三簧一和而成聲。音義：笙，《世本》云：隨作笙巢。巢，高也。言其聲高。李云：小者聲少，音相和也。郭引《儀禮》云：三笙一和而成聲。鄭注云：三人吹笙，一人吹和。孫云：應和於笙也。疏：《世本》云：隨作笙。《禮記》曰：女媧之笙簧。《釋名》曰：笙，生也，象物貫地而生。《說文》云：笙，正月之音。物生，故謂之笙。有三簧，象鳳之身。其大者名巢。巢，高也，言其聲高。小者名和。李巡云：小者聲少，音相和也。孫炎云：應和於笙。瓠，匏也，以匏爲底，故八音謂笙爲匏。簧者，笙管之中金薄鍱也。笙管必有簧，故或謂笙爲簧。《詩·王風》云「左執簧」是也。大者十九簧，以時驗而言也。云十三簧者，鄭司農注《周禮》亦云十三簧，相傳爲然。注「《鄉射記》云：三笙一和而成聲」者，彼鄭注云「三人吹笙，一人吹和」是也。

大篪謂之沂。注：篪以竹爲之，長尺四寸，圍三寸，一孔上出寸三分，名翹，横吹之。小者尺二寸。《廣雅》云：八孔。音義：篪，字又作䶵。管有七孔。《世本》云：蘇成公所作長一尺二寸。李孫云：篪聲悲。沂，悲也。或作䶵，又作𥰡。疏：李巡曰：大篪其聲非一也。孫炎曰：篪聲悲。沂，悲也。《釋名》曰：篪，啼也，聲如嬰兒啼。郭云：篪以竹爲之，長尺四寸，圍三寸，一孔上出寸三分，名翹，横吹之。小者尺二寸。《廣雅》云：八孔。鄭司農注《司禮》云：篪七空。蓋不數其上出者，故七也。

漢 許慎《說文》卷五 簎，簎，剖竹未去節謂之簎。从竹，將聲。

𥳑 𥳑，籥也。从竹，枼聲。

籥 籥，書僮竹笘也。从竹，龠聲。

簡 簡，牒也。从竹，閒聲。

笐 笐，竹列也。从竹，亢聲。

篰 篰，㒼爰也。从竹，部聲。

等 等，齊簡也。从竹，从寺。寺官曹之等平也。

笵 笵，法也。从竹，竹簡書也，氾聲。古法有竹刑。

箋 箋，表識書也。从竹，戔聲。

符 符，信也。漢制以竹長六寸分而相合。从竹，付聲。

筮 筮，易卦用蓍也。从竹，从𢍰。𢍰，古文巫字。

笄 笄，簪也。从竹，开聲。

笸 笸，取蟣比也。从竹，臣聲。

籆 籆，收絲者也。从竹，蒦聲。𧤗，籆或从角，从閒。

筳 筳，維絲筦也。从竹，廷聲。

筦 筦，筟也。从竹，完聲。

竽，筳也。从竹，孚聲。讀若春秋魯公子彄。

笮，迫也。在瓦之下棼上。从竹，乍聲。

簾，堂簾也。从竹，廉聲。

簀，牀棧也。从竹，責聲。

笫，牀簀也。从竹，𠂔聲。

筵，竹席也。从竹，延聲。《周禮》曰：度堂以筵。筵一丈。

簟，竹席也。从竹，覃聲。

籧，籧篨，粗竹席也。从竹，遽聲。

篨，籧篨也。从竹，除聲。

籭，竹器也。可以取粗去細。从竹，麗聲。

籓，大箕也。从竹，潘聲。一曰蔽也。

籅，漉米籔也。从竹，奥聲。

籔，炊籅也。从竹，數聲。

箅，蔽也。所以蔽甑底。从竹，畀聲。

䈾，飯筥也。受五升。从竹，稍聲。秦謂筥曰䈾。

𥳓，陳留謂飯帚曰𥳓。从竹，捎聲。一曰飯器容五升，一曰宋魏謂箸筩爲𥳓。

筥，䈾也。从竹，吕聲。

笥，飯及衣之器也。从竹，司聲。

簞，笥也。从竹，單聲。漢律令：簞，小筐也。《傳》曰：簞食壺漿。

簁，簁箄，竹器也。从竹，徙聲。

箄，簁箄也。从竹，卑聲。

篿，圜竹器也。从竹，專聲。

箸，飯攲也。从竹，者聲。

簍，竹籠也。从竹，婁聲。

筤，籃也。从竹，良聲。

籃，大篝也。从竹，監聲。，古文籃如此。

篝，客也。可熏衣。从竹，冓聲。宋楚謂竹篝牆以居也。

笿，桮笿也。从竹，各聲。

箺，桮客也。从竹，夅聲。或曰盛箸籠。

籢，鏡籢也。从竹，斂聲。

籫，竹器也。从竹，贊聲。讀若纂。一曰叢。

籯，笭也。从竹，贏聲。

𥮩，竹器也。从竹，删聲。

簋，黍稷方器也。从竹，从皿，从皀。，古文簋从匚飢。，古文簋，或从軌。，亦古文簋。

簠，黍稷圜器也。从竹，从皿，甫聲。，古文簠，从匚从夫。

籩，竹豆也。从竹，邊聲。，籒文籩。

𥫱，篅也。从竹，屯聲。

篅，以判竹圜，以盛穀也。从竹，耑聲。

簏，竹高篋也。从竹，鹿聲。，簏或从录。

簜，大竹筩也。从竹，昜聲。

筩，斷竹也。从竹，甬聲。

箯，竹輿也。从竹，便聲。

笯，鳥籠也。从竹，奴聲。

竿，竹梃也。从竹，干聲。

籱，罩魚者也。从竹，靃聲。，籱或省。

箇，竹枚也。从竹，固聲。

筊，竹索也。从竹，交聲。

筰，筊也。从竹，作聲。

𥮐，蔽絮簀也。从竹，沾聲。讀若錢。

箑，扇也。从竹，疌聲。，箑或从妾。

籠，舉土器也。一曰笭也。从竹，龍聲。

䉴，褱也。从竹，襄聲。

𥫾，可以收繩也。从竹，象形，中象人手所推握也。，𥫾或省。

簝，宗廟盛肉竹器也。从竹，尞聲。《周禮》：供盆簝以待事。

𥴑，飲牛筐也。从竹，豦聲。方曰筐，圜曰𥴑。

篼，飲馬器也。从竹，兜聲。

籚，積竹矛戟矜也。从竹，盧聲。《春秋》《國語》曰：朱儒扶籚。

箝，籋也。从竹，拑聲。

籋，箝也。从竹，爾聲。臣鉉等曰：爾非聲。未詳。

簦，笠蓋也。从竹，登聲。

笠，簦無柄也。从竹，立聲。

箱，大車牝服也。从竹，相聲。

篚，車笭也。从竹，匪聲。

笭，車笭也。从竹，令聲。一曰笭籯也。

⿱竹剡，搔馬也。从竹，剡聲。

策，馬箠也。从竹，朿聲。

箠，擊馬也。从竹，垂聲。

⿱竹朵，箠也。从竹，朵聲。

笍，羊車騶箠也。箸箴其耑，長半分。从竹，内聲。

籣，所以盛弩矢，人所負也。从竹，闌聲。

箙，弩矢箙也。从竹，服聲。《周禮》：仲秋獻矢箙。

⿱竹朱，棒雙也。从竹，朱聲。

笘，折竹箠也。从竹，占聲。潁川人名小兒所書寫爲笘。

笪，笞也。从竹，旦聲。

笞，擊也。从竹，台聲。

籤，驗也。一曰鋭也，貫也。从竹，韱聲。

⿱竹殿，棝也。从竹，殿聲。

箴，綴衣箴也。从竹，咸聲。

箾，以竿擊人也。从竹，削聲。虞舜樂曰：箾韶。

竽，管三十六簧也。从竹，虧聲。

笙，十三簧，象鳳之身也。笙，正月之音，物生故謂之笙。大者謂之巢，小者謂之和。从竹，生聲。古者隨作笙。

簧，笙中簧也。从竹，黄聲。古者女媧作簧。

⿱竹是，簧屬。从竹，是聲。

簫，參差管樂，象鳳之翼。从竹，肅聲。

筒，通簫也。从竹，同聲。

籟，三孔龠也。大者謂之笙，其中謂之籟，小者謂之箹。从竹，賴聲。

箹，小籟也。从竹，約聲。

管，如篪，六孔，十二月之音，物開地牙，故謂之管。从竹，官聲。

琯，古者玉琯以玉。舜之時，西王母來獻其白琯。前零陵文學姓奚於伶道舜祠下得笙、玉琯。夫以玉作音，故神人以和鳳皇來儀也。从玉，官聲。

篎，小管謂之篎。从竹，眇聲。

笛，七孔筩也。从竹，由聲。羌笛三孔。

筑，以竹曲五弦之樂也。从竹，从巩，巩持之也，竹亦聲。

箏，鼓弦竹身樂也。从竹，争聲。

箛，吹鞭也。从竹，孤聲。

篍，吹筩也。从竹，秋聲。

籌，壺矢也。从竹，壽聲。

簺，行棊相塞謂之簺。从竹，从塞，塞亦聲。

簙，局戲也。六箸十二棊也。从竹，博聲。古者烏胄作簙。

篳，藩落也。从竹，畢聲。《春秋傳》曰：篳門圭窬。

䉛，蔽不見也。从竹，愛聲。

⿱竹嚴，惟射所蔽者也。从竹，嚴聲。

筭，長六寸，計歷數者。从竹，从弄，言常弄乃不誤也。

算，數也。从竹，从具，讀若筭。

笏，公及士所搢也。从竹，勿聲。案：籀文作圖，象形，義云佩也。古笏佩之此字，後人所加。

篦，導也，今俗謂之篦。从竹，𣬈聲。

篙，所以進船也。从竹，高聲。

箕，簸也。从竹𠀠，象形，下其丌也。凡箕之屬，皆从箕。𠀠，古文箕省，亦古文箕，亦古文箕，籀文箕，籀文箕。

宋　戴侗《六書故》卷二三　篳

篳，《傳》曰：若敖蚡冒，篳路籃縷，以啟

山林。杜氏曰：柴車也。又曰：篳門圭竇之人。杜氏曰：柴門也。鄭康成曰：荆竹織門也。《説文》曰：藩落也。按：篳，竹也，織爲車爲門也。或曰：篳，織竹也。故有籬落之説。

竿　竿，竹幹也。別作簳。

笴　笴，箭幹也。《鄉射禮》曰：物長如笴。康成曰：笴長三尺，與跬相應。《考工記》曰：妢胡之笴。按：竿、幹、个、簹、稾、笴一聲之轉。木曰幹。竹曰竿，曰笴，曰个，曰簹。禾曰稈，曰稾。其義畧同。

簹　簹，竿也。

籗　籗，《詩》云：籗籗竹竿。毛氏曰：長而殺也。

箋　箋，劈竹爲箋以織以縛也。《書》云：敷重箋席。亦作簦。

筩　筩，斷竹也。亦作筒。《説文》曰：筒通簫也。徐鍇曰：通，洞無底也。筩，斷竹也。瓦如筒者謂之筒瓦。別作瓶、□、甋。

管　管，竹甬也，又作管。別作琯。凡以管爲之者皆曰管，竽、笙、籥、簫、箎、篴皆管也。《商頌》曰：鞉鼓囦囦，嘒嘒管聲。《周頌》曰：磬筦將將。《周禮》曰：下管播樂器。此衆管之通稱也。笙師掌教龡、竽、笙、塤、籥、簫、箎、篴、管。管又爲竹聲之一也。《説文》曰：管如篪，六孔，別作琯，古者以玉爲之。康成曰：管如篴而小，併兩而吹之。又管鍵之管，以金爲之。其牝象管，所以轄門關也。故因之爲管攝、管轄之義焉。又絡緯者，亦以管，亦謂之筳與筟。《説文》曰：筦，筟也。筟，筳也。筳，維絲管也。又假借。《語》曰：夫子筦爾而笑。何晏曰：小笑貌。

筟　筟，説具管下。

策　策，削竹也。筮者、算者用策，書記者用策，簡策是也。馭者亦用策，鞭策是也。因書算而爲籌策、策畫，因鞭策而爲督策。別作筴，夾非聲。

簡　簡，編策爲簡以書也。借爲易簡之簡，不煩之謂也。爲簡孚之簡，審當之謂也。又爲簡擇之簡，與柬通。別作簡。《説文》曰：簡存也。

籌　籌，削竹以算也。《洪範・九疇》亦單作疇。

籍　籍，載之編也。

篇　篇，簡策之秩也。古者編册以書，其文字多者，異爲之篇，上篇、下篇、内篇、外篇之類是也。一説篇，扁也，每篇必表揭之也。

簿　簿，籍也。

箋　箋，《説文》曰：表識書也。又作牋。按：今上書者皆稱表牋。推其義，蓋上書言事者皆條別表識之也。鄭康成《蓺論》云：注《詩》宗毛爲主，毛義隱畧，則更表明，如有不同，則下己意，故可識別。故其注謂之箋。

籤　籤，削竹以籤表也。江左有典籤之官，以掌書記。又作簽。《説文》曰：驗也。一曰鋭也。一曰貫也。《説文》曰：搔馬也。大槩籤必削竹使薄而鋭，故有鋭與貫之義。今人以署牒狀爲簽，蓋沿襲之。

篆　篆，以竹箋繞約也。《周禮》曰：孤乘夏篆，卿乘夏縵。《考工記》曰：陳篆必正。鄭司農曰：轂約也。康成曰：五采畫轂約也。又曰：鍾帶謂之篆。書體之宛繆者，因謂之篆。《説文》曰：引書也。

符　符，契竹剖之，各持其一，合之以爲信節也。《周官》掌節門關，用符節。

笏　笏，公士大夫所搢以記對命也。《記》曰：天子以球玉，諸侯以象，大夫以魚須文竹，士竹，本象可也。笏度二尺有六寸，其中博三寸，其殺六分而去一。凡有指畫於君前用笏，造受命於君前則書於笏。《説文》新附曰：籀文作□，象形。笏字後人所加。

笄　笄，簪也。

箟　箟，削竹以導也。

篦　篦，去頭垢及蟣蝨比也。

箴　箴，箴猶鍼也。《記》曰：衣裳綻裂，紉箴請補綴。又箴諫也。《傳》曰：命百官官箴王闕。《商書》曰：毋或敢伏小人之攸箴。或曰：箴即鍼也，箴規猶鍼砭也。

箸　箸，㩻挾也。《説文》曰：飯攲也。攲，持去也。俗作筯櫡。

籩　籩，竹豆也。籩以盛果脯糗餌凡乾物，豆以盛菹醢凡溼物。

簞　簞，盛器也。《語》曰：一簞食。《士冠禮》：櫛實于簞。《漢律令》：簞，小匡也。

筥　筥，盛器也。《周官》：餼氣米百有二十筥。《聘禮》曰：四秉曰筥。筥，半斛。《詩》云：采蘋采蘋，筐之筥之。又曰：于以盛之，維筐及筥。

筲　筲，《語》曰：斗筲之人，何足算也。《説文》曰：籍，飯筥也，受五升。秦謂筥曰籍。籍陳留謂飯帚。一曰飯器，容五升。一曰宋魏謂箸筩爲籍。

笲　笲，《士昏禮》：婦執笲棗栗。鄭氏曰：竹器而衣者。

篹 篹，《記》曰：食粥於盛不盥，食於篹者盥。康成曰：竹筥也。又曰：薦用玉豆、雕篹。鄭氏曰：籩屬，或作簨。陸氏本又作匴。《說文》：籫，竹器也，讀若纂。一曰叢。

籔 籔，《聘禮》：門外米三十車，車秉有五籔。鄭氏曰：今文籔或爲逾。十斗曰斛，十六斗曰籔。伯氏曰：按韋昭注《國語》引《聘禮》十六斗爲庾，然則籔即庾。鄭氏謂今文作逾，庾本倉庾之庾，逾與庾皆假借也，當作籔。《說文》曰：炊籅也。籅，漉米籔也。

簝 簝，受盛器也。《周官》：牛人共牛牲之互與其盆簝。盆受血，簝受肉。鄭司農曰：受肉器也。按：俗有簩笔、栲栳文。

箅 箅，蔽甑底器也。亦作箄。

笥 笥，盛衣器也。篋笥所以藏衣服幣帛，筐篚所以奉而將之。鄭氏曰：圜曰簞，方曰笥。

笈 笈，匧類也。

篚 篚，《說文》曰：竹高篋也。別作簏，今人作盝。

籠 籠，織竹器也。或以盛土石，或以畜魚鳥。大槩籠之爲器空疏，故因之爲靈籠、籠葱、籠鬆。日月之初出，童籠然。別作瓏、曨、朧、櫳。今人不言篋笥，而言箱籠，淺者爲箱，深者爲籠也。

箱 箱，盛器之大者也。《詩》云：睆彼牽牛，不以服箱。毛氏曰：服，牝服也。箱，大車之箱也。鄭氏曰：不可用於牝服之箱。《說文》曰：箱，大車牝服也。又曰：乃求千斯倉，乃求萬斯箱。鄭氏曰：萬車以載之。孔氏曰：兩較内謂之箱。謂車内容物之處爲箱。按：毛、鄭皆以服與箱爲二物，《說文》徑以箱爲牝服，似誤仞。毛說詳詩人辭意，服如服牛、服鹽車之服，謂星雖有牽牛而不可用之以服車箱也。箱，从竹，乃大車盛輜重之器也，故因以爲箱篋之類。又屋亦有箱公食大夫。《禮》曰：公揖退于箱覲。《禮》曰：几俟于東箱。康成曰：東夾之前。《漢書》曰：吕后側耳於東箱聽。顏師古曰：正寢之東西室皆曰箱，言似箱篋形。侗謂顏氏蓋習聞後來箱篋之說，本其得名乃取於車箱也。後世别制廂字。今《史記》亦改作廂，惟《漢書》古字多存，猶可考耳。

籯 籯，《說文》曰：笿也。《漢書》曰：遺子黄金滿籯。如淳曰：竹器受三四斗。

筊 筊，籠也。《楚辭》曰：鳳皇在筊。

籃 籃，疏籠也。

篰 篰，籃類。《說文》曰：滿爰也。《博雅》：篣爰，篰也。徐鍇曰：按《字書》：滿爰，簡牘也。侗謂未然。

籮 籮，籮之爲言羅也。織之密以盛穀米，筥籔類也。《方言》曰：其魏宋楚之間謂之籮。

篝 篝，籠火具也。《史記》曰：陳勝夜篝火狐鳴。《漢書》借用「構」字。又熏衣籠也。《說文》曰：篝，笿也，可熏衣笿杯笿也。

篘 篘，漉酒器也。

笱 笱，捕魚籠也。《詩》云：敝笱在梁，施於魚梁之下。

筌 筌，莊周曰：筌者所以在魚，得魚忘筌。

簁 簁，竹器，所以治粒物，别粗細。又作篩簏篩。《說文》曰：簁，箄竹器也。簏可以取粗去細。

笭 笭，《說文》曰：車笭也。一曰笭籯。《博雅》曰：笭篂，竹席也。又曰車中筵。劉氏曰：舟中簣曰笭箵，笭箵亦作笭箐。

篗 篗，《說文》曰：收絲者也。亦作籰。

筳 筳，《說文》曰：維絲筦也。《楚辭》曰：索瓊茅以筳篿。朱子曰：筳，小折竹也。楚人結草折竹以卜曰篿。莊周曰：舉筳與楹，厲與西施。言大小好醜之殊也。按：筳，斷竹之小者。《漢書》曰：以筳撞鐘。

篿 篿，說具筳下。《說文》曰：圜竹器也。

篾 篾，織所以貫經而前郤之者也。

簹 簹，《類篇》曰：織具也。織所以張其幅也。俗又名楞。

笠 笠，戴以禦雨者。

簦 簦，《吴語》曰：簦笠相望。从草。唐尚書曰：夫須也。韋昭曰：備雨具也。《史記》：躡蹻儋簦。徐廣曰：笠有柄謂之簦。按：簦以儋言有柄是也。

篓 篓，箕類。

箯 箯，《說文》曰：竹輿也。

筵 筵，竹席以藉席者，其度長於席。《周官·司几筵》：王位斧，依莞筵，加繅席、次席；諸侯祭祀，席蒲筵，加莞席；公食大夫禮，蒲筵常加萑席尋。《考工記》曰：周人明堂，度九尺之筵。

簟 簟，筵之精者也。

簾 簾，織竹垂之以障也。

箔，簾屬，古單作薄。

簀，編竹以藉也。凡牀先用簀，乃加薦席。又作。《説文》曰：迫也。在瓦下棼上。按：椽上必設笮，然後安瓦。今人謂之棧，厭酒者亦用笮。又與榨通，本作沛，見水部。

笫，簀也。簀、笫、榨同聲。

笵，《爾雅》曰：屋上薄謂之笵。釋曰：今之屋笮也。

篣，《類篇》曰：舟車蓬也。粗箔也。篣片聲義相邇。

籋，織竹爲篣也。

籧篨，織竹如席規以爲囷，或以貯穀粟，或以取魚。擁腫不能俯者似之，故因以名其疾。《詩》云：籧篨不殄。《晉語》曰：籧篨不可使俛。

篅，《説文》曰：以判竹圜以盛穀。《淮南子》曰：守其篅笆。笆作囤爲正。

篽，藩籬之類也。《説文》曰：禁苑也。引《春秋傳》曰：澤之自篽，或作魰。漢宣帝詔：池籞未御幸者假與貧民。蘇林曰：折竹以繩，緜連禁禦，使人不得往來。律名爲籞。

籬，織竹爲藩也。別作篱。今人織竹如勺以漉米，謂之爪籬。俗有笊篱字。

筃，竹索也。又作筣笮。

筰，竹索也。《説文》曰：筊也。筊，竹索也。漢西南有筰夷。杜詩「架竹爲長橋，連笮動裊那」，即筰也。

筅，析竹爲帚以洗也。

筧，續竹通水也。古單作建，建瓴。亦作梘。

笙，鄭司農曰：笙十三簧。《爾雅注》曰：大笙才九簧，小笙十三簧。自笙至箏，皆樂器也。

竽，鄭司農曰：竽三十六簧。

簧，《説文》曰：笙，中簧也。按：説者謂簧竹，管裏薄莩也。笙竽皆植管於匏，以金爲薄葉，障其管底，歙者以氣鼓之，上下翕張以出聲。以其象簧，故謂之簧。然《鹿鳴》之詩曰：吹笙鼓簧。又曰：鼓瑟吹笙。又曰：並坐鼓簧。以辭逆之，則簧與瑟皆鼓而不吹，自爲竹聲之一，非笙中物也。況《君子陽陽》之詩曰：左執簧。簧以執言，非管中薄葉明矣。

篪，鄭司農曰：篪七空。郭景純曰：篪以竹長尺有四寸，圍三寸，一空上出徑三分，横歙之，小者尺二寸。鄭司農云七空，蓋不數其上出者也。《月令》作箎。別作竾。

篴，横管也。又作笛。杜子春曰：篴讀如滌，今時所歙五空竹笛也。《説文》曰：七孔箭也。羌笛三孔。馬融曰：笛本四孔，京房加一孔爲商聲。

籟，《説文》曰：三孔龠也，大者謂之笙，中謂之籟，小謂之箹。莊周曰「人籟比竹」是已。

箹，説具籟下，一曰竹節。

筑，《説文》曰：以竹爲五絃之樂也。从竹从巩。巩，持之也。按：巩乃聲。《史記》：高漸離善擊筑。司馬貞曰：筑似琴有絃，以竹擊之。

笳，胡歙也。又作箛。《説文》曰：箛，吹鞭也。顧氏曰：笳，胡人卷葭葉吹之。按：笳、箛一物，今人亦謂之角，或歙鞭，或卷木皮、蘆葉而歙之。笳、箛、角一聲之轉，凡吹笳者皆爲角聲，且以其卷皮葉如角，故謂之角。

箏，絃竹而鼓之也。

範，規竹爲模也。通作范。《記》曰：范，金合土。《易》曰：範圍天地之化。亦作范。《説文》曰：笵，法也，从竹，竹簡書也。古法有竹刑。

箠，鞭類也。通作捶。

笞，箠也。

箚，削竹刺入也。按：剳已見刀部，今俗通用此。

論説

《周禮·秋官司寇》 達天下之六節，山國用虎節，上國用人節，澤國用龍節，皆以金爲之。道路用旌節，門關用符節，都鄙用管節，皆以竹爲之。

《荀子·哀公》 資衰苴杖者不聽樂，非耳不能聞也，服使然也。資，與齊同。苴杖，竹也。苴謂蒼白色自死之竹也。

《荀子·禮論》 木器不成斲，陶器不成物，薄器不成內。楊倞注：木不成於雕琢，不加功也。瓦不成於器物，不可用也。薄器，竹葦之器。不成內，謂有其外形，內不可用也。內或爲用。《禮記》曰：竹不成用，瓦不成味。鄭云：成，善也。竹不可善用，謂籩無縢也。味，當作沫。沫，靧也。

《禮記·喪問》 或問曰：杖者，何也？曰：竹、桐一也。故爲父苴杖，苴杖，竹也；爲母削杖，削杖，桐也。

《呂氏春秋·明理》 國有此物，其主不知驚惶亟革，上帝降禍，凶災必亟。

殘亡死喪，殄絶無類，流散循饑無日矣。此皆亂國之所生也，不能勝數，盡荆越之竹，猶不能書。

《孔子家語》　子路曰：「南山有竹，不揉自直。斬而用之，達于犀革。以此言之，何學之有？」孔子曰：「括而羽之，鏃而礪之，其入之不亦深乎？」子路再拜敬而受教。

漢　王充《論衡》卷八《藝增》　竹、木之杖，皆能扶病。竹杖之力，弱劣不及木。或操竹杖，皆謂不勁，莫謂手空無把持。夫不肖之臣，豆麥、竹杖之類也。

又　卷一二《量知》　夫竹生於山，木長於林，未知所入。截竹爲筒，破以爲牒，加筆墨之跡，乃成文字。大者爲經，小者爲傳記。斷木爲槧，析之爲板，力加刮削，乃成奏牘。夫竹木麤苴之物也，彫琢刻削，乃成爲器用。況人含天地之性，最爲貴者乎？

漢　班固《白虎通·喪服》　所以杖竹、桐何？取其名也。竹者，蹙也。桐者，痛也。舊作「以竹杖何」，盧據《御覽》五百四十八補正。《既夕》記「杖下本，竹、桐一也」，注：「順其性也。」竹、蹙，桐、痛，皆疊韻爲訓也。父以竹，母以桐何？竹者，陽也。桐者，陰也。《問喪》：「或問曰：杖者，何也？曰：竹、桐一也。故爲父苴杖，苴杖竹也。爲母削杖，削杖桐也。」竹何以爲陽？竹斷而用之，質，故爲陽。桐削而用之，加人功，文，故爲陰也。故《禮》曰：「苴杖竹也。削杖桐也。」

晉　葛洪《抱朴子·外篇》卷三《博喻》　嶧陽孤桐，不能無絃而激哀響；大夏孤竹，不能莫吹而吐清聲。

宋　沈括《夢溪筆談》卷二二　東南之美，有會稽之竹箭。竹爲竹，箭爲箭，蓋二物也。今採箭以爲矢，而通謂矢爲箭者，因其箭名之也。至於用木爲笴而謂之箭，則謬矣。

宋　蘇軾《重編東坡先生外集》卷六一《記嶺南竹》　嶺南人當有愧于竹，食者竹筍，庇有竹瓦，載有竹筏，爨者竹薪，衣者竹皮，書者竹紙，履者竹鞋，真可謂一日不可無此君也耶！

清　王棠《燕在閣知新録》卷二六《竹夫人有二義》　東坡《寄柳子玉》云：「聞道牀頭惟竹几，夫人應不解卿卿。」又《送竹几與謝秀才》云：「留我同行來上坐，贈君無語竹夫人。」俗謂竹几爲竹夫人，張文潛亦作《竹夫人傳》。東坡嘗云「爲我周旋寧作我」，真一好句，只是難對。時某某在坐，應聲云：只消道，因郎憔悴却羞郎。元時，謝宗可有《竹夫人》詩，其詩云：「胸次玲瓏粉黛羞，宵征何必抱衾裯。應無雲雨三更夢，自有冰霜六月秋。盡節每曾陳諷刺，虚心那解老温柔。專房不怕蛾眉妬，只恐西風動客愁。」據此詩，則以竹所熾爲夏日，抱持之物爲竹夫人。予謂夫人二字用在竹几，似不諦當。然前人皆指竹几言也。

清　李周望《國學禮樂録》卷一三《釋竹部名義》　竹部：《周官》笙師掌教吹籥、簫、篪、篴、管。五者皆出於笙師所教，俱竹音之雅樂也。竹音乃律吕之本，其節直而有制，其心虚而能通，而利制之音所繇出也。其卦則震，其方則東，其時則春，其聲尚義，其律姑洗，其風明庶，其音濫春分之氣也。共制度長短不同，大抵不離三九之數，蓋律主聲，氣屬陽，三九陽數也。截竹以較黄鐘，取冬至一陽之氣，以爲樂本。故竹器爲樂之原也。

清　杭世駿《訂訛類編》卷六《植物訛·竹汗不可書字》　《青谿暇筆》曰：古者書用竹簡，初稿書于汗青。汗青者，竹之青皮如浮汗，以其易于改抹也。既正，則殺青，而書于竹素。殺，去聲，削也。言殺去青皮而書于竹白，則不可改易也。愚案《池北偶談》謂後漢吴祐父恢以火炙竹令汗，取其青寫書，謂之殺青簡。汗青、殺青一也。以姚説爲無據。予謂竹汗不甚青，寫書殊無形跡可見，似姚説有理。但荆公以生白對殺青，則殺字當讀如字。且考《後漢·吴祐傳》但云：「殺青簡以寫經書。」火炙之説，注中誤耳。

又　《竹夫人》　竹夫人，乃竹几也。今俗所謂竹夫人者，誤東坡《寄柳子玉》詩「聞道牀頭惟竹几，夫人應不解卿卿」。又《送竹几與謝秀才》詩「贈君無語竹夫人」。故黄山谷謂涼寢竹器，憩臂休膝，非夫人之職。而冬夏青青，竹之所長，名之曰「青奴」。

清　秦蕙田《五禮通考》卷六四《吉禮六十四·宗廟制度》　《陳氏禮書》：敦者，養人之厚也。璉者，養人而不絶者也。瑚以玉爲之。玉者，美而有充實之意。養人以爲充實者，瑚之用也。簋，以竹爲之。竹者，和而有節，意養人所以能節者，簋之用也。食所以養陰，自其數而觀之，則以兩、以四、以六、以八。豈非陰數而愈備於前歟？

綜　述

《周禮·天官冢宰》　籩人，奄一人，女籩十人，奚二十人。注：竹曰籩。女

籩，女奴之曉籩者。疏：釋曰：在此者，案其職云「掌四籩之實」，亦是薦羞之事，故在此也。注釋曰：知「竹曰籩」者，更無異文，見竹下爲字，即知以竹爲之，故云「竹曰籩」也。

《周禮·地官司徒》 凡祭祀，共其牛牲之互，與其盆簝，以待事。注：鄭司農云：互謂楅衡之屬。盆、簝皆器名。盆所以盛血。簝，受肉籠也。玄謂互若今屠家縣肉格。

《周禮·春官大宗伯》 笙師掌教龡竽、笙、塤、籥、簫、篪、篴、管，舂牘、應、雅，以教祴樂。注：教，教眂瞭也。鄭司農云：竽，三十六簧。笙，十三簧。篪，七空。舂牘，以竹大五六寸，長七尺，短者一二尺，其端有兩空，髤畫，以兩手築地。應，長六尺五寸，其中有椎。雅，狀如漆筩而弇口，大二圍，長五尺六寸，以羊韋鞔之，有兩紐，疏畫。杜子春讀篴爲蕩滌之滌，今時所吹五空竹篴。玄謂籥如篴，三空。祴樂，《祴夏》之樂。牘、應、雅教其舂者，謂以築地。笙師教之，則三器在庭可知矣。賓醉而出，奏《祴夏》，以此三器築地，爲之行節，明不失禮。疏：注釋曰：此樂器《瞽矇》有，《眂瞭》無。所以知不教瞽矇者，按《小師》云：教鼓鼗、祝、敔、塤、簫、管、絃、歌。注云：教，教瞽矇也。以《小師》在《瞽矇》之上，又瞽矇所作，與小師同，故知小師所教瞽矇。笙師所教文在《眂瞭》之下，不可隔《眂瞭》教瞽矇，其《眂瞭》雖不云其器，明所教，教眂瞭也。先鄭云「竽三十六簧，笙十三簧」者，按《通卦驗》「竽長四尺二寸」，注云：竽，類管，用竹爲之，形參差象鳥翼。鳥，火禽，火數七。冬至之時吹之。冬，水用事，水數六。六七四十二，竽之長蓋取於此也。笙十三簧，《廣雅》云：笙以匏爲之，十三管，宫管在左方。竽象笙，三十六管，宫管在中央。《禮圖》云「竽長四尺二寸」，此竽三十六簧，與《禮圖》同。云「篪，七空」者，《廣雅》云：篪，以竹爲之，長尺四寸，八孔，一孔上出寸三分。《禮圖》云：篪，九空。司農云七孔，蓋寫者誤，當云八空也。或司農别有所見。云「舂牘以竹大五六寸，長七尺，短者一二尺，其端有兩孔，髤畫，以兩手築地。應長六尺五寸，其中有椎。雅狀如漆筩而弇口，大二圍，長五尺六寸，以羊韋鞔之，有兩紐，疏畫」者，此皆約漢法知之而言。鄭注《巾車》：髤，赤多黑少之色。疏畫者，長疏而畫之。子春讀篴爲蕩滌之滌，讀從《郊特牲》「臭味未成，蕩滌其聲」之滌。云「今時所吹五空竹篴」，後鄭從之也。玄謂「祴樂，《祴夏》之樂」者，以其《鍾師》有《祴夏》，此祴樂與之同，故知此所教祴樂，是鍾師所作《祴夏》者也。云「笙師教之，則三器在庭可知矣」者，以其笙管在堂下，近堂，則三者亦在堂下，遠堂，在庭可知。云「賓醉而出，奏《祴夏》者」，此則《鄉飲酒》及《鄉射》之等，賓出奏《陔》是也。云「以此三器築地，爲之行節，明不失禮」者，三器言舂，舂是向下之稱，是其築地與《祴樂》連文，明與《祴樂》爲節可知也。經中樂器不解塤與簫管者，上文已釋也。

籥章，掌土鼓豳籥。注：杜子春云：土鼓以瓦爲匡，以革爲兩面，可擊也。鄭司農云：豳籥，豳國之地竹，《豳詩》亦如之。玄謂豳籥，豳人吹籥之聲章。

《明堂位》曰：土鼓蕢桴葦籥，伊耆氏之樂。

《尚書·顧命》 西夾南嚮，敷重筍席，玄紛純，漆仍几。西廂夾室之前。筍，蒻竹。玄紛，黑綬。此親屬私宴之坐，故席几質飾。

《詩經·小雅·斯干》 下莞上簟，乃安斯寢。箋云：莞，小蒲之席也。竹葦曰簟。寢既成，乃鋪席，與羣臣安燕爲歡以落之。

《儀禮·大射儀》 簜在建鼓之閒。鄭玄注：簜，竹也。謂笙簫之屬，倚於堂。

《儀禮·聘禮》 夫人使下大夫勞以二竹簋方，玄被纁裏有蓋。鄭玄注：竹簋方者，器名也。以竹爲之，狀如簋而方，如今寒具筥。筥者圜，此方耳。

《儀禮·士喪禮》 具三實于笲。鄭玄注：具，水物，古者以爲貨江水出焉。笲，竹器名。

《呂氏春秋·古樂》 取竹於嶰谿之谷，以生空竅厚鈞者，斷兩節閒。竹生谿谷者，取其厚鈞，斷兩節閒，以爲律管。其長三寸九分，而吹之以爲黄鐘之宫。斷竹長三寸九分，吹之音中黄鐘之宫。其長三寸九分，《漢志》無，《説苑》及《御覽》五百六十五，作其長九寸。錢詹事云，三寸九分不必改作九寸。安溪李文貞爲黄鐘長八寸一分，應鐘長四寸二分。此三寸九分，即二律相較之數是也。案：此三寸九分備有十二律，非謂黄鐘止長三寸九分。下云以爲黄鍾之長者，即長於應鍾之數。蓋應鍾十月律，秦歲首所中也。增長三寸九分而得黄鍾，方是十一月律。《呂紀》本用秦法，追攷上古，知安溪之説不謬。

漢 劉歆《西京雜記》卷一 漢制：【略】公侯皆以竹木爲几。

南朝宋 范曄《後漢書》志三〇《輿服下》 長冠，一曰齋冠，高七寸，廣三寸，促漆纚爲之，制如板，以竹爲裏。初，高祖微時，以竹皮爲之，謂之劉氏冠。【略】此冠高祖所造，故以爲祭服，尊敬之至也。

唐 陸羽《茶經》卷中《筥》 筥以竹織之，高一尺二寸，徑闊七寸。或用藤，作木楦如筥形織之。六出圓眼。其底蓋若利篋口，鑠之。

又《夾》 夾以小青竹爲之，長一尺二寸，令一寸有節，節已上剖之，以炙茶也。彼竹之篠，津潤於火，假其香潔以益茶味，恐非林谷間莫之致。或用精鐵熟銅之類，取其久。

又《羅合》 羅末以合蓋貯之，以則置合中。用巨竹剖而屈之，以紗絹衣之。其合以竹節爲之，或屈杉以漆之，高三寸，蓋一寸，底二寸，口徑四寸。

又《都籃》 都籃，以悉設諸器而名之。以竹篾內作三角方眼，外以雙篾闊者經之，以單篾纖者縛之，遞壓雙經，作方眼，使玲瓏。高一尺五寸，底闊一

尺，高二寸，長二尺四寸，闊二尺。

唐 李吉甫《元和郡縣志》卷三三 笮橋，在縣北三十七里，以竹篾爲索，架北江水。

唐 段公路《北户録》卷三《方竹杖》 澄州産方竹，體如削成，勁健堪爲杖，亦不讓張騫筇竹杖也。其融州亦出，大者數丈。《正聲集》云：南方有方竹杖，白蟬噪其上，陳貞節嘗詠之。又海晏出蘆，堪爲拄杖。高潘州出千歲蕨拄杖，小類貝多。更有踈節竹，僧道多以爲杖。皆奇物。又按《會最》云：溱川通竹直上，無節，空心也。

唐 樊綽《蠻書》卷二 龍尾城西第七驛有橋，即永昌也。兩崖高險，水迅激。橫亘大竹索爲梁，上布簀，簀上實板，仍通以竹屋蓋橋。其穿索石孔，孔明所鑿也。

宋 釋贊寧《筍譜·五之雜説》 筍皮扇，今江東人取苦竹筍皮，厚可三分，磔開一尺五寸，杉木爲柄，漆紙飾緣，内書畫適意，止不受彩耳。筍皮，僧家多取苦筍殼，裁爲鞋屧中屜，可隔足汗耳。

宋 朱勝非《紺珠集》卷一三《竹馬鳩車》 王元長曰：小兒五歲曰鳩車之戲，七歲曰竹馬之戲。

宋 馬永卿《嬾真子》卷一 古筆多以竹，如今木匠所用木斗竹筆，故其字從竹。

宋 李石《續博物志》卷一〇 《河圖》曰：少室山大竹堪爲甑器。《山海經》：舜林中大竹，一節可以爲船。漢竹，大者一節受一斛，小者數升爲椑榼。《廣志》曰：雲母竹，大竹也。攡竹，細而多刺也。䈡竹，堪作笛。篃竹，宜爲屋椽。蔓竹，皮青，内白如雪，輭韌可爲索。

宋 羅願《爾雅翼》卷一二《箭》 箭，篠也。東南之美者，有會稽之竹箭焉。《禹貢》：揚州篠簜既敷。《職方氏》：揚州其利竹箭。箭，一名篠，是竹之小者。可爲箭幹。箭萌謂之箈。一作篙。《月令》：日短至則取竹箭。《説文》：簜可爲幹，筱可爲矢。筱，箭屬。小竹也。《異物志》：箭竹細小，勁實可爲箭，通竿無節。《竹譜》云：節間三尺，堅勁，中爲矢。箘簵亦堪爲矢箭，大者爲筆。《書》：「垂之竹矢。」《淮南》云「淇衛箘簵」，寇恂伐淇園之竹爲矢。《考工記》：妢胡之笴。謂箭稾。矢人相笴，欲生而摶。

宋 陸游《老學庵筆記》卷五 拄杖，斑竹爲上，竹欲老瘦而堅勁，斑欲微赤而點疎。賈長江詩云：揀得林中最細枝，結根石上長身遲。莫嫌滴瀝紅斑少，恰是湘妃淚盡時。善言拄杖者也。然非予有此癖，亦未易賞音。

宋 范成大《桂海虞衡志·志器》 竹弓，以熏竹爲之。筋膠之制，一如角弓，惟揭箭不甚力。竹釜，猺人所用。截大竹管以當鐺鼎，食物熟而竹不熠，蓋理自爾，非異也。

宋 陳櫄《負暄野録》卷下《論紙品》 今越之竹紙，甲於他處。

宋 高似孫《緯略》卷九《竹簡》 《春秋序》曰：小事簡牘。《爾雅》曰：簡謂之畢。郭璞曰：今之簡札也。《説文》曰：簡牒也。《釋名》曰：簡書編也。《杜周傳》曰：三尺安在哉？注曰：以三尺竹簡書法律也。劉向《列子序》：皆殺青書。注曰：謂汗簡刮去青皮也。劉向《别録》曰：殺青書治竹作簡。新竹有汗善折蠹，凡作簡者，皆以火炙乾之，謂之汗。汗者，去其汗也。吴越曰殺，亦治也。《風俗通》曰：劉向典校書籍二十餘年，皆先書竹，改易刊定，可繕寫者，以上素。今《東觀》書，竹素也，張景陽詩「遊思竹素園，寄辭翰墨林」是也。張璠《漢記》曰：吴祐父恢爲南海太守，欲以殺青寫書。祐年十二，諫：不可，海濱多珍玩，若成，載書盈兩，必思薏苡之謗。《文士傳》曰：人于嵩山下得竹簡一版，上有兩行科斗之書。張華以問束皙，皙曰：此明帝顯節陵中竹簡。蕭子顯《齊書》曰：襄陽有盜，發古塚，相傳是楚王塚，獲竹簡書，有絲編簡，廣數分，長二尺，皮節如新。盜以把火照書，後人得十餘簡，以示撫軍王僧虔，云是科斗書，《考工記》《周官》所缺文也。《齊春秋》曰：襄陽人發古塚，有玉鏡及竹簡古書，字不可識。王僧虔善識字體，亦不能解，云是科斗。濟陽江淹博古好事，以科斗文字推之，則周宣之前也。簡殆如新。李嶠詩：竹是蒸青外，池仍點墨餘。楊炯詩：道書編竹簡，靈藥灌梧桐。武元衡詩：署分刊竹簡，書囊護芸香。陸龜蒙詩：簡便書露竹，樽破待霜匏。宋景文公詩：此時刀筆手，慙愧殺青人。又詩：聞道蘭臺有圖籍，故留香粉照蒸青。蘇欒城詩：栽向鳳池吹律處，斸從芸閣殺青餘。

元 脱脱《宋史》卷一五〇《輿服志》 正方，飾有黄黑二等，凸蓋無梁，以篾席爲障，左右設牖，前施簾，舁以長竿二，名曰竹轎子，亦曰竹輿。

明 陶宗儀《輟耕録》卷二九《墨》 上古無墨，竹挺點漆而書。

明 田藝蘅《留青日札》卷三二《簀澤之蒲會稽之竹》 契丹上京曰西樓有蒲，瀕水叢生一莖，葉如柳長，不盈尋丈。用以作箭，不矯揉而堅。《左氏》所謂「菫澤之蒲」是也。近渤海者爲女真，亦曰女直，宋之金國，慎肅氏遺種，渤海之别族。所云慎肅氏之矢，即此。《後漢書》：挹婁，古慎肅之國，善射。弓長四尺，力如弩矢。

用楛長一尺八寸，青石爲鏃。鏃皆施毒，中人即死。《通志》：蒲柳，《爾雅》楊蒲柳，其條可爲箭幹。故《左傳》云：董澤之蒲。崔豹云：「水楊，即蒲楊。任矢用。」《本草》云：「枝莖勁韌。」《爾雅》：「東南之美，有會稽之竹箭。」郭璞曰：「箭，竹名。因以爲號。」今箭竹，高一丈，節澗三尺，可作矢。《易》「刻木爲矢」，蒲竹皆木。

明 王世貞《弇州四部稿》卷一六〇 語云：汗青又曰殺青。《風俗通》：殺，治也，治竹作簡書之耳。新青竹有汁易蠹，故於火上炙乾之。陳楚間謂之汗。汗者，去其汁也。

明 徐光啟《農政全書》卷一七 連筒，以竹通水也。凡所居相離水泉頗遠，不便汲用，乃取大竹，内通其節，令本末相續，連延不斷，閣之平地，或架越澗谷，引水而至。又能激而高起數尺，注之池沼及庖湢之間。如藥畦蔬圃，亦可供用。杜詩所謂「連筒灌小園」。

玄扈先生曰：豈有激而高起之理？若能高起，必是上流受處高於下流洩處故也。果高，則百丈亦可。不高，則分寸不能。但是上流高于下流一二尺，即能取水至百丈之上，此則制作之巧耳。

又 卷二二 薅馬，薅禾所乘竹馬也。似籃而長，如鞍而狹，兩端攀以竹桑。農人薅草之際，乃寘于跨間，餘裳斂之於內，而上控于腰畔乘之。兩股既寬，行壠上，不礙苗行，又且不爲禾葉所緒，故得專意摘剔稂莠，速勝鋤耨。殆若秧馬之類，因命曰薅馬。

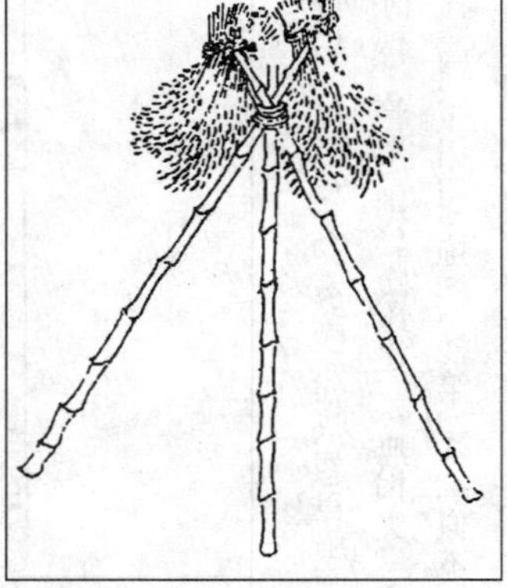

喬扦音千，挂禾具也。凡稻皆下地沮濕。或遇雨潦，不無渰浸。其收穫之際，雖有禾䅌不能臥置。乃取細竹，長短相等，量水淺深，每以三莖爲數，近上用篾縛之。又於田中，上控禾把。又有用長竹橫作連脊，挂禾尤多。凡禾多則用笐架，禾少則用喬扦。雖大小有差，然其用相類，故并次之。

又 卷二四 麥籠，盛芟麥器也。判竹編之，底平口綽，廣可六尺，深可二尺。載以木座，座帶四碢，用轉而行。芟麥者腰繫鉤繩牽之，且行且曳。就借使

刀，前向綽麥，乃覆籠內。籠滿則舁之積處，往返不已。一籠日可收麥數畝，又謂之腰籠。

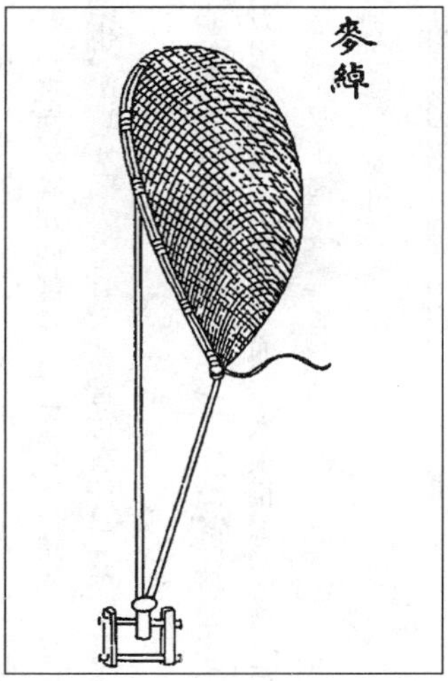

麥綽，抄麥器也。篾竹編之，一如箕形，稍深且大。旁有木柄，長可三尺，上置釤刅，下橫短拐，以右手執之。復於釤旁，以繩牽短軸，近刅處，以細竹代繩，防爲刅所割也。左手握而掣之。以兩手齊運，芟麥入綽，覆之籠也。嘗見北地芟取蕎麥，亦用此具，但中加密耳。夫籠、釤、綽三物而一事，繫於人之一身，而各周於用。信乎人爲物本，物因人而用也。

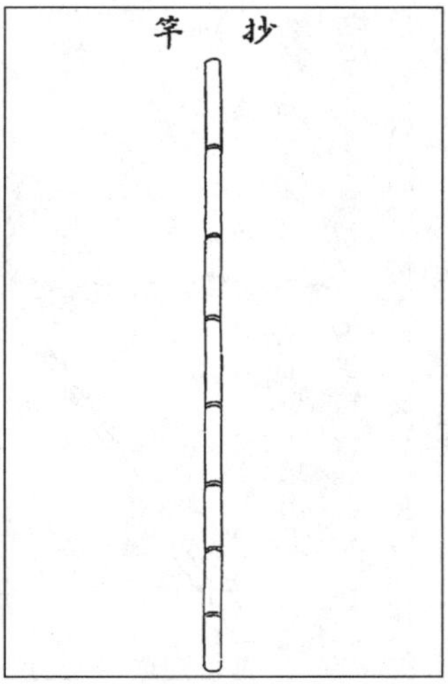

抄竿，扶麥竹也。長可及丈。麥已熟時，忽爲風雨所倒，不能芟取。乃別用一人執竿，抄起卧穗。竿舉，則釤隨鏺之，殊無損失。必兩習熟者能用，不然，則有矛盾之差矣。或曰：捃刀、拖杷、抄竿，冗細似不足紀録，而皆取之何也？曰：物有濟於人，而遺之不可。故綴於麥事之末。

笠，戴具也。古以臺皮爲笠，《詩》所謂「臺笠緇撮」。今之爲笠，編竹作殼，裏以籜篛。或大或小，皆頂隆而口圓，可芘雨蔽日，以爲蓑之配也。圖不載。

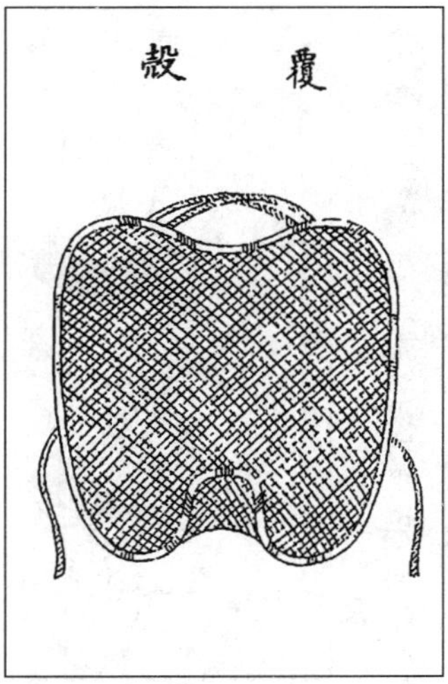

覆殼，一名鶴翅，一名背蓬。篾竹編如龜殼，裹以籜箬，覆於人背，繩繫肩下。耘薅之際，以禦畏日，兼作雨具。下有卷口，可通風氣，又分雨溜。適當盛暑，田

夫得此，以免曝烈之苦，亦一壺千金之比也。

臂篝，狀如魚笱，篾竹編之。又呼爲臂籠，江淮之間，農夫耘苗，或刈禾，穿臂於內，以卷衣袖。猶北俗芟刈草禾，以皮爲袖套，皆農家所必用者。

筐

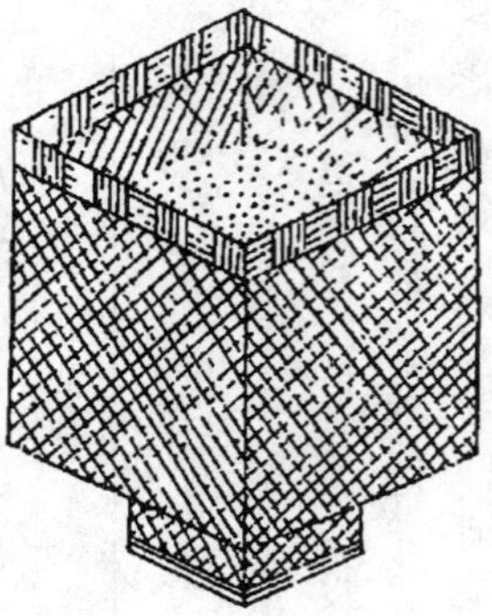

筐，竹器之方者。《三禮圖》曰：大筐以竹，受五斛，以盛米，致饋於聘賓。小筐以竹，受五升，以盛米。又曰：筐以盛熬穀。

筥

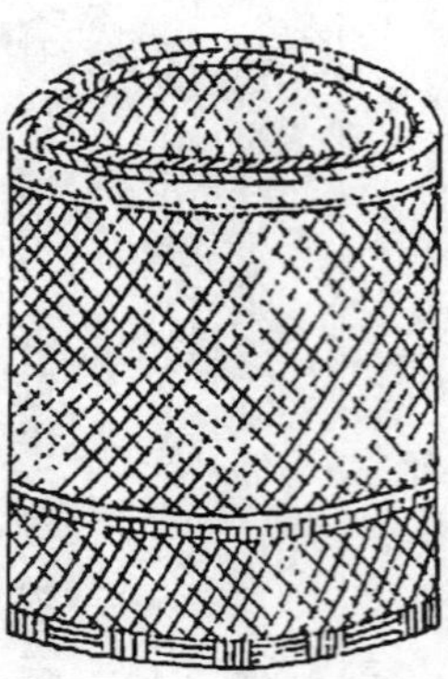

筥，亦作篆，竹器之圓者。注曰：筥圓而長，但可實物而已。《三禮圖》曰：筥，受五升，盛饔飧之米，致於賓館。《良耜詩》曰：載筐及筥。《左傳》：筐筥錡釜之器。《字説》云：筐筥一器，特方圓之異云耳。江沔之間謂之籅，趙岱之間謂之笤，淇衛之間謂之牛筐。小者南楚謂之簍。自關而西，秦、晉之間謂之箄。筥，其通語也。

籮

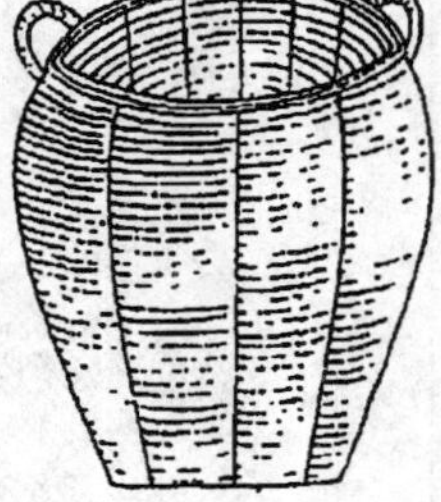

籮，匠竹爲之。上圓下方，挈米穀器，量可一斛。《方言》：籮，所以注斛，陳魏宋楚之間謂之篙，自關而西，謂之注箕。皆籮之別名也。

籃

籃，竹器。無繫爲筐，有繫爲籃。大如斗量，又謂之笭箵。農家用採桑柘、取蔬果等物，易挈提者。《方言》：籠，南楚江沔之間謂之篣，或謂之笯。郭璞云：亦呼籃。蓋一器而異名也。

箕

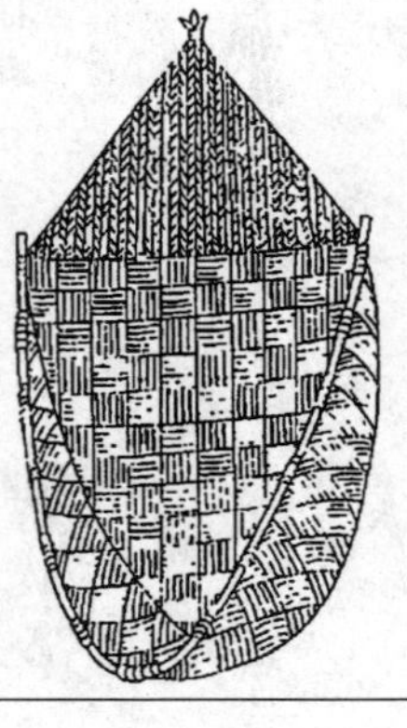

箕，簸箕也。《説文》云：簸，揚米去糠也。《莊子》曰「箕之簸物，雖去麄留精，然要其終，皆有所除」是也。然北人用柳，南人用竹，其制不同，用則一也。《詩》云：「哆兮侈兮，成是南箕。」箕四星：二星爲踵，二星爲舌。哆侈，謂踵已大而舌又廣也。又：「維南有箕，載翕其舌。」故箕皆有舌，易播物也。諺云「箕星好風」，謂主簸揚。農家所以資其用也。

[帚]今作箒，又謂之篲。《集韻》云：少康作箕箒。其用有二：一則編草爲之，潔除室内，制則匾短，謂之條亦作苕帚；一則束篠爲之，擁掃庭院，制則叢長，謂之掃帚。又有種生掃帚，一科可作一帚，謂之獨掃。農家尤宜種之，以備場圃間用也。圖不載。

籭，竹器。内方外圓，用篩穀物。《説文》云：可以除麄取精。《集韻》作簁，又作篵，或作篩。其制有疎密大小之分，然皆粒食之總用也。圖不載。

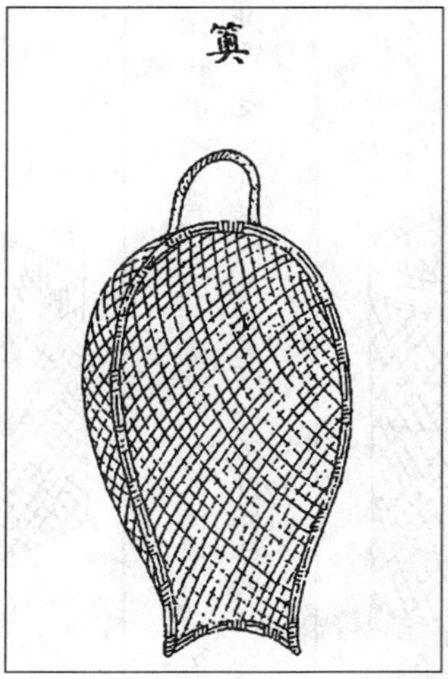

籅，漉米器。《説文》：淅箕也。又云「漉米藪」，又「炊籅也」。【略】《方言》云：炊籅，謂之縮，或謂之篗，或謂之匼。江東呼爲淅籤也。蓋今炊米，日所用者。

䈰，飯䈰也。《説文》：陳留謂飯帚曰䈰。從竹，捎聲。一曰飯器，容五升。今人亦呼飯箕爲䈰箕。南曰籅，北曰䈰。南方用竹，北方用柳。皆漉米器，或盛飯，所以供造酒食。農家所先。雖南北名制不同，而其用則一。故附類之。

篩穀箉，竹器。箉與袋同音，《篇》、《韻》俱各不收，蓋土俗所呼，傳寫於文字者如此。其制比籭疎而頗深，如藍大而稍淺，上有長繫可挂。農人撲禾之後，同稃穗子粒，旋旋貯之於内，輒篩下之。上餘穰藁，逐節棄去。其下所留穀物，須付之颺籃，以去糠秕。嘗見於江浙農家。

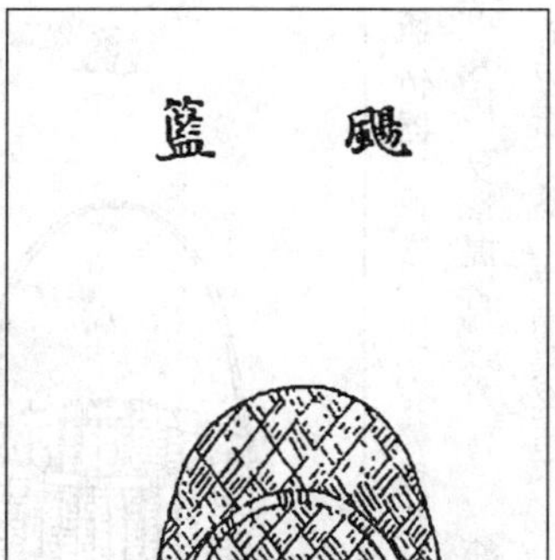

颺籃。颺，《集韻》：謂風飛也。籃形如簸箕而小，前有木舌，後有竹柄。農夫收穫之後，場圃之間，所蹂禾穏，糠粃相雜。執此擽而向風擲之，乃得淨穀。不待車扇，又勝箕簸，田家便之。

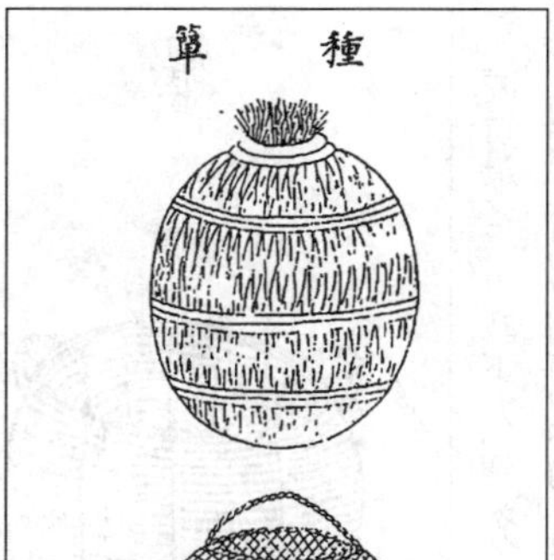

種箄，盛種竹器也。其量可容數斗。形如圓甕，上有箬口。農家用貯穀種，

皮之風處，不致鬱焜，勝窖藏也。古謂修簞窖。《論語》「一簞食」之「簞」，食器，與此字雖同，然制度有大小之殊，作用有彼此之効。《齊民要術》云：「藏稻必用簞。」蓋稻乃水穀，宜風燥之。種時就浸水内，又其便也。

曬槃，曝穀竹器。廣可五尺許，邊緣微起，深可二寸。其中平濶，似圓而長。下用溜竹二莖，兩端俱出一握許，以便扛移，趂日攤布穀實曝之。蠶時農家兼用爲筐，但底密而不通風氣，終非蠶具。圖如蠶槃式，已見，故不載。

玄扈先生曰：蠶槃通風最是。

摜稻簞，摜，抖擻也。簞，承所遺稻也。農家禾有早晚，次第收穫，即欲隨手得糧，故用廣簞展布，置木物或石於上，各舉稻把摜之，子粒隨落，積於簞上。非惟免污泥沙，抑且不致耗失。又可晒穀物，或捲作笔，誠爲多便。南方農種之家，率皆制此。圖不載。

玄扈先生曰：不如摜床爲便。今農家所用棧條，即簞也。

明 吴之俊《獅山掌録・小山館》卷一六《郫筒酒》 蜀有郫筒酒。昔山濤治郫時，刳大竹釀酴醾作酒，兼旬而開，香聞百步。故蜀人傳其法。

又《藕絲蕉葉》 郫人刳竹之大者，傾春釀於筒，苞以藕絲，蔽以蕉葉，信宿馨達於外，然後斷之，號郫筒酒。

明 方以智《通雅》卷三四 筳篿，或作挺專，九姑課折艸卜也。《楚辭》曰：索瓊茅以筳篿音廷專。朱子曰：筳，小折竹也。舊註：楚人結草折竹以卜曰篿。《說文》：竽，筳也。維，絲筦也。竽車即紡車。筳，小管也。

清 郎廷極《勝飲編》卷一五 竹酒相並 《襄陽耆舊傳》，辛仲宣截竹爲罌以酌酒，曰：「吾性愛竹及酒，欲令二物相並耳。」

清 王棠《燕在閣知新録》卷二六《笏》 《玉藻》：「天子搢珽，方正於天下也。」陳澔曰：「珽，亦笏也。」《玉藻》又云：「笏，天子以球玉，諸侯魚象，大夫以魚鬚文竹，士竹本象可也。」攷玉笏，天子所用。諸侯用象，大夫以魚鬚文竹，士不用魚鬚，而以竹爲本象文飾可也。明五品以上用象，六品以下皆用槐木簡。本朝不用。

清 秦蕙田《五禮通考》卷二二七《賓禮・天子遣使諸侯國》 《秋官・小行人》：達天下之六節。山國，用虎節。土國，用人節。澤國，用龍節。皆以金爲之。道路，用旌節。門關，用符節。都鄙，用管節。皆以竹爲之。注，此謂邦國之節也。「達之」者，使之四方，亦皆齎法式，以齊等之也。諸侯使臣行頫聘，則以金節授之，以爲行道之信也。「虎」、「人」、「龍」者，自其國象也。「道路」謂鄉遂大夫也。「都鄙」者，公之子弟及卿大夫之采地之吏也。凡邦國之民遠出至于他邦，他邦之民若來入，由國門者，門人爲之節。由關者，關人爲之節。其以徵令及家徒，鄉遂大夫及采地吏爲之節。皆使人執節將之以達之，亦有期以反節。「管節」如今之竹使符也。其有商者通之以符。節如門關。「門關」者，與市聯，事節可同也。亦所以異于畿内也。凡節有天子法式，存于國。疏：此經亦是適四方之事。言達天下之六節者，據諸侯國而言。掌節所云，據畿内也。虎節、人節、龍節，三者據諸侯使臣出聘所執。旌節、符節、管節，三者據在國所用。

清 劉堅《修潔齋閑筆》卷四《竹根藍尾》 杜甫詩「共醉終同卧竹根」，白居易詩「三杯藍尾酒」。按，「竹根」，杯名，以竹根爲杯也。庾信「山杯捧竹根」可証。「藍」，又作婪。宋景文詩「旦盡燈前婪尾杯」。葉石林訓爲貪婪，非也。「藍」當作闌，即酒闌人散之時。淳于髡所謂「主留髡而送客，當時能飲一石」者也。

清 俞樾《茶香室續鈔》卷二五《佛面竹》 國朝施可齋《閩襍記》云：佛面竹，長一二丈，粗及把，節甚疏。每節有一佛面，眉目口鼻皆具，可以爲杖。出龍巖及永定武平等山中，俗爲定光佛杖。東坡送佛杖與羅浮長老，時十方三界世尊面，都在東坡掌握中。查初白注未詳，舊注亦皆不及，蓋此種竹從前未見記載也。

紀事

漢 司馬遷《史記》卷八《高祖本紀》 高祖爲亭長，乃以竹皮爲冠，令求盗之薛治之，時時冠之。及貴常冠，所謂劉氏冠乃是也。

又 卷一〇《文帝本紀》 [二年]九月初，與郡國守相爲銅虎符、竹使符。《集解》：應劭曰：【略】竹使符，皆以竹箭五枚，長五寸，鐫刻篆書，第一至第五。

又 卷二九《河渠書》 自河決瓠子後二十餘歲，歲因以數不登，而梁楚之地尤甚。天子既封禪巡祭山川，其明年，旱，乾封少雨。天子乃使汲仁、郭昌發卒數萬人塞瓠子決。於是天子已用事萬里沙，則還自臨決河，沈白馬玉璧于河，令羣臣從官自將軍已下皆負薪窴決河。是時東郡燒草，以故薪柴少，而下淇園之竹以爲楗。

又 卷一一六《西南夷列傳》 及元狩元年，博望侯張騫使大夏來，言居大夏時見蜀布、邛竹杖，使問所從來，曰「從東南身毒國，可數千里，得蜀賈人市」。

漢 劉歆《西京雜記》卷二　漢諸陵寢，皆以竹爲簾，簾皆爲水紋及龍鳳之像。昭陽殿織珠爲簾，風至則鳴如珩珮之聲。

漢 王符《潛夫論·邊議》　羌始反時，計謀未善，黨與未成，人衆未合，兵器未備，或持竹木枝，或空手相附，草食散亂，未有都督，甚易破也。

晉 王韶《南雍州記·辛居士家》（《説郛》卷六一引）　辛居士，名宣仲，家貧。春月鬻筍充腸。酌，截竹爲罌，用充盛置。人問其故，宣仲曰：我惟愛竹好酒，欲令二物常相並耳。

晉 常璩《華陽國志》卷三　臨邛縣郡西南二百里，【略】有火井，夜時光映上昭。民欲其火光，以家火投之，頃許如雷聲，火焰出，通耀數十里，以竹筒盛其光藏之，可拽行終日不滅也。

又 卷四　建武二十三年，王扈栗遣兵乘箄船南攻鹿茤，鹿茤民弱小，將爲所擒，會天大震雷疾風暴雨，水爲逆流，箄船沉没，溺死者數千人。

南朝宋 范曄《後漢書》卷一一六《寇恂傳》　恂移書屬縣，講兵肄射，伐淇園之竹，爲矢百餘萬，養馬二千匹，收租四百萬斛，轉以給軍。

南朝宋 劉義慶《世説新語》卷上之上《德行》　王恭從會稽還，王大看之，見其坐六尺簟，因語恭：「卿東來，故應有此物，可以一領及我？」恭無言。大去後，即舉所坐者送之。既無餘席，便坐薦上。後大聞之，甚驚，曰：「吾本謂卿多，故求耳。」對曰：「丈人不悉恭，恭作人無長物。」

又 卷中之上《方正》　諸葛靚【略】與武帝有舊，帝欲見之而無由，乃請諸葛妃呼靚。既來，帝就太妃間相見。禮畢酒酣，帝曰：「卿故復憶竹馬之好不？」靚曰：「臣不能吞炭漆身，今日復覩聖顔。」因涕泗百行。帝於是慙悔而出。

南朝梁 吴均《續齊諧記》（《説郛》卷一一五引）　屈原五月五日投汨羅水，楚人哀之，至此日，以竹筒子貯米投水以祭之。

唐 李延壽《南史》卷八《梁元帝紀》　又龍光殿上所御肩輿，復見小蛇縈屈輿中，以頭駕夾膝前金龍頭上，見人走去，逐之不及。

唐 白居易《白孔六帖》卷一四　瓦棺筍筆。上元縣瓦棺寺閣南隅，有雙籠閉之，忘記歲月。會昌中，詔拆浮圖，因開。有筍筆餘頭藏書秩中，有生日藤紙題爲《南部烟花録》。僧志澈得録。及焚澤氏，郡僧經人惜其香軸，争取紙尾折去，視其軸，皆有魯郡顔公名。題云：手寫是録。即前之筍筆，可舉而知也。《大業拾遺》後序。

唐 段成式《酉陽雜俎》卷五　張芬曾爲韋南康親隨行軍，曲藝過人，力舉七尺碑，定雙輪水磑。常於福感寺趯鞠，高及半塔，彈力五斗。常揀向陽巨筍，織竹籠之，隨長旋培，常留寸許，度竹籠高四尺，然後放長。秋深方去籠伐之，一尺十節。其色如金，每塗牆方丈，彈成天下太平字。

唐 劉恂《嶺表録異》卷下　唐貞元中，有鹽户犯禁逃于羅浮山，深入第十三嶺。《南越志》云：木只羅山，忽海上有山浮來相合，是謂羅浮山。有十五嶺，二十二峯，九百八十瀑泉洞穴。諸山無出其右也。曾有詩曰：四百餘崖海上排，根連蓬島蔭天台。百靈若爲移中土，嵩華都爲一小堆。遇巨竹萬千竿，連亘巖谷竹園，皆二丈餘，有三十九節，長二丈許。逃者遂取竹一竿，破以爲筏，會赦宥，遂挈以歸。有人得一筏，奇之，獻于太守李復，乃圖而紀之。予嘗覽《竹譜》曰：雲邱帝竹，帝陵上所生竹。一節爲船。又何偉哉？南海以竹爲甑者，類見之矣，皆羅浮之竹也。

宋 陶穀《清異録》卷下《節日翁》　陸龜蒙譚謔有味，居笠澤，有一竹禪床，常用偃憩。時十月，天已寒。侍童忘施氊褥，龜蒙已坐，急起呼曰：「此節日翁，須是與些衣服。不然，他寒我也寒。」

又 《寶相枝》　開元二年，賜宰相張文蔚、楊涉、薛貽寶相枝各二十，龍鱗月硯各一。寶相枝，斑竹筆管也。花點勻密，紋如兎毫，鱗石紋似之，月硯形象之，歛産也。

宋 釋贊寧《筍譜》　漢高祖爲亭長，乃以竹皮爲冠，令求盗卒往薛縣治冠。應劭注：以竹始生皮作冠，今鵲尾冠是也。薛，魯國縣，有竹冠師，故高祖令往修治舊冠也。賤而冠之，及貴常冠，所謂劉氏冠是也。

宋 朱勝非《紺珠集》卷一《竹葉舟》　陳季卿者，江南人，舉進士，至長安十年不歸。一日於青龍寺訪僧不值，憩於大閣。有終南山翁，亦候僧。偶坐，久之。壁間有寰瀛圖，季卿尋江南路，太息曰：得此歸，不悔無成。翁曰：此何難。乃折堦前竹葉，置圖上渭水中，謂陳曰：注目於此，如願矣。季卿熟視，即渭水波濤洶涌，一舟甚大，恍然登舟，其去極速。行次禪窟寺，題詩云：霜鐘鳴時夕風急，亂鴉又望寒林集；此時輟棹悲且吟，獨對蓮花一峯立。明日，次潼關，又作詩題之，末句云：已作羞歸計，猶勝羞不歸。踰旬至家，兄弟妻子迎見甚喜。信宿謂其妻曰：我試期已逼，不可久留。乃復進棹，又作詩别其妻云：酒至添愁飲，詩成和淚吟。飄然而去，家人輩皆驚爲鬼物矣。倏忽復至渭水，徑趨青龍寺，山翁尚擁褐而坐，僧猶未歸。季卿謝曰：豈非夢耶？翁曰：他日自

知。經月，家人來訪，具述所以，題詩皆在。

宋 釋普濟《五燈會元》卷四《南泉願禪師法嗣》 鄂州茱萸山和尚，初住隨州護國，上堂擎起一橛竹，曰：還有人虛空裏，釘得橛麼時。有靈虛上座出衆曰：虛空是橛。師擲下竹便下座。

宋 陸游《老學庵筆記》卷三 宣和末，婦人鞵底尖，以二色合成，名錯到底。竹骨扇以木爲柄，舊矣。忽變爲短柄，止插至扇半，名不徹頭。皆服妖也。

明 葉盛《水東日記》卷一四 杭州西湖傍近，編竹節水，可專菱芡之利，而惟時有勢力者可得之。故杭人有俗謡云：十里湖光十里笆，編笆都是富豪家。待他十載功名盡，只見湖光不見笆。

明 劉仲達《劉氏鴻書》卷八七 廣州賊蕭某貌陋，眇一目，有智。數坐强盜，在獄踰年，所卧竹牀，皮忽青色，漸生竹葉。同禁人以爲祥瑞，因越獄。正統年間大亂，大兵討之，不能克。至景泰初，有大星夜墮。都督董興等大破平之。《通紀》

明 徐㶿《徐氏筆精》卷八《竹如意笋籜冠》 南齊明僧紹隱勞山，詔徵不就。賜竹根如意、笋籜冠，隱者以爲榮。

明 徐㶿《榕陰新檢》卷八《竹環爲証》 查約初舉進士，往謁龍虎山。張真人適有道士自外來，衣衫藍縷，言詞高抗。查甚厭之，及坐，位反在查右，愈不堪矣。須臾出棗，人各一枚，獨查棄不取，隨行侍者竊食之。及道士去，問張真人，方知其爲純陽先生也。查方悔曰：「此正吾之所願見者。」迺令侍兒往追之，追里許方及。道士曰：「汝主驕傲如是，安得令終。雖然，位亦不小，後當至福建布政使，抵任三日，索我于市可也。」因熟視侍兒曰：「女亦非仙骨。」遂以拳擊其背，棗從口中墮出，道士取棗竟去。行數武，失所在矣。後查果仕至福建布政，下車之日，即令遍尋道士吕姓者，竟烏有。至三日，有丐者鬻方竹連環于市。問其姓名，不荅。有門子張榮進與查公子爲玩，查見之悟曰：「純陽且至，我固無緣也。」越兩年，盜者車細二踰獄出，查遂遇害云。《閩海異聞》

明 沈長卿《沈氏日旦》卷一〇 楚粵間有湘妃竹，相傳爲娥皇、女英淚班所染。然然，否否。萬曆中，至尊云：惜其太大，若細，則可爲食箸。既而細者叢生，人因箸之。

明 鄭仲夔《耳新》卷五《竹杖發枝》 鄉民李姓者，葬父而以其哭泣竹杖偶插墳土。踰年遂發枝葉，至今緑竹青青矣。

明 陳確《陳確集·文集》卷九《竹冠記》 壬辰八月，余過黄山，取竹節之短而扁者，截其半爲冠，而留兩節爲前後，前凸後凹，從其質也。明年夏，又刻檽于前後以通其氣，前乾而後坤，故稱明冠焉。其冬，辱澉湖吴仲木遺我一竹冠、一藤杖。冠爲我中表沈左之兄所製，工甚，吾自視弗及也。或曰：「正當以不工勝之。」吾仲兄見沈冠而悦焉，遂呈仲兄。今年甲午八月，又過黄山，取一湘竹一毛竹節以歸。家有船匠，假船削以治其輗；查二雅嘗遺我一指刀，以治其細。指刀如鉛刀，輕則不入，重即捲口，蓋致功在輕重之間。客至則置與語，客去復作，或時手作與口語無間也。一日而成湘冠，二日三日而成雲冠。雲冠鐫四柱上屬，五雲下覆，故以名。皆陽文而雙行，文如絲焉。湘冠内治，雲冠外内治，故遲速略異。湘冠黄質而紫文，爆若雲錦，兩目相望，皆當湘文之缺，如雲開之見日與月也。明冠用其横，湘冠、雲冠用其直；明冠簪自前，湘冠、雲冠簪自右。簪即削竹杖爲之，纓垂下過頷五寸，束以篠，斷二分。春戴雲冠，夏戴明冠，秋戴湘冠，冬幅巾。蓋於是而野人之服備矣。客見之而嘆曰：「不亦盡美盡善乎！雖然，未聞道也。君子弗躬細事。不有工人，盍使治之？」陳子曰：「雖竭吾股肱之力，効之于元首，尊尊親親之義也。又何辭焉！」客曰：「是則然矣。子言之：『工欲善其事，必先利其器。』今無其器而欲干其事，事雖成，亦爲不善用智矣。」陳子曰：「然智者不盡恃乎物，而恃吾有以用之。蓋必先有事焉，而又得利器以爲之助，故「故」下疑脱「事」字。半而功倍。苟棄其事，雖利何益！且或恃其利而不爲之備，徒足以自傷厥指，而事亦頓廢耳。今吾所用器雖至鈍，而兢兢焉，業業焉，惟恐不盡吾力，又惟恐遽盡吾力，目久而昏，手久而疲也，則少假之以俟其復，蓋神完而後用之。刀雖缺，時礪之；竹雖堅，勤攻之。不疾不徐，勿忘勿助，故力未怠而吾冠亦已成。雖嘗什伯利者之力乎，而成功則一矣。是豈嘗習爲冠者乎哉！故心之所欲，巧力生焉。吾於是而愈知學也。志正而堅，心小而慎，雖不言格致，而已無不格致矣。」客曰：「善哉言爲冠！是豈惟吾子之冠，若可以冠羣儒焉。信非子弗能爲也，不可以假人。」

又《再作湘冠記》 予於甲午八月，作三冠而爲之記。其冬，沈左之表兄又製一冠遺余，補冬冠之闕焉。《三冠記》曰：「湘冠内治，雲冠外内治。」而冬冠惟外治，嘗欲改治之，未遑也。記三冠之日，又係之以詩。詩用從吾道人與許杞山先生諸公《中秋游澉湖詩》韻，咸以竹皮冠之，後更用竹節爲冠，實始自陳子，前無古人矣。今年三月過黄山，許大辛出杞山先生軼藁見示，内有詩，題云「從

吾道人截湘竹詩箭，使玉芝僧作冠見贈，引以長句，依韻和答」，詩句極佳。亟搜《從吾集》，則元詩已從軼矣，爲痛惜久之。古之君子，已有先得吾心者。因思余前日作《竹冠詩》何以獨用從吾韻，蓋若或啓之。志氣之相感，于一物之微見之矣。予甲午所製湘冠，已贈老友祝古菴。因大辛之啓予也，又截一湘竹節歸。歸而多病，因病得暇，復補作之，并内治冬冠焉。湘冠較初製略異，面不畫雲，而頂刻三奇之乾。但不知視玉芝所作工拙何如也。湘竹不甚宜外治，則内治益不得疎。謂吾法與玉芝必有合乎，則雖吾一人之手，而所作湘冠已前後異制矣。謂與玉芝必無合乎，則略外治而勤内治，此雖異世，吾知其必有合也。今而後，予益安然冠四冠以游人間，儼「儼」下疑脱「然」字。先民之法服，而無復衣冠不衷之嫌矣哉！丁酉三月立夏日，病夫識。

清 宋犖《筠廊偶筆》卷一 余弟子昭爲司勳郎，家宰黄公機問曰：「淇園之竹自古稱之，余數過其地，絶無一竹。何也？」子昭對曰：「淇竹自漢已無之矣。」公曰：「有據乎？」曰：「有。昔漢武時河決瓠子，令羣臣自將軍以下，皆負薪寘決河。以薪柴少，下淇園之竹以爲楗。歌曰：『薪不屬兮，衛人罪。燒蕭條兮，噫乎，何以禦水。頽林竹兮，楗石菑。』蓋明騐也。」公爲嘆服。

藝文

《詩經·國風·竹竿》 籊籊竹竿，以釣于淇。

《詩經·國風·敝笱》 敝笱在梁，其魚魴鰥。

《詩經·小雅·斯干》 下莞上簟，乃安斯寢。

《詩經·小雅·無羊》 爾牧來思，何蓑何笠。

漢 班固《竹扇賦》（《漢魏六朝百三家集》卷一引） 青青之竹形兆直，妙華長竿紛寔翼。杳篠叢生於水澤，疾風時時紛蕭颯，削爲扇翣成器美，託御君王供時有，度量異好有圓方。來風辟暑致清涼，安體定神達消息。百王傳之賴功力，壽考康寧累萬億。

南朝齊 謝朓《謝宣城集》卷五《詠竹火籠》 庭雪亂如花，井水粲成玉。因炎入貂袖，懷温藉芳褥。體密用宜通，文邪性非曲。本自江南來，便娟脩且緑。暫承君玉指，請謝陽春旭。

又附沈約《詠竹火籠》： 結根終南下，防露復披雲。雖爲九華扇，聊可滌炎氛。安能偶狐白，鶴卵織成文。覆持鴛鴦被，百和吐氛氳。忽爲纖手用，歲暮待羅裙。

南朝齊 虞炎《簾》（《謝宣城集》卷五引） 青軒明月時，紫殿秋風日。曈曨引光輝，晻曖映容質。清露依檐垂，蛸絲當户密。寧開誰共臨，掩晦獨如失。

南朝梁 沈約《篪》（《謝宣城集》卷五引） 江南簫管地，妙響發孫枝。殷勤寄玉指，含情舉復垂。雕梁再三繞，輕塵四五移。曲中有深意，丹誠君詎知。

又附《竹檳榔盤》： 梢風有勁質，柔用道非一。平織方以文，穹成圓且密。薦羞雖百品，所貴浮天實。幸成歡醑餘，寧辭嘉宴畢。

北周 庾信《庾子山集》卷一《竹杖賦》 《竹杖賦》者，庾子山哀憤之所爲作也。「桓宣武平荆州」，喻江陵之陷也。「楚丘先生」，信自謂也。臺城陷後，信奔江陵，仕於元帝。江陵，楚地，故號楚丘先生。「名父之子」，言父肩吾，有盛名也。「雖有聞於十室，幸無求於千里者」，信聘西魏，身留長安，故無遠求也。「寡人有銅鐶靈壽」以下，喻魏周逼己以仕也。「中國明於禮義，闇於知人」者，言己無情於禄仕也。「世變市朝」以下，言身經亂離。「憂幹扶疎」以下，言悲憂易老。「予此衰矣，雖然有以」，謂國破家亡之故。「伯玉何嗟，丘明惟恥」，言不能死節，身存名辱也。「九棘龐眉」至「或非乖理」，明己非周室親故，不當蒙此恩禮也。末復悲歌。庾信之文，可謂篇篇有哀矣。

桓宣武平荆州，假設桓宣武以起賦端也。宣武，桓温也。外白有稱楚丘先生來詣門下。劉向《新序》曰：「昔者楚丘先生，行年七十，披裘帶索，往見孟嘗君。」桓帝曰：「名父之子，流離江漢，孤之責矣。」名父，謂肩吾也。侯景之亂，子山奔江陵，是爲流離江漢也。及命引進。乃曰：「噫！子老矣，鶴髮雞皮，蓬頭歷齒。迺是江漢英靈，衡荆杞梓。《尚書》曰：「荆及衡陽，惟荆州。」孔安國曰：「北據荆山，南及衡山之陽也。」《左氏傳》曰：「如杞梓皮革，自楚往也。」雖有聞於十室，幸無求於千里。《論語》曰：「十室之邑，必有忠信。」劉越石詩曰：「鄧生何感激，千里來相求。」寡人有銅鐶靈壽，銀角桃枝。常璩《華陽國志》曰：「巴地竹木之璝者，有桃枝、靈壽。」左思《三都賦》曰：「靈壽桃枝。」劉逵注云：「靈壽，木名也。出涪陵縣。桃枝，竹屬也。出墊江縣。二者可以爲杖。」《爾雅》曰：「桃枝，四寸有節。」郭璞注曰：「今桃枝節間，相去多四寸。」《竹譜》曰：「篔簹、射筩、箖箊、桃枝。」《魏書》云：「武帝賜楊彪銀角桃枝一枚，以章舊德。」開木瓜而未落，養蓮花而不萎。干寶《搜神記》曰：「吴時有徐光者，嘗行術於市里，從人乞瓜。其主勿與，便從索瓣，杖地種之。俄而瓜生，蔓延生花，成實乃取食之。因賜觀者，鬻者反視，所出賣皆亡耗矣。凡言水旱甚驗，過大將軍孫綝門，褰衣而趨，左右唾踐。或問其故，答曰：流血臭腥不可耐。綝聞惡而殺之，斬其首，無血。及綝廢幼帝，更立景帝。將拜陵，上車，有大風盪綝車，車爲之傾，見光

在松樹上，拊掌指揮，嗤笑之。綝問侍從，皆無見者。俄而景帝誅綝。」按《吴志》：綝廢亮立休。懼，因求出屯武昌，休許焉。武昌，荆州地，及下王敦，皆在武昌。故子山引之。沈約《宋書·五行志》曰：「王敦在武昌，鈴下儀仗生華如蓮花狀，五六日不萎落。此木失其性，而爲變也。」干寶曰：「鈴閣，尊嚴者之儀。鈴下，主威嚴之官。今狂花生於枯木，又在鈴閣之間，言威儀之富，榮華之盛，皆如狂花之發，不可久也。其後終以逆，命没又加戮，是其應也。」一說，此花孽也。於《周易》爲枯楊生華。亦見干寶《搜神記》及《晉書·五行志》。《詩》曰：「無木不萎。」萎，槁也。江陵之伐，由岳陽安定諸君。信所不悦，引此二語，妖異之詞也。迎仙客於錦市，送游龍於葛陂。言於蜀郡而得此杖也。《益州記》曰：「錦里在益州南笮橋東，流江南岸，以錦爲市。」《後漢書·費長房傳》曰：「壺公與一竹杖曰：『騎此任所之則自至矣。既至，可以杖投葛陂中也。』長房乘杖，須臾來歸，自謂去家，適經旬日，而已十餘年矣。即以杖投陂，顧視則龍也。家人謂其久死，不信。長房曰：『往日所葬，乃竹杖耳。』乃發冢剖棺，杖猶存焉。」章懷太子注云：陂在今新蔡北。先生將以養老，將以扶危。先生笑而言曰：中國明於禮義，闇於知人，心之憂矣。中國，謂國中也。言君國中，雖明禮義而不知人，所以爲憂也。如《葛覃》之詩：「施於中谷。」《毛傳》以爲谷中，今反文。蓋微辭也。「心之憂矣」出《詩》。惟我生民，雖復疎條勁柘，促節貞筠，杖端刻鳥，角首圖麟。豈能相予此疾，將予此身。《說文》曰：柘，桑也。筠，竹皮也。《後漢書》曰：「仲秋，案户比民年七十者，授之以玉杖，長尺，端以鳩爲飾。鳩，食不噎之鳥，故取之。」一說，漢高祖與項羽戰敗，帝遁於澤中。時鳩鳴其上，追者以爲必無人，遂得脱。及即位，作鳩杖以扶老。劉向《别録》有《麒麟角杖賦》，言人之生老病死，皆有常數。雖勁柘貞筠之材，刻鳥圖麟之麗，終不能延年却病。是杖無所用也。以喻高爵厚禄，無所加於我矣。若乃世變市朝，年移陵谷。《詩》曰：「高岸爲谷，深谷爲陵。」《古出夏門行》曰：「市朝人易，千年墓平。」《漢書》：「項羽大破漢軍，多殺士卒。睢水爲不流。」《魏志》：「官度之戰袁紹軍大潰，餘衆僞降。曹操盡坑之，前後所殺八萬人。」喻魏師至，人如鳥獸，無所依也。於時無懼而慄，不寒而戰。「於時」以下，喻江陵之陷，西魏將男女數萬口，盡俘以歸也。《淮南子》：「堯戒曰，戰戰慄慄。」《漢書》：魏勃退立，股戰而栗。師古曰：戰，懼之甚也。胡馬哀吟，羌笳悽囀。親友離絶，妻孥流轉。玉關寄書，章臺留釧。李陵書曰：「胡笳互動，牧馬悲鳴。吟嘯成羣，胡馬哀吟。」「羌笳悽囀」者，言遠適異國，有别離之慘也。「親友離絶，妻孥流轉」者，喻魏人分男女數萬口，皆爲奴婢，獻俘長安也。《漢書·地理志》曰：「龍勒有玉門關。」《後漢書》班超疏曰：「但願生入玉門關。」《晉記》云：王達妻衛氏，太安中爲鮮卑所掠。路由章武臺，留一書并釵釧訪其家。又，陸機《羽扇賦》云：「昔楚襄王會於章臺之上。」言章華臺也。《史記》：「秦王坐章臺。」寒關悽愴，羈旅悲涼。疎毛抵於矰繳，脆骨被於風霜。喻江陵之敗，子山已留長安，若失羣鳥也。《左氏傳》曰：「羈旅之臣。」班固《兩都賦》曰：「撫量鴻，御矰繳。」《周禮》曰：「矰，矢也。」鄭康成曰：「結繳於矢謂之矰。矰，高也。」《說文》曰：「繳，生絲縷也。」《淮南子》曰：「雁銜蘆而飛，以避矰繳。」髮種種而愈落，眉髟髟而競長。是以憂幹扶疎，悲條鬱結。假竹之枝幹以明心。《七發》曰：「中鬱結之輪菌，根扶疎以分離。」《說文》：「扶疎，四布也。」宿昔僛醜，俄然耄耋。變田鳳於承宮，改陽文於鬷蔑。《三輔決録》曰：「漢靈帝殿柱題：堂堂乎張，京兆田郎。」《顔氏家訓》引此云：用《論語》題京兆人田鳳也。《後漢書》曰：承宮，字少子，瑯邪姑幕人也。永平中，拜博士，遷左中郎將。數納忠言，朝臣憚其節，名播匈奴。時北單于遣使，求得見宮。顯宗勑自整飾，宫對曰：「尸翟眩名，非識實者也。臣狀醜，不可以示遠，宜選有威容者。」帝以大鴻臚魏應代之。《淮南子》曰：「不待脂粉芳澤而性可悦者，西施陽文也。」高誘曰：「陽文，古之好女。」許慎曰：「楚之好人也。」《左氏傳》曰：「鬷蔑惡。」杜預曰：惡，醜貌也。言亂離改節，悲憂易老，如美貌化爲醜人也。阮嗣宗《詠懷詩》云：「朝爲媚少年，夕暮成醜老。」即此意也。潘岳秋興，嵇生倦游。桓譚不樂，吴質長愁。並皆年華未暮，容貌先秋。予此衰矣，雖然有以，非鬼非蜮，乃心憂矣。《左傳》：「醫和曰，非鬼非食，惑以喪志。」《詩》曰：「爲鬼爲蜮。」箋云：「蜮，短狐。」干寶《搜神記》曰：「有物處於江中，其名曰蜮，一曰短狐。能含沙射人，所中者頭痛發熱，劇者至死。」言己之衰老，乃爲故國非有，所惑若其滛溺，惑亂有如鬼蜮，乃可憂也。未見從心，先求順耳。伯玉何嗟，丘明惟恥。拉虎捭熊，予猶稺童。觀形察貌，子實悲翁。别有九棘龐眉，三槐暮齒。孔光謝病，袁逢致仕。吴濞不朝，楊彪喪子。明公此贈，或非乖理。言如孔光以下，此四君者，竹杖之贈，或非乖禮。喻魏與周，不當以爵禄與己也。先生乃歌曰：秋藜促節，白藋同心。終堪荷篠，自足驅禽。一傳大夏，空成鄧林。《左氏傳》曰：「斬之蓬蒿藜藋而共處之。」《說文》曰：「藜，草也。」戴凱之《竹譜》曰：「杞髮苦竹，促節薄齒。」《說文》曰：「藋，堇草也。一曰拜啇。」又，《竹譜》曰：「篠出魯郡，堪爲笙也。」又曰：「細篠大簜。」《書》曰：「篠簜既敷。」鄭注：篠，箭也。《論語》曰：「遇丈人以杖荷篠。」包曰：「篠，竹器。」《漢書》曰：「張騫使大夏，見蜀布邛竹杖。」又《律歷志》曰：「黄帝使伶倫取竹於大夏之西。」《山海經》曰：「夸父與日逐走，入日，渴，欲得飲。飲於河渭，河渭不足。北飲大澤，未至遂渴而死。棄其杖化爲鄧林。」言藜藋在野，是其真性，且可用。以荷篠驅禽，若竹之製以爲杖，而死者過半。即莊子義。臺，露寢之義。喻己無羨於榮華，而魏周强欲己仕。哀其失故也。

又《邛竹杖賦》 寓意與《竹杖賦》同。《漢書》曰：「張騫言使大夏時，見蜀布邛竹杖。問所從來，曰：從東來，身毒國可數千里，得蜀賈人市。」《三輔黄圖》曰：「天子遣使，求身毒國市竹，而爲昆明所閉。天子欲伐之，乃作昆明池，象之以習水戰。」即此竹矣。劉逵《蜀都賦注》曰：「邛竹出興古盤江以南，竹中實而高節，可以爲杖。」戴凱之《竹譜》曰：「竹之堪

杖，莫尚於卭。」

沉冥子遊於巴山之岑，取竹於北陰。沉冥，若子虛之屬，假立以爲端也。《漢書》曰：「蜀嚴沉冥久幽，而不改其操。」孟康曰：「蜀郡嚴君平沉深，玄默無欲，幽深難測也。」揚子曰：「蜀莊沉冥。」李軌注曰：「沉冥，猶玄寂泯然無迹之貌。」卭竹出蜀，巴蜀接境，故云遊於巴山之岑。《爾雅》曰：「山小而高岑。」郭云：「言岑，崟也。」《吕氏春秋》曰：「昔黄帝令伶倫作爲律，伶倫自大夏之西，乃之阮隃之陰，取竹於嶰谿之谷。」高誘曰：「大夏，西方之山。阮隃，山名。山北曰陰。」娗娟高節，寂歷無心。霜風色古，露染斑深。每與龍鍾之族，幽翳沉沉。娗娟見《楚辭》。江淹詩曰：「寂歷百草晦。」善云：「寂歷，彫疎貌。」張衡《南都賦》：「其竹則籦籠筀篾。」《廣韻》曰：「龍鍾，竹名。世言龍鍾，謂其年老，如竹之枝葉，摇拽不能自禁也。」文不自殊，質而見賞。藴諸鳴鳳之律，製以成龍之杖。《漢書·律歷志》曰：「黄帝制十二筩，以聽鳳之鳴，爲十二律。」王子年《拾遺記》曰：「岑華山在西海，上有象竹，截爲管，吹之爲翠鳳之鳴。」《述異記》作蔓竹。《神仙傳》曰：「費長房以杖投葛陂中，顧視則龍也。」又鄧德明《南康記》曰：「南野縣有漢監匠陳鄰，其人通靈。夜嘗乘龍還家，其妻懷身。母疑與外人通，密看乃知是鄰乘龍。龍至家，輒化青竹杖。鄰内致户前，母不知，因將杖去。須臾光采滿堂，俄而飛失杖，乃御雙鵠還。」又《列仙傳》曰：「呼子先者，漢中闕下卜師也，壽百餘年。夜有仙人，持二竹竿至，呼子先騎之，乃龍也，上華陰山。」又《神仙傳》曰：「蘇仙公嘗持一竹杖，時人謂曰蘇生竹杖，固是龍也。」《歷諦傳記》：竹杖之成龍者多矣。拔條勁直，璘㻞色滋。和輪人之不重，待羽客以相貽。《甘泉賦》曰：「馬犀之璘。」㻞注：音斌。《埤蒼》曰：「璘，㻞文貌也。」晉灼曰：「㻞音豳。」向曰：「璘、㻞，寶物文采也。」《說文》曰：「滋，益也。」輪，車輪。《說文》曰：「車有輻曰輪。」輪人，作車輪之人，言扶杖則安步當車矣，非有車輪之重也。羽客，羽人也。《山海經》：「有羽人之國，不死之民。」言待此不死之民以相與也。青春欲暮，白雲來遲。謀於長者，操以從之。執末而獻，無因自持。《楚辭·大招》曰：「青春受謝，白日昭只。」《穆天子傳》云：「西王母爲天子謡曰：白雲在天，山陵自出。道里悠遠，山川間之。將子無死，尚能復來。」《禮記》曰：「謀於長者，必操几杖以從之。」鄭注云：「從，猶就也。」言少年不可再得，神仙亦復來遲。於是謀於長者，用操此杖矣。「執末而獻，無因自持」者，《禮記》曰：「獻杖者執末。」疏云：「末，拄頭地也。拄地不浄，不可嚮人。故執以自嚮，持浄頭以授與人也。」諸蔗雖甘，不可以倚。嵇含《草木狀》曰：「諸蔗，一曰甘蔗。」按：諸蔗對下彼藜，知蔗之種類不一，故云諸蔗，若諸葛矣。崔瑗《杖銘》曰：「諸蔗雖甘，猶不可杖。」曹植《矯志賦》曰：「諸蔗雖甘，杖之必折。」言諸蔗類竹，味雖甘而脆，不可倚以爲杖也。彼藜雖實，不可以美。《莊子》曰：「子貢見原憲，原憲杖藜應門。」言藜雖實，可以爲杖，而非美物也。未若處不材之間，當有用之始。【略】魯分以爵，漢錫以年。昔尚爾齒，今優我賢。《禮記》曰：「大夫七十而致事，若不得謝，則必賜之几杖。」疏曰：熊氏云，既不聽致事，則《祭義》云七十杖於朝是也。聽致事，則《王制》云七十杖於國，八十杖於朝是也。是杖，亦分以爵。當云周分以爵，豈以周禮在魯，而云魯分也。與漢錫以年者，若《漢書》文帝賜吴王濞几杖不朝，元后賜孔光靈壽杖是也。「昔尚爾齒，今優我賢」者，設爲爾我之辭，言昔日尚爾爲貴，今受此分爵錫年之異數，當優我杖者爲賢也。書横几玉麈筵，則函之以後，拂之以前。謂授几杖也。《周禮》有司几筵之官。鄭注云：「筵，亦席也。」《禮記》曰：「席間函丈。」又云「進几杖者拂之」，言書在几，玉在筵，而此杖與之不離前後也。爾其摘芳林沼，行樂軒除。間尊卑之垂帨，隨上下之遊紓。《說文》曰：「平土有叢木曰林。」沼，池也。軒，曲輈藩車。除，殿陛也。《禮記》曰：「尊卑垂帨。」鄭注云：「帨，佩巾也。磬折則佩垂授受之儀一。」夫寄根江南，淼淼幽潭。傳節大夏，悠悠廣野。《說文》曰：「淼，大水也。字同渺。」《楚辭》曰：「便娟之修竹兮，寄生乎江潭。」戴凱之《竹譜》曰：「蓋竹生江南深谷中。」《蜀都賦》曰：「卭竹傳節於大夏之邑。」劉逵注云：「卭竹杖以節爲奇，故曰傳節也。喻己昔本吴人，今爲羈旅，猶竹杖之根，寄江南節傳大夏也。」豈比夫接君堂上之履，爲君座右之銘。而得與綺紳瑶珮，出芳房於蕙庭。《史記》曰：「平原君使人於春申君。趙使欲夸楚爲玳瑁簪刀劍，室皆以珠飾之。請春申君，春申君客三千人，其上客皆躡珠履。使大慙。」《後漢書》曰：「崔瑗字子玉，涿郡人也。兄璋爲人所殺，瑗遂手刃其讐。亡命，蒙赦而出，作銘自戒，常置座右，曰座右銘。」《說文》曰：「綺，文繒也。」《論語》孔注云：「紳，大帶。」《詩》曰：「報之以瓊瑶。」《毛傳》曰：「瑶，美玉。」《說文》曰：「瑶，美石也。」珮，佩玉也。即《毛傳》所謂雜佩者，珩璜琚瑀衝牙之類。蕙，芳草也。蕙庭，若蘭房矣。子山本賦杖而引用好客報讐之事，喻己不能如黄歇豪俠之舉，珠履滿堂。又不能如崔瑗報讐之後，作銘自戒，而悠悠無所用之。僅如竹杖扶老而已。意旨深長，假比發端，以攄懷舊之蓄念，非徒賦卭杖也。

唐　張九齡《曲江集》卷二《答陳拾遺贈竹簪》　與君嘗此志，因物復知心。遺我龍鍾節，非無玳瑁簪。幽素宜相重，雕華豈所任。爲君安首飾，懷此代兼金。

唐　耿湋《詠宣州筆》（《全唐詩》卷二六八引）　寒竹慙虚受，纖毫任幾重。影端緣守直，心勁懶藏鋒。落紙驚風起，摇空見露濃。丹青與文事，捨此復何從。

唐　張籍《張司業集》卷三《贈太常王建藤杖笋鞋》　蠻藤剪爲杖，楚笋結成鞋。稱與詩人用，堪隨禮寺齋。尋花入幽徑，步月下寒堦。以此持相贈，君應惬素懷。

唐　韓愈《鄭羣贈簟》（《全唐詩》卷三三九引）　蘄州笛一作簟竹天下知，鄭君所寶尤環奇。擕來當晝不得卧，一府傳看黄琉璃。體堅色浄又藏節，盡一作滿。

眼凝滑無瑕疵。法曹貧賤衆所易，腰腹空大何能爲。自從五月困暑濕，如坐深甑遭蒸炊。手磨袖拂心語口，慢膚多汗真相宜。日暮歸來獨惆悵，有賣直欲傾家資。誰謂故人知我意，卷送八尺含風漪。呼奴掃地鋪未了，光彩照耀驚童兒。青蠅側翅蚤蝨避，肅肅疑有清飈吹。倒身甘寢百疾愈，却願天日恒炎曦。明珠青玉不足報，贈子相好無時衰。

唐 柳宗元《柳河東集》卷四三《苦竹橋》 危橋屬幽徑，繚繞穿疎林。迸籜分苦節，輕筠抱虛心。俯瞰涓涓流，仰聆蕭蕭吟。差池下烟日，嘲哳鳴山禽。諒無要津用，棲息有餘陰。

唐 劉禹錫《劉賓客外集》卷五《詶元九侍御贈璧竹鞭長句》 碧玉孤根生在林，美人相贈比雙金。初開郢客緘封後，想見巴山冰雪深。多節本懷端直性，露青猶有歲寒心。何時策馬同歸去，關樹扶疎敲鐙吟。

又 卷六《吴興敬郎中見惠斑竹杖兼示一絶聊以謝之》 一莖炯炯琅玕色，數節重重玳瑁文。拄到高山未登處，青雲路上願逢君。

唐 白居易《白氏長慶集》卷一六《寄蘄州簟與元九因題六韻》 笛竹出蘄春，霜刀劈翠筠。織成雙鎖簟，寄與獨眠人。卷作筒中布，舒爲席上珍。滑如鋪薤葉，冷似卧龍鱗。清潤宜乘露，鮮華不受塵。通州炎瘴地，此物最關身。

唐 元稹《元氏長慶集》卷一五《酬樂天寄蘄州簟》 蘄簟未經春，君先拭翠筠。知爲熱時物，預與瘴中人。碾玉連心潤，編牙小片珍。霜凝青汗簡，冰透碧游鱗。水魄輕涵黛，琉璃薄帶塵。夢成傷冷滑，驚卧老龍身。

唐 杜牧《斑竹筒簟》（《全唐詩》卷五二四引） 血染斑斑成錦紋，昔年遺恨至今存。分明知是湘妃泣，何忍將身卧淚痕。

唐 陸龜蒙《甫里集》卷五《魚梁》 能編似雲薄，横絶青川口。缺處欲隨波，波中先置笱。投身入籠檻，自古難飛走。盡日水濱吟，殷勤謝漁叟。

又 卷九《以竹夾膝寄贈襲美》 截得篔簹冷似龍，翠光横在暑天中。堪臨薤簟閒憑月，好向松窗卧跂風。持贈敢齊青玉案，醉吟偏稱碧荷筒。添君野具教多着，爲著西齋譜一通。

唐 佚名《斑竹簟》（《全唐詩》卷七八五引） 龍鱗滿牀波浪濕，血光點點湘娥泣。一片晴霞凍不飛，深沈盡訝蛟人立。百朵排花蜀纈明，珊瑚枕滑葛衣輕。閒窗獨卧曉不起，冷浸羈魂錦江裏。

宋 徐鉉《騎省集》卷二四《方竹杖贊》 彼美者竹，確乎貞堅。峻節無撓，虛心體玄。用之扶老，可以窮年。所不足者，其形乃圓。謂誰奇標，産於巴僰。削成廉稜，挺然端直。既方既勁，斯爲全德。會吾素心，寶爾無極。

宋 田錫《咸平集》卷七《斑竹簾賦》 湘水春深，修篁翠陰。因善巧之凝睇，可爲簾而運心。金刃光翻，拂霜筠而互解；朱絲纖就，鬬黛點以交侵。雖曰皇英帝子，揮灑珠淚，亦秋露之曉滋，復春霖之暮漬。故錦章異狀，由造化之自然；綺錯奇文，入良工之經緯。或疊若連錢，或濃如濕煙。或黯若陣雲之起，或纍如滴水之圓。疎密增華，漏月光而未卷；斕斑若畫，隔花影以初。懸尤宜寶軸分輝，玉鈎加飾，垂旌飄虹綬之彩，飛額動金鸞之翼。彼海蝦之鬚，誰能貴之；神麟之毫，安足多之？編明珠者奚羨，緝翠羽兮胡爲？未若我鬱金之堂，椒塗祕室，取守節以持操，貴以文而勝質。連垂香砌，透燭影於洞房；高掛曲瓊，延曙光於綺席。矧乎金犢將駕，雲軿欲升，鬬繁華於戚里，閲芳菲於五陵。若玳瑁以粧成，前瞻繡軛；想瀟湘而意遠，後從玉乘。美哉琅玕之用，貴豪所共，悦珍華之外飾，致貞芳之可重也。因而歌之曰：碧鮮有文，露點煙痕。簾者廉也，感人思重華之德，援毫頌南風之薰。

宋 梅堯臣《宛陵集》卷五一《颺扇》 田扇非團扇，每來場圃見。因風吹穅粃，編竹破筠箭。任從高下手，不爲暄寒變。去麤而得精，持之莫肯倦。

宋 石介《徂徠集》卷四《竹書筒二首》 截竹功何取，爲筒妙可談。長猶不盈尺，青若出於藍。浮薄瓤皆去，嶔崟節獨堪。誰言但空洞，自是貴包含。虛受殊招損，多藏不類貪。巾箱經漫五，謗牘篋空三。淚有湘妃洒，書疑禹穴探。質曾冒霜雪，價本擅東南。隕籜遺輕粉，移根破凍嵐。龍吟終不死，鳳實尚餘甘。朴陋我爲貴，雕鎪彼合慙。居常置几案，出或係騑驂。唱和友朋倦，提攜童僕諳。純姿斥丹漆，美幹敵楩柟。其直如周道，虛心學老聃。吾徒正得用，詩筆戰方酣。

達者創奇製，雙魚斷竹尋。蒼琅破雲色，蕭瑟移風音。徑寸不爲短，探幽乃覺深。中間自空洞，枝幹何嶔崟。投恐成龍去，吹還作鳳吟。稜稜人有節，竅竅物無心。儉朴功難比，提攜力易任。純姿古皇道，虛受聖人經。或貯諫官草，多收女史箴。筒兮用可貴，吾不换南金。

宋 歐陽修《文忠集》卷八《有贈余以端谿緑石枕與蘄州竹簟，皆佳物也。余既喜睡，而得此二者不勝其樂。奉呈原父舍人聖俞直講》 端谿作出缺月樣，蘄州織成雙水一作錦紋。呼兒置枕展方簟，赤日正午天無雲。黄琉璃光緑玉潤，瑩

淨泠滑無埃一作纖塵。憶昨開封暫陳力，屢乞殘骸避煩劇。聖君哀憐大臣閔，察見衰病非虛飾。猶蒙不使如一作加罪去，特許遷官還舊職。選材臨事不堪用，見利無慙惟苟得。一從僦舍一作屋居城南，官不坐曹門一作閒少客。自然唯與睡相宜，以懶遭一作投閒何愜適。從來羸茶苦疲困，況此煩歊正炎赫。少壯喘息人莫聽，中年鼻鼾尤惡聲。癡兒掩耳謂雷作，竈婦驚窺疑釜鳴。蒼蠅蠛蠓任緣撲，蠹一作詩書懶架抛縱橫。神昏氣濁一如此，言語思慮何由清。嘗聞李白好飲酒，欲與鐺杓同生死。一作死生我今好睡又過之，身與二物爲三爾。江西得請在旦暮，收拾歸裝從此始。終當卷簟攜枕去，築室買田清潁尾。

宋 文同《丹淵集》卷二《釣竿》 霜刀裁綠筠，桂餌掛輕緡。斂迹天地間，側身江海濱。悠悠寶帳夜，寂寂烟波春。何時投竿歸，再與君子親。

又 卷四《閒樂》 晝睡忽過午，好風吹竹牀。溪雲生薄暮，山雨送微涼。粉褭衣裳潤，蘭薰簟席香。歸來閒且樂，多謝墨君堂。

又 卷五《巳師竹杖》 巳師杖奇竹，坐亦不去手。循摩瑩且膩，瘦骨何蚴蟉。叢枝抱奇節，兩兩相對走。尋常出孤梢，上下分左右。如何此獨異，天產固非偶。師初得之誰，此實世未有。不爲師所用，亦共衆植朽。願師勿棄置，珍之比靈壽。

宋 王安石《臨川文集》卷五《次韻信都公石枕蘄簟》 端溪琢枕綠玉色，蘄水織簟黃金紋。翰林所寶此兩物，笑視金玉如浮雲。都城六月招客語，地上赤日流黃塵。燭龍中天進無力，客主歊然各疲劇。形骸直欲坐棄忘，冠帶安能強修飾。恃公寬貸更不疑，箕倨豈復論官職。笛材平瑩家故藏，硯璞拗清此新得。掃除堂屋就陰翳，公不自眠分與客。知公用意每如此，真能與物同其適。豈比法曹空自私，却願天日長炎赫。公才卓犖人所驚，久矣四海流聲名。天方選取欲扶世，豈特使以文章鳴。深探力取常不寐，思以正議排縱橫。奈何甘心一榻上，欲卧潁尾爲潔清。賢愚勞佚非一軌，顧我病昏惟未死。心於萬事久翛然，身寄一官真偶爾。便當買宅歸偃休，白髮青山如願始。看公勠力就太平，却上青天跨箕尾。

宋 蘇軾《東坡全集》卷一五《送竹几與謝秀才》 平生長物擾天真，老去歸田只此身。留我同行木上坐，贈君無語竹夫人。但隨秋扇年年在，莫鬭瓊枝夜夜新。堪笑荒唐玉川子，暮年家口若爲親。

宋 蘇轍《欒城後集》卷二《求黃家紫竹杖并引》 予於龍川買曾氏小宅。宅西南隅有紫竹百餘竿，爲藤蔓所困，無復直幹，雖爲伐藤而見竹，偃弱無可爲杖者。黃氏老家有紫竹甚茂，乞得一莖，勁挺可喜。聞黃氏竹舊自曾氏移植，偶爲詩示之。

曾家紫竹君家種，曾園竹與荒藤共。藤驕竹瘁如畏人，不似君家竹森聳。我來買宅非爲宅，愛此風梢時一弄。磨刀向藤久未忍，樹倒藤披真自送。繁陰一豁新笋地，狂鞭欲向青春動。我身病後少筋力，遍求拄杖扶腰痛。蕭蕭瘦幹未能任，一畝君家知足用。一枝遺我拄尋君，老酒仍煩爲開甕。

宋 黃庭堅《山谷集》卷九《趙子充示竹夫人詩蓋涼寢竹器憩臂休膝似非夫人之職予爲名曰青一作竹奴并以小詩取之二首》 青奴元不解梳粧，合在禪齋夢蝶牀。公自有人同枕簟，肌膚冰雪助清涼。

穠李四絃風拂席，昭華三弄月侵牀。我無紅袖堪娛夜，政要青奴一味涼。

又 卷一四《筇竹杖贊》 厲廉隅而不劌，故竊比於彭耽之壽。屈曲而有直體，能獨立於雪霜之後。伯夷食薇而清，陳仲嚥李而瘦。涪翁晝寢，蒼龍掛壁。涪翁履危，心如鐵石。窮山獨行，解兩虎爭。終不使下莊乘間，而孺子成名。

宋 米芾《寶晉英光集》卷三《硾越竹學書作詩寄薛紹彭劉涇》 越竹萬杵如金版，安用杭油與池繭。高壓巴郡烏絲欄，平欺澤國清華練。老無他物適心目，天使殘年同筆硯。圖書滿室翰墨香，劉薛何時眼中見。

宋 謝薖《竹友集》卷八《古賦論辯序記·竹夫人賦》 淇園之下，渭水之濱，有物森然，其色青青。刻畫以檀欒嬋娟之狀，俎豆以碧鮮玉潤之名。有匠若睨而歎曰：是物也，非松非桂，非楩非梓。孤潔似介，一何高士。溫潤似德，一何君子。是必良材者也。于是伐以斯棘之斧，運以斵泥之斤，製而爲器，強名曰「夫人」。竹友居士得之而喜曰：夫蕤局璇室，朱宮玉闕，延羅幌之清風，掃象牀之秋月，神女詫其雲雨，姑射逞其冰雪。有談夫人之高致，誦夫人之貞節。雖欲奉敝帚以享金，無乃獻璞玉而遭刖。則吾方遊息于瀛洲方丈之上，結廬于銅陵碧澗之下。以蛾眉曼綠而伐性，以錦衾角枕爲階禍。或偃息于風欞，或裴回于涼樹。炎曦鑠石之晨，璧月澄空之夜，與夫人其同夢，感莊周之物化。俄而商氣聿興，涼飈四起。葉翻翻而墮地，蛩啾啾其入耳。掛蒲葵于墻壁，委纖絺于篋笥。童子造予而請曰：今茲秋兮，歲其將换，御冬須狐白之溫，曝背幸朝陽之暖。唯斯之無所取材，願以給厨人之爨。居士曰：噫！子獨不聞夫伐蓍而哭亡簪者耶？子亦不見夫采葑而遺下體者耶？物或故則不忘，材有用則不廢。

豈眷顧乎姬姜，乃棄捐乎憔悴。自古亦莫不然，吾人何增乎歔欷！雖然，吾方念此，欲以憩膝而休臂。童子出，居士乃據竹而歌曰：鵓姑南北兮雨蕭蕭，匡牀之上兮吾與汝其逍遥。

宋 洪适《盤洲文集》卷二九《竹奴文》 洪子以畏日虐晝，几案如爐，乃下竹榻，寘庭之隅。設蘄簟與筠枕，將逭暑於須臾。卧既久以不寐，汗如漿而浹膚。揮圓箑以腕脱，咀堅冰而口呿。榻、枕、簟之三子，俄趨進以來俱。同辭而言曰：走之鼻祖，宅於渭墟。有地千畝，富埒侯祖。釣月北海者，溪英主而赴風雲之會；龍躍葛陂者，委功名富貴而高蹈天衢。逮後來之孫稚，遂枝分而派居。走家寒而族冷，無紹介之吹嘘。顧以涼德而猥叨親近，誓將盡節以箴夫臺輿。今君流汗四洽，氣鬱不舒，走等烏敢緘舉類之口，而不告君以良圖？走族有竹氏夫人者，性不熱中，形狀魁梧，儻受君之親倚，可來爽氣之虚徐。君誠召而用之，彰鄙言之非諛。洪子曰：俞，吾方思之，已遣長鬚。三子方退，而竹氏至于洪子，曰：來，竹氏，汝以斧斤成質，遇熱見須，凭肱據股，縱意所如。非有鵲巢之德，采蘋之職，曷爲而受夫人之呼？人之稱汝，既以重誣，汝輒披襟，於汝安乎？夫金烔有清明之鑒，而疏徹侯之爵；毛穎以翰墨之勳，而擢中書之除。汝非有功有德，可與二君子爲徒。今黜汝之僭稱，而謂汝以竹奴，盍安名而謹分，順主人之所驅。無沮怍以觖望，遂銜寃歸憾於吾。竹奴皇恐，稽首而進曰：抑何言與？妾久懼駕下而負乘，將乞骸以裁書。辱開陳而是正，庸廸陋以鐫愚。雖不敏而自忻，得斯名之不虚。敢矢言以懷怨，甘受屏棄之誅。

宋 張孝祥《于湖集》卷四《湖湘以竹車激水秔稻如雲書此能仁院壁》 象龍唤不應，竹龍起行雨。聯綿十車輻，伊軋百舟櫓。轉此大法輪，救汝旱歲苦。横江鎖巨石，濺瀑疊城鼓。神機日夜運，甘澤高下普。老農用不知，瞬息了千畞。抱孫帶黄犢，但看翠浪舞。餘波及井臼，舂玉飲酡乳。江吴誇七蹋，足繭腰背僂。此樂殊未知，吾歸當教汝。

宋 陸游《劍南詩稾》卷八一《小雨乘竹輿至柳姑廟而歸》 殘雲斷處漏斜陽，草滿平隄柳著行。颭颭畫船來北港，翻翻青繖度南塘。行人相賀新年健，逃户雖窮舊業荒。感物興懷空絶歎，才衰無語付詩囊。

宋 范成大《石湖詩集》卷一八《戲題索橋》 織簟匀鋪面，排繩強架空。染人高曬帛，獵户遠張罾。薄薄難承雨，翻翻不受風。何時將蜀客，東下看垂虹。

宋 岳珂《玉楮集》卷八《試廬陵賀發竹絲筆》 此君素以直節名，延風揖月標韻清。何人心匠出天巧，縷析毫分匀且輕。居然束縛復其始，即墨紆朱封管城。世門官爵豈必計，且幸一家同汗青。

明 程良規《竹箸》（《淵鑑類函》卷三八五引） 殷勤問竹箸，甘苦爾先嘗。滋味他人好，爾空來去忙。

明 陶澤《墨姬傳·竹夫人》（《廣諧史》卷六引） 墨姬者，孤竹君之後也。母筍氏，生姬於蒼梧之野。姬爲人冰肌玉骨，有烈女風。然思祖伯夷以清節死，遂變行和而不流。自天子至於庶人，與同寢抱懷不亂。嘗曰：「爾爲爾，我爲我。雖袒裼裸裎於我側，爾焉能浼我哉！」唐明皇天寶五年夏六月，被選入宫。帝居華清宫，思南方多事，終夜不寢，面赤汗流浹背。姬每虚心以觧之，由是遂得專房之寵。雖貴妃不與，亦不忌焉。帝欲幸，輒辭之曰：「曾子謂十目所視，以妾觀之，豈但十目哉？」帝爲凛然。有後進錫姬，俱被寵。然每更迭用事，不得覿面。帝咲曰：「所謂二女同居，其志不同行也。」每休沐，乃相謂曰：「用之則行，舍之則藏。惟我與爾有是夫。」一旦，錫姬相曰：「君勁節多骨，必得近幸。然身如槁木，未免火灾之厄。」墨姬曰：「妾見君如探湯，弟可糊其口於四方耳。安得傷吾六七尺之軀哉？」錫姬曰：「誠荷足下眷戀之思，故敢冒進温言，今乃惡妾如探湯，所以不能不熱中也。」墨姬大怒，爪其膚曰：「吾恨不添汝頭，以爲飲器。」帝力勸乃觧，各置别宫，永不相見。墨姬雖被寵，然無人道之，感而有娠。帝以爲不祥。筮之得屯六二，曰：「女子貞不字，十年乃字。」姬聞之懼，往來憧憧，莫知所出，肌骨枯槁，帝寵少衰。秋夜，帝夢遊月宫，極寒不可留。姬與貴妃争寵，誤批上頰，帝寤，怒曰：「與卿同寢，芒刺在背。所謂剥床以膚也。此輩但可束之高閣，曰以柱斧撞之。」姬走避床下，嘆曰：「將恐將懼，置予于懷。將安將樂，棄予如遺。世態炎涼，乃至此乎！」居數歲，室廬益荒廢。至於蛸蠨在户，二子破腹而出。卒符十年，乃字之言。姬發憤抉目，解體自接於火而死。於是火灾之説亦驗。所生骨格雖肖姬，然削方爲圓，無復峭直之行云。

太史氏曰：墨姬之行，可謂善學伯夷矣。然君臣朋友，欲其久而不厭者，宜莫如敬。而姬乃削去邊幅，至於同寢裸裎而不知愧，是能以其可學伯夷之不可，不能以其不可學柳下惠之可也。至其晚年失寵，不能自遣，至於自焚。則又與少年所行，逈不相似，何耶？夫四時代謝，成功者退，亦各從其時也。姬乃欲無冬無夏，獨擅其寵，可謂不善處窮者矣。

明 楊廉《楊文恪公文集》卷五《竹枕》 剖篁編枕荷朋分，携向南牕卧火雲。

節上帶來風露氣，牀頭愛看水波紋。廣藤恨軟非能耐，布被還清合與群。西華睡臣唯片右，可人争似渭川君。

明 王九思《渼陂續集》卷上《竹屏》 種竹虛堂下，當門翠作屏。雲深塵隔斷，月迥鳳疑停。不掩湘江恨，難摇晉客醒。歲寒如有約，共守少微星。

明 陳確《陳確集・詩集》卷五《題欲爾斑竹杖》 知己天涯少，空林忽遇君。掉成龍尾勢，幻作豹皮文。隨我行秋谷，緑谿撥曉雲。終身如可訂，自此謝塵氛。

又 卷八《竹節冠成戲用前韻》 可憐身世一浮舟，一作「輕舟」。髩髮蕭疎欲傲秋。自脱緇冠長學圃，每搔白首獨登樓。凌霜愛爾山中節，暇日便吾物外遊。急往東園尋桂約，側弁還許嘯滄洲。本注：韻弦老人招我云：「東園桂花已開二日矣。」東隅子評曰：瀟洒。

又 《簡謝吴仲木冠杖之惠》 竹冠籐杖兩巃嵸，荒草籬邊賜野翁。杖自天台山窟裏，冠從闕里畫圖中。蕭疎殘髩年來盡，擾攘塵寰路未通。忽拜長牋慚欲死，候人還擬賦曹風。

清 陸世儀《桴亭先生詩集》卷六《方竹杖》 竹本虛心者，杖乃吾所賴。爲嫌世俗圓，所以方其外。

清 愛新覺羅・弘曆《御製詩三集》卷七《詠古竹盂子》 大椿不過八千秋，此竹猶稱先進流。成器莫非自循蜚，啜蔬應是供去聲巢由。家鄉淇渭情知幻，世界滄桑閱盡留。樸以爲華静爲用，睪然望古意因悠。

清 彭孫遹《松桂堂全集》卷一五《竹粉》 誰把明玕種碧城，膩香春粉正縈盈。弄姿飾貌沾沾在，貞幹淇園浪有名。

清 俞樾《春在堂詩編》卷九《竹瓶歌》 徐花農庶常示余竹瓶一事，剞巨竹爲之。兩面刻字，則其六世祖文敬公所書也。問所自得，蓋有守備雷君幼山得之兵燹中，又有邵君同珍勸其歸之花農云。

吾聞花瓶各有宜，春冬宜銅秋夏瓷。異哉此瓶竹爲之，四坐傳玩皆稱奇。君曰可寶不在竹，請觀有文在瓶腹。乃從瓶腹讀其文，頓覺舌撟不能縮。噫嘻，君從何處得此歟，此乃文敬之所書。君言昨者一客至，抱瓶昏暮叩吾閭。曩時烽火徧浙水，有人得之兵燹餘。武夫亦復知寶貴，珍藏什襲如璠璵。挈瓶之守不可奪，客乃爲之述本末。非重在器重在人，東海遺徽猶未歇。爾守此瓶深有心，何不歸之徐翰林。其人舉瓶敬授客，客抱瓶至宵已深。自古高門貴能紹，敬穆兩公風久杳。五世其昌又得君，一時盛事數難了。姚園舊第已重新，清風草廬西湖濱。君往歲重新姚園巷舊第，今又修文敬公祠，即清風草廬故址。高廟賜詩壽文木，先臣墓志存貞珉。高廟賜文穆公詩，今尚在。前年曾摹刻行世，今年又得文穆公墓誌初搨本。此瓶不後不先出，豈獨琅玕珍異質。爲君手署竹瓶齋，王佩鮑壺非此匹。

雜録

宋 陶穀《清異録》卷上《圓通居士》 比丘海光，住廬山石虎菴。夜夢人長清瘦而斑衣，言：捨身爲菴中供養具。俄，窗外竹生一筍，花紫籜，如夢者之衣。既成竹，六尺餘，無節，黄緑瑩浄。江州太守聞之，意將奪取，竹一夕自倒，太守尋罪去。光乃用爲拄杖，目曰直兄。光來都下，予因見之。光云：「夢者自稱圓通居士。」予遂小篆此四字於杖之首，令黑漆之。

宋 釋文瑩《玉壺野史》卷一〇 湘竹簟爲夢友。

宋 朱勝非《紺珠集》卷一一《一節爲船》 雲丘帝竹，一節爲船。

明 慎懋官《華夷花木鳥獸珍玩考》卷五《萬波息笛》 新羅神文王時，東海中有小山浮水，隨波往來。王異之，泛海入其山，上有一竿竹，命作笛，吹此笛則兵退病愈。旱雨雨，晴風定波平，號萬波息笛，今亡。

明 吴之俊《獅山掌録》卷二三《旃檀林紫竹》 四明有商，汎海阻風，攀援絶頂，得一梵宫。見一老僧獨坐，窓外竹數箇，幹葉如丹。因苦乞一竿，歸截爲杖。每以刀削，隨刃有光。後有老胡以簟珠易之，曰：「此落伽山觀音座後旃檀林紫竹也。」

飲食

題解

《爾雅・釋草》 筍，竹萌。注：初生者。音義：筍，竹初生也。疏：孫炎曰：竹初萌生謂之筍。凡草木初生謂之萌，筍則竹之初生者。故曰：筍，竹萌也。可以爲

菜殽。《詩·大雅·韓奕》云：「其蔌維何？維筍及蒲。」蔌則菜殽也。

漢 許慎《説文》卷五 筍 ，竹胎也。从竹，旬聲。

箈 ，竹萌也。从竹，怠聲。

箁 ，竹箬也。从竹，咅聲。

箬 ，楚謂竹皮曰箬。从竹，若聲。

宋 釋贊寧《筍譜》 筍者，竹之篛也。竹根曰鞭，鞭節之間乳贅而生者，竹屬。兼草而木，偕少陽之氣歟。故初種根食土，而下求乎母也。

母，水也，而潤下得水而生也。

及擢筍，冒土而上，愛乎子也。

子，火也，而炎上，鑽竹而生火也。

皆自然之性也，竹盛高平之地，黄白息壤，即是所宜也。得山阜良，下田傷水，則死矣。【略】《釋草》云：筍，竹萌。郭璞注：竹初生也。孫炎云：竹初生曰萌，生謂之筍。詳孫之説，始冒土者，爲萌。萌，芽也。生長挺挺然，爲筍也。《尚書》孔傳：筍，篛竹也。詳孔之説，篛竹，白篛也。白篛之類，越多。《爾雅》説芙蕖莖下本蔤。郭注曰：蔤，莖下白，亦可食，篛在泥中也。《周禮》説蒲菹亦蒲之篛也。謂蒲始生，取其中心入地，篛大如匕柄，正白，噉之甘脆也。凡草木有白蒻嫩而堪食者，皆曰白篛也。今孔安國曰：篛竹，爲筍已過，爲竹未勁，故謂爲篛竹也。合言竹之篛，篛即見白也。所言篛者，幼弱也。加草者，簡濫也。箈，箭萌。郭注：萌，筍也。《周禮》：「箈菹鴈醢。」箈菹，即以箭筍鹽藏爲菹，實於籩豆中也。虇，蘆筍也。《爾雅》：菼薍其萌虇。郭注：江東呼蘆筍爲蘆虇，然則萑葦之類，其初生者皆名虇也。如是者，只有多名也。

一名筍

生成謂之筍。

一名萌

初生謂之萌，言絶蒻也。

一名篛竹

土内皮中謂之篛也。

一名箈

箭竹萌，即會稽箭筍也。

一名虇

蘆葦之初生，総名虇萌。今沙岸潮濤汨漱，蘆葦菼薍根露，白晳然，濯而食之，味甜且脆。詳虇名芽也，今江東人言虇牙之事是也。

一名竹胎

出《説文》。然筍芽之時，卷葉左右重重然，旋露節，而實終露外際，籜苞裹而生，堅勁爲竹，故謂之竹胎也。

一名竹牙

即牙目之牙也。

一名茁

謂竹萌初生茁茁然，故殊方音訓之名也。

一名初篁

初，始也。篁，竹也。見《梁簡文帝集》。

一名竹子

張華《神異經》注：子，筍也。

前之諸名，别同異，分少長也。厥狀可尋而識也。《字體》、《説文》云：凡竹屬，皆從竹。今筍二形，下聲，或作筍、笋，悉通，蓋旬、尹聲相濫耳。

宋 戴侗《六書故》卷二三 筍 ，竹萌也。《周書》曰：敷重筍席。蓋析子竹以爲席也。馬氏曰：箬，箸也。徐氏曰：竹子爲席，别作笋笋。因之爲筍簴之筍，取其搏直而鋭入也。《考工記》曰：小首而長，搏身而鴻，若是者謂之鱗屬，以爲筍。亦作 。别作栒、樽、笋。

箈 ，亦作箈。《爾雅》曰：箭萌也。《周官》：箈菹雁醢。康成曰：箈，箭萌。筍，竹萌。

清 牟應震《毛詩物名考》卷六 筍，《爾雅》：筍，竹萌，今或作笋。初出稈嫩，可爲蔬也。

綜 述

《周禮·天官冢宰》 加豆之實，芹菹、兔醢、深蒲、醓醢、箈菹、鴈醢、筍菹、魚醢。

《呂氏春秋·本味》 越駱之菌，鱣鮪之醢。越駱，國名。菌，竹筍也。鱣鮪，大魚

也。以爲醢醬無骨，曰醢。有骨，曰臡。

漢　枚乘《七發》（《藝文類聚》卷五七引）　犓牛之腴，菜以筍、蒲。

三國吴　陸璣《毛詩草木鳥獸蟲魚疏》卷上《維筍及蒲》　筍，竹萌也。皆四月生。唯巴竹筍八月、九月生。始出地長數寸。鬻以苦酒豉汁浸之，可以就酒及食。

北魏　賈思勰《齊民要術》卷九《苦笋紫菜菹法》　笋去皮，三寸斷之，細縷切之。小者手捉小頭，刀削大頭，唯細薄，隨置水中。削訖，漉出，細切紫菜和之，與鹽、酢、乳。用半奠。紫菜，冷水清，少久自解。但洗時勿用湯，湯洗則失味矣。

又　卷一〇《筍》　《吕氏春秋》曰：和之美者，越簵之箘。高誘注曰：箘，竹筍也。

《吴録》曰：鄱陽有筍竹，冬月生。

《筍譜》曰：雞脛竹筍肥美。

《東觀漢記》曰：馬援至荔浦，見冬筍名「苞」。上言《禹貢》「厥苞橘柚」，疑謂是也。其味美于春夏。

唐　段公路《北户録》卷二《斑皮竹筍》　湘源縣十二月食斑皮竹笋，滋味與北中七八月笋牙小類，但甜脆過之，諸笋無以及之。《吴録》云：馬援至荔浦，見冬笋，名曰苞笋，其味美於春夏笋也。即鷄脛竹笋。《博物志》曰：斑皮竹，洞庭之山堯帝之二女以涕揮竹，竹盡斑也。《爾雅》曰：笋，竹之萌。《説文》曰：笋，竹胎。《詩義疏》：笋，皆四月生也。巴竹笋，八月生。篃音媚。竹笋，冬夏生。《永嘉記》：含墮竹笋，六月生篃。《竹譜》：棘竹，落人鬚髮。愚按《山海經》：竹生花，其年便枯。六十年一易根，必結實而枯死。實落土，復生，六年還成町也。《竹譜》曰「竹，不剛不柔，非草非木。箹必六十，篗亦六年」是也。凡種竹，正二月斸取西南根，東北角種之，竹性向西南引也。《齊民要術》曰：諺云「東家種竹，西家治地」故也。南中有以竹爲刀錯子者。錯子即䈡箉竹皮爲之，錯指甲利勝於鐵機巧。李衙推昉云：如小鈍，復以漿水洗之如初。刀子竹，裴淵《廣州記》云：石林竹勁利，削爲刀，切截象皮如截芋也。公路襄州宜城縣木香村有莊，咸通初，忽生異竹，第一年生九竿，第二年生七竿，爾來歲歲有也。作深梔黃色，每節及枝上並抹緑，鮮澄，其笋甚美。按：顧凱之《譜》中亦無説處。《異苑》曰：東陽留道德元嘉四年，筋竹林忽生連理，野人無知，謂爲禍祟，伐煞之。公路乾符初經過夏口時，有人獻合歡笋於韋公尚書者。自一本分爲兩岐，長二尺餘，乃笋之瑞也。公命公路爲七字句歌之，詞繁不載。愚傳聞，貞元五年秋，番禺有海户犯塩禁者，避罪於羅浮山，深入至第十三嶺，山有十五嶺，四百三十二峰，九百八十三飛泉洞府也。遇巨竹百千萬竿，連亘巖谷，竹圍二十一尺，有三十九節，節長二丈，即由梧類也。海户因破之爲篋，會罷吏捕逐，遂挈而歸。時有軍人，獲一篋，以爲奇者，後獻於刺史李復。復命陸子羽圖而記之，亦資耳目之一事也。《舊記》云：李公顧謂門生廣州桑苧翁曰：夫視聽之外，經籍未録，不合有而有者，不知其極。況茲竹載在圖記，不足奇也。漢太尉許慎《説文》有長節竹，謂之笣，音鐘。一本作鐘。得非羅浮山龍鍾之義耶？

宋　釋贊寧《筍譜·二之出》　笆竹筍

八月生，盡九月。成都蜀地有別受氣類。一云笆竹，而竹與筍俱有刺芒也。

鄲竹筍

長節而深根，筍冬夏皆生。鄉人掘土取筍。《廣志》作篃竹，可作屋椽。《山海經》同也。

箭筍

十二月生。會稽以來諸山絶多。或叢生，或蔓延，可如筯大，長三四寸。

箘簬筍

自甌越以南，七月生。至八月盡。

蘦筍

錢唐多生。其色紫。苞當其蘦至時生，故俗謂蘦筍。

天目筍

五月生，盡六月。其筍色黃，出天目山。端午後方採鬻。早歲則無。

竹王林筍

漢武世，一女浣於勝水，見竹節隨流近，女子推去，又來，聞有音聲。持歸，破之，得小兒，男也。及長，以竹爲姓，立以爲王。其竹棄之於野，化生成林。其筍密密冒土。南地熱，其筍多冬生。

桃竹筍

涪陵相思崖生此竹。昔有童子在崖下吹竹，神女見，悦之，投以桃竹釵，童子報之以簴。今桃枝與竹皆生崖畔，其筍生亦柔弱有異，因號崖爲相思也。

孤竹筍

襄陽薤山下有孤竹，三年方生一筍，及筍成竹，竹母已死矣。代謝如春秋焉。又《周官》曰：孤竹之管，孫竹之管，陰竹之管。鄭注曰：孤竹特生者，孫竹根之末生者，陰竹生山北者。今詳：孤竹，特生獨生筍者，即子母不相同。孫竹，根鞭生筍者。陰竹，山北引鞭，晚生筍者也。

旋味筍

一名苦蒲筍。福州南一日程，多生苦竹，春則生筍，鄉人煑食，甚苦而且澁。及停久，則味還，可食，故曰旋味筍。

簝竹筍

出交趾。其爲竹也，實中，勁彊，有毒。彼土人鋭以刺虎，中之則死。筍亦內實。

桂竹筍

《山海經》云：桂竹甚毒，傷人必死。戴凱之《竹譜》云：同《山海經》。今未詳桂竹狀貌，筍亦難識。今恐簝筍異名實也。疑篛堅，不同此例。然篛與簝信譜而録，即應今可食者，早晚桂筍，所以不同也。

篻竹筍

生海畔山，而竹與筍悉有毛，傷人則死。泊船海嶼，慎勿取毛筍食。又有筀筍，同此毒。《廣志》云：篻竹堪作笛。既有毒，豈可作笛？此同名而殊實也。

⿱竹尋竹筍

竹本根長千丈，斷節爲大船，生海畔山。其竹萌，可數丈，猶爲筍也。

簩竹筍

其竹皮薄而空多，大者徑不過二寸，皮上有麤澁文，可爲錯鑢物并爪甲，利於鐵作者。若用久，鈍，則漿水洗，還復快利。其筍無肉。今詳微疑多毛猶或殺人，豈況麤可鑢。筍皮亦澁，理而可食乎？一云簩竹，一枝百葉，有毒。

篠簜筍

《尚書》曰：揚州厥貢篠簜。孔注云：篠，竹箭。簜，大竹。《禹貢》：揚州任土。或曰今揚州絶少。篠簜，竹箭中爲矢者，臨川會稽爲良，非也。曾不知夏禹時，揚州土疆南極交廣，皆不分墟。近代分撫越也。篠箭易識。簜，筍名。詁訓，故未詳。

筀筍

七月生至十月間，縉雲以南多出，然味苦而節疎，筍可大於箭筍少許。山人採剥，以厭汁熟煑之，都爲金色，然後可食，苦味減而甘，食甚佳也。

⿱竹僕筍

出温處建以來。竹如苦竹，長節而薄，可作屋椽。筍則春生，可食。

釣絲竹筍

南越多之。竹本大如鼓形，上節漸小，高三四丈者，若釣絲然，筍下廣上鋭，味甘可食，發病。

木竹筍

今靈隱山中亦出。中堅，亦通。小脉節內，若通草中也。筍堅可食，今人採竹作杖，可愛。或與篛同類耳。

邛竹筍

出蜀中臨邛，故曰邛竹，其筍春生。《羅浮山記》曰：邛竹本出邛山。張騫西至大宛所得歸，而此山左右時有之，鄉老多以爲杖。今羅浮山有筍，生又早，時候與蜀不同，其竹節橫出中間，練杵形，爲杖如木刻。竹筍中實，食美。《山海經》云：龜山扶竹。注：筇也，節高實中。扶也，名之扶老行也。與扶竹並節者不同。

赤竹筍

出閩中。大者如椽，堪作彈織箔扇。筍不毒。

衛丘竹筍

《山海經》云：衛於山丘南帝俊《譜》音舜字竹林在焉，大可爲舟。郭注云：舜林中竹，一節可以爲船。筍可知矣。

廬竹筍

其爲竹也，葉潤而利，可用割物。實箬類也。筍苦，亦可食。出廬州。

對青竹筍

竹則一邊青一畔紫，二色相映，可愛。筍萌可食，出成都。近孟昶據蜀，作對青竹亭焉。

慈母山筍

《丹陽記》：江寧縣南慈母山竹可以爲簫管，王褒《洞簫賦》所稱即此也。其筍圓緻，異於餘處。自伶倫採竹嶰谷，其後惟此篠見珍。俗呼鼓吹山，常禁伐者。筍則三月生，可食。

鍾龍竹筍

載凱之《竹譜》云：此竹伶倫所伐也，其筍生可食。

漢竹筍

《譜》云：大者一節受一斛，小者受數斗。可爲樽榼。其筍一節可受二三斗。味雖甘而澁。

利竹筍

其竹蔓生，若藤蔓屬。實中而堅韌。筍隨竹蔓而生。亦實韌也。

簢筍

《爾雅》云：簢，筡中。郭注其中空。今詳竹皆空中，或自根至梢空中，則無節竹也。疑簢竹一名筡中。一云其中叜曰筡，可以爲席。如此者，則其竹内隔叜，與常竹不同，故云筡中，爲筍嫩而節叜薄也。

鄰竹筍

《爾雅》郭注：堅中謂貞實。與平常竹不同。筍味同木竹筍。

雲母筍

郭義恭《廣志》云：雲母，大竹也。其筍亦相稱。

箘筍簵筍

伊二本竹生荆楚間。《尚書》：荆州厥貢箘簵。孔注：箘簵，美竹也，出雲夢之澤，三國常致貢焉。天下稱美，蓋堪爲矢。大者爲筆。本母既曰美竹，厥萌可曰美筍也。

篣筍

《廣志》：篣竹皮青，肉白如雪，軟韌可爲索。字或從草從竹，不定。其筍皮青，而筍肉皙白。王子年《拾遺記》有「篣竹作簾」。

少室竹筍

《河圖》曰：少室之山，大竹堪爲甑器。其筍長偉，堪食。

渭川筍

《史記》曰：渭川千畝竹，其人與千户侯等。今詳：《史記》舉其本而不言筍。筍利利人厥富，可儕等王侯也。筍，晚四月方盛。

鄠杜竹筍

《漢書》曰：秦地有鄠杜竹林。南山檀柘號陸海也。鄠杜多竹而勁小，西夏結乾筍，豈不是乎？

鏞竹筍

出廣州。此本竹絶大，内空，容得三升許米。交廣以來，人將此作升子量出納。其内出黄，可療風癎疾，名天竹黄。案：竹黄，名天竹，言此竹天也。亦猶天麻、天蓼言天大，如云雀麥、鼠莧言小也。或曰天竺之竺，非也。詳其竹亦療風，筍功可見也。一説竹黄是南海邊竹内塵沙加於竹，凝結成致。竹兼筍，皆療風疾。

相迷竹筍

生廣州已來。竹狀與鏞竹少異，其洪長亦同。内空，生黄，堪作丸。筍減鏞筍少分。

桃枝竹筍

其竹勁直柔弱，可爲篾爲席。《尚書·顧命》竹席是也。其筍叢生，其皮生毛，聚蟲蟻而不可食。人觀此竹是處有之。王彪之《閩中賦》亦見矣。

新婦竹筍

出武林山陰。其竹圓、直、韌，可爲篾。筍三月而生，可食。

篂竹筍

《竹譜》曰：篂竹似桂而概節，其筍可食。

簟竹筍

沈懷遠《南粵志》曰：博羅縣東，蒼州足簟竹，既大薄，且空中。節直二丈，其直如松。詳：其竹直二丈，猶爲筍，而可食。

雞頭竹筍

《竹譜》曰：雞頭竹似篁而細，筍亦可食，堪茹。

斑竹筍

《博物志》云：舜死，二妃淚下，染竹成斑。妃死爲湘水神，故曰湘妃竹。詳：其筍脱其殼乃爲篛，竹方生斑，筍不可食。

篃筍

《竹譜》云：篃竹，江漢間謂之竿篏。一赤數葉，葉大如履，可以作篷。今詳：葉如履，即王彪之《閩中賦》云湘箬也。其筍亦不大，止是箬葉異諸竹耳。又此竹與鄘竹同也。

篔簹筍

曹毗《湘中賦》云：其竹則篔簹。今詳：其筍亦洪大，竹節長四尺。

沛竹筍

《神異經》云：南方荒中有沛竹，其長百丈，圍二丈五六尺，厚八九寸，可以爲大船。其子美，煑而食之。

白烏筍

湘中有此竹生是筍。見魏《曹毗賦》。又有實中竹即有實中筍。篻屬也。

魚腸竹筍

梁簡文《脩竹賦》中見魚腸、雲母之名，曰：映花靡等。今詳：魚腸爲名，必像實而作，其竹細而屈。筍亦可以識矣。

篁筍

八月生筍，止十一月。竹，閩温已來，多節疎。鄉人候抽長成，竹梢弱。正月時便斷之，以火燎之，逐重起之，可爲條而柔韌，謂之竹麻。泉州已去，路傍多生，彼土人取逐節，可八九尺，堅。捺之青皮，纔爆内白肉，便爲麻，即不見火，謂之麻竹。南中轉高長節疎。其筍，皮黑紫色，其心實，人取細切，鹽漬少頃，以漿水漬，再宿瀝乾，瓻藏泥封，謂之筍笴，此亦古之筍葅也。笴義未詳。

[illegible]摩筍

《嶺表録》云：桂廣皆殖。大若茶椀。竹厚而空小，一夫止擎一竿，堪爲茆屋椽梁柱。其種者，欽具竿，每裁二尺許，打入土，不踰月而生根葉。明年長芽筍，不數歲成林。其筍，南人亦藏之爲筍笴。

箣竹筍

《嶺表録》云：其竹枝上刺，南人呼爲箣。自根横生枝條，展轉如織，雖野火焚燒，只燎細枝嫩條。其筍叢生，轉復牢密。邕州舊以爲城，蠻蜒來侵，竟不能入。

羅浮筍

羅浮山貞元中有人遊第十三嶺，見巨竹，有三十九節，二丈餘圍。筍甚牗直。

雲丘帝筍

《竹譜》云：帝陵上所生竹，一節可以爲船。筍大如本。

匾竹筍

匡廬山中多。其筍初冒土，便匾薄，及成竹，匾而長。今諸山中是處皆有之。

箖箊筍

左思《吴都賦》曰：竹則篔簹箖箊。今詳：其筍可食。

篛筒筍

見《吴都賦》。吴越有之。筍可食。

簹篔竹筍

竹節疎，而筍可食也。

篻竹筍

其竹實中，篻屬。見《吴都賦》中。筍堅大可食。篻出韶州，徑五六寸，中爲弓弩。筍堪食，自秋生至於冬末，春即不生矣。

筋竹筍

《天台圖經》云：五縣皆有。言其竹韌也，日南、九真炙生可作彈弓絃也。

服傷筍

竹大者五六寸圍，長二丈。其中實滿，筍至四月已後方出，味甚美。

狗竹筍

寧海已來多。三寸圍。節間有毛。筍三月生，可食。諸邑皆有之。

筀竹筍

今春二月已去。吴越多生。

扶竹筍

今武林山西，舊謂雙竹院中所産，脩篁嫩篠，皆對抽並肩。相傳云：兹竹自永泰已來有之。馮翊嚴諸爲其記。王子敬《竹譜》云：會稽箭竹、錢塘扶竹。蓋此雙竹即扶竹也。譬猶東之地産桑，兩兩並生，謂之扶桑矣。今詳：是竹爲筍，便有合歡貌，並出。愚曾著《扶竹賦》。

慈竹筍

四月生。江南人多以灰煑食之。其爲竹也，内實而節疎，性弱，而可代藤用，其形緊而細。又蘄黄生叢竹，一叢數竿，筍不外迸，只向裏生。如多，只可删科内。五六月長筍，明年方成竹，其筍不堪食。

玳瑁竹筍

薛翊《異物志》曰：弓竹似筋藤，斑駁如玳瑁。其筍脱殼而微有斑文也。

龍牙竹筍

出永嘉大羅山。其竹長四五尺，稀節。人取必有大風雨雷電，人下山則止。近故節惠公令取種，遇風而止。其筍則春二月生也。

棘竹筍

《竹譜》曰：其筍味肥，食之落人鬢髮。

笷竹筍

《齊民要術》云：筍無味。

雞脛竹筍

食之肥美。

檳榔竹筍

見杜臺卿《淮賦》。

毛竹筍

出武陵洞口。人斫竹，隨生。土俗云：僊人入洞，故生此竹，以隔浮世也。

篁竹筍

疑其狀類字，或是笪。竹、筍皆無味。

由梧竹筍

《南方草木狀》云：由梧竹，民間種之。長百尺，徑一尺八九寸。交趾人作屋柱。筍澁，不可食。

方竹筍

出澧州西游川鐵冶辰山之陽。其筍莖方二寸。已來，彼封人多爲臺卓衣架等。其筍硬不堪食。其竹節平，其性堅，其心實。

丹竹筍

出道州瀧中峭壁之上。竹每節可一丈或八尺，徑不大，裊裊摇空，粉節上似有丹色。心空肉薄，舟人多劈爲百丈繂。

毛斑竹筍

出蘄州。初伐竹即無斑，以灰汁洗之，即斑見。彼人多作簾席，或笛管。筍絶不堪食，與二妃祠者不同矣。

沙麻竹筍

《南粤志》中，此竹人削爲弓，弓似弩也。或曰蘇麻竹，或云麤麻竹。此疑與斯摩同耳。若斯摩筍，一人只擔兩莖耳。亦堪爲筍笴。

白竹筍

連州抱腹山多生此竹，莖徑白節，心少許緑。彼土人出筍之後，落籜撒梢時，采此竹以灰煑水浸，作竹布鞋，或搥一節作篲，謂曰竹拂。若貢布，一疋只重數兩也。

匾竹筍

出廬山。《莖匾傳》云：釋惠遠使鬼神，號辟蛇行者，捻此竹爲匾竹。筍出皆匾，堪食之。

拂雲篲竹筍

出廬山。莖大如指，竹杪細葉密翠如篲。彼人採爲方物贈人，謂之拂雲篲。作纖長也。

雙梢竹筍

出九疑山第二重麓臺側。筍長獨莖，及生枝葉，即分爲兩梢，葉密百細，亦謂爲合歡竹，與象扶桑者少同。

箖竹筍

出襄州卧龍山諸葛亮祠中。筍堪食，甚美。漸長，長百尺，只梢上有葉。土人作幡竿承落。

木竹筍

韶州多生。成竹一莖如萬歲藤，一節長四尺，無花而實，實如草豆蔻，土人鹽之爲果實。筍初生時，磊磈然不堪食。與今吴會間木竹筍，雖如筍，食美而甘，味不同。

水竹筍

出黔南管内，或巖下潭水中生。其筍隨水深淺以成節。若深一丈，則筍出水面，爲一節。蠻蜒採取以爲食。

古散竹筍

節似馬鞭，葉似桐樹而小，皮似栟櫚，柔韌。筍亦堪食。

秋蘆竹筍

其竹似蘆身，如荻蔗。冬天不凋，插枝如生。筍可食也。

鶴膝竹筍

竹狀節下大小似苦竹，而閩中土人呼爲搥竹，亦堪作柱杖。詳：此同笻竹也。筍可食。

石籧竹筍

一名篻簩。生關中，竹似石而小。《吴都賦》曰篻簩，有叢筍，可食也。

合歡竹筍

出南嶽下諸州山溪間，郴州最多。其筍初生，合歡形勢。及成竹也，或三莖合或兩莖合，斷其間，有竅。竹皮或斑點文。僧斷作針筒用也。

紫竹筍

成都府人家庭心多，苞叢而生，其色沈紫可愛。抽筍且稀，心實，筍不宜食。

月竹筍

竹狀輕短，叢生。每月抽筍，謂之月竹。筍如箭竹萌，人不食也。

三稜竹筍

其狀若椶櫚，葉莖柄三脊然。筍細。初抽，川中人家竹林中忽有，云吉兆也。

又《三之食》 李績《本草》云：竹筍，味甘無毒，主消渴，利水道，益氣，可久食。又，陳藏器云：諸筍皆發冷血及氣，不如苦筍，不發病。今詳諸説，皆冷，久食亦發風。苦筍冷，毒尤甚。陳説非也。以親驗爲證，諸筍以豉汁漬之，能解酒毒。又《本草》云：淡竹葉，味辛平，大寒，主胸中痰熱，欬逆上氣。又堇竹吹，苦竹、淡竹、甘竹葉。又實中竹並以筍爲佳。是知筍食去前病，當葉、根、茹一半明矣。若丹石熱渴，煑淡竹根汁以療之，筍汁亦可。除丹砂毒，噦嘔、逆氣、鬼氣，可取筍中酒服之，謂「糟中筍，節中水」也，最止小兒嘔吐。又食簟桂等筍，或中簟桂之刺，毒發，唯草犀根能療之。草犀解諸毒，生嶺南及睦婺洪饒間。生苗高二三尺，獨莖，對葉，根如細辛。生研服之，以功如犀，故名草犀。陳藏器云也。次則麻油、薑，皆殺筍毒。凡食筍之要，譬若治藥，脩煉得門，則益人，反是則損。採筍之法，可避露，日出後掘深土取之，半折取鞭根，旋得投密竹器中，以油單覆之，勿令見風。風吹旋堅，以巾紛拭土。又不宜見水，含殼沸湯淪之，煑宜久。

按：煑筍實，可一周時，已熟。或見生，水還重煑一周時。

驗知，筍不可生，生必損人，苦筍最宜久。甘筍出湯後，去殼，澄煑筍汁爲羹茹，味全，加美。然後始可與語爲食筍者矣。此外不足筭也。缺

不然，蒸，最美味。全煻灰中煨，後入五味，尤佳。

採筍，一日曰蔫，二日曰箊。見風則觸本堅，入水則浸肉硬，脱殼煑則失味，生著刃則失柔。採而停久，非鮮也。盛而苦風，非藏也。揀之脱殼，非治也。浄之入水，非洗也。蒸煑不久，非食也。筍萌之味，或甘或苦。甘則脾藏食，苦則肝藏食。原其木性實酸，蓋本性也。食甘多則損脾而逆胃，何耶？竹實，少陽之氣，終尅於脾土也。食苦多則補肝而助膽，何耶？與肝同類，木也。二味都利大小腸。

民間有煑苦筍方。入出水自貽，伊毒竹内一周時，臨熟爲水濺食可以。皮膚爆裂，苦筍與竹實，同氣而降一等也。

一説滑利大腸，無益於肺也。俗或謂之「刮腸箆」是也。凡物過度而食，益少而損多。豈止筍耶？殺筍之毒，吴蜀薑、麻油。如竹叢欲敗，以油滓沃，明年則凋踈矣。

葅法。《周禮》云：加豆之實，筍葅魚醢。注：箈，箭萌。筍，竹萌。今詳：鄭注不言。葅法如南人筍笴是也。此久藏法，鹽出水後加鹽、糯米粥藏，可以過暑月，到無筍時食。暴藏或鹽酢而已。如蒲葅亦爾。古加於豆籩中，以享賓客，用薦鬼神也。

藏法。《食經》云：淡竹安鹽中一宿。煑糠令冷，藏之。再出，別煑糠加鹽，藏之五日，可食。

鮓法。煮，用鹽、米粥藏之。加以椒辛物，或炒熟油藏，爲醢食，極美矣。

生藏法。將陶器一口可受一石者，選肥筍覆之，密泥塞之，勿令風入。到無筍時，揭器，則宛轉器中，取其弱處，剪之，勿令見風。入湯便淪，後方脱皮，一將筍截其尖鋭，用鹽湯煑之，停冷，入瓶，用前冷鹽湯同封瓶口，令密，後沈於井底，至九月井水暖旱，取出如生，五味治之而食。

乾法。將大筍生去尖鋭頭，中折之，多鹽漬，停久，曝乾。用時久浸，易水而漬，作羹，如新筍也。

脯法。作熟脯，搥碎薑酢漬之，火焙燥後，盎中藏，無令風犯。

會稽箭筍乾法。多將小筍蒸後，以鹽酢焙乾。凡筍宜蒸，味全。今越箭乾爲美啖也。

結筍乾法。秦隴已來，出筍纖長。土人用土鹽，鹽乾結之，市於山東。道浸而爲饌菜，甚美。

取麻法。南方作疎，作扇，作鞋。取篁竹、麻竹，當其正月，新竹上表獨是筍，下已成竹，逐節斷，重重起已，入湯煑柔韌作績，纖疎作鞋，隨意可也。

宋 陶穀《清異録》卷上《平頭筍》 海南島中一類筍，極腴厚而甚短，島人號平頭筍。

明 楊慎《丹鉛總録》卷四《竹實》 《竹譜》：根幹枯朽，花復乃懸。陸龜蒙詩：青篗末束孤鳳餓。唐詩：老屋茅生菌，饑年竹有花。李畋《該聞集》云：舊稱竹實爲鸞鳳所食，今近道竹間時，見花開如棗，結實如麥。江淮號爲竹米，以爲荒年之兆。其竹即死，信非鸞鳳之食也。近有餘干人來，言彼有竹，實大如鷄子，竹葉層層包裹，味甘勝蜜，食之令人心肺清涼。生深竹茂林密處，頃因得之。雖日久枯乾，而味尚存。乃知鸞鳳所食，必非常物也。

明 田藝蘅《留青日札》卷三二《練實》 竹實色白，故名曰練實。《神農》云：通神明，輕身益氣。陶隱居云：竹實出藍田，江東有花無實。頃來班班有實，狀如小麥，堪可爲飯。嘉靖二十年，昌化徧山竹皆成穟實，春碎若米而紫黑色，炊之可食。古人以爲荒年之兆。余園中竹亦結實，剥開甚清香。其竹即枯死，恐非鸞鳳之所食也。後見予陽山所生竹實，大如雞子，竹葉層層包裹，味甘勝蜜，食之令人心膈清涼。生山林深茂處，日久汁枯乾而味尚存，此鸞鳳之所耆也。《字書》迺于楝木下云：鵷雛食其實。又云：通作練。引《莊子》：非練實不食，何也？《風俗通》解豸食楝。

明 李時珍《本草綱目》卷二七《竹筍》 釋名：竹萌《爾雅》、竹芽《筍譜》、竹胎《説文》、竹子《神異經》。時珍曰：筍從竹、旬，諧聲也。陸佃云：旬内爲筍，旬外爲竹，故字從旬。今謂竹爲妬母草，謂筍生旬有六日而齊母也。僧贊寧《筍譜》云：筍，一名萌，一名篛，一名虇，一名茁，一名初篁。皆會意也。俗作笋者，非。

集解：弘景曰：竹類甚多。筍以實中竹、篁竹者爲佳。于藥無用。頌曰：竹筍，諸家惟以苦竹筍爲最貴。然苦竹有二種：一種出江西者，本極粗大，筍味殊苦，不可啖；一種出江浙及近道者，肉厚而葉長濶，筍味微苦，俗呼甜苦筍，食品所宜，亦不聞入藥用也。時珍曰：晉武昌戴凱之、宋僧贊寧皆著《竹譜》，凡六十餘種。其所産之地，發筍之時，各各不同。詳見木部竹下。其筍亦有可食、不可食者。大抵北土鮮竹，惟秦、蜀、吴、楚以南則多有之。竹有雌雄，但看根上第一枝雙生者，必雌也，乃有筍。土人于竹根行鞭時掘取嫩者，謂之鞭筍。江南、湖南人冬月掘大竹根下未出土者爲冬筍，《東觀漢記》謂之苞筍。並可鮮食，爲珍品。其他則南人淡乾者爲玉版筍、明筍、火筍，塩曝者爲鹽筍，並可爲蔬食也。按贊寧云：凡食筍者譬如治藥，得法則益人，反是則有損。采之宜避風日，見風則本堅，入水則肉硬，脱殼煮則失味，生着刃則失柔。煮之宜久，生必損人。苦筍宜久煮，乾筍宜取汁爲羹茹。蒸之最美，煨之亦佳。味蔹者戟人咽，先以灰湯煮過，再煮乃良。或以薄荷數片同煮，亦去蔹味。《詩》云：其蔌伊何，惟筍及蒲。《禮》云：加豆之實，筍菹魚醢。則筍之爲蔬，尚之久矣。

諸竹筍氣味甘，微寒，無毒。藏器曰：諸筍皆發冷血及氣。瑞曰：筍同羊肝食，令人目盲。主治消渴，利水道，益氣，可久食。《别録》利膈下氣，化熱消痰爽胃。甯原

苦竹筍氣味苦、甘，寒。主治不睡，去面目并舌上熱黄，消渴，明目，解酒毒，除熱氣，健人。藏器 理心煩悶，益氣力，利水道，下氣化痰，理風熱脚氣，并蒸煮食之。《心鏡》治出汗中風失音。汪穎 乾者燒研入鹽，擦牙疳。時珍 發明：時珍曰：四川叙州宜賓、長寧所出苦筍，彼人重之。宋黄山谷有《苦筍賦》云：僰道苦筍，冠冕兩川。甘脆愜當，小苦而成味；温潤縝密，多啖而不痛。食肴以之啓迪，酒客爲之流涎。蓋許之也如此。

篁竹筍，主治消渴風熱，益氣力，消腹脹，蒸、煮、炒食皆宜。甯原

淡竹筍，氣味甘，寒。主治消痰，除熱狂壯熱，頭痛頭風，并妊婦頭旋，顛仆驚悸，温疫迷悶，小兒驚癇天弔。汪穎 冬筍等筍，氣味甘，寒。主治小兒痘疹不出，煮粥食之，解毒，有發生之義。汪穎 發明：詵曰：淡竹筍即中母筍，雖美，然發背悶脚氣。箭竹筍新者可食，陳者不宜。諸竹筍多食皆動氣發冷癥，惟苦竹筍主逆氣，不發疾。顥曰：筍與竹瀝功近。有人素患痰病，食筍而愈也。瑞曰：淡筍、甘筍、苦筍、冬筍、鞭筍皆可久食。其他雜竹筍性味不一，不宜多食。宗奭曰：筍難化，不益人，脾病不宜食之。一小兒食乾筍三寸許，噎于喉中，壯熱喘粗如驚。服驚藥不效，後吐出筍，諸證乃定。其難化也如此。時珍曰：贊寧《筍譜》云：筍雖甘美，而滑利大腸，無益于脾，俗謂之刮腸篦。惟生薑及蔴油能殺其毒。人以蔴滓沃竹叢，則次年凋疎，可驗矣。其蘄州叢竹、缺斑竹、匡廬扁竹、澧州方竹、嶺南篤竹、簩竹、月竹諸筍，皆苦韌不堪食也。時珍常見俗醫治痘，往往勸飲筍湯，云能發痘。蓋不知痘瘡不宜大腸滑利，而筍有刮腸之名，則暗受其害者，不知若干人也。戒之哉！戒之哉！

桃竹筍，藏器曰：南人謂之黄筍。灰汁煮之可食，不爾戟人喉。其竹叢生，醜類非一。時珍曰：桃枝竹出川、廣中。皮滑而黄，犀紋缺骨，四寸有節，可以爲席。氣味苦，有小毒。主治六畜瘡中蛆，擣碎納之，蛆盡出。藏器

刺竹筍，時珍曰：生交廣中。叢生，大者圍二尺，枝節皆有刺。夷人種以爲城，伐竹爲弓。根大如車輻。一名芭竹。氣味甘、苦，有小毒。食之落人髮。《竹譜》

又《酸筍》 集解：時珍曰：酸筍出粤南。顧玠《海槎録》云：筍大如臂。摘至用沸湯泡去苦水，投冷井水中，浸二三日取出，縷如絲繩，醋煮可食。好事者携入中州，成罕物云。

氣味酸，涼，無毒。主治作湯食，止渴解酲，利膈。時珍

明 吴雨《毛詩鳥獸草木考》卷一四《筍》 筍，竹萌也。一名篙，一名竹胎。

初生可以爲菜殽。皆四月生，唯巴竹筍八月、九月生。始出地長數寸，鬻以苦酒，豉汁浸之，可以就酒，亦可以爲葅。嚴粲云：《天官·醢人》加豆之實，有深蒲筍葅。

明 高濂《遵生八牋》卷一二《笋鮓方》 春間取嫩笋，剥浄，去老頭，切作四分，大一寸，長塊，上籠蒸熟，以布包裹，榨作極乾，投於器中，下油用，製造與麩鮓同。

又《曬淡笋乾》 鮮笋猫兒頭不拘多少，去皮，切片條，沸湯焯過，曬乾，收貯。用時，米泔水浸軟，色白如銀，鹽湯焯即醃笋乾。

明 毛晉《陸氏詩疏廣要》卷上之上《維筍及蒲》 《爾雅》云：筍，竹萌。邢疏云：孫炎曰：竹初萌生謂之筍。凡草木初生謂之萌。筍則竹之初生者，可以爲菜殽。《詩·大雅·韓奕》云「其蔌維何？維筍及蒲」是也。《爾雅》又云：簢，箭萌。郭註云：萌，筍屬也。鄭註云：箭竹筍也。《通志》云：凡筍類，惟箭筍爲美。故會稽竹箭有聞焉。《周禮·天官·醢人》云：「箈葅雁醢，筍葅魚醢。」《吕覽》云：和之美者，越酪之菌。註：越酪，山名。菌，竹筍也。《筍譜》云：竹初種，根食土而下，求乎母也。及擢筍，冒土而上，愛乎子也。筍大約不過青緑色。《本草》：木性甲乙氣。蘇子瞻云：竹之始生，一寸之萌耳。陸農師云：其萌曰筍，筍从勹从日，勹之日爲筍，解之日爲竹。一曰从旬，旬内爲筍，旬外爲竹。今俗呼竹爲妒母草。言筍旬有六日而齊母，其自死筍謂之仙人杖。

清 高士奇《北墅抱甕録·筍》 春日發者爲園筍，新苞初进，嫩美罕匹，真勝於芻牛之腴，焙之作脯，經年可用。夏月竹鞭四行，其穿土而出者爲鞭筍，作羹特佳。竹忌狂鞭，截去之，則次年竹更茂。冬日生者爲團筍，伏蟄地中，短而節密，所謂蜩腹蛇蚹者是也。京師惟團筍可以攜致，然亦珍貴，不能飽啖，不若此間之不論錢也。年來千畝在胸，不減饞大守矣。

清 田雯《古歡堂集》卷三九《竹米》 竹花爲草華，實爲金琅玕。《山海經》云：竹生花，其季便枯，竹六十年易根，易根必花，結實而枯死，實落復生，六年而成町。是竹未有不花且實者。惟花實而後菁華竭，褰裳去之根，是以必枯也。而又云：琅玕之實，離朱采之以飼鳳。故鳳非梧桐不棲，非琅玕不食，則琅玕又第以供鳳食者。黔人爲余言，往歲多旱，林竹頻生花，結米若粳糯，色微紅而味甘。民間多采摘以爲食，久之則竹枯遂不復生。凡花則必旱，盖旱徵也。而非常亦不待六十季。唐天復中，隴西大饑，竹生粒，數州之民得以濟。夫《五行志》

遇乾封之歲，鑠石流金，草木皆焦，禾稼盡槁，而竹乃效靈如散籽出粟以相貸，是其功在養民者。今日思預爲之計而起其瘠，敢諉其責於篔簹之谷乎？附：宋江湖長翁《竹米行》竹君亢宗擅楚墟，一一脩聳山澤臞。風流秀整與世殊，楚俗食息皆爾須。薪之籬之且籧篨，笄筥箱篚籋籃筊。溝瓦厥祖羹其雛，隨索斯獲掇諸塗。今歲麥秋歲旱餘，得麥僅足償官租。竹君憫農如士夫，著花結實千林俱。密砌玉粒綴旒珠，株株纈取雖錙銖。彌頃亘畝無間株，磑磨蒸炊勝雕胡。隣里乞索水火如，坐令顰蹙與歌呼。埜叟好事能分吾，香清而冽甘而腴。此君行能不一書，此惠及物旋就枯。摩頂放踵忘其軀，所學無乃墨者徒。老子苟禄天之隅，神手無策蘇婷孤。

清 鄂爾泰《授時通考》卷六九 筍 《爾雅》曰：筍，竹萌也。《説文》曰：笋，竹胎也。孫炎曰：初生竹，謂之筍。《詩義疏》云：筍皆四月生，唯巴竹笋八月生，盡九月。成都有之。篃冬夏生，始數寸，可煮，以苦酒漫之，可下酒及食。又可米藏，及乾，以待冬月也。陸佃云：字從旬從日。包之日爲筍，解之日爲竹。又曰：字從竹從旬。旬内爲筍，旬外爲竹也。

《農桑通訣》：採筍之法，視其叢中斜密者芟取之。竹鞭方行處不宜採，採則竹不繁。採時可避露，日出後掘深土取之。半折取鞭根，旋得投密器中，以油單覆之，勿令見風，風吹則堅。筍味甘美，有毒，惟香與薑能殺其毒。煮宜久熟，生則損人。然食品之中，最爲珍貴。故《禮》云「加豆之實，筍俎魚醢」，《詩》云「其簌伊何？維筍及蒲」。蓋貴之也。

《永嘉記》：含隋竹笋六月生，迄九月，味與箭竹笋相似。凡諸竹笋，十一月掘土取，皆得長八九寸。長澤民家，盡養黄苦竹。永寧南漢，更年上笋，大者一圍五六寸。明年應上。今年十一月笋土中已生，但未出，須掘土取。可至明年正月出土，訖五月。方過六月，便有含隋筍。含隋筍迄七月、八月。九月已有箭竹筍，迄後年四月。竟年常有筍不絶也。《種樹書》曰：陰雨土虚，則鞭行。明年筍莖交出也。

《竹譜》：棘竹筍味淡，落人鬚髮。笠節出笋無味。雞頭竹筍肥美。篃竹筍冬生者也。

《食經》：淡竹筍法，取筍肉五六寸者，按鹽中一宿。出鹽令盡。煮糜一斗，分五升與一升鹽相和，糜熟須令冷。内竹筍醎糜中，一日拭之。内淡糜中，五日可食也。

清　徐鼎《毛詩名物圖説》卷七　《爾雅》：　筍，竹萌。孫炎註：　竹初萌生謂之筍。《釋器》：　菜謂之蔌。邢昺疏：　筍可爲菜殽。《詩》云：「其蔌維何？維筍及蒲。」蔌則菜殽也。《天官・醢人》：　筍菹魚醢。陸璣《疏》：　筍皆四月生，惟巴竹筍八、九月生。始出地長數寸，鬻以苦酒、豉汁浸之，可以就酒及食。《筍譜》：　竹初種根，食土而下，求乎母也。及擢筍，冒土而上，愛乎子也。筍大約不過青緑色。

清　光緒《高州府志》卷四八《紀述》　竹實《石城志》　案：　竹花結實，自晉元康元興以來，史氏所書不勝枚舉。大都如麥如稻，可充民食，占曰歲饑。《山海經》云：「竹生花，其年便枯。竹六十年而易根，易根必經結實而枯死。實落土復生，六年還成町。」今驗之，實而枯，枯而生果，然而謂六十年則未必碻也。竹實之歲，有饑有不饑，而物異必書，謹綴其説於此。

紀事

漢　班固《東觀漢記》卷一二　［馬］援好事，至荔浦，見冬筍，名曰苞筍，上言《禹貢》「厥包橘柚」，疑謂是也，其味美於春、夏筍。

晉　陳壽《三國志》卷四八《吴書・孫皓傳》　裴松之注引《楚國先賢傳》曰：［孟］宗母嗜筍，冬節將至，時筍尚未生。宗入竹林哀歎，而筍爲之出，得以供母，皆以爲至孝之所致感。累遷光禄勳，遂至公矣。

南朝宋　劉義慶《世説新語》卷下之上　荀勗嘗在晉武帝坐上食筍進飯，謂在坐人曰：　此是勞薪炊也。坐者未之信，密遣問之，實用故車脚。

南朝宋　劉敬叔《異苑》卷二　晉惠帝元康二年，巴西郡界竹生花，紫色，結實如麥，外皮青，中赤白，味甚甘。

唐　房玄齡《晉書》卷二八《五行志》　惠帝元康二年春，巴西郡界竹生花，紫色，結實如麥，外皮青，中赤白，味甘。　安帝元興三年，荆、江二州界竹生實，如麥。

宋　釋贊寧《筍譜・四之事》　張平子作《南都賦》，述南陽光武舊都也。云：　春卵夏筍，秋韭冬菁。【略】

漢欒安相李尤，字伯仁，作《七疑》云：　橙醢筍菹。

魏侍中王粲，作《釋》云：　越鱎涼拘，全筍菹菁。

潘岳爲河陽懷令，頻宰三邑，勤於政績，爲尚書郎廷尉評免官，作《閒居賦》云：　青筍紫薑。按：　筍不過縹緑，賦言青筍，今是處竹萌多作青緑色，非青碧色也。

左太冲《吴都賦》云：　苞竹抽節，往往紫結。注：　苞謂筍，苞皮抽節謂長也。

王宣居宇堂前有筍兩莖，一日盜折而亡，宣顧而不言。葛洪云：　吴景帝時，戍將廣陵發一塚，有人體如生。人共舉出，死人懷中頹然出筍。

陸雲，字士龍，爲性喜笑，作《笑林》云：　漢人有適吴，吴人設筍，問是何物？語曰：　竹也。歸煑其床簀而不熟，乃謂其妻曰：　吴人轣轆欺我如此。

丘道護誄龐道士曇諦曰：　梨柚薦甘，蒲筍爲蔌。【略】

王彪之作《閩中賦》曰：　竹則苞甜亦苦，縹箭班弓，員當函矢，桃枝育蟲，緗箬素筍，彤竿緑筒。

郭璞，字景純，博物多識，世謂無比，作《爾雅》「箈，箭萌」注云：　筍。《周禮》「箈菹鴈醢，又作萲蘬其萌蘿」注云：　今江東呼蘆筍爲蘿。蘿，音繾綣之綣。

晉劉殷，年甫九歲，孝性自然，爲曾祖母冬思筍，殷泣而獲，供饋焉。

丁固仕吴，性敦孝敬。母嘗思筍，因遂泣竹生筍。母子俱大賢，位至封公，貴極人望。

木玄虚著《四明山記》云：　雪竇山北嵓生石乳，其峯非人可升，有毛竹銀筍。詳其毛竹自生，毛筍若銀筍，即銀鑛如筍。然如池州山穴，曾有懸囚人下窺，至百餘尋，後見洞明焕，遂手搴之得三數莖。疑是此耶？或云：　毛竹筍白如銀。未詳。

江逌作《竹賦》云：望春擢筍，應秋發堅。【略】

宋劉虚哲，性孝謹。母疾，篤禱祈備徧，夢一黄衣翁曰：汝可取南山竹筍，食之病立瘥。驚覺，倶依夢采南山竹筍，饋母食之，病愈。

宋沈道虔，人有拔屋後筍，令人止之曰：惜此筍欲成林，更有佳者相與。乃令人買大筍送與之。

何隨《華陽國志》云：人有盗其園筍。隨見，挈屐而歸，恐盗者見也。

齊孝宣陳皇后，性嗜筍、鴨卵。永明九年，詔太廟祭后，薦筍、鴨卵云。

齊王儉贈高士宗測蒲褥筍席。

齊明僧紹，字真承，隱江東攝山。齊太祖謂其弟慶符曰：卿兄高尚，朕雖不相接，時通夢中焉。遺紹竹根如意，筍籜冠。太祖聞紹出遊定林寺，囑沙門僧遠欲相接，竟不諧。永明中徵，不就而卒。

梁簡文帝《七勵》云：澄瓊漿之素色，雜金筍之甘葅。又《春晚賦》云：望初篁之傍嶺，愛新荷之發池。

梁劉孝綽《謝建安王餉米等啓》：傳教李孟孫宣教旨「垂賜米酒爪，筍葅脯鮓；茗至味芳雲，杜潭抽節」等。

范元琰家有竹圃，每人見盗筍，苦於過溝。元琰伐樹爲橋，與盗者過，盗人感其情而息意不盗。【略】

唐，夏侯彪之上新繁令，問里胥曰：竹筍一錢幾莖？對曰：五莖。取十千買五萬莖。謂之曰：吾未要，且寄林中養之。至秋成竹，一竿十丈，遂成五十萬。貪猥不道，皆此類也。

沈如琢，成都人，有孝行。母患渴，非時思桑椹，苦求不遂。家東一樹，生摘以奉母，母渴愈。及亡，負土成墳，廬於側。白鵲二棲於廬，冬筍抽十莖。天寶二年詔旌表。

朱梁高祖開平二年冬，商州進筍，以爲瑞品，詔賜太守幣帛。【略】

何光遠作《廣政録》，記孟氏有蜀時翰林學士徐光溥、劉侍郎羲度分直，忽覩庭中筍迸出。徐因題之。劉性多譏，誚徐託土，本是蜀人。徐詩曰：迸出班犀數十株，更添幽景向蓬壺；出來似有凌雲勢，用作丹梯得也無。劉詩曰：徐徐出土非人種，枝葉難投日月壺。爲是因緣生此地，從他長養譬如無。二學士從兹不睦。

程崇雅者，遂州蓬山縣人，有孝譽。母患，冬月思筍。焚香入林中哭泣，感生大筍數株。

又《五之雜説》諺曰：臘月覓筍羹，大人道便是。昔有新婦，不得舅姑意。凡所須索，必背時而逆意。其婦善承，須不違所要，皆巧圖與夫求變，而副舅姑無以取責。姑一日歲暮，而索筍羹。婦答：即覓供上。妯娌問之曰：今臘月中，何處求筍？婦曰：且膺爲責，以順攘逆責耳，其實何處求筍。姑聞而後悔，倍憐新婦。故又諺曰：恭敬不如從命，受訓莫如從順。

宋 陶穀《清異録》卷上《通天筍》 衡州人家竹林中生五筍，徹梢無節目，觀者神之，名通天筍。

又《筍奴菌妾》 江右多菘菜，鬻筍者惡之，罵曰：心子菜，蓋筍奴菌妾也。

宋 歐陽修《新唐書》卷三四《五行志》 ［景龍］四年，京畿藍田山竹實如麥。占曰「大饑」。開元二年，終南山竹有華，實如麥，嶺南亦然，竹並枯死，是歲大饑，民採食之。占曰：「國中竹、柏枯，不出三年有喪。」十七年，睦州竹實。

宋 歐陽修《文忠集》卷一二七 金橘産於江西，以遠難致，都人初不識。明道景祐初，始與竹子倶至京師。竹子味酸，人不甚喜，後遂不至。

宋 陸游《老學庵筆記》卷三 吴人謂杜宇爲謝豹，杜宇初啼時，漁人得蝦曰謝豹蝦，市中賣筍曰謝豹筍。唐顧況《送張衛尉》詩曰：緑樹村中謝豹啼。若非吴人，殆不知謝豹爲何物也。

宋 周密《齊東野語》卷一四《諫筍諫果》 世傳涪翁喜苦筍，嘗從斌老乞苦筍詩云：南園苦筍味勝肉，籜龍稱冤莫採録；煩君更致蒼玉束，明日風雨吹成竹。又《和坡翁春菜》詩云：公如端爲苦筍歸，明日青衫誠可脱。坡得詩，戲語坐客云：吾固不愛做官，魯直遂欲以苦筍硬差致仕。聞者絶倒。嘗賦苦筍云：苦而有味，如忠諫之可活國。放翁又從而奬之云：我見魏徵殊嫵媚，約束兒童勿多取。於是世以諫筍目之。殊不知翁嘗自跋云：余生長江南，里人喜食苦筍，試取而嘗之，氣苦不堪於鼻，味苦不可於口，故嘗屏之，未始爲客一設。及來黔，入冬掘苦筍，萌於土中才一寸許，味如蜜蔗。初春則不食，惟道人食苦筍。四十餘日出土尺餘，味猶甘苦相半。以此觀之，涪翁所食，乃取其甘，非貴乎苦也。南康簡寂觀有甜苦筍，周益公詩云：蔬食山間茶亦甘，況逢苦筍十分甜；君看齒頰留餘味，端爲森森正且嚴。此亦取其甘耳。世人慕名忘味，甘心荼苦者，果何謂哉？

明 陳耀文《天中記》卷五三 插簪 吉安城有魏夫人壇，夫人煉丹時，有村

嫗屢以茶獻，夫人感其意，遂拔簪插于籬下，曰：年年四月盡，當生笋，可供汝家食饌。次年，其地笋生，味甘而無根，苗鄉人名曰填補笋，至今有之。《夷堅續志》

清　張廷玉《明史》卷二九《五行志》　弘治八年二月，枯竹開花，實如麥米。苦蕒開蓮花。

清　鈕琇《觚賸》卷五《豫觚・笋根稚子》　西華縣黄灣寨富民李泰真家堂前有竹一叢，不甚茂密。二童子戲其間，喧，言竹根見三寸小人，往來跳躍。泰真怪而覘之，已没土内。隨掘土，果得一人。眉目口鼻皆具，兩手各分，指形足指，拳跼如鳥爪，色極嫩白。康熙乙丑秋日，醫士陳子俊話其事。

清　潘永因《宋稗類鈔》卷三一　東坡嘗約器之同叅玉版。器之每倦山行，聞玉版，欣然從之。至簾泉寺，燒笋而食。器之覺笋味勝，問此何名？坡曰：玉版。此老僧善説法，令人得禪悦之味。器之方悟其戲。

清　百一居士《壺天録》卷下　開花結實，植物類然。惟竹樹常有此，有則主科第之兆，凶歉之兆，或主干戈。《類書》所記班班可考，而後之以此占驗灾祥者，亦往往信而有徵。粤省道光初年，南海縣竹樹開花，結實如米，擷而咽之，其甘如飴。羅羅村先生遂以第三人登上第。自是而後，番禺許陳文觀察以第二人及第，順德李若農學士以第三人及第。同治辛未，順德梁斗南殿撰以第一人及第。其年均有竹樹開花結實之事，此一驗也。至于凶荒之兆，咸豐壬戌年，南海一帶竹樹開花結實，林地山侍御既以第二人及第，而是年七月朔，颶風陡發，海潮盛漲，災害百數十里。及南海譚叔裕庶常以第二人登第之年八月，又有風災，較壬戌爲尤甚。是又一驗也。若夫無所徵驗，而亦有開花者，光緒己卯，蘇閶外某氏園林有鳳尾竹數叢，忽爾白花吐放，屑玉霏霏，珍珠點點，既如梨花淡冶，又復柳絮輕盈，萬個千竿，一一點綴，奇觀也。園丁以不祥，掃除之。又金陵城南北竹園頗夥。壬午四月中，樹樹皆花，色黄而白，説者謂主兵象，且引咸豐壬子年竹有花爲證。要之，天時地利，偶有轉變，故植物因之見異，宣洩菁英，特或然耳。即所謂科第凶歉兵戈之兆，要亦附會其説耳。不然，吉凶始兆天，豈真于竹露之哉？

清　光緒《江西通志》卷九八　［明正德三年秋七月］瑞州竹生花，結實如米。

清　光緒《鬱林州志》卷四《禨祥》　［清道光］三十年，山崩泉竭，蝗害稼，竹生花結實。七八月大旱。咸豐元年春，大旱。竹結實如麥穗，皆枯。蝗害稼。

著録

宋　釋贊寧《筍譜・四之事》　戴凱之作《竹譜》，搜括竹類，言有六十一焉，筍類附在此也。又云：箘䈕竹，大如脚指，蟲食其筍皮類繡，甚可愛。林諝著《閩中記》，述風土所生竹二十許類，筍附而云。范旻著《邕管記》，有鹿頭筍諸色，筍名類甚多，不能備述其名。

宋　趙希弁《郡齋讀書後志》卷二　《筍譜》三卷。右皇朝僧惠崇撰。

宋　陳振孫《直齋書録解題》卷一〇　《筍譜》一卷。　僧贊寧撰。案：晁公武《讀書志》作僧惠崇撰。

元　脱脱《宋史》卷二〇五《藝文志》　僧贊寧《筍譜》一卷。

元　馬端臨《文獻通考》卷二一八《經籍考》　《筍譜》二卷。　鼂氏曰：皇朝僧惠崇撰。陳氏曰：僧贊甯撰。

明　慎懋官《華夷花木鳥獸珍玩考》卷五　《筍譜》二卷。　晁氏曰：皇朝僧惠崇撰。陳氏曰：僧贊寧撰。

清　永瑢《四庫全書總目》卷一一五　《筍譜》一卷。內府藏本。不著撰人名氏。晁公武《讀書志》作僧惠崇撰。陳振孫《書録解題》作僧贊寧撰。案：惠崇爲宋初九僧之一，工於吟詠，有《句圖》一卷。又工於畫，《黄庭堅集》有題其所作《蘆雁圖》詩。然不聞曾作是書。考《宋史・藝文志》亦作贊寧，則振孫説是也。贊寧，德清高氏子，出家杭州龍興寺。吴越王錢鏐署爲兩浙僧統。宋太宗嘗召對於滋福殿，詔修《高僧傳》。咸平中，加右街僧録。至道二年卒，謚曰圓明大師。所著《物類相感志》，歲久散佚。世所傳者皆贋本，惟此書猶其原帙。書分五類。曰一之名，二之出，三之食，四之事，五之説。其標題蓋仿陸羽《茶經》。援據奥博，所引古書多今世所不傳，深有資於考證。三之食以前，皆有註，似所自作。然「筍汁煮羹」一條，註乃駁正其説，以爲羹不如蒸，又似後人之所附益，不可考矣。王得臣《麈史》曰：僧贊寧爲《筍譜》甚詳，掎摭古人詩詠，自梁元帝至唐楊師道，皆詩中言及筍者。惟孟蜀時學士徐光溥等二人絶句案：此數句似有脱文，今姑仍其舊。亦可調勸篤，然未盡也。如退之和侯協律詠筍二十六韻不收，何耶？豈寧忿其排釋氏而私懷去取耶？抑《文公集》當時未出乎？不可知也云

云。今檢譜中，果佚是作。然以一人之耳目而採摭歷代之詩歌，一二未周，勢所必有，不足爲是書病也。

藝文

《詩經·大雅·韓奕》 其蔌維何？維筍及蒲。

北周 庾信《庾子山集》卷四 田家足閒暇，士友暫流連。三春竹葉酒，一曲鵾雞弦。張衡《七辨》曰：玄酒白醴，葡萄竹葉。張協《七命》曰：豫北竹葉。張華《輕薄篇》曰：蒼梧竹葉青，宜城九醖酒。嵇叔夜《琴賦》曰：嚶若離鵾鳴清池。又曰：鵾雞遊絃。李善注云：古相和歌有鵾雞曲。

唐 李頎《籬笋》（《文苑英華》卷三二五引） 東園長新笋，映石復穿籬。近出依青嶂，攢生伴緑池。密一作色因林向背，行逐地高卑。但恐春將老，青青獨爾爲。

唐 司空曙《送李嘉祐正字括圖書兼往揚州覲省》（《全唐詩》卷二九三引） 不事蘭臺貴，全多韋帶風。儒官比劉向，使者得陳農。晚燒平蕪外，朝陽疊浪東。歸來喜調膳，寒筍出林中。

唐 劉禹錫《劉賓客外集》卷二《白侍郎大尹自河南寄示池北新葺水齋即事招賓十四韻兼命同作》 公府有高政，新齋池上開。再吟佳句後，一似畫圖來。結搆疎林下，寅緣曲岸隈。緑波穿戶牖，碧甃疊瓊環。幽異當軒滿，清光繞砌迴。潭心澄晚鏡，渠口起晴雷。瑶草緣堤種，松烟上島栽。遊魚驚撥剌，浴鷺喜毰毸。爲客烹林笋，因僧採石苔。酒缾常不罄，書案任成堆。簷外青雀舫，坐中鸚鵡杯。蒲根抽九節，蓮萼捧重臺。芳訊此時到，勝遊何日陪。共譏吴太守，自占洛陽才。

唐 白居易《白氏長慶集》卷七《食笋》 此州乃竹鄉，春笋滿山谷。山夫折盈抱，抱來早市鬻。物以多爲賤，雙錢易一束。置之炊甑中，與飯同時熟。紫籜拆故錦，素肌擘新玉。每食遂加飡，經旬不思肉。久爲京洛客，此味常不足。且食勿踟躕，南風吹作竹。

唐 姚合《姚少監詩集》卷九《喜胡遇至》 窮居稀出入，門戶滿塵埃。病少閒人問，貧唯密友來。茅齋從掃破，藥酒遣生開。多事經時別，還愁不宿迴。就林燒嫩筍，遶樹揀香梅。相對題新什，遲成舉罰杯。

唐 李商隱《李義山詩集》卷中《初食笋呈座中》 嫩籜香苞初出林，於陵論價重如金。皇都陸海應無數，忍翦凌雲一寸心。

唐 釋齊己《白蓮集》卷三《新筍》 亂迸苔錢破，參差出小欄。層層離錦籜，節節露琅玕。直上心終勁，四垂煙漸寬。欲知含古律，試剪鳳簫看。

唐 皮日休《聞開元寺開笋園寄章上人》（《松陵集》卷六引） 園鏁開聲駭鹿羣，滿林鮮籜水犀文。森森競泫林梢雨，嶁嶁争穿石上雲。並出亦如鵝管合，各生還似犬牙分。折烟束露如相遺，何肻明朝不茹葷。

宋 韋驤《錢塘集》卷五《賦新笋》 竹裏行厨洗玉盤，旋抽新笋正檀欒。桑鞭乍斷泥猶濕，嫩籜初苞蘚未乾。象箸偶存遺樣短，瓊林纔拆冷光寒。如何且緩珊觴薦，留作青林虎豹看。退之詩云：看皮虎豹存。

宋 蘇軾《東坡全集》卷三《和蔡準郎中見邀遊西湖》 田間決水鳴幽幽，插秧未遍麥已秋。相攜燒筍苦竹寺，却下踏藕荷花洲。船頭斫鮮細縷縷，船尾炊玉香浮浮。臨風飽食得甘寢，肯使細故胸中留。君不見壯士憔悴時，飢謀食，渴謀飲，功名有時無罷休。

又 卷九《送筍芍藥與公擇二首》 久客厭虜饌，枵然思南烹。故人知我意，千里寄竹萌。駢頭玉嬰兒，一一脱錦裯。

庖人應未識，旅人眼先明。我家拙厨膳，彘肉芼蕪菁。送與江南客，燒煮配香粳。

又 卷三〇《謝惠猫兒頭笋》 長沙一日煨籩筍，鸚鵡洲前人未知。走送煩公助湯餅，猫兒突兀鼠穿籬。

宋 蘇轍《欒城第三集》卷三《林筍》 竹林遭凍曾枯死，春筍連年再發生。天與歲寒終倔强，澤分淇澳轉敷榮。狂鞭已逐草侵徑，疎影長隨月到楹。嵇阮欲來從我飲，開門一笑亦逢迎。

又 《食櫻笋二首》 一旱經春草木焦，朱櫻結子獨盈條。槃中宛轉明珠滑，舌上逡巡絳雪消。仰囑佳人露猶濕，偷銜啼鳥語尤嬌。南方荔子争先後，羞見炎風六月燒。

林竹抽萌不忍挑，誰家盈束伴晨樵。籜龍似欲號無罪，食客安知惜後凋。不願鹽梅調鼎味，姑從律呂應簫韶。林間老死雖無用，一試冬深雪到腰。

宋 黄庭堅《山谷集》卷一《苦笋賦》 僰道苦笋，冠冕兩川。甘脆惬當，小苦而反成味；温潤縝密，多啖而不疾人。蓋苦而有味，如忠諫之可活國；多而不

害，如舉士而皆得賢。是其鍾江山之秀氣，故能深雨露而避風煙。食肴以之開道，酒客爲之流涎。彼桂斑之夢汞，又安得與之同年。蜀人曰：苦笋不可食，食之動痼疾，令人萎而瘠。予亦未嘗與之言，蓋上士不談而喻，中士進則若信，退若眩焉，下士信耳，而不信目。其頑不可鐫。李太白曰：「但得醉中趣，勿爲醒者傳。」

宋 李復《潏水集》卷一五《和人笋詩》 葛陂龍去已千年，每見遺孫出是間。未遇嚴霜懷節久，因生平地立身難。長崖氣潤雲藏角，暗谷叢深霧養斑。春晚向空重籜盡，却驚高意不能攀。

宋 鄒浩《道鄉集》卷一一《佛前筍》 寓居閣上，忽于佛前生五筍，甚可愛。地主云：閣成今十年，隱築堅實，溝塹深淵，未嘗有此。州人傳之，咸謂吉祥爲予發也。作二首。

基構于今政十年，不容山竹暗行鞭。森然五筍自何出，盛矣文邦相與傳。

和氣潛通無間斷，佛光回照有因緣。恩書不遠歸期近，已覺斑衣色倍鮮。

宋 周紫芝《太倉稊米集》卷二五《苦筍》 庾郎鮭菜不滿腹，三歲杯盤入吳俗。江頭四月烏賊來，經日楊梅雨中熟。是時苦竹方生兒，錦綳時露騈頭玉。杭人嚇飯正要虎，日以千金換盈束。人莫不食鮮知味，妙理聽君論反覆。舌頭誰識苦中甜，今乃苦口後爲福。蔗中佳境甘似飴，厚味可人終臘毒。江南山多豈無此，苦甚何止秋荼酷。天公時爲餉饞人，雨洗風吹滿山谷。從今不敢料吳儂，但煮蝦蟆當粱肉。

又 卷二八《詩五十八首》 七閩山中，竹皆有實，多至萬斛，民賴以食。歲且不飢，作樂府短歌，以紀異事。將以俟採詩者擇焉，蓋詩人之職也。

七閩山中地不足，往往連山暗脩竹。今年是處生竹花，竹米登囷日千斛。大家炊飯餉田夫，小家作糜飢飫腹。官雖賦田無上地，民不扶犁得中熟。福唐太守不敢藏，青版成囊獻黄屋。黔黎鼓腹慰天心，宣付汗青書日録。山中父老雪滿頭，何曾眼見天雨粟。漫將葆旅屬珠星，誰問廟堂調玉燭。人言丹鳳餐竹實，玉粒先來自山谷。會見雙飛入建章，萬年枝並看鸞宿。

宋 朱松《韋齋集》卷六《篁竹笋》 梅雨冥冥稻已齊，連雲篁竹暗蠻谿。短萌解籜登雕俎，錯落黄金騣裊蹄。

宋 曹勛《松隱集》卷二二《山居雜詩》 門前露草嫩，極目遨青龍。策杖不知遠，看山兼別峰。曉厨尋晚筍，客供摘新菘。舌下清肥足，何勞細肋供。

宋 陸游《劍南詩稾》卷五《苦筍》 藜藿盤中忽眼明，騈頭脱襁白玉嬰。極知耻介種性別，苦節乃與生俱生。我見魏徵殊媚嫵，約束兒童勿多取。人才自古要養成，放使干霄戰風雨。

又 卷五三《記夢》 旅夢遊何地，分明禹廟傍。不嫌村餉薄，但愛野蔬香。筍市連山塢，菱歌起夕陽。一蓑元所樂，枉道嬾衣裳。

宋 陳造《江湖長翁集》卷九《愛笋》 犀非犀，玉非玉，拂拂輕霜浮脆緑。披籜含梢欲成竹，娟娟裹裹森可束。稀間只稱佳月照，勁處差耐清風觸。少忍克庖得補林，主人爲目不爲腹。論材似也子勝人，終竟鼻祖與膏馥。官閑盡日據胡床，樂與此君同避俗。冷笑京華癡少年，枉費千金買花木。

宋 薛季宣《浪語集》卷五《筠鄉新筍》 根節凌槐夏，風霜閱草春。此君椽筆健，稚子錦綳新。有待瞻淇澳，行將滿渭濱。狂鞭任奔迸，我不是饞人。

宋 朱熹《晦庵集》卷三《新笋》 脩脩江上林，白日暗風雨。下有萬玉虬，三冬卧寒土。

宋 張鎡《南湖集》卷九《得巨筍三尺圍送王叔輿》 猫頭名字出長沙，別號犀株豈過誇。好對竹尊招二子，藕如船大棗如瓜。

宋 裘萬頃《竹齋詩集》卷二《松花開竹笋茂喜而詠之》 繁花密笋暮春時，妝點園林一段奇。金粉生香風細細，斑衣留潤露垂垂。品高宜入神仙藥，節勁終全冰雪姿。笑彼杏桃兒女態，漫爭豔冶媚山岐。

元 劉秉忠《藏春集》卷二《竹筍》 亭亭瘦玉倚疎籬，日夕摩抄恐長遲。立節未能森似束，出頭休若鋭如錐。共言愛物終成癖，不道忘情卻近癡。料得此君霜雪後，虚心定有子猷知。

元 鄭允端《肅雝集·筍》 竹林春雨過，瘦笋迸苔生。坐待成高節，清標出短墻。

明 薛瑄《敬軒文集》卷一《新笋》 方池錦萍滿，花草被四阿。生意一何盛，新笋池上多。緑苔已穿透，粉籜方包羅。鋭若毛遂穎，森如羽林戈。朝翫夕逾峻，舊竹時復過。相期保堅節，歲寒心靡他。

又 《笋》 爲是根延蔓，因知笋易生。破苔錐快利，穿砌角峥嶸。籜解龍蛇蜕，梢翻翡翠翎。漸應爲勁節，行復上青冥。

明 吳寬《家藏集》卷一三《冬筍》 錦綳秋後脱，玉趾雪中過。大嚼何須肉，平生愛老坡。

明 朱誠泳《小鳴稿》卷七《新笋出林爲風所折》 籜龍驚蟄出牆東，一夜寒

聲滿地空。造化未應偏妬物，錦裯初脱不禁風。

明 秦夔《五峯遺稿》卷一一《竹笋》 粉褪雨肥初，緑垂風折久。我亦老可流，胸中有千畝。

明 王世貞《弇州四部稿》卷四四《竹筍》 大陸千林紫氣間，野人零露荷鑱還。春盤玉並佳人指，曉殿星分侍從班。鳳尾擘雲迴白日，龍鱗過雨坼青山。亦知饞口渾無厭，剛道湛園秀可删。

清 吴綺《林蕙堂全集》卷一五《憶笋》 頗憶篔簹谷，胸中飽渭州。貓頭能竟尺，犢角早勝拳。鋤砍春泥脆，盤燒曉露鮮。平生差免俗，真賴此君賢。

清 程夢星《今有堂詩後集・漪南集・數筍》 花鬚纔數後，指點竹初萌。個個分行出，離離上番生。入林尋欲遍，逸徑記還清。莫待殘春過，千竿漸養成。

清 愛新覺羅・弘曆《御製詩初集》卷四〇《新筍》 渭南梢已緑，冀北苞方紫。因憶忘年交，不妨皆君子。宿雨潤蘭谿，怒生一日齊。試看方寸際，便爾異雲泥。爲愛千雲意，寧爲清夏供。長松將古鶴，早與結高踪。戢戢龍新角，依依鳥重枝。栽培生意在，造物本無私。

清 汪如洋《葆沖書屋外集》卷一《蘭花筍》 小脱香繃寸截勻，問名九畹茁芽新。仙椏五葉咀成露，貢茗雙旗焙及春。空谷何人糸玉版，清湘有淚托靈均。櫻厨爲爾增鄉思，不獨西風憶采蓴。

清 王培荀《寓蜀草》卷二《竹實謡》 鳳非竹實不食。竹之結實者最少，偶結則竹林皆枯。實亦細碎，無異味。或云有一種結實甚大，味清甘，此鳳之所食也。然無見之者，作此爲竹解嘲。 森森竹立依清漣，萬葉千枝緑雲團。何時結實飼鳳鸞，鳳鳥苦飢處深山。雨雪忍凍修羽翰，五色九苞誰復觀。鷄鶩争食興方酣，飛鳶惟覺腐鼠甘。迴顧竹林幽且閒，緑玉蕭疎積風烟。翻然高舉翔九天，徘徊下顧棲息難。來儀盛世光簡編，集梧集竹非謀餐。凡鳥肉重難高騫，蓄意凌雲或墜淵。瀟湘之竹痕斑斑，終古含翠仙妃憐。鳳未果腹飲清泉，歸昌聲祝千萬年。

清 童槐《今白華堂詩録補》卷八《沁園春・詠冬筍》 鄉味如何，折竹寒窗，夢回曉衾。想廉泉長老，緜裝玉版，渭川饞守，雪洗瑶簪。解籜燒爐，攢芽賸爵，抵得春纖捧笑斟。渾無著，是盤餐京洛，饋歲光陰，登筵驚喜何任，自離了，櫻厨杳莫尋。問秋鷹尾羽，蔭他幾番，蒼龍頭角，埋到如今。選盡仙班，抽殘卷束，還賸孤寒一寸心。詩腸裏，怪霜蔬得氣，攙作清吟。

雜録

漢 東方朔《神異經》 南方荒中有涕音沸竹，長數百丈，圍三丈五六尺，厚八九寸，可以爲船。其笋甘美，煮食之，可以止創癘。張茂先注曰：子，笋也。

晉 張華《博物志》卷三 止些山多竹，長千仞，鳳食其實。去九疑萬八千里。

晉 葛洪《抱朴子・内篇》卷四《金丹》 又李文丹法，以白素裹丹，以竹汁煮之，名紅泉，乃浮湯上蒸之，合以玄水，服之一合，一年仙矣。

唐 馮贄《雲仙雜記》卷七《竹節中神水》 重午日，午時有雨，則急斫一竿竹，竹節中必有神水。瀝取和獺肝爲圓，治心腹塊聚等病。《金門歲節》

宋 釋贊寧《筍譜・四之事》 唐李淳風撰《占夢書》云：夢折筍，得財象也。夢竹生筍者，欲有子息也。或云《周公占夢》。按《周禮》説六夢外，故無委曲而言。今言李淳風，亦恐非也。何則？言詞淺近，妄説《周禮》之名。此且附李下耳。

又《筍譜・五之雜説》 凡草木，受陰陽之氣，從元化之主，苟無範圍，何大鈞鑄形而相肖。故云：木實從核，以求其種；相爲梨屬，枳爲橘屬。草荂從秀，以求其醜。葦醜莙。竹之醜節種，同蔗屬也。厥性弱於木而强於草，知非木，實草木中之别類。故《爾雅》曰：如竹箭曰苞。見《釋木》也。篠箭，見《釋草》也。亦言菜。筍爲人之所採取也。民間説竹有生日，即五月十三日也。移竹栽取宜此日。或陰雨土虚，鞭行。明年筍萌交出。偷筍，閭閻人隔垣籬，必埋貓於家牆下，明年筍迸過矣。

昔王子猷暫寄人家，便令種竹。或問暫居何煩？子猷笑曰：何可一日無此君。後代人謂竹都爲此君。今作譜者，可命筍爲此君之子也。

吾儕中有利口薄徒，喜詆訶賢達曰：汝是玉，吾見汝作石時；汝是竹，吾見汝作筍時。

俗聞呼筍爲龍孫，若然者，龍未聞化竹，竹化爲龍，豈宜言龍孫？今詳：理實竹爲龍，龍且不生筍，故嘉言巧論，呼爲龍孫耳。

或問：筍有五色章采否？對曰：江東黄筀《閒居賦》有青筍，《閩中賦》有

素筍、赤筍，錢塘多紫桂筍。自餘班狸細縹，不可勝言，大約不過青緑色。

《本草》：木性甲乙氣。

愚著《物類相感志》常寄書問天目。舊友問山中所出，伊僧嗜筍，却迴詩云：山中人事違，天眼中修定。天目，一名天眼。我本無根株，只將筍爲命。

元 陳芬《芸窻私志》（《説郛》卷三一下引） 凝波竹實，服之肌滑體輕。趙飛燕舞于手掌上，服此實也。出匾吴山。紫枝，緑葉，堅滑如玉，風吹有聲如環珮。成帝種于臨池觀，更名曰環珮竹。花如海榴，實如蓮子而小。近謝芬蘭庭中忽生此竹，人以爲瑞，而不知爲何物，其夫讀《海外志》始知之，苐無花實。明年出笋如常竹，前種亦漸不然，人以爲玄善所致。

禮俗

論説

宋 袁文《甕牖閒評》卷七 黄太史《草書帖》云：時小雨清潤，十三日所移竹各已蘓息，惟自籬外移橙一株著籬似無生意。蓋十三日竹醉，而使橙亦醉，亦失其性矣。此一段説得良婉，語言既新奇，而又雜以恢諧，使人賞玩不能去手。夫十三日竹醉，當是五月十三日，此日止可移竹。若移橙，非上春不可。今乃于中夏向暖時舉事，宜其無生意也。余故能知之太史書林中人，豈知所謂移橙者。第見杜子美詩中云：細雨更移橙。遂欲料理，雖已得細雨，而時已向熱，不待趨而往視，其槁死無疑，又豈特無生意已哉！

明 張萱《疑耀》卷五《種竹》 種竹者，必以五六月，雖烈日無害。世言五月十三日爲竹醉日，可移竹。余居田間，好種竹，不必此日。凡夏月雨天，皆可種也。若杜少陵詩「西窻竹影薄，臘月更須栽」，又以冬而種竹。《石林避暑録》所載，嘗依少陵詩於臘月種竹，卒無一生者，豈地有不同耶？

清 田雯《古歡堂集》卷三九《竹王》 予過楊老黄絲驛，見有竹二郎、竹三郎祠。土人祀之惟謹，詰其所從來則不知。意以爲山魈、木客、夔蝺之倫。及閲郡志而後知爲竹王子也。昔夜郎有女子，浣於遯水。忽有巨竹長三節，流過足間，中有兒啼，剖視得一男，取歸養之。及長，有才武，自立爲夜郎侯，以竹爲姓，諸蠻尊之。漢武帝元鼎六年，平西南夷，置牂牁郡，侯迎降，賜以王爵，後殺之。諸蠻思之不置，請爲立後。牂牁太守吴霸以聞，乃封其三子爲侯，因相沿立祠而不絶。

論曰：竹王之事，與盤瓠、蠶叢、杜魄、荆尸之説無以異。豈果有其事乎？抑荒唐悠謬之談，妄以傳妄而莫之究也。然吞卵履武載在《雅》、《頌》，仲尼不以爲誕而删之。張鷟斯之爲竜種也，寶誌之育鳥巢也，蜀妃之爲山精，盧志之爲鬼子也，類固未盡推，傳亦未勝紀，烏可以恒情測夏冰語哉？由漢迄今，千百年而祀之不少衰，鬼方尚鬼，大抵然矣。抑又聞之黔稱貴竹，實此之由。《零陵記》云：桂竹之埜産桂竹，來風防露，上合下疎。每日一出，羅紈金翠。《竹譜》又作筀竹，然世之稱者不從筆，而從貴，以竹王故也。雖然石言於晉神，降於莘，爲齊諧以志怪作莊周之寓言。吾儒讀古人之書，亦姑存而不論已耳。

綜述

南朝梁 宗懔《荆楚歲時記》 正月一日，是三元之日也，謂之端月，雞鳴而起，先於庭前爆竹，以辟山臊、惡鬼。

宋 范致明《岳陽風土記》 五月十三日謂之龍生日，可種竹，《齊民要術》所謂竹醉日也。

宋 陳元靚《歲時廣記》卷二一《竹迷日》 《筍譜》：民間説竹有生日，即五月十三日，移竹宜用此日，或陰雨土虚則鞭行，明年筍莖交至。一云：竹迷日栽竹，年年生筍。劉延世《竹迷日種竹》詩云：梅蒸方過有餘潤，竹醉由來自古云。掘地聊栽數竿玉，開簾還當一溪雲。然則竹迷亦此日也。陳簡齋《種竹》詩云：何須俟迷日，可笑世俗情。

宋 佚名《錦繡萬花谷前集》卷四 五月十三日竹醉。魯直詩注云：五月十三日竹醉，宜栽竹，辰日可種瓜。詩云：夏栽醉竹餘千箇，春種辰瓜滿百區。

清 周魯《類書纂要》卷二八 竹醉，五月十三日爲竹醉日，種竹無有不活。

清 李光地《月令輯要》卷一五 竹醉日，原《山家清事》：八月八日爲竹醉日，種竹易活。

清 朱亦棟《群書札記》卷六《竹小春》 《荆楚歲時記》：十月，天時和暖似

春，故曰小春。芹按《笋譜》：竹八月，謂之小春。熱欲去，寒欲來。氣至而來，故曰小春。又《文心雕龍》：竹有生日，即五月十三日。《四民月令》：是日謂之竹醉，又謂竹迷，栽竹多盛。山谷詩：夏栽醉竹餘千箇，春種辰瓜滿百區。注：是日竹醉，宜栽竹。辰日可種瓜。又《山家清事》：八月八日爲竹醉日，種竹易活。

紀事

晉 常璩《華陽國志》卷四《南中志》 有竹王者，興於遯水。有一女子浣於水濱，有三節大竹流入女子足間，推之不肯去，聞有兒聲，取持歸。破之，得一男兒。長養，有才武，遂雄夷狄，氏以竹爲姓，捐所破竹於野，成竹林。今竹王祠竹林是也。

南朝宋 范曄《後漢書》卷八六《夜郎傳》 夜郎者，初有女子浣於遯水，有三節大竹流入足間，聞其中有號聲，剖竹視之，得一男兒，歸而養之。及長，有才武，自立爲夜郎侯，以竹爲姓。武帝元鼎六年，平南夷，爲牂柯郡，夜郎侯迎降，天子賜其王印綬。後遂殺之。夷獠咸以竹王非血氣所生，甚重之，求爲立後。牂柯太守吴霸以聞，天子乃封其三子爲侯。死，配食其父。今夜郎縣有竹王三郎神是也。

南朝宋 劉敬叔《異苑》卷五 漢武帝時，夜郎竹王神者名興。初，有女子浣於豚水，見三節大竹流入足間，推之不去。聞其中有號聲，持破之，得一男兒。及長，有才武，遂雄夷獠氏，自立爲夜郎侯，以竹爲姓。所破之竹棄之於野，即生成林。王嘗從人止石上，命作羹。從者曰：無水。王以劍擊石，泉便涌出。今竹王水及破竹成林並存。後漢使唐蒙開牂牁郡，斬竹王首，夷獠咸訴以竹王非血氣所生，甚重之，求爲立後。太守吴霸以聞帝，封三子爲侯，死配食父廟。今夜郎縣有竹王三郎祠，是其神也。

五代 王仁裕《開元天寶遺事》卷四《竹義》 太液池岸有竹數十叢，牙筍未嘗相離，密密如栽也。帝因與諸王閒步於竹間，帝謂諸王曰：人世父子兄弟，尚有離心離意，此竹宗本不相疎。人有生貳心，懷離間之意，覩此可以爲鑑。諸親王皆唯唯，帝呼爲竹義。

藝文

宋 王灼《頤堂先生文集》卷一《醉竹賦》 俗説五月十三日竹醉，移徙無不生者。予以是日，取東園竹數本，植堦除下。客至訊予，因次第酬荅之辭，作《醉竹賦》：

異哉，竹君。豈有杖頭百錢，公田二頃。抱甕比鄰，投轄深井。誰者觴之，久而未醒。醺然氣色，頹然項領。偃者如倒，止者如寢。振籟者如號呶，搖柯者如踔踸。解籜者如絶纓，墮葉者如毀袵。狼狽顛蹶，無復修整。隨人西東，不得自逞。雖虚心其何用，顧大節之徒秉。晦叔曰：嘻，客言可哂也。林下七賢之酣放，溪濱六逸之酩酊。既已神交此君，期方軌而並軫。窮年卒歲，坐守孤凛。忽朱明之煩溽，作河朔之痛飲。廢太常一日之齋，適無功醉鄉之境。惟摽韻之蕭散，蕩然合乎天隱。俾墜車而無傷，況易地以爲穽。且夫萬生芸芸，朝榮夕賈。獨幹質之森拔，配松官以悠永。盻桃李而增欷，覞蓬蒿而下憫。付之一醉，嘯風舞影。此竹君之妙趣，何客之不省也。

宋 晁公遡《嵩山集》卷八《竹醉日》 塵埃蓬勃欲障天，畧無爽氣北牖前。五月風炎竹尚醉，九衢日長柳亦眠。小兒畏熱書頗廢，老子罷食夢相牽。桂漿蔗飲不解渴，汲盡百壺冰井泉。

宋 魏了翁《鶴山集》卷一《次韻史少莊竹醉日移竹》 豔豔酒粧酈姚魏，冥冥花影逢石丁。醉生夢死何如竹，三百五十九日醒。

清如杜叟日卓午，直似姜公詩作丁。冰雪容顔儼相值，霸陵醉尉也須醒。

平生自許歲寒操，醉日移來三十丁。底事此君亦移轉，連朝風雨唤教醒。

猩屐常爲醉魂役，驪珠適與睡時丁。外物移人每如此，人心可使不長醒。

明 吴寬《家藏集》卷一《五月十三日移竹》 今朝竹醉教移竹，荷鍤穿雲去路賒。却笑此君多潦倒，醒來已在别人家。

又 卷二一《五月十三，俗云竹醉日，種竹叢桂堂前，時舊竹俱亡，醫俗亭亦撤去，擬别搆數椽，名之曰復竹》 東園不見緑紛紛，二十餘年别此君。健僕荷鋤乘醉日，老夫攜枕欲眠雲。遠支散處憐無恙，舊記猶存愧不文。擬向牆陰結低屋，楣間題字是云云。

明 錢琦《鋤竹》（《小瀛洲十老社詩》卷一引） 此日此君醉，手自鋤青玉。我欲

扶清風，泠泠滿嶰谷。疏泉雲根下，腰鎌刈荿蒙。日晏主人歸，牀頭酒初熟。

清 徐昂發《乙未亭詩集》卷三《竹王》 豚水三節竹，荒怪不可詳。南夸君長百，竹姓獨得王。犵狫吹蘆笙，年年賽三郎。

清 張英《文端集》卷二四《竹醉日》 小檻臨流避暑宜，抱書終日對淪漪。千峯經旬罷稏新藏壟，隔歲芙蕖漸滿池。節到梅黄天欲睡，候逢竹醉雨偏知。淨洗參差綠，猶是清和夏淺時。

清 祁寯藻《䜌觚亭集》卷二九《種竹》 移花劚土幾番忙，窗北仍憐徑就荒。竹醉日難逢夏閏，琴眠陰欲借秋涼。疏風勝入篔簹谷，密雨休侵薜荔牆。便與新居添故事，年年食筍似江鄉。

清 譚瑩《樂志堂詩集》卷八《閏五月竹醉日移竹》 前月移數竿，森森戛寒玉。尚嫌夕照多，未竟一庭綠。今年月逢閏，連陰雨新足。幽人勤種植，奚必定拘束。風土記有言，無因强違俗。疏密課園丁，淺深法宜熟。涼雨瀟瀟來，宿酲喜新沐。敢頻邀枉顧，賴君伴幽獨。

一年獲一醉，君醉我獨醒。今年醉兩番，洗醆宜不停。慣説龍生日，龍竹兩忘形。諒久頹然矣，護有龍精靈。以酒得自全，本宋子京詩。頗類余生平。流轉類萍梗，竦節欽亭亭。平安日待報，上時見《羣芳譜》。本分明。布席酹千觴，共醉荷風馨。新晴月如洗，約略聞秋聲。

清 季芝昌《丹魁堂詩集》卷五《竹醉日種竹》 西窗三伏苦炎曦，蔭暍方於息影宜。消得此君來逭暑，清風如扇月如篩。

趁將醉日買琅玕，沃土須鬆宿本寬。一夜雨聲扶酒醒，朝來已聽報平安。

美人娟娟新栽竹，羅漢盤盤舊種松。著我中間參妙諦，禪心綺語各機鋒。

數尺中含萬尺柯，心知老可襪材多。爲君手拂鵝溪絹，添寫欄前綠一窠。

繪畫

綜 述

元 李衎《竹譜》卷一《畫竹譜》 文湖州授東坡訣云：竹之始生，一寸之萌耳，而節葉具焉。自蜩蝮虵蚹至於劍拔十尋者，生而有之也。今畫竹者乃節節而爲之，葉葉而累之，豈復有竹乎？故畫竹必先得成竹於胸中，執筆熟視乃見其所欲畫者，急起從之，振筆直遂，以追其所見，如兔起鶻落，少縱則逝矣。坡云：與可之教予如此，予不能然也。夫既心識所以然而不能然者，內外不一，心手不相應，不學之過也。且坡公尚以爲不能然者不學之過，況後之人乎？人徒知畫竹者不在節節而爲，葉葉而累，抑不思胸中成竹從何而來，慕遠貪高，踰級躐等，放弛情性，東抹西塗，便爲脱去翰墨蹊徑，得乎自然。故當一節一葉措意於法度之中，時習不倦，真積力久，至於無學，自信胸中真有成竹，而後可以振筆直遂，以追其所見也。不然，徒執筆熟視，將何所見而追之耶？苟能就規矩繩墨則自無瑕纇，何患乎不至哉！縱失於拘，久之猶可達於規矩繩墨之外。若遽放失，則恐不復可入於規矩繩墨，而無所成矣。故學者必自法度中來始得之。畫竹之法：一位置，二描墨，三承染，四設色，五籠套。五事殫備，而後成竹。粘幀、礬絹，本非畫事，苟不得法，雖筆精墨妙，將無所施，故併見附於此。

粘幀，先須將幀幹放漫靠墻壁，頓立平穩，熟煮稠麵糊，用椶刷刷上，看照絹邊絲縷正當。先貼上邊，再看右邊，絲縷正當，然後貼上。次左邊，亦如之。仍勿動，直待乾徹，用木楔楔緊，將下一邊用針線密縫箭桿許一杖子。次用麻索綳羅綳緊，然後上礬。畢，仍再緊之。

礬絹，不可用明膠，其性太緊，絹素不能當，久則破裂。須紫色膠爲妙。春秋隔宿用溫水浸膠，封蓋，勿令塵土得入。明日，再入沸湯調開，勿使見火，見火則膠光出於絹上矣。夏月則不須隔宿，冬月則浸二日方開，别用淨磁器注水，將明淨白礬研水中，嘗之，舌上微澁便可，太過則絹澁難落墨。仍看絹素多少，斟酌前項，浸開膠礬，水相對合，得如淡蜜水，微溫黄色爲度。若夏月，膠性差慢頗多，亦不妨再用稀絹濾過，用刷上絹，陰乾後落墨。近年有一種油絲絹并藥粉絹，先須用熱皂莢水刷過，候乾，依前上礬。

一位置。須看絹幅寬窄，横竪可容幾竿，根梢向背，枝葉遠近，或榮或枯，及土坡水口，地面高下厚薄，自意先定，然後用朽子。朽下，再看得不可意，且勿著筆。再審看，改朽得可意，方始落墨，庶無後悔。然畫家自來位置爲最難。蓋凡人情好尚才品，各各不同，所以雖父子至親，亦不能授受，況筆舌之間，豈能盡之？惟畫法所忌，不可不知。所謂衝天撞地、偏重偏輕、對節排竿、鼓架勝眼、前枝後葉，此爲十病，斷不可犯，餘當各從己意。

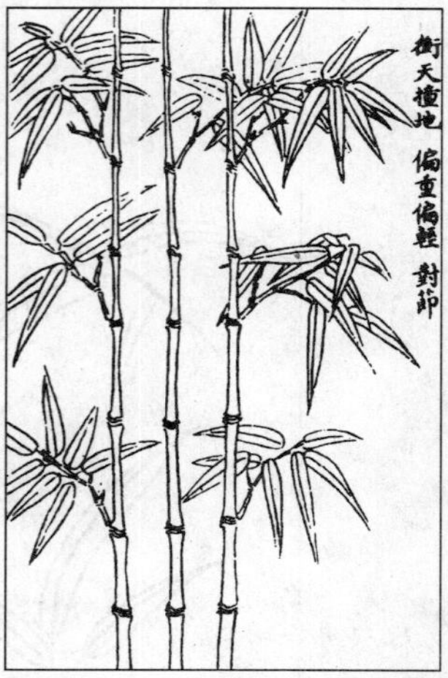

衝天撞地者，謂梢至絹頭，根至絹末，阨塞填滿者。偏重偏輕者，謂左右枝葉，一邊偏多，一邊偏少，不停趁者。對節者，謂各竿節節相對者。

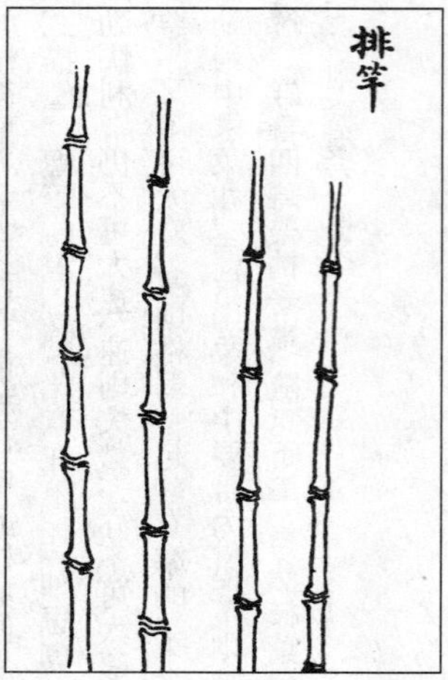

排竿者，謂各竿匀排如窻櫺。

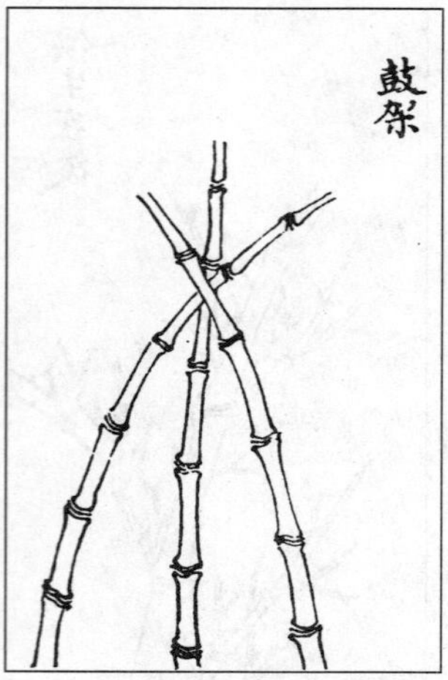

鼓架者，謂中一竿直，左右兩竿交義如鼓架者。

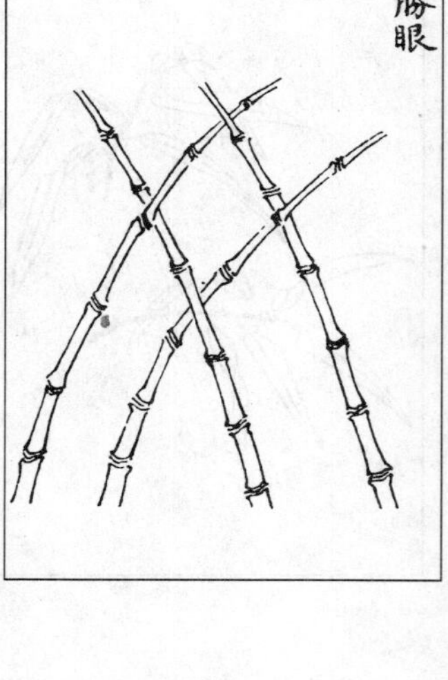

勝眼者，謂四竿左右兩兩相差匀停，中間如方勝眼者。

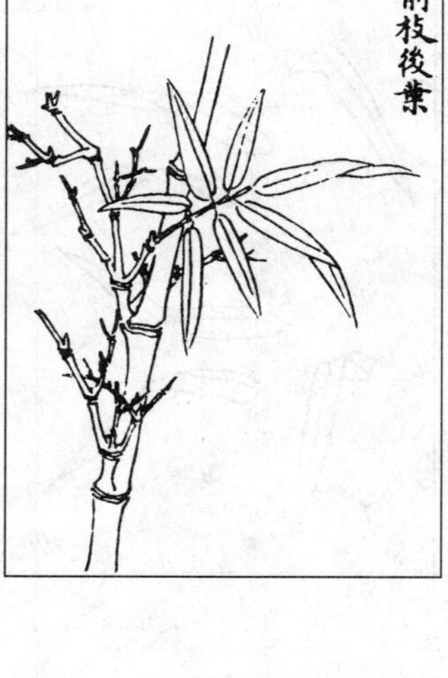

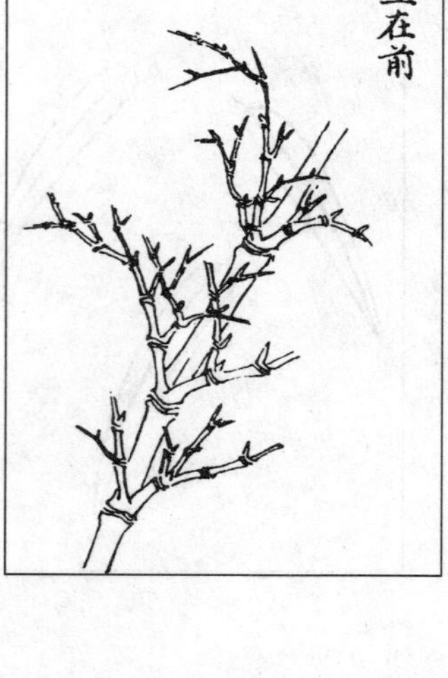

前枝後葉者，謂枝在前，葉却在後，或枝葉俱生在前、俱生在後者。

二描墨。握筆時澄心静慮，意在筆先，神思專一，不雜不亂。然後落筆，須要圓勁快利。仍不可太速，速則失勢；亦不可太緩，緩則癡濁；復不可太肥，肥則俗惡；又不可太瘦，瘦則枯弱。起落有準的，來去有逆順，不可不察也。如描葉則勁利中求柔和，描枝則柔和中要骨力，描竿則婉媚中求剛正，描節則分斷處要連屬。詳審四時榮枯老嫩，隨意下筆，自然枝葉活動，生意俱足。若待設色而後成竹，則無復有畫矣。

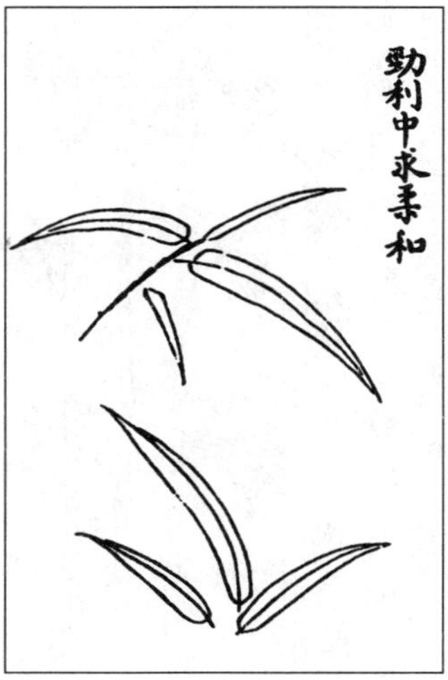

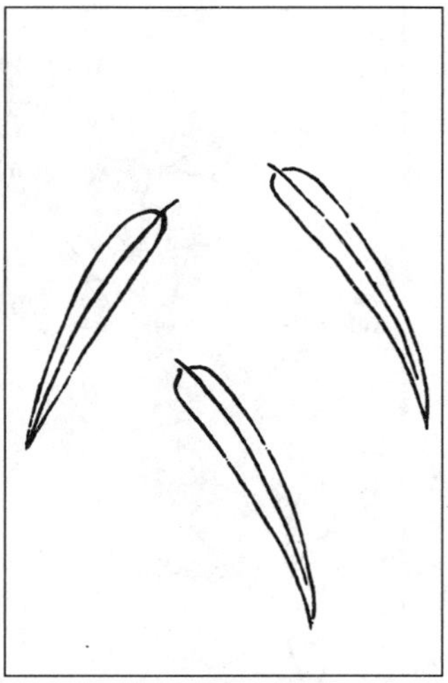

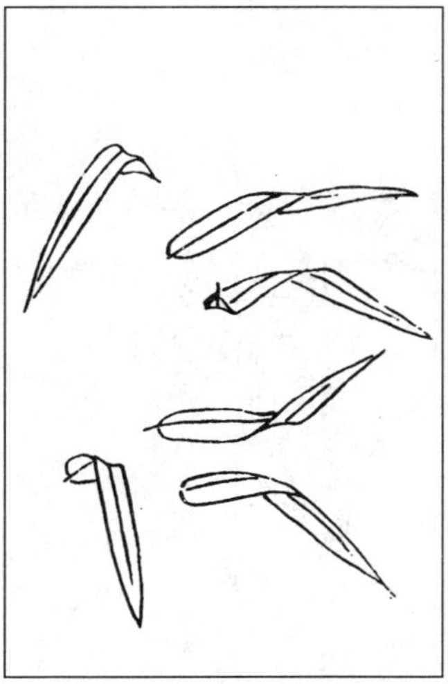

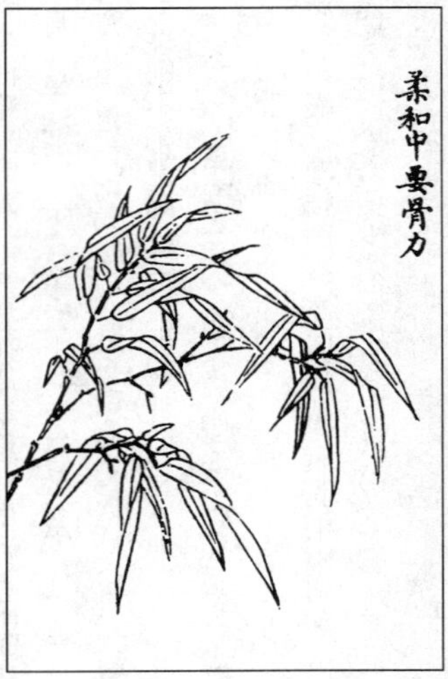

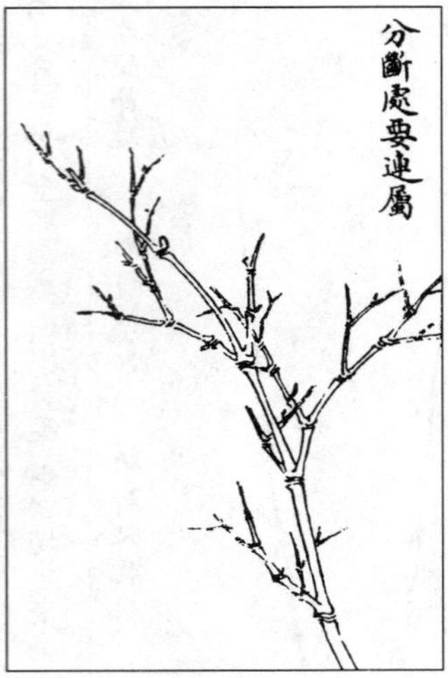

三承染。最是緊要處，須分別淺深翻正濃淡。用水筆破開時忌見痕蹟，要如一段生成，發揮畫筆之功全在於此。若不加意，稍有差池，即前功俱廢矣。法用番中青黛或福建螺青放盞內，入稠膠殺開，慢火上焙乾，再用指面旋點清水，隨點隨殺，不厭多時，愈殺則愈明净。看得水脉着中，蘸筆承染。嫩葉則淡染，老葉則濃染，枝節間深處則濃染，淺處則淡染，更在臨時相度輕重。

四設色。須用上好石緑，如法入清膠水研淘，分作五等。除頭緑麤惡不堪用外，二緑、三緑染葉面。色淡者名枝條緑，染葉背及枝幹。更下一等極淡者名緑花，亦可用染葉背、枝幹。如初破籜新竹，須用三緑染，節下粉白用石青花染，老竹用藤黄染，枯竹枝幹及葉梢、笋籜節皆土黄染，笋籜上斑花及葉梢上水痕用檀色點染。此其大畧也。若對合淺深，斟酌輕重，更在臨時。調緑之法：先入稠膠研匀，别煎槐花水，相輕重和調得所。依法濡筆，須輕薄塗抹，不要重厚及有痕迹，亦須嵌墨道遏截，勿使出入不齊，尤不可露白。若遇夜，則將緑盞以净水出膠了放乾，明日更依前調用。若只如此，經宿則不可用矣。

五籠套。此是畫之結裹，尤須縝密。候設色乾了，仔細看得無缺空漏落處，用乾布净巾着力拂拭，恐有色脱落處，隨便補治匀好。除葉背外，皆用草汁籠套，葉背只用淡藤黄籠套。草汁之法：先將好藤黄浸開，却用殺開螺青汁看深淺對合，調匀便用。若隔夜則不堪用。若暑月，則半日即不堪用矣。

又 卷二《墨竹譜》 墨竹位置一如畫竹法。但幹節枝葉四者，若不由規矩，徒費工夫。凡濡墨有深淺，下筆有重輕，逆順往來須知去就，濃淡麁細便見枯榮。仍要葉葉着枝，枝枝着節。山谷云：生枝不應節，亂葉無所歸。須一筆筆有生意，一面面得自然，四向團欒，枝葉活動，方爲成竹。然古今作者雖多，得其門者或寡，不失之於簡略，則失之於繁雜。或根幹頗佳，而枝葉謬誤；或位置稍當，而向背乖方；或葉如刀截，或身如板束，麁俗狼籍，不可勝言。其間縱有稍異常流，僅能盡美，至於盡善，良恐未暇。獨文湖州挺天縱之才，比生知之聖，筆如神助，妙合天成，馳騁於法度之中，逍遥於塵垢之外，縱心所欲，不踰準繩。故一依其法，布列成圖，庶後之學者不陷於俗惡，知所當務焉。

一畫竿。若只畫一二竿，則墨色且得從便。若三竿之上，前者色濃，後者漸淡；若一色，則不能分别前後矣。然從梢至根，雖一節節畫下，要筆意貫穿，梢頭節短，漸漸放長，比至節根，漸漸放短。每竿須要墨色匀停，行筆平直，兩邊如界，自然圓正。若臃腫偏邪，墨色不匀，間麁間細，間枯間濃，及節空匀長匀短，

皆筆法所忌，斷不可犯。頗見世俗用蒲絟槐皮或疊紙濡墨畫竿，無問根梢，一樣麤細，又且板平，全無圓意，但堪發笑，學者切忌，不宜放效。

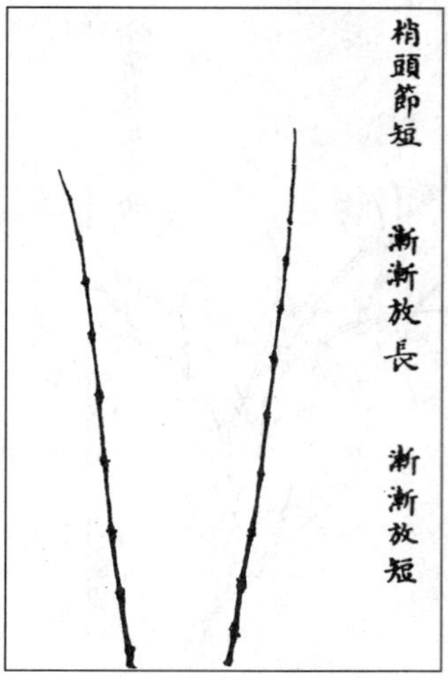

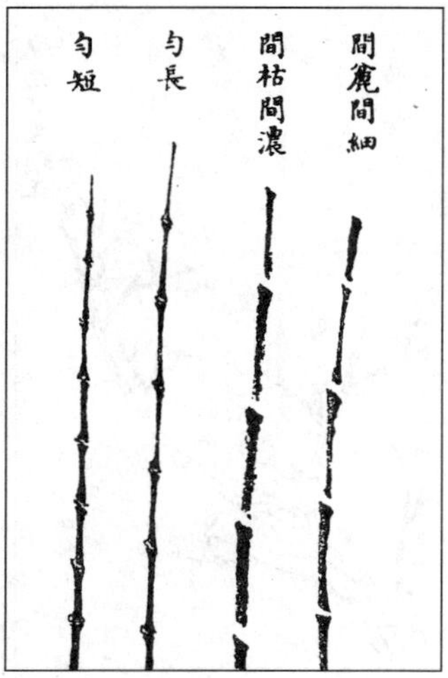

二畫節。立竿既定，畫節爲最難。上一節要蓋覆下一節，下一節要承接上一節，中間雖是斷離，却要有連屬意思。上一筆兩頭放起，中間落下，如月少彎，則便見一竿圓混。下一筆看上一筆意趣，承接不差，自然有連屬意。不可齊大，不可齊小。齊大則如旋環，齊小則如墨板。不可大彎，不可太遠。大彎則如骨節，太遠則不相連屬，無復生意矣。

三畫枝。各有名目。生葉處謂之丁香頭，相合處謂之雀爪，直枝謂之釵股，從外畫入謂之垛疊，從裏畫出謂之迸跳。下筆須要遒健圓勁，生意連綿，行筆疾速，不可遲緩。老枝則挺然而起，節大而枯瘦；嫩枝則和柔而婉順，節小而肥滑。葉多則枝覆，葉少則枝昂。風枝、雨枝，觸類而長，亦在臨時轉變，不可拘於一律也。尹白鄆王隨枝畫斷節，既非文法，今不敢取。

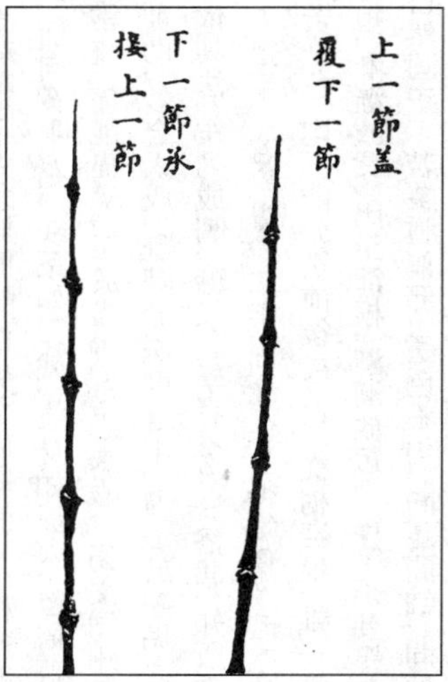

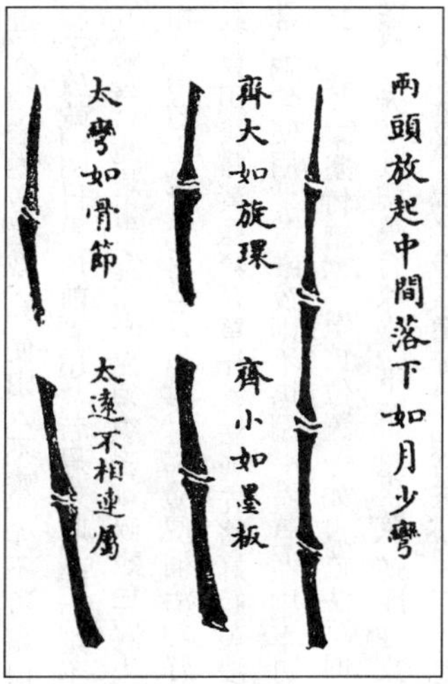

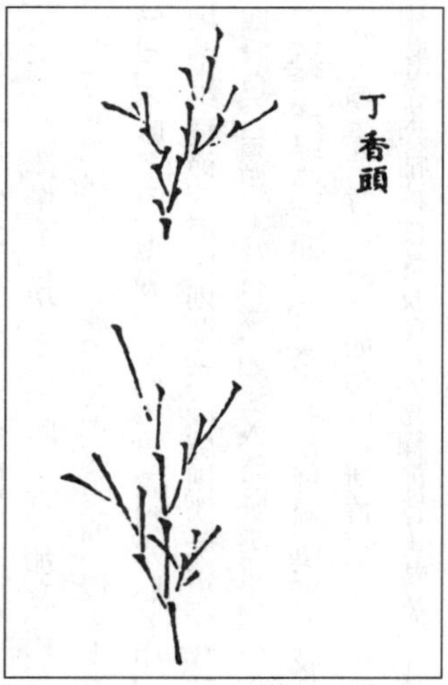

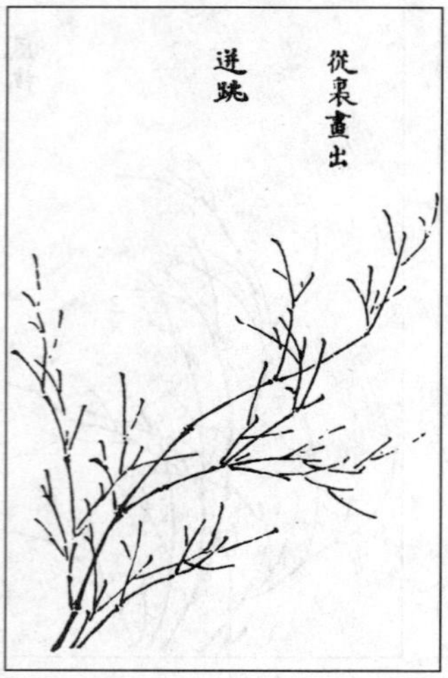
從裊畫出
迸跳

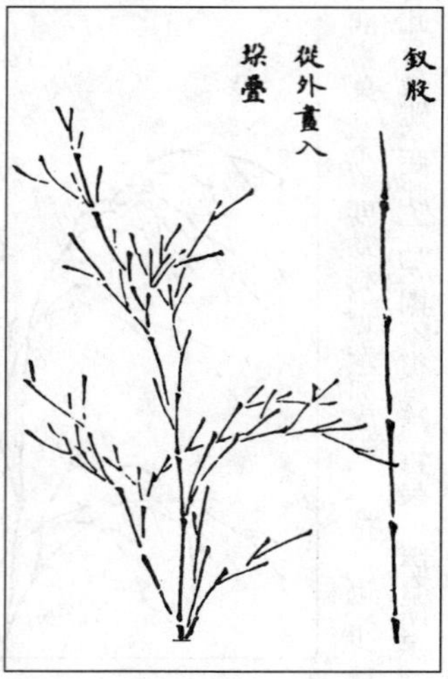
釵股
從外畫入
垛疊

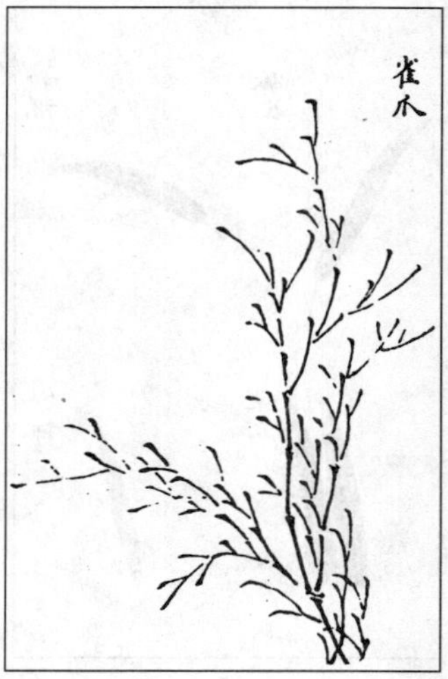
雀爪

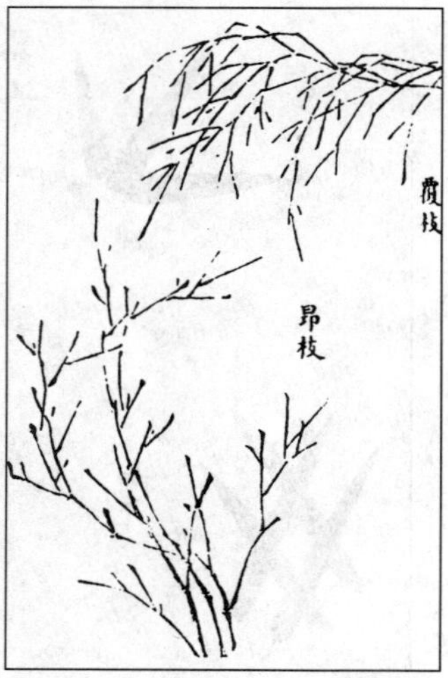
覆枝
昂枝

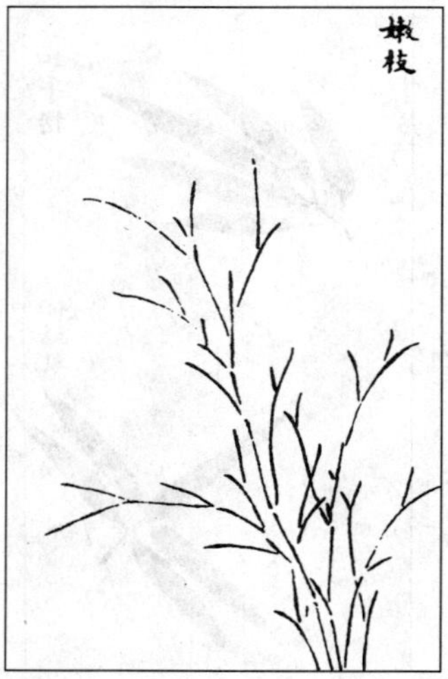
嫩枝

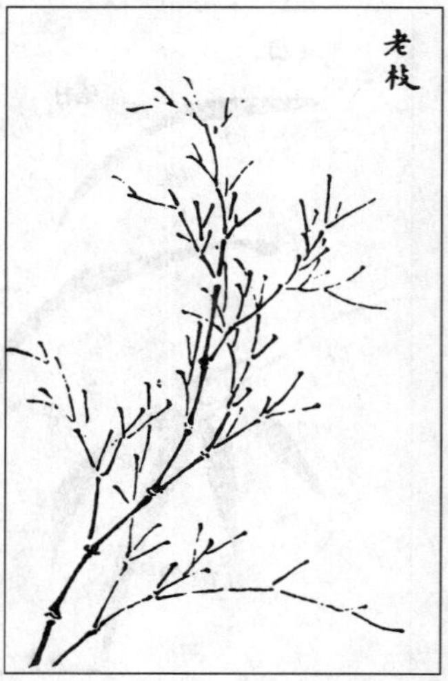
老枝

四畫葉。下筆要勁利，實按而虛起，一抹便過，少遲留則鈍厚不銛利矣。然寫竹者此爲最難，虧此一功，則不復爲墨竹矣。法有所忌，學者當知。麄忌似桃，細忌似柳。一忌孤生，二忌並立，三忌如義，四忌如井，五忌如手指及似蜻蜓。翻正向背，轉側低昂，雨打風翻，各有態度，不可一例抹去，如染皁絹無異也。

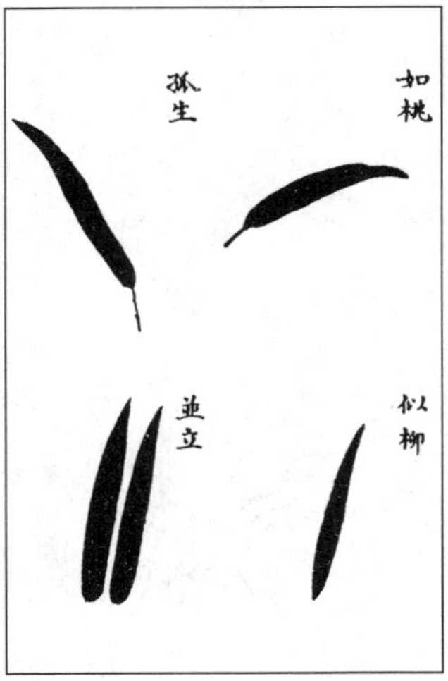

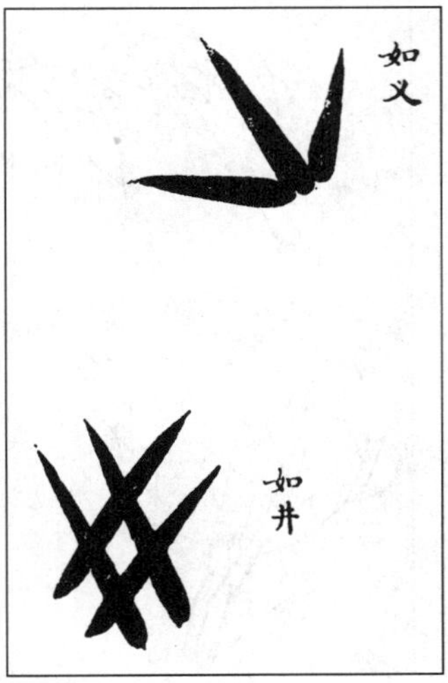

又 卷三《竹態譜》 凡欲畫竹者，先須知其名目，識其態度，然後方論下筆之法。如散生之竹，竿下謂之鼈頭，鼈頭下正根謂之菊，又名笋旁。引者謂之邊，或謂之鞭。節間乳贅而生者謂之須，旁根生時謂之行邊。邊根出筍謂之偶筍，又名二筍。叢生之竹，根外出者謂之蟬肚根，竹下插土者謂之鑽地根。凡竹，從根倒數，上單節生枝者謂之雄竹，雙節生枝者謂之雌竹。或云從下第一節生單枝者謂之雄竹，生雙枝者謂之雌竹。生長挺然者名筍。筍初出土者謂之萌，又名蕊，又名篋，又名竹胎。稍長謂之牙，漸長名笛，又名𥳊，又名子，又名苞，又名箘。過母名篧，別稱曰籜龍，曰錦綳兒，曰玉版師。篰葉謂之苞籜，又名箈解籜，謂之篛。半筍謂之初篁。梢葉開盡名簻，方爲成竹。竹篠謂之竿，竿中之水結而爲膏曰黄，竿上之膚曰筠。竹之皮曰筤，刮下青皮謂之筎，火燒謂之籢，火燒出汗謂之瀝。竹之節曰約，竹列謂之笐，竹葉謂之箘，竹葉下垂曰箬箬。竹枝謂之天篛。竹花謂之篁，又名華草，又名篗。竹實謂之練實。竹有病謂之篵，竹枯換根謂之箹。竹枚謂之箇，積竹曰攢，批條曰篾，編而爲瓦曰籆。殺青而尺截曰簡，聯簡曰策，熨而爲版曰牒。竹貌謂之篛，竹聲謂之劉，竹色謂之蒼筤，竹態謂之嬋娟，竹深謂之篸。竹得風其體夭屈謂之笑。生而曲曰箞，弱曰箣。此其名目之大略也。若夫態度則又非一致，要辨老嫩榮枯、風雨明晦，一一樣態。如風有疾慢，雨有乍久，老有年數，嫩有次序，根幹筍葉，各有時候。今姑從根生筍長至於生成，壯老枯瘁，風雨疾乍，各各態度，依式圖列如左。雖未能悉備，抑亦可見其梗概，用資初學，不爲達者設也。

竹根二種。凡散生之竹類，先一年行根而敷生，次年出筍而成竹。叢生之類，不待行根而頻年出筍成竿，然須至次年方生枝葉也。

一散生之竹，根皆如此，如筆竹、淡竹、甜竹、猫頭竹、白竹、篌竹、水竹、筋竹、窈竹、篙竹、浮竹、江南竹、雙葉竹、鳳尾竹、龍鬚竹、寸金竹、雪竹、篠竹、箪竹、篇竹、廣竹之類是也。

一叢生之竹，根皆如此，如苦竹、慈竹、簧竹、桃枝竹、蕩竹、刺竹、由衙竹、篔竹、釣絲竹之類是也。

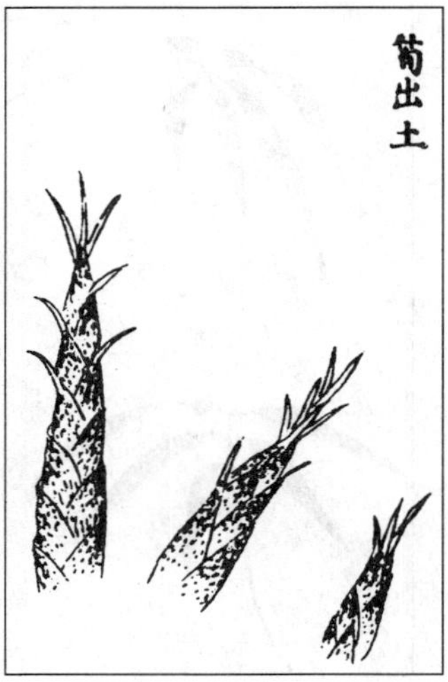
筍出土

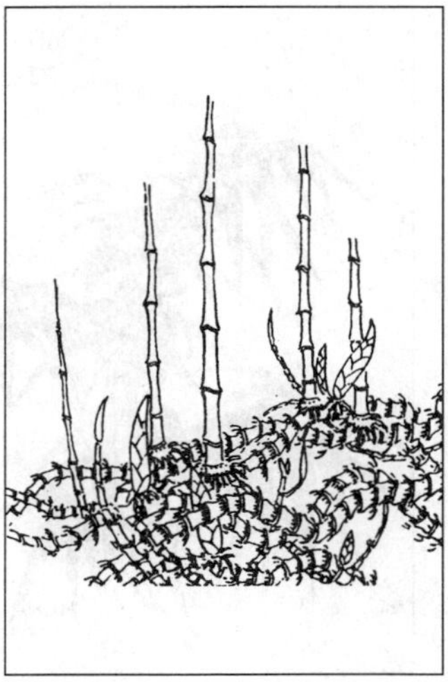

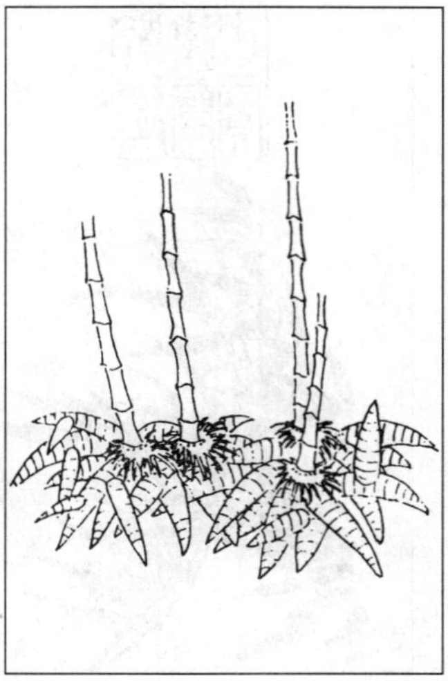

邊筍，或作鞭筍，
地生

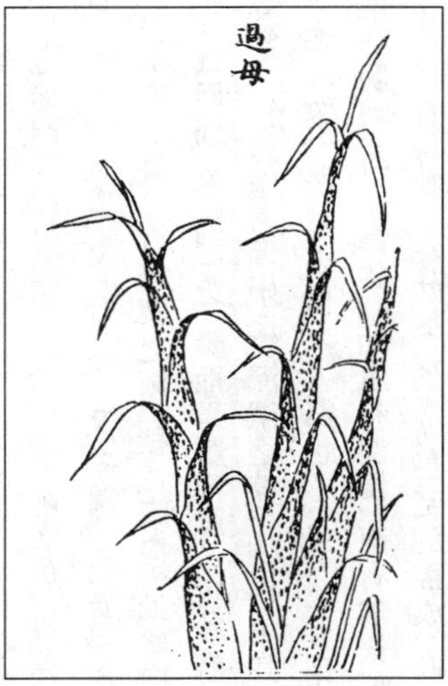
過母

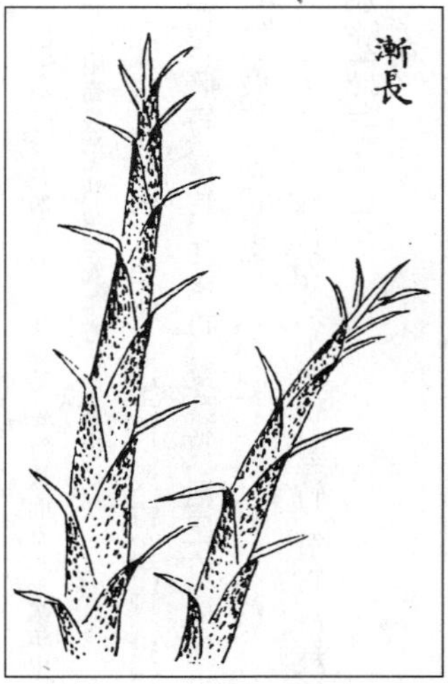
漸長

半筍

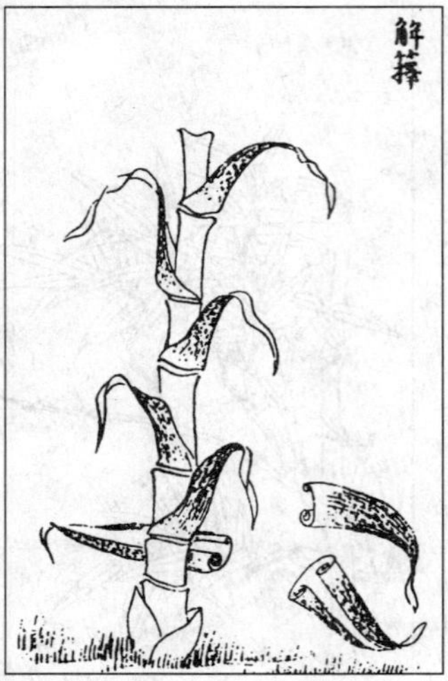
解籜

崖生

二年

一年

成竹

三年

四年

瘁

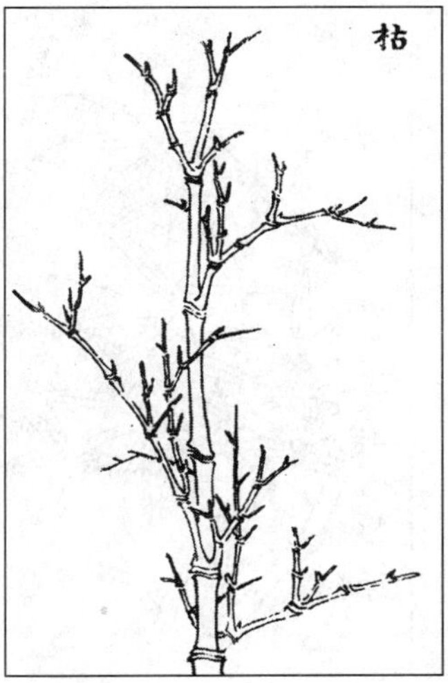
枯

微風

疾風

墨竹態
筍
解籜

久雨

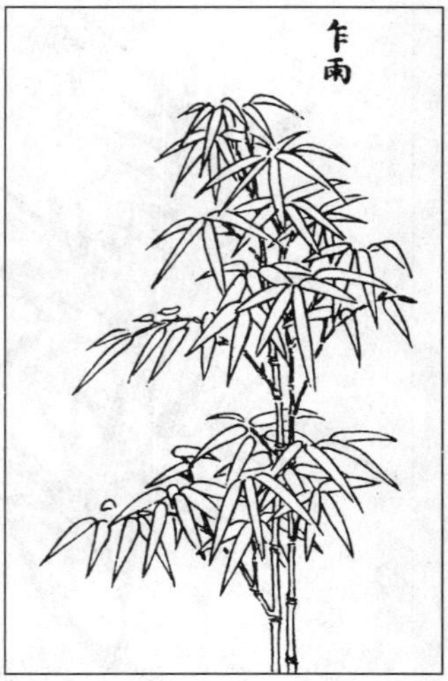
乍雨

一年

成竹

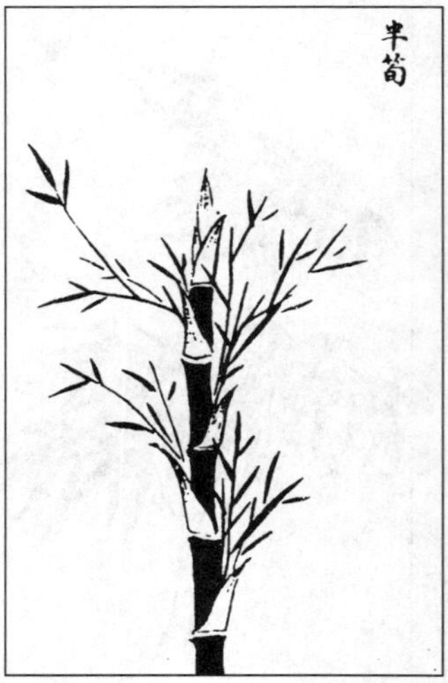
半筍

二年

三年

四年

瘁

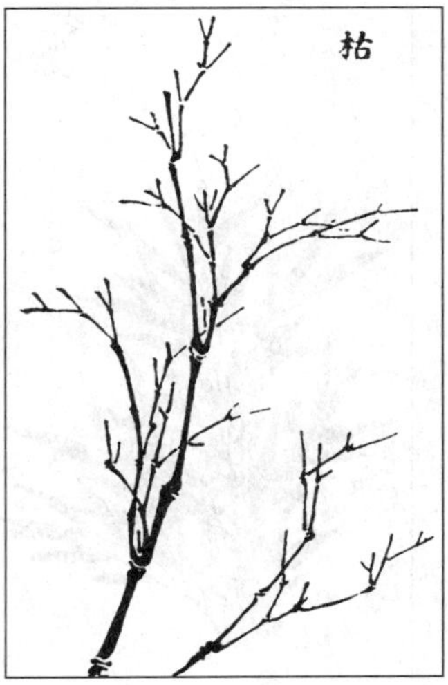
枯

微風

明 周履靖《淇園肖影》卷下　寫竹口訣

黄老初傳用勾勒，東坡、與可始用墨。管氏竹影見横窻，息齋夏呂皆體一。幹篆文，節遡隸，枝草書，葉楷鋭，傳來筆法何用多，四體須當要熟備。絹紙佳，墨休稠，筆毫純，勿開頭，未下筆時意在先，葉葉枝枝一幅週。風分字起，个字破，踈處踈，墮處墮，墮中切記莫糊塗，踈處須當枝補過。風竹勢，幹挺然，墮處逆，葉須偏，烏鴉出林去，雨竹横眠豈兩分。晴竹體，人字排，嫩一疊，老兩釵，先將小葉枝頭起，結頂還須大葉來。寫露竹，雨彷彿，晴不傾，雨不足，結尾露出一稍長，穿破个字枝頭曲。寫雪竹，貼油袱，久雨枝，下垂伏，染成鉅齒一般形，揭去油袱見冰玉。一寫法，識竹病，筆高懸，勢要後，心意踈懶切莫爲，精神魂魄俱安静。忌帳皺，忌對節，忌挾籬，忌邊壓，井字蜻蜓人手除，罾眼桃葉并柳葉。下筆初時莫要怯，須遲疾，心暗訣，寫來敗筆積成堆，何怕人間不道絶。老幹參，長梢拂，歷冰雪，操金玉，風晴雨雪月煙雲，歲寒高節藏胸腹。湘江景，淇園趣，娥皇詞，七賢句，萬竿千畝揔相宜，墨客騷人遭際遇。

寫竹竿口訣

竹幹中長上下短，只依彎節不彎竿。十竿五幹休並節，粗細陰陽乃壯觀。

畫竹先畫竿，節要中間長，根梢漸短。五竿、三竿節，不可對焦淡墨，各一二竿爲陰陽。

安枝口訣

安枝分左右，不許一邊就。枝上安鵲爪，風雨各様做。

寫竹口訣

重人晴竹一川風，雨竹原來葉寫分，風竹頂風枝借雨，雨垂低覆也重人。其間晴竹原無借，鵲爪多排人少重。

下手訣四言

竹有體用，陰陽清淡。錯節高低，左幹右幹。細分鵲爪，个葉聚散。稚子秃梢，高飛孤燕。二鼈觝首，四魚競旦。尖尖平尖，大段小段。

竹忌二十八病

竹竿衝地又衝天，對節排竿皷架般。間淡間濃間粗細，匀長匀短不相堪。生枝大忌偏前後，前葉後枝後葉前。竹幹太灣節太遠，葉輕葉重一邊偏。孤生並立釵井葉，人手蜻蜓桃柳尖。寫竹段然除此病，正翻轉側可宜安。

寫雪竹口訣

雪竹枝竿似雨垂，竿頭安葉法難爲。左拳按塊油單紙，葉葉都從紙上飛。畫上止留半截葉，淡烟籠雪自然堆。

寫雪竹立竿枝與雨竹勢同，要低覆垂曲也。安葉用油單紙一片，左手按于竹梢上，右手把筆寫葉，葉頭從油單紙上引出，葉尾引入畫上，一半在油紙上，一半在畫上，葉葉皆然。不許全葉，敬要半截參差則可。然後用淡墨籠出竹體葉，葉似戴雪之勢也。

寫勾勒竹法

先用柳炭將竹竿止畫一道，再分左右枝梗在上，有影向好作葉。然後用墨筆或作雨葉，或作風葉，看炭道寫畢，隨後依炭道將竹竿一一畫出鵲爪，一一穿釵躲閃廻避，画出焦墨，要一竿二竿淡墨，要一竿二竿亦穿釵躲閃。畫方成，勾勒竹陰陽向背，立竿寫葉，與墨竹法度無異。

清 王概《芥子園畫傳・竹譜・青在堂畫竹淺説》 畫竹源流

李息齋《竹譜》自謂寫墨竹，初學王澹遊，得黄華老人法。黄華乃私淑文湖州，因覓湖州真蹟，窺其奥玅，更欲追求古人鈎勒著色法。上自王右丞、蕭協律、李頗、黄筌、崔白、吴元瑜諸人，以爲與可以前，惟習尚鈎勒著色也。有云五代李氏描牕上月影，創寫墨竹。考孫位張立墨竹已擅名於唐，自不始於五代。山谷云：吴道子畫竹，不加丹青，已極形似。意墨竹即始於道子。二者則唐人兼善之。至文湖州出，始專寫墨，真不異杲日當空，爝火俱息。師承其法，歷代有人，即東坡同時猶北面事之。其時師湖州者，並師東坡，一燈分熖，照耀古今。金之完顔樗軒，元之息齋父子，自然老人，樂善老人，明之王孟端與夏仲昭，真一花五葉，燈燈相續。故文湖州、李息齋、丁子卿，各立譜以傳厥派，可謂盛矣。至若宋仲温畫硃竹，程堂畫紫竹，解處中畫雪竹，完顔亮畫方竹，又出乎諸譜之别派，若禪宗之有散聖焉。

畫墨竹法

畫竹必先立竿，立竿留節，稍頭須短，至中漸長，至根又漸短，忌擁腫近枯近濃，均長均短。竿要兩邊如界，節要上下相承，勢如半環，又如心字無點。去地五節，則生枝葉。畫葉須墨飽，一筆過去，不宜凝滯。其葉自然尖利，不桃不柳，輕重手相應。個字必破，人字筆必分，結頂葉要枝攢鳳尾，左右顧盼，齊對均平，枝枝著節，葉葉著枝。風晴雨露，各有態度。翻正掩仰，各有形勢。轉側低昂，各有意理。當盡心求之，自得其法。若一枝不妥，一葉不合，則全璧之玷矣。

位置法

墨竹位置，榦、節、枝、葉四者，若不由規矩，徒費工夫，終不能成畫。凡濡墨有深淺，下筆有輕重。逆順往來，須知去就。濃淡麁細，便見枯榮。生枝布葉，須相照應。山谷云：生枝不應節，亂葉無所歸。須筆筆有生意，面面得自然。四面團欒，枝葉活動，方爲成竹。然古今作者雖多，得其門者或寡，不失之於簡略，則失之於繁雜。或根幹頗佳而枝葉謬誤，或位置稍當而向背乖方，或葉似刀截，或身如板束，麁俗狼籍，不可勝言。其間縱有稍異常流，僅能盡美。至於盡善，良恐未暇。獨文湖州挺天縱之才，比生知之聖，筆如神助，妙合天成，馳騁於法度之中，逍遥於塵垢之外，從心所欲，不踰準繩。後之學者，勿陷於俗惡，知所當務焉。

畫竿法

畫竿，若只畫一二竿，則墨色且得從便。若三竿之上，前者色濃，後者漸淡。若一色，則不能分别前後矣。後梢至根，雖一節節畫下，要筆意貫穿，全竿留節，根梢宜短，中漸放長。每竿須要墨色匀停，行筆平直，兩邊圓正。若擁腫偏邪，墨色不匀，間有麁細枯濃，及節空匀長匀短，皆竹法所忌，斷不可犯。頗見世俗用蒲絟槐皮，或疊紙濡墨畫竿，無問根梢，一樣麁細，又且板平，全無圓意，但堪發笑，不宜倣效。

畫節法

立竿既定，畫節爲最難。上一節要覆蓋下一節，下一節要承接上一節，中雖斷，意要連屬。上一筆兩頭放起，中間落下，如月少彎，則便見一竿圓渾。下一筆看上筆意趣，承接不差，自然有連屬意。不可齊大，不可齊小，齊大則如旋環，齊小則如墨板。不可太彎，不可太遠，太彎則如骨節，太遠則不相連屬，無復生意矣。

畫枝法

畫枝各有名目，生葉處謂之丁香頭，相合處謂之雀爪，直枝謂之釵股，從外畫入謂之垛疊，從裡畫出謂之迸跳。下筆須要遒健圓勁，生意連綿，行筆疾速，不可遲緩。老枝則挺然而起，節大而枯瘦。嫩枝則和柔而婉順，節小而肥滑。葉多則枝覆，葉少則枝昂。風枝、雨枝，觸類而長，亦在臨時轉變，不可拘於一律

也。尹白郿王隨枝畫節，既非常法，今不敢取。

畫葉法

下筆要勁利，實按而虛起，一抹便過，少遲留，則鈍厚不銛利矣。然寫竹者此爲最難，虧此一功則不復爲墨竹矣。法有所忌，學者當知。麄忌似桃，細忌似柳，一忌孤生，二忌並立，三忌如又，四忌如井，五忌如手指及似蜻蜓。露潤雨垂，風翻雪壓，其反正低昂，各有態度，不可一例抹去，如染皁絹無異也。

勾勒法

先用柳炭，將竹竿朽定。再分左右枝梗，然後用墨筆鈎葉。葉成，始依所朽竿枝與節，一一畫出。俾枝頭、鵲爪盡與葉連，要穿釵躲避，方見層次。竿之前後，墨分濃淡鈎出，前宜濃，後宜淡，此乃勾勒竹法。其陰陽向背，立竿寫葉，與墨竹法同，可類推之。

畫墨竹總歌訣

黄老初傳用勾勒，東坡、與可始用墨。李氏竹影見横牕，息齋夏吕皆體一。幹篆文，節遯隸，枝草書，葉楷鋭，傳來筆法何用多，四體須當要熟備。絹紙佳，墨休稠，筆毫純，勿開頭，未下筆時意在先，葉葉枝枝一幅週。分字起，個字破，疎處疎，墮處墮，墮中切記莫糊塗，疎處須當枝補過。風竹勢，幹挺然，墮處逆，幹須偏，烏鴉驚飛出林去，雨竹横眠豈兩般。晴竹體，人字排，嫩一疊，老兩釵，先將小葉枝頭起，結頂還須大葉來。寫露竹，雨彷彿，晴不傾，雨不足，結尾露出一梢長，穿破個字枝頭曲。寫雪竹，貼油袱，久雨枝，下垂伏，染成鉅齒一般形，揭去油袱見冰玉。一寫法，識竹病，筆高懸，勢要俊，心意疎懶切莫爲，精神魂魄俱安静。忌杖皷，忌對節，忌挾籬，忌邊壓，井字蜻蜓人手指，瞖眼桃葉并柳葉。下筆時，莫要怯，須遲疾，心暗訣，寫來敗筆積成堆，何怕人間不道絶。老幹參，長梢拂，歷冰雪，操金玉，風晴雨雪月煙雲，歲寒高節藏胸腹。湘江景，淇園趣，娥皇詞，七言句，萬竿千畝總相宜，墨客騷人遭際遇。

畫竿訣

竹幹中長上下短，只須彎節不彎竿。竿竿點節休排比，濃淡陰陽細審觀。

點節訣

竿成先點節，濃墨要分明。偃仰須圓活，枝從節上生。

安枝訣

安枝分左右，切莫一邊偏。鵲爪添枝杪，金形見筆端。

畫葉訣

畫竹之訣，惟葉最難。出於筆底，發之指端。老嫩須别，陰陽宜參。枝先承葉，葉必掩竿。葉葉相加，勢須飛舞。孤一迸二，攢三聚五。春則嫩篁而上承，夏則濃陰以下俯。秋冬須具霜雪之姿，始堪與松梅而爲伍。天帶晴兮偃葉而偃枝，雲帶雨兮墜枝而墜葉。順風不一字之排，帶雨無人字之列。所宜掩映以交加，最忌比聯而重疊。欲分前後之枝，宜施濃淡其墨。葉有四忌，兼忌排偶。尖不似蘆，細不似柳。三不似川，五不似手。葉由一筆，以至二三。重分疊个，還須細安。間以側葉，細筆相攢。使比者破，而斷者連。竹先立竿，生枝點節。考之前人，俱傳口訣。竹之法度，全在乎葉。因增舊訣爲長歌，用廣前人之法則。

清 鄒一桂《小山畫譜》卷上《畫竹》 竹分竿、節、枝、葉。畫竿從梢至根，雖一一畫下，而意思貫穿。梢頭節短，漸漸放長，至根又漸短。行筆平直，兩邊如界。此畫竿法也。畫節用兩筆，勾出上一筆，稍彎如仰月，其生枝處畧突。下一筆承上畧短，無兩頭超起。此畫節法也。枝必附節，雄竹單枝，雌竹雙枝。上節在左，則下節在右。用筆迅速，方能遒健。葉多則枝覆，葉少則枝昂。風枝雨枝，隨時俯仰。此畫枝法也。葉須勁利，實按虛起。一抹便過，遲留不得。粗忌如桃，細忌如柳。一忌孤行，二忌兩竝，三忌如義，四忌如井，五忌手掌，亦忌蜻蜓。總須葉葉交加，疎處遥相照應，則不犯諸忌矣。轉側向背，雨打風翻，正闊偏狹，雙頭單脚。此畫葉之法也。故畫蘭用側筆，畫竹用折筆。王紱畫竹，竿瘦而葉肥，倍饒豐態。學者宜宗之。

清 鄭燮《板橋題畫·竹》 余家有茅屋二間，南面種竹。夏日新篁初放，緑陰照人，置一小榻其中，甚涼適也。秋冬之際，取圍屏骨子，斷去兩頭，横安以爲窗櫺，用勻薄潔白之紙糊之，風和日煖，凍蠅觸窗紙上，鼕鼕作小鼓聲，於時一片竹影零亂，豈非天然圖畫乎？凡吾畫竹，無所師承，多得于紅窗粉壁、日光月影中耳。

一節復一節，千枝攢萬葉。我自不開花，免撩蜂與蝶。

昨自西湖爛醉歸，沿山密篠亂牽衣。摇舟已下金沙港，回首清風在翠微。

匯館清秋，晨起看竹，烟光、日影、露氣皆浮動于疎枝密葉之間。胸中勃勃，遂有畫意。其實胸中之竹，竝不是眼中之竹也。因而磨墨，展紙，落筆，倏作變

相，手中之竹，又不是胸中之竹也。總之，意在筆先者，定則也。趣在法外者，化機也。獨畫云乎哉！

文與可畫竹，胸有成竹。鄭板橋畫竹，胸無成竹，濃淡疏密，短長肥瘦，隨手寫去，自爾成局，其神理具足也。藐茲後學，何敢妄擬前賢？然有成竹無成竹，其實只是一個道理。

文與可《墨竹》詩云：擬將一段鵝溪絹，掃取寒梢萬尺長。梅道人云：我亦有亭深竹裏，也思歸去聽秋聲。皆詩意清絶，不獨以畫傳也。不獨以畫傳，而畫益傳。燮既不能詩，又不能畫，然亦勉題數語：雷停雨止斜陽出，一片新篁旋剪裁。影落碧紗窗子上，便拈毫素寫將來。言盡意窮，有慚前哲。

與可畫竹，魯直不畫竹。然觀其書法，罔非竹也。瘦而腴，秀而拔，欹側而有準繩，折轉而多斷續。吾師乎？吾師乎？其吾竹之清癯雅脱乎？書法有行欵，竹更要行欵。書法有濃淡，竹更要濃淡。書法有疏密，竹更要疏密。此幅奉贈常君酉北，酉北善畫不畫，而以畫之關紐透入于書。燮又以書之關紐透入于畫，吾兩人當相視而笑也。與可、山谷亦當首肯。

徐文長先生畫雪竹，純以瘦筆、破筆、燥筆、斷筆爲之，絶不類竹。然後以淡墨水鉤染而出，枝間葉上，罔非雪積，竹之全體，在隱躍間矣。今人畫濃枝大葉，畧無破闕處，再加渲染，則雪與竹兩不相入，成何畫法？此亦小小匠心，尚不肯刻苦，安望其窮微索渺乎？問其故，則曰：吾輩寫意，原不拘拘于此。殊不知，寫意二字誤多少事，欺人瞞自己，再不求進，皆坐此病，必極工而後能寫意，非不工而遂能寫意也。

石濤畫竹，好野戰，畧無紀律，而紀律自在其中。燮爲江君穎長作此大幅，極力仿之，横塗竪抹，要自筆筆在法中，未能一筆踰于法外甚矣。石公之不可及也，功夫氣候僭差一點不得。魯男子云：唯柳下惠則可，我則不可。將以我之不可，學柳下惠之可。余于石公亦云。

傳記

宋 劉道醇《宋朝名畫評》卷三《黄筌》 黄筌尤能寫花竹翎毛，於孟昶殿畫六鶴，因目其殿，當時稱嘆，爲之語曰：黄筌畫鶴，薛稷減價。廣政中，昶命筌與子居寀於八卦殿畫四時山水及諸禽鳥花卉等，至於精備。其年冬，昶將出獵，因按鷹，其間一大鷹離韝，舉臂者不能制，遂縱之，直飛入搏所畫翎毛。昶甚歎賞，召學士歐陽炯作八卦殿畫壁記，仍付史館，以表能事。太宗朝，參政蘇公易簡得筌所畫墨竹圖，李公宗諤見之，賞其神異，作《黄筌竹贊》，其敘曰：工丹青，狀花木者，雖一蘤一葉必五色具焉，而後畫之爲用也。蜀人黄筌則不然，以墨染竹，獨得意於寂寞間，顧彩繪皆長物，鄙而不施。其清姿瘦節，秋色野興，具於紈素，洒然爲真。故不知墨之爲靈乎？惜乎筌去世遠矣，後人無繼者。蜀亡二十年，蘇公易簡得筌之遺迹兩幅，寶之如神，懼恐化去矣，惟安樂村民得一觀焉。噫！清瀟碧湘，會稽雲夢。有竹萬頃，去我千里。鮮碧蔽野，寧得人窺。曷若此圖，幽虚淡静，滿目煙翠。行立坐卧，秋光拂人。又何必雨中移來，窻外種得，霜庭月檻，蕭騷有聲，然後稱子猷之高興乎？余歎筌圖之入神，美翰林之好事，抽毫抒思，敢爲之贊：猗歟黄生，畫竹有名。能狀竹意，是得竹情。以毫搵墨，匪丹匪青。秋思野態，混然而成。背石枕水，蒼蒼數莖。森然欲活，颼若有聲。湘江坐看，嶰谷隨行。大壁高展，清陰滿庭。又詩云：惜哉黄公不可親，空留高價傳千古。向非精賞值蘇公，時人委棄如黄土。

評曰：黄筌老於丹青之學，命筆皆妙，誠西川之能士矣，可列神品。

宋 郭若虚《圖畫見聞誌》卷二 梁左千牛衛將軍劉彦齊，善畫竹，頗臻清致，有《風折竹》、《孟宗泣竹》、《湘妃》等圖傳於世。人物多假胡翼之手。【略】程凝，善畫鶴竹，兼長遠水，有《六鶴圖》并《折竹孤鶴》、《湖灘遠水》等圖傳於世。王道古，善畫雀竹，有《四時雀竹》并《引雛鬬雀》等圖傳於世。李坡，南昌人，惟善畫竹，氣韻飄舉，不事小巧，有《折竹》、《風竹》、《冒雪疎篁》等圖傳於世。【略】丁謙，晉陵義興人，工畫竹，兼善寫蔬果。寇忠愍家有寫葱一軸，上有李後主題丁謙二字，非凡格也。此畫今歸王晉卿都尉家。【略】施璘，京兆藍田人，工畫竹，有生意。

又 卷三 皇弟嘉王，維城茂美，副茅土之强宗。醴席餘休，命毫楳而取適。嘗觀所畫《墨竹圖》，位置巧變，理應天真，作用縱横，功齊造化。復愛狀蝦魚、蒲藻、笱籜、蘆花，雖居紫禁之中，頗得滄洲之趣。筆意超絶，殆非學而知之者矣。【略】江南後主李煜，才識清贍，書畫兼精。嘗觀所畫林石飛鳥，遠過常流，高出意外。金陵王相家有《雜禽花木》，李忠武家有《竹枝圖》，皆希世之玩。【略】文同，字與可，梓潼永泰人。今爲司封員外郎、祕閣挍理。善畫墨竹，富蕭

灑之姿，逼檀欒之秀，疑風可動，不筍而成者也。復愛於素屏高壁狀枯槎老枿，風旨簡重，識者所多。

又 卷四 解處中，江南人，事李後主，爲翰林司藝，特於畫竹，盡嬋娟之妙，但間泊翎毛，頗虧形似耳。【略】閻士安，陳州宛丘人，以醫術爲助教。工畫墨竹，筆力老勁，名著當時。每於大卷高壁爲不盡景，或爲風勢，甚有意趣。復愛作墨蝌蒲藻，等閒而成，爲人所重也。

又 卷五 梁千牛衛將軍劉彦齊，善畫竹，爲時所稱。世族豪右祕藏書畫，雖不及天水之盛，然好重鑒别，可與之争衡矣。本借貴人家圖畫，臧賂掌畫人私出之，手自傳模，其間用舊褾軸裝治，還僞而留真者有之矣。其所藏名迹，不啻千卷。每暑伏曬曝，一一親自卷舒，終日不倦。能自品藻，無非精當。故當時識者皆謂「唐朝吴道子手，梁朝劉彦齊眼」也。

宋 佚名《宣和畫譜》卷一五 蕭悦，不知何許人也。時官爲協律郎，人皆以官稱其名，謂之蕭協律。唯喜畫竹，深得竹之生意，名擅當世。白居易詩名擅當世，一經題品者，價增數倍。題悦畫竹詩云：舉頭忽見不似畫，低耳静聽疑有聲。其被推稱如此，悦之畫可想見矣。今御府所藏五：

烏節照碧圖二 梅竹鶉鶉圖一 風竹圖一 筍竹圖一

元 夏文彦《圖繪寶鑑》卷二 丁謙，義宜人，工畫竹，師蕭悦，兼善寫蔬菜。

又 李夫人，西蜀名家，未詳世胄，善屬文，尤工書畫。郭崇韜伐蜀得之，夫人以崇韜武弁，常鬱悒不樂。向夕獨坐南軒，竹影婆娑可喜，即起揮毫濡墨，摸寫牕紙上，明日視之，生意具足。或云自是人間往往效之，遂有墨竹。

紀 事

唐 朱景玄《唐朝名畫録》【程脩已】嘗畫竹障於文思殿，文宗有歌云：良工運精思，巧極似有神。臨窻時乍覩，繁陰合再明。

唐 馮贄《雲仙雜記》卷五《筆描窻竹影》 宗測樂閑静，好松竹，嘗見日篩竹影上窻，以筆備描之。《常新録》

宋 蘇軾《東坡全集》卷三六《文與可畫篔簹谷偃竹記》 竹之始生，一寸之萌耳，而節葉具焉。自蜩腹蛇蚹，以至于劍拔十尋者，生而有之也。今畫者，乃節節而爲之，葉葉而累之，豈復有竹乎？故畫竹必先得成竹於胸中，執筆熟視，乃見其所欲畫者，急起從之，振筆直遂，以追其所見，如兔起鶻落，少縱則逝矣。與可之教予如此，予不能然也，而心識其所以然。夫既心識其所以然，而不能然者，内外不一，心手不相應，不學之過也。故凡有見於中而操之不熟者，平居自視了然，而臨事忽焉喪之，豈獨竹乎？子由爲《墨竹賦》以遺與可曰：庖丁，解牛者也，而養生者取之；輪扁，斲輪者也，而讀書者與之。今夫夫子之託於斯竹也，而予以爲有道者，則非耶？子由未嘗畫也，故得其意而已。若予者，豈獨得其意，并得其法。與可畫竹，初不自貴重，四方之人持縑素而請者，足相躡於其門。與可厭之，投諸地而罵曰：吾將以爲襪。士大夫傳之，以爲口實。及與可自洋州還，而余爲徐州。與可以書遺余曰：近語士大夫，吾墨竹一派，近在彭城，可往求之。襪材當萃於子矣。書尾復寫一詩，其畧曰：擬將一段鵝谿絹，掃取寒梢萬尺長。予謂與可，竹長萬尺，當用絹二百五十匹，知公倦於筆硯，願得此絹而已。與可無以荅，則曰：吾言妄矣，世豈有萬尺竹哉？余因而實之，荅其詩曰：世間亦有千尋竹，月落庭空影許長。與可笑曰：蘇子辯則辯矣，然二百五十匹，吾將買田而歸老焉。因以所畫《篔簹谷偃竹》遺予，曰：此竹數尺耳，而有萬尺之勢。篔簹谷在洋州，與可嘗令予作洋州三十詠，《篔簹谷》其一也。予詩云：漢川修竹賤如蓬，斤斧何曾赦籜龍。料得清貧饞太守，渭濱千畝在胸中。與可是日與其妻游谷中，燒筍晚食，發函得詩，失笑噴飯滿案。元豐二年正月二十日，與可没於陳州。是歲七月七日，予在湖州曝書畫，見此竹廢卷而哭失聲。昔曹孟德《祭橋公文》，有「車過」「腹痛」之語，而予亦載與可疇昔戲笑之言者，以見與可於予親厚無間如此也。

宋 米芾《畫史》 唐希雅作林竹，韻清楚，但不合多作禽鳥。又作棘林間戰筆小竹，非善，是效其主李重光耳。

王鞏，字定國，收李成雪景六幅，清潤，今歸林希子中家。又收唐竹圖，著色亦好，一横竹比他竹大麄也。【略】

蘇軾子瞻作墨竹，從地一直起至頂。余問：何不逐節分？曰：竹生時何嘗逐節生。運思清拔，出於文同與可。自謂：與文拈一瓣香。以墨深爲面，淡爲背，自與可始也。作成林竹甚精。子瞻作枯木，枝幹虬屈無端，石皴硬，亦怪怪奇奇無端，如其胸中盤鬱也。吾自湖南從事過黄州，初見公酒酣曰：君貼此紙壁上，觀音紙也。即起作兩枝竹，一枯樹，一怪石。見與後，晉

卿借去不還。

朝議大夫王之才妻，南昌縣君李尚書公擇之妹，能臨松、竹、木、石畫，見本即爲之，難卒辨。文與可每作竹貺人，一朝士張潛，迂疎修謹，文作紆竹以贈之，如是不一。又作横絹丈餘著色偃竹，以貺子瞻。南昌過黄借得以傚臨之。後數年，會余真州求詩，非自陳不能辯也。余曰：偃蹇宜如季，揮毫已逼翁。衛書無曲妙，琰惠有遺工。乍覩虬如物，初披颯有風。顧藏唯謹鑰，化去或難窮。

杭僧真慧畫山水佛像，近世出品，惟翎毛墨竹有江南氣象，寫大牛大數尺，形似虎。【略】

余以范寬圖易僧夢休雪竹一幅，巨石倒影下，落葉數片浮水上，旁一枯木亦倒影。後易韋馬于蔣長源，凡去十一種物方得。蔣後易與王詵。今蔡勝道有六幅，長丈餘，奇甚，大屋梁方可挂，森森如坐竹下。

元 吴鎮《梅花道人遺墨》卷上《題竹》 東坡先生守湖州，日遊何道兩山，遇風雨迴憩賈耘老溪上澄暉亭，命官奴執燭，畫風竹一枝于壁間。後好事者刻于石寘郡庠。余遊霅上，因摩挲斷碑，不忍捨去。常憶此本，每臨池，輒爲筆想而成，彷彿萬一，遂爲作此枝以識歲月也。梅花道人，時年七十一。至正十年庚寅歲夏五月十三日，竹醉日也。

明 鎦績《霏雪録》卷上 管夫人嘗用銀朱筆畫懸崖竹一枝，楊廉夫題絶句云：網得珊瑚枝，擲向篔簹谷。明年錦綳兒，春風生面目。

明 徐燉《徐氏筆精》卷五《朱竹》 朱竹古無所本，起於國初宋仲温，有一卷，不知何人筆。高季迪題《水龍吟》云：「淇園丹鳳飛來，幾時留得參差翼。簾聲吹斷，彩雲忽墮，碧雲猶隔。想是湘靈，淚彈多處，血痕都積。看蕭疎瘦影，隔簾欲動，應是落花狼籍。 莫道清高也俗，再相逢，子猷還惜此君。未老歲寒，猶有少年顔色。誰把珊瑚和烟，換去琅玕千尺。細看來，不是天工，却是那春風筆。」此卷舊爲王太史家物，伯兄惟和收得之，珍若重寶。自題其後云：「根如頳虬髯，葉如丹鳳尾。有時截作釣魚竿，珊瑚亂拂桃花水。有時擲杖化爲龍，白日青天赤鱗起。能將紅霧變蒼烟，産在朱明幾洞天。須臾絳節生彤管，只向松間滴露妍。」伯兄卒，卷售他人。

明 陳繼儒《太平清話》卷三 畫竹以濃墨爲面，淡墨爲背。此法始于湖州，而柯奎章全法之。漢紙左子邑，尤得其妙。

清 康熙《寧鄉縣志》卷七《人物志·藝術》 秦名闕，工繪事，能寫十六種竹。如風竹雨竹之類，與許棐之文學、何清之才識，時稱三絶。

著録

唐 裴孝源《貞觀公私畫史》

王僧綽像　懷香圖

蟬雀圖　雜竹樣上四卷梁太清目無

孫公命將圖　陸士衡詩會圖

王謝諸賢像　名臣像

刺虎圖　小兒戲鵝圖云昭明太子像

右十卷，顧景秀畫六卷，隋朝官本。

宋 李廌《德隅齋畫品·鶴竹圖》 南唐朝覇府之庫物，舊有集賢院印章，梅翰林詢塗去，故印復用梅昌言印以蓋之，徐熙所作也。藂生竹篠，根、幹、節、葉皆用濃墨。麤筆其間，櫛比略以青緑點拂，而其梢蕭然有拂雲之氣。兩雉馴啄其下，羽翼鮮華，喙欲鳴，距欲動。近時畫師作翎毛，務以疎渲細密爲工，一羽雖似而舉體或不得其大全，雖羽毛不復疏渲，分佈衆采，映帶而成，生意真態無不具，非造妙自然，莫能至此。

元 李衎《竹譜原序》 黄太史有言，竹雖有譜記之者，然畧而不精，吾欲作《竹史》，未暇也。太史歿且二百年，於兹豈無嗜好似古人者？而其事果屬之誰？將由竹之爲物自足以名世，有不待乎人之發揮，抑愛惡之不齊而知竹者希？然虞周之際，取象於《易》，作貢於《書》，比德於《詩》《論》，紀録之盛，信於史也。奚疑使後世從而史之，亦孰以爲非予性澹泊，獨草木臭味未能忘情，而自謂於竹粗有知？蓋少壯以來，王事驅馳，登會稽，涉雲夢，汎三湘，觀九疑，南踰交廣，北經渭淇，彼竹之族屬支庶不一而足，咸得徧窺。於是益欲成太史之志，而不敢以臆説私則，爲上稽六籍，旁訂子史，下暨山經地志、百家衆技、稗官小説、竺乾龍漢之文，以至耳目所可及，是諏是咨，序事繪圖，條析類推，俾封植長養、灌溉採伐者識其時，製作器用、銓量才品者審其宜，模寫形容、設色染墨者究其微，繇古逮今，博載事辭，積累成編，雅俗兼資，庶幾備方來之傳，補往昔之遺。猶恨學疎而才劣，非畧於鹵莽，則弊於支離，故題曰《竹譜詳録》，而惡可名史以取譏？他日，好事者爲此君執南董之筆，或有

考於斯。大德三年歲在乙亥端陽日薊邱李衎仲賓父序。

元 李衎《竹譜》卷一《竹譜詳録》 予昔見人畫竹，嘗從旁窺其筆法，始若可喜，旋覺不類，輒歎息捨去，不欲觀之矣。如是者凡數十輩。後得澹游先生所畫，迥然不同，遂願學焉。已而遡求其源，澹游本學於乃翁黄華老人，老人學文湖州。是時初聞湖州之名，二老遺墨皆未之見。後從喬仲山秘書觀黄華横幅，一枝數葉，倚石蒼蒼，疑澹游差不逮也。甚欲取以爲法，而無自得之。或云黄華雖宗文，每燈下照竹枝，摹影寫真，宜異乎常人之爲者，澹游特括讀父書而已，不必學也。予深以爲然。又念東坡、山谷二公洎宋金兩朝名士讚美文湖州之筆與造物比，尤以不即快睹爲恨。至元乙酉來錢唐，始見十餘本，皆無足起予者，妄謂蘇、黄之評幾於私其交親，後賢未免隨聲附和，要當以黄華、澹游定優劣耳。邂逅友人王子慶極談兹事。子慶曰：君殆未見真蹟，前輩不輕推許也。予曰：近屢見之矣，大書題識，寧盡僞耶？子慶曰：非僞而何？予茫然自失，猶疑子慶立論之偏，漫詰之曰：若嘗見中州黄華老人所作乎？子慶曰：黄華之作，吾固未見，湖州之作，君又未之見也，何能與君決是非？府史某人者，藏本甚真，明日借以來自定其品第，可乎？越宿，子慶果携過予，則一幅五挺，濃淡相依，枝葉間錯，折旋向背，各具姿態，曲盡生意，如坐渭川、淇水間，方以前輩議論爲無愧。黄華誠有取乎此，而照影之語未詳。自悔聞見寡陋，若子慶之博識，不可及也。屬以善價致之，猶靳用油紙臨摹，持歸維揚。明年四月重來，或出此見售，遂酬以二十五券，欣然慰滿平生矣。自是連得三本，悉棄故習，壹意師之。日纍月積，頗似悟解好事者往往徵索，流播漸廣，謬相肯可。獨鮮于伯機父謂以墨寫竹清矣，未若傳其本色之爲清且真也。强予用墨竹法加青緑畫成，雖粗可觀，終非合作，將復討論其説，而俗工咸不足問。追尋近古，得王右丞開元石刻，屢經摹勒失真。又得蕭協律《筍竹圖》，絹素糜潰，筆蹤慘淡。方謀對本臨倣，偶故人劉伯常過予，曰：吾舊藏李頗《叢竹圖》已久，知君酷好，輟以爲贈。二圖俱宣和故物，而頗尤專美，後來無出其右者。於是又得畫竹法。蓋自唐王右丞、蕭協律、僧夢休、南唐李頗、宋黄筌父子、崔白兄弟及吴元瑜，以竹名家者纔數人。右丞妙蹟，世罕其傳。協律雖傳，昏腐莫辨。夢休疎放，流而不反，自屬方外。黄氏神而不似，崔、吴似而不神，惟李頗形神兼足，法度該備，所謂懸衡衆表，龜鑑將來者也。墨竹亦起於唐，而源流未審。舊説五代李氏描窻影，衆始效之。黄太史疑出於吴道子。《畫評》云：寫竹於古無傳，自沙門元靄及唐希雅董羽輩始爲之倡。舊説郭崇韜夫人李氏月夜摹影竹窻，是後往往有效之者。《廣畫集》載孫位松石墨竹。又成都大慈寺灌頂院有張立墨竹畫壁。孫、張皆晚唐人，蜀中皆有墨竹，乃知非元靄輩倡始，亦不始於李夫人也。山谷黄太史云：墨竹起於近代，不知其所師承。初吴道子作畫竹加丹青，已極形似，意墨竹之師，近出於此。此論宜有所據，故敢取以爲證云。追至宋朝，作者寖盛，文湖州最後出，不異杲日昇空，爝火俱息，黄鐘一振，瓦釜失聲。豪雄俊偉如蘇公猶終身北面，世之人苟欲游心藝圃之妙，可不知所法則乎？畫竹師李，墨竹師文，刻鵠類鶩，予知愧矣。幸際熙朝，文物興起，生輦轂之下，齒薦紳之列，薄宦驅馳，辱徧交賢士大夫，講聞稍詳，且竭餘力求購數年，於墨竹始見黄華老人，又十年始見文湖州，又三年於畫竹始見蕭、李，得之如此其難也。彼窮居僻學，當何如耶？退唯嗜好迂疎，久乃彌篤，天成其志，行役萬餘里，登會稽，歷吴楚，踰閩嶠，東南山川林藪，游涉殆盡，所至非此君者無與寓目。凡其族屬、支庶、形色、情狀、生聚、榮枯、老稚、優劣，窮諏熟察，曾不一致。往歲仗國威靈，遠使交趾，深入竹鄉，究觀詭異之産，於焉辨析疑似，區别品彙，不敢盡信紙上語。焦心苦思，參訂比擬，嗒忘予之與竹，自謂畧見古人用意妙處，求一藝之精，信不易矣！詞賦爲雕篆，必非壯夫；《爾雅》註蟲魚，安能磊落？區區繪事之末，固應見笑大方之家。以予宿性，好之樂之，積習成癖，尚恐世有予同病者，去古寖遠，未得其傳，悉取李頗、文湖州兩家成法，寫予疇昔用力而得之者與夫命意、位置、落筆、避忌之類，一一詳疎卷端，無所隱祕，庶幾後之君子一覽靡遺憾焉。

清 姚之駰《元明事類鈔》卷三六《材木門》 深入竹鄉 《元史類編》孝息齋善寫竹，後使交趾，深入竹鄉，于竹之形色情狀，辨析精到，作《畫竹》、《墨竹》二譜。

清 嵇璜《續文獻通考》卷一八八《經籍考》 元李衎《竹譜》十卷。

衎字仲賓，號息齋道人，薊邱人。起家將仕郎，皇慶中爲吏部尚書、集賢殿大學士，謚文簡。

趙孟頫曰：吾友仲賓爲此君寫真冥搜極討，蓋欲得畫竹之情狀。二百年來以畫竹稱者，皆未必能精深如仲賓也。

清 永瑢《四庫全書總目》卷一一二 《竹譜》十卷。《永樂大典》本。元李衎撰。衎字仲賓，號息齋，薊邱人。皇慶元年爲吏部尚書，拜集賢殿大學士，謚文簡。蘇天爵《滋溪集》有衎墓志，稱其翰墨餘暇，善圖古木竹石，有王維、文同之

高致。《續宏簡録》曰：李衎少時見人畫竹，從旁窺其筆法，始若可喜，旋覺不類，輒嘆息舍去。後從黄華子澹游學。案：黄華老人，金王庭筠之别號。澹游，庭筠子曼慶之别號。《畫史會要録》稱庭筠善古木竹石，曼慶亦工墨竹。已觀黄華所畫墨竹，又迥然不同，乃復棄去。至元初來錢塘，得文同一幅，欣然願慰。自後一意師之，兼善畫竹法，加青緑設色。後使交趾，深入竹鄉，於竹之形色情狀，辨析精到，作《畫竹》、《墨竹》二譜。凡黏幀礬絹之法悉備。又鄧文原《履素齋集》有哭衎詩二首，詩末註曰：仲賓近刊《竹譜》二十卷，其書世罕傳本。浙江鮑氏所傳鈔者僅有一卷，疎略殊甚。惟《永樂大典》載其完書，實分四門。曰《畫竹譜》、《墨竹譜》，與《宏簡録》所言合。又有《竹態譜》、《竹品譜》，其《竹品譜》中又分《全德品》、《異形品》、《異色品》、《神異品》、《似是而非竹品》、《有名而非竹品》六子目，共爲十卷。卷各有圖，蓋每二卷併一卷矣。其書廣引繁徵，頗稱淹雅。録而存之，非惟游藝之一端，抑亦博物之一助矣。中有有説而無圖者，自序謂與常竹同者則不復圖，非闕佚也。

又　卷一一四《竹譜詳録》一卷。浙江鮑士恭家藏本。舊本題元李衎撰。衎《竹譜》十卷，已於《永樂大典》中採輯著録。此鈔其百分之一，乃改題曰《詳録》，傎亦甚矣。

藝文

唐　白居易《白氏長慶集》卷一二《畫竹歌并序》　協律郎蕭悦善畫竹，舉時無倫。蕭亦甚自秘重，有終歲求其一竿一枝而不得者。知予天與好事，忽寫一十五竿惠然見投。予厚其意，高其藝，無以答貺，作歌以報之。凡一百八十六字云。

植物之中竹難寫，古今雖畫無似者。蕭郎下筆獨逼真，丹青以來唯一人。人畫竹身肥擁腫，蕭畫莖瘦節節竦。人畫竹梢死羸垂，蕭畫枝活葉葉動。不根而生從意生，不笋而成由筆成。野塘水邊碕岸側，森森兩叢十五莖。嬋娟不失筠粉態，蕭颯盡得風煙情。舉頭忽看不似畫，低耳静聽疑有聲。西叢七莖勁而健，省向天竺寺前石上見。東叢八莖疎且寒，曾憶湘妃廟裏雨中看。幽姿遠思少人别，與君相顧空長歎。蕭郎蕭郎老可惜，手顫眼昏頭雪色。自言便是絶筆時，從今此竹猶難得。

唐　方干《玄英集》卷二《方著作畫竹》　叠葉與高節，俱從毫末生。留傳千古譽，研鍊十年情。向月本無影，臨風疑有聲。吾家釣臺畔，似此兩三莖。

宋　梅堯臣《宛陵集》卷二六《墨竹》　許有盧孃能畫竹，重抹細拖神且速。如將石上蕭蕭枝，生向壁間天意足。戰葉斜尖點映間，透勢虚黏斷還續。粉節中心豈可知，澹墨分明在君目。

宋　歐陽修《文忠集》卷五七《張仲通示墨竹嗣以嘉一作佳篇豈勝欽玩聊以四韻仰酬厚貺》　數竿蒼翠寫生綃，寄我公齋伴寂寥。不待雪霜常一作長凜凜，雖無風雨自蕭蕭。嗟予心志俱憔悴，羡子文章騁一作足富饒。嗣以嘉一作佳篇誠厚貺，遠慚爲報乏瓊瑶。

宋　蘇軾《東坡全集》卷一六《書文與可墨竹并叙》　亡友文與可有四絶，詩一，楚詞二，草書三，畫四。與可嘗云：世無知我者，惟子瞻一見，識吾妙處。既没七年，覩其遺迹，而作是詩：

筆與子皆逝，詩今誰爲新。空遺運斤質，却弔斷絃人。

又《題文與可墨竹并叙》　故人文與可爲道師王執中作墨竹，且謂執中勿使他人書字，待蘇子瞻來，令作詩其側。與可既没，八年而軾始還朝見之，乃賦一首。

斯人定何人，游戲得自在。詩鳴草聖餘，兼入竹三昧。時時出木石，荒怪軼象外。舉世知珍之，賞會獨余最。知音古難合，奄忽不少待。誰云死生隔，相見如龔隗。

又《書晁補之所藏與可畫竹三首》　與可畫竹時，見竹不見人。豈獨不見人，嗒然遺其身。其身與竹化，無窮出清新。莊周世無有，誰知此凝神。若人今已無，此竹寧復有。那將春蚓筆，畫作風中柳。君看斷崖上，瘦節蛟蛇走。何時此霜竿，復入江湖手。晁子拙生事，舉家聞食粥。朝來又絶倒，諛墓得霜竹。可憐先生槃，朝日照苜蓿。吾詩固云爾，可使食無肉。吾舊詩云：可使食無肉，不可居無竹。

又　卷九四《文與可畫墨竹屏風贊》　與可之文，其德之糟粕。與可之詩，其文之毫末。詩不能盡，溢而爲書，變而爲畫，皆詩之餘。其詩與文，好者益寡。有好其德，如好其畫者乎？悲夫！

又《戒壇院文與可畫墨竹贊》　風梢雨擀，上傲冰雹。霜根雪節，下貫金鐵。誰爲此君，與可姓文。惟其有之，是以好之。

又《石室先生畫竹贊并叙》 與可，文翁之後也。蜀人猶以石室名其家，而與可自謂笑笑先生。蓋可謂與道皆逝，不留於物者也。顧嘗好畫竹，客有贊之者曰：

先生閒居，獨笑不已。問安所笑，笑我非爾。物之相物，我爾一也。先生又笑，笑所笑者。笑笑之餘，以竹發妙。竹亦得風，天然而笑。

宋 蘇轍《欒城集》卷一七《墨竹賦》 與可以墨爲竹，視之良竹也。客見而驚焉，曰：「今夫受命於天，賦形於地，涵濡雨露，振蕩風氣，春而萌芽，夏而解弛，散柯布葉，逮冬而遂。性剛潔而疏直，姿嬋娟以閒媚。涉寒暑之徂變，傲冰雪之凌厲。均一氣於草木，嗟壤同而性異。信物生之自然，雖造化其能使？今子研青松之煤，運脫兔之毫，睥睨墻堵，振洒繒綃，須臾而成，鬱乎蕭騷，曲直橫斜，穠纖庳高。竊造物之潛思，賦生意於崇朝。子豈誠有道者耶？」與可聽然而笑曰：「夫予之所好者，道也，放乎竹矣。始予隱乎崇山之陽，廬乎脩竹之林，視聽漠然，無槩乎予心。朝與竹乎爲游，莫與竹乎爲朋，飲食乎竹間，偃息乎竹陰，觀竹之變也多矣。若夫風止雨霽，山空日出，猗猗其長，森乎滿谷，葉如翠羽，筠如蒼玉；澹乎自持，淒兮欲滴，蟬鳴鳥噪，人響寂歷。忽依風而長嘯，眇掩冉以終日，笋含籜而將墜，根得土而橫逸，絶澗谷而蔓延，散子孫乎千億。至若藂薄之餘，斤斧所施，山石犖埆，荆棘生之，蹇將抽而莫達，紛既折而猶持，氣雖傷而益壯，身已病而增奇。淒風號怒乎隙穴，飛雪凝沍乎陂池。悲衆木之無賴，雖百圍而莫支，猶復蒼然於既寒之後，凜乎無可憐之姿，追松栢以自偶，竊仁人之所爲，此則竹之所以爲竹也。始也，余見而悅之，今也，悅之而不自知也。忽乎忘筆之在手與紙之在前，勃然而興，而脩竹森然，雖天造之無朕，亦何以異於茲焉。」客曰：「蓋予聞之，庖丁，解牛者也，而養生者取之；輪扁，斲輪者也，而讀書者與之。萬物一理也，其所從爲之者異爾。況夫夫子之託於斯竹也，而予以爲有道者則非耶？」與可曰：「唯唯。」

宋 黄庭堅《山谷集》卷六《次韻黄斌老所畫横竹》 酒澆胸次不能平，吐出蒼竹歲峥嶸。卧龍偃蹇雷不驚，公與此君俱忘形。晴窻影落石泓處，松煤淺染飽霜兔。中安三石使屈蟠，亦恐形全便飛去。

又《次韻謝斌老送墨竹十二韻》 古今作生竹，能者未十輩。吳生勒枝葉，筌寀遠不逮。江南鐵鉤鎖，最許誠懸會。燕公洒墨成，落落與時背。譬如刳心松，中有歲寒在。湖州三百年，筆與前哲配。規權轉銀鉤，幽賞非俗愛。披圖風雨入，咫尺莽蒼外。吾子學湖州，師逸功已倍。有來竹四幅，冬夏生變態。預知更入神，後出遂無對。吾詩被壓倒，物固不兩大。世傳江南李王作竹，自根至梢極小者，一一鉤勒成，謂之鐵鉤鎖，自云惟柳公權有此筆法。

又《用前韻謝子舟爲予作風雨竹》 子舟詩書客，畫手睨前輩。挹袂拍其肩，餘力左右逮。摩拂造化鑪，經營鬼神會。光煤疊亂葉，與世作者背。看君回腕筆，猶喜漢儀在。歲寒十三本，與可可追配。小山蒼苔面，突兀謝僧愛。風斜兼雨重，意出筆墨外。吾聞絶一源，戰勝自十倍。榮枯轉時機，生死付交態。狙公倒七芧，勿用嗔喜對。此物當更工，請以小喻大。

又《再用前韻詠子舟所作竹》 森削一山竹，壯士十三輩。自干雲天去，草芥肯下逮。虛心聽造物，顛沛風雲會。榮枯偶同時，終不相棄背。誰云湖州沒，筆力今尚在。阿筌雖墨妙，好以桃李配。國工裁主意，冷淡恐不愛。子舟落心畫，榮觀不在外。耆年道機熟，增勝當更倍。祖述今百家，小紙弄姿態。雖云出湖州，卷置懶開對。非公筆如椽，孰能爲之大。桃李一作竹鶴。

宋 王之道《相山集》卷一《題德章山郭養源墨竹》 胸次富盤錯，筆端妙蒼翠。霜枝豈人爲，煙葉有生意。與可骨已朽，此法誰復嗣。偉哉尋丈姿，綽有萬尺勢。

宋 王洋《東牟集》卷二《又題琳師房劉行簡給事墨竹》 黄門給事二千粟，日割三牲亦應足。劉翁食俎厭羶腥，千畝渭川期滿腹。吳人束簡如束芻，百錢可了三日厨。劉翁平生幾兩屐，可能千畝無贏餘。獨嫌納腹未可盡，更爲揮毫寫清峻。庭空月落千丈長，老栢喬松未高勁。錦綳稚子置腹中，鐵面老人凌遠風。此君族類俱得所，多事索此霜髯翁。腹饑眼飽徒倥偬，只説饕饞疑作俑。何以先生日照盤，更看嬋娟勢飛動。琳師從此唯善看，時時更爲通平安。

又 卷二《劉行簡以自題所畫墨竹詩見示依韻酬之》 買花無謀謀買竹，少陵未必甘同谷。索酒缾空方索茶，陶水終慙錦茵宿。我生絶意鶴背錢，犯分猶貪竹間肉。穠華穩付桃李春，寂寞頗疑松栢獨。自逢劉叟用意好，錢不看囊不羞忸。誤身冠在竹皮寬，比酒葉宜衫色緑。如翁須著第一流，藝能飽勝三千秋。少名數輩列青士，語放干雲封素侯。詩成自寫真三絶，筆下琅玕手中鐵。若須推轂極清高，有待朝天寒栗烈。

又 卷一三《劉行簡墨竹贊》 瀏游浮翔，君之長也。純直静默，君之德也。滌炎懷風，君之功也。山澤之臞儒，非君其誰如也。

宋 王質《雪山集》卷一〇《墨竹贊》 望之森然，劍戟擁林。聽之蕭然，風雨作聲。聞之郁然，粉籜吹馨。按之隱然，枝節生稜。雖然，子以意畫，吾以意想。夫天地萬物，同歸是幻，本無實相，而況以假託真，以形傳神，以死寄生，以有色見無色，以有心出無心者耶？

宋 陳造《江湖長翁集》卷一八《謝劉提幹墨竹見遺二首》 王孫筆自徐州派，戲爲詩翁寫渭川。眼底疎枝欹密葉，静含寒雨瞑蒼烟。

龍孫裊裊初辭籜，鳳尾娟娟擬受風。疎影向人翩欲舞，夢殘依約月庭空。

宋 曾丰《緣督集》卷一《墨竹賦》 我家江南，種竹遶屋。兹僑于京，無竹而俗。欣見員郎，吐墨爲竹。不根而萌，不笋而莖。盤礴之頃，天生地成。不籜而節，不苞而葉。逡巡之間，神造鬼設。謂春滋邪，外萎其形。謂冬凋邪，中益其精。瀟瀟瑟瑟，濛濛溟溟。未霧露兮如濕，無風雨兮若聲。顧壁間數竿之可意，與渭上千畝而争清。拔我汩汩，納諸泠泠。府寺之跡既涴而復潔，利名之骨久醉而忽醒。惟竹太孤，孰同保社。鳳馴栖而思凝，鶴矯立而神化。有固可嘉，無奚足訝。所少七賢，坐於其下。七賢面目，今莫識者。視我形骸，随意而寫。置之竹間，以伴瀟洒。毋謂今人之不古，安知真相之非假。

宋 馬廷鸞《碧梧玩芳集》卷二四《題趙君畫竹》 與可知竹，子瞻知與可，知與可斯知竹矣。知者無他，知其直而已，故子瞻之節每似之。僕於蘇仙無能爲役，而以與可望王孫無枉其節云。

霜竿操尚特幽奇，直節端如正士姿。高拂九霄無曲處，古來惟有老天知。

宋 鄭思肖《所南翁一百二十圖詩集·無名氏巡簷數修竹圖》 四簷玉立碧重重，終日相看眼亦空。何啻數來千萬个，不知那个弄清風。

元 張宏範《淮陽集·墨竹》 麝墨雲香小木叢，淡烟横月翠玲瓏。小屏春鎖緑窻夢，也勝江湖烟雨中。

元 吴澄《吴文正集》卷六三《題東坡所寫墨竹》 雖細稍低葉，下近塵士，而鉅竿老節，慣傲雪霜。于時坡翁居多竹之地，三年矣。

元 吴鎮《梅花道人遺墨》卷上《野竹》 野竹野竹絶可愛，枝葉扶疎有真態。生平素守遠荆榛，走壁懸崕穿石罅。虚心抱節山之阿，清風明月聊婆娑。寒梢千尺將如何，渭川淇澳風烟多。

又《笋》 緑陰晝静南風來，晴梢拂拂烟花開。籜龍走地牙角出，班班玉立横蒼苔。長鑱穿雲石路滑，錦衣脱襁玉版白。鳴牙未下冰雪虀，開籠先放揚州鶴。

元 歐陽玄《圭齋文集》卷三《墨竹》 疎枝淡淡與濃濃，垂葉應無靃靡容。玉立滿身都是雨，何人能識葛陂龍。

又《萬竹圖》 露壓煙稍整復斜，有時風定翠交加。閒身幸老清平世，喜見鵷雛待竹花。

元 蒲道源《閒居叢稿》卷七《墨竹》 猗猗誰墨此君姿，數寸風梢具體微。月落空庭看倚影，坡詩端解發真機。

元 趙奕《題吴仲圭爲松巖和尚寫竹枝》（《吴興藝文補》卷五三引） 虚心待我不嫌貧，齋下從來獨此君。風送蕭騷和雨響，月將濃澹向窻分。森森碧玉垂蒼篠，鬱鬱寒梢拂翠雲。晝静清陰消溽暑，凉生枕簟更殷勤。

元 倪瓚《清閟閣全集》卷七《題墨竹》 燈下蕭蕭玉一枝，吴松欲雪暮寒時。憑君爲把青鸞尾，大掃陰雲息怨咨。

又《柯丹丘梅竹》 山川摇落夜漫漫，老木幽篁巧耐寒。畫裏陳侯有佳句，皎如明月映琅玕。

元 王禮《麟原後集》卷一二《題蘭竹》 蘭葳蕤而下垂，竹回薄以斜起。澹與泊其相遭，保幽貞乎終始。

明 劉永之《劉仲脩先生詩文集》卷三《題左壺子墨竹》 雨濕碧琅玕，蒼苔遺故跡。悵然懷遠人，欲制山陽笛。

又 卷六《墨竹》 白石蒼苔嶰谷秋，疎篁古木共蕭條。析釵書法今誰繼，惆悵令又憶薊邱。

春至黄陵江水生，明璫翠珮不勝情。微風晰晰聞鸞吹，疎雨蕭蕭濕雉旌。

又《寫墨竹一枝》 爲君拈筆寫篔簹，數尺新稍緑粉香。持白西窗聽夜雨，高情渾似對瀟湘。

明 劉基《誠意伯文集》卷四《題柯敬仲墨竹花石》 紅桃花夭夭，緑竹葉蕤蕤。水邊石上相依倚，恰似佳人配君子。奎章博士丹丘生，寶書鑑盡芸閣清。染朱涅翠歸墨筆，收入造化無逃形。烟濃風暖春如醉，竹有哀音花有淚。花枯竹死今幾年，空留手跡令人憐。

明 朱元璋《明太祖文集》卷二〇《咏雪竹》 雪壓竹枝低，雖低不着泥。明朝紅日出，依舊與雲齊。

明 胡奎《斗南老人集》卷五《題梅竹》 姑射仙人冰雪姿，天寒翠袖立多時。

分明一片黄昏月，照見貞心只自知。

又 我愛娟娟玉一枝，歲寒不改雪霜姿。如何也學春風面，定是今年醉日移。

又《紅竹》 蓬萊石上珊瑚樹，曾見扶桑海水乾。相逐葛陂龍化去，何年服得九還丹。

明 楊士奇《東里續集》卷六〇《題蔣堉重竹》 種得篔簹玉，庭含五月秋。清詩吟衛武，絶勝伴羊求。兩京四十載，迢遞夢家林。蕭散五君詠，山王空愧心。

又《題徐孚竹》 瀟湘萬頃秋，淇園千畝緑。幽玩何須多，一枝清已足。

又《題竹贈閩士且却其繡段二首》 組繡出閩中，由來習俗工。何如此君節，葉葉是清風。

種竹隔流塵，清陰滿户庭。自公有閒暇，常對歲寒青。

明 倪謙《倪文僖集》卷一一《題懸崖竹》 晚移孤棹過湘川，翡翠晴摇兩岸烟。吟倚斷崖清不寐，一枝涼影月中懸。

明 張甯《方洲集》卷一〇《風雨墨竹二首爲崔廷佩題》 蕭蕭簷外聲，拂拂牕上影。美人期不來，葉落瑶堦冷。吴歌寂無聞，楚舞嬌不舉。林空白石晚，一片瀟湘雨。

又《爲葉希榮題竹》 芳春初茁土，首夏漸成陰。不待冰霜後，清風已滿林。

又《墨竹》 蕭蕭落日風，淅淅清秋雨。滿目歲寒情，相看不能語。

又《題竹石圖送宣天然》 白石一拳小，脩篁數葉多。萬山冰雪裡，試看此如何。

又《宋太子墨竹二絶》 御墨龍香出内庭，幾枝疎影拂前星。當時粉繪多零落，惟有寒梢似舊青。

想見青宫拂素絲，清風雅操玉參差。一般翰墨歸人世，還有章懷太子詩。

又 卷一一《畫竹樹圖送譚大尹》 古楠幽竹海山秋，一片離懷共水流。縱爾掄材入廊廟，也應不忘九年遊。

又《爲秋江題姚公綬竹》 本是飛仙號懶仙，研池日日起風烟。何人爲惜清秋景，留伴山房看雨眠。

明 張寧《張方洲奉使録·墨竹二首》 流雲滿空江月黑，天漏無聲瀉虚碧。梧桐露白鳳毛垂，湘妃劍珮鮫綃濕。短蓬餘燼照殘更，千里江潭幽夢生。隔江誰唱鷓鴣曲，忽憶君山雙笛聲。

蓐收鼓氣天行金，紅塵委翳蒼煙沉。潛蛟倒海鳳翻穴，十二瓊樓環珮音。

南州高士風流歇，空谷佳人苦離别。憑誰截作紫鸞笙，同上瑶臺弄明月。

明 徐溥《謙齋文録》卷一《枯木竹石爲吴昉題》 露葉霜柯帶晚陰，崑崙骨冷蘚花深。吴剛老去伶倫死，誰識儲材造化心。

又《題竹》 蒼梧風雨送春寒，翠葆分明夢裏看。千古神遊應不遠，短篷虚枕聽珊珊。

又《松竹圖》 槎牙不動蒼龍角，散亂無文彩鳳毛。夢入三湘忽驚覺，海門風急卷秋濤。

明 吴寬《家藏集》卷六《倪雲林墨竹》 古來畫法即書法，時從用墨窺良工。雲林胸次本高潔，墨氣自與爲人同。扁舟日暮過甫里，竹梢落紙含清風。想應停筆悵然久，詩思遥逐天隨翁。

又 卷一一《王孟端墨竹爲貞伯題二首》 九龍山下竹千竿，盡屬高人王孟端。何處看來渾似此，山堂疎影落漪瀾。

百年風致宛如新，滿地清陰庇後人。金母橋頭重問舍，墨君堂上舊傳神。

又 卷一三《題墨竹贈邵楚雄行》 柳州刺史詩猶在，種柳何如種竹清。便向滇南長孫子，郡人須繫使君名。

又 卷二七《爲崔太卿題史都憲墨竹》 容臺有地堪種竹，北土高寒數根足。未許長竿可釣魚，況云美筍能燒肉。太卿好竹如好僊，夜夢時時游渭川。醉來忽見竹滿壁，墨痕濕處何蒼然。彷彿庭前秋月白，影落旁枝猶百尺。化龍只恐起清波，棲鳳却疑依巨石。人間酷暑何時徂，對此翛然暑氣無。伊誰能事寫此圖，人云中臺史大夫。

明 黄仲昭《未軒文集》卷一〇《和韻題露竹并菊》 湘君夜降騎青鸞，金鈿落地光團團。化作翠筠與黄菊，空山共傲風露寒。

又《和韻題雨竹并菊》 雨過琅玕濕未乾，霜餘黄菊尚堪餐。他年何處偏思爾，紫陌雞聲旅夢殘。

明 邵寶《容春堂後集》卷一《施克咨友石竹枝扇面》 石庵畫竹人争賞，尺素流傳知幾家。偶見平山亭子上，長吟落盡晚春花。

又《題石庵畫竹》 蕭蕭數葉不勝看，到此方知畫竹難。誰信中書曾放筆，片時行盡楚江干。涯翁有《題柯丹邱畫竹》詩曰：「休將畫竹論難易，剛道繁難簡更難。君看蕭蕭衹數葉，滿堂風雨不勝寒。」石庵此幅足以當此，不知丹邱所作

於此何如也。

明　邵寶《容春堂續集》卷一《題畫竹》　石澗潺潺楚江曲，上有猗猗萬竿菉。聽之天風時來起衆音，如金如玉皆無心。縈廻成文妙天下，物理相資不相假。聽之未足觀有餘，春雲匝地秋天虛。我行瀟湘數千里，此景隨人何迤邐。誰其圖者琴川翁，造化又在生綃中。披圖忽憶舊遊處，九疑如烟水東注。

又　卷五《墨竹》　舊稍新葉緑毵毵，四十分中已得三。剛道清陰猶未遍，徑邊時有客來參。

又《題竹枝壽鳳山司徒》　梅花道人寫竹枝，湘江風動碧雲時。一緘北爲司徒壽，如向初筵歌菉猗。

明　何景明《大復集》卷一四《畫竹》　殷君示我林垍竹，臨風寫雨奪天巧。尺縑蒼筤只兩根，氣勢已覺千林少。蚪蟠鳳起倏有神，出雲入霧何縹緲。聞君魯門西草堂，萬竿白日森烟霜。怪道君身瘦如竹，只對此君不食肉。

明　田藝蘅《香宇集》卷九《飛白竹》　平生冰雪操，晚節更清白。爲乞一兩枝，樹之隱士宅。

明　徐渭《徐文長逸稿》卷八《雪竹竹枝詞》　雪壓烟迷月又蹉，前村昏黑水增波。梅花也自難張主，數尺寒稍奈爾何。

其二

萬丈雲間老檜萋，下藏鷹犬在塘西。快心獵盡梅林雀，野竹空空雪一枝。

其三

畫成雪竹太蕭騷，掩節埋清折好梢。獨有一般差似我，積高千丈恨難消。

風竹竹枝詞

畫裏濡毫不敢濃，囱間欲肖碧玲瓏。兩竿稍上無多葉，何事風波滿太空。

其二

枯枝固是轉相尋，數葉何勞便米侵。惡梗强鞭穿地遍，秋風偏要颯幽林。

其三

苦笋穿苔破出封，摇風弄月碧玲瓏。昨宵偶掘行鞭看，多少泥中掘殺儂。

又《風竹竹枝詞》　五竿細篠似荷苘，數點青苔艸面封。莫怪枝枝半無葉，昨宵風雨折長松。

其二

只堪擬作釣竿横，豈有干雲拂霧情。寄語風霜休更忘，只今已自瘦伶仃。

其三

竹勁由來缺様同，畫家雖巧也難工。細看昨夜西風裏，若個琅玕不向東。

其四

鴟鳥嘗依惡木栖，鵂鶹多宿竹間枝。馮君莫畫生風葉，卵破巢傾始得知。

又《雨竹竹枝詞》　小露垂梢雨壓竿，真成滴泪不曾乾。問渠何事能哀甚，屈殺蛙泥笋一攢。

其二

枝枝葉葉自成排，嫩嫩枯枯向上裁。信手掃來非着意，是晴是雨凭人猜。

明　徐渭《徐文長文集》卷一二《寫倒竹答某餉》　胡麻緑荍兩尖堆，回施無他寫竹回。卷去忽開應恠叫，皁龍抽尾掃風雷。

又《竹石》　青虵拔尾向何天，紫石如鷹啄兔拳。醉裏偶成豪健景，老夫終歲懶成眠。

又《寫竹擬送友人之官長沙》　無不長沙弔賈生，賈生也自弔靈均。頭陁暗裏争餐鱠，却把乾魚哭向人。

又《初春未雷而笋有穿籬者醉中狂掃大幅》　臘尾春頭試爆餘，竹根驚笋兩三株。却憑一七硫黄末，竟奪雷州穩臥豬。

又《寫竹壽郁潁上》　潁上今年五十逢，野人爲壽不堪供。生移數葉淇園緑，但願君爲衛武公。

又《畫笋竹賀許口北得子》　小葉瀟瀟翠羽疎，束攢西簇護龍雛。蜀箋何用長三丈，數寸班鱗見大都。

又《菊竹》　若不重陽貰一壺，那能了此菊花逋。竹梢墨色潮如此，試看明朝有雨無。

又《水仙雜竹·絕調》　二月二日涉筆新，水仙竹葉兩精神。正如月下騎鸞女，何處堪容食肉人。

又《竹》　葉葉枝枝逐景生，高高下下自人情。兩梢直拔青天上，留取根叢作雨聲。

郡城去海不爲遥，墨擇淋漓似鬱蛟。莫遣風來吹一葉，恐於箋上作波濤。

又《竹石》　片石蒼蒼映莽林，南宫如見拜難禁。牛車若使能移去，賣與侯家五百金。

昨宵風雨折東園，那許從天乞一竿。數葉傳神爲不朽，儒寒道瘦任人看。

林梢片石墨初籠，涷筆勾寒入指中。急遣蒼頭沽一榼，破簾穿日盪杯紅。

筆底霜叢三四竿，園中解籜兩三年。修蛇拔尾當黄土，小鳳梳翎在碧天。

修虵有尾頻年墜，小鳳爲翎幾日成。輸與寒梢三十尺，春來秖用一雷驚。

人家宿紙幾時收，紫兔尖尖走潑油。竹影滿窻涼似水，斷厓疎雨數竿秋。

昨夜窻前風月時，數竿疎影齊書幃。今朝榻向溪藤上，猶覺秋聲筆底飛。

恠石初烘潑墨匀，吴箋短短縮霜筠。長空五尺青鸞尾，一半斜封在白雲。

明 周履靖《淇園肖影》卷上《墨竹賦》 字滋於文，畫生於卦。點染者著之爲書，紆曲者繪之爲畫。畫乃匠也，調鉛朱而甚俗；寫爲士也，惟水墨之無罅。重竹石之堅貞，美山水之幽詑。故可寄傲於文墨之餘，適懷於進修之暇。當其輕風晴霽，煦日温明。啓閒窻而拂浄几，却小酌而罷清吟。滌墨硯而至潔，爇香霧以微芬。然後邀陳玄對此君，命楮生勞潁者。洒玄液之淋漓，傳清節之欹亞。一揮而且蛇且龍，再寫而任烏任馬。千畝盡奪於胸中，一色不移于墨下。横戈交戟捷，下手之雷霆；戛玉篩金想，凝眸之風月。得假於不真之真，得真于假中之假。莫不意在筆前，象居心後，手平體正，目到景分。度三年之老嫩，識四時之枯榮。枯者蟠根曲節，反老而愈壯；榮者大葉敷陰，反嫩而愈深。節無甘蔗之壅腫，枝無掃帚之峥嶸。葉離爪而似爪，爪離葉而葉真。爪葉欲連其粘綴，枝葉中分其停匀。枝上細而漸促，節下壘而帶根。且枝分左右，笋認兒孫。舍籜則葉帶微出，傍根則笋迸斜行。宿歲老梢而葉必密布，當年過母而笋必高擎。無徑曰簇，有徑曰林。四偃無梢娜娜，則横枝且曳；下畔無葉行行，則脩竹稀零。雖大風兮只可偃枝，雖大雨兮只可墮葉。輕風微裊，梢而戰着；重露似聚，葉而偃側。煙梢則葉濃而竪起，月影則枝踈而淡薄。可絶去脂粉之態，何在乎丹青之貌。如此可見，虚心而守直，素節而不弱。嫩者欲固，則根深而不拔；老者直節，則查剛而任折。既根本而有自，將爪葉而重説。其葉則尖者柳，而長者蘆；其枝則嫩者草，而剛者鐵。不剛不柔，則爪得其中；不短不長，則葉得其決。爪欲似乎雀爪，葉欲似乎劍舌。精彩識墨淺而墨淡，神氣則毫健而紙滑。似畫而不俗於畫，巧寫而欲捷於寫。疾風雨之回環，嚮蠶桑之未絶。無含毫而駐思，實用筆之有法。其去也如印印沙，其來也如錐畫鐵。近榦取筆而跳踢，連梢裊鋒而截遏。爪雖亂而可接，葉雖亂而可托。竪葉則合掌而成形，側葉則反掌而提筆。左葉去而爲之抹，右葉來而爲之撇。梢兀半尖而爲之正，横提轉毫而爲之側。拖尖而取其卷心，衮尖而取其平直。枝壓葉而彼之向，葉壓枝而彼之式。如此見南北東西之向背，盡上下中邊之法則。單一二三四五之孤，合六七八九十之雜。重疊則分其欹亞，躲閃則不失七八。豈可爲鴈翅密排，烏翎多插。類少者，梢空而收結；數多者，竿半而重疊。風無一字之鋪，雨無八字之抹。葉死則卷而不舒，葉活則裊而不褶。六七八十兮，春夏欲要其卷心；一三五二兮，秋冬欲其有訣法。誤有筆病，則會而就醫；設有筆逸，則反而應畫。葉失長大者，寫枯葉而飛鋒；節欲突兀者，作病枝而安插。不及則添兮蛆尾，托負則半兮蟹甲。葉若栽置，節如刻截。根必骨立，爪必健捷。葉有類放，枝有死活。不可草木柔其爪，蘆柳嫩其葉。竿如葛榦，根如葛節。畫大者裊娜而楊枝，貌小者叢雜而燕麥。尤惡染烟而粉雪，可憎莫枯而漏白。誇婀娜而濃濁，失輕清以森肅。汚清人之耳目，娱女子之眄矚。竹兮竹兮，有君子之風；墨兮墨兮，無小人之俗。必須妙奪神氣，大有骨格。得骨者真，得格者法，得神者秀，得氣者活。故欲妙於鋪陳，亦欲得乎景絶。悟真者無病，入格者恠烈。按此文公之竹，假活而無疵；蘇公之竹，近真而不活。笑李京繁俗而縷鏤，許石安神秀而景拔。餘者因彼名重而勢重，盡倒管毫而虚設。更豈堪品之以名格，莫能悟我之真訣。然雖盈於卷軸，甚虚勞於題跋。此至文章之餘事，亦作事之可法。

明 陳邦瞻《陳氏荷華山房詩稿》卷八《洞山寺清風亭廢址歌舊有夏太守泉畫竹》 洞山亭子山之巔，當年突兀凌雲烟。高禪已去宗風在，千載清颸長颯然。風流太守文章伯，筆妙丹青冠疇昔。坐向此亭寫此君，夭矯蛟虬掛千尺。霜枝露葉長如新，蕭瑟風聲冷相射。我來吊古凭闌干，爲愛清幽欲去難。對面恍疑方外侶，回頭始悟畫中看。一别飄零知幾載，恍惚桑田變成海。雕欄繡壁已成空，豈獨遊人朱顔改。枝頭棲鳳何處尋，池上化龍詎肯待。從來大地一微塵，此竹此亭寧有真。可憐月白風清衣，愁殺婆娑美影人。

明 高攀龍《高子遺書》卷六《題畫竹》 此君有高節，亭亭自孤植。縱多千畝陰，不凝青山色。

明 郁逢慶《書畫題跋記》卷一一《沈石田竹鶴卷》 道人種竹復養鶴，鶴可看家竹護壇。度海借騎仙驥子，題詩客洗舊琅玕。風前掃葉碧雲亂，月下聞聲白露寒。終日間緣銷不盡，墮毛爲服籜爲冠。

沈周寄題竹鶴以爲他日相見資。

明 陳繼儒《陳眉公集》卷四《題蘭竹》 世人寫竹如寫帚，蘭竹紛紛又如韭。吾寫幽蘭别有神，莫教誤入樵兒手。

明 陳確《陳確集・詩集》卷四《題孫雪居畫朱竹歎云自漢壽亭侯始故論及之》 或云關侯本朱顔，或云面白似微酣；或云關侯騎赤兔，或云侯馬又純素。遂謂朱竹亦侯爲，是侯非侯吾不知。意者關侯自寫容；不寫其手勒美髯睨漢賊，只寫其一種高節凌霜風。嗚呼！吾重關侯非顔色，何必紛紛辨紅白！欲辨紅白不可辨，惟有心事千古見。

清 吴之振《黄葉邨莊詩集》卷一《墨竹》 筆墨紛披麤足觀，枝枝葉葉畫來難。與君携入山房裏，風雨聲中仔細看。

攢三聚四總乖離，淡抹濃描意所施。坡老湖州俱是假，西園數畝是吾師。

高士風流醉墨斜，脱離畫苑自名家。胸中逸氣毫端出，俗眼争嘲蘆與麻。

布葉安枝嘔肺肝，鴛鴦綉出任君看。他年孤笠應相識，老去溪頭作釣竿。

狼藉烟雲卧筆端，枯枝老葉儘高寒。天真到處無人識，抱向空山獨自看。

盛子聲名先著鞭，梅花菴裏耐高眠。銅瓶寂寞慚妻子，笑指床頭買酒錢。

一幅琅玕百韻詩，參差排偶總乖離。故園花木猶無恙，更向南前種幾枝。

清 湯右曾《懷清堂集》卷一二《題吴仲圭墨竹譜》 猗猗淇園千頃緑，三年坐卧意未足。歸來合眼想檀欒，别有風流在卷軸。海東叩門無所詣，悠然看畫如看竹。吴生静者藝絶倫，落手天機謝拘束。逸韻先封瀟灑侯，清陰已入篔簹谷。横斜自見風掃逕，欹倒如聞雪壓屋。窺窗掩冉摇碎金，吹籟清泠戛寒玉。梢頭片雨筆可追，枝上輕烟墨能蓄。連叢忽漏月流夜，病葉將零霜脱木。壯士幾輩直榦排，劍拔十尋高節秃。殷殷中宵雷雨過，戢戢錦绷頭角矗。底須縱筆如筆大，趙士安好作筆竹。轉笑成形似紆曲。文與可每作竹況人，朝士張潛迂疎脩謹文作紆竹贈之。淺深向背生意真，朝暮陰晴清景逐。湖州筆力儼猶在，宣和院體嗟已俗。金錯刀偕鍾隱能，鐵鉤鎖許誠懸獨。自言神明出規矩，要令披猖有邊幅。不學誰能心手應，以小喻大當三復。年來與世絶愛憎，漸覺心源少根觸。偶然玩物有此癖，何異小夫金守櫝。通靈妙畫會當去，羽化銀杯哂童僕。巧偷豪奪兩未知，聊喜烟雲一過目。

清 程夢星《今有堂詩后集・漪南集・嶰谷作小引邀同人種竹篠園小師道人繪圖因用劉賓客和令狐相公贈竹二十韻賦謝》 維昔築篠園，命名原有以。植彼千霄姿，伴我苦吟士。把卷入幽深，書筠任依止。近郭多阮林，此地稱材美。密葉不遮山，踈枝斜映水。奈何逢歲厄，擁龍難振起。物盛必就衰，消長本至理。月廊鮮宵陰，苔逕餘晝滓。榛莽漸興嗟，籬落忍回視。我友蕭散懷，雅與子猷似。太息憶前遊，飄忽如彈指。醫俗匪所云，肉食寧計爾。一日無此君，毋乃陋堂祀。況今構湖亭，紗巾雜芒履。不種千琅玕，日暮誰嘯倚。遂作贈竹引，吐詞叶宫徵。要復上番觀，庶足光衆卉。令狐詩贈竹，高唱古無比。君以竹贈人，逸興自今始。試披與可圖，清風先到耳。

清 鄭燮《板橋題畫》 爲無方上人寫竹 春雷一夜打新篁，解擇抽梢萬尺長。最愛白方窗紙破，亂穿青影照禪牀。

一枝竹十五片葉呈七太守 敢云少少許，勝人多多許。努力作秋聲，瑶窗弄風雨。

濰縣署中畫竹呈年伯大中丞括 衙齋卧聽蕭蕭竹，疑是民間疾苦聲。些小吾曹州縣吏，一枝一葉總關情。

予告歸里畫竹别濰縣紳士民 烏紗擲去不爲官，囊橐蕭蕭兩神寒。寫取一枝清瘦竹，秋風江上作漁竿。

筍竹 江南鮮筍趁鰣魚，爛煮春風三月初。分付厨人休斫盡，清光留此照攤書。

筍菜沿江二月新，家家厨爨剥春筠。此身願劈千絲篾，織就湘簾護美人。

初返揚州畫竹第一幅 二十年前載酒缾，春風倚醉竹西亭。而今再種揚州竹，依舊淮南一片青。

爲馬秋玉畫扇 縮寫修篁小扇中，一般落落有清風。墻東便是行菴竹，長向君家學化工。

時余客枝上村隔壁即馬氏行菴也 小院茅堂近郭門，科頭竟日擁山尊。夜來葉上蕭蕭雨，窗外新栽竹數根。燮常以此題畫，而非我詩也。吾師陸種園先生好寫此詩，而亦非先生之作也。想前賢有此，未考厥姓名耳。特注明于此，以爲吾曹攘善之戒。

余畫大幅竹，好畫水，水與竹性相近也。少陵云：嬾性從來水竹居。又曰：映竹水穿沙。此非明證乎？渭川千畝，淇泉菉竹。西北且然，況瀟湘雲夢之間，洞庭青草之外，何在非水，何在非竹也。余少時讀書真州之毛家橋，日在竹中閒步。潮去則涇泥軟沙，潮來則溶溶漾漾。水淺沙明，緑蔭澄鮮可愛。時

有儵魚數十頭，自池中溢出，游戲于竹根短草之間，與余樂也。未賦一詩，心常養養。今乃補之曰：風晴日午千林竹，野水穿林入林腹。絶無波浪自生紋，時有輕儵戲相逐。日影天光蹔一開，青枝碧葉還遮覆。老夫愛此飲一掬，心肺寒僵變成緑。展紙揮毫爲鉅幅，十丈長牋三斗墨。日短夜長繼以燭，夜半如聞風聲竹。【略】

爲黄陵廟女道士畫竹　湘娥夜抱湘雲哭，杜宇鷓鴣淚相逐。叢篁密篠遍抽新，碎剪春愁滿江緑。赤龍賣盡瀟湘水，衡山夜燒連天紫。洞庭湖渴莽塵沙，惟有竹枝乾不死。竹梢露滴蒼梧君，竹根竹節盤秋墳。巫娥亂入襄王夢，不值一錢爲賤雲。

亂蘭亂竹亂石與汪希林　掀天揭地之文，震電驚雷之字。呵之駡鬼之談，無古無今之畫。原不在尋常眼孔中也。未畫以前不立一格，既畫以後不留一格。

竹石　咬定青山不放鬆，立根原在破巖中。千磨萬擊還堅勁，任爾東西南北風。

四竿竹　一竿瘦，兩竿够，三竿凑，四竿救。

籬竹　一片緑陰如洗，護竹何勞荆杞。仍將竹作笆籬，求人不如求己。

出紙一竿　畫工何事好離奇，一幹掀天去不知。若使循循墻下立，拂雲擎日待何時。

竹石　十笏茅齋一方，天井修竹數竿，石筍數尺，其地無多，其費亦無多也。而風中雨中有聲，日中月中有影，詩中酒中有情，閑中悶中有伴。非唯我愛竹石，即竹石亦愛我也。彼千金萬金造園亭，或遊宦四方，終其身不能歸享。而吾輩欲遊名山大川，又一時不得即往。何如一室小景，有情有味，歷久彌新乎？對此畫，構此境，何難？斂之則退藏于密，亦復放之可彌六合也。

清　愛新覺羅·弘曆《御製詩三集》卷三《題錢選三蔬圖》　試參善知識應同，便憶韜光山下重。此路中能尋解脱，底須更問葛陂龍。

清　愛新覺羅·弘曆《御製詩四集》卷三《朱竹》　青牛爲石朱爲竹，便與尋常意匠殊。似倣山樵詩筆法，果真鐵網得珊瑚。王蒙畫竹石，有題鐵網珊瑚者，今入内府。

清　吴玉《香亭文稿》卷五《竹窻聽雨圖記》　竹於植物中有勁節，宜霜雪，故於德宜比君子。於影宜月，於態宜烟，於聲宜風、宜露而尤宜雨。凡物之妙，形不如聲。觀物之悟，目不如耳。故物于聲宜，聲于聽宜。風聲宜虛，露聲宜徐，而雨不專之。疎雨宜桐，急雨宜松，而竹兼之。故聽雨，尤于竹宜也。然此中有性情焉，不聽者不知，聽者亦不知也。

圖表

明　周履靖《淇園肖影》卷下

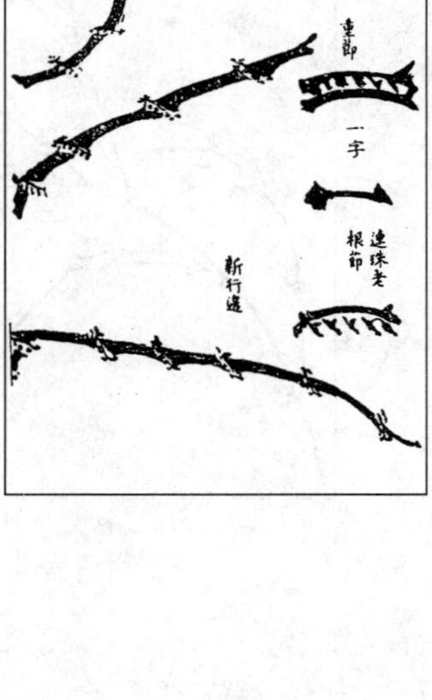

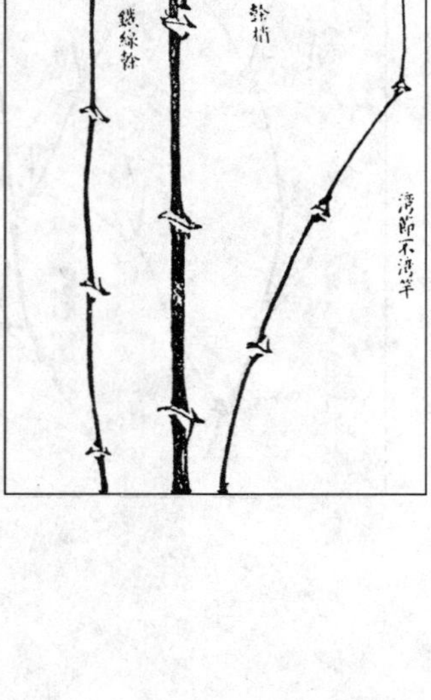

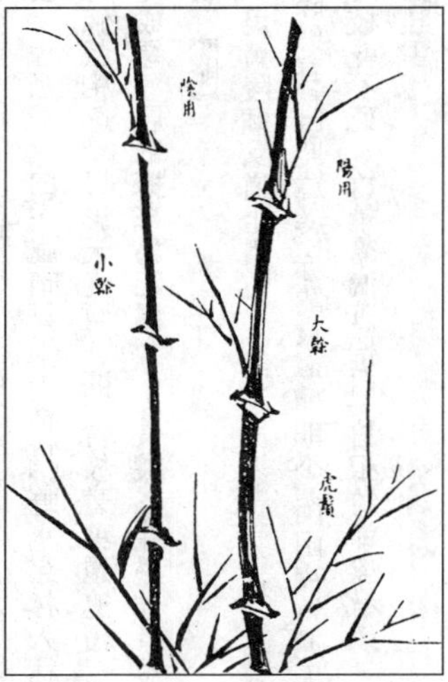
陰用
陽用
小節
大節
虎鬚

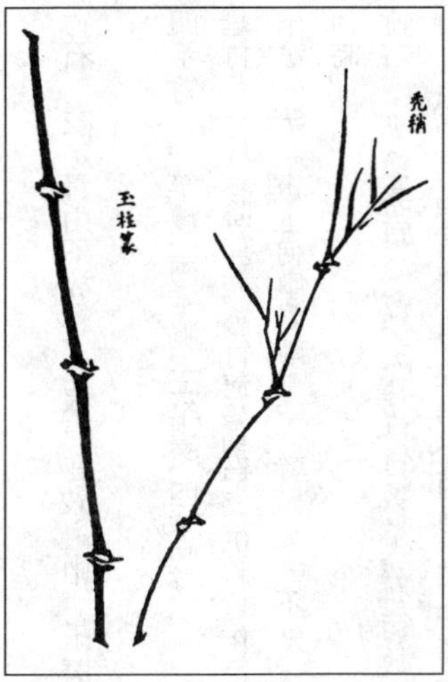
禿梢
玉柱篆

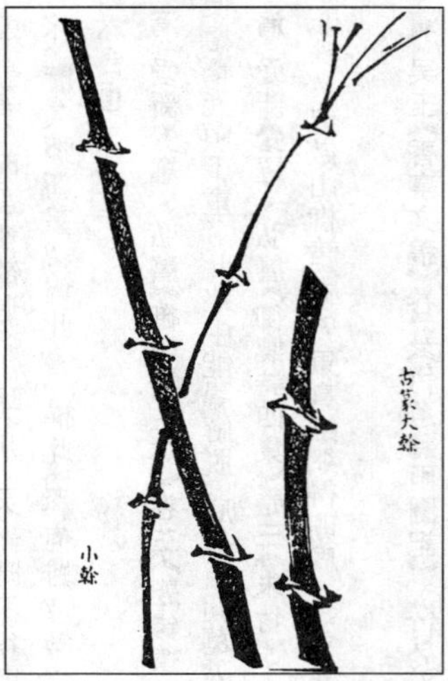
古篆大節
小節

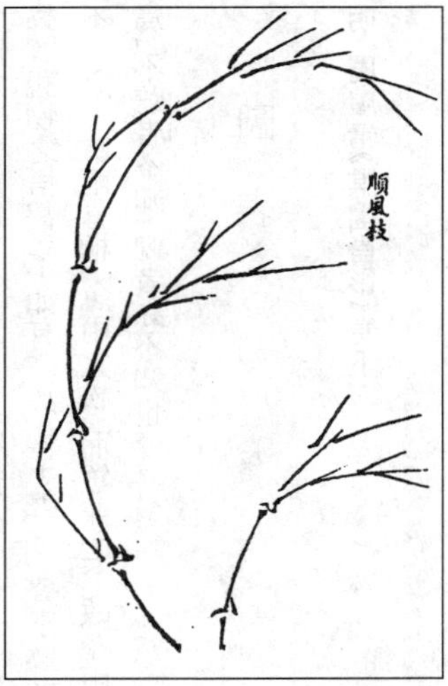
順風枝

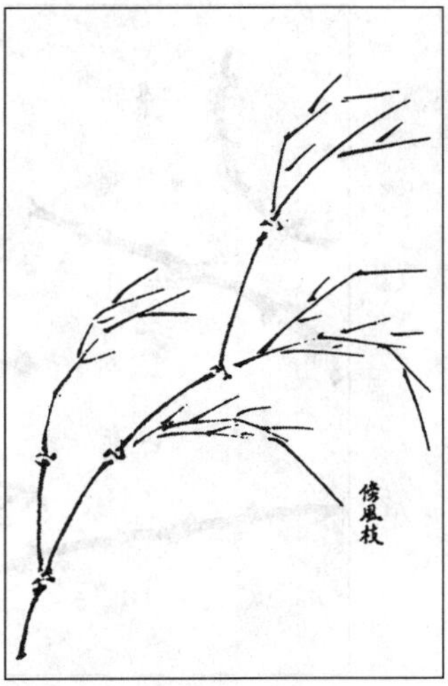
傍風枝

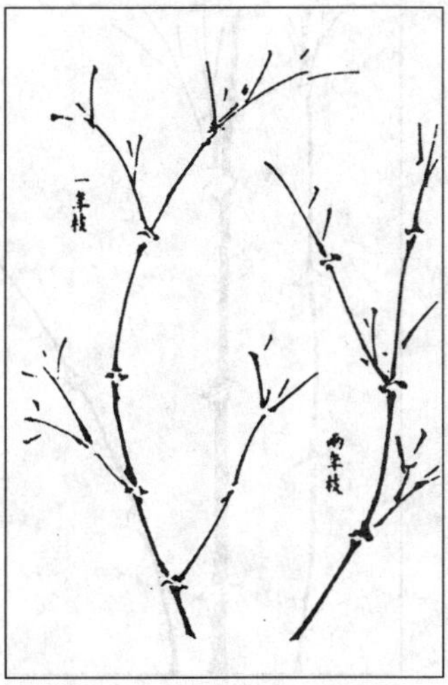
一年枝
兩年枝

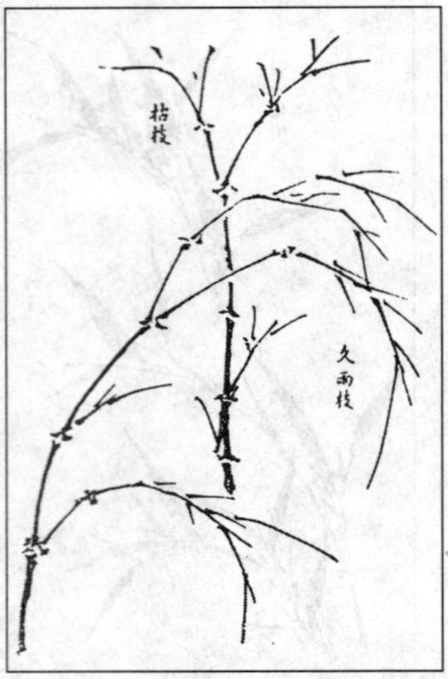
枯枝
久雨枝

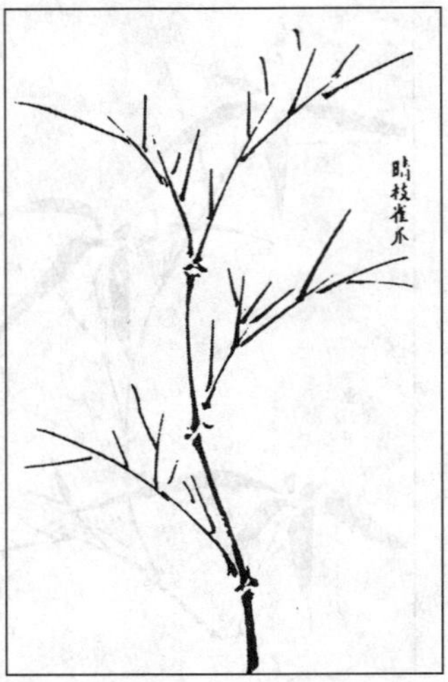
晴枝雀爪

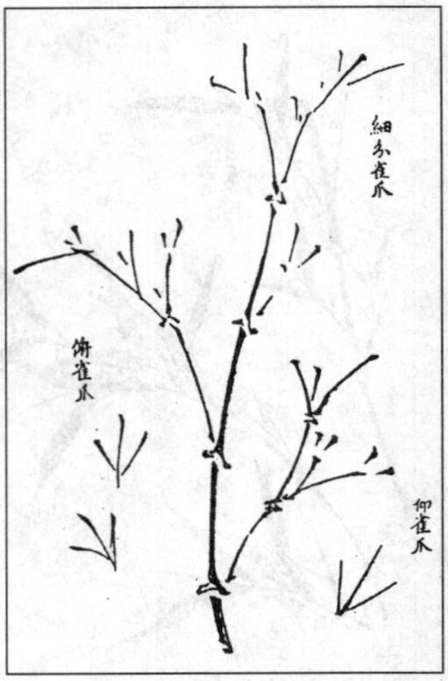
細分雀爪
俯雀爪
仰雀爪

頂風
風葉

重人晴枝

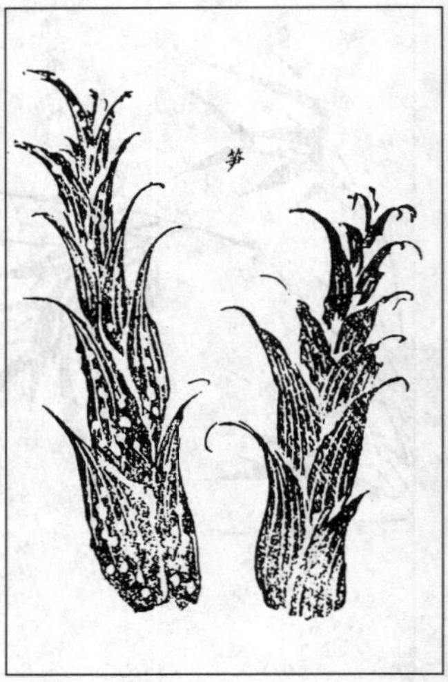
笋

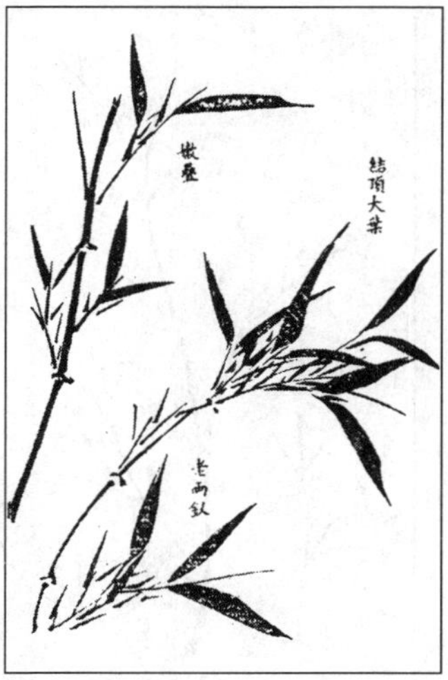
結頂大葉

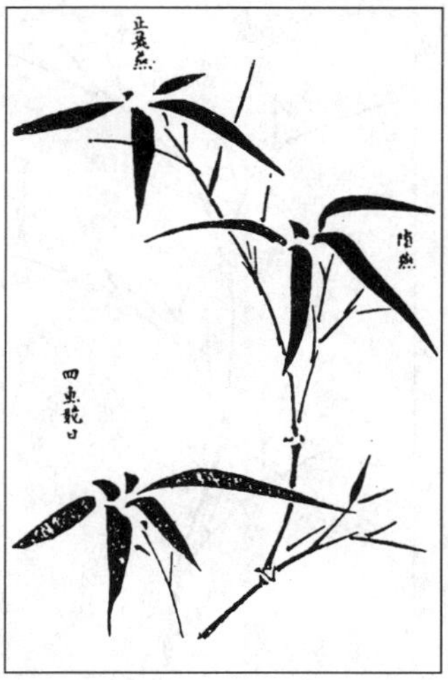

晴竹結頂

順風枝

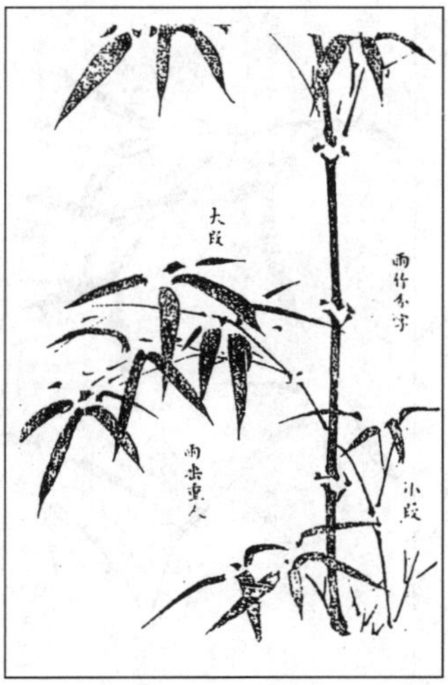
大段
雨竹个字
小段

迎風

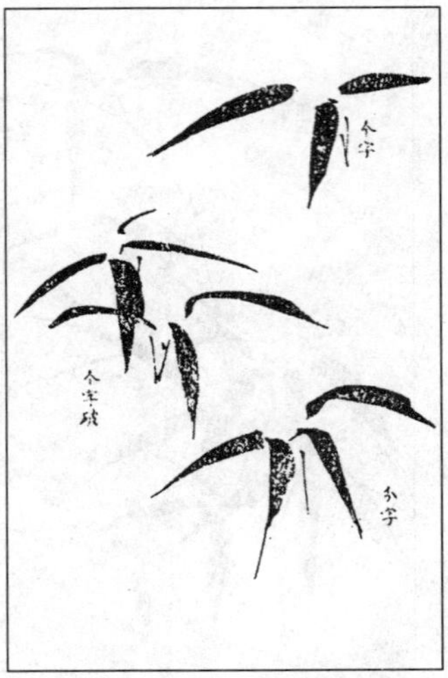
个字
个字破
分字

升燕

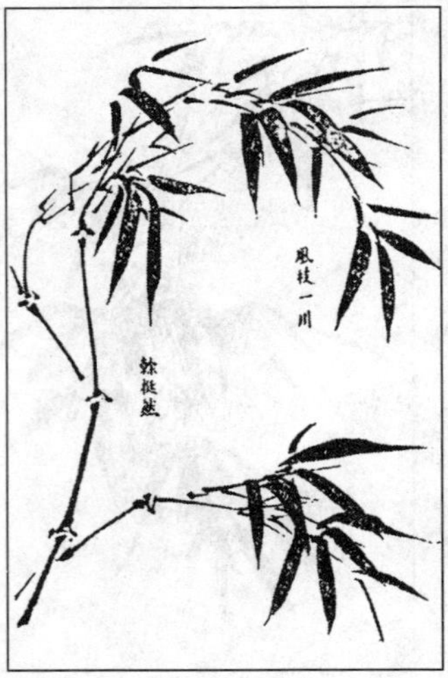

枝補通

踈處踈
隨處隨

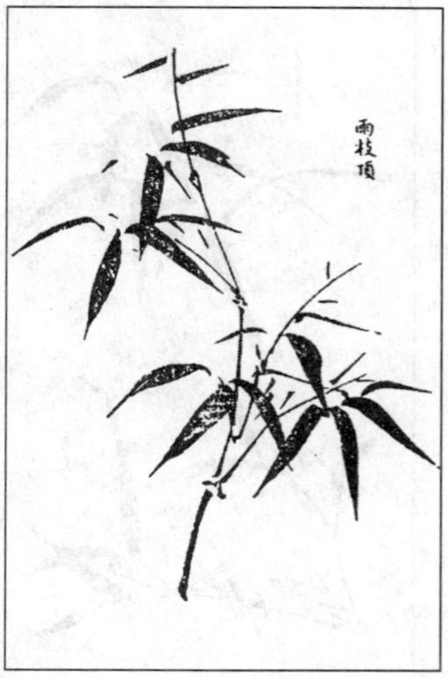
雨枝項

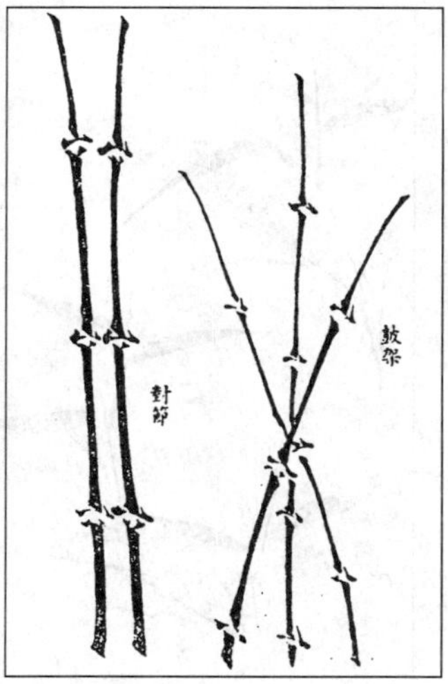
對節
鼓架

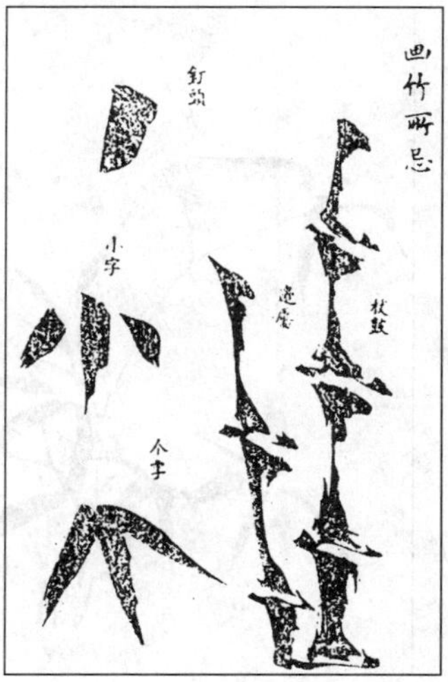
畫竹所忌
釘頭
小字
个字
枝鼓

又雨枝

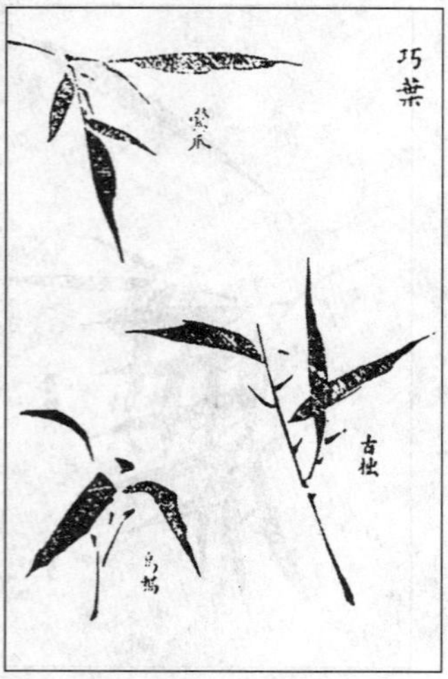
巧葉
古拙

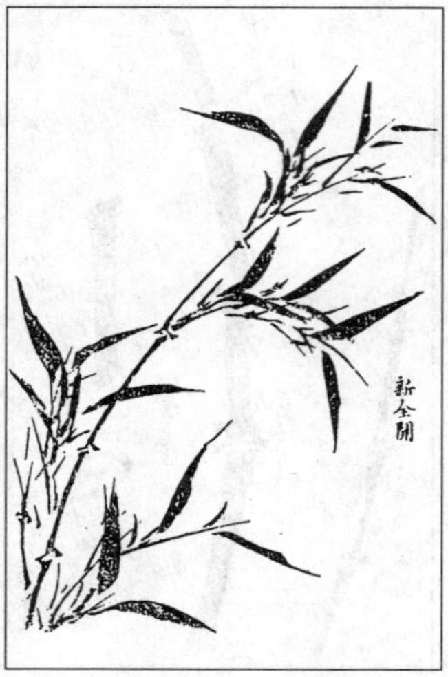

解籜

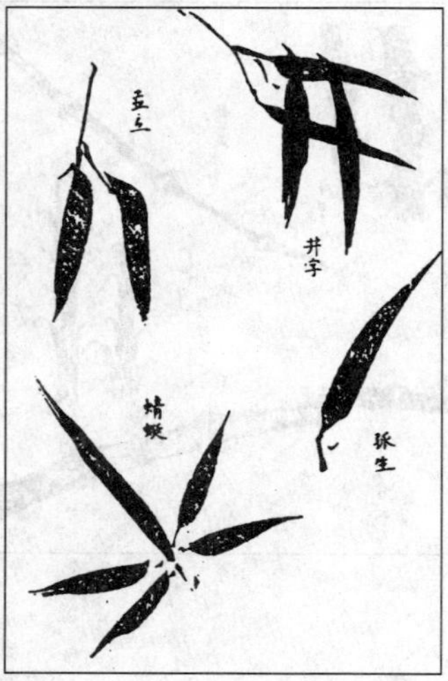
井字
蜻蜓

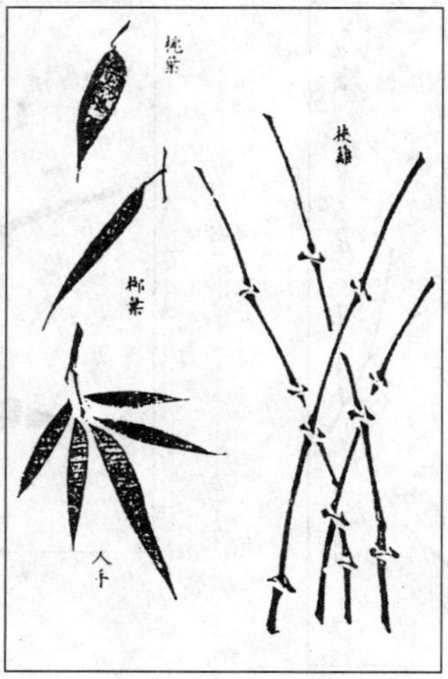
柳葉
人字

清 王概《芥子園畫傳·竹譜》

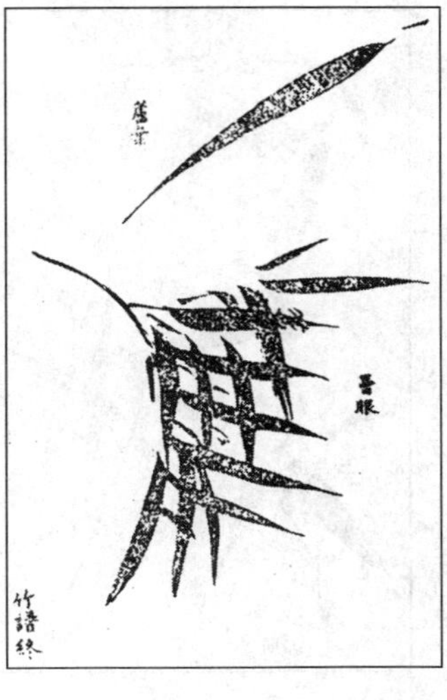
墨眼
竹譜終

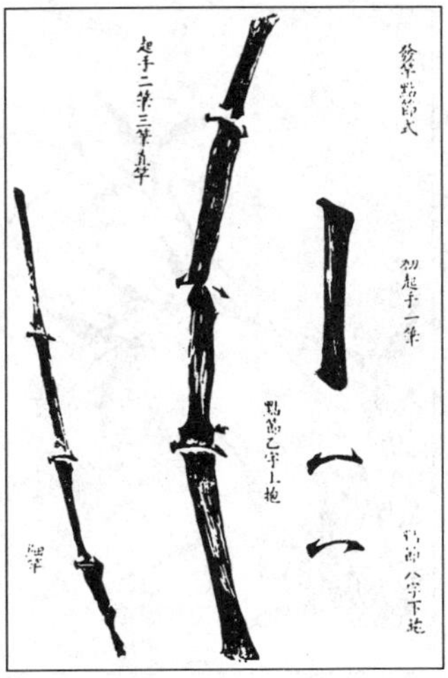
發竿點節式
初起手一筆
八字下抱
點節乙字上抱
起手二筆三筆直竿
細竿

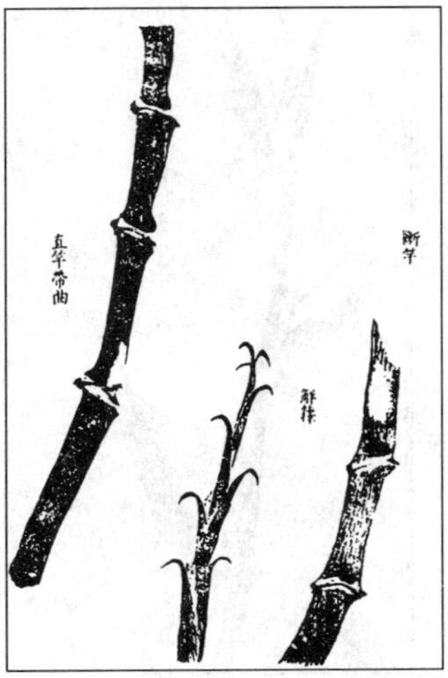
斷竿
解籜
直竿帶曲

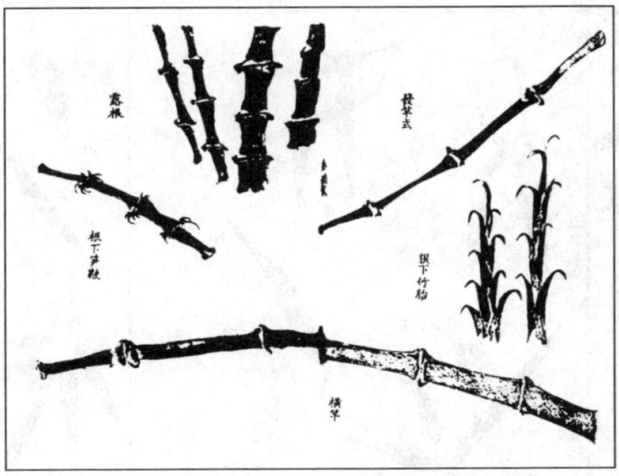
發竿式
根下竹胎
露根
根下笋鞭
横竿

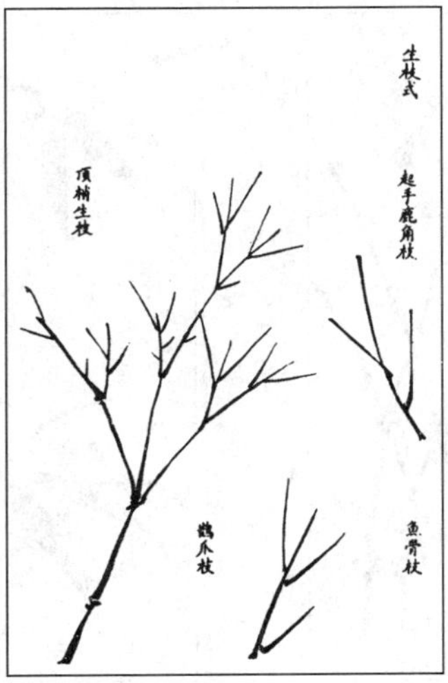
生枝式
起手鹿角枝
魚骨枝
頂梢生枝
鵲爪枝

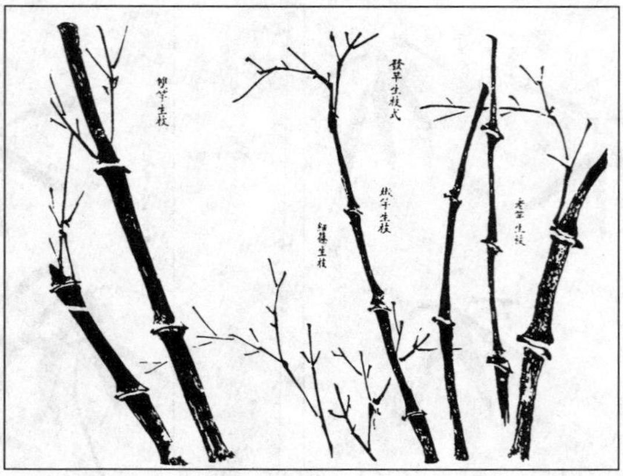
嫩竿生枝
發竿生枝式
細梢生枝
嫩竿生枝
老竿生枝

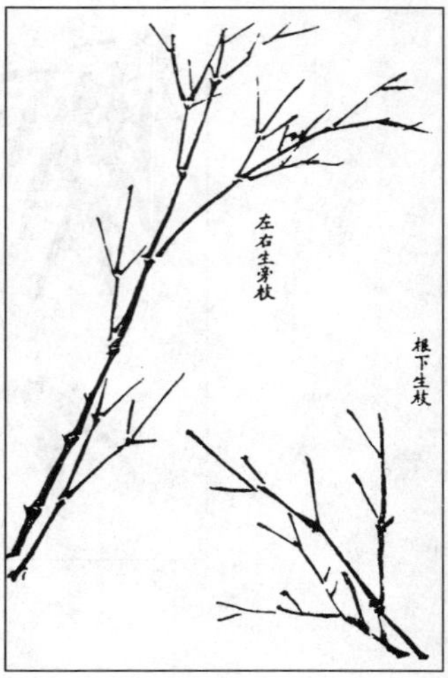
左右生旁枝
根下生枝

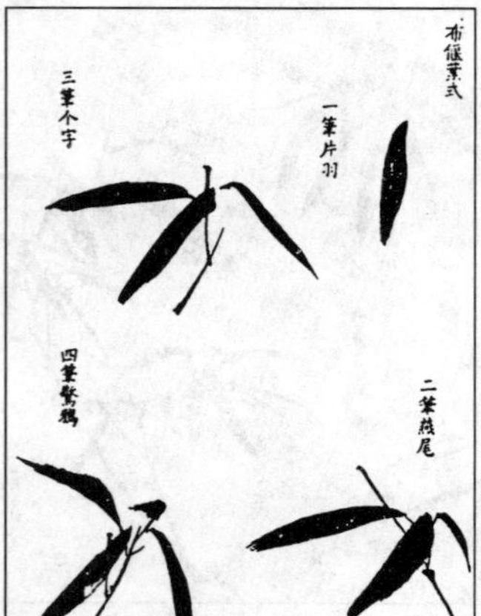
布偃葉式
一筆片羽
三筆个字
四筆驚鴉
二筆燕尾

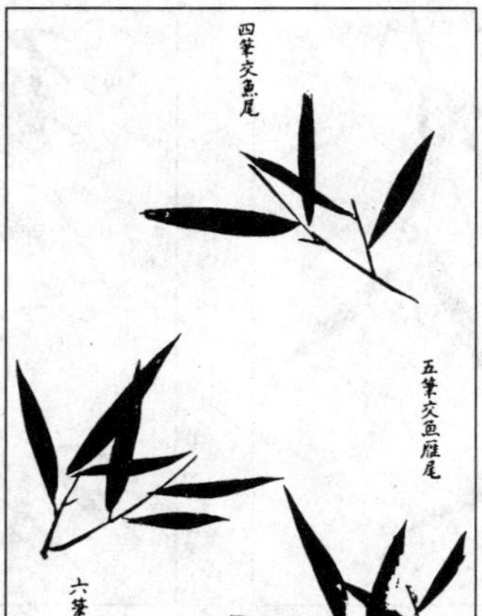
四筆交魚尾
五筆交魚雁尾
六筆雙雁

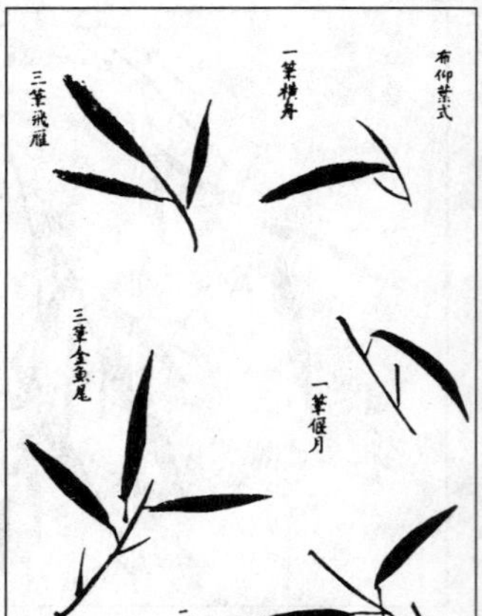
布仰葉式
一筆橫舟
三筆飛雁
三筆金魚尾
一筆偃月
二筆魚尾

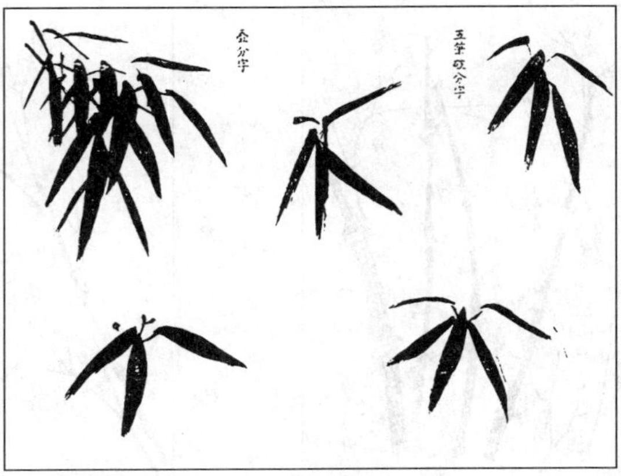
五筆破分字

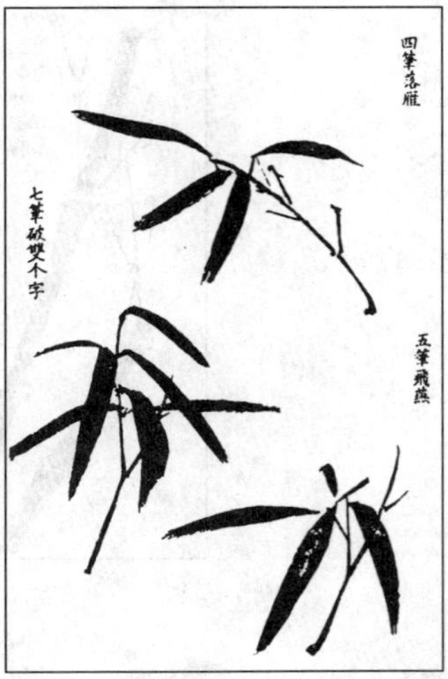
四筆落雁
七筆破雙个字
五筆飛燕

垂梢
過牆大小二梢

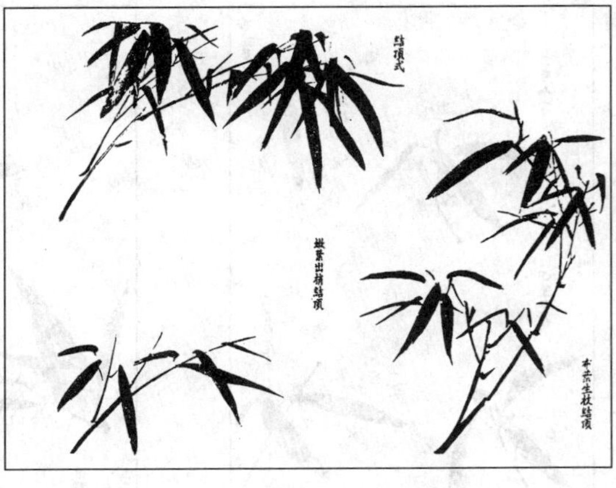
結頂式
嫩篠出梢結頂

出梢式
新篁解箨左梢

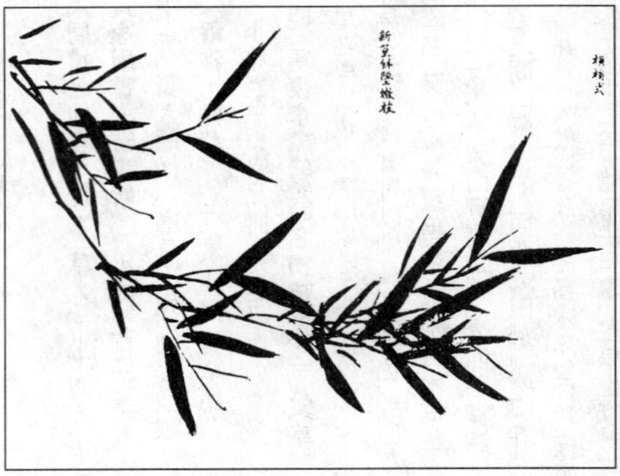
横梢式
新篁斜墜嫩枝

下截見根
安根式
根下苔草泉石

新篁解箨右梢

草文化部

總論

題解

漢 許慎《說文》卷一下 艸，百芔也。从二屮，凡艸之屬，皆从艸。

宋 戴侗《六書故》卷二四 艸 艸，倉老切。草之類繁，而冬死，其根氐不足道也。故象其並生，而不及其根。俗作草。《說文》曰：草，斗櫟實也。从艸，早聲。按櫟實不當从艸，已具早下。因之爲艸創、草昧、草草之義。

綜述

《周禮·地官司徒》 草人，下士四人，史二人，徒十有二人。

《逸周書·時訓解》 小滿之日苦菜秀，又五日，靡草死。又五日，小暑至。苦菜不秀，賢人潛伏；靡草不死，國縱盜賊。

《爾雅·釋草》 卉草，注：百草總名。疏：别二名也。百卉，猶百草也。《詩·小雅》云「百卉具腓」是也。

明 馮復京《六家詩名物疏》卷一八《草》 《說文》云：艸，百芔也，從二屮。又云草斗櫟實也。一曰象斗子。徐鉉曰：今俗以此爲艸木之艸，别作皁字爲黑色之皁。案：櫟實可以染帛，爲黑色，故曰草，通用爲草棧字。《爾雅》云卉、草，疏别二名，又云蔈芛葟華榮，疏别艸木榮華之異名。又云荄根獲橐含，木謂之華，艸謂之榮，不榮而實謂之秀，秀而不實謂之英。《方言》云：蘇、芥，艸也。江淮南楚之間曰蘇，自關而西或曰艸、或曰芥。芔莽，艸也。東越揚州之間曰芔，南楚曰莽。《大戴禮》云：孟春冰泮，百艸權輿。《周書》云：霜降之日，艸木黄落。《淮南子》云：醴泉生皇辜，皇辜生庶艸。

清 鄭光祖《醒世一斑録》卷三《物理·草木》 凡草木始萌，抽一尖者屬陽，稻粱黍稷麥之類是也，其實可以釀酒。擘兩瓣者屬陰，豆菜芝蔴棉桐及一切果實之仁皆是也，其實可以榨油。山藥、番芋之類亦抽一尖，蕎麥粉茉莉之類亦擘兩瓣，陰陽各不混也，餘難悉記。春花皆落瓣而山茶、杜鵑、石巖則落朵，秋花皆落朵而秋牡丹獨落瓣，前人之論亦不盡確。牽藤附物者，稨豆、菉豆、山藥、牽牛、株藤、游龍之屬，皆右繞，本生於赤道以北者也。何首烏、金銀花、天麻、蘿葛、扒藤、雞矢藤之屬，皆左繞，始生赤道以南，後來於此。

藝文

南朝宋 鮑照《鮑明遠集》卷四《學劉公幹體五首》 白日正中時，天下共明光。北園有細草，當晝正含霜。乖榮頓如此，何用獨芬芳。抽琴爲爾歌，弦斷不成章。

南朝梁 沈約《湣衰草賦》（《歷代賦彙》卷一二〇引） 湣衰草，衰草無容色。憔悴荒徑中，寒亥不可識。昔時兮春日，昔日兮春風。銜華兮佩實，垂緑兮散紅。巖陬兮海岸，冰多兮霰積。布綿密於寒皋，吐纖疏于危石。雕芳卉之九衢，霄靈茅之三脊。風急峭道難，秋至客衣單。既傷簷下菊，複悲池上蘭。飄落逐風盡，方知歲早寒。流鶯暗明燭，雁聲斷裁續。霜奪莖上紫，風銷葉中緑。秋鴻兮疏引，寒烏兮聚飛。徑荒寒草合，草長荒徑微。園庭漸鞠没，霜露日沾衣。

南朝梁 蕭子暉《冬草賦》（《歷代賦彙》卷一二〇引） 有閑居之蔓草，獨幽隱而羅生。對離披之苦節，反葳蕤而有情。若夫火山滅焰，湯泉沸瀉。日悠揚而少色，天陰霖而四下。於時直木先摧，曲蓬多隕。衆芳摧而萎絶，百卉颯以徂盡。未若兹草，淩霜自保，挺秀色於冰塗，厲貞心於寒道。已矣哉，徒撫心其何益，但使萬物之後彫，夫何獨知於松柏。

唐 李白《李太白文集》卷四《樹中草》 鳥銜野田草，誤入枯桑裏。客土植危根，逢春猶不死。草木雖無情，因依尚可生。如何同枝葉，各自有枯榮。

唐 白居易《白氏長慶集》卷一三《賦得古原草送别》 離離原上草，一歲一枯榮。野火燒不盡，春風吹又生。遠芳侵古道，晴翠接荒城。又送王孫去，萋萋滿别情。

元 劉詵《芳草賦》（《歷代賦彙》卷一二〇引） 策予馬於曠垠兮，澹旭日之

喧豗。爰浮游以搴芳兮，渺渺樹乎雲之際。荒畹菱而昈分兮，蘭猗猗兮此何地。攬長洲之積莔兮，紉峭嶼之崇蕙。稅馳軑而怊悵兮，芬霏霏兮襲轡。誠樂遊以忘歸兮，耿中情之所寄。羌王孫之翠幰兮，啾燕趙之絲吹。陳金犧與瓊爵兮，理清曲於鬟髻。傾良辰以行樂兮，一日而盡夫百卉。涉朝雲與銀浦兮，夕弄暉兮瓊田。捐幽谷之寶瑛兮，橫芊綿之青鈿。紛擷掇以盈襜兮，咸競秀而鬬妍。忱蘭芷之不足以爲芳兮，獨有取乎康樂之髯。蕭燎焚以祀帝兮，艾朝進而雜佩。莽玉鉤之青合兮，承朝露於葦帨。蹇連昌之金鋪兮，色菭菭而薦黛。彼胡修而自致兮，此獨與世而偭背。同託根於天地兮，終薰蕕之何在。耿六合之流徙兮，誠若異夫憎愛。胡不變易以取好兮，猶自持而焉待。繽紛紛以雜糅兮，曠千古而誰采。豈無人而不芳兮，獨惕惕以自惴。情依依而不昧兮，雖阯側其孰悔。嗟孔聖之援琴兮，撫幽幽兮一傷。惟屈子之好修兮，襲之以爲佩纕。既聖賢之知心兮，又何必求乎舉世之知也。雖造化之若無所別兮，未必醜好之果可以欺也。幸年華之未暮兮，尚可充乎佩幃。誠人閒之不合兮，吾將遡乎清都而薦之。

明 徐世溥《懷芳草賦》（《歷代賦彙》卷一二〇引） 芳草之稱，標自《楚辭》。《本草》有名者五十六種，其他蓋有不可悉者矣。吴徐無減賦是詩，以爲一物也。余友粵黎美周欲爲賦以辨之，余意徵名覈實，自非妙才，必累文心，因作《懷芳草賦》以待美周。稱懷者，不敢專芳草也。新涼多感，聊誌，恐遲暮之思云。

於時秋也，殘暑平退，輕風捲衣。人氣初斂，浮雲未歸。遥空淡洗，四野低垂。望難明而匪暮，色可辨而偏微。白兮漠漠，碧兮萋萋。有客吟秋，橫笛登樓。玉顏倚曲，相憐復愁。露下香濕，煙交翠柔。葳蕤兮何薌澤於襟袖，徘徊兮遇故物於汀洲。似曾相識，不忍經行。鳥銜不盡，馬踏還生。君如不採，芳心未明。若夫鄭女芍藥，楚客江蘺。猗蘭當佩，揭車可畦。蘼蕪山上，白芷川湄。零陵緑蘪，豆蔻紅栖。髢素馨兮宜頹鬢，帶杜蘅兮準腰圍。彼采蕭兮一日三秋，況樹蕙兮百畮千頭。種當歸兮欄畔，拾留夷於道周。莫不氣縈妝閣，豔繞花韉。紛迷蝶夢，逞誘蜂眄。雲烘蓊勃，日映芊眠。憑來損檻，望去穿簾。釀資膏沐，潤養緌絃。藏書却蠹，籠葉無煙。爾乃雨餘風外，酒半梳成。燭銷月暗，蘦迴枕清。帆投青岸，鞭裊紅亭。黏天同色，匝地殊名。於斯時也，氣感心柔，目摇魂蕩。遊子悔其不返，孤臣悲其屢放。或聞一歎於牕前，或步微吟於堤上。雖復同心攜手，流波相媚。亦惆悵以如忘，乃娉婷兮更倍。怨氤氳之掩人，嗟芳菲其難沬。於是占曰藉用白茅，灌以鬱鬯。伊藉茅兮見生稊於枯楊，忽飲鬯兮念鬱金之可堂。有蹁躚而拊歌者，曰：氍毹毿毿五木香，迷迭艾納及都梁。本自折贈出遐方，心有所懷路未央。天涯何處無芳草，三春何人不斷腸。又況乎木葉嫋嫋，蒹葭蒼蒼。臨霜露之極浦，擷寒翠而憶煖香者，能不淒迷以恍惚，躑躅而徬徨乎？

明 烏斯道《春草賦》（《歷代賦彙》卷一二〇引） 會稽永嘉舊郡，睹謝池里，賡謝池吟。予自鴈宕倦遊，抗志幽尋，熟翫斯景，長嘯不禁。客乃對予而言曰：康樂有云「池塘生春草，園柳變鳴禽」。先生有心，予志之矣。於時春也，蔚焉成林。禽聲未換，草色芳深。奈牽行役，莫遂登臨。天涯兄弟，惟子知音。願賦春草，以慰我心。予不獲已，賦之何陽，律之柔暢。乃池塘之發生，始抽根以隱隱，旋布葉而盈盈。既摇風兮帶媚，復向日兮含榮。飛采芳之蛺蝶，集點水之蜻蜓。色映袍其覺重，香隨步以疑輕。任蹦蹂而無阻，從攬擷而不爭。應鶡聲乎淚落，依馬足矣魂征。類愁客之無緒，同顰娥之有情。乃若氣煦郊原，沙蒸水岸。露意漸斂，煙霧初亂。延緑兮紗牕，流青兮綵幔。懷人兮志往，翫物兮襟散。飄落花以無迹，裊遊絲而不斷。想舞燕之頻催，聽啼鶯之互換。則有染翰騷人，尋芳逸史。杖懸赤仄，囊攜緑綺。整折角之素巾，躡遠遊之文履。指柳陌以嚮導，經花堤而徙倚。蘚封階而迹絕，聒鬧樹而聲止。奈所訪之不逢，復何心乎戀此。嗟嗟芳草兮愁春，芳春兮愁人。草隨春而並麗，愁逐草而俱新。有草愁難歇，無愁草不勻。草生魂夢際，愁動別離辰。於是水漲斷橋，雲沉祕閣。鑪香火寢，壁飄風落。蝸黏筆架，鳥窺牕格。應門幾童，載酒何客。亮瞻雲之惆悵，知倚閭之卜度。茵展地而靜悄，帶臨書而寂寞。愁不絕乎池蛙，怨豈忘乎野鶴。雖追歡之在後，恐對景之非昨。可憐哉，春日兮輝輝，春草兮依依。草生兮侵徑，日落兮掩扉。池塘物色已如許，爲問王孫歸不歸。客乃喟然而歎曰：池上孤樓，青陰映帶。萋萋芳草，遠與天界。入我揮灑，用酬文債。草榮春盡，此文不壞。

明 靳學顔《莽草賦》（《歷代賦彙》卷一二〇引） 豔山兮神丘，麗水兮炎洲。祥芝兮九葩，赤葉兮璚流。既採服以返精兮，亦練餌而千秋。胡茲植之獨戾，秉駮氣之弗協。生百需而無益，獨戕物而呈捷。紺藹敷芬，蒼條輪囷。素苞冒朱，縹茸施殷。乍斂乍開，含嘻含嚬，葉不辨橘，莖不分桂。業莢周柯，益津豐媚。曰旋樞之流精，與皋塗之麗卉。孰凝爾質，俾疑厥類。熙榮外揭，酷氛內藏。危鋒誤觸，颷迅機張。彼太行之陰產，紀炎經而已習。未若茲之可翫，貽永慼於一吸。弄影濫汍之沚，托跡蘋藻之濱。殖中逵而揚意，挺脩垧而驕神。猪馬飲波，

倦旅息蔭。將淫毒之有加，曾自知其已甚。后皇中嘉錫，淑慝均化。光覆露渥，涵湛陰陽。宣昭明受，命誠不遷。美利咸各，正厲滓何。滯範茲不，肖形矜己。若不足害，物爲有贏。是以作賦敬陳，明則比物聯類，具懲賊德。其辭曰：秀色可餐言若醴，飭貌深衷詎測底，觀莽草兮類若子。覆人邦家利舌齒，白者膚革黝者理，觀莽草兮類若子。金石示剛脂韋裹，覆却色沮觀者鄙，觀莽草兮類若子。疏節闊視澹無滓，嫉刻填膺唯有己，面而頌兮背而訾，觀莽草兮類若子。

明 陳子龍《幽草賦》（《歷代賦彙》卷一二〇引） 馮山麓兮望芊芊之北邙，春風蕩兮緜渺而碧傷。悲柔新兮縈心腸，怨悄悄兮流娟芳。於是紫玉山池，韓憑臺墓。相思溪水，合歡塋樹。棠梨豔風，蕙蘭啼露。學纖潤於脩眘，鬬輕揚於翠羽。枝分埋玉之光，根展殉香之路。潑水碧以逝愁，染雲藍而煎嫭。想其細雨初戢，落月半明。狐拜星隱，鬼泣燈横。緝衣花而珮冷，飛裙蝶而神輕。莫不斷魂沉葉，集感遥英。至若漳水荒臺，驪山廢殿。浥温泉以豐滋，膏紅粉而葱蒨。歇雄姿兮青燕，閉玉顔兮緑罥。没文砌而藏蜂，觸綺牕而巢燕。撥玄叢之化衣，拾翠圍之遺鈿。傷故國兮荒莽深，追歌舞兮空睇眄。又若小院春閉，鶯閨暗思。感秀條之間静，攬連心之依垂。落流蘇而縈帶，墮小鬟而膩枝。暗藉長門，佳人難拾。濃鋪輦道，宫車未期。鸚鵡空啄，蝴蝶頻移。注清眸之别婦，留飄裙之怨姬。至如巫雨通巴，湘煙壓楚。蘿密披人，莎深竄鼠。望蒙鬱於羇臣，沉幽陰於恨侶。洗清潭之紫莖，蔽奇香而不處。火煜煜以焚如，巫儌儌而祀女。點碧血兮江皋，亂涼魂兮幽渚。更有柳郊新織，蘭澤初蕤。茁嫩煖而迎日，枝柔和而漾絲。嚼鴛鴦於沙芷，拂翡翠於香蘺。妖童蕩槳，遊女下騎。競習芙蓉之句，相傳芍藥之詩。河水瀰瀰，岸草離離。灞滻贈别，江漢相思。感此凄惻，令人忘遺。何我情之誕愁，遇小物而斯滯。生死齊憂，悲歡同贅。惟茲草之榮菀，任往來於年歲。胡觸緒而紛紜，盡虚無之姸慧。是以放志天適，解情冥契。啜華三山之間，採芝五嶽之際。值荆圃而未芟，經瑶田而不憩。庶幾忘情之士，滌我傷心之蔽者乎？

雜　録

唐 司馬貞《補史記·三皇本紀》 ［神農氏］於是作蜡祭，以赭鞭鞭草木。始嘗百草，始有醫藥。

宋 羅泌《路史》卷一二 ［炎帝］磨唇鞭茇，察色腥，嘗草木，而正名之。審其平毒，旌其燥寒，察其畏惡，辨其臣使，釐而三之，以養其性命而治病。一日之間而七十毒，極含氣也。病正四百，藥正三百六十有五，著其本草，過數乃亂，乃立方書。

菖蒲

綜　述

《左傳·僖公三十年》 冬，王使周公閲來聘，饗有昌歜、白、黑、形鹽。注：昌歜，昌蒲葅。白，熬稻。黑，熬黍。形鹽，鹽形象虎。《正義》曰：昌歜，饗之所設，必是籩豆之實。《周禮·醢人》朝事之豆，其實有昌本、麋臡。鄭玄云：昌本，昌蒲根，切之四寸爲葅。彼昌本可以爲葅，知此昌歜，即是昌蒲葅也。齊有邴歜，魯有公甫歜，其音爲觸。《説文》云：歜，盛氣怒也。從欠蜀聲。此昌歜之音相傳爲在感反，不知其字與彼爲同爲異。偏檢書傳，昌蒲之草，無此别名，未知其所由也。此云「白黑」，下云「嘉穀」，穀之白黑，唯稻黍爲然。下云鹽虎形，知其形象虎也。

《吕氏春秋·任地》 冬至後五旬七日，菖始生。菖，菖蒲，水草也，冬至後五十七日而挺生。菖者百草之先生者也，於是始耕。傳曰：土發而耕，此之謂也。孟夏之昔，殺三華而穫大麥。昔，終也。三華，薺亭歷菥蓂也。是月之季，枯死大麥，熟而可穫。大麥，旋麥也。日至，苦菜死而資生，菜名也。而樹麻與菽，樹，種也。菽，豆也。此告民地寶盡死。凡草生藏日中出，日中，春分也。豨首生而麥無葉，凡草，庶草也。衆草生而出也。豨首，草名也，至其生時，麥無葉皆成熟也。而從事於蓄藏，藏之於倉也。此告民究也。究，畢也，刈麥畢也。五時見生而樹生，見死而穫死。五時，五行生殺之時也。見生謂春，夏種稼而生也，見死謂秋，冬獲刈收死者也。天下時，地生財，不與民謀。天降四時，地出稼穡，自然之道也，故曰不與民謀。

《神農本草經》卷一 昌蒲味辛温，主風寒溼痹欬逆上氣，開心孔，補五藏，通九竅，明耳目，出聲音，久服輕身，不忘不迷，或延年。一名昌陽，生池澤。吴普曰：昌蒲一名堯韭。

名醫曰：生上洛及蜀郡嚴道。五月十二日采根，陰乾。

案《説文》云：茚，昌蒲也，益州生。菲，茚菲也。《廣雅》云：邛昌陽，昌蒲也。《周禮·醢人》云：昌本，鄭云昌本，昌蒲根，切之四寸爲菹。《春秋左傳》云：饗以昌歜。杜預云：昌歜，昌蒲菹。《吕氏春秋》云：冬至後五旬七日，昌始生。昌者，百草之先，於是始耕。《淮南子·説山訓》云：昌羊去蚤蝨而來蛉窮。高誘云：昌羊，昌蒲。《列仙傳》云：商邱子胥食昌蒲根，務光服蒲韭根。《離騷草木疏》云：沈存中云，所謂蘭蓀，即今昌蒲是也。

漢　佚名《孝經援神契》（《説郛》卷五下引）　椒薑禦濕，菖蒲益聰，巨勝延年，感喜辟兵。此皆上聖之至言，方術之實録也。

漢　佚名《三輔黄圖》卷三　扶荔宫在上林苑中。漢武帝元鼎六年，破南越，起扶荔宫，以植所得奇草異木，菖蒲百本，山薑十本，甘蕉十二本，留求子十本，桂百本，蜜香、指甲花百本，龍眼、荔枝、檳榔、橄欖、千歲子、甘橘皆百餘本。

晉　嵇含《南方草木狀》卷上　菖蒲，番禺東有澗，澗中生菖蒲，皆一寸九節。安期生採服仙去，但留玉舄焉。

晉　宗懔《荆楚歲時記》　五月五日謂之浴蘭節，四民並蹋百草之戲，採艾以爲人，懸門户上，以禳毒氣。以菖蒲或鏤或屑以泛酒。

北魏　酈道元《水經注》卷一五　石上菖蒲，一寸九節，爲藥最妙，服久化僊。

宋　梁克家《淳熙三山志》卷四〇《土俗》　飲菖蒲酒，李彤《四序總要》云五日婦禮上續壽菖蒲酒，以《本草》云菖蒲可以延年。今州人是日飲之，名曰飲續。

宋　吕原明《歲時雜記》（《説郛》卷六九下引）　端午刻菖艾爲小人子，或葫蘆形，帶之辟邪。

明　盧之頤《本草乘雅半偈》卷一　覈曰：菖蒲，一名昌陽，堯韭、水劍草。《運斗樞》云：玉衡星散爲菖蒲。《典術》云：堯時天降精於庭爲韭，感百陰之氣爲菖。

明　周祈《名義考》卷九《菖蒲花》　《古詩》「菖蒲開花馬生角」，甚言菖蒲無花也。梁太祖后忽見庭前菖蒲花，謂侍者曰：女見否？曰：不見。因取吞之，是月産武帝。此猶是異事。至蘇子瞻《和子由》盆中石菖蒲忽開九花，則誠有花矣。《風俗通》「菖蒲放花，人取而食之長年」，則是菖蒲有花，但不常有耳。

明　李時珍《本草綱目》卷一九　《道藏經》有《菖蒲傳》一卷，其語粗陋，今署節其要。云菖蒲者，水草之精英，神仙之靈藥也。其法采緊小似魚鱗者一斤，以水及米泔浸各一宿，刮去皮切，暴乾擣篩，以糯米粥和勻，更入熱蜜搜和丸如梧子大，稀葛袋盛，置當風處令乾。每旦酒飲，任下三十丸。臨卧更服三十丸，服至一月消食，二月痰除，服至五年骨髓充，顔色澤，白髪黑，落齒更生。

明　高濂《遵生八牋》卷四《菖蒲酒》　端午日以菖蒲生山澗中一寸九節者，或屑或切，以浸酒。章詩云：菖蒲泛酒堯樽緑。

又　卷一二《菖蒲酒》　取九節菖蒲，生擣絞汁，五斗糯米、五斗炊飯、細麯五斤，相拌令勻，入磁罈蜜蓋二十一日，即開温服。日三服之，通血脉，滋榮胃，治風痺。骨立痿黄，醫不能治，服一劑，百日後顔色光彩，足力倍嘗，耳目聰明，髮白變黑，齒落更生，夜有光明，延年益壽，功不盡述。

清　汪灝《佩文齋廣群芳譜》卷八八《菖蒲》　一名昌陽，一名昌歜，一名堯韭，一名蓀，一名水劍草。有數種，生於池澤，蒲葉肥，根高二三尺者，泥蒲也，名白菖。生於溪澗，蒲葉瘦，根高二三尺者，水蒲也，名溪蓀。生於水石之間，葉有劍脊，瘦根密節，高尺餘者，石菖蒲也。養以沙石，愈翦愈細，高四五寸，葉茸如韭者，亦石菖蒲也。又有根長二三分，葉長寸許，置之几案，用供清賞者，錢蒲也。

清　雍正《浙江通志》卷九九　立夏以百草芽採粉爲餅。端午艾旗、蒲劍懸於門，飲菖歜酒。

清　吴景旭《歷代詩話》卷五〇《菖蒲花》　元微之《寄贈薛濤詩》：别後相思隔煙水，菖蒲花發五雲高。

吴旦生曰：微之出使西蜀，知營妓薛濤有辭辨，嚴綬遣濤往侍。後登翰林，濤獻松花紙百幅，微之就於所獻紙寄贈一篇。濤嘗好種菖蒲，故有是句。按《本草》菖蒲無花實，有爲瑞。故《古詩》「菖蒲花可憐，聞名未相識」，張籍詩「深恩已去若再返，菖蒲花開月長滿」。《南史》張后方孕，見庭中菖蒲花開，光彩非常，后曰：嘗聞見蒲花者必貴。因取吞之，遂生梁武帝。故李長吉詩「風采出蕭家，本是菖蒲花」。

《繼古叢編》云：周益公校正《文苑英華》，序以「堯韭」對「舜華」，非《本草注》，安知其爲菖蒲。按梁元帝《玄覽》云：金鹽、玉豉，堯韭、舜華。梁太子《賓河南菜啟》：堯韭未儔，姬歜非喻。《典術》曰：堯之仁，天星降精於庭，感百陰爲菖蒲焉。

清 嘉慶《寧遠縣志》卷一〇《古蹟志》 菖蒲澗在舜源峰下，中多九節菖蒲。取服之神氣清爽。昔傳遇一人高二丈，通體毛長寸餘，問所往，曰九疑有九節菖蒲，當採服之。語頃，莫知所之。

紀事

《呂氏春秋·遇合》 文王嗜菖蒲菹，孔子聞而服之，縮頞而食之，三年然後勝之。

唐 李延壽《南史》卷一二《后妃傳下·梁文帝皇后張氏》 次生武帝。方孕，忽見庭前菖蒲花光采非常，驚報侍者，皆云不見。后曰：「常聞見菖蒲花者，當富貴。」因取吞之，是月生武帝。

宋 李昉《太平御覽》卷一六八 《後魏略》曰：孝文帝南巡至新野，臨潭水而見菖蒲花，乃歌曰：兩菖蒲，新野樂。遂建兩菖蒲寺以美之。

宋 樂史《太平寰宇記》卷一五七 菖蒲澗，一名甘溪，裴氏《廣州記》：菖蒲生盤石上，水從上過，味甘冷，異于常流。《南越志》：昔交州刺史陸允之所開也，至今重之。每旦日，輒傾州連汲，以充日用。雖有井泉，不足食。太元中，襄陽羅支累石澗側，容百許人坐，游之者以爲洗心之域。咸平中，姚成甫常採菊澗側，遇一丈夫，謂甫曰：此澗菖蒲，昔安期生所餌，可以忘老。于是徘徊仰俯，倏然不見，不知所終。蓋仙者焉。

明 陳耀文《天中記》卷五三《瑞蒲》 吴興德清有沈姓者，其宅傍有潭，水涯忽產蒲葉，長幾尋仞，俗以爲異。遇重午，争來斬其葉以辟瘟，腊其根以入藥，遂表蒲以爲瑞。因名潭爲瑞蒲潭。《西吴記》

清 姚之駰《元明事類鈔》卷三四《花草門》 明太祖《周顛仙傳》：顛者，舊裙腰間藏三寸許菖蒲一莖，問何用，曰：細嚼飲水，腹無痛矣。

清 雍正《廣西通志》卷一二八《藝文》 藤州民家有五口，二壯者，二童穉，一嫗。值端陽節，飲菖蒲酒，皆極醉。頃之迷悶暈地，嫗及二穉俱死，壯者氣尚勃勃，藥之則痰涎壅塞，不能下，逾半日亦死。人謂蒲根下必有毒蛇穴處，發之無有也。識者曰菖蒲極熱，酒又熱，皆有厚毒，恣意多食，焉得不死？壯者氣方盛，故遲之爾。予謂炎方暑候，火氣熾然，飲蒲酒太過，如火得膏，熏炙悶鬱而死，固其宜也。

藝文

宋 徐鉉《騎省集》卷二二《和李秀才端午日見寄》 角黍菖蒲酒，年年舊俗諳。采衣君自樂，白髮我何堪。静味瑶華句，閒思玉柄譚。報之長命縷，祝慶在圖南。

宋 蘇軾《東坡全集》卷九四《石菖蒲贊并叙》 《本草》：菖蒲，味辛温無毒，開心，補五臟，通九竅，明耳目。久服輕身不忘，延年益心智，高志不老。注云：生石磧上概節者，良。生下濕地大根者，乃是昌陽，不可服。韓退之《進學解》云：「訾醫師以昌陽引年，欲進其稀苓。」不知退之即以昌陽爲菖蒲耶？抑謂其似是而非，不可以引年也？

凡草木之生石上者，必須微土以附其根，如石韋、石斛之類。雖不待土，然去其本處，輒槁死。惟石菖蒲並石取之，濯去泥土，漬以清水，置盆中，可數十年不枯。雖不甚茂，而節葉堅瘦，根須連絡，蒼然於几案間，久而益可喜也。其輕身延年之功，既非昌陽之所能及。至於忍寒苦，安淡泊，與清泉白石爲伍，不待泥土而生者，亦豈昌陽之所能仿佛哉？余遊慈湖山中，得數本，以石盆養之，置舟中。間以文石、石英，璀璨芬鬱，意甚愛焉。顧恐陸行不能致也，乃以遺九江道士胡洞微，使善視之。余複過此，將問其安否。

贊曰：清且泚，惟石與水。托於一器，養非其地。瘠而不死，夫孰知其理。不如此，何以輔五藏而堅發齒。

又 卷一一五《皇太后閤六首》 萬壽菖蒲酒，千金琥珀杯。年年行樂處，新月掛池臺。

宋 郭祥正《青山集》卷一九《午日送酒與元輿》 前歲菖蒲酒，臨汀共一樽。迴思當觸網，猶有未招魂。抱義君偏厚，餘生我尚存。都城酬此酌，佳節可重論。

宋 趙孟堅《彝齋文編》卷一《石菖蒲賦》 天台石橋，佛仙所居。境聯鴈峰，厥生宜蒲。劒挺分脊，虎獰奮鬚。維水清而石硬，産勁質之伊殊。較他山之蔓生，蓋烈士而腐儒。巖壑之阿，風日不到。地脉所潤，澹泊自如。又疑得道以逍遥，不踐名韁而利塗。山僧埜夫，鑒奇品異，搜取來歸，得亦匪易。臨峻崖之十尋，凜束身而下縋。或續以長竿之裊，或刺以纖鉤之利。自非好尚之孤高，孰肯鍾情之及是。乃漬以清泉，藉之文石。玉峰之矗蜂房，將樂之珍雪色。齊安子

供，艾若指螺。曲陽盆盛，浪飜瓊液。瘞沙屑金，封苔澡碧。於以安野逸。搢紳先生，綺紈公子，膏粱厭飫，輿馬赫奕。乍而見之，神爽心懌，欲頓忘乎肉食。於是移置雕欄，擎擡文几。纈犀筯以鑷塵，雨犧樽而鍾水。夕淒清露之下，晝蔭花陰之底。其所以愛護者彌至，然未閱月而根麋。甫浹旬而色瘁者何哉？顧乃過尤懈怠於臧僕，疑被侵陵於蟲蟻。豈清虛富貴，迥不同方；鐘鼎山林，未容兼美。徒使唐嘉緑埜之清風，漢慕赤松之高致。彝齋處士，從旁而嘻曰：我知之矣，請言所以。余見隱陡，其室方丈，人跡罕至。景密護其南榮，苔欲生而滿地。羅列峰巒，奠陳罍洗。翛踈數劒，倚壁蒼翠。水僅濡而不盈，根頻殳而勿施。每指一而問年，動歷閏而逾紀。静定純一，有終有始。寒煖燥濕，不遷不徙。厥無奇方，唯安汝止。彼其愛之，適以害之。特未諳乎此理。方梅霖驟至，浸淫滂沛，根聯絡於銀絲，主人爲之欣喜。不知力既下分，葉枯而萎。紛九節之連延，乍叢然而森起。亦猶飽豢於肥甘，壽劣休糧之士，其所以約水護根，經年養力，葉老滄浪，亦煉形之術耳。又況勤息殊方，炎涼易位，不常厥居，朝三暮四。何異爪皮騐生，拔本觀密，有愧槖駞之子。此言雖邇，中有深旨。請書以資養生，豈但曰蒲而已。

宋 謝逸《溪堂集》卷五《端午絶句二首》　白髮無端種種生，每逢佳節只心驚。老妻稚子知人意，但把菖蒲酒細傾。

宋 李洪《芸庵類藁》卷四《伯封同遊雪上事畢遽索别次韻》　同來我復似鄒遊，新詠君應勝杜秋。已飫蒸葫汝南饌，盍爲篭糲浣花留。殘樽且醉菖蒲酒，去棹聊停杜若洲。不厭村居能少駐，蘭香萬斛頓銷愁。

宋 韓淲《澗泉集》卷二〇《浣溪沙·徐倅生朝》　留得菖蒲酒一盃，與公今日壽筵開。靈山排闥送青來。　須信南州高士後，持荷持節照蘇臺。瑞雲深處是三台。

宋 馬廷鸞《碧梧玩芳集》卷二三　我輩小年，端午給假，蒲酒奉親之外，日遊村田間，致足樂也。今老矣，竹塢老友，近館授徒，逢此小熟，奉一酌道舊，且有感於并汾舊事云：

香羅細葛端陽節，絳帳青衿少小時。曩以彈丸俘晉孽，今於筒黍弔湘纍。千年感舊慵開卷，一酌銷憂强把巵。蒲酒少年供母後，村南村北恣遊嬉。

宋 鄭剛中《北山集》卷二二《重五》　異鄉逢午節，卧病此衰翁。竹筍进新紫，榴花開小紅。山深人寂寂，氣潤雨濛濛。煮酒無尋處，菖蒲在水中。

元 謝應芳《龜巢稿》卷一七《重午日小酌》　青年自是好遊者，白首始知行路難。一寸芳心徒似鐵，數莖秃髮不勝冠。匏樽偶有菖蒲酒，菰黍香於苜蓿盤。莫笑貧居輕速客，餘生能得幾團欒。

明 黄淮《省愆集》卷下《端午書懷》　頻年翰苑逢端午，蒲酒生香迭獻酬。今日南冠籠短鬢，不知醞釀幾多愁。

明 李昌祺《運甓漫稿》卷六《嵩縣過端午》　老大偏多故里心，一逢佳節一沾襟。誰知此日菖蒲酒，又在山城獨自斟。

清 汪灝《佩文齋廣群芳譜》卷八八　昌陽字子恒，一字子仙，蜀郡嚴道人也。始祖韭，在唐帝廷甚見貴重，賜姓堯氏。既而感百陰，貌異常日，遂變氏名曰菖蒲，遁入山澤間化去。世傳其神爲列星，厥胤皆以爲氏，蕃布四方。至五世孫菹，始以滋味干周文王。文王悦之，時置齒可間，俾爲膳宰，世其官。成王時，有共豆實爲五畜之首者曰本。其後有仕魯者曰歜，僖公三十年冬，王使宰周公閱來聘，公備物享之，歜與席焉。其族人有隱居嵩高者，漢武聞其名，然不能致也。陽龍骨而鳳姿，鬚髯戟張，秀整拔乎其萃，性疏挺，高潔不耀；其華歷寒燠有常，雖凍虐炎爍之，不少變容色。於世味淡，然無一嗜所須，惟清泉白石而已。平生惟與淇澳先生相敬重，每見必交拜，謂蘭子江蘺子有芳韻而無高節，雖近處不狎也。然自其先，得引年却老方，安期、韓衆之流常服之，至陽益精。韓愈爲國子博士，以儒鳴，猶對諸生稱道之，故其名益章徹。時憲宗好神仙，聞而召之，始至，望其風度，喟然曰：是所謂列仙之儒，居山澤而形容甚臞者。與授太保兼奉御大夫，不拜。引至别殿，詢其方。乃臆對皇王仁壽之道，累數百言；且謂得其道則不須臣，失其道，臣雖日供膳無益也。上不能强之，罷去。穆宗即位，徵爲給事中，尋拜侍讀學士。上嘗丙夜讀書，召陽侍側，目益明。累遷侍中，爵上洛郡公，賜第一區，擅池島之勝。既貴顯極矣，然直容清操，不少渝其初。自王封戚里官署私第多致泉石以延之，爲席上珍，皆曰：見昌公，使人塵俗自消。至有圖其狀而傳之者，其爲世所愛重至此。久之，就封郡以壽終。贈太師，謚靖節。子始生，識農耕之候，徵爲勸農使，其孫曾亦皆挺挺有祖風焉。

雜録

晉 葛洪《神仙傳》卷一〇《王興》　王興者，陽城人也，常居一穀中，本凡民，

不知書，無學道意也。昔漢武帝元封二年上嵩山，登大愚石室，起道宫，使董奉君東方朔等，齋潔思神，至夜，忽見仙人長二丈餘，耳下垂至肩，武帝禮而問之，仙人曰：「吾九疑仙人也，聞中嶽有石上菖蒲，一寸九節，服之可以長生，故來采之。」言訖，忽然不見。武帝顧謂侍臣曰：「彼非欲學道服食者，必是中嶽之神，以此教朕耳。」乃采菖蒲服之，且二年，而武帝性好熱食，服菖蒲每熱者，輒煩悶不快，乃止。時從官多皆服之，然莫能持久，唯王興聞仙人使武帝常服菖蒲，乃采服之不息，遂得長生，魏武帝時猶在。其鄉里老小皆云傳世見之，視興常如五十許人，其强健，日行三百里。後不知所之。

南朝梁　蕭子顯《南齊書》卷一九《五行志》　永元中，御刀黄文濟家齋前種昌蒲，忽生花，光影照壁，成五采。其兒見之，餘人不見也。少時文濟被殺。

宋　陶穀《清異録》卷上《昌九》　宜春太守虞杲，郡齋植昌蒲五檻，次子夢髯翁自號昌九，言願賜保養。

清　姚之駰《元明事類鈔》卷三四《花草門》　《花史》：趙隱之母傅氏于山澗中見菖蒲花，大如車輪，有神人守之，戒勿洩。享富貴後，忽向子孫説之，得疾而終。

萱草

論説

宋　程大昌《演繁露》卷二《萱草》　《詩》曰：焉得諼草，言樹之背。注直以諼爲萱草。《詩》「永矢弗諼」，諼訓爲忘，故曰永誓不忘也。又凡字必從其類，而萱當從草，今特舍草從言，義皆可疑。後見許氏《説文》，萱之字從草，憲又作萱作蕿，俱以況袁爲翻切。乃知古詩字本作蕿，自唐明皇改古文，代以今字，乃訛蕿爲諼耳。

宋　袁文《甕牖閒評》卷一　萱草豈能忘憂也？《詩》云「焉得諼草，言樹之背」者，諼訓忘，如「終不可諼兮」之諼，蓋言焉得忘憂之草，而樹之北堂乎？背，北堂耳。其諼字適與萱字同音，故當時戲謂萱草爲忘憂。而註詩者適又解云諼草令人忘憂，後人遂以爲誠然也。如嵇康謂「合歡蠲忿，萱草忘憂」，此二者止與千載之下作對，若謂其實，則無是理矣。

又　卷七　嵇康《養生論》并《博物志》云「合歡蠲忿，萱草忘憂」，自古以爲二花。今沈存中《忘懷録》「種合歡法」下註云萱草也，謂合歡即萱草。存中之言誤矣。存中不獨于此誤，其于蕙乃云今俗謂之鈴鈴香，亦非也。蕙别是一種花，黄太史謂一幹而六化花者，余鄉有之，豈是鈴鈴香也？

宋　王楙《野客叢書》卷一〇《萱堂桑梓》　今人稱母爲北堂萱，蓋祖《毛詩·伯兮》詩：「焉得蘐草，言樹之背。」按注：蘐草，令人忘憂；背，北堂也。其意謂君子爲王前驅，過時不反，家人思念之切，安得蘐草種於北堂，以忘其憂。蓋北堂幽陰之地，可以種萱，初未嘗言母也。不知何以遂相承爲母事。借謂北堂居幽陰之地，則凡婦人皆可以言北堂矣，何獨母哉？傳注之學，失先王三百篇之旨，似此甚多，正與以鄉里爲桑梓之謬同。《詩》意謂桑梓人賴其用，猶不敢殘毁，寓恭敬之意，而況父子相與，非直桑梓而已，非謂桑梓爲鄉里也。然自東漢以來，乃以桑梓爲鄉里用矣。

明　馮復京《六家詩名物疏》卷一八《萱草》　《説文》云：藼，令人忘憂，草也。又作蕿及萱。《本草》云：萱草，一名鹿葱，花名，宜男。《圖經》云：萱味甘而無毒，主安五藏，利心志，令人好歡樂無憂，輕身明目。五月採花，八月採根用。今人多採其嫩苗及花跗作葅，云利胸膈甚佳。《古今注》云：欲忘人之憂，則贈以丹棘，一名忘憂草。《博物志》：《神農經》曰中藥養性，謂合歡蠲忿，萱草忘憂。《風土記》云：宜男，妊婦佩之必生男。《述異記》云：萱草，一名紫萱，吴中書生呼療愁花。《雅翼》云：此草又名鹿葱。晏元獻公謂鹿葱花中有鹿斑文，與萱大同小異。開花亦不竝時。徐勉《萱賦》云：信茲華之獨茂，挺金質于炎辰。既耀色以祛痾，亦含香而可珍。同芰荷于蘭暑，及蟬露乎首旻。其葉四垂，其跗六出。亦曰宜男，加名斯吉。華而不豔，雅而不質。案：朱傳云諼草合歡，誤也。《古今注》云合歡樹似梧桐，與萱全别，或者朱子因諼草連引合歡作一句讀，而不以合歡解諼草乎？

綜述

晉　嵇康《嵇中散集》卷三　且豆令人重，榆令人瞑，合歡蠲忿，萱草忘憂，愚智所共知也。

晉 張華《博物志》卷四《藥論》 《神農經》曰：上藥養命，謂五石之練形，六芝之延年也。中藥養性，合歡蠲忿，萱草忘憂。下藥治病，謂大黄除實，當歸止痛。

南朝梁 任昉《述異記》卷下 萱草，一名紫萱，又呼爲忘憂草。吴中書生呼爲療愁花。嵇中散《養生論》云萱草忘憂。

宋 戴埴《鼠璞》卷下《萱堂》 俗謂母爲萱堂，考之《詩》云：「焉得諼草，言樹之背。願言思伯，使我心痗。」注云：「背，北堂也。」箋云：「憂以生疾，恐將危身，欲忘之。」是詩既以君子行役爲王前驅而作，以忘憂解之，極通。於母有何干預？坡詩「我非兒女萱」却是鄙之之辭。或引用樹萱事，則不可用《詩》注之北堂。

宋 鄭樵《通志》卷七五《昆蟲草木略》 萱草曰合歡草，曰無憂草，言能令人樂而忘憂。花曰宜男，婦人喜佩之。《風土記》云孕婦佩其花則生男。

明 王路《花史左編》卷一〇《萱花》 惟蜜色者可作蔬，不可不多種也。春可食苗，夏可食花，比他花更多二事。

又 卷一八《萱花》 《説文》曰：「萱，忘憂艸也。」束皙《發蒙説》曰：「甘棗，令人不惑。萱艸，可以忘憂。」《毛詩》曰：「安得萱艸，言樹之背。」「背」，北堂也。

明 文震亨《長物志》卷二《萱花》 萱草忘憂，亦名宜男，更可供食品，巖間墻角最宜此種。又有金萱，色淡黄，香甚烈，義興山谷遍滿，吴中甚少。他如紫白蛺蝶、春羅、秋羅、鹿葱、洛陽石竹，皆此花之附庸也。

清 胡鳴玉《訂譌雜録》卷六《萱堂》 今人稱母爲北堂萱，蓋祖《毛詩·伯兮》詩：「焉得諼草，言樹之背。」注：諼草，令人忘憂。背，北堂也。其意謂君子爲王前驅，過時不返，家人思念之切。安得諼草，種於北堂，以忘其憂。蓋北堂，幽陰之地，可以種萱。初未嘗言母也，不知何以遂相承爲母事。借問北堂幽陰之地，則凡婦人皆可以言北堂矣，何獨母哉？説本《野客叢書》。予案：《儀禮·士昏禮》「婦洗在北堂」，或因此訛以北堂屬婦人，然於母事終無涉也。

紀事

晉 崔豹《古今注》卷下《問答釋義》 牛亨問曰：將離別，相贈以芍藥者何？答曰：芍藥一名可離，故將別以贈之，亦猶相招召，贈之以文無。文無，亦名當歸也。欲忘人之憂，則贈以丹棘。丹棘一名忘憂草，使人忘其憂也。欲蠲人之忿，則贈之青堂。青堂，一名合懽。合懽則忘忿。

五代 王仁裕《開元天寶遺事》卷二《銷恨花》 明皇於禁苑中，初有千葉桃盛開，帝與貴妃日逐宴於樹下。帝曰：不獨萱草忘憂，此花亦能銷恨。

清 雍正《江西通志》卷六八 陳伯宣，字弘化，靖安諸生。方居父喪，母熊氏尋没。廬墓者五年，忽感萱草叢生。子恩舉弘治甲子鄉試。

藝文

《詩經·國風·河廣》 焉得諼草，言樹之背。

漢 蔡琰《胡笳十八拍》（《樂府詩集》卷五九引） 十六拍兮思茫茫，我與兒兮各一方。日東月西兮徒相望，不得相隨兮空斷腸。對萱草兮徒想憂忘，彈鳴琴兮情何傷。今別子兮歸故鄉，舊怨平兮新怨長。泣血仰頭兮訴蒼蒼，生我兮獨罹此殃。

三國魏 曹植《曹子建集》卷七《宜男花頌》 草號宜男，既曄且貞。其貞伊何，惟乾之嘉。其曄伊何，緑葉丹花。光采晃曜，配彼朝日。君子耽樂，好和琴瑟。固作螽斯，惟立孔臧。福濟太姒，永世克昌。

晉 夏侯湛《夏侯湛集·宜男花賦》（《漢魏六朝百三家集》卷四四引） 淑大邦之奇草兮，應則百之休祥。禀至貞之靈氣兮，顯嘉名以自彰。冠衆卉之挺生兮，承木德于少陽。體柔性剛，蕙潔蘭芳。結纖根以立本兮，靈渥液於青雲。順陰陽於滋茂兮，笑含章之有文。遠而望之，若丹霞照青天；近而觀之，若芙蓉鑒緑泉。萋萋翠葉，灼灼朱華。曄若珠玉之樹，焕若景宿之羅。充后妃之盛飾兮，登紫微之内庭。回日月之暉光兮，隨天運以虚盈。

晉 傅玄《宜男花賦》（《漢魏六朝百三家集》卷三九引） 猗猗令草，生於中方。花曰宜男，號應禎祥。遠而望之，焕若三辰之麗矢；近而察之，明若芙蓉之鑒泉。於是狡童媛女，以時來征。結九秋之永思，含春風以娱情。

南朝梁 蕭統《昭明太子集》卷一《詠同心蓮》 江南採蓮處，照灼本足觀。況等連枝樹，俱耀紫莖端。同踰並根草，雙異獨鳴鸞。以兹代萱草，必使愁人歡。

唐 陳子昂《陳拾遺集》卷二《魏氏園亭人賦一物得秋庭萱草》 昔時幽徑

裏，榮耀雜春叢。今來玉墀上，消歇畏秋風。細葉猶含緑，鮮花未吐紅。忘憂誰見賞，空此北堂中。

唐 韋應物《韋蘇州集》卷八《對萱草》 何人樹萱草，對此郡齋幽。本是忘憂物，今夕重生憂。叢疎露始滴，芳餘蝶尚留。還思杜陵圃，離披風雨秋。

唐 孟郊《孟東野詩集》卷二《百憂》 萱草女兒花，不解壯士憂。壯士心是劍，爲君射斗牛。朝思除國讎，暮思除國讎。計盡山河畫，意窮草木籌。智士日千慮，愚夫唯四愁。何必在波濤，然後驚沈浮。伯倫心不醉，四皓迹難留。出處各有時，衆議徒啾啾。

又 卷三《遊子》 萱草生堂堦，遊子行天涯。慈親倚堂門，不見萱草花。

唐 錢起《錢仲文集》卷五《送郎四補闕東歸》 無事共干世，多時廢隱淪。相看戀簪組，不覺老風塵。勸酒憐今别，傷心倍去春。徒言樹萱草，何處慰離人。

唐 白居易《白氏長慶集》卷三四《酬夢得比萱草見贈》 杜康能散悶，萱草解忘憂。借問萱逢杜，何如白見劉。老衰勝少夭，閒樂笑忙愁。試問同年内，何人得白劉。

唐 李德裕《李衛公别集》卷一〇《憶藥欄》 野人清旦起，掃雪見蘭芽。始放春泉入，惟愁暮景斜。未抽萱草葉，纔發欵冬花。誰念江潭老，中宵旅夢賒。

唐 陸龜蒙《甫里集》卷七《庭前》 合歡能解恚，萱草信忘憂。盡向庭前種，萋萋特地愁。

唐 釋貫休《禪月集》卷一《善哉行》 有美一人兮，婉如清揚。識曲别音兮，令姿煌煌。繡袂捧琴兮，登君子堂。如彼萱草兮，使我憂忘。欲贈之以紫玉尺、白銀鐺。久不見之兮，湘水茫茫。

宋 宋祁《景文集》卷二二《萱草》 修莖無附葉，繁蕚攢庭首。每欲問詩人，定得忘憂否。

宋 韓琦《安陽集》卷六《郡西齋有夜合萱草對開因成二闋》 合歡香影拂西齋，萱草前臨小檻開。待爾忘憂與蠲忿，争如無事起靈臺。

合歡萱草兩含芳，一見令人樂興長。唯是憂邊與憂國，對花終日不能忘。

宋 蘇軾《東坡全集》卷二《和子由記園中草木十一首》 萱草雖微花，孤秀自能拔。亭亭亂葉中，一一芳心插。牽牛獨何畏，詰曲自牙蘖。走尋荆與榛，如有宿昔約。南齋讀書處，亂翠曉如潑。偏工貯秋雨，歲歲壞籬落。

宋 蘇轍《欒城集》卷二《賦園中所有十首》 萱草朝始開，呀然黄鵠觜。仰吸日出光，口中爛如綺。纖纖吐鬚鬣，冉冉隨風哆。朝陽未上軒，粲粲幽閒女。美女生山谷，不解歌與舞。君看野草花，可以解憂悴。

宋 司馬光《傳家集》卷二《萱草》 葉濯宿露翠，花迎朝日黄。昔誰封殖此，儼列侍高堂。達生隱於吏，孰爲行與藏。逍遥玩永日，自無憂可忘。

宋 韋驤《錢塘集》卷六《五月三日見萱草一枝》 薄薄初陽曉霧披，庭萱再見似相知。月臨仲夏纔三日，風折今年第一枝。藹翦兼金黄灼爍，幹搓圓玉碧參差。好花來歲應如舊，知在何州記此時。

宋 梅堯臣《宛陵集》卷三二《萱草》 人心與草不相同，安有樹萱憂自釋。若言憂及此能忘，乃是人心爲物易。

明 王冕《竹齋集》卷中《四月廿五日堂前萱花試開時老母康健因喜之》 今朝風日好，堂前萱草花。持盃爲母壽，所喜無喧譁。東鄰已藤蔓，西鄰但桑麻。側聞義士招，我輩鬢已華。世事既如此，不樂將奈何。

清 胡文學《甬上耆舊詩》卷八《張時翰·采葛篇》 種葛南山下，春風吹葛長。二月吹葛緑，八月吹葛黄。腰鐮逝采掇，織作君衣裳。經以長相憶，緯以思不忘。出入君篋笥，長得近輝光。層冰布河水，中野皓凝霜。吴羅五文采，蜀錦雙鴛鴦。君恩當斷絶，歎息摧中腸。中腸日以摧，葛葉日以衰。願留枯根株，化作萱草枝。

蓍草

論説

宋 羅願《爾雅翼》卷七 聖人幽贊於神明而生蓍。蓍，草也。初不待聖人而生，蓋通天之道，窮物之理，備物致用，以爲天下利，故能擇物之神者。用之夏商，欲卜者乃取蓍龜，已則棄去之，以爲龜藏則不靈，蓍久則不神。至周室之卜官常寶藏蓍龜，天子蓍長九尺，諸侯七尺，大夫五尺，士三尺。蓍陽故數奇，其藏蓍之器曰韇。韇有二，以皮爲之。其一從上而下韜之，其一從下而上韜之。《少牢禮》曰：史西面于門西，抽下韇，左執筮，右兼執韇以擊筮，將問吉凶。故擊之以動其神。蓍雖寶藏，猶有時以易。故筮人上春相筮，先儒以爲相謂更選擇之，

龜筮歲易者歟？蓋龜人以春攻龜，筮人春相之，故知以新易故。古者國之大事，先筮而後卜，然魯生季友、晉戰城濮，皆先卜而後筮者，蓋太史公所謂三代蓍龜，大小先後，各有所尚，要其歸等耳是也。《春秋傳》稱筮短龜長，不如從長，莫能得其説。案《龜策傳》：江南長老云龜千歲乃遊蓮葉之上，蓍百莖共一根，其所生，獸無虎狼，草無毒螫。説者曰蓍百年則百莖矣。蓋龜歷年深，故知來亦長；蓍歷年近，故知來亦短。亦龜象筮數，物生而後有象，象而後有滋，滋而後有數。則龜在先，筮在後，短長之驗也。龜筮皆靈物，用既相須，故生亦相附。《龜策傳》又曰：上有叢蓍，下有神龜，蓍生滿百莖者，其下必有神龜守之，其上常有青雲覆之。固靈氣相召，亦天地鬼神所保守。然則其龜，即《周禮》十龜中所謂「筮龜」者也。龜爲卜，蓍爲筮，龜而謂之筮，以其生於蓍叢也。蓍之爲字，從耆，耆者，六十歲也。王充《論衡》：孔子曰蓍之爲言耆也。老人歷年多，而更事久，似能前知。然何獨六十？《龜策傳》曰：天下和平，王道得，而蓍莖長丈，其叢生滿百莖。方今世取蓍者，不能中古法度，不能得滿百莖長丈者，取八十莖已上，長八尺，即難得也。人民好用卦者，取滿六十莖以上，長滿六尺者，即可用矣。然則自其可用者而言之，廣爲六十莖，從爲六十寸，故應耆爾。蓍實服之，亦聰慧先知。

宋　胡瑗《周易口義·繫辭》　義曰：夫茅之爲物，雖柔弱菲薄，然祭祀之時，必取而爲用，以薦藉宗廟之靈。雖爲物甚微，然有潔白柔順之質。其用也，重矣。聖人因其慎事之始，又取茅之所用之重，以明慎重之術。以此而往則無所失，且大過之事，尚且如此，況於小小之事乎？

宋　李如箎《東園叢説》卷上《生蓍》　《繫辭》云：幽贊於神明而生蓍。蓋能以吉凶得失預曉於人者，神明也。神明不能與人相接，故聖人生揲蓍之法，探神明所爲吉凶得失者，以示於人。使人知有避就，故曰幽贊於神明而生蓍也。揚雄認錯此意，以爲聖人有以幽贊於神明而生出蓍草也。故《太玄》云「混渾天地而産蓍」，誤矣。

清　姚炳《詩識名解》卷一一《蓍》　蓍，陸璣謂蓍似藾蕭，青色科生。陸農師以爲蒿屬，按今蒿是處皆有，而蓍草不概見，且其莖花皆與蒿異，不得以科生，便謂爲蒿屬。《本草》：蓍生少室山谷。今蔡州上蔡縣白龜祠傍，其生如蒿作叢，高五六尺，一本一二十莖，至多者三五十莖，生便條直，異於衆蒿。秋後有花，出於枝端，紅紫色，形如雛菊，此蓍草之狀也。

舊以蓍草爲神靈之物，上覆青雲，下守神龜，此亦如麐鳳粉飾之説耳。蓍草特爲不易生之物，聖人取其科生條直，足供分掛揲歸之用，故用以筮。且圓神之德存乎《易》，乃《易》理之靈，非蓍草之靈也。史稱千歲百莖，而王充謂七百歲十莖，則百莖又當七千歲矣。若《説文》、《五行傳》、《博物志》諸説更互異，均未可盡信耳。

陸農師云：蓍從耆，草之壽者也。六十爲耆，卦之别六十有四，蓍數窮於此。羅瑞良云：今取蓍不能得滿百莖，長丈者，取八十莖以上，長八尺，即難得也。人民好用卦者，取滿六十莖以上，長滿六尺者，即可用矣。然則廣爲六十莖，從爲六十寸，故應耆耳。愚謂《易》大衍之數五十，其用四十有九，蓋取象天地，原不因卦數爲多寡也。至六十莖六尺之説，特爲滿百與八十者，不可必得，因通其窮以爲六十，亦可用耳。若謂字從耆，衹以六十爲率，何爲又獨重一本百莖者耶？

何元子又謂苞蓍以比王城之中亦有老成人，而從子朝爲逆者，如尹文公、召伯奂、南宫極之類也。此無論典實强證，即立言亦大可哂。盖蓍從老，取義已是曲解，若老復從蓍，取義其説不愈曲乎？

综　述

《易·繫辭上》　是故蓍之德，圓而神，卦之德，方以智。

《易·繫辭下》　探賾索隱，鉤深致遠，以定天下之吉凶，成天下之亹亹者，莫大乎蓍龜。

《神農本草經》卷一　蓍實，味苦平，主益氣，充肌膚，明目，聰慧先知，久服不飢不老輕身，生山谷。

吴普曰：蓍實味苦酸平無毒，主益氣，充肌膚，明目聰慧，先知。久服，不飢不老，輕身，生少室山谷。八月九月采實，暴乾。《御覽》

《名醫》曰：生少室，八月九月采實，日乾。

案《説文》云：蓍，蒿屬，生千歲，三百莖。《史記·龜策傳》云：蓍，百莖共一根。

漢　司馬遷《史記》卷一二八《龜策列傳》　蓍生滿百莖者，其下必有神龜守之，其上常有青雲覆之。《傳》曰：天下和平，王道得，而蓍莖長丈，其叢生滿百

莖。方今世取蓍者，不能中古法度，不能得滿百莖長丈者，取八十莖已上，蓍長八尺，即難得也。

漢 王充《論衡》卷一四《狀留篇》 龜生三百歲，大如錢，游於蓮葉之上，三千歲青邊緣，巨尺二寸。蓍生七十歲生一莖，七百歲生十莖，神靈之物也。故生遲留，歷歲長久，故能明審。實賢儒之在世也，猶靈蓍神龜也。

又 卷二六《實知篇》 儒者論聖人，以爲前知千歲，後知萬世。有獨見之明，獨聽之聰。事來則名，不學自知，不問自曉，故稱聖則神矣。若蓍龜之知吉凶，蓍草稱神龜稱靈矣。

漢 班固《白虎通》卷七《蓍龜》 《禮·三正記》曰：「天子龜長一尺二寸，諸侯一尺，大夫八寸，士六寸。龜陰，故數偶也。天子蓍長九尺，諸侯七尺，大夫五尺，士三尺。蓍陽，故數奇也。」

晉 葛洪《抱朴子·内篇》卷三《對俗》 《玉策記》曰：千歲之龜，五色具焉，其額上兩骨起似角，解人之言，浮於蓮葉之上，或在叢蓍之下，其上時有白雲蟠蛇。

宋 戴侗《六書故》卷二四 蓍 蓍 式脂切。草叢生，圜直，可用筮。《詩》云：洌彼下泉，浸彼苞蓍。《説文》曰：蒿屬。《本草》曰：蓍如蒿，叢生，條直高五六尺，秋後華出支端，紅紫如菊。古之筮也，或以策，或以蓍。《易傳》曰：聖人幽贊於神明而生蓍，觀變於陰陽而立卦，發揮於剛柔而生爻。生蓍、生爻言聖人創爲之也。讀者不曉，乃謂天下和平，王道得，而蓍莖長丈，其叢滿百，其下有神龜，以此爲生蓍，誕矣。

宋 樂史《太平寰宇記》卷一一九 蓍城在縣東南五十里，古老相傳地生神蓍草，每年貢四十九莖。

明 李時珍《本草綱目》卷一五《草之四·蓍》 時珍曰：按班固《白虎通》載孔子云：蓍之爲言耆也，老人歷年多，更事久，事能盡知也。陸佃《埤雅》云：草之多壽者，故字從耆。《博物志》言蓍千歲而三百莖，其本已老，故知吉凶。

明 馮復京《六家詩名物疏》卷二八《蓍》 陸璣云：似藾，蕭青色，科生。《本草》云：蓍實主益氣，充肌膚，明目聰，慧先知。久服不饑不老。《圖經》云：生少室山谷，今蔡州上蔡縣白龜祠旁，其生如蒿作叢，高五六尺，一本一二十莖，至多者三五十莖。生便條直，異於衆蒿，秋後有花，出于枝端，紅紫色，形如菊。《易》云：蓍之德，圓而神。昔者聖人之作《易》也，幽贊於神明而生蓍。《周官·筮人》「上春相筮」。《逸禮》云：天子之蓍九尺，諸侯七尺，大夫五尺，士三尺。蓍千歲三百莖者，先知也。《洪範五行傳》曰：蓍之爲言耆也。百年一本，生百莖。此草木之壽，知吉凶者也。聖人以問鬼神焉。《史記》云：蓍所生，獸無虎狼，草無毒螫。褚先生云：聞蓍生百莖者，其下必有神龜守之，其上常有青雲覆之。傳曰：天下和平，王道得，而蓍莖長丈，叢生滿百莖。今世取蓍，不能中古法度，取滿六十莖已上，長六尺者，即可用矣。《論衡》云：蓍生七十歲生一莖，七百歲生十莖，神靈之物遲也。《説原》云：草植三百六十，蓍爲之長。傅玄賦云：春邁德于青陽，混百卉而萌生。逮朱夏而修茂，暨商秋而堅貞。雖離霜而未雕，與潛龜乎通靈。

明 謝肇淛《滇略》卷六 閉珊居集者，雲益州烏蠻也。精卜筮之學，其法用細竹四十九枚，以代蓍草，或以雞骨爲之占，算如神，夷中稱爲筮師。

明 李賢《明一統志》卷三一 蓍草，出上蔡縣東八卦臺上。《易》曰：聖人幽贊於神明而生蓍。傳曰：天下和平，王道得，而蓍莖長丈，其叢生滿百莖，下有神龜守之，上有雲氣覆之。

清 汪灝《佩文齋廣羣芳譜》卷八八 蓍，神草也，能知吉凶。蘇頌云：上蔡縣白龜祠旁，其生如蒿作叢，高五六尺，一本一二十莖，至多者五十莖。生便條直，秋後有花出於枝端，紅紫色，形如菊花，結實如艾實。

清 李光地《月令輯要》卷一三《蓍草》 增《羣芳譜》：蓍，神草也，能知吉凶。蘇頌云：上蔡縣白龜祠旁，其生如蒿，作叢高五六尺，一本一二十莖，至多者五十莖。生便條直，秋後有花出於枝端，紅紫色，形如菊花，結實如艾實。

紀事

唐 李延壽《南史》卷四七《虞玩之傳》 [齊高帝]賜以新屐，玩之不受。帝問其故，答曰：今日之賜，恩華俱重。但蓍簪弊席，復不可遺，所以不敢當。

清 張廷玉《清朝文獻通考》卷二六八《物異考》 雍正元年四月，孝陵蓍草生。總兵官范時繹奏進，傳示廷臣，宣付史館。大學士等奏：孝陵新産蓍草，由皇上孝治之感，請宣付史館。上諭曰：孝陵新産蓍草，皆由世祖、聖祖功德隆盛所致，非朕孝思所能感格。諸臣陳奏剴切，著照所請行。

清 吴任臣《十國春秋》卷八七 [孫]承祐少時，嘗夢人以蓍草一本增其一而授之。既寤，語所親曰：大衍之數五十，其用四十有九。今增其一，我壽止于

此乎？果五十而終。

清 馬驌《繹史》卷八六之四 《韓詩外傳》：孔子出遊少源之野，有婦人中澤而哭，其音甚哀。孔子使弟子問焉，曰：夫人何哭之哀？婦人曰：鄉者刈蓍薪，亡吾蓍簪，吾是以哀也。弟子曰：刈蓍薪而亡蓍簪，有何悲焉？婦人曰：非傷亡簪也，蓋不忘故也。

藝　文

《詩經·國風·下泉》 洌彼下泉，浸彼苞蓍。傳：蓍，草也。

漢 劉安《淮南子》卷六《覽冥訓》 磬龜無腹，蓍策日施。晚世之時，七國異族。諸侯制法，各殊習俗。

漢 張衡《思玄賦》 文君爲我端蓍兮，利飛遁以保名。

漢 蔡邕《祖餞祝》（《太平御覽》卷七三六引） 今歲淑月，日吉時良。爽應孔加，君當遷行。神龜吉兆，休氣煌煌。蓍卦利貞，天見三光。鸞鳴雍雍，四牡彭彭。君既升輿，道路開張。風伯雨師，洒道中央。陽遂求福，蚩尤群兵。倉龍來轂，白虎扶行。朱雀道引，玄武作侶。勾陳居中，厭伏四方。君往臨邦，長樂無彊。

晉 傅玄《蓍賦》 春邁衡德於青陽，混百卉而萌生。逮朱夏而脩茂，暨商秋而堅貞。雖離霜而未彫，與潛龜乎通靈。於是原極以道，握形以度。以類萬物之情，以通天下之故。豈唯終始於事業，乃參天而倚數。棄原野之蕭條，升雲階而內御。運茲莖於掌握，爻象形而星布。信鉤深而致遠，實開物而成務。

北齊 顔之推《觀我生賦》（《佩文韻府》卷二十七之二引） 試拂蓍以貞筮，遇交泰之吉林。

北周 庾信《庾子山集》卷一 雲氣蔭於叢蓍，金精養於秋菊。《禮記》曰：季秋菊有黄華。玉函方云：甘菊九月上寅日採，名曰金精。

唐 劉禹錫《劉賓客文集》卷二四《過訪歎初有二毛作》 清羸隱几望雲空，左掖鴛鸞到室中。一卷素書銷永日，數莖斑鬢對秋風。菱花照後容雖改，蓍草占來命已通。莫怪人人驚蚤白，緣君合是黑頭翁。

唐 劉長卿《劉隨州集》卷八《歲日見新歷因寄都官裴郎中》 青陽振蟄初頒歷，白首銜冤欲問天。絳老更能經幾歲，賈生何事又三年。愁占蓍草終難決，病對椒花倍自憐。若道平分四時氣，南枝爲底發春偏。

唐 康子玉《神蓍賦》（《歷代賦彙》卷一一九引） 神蓍之用兮，誠稟靈於自然。惟神也，適變之義至；惟用也，極數之理全。鉤深孰雲乎筮短，藏密彌彰於德圓。再三則蒙，舍我而懼瀆；五十以學，由我而樂天。揲之而雖隱必索，保之而其静愈專。易之重者，胡可比焉？原夫質稟精純，叢分蔓葤；覆青以表奇，伏元龜而克配。佐爾筮之貞吉，觀我生之進退。知微知章而可期，何思何慮而或昧。於是命彼筮人，擇乎上春。韞之而必致其用，揲之而爰動其神。感以洗心，遂通端策之志；執之指掌，空嗤握粟之倫。《禮》事其儀，《易》贊其妙；探彼幽賾，觀其秘要。皆多假爾之能，必葉窮神之照。將欲觀貞，諒無與京。乾道變化而悟，神明幽贊而生。原始要終，思盡性於大衍；知來數往，翼明象於小成。非我無以昭效法之道，非我無以稽作易之情。於以致百慮，於以類萬物。象四時，四十九數而有常；推三才，三百六旬而不拂。惟蓍之用，惟神是聽。運不窮而或變，通其志而遂寧。且提攜而成列，有感應而協靈。滋而後數，布之而可辨；生而成象，審之而必形。何一卉之時育，配十朋之天縱。恥紅蘭之見鋤，鄙白茅之藉用。則知夫蓍之可貴也，庶類安能而共之哉！

宋 陸游《渭南文集》卷二二《奉聖淳山主年八十有四放翁爲作真贊》 兩住名山一老禪，目光如電照人天。行藏不用占蓍草，卦氣全來二十年。

宋 陸游《劍南詩稾》卷八四《野興》 蓍草晨占大易爻，松肪夜借隱書抄。饑時每就猿分果，宿處時從鶴寄巢。旋賣荆薪持取醉，偶逢野叟即論交。頹然坐閲人間事，耐辱禁愁却自嘲。

宋 趙師秀《清苑齋詩集·貴溪夜泊寄趙昌甫》 蓍草占秋動，逢秋早得歸。本非爲事迫，不欲與心違。波浄孤螢度，宵涼數葉飛。遠懷高卧者，微月閉松扉。

元 方回《桐江續集》卷二一《贈數學蕭吉卿》 蓍草占周易，君從簡處尋。運籌見奇偶，落筆判升沉。總悟生時數，誰萌分外心。吾衰今七十，惟有死山林。

又 卷二六《客況六言五首》 大矣哉十二卦，有義有用隨時。世故蓍草萬變，心事梅花一枝。

元 楊維楨《麗則遺音》卷四《蓍草賦》 予比年以來，喪訟病患交侵並集，毗陵孟侯宗鎮屢爲予布策蓍之，無以謝不敏，退而作《蓍賦》，且復作憂釋以自廣。此又予之心蓍也。

客有靈氛，手執筳兮。惠而告我，草之靈兮。上蔡之野，少室陽兮。孕毓陰陽，葆元精兮。仁風旁翼，甘露零兮。神龜下守，紫霧騰兮。燁燁煒煒，盈百莖兮。辟易神奸，賛幽明兮。收厥枯荄，復精氣兮。擇賢而畀，稽疑志兮。韜以纁帛，皁囊閟兮。納於櫝中，北牀置兮。揵策定數，發貞悔兮。粤若定策，肇義皇兮。歷代是寶，假有常兮。相乎靈龜，孰短長兮。塗山之兆，夏后王兮。百穀之筮，周室昌兮。國家將興，必有祥兮。神幾發動，亦孔彰兮。大哉聖人，參天地兮。鬼神吉凶，不相悖兮。何智有所不勝，人有所不逮兮。畫方者矩，畫圓者規兮。嗟彼枯莖，物有所濟兮；爾有大疑，謀及筮兮。我聞其言，如醉醒兮，我有太疑，所未明兮。

明 胡直《衡廬精舍藏稿》卷二《當車以駕行》 上有蓍草，下有靈龜。下有茯苓，上有兔絲。同聲相應，同氣相資。流水高山，豈無子期。火出陽燧，水出方諸。銅山未崩，鐘聲四施。龍興雲自蒸，虎嘯風自馳。生當逢堯與舜，死不爲商受鬼。爲我爲彼，仲尼之子，何用苦栖栖？聖人御天，時幾在兹。龍馬出河，鳳鳥載下。敢告僕夫，星言夙駕。

雜録

晉 皇甫謐《高士傳》卷上《老萊子》 老萊子者，楚人也。當時世亂，逃世耕於蒙山之陽。莞葭爲墻，蓬蒿爲室，枝木爲牀，蓍艾爲席，飲水食菽，墾山播種。

宋 胡宏《皇王大紀》卷一《五帝紀》 帝太昊，風姓，成紀人也。母曰華胥，履大人跡，而生太昊。太昊生而聖明，德合天地，圖書出而蓍草生。圖，龍馬也，出於河。書，龜書也，出於洛。蓍，靈草也，生於蔡。一叢而滿百莖者，其下必有神龜守之。

茅草

論説

《管子·輕重》 桓公曰：「天子之養不足，號令賦於天下則不信諸侯，爲此有道乎？」管子對曰：「江淮之間有一茅而三脊，毋至其本，名之曰菁茅。請使天子之吏環封而守之。夫天子則封于太山，禪于梁父。號令天下諸侯曰：諸從天子封于太山，禪于梁父者，必抱菁茅一束以爲禪籍。不如令者不得從。」天子下，諸侯載其黄金，争秩而走。江淮之菁茅坐長而十倍，其賈一束而百金。故天子三日即位，天下之金四流而歸周若流水。故周天子七年不求賀獻者，菁茅之謀也。

宋 鄭剛中《周易窺餘》卷三 初九，拔茅茹，以其彙，征吉。

《論語》曰：譬諸草木，區以别矣。蓋草木之生，必以區自别。茅之爲草，其根相連，拔其一，則根茹相牽以起。與它草之各有區者，不同也。

綜述

《周禮·天官冢宰》 甸師……祭祀，共蕭茅。注：鄭大夫云：蕭字或爲莤，莤讀爲縮。束茅立之祭前，沃酒其上，酒滲下去若神飲之，故謂之縮。縮，浚也。故齊桓公責楚不貢包茅，王祭不共，無以縮酒。杜子春讀爲蕭，蕭，香蒿也。玄謂《詩》所云「取蕭祭脂」，《郊特牲》云「蕭合黍稷，臭陽達於墻屋，故既薦然後焫蕭合馨香」。合馨香者，是蕭之謂也。茅以共祭之苴，亦以縮酒，苴以藉祭。縮酒，泲酒也。醴齊縮酌。釋曰：此祭祀共蕭茅者，蕭謂香蒿，據祭祀宗廟時有之。若共茅，外内之神俱用，故云祭祀共蕭茅也。釋曰：鄭大夫云蕭字或爲莤，莤讀爲縮，鄭大夫必讀爲縮者，欲以蕭茅共爲一事解之。云「束茅立之祭前」者，此鄭大夫之意取《士虞禮》「束茅立几東」，所以藉祭。此義蕭茅共爲一，則不可。若束茅立之祭前，義得通。又引齊桓公責楚，謂《左氏》僖公四年傳辭，彼齊桓使管仲責楚云：爾貢包茅不入，王祭不共，無以縮酒，寡人是徵。楚伏其罪云「敢不共給」是也。杜子春讀爲蕭，於義爲是，故後鄭從之。

《詩經·小雅·隰桑》 白華菅兮，白茅束兮。傳：興也。白華，野菅也。已漚爲菅。箋云：白華於野已漚，名之爲菅，菅柔忍中用矣。而更取白茅，收束之茅，比於白華爲脆。興者喻王取於申，申后禮儀備任妃后之事，而更納褒姒，褒姒爲孽，將至滅國。正義曰：毛以爲言人刈白華，已漚以爲菅，又取白茅纏束之兮，是二者以絜白相束而成用。興婦人有德，已納以爲妻兮，又用禮道申束之兮，是二者以恩禮相與而成嘉禮者，即端成絜白之謂。今之子幽王，遠外我申

后，不復答耦我，意欲使我獨老而無子兮，是不以絜白恩禮相申束，使已菅茅之不如也。鄭以爲言人既刈白華，已漚爲菅，柔韌中用矣，何爲更取白茅收束之兮。以白茅代白華，則脆而不堪用也。以興王既聘申女，已立爲后，禮儀充備兮，何爲更納褒姒嬖寵之兮。以褒姒代申后，則妬而將滅國也。寵褒姒以黜申后，似取白茅而棄韌菅，故以爲喻。餘同。正義曰：《釋草》云：茅菅，白華，一名野菅。郭璞曰：茅屬也。此白華亦是茅菅類也。漚之柔韌，異其名，謂之爲菅，因謂在野未漚者爲野菅也。王肅云：白茅束白華，以興夫婦之道，宜以端成絜白相申束，然後成室家也。傳意或然。正義曰：箋以序言「得褒姒而黜申后」，明以菅茅相比，故以韌脆爲喻。以菅漚之，明韌也。茅不漚，故脆也。言取白茅收束之，言收束以擬用，非以束白華也。茅雖比菅爲脆，其實茅亦不可用。《七月》云：晝爾于茅，宵爾索綯。是茅可以爲索。興者，以善惡相比爲喻耳。遠是遠申后，故之子斥幽王。以遠即連言獨，故以不復答耦解之也。「老而無子曰獨」，《王制》文也。其後褒姒譖申后之子宜咎，宜咎奔申，鮮其獨之意。以申后雖有子，王用褒姒之讒，使之奔申，是王欲殺之而使申后無子，探王此意，故雖有子，亦名爲獨也。

《尚書・禹貢》 匭菁茅。傳：匭，匣也。菁以爲菹，茅以縮酒。正義曰：匣是匱之别名，匱之小者，菁茅所盛不須大匱，故用匣也。《周禮・醢人》有菁菹鹿臡，故知菁以爲菹。鄭云：菁，蔓菁也。蔓菁處處皆有，而令此州貢者，蓋以其味善也。僖四年《左傳》齊桓公責楚云：爾貢包茅不入，王祭不供，無以縮酒。是茅以縮酒也。《郊特牲》云：縮酒用茅，明酌也。鄭注云：以茅縮酒也。《周禮・甸師》云：祭祀供蕭茅。鄭興云：蕭字或爲茜，茜讀爲縮，束茅立之，祭前酒沃其上，酒滲下若神飲之，故謂之縮。杜預解《左傳》用鄭興之説，未知誰同孔旨。特令此州貢茅，茅當異於諸處。杜預云茅之爲異，未審也。或云茅有三脊。案《史記》齊桓公欲封禪，管仲覩其不可窮以辭，因設以無然之事，云古之封禪，江淮之間三脊茅以爲藉。此乃懼桓公耳，非荆州所有也。鄭玄以菁茅爲一物，匭猶纏結也。菁茅之有毛刺者，重之，故既包裹，而又纏結也。

《禮記・郊特牲》 縮酌用茅，明酌也。

《子夏易傳・上經泰傳》 初九，拔茅茹，以其彙，征吉。象曰：拔茅，征吉，志在外也。拔茅而連出也。君子道長，上下交志，以其類征吉，離内以之外，志求其成也。

《呂氏春秋・召類》 故明堂茅茨蒿柱，土階三等，以見節儉。等，級也。茅可覆屋，蒿非柱任也。雖云儉節，實所未聞。

《爾雅・釋草》 薃，牡茅。注：白茅屬。疏：茅之不實者也。一名薃，一名牡茅，郭云白茅屬。【略】白華野菅。注：菅，茅屬。《詩》曰：白華菅兮。疏：舍人云：白華，一名野菅。陸璣云：菅似茅而滑澤，無毛，根下五寸中有白粉者柔韌，宜爲索，漚乃尤善矣。郭云：菅，茅屬。此白華亦是茅之類也。漚之柔韌，異其名，謂之爲菅，因謂在野未漚者爲野菅耳。《詩・小雅》云「白華菅兮」是也。

三國吳 陸璣《毛詩草木鳥獸蟲魚疏》卷上《白華菅兮》 菅似茅而滑澤，無毛，根下五寸中有白粉者柔韌，宜爲索，漚及曝尤善也。

晉 嵇含《南方草木狀》卷上 芒茅枯時，瘴疫大作，交廣皆爾也。土人呼曰黃茅瘴，又曰黃芒瘴。

晉 杜預《春秋經傳集解》卷二 君人者，將昭德塞違，以臨照百官，猶懼或失之。故昭令德以示子孫，是以清廟茅屋。以茅飾屋，著儉也。清廟，肅然清静之稱也。

唐 馮贄《雲仙雜記》卷八《洗心糖》 茅地經冬燒去枝梗，至春取土中餘根白如玉者，搗汁煎之，至甘，可爲洗心糖。

宋 程大昌《演繁露》卷一三《茅三間》 東坡詩「周公與管蔡，恨不茅三間」。《南史・劉義真傳》贊曰：善乎龐公之言，比之周公管蔡。若處茅屋之内，宜無放殺之酷。

宋 陸佃《埤雅》卷一八《茅》 孔子曰：茅之爲物，薄而用可重也。茅體柔而理直，又絜白，故先王用之以藉，亦以縮酒。《易》曰：藉用白茅，無咎象。曰藉用，白茅柔在下也。蓋巽柔者也，其於色也爲白，而又在下焉。藉用白茅之象也。《禮》曰：縮酌用茅，明酌也茅明也。故縮酌用茅，謂之明酌。《司尊彝》曰：鬱齊獻酌，醴齊縮酌，盎齊涚酌。縮酌，以茅縮而後酌，涚酌，以水涚而後酌。鬱齊不縮也，獻之而已。悴，蓋形之下也。

宋 吴仁傑《離騷草木疏》卷四《茅》 「蘭芷變而不芳兮，荃蕙化而爲茅。」五臣云：茅，惡草，以喻讒臣。仁傑按：《説文》：茅，菅也。《爾雅》：薃，一名壯茅。郭璞云：白茅屬。邢昺云：茅之不實者也。《本草》茅根條云：一名蘭根，一名茹根，一名地菅，一名地筋，一名兼杜。陶隱居云此即今白茅。《詩》云露彼菅茅，其根如渣，芹甜美。《嘉祐圖經》云：春生芽布地如針，俗間謂之茅針，亦

可啖。夏生白花茸茸，然至秋而枯，其根玉潔白。又有菅，亦茅類也。陸璣《草木疏》云菅似茅而滑，無毛，根下五寸中有白粉者柔韌，宜爲索，漚之尤善。其未漚者，名野菅，《詩》「白茅菅兮」。

宋 鄭樵《通志》卷七五《昆蟲草木略》 茅之根曰蘭根，曰姑根，曰地筋，曰兼杜。茅之類甚多，惟白茅擅名。其苗初出地者曰茅鍼，《爾雅》云「蒤委葉」，《詩》云「以薅荼蓼」，皆謂茅鍼也。茅之花曰茅秀，《爾雅》「蔈荂荼」是也。茅之葉如菅，故亦名地菅，《詩》云「白茅菅兮」，又云「露彼菅茅」。

明 李時珍《本草綱目》卷一二《仙茅》 釋名：獨茅、茅爪子、婆羅門參。珣曰：其葉似茅，久服輕身，故名仙茅，梵音呼爲河輪勒陁。頌曰：其根獨生，始因西域婆羅門僧獻方於唐玄宗，故今江南呼爲婆羅門參，言其功補如人參也。

集解：珣曰：仙茅生西域，葉似茅，其根粗細有節，或如筆管，有節文理，黄色。多延自武城來，蜀中諸州亦皆有之。今大庾嶺、蜀川、江湖、兩浙諸州亦有之。葉青如茅而軟且畧潤，面有縱文，又似初生椶櫚。秧高尺許，至冬盡枯，春初乃生。三月有花，如梔子花，黄色，不結實。其根獨莖，而直大如小指，下有短細肉根相附。外皮稍粗，褐色，内肉黄白色。二月、八月采根暴乾用。衡山出者花碧，五月結黑子。時珍曰：蘇頌所説詳盡得之，但四五月中抽莖四五寸，開小花深黄色，六出，不似梔子，處處大山中有之。人惟取梅嶺者用，而《會典》成都歲貢仙茅二十一斤。

明 馮復京《六家詩名物疏》卷八《茅》 《爾雅》云：藗，牡茅也。陸疏云：白茅包之，茅之白者，古用包裹禮物，以充祭祀縮酒用之。《周易》云：拔茅茹以其彙征吉。陸佃云：茅之爲物，拔其根而牽茹者，君子以類出處之象。又云：藉用白茅無咎象，曰藉用白茅，柔在下也。孔子曰：茅之爲物，薄而用可重也。《禹貢》云：荆州厥貢苞匭菁茅。《周禮·甸師》云：祭祀供蕭茅。《吴録地理志》曰：桂陽郴縣有青茅，可染青。零陵、泉陵有香茅，古貢之縮酒。《合璧事類》云：茅叢生荒野間，野人刈以覆屋。江淮間生者，一莖三脊，曰菁茅。

清 朱虚《古今疏》卷一五 《禮》曰：「縮酌用茅，明酌也。茅，明也。故縮酌用茅，謂之明酌。」《司尊彝》曰：「鬱齊獻酌，醴齊縮酌，盎齊涗酌。縮酌，以茅縮而後酌。涗酌，以水涗而後酌。鬱齊不縮也，獻之而已。醴齊不涗也，縮之而已。盎齊不修也，涗之而已。」

紀事

《莊子·在宥》 黄帝退捐天下，築特室，席白茅。

《左傳·僖公四年》 爾貢包茅不入，王祭不共，無以縮酒，寡人是徵。

晉 王嘉《拾遺記》卷六 任末年十四時，學無常師，負笈不遠險阻。每言：「人而不學，則何以成？」或依林木之下，編茅爲庵，削荆爲筆，克樹汁爲墨。夜則映星望月，暗則縷麻蒿以自照。觀書有合意者，題其衣裳，以記其事。門徒悦其勤學，更以静衣易之。臨終誡曰：「夫人好學，雖死猶存；不學者雖存，謂之行屍走肉耳！」

晉 陳壽《三國志》卷五八《吴書·陸遜傳》 ［陸］遜曰：「吾已曉破之之術。」乃勑各持一把茅，以火攻拔之。一爾勢成，通率諸軍，同時俱攻。

南朝梁 沈約《宋書》卷六一《江夏文獻王義恭傳》 大明元年，有三脊茅生石頭西岸，累表勸封禪，上大悦。

清 杭世駿《三國志補注》卷六 《吴書》曰：徐盛與曹休戰，賊積茅艸，欲焚盛。盛燒船而去，賊一無所得。

藝文

《詩經·國風·野有死麕》 野有死麕，白茅包之。【略】野有死鹿，白茅純束。

《楚辭·離騷》 蘭芷變而不芳兮，荃蕙化而爲茅。何昔日之芳草兮，今直爲此蕭艾也。

漢 揚雄《揚子雲集》卷五《反騷》 費椒稰以要神兮，又勤索彼瓊茅。

南朝梁 蕭綱《梁簡文帝集·香茅》（《漢魏六朝百三家集》卷八三引） 銅律與鳴琴，俱稱類君子。豈若江淮間，發葉超衆美。珍同自牧歸，茅因彙征起。豈獨邁秦衡，方知蔑沅芷。

唐 李嶠《茅》（《全唐詩》卷六〇引） 楚甸供王日，衡陽入貢年。麏包青野外，鴟嘯綺楹前。堯帝成茨罷，殷湯祭雨旋。方期大君錫，不懼小巫捐。

唐 獨孤授《江淮獻三脊茅賦》（《歷代賦彙》卷一一九引） 茅有衆靈，名之

爲盛。雖百代以呈質，終三脊以居正。每彰封禪之期，如受鬼神之命。生於古既光七十之居，獻於今更表千進而之聖。出於淮甸，來彼江潭。使馳於北，星流於南。捧執而有嚴有翼，緘縢而再四再三。及夫睹至尊，呈大國，致於金華之上，啓於瑶池之側。施陳而百瑞慚容，撫玩而幹官變色。美其出有常地，生必舊形。非成野鹿之禮，寧假澄酒之馨。超常倫崦蔫闕，殊衆品而實庭。理盡三分，似葉通三之化；體皆一類，欲明得一之靈。隱見之時，吉蠲中禮。獨標珍草之狀，悉皆兄弟之體。整齊而玉匣遥傳，潔静而瓊華新啓。應盛禮而居首，表常度而爲後。道未格也，雖有采而必無；岳可封焉，縱不求而自有。觀王者之得失，知禮事之臧否。且夫玉帛廣矣，何尚於茅？豈不以貴稱三脊，重載六爻。始匯征於吴楚，終遍藉於陶匏。奉上之時，且報雲亭之兆；升中之後，因知天地之交。吾皇由是命太史，詔宗伯，議封山，謀勒石。備文物與禮器，修玉函與金策。使聖功登於九天，靈茅光於三脊。使臣稽首，稱萬壽以旋役。

唐 呂巖説《靈茅賦》（《歷代賦彙》卷一一九引） 有靈茅之繁育，禀堪輿之粹晶。間叢薄以孕彩，候韶陽之發生。與百卉而同氣，擅三脊而異名。糅纖條以爲族，枝連茹以彙征。蔓延亭皋，鋪敷原陸。白華霜浄，翠莖雲沃。雜春澗之長松，亂寒潭之明菊。不翦彰帝堯之儉，緼袍識子騫之服。若乃薈蔚匝地，低昂順風。或結根於江漢之澳，或蓄苗於嶺岫之中。挺芳心兮蕁蕁，吐脩葉兮叢叢。煙霞之所蕩拂，昆蟲之所翳蒙。納日月之光照，資露雨之霑融。東市驗左生之術，南征紀周王之功。嘉此物之爲用，蓋今昔之攸同。至若錫履於齊，俾侯於魯，頌容衛之所藉，實禮儀之攸覿。純束美夫詩人，縮酒貢其任土。宜有意於遺芳，諒無替於終古。茅之爲物也賤，尚見采於先生。士之所貴者道，豈敢昧於文章？慕朝宗之涓滴，對詞林而抑揚。若邦國之是賴，希寄心於棟梁。

唐 路蕩《拔茅賦以征》（《歷代賦彙》卷一一九引） 披大易而探頤，偉玄言之杳冥。惟乾坤之交泰，獲品物之流形。惟卦也泰之義廣，惟卉也茅之性靈。其用也潔身而白，當春也應候而青。或茂江國，或生楚郊。三脊之異，是稱靈茅。刺其無禮，詩人引之於純束；責其不入，諸侯終貢於厥苞。不然者，草則多矣，胡著之於繫爻哉？故可比君子，喻物類。惟人也，能同其地，人易心則兩苦，茅分族則雙悴。苟連茹以相依，夫何往而不利？是則傳其潔，守其貞，榮落惟運，窮通曷情。道或屯蒙，滋雨露而育質；時逢振拔，與連類而共征。確乎莫移，以保貞吉。用之錫命，既著之夏典；將以縮酒，又薦於周室。異芝蘭之禀性，不用其香；等葵藿之有心，尚思向日。歲聿云暮，霜風慘慄。願當蕪没之時，不棄輕微之質。

又《徵苞茅賦》（《歷代賦彙》卷一一九引） 猗彼菁茅，挺生不雜。縮醪醴以致潔，與清明而相合。荆人是職，將有體其精誠；王澤不流，遂無聞於賦納。故小白仗義，夾輔衰周。言念彤弓玄矢，實征九伯五侯。惟苞茅之有闕，乃伊人之所羞。爾貢或愆於先職，王祭誠非於異求。有命是遵，雖云我疆理；無思不服，孰曰風馬牛。於是戒徒無譁，命衆以律，顧爾心之有二，諒我德之惟一。楚子承擯以請罪，夷吾將事而靡失。陳師鞠旅，見旌旆之翩翩；伏軾致辭，想德音之秩秩。且曰祭有百籩，縮酒爲先。類生芻而比潔，同有萁以告虔。職貢斯已，爾則不共於命；馨香罔薦，我將謫見於天。豈可狃爾車徒，恃乃封守，慢上則君臣異等，黷兵則齊楚非偶。議乎品列，我則齒兄弟之二三；揆以疆場，我則吞蠻荆之八九。是以來求獻捷，豈敢定居。如憂連茹而亡，禍之大者；乃將任土作貢，禮可忽諸。於以止戈寰區，折衝醆斝。俾潔白於粢醍，肅君臣於上下。太壇之禮，成彼菁菁者茅；問罪之師，罔倦悠悠於野。然彼率職四方，用賓於王，信耀德於千祀，豈矜功以一匡。異魯隱觀魚以犯憲，笑晉文將狩以亂常。曷若返行葦之積德，遵方物之舊章。美哉無私之舉也，將歷代而彌光。

宋 范成大《石湖詩集》卷一三 玉虚觀去宜春二十五里，許君上升時，飛白茅數葉以賜王長史，王以宅爲觀，觀旁至今有仙茅，極異常草，備五味，尤辛辣，云久食可仙。道士煮湯以設客。

白雲堆裏白茅飛，香味芳辛勝五芝。揉葉煮泉摩腹去，全勝石髓畏風吹。

元 揭傒斯《文安集》卷一四《仙茅述》 豫章之新建黄堂隆宫，道士羅君大年爲予言仙茅事甚異。其言曰：昔晉之亂，有神人許旌陽者，出於豫章之境，西山之下，能以忠孝積功累行致仙道。師事諶母於丹陽之邑，黄堂之墟。母既受以道要，旌陽感之，曰：吾必歲朝母。母曰：吾即從此逝矣。去汝居南五十里，吾有飛茅在焉。汝能得茅處，即祠我，歲八月一至足矣。而諶母果仙去。旌陽還，得茅亦叢生，而地亦曰黄堂，即建祠祠諶母，歲如期往朝之。旌陽尋亦仙去。其徒歲八月四日，具幢蓋儀衛鼓樂，奉旌陽像朝母，如旌陽存時，以爲常。其後嗣其學者，擴其祠爲觀，復爲宫，至今行之不衰。茅在祠前，翦而後生，如揚州瓊華不易其處。茅具六味，鹹能養氣，辛能養節，酸能養筋，滑能養胃，

甘能養肉。人得茅煮而飲之，可以已疾癘和榮衛延年却老。余家距祠百里，未嘗至其處，然嘗得茅，煑而試之，言不虚也。夫茅著於《易》《書》《詩》《禮》《春秋傳》，祭則以縮酒，封則以藉立社之土，以其物雖薄，而用可重也。未嘗言能神異如此。世稱神仙遺蹟，奇詭荒誕，不可深致。詰者以千數，而諶母特以茅著稱，其師弟子精誠之感不可揜如此。夫古之言得仙者，或以服食，或以導引，不食穀，獨稱許旌陽以忠孝積功累行致仙道，蓋足尚矣。夫可以動天地，感鬼神，貫金石，亘古今而不泯者，惟忠孝爲然。況其師弟子之間乎？然嗣其學，守其壇場，而無諶許師弟子之心，則樵牧踐之，牛羊踐之，茅雖神，能歷千歲而獨存哉？因羅之拳拳，有感於忠孝云者，述以傳之，作《仙茅述》。至順三年秋七月。

明 王儒真《菁茅賦》（《歷代賦彙》卷五〇引） 草木之生於天地間者，槩乎其類，或有繁葉而踈枝，亦有深根而固蔕。飽沾雨露之恩，足感陰陽之氣。叢本則殊，榮枯有序。是以薰蕕之不同，因其品名之各異。惟茲苞茅生而異類。一莖三脊，拔乎其萃。曰芬曰芳，爲祥爲瑞。著乎《禹貢》之辭，産乎沅江之地。春祠秋嘗，備供王祭。於是朝廷所用，有司加意。督工栽種，培植盡誠。春則長養禁護慇懃，夏則採拔浣曝輕精。虔恪包匭，驛傳遞程。衆官拜送，是用進呈。貢以宗祀之用，及沾鬱鬯之榮。祼假縮酒，薦享克誠。於戲此茅之爲美也，其質甚輕，故用之爲祭也，其禮至重。蓋《繫辭》既有白茅之藉，用《春秋》復責苞茅之不貢，聖人巨筆，猶車輪之曳踵。嗟夫，聖人制禮，先王身修，歷代未泯，萬世傳流。作古今之儀範，繼天地之皇猷。承流宣化，與國咸休。予是思之，豈不竦踴述其由，泚筆記其功，用以風其意，彰以諗其衆。勿翦勿伐，宜栽宜種。冀其於萬斯年，不失沅江之底貢。

明 畢懋康《束茅行》（《明詩》卷一三引） 候人何太苦，早晚迎官府。閒積數根茅，爲炊且結宇。官府中夜行，不絶吏呼聲。燃火照官路，猶云火不明。燃茅茅無束，次弟拆茅屋。官府猶未知，宵征車轆轆。

雜録

晉 王嘉《拾遺記》卷一 冀州之西二萬里，有孝養之國，其俗人年三百歲，而織茅爲衣，即《尚書》「島夷卉服」之類也。

又 卷六 有焦茅，高五丈，燃之成灰，以水灌之復成茅也。謂之靈茅。【略】孫堅母姙堅之時，夢腸出繞腰。有一童女負之，繞吴閶門外，又授以芳茅一莖。童女語曰：「此善祥也，必生才雄之子。今賜母以土，王於翼軫之地，鼎足於天下，百年中應以異寶授於人也。」語畢而覺，旦起筮之，筮者曰：「所夢童女負母繞閶門，是太白之精感化來夢。夫帝王之興，必有神跡自表，白氣者金色。」及吴滅，而晉踐阼，夢之徵焉。【略】南有移池國，人長三尺，壽萬歲。以茅爲衣服，皆長裾大袖，因風以昇煙霞，若鳥用羽毛也。

晉 葛洪《神仙傳》卷八《左慈》 曹公令所在普逐之，如見便殺。後有人見慈，便斷其頭，以獻曹公。公大喜，及至視之，乃一束茅耳。

又 卷九《介象》 介象者，字元則，會稽人也。學通五經，博覽百家之言，能屬文，陰修道法。入東嶽，受氣禁之術。能茅上燃火煮雞，雞熟而茅不焦。

芸草

論説

宋 沈括《夢溪筆談》卷三 古人藏書辟蠹用芸。芸，香草也。今人謂之七里香者是也。葉類豌豆，作小叢生，其葉極芬香，秋間葉間微白如粉污，辟蠹殊驗。南人採置席下，能去蚤虱。予判昭文館時，曾得數株於潞公家，移植秘閣後，今不復有存者。香草之類，大率多異名，所謂蘭蓀，即今菖蒲是也。蕙，今零陵香是也。茝，今白芷是也。

宋 羅願《爾雅翼》卷三《芸》 仲冬之月，芸始生。芸，香草也。謂之芸蒿，似邪蒿而香，可食。其莖幹婀娜可愛，世人種之中庭，故成公綏賦云「莖類秋竹，葉象春檉」是也。沈括曰：芸類豌豆，作小叢生，其葉極芳香，秋後葉間微白如粉汙，南人採實席下，能去蚤虱。今謂之七里香。《老子》曰：夫物芸芸，各歸其根。芸當一陽初起，復卦之時，於是而生。又《淮南》説芸可以死而復生，此則「歸根復命，取之於芸，雖卷施拔心不死，蓋不足貴也」。《洛陽宮殿簿》曰：顯陽、徽音、含章殿前各芸香一二株而已。而晉宮閣名曰太極殿前芸香四畦，式乾殿前芸香八畦，乃知《離騷》所謂「蘭九畹，蕙百畝，畦留夷、與揭車」蓋有之也。江南茹爲生菜，甚香，古者祕閣藏書，置芸以辟蠹，故號爲芸閣。

宋 佚名《王氏談録》 芸，香草也。舊説爲不食，今人皆不識。文丞相自秦亭得其種，分遺公，歲種之。公家庭砌下有草如苜蓿，揉之尤香。公曰：此乃牛芸。《爾雅》所謂「權黄華」者，校之尤烈，於芸食與否，皆未可試也。

清 徐文靖《管城碩記》卷二五 黄山谷《戲題高節亭邊山礬花》詩云：高節亭邊竹已空，山礬獨自倚春風。自序云野人呼爲椗花。

按《本草》山礬、芸香、椗花、桸花、瑒花，一物而數名。李時珍曰：按周必大云桸音陣，見《南史》。荆俗誤桸爲鄭，呼爲鄭礬，而江南又誤鄭爲瑒也。《梁史·劉杳傳》：杳在任昉坐，有人餉昉桸酒，字作榐。昉問此字是不？杳對曰：葛洪《字苑》作木旁肴。周益公謂桸音陣，見《南史》，然《南史》無是文，而《梁史》有之，周誤記也。郭義恭《廣志》有芸香醪，蒼頡《解詁》「芸香似邪蒿可食」。晉成公綏《芸香賦》「莖類秋竹，枝象青松」，當即是桸花。以桸花釀酒，故謂之桸酒。《字書》皆曰桸木，名汁可作酒，非也。《格物總論》：山礬又號七里香。沈括《筆談》云：芸香即今七里香是也。《唐書》「扶南國以桸葉覆屋」，不知即此桸否也。

綜述

《禮記·月令》「仲春之月」芸始生，荔挺出，蚯蚓結，麋角解，水泉動。注：又記時候也。芸，香草也。荔挺，馬薤也。水泉動，潤上行。正義曰：芸始生，荔挺出者，皇氏云以其俱香草，故應陽氣而出。

唐 蘇鶚《杜陽雜編》卷上 元載末年，造芸輝堂於私第。芸輝，香草名也，出于闐國，其香潔白如玉，入土不朽爛。舂之爲屑，以塗其壁，故號芸輝焉。

宋 高似孫《緯略》卷一〇《芸臺》 傅亮詩「柔荔迎時萋，芳芸應節馥」，庾信詩「芸香上篋閣，碑石向鴻都」，崔備詩「舊帙芸香在，空奩藥氣餘」，周樸詩「金馬門前馬，芸香閣上香」。按魚豢《典略》曰：芸香，草也。辟紙蠹魚，藏書臺稱芸臺，藏書閣稱芸閣。已上四詩皆言香也。許慎《説文》曰：芸似苜蓿。《雜禮圖》曰：芸即蒿也，葉似邪蒿，香美可食。今江東人茹爲生菜，甚香。古之祕閣以辟書魚。

宋 洪芻《香譜》卷上《芸香》 倉頡《解詁》曰：芸蒿似邪蒿，可食。魚豢《典略》云：芸香辟紙魚蠹，故藏書臺稱芸臺。

元 鄒鉉《壽親養老新書》卷三《芸香》 古人藏書謂之芸香是也。採置書帙中，即去蠹；置席下去蚤虱，栽園庭間，香聞數十步，極可愛。葉類豌豆，作小聚生，秋間葉上微白如粉，江南人謂之七里香，江南極多。大率香草多只是花過則已，縱有葉香者，須採掇嗅之方香，此草遠在數十步外，此間已香，自春至秋不歇，絶可翫也。

明 周嘉胄《香乘》卷四《芸香》 《説文》云：芸，香草也，似苜蓿。《爾雅翼》云：仲春之月芸始生。《禮圖》云葉似雅蒿，又謂之芸蒿，香美可食。《淮南》説芸草死可復生，採之著於衣書，可辟蠹。《老子》云「芸芸各歸其根」者，蓋物衆多之謂。沈括云芸類豌豆，作藂生，其葉極芳香，秋復生，葉間微白如粉。鄭玄曰：芸，香草，世人種之中庭。

明 文震亨《長物志》卷一二《暖閣芸香》 暖閣有黄黑二種芸香，短束出周府者佳，然僅以備種類，不堪用也。

清 汪灝《佩文齋廣群芳譜》卷八八 芸葉類豌豆，生山野，作小叢，三月開小白花而繁，香馥甚遠，秋間葉上微白如粉，江南極多。

藝文

晉 傅咸《芸香賦》（《歷代賦彙》卷一一九引） 先君作《芸香賦》，詞美高麗，有覩斯卉蔚茂馨香，同遊使余爲賦：

攜昵友以逍遥兮，覽偉草之敷英。慕君子之弘覆兮，超託軀於朱庭。俯引澤於丹壤兮，仰汲潤乎泰清。繁兹緑蕤，茂此翠莖。葉芰蓯以纖折兮，枝婀娜以迴縈。象春松之含曜兮，鬱蓊蔚以葱菁。

晉 成公綏《芸香賦》（《歷代賦彙·逸句》卷二引） 芸香之修潔，禀陰陽之淑精，去原野之蕪穢，植廣廈之前庭，莖類秋竹，葉象春檉。

唐 劉長卿《劉隨州集》卷二《送李校書赴東浙幕府》 方從大夫後，南去會稽行。森森滄江外，青青春草生。芸香辭亂事，梅吹聽軍聲。應訪王家宅，空憐江水平。

唐 高適《高常侍集》卷二《宴郭校書因之有别》 綵服趨庭訓，分交載酒過。芸香名早著，蓬轉事仍多。戰苦知機息，窮愁奈别何。雲霄莫相待，年鬢已蹉跎。

唐 陸龜蒙《甫里集》卷一一《和寄同年韋校書》 萬古風煙滿故都，清才搜

括妙無餘。可中寄與芸香客，便是江南地里書。

宋 歐陽修《文忠集》卷七《和聖俞唐書局後叢莽中得芸香一本之一本作用其韻》 有芸黃其華，在彼衆草中。清香濯曉露，秀色探春風。幸依華堂陰，一顧曾不蒙。大雅彼君子，偶來從學宮。文章高一世，論議伏羣公。多識由博學，新篇匪雕蟲。唱酬爛衆作，光輝發幽叢。在物苟有用，得時寧久窮。可嗟凡草木，糞壤自青紅。

宋 梅堯臣《宛陵集》卷八《西齋》 靜節歸來自結廬，稚川閑去亦多書。請君架上添芸草，莫遣中間有蠹魚。

又 卷二二《唐書局後叢莽中得芸香一本》 有芸如苜蓿，生在蓬藋中。草盛芸不長，馥烈隨微風。我來偶見之，乃穉彼蘙蒙。上當百雉城，南接文昌宮。借問此何地，刪脩多鉅公。天喜書將成，不欲有蠹蟲。是產茲弱本，蒨爾發荒叢。黃花三四穗，結實植無窮。豈料鳳閣人，偏憐葵菜紅。

宋 鄒浩《道鄉集》卷九《謝潛亨惠芸香紫桃》 暑窗已覺書生蠹，饑腹還驚雨後雷。珍重先生解人意，芸香桃實一時來。

宋 李新《跨鼇集》卷六《令狐秀才書堂》 剩擷芸香辟蠹魚，足音差遠自逃虛。春醅已許暮留客，凍筆不妨寒著書。龜甲屏風雲散漫，月窻花影樹扶踈。他年子伯無閒暇，但遣兒曹訪隱居。

宋 周紫芝《太倉稊米集》卷二九《七月二十日秘閣曝書二首》 芸香時近曝書筵，縹帙緗囊得縱觀。不是聖時修故事，豈知藏室有清官。

宋 陸游《劍南詩藁》卷一八《冬夜讀書》 莫笑燈檠二尺餘，老來舊學要耘鉏。寒生點滴三更雨，喜動縱橫萬卷書。本著儒冠那免此，可因吏牘頓抛渠。善和舊賜今猶在，剩采芸香辟蠹魚。

宋 劉辰翁《須溪四景詩集》卷三《曬書》 芸香天上宴，不到野人居。見説星期夕，閒將腹晒書。笑人操櫝鼻，容我辟蟫魚。小勿欺椰子，中從著石渠。從他便是懶，乞汝巧相如。此日何堪負，餘暄獻未踈。

宋 胡仲弓《葦航漫遊稿》卷三《寄芸居》 京塵方袞袞，君獨此安居。竹簡編科斗，芸香辟蠹魚。眼空湖海士，兒讀聖賢書。一樣吟樽樂，公卿未必如。

元 馬祖常《石田文集》卷四《跋扇頭郝隆晒書圖》 腹笥便便貯五經，天過夜半失文星。蠹魚不覺芸香苦，肯信腸中有汗青。

元 鄭元祐《僑吳集》卷四《芸齋》 博士齋居芸草香，青編不復蠹魚傷。能窮腹裏書三篋，敢望身前笏滿牀。雨屋篝風驚鶴夢，月窗展卷淡螢光。孔門休用平生學，緑鬢應須佐世康。

明 凌雲翰《柘軒集》卷二《藏芸軒爲陳惟德賦》 曾見茅堂映德星，難兄難弟總窮經。春藏芸草將除蠹，夜剪燈花不聚螢。好效茝蘭同作佩，寧知黍稷獨非馨。年來更得康成學，書帶叢生緑滿庭。

明 胡奎《斗南老人集》卷六《即事》 一日一百刻，書漏又添長。窻下枕書卧，時燒芸草香。

豆蔻

論說

明 楊慎《升菴集》卷六〇《豆蔻》 杜牧之詩「娉娉嫋嫋十三餘，荳蔻梢頭二月初」，劉孟熙謂《本草》云荳蔻未開者，謂之含胎花，言少而娠也。其所引《本草》是言少而娠，非也。且牧之詩本詠娼女，言其美而且少未經事，人如荳蔻花之未開耳。此爲風情言，非爲求嗣言也。若娼而娠，人方厭之，以爲緑葉成陰矣，何事入詠乎？

明 王世貞《弇州四部稿》卷一五六 唐詩「紅荳生南國」，又「荳蔻稍頭二月初」，按《桂海虞衡志》：紅荳蔻花叢生，葉瘦如碧蘆，春末發，初開花先抽一幹，有大籜包之，籜拆花見，一穗數十蕊，淡紅，妍如桃杏花，色蕊重則垂如蒲萄，又如火齊瓔絡及剪綵鸞枝之狀，此花無實，不與草荳蔻同種，每蕊心有兩瓣相並，詞人托興如比目連理云。亦可以證用脩駁荳蔻花之誤。

綜述

晉 嵇含《南方草木狀》卷上 豆蔻花，其苗如蘆，其葉似薑，其花作穗，嫩葉卷之，而生花微紅。穗頭深色，葉漸舒，花漸出。舊説此花食之破氣消痰，進酒增倍。泰康二年，交州貢一篚。上試之有驗，以賜近臣。

宋 戴侗《六書故》卷二四 蔻，呼豆切，豆蔻實可爲藥，有肉豆蔻、白豆蔻、紅豆蔻、草豆蔻。

宋 范成大《桂海虞衡志》 紅荳蔻，花叢生，葉瘦如碧蘆，春末發，初開花先抽一幹，有大籜包之，籜解包見有一穗數十蕊，淡紅，鮮妍如桃花色，蕊重則下垂如葡萄，又如火齊瓔珞及剪綵鸞枝之狀。此花無實，不與草荳蔻同種。每蕊心有兩瓣相並，詞人託興，如比目連理云。

宋 鄭樵《通志》卷七六《昆蟲草木略》 豆蔻曰草果，亦曰草豆蔻，苗葉似山薑、杜若輩，根似高良薑，花作穗可愛，故杜牧云「豆蔻梢頭二月春」。南人亦採其花，淹藏以當果品。

明 李時珍《本草綱目》卷一四《豆蔻》 釋名：草豆蔻、漏蔻、草果。鄭樵《通志》：宗奭曰豆蔻，草豆蔻也。此是對肉豆蔻而名，若作果，則味不和。前人編入果部，不知有何義意？花性熱，淹至京師，味微苦不甚美，乾則色淡紫，爲能消酒毒，故爲果爾。時珍曰：按揚雄《方言》云凡物盛多曰蔻，豆蔻之名，或取此義豆象形也。《南方異物志》作漏蔻，蓋南人字無正音也。今雖不專爲果，猶入茶食料用，尚有草果之稱焉。《金光明經》三十二品香藥謂之蘇乞迷羅細。

明 徐應秋《玉芝堂談薈》卷三六《紅荳蔻》 唐詩「紅荳生南國」，又「荳蔻稍頭二月初」，按《桂海虞衡志》紅荳蔻花叢生，葉瘦如碧蘆，春末發，初開花先抽一幹，有大籜包之，籜解花見，一穗數十蘂，淡紅，鮮妍如桃杏花色，蘂重則下垂如葡萄。又如火齊瓔珞及剪彩鸞枝之狀，此花無實，不與草荳蔻同種。每蘂心有兩瓣相並，詞人托興，如比目連理云耳。《資暇集》豆有圓而紅其首烏者，舉世呼爲相思子，即紅豆之異名也。其木斜斫之，則有文，可爲奕博局及琵琶槽。其樹大株而白枝，葉似槐，其花與皂莢花無殊，其子若邁豆處于甲中，通身皆紅。李善云「其實赤如珊瑚」是也。徐氏《筆精》云嶺南閩中有相思木，歲久結子，色紅如大豆，故名相思子。每一樹結子數斛，非即紅豆也。《筆叢》謂温庭筠「玲瓏骰子安紅荳，入骨相思知也無」，相思子即紅荳也，恐非。《益部方物略記》紅荳花白色，實若大紅荳，以似得名，葉如冬青。

藝 文

南朝陳 徐陵《玉臺新詠》卷九《梁簡文雜題二十二首》 別觀蒲萄帶實垂，江南荳蔻生連枝。無情無意猶如此，有心有恨徒別離。

唐 韓偓《韓内翰別集・裹娜》 裹娜腰肢淡薄粧，六朝宮樣窄衣裳。著詞暫見櫻桃破，飛醆微聞豆蔻香。春惱情懷身覺瘦，酒添顏色粉生光。此心不敢分明道，風月應知暗斷腸。

宋 謝逸《溪堂集》卷五《春詞》 荳蔻梢頭春事休，風飄萬點只供愁。杜鵑啼破三更月，夢繞雲間百尺樓。

又 卷六《蝶戀花》 荳蔻梢頭春色淺。新試紗衣，拂袖東風軟。紅日三竿簾幕捲，畫樓影裏雙飛鷰。 攏鬢步摇青玉碾，輕漾花枝，葉葉蜂兒顫。獨倚欄干凝望遠，一川煙草平如翦。

宋 沈與求《龜谿集》卷二《次韻院中四絶句》 豆蔻梢頭春意濃，輕狂無奈賺花風。今年拚却尋芳晚，準擬殘枝占晚紅。

宋 許綸《涉齋集》卷一四《荳蔻花》 二月坼芳苞，凡心比並交。丁香多意緒，和月墮林梢。

宋 洪适《盤洲文集》卷八《荳蔻花》 冶葉擁香苞，盈盈二月交。相思意安在，試去想花梢。

宋 張栻《南軒集》卷五《謝邢少連送葡萄豆蔻栽》 君家小圃占春光，眼看龍鬚百尺長。移向樓邊並寒井，明年垂實更陰涼。

留取園中數畝餘，擬栽靈藥謝紛華。兒童今日知翁喜，移得若家豆蔻花。

宋 陸游《劍南詩稿》卷七〇《小園春思》 小軒愁入丁香結，幽徑春生荳蔻梢。若論此時吟思苦，縱磨鐵硯也成凹。

宋 范成大《石湖詩集》卷一四《紅荳蔻花》 緑葉蕉心展，紅苞竹籜披。貫珠垂寶珞，剪綵倒鸞枝。且入花欄品，休論藥裹宜。南方草木狀，爲爾首題詩。

宋 蘇泂《泠然齋詩集》卷五《雨》 春禽唤雨屋山呼，二月韶光一半無。作祟豈逃泥滑滑，原情當坐穀孤孤。不應荳蔻花梢重，已怪酴醾葉子麤。年去年來誰奈得，酒酣擊缶和噫嗚。

宋 周弼《端平詩雋》卷四《真娘墓》 青鳥傳書渡海遲，亂山衰草葬蛾眉。錦囊消歇餘香在，狼籍春風荳蔻枝。

宋 舒岳祥《閬風集》卷七《鬢邊嬌》 天工施巧亦無窮，開盡枝頭入草中。先借豆花來作樣，旋將槐蘂綴成叢。淡勻弄色薔薇紫，深蒂含胎荳蔻紅。可是夏英無勝汝，鬢雲一朵愛瓏鬆。

元　郭鈺《静思集》卷一〇《别阮士瞻》　豆蔻春梢著小花，玉人憔悴掩琵琶。阮郎病起心情减，半榻松風自煮茶。

元　楊維楨《復古詩集》卷六《洗兒》　曾向金盆弄化生，寶珠親見掌中擎。從今不帶宜男草，豆蔻含胎恐太并。

明　謝榛《四溟集》卷一〇《春閨》　羅衣初試薄寒生，荳蔻花開感别情。零落鉛華君不見，畫樓春雨燕雙鳴。

清　田雯《古歡堂集》卷一三《無題》　河邊有樹是相思，裊裊春風初嫁時。鳳尾香羅紅豆蔻，繁欽合作定情詞。

森林動物文化總部

森林動物文化總部提要

本總部主要收録中國古代典型森林動物方面的文獻史料，除總論部外，分設虎、狐、鹿、猴、鷹、鵲、燕、鶴、雁、蝶、蟋蟀、蟬、蛇等十三種動物文化部。各部之下分設條目，以各動物典型文化特點爲條目名。其中動物總論直接按緯目編排資料，不設條目。

本總部材料收録標準與《森林資源與生態典·森林動物總部》側重收録森林動物形態描述與地理分佈有別，以反映典型動物主要文化特質爲基本標準，于古人所重詩以言志、文以載道等傳統予以凸顯。如各部之中均設總論旁喻條目，除收録對該動物總體文化特徵加以介紹概括的材料，還收録由此動物表象延伸而出的具備各種文化特徵的資料。除此之外，文章之道，首重境界。各部還對材料所藴造境、寫境等境界予以斟酌區分，以此分設條目。如「通靈曉性」、「孤寂飄零」等條目，即緣此而設。

本總部側重對典型森林動物文化資料的收録，有關古代動物分佈、飼養、利用等方面的資料，請參閲《林業典》的其他分典。

總論

論説

《易·繫辭》 古者包犧氏之王天下也，仰則觀象於天，俯則觀法於地，觀鳥獸之文，與天地之宜，近取諸身，遠取諸物，於是始作八卦，以通神明之德，以類萬物之情。

《鄧子·無厚篇》 獵羆虎者，不於外圂。釣鯨鯢者，不居清池。何則？圂，非羆虎之窟也。池，非鯨鯢之泉也。楚之不泝流，陳之不束麾，長盧之不士，吕子之蒙恥。

《墨子·非樂》 今人固與禽獸麋鹿蜚鳥貞蟲異者也。今之禽獸麋鹿蜚鳥貞蟲，因其羽毛以爲衣裘，因其蹄蚤以爲絝屨。因其水草以爲飲食。故惟使雄不耕稼樹藝，雌亦不紡績織絍，衣食之財固已具矣。今人與此異者也，賴其力者生，不賴其力者不生。君子不强聽治，即刑政亂。賤人不强從事，即財用不足。

《列子·天瑞》 子列子適衛，食於道，從者見百歲髑髏，攓蓬而指，顧謂弟子百豐曰：唯予與彼知而未嘗生未嘗死也。此過養乎？此過歡乎？種有幾：若鼃爲鶉，得水爲㡭，得水土之際，則爲鼃蠙之衣。生於陵屯，則爲陵舄。陵舄得鬱棲，則爲烏足。烏足之根爲蠐螬，其葉爲胡蝶。胡蝶胥也，化而爲蟲，生竈下，其狀若脱，其名曰鴝掇。鴝掇千日化而爲鳥，其名曰乾餘骨。乾餘骨之沫爲斯彌。斯彌爲食醯頤輅。食醯頤輅生乎食醯黄軦，食醯黄軦生乎九猷。九猷生乎瞀芮。瞀芮生乎腐蠸。羊肝化爲地皋，馬血之爲轉鄰也。人血之爲野火也。鷂之爲鸇，鸇之爲布穀，布穀久復爲鷂也。燕之爲蛤也，田鼠之爲鶉也，朽瓜之爲魚也，老韭之爲莧也，老羭之爲猨也，魚卵之爲蟲。亶爰之獸自孕而生曰類，河澤之鳥視而生曰鶂。純雌其名大腰，純雄其名稺蜂。思士不妻而感，思女不夫而孕。后稷生乎巨跡。伊尹生乎空桑。厥昭生乎濕，醯雞生乎酒。羊奚比乎不筍。久竹生青寧，青寧生程，程生馬，馬生人。人久入於機。萬物皆出於機，皆入於機。

《莊子·齊物論》 且吾嘗試問乎女，民溼寢則腰疾偏死，鰌然乎哉？木處則惴慄恂懼，猨猴然乎哉？三者孰知正處？民食芻豢，麋鹿食薦，蝍且甘帶，鴟鴉耆鼠，四者孰知正味？猨猵狙以爲雌，麋與鹿交，鰌與魚游。毛嬙麗姬，人之所美也。魚見之深入，鳥見之高飛，麋鹿見之決驟。四者孰知天下之正色哉？自我觀之，仁義之端，是非之塗，樊然殽亂，吾惡能知其辯。

《莊子·至樂》 種有幾，得水則爲㡭，得水土之際則爲鼃蠙之衣。生於陵屯則爲陵舄，陵舄得鬱棲則爲烏足，烏足之根爲蠐螬，其葉爲蝴蝶。蝴蝶胥也，化而爲蟲，生於竈下，其狀若脱，其名爲鴝掇。鴝掇千日爲鳥，其名爲乾餘骨。乾餘骨之沫爲斯彌，斯彌爲食醯。頤輅生乎食醯，黄軦生乎九猷，瞀芮生乎腐蠸，羊奚比乎不箰。久竹生青寧，青寧生程，程生馬，馬生人，人又反入於機。萬物皆出於機，皆入於機。

《莊子·山木》 夫豐狐文豹棲於山林，伏於巖穴，静也。夜行晝居，戒也。雖飢渴隱約，猶且胥疏於江湖之上，而求食焉，定也。然且不免於罔羅機辟之患，是何罪之有哉？其皮爲之灾也。

《尸子》卷下 雞司夜，狸執鼠，日燭人。此皆不全自全。

《荀子·王制》 北海則有走馬吠犬焉，然而中國得而畜使之；南海則有羽翮、齒革、曾青、丹玕焉，然而中國得而財之；東海則有紫、紶、魚、鹽焉，然而中國得而衣食之；西海則有皮革、文旄焉，然而中國得而用之。故澤人足乎木，山人足乎魚，農夫不斫削、不陶冶而足械用，工賈不耕田而足菽粟。故虎豹爲猛矣，然君子剥而用之。故天之所覆，地之所載，莫不盡其美，致其用，上以飾賢良，下以養百姓而安樂之。夫是之謂大神。《詩》曰：「天作高山，大王荒之。彼作矣，文王康之。」此之謂也。

《禮記·玉藻》 天子玉藻，十有二旒，前後邃延，龍卷以祭。

《禮記·三年問》 凡生天地之間者，有血氣之屬，必有知，有知之屬，莫不知愛其類。今是大鳥獸，則失喪其羣匹，越月踰時焉，則必反巡。過其故鄉，翔回焉，鳴號焉，蹢躅焉，踟蹰焉，然後乃能去之。小者至於燕雀，猶有啁噍之頃焉，然後乃能去之。故有血氣之屬者，莫知於人，故人於其親也，至死不窮。

《吕氏春秋·必己》 莊子行於山中，見木甚美，長大，枝葉盛茂。伐木者止其旁而弗取，問其故，曰：「無所可用。」莊子曰：「此以不材，得終其天年矣。」出於山，及邑，舍故人之家。故人喜，具酒肉，令豎子爲殺鴈饗之。豎子請曰：「其

一鴈能鳴，一鴈不能鳴，請奚殺？」主人之公曰：「殺其不能鳴者。」明日，弟子問於莊子曰：「昔者山中之木，以不材得終天年。主人之鴈，以不材死。先生將何以處？」莊子笑曰：「周將處於材不材之間。材不材之間，似之而非也，故未免乎累。若夫道德則不然，無訝無訾，一龍一蛇，與時俱化，而無肯專爲。一上一下，以禾爲量，而浮游乎萬物之祖。物物而不物於物，則胡可得而累？此神農、黄帝之所法。若夫萬物之情，人倫之傳則不然，成則毁，大則衰，廉則剉，尊則虧，直則骫，合則離，愛則隳，多智則謀，不肖則欺，胡可得而必？」

《吕氏春秋·察傳》 六曰：夫得言不可以不察，數傳而白爲黑，黑爲白。故狗似玃，玃似母猴，母猴似人，人之與狗則遠矣。此愚者之所以大過也。

《韓非子·解老》 是以聖人愛精神而貴處静，此甚大於兕虎之害。夫兕虎有域，動静有時。避其域，省其時，則免其兕虎之害矣。民獨知兕虎之有爪角也，而莫知萬物之盡有爪角也，不免於萬物之害。

《韓非子·守道》 服虎而不以柙，禁姦而不以法，塞僞而不以符，此賁、育之所患，堯、舜之所難也。故設柙，非所以備鼠也，所以使怯弱能服虎也；立法，非所以避曾、史也，所以使庸主能止盗跖也；爲符，非所以豫尾生也，所以使衆人不相謾也。

《韓非子·五蠹》 上古之世，人民少而禽獸衆，人民不勝禽獸蟲蛇。有聖人作，搆木爲巢，以避羣害，而民悦之，使王天下，號曰有巢氏。民食果蓏蚌蛤，腥臊惡臭而傷害腹胃，民多疾病，有聖人作，鑽燧取火，以化腥臊，而民説之，使王天下，號之曰燧人氏。中古之世，天下大水，而鯀、禹決瀆。近古之世，桀、紂暴亂，而湯、武征伐。今有搆木鑽燧於夏后氏之世者，必爲鯀、禹笑矣。有決瀆於殷、周之世者必爲湯、武笑矣。然則今有美堯、舜、湯、武、禹之道於當今之世者，必爲新聖笑矣。是以聖人不期修古，不法常可，論世之事，因爲之備。宋人有耕者，田中有株，兔走觸株，折頸而死，因釋其耒而守株，冀復得兔，兔不可復得，而身爲宋國笑。今欲以先王之政，治當世之民，皆守株之類也。

《孔子家語·執轡》 子夏問於孔子，曰：商聞易之生人及萬物，鳥獸、昆蟲，各有奇偶，氣分不同。而凡人莫知其情，唯達道德者能原其本焉。天一，地二，人三，三三如九，九九八十一。一主日，日主十，故人十月而生。八九七十二，偶以承奇，奇主辰，辰爲月，月主馬，故馬十二月而生。七九六十三，三主斗，斗主狗，故狗三月而生。六九五十四，四主時，時主豕，故豕四月而生。五九四十五，五爲音，音主猨，故猨五月而生。四九三十六，六爲律，律主鹿，故鹿六月而生。三九二十七，七主星，星主虎，故虎七月而生。二九一十八，八主風，風爲蟲，故蟲八月而生。其餘各從其類矣。鳥魚生陰而屬於陽，故皆卵生。魚遊於水，鳥遊於雲，故立冬則鷰雀入海化爲蛤。蠶食而不飲，蟬飲而不食，蜉蝣不飲不食，萬物之所以不同。介鱗夏食而冬蟄。齕吞者八竅而卵生，齟齬者九竅而胎生。四足者無羽翼，戴角者無上齒。無角無前齒者膏，有角無齒者脂。晝生者類父，夜生者似母。是以至陰主牝，至陽主牡。敢問其然乎？孔子曰：然。吾昔聞諸老聃，亦如汝之言。子夏曰：商聞《山書》曰：地東西爲緯，南北爲經，山爲積德，川爲積刑，高者爲生，下者爲死，丘陵爲牡，谿谷爲牝。蚌蛤龜珠，與日月而盛虚。是故堅土之人剛，弱土之人柔，墟土之人大，沙土之人細，息土之人美，耗土之人醜。食水者善遊而耐寒，食土者無心而不息。食木者多力而不治，食草者善走而愚，食桑者有緒而蛾，食肉者勇毅而捍，食氣者神明而壽，食穀者智惠而巧，不食者不死而神。故曰：羽蟲三百有六十，而鳳爲之長。毛蟲三百有六十，而麟爲之長。甲蟲三百有六十，而龜爲之長。鱗蟲三百有六十，而龍爲之長。倮蟲三百有六十，而人爲之長。此乾坤之美也。乾，天象也。殊形異類之數，王者動必以道，静必順理，以奉天地之性，而不害其所主，謂之仁聖焉。子夏言終而出，子貢進曰：商之論也何如？孔子曰：汝何謂也？對曰：微則微矣，然則非治世之待也。孔子曰：然，各言其所能。

漢 劉安《淮南子》卷四《墬形訓》 食水者善游能寒，食土者無心而慧，食木者多力而奰，食草者善走而愚，食葉者有絲而蛾，食肉者勇敢而悍，食氣者神明而壽，食穀者知慧而夭，不食者不死而神。凡人民禽獸萬物貞蟲，各有以生，或奇或偶，或飛或走，莫知其情，唯知通道者，能原本之。天一地二人三，三三而九，九九八十一。一主日，日主十，日主人，人故十月而生。八九七十二，二主偶，偶以承奇，奇主辰，辰主月，月主馬，馬故十二月而生。七九六十三，三主斗，斗主犬，犬故三月而生。六九五十四，四主時，時主彘，彘故四月而生。五九四十五，五主音，音主猨，猨故五月而生。四九三十六，六主律，律主麋鹿，麋鹿故六月而生。三九二十七，七主星，星主虎，虎故七月而生。二九十八，八主風，風主蟲，蟲故八月而化。鳥魚皆生於陰，陰屬於陽，故鳥魚皆卵生。魚游於水，鳥飛於雲，故立冬燕雀入海，化爲蛤。萬物之生而各異類，蠶食而不飲，蟬飲而不食，蜉蝣不飲不食，介鱗者夏食而冬蟄，齕吞者八竅而卵生，嚼咽者九竅而胎生，

四足者無羽翼，戴角者無上齒，無角者膏而無前，有角者指而無後，晝生者類父，夜生者似母，至陰生牝，至陽生牡。夫熊羆蟄藏，飛鳥時移。

又 卷一三《氾論訓》 猩猩知往而不知來，乾鵲知來而不知往，此修短之分也。

又 卷一六《說山訓》 介蟲之動以固，貞蟲之動以毒螫，熊羆之動以攫搏，兕牛之動以觝觸。物莫措其所修而用其所短也。治國者若鎒田，去害苗者而已。今沐者墮髮，而猶爲之不止，以所去者少，所利者多。

又 卷一九《修務訓》 夫天之所覆，地之所載，包於六合之內，託於宇宙之間，陰陽之所生，血氣之精，含牙戴角，前爪後距，奮翼攫肆，蚑行蟯動之蟲。喜而合，怒而鬬，見利而就，避害而去，其情一也。雖所好惡，其與人無以異。然其爪牙雖利，筋骨雖彊，不免制於人者。知不能相通，才力不能相一也。各有其自然之勢，無稟受於外，故力竭功沮。夫鴈順風，以愛氣力，銜蘆而翔，以備矰弋。螘知爲垤，貛貉爲曲穴，虎豹有茂草，野彘有艽莦，槎櫛堀虛，連比以像宮室，陰以防雨，景以蔽日，此亦鳥獸之所以知求合於其所利。

漢 王充《論衡》卷三《物勢篇》 含血之蟲相勝服，相齧噬，相啖食者，皆五行氣使之然也。曰：天生萬物，欲令相爲用，不得不相賊害也，則生虎、狼、蝮蛇及蜂、蠆之蟲，皆賊害人，天又欲使人爲之用邪？且一人之身，含五行之氣，故一人之行，有五常之操。五常，五行之道也。五藏在內，五行氣俱。如論者之言，含血之蟲，懷五行之氣，輙相賊害。一人之身，胸懷五藏，自相賊也？一人之操，行義之心，自相害也？且五行之氣相賊害，含血之蟲相勝服，其驗何在？曰：「寅，木也，其禽，虎也。戌，土也，其禽，犬也。丑、未亦土也，丑禽牛，未禽羊也。木勝土，故犬與牛羊爲虎所服也。亥，水也，其禽，豕也。巳，火也，其禽，蛇也。子，亦水也，其禽，鼠也。午，亦火也，其禽，馬也。水勝火，故豕食蛇。火爲水所害，故馬食鼠屎而腹脹。」曰：審如論者之言，含血之蟲，亦有不相勝之效。午，馬也。子，鼠也。酉，鷄也。卯，兔也。水勝火，鼠何不逐馬？金勝木，鷄何不啄兔？亥，豕也。未，羊也。丑，牛也。土勝水，牛羊何不殺豕？巳，蛇也。申，猴也。火勝金，蛇何不食獼猴？獼猴者，畏鼠也。嚙獼猴者，犬也。鼠，水。獼猴，金也。水不勝金，獼猴何故畏鼠也？戌，土也。申，猴也。土不勝金，猴何故畏犬？東方，木也，其星，倉龍也。西方，金也，其星，白虎也。南方，火也，其星，朱鳥也。北方，水也，其星，玄武也。天有四星之精，降生四獸之體。含血之蟲，以四獸爲長，四獸含五行之氣，最較著。案龍虎交不相賊，鳥龜會不相害。以四獸驗之，以十二辰之禽效之，五行之蟲以氣性相刻，則尤不相應。凡萬物相刻賊，含血之蟲則相服，至於相啖食者，自以齒牙頓利，筋力優劣，動作巧便，氣勢勇桀。【略】鷹之擊鳩雀，鴞之啄鵠鴈，未必鷹、鴞生於南方，而鳩雀、鵠鴈產於西方也，自是筋力勇怯相勝服也。【略】夫物之相勝，或以筋力，或以氣勢，或以巧便。小有氣勢，口足有便，則能以小而制大；大無骨力，角翼不勁，則以大而服小。鵲食蝟皮，博勞食蛇，蝟、蛇不便也。蚊虻之力不如牛馬，牛馬困於蚊虻，蚊虻乃有勢也。鹿之角，足以觸犬，獼猴之手，足以搏鼠。然而鹿制於犬，獼猴服於鼠，角爪不利也。故十圍之牛，爲牧豎所驅，長仞之象，爲越僮所鉤，無便故也。故夫得其便也，則以小能勝大；無其便也，則以彊服於羸也。

又 卷一六《商蟲篇》 變復之家，謂蟲食穀者，部吏所致也。貪則侵漁，故蟲食穀。身黑頭赤，則謂武官；頭黑身赤，則謂文官。使加罰於蟲所象類之吏，則蟲滅息，不復見矣。夫頭赤則謂武吏，頭黑則謂文吏所致也，時或頭赤身白，頭黑身黄，或頭身皆黄，或頭身皆青，或皆白若魚肉之蟲，應何官吏？時或白布豪民、猾吏被刑乞貸者，威勝於官，取多於吏，其蟲形象何如狀哉？蟲之滅也，皆因風雨。案蟲滅之時，則吏未必伏罰也。陸田之中時有鼠，水田之中時有魚、蝦、蟹之類，皆爲穀害。或時希出而暫爲害，或常有而爲災，等類衆多，應何官吏？魯宣公履畝而稅，應時而有蝝生者，或言若蝗。蝗時至，蔽天如雨，集地食物，不擇穀草。察其頭身，象類何吏？變復之家，謂蝗何應？建武三十一年，蝗起太山郡，西南過陳留、河南，遂入夷狄。所集鄉縣，以千百數，當時鄉縣之吏，未皆履畝。蝗食穀草，連日老極，或蜚徙去，或止枯死，當時鄉縣之吏，未必皆伏罪也。夫蟲食穀，自有止期，猶蠶食桑，自有足時也。生出有日，死極有月，期盡變化，不常爲蟲。使人君不罪其吏，蟲猶自亡。夫蟲，風氣所生，蒼頡知之，故凡、虫爲風之字。取氣於風，故八日而化。生春夏之物，或食五穀，或食衆草。食五穀，吏受錢穀也；其食他草，受人何物？「倮蟲三百，人爲之長。」由此言之，人亦蟲也。人食蟲所食，蟲亦食人所食，俱爲蟲而相食物，何爲怪之？設蟲有知，亦將非人曰：「女食天之所生，吾亦食之，謂我爲變，不自謂爲災。」凡含氣之類所甘嗜者，口腹不異。人甘五穀，惡蟲食之，自生天地之間，惡蟲之出，設蟲能言，以此非人，亦無以詰也。夫蟲之在物間也，知者不怪；其食萬物也，不謂之災。甘香渥味之物，蟲生常多，故穀之多蟲者，粢也。稻時有蟲，麥與豆無蟲。

必以有蟲責主者吏，是其粢鄉部吏常伏罪也。神農、后稷藏種之方，煑馬屎以汁漬種者，令禾不蟲。如或以馬屎漬種，其鄉部吏，鮑焦、陳仲子也。是故后稷、神農之術用，則其鄉吏何免爲姦。何則？蟲無從生，上無以察也。蟲食他草，平事不怪。食五穀葉，乃謂之災。桂有蠹，桑有蝎，桂中藥而桑給蠶，其用亦急，與穀無異。蠹、蝎不爲怪，獨謂蟲爲災，不通物類之實，闇於災變之情也。穀蟲曰蠱，蠱若蛾矣。粟米饐熱生蠱。夫蠱食粟米，不謂之災，蟲食苗葉，歸之於政。如說蟲之家，謂粟輕苗重也。蟲之種類，衆多非一。魚肉腐臭有蟲，醯醬不閉有蟲，飯溫濕有蟲，書卷不舒有蟲，衣襞不懸有蟲，蝸、疽、蛸、螻、蠛、蝦有蟲。或白或黑，或長或短，大小鴻殺，不相似類，皆風氣所生，并連以死。生不擇日，若生日短促，見而輒滅。變復之家，見其希出，出又食物，則謂之災。災出當有所罪，則依所似類之吏，順而說之。人腹中有三蟲，下地之澤，其蟲曰蛭。蛭食人足，三蟲食腸。順說之家，將謂三蟲何似類乎？凡天地之間，陰陽所生，蛟蟯之類，蜫蠕之屬，含氣而生，開口而食。食有甘不，同心等欲，彊大食細弱，知慧反頓愚。他物小大連相齧噬，不謂之災，獨謂蟲食穀物爲應政事，失道理之實，不達物氣之性也。然夫蟲之生也，必依溫濕。溫濕之氣，常在春夏。秋冬之氣，寒而乾燥，蟲未曾生。若以蟲生罪鄉部吏，是則鄉部吏貪於春夏，廉於秋冬。雖盜跖之吏，以秋冬署，蒙伯夷之舉矣。夫春夏非一，而蟲時生者，溫濕甚也，甚則陰陽不和。陰陽不和，政也，徒當歸於政治，而指謂部吏爲姦，失事實矣。何知蟲以溫濕生也？以蠱蟲知之。穀乾燥者，蟲不生；溫濕饐餲，蟲生不禁。藏宿麥之種，烈日乾暴，投於燥器，則蟲不生。如不乾暴，閘喋之蟲，生如雲煙。以蟲閘喋，准況衆蟲，溫濕所生，明矣。《詩》云：「營營青蠅，止于藩。愷悌君子，無信讒言。」讒言傷害，青蠅汚白，同一禍敗，《詩》以爲興。昌邑王夢西階下有積蠅矢。明旦召問郎中龔遂。遂對曰：「蠅者，讒人之象也。夫矢積於階下，王將用讒臣之言也。」由此言之，蠅之爲蟲，應人君用讒。何故不謂蠅爲災乎？如蠅可以爲災，夫蠅歲生世間，人君常用讒乎？案蟲害人者，莫如蚊虻，蚊虻歲生。如以蚊虻應災，世間常有害人之吏乎？必以食物乃爲災，人則物之最貴者也，蚊虻食人，尤當爲災。必以暴生害物乃爲災，夫歲生而食人，與時出而害物，災孰爲甚？人之病疥，亦希非常，疥蟲何故不爲災？且天將雨，螘出蚋蜚，爲與氣相應也。或時諸蟲之生，自與時氣相應，如何輒歸罪於部吏乎？天道自然，吉凶偶會，非常之蟲適生，貪吏遭署。人察貪吏之操，又見災蟲之生，則謂部吏之所爲致也。

又 卷六《自然篇》 儒家說夫婦之道，取法於天地，知夫婦法天地，不知推夫婦之道，以論天地之性，可謂惑矣。夫天覆於上，地偃於下，下氣烝上，上氣降下，萬物自生其中間矣。當其生也，天不須復與也，猶子在母懷中，父不能知也。物自生，子自成，天地父母何與知哉！及其生也，人道有教訓之義。天道無爲，聽恣其性，故放魚於川，縱獸於山，從其性命之欲也。不驅魚令上陵，不逐獸令入淵者，何哉？拂詭其性，失其所宜也。夫百姓，魚獸之類也，上德治之，若烹小鮮，與天地同操也。商鞅變秦法，欲爲殊異之功，不聽趙良之議，以取車裂之患，德薄多欲，君臣相憎怨也。道家德厚，下當其上，上安其下，純蒙無爲，何復譴告？故曰：政之適也，君臣相忘於治，魚相忘於水，獸相忘於林，人相忘於世，故曰天也。孔子謂顏淵曰：「吾服汝，忘也；汝之服於我，亦忘也。」以孔子爲君，顏淵爲臣，尚不能譴告，況以老子爲君，文子爲臣乎？老子、文子，似天地者也。淳酒味甘，飲之者醉不相知；薄酒酸苦，賓主嚬蹙。夫相譴告，道薄之驗也。謂天譴告，曾謂天德不若淳酒乎！

又 卷二三《言毒篇》 天下萬物，含太陽氣而生者，皆有毒螫。毒螫渥者，在蟲則爲蝮、蛇、蜂、蠆，在草則爲巴豆、冶一作野字葛，在魚則爲鮭與鯵、鰍，故人食鮭肝而死，爲鯵、鰍螫有毒。魚與鳥同類，故鳥蜚魚亦蜚，鳥卵魚亦卵，蝮、蛇、蜂、蠆皆卵，同性類也。其在人也爲小人，故小人之口，爲禍天下。小人皆懷毒氣，陽地小人毒尤酷烈。故南越之人，祝誓輒效。諺曰：「衆口爍金。」口者，火也。五行二曰火，五事二曰言。言與火直，故云爍金。道口舌之爍，不言「拔木焰火」，必云爍金，金制於火，火、口同類也。藥生非一地，太伯辭之吳。鑄多非一工，世稱楚棠溪。溫氣天下有，路畏入南海。鴆鳥生於南，人飲鴆死。辰爲龍，巳爲蛇，辰、巳之位在東南。龍有毒，蛇有螫，故蝮有利牙，龍有逆鱗。木生火，火爲毒，故蒼龍之獸含火星。冶葛、巴豆，皆有毒螫，故冶在東南，巴在西南。土地有燥濕，故毒物有多少，生出有處地，故毒有烈不烈。蝮、虵與魚比，故生於草澤。蜂、蠆與鳥同，故產於屋、樹。江北地燥，故多蜂、蠆。江南地濕，故多蝮、虵。生高燥比陽，陽物懸垂，故蜂、蠆以尾刺。生下濕比陰，陰物柔伸，故蝮、虵以口齰。毒或藏於首尾，故螫齰有毒；或藏於體膚，故食之輒懣；或附於脣吻，故舌鼓爲禍。毒螫之生，皆同一氣，發動雖異，內爲一類。

漢 班固《白虎通》卷一《鄉射》 天子所以親射，何？助陽氣達萬物也。春氣微弱，恐物有窒塞，不能自達者。夫射，自內發外，貫堅入剛，象物之生，故以

射達之也。《含文嘉》曰：「天子射熊，諸侯射麋，大夫射虎豹，士射鹿豕。」天子所以射熊，何？示服猛，巧佞也。熊爲獸猛巧者，非但當服猛也。示當服天下巧佞之臣也。諸侯射麋者，示達迷惑人也。麋之言迷也。大夫射虎豹者，示服猛也。士射鹿豕者，示除害也。各取德所能服也。大夫士兩射者，人臣示爲君親視事，身勞苦也。或曰：臣陰，故數偶也。

南朝宋　范曄《後漢書》志三〇《輿服下》　上古穴居而野處，衣毛而冒皮，未有制度。後世聖人易之以絲麻，觀翬翟之文，榮華之色，乃染帛以效之，始作五采，成以爲服。見鳥獸有冠角髯胡之制，遂作冠冕纓蕤，以爲首飾。凡十二章。故《易》曰：「庖犧氏之王天下也，仰觀象於天，俯觀法於地，觀鳥獸之文，與地之宜，近取諸身，遠取諸物，於是始作八卦，以通神明之德，以類萬物之情。」黄帝、堯、舜垂衣裳而天下治，蓋取諸乾巛。乾巛有文，故上衣玄，下裳黄。日月星辰，山龍華蟲，作繢宗彝，藻火粉米，黼黻絺繡，以五采章施於五色作服。天子備章，公自山以下，侯伯自華蟲以下，子男自藻火以下，卿大夫自粉米以下。至周而變之，以三辰爲旂旗。王祭上帝，則大裘而冕；公侯卿大夫之服用九章以下。秦以戰國即天子位，滅去禮學，郊祀之服皆以袀玄。漢承秦故。至世祖踐祚，都於土中，始修三雍，正兆七郊。顯宗遂就大業，初服旒冕，衣裳文章，赤舃絇屨，以祠天地，養三老五更於三雍，于時致治平矣。天子、三公、九卿、特進侯、侍祠侯，祀天地明堂，皆冠旒冕，衣裳玄上纁下。乘輿備文，日月星辰十二章，三公、諸侯用山龍九章，九卿以下用華蟲七章，皆備五采，大佩，赤舃絇履，以承大祭。百官執事者，冠長冠，皆祗服。五嶽、四瀆、山川、宗廟、社稷諸沾秩祠，皆袀玄長冠，五郊各如方色云。百官不執事，各服常冠袀玄以從。【略】委貌冠、皮弁冠同制，長七寸，高四寸，制如覆杯，前高廣，後卑鋭，所謂夏之毋追，殷之章甫者也。委貌以皁絹爲之，皮弁以鹿皮爲之。行大射禮於辟雍，公卿諸侯大夫行禮者，冠委貌，衣玄端素裳。執事者冠皮弁，衣緇麻衣，皁領袖，下素裳，所謂皮弁素積者也。【略】法冠，一曰柱後。高五寸，以纚爲展筩，鐵柱卷，執法者服之，侍御史、廷尉正監平也。或謂之獬豸冠。獬豸神羊，能别曲直，楚王嘗獲之，故以爲冠。胡廣説曰：「《春秋左氏傳》有南冠而縶者，則楚冠也。秦滅楚，以其君服賜執法近臣御史服之。」武冠，一曰武弁大冠，諸武官冠之。侍中、中常侍加黄金璫，附蟬爲文，貂尾爲飾，謂之「趙惠文冠」。胡廣説曰：「趙武靈王效胡服，以金璫飾首，前插貂尾，爲貴職。秦滅趙，以其君冠賜近臣。」建武時，匈奴内屬，世祖賜南單于衣服，以中常侍惠文冠，中黄門童子佩刀云。建華冠，以鐵爲柱卷，貫大銅珠九枚，制以縷鹿。記曰：「知天者冠述，知地者履絇。」《春秋左傳》曰：「鄭子臧好鷸冠。」前圓，以爲此則是也。天地、五郊、明堂，《育命舞》樂人服之。【略】卻非冠，制似長冠，下促。宫殿門吏僕射冠之。負赤幡，青翅燕尾，諸僕射幡皆如之。【略】武冠，俗謂之大冠，環纓無蕤，以青系爲緄，加雙鶡尾，豎左右，爲鶡冠云。五官、左右虎賁、羽林、五中郎將、羽林左右監皆冠鶡冠，紗縠單衣。虎賁將虎文絝，白虎文劍佩刀。虎賁武騎鶡冠，虎文單衣。襄邑歲獻織成虎文云。鶡者，勇雉也，其鬥對一死乃止，故趙武靈王以表武士，秦施之焉。【略】佩刀，乘輿黄金通身貂錯，半鮫魚鱗，金漆錯，雌黄室，五色罽隱室華。諸侯王黄金錯，環挾半鮫，黑室。公卿百官皆純黑，不半鮫。小黄門雌黄室，中黄門朱室，童子皆虎爪文，虎賁黄室虎文，其將白虎文，皆以白珠鮫爲鏢口之飾。乘輿者，加翡翠山，紆嬰其側。

唐　魏徵《隋書》卷一一《禮儀六》　四年，有司言：平天冠等一百五條，自齊以來，隨故而毁，未詳所送。何佟之議：「《禮》『祭服敝則焚之』。」於是並燒除之，其珠玉以付中署。七年，周捨議：「詔旨以王者袞服，宜畫鳳皇，以示差降。又按《禮》：『有虞氏皇而祭，深衣而養老。』鄭玄所言，皇則是畫鳳皇羽也。又按《禮》所稱雜服，皆以衣定名，猶如袞冕，則是袞衣而冕。明有虞言皇者，是衣名，非冕，明矣。畫鳳之旨，事實灼然。」制：「可。」又王僧崇云：「今祭服，三公衣身畫獸，其腰及袖，又有青獸，形與獸同，義應是蜼，即宗彝也。兩袖各有禽鳥，形類鸞鳳，似是華蟲。今畫宗彝，即是周禮。但鄭玄云：『蜼，蝺屬，昂鼻長尾。』是獸之輕小者，謂宜不得同獸。尋冕服無鳳，應改爲雉。又裳有圓花，於禮無礙，疑是畫師加葩蘤耳。藻米黼黻，並乖古制，今請改正，並去圓花。」帝曰：「古文日月星辰，此以一辰攝三物也。山龍華蟲，又以一山攝三物也。藻火粉米，又以一藻攝三物也。是爲九章。今袞服畫龍，則宜應畫鳳，明矣。孔安國云：『華者，花也。』則爲花非疑。若一向畫雉，差降之文，複將安寄？鄭義是所未允。」又帝曰：「《禮》：『王者祀昊天上帝，則大裘而冕，祀五帝亦如之。』又云：『莞席之安，而蒲越稿秸之用。』斯皆至敬無文，貴誠重質。今郊用陶匏，與古不異，而大裘蒲秸，獨不復存，其於質敬，恐有未盡。且一獻爲質，其劍佩之飾及公卿所著冕服，可共詳定。」五經博士陸瑋等並云：「祭天猶存掃地之質，而服章獨取黼黻爲文，於義不可。今南郊神座，皆用莞席，此獨莞類，未盡質素之理。宜以稿秸

爲下藉，蒲越爲上席。又《司服》云：『王祀昊天，服大裘』，明諸臣禮不得同。自魏以來，皆用袞服，今請依古，更制大裘。」制：「可。」瑋等又尋大裘之制，唯鄭玄注《司服》云「大裘，羔裘也」，既無所出，未可爲據。案六冕之服，皆玄上纁下。今宜以玄繒爲之。其制式如裘，其裳以纁，皆無文繡。冕則無旒。詔「可」。

又　卷一二《禮儀七》　於是定令，採用東齊之法。乘輿袞冕，垂白珠十有二旒，以組爲纓，色如其綬，黈纊充耳，玉笄。玄衣，纁裳。衣，山、龍、華蟲、火、宗彝五章；裳，藻、粉米、黼、黻四章。衣重宗彝，裳重黼黻，爲十二等。衣褾、領織成升龍，白紗內單，黼領，青褾、襈、裾。革帶，玉鉤灊，大帶，素帶朱裏，紕其外，上以朱，下以緑。韍隨裳色，龍、火、山三章。鹿盧玉具劍，火珠鏢首。白玉雙佩，玄組。雙大綬，六采，玄黄赤白縹緑，純玄質，長二丈四尺，五百首，廣一尺；小雙綬，長二尺六寸，色同大綬，而首半之，間施三玉環。朱韈，赤舄，舄加金飾。祀圓丘、方澤、感帝、明堂、五郊、雩、蠟、封禪、朝日、夕月、宗廟、社稷、籍田、廟遣上將、征還飲至、元服、納后、正月受朝及臨軒拜王公，則服之。通天冠，加金博山，附蟬，十二首，施珠翠，黑介幘，玉簪導。絳紗袍，深衣制，白紗內單，皁領、褾、襈、裾，絳紗蔽膝，白假帶，方心曲領。其革帶、劍、佩、綬、舄，與上同。若未加元服，則雙童髻，空頂黑介幘，雙玉導，加寶飾。朔日受朝、元會及冬會、諸祭還，則服之。武弁，金附蟬，平巾幘，餘服具服。講武、出征、四時蒐狩、大射、禡、類、宜社、賞祖、罰社、纂嚴，則服之。黑介幘，白紗單衣，烏皮履，拜陵則服之。白紗帽，練裙襦，烏皮履，視朝、聽訟及宴見賓客，皆服之。白帢，白紗單衣，烏皮履，舉哀則服之。神璽，寶而不用。受命璽，封禪則用之。「皇帝行璽」，封諸侯及三師、三公則用之。「皇帝之璽」，賜諸侯及三師、三公書，則用之。「皇帝信璽」，征諸夏兵則用之。「天子行璽」，封命蕃國之君則用之。「天子之璽」，賜蕃國之君書則用之。「天子信璽」，征蕃國兵則用之。常行詔敕，則用內史門下印。皇帝臨臣之喪，三品已上，服錫衰；五等諸侯，緦衰；四品已下，疑衰。皇太子袞冕，垂白珠九旒，青纊充耳，犀笄。玄衣，纁裳。衣，山、龍、華蟲、火、宗彝五章；裳，藻、粉、米、黼黻四章。織成爲之。白紗內單，黼領，青褾、襈、裾。革帶，金鉤鰈，大帶，素帶不朱裏，亦紕以朱緑。黻隨裳色，火、山二章。玉具劍，火珠鏢首。瑜玉雙佩，朱組。雙，大綬，四采，赤白縹紺，純朱質，長一丈八尺，三百二十首，廣九寸；小雙綬，長二尺六寸。色同大綬，而首半之，間施二玉環。朱韈，赤舄，以金飾。侍從皇帝祭祀及謁廟、元服、納妃，則服之。遠遊三梁冠，加金附蟬，九首，施珠翠，黑介幘，纓翠緌，犀簪導。絳紗袍，白紗內單，皁領、褾、襈、裾，白假帶，方心曲領，絳紗蔽膝，韈，舄。其革帶、劍、佩、綬與上同。未冠則雙童髻，空頂黑介幘，雙玉導，加寶飾。謁廟、還宮、元日朔日入朝、釋奠，則服之。

唐　陸龜蒙《笠澤藂書》卷三《象耕鳥耘辯》　世謂舜之在下也，田於歷山，象爲之耕，鳥爲之耘，聖德感召也如是。余曰：斯異術也，何聖德歟？孔子叙《書》於舜曰：濬哲文明。聖德止於是而足矣，何感召之云云乎？然象耕鳥耘之説，吾得於農家，請試辯之。吾觀耕者，行端而徐起，墢欲深。獸之形魁者，無出於象，行必端，履必深。法其端、深，故曰「象耕」。耘者去莠，舉手務疾而畏晚。鳥之啄食，務疾而畏奪。法其疾、畏，故曰「鳥耘」。試禹之績，大成而後薦之於天，其爲端且深，非得於象耕乎？去四凶，恐害於政，其爲疾且畏，非得於鳥耘乎？不然，則雷澤之漁，河濱之陶，一無感召，何也？豈聖德有時而不德耶？孟子曰：堯舜與人同耳！而好事者張，以就其恠，恠，非聖人之意也，吾病其書之異端，毆之使合於道。人其從我乎！雖不從吾，亦不能變其説。

五代　劉昫《舊唐書》卷三七《五行志》　調露元年，突厥温傅等未叛時，有鳴鵽羣飛入塞，相繼蔽野，邊人相驚曰：「突厥雀南飛，突厥犯塞之兆也。」至二年正月，還復北飛，至靈夏已北，悉墜地而死，視之，皆無頭。裴行儉問右史苗神客曰：「鳥獸之祥，乃應人事，何也？」對曰：「人雖最靈，而稟性含氣，同於萬類，故吉凶兆於彼，而禍福應於此。聖王受命，龍鳳爲嘉瑞者，和氣同也。故漢祖斬蛇而驗秦之必亡，仲尼感麟而知己之將死。夷羊在牧，殷紂已滅。鸜鵒來巢，魯昭出奔。鼠舞端門，燕刺誅死。大鳥飛集，昌邑以敗。是故君子虔恭寅畏，動必思義，雖在幽獨，如承大事，知神明之照臨，懼患難之及己。雉升鼎耳，殷宗側身以脩德，鵩止坐隅，賈生作賦以叙命。卒以無患者，德勝妖也。」

又　卷四五《輿服志》　衣裳有常服、公服、朝服、祭服四等之制。平巾幘，牛角箄簪，紫衫，白袍、靴，起梁帶。五品已上，金玉鈿飾，用犀爲簪，是爲常服，武官盡服之。六品已下，衫以緋。至於大仗陪立，五品已上及親侍加兩襠螣蛇，其勳侍去兩襠。弁冠，朱衣裳，素革帶，烏皮履，是爲公服。其弁通用烏漆紗爲之，象牙爲簪導。五品已上，亦以鹿胎爲弁，犀爲簪導者。加玉琪之飾：一品九琪，二品八琪，三品七琪，四品六琪。三品兼有紛、鞶囊，佩於革帶之後，上加玉珮一。鞶囊，二品以上金縷，三品以上銀縷，五品以上綵縷，文官尋常入內及在

本司常服之。親王，遠遊三梁冠，金附蟬，犀簪導，白筆。三師三公、太子三師三少，尚書秘書二省，九寺、四監，太子三寺，諸郡縣關市，親王文學，藩王嗣王，公侯，進賢冠。三品以上三梁，五品以上兩梁，犀簪導。九品以上一梁，牛角簪導。門下、內書、殿內三省，諸衛府，長秋監，太子左右庶子、內坊、諸率，宮門內坊，親王府都尉，府鎮防戍九品以上，散官一品已下，武弁幘。侍中、中書令，加貂蟬，珮紫綬。散官者，白筆。禦史、司隸二臺，法冠。一名獬豸冠。謁者臺大夫以下，高山冠。並絳紗單衣，白紗內單，皁領，褾、襈、裾，白練裙襦，絳蔽膝，革帶，金飾鉤艓，方心曲領，紳帶，玉鏢金飾劍，亦通用金鏢，山玄玉佩，綬，襪，烏皮舄。是爲朝服。玉佩，纁朱綬，施二玉環。三品以上綠綬，四品、五品青綬。二品以下去玉環，六品以下去劍、珮、綬。八品以下，冠去白筆，衣省內單及曲領，蔽膝，著烏皮履。五品加紛，鞶囊。其綬纁朱者，用四彩，赤、紅、縹、紺紅。朱質，纁文織，長一丈八尺，二百四十首，闊九寸。綠綬用四彩，綠、紫、黃、朱紅，綠質，長一丈八尺，二百四十首，闊九寸。紫綬用四彩，紫、黃、赤、紅。紫質，長一丈六尺，一百八十首，闊八寸。青綬三彩，白、青、紅。青質，長一丈四尺，一百四十首，闊七寸。玄衣纁裳冕而旒者，是爲祭服，綬、珮、劍各依朝服之數。其章自七品以下，降二爲差，六品以下無章。文武之官皆執笏，五品以上，用角牙爲之，六品以下，用竹木。

宋 歐陽修《詩本義》卷七 烏，巢烏也，當止於林木。屋非烏所止也。止屋則近禍，以譬君子仕，亂邦非所宜，處而將及禍也。

宋 歐陽修《新唐書》卷二四《車服志》 袞冕者，踐祚、饗廟、征還、遣將、飲至、加元服、納后、元日受朝賀，臨軒册拜王公之服也。廣一尺二寸，長二尺四寸，金飾玉簪導，垂白珠十二旒，朱絲組帶爲纓，色如綬。深青衣纁裳，十二章：日、月、星辰、山、龍、華蟲、火、宗彝八章在衣；藻、粉米、黼、黻四章在裳。衣畫，裳繡，以象天地之色也。自山、龍以下，每章一行爲等，每行十二。衣、褾、領，畫以升龍，白紗中單，黻領，青褾、襈、裾，韍繡龍、山、火三章，舄加金飾。冕者，有事遠主之服也。八旒，七章：華蟲、火、宗彝三章在衣；藻、粉米、黼、黻四章在裳。

宋 邵雍《皇極經世書》卷一四 陽交於陰，而生蹄角之類也；剛交於柔，而生根荄之類也；陰交於陽，而生羽翼之類也；柔交於剛，而生枝榦之類也。天交於地，地交於天，故有羽而走者，足而騰者。草中有木，木中有草也。各以類而推之，則生物之類不過是矣。走者便於下，飛者利於上，從其類也。水之物無異乎陸之物，各有寒熱之性。大較則陸爲陽中之陰，而水爲陰中之陽。陸中之物水中必具者，猶影象也。陸多走，水多飛者，交也。是故巨于陸者必細于水，巨于水者必細于陸也。水之族以陰爲主，陽次之；陸之類以陽爲主，陰次之。故水類出水則死，風類入水則死。然有出入之類者，龜蟹鵝鳧之類是也。魚在于水則生，離則死，交與不交之謂也。魚者，水之族也。蟲者，風之族也。風類水類，小大相反。在水者不瞑，在風者瞑，走之類上睫接下，飛之類下睫接上。類使之然也。在水而鱗鬣，飛之類也；龜獺之類，走之類也。飛之類喜風而敏于飛上，走之類喜土而利于走下。飛之走，鷄鳧之類是也；走之飛，龍馬之屬也。馬牛皆陰類，細分之，則馬爲陽，而牛爲陰。鷹鵰之類食生，而鷄鳧之類不專食生；虎豹之類食生，而猫犬之類食生又食穀。以類推之，從可知矣。虎豹之毛猶草也。鷹鸇之羽猶木也。草伏之獸，毛如草之莖；林棲之鳥，羽如林之葉。類使之然也。禽蟲之卵，果穀之類也。穀之類多子，蟲之類亦然。蠶之類，今歲蛾而子，來歲則子而蠶；蕪菁之類，今歲根而苗，來歲則苗而子。

宋 司馬光《資治通鑑》卷一三三《宋紀一五·明帝泰始七年》 裴子野論曰：夫噬虎之獸，知愛己子；搏貍之鳥，非護異巢。太宗保字螟蛉，剿拉同氣，既迷在原之天屬，未識父子之自然。宋德告終，非天廢也。

宋 胡宏《知言》卷二《往來》 目之所可覩者，禽獸皆能視也；耳之所可聞者，禽獸皆能聽也。視而知其形，聽而知其聲，各以其類者，亦禽獸之所能也。視萬形，聽萬聲，而兼辨之者，則人而已。覩形色而知其性，聞聲音而達其義。

【略】

至於知時御盜，如雞犬猶能有功於人。然謂之禽獸，而人不與爲類，何也？以其不得其全，不可與爲類也。夫人，雖備萬物之性，然好惡有邪正，取舍有是非。或中於先，或否於後。或得於上，或失於下。

元 陳澔《禮記集説》卷二 鸚鵡能言，不離飛鳥，猩猩能言，不離禽獸。今人而無禮，雖能言，不亦禽獸之心乎？夫唯禽獸無禮，故父子聚麀。是故聖人作，爲禮以教人，使人以有禮，知自別於禽獸。鄭氏曰：聚猶共也，鹿牝曰麀。孔氏曰：《山海經》云：猩猩人面豕身，能言語。《爾雅》云：二足而羽謂之禽，四足而毛謂之獸。鸚鵡是羽曰禽，猩猩四足而毛，本獸。今云禽獸者，凡語有通別，別而言之。羽則曰禽，毛則曰獸。通而爲説，鳥不可曰獸，獸亦可曰禽，故

《易》曰王用三驅，失前禽，則驅走者亦曰禽。《周禮・司馬職》云：大獸公之，小禽私之，則禽未必皆鳥也。又《周禮》以禽作六摯，卿羔，大夫鴈。《白虎通》云：禽者，鳥獸之總名，以此諸經證禽名通獸者，以小獸可擒，故得通名禽也。

元 脱脱《宋史》卷一五一《輿服志》 紹興十三年，禮部侍郎王賞等言：「郊祀大禮，合依《禮經》，皇帝服大裘被衮行禮。據元豐詳定郊廟禮文，何洵直議以黑繒創作大裘如衮，惟領袖用黑羔。乞如洵直議。」詔有司如祖宗舊制，以羔製之。禮部又言：「關西羊羔，系天生黑色。今有司涅白羔爲之，不中禮制，不如權以繒代。又元祐中，有司欲爲大裘，度用百羔。哲宗以爲害物，遂用黑繒。請依太常所言。」從之。遂以衮襲裘，冕亦十二旒焉。衮冕之制。宋初因五代之舊，天子之服有衮冕，廣一尺二寸，長二尺四寸，前後十二旒，二纊，並貫真珠。又有翠旒十二，碧鳳銜之，在珠旒外。冕版以龍鱗錦表，上綴玉爲七星，旁施琥珀瓶，犀瓶各二十四，周綴金絲網，鈿以真珠、雜寶玉，加紫雲白鶴錦裏。四柱飾以七寶，紅綾裏。金飾玉簪導，紅絲條組帶。亦謂之平天冠。衮服青色，日、月、星、山、龍、雉、虎蜼七章。紅裙，藻、火、粉米、黼、黻五章。紅蔽膝，升龍二並織成，間以雲朵，飾以金鈒花鈿窠，裝以真珠、琥珀、雜寶玉。紅羅襦裙，繡五章，青褾、襈、裾。六采綬一，小綬三，結玉環三。素大帶朱裏，青羅四神帶二，繡四神盤結。綬帶飾並同衮服。白羅中單，青羅抹帶，紅羅勒帛。鹿盧玉具劍，玉鏢首，鏤白玉雙佩，金飾貫真珠。金龍鳳革帶，紅韈赤舄，金鈒花，四神玉鼻。祭天地宗廟，朝太清宮，饗玉清昭應宮景靈宮，受册尊號，元日受朝，册皇太子則服之。

明 張九韶《理學類編》卷六《人物》 問：「虎狼之父子，蜂蟻之君臣，豺獺之報本，雎鳩之有别。物雖得其一偏，然徹頭徹尾得義理之正。人合下具此天命之全體，乃爲物欲、氣稟所昏，反不能如物之能通其一處而全盡，何也？」朱子曰：「只有這一路通，便却專。人却事事理會得些，便却泛泛，所以易昏。」問：「鳥獸亦有知覺，但他知覺有通塞。草木亦有知覺否？」朱子曰：「亦有。如一盆花，得些水澆灌便敷榮。若摧折他，便枯悴。謂之無知覺，可乎？周茂叔窻前草不除，又與自家意思一般，便是有知覺。只是鳥獸底知覺不如人底，草木底知覺又不如鳥獸底。」朱子曰：「草木都是得陰氣，走飛都是得陽氣。各分之，草是得陰氣，故草弱。木是得陽氣，故木堅。走獸是得陰氣，飛鳥是得陽氣，故獸伏草而鳥棲木。然獸又有得陽氣者，如猿猴之類是也；鳥又有得陰氣者，如雉鵲之類是也。雖草木都是得陰氣，然却有陰中陽，陽中陰者。」問：「動物有知，植物無知，何也？」朱子曰：「動物有血氣，故能知。植物雖不可言知，然一般生意亦可見。若戕賊之，便枯悴不悦懌，亦似有知者。」【略】

朱子曰：「古者伏羲觀鳥獸之文與地之宜。想聖人心細，雖鳥獸羽毛之微也，盡察得有陰陽。今人心粗，如何察得？因言凡草木禽獸，無不有陰陽。鯉魚背上有三十六鱗，陰數也。龍脊上有八十一鱗，陽數也。龜背上文，中間五段者，五行也；兩邊各有四段者，八卦也；周圍二十四段者，二十四氣也。箇箇如此。又如草木之有雌雄。銀花、桐、楮、牝牡麻、竹之類皆然。又樹木向陽處則堅實，背陰處必虚軟。男生必伏，女生必偃。蓋男陽氣在背，女陽氣在腹故也。」程子因見賣兔者，曰：「聖人見河圖洛書而畫八卦。然何必圖書，只有此兔亦可作八卦，數便在中可起。古之聖人只取神物之至著者耳。只如樹木亦可見數。兔何以無尾？只爲是陰物。大抵陽物尾長，陽盛者尾尤長。如雉是盛陽之物，故尾極長。又其身文明，今之行軍者，多植雉尾車上，以候雨晴。天將雨則先垂向下，纔晴便直上。」程子曰：「動植之分，有得天氣多者，有得地氣多者。本乎天者親上，本乎地者親下。然要之，木植亦兼有五行之性在其中，只是偏得土之氣，故重濁也。」朱子曰：「本乎天者親上，凡動物首向上，是親乎上，人類是也。本乎地者親下，凡植物首向下，是親乎下，草木是也。禽獸首多横生，所以無智。此本康節説。」

明 王逵《蠡海集・庶物類》 走獸皆屬陰，故夜動而晝伏。然獨猿猴不分晝夜者，緣食果實而居林栖樹，兼乎陽也。牛馬猪羊亦不分晝夜者，家畜故也，野者則否。蓋氣盛爲動，氣衰爲伏，動則健，伏則怠。飛禽爲陽，皆食果穀，得天陽之氣也。走獸爲陰，皆食芻藁，得地陰之氣也。故飛禽巢居，走獸穴居。水族乃陰中之陽，何以知其然歟？蓋羽禽卵生者，陽也。水族亦多卵生。剛在外之物皆陽者。螺、蚌、黿、鼈、鰕、蟹皆殼在外，陽之氣輕而虚。鳥得陽氣多，故羽翎皆空管，是以能高飛。魚乃陰物，而得陽氣多，故腹内生脬，是以能浮躍，魚目晝夜不瞑，因知其爲陰物而得陽多者也。

明 莊元臣《叔苴子・内篇》卷三 念不可造，造之愈有，譬如惡鼠而置貍，惡貍而置犬，惡犬而置狼，展轉相去，而卒遺一狼，終不可去，其害奚止甚於鼠。故善去鼠者不召貍，但不爲鼠設食。【略】虎搏人以飼其子，則謂之猛獸。人殺牲以奉其親，則謂之孝子。吾庸知人之云猛者，非虎之所謂慈耶！又庸知人之

云孝者，非虎之所謂猛耶！各私其類，各便其性，而此是彼非，互相訾詬。

明　余懋學《説頤》卷三《媒雉由鹿》　村民系雉者，嘗畜馴雉以招致之，號曰「雉媒」。其逐鹿者，亦出縶鹿以誘其羣，號曰「由鹿」。君子曰：虞之即禽也，必以其類致之。人之即人也，亦必以其友致之。世之爲人媒爲由人者多矣，寧獨雉鹿哉！

明　盧之頤《本草乘雅半偈》卷一　《淮南子》云：羽毛鱗介，皆祖於龍。羽嘉生飛龍，飛龍生鳳凰，而後鸞鳥、庶鳥，凡羽者以次生焉。毛犢生應龍，應龍生建馬，而後麒麟、庶獸，凡毛者以次生焉。介鱗生蛟龍，蛟龍生鯤鯁，而後建邪、庶魚，凡鱗者以次生焉。介潭生先龍，先龍生玄黿，而後靈龜、庶龜，凡介者以次生焉。《埤雅》云：龍亦卵生而思抱，雄鳴上風，雌鳴下風而風化。《廣雅》云：有鱗曰蛟龍，有翼曰應龍，有角曰虯龍，無角曰螭龍，未升天曰蟠龍。玉符稱世俗畫龍之狀，馬首蛇尾，又有三停九似之説。謂自首至膊，膊至腰，腰至尾，皆相停也；九似者，角似鹿，頭似駝，眼似鬼，項似蛇，腹似蜃，鱗似魚，爪似鷹，掌似虎，耳似牛也。或曰：龍無耳，故以角聽。又云：驪龍之眸，見千里纖芥。

清　張廷玉《明史》卷六六《輿服志》　嘉靖八年，諭閣臣張璁：「衮冕有革帶，今何不用？」璁對曰：「按陳祥道《禮書》，古革帶、大帶，皆謂之鞶。革帶以繫佩韍，然後加以大帶，而笏搢於二帶之間。夫革帶前繫韍，後繫綬，左右繫佩，自古冕弁恒用之。今惟不用革帶，以至前後佩服皆無所繫，遂附屬裳要之間，失古制矣。」帝曰：「冕服祀天地，享祖宗，若闕革帶，非齊明盛服之意。及觀《會典》載蔽膝用羅，上織火、山、龍三章，並大帶緣用錦，皆與今所服不合。卿可並革帶繫蔽膝、佩、綬之式，詳考繪圖以進。」又云：「衣裳分上下服，而今衣恒掩裳。裳制如帷，而今兩幅。朕意衣但當與裳要下齊，而露裳之六章，何如？已，又諭璁以變更祖制爲疑。」璁對曰：「臣考禮制，衣不掩裳，與聖意允合。夫衣六章，裳六章，義各有取，衣自不容掩裳。《大明集禮》及《會典》與古制不異。今衣八章，裳四章，故衣常掩裳，然於典籍無所准。內閣所藏圖注，蓋因官司織造，循習訛謬。今訂正之，乃複祖制，非有變更。」帝意乃決。因複諭璁曰：「衣有六章，古以繪，今當以織。朕命織染局考國初冕服，日月各徑五寸，當從之。裳六章，古用繡，亦當從之。古色用玄黄，取象天地。今裳用纁，於義無取，當從古。革帶即束帶，後當用玉，以佩綬繫之於下。蔽膝隨裳色，其繡上龍下火，可不用山。卿與內閣諸臣同考之。」於是楊一清等詳議：「衮冕之服，自黄、虞以來，衣衣黄裳，爲十二章。日、月、星辰、山、龍、華蟲，其序自上而下，爲衣之六章；宗彝、藻、火、粉米、黼、黻，其序自下而上，爲裳之六章。自周以後浸，變其制，或八章，或九章，已戾于古矣。我太祖皇帝復定爲十二章之制，司造之官仍習舛訛，非製作之初意。伏乞聖斷不疑。」帝乃令擇吉更正其制。冠以圓匡烏紗冒之，旒綴七采玉珠十二，青纊充耳，綴玉珠二，餘如舊制。玄衣黄裳，衣裳各六章。洪武間舊制，日月徑五寸，裳前後連屬如帷，六章用繡。蔽膝隨裳色，羅爲之，上繡龍一，下繡火三，繫於革帶。大帶素表朱裏，上緣以硃，下以緑。革帶前用玉，其後無玉，以佩綬系而掩之。中單及圭，俱如永樂間制。朱韈，赤舄，黄絛緣玄纓結。

清　袁棟《書隱叢説》卷五《物化》　物化亦陰陽變動之所爲。無情化有情，腐草化螢，麥化蛾，積灰化蠅，茯苓化龜，石化羊，樹化牛，葦化牛，葦化蚕，蘩化黿，朽竹化蜻蜓，苧根化䱟，茅根化蠅化螢，竹根化蠲，飯化赤蜘蛛，木枝化蚓，古度子化蟻，艸燼化蝦，人髮化鱓，荇莖化鱓，蒿化蠐螬，竹化蛇，穀化蠱蟲，稻化蚕，菌化蜂，蔬化蝶，朽木化蟬，朽瓜化魚，稷米化鯽，莧汁化鼈，壞裙化蝶，百合花化蝶，木葉化蝶，松樹化老人，枸杞化犬，楓化羽人。有情化無情，蟹化石，蜃化穀，蚯蚓化百合，羊肝化地皐，水蟲化石，蛇化石，蠶化石，蟬化花。有情化有情，孑孑爲蚊，水蟲化蜻蜓，蛇化鼈，科斗化蛙，雉化蜃，鼠化蝠，鼠化鶉，鼠化鯉，蛙化鱖，蜣螂化蟬，蝗化蜻，蝗化魚蝦，鷹化鶩，鱔化蛟，蟛蜞化鼠，羊化鼠，蚯蚓化蛇，龍化蠋，桑蠶化蜾蠃，石首魚化梟，魚化龍，猿化玃，魚化蛟，小魚化蝗，蝨化青蟲，馬化狐，鯤化鵬，蛇化雉，鵲化猿，鳥化鼠，蠹化蝶，鱠化魚，蠁子化蠅，老羭化猿，燕化鴿，兔化鼈，蠐螬化復育，復育化蟬，蜈蚣化蚕，牛化虎，羊化狼，黿鼉化鶉，黄魚化鶉，諸蟲化蚕，魚化鼠，鼉化鼠，海邊黄魚化鸚鵡，又化緑鳩，黄牙魚化黄鶯，海魚化黄雀，泡魚化爲豪豬，鯊魚化虎，沙魚之斑者化爲鹿，鹿入水化爲魚。無情化無情，馬血化燐，人血化野火，老韭化莧，虎目光化石，墜星化石，松化石，松脂化茯苓，梅化杏，橘化枳，絮化萍，松脂化琥珀，水化石，蕪菁化芥，千歲積冰化玻璃，鬼血化瑪瑙。輾轉相化，雀化鴿，鴿化雀；鳩化鷹，鷹化鳩；魚卵化蝗，蝗子化魚；鷂化鸇，鸇化布穀；布穀化鷂；蛹化蛾，蛾化蠶，蠶化蛹；鼠化鴽，鴽化鼠，鴽即鵪也。甚者馬化人，虎化人，狐化人，猿化人，玃化人，人化石，人化蛇，人化熊，人化狼，人化蛾，人化杜鵑，人化龍，人化虎，人化牛，人化馬，人化鼈，人化黿，人化魚，人化猿，人化鶴，人化沙蟲，人化豕，人化犬，人化

鳥，人化猫。男化爲女，女化爲男，總不足於陰陽之氣耳。足於五行之氣者，將庸愚化爲賢哲，賢哲化爲聖神矣。

清 王植《皇極經世書解》卷一四《觀物外篇下》 陸中之物水中必具者，猶影象也。陸多走水多飛者，交也。是故巨於陸者必細於水，巨於水者必細於陸也。黃氏畿曰：陸陽而水陰，陽形而陰影。陸多走，陽交陰也，水多飛，陰交陽也，陽不勝陰，陰不勝陽，故反細也。精義水中之飛鱗之類也，水中之走介之類也，在陸者牡巨而牝細，在水者牝巨而牡細。虎豹之毛猶草也，鷹鸇之羽猶木也。補註：虎豹猶草，走之草也。鷹鸇猶木，飛之木也。木之枝幹，土石之所成，所以不易葉花。水火之所成，故變而易也。補註：枝者土所成，幹者石所成土。石静而隨陰，故不易葉。水所成花，火所成水，火動而隨陽故易。魚者水之族也，蟲者風之族也。愚按：走曰獸，飛曰鳥，而非禽非獸者又有魚，雜飛雜走者又有蟲。魚，水之族陰也，蟲，風之族陽也，風猶陸也。草伏之獸，毛如草之莖。林棲之鳥，羽如林之葉。類使之然也。黃氏畿曰：飛者棲木，走者依草，類聚氣感。精義以此類水中之飛走，則泳於水者鱗，如水之紋藏於石者，介如石之體。石之花，鹽消之類是也。水之木，珊瑚之類是也。補註：石之花，剛交於柔而生。水之木，柔交於剛而生也。水之物無異乎陸之物，各有寒熱之性，大較則陸爲陽中之陰，而水爲陰中之陽。補註：陸之物屬陽，陽物性熱而有性寒者，陽中之陰，甘遂土鼈之類是也。水之物屬陰，陰物性寒而有性熱者，陰中之陽，澤蘭鯽魚之類是也。鷹鵰之類食生，而鷄鳧之類不專食生。虎豹之類食生，而猫犬之類食生又食穀，以類推之，從可知矣。補註：鷹鵰食生，陽物也；而鷄鳧不專食生，陽中陰也。虎豹食生，剛物也；而猫犬又食穀，剛中柔也。馬牛皆陰類，細分之則馬爲陽，而牛爲陰。補註：馬牛皆走陰類也，細分之馬性健，則爲陰中陽。牛性順，則爲陰中陰。故文王以坤爲牝馬，而夫子以爲牛也。飛之類喜風而敏於飛上，走之類喜土而利於走下。愚按：此即前節走者便於下，飛者利於上之意。禽蟲之卵，果穀之類也。穀之類多子，蟲之類亦然。補註：天地間正氣生者常少，繁氣生者常多。故人生止一，而獸生二三，禽又倍之，蟲又倍之也。蠶之類，今歲蛾而子，來歲則子，而蠶。蕪菁之類，今歲根而苗，來歲則苗而子。黃氏畿曰：顯仁藏用造化在微物者，大都如此。在水者不瞑，在風者瞑。走之類上睫接下，飛之類下睫接上，類使之然也。

清 牟應震《毛詩物名考》卷一 物之化生，有可信，有不可盡信。可信者，自無而之有也。不可盡信者，以此而爲彼也。鷹鳩之化，不言所憑，易毛移翮，非旦暮可致，卒無耳目其蹤跡者，以此知古人之誤也。雀之入水，海上人有見者，千百爲羣，望洋而去，去而不反。以是知其入水也，然無由見其爲蛤也。聞之海上漁者往往見泥團若毬者，破之，雀也。則雀之蟄水，或亦猶鶯之蟄水乎。而古人以爲爲蛤者，又安知非因見其入水不反，而蛤之文理有似鳥之羽者，而懸斷之也。田鼠□處穴土化駕事，或可信然。必於將化未全化之際，目驗其然，乃敢信其確也。雉化蜃，蝦蟇化鶉，田雞化鴽，有一見者可以徵信矣。

又 卷二 《方言》：人初生謂之首，獸初生謂之鼻。獸與人對舉，獸之臟腑與人近也。《爾雅》：二足而羽謂之禽，四足而走謂之獸。獸與禽對形，獸之生成與禽異也。禽之分以喙，喙鈎者肉食，直者穀食，直而長者腥食，直而鼻生豪者蟲食。獸之分以足，足蹄者草食，足爪者肉食，足如人掌者果食，足如犬足者或肉食，或穀食。蹄者性懦，爪者性暴。如掌者性淫，如犬足者性貪。蹄，無大用也。與之以角，所以衛也。無角者，與之牙，牙厲於角也。牙而濟之以爪，厲加甚矣。故山中之獸，以虎爲君。蹄曰踶，角曰觸，曰觝，牙曰噬，爪曰撲，掌曰緣，曰援，各用其長也，其成形也。額曰定，亦曰顛，脖曰項，胸曰膺，背骨直而穹者曰脊梁，肘後曰脇，脇後曰胳，兩股間曰胯，脛腨曰腓，足曰趾，趾上曲節曰踠。毛曰豪，豪杪曰末毛，極細者曰毬。立曰跕，踞曰蹲。以鼻摇物曰鼽，以舌舐物曰舔，舉尾走曰趧，跡曰達。其取用於人也，或以皮革，或以筋骨，或以角齒，或以□肉。肉用以燕祭，肥曰腴，瘦曰瘠，凝者曰脂，釋者曰膏，腸間脂曰膋，口上肉曰臄。合毛火之曰炮，剥皮火之□炙，貫而反覆炙之曰燔，加火曰烈，入鼎沃湯曰烹，雜以荇藻曰芼，爲醬曰醢，血醢曰醓，湆汁曰羹，薦體者曰俎，薦醢者曰豆，薦羹者曰登。

綜 述

《詩經・大雅・生民》 誕寘之寒冰，鳥覆翼之。傳：大鳥來，一翼覆之，一翼藉之。人而收取之，又其理也，故置之於寒冰。鳥乃去矣，后稷呱矣。傳：於是知有天異，往取之矣。后稷呱呱然而泣。

《論語·陽貨》 子曰：小子何莫學夫詩？詩，可以興，可以觀，可以群，可以怨。邇之事父，遠之事君。多識於鳥獸草木之名。

《禽經》 蒼鷹之屬以象東方木行，朱鳥之屬以象南方火行，黄鳥之屬應土行以象季夏，白鷺之屬以象西方金行，玄鳥之屬以象北方水行。

《墨子·公輸》 子墨子曰：荆之地方五千里，宋之地方五百里，此猶文軒之與敝輿也。荆有雲夢，犀兕麋鹿滿之，江漢之魚鼈黿鼉爲天下富，宋所爲無雉兔狐狸者也，此猶粱肉之與糠糟也。荆有長松、文梓、楩柟、豫章，宋無長木，此猶錦繡之與短褐也。

《莊子·應帝王》 鳥高飛以避矰弋之害，鼷鼠深穴乎神丘之下，以避熏鑿之患。

《文子·上德》 日不並出，狐不二雄，神龍不匹，猛獸不群，鷙鳥不雙。

《文子·道原》 獸以之走，鳥以之飛，麟以之遊，鳳以之翔。

《鶡冠子·王鈇》 鶡冠子曰：虎狼殺人，烏蒼從上，蟥蛾從下，聚之。六者異類，然同時俱至者何也？所欲同也。

《竹書紀年》卷下 四月，越王使公師隅來獻舟三百，箭五百萬及犀角、象齒。【略】六年，王獵於社林。

《禮記·郊特牲》 虎豹之皮，示服猛也。束帛加璧，往德也。

《呂氏春秋·孟夏》 螻蟈鳴，蚯蚓出，王菩生，苦菜秀。天子居明堂左个，乘朱輅，駕赤騮，載赤旂，衣赤衣，服赤玉，食菽與雞，其器高以觕。是月也，以立夏。

《呂氏春秋·仲夏》 小暑至，螳蜋生，鵙始鳴，反舌無聲。天子居明堂太廟，乘朱輅，駕赤騮，載赤旂，衣赤衣，服赤玉，食菽與雞。其器高以觕，養壯狡。

《爾雅·釋鳥》 二足而羽謂之禽，四足而毛謂之獸。疏：别禽獸之異也。凡語有通别，别而言之。羽則曰禽，毛則曰獸，所以然者。禽者，擒也。言鳥力小，可擒捉而取之。獸者，守也。言其力多，不易可擒，先須圍守，然後乃獲，故曰獸也。通而爲説，鳥亦可曰獸，獸亦可曰禽。故《曲禮》：鸚鵡不曰獸，而猩猩通曰禽也。《易》云：王用三驅，失前禽。則驅走者亦曰禽也。又《周禮·司馬職》云：大獸公之，小禽私之。以此而言，則禽未必皆鳥也。又鄭玄注《周禮》云：凡鳥獸未孕曰禽。《周禮》又云：禽作六贄：卿羔，大夫鴈。《白虎通》云：禽者，鳥獸之總名，以其小獸可擒，故得通名禽也。

漢 劉安《淮南子》卷一七《説林訓》 王子慶忌足躡麋鹿，手搏兕虎。置之冥室之中，不能搏龜鼈，勢不便也。

晉 葛洪《抱朴子·外篇》卷二《清鑒》 卉茂者土必沃，魚大者水必廣。虎尾不附狸身，象牙不出鼠口。

宋 黄庭堅《山谷集》卷一四《易生畫麞猿猴獾贊》 穴居木處，相安以飲食生。渴饑愛憎，無師而自能。其皮之美也，自立辟。其肉之肴也，故多兵。風林露壑，伐木丁丁。雄雌同聲，去之遠而猶鳴。彼其不同臭味，故眴目而相驚。惟蟲能蟲，惟蟲能天。余是以觀萬物之情。

宋 張虙《月令解》卷五七 鹿角解，蟬始鳴。半夏生，木堇榮。又記時候也。重紀時候者，先紀時候以明應節，後言時候以應分至。所應不同，故重紀之也。麋鹿之生，皆能解角，猶蛟龍之蜕骨也。而其時則不同。鹿，山獸。所謂鹿走山林是也。麋，澤獸。所謂澤中之麋是也。山高而澤卑，鹿受高燥之氣，多必資陰氣。麋受卑濕之氣，多必資陽氣。所以鹿感陰而解角，麋感陽而解角。解言生新而解舊也。蟬以仲夏鳴，若寒蟬則以孟秋鳴。蟬與寒蟬，異種也。半夏生，仲夏居夏之半，而是藥生於此時，故因以爲名。木堇朝榮而暮隕。

宋 沈括《夢溪筆談》卷三《辨證一》 《莊子》云：程生馬。嘗觀《文字注》，秦人謂豹曰程子。至延州，人至今謂虎豹爲程，蓋言蟲也。方言如此，抑亦舊俗也。

宋 唐仲友《帝王經世圖譜》卷一二《農隙講事之譜》 不麛，不卵，不殺胎，不妖夭，不覆巢。《月令》：季春之月，田獵罝罘，羅罔畢翳，餧獸之藥，毋出九門。孟夏之月，驅獸無害，五穀無大田獵。季秋之月，天子教于田獵，以習五戎，班馬政命僕及七騶咸駕，載旌旐授車以級，整設於屏。外司徒搢扑，北面誓之，天子乃萬飾執弓，授矢以獵，命主祠祭禽于四方。

明 王世貞《弇州四部稿》卷一五六《宛委餘編》 兔絲無根而生，蛇無足而行，魚無耳而聽，蟬無口而鳴。龍聽以角，牛聽以鼻。石脾入水則乾，出水則濕。獨活有風不動，無風自摇。鵂鶹晝暗夜明，鼠晝伏夜動。南倭海灘蚌淚着色，晝隱夜顯。沃山石滴水着色，晝顯夜隱。睡蓮晝開，夜縮水底。蔓草晝縮入地，夜即復出。蝸牛制即且，即且食巨蛇，巨蛇食象。鵲食猬，猬食鵔鸃，鵔鸃食豹，豹食駮，駮食虎。他如玄龜食蟒，飛鼠斷猿，狼虱嚙鶴，青腰食虎，吼伏獅，鶇禦鷲。鳥皆以小制大。所謂禽之制在氣也。東有魚比目曰鰈，南有鳥比翼曰鶼，西有獸比肩曰邛邛距虚。

明 盧翰《掌中宇宙》卷一三《禽獸部·五鳥》 五方之鳥也，東方發明，南方焦明，西方鷫鳴，北方幽昌，中央鳳凰。

明 姚光祚《廣蒙求》卷三七《鳥飛反鄉　兔走歸窟》 夫子見禾之三變，滔滔然，曰：「狐首丘而死，鳥飛反鄉，兔走歸窟，我其首禾乎！穗垂而嚮根，不忘本也。」出《淮南子》。攷狐以穴丘而生，以首枕丘而死，不忘自生也。

明 陳繼儒《書蕉》上卷《雥》 篆文二鳥曰雔，三鳥曰雥，音戢。三鳥相聚，其音戢戢也。

明 焦周《焦氏説楛》卷四 一鳥曰隹，二鳥曰雔，三鳥曰朋，四鳥曰乘，五鳥曰鳫，六鳥曰鶂，七鳥曰鴕，八鳥曰鸞，九鳥曰鳩，十鳥曰鶉。

明 吳從先《小窗清紀》卷一《獸經》 麒牡麟牝，亦曰瑞獸，毛族之君長也。騶虞義獸，羔羊跪乳，羱羊善鬬，羚羊防患，夷羊不祥。馬之良者曰騊駼，曰驥。蹄趼曰騉，小領曰盜驪，青曰騏，赤曰騮，紫曰紫鶯，白曰白義，非龍曰龍，非魚曰魚。面毛在膺曰宜乘，在肘後曰減陽，在幹曰茀方，背曰闋廣。馬，火畜也。其蹄圓，其疾卧，起先前足。牛，土畜也。其蹄圻，其疾立，卧先前足。虓，獅子也，無角而善走，亦曰狻麑，亦曰白澤。虎，於䖘也，無角而善卜，亦曰李耳，亦曰伯都，黄黑曰蜼，蒼白曰貊。獬豸任法，嬾婦恶織，麐麚短脰，威夷長脊。豺祭以獸，其陳也方，秋獵候也。獺祭以魚，其陳也圓，春漁候也。麈統其類，果然號其類。狐惡其類，鬼所乘也，一名玄丘校尉，千年變淫婦。鹿愛其類，仙所乘也，一名鉅鹿侯，千年變蒼白。熊，子踏也，自樹而投地。猶，犬子也，自地而升樹。狒狒，人面而善笑。猩猩，人面而善啼。文文善呼，雙雙善行。羊，羒牂也，亦曰羭羖，亦曰髯鬚，主薄。其聲芊芊，非佳草不悦。豬，豭彘也，亦曰豨豯，亦曰長啄参軍。其聲嚄嚄，非人便不珍。豹，廉獸也，廉而有文。狼，貪獸也，貪而有靈。麝父剔香，舍利吐金。麞性喜山，麋性喜澤。駝智而安，猬鈍而斃。貉愚而全，狙巧而危。蒼兕覆舟，黄羆拔木。黑犀駭鷄，玉面息鼠。獨一鳴而猿絶影，猿三鳴而人下淚。烏龍喜雪，丈人喜月。風獸兆風，火獸兆火，水獸兆水，旱獸兆旱。山丈求金繒，山姑求脂粉。象之膽，春前左而夏前右。貓之睛，午則竪而暮則圓。在子，其鳴也在子；孟極，其名曰孟極。窮奇之音獆狗，諸懷之音鳴鴈。辣辣一目，從從六足。蠶則比肩，䝁則無口。風狸長眉，足訾文臂。驢父馬母曰鸁，馬父驢母曰駃騠。山都見人則走，狖狳見人則眠。遇畏則畏，遇食則食。有所制，有所醉。無角者膏，有角者脂。肉食者悍，草食者愚。萃三曰羣，偶二曰友。生子曰産，齧草曰薦。土處曰穴，木處曰寓。色隨五行，毛應四氣。或變化，或各歷年歲。異種殊形，同歸地理。

清 來集之《倘湖樵書·二編》卷七《禽獸之蟄》 龍蛇蟲豸，皆有所蟄。若羽毛之族則不然，至冬則各生細毛以自温。故《尚書》云：鳥獸氄毛。顧乃有不盡爾者。

清 趙翼《陔餘叢考》卷二一《禽獸草木互名》 《爾雅》：二足而羽謂之禽，四足而毛謂之獸。然獸亦有名禽者。易王用三驅，失前禽。孔穎達云：驅者，亦曰禽。《白虎通》亦謂：禽者，鳥獸總名也。曹植詩：左挽因右射，一縱爾禽連。王充《論衡》有云：子之禽鼠，丑之禽牛。東坡《却鼠刀銘》：夫猫鷙禽，晝巡夜視。皆以獸爲禽。故吳師道《答吳草廬》亦謂：禽即獸。而引《禮記》「猩猩能言，不離禽獸」證之也。惟禽而名獸，則不多見。《尚書》百獸率舞。焦竑謂，非專指走獸也。因推論云：《後漢書·華佗傳》有五禽之術，曰虎，曰熊，曰鹿，曰猿，曰鳥。是獸可名禽也。《考工記》：天下大獸五：脂者，羸者，膏者，羽者，鱗者。是禽可名獸也。然則兩足者亦得謂之獸矣。至鄭康成《周禮》註：凡鳥獸未孕曰禽。此別是一義。又飛曰：雌雄走曰牝牡，亦有可通用者。《詩》：爾牧來思，以薪以蒸，以雌以雄。《左傳》：獲其雄狐。《焦氏易林》：雄犬夜鳴。《木蘭詩》：雄兔脚樸朔，雌兔眼迷離。此以走而稱雌雄者也。《書》：牝雞司晨。《山海經》：帶山有鳥，名曰鵸鵌，自爲牝牡。是以飛而稱牝牡者也。又鄭瑗《井觀瑣言》謂，五行有木而無草，則草亦可謂之木。《洪範》言，庶草蕃廡，而不及木，則木亦可謂之草。又《爾雅·釋草》篇：筍，竹萌。《山海經》：其草多族，厥族多箘。皆以竹爲草類，是竹本亦謂之草也。

清 袁棟《書隱叢説》卷一三《解鳥獸語》 鳥獸之語，不與人通。然古來往往有解之者，未知何術。解馬語者，陽翁偉，李南。解牛語者，介葛盧，詹何。解鳥語者，公冶長，侯瑾，魏尚，秦仲，鮑宣，管輅，孫守，榮成武丁，張子信，楊宣，元廷堅，賈昌，麥宗。解鳥獸語者，漢公昉，唐僧隆多羅，白龜年，沈僧照，安清。解蟻言者，太原王氏。解蛇語者，遼神速姑和菟，有《解鳥語經》一卷，記其事，並不言其術也。王喬有《解鳥語》一卷，未見。白龜年得李太白遺書，曰：讀之可辨

九天禽語，九地獸言。其信然耶？昔人云，洪荒之世，鳥獸之語與人通。後因人心，機巧百出，鳥獸遠避，與人日遠，故言語不通耳。其信然耶？《周禮》：「夷隸掌役牧人養牛馬與鳥言。」則古當有其術矣。

紀事

《晏子春秋·諫上》 景公射鳥，野人駭之。公怒，令吏誅之。晏子曰：「野人不知也。臣聞賞無功謂之亂，罪不知謂之虐。兩者，先王之禁也；以飛鳥犯先王之禁，不可！今君不明先王之制，而無仁義之心，是以從欲而輕誅。夫鳥獸，固人之所養也，野人駭之，不亦宜乎！」公曰：「善！自今已後，弛鳥獸之禁，無以苛民也。」

景公使圉人養所愛馬，暴死，公怒，令人操刀解養馬者。是時晏子侍前，左右執刀而進，晏子止而問於公曰：「堯舜支解人，從何軀始？」公矍然曰：「從寡人始。」遂不支解。公曰：「以屬獄。」晏子曰：「此不知其罪而死，臣爲君數之，使知其罪，然後致之獄。」公曰：「可。」晏子數之曰：「爾罪有三：公使汝養馬而殺之，當死罪一也；又殺公之所最善馬，當死罪二也；使公以一馬之故而殺人，百姓聞之必怨吾君，諸侯聞之必輕吾國，汝殺公馬，使怨積於百姓，兵弱於隣國，汝當死罪三也。今以屬獄。」公喟然嘆曰：「夫子釋之！夫子釋之！勿傷吾仁也。」

《穆天子傳》卷一 天子之馬走千里，勝猛獸。言炁勢傑駭也。天子之狗走百里，執虎豹。言勳力、壯猛也。伯夭曰：征鳥使翼，曰鬬烏鳶，音緣鴟也。鶤雞飛八百里。即鵾雞，鵠屬也。名獸使足鬬走千里，狻猊野馬走五百里，狻猊，獅子，亦食虎豹。野馬亦如馬而小。狻音酸。猊音倪。邛邛距虛走百里，亦馬屬。《尸子》曰：距虛不擇地而走。《山海經》云：蛩蛩、距虛，並言之耳。麋鬬二十里。自麋以上，似次第獸能走里數遠近。曰：伯夭皆致河典。典，禮也。自此以上，事物皆河圖數載。河伯以爲禮，禮穆王也。乃乘渠黃之乘，爲天子先先驅，導路也。以極西土。極，竟。

《韓非子·喻老》 楚莊王莅政三年，無令發，無政爲也。右司馬御座而與王隱曰：「有鳥止南方之阜，三年不翅，不飛不鳴，嘿然無聲，此爲何名？」王曰：「三年不翅，將以長羽翼；不飛不鳴，將以觀民則。雖無飛，飛必沖天；雖無鳴，鳴必驚人。子釋之，不穀知之矣。」處半年，乃自聽政。所廢者十，所起者九，誅大臣五，舉處士六，而邦大治。

三國魏 曹植《曹子建集》卷一〇《令禽惡鳥論》 國人有以伯勞生獻者，王召見之。侍臣曰：世人同惡伯勞之鳴，敢問何謂也？王曰：昔尹吉甫用後妻之說，殺孝子伯奇。吉甫後悟，追傷伯奇。出遊于田，見烏鳴于桑，聞其聲噭然，吉甫動心曰：伯勞乎？乃撫翼，其音尤切。吉甫乃顧謂曰：伯勞乎？是吾子，棲吾輿；非吾子，飛勿居。鳥尋聲而栖于蓋。吉甫遂射殺後妻以謝之。故俗惡伯勞之鳴，言所鳴之家，必有尸也。此好事者附名爲之説，而今普傳惡之，斯實否也。伯勞以五月而鳴，應陰氣之動，陰爲賊害，蓋賊害之鳥也。其聲鶪鶪然，故俗憎之。若其爲人灾害，愚民之所信，通人之所略也。鳥鳴之惡自取憎，人言之惡自取滅，不有能累於當世也。而凶人之行弗可易，梟鳥之能不可更者，天性然也。昔荆人之梟，將巢於吴。鳩遇之曰：何去荆而巢吴乎？梟曰：荆人惡予之聲。鳩曰：子能革子之聲則免，無爲去荆而巢吴也。子不能革子之音，則吴楚之民不異情也。爲子計者，莫若宛頸戢翼，終身勿復鳴也。昔會朝議者，有人問曰：寧有聞梟食其母乎？有答之者曰：嘗聞烏反哺，未聞梟食母也。問者慚，唱不善也。得蟢者，莫不馴而放之，爲利人也。得蚤者，莫不糜之齒牙，爲害身也。鳥獸昆蟲，猶以名聲見異，況夫吉士之與凶人乎！

唐 陸龜蒙《笠澤藂書》卷三《禽暴》 冬十月，予視穫于甫里。旱苗離離，年無以揩。憂傷盈懷，夜不能寐。往往聲類暴雨而疾至者，一夕凡數四。明日訊其甿，曰：「梟鶩也。其曹蔽天而下蓋田，所當之禾，必竭穗而後去。」曰：「得無弋羅者捕而耗之耶？」對曰：「江之南不能弋羅，常藥而得之。糠糊上篚下西塗杖，藥植于陂，一中千萬，膠而不飛。是藥也，出於長沙豫章之涯。行賣貨錯，歲售於射鳥兒。盜興已來，蒙衝塞江，其誰敢商？是藥既絶，羣梟恣翔。幸不充乎口腹，反侵人之稻糧。」予曰：「嘻！失馭之民，化爲盜。關梁急征，商不得行。使江湖小禽，亦肆其暴，以害民食。古聖人毆害物之民出乎四裔，矧害民之物乎？俾生靈，死乎盜，死乎飢，吾不知安用馭者爲！」

宋 彭乘《墨客揮犀》卷五 蟲之類能入耳者，不獨蚰蜒，如壁虱、螢火、叩頭蟲、皂莢蟲皆能入耳爲害。余有外親曾爲蟲入耳，自謂必死，乃極其家所有恣情耗蕩，凡數年家業遂破，蟲出疾愈，驗之乃叩頭蟲也。又余從祖多患腹痛，類爲蟲所食，或教之以桃葉爲枕，一夕蟲自鼻出，形如鷹觜，人莫識其名者。有人爲蚰蜒入耳，遇其極時不覺，以頭撞柱至血流不知，云癢甚，不可忍。蚰蜒入耳，往往食髓，至冬又能滋生。凡蟲入耳者，惟用生油灌之爲妙。

宋 李石《續博物志》卷一〇 武王既勝紂，登郊之阜以望商邑，曰：自發未生六十年，麋鹿在牧，蜚鴻滿野。徐廣乃引内史邊之言曰：夷羊在牧。張華以爲文王之詞曰：水潦東流，飛鴻滿野。又曰：自發未生之十年。與前志小異。

元 馬端臨《文獻通考》卷三一〇《物異考十八·豕禍》 陳後主時，蔣山有衆鳥，鼓翼而鳴曰：「奈何帝。」《京房易·飛候》曰：「鳥鳴門闕，如人音，邑且亡。」蔣山，吴之望也。鳥於上鳴，吴邑空虚之象。及陳亡，建康爲墟。又陳未亡時，有一足鳥集於殿庭，以觜畫地成文，曰：「獨足上高臺，盛草變成灰。」獨足者，叔寶獨行無衆之應。盛草成灰者，陳政蕪穢，被隋火德所焚除也。叔寶至長安，館於都水臺上，高臺之義也。

明 馮夢龍《古今譚槩》卷二五《牝牡雄雌》 周丞相與客閒步園中翫羣鶴，問曰：此牝鶴耶，牡鶴耶？客從旁曰：獸稱牝牡，禽爲雌雄。丞相曰：雄狐綏綏，狐非獸乎？牝雞之晨，雞非禽乎。客不能對。

一從牛，一從隹，自是禽獸之别。雄狐牝雞，文人之巧言耳。《考工記》曰：天下大獸五，則禽亦可謂之獸。《禮記》曰：猩猩能語，不離禽獸。則獸亦可謂之禽。五行有木而無草，則草亦可謂之木。《洪範》言庶草蕃廡而不及木，則木亦可謂之草。

明 曹學佺《蜀中廣記》卷五九《鳥》 《災祥志》云：「蜀建興九年十月，江陽至江州，有鳥從江南飛渡江北，不能達，墮水死者以千數。是時，諸葛亮連年動衆，志吞中夏，而終死渭南，所圖不遂。又諸將分争，頗喪徒旅。鳥北飛不能達，墮水死者，皆有其象也。《蜀李雄書》曰：「武皇帝雄泰成三年，白烏赤足來翔。帝以問范賢，賢曰：『烏有反哺之意，必有遠人懷惠而來。』果關中流民請降。」《宋書》：「孝武大明五年六月，赤烏見蜀郡益州，刺史劉思考以獻。」《周書》：「武帝保定天和等年，益州獻三足烏者，凡數次。」按相如《大人賦》，以三足烏爲之使矣。

清 高士奇《左傳紀事本末》卷二六 《吕氏春秋》：荆莊王立三年，不聽而好讔。成公賈入諫，王曰：「不穀禁諫者，今子諫，何故？」對曰：「臣非敢諫也，願與君王讔也。」王曰：「胡不設不穀矣？」對曰：「有鳥止於南方之阜，三年不動不飛不鳴，是何鳥也？」王射之曰：「有鳥止於南方之阜，其三年不動，將以定志意也；其不飛，將以長羽翼也；其不鳴，將以覽民則也。是鳥雖無飛，飛將冲天；雖無鳴，鳴將駭人。賈出矣，不穀知之矣。」明日朝，所進者五人，所退者十人。羣臣大説，荆國之衆相賀也。故《詩》曰：「何其久也，必有以也。何其處也，必有與也。」其莊王之謂耶！

清 陸廷燦《南村隨筆》卷二《小鶴小猴》 《居易録》：粵東洋船，有携小鶴來自海外者。高三寸，長二寸許，素羽丹頂，喙脛皆緑，與鶴無異。貯以匣中，置玉盌中，貯清水，水中浸珍珠二枚，鶴立盌中，竟日不食。時含珠於喙，旋吐於水，開匣則振引吭，而鳴聲，極清越。長山李予之親見之。粵西某山産小猴，如墨色，僅長二寸許，每千百相貫如懸組。下飲江水。人伺其飲，以鳥銃擊斷，墜江中，取之，無一二生得者。蜀石泉猴，羅江犬子，亦皆以小得名。荷蘭小牛，大如犬，白質黑文，項有肉峯如駝。予官禮部，親見之。

藝文

北周 庾信《庾子山集》卷四《代人傷往二首》 青田松上一黄鶴，相思樹下兩鴛鴦。無事交渠更相失，不及從來莫作雙。鄭緝之《永嘉記》曰：有沐溪野去青田九里，有雙白鶴，年年生子，長大便去。只恒餘父母一隻耳，精白可愛，多云神仙所養。浮丘公《相鶴經》云：青田之鶴。干寶《搜神記》云：宋康王舍人韓憑娶妻何氏美，康王奪之。憑自殺，妻投臺而死。里人埋之，冢相望也。宿昔有大梓木生於二冢之端，有鴛鴦各一，恒棲樹上，交頭悲鳴，音聲感人。宋人哀之，遂號其木曰相思樹。相思之名，起於此也。

雜樹本惟金谷苑，諸花舊滿洛陽城。正是古來歌舞處，今日看時無地行。石崇《金谷詩序》曰：有别廬在河内縣金谷澗中。《思歸引序》：柏木幾於萬株。董嬌嬈詩云：洛陽城東路，桃李生路傍。枝枝自相對，葉葉自相當。

唐 盧照鄰《盧昇之集》卷三《浴浪鳥》 獨舞依磐石，群飛動輕浪。奮迅碧沙前，長懷白雲上。

唐 張説《張燕公集》卷一〇《時樂鳥篇》 舊傳南海出靈禽，時樂名聞不可尋。形貌乍同鸚鵡類，精神别禀鳳凰心。千年待聖方輕舉，萬裏呈才無伴侶。紅茸糅繡好毛衣，清泠謳鴉好言語。内人試取禦衣牽，啄手暝聲不許前。心願陽烏恒保日，志嫌陰鶴欲淩天。天情玩訝良無已，察圖果見祥經裏。本持符瑞驗明王，還用文章比君子。自憐弱羽詎堪珍，喜共華篇來示人。人見嚶嚶報恩鳥，多慚碌碌具官臣。

唐 李頎《覺公院施鳥石臺》（《全唐詩》卷一三四引） 石臺置香飯，齋後施諸禽。童子亦知善，衆生無懼心。苔痕蒼曉露，盤勢出香林。錫杖或圍繞，吾師一念深。

唐 錢起《錢仲文集》卷八《閒居酬張起居見贈》 在林非避世，守拙自離羣。弱羽謝風水一作木，窮愁依典墳。良知不遐棄，新詠獨相聞。能使幽興苦，坐忘清景曛。前山帶喬木，暮鳥聯歸雲。向夕野人思，難忘騎省文。

唐 朱灣《送陳偃賦得白鳥翔翠微》（《全唐詩》卷三〇六引） 不知鷗與鶴，天畔弄晴暉。背日分明見，臨川相映微。浮中雲一點，回處雪孤飛。正好南枝住，翩翩何所歸。

唐 劉長卿《劉隨州集》卷一〇《小鳥篇·上裴尹》 藩籬小鳥何甚微，翩翩日夕空此飛。只緣六翮不自致，長似孤雲無所依。西城黯黯斜暉落，衆鳥紛紛皆有托。獨立雖輕燕雀群，孤飛還懼鷹鸇搏。自憐天上青雲路，吊影徘徊獨愁暮。銜花縱有報恩時，擇木誰容托身處。歲月蹉跎飛不進，羽毛憔悴何人問。繞樹空隨烏鵲驚，巢林只有鷦鷯分。主人庭中蔭喬木，愛此清陰欲棲宿。少年挾彈遥相猜，遂使驚飛往復回。不辭奮翼向君去，唯怕金丸隨後來。

唐 顧況《華陽集》卷中《春鳥詞送元秀才入京》 春來繡羽齊，暮向竹林棲。禁苑銜花出，河橋隔樹啼。尋聲知去遠，顧影念飛低。別有無巢燕，猶窺幕上泥。

唐 顧況《題靈山寺》（《全唐詩》卷二六七引） 覺地本隨身，靈山重結因。如何戰鳥佛，不化捕魚人。

唐 韋應物《韋蘇州集》卷八《夜聞獨鳥啼》 失侣度山覓，投林舍北啼。今將獨夜意，偏知對影棲。

唐 歐陽詹《歐陽行周文集》卷三《與林藴同之蜀途次嘉陵江認得越鳥聲呈林林亦閩中人也》 正是閩中越鳥聲，幾回留聽暗沾纓。傷心激念君深淺，共有離鄉萬里情。

唐 薛濤《池上雙鳥》（《全唐詩》卷八〇三引） 雙棲緑池上，朝暮共飛還。更憶將雛日，同心蓮葉間。

唐 韓愈《雙鳥詩》（《全唐詩》卷三四〇引） 雙鳥海外來，飛飛到中州。一鳥落城市，一鳥集岩幽。不得相伴鳴，爾來三千秋。兩鳥各閉口，萬象銜口頭。春風卷地起，百鳥皆飄浮。兩鳥忽相逢，百日鳴不休。有耳聒皆聾，有口反自羞。百舌舊饒聲，從此恒低頭。得病不呻喚，泯默至死休。雷公告天公，百物須膏油。自從兩鳥鳴，聒亂雷聲收。鬼神怕嘲詠，造化皆停留。草木有微情，挑抉示九州。蟲鼠誠微物，不堪苦誅求。不停兩鳥鳴，百物皆生愁；不停兩鳥鳴，自此無春秋；不停兩鳥鳴，日月難旋輈；不停兩鳥鳴，大法失九疇。周公不爲公，孔丘不爲丘。天公怪兩鳥，各捉一處囚。百蟲與百鳥，然後鳴啾啾。兩鳥既别處，閉聲省愆尤。朝食千頭龍，暮食千頭牛。朝飲河生塵，暮飲海絶流。還當三千秋，更起鳴相酬。

唐 白居易《白氏長慶集》卷三一《三月晦日晚聞鳥聲》 晚來林鳥語殷勤，似惜風光説向人。遣脱破袍勞報暖，催沽美酒敢辭貧。聲聲勸醉應須醉，一歲唯殘半日春。

唐 趙存約《鳥散餘花落》（《全唐詩》卷五〇八引） 春曉游禽集，幽庭幾樹花。坐來驚豔色，飛去墮晴霞。翅拂繁枝落，風添舞影斜。彩雲飄玉砌，絳雪下仙家。分散音初静，凋零蕊帶葩。空階瞻玩久，應共惜年華。

唐 竇洵直《鳥散餘花落》（《全唐詩》卷五〇八引） 晚樹春歸後，花飛鳥下初。參差分羽翼，零落滿空虚。風外清香轉，林邊豔影疏。輕盈疑雪舞，仿佛似霞舒。萬片情難極，遷喬思有餘。微臣一何幸，吟賞對寒居。

唐 孔温業《鳥散餘花落》（《全唐詩》卷五〇八引） 美景春堪賞，芳園白日斜。共看飛好鳥，復見落餘花。來往驚翻電，經過想散霞。雨餘飄處處，風送滿家家。求友聲初去，離枝色可嗟。從兹時節换，誰爲惜年華？

唐 李群玉《宿鳥遠峽化臺遇風雨》（《全唐詩》卷五六八引） 孤鶴長松顛，獨宿萬巖雨。龍湫在石脚，引袂時一取。驚風折喬木，飛焰獵窗户。半夜霹靂聲，高齋有人語。

唐 韋莊《浣花集》卷五《聞春鳥》 雲晴春鳥滿江村，還似長安舊日聞。紅杏花前應笑我，我今憔悴亦羞君。

唐 鄭谷《雲臺編》卷中《越鳥》 背霜南雁不到處，倚棹北人初聽時。梅雨滿江春草歇，一聲聲在荔枝枝。

唐 鄭谷《山鳥》（《全唐詩》卷六七七引） 驚飛失勢粉墻高，好個聲音好羽毛。小婢不須催柘彈，且從枝上吃櫻桃。

唐 吴融《唐英歌詩》卷中《水鳥》 煙爲行止水爲家，兩兩三三睡暖沙。爲謝離鸞兼別鵠，如何禁得向天涯。

唐 李岑《東峰亭各賦一物得棲煙鳥》（《全唐詩》卷二五二引） 從來養毛羽，昔日曾飛遷。變轉對朝陽，差池棲夕煙。遇此枝葉覆，夙舉冀沖天。

唐 鄭衮《好鳥鳴高枝》（《全唐詩》卷七八二引） 養翮非無待，遷喬信自卑。影高遲日度，聲遠好風隨。雲拂千尋直，花催百囀奇。驚人時向晚，求友聽應

知。委質經三歲，先鳴在一枝。上林如可托，弱羽願差池。

唐 劉斌《送劉散員同賦陳思王詩得好鳥鳴高枝》（《全唐詩》卷七三三引）

春林已自好，時鳥複和鳴。枝交難奮翼，谷静易流聲。間關才得性，矰繳遽相驚。安知背飛遠，拂霧獨晨征。

宋 范仲淹《范文正集》卷一《靈烏賦》 梅君聖俞作是賦，曾不我鄙而寄以爲好，因勉而和之，庶幾感物之意同歸而殊途矣。

靈烏靈烏，爾之爲禽兮，何不高翔而遠翥？何爲號呼於人兮，告吉凶而逢怒？方將折爾翅而烹爾軀，徒悔焉而忘路。彼啞啞兮如愬，請臆對而心喻：我有生兮累陰陽之含育，我有質兮處天地之覆露。長慈母之危巢，託主人之佳樹。斤不我伐，彈不我僕。母之鞠兮孔艱，主之仁兮則安。度春風兮，既成我以羽翰；眷庭柯兮，欲去君而盤桓。思報之意，厥聲或異；警於未形，恐於未熾。知我者謂吉之先，不知我者謂凶之類。故告之則反災於身，不告之則稔禍於人。主恩或忘，我懷靡臧。雖死而告，爲凶之防。亦猶桑妖於庭，懼而修德，俾王之興；雉怪於鼎，懼而修德，俾王之盛。天聽甚邇，人言曷病。彼希聲之鳳皇，亦見譏於楚狂；彼不世之麒麟，亦見傷於魯人。鳳豈以譏而不靈，麟豈以傷而不仁？故割而可卷，孰爲神兵？焚而可變，孰爲英瓗？寧鳴而死，不默而生。胡不學太倉之鼠兮，何必仁爲，豐食而肥。倉苟竭兮，吾將安歸？又不學荒城之狐兮，何必義爲，深穴而威。城苟圮兮，吾將疇依？寧驥子之困於馳騖兮，駑駘泰於芻養。寧鵷雛之飢於雲霄兮，鴟鳶飫乎草莽。君不見仲尼之云兮，予欲無言。纍纍四方，曾不得而已焉。又不見孟軻之志兮，養其浩然。皇皇三月，曾何敢以休焉。此小者優優，大者乾乾。我烏也勤於母兮自天，愛於主兮自天。人有言兮是然，人無言兮是然。

宋 歐陽修《文忠集》卷三《啼鳥》 窮山候至陽氣生，百物如與時節争。官居荒涼草樹密，撩亂紅一作亂紅殷紫開繁英。花深葉暗輝朝日，日一作一暖衆鳥皆嚶鳴。鳥言我豈解爾意，綿蠻但愛聲可聽。南窗睡多春正美，百舌未曉催天明。黄鸝顔色已可愛，舌端啞咤如嬌嬰。竹林静啼一作啼盡青竹笋，深處不見惟聞聲。陂田遶郭白水滿，戴勝穀穀催春耕。誰謂鳴鳩拙無用，雄雌各自知陰晴。雨聲瀟瀟泥滑滑，草深苔緑無人行。獨有花上提葫蘆，勸我沽酒花前傾。其餘百種各嘲哳，異鄉殊俗難知名。我遭讒口身落此，每聞巧舌宜可憎。春到山城苦寂寞，把盞常恨無娉婷。花開鳥語輒自醉，醉與花鳥爲交一作友朋。花能嫣然顧我笑，鳥勸我飲非無情。身閒酒美惜光景，惟恐鳥散花飄零。可笑靈均楚澤畔，離騷憔悴愁獨醒。

明 周是修《芻蕘集》卷四《告天鳥》 告天鳥大如寒雀，常以四五月清明高翥霄漢，亹亹如訴言，故名。江南最多，而中原未之見。及至塞外，復有之。感賦其意，以爲近君得言者之戒云。

爰有小鳥兮，其名告天。高翔雲漢兮，亹亹有言。厥言伊何兮，世路風波。人心不古兮，直少曲多。臣節或虧兮，子道或違。干倫犯禮兮，皆心之爲。願天弘仁兮，普生吉人。家俱孝子兮，國盡忠臣。人人自愛兮，謹修不怠。上下安和兮，熙帝之載。其或爾鳥兮，所告匪良。嫉賢妬正兮，讒惑生蒼。明喆爲昧兮，愚闇爲明。變亂黑白兮，淆混濁清。爾鳥如是兮，不獲天心。天將降鑒兮，爾罪則深。勗哉告天兮，式慎爾口。敷奏弗愆兮，保艾爾後。

明 張弼《禽言》（《石倉歷代詩選》卷四〇八引） 得過且過！飲啄隨時朝暮。得隴望蜀徒爾爲，未知是福還是禍。得過且過！

明 邵寶《容春堂集·後集》卷一二《鳥聲》 一鳥不鳴山可憐，更憐鳴鳥過簷前。友聲信有如鸎語，喜報曾聞是鵲傳。南國音成非别調，北窻夢醒正閒眠。近來習静心初定，獨把無聲寄五絃。

圖表

宋 聶崇義《三禮圖集注》卷六《糝侯》 此謂畿外諸侯卿大夫助祭於君所，射之糝侯也。糝，雜也。雜侯者，以豹尊於麋，明以豹爲鵠，以麋爲飾耳。不純用豹麋者，下天子卿大夫故也。其侯道七十弓，侯廣鵠方丈尺之數，並與天子熊侯同。

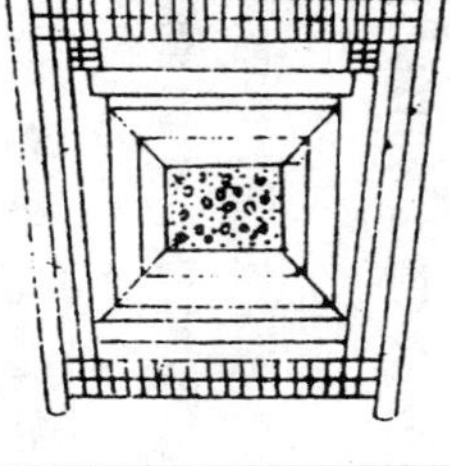

糝侯

又　卷七《獸侯熊首》　《梓人》云：張獸侯，則王以息燕。註云：獸侯，畫獸爲侯。《鄉射記》曰：凡侯，天子熊侯，白質；諸侯麋侯，赤質。白質者，謂以蜃灰塗之使白爲地，正面畫其熊之頭狀。亦象正鵠，三分其侯而處其一，亦各畫雲氣飾其側。燕，謂王勞使臣與羣臣飲酒而射也。息，謂王休農息老物之後，亦行此燕射之禮。王自射此五十弓熊首之侯也。

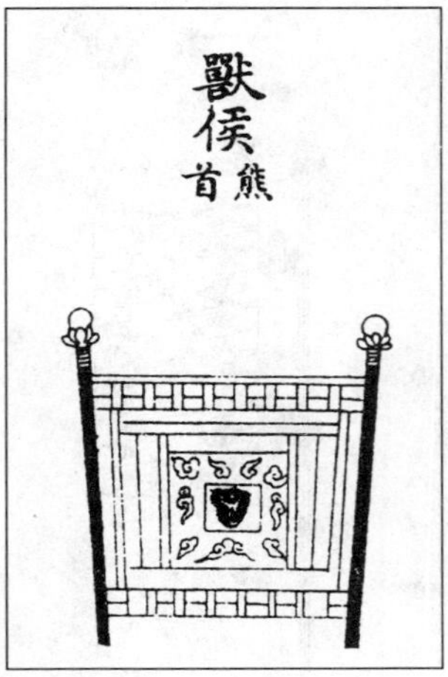

又《獸侯麋首》　諸侯麋侯，赤質，謂以赤塗之，使赤爲地，正面畫其麋之頭狀，必知然者。案：貍首者，射不來者之首也。明熊麋以下皆正面畫其頭也。王燕勞之時，諸侯射此五十弓麋首之侯也，亦畫雲氣飾其側。

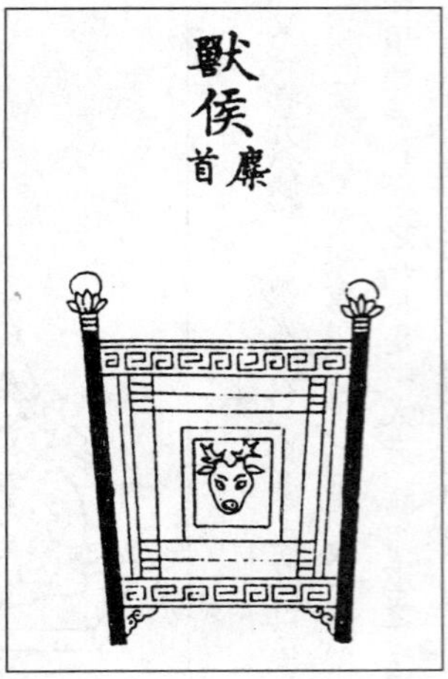

又《獸侯虎豹首》　卿大夫布侯，畫以虎豹。言布侯者，謂不采其地，直於布上正面畫虎豹頭狀，亦畫雲氣飾其側。王燕射，則卿大夫射此五十弓，虎豹首之侯也。燕射，必射此熊虎豹之首者，不忘上下相犯也。言此三獸皆猛，不苟相下。若君臣之道，獻可者、替否者，不苟相從，輒當犯顏而諫，似此獸也，故用之。

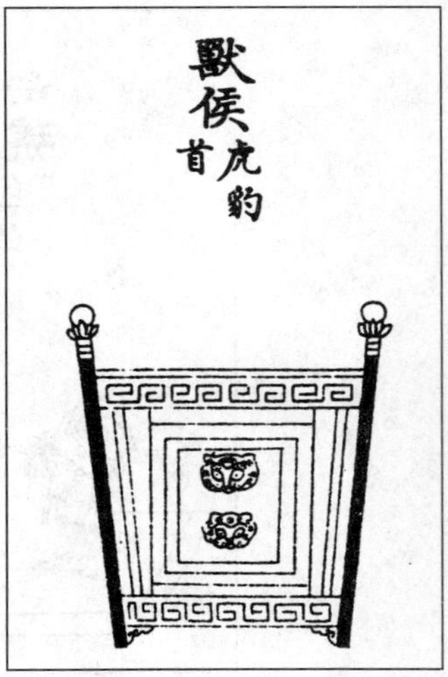

又《獸侯鹿豕首》　王燕射士。射五十弓鹿豕之布侯者，亦謂不采其地，直於布上面畫鹿豕頭狀，及畫雲氣以飾其側。諸侯必射麋，士必射鹿豕者，志在君臣相養也。案：《内則》云：麋鹿豕皆有軒，並是可食之物，故知相養也。天子諸侯特射熊麋之首，卿大夫士兼射虎豹鹿豕之首，所謂君畫一臣畫二，陽奇陰偶之數也。

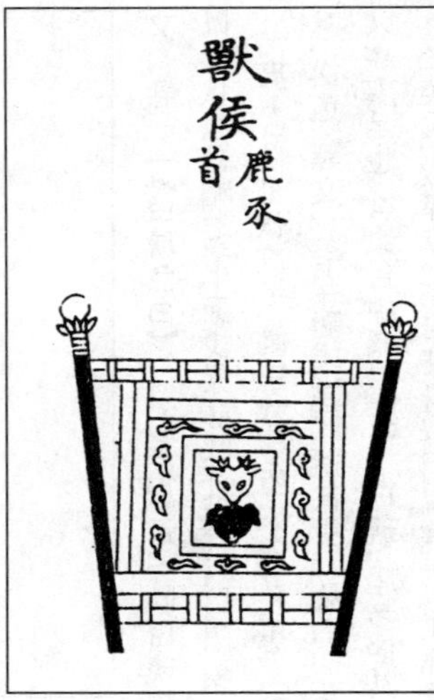

又　卷八《鹿中》　鄭注：鄉射禮，射於榭，用鹿中，有堂無室，曰「榭」。榭即州序也。舊圖云：士之中長尺二寸，首高七寸，背上四寸，穿之容筭，長尺二寸。《鄉射記》曰：鹿中髤，前足跪，鑿其背，容八筭。注云：前足跪者，象教擾之獸受負也。賈釋云：服不氏教擾猛獸，有堪受負，有不合受負者。若今馳受負則四足俱屈。又《投壺禮》孔義云：其中之形刻木爲之，狀如鹿兕而伏，鑿背盛筭。

又　卷九《旟》《輈人》云：鳥旟七斿，以象鶉火。注云：鳥隼爲旟。鶉火、朱鳥，宿之柳，其屬有星。星，七星，故七斿。此亦王者所建。又案：司常云，州里建旟，且鄉之州長是中大夫，四命遂之。里宰是下士一命，皆不得建此七斿之旟。又後鄭云：鳥隼，象其勇捷也。賈釋云：以熊、虎、龜、蛇，既各爲兩物，則隼當謂鷹隼，是勇者也。鳥謂鳥之捷疾者也。

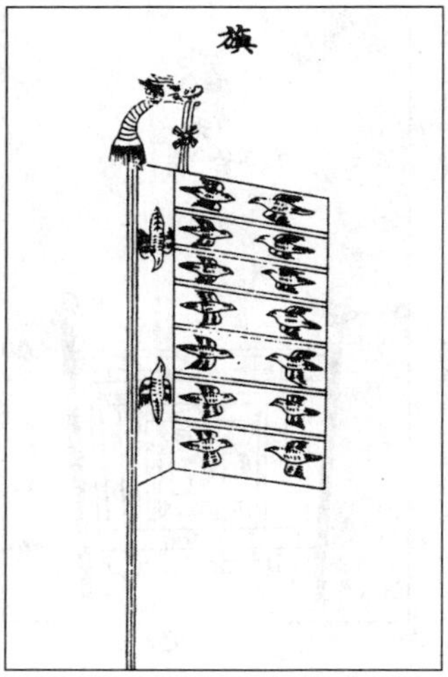

又《熊旗》《輈人》云：熊旗六斿，以象伐。注云：熊虎爲旗，伐屬白虎宿，與參連體而六星，故六斿，此王者所建也，其斿與杠長短亦如太常。若臣下，則各依命數。然則遂大夫四命，四斿。鄉大夫六命，則爲六斿，斿之與杠長短則不得如王者之數。

又　卷一一《白琥色白》《大宗伯》云：以白琥禮西方，牲幣皆如琥色。注云：以立秋祭白精之帝，而少昊蓐收食焉。琥猛，象秋氣嚴。鄭《圖》云：以玉長九寸，廣五寸，刻伏虎形，高三寸。臣崇義又案：《孫氏符瑞圖》云：白琥，西方義獸，白色，黑文，一名「騶虞」，尾倍其身。故《開元禮》避諱而云：禮，西方，白帝以騶虞是也。又《晉中興書》云：白琥，尾參倍其身。又《尚書大傳》説散宜生等之於陵氏，取怪獸，尾倍其身，名曰「虞」。後鄭云：虞，蓋騶虞也。《周書》曰：「英林酋耳，若虎豹，尾長，參倍其身。」「於陵」、「英林」，音相近，其是之謂乎？

虎

總論旁喻

題解

漢 許慎《説文》卷五 虎，山獸之君。從虍，虎足象人足。象形。凡虎之屬皆從虎。呼古切。

明 李時珍《本草綱目》卷五一《虎》 釋名： 烏䖘音徒，《左傳》作於菟，《漢書》作烏檡。大蟲《肘後》、李耳。時珍曰：虎，象其聲也。魏子才云：其文從虛，從凡，象其蹲踞之形，從人者非也。楊雄《方言》云：陳魏之間謂之李父，江淮南楚之間謂之李耳，或謂之𪇰䖘，自關東西謂之伯都珍。按李耳當作狸兒，盖方音轉狸爲李，兒爲耳也。今南人猶呼虎爲貓，即此意也。郭璞謂虎食物值耳則止，故呼李耳觸其諱。應劭謂南郡李翁化爲虎，故呼李耳。皆穿鑿不經之言也。《爾雅》云：虎淺毛曰虦貓，音棧。白虎曰甝，音含。黑虎曰虪，音育。似虎而五指曰貙，音樞。似虎而非真曰彪。似虎而有角曰虒，音嘶。

集解：頌曰：虎，《本經》不載所出，今多山林虎皆有之。時珍曰：按《格物論》云：虎，山獸之君也。狀如猫而大如牛，黄質黑章，鋸牙鉤爪，鬚健而尖，舌大如掌，生倒刺，項短鼻齆，夜視一目放光，一目看物，聲吼如雷，風從而生，百獸震恐。《易卦通驗》云：立秋虎始嘯，仲冬虎始交。或云月暈時乃交。又云虎不再交，孕七月而生。又云虎知衝破，能畫地觀奇，偶以卜食。今人效之，謂之虎卜。虎噬物隨月旬上下而嚙其首尾，其搏物三躍不中則捨之。人死於虎則爲倀鬼，導虎而行。虎食狗則醉，狗乃虎之酒也。聞羊角烟則走，惡其臭也。虎，害人獸，而蝟鼠能制之，智無大小也。獅、駮、酋耳、黄腰渠搜能食虎，勢無强弱也。《抱朴子》云：虎五百歲則變白。又海中有虎鯊能變虎。古有貙虎變人貙人變虎之説，亦自有是理也。

明 李中立《本草原始》卷九 虎生山林。《格物論》云：虎，山獸之君也。狀如猫而大如牛。黄質黑章，鋸牙鉤爪，鬚健而尖，舌大如掌。生倒刺，項短鼻齆。夜視一目放光，一目看物。聲吼如雷，風從而生，百獸震恐。大寒之日始交，七月而生。性至猛烈，雖遭逐，猶復徘徊顧步。其傷重者，輒咆哮作聲而去，聽其聲之多少，以知其去之遠近。率鳴一聲者，爲一里。靠岩坐倚木而死，終不僵仆。其搏物不過三躍，不中則捨之。其食物值耳輒止，以爲觸其名名耳故也。嘗傷人者，耳輒有缺。人死于虎，則爲倀鬼，導虎而行。《類從》曰：虎行以爪拆地，觀奇偶而行。今人畫地觀奇偶者，謂之虎卜。楊雄《方言》云：陳魏之間謂之李父，江淮南楚之間謂之李耳，或謂之𪇰䖘，自關東西謂之伯都。李時珍曰：虎，象其聲也。魏子才云：其文從虍，從凡，象其蹲踞之形。《字説》曰：虎西方之獸，俗呼大蟲。

論説

《論語・季氏》 季氏將伐顓臾，冉有季路見於孔子曰：「季氏將有事於顓臾。」孔子曰：「求，無乃爾是過與？夫顓臾，昔者先王以爲東蒙主，且在邦域之中矣，是社稷之臣也，何以伐爲？」冉有曰：「夫子欲之，吾二臣者，皆不欲也。」孔子曰：「求，周任有言曰：陳力就列，不能者止。危而不持，顛而不扶，則將焉用彼相矣？且爾言過矣。虎兕出於柙，龜玉毁於櫝中，是誰之過與？」冉有曰：「今夫顓臾，固而近于費，今不取，後世必爲子孫憂。」孔子曰：「求，君子疾夫舍曰欲之，而必爲之辭。丘也聞有國有家者，不患寡而患不均，不患貧而患不安，蓋均無貧，和無寡，安無傾。夫如是，故遠人不服，則修文德以來之。既來之，則安之。今由與求也，相夫子，遠人不服而不能來也，邦分崩離析而不能守也，而謀動干戈於邦内，吾恐季孫之憂，不在顓臾，而在蕭牆之内也。」

《晏子春秋・諫下》 齊景公出獵，上山見虎，下澤見蛇。歸召晏子而問之，曰：「今日寡人出獵，上山則見虎，下澤則見蛇，殆所謂之不祥也？」晏子曰：「國有三不祥，是不與焉。夫有賢而不知，一不祥；知而不用，二不祥；用而不任，三不祥也。所謂不祥，乃若此者也。今上山見虎，虎之室也；下澤見蛇，蛇之穴也。如虎之室，如蛇之穴而見之，曷爲不祥也？」

《列子・黄帝》 周宣王之牧正有役人梁鴦者，能養野禽獸，委食於園庭之内，雖虎狼雕鶚之類，無不柔馴者。雌雄在前，孳尾成羣，異類雜居，不相搏噬也。王慮其術終於其身，令毛丘園傳之。梁鴦曰：「鴦，賤役也，何術以告爾？懼王之謂隱於爾也。且一言我養虎之法。凡順之則喜，逆之則怒，此有血氣者

之性也。然喜怒豈妄發哉？皆逆之所犯也。夫食虎者，不敢以生物與之，爲其殺之之怒也；不敢以全物與之，爲其碎之之怒也。時其飢飽，達其怒心。虎之與人異類，而媚養己者，順也。故其殺之，逆也。然則吾豈敢逆之使怒哉？亦不順之使喜也。夫喜之復也必怒，怒之復也常喜。皆不中也。今吾心無逆順者也，則鳥獸之視吾，猶其儕也。故遊吾園者，不思高林曠澤；寢吾庭者，不願深山幽谷，理使然也。」

《莊子・人間世》 汝不知夫養虎者乎？不敢以生物與之，爲其殺之之怒也。不敢以全物與之，爲其決之之怒也。時其饑飽，達其怒心。虎之與人異類，而媚養己者，順也。故其殺者，逆也。

《禮記・檀弓下》 孔子過泰山側，有婦人哭於墓者而哀。夫子式而聽之。使子路問之曰：「子之哭也，壹似重有憂者。」而曰：「然。昔者，吾舅死于虎，吾夫又死焉，吾子又死焉。」夫子問：「何爲不去也？」曰：「無苛政。」夫子曰：「小子識之，苛政猛於虎也。」

《韓非子・揚權》 虎成其羣，以弑其母。母則君也。既朋黨相益，即是虎成羣也。虎既成羣，母必見弑。爲主而無臣，奚國之有。臣皆爲虎，故曰無臣也。主施其法，大虎將怯。主施其刑，大虎自寧。主既施刑，虎則懼而履道，故得安寧也。法刑狗信，虎化爲人，復反其真。謂君君臣臣也。

漢 劉向《戰國策》卷四《秦策》 楚絶齊，齊舉兵伐楚。陳軫謂楚王曰：「王不如以地東解于齊，西講于秦。」楚王使陳軫之秦。秦王謂軫曰：「子秦人也，寡人與子故也。寡人不佞，不能親國事也，故子棄寡人事楚王。今齊、楚相伐，或謂救之便，或謂救之不便，子獨不可以忠爲子主計，以其餘爲寡人乎？」陳軫曰：「王獨不聞吳人之游楚者乎？楚王甚愛之，病，故使人問之曰：『誠病乎？意亦思乎？』左右曰：『臣不知其思與不思，誠思則將吳吟。』今軫將爲王『吳吟』。王不聞管與之説乎？有兩虎諍人而鬥者，管莊子將刺之，管與止之曰：『虎者戾蟲，人者甘餌也。今兩虎諍人而鬥，小者必死，大者必傷，子待傷虎而刺之，則是一舉而兼兩虎也。無刺一虎之勞，而有刺兩虎之名。』齊、楚今戰，戰必敗。敗，王起兵救之，有救齊之利，而無伐楚之害。」計聽知覆逆者，唯王可也。計者，事之本也；聽者，存亡之機。計失而聽過，能有國者寡也。故曰：「計有一二者難悖也，聽無失本末者難惑。」

又 卷二三《魏策》 龐葱與太子質於邯鄲，謂魏王曰：「今一人言市有虎，王信之乎？」王曰：「否。」「二人言市有虎，王信之乎？」王曰：「寡人疑之矣。」「三人言市有虎，王信之乎？」王曰：「寡人信之矣。」龐葱曰：「夫市之無虎明矣，然而三人言而成虎。今邯鄲去大梁也遠於市，而議臣者過於三人矣。願王察之矣。」王曰：「寡人自爲知。」於是辭行，而讒言先至。後太子罷質，果不得見。

漢 王充《論衡》卷一六《遭虎篇》 變復之家，謂虎食人者，功曹爲姦所致也。其意以爲，功曹衆吏之率，虎亦諸禽之雄也。功曹爲姦，采漁於吏，故虎食人以象其意。夫虎食人，人亦有殺虎。謂虎食人，功曹受取於吏。如人食虎，吏受於功曹也乎。案世清廉之士，百不能一。居功曹之官，皆有姦心。私舊故可以倖，苞苴賂遺，小大皆有，必謂虎應功曹，是野中之虎常害人也。夫虎出有時，猶龍見有期也。陰物以冬見，陽蟲以夏出。出應其氣，氣動其類。參、伐以冬出，心、尾以夏見。參、伐則虎星，心、尾則龍象。象出而物見，氣至而類動，天地之性也。動於林澤之中，遭虎搏噬之時，稟性狂勃，貪叨飢餓，觸自來之人，安能不食。人之筋力羸弱不適，巧便不知，故遇輒死。使孟賁登山，馮婦入林，亦無此害也。孔子行魯林中，婦人哭甚哀。使子貢問之，何以哭之哀也。曰：「去年虎食吾夫，今年食吾子，是以哭哀也。」子貢曰：「若此何不去也。」對曰：「吾善其政之不苛，吏之不暴也。」子貢還報孔子。孔子曰：「弟子識諸！苛政暴吏甚於虎也。」夫虎害人，古有之矣。政不苛，吏不暴，德化之足以却虎。然而二歲比食二人，林中獸不應善也。爲廉不應，姦吏亦不應矣。或曰：「虎應功曹之姦，所謂不苛政者，非功曹也。」婦人，廉吏之部也，雖有善政，安耐化虎。」夫魯無功曹之官，功曹之官，相國是也。魯相者，殆非孔墨，必三家也。爲相必無賢操，以不賢居權位，其惡，必不廉也。必以相國爲姦，今虎食人，是則魯野之虎常食人也。水中之毒，不及陵上；陵上之氣，不入水中：各以所近，罹殃取禍。是故漁者不死於山，獵者不溺於淵。好入山林，窮幽測深。涉虎窟寢，虎搏噬之，何以爲變。魯公牛哀病化爲虎，搏食其兄，同變化者不以爲怪。入山林草澤見害於虎，怪之非也。蝮蛇悍猛，亦能害人。行止澤中，[中]於蝮蛇，應何官吏。蜂蠆害人，入毒氣害人，入水火害人。人爲蜂蠆所螫，爲毒氣所中，爲火所燔，爲水所溺，又誰致之者。苟諸禽獸，乃應吏政。行山林中，麋鹿、野猪、牛象、熊羆、豺狼、蜼蠼，皆復殺人。苟謂食人乃應爲變。蚤蝨閩蝱皆食人，人身彊大，故不至死。倉卒之世，穀食之貴，百姓飢餓，自相啖食，厥變甚於虎。變復之家，不處苛

政。且虎所食，非獨人也，含血之禽，有形之獸，虎皆食之。［食］人謂應功曹之姦，食他禽獸，應何官吏？夫虎，毛蟲；人，倮蟲。毛蟲飢，食倮蟲，何變之有。四夷之外，大人食小人，虎之與蠻夷，氣性一也。平陸、廣都，虎所不由也。山林、草澤，虎所生出也。必以虎食人應功曹之姦，是則平陸、廣都之縣，功曹常爲賢。山林、草澤之邑，功曹常伏誅也。夫虎食人於野，應功曹之姦。虎時入邑行於民間，功曹游於閭巷之中乎。實說，虎害人於野，不應政，其行都邑，乃爲怪。夫虎，山林之獸，不狎之物也，常在草野之中，不爲馴畜，猶人家之有鼠也。伏匿希出，非可常見也。命吉居安，鼠不擾亂。禄衰居危，鼠爲殃變。夫虎亦然也。邑縣吉安，長吏無患，虎匿不見；長吏且危，則虎入邑，行於民間。何則？長吏光氣已消，都邑之地，與野均也。推此以論，虎所食人，亦命時也。命訖時衰，光氣去身，視肉猶尸也，故虎食之。天道偶會，虎適食人，長吏遭惡，故謂爲變。應上天矣。古今凶驗，非唯虎也，野物皆然。楚王英宫樓未成，鹿走上堦，其後果薨。魯昭公且出，鸜鵒來巢，其後李氏逐昭公，昭公奔齊，遂死不還。賈誼爲長沙王傅，鵩鳥集舍，發書占之，曰：「主人將去。」其後遷爲梁王傅。懷王好騎，墜馬而薨。賈誼傷之，亦病而死。昌邑王時，夷鵜鳥集宫殿下，王射殺之。以問郎中令龔遂，龔遂對曰：「夷鵜野鳥，入宫，亡之應也。」其後昌邑王竟亡。盧奴令田光與公孫弘等謀反，其且覺時，狐鳴光舍屋上，光心惡之。其後事覺坐誅。會稽東部都尉禮文伯時，羊伏廳下，其後遷爲東萊太守。都尉王子鳳時，麐入府中，其後遷丹陽太守。夫吉凶同占，遷免一驗。俱象空亡，精氣消去也。故人且亡也，野鳥入宅；城且空也，草蟲入邑。等類衆多，行事比肩。略舉較著，以定實驗也。

唐　柳宗元《柳河東集》卷一九《黔之驢》　黔無驢，有好事者，船載以入。至則無可用，放之山下。虎見之，尨然大物也，以爲神。蔽林間窺之。稍出，近之，慭慭然，莫相知。他日，驢一鳴，虎大駭，遠遁，以爲且噬己也，甚恐。然往來視之，覺無異能者，益習其聲，又近出前後，終不敢搏。稍近，益狎，蕩倚衝冒，驢不勝怒，蹄之。虎因喜，計之曰：「技止此耳。」因跳踉大㘎，斷其喉，盡其肉，乃去。噫！形之尨也，類有德；聲之宏也，類有能。向不出其技，虎雖猛，疑畏，卒不敢取。今若是焉。悲夫！

唐　史徵《周易口訣義》卷五　虎變者，謂改正朔，易服色，取其文章炳焕，又取虎之威猛可畏之義也。上六，君子豹變，小人革面。「征凶居貞吉」者，處革之極，變道已成。君子居之，雖不如大人之變，如虎之文，然亦可順時而行，如豹文之暵蔚，故曰君子豹變也。若小人處之，但能變其顔面，順上而已，故曰小人革面也。

宋　王禹偁《小畜外集》卷八　峽口鎮多暴虎，路人過而罹害者，十有一二焉。行役者目其地曰「税人場」，言虎之搏人，猶官之税人。因爲文以弔之，其辭曰：

虎之生兮，亦稟亭毒。文彩蔚以錦爛，睛眸赫其電燭。爪利鋒起，牙張雪矗。巖乎爾游，溪乎爾育。匪隱霧以澤毛，惟咥人而嗜肉。豺伴貙隣，林潛草伏。嘯生習習之風，視轉耽耽之目。始有霜徑晨征，陰村暮宿，爾必搏以療饑，啗而充腹。骨委溝壑，血豪林麓。恨魄長往，悲魂不復。旅人無東海之勇，嫠婦起太山之哭。至使賈說商談，飛川走陸。職彼獸之攸暴，示斯場之所酷。騎者爲之鞭蹄，車者爲之膏軸。鈹者謂之發刃，弧者謂之挾鏃。來之者有備，過之者在速。鮮不魄駭魂驚，而神翻思復者哉！於戲！虎之搏人也，止于充腸；官之税人也，幾于敗俗。則有泉湧鹿臺之錢，山積巨橋之粟。周幽厲之不卹，漢桓靈之肆慾。是皆收太半以充國，用三夷而禍族。牙以五刑，爪以三木。搏之以吏，咥之在獄。馬不得而馳其蹄，車不得而走其轂。鈹在匣以誰引，矢在弦而莫屬。斯場也大于六合，斯虎也害于比屋。雖有黄公之力，莫得而戮；雖有卞莊之戟，豈得而逐？必在乎立道德而爲戟爲刃，張仁慈而爲穽爲機。俾爾獸之馴擾，見我場之坦夷。乃芟兇薙惡，除澆滌灕。帝道以之蕩蕩，人心以之熙熙。自然來騶虞之仁獸，返淳風兮庶幾。

宋　鄭獬《鄖溪集》卷一七《虎説》　安陸故多虎，或躍而入郭里。民設穽以逐之，虎避去，入山，民即山復爲穽，虎遂窮而遠遁，今亡虎矣。天之生物，與人迭爲盛衰。天下平治之久，生齒大繁，暴害天物，亡休息。異時漢溪多魚矣，不售則反棄諸河，今財充釜而已，是川澤不足以勝網罟。異時南山多薪矣，凡民得樵焉，今相鬭於叢薄間，是山林不足以勝斧斤。異時夢澤多稻矣，鄰里不相求，今持券而往無所貸矣，是田疇不足以勝食。故古之聖人於物也，養之有道，取之有時。獺祭而魚梁入，隼擊而罻羅用，故物與人相資而不相竭。後世亡法，故物與人迭盛而迭衰。自唐末五代兵滿四海，生靈苟活於白刃間，廬聚不見爨烟。是時山林川澤得以休息，而物大出爲暴，若海潮之溢。於是魚蟲鳥獸羣行而奪民之居，虎豹厭食若人矣。是非盛衰相勝而有時哉。善持之者，不欲其有所勝

而有所害。若安陸之虎，既窮而不得自託於山野，民既已勝矣，然亡使其復躍入郭，則甚善。

明 宋濂《文憲集》卷二六《人虎説》 莆田壺山下有路通海，販鬻者由之。至正丁未春，民衣虎皮，煅利鐵爲爪牙，習其奮躍之態，絶類。乃出伏灌莽中，使偵者緣木而視。有負囊至者，則嘯以爲信，虎躍出，扼其吭殺之。或鬻其肉爲噬齧狀。裂其囊，拔物之尤者，餘封秘如故，示人弗疑。人競傳壺山下有虎，不食人，唯吮其血，且神之。已而民偶出，其婦守巖穴。聞木上嘯聲急，意必有重貨，乃蒙皮而搏之。婦人質脆柔，販者得與抗。婦懼，逸去。微見其蹠，人也。歸謀諸鄉，譟逐之。抵穴，獲金帛無算，民竟逃去。嗚呼！世之人虎，豈獨民也哉！

明 余懋學《説頤》卷二《贓臺虎歌》 劉伯温《詠梁山泊分贓臺詩》云：「突兀高臺累土成，人言暴客此分贏。飲泉清節今寥落，何但梁山獨擅名。」弘治間，有仁和尹，頗貪暴。適獵人獲一虎，士人俞珩以詩嘲之云：「虎告相公聽我歌，相公比我食人多。相公若肯行仁政，虎自雙雙北渡河。」《史記》云：「此皆劫盜而不操戈矛。」《漢書》云：「吏皆虎而冠。」嗚呼，今之司民牧者，其尚思所以免於盜吏、虎冠之誚也哉！

明 陳其力《芸心識餘》卷三《鼃虎相持》 南武選楊次泉嘗云，安陸陂澤中，多巨林叢葦，水涸則虎豹處其中。一日，鄉人遥見一虎倒懸於樹，聲震林木。集衆視之，迺一巨鼃曝日于樹，虎不知，以尾掉之，爲鼃所含，搏攫不能脱，遂爲衆所得。亦異事也。

芸心子曰：聞鷸蚌相持矣。若鼃虎，則未之前聞也。彼水族之强有力者，莫鼃若也。而其至拙者，亦莫鼃若也。故聖賢以鼃鼉序于蛟龍之首，而言之始。鼃之曝日于樹，固無心于虎也。虎之掉尾，亦詎知鼃也。而有心于鼃哉，大都不過優游于林木之間，以自適而已。庸詎知巧者爲拙者所弄，而强梁者亦爲强有力者所制耶？觀於此，則人事可推矣。許魯齋曰：世間巧拙俱相半，不許區區智力争。薛文清公讀而嘆之曰：此言宜念。

明 陳耀文《天中記》卷六〇 孔子嘗遊於山，使子路取水，逢虎於水所，與共戰，攬尾得之，内懷中；取水還，問孔子曰：「上士殺虎如何？」子曰：「上士殺虎持虎頭。」又問：「中士殺虎如何？」子曰：「中士捉再。」又問：「下士殺虎如何？」子曰：「捉虎尾。」子路出尾棄之。因恚孔子曰：「夫子知水所有虎，使我取水，是欲死我。」乃懷石盤，欲中孔子。又問：「上士殺人如之何？」子曰：「上士殺人用筆端。」又問：「中士殺人如何？」子曰：「中士殺人用舌脣。」又問：「下士殺人如之何？」子曰：「下士殺人懷石盤。」子路出而棄之，於是心服。

明 湯顯祖《嗤彪賦有序》《歷代賦彙》卷一三四引） 予郡巴邱南百折山中，有道士善檻虎，兩函桁之以鐵，中不通也。左關羊而開右，入虎，懸機下焉。餓之抽其桁，出其爪牙。楔而鉗之，絙其舌已。重餓之，飼以十銖之肉而已。久則羸然弭然，始飼以飯一盂，菜一盂，未嘗不食也，亦不復有一銖之肉矣，以至童子皆得飼之。已而出諸囚，都無雄心。道士時與撲跌爲戲，因而賣與人守門以爲常。率虎千錢，大者千五百錢。初猶驚動馬牛，後反見大牛而驚矣。或時伸腰振首，輒受呵叱，已不復爾。常置庭中以娱賓。月須請道士診其口爪，鐫剔擾洗各有期。道士死，其業廢。予獨嗤夫虎，雄蟲也，貪羊而窮，以至於斯辱也，賦之。

夫何山中之一獸，予受猛質於西旻。貌低團而項廷，鼻黝隆而齒齦。目斜匡而電爍，聲倨頷以雷殷。舌理粗而銼樹，鬢鋒横而獵人。爪含銛而卷曲，尾拂彎而絙伸。叱形模其足怖，矧精威之絶塵。静嘯而陰飈窣起，坦步則稠林自分。凛氣候之相制，隱形勢而見尊。況百折之深山，常此窟之成羣。黄斑厲而卧隴，白頞連而飲津。初涉味於牛馬，遂舐及於人民。户震躬而屏徙，或重遷而遠藩。獨無生之道士，故有心而與鄰。力不加於子路，術不詭於黄神。布石關之宛轉，交鐵葉以繽綸。界鳴羊於接檻，誘聞羶而見循。進密歷以窮路，退躊躅而下門。遂乃耶浪擲跌，偪仄輪困。始傖氄而怒湧，久牢騷而意煩。氣屈而皾，力癉而跂。羌局拘而勢改，積威約而理均。於是道士欣焉，待旦及晨，舉之於懸處，餓之以兼旬。待威神之委頓，任處置之紛紜。未陷頭而投鬢，先罥爪而剔蹯。捩權牙於巨斧，磨刺舌以疏巾。香泔變其腸胃，清水洗其喉脣。欲次第而施食，已隨宜而致馴。初猶啖以碓肉，次則習以盤飧。或設以稃粒之餘，或投以松芥之根。既苦飢而伏檻，敢擇食以懟恩。遂乃改山林之性氣，狎雞犬之見聞。遇夫人之下視，即弭耳而意親。諒厓柴之已去，放野牧以逡巡。非止柔性，兼弱其筋。圓腰纖而脅息，豔斑摧而皺皴。撫之而亦喜，撲之而不嗔。似巨狸之擾足，若卑犬之纏身。偶循隅而吐嗜，輒蒙訶而愴魂。昔有大蟲之號，今有小畜之云。懊撐距之無時，委降戢於非倫。雖山君之短智，亦梁鵞之淺仁。見其弱而可弄，牽以售而論斤。有守犬其未足，借虚名而守閽。既爪牙之久折，亦何威而見奔。第周旋於苑薄，得混迹於麑麏。學婆娑而呢主，戲矍綽以娱賓。感知音之君子，

被歎涕之殷勤。偉兹靈之巨猛，鬱有武而有文。偶脣吻之所及，皆性命之相因。論雄心與剛力，固決乾而倒坤。略網絓而風飛，觸嘌燎以雷噴。哮怒則千人自廢，憤蹶而萬瓦猶震。非胥疏其有欲，何牢檻之敢陳？偶朵頤於跛羊，落一髮於千鈞。饑窘來而餌施，利器往而性泯。足人問之翫擾，何氣決之可存。諒如此而久生，固不如即死之麒麟。

綜　述

宋 陸佃《埤雅》卷三《虎》　虎奮衝破，又能畫地卜食。蓋蛇蟠向壬，鵲巢面歲，燕伏戊己，虎奮衝破，此亦鳥獸之所以靈也。《兵法》曰：將開牙門，常背建向破。其以此歟。《類從》曰：虎行以爪坼地，觀奇耦而行。今人畫地觀奇耦者，曰虎卜云。《簡兮》曰：執轡如組，有力如虎。如組，以言其藝。如虎，以言其勇。《常武》曰：進厥虎臣，闞如虓虎。蓋虎之自怒虓然，闞如虓虎，則以言將帥之勇發於忠毅，非激而怒之也。《何草不黄》曰：匪兕匪虎，率彼曠野，哀我征夫，朝夕不暇。言兕抵觸，虎搏噬，先王驅而遠之，則率彼曠野，兕虎之所宜，今征夫如此，則可哀矣。《爾雅》曰熊、虎醜，其子狗，絶有力，麙。《漢律》曰「捕虎一，購錢三千，其狗半之」是也。《方言》：虎，陳、魏、宋、楚之間謂之李父，江淮南楚之間謂之李耳。注云：虎食物，值耳而止，以觸其諱故。然則仁人之於親也，聞名心瞿，見似目瞿，豈自外至哉。《禮》曰：交龍爲旂。旂，東方也。鳥隼爲旟，旟，南方也。熊虎爲旗，旗，西方也。龜蛇爲旐，旐，北方也。太常則象天焉，環以覆之，故繪日月星辰。《易》曰：君子豹變，大人虎變。豹變，言變而爲豹也。楊子曰：貍變則豹，所謂豹變，故象曰：君子豹變其文蔚也。虎變，言變而爲虎也。楊子曰：豹變則虎，所謂虎變，故象曰大人虎變，其文炳也。《周官》：服不氏掌養猛獸而教擾之。鄭氏謂：擾，馴也。言王者之教無不服也。然則教而馴之，蓋亦有道矣。梁鴦曰：且一言我養虎之法，夫食虎者，不敢以生物與之，爲其殺之之怒也。不敢以全物與之，爲其碎之之怒也。時其飢飽，達其怒心，虎之與人異類，而媚養己者，順也。故其殺之，逆也。吾豈敢逆之使怒哉，亦不順之使喜也，何則？喜之，復也，必怒。故曰：不處中和，勢極則反，必然之數也。俗云鳩食桑葚則醉，貓食薄荷則醉，虎食狗則醉。今虎所在，麂必鳴以告。

宋 鄭樵《通志》卷七六《昆蟲草木略·獸類》　虎之類，《爾雅》曰：虎，竊毛謂之虦貓。竊，古淺字。虦音殘。郭氏引古律文，捕虎一，賚錢三千，其狗半之。《爾雅》又曰：虪，白虎。虪，黑虎。貀無前足。晉太康元年，召陵扶夷縣檻得一獸，似狗，豹文，有角，兩脚，即此類也。或説貀似虎而黑，無前兩足。虪，音含。虪，式六反。貀，足滑反。

宋 羅願《爾雅翼》卷一九《虎》　虎，大寒之月始交，七月而生。性至猛烈，雖遭逐，猶復徘徊顧步，其傷重者輒跑跡作聲而去。聽其聲之多少以知其去之近遠，率鳴一聲者爲一里。靠嵓倚木而死，終不僵仆。其搏物不過三躍，不中輒捨之。其食物值耳輒止，以爲觸其名名耳故也。嘗傷人者耳，輒有缺若鋸。夜視以一目放光，一目看物，獵人候而射之，目光墮地得之如白石，或曰即虎魄也。又知衝破能畫地以卜，今人有畫物上推其奇偶者，謂之虎卜。懸其鼻於户，令人生男，故古者胎教欲見虎豹勇摯之物。虎子纔生三日則有食牛之氣，其不能搏噬者輒殺之，爲墮武也。古者出國用虎節，又敔亦爲虎形，背上爲二十七鉏鋙擊之以止樂。《字説》曰：虎，西方之獸，故敔爲伏虎二十七鉏鋙者，三九之數也。陽成於三變於九，櫟之長，尺十之數也。陽三九而以陰十勝之，所以止樂。案《淮南》稱天一地二人三，三三而九，九九八十一。人應九九八十一之數，馬應八九七十二之數，犬應七九六十三之數，彘應六九五十四之數，猨應五九四十五之數，麋鹿應四九三十六之數，虎應三九二十七之數，蟲應二九一十八之數。故曰三九二十七，七主星，星主虎，虎故七月而生。虎應二十七，故敔爲虎形二十七鉏鋙也。亦虎嘯而風生，風生而萬籟皆作；虎伏而風止，風止而萬籟皆息。故止樂用虎爾。漢舊儀乘輿帶七尺斬蛇劍，履虎尾絇履。《方言》：虎，陳魏宋楚之間或謂之李父，江淮南楚之間謂之李耳，或謂之於𩿨，自關東西或謂之伯都。《漢書》云於釋。

又《虪》　虎，一物也。以色别之，則黄質黑章者無異名。竊毛者謂之虦貓，白者爲虪，黑者爲虪，此物同而别者也。虪亦有斑，但以淺色爲質，深色爲章耳。《海内東北經》幽都之山黑水出焉，其上有黑鳥、黑蛇、黑豹、黑虎、黑狐、蓬尾，此虪之所聚。而孟山獸多白狼、白虎，鳥多白雉、白翟。兩山之間而鳥獸各以其毛色相從，理之不可曉者，然虪尤猛。今野人言三虎之别，黄虎竊人羊豕，多方窺伺得之，黑虎所見無不取，白虎坐食而已，不甚搏殺。或云黄是其幼弱者，黑者適壯，白者則老矣。此亦理之近者也。郭氏稱晉永嘉中，秭歸縣檻得黑

虎，狀如小虎而黑色，深者爲斑，此豈偶得其小者爾，未可全據也。

宋 周密《癸辛雜識別集》卷上《同里虎》 近歲平江虎丘有虎十餘據之，同里葉氏墓舍在焉。其一大享堂，虎專爲食息之地。凡人獸之骨交藉於地，蛇骨亦有之。聞虎之飢，則兼果實皆啖，不特獸也。其堂下大泥潭，虎飽則展轉於中。傍居之人熟窺之。凡食男子，必自執起，婦人必自乳起，獨不食婦人之陰。或有遇之者，當作執與之敵而旋退，引至曲路，即可避去。蓋虎不行曲路故也。

明 陳繼儒《虎薈》卷三 縣虎鼻門上，宜官子孫，帶印綬。縣虎鼻門中，周歲取作屑，與婦飲之，生貴子。勿令人知，知即不驗，亦勿令婦見之。

又 卷四 《風俗通》曰：人卒得病，燒虎皮飲之，繫之衣服，亦辟惡。

又 卷四 虎之小胃名曰貫。胃中諸肉皆化，而惟爪甲不化。爪甲入胃中則惡貫滿矣。故囹圄名曰「貫城」云。

又 卷五 虎，天下之至猛，於牽制父子牝牡之情，則雖威而不怒。荒榛赤草，鳥噪其上。兩虎引子而行，意甚安佚。其雄前行，觀其意，中亦有禦衛之意。小虎爪牙未備，已有食牛之氣。但吞噬之獸，夫婦父子相從而羣行，人或遇之，誠可懼也。

明 馮復京《六家詩名物疏》卷一二《虎》 《説文》云：虎，山獸之君也。《爾雅》云：甝，白虎。虪，黑虎。熊虎醜，其子狗，絕有力麙。《方言》云：陳魏宋楚之間或謂之李父，江淮南楚之間謂之李耳，或謂之於䖘，自關東西或謂之伯都。《易》曰：雲從龍，風從虎。《運斗樞》云：樞星散爲虎。《通卦驗》云：立秋虎始嘯。《易》又云：大人虎變，其文炳也。《月令》云：仲冬虎始交。《考異郵》云：三九二十七。七者陽氣成，故虎七月而生。陽立于七，故虎首尾長七尺。般般文者，陰陽雜也。《元命包》云：猛虎嘯，谷風起，類相動也。《論衡》云：虎出有時，猶龍見有期也。陰物以冬見，陽蟲以夏出。《漢紀》楊賜曰：虎者，金行參伐之精，狠戾之獸。《博物志》云：虎知衝破，又能畫地卜食。今人有畫物上下者，推其奇偶，謂之虎卜。《雅翼》云：虎性至猛烈，雖遭逐，猶徘徊顧步。搏物不過三躍，不中則捨之。夜以一目放光，一目看物。獵人候而射之，目光墮地。得之如白石子。生三日即有食牛之氣。

明 穆希文《説原》卷一一 虎大寒之日始交，七月而生。性至猛烈，雖遭逐，猶復顧其傷處，咆哮作聲而去。去則靠巖倚木而死，終不偃仆。其搏物不過三躍，不中則捨之。食物著耳輒止，以其名耳也。虎子生三日，如有食牛之氣，則留之。不爾，輒殺之。虎威如乙字，長一寸，在脇兩旁皮內。其殺人能令屍自解衣，蓋有虎倀也。其鬚可治齒痛。虎五指爲貙，乃人虎也。虎四指，乃天虎也。貙能化爲人。虪虎，西方之獸，文質皆白。貘，白豹也，似羆而小。貔，似豹，一名執夷。幽都之山有玄虎，有玄豹。豹似虎，毛赤而文黑曰赤豹，毛白而文黑曰白豹。豻，野犬也。狐與犬合所生者，其形如獄中所畫之狀。

明 劉侗《名物通》卷一〇 虎有威，如一字，長三寸，在其脇兩傍皮下，取得佩之有威。凡虎視，只以一目放光，一目看物。獵人捕得，記其頭藉之處，至月黑掘得，如石子，色如琥珀，此是虎目精魄淪入地而成。鬚可剔蛀牙。食狗必醉。狗，虎之酒也。虒，音斯，虎之有角者，猫如小熊虎之淺毛者。酋耳似虎而絕大，不食生物，見虎則殺之。虎，一名伏豻。

明 盧之頤《本草乘雅半偈》卷八 虎，百獸之長，山獸之君也。陳魏謂之李父，江淮南楚謂之李耳，或謂之𧇭，或謂之䖘䖘，自關東西謂之伯都。《漢書》云：於檡也，淺毛曰虦，白曰甝，黑曰虪，黃黑曰虥，蒼白曰貊，似虎而五指曰貙，似虎而非真曰彪，似虎而有角曰虒也。形如貓，巨如牛，黃質黑章，鋸牙鉤爪，項短鼻齆，鬚健而銳，舌大而刺，聲吼若雷風從以生，百獸震恐。七月始嘯，嘯而風生，風生而萬籟皆作。伏而風止，風止而萬籟皆息。故止樂用虎爾。風，木也。虎，金也。木受金制，故風從虎，虎嘯風生，自然之理也。今虎所在，麂必鳴以告。人死于虎則爲倀，導虎而行也。

明 方以智《物理小識》卷一〇《虎》 虎畏尖，不越籬。虎畏曰，與梟同。畏火，愛毛也。不棲高林，畏枝上雀糞爛其毛也。離山必一吼啞。魯有飛虎，長尾奮翅。虎來，其氣不可當，蟲鳥皆伏地。虎盜犬彘，夫急舂空碓數十聲，有以磚塞竈門者，有以木覆篩掩碓口，虎即齒酸，得犬彘不能食。今野人有怒虎奪虎氣者，虎置啣物而去。蓋虎饑則難犯，飽則易制。行人張蓋而虎不犯者，蓋虎疑也。又有設襁膠布制虎法。中惠曰：屈木而藏械發之，曰「襁膠布」。虎踏則噪而困。暄曰：虎聞人呵喝聲，則伏匿不動。守虎待張，及深山樵採行旅過者，恒用此法。其食物也，依月食首尾中，餘以柴掩之。

清 趙吉士《寄園寄所寄》卷五《滅燭寄》 凡虎類能識人氣，未至百步，輒伏而嗥，聲震山谷。須臾奮躍搏人。人有勇者，不爲之動，虎止而坐，逡巡弭耳而去。又虎雖咫尺淺草，能伏身。及其唬然作聲，則嵬然大矣。又虎不食小兒，兒癡，不知虎之可懼，而不動，故不能食。又不食醉人，必坐守以俟其醒，俟其懼

也。凡死於虎者，衣服巾履，皆别置於地。非虎威能使自解，是鬼之爲也。凡食男子，必自勢起；婦人，必自乳起。惟不食婦人之陰。或遇之者，當作勢與敵而屢退，引至曲路，即可避去，虎不行曲路故也。虎面值人不取，須自遠作勢，撲過人首，而嚙其衣領以去。人但持苦竹槍直立當之，虎畏槍礙腹，不敢躍也。入山勿鳴鑼鼓，虎反尋聲而至，無益也。惟畏火器及繳。人以繳張向之，不敢犯。虎所至，倀鬼爲先驅，輒壞獵人機械。當以烏梅楊梅布地，此鬼嗜酸而不役虎，虎乃可擒。虎將至，則鵲噪，或有腥風襲人，義興山民能辨之。虎交時，其牝絶痛，故不再交。虎不入深林，不便跳躍也。有見人而不搏者，俗謂神虎，非也。此未食人，不知其味耳。若人血着齒，無不搏噬者。占城國虎黑色而小，能化爲人，雜市里間，誘人食之。土人有能識此類者，見則擒獲，能化形爲虎。凡虎視則以一目放光，一目看物。獵人捕得，記其頭籍之處，須至日黑，掘之尺餘方得。如石子，色琥珀狀。此是虎目精魄淪入地，而成琥珀之珍，用此主療小兒驚癇疾。凡虎鬚拔得者，將剔蟲牙，無復疼痛。凡月暈，虎必交。

清 查慎行《人海記》卷下《虎乙》 虎有威骨，長寸餘，在脅兩旁肉中，不附筋骨。初生時，骨平如「一」字。年深，則曲而爲「乙」字，其力始猛，所謂虎挾乙也。東宮行圍時，曾以一枚見賜。後以與李氏外孫女，云可辟邪。

清 袁枚《續子不語》卷五《水虎》 《爾雅》：虎有角曰虎，能行水中而不知水中實有虎也。康熙中，朱鹿田先生曾見松江提督養一虎在池中，以鐵柵圍之，名曰「水虎」，飼以魚蝦，不食生肉。《象山志》：里民漁於海，網得一雄虎，在網中猶活，出水即死。剖之，腹中有三小虎。此蓋鯊魚感氣而化也，未登陸即爲網獲。

清 嵇璜《續通志》卷一八〇 虎，一名烏䖘，音徒。《左傳》作於菟，《漢書》作烏檡。一名大蟲，又名李耳。狀如貓而大如牛，黃質黑章，鋸牙鈎爪，鬚健而尖，舌大如掌，生倒刺，項短鼻齆。夜視，一目放光，一目看物。聲吼如雷，風從而生，百獸震恐。《易·通卦驗》云：立秋虎始嘯，仲冬虎始交。又云：虎不再交，孕七月而生。

清 牟應震《毛詩物名考》卷二 虎狀如貓而大如牛，黃質黑章，鉅牙鈎爪，項短鼻齆，舌有倒刺。夜目光如燭，但見一光，人謂其常閉一目也。鳴曰虓，怒曰咆哮，驚曰虩，吼曰虖。

清 胡廷光《傷科江纂》卷一二《虎噬傷》 耀山曰：《格物論》云：虎，山獸之君也。狀如貓而大如牛，黃質黑章，鋸齒鈎牙，爪鬚健而尖，舌大如掌，生倒刺，項短鼻齆，夜視目有光，吼嘯風生，百獸震恐。或云虎噬物，隨月旬上下而嚙其首尾。其搏物三躍，不中則捨之。死於虎則爲倀鬼，導虎而行。食狗則醉，狗乃虎之酒也。聞羊角烟則走，惡其臭也。虎乃害人之獸，而蝟鼠能制之。智無大小也。凡虎傷者多在頸項。

清 俞樾《茶香室續鈔》卷二四《飛虎》 國朝宋犖《筠廊偶筆》云：余從楚中見飛虎皮，兩前足有皮尺許，向後張之，如蝙蝠狀。按官員儀衛有飛虎旗，今乃知世間真有飛虎也。

國朝王士禎《居易録》云：肉翅虎出石抱山，晨伏宵出。比虎差小，翅如蝙蝠，身如虎文。飛而食人，其皮可辟鬼物。然則畫飛虎於旗，當亦祓除不祥之意。

國朝閔叙《粤述》云：潯州府貴縣山中出飛虎，云閒歲一見。或攫人首，啄食其腦。余於潯守處見其皮，長尺餘，如黃犬形。前二足皮特豐，闊爲翅。然其斑紋不似山君。一云湖南山中人多縋附崖谷，採取木耳，或遇飛虎，撲繩即斷，蓋其翅甚利。不聞食人。

國朝陸祚蕃《粤西偶記》云：肉翅虎産峒谿中，肋有雙翅。下山食人，食已飛去，人莫能捕。按此云肋有雙翅，則又小異，豈别一種邪。

紀事

南朝宋 范曄《後漢書》卷四七《班超傳》 超到鄯善，鄯善王廣奉超禮敬甚備，後忽更疏懈。超謂其官屬曰：「寧覺廣禮意薄乎？此必有北虜使來，狐疑未知所從故也。明者睹未萌，況已著邪。」乃召侍胡詐之曰：「匈奴使來數日，今安在乎？」侍胡惶恐，具服其狀。超乃閉侍胡，悉會其吏士三十六人，與共飲，酒酣，因激怒之曰：「卿曹與我俱在絶域，欲立大功，以求富貴。今虜使到裁數日，而王廣禮敬即廢；如令鄯善收吾屬送匈奴，骸骨長爲豺狼食矣。爲之柰何？」官屬皆曰：「今在危亡之地，死生從司馬。」超曰：「不入虎穴，不得虎子。當今之計，獨有因夜以火攻虜，使彼不知我多少，必大震怖，可殄盡也。滅此虜，則鄯善破膽，功成事立矣。」衆曰：「當與從事議之。」超怒曰：「吉凶決於今日。從事文俗吏，聞此必恐而謀泄，死無所名，非壯士也！」衆曰：「善。」初夜，遂將吏士

往奔虜營。會天大風，超令十人持鼓藏虜舍後，約曰：「見火然，皆當鳴鼓大呼。」餘人悉持兵弩夾門而伏。超乃順風縱火，前後鼓譟。虜觽驚亂，超手格殺三人，吏兵斬其使及從士三十餘級，餘觽百許人悉燒死。明日乃還告郭恂，恂大驚，既而色動。超知其意，舉手曰：「掾雖不行，班超何心獨擅之乎？」恂乃悦。超於是召鄯善王廣，以虜使首示之，一國震怖。超曉告撫慰，遂納子爲質。還奏於竇固，固大喜，具上超功效，並求更選使西域。

明 田汝成《西湖遊覽志》卷五 唐元和十四年，性空大師來遊兹山，樂其靈氣鬱盤，棲禪其中。尋以無水將他之，忽神人跪而告曰：「自師之來，我等傚恵者甚大，奈何棄去？南嶽童子旋當遣二虎來移，師無憂也。」翌日，果見二虎跑山出泉，甘冽勝常。

明 王穉登《虎苑》卷下《豢擾第九》 江口孫御史夫人養一乳虎甚馴，著牀屏間，玩弄如意。後虎漸大，夫人歸寧，扃虎室中。五日方還，虎枵甚，見夫人便作搏噬狀，夫人大驚，命格殺之。

又《旁喻第一三》 龐共與太子質于邯鄲，謂魏王曰：「今一人言市有虎，王信乎？」王曰：「否。」「二人言，王信乎？」王曰：「否。」「三人言，王信乎？」曰：「寡人信之。」共曰：「夫市無虎明矣，然而三人言成市虎，今夫邯鄲去魏遠于市，議臣過于三人，願王察之。」共從邯鄲還，果不得入。

吕蒙欲從軍，母止之，蒙曰：「不入虎穴，焉得虎子。」曹公擒吕布，布顧劉備曰：「玄德，卿爲坐上客，我爲降虜，今縛我亟，獨不可一言耶。」操曰：「縛虎不得不亟也。」

藝文

晉 陸機《猛虎行》（《樂府詩集》卷三一引） 渴不飲盜泉水，熱不息惡木陰。惡木豈無枝？志士多苦心。整駕肅時命，杖策將遠尋。飢食猛虎窟，寒棲野雀林。日歸功未建，時往歲載陰。崇雲臨岸駭，鳴條隨風吟。静言幽谷底，長嘯高山岑。急弦無懦響，亮節難爲音。人生誠未易，曷云開此襟？眷我耿介懷，俯仰愧古今。

唐 李白《李太白文集》卷五《猛虎行》 朝作猛虎行，暮作猛虎吟。腸斷非關隴頭水，淚下不爲雍門琴。旌旗繽紛兩河道，戰鼓驚山欲顛倒。秦人半作燕地囚，胡馬翻銜洛陽草。一輪一失關下兵，朝降夕叛幽薊城。巨鼇未斬海水動，魚龍奔走安得寧！頗似楚漢時，翻覆無定止。朝過博浪沙，暮入淮陰市。張良未遇韓信貧，劉項存亡在兩臣。暫到下邳受兵略，來投漂母作主人。賢哲棲棲古如此，今時亦棄青雲士。有策不敢犯龍鱗，竄身南國避胡塵。寶書玉劍掛高閣，金鞍駿馬散故人。昨日方爲宣城客，掣鈴交通二千石。有時六博快壯心，繞床三匝呼一擲。楚人每道張旭奇，心藏風雲巨莫知。三吴邦伯皆顧盼，四海雄俠兩追隨。蕭曹曾作沛中吏，攀龍附鳳當有時。溧陽酒樓三月春，楊花茫茫愁殺人！胡雛緑眼吹玉笛，吴歌白紵飛梁塵。丈夫相見且爲樂，槌牛撾鼓會衆賓。我從此去釣東海，得魚笑寄情相親。

唐 儲光羲《儲光羲詩集》卷一《猛虎詞》 寒亦不憂雪，饑亦不食人。人肉豈不甘，所惡傷明神。太室爲我宅，孟門爲我鄰。百獸爲我膳，五龍爲我賓。蒙馬一何威，浮江一以仁。彩章耀朝日，爪牙雄武臣。高雲逐氣浮，厚地隨聲震。君能賈餘勇，日夕長相親。

唐 岑參《阻戎瀘間群盜》（《全唐詩》卷一九八引） 南州林莽深，亡命聚其間。殺人無昏曉，屍積填江灣。餓虎銜髑髏，饑烏啄心肝。腥裛灘草死，血流江水殷。夜雨風蕭蕭，鬼哭連楚山。三江行人絶，萬里無征船。唯有白鳥飛，空見秋月圓。罷官自南蜀，假道來兹川。瞻望陽臺雲，惆悵不敢前。帝鄉北近日，瀘口南連蠻。何當遇長房，縮地到京關。願得隨琴高，騎魚向雲煙。明主每憂人，節使恒在邊。兵革方禦寇，爾惡胡不悛。吾竊悲爾徒，此生安得全。

唐 獨孤及《毘陵集》卷二《和李尚書畫射虎圖歌》 饑虎呀呀立當路，萬夫震恐百獸怒。彤弓金鏃當者誰，鳴鞭飛控流星馳。居然畫中見真態，若務除惡不顧私。時和年豐五兵已，白額未誅壯士恥。分銖遠邇懸彀中，不中不發思全功。舍矢如破石可裂，應弦盡敵山爲空。殺氣滿堂觀者駭，颯若崖谷生長風。精微入神在毫末，作繢造物可同功。方叔秉鉞受命新，丹青起予氣益振，底綏静難巧可擬，嗟歎不足聲成文。他時代天育萬物，亦以此道安斯民。

唐 王建《王司馬集》卷二《射虎行》 自去射虎得虎歸，官差射虎得虎遲。獨行以死當虎命，兩人相疑終不定。朝朝暮暮空手廻，山下緑苗成道徑。遠立不教污箭鏃，聞死還來分虎肉。惜留猛虎著深山，射殺恐畏終身閑。

唐 張籍《張司業集》卷二《猛虎行》 南山北山樹冥冥，猛虎白日繞林行。向晚一身當道食，山中麋鹿盡無聲。年年養子在空谷，雌雄上山不相逐。谷中

近窟有山林，長向村家取黄犢。五陵年少不敢射，空來林下看行迹。

唐 韓愈《猛虎行》（《全唐詩》卷一九引） 猛虎雖云惡，亦各有匹儕。群行深谷間，百獸望風低。身食黄熊父，子食赤豹麛。擇肉于熊豹，肯視兔與狸！正晝當穀眠，眼有百步威。自矜無當對，氣性縱以乖。朝怒殺其子，暮還食其妃。匹儕四散走，猛虎還孤棲。狐鳴門兩旁，烏鵲從噪之。出逐猴入居，虎不知所歸。誰云猛虎惡，中路正悲啼。豹來銜其尾，熊來攫其頤。猛虎死不辭，但慚前所爲。虎坐無助死，況如汝細微！故當結以信，親當結以私。親故且不保，人誰信汝爲？

唐 白居易《白香山詩集》卷三九《南陽小將張彦硤口鎮税人場射虎歌》 海内昔年狎太平，横目穰穰何崢嶸！天生天殺豈天怒，忍使朝朝喂猛虎！關東驛路多丘荒，行人最忌税人場。張彦雄特製殘暴，見之叱起如叱羊。鳴弦霹靂越幽阻，往往依林猶抵拒。草際旋看委錦茵，腰間不更抽白羽。老饕已斃衆雛恐，童稚揶揄皆自勇。忠良效順勢亦然，一劍猜狂敢輕動！有文有武方爲國，不是英雄伏不得。試征張彦作將軍，幾個將軍願策勳？

唐 李賀《昌谷集》卷四《猛虎行》 長戈莫舂，長弩莫抨。乳孫哺子，教得生獰。舉頭爲城，掉尾爲旌。東海黄公，愁見夜行。道逢騶虞，牛哀不平。何用尺刀，壁上雷鳴。泰山之下，婦人哭聲。官家有程，吏不敢聽。

唐 韋莊《虎跡》（《全唐詩》卷七〇〇引） 白額頻頻夜到門，水邊蹤跡漸成群。我今避世棲岩穴，岩穴如何又見君？

宋 梅堯臣《宛陵集》卷四《猛虎行》 山木暮蒼蒼，風淒茆葉黄。有虎始離穴，熊羆安敢當。掉尾爲旗纛，磨牙爲劍鋩。猛氣吞赤豹，雄威懾封狼。不貪犬與豕，不窺藩與牆。當塗食人肉，所獲乃堂堂。食人既我分，安得爲不祥。麋鹿豈非命，其類寧不傷。滿野設罝網，競以充圓方。而欲我無殺，奈何飢餒腸。

又 卷四《道傍虎跡行》 朝履猛虎迹，暮宿猛虎林。猛虎終夜嘯，陰風生遠岑。我懷何所畏，所畏在官箴。傷哉此遺體，冒險輕百金。

又 卷五《夜聞居人喊虎》 猛虎豈云猛，潛藏伺天昏。行行出叢薄，稍稍入孤邨。孤邨何所利，所利犬與豘。誰知仁者勇，去惡義自敦。

又 卷三六《聞西山虎》 猛虎畏白日，孤客莫夜行。彼以不暴衆，此何獨忘生。飢必見人食，不食且無名。麋鹿能遠遁，安得逢怒獰。由人不由常，役役官有程。

宋 王安石《臨川文集》卷五《虎圖》 壯哉非羆亦非貙，目光夾鏡當坐隅。横行妥尾不畏逐，顧盼欲去仍躊躇。卒然我見心爲動，熟視稍稍摩其鬚。固知畫者巧爲此，此物安肯來庭除。想當槃礴欲畫時，睥睨衆史如庸奴。神閒意定始一掃，功與造化論錙銖。悲風颯颯吹黄蘆，上有寒雀驚相呼。槎牙死樹鳴老烏，向之俛噣如哺雛。山牆野壁黄昏後，馮婦遥看亦下車。

宋 李彭《日涉園集》卷五《題包虎枕屏》 兩虎肉醉欲醒時，飢腸得飽恣遊嬉。一虎當巖自哮吼，朝欲食子暮食妃。最後一虎絶長者，坐歗眼有百步威。豺狼當道正須汝，莫尋兔徑問狐狸。

宋 黄庭堅《山谷外集》卷一一《虎號南山》 虎號南山，民怨吏也。虎號南山，北風雨雪。百夫莫爲，其下流血。相彼暴政，幾何不虎。父子相戒，是將食汝。伊彼大吏，易我鰥寡。矧彼小吏，取桎梏以舞。念昔先民，求民之瘼。今其病之，言置于壑。出民于水，惟夏伯禹。今俾我民，昏墊平土。豈弟君子，伊我父母。不念赤子，今我何怙。嗚呼旻天，如此罪何苦。

宋 程俱《北山集》卷七《虎圖》 山深草長鬱崷崒，俯仰蕭森蔽雲日。於菟一嘯谷風生，舉頭爲城鬚爲戟。藜蒿不采中梁柱，雉兔獐猿亦蓄息。它山豈無三萬仞，跛牂直上無難色。朝游芻牧行葦盡，暮投斤斧千林赤。乃知鳥獸有折衝，不獨鷙翰空纍百。何人寫此出林態，巖電耽耽氣深寂。書堂高挂走螭魅，不怒而威如有德。流傳影象一如此，大勝留皮配圭璧。古來真虎不易逢，僕姑誤没南山石。

宋 樓鑰《攻媿集》卷三《一虎》 一虎弭耳行，一虎立而顧。猛鷙乃天資，亦爾相媚嫵。媚嫵尚眈眈，況復逢其怒。吾聞宣城包，今古稱獨步。投老筆愈精，利牙爪可怖。方其欲畫時，閉户張絹素。磨墨備丹彩，飲酒至斗許。解衣恣盤礴，手足平地踞。顧盼或騰拏，窺之真是虎。捉筆一揮成，神全威不露。此其真是歟，爲我振蓬户。藜藿將不採，何止讋狐兔。

宋 岳珂《玉楮集》卷七《病虎行》 長風吹谷白日暗，曠野人稀雲黯澹。狐狸嘯舞豺狼嘷，病虎妥尾行蓬蒿。天寒泉涷山骨高，皮枯髀癢霜爪搔。紛紛晴雪爬落毛，垂頭帖耳身腥臊。羣鴉槎牙噪枯木，燐火半青新鬼哭。走麢過前不能逐，目視眈眈蹲樸樕。毛風血雨天地肅，何日跳踉看食肉。天生萬物有盛時，當年一嘯天助威。坐看雲起行引兒，當塗寧復論老羆。一朝老去守巖竇，落葉滿山冰雪後。壯心空在筋力疲，寂寞長飢眠白晝。古來豪傑多沈淪，不用

爲鼠皆若人。范睢折脅西入秦，内史長嘆田單嗔。可憐百獸爲披靡，轉顧不如圈中豕。男兒奮跆亦渠似，肯復虛爲倚厓死。君不見南山白額曾報恩，牆頭金枕投何人。

宋 何夢桂《潛齋集》卷一《和南山弟虎圖行》 高堂突兀生崇岡，於菟眼電牙磨霜。古言市虎人不信，誰信挾一來座傍。衆犬僵仆兒輩走，猛士腰弩成蹶張。老翁卒然亦驚怪，便欲騎取參西皇。乾坤沴氣産尤物，誰爲驅雷入神筆。古樹蕭蕭風刁刁，陰崖幽幽雲墨墨。横行贔屓不畏人，弄子庭除成穴窟。藍田飲羽驚夜行，今乃捋鬚當白日。畫圖畫虎心自知，觸目或疑猶喘息。世間多少涪郫民，毛爪未完心已易。

元 楊維楨《鐵崖古樂府》卷七《龍虎辭》 檻足兮虎成狗，燒尾兮魚作龍。得勢失勢兮，而以分乎雌雄。

明 羅倫《一峰文集》卷一一《虎》 白日君當道，山前子婦悲。秋原烟草裏，誰復問狐狸。

明 倪謙《倪文僖集》卷二《題畫虎》 錦文何斑斑，電目復煒煒。日落嘯空山，百獸皆披靡。横道正磨牙，在阱乃摇尾。威彊勿終恃，君子貴循理。

明 侯方域《四憶堂詩集》卷三《黔虎行》 黔虎不知山有驢，疑其噬已耳生風。心怯孰視竟避去，近前輒復驚一鳴。詎意中原爲下獸，手爪樸蔌百不工。君不見南山白額眼殷紅，身負文采稱斑公。兼之猛鋭敵萬人，驅使羣狼友玄熊。柰何有力不自奮，猶豫退處山嵎中。日蹙百里徒摇尾，獵人將至非驍雄。

清 趙吉士《寄園寄所寄》卷三《倚杖寄》 予髫年讀書靈隱五大夫樹下，窗對北高峰。峰半一僧，每夜擊板念佛。遶山行，山有虎。余夜讀聲高，與虎聲念佛聲相間。復跡僧與語，則敝垢古貌，自號桂峰，住已三十年。視所擊板盡蝕，予爲鑄銅板易之。踰夜聲寂寂，駭問故，則山中一黑虎，聞銅聲驚舐其腓，血溢而仆。又有黄虎若咎黑者，擠之去，得不死。未幾，予别去。往事夢中矣。今戊午中秋，同李子分虎登韜光翫月，忽聞念佛聲，爲憶此北高峰也。質明走問桂峰，則年且八十，咨嗟道故者久之。予既登絶頂，復下山麓，尋五松精舍，見桂峰方俯窗下視，念佛數聲送我，響振林谷，若蘓門嘯焉。因賦長句，用李屺留題靈隱寺七虞韻，分虎和之。明日擇工鏤板，懸桂峰所居之室。

崎磴千盤路曲紆，憑凌雲海天爲衢。龍鳳飛舞不模糊，留下西溪作陪都。石骨玲瓏鬼斧刓，駭豹蹲獅誰刻鏤。萬嶺迴伏少樵蘓，北皇高處失浮屠。華光廟下走覡巫，歲歲祈蠶集苾蒭。宿雲靉靆嶺畔鋪，白衣蒼狗未可摹。巖花峰葉化魚鳧，半空碧浪翻來無。火輪推出扶桑烏，海水明滅轉天樞。江深湖白孤山孤，濃淡變態氣色殊。飛鳥下翔猨玃趨，俯尋流泉探僧厨。重逢老衲貌更癯，三十年來曾相須。青燈烏几對山嵎，書聲佛號嘯於菟。僧忘乎虎吾忘吾，重話前因意躊躕。目送山椒足不踰，嘹嘹清梵空中呼，如聞天樂吹笙竽。

清 陳恭尹《獨漉堂詩集》卷一五《詩餘·啞虎》 宵來萬籟刁，調阿誰清嘯。風生苑仙都，仁獸爪牙空。利肝腸偏善，夜目如燈，斑毛如刺，不驚林犬，但泥沙路上童兒笑指蹄痕處看深淺。浪説騶虞不踐草，青青經行何損霽。威勿用忍饑忘食，古今應鮮。負子宏農，乳兒荆楚。化機潛轉，待龍從九五，氣求聲應，大人利見。

清 王式丹《樓邨詩集》卷八《睾蘇集·檻虎行》 蕭蕭天半風，鬱鬱檻中虎。風起不汝從，口呿頭常俯。仰食于庸奴，爪牙其安取。斑文闇光澤，腥穢雜臭腐。餘威猶懾人，遠矚列若堵。觀汝莽曠心，未肯甘囚苦。何當決樊筊，猛氣肆一吐。山狒與豬都，吾當以飽汝。不惜醜劣類，毛血洒風雨。慎哉勿食人，貫盈將醢脯。

通靈明德

論説

宋 黄休復《茅亭客話》卷一《虎盜屏跡》 聖朝未克蜀之前，劍利之間，虎暴尤甚。白衛嶺、石筒磎虎名披鬃子，地號税人場。緜漢間，白楊林虎名裂蹄子。商旅聚徒而行，屢有遭搏噬者。嘉州牛頭山有子母虎，陵州鐵爐山有青豹子，彭蜀近山鎮縣暴獸成羣，農家不敢放牧，及出門採樵，行旅共苦之。又有羣盜，諸州縣結聚各有百人至二百人，官軍掩捕則與格鬭，勝則禦敵官軍，敗則奔入林藪。雖有捕盜之吏，莫能擒獲。僅四十餘年，民無安業。聖朝克復後，歲貢綱運使命商旅晝夜相繼，廬舍駢接，犬豕縱横。虎豹羣盜悉皆屏跡，得非繫國朝之盛衰，時政之能否乎？

宋 蔡絛《鐵圍山叢談》卷六 嶺右頃俗淳物賤。吾以靖康歲丙午遷博白。

時虎未始傷人，村落間獨竊人家羊豕。雖婦人小兒，見則呼而逐之，必委置而走。有客嘗過墟井，繫馬民舍籬下，虎來瞰籬，客爲懼。民曰：此何足畏？從籬旁一叱，而虎已去。村人視虎猶犬豕爾。十年之後，北方流寓者日益衆，風聲日益變，加百物湧貴，而虎寖傷人。今則與內地弗殊，啗人畧不遺毛髮。風俗澆厚，乃亦及禽獸耶？先王中孚之道，信及豚魚，知必不誣。

清 朱翊清《埋憂集》卷一〇《虎尾自鞭》 廣陵某翁，嘗挈其子游楚。路入九疑，偶日暮，借宿僧樓。時十月之望，羈思無聊，倚窗觀月。忽風起，山木皆震動。葉蔌蔌落，見一虎躍入後園，坐大石上。俄而大哭，聲極淒楚。既乃自舒其尾，鞭背數百乃去。父子大恐，不敢復睡，坐而待旦以語寺僧，曰：「此間常事也。」因問虎何哭，曰：「虎之性健忘，方食人時，不知其爲人也。覺已晚矣，然其所食人爪獨不能化，常梗胸中。當清夜月明，必自悔，悔必哭。意謂天地好生而我食之，故鞭其背以自懲。然遇風發威震時，適有人至，則故態復萌矣。」

外史氏曰：余自幼即聞父老言，虎之食人，必自踵而上，食至首乃知爲人，則爲之下淚弃去。當時已覺其爲誑已也，後讀唐代叢書，穆宗時有孫生與李生某者，素友善。一日李生忽亡去，其家覓之，久不得。相傳已化爲虎。後孫生以事出京，道經華陰山下，忽遇一虎於叢草中呼生，問：「故人無恙？」兼述己之爲虎。問及家中消息，繼以痛哭。生乃呼之出見，荅以自慚形穢，恐驚故人，故不願見。其言每有所遇，亦知不可食，但饞涎不能自主。且囑其勿復至，恐適遭餓吻也。生悚然謹諾，乃口占七律二首贈生，大哭而去。其所言食人之故，與此小異，而其所以自恨爲獸，則無不同也。余獨怪世之虎而冠者，其健忘既有甚於虎，而其忍於橫噬以殺人者，初不知所悔也。烏乎，虎猶如此，奈何名之曰人，而反不如虎乎？

傳記

晉 干寶《搜神記》卷一一 王業字子香，漢和帝時爲荊州刺史。每出行部，沐浴齋素，以祈于天地，當啟佐愚心，無使有枉百姓。在州七年，惠風大行，苛慝不作，山無豺狼。卒於湘江，有二白虎低頭曳尾，宿衛其側。及喪去，虎踰州境，忽然不見。民共爲立碑，號曰「湘江白虎墓」。

南朝宋 范曄《後漢書》卷七九《儒林傳》 先是，崤、黽驛道多虎灾，行旅不通。（劉）昆爲政三年，仁化大行，虎皆負子渡河。帝聞而異之。二十二年，徵代杜林爲光禄勳。詔問昆曰：「前在江陵，反風滅火，後守弘農，虎北渡河，行何德政而致是事？」昆對曰：「偶然耳。」左右皆笑其質訥。帝嘆曰：「此長者之言也。」

唐 姚思廉《梁書》卷八四《孫謙傳》 天監六年，出爲輔國將軍、零陵太守，已衰老，猶强力爲政，吏民安之。先是，郡多虎暴，謙至絶迹。及去官之夜，虎即害居民。

唐李亢《獨異志》（《稗史彙編》卷一五六引） 種僮爲畿令，常有虎害人。僮令設檻，得二虎。僮曰：「害人者低頭。」一虎低頭抵罪，其一虎放之。自是猛獸皆出境。吏目之爲神君。

唐 張鷟《朝野僉載》卷六 空如禪師者，不知何許人也。少慕修道，父母抑婚，以刀割其勢，乃止。後成丁，徵庸課，遂以麻蠟裹臂，以火爇之，遂成廢疾。入陸渾山，坐蘭若，虎不爲暴。山中偶見野猪與虎鬬，以藜杖揮之曰：檀越不須相爭。即弭耳分散。人皆敬之，無敢議者。

宋 歐陽修《新唐書》卷一八一《李紳傳》 霍山多虎，擷茶者病之，治機穽，發民跡射，不能止。紳至，盡去之，虎不爲暴。

宋 鄭樵《通志》卷一七七《隱逸傳・晉・郭文》 嘗有猛虎，忽張口向［郭］文，文視其口中有橫骨，乃以手探去之。猛虎明旦致一鹿於其室前。

元 脱脱《遼史》卷三二《營衛志》 秋捺鉢曰伏虎林。七月中旬自納涼處起牙帳，入山射鹿及虎。林在永州西北五十里。嘗有虎據林，傷害居民畜牧。景宗領數騎獵焉，虎伏草際，戰慄不敢仰視，上舍之，因號伏虎林。

明 王穉登《虎苑》卷上《德政第一》 宋均爲九江太守，郡多虎患。前太守常募設檻穽而猶多殘害。均到郡下記屬縣曰：江淮之有虎，猶河北之有雞豚。今爲民害，咎在殘吏，而勞厪張捕非憂恤之本也。其務退姦貪，進忠善，可一去檻阱，除削課制。後虎相與東渡江。【略】

王子香爲荆州刺史，有德政，卒於支江。有三白虎宿衛其側，垂首不動。及喪去，踰州境忽不見。共樹碑文，號曰「支江白虎」也。

又《孝感第二》 朱泰家貧，養母，百里鬻薪，親極滋味。戴星伐木，虎負之去。朱厲聲曰：「食我不惜，母無托耳。」虎棄泰于地去，泰竟不死。里人以爲孝感，釀金遺之，目爲虎殘。

明　陳繼儒《虎薈》卷一　劉陵爲長沙安成長，先時多虎，百姓患之，皆徙他縣。陵之官修德政，踰月，虎皆出境，百姓復還。【略】竺曇猷赤城山石室坐禪，有羣虎蹲於前。猷因誦經，一虎獨睡。猷以如意扣其頭云：「何不聽經？」經畢，而虎皆去。

又　卷三　鄭思遠所住，虎生二子。山下人格得虎母，虎父驚逸。虎子未能得食，思遠見之，將還山舍養飼。虎父尋還，依思遠後。思遠每出行，棄此虎父，二虎子負經書衣藥以從。永康横江橋逢相識許隱，具煖藥酒，虎即拾柴然火。【略】天竺耆域，初來交廣。既達襄陽，欲寄載過江。舟人見是胡僧，輕而不載。及舡達岸，域已前行。路見兩虎，虎弭耳掉尾，域以手摩其頭，虎下道而去。見者皆敬。

又　卷四　法聰禪師堂内繩床邊有二虎。聰按伏其頭，閉其目，召梁晉王，令前，方得展禮。因告境多虎災。聰即入定，須臾有十七虎至，便與受戒，歸敕勿復犯。【略】湖南觀察使裴休謁華林覺禪師。休問師有侍者否。曰：「有一兩箇。」休云：「在什麽處？」覺乃唤太空、小空。時二虎自庵後而出，休大驚。覺語虎曰：「且去，有客在。」二虎哮吼而去。休問師作何行業，感得如斯。覺云：「會麽。」休云：「不會。」覺云：「山僧常念觀音。」

又　卷五　釋法嚮止江北海陵寺，嘗有虎搏人，嚮唤住令放，虎即放之。爲諸虎説法，相隨而去。

又　卷六　僧稠禪師，王屋山修定，聞兩虎交鬪，乃以錫杖中解，各散而去。【略】慈谿張昺，成化間爲鉛山令。虎食寡婦，子訟于張。張令去，五日來。迺齋戒爲文祭城隍神。約五日内必驅虎伏辜，不然廟當毁。後五日天未明，夢神告虎來。張挾矢升堂，二虎伏庭中不動。張曰：「爾食吾民，罪當死。二虎有不傷人者出。」一虎出，一伏如故。張善射，引滿，三中其首，命卒亂鞭殺之。召婦人，歸其虎。昺字仲明，御史大夫楷之子，所至有政聲。【略】弘治間，仁和尹居官頗不職。時獵者獲一虎，士林中阿諛者從而賀之詩，以爲治效。有士人俞珩者，作口號嘲之，曰：「虎告相公聽我歌，相公比我食人多。相公去後行仁政，虎自雙雙北渡河。」至今舉爲口實。

清　道光《西寧縣志》卷一一《人物》　吴邦憲字翰伯，西寧廂外人。少孤，母孀居撫育，延師以教之。康熙甲寅乙卯間，山寇竊發，邦憲負母匿埇境坑。時埇境多虎患，自邦憲至，虎蹟遂泯。人以爲異。王《州志》母殁，居喪盡禮。結廬墓側，朝夕哀號。聲出林薄，聞者憐之。郝《通志》

清　光緒《唐縣志》卷一二《識餘》　豢虎道人姓侯，名常和，字振山，正定人。居九峻觀，精天罡禹步訣。每日暮炊，以飯置木槽中，擊鐵唤虎。吃畢，即叱之去。

清　光緒《南滙縣志》卷二二《雜志》　張某失其名，相傳明時，二十保一啚吴家衖地方有虎患，張爲力擒，殁。後里人思其德，立廟以祀，稱「張相公」，香火極盛。

紀事

晉　干寶《搜神記》卷二〇　蘇易者，廬陵婦人，善看産，夜忽爲虎所取。行六七里，至大壙，厝易置地。蹲而守，見有牝虎當産，不得解，匍匐欲死，輒仰視，易怪之。乃爲探出之，有三子。生畢，牝虎負易還。再三送野肉於門内。

南朝宋　劉敬叔《異苑》卷三　彭城劉廣雅，以晉太元元年爲京府佐，被使還都，路經竹里亭，於邏宿。此邏多虎，劉極自防衛，繫馬於户前，手執戟布於地上。中宵與士庶同睡，虎乘間跳入，跨越人畜，獨取劉而去。

扶南王范尋常畜虎五六頭及鰐魚十頭。若有訟，未知曲直，便投與魚虎，魚虎不食則爲有理。穢貊之人祭虎爲神，將有以也。

唐　釋智昇《開元釋教録》卷五上　文帝知跋摩已至南海，於是復敕州郡，令資發至都路，由始興經停歲許。始興有虎市山，山形聳峭，峯嶺高絶。跋摩爲其彷彿耆闍崛，乃改名「靈鷲」。於山寺之外，别立禪室。去寺數里，磬音不聞。每至鳴椎，跋摩已至。或致雨不沾，或履泥不濕。時衆道俗莫不肅然增敬。寺有寶月殿，跋摩於殿北壁，手自畫作羅漢像及定光儒童布髮之形像。成之後，每夕放光，久之乃歇。始興太守蔡茂之深加敬仰。後茂之將死，跋摩躬自往，親説法安慰。後家人夢見茂之在寺中與衆僧講法，實由跋摩化導之力也。此山本多虎災，自跋摩居之，晝行夜往，或時值虎，以杖按頭弄之而去。於是山旅水濱去來無梗，盛德歸化者十有七八焉。跋摩嘗於别室入禪，累日不出。寺僧遣沙彌往候之，見一白師子緣柱而立，亘空彌漫，生青蓮華。沙彌驚空大呼，往逐師子，豁無所見。其靈異無方，類多如此。

宋　洪邁《夷堅志·支志·戊》卷一《鶴坑虎》　羅源鶴坑村有一嶺，不甚高，

上有平嶺，居民稱爲簥上。田家一婦嘗歸寧父母，過其處，見一虎蹲踞草中，懼不得免，立而呼之曰：「斑哥，我今省視爺娘，與爾無冤，女且速去。」虎弭耳竦聽，遽曳尾趨險而行，婦得脱。世謂虎爲靈物，不妄傷人。然此婦見鷙獸，不怖悸，乃能諭之以理，亦難能也。

宋 洪邁《夷堅志·支志·庚》卷四《海門虎》 淳熙二年八月，通州海門縣下沙忽有虎暴，民家牛羊猪狗遭食者多。居人畏其來，至暮輒出避。陳老翁村舍窻户籬壁，皆爲觸倒。陳語妻子曰：「虎吃人，自係定數。我一家人八口，恐須有合受禍者。我今出外，自當之。」妻子挽勸不聽。即開門，見虎肋間帶一箭，手爲之拔取。虎騰身哮吼，爲感悦之狀而去。次夜，擲一野彘以報，自此絶跡。

宋 佚名《江南餘載》卷下 江州有田婦採拾於野，忽爲虎攫而踞之。婦向天大呼，虎舉其掌，婦視其中有刺，因爲拔之，虎乃捨婦而去。

明 都穆《都公譚纂》卷下 慈谿張御史昺字仲明，都御史楷之子，成化間，知江西沿山縣。有寡婦止一子，爲虎所食，訟於張。張與之期五日來，乃齋戒作文祭縣城隍神。大槩言，神不能禦災捍患而縱虎食人，五日内必驅虎伏辜，否則毁其廟而更置之。没五日，天未明，夢有人告曰：「虎至矣，虎至矣。」張驚起，佩箭升堂，急令啟門。忽二虎至，俯伏庭下，若有神人守之者。張曰：「吾良民之子，而汝食之。法當抵死。二虎有不傷人退。」一虎起，繞伏虎一匝，低尾而出。其一不動。張素善射，拔所佩箭，三發三中，其首尾猶不死。命隸卒亂鞭殺之。召婦人歸。

明 祝允明《義虎傳》（《稗史彙編》卷一五六引） 弘治初年，得義虎事，爲作傳文曰： 荆溪有二人，髫丱交好，壯而貧富不同。寠子以故晏安，無他技，獨微解書數，妻且艷。冨子乃設謀謂言：「若困甚，盍圖濟乎？」寠告以不能。冨子曰：「固知也，某山家豐於賄，乏主計史，覓之久矣。若才正應此耳。若欲，吾爲若策之。」寠感謝。冨子助其舟費，并載艷者以去。抵山，又謂：「吾固未嘗夙語彼，彼突見若夫婦，得無少忤乎，一忤且不可得復進。留而内守舟，吾與若先容爲計也。」寠從之，偕上山。冨子宛轉引行險惡溪林中，屢胼胝破碎，血出被踝踵不已。至極寂處，乃蹴而委之地，出腰鎌斫之，寠隕絶。冨子不審，謂死矣。哭下山，謂艷者曰：「若夫君嚙於虎，試同若往檢覓，不見，乃更造計耳。」婦亦從之，又偕上山。冨子又宛轉引行别險惡溪林中，至極寂處，擁而求淫之，婦未荅。忽真虎出叢柯間，咆哮奮前，嚙冨子去，斃焉。婦驚走，心念：「彼習行且爾，吾夫其果在虎腹中矣。」轉身而歸，迷故途而哭。倏見一人步於旁，問故。婦陳之，人言：「爾勿哭，當導之返。」見舟而人滅，蓋神云。婦登舟，莫爲計。俄而山中又一人哭以出。遥察之，乃夫也。婦疑駭其夫鬼歟，夫亦疑婦當爲賊收矣，何尚獨存哉？既相逼，果夫果妻也。相携大慟而甦，各道故。夫曰：「彼圖淫若固未淫若，圖死我固未死我，則我可置憾也。」婦曰：「吾謂若死若固不死，吾圖報賊賊固自得報矣，我憾亦何不可置哉！」於是更悲而慰，更哭而笑，終歸完于鄉。君子曰： 視賊始謀亦何義哉已，乃以巧敗，受不義之誅於虎，虎亦巧矣。非虎也，天也。使婦不遇虎，得理於人而報賊，且未必遂。遂，且未若此快也。故巧不足以盡虎，以義表焉可也。

明 王穉登《虎苑》卷上《德政第一》 童恢爲不其令，户人嘗爲虎害，迺設阱捕之，生獲二虎，恢呪曰：「天生萬物，惟人爲貴。虎狼當食六畜而殘暴于人。王法殺人者死，傷人抵罪，若虎殺人者，俛首，不然號呼。」一虎閉目如懼狀，即時殺之。一虎奮躍而去。【略】法雄爲南郡太守，郡濱帶江沔，雲夢藪澤多虎暴，前守賞募張捕，乃更爲害。雄下記曰：虎狼在山林，猶人居城市，古者至化之代，猛獸不擾，皆由仁及飛走。太守雖不德，敢忘斯義，記到，其毁壞檻穽，不得妄捕。是後虎害遂息。【略】國朝于梓人楚産洪武中進士，有異術，歷官知登州，有訴其親傷于虎者，梓人命卒焚牒山中，方爐而虎至帖耳。隨行觀者如堵，走伏庭下，梓人數其罪百，笞之，許其改過，叱之出，虎遂循故道而去。

又《孝感第二》 章登第調井研主簿還，及聞弟死，舍舟乘馬疾行，過萬州，日黑，馬仆墜厓下，虎來銜章髮。章謂虎曰：「汝靈物，當聽吾語。吾母八十生子二人，女一人，往年妹壻死于江，今年弟死于室。獨吾一身存，將竊升斗禄養母。汝食我，奈母老何。」虎聞，遽捨之。天明章攀木而上，迺得歸。章赴官。母卒，未幾亦卒。乃知一念之善，脱於虎口，爲母故也。【略】區寶居父喪，鄰人格虎。虎趨入其廬，即以蓑覆之。鄰人問寶，寶曰：「虎豈可藏耶？」人遂去。虎後送禽獸，助寶祭祀。

又《貞符第三》 虎丘初名海湧，吴王闔閭葬其下，發卒六十萬人治之。甃三日，白虎蹲其上，因名。【略】周永昌中涪州多虎，有獸似虎而絶大，逐一虎噬殺之。録奏檢瑞應圖，曰：酋耳也，不食生物，遇虎則殺之。讚曰： 白虎，金精縞質元章，西方之宿，匪禍伊祥，聖人受歴，寶圖皇皇，孰謂於菟，騏驎鳳凰。

又《戴義第五》 郭文舉與虎探去鯁，虎送鹿報。【略】長興邸嫗山行，遇

虎銜入深谷，虎蹲嫗前，不食。嫗曰：「莫有刺欲去否？」虎舉足示嫗，見爪下竹刺，拔去之，騰躍數四，銜嫗至舊所，不相傷。夜置一鹿于門而去。

又 卷下《**豢擾第九**》 董奉爲醫術甚神，種杏成林，人來謝者使益種杏，杏實時，虎守杏不去。

又 《**雜志第一四**》 神荼、鬱壘兄弟，黄帝時人，能執鬼。鬼有禍人者，以葦索縛之投食虎。於是官常以臘除畫虎桃人於門。

明 陳其力《芸心識餘》卷三《虎以鹿報德》 晉郭文舉與虎探去鯁，虎送鹿來報，以爲異。今長興縣有邸嫗採桑次，被虎啣入深谷中，不傷之。其虎就蹲，自日至午。嫗告曰：「某之年邁，莫有宿業否？今困於此，又不食，乞大聖念之。」呼虎爲大聖。遂伸一脚於嫗前，看之，有一竹籤在爪下，嫗又曰：「莫要去耶否？」掉尾點頭，似相感之狀。嫗乃爲拔之，迅躍數四，却啣至舊所，並無損。至夜，置一鹿於門首去。

芸心子曰：爲虎去鯁、籤，俱得鹿報，亦奇事也。夫虎以食人爲性，乃有是良知焉。今有受人莫大之恩而不一省報者，謂之何哉！

明 王同軌《耳談類增》卷二二《胜志蹄喙篇・虎冢》 正德間，木工丘高，奉化人，附東吳主人李七舡，造番夷，至海傍渡舟山，遘厲且死，衆棄之山麓而去，數日不死。忽一虎來視，眈眈咆哮，歛齒而不咥，若憫其垂死者。高始怖甚，既見其不咥，沾沾可親，因指口求食。虎去，以兔豕來，不可食。虎，雌虎也，故相依坐身畔，飼以乳。高得虎乳，日益强徤，數日起行，德虎之甚。凡高有言，虎必帖耳聽受。高度渡舟山，曠不可居，跡得炭山穴深而燠，命虎負，渡河居之。拾陶於棄窑，燃火於燧石，虎暮必以獸歸，始爲烹飪，兼野蔬山果而食之。漸有牝牡之事，一如夫婦燕婉矣。後有雄虎來求配，虎怒相搏，高倚虎持竿逐之，去遠始已。虎欲悦高，遺獸常饒，高以鬻於山中，不乏蓄積餱糧。生二子，性俱猛懮，年十二力舉數百斤。或薦於浙省督府，胡公捧檄招來，破倭成功，授上賞。虎與高死，合葬成冢，曰虎冢。至今海上談者謂猛虎可親，必指虎冢云。吳貞甫談獸與人交生子世常有之，此其類矣。而其始以無生生，夫惟無生是以有生。老子曰：含德之厚，比於赤子。毒蟲不螫，猛獸不據，攫鳥不搏。斯人病死心喪，其近之與。今山中婦子常持竿逐虎，虎不亂搏，愈足爲驗，是可以持心。

又 《**義虎**》 衢州開化縣與德興界接之地，有媪豢一猪，適虎從籬外攫得，而籬堅竹密，猪不得出，夜甚咆哮。媪慮虎不得食，終損他家，因起扶籬縱猪出。久之，虎復抵門，夜作聲響。媪詈曰：汝奪我猪去，致我無資生活，又復來乎？至明，門不啟，虎委背所負一女子去，盖相報也。媪一子貧，不能娶，因通於女家父母以爲婦。今其地有義虎坊。

明 陳繼儒《虎薈》卷一 大德中，荆南九人，山行避雨，入土洞中。虎來踞洞口，視眈眈。八人密議，排一人愚者，出啖虎，虎當去。虎得人，御置他所，坐如故。須臾，洞崩，八人死，愚者竟生。

又 卷二 五代時，歐寶主死。寶妻事紡織供幼主極恭。貧不能塟。寶鬻己子以築墓。搆茅屋墓傍，獨守三年，旦暮號泣。後寶四時祭墓，每有虎啣時物及麞鹿來助其祭。時人咸謂孝義格獸之報。

又 卷三 唐乾元初，吏部尚書張鎬貶辰州司户。先是，鎬在京，以次女德容與僕射裴冕第三子前藍田尉越客結婚焉。已尅迎日，而鎬左遷，遂改期來歲之春季。其年，越客則速裝南邁以鎬嘉禮，春仲拒辰百里，鎬知其將至矣。張斥在遠方，抱憂惕，深喜越客遵約而至。因命家族宴于花園，而德容亦隨姑妹姊遊焉。山郡蕭條，竹樹荒密。日暮衆將歸，或後或先，紛紜笑語。忽有猛虎出自竹間，遂擒德容，跳入翳薈。衆皆驚駭，奔告張。夜色已昏，計力俱盡，舉家號哭，莫知所爲。及曉，則大發人徒，求骸骨山野。周圍遠近，曾無蹤由。是夕之明夜，越客行舟去郡三十二里，尚未知擬妻之爲虎暴，則召僕夫十數輩，登岸徐行，其舡亦隨焉。不一二里，遇水次板屋，屋内有榻，因拂榻即之憩焉。僕從羅列於前後，俄聞有物來自林木之間，衆則静伺。微月之下，忽見猛虎負一物至，衆皆惶撓，則共闞喝之，乃大擊屋板以驚逐之。其虎徐行，俯于板屋側，留下所負物，遂山間。共窺看，皆云是人，尚有餘喘。越客即令舁之登舡，因促解纜。然於舡中列燭熟視，乃見十六七美女也，容貌衣服非村中之所有。越客深異之，則遣群婢看診之。雖髻髮披散，衣服破裂，而身膚無少損。群婢以湯飲灌之，即微微入口。久之，神爽安集。俄復開目，與之言語，莫有應。夜久，即有自郡至者，皆云張尚書次女，昨夜春園爲暴虎所食，至今求其殘骸未獲。聞者遽以之告於越客，即遣群婢具詢。然而德容因啼號不止，越客即上岸，具以其事告於鎬。鎬凌晨躍馬而至，既悲且喜，則與同歸，而婚媾果尅其期。自是，黔峽往往建立虎媒之祠焉，今尚有存者。【略】沙門惠始值魏滅法，始乃隱。至是，振錫至宫門。吏白太武，武曰：「趣斬之。」不能傷。時北國養虎千檻，武令以飴餧之，虎者怖伏，不敢瞬。左右請以天師試之，虎即虓吼。太武大驚，延始上殿，再拜，許之復教。

成應元《事統》云：劉牧，字子仁，常居南沙野中，樂山鳥之啼，愛風松之韻，植菓種蔬。野人欺之，多伐樹踐圃。牧曰：「我不負人，人何負我？」有一虎近其居作穴，見牧則搖尾。牧曰：「汝護我也。」虎輒俛首。歷數年，野人不敢侵。後牧卒，虎乃去。【略】唐建中初，青州北海縣北有秦始皇望海臺。臺側有別濤泊，泊邊有取魚人張魚舟，早夜菴止其中。常有一虎，夜突入菴中。值魚舟方睡，至欲曉，魚舟乃覺有人。初不知是虎，纔至明，方見是虎。魚舟惶恐，不敢動。虎徐以手捫魚舟，魚舟心疑有疾，因起坐。虎舉前左足示魚舟，觀之，見掌有刺，可長五六寸。乃爲除之，虎躍然出菴，若拜伏之狀，因以身劘魚舟。良久，廻顧而去。至半夜，忽聞菴前墜一大物。魚舟走出，見一野豕腯甚，幾三百斤，在菴前。其虎見魚舟，以身劘之，良久乃去。自後每夜送物來，或豕或鹿。村人以爲妖，送縣。魚舟陳始末，縣使一吏隨而伺之。至二更，又送麋來。魚舟遂釋罪。魚舟爲虎設一百一齋功德。其夜，又啣絹一疋而來。一日，其菴忽被虎折之，意者不欲魚舟居此。魚舟遂別卜居焉，自後其虎亦不復來。【略】辨訟扶南王范尋，常畜虎五六頭，鰐魚十頭。若有訟，未知曲直，便投與魚虎。虎不噬則爲有理。穢貊之人，祭虎爲神，將有以也。

又　卷四　廬山東林熙恬律師，有猛虎逐鹿，鹿求救於師，師指鹿入房，虎遂却去。【略】枝江縣有陳留王子香廟頌。子香于漢和帝之時，出爲荆州刺史，有惠政。天子徵之，道卒枝江亭中，常有三白虎出入人間，送喪踰境。百姓追美甘棠，以永元十八年立廟設祠，刻石銘德，號曰枝江白虎王君。其子孫今世猶謂白虎王。

又　卷五　宋聰道人結廬佘山之東峰，二虎大青小青侍焉。咸平中，天旱人饑，盜且作矣。室屋四面竹木寔繁，潛有取者，而二虎衛之，不可得也。【略】乾道中，江西水災。豐城農夫挈其母及妻子就食他所。過小溪，密語妻曰：「穀貴艱食，豈能俱生？我襁兒先渡。母老不能來，可棄之。」婦不忍，掖姑以行，足陷泥淖，方取履，見白金爛然在水中，拾得之，語姑曰：「本爲貧徙，今幸天賜，可歸矣。」登岸，望其夫，不見。兒戲沙上，問之，云：「被黑牛銜入林中。」入林視之，流血丹地，已爲虎食矣。【略】義興陳氏婦，豔而孀居，家隣木客。客悅其姿，莫能犯。乘夜登垣，穽木寘其庭。詰旦，指爲竊，訟于官。婦事玄壇神素處，慟告神。夢神曰：「令吾虎報爾仇。」未幾，客偕侶山中伐木，黑虎躍出叢竹，噬客去。

又　卷六　蘇子由傳孟德事，謂虎不食不畏己者。其説信然。義興山有人出行，其妻女擁爐夜坐，妻先就枕，女鼾睡爐側。虎突入，蹲其旁，耽視其女而不搏。已而女瞢騰欲仆，虎輒以頭觸止之，若爲掖持者。其母懼甚，不敢呼。女亦不覺，相守達明。其隣媪過之，訝其門闢，入視，虎遂躍起攫之而去。女竟夕而不傷，媪過門而罹禍。似有數存焉者，亦異矣。

清　趙吉士《寄園寄所寄》卷五《滅燭寄》　包實夫，瀘溪人也，世業儒。希魯先生，其父也。明經力學，事親惟謹。洪武元年，館於邑之太常里。是冬，歸省而復之焉。至後嶰，忽一虎突前，進退莫能避。虎如伏狀，類拜者，徐起銜其衣之左腋，曳之行。實夫隨往，至林莽中，虎釋而蹲。實夫亦對而踞，乃語之曰：「汝虎也，得無咯吾肉，殪於汝，吾復何憾。然吾二親俱年七十餘，汝能容吾畢其養乎？吾命應虎食，終歸於汝。」虎乃起，曳其衣裾，復至故處而去。故名「拜虎崗」，在晉賢縣西五十里。

清　乾隆《梧州府志》卷四《古蹟》　伏虎巖在錦鷄巖西。舊傳扶南王范尋養虎於此，投罪人於巖。虎不噬乃赦之，虎亦不妄噬。又傳爲李上座修行成道，馴服猛獸於此。

清　嘉慶《松江府志》卷七四《名跡志》　虎樹亭。在佘山普照寺。《雲間志》云：寺本東庵址，宋聰道人居，中有聰道人塔在山頂。道人在山時，有二虎大青小青隨侍。道人死，虎亦死，瘞之塔旁。逾年生銀杏二樹，隨闢亭，其間以虎樹名。

清　同治《鄖陽縣志》卷八《稡録》　《房志稿》：元和時，强伯達家於房，世傳惡疾。達弱冠，亦患此。父母皆以必不可療，恐復染，裹糧置深山中，涕與別。遇一僧，口授《金剛經》四句偈，達熟誦。久之，忽有虎至。達懼甚，瞑目待死而已。虎爲遍舐其瘡，去患少瘥。僧復至以青草一握煎洗之，遂痊。自是家無惡疾。

藝　文

唐　李紳《追昔遊集》卷上《虎不食人》　霍山縣多猛虎，頃常擇肉於人，每至採茶及樵蘇，常遭啖食。人不堪命。自太和四年至六年，遂無侵暴，雞犬不鳴，深山窮谷夜行不止，得攝令和僎狀，稱潛山縣鄉村正趙珍夜歸，中路與虎同行，至家竟無傷害之意。

南山白額同馴擾，亦變仁心去殺機。不競牛甘令買患，免遭狐假妄憑威。

渡河豈適他鄉害，據谷終無暴物非。爾效騶虞護生草，豈徒柔伏在淮淝。

宋 梅堯臣《宛陵集》卷四一《和真上人萬松亭虎窺泉》 南岡新路平，東嶺新亭成。嶺上松萬株，嶺下泉一泓。松未龍鱗老，泉曾虎迹行。虎去豈不渴，松今豈不生。泉無百尺繩，安見甘與清。松無百歲人，安見千丈榮。道人能喻道，莫使世人驚。我來開醉眼，不似阮步兵。

元 王旭《蘭軒集》卷六《虎詩》 遍體斑文錦織成，爪牙傷物利如兵。卧身天闕諸神避，掉尾山林百獸驚。巖下路從行處斷，谷中風逐嘯時生。眈眈自有雄威在，莫使妖狐假借行。

明 葉盛《菉竹堂稿》卷二《虎》 弘農昔日政聲多，見爾携家北渡河。不用虛名事唬嚇，山中藜藿近如何。

貞符災變

綜述

明 陳繼儒《虎薈》卷二 二廣俗好於門畫虎頭，書聻字。

又 卷三 王者仁而不害則白虎見。白虎者，仁獸也。虎而白色縞身，如雪無雜色。

紀事

《左傳·宣公四年》 初，若敖娶於䢵，生鬬伯比。若敖卒，從其母畜于䢵，淫于䢵子之女，生子文焉。䢵夫人使棄諸夢中，虎乳之。䢵子田，見之，懼而歸，夫人以告，遂使收之。楚人謂乳穀，謂虎於菟，故命之曰鬬穀於菟。以其女妻伯比。實爲令尹子文。

《管子·小問》 桓公乘馬，虎望見之而伏。桓公問管仲曰：今者寡人乘馬，虎望見寡人而不敢行，其故何也？管仲對曰：意者君乘駮馬而洀桓迎日而馳乎？公曰：然。管仲對曰：此駮象也。駮食虎豹，故虎疑焉。

晉 干寶《搜神記》卷七 晉武帝太康六年，南陽獲兩足虎。虎者，陰精而居乎陽，金獸也。南陽，火名也。金精入火而失其形，王室亂之妖也。

唐 張鷟《朝野僉載》卷二 天后中，涪州武龍界多虎暴。有一獸似虎而絶大，日正中逐一虎，直入人家，噬殺之，亦不食其肉。自是縣界不復有虎矣。録奏，檢瑞圖，乃酋耳，不食生物，有虎暴則殺之。

宋 余靖《武溪集》卷一八《書去虎》 禺山之陰曰翁(永)[水]，水之源有居邑，去刺史府五百里而近山。富毒草，水蒙毒霧，霧昏草黄，夏日瘴熱，歷者生疾，故州人憚之。邑老吏恃遠且嶮，肆詆欺以成俗。亡何，丞尉飛書白府云：境中三虎暴自踣，請以狀聞本朝，彰太守服猛孽彊之應。太守貪僞名，欲市其矯，乃召他邑掾往驗之，以成其詐。邑掾到境得疾，繇是怒而以實對：虎墜穽而死，言自踣者非是。邑掾返，卧疾且死者久之。野史氏聞之，廢書而嘆曰：「罪由古史，非丞尉太守之罪也。」昔者劉琨、宋均以循良著治理效，史氏有猛虎渡河之説。向使政仁且明，虎雖在境，機埳可制；政昏且暴，虎雖出境，其害被於千里，豈特一虎哉！則知虎之去，不若暴之去，太史氏以異聞惑中智，甚矣哉！

宋 歐陽修《新唐書》卷三五《五行志》 大曆四年八月己卯，虎入京師長壽坊宰臣元載家廟，射殺之。虎，西方之屬，威猛吞噬，刑戮之象。六年八月丁丑，獲白兔于太極殿之内廊。占曰：「國有憂。白，喪祥也。」

元 馬端臨《文獻通考》卷三一一《毛蟲之異》 光和三年正月，虎見樂平觀，又見憲陵，上齧衛士。蔡邕封事曰：政有苛暴，則虎狼食人。

代宗大曆四年八月己卯，虎入京師長壽坊宰臣元載家廟，射殺之。虎，西方之屬，威猛吞噬，刑戮之象。六年八月丁丑，獲白兔於太極殿之内廊。占曰：「國有憂。白，喪祥也。」德宗建中三年九月己亥夜，白虎入宣陽里，傷人三，詰朝獲之。【略】

文宗太和元年十一月，河中奏，當管虞鄉縣有白虎入重峯觀。按《瑞應圖》，義獸也，一名騶虞。王者德至鳥獸，澤同幽冥則見。

元 脱脱《宋史》卷六六《五行志》 咸淳九年十一月辛卯黎明，有虎出于揚州市，毛色微黑，都撥發官曹安國率良家子數十人射之。制置使李庭芝占曰：「千日之内，殺一大將。」於是鬻其肉於城外而厭之。

明 王穉登《虎苑》卷上《貞符第三》 虎丘，初名海涌，吳王闔閭葬其下，發卒六十萬人治之，葬三日，白虎蹲其上，因名。

清 趙吉士《寄園寄所寄》卷五《滅燭寄》 萬曆三十六年二月十九日，徽府

治内有虎自東城壞缺入。行至府城邊，聞更夫鳴鑼，驚跳入通判衙園内。次早，夫人同小僕取菜遇見，喊叫衙役殺死。當時被傷七人，幸未死。太守、同知、通判，皆告疾乞休。以虎入城，非吉兆也。祁門縣是月亦一虎入城，人不敢近，數日後方殺死。

藝文

唐 李賀《昌谷外集·白虎行》 火烏日暗崩騰雲，秦皇虎視蒼生群。燒書滅國無暇日，鑄劍佩玦惟將軍。玉壇設醮思沖天，一世二世當萬年。燒丹未得不死藥，拏舟海上尋神仙。鯨魚張鬣海波沸，耕人半作征人鬼。雄豪氣猛如焰煙，無人爲決天河水。誰最苦兮誰最苦？報人義士深相許。漸離擊筑荆卿歌，荆卿把酒燕丹語。劍如霜兮膽如鐵，出燕城兮望秦月。天授秦封祚未移，衮龍衣點荆卿血。朱旗卓地白虎死，漢皇知是真天子。

宋 吴淑《事類賦》卷二〇《虎》 伊雕虎之猛噬，感樞星之下淪。既目之爲獸長，亦號之爲山君。眈眈其視，般般有文。牛哀七日而變體尺，封邵一旦而食人。則有刻玉爲毛，鑄銅作器。李禹入穽而絶纍，朱亥在檻而裂眥。别有厄李后於宫内，舐介象於山中。詎能緣木，祇可生風。俛首伏罪，摇尾求食。僧照識南山之嘯，李廣射北平之石。食肉則世祖命射，攀鞍則張昭變色。或名李耳，或號於菟。或生於孟山，或畜之東虞。至有中黄能搏，馮婦善捕。吕蒙探穴而靡憚，王戎逼檻而不懼。哭哀既感於仲尼，縛急更憐於吕布。若夫粱芻養之而有法，卞莊刺之而得宜。感讒言而游市，感道術而還兒。文彩未成已有食牛之氣，爪牙斯備則全伏狗之威。至若值法雄而息暴，避劉陵而遠徙。感劉昆弘農之政，識宋均九江之理。燒皮辟惡，懸鼻宜子。扶南既聞決訟，度朔亦云食鬼。壽至千歲，長過百里。石虔跳躍而拔箭，宜咎叱咤而弭耳。或驚駭而放市，或婆娑而渡水。若乃郭文探骾，子華斷羊。或助區寶之祭，或送王業之喪。或厭赤刀之術，或佩黄神之章。豈獨紫葛驗江陵之化，抑亦白質爲魏世之祥。

明 王直《抑菴文集》卷三七《玄虎贊》 宣德年，海外諸番國以其水土物來獻。庭實旅百，而玄虎與焉。望之其色正黑，如凝碧，如染黛，又如玄雲之蔽覆，而潤澤鮮好也。在廷之臣，皆謂前所未見。上嘉其勤，誠不之卻，命置之苑中。不以異物爲貴也。然世之言虎者，皆知黄質黑章而已，安知南海之外而有玄虎哉！玄，北方之色，豈非皇化自北而南之所致與，亦不可不以爲異也。乃爲之贊曰：南海之墟，實爲下國。有虎生焉，匪赤匪白。其色維何，玄冥之精。自北而南，降氣流形。如碧之凝，如黛之積。又若玄雲，油然斯冪。聖心廣大，豈物之珍。眷彼外夷，是撫是馴。置之苑中，弭然馴服。騶虞麒麟，均眎同育。嗟惟有衆，未知其奇。何以考之，玩此贊辭。

神異變化

综述

《爾雅·釋獸》 虎竊毛謂之虥貓。注：竊，淺也。《詩》曰：有貓有虎。音義：虥，字又作戲，謝七版反，或士簡反，施士嬾反，沈才班反，郭作閑反，《字林》士山反。貓，亡朝反。疏：竊，淺也。虎之淺毛者，别名虥貓。注「有貓有虎」者，《詩·大雅·韓奕》篇文也。【略】

䖘，黑虎。注：晉永嘉四年，建平秭歸縣檻得之，狀如小虎而黑毛，深者爲斑。《山海經》云：幽都山多玄虎、玄豹也。音義：䖘，式六反。秭，音姊。檻，户覽反，下同。疏：黑虎，一名䖘。《山海經》云：幽都山多玄虎、玄豹者。案《海内經》云：北海之内有山，名曰幽都之山，黑水出焉。其上有玄鳥、玄蛇、玄豹、玄虎是也。

漢 劉安《淮南子》卷二《俶真訓》 昔公牛哀轉病也，七日化爲虎。其兄掩户而入覘之，則虎搏而殺之。是故文章成獸，爪牙移易，志與心變，神與形化。方其爲虎也，不知其嘗爲人也；方其爲人也，不知其且爲虎也。

宋 徐鉉《稽神録》卷二《食虎》 建安山中人種粟者，皆搆棚於高樹以防虎。嘗有一人方升棚，見一虎垂頭塌尾過，去甚速。俄有一獸，如虎而稍小，躡前虎而去。遂聞竹林哮吼震地，久之乃寂。明日往視，其虎被食略盡，但存少骨。

宋 馬純《陶朱新録》 大觀間，家府君監杭之商稅院，攝職官行縣至昌化，聞邑人云：頃年山中居民，一夕聞虎鬭聲，中夜忽大吼數聲，遂寂然。及曉視之，見二虎頭、八蹄而已，疑其方鬭，别有猛獸遇而兩食之。後數年，果有人見異獸於山中，金毛，五色如所畫獅子，是必食虎者也。竟不知其獸之爲何名也。

明 牛衷《增修埤雅廣要》卷三五《文物門·字書類·虎骨乙字》 虎夜視，

一目放光，一目着物。獵人射之，光墜於地，成白石。兩脇間及尾端有骨，如一字，長乙二寸，即其威也。破肉取得，能令人有威。佩之辟邪驅疾。

明 王圻《稗史彙編》卷一五六《虎頭能致雨》 東坡言：《太平廣記》云，以虎頭縋于龍湫潭中，能致雨。須以長綆繫之，雨足乃取出。不爾，雨不止。試之有驗。愚謂東坡非欺人者。今年江南旱甚，惜未有以此術白於有司者。故表著之。氣類相感，理或然耳。

明 王穉登《虎苑》卷上《占候第四》 南山久旱，以長繩繫虎頭骨，投潭中，有龍處水，掣不定。俄頃雲起，雨亦隨降。

明 余懋學《説頤》卷一《食虎逐蛇》 建安人山中種粟者，皆搆棚於高樹，以防虎。嘗有一人方昇棚，見一虎，垂頭榻耳過，去甚速。俄有一獸如虎而稍小，躡前而去。遂聞林中哮吼震地，久之乃息。明日往視，其虎遇食略盡，但存少骨耳。恒州井陘縣豐隆山西北長谷中有毒蛇，據之能傷人。里人莫敢至其所。採藥人靳四翁入北山，忽聞風雨聲，乃上一孤石望之，見一白蛇從東而來，可長三丈，急上一樹，蟠在西南枝上，垂頭而歇。須臾，有一物如盤許大，似蝦蟇，色如褐土色，四足，而跳至蛇蟠樹上，仰視，蛇垂頭而死。噫！天之愛民甚矣。虎之暴，蛇之毒，物固有制之者。豈其使虎視蛇囓之大肆，然無制暴於鄉里，以縱其淫而傷天地之和？必不然矣。

明 陳繼儒《虎薈》卷三 士子初登選及遷除，朋僚歡燕謂之燒尾。説者謂虎欲爲人，惟尾不變，須焚之乃變，故燕以名。

又 卷五 虎交而月暈。

又 卷六 荆州陟屺寺僧郁照善射，言夜格虎時，必見三虎竝來。挾者虎威，在中者虎。虎死，威入地，得之可却百邪。虎初死時，記其頭枕處。月黑夜掘之，掘時有虎吼，不足畏，此虎之鬼耳。掘三尺當得物如琥珀。蓋虎目光淪入地之所爲也。

明 鄭仲夔《玉麈新譚·雋區》卷七《幻雋》 天啓年間，紹興山中有黄黑斑三虎，往來山陰道間，每潛踪空墻，或翳林僻處，日出噬人致死，死即舍去，被傷者不啻千人。行路苦之，獵者屢捕不可得，踰年方已。亦莫知其何去，咸以爲神虎云。

明 鄺露《赤雅》卷三《肉翅虎》 肉翅虎出石抱山，晨伏宵出，其飛也[illegible]，嘗向鬼關食人，爲獞人射殺。予得見之，比虎差小，翅如蝙蝠，眼閃閃如陰燐，身虎。文飾其皮，以辟百鬼。

明 慎懋官《華夷花木鳥獸珍玩考》卷一一《星虎蒲喇加國》 山出星虎，如中國之虎，畧大，其毛異色。亦內有暗色花紋黃虎。亦內有虎變人，入市混人而行，自有識者擒而殺之。

清 袁枚《續子不語》卷七《獵户説虎》 傳聞虎傷人，則倀鬼爲屍脱衣與虎食。又云虎能禹步，令屍自起脱衣。此皆不然也。蓋人不見虎，故爲此推測之詞。有鄭獵户云，虎擒人，啣其頭頸，人痛極，手足自撐拽，勢皆向下，衣褲自褪下。人無事而講禮貌，則岸然巍然也。及至窘急無訴，便自抖擻卑縮，衣帶自寬矣。鄭少年時，嘗與同伴值兩虎。其一虎啣同伴去，其一虎鄭鎗中之未斃而逸。鄭懼其復來，乃先上高樹，避而望之。見虎所啣同伴，先下鞋，又下襪，迤邐而褲下矣。明日招伴尋之，則衣履一一在途。其屍隔五里餘，剩其左臂。驗有舊傷，果其伴也。腹臟亦未喫盡。又二三里，則所鎗傷虎僵伏而斃矣。

傳聞，虎咬人，初旬在頭，中旬在肩背，下旬在腰腿。此大不然。鄭所見，皆肩項也。虎作威向前，自上擲下而咬之，非肩項不可挈其軀，無上下異也。即虎食所，先雖不可見，其所殘剩者，偶餘手足，亦無上下旬分、手足之異。虎大者，力千斤。小者，亦二三百斤。又加以爪牙騰躍，人力斷斷不能勝。所恃者人之巧，可以制虎之貪癡耳。虎氣旺，中鎗多不立斃。鄭嘗入深山，徑轉處有虎如大牛，蹲路側。鄭急甚，不及用鎗，乃大聲喝之，姑懾以氣勢。虎果躍去。鄭度其必來，無村落可避，乃先視其所去處，尋坡下伏。虎果躍至，中鄭鎗，又躍去。鄭度再至，則虎必難禦，急上高樹避之。俄頃，虎至，覓鄭不得。鄭窘甚，足偶失，觸枝動，虎仰視，見鄭，躍起撲鄭，格巨枝而墜者再。樹震撼，葉葉有聲。虎瘡甚，不能再躍，乃囓道旁石塊，盡碎啣石而斃。

倀必附物而行，或貓、兎、雞、鴨、蛙、雉，皆能作汪汪聲。先虎二三里，視機伏處，引而避之。虎輒隨倀聲轉移。制之之法，聞倀即用釘，釘樹上，隨所值之第一株，然後擊倀所附物，則物斃而倀亦聲絶矣。或曰，釘，金也。樹，木也。魂屬木，魄屬金。取以魄就魂之義。魄惡好殺。倀，魄也，禳之以就魂，則驚魄有依，不爲虎役矣。

倀聲慘而長，無轉音，但夜深人静，亦有能作人語。鄭嘗與同伴往獵，舟泊溪下。一夕聞岸上敲門聲，久而門內人應之，欲起。其婦力阻曰：「夜深宜避，勿往啟户。」敲者益急，其婦卧問曰：「客何來？」曰：「間壁。」「客爲誰？」則又曰：「間壁。」夫婦遂不起，教以明日來。敲仍急，鄭異之，從篷隙視，見有物如數石穀囊者，

塞其門。從斜月光中審辨之，則虎也，以頭撞其門。所應兩字則倀也。鄭潛曳醒其同舟而告之，皆恐匿船板下。鄭乃以鎗自後打之。虎驚痛，咬破其門，壞屋簷而去。翌日視之，門下所跪點頭處，成兩窪跡。行二里餘，溪水中得死虎，重六百斤。或曰：虎負傷落水，不能起也。或曰：虎中鎗熱甚，故就取涼，傷發而斃也。

虎食兎，入口即没。虎食雞與鳩雉，則入口上下噚一再合，即仰噴剩羽如散花雨，周圍丈餘，雉五色，交散飛，最可觀。

傳説虎欺人畏，故不傷醉人，不食孩童，非也。醉人必醉甚，行路欹斜不定，虎始不食，蓋撲之不準也。至于孩童，則樗里有隣兒兄弟夜出門就厠，其兄年十三四，蹲厠上。其弟九歲，立檐下，見有若松毛一團者，擲而前。弟畏縮，就其兄旁曰：「是何物耶？」兄曰：「松團耳。」虎前棄其弟而攫其兄去。明日迹血尋之，衣履處處散遺，拔起小松根數十株，蓋其兄忍痛手迹也。至血痕濶處而止，蓋已食盡。而草上血，亦經吮過矣。

虎飢亦食蔬菜。樗里有女子與其嫂在樓煨芋食，棄芋皮窗外。姑偶憑窗，見虎吮芋皮，盡則仰以俟。嫂懼，多煨芋以皮給之，恐其躍上也。姑欲閉窗則伸手出，怕虎起攫手，坐待則眼見嫂芋將不繼，乃試以全芋投之。虎一吞而盡。姑曰：「吾得之矣。若不畏熱，可圖也。」乃燒鐵錘透紅，以芋皮裹之。芋皮著熱鐵即粘，試投之。則虎仰頭視既久，見擲物接而吞之。吞後則躍去，後二日，里得斃虎，爪自裂其胸見骨。

傳聞虎不再交，亦非也。虎獨處，其有兩者，必牝牡也。其有三四五者，必虎母子也。子大則牝牡母子皆鬥，而仍獨處矣。大槩月大暈夜，虎乃交，在半夜後，來日必起大風。鄭少時，嘗聞兩虎互鳴，不知何故。一夕，宿嶺上寺樓，聞兩虎鳴甚遠，聲聞林外。窺之，則月濛濛暈矣，有物一堆，上白下黑，如土阜摇動。久之，其下者猛吼震谷，蓋其竅初合，牡者痛而驚躍也。晨起，則兩虎在土阜上互跳交撲，久之始散。是日，寺僧不敢啟門，踰月早起，見隔嶺此白黑二虎抱躍而起，既落地則兩釋矣。其明年，則有四小虎同行。或曰虎交，一躍則得一子。四子皆一交所得。

鄭晚年，當七十後，必持一雨傘行，桿鐵自衛。常曰：「吾遇虎一，則俟其撲而左右避，以桿抵其腰，能令不再起撲。吾遇虎二三，則張傘而旋轉之，能使虎疑，不敢撲吾。」又數年，鄭往隣村看社戲，肩傘歸，中途昏暮，虎突起道左，鄭避撲不及，墜崖下，急坐起張傘伺虎，不料虎亦墜下，壓鄭身上。傘施轉如輪，虎蹲鄭腰胆間，凝視傘轉。鄭急取所佩鐵刀，以右手斫其尾閭，左手拔其陰。虎方疑傘，又驚觸其陰，躍起力猛，斷其陰寸餘。鄭據地，手不釋傘，幸隣人看戲者羣過，呼扶以歸。而鄭力竭矣，越二日死。

傳記

晉 干寶《搜神記》卷一　彭祖者，殷時大夫也。姓籛，名鏗。帝顓頊之孫，陸終氏之中子。歷夏而至商末，號七百歲。常食桂芝。歷陽有彭祖僊室。前世云：禱請風雨，莫不輒應。常有兩虎在祠左右。今日祠之訖，地則有兩虎跡也。

明 王穉登《虎苑》卷下《神攝第一》　老彭，殷大夫也，姓籛，名鏗。歷夏至殷，八百餘歲。歷陽有彭祖仙室，常有兩虎在祠左右。前世禱請風雨，莫不輒應。祠訖，地即有虎跡云。【略】

吳猛有道術，同縣鄒惠政迎猛。夜于中庭燒香。虎來抱政兒超籬去，猛語云：「無所苦，須臾當還。」虎去數步，忽送兒歸。【略】

上官昶有神術，能捕虎。長樂謝士元守建昌，虎近郭噬人。士元自往捕之，兵衛甚盛。昶過見之，笑曰：「捕一虎，何鞅張耶。」守知其神，召問之，曰：「第令衆人毋呼我姓名，聽我指使，虎易制耳。」乃令束芻燃火先行，毋伐金鼓。既至虎所，虎踞竹林中。昶被髮而進，以袖拂虎頭，虎不動。遂乘之以行，觀者塞道。及郭門，一人呼曰：「官先生騎虎來矣。」虎遂回首，齧昶足，昶亟呼獵徒叢矟刺殺虎。人問昶何術，曰：「玄壇法也。」蓋道家謂玄壇神能伏虎耳。

清 嘉慶《揚州府志》卷七二《雜志》　東坡先生知揚州，一夕夢在山林間，忽見一虎來噬。公方驚怖，有一紫袍黃冠以袖障公，叱虎使去。明日，有道士投謁曰：「昨夜不驚畏否？」公曰：「鼠子乃敢爾，本欲杖汝脊，吾豈不知子夜術耶？」道士駭惶而退。

紀事

明 王穉登《虎苑》卷上《占候第四》　晉武帝母李太后，簡文時執役宫中。簡文無子，令善相者相諸宮人。相者指后當生貴子而有虎厄。帝幸之，生武帝及會稽王道子。既爲太后，服相者之驗而怪虎害無謂，且生未識虎，乃令工圖形，戲擊之，便患手腫而崩。【略】

沈僧照嘗校獵，中道而還。左右問何故。答曰：「國家有邊事須還處分。」問：「何以知？」曰：「向聞南山虎嘯。」俄而使至。

又《靈怪第八》　然一日有客稱蘭陵蕭慥來訪知微。談鋒捷麗，辨敏無雙。知微甚加顧重。客出懷中小合，有獮猴大才如栗，謂知微曰：「此猴雖出峽所得，宛轉可玩，輒當相贈。」知微奇之，誇示于內。猴急騰躍化爲猛虎，兵仗無施，闔門遭噬，孑遺無有矣。【略】

周象好獵，爲汾陽令。夢乳虎相逼，驚寤得疾。僧海寧過其門，謂鄰父曰：「此有妖氣，當爲禳之。」象聞，召僧。僧仗劒禹步，誦呪入門，直至寢所，遶牀數匝，叱之。忽聞牀下虎吼，家人奔駭，象不覺投牀下死。僧命水噀之，須臾如故。【略】

長慶中，處士馬拯、馬沼約遊衡山。拯先至，見龐眉僧舉動樸野，邂逅歡甚。倩拯僕隨下山市鹽酪，俄頃沼至，云山下見虎食人訖，化爲僧。拯詢知是己僕，方駭顧，僧亦來，口血尚殷。二人紿僧云：「井有怪物。」因共窺井，推僧墜井中，乃虎也。下石壓殺之。急趨歸。日已暝，見獵者張機道傍，召二人宿棚上。曰：「虎方暴，不可歸。」二人從之。薄暮猛虎觸機矢貫心死，忽見僧道男女羣至，號哭云：「殺我禪師讐未復，復殺我將軍耶。」【略】

建炎間荆南多虎。郭外人多移家入城避虎。張四者移未畢而虎至，急竄于梁，虎升堂蜕皮化爲丈夫出門尋張。張下取皮置梁上，虎還失皮，甚窘。探懷中丹符陳于地曰：「吾奉天符，取若等性名，都除，惟若在耳。」【略】

又　資州趙媪業乳醫，夜聞扣門，方出應，爲人負去，行如風，至石厓下，語趙曰：「爾無畏，吾虎也。吾妻方産，能全吾妻，當謝爾黄金。」入穴見牝虎坐蓐，趙爲收得虎子，即負趙歸。明夜聞人呼曰：「謝捄妻子，五里外虎殺一僧，衣下黄金，汝取之。」平旦如言往，果得金。

又　卷下《人化第一二》　牛哀病七日，化而爲虎，其兄啓户而入，虎搏殺之。方其爲人也，不知其將爲虎也，及其爲虎也，不知其嘗爲人也。【略】

趙不易爲江陰軍僉判，妻病，火食絶不食，惟啖生肉。與趙隔寢。婢媵侍疾者輒病死，不朞月，更三人皆死。老兵持肉自戟門入，怒不食，自後圃即食之。趙後待闕衡州，妻白晝化虎而去，人謂戟門有神而三婢者遭其乘夜吮血，故殞焉。

葉薦妻讒妬。葉七十始蓄一妾。妻即求離異，築室山後居焉，家人日夕省候。葉謂不復妬，令妾訊之。日落不返，親詣其處，門户深扃，破關而入，則妻已化爲虎，食妾盡矣。【略】

劒州李忠因病化爲虎。初忠病久，其子買藥歸而省父。忠視子朵頤涎流。子驚視父已作虎形，出外扃其室，穴壁窺之，迺真虎矣。【略】

乾道五年趙生妻李氏病頭風，家人聞虎吼，走視之，化爲虎頭，問之不能言，但隕淚，撫其幼子。與飲食，不復食，但食生肉，日飼數斤。久之迺死。李生時凶悍，人謂惡報云。

又《搏射第一〇》　天寶中，緱氏縣太子陵仙鶴觀每年九月三日夜，即有道士一人上仙。張竭忠爲令，不信，命勇士執兵夜覘之。三更後見黑虎入觀，銜一道士。射之不死，乃弃道士而去。其年遂無上仙者。明日令大獵石穴中，格殺數虎，得金簡玉籙冠帔骨髮甚多，皆前時上仙者也，遂廢觀爲陵使之居。

明　陳繼儒《虎薈》卷一　嚴猛婦出採薪，爲虎所害。亡後，猛行至蒿中，忽見婦，云：「君今日行，必遭不善，我當相免也。」既而俱前，忽逢一虎，跳梁向猛。婦舉手指麾狀，如遮護。須臾有一胡人荷戟而過，婦因指之，虎即擊胡，猛得免也。猛，晉時會稽人。

又　卷三　陳郡謝玉爲瑯琊内史，在金城。其年多虎暴。有一人，乘小舠載少婦，插刀著船舷。婦登岸，便爲虎銜去。其人拔刀逐之，口呼鍾山蔣侯求助，即有黑衣來導行入虎穴。虎子聞聲，謂母虎至，皆走出。即刺殺之，隱樹間。良久，虎來，倒牽婦入穴中。其人以刀斫斷虎頸，虎死，婦故活。夜夢黑衣人云：「蔣侯生汝，知否？」還家，殺猪祠焉。

又　卷四　周幽王時，羊化爲狼，牛化爲虎。

清　王士禎《池北偶談》卷二六　江都俞生説，曾署定番州事，親見方番司土官之母化爲虎，後旬日一至家，旋入山去。又安順府陶生，有姊適人，生子矣，一旦隨羣虎入山，形體猶人，與羣虎隊，行趫騰絶壁，如履平地。亦數日一至家，撫視其子即去。久之漸變虎形，不復至。又八角井一農家婦，亦化爲虎。皆康熙二十年間事。

藝文

清　謝章鋌《賭棋山莊・詩集》卷八《猛虎謡》　大虎嘯，小虎跳，倀鬼嚬且

笑，手捧虎頭知虎皴。一解。黑虎主財，白虎主兵，以兵爲戲財爲生，黄塵漲天虎不驚。二解。一虎二虎已殺汝，三虎四虎欲避無，所虎目努虎爪舞，倒地髑髏十十五五。三解。左有雙頭蛇，右有九尾狐，狐狡蛇毒虎何愚，衆人逐虎虎負嵎，虎乎胡不爲騶虞。四解。

雜　録

南朝宋　劉敬叔《異苑》卷八　晉時，豫章郡吏易拔，義熙中受番還家，遠一作「違」遁不返。郡遣追，見拔言語如常，亦爲設食。使者催令束裝，拔因語曰：「汝看我面。」乃見眼目角張，身有黄斑色。便竪一足，徑出門去。家先依山爲居，至林麓，即變成三足大虎。所竪一足，即成其尾也。

南朝梁　任昉《述異記》卷上　漢中山有虎生角。道家云：虎千年則牙蜕而角生。

漢宣城郡守封邵一旦忽化爲虎，食郡民，民呼之曰「封使君」，因去不復來。故時人語曰：無作封使君，生不治民死食民。夫人無德而壽則爲虎。虎不食人，人化虎則食人。蓋恥其類而惡之。

唐　佘知古《渚宫舊事》卷四《漢氏魏氏》　王蘇和帝時爲荆州刺史，每將出行部，常浣濯潔齋，類告上帝，精誓后土，曰：開誘愚心，使理於衆。殄除貪殘，剪滅姦惡。不酷人，不失理。江南多呪詛毒螫之患，及化之流也，山陸無蝮蟲豺狼，水無鯨鯉短狐，風波不動，人無禍匿。行部遇疾，卒於枝江亭中。有三白虎低首曳尾，至於喪側。及喪發，追送踰境，忽然不見。永元十八年，百姓立廟於百里洲上，號曰白虎王君。每舟船上下，能爲風濤。至有牛羊之禱，積骨如山。

五代　杜光庭《録異記》卷五《異虎》　劒州永歸葭萌劒門益昌界嘉陵江側，有婦人年五十，已來自稱十八姨。往往來民家，不飲不食，每教諭於人，但作好事，莫違負神理。居家和順，孝行爲上。若爲惡事者，我常令猫兒三五箇巡檢汝來。語畢遂去。或奄忽不見，每歲約三五度。有人遇之，民聞知其是虎所化也，皆敬而懼之。

宋　洪邁《夷堅志·支志·戊》卷一《師姑山虎》　紹熙四年春，古田縣師姑山有村婦採筍，爲虎搏去。初，夜見夢於家，曰：我初下山，逢黑虎從對巖出，相去尚遠，急匍匐登山巔避，爲兩個小兒强把我脚，不得前進，但叫天乞命，虎已在側，即行啖食，苦哉，苦哉。其家人盡起，秉火挾杖，迹婦所之，正落草坡，身無全膚，舁以歸舍。半夜後，虎繞屋哮吼四出，若有所索。凡數夕乃止。蓋搏人而不得竟食，所以逞怒。兩兒乃倀鬼也。

明　孔齊《静齋至正直記》卷二《遺山奇虎》　遺山元先生，金末遭亂避兵，行至于窮僻之所，有古廟焉。因假宿，意謂明日將他之也。忽更餘，若有人聲自梁屋間出。熟聽之，聲愈親切。問元先生曰：「先生博學强記，吾嘗聞之矣。試與學士一一問答之，何如？」先生曰：「某也學淺才踈，然世之於經史，亦嘗涉獵，願子問之。」於是先問《易》，次及《詩》、《書》、《春秋》、《四書》，及漢、唐史之異同，皆前輩所未考者。先生以己意所見詳辨之，其聲稱善曰：「先生真大才也，惜乎不遇時也。」如此問答稍間，復曰：「先生得毋飢乎？」先生曰：「雖飢，亦無奈何。」其聲曰：「學生當與先生備之，并裀褥進先生，慎無疑而勿受也。」先生曰：「某雖不與子相識，若神若鬼，既蒙問答，亦何疑焉。」其聲曰：「願先生少出户外，當自備至于是。」先生出，復進，則皮毯飯羹畢具。先生始甚愧之，因自思曰：「受此亦豈有所害耶？」食既而寢。明日將行，其聲又曰：「先生未可行，學生當先往覘之。」須臾至，曰：「兵事方熾，不若就此爲善也。」居數日，先生欲去，其聲又曰：「先生可行矣，然向某方則善。」先生曰：「某與子既若是情好，猶故人也。今日告别，或可使某知子之爲何人，姓氏爲誰，他日必思以報。」其聲曰：「學生非人也，因見先生遭難，故來相護耳。既欲相見，而必待送數程，擇一半壁隱處，月明夜，相見就别。」自此行數日，無日不見報前途虚寔者，先生深以爲幸。一日，告：「前途可無慮矣，學生當與先生别。」夜半月明，其聲漸近，先生倚隱立，但見一虎特大，斑文可觀，拜舞而去。先生嘗載此事于文集。後至正庚子夏，宗叔可道思言因備道其詳云。

明　王兆雲《白醉瑣談》卷二《王太守遇虎》　宜興有王太守者，常因祭掃其先墓，在深山中。比至，見一虎蹲於墓側，衆畏不敢進。王見其動，乃令人擲之以石子，適中其口，更不舉動。衆疑死虎，近觀則知其石中喉而死。王爲之驚駭，遂怏怏不樂。因念千里而回，恰有是異。歸夢其虎告曰：「我爲中石而死，汝當遇石而亡。」王於是更覺不樂，後改任廣西平安府，因忤觸兵官石總兵者，竟爲石所死。

明　王同軌《耳談類增》卷二一《虎能言》　《習穉恒談》曰：虎能識字。予昔于書見之，然未知其能人言也。嘉靖末，予庶祖母王祔塟先學憲公竹圻山，甫下

棺，待家僮廷賫鳴鑼，約諸人赴工。虎自林中突出，遽枕賫于股，屢回視之。且云：爾殺我。連叫者三。良久賫云：如某當命盍頭速食，毋久馱我爲。虎復回視云：汝殺我。起身去。賫竟得脱，絶不少傷。予友陳京，其兄愚人也。一夕微雨遇虎于邑，比之萬庾鋪時，止持一傘，虎當路咆哮欲噬者再，陳畏卧無以爲計，因以所著油靴擊之有聲。虎再三云：好殺好殺。一躍而去。又予叔叔可語予，渠一莊人七月入山樵採遇虎。時天暑，止戴一篾帽簷，因取擲虎。虎作聲云：來來來。遂含帽簷去。過數日，其人復至前所，聞氣甚臭，踪跡則虎已張口死矣。蓋爲帽簷刺其唇，不能合也。

明 王穉登《虎苑》卷上《貞符第三》 樞星散而爲虎。

明 陳繼儒《虎薈》卷一 龍湖普聞禪師，僖宗第三子也，入山墾種。後谷口之人相謂曰：僧入山，經今不出，必爲虎所啖。往視之，見茅廬一所，行者數人，指呼百諾，而重崗複嶺菜已青矣。蓋耕地播種者乃山神所投，行者乃虎也。

【略】

漢景帝好遊獵，見虎不便得之，乃爲珍饌祭所見之虎。帝乃夢虎曰：「爾祭我，欲得我牙皮耶？我自殺，從汝取之。」明日，帝入山，果見此虎死在祭所。乃命剥取牙皮，餘肉復化爲虎焉。【略】

吉陽治在涪州南，泝黔江三十里得之，有寺像設古碑猶在，物業甚多，人莫敢犯。涪州裨將藺庭雍妹因過化中，盗取常取物，因即迷路，數日之内身變爲虎。其前足之上銀纏金釧，宛然猶存。每見鄉人，隔村與語云：「我盗化中之物，變身如此。」求見其母，託人爲言之，母畏之不敢往。虎來往郭外，經年漸去。

【略】

海陵人王太者，與其徒十五六人野行，忽逢一虎當路。其徒相云：十五六人決不盡死，當各出一衣以試之。至太衣，吼而隈者數四。海陵多虎，行者悉持大棒。太選一棒，脱衣獨立，謂十四人，卿宜速去。料其已遠，乃持棒直前擊虎，中耳，故悶倒。尋復起去。太背走惶懼，不得故道。但草中行可十餘里，有一神廟，宿于梁上。其夕月明，夜後聞草中虎行。尋而虎至廟庭，躍跳，變成男子，衣冠甚麗，堂中有人問云：「今夕何爾纍悴？」神曰：「卒遇一人，不意勁勇。中其健棒，困極追死。」言訖，入坐上木形中。忽舉頭見太，問是何客。太懼，墮地，具陳始末。神云：「汝業爲所食，然後十餘日方可死。我取爾早，故中爾棒。今以相遇，理當佑之。後數日宜持猪來，以己血塗之。」指庭中大樹：「可繫此下，速上樹，當免。」太後如言。神從堂中而出，爲虎，勁躍太，高不可得，乃俯食猪畢，入堂爲人形。太下樹，再拜乃還。爾後更無患。【略】

漢宣城郡守封邵，一日忽化爲虎，食郡民。民呼曰「封使君」。因去不復來。故時人語曰：無作封使君，生不治民，死食民。【略】

王暉種黄精，虎爲之耕，豹爲之耘。出入亦乘虎豹，具韉轡，行鞭策，如乘馬。【略】

荆州有一商賈，説姓趙名倜。多南泛江湖，忽經歲餘未歸。有一人先至其家，報趙倜妻云：「趙倜物貨俱没于湖中，倜僅免一死，甚貧之，在路，即當至矣。」其妻驚哭不已。後三日，有一人，一如趙倜儀貌，來及門外大哭。其妻遽引入家内，問其故安存。經百餘日，欲再商販，謂趙倜妻曰：「我慣爲商在外，在家不樂，我心只野。勿以我不顧戀爾，當容我却出，投交友。」俄而倜輩貨物自遠而至，及入門，其妻反乃驚疑走出，以投鄰家。其趙倜良久問其故，知其事，遂令人喚其人。其人至，既見趙倜，奔突南走。趙倜與同伴十餘人共趂之，直入南山。其人回顧謂倜曰：「我，通靈虎也。勿逐我，我必傷爾輩。」遂躍身化爲一赤虎，叫吼而去。【略】

晋義熙四年，東陽郡太末縣吴道宗，少失父，與母居，未娶婦。一日，道宗他適，隣人聞屋中碎磕之聲。闚不見其母，但有烏斑虎在屋中。隣人恐虎食道宗母，遽鳴鼓會里人共救之。圍宅突進，不見有虎，但見其母，語如平常，不解其意。兒還，母語之曰：「冥罪見追，當有變化事。」後一月，忽失母。縣界内虎災屢起，皆云烏斑虎，百姓患之。發卒格之，殺數人。後人射虎，箭當膺，并戟刺中其腹，然不能即死。經數日後，虎還其家故床上，不能復人形，伏床上而死。其兒號泣，如葬其母法焉。朝夕以哭臨之。【略】

周義者，鄭人也。性倜儻，好急人之患難。忽有一人，年可弱冠已未，衣故錦衣策杖而詣周義，謂義曰：「我是孟州使君之子也，偶出獵於郊坰。既獲兎，後其鷹犬與所從我十餘少年與所乘馬，皆無故而死。我亦有一流矢，不知自何至，傷我右足。我是以不敢返歸，恐少年家父母不捨我。今聞君急人之患難，故特來投君，幸且容我。我他日必厚報君之恵也。」義遂藏之于家，經百餘日，義既不聞孟州有此事，乃夜與少年對酌。問之曰：「君子始投我，言是使君之子，因出獵有損傷，不敢返歸。今何不傳聞此事？我疑君子。君子必以實告我，我必無二。」少年沉吟，移時方起，拜而言曰：「我始設此異詞，蓋欲憫念納我。今若

必問我實，我不敢更設詐也，君當不移急人之心，我即以實告君。」義曰：「我終無二，但言之。」少年曰：「我孟州境内虎也，傷人多矣。刺史發州兵搜求我，欲殺我。聞君廣義，因變形質以投君。君憐恤我，待之如賓，但我以誓報君之惠，不忘今夜。既言誠實事，我不可住。」遂叫吼數聲，化爲一虎走去。後月餘夜，有一少年踰垣入義家，抛下一金枕，高聲告周義：「我是昔受恩人也，今將此枕答君之惠。」言訖，復化一虎去。【略】

松陽人入山採薪，會暮，爲二虎所屬，遽得上樹。樹不甚高，二虎迭躍之，終不能及。忽相語云：「若得朱都事，應必捷。」留一虎守之，一虎乃去。俄而又一虎細長善攫，時夜月正明，備見所以。小虎頻躍。乃人也，衣其衣，刀猶在腰下，伺其復攫，因以刀砍之，斷其前爪。大吼，相隨乃去。至明，人始得還。會村人相問，因説其事。村人云：「今縣東有朱都事。候之，得無是乎？」數人同往問訊，答曰：「昨夜暫出傷手，今見頓臥。」乃驗其真虎矣。遂以白縣令，命群吏持刀圍其所而燒之。朱都事忽起，奮迅成虎，突人而出，不知所之。【略】

近世有一人寓居南陽山，忽患熱疾，旬日不瘳。時夏夜月明，暫於庭前偃息，忽聞扣門聲，審聽之，忽如睡夢，家人即無聞者，但於怳惚中自起看之，隔門有一人云：「君合成虎，今有文牒。」此人驚異，不覺引手受之，見送牒者手是虎爪，留牒而去。開牒視之，排印于空紙耳，心甚惡之，置牒席下，復寢。明旦少異，與家人言之，取牒猶在，益以爲恠，疾似愈。忽憶出門散適，遂策杖閑步，諸子無從者。行一里餘，山下有澗，沿澗徐步，忽于水中自見其頭，已變爲虎。又觀手足，皆虎矣，而甚分明。自度歸家必多爲妻兒所驚，但懷憤耻，緣路入山，經一日餘，家人莫知所往，四散尋覓，比隣皆謂虎狼所食矣。一家號哭而已。此人爲虎，入山兩日，覺飢餒，忽於水邊蹲踞，見水中科斗蟲數升，自念常聞虎亦食泥，遂掏食之，殊覺有味。又復徐行，見一兎，遂擒之，應時而獲，即噉之，覺身輕轉彊。晝于榛莽中伏，夜即出行求食，亦數得麞兎等，遂轉爲害物之心。忽尋樹上，見採桑婦人，草間望之。又私度：吾聞虎食人，試攫之。果獲焉。食之甚美。常近小路伺接行人，日暮有一荷柴人過，即欲捕之，忽聞後有人云：「莫取，莫驚。」顧見一老人，鬚眉皓白，知是神人。此人雖變，然心猶思家。遂哀告，老人曰：「汝曾爲天神所使作此身，若殺負薪者，永不變矣。汝明日合食一王評事，後當爲人。」言訖，不見此老人。此虎又尋草潛行，至明日日晚，近官路伺候，忽聽鈴聲。於草間匿，又聞空中人曰：「此誰角馱？」空中答曰：「王評事角馱。」又問：「王評事何在？」答曰：「在郭外，縣官相送，飯會方散。」此虎聞之，沿路伺之。一更已後，時有微月，聞人馬行聲，空中又曰：「王評事來也。」須臾見一人，朱衣，乘馬，半醉，可四十餘，亦有導從數人，相去猶遠。遂以馬上擒之，曳入深榛食之。其從迸散而走。食訖，心稍醒。却意歸路，去家百里餘。來尋山却歸。又至澗邊却照，其身已爲人矣。遂歸其家，家人驚恠，失之已七八月日矣。言語顛倒，似沉醉人。漸稍進粥食，月餘平復。後五六年，遊陳許長葛縣。時縣令席上，坐客約三十餘人。主人因話人變化之事，遂云：「牛哀之輩，多爲妄説。」此人遂以己之事，以明變化之不妄。主人驚異，乃王評事之子也。自説先父爲虎所殺，今既逢讐，當殺虎矣。既知其實，官聽免罪焉。【略】

又 卷二 長慶中，處士馬拯、馬沼約遊衡山。拯先至，見龐眉僧舉動樸野，邂逅歡甚。倩拯僕隨下山，市鹽酪。俄頃沼至，云山下見虎食人訖，化爲僧。拯詢知是己僕，方駭。顧僧亦來，口血尚殷。二人紿僧云：「井有怪物。」因共窺井，推僧墜井中，乃虎也。下石壓殺之，急趨歸。日已暝，見獵者張機道傍，召二人宿棚上，曰：「虎方暴，不可歸。」二人從之。薄暮，猛虎觸機矢，貫心死。忽見僧道男女舉群至，號哭云：「殺我禪師讐未復，復殺我將軍耶。」二人叱之曰：「爾倀無知，生爲虎食，死爲虎役。今幸虎死，又哀哭之，何故哉？」于是諸倀犇散，終不知禪師將軍者虎也。【略】

清源人陳褒，隱居別業。臨窻夜坐，外即曠野，忽聞有人馬聲。視之，見婦人騎虎自窻下過，徑自西屋内壁下。先有一婢臥，婦人即取細竹枝從壁隙中刺之。婦忽腹痛，開户去如厠。褒方駭愕，未及言，始婢出，已爲虎所搏。遽救之，僅免。鄉人云村中恒有此怪，所謂鬼虎也。【略】

建炎間荆南多虎，郭外人多移家入城避虎。張四者，移未畢而虎至，急竄于梁。虎升堂蜕皮化爲丈夫，出門尋張。張下取皮置梁上，虎還，失皮甚窘，探懷中丹符陳于地曰：「吾奉天符，取若等，姓名都除。惟若在耳，能還我皮，當捨若。」張曰：「除我名，迺還汝皮。」虎出筆除之，張擲皮下，虎蒙皮復故形，咆哮大躍。張震駭幾墜，虎去。明日六十里外，雷震殺虎。【略】

梁末，始興人黄乾，有妹小珠，聘同縣人李肅。小珠共嫂入山採木實，過神廟，而小珠在廟戀慕，不肯歸。及將還，復獨走上廟，見人即入草中。乾妻來告肅，肅以爲更有他意。肅被縣召，將一伴夜還。值風雨，見廟屋有火，二人向火炙衣。見神床上故衣。少間，聞外有行聲。二人惶怖，入神床屏風後。須臾，見

一虎振尾奮迅，直至火邊，自脱牙爪，卷皮置床上，著衣向火坐。肅看，乃小珠也。肅徑抱小珠，共語不應。明日將歸，送向乾家。乃閉置一室，擲生肉則接食之。其母恒看守之，唯視猪。少日又成虎，村人乃將弓弩上舍，發屋射殺之。明年有虎暴，百姓白日閉門。太守熊基表以聞之。【略】

有石井崖，初爲里正。不之好也，遂服儒，號書生。因向郭買衣，至一溪，溪南石有一道士，衣朱衣，有二青衣童子侍側。道士曰：「我明日日中得書生石井崖充食，天符已下，可令除出去刀杖，勿有損傷。」二童子曰：「去訖。」石井崖見道士，道士不覺見石井崖。井崖聞此言驚駭。行至店宿，留連數宿。忽有軍人來問書生：「莫携軍器去否？」書生素聞道士言，乃出刀拔鎗頭，懷中藏之。軍人將刀去，書生盤桓未去。店人逐之，書生不得已，遂以竹盛却鎗頭而行。至路口，見一虎當路，徑前攫取書生。書生遂以刀刺，適中其心，遂斃。二童審觀虎死，乃謳歌喜躍。【略】

大中間，甯茵秀才假大僚莊于南山下。月夜，有斑寅將軍來謁，氣貌雄武。自陳斑氏出於鬭穀於菟，有文斑之象，因以爲姓。後漢斑超，生而虎頭，封侯萬里。某故將種，官虎賁中郎將，比因得罪，竄伏山林耳。」遂朗吟一章曰：「但得居林嘯，焉能當路蹲。渡河何所怯，終是怯劉琨。」甯甚疑之，遽辭去。及明，視門外，惟虎蹤而已。【略】

龍編功曹左飛，曾化虎數月，還作吏。【略】

張俊者，宣州溧水縣尉元澹莊客也。其妻爲虎所取。俊誓欲報讐。乃挾矢入山，於近虎穴處上大樹伺之。乃見其妻已死，爲虎所禁，屍自起拜虎訖，自解其衣，裸而復僵。虎又于穴中引四子，皆大如狸，掉尾歡躍以舌舐死人。虎子競來争食。俊連射斃之，截虎頭并殺四子，取其首，負妻而歸。【略】

又　卷三　河東柳并爲御史，入嶺推復。將一書吏從行，常所委任。至嶺下，宿孤館中。從吏皆在廳内，席地而寢。時將半夜，月初上，衆皆臥。并獨覺，忽見一小鬼，長尺餘，狀若獼猴，手持一紙幡子，步上階，一幡插書吏頭邊而去。并乃潛起拔去之，復臥伺焉。少頃，一虎入，虎遍嗅諸人而去。須臾，小鬼又來，別以幡子插之。復又去之。少頃，虎又來，遍嗅而去。如此者三度，而天向明。乃至旦，召吏言其事：「而旦日汝當難免，自須爲計，不可隨我。」并有劍，取與之，乃令逃難。此吏有勝勇，携劍入山，尋逐虎穴，行二十里，至一茅庵，入其中不見有人，惟見席上案硯硃筆。有一卷文書，皆是人名。或有勾者，未勾者，已名在焉。屋上見一領虎皮，吏懷其書，并取虎皮，杖劍而去。行未數里，見一胡僧，從後來趕，呼之曰：「且住，君不如告某爲計，即可免矣。」吏即止，與之言。見其人狀，亦不敢殺之。「吾非彊害君者，是天配合食之，豈不見適來文簿，昨日已愆數期，今彊脱，終恐無益。不如以小術厭之。」吏問其術，僧曰：「登一樹以帶自縛，用劍自刺少血，塗一單衣投之我，我以衣爲禳之耳。」吏如言，登樹投皮與僧，衣之便作虎狀，哮吼怒目，光如電掣。吏懼，將欲墮者數過。即取單衣刺血塗之，投於地。虎得衣，跳躍攫搘而吞之。良久，復爲人行。曰：「子免矣。」乃遣去，竟無患焉。【略】

景雲元年，蕭志忠爲衡州刺史，臘日將畋。先期，樵人薪于霍山。夜半月白，見長人衣豹皮，角而光芒，虎兕狐狸千百從行。自稱「玄冥使者」，奉帝命，以若屬充蕭使君畋數。羣獸哀號不起，使者曰：「當求解于巖四。」樵人施從至東谷中，黄冠坐虎皮上。使者告之故，黄冠曰：「蕭公仁者，本順時令。若滕六降雪，巽二起風，當罷出矣。」命狐狸求美女醇醪，書朱符分餉之，羣獸皆懽鳴。黄冠唫曰：「昔爲仙子今爲虎，流落陰厓足風雨。更將斑毳被余身，千載青山萬般苦。」樵人歸，未明而風雪暴至，蕭公罷畋矣。讀其詩，知巖四爲虎也。【略】

唐天寶末，禄山作亂，潼關失守，京師之人于是鳥散。梨園子弟有笛師者，亦竄于終南山谷，谷中有蘭若，因而寓居。清宵朗月，喪亂多年，乃援笛而吹，嘹唳之聲，散漫山谷。俄而有物虎頭人形，著白袷單衫，自外而入。笛師大懼，下堦愕眙。虎頭人曰：「美哉，笛乎。可復吹之。」如是累奏五六曲。久之忽寐，乃咍嘻大鼾。師懼傷，乃抽身走出，得上高樹。枝葉陰密，能蔽人形。其物覺後，不見笛師，因大懊嘆云：「不早食之，放其逸也。」乃立而長笑。須臾有虎十餘頭悉至，狀如朝謁。虎頭人云：「適有吹笛小兒，幸我之寐，因而奔竄，可分路四遠取之。」言訖，各散去。五更後復來，皆人語云：「各行四五里，求之不獲。」會月落斜照，忽見人影在樹上。虎頭笑曰：「謂汝雲行電滅。而獨在兹。」乃率諸虎，使皆攫。既不可及，虎頭復自跳，身亦不至。遂各散去。少間天曙，行人稍至。笛師乃得隨還。【略】

介象入山求神仙，臥石上。有虎舐象額，象寤，謂虎曰：「天使汝衛我者，汝留。若山神使試我者，汝去。」虎乃去。【略】

鄴中居人楊真者，家富，平生好畫虎，家由是甚多畫虎。每坐臥必徐見之，後至老年，盡令家人毁去所畫之物。至年九十，忽臥疾，召兒孫，謂之曰：「我平

生不合，僻好畫虎。我好之時，見畫虎則喜，不見則不樂。我每夢中，多與群虎遊。我不欲言於兒孫輩，至晚年太甚，至于縱步遊賞之處，往往見虎。及問同遊人，又不見。我方恐怪，尋乃盡毀去。今臥疾，復又夢化身爲虎。夢覺既久而方復人身。我死之後，恐必化爲虎，跳躍而出。」其一子遂出觀之，其虎廻趕其子，食之而去。數日後，忽家人夢真歸，謂家人曰：「我已爲虎，甚安健。但離家時，便得一人食之。」述於隣里，有識者曰：夫爲人，即識之父子。既化虎，又何記爲人之父也？人與獸，豈不殊耶？君爲虎尚食前生之事，人奚不記前生之事也？人尚不記前生，是知獸不靈于人也。【略】

貌州王成縣黑魚谷，貞元中百姓王用業炭於谷中。谷中有水數步，常見二黑魚，長尺餘，遊水上。用伐木飢困，遂食一魚。其弟驚曰：「此魚或是谷中靈物，兄柰何殺死。」有頃，其妻餉之。用運斤不已，久乃轉面。妻覺狀貌有異，呼其弟視之。忽脱衣嗥躍，變爲虎，徑入山。時時殺獐鹿，夜擲庭中，如此二年。一日日昏，叩門曰：「我用也。」弟應曰：「我兄變爲虎三年矣，何鬼假吾兄姓名。」又曰：「我往年殺黑魚，冥謫爲虎，比因殺人，冥官笞我一百，今免。杖傷遍體。汝第視余，無疑也。」弟開門，見一人，頭猶是虎，因怖死。舉家叫呼奔避，竟爲村人格殺，驗其身，有黑子，信王用也，但首未變耳。元和中，處士趙齊約常至長谷中，見村人説之焉。【略】

巴人好群行，伐木作板。開元初，巴人百餘輩，自褒中隨山伐木，至太白廟。廟前松樹百餘株，各大數十圍。群巴喜曰：「天賛我也。」止而伐之，已倒二十餘株。有老人戴帽拄杖至其所，謂巴人曰：「此神樹，何故伐之？」群巴初不輟作，老人曰：「我是大白神，已倒者休。乞君未倒者，無宜作意。」巴等不止，老人曰：「君若不止，汝當俱死，無益也。」又不止，老人乃登山呼斑子，倏爾有虎數百頭，相繼而至，噬巴殆盡。唯五六人獲免，神謂之曰：「以汝好心，故不令殺，宜速去也。」其倒樹至天寶末尚存，有詔修理内殿，楊國忠令人至山所，宣勅取樹作板以用焉，神竟與之。【略】

又 卷四　西王母者，太陰之精，天帝之女也，人身虎首。《山海經》曰：虎顔，一云虎色。【略】

明經王居真者，下第歸洛陽，出京，與一道士同行。道士盡日不食，云：「我氣術也。」每至居真睡後，燈滅，即開一布囊，取一皮披之而去，五更復來。他日居真佯寢，急奪其皮。道士叩頭乞，居真曰：「言之即還汝。」遂言：「吾非人衣者，虎皮也。夜即求食於村塢中，衣其皮，即可馳五百里。」真以離家久，思歸，曰：「吾可披乎？」曰：「可。」此夕居真去家猶百餘里，遂披之暫歸，夜深不可入其門，乃見一人立于門外，擒而食之。逡巡廻，乃還道士虎皮。及至家，云居真之次子夜出爲虎所食。問其日，乃居真回日。自後一兩日，其人飽並不食他物。【略】

僞蜀明德四年十月，百姓譙本罵母，忽然化虎上城，趙廷隱射殺之。因見昶言曰：「虎，山林之獸而人化之，入於城市，疑虎旅有不軌之士。」其夜，張洪謀叛，翼日爲其黨所告伏誅。洪，太原人，剛勇猛厲，軍中號爲張大蟲，即其驗也。十二月，昶耀兵大玄門，翼日大赦，改元廣政。【略】

釋法安，遠公弟子也。新陽縣虎災，縣有社樹，下築神廟。安遊其村，民以畏虎，早閉門閭。安至樹下坐禪，向曉，虎負人至，投之樹北，跳伏安前。安爲説法授戒，虎有頃而去。村人追虎至樹下，見安大驚，謂是神人。【略】

元和初，洪崖治有役者，將化爲虎。羣衆呼，以水沃之，乃不得化。或問苕溪子是何謂也，荅曰：「陽極而陰，晦極而明。爲雷爲雹，爲雪爲霜，形之、老之、死之。八竅者卵，九竅者胎，推遷之變化也。燕雀爲蛤，野雞爲蜃，蝦蟇爲鶉，蠶蛹爲蛾，蚯蚓爲百合，腐艸爲螢火，烏足之根爲蠐螬，久竹生青蜓，田鼠爲鴽，老羭爲猿，陶苤之變化也。仁而爲暴，聖而爲狂，雌雞爲雄，男子爲女人，爲蛇，爲虎，耗亂之變化也。是必生化而後氣化，而後形化。俗言四指者，天虎也；五指，老人虎也。唯道德者窮焉。」【略】

袁州山中有一村院僧，忘其法名，偶得一虎皮，戲披於身，摇尾掉頭，頗克肖之。或於道傍戲鄉人，皆懼而返走，至有遺其所携之物者，僧得之，喜。潛於要衝，伺往來有負販者，欻自草中躍出，昂然虎也，皆棄所賫而奔。每蒙皮而出，常有所獲，自以得計，時時爲之。忽一日披之，覺其衣着于體，及伏草中良久，試暫脱之，萬萬不能脱。自視其手足，虎也；爪牙，虎也；乃近水照之，頭耳眉目口鼻毛尾皆虎矣，非人也。心又樂，于艸間遂捕狐兔以食之，拏攫飲啖皆虎也。是後常與同類遊處，復爲鬼神所役使，則往來于山中，寒暑雨雪不得休息，甚厭苦之。形骸雖變，而心歷歷然人也，但不能言耳。周歲餘，一旦餒甚，求無所得也，潛伏道傍，忽一人過于前，遂躍而噬之，既死，將分裂而食，細視之，一衲僧也。心自惟曰：「我本人，幸而爲僧，不能守近戒，求出輪廻，自爲不善，活變爲虎。業力之大無有是者。今又殺僧以充腸，地獄安容我哉。我寧餒死弗重其罪也。

因仰天號，聲未絶，忽然皮落，如脱衣狀，自視其身，一裸僧也。奔舊院，院已荒廢。乃用草遮身，投于俗家，得破衣數件，走于鄰境佛寺，因遊方，止臨川崇壽院衆堂中。是時圓超上人居看經堂，其僧侍立不懈。上人念其恭勤，乃問：「爾何處人，出家幾夏臘，修習何法，而勤勤若此。」對曰：「某心有悔行願，因上人決之，但不欲他僧聞耳。」乃屏侍者問之。某言爲虎之事，叩頭作禮求懺罪業。上人謂曰：「生死罪福皆由念作，刹那之間即分天堂地獄，豈在前生後世耶？爾惡念爲虎，善念爲人，豈非證哉？苟有志乎脱離者，趣無上菩提，還元返本，念不著，則人不爲虎，虎不爲人矣。方今閩中大善知識比肩，爾其往哉。」僧乃奉教。上人尋詣于智作長老，長老往見之，以上人向者事問，皆無異同。雙目猶赤，耽然可畏也。後入嶺，不知所適。【略】

又 卷五 開元末，峽口多虎，往來舟船皆被傷害。自後但是有船將下峽之時，即務備一人充飼虎，方舉船無患。不然，則船中被害者衆矣。自此成例，船留一人上岸飼虎。經數年，其後有一船，內皆豪彊。數內有一人單窮，被衆推出，令上岸飼虎。其人自度力不能拒，乃爲出船，而謂諸人曰：「某貧窮，合爲諸公代死。然人各有分定，苟不便爲其所害，某意有懇誠，諸公能允否？」衆人聞其語哀言甚切，爲之愴然，而問曰：「爾有何事？」其人曰：「某今便上岸，尋其虎蹤，當別自有計較。如何爲某留船灘下，至日午時若不來，當任船去也。」衆人曰：「我等如今便泊船灘下，不止住今日午時，兼爲爾留宿。伺明日若不來，船即去也。」言訖，船乃下灘。其人乃執一長柯斧，便上岸，入山尋覓。並不見有人蹤，但見有虎跡。林木深邃，其人乃見一路虎蹤甚稠，乃便尋之。至一山隘，泥極甚，虎蹤轉多。更行半里，即見一大石室，又有一石牀，見道士在石牀上熟寐，架上有一張虎皮。其人意是虎之所變，乃躡足於架上取皮，執斧而立。道士驚覺，已失架上虎皮，乃曰：「吾合食汝，何竊吾皮？」其人曰：「我合食爾，爾何反是而言？」二人争競，移時不已。道士詞屈，乃曰：「吾有罪於上帝，被謫在此爲虎，令食一千人。吾今已食九百九十九人，唯欠汝一人，其數當足。吾今不幸，爲汝竊皮。若不歸，吾必須臾更別爲虎，又食一千人矣。今有一計，吾與汝俱獲兩全，可乎？」其人曰：「可也。」道士曰：「汝今但執皮歸船中，剪髮及鬚鬢少許，并剪指爪甲及頭面并脚手及身上，各瀝少血二三升，故衣三兩事裹之。待吾過岸上，汝可抛皮與吾，吾取皮，自化一虎，即將此物抛與吾取而食之，即與食汝無異也。」其人遂執皮執斧而歸船中。諸人驚訝，乃備述其由。遂於船中，依虎所教待之。遲明，道士已在岸上，遂抛皮與之。道士取皮振迅，俄變一虎，哮吼跳躑。又抛衣與之，虎乃囓食而去。自後更不聞有虎傷人。衆言食人數足，自當歸天去矣。【略】

或問世傳有人化虎，理有之乎？程子曰：有之。昔在涪村，見民瓜田漸變，如虎毛斑斑。然通身夜開闢，延虎食其牢中之豕。化雖未成，而氣類相感。其情已通矣。【略】

桀之時，女樂三萬人，放虎於市，觀其驚駭。

崔韜，蒲州人，旅遊滁州，南抵歷陽。曉發滁州，至仁義館宿，館吏曰：「此館凶惡，幸勿宿也。」韜不聽，負笈昇廳，館吏備燈燭訖，而韜至二更，展衾方欲就寢，忽見館門有一大足如獸。俄然其門豁開，見一虎自門而入。韜驚走於暗處，淺伏視之。見獸於中庭脱去獸皮，見一女奇麗嚴飾，昇廳而上，乃就衾。韜出問之曰：「何故宿余衾兼而寢？韜適見汝爲獸，入來何也？」女子起謂韜曰：「願君子無所怪。妾父兄以畋獵爲事，家貧，欲求良匹，無從自達，乃夜潛，將虎皮爲衣。知君子宿於是館，故欲托身以備灑掃。前後賓旅，皆自怖而殯。妾今夜幸逢達人，願察斯志。」韜曰：「誠如此意，願奉懽好。」來日，韜取獸皮衣，棄廳後枯井中，乃挈女子而去。後韜明經擢第，任宣城。時韜妻及男將赴任與。不月餘，復往宿仁義館。韜笑曰：「此館乃與子始會之地也。」韜往視井中獸皮，依然如故。韜又笑謂其妻曰：「往日卿所着之衣猶在。」妻曰：「可令人取之。」既得，妻笑謂韜曰：「妾試更着之。」依請，妻乃下階，將獸皮衣着之。纔畢，乃化虎哮吼，奮於上廳，食子及韜而去。【略】

山魈者，嶺南所在有之。獨足反踵，手足三肢。其牝好傅脂粉。于大樹空中作窠，有木屏風帳幔。食物甚備。南人山行者，多持黄脂鉛粉及錢等以自隨。遇雄者，謂之山丈。遇雌者，謂之山姑，必求脂粉，與者能相護。唐天寶中，北客有嶺南山行者，屬夜懼虎，欲上樹宿，忽遇雌山魈。其人素有輕齎，因下樹再拜，呼「山姑」。樹中遥問：「有何貨物？」人以脂粉與之，甚喜，謂人曰：「安卧無慮也。」人宿樹下。夜中，有二虎欲至其所。山魈下樹，以手撫虎頭曰：「斑子，我客在，宜速去也。」二虎遂去。明日辭別，謝客甚謹。其難繳者，尤火歲中每與人營田，人出田及種，餘耕地種植並是山魈。穀熟，則來唤人平分之。性質直，與人分，不取其多。人亦不敢取多，取多者遇天疫病。【略】

有一中朝子弟，性頗落拓。少孤，依于外家。外家居在亳州永城界有莊，舅

氏一女，甚有才色，此子求娶焉。舅曰：「汝且勵志求名，名成，我不違汝。」此子遂發憤篤學，營名京邑。白于舅曰：「請三年以女見侍，如違此期，任別適人。」舅許之，此子入京四年未歸。乃別求女壻。行有日矣，而生亦已成名歸，去舅莊六七十里，夜宿。時暑熱，此子從舟中起，登岸而望。去舟半里餘，有一空屋，遂領一奴持刀棒居宿焉。此乃一廢佛屋，土塌尚存。此子遂寢焉，奴人于地持刀棒衛之。忽覺塌下有物動聲，謂是蟲鼠，亦無所疑。夜至三更，月漸明，忽一虎背負一物擲于門外草内，將欲入屋，此人遂持刀棒叫呼，便驚走。呼舟人持火來照，草間所墮，乃一女，妝梳俱華。但所着持，故衣耳，亦無所損傷。熟視之，乃舅妹也許嫁之者。爲虎驚語猶未得，遂扶入屋。又照其塌，後有虎子數頭，皆殺之。扶女却舟中，明日至舅莊，遥聞哭聲。此子遂推船莊外百餘步，入莊先慰徐問凶故。舅曰：「吾以汝來過期，許嫁此女於人，吉期本在昨夜。一更後，因如厠，爲虎所搏，求屍不得。」生乃白其事，舅聞悲喜驚嘆，遂嫁此生也。【略】

晉復陽縣里民家兒常牧牛，牛忽舐此兒，舐處肉悉白，兒俄而死。其家葬此兒，殺牛以供賓客。凡食此牛肉，男女二十餘人，悉變作虎。【略】

寧波陳十三老人者，嘗病瘧經年不瘥。有人教以置虎皮鎮之，乃坐臥一虎皮，十載而病如故。後忽蒙虎皮夜出，化虎食物，每銜畜豕至家，家人利其所有，不問也。一日自外負一人股至，其姥懼曰：「老賊作怪矣。」操棓伏門外俟焉，見其蒙虎皮欲化即出擊之，時一手尚未變，遂躍去，竟不復還。自後山行者，往往見一虎，前一足尚是人手。有知者則呼曰：「陳十三老人，吾汝鄰也，莫作惡。」虎聞之，弭耳垂尾而去。其不識者，乃食之。如是者數年，一夕暴雷山中，震死一虎，衆視之，即人手老人也。【略】

又　卷六　義興多虎，成化間，邵某設機于路，虎過中箭，跡之不獲。明日行山廟，見土偶股間箭在焉。令聞而毁其廟。【略】

總兵趙輔征廣西蠻，見羣虎飲溪中。趙引弓射之，中其魁，帶箭去。明日，邏者于古廟中見神被箭集脇間。趙神之，新其廟，不若前令之毁爲得云。【略】

貴州平越山寨苗民有婦，年可六十餘，生數子矣。丙戌秋日入山，迷不能歸。掇食水中螃蟹充饑，不覺徧體生毛，變形如野人。與虎交合，夜則引虎至民舍，爲虎啓門，攫食人畜。或時化爲美婦，不知者近之，輒爲所抱持，以爪破胸飲血。人呼爲「變婆」。歲庚寅，先君寓其地，聞之從游諸生云。【略】

仁和七都地名葛墩，有土神廟，荒落無主，而敗壁四達。正德時，王姓有設鄉校於此，夜即寄宿。一夕，見虎入廟，叩首于神前，若拜跪然，久之而去。明晨語人，予適在其地也。意傳記云虎傷人，必先于土神求之，或此之謂歟。否則王姓者卧側，胡不一噬而去也。【略】

資州趙媪業乳醫，夜聞扣門方出應，爲人負去，行如風，至石厓下語趙曰：「爾無畏，吾虎也，吾妻方産，能全吾妻，當謝爾黄金。」入穴，見牝虎坐蓐，趙爲收得虎子。即負趙歸。明夜聞人呼曰：「謝捄妻子。五里外虎殺一僧，衣下黄金，汝取之。」平旦，如言往，果得金。【略】

王充《論衡》多篇引魯公病而化虎之説。及《漁樵閒話》載劍州李忠因病化虎，其子驚懼，虎將食事。予意世之變化者多矣，有情、無情，皆物也。人之一變，遂失本性，哀哉！昨聞表兄諸二云，成化間餘姚通德里有王三者，每與孫卧至半夜去，將曉方回。冬月則半體冷濕，孫甚不堪。因語其父，父疑其從盜也。俟其去時，踪跡之。忽一夜，開窻將出，啓燈視之，已變其虎，而足尚未全，把其足則逸而去矣，遂不復回。後人於山中，每遇傷足之虎，遂哀求曰：「三老官。」竟咆哮去。此與《夷堅志》黎道人殺變狗婦人相類，不知一晝夜時，倏忽爲人獸者，此何理也！

明　朱國禎《湧幢小品》卷三一《虎》　昔有人北試，道經彭城，過鄉落間，見一義虎橋，詢諸父老，曰昔有商於齊、魯之墟者，夜歸，迷失故道，悮墮虎穴，自分必死。虎熟視，不加噬。晝則出取物食之，夜歸若爲之護者。月餘，其人稍諳虎性，乃囑之曰：「吾因失道至此，幸君惠我不及于難，吾有父母妻小，久客于外，思欲一見。仗君力，能置我于大道中，幸甚。」虎作許諾狀，伏地摇尾招之。商喻其意，上虎背，躍而出，置諸道旁，顧而悲跳分去。後歷數載，商偶經此地，見諸獵縛一生虎歸，將獻之官。熟視，乃前虎也。虎見之顧睨，其人感泣，遂與衆共道所以，亟出重貲贖之，衆亦義其所爲，相與釋縛，縱深山之曲。後人於其地爲橋表焉。

清　趙吉士《寄園寄所寄》卷五《滅燭寄》　虎不行曲徑，遇之者，引至曲路，即可避去。

于梓人者，湖廣武岡州人。童年資性聰警，州將愛之。因其父藝，以梓命名。及長，有儁才，且多異術。舉洪武乙丑進士，歷官登州郡守。府部有訴其家人傷於虎者，守命卒持牒入山捕虎。卒泣不肯行，守笞之。更命兩卒，曰：「第焚此牒山中，虎自來。」兩卒入山焚牒，火息而虎至，弭耳帖尾，隨行入城。虎至

庭下，伏不動。守厲聲叱責，杖之百而舍之，虎復循故道去。尋爲部民告訐，以爲妖術惑衆，有詔逮治。數月瘐死獄中，棄其尸，家人發喪成服。忽一夜，聞叩門聲。問爲誰，答是梓人。驚爲鬼，曰：「吾實逃去，死者詐也。」家人不信，謂鬼衣無縫，驗之不然，遂内之。梓人不自晦匿，日與故舊遊宴，或泛舟不用楫，逆水而上以爲樂。里人劉氏，怨家也，執白知州伍芳，請奏聞，芳不許。劉詣闕告，朝命法官推按。未至，一日，忽失梓人所在，但存鐵索而已。劉無以自明，竟坐欺罔，得重譴。梓人自是亦不復見。梓人號七十一峰道人，詞翰道逸可觀。【略】

黄州陳京之兄，愚人也。一夕微雨，遇虎於萬庾鋪，時止持一傘，虎當路咆哮，欲噬者再。陳畏卧，無以爲計，因以所着油靴擊之，有聲。虎再三云：「好殺好殺。」一躍而去。又一人，七月入山，採樵遇虎。時天暑，止戴一笠帽簷，因取擲虎。虎作聲云「來來來」，遂啣帽簷去。過數日復至前所，虎已張口死，爲帽簷刺其唇，不能合也。【略】

嘉靖間，閩縣有孕婦摘蔬園中，虎踰園攫取婦坐之。婦驚怖神散良久，家人共驅虎去。婦稍甦，後生一虎，棄之。再産一子，虎首而人身，又棄之。三産人也，而面目猶虎。及長無他，但多力耳。【略】

天啓丙寅，澄城路從廣任臨清州判，嘗於關帝廟壁間畫虎。崇禎間，道士諷經至夜三鼓時，見虎雙眸炯然，從壁而下，抖擻跳躍，若將及人。道士錯愕不知所措，急取斧格之，虎上壁忽不見。【略】

偶宿民家，犬爲虎啣去。明日至寺，問山中有虎乎？曰：無有。問何以無有？曰：山中皆大林木，虎安敢來？復曰：林木森森，虎所隱芘，何以不來？曰：大木上多粟鼠，虎過其下，鼠必鳴噪，自拔其毛，投於虎身，着處必生蟲，久則遍身爛瘡以至於死，故畏不敢至。方悟宣城包氏畫虎，皆平原曠野，茆葦蒹薄中，止有棘枝尋丈，未嘗作林木者，以此。隋文帝云：辟之猛虎，人不能害，反爲毛間蟲爲蠹損。又可証也。

清 田雯《古歡堂集》卷三九《虎》 關索嶺下蠻村中，一婦人化爲虎，虎文炳如，奪門而出，不知所之。或一月，或數日，必來顧其子。少頃，垂頭鞅鞅而去。

清 鈕琇《觚賸續編》卷四《物觚・詒虎》 山東萊州戈二者，村野人也。依山而居，一日採薪荒岡，腥風乍起，轉盼間，遇一斑斕猛虎，懼而伏地。虎以唇含其頸，竟不噬，啣二衣領，踰嶺兩重，置於山溝。溝中落葉積四五尺，虎以足開葉，藏二於内，仍以葉覆，眈視良久而逝。二度虎去已遠，從葉出，四望溝旁，適有大樹，亟援以上，隱身高枝。縛薪之繩，猶在腰也。更解繩自縛於樹，使不易墜。遥見前虎背負一獸，遍體斑文，狀亦類虎而馬頭獨角。負之矩步緩行，若輿卒之舁貴人者。漸近葉溝下而坐之，將獻二以供其飽。忽失二所在，驚惶戰慄，屈足前跪。獸怒以角觸虎額去，虎腦潰而死。二乃下樹脱歸。按，獸屬有名六駮者如馬，黑尾，一角，鋸齒，能食虎豹。戈二所見，殆所謂六駮者歟？夫戈二之爲虎攫也，虎欲以二享駮也。全其膚骨而不敢傷，密其庋藏而不使出。於是俯身爲輿，晝溝爲俎，以饜其欲。虎之詒駮，可謂至矣。而莫賞其勞，反責其詐。卒之兇名揚而軀體裂，行詒不效，乃以致敗。天下之得失，固有出於意外者乎？

清 乾隆《成縣新志》卷四《叢談・虎禳》 虎之威能役鬼，以爲倀。倀之痴，轉導虎以傷人。其愚已取笑昔人矣。申酉，兩歲虎肆虐於成境。彪者，虓者，白晝羣行，鼓唇礪爪，覓人是啗。行人以絶，力作以慄，爲虎傷者百十其列。泳聞而哀之，遂乃爲文禱。城隍祈陰戢其暴，而虎跡少斂。又憫倀鬼之愚，而受役也。設齋醮，假超拔以去所憑。其有冥頑者，則於利州募善射者，操窩弓毒矢從事，殺十數虎而患息。是役也，余雖不能德化異類，有負子渡河之異。然爲民除害，守土職也。若夫告神驅倀之舉，迹雖近誕，猶是聖人神道設教意也云爾。

清 黄印《錫金識小録》卷一一《紀異・虎入城》 嘉靖辛卯，施推府閶以二泉上老槐，琢爲虎形，細葉茸茸，恍若真虎。至七月朔日，忽有虎入東門，徐行市上。婦稚驚懼，走失足撲，傷者不可數計。至晡時，忽突入五通神廟。廟神最靈，虎若有所縛而不能動，獵户倪柏廷斃之。

清 張澍《續黔書》卷五《化虎》 黔之夷俗善變虎。王漁洋記定番王氏事，非妄也。土人言此事多有，其子孫入山頗識之，虎亦數往其家巡視。余竊恠焉。夫齊姜化螇螗而吟，帝嬪化茝草而媚，宓女填海爲精衛，嫦娥奔月爲蟾蜍，是皆幽思煩寃鬱抑莫發，化爲異物，償憤鳴情，若崇伯之爲黄能，黄母之爲大黿，杜宇之爲嶲周，仲明之爲王鮪，殆又所謂彊魂敦圉淪化俶誕者矣。乃盂食裳襲而忽斑其皮，鋸其牙，虓其聲，是漆齒鏤耳之倫，皆牛哀與李耳也，髽首渠股之類，咸左飛與封豨也。不必見蛇始以爲杜預，不必見蟹始以爲彭越。人之化也亦詭譎矣。儻《淮南子》所謂「志與心變，神與形化」者歟。又聞夸能爲變鬼法，或男子或婦女變形作羊豕驢贏之屬，嚙人至死，吮其血咽之。土官重其法，禁不能止，或捕得輒生瘗之，名曰「鬼方」，良以是夫。《博物志》言：江陵之猛人能化虎。

威暴搏虎

論說

明 王廷相《猛虎賦有序》（《歷代賦彙》卷一三四引） 華山有虎患，郡吏督虞人捕之，殲六虎。予哀夫以强力貪得而斃者，不獨虎也，遂賦之。

嗟猛獸之揚厲，據藪澤以爲雄。孰樵採之敢入，望谿壑而憂恟。彼麋豕以何辜，偶邂逅而途窮。力於爾以不敵，遂填吻而飽胸。狐欺媚以相假，亦走猱而詫狨。矧咆哮而叱咤，倏風颯而晝曚。胡恣行而遠出，乃於人而肆兇。慘細物之莫報，智加爾夫奚容。驅虞人以掩襲，火山澤而遠攻。陷穽伺鏄，罻羅揭秘。勁弩四發，藥鏃森會。前殪後殭，朋殲品斃。以杠以徒，或剥或劓。目炯炯以電滅，革斑斑而文碎。非於爾以寡仁，反狗馬之帷蓋。要施報之所宜，視爲益而爲害。龍出没以造神，沛霖雨而澤世。雖一睹之莫即，孰機窗之可逮。世赫赫以並稱，羞神明之莫配。彼貪夫之殉財，乃忍情而爲螯。積衆怨以銷骨，終殞生而敗類。兹逐臭而蹈污，寔見小而遺大。哀靈物之寡謀，匪斯獸之獨慨。

明 屠大山《雙虎賦有序》（《歷代賦彙》卷一三四引） 嘉靖甲寅三月廿有八日黎明，予行潛江之野，忽人馬辟易。從者告余曰：有二虎去車密邇。予審視之，皆黝黑，而其一額有白文。徐入葦中，良久乃伏。予以事紆迴此地，適覩兹獸，有感於中，述斯賦焉。

驅予車於潛野，際旭景之初分。循春堤以前邁，欣麥隴之氤氳。倏人驚而馬顛，若喪魄而忘魂。僕夫速予以避虎，曰姑停策以竢羣。褰予幃以凝睇，覩雙猛於丘墳。振長風於江漢，炳玄燿於乾坤。雖爪牙之罔露，固威稜之具存。彼獨行之鮮敵，矧偶遇而專邨。下林皋之雄步，蹋溪澗之逡巡。衆鼓譟而靡懾，迫阨險而弗奔。戢咆哮之烈氣，閉精光而卑蹲。初豎尾以前却，竟旋趾而傍輪。面予車以延佇，若欲語而聲吞。豈戒備於暴悍，抑諭瑟於昏晨。將招隱於閒曠，或警弱於柔仁。嗟予性之昧墨，舍利路而弗遵。秉孤志以直往，每遭躓而邅屯。行邅迴於潭畔，心拂鬱之誰陳。私閔憐之惘惘，悄宵旦之昏昏。含客感之默默，悽離緒之紜紜。意二物之來格，殆靈祇之啟人。謝刺術於卞莊，陋射藝於裴旻。模懿矩於廉藺，懲私鬬於復恟。測靈情以自詔，著斯文而書紳。

明 何三畏《新刻何氏類鎔》卷三四《虎》 虎者，山獸之君而陽物之長也。白色、黑色者，有彪虎、虥虎之號。四指、五指者，有天虎、人虎之名。其身大如牛，其舌大于掌，其聲若雷能令人怖，其目若電能令人驚。故豢虎者，有虎牢、虎城，有虎檻、虎市。而不敢以生物與之，亦不敢以全物與之者，豈非爲其殺之決之之怒而然也乎。卞莊之刺虎而館豎子止之也，謂大虎鬬而傷，小虎鬬而死，從傷而刺之者，一舉必有雙虎之名。子路之逢虎而孔子問之也，謂中士捉虎耳，上士持虎頭，取尾而捉之者，一時第收下士之譽。趙國朱亥入虎圈，瞋目視之，而虎皆裂。任城王章曳虎尾，繞背叱之，而虎無聲。梁馮恭醉遇一虎，虎以頭枕恭，恭偃臥及中宵，轉以手搏之，至醒時猶見虎蹲在脚後。晉郭文路遇一虎，虎張口向文，文見口有横骨，乃探手去之，至明日乃獻生鹿于堂前。沈僧照之校獵而忽還也，聞南山虎嘯而知邊事之當處分。扶南王之聽訟而未决也，見罪人虎傷而知獄情之有曲直。楊威嘗與母入山採薪，被虎驅逼，乃奉母抱木長號，知其爲孝子也，釋之弭耳而去。蕭泰嘗令民隨村設檻，爲虎伏機，乃有人自陳誤落，見其爲道士也，開之出檻而奔。有世死于虎，而婦人哭之哀也，第以邑無苛政，而不忍去其鄉。有父噬于虎，而女子搤之力也，雖以手無利刃，而卒能免其難。善御虎者，無如黄公，少時以爲伏之易耳，至往東海上，而其術不靈，遂爲白虎所殺。善射虎者，無如斐旻，父老以爲斃者彪耳，及次叢薄中，而其馬辟易，幾爲真虎所傷。吁蹈虎尾者，凶。撩虎鬚者，危。暴虎者，死。而談虎者，色變。虎亦可畏也哉。

善覺禪師脩行華林，有侍者二虎，曰大空、小空。德聰道人結廬雲間，有侍者二虎，曰大青、小青。

明 陳其力《芸心識餘》卷四《牛宣力拒虎以全其人》 快山山淺，亦有虎時時妥尾過行。路一豎坐地牧兩牯，以捶捶地，不復顧。虎搏豎如鷹搦兎，兩牛來奔，虎棄去。因徃荷痒挨老樹，牯則喘視同守護，虎竟不能得此豎。豎雖不救，牯無負。一村讙傳，共鳴皷，而虎已逃不知處。嗟哉異哉兩大武，高義可與貫高伍。今假仁義名好古，臨事真情乃愧汝。此事可信文公語，爲君落筆驚風雨。洪覺範云，筠溪快山有虎，嘗搏取牧童，爲兩牛所逐。虎既去，牛捍護之。然童子竟死，因作詩紀之，以諷含齒被髮而不義者。予記宋紹聖小人，有目司馬公爲牛者。黄定者不平，作寃牛文以雪之。其説云：村民耕甚疲，枕犂而

卧。乳虎出翳林間，欲前啖之。一牯蔽其人，以身而抵虎，以角轉鬭甚力，虎不能得乃棄而去。少頃，村民寤，視牛蹂躪之處，意以爲妖，乃杖之。牛不能言而奔，歸乃解其體，食其肉。而牛出死力以衛，其人之生卒莫能自明也。嘻，冤哉！又記程史牸牧相衛事，其謂虎出如前所云，然欲攫牸則牧與之鬭，牧僵則牸與之抗，更互迭進。久之，村民嚾呼而前，虎始逸去，而牸牧竟全。吁亦異矣！夫快山之牯，雖能宣力而竟不能全其牧。負冤之牛，雖能全主而竟不能保其身。嗚呼！天下之事，限於力而蒙乎疑者衆矣。安得牧牸兩全，彼此相信愛如程史所云者哉！

清 紀昀《閱微草堂筆記》卷一一 族兄中涵知旌德縣時，近城有虎暴，傷獵户數人，不能捕，邑人請曰：非聘徽州唐打獵，不能除此患也。休甯戴東原曰：明代有唐某，甫新婚而歿於虎，其婦後生一子，祝之曰：爾不能殺虎，非我子也。後世子孫，如不能殺虎，亦皆非我子孫也。故唐氏世世能捕虎。乃遣吏持幣往，歸報唐氏選藝至精者二人，行且至，至則一老翁，鬚髮皓然，時咯咯作嗽，一童子十六七耳，大失望，姑命具食，老翁察中涵意不滿，半跪啟曰：聞此虎距城不五里，先往捕之，賜食未晚也。遂命役導往，役至谷口，不敢行，老翁哂曰：我在，爾尚畏耶？入谷將半，老翁顧童子曰：此畜似尚睡，汝呼之醒。童子作虎嘯聲，果自林中出，徑搏老翁，老翁手一短柄斧，縱八九寸，横半之，奮臂屹立，虎撲至，側首讓之，虎自頂上躍過，已血流僕地。視之，自頷下至尾閭，皆觸斧裂矣。乃厚贈遣之。老翁自言煉臂十年，煉目十年，其目以毛帚掃之不瞬，其臂使壯夫攀之，懸身下縋不能動，莊子曰：習伏衆神。巧者不過習者之門，信夫。嘗見史舍人嗣彪，暗中捉筆書條幅，與秉燭無異。又聞静海勵文恪公，剪方寸紙一百片，書一字其上，片片向日疊映，無一筆絲毫出入。均習而已矣，非別有謬巧也。

綜述

明 陳繼儒《虎薈》卷二 虎類能識人氣。未至百步，輒伏而嗥，聲震山谷，奮躍搏人。人有勇不爲之動，虎止而坐，逡巡弭耳而去。

清 秦蕙田《五禮通考》卷一三一《嘉禮四・朝禮》 畫虎於門，以示勇猛於守。故又曰「虎門」。門於此終矣，故又曰「畢門」。

傳記

漢 司馬遷《史記》卷一〇九《李將軍列傳》 廣出獵，見草中石，以爲虎而射之，中石没鏃，視之石也。因復更射之，終不能復入石矣。廣所居郡聞有虎，嘗自射之。及居右北平射虎，虎騰傷廣，廣亦竟射殺之。

漢 班固《漢書》卷一〇〇《敘傳》 班氏之先，與楚同姓，令尹子文之後也。子文初生，棄於瞢中，而虎乳之。楚人謂乳「穀」，謂虎「於檡」，故名穀於檡，字子文。楚人謂虎「班」，其子以爲號。秦之滅楚，遷晉、代之間，因氏焉。

晉 干寶《搜神記》卷二 鞠道龍善爲幻術，嘗云東海人黄公善爲幻，制蛇御虎，常佩赤金刀，及衰老，飲酒過度。秦末有白虎見於東海，詔遣黄公以赤刀往厭之，術既不行，遂爲虎所殺。

南朝宋 劉義慶《世説新語》卷中之上《雅量》 魏明帝于宣武場上斷虎爪牙，縱百姓觀之。王戎七歲，亦往看，虎承間攀欄而吼，其聲震地，觀者無不辟易顛僕，戎湛然不動，了無懼色。

又 卷下之上《自新》 周處年少時，凶强俠氣，爲鄉里所患。又義興水中有蛟，山中有邅跡虎，並皆暴犯百姓，義興人謂爲三横，而處尤劇。或説處殺虎斬蛟，實冀三横唯餘其一。處即刺殺虎，又入水擊蛟，蛟或浮或没，行數十里，處與之俱。經三日三夜，鄉里皆謂已死，更相慶，竟殺蛟而出。聞里人相慶，始知爲人情所患，自有改意。乃自吴尋二陸，平原不在，正見清河，具以情告，並云：「欲自修改，而年已蹉跎，終無所成。」清河曰：「古人貴朝聞夕死，況君前途尚可。且人患志之不立，亦何憂令名不彰邪？」處遂改勵，終爲忠臣孝子。

唐 李肇《唐國史補》卷上 裴旻爲龍華軍使守北平，北平多虎。旻善射，嘗一日斃虎三十有一。因憩山下，四顧自若。有一老父至曰：此皆彪也，似虎而非。將軍若遇真虎，無能爲也。旻曰：真虎安在乎？老父曰：自此而北三十里往往有之。旻躍馬而往，次藂薄中，果有真虎騰出，狀小而勢猛，據地一吼，山石震裂。旻馬辟易，弓矢皆墜，殆不得免，自此慙愧，不復射虎。

宋 歐陽修《新唐書》卷二〇二《張旭傳》 北平多虎，旻善射，一日得虎三十一，休山下，有老父曰：「此彪也。稍北，有真虎，使將軍遇之，且敗。」旻不信，怒馬趨之。有虎出叢薄中，小而猛，據地大吼，旻馬辟易，弓矢皆墮，自是不復射。

宋 司馬光《資治通鑑》卷八〇《晉紀二・武帝泰始十年》 初，周魴之子處，膂力絶人，不修細行，鄉里患之。魴，符方翻。行，下孟翻。處嘗問父老曰：「今時和歲豐而人不樂，何邪？」父老歎曰：「三害不除，何樂之有！」樂，音洛。處曰：「何謂也？」父老曰：「南山白額虎，長橋蛟，南山，今湖、秀以南諸山也。長橋，在今常州宜興縣。并子爲三矣。」子，謂周處。處曰：「若所患止此，吾能除之。」乃入山求虎，射殺之，因投水，搏殺蛟；遂從機、雲受學，篤志讀書，砥節礪行，比及期年，州府交辟。

元 脱脱《遼史》卷八一《陳昭衮傳》 開泰五年秋，大獵，帝射虎，以馬馳太速，矢不及發。虎怒，奮勢將犯蹕。左右辟易，昭衮捨馬，捉虎兩耳騎之。虎駭，且逸。上命衛士追射，昭衮大呼止之。虎雖軼山，昭衮終不墮地。伺便，拔佩刀殺之。輦至上前，慰勞良久。即日設燕，悉以席上金銀器賜之，特加節鉞，遷圍場都太師，賜國姓，命張儉、呂德懋賦以美之。

明 宋濂《元史》卷二〇〇《列女傳》 胡烈婦，渤海劉平妻也。至元七年，平當戍棗陽，車載其家以行。夜宿沙河傍，有虎至，銜平去。胡覺起追及之，持虎足，顧呼車中兒，取刀殺虎。虎死，扶平還至季陽城求醫，以傷卒。縣官言狀，命恤其母子，仍旌異之。

明 王穉登《虎苑》卷上《占候第四》 班超微時，相者謂燕頷虎頭，當爲萬里侯，已而果然。

又 卷下《神攝第一二》 東海黄公能御虎。佩赤金刀，以絳繒束髮。及衰老力憊，飲酒過度，不能復行其術。秦末有白虎見于東海，黄公乃以赤刀往厭之。術既不行，遂爲虎所殺。三輔人俗用爲戲，漢帝亦取以爲角觝之戲焉。

明 陳繼儒《虎薈》卷二 許坦十歲，隨父入山採藥。父爲虎所噬，即號叫以杖擊之，虎走，父得全。唐太宗聞之，謂侍臣曰：「坦雖幼童，能致命救親，至孝可嘉。」授文林郎，賜帛五十疋。

又 卷四 勝國時，張興祖萬户善射虎，平生射殺十數虎。他日遇虎，一發而踣，語人曰：「聞生虎鬚可療齒。」因拔之。虎氣垂絶，猶爪裂其韡。人遂目之爲殺虎張。

又 唐鍾傅少醉遇虎，與鬬，搏其肩。傅亦持虎，不置。會人斬虎，得免。既貴，悔之。戒諸子曰：「士尚智與謀，勿効吾暴虎也。」

又 卷五 後周楊忠從太祖狩於龍門，獨當一虎，左挾其腰，右拔其舌，太祖壯之。北臺謂虎爲揜予，因以字之。

紀事

晉 陳壽《三國志》卷四七《吴書・吴主傳》 孫權字仲謀，兄策既定諸郡，時權年十五，以爲陽羨長。五年，策薨，以事授權。【略】二十三年十月，權將如吴，親乘馬射虎於庱亭。馬爲虎所傷，權投以雙戟，虎卻廢，常從張世擊以戈，獲之。

南朝宋 范曄《後漢書》卷八六《巴郡南郡蠻傳》 巴郡南郡蠻，本有五姓：巴氏，樊氏，瞫氏，相氏，鄭氏。皆出於武落鍾離山。其山有赤黑二穴，巴氏之子生於赤穴，四姓之子皆生黑穴。未有君長，俱事鬼神，乃共擲劍於石穴，約能中者，奉以爲君。巴氏子務相乃獨中之，衆皆歎。又令各乘土船，約能浮者，當以爲君。餘姓悉沉，唯務相獨浮。因共立之，是爲廩君。乃乘土船，從夷水至鹽陽。鹽水有神女，謂廩君曰：「此地廣大，魚鹽所出，願留共居。」廩君不許。鹽神暮輒來取宿，旦即化爲蟲，與諸蟲羣飛，掩蔽日光，天地晦冥。積十餘日，廩君伺其便，因射殺之，天乃開明。廩君於是君乎夷城，四姓皆臣之。廩君死，魂魄世爲白虎。巴氏以虎飲人血，遂以人祠焉。

南朝宋 劉敬叔《異苑》卷三 永初中，邵都梁馮恭醉卧於山路。夜有虎來，以頭枕其背。恭中宵輾轉，以手搏之，複大寢，向曉始醒，猶見虎蹲在腳後。若有宿命，非智力所及也。

唐 張鷟《朝野僉載》卷六 定襄公李宏，虢王之子，身長八尺。曾獵，有虎搏之，踣而卧，虎坐其上。奴走馬傍過，虎跳攫奴後鞍。宏起，引弓射之，中臂而死，宏及奴一無所傷。

宋 趙令畤《侯鯖録》卷一 李廣與兄弟獵於宜山之北，見卧虎焉。射之，一矢即斃。斷其頭爲枕，示服猛也。鑄銅象其形爲溲器，示厭辱之也。至今溲器謂之虎子，或爲虎枕。

宋 黄休復《茅亭客話》卷八《李吹口》 永康軍太平興國中虎暴，失蹤誤入市，市人千餘叫譟逐之，虎爲人逼，弭耳矚目而坐，或一怒則跳身咆哮，市人皆顛沛。長吏追善捕獵者李吹口，失其名，衆云李吹口至矣。虎聞忙然竄入市屋下，匿身。李遂以戟刺之，仍以短刃刺虎心前，取血升餘，飲之，休復。雍熙二年，成都遇李，因問向來飲虎血，何也？李云：飲其血以壯吾志也。又云：虎有威，

如一字，長三寸許，在脇兩傍皮下取得，佩之，臨官而能威衆。無官佩之，無憎疾者几。虎視只以一目放光，一目看物。獵人捕得，記其頭藉之處，須至月黑，掘之尺餘，方得如石子色琥珀狀，此是虎目精魄。淪入地而成琥珀之稱因，此主療小兒驚癎之疾。凡虎鬚拔得者，將劄蚛牙，無復疼痛。凡虎傷者，人、衣服、器杖，乃至巾鞋，皆摺疊置於地上，倮而復僵，蓋虎能役使所殺者人魂也。凡爲虎傷死及溺水死者，魂曰倀鬼。凡月暈虎必交也。凡虎食狗必醉狗，虎之酒也。凡虎不傷醉人。頃有一村夫入市，醉歸，臨崖而睡，有虎來，嗅之，虎鬚偶入醉者鼻中，醉者大噴嚏，其聲且震，虎驚躍落崖而斃。此事皆聞李吹口者。

宋 張舜民《畫漫録》 均房之人取山中枯木作膠，傅破布單，施虎徑中，木葉蔽之。虎踐履，着足不脱，則恐，微若奮厲，便能固半身。虎怒頓，剉不能去，就擒。既封剥，腸皆斷。虎身臭，蚊蚋或集耳鼻中。雖盡力，無能去之，以至頓撲而死，開腹腸亦斷。俗云蚊子咬殺大蟲。《本草》著八月後蟒與虎鬭而虎敗，蝟入虎耳，以此而死，非力不贍，知有所窮也。

宋 彭乘《墨客揮犀》卷三 虎每食一人，則耳成一缺。汀州西山有虎爲射者所殺，兩耳如鋸焉。虎性甚靈，不妄食人。蓋命所值，或宿寃也。武康民朱泰事母甚孝，爲虎所搏而去。泰大呼云：虎暴殺我，母將無所依。虎遽捨之。泰後安健如故，鄉里號「朱虎殘」。

宋 洪邁《夷堅志·支志·乙》卷七《桂巖鷲獸》 村民程十八者，能射虎，里人稱爲程大蟲。其法爲煮草烏頭汁以淬箭鏃，施窩機，伺于虎出入道上。嘗有一虎爲箭所傷，不能行，倚樹蹲立。程曰：虎死不倒地，此已死，無足懼。經前欲取之，虎尚未絶，忍痛哮吼，舉兩足來搏程，奮臂撑拒，力且竭。其徒望見，争奔救，僅得脱，腦後臂胛背遭爪攫拏，卧病幾月乃起。

宋 洪邁《夷堅志·支志·丙》卷一《王宣樂工》 紹興初，岳少保開閫於荆襄。是時，墟落尤蕭條，虎狼肆暴。雖軍行結隊伍，亦爲所虐。有士人言，猛獸畏樂聲，若簫鼓振作，當自退避。由是頗采其説。乾道中，王宣爲副都統制，自襄陽往鄂渚，途次荆郢間，從馬且以百數，日猶銜山，衆樂競奏。候吏報，一篳篥部頭，爲虎於衆人中馬上銜去。正驚怖未已，又報笛部頭一人亦然。其處距宿驛幸不遠，争策馬赴之，解鞍良久，篳篥者奔喘而至，顔無人色。少定，始能言：初爲虎所搏，置之穴中。復往取笛工至，則啖食。度已飽，故未見傷害。但與二雛繞弄作戲，忽憶得腰間有執器，急取出，大聲噴吹之。巨虎駭震不暇，挾其子踉蹡遽走，不反顧。望之極目，乃敢歸。幾不免虎口也。時吕彦升守襄。

又 卷一五《鄭四客》 鄭四客，台州仙居人，爲林通判家佃户，後稍有儲羨，或出外販貿紗帛海物。淳熙二年，偕其僕陳二負擔至摘星嶺。鄭有姑嫁于嶺西十里間，將由徑路往訪之。日色已晚，忽值暴雨，不能前。遇一空屋，趨入泊憩。旋敲石取火，折葦籬炊燃，覺積稾下若有物蝡動，視之，乃三乳虎，亟以隨身矛刺殺之，而用他木撑閉門户。少焉，聞撞扉聲甚猛，窺諸隙中，蓋眈眈兩大虎。其一銜物，長數尺，頓于地。其一舉爪穿闔中，意欲突入。鄭以利刃斷其三爪，兩虎皆捨去。良久審聽，如人呻吟，莫敢啟闔。迨旦出視，乃通判之女，爲虎所搏，幸無損傷。鄭負以下山，迤邐回縣送歸。林氏一家方聚哭，不勝喜，厚謝鄭生。鄭因小贍，亦懲虎暴，不復爲商矣。

宋 洪邁《夷堅志·支志·丁》卷四《武昌客舍虎》 承宣使孫瑺之子禹功，紹熙四年冬，自臨安挈家赴襄陽都統司幹官。過鄂州，捨舟趨陸，夜宿驛舍，覺有賊往來門外。從吏呵罵之，曰：是都統官員，不得作過。久之，稍定。試啟户出視，乃兩虎相與盤拏也。既至襄，遣僕蔡德歸視，夜宿武昌客舍。見舍中人紛紛擾擾，有驚畏色。徐問其故，云：昨夜吾家父子四人俱未寢，團聚圍爐。俄一虎撞入，踞爐而坐。吾父子危思喪膽，以爲必有一人遭啖食者，不敢略轉動，添薪益火，與之相厮守，虎亦偃然自若，至曉乃奮迅而出。隣嫗適來請火，正及門，遇之，即駭仆而死。吾家雖幸免，而驚魂到今未定，且憂其今夕復來，決無由可脱也。蔡德亦爲之變色，終夜危懼不安席，明日辰巳間始敢去。

宋 佚名《江南餘載》卷上 保大中太平府聶氏女年十三歲，母爲虎攫去。女持刀跳登虎背，連斫其頸。虎奮跳不脱，遂斫虎死，乃還家葬母屍。

明 潘塤《楮記室》卷一五《虎啖人》 予少遊松江千山，宿李昇郎中宅。近山有虎，啖一人。時二十一日，予問之咬何處，云咬下腿。十五六時讀《洗冤録》云：虎之咬人如猫之咬鼠，初一至十五咬上身，十六至月終咬下身，果然。俗云千聞不如一見，信然。

明 王穉登《虎苑》卷上《孝感第二》 楊香，楊豐女也，隨父田間刈稻，豐爲虎所噬，香年才十四，身無寸兵，遽搤虎頸，虎犇逸得免。太守孟肇之。

又 卷下《搏射第一〇》 李禹有勇力，帝使刺虎。縣下圈中未至地，有詔引出，禹以劍斫絶繫欲刺虎，上壯之。【略】

黄埭阮某有膂力，溪行遇虎突入其舟。阮前抱虎腹相持入水，踰時迺出，虎

逸去，阮歸。晝寢，猫登其榻，夢中驚呼虎至，戰汗死。

明 田汝成《西湖遊覽志》卷五 虎據一地吼，屋瓦皆震。余在黄山雪峰，常聞虎聲。黄山較近，時坐客數人，政引滿，虓然之聲，如在左右，酒無不傾几上者。時潘景升謝于楚在坐，因言：近歲有壯士守水碓，爲虎攫而坐之，碓輪如飛，虎觀良久，士且蘇，手足皆被壓，不可動，適見虎勢，翹然近口，因極力齧之，虎驚，大吼躍走，其人遂得脱。

明 王同軌《耳談類增》卷一三《冥定篇三·張文忠母太夫人》 永嘉山中有虎逐人，其人登大樹而虎守其下。忽張文忠孚敬母腹懷文忠，自母家歸。天微雨，憩坐虎脊上，復取履擦泥其皮。樹上人見之膽落。已人群至，虎去。其人下，追問母何由坐虎脊，母曰：「巨石也。」次日屬人察樹下，何巨石之有。已而生文忠，人已知貴有徵矣。

明 鄭仲夔《耳新》卷四《鈀牽虎》 芭之潭石橋張某膂力絶人。嘗夜行，見伏虎，因取杖擊之，虎應杖而斃。一日偕所親山行，值虎至，其人怖甚。張以身衛之，更取大木從虎腹下抵去，撲之深崖下，虎死。又嘗攜銕鈀入山，遇虎，以鈀捌虎口中。虎怒哮不已，鈀不得出，隨以鈀牽虎至橋邉，虎力盡而死。

明 陳繼儒《虎薈》卷一 秦昭襄王時，白虎爲害，自秦蜀巴漢患之。昭王乃重募國中有能殺虎者，邑萬家，金帛贖之。於是夷朐䏰廖仲藥、何謝虎、秦精等，乃坐白竹弩，如高樓上射白虎，中頭三節。白虎常從群虎，瞋恚，盡搏殺群虎，大吼而死。昭王嘉之，曰：「虎歷四郡，害千二百人。一朝患除，功莫大焉。」欲如要，且嫌其夷人，乃刻石爲盟要，復夷人頃田不租，十妻不併，傷人不論，殺人顧死，秦犯夷輸黄龍一雙，夷犯秦輸清酒一鍾。夷人安之。

又 卷二 東坡言：人不怕虎者，虎不禁得其人何。朱子以爲有此理。余聞山中人云：人先見虎即不怕虎，虎先爲人所見，即怕人也。如小兒有不怕虎者，由不識虎，心不動也。朱子言：有一鄉人賣文字，中途遇虎，更無避處。曾聞人言虎識字，遂以文字與虎看，而虎自去。然虎寧有識文字理哉？此愚氓恃所聞，亦自心不動故也。《青瑣高議》：鄆州有追虎碑，父老云昔張侍郎守鄆，境内有虎害物。公令直吏執符追虎，不往且斬。吏別其家，痛飲而行，果見巨虎。致符於地，虎熟視，銜符隨吏至府。然則謂虎識字，亦或有之邪？【略】

孔公文韶爲廣西按察使，艤舟江口。鄰舟有占城人進虎京師。延公過舟，虎在圈中，毛色炳煥。一夷人能馴虎，開圈弄虎，手探口中，略無所損。戲其足，輒退縮。夷人言：虎惜爪距故也。又呼其名，即長吼，孔駭然而退。

又 卷三 許州近州三四十里，有雌虎暴損人不一。統軍李琢愛人，驚恠甚，視事日，按聲曰：「忠武軍十萬，豈無勇士？」有壯夫跳躍，曰：「某能除。」琢壯其言，給利器。壯夫請不用弓刀，只要一大白棒。壯夫徑詣榛塢尋之，果得其穴也。其虎已出矣，有三子，眼欲開。壯士初不見其母，欲回，度：「琢必不信。」遂抱持而不驟三子，至其家，藏之。先令人白于琢，琢見空手來，訝之，曰：「已取伊三兒。」琢即驚，果取到。大賞賚，給原衣釆，加職。琢曰：「常聞不入虎穴，焉得虎子。此夫是也。」壯夫竟除其巨者，不復更有虎暴。

又 卷四 定海有小兒，從山中拾薪，遇一雄虎。銜之而歸，寘之穴中，若令二乳虎與之爲戲者。以漸馴熟，爲虎撫腰背，畧無忤意。兒拾薪時，腰間有繩，即解繩，一頭繫虎囊上，一頭繫傍樹，直跳而出。虎怒，起逐之，以痛而止。數日稿于樹間，獵户隨獻之官，因知其事，而童子亦被賞賚。

又 卷六 条議胡公琮，知江陵縣。縣有圉人吕么兒者，與其弟皆有膂力。家瀕江，多萑葦。歲有虎患，嘗中夜聞犬聲甚急。兄促弟起視，弟手一鐵钁而出，有虎蹲踞瞰其居，弟不覺也。虎見人來，遽撲之。弟舍钁徑前抱虎身，因以頭支住其下頷，極力挾之，疾呼其兄曰：「哥，我擒一虎矣。」兄出倉卒，無他器械，顧鐵钁在旁，取以痛鞭虎。虎大吼，聲振林落。弟持之不舍，竟擊殺之。明日，兄弟負虎送縣，公嘉其勇勞而遣之。【略】

孔公文韶宰都昌時，一卒長身多力，夜行遇虎，乃登木，木無巨幹。虎怒齧之，欲仆，卒躍下，持虎久不解，道無行人，語虎曰：吾與若俱力盡，捨之恐見食，即不食我，當三號。虎便三號。卒縱之，掉尾而去。

吴興人有客至山中，欲月夜翫虎。其法以羊懸高樹顛，虎聞羊聲輒來，跳吼不得上，嚙樹根至折齒乃去。其樹如斗大，已斷七八矣。此臧晉叔爲宋彦言。【略】

江口孫御史夫人，養一乳虎，甚馴，著牀屏間，翫弄如意。後虎漸大，夫人歸寧，扃虎室中，五日方還，虎枵甚。見夫人便作搏噬狀，夫人大驚，命格殺之。

清 趙吉士《寄園寄所寄》卷五《滅燭寄》 休寧西五里，過魯公堤，有楊山寺。丁令應泰時，老農夫婦刈草堤上，日方午，虎攫農於地。村民鳴鑼争逐虎，虎躍入寺中，悮以泥塑判官爲人，嚙其足，像倒壓虎死。後重新泥像，并於足下塑虎云。【略】

吏部司務夏公官明，往計偕在京，與數舉子遊於西山，探奇迤邐，遂至幽僻。日入欲返不能，隱隱見林際燈光，趨之數里，始得車門大廈。應門者曰：「相公何來？」衆告以故。曰：「且止，待入白主人。」有頃，數人舁一肥大美婦人出。曰：「佳客枉臨山中，卒不能授飧，柰何？」衆曰：「樂而忘返，但得托宿於華居，足矣。」於是宿客堂上，又强令從人宿内室。夜半，數人復舁前婦人出，作嗔呼曰：「諸公可出矣。」衆呼從人，婦人曰：「去遲，禍及公等，安得呼奴？」衆錯愕，奔出，莫知其故。立山頭回望，天已曙，盡失故宿處。再往覓從人，惟有殘骸，或首或足挂樹梢，鮮血淋灕。皆股栗膽落痛哭而返，竟亦莫知其故。肥大婦人，其虎鬼耶？【略】

嘉靖戊申，海鹽有虎，從海上來，匿劉侍御墓草間。數日城中人鬨而往觀者無慮數百，虎亦堅臥不妄傷人。衆方以爲可狎也，拾瓦礫擲之。有陸堯者，擊中虎目。虎怒，奮而起，獨爪堯於稠人中，傷其胸脘，流血數斗死。餘人披靡竄，自相踐傷者，不勝計。虎遂東走海上，揭竿相逐者數百人。虎亦失勢，窘廹赴海，浪湧不得前，返而登岸，倉惶以頭觸石，陷石罅中不得出。有褚姓者，乘勢鞭之數百，虎亦狼狽垂尾不動。褚意其已死，利其皮，欲全而取之。舉杖轉石，石罅開，虎固無恙也。忽躍出，大吼噬褚擲地，兩脇間如斬，立死。衆踉蹌奔命，虎亦不顧，北走出境而去，莫知所之，衆以爲神虎。【略】

威縣多虎患，白晝攫人。日向西，居民不敢出户外半武。有某氏者，夕大醉，輒啓户如東厠。婦强争不可得，輒持刃尾其後。時星月朦朧，蘆葦蕭索，見一虎張口厲齒，離數十尋蹲踞，以俟其定也而撲之，庶無不得當也。婦遑遽不慮其他，挺鎗直入，貫腮及胸，鋒刃從左脇而出。虎負痛狂奔，及其夫之側也而死之。而婦猶以爲虎未遽死也，狂奔及其夫之側，奮空拳捶數十下。視其夫已奄奄震驚以死，遽負之亟歸掩户。隣里震驚，咸秉燭持湯糜呼救，漸乃氣蘇，不暇顧其婦也。而婦以力盡竟没，持湯糜，呼救之，卒不可得。

清　乾隆《婺源縣志》卷三九《通攷·佚事·童子驅虎》　西十三都洪源山居余屹者，老無子，撫侄爲子，年才十二，逸其名。晨夕承順，依隨若出天性。萬曆丁酉，有虎患。一日，父子以樵蘇入山，虎突從叢莽中出，勢甚烈，噬父肩項仆地。子急，不他顧，便以所執梃奮擊不輟手，相持良久，虎忽釋父，眈視其子。子仍以梃追擊，虎奔去，脱父虎口，既獲生歸。夫以童子而執竿驅虎，視爲蚊蚋，豈非一念真業乎！

清　嘉慶《旌德縣志》卷一〇《雜記·附録》　康熙時，邑東北鄉多虎。縣官下令捕，嚴比獵户。然虎日出噬人，竟不得一。乃燒山逐之，山勢連亘，樹木綿密，卒無可如何。東鄉王氏子貿江西，偶遇張姓父子。言及虎患不能除，張言：「我能捕虎。」王即出己資，延請至縣。其人入山環視，即知行十幾虎。乃擇淨室，二人處其中，焚符行牒，攝召當境土神，晝夜作法。於山徑設窩弓，其室中亦設窩弓。室中窩弓機發，則知山中窩弓必中一虎。如此月餘，已得七八虎矣。初得一虎，白質黑章，重四百觔。若數日不得虎，則復牒催土神，必獲一焉。久之，餘虎漸遁，不敢復出害人。官民醵金厚贈之而去。

清　嘉慶《徽縣志》卷七《幻異》　山村有虎，夜攫食一人，留其上體。比明，路人以告。羣往視之，則村中偷兒也，蓋已犯於官。其家取而急掩之。嘗聞虎噬人，月朔則先首，月晦則先足。物固非有意，而所戕者匪人。且若因之以示人者，然亦足以警穿窬之夜出者矣。

清　道光《蘭州府志》卷一二《雜紀》　打虎任四者，渭源農夫也，而家實居狄道。父死於虎，四乃習爲鳥鎗，誓殺百虎以報父讐。凡捕虎必結隊，鎗發則二人持叉以禦，或連發，否則能隨烟起處攫人也。四初與人偕，後則隻身往跡虎。每遇之，則一鎗立斃，蓋得其要害云。四本殺虎以復讐，久而成業。秦隴獵人争師之，每隣邑有虎暴，必迎四。四偕其徒往，無不得者，收其牙皮，歲足代耕，而厚謝者或一虎至錢數十緡，諸獵徒無不求假焉。四自少至老計所殺已九十九虎而不能滿百，乃裹糧入深山結茅以俟。忽一虎咆哮至，鎗不及發，幾爲所噬。俄雲霧晦冥，若有神人呵虎去，兼責四過殺者。乃歸而焚香瀝酒，告其父靈，並戒兒孫弟子，世世勿復與虎讐也。遂溘然寢虎皮而逝。事在康熙雍正間。

清　同治《祁門縣志》卷二一《職官志·名宦》　傅褒字仲華，端平元年知縣事。時多虎患，傷二千餘人。褒虔禱於神，募勇士，備毒矢窩弓，設罟穽，一月之中，擒虎十有一。自是患息。士民爲立碑，紀其事。

又　卷三六《雜志》（明永樂）八年庚寅多虎，近城郭咬人，知縣路達禱於神，設阱三百一十有四所，不踰時，獲虎豹四十有六，患遂絶。

《蔣俊捕虎記畧》

祁門僻在萬山間，豺虎之患自昔爲然，善爲治者思去其害。坐視其毒而諉之於天，豈爲民父母之道哉？路侯來宰是邑，召耆艾於庭而諭之曰：「古人有言，凡爲民害者皆可殺。虎之縱横村落，而喋血生靈，耕牧樵採不得其寧，吾與

若等忍坐視而不恤耶？且虎之喋血不仁爲有慾也，有慾則可得而殺矣。若等其聽吾言。」咸曰：「惟君侯之命。」侯乃令十家爲率，百家爲伍，編木柵爲柙，置畜物爲餌。又募善射者操强弩毒矢，從事於山谷林壑間。且嚴其約束而示以賞罰。地近則一日一報，遠則五日一報，又遠則十日一報。于是不終朝而獲虎以二計，不踰旬而獲虎以六七計，又不踰月而獲虎以十數計。自是邑無虎患，居者安其室，行者樂其途。閭閻相慶曰：「今日之晨出夜歸得以無虞者，吾邑大夫路侯之力也。方之周處殺南山一虎，其功不既多乎？其視劉宏農宰九江，而虎之東渡江北渡河者，不得專美於其前矣。余目擊其事，縉紳文雅又得播諸聲詩歌詠其美，而請余序其首。余觀侯之爲人，深沉宏毅，故措諸事爲而民懷其惠如此。然去此山林喋血之虎，侯盡其心矣，而去彼狐之假其威者，其亦侯之責也乎，其亦侯之責也乎。永樂八年秋九月中澣豫章蔣俊序。

又 卷三六《雜志》 宋端平元年甲午，邑多虎，傷二千餘人。邑令傅褒募人擒其十之一。

《主簿姚炎捕虎記畧》

祁邑重岡複嶺，參天際雲，巖谷幽阻，林莽叢茂，有人跡所不能到，皆虎豹之所藏聚。日久歲深，其類滋殖，三五而羣，磨牙摇毒。前後血於牙者，二千餘人。其出没處，種藝之地盡廢耕樵。一方之民，銜痛茹苦，莫不欲食肉而寢皮以快其憤，而力有不能逞焉。端平改元，傅令君來宰斯邑，憫夫人罹害之慘，指心自誓爲民勦除。有可以爲殄滅計者，知無不爲；精虔祠禱，靡神不舉；詢謀獻畫，靡人不周。增賞累金，運糧給衆，藥矢窩弓，罟獲陷阱，蔽山竟野，射必命中。自是人心思奮，皆賈其勇陸續獻，擒十有一焉。人情久憤，一旦頓舒，誠足慰幽魂而安百姓。畊雲鋤月生穀之地，無不墾。採生茹美養生之利，無或遺。井里相安，骨肉相保。無復曩日探穴負嵎之憂，履尾劘牙之患矣。昔一虎渡河，詫爲異政。況一朝獲十，其數尚羸。去積載所不能去之患，爲前令所不能爲之功哉。今臺府交上其功，朝廷亟議其賞，固所當然。傅令君名褒，温陵人，先朝獻簡名臣之胄，偉績嘉政，彰彰在人耳目而虎政一條惠利尤甚博云。嘉熙改元七月既望。

清 慵訥居士《咫聞録》卷四《虎拆家》 乾隆己酉四月間，浙寧西郊，大虎失倚傍之山，而迷行平疇之所，四野横跨，爪印如盤，民皆慌張。瞿湖鄉有王永春者，爲富不仁，醜名滿邑。其廬前後皆河，圍栽緑竹。房雖靈瓏，而人甚齷齪。早起，從後籬門出，過橋，遇人，指虎爪印而視之，曰：「虎已至境矣。」永春急閉籬門，忙趨至前，欲關門以杜虎患。誰知虎見林箐深密，認以爲山，逕由進屋。其廳之西室，延一蒙師周秀才居之，以作書館。館外有衖衕一條，鄰居幼子，攜書上學。虎見之，即縱身撲去。虎力過大，而逾幼子之頭，驚倒仆地。旁有一人，手持棍擊之。虎用爪抓去，而若人之頭面皮肉盡脱去，而血流漂杵矣，未幾而殞。虎入書館，向牀坐視，而周秀才蒙頭裹衾，魂不附體。未幾，虎出。周秀才即裸身踰牕而逃。虎至廳，入廳後間，滿房皆酒，三層高叠。虎倚酒壇，貼身搔癢，壇側跌地，而聲響如炮。虎驚亂跳，一間觥翻，盡如泉湧，百餘缸甕，盡爲瓦裂。慌入左門，進王永春内房。陳設煇煌，金光燦爛。虎見異境，又復亂跳。跳入牀上，虎身重而籐牀已穿。虎陷其中，虎用力縱之，而牀架在虎頸。虎帶枷横行直擊，衝至東則東物盡，衝至西則西物盡。迨虎脱枷，而陳設俱破裂如柴。虎出院中，遇牆則倒，拚壁則穿。王永春見虎勢兇湧，入城報官。官會軍門，委營弁二員，園鎗兵十六名，躲身施鎗，彈至虎身而不能穿其皮，虎亦不知也。鄰居之强有力者，俱登瓦上，穿穴而視，思欲以計斃之，總無善策。一人見虎昂首開口而坐，用三寸許大毛竹，直插其口，虎嚼竹如簾。以石擲之，不驚不動。虎煩則口覆地而嘯，地皆震動。偶而施威，背高丈餘，官兵皆退，民亦無法可致。傍晚，虎進衖衕，倚壁踞之。一人輕步入室，從壁隙力施長刀穿去，虎覺身疼，直縱出來。一屠户一棍擊去，適中其鼻，頭眩頸屈，衆棍齊擊而斃。虎雖除，而若家之渠渠厦屋，盡爲溅溅涼亭矣。舁虎入廳，量其身，長九尺，尾亦長九尺，重八百觔。四方士女，雲集而來觀者，如蛀如蟻。二畝之宅，焉能容數萬人之足。於是高竪數丈杉木，繫之屋簷。虎懸木上，夜然巨燈以灼之，觀者如市。三日夜乃稀，剥皮以獻神，作爲座褥。剜肉以贈鄰，各嘗異味。肉色如灰，而臭氣如烟，味帶鹹而韌如革。雖有利齒，不能碎其一臠也。其鬚可作牙籤，齒長三寸餘，可作石墼。是虎之大極矣。酬神演劇，答謝力士，葺治房宇，已花數千金。居之日，倀鬼失虎無依，日夜鬪擾。又延僧建醮驅之，乃安。安未幾日，官欲虎骨，永春不允。官許銀二百售之，永春貪財而送。詎知官畋骨而負銀，永春又上控各憲，批准給領乃散，家去其半。是虎之來，爲拆其家而來也。永春平日刻薄成家，而安如磐石，不畏官勢，不懼民害。破其家者，惟有虎也。是永春應以虎而破家，虎應以永春而死矣。兩者之害，神使之也。

藝文

漢 公孫弘《風后握奇經八陣總述・虎翼》 天地前衝，變爲虎翼。伏虎將搏，盛其威力。淮陰用之，變化無極。垓下之會，魯公莫測。

唐 王維《王右丞集箋注》卷六《老將行》 少年十五二十時，步行奪得胡馬騎。射殺山中白額虎，肯數鄴下黃須兒！一身轉戰三千里，一劍曾當百萬師。衛青不敗由天幸，李廣無功緣數奇。自從棄置便衰朽，世事蹉跎成白首。昔時飛雀無全目，今日垂楊生左肘。路旁時賣故侯瓜，門前學種先生柳。蒼茫古木連窮巷，寥落寒山對虛牖。誓令疏勒出飛泉，不似潁川空使酒。賀蘭山下陣如雲，羽檄交馳日夕聞。節使三河募年少，詔書五道出將軍。試拂鐵衣如雪色，聊持寶劍動星文。願得燕弓射大將，恥令越甲鳴吾君。莫嫌舊日雲中守，猶堪一戰取功勳。

唐 儲光羲《儲光羲詩集》卷一《猛虎行》 寒亦不憂雪，飢亦不食人。人血集作肉豈不甘，所惡傷明神。太室爲我宅，孟門爲我鄰。百獸爲我膳，五龍爲我賓。蒙馬一何威，浮江亦集作一以仁。綵章耀朝日，牙爪雄武臣。高雲逐氣浮，厚地隨聲振。集作震君能賈餘勇，日夕長相親。

唐 釋齊己《白蓮集》卷一〇《猛虎行》 磨爾牙，錯爾爪。狐莫威，兎莫狡。飢來呑噬取腸飽，橫行不怕日月星。皇天產爾爲生獰，前村半夜聞吼聲。何人按劍燈熒熒。

唐 李咸用《猛虎行》（《全唐詩》卷六四四引） 猛虎不怯敵，烈士無虛言。怯敵辱其班，虛言負其恩。爪牙欺白刃，果敢無前陣。須知易水歌，至死無悔吝。

宋 歐陽修《文忠集》卷一《猛虎》 猛虎白日行，必閒貌揚揚。當路擇人肉，羆豬不形相。頭垂尾不掉，百獸自然降。暗禍發所忽，有機埋路傍。徐行自踏之，機翻矢穿腸。怒吼震林丘，瓦落兒墮床。已死不敢近，目睛射餘光。虎勇恃其外，爪牙利鉤鋩。人形雖羸弱，智巧乃中藏。恃外可摧折，藏中難測量。英心多決烈，自信不猜防。老狐足姦計，安居穴垣墻。窮冬聽冰渡，思慮豈不長。引身入扱中，將死猶跳踉。狐姦固堪笑，虎猛誠可傷。

宋 王令《廣陵集》卷六《猛虎》 猛虎出白日，其欲未易量。人人有怒心，常懼不敢戕。壯士獨何者，忿氣裂怒腸。脫身拔劍去，奮躍如鷩翔。雖挾必勝術，豈無邂逅傷。虎不食壯士，壯士自虎當。意貪衆人完，豈暇爲軀防。虎死衆人惠，虎存憂一鄉。果哉彼丈夫，賴有一劍將。使其無所操，未免伏道旁。有劍不刺虎，爲謀信非臧。無劍徒虎爭，雖勇適爲狂。利劍亦可嗟，人有我獨一本作獨我亡。日暮南山阿，直道何可望。一虎固已爾，況復千豺狼。

宋 蘇軾《東坡詞・江城子・密州出獵》 老夫聊發少年狂，左牽黃，右擎蒼。錦帽貂裘，千騎卷平岡。爲報傾城隨太守，親射虎，看孫郎。酒酣胸膽尚開張，鬢微霜，又何妨，持節雲中，何日遣馮唐？會挽雕弓如滿月，西北望，射天狼。

金 元好問《遺山集》卷五《虎害》 北山虎有穴，南山虎爲羣。目光如電聲如雷，倚蕩起伏山之垠。百人一飽不留骨，敗衣墜絮徒紛紛。空谷絕樵聲，長路無行塵。呀呀垂涎口，眈眈闞城闉。天地豈不仁，社公豈不神。哀哀太山婦，叫斷秋空雲。可憐封使君，生不治民死食民。世上無復裴將軍，北平太守今何人。

元 張宏範《淮陽集・射虎》 黑風高騎卷空山，怒吼巖林出錦斑。得意將軍飛鐵鏃，忽驚一點草梢殷。

元 張之翰《西巖集》卷四《題胡氏殺虎圖》 古來烈婦皆可數，未聞救夫能殺虎。想初一身都是膽，怒出天誠誰敢禦。呼兒取刀手掣足，力視於菟猶視鼠。不然柔弱非所能，能勝威強遽如許。哀號不比泰山婦，直搤猛于楊氏女。夫命雖云三日活，婦心足慰百年苦。至今季陽城邊沙，水頭烈烈英風動。林莽恨渠首不加，冠巾惜渠號不賜。勇武至今，夫門刻石。表屹與女，流爲砥柱。君不見：世間妾婦爭悍妬，費盡時粧求媚嫵。一朝遇難將奈何，當媿茲圖汗如雨。

明 劉嵩《槎翁詩集》卷四《有虎行》 有虎有虎白額張，穴巢養子南山陽。十年饑嘯望城市，不食近山牛與羊。鄉民不知攫噬苦，叩首相呼拜神虎。通衢白晝虎出入，從此鄉民少防護。一朝南行狹虎羣，搖尾梢梢高入雲。長驅百里入城郭，神虎經過人不聞。忽然憑怒風慘悽，赤手搏人如搏麑。飲血血成河，啗肉肉作泥。飫酣三日虎乃去，猶負犬豕歸其棲。可憐李將軍，有弓不敢射。卻驅殘卒守空城，更築新圍高百尺。

又 卷四《虎逐狼》 野狼據山作巢穴，連年呼羣食人血。一朝猛虎入山來，虎自憑陵狼跡絕。山中久厭狼害人，乍得猛虎驚良馴。豈知殘毒乃本性，鼓吻磨牙更雄騁。一烏死百烏哀，一狼逐十虎來。山藏澤藪胡爲哉，吾聞周公驅

猛獸。不用長戈併勁弩，政教修德施溥。人民欣欣樂含哺，麒麟來遊鳳凰舞。上天甚明民甚苦，更萬萬古，莫生豺與虎。

明　倪謙《倪文僖集》卷一一《畫虎》　雄視眈眈夾鏡明，空山日落恣橫行。壁間只作尋常看，一嘯風生百獸驚。

明　李濂《嵩渚文集》卷一二《猛虎行》　四明山中猛虎啼，行人不敢穿山谿。樵童拾橡率爾遇，飛身上樹忘東西。邇聞死者五六人，虎也猛氣干虹霓。我行其野飯諸寺，僧言虎惡公須避。日西往往突而至，風巖震動猿猱墜。牛羊犬豕何足惜，孤村寡婦堪垂淚。十八十九月黑時，擬金伐鼓疇能睡。台州獵師好毒手，黃金走聘吾寧嗇。鐵義藥箭豈不利，虎兮儇黠安能得。我聽僧言驚復悲，天生惡獸嗟何爲。泰山之君山有祠，汝乎弗告神安知。九江渡虎理或有，此政于今當屬誰。感時憂瞑意不樂，停車且宿南山陲。

明　孔天胤《漁嬉稿·猛虎行》　南山多猛虎，北山多豺狼。昏夜呼號出深莽，白日恣睢大道傍。同生往往葬其腹，唇吻爪牙逾奮張。勸君得坐且高坐，惡蟲行處不可過。往年帶劍還入山，比來市中常取禍。不聞枯柳嘯寒鴟，正是陰魔弄火時。憑誰蕩掃妖氛滅，借取周郎箭頭鐵。

明　沈明臣《大樹村劉氏少婦打虎行》（《明詩綜》卷五四引）　潤州城南山簇簇，四月麥黃桑柘綠。大樹村頭劉氏居，短牆幽院參差屋。曉炊未罷日始高，窣地猛虎來咆哮。老小出門盡驚走，犬亦吠虎聲嗥嗥。虎聞犬聲急轉步，一口斃之如搏兔。欲從虎口奪狗還，老嫗抱孫逢虎怒。劉家少婦奪老姑，氣猛視虎如匹雛。手持鋼義刺虎目，虎血濺面紅模糊。昨從大樹村前走，少婦滌場猶髽首。弱體孱然花不如，徐家女子劉松婦。

明　鄭汝璧《由庚堂集》卷二《猛虎行》　嗟爾猛虎，日肉麏與麇。夜傍赤彪臥，朝從玄豹嬉。胡爲乎去爾之宅，游彼中逵。騰躍不及展，爪牙無所施。嗟嗟兮虎，而一解。掉尾戢威，尚有餘怖。豢不爾生，恐決之怒。維食有豶，曰麈及兎。直視眈眈，不忘故處。二解。張我弓兮操我戈，虎逸圈兮知奈何。二解。

明　朱國禎《湧幢小品》卷二二《猛虎行》　壬子夏六月，有虜中降人驅百馬入塞，遇餓虎三四，自林中突出，噬其半以去。降人僅身免。許松皐爲賦猛虎行。

邊城猛虎日蹲㟼，厲爪磨牙過犴貙。不能噬虜偏噬馬，餓梟突起誰爲虞。昔年敗北昆陽戰，今見穹廬益股抃。降人萬死幸歸來，何意遭罹恣踩踐。擇肉能飛似暴秦，考精解學九方堙。一吞數十未屬厭，咆哮猶睨道傍人。何不結徒嘯侶靖，虜窟雲錦千羣還。塞樾降人驅馬能幾何？充爾一飽無遺骨，安能弘農化太行。渡河北去惠蒼生，又安得中萇逞絕技，手搏太行驅爾類。

明　黃汝亨《寓林集詩》卷三《聞虎二首》　亦有難平氣，臨風恨恨深。無能叫閶闔，祇自撼山林。雞肋心還戀，羊腸力未任。何時恢帝網，長嘯一橫襟。

其二

鸞鳳方棲寂，牛羊欲下來。風微起孤嘯，日暮振高臺。毛羽誰相惜，聲聞祇重猜。會須摧百獸，聊爾伏蒿萊。

明　黃淳耀《陶菴全集》卷一二《虞山喫虎肉作》　猛虎入山山氣惡，腥風倒射巖石落。兩三村甿不識虎，謂是旄牛未生角。扼虎之吭擘虎尾，虎驚不及施牙觜。東海無煩赤刀制，南山已報白額死。老夫羈旅春盤空，短衣匹馬行山中。坐分羨臛飽欲死，拔劍四顧吾何功。村甿村甿莫倉卒，儒冠爲爾頻衝髮。人間真有猛於虎，勸爾投身依虎窟。

清　張丹《張秦亭詩集》卷四《夜登村樓望虎》　樓霜白静夜，北風吹平蕪。颯颯如有物，乃是林鹿趨。一躍過我垣，屏跡立堦除。須臾聞腥吹，虎嘯發山隅。其目似明燈，閃閃出林篠。繞籬覓此鹿，荆棘將焉如。爪牙不得施，幾番捋其鬚。怪鳥叫林梢，狐火生丘墟。搖尾古墓間，陰雲自卷舒。遲遲渡溪去，雌雄宛與俱。月明遥可望，歎息彼何愚。物情避禍患，胡人無憂虞。江海徧烽煙，生民化爲魚。不如此林鹿，呦呦在草廬。

清　查慎行《敬業堂詩集》卷三〇《九月初三日，東宮行圍召觀殺虎恭紀》　連岡若環斷若玦，猛虎一聲蒼石裂。千狐百貉走且僵，獨踞巑岏爲窟穴。儲君英武如吾君，六鈞親挽古未聞。年年侍輦出狩獵，手搏奚止升伯羣。餘威所臨氣先壓，弓未離囊箭猶插。星流一點綠沈槍，刺虎真同捉鵝鴨。黑文白額光斑斕，毛血映徹朱旗殷。豐杠重馬挾以至，衝飈霍霍來陰山。羽林奏刀技神速，理解肌分同破竹。憐渠故是獸中雄，特命留皮瘞其肉。大哉利溥仁人言，麟趾原從聖澤論。一片文茵常在御，半丘白骨更銜恩。臣工侍觀咸動色，殺物之中昭震德。不知看射向山南，何似隨圍來塞北。

清　顧嗣立《秀埜草堂詩集》卷四三《猛虎行》　猛虎在深山，逐逐無所施。卜食得奇偶，倏思乘風馳。吳城王氏園，地寄東北維。葱蘢多古樹，蒼然接城陴。騰身從空下，盤踞臨危厓。主人啟户出，怪氣連朝曦。眈眈夾鏡目，迸光射

堂帷。渾舍盡驚怕，踉蹡伏童兒。家人持瓦礫，搏擲争先之。虎怒時一嘯，林木皆離披。爪牙之所著，肉脱先其皮。十人九被傷，濺血飛枯枝。鄰里互相告，聚觀滿通逵。官司急下令，三司擁旌旗。戈鋋耀白日，羅列如布棊。飛矢急雨下，奔石縱横飛。人虎兩相鬭，力盡氣亦衰。虎竟死於園，人亦多僵屍。吴城高入雲，飛鳥僅能窺。六月設守衛，何由決藩籬。故老盡驚詫，災異非其宜。牛哀七日病，不辨兄爲誰。封邵性貪暴，食民至今嗤。此皆人化虎，流傳豈吾欺。因思人類中，心術猶參差。人貌而虎心，對面不相知。而況頃刻化，焉能辨毫釐。奈何吴城中，横行竟如斯。猛虎爾何爲，彪戲誇陸離。潛身失上策，輕出蹈殺機。不如藏澤山，積威恣娭嬉。雖難侣猿鶴，猶足驚狐狸。

清 愛新覺羅・弘曆《御製詩初集》卷一七《射虎行》 鬱葱萬木森虧蔽，豁開大澤天無際。朝嵐忽捲崿峰煙，樹色山光鬭蒼翠。初來沛里拜橋山，便塗較獵遵先制。雁行兩翼圍窖合，貔旅八旗各標幟。泰平久經息兵革，進退號令習軍事。日未移時肩已倦，他他饒獲麋狍類。乍見白額出林叢，鼻頭出火人思刺。期門佽飛驟驊騮，驅之草淺平川地。四圍重排雪鋒鎗，負嵎空憶難廻避。唐弓夏箭出櫜鞬，命中已決眈眈眥。詎與漢將思争勇，歷艱祖訓期無愧。耳食書生未目覩，横議涉險鮮防備。我笑羽林備過多，壹發於菟却先斃。

清 童槐《今白華堂詩録》卷六《虎嘯》 萬木捲腥風，連岡震遠空。行人蹤忽斷，卧石勢俱雄。獨騎思探穴，先聲警伏戎。大黄纔一發，霹靂應雕弓。

狐

總論旁喻

題解

漢 許慎《説文》卷一〇　狐，䄏獸也，鬼所乘之，有三德，其色中和，小前大後，死則丘首。从犬，瓜聲。户吴切。

宋 戴侗《六書故》卷一七　狐，洪孤切。獸似狗，芃尾如彗。《詩》曰：雄孤綏綏。里語曰：狐欲涉水，無如尾何。腋毛茸白，宜爲裘。能竊雞食血而不食肉。涉冰則疑而屢聽，故謂狐疑。俗謂狐能爲妖。《詩》曰：莫赤匪狐，莫黑匪烏。

明 李時珍《本草綱目》卷五一《狐》　釋名：　時珍曰：《埤雅》云：狐，孤也。狐性疑，疑則不合類，故從孤。或云狐知虛實，以虛擊實，實即孤也，亦通。集解：　弘景曰：江東無狐，狐出北方及益州。形似狸而黄，善爲魅。恭曰：形似小黄狗，鼻尖尾大，全不似貍。恭曰：今江南時有之，汴洛尤多。性多疑審聽，故捕者多用罝。時珍曰：南北皆有，北方最多。有黄黑白三種，白色者尤稀，尾有白錢文者佳。日伏穴夜出，竊食聲如嬰兒。氣極臊烈。毛皮可爲裘。腋毛純白，謂之狐白。許慎云：妖獸，鬼所乘也。有三德：其色中和，小前大後，死則首丘。或云狐知上伏，不度阡陌。或云狐善聽冰。或云狐有媚珠。或云狐至百歲，禮北斗變爲男婦以惑人。又能擊尾以出火，或云狐魅畏狗，千年老狐以千年枯木燃照則見真形。或云犀角置穴，狐不敢歸。《山海經》云：青丘之山有狐，九尾，能食人。食之不蠱鼎曰狐媚，見人或叉手有禮，或祇揖無度，或静處獨語，或裸形見人。

論説

《莊子・逍遥遊》　莊子曰：「子獨不見狸狌乎？卑身而伏，以候敖者；東西跳梁，不避高下；中於機辟，死於罔罟。今夫斄牛，其大若垂天之雲，此能爲大矣，而不能執鼠。今子有大樹，患其無用，何不樹之於無何有之鄉，廣莫之野，彷徨乎無爲其側，逍遥乎寢卧其下。不夭斤斧，物無害者，無所可用，安所困苦哉！」

漢 劉安《淮南子》卷一〇《繆稱訓》　使堯度舜則可，使桀度堯，是猶以升量石也。今謂狐狸，則必不知狐，又不知狸。非未嘗見狐者，必未嘗見狸也。狐、狸非異，同類也。而謂狐狸，則不知狐、狸。是故謂不肖者賢，則必不知賢；謂賢者不肖，則必不知不肖者矣。

宋 胡瑗《周易口義》卷一〇　「小狐汔濟，濡其尾，無攸利」者，汔者，幾也。狐之性善涉水者也。然以小者渡之，雖幾至于濟然，勢力微小，必至濡溺其尾也。以人事言之，猶天下未濟，欲興太平。

宋 陸佃《埤雅》卷四《狐》　䄏獸也，鬼所乘之。有三德，其色中和，小前大後，死則丘首。狐性好疑，貒性好睡，又皆藏獸，故狐貉之厚以居，而蠟祭息民以狐裘也。《素問》曰：其主狐貉，變化不藏。《終南》一章曰：錦衣狐裘，二章曰：黻衣繡裳。錦衣狐裘，言燕服也。黻衣繡裳，言祭服也。《爾雅》曰：衮黻也，衮衣謂之黻衣，猶衮冕謂之黻冕也。襄公能取周地，始爲諸侯，受顯服，故是詩卒章言「衮衣」。「衮衣」即序所謂「顯服」。舊説狐有媚珠，又曰狐禮北斗而靈，善變化。其爲物妖滛，故《詩》又以刺惡，所謂「雄狐綏綏」是也。雄狐，説者以爲牡狐，非是。宜讀如「狐不二雄」之「雄」，雄狐，君之象也。又曰：「有狐綏綏，在彼淇梁。」「在彼淇厲」，「在彼淇側」。言狐之爲物，在山者也。今反在淇梁、淇厲、淇側，則失其常居矣。雖失其常居，然猶不失其常匹衛之。男女失時，喪其妃耦，則曾反狐之不若也。《易》曰：「小狐汔濟，濡其尾。」小者，材不足也。狐者，志不果也。材不足，志不果，是以幾濟而有濡尾之難。故彖曰：「不續終也。」亦其尾重，善濡溺，故《易》正以爲象，里語曰：「狐欲渡河無？如尾何？」是也。《禮》曰：「君衣狐白裘，錦衣以裼之。」不曰白狐裘而曰衣狐白者，蓋天下無粹白狐，而有粹白之裘者，掇之衆白也。故《傳》曰：「良裘非一狐之腋。」顔師古曰：「狐白謂狐腋下之皮，其毛純白，集以爲裘，輕柔難得，故貴也。」《管子》曰：「狐白應陰陽之變，六月而一見。」然則白狐蓋有之矣，非常有也。《説文》曰：「狐从孤省。」狐性疑，疑則不可以合類，故从孤省也。犬性獨，狐性孤，羊性羣，鹿性麗。《説文》曰：「鹿之性，見食急則必旅行。」麗，旅行也。《詩》曰：「儦儦俟俟，或羣或友。」則以鹿性旅行，故趨則儦儦，行則俟俟也。《毛詩傳》云：

「獸三曰羣，二曰友。」《類從》曰：「燕識戊己，不銜泥；狐潛上伏，不越度阡陌。」又曰：「狐狼知虛實，虎豹識衝破。」蓋實即孤也，狐狼搏物，皆以虛擊孤。狐从孤省，又或以此故也。音胡，疑詞也。

明　余懋學《説頤》卷二《狐皮羊羞》　周人欲爲千金之裘，而與狐謀其皮；欲嘗八珍之味，而與羊謀其羞。語未既，狐相與逃於重淵之下，羊相呼藏於深林之中。故周人十年不制一裘，五年不具一牢。何則？周人之謀失之矣。古諺有云：築室道傍，三年不成。雖則不成，遲猶有望也。若夫休官而謀於子，納妾而謀於妻，用孔子而謀於晏嬰、子西，欲成其謀，得乎？

明　何三畏《新刻何氏類鎔》卷三四《狐》　狐者，鬼物之所乘，淫婦之所化，妖獸也。然能洞陰陽之理，役日月之宫，具三德之祥，知千里之事。故有九尾狐者，太平則出，德至則來，六合一同則見。夏禹證于塗山之歌，周成獻于青丘之國，而蓬尾狐出于黑水，七尾狐見于汝南，白狐獻于文王，文狐輸于南海。又若謂之瑞應者，魏文之欲受禪也，有狐見于譙陳，識者知爲靈異。李揆之將拜相也，有狐見于庭亭，見者賀爲祥符。狐善聽冰，人隨之而過河，遂無水患。狐能持火，刀斫之而滅焰，遂絶火災。士人登山游觀而狐稱皓首書生，巴西邀客入座而狐稱玄丘校尉。有狐假虎威而隨于虎後，能致百獸之狂奔。有狐化男子而出于墓間，能來張華之聽講。狐從林下將骷髏置頭者，倏成美女。狐躍丘中如火星綴尾者，後化僧人。若廣川王發欒書塚，有一白狐驚走，逐之而傷其左足。習鑿齒從桓温獵，見一老狐，射死，取之而得其香囊。狐在林甫第，弧矢射之，而晝坐每見一狐。狐爲孫巖妻，隣人逐之而有頃變作一狐者，亦非吉祥善事。而所謂惑主者，偏爲狐媚。無斷者，目爲狐疑。着彩衣者，指爲狐魅。良不誣耳。

綜　述

宋　蘇轍《蘇氏詩集傳》卷二　莫赤匪狐，莫黑匪烏。惠而好我，携手同車。其虛其邪，既亟隻且。未有赤而非狐，黑而非烏者。言其君臣爲惡如一也。

宋　羅願《爾雅翼》卷二一《狐》　狐，妖獸，鬼所乘也，其狀鋭口而大尾。説者以爲先古淫婦所化，其名曰紫，其怪多自稱阿紫。善爲魅惑人，故稱狐媚。聞爲媚者，以小口器盛肉，置之狐所常處，狐見肉欲之，爪不能入，徘徊不捨，涎皆入器中，取以爲媚藥。蓋妖祥之禽，故古有以篝火狐鳴以惑衆者。狐之色赤。《詩》曰：「莫赤匪狐，莫黑匪烏。」言其上下並爲威虐，莫適擇也。今狐所在，烏輒羣而噪之。蓋皆妖祥之禽，人之所去也。又師曠以爲「東方有鳥，文身朱足，憎烏而愛狐」。然則狐可好，烏可惡，今並爲威虐，則莫適求愛憎之正矣。狐既淫媚之物，故詩人以比齊襄公，求妃偶於南山之上，綏綏然，其行人皆惡之。詩人之義，寓物以顯其人。雄狐者，君之象也。《春秋》：秦穆公伐晉筮之吉，曰「獲其雄狐」。釋者曰：「夫狐蠱，必其君也。」既而獲晉惠公。詩人但言齊子之歸，而説者知其爲齊襄公而來，蓋亦以此。狐性善疑，方河冰合時，狐聽冰下水無聲乃行。人每則之，皆須狐已行乃度。《易·未濟》稱「小狐汔濟，濡其尾」。蓋狐小尾大，則有未濟之象，以之爲戒。亦狐是執心不定者。故《春秋外傳》曰：「狐埋之而狐搰之，是以無成功。」既自埋藏，又自搰發，皆執心不定之貌。又漢敦煌郡，杜林以爲古瓜州。顔師古曰：即《春秋傳》允姓之戎居于瓜州者也。其地今猶出大瓜，長者狐入瓜中食之，首尾不出。《説文》云：「狐有三德，其色中和，小前大後，死則丘首。」《管子》云：「代出狐白之皮。」狐白應陰陽之變，六月而壹見。九尾狐，文王得之東夷歸焉。《山海經》：青丘之國有之。

明　黄省曾《獸經》　狐惡其類，鬼所乘也。一名玄丘校尉，千年變淫婦。《埤雅》曰：「狐性疑，則不可以合類，故字從孤省也。」《説文》曰：「狐，妖獸，鬼所乘也。」《海録碎事》曰：「玄丘校尉，狐也。」郭氏《玄中記》曰：「千歲之狐爲淫婦，百歲之狐爲美女。」《名山記》曰：「狐者，先古之淫婦也。其名曰紫化而爲狐，故其性多自稱阿紫。」于寶《搜神記》曰：「狐媚人，自稱阿紫。」唐段成式《酉陽雜俎》曰：「野狐名紫，夜擊尾出火，將爲恠，必戴髑髏拜北斗，不墜則化爲人矣。」

明　吴雨《毛詩鳥獸草木考》卷四《狐》　《衛風》曰：有狐綏綏。《傳》：綏綏，匹行貌。狐，妖獸也，鬼所乘之，黄赤色。其狀鋭口而大尾，有三德，其色中和，小前大後，死則丘首。性善疑，方河冰合時，狐聽冰下水無聲乃行。人每則之，狐之已行乃渡。《易·未濟》稱：小狐汔濟，濡其尾。里語曰「狐欲渡河無，如尾何」是也。説者以爲古淫婦所化，善爲媚惑人，故稱媚。聞爲媚者，人取其涎，以小口器盛肉，置之狐所常處，狐見欲爪之，不能，迴徃不捨，垂涎皆入器中，取以爲媚藥。舊説有媚珠禮北斗而靈，善變化。《酉陽雜俎》云：野狐名紫，夜擎尾出火，將爲恠，必戴髑髏拜北斗，不墜則化爲人矣。《韓詩外傳》云：狐，水神也。

明　徐常吉《新纂事詞類奇》卷二八《狐附狸》　《易》云：未濟，小狐汔汔，近也。濟，濡其尾。（經翼）《爾雅》云：狸，伏獸也。百白而尾似牛者名王面，專食百果。（緯）《埤雅》云：狐性好疑。豹性好睡。又云：狗性獨，狐性孤，羊性羣，鹿性麗。《説文》云：狐之類有貉貒狸狢，皆妖獸也，鬼所乘也。有三德。其色中和，小前大後，死則首丘，謂之三德。又云：狐狼知虛實，虎豹識衝破。《韓詩外傳》云：狐，水神也，性多疑，故俗有狐疑之説。《春秋後語》云：楚宣王問羣臣曰，吾聞北方之民畏昭奚恤。江乙對曰，虎食百獸，得狐，狐曰，子無噉我。天帝令我長百獸，子若食我，是逆天命。我爲子試之。虎隨狐而行，百獸皆避。虎不知獸之畏己，反以爲畏狐也。今王地方五千里，帶甲百萬，而任之昭奚恤。然北方非畏奚恤，畏王之甲兵。正謂狐假虎威也。（子）慎子云：廊廟之材非一木之枝，粹白之裘非一狐之腋。乾饌子云：神龍中有何讓之者，上巳於洛中光武原陵上，見老翁吟曰：野田荆棘春，閨閣綺羅新。出没頭上日，生死眼前人。衆訝其非人，遽欲前執，翁倏然躍入丘中，讓之從焉，遽見一狐跳出，尾有火，復如流星。讓之見一几案，上有文書二紙。其一曰：五行七曜，成此閏餘。上帝降靈，歲且涒涂。蛇蜕其皮，君亦神攄。九九六六，來身天除。何以充喉，吐納太虛。何以蔽倮，霞袿雲袽。哀爾浮生，擲比荒墟。吾復浩氣，還形之初，在帝左右。道濟忽諸題云：應天狐超異，科策八道後，文甚繁難以詳載。讓之獲此書帖，喜而懷之，遂躍出丘穴。後數日，狐化爲僧，持縑來易，復化讓之弟紿取去。未幾，有敕捕盜内庫絹者，遂執讓之付法。埤史《汲冢周書》云：不令支玄獏。不令支東北夷。獏，狐也。玄獏蓋黑狐。《穆天子傳》云：天子獵於漆澤，得白狐玄貉，祭於河宗。《竹書紀年》云：宣王時，烏化爲狐。夏伯杼子東征，獲狐九尾。《吴越春秋》云：禹年三十未娶，行塗山，恐時暮失嗣，曰，吾之娶也，必有應矣。已乃有白狐九尾而造於禹。禹曰，白者，吾服也。九尾者，其證於是。塗山人歌之曰：綏綏白狐，九尾龐龐。成子室家，我都彼昌。禹乃娶塗山女。《説苑》云：晉平公異日出朝，有鳥環。平公顧謂師曠曰：「吾聞之也，霸王之主，鳳下之。今者出朝有鳥環寡人，終朝不去，是其鳳鳥乎？」師曠曰：「東方有鳥，名諫珂。其爲鳥也，文身而朱足，憎鳥而愛狐。今者吾君，必衣狐裘以出朝乎？」平公曰：「然。」師曠曰：「鳥爲狐裘之故，非吾君之故，非吾君之德義也。君奈何而再自誣乎？」（雜記）《山海經》云：青丘之國，有狐而九尾。又云：武都之山有黑水焉，其上有玄狐，蓬尾。蓬，大也。《洛陽記》云：後魏有挽歌者孫巖，娶妻三年，妻不脱衣而卧。巖私怪之。伺其睡，陰解其衣，有尾長三尺，似狐尾。巖懼而出之。妻臨去，將刀截巖髮而秃。隣人逐之，變爲一狐，追之不得。其後京邑被截髮者一百三十人。初變爲婦人，衣服浄莊，行於道路。人見而悦之，近者被截髮。當時婦人着綵衣者，指爲狐魅。《宣室志》云：張鋋爲巴西侯所邀，坐中有稱玄丘校尉者。明日視之，乃狐也。《玄中記》云：千歲之狐爲淫婦，百歲之狐爲美女，又爲神巫。又云：犀角置狐穴中，狐不敢歸。《名山記》云：狐者，先古之淫婦也，其名曰「紫」。紫化爲狐，故其自稱曰「阿紫」。《北征見》云：皇天塢北古陶穴，晉時有人逐狐入穴，行十餘里，得書一千卷。又云：河冰厚數丈，水始合，車馬未過，須狐先行。此物善聽，聽水無聲，乃過。（仙釋）《高僧傳》云：釋志玄者，河朔人。曾至絳州，夜泊墓林中。其夜月色如晝，見一狐從林下，將髑髏置首摇之。落者不顧，不落者戴之。更取芳草墮葉，遮蔽其身。俄成美女，素服立於道左。微聞有車馬行聲，女子哀泣，悲不自勝。少選有乘馬郎至，與言久之，欲將偕去。玄從林出，謂之曰：此狐也。其人不信。玄乃振錫胡語，女遂化狐而走。其人叩頭悔過焉。（幽怪）《搜神記》云：燕昭王墓有老狐，化爲男子，詣張華講説。華怪之，謂孔章曰：今有男子，少美高論。孔章曰：當是老精。聞燕昭王墓有華表柱，向千年，可取照之，當見。如言，化爲狐。又云：襄陽習鑿齒爲荆州主簿，從桓武帝出獵。時大雨雪，於江陵城西，見草上雲出。伺觀，見一黄物。射之，應箭死。往取，乃一老雄狐，脚上帶絳綾香囊。又云：有一書生，皓首，吴中稱胡博士，教授諸生。忽復不見。九月初九日，士人相與登山遊觀，聞講書聲。命僕尋之，見空冢中羣狐羅列，見人即走。老狐獨不去，是皓首書生。又云：野狐夜擊尾火，將出爲怪，必戴髑髏拜北斗，不墜則化爲人矣。《幽明録》云：董仲舒下帷講誦，有客來。舒逆其非常客。客曰：欲雨。舒戲之曰：巢居知風，穴居知雨。卿非狐狸，則是鼷鼠。客遂化爲老狐。（詩賦）郭璞云：青丘之獸，九尾之狐。有道祥見，出則御書。作瑞於周，以標靈符。

明　張存紳《增定雅俗稽言》卷三六《狐疑》　狐欲渡冰河，且渡且聽。聽無水聲方渡。人渡見狐跡方可行。《韓詩外傳》：狐，水神也。性多疑，故俗有狐疑之説。又《名山記》：古有淫婦名紫，紫化爲狐，故自稱阿紫。《搜神記》：狐歲久夜擊尾出火，戴髑髏，拜北斗，不墜則變爲人形，善惑人，故又曰狐媚。雖然，人之惑人戛甚於狐。白樂天詩：狐假女妖害猶淺，一朝一夕迷人眼。女爲狐媚害即深，朝朝夕夕迷人心。其旨微矣。

清　朱虚《古今疏》卷一三《狐》　狐性好疑，豹性好睡，又皆藏獸，故狐貉之

厚以居，而蠟祭怠民以狐裘也。狐從孤，省作瓜。狐性疑，疑則不可合以類，故從孤省也。

以小口器盛肉，置之狐所常處，狐見肉欲之，爪不能入之，徊徘不捨，涎皆入器中，取以爲媚藥。狐有三德，其色中和，小前大後，死則丘首。

清 閻若璩《四書釋地又續》卷下《狐貉》 狐性好疑，貉性好睡，皆穴獸也。毛深厚溫滑，皆可爲裘。說者必以「一之日于貉」謂自爲裘，取彼狐狸爲公子裘，以供尊者。孔穎達遂有「禮無貉裘」之文，唯孔子賤，故服以居。不知衣敝、緼袍與衣狐貉者立此，豈賤者之服，非禮之製，而聖人盛言之耶？讀書不深，說多泥。獨狐貉之厚以居，滿巽元解若作裘與上狐裘複作燕居，又與褻裘複蓋居，即「居吾語女」之「居」。《詩·秦風》「文茵暢轂」，文茵，車中所坐虎皮褥也。夫子亦取此二獸皮爲坐褥，以其溫厚可適體耳。

清 方旭《蟲薈》卷二《毛蟲·狐》 《駢雅》：阿紫，狐也。

《西番譯語》：狐，西番呼瓦。

《格物論》：狐形類黃狗而小，鼻尖尾大，捕之者多用罝。旭按：狐北方最多，毛黃色，腋下毛白，謂之狐白。亦有純白者，然絶難得。純黑者曰玄狐，尤少。

《談薈》：狐不二雄。

《元中記》：狐五十歲變婦人，百歲變美女及丈夫惑人，千歲則與天通爲天狐。

《格致鏡原》：千歲之狐姓趙姓張，五百歲狐姓白姓康。

《酉陽雜俎》：狐欲爲怪必取髑髏置首，摇之落者棄去，不落者戴之，始能變人。

《廣異記》：呼伊祈熟肉四字，可辟狐魅，甚有騐。

《如是我聞》：凡狐皆可脩道而最靈者，莫如牝狐，牝狐乃已成道者所生。旭按：或說脩道之狐每夜煉丹，其丹從口中出，望之如火毬。視丹之大小，可卜道之淺深。

《支雅》：山中戍日稱成陽公者，狐也。

藝文

《詩經·國風·北風》 北風其涼，雨雪其雱。惠而好我，攜手同行。其虛其邪？既亟只且！

北風其喈，雨雪其霏。惠而好我，攜手同歸。其虛其邪？既亟只且！

莫赤匪狐，莫黑匪烏。惠而好我，攜手同車。其虛其邪？既亟只且！

《詩經·國風·七月》 四月秀葽，五月鳴蜩。八月其獲，十月隕萚。一之日于貉，取彼狐狸，爲公子裘。二之日其同，載纘武功。言私其豵，獻豜于公。

唐 白行簡《狐死正丘首賦》（《歷代賦彙》卷一三六引） 狐者微物，死乃可珍。想彼丘而結戀，正茲首以歸仁。生也有涯，且不忘其本。死而無二，亦不喪其真。可比德於先哲，寔聞言於古人。原夫委化將終，微情有托。面淇梁之窟穴，目武都之林壑。顧慕而首尾不差，向背而東西必度。死生契闊，知歸骨之莫從。視瞻無回，念舊鄉之可樂。矧茲異質，蘊彼仁心。寧九尾之足，尚實三德而可欽。豈不以懷舊，誠切戀主志深。等太公之於齊，終聞返葬。比莊舄之去越，尚發哀吟。想夫溘爾數窮，隱然存盼。歎青丘之永訣，想南山之不見。其心懷土，望故處以增悲。惟首正丘，聊向隅而表戀。知其戀本者，合於禮。戀舊者，繼乎情。何綏綏之陋質，叶仁人之美名。觀物化，感平生，頤指而千羊讓德，頭會而百獸慙獰。徒觀其首也，不回心乎。惟貇殊聽冰而表，智異含沙而招損。鄙墳首之正有芃之質志在慎終。委莫赤之容仁無棄本。想其美也合於禮者。觀跂行喙息之類，其數則多。察樂生念本之徒，斯情蓋寡。緊茲獸之可奇，諒古今而稱之。死不擇音，嗟逐鹿於往日。生而隱霧，歎玄豹於昔時。曷若懷念遠之感，軫去故之悲？異哉！首丘之仁也，非衆類之等夷。

唐 元稹《元氏長慶集》卷一六《野狐泉柳林》 去日野狐泉上柳，紫牙初綻拂眉低。秋來寥落驚風雨，葉滿空林蹋作泥。

宋 高似孫《剡録》卷一〇《草木禽魚下·狐》 《詩傳》曰：狐色赤白。《征記》曰：狐聽冰無聲乃度。張説詩：啼狷抱山月，饑狐獵野霜。

清 蔣士銓《忠雅堂詩集·壽萱堂詩鈔·果子貍》 強者紛紛吞弱肉，鼠食松花鼲食竹。餐鐵餐火嗜好殊，微物養生分雅俗。玉面之貍尾似牛，上樹竊果如猿猴。投林漫自比蟊賊，摘鮮聊且充糧餱。筋肉不足惟膏油，壓入糟盎肥欲流。潁濱作詩吏斷獄，無功竊食人所仇。此論未公吾不許，手掀覆盆代貍語。天生五穀養蒸民，責報何曾皆有補。君輩食禄多隱慝，跖行夷言恣貪取。但能欺罔無不爲，五能技巧誇鼷鼠。若將功罪較錙銖，血肉難辭膏鼎俎。狙公拾橡世莫争，螟螣傷禾孰能捕。貍雖大嚼百花叢，却免腥膻沾胃腑。於人何害遭横

逆，老饕饞舌休強鼓。嗚呼！網羅密處鳳忍饑，麒麟作脯百獸悲。韓公漫譜殘形操，狐魅優游笑尔貍。

清 許瑤光《雪門詩草》卷三《狐》 箐密林深處，於今嘯聚多聽經工蠱惑，健走竟蹉跎。月黑風生穴，冰寒夜渡河。蓬蒿休自恃，獵火已山阿。

通靈變化

紀事

晉 干寶《搜神記》卷三 譙人夏侯藻，母病困，將詣智卜。忽有一狐，當門向之嘷叫。藻大愕懼，遂馳詣智。智曰：「其禍甚急。君速歸，在狐嘷處拊心啼哭，令家人驚怪，大小畢出。一人不出，啼哭勿休。然其禍僅可免也。」藻還，如其言，母亦扶病而出。家人既集，堂屋五間拉然而崩。

又 卷六 周宣王三十三年，幽王生。是歲，有馬化爲狐。

南朝宋 劉敬叔《異苑》卷八 元嘉十九年，長山留元寂曾捕得一貍。剖腹，復得一貍。又破之，更獲一貍，方見五臟。三貍雖相包懷，而大小不殊。元寂不以爲恠，以皮挂於屋後。其夜有羣貍繞之號呼，失皮所在，元寂家亦無他。

唐 羅隱《野狐泉》（《全唐詩》卷六六一引） 在百丈山後。昔懷誨禪師説法，有老人來聽經，曰：「墮落此山，今大幸矣。」明日，一老狐斃崖下。百丈山在江西南昌府奉新縣。

澑澑寒光濺路塵，相傳妖物此潛身。又應改換皮毛後，何處人間作好人。

雜録

晉 干寶《搜神記》卷一五 漢廣川王好發冢，發欒書冢，其棺柩明器悉毁爛無餘，唯有一白狐，見人驚走，左右逐之不得，戟傷其左足。是夕，王夢一丈夫，鬚眉盡白，來謂王曰：「何故傷吾左足？」乃以杖叩王左足。王覺腫痛，即生瘡，至死不差。

又 卷一八 吳中有一書生，皓首，稱胡博士，教授諸生。忽復不見。九月初九日，士人相與登山遊觀，聞講書聲，命僕尋之，見空冢中羣狐羅列，見人即走。老狐獨不去，乃是皓首書生。【略】

張華字茂先，晉惠帝時爲司空。於時，燕昭王墓前有一斑狐，積年能爲變幻，乃變作一書生，欲詣張公，過問墓前華表曰：「以我才貌，可得見張司空否？」華表曰：「子之妙解，無爲不可。但張公智度，恐難籠絡，出必遇辱，殆不得返。非但喪子千歲之質，亦當深誤老表。」狐不從，乃持刺謁華。華見其總角風流，潔白如玉，舉動容止，顧盼生姿，雅重之。於是論及文章，辨校聲實，華未嘗勝。比復商畧三史，探賾百家，談《老》、《莊》之奧區，披《風》、《雅》之絶旨，包十聖，貫三才，箴八儒，擿五禮，華無不應聲屈滯，乃歎曰：「天下豈有此年少！若非鬼魅，則是狐貍。」乃掃榻延留，留人防護。此生乃曰：「明公當尊賢容衆，嘉善而矜不能。奈何憎人學問？墨子兼愛，其若是耶？」言卒，便求退。華已使人防門，不得出。既而又謂華曰：「公門置甲兵欄騎，當是致疑於僕也。將恐天下之人，捲舌而不言；智謀之士，望門而不進。深爲明公惜之。」華不應，而使人防禦甚嚴。時豐城令雷煥，字孔章，博物士也，來訪華。華以書生白之，孔章曰：「若疑之，何不呼獵犬試之？」乃命犬以試，竟無憚色。狐曰：「我天生才智，反以爲妖，以犬試我，遮莫千試萬慮，其能爲患乎？」華聞益怒，曰：「此必真妖也。聞魑魅忌狗，所別者數百年物耳。千年老精，不復能別，惟得千年枯木照之，則形立見。」孔章曰：「千年神木，何由可得？」華曰：「世傳燕昭王墓前華表木，已經千年。」乃遣人伐華表。使人欲至木所，忽空中有一青衣小兒來，問使曰：「君何來也？」使曰：「張司空有一年少來謁，多才巧辭，疑是妖魅，使我取華表照之。」青衣曰：「老狐不智，不聽我言。今日禍已及我，其可逃乎！」乃發聲而泣，倏然不見。使乃伐其木，血流。便將木歸，燃之以照書生，乃一斑狐。華曰：「此二物不值我，千年不可復得。」乃烹之。【略】

南陽西郊有一亭，人不可止，止則有禍。邑人宋大賢，以正道自處。嘗宿亭樓，夜坐鼓琴，不設兵仗。至夜半時，忽有鬼來，登梯與大賢語，矃目磋齒，形貌可惡。大賢鼓琴如故。鬼乃去，於市中取死人頭來，還語大賢曰：「寧可少睡耶？」因以死人頭投大賢前。大賢曰：「甚佳。吾暮卧無枕，正欲得此。」鬼復去，良久乃還，曰：「寧可共手搏耶？」大賢曰：「善。」語未竟，鬼在前，大賢便逆捉其腰。鬼但急言：「死。」大賢遂殺之。明日視之，乃老狐也。自是亭舍更無妖怪。【略】

董仲舒下帷講誦，有客來詣。舒知其非常。客又云：「欲雨。」舒戲之曰：「巢居知風，穴居知雨。卿非狐狸，則是鼷鼠。」客遂化爲老狸。

南朝宋 劉敬叔《異苑》卷八 永康舒壽夫，與同里獵於遠山。羣犬吠深茂處，異而看之，見樹下有一老公，長可三尺，頭鬚蒙然，面縐齒落，通身黄服，裁能動摇。因問爲是何人，而來在此？直云：「我有三女，姿容兼多伎藝，彈琴歌詩，閑究五典。」壽夫等共縛束，令出女，公曰：「我女居深房洞庭之中，非自往唤，不可得來。請解我繩，當呼女也。」獵人猶不置。俄而變成一獸，黄色，四足，其形似皋，又復似狐。頭長三尺，額生一角，耳高於頂，面如故。壽夫等大懼，狼狽放解，倏忽失處。

隋 巢元方《巢氏諸病源候總論》卷二五《猫鬼候》 猫鬼者，云是老狸。野物之精，變爲鬼蜮而依附於人。人畜事之，猶如事蠱以毒害人。其病狀心，腹刺痛，食人府藏，吐血利血而死。

唐 張讀《宣室志》卷八 唐林景玄者，京兆人，僑居鴈門，以騎射畋獵爲己任。郡守悦其能，因署爲衙門將。嘗與其徒數十輩，馳健馬，執弓矢兵仗，臂隼牽犬，俱獵於田野間，得麞鹿狐兔甚多。由是郡守縱其所往，不使親吏事。嘗一日畋于郡城之高崗，忽起一兔，出榛莽中，景玄逐之，僅十餘里，兔匿一墓穴，景玄下馬，即命二卒守穴傍，自解鞍而憩。忽聞墓中有語者曰：「吾命屬土也。尅土者木。次日巳辰居卯，二木俱王，吾其死乎。」已而咨嗟者久之。又曰：「有自東而來者，我將不免。」景玄聞其語，且異之。因視穴中，見一翁衣素衣，髯白而長，手執一軸書，前有死鳥鵲甚多，景玄即問之。其人驚起曰：「果然，禍我者且至矣。」即詬罵。景玄默而計之曰：「此穴甚小，而翁居其中，豈非鬼乎？不然，是盜而匿此。」即毁其穴。翁遂化爲老狐，帖然俯地。景玄因射之而斃。視其所執之書，點畫甚異，有似梵書而非梵字，用素縑爲幅，僅數十尺。景玄焚之。

【略】

唐祁縣有村民，因輦地征芻粟至太原府。及歸，途中日暮，有一白衣婦人立路傍，告村民曰：「妾今入都城，困而且憊，願寄載車中，可乎？」村民許之。乃升車，行未四五里，因脂轄，忽見一狐尾在車之隙中，垂於車轅下，村民即以鐮斷之。其婦乃化爲無尾白狐，鳴嗥而去。

唐 段成式《酉陽雜俎》卷四 帝女子澤，性妒，有從婢散逐四山，無所依託。東偶狐狸，生子曰殃；南交猴，有子曰溪；北通玃猳，所育爲傖。

明 焦竑《焦氏筆乘》卷一 校邕時，以左江道爲文場。道深邃，旁有亭榭園池，林木茂密，業已堵塞。予與書吏俱入，居籌邊樓下。一日晚堂畢，隸人云每薄晚，有人擲瓦石入，詈之則愈甚。予視之，累累積瓦上。因詢干棷者。答云：「此去外路甚遠。」遂不復問。又一日，閒步出，聞閽者房内有伐樹聲，因取鑰啓視之。閽者云：「有物如犬而甚大，黄色，每來則伏此處竹樹間，撼門入，亦盜食食物。適來逐之，越牆去，尾大如帚。伐去竹樹，或可冀不來爾。」蓋狐已爲妖而上人未之知也。

明 朱國禎《湧幢小品》卷二五《狸眠》 楊萬大，建安人，好恬静，結茅武夷，漁樵山水間，夜則懸燈獨坐，弦琴詠詩以自娱。山下有津渡，一夕有道士黄冠玄服，貌甚偉，往武夷宫暝，不得濟，扣門止宿。自後數往來，萬大禮之，久而益勤。它日復來謂曰：「吾非世人也，今當歸洞天，特來别汝。吾觀汝所爲甚善，天必有以報之。汝老矣，其在後人乎？」命舟欲與偕去，萬大始異之。既而戚然告曰：「吾二親喪未卜窀穸，豈可去？」道士曰：「待汝襄大事與汝偕往未晚。」因與共舟，至甌寧豐樂里，指示溪灣秀峯下曰：「汝于某年月日奉父母柩於此俟，有白狸眠處即葬所也。白狸起即葬時也。」萬大俟期奉柩至山中，果見白狸如所言。葬之不逾年，而他處子孫聞其地饒衍，多來居之。因名其地曰「楊墩」，墓曰「白狸」。時年已九十有七，嘗晝寢，夢前道士來迎曰：「汝今家事畢，當與俱去。」覺即沐浴更衣，端坐而逝。太師文敏公即其後也。

明 余懋學《說頤》卷一《張狐鄭狐》 唐國子助教張簡，曾爲鄉學講《文選》。有野狐假簡形，講一紙書而去。須臾簡至，弟子恠問之，簡異曰：「前來者必野狐也。」講罷歸舍，見妹坐絡絲，謂簡曰：「適煑菜冷，兄來何遲？」簡坐久，待不至，乃責其妹，妹曰：「元不見兄來此，必是野狐也。更見即殺之。」明日又來，見妹絡絲謂簡曰：「魅適向舍後。」簡遂持棒，見真妹從厠中出，遂急擊之，妹號叫曰：「是兒。」簡不信，竟擊殺之。

又 卷二《妖狐蚺蛇》 鄉民有姑婦同入山掇蔬，有狐出於草間逐婦，伺姑稍遠，即摇尾而前。婦乃以裙裹狐，呼其姑，共擊之舁，而還家。鄰里競觀之，則瞑其雙目，如有羞赧之狀，因斃之。蚺蛇能吞麀鹿，或以婦人衣誘之，則得殺而取膽。噫，狐之巧，蚺蛇之健，猶然以悦色取禍。語云，色之殺人也，慘於戈矛。信夫。

明 王路《花史左編》卷七《天桃狐》 大和中有處士姚坤，不求聞達，常以魚釣自適，居于東洛萬安山南，以棄樽自怡。居側有獵人，常以網取狐兔爲業。坤性仁，

恒收贖而放之。如此活者數百。坤舊有莊，賣于嵩嶺菩提寺。坤持其價而贖之。其知莊僧惠沼行兇，率常于閒處鑿井，深數丈，投以黄精數百斤，求人試服，觀其變化。乃飲坤大醉，投于井中，以磑石咽其井。坤及醒，無計躍出。但飢茹黄精而已。如此數日夜，忽有人于井口召坤姓名謂曰：「我，狐也，感君活我子孫不少，故來教君。我狐之通天者，初穴于塚，因上竅，乃窺天漢星辰有所慕焉，恨身不能奮飛，遂疑盼注神，忽然不覺飛出，躡虚駕雲，登天漢，見仙官而禮之。君但能澄神泯慮，注盼玄虚，如此精確，不三旬而自飛出，雖竅之至微，無所礙矣。」坤曰：「汝何據耶？」狐曰：「君不聞《西昇經》云神能飛形，亦能移山。君其努力。」言訖而去。坤信其説，依而行之。約一月，忽能跳出于磑孔中，遂見僧，大駭，視其井依然。僧禮坤，詰其妙，坤告曰：「某無爲，但于中有黄精餌之，漸覺身輕，游颺其中，如處寥廓，雖欲安居不能禁持，偶爾昇騰，竅所不礙，特黄精之妙如此。他無所知。」僧然之。諸弟子以索墜下，約以一月後來窺。弟子如其言，月餘，往窺，師已斃于中矣。坤歸旬日，有女子自稱天桃詣坤云，是富家女，悮爲少年誘出失踪，不可復返，願持箕箒。坤納之，妖麗冶容，至于篇什等札，俱能精至。坤亦愛之。後坤應制，挈天桃入京。至盤頭館，天桃不樂，取筆題竹簡爲詩曰：「鉛華久御向人間，欲捨鉛華更慘顔。縱有青丘今夜月，無因重照舊雲鬟。」吟諷久之，坤亦矍然。忽有曹牧遣人執良犬，將獻裴度。入館，犬見天桃，怒目掣頷，蹲步上階，天桃即化爲狐，跳上犬首，抉其視，驚騰號出館，望荆山而竄。坤大駭，逐之，行數里，犬已斃，狐即不知所之。坤惆悵悲惜，盡日不能前進，及夜，有老人挈美醖詣坤云：「是舊相識。」既飲，坤終莫能達相識之由。老人飲罷，長揖而去云：「報君亦足矣，吾孫亦無恙。」遂倏不見。坤方悟狐也。後寂無聞。

明 徐𤊹《榕陰新檢》卷九《狐哺孤兒》 晉胡商本長樂鄭梅之子，其母婢也，姓張氏，婉麗善舞，又喜聲詩。梅絶嬖之，及梅死，主母聞張幸有娠，妬之，危殺張者屢矣。張逃之七巖山中，其夜生子商。後二日主母之子使人求張，張惶急告求者曰：予我兒棄之。求者許諾。張廼齧指血書帛，棄兒山中。其詞曰：結髮事君子，隆寵充下陳。君命既檪絶，人胤將何親。賤妾罪當殛，兒子生不辰。出腹甫再昔，棄捐荆與榛。一步一反顧，五内爲摧崩。鬭穀委楚澤，后稷生寒冰。天命倘不絶，虎鳥成慈仁。其後張氏賣爲會稽賈人婦，是時七巖山中有老狐，能變形爲麗人，行于山徑，見棄兒哀而乳之。居四五歲，建康人商景見之，因託爲寡婦，請寄棄兒于景，謂景曰：善藏兒帛書。言訖復故形而去。景遂携入建康，名之曰小乙，冒姓商氏，教之讀《書》，習《京氏易》、《公羊春秋》。既長，每見帛書輒哭，不絶聲。太和六年，景爲桓温裨將所殺，商流涕曰：嗟夫！身親爲人長養之而不與其難，然是者人頭而畜鳴耳，我必爲報仇。廼挾匕首，僞爲言事者，直入轅門刺殺之。左右大亂，復擊殺數十人。因自刺佯死，夜從狗竇中出。更名姓曰胡商。亡入河間而歌其帛書詩，乞于市。聞者無不流涕。初，張氏從賈人之會稽轉數家至河間，以歌舞得幸于富人吴翁，適過聞之，大駭，召商問，具言其故，因出帛書。張氏持之而泣。商亦伏地，泣不自勝，一市皆泣。遂與母言于吴翁，同歸閩中，後至七巖山求老狐，不得。於是環山拜之，竟以胡爲姓。每伏臘并祀老狐商景。《晉安逸志》

明 王同軌《新刻耳談》卷一五《臨清狐》 臨清東阿之間，有狐兄弟二人，皆雅士。具姓號，住街市，與人士過從，留欵談燕。衣冠偉麗，飲饌精美，好義多豪，舉健談鋒。邇年，弟避客不出，兄延接如故。東平石鴻臚悠久與善，謂：「仁仲過其地，刺謁之，勝與俗人言。」昔謂世間半人半鬼，詎不信乎？

清 嘉慶《福鼎縣志》卷七《寺觀》 陳文起修浄業於太姥山，有老狸化爲童子，爲之拾橡栗給朝夕者十餘年。

清 光緒《故城縣志》卷八《雜志》 縣治西二十里黄村，賈氏祖墓在焉。歲久多狐。賈贈公汝愚代族長玉衡爲文祭而告之。祭之夕，村人見無數燈火熒熒自墓出，往來雜遝，類移居者，比曉始寂。自是狐遂絶，而近村曹氏廢冢乃有狐穴。此嘉慶己卯秋七月事，可知古人逐鱷驅虎事實有之。玉衡，一老諸生，人亦方嚴伉直，有古君子風。

貞符災變

論説

南朝梁 沈約《宋書》卷二八《符瑞志》 白狐，王者仁智則至。

明 余懋學《説頤》卷二《照狐扣石》 有男子詣張華講説。華恠之，謂雷孔章曰：「當是老精。聞燕昭王墓有華表，向千年，可取照之，當見。」如言，化爲狐。晉武帝世，吴郡臨平岸出一石，打之無聲，以問張華。華云：「取蜀中桐材，刻魚形扣之，則鳴。」如言，音聞數里。嗟夫！華誠博物矣。然能辨老狐之精，而

不能燭王倫之逆。能聲臨平之石，而不能脱賈后之禍。若華者，博物之識有餘，保身之明不足。雖博亦奚以爲。

綜　述

明　陳耀文《天中記》卷六〇　九尾。青丘之國，有狐九尾。《大荒東經》太平則出爲瑞也。《注》九尾狐者，神獸也。其狀赤色、四足、九尾，出青丘之國，有如嬰兒。食者令人不逢妖邪之氣及蠱毒之類。《瑞應圖》

應夏。禹三十未娶，行列山，恐時之暮失其度制，曰：「吾之娶也，必有應矣。」乃有白狐九尾，造於禹曰：「白者吾服也，九尾者王證也。」《塗山之歌》曰：「綏綏白狐，九尾龐龐。成家成室，我造彼昌。」禹娶塗山女。《吴越》

瑞周。周文王拘羑里，散宜生至會稽，得九尾青狐，以獻紂，免西伯之難。《瑞應圖》昔文王應九尾狐，而東夷歸。王褒《講德論》天命文王以九尾狐。《春秋元命苞》狐死首丘，不忘本也。德至鳥獸，則九尾狐見。九者，子孫繁息也。於尾者，後當盛也。《白虎通》栢杼子征於東海，及三壽，得一狐九尾。《竹書》

白狐。文王拘羑里，散宜生之西海之濱，取白狐青翰獻紂，紂大悦。翰，長毛也。《大傳》

又《九尾狐》　《瑞應編》：九尾狐赤色，四足九尾，出青邱國，食之不逢妖邪之氣及蠱毒之類。旭按：《東山經》云：鳧麗山有蠪姪，似狐九首。九尾虎爪食人，即此。《廣雅》名蚑蠪。

紀　事

南朝梁　沈約《宋書》卷二八《符瑞志》　九尾狐，文王得之，東夷歸焉。

漢章帝元和中，九尾狐見郡國。

魏文帝黄初元年十一月甲午，九尾狐見鄄城，又見譙。

北齊　魏收《魏書》卷一一二《靈徵志》　高祖太和二年十一月，徐州獻黑狐。周成王時，治致太平而黑狐見。

三年五月，獲白狐。王者仁智則至。

六月，撫冥獲白狐以獻。

八年六月，徐州獲黑狐以獻。

十年三月，冀州獲九尾狐以獻。王者六合一統則見。周文王時，東夷歸之。曰：王者不傾於色則至德至，鳥獸亦至。

十一年十一月，冀州獲九尾狐以獻。

二十三年正月，司州、河州各獻白狐狸。

十九年六月，司州平陽郡獲白狐以獻。

世宗景明三年二月，河州獻白狐。

永平三年十月，白狐見於汲郡。

延昌四年四月，兗州獻白狐。

九月，相州獻白狐。

閏月，汾州獻白狐二。

肅宗正光二年三月，南青州獻白狐二。

三年六月，平陽郡獻白狐。

八月，光州獻九尾狐。

四年五月，平陽郡獻白狐。

孝静天平四年四月，西兗州獻白狐；七月，光州獻九尾狐。

元象元年四月，光州獻九尾狐。

二年二月，光州獻九尾狐。

興和三年五月，司州獻九尾狐。

十二月，魏郡獻白狐。

四年四月，瀛州獻白狐二。

武定元年七月，幽州獲白狐，以獻上。

三年七月，瀛州獻白狐，二牡一牝。

九月，西兗州獻白狐。

唐　魏徵《隋書》卷二二《五行志》　中大通中，每夜狐鳴闕下，數年乃止。京房《易飛候》曰：「野獸羣鳴，邑中且空虚。」俄而國亂，丹陽死喪略盡。

陳禎明初，狐入牀下，捕之不獲。京房《易飛候》曰：「狐入君室，室不居。」未幾而國滅。

唐　段成式《酉陽雜俎》卷一三　漢平陵王墓，墓多狐，狐自穴出者皆毛上坌灰。魏末有人至狐穴前，得金刀鑷、玉唾壺。

又　卷一五　舊説野狐名紫狐，夜擊尾火出，將爲怪，必戴髑髏拜北斗。髑髏不墜，則化爲人矣。

劉元鼎爲蔡州。蔡州新破，食一曰倉場狐暴，劉遣吏生捕，日於毬場縱犬逐之爲樂。經年，所殺百數。後獲一疥狐，縱五六犬，皆不敢逐，狐亦不走。劉大異之，令訪大將家獵狗，及監軍亦自誇巨犬，至皆弭耳環守之。狐良久緩跡直上設廳，穿臺盤出廳後，及城牆，俄失所在，劉自是不復令捕。道術中有天狐别行法，言天狐九尾金色，役於日月宮，有符有醮日，可洞達陰陽。

宋　**薛居正《舊五代史》卷一〇三《隱帝紀》**　是月，有狐登明德樓，主者獲之，狐毛長而腹下别有二足。

宋　**歐陽修《新唐書》卷三四《五行志》**　神龍中，有羣狐入御史大夫李承嘉第，其堂無故壞；又秉筆而管直裂，易之又裂。

又　**卷三五《五行志》**　乾元二年十月，詔百官上勤政樓觀安西兵赴陝州，有狐出于樓上，獲之。

宋　**馬純《陶朱新録》**　龍泉宰河陽楊仲京字德先，云：崇寧丙戌冬夜半，忽聞滿街悲號聲，甚哀。窺之，見羣狐百餘，悲鳴奔突，由南門而出。明年秋大水，汴渠溢，逆流横潰，河陰被浸。至宣和乙巳冬，狐復如是，邑人皆憂水患，明年金人渡河。

元　**馬端臨《文獻通考》卷三一《物異考十七·毛蟲之異》**　陳後主禎明中，狐入林下，捕之不獲。京房《易飛候》曰：「狐入君室，室不居。」未幾而國滅。

中大同中，每夜狐鳴闕下，數年乃止。京房《易飛候》曰：「野獸羣鳴邑，中且空虛。」俄而國亂，丹陽死喪略盡。

元　**脱脱《宋史》卷六六《五行志》**　宣和元年十月，淄州獲黑兔。宣和七年秋，有狐由艮嶽直入禁中，據御榻而坐，詔毁狐王廟。【略】十三年，南康縣雷雨，羣狐震死於巖穴中，巖石皆爲碎。

淳熙二年，江州馬當山羣狐掠人。【略】

慶元三年，德興縣羣狐入民舍。

元　**脱脱《金史》卷九三《完顏守純傳》**　天興初，守純府第産肉芝一株，高五寸許，色紅鮮可愛，既而枝葉津流，濡地成血，臭不可聞，剷去復生者再。夜則房榻間羣狐號鳴，秉燭逐捕則失所在。未幾，訛可出質，哀宗遷歸德。明年正月，崔立亂。四月癸巳，守純及諸宗室皆死青城。

明　**謝肇淛《史檇》卷五《晉書·神狐》**　《叚灼傳》：臣欲天下太平，而靈龜神狐未見，仙芝萐莆未生，麒麟未游乎靈禽之囿，鳳凰未儀乎太極之庭。此臣之所以不敢華言而爲佞者也。

雜　録

《山海經·南山經》　又東三百里曰青丘之山，亦有青丘國，在海外。《水經》云：即《上林賦》云「秋田於青丘」。其陽多玉，其陰多青雘。雘，黝屬。有獸焉，其狀如狐而九尾，即九尾狐。其音如嬰兒，能食人，食者不蠱。

晉　**郭璞《南山經圖讚·九尾狐》**　青丘奇獸，九尾之狐，有道翔見，出則銜書，作瑞周文，以標靈符。

唐　**張讀《宣室志》卷八**　晉陽以北，地寒而少竹，故居人多種葦成林，所以代南方之竹也。唐長慶初，北都有民，其家地多葦林。里中嘗有會宴，致餘食於其舍，至明日輒不知其所在。其民有貯繒帛於室者，亦嘗亡之。民竊異焉。後夜聞嬰兒號者甚衆。迫而聽之，則闃然矣。明夕又聞。民懼且甚。後一日，乃語里中他民曰：「吾夕聞林中有嬰兒號，吾度此不當有嬰兒，懼其怪耳。」即相與芟除其林。薙其草既窮，得一穴，中有繒帛食器，見野狸十餘，有嚬而俯者、呻而仰者，瞬而乳者，偃而踞者，嗷嗷然若有愁狀。民盡殺之，自是里民用安其居。

宋　**鄭樵《通志》卷一七八《隱逸傳第一·齊》**　山陰白石村多邪病，村人告訴求哀於[顧]歡。歡乃往村中，爲講《老子》，規地作獄。有頃，見狐狸黿鼉自入獄中者甚多。即命殺之，病者皆愈。

多智狐疑

論　説

漢　**劉向《戰國策》卷一四《楚策》**　荊宣王問群臣曰：「吾聞北方之畏昭奚恤也，果誠何如？」群臣莫對。江一對曰：「虎求百獸而食之，得狐，狐曰：『子無敢食我也。天帝使我長百獸，今子食我，是逆天帝命也。子以我爲不信，吾爲

子先行，子隨我後，觀百獸之見我而敢不走乎？」虎以爲然，故遂與之行。獸見之皆走。虎不知獸畏己而走也，以爲畏狐也。今王之地方五千里，帶甲百萬，萬專屬之昭奚恤。故北方之畏奚恤也，其實畏王之甲兵也，猶百獸之畏虎也。」

宋 蔡卞《毛詩名物解》卷九《狐》 狐，性之不果於進者也。人疑則衆乖而不附，獸疑則羣離而不親。故謂之狐疑者，好思而難其動也。故狐貉之厚以居，而爲逍遥服。《南山》之詩曰：南山崔崔，雄狐綏綏。疑而不明也。《何草不黄》曰：有芃者狐，率彼幽草。君不明而臣疑其上也。

宋 趙汝楳《周易輯聞》卷六 小狐，狐之小者，汔幾也。幾濟，猶未濟也。狐尾豐於身，濡則身隨以溺，老狐負之以涉，故能濟。小狐力未强，幾及於濟，而尾爲之濡，濡則不得，終濟無攸利也。【略】狐善疑，小狐之疑尤甚。

元 趙采《周易程朱傳義折衷》 愚曰：「狐，首輕尾重。老狐聽冰，負尾而濟，衆狐同涉。老者在前，小者在後。先濟者常徹，後濟者常溺。」

明 何景明《大復集》卷三八《狐》 狐善媚，嘗藉虎威以懾群獸。一日衆狐食絶，將出野求食。畏他獸凌蹂，乃謀于雄曰：「當復從虎出也。」雄曰：「汝胡自鄙小也。虎技寧過我也。」群狐乃自從虎出，雄者即尾其後，呼嘯若噬群獸者。群獸見虎來，皆伏不敢視。衆狐得食返，笑其雄曰：「何復從虎也？」雄掉尾怒視曰：「汝謂群獸伏者，爲畏虎邪？」

明 季本《詩説解頤正釋》卷二二 「有芃者狐，率彼幽草。興也有棧之車，行彼周道。興意」芃，尾長貌。狐有狡計，能避患而率由幽草之中，常自逸也。棧，旁有架貌。此即役車，非《周禮》士所乘之棧車也。乘此車，行於周道者，皆愚弱之民，非若狐之能避於幽草者也。此其所以匪兕虎而可哀也歟。

明 陳耀文《天中記》卷六〇 聽冰。盟津河津恒濁，方江爲狹，比淮濟爲澗，寒則冰厚數丈。冰方合，車馬不敢過，要須狐行。云此物善聽，冰下無水乃過。人見狐行方渡。《述征記》按《風俗通》云，里語稱狐欲渡河，無如尾何。且狐性多疑，故俗有狐疑之説。亦未必一如緣生之言也。

清 光緒《蘇州府志》卷九一《人物》 王震，字子東。一作「啟東」。父祖卿，洪武初爲行人，開雲南路，夷山堙谷設施爲多。震應秀才舉，除益都令。歲大祲，民採蘼蕪爲食。震開倉賑之。吏以未受旨，非例。震訶之曰：「民飢如此，而俟旨賑耶？直死我民矣。」一境全活者無算。陞益川同知。僧寺有佛像，能言人禍福，遠近祈祀不絶。震至，攜酒饌往與轟飲。良久，命左右取醉狐來。吏視草中，果有巨狐酣睡。震命縛之柱。狐醒，丐命。震顧吏曰：「左道惑衆，於律云何？」狐哀懇曰：「法雖然，狐未嘗害物。」乃命釋之，像不復言。

藝文

唐 滕邁《狐聽冰賦》（《歷代賦彙》卷一三六引） 狐出潛穴，冰膠廣川。俯畠畠而是聽，慮峩峩之未堅。於是臨渚曲，傍河壖。疑涓溜之在中，龐茸不動。審凝冱之徹底，睢盱欲前。足縮縮而心感，貌綏綏而聽專。積素之姿逾淨，莫赤之容潛映。逼嚴凝以屬耳，寧憚苦寒。思涸冱以投軀，必資餘勁。若乃煙横古岸，月照空崖，寂無人而久聽，紛觸物以多疑。聆遠吹之颼飅，謂波揺岸曲。聞殘錚之淅瀝，驚溜斷河渚。郄曲載移於短步，忙懷屢變於妖姿。望寒墟之在前，庶斯遠矣。惑夏頌之不至，俯而聽之。遠近陰凝，淺深風壯。念茲道理，在此冰上。試之以耳，猶迴耳之可圖。試之以身，將退身而何望？況復窮陰慘凜，川長難審。徵春魚之欲上，驗時不同。比夏蟲之有疑，執心彌甚。及夫虚盈以測，厚薄斯分。颯爲裘之毛，知不可陷。低正丘之首，惟恐有聞。既勃窣而投趾，乃凌兢而慎履。尋聲不離於聽表，處薄恐成於禍始。奮自擾之迹，一却一前。曳有芃之軀，時行時止。是知事欲審於未萌，心無妨於若驚。儻躡虚以輕進，必履險而忘傾。則濡尾之憂，至溺身之害并異哉。一獸之智，可以階善，必聽而配規行者也。

宋 趙湘《南陽集》卷五《狐銘》 狐有疑決，聽於冰，故能自知。人有疑復聽於人，故不自欺。人以狐爲姦，以人爲癡。吁嗟！若人爲狐之嗤。

柔媚淫惑

論説

明 陳其力《芸心識餘》卷四《狐精》 愚讀劉晨、阮肇天台遇仙女之事，心竊疑焉。夫二女既仙，必能離慾，豈肯不有其躬，而與塵寰採藥之夫自爲伉儷哉？或者山精狐魅，幻化以迷之爾。其曰：「劉、阮還家，子孫無有存者。」此乃述齊諧之業者，附會之過也，何足信哉？近年，有朝士奉使關西，過臨潼，浴驪山温

泉，想像玉環，不覺心動。浴罷，還行臺露坐追涼，忽見絳紗燈熒，熒導一女官，持節而來，告之曰：「貴妃且至。」俄頃霓旌宫扇，擁貴妃至中庭，鳳冠翟褘，環珮珊珊，雪膚花貌，姿媚流麗。與朝士交禮畢，款語移時，遂携手入室，薦枕席之歡。五鼓既作，女官又領仙仗迎之而去。自是隨其所止，源源而來，朝士以爲奇遇。驪山父老聞之，曰：「是此山老狐精也。其女官輩，小狐精也。」即此觀之，劉、阮之所遇，非此類邪？

芸心子曰：「萬物之精，惟狐最妖媚，其爲害亦奇。嘗聞劉、阮之外，以爲遇仙者，畢竟結果出狐魅本相。慾夫媚子之魄，往往爲其所攝。」《説文》曰：「狐，妖獸也，鬼所乘也。」《名山記》曰：「古淫婦名紫，紫化爲狐。」郭氏《玄中記》曰：「千歲之狐爲淫婦，百歲之狐爲美女。」《抱朴子》曰：「狐壽八百歲，三百歲變爲人。獨其死，則守丘一節，可取爾。」嘗聞秦中一方士云：「仙女風温香，狐女風腥香，鬼女風寒香。」大抵狐媚之事，傳記所載最夥，余不暇録。

清 愛新覺羅·弘曆《詩義折中》卷四 「有狐綏綏，在彼淇梁。心之憂矣，之子無裳。」比也。綏綏，獨行求匹之貌。石絶水曰：「梁狐乃淫獸，今獨行失其匹也，以比人之無妻也。狐性畏水，今在梁，失其居也，以比人之無家也。在梁宜裳而狐無裳，以比綏綏獨行之人，不止無妻無家，并其一身之所需亦無以自給也。民窮如此，何以爲國。故詩人見而深憂之也。」

綜 述

晉 郭璞《玄中記·狐》 狐五十歲能變化，百歲爲美女、爲神巫、爲丈夫，與女子交接，能知千里外事。即與天通，爲天狐。

晉 干寶《搜神記》卷一八 《名山記》曰：狐者，先古之淫婦也，其名曰阿紫，化而爲狐。故其怪多自稱阿紫。

藝 文

唐 白居易《白氏長慶集》卷四《諷諭四·古塚狐 戒艷色也》 古塚狐妖且老，化爲婦人顔色好。頭變雲鬟面變粧，大尾曳作長紅裳。徐徐行傍荒村路，日欲暮時人静處。或歌或舞或悲啼，翠眉不舉花鈿低。忽然一笑千萬態，見者十人八九迷。假色迷人猶若是，真色迷人應過此。彼真此假俱迷人，人心惡假貴重真。狐假女妖害猶淺，一朝一夕迷人眼。女爲狐媚害却深，日增月長溺人心。何况褒妲之色善蠱惑，能喪人家覆人國。君看爲害淺深間，豈將假色同真色。

雜 録

晉 干寶《搜神記》卷三 韓友字景先，廬江舒人也。善占卜，亦行京費厭勝之術。劉世則女病魅積年，巫爲攻禱，伐空冢故城間，得狸鼉數十，病猶不差。友筮之，命作布囊，俟女發時，張囊著窗牖間。友閉户作氣，若有所驅。須臾間，見囊大脹如吹，因决敗之。女仍大發。友乃更作皮囊二枚，沓張之，施張如前，囊復脹滿。因急縛囊口，懸著樹。二十許日，漸消。開視，有二斤狐毛，女病遂差。

又 卷一八 後漢建安中，沛國郡陳羨，爲西海都尉，其部曲王靈孝，無故逃去，羨欲殺之。居無何，孝復逃走。羨久不見，囚其婦。婦以實對。羨曰：「是必魅將，去當求之。」因將步騎數十，領獵犬，周旋於城外求索。果見孝於空冢中，聞人犬聲，怪遂避去。羨使人扶孝以歸，其形頗象狐矣，略不復與人相應，但啼呼阿紫。阿紫，狐字也。後十餘日，乃稍稍了悟。云：「狐始來時，於屋曲角雞栖間，作好婦形，自稱阿紫，招我如此非一。忽然便隨去，即爲妻。暮輒與共還其家，遇狗不覺。」云樂無比也。道士云：「此山魅也。」

唐 戴孚《廣異記·上官翼》（《太平廣記》卷四四七引） 唐麟德時，上官翼爲絳州司馬。有子年二十許，嘗曉日獨立門外。有女子，年可十三四，姿容絶代，行過門前。此子悦之，便爾戲調，即求歡狎。因問其所止，將欲過之。女云：「我門户雖難，郎州佐之子，兩俱形跡，不願人知。但能有心，得方便，自來相就。」此子邀之，期朝夕。女初固辭，此子將欲便留之，然漸見許。昏後徙倚俟之。如期果至。自是每夜常來。經數日，而舊使老婢於牖中窺之，乃知是魅。以告翼，百方禁斷，終不能制。魅來轉數，晝夜不去。兒每將食，魅必奪之盃碗，此魅已飽，兒不得食。翼常手自作啖，剖以貽兒。至手，魅已取去。翼頗有智數，因此密搗毒藥。時秋晚，油麻新熟。翼令熬兩疊，以一置毒藥，先取好者作啖，遍與妻子，末乃與兒一啖，魅便接去。次以和藥者作啖，與兒，魅亦將去。連與數啖，忽變作老狐，宛轉而僕。擒獲之，登令燒毀訖，闔家歡慶。此日昏後，聞遠處有數人哭聲，斯須漸近，遂入堂後，並皆稱冤，號擗甚哀。中有一叟，哭聲每

云：「若痛老狐，何乃爲喉嚨枉殺腔幢？」數十日間，朝夕來家，往往見有衣衰絰者，翼深憂之。後來漸稀，經久方絶，亦無害也。

唐 沈既濟《任氏傳》（《太平廣記》卷四五二引） 任氏，女妖也。有韋使君者，名崟，第九，信安王禕之外孫。少落拓，好飲酒。其從父妹婿曰鄭六，不記其名。早習武藝，亦好酒色，貧無家，托身於妻族；與崟相得，遊處不間。唐天寶九年夏六月，崟與鄭子偕行于長安陌中，將會飲於新昌里。至宣平之南，鄭子辭有故，請間去，繼至飲所。崟乘白馬而東。鄭子乘驢而南，入昇平之北門。偶值三婦人行於道中，中有白衣者，容色姝麗。鄭子見之驚悦，策其驢，忽先之，忽後之，將挑而未敢。白衣時時盼睞，意有所受。鄭子戲之曰：「美豔若此，而徒行，何也？」白衣笑曰：「有乘不解相假，不徒行何爲？」鄭子曰：「劣乘不足以代佳人之步，今輒以相奉。某得步從，足矣。」相視大笑。同行者更相眩誘，稍已狎暱。鄭子隨之，東至樂遊園，已昏黑矣。見一宅，土垣車門，室宇甚嚴。白衣將入，顧曰：「願少踟躕。」而入。女奴從者一人，留於門屏間，問其姓第，鄭子既告，亦問之。對曰：「姓任氏，第二十。」少頃，延入。鄭縶驢於門，置帽於鞍。始見婦人年三十餘，與之承迎，即任氏姊也。列燭置膳，舉酒數觴。任氏更妝而出，酣飲極歡。夜久而寢，其妍姿美質，歌笑態度，舉措皆豔，殆非人世所有。將曉，任氏曰：「可去矣。某兄弟名系教坊，職屬南衙，晨興將出，不可淹留。」乃約後期而去。既行，及里門，門扃未發。門旁有胡人鬻餅之舍，方張燈熾爐。鄭子憩其簾下，坐以候鼓，因與主人言。鄭子指宿所以問之曰：「自此東轉，有門者，誰氏之宅？」主人曰：「此墉棄地，無第宅也。」鄭子曰：「適過之，曷以云無？」與之固争。主人適悟，乃曰：「籲！我知之矣。此中有一狐，多誘男子偶宿，嘗三見矣，今子亦遇乎？」鄭子赧而隱曰：「無。」質明，復視其所，見土垣車門如故。窺其中，皆蓁荒及廢圃耳。既歸，見崟。崟責以失期。鄭子不泄，以他事對。然想其豔冶，願復一見之心，嘗存之不忘。經十許日，鄭子遊，入西市衣肆，瞥然見之，曩女奴從。鄭子遽呼之。任氏側身周旋於稠人中以避焉。鄭子連呼前迫，方背立，以扇障其後，曰：「公知之，何相近焉？」鄭子曰：「雖知之，何患？」對曰：「事何愧恥。難施面目。」鄭子曰：「勤想如是，忍相棄乎？」對曰：「安敢棄也，懼公之見惡耳。」鄭子發誓，詞旨益切。任氏乃回眸去扇，光彩豔麗如初。謂鄭子曰：「人間如某之比者非一，公自不識耳，無獨怪也。」鄭子請之與敘歡。對曰：「凡某之流，爲人惡忌者，非他，爲其傷人耳。某則不然。若公未見惡，願終己以奉巾櫛。」鄭子許與謀棲止。任氏曰：「從此而東，□□□□□□□大樹出於棟間者，門巷幽静，可稅以居。前時自宣平之南，乘白馬而東者，非君妻之昆弟乎？」其家多什器，可以假用。」是時崟伯叔從役於四方，三院什器，皆貯藏之。鄭子如言訪其舍，而詣崟假什器。問其所用。鄭子曰：「新獲一麗人，已稅得其舍，假具以備用。」崟笑曰：「觀子之貌，必獲詭陋。何麗之絶也。」崟乃悉假帷帳榻席之具，使家僮之惠黠者，隨以覘之。俄而奔走返命，氣籲汗洽。崟迎問之：「有乎？」又問：「容若何？」曰：「奇怪也！天下未嘗見之矣。」崟姻族廣茂，且夙從逸遊，多識美麗。乃問曰：「孰若某美？」僮曰：「非其倫也！」崟遍比其佳者四五人，皆曰：「非其倫。」是時吴王之女有第六者，則崟之内妹，穠豔如神仙，中表素推第一。崟問曰：「孰與吴王家第六女美？」又曰：「非其倫也。」崟撫手大駭曰：「天下豈有斯人乎？」遽命汲水澡頸，巾首膏唇而往。既至，鄭子適出。崟入門，見小僮擁篲方掃，有一女奴在其門，他無所見。徵於小僮。小僮笑曰：「無之。」崟周視室内，見紅裳出於户下。迫而察焉，見任氏戢身匿於扇間。崟引出就明而觀之，殆過於所傳矣。崟愛之發狂，乃擁而淩之。不服，崟以力制之，方急，則曰：「服矣。請少迴旋。」既從，則捍禦如初，如是者數四。崟乃悉力急持之。任氏力竭，汗若濡雨。自度不免，乃縱體不復拒抗，而神色慘變。崟問曰：「何色之不悦？」任氏長歎息曰：「鄭六之可哀也！」崟曰：「何謂？」對曰：「鄭生有六尺之軀，而不能庇一婦人，豈丈夫哉！且公少豪侈，多獲佳麗，遇某之比者衆矣。而鄭生，窮賤耳。所稱愜者，唯某而已。忍以有餘之心，而奪人之不足乎？哀其窮餒，不能自立，衣公之衣，食公之食，故爲公所繫耳。若糠糗可給，不當至是。」崟豪俊有義烈，聞其言，則置之。斂衽而謝曰：「不敢。」俄而鄭子至，與崟相視咍樂。自是，凡任氏之薪粒牲餼，皆崟給焉。任氏時有經過，出入或車馬輿步，不常所止。崟日與之遊，甚歡。每相狎昵，無所不至，唯不及亂而已。是以崟愛之重之，無所悕惜；一食一飲，未嘗忘焉。任氏知其愛己，因言以謝曰：「愧公之見愛甚矣。願以陋質，不足以答厚意。且不能負鄭生，故不得遂公歡。某，秦人也，生長秦城；家本伶倫，中表姻族，多爲人寵媵，以是長安狹斜，悉與之通。或有姝麗，悦而不得者，爲公致之可矣。願持此以報德。」崟曰：「幸甚！」鄽中有鬻衣之婦曰張十五娘者，肌體凝潔，崟常悦之。因問任氏識之乎。對曰：「是某表娣妹，致之易耳。」旬餘，果致之。數月厭罷。任氏曰：「市人易致，不足以展効。或有幽絶之難謀

者，試言之，願得盡智力焉。」崟曰：「昨者寒食，與二三子游於千福寺。見刁將軍緬張樂於殿堂。有善吹笙者，年二八，雙鬟垂耳，嬌姿豔絶，當識之乎？」任氏曰：「此寵奴也。其母，即妾之内姊也，求之可也。」崟拜于席下，任氏許之。乃出入刁家。月餘，崟促問其計。任氏願得雙縑以爲賂，崟依給焉。後二日，任氏與崟方食，而緬使蒼頭控青驪以迓任氏。任氏聞召，笑謂崟曰：「諧矣。」初，任氏加寵奴以病，針餌莫減。其母與緬憂之方甚，將徵諸巫。任氏密賂巫者，指其所居，使言從就爲吉。及視疾，巫曰：「不利在家，宜出居東南某所，以取生氣。」緬與其母詳其地，則任氏之第在焉，緬遂請居。任氏謬辭以偪狹，勤請而後許。乃輦服玩，並其母偕送于任氏。至，則疾愈。未數日，任氏密引崟以通之，經月乃孕。其母懼，遽歸以就緬，由是遂絶。他日，任氏謂鄭子曰：「公能致錢五六千乎？將爲謀利。」鄭子曰：「可。」遂假求於人，獲錢六千。任氏曰：「鬻馬於市者，馬之股有疵，可買入居之。」鄭子如市，果見一人牽馬求售者，眚在左股。鄭子買以歸。其妻昆弟皆嗤之，曰：「是棄物也。買將何爲？」無何，任氏曰：「馬可鬻矣，當獲三萬。」鄭子乃賣之，有酬二萬，鄭子不與。一市盡曰：「彼何苦而貴買，此何愛而不鬻？」鄭子乘之以歸，買者隨至其門，累增其估，至二萬五千也。不與，曰：「非三萬不鬻。」其妻昆弟聚而詬之。鄭子不獲已，遂賣，登三萬。既而密伺買者，徵其由，乃照應縣之禦馬疵股者，死三歲矣，斯吏不時除籍。官徵其估，計錢六萬。設其以半買之，所獲尚多以。若有馬以備數，則三年芻粟之估，皆吏得之。且所賞蓋寡，是以買耳。任氏又以衣服故弊，乞衣於崟。崟將買全彩與之。任氏不欲，曰：「願得成制者。」崟召市人張大爲買之，使見任氏，問所欲。張大見之，驚謂崟曰：「此必天人貴戚，爲郎所竊。且非人間所宜有者，願速歸之，無及於禍。」其容色之動人也如此。竟買衣之成者而不自紉縫也，不曉其意。後歲餘，鄭子武調，授槐里府果毅尉，在金城縣。時鄭子方有妻室，雖晝游於外，而夜寢於内，多恨不得專其夕。將之官，邀與任氏俱去。任氏不欲往，曰：「旬月同行，不足以爲歡。請計給糧餼，端居以遲歸。」鄭子懇請，任氏愈不可。鄭子乃求崟資助。崟與更勸勉，且詰其故。任氏良久，曰：「有巫者言某是歲不利西行，故不欲耳。」鄭子甚惑也，不思其他，與崟大笑曰：「明智若此，而爲妖惑，何哉！」固請之。任氏曰：「倘巫者言可徵，徒爲公死，何益？」二子曰：「豈有斯理乎？」懇請如初。任氏不得已，遂行。崟以馬借之，出祖於臨皋，揮袂别去。信宿，至馬嵬。任氏乘馬居其前，鄭子乘驢居其後；女奴别乘，又在其後。是時西門圉人教獵狗於洛川，已旬日矣。適值於道，蒼犬騰出於草間。鄭子見任氏欻然墜於地，復本形而南馳。蒼犬逐之。鄭子隨走叫呼，不能止。里餘，爲犬所獲。鄭子銜涕出囊中錢，贖以瘞之，削木爲記。回睹其馬，齧草于路隅，衣服悉委於鞍上，履襪猶懸於鐙間，若蟬蜕然。唯首飾墜地，餘無所見。女奴亦逝矣。旬餘，鄭子還城。崟見之喜，迎問曰：「任子無恙乎？」鄭子泫然對曰：「歿矣。」崟聞之亦慟，相持於室，盡哀。徐問疾故。答曰：「爲犬所害。」崟曰：「犬雖猛，安能害人？」答曰：「非人。」崟駭曰：「非人，何者？」鄭子方述本末。崟驚訝歎息不能已。明日，命駕與鄭子俱適馬嵬，發瘞視之，長慟而歸。追思前事，唯衣不自製，與人頗異焉。其後鄭子爲總監使，家甚富，有櫪馬十餘四。年六十五，卒。大曆中，沈既濟居鍾陵，嘗與崟遊，屢言其事，故最詳悉。後崟爲殿中侍御史，兼隴州刺史，遂歿而不返。嗟乎，異物之情也有人焉！遇暴不失節，徇人以至死，雖今婦人有不如者矣。惜鄭生非精人，徒悦其色而不徵其情性。向使淵識之士，必能揉變化之理，察神人之際，著文章之美，傳要妙之情，不止於賞玩風態而已。惜哉！建中二年，既濟自左拾遺與金吾將軍裴冀、京兆少尹孫成、户部郎中崔需，右拾遺陸淳，皆適居東南，自秦徂吴，水陸同道。時前拾遺朱放因旅遊而隋焉。浮潁涉淮，方舟沿流，晝宴夜話，各徵其異説。衆君子聞任氏之事，共深歎駭，因請既濟傳之，以志異云。

唐 張讀《宣室志》卷一〇 杜陵韋氏子，家于韓城，有别墅，在邑北十餘里。開成四年秋，自邑中遊焉。日暮見一婦人，素衣，挈一瓢，自北而來，謂韋曰：「妾居邑北里中有年矣，家甚貧。今爲里胥所辱，將訟於官。幸吾子與紙筆書其事，妾得以執詣邑長，冀雪其恥。」韋諾之。婦人即揖韋，坐田野，衣中出一酒卮，曰：「瓢中有酒，願與吾子盡醉。」於是注酒一飲韋。韋方舉卮，會有獵騎從西來，引數犬，婦人望見，即東走數十步，化爲一少狐。韋大恐，視手中卮，乃一髑髏，酒若牛溺之狀。韋因病熱，月餘方瘳。

明 郎瑛《七修類稿》卷四八《狐狸》 山東多狐狸而無猢猻。嘗聞狐狸成精，能變男女以惑人。予嘉靖八年到山東，以其事詢土人，土人曰：狐每夜半即潛入貧家，破屋至卧榻中，出口受人鼻息。人覺，聞其氣駭曰：打皮狐，打皮狐。然不知其去幾許矣。如此久之，便能縮形。地不可進處，亦能以進。愈久便能變化，遂與民間男婦相淫亂，各尋其雌雄以合。且善攝其財物以益主。其所私者死復移他室。人亦不甚怪也。有土工宋留暮遇一夫，自言欲爲人役。話問隨

宋至家，出錢沽酒對飲，醉後睡去，乃一純黑狐也。宋亦不驚，破明發語宋曰：汝無福。吾之西關李某氏也。李乃青州府吏，其妻遂爲所染。又石槽城李堯，儒官也。祖母爲其所染，祖死，母復被之。家自獵犬，時或見之，遂吠以噬。彼則跳蹲於主身耳。文張姓者，乘車出西郭，見一犬追婦人，飛來顧間。婦人乞以附車逐犬，自言某地人。張遂載以去。抵家，復求假宿。張不拒而遂同寢焉。閲數月自言我狐也，今當去君，明年此日見我於臨清某市。張如期至其地，見婦走索於市中，唤之，即下，同至一酒館，歡飲數日，資以白金百兩，告曰：與汝緣數足矣，再勿相從。張回，不知其所向。觀此則商人取以爲妾之事有之矣。是皆見在之恠而臨淄一縣之民，予親聞之也。

明王圻《稗史彙編》卷一五八《狐精》 千百歲之狐，竊造化之氣，或化爲男子，或化爲婦人。或談説理道，或行污媚，往往見于野史小説。《文中子》亦言之，若玄猿解通人性，變形更易。如孫恪娶袁氏女有年矣，後經南海，袁欲遊峽山寺。見野猿聯臂而下，袁氏題曰：「不如逐伴歸山去，長嘯一聲煙霧深。」擲筆復化爲猿。蓋此輩妖魔，惟遇剛方有道之士，則不能遁形而肆怪也。

又《周府狐精》 周府後山狐精，與宫女三兒通。弘治間，出嫁汴人居富樂。狐隨之，謂三兒曰：「吾能前知，兼善醫術。汝若供我，使汝多財。」三兒語其夫。夫固無賴子也，既聽之。掃一室，中掛紅幔，幔内設坐。狐至，不現形，但嚮嘯，呼三兒，三兒立幔外。諸問卜求醫者跪於前，狐在内斷其吉凶，無不靈驗，其家日獲銀一二兩。時某參政之妻患血崩，衆醫莫能療。參政不得已，使問之，狐曰：「待我往東嶽查其壽數。」去少選，復嘯至，曰：「命未絶。」出藥一丸，云：「井水送下，夜半血當止矣。」果然。又服二丸，疾已全愈。參政乃來稱謝以察之，狐空中與參政劇談宋元事，至唐末五代則朦朧矣。參政嘆服，聽民起神堂。姑蘇李元璧客于汴，病喉，勺飲不下者七日矣。求狐活之，以黄金一兩爲藥直，請益倍。與之，乃得藥一丸，服之即瘥。其神效之迹，不可悉紀。正德初，鎮守廖太監之弟鵬，召富樂索千金。富樂言：「所得財貨隨手費盡，無有也。」鵬怒，下之獄，狐亦自是不至矣。

又 卷一七三《貍丹》 狐貍有丹，吞之益人壽。相傳朱晦翁讀書于武夷精舍，夜有一貍作少婦求宿，曰：「我，山中某氏婦也。慕君有道，敢以陋質獻。」翁許之，而知其妖惑，乃温言諭曰：「謝子意厚。然今夕門人有至者，不敢奉留。明夜可勿爽約。」婦曰諾，起辭去。翁詰之曰：「子誑耳。必若重來，何不留一物爲信。」婦即吐出丹丸，曰：「予子爲約，不至則吾命且殆。」翁接入手即吞之。婦驚愬，啼哭而去，曰：「今夕死矣。」明旦，有牝貍死于三曲崖下。翁後康强倍前，聰明日益，臨終鼻垂雙玉筋，人云貍丹所致也。是説渺茫，姑記以資一咲。

又 卷一七四《貍化美女》 信州永豐縣管村，淳熙七年秋，有怪興於一秀才家，幻變不常，或爲男子，或爲婦人，抛擲磚石，占據堂宇，汙穢床席，毁敗什物，不勝其擾。唤巫師驅逐弗効。乃萃道流，設壇置獄，劾治甚峻，群怪不爲動。久之，化一美女，夜造僕夫寢處。凡歷數夕，極綢繆婉孌之欵。然終慮其致禍，陰磨利刃以待之，迨復至，盡力斷其首，携出外，呼告衆曰：「我已殺鬼。」管氏之人争來觀看，乃一大貍也。

清 蒲松齡《聊齋志異》卷二《嬰甯》 王子服，莒之羅店人，早孤，絶慧，十四入泮。母最愛之，尋常不令遊郊野。聘蕭氏，未嫁而夭，故求凰未就也。會上元，有舅氏子吴生邀同眺矚，方至村外，舅家僕來招吴去。生見遊女如雲，乘興獨遊。有女郎攜婢，拈梅花一枝，容華絶代，笑容可掬。生注目不移，竟忘顧忌。女過去數武，顧婢子笑曰：「個兒郎目灼灼似賊！」遺花地上，笑語自去。生拾花悵然，神魂喪失，怏怏遂返。至家，藏花枕底，垂頭而睡，不語亦不食。母憂之，醮禳益劇，肌革鋭減。醫師診視，投劑發表，忽忽若迷。母撫問所由，默然不答。適吴生來，囑秘詰之。吴至榻前，生見之淚下，吴就榻慰解，漸致研詰，生具吐其實，且求謀畫。吴笑曰：「君意亦癡！此願有何難遂？當代訪之。徒步於野，必非世家，如其未字，事固諧矣，不然，拚以重賂，計必允遂。但得痊瘳，成事在我。」生聞之不覺解頤。吴出告母，物色女子居里。而探訪既窮，並無蹤跡。母大憂，無所爲計。然自吴去後，顔頓開，食亦略進。數日吴復來，生問所謀。吴紿之曰：「已得之矣。我以爲誰何人，乃我姑之女，即君姨妹，今尚待聘。雖内戚有婚姻之嫌，實告之無不諧者。」生喜溢眉宇，問：「居何里？」吴詭曰：「西南山中，去此可三十餘里。」生又囑再四，吴鋭身自任而去。生由是飲食漸加，日就平復。探視枕底，花雖枯，未便雕落，凝思把玩，如見其人。怪吴不至，折柬招之，吴支托不肯赴招。生恚怒，悒悒不歡。母慮其復病，急爲議姻，略與商榷，輒摇首不願，惟日盼吴。吴迄無耗，益怨恨之。轉思三十里非遥，何必仰息他人？懷梅袖中，負氣自往，而家人不知也。伶仃獨步，無可問程，但望南山行去。約三十餘里，亂山合遝，空翠爽肌，寂無人行，止有鳥道。遥望谷底叢花亂樹中，隱隱有小里落。下山入村，見舍宇無多，皆茅屋，而意甚修雅。北向一家，門前皆

絲柳，牆内桃杏尤繁，間以修竹，野鳥格磔其中。意其園亭，不敢遽入。回顧對戶，有巨石滑潔，因坐少憩。俄聞牆内有女子長呼：「小榮！」其聲嬌細。方佇聽間，一女郎由東而西，執杏花一朵，俯首自簪；舉頭見生，遂不復簪，含笑拈花而入。審視之，即上元途中所遇也。心驟喜，但念無以階進。欲呼姨氏，顧從無還往，懼有訛誤。門内無人可問，坐卧徘徊，自朝至於日昃，盈盈望斷，並忘饑渴。時見女子露半面來窺，似訝其不去者。忽一老媪扶杖出，顧生曰：「何處郎君，聞自辰刻來，以至於今。意將何爲？得勿饑也？」生急起揖之，答雲：「將以探親。」媪聾聵不聞。又大言之。乃問：「貴戚何姓？」生不能答。媪笑曰：「奇哉！姓名尚自不知，何親可探？我視郎君亦書癡耳。不如從我來，啖以粗糲，家有短榻可卧。待明朝歸，詢知姓氏，再來探訪。」生方腹餒思啖，又從此漸近麗人，大喜。從媪入，見門内白石砌路，夾道紅花片片墜階上，曲折而西，又啟一關，豆棚花架滿庭中。肅客入舍，粉壁光如明鏡，窗外海棠枝朵，探入室中，裀藉幾榻，罔不潔澤。甫坐，即有人自窗外隱約相窺。媪喚：「小榮！可速作黍。」外有婢子噭聲而應。坐次，具展宗閥。媪曰：「郎君外祖，莫姓吳否？」曰：「然。」媪驚曰：「是吾甥也！尊堂，我妹子。年來以家屢貧，又無三尺之田，遂至音問梗塞。甥長成如許，尚不相識。」生曰：「此來即爲姨也，匆遽遂忘姓氏。」媪曰：「老身秦姓，並無誕育，弱息亦爲庶産。渠母改醮，遺我鞠養。頗亦不鈍，但少教訓，嬉不知愁。少頃，使來拜識。」未幾婢子具飯，雛尾盈握。媪勸餐已，婢來斂具。媪曰：「喚甯姑來。」婢應去。良久，聞戶外隱有笑聲。媪又喚曰：「嬰甯，汝姨兄在此。」戶外嗤嗤笑不已。婢推之以入，猶掩其口，笑不可遏。媪逋目曰：「有客在，吒吒叱叱，是何景象？」女忍笑而立，生揖之。媪曰：「此王郎，汝姨子。一家尚不相識，可笑人也。」生問：「妹子年幾何矣？」媪未能解；生又言之。女複笑，不可仰視。媪謂生曰：「我言少教誨，此可見矣。年已十六，呆癡如嬰兒。」生曰：「小於甥一歲。」曰：「阿甥已十七矣，得非庚午屬馬者耶？」生首應之。又問：「甥婦阿誰？」答曰：「無之。」曰：「如甥才貌，何十七歲猶未聘？嬰甯亦無姑家，極相匹敵。惜有内親之嫌。」生無語，目注嬰寧，不遑他瞬。婢向女小語雲：「目灼灼賊腔未改！」女又大笑，顧婢曰：「視碧桃開未？」遽起，以袖掩口，細碎連步而出。至門外，笑聲始縱。媪亦起，喚婢襆被，爲生安置。曰：「阿甥來不易，宜留三五日，遲遲送汝歸。如嫌幽悶，舍後有小園，可供消遣；有書可讀。」次日至舍後，果有園半畝，細草鋪氈，楊花糝徑。有草舍三楹，花木四合其所。穿花小步，聞樹頭蘇蘇有聲，仰視，則嬰寧在上，見生來，狂笑欲墮。生曰：「勿爾，墮矣！」女且下且笑，不能自止。方將及地，失手而墮，笑乃止。生扶之，陰捘其腕。女笑又作，倚樹不能行，良久乃罷。生俟其笑歇，乃出袖中花示之。女接之，曰：「枯矣！何留之？」曰：「此上元妹子所遺，故存之。」問：「存之何益？」曰：「以示相愛不忘。自上元相遇，凝思成病，自分化爲異物；不圖得見顔色，幸垂憐憫。」女曰：「此大細事，至戚何所靳惜？待郎行時，園中花，當喚老奴來，折一巨捆負送之。」生曰：「妹子癡耶？」女曰：「何便是癡？」生曰：「我非愛花，愛拈花之人耳。」女曰：「葭莩之情，愛何待言。」生曰：「我所爲愛，非瓜葛之愛，乃夫妻之愛。」女曰：「有以異乎？」曰：「夜共枕席耳。」女俯首思良久，曰：「我不慣與生人睡。」語未已，婢潛至，生惶恐遁去。少時會母所，母問：「何往？」女答以園中共話。媪曰：「飯熟已久，有何長言，周遮乃爾。」女曰：「大哥欲我共寢。」言未已，生大窘，急目瞪之。女微而止。幸媪不聞，猶絮絮究詰。生急以他詞掩之，因小語責女。女曰：「適此語不應説耶？」生曰：「此背人語。」女曰：「背他人，豈得背老母？且寢處亦常事，何諱之？」生恨其癡，無術可悟之。食方竟，家人捉雙衛來尋生。先是，母待生久不歸，始疑。村中搜覓已遍，竟無蹤兆，因往尋吳。吳憶曩言，因教於西南山村尋覓。凡歷數村，始至於此。生出門，適相值，便入告媪，且請偕女同歸。媪喜曰：「我有志，匪伊朝夕。但殘軀不能遠涉，得甥攜妹子去，識認阿姨，大好！」呼嬰甯，寧笑至。媪曰：「大哥欲同汝去，可裝束。」又餉家人酒食，始送之出，曰：「姨家田産豐裕，能養冗人。到彼且勿歸，小學詩禮亦好事翁姑。即煩阿姨擇一良匹與汝。」二人遂發。至山坳回顧，猶依稀見媪倚門北望也。抵家，母睹姝麗，驚問爲誰。生以姨妹對。母曰：「前吳郎與兒言者，詐也。我未有姊，何以得甥？」問女，女曰：「我非母出。父爲秦氏，没時兒在褓中，不能記憶。」母曰：「我一姊適秦氏良確。然殂謝已久，那得複存？」因審詰面龐、志贅，一一符合。又疑曰：「是矣！然亡已多年，何得複存？」疑慮間，吳生至，女避入室。吳詢得故，惘然久之，忽曰：「此女名嬰寧耶？」生然之。吳極稱怪事。問所自知，吳曰：「秦家姑去世後，姑丈鰥居，祟於狐，病瘠死。狐生女名嬰寧，繃卧床上，家人皆見之。姑丈没，狐猶時來。後求天師符粘壁上，狐遂攜女去。將勿此耶？」彼此疑參，但聞室中嗤嗤，皆嬰寧笑聲。母曰：「此女亦太憨。」吳生請面之。母入室，女猶濃笑不顧。母促令出，始極力忍笑，又面壁移時方出。才一展

拜。翻然遽入，放聲大笑。滿室婦女，爲之粲然。吴請往覘其異，就便執柯。尋至村所，廬舍全無，山花零落而已。吴憶葬處彷佛不遠，然墳壠湮没，莫可辨識，詫歎而返。母疑其爲鬼，入告吴言，女略無駭意。又吊其無家，亦殊無悲意，孜孜憨笑而已。衆莫之測，母令與少女同寢止，昧爽即來省問，操女紅精巧絶倫。但善笑，禁之亦不可止。然笑處嫣然，狂而不損其媚，人皆樂之。鄰女少婦，争承迎之。母擇吉爲之合卺，而終恐爲鬼物，竊于日中窺之，形影殊無少異。至日，使華裝行新婦禮，女笑極不能俯仰，遂罷。生以憨癡，恐洩漏房中隱事，而女殊密秘，不肯道一語。每值母憂怒，女至一笑即解。奴婢小過，恐遭鞭楚，輒求詣母共話，罪婢投見恒得免。而愛花成癖，物色遍戚黨；竊典金釵，購佳種，數月，階砌藩溷無非花者。庭後有木香一架，故鄰西家，女每攀登其上，摘供簪玩。母時遇見輒訶之，女卒不改。一日西人子見之，凝注傾倒。女不避而笑。西人子謂女意屬己，心益蕩。女指牆底笑而下，西人子謂示約處，大悦。及昏而往，女果在焉，就而淫之，則陰如錐刺，痛徹於心，大號而踣。細視非女，則一枯木卧牆邊，所接乃水淋竅也。鄰父聞聲，急奔研問，呻而不言；妻來，始以實告。爇火燭竅，見中有巨蠍如小蟹然，翁碎木，捉殺之。負子至家，半夜尋卒。鄰人訟生，訐發嬰寧妖異。邑宰素仰生才，稔知其篤行士，謂鄰翁訟誣，將杖責之，生爲乞免，遂釋而出。母謂女曰：「憨狂爾爾，早知過喜而伏憂也。邑令神明，幸不牽累。設鶻突官宰，必逮婦女質公堂，我兒何顏見戚裏？」女正色，矢不復笑。母曰：「人罔不笑，但須有時。」而女由是竟不復笑，雖故逗之亦終不笑，然竟日未嘗有戚容。一夕，對生零涕。異之。女哽咽曰：「曩以相從日淺，言之恐致駭怪。今日察姑及郎，皆過愛無有異心，直告或無妨乎？妾本狐産。母臨去，以妾托鬼母，相依十餘年，始有今日。妾又無兄弟，所恃者惟君。老母岑寂山阿，無人憐而合厝之，九泉輒爲悼恨。君倘不惜煩費，使地下人消此怨恫，庶養女者不忍溺棄。」生諾之，然慮墳冢迷於荒草。女言無慮。刻日夫婦輿櫬而往。女于荒煙錯楚中，指示墓處，果得媪屍，膚革猶存。女撫哭哀痛。舁歸，尋秦氏墓合葬焉。是夜生夢媪來稱謝，寤而述之。女曰：「妾夜見之，囑勿驚郎君耳。」生恨不邀留。女曰：「彼鬼也。生人多，陽氣勝，何能久居？」生問小榮，曰：「是亦狐，最黠。狐母留以視妾，每攝餌相哺，故德之常不去心；昨問母，云已嫁之。」由是歲值寒食，夫婦登秦墓，拜掃無缺。女逾年生一子，在懷抱中，不畏生人，見人輒笑，亦大有母風云。異史氏曰：「觀其孜孜憨笑，似全無心肝者。而牆下惡作劇，其黠孰甚焉！至淒戀鬼母，反笑爲哭，我嬰甯何常憨耶。竊聞山中有草，名『笑矣乎』，嗅之則笑不可止。房中植此一種，則合歡、忘憂，並無顏色矣。若解語花，正嫌其作態耳。」

鹿

總論旁喻

題解

漢 許愼《説文》卷一〇　鹿，獸也，象頭角四足之形。鳥鹿足相似，从匕。凡鹿之屬皆从鹿。盧谷切。

麚，牡鹿。从鹿，叚聲。以夏至解角。古牙切。

麟，大牝鹿也。从鹿，粦聲。力珍切。

麌，鹿麛也。从鹿，耎聲，讀若偄弱之偄。奴亂切。

麠，鹿迹也。从鹿，速聲。桑谷切。

麛，鹿子也。从鹿，弭聲。莫兮切。

麉，鹿之絶有力者。从鹿，幵聲。古賢切。

麋，鹿屬。从鹿，米聲。麋冬至解其角。武悲切。

麎，牝麋也。从鹿，辰聲。植鄰切。

麔，大麋也，狗足。从鹿，旨聲。居履切。或从几。

麔，麋牝者。从鹿，咎聲。其久切。

麠，大鹿也。牛尾，一角。从鹿，畺聲。舉鄉切。或从京。

麃，麠屬。从鹿，㶣省聲。薄交切。

麈，麋屬。从鹿，主聲。之庾切。

麞，鹿屬。从鹿，圭聲。古攜切。

麝，如小麋，臍有香。从鹿，䠶聲。神夜切。

麙，似鹿而大也。从鹿，與聲。羊茹切。

麀，牝鹿也。从鹿，从牝省。於虯切。或从幽聲。

宋 戴侗《六書故》卷一八　鹿，盧谷切，鹿支角，象其角足也。《單㬥》、《癸㬥》文。鹿之象形。

麀，於求切。母鹿也。象其下有子，與牝同。別作□。鹿之會意。

麋，旻悲切。麋與鹿同而大。《月令》：麋角冬至解，鹿角夏至解。

麚，古牙切。《爾雅》曰：牡鹿也。短脰又作麚。

麛，莫兮切，鹿胎也。凡孕獸曰麛，鳥曰卵。《周官》禁麛卵者。

麑，吾雞切，鹿子也。《魯語》曰：獸長麑麌。

麌，烏皓切。麋子也。古單作夭。《記》曰：不殀夭。又曰：胎夭多傷。

麈，止庾切。《説文》曰：麋屬。《唐本》曰：大力一角。似鹿而大，尾可爲拂辟塵。

《爾雅》曰：麋，其子麌。康成曰：少長曰夭。陸氏曰：烏老切。

明 李時珍《本草綱目》卷五一《鹿》　釋名：斑龍。時珍曰：鹿字篆文象其頭角身足之形。《爾雅》云：鹿牡曰麚，音加。牝曰麀，音攸。其子曰麛，音迷。絶有力曰麉，音堅。斑龍名出澹寮方。按《乾寧記》云：鹿與遊龍相戲，必生異角。則鹿得稱龍，或以此與。梵書謂之密利迦羅。

集解：時珍曰：鹿處處山林中有之。馬身羊尾，頭側而長，高脚而行速。牡者有角，夏至則解，大如小馬，黄質白斑，俗稱馬鹿。牝者無角，小而無斑，毛雜黄白色，俗稱麀鹿。鹿孕六月而生子。鹿性淫，一牡常交數牝，謂之聚麀。性喜食龜，能別良草，食則相呼，行則同旅，居則環角外向以防害，卧則口朝尾閭以通督脈。殷仲堪云：鹿以白色爲正。《述異記》云：鹿千歲爲蒼，又五百歲爲白，又五百歲爲玄。玄鹿骨亦黑，爲脯食之，可長生也。《埤雅》云：鹿乃仙獸，自能樂性，六十年必懷璚于角下，斑痕紫色，行則有涎，不復急走，故曰鹿戴玉而角斑，魚懷珠而鱗紫。沈存中《筆談》云：北狄有駝鹿，極大而色蒼黄無斑，角大而有文，堅瑩如玉，茸亦可用。《名苑》云：鹿之大者曰麈，羣鹿隨之，視其尾爲準。其尾能辟塵，拂氈則不蠹，置茜帛中，歲久紅色不黯也。

又《麋》　釋名：時珍曰：陸佃云：麋喜音聲。班固云：麋性淫迷。則麋之名義取乎此。《爾雅》云：牡曰麔，音咎。牝曰麎，音辰。其子曰麌，音夭。

集解：《別録》曰：麋生南山山谷及淮海邊，十月取之。弘景曰：今海陵間最多，千百爲羣，多牝少牡。時珍曰：麋，鹿屬也。牡者有角。鹿喜山而屬陽，故夏至解角。麋喜澤而屬陰，故冬至解角。麋似鹿而色青黑，大如小牛，肉蹄，目下有二竅爲夜目。故《淮南子》云：孕女見麋而子四目也。《博物志》云：南方麋千百爲羣，食澤草，踐處成泥，名曰麋畯，人因耕穫之。其鹿所息處謂之鹿場也。今獵人多不分別，往往以麋爲鹿。牡者猶可以角退爲辨，牝者通目爲麀鹿矣。

又《雙頭鹿》　釋名：茶苜機。時珍曰：茶苜機，音蔡茂機，番言也。出《博物

志》。舊本訛作茶苴機，又作余義，亦茶苜之訛也。

集解：藏器曰：按張華《博物志》云：茶苜機，出永昌郡，是兩頭鹿名也。似鹿，兩頭，其胎中屎以四月取之。范曄《後漢書》云：雲陽縣有神鹿，兩頭，能食毒草。《華陽國志》云：此鹿出雲陽南郡熊舍山，即余義也。時珍曰：按盛弘之《荊州記》云：武陵郡雲陽山點蒼山産兩頭獸，似鹿，前後有頭，一頭食，一頭行，山人時或見之。段成式《雜俎》云：雙頭鹿矢名耶希，夷人謂鹿爲耶，謂屎爲希。按唐韻屎字又音希，即此義也。

論説

漢 劉安《淮南子》卷九《主術訓》 鹿之上山，獐不能跂也。及其下，牧豎能追之，才有所脩短也。

唐 呂温《由鹿賦有序》（《歷代賦彙》卷一三四引） 貞元丁卯歲，予南出襄樊之間。遇野人縶鹿而至者，問之，答曰：「此爲由鹿，由此鹿以誘致羣鹿也。」備言其狀，且曰：「此鹿每有所致，輒鳴嗥不飲食者累日。」予喟然歎曰：「虞之即鹿也，必以其類致之；人之即人也，亦必以其友致之。寔繁有徒，古之然矣。嗟乎！鹿無情而猶知痛傷，人之與謀宴安殘酷者，彼何人斯！」物微感深，遂作賦曰：鹿之生兮，亦秉亭毒。備齒角以無競，循性情而自牧。姑有味於行止，尚焉知乎倚伏。捨爾崇林，輕遊近麓。偶巧網之生致，蒙主人之全育。飲以濼井，飼於芳庭。寢卧荃柔，騰倚蘭馨。露往霜來，日安月寧。雖矯性而非樂，終感恩而不驚。曾不知養非翫物，用有深意。命曰由鹿，俾陷其類。涼秋八月，爽景清氣。羈致山阿，縻於蹊遂。設伏以待，翳叢而伺。同氣相求，誘之孔易。將必慕侶，豈云貪餌？呦呦和鳴，麌麌狎至。彼泯慮於猜信，此無情於誠僞。孰是蒼卒，禍生所忽。毒鏑歘以星貫，潛機劃其電發。或洞胸而達腋，或折足而碎骨。望林巒兮非遠，顧町疃兮未滅。風嗥澤而北迅，日掩山而西没。走駭侶於巖煙，叫饑麛於澗月。苟行路之聞者，孰不心摧而思絶。相爾由矣，野心而仁。望純束子驚惋，顧獲車兮逡巡。視鼎中之消爛，覩機上之剖分。忽哀鳴以感類，若況痛之在身。雖復處之密邇，享以豐珍。比檻猿之駭躍，同海鳥之愁辛。敢擇音而後死，思走險其何因。痛無知以相陷，含惋毒而莫伸。客有感而言曰：物誠有諸，人亦宜乎。摭事或比，原心則殊。借如淮陰搆禍，冤在神理。通説且拒，豨謀寧起。堂堂蕭公，實曰知己。紿致鍾室，胡寧忍此。呂禄之難，誰非漢臣。交則不義，賣亦不仁。彼美酈生，既爲交親。誘襲軍印，豈無他人。於戲！微獸傷類，如不自容。忍人賣友，而享其功。滅交道兮墜義風，曾麋鹿之不若。何仁信之可宗，已焉哉！諒此世之茫茫，吾未見其始終。

宋 陸佃《埤雅》卷三《鹿》 《字統》曰：「鹿性警防，分背而食，以備人物之害。」蓋鹿萃善走者，分背而食，食則相呼。羣居則環其角外向，以防物之害己。故《詩》以況君臣之義。而《毛詩草蟲經》曰：「鹿欲食，皆鳴相召，志不忌也。」《周官》曰：「視朝，則皮弁服。」皮弁正以鹿皮爲之，蓋取諸此。鹿愛其類，發於天性。《詩》曰：「王在靈沼，於牣魚躍。」「王在靈囿，麀鹿攸伏。」正言魚、鹿者，言人之與物異類，則鳥見之高飛，魚見之深入，鹿見之決驟。今魚樂於沼、鹿安於囿如此，則以文王之德行於靈沼、靈囿故也。《爾雅》「麋」曰「其跡躔」，「鹿」曰「其跡速」，「麕」曰「其跡解」，「兔」曰「其跡迒」，「豕」曰「其跡刻」，「狐」曰「其跡㐬」。蓋麋性迷惑，故其跡躔而不解；麕性散驚，故其跡解而不躔；鹿善決驟，故其跡速而不㐬；狐善遲疑，故其跡㐬而不速；豕性追突，故其跡刻；兔性跳躑，故其跡迒。今兔將伏，輒跳躑擺跡，人反以此得之。《韓子》曰：「譬如兔得跡，安用東西跳也？」《小爾雅》曰：「鳥之所乳謂之巢，雞雉所乳謂之窠，兔之所息謂之窟，鹿之所息謂之場。」《詩》曰：「町疃鹿場。」言町畦村疃之中無人焉，故鹿以爲場也。舊説鹿者仙獸，常自能樂，性從其雲泉，至六十年必懷瓊於角下，角有斑痕，紫色如點。行或有涎出於口，不復能急走也。蓋鹿戴玉而角斑，魚懷珠而鱗紫。故有諸中，未有不形於外也。

又《麈》 麈獸似鹿而大，其尾辟塵，以置蒨帛中，能令歲久紅色不黦；又以拂氊，令氊不蠹。蓋蠅點變白，麈尾留紅，而狐白貂鼠之類，燕見之則毛脱，物有相制，其異如此。今麋鹿醜亦喜紅，南人取之，則衣絳服而舞，麋鹿輒注視不動，因以利刀刺之。《名苑》曰：「鹿之大者曰麈，羣鹿隨之，皆視麈所往，麈尾所轉爲準。」於文，主鹿爲麈。而古之談者揮焉，良爲是也。《恩平郡譜》曰：「沈牛謂之回，沙牛謂之磨，麈謂之荒，鹿謂之墠。」

又 卷四《麋》 《白虎通》曰：「熊爲獸巧猛，麋爲獸迷惑，故天子射熊，諸侯射麋。」麋，水獸也，青黑色，肉蹄，一牡能乘十牝。鹿屬也，故麋之文从鹿，从米則以麋性善迷故也。麋善迷而害稼，故《周官》「大夫供麋侯」，「麋」言討惑除害也。大夫以智帥人，故所射如此獸。又云「冬獻狼，夏獻麋」者，冬，物成之時，

狼殘物之尤者；夏，稼生之時，麋害稼之衆者。《春秋》書「多麋」，爲是故也。各於其尤害物之時，罟而獻之，明設官主，以除民物之害。《月令》仲夏曰「鹿角解」，仲冬曰「麋角解」。鹿以夏至隕角而應陰，麋以冬至隕角而應陽，《淮南子》曰「日至而麋鹿解」是也。説者以爲鹿角者挾陰之陽也，故應陰而隕角；麋角者挾陽之陰也，故應陽而隕角。蓋鹿肉食之煗，以陽爲體也；麋肉食之寒，以陰爲體也。以陽爲體者，以陰爲末；以陰爲體者，以陽爲末。角，末也，故其應陰陽如此。《淮南子》曰：「孕婦見兔而子缺脣，見麋而子四目，物有似然而似不然者。」麋有四目，其二，夜目也，《類從》所謂「目下有竅，夜即能視之」是也。藥議曰：「按《月令》，冬至麋角解，夏至鹿角解，陰陽相反如此。今人用麋、鹿茸作一種，殆踈也。又用刺麋鹿血以代茸者，云茸亦血爾，此大誤也。」竊詳古人之意，凡含血之物，肉差易長，其次角難長，最後骨難長。故人自胚胎至成人，二十年骨髓方堅。唯麋角自生至堅，無兩月之久，大者乃重二十餘斤，其堅如石，計一夜須生數兩。凡骨之頓成，生長神速無甚於此，雖草木至易生者，亦無能及之。此骨血之至強者，所以能補骨血、堅陽道、強精髓也。頭者，諸陽之會，衆陽之聚，上鍾于角，豈可與凡血爲比哉！麋茸利補陽，鹿茸利補陰。凡茸，無樂太嫩，世謂之「茄子茸」，但珍其難得爾，其實少力；堅者又太老；惟長數寸，破之肌如朽木，茸端如馬腦紅玉者最善。又北方戎狄中有麋鹿、駝鹿，極大而色蒼，尻黃而無斑，亦鹿之類，角大而有文，堅瑩如玉，其茸亦可用。

宋 蔡卞《毛詩名物解》卷九《鹿》 《字説》曰：鹿性警防，相背而食，以備人物之害。蓋鹿羣居善走者也，分背而食則相呼。羣居則環其角外向，以備物之害己，故詩以況君臣之義。而《詩草蟲經》曰：鹿欲食，則皆鳴相召，志不忌也。蓋鹿愛其類，發於天性。《周官》曰：「視朝則服皮弁」，正以鹿皮爲之，蓋取諸此。《詩》曰：王在靈沼，於牣魚躍。王在靈囿，麀鹿攸伏。言人之與物異類，則魚見之深入，鹿見之決驟。今魚樂於沼，鹿安於囿，如此則以文王之德行於靈沼、靈囿，而有以及之故也。《小爾雅》曰：鳥之所乳謂之巢，雞雉所乳謂之窠，兔之所息謂之窟，鹿之所息謂之場。《詩》曰：町畽鹿場。言町畽之中，無人焉，故鹿以爲場也。

又《麈》 麈獸似鹿而大，其尾辟塵，以置蒨帛中，能令歲久紅色不涴，又以拂氈不蠹。蓋蠅點變白，麈尾留紅。而狐白貂鼠之類，燕見之則毛脱。物有相制，其異如此。今麋鹿醜，亦喜紅，南人取之，則衣赭服而舞，麋鹿注視不動，因以利刃刺之。《名苑》曰：鹿之大者曰麈，羣鹿隨之，皆視麈尾所轉爲準。於文主鹿爲麈，而古之談者揮焉，良爲是也。《恩平郡譜》曰：沉牛謂之回，沙牛謂之磨，鹿謂之荒，麈謂之擢。

又 卷一〇《麢》 崔豹《古今注》曰：「鹿有角而不能觸，麞有牙而不能噬。麞，麢也。齊人謂麢爲麞。麞如小鹿而美，故從麞也。章，美也。」《易》曰：「陰雖有美，含之以從王事。」古之制字如此。麞從章，⿸鹿音從音，其義一也。《語》曰：「四足之美有麃。」麃即麞也。或曰：「麞性善驚，故從章。」《吴越春秋》曰：「章者，偉偟也。」蓋麢、鹿皆善駭，而麢尤怯，飲水見影輒奔。《道書》曰：「麞鹿白膽善驚。」爲是故也。《詩》曰「野有死麢，白茅包之」云。《考工記》曰：「山以麞，水以龍。」言畫水必以龍，畫山必以麞也。麞，山物也。蓋麞性喜山，麋性喜澤，鹿性喜林。故林屬於山爲麓，而其字從鹿。麓者，鹿之所在故也。鹿，林獸也。麋，澤獸也。《博物志》曰：「麋掘澤草而食，其場成泥，名曰麋暖。」民隨此暖種稻，不耕而穫其收百倍。麢性羣聚，故從囷。囷，聚也。《語》曰：「市無赤米，而囷鹿空虛。」先儒以爲圓曰囷方曰鹿，蓋鹿亦羣聚，故囷或謂之鹿也。

宋 羅願《爾雅翼》卷二〇《鹿》 六爲律，律主鹿，故鹿六月而生。鹿雖應律，然非辰屬，八卦無主。故陶隱居云：「古稱馬之似鹿者直百金。」今荆楚之地，其鹿絶似馬，當解角時，望之無辨，土人謂之馬鹿。以是知趙高指鹿爲馬，蓋以類爾。鹿角無枝曰角，有枝曰觡。又獵者云，鹿自有無角者，名爲獵鹿。凡鹿夏則解角而易毛，冬則角長而毛深；故喪車鹿淺幦，説者謂以鹿夏皮爲覆笭也。古者伏犧之世，麗皮爲禮。按《説文》《集韻》云：「麗，旅行也。鹿之性，見食急則必旅行。禮，麗皮納聘，蓋鹿皮也。」皮弁以白，鹿皮爲冠。益州人取鹿，殺而埋地中，令臭，乃出食之，名鹿殜。鄭康成説。《曲禮》云：「國君春田不圍澤，大夫不掩羣，士不取麛卵。」又《月令》孟春云：「毋麛毋卵。」以春時先乳，特禁之也。然《周官迹人》「掌邦田之政，令禁麛卵者」，説者曰「此謂四時常禁也」。注云「爲其天物且害生多」。里革曰：「獸長麑麌。」孟孫獵而得麑，使秦西巴持歸烹之，麑母隨之而嘑。秦西巴弗忍，縱而予之。《論語》稱「孔子素衣麑裘」。《孔叢子》曰：「孔子爲司寇，攝朝事，人歌之曰：麛裘之芾，投之無戾。芾之麛裘，投之無郵。」麋，鹿麛也。黄帝時，南夷乘白鹿來獻鬯。成周黑齒貢白鹿。漢武以白鹿皮爲幣。《宋·符瑞志》：「白鹿，王者明惠及下則至。」

又《麋》 麋，與鹿相反。鹿是陽獸，情淫而遊山，夏至得陰氣而解角，從

陽遌之象。麇是陰獸，情淫而遊澤，冬至得陽氣而解角，從陰遌之象。今海陵最多，千百爲羣，多牝少牡。人言一牡輒交十餘牝。又與鹿交。魯莊公十七年，冬多麇。劉向以爲麇色青，近青祥也。麇之爲言迷也。蓋牝獸之淫者，是時莊公將取齊之淫女，其象先見。京房《易傳》曰：「廢正作淫大不明，國多麇。」又曰：「震遂泥厥咎，國多麇。」古者獸人，冬獻狼，夏獻麇。麇之性黠。《戰國策》陳軫曰：「今山澤之獸，無黠於麇。麇知獵者張網而驅己也，回還走而冒人至數。獵者知其詐僞。提網而進之，麇因得矣。」《淮南子》曰：「孕婦見兔而子缺唇，見麇而子四目。」武帝天漢四年，令諸侯王大國朱輪，特虎居前，左兕右麇；小國朱輪，畫特熊居前，寢麇居左右，卿車者也。古天子燕射，熊侯白質，諸侯麇侯赤質。又許慎云，古禮執羔麇鹿，取其跪乳，羣而不黨。按鹿子曰麛，麇子曰麌。羊既用羔，則麇鹿亦當用麛麌。爲物既小，可得而擾也。《後漢志》：「廣陵東陽縣多麇。」注：「《博物志》曰：千千爲羣，掘食草根，其處成泥，名曰麇畯。民人隨此畯種稻，不耕而獲。」然則古謂水澤之地，如孟諸之麇者，豈此地類也？《左傳》：「迹人來告曰：逢澤有介麇焉。」《說文》「麐，麇牡者」。「麎，牝麇也」。

又《麈》 麈，大鹿也。其字從主，若鹿之主焉。麈之所在，衆從之。其尾可用爲拂，談者執之以揮，言其談論所指，衆不能易也。《上林賦》：「沈牛麈麋。」《漢書》：「粵地山多麈麖。」麈，似鹿而大；麖，似鹿而小。其尾能留紅色，婦人以寘蒨帛中，經十餘年色不退，以拂氊則氊不蠹。《周書·主會篇》：「稷謹貢大麈。」稷謹，謂肅謹。又《世俘篇》：「武王狩，禽麈十有六。」

明 何三畏《新刻何氏類鎔》卷三四《鹿》 夏禹王，神鹿行于河水。穆天子金鹿賜于曹奴。西王母遣使于黄帝，而白鹿以獻環效靈。唐玄宗駕幸于温泉，而白鹿以升天見異。夷齊棄薇而以鹿爲乳，辛孟游世而與鹿爲群。李渤嘗養鹿于廬山中，辛繕得馴鹿于華陰下。玄都道士之鹿善候，每見客而鳴迎。京山村驛之鹿善圍，常在前而結寨。唐頌廬墓而鹿拾食于塚邊，伍襲哭親而鹿悲鳴于墳上。丁茂之居母喪而一鹿遊于左右，亦其孝感之徵。鄭弘之守臨淮而兩鹿夾于車轅，乃其宰衡之兆。有罪失鹿者，以蘇則之諫，而其罪遂赦。有禁殺鹿者，以高柔之疏，而其禁遂弛。裴寬之餽食鹿而瘞之園内，所以稱廉。鄭人之斃駭鹿而藏之湟中，所以致夢。鹿有觸網而解放者，孫法宗之仁心所以能全境内。鹿有中箭而養療者，孔佑之至行，所以可通神明。不忍于麋，必不忍于吾子，此孟孫之所以傳西巴也。既殺其母，何忍復殺其子，此魏明之所以悟文帝也。豫章空亭之鹿，常變爲黄衣人，謝鯤牽之窓中而斷髀視之，乃絶其怪。淮南閒田之鹿，忽變爲青裾女，陳氏照之鏡内而持刀斫之，乃滅其妖。若石室之鹿詐爲人形，金陵之鹿忽作人語，噫亦足異矣。

駕四白鹿于越之宫中，雨一蒼鹿于漢之宫内。兩頭鹿出于滇郡，三角鹿出于江陵，食毒鹿出于熊倉山，長生鹿出于宜春苑。有鹿高一丈九寸者出餘干縣，有鹿重一百八十斤者出北虢州。有鹿似馬者，售之其值千金。有鹿作脯者，食之其壽千歲。有鹿六十年角下懷瓊者，急之不能走。有鹿五六頭毛斑如畫者，射之不能傷。鹿有膽中珠者，一時得之以爲祥。鹿有懷中胎者，四月取之以解毒。

清 張必剛《濬元》卷三《麇角解冬至中候》 陰性遇陽而迷失，故麇之爲言迷也。夫麇何以迷也？曰：麇貌鹿者，鹿之乎山。麇也，不山而澤。狃水草而蹂躪焉，吾以是知其迷也。夫性莫陽於鹿，似鹿者莫甚於麇。牝麇牝鹿俱不角，而麇之角又不如鹿之角之貴也。陽之萌，鹿之角不失，而麇之角不能不失也，麇其先迷者耶。夫麇貌鹿者也，角之失不失，辨貌者也。性不似，貌雖似無益，而況乎其究有辨也。則亦何以貌爲也。

又 卷五《鹿角解夏至初候》 使鹿不岸然竪頭角，則人雖欲角之踣之，而亦不能遽得之矣。夫頭角與禍隨者，何者？天下物有頭角者少，而無頭角者多。有角者恒自矜其角，不肯與無角者儕。無角者亦必欲折其角，不肯使有角者獨。故無角者之忌常深，而有角者之禍常烈。今鹿之有角也，即予人以角之之具也。當其未有角也，惟懼其角之不速見也。及人之角之，又自悔其速見，與不速解也。夫以物之善驚如鹿，善分皆防患如鹿，善回顧如鹿，善走如鹿，猶不免爲角累，而況其他乎。雖然，鹿則已矣。角而解，亦可無悔矣。然則慮陽亢之悔者，其獨可岸然竪頭角也耶？

系曰：昔有人指庭樹，問邵堯夫曰：此樹何年月日時生，何年死？堯夫不應。再問，再不應。且曰：樹未有動處也。頃之，樹一葉落，堯夫曰：動幾得矣。遂筭之，曰：此樹某年月日時生，某年月日時死。夫萬物莫不皆有生死，其生其死皆有幾。人齒髮之有秃豁，鳥獸毛羽之有希革，鹿角之有脱解，順而數之，皆可知其所始者，逆而數之皆可知其所終顧人與草木鳥獸及鹿角等，日呈其幾以示人，而人卒無有能筭其終始者，則味幾之故也。夫幾近呈於物，而遠之遂及天地。故鹿角之解，不獨知鹿之所自始所自終，即可知一歲之始終。推而廣

之，即可知天地之始終也。幾之不可忽如是。

贊曰：山麓之人樵，入巖徑，獲鹿子以歸。或告之，以牝羊乳之，樵人遂買牝羊，日抱鹿子就以乳。鹿既長且大，自矜其有力與角也，時觸牝羊。羊有羣，即欺侮其羣。羊見其然，即與鬬，時時率其羣來鬬，而終負不勝，鹿之力大而角杈枒以利故也。鹿驕甚，羊愈憤怒，不服弱，欲共殺之以斃。樵人懼傷鹿，搆閑而障之。鹿久不鬬，角癢甚，叫跳閑中，若迫欲試者。一旦逸出，施施望羊陣走。蓋是時角已漸損欲脱矣，而鹿不知也，故一試崩於地，羣羊見之，遂相與環觸而斃之。時某年五月日事。

綜述

《禮記·月令》 「仲夏之月」鹿角解，蟬始鳴。【略】「仲冬之月」麋角解，水泉動。

漢 戴德《大戴禮記·公冠》 麋鹿角長短大小似律，故禽鹿六月而生也。麢麇之屬，皆以六月生也。宋均曰：以所包者多，故舉禽獸之名，雖有飛走之異，實亦通也。

明 梁寅《詩演義》卷一 野有死麢，白茅包之。有女懷春，吉士誘之。興也。或曰賦也。麢，獐也，似鹿而小，無角而有牙。《古今注》：「獐有牙，不能噬。鹿有角，不能觸。」女子當春而有所懷思，爲美士所誘，固其常也。而賢女獨有以自守。故詩人將稱其賢，而先以常情言之。其曰興則因所見以起興。曰賦則實以白茅包死麢而遺此女也。

又 卷九 呦呦鹿鳴，食野之蘋。我有嘉賓，鼓瑟吹笙。吹笙鼓簧，承筐是將。人之好我，示我周行。

三章皆興也。「呦呦鹿鳴，食野之蘋」，呦呦者，聲之和也。蘋者，陸生之草，謂之蘋蒿，青白色，莖似筯，始生而嫩，人可生食，亦可蒸食。

明 季本《詩説解頤正釋》卷一五 呦呦鹿鳴，食野之芩。興也我有嘉賓，鼓瑟鼓琴。鼓瑟鼓琴，和樂且湛。我有旨酒，以燕樂嘉賓之心。興慮

芩，草也，莖如釵股，葉如竹，蔓生澤中下地鹹處，牛馬亦喜食之。湛，樂之甚也。燕樂其心則情相洽。華陽范氏曰：「非止養其體，娱其外而已，所以樂其心也。」鹿本山林之性，在野以食非可羈縻者，如賢者隱處山林，非人君所能屈致故。三章皆以鹿之在野者起興，此非語他國使臣之辭也。

明 黄省曾《獸經》 麈統其類。

獸似鹿而大。《名苑》曰：鹿之大者曰麈，羣鹿隨之，皆視麈所往，麈尾所轉爲準。

清 閻若璩《四書釋地又續》卷下《麋鹿》 余《釋地》既釋及人矣，宜亦間釋及物，蓋物亦地之所生也。如大曰鴻，小曰雁，出《毛傳》，《説文》因而例之曰「大曰麋，小曰鹿」，註云「麋，鹿之大者」，似不可。《説文》：「麋，鹿之屬耳。」其別處在，麋，澤獸，屬陰；鹿，山獸，屬陽。至哀十四年「逢澤有介麋焉」，麋，一本作麋。介，大也。介麋謂麋之大者，非謂麋大於鹿，此亦訓詁之未精者。

清 吴玉《別雅》卷二 蕉鹿，樵鹿也。《列子·周穆王篇》鄭人有薪于野者，遇駭鹿擊而斃之，恐人見之也，藏諸隍中，覆之以蕉。註：與樵同，謂所采之柴薪也。《説文》：樵，散木也。《廣韻》：柴也。《莊子·人間世》：死者以國量乎。澤若蕉，亦與樵同。《韻書》誤認蕉爲芭蕉之蕉，以蕉鹿事隸蕉字。本音下，相沿既久，莫知其誤。

清 嵇璜《續通志》卷一八〇 麈，一名荒，鄖縣宣君山出麈尾。《埤雅》云：似鹿而大，其尾辟塵。《説文》：麋屬。

案：麈之爲獸，前人多未詳，或以爲麋屬，或以爲似鹿。古來博物家亦僅拘守成編，沿襲故見而已。蓋南人目未見麈，惟據紙上陳言互相傳會，北方之人又習而莫察，無怪乎以訛傳訛，遂至誤認麈爲麋與鹿者紛紛矣。伏讀御製《麈角解説》，始知冬至解角者非麋，并知俗名長尾鹿爲麈自此。物類有分，稱名不混，洵足辨謬證訛，永垂格致之經，而解千古之惑也。

又案：以上三種，《鄭志》未載，備録以補麋屬之缺。

紀事

《列子·周穆王》 鄭人有薪于野者，遇駭鹿，御而擊之，斃之。恐人見之也，遽而藏諸隍中，覆之以蕉，不勝其喜。俄而遺其所藏之處，遂以爲夢焉。順途而咏其事。傍人有聞者，用其言而取之。既歸，告其室人曰：「向薪者夢得鹿而不知其處；吾今得之，彼直真夢者矣。」室人曰：「若將是夢見薪者之得鹿邪？詎有薪者邪？今真得鹿，是若之夢真邪？」夫曰：「吾據得鹿，何用知彼夢

我夢邪？」薪者之歸，不厭失鹿，其夜真夢藏之之處，又夢得之之主。爽旦，案所夢而尋得之。遂訟而争之，歸之士師。士師曰：「若初真得鹿，妄謂之夢；真夢得鹿，妄謂之實。彼真取若鹿，而與若争鹿。室人又謂夢仞人鹿，無人得鹿。今據有此鹿，請二分之。」以聞鄭君。鄭君曰：「嘻！士師將復夢分人鹿乎？」訪之國相。國相曰：「夢與不夢，臣所不能辨也。欲辨覺夢，唯黄帝孔丘。今亡黄帝孔丘，孰辨之哉？且恂士師之言可也。」

唐 柳宗元《柳河東集》卷一九《臨江之麋》 臨江之人畋得麋麑，童曰麋麑，鹿子也。畜之。入門，羣犬垂涎揚尾，皆來。其人怒怛之。自是，日抱就犬習示之，使勿動。稍使與之戲，積久，犬皆如人意。麋麑稍大，忘己之麋也，以爲犬良我友，抵觸偃仆益狎。犬畏主人，與之俯仰甚善，然時啖其舌。三年，麋出門外，見外犬在道甚衆，走欲與爲戲。外犬見而喜，且怒，共殺食之，狼籍道上，麋至死不悟。

宋 孫光憲《北夢瑣言》卷四《逸文》 江陵松滋枝江村射鹿者，率以淘河烏脛骨爲管，以鹿心上脂膜作簧，吹作鹿聲，有大號小號呦呦之異。或作麀鹿聲，則麚鹿畢集，蓋爲牝聲所誘。人得彀矢而注之。南中多鹿，每一牡管牝百頭，至春羸瘦，蓋遊牝多也。及夏則唯食菖蒲一味，却肥當角解之時，其茸甚痛。獵人逢之，其鹿不敢逸走，伏而不動。獵者以繩繫其茸，截而取之。先以其血來噉，然後斃鹿，何其苦也歟？夫狨麝孔雀以有用賈害，良可愍之。

明 陳其力《芸心識餘》卷三《鹿鳴》 《鹿鳴之章》曰：「呦呦鹿鳴，食野之蘋。」西山真氏曰：「鹿食蘋則相呼，呦呦焉而樂。」裴安祖，少聰慧，年八九歲，就師講《詩》，至《鹿鳴篇》，語諸兄曰：「鹿雖禽獸，得食相呼，而況於人乎？」自此之後，未嘗獨食。弱冠，州辟主簿。民有兄弟争財，詣州相訟。安祖以禮義責讓之，明日兄弟相率謝罪。

藝文

《詩經·小雅·鹿鳴》 呦呦鹿鳴，食野之蘋。我有嘉賓，鼓瑟吹笙。吹笙鼓簧，承筐是將。人之好我，示我周行。

呦呦鹿鳴，食野之蒿。我有嘉賓，德音孔昭。視民不恌，君子是則是效。我有旨酒，嘉賓式燕以敖。

呦呦鹿鳴，食野之芩。我有嘉賓，鼓瑟鼓琴。鼓瑟鼓琴，和樂且湛。我有旨酒，以燕樂嘉賓之心。

漢 公孫詭《文鹿賦》（《歷代賦彙》卷一三四引） 麀鹿濯濯，來我槐庭。食我槐葉，懷我德聲。質如緗縟，文如素綦。呦呦相召，小雅之詩。歎丘山之比歲，逢梁王於一時。

唐 李嶠《鹿》（《全唐詩》卷六〇引） 涿鹿聞中冀，秦原辟帝畿。柰花開舊苑，萍葉藹前詩。道士乘仙日，先生折角時。方懷丈夫志，抗首別心期。

唐 韋應物《韋蘇州集》卷八《述園鹿》 野性本難畜，玩習亦逾年。麑班始力直，麚角已蒼然。仰首嚼園柳，俯身飲清泉。見人若閒暇，蹶起忽低騫。茲獸有高貌，凡類寧比肩。不得遊山澤，跼促誠可憐。

唐 韋應物《虞獲子鹿》（《全唐詩》卷一九五引） 虞獲子鹿，憫園鹿也。遭虞之機張，見畜於人，不得遂其天性焉。虞獲子鹿，畜之城陬。園有美草，池有清流。但見蹶蹶，亦聞呦呦。誰知其思，岩谷雲遊。

唐 張籍《張司業集》卷二《山頭鹿》 山頭鹿，角芰芰，尾促促。貧兒多租輸不足，夫死未葬兒在獄。旱日熬熬蒸野岡，禾黍不收無獄糧。縣家唯憂少軍食，誰能令爾無死傷。

唐 賈島《鹽池院觀鹿》（《全唐詩》卷五七四引） 條峰五老勢相連，此鹿來從若個邊。別有野麋人不見，一生長飲白雲泉。

唐 釋寒山《寒山詩集》卷一九 人生一百年，佛説十二部。慈悲如野鹿，瞋怒似家狗。家狗趕不去，野鹿常好走。欲服獼猴心，須聽獅子吼。

唐 施肩吾《山中玩白鹿》（《全唐詩》卷四九四引） 繞洞尋花日易銷，人間無路得相招。呦呦白鹿毛如雪，踏我桃花過石橋。

宋 梅堯臣《宛陵集》卷六六《麈尾賦》 野有壯麈兮，罹虞人於廣原。其身已殺，其肉已燔，其骨已棄，獨其尾之猶存。飾雕玉以爲柄，入君握而承言。聊指麾之可任，雖脱落而蒙恩。噫，譬諸犬豕，其死則均。其肉與骨，亦莫逡巡。自古及今，若此泯没者，日有億計。曾不一毫以利人，是以生若蚍蜉，死若埃塵。生無以異於其類，死不爲時之所珍。故仲尼疾没世而名滅，子長亦著論而有因。乃感茲獻，而用告乎朋親。

宋 王令《廣陵集》卷一七《馴鹿》 日日野心新，籠檻外強馴。祇消指馬相，便有逐原人。昔起歌賓興，今無伏囿仁。豺狼好牙爪，應笑角如麟。

宋 韋驤《錢塘集》卷一《得鹿利州嵩平道》 呦呦山中鹿，倉卒出深藪。車徒欻以至，驚顧却衝走。荷篋適當之，觝觸難措手。一夫不能勝，掎角賴前後。我馬止其所，險隘不敢驟。思欲縱之去，騰突懼反受。蹄躈縶四足，憤氣徒陰吼。更番耦八肩，雙雙度九堠。順風率汗背，暮達行館右。解徽置中庭，微息已絶脰。事殊注虞旗，難以公私剖。臠割遇善屠，騂砉聲隨肘。均霑及兵隸，不使或薄厚。投醪古所重，沉此徧羣口。聞音不食肉，兹義予獨守。猗嗟鹿之微，其命殆非偶。不由馳獵窘，不以罟擭誘。逡巡赴死地，有若杵投臼。無乃失所向，猖狂自貽咎。彼類榛莽間，知而能警否。

宋 蘇轍《詩集傳》卷九 鹿鳴，燕羣臣嘉賓也。

呦呦鹿鳴，食野之蘋。我有嘉賓，鼓瑟吹笙。吹笙鼓簧，承筐是將。人之好我，示我周行。

蘋，藾蕭也。筐，篚屬，所以行幣帛也。周，忠信也。鹿食於野，無所畏忌，則悠然自得而鳴呦呦矣。我有嘉賓而禮樂以燕之，從容以盡其歡，使其自得，如鹿之食蘋，則夫思以忠信之道示我矣。忠信者可以願得之，而不可强取也。

呦呦鹿鳴，食野之蒿。我有嘉賓，德音孔昭。視民不恌，君子是則是傚。我有旨酒，嘉賓式燕以敖。

視，觀也。恌，輕也。敖，遊也。

呦呦鹿鳴，食野之芩。我有嘉賓，鼓瑟鼓琴。鼓瑟鼓琴，和樂且湛。我有旨酒，以燕樂嘉賓之心。

芩，草也。湛，樂之久也。

宋 曹勛《松隱集》卷一九《懷素逐鹿帖贊》 懷素字畫名唐中，蓋用意甚篤，加以琢削礱礪，會於瑋奇，故此帖自喜，至以所能，欲逐鹿中原，則其自負，豈止扛鼎！計旭聞之，當不憚並驅也。贊曰：藏真書法，未視公卿。草聖欲來，以酒爲兵。意並逐鹿，雄傑可矜。旭顛素狂，弄翰之英。

宋 張鎡《南湖集》卷四《命鹿》 雙鹿林泉友，新居後我成。角低方長旺，斑嫩未分明。濯濯菰塘晚，呦呦草逕晴。仙疇吾種玉，汝輩耦而畊。

元 耶律楚材《湛然居士集》卷一《鹿尾》 鑾輿秋獮獵南岡，鹿尾分甘賜上方。濃色殷殷紅玉髓，微香馥馥紫瓊漿。韭花酷辣同葱薤，芥屑差辛類桂薑。何似膻根蘸濃液，邀將詩客大家嘗。一作「流匙滑飫大家嘗」。

又 卷一四《和景賢贈鹿尾二絶》 日暮長楊獵騎歸，西風弓硬馬初肥。今年鹿尾休嫌少，且喜君王不合圍。

又 卷一四《遺龍岡鹿尾二絶》 去歲秋獮，余謁龍岡。因彈秋水，龍岡出山羊一雙爲贈。渠笑曰：「已過價矣。」余愛客多，設鹿尾漿。今年上獵于秋山龍岡，託以鹿尾，可入藥，得數十枚，悉以遺余。因録近和人詩數篇以報。仍作詩二絶爲引。

秋水清聲忽變商，龍岡魯遺二山羊。今年祇奉詩三首，爲報先生鹿尾漿。

又 《和景賢贈鹿尾二絶》 日暮長楊獵騎歸，西風弓硬馬初肥。今年鹿尾休嫌少，且喜君王不合圍。

其二

禁臠酷思濃鹿汁，香蔬久厭小兒拳。龍岡採得斑龍尾，一串穿來寄玉泉。

明 張居正《新刻張太岳先生文集》卷二《恭詠・畫鹿四首》 鹿濯濯，在靈囿。峥嶸玉角新，點染霜毫秀。棒駕應從西極來，御環欲獻南山壽。

鹿呦呦，食野苹。松間求友出，泉上引麛行。齊宮漢死紛相狎，豐草長林空復情。

鹿麌麌，聚中原。草香尋宿麝，樹暝伴啼猿。虞山尚憶羣遊地，梁沼還承顧盼恩。

鹿甡甡，在中林。養茸芳逕暖，照影碧溪深。上苑不須驚羽獵，皇仁應有放麑心。

明 王世貞《弇州四部稿》卷四四《鹿》 奉車猶憶上林秋，中歲辭榮在一丘。萬事從他誇指馬，一身甘自任呼牛。失來秦苑誰堪逐，歸去吳臺好並游。世路未馴從此決，長林豐草且銷愁。

明 余有丁《余文敏公集》卷一二《鹿麛篇》 甡甡其鹿食在野，疇爲取之華省下。太原太宰好佳賓，對此式燕歌周雅。嗟哉二鹿真絶奇，毛斑如畫紛足儀。有角不觸尾促促，馴然可狎復可騎。省中賓客如雲擁，鹿也隨之心不竦。或奔或倚或攸伏，相傳云是神仙種。牌垂骨瘦丹始成，三十六日麛乃生。落地變爲千歲獸，霜毛散作瑤光精。牡麀趨前牝隨後，引子翩翩繞墀走。仁麟威鳳世所希，此鹿生來良不偶。是時少宰上最書，承恩伏謁承明廬。聖王酬庸頒異賞，鹿來叶應其祥歟。我聞三公車轓畫作鹿，鄭侯行春雨夾轂。亦聞三角鹿生江陵中，星符註載鄉居同。古來瑞應每如此，今日之祥毋乃爾。太宰作歌喜不極，搦管如椽爛滿紙。少宰君，少宰君，乘時早建非常勳。清朝神物不虛產，天降時雨

山出雲。

清 王士禎《精華録》卷一〇《鹿》 抱郭涪江碧玉流，一川豐草鹿呦呦。倦遊忽憶楊岐語，衹有渠儂得自由。

清 李光地《榕村集》卷四〇《秋高鹿鳴賦以盛世蒐羅英才樂育爲論》 始進以秋，欲其肅敬。興物類之呼招，比人倫之求應。垂簾鎖院，自隋唐而以來；籲俊闢門，於虞周而爲盛。惟士首民，用才顯世。故良臣資焉，以事君王者，以之而享帝。由鄉升國，比三歲則賓興；貢郡朝京，隨逐年之吏計。揚於顯，動於幽。或眂兆以遐訪，或假寐以旁求。非梧弗栖，固來下於朝日。生草不踐，亦戾止於春蒐。於焉燕以鄉飲，席之工歌。陳旨酒之備有，詠嘉魚之已多。一矢者夸射策，三驅者廣張羅。竚鼂董公孫之對，列孔顔伊吕之科。氣以類感，道不虛行。若神劍之干霄，匪張翳壞。比大圭之敵國，微卞沈荆。是以嘉祐追論，美歐陽之司柄。元和動色，爲權公之作楨。寄語太忙，無煩地上之友。借問至樂，孰與天下之英。時則金風肆發，曾霧褰開。月眸朗朗於孤帳，星象隱隱於三能。光動寒竈之烟，巷憐羈客。明收渫井之水，梯接妙才。野老無歡，賢人是樂。勞心斫桂，將爲貧者之薪；連口相舂，欲助飛仙之藥。爾乃茅茹彙升，菁莪弘育。宵雅肄三，南陔補六。惟孝惟忠，初衣初服。昔也求侣之鶯，今爲嘯羣之鹿。陋羊假質，走中澤以蒙皮。希豹舒文，向陽生而解角。望湯网以斯犇，指文囿而攸伏。而且白毛洗髓之心，静守緣經之督。豈徒效長途千里之驅，固將備宫沼四靈之畜。

清 管棆《據梧詩集》卷五《文鹿》 空階樹色映晴軒，雨長蒼苔見迹痕。飲澗晝常呼子出，懸牌朝入亂巖翻。雲深石磴羣銜草，雪滿山齋夜撞門。勞爾追隨酬故紙，伴子病酒卧秋根。

清 薛雪《一瓢齋詩存》卷三《鹿》 濯濯人争羡，呦呦空好音。一從供玩賞，不復遂山林。籠檻身爲累，庖廚慮更深。有文終自晦，玄豹得機心。

清 袁枚《小倉山房詩集》卷一〇《憎鹿》 名士非不佳，太癖難入坐。養鹿亦如之，虛名受實禍。呦呦噤其口，嶷嶷恃厥角。未荒樹剥膚，非蠹書大嚼。昌黎厭蝦蟆，柳州憎王孫。主人援此例，呼之爲惡賓。

清 王昶《春融堂集》卷八《蒲褐山房集·哨鹿行》 期門壯士枝鹿冠，馳馬半夜踰孱顔。雲生月暗萬籟寂，哨音一縷清而圜。雄鳴雌和欲嘯侣，深林潛出來相看。忽逢人立駭躑躅，神鎗應手遭傷殘。同時所獲豈勝計，他他藉藉皆騰歡。大庖不盈古所誌，豈爲多殺資盤餐。彎弧已快三耦中，解網飭使千軍旋。由鹿已憐殺機重，放鹿曾仰仁恩寬。上林定有蒼白至，虞人告瑞歌般般。

清 童槐《今白華堂詩録》卷六《鹿鳴》 共爾遊蘭塞，香蘋藉晝眠。忽驚隍夢醒，如聽哨聲圓。弦静林邊騎，笙吹洞口仙。天涯懷友意，後日幾賓筵。

貞符靈變

綜述

宋 黄庭堅《山谷外集》卷九《論鹿性》 胡居士云：鹿性驚烈，多别良草，恒食九物，餘則不嘗。羣處必依山岡，産歸下澤。享神用其肉者，以其性烈清净故也。凡餌藥者，勿食鹿肉，服藥必不得力，以鹿常啖解毒之草，是故能制毒，散諸藥也。九草者，葛葉及花、鹿葱、鹿藥、白蒿、水芹、甘草、齊頭蒿、山耳、薺苨。

明 王世貞《異物彙苑》卷二《神鹿》 哀牢夷雲南縣有神鹿，兩頭，能食毒草。

明 楊慎《南詔野史》卷下《神鹿》 大理府點蒼山中常有之，一身兩頭，其形如飛，喜食百草，雖草性毒者，能解之無害。

明 王兆雲《談圃識餘》卷一 俗人稱得鹿以爲瑞，貪其名也。然頃年以來，見温室或宦族有鹿至其門外，并入其家者，咸聚而臠之，各得爲脯。間生畜之以爲佳兆，往往不利。十餘年後，其家多不振，又或有意外之災。

清 王樹枬《新疆小正》一一 羅布淖爾大魚，至三月間躍出水，即化爲鹿，土人名爲魚鹿。其茸無採之者。秋後入水，仍化爲魚。塔爾巴哈台副將楊金榜，家藏一魚皮，大厚有如牛皮，腥甚。據稱三月間赴羅布淖爾，水中躍出一大魚，入沙中滚跌數次，皮裂出一鹿，奔入林中。其所得之皮，即此也。吪之言化也。《詩》：四國是吪。《毛傳》云：吪，化也。吪與訛、譌、僞，並同。

清 鄭績《夢幻居畫學簡明》卷五 鹿爲斑龍，馬身羊尾，頭側而長，腳高爪小，有角兩歧或三歧者，夏至則解。大者如小馬，黄質白斑，欲俗稱馬。鹿牝無角而小，毛色黄白駁雜而無斑。凡鹿食則相呼，行則同旅，居則環角外向以防侵害，卧則口朝尾閭以通督脉。孕六月而生子，六十年懷璚于角下，斑痕紫色。一

百歲爲白鹿，五百歲爲玄鹿，千歲爲蒼鹿。鹿以白色爲正，仙人騎白鹿，古今人多圖之，然意之所至，或蒼或玄黃，亦無不可。

紀　事

《左傳·莊公十七年》　冬多麋。注：無傳。麋多則害五稼，故以災書。

漢　班固《漢書》卷二七《五行志》　嚴公十七年「冬，多麋」。劉歆以爲毛蟲之孽爲災，劉向以爲麋色青，近青祥也。麋之爲言，迷也。蓋牝獸之淫者也。是時，嚴公將取齊之淫女，其象先見。天戒若曰：「勿取齊女，淫而迷國。」嚴不寤，遂取之。夫人既入，淫於二叔，終皆誅死，幾亡社稷。董仲舒指略同。京房《易傳》曰：「廢正作淫，大不明，國多麋。」又曰：「震遂泥，厥咎國多麋。」

漢　趙岐《三輔決録·白鹿甚馴》（《説郛》卷五九下引）　辛繕，字公文，少治《春秋》、《詩》、《易》，隱居弘農華陰，弟子受業者六百餘人。所居旁有白鹿甚馴，不畏人。

南朝宋　劉敬叔《異苑》卷八　晉咸寧中，鄱陽樂安有人姓彭世，以射獵爲業。每入山，與子俱行。後忽蹶然而倒，化成白鹿。兒悲號，鹿跳躍遠去，遂失所在。其子終身不復弋獵。至孫復習其事。後忽射一白鹿，乃於兩角間得道家七星符，并有其祖姓名及鄉居年月在焉。覩之悔懊，乃燒弓矢，永斷射獵。

南朝宋　王韶《始興記》（《説郛》卷六一下引）　含涯有白鹿城。晉咸康中，郡人張魴作令十年，甚有惠政，白鹿羣遊，取一而獻之，故以爲名。

南朝梁　沈約《宋書》卷二八《符瑞志》　白鹿，王者明惠及下則至。

漢章帝建初七年十月，車駕西巡，得白鹿於臨平觀。

漢章帝元和中，白鹿見郡國。

漢安帝延光三年六月辛未，白鹿見右扶風雍。

延光三年七月，白鹿見左馮翊。

漢桓帝永興元年二月，白鹿見張掖。

魏文帝黄初元年，郡國十九言白鹿及白麋見。

晉武帝泰始八年十月，白鹿見扶風雍，州刺史嚴詢獲以獻。

晉武帝太康元年三月，白鹿見零陵泉陵。

太康元年五月甲辰，白鹿見天水西縣，太守劉辛獲以獻。

太康三年七月壬子，白鹿見零陵，零陵令蔣微獲以獻。

晉惠帝元康元年九月乙酉，白鹿見交趾武寧。

晉愍帝建武元年五月戊子，白鹿見高山縣。

晉元帝太興三年正月，白鹿二見豫章。

太興三年四月，白鹿見晉陵延陵。

晉元帝永昌元年九月，白鹿見江乘縣。

晉成帝咸和四年五月甲子，白鹿見零陵洮陽，獲以獻。

咸和四年七月壬寅，長沙郡邏吏黄光於南郡道遇白鹿，驅之不去，直來就光，追尋光三百餘步。光遂抱取，遣吏李堅奉獻。

咸和九年八月已未，白鹿見長沙臨湘。

晉成帝咸康二年七月，白鹿見豫章望蔡，太守桓景獲以獻。

晉孝武太元十六年三月癸酉，白鹿見豫章望蔡，獲以獻。

太元十八年五月辛酉，白鹿見江乘，江乘令田熙之獲以獻。

太元二十年九月丁丑，白鹿見巴陵清水山，荆州刺史殷仲堪以獻。

晉安帝隆安五年十一月，白鹿見長沙，荆州刺史桓玄以聞。

宋文帝元嘉五年七月丙戌，白鹿見東莞莒縣峋峨山，太守劉玄以聞。

元嘉九年正月，白鹿見南譙譙縣，豫州刺史長沙王義欣以獻。

元嘉十四年，白鹿見文鄉。

元嘉十七年五月甲午，白鹿見南汝陰宋縣，太守文道恩以獻。

元嘉二十年八月，白鹿見譙郡蘄縣，太守鄧琬以獻。

元嘉二十二年二月，白鹿見建康縣，揚州刺史始興王濬以聞。

元嘉二十二年二月辛未，白鹿見南康灨縣，南康相劉興祖以獻。

元嘉二十三年二月戊戌，白鹿見交州，交州刺史檀和之以獻。

元嘉二十三年六月丙辰，白鹿見彭城彭城縣，征北將軍衡陽王義季獲以獻。

元嘉二十七年二月壬辰朔，白鹿見濟陰，徐州刺史武陵王駿以聞。

元嘉二十九年八月癸酉，白鹿見鄱陽，南中郎將武陵王駿以獻。

元嘉三十年十一月壬午，白鹿見南琅邪，南琅邪太守王僧虔以獻。

元嘉三十年十一月癸亥，白鹿見武建郡，雍州刺史朱脩之以獻。

孝武帝孝建三年三月庚子，白鹿見臨川西豐縣。

孝武帝大明元年四月甲申，白鹿見南平。

大明二年四月己丑，白鹿見桂陽郴縣，湘州刺史山陽王休祐以獻。

大明三年正月癸巳，白鹿見南琅邪江乘，南徐州刺史劉延孫以獻。

大明三年三月辛卯，白鹿見廣陵新市，太守柳光宗以聞。

大明五年五月丙寅，白鹿見南東海丹徒，南徐州刺史劉延孫以獻。

大明八年六月甲子，白鹿見衡陽郡，湘州刺史江夏王世子伯禽以獻。

明帝泰始二年二月乙亥，白鹿見宣城，宣城太守劉韞以聞。

泰始五年二月己亥，白鹿見長沙，湘州刺史劉韞以獻。

泰始六年十二月乙未，白鹿見梁州，梁州刺史杜幼文以聞。

後廢帝元徽三年二月甲子，白鹿見鬱洲，青冀二州刺史、西海太守劉善明以獻。

北齊 魏收《魏書》卷一一二《靈徵志》 太祖天興四年五月，魏郡斥丘縣獲白鹿。王者惠及下則至。

太宗永興四年九月，建興郡獻白鹿。

世祖神䴥元年二月，定州獲白麚，白麚鹿又見於樂陵，因以改元。

三年二月，白鹿見於代郡倒刺山。

太延四年十二月，相州獻白鹿。

真君八年五月，洛州送白鹿。

高宗太安二年十月，白鹿見於京師西苑。

高祖承明元年六月，秦州獻白鹿。

太和元年正月，白鹿見於秦州。

三月，白鹿見於青州。

四年正月，南豫州獻白鹿。

十九年七月，司州獲白鹿、麛以獻。

二十年六月，司州獻白鹿。

世宗景明元年四月，荆州獻白鹿。

永平四年八月，平州獻白鹿。

延昌二年五月，齊州獻白鹿。

四年六月，司州獻白鹿。

肅宗熙平元年五月，濟州獻白鹿。

二年五月，司州獻白鹿。

神䴥二年六月，徐州獻白鹿。

孝静元象元年六月，齊獻武王獲白鹿以獻。

武定元年六月，兗州獻白鹿。

太祖登國六年十二月，上獵，親獲鹿一角。召問羣臣，皆曰：「鹿當二角，今一，是諸國將并之應也。」

高祖太和三年三月，肆州獻一角鹿。

神䴥元年七月，徐州獻一角鹿。

唐 房玄齡《晉書》卷二八《五行志》 成帝咸和六年正月丁巳，會州郡秀孝於樂賢堂，有麏見於前，獲之。孫盛以爲吉祥。夫秀孝，天下之彦士。樂賢堂，所以樂養賢也。自喪亂以後，風教陵夷。秀孝策試四科之實，麏興於前或斯故乎？

又 卷二九《五行志》 哀帝隆和元年十月甲申，有麏入東海第。百姓讙言曰「麏入東海第」，識者怪之。及海西廢爲東海王，乃入其第。

唐 張説《張燕公集》卷一二《逐鹿》 皇帝景龍二年二月二十有八日，巡屬縣至潞河，有鹿奔走渡河，水深三丈。帝馳鞭逐鹿，水不及馬韉，應時獲。

唐 段成式《酉陽雜俎》卷一四 胡珦爲虢州時，獵人殺得鹿，重一百八十斤。蹄下貫銅鐶，鐶上有篆字，博物者不能識之。

又 卷一六 鹿。虞部郎中陸紹弟爲盧氏縣尉，嘗觀獵人獵，忽遇鹿五六頭臨澗，見人不驚，毛斑如畫。陸怪獵人不射，問之。獵者言：「此仙鹿也，射之不能傷，且復不利。」陸不信，强之。獵者不是已，一發矢，鹿帶箭而去。及返，射者墜崖，折左足。

《南康記》云：合浦有鹿，額上戴科藤一枝，四條直上，各一丈。

宋 王溥《唐會要》卷二八《蒐狩》 貞元八年正月，鄂州觀察使何士幹獻白鹿。上曰：「朕初即位，即止祥瑞。士幹致白鹿，其謂我何。」還之，彼當慚懼。留之，遠近復獻。竟不視，遂放于苑中焉。

宋 歐陽修《新唐書》卷三五《五行志》 貞元二年二月乙丑，有野鹿至于含元殿前，獲之；壬申，又有鹿至于含元殿前，獲之。占曰：「有大喪。」四年三月癸亥，有鹿至京師西市門，獲之。【略】

調露元年十一月壬午，秦州神亭治北霧開如日初耀，有白鹿、白狼見。近白，祥也。

宋 洪邁《夷堅志·支志·丁》卷三《如皎鹿母》 台州臨海縣古城富室李氏庵僧如皎母葉大嫂與表兄居於北村，皎時時往省。淳熙十三年春，母亡。明年小祥，皎修設齋祭畢，還庵居。夜夢母至，垂泣曰：「我以平生不作善事，墮身爲鹿，只在近山中。來朝當爲鷹犬趕逐，汝可出觀之。如見之以錢贖取，切勿忘也。」皎覺而悲傷。天甫明，率行僕數人俟于外。辰巳間，果有獵徒逐一鹿，鹿徑奔庵中。皎持錢五千與獵人，而留鹿飼養。凡三年，復夢母曰：「我償業已足，免以獸軀飫人口腹，皆汝孝感所致也。」旦起，鹿死棚間，皎埋之墓側，里巷呼爲鹿母冢。

元 脱脱《金史》卷二三《五行志》 金太祖未即位時，使烏色伐高麗，爲具於毬場，以待捷音。有二麞渡水而至，獲之。帝曰：此休徵也，克之必矣。言未既而捷書至，衆大異之。

元 黎崱《安南志略》卷一五《白鹿》 晉元康初，白鹿見交阯武寧縣。宋文帝元嘉末，交阯獻白鹿。

明 盧翰《掌中宇宙》卷一三《禽獸部·七星鹿》 鄱陽安樂彭曾射一鹿，兩角間有道家七星符，其祖名字鄉居年月存焉。

明 朱國禎《湧幢小品》卷三一《白鹿》 張魴，字叔魚，江曲人，有學行，晉明帝時爲合浦令，英敏有惠政，白鹿羣遊。因魴所築城及南山皆以白鹿名，志奇政也。因取一以獻，詔徵爲尚書郎。夫白鹿稱瑞，而至于羣遊，則又千古所少。《晉史》中多載奇異小説而獨此不載，何耶？

萬曆戊中七月望日，嵩山馬峪居民獲一小白鹿，通身如雪，目睛周圍如丹砂，而瞳子如漆，獻于縣官。畜之凡二年，角將生，遂縱于玉柱峰之下，踰月中使來求之，不得乃已。《抱朴子》曰：鹿千歲白，五百歲黃。此一説也。今幼鹿而角漸露，可見又有奇生別種，不可以歲年論也。

清 嵇璜《續文獻通考》卷二〇七《毛蟲之異》 世宗嘉靖五年七月，南城縣有虎，具人手足。四十五年六月，大醫院吏目李乾獻兔，體備五色，以爲瑞兔。臣等謹按，王圻《續通考》：三十七年，胡宗憲獻白虎、白鹿。三十九年秋，宗憲又進白鹿、壽芝。四十年春正月，陝西商南山萬壽宮前芝叢中，土人得白鹿，巡撫以獻。是年二月，南京錦衣衛指揮徐繼勳獻白鹿。四十三年甲子五月十八日，又得一瑞桃。《明史·世宗紀》作乙卯乃十四日獲桃於御帳，羣臣表賀。是日，内畜玉兔，生二子。閣臣徐階等，率百官上表賀。蓋其時樂報嘉祥，羣相獻媚，故不特醫院小臣已也。又其事見於土貢門者甚多，茲不贅載。

清 嵇璜《清通志》卷一二六《昆蟲草木畧二·獸類》 瑞鹿，康熙四十八年，聖祖秋獮行圍於巴顔陀羅海所獲。其角長七尺有九寸，叉之數十有六。鹿角自兩叉、六叉、四叉以至八叉，歷數十年而後成其踰八叉者，不可辨其年歲。蓋千萬中一遇，因藏之武庫，以見山靈獻瑞。

瑞麅，乾隆十六年，秋獮塞上，蒙古台吉必力滚達賴以此來獻，色純白，睛如丹砂。《抱朴子》稱鹿壽滿五百歲則色白。壬申歲，又於巴顔河落圍中生致一白麅，性特馴擾，亦周阹所僅見也。

清 嘉慶《順昌縣志》卷九《祥異》 ［嘉慶］十七年八月，聖廟内數見麞鹿，徵獲不得，人皆以爲明科吉兆。

清 道光《廣東通志》卷一〇四《山川略五·山》 龍川縣白鹿石，唐開元二十年冬，有二白鹿出縣東，逐之不見。掘地得石，故名「時雷鄉」，令杜楚賓刻「白鹿石」三字，立縣泊。

清 同治《贛縣志》卷五三《祥異》 ［乾隆］十九年二月，大由鄉下高樓劉氏晨起開門，有山鹿突入其宅。堂中供大士像，鹿輒禮拜稽首，馴伏不去，畜之數月，後斃。

清 光緒《宜陽縣志》卷六《古蹟·白鹿苑》 魚泉村北里許，漢光武帝追赤眉駐兵於此，遇白鹿，將士逐之，鹿至魚泉跑地而入，兵至水出，得而飲之。今魚泉村有鹿跑泉，其水清澈甘美。

清 俞樾《茶香室叢鈔·三鈔》卷二九《天寶鹿》 國朝王應奎《柳南續筆》云，康熙壬子歲，于清端公成龍官黄州司馬，偶駐皮亭，野人獻死鹿，其高如馬，角大而斑。其項閒有銀環，重一十七兩，鐫「天寶二載華清宫」七字。角下堅徹如瓊，蓋所謂鹿玉也。黄岡陳太史大章爲作《天寶鹿歌》。

按：唐玄宗於開元二十三年，射得大鹿。張果老先生識是漢元狩五年所放之鹿，左角下有銅牌文字，刓敝不可識。事見《宣室志》，與此事正遥遥相對。

藝文

《楚辭·九歌·湘夫人》 麋何食兮庭中？蛟何爲兮水裔？朝馳余馬兮

江皋，夕濟兮西澨。聞佳人兮召予，將騰駕兮偕逝。

晉 郭璞《鹿蜀》（《漢魏六朝百三家集》卷五七引） 鹿蜀之獸，馬質虎文。攘首吟鳴，矯足騰羣。佩其皮尾，子孫如雲。

唐 虞世南《白鹿賦》（《全唐詩》卷一三八引） 惟皇王之盛烈，表帝德之休符。有金方之瑞獸，乃曜質於名都。既馴洽於郊甸，亦騰倚於山隅。素毳呈彩，霜毫應圖。宴嘉賔於雅什，偶仙客於天衢。故能著美祥瑞，流名典謨。

唐 陳子昂《陳拾遺集》卷一《鹿尾賦并序》 甲申歲，天子在洛陽。余始解褐守麟臺正字，太子司直宗秦客置酒金谷亭，大集賔客，酒酣，共賦座上食物，余爲鹿尾賦焉。

天之浩浩兮，物亦芸芸，性命變化兮，如絲之棼。或以神好正直，天盖默默；或以道惡彊梁，天亦茫茫。此仙都之靈獸，固何負而罹殃。始居幽山之藪，食乎豐草之鄉，不害物而利己，每嘗道而同方，何忘形而委代，迺化情之不忘，卒罘網以見逼，受庖割而罹傷，豈不以斯尾之有用而殺身於此堂，爲君雕俎之羞，厠君金盤之實，承主人之嘉慶，對象筵與寶瑟。雖信美於兹辰，詎同歡於疇日，客有感而嘆者曰：命不可思，神亦難測吉凶，悔吝未始有極。借如天道之用，莫神於龍，受戮爲醢，不知其凶；王者之瑞，莫聖於麟，遇害於野，不知其仁。神既不能自智，聖亦不能自知。況林棲而谷走，及山鹿與野麋。古人有言天地之心，其間無巧，冥之則順，動之則天，諒物情之不異我心，又何競於猜矯。故曰：天之神明與物推移，不爲事先動，而輙隨是以至人無己，聖人不知予欲全身而遠害，曾是浩然而順斯。

唐 韋應物《韋蘇州集》卷八《述園鹿》 野性本難畜，翫習亦逾年。麑班始力直，麚角已蒼然。仰首嚼園柳，俯身飲清泉。見人若閑暇，蹷起忽低騫。兹獸有高貌，凡類寧比肩。不得遊山澤，跼促誠可憐。

明 姚廣孝《逃虚子詩集》卷七《白鹿》 夙孕摇光骨有仙，雪毛耀日角嶄然。氤氳香氣飡芝草，濯濯清姿洗玉泉。身被曉霜登帝闕，時逢盛世樂賔筵。斯祥已應君仁壽，垂拱昇平億萬年。

明 朱瞻基《明宣宗御製集》卷七《馴鹿賦有序》 虞人有獲鹿，納之苑囿者，畜久甚馴狎，能解人意。愛而賦之，且有警焉。

夫鹿之爲獸，生乎巖壑。飲澗食蘋，栖迹叢薄。易驚而駭，捷馳以躍。林野之蹤，蓋非所畜。既離虞罟，遂登苑囿。祥麟同處，騶虞爲偶。積歲踰時，豢養益久。迫之弗驚，驅之弗走。既馴亦靈，宛解人意。呼之則鳴，招之斯至。知覺之性，奚限異類。然禽有能語，獸有善舞。通情適意，合節中度。嗚呼，物不自物，有循乎人。人有匪人，而物之循。教有善道，食有美禄。而或不淑，不愧馴鹿。

明 葉盛《菉竹堂稿》卷二《福鹿》 素質玄章綉尾輕，貢來初向玉階行。番王萬里知歡舞，爲喜承恩得賜名。

明 田藝蘅《香宇集》卷一二《雙鹿》 雙鹿群本殊，麌麌適相配。豢畜性不違，調狎吾甚愛。霜角矗齊耳，雪斑粲盈背。蘋豐鳴自呦，沙虚蹙彌碎。俯飲清澗濱，攸伏崇林内。小圃曾未秋，衆草忽如刈。芻牧常不供，童稚久應憝。飢哀精神羸，飽忘腸腹潰。呼之或能來，叱之反不退。依人寔雅馴，遶庭頗殘穢。安得擴苑囿，縱爾恒自在。我亦遂蘇耽，騎之越欒隊。

又 卷一六《白鹿賦》 大明嘉靖三十七年之春，總督軍務兵部右侍郎績溪胡公，獲白鹿于浙江寧波之舟山，敬獻之。天子以表瑞應，維時文學小臣田藝蘅，覩而有感，迺作賦曰：

維千歲之瑞獸，《抱朴子》曰：「鹿壽千歲，五百歲則色白。」實聖壽之休符。《瑞應圖》曰：「鹿，能壽之獸。黄帝時，西王母使使乘白鹿，獻白環之休符，有金方也。」既呈祥于金令，復來儀于海隅。迺徵異族，爰應靈圖。貢無煩于重譯，獲匪用乎三驅。充方物于王會，表德政于神輸。《禮北斗威儀》曰：「君乘水王，其政和平，則北海輸白鹿。」方其生也，精稟瑶光。《春秋運斗樞》曰：「瑶光散而爲鹿。」曆逾五百，《列仙傳》曰：「鹿千年爲蒼，鹿五百年化白鹿。」高挺仙姿，潤鍾王澤。孝道至而光輝，《瑞應圖》：「鹿五色光輝，王者孝道則至。」法度承而純白。文王者，承先聖法度，無所遺失，則白鹿來。其所居也，明海之渚，舟山之巔。洪濤卷地，翠嶠參天。際坤輿于無外，被皇風之至玄。瞻中林之碩碩，《詩・桑柔》曰：「瞻彼中林，碩碩其鹿。」樂野蘋之芊芊。《詩》曰：「呦呦鹿鳴，食野之蘋。」濯濯皓月，呦呦紫烟。或騰或倚，《楚詞》：「青莎雜樹，薠草靃靡。白鹿麏麚，或騰或倚。」載蹷載騫。韋應物《園鹿》詩：「蹷起忽孤騫。」偕虞人而效順，望靈囿而取憐。其爲狀也，麌麌其群，《詩》曰：「麀鹿噳噳。」伎伎其足。《詩》曰：「鹿斯之奔，維足伎伎。」雪毳含暉，霜毫出浴。潔若凝冰，素如琢玉。攸伏青莎之叢，走險瓊崖之麓。質皎皎而不緇，貌芰芰而不觸。是以賞異山海之經，《山海經》曰：「上申山多白鹿。」揚奇樂府之曲。《樂府》曰：「白鹿乃在上林西苑中。」白以示其正色，鹿以嘉其景

福。殷仲堪上《白鹿表》，邑寧縣青水山得白鹿一頭。白者，正色。鹿者，景福嘉義。王母獻環于軒轅，蒞臺迄乘于周穆。《穆天子傳》曰：「征于蒞臺，白鹿一迄乘而逸。」平王因之而名原，辛氏曰：白鹿原，周時白鹿出此，故名。齊景逐之而受祝。《韓詩外傳》曰：齊景公逐白鹿泜丘。封人曰：使吾君壽，金正是賤，人民是瑶。公曰：善哉。若夫漢武薦王侯之璧，《史記》曰：武帝以白鹿皮方尺緣以藻繢，直四十萬。王侯朝聘以爲幣薦璧。晉成辨元鼎之牌。餘干白鹿，人傳千歲。成帝捕得，有釣牌在角。書曰：元鼎三年江州獻。延光並見于畿輔，漢延光，白鹿見扶風潁川。壽昌近獲于御堦。唐元和，壽昌縣南獲白鹿。茲雖場非町疃，《詩》曰：「町疃鹿場。」實維祠應江淮。《運斗樞》曰：「江淮不祠則瑶光不明，龜生鹿。」亦有乘李下之伯陽，李母碑曰：老子乘白鹿，下託于李母。從華山之玉女。《列仙傳》曰：魯女生入華山，乘白鹿，車從玉女數十人。夾鄭弘以行春，《後漢書》曰：弘爲臨淮太守，行春白鹿挾轂。與陶淡而爲侣。《晉中興書》曰：淡得白鹿子，馴養之，常與往還，後俱不還家。洞表匡廬之賢，李渤隱廬山，養一白鹿，因名洞。詩著荆門之序。袁崧《白鹿詩序》曰：「荆門山一白鹿浮過江，人逐之飛而去。」曾何事于掎角，顧標枝而容與。未若鳥獸咸若，川獄效珍。孤鳴求友，《楚詞》曰：「鹿鳴求其友。」感德來馴。兆遠夷之歸化，訖聲教于海濱。金象銷而干戈，偃百祿道而荒服。賓永萬壽于無極，占休命之用申。禎符國史，驩洽詞臣。慶周雅之三奏，同率舞于楓宸。

明 許穀《省中稿・二臺稿・瑞鹿吟贈畢太守》 蒼松磊落繡石攢，靈芝瑶草何紛繁。珍泉細向石間瀉，分明寫出芙蓉園。園中群鹿辭羅網，長日無人競來往。啣花飲澗情自如，修角斑毛日應長。中有白鹿號長生，昔年魯傍宜春行。山人博物動天子，群鹿不得同仙靈。嘉禾太守清絶俗，九州四海呼良牧。傳聞行縣布甘霖，白鹿雙雙夾車轂。吁嗟靈物來何從，此圖所繪母乃同。千年變化始皎潔，見時爲壽爲三公。我觀太守鼎鼐器，修眉之象應長世。即看詔入上林游，應與此鹿同春秋。

明 徐渭《徐文長文集》卷一《十白賦・鹿二雙》 爰有二鹿，雪皓霜瑩。後先互呈，以雌以雄。合八蹄而兩角，蹲並璧以交穹。桓桓撫臣，敢告世宗。謝山海之萃食，仰芻豢於上宮。諒遭遇之有時，胡人與物而匪同。

清 范承謨《畫壁遺稿》卷二《畫壁詩・鹿八》 烟霜飽卧螺山陲，誤飲螺江虞網羈。青鳥不來鄉信絶，老狐跱跳旅魂悲。排空雪霰埋饑骨，吼地淩風縮弱脾。傾耳静聽清磬振，相求鳴和步虚詞。

清 王項齡《世恩堂詩集》卷一五《咏白鹿應》 青宫有白鹿一，高數尺。領小白鹿二，其一即所産也。圖之於扇，濯濯松石間。傳命詞臣賦之，敬作七言、近體、古風各一章。

瑶光散彩耀天衢，瑞獸金方皓質殊。色映雪花千歲壽，角含瓊玉七星符。食蘋共聽呦呦響，求友争看濯濯趨。聞説聖朝崇孝治，先呈白鹿應禎圖。嘗聞盛世多禎祥，麒麟鳳鳥争游翔。又聞至德及禽獸，白鹿麌麌在靈囿。此事由來艷簡編，天庥協應非徒然。我皇聖澤暢九垓，萬姓樂育登春臺。四靈爲畜百獸舞，昆蟲咸若無驚猜。青宫仁孝頌元良，重潤重暉播樂章。因之和氣感庶類，瑞鹿呈祥毛質異。玉角高騰七曜文，銅牌細勒長生字。儦儦羣友行追隨，白石青松恣游戲。銜草鳴麑娱上林，天和地德被恩深。應同王母輸環使，來獻禎符憶萬春。

清 愛新覺羅・弘曆《御製詩二集》卷八五《鹿葱　龍爪》 白茅底用包野麕，雲中見爪非凡鱗。借一忽復瞻兩角，遊仙不是蓬蒿人。

清 愛新覺羅・永瑆《詒晉齋集》卷三《鹿》 七星含道氣，千歲憩仙畿。跡妙東丹畫，詞深西苑詩。尚充王母使，況問漢皇時。堪羨懷瓊至，嘉哉瑞應期。

清 成書《多歲堂詩集》卷三《乙丑下・鹿》 故是山中慣，忘機蹈禍虞。入林空躑躅，掉尾自敷腴。豈假供常膳，無緣近御厨。何如逐仙隱，豐草息微軀。

清 張際亮《思伯子堂詩集》卷一《鹿》 文采千年壽，空山且息機。秋苔留跡過，春草養茸歸。輞水町柴在，襄陽耆舊稀。蕭然侶高隱，何必食苹肥。

清 郭嵩燾《養知書屋詩集》卷九《麃》 頗亦友麋鹿，呦呦出遠林。庖廚無擇物，山澗有哀音。避地千人眼，瞻天萬里心。君王冬狩好，賜獲徧朝簪。

雜　録

晉 葛洪《抱朴子・内篇》卷四《登涉》 昔張蓋蹋及偶高成二人，並精思於蜀雲臺山石室中，忽有一人著黄練單衣葛巾，往到其前曰：「勞乎道士，乃辛苦幽隱！」於是二人顧視鏡中，乃是鹿也。因問之曰：「汝是山中老鹿，何敢詐爲人形。」言未絶而來人即成鹿而走去。

晉 陶潛《搜神後記》卷九 淮南陳氏於田中種豆，忽見二女子姿色甚美，著紫纈襦青裙，天雨而衣不濕。其壁先掛一銅鏡，鏡中見二鹿，遂以刀斫獲之，以爲脯。

南朝梁 任昉《述異記》卷下 貞山在毘陵郡，梁時有村人韓文秀，見一鹿産一女子在地，遂收養之。及長，與凡女有異，遂爲女冠。梁武帝爲別立一觀，號曰「鹿娘」。後死入棺，武帝致祭，開棺視之，但聞異香，不見骸骨，蓋尸解也，遂葬棺於毘陵，因號其葬處爲貞山。

唐 段成式《酉陽雜俎》卷四 突厥之先，曰射摩舍利海神。神在阿史德窟西。射摩有神異。又海神女每日暮以白鹿迎射摩入海，至明送出。經數十年後，部落將大獵，至夜中，海神謂射摩曰：「明日獵時，爾上代所生之窟，當有金角白鹿出爾，若射中此鹿，畢形與吾來往。或射不中，即緣絶矣。」至明入圍，果所生窟中有金角白鹿起，射摩遣其左右，固其圍，將跳出圍，遂殺之。射摩怒，遂手斬呵嚫首領，仍誓之曰：「自殺此之後，須人祭天。」即取呵嚫部落子孫斬之以祭也。至今突厥以人祭纛，常取呵嚫部落用之。射摩既斬呵嚫，至暮還。海神女報射摩曰：「爾手斬人，血氣腥穢，因緣絶矣。」

唐 房千里《投荒雜録・鹿》（《太平廣記》卷四四三引） 雷郡有鹿，腥，無味，不可食。俗云海魚所化。郡人嘗見魚首而身爲鹿者，斯信矣。與鷹鳩雀雉之化奚異哉。

宋 釋贊寧《東坡先生物類相感志》卷六《鏡鹿精》 《抱朴子》云：昔張盍蹋、寗成二人，精思於蜀人雲臺山石室中。忽有一人，黄練衣葛巾，到前相勞。因以鏡，化爲鹿走矣。

宋 陶穀《清異録》卷上《角僊》 華清宮一鹿十年精俊不衰，人呼曰角僊。

宋 趙德麟《侯鯖録》卷八 桃黄事 《東坡書》云：有樵人山居，夜夢谿邊有一人溺水，樵人援而出之。後縱步至一溪邊，真夢中見者。獵人縛一鹿來，樵人購得之。鹿逐樵人，跬步不可離。後於所居林間忽見有桃一枚，甚大。樵婦過而食之，棄其核而去。樵人取之，破其核得雄黄一塊。樵人吞之，自此不復食。東坡名此鹿爲山客。

明 田藝衡《留青日札》卷二九《福禄》 福禄，番人，本名福俚，狀如驢騾，花紋黑白交錯，瑩浄可愛，異他獸，出忽魯謨斯等國，王繪圖所不載者。又桃拔，一名符拔，似鹿，長尾，一角者曰天鹿，兩角者曰辟邪，漢之天禄閣因獸得名也。

明 慎懋官《華夷花木鳥獸珍玩考》卷一一《神鹿舊港國》 神鹿大如巨猪，高三尺許，前半截甚黑，後半截白，花毛純可愛，嘴如猪嘴不平，四蹄如猪蹄，脚有三跲，止食草木，不食腥。

又《福鹿阿丹國》 福鹿如騾之様，一身白面，眉心細細青條花，起蒲身至四蹄，條間通如畫。青花白駝雞如福鹿一般。

明 劉仲達《劉氏鴻書》卷九〇 慈州稽胡者，以弋獵爲業。開元末，逐鹿深山，鹿急走投一室，有道士朱衣，憑案而坐，見胡愕驚，問其來由。胡遂具言姓名，云適逐一鹿，不覺深入，辭謝衝突。道士謂胡曰：「我是虎王，天帝令我主施諸虎之食。一切獸各有對，無枉也。適聞汝稱姓名，合爲吾食。」因檢簿籍以示。胡戰懼良久，固求釋放。道士云：「天命奈何。若放汝便失我一食，汝既相遇必爲取免。」久之乃云：「明日可作草人，以己衣服，猪血三斗，絹一匹，持與俱來，或當免。」胡遲回未去，忽見群虎來，朝道士處，分所食，遂各散去。胡尋再拜而還。翌日乃持物以詣，道士笑曰：「爾能有信，故爲佳士。」因令胡舉草人入庭中，置猪血于前側，然後令胡上樹，以下望之，高十餘丈，云：「止此得矣，可以絹縛身著樹。不爾恐有損落。」尋還房中，變作一虎，出庭仰視胡，大嘷吼，數四向樹跳躍。知胡不可得，乃攫草人，擲高數丈，往食猪血盡，入房復爲道士，謂胡曰：「可速下來。」胡下再拜，便以案上朱筆勾胡名，于是難免。《廣異記》

明 吴之俊《獅山掌録》卷二〇《符拔》 桃拔一名符拔，似鹿而尾長，一角者或爲天禄，兩角者或爲辟邪。

明 陳懋仁《庶物異名疏》卷二七《蔡余義 茶首》 蔡余義似鹿兩頭，其胎下屎，四時取之，以治蛇虺毒，見《博物志》。陳藏器云：蔡苴機，兩頭麋也，一名蔡余義。《後漢書》「雲陽縣有神鹿，兩頭，能食毒草」，即是也。升庵又云：《博物記》雲南出茶首，其音爲蔡茂，是兩頭鹿名也。

清 田雯《古歡堂集》卷三九《鹿》 龍里東犵狫村，某年十月，有鹿突至。内一黑者，毛黝肉肥。犵狫以火器斃之，舁回村中食之。鹿項上一銅牌，鐫「孔明放生」四字，凡食者皆斃。

清 王棠《燕在閣知新録》卷三一《鹿五》 《震澤事苑》云：楚有鹿王廟，相傳楚文王畋於震澤，有羣鹿千餘在木谷中。王張其弓弩，欲盡殪之。忽有大鹿跪而言曰：「我，鹿王也。願日獻一鹿，毋滅我之族類。」文王異而縱之。自後日有一死鹿置於王前。人奇其事，爲立鹿王廟。

雅潔壽情

綜述

晉 葛洪《抱朴子・内篇》卷三《對俗》 虎及鹿兔，皆壽千歲，壽滿五百歲者，其毛色白。

南朝梁 任昉《述異志》卷上 餘干縣有白鹿，土人皆傳千年矣。晉成帝遣捕，得銅牌，在角後，書云「漢元鼎二年，臨江所獻白鹿」。

又 卷上 鹿千年化爲蒼，又五百年化爲白，又五百年化爲玄。漢成帝時，山中人得玄鹿，烹而視之，骨皆黑色。仙者説，玄鹿爲脯，食之壽二千歲。

明 楊慎《升菴集》卷八一《鹿食九草》 山谷有一帖云：胡居士嘗言鹿性驚烈，多别糧草，恒食九物，餘則不嘗。九草者，一曰葛葉及花、鹿葱、鹿藥、白蒿、水芹、甘草、齊頭蒿、山耳、薺苨也。亨神用其肉者，以其性烈清浄故也。凡餌藥者，勿食鹿肉，必不得力。以鹿常啖解毒之草，能散諸藥性也。此可補《本草》及《齊民要術》之遺。

明 黄省曾《獸經》 鹿愛其類，仙所乘也。一名鉅鹿侯，千年變蒼白。《爾雅》曰：鹿，牡麚，牝麀，其子麛。《鳥獸草木魚蟲疏》曰：鹿欲食，皆鳴相召，志不忌也。《埤雅》曰：鹿愛其類，出於天性。舊説鹿者仙獸，嘗自能樂，性從其雲泉。至六十年必懷於角下，角有班痕紫色如點，行或有涎出於口下，復能急走也。葛洪《神仙傳》曰：魯女生者，餌朮絶穀，入華山。後故人逢女生乘白鹿從玉女數十人。《海録碎事》曰：鉅鹿侯，鹿也。《抱朴子》曰：鹿壽千歲，滿五百歲則色白。劉向《列仙傳》曰：鹿一千年爲蒼鹿，又百年化爲白鹿，又五百年化爲玄鹿。

明 穆希文《説原》卷一一 鹿，六爲律，律主鹿，故應六月而生。然非辰屬，八卦無主。故有馬似鹿者，夏則鮮角而易毛，冬則角長而毛深。鹿是陽獸，性淫而游山。夏至得陰氣而鮮角，從陽退之，象也。麋是陰獸，情陰而游澤，冬至得陽氣而鮮角，從陰退之，象也。麋盖牝獸之淫者。麛，鹿子也。鹿一千年爲蒼鹿，又百年化爲白鹿，五百年化爲玄鹿。

明 吴之俊《獅山掌録》卷二〇《鹿瓊》 鹿者，仙獸，至六十年必懷瓊於角下。角有班痕紫色如點，行或涎出於口，不能疾馳。

明 焦周《焦氏説楛》卷七 鹿音禄，山獸相友者，食則呼其類，以夏至解角。《爾雅》：鹿，牡麚，牝麀，其子麛，其跡麈絶有力麉。百年爲蒼，五百年爲白，千年爲玄，大者爲麖、爲麃。其皮曰麗，其行超遠曰麤。

紀事

南朝梁 任昉《述異記》卷上 玄鹿爲脯，食之壽二千歲。

唐 張讀《宣室志》卷八 開元二十三年秋，玄宗皇帝狩于近郊。駕至咸陽原，有大鹿興於前，蕞然其軀，頗異於常者。上命弓射之，引發一中。及駕還，乃勑厨吏炙其脞以進，而尚食具熟俎獻。時張果老先生侍，上命果坐於前，以其肉賜之。果謝而食。既食，且奏曰：「陛下以此鹿爲何如？」上曰：「吾只知其鹿也，亦安知何如？」果曰：「此鹿年且千歲矣。陛下幸聞之。」上笑曰：「此一獸耳，何遂言其千歲耶？」果曰：「昔漢元狩五年秋，臣侍武帝獵於上林，其從臣有生獲此鹿而獻者，帝以示。臣奏曰：『此僊鹿也，壽將千歲。今既生獲，不如活之。』會武帝尚神仙，由是納臣之奏。」上曰：「先生誤矣。且漢元狩五年，及今八百歲。其鹿長壽，豈歷八百歲而亦爲畋所獲乎？况苑囿内麋鹿亦多，今所獲何妨爲他鹿耶？」果曰：「曩時武帝既獲此鹿，將捨去之，但命東方朔以鍊銅爲牌，刻成文字以識其年，系于左角下。願得驗之，庶表臣之不誣也。」上即命致鹿首如前，詔内臣力士具驗之。凡食頃，絶無所見。上笑曰：「先生果誤矣。左角之下，銅牌安在？」果曰：「臣請自索之。」即顧左右，命鐵鉗，令出一小牌，實銅製者，可二寸許。蓋以年月悠久，爲毛革蒙蔽，殆不可見。且持以進，上命磨拭視之，其文字蕪蔽，殆不可識矣。上於是驗果之言不謬。又問果曰：「漢元狩五年甲子何次？史編何事？吾將徵諸記傳，先生第爲我言之。」果曰：「是歲歲次癸亥，武帝始開昆明池，用習水戰，因蒐狩以順禮焉。迨今甲戌歲，八百四十二年。」上即命按《漢史》，其昆明池果元狩五年所開，其甲子亦無少差。顧謂力士曰：「異哉張果！能言漢武帝時事，真所謂至人矣。吾固不可得而知也。」

藝文

《詩經・國風・野有死麕》 野有死麕，白茅包之。有女懷春，吉士誘之。

林有樸樕，野有死鹿。白茅純束，有女如玉。舒而脱脱兮，無感我帨兮，無使尨也吠。

唐 賈島《長江集》卷一〇《鹽池院觀鹿》 條峰五老勢相連，此鹿來從若箇邊。別有野麋人不見，一生長飲白雲泉。

唐 李德裕《李衛公別集》卷八四《鹿跡山銘》 不動者山，不死者仙。山在仙存，真訣不傳。猗歟先生，耽道體玄。騰駕素鹿，遨遊紫烟。時憇蓬壺，下視桑田。一往兹山，于今幾年。兹山岑寂，先生是宅。清泉緑蘿，獨與世隔。我居洞宫，人見崖壁。空留鹿跡，永存幽石。

宋 梅堯臣《宛陵集》卷四八《鹿》 羣處空山中，跡在深松下。周穆得同狼，秦人指爲馬。驚顧遠世綱，脱質去田野。誰思充服脩，自是全無者。

宋 高似孫《剡録》卷一〇《草木禽魚下·麖》 靈運自注《山居賦》曰：麖音京，能跳躍。《字書》曰：麖，大鹿也。一角而牛尾。王梅溪《嵊山賦》曰：皇書亭畔又看麖滯之蹤。

又 《草木禽魚下·麔》 《爾雅》曰：麔，大鹿，旄毛狗足。元稹詩：庭狎仙翁麔，池游縣令梟。葉清臣詩：山迴人逢麔，江清客厭魚。杜甫詩：永與清溪別蒙將，玉饌俱剡其庶乎。

明 王世貞《弇州四部稿》卷四五《雙鹿》 空庭嚙枯荄，悠然亦相樂。放爾長林中，應思向來錯。

猴

總論旁喻

題解

漢 許慎《説文》卷一三上 蝯，善援，禺屬。从虫，爰聲。臣鉉等曰：今俗別作猨，非是。雨元切。蜼如母猴卬鼻長尾。从虫，隹聲。余季切。

宋 戴侗《六書故》卷一七 猩 ，桑經切。獸似猴，能言，出交阯，人面豕身，聲如小兒啼。

猴 ，乎溝切。獸似人而尾，善緣木。

玃 俱縛切。《爾雅》曰：玃父，善顧。攫持人也。郭璞曰：能攫持，故曰玃。《説文》曰：母猴也。顔師古曰：玃身長金色。又作 。孫氏：王縛切。《説文》曰：㹤，孫氏大屋切，玃也。一曰猨類，似犬，食猴。郭氏曰：似猴而大，色蒼黑，能攫持人。

狙 ，子余、七余二切。《説文》曰：玃屬。莊周曰：狙公賦芧。司馬彪曰：一名獦牂，似爰而狗頭。按：狙，玃類之黠捷者，一曰犬伺逐也。張良狙擊秦皇帝蓋取此，引之爲狙詐。

犺 ，羊就切。顧野王曰：黑猨也。《倉頡篇》曰：似狸顔。師古曰：似猴，卬鼻長尾。按顔説即崔浩所謂猶。

狨 ，而融切。禺屬。其毛茸而長，金色異彩。今世以爲韉褥，謂之金狨。

又 卷一八 夒 ，奴刀切，猴也。又作猱、獶、獿。《詩》云：母教猱升木。夒似人。伯曰：頁象其首，止象其前足，巳象其尾，夊象後足，人立也。陸璣曰：猱，獼猴也。老者爲玃，長臂者爲爰，白要者爲獑胡。獑、爰駿捷於猴。按古無猴字，夒即猴也。

又 卷二〇 蜼彝《爾雅》曰：蜼，卬鼻長尾。郭氏曰：似猴而大，黄黑色，尾長數尺，似獺，尾末有岐。鼻仰，雨即自縣於木，以尾塞鼻，或以兩指。江東人亦取養之。

明 李時珍《本草綱目》卷五一《獼猴》 釋名：沐猴《史記》、爲猴《説文》、胡孫《格古論》、王孫《柳文》、馬留《倦游録》、狙。時珍曰：按班固《白虎通》云：猴，候也。見人設食伏機，則憑高四望，善於候者也。猴好拭面如沐，故謂之沐，而後人訛沐爲母，又訛母爲獼，愈訛愈失矣。《説文》云：爲字象母猴之形，即沐猴也，非牝也。猴形似胡人，故曰胡孫。莊子謂之狙。養馬者厩中畜之，能辟馬病，胡俗稱馬留云。梵書謂之摩斯咤。

集解：慎微曰：獼猴有數種，總名禺屬。取色黄、面赤、尾長者。用人家養者不主病，爲其食雜物，違本性也。按《抱朴子》云：猴八百歲變爲猨，猨五百歲變爲玃，玃千歲變爲蟾蜍。時珍曰：猴，處處深山有之。狀似人，眼如愁胡，而頰陷有嗛。嗛音歉，藏食處也。腹無脾以行消食。尻無毛而尾短。手足如人，亦能竪行。聲嗝嗝若欬。孕五月而生子，生子多浴於澗。其性躁動害物，畜之者使坐杙上，鞭棰旬月乃馴也。其類有數種：小而尾短者，猴也；似猴而多髯者，豦也；似猴而大者，玃也；大而尾長赤目者，禺也；小而尾長仰鼻者，狖也；似狖而大者，果然也；似狖而小者，蒙頌也；似狖而善躍越者，獑猢也；似猴而長臂者，猨也；似猨而金尾者，狨也；似猨而大，能食猨、猴者，獨也。不主病者，並各以類附之。

附録：玃音却。時珍曰：玃，老猴也。生蜀西徼外山中。似猴而大，色蒼黑，能人行。善攫持人物，又善顧盼，故謂之玃。純牡無牝，故又名玃父，亦曰猳玃。善攝人婦女爲偶，生子。又《神異經》云：西方有獸名綢，大如驢，狀如猴，善緣木。純牝無牡，群居要路，執男子合之而孕。此亦玃類，而牝牡相反者。豦音據。按郭璞云：建平山中有之。大如狗，狀如猴，黄黑色，多髯鬣。好奮頭舉石擲人。《西山經》云：崇吾之山有獸焉，狀如禺而長臂善投，名曰舉父。即此也。

狨戎松二音。《拾遺》 釋名猱。難逃切。時珍曰：狨，毛柔長如絨，可以藉，可以緝，故謂之狨，而猱字亦從柔也。或云生於西戎，故從戎也。猱古文作夒，象形。今呼長毛狗爲猱，取此象。

集解：藏器曰：狨生山南山谷中。似猴而大，毛長，黄赤色。人將其皮作鞍褥。時珍曰：楊億《談苑》云：狨出川峽深山中。其狀大小類猨，長尾作金色，俗名金線狨。輕捷善緣木，甚愛其尾，人以藥矢射之，中毒即自齧其尾也。宋時文武三品以上許用狨座，以其皮爲褥也。

附録：猨時珍曰：猨善援引，故謂之猨，俗作猿。産川、廣深山中。似猴而長大，其臂甚長，能引氣，故多壽。或言其通臂者，誤矣。臂骨作笛，甚清亮。其色有青、白、玄、黄、緋數種。其性静而仁慈，好食果實。其居多在林木，能越數丈，著地即泄瀉死，惟附子汁飲之可免。其行多群，其雄善啼，一鳴三聲，凄切入人肝脾。范氏《桂海志》云：猨有金絲者，黄色；玉面者，黑色；及身面俱黑者。或云黄是牡，黑是牝。牝能嘯，牡不能也。王濟《日詢記》

云：廣人言猨初生毛黑而雄，老則變黃，潰去勢囊，轉雄爲雌，與黑者交而孕。數百歲，黃又變白也。時珍按：此說與《列子》「貐變化爲猨」，莊子「獱狙以猨爲雌」之言相合，必不妄也。獨時珍曰：獨，似猨而大，其性獨，一鳴即止，能食猨猴。故諺曰：獨一鳴而猨散。獨夫蓋取諸此。或云即黃腰也，又見虎下。

果然《拾遺》釋名：禺音遇。狖音又。或作貁、𣢐。蜼狖、壘二音。或作㹎。仙猴。時珍曰：郭璞云：果然，自呼其名。羅願云：人捕其一，則舉群啼而相赴，雖殺之不去也；謂之果然，以來之可必也。大者爲然，爲禺；小者爲狖，爲蜼。南人名仙猴。俗作猓然。

集解：藏器曰：案《南州異物志》云：交州有果然獸，其名自呼。狀大於猨，其體不過三尺，而尾長過頭。鼻孔向天，雨則挂木上，以尾塞鼻孔。其毛長柔細滑，白質黑文，如蒼鴨脇邊斑毛之狀，集之爲裘褥，甚温暖。《爾雅》「蜼，仰鼻而長尾」，即此也。時珍曰：果然，仁獸也。出西南諸山中，居樹上，狀如猨，白面黑頰，多髯而毛采斑斕。尾長於身，其末有歧，雨則以歧塞鼻也。喜群行，老者前，少者後。食相讓，居相愛，生相聚，死相赴。柳子所謂仁讓孝慈者，是也。古者畫蜼爲宗彝，亦取其孝讓而有智也。或言猶豫之猶，即狖也。其性多疑，見人則登樹，上下不一，甚至奔觸破頭折脛。故人以比心疑不決者，而俗呼騃愚爲癡㹎也。

蒙頌時珍曰：蒙頌一名蒙貴，乃蜼之又小者也。紫黑色，出交趾。畜以捕鼠，勝於貓、貍。獑猢音慚胡。許氏《說文》作𪊨𪊬，乃蝯蜼之屬。黑身，白腰如帶，手有長毛，白色，似握版之狀。《蜀地志》云：獑猢似猴而甚捷。在樹上，欻然騰躍，如飛鳥也。

猩猩本作狌。音生。《綱目》釋名時珍曰：猩猩能言而知來，猶惺惺也。

集解：時珍曰：猩猩自《爾雅》、《逸周書》以下數十說，今參集之云：出哀牢夷及交趾封溪縣山谷中。狀如狗及獼猴，黃毛如猨，白耳如豕，人面人足，長髮，頭顏端正。聲如兒啼，亦如犬吠。成羣伏行。阮汧云：封溪俚人以酒及草屐置道側，猩猩見即呼人祖先姓名，罵之而去。頃復相與嘗酒著屐，因而被擒，檻而養之。將烹則推其肥者，泣而遣之。西胡取其血染毛罽不黯，刺血必箠而問其數，至一斗乃已。又按《禮記》亦云「猩猩能言」，而郭義恭《廣志》云猩猩不能言，《山海經》云「猩猩能知人言」，三說不同。大抵猩猩畧似人形，如猨猴類耳。縱使能言，當若鸚鴞之屬，亦不必盡如阮氏所說也。又羅願《爾雅翼》云：古之說猩猩者，如豕、如狗、如猴。今之說猩猩者，與狒狒不相遠。云如婦人被髮袒足，無膝群行，遇人則手掩其形，謂之野人。據羅說則似乎後世所謂野女、野婆者也。豈即一物耶？

附録：野女唐蒙《博物志》云：日南有野女，群行覓夫。其狀白色，徧體無衣襦。周密《齊東野語》云：野婆出南丹州，黃髮椎髻，裸形跣足，儼然若一媪也。群雌無牡，上下山谷如飛猱。自腰已下有皮蓋膝。每遇男子必負去求合。嘗爲健夫所殺，死以手護腰間。剖之得印方寸，瑩若蒼玉，有文類符篆也。時珍曰：合此二說與前阮氏、羅氏之說觀之，則野女似即猩猩矣。又雄鼠卵有文如符篆，治鳥腋下有鏡印，則野婆之印篆非異也。亦當有功用，但人未知耳。

狒狒音費。《拾遺》釋名𪕶𪕶，與狒同。亦作𧍎。梟羊《山海經》野人《方輿志》人熊。時珍曰：《爾雅》作狒。《說文》作𪕶，從㕯，從囟，從内，象形。許慎云：北人呼爲土螻。今人呼爲人熊。按：郭璞謂山都即狒狒，稍似差別，抑名同物異與？

集解：藏器曰：狒狒出西南夷。《爾雅》云：狒狒，如人被髮，迅走食人。《山海經》云：梟羊，人面，長唇黑身，有毛反踵，見人則笑，笑則上唇掩目。郭璞云：交廣及南康郡山中，亦有此物，大者長丈餘，俗呼爲山都。宋建武中，獠人進雌雄二頭。帝問土人丁鑾。鑾曰：其面似人，紅赤色，毛似獼猴，有尾。能人言，如鳥聲。善知生死，力負千鈞。反踵無膝，睡則倚物。獲人則先笑而後食之。獵人因以竹筒貫臂誘之，俟其笑時，抽手以錐釘其唇着額，候死而取之。髮極長，可爲頭髮。血堪染靴及緋，飲之使人見鬼也。帝乃命工圖之。時珍曰：按《方輿志》云：狒狒，西蜀及處州山中亦有之，呼爲人熊。人亦食其掌，剥其皮。閩中沙縣幼山有之，長丈餘，逢人則笑，呼爲山大人，或曰野人及山魈也。又鄧顯明《南康記》云：山都，形如崑崙人，通身生毛。見人輙閉目，開口如笑。好在深澗中翻石，覓蟹食之。珍按：鄧氏所說，與《北山經》之山𤟤，《述異記》之山都，《永嘉記》之山鬼，《神異經》之山𤠯，《玄中記》之山精，《海録雜事》之山丈，《文字指歸》之旱魃，《搜神記》之治鳥，俱相類，乃山怪也。今並附之，以備考證。

山都時珍曰：任昉《述異記》云：南康有神曰山都。形如人，長二丈餘，黑色，赤目黃髮。深山樹中作窠，狀如鳥卵，高三尺餘，内甚光彩，體質輕虛，以鳥毛爲褥，二枚相連，上雄下雌。能變化隱形，罕覩其狀，若木客、山𤠯之類也。山𤟤時珍曰：《北山經》云：山𤟤狀如犬而人面，善投，見人則笑。其行如風，見則天下大風。木客又曰《幽明録》云：生南方山中。頭面語言不全異人，但手脚爪如鈎利。居絶岩間，死亦殯殮。能與人交易，而不見其形也。今南方有鬼市，亦類此。又有木客鳥，見禽部。山𤠯又曰東方朔《神異經》云：西方深山有人，長丈餘，袒身，捕蝦、蟹，就人火炙食之，名曰山𤠯，其名自呼。人犯之則發寒熱。蓋鬼魅耳，所在亦有之，惟畏爆竹煏㷸聲。劉義慶《幽明録》云：東昌縣山岩間有物如人，長四五尺，裸身被髮，髮長五六寸，能作呼嘯聲，不見其形。每從澗中發石取蝦、蟹，就火炙食。《永嘉記》云：安國縣有山鬼，形如人而一脚，僅長一尺許。好盜伐木入鹽，炙石蟹食。人不敢犯之，能令人病及焚居也。《玄中記》云：山精如人，一足，長三四尺。食山蟹，夜出晝伏。千歲蟾蜍能食之。《抱朴子》云：山精形如小兒，獨足向後。夜喜犯人，其名曰魃，呼其名則不能犯人。《白澤圖》云：山之精，狀如鼓，色赤，一足，名曰夔，亦曰𤟤文，呼之可使取虎豹。《海録雜事》云：嶺南有物，一足反踵，手足皆三指。雄曰山丈，雌曰山姑，能夜叩人門求物也。《神異記》云：南方有魃，一名旱母。長二三尺，裸形，目在頂上，行走如風。見則大旱。遇者得之投溷中，則旱除。《文字指歸》云：旱魃，山鬼也。所居之處天不雨。女魃入人家，能竊物以出；男魃入人家，能竊物以歸。時珍謹按：諸說雖少有參差，大抵俱是怪類，今俗所謂獨脚鬼者是也。邇來處處有之，能隱形入人家淫亂，致人成疾；放火竊物，大爲家害。

法術不能驅，醫藥不能治，呼爲五通、七郎諸神而祀之，蓋未知其原如此。蓋備載之，非但博聞而已。其曰「呼其名則無害，千歲蟾蜍能食之」者，非治法歟？引申觸類，必有能制之者。又有治鳥，亦此類，見《禽部》。精怪之屬甚夥，皆爲人害。惟《白澤圖》、《玄中記》、《抱朴子》、《酉陽雜俎》諸書載之頗悉，起居者，亦不可不知。然正人君子，則德可勝妖，自不敢近也。

罔兩《綱目》集解：時珍曰：罔兩一作魍魎。又作方良，《周禮》方相氏執戈入壙，以驅方良，是矣。罔兩好食亡者肝，故驅之。其性畏虎、柏，故墓上樹石虎，植柏。《國語》云：「木石之怪，夔、罔兩；水石之怪，龍、罔象。」即此。《述異記》云：秦時陳倉人獵得獸，若彘若羊。逢二童子曰：此名弗述，又名蝹，在地下食死人腦。但以柏插其首則死。此即罔兩也。雖於藥石無與，而於死人則關，故録之。其方相有四目，若二目者爲魌，皆鬼物也，古人設人像之。昔費長房識李娥藥丸用方相腦，則其物亦入辟邪方藥，而法失傳矣。

彭侯《綱目》集解：時珍曰：按《白澤圖》云：木之精名曰彭侯，狀如黑狗，無尾，可烹食。千歲之木有精曰賈朏，狀如豚，食之味如狗。《搜神記》云：吳時敬叔伐大樟樹血出，中有物，人面狗身。敬叔云：此名彭侯。乃烹而食之，味如狗也。

論　説

《莊子·齊物論》 可乎可，不可乎不可。道行之而成，物謂之而然。惡乎然？然於然。惡乎不然？不然於不然。物固有所然，物固有所可。無物不然，無物不可。故爲是舉莛與楹，厲與西施，恢恑憰怪，道通爲一。其分也，成也；其成也，毁也。凡物無成與毁，復通爲一。唯達者知通爲一，爲是不用而寓諸庸。庸也者，用也；用也者，通也；通也者，得也；適得而幾矣。因是已。已而不知其然，謂之道。勞神明爲一而不知其同也，謂之朝三。何謂朝三？狙公賦芧，曰：「朝三而暮四。」衆狙皆怒。曰：「然則朝四而暮三。」衆狙皆説。名實未虧而喜怒爲用，亦因是也。是以聖人和之以是非而休乎天鈞，是之謂兩行。

《莊子·山木》 王獨不見夫騰猿乎？其得柟梓豫章也，攬蔓其枝而王長其間，雖羿、逢蒙不能眄睨也。及其得柘棘枳枸之間也，危行側視，振動悼慄。此筋骨非有加急而不柔也，處勢不便，未足以逞其能也。

唐 裴炎《猩猩銘》（《唐文粹》卷七八引） 酈元長《水經注》云：武平封谿縣有獸曰猩猩，猨形人面，顔容端正。學人語，若與交言，聞者無不歙歔。其肉食之，窮年無厭，可以辟穀。《淮南子》曰：猩猩知往而不知來。謂知人家往事，及祖父名位。阮汧云：曾使封谿，見邑人云，猩猩在山谷行，常有數百爲羣。里人以酒并糟，設於路側。又愛著屐，里人織草爲屐，更相連結。猩猩見酒及屐，知里人設張，則知張者祖先姓字及呼名，駡云：奴欲張我，捨爾而去。復自再三相謂曰：試共嘗酒。及飲其味，逮乎醉，因取屐而著之，乃爲人之所擒，皆獲，輒無遺者。遂置檻中，隨其所欲而飲之，將烹，里人索其肥者，乃自推托，泣而遣之。左太冲《吴都賦》曰：猩猩啼而就烹。里人以餉封谿令，曰：何物？曰：猩猩。惟與酒，兼之以屐，可以就擒爾。西國胡人取其血染毳罽，色鮮不黯。或曰，若刺其血，問之：爾與我幾許？猩猩曰：二升。果足其數。若加之鞭捶而問之，則隨所加而得，至於一斗。弗如此，未肯頓輸。張薦孝廉，好古之士，於笥中出此圖相示賓客。客覽之曰：悲哉此獸！何其愚也。有僧去塵在座，謂諸賓客曰：彼獸也，夫何足云？竊見人而似之，曾無悟矣。四座引而問之，曰：夫財色名利，溺人也。曷若猩猩好酒乎？爵賞禄位，羈人也。曷若猩猩愛屐乎？饕餮致禍，飾辭覬免者，曷若猩猩推肥乎？蘊利生孽，死而無悔者，曷若猩猩含血乎？子奚獨悲此？諸賓矍然改容而歎曰：大哉，高人之言也！豈趨世利汩没名務者之所聞乎？敬篆斯言，以爲座右銘。其銘曰：爾形惟猨，爾面惟人，言不忝面，智不踰身。淮陰佐漢，李斯相秦。曷若箕山，以全吾真。

宋 蔡卞《毛詩名物解》卷九《猱》 猱，體柔而善猜者也。猜者，犬之性，而猱善猜，故從犬。又猜以入人者，讒佞也，其狗猱焉。《角弓》論幽王之好讒佞，則曰無教猱升木，如塗塗附。

明 何三畏《新刻何氏類鎔》卷三四《猿》 猿以五日而生，以百歲而變。猿之膽黑，以其食果而甜可飡。猿之臂長，以其引氣而久能壽。土石不踐而超遥于古木欝葱之林，昏暗無聲而鼓嘯于高天澄霽之日。或掛藤而飲，或擁條而吟，或倚壁而啼，或向月而叫。使幽人之思絶俗，令騷客之涕沾襟。此何必對雍門之琴，聆嶰谷之管哉。是以落日頽而玄猿哭，山人去而曉猿驚。養由基矯矢而神猿號，巴西侯奉邀而巨猿醉。亡猿召延林之禍，窮猿無擇木之心。端州有擲筆化猿之婦人，周世有從征化猿之君子。越女道逢白猿而學劍術，孫臏夜遇白猿而授天書。玄猿善啼可當一部之鼓吹，高猿長嘯誰堪三峽之凄清。猿守爨于厨中，乃因魏元忠之使而至。猿報時于亭下，乃爲高太素幽棲而來。或猿爲黑衣之郎擲果于樹上，或猿爲白衣之婦掩袂于路隅。李約之遊月夜，有猿名爲山公者，擊鐵鼓琴，必爲唱和。王緡之處嵩山，有猿化爲四叟者，高談劇飲，常自追

隨。猿與王績論文異義，出于言外，卒以問匣取鏡而失聲。猿與山僧慣熟長呼，集于澗邊，遂以吮吻張喉而作梵。猿有野賓者，唤之即應，後雖入蜀哀叫，而猶識爲舊主人。猿有賜緋者，弄之頗馴，時每隨班起居，而皆號爲孫供奉。固非若狒狒淩人以就戮，猩猩甘酒而送死者比也。噫，亦異矣哉。

明　陳堯《虚舟集·治狙》　南山多狙，恒百十爲群，出則踐人稼穡。遇商賈，奪其資。或攫食庖中，跳梁上下，掇釜甑破之而去。于是南山百里内，瓜果不實，鷄犬驚散，稚子不敢出門，如待暴客。父老曰：「是毒物也，不治將滋甚。」乃取數徤狙，裹以尺帛，晝爲五彩，復標其額作猙獰狀，若世之虎豹犀象然者，縱之逸去。群狙見之，謂爲異獸，將噬己也，相率而走。狙見之疑焉，亦赴其群而走。于是群狙走益急，而山中之狙聞之，皆呼譟震動，披荆棘，越溪澗，四散而去之。蓋纍纍數日，不能休焉。境内遂無狙，民始安業。虚舟子曰：狙之不仁甚矣哉！父老之策，雖涉于戲，亦快人心焉。今有一鄉一邑，子弟暴悍，椎□□□，以氣淩人。其稍慧者，刺人陰事而嗾之訟己，則激揚其中，因持吏短長，竊其餘瀝以自潤。其始一二人而已，久之翕然成風，十室而九焉。雖有善者，亦惴惴不保。《傳》曰：「桀紂之世，比屋可誅。」謂夫不善人之多也。於戲，安得操柄者誅之，如父老治狙，一廓清之爲快哉！

綜　述

《列子·黄帝》　宋有狙公者，好養猨猴者，因謂之狙公也。愛狙，養之成羣，能解狙之意。狙亦得公之心。損其家口，充狙之欲。俄而匱焉，將限其食。恐衆狙之不馴於己也，先誑之曰：「與若芧，朝三而暮四，足乎？」衆狙皆起而怒。俄而曰：「與若芧，朝四而暮三，足乎？」衆狙皆伏而喜。物之以能鄙相籠，皆猶此也。

三國吴　陸璣《毛詩草木鳥獸蟲魚疏》卷下《教猱升木》　猱，獮猴也。楚人謂之沐猴，老者爲玃，長臂者爲猨。猨之白腰者爲獑胡。獑胡、猨駿捷于獮猴。其鳴嗷嗷而悲。

宋　陸佃《埤雅》卷四《狨》　狨，蓋猿狖之屬，輕捷善緣木，大小類猿，長尾，尾作金色，今俗謂之「金線狨」者是也。生川峽深山中，人以藥矢射殺之，取其尾爲卧褥、鞍被、坐毯。狨甚愛其尾，中矢毒，即自齧斷其尾以擲之，惡其爲深患也。氂牛出西域，尾長而勁，中國以爲纓，人或射之，亦自斷其尾。左氏所謂「雄雞自斷其尾」。而莊周以爲「牛之白顙」、「豚之亢鼻」者，巫祝不以適河，乃無用之，爲大祥也。古者於旌旗干首注氂尾之毛焉而謂之「旄」。凡建旄，皆首物者也，示使愛尾焉。狨，一名「猱」。《詩》曰：「無教猱升木。」顔氏以爲其尾柔長可藉，然則制字从柔，以此故也。

又《猴》　《吕子》曰：「狗似玃，玃似母猴，母猴似人。」猴善候，其字从侯。《白虎通》曰：「侯，候也，楚人謂之沐猴。」舊云此獸無脾，以行消食。蓋猿之德静以緩，猴之德躁以囂，故古者造字爲象母猴之形。柳子曰：「猨類仁讓孝慈，居相愛，食相先，行有列，飲有序，有難則内其柔弱者。不踐稼蔬，木實未熟，相與視之謹；既熟，嘯呼羣萃，然後食。山之小草木，必環而行，遂其植。猴之德勃諍號呶，雖羣，不相善也，食相噬齧，行無列，飲無序，有難則推其柔弱者以免。好踐稼蔬，所過狼籍披攘，木實未熟，輒齕齩投注。竊取人食，皆以自實其嗛。山之小草木，必陵挫折撓之。」猿性静，夜嘯常風月肅然；猴性動，每至，林木皆振響。《演義》曰：「狼藉者，物雜亂之貌，言狼起卧游戲多，藉其草而草皆穢亂，故曰狼籍。狼籍，一曰狼扈。」

又《猨》　猨臂通肩，刻之可以爲笛，聲圓於竹。猨，猴屬，長臂善嘯，便攀援，故其字从援省，而《爾雅》云「猱蝯善援，玃父善顧」也。《淮南子》曰：「虎豹之文來射，猿狖之捷來措。」置之於檻曰「措」。《家語》曰：「五九四十五，五爲音，音主猨，故猨五月而生；四九三十六，六爲律，律主鹿，故鹿六月而生。」或曰猴性躁急，猨性静緩，故猨从爰。爰，緩也。《論衡》曰：「鹿制於犬，猨伏於鼠。」今人取鼠以繫猨頸，猨不復動。《管子》曰：「墜岸三仞，人之所大難也，而猱蝯飲焉。」今猨不復踐土，好上茂木，渴則接臂而飲。《類從》曰：「獨一叫而猨散，鼉一鳴而鼉伏。」或曰：「鼉鳴夜，獨鳴曉。」獨，猨類也，似猨而大，食猨，今俗謂之「獨猨」。蓋猨性羣，獨性特，猨鳴三，獨鳴一，是以謂之「獨」也。《相法》曰：「手如雞足者褊迫，手如猨掌者勤勞。」舊説猨鳴而獺候之，故束晳《發蒙記》曰：「獺以猨爲婦也。」莊子曰：「猨，猵狙以爲雌。」「猵」蓋言「獺」。

又　卷五《狖》　狖獸似猨，青身，黑頰，有髯，髯黑，其手亦黑。性好理髯，又愛其類，生相序，死相赴，殺一可以致百，故《周官》「素車，犬禊」，言君臣之道尚微，當警備也；「薻車，鹿淺禊」、「駹車，然禊」，言喪事彌吉而君臣之道滋定。

故「鹿裮」以明安則相求，患難則相衛；「然裮」以明安則相叙，患難則相赴也。舊説狖皮五色，中爲茵毯，人取以藥矢射之，其偶爲拔其矢，因以自刺，與之俱斃。

宋 羅願《爾雅翼》卷一九《猩猩》 猩猩，小而好啼。《山海經》曰：「人面豕身，能言語。」郭氏曰：「今交趾封谿縣出猩猩，狀如貛㹠，聲似小兒啼。」《海内南經》曰：「猩猩知人名，其爲獸如豕而人面，在舜葬西。」《周書・主會》曰：「都郭國獻之，若黄狗而人面也。」又《海内東北經》有「青獸人面，名猩猩，能言」。張華《博物志》曰：「猩猩若黄狗，人面能言。」蓋古文言猩猩者皆如此。一以爲豕身，一以爲狀如貛㹠，一以爲若黄狗。郭氏《贊》曰：「厥狀似猴，號音若嚶。」後世之談猩猩者，以爲若婦人被髮，但足無膝，常羣行，遇人則以手自掩其形。好飲酒著履，人有取之者，置酒以斗石許，而作履相連。猩猩始見，必大罵曰：「誘我也。」輒能知誘者之姓名及其祖先，并道之，乃絶走遠去。既去不能忍，已而復來。稍稍相勸，染指於酒而嘗之，躡履而試之。已而又去，去而復來，厥態如初。既而不能忍，則連臂號泣，相與就醉躡履，而爲人所禽。故《淮南》云：「猩猩知往而不知來。」以能知誘之者爲知往，不知被禍爲不知來。而《吴都賦》曰：猩猩啼而就禽也。然則其狀大抵皆如人，與狒狒不甚相遠。荀卿曰：「今夫猩猩形相，亦二足無毛也。」既言二足而又言無毛，則去人不遠矣。今人謂之野人，然而不知禮，故曰「猩猩能言，不離禽獸」。《萬畢術》曰：「歸終知來，猩猩知往。」歸終，神獸。

又《狒狒》 狒狒如人，被髮迅走，食人。蓋人面紅赤色，長脣大口，能作人言如鳥聲。自知生死，舊説反踵。獵者言無膝，睡常倚物。黑身有毛，大者長丈許，力負千鈞，行疾如風。左手操管自笑，笑即上脣掩目，或曰，見人則笑；或曰，其初得人喜而笑，則上脣覆其額，移時而後食之。人因爲筒，貫於臂上，待其見執，即抽手從筒中出，鑿其脣於額而擒之。或曰，以釘釘着額，任其奔馳，候其死而取之。髮極長，可爲髮。其血可染緋。張衡《元圖》曰：「梟羊喜獲，先笑後愁。」郭璞《贊》曰：「狒狒怪獸，被髮握竹。獲人則笑，脣蔽其目。終乃號咷，反爲我戮。」一名𪕮𪕮，亦作蠹，一名𤝞𤝞，一名梟羊、嘄陽，一名山𤝞。俗謂之山都，北方謂之土螻。周成王時州靡國嘗獻之，其後不常獻而常有。今交廣南康山中有之。《吴都賦》其上則「𤝞子長嘯」，其下則「梟羊麡狼」，又言「𤝞𤝞笑而就格」，則終篇而三及之，每説異名，莫知其同異。然狒狒可謂異獸者矣。《王會篇》云「蠢蠢」。《淮南》曰：「山出嘄陽，水生罔象，木生畢方，井生羵羊。人怪之，聞見鮮而識物淺也。」陳藏器云：出西南夷，如猴。宋孝建中進雌雄二頭，命工圖之。飲其血，令人見鬼。《上林賦》「射游梟」，郭璞曰：「梟羊也。」《羽獵賦》：「羂嘄陽。」

又 卷二〇《猴》 猴，一物而五名。《説文》，猴，夒也。夒，貪獸也；一曰母猴，似人。玃，母猴也。《爾雅》云：「玃父善顧。」玃持人也。爲，母猴也。其爲禽好爪，爪，母猴象也。下腹爲母猴形，王育曰：爪，象形也。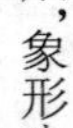，古文爲象兩母猴相對形。「禺母猴屬，頭似鬼」。由者，鬼頭也。然則猴、夒、玃、爲、禺蓋一物。又有沐猴、母猴之稱。母非牝也，沐音之轉耳。然禺但是其屬，夒乃是狨，玃又大，皆猴之類，而非猴也。猴狀似愁胡，而手足如人，其聲嗝嗝若咳。今大林中有猴多處，一大猴在木，輒纍纍以手相援下飲，好象人所爲。生子輒俲人浴之山澗中，鷹鳶過其上，以一手按之，仰視不轉，子往往死水中，輒相率哭泣埋之。鄉人設果蓏以取之者，羣猴皆入，惟老猴獨憑高而望，終不入。至食欲盡，四顧無人乃前，猶復徬徨，大抵以老猴至而後發機也。每食輒置之兩嗛，稍出而食之。好行未嘗暫止。或曰猴無脾，故行以消所食，猶象然，停則有病。然王延壽賦稱「儲糧食於兩頰，稍委輸於胃脾」，乃是有脾也。蓋猴之性躁動，今教擾之者，皆先植杙地中，使坐其上。大抵旬月而後性定，既能定矣，技藝乃復易成。今廐中多畜之，以爲令馬不畏，辟惡消百病也。猴性躁，見物輒鬬，故稱沐猴與狗鬬。又好殘毁器物，尤工捕蝨。《論衡》曰：「鹿制於犬，猴伏於鼠，爪不利也。」王延壽賦：「有王孫之狡獸，形陋觀而醜儀，顔狀類乎老公，軀體似乎小兒。」《説文》：「爲，母猴也。」《楚辭》曰：「獮猴兮熊羆，慕類兮以悲。」《老子》曰：「爲者敗之。」猴之性好詐，故稱狙詐狙擊。《説文》：「狙，玃屬。」《莊子》稱「狙公賦芧，曰朝三而暮四，衆狙皆怒；曰然則朝四而暮三，衆狙皆説」。説者以爲狙公，典狙之官。三四者，以升計也。或又曰，狙公者，老狙自賦其徒耳。按漢有祝雞翁，此狙公蓋亦養狙者。朝四暮三，以枚計之爾。獑胡似獮猴，頭上有髮，腰以後黑。或云猴老者爲獑猢。

又《蝯》 蝯與沐猴相類，静躁不同耳。柳子《贈王孫文》云：「惡者王孫兮，善者蝯峽。」性仁不貪，食多羣行。雄者黑，雌者黄。雄者善啼，啼數聲，則衆蝯叫嘯騰擲，如相和焉。其音凄入肝脾，韻含宫商，故巴峽諺曰：「巴東三峽巫峽長，哀猿三聲斷人腸。」蝯音清者，象萬物之數。五主音，音主蝯。故蝯五月而生，音清切也。其臂甚長，人有此相者，則以善射名。《淮南子》曰：「羿左修臂

而善射。」漢李廣蝯臂，其善射亦天性也。然蝯以臂長，身不便於行。舊或言其臂相通，其實未見。然蝯所以壽者，以長臂好引其氣也。尤好攀援，其飲水輒自高崖或大木上，纍纍相接下飲；飲畢，復相收而上，在猴亦然。《漢書》：西域之國有烏秅者，山居累石爲室，民接手飲。説者以爲自高山下谿澗中飲水，故接連其手，如蝯之爲，是亦異矣。舊説其色多青白玄黄，段公路《北户録》言「有緋蝯絶大」。越處子論劍術，乃有老翁試之，相與周旋，以林竹刺之，騰上爲蝯，故劍術號曰蝯翁。《山海經》：「堂庭發爽之山，其上多白蝯，鬲山多蝯蜼。」《吴都賦》：「蝯父哀吟。」

又《玃》 玃父善顧。郭氏曰：「貑玃也，似獼猴而大，色蒼黑，能玃持人，好顧盼。」《博物志》云：蜀山上，有物如猴，長七尺，人行健走，名曰猴玃，或曰猳玃，又名馬化。伺行道婦女有好者，輒盜之以去。行者過其旁，皆以長繩相引，不然，不免取去爲室家。其生子者，終身不得還，久亦迷惑，不復思歸。生子皆如人，以楊爲姓，故蜀西界中多楊。皆猳玃之種，時時猶有玃爪者也。古稱善顧，顧是雄顧雌，如善兔之類。《江賦》云：「狐玃登危而雍容。」又贊寧説，狦生西方深山中，面目如獼猴，體大如驢，善緣木，皆雌無雄。俗云大狦須三合而有子，羣狦相隨要路上，强牽男子而三合之，十月而生。據此則亦玃之類，但所取男女爲不同，或各據所傳，或别一種耳。《抱朴子》云：「猿壽五百歲，則變爲玃。」《説文》：「猶，玃屬。」

又《㹶》 猓㹶，蝯類也，黑頰青身。《南方異物志》曰：「交州以南有之，其鳴自呼。身如蝯，大面，通闕白色，其體不過三尺，而尾長四尺餘，反尾度身過其頭。視其鼻，仍見兩孔其毛長，柔細滑澤，色以白爲質，黑爲文，視如蒼頭鴨脇邊斑文。」案此則以尾塞鼻，有同於蜼。然《吴都賦》曰：「狖鼯猓㹶，騰趠飛超。」蓋二物歟？李肇曰：舊説劒南人之采猓然者，獲一猓㹶，則數十猓㹶可盡得矣。何也？猓㹶性仁，不忍傷其類，見被獲者，聚族而啼，雖殺之，終不忍去也。然則謂之果然者，以其來之可必歟？猶常山之蛇，擊首而尾即至，故謂之率然。此亦古制名之義也。《周禮・巾車》然䄙注云：「然，果然也。」今人亦用作裀褥。鍾毓賦：「似猴象蝯，黑頰青身。肉非嘉肴，唯皮爲珍。」元微之詩：「果然皮勝錦。」《吴録》云：蝯，狖類也。色青赤有文，居木上。九真日南有之。」

又《蜼》 蜼，狖也。似獼猴而大，黄黑色，尾長數尺。似獺尾，末有歧，鼻露向上，雨則自挂於木，以尾塞鼻，或以兩指。江東人亦取養之。爲物捷健，江賦曰「迅蜼臨虚以騁巧」，是也。蜼讀如贈遺之遺，又讀如橘柚之柚。其作柚音者，或爲狖，音義皆同。孫愐不審，乃於一音中分之云：「蜼，獸名，似蝯；狖，似獼猴。」不知似蝯者，即此獼猴。《淮南子》曰：「蝯狖失木而禽於狐狸，非其所也。」其《招隱》曰：「蝯狖羣嘯兮虎豹嗥。」古者有蜼彝，畫蜼於彝，謂之宗彝。又施之象服。夫服器必取象此等者，非特以其智而已，蓋皆有所表焉。夫八卦六子之中，日月星辰，可以象指者也。雲雷風雨，難以象指者也。故畫龍以表雲，畫雉以表雷，畫虎以表風，畫蜼以表雨。凡此皆形著於此而義表於彼，非爲是物也。《考工記》曰：「土以黄，其象方。天時變，火以圜。山以章，水以龍，鳥獸蛇。」蓋水爲難畫，故以龍表之。然所以畫者，在水不在龍也。智者由此觀之，思過半矣。

清 姚炳《詩識名解》卷六《猱》 猱，《小雅・角弓》篇猱即是猨。《釋獸》猨作蝯，以下「玃父」文考之，則猱、蝯連言爲一物之名，非釋猱爲蝯也。蝯、猨、猿字通無所别。《傳》謂猱爲猿屬，要之即其物耳。而陸農師云：狨輕捷善緣木，大小類猿，長尾，尾作金色，一名猱。顔氏以爲，其尾柔長可藉，故制字從柔。則是猱爲狨别名，又似猿而非猿者。抑豈猿之别種，故《釋獸》謂之猱蝯與？

張揖、陸璣皆以猱爲彌猴，且謂凡猿、玃、獑胡之名，皆以其屬分。愚謂猿與猴自是兩物。按《元康地記》云：猿與獼猴不共山宿，臨旦相呼。柳子《憎王孫文》云：猿之德静以恒，王孫之德躁以囂，勃諍號呶，雖羣不相善。蓋其性之不同如此。又司馬相如賦「蛭蜩玃猱」，顔師古以爲猱即今狨皮爲鞍褥者，非獼猴是也。猴乃是王孫，陸璣所謂「老者爲玃」，此其屬耳，與猱自異，不可混。《説文》云：猴，夒也。玃，貪獸也。今字書以夒爲猱之本字，並誤。

何元子謂猱之類有五種：一曰獼猴，一曰母猴，一曰貑玃，一曰禺頭，其一則猱。愚謂上四者皆猴屬，不可云猱之類也。又或雜舉諸名曰猱，曰蝯，曰狙，曰玃，曰猨，曰猴，曰狖，曰獨，曰狨，曰獼猴，曰沐猴，曰母猴，曰獑胡，曰貑玃，曰胡孫，曰王孫，以謂其形有大小，臂有長短，鳴有曉夜，色有青白玄黄，性有緩急羣特，故異其名，亦方言不同如此。要之，仍未辨猨、猴之分耳。又《鳥獸考》云：猴，《詩》謂之猱，性躁而多智。其説並謬。

鄭氏以「猱升」、「塗附」二語對勘，失《詩》中如字，此明以下句喻上句也。然如《正義》釋《傳》，謂以猱之升木喻人心皆有仁義，於理亦未順。愚謂猱乃狡獸，

升木有不安其位之況，以比子弟之凌尊者，即上章受爵不讓意也。蓋猱有登木之性，教之則益縱其升，子弟有不讓之心，教之則愈凌其上，其勢如塗泥相附著，愈積愈厚，不復可解，故下二句正言在上者有美道，則小人自以分相屬而不相凌矣。孫毓難鄭云：若喻人心皆有仁義，教之則進，何爲禁之而云毋乎？可謂一語破的。

何元子謂猱字本作夒，塗泥，飾也。服虔云：夒人，古之善塗者。又師古云：夒善扙拭，故今謂塗者爲夒人。《樂記》所謂「及優侏儒，獶雜子女，不知父子」是也。《詩》以猱刺昏姻之小人，猶史言沐猴而冠之意，言真猱自能升木，假則安能？王毋庸教之，不必以假當真也。此輩呼朋邀類，實繁有徒，猶如夒人之相附麗，彼亦塗飾，此亦塗飾，皆非其本來面目，與天屬之親異矣。王信任之，亦何爲乎？愚按：夒乃人名，蓋古之善塗堊者，施廣領大袖以仰塗，領袖不污。揚雄《解難》云「夒人亡則匠石輟斤」是也。與猱絕不相涉，何氏欲合二句爲一義，引此爲說，又礙升木二字，難於立言，故其說仍分而不合，亦可謂強解矣。夒非猱本字，《樂記》之獶乃夒之譌，非猱之譌也，安得因之作證耶。

清 嵇璜《續通志》卷一八〇 狨戎，似猴而大，毛黃赤色，生廣南山谷間，皮可作鞍褥。《埤雅》：輕捷善緣木，大小類猿，甚愛其尾。

玃貜，似獮猴而大，色蒼黑，能攫持人，好顧盼。《爾雅》云：貜父，善顧。

獨，似猨而大，其性獨，一鳴即止。故諺云：獨一鳴而猨散。食猨。

獑猢，《說文》作𪕰𪖀。蝯蜼之屬。黑身，白腰，手有長毛。《蜀地志》云：似猴而甚捷，在樹上欻然騰躍若飛鳥也。【略】

狙，玃屬，或曰猿屬。性狡黠，伺物必伏而候之。《莊子》云：伐巧恃便，亦謂狙之黠也。

果然，猨屬，頰有髯，髯黑，性好理髯，又愛其類。取一果然，數十果然可得。

案狨以下七種皆猿猱類。《鄭志》未詳載，今補入以備參考。

藝文

漢 王延壽《王孫賦》（《歷代賦彙》卷一三六引） 原天地之造化，寔神偉之屈奇。道玄微以密妙，信無物而不爲。有王孫之狡獸，形陋觀而醜儀。顔狀類乎老公，軀體似乎小兒。眼睚䁂以眩邮，眎瞰睫以映睉。突高匡而曲頞，矌瞑歷而瞟離。鼻𪖐齁以皺𪖙，耳聿役以適知。口嗛呀以齴齵，脣皺嚁以胈䏪。齒匡以齜齜，嚼咥喍而囁唲。儲糧食於兩頰，稍委輸於胃脾。踡兔蹲而狗踞，聲歷鹿而喔咿。或嗝嗝而嗷嗷，又嘀嗷其若嗁。姿僭傔以總贛，豁盱闃以瑣醢。眙睕睃而瞑暘，睆瞵瞗而踧跋。生深山之茂林，處嶄巖之嶔崎。性僄猜而獝疾，態鋒出而橫施。緣百仞之高木，攀窈裊之長枝。背牢落之峻壑，臨不測之幽谿，尋柯條以宛轉。或捉腐而登危，或羣跳而電透，或爪懸而瓟垂。上觸手而拏攫，下對足而登跂。互攀攬以狂接，夐儵眒而電赴。將遼落以蕭索，乍睥睨以容與。或蹂蹂趹以跳迸，工咨啾而攢聚。扶嶔崟以樑椽，躡危臬而騰舞。忽踴逸而輕迅，差難得而覼縷。同甘苦於人類，好餔糟而歠醨。迺置酒於其側，競爭飲而跼馳。顛陋酌而迷醉，矇眠睡而無知。暫拏髮以纏縛，遂纓絡而羈縻。歸鎖繫於庭廡，觀者吸咽而忘疲。

晉 阮籍《獮猴賦》（《歷代賦彙》卷一三六引） 昔禹平水土而使益驅禽，滌蕩川谷兮櫛梳山林。是以神姦形於九鼎，而異物來臻。故豐狐文豹釋其表，間尾騶虞獻其珍。夸父獨鹿拔其豪，青馬三騅棄其羣。此以其壯而殘其生者也。若夫熊狙之遊臨江兮，見厥功以乘危。夔負淵以肆志兮，楊震聲而衣皮。處閑曠而或昭兮，何幽隱之罔隨。鼷畏逼以潛身兮，穴神丘之重深。終或餌以求食兮，烏鑿之而能禁。誠有利而可欲兮，雖希覿而爲禽。故近者不稱歲，遠者不歷年。大則有稱於萬年，細者則爲笑於目前。夫獮猴直其微者也，猶繫累於下陳。體多似而匪類，形乖殊而不純。外察慧而內無度兮，故人面而獸心。性褊淺而干進兮，似韓非之囚秦。揚眉額而驟呻兮，似巧言而僞真。藩從後之繁衆兮，猶伐樹而喪鄰。整衣冠而偉服兮，懷項王之思歸。躭嗜慾而眄視兮，有長卿之妍姿。舉頭吻而作態兮，動可增而自新。沐蘭湯而滋穢兮，匪宋朝之媚人。終蚩弄而處泄兮，雖近習而不親。多才伎其何爲兮，固受垢而貌侵。姿便捷而好技兮，超超騰躍乎岑巖。既投林以東避兮，遂中岡而被尋。嬰徽纆以拘制兮，顧西山而長吟。緣榱桷以容與兮，志豈忘乎鄧林。庶君子之嘉惠，設奇視以盡心。且須臾以永日，焉逸豫而自矜。斯伏死於堂下，長滅沒乎形神。

晉 傅玄《猿猴賦》（《歷代賦彙》卷一三六引） 余酒酣耳熱，歡顏未伸，遂戲猴而縱猿，何瓌瑰之驚人。戴以赤幘，襪以朱巾。先裝其面，又丹其脣。揚眉蹙額，若愁若瞋。或長眠而抱勒，或嚄咋而齟齗。或顚印而踟蹰，或悲嘯而唫呻。既似老公，又類胡女。或低眩而擇蝨，或抵掌而胡舞。

晉 郭璞《狌狌》（《漢魏六朝百三家集》卷五七引） 狌狌似猴，走立行伏。櫰木挺力，少辛明目。蜚廉迅足，豈食斯肉。

又《白猿》 白猿肆巧，繇基撫弓。應眄而號，神有先中。數如循環，其妙無窮。

又《蜼》 寓屬之才，莫過于蜼。雨則自懸，塞鼻以尾。厥形雖隨，列象宗彝。

又《猩猩》 能言之獸，是謂猩猩。厥狀似猴，號音若嬰。自然知往，頗測物情。

唐 吴筠《玄猿賦有序》（《歷代賦彙》卷一三六引） 前志稱周穆王南征，君子變爲猨鶴，小人變爲蟲沙。夫神用無方，未必不爾。筠自入廬嶽，則覩斯玄猨。嘉其雨昏則無聲，景霽則長嘯。不踐土石，超遥於萬木之間。春咀其英，秋食其實。不犯稼穡，深棲遠處，猶有君子之性。異乎狙猱之倫。且多難已來，庶品凋敗，麋鹿殫於網罟，遺甿困於誅求。此獨蕭然，物莫能患。豈不以託跡敻絶不才遠禍？昔夫子雖歎山梁雌雉曰：時哉！時哉！子因感之，聊以作賦云耳。

伊玄猨之所育，於南國之層岑。動不踐地，居常在林。雖泛泛而無據，亦熙熙而有心。雲嵐昏而共默，風雨霽而争吟。使幽人之思清暢，羈客之涕霑襟。何必聆嶰谷之管，對雍門之琴哉？歷千尋之喬木，俯萬仞之危嶠。弄遊雲之亂飛，嬉落日之横照。連肱澗飲，命侣煙嘯。或聚而閒棲，或分而迴趠。壽同靈鶴，性合君子。阻重巘之險，非虎豹所履。蔭交柯之密，豈鵰鶚能視。故逢蒙操弓，憚高深而止。鄧公折箭，含惻隱而已。何患累之罕臻，不干物以利己。詎若狒狒凌人以就戮，猩猩甘酒而逌死。夫時珍貂裘，世寶狐白。彼徒工於隱伏，終見陷於機辟。麝懷香以賈害，狙伐巧而招射。小則翡翠殞於羽毛，大則犀象殘於齒革。孰能去有用之損，取無用之益？因棄置於常情，永逍遥以自適。無威刑相臨，有族類相親。食資諸物，衣取諸身。不賦不役，靡勞靡勤。如政教之未絶，保巢居之淳淳。匪虞氏之所及，何狙公之能馴。吾固知人爲萬物之貴，又焉測元化之所大均乎？

唐 杜甫《猿》（《全唐詩》卷二三一引） 嫋嫋啼虚壁，蕭蕭掛冷枝。艱難人不見，隱見爾如知。慣習元從衆，全生或用奇。前林騰每及，父子莫相離。

唐 柳宗元《柳河東集》卷一八《憎王孫文》 與前文先後永州作，後漢王延壽嘗爲《王孫賦》，有云：顏狀類乎老公，軀體似乎小兒。則猴之類而小者也。

猨王孫，居異山，德異性，不能相容。猨之德静以恒，類仁讓孝慈，居相愛，食相先，行有列，飲有序。不幸乖離則其鳴哀，有難乃旦切則内其柔弱者。不踐稼蔬，木實未熟，相與視之謹；既熟，嘯呼羣萃，然後食，衎衎焉。山之小草木，必環而行遂其植。故猿之居山恒鬱然。王孫之德躁以囂，虚驕切，又牛刀切。勃諍號呶，上音豪，下尼交切。唶唶彊彊，唶，子夜切，又則伯切。雖羣不相善也。食相噬齧，倪吉切。行無列，飲無序，乖離而不思。有難，推其柔弱者以免。好踐稼蔬，所過狼藉披攘。木實未熟，輒齕齩上下結切，下五狡切。投注。竊取人食，皆知自實其嗛。音歉，以頰聚食曰嗛。山之小草木，必凌挫折挽，使之瘁然後已。故王孫之居山，恒蒿然。以是猨羣衆則逐王孫，王孫羣衆亦齚猿。上仁革切。齧也，一作齕。猨棄去，終不與抗。然則物之甚可憎，莫王孫若也。余棄山間久，見其趍如是，作《憎王孫》云：湘水之潋潋兮，湘水出零陵郡。其上羣山。胡兹鬱其彼瘁兮，善惡異居其間。惡者王孫兮，善者猨。環行遂植兮，止暴殘。王孫兮，甚可憎。噫，山之靈兮，胡不賊旃。跳踉上徒彫切，下吕唐切。叫囂兮，衝目宣齗。魚斤切。齒根肉。外以敗物兮，内以争羣。排鬬善類兮，譁駭披紛。譁，音華。駭，下揩切。盗取民食兮，私已不分。充嗛果腹兮，《莊子》：腹猶果然。音如字，又苦火反。驕傲驩欣。嘉華美木兮，碩而繁。羣披競齧兮，枯株根。毁成敗實兮，更怒喧。居民怨苦兮，號穹旻。號音豪，旻音珉。王孫兮，甚可憎。噫，山之靈兮，胡獨不聞。猨之仁兮，受逐不校。退優游兮，惟德是傚。廉來同兮聖囚，蜚廉、惡來，紂之臣。紂囚西伯羑里。禹稷合兮凶誅。謂舜用禹稷，去四凶也。羣小人一無人字。遂兮君子違，大人聚兮孽無餘。善與惡不同鄉兮，否泰既兆其盈虚。否，備鄙切。伊細大之固然兮，乃禍福之攸趍。王孫兮，甚可憎。噫，山之靈兮，胡逸而居。

唐 李德裕《會昌一品集·别集》卷二《白猿賦有序》 此郡多白猿，其性馴而仁愛。所止榛木，不瘁果熟乃取。不與玃相狎，猴亦畏而避之。昔傅奕有《猿猴賦》，但説其變態似優，以爲戲翫，且不言二物殊性。予今作賦以辨之耳。

昔周穆之南邁，將奮旅於湘沅。既隻輪而無返，化君子以爲猿。嗟物變而何常，故族類而始蕃。或哀吟於永夜，或清嘯於朝暾。峯合沓以連響，水潺湲而共喧。矧三聲之未絶，感行客之銷魂。觀其雖爲異物，而猶喜處。動不爲暴，止皆擇所。樫松鬱而不殘，樝梨熟而後取。顧狖鼯與猱狿，信莫得而儔侣。若乃靈變難測，神通有知，女試劒而方接，舉脩簻而止馳。養矯矢

而未發，呞喬柯而已悲。淩峻壑而電曜，掛長蘿而瓠垂。避側足而不履，尚有畏於阽危。施於射則李控弦而盈貫，用於道則華養形而不衰。彼沐猴之佻巧，雖貌同而心異。既貪婪而鮮讓，亦躁動而不忌。嗟斯物之既馴，有仁愛而可畏。故鄧生以違性興感，齊后以望思掩淚。嗟乎！人之化也，實可悲辛。或少貴而老賤，或始富而終貧。中行之後，困於畎畝。叔敖之子，疲於負薪。何止鯀化熊而爲厲，哀成虎而不仁。變欽鴞於瑶席，嗚杜魄於巴岷。乃知人世之可厭，不足控搏而自珍。

唐 杜牧《傷猿》（《全唐詩》卷五二二引） 獨折南園一朵梅，重尋幽坎已生苔。無端晚吹驚高樹，似媧長枝欲下來。

唐 張喬《猿》（《全唐詩》卷六三九引） 掛月棲雲向楚林，取來全是爲清音。誰知系在黃金索，翻畏侯家不敢吟。

唐 羅隱《感弄猴人賜朱紱》（《全唐詩》卷六六五引）（《幕府燕閑録》云：唐昭宗播遷，隨駕伎藝人止有弄猴者。猴頗馴，能隨班起居，昭宗賜以緋袍，號孫供奉。故羅隱有詩云云。朱梁篡位，取此猴，令殿下起居。猴望殿陛，見全忠，徑趣其所，跳躍奮擊，遂令殺之。）

十二三年就試期，五湖煙月奈相違。何如買取胡孫弄，一笑君王便著緋。

唐 李洞《病猿》（《全唐詩》卷七二三引） 瘦纏金鎖惹朱樓，一別巫山樹幾秋。寒想蜀門清露滴，暖懷湘岸白雲流。罷抛簷果沉僧井，休拗崖冰濺客舟。啼過三聲應有淚，畫堂深不徹王侯。

宋 黄庭堅《山谷外集》卷一四《臨江寺僧以金線猿皮蒙棐几》 蒙茸冒枯几，想像掛霜枝。永矢金衣友，文章安用爲。

宋 張耒《柯山集》卷一〇五《麞猿圖》 陰巖萬古無纖塵，木石翠潤無冬春。時哉兩猿掛復躋，其一抱子爲屈伸。下有遊貆意甚馴，雄雌嬉遊循水濵。沐猴遇麞愕欲奔，據高自得俯而捫。懸之門堂閱疑真，妙哉易生筆有神，以此成名以終身。

宋 方逢振《蛟峯文集》卷六《猩猩歌》 獵者圍猩猩，疑其以衆抗。誘曰不取小，惟取大與壯。衆猩自相仇，推擠送其長。以次索二三，不復推已往。四五至于十，無一得釋放。衆猩怒相目，各悔受人誑。及早同一心，未必軀盡喪。吁嗟獸不靈，相仇無足嗔。胡爲豪傑羣，不能自相親。秦人吞六國，諸侯各附秦。併力取其一，冀不及他人。智者欲合從，徒自腐舌唇。安得先震鄰，然後于其身。彼先噬其一，其次禍亦均。早知秦用術，六國同一心。

元 王惲《秋澗集》卷九《放猿詞》 霜林萬果翻朝紅，老狙夢到秋巖重。幾年胥靡辦兒劇，物失本性心爲忡。主人誰似俯仰翁，放之遠野將何從。封龍雲深洞穴暖，東山之西西山東。銜煙嘯月恣汝嬉，曉驚無復山人扉。歸時物情喜兩適，豈爲爾心知不知。

元 吴萊《狙賦》（《歷代賦彙》卷一三六引） 我觀世間，何異厥狙？狙公執技，役我庭除。投爪齕果，豢養飽腴。牽繩拽鏁，奮躑嘯呼。側身翖睒，恐慢足跗。頗項矐矆，變幻首顱。動因頤指，静類槷株。倪㤿錯愕，滿堂盧胡。粤自童幼，被彩弄雛。長跳短躩，嬉戲有餘。忽然壯强，精幹猛軀。急躁襲取，智慮畢輸。亦復病苦，顛頹困臞。徉顛詐死，靈藥在壺。豈或老衰，涕泗垢洿。曲瘠傴膂，鳩杖給扶。相彼仕達，綽有時譽。巧張鄉評，雄跨宦衢。文馳觚櫝，武執戟殳。橫施爪距，憤磔牙鬚。高門縣薄，伺候趦趄。豪戚勢卿，語話囁嚅。白虎獻議，銅龍握樞。模稜唐手，霹靂漢符。升堂踞坐，呵喝擁驅。棄律舞法，鞭棓刻剞。神奸出没，拉堯扼貙。頑貪集戾，盜鹿攘羭。貴與利期，貨貝具儲。寵則驕至，跛蹞同塗。膠目塞耳，褫冠裂裾。行遭僇辱，泣赴刑辜。載觀富盛，擅爾里閭。經營家室，粉飾體膚。連檣白粲，負郭黄淤。沼池魚鱉，坶檻鴨豬。業可必得，事在必圖。姱奢服履，湎液杯杅。窮聲絲竹，極色麗姝。弗農崇嗇，匪賈積帑，自晨及暮，鴻弋兔罦。分房割奧，誶帚德耡。齒霜顔鬖，舌電嚙噓。侵貧併弱，欺懵侮愚。春花秋葉，更菀遞枯。先笑後號，去車就途。胡然比附，竟作睽孤。餒哉氣力，孰不丘墟。當其爲人，尚有以娱。殘骸斷齒，螻蟻鳶烏。或者爲鬼，抑又可歔。鱗肌角䶂，魑魅夔魖。一時之項，幸不汝拘。衆人盡然，殆不我誣。周公之衣，勉强曳婁。吴王之天，巧捷速殂。身何置網，手且捋荼。疇云智謠，有是勤劬。假靈木客，通怪山都。雖則多幻，盍忘爾初。嗚嘑兹世，莽矣一區。視其有作，意在覬覦。悲歡交禪，福禍並趨。小苛可略，山嶽弗殊。治安何甄，兵亂卒瘏。暴秦殄楚，勁越戕吴。三國鼎立，材勇與俱。龍虎鳥蛇，陽陣陰謀。五胡雲擾，羌羯相屠。弓弩甲旗，北騎南艫。椎轂敲批，刦冢骨軀。攻戰圍噤，形勢亢虚。塞關在前，慎不可踰。哀孽在後，淪胥以鋪。時風哀樂，史筆賞誅。醫國無術，鑄人曷模。天開地闢，四海蘧廬。人消物盡，萬世須臾。惟狙跋扈，盤踞自如。昔非刻狗，今豈乘狐。我思世故，何計有無。緝之成賦，用戒薄夫。

明 徐渭《徐文長文集》卷一《十白賦·猴》 瓊，赤玉，誤爲白沿耳。

人亦有言，王孫可憎。衣以周公，裂冠毁纓。胡是物之善幻，脱蒼鞹以膚瓊。莫四胡三，豈狙公之可罔。既冠且沐，致韓生之就烹。

清 黄景仁《兩當軒全集》卷五《白猿》 黄山白猿千年物，出没無時不知穴。裹身只借千巖雲，療飢惟餐太古雪。老僧誦號至夜分，下階看天猿在門。呼之不來近不避，元元默默西來意。曉來乃在蓮峯頭，忽復吟聲隔遥翠。遊人千百少一逢，應知只在兹山中。山空日暮無可託，我欲拾橡來相從。

清 史夢蘭《爾爾書屋詩草》卷五《題張扶旭十二辰書册・猴》 蕞爾形骸認棘端，袁公劒術等閒看。束身不受周公服，胡面應羞楚客冠。千歲蟾蜍工變化，一時騏驥保平安。相憎漫續王孫賦，舊是唐家供奉官。

通靈曉性

綜述

南朝梁 任昉《述異記》卷下 南康郡有君山，高秀重疊，有類臺榭，名曰女媧宫。有獸名格，似猩猩之形，自知吉凶。人無機愛之，則可馴狎。欲執害之，則去不來。

宋 周去非《嶺外代荅》卷九《猨》 猨有三種：金線者黄，玉面者黑，純黑者面亦黑。金線、玉面皆難得。或云純黑者雄，金線者雌。又云雄能嘯，雌不能也。子能抱持其母，牢不可拆。人取之，射殺其母，取其子，子猶抱母皮不釋，獵猨者可以戒也。猨性不耐著地，著地輒瀉以死，煎附子汁與之即止。登木好以兩臂攀枝上，不甚用足，終日纍纍然。

明 宋濂《文憲集》卷二六《猿説》 武平産猿，隕毛若金絲，閃閃可觀。猿子尤奇，性可馴，然不離母，母黠不可致。獵人以毒傅矢，伺母間射之。母度不能生，灑乳於林飲子，灑已氣絶。獵人取母皮向子鞭之，即悲鳴而下，斂手就制。每夕必寢皮乃安，甚者輒抱皮跳擲而斃。嗟夫，猿且知有母，不愛其死，况人也耶。

明 王世貞《弇州四部稿》卷一一一《文部・雜記四首・猱》 獸有猱，小而善緣，利爪。虎首癢，輒使猱爬搔之不休，成穴。虎殊快，不覺也。猱徐取其腦啖之，而汰其餘以奉虎，曰：余偶有所獲腥，不敢私，以獻左右。虎曰：忠哉！猱也，愛我而忘其口腹。啖已，又弗覺也。久而虎腦空，痛發，跡猱，猱則已走避高木。虎跳踉大吼乃死。世人謂邯鄲挾瑟，而倡者類之，於乎是寧獨一倡哉。

紀事

漢 劉安《淮南子》卷一六《説山訓》 楚王有白猨，王自射之則搏矢而熙。使養由基射之，始調弓矯矢未發，而猨擁柱號矣。

晉 干寶《搜神記》卷二〇 臨川東興，有人入山，得猨子，便將歸。猿母自後逐至家。此人縛猿子於庭中樹上以示之。其母便搏頰向人，欲乞哀狀，直謂口不能言耳。此人既不能放，竟擊殺之。猿母悲唤，自擲而死。此人破腸視之，寸寸斷裂。未半年，其家疫死滅門。

晉 徐廣《孝子傳》（《説郛》卷五八引） 余嘗至綏安縣，逢途逐猴，猴母負子没水，水雖深而清，乃以戟刺之，自脇以下中斷，脊尚連肜着船中。子隨其傍，以手捫子而死。

南朝宋 劉義慶《世説新語》卷下之下《黜免》 桓公入蜀，至三峽中，部伍中有得猿子者。其母緣岸哀號，行百餘里不去，遂跳上船，至便即絶。破其腹中，腸皆寸寸斷。公聞之怒，命黜其人。

北魏 酈道元《水經注》卷三七 今平道縣後王宫城見有故處。《晉太康地記》縣屬交趾。越遂服諸雒將。馬援以西南治遠，路逕千里，分置斯縣。治城郭，穿渠通導溉灌，以利其民。縣有猩猩獸，形若黄狗，又狀貆豘，人面，頭顔端正，善與人言，音聲麗妙如婦人好女。對語交言，聞之無不酸楚。其肉甘美，可以斷穀，窮年不厭。

唐 李延壽《南史》卷三四《蕭子響傳》 他日出景陽山，見一猨透擲悲鳴，問後堂丞：「此猨何意？」答曰：「猨子前日墮崖致死，其母求之不見，故爾。」上因憶子響，歔欷良久，不自勝。順之慚懼，感病，遂以憂卒。

唐 李肇《唐國史補》卷下 劒南人之采猓然者，獲一猓然，則數十猓然可盡得矣。何哉？其猓然性仁，不忍傷類。見被獲者，聚族而啼，雖殺之，終不去也。噫，此乃獸之狀人之心也。樂羊食其子，史牟殺其甥，則人之狀獸之心也。

猩猩者，好酒與屐。人有取之者，置二物以誘之。猩猩始見，必大罵曰：誘我也。乃絶走遠去，久而復來。稍稍相勸，俄頃俱醉，其足皆絆於屐，因遂獲之。或有其圖而贊曰：爾形唯猿，爾面唯人。言不忝面，智不周身。淮陰佐漢，李斯相秦。何如箕山，高卧養真。

唐 余知古《渚宫舊事》卷一《周代上》 楚庭有神白猿，射之則搏矢而嬉，莫能中。莊王命養由基，始矯弓操矢未之射，猿擁柱而號。由基發之，猿應矢而下，則由基以其矢先之也。

五代 王仁裕《開元天寶遺事》卷三四《山猿報時》 商山隱士高太素，累徵不起。在山中，構道院二十餘間。太素起居清心，亭下皆茂林秀竹，奇花異卉。每至一時，即有猿一枚詣亭前，鞠躬而啼，不易其候。太素因目之爲報時猿，其性度有如此。

宋 陶穀《清異録》卷上 李道殷，華山道士。山棲谷飲，有奇術，能攝伏鬼神。畜一黑猿兒，呼爲臂童。道殷於菴側古松上，以茅艸枝稍營一巢，爲臂童寢息之所，名曰峻青宅。

宋 釋贊寧《東坡先生物類相感志》卷一〇《神猿》 《吕氏春秋》曰：荆恭王有白猿，王自射之，持矢而嬉。由基射之，始調弦，矢未發，而神猿抱樹而號矣。

宋 釋贊寧《宋高僧傳》卷二九《南宋錢塘靈隱寺智一傳》 釋智一者，不詳何許人也。居靈隱寺之半峯，精守戒範而善長嘯。嘯終乃牽曳其聲，杳入雲際如吹笳葉，若揭遊絲，徐舉徐揚，載哀載咽，飀飀淒切。聽者悲涼，謂之哀松之梵，頗生物善。或在像前讚詠，流靡於靈山澗邊。養一白猿，有時騫山踰澗久而不還，一乃吮吻張喉作梵呼之，則猿至矣。時人謂之白猿梵名，一公爲猿父，猶狙公也。其後澗邊羣狙聚焉。每至衆僧齋訖，斂生飯送猿臺所，後令山童呼三二聲則羣猿競至。洎乎唐武宗廢教，伊寺毁除焉。鞠爲茂草之墟，飯猿于臺事皆堙滅。一師不詳所終。

宋 彭乘《墨客揮犀》卷三 僧悟空在江外見一猿坐樹杪。弋人伺其便，射之，正中母腹。母呼其雄至，付子已，哀鳴數聲，乃拔箭墮地而死。射者折矢棄弓，誓不復射。

宋 釋文瑩《湘山野録》卷中 江南李後主煜性寛恕，威令不素著，神骨秀異，駢齒，一目有重瞳，篤信佛法。迨國勢危削，自嘆曰：天下無周公仲尼，君道不可行。但著雜説百篇以見志。十一月獵於青龍山。一牝狙獨網於谷。見主兩淚稽顙搏膺，屢指其腹。主大怪，戒虞人保以守之。是夕果誕二子。因感之。還幸大理寺，親録囚係，多所原貸。一大辟婦以孕在獄，産期滿則伏誅，未幾亦誕二子。煜感牝狙之事，止流於遠，吏議短之。

宋 洪邁《夷堅志·支志·戊》卷二《海船猴》 廣州海山樓下客商舶船，養一猴，甚馴。育之既久，與人無間。商婦生嬰兒，已三四歲，猴每抱持之，習以爲常。家人亦視之，不問。一日商登岸，婦在寢，猴輒挾兒直升桅檣之顛。其高數丈，滿船人皆驚愕，而猝不可取，但鋪設帆席帷幕，四環於下，以防墜水。遣篙師扳援而上，將至矣，猴遽放手，兒遂墜下板上，碎首死。商殺猴，沈諸海中，痛恨無及矣。相州人張正叔，時避地在彼，親見之。予亦記小説中，有猴効人浴兒，而舉置湯鑊内。既云異類，自不應狎之如人也。

宋 馬純《陶朱新録》 内侍吴曇子雲嘗説，宣和間，夜直禁中，與同列博。忽一毛手出燈下，且持燈而去。視之，乃巨猴。共逐之，即委燈，失猴所在。他日，上直復聚博燈下，戲相謂曰：猴將復來乎？少頃，果有一物至，驚逐之，乃巨猴也。又失所在。

宋 周密《齊東野語》卷一二《捕猿戒》 鄧艾征涪陵，見猿母抱子，艾射中之。子爲拔箭，取木葉塞創。艾歎息，投弩水中。范蜀公載吉州有捕猿者，殺其母之皮，並其子賣之龍泉蕭氏。示以母皮，抱之跳擲號呼而斃，蕭氏子爲作《孝猿傳》。先君向守鄞江，屬邑武平素産金絲猿，大者難馴，小者則其母抱持不少置。法當先以藥矢斃其母，母既中矢，度不能自免，則以乳汁遍灑林葉間，以飲其子，然後墮地就死。乃取其母皮痛鞭之，其子亟悲鳴而下，束手就獲。蓋每夕必寢其皮而後安，否則不可育也。噫！此所謂獸狀而人心者乎！取之者不仁甚矣。故先子在官日，每嚴捕弋之禁云。

明 朱權《神隱》上卷《養猿》 本是清物，道院中可置一枚，只是不敢放出，必須鎖其項於籠中，則大殺風景。蓋猿形類人而鎖其項，不亦醜乎。況又置於籠中，不亦悶乎。莫如不養。

明 陳其力《芸心識餘》卷三《金絲猿痛母》 武平産金絲猿，大者難馴。雖小者，母抱持，不少置。先以藥矢斃母，取母皮，痛鞭之。子輒悲鳴而下，束手就獲。每夕必寢母皮而後安，否則不育。

芸心子曰：子生三年，然後免于父母之懷。其撫摩鞠育之恩，無所弗。既及其長也，逐物棄親，邈若路人，其去兹猿遠矣。拔箭猿，宜例觀之。《蜀志》：鄧

艾見玄猿抱子在樹上，引弩射之，中猿母，其子爲拔箭，捲樹葉塞瘡。艾嘆曰：吾違物性，其將死矣。乃投弩于水中。

明 朱國禎《湧幢小品》卷三一《猴》 汪中丞可受黄梅人，嘗令金華有丐者作猴戲乞錢，遂飽所欲。旁一丐者忌且羡之，因醉丐者，以酒誘至破窑内，椎殺之。繩其猴從己，亦作戲乞錢。而汪呼導聲至，猴急嚙繩斷脱，走車前，作訴冤狀。即令人隨之，至破窑内，得屍。又令人行捕得後丐者，鞫問伏辜，杖之死，方焚前丐者屍。烈焰始發，猴又號鳴赴火抱屍，共爲煨燼。

明 董斯張《廣博物志》卷四八《鳥獸五》 漢黄霸爲封谿令，部人陳廉携酒并猩猩以獻。霸問曰：何物？人未及應，囊中語曰：斗酒并僕耳。霸以其物有靈，開囊視之，猩猩悲啼而去。

明 吴之俊《獅山掌録》卷二〇《野賓》 王仁裕畜一猿，號野賓，呼之則應。後繫紅綃一縷，賦詩放之還山。其詩有「免勞青嶂夢，好愜碧雲心」之句。後入蜀次嶓冢廟前，見衆猿飲流，一巨者垂身下顧。從者指曰：此野賓也。呼之聲聲相應，紅綃猶在項間，哀叫數聲，去許遠，猶聞其嗚咽。

清 黄印《錫金識小録》卷一一《紀異·義猿》 猿道人，不知其名與姓。有老猿卧起相隨，人因稱爲猿道人。棲止白石山僕射廟中。始，道人壯而無妻，挾貲買茶陽羨山中，遇翦徑者，刼其貲，將殺之。一猿在樹躍下，盜駭奔去，遂攜猿歸，與同棲廟中。久之，無所得食，携猿乞食於淮陽。嘗野宿真州，盜夜刼商，遺一小囊，猿拾之得五十金，遂乘夜逃歸，製新衣經卷，買田十畝與廟祝。廟祝養之，更爲鄉人拜。經日獲數錢，與猿同甘苦若父子。廟祝死，歷其子若孫三世，道人與猿猶在。百歲餘乃化，老猿之毛亦半白，悲嘷不食而死。載朱念德《續山記》。

又《紀異·猿兆》 長泰寺後多古木脩篁，山頂小庵更幽寂，朱直齋紘，讀書其中。每僧寮具餐畢，則有一猿下啼於樹，躡履中堂，已列食矣。旦旦如是，晷刻不爽。直齋嘗夢吏跪而進印，文有「長泰」字。後爲御史，忤旨，謫長泰知縣。

藝文

晉 郭璞《山海經圖讚·白猿》 白猿肆巧，繇基撫弓。應眄而號，神有先中。數如循環，其妙無窮。

唐 曾麻幾《放猿》（《全唐詩》卷七六八引） 孤猿鎖檻歲年深，放出城南百丈林。緑水任從聯臂飲，青山不用斷腸吟。

宋 王禹偁《小畜集》卷一一《青猿》 小僕如猿狖，貧家備指呼。未堪隨馬足，已慣典魚鬚。時洗塵侵硯，閒收雨滴圖。歸田如有計，留負酒胡盧。

宋 梅堯臣《宛陵集》卷一二《詠楊高品馬廄猢猻》 嘗聞養騏驥，辟惡繫獮猴。供奉新教藝，將軍舊病偷。聊看緣柱杪，尚想傍崖頭。更祝南州使，如拳試爲求。

宋 鄭獬《鄖溪集》卷二六《獐猿》 翠樹不從青嶂出，蟠根却向屏中生。黄獐引脰探緑葉，老猿護雛枝上驚。猗然相顧見異態，誰言野物能忘情。我來賞激繞屏下，亦疑此身林中行。自古畫工無畫者，今得絶筆方傳名。吾廬昔在鄖溪上，滿溪桃花春水明。曾隨麋鹿藉芳草，更倚白雲聽嘯聲。

宋 劉摯《忠肅集》卷一六《易元吉畫猿》 槲林秋葉青玉繁，枝間倒挂秋山猿。古面睢盱露瘦月，氄毛匀膩舒玄雲。老猿顧子稍留滯，小猿引臂勞攀援。坐疑跳躑避人去，彷彿悲嘯生壁間。巴山楚峽幾千里，寒巖數丈移秋軒。渺然獨起林壑志，平生願得與彼羣。吾知畫者古有説，神鬼爲易犬馬難。物之有象衆所識，難以僞筆淆其真。傳聞易生近已死，此筆遂絶無幾存。安得千金買遺紙，真僞常與識者論。

宋 洪适《盤洲文集》卷九《猿》 擲果心頻喜，攀條臂暗通。有懷清遠峽，雲斷玉環空。

宋 程顥《二程文集·明道文集》卷一《獮猴山僧云：晏元獻公來，獮猴滿山》 聞説獮猴性頗靈，相車來便滿山迎。鞭羸到此何曾見，始覺毛蟲更世情。

清 吴偉業《梅村集》卷九《猿》 得食驚心裏，逢人屢顧中。側身探老樹，長臂引秋風。傲弄忘形便，羈棲柢掌工。忽如思父子，回叫故山空。

清 陸次雲《北墅緒言·五卷》卷一《獮猴賦》 有物能靈，畧似人形。生於磵户，長自山楹。足無詳步，瞬不停睛。笑輸狒狒，語遜猩猩。三峽嶔崎，九疑突兀。天際棲遲，雲中出没。石髓療饑，澗泉解渴。或友或群，相呼咄咄。聚散不時，飛騰跳脱。行遇花争，坐將樹奪。倦學熊經，閒尋蚤撮。甘露頻偷，蟠桃屢竊。戲狎獐麋，鄙嗤獱獺。有時接臂，相引懸崖。指攀薜荔，身倚莓苔。何愁虎至，不畏人來。飡霞興逸，嘯月聲哀。溪頭浴罷，復上仙臺。緊爾之族，曾爲供奉。出仕於唐，禄叨清俸。隊列夔龍，班聯麟鳳。特賜緋衣，君恩彌重。忽逢

篡逆，易姓爲梁。隨朝陞陛，感憤悲傷。裂袍執笏，擊賊明堂。踴躍而絶，見者斷腸。嗚呼噫嘻，古今稱異。無謂猿微，能全忠義。出非小草，處實遠智。全生用奇，知趨識避。劍術能精，神通游戲。無因楚人，將其非議。

雜　録

清 王棫《秋燈叢話》卷一　睢州黎國奇，明末進士，官縣令，正直剛方，爲鄉里之望。春日，肩輿赴友人飲，中途值風雨猝至，雷電交加，趨避大樹下。陡見一物，長尺餘，毛茸茸然，自頂下垂，不辨面目。向之觳觫戰栗，有求援狀。黎曰：「何不入輿中暫避耶？」物即應聲竄入，而雷霆迅疾，電光激射，旋繞左右，良久乃散，物亦逡巡去。晚歸，見一獮猴跪几前曰：「我輩雖修鍊多年，至五百載，必遭雷刼。或遇義士及顯爵者，皆可庇免。公，正人也。脱我大難，没齒弗諼。願服役左右，以申啣結之感。」自是相隨不去，凡有驅使，千里若瞬息。或值休咎，無不預報。黎幼子赴省試，謂曰：「能入闈探試題否？」猴諾而去，頃之踉蹌趨至曰：「幾不獲與公相見矣。」詢其故，曰：「甫入闈，爲周將軍所窺，持刀趕逐。我踰垣急遁，倏已追及，舉刀砍之，悞中牆角，我得倖免。」後子自省回云：「闈牆東南隅，無故崩塌數丈。」即猴所云之日也。相從十餘年。黎一日偶染微疾，猴曰：「公數盡矣，宜備後事。」如其言，閲月而歿。殯日，衆見一巨猴伏塚哀鳴，即之頓失所在。

神異變化

綜　述

宋 周密《齊東野語》卷七《野婆》　邕宜以西南丹諸蠻皆居窮崖絶谷，間有獸名野婆，黄髮椎髻，跣足裸形，儼然一媪也。上下山谷如飛猱，自腰已下有皮，纍垂蓋膝，若犢鼻，力敵數壯夫，喜盜人子女。然性多疑，畏罵已盜，必復至失子家窺伺之。其家知爲所竊，則積隣里大罵不絶口。往往不勝罵者之衆，則挾以還之。其羣皆雌無匹偶，每遇男子，必負去求合。嘗爲健夫設計擠之大壑中，展轉哮吼，脛絶不可起，傜人集衆刺殺之。至死以手護腰間不置。剖之得印方寸，瑩若蒼玉，字類符篆，不可識，非鐫非鏤，蓋自然之文。然亦竟莫知其所寶爲何用也。周子功景定間使大理，取道於此，親見其所謂印者。此事前所未聞，是知窮荒絶徼天奇地怪亦何所不有，未可以見聞所未及，遂以爲誕也。《後漢・郡國志》引《博物記》曰：日南出野女，羣行不見夫，其狀皛且白，裸袒無衣襦。得非此乎？《博物記》當是秦漢間古書，張茂先蓋取其名而爲志也。

紀　事

晉 張華《博物志》卷三《異獸》　蜀山南高山上，有物如獮猴，長七尺，能人行，健走，名曰猴玃，一名化，或曰猳玃。同行道婦女有好者，輒盜之以去，人不得知。行者或每過其旁，皆以長繩相引，乃得免。此得男子氣自死，故取女也。取去爲室家，其年少者終身不得還。十年之後，形皆類之，意亦迷惑，不復思歸。有子者輒俱送還其家，産子皆如人。有不食養者，其母輒死，故無敢不養也。及長，與人不異，皆以楊爲姓。故今蜀中西界多謂楊，率皆猳玃化之子孫，大約皆有玃爪者也。

晉 干寶《搜神記》卷三　護軍張劭母病篤，智筮之，使西出市沐猴，繫母臂，令傍人搥拍，恒使作聲，三日放去。劭從之，其猴出門即爲犬所咋死，母病遂差。

宋 洪邁《夷堅志・支志・丁》卷一〇《蜀獮猴皮》　彭仲訥送其兄仲和往臨安，置餞于鄱江之南天王寺，見村民數十，列坐廊下，探籌相向，若有所營。就視之，皆江岸漁人也。問其所議何事，曰：「有川客持一獮猴皮來，售其價十三貫足。我曹恰二十六人，各人出錢五百分買，今將割裂以去。」彭曰：「一猴之直至微，安得買皮而有此價？」漁人曰：「是川中猴皮，以置鈎上，用釣白魚，百無一失。一番入水，則愈更緊，久而不壞。如吾鄉土產者皮，著水即爛，只堪三兩次用耳。故不惜高價，惟恐失之。」子仲子前歲自夷陵得一猴，高二尺形，狀獰醜可憎，攜歸馬廐，踰年而死焉，卒剥其肉烹食。漁者適遇而見之，謂峽蜀相連遠，以五百錢買其皮去，喜不可言。蓋正濟所須，難計值也。

藝　文

元 陳孚《陳剛中詩集》卷一《黄河謡》　長淮緑如苔，飛下桐栢山。黄河忽西來，亂瀉長淮間。馮夷鼓狂浪，峥嶸雪崖墮。驚起無支祁，腥涎沃鐵鎖。兩雄鬬不死，大聲吼乾坤。震撼山嶽骨，磨蕩日月魂。黄河無停時，淮亦流不息。東風吹海波，萬里湧秋色。秋色不可掃，青烟暎蘆花。白鳥亦四五，長鳴下汀沙。黄靈奠四瀆，各剖盤古髓。千載今合流，神理胡乃爾。漁翁一鬢霜，扁舟依古樹。隔浦欲扣之，翩然凌波去。

明 王世貞《弇州四部稿》卷八《五言古六十二首》　昔有無支祈，佻負百夫力。終古腥淮流，金鏁時掣搦。貳負殺窫窳，帝討羈石室。梏拳錮其形，千載鬱如臘。中祀無百年，滔滔惡焉極。宣淫蕩天紀，一死事以息。悵然念休代，奸人易爲賊。

雜　録

漢 趙曄《吴越春秋》卷五《勾踐陰謀外傳第九》　其時越王又問相國范蠡曰：「孤有報復之謀，水戰則乘舟，陸行則乘輿。輿舟之利，頓於兵弩。今子爲寡人謀事，莫不謬者乎？」范蠡對曰：「臣聞古之聖君，莫不習戰用兵。然行陣、隊伍、軍鼓之事，吉凶决在其工。今聞越有處女，出於南林，國人稱善。願王請之，立可見。」越王乃使使聘之，問以劍戟之術。處女將北見於王，道逢一翁，自稱曰袁公，問於處女：「吾聞子善劍，願一見之。」女曰：「妾不敢有所隱，惟公試之。」於是袁公即杖箖箊竹，竹枝上頡橋，末墮地，女即捷末。袁公則飛上樹，變爲白猿，遂别去。見越王，越王問曰：「夫劍之道則如之何？」女曰：「妾生深林之中，長於無人之野，無道不習，不達諸侯，竊好擊之道，誦之不休。妾非受於人也，而忽自有之。」越王曰：「其道如何？」女曰：「其道甚微而易，其意甚幽而深。道有門户，亦有陰陽。開門閉户，陰衰陽興。凡手戰之道，内實精神，外示安儀。見之似好婦，奪之似懼虎。布形候氣，與神俱往。杳之若日，偏如滕兔，追形逐影，光若彿彷，呼吸往來，不及法禁，縱横逆順，直復不聞。斯道者，一人當百，百人當萬。王欲試之，其驗即見。」越王即加女號，號曰越女。乃命五板之墮長高習之教軍士，當世勝字上疑當有莫能二字勝越女之劍。

晉 干寶《搜神記》卷一二　蜀中西南高山之上，有物與猴相類，長七尺，能作人行，善走逐人，名曰猳國，一名馬化，或曰玃猨。伺道行婦女有美者，輒盗取將去，人不得知。若有行人經過其旁，皆以長繩相引，猶或不免。此物能别男女氣臭，故取女，男不取也。若取得人女，則爲家室，其無子者，終身不得還。十年之後，形皆類之，意亦迷惑，不復思歸。若有子者，輒抱送還。其家産子，皆如人形，有不養者，其母輒死。故懼怕之，無敢不養。及長，與人不異，皆以楊爲姓。故今蜀中西南多諸楊，率皆是猳國馬化之子孫也。

又 卷一八　吴先主時，陸敬叔爲建安太守，使人伐大樟樹，下數斧，忽有血出。樹斷，有物人面狗身，從樹中出。敬叔曰：此名彭侯。乃烹食之，其味如狗。《白澤圖》曰：木之精名彭侯，狀如黑狗，無尾，可烹食之。

晉 王嘉《拾遺記》卷八　周羣妙閑筭術讖説，遊岷山採藥，見一白猿從絶峰而下，對羣而立。羣抽所佩書刀投猿，猿化爲一老翁，握中有玉版長八寸，以授羣。羣問曰：「公是何年生？」答曰：「已衰邁也，忘其年月，猶憶軒轅之時，始學歷數，風后、容成皆黄帝之史，就余授歷術。至顓頊時，考定日月星辰之運，尤多差異。及春秋時，有子韋、子野、裨竈之徒，權略雖驗，未得其門。邇來世代興亡，不復可紀，因以相襲。至大漢時，有洛下閎，頗得其旨。」羣服其言，更精勤筭術及考校年歷之運，驗於圖緯，知蜀應滅。及明年，歸命奔吴。皆稱：「周羣詳陰陽之精妙也。」蜀人謂之後聖。白猿之異，有似越人所記，而事皆迂誕，似是而非。

唐 戴孚《廣異記・劉薦》　天寶末，劉薦者爲嶺南判官，山行忽遇山魈，呼爲妖。山魈怒曰：劉判官，我自游戲，何累於爾，乃爾駡我。遂於下樹枝上，立呼斑子。有頃虎至，令取劉判官。薦大懼，策馬而走，須臾爲虎所攫，坐置脚下。魈乃笑曰：劉判官，更駡我否？薦大懼，左右再拜乞命。徐曰：可去。虎方捨薦。薦怖懼幾絶，扶歸，病數日方愈。薦每向人説其事。

唐 張讀《宣室志》卷八　潁州陳巖，字叶夢，武陽人，僑東吴。景龍末，舉孝廉，如京師，行至渭之南，見一婦人貌甚姝，衣白衣，立於路隅，以袂蒙口而哭，若負冤抑之狀。生乃訊之，婦人哭而對曰：「妾楚人也，侯其氏，家于弋陽之南。先父以高尚聞於湘楚間，由是隱跡山林，未嘗肯謁侯伯。妾雖一女子，亦有箕潁之志。方將棲踪蓬瀛崑閬以遂其好，適遇有沛國劉君者，尉弋陽，嘗與妾先人爲

忘形之友。先人慕劉君之高義，遂以妾歸劉氏。自爲劉氏婦，且十年矣，未嘗有纖毫過失。前歲春，劉君調補宜原尉，未一歲，以病免，盡室歸于渭上郊居。劉君無行，又娶一盧氏者，濮上人，性極悍戾，每爲唇齒相反，妾不勝其憤，故遁而至此。且妾本慕神仙，常欲高蹈雲霞，安巖壑之隱，餌橡栗之味，亦足以終老。豈徒擾擾於塵世，適足爲累？今者分不歸劉氏矣。」已而顰容怨咽，若不自解。巖性端慤，聞其言，甚信之。因問曰：「女郎何所歸乎？」婦人曰：「妾一窮人，安所歸止？然君之見問，其有意耶？果如是，又安敢逆君之命。」巖喜，即以後乘駕而偕往京師，居于永崇里。其始甚謹，後乃不恭。往往詬怒，若發狂之狀。巖惡之而且悔。明日巖出，婦人即令閽扉，鍵其門，以巖衣囊致庭中，毁裂殆盡。巖至夕巖歸，婦人拒而不納。巖怒，即破户而入，見已之衣資悉已毁裂，巖因詬而責之。婦人愈發怒，毁巖之衣襟佩帶，殆無完縷。又爪其面，嚙其肌，一身盡傷，血沾于地，已而嘷叫者移時。巖惡之，不可制。於是里中民俱來觀，簇其門。時有郝居士者，在里中，善視鬼，精符籙呵禁之術。聞婦人哭音，顧謂里中民曰：「此婦人非人，乃山獸也。寓形以惑於世。」里民具告於巖，巖即請焉。居士乃至巖所居，婦人見居士來，甚懼。居士出墨符一道，向空擲之。婦人大叫一聲，忽躍而去，立於屋瓦上。巖竊怪之。居士又出丹符擲之，婦人遂委身於地，化爲猿而死。巖既悟其妖異，心頗怪悸。後一日，遂至渭南訊其居人，果有劉君廬于郊外。巖即謁而問焉，劉曰：「吾常尉于弋陽，弋陽多猿狖，遂求得其一。近兹且十年矣。適遇有故人自濮上來，以黑犬見惠。其猿爲犬所嚙，因而遁去。」亦竟不窮其事，因録以傳之。巖後以明經入仕，終于秦州上邽尉。客有遊於太原者，偶於銅鍋店静室中解鞍憩馬，於精舍佛書中得劉君所傳之事，而文甚鄙。後亡其本，客爲余道之如是。【略】

東都崇讓里有李氏宅，相傳云，其宅非吉地，固不可居。後李生既卒，其家盡徙居陸渾別墅中。由是鍵其門，且數年矣。開元中，有王長史者，亡其名。長史嘗爲清顯官，以使酒忤權貴，遂擯爲長史於吴越間。後退居洛中，因買李氏宅以家焉。長吏素勁，聞其宅有不祥之名。且曰：「我命在我，不在宅。」即入而居，常獨處堂之西宇下。後一夕，聞有哀嘯之音，極清楚，若風籟焉。長史起而望之，見一人衣黑衣，立於几上。長史厲聲叱之，其人即時舉一几擊長史肩，長史懼而退，其人亦去。長史因病瘡，且甚。後旬餘，方少愈。夜中又聞哀嘯之音，家僮尋之，見前時黑衣人在庭樹上。長史有弟善射，於是命弓射之，一發遂中。其人嘷叫，跳上西廡屋瓦而去。明日尋其迹，皆無所見。歲秋，長史召工人重脩馬廐，因發内重舍，乃得一死猿。有矢貫脇，驗其矢，果長史弟之矢也。方悟黑衣人者乃猿爾。【略】

乾元初，會稽民有楊叟者，家人資産豐贍，甲於郡中。一日叟將死，卧而呻吟，且經數月。叟有子曰宗素，以孝行稱於里人。迨其父病，罄其産以求醫術。後得陳生者，究其原曰：「是翁之病心也，蓋以財産既多，其心爲利所運，故心已離去其身，非食生人心，不可以補之。而天下生人之心，焉可致耶？舍是則非吾之所知也。」宗素聞之，以生人之心固莫可得也。獨修浮屠氏法，庶可以間其疾。即召僧轉經，命工繪圖鑄像。已而自賫衣糧，詣郡中佛寺飯僧。一日，因挈食去，悮入一山逕中。見山下有石龕，龕有胡僧，貌甚老瘦枯瘠，衣褐毛縷成袈裟，踞於磐石上。宗素以爲異人，即禮而問曰：「師何人也？獨處窮谷，以人跡不到之地爲家。又無侍者，不懼山野之獸有害於師乎？不然，是得釋氏之法者耶？」僧曰：「吾本是袁氏，某祖世居巴山，其後子孫或在弋陽，散遊諸山谷中，盡能世修祖業，爲林泉逸士。極得吟嘯，又好爲詩者，多稱於人。其名於是稍聞於天下。有孫氏，亦族也，則多遊豪貴之門，亦以善談謔故，又以資遊於市肆間。每一戲，能使人獲其利焉。獨吾好浮屠氏，脱塵俗，棲心巖谷中，不動而在此。且有年矣。常慕歌利王割截身體及薩埵投崖以伺餓虎，故吾啖橡栗，飲流泉，恨未有虎狼噬吾，吾于此候之。」宗素因告曰：「師真至人，能舍其身而不顧，將以飼山獸，可謂神勇俱極矣。然弟子父有疾已數月，進而不瘳。某夙夜憂迫，計無所出。有醫者云，是心之病也。非食生人心，則固不可得而愈矣。今師能棄身於豺虎以救其餒，豈若捨命於人以惠其生乎？願師詳之。」僧曰：「誠如是，果吾之志也。檀越爲父而求吾心，豈有不可之意！且以身委於野獸，曷若救人之生乎？然今日尚未食，願致一飯而後死也。」宗素且喜且謝，即以所挈食致於前，僧食之立盡。而又曰：「吾既食矣，當亦奉命。然俟吾禮四方之聖也。」於是整其衣，出龕而禮。禮四方已畢，忽躍而騰，向一高樹。宗素以爲神通變化，殆不可測。俄召宗素，厲聲叱曰：「檀越向者所求何也？」宗素曰：「願得生人心，以療吾父疾。」僧曰：「檀越所願者，吾已許焉。今欲先説《金剛經》之奥義，爾亦聞乎？」宗素曰：「某素尚浮屠氏，今日獲遇吾師，安敢不聽乎？」僧曰：「《金剛經》云，過去心不可得，見在心不可得，未來心不可得。檀越若要取吾心，亦不可得矣。」言已忽跳躍大呼，化爲一猿而去。宗素驚異，惶駭而歸。

宋 范成大《吴郡志》卷四五《異聞》 元和九年，有李公佐者，訪古東吴，從太守元公錫於洞庭。登包山，宿道者周焦君廬。入靈洞探僊書，石穴間得古《岳瀆經》第八卷，文字奇古，編次蠹蝕，公佐與焦君共詳讀之，云：禹理水，三至桐柏山。驚風迅雷，石號木鳴，五伯擁川，天老肅兵不能興。禹怒，召集百靈，搜命夔龍，桐柏千君長，稽首請命。禹因鴻蒙氏、章商氏、兜闕盧氏、犁婁氏，乃獲淮渦水神。名無支祈，善應對言語，辨江淮淺深，源流遠近。形若猿猴，縮鼻高額，青軀白首，金目雪牙，勁伸百尺，力踰九象，搏擊騰踔，蹻疾輕利。禹授之童律不能制，授之烏木田不能制，授之庚辰能制之。木魅水靈，山妖石怪，奔號叢遶以千數。頸鏁大索，鼻穿金鈴，徙淮陰之墧龜山之足，俾淮水安流注海。庚辰之後，圖此形者，免淮濤風水之難。先是，永泰中李湯爲楚州刺史，有漁人夜釣龜山下。其釣爲物所掣不復出，漁人疾沉可五十丈，見大鐵鎖盤繞山足，以告于郡。湯命善游者數十人取鏁，力不勝。加以五十牛，鏁乃振動，稍稍就岸。濤驚浪飜，觀者大駭。鏁窮，見一獸如青猿，白首長鬣，雪牙金爪。闖然上岸，高五丈許，蹲踞若獮猴。但兩目不能開，兀若昏醉，目鼻水流如泉，涎沫腥穢不可近。久乃引頸伸頭，忽開目，光彩若電，視人欲發狂怒。衆奔走，獸徐徐引鏁并牛入水。時楚多知名士，皆相傳驚愕，莫知其何物。今攷李公佐得《岳瀆經》於洞庭，始知李湯所見，與經相符。《戎幕閑談》

明 王圻《稗史彙編》卷一五七《王伯温猴種》 宋末鄞人王氏，貧家也，以販馬爲業。畜一猴於厩下。其妻夏日醉卧，猴適在側，因登其腹而合焉。妻初以爲人也，不之拒。及醒，乃大恚。夫婦托言猴有奸意，乃殺埋於屋後。自是有娠，生二子，厥狀肖焉。及長，皆精敏好學，累薦而不獲登。一夕，二子同夢白衣老父謂曰：「汝父葬處甚佳，恨稍下。能移上丈許，立至富貴。」二子不解曰：「吾父故在也，是何言？」以告其母，母知其旨，夜半潛移其穴。是舉，二子登科，俱至通顯，即應麟、應鳳也。寧波人至今傳之。豐進士坊云：曾見伯温遺像，酷類猴。馬生說。

明 徐𤊹《榕陰新檢》卷九《永福猴王》 永福能仁寺護山林神，廼生縛獮猴，以泥裹塑，謂之猴王。歲月滋久，遂爲居民妖祟。寺當福泉南劍興化四郡界，村俗怖聞其名，遭之者，初作大寒熱，漸病狂，不食，緣籬竹木，自投於地，往往致死。小兒被害尤甚。於是祀者益衆，祭血未嘗一日乾也。祭之不痊則召巫覡，乘夜至寺前，鳴鑼吹角，目曰取攝。寺衆聞之，亦撞鐘擊鼓與相應，言助神戰邪。習已日甚，莫之或解。長老宗演聞而嘆曰：「汝可謂至苦，其殺汝者既受報，而汝橫淫及平人，積業轉深，何時可脱？」爲誦梵語《大悲咒》資度之。是夜獨坐，見婦人之身，猴足，血污左腋下，旁一小猴，腰間鐵索縶，兩手抱女，再拜于前曰：「弟子猴王也。久抱沈冤之痛，今賴法力得解脱生天，故來致謝。」復乞解小猴索，演從之。且説偈曰：「猴王久受幽沈苦，法力冥資得上天。須信自心原是佛，靈光洞耀照無邊。」聽偈已，又拜而隱。明日啓其堂，施鎖三重。蓋頃年曾爲巫者射中腋，以是常深閉，猴負小女如所覩，廼碎之。并部從三十餘軀，亦皆烏鳶鵶鶚之類所爲也。投之溪流，其怪遂絶。

清 汪森《粤西叢載》卷一三《歐陽紇殺白猿》 梁大同末，遣平南將軍藺欽南征，至桂林，破李師古、陳徹。別將歐陽紇略地至長樂，悉平諸洞，深入險阻。紇妻纖白甚美。其部人曰：「將軍何爲挈麗人經此地？有神善竊少女，而美者尤所難免，宜謹護之。」紇甚疑懼，夜勒兵環其廬，匿婦密室中，謹閉甚固，而以女奴十餘伺守之。是夕，陰風晦黑。至五更，寂然無聞。守者怠而假寐，忽若有物驚悟者，即已失妻矣。關扃如故，莫知所出。出門，山崄咫尺，迷悶不可尋逐。迨明，絶無其迹。紇大憤痛，誓不徒還。因辭疾，駐其軍，日往四遐，以索之。逾月，忽于百里外叢篠間得其妻繡履一隻，雖雨浸濡，猶可辨識。紇尤悽悼，求之益堅。選壯士三十人，持兵負糧，嵓棲野食。又旬餘，遠所舍約二百里，南望一山葱秀，迥出，至其下，有深溪環之。乃編木以度，絶嵓翠竹之間，時見紅綵，聞笑語聲。捫蘿引絚而陟其上，則嘉樹列植，間以名花。其下緑蕪豐軟如毯，清迥岑寂杳然。殊境東向石門，有婦人數十，帔服鮮澤，嬉游歌笑，出入其中。見人皆慢視遲立。至則問曰：「何因來此？」紇具以對。相視歎曰：「賢妻至此月餘矣，今病在床，宜遣視之。」入其門，以木爲扉，中寬闢若堂者三四。壁設牀，悉施錦薦。其妻卧石榻上，重茵累席，珍食盈前。紇就視之，迴眸一睇，即疾揮手令去。諸婦人曰：「我等與公之妻，比來久者十年。此神物所居，力能殺人。雖百夫操兵，不能制也。幸其未返，宜速避之。但求美酒兩斛，食犬十頭，麻數十斤，當相與謀殺之。其來必正午後，愼勿太早。」以十日爲期，因促之去。紇亦遽退，遂求醇醪與麻犬，如期而往。婦人曰：「彼好酒，往往致醉，醉必騁力；俾吾等以綵練縛手足于床，一踴皆斷。嘗紉三幅，則盡力不解。今麻隱帛中，束之度不能矣。遍體皆如鐵，唯臍下數寸常護庇之，此必不能禦兵刃。」指其傍一嵓曰：「此其食廩，當隱于此。靜而伺之，酒置花下，犬散林中。待吾計成，招之即出。」

如其言，屏氣以伺。日晡，有物如足練，自他山下透至若飛，徑入洞中。少頃，有美髯丈夫，長六尺餘，白衣曳杖，擁諸婦人而出。見犬驚視，騰身執之，披裂吮咀，食之致飽。婦人競以玉盃進酒，諧笑甚歡。既飲數斗，則扶之而去。又聞嬉笑之音。良久，婦人出招之，乃持刃而入，見大白猿縛四足于床，顧人蹙縮，求脱不得，目光如電。競兵之，如中鐵石，刺其臍下，即飲刃，血射如注，乃大歎咤曰：「此天殺我，豈爾之能？然爾婦已孕，勿殺其子。將逢聖帝，必大其宗。」言絶乃死，搜其藏，寶器豐積，珍羞羅列。凡人世所珍，靡不充備。名香數斛，寶劍一雙。婦人三十輩，皆絶色，久者至十年云，紇即取寶玉珍麗及諸婦人以歸，猶有知其家者。紇妻周歲生一子，後紇爲陳武帝所誅，紇素與江惣善，愛其子聰悟，常留養之，故免于難。及長，果文學善書，知名于時。

清　方旭《蟲薈》卷二《毛蟲·石猴》　滇中産石猴，大如小兒拳，人畜硯旁，令磨墨，飼以菓實，但不飲水。旭按，此即《談薈》所謂栗子猨也。又二申《野録》載，明弘治十八年，崇明縣民家雞生一方卵，碎之，中有猴大如棗。又《幽怪録》云，伶人刁朝俊美而有癭，一日癭破，内一猴跳出。則較雞卵之猴，爲尤奇矣。

《嶺南雜記》：廣之高州化州出石猴。

猿啼嗷嗷

綜述

唐　段公路《北户録》卷二《緋猨》　公路咸通十年，往高涼程次青山鎮。鎮府設以備他盜也。其山多猨，有黄緋者。緋者絶大，毛彩殷鮮，真謂奇獸。夫猨則狙玃，猨五百歲爲玃。《抱朴子》曰：猴壽八百歲。《繁露》曰：猨似猴，大而黑長前臂。猨所以壽者，好引其氣也。猱猴也，狖似猨之類，其色多傳青白玄黄而已。《小説》云吾彦爲交州時，林邑王范能獻青白猨各一口。《山海經》云堂庭山多白猨，今三峽有白額猨。按，《樓炭經》云鳥有四千五百種，獸有二千四百種。《白虎通》云羽蟲三百六十有六，鳳爲之長。毛蟲三百六十有六，麟爲之長。今則豈可窮其族類歟！其猨能伏鼠，《論衡》曰：鹿之角足以觸犬，猶猴之手足以搏鼠，然而鹿制於犬，猴伏於鼠，亦如《淮南子》云蝟使虎申，蛇令豹止物，各有所制也。多羣行，玄者善啼，雌黄而雄黑也。啼數聲則衆猨叫嘯騰擲如相去呼焉。其音凄入肝脾，韻含宫徵，方知當去呼一部皷吹，豈獨於鼃聲者哉！愚因召獵者捕而養之，目，爲巴兒。極馴不貪食，於樹杪間呼之，則至，但臂長身不便於行，而未見通膊者也。後一歲自潘州廻，路歷仙虚，潘茂真人燒丹之處，南人呼市爲虚，今三日一虚，按神農氏日中爲市，致天下之民聚天下之貨交易，而退各得其所。蓋取之《噬嗑》《易》下，係噬嗑合也。市人之所聚異方之合耳。聞舊山猨啼不食而卒。噫，其爲獸之性一何仁耶是！知鄧艾感事投弓故無虚語。且梁朝猨卒，責食吏違四日，方送鹿心柿四貫，及責玄圃養猨吏云：殘林猶獲子堪杖四十。復引雞冢鵝魂狗，蓋馬帷之事，瘗之。又陸機快犬黄耳能解人言，常傳書自洛至吴，纔半月而返。及死，機爲製棺櫬殯之，村人號爲黄耳冢。愚遂斅其事，藉之以薪藏之以坎。

唐　馮贄《雲仙雜記》卷二《啼猿生蕨》　猿啼之地，蕨乃多有。每啼一聲，遽生萬莖。

明　吴之俊《獅山掌録》卷二〇《巴兒》　段公路程次青山鎮，其山多猿，有黄緋者絶大，毛綵殷鮮，玄者善啼，啼數聲，則衆猿叫嘯騰擲如相呼焉。其音凄入肝脾，韻含宫徵，因召捕而養之，名曰巴兒。

清　朱虚《古今疏》卷一三　五九四十五，五爲音，音主猨，故猨五月而生。四九三十六，六爲律，律主鹿，故鹿六月而生。唯五主音，音主猨，五月而生，故音清。鹿制於犬，猨伏於鼠，今人取鼠以繫猨頸，猨不復動，猨與沐猴相類，静躁不同。猨性仁，不貪食，多群，其音凄入肝脾，韻音含宫商故也。

藝文

《楚辭·九歌·山鬼》　若有人兮山之阿，被薜荔兮帶女蘿。既含睇兮又宜笑，子慕予兮善窈窕。乘赤豹兮從文狸，辛夷車兮結桂旗。被石蘭兮帶杜衡，折芳馨兮遺所思。余處幽篁兮終不見天，路險難兮獨後來。表獨立兮山之上，雲容容兮而在下。杳冥冥兮羌晝晦，東風飄兮神靈雨。留靈修兮憺忘歸，歲既晏兮孰華予？采三秀兮於山間，石磊磊兮葛蔓蔓。怨公子兮悵忘歸，君思我兮不得閒。山中人兮芳杜若，飲石泉兮蔭松柏。君思我兮然疑作。雷填填兮雨冥冥，猨啾啾兮又夜鳴。風颯颯兮木蕭蕭，思公子兮徒離憂。

晉　謝靈運《登石門最高頂》（《文選》卷二二引）　晨策尋絶壁，夕息在山棲。疏峰抗高館，對嶺臨回溪。長林羅户穴，積石擁基階。連岩覺路塞，密竹使徑

迷。來人忘新術，去子惑故蹊。活活夕流駛，嗷嗷夜猿啼。沈冥豈別理，守道自不攜。心契九秋幹，日玩三春荑。居常以待終，處順故安排。惜無同懷客，共登青雲梯。

北魏　酈道元《水經注》卷三四《三峽》　每至晴初霜旦，林寒澗肅，常有高猿長嘯，屬引淒異，空谷傳響，哀轉久絶。故漁者歌曰：巴東三峽巫峽長，猿鳴三聲淚沾裳。

唐　孟浩然《孟浩然集》卷三《宿桐廬江寄廣陵舊遊》　山暝聽猿愁，滄江急夜流。風鳴兩岸葉，月照一孤舟。建德非吾土，維揚憶舊遊。還將數行淚，遥寄海西頭。

唐　王昌齡《送魏二》（《全唐詩》卷一四三引）　醉别江樓橘柚香，江風引雨入舟涼。憶君遥在瀟湘月，愁聽清猿夢裏長。

唐　李白《李太白文集》卷二《遠别離》　遠别離，古有皇英之二女，乃在洞庭之南，瀟湘之浦。海水直下萬里深，誰人不言此離苦。日慘慘兮雲冥冥，猩猩啼煙兮鬼嘯雨。我縱言之將何補？皇穹竊恐不照余之忠誠。雷憑憑兮欲吼怒。堯舜當之亦禪禹。君失臣兮龍爲魚，權歸臣兮鼠變虎。或云堯幽囚，舜野死，九疑聯綿皆相似，重瞳孤墳竟何是。帝子泣兮緑雲間，隨風波兮去無還。慟哭兮遠望，見蒼梧之深山。蒼梧山崩湘水絶，竹上之淚乃可滅。

又　卷六《清溪行》　清溪清我心，水色異諸水。借問新安江，見底何如此？人行明鏡中，鳥度屏風裏。向晚猩猩啼，空悲遠遊子。

又　卷一二《夢遊天姥吟留别》　海客談瀛洲，煙濤微茫信難求。越人語天姥，雲霓明滅或可睹。天姥連天向天横，勢拔五嶽掩赤城。天台四萬八千丈，對此欲倒東南傾。我欲因之夢吴越，一夜飛度鏡湖月。湖月照我影，送我至剡溪。謝公宿處今尚在，渌水蕩漾清猿啼。腳著謝公屐，身登青雲梯。半壁見海日，空中聞天雞。千岩萬轉路不定，迷花倚石忽已暝。熊咆龍吟殷岩泉，栗深林兮驚層巔。雲青青兮欲雨，水澹澹兮生煙。列缺霹靂，丘巒崩摧。洞天石扉，訇然中開。青冥浩蕩不見底，日月照耀金銀臺。霓爲衣兮風爲馬，雲之君兮紛紛而來下。虎鼓瑟兮鸞回車，仙之人兮列如麻。忽魂悸以魄動，恍驚起而長嗟。惟覺時之枕席，失向來之煙霞。世間行樂亦如此，古來萬事東流水。别君去時何時還，且放白鹿青崖間，須行即騎訪名山。安能摧眉折腰事權貴，使我不得開心顔。

又　卷一九《早發白帝城》　朝辭白帝彩雲間，千里江陵一日還。兩岸猿聲啼不盡，輕舟已過萬重山。

唐　釋皎然《杼山集》卷一《賦得啼猿送客》　萬里巴江外，三聲月峽深。何年有此路，幾客共沾襟。斷壁分垂影，流泉入苦吟。淒涼離别後，聞此更傷心。

唐　常建《常建詩》卷三《嶺猿》　杳杳嫋嫋清且切，鷓鴣飛處又斜陽。相思嶺上相思淚，不到三聲合斷腸。

唐　杜甫《杜工部詩集》卷一五《秋興八首・其二》　夔府孤城落日斜，每依北斗望京華。聽猿實下三聲淚，奉使虚隨八月槎。畫省香爐違伏枕，山樓粉堞隱悲笳。請看石上藤蘿月，已映洲前蘆荻花。

又　卷一七《九日》　重陽獨酌杯中酒，抱病起登江上臺。竹葉於人既無分，菊花從此不須開。殊方日落玄猿哭，舊國霜前白雁來。弟妹蕭條各何在，干戈衰謝兩相催。

唐　岑參《峨眉東腳臨江聽猿懷二室舊廬》（《全唐詩》卷一九八引）　峨眉煙翠新，昨夜秋雨洗。分明峰頭樹，倒插秋江底。久别二室間，圖他五斗米。哀猿不可聽，北客欲流涕。

唐　皇甫冉《二皇甫集》卷三《賦得郢路悲猿》　悲猿何處發，郢路第三聲。遠客知秋暮，空山益夜清。啾啾深衆木，嗷嗷入孤城。坐覺盈心耳，翛然適楚情。

唐　戴叔倫《夜發袁江寄李潁川劉侍御》（《全唐詩》卷二五〇引）　半夜回舟入楚鄉，月明山水共蒼蒼。孤猿更叫秋風裏，不是愁人亦斷腸。

唐　戴叔倫《和崔法曹建溪聞猿》（《全唐詩》卷二七四引）　曾向巫山峽裏行，羈猿一叫一回驚。聞道建溪腸欲斷，的知斷著第三聲。

唐　李端《送客賦得巴江夜猿》（《全唐詩》卷二八五引）　巴水天邊路，啼猿傷客情。遲遲雲外盡，杳杳樹中生。殘月暗將落，空霜寒欲明。楚人皆掩淚，聞到第三聲。

唐　易思《郡城放猿獻衛使君》（《全唐詩》卷七七五引）　千岩萬壑與雲連，放出雕籠任自然。葉灑驚風啼暮雨，月凝殘雪飲流泉。臨岐莫似三聲日，避射須依繞樹年。應解感恩尋太守，攀蘿時複到樓前。

唐　韓愈《韓昌黎集》卷九《答張十一功曹》　山浄江空水見沙，哀猿啼處兩三家。篔簹競長纖纖筍，躑躅閑開豔豔花。未報恩波知死所，莫令炎瘴送生涯。

吟君詩罷看雙鬢，鬥覺霜毛一半加。

又 卷九《湘中》 猿愁魚踴水翻波，自古流傳是汨羅。蘋藻滿盤無處奠，空聞漁父扣舷歌。

唐 白居易《白氏長慶集》卷一二《琵琶引》 我從去年辭帝京，謫居卧病潯陽城。潯陽地僻無音樂，終歲不聞絲竹聲。住近湓江地低濕，黄蘆苦竹繞宅生。其間旦暮聞何物，杜鵑啼血猿哀鳴。

唐 劉禹錫《劉賓客文集·外集》卷七《再授連州至衡陽酬柳柳州贈别》 去國十年同赴召，渡湘千里又分歧。重臨事異黄丞相，三黜名慚柳士師。歸目並隨回雁盡，愁腸正遇斷猿時。桂江東過連山下，相望長吟有所思。

唐 李紳《至潭州聞猿》（《全唐詩》卷四八三引） 昔陪天上三清客，今作端州萬里人。湘浦更聞猿夜嘯，斷腸無淚可沾巾。

唐 李紳《聞猿》（《全唐詩》卷四八三引） 見説三聲巴峽深，此時行者盡沾襟。端州江口連雲處，始信哀猿傷客心。

唐 柳宗元《柳河東集》卷四三《入黄溪聞猿》 溪路千里曲，哀猿何處鳴。孤臣淚已盡，虚作斷腸聲。

唐 李德裕《李衛公别集》卷一〇《二猿》 釣瀨水連漪，富春山合沓。松上夜猿鳴，谷中清響合。銜網忽見羈，故山從此辭。無由碧潭飲，争接緑蘿枝。

唐 雍裕之《江上聞猿》（《全唐詩》卷四七一引） 楓岸月斜明，猿啼旅夢驚。愁多腸易斷，不待第三聲。

唐 許渾《丁卯詩集補遺·和常秀才寄簡歸州鄭使君借猿》 謝守擕猿東路長，嫋藤穿竹似瀟湘。碧山初暝嘯秋月，紅樹生寒啼曉霜。陌上楚人皆駐馬，里中巴客半歸鄉。心知欲借南遊侶，未到三聲恐斷腸。

唐 許渾《丁卯詩集》卷三四《失猿》 祝融南去萬重雲，清嘯無因更一聞。莫遣碧江通箭道，不教腸斷憶離羣。

唐 杜牧《猿》（《全唐詩》卷五二五引） 月白煙青水暗流，孤猿銜恨叫中秋。三聲欲斷疑腸斷，饒是少年今白頭。

唐 段成式《猿》（《全唐詩》卷五八四引） 卻憶書齋值晚晴，挽枝閑嘯激蟬清。影沈巴峽夜岩色，蹤絶石塘寒瀨聲。

唐 馬戴《巴江夜猿》（《全唐詩》卷五五五引） 日飲巴江水，還啼巴岸邊。秋聲巫峽斷，夜影楚雲連。露滴青楓樹，山空明月天。誰知泊船者，聽此不能眠。

唐 周樸《詠猿》（《全唐詩》卷六七三引） 生在巫山更向西，不知何事到巴溪。中宵爲憶秋雲伴，遥隔朱門向月啼。

唐 曹松《猿》（《全唐詩》卷七一六引） 曾宿三巴路，今來不願聽。雲根啼片白，峰頂擲尖青。護果憎禽啄，棲霜覷葉零。唯應卧嵐客，憐爾傍岩扃。

唐 釋貫休《禪月集》卷一七《新猿》 尋常看不見，花落樹多苔。忽向高枝發，又從何處來。風清聲更揭，月苦意彌哀。多少求名者，年年被爾催。

又 卷一四《三峽聞猿》 歷歷數聲猿，寥寥渡白烟。應棲多月樹，況是下霜天。萬里客危坐，千山境悄然。更深仍不住，使我欲移船。

唐 韋莊《浣花集》卷七《黄藤山下聞猿》 黄藤山下駐歸程，一夜號猿吊旅情。入耳便能生百恨，斷腸何必待三聲。穿雲宿處人難見，望月啼時兔正明。好笑五陵年少客，壯心無事也沾纓。

唐 崔江《宜春郡城聞猿》（《全唐詩》卷七七五引） 怨抱霜枝向月啼，數聲清繞郡城低。那堪日夜有雲雨，便似巫山與建溪。

唐 李咸用《和修睦上人聽猿》（《全唐詩》卷六四五引） 禪客聞猶苦，是聲應是啼。自然無穩夢，何必到巴溪。疏雨灑不歇，回風吹暫低。此宵秋欲半，山在二林西。

唐 徐寅《徐正字詩賦》卷二《猿》 宿有喬林飲有溪，生來蹤跡遠塵泥。不知心更愁何事，每向深山夜夜啼。

唐 崔塗《秋夜僧舍聞猿》（《全唐詩》卷六七九引） 哀猿聽未休，禪景夜方幽。暫得同僧静，那能免客愁！影摇雲外樹，聲嫋月中秋。曾向巴江宿，當時淚亦流。

唐 李珣《巫山一段雲》（《全唐詩》卷八九六引） 古廟依青嶂，行宫枕碧流。水聲山色鎖妝樓。往事思悠悠。雲雨朝還暮，煙花春複秋。啼猿何必近孤舟，行客自多愁。

唐 吴融《唐英歌詩》卷下《憶猿》 翠微雲斂日沉空，叫徹青冥怨不窮。連臂影垂溪色裏，斷腸聲盡月明中。静含烟峡凄凄雨，高弄霜天嫋嫋風。

又 《府試賦得雨夜帝里聞猿聲》 雨滴秦中夜，猿聞峽外聲。已吟何遜恨，還賦屈平情。暗逐哀聲切，遥含禁漏清。直疑遊萬里，不覺在重城。霎霎侵燈亂，啾啾入夢驚。明朝臨曉鏡，别有鬢絲生。

唐 顧偉《雪夜聽猿吟》（《全唐詩》卷七八二引） 寒岩飛暮雪，絶壁夜猿吟。歷歷和群雁，廖寥思客心。繞枝猶避箭，過嶺卻投林。風冷聲偏苦，山寒響更深。聽時無有定，静裏固難尋。一宿扶桑月，聊看懷好音。

唐 蘇拯《聞猿》（《全唐詩》卷七一八引） 秋風颯颯猿聲起，客恨猿哀一相似。漫向孤危驚客心，何曾解入笙歌耳！

唐 吉師老《放猿》（《全唐詩》卷七七四引） 放爾千山萬水身，野泉晴樹好爲鄰。啼時莫近瀟湘岸，明月孤舟有旅人。

唐 李洞《和壽中丞傷猿》（《全唐詩》卷七二三引） 遺掛朱欄鎖半尋，清聲難買恨黄金。懸崖接果今何在，淺井窺星影已沉。歸宅葉鋪曾睡石，入朝燈照舊啼林。小山罷繞隨湘客，高樹休升對嶽禽。天竺省憐傷倍切，親知寬和思難任。相門恩重無由報，竟托仙郎日夜吟。

唐 吴商浩《巫峽聽猿》（《全唐詩》卷七七四引） 巴江猿嘯苦，響入客舟中。孤枕破殘夢，三聲隨曉風。連雲波澹澹，和霧雨濛濛。巫峽去家遠，不堪魂斷空。

唐 慕幽《三峽聞猿》（《全唐詩》卷八五〇引） 誰向茲來不恨生，聲聲都是斷腸聲。七千里外一家住，十二峰前獨自行。瘴雨晚藏神女廟，蠻煙寒鎖夜郎城。憑君且聽哀吟好，會待青雲道路平。

宋 黄庭堅《山谷集》卷五《題小猿叫驛知命》 大猿叫罷小猿啼，箐裏行人白晝迷。惡藤牽頭石齧足，嫗牽兒隨淚録續。我亦下行莫啼哭。

宋 徐集孫《牧溪上人爲作戲墨因賦二首・右鷺》（《江湖小集》卷一六引） 峭壁懸崖隱趣深，每來洞口費呼尋。啼雲嘯月聲難寫，只寫山林一片心。

宋 舒嶽祥《閬風集》卷九《老猿》 一笑已霜千丈髮，三聲應斷九回腸。巴陵月瞑林巒慘，巫峽江空道路長。

元 宋無《翠寒集・猿》 巴峽聞聲愁斷腸，冷泉照影緑陰涼。藤摇亂雨領兒過，樹曬斜陽拾蝨忙。獻果去尋幽洞遠，攀蘿來撼落花香。空山月暗無人見，啼入白雲深處藏。

元 葉顒《樵雲獨唱》卷四《月嶺猿啼》 樹頭清嘯兩三聲，紙帳梅花睡欲成。唤醒冷泉亭上夢，嶺雲飛動月初明。

明 林弼《林登州集》卷三《玄猨》 黑衣公子居林丘，黄頭王孫非阿儔。空山月落松露下，時與玄鶴鳴清秋。山人不歸今幾載，夜帳空兮怨蘭茝。一聲啼斷巫山雲，竹枝歌裏愁如海。巫山之高高摩天，雖有長臂難扳緣。前林霜果已垂赤，好從爾羣高摘實。

明 文洪、文徵明《文氏五家集》卷九《和州詩集・湘浦聞猿》 江潤淒風起，飄飄一舸輕。嶺猿斜日裏，猶作斷腸聲。

清 范承謨《畫壁遺稿》卷二《畫壁詩・猿九》 巴水巫山老病儂，斷腸聲碎野賓容。月濛迥絶煙霞色，耳鬧頻交劍戟鋒。漫憶撥雲淩碧嶂，空懷捫月掛青松。何時峰頂發長嘯，唤起寒淵玉蟄龍。

清 程夢星《今有堂詩後集・漪南集・放猿》 送爾詩留頸，巴山路未迷。呼羣吟夜月，覓子憶幽谿。好是穿雲坐，還應挂樹棲。三聲聽不得，休近客舟啼。

清 李調元《童山詩集》卷一一《猿》 網羅聞更密，底事樹頭懸。通臂終何益，如拳絶可憐。聲愁三峽月，腸斷一林烟。隱見胡須問，祇應學四禪。

鷹

總論旁喻

題解

宋　戴侗《六書故》卷一九　鷹　**𤻋**於陵切，鷙鳥也。飛翔下眂，搏擊以食。《説文》曰：「瘖省，聲或从人，亦作鷹。」

明　李時珍《本草綱目》卷四九　鷹　釋名：角鷹《綱目》、鷞鳩。時珍曰：鷹以膺擊，故謂之鷹。其頂有毛角，故曰角鷹。其性爽猛，故曰鷞鳩。昔少皞氏以鳥名官，有祝鳩、鳲鳩、鶻鳩、雎鳩、鷞鳩五氏。蓋鷹與鳩同氣禪化，故得稱鳩也。《禽經》云：小而鷙者皆曰隼，大而鷙者皆曰鳩。是矣。《爾雅翼》云：在北爲鷹，在南爲鷂。一云大爲鷹，小爲鷂。《梵書》謂之嘶那夜。

集解：時珍曰：鷹出遼海者上，北地及東北胡者次之。北人多取雛養之，南人八九月以媒取之。乃鳥之疏暴者。有雉鷹、兔鷹，其類以季夏之月習擊，孟秋之月祭鳥。隋魏彦深《鷹賦》頗詳，其畧云：資金方之猛氣，擅火德之炎精。指重十字，尾貴合盧。嘴同鈎利，脚等荆枯。或白如散花，或黑如點漆。大文若錦，細斑似纈。身重若金，爪剛如鐵。毛衣屢改，厥色無常。寅生酉就，總號爲黄。二周作鷂，三歲成蒼。雌則體大，雄則形小。察之爲易，調之實難。薑以取熱，酒以排寒，生于窟者好眠，巢于木者常立。雙骹長者起遲，六翮短者飛急。

明　劉侗《名物通》卷九　鷹，鷙鳥也。一名題肩，一名征鳥。《爾雅》曰：鷞鳩，一歲黄，二歲蒼。潤臆者美。鷩蟄鷹變爲鳩，七月鳩化爲鷹，處暑後鷹乃祭鳥。然性不擊伏，養鷹鸇者謂之味漱，味以麥反。司鷹者曰鷹類甚衆，惟角鵰真鷹也。角鵰有二種：一種兩脚有毛，一種無毛，能食獐鹿。鷹産井陘。翟音翅。《周禮》：掌攻，猛鳥者。足取曰攫，羽取曰搏。

論説

《左傳・文公十八年》　見無禮於其君者誅之，如鷹鸇之逐鳥雀也。疏：《正義》曰：《釋鳥》云：「鷹，來鳩。」郭璞曰：「來當爲爽字之誤耳。《左傳》作爽鳩是也。」又云「晨風鸇」，舍人曰：「晨風，名鸇鸇，鷙鳥名。」郭璞曰：「鷂屬也。」

漢　戴德《大戴禮記》卷二《禮祭》　鷹則爲鳩。鷹也者，其殺之時也。鳩也者，非其殺之時也。善變而知仁也，故其言之也，曰則，案其字，傳本作「具」，非。盡其辭也。鳩爲鷹變而之不仁也，故不盡其辭也。

漢　班固《漢書》卷九一《貨殖傳》　鷹隼未擊，矰弋不施於徯隧。師古曰：「隼亦鷙鳥，即今所呼爲鶻者也。《月令》：孟秋之月，鷹乃祭鳥，用始行戮弋繳射也。矰者，弋之矢也。徯隧，徑道也。」

宋　陸佃《埤雅》卷六《鷹》　陶弘景曰：「虎聞聲而深伏，鷹見形而高飛。」鷹，鷙鳥也，一名「鷞鳩」。《左傳》曰：「鷞鳩氏，司寇。」蓋鷹鷙，故爲司寇。一歲曰「黄鷹」，二歲曰「鴘鷹」，三歲曰「鶬鷹」。鴘，次赤也，《埤倉》：「音披免切。」鷹、鷂二年之色也。」頂有毛，角微起，今通謂之「角鷹」。《詩》曰：「維師尚父，時維鷹揚。」言其武之奮揚如此，《樂記》所謂「發揚蹈厲，太公之志也」。舊説凡鷙鳥，雛生而有慧，出殼之後即於巢外放條，大鷙恐其墜及爲日所曝，熱暍致損，乃取帶葉枝插其巢畔，防其外墜及作陰涼也。欲驗雛之大小，以所插枝葉爲候：若一日、二日，其葉雖萎，尚帶青色；至六日、七日，其葉微黄；十日後枯悴，此時雛大可取。《説文》曰：「㿉从瘖省。」蓋㿉从疾省，隹之疾捷者，故从疾省也。隨人所指蹤，故从人。《禽經》曰：「鷹不擊伏，鶻不擊妊。」蓋其義性如此。《裴氏新書》曰：「虎豹無事行步者，若將不勝其軀；鷹在衆鳥之間若睡寐然，故積怒而後全剛生焉。」然則越之所以滅吴，用此道也。蔡邕《月令》云：「鷹化爲鳩。」鷹，鳩屬也。鳩凡五種，鷹爲鷞鳩，應陽而變，則喙柔仁而不鷙。《夏小正》曰：「鷹者，其殺之時也；鳩者，非其殺之時也，善其變而之仁也。」中秋鳩化爲鷹，變而之不仁，故不記也。《字説》曰：「應从心从㿉。心之應物，不疾而速，不行而至；㿉之應物，人或使之能疾而已，不行不至。」今三館書有《味咏，音竹麥反漱》三卷，皆養鷹鸇及醫療之術。

宋　蔡卞《毛詩名物解》卷八《鷹》　鷹，鷙鳥也，一名鷞鳩。《左傳》曰：鷞鳩氏，司寇。蓋鷹鷙，故爲司寇。一曰：一歲爲黄鷹，二歲爲鷂鷹，三歲爲鶬鷹。鷂，次赤也。《埤倉》音披免切。鷹鷂，二年之色也。蓋頂有毛角微起，今通謂之角鷹。詩曰：「維師尚父，時維鷹揚。」言其武之鷹揚如此，《樂記》所謂「發揚蹈厲，太公之志也」。舊説「凡鷙鳥雛生而有慧，出殼之後，即於巢外放條，大鷹恐其墜及爲日所曝熱暍致損，乃取帶葉枝插其巢畔，防其外隨及作陰涼也。欲驗雛之大小，以所插枝葉爲候。若一日、二日，其葉微萎尚帶青色。至六日、七日，

其葉草微黄。十日後枯瘁。此時雛大可取。《説文》曰：「癰從瘖省，蓋癰從疾省，隹之疾捷者，故從疾省也。」隨人所指蹤，故從人。《禽經》曰「鷹不擊伏，鶻不擊妊」。蓋其義性如此。裴氏《新書》曰：虎豹無事，行步之時，若將不勝其軀。鷹處衆鳥之閒，若睡寐然，積怒而全剛生焉。越之報吴用此道也。

明 王可大《國憲家猷》卷一二 鷹乃祭鳥。鷹，義禽也。《秋令》屬金五行爲義，金氣肅殺。鷹感其氣，始捕擊諸鳥，然必先祭之，猶人飲食祭先代爲之者也，不擊有胎之禽，故謂之義。

明 彭大翼《山堂肆考》卷二二二 鷹 《爾雅》：「鷞鳩生，一歲爲黄鷹，二歲爲鴘鷹，三歲爲鶬鷹。凡鷙鳥生而有慧，出殼之後即於巢外放條，大鷙恐其墜及爲日所曝熱暍致損，乃取帶葉枝插其巢畔，防其外墜，及作陰涼也。欲驗雛之大小，以所插枝葉爲候。若一日二日，其葉雖萎，尚帶青色。至六日七日，其葉微黄。十日後枯悴，此時雛大可取。」《禽經》：「鷹不擊伏，鶻不擊妊，蓋其義性如此。」

明 何三畏《新刻何氏類鎔》卷三三《鷹》 鷹禀星精，乃瑶光所散而孕。鷹順天氣，以秋日始擊而揚。或謂之青翅青冥，或謂之金距、金脚。北齊有淩霄君之號，高麗有決雲兒之名。或貢于肅慎扶餘，或出于晉陽鍾岱。産同州而進五色，登靈洞而見一禽。爾其頂平，頭圓，頸長，臆潤，羽勁，翅厚，肉緩，髀寬。身重若金，爪剛似鐵，觜同利劍，脚等枯荆。右視如傾，左視如側。巢于木者則常立，生于窟者則好藏。雙骹長者則起遲，六翮短者則飛急。其爲雄者則形小，其爲雌者則體肥。時而遇犬則驚猜，時而得人則馴擾，時而野羅則多巧，時而馳逐則高騫。背碣石以西遊，經馬嶺而南逝。截鳴鴈于河渚，擒狡兔于平原。騁精悍以摧强，因升降以畢力。遥憐厲吻過宫樹而猶驚乍，遂翻空出君門而不返。是鳥也，當風霜之候，其羽毛必且騰驤。當擊搏之時，其形影必先伏匿真。所謂奇姿特異，逸氣横生，顧盼餘雄，指麾應捷者矣。

楚王之養鷹也，俄而雲際有一物便竦翮而升，隨擊大鳥墮下。劉表之愛鷹也，嘗於水南築一臺，輒順風而唤，時有野鷹飛來。要離之刺慶忌也，蒼鷹擊于殿上。虞潭之破沈充也，野鷹集于屋梁。李丞相之不臂東門蒼鷹也，乃於擊獄之日而與子自嘆以興嗟。源京兆之偶失仗内白鷹也，乃於絓野之時而爲吏自劾以免罪。夏州李仁福獻白鷹，吕重誨奏帝却之，遂不收。而帝且他日遣人取鷹而進，猶恐誨之聞知也。梁州李大亮有名鷹，臺使諷亮獻之，輒不聽，而亮且密表使者求鷹而來，猶恐帝之詔取也。郅都之爲都尉，而人號蒼鷹也，則以其酷烈而行法；盧杲之爲侍中，而人號餓鷹也，則以其貪殘而縱人。

清 張必剛《濬元》卷三《鷹化爲鳩驚蟄末候》 鳩鷹性有相去霄壤之分，然性雖相去，又形相同，又互相變，故同一目也。而鷹陷鳩平，同一喙也。而鷹鉤鳩鈍，同一爪也。鷹長以銛，鳩柔以縮，同一翼也。鷹厲以疾，鳩緩以飛，善不善，其由我變不變乎。凡物之所以樂於爲不善者，以其如決江河之易也。凡物之所以不樂於爲善者，以其如升泰山之難也。今觀於鷹，目陷也忽平，喙鉤也，忽鈍爪長以銛，忽柔以縮，翼厲以疾，忽緩以飛。頃刻間，不善之物，忽變而善。不見其有登泰山之難，但見其如決江河轉。户樞反覆乎之易爲善本，不難而易而人顧畏其難，不覺其易其爲自暴棄，孰甚也。夫君子之觀人善不善也，猶鏡之照人形也。人之形，有妍有醜，鏡照之，照其妍醜也，非竟滯其形也。如其形變醜而妍，則鏡亦忘其醜矣。鏡即人之妍，尚忘其醜。況君子於人昔日之過，父祖之過乎。夫追議人父祖者，不仁之人也。即人今日之善，追言其不善者，不成人美者也。其或自怠於善，耻過而作。非與不蓋前愆，抑又在鷹下矣。

系曰：王伯於治術中，判然分兩途。伯功之上爲王道，下爲虐政。請言王道，古者天子躬聖誠明，德運廣密，敷布流衍，内而公卿大夫庶尹，外而侯伯子男。莫不協恭助理，祗肅奉承，和氣所蒸。六合之内，四海之中，鼓舞洋溢放之乎無垠。民於是時曠然大變，不德之躬。勉爲有德，蹈義循禮，無慝不良，靡頑弗淑，取之物象，鷹化爲鳩。何謂伯功？道匪躬行，理靡心得，月吉布令賞戮予奪，粲然條理，俾民曉然於福善禍淫。趨避殊路，毋乖爾常乖即有辟。毋違我令，違即有誅誘勸昭於前。創懲驅於後，民於是時。巧趨詭避，怵於不敢，未嘗不欲。悚於不能，未嘗不忍。取之物象，鳩狀鷹心。何謂虐政，禮樂刑罰，不興不中，專務武健酷烈，殘民以逞。操下如束濕薪，擊物如縱鷙隼，元氣國脉，斵喪無餘，民於是時，惡未必刑。善未必免，手足莫措，倉皇赴湯蹈火，靡所不至。取之物象，鳩化爲鷹。治術不同，效分霄壤。雲無定態，因風所嘘。川無定波，因水所激。金無定體，因罏所鎔。谷無定響，因聲所傳。君民上下，登高之呼。順於偃草，何弗抑伯崇。王力爲其純母。取其僞天地之化，高廣深厚，神速弗停，春陽爲德，秋陰爲刑，德布以舒，鷹化爲鳩。刑用斯斂，鳩化爲鷹。王者承乾乘坤，比應春温矯拂，秋肅煦煦熙熙即有義，摩莫非仁漸，故民生其間，沐浴清化，淪浹肌髓，一洗舊污，重新面目如隔世人。攷之《易圖》鷹化爲鳩，實應小人革面

之卦。蓋德協於天，澤洽於物。自生民以來，三代而外，未之或覯也。說易者曰：小人革面，寓不革心之意，此大不然。純王之政，心與面同，不若雜伯之爲？心與面異。內外表裏，同誠異僞。僞故僞徵，誠故誠應，冰炭薰蕕，不可假借。今以誠至之應，與包羞詭隨，相提並論，儗殊非倫，且人革其面，不革其心，則君子之變，豈真豹皮羊質，引義援例，此又不通者也。法戒之際，昭昭乎不可背已。洞觀往古，察其源流，辨其名實，惡化生殃。善化生福，純王之道。豈竟負人哉，豈竟負人哉。贊曰：蕭艾倏芳草，形性誰揉矯。造化一轉移，善事及飛鳥，審幾復審幾，舜蹠辨於早。

清 姚瑩《東溟文集·外集·說鷹》 鷹，鷙鳥也。爪拳而喙利，迴翔千仞之上，下擊狐兔莫之能避。毛血沾灑漫野被皐，羣爵啁啾遇之，無噍類甚矣，鷹之鷙也。然是鳥也，搏擊有時，其鷙在秋，憑天地肅殺之氣，鳥之司刑者也。及乎仲春陽和大布，萬物有遂生之心，是鳥則化而爲鳩，嚮之拳者，舒以柔矣，利者短以椎矣。其飛不過瓴，春土棲而木食，音徵雨暘，羣鳥皆得與狎。舉世莫不以爲拙，而王者尊之，刻形杖端以事三老五更於明堂。夫後先一物也，其不同如此，是知物貴能化，而天道尚仁。使鷹負其搏擊之能，鷙戾不化，其不與鴟梟鵂鶹長見惡於人者幾希。然天運不能，春而無秋則何能使是鳥不復爲鷹也。悲夫！

綜述

《爾雅·釋鳥》 鷹，鶆鳩。注：鶆當爲鷞字之誤耳。《左傳》作鷞鳩是也。音義：鶆，郭讀作爽，所丈反。衆家並依。字樊云：「来鳩，鷞鳩也。」《字林》作鶆，音來，云鶆鳩鷹也。」疏：樊光曰：「鶆鳩，鷞鳩也。」《春秋》曰：「鷞鳩氏，司寇。鷹鷙，故爲司寇。」郭云：「鶆當爲鷞字之誤耳。」《左傳》曰：「鷞鳩是也。」案：昭十七年《左傳》郯子曰：「少皞氏以鳥名，官鷞鳩氏，司寇也。」杜注云：「鷞鳩，鷹也。鷙故爲司寇，主盜賊是也。」

鷹隼醜，其飛也翬。注：「鼓翅翬翬然疾。」音義鷹字或作應隼，西尹反，本或作鶽。案：隹即鳥也，無勞更加。疏：舍人曰：「謂隼，鷂之屬也。翬翬，其飛疾羽聲也。」郭云：「鼓翅翬翬然疾，是急疾之鳥也。」《說文》云：「隼，鷙鳥也。」陸璣云：「隼，鷂屬也。」齊人謂之「擊征」，或謂之「題肩」，或謂之「雀鷹」，春化爲布穀者是也。

明 穆希文《說原》卷一〇 鷹，鷙鳥也。雄大雌小，春則化爲鳩，秋則鳩復化爲鷹。一歲爲黃，二歲爲撫，三歲爲青。生于窟者好眠，巢于木者常立。隼，亦鷙鳥也。古者取以爲旟，以其鷙耳。

明 謝肇淛《五雜俎》卷九《物部一》 鶻與隼，皆鷙擊之鳥也。然鶻取小鳥以煖足，旦則縱之。此鳥東行，則是日不東往，擊物西南北亦然，蓋其義也。隼之擊物，遇懷胎者，輒釋不殺，蓋其仁也。至鷹則無所不噬矣，故古人以酷吏比蒼鷹也。

清 紀昀《禮記義疏》卷二一《月令第六之二》 案：陸佃《埤雅》云：鷹，鷙鳥也，一名「鷞鳩」。《左傳》曰：「鷞鳩氏，司寇。」蓋鷹鷙，故爲司寇。鷹爲鷞鳩，金眼鉤觜，鐵爪劍翮。感秋氣則喙鉤，善搏攫，應陽而變則喙柔，仁而不鷙矣。

紀事

宋 王楙《野客叢書》卷二九《養鷹化鳳》 陳登謂呂布曰：「登見曹公言：『待將軍譬如養虎，當飽以肉，不飽則將噬人。』公曰：『不如卿言。譬如養鷹，饑則爲用，飽則颺去。』」權翼拾其說，指慕容垂謂苻堅曰：「垂猶鷹也，饑則附人，飽則颺去。」皇甫嵩謂董卓曰：「昔與公爲鴻鵠，不意今日變爲鳳凰。」范雲拾其說，謂江祐曰：「昔與將軍俱爲黃鵠，今將軍化爲鳳凰。」

明 余懋學《說頤》卷三《養鷹變鳳》 陳登謂呂布曰：「登見曹公言，待將軍辟如養虎，當飽其肉。不飽則將噬人。」公曰：「不如卿言。譬如養鷹，饑則爲用，飽則颺去。」皇甫嵩謂董卓曰：「昔與公爲鴻鵠，不意今日變爲鳳凰。」嗟夫！如呂布之養，所謂沖霄之志而處堂之智也，故終有縛虎之禍。如董卓之變，所謂九苞之文而九頭之質也，故終有燃臍之誅。

藝文

唐 李白《李太白文集》卷七《贈郭季鷹》 河東郭有道，於世若浮雲。盛德無我位，清光獨映君。恥將雞並食，長與鳳爲群。一擊九千仞，相期淩紫氛。

唐 杜甫《王兵馬使二角鷹》（《全唐詩》卷二二二引） 悲臺蕭颯一作瑟石巃嵸，哀壑杈枒浩呼一作汚洶。中有萬里之長江，迴風滔一作陷日孤光動。角鷹翻倒壯士臂，將軍玉帳軒翠一作昂，一作勇氣。二鷹猛腦徐侯穟一作絛徐墜，目如愁胡

視天地。杉雞竹兔不自惜，溪一作孩虎野羊俱辟易。韝上鋒稜十二翮，將軍勇鋭與之敵。將軍樹勳起安西，崐崘虞泉入馬蹄。白羽曾肉三狻猊，敢決豈不與之齊。荆南芮公得將軍，亦如角鷹下翔一作入朔雲。惡鳥飛飛啄金屋，安得爾輩開其羣，驅出六合梟鸞分。

唐 韋應物《韋蘇州集》卷九《鳶奪巢》 野鵲野鵲巢林梢，鴟鳶恃力奪鵲巢。吞鵲之肝啄鵲腦，竊食偷居還自保。鳳凰五色百鳥尊，知鳶爲害何不言。霜鸇野鶻得殘肉，同啄羶腥不肯逐。可憐百鳥紛縱横，雖有深林何處宿。

唐 劉禹錫《劉賓客文集》卷二一《飛鳶操》 鳶飛杳杳青雲裏，鳶鳴蕭蕭風四起。旗尾飄揚勢漸高，箭頭砉劃聲相似。長空悠悠霽日懸，六翮不動凝飛烟。遊鵾朔鴈出其下，慶雲清景相回旋。忽聞饑烏一噪聚，瞥下雲中爭腐鼠。騰音礪吻相喧呼，仰天大嚇疑鴛雛。畏人避犬投高處，俛吻無聲猶屢顧。青鳥自愛玉山禾，仙禽徒貴華亭露。樸樕危巢向莫時，毰毸飽腹蹲枯枝。遊童挾彈一麾肘，臆碎羽分人不悲。天生衆禽各有類，威鳳文章在仁義。鷹隼儀形螻蟻心，雖能戾天何足貴。

唐 白居易《白氏長慶集》卷三九《畫鵰贊并序》 壽安令白昊，予宗兄也，得丹青之妙，傳寫之要，毛羣羽族尤是所長。長慶元年，以畫鵰貺予。予愛之，因題贊云：鷙禽之英，黑鵰丁丁，鉤綴八爪，劒插六翎。想入心匠，寫從筆精，不卵不雛，一日而成。軒然將飛，戛然欲鳴，毛動骨活，神來著形。始知造物，不必杳冥，但獲天機，則與化爭。韓幹之馬，籍籍知名。薛稷之鶴，翩翩有聲。研工覈能，較真鬬靈。豈無他人，不如我兄。

元 袁桷《清容居士集》卷七《題黄居寀蒼鷹擊雉圖》 陂陁肅秋塵四起，逆風雉飛疾如矢。蒼鷹矯矯凌空來，注目穿胸紅披靡。山雌藏頭入荒篠，回視其雄端一死。玄雲摩盪寒光浮，側身翻雲轉輪翅。急如冠軍赴猛敵，緩若計士藏深智。蜀山巍高翠周匝，狹徑交衢不容駟。黄生養之愛神俊，勇氣縱横怒盈眥。想當落筆望平坂，回首當闕真劇戲。君不聞箕裘可學端有傳，諸孫射生養殘年。黄筌養鷹學畫鷹，諸孫皆成獵師。

明 薛瑄《敬軒文集》卷三《題角鷹圖》 疑是楚公戴角鷹，寫出神氣何稜稜。健如熊虎一心猛，快若風火六翮輕。曠野秋高草蕭瑟，百萬雄師大獮獵。合圍已見三面齊，翻韝似覺千里窄。縱横搏擊鳥獸羣，風毛雨血何紛紛。雲裏鵾鵬尚須避，草中狐兔寧復論。罷獵歸來立高樹，似聽風飈欲飛去。安得真骨殄鴟梟，長見鸞鳳在雲路。

明 吴寬《家藏集》卷六《畫鷹》 林塘秋晚木葉稀，瞥然如褰原憲衣。野鷹木末俯首睨，豈欲供爾清晨饑。嚴霜塗塗百草腓，平郊且莫張虞機。天空海濶羽翮健，終當一擊奮我威。區區鶉鳥何足數，草間任爾東西飛。

明 徐渭《徐文長文集》卷四《王言古詩·鷹》 味啾識奇才，千金買遼海。鐵翮睒秋空，駕鵞百廻敗。雲中作戰場，韓彭鼓天外。

清 王芑孫《淵雅堂全集·外集·鷹乃學習得先字》 温肅交乘候，奇鷹得氣先。試飛頻學習，將攫示精專。健骨雙絛下，秋心萬里前。擻身旋颯爾，側目又翻然。暫掠平蕪地，低盤大漠天。霜毛森變角，風力入空拳。顧盼須臾改，蒼茫搏擊便。高墉占利獲，刷羽在斯年。

清 陳文述《頤道堂詩外集》卷三《蒼鷹行贈某侍郎》 大野氣肅塵沙黄，蒼鷹四翮生風霜。立心不肯擊凡鳥，要與天地相低昂。豈知大鳥空閒暇，其才乃出凡鳥下。鳳皇命爾養修翎，素練露絛莫輕卸。

清 文良策《韝上鷹》（《沅湘耆舊集》卷一四六引） 獵騎出秋原，長風動寥廓。琱弓明月彎，駿馬金絲絡。健兒好身手，錦韝力揮霍。何物俊若神，卓立森毛角。翅未淩雲煙，勢已鬱拏攫。當其摩空時，萬里愁鵰鶚。側身瞥向下，雉兔恣剽掠。荒荒塞草枯，毛血紛斑剥。日暮不更圍，功成自引卻。俯就碧絲絛，還望青油幕。嗟爾鷹神俊，海東青豈若。鴉緣饑附人，誰令寵逾鶴。徘徊主人恩，周旋事擊搏。夜夜戟門霜，膽向天邊落。

清 郭嵩燾《養知書屋詩集》卷八《鷹》 朔鷹呼雲下雲端，刮食雞兔無留餐。收絛著韝意有俟，主人養鷹如養士。嶒嶒毛血灑平蕪，庖廚三時一物無。罻羅虚張谿壑滿，金眸鋏爪誰相伴。鷹乎自獵毛骨奇，何不反顧爲鳩時。

威猛迅捷

紀 事

南朝宋 劉義慶《幽明録·奇鷹》 楚文王少時好獵。有人獻一鷹。文王見之，爪距利，殊絶常鷹。故文王獵於雲夢，置網雲布，煙燒張天。毛群羽族，爭噬

競搏；此鷹軒頸瞪目，無搏噬之志。王曰：「吾鷹所獲以百數，汝鷹曾無奮意，將欺余邪？」獻者曰：「若效於雉兔，臣豈敢獻？」俄而，雲際有一物翔，不辨其形。鷹遂竦翮而昇，矗若飛電。須臾，羽墮如雪，血下如雨。有大鳥墜地，度其兩翅，廣數十里。衆莫能識。時有博物君子曰：「此大鵬雛也。」文王乃厚賞之。

唐 張讀《宣室志》卷一〇 薛嵩鎮魏時，鄴郡人有好育鷹隼者。一日，有人持鷹來告於鄴人，遂市之。其鷹甚神俊，鄴人家所育鷹隼極多，皆莫能及。常臂以玩，不去手。後有東夷人見者，請以繒帛百端爲直。曰：「吾方念此，不知其所用。」其人曰：「此海鶻也。善辟蛟螭患，君宜於鄴城南放之，可以見其用矣。」先是，鄴城南陂蛟常爲人患，郡民苦之有年矣。鄴人遂持往，其海鶻忽投陂水中，頃之乃出，得一小蛟。既出，食之且盡。自是鄴民免其患。有告於嵩，乃命鄴人訊其事，鄴人遂以海鶻獻焉。

藝文

晉 傅玄《鷹賦》（《漢魏六朝百三家集》卷三九引） 含炎離之猛氣兮，受金剛之純精。獨飛時於林野兮，復迴翔於天庭。左看若側，右視如傾，勁翮二六，機連體輕，鉤爪懸芒，足如枯荆，觜利吳戟，目熲星明，雄姿邈世，逸氣橫生。

又 奮翅不得起，撫翼無所翔。飾五采之華絆，結璇璣之金鐶。雖逍遥於廣厦，思擊厲於中原。

唐 鄭繇《白鷹》（《文苑英華》卷三二八引） 白錦文章亂，丹霄羽翮齊。雲間呼暫下，雪裏放還迷。梁苑驚池鶩，陳倉拂野鷄。不知寥廓外，何處是（一作別）依棲。

唐 高適《高常侍集》卷九《鶻賦并序》 天寶初，有自滑臺奉太守李公《鶻賦》以垂示。適越在草澤，才無能爲，尚懷知音，遂作《鶻賦》，其詞曰：夫何鶻之爲用？置之則已，縱之無匹。懷果斷之沉潛，任性情之敏疾。頭小而鋭，氣雄而逸。貌耿介以凌霜，目精明而點漆。想像遼遠，孤貞深密。將必取而乃迴，若授詞而勿失。當白帝之用事，入青雲而委質。乃徇節以勃然，因指縱而挺出。嚴冬欲雪，蔓草初焚。野莽蕩而風緊，天峥嶸而日曛。忿頑兔之狡伏，恥高鳥之成羣。始滅没以略地，忽升騰而參雲。翻決烈以電掣，皆披靡而星分。奔走者折脇而絶脰，鳴噪者血灑而毛紛。雖百中之自我，終一呼而在君。夫其左右更進，縱橫發跡。掃窟穴之凌兢，振荆榛之淅瀝。翕六翮以直上，交雙指以迅擊。合連弩之應機，類鳴髀之破的。豁爾胸臆，伊何淩厲以爽朗？曾莫蔕芥，豈虞險艱而怵惕？觀其所獲多不有，得用非媒。歷閶闔以肅穆，翊鈎陳而環迴。幸輝光於蒐狩，承剪拂於樓臺。望鳳沼而輕舉，紛羽族之驚猜。路杳杳而何向，雲茫茫而不開。鶯出谷兮徒爾，鶴乘軒而何哉？彼懷毅勇坎坷而棄置，胡不效其間關而徘徊？爾乃顧恩有地，戀主多情。念層空而不去，托虚室以無驚。雅節表於能讓，義心激於效誠。勢逾高而下急，體彌重而飛輕。戢羽翼以受命，若肝膽之必呈。嗟日月之云邁，猶羈縻而見嬰。別有橫大海而徑度，順長風而一寫。投足眇於巖巔，脱身冥於弋者。冰落落以凝閉，雪皚皚而飄灑。諒堅鋭之時然，寧苦寒之求捨。匪聚食以祈滿，聊擊群而自解。比玄豹之潛形，同幽人之在野。矧其升巢絶壁，獨立霜條，心倏忽於萬里，思超遥於九霄。豈外物之能慕，曷凡禽之見邀？則未知鴛鷺之所適，孰與夫鵬鷃之逍遥云爾哉！

又《蒼鷹賦》（《全唐文》三五七引） 坤靈繁毓，萬象周流。綜羣物之衆夥，懿羽族之齊侔。俱含識與哺啄，終愧容於爽鳩。散以瑶光之彩，來自鍾巖之邱。周官以司寇比德，漢氏以將軍作儔。鉤成利觜，電轉奇眸；蒼姿疊色，元距聯轉。至於長楊大獵，雲夢時蒐。寒光送曉，霜氣橫秋。頓平原而亘弋，截洞壑以張罘。野霧初霽，朝陽尚早。於是排空漢，飛絶島，奮之鼓之，載擊載討。凌紫氣而蔽日，下平皋而覆草。歸鴻失四飛之路，狡兔亡三窟之道。夫品彙之功，用之非器。至於表德，頗亦豐致。仙莫過龍，駿莫過驥。鵬垂天以圖南，劍斷甲以稱利。夫其庶類之呈能，未若茲禽之爲鷙。固得緗牒再演，史臣攸記。逐彼鳥雀，然明之對國僑；擊於殿上，要離之讐慶忌。且般樂之遊，君子未適；禽荒是戒，哲王盛績。太康洛汭之表，已驚不還；李斯上蔡之門，情何更溺！覽二君之喪道，每觀事其如惕。幸免射於高墉，願摶風而上擊。

唐 李白《李太白文集》卷二二《觀放白鷹二首》 八月邊風高，胡鷹白錦毛。孤飛一片雪，百里見秋毫。

寒冬十二月，蒼鷹八九毛。寄言燕雀莫相啅，自有雲霄萬里高。

唐 杜甫《姜楚公畫角鷹歌》（《全唐詩》卷二二〇引） 楚公畫鷹鷹戴角，殺氣森森到幽朔。觀者貪愁掣臂飛，畫師不是無心學。此鷹寫真在左綿，卻嗟真

骨遂虚傳。梁間燕雀休驚怕，亦未搏空上九天。

又《畫鷹》（《全唐詩》卷二二四引） 素練風霜起，蒼鷹畫作殊。聳身思狡兔，側目似愁胡。絛鏇光堪摘，軒楹勢可呼。何當擊凡鳥，毛血灑平蕪。

唐 劉禹錫《白鷹》（《全唐詩》卷三六一引） 毛羽斒斕白紵裁，馬前擎出不輕猜。輕抛一點入雲去，喝殺三聲掠地來。緑玉嘴啗雞腦破，玄金爪擘兔心開。都緣解搦生靈物，所以人人道俊哉。

唐 章孝標《鷹》（《全唐詩》卷五〇六引） 星眸未放瞥秋毫，頻掣金鈴試雪毛。會使老拳供口腹，莫辭親手啖腥臊。穿雲自怪身如電，煞兔誰知吻勝刀。可惜忍饑寒日暮，向人鵰斷碧絲縧。

唐 羅隱《羅昭諫集》卷二《鷹》 越海霜天暮，辭韜野草乾。俊通司隸職，嚴奉武夫官。眼惡藏鋒在，心粗逐物殫。近來脂膩足，驅遣不妨難。

五代 和凝《題鷹獵兔畫》（《全唐詩》卷七三五引） 雖是丹青物，沈吟亦可傷。君誇鷹眼疾，我憫兔心忙。豈動騷人興，惟增獵客狂。鮫綃百餘尺，爭及制衣裳。

五代 高越《詠鷹》（《全唐詩》卷七四一引） 越歸南唐，初投鄂帥張宣，久不見知，以鷹詩誚之。

雪爪星眸世所稀，摩天專待振毛衣。虞人莫謾張羅網，未肯平原淺草飛。一作「晴空不礙摩天翮，未肯平原淺草飛」。

宋 歐陽修《文忠集》卷五七《鶻》 依倚秋風氣象豪，似欺黄雀在蓬蒿。不知羽翼青冥上，腐鼠相隨勢亦高。

宋 蘇軾《東坡全集》卷三〇《野鷹來》 野鷹來，萬山下，荒山無食鷹苦饑，飛來爲爾繫綵絲。北原有兔老且白，年年養子秋食菽。我欲擊之不可得，年深兔老鷹力弱。野鷹來，城東有臺高崔巍。臺中公子著皮袖，東望萬里心悠哉。鷹何在！嗟爾公子歸無勞，使鷹可呼亦凡曹，天陰月黑狐夜嗥。

宋 蕭立之《蕭冰崖詩集拾遺》卷上《野鶻行》 空山落日見野鶻，千仞峯尖巢律岪。脚根不受絛鏇縈，眼底熟知狐兔窟。翻雲掠草驚萬人，招呼不來難可馴。不來未必非君福，饑啄君家雞與鶩。

元 趙孟頫《松雪齋集》卷一《赤兔鶻賦》 皇慶元年，上賜大都留守臣伯特穆爾白兔鶻一翎，翮皓潔白雪同皎。至延祐元年，凡三籠而毛羽變赤。光采艷奕，異於尋常。搏擊勇鷙，加於疇昔。雖老於五坊者，亦不知其所以然。豈若君子進於德以潤身者耶。公既寫其形質，集賢侍讀學士臣趙孟頫爲之賦。其辭曰：

猗鷙禽兮出金門，賜貴臣兮示殊恩。色霜雪兮耀前軒，解絛鏇兮縱平原。狐兔駭兮不及奔，歷年歲兮毳如璊。粲晨霞兮炫朝暾，剛氣勝兮肆飛騫。德愈進兮義愈敦，炯雙眸兮睨乾坤。

明 張甯《方洲集》卷一〇《鷹》 自是飛颺器，寧論擊搏功。秋風起雙翮，誰是渭川翁。

明 葉盛《菉竹堂稿》卷二《鷹》 解縧易容下鞲難，莫作尋常鳥雀看。能事底須誇擊搏，要從天上別梟鸞。

明 顧起綸《國雅》卷六《詠鷹》 萬里青冥映碧秋，劒翎鉤爪恣飛游。但今搏擊除兇鷙，何事虞羅效巧謀。霧裂雲披山月白，風迴日陷楚天愁。京師多少材官第，尚父鷹揚近有不。

明 田藝蘅《香宇集》卷六《絛鷹賦》 若夫散質瑶星，縚形綵架，斂羽翼而多傷，望雲霄而長謝。惟神俊之英禽，奚飲啄于人下。方其鍾山乍出，火德初颺。既學習于朱夏，復祭鳥于金方，眸電掣而睥睨，翅風勁而翱翔，喙如屈鐵，爪似鉤鋩，截鶱鷔于層漢，攫狐兔于崇岡。毛血灑而矯恣，飛走震而潛藏。豈燕雀之能伍？又何有于鸛鵝。及其誤入虞羅，重膺鞲索，勵此悲鳴，戢兹猛翮。辭鵰鶚于青雲，狎鸚鵡于繡閣。吊孤影而自憐，束雄心而誰惜。嘶朗月于清秋，盻白日于碧落。平楚斷思，叢林絶跡。逝隼牽魂，啼鵑奪魄。怨鵰蹲于寒繩，耻猿立于虚格。雖依人而鶴馴，時懷侶而雀躍。至如爰命，司寇頒爽。鳩之名維，師尚父著鷹揚之聲，搏鵬聞賞于楚澤，逐獸著美于廣成。使韓盧而卻步，豈齊鶻之敢爭？縱斯伏役，覊則徒生。媿肌豐而神損，空晝調而夜擊。徒娱細玩，孰察深情。郊原遠別，絲柱久縈。若能解絛而振羽，當齊鴻鵠于雲程。

明 王世貞《弇州四部稿》卷四四《鷹》 獨立高秋迥不同，金眸青骹氣殊雄。銜飛大陸千林偃，側瞬中天萬羽空。乍可覊栖閒白日，寧因飽去憶秋風。君看萬里封侯相，此日真成出塞功。

明 侯方域《四憶堂詩集》卷一《蒼鷹》 斜日催寒樹，蒼鷹獨野征。飛揚愁歲暮，遲頓爲毛輕。自具風霜氣，終非燕雀情。去來須任意，湖海尚孤清。

清 吳兆騫《秋笳集》卷七《詠鷹》 玉爪凝殘雪，金眸睒落暉。可憐沙塞翮，欲傍翠華飛。

清　王士禛《帶經堂集》卷三七《海洋續詩十五・白鷹》　白鷹生塞北，秋向代川飛。氣飽風霜勁，眼空狐兔稀。商飈動原野，朔雪亂毛衣。恥較韓盧疾，雲霄萬里歸。

又　卷六二《蠶尾續詩卷八・鷹》　角鷹何颯爽，寒至氣飛揚。捎兔低枯草，隨雲没大荒。長風吹背雪，落日慘眸黄。弱肉真强食，秋高正變鶬。

清　徐昂發《乙未亭詩集》卷三《赤鷹》　盲風攪野日遏暉，頑雲結塊天無威。叢祠幽黑狐狸語，鬼車接翼盤天飛。引怪徵妖聲格磔，嘻嘻出出收人魄。寡妻夜哭連舍空，莽梏茫茫燐火碧。瞥然捕逐來赤鷹，金眸眩轉如流星。六合清泚霾霧掃，蒼鸞神雀賓王庭。誰知覆手生禍胎，翦鴞囚送空山哀。赤鷹銜淚鸞鳳弔，訓狐地下遊魂笑。

清　商盤《質園詩集》卷二《林良鷹》　塞草全枯一望開，西風獵獵晾鷹臺。太平林藪無妖鳥，閒煞金眸玉爪材。

清　愛新覺羅・弘曆《御製詩初集》卷一六《鷹》　白露爲霜秋氣冷，蒼鷹祭鳥雙眸炯。錦韝玉絡忽在臂，迴思故處失林嶺。饑飽由人不由己，目窮碧落常懷騁。鷹師養鷹識鷹性，惟以飲食司其柄。不使過飽力有餘，翛雲一去無迴影。過饑復難任擊搏，追逐雉兔弗鷙猛。發縱指使固如是，爲叢驅爵尤堪省。

清　劉墉《劉文清公遺集》卷一三《咏白鷹》　材成搏擊原無染，質毓秋金自有真。皓鶴祇能同色相，怒猊應與鬬精神。畫憑素練飛晴雪，放透青冥破暗塵，緤鏇不須防遠颺，軒楹玉立鷙還馴。

清　夢麟《大谷山堂集》卷二《上方角鷹歌》　上方角鷹胡錦毛，星眸閃爍光如刀。録韝絡臂黄絙操，陰崖慠日翻秋飈。尉羽戢翼勢飛動，勁氣掣斷黄金絛。盤空曾踏天山雪，決雲驟起飛影滅。劍翎朝斷鸊鵜花，奮拳夜擣狐狸穴。忽倏騰身入霄漢，雨灑層空亂毛血。花裙胡兒不敢放，氊廬遠獻千秋節。嚴郊底貢馳青驄，鷹師祇候長楊宫。壯士臂歸動霹靂，英標玉立凝清雄。厲吻空檑眺寥泬，大翮疑落花門東。坊開近在銅龍側，永日嚴威動八極。鈴掣虚簷烏鵲馳，影翻昏晝鵂鶹匿。陰庭轉瞬爍流電，羣精潛喘夜惶惑。是時大冬風怒號，天清海國盤霜雕。水枯草短豺狼嗥，豿狟貒貗接脽尻。棘枝凍雀嗁寒臯，鴟鴞鴆鵩相呼吸。跂喙翔走紛繹騷，雕戈雪練迴幢旄。鳴弦厲鏇揮孟勞，凌空一逝不可招。高陵大谷追懸猱，疾過鼇睫馳修毫。河阹山櫓窮搜牢，毛羣羽族紛騰逃。孤飛擇肉披羶臊，霜晴不動寒穹高，下睞鷙鳥非吾曹。

清　孫原湘《天真閣集》卷一五《蒼鷹謡》　碧空梢梢似風雨，喧傳神鷹擊祅羽。可憐墮地一饑雀，半死半生腸已腐。主人豢鷹愛鷹俊，鐵爪金眸得霜性。繫以玉條綴以珠，錦韝臂出雄姿殊。要令搏擊人間不祥物，青霄白日蹤影無。胡爲使兔有窟，狐得憑，鵂鶹鶔鳩交爲朋，獨於小鳥示威武，如此豈足稱蒼鷹？不見決雲兒，遠從高麗貢丹墀。不見凌霄君駕前，擎出真將軍。垂頭默塞無一能，擭身雲中愧此鷹。鷹乎，能懲空倉一饑雀，城頭老鴉已膽落。

清　吴文溥《蒼鷹》（《兩浙輶軒録》卷三八引）　白日走蒼氣，一飛無九垓。桀毛搏雪下，凡血灑風來。神速天無劃，憑陵石欲開。驅除因此物，饑附莫相猜。必得英雄士，方資猛利材。平生笑劉表，秋草没荆臺。

清　劉大紳《寄庵詩文鈔》卷一《石鷹歌》　天陰殺氣滿穹屋，野狐竄奔鴿驚伏。平原萬里皆秋風，石鷹何年出幽谷。頂毛如角喙如鈎，雙睛炯炯顧視雄。深山曠野凡鳥多，不飛不鳴意何屬。豈是百中羞争能，天生神武在不黷。踔躩幾許矜成功，盡是卵㲉羽毛族。虞人獵馬張弓弦，風生火出競馳逐。嗚乎石鷹鷹不如，紛紛逞强食弱肉。

又　《神鷹》　千年老狐倚城郭，鵂鶹高飛鵩鳥樂。東郊獵犬不得力，人間氣色日蕭索。大海長風萬里遥，吹送神鷹下赤宵。赫然一怒即文武，須臾六合分鸞梟。去已不顧更高妙，功成受賞付一笑。至今想見奮擊時，雙爪未到眼先到。魯連高風不可聞，公子誰是信陵君。養人養鷹徒云云，神鷹之神無與羣。

又　卷二《野鷹》　木落草枯霜天曉，寒烟蒼蒼白日皦。不知何處來秋鷹，猛健禽中似者少。盤空視下雄風生，平原雉兔眼了了。惜哉所志在一飽，不爲人間擊妖鳥。妖鳥得意争喧呼，聲如兒啼每呱呱。白晝羣飛集大屋，屋底無人敢輕逐。少婦紅裙老儒巾，女巫雜沓憑鬼神。公然少牢饗鐘鼓，殺鷄磔狗不足數。社鬼廟樹紛雲屯，神既醉業巫起舞，孤鳳南翔淚如雨。

清　王芑孫《淵雅堂全集・外集・鷹隼出風塵得高字》　鷹隼乘時出，居然命世豪。精神隨抖擻，瞬息脱韝絛。塵土誰三窟，風雲此一遭。青霄歸掌握，白草聽呼號。捷足空儕輩，秋心付羽毛。關河從起伏，沙漠不蕭騷。天下飛騰最，人中氣象高。聖朝無搏擊，鸞鶴覩賢髦。

清　改琦《玉壺山房詞選》卷下《臺城路・鷹》　西風颯爽吹蘀棘，平臯影搏秋霽。奔電驚迴，截雲忽斷，一擊鵬雛而起。烟霄萬里。漸竦翮須臾，雪毛飄墜。饑亦投人，錦韝羞踏健兒臂。　原頭相逐走狗伴，五陵遊俠，驄馬聯轡。

倦羽初還，雄心未老，聊復毰毸春睡。宣和畫裏。對勁氣英姿，子度能繪。守帳然香，鏇花看更細。

清 焦循《雕菰集》卷四《鷹》 有爾便愁人，平原不見春。無情長作勢，欲攫故藏身。化育惟天地，威嚴亦鬼神。可憐凡燕雀，肅羽向荒榛。

清 百齡《守意合龍詩集・附南陔遺草・鷹》 軒軒立臂鷹，勇氣森朔幽。知是不凡材，顧盼雙金眸。攫身猶未出，鳥雀驚啁啾。念汝有一擊，莫輕下錦韝。

清 歐陽輅《鷹》（《沅湘耆舊集》卷一三二引） 眩眼斑斑碎錦紋，細看鐵骨纏霜筋。雄心怒挾三秋氣，老翮横盤萬里雲。天上璇瑶原有種，人間狐兔敢論羣。時艱思爾殊尤器，好爲饑鳴一策勳。

清 張際亮《思伯子堂詩集》卷一一《鷹》 凡鳥肯騰擊，妖狐怒嘯羣。冰霜厲羽翮，關塞斷風雲。氣得高秋爽，心追落日殷。茫茫白草地，籥葉竟無聞。

清 許瑤光《雪門詩草》卷八《蒼鷹》 蒼鷹司搏擊，身已致青雲。何事容狐輩，翻然攫鷺羣。驅除秋肅殺，報復事殷勤。猛自饑心出，鵰鷲總不分。

清 童槐《今白華堂詩録》卷六《鷹呼》 朔氣凜寒蕪，憑高見獵徒。風雲一臺迴，鴉鵲萬山無。落影韝絛逼，穿空髀骲俱。草閒斜日動，逐響競韓盧。

嬉戲遊獵

綜述

宋 江少虞《事實類苑》卷六〇《養鷹鶻法謂之味漱》 養鷹鶻者，其類相語，謂之味漱。味，音以麥反。三館書有《味漱》三卷，皆養鷹鶻法度及醫療之術。

元 熊太古《冀越集記》前卷《大都養鷹》 古人釋鷹化鳩，但以搏擊者爲鷹，不搏擊者爲鳩。鳩者鳥之總名也。余嘗聞司鷹之職者，實未言鷹之類甚衆，唯角鵰黄者以鷹名。然角鵰有二種：一種兩脚有毛，一種兩脚無毛，名鷺鷥，角鷹。鶻有五種，海東青名白鶻，一種玉爪，一種黑爪，有鴉鶻，有金眼鴉。鶻有兔鶻，海東青，與金眼鴉鶻，皆能以小擊大，食天鵞。鷲鵠之屬。鵰鷹、角鷹食獐兔等獸，鴉鶻食鴻、雁、鵲、鴉、鷗、鷺之屬。兔鶻食狸、兔等獸。黄鷹食水鴨、雉雞之屬。鷂子食斑鳩、鵪鴿、鶉雀之屬。各隨其力，以相吞啖。其雄者小，雌者大。雛者易視他禽，蒼者量力求食。故養鷹者，喜雛與雌也。

明 陳懋仁《庶物異名疏》卷二五《決雲兒》 《國史補》：唐申王有高麗赤鷹，岐王有北山黄鶻，皆俊健無敵。每上出獵，則擎在駕前，明皇賜號「決雲兒」。

清 陳淏子《秘傳花鏡》卷六《養禽鳥法・鷹》 鷹，一名隼，一名題肩，一名角鷹。因其頂有毛角微起，又有虎鷹、雉鷹、兔鷹之稱。比齊人呼爲凌霄君，高麗人呼爲決雲兒。大概出遼東者爲上，内地者次之。其性剛厲不與衆鳥同羣，北人多取雛養之。每日調練有法，先將雛餓一二日，使之饑腸欲絶。然後兩人離丈許對立，一以韝臂擎鷹，一持肉引之，口作聲呼之，引其飛來食肉，久則馴熟，聞呼即至，使攫鳥獸甚捷，日以牛豕肉少許飼之，如欲出獵則不與之食。南人八九月以媒取之。其鳥以季夏月習擊，孟秋月祭鳥。雄者身小，雌者體大。二年曰鷂鷹，三年曰蒼鷹。相鷹之法，在乎頂平頭圓，頸長臆濶，羽勁翅厚，肉緩髀寬，身重若金，指重十字。尾貴合盧，嘴利似鈎，爪剛如鐵，脚等枯荆。右視如傾，左視如側，生於窟者好眠，巢於木者常立，雙骹長者起遲，六翮短者飛急。至若虎鷹，翼廣丈許，能搏猛虎。然其鷙悍若此，而反畏燕子，又有所不解也。

紀事

晉 葛洪《西京雜記》卷四 茂陵少年李亨，好馳駿狗逐狡獸，或以鷹鷂逐雉兔，爲之佳名：鷹則有「青翅」、「黄眸」、「青冥」、「金距」之屬，鷂則有「從風」、「鷂孤」、「飛鷂」。

五代 劉昫《舊唐書》卷九八《源乾曜傳》 源乾曜，相州臨漳人。【略】時行幸東都，以乾曜爲京兆尹，仍京師留守。乾曜政存寬簡，不嚴而理。嘗有仗内白鷹，因縱逸，遂失所在。帝令京兆切捕之，俄於野外獲之，其鷹挂於叢棘而死。官吏懼得罪，相顧失色。乾曜徐曰：「事有邂逅，死亦當理。主上仁明，當不以此置罪。必其獲戾，吾自當之，不須懼也。」遂入，自請失旨之罪，上一切不問之。衆咸伏乾曜臨事不懾，而能引過在己也。在京兆三年，政令如一。

五代 王仁裕《玉堂閒話・取鷹雛》（《太平廣記》卷四六〇引） 唐永徽中，萊州人劉聿性好鷹，遂於之罘山懸崖，自縋以取鷹雛。欲至巢而繩絶，落於樹歧間，上下皆壁立，進退無據。大鷹見人，銜肉不敢至巢所，遥放肉下，聿接取肉喂

鷹雛，以外即自食之。經五六十日，雛能飛，乃裂裳而系鷹足，一臂上系三聊，透身而下，鷹飛，掣其兩臂，比至澗底，一無所傷，仍系鷹而歸。

宋 陶穀《清異録》卷上 葛從周養一皂鷹甚鷙，忽突籠飛去，從周惜責掌事，討捕良急。從周方食，小僕報桐樹上鷹見棲泊，望之乃一鴟也。怒駡曰：「不解事奴，此痴伯子得萬箇，何所用？」促尋黑漫天。黑漫天，所失鷹名也。

宋 江少虞《事實類苑》卷二《祖宗聖訓》 登州海岸林中常有鷹，自高麗一夕飛渡海岸，未明至者絶俊，號曰「海東青」。淳化中，夏帥趙保忠得獻上。上歎曰：「朕久罷畋游，盡放鷹犬，無所事此。今即以賜卿，當領之也。」

宋 羅大經《鶴林玉露》卷三 婺州州治，古木之上有鷹巢，一卒探取其子。郡守王夢龍方據案視事，鷹忽飛下，攫一卒之巾以去。已而知其非探巢之卒也，啣巾來還，乃徑攫探巢之卒而去。太守推問其故，杖此卒而逐之。禽鳥之靈識如此。其攫探巢者之巾固已異矣，於誤攫他卒之巾復銜來還尤爲奇異。

明 余懋學《説頤》卷三《衛鴻晉鷹》 衛獻公戒孫文子、甯惠子食，皆服而朝，日旰不召，而射鴻於圃。二子從之，公不釋皮冠而與之言。契丹破澶城，杜重威等大軍隔絶。桑維翰曰：「事急矣！乃見馮玉等計事，而謀不合。又求見帝，帝方調鷹苑中，不暇見。」維翰退而嘆曰：「晉不血食矣！射鴻者玩人，調鷹者玩敵。玩人者喪，玩敵者亡。」

藝文

晉 孫楚《鷹賦有序》（《漢魏六朝百三家集》卷四一引） 郭延考與余厚，其從者，韝二鷹以侍側。郭，邊人也，好弋獵顧盼，心欲自娱樂，請余爲賦曰：

有金剛之俊鳥，生井陘之巖徂。超萬仞之崇嶺，蔭青松以静處。體勁悍之自然，振肅肅之輕羽。擒狡兔於平原，截鴻鴈於河渚。且其爲相也，疏尾潤臆，高髻禿顱，深目蛾眉，狀似愁胡。曲觜短頸，足若雙枯。麾則應機，招則易呼。背碣石以西遊，經馬嶺而南徂。于時商秋既邁，歲在玄冥，風霜激厲，羽毛振驚。爾乃策良驥，服羔裘，鞲青骹，戲田疇。縈深谷，繞山丘，定心意，審精眸。獸馳厥足，鳥矯其翼，下赴幽谿，上翔辰極。隨指授以騰踊，因升降以畢力。紛連薄以攖竄，遂陷首以摧臆。

隋 楊廣《詠鷹》（《文苑英華》卷三二八引） 遷朔欲之衡，忽投罻羅裏。既以羇華絆，仍持獻君子。青骹固絶儔，素羽誠難擬。深目表兹稱，潤臆斯爲美。鷙獸不及奔，猜禽無暇起。雖蒙韝上榮，無復陵雲志。

唐 高適《高常侍集》卷六《見人臂蒼鷹》 寒楚十二月，蒼鷹八九毛。寄言燕雀莫相忌，自有雲霄萬里高。

唐 竇鞏《新羅進白鷹》（《全唐詩》卷二七一引） 御馬新騎禁苑秋，白鷹來自海東頭。漢皇無事須遊獵，雪亂争飛錦臂韝。

唐 張莒《放籠鷹賦以無育斯禽以明惡殺爲韻》（《全唐文》卷四四六引） 貞元初，敷文教於率土，念畋遊之無度，放鷙鳥幽縶之中，示皇家不私之務。將以致仁壽，明好惡。雕籠永閉，念受紲之多虞；金架爰辭，俾凌風而得路。由是縱逸翰於寥廓，釋猛志於扃固。當其海晏時清，天高日明，離習習之恩重，視蒼蒼而體輕。捨靈檻而方鋭，歷秋林而上征。乍遂翻空，出君門而不返；遥憐厲吻，過宫樹而猶驚。洎夫郵彼幽閒，順兹棲止。用成端拱之化，將盡好生之理。足使去韝上而無疑，顧人間而何以。昔因殊顧，幸食肉以見羈；今降深衷，忽雲翔而有始。故得脱身聖代，矯跡天衢，方縱心於萬里，詎斂翼於四隅。山藪之思俄失，觜距之衛寧無。然則播仁風於坱圠，乃順時以止殺；戒逸氣於荒淫，故無用於兹禽。豈俟夫養育之勞既久，徘徊之懼彌深。雖多士盈朝，無聞諫獵。故黔首在下，盡得歡心。則知信及纖微，念兹棲宿。庶羣情而知感，期衆類之蒙福。遂使擊搏之性，將翱將翔；乳哺之心，既生既育。是用保其鴻業，建此深規。惠澤爰臨，整羽儀於户牖；微誠既展，遂鳥雀於藩籬。信九霄之可託，將一舉而在斯。

唐 吕温《吕衡州集》卷一《和舍弟讓詠籠中鷹》 未用且求安，無猜也不殘。九天飛勢在，六月目睛寒。動觸樊籠倦，閑消肉食難。主人憎惡鳥，試待一呼看。

唐 白居易《白氏長慶集》卷一《放鷹》 十月鷹出籠，草枯雉兔肥。下韝隨指顧，百擲無一遺。鷹翅疾如風，鷹爪利如錐。本爲鳥所設，今爲人所資。孰能使之然，有術甚易知。取其向背性，制在饑飽時。不可使長飽，不可使長饑。饑則力不足，飽則背人飛。乘饑縱搏擊，未飽須縶維。所以爪翅功，而人坐收之。聖明馭英雄，其術亦如斯。鄙語不可棄，吾聞諸獵師。

又 卷三〇《犬鳶》 晚來天氣好，散步中門前。門前何所有，偶覩犬與鳶。鳶飽淩風飛，犬暖向日眠。腹舒穩貼地，翅凝去聲高摩天。上無羅弋憂，下無羈

鎖牽。見彼物遂性，我亦心適然。心適復何爲，一詠逍遥篇。此仍著於適，尚未能忘言。

唐 柳宗元《柳河東集》卷四三《籠鷹詞》 淒風淅瀝飛嚴霜，秋風曰淒風。蒼鷹上擊翻曙光。雲披霧裂虹蜺斷，霹靂掣電捎平岡。傅玄《蜀都賦》曰：「鷹則流星曜景，奔電飛光，掣尺裂切挽也。」砉然勁翮剪荆棘，《莊子》：砉然嚮然。音呼鶪反，又音畫，又呼歷反，皮骨相離聲。下攫狐兔騰蒼茫。爪毛吻血百鳥逝，獨立四顧時激昂。炎風溽暑忽然至，《月令》：季夏之月，土潤溽暑。羽翼脱落自摧藏。草中狸鼠足爲患，一夕十顧驚且傷。但願清商復爲假，拔去萬累雲間翔。累，一作里。孟秋之月，涼風至，則鷹乃祭鳥也。

唐 章孝標《饑鷹詞》（《全唐詩》卷五〇六引） 遥想平原兔正肥，千回礪吻振毛衣。縱令啄解絛條結，未得人呼不敢飛。

唐 羅隱《羅昭諫集》卷二《鷹》 越海霜天暮，辭韜野草幹。俊通司隸職，嚴奉武夫官。眼惡藏蜂在，心粗逐物殫。近來脂膩足，驅遣不妨難。

唐 鄭谿《失白鷹》（《全唐詩》卷一一〇引） 白錦文章亂，丹霄羽翮齊。雲中呼暫下，雪裏放還迷。梁苑驚池鶩，陳倉拂野雞。不知寥郭外，何處獨依棲。

唐 徐寅《徐正字詩賦》卷二《鷹》 害物傷生性豈馴，且宜籠罩待知人。惟擒燕雀啗腥血，却笑鸞凰啄翠筠。狡兔穴多非爾識，鳴鳩脰短妒君身。豪門不讀詩書者，走馬平原放玩頻。

宋 夏竦《文莊集》卷三六《詠鷹》 獲自野羅知性巧，飼之鮮食已恩豐。下鞲未便隨人意，須是經春更一籠。

宋 張耒《柯山集》卷四七《籠鷹詞》 八月穫黍霜野空，蒼鷹羽齊初出籠。劍翎鈎爪目如電，利吻新淬龍泉鋒。少年臂爾平郊去，草動人呼躍寒兔。竦身下擊霹靂忙，毛逐奔風血濡距。爾能搏兔不能食，未飽中腸行復擊。主人厭兔爾尚饑，一生不快爲人役。蒿間黃雀鳴啾啾，饑啄野粟心無求。賦形雖小技能薄，不受羈縻得自由。

明 劉球《兩谿文集》卷三《畜鷹賦》 惟鷹之爲鳥，有號曰鵜鳩。鍾炎精以爲武德，稟金氣而多伐謀。習學則時乃夏，祭鳥而天以秋。威以時養，翎以日脩。非其類不與，非其林不休。此羽族之雄傑，百鳥所不得儔也。是以有炳其文，不一其色。竦膺而昂脰，博胵而健翮。尾以合盧爲貴，目若點漆之黑。喙曲於酋矛，趾利於鐵棘。望遠兮若愁，胡立屹兮若置石。高舉則飄然凌乎九重之霄漢，下視則廓然見乎萬里之山川。倏然閩越，忽焉幽燕。嶽靈不能障，川谷不能延。其奮揚也，有尚父之勇；其捕逐也，有子産之賢。其數飛也，髣髴乎學者之功；其以小制大也，兼總乎御史之權。故百獸望之而跡斂，衆禽觸之則軀捐。豈其情之好殺，蓋亦天使其然也。一旦應明詔，沽善價，貯雕笯，覆黃帊，足紆碧絲之縚以爲常，首冠績韋之幘而少謝。脱風霜於渤澥之濵，濡雨露於闕廷之下。顧玩嘆賞，徘徊聖駕，迺命鷹坊，寧厥攸舍。處之温涼之室，栖乎丹朱之架。肥鮮飽於歲月，食息時於晝夜。幸遇比乘軒之鶴不殊，親愛雖入懷之鷂莫跨。使其才不絶倫，則是寵也，亦何由而迓哉？迨乎閉蟄，屆候冬狩。及期萬乘，雷動億騎。雲隨則臂以金吾之衛士，乘以内厩之驍騅。左右乎紫鸞之駕，後先乎翠鳳之旗。入泱漭之野以較獵，臨奔逐之時而脱羈。是宜竭所能，鼓厥翅，與西旅之獒戮力，東海之豹合勢，大搏彼熊羆，小殪此兔雉，獻獲虞人，奏功輿次，以羞大庖，以實賓器，以爲乾豆，祖廟是事。思効報於萬一，求以免乎素餐之愧。則於恩爲不孤，於德爲無負。苟饑則惟人是依，飽則高飛而遠去，則雖有矯矯之翰，善攫之距，較名而考實，曾鴟鴞之不如。若阨困而賴濟於人，爲臣而叨食於主，蒙其施當懷其報，可不鑒視於鷹乎？

清 程夢星《今有堂詩後集·放鷹》 五月鳩初化，調來任指呼。但矜爲厲吻，誰信是饑驅。霜翮凌秋健，星眸瞥草枯。脱鞲先得兔，矯捷勝韓盧。

貞符災變

紀事

漢 劉向《戰國策》卷二五《魏策》 唐且曰：此庸夫之怒也，非士之怒也。夫專諸之刺王僚也，彗星襲月；聶政之刺韓傀也，白虹貫日；要離之刺慶忌也，蒼鷹擊於殿上。此三子者，皆布衣之士也，懷怒未發，休祲降於天，與臣而將四矣。若士必怒，伏屍二人，流血五步，天下縞素，今日是也。

唐 房玄齡《晉書》卷七六《虞潭傳》 〔虞潭，字思奥。〕【略】會王含、沈充等攻逼京都，潭遂于本縣招合宗人，及郡中大姓，共起義軍，衆以萬數，自假明威將軍。乃進赴國難，至上虞。明帝手詔潭爲冠軍將軍，領會稽内史。潭即受命，義

衆雲集。時有野鷹飛集屋棵，衆咸懼。潭曰：「起大義，而剛鷙之鳥來集，破賊必矣。」遣長史孔坦領前鋒過浙江，追躡充。潭次于西陵，爲坦後繼。會充已擒，罷兵，徵拜尚書，尋補右衛將軍，加散騎常侍。

明 佚名《九朝談纂》 大興太宰劉璣初爲秀才時，畿郡有鷹神，乃一攫鷹也。一日，飛止公宅。造糍餉之，偶不絜，鷹攫其雙若懲之者。居數日，呼公名語曰：「公大貴人，他日當得八人擡轎參贊南京。」已而飛去。公後舉進士，累官兵部尚書，參贊南京機務。鷹語云。

清 乾隆《海澄縣志》卷二四《叢談》 崇禎元年，海寇陷五都林家堡，死者三十三人。先是，紅夷爲亂，林修樓堡。既成，而落之一鷹，至以爲祥也，醉之去。至是來攻者，賊魁鄭英吾也。

鵲

總論旁喻

題解

明　李時珍《本草綱目》卷四九　鵲　釋名：飛駮烏陶弘景、喜鵲《食經》、乾鵲《新語》時珍曰：鵲，篆文作舄，象形。鵲鳴唶唶，故謂之鵲。鵲色駮雜，故謂之駮。靈能報喜，故謂之喜。性最惡濕，故謂之乾。佛經謂之芻尼，小説謂之神女。

集解：時珍曰：鵲，烏屬也。大如鴉而長尾，尖觜黑爪，緑背白腹，尾翮黑白駁雜。上下飛鳴，以音感而孕，以視而抱。季冬始巢，開户背太歲向太乙。知來歲風多，巢必卑下。故曰乾鵲知來，猩猩知往。段成式云：鵲有隱巢木如梁，令鷙鳥不見。人若見之，主富貴也。鵲至秋則毛毨頭禿。《淮南子》云：鵲矢中蝟，蝟即反而受啄，火勝金也。

論説

《莊子·山木》　莊周遊乎雕陵之樊，覩一異鵲自南方來者，翼廣七尺，目大運寸，感周之顙，而集於栗林。莊周曰：「此何鳥哉？翼殷不逝，目大不覩。」蹇裳躩步，執彈而留之。覩一蟬，方得美蔭而忘其身；螳螂執翳而搏之，見得而忘其形；異鵲從而利之，見利而忘其真。莊周怵然，曰：「噫！物固相累，二類相召也。」捐彈而反走，虞人逐而誶之。莊周反入，三月不庭。藺且從而問之：「夫子何爲頃間甚不庭乎？」莊周曰：「吾守形而忘身，觀於濁水而迷於清淵。且吾聞諸夫子曰：『入其俗，從其俗。』今吾遊於雕陵而忘吾身，異鵲感吾顙，遊於栗林而忘真。栗林虞人以吾爲戮，吾所以不庭也。」

宋　陸佃《埤雅》卷六《鵲》　鵲知人，喜作巢，取在木杪枝，不取墮地者。皆傳枝受卵，故一曰「乾鵲」，而《莊子》云「烏鵲孺，魚傳沫」也，鵲以傳枝少欲，故曰「孺」也。《列子》所謂「純雄，其名稺蜂」者，與此同意。《淮南子》曰：「太陰所建，蟄蟲首穴而處，鵲巢向而爲户。」又曰：「蟄蟲、鵲巢，皆向天一。」蓋鵲巢開户，嚮天一而背歲，故《博物志》云「鵲背太歲」也。先儒以爲鵲巢居而知風，蟻穴居而知雨。鵲歲多風則去喬木，巢旁枝，故能高而不危也。然則彊而不淫，知風之自而作其巢，知歲之所在而開其户者，鵲也。彊而不淫，所以成德；成德，故有行。知風之自而作其巢，知歲之所在而開其户，所以趨時；趨時，故有功。故《詩》以譬國君積行累功。《詩》曰：「防有鵲巢，邛有旨苕。」言不驚懼之，故「防有鵲巢」；不殘賊之，故「邛有旨苕」也。俗説鵲巢中必有梁，見鵲上梁者，必貴。今二鵲共銜一木，置巢中，謂之「上梁」。《説文》作「舄」，象形，通爲「舄履」之「舄」。古之人居欲如燕，行不欲如鵲，故其字借爲「舄履」之「舄」，所以爲行戒也。其在《相法》有之，曰：「鵲行蹌蹌，性行弗良。」篆文作「䧿」，蓋从錯省。《淮南子》曰：「如鵲之駮。」一曰从昔，「昔」之言「乾」也。《考工記》曰：「稺牛之角直而澤，老牛之角紾而昔。」《殷氏子抄》曰：「舄九寫而爲烏，帍三寫而爲帝。」言書之轉易如此。《意林》曰：「書三寫，魚成魯，帝成帍。」亦是意也。《相感志》曰：「野雞屬陰，先鳴而後鼓翼；家雞屬陽，先翼而後鳴。」《天玄主物簿》云：「鵲啄槐實，結玉於腦，謂之鵲玉，此鵲終歲不復鳴噪，雖巢，無胎卵。」

宋　蔡卞《毛詩名物解》卷七《鵲》　鵲搆巢，取在木杪枝，不取墮地者，皆搏枝受卵，故一曰乾鵲。而《莊子》言「魚傅沫，烏鵲孺」，蓋鵲以傅而孕育，故曰孺也。《列子》曰「細腰純雄，其名稺蜂」，與鵲言孺同意。《淮南子》曰：「太陰所建，蟄蟲首穴而處，鵲巢向而爲户。」又曰蟄蟲，鵲巢，皆向天一。蓋鵲巢開户，向天一而背太歲。《博物志》云「鵲背太歲」也。先儒以爲鵲巢居而知風，蟻穴居而知雨。蓋鵲歲多風則去喬木，巢旁枝，故能高而不危也。然而强且不淫知風之自，而搆其巢知歲所在，而開其户者鵲也，强而不淫，所以成德。故有行知風之自而搆其巢，知歲所在而開其户，所以趨時，故有功。詩人以譬國君積行累功。《詩》曰：「防有鵲巢，邛有旨苕。」言不驚懼之故，防有鵲巢，言不殘賤之故。邛有旨苕，俗説鵲巢中必有梁，見鵲上梁者必貴。蓋今二鵲共銜一木，置巢中，謂之上梁。《説文》作「舄」，象形，通於「舄履」，古之人履欲行，不欲如鵲，故其字借爲舄，履之舄所以爲行，戒其在相法。有之「鵲行蹌蹌，性行勿良」是也。亦言舄以木置履下，乾昔如鵲。崔豹《古今注》曰：「乾昔不畏泥濕，故曰鵲也。」象文作鵲，蓋從錯省。《淮南子》曰：「如鵲之駮。」一何從昔，昔言乾也。《考工記》曰：

「犉牛之角直而澤，老牛之角珍而昔。」周官屨爲赤舃、黑、舃、赤繶、黄繶、青絇，此言王及后服屨赤舃以赤爲繶，黑舃以黄爲繶，皆青絇也。鄭氏以爲王吉服有九，舃有三等，赤舃爲上，冕服之舃，下有白舃、黑舃。王后吉服六，維祭服有舃。玄舃爲上，褘衣之舃也，下有青舃、赤舃。今云赤繶、黄繶雜互，言之非是也。蓋王及后舃之名一而已，赤舃王六，冕之舃黑舃，后三翟之舃，其他服則屨爾。《詩》曰：玄衮赤舃。又曰：赤舃幾幾。其傳曰：赤舃，人君之盛屨也。又曰：赤芾金舃，會同有繹。其傳曰：金舃，達屨也。舃，蓋臣道也，所服之闕，故屨人無之而謂之達屨。謂之金舃，舃而金絇也。然則古者諸侯方其爲人君則赤舃，方其爲人臣則金舃。氏子抄曰：舃九寫而爲鳥，虎三寫而爲帝。言書之傳易如此。《意林》曰：書三寫，魚成魯，帝成虎，亦是意也。

宋 羅願《爾雅翼》卷一三《鵲》 鵲者，鳥之屬。故《周禮》總謂之烏鳥，又以其色駁，名之爲駁鳥。《淮南》曰：「若魚之躍，若鵲之駁。此自然者，不可損益。」古鵲之字作舄，蓋象形，篆文則作䧿。能知氣候疾徐，陰陽向背，風水高下。歲必一營巢，其孳生比它物最早，故自小寒五日而始巢，巢常背太歲而向天一。《淮南》曰：「太陰所建，蟄蟲首穴而處，鵲巢鄉而爲户。」又曰：「夫蟄蟲鵲巢皆鄉天乙者，至和在焉爾。」又知歲之多風，則去高木而巢扶枝或曰：水大則巢高，水小則巢卑，巢皆取木之枝梢，不取墜枝。巢中亦塗飾，横梁其中。相傳見其上梁者貴云。於是傅枝而生子，春二月而有乳鵲矣。已則捨去，而他鳥居之，故《召南》稱鳩居鵲巢。《周書·時訓》曰「鵲不始巢國不寧」，則以巢比國，蓋舊説也。始則一鳩「居之」而已，尋則呼其偶併居焉，所謂「方之」者也。至其後，則生子「盈之」，家道成矣。今烏之類，亦逐鵲而居其巢。鵲能知人之吉凶，故自啄其足，則行人至。或曰：其聲接接，令接來者也。南人以其聲爲吉，以烏爲凶，北人反之。崑崙之下，以玉璞抵鵲，盖惡之也。鵲雖能知來，及其避風而巢卑也，大人過之，則探其鷇，嬰兒過之，則挑其卵，故號知來而不知往。涉秋七日，首無故皆髡。相傳以爲是日河鼓與織女會於漢東，役烏鵲爲梁以渡，故毛皆脱去。按秋鳥獸毛毨之時。又《山海經》羣鳥有解羽之所。此豈解羽類耶？其尾尤長，故漢世高祖所爲劉氏冠，民間謂之鵲尾冠。又熏鑪之有柄者，謂之鵲尾鑪。鵲能制蝟，鵲之所在，蝟必反腹而受啄焉。或在木上鳴，蝟伏不能行。《淮南》曰：「鵲矢中蝟。」此類之不推者也。

明 何三畏《新刻何氏類鎔》卷三三《鵲》 鵲知太歲之所在，而鵲巢知風之所來。其爲鳥也，先物而動，先事而應，順風而立，淩風而起，此陽鳥也。亦靈鳥也，故飢餐苕華，渴飲清露，嘗抵璞於崑山之下，亦銜粟於員嶠之巔。天漢之烏鵲填河，一夕成橋而可渡織女。公輸之木鵲削竹三日成，飛而不下雲霄。燕坐未央前殿，而大鵲立于柏樹枝上者，時皆執戟在侍，方朔知其東向而鳴。會食學士玉堂而靈鵲棲于海棠枝頭者，主有大詔傳宣，晁公詠其却聞而喜。鵲有化石而剖，其文中之印，以此卜張氏之必侯。鵲有銜木而營爲巢中之梁，以此占崔公之必貴。黎景逸以被誣事居獄底，見鵲喜噪而馴，景逸以爲吉徵也，已而果有傳赦文至。奚永洛與張子信坐庭前見鵲相鬪而墜，子信以爲凶兆也，俄而果有口舌事來。正觀之寢殿有鵲巢于槐樹，合歡如鼓者，則毁之而不受左右之賀。貞元之中，書有鵲集於梧桐，以泥爲巢者，則焚之而用禳狐魅之妖，此其故可知也已。鵲或巢于高樹而狂風撼其巔，鵲或巢于下枝而童子探其卵，鵲能知來而不能知往，則有修短之分。鵲能爲巢而不能居，巢則有工拙之辨。

清 張必剛《濬元》卷三《鵲始巢小寒中候》 鳥待風狂巢敗卵破鷇壓而後悔搆葺宇舍之不固而疎晚矣。夫風之勁悍，飄霾塵踔石，不帖帖敗物者，事之恒有也，而吾之禦之者，以巢之固且苞也。鵲巢之固，禦風之具也，如不固，風斯敗之矣。夫巢而或敗也，豈惟卵破鷇壓，吾子孫之不存，即吾身其奚存乎？物之欲爲身計，與子若孫計者，顧或不如鵲之固其宇焉，則何也？

系曰：《周·召南》爲房中、鄉國、朝廷諸侯、天子通用之詩歌。天子之詩歌宜用清廟時邁，諸侯宜用文王大明緜，鄉國宜用大田甫田良耜。朝廷鄉國與房中不同，其樂歌亦大異。《周·召南》之詩，吟咏夫婦性情事者十九，宜止用之房中，何以并用之朝廷鄉國？夫朝廷鄉國化所被及之地，非起化地也。房中爲起化地，起化者可順推之所化者，所化者不可逆施之起化，故清廟時邁，止可於天子用。文王大明緜，止可於諸侯用。大田甫田良耜，止可於鄉國用，皆不可於房中用，而獨二南詩可於房中用，并可於朝廷上鄉國間用也。人五倫之次，未有父子長幼君臣朋友，先有夫婦，至兄弟御家邦甚顯著，而刑寡妻甚隱以微，隱微中狎昵於情欲甚易，而能和且敬甚難。自古之禮樂風教，未有不於房中醖釀出者。朱子曰：人之語言，有不可告之父兄者，而或以告其妻。夫語言僅可告其妻，不可告之父兄，則其發而爲詩歌，播爲樂，又安能告之鄉曲，告之邦國，告之朝廷，使通用無遺憾也？《關雎》，《周南》詩之首篇也，取其性不乘居以亂。《鵲巢》，《召南》詩之首篇也，取其性傳枝而不淫，以物性之別興人。夫婦之別，惟別則

智，智統始終，故《關雎》之詩能爲詩首，又能爲樂終也。然則小序謂麟趾應關雎，騶虞應鵲巢何也，曰萬化以仁智，相交際爲機軸，麟不妄踐，不妄觝觸，騶虞不妄殺，蓋言仁也。貞下生元而王之效以世，吾於二南得之。

贊曰：廣厦被八荒，繩繩宜燕翼。二月鵲雛飛，鸛鴿來孳息。朔雪漫太空，凍鳥縮其首。爾獨何知來，隔冬葺户牖。

綜述

宋 釋贊寧《東坡先生物類相感志》卷七《烏鵲知歲》　《淮南子》云：「烏鵲識歲之多風，去高木而巢枝收。」《博物志》云：「鵲巢開背太歲，皆預知風至。」諺云：「巢居知風。」一名鳱鵲，傳枝而生卵也。

宋 蘇轍《蘇氏詩集傳》卷一　騶虞鵲巢之應也。彼茁者，葭一發五豝。于嗟乎騶虞。

茁，出也。葭，蘆也。豕牝曰豝。人君雖有恭儉之志，而室家不聽，則殆不行。今《召南》之夫人，能順其君子，無所不敬。雖葭之微於其生也，而有不傷之意焉。故能使物無不蕃者，於君之射也。一發而虞人翼五豝以待之，此蕃之至也，然猶不敢盡，取之一發而已，故曰「于嗟乎騶虞」。騶虞，仁獸，言仁如騶虞也。此所以爲鵲巢之應矣。

宋 沈作賓《嘉泰會稽志》卷一七《鳥部》　鵲　《淮南子》曰：「太陰所建，蟄蟲首穴而處，鵲巢向而爲蘆。」又曰：「蟄蟲鵲巢，皆向天一。」蓋鵲巢向天一，而背歲也。先儒以爲鵲巢居而知風，蟻穴居而知雨。歲多風則去喬木巢旁枝，故能高而不危也，古謂七夕鵲上天河爲橋，雖未必然，今山陰七夕鵲絶少見。

明 吴雨《毛詩鳥獸草木考》卷一《鵲》　鵲，智靈之鳥也，一名乾鵲，一名飛駁，一名神女。如鴉而小，尾長嘴尖，足爪黑頸，項與背深緑色，臆腹與脅皆白，翮與尾黑白相間，其腦能令人相思，尤畏熱，三伏之際拔毛以泄小寒。日始巢，巢常開口。背太歲，知來歲之多風，則去高木而巢扶枝，一説水大則巢高，水小則巢卑。俗云巢中必有梁，見其上梁者必貴，皆傳枝受卵。二月乳雛，漸長則捨去，而鳩鳥居之，今烏之類亦能逐鵲而居。見人吉事徵則修修然，凶事徵則鳴啼。自啄其足，則行人至。或云其聲接接，令接來也。南人以其聲爲吉，以烏爲凶，北人反之。亦能制蝟。鵲之所在，蝟必反腹受啄。秋七日首無故皆秃，相傳以爲是日牛郎與織女會於河漢東，役烏鵲爲梁以渡，故毛皆脱去。按：「秋，鳥獸毛毨之時。」又《山海經》：「羣鳥有鮮羽之所，此豈鮮羽類耶。」《天玄主物簿》云：「鵲啄槐實，結玉於腦，謂之鵲玉，此鵲終歲不復鳴噪，雖巢無胎卵。」

明 馮復京《六家詩名物疏》卷五《鵲巢篇·鵲》　《爾雅》云：鵲鵙醜，其飛也，翪。注：竦翅上下。又云：烏鵲醜，其掌縮。注：飛，縮脚腹下。《月令》云：季冬之月，鵲始巢。《周書》云：小寒之日，鴈北鄉。又五日，鵲始巢。鵲不始巢，國不寧。《易通卦驗》云：鵲者陽鳥，先時而動，先事而應。見于未風之象，失節不巢，癸氣不通，故言春不東風也。箋云：鵲作巢，冬至架之，至春乃成。《詩推度災》云：鵲以復至之月始作室家。鳴鳩因成事，天性如此也。《禽經》云：鵲以音感而孕。又云：鵲鳴唶唶。《曾子》曰：鵲上高城之塘，而巢于高枝之巔，城壞，淩風而起。《淮南子》云：鵲識歲之多風，去喬木而巢扶枝。又云：蟄蟲鵲巢皆向天一者，至和在焉。又云：太陰所建，鵲巢向而爲户。又曰：乾鵲知來而不知往。乾鵲，鵲也。《博物志》云：鵲巢開口背太歲。陸賈云：乾鵲噪而行人至。陶貞白云：一名飛駁鳥。陸佃云：鵲知人喜。作巢，取在木杪枝不取墮地者。皆傅枝受卵。故一名乾鵲。《莊子》云：烏鵲孺鵲，以傅枝少欲，故曰孺也。羅願云：鵲巢，水大則高，水小則卑。傅枝而生子，春二月有乳鵲矣。已而舍去，他鳥居之，故《召南》稱「鳩居鵲巢」。今烏之類，亦逐鵲而居其巢。鵲尾尤長，故漢高祖劉氏冠，民間謂之鵲尾冠。能制蝟，其所在，蝟必反腹而受啄矣。

按：《爾雅》鷽山鵲。注：似鵲而有文采，長尾，觜脚赤。《説文》云：知來事鳥也。據此則群書所言知來者，乃是鷽，非鵲也。

清 雍正《廣東通志》卷八九　南諺曰：南風頭，北風尾，南風烈在尾，北風烈在頭。往往然也。又鵲巢占風，巢高風小，巢低風大。蓋鳥得幾，先畏風覆巢，故以巢之高低占風之大小。

清 秦蕙田《五禮通考》卷一六八《嘉禮四十一 鄉飲酒禮》　彼鵲成巢，爾類攸處之？子有歸，瓊瑶是祖。彼鵲成巢，爾類攸匹，之子有行，錦繡是飾。彼鵲成巢，爾類攸供？之子有從，蘭蓀是奉。伊鵲成巢，珍禽戾止，婉彼佳人，配于君子。伊鵲營巢，珍禽攸處，内助賢侯，弼于明主。伊鵲營巢，珍禽輯睦，均養嘉雛，致于蕃育。

清 嵇璜《續通志》卷一八〇　鵲，一名飛駮鳥，一名喜鵲，一名乾鵲。李時珍

曰：鵲，古文作舄，象形。鵲鳴唶昔，故謂之鵲鵲；色駮雜，故謂之駮；靈能報喜，故謂之喜；性最惡濕，故謂之乾。大如鴉，而長尾，尖喙黑爪，緑背白腹，尾翮黑白駮雜，上下飛鳴，以音感而孕，以視而抱。季冬始巢，開户背太歲，向太乙，知來歲風多，巢必卑下，故曰：乾鵲知來，狌狌知往。《爾雅》云：「鵲鶪醜，其飛也翪音宗。」言其不能翱翔，竦翅而已。許氏《説文》以爲翪斂足也。《爾雅》又云：「鳥鵲醜，其掌縮，飛，縮脚腹下也。」臣等謹案：《禽經》云：「雞鶯惡其類」，又云：「靈鵲兆喜」，明是二物，且鶯丹觜，鵲黑觜，鄭志以鶯爲鵲者，誤。

藝　文

《詩經・國風・鵲巢》　維鵲有巢，維鳩居之。之子於歸，百兩御之。維鵲有巢，維鳩方之。之子於歸，百兩將之。維鵲有巢，維鳩盈之。之子於歸，百兩成之。

漢 曹操《短歌行》（《文選》卷二七引）　對酒當歌，人生幾何。譬如朝露，去日苦多。慨當以慷，憂思難忘。何以解憂，唯有杜康。青青子衿，悠悠我心。但爲君故，沈吟至今。呦呦鹿鳴，食野之苹。我有嘉賓，鼓瑟吹笙。明明如月，何時可掇。憂從中來，不可斷絶。越陌度阡，枉用相存。契濶談讌，心念舊恩。明明星希，烏鵲南飛。繞樹三帀，何枝可依。山不厭高，海不厭深。周公吐哺，天下歸心。

唐 李嶠《李嶠雜咏》卷上《靈禽部十首・鵲》　不分荆山抵，甘從石印飛。危巢畏風急，遠樹覺星稀。嘉逐行人至，愁隨織女歸。儻遊明鏡裏，朝夕動光暉。

唐 蔣冽《山行見鵲巢》（《全唐詩》卷二五八引）　鵲巢性本高，更在西山木。朝下清泉戲，夜近明月宿。非直避網羅，兼能免傾覆。豈憂五陵子，挾彈來相逐。

唐 吕温《吕衡州集》卷一《和恭聽曉籠中山鵲》　掩抑中天意，悽愴觸籠音。驚曉一聞處，傷春千里心。

唐 皮日休《文藪》卷一〇《喜鵲》　棄羶在庭際，雙鵲來摇尾。欲啄怕人驚，喜語晴光裏。何況佞倖人，微禽解如此。

唐 司空圖《喜山鵲初歸三首》（《全唐詩》卷六三三引）　翠衿紅觜便知機，久避重羅穩處飛。只爲從來偏護惜，窗前今賀主人歸。山中只是惜珍禽，語不分明識爾心。若使解言天下事，燕台今築幾千金。阻他羅網到柴扉，不奈偷倉雀轉肥。賴爾林塘添景趣，剩留山果引教歸。

唐 陳仲師《鵲始巢賦》（《文苑英華》卷一三七引）　霜天慘慘兮楓樹之杪，構彼層巢兮翩然宿鳥。眄喬柯以上下，慙弱羽之卑小。周匝經營，翻飛繚繞。履危而金彈不發，送喜而珠簾乍開。逐初心之眷戀，無利觜之嫌猜。架木末，居岩隈。容足之前，望一枝以棲息；翻身之際，歷衆木而飛來。拂曙聲多，排空意遠。惜光陰於朝暮，迷飲啄之往返。於是攫腐草，銜飛蓬，重叠尺箠，迴環翠空。凌寒而且近朝日，構思而偏愁夜風。俯仰求容，冀資拾芥之力；縱横居止，顧就積薪之功。必使輕舉得便，羣飛會同。嬉遊遂憐疑作隣於清籞，窘束長謝其雕籠。所謂摭實以來，憑虚相借。不然則六翮摧毁，三冬徂謝。飛鶯將出乎深谷，黄雀亦誇其大厦。故所以踰遠林，戾前除。仰窺肅爽，遠慕扶疎。當繞樹之時，暫隨烏會；在來巢之日，當畏鳩居。非微禽之敢競，幸嘉木之有餘。嗟乎，摇尾馴擾，斂容萃止。依於主人，來若處子。匪能言以呈慧，不善舞以招美。倘抵玉無虞，搏風資始。故巢林以何報，唯化印而後已。

唐 張夫人《諧喜鵲》（《全唐詩》卷七九九引）　疇昔鴛鴦侣，朱門賀客多。如今無此事，好去莫相過。

宋 蘇軾《東坡全集》卷一八《異鵲并叙》　昔我先君子，仁孝行於家。家有五畝園，么鳳集桐花。是時烏與鵲，巢鷇可俯拏。憶我與諸兒，飼食觀羣呀。里人驚瑞異，野老笑而嗟。云此方乳哺，甚畏鳶與蛇。手足之所及，二物不敢加。主人若可信，衆鳥不我遐。故知中孚化，可及魚與豭。柯侯古循吏，悃愊真無華。臨漳所全活，數等江干沙。仁心格異族，兩鵲棲其衙。但恨不能言，相對空喳喳。善惡以類應，古語良非夸。君看彼酷吏，所至號鬼車。

宋 王洋《東牟集》卷二《鵲巢》　今年結巢不近地，門户人言解知歲。了知積累功力勞，投伴鳲鳩無此智。閭里爭如惡少年，不持彈射操空拳。探巢取子盡居室，旁觀禁止無由緣。父翔母噪力不加，小雛在手鳴楂楂。羣兒不遑至若此，增巢不得安生涯。漢家春夏禁採捕，詔書非止行三輔。可憐科罪掛墻壁，國家禁絶非不預。鶉居熙熙太古民，就令闚巢不用嗔。同遊飲啄不相害，海上鷗飛不避人。

元 吴景奎《藥房樵唱》卷一《鵲有媒》　長林蕭蕭兩乾鵲，牖户綢繆欣有託。雄飛望望杳不歸，飲啄應憐墮矰繳。孀雌哺鷇成孤棲，月明不復從南飛。迢迢織女隔銀浦，風多巢冷將疇依。花間雙鵲能凸喜，來往殷勤道芳意。雄鳩佻巧鳩不媒，願得靈修幾同類。斯須衆鵲邀提壺，入林繞樹聲相呼。羣飛盡棄遺一鵲，同室定偶携諸孤。疆疆和鳴如有道，求牡深慚雉鳴鷕。踰墻鑽穴相窺從，重

歎人而不如鳥。

明　朱樸《西村詩集》卷下《巢鵲篇》　野鵲共林樾，安巢異枝柯。口銜寒木樵，纏綿緝藤蘿。物情溺便利，奈此欺罔何。心懷用力少，意謂成功多。瞰亡乃相竊，往來遞經過。東巢不得成，西鵲徒奔波。辛苦旬日餘，兩樹無完窠。觸物感我情，嘆息成蹉跎。世人好攘奪，利欲爭紛拏。滅公以私心，自足靡有他。楚漢劃鴻溝，詎能息干戈。三國定鼎足，未必安山河。終焉一抔土，蔓草埋巖阿。何如順事天，勿傷同類和。

明　孫承宗《高陽集》卷四《隘園鵲》　雙雙書案下，高集孟城坳。鵲嚇深藏樹，鳩馴違讓巢。引鷄花底散，結伴雨中啁。過堞車喧食，巡簷燕對拋。風翻和鐵鳳，日落襍笙簫。莫使歌無角，一穿杜屋茅。

清　王夫之《薑齋文集》卷七《賦五篇·練鵲賦以雨餘緑草斜陽爲韻》　即林皋之瀟清，滌繁陰於宿雨。聊瀏愁以寓怡，翩良禽之延佇。維時條風微扇，薄寒改煦，雉登隴而初雊，鳦睍簷而作乳。煙得得以青縈，絲亭亭而晴舞。何彼烏之嬋媛，點碧光而翔圃。曳摇摇之玫珮，垂申申之玉組。輕塵長捐，屑暉并聚，落星徐流，鱗雲歘俯。睢渙濯其餘縹，岷潘浣其素縷。吟喬如於梁禽，睇子淵於吳馬。笑丹頂之鳴陰，陋銀鬉之蹝士。爾迺罥弱篠，過平蕪，因風末，乘晴餘，尾垂垂以柔曼，羽襜襜以旁翎。宛飛帛之迴波，寫倒景而未如。鄙秦聲之歍彼，哂魯謠之趺趺。織吳嬪之膠髪，服翾風之琲珠。寶光纖其綾鑷，因袛結其修裾。曾焕發以蕭散，猶則遠乎踟躕。亦有宏農贈環，沙鹿授符，魏闕樊燕，葉邑羅凫，含珍絲頂之鳥，遶煙縞臆之烏，或襲美於玉石，或閒采於紺朱，絜縑翎之婉嫕，泣邢美于尹好。若夫泛流鷺絲，厭火屬玉，名在縞而克諧，文比潤而已辱，彼何爲兮運睛，此何取乎拳足。矧在幸鳥類蟬，山雞名蜀，葉鴨傳丹，么鳳矜緑，防邱鴻鵝，影娥黄鵠，雙鶼銜丹海之泥，三鷲照肺膏之燭。雖復潔整翠衿，芳修朱襮，比月鷩之孤清，陋藻火而必浴。又況垂腴涎於竊脂，覩朵頤於啄粟。哀豳詩之無毁，勞周官之服不。形衆濁以獨醒，贈遥情于芻束。蓋其月鏡修，瓊膏泛腦。湔都崇之紫泉，闕雲焫之瑞草。曾偕奔於羿妃，抑效御于金媪。降子登于墉宫，介阿環于靈島。眷日暮而遷延，阻人問之長道。然且捨黛的，捐弋皁，既靈飛，愜幽抱，鍊姹女以養形，餐醍漿而欲老。繁華夢之既銷，豔心歇其如澡。以故傅微霄而輕舉，秉西清之太顥。駕蘋末以肅征，問沆津而潛討。疑碧虛于是非，胎金虎之内寶。爰是薄遊山椒，遥映水涯，足捎青藹，味掠蘭芽，拂華露而如濡，偃樵風以欲斜。雖有烏號之柘，金僕之姑，挾以韓嫣，闟以熊渠。魄逸姿之何篡，終弋言之莫如。遊芳林而遠害，何螳雀之容嗟。穸漢官之章服，象祔繡於絳羅。指海取在躬之洵美，擬退食之委蛇叶音佗。若乃佻鳴珂之趙客，媚袨服之吳娃。指海山之雙鴛，期白門之藏鵶。望瑩質而逡巡，疇同調於狹邪。惟有幽人荔服，逋客蕉觴，行藥雲際，閑步夕陽，飛鴻邈其遠送，斥鷃樂其低翔。寄息心于倦羽，託持贈夫滄浪。奚況時在停雲，客有浮湘，遺印音于冥飛，澣予節于秋霜，激白冠于易水，鑒色斯于山梁。感孤鶩之綽約，倡予和以不忘。詛鳩媒于朔野，悲鸞歌乎女牀。鳳雖衰而旁覽，鶡懷死以方將。睠山情之窈窕，敦白水以修盟。抽紛絲而廣譬，寫冰雪于瑶章。

清　王先謙《虛受堂詩存》卷九《鵲》　本以營巢巧，兼之擇木高。爾如識趨避，人豈厭喧嘈。晴日矜聲調，青雲附羽毛。帝鄉多喜色，歎息不辭勞。

清　祁寯藻《䜣𩞄亭後集》卷一《鵲巢》　中庭東南隅，門左有嘉樹。雙鵲來營巢，銜枝無朝暮。豈無舊巢在，苦被羣烏妒。鬥力既不勝，同流亦所惡。逝將避汝去，去去復回顧。遷喬不在遠，相望數十步。徘徊如有情，選擇亦有故。君家地幽僻，門少車馬駐。列炬夜不驚，彈丸晨不怖。樹頭多好枝，清蔭行堪護。何處無風雨，且願依君住。爾鵲何辛勤，綢繆向誰訴。梁柱覓新棲，金鋮感舊句。慙媿老浮家，鄉闗渺歸路。幼時賦《鵲巢》詩云：自有金鋮作梁柱，不愁陰雨不愁風。曾蒙先君奬勵。

貞符祥樂

論　説

宋　洪邁《容齋續筆》卷三《烏鵲鳴》　北人以烏聲爲喜，鵲聲爲非。南人聞鵲噪則喜，聞烏聲則唾而逐之，至於弦弩挾彈，擊使遠去。《北齊書》：「奚永洛與張子信對坐，有鵲正鳴於庭樹間，子信曰：『鵲言不善，當有口舌事，今夜有喚，必不得往。』子信去後，高儼使召之，且云勑喚，永洛詐稱墮馬，遂免於難。」白樂天在江州《答元郎中、楊員外喜烏見寄》曰：「南宮鴛鴦地，何忽烏來止？故人錦帳郎，聞烏笑相視。疑烏報消息，望我歸鄉里。我歸應待烏頭白，慙愧元郎誤

歡喜。」然則鵲言固不善，而烏亦能報喜也。又有和元微之《大觜烏》一篇云：「老巫生姦計，與烏意潛通。云此非凡鳥，遥見起敬恭。千歲乃一出，喜賀主人翁。此烏所止家，家産日夜豐。上以致壽考，下可宜田農。」按微之所賦，云巫言此烏至，財産日豐，宜主人，一心惑誘，引不知疲，轉見烏來集，自言家轉孳，專聽烏喜怒，信受若長離，今之烏則然也。世有傳《陰陽局鴉經》，謂東方朔所著，大略言：「凡占烏之鳴，先數其聲，然後定其方位，假如甲日一聲，即是甲聲，第二聲爲乙聲，以十干數之，乃辨其急緩，以定吉凶。」蓋不專於一説也。

綜述

《禽經》 鵲以音感而孕。鵲，乾鵲也。上下飛鳴則孕。靈鵲兆喜。鵲噪則喜生。

晉 張華《博物志》卷四《物性》 鵲巢門户，背太歲，向太乙，智也。

宋 釋贊寧《東坡先生物類相感志》卷七《鵲啄足》 夫鵲自啄足，行人將至。至夜還城及營壘，此將帥必降。

又 卷八《鵲巢》 《雜俎》云：「唐崔圓相公夫人在家時，與弟妹戲，見一鵲共啣一大木，如筆管大，長尺許，置巢中，衆悉不見。」俗云：「見鵲上梁，必位至公王。」

紀事

晉 王嘉《拾遺記》卷六 安帝永寧元年，條支國來貢異瑞，有鳥名鳷鵲，形高七尺，解人語。其國太平，則鳷鵲羣翔。昔漢武時四夷賓服，有獻馴鵲，若有喜樂事，則鼓翼翔鳴。按：莊周云「雕陵之鵲」，蓋其類也。《淮南子》云：「鵲知人喜。」今之所記，大小雖殊，遠近爲異，故略舉焉。

南朝宋 劉敬叔《異苑》卷九 安德令劉長仁，聞[管]輅曉鳥鳴，初不信之。須臾有鳴，鵲來在閣屋上，其聲甚急。輅曰：鵲言東北有婦，昨殺夫，牽引西家人夫妻離。候不過日在虞淵之際，告者至矣。到時，果有東北同伍民來告，如輅言。

唐 房玄齡《晉書》卷二八《五行志》 孝武帝太元十六年六月，鵲巢太極東頭鴟尾。又巢國子學堂西頭。十八年東宮始成，十九年正月鵲又巢其西門。此殆與魏景初同占。學堂，風教之所聚；西頭，又金行之祥。及帝崩後，安皇嗣位，桓玄遂篡，風教乃積，金行不競之象也。

唐 魏徵《隋書》卷二三《五行志》 十三年十一月，烏鵲巢帝帳幄，驅不能止。帝尋逢弑。

唐 段成式《酉陽雜俎》卷一六 鵲巢中必有梁。崔圓相公妻在家時，與姊妹戲於後園，見二鵲搆巢，共銜一木如筆管，長尺餘，安巢中，衆悉不見。俗言見鵲上梁必貴。

大曆八年，乾陵上仙觀天尊殿，有雙鵲銜柴及泥，補葺隙壞一十五處。宰臣上表賀。

貞元三年，中書省梧桐樹上有鵲以泥爲巢，焚其巢可禳狐魅。

唐 趙璘《因話録》卷六《羽部》 河南孔尹温裕任補闕日，諫討党項事，貶郴州司馬。久之得堂兄尚書温業書，報云「憲府欲取爾作侍御史」。日望勑下，忽又得書云「宰相以右史處之，皆無音耗」。一日有鵲喜於庭，直若語狀，孩稚拜且祝云：「願早得官。」鵲既飛去，墜下方寸紙，有「補闕」二字，極異之，無幾，却除此官。

宋 歐陽修《新唐書》卷三四《五行志》 天寶十三載，葉縣有鵲巢于車轍中。不巢木而巢地，失其所也。

至德二載三月，安禄山將武令珣圍南陽，有鵲巢于城中砲機者三，雛成乃去。

大曆八年九月，武功獲大鳥，肉翅狐首，四足有爪，長四尺餘，毛赤如蝙蝠，羣鳥隨而噪之。近羽蟲孽也。十三年五月，左羽林軍有鸛鵒乳鵲二。

貞元四年三月，中書省梧桐樹有鵲以泥爲巢。鵲巢知歲次，於羽蟲爲有知，今以泥露巢，遇風雨壞矣。【略】開成【略】二年三月，真興門外鵲巢於古冢。鵲巢知避歲，而古占又以高下卜水旱，今不巢于木而穴于冢，不祥。【略】會昌元年，潞州長子有白頸烏與鵲鬭。【略】乾符四年春，廬江縣北鵲巢于地。六年夏，鴟、雉集于偃師南樓及縣署。劉向説：「野鳥入處，宮室將空。」【略】中和元年三月，陳留有烏變爲鵲。二年，有鵲變爲烏。古者以烏卜軍之勝負。烏變爲鵲，民從賊之象；鵲復變爲烏，賊復爲民之象。

宋 釋普濟《五燈會元》卷二《金陵牛頭山威禪師法嗣》 縣令張遜者，至山

頂謁問：「師有何徒弟？」師曰：「有三五人。」遂曰：「如何得見？」師敲禪牀，有三虎哮吼而出，遂驚怖而退。後衆請入城，居莊嚴舊寺，師欲於殿東別創法堂。先有古木，羣鵲巢其上，工人將伐之，師謂鵲曰：「此地建堂，汝等何不速去？」言訖，羣鵲乃遷巢他樹。

元 脱脱《宋史》卷六四《五行志》 宣和元年九月戊午，蔡京等表賀赤烏，又賀白鵲。政和後，禁苑多爲村居野店，又聚珍禽、野獸、麀鹿、鴐鵝，禽鳥數百實其中。至宣和間，每秋風夜静，禽獸之音四徹，宛若深山大澤陂野之間，識者以爲不祥。宣和末，南郊禮畢，御郊宫端誠殿。天未明，百辟方稱賀，忽有鴞正鳴于殿屋，若與贊拜聲相應和，聞者駭之。時已報女真背盟，未踰月，内禪。明年有青城之難。

明 牛衷《增修埤雅廣要》卷三三《鵲印》 張顥爲梁州牧，有山鵲飛翔，化爲圓石。顥椎破之，化一金印，其文曰：「忠孝侯印。」

又 卷三六《庭樹鵲鬬》 北齊張子信，善風角。奚永終同子信坐，鵲鳴庭樹，鬬而墮。子信曰：「有口舌事，勑唤亦不可往。」是夜，瑯琊王五使召，辭之，詰朝難作。

明 李詡《戒菴老人漫筆》卷七 有傳至神鵲鳴寃，傳者事甚奇。傳云：張興，盱眙人，以策騾爲生。時往朱家林，獲二鵲歸。平明策騾出，兼籠二鵲欲便市之。有一商賃其騾，冀往新溪，路見二鵲，急觧金贖而縱之野，而橐裝已爲所覘矣。邇幽閒地，殺商沉尸於灣河，盡有其橐中金而返，人莫之覺也。一日喬侯決獄，二鵲倏西至，飛鳴繞案，如怨如訴。遣之再三，竟不散。侯疑有佳報，乃摇吻鼓尾者三。疑有寃，一兩作首肯狀。侯云果寃爾，當自屋梁上下，更環飛三匝。如其飛不爽。侯問寃何在，可啣籤與兩直兵去。二鵲跳躑而前，回首數四，後又或飛或落，若恐飛捷，直兵不克追也。行可三十里許灣河畔，輒投入水中，去久之出，喧噪異常，水面浮漚層起。直兵以復侯，侯躬往觀焉，鵲亦隨之往返。侯令漁人捕一伏尸如生，年約三十餘。背束大石，長鞭擁其項，仍諭鵲再示其圖之者爲誰，我爲若決之。仍命兩直兵俱，別令數人尾其後，以俟可擒。二鵲引如前，至平康村高槐下，茅屋五椽編棘爲籬，騾二頭在焉。鵲竟噪其簷，其人出，輒集其肩臂而頻噪之。其人怒欲擊，復立噪於屋。直兵悟，紿云：吾輩緣公務，欲騾走長清橋，其人以力怯辭。直兵言，去寧倍金謝，因行。其人馳騾足下，見直兵腰懸鞭策，即熟視而辨認之，盖謀商時用以擁項者也。直兵特袖之來，欲探其意耳。幸累錯愕，業自敗，厥情益實。約半塗，直兵連尾之者已執矣。侯細鞫成招銀四十兩，檢之其家，尚完璧，第瑣碎者稍費一二。終不招其商之姓氏與鄉籍何如也。遂下獄擬罪，而浮瘞商于東城下，二鵲因俯首致謝。後于瘞商處旋摩悲鳴，猶不忍割，侯遂付民家籠養此鵲，以候上官定奪發落。嗚呼！全蛇獻珠，活雀投環，古記之矣。今商不辨爲何地人，而以縱鵲雪泉下之沉寃，有是哉！好生者之騐乎！然張興利商財毒商命，人不及覺，而鵲訟之官，致有此報。雖曰鵲靈，實由天假。詎謂天鑒昭昭，毫髮可欺也。世之萌異心者可鑒矣。此聞之盱眙衆商，信而可徵。時萬曆十一年癸未孟冬事也。

明 王圻《稗史彙編》卷一五九《青喜》 李正己被囚，報夢云：「青鵲即報喜也。」是旦，果有羣鵲啁啾，色皆青蒼。至今李族居淄青者，呼鵲爲青喜。

明 朱國禎《湧幢小品》卷三一《羣鵲招鸛》 某氏園亭中有古樹，鵲巢其上，伏卵將雛。一日，二鵲徊翔屋上，悲鳴不已，頃之，有數鵲相向鳴，漸益，近百首皆向巢，忽數鵲對喙鳴，若相語狀，颺去少頃，一鸛横空來，閣閣有聲，鵲亦尾其後，羣鵲向而噪，若有所訴，鸛復作聲，若允所請，瞥而上擣巢，啣一赤蛇吞之，羣鵲喧舞若慶且謝者，葢鵲招鸛搏蛇相救也。

清 乾隆《永春州志》卷一〇《人物》 [宋]柯述字仲常，永春人。舊居和平里，父慶文第進士，朝議大夫，直龍圖閣。述嘗倅漳賑饑，多惠政。有異鵲二，巢於廳事之棟。秩滿移居傳舍，鵲亦隨止。暨歸，飛翔數十里，喧噪徬徨，不忍去。蘇軾詩以記其異。詩見《藝文志》。

藝　文

南朝梁 蕭紀《詠鵲》（《文苑英華》卷三二八引） 欲避新枝滑，還向故巢飛。今朝聽聲喜，家信必應歸。

唐 薛能《鄜州進白野鵲》（《全唐詩》卷五六〇引） 輕毛疊雪翅開霜，紅嘴能深練尾長。名應玉符朝北闕，色柔金性瑞西方。不憂雲路填河遠，爲對天顔送喜忙。從此定知棲息處，月宫瓊樹是仙鄉。

唐 韓偓《韓内翰别集・鵲》 偏承雨露潤毛衣，黑白分明衆所知。高處營巢親鳳闕，静時閒語上龍墀。化爲金印新祥瑞，飛向銀河舊路岐。莫怪天涯棲

不穩，託身須是萬年枝。

唐 徐寅《徐正字詩賦》卷二《鵲》 神化難源瑞即開，雕陵毛羽出塵埃。香閨報喜行人至，碧漢填河織女回。明月解隨烏繞樹，青銅寧愧雀爲臺。瓊枝翠葉庭前植，從待翩翩去又來。

唐 韓溉《鵲》（《文苑英華》卷七六八引） 纔見離巢羽翼開，盡能輕颺出塵埃。人間樹好紛紛占，天上橋成草草回。幾度送風臨玉户，一時傳喜到妝臺。若教顔色如霜雪，應與清平作瑞來。

唐 王棨《麟角集·延州獻白鵲賦》 我后君臨九有，仁被諸華。伊炳靈之白鵲，倏効祉於皇家。變爾羽毛，以表恩沾於飛走；生乎邊鄙，是彰澤及於幽遐。始其決越春巢，輕飜素翼。不類雕陵之異狀，自受金方之正色。封人既獲，羅氏潛藏。且曰：昔聞興詠於《召南》，今見呈祥於塞北。斯乃發天慶，昭皇德。望雲將獻，鵠歸齊使之籠；拜表初行，雉別越裳之國。既而臻鳳闕，進彤庭。粉煥成橋之羽，霜凝化印之形。爰稽瑞牒，克葉祥經。異丹雀之呈質，同素烏之效靈。帝嘉其賁然斯來，翩爾難及。俾遂性以飲啄，顧無羣而翕習。由是遶樹星飛，依枝玉立。乍捕蟬於上苑，不羡鶯遷；或報喜於丹墀，何慙鳳集。故能彩迥羣類，名超百祥。播休徵於有截，昭聖祚之無疆。月下南飛，過銀河而混色；風前東嚮，映瓊樹以增光。若乃潛下庭隅，遠分林表，迷彼鳥之翯翯，奪爾駒之皎皎。狼生殷代，誠福應之未如；魚躍舟中，諒貞符之尚小。曾未若影度簾曙，聲來殿深。美掩條支之獻，珍逾壠坻之禽。昔在遐方，玉每抵於崑岫；今以至德，巢可窺於禁林。是知斯鵲來儀，惟天瑞聖。俾爾羽之潔朗，彰我時之清凈。臣聞雁有歌而雉有詩，又安得不形於賛詠。

宋 歐陽修《文忠集》卷一一《野鵲》 鮮鮮毛羽耀朝輝，紅粉墻頭緑樹枝。日暖風輕言語軟，應將喜報主人知。

宋 李覯《盱江集》卷三五《聞喜鵲》 翩翩者鵲何品流，羽毛黑白林之幽。生平智力可料度，有巢往往輸鳲鳩。天然却會報人喜，愚兒幼女唯爾求。萬聲千噪幾曾驗，聞者終是軒眉頭。從來烏烏愛反哺，孝慈情性誰可儔。其間於事最先見，告人凶禍令人憂。憂時不肯自修飾，禱請神鬼争啾啾。告之愈驗愈見惡，共云災患鵶之由。彈丸瓦石相驅逐，名園佳樹難依投。忠言逆耳世罕用，屬鏤曾剖伍員喉。莫笑後來司馬公，事事稱好真良謀。

又 卷三六《烏鵲》 烏鵲翩翩競羽毛，南飛無樹過良宵。就中管得他人事，秪與天孫倩作橋。

宋 唐庚《眉山詩集》卷三《鳴鵲行》 簷前羣鵲鳴相呼，法當有客或遠書。吾今何處得書尺，而況賓客乘軒車。平生眼中抹泥塗，泛愛了不分賢愚。卒爲所賣罪滿軀，放逐南越烹蟾蜍。百口寄食西南隅，三年莫知安穩無。家書已自不可必，更望故人雙鯉魚。故人頃來絶能疎，況復萬嶺千江湖。雞肋曾是安拳餘，至今畏客如於菟。豈惟避謗謝還往，此日誰肯窺吾廬。杜門却掃也不惡，何但忘客兼忘吾。喧喧鳴鵲汝過矣，曷不往噪權門朱。

宋 周南《山房集·喜鵲》 簷牙喚起前時夢，遠信憑君便有期。歲暮柴門今事少，寒暄音問不須知。

火龜已食幽貞墨，乾鵲猶將吉語傳。高處營巢君自好，張羅門外爾徒喧。

明 葉盛《菉竹堂稿》卷二《梅花喜鵲》 寒花一樹雪中開，靈鵲喳喳去復來。不比尋常輕報喜，遠將金印蔡州廻。

又《歲寒雙鵲》 玉樹梢頭亞雪花，和鳴翠羽立交加。紛紛燕雀真堪笑，只戀春風王謝家。

又《溲喜》 人間何事喜連溲，送喜靈禽亦異常。好是天門金榜下，承恩歸去拜高堂。

明 倪謙《倪文僖集》卷一〇《喜鵲》 辭却星橋路已賒，飛鳴猶占海門槎。不知來報緣何喜，昨夜銀缸也著花。

明 李東陽《懷麓堂集》卷二一《鵲賦》 爰有靈鳥，集於中林。修尾長喙，玄衣素襟。皦皦奇質，泠泠警心。我有嘉辰，懷此好音。若夫飛甍峻閣，繡闥雕楹。旭日始照，纖颸不生。茂樹芳潔，繁陰翳清。忽促刺以雙透，欻犮翀而迅征，刷凝鮮之委羽，寫宛轉之幽情。紛衆啅以争墜，屢馴飛而不驚。晴雪衝騰其下上，閒華匝地而縱横。爾其乍東乍西，忽近忽遠，棲初危而不定，去未極而終返。或周旋其却顧，或擎捷其將轉。方小佇於中庭，誤遲歸於別館。曳餘音於未絶，裊柔條之半綰。若乃玉闕遷客，金屋佳人，淹沈幽囿之士，褫還高軒之賓。託春心於錦字，迓曙色於雕輪。聽泥金之小勅，擁織翠之重茵。曉枕驚夢，春山罷顰，莫不窮途拭淚，幽谷生春。或擎杯以酬地，或倒屣而迎門，喚村鴟於牖户，怪野鵬於承塵。不利俗以投好，徒增疑而召嗔。試比物以引類，信兹禽之足珍。乃有上苑虞人，五陵年少，挾孤彈於懷中，探危巢於木杪。智藏乎其無形，禍出其所不料。豈百金之足圖，曾不滿夫一笑。物固有所偏工，意固有所獨適。故

知來歲之風不能庇一卵於終日，報羅惲之喜不能解雙顔於漆室。彼世態之無常，徒因之而太息。復有梁州金印，月浦銀橋，羨崔梁之窈窕，駭魯木之翔翺。信慌惚而莫究，徒夸浮而可嘲。吾將使茂先卷舌而却走，成式遁辭而先逃。見天機之流轉，知造物之非離。坐觀物以自適，聊寄情乎離騷。

明王世貞《弇州四部稿》卷四九《鵲》 早過長信報平安，晚向昭陽效合歡。天上只誇頻送喜，不知雙翅落金丸。

明 劉鳳《劉子威集》卷四三《白鵲賦》 周君以青史子自娱而子姓斷斷，皆敦至性，有古孝友風，一嘗封股奉親，其行義重於鄉矣。故和氣充焉。鵲馴於庭，産純白者。予爲賦之。

猗戫戫之靈羽拚飛，初若是之迅輕。秉醇精於閶昊，星瑶光之散而成形，發占書以鑒度。識喜氣之所盈，化南國之攸被。詠鵲巢之爲正，美閫内之盛德。類託身之不傾，知攝提之所止。感黠慧乎是偵，偉翔集之皚皚。尤有耿於雕陵，鍾純質之何皎。乃潔素之可稱，姿幽迥以淑粹。帔鬲皓而自矜，儼西宮之御女。順秋令以白繒，引如荼之修羽。若春雪之載凝，其飛竦而上下。影霜毫之相仍，翩頡頏之可念。獨馴擾於户庭，亮不猥近而妄止。必擇所主而依憑，爾其風鶵雨㲉，露色煙華。挺生異産，紛耀奇葩。出非有種，瑩乃無瑕。容態姣妍，動止修姱。菁采逸麗流媚清嘉，既而纖吭踈引。長鳴啞啞，飛艷影灑。粲若新花，乍矯翰而佯逝。蹢儆畏於□磻，時竦身以微睨。忽既近而復遐，疊弄影之未翥。似揭驕而意奢，颯欲颺而遠去。旋啄粒而味加，跡不離於軒檻。寄崇檐之衙衙，屋瞻烏之爰戾。占入巢而宜家，於焉景氣和煦麥隴雉雊旭曆方載，祥風徐徐，晏温清旦。霧隰雲墟，翾翾翽翽。曳練蜚綃，曨曜睍睆。或曄貞剽，朝晰始映。晃朗飄摇，曜若有睹。昔彼翹翹，撇如電激。餘輝尚瀌，彼其命群相响。婉孌陽睢，倫類絡驛。啼呼共哺。此獨連軒槍地。徘徊敖娱，志氣不群。鮮采華腴，貌既超舉。性亦異趨，恍似狎人。親而復踈，傲彼白鴿。鄙爾晨梟，皦的皪而迴鶩，嘌翽翻而顧步。蓊曭宕之翀翜，翐往來而自婷。委輕翼而皜皛，恐鸞鷟之遥妬。斂繁姿而獨立，曖冰雪之凝沍。當玄雲之遁興，晦沉空而無睹。吡猍猍其翍翍，徐整翮而徑度。劃若暝而暫開，較然分而特著。焕照燭之修翎，翍哃啾之短嗉。豈徒唼喋於稻粱，匪自眷戀於潢汙。眄主人之周墀，恒徊徨而更駐。吐且茹兮若英，嘰且飲兮華露，丹吻灼兮若朱，緶芬芳兮如瓠。靚褵纚而不前，迪遷延而思慕。終寡侣而私處，判離居而别趣。無聊視於微禽，翩耿介之已具。頃何來於座隅，捿且擇夫茂樹。禀金天之皭然，資瑶瑜之温裕。矧若是之玉顔，豈無他所之瓊圃。請對以臆之惓惓，諗歷時戀爾之餔嘔。實精感於神明，用顯昭於誠諭。漸至和之絪緼，覿表示於㲉乳。昔流烏之降祥，猶動色而相賀。固休明之在辰，將九子之匪夥。卵不膾而夭殰，巢可俯之婀那。感予類於栗林，覵高城之枝左。謡且咏兮凌風，噪靈鵲之芳播。

清 永理《詒晉齋集》卷三《鵲》 巢能背歲結，翼解順風飛。方朔占何異，公輸技亦稀。上梁霜羽集，繞樹素襟歸。萬里崑山側，尋常孕玉輝。

相思寓情

綜　述

晉 傅玄《擬天問》（《太平御覽》卷八引） 七月七日，牽牛織女特會天河。

晉 崔豹《古今注》 鵲，一名神女。

南朝梁 宗懔《荆楚歲時記》 七月七日爲牽牛織女聚會之夜。按：戴德《夏小正》云：是月織女東向，蓋言星也。《春秋斗運樞》云：牽牛神名畧。《石氏星經》云：牽牛名天關。《佐助期》云：織女神名收陰。《史記・天官書》云：是天帝外孫。傅玄《擬天問》云：七月七日，牽牛織女會天河。此則其事也。舊説天河與海通，近世有人居海渚者，每年八月，有浮槎去來不失期。人有奇志，立飛閣於槎上，多齎糧，乘槎而去。十餘月至一處，有城郭狀，屋舍甚嚴。遥望宮中有織婦，見一丈夫牽牛渚次飲之。牽牛人乃驚問曰：何由至此？此人爲説來意，并問此是何處。答曰：君還，至蜀都，訪嚴君平則知之。竟不上岸。因還如期。後至蜀，問君平，君平曰：某年某月有客星犯牽牛宿。計年月，正此人到天河時也。牽牛星，荆州呼爲河鼓，主關梁；織女則主瓜菓。嘗見道書云：牽牛娶織女，借天帝二萬錢下禮，久不還，被驅在營室中。河鼓、黄姑，牽牛也。皆語之轉。

五代 馬縞《中華古今注》卷下《鵲》 一名神女。俗云：七月填河成橋。《詩》云：維鵲有巢，維鳩居之。言其鳩拙，假鵲而成巢也。

明 彭大翼《山堂肆考》卷二《鵲橋》 《淮南子》曰：烏鵲七月七夕填河而度

織女。

記事

南朝梁 任昉《述異記》 大河之東，有美女麗人，乃天帝之子，機杼女工，年年勞役，織成雲霧絹縑之衣，辛苦殊無歡悦，容貌不暇整理。天帝憐其獨處，嫁與河西牽牛爲妻，自此即廢織紝之功，貪歡不歸。帝怒，責歸河東，一年一度相會。

南朝梁 宗懔《荆楚歲時記》 天河之東有織女，天帝之子也，年年織杼勞役，織成雲錦天衣。天帝哀其獨處，許配河西牽牛郎，嫁後遂廢織紝。天帝怒，責令歸河東，唯每年七月七日夜一會。

宋 佚名《奚囊橘柚》（《格致鏡原》卷七九引） 袁伯文七月六日過高唐遇雨，宿於山家。夜夢女子甚都，自稱神女。伯文欲留之，神女曰：明日當爲織女造橋，違命之辱。伯文驚覺，天已辨色，啓窻視之，有羣鵲東飛，有一稍小者從窻中飛去，是以名鵲爲神女也。

藝文

漢 佚名《迢迢牽牛星》（《太平御覽》卷三一引） 迢迢牽牛星，皎皎河漢女。纖纖濯素手，札札弄機杼。終日不成章，泣涕零如雨。河漢清且淺，相去復幾許？盈盈一水間，脉脉不得語。

唐 李白《李太白文集》卷二一《擬古十二首》 青天何歷歷，明星白如石。黄姑與織女，相去不盈尺。銀河無鵲橋，非時將安適。閨人理紈素，游子悲行役。瓶水知冬寒，霜露欺遠客。客以秋葉飛，飄颻不言歸。别後羅帶長，愁寬去時衣。乘月託宵夢，因之寄金徽。

唐 李嶠《奉和七夕兩儀殿會宴應制》（《唐詩品彙》卷五八引） 靈匹三秋會，仙期七夕過。槎來人泛海，橋渡鵲填河。帝縷升銀閣，天機罷玉梭。誰言七襄詠，重入五絃歌。

唐 權德輿《權文公集》卷一〇《七夕》 今日雲軿渡鵲橋，應非脉脉與迢迢。家人競喜開粧鏡，月下穿針拜九霄。

唐 劉威《七夕》（《全唐詩》五六二引） 烏鵲橋成上界通，千秋靈會此宵同。雲收喜氣星樓曉，香拂輕塵玉殿空。翠輦不行青草路，金鑾徒候白榆風。采盤花閣無窮意，只在遊絲一縷中。

唐 李商隱《七夕》（《古詩鏡·唐詩鏡》卷四九引） 鸞扇斜分鳳幄開，星橋横過鵲飛迴。争將世上無期别，换得年年一度來。

唐 曹松《七夕》（《全唐詩》卷七一七引） 牛女相期七夕秋，相逢俱喜鵲横流。彤雲縹緲迴金輅，明月嬋娟掛玉鉤。燕羽幾曾添别恨，花容終不更含羞。更殘便是分襟處，曉箭東來射翠樓。

宋 秦觀《淮海集·長短句》卷中《鵲橋仙》 纖雲弄巧，飛星傳恨，銀漢迢迢暗度。金風玉露一相逢，便勝卻人間無數。 柔情似水，佳期如夢，忍顧鵲橋歸路。兩情若是久長時，又豈在朝朝暮暮。

宋 張文潛《七夕》（《石倉歷代詩選》卷四九三引） 人間一葉梧桐飄，蓐收行秋回斗杓。神官召集役靈鵲，直渡天河横作橋。河東美人天帝子，機杼年年勞玉指。織成雲霧紫綃衣，辛苦無歡容不理。帝憐獨居無與娱，河西嫁與牽牛夫。自從嫁後廢織紝，緑鬢雲鬟朝暮梳。貪歡不歸天帝怒，謫歸卻踏來時路。但令一歲一相逢，七月七夕河邊渡。别多會少知奈何，卻悔從前恩愛多。匆匆離恨説不盡，燭龍已駕隨羲和。河邊靈官曉催發，令嚴不管輕離别。空將淚作雨滂沱，淚痕有盡愁無歇。寄言織女君休歎，天地無窮會相見。猶勝姮娥不嫁人，夜夜孤眠廣寒殿。

宋 李清照《七夕》（《歷代詩餘》卷四四引） 草際鳴蛩，驚落梧桐，正人間、天上愁濃。雲階月地，關鎖千重。縱浮槎來，浮槎去，不相逢。 星橋鵲駕，經年纔見，想離情、别恨難窮。牽牛織女，莫是離中。甚霎兒晴，霎兒雨，霎兒風。

宋 李流謙《澹齋集》卷八《洞仙歌》 雲牕霧閣，塵滿題詩處。枝上流鶯觧人語，道别來，知否瘦盡花枝，春不管，更遣何人管取。 平生鷗鷺性，細雨疎烟，慣了江頭自來去。不見鵲橋邊。只爲隔年，翻贏得，年年風露。 便學得、無情海中潮，縱一日兩回，如何憑據憶别。

清 謝元淮《養默山房詩藁》卷五《詠物雜詩·鵲》 橋填星渡已多情，巢讓鳩居了不争。誰似芻尼甘自苦，淩風終看起危城。

清 范當世《范伯子詩集》卷八《七月七日感靈鵲》 天上無婚媾，靈鵲空中

啼。飛飛亦何事，來啄屋上泥。屋上有黄鵠，失路何淒淒。鵠向主人道，借巢烏林西。主人初不憚，鵠語真媞媞。言語縱爾巧，顔色固已低。良知鴉不惡，聒耳遭訶詆。明年多大風，自向低枝棲。低棲那弗智，徒侶相招攜。咄彼守雌者，還爲天下谿。

燕

總論旁喻

題解

漢 許慎《説文》卷一二上 乙，玄鳥也。齊魯謂之乙，取其鳴自呼。象形，凡乙之屬皆从乙。徐鍇曰：「此與甲乙之乙相類，其形舉，首下曲，與甲乙字少異。」烏轄切。

鳦，乙或从鳥。孔，通也。从乙从子。乙，請子之候鳥也。乙至而得子，嘉美之也。古人名嘉字子孔。康董切。乳，人及鳥生子曰乳，獸曰產。从孚从乙。乙者，玄鳥也。《明堂月令》：「玄鳥至之日，祠于高禖，以請子。」故乳从乙。請子必以乙至之日者，乙春分來，秋分去，開生之候鳥，帝少昊司分之官也。而主切。

又 卷一一下 燕，玄鳥也。籋口，布翄，枝尾，象形。凡燕之屬皆从燕。

宋 戴侗《六書故》卷一九 燕 燕於甸切。玄鳥也。籋口布翅支尾象其形。又曰乙，又曰意而。燕、乙、意而皆因其聲而命之。玄則以其色也。燕以春至巢於人宇以生育，及秋分則去蟄竄木中。妄誕者有烏衣國之説。借爲燕樂燕飲之燕，通作宴別作醼。又借爲燕婉之燕，上聲。詩云「燕婉之來」別作嬿。又借爲「燕代」之燕，平聲。

明 李時珍《本草綱目》卷四八 燕 釋名：乙鳥《説文》、玄鳥《禮記》、鷙鳥《古今注》、鷾鴯《莊子》、游波《炮炙論》、天女《易占》。時珍曰燕字篆文象形。乙者，其鳴自呼也。玄，其色也。鷹鷂食之則死，能制海東青鶻，故有鷙鳥之稱。能興波祈雨，故有游波之號。雷斆云「海竭江枯，投游波而立泛」是矣。京房云：人見白燕，主生貴女，故燕名天女。

集解：《別録》曰：燕生高山平谷。弘景曰：燕有兩種：紫胸輕小者是越燕，不入藥用；有斑黑而聲大者，是胡燕，可入藥用。胡燕作窠長，能容二疋絹者，令人家富也。若窠户北向而尾屈色白者，是數百歲燕，《仙經》謂之肉芝，食之延年。時珍曰：燕大如雀而身長，籋口豐頷，布翅岐尾。背飛向宿，營巢避戊己日。春社來，秋社去。其來也，啣泥巢於屋宇之下；其去也，伏氣蟄於窟穴之中。或謂其波海者，謬談也。玄鳥至時祈高禖，可以求嗣。或以爲吞燕卵而生子者，怪説也。或云燕蟄於井底，燕不入屋，井虛也。燕巢有艾則不居。凡狐貉皮毛，見燕則毛脱。物理使然。

論説

宋 陸佃《埤雅》卷八《燕》 《九章筭術》曰：「五雀六燕飛集于衡，衡迥平。一雀一燕飛而易處，則雀重而燕輕。」今其疑此一字誤。書已已字上宜有戊字，其曰皆土，故燕之往來，避社而嗛土，不以戊己。籋口、布翅、枝尾，齊人呼「鳦」，蓋取其鳴自呼，故曰「鳦」也。一名「玄鳥」，蓋取其色之玄，故曰「玄鳥」也。一名鷾鴯，莊周所謂「鷾鴯」者也。鳥莫知於鷾鴯，目之所不宜處不給視，雖落其實，棄之而走。其畏人也，而襲諸人間，此燕安之道也，故其字又爲「燕安」之「燕」。《詩曰》：「鳧鷖在涇，公尸來燕來寧。」燕與鳧鷖皆有安樂之義，故其《序》以爲太平之君子能持盈守成，神祇、祖考安樂之也。《詩》曰：「天命玄鳥，降而生商。」言天命玄鳥，下而生商，故簡狄吞其卵而生契。《淮南子》曰：「契生於卵。」此之謂也。又曰：「燕燕于飛，差池其羽。」「燕燕于飛，頡之頏之。」「燕燕于飛，下上其音。」「差池其羽」，言其羽相與差池；「頡之頏之」，言其飛一上而一下；「下上其音」，言其鳴一下而一上。《禽經》曰：「鳥向啼背棲，燕背飛向宿。」背飛，頡頏是也。《述異記》曰：「燕之千年生胡髯。」《天玄主物簿》云：「戴玉之鵲巢於竹，與燕同羣。」蓋燕能識實。《元官太仙書》云：「《夏小正》曰：『玄鳥至。』至者，入人室屋也。」一曰衡爲鵲，虛爲燕。

宋 蔡卞《毛詩名物解》卷六《燕》 燕就陽而畏陰，南北往來，有生息之道，知天時而不違以自養。至南而勞，至北而息。勞而生也，息所歸也。玄鳥西北，乙鳥東南。自所歸而言，故謂之玄鳥。自所生而言，故謂之乙鳥。或就所生而言，或就所歸而言，何也？蓋官之親，就天道而司人事，歸以息者。天道玄者，天之成象也，故司分爲玄鳥氏。玄者，氣之自然而正也，故以天道言之，則配以自成。「天命玄鳥，降而生商」，非人之所爲也。燕之生育於東北，蓋人所見也，故謂之乙。其來去有自安之道，故謂之燕。莊姜送歸妾，而謂之「燕燕于飛」，雖以爲燕，而亦有自安之道歟！

宋 朱翌《猗覺寮雜記》卷上 世謂燕子秋分即去之海上，海上有燕子國，如小説所謂烏衣國者，是大不然。往往入於深巖穴枯木中。向寒不復出，泥塗其身，毛羽皆脱，至春暖即生羽飛去。晉郄鑒爲兖州刺史，掘野鼠、蟄燕食之，終無叛者，此可見矣。元微之云：「有鳥有鳥名燕子，口中未省無泥滓。春風吹送廊廡間，秋社吹將嵌孔裏。」亦其據也。

宋 羅願《爾雅翼》卷一五《燕》 燕有兩種，越燕小而多聲，頷下紫，巢於門楣上，謂之紫燕，亦謂之漢燕。胡燕比越燕而大，臆前白質黑章。其聲亦大，巢懸於大屋兩榱間。其長有容匹素者，謂之蛇燕。古皆謂之玄鳥，齊魯謂之乙，取其鳴自呼。其字乙卬首下曲，與甲乙之字少異而音不同。其尾歧分，故物或取象。燕尾尤爲光澤。故《漢書》曰「燕燕尾涎涎」，美好之貌也。以春分來，秋分去。開生之候。其來主爲孚乳蕃滋，故古者以其至之日祠高禖以請子。契因是而生，故《詩》曰「天命玄鳥，降而生商」。或曰契母簡翟吞乙卵而生契，故契號玄王，賜姓子氏。成湯紹其祖而字天乙，後代以子加乙爲孔氏。乙至得子，則名嘉而字子孔。又人及鳥生子謂之乳，亦从乙从孚。荆楚之俗，燕始來睇《夏小正》「二月燕乃睇」。有入室者以雙箸擲之，令人有子。皆燕乙爲生子之驗。然稱簡翟吞卵，似不其然。予按帝少皡以玄鳥爲司分之官，或者簡翟之家，有娀氏之先，在少皡時嘗爲之。尊其先，故曰「降」。契以玄鳥氏之出，故宅殷土，芒芒廣大，如《春秋傳》所謂爽鳩氏始有齊地云耳。何必吞乙卵而後爲命玄鳥也哉！秦之先女脩織，玄鳥隕卵，女脩吞之，生因業。燕之居甚安，故古以爲燕居、燕享之燕。然安不可懷，故又有「燕安酖毒」之戒。至其去也，多藏深山大空木中，無毛羽，或蟄藏坻岸中，郗鑒避難嶧山，百姓飢饉，掘蟄燕食之。亦云入水爲蜃蛤。《淮南》云「燕之爲蛤」，是也。今人言蜃是蛟類，吐氣爲樓臺，伺燕栖集則食之。又言龍噬燒燕；水枯竭者，投之立漲。今人亦投以求雨。人食燕者，則不可以適河。然則燕與蛟龍蜃蛤之氣相往來，盖水類。《玄中記》曰「千歲之燕户北向」。燕之來去皆避社，又戊己日不取土，以戊己字書其巢上，則去之。豈社主於土，戊己又土位，土尅水，燕之所爲避歟？《説文》「燕作巢避戊己」。《春秋運斗樞》曰：「瑶光星散爲燕。」

明 顧璘《息園存稿詩》卷一《誚沙燕賦》 河朔之野，川厓壁起，有鳥曰沙燕，穴居鷇化，以陋見全，厥類日夥。人舟過驚，則飛噪憑怒。余與八厓子惡其驕也，並作賦誚焉。

噞彼沙燕，翾翾川湄。不巢而穴，託體何卑。族類冗瑣，毛羽襹褷。大不盈握，弱靡自持。象忝玉釵，棲慚華榱。祥乖玄卵，貴失烏衣。堁塊堇户，鼠壤資饑。朗日弗照，清風鮮吹。童穉攸害，蹂轢横施。莫假矰繳，矧乎罔罝。嗚呼！是淫譟而雜處，惡濕而居下者邪；是獺以爲魚，鳶以爲鼠者邪；是泥啄而風舉者耶；是旅獖羊以爲厲歕者耶。羽不飾旌旄，肉不登鼎俎。狡伏而惡寒，踪動而附暑。譬之人倫，穿窬是伍，請付之鬵釜。

明 錢一本《像象管見》卷四下 初九：虞吉，有他不燕。象曰：初九虞吉，志未變也。燕，玄鳥也。杜：秋燕已如客。

虞，屯，山虞。中孚，澤虞，一名固澤，鳥時常在澤，象主守之官。中孚，兩柔在内成敵，下和二，上攣五，然後孚。初、四應爻，有應無敵，四以巽來，初以説應，只守其在初，便無不孚，便無不吉。虞吉之象，《月令》仲春，玄鳥至；仲秋，玄鳥歸。五，化邦之主；初，歸燕之時。初，承二應四，二鳴亦鳴，四上亦上，豈曰無他。但惟攣五，實不颺去。有他不燕之象。説志在初，非如三四之有變動，必待化而後孚。象故特明其未變。

清 張必剛《濬元》卷四《玄鳥至春分初候》 歲員如規，而以玄鳥之至與歸剖分之，則各得半規。楊龜山《論易圖》以筆作圓圈，以墨塗其半，曰此易也歲非以玄鳥塗者，而其至其歸何正得其半若是。昔之善易學者，多以玩圓圖爲弄丸之樂，丸渾淪無界劃，而縱而分之，則亦得子午。横而分之，則亦得卯酉。陰陽本合爲一，而縱之爲二，至則陽居春，陰居秋；横之爲二分，則陽居夏，陰居冬也。夫陽當爲陰主者，而觀其去來，則又爲陰客，故玄鳥於春分來謂之至，於秋分去謂之歸也，是亦一易道焉爾。

系曰：燕與倉庚皆冬處谷穴之中，春倉庚遷喬木，而燕遷人家。其遷不一，其自幽谷而出而遷，則一而已。倉庚之在喬木，不雙不飛。鳴燕之在人家，不雙不棲息。雙則不可以孤，故燕無頃刻孤者，而雁則有終身之孤。燕頃刻間，或失偶而孤，則必又有一燕者爲之配。蓋爲生育重也，故奠雁而親迎者，取其貞且信也。俟燕至而祈嗣者，取其能生育也。木落歸根，春回則花茂矣。水窮歸壑，春回則泉流矣。蟲寒歸穴，春回則蟄振矣。春回而木無不茂，水無不流，蟲無不振，亦木茂水流蟲振而燕無不至，亦木茂水流蟲振燕至而春無不回。春之回即木與水與蟲與燕觀之，不可也。離木與水與蟲與燕觀之，尤不可也。至者出而爲遷也，歸者則去而爲入，而所入復有出，復出復有入。所去復有還，復還復有去，其爲循環也甚矣。其不常於喬木與人家明矣。惟倉庚不常於喬木，燕不常

於人家，故倉庚與燕於喬木與人家，皆謂爲客也。然而人家客燕不客倉庚也，故倉庚不言至也。在客得百千主人不如得一賢。主人在，主人得百千，客不如得一賢客。客至而如歸，所以徵主人之賢也。而方其至，惟恐其遽歸。方其歸，惟恐其不再至，則亦以徵客之賢。燕與雀皆客人家者，而人何以喜燕不喜雀也。客亦宜自審也。雁有南有北，而人家則無南無北。燕有至有歸，而人家則無至無歸。人家有定，而雁與燕皆無定也。夫人家虛其堂宇以寄燕之巢，燕之巢又虛其中以寄燕，惟其虛以寄也，故於其至不加多，於其歸不加少也。人之寄形天地間也，寧異是耶。

贊曰：有鳥有鳥，言入吾室。兒童喧譁，舊曾相識。

綜　述

《詩經·國風·燕燕》　燕燕，毛《序》：衛莊姜送歸妾也。箋：莊姜無子，陳女戴嬀生子名完。莊姜以爲己子。莊公薨，完立，而州吁殺之，戴嬀於是大歸。莊姜遠送之于野，作詩見己志。疏：《正義》曰：作燕燕詩者，言衛莊姜送歸妾也。謂戴嬀大歸，莊姜送之，經所陳皆訣別之後，述其送之之事也。箋：《正義》曰「隱三年」《左傳》曰：衛莊公娶于齊東宮得臣之妹，曰莊姜。美而無子，又娶于陳，曰厲嬀，生孝伯，早死。其娣戴嬀生桓公，莊姜以爲己子。四年春，州吁殺桓公。經書「弒其君完，是莊姜無子」。完立，州吁殺之之事也。由其子見殺，故戴嬀於是大歸，莊姜養其子，與之相善，故越禮遠送于野，作此詩以見莊姜之志也。知歸是戴嬀者，經云：先君之思則莊公薨矣。桓公之時，母不當輒歸，雖歸非莊姜所當送歸。明桓公死後，其母見子之殺，故歸。莊姜養其子，同傷桓公之死，故泣涕而送之也。言大歸者，不反之辭，故文十八年夫人姜氏歸于齊。《左傳》曰：大歸也，以歸寧者，有時而反。此即歸不復來，故謂之大歸也。《衛世家》云：「莊公娶齊女爲夫人，而無子。又娶陳女爲夫人，生子早死。陳女女娣亦幸於莊公，而生子完。完母死，莊公命夫人齊女子之立爲太子。禮，諸侯不再娶，且莊姜仍在。」《左傳》唯言又娶於陳，不言爲夫人。《世家》云又娶陳女爲夫人，非也。《左傳》唯言戴嬀生桓公，莊姜養之以爲己子，不言其死。云完母死，亦非也。然傳言又娶者，蓋謂媵也。《左傳》曰：同姓媵之，異姓則否。此陳女得媵莊姜者，春秋之世不能如禮。

「燕燕于飛，差池其羽。」傳：燕燕，鳦也。燕之于飛，必差池其羽。箋云：差池其羽，謂張舒其尾翼，興戴嬀將歸，顧視其衣服。「之子于歸，遠送于野。」傳：之子，去者也。歸，歸宗也。遠送過禮。于，於也。郊外曰野。箋云：婦人之禮，送迎不出門。今我送是子乃至于野者，舒己憤盡己情。「瞻望弗及，泣涕如雨。」傳：瞻，視也。疏：《正義》曰：燕燕往飛之時，必舒張其尾翼，以興戴嬀將歸之時，亦顧視其衣服，既視其衣服，從此而去。是此去之子，往歸於國，我莊姜遠送至於郊外之野。既至於野，與之訣別。已留而彼去，稍稍更遠瞻。望之不復能及，故念之，泣涕如雨然也。上二句謂其將行，次二句言已在路，下二句言既決之後。傳：《正義》曰：《釋鳥》云「巂周，燕燕，鳦。」孫炎曰：別三名。舍人曰：巂周名燕，燕又名鳦。郭璞曰：「一名玄鳥，齊人呼鳦，此燕燕即今之燕也。古人重言之。」《漢書》：童謠云「燕燕尾涎涎」是也。鳦、乙，字異音義同。郭氏：一音烏拔反。箋：《正義》曰：差池者，往飛之貌。故云「舒張其尾翼」，實翼也，而兼言尾者，以飛時尾亦舒張故也。鳥有羽翼，猶人有衣服，故知以羽之差池，喻顧視衣服。既飛而有上下，故以頡之頏之喻出入前却。既上下而有音聲，故以上下其音喻言語大小。取譬連類，各以其次。婦人送迎不出門，僖二十二年《左傳》文。

「燕燕于飛，頡之頏之。」傳：飛而上曰頡，飛而下曰頏。箋云：頡、頏，興戴嬀將歸，出入前却。「之子于歸，遠于將之。」傳：將，行也。箋云：將亦送也。「瞻望弗及，佇立以泣。」傳：佇立，久立也。疏：傳、《正義》曰：「此及下，傳上音、下音，皆無文。以經言往飛之時，頡之頏之，明頡、頏非一也，故知上曰頡，下曰頏。下經言『下上其音』，音無上下，唯飛有上下耳。知飛而上爲音曰上音，飛而下爲音曰下音也。」

「燕燕于飛，下上其音」。傳：飛而上曰上音，飛而下曰下音。箋云：下上其音，興戴嬀將歸，言語感激，聲有大小。「之子于歸，遠送于南。」傳：陳在衛南。「瞻望弗及，實勞我心。」傳：實，是也。

「仲氏任只，其心塞淵。」傳：仲，戴嬀字也。任，大。塞，瘞。淵，深也。箋云：任者，以恩相親信也。《周禮》六行，孝友睦姻任恤。「終溫且惠，淑慎其身。」傳：惠，順也。箋云：溫，謂顔色和也。淑，善也。「先君之思，以勗寡人。」傳：勗，勉也。箋云：戴嬀思先君莊公之故，故將歸，猶勸勉寡人以禮義。寡人，莊姜自謂也。疏：《正義》曰：莊姜既送戴嬀，而思其德行及其言語，乃稱其字，言仲氏有大德行也，其心誠實而深遠也。又終當顔色溫和，且能恭順，善自謹慎其身，内外之德。既如此，又於將歸之時，思先君之故，勸勉寡人以禮義也。鄭：唯任字爲異，言仲氏有任之德，能以恩相親信也。傳：《正義》曰「婦人不以名行，今稱仲氏，明是其字」。《禮記》「男女異長」。注云各自爲伯季。故婦人稱仲氏也。任，大，《釋詁》文也。定本「任大」之下云：「塞，瘞也。」俗本「塞，實也」。箋：《正義》曰「箋以此二句説戴嬀之操行，故知爲任恤，言其能以恩相親信也，故引六行之『任』以證之。」《周禮注》云：「善於父母爲孝；善於兄弟爲友；睦，親於九族；姻，親於外親；任，信於友道；恤，振於憂貧。勸勉寡人以禮義。以勸勉之，故知是

禮義也。」《坊記》引此詩，注以爲夫人定姜之詩，不同者，鄭志答炅模云：「爲記注時，就盧君先師亦然。後乃得毛公傳記，古書義又且然。記注已行，不復改之。」

《爾雅・釋鳥》 燕燕，鳦。注：《詩》云：「燕燕于飛。」一名玄鳥，齊人呼鳦。疏：燕燕，又名鳦。郭云：「一名玄鳥，齊人呼鳦。」此燕燕，即今之燕，古人重言之。《詩》云：「燕燕于飛。」《漢書》：童謡云「燕燕尾涎涎」是也。孫炎、舍人以嶲周、燕燕、鳦鳥一物三名。郭所不取也。注：《詩》云「燕燕于飛者」，《詩・邶風》衛莊姜送歸妾之詩也。云「一名玄鳥」者，案《月令》，仲春之月「玄鳥至」，以其色玄，故謂之玄鳥是也。云「齊人呼鳦」者，案《商本紀》云：「簡狄行浴，玄鳥墮其卵，取而吞之，因孕生契。」諸緯候皆言簡狄吞鳦卵而生契，是玄鳥，又名鳦也。

燕，白脰烏。注：脰，頸。疏：脰，頸也。《小爾雅》云：白項而羣飛者謂之燕烏。燕烏，白脰烏是也。

五代 馬縞《中華古今注》卷下《鸗》 一名神女，一名天女，一名鷙鳥。《詩》云「燕燕于飛，差池其羽」。齊人呼爲鳦也。

明 方日昇《古今韻會舉要小補》卷二二 燕《説文》「燕，玄鳥也。籋口、布翅、枝尾、象形。」徐曰：「籋音聶，小鉗也。其名自呼，曰鳦，作巢避戊己。」《世説》：「辱濕爲窠，聲多稍小者漢燕，紫胸輕小者越燕，胸斑黑聲大者胡燕，其作巢喜長。」《古今註》：「一名天女，一名摯鳥。」陸佃云：「一名鷾鴯。」《莊子》：「鳥莫知於鷾鴯。」《禽經》云：「鳥向啼背棲，燕背飛向宿，又飛燕。」《馬名集韻》或作鸗，亦書作鷰。《晉載記》：「慕容儁，鷰巢于正陽之西構。」又真韻叶伊真，切國名。《易林》涉伯殉名棄禮誅身，成子奔燕。先韻因蓮，切國名。《詩・甘棠》註「燕國幽州之域，今涿郡薊縣。又《左・隱五年》傳，衛人以燕師代。」鄭註南燕國疏云：「燕有二國，一稱北燕，故此註南燕以別之。」《地理志》「東郡燕縣南燕國姞姓，黃帝之後也。又州名，秦上谷郡，唐置燕州，又燕故城在今滑州胙城縣。又姓，召公奭，後以國爲氏。」銑韻於殄切，見《宴字註》。

明 陳懋仁《庶物異名疏》卷二四《嶲周　游波》 《詩疏》：嶲周、燕燕，鳦。孫炎曰：「別三名。」郭璞曰：「一名玄鳥，齊人呼鳦，此燕即今之燕也，古人重言之。」《漢書》童謡云「燕燕尾涎涎徒見反」是也。鳦，乙字異音同義。郭氏一音烏拔反。《炮炙論》：「游波，燕也。」

清 毛奇齡《續詩傳鳥名》卷一 燕燕于飛。燕，鳦也。謂之燕燕者，重言之也。

燕，一名而有兩鳥。一是今燕子。《説文》作「玄鳥」，《玉篇》作「乙」，《爾雅》作「鳦」，《埤雅》謂是「鷾鴯」，《莊子》所謂「鳥莫智于鷾鴯」者，雖復有漢燕、越燕、胡燕之分，然故燕也，若其一是白脰烏。《小爾雅》所云「燕烏者」，不知《爾雅》何故竟稱作「燕」，而顧野王作《玉篇》亦因之，曰「燕乙也」，又「白脰烏也」。然遍考他書，自六經、諸子史籍，凡有記述，並無有稱「燕」作「白脰烏」者，則安有此矣？

清 顧棟高《毛詩類釋・續編》卷一六《燕　玄鳥》 《爾雅》：「燕燕，鳦。」郭註：《詩》云「燕燕于飛」。一名玄鳥，齊人呼鳦。邢疏：「燕燕，即今之燕，古人重言之。」《漢書》：童謡云「燕燕尾涎涎」是也。其色黑，故又名「玄鳥」。《商頌》：「天命玄鳥，降而生商。」《本紀》「簡狄吞燕卵而生契」，而諸緯候皆言吞鳦卵，是玄鳥又名鳦也。

鄭樵曰：陸璣云：「燕有二種。」《爾雅》又曰：「燕，白脰烏，則知此爲紫燕矣。」

紀　事

漢 班固《漢書》卷二七《五行志》 成帝綏和二年三月，天水平襄有燕生爵，哺食至大，俱飛去。京房《易傳》曰：「賊臣在國，厥咎燕生爵，諸侯銷。」一曰，生非其類，子不嗣世。

五代 王仁裕《玉堂閒話・范質》（《太平廣記》卷四六一引） 漢户部侍郎范質言，嘗有燕巢於舍下，育數雛，已哺食矣。其雌者爲猫所搏食之，雄者啁啾久之方去。即時又與一燕爲匹而至，哺雛如故，不數日諸雛相次墮地，宛轉而殭。兒童剖腹視之，則有蒺藜子在嗉中。蓋爲繼偶者所害。

明 陳其力《芸心識餘》卷一《燕友死墳》 宋女姚玉京，家有燕。秋風起，集玉京之臂告別，玉京以紅縷繫足。明年如舊，凡六七歲。玉京死，燕悲鳴，至墳亦死。《燕友墳記》宋元祐間，嚴州清溪王氏女名亞三，性柔惠，好行陰隲。一日，見燕母爲猫所食，有未出巢燕子三枚，每日以飯飼之。後長大飛去。其冬，亞三病死。次年春，三燕復來，飛遶其屋不已。母曰：「爾飛尋亞三否？亞三已死，葬在後園中。欲尋則隨我去。」母行，燕飛隨之。至園，母指墓示之，燕飛鳴于墓，以嘴鑽入墓中，皆死。

芸心子曰：「認舊主尋舊壘，曾聞玄鳥氏之不背本矣。至于相隨死，不亦異乎？夫不背本，仁也。死於墳所，義也。仁且義，可以爲訓矣。以此爲訓，猶有客舘謀主食禄忘讐者。」

明 姚光祚《廣蒙求》卷三七《燕巢幕上》 孫林甫獲罪於君，而據戚邑。季札如晉，聞鍾聲焉，曰：「此猶燕之巢於幕上，而可以樂乎？」劉子曰：「夫燕之巢幕，啣泥補綴，爛若綬紋。及凱旋剔幞，則巢破子裂，是所託危也。」

又《孤燕集臂》 宋末有女姚玉京，室有雙燕，一爲鷙鳥所獲，其一孤不離庭户。秋風起，獨啾啾，翔集玉京之臂，有似告别。玉京以紅縷繫足。明年紅縷如舊。凡六七歲，玉京遇疾終。明年燕來，窺室間，訝其無人，周迴累夕。姚氏族泣語墳在南郭，可往。燕遂悲鳴至墳所，亦死。【略】

又《雀處屋下》《吕氏》：鷰雀，争處於一屋之下，母子相哺，姁姁焉相樂也，自以爲安矣。竈突决，上棟焚。鷰雀顔色不變，不知禍之將及已也。

藝　文

《楚辭·九辯》 燕翩翩其辭歸兮，蟬寂漠而無聲。雁廱廱而南遊兮，鵾雞啁哳而悲鳴。

晉 傅玄《燕賦有序》（《漢魏六朝百三家集》卷四六引） 燕燕于飛，差池其羽。何詩人之是興？信進止之有序。秋背陰以龍潛，春晞陽而鳳舉。隨時宜以行藏，似君子之出處。惡焚巢之凶醜，患林野之多阻。諒鳥獸之難羣，非斯人而誰與？惟里仁之爲美，託君子之堂寓。逮來春而復旋，意眷眷而懷舊。一委身乃無餘，豈改適而更赴？有言燕今年巢在此，明歲故復來者。其將逝，翦爪識之，其後果至焉。

唐 李白《李太白文集》卷三《雙鷰離》 雙鷰復雙鷰，雙飛令人羡。玉樓珠閣不獨棲，金窗繡户長相見。栢梁失火去，因入吴王宫。吴宫又焚蕩，雛盡巢亦空。憔悴一身在，孀雌憶故雄。雙飛難再得，傷我寸心中。

唐 白居易《白氏長慶集》卷一《鷰詩示劉叟并序》 叟有愛子，背叟逃去，叟甚悲，念之。叟少年亦嘗如是，故作鷰詩，以諭之。

梁上有雙鷰，翩翩雄與雌。銜泥兩椽間，一巢生四兒。四兒日夜長，索食聲孜孜。青蟲不易捕，黄口無飽期。觜爪雖欲敝，心力不知疲。須臾十來往，猶恐巢中饑。辛勤三十日，母瘦雛漸肥。喃喃教言語，一一刷毛衣。一旦羽翼成，引上庭樹枝。舉翅不回顧，隨風四散飛。雌雄空中鳴，聲盡呼不歸。却入空巢裏，啁啾終夜悲。鷰鷰爾勿悲，爾當返自思。思爾爲雛日，高飛背母時。當時父母念，今日爾應知。

唐 侯喜《秋鷰辭巢賦以秋冷去急爲韻》（《文苑英華》卷一三八引） 漢落葉兮，火星西流。落葉一作案户。《續漢禮儀志》曰：仲秋之月，縣道皆案户比民。白露降兮，萬物知秋。嘉此鷰之有感，將辭巢兮命儔。命儔兮焉求，應節兮周遊。去此集彼，正爲良謀。經北户以一息，度南軒而久留。久留伊何，我翼新整。雖華屋之可戀，怯高巢之夜冷。得不上下其音，翩翻其影。射疑白日之淹留，候令辰之光景。乘秋而發，且有便於風高；養羽既成，亦可知其路永。況夫將適之所，必能安據。縱眷乎此巢可居，固難以久而不去。克有攸往，足觀來譽。殺氣澄秋，晴光滿曙。當是美景，此焉騫翥。遂乃横絶堦墀，遠謀原隰。事必謀始，翔而不集。空長而矯翼彌高，日暮而連飛轉急。同發者或有不進，後來者莫能相及。巢兮徒有，思其所葺。

唐 李商隱《李義山詩集》卷上《越燕二首》 上國社方見，此鄉秋不歸。爲矜皇后舞，猶著羽人衣。拂水斜紋亂，銜花片影微。盧家文杏好，試近莫愁飛。

將泥紅蓼岸，得草緑楊村。命侣添新意，安巢復舊痕。去應逢阿母，來莫害皇孫。記取丹山鳳，今爲百鳥尊。

唐 羅隱《羅昭諫集》卷二《燕》 不必嫌漂露，何妨養羽毛。漢妃金屋遠，盧女杏梁高。野迥雙飛急，烟晴對語勞。猶勝黄雀在，棲息是蓬蒿。

唐 韋縠《才調集》卷四《村舍燕》 漢宫一百四十五，多下珠簾閉鎖窗。何處營巢夏將半，茅簷煙裏語雙雙。

宋 滕白《燕》（《宋藝圃集》卷一引） 短羽新來别海陽，真珠高捲語雕梁。佳人未必全聽爾，正把金針繡鳳凰。

宋 李覯《盱江集》卷三六《燕雀音》 燕子從來巧語聲，主人相愛是常情。黄頭老雀何能解，飽食官倉過一生。

繡户珠簾見最頻，暖來寒去但安身。翟公門下時飛入，全勝交情斗頓人。

宋 鄒浩《道鄉集》卷一一《鷾鴯燕也》 畏人常是襲人間，人不能傷自往還。争似鸞凰在寥廓，更無塵慮杳難攀。

宋 何夢桂《潛齋集》卷三《燕》 羽翮冲天勢轉危，啣泥莫笑爾身卑。風雕要避雲中箭，秖託梁間不用疑。

明 周是修《芻蕘集》卷四《柳塘翡燕賦》 乙亥之春二月既望，王坐於凌雲之軒。歷觀古今名畫，有柳塘翡燕圖，飄灑清絶。王翫而樂之，已而出遊於麗景

之門。春光淡沲，見楊柳芳塘，雙燕交蜚，髣髴前圖，顧謂侍臣曰：適觀于畫，雖雅愛其飄逸，然疑其摹寫形容。今見其實殆有過之，信可嘉也。因命臣周㥁賦之，不敢辭，遂稽首受命賦曰：緊大鈞之坱圠兮，播萬有於堪輿裸。毛鱗介之異趣兮，羽虫尤其紛如嗟。羣彙之蕃夥兮，各三百有六十。感四時之氣候兮，迭蜚鳴而爰集。唯燕燕之匪常兮，知時序而往還。無矰繳之可虞兮，托棲息於人間。或茅亭而蔀屋兮，或錦殿而彤幃。曾貴賤之有擇兮，隨所寓而安之。賦質美之貞靚兮，非凡禽之可越。玄其衣而漆瑩兮，縞其裳而玉潔。體翩躚而宜目兮，音呢喃而愜耳。企兩撐其凝碧兮，通一頷而紆紫。明睟睇而睊睊兮，修尾曳其涎涎。據雕梁以爲家兮，駕暄風以爲軿。結佳耦而有定兮，日頡頏而下上。瞥金屏以遄歸兮，穿朱簾而徐往。當春和而景明兮，迺指社以來翔。紛窮廬與貴室兮，尋舊主而不忘。或仍貫而于于兮，或營新而汲汲。懼景光之迅速兮，恐事功之不及。從玉京之繫綵兮，形莊姜之詠詩。情依依乎生平兮，豈餘鳥之能爲。粵墮卵而生商兮，肇郊媒之禋祀。羌神靈之變化兮，豈餘鳥之能比。亦有鵾鵬翼蔽雲日，巨則巨矣，彼哉誰惜。亦有鷦鷯巢於蚊睫，微則微矣，爾焉誰閔。鷹鸇鵰鶚貪殺不貸，𪃟雉饕梟；曷於玄鳥而敢害？鵠鵁鶖鶬鸝鶊鵜鶘，儔類萬千，漫野填澤，畏弋憂羅，曷如玄鳥之自得？是宜予王之展圖興愛，游觀生悦也。于時紅日兮蒸桃，青煙兮拂柳。芳塘水緑兮溶溶，宜爾交蜚兮如友。雖營壘之有務兮，且悠揚而舒徐。豈不以予王之來觀兮，亦忘情以爲娱。泥融兮暖汀，芹香兮晴渚。倏去倏來兮載翔載語，掠芳草而齊低兮，乘回風而並舉。綺閣沈沈兮，玉堂深深；巢成子育兮，誰侮誰侵；秋去春來兮，匪今斯今；寒推暑遷兮，悠悠此心。歌曰天生靈鳥兮，順陰陽也；春南秋北兮，別炎涼也；瀛海雖遙兮，羽可翔也；往來不勞兮，如一鄉也；鳳凰大聖兮，知爾之爲良也；披圖即景兮，莫如爾之飄揚也。是宜賦之兮，獻君王也。千秋萬歲兮，流無窮之芳也。

清 沙張白《定峰樂府》卷八《巢林燕》 巢林燕，巢林燕，私不識梓澤園，公不識昭陽殿。烏衣古巷多變更，密林茂樹森清陰。猶能庇爾風霜侵。爾不見中原連歲戰爭處，千里蕭條無一樹。

清 譚瑩《樂志堂詩集》卷二《白燕和袁海叟》 不著纖埃亦復佳，嬋娟誰許輒投懷。鬱金堂角霞侵幌，碎錦坊東月滿街。似此留仙真絶豔，有人繡佛竟長齋。漢宮舊事休牢記，聞道前生本玉釵。

清門偏汝不曾疎，賦洗巢詩説特稱渠。粉署風埃乘月暫，銀塘煙水啄泥初。黄衫鬬草經春社，縞袂尋花認故居。鬢未作霜根觸易，魏公賓客石蒼舒。

鳳比桐花倍可憐，白衣至幸白衣還。鏡臺偶傍剛留月，釵股誰抛總化煙。雕玉珮飄原颯纚，爛銀袍著儘便嬛。石巢相浼春燈例，錯認紅閨拾素牋。

毛衣换却轉清華，齊捲珠簾見影斜。新寡宜逢王整姊，休祥偏稱馬樞家。見《陳書》啄泥屑啖銀苗菜，帶月留棲玉茗花。海島由來非族類，莫沿名字錯相加。近有鳥來自番舶，淡黄色，粤人亦以「白燕」呼之。

白鳳雛同玉有瑕，嫩紅應妒杏交花。社前相見單衫换，海外重來兩鬢華。月地雲階新主第，銀櫳珠閣美人家。生時不夢年時見，怪比燕公福命差。

貞符祥樂

綜述

《呂氏春秋・音初》 有娀氏有二佚女，爲之九成之臺，飲食必以鼓。帝令燕往視之，鳴若謚隘。二女愛而爭搏之，覆以玉筐。少選，發而視之，燕遺二卵，北飛，遂不反。二女作歌一終，曰：「燕燕往飛。」實始作爲北音。

宋 釋贊寧《東坡先生物類相感志》卷七《吞乙鳥》 《史記》：帝嚳少妃有娀氏，以春分玄鳥至之日祀于高禖，有玄鳥遺卵，簡狄吞之生契。

又 《擲玄鳥》 《荆楚歲時》：戴得「玄燕始來，睇有入屋者，婦人宜以隻筯竹擲之，令人有子」也。

又 卷八《石鷰》 湘陽零陵之間，天將雨，有石鷰飛舞，號「石燕」。蓋元陽所燒協而然也。

紀事

晉 王嘉《拾遺記》卷八 魏禪晉之歲，北闕下有白光如鳥雀之狀，時飛翔來去。有司聞奏，帝使羅之，得一白鷰，以爲神物。於是以金爲樊，置於宮中，旬日不知所在。論者云：金德之瑞。昔師曠時，有白鷰來巢。檢《瑞應圖》，果如所

論，白色葉於金德。師曠，晉時人也。古今之議相符焉。

唐 房玄齡《晉書》卷一一〇《載記第十·慕容儁》 〔慕容〕儁又遣慕容評等率騎一萬，會攻鄴。是時，鶁巢于儁正陽殿之西椒，生三雛，項上有豎毛。凡城獻異鳥，五色成章。儁謂羣寮曰：「是何祥也？」咸稱：「鶁者，燕鳥也。首有毛冠者，言大燕龍興，冠通天章，甫之象也。巢正陽西椒者，言至尊臨軒，朝萬國之徵也。三子者，數應三統之驗也。神鳥五色，言聖朝將繼五行之籙，以御四海者也。」儁覽之大悅。

五代 王仁裕《開元天寶遺事》卷一《夢玉鷰投懷》 張説母夢有一玉鷰自東南飛來，投入懷中而有孕。生説，果爲宰相，其至貴之祥也。

又 卷三《傳書鷰》 長安豪民郭行先有女子紹蘭，適巨商任宗。爲賈於湘中，數年不歸，復音書不達。紹蘭目覩堂中有雙鷰戲於梁間，蘭長吁而語於鷰曰：「我聞鷰子自海東來，往復必徑由於湘中。我壻離家不歸，數歲蔑有音耗，生死存亡弗可知也，欲憑爾附書投於我壻。」言訖淚下。鷰子飛鳴上下，似有所諾。蘭復問曰：「爾若相允，當泊我懷中。」鷰遂飛於膝上。蘭遂吟詩一首云：「我壻去重湖，臨窗泣血書。慇懃憑鷰翼，寄與薄情夫。」蘭遂小書其字繫於足上，鷰遂飛鳴而去。任宗時在荆州，忽見一鷰飛鳴於頭上。宗訝視之，鷰遂泊於肩上，見有一小封書繫在足上，宗解而視之，乃妻所寄之詩。宗感而泣下，鷰復飛鳴而去。宗次年歸，首出詩示蘭。後文士張説傳其事，而好事者寫之。

元 陶宗儀《説郛》卷五九《白燕》 元嘉元年七月，有白燕集於齊郡，遊翔庭宇。經九月，乃去。衆燕翼隨，有數千。

清 道光《藤縣志》卷二二《雜記》 清道光十八年戊戌七月二十日，卓倜母伍氏九十壽。早辰烏燕數百，集屋脊呢喃，數時始散，亦瑞事也。傑倜皆有詩以紀之。三十年庚戌冬，有白燕一雙至，待村數月乃去。

清 同治《安遠縣志》卷一〇《祥異》 乾隆二年丁巳，八月初，聚燕萬千。擁其中一白燕，飛舞呢喃，廻翔上下，自午迄酉乃散。

清 同治《續漢州志》卷二〇《祥異》 同治六年七月既望，有白燕一雙來州署，集樹杪，從以紫燕數百。每一起舞，隨之迴翔。廿二日，行賓興禮，諸生共見之。是科鄉試，登賢書者六人，副車一人。僉曰：「燕，喜預兆矣。」查前志，載乾隆己酉年，城南奎星閣落成，桐花鳳至，從者數十羣，回旋飛息三日始去。白燕之來，亦此類爾。

藝 文

《詩經·商頌·玄鳥》 天命玄鳥，降而生商，宅殷土芒芒。古帝命武湯，正域彼四方。方命厥後，奄有九有。商之先后，受命不殆，在武丁孫子。武丁孫子，武王靡不勝。

晉 郭璞《燕讚》（《漢魏六朝百三家集》卷五七引）燕燕于飛，瑞娥以卵。玄玉爰發，聖敬日遠。商人是頌，詠之弦管。

明 黎民表《瑤石山人稿》卷一一《和顧汝和玉河見白燕》 杏花桃葉盡芳菲，曲水春風半掩扉。玉羽乍窺池上影，霓裳如舞月中衣。畫梁多是無心繞，金屋誰同作伴飛。回首鳳笙雲路杳，雕籠爭道不如歸。

曾是烏衣國裏身，玉樓瓊樹換丰神。雙飛剪出機中素，獨立妝成掌上人。月下步搖花有態，水邊飄動襪生塵。梁園詞客難成賦，洛浦相逢總未真。

雜 録

南朝梁 任昉《述異記》卷下 漢武帝元鼎元年，起招靈閣。有一神女留一玉釵與帝，帝以賜趙婕妤。至昭帝元鳳中，宮人見此釵，光瑩甚異，共謀欲碎之。明視釵匣，唯見白燕直升天去。後宮人常作玉釵，因名玉燕釵。

明 焦周《焦氏説楛》卷二 古謂龍嗜燕。閩緇青人家燕巢中，赤色光芒，有聲若皷。老父以杖探之，有一小赤龍尺餘，墮地。忽一大龍丈餘，徐擁其子，破屋而去。又一家燕巢產白鳳雛，三尺許。

銜泥燕語

藝 文

南朝梁 蕭統《昭明太子集》卷一《詠新鷰》 新禽應節歸，俱向吹樓飛。入

簾驚釧響，來窗礙舞衣。

南朝陳 蕭詮《㘅泥雙燕》（《文苑英華》卷三二九引） 啣泥金屋外，表瑞玉筐中。學飛疑漢妾，巢幕憚吳宮。爪截還猶短，窠成常不空。詎並零陵石，飛舞逐春風。

唐 李嶠《燕》（《文苑英華》卷三二九引） 天女伺辰至，玄衣澹碧空。差池沐時雨，頡頏舞春風。相賀雕楹側，雙飛翠幕中。勿驚留爪去，猶冀識吳宮。

唐 樊晦《鷰巢賦》（《文苑英華》卷一三八引） 鳳凰集於梧桐，鵷鶵巢於枳棘。俱順時以適理，盡攝生以自得。豈如雕梁祺燕，葺高巢以安息。既開珧户，逐仙羽以長生。或在玉筵，疑作「玉筐」。《文選》安陸王碑文注：「有娀氏取燕，覆以玉筐。」馴主人而含識。質有稟於玄造，妙無方兮何極。頡頏金屋，差池翠宮。銜泥繞棟，度勢巡空。憐綺窓之華影，愛羅幌之春風。得地相賀，分飛就功。廣狹殊軌，規模不同。散彩彬斑，攢文潗濳。疊輕藻而矜暖，布重泥而訝濕。跡似連珠，形如聚粒。霽光分曉，出虛竇以雙飛。微陰合瞑，舞低簷而並入。我室既真，虛白自生，逼之不懼，撫之不驚。故烏鵲可循而窺也，龜麟協瑞於太平。余所以觸物而作興，唯鷰雀之一鳴。

唐 韋應物《韋蘇州集》卷九《燕銜泥》 銜泥燕，聲嘍嘍，尾涎涎。秋去何所歸，春來複相見。豈不解決絶高飛碧雲裏，何爲地上銜泥滓？銜泥雖賤意有營，杏梁朝日巢欲成。不見百鳥畏人林野宿，翻遭網羅俎其肉，未若銜泥入華屋。燕銜泥，百鳥之智莫與齊。

唐 李益《隋宮燕》（《全唐詩》卷二八三引） 燕語如傷舊國春，宮花一落已成塵。自從一閉風光後，幾度飛來不見人。

唐 白居易《白氏長慶集》卷七《晚燕》 百鳥乳雛畢，秋燕獨蹉跎。去社日已近，㘅泥意如何。不悟時節晚，徒施工用多。人間事亦爾，不獨燕營窠。

唐 元稹《元氏長慶集》卷二五《有鳥二十章》 有鳥有鳥名燕子，口中未省無泥滓。春風吹送廊廡間，秋社驅將嵌孔裏。雷驚雨灑一時蘇，雲一作雪壓霜摧半年死。驅去驅來長信風，暫託棟梁何用喜。

唐 鄭谷《雲臺編》卷中《燕》 年去年來來去忙，春寒煙暝渡瀟湘。低飛緑岸和梅雨，亂入紅樓揀杏梁。閒几硯中窺水淺，落花徑裏得泥香。千言萬語無人會，又逐流鶯過短牆。

唐 馮渚《燕銜泥》（《全唐詩》卷二一五引） 雙燕碌碌飛入屋，屋中老人喜燕歸。徘徊繞我床頭飛。去年爲爾逐黃雀，雨多屋漏泥土落。爾莫厭老翁茅屋低，梁頭作窠梁下棲。爾不見東家黃鳴嘖嘖，蛇盤瓦溝鼠穿壁。豪家大屋爾莫居，驕兒少婦采爾雛。井旁寫水泥自足，銜泥上屋隨爾欲。

唐 徐寅《徐正字詩賦》卷二《燕》 從侍銜泥濺客衣，百禽靈性較他稀。何嫌何恨秋須去，無約無期春自歸。鶗鴂不容應自怪，棟梁堪庇願相依。吳王宮女嬌相襲，合整雙毛預奮飛。

唐 釋齊己《白蓮集》卷三《新燕》 燕燕知何事，年年慶候來。却緣華屋在，長得好時催。花外銜泥去，空中接食迴。不同黃雀意，迷逐網羅媒。

又 卷六《新燕》 棲託近佳人，應憐巧語新。風光華屋暖，絃管牡丹晨。遠采江泥膩，雙飛麥雨勻。差池自有便，敢觸杏梁塵。

唐 吳融《唐英歌詩》卷上《燕雛》 掠水身猶重，偎風夕尚微。瓦苔難定立，簷雨忽喧歸。未識重溟遠，先愁一葉飛。銜泥在他日，兩兩占春暉。

唐 李中《燕》（《全唐詩》卷七四八引） 豪家五色泥香，銜得營巢太忙。喧覺佳人晝夢，雙雙猶在雕梁。

宋 李龏《剪綃集》卷下《鷰》 一巢功績破春光，短羽新來別海陽。千里春風正無力，落花徑裏得泥香。

元 宋無《翠寒集·燕》 銜得香泥去，花間日午時。玉人方睡起，莫訝卷簾遲。

明 葉盛《菉竹堂稿》卷二《巢燕》 一度㘅泥一度春，茅簷華屋摠棲身。翟公門下重來客，不識何顏見主人。

明 文徵明《太史詩集·新燕篇》（《文氏五家集》卷四引） 杏花飛飛春燕來，主人花下新堂開。花間相見驚相識，緑樹東風捲簾入。漠漠疎烟碧草齊，斑斑小雨春泥濕。城中甲第連雲起，畫棟朱甍春旖旎。故壘能無繡幕思，多情却向茅簷底。茅簷日暖繡幙寒，去來只作尋常看。乃知物性無新故，世人自爾分貧富。我家舊宅經幾遷，僅有此屋三年前。一朝差池忽在眼，便覺華焕生榱椽。不嫌香土污書帙，時有飛花落舞筵。人言禽鳥得氣先，主人貧病何當痊。人生未怕常貧賤，但願年年見新燕。

又 《太史詩集·詠白燕》（《文氏五家集》卷六引） 高下翩翻雪羽齊，江南社後絮飛時。夢回王謝烏衣盡，舞罷昭陽縞袖垂。簾外風輕銀剪剪，釵頭春冷玉差差。畫樓霜月傷心處，只許張家盼盼知。

明 皇甫汸《皇甫司勳集》卷三三《題燕》 緑褭輕絲巷柳斜，朱顔依舊映桃花。雙雙慣向春風舞，愛得宫腰似趙家。

明 王世貞《弇州四部稿》卷四四《爲人賦白燕》 掠水穿花拂畫梁，此星方合字瑶光。珠簾不辨差池影，玉樹長銜旖旎香。明月張樓衣是素，昭陽趙殿粉爲粧。零陵一片無情石，巫女風多也學狂。

明 王世貞《弇州續稿》卷一七《爲王光禄賦白鷰》 不向殘陽逐倦鴉，暫依新月隱梨花。玉闕霜被將軍領，銀剪春裁浣女紗。玄鳥色移新亳社，烏衣名改舊王家。令人轉憶昭靈閣，曾覩瑶釵壓鬢斜。

清 黄之雋《唐堂集》卷二《白燕賦》 社晴剪雪，春午拂霜。水晶簾畔，雲母窗傍。衣非烏飾，襟不紅裝。低窺瑶户，輕投玉筐。表殊姿於元鳥，來雜綴於青陽。爾其星影雙流，水痕一掐，比鶴猶纖，方鷗更狎。襲趙后之縞衣，趁王郎之白帢。月光澹其不呈，花香冷而欲壓。於是珠櫳乍啓，銀蒜半垂。全縈落絮，悦曳遊絲。是耶非耶，立而望之。尾涎涎兮，時相見。翩姍姍兮，來何遲。掠蕊迷蝴蝶，捎波警鷺鷥。公子愛渠能傅粉，麗人憐爾肖凝脂。拂淡妝而下上，舒素翰以差池。浴杏雨而彌潔，涅芹泥而不緇。若乃紫頷遜，奇斑胸削色。符德秋金侔，形雨石蘸冰。綃以無影穿，緑陰而有迹。年年芳草斜陽，處處梨花寒食。宜乎袁侍御殫智以繪神，楊提舉唱聲而炫客。歌曰：春江碧兮春林紅，白燕飛飛斜受風，尋常梁壘怕塵涴，願入玉堂冰署中。

飛燕寄情

紀事

明 姚光祚《廣蒙求》卷三七《雙燕止膝》 長安富商任宗妻郭紹蘭能詩。宗賈販湖湘，久之未歸，紹蘭視堂中雙燕，祝之曰：「我聞爾海東來，必曾經湘中。爲我附書任郎，可乎？」燕即飛下，止於膝。紹蘭寫詩一絶，繫於足，燕徑去。宗在荆州，忽有燕遶身而飛，止於肩，足有小封。視之，乃妻所書也。

藝文

南朝梁 吴均《詠鷰》（《文苑英華》卷三九引） 一鷰海上來，一鷰高堂息。一朝相逢遇，依然舊相識。問爾來何遲，山川幾紆直。答言海路長，風多飛無力。

唐 李嶠《擬古東飛伯勞西飛燕》（《全唐詩》卷二五引） 傳書青鳥迎簫鳳，巫嶺荆臺數通夢。誰家窈窕住園樓，五馬千金照陌頭。羅裙玉佩當軒出，點翠施紅競春日。佳人二八盛舞歌，羞將百萬呈雙蛾。庭前芳樹朝夕改，空駐妍華欲誰待。

唐 沈佺期《同獄者歎獄中無燕》（《全唐詩》卷九六引） 何許乘春燕，多知辨夏臺。三時欲並盡，雙影未嘗來。食蕊嫌叢棘，銜泥怯死灰。不如黄雀語，能雪冶長猜。

唐 張鷟《詠燕》（《全唐詩》卷四五引） 變石身猶重，銜泥力尚微。從來赴甲第，兩起一雙飛。

唐 張九齡《曲江集》卷五《詠燕》 海燕何微眇，乘春亦暫來。豈知泥滓賤，只見玉堂開。繡户時雙入，華軒日幾回。無心與物競，鷹隼莫相猜。

唐 李白《李太白文集》卷二三《秋浦感主人歸燕寄内》 霜凋楚關木，始知殺氣嚴。寥寥金天廓，婉婉緑紅潛。胡燕别主人，雙雙語前簷。三飛四回顧，欲去復相瞻。豈不戀華屋，終然謝珠簾。我不及此鳥，遠行歲已淹。寄書道中歎，淚下不能緘。

唐 杜甫《歸燕》（《全唐詩》卷二二五引） 不獨避霜雪，其如儔侣稀。四時無失序，八月自知歸。春色豈相訪，衆雛還識機。故巢儻未毁，會傍主人飛。

又《雙燕》（《全唐詩》卷二二八引） 旅食驚雙燕，銜泥入此堂。應同避燥濕，且復過炎涼。養子風塵際，來時道路長。今秋天地在，吾亦離殊方。

又《燕子來舟中作》（《全唐詩》卷二三三引） 湖南爲客動經春，燕子銜泥兩度新。舊入故園常識主，如今社日遠看人。可憐處處巢君室，何異飄飄托此身。暫語船檣還起去，穿花落水益沾巾。

唐 錢起《錢仲文集》卷一〇《賦得巢燕送客》 能棲杏梁際，不與黄雀群。夜影寄紅燭，朝飛高碧雲。含情别故侣，花月惜春分。

唐 顧況《空梁落燕泥》（《全唐詩》卷二六六引） 卷幕參差燕，常銜濁水泥。

爲黏珠履跡，未等畫梁齊。舊點痕猶淺，新巢緝尚低。不緣頻上落，那得此飛棲。

唐 李益《賦得早燕送別》（《全唐詩》卷二八二引） 碧草縵如線，去來雙燕飛。長門未有春，先入班姬殿。梁空繞不息，簷寒窺欲遍。今至隨紅蕚，昔還悲素扇。一別與秋鴻，差池詎相見。

唐 武元衡《歸燕》（《全唐詩》卷三一七引） 春色遍芳菲，閑簷雙燕歸。還同舊侶至，來繞故巢飛。敢望煙霄達，多慚羽翮微。銜泥傍金砌，拾蕊到荆扉。雲海經時別，雕梁長日依。主人能一顧，轉盼自光輝。

唐 王建《王司馬集》卷二《春燕詞》 新燕新燕何不定，東家緑池西家井。飛鳴當户影悠揚，一繞簷頭一繞梁。黄姑説向新婦女，去年墮子汙衣箱。已能辭山複過海，幸我堂前故巢在。求食慎勿愛高飛，空中饑鳶爲爾害。辛勤作窠在畫梁，願得年年主人富。

唐 杜牧《村舍燕》（《全唐詩》卷五二二引） 漢宫一百四十五，多下珠簾閉瑣窗。何處營巢夏將半，茅簷煙裏語雙雙。

又 《歸燕》（《全唐詩》卷五二二引） 畫堂歌舞喧喧地，社去社來人不看。長是江樓使君伴，黄昏猶待倚欄幹。

唐 王睿《燕》（《全唐詩》卷五〇五引） 海燕雙飛意若何，曲梁嘔嘎語聲多。茅簷不必嫌卑陋，猶勝吴宫爇爾窠。

唐 李山甫《燕》（《全唐詩》卷六四三引） 每歲同辛苦，看人似有情。亂飛春得意，幽語夜聞聲。整羽莊薑恨，回身漢後輕。豪家足金彈，不用汙雕楹。

唐 崔道融《歸燕》（《全唐詩》卷七一四引） 海燕頻來去，西人獨滯留。天邊又相送，腸斷故園秋。

唐 韋莊《浣花集》卷五《燕來》 去歲辭巢别近鄰，今來空訝草堂新。花開對語應相問，不是村中舊主人。

唐 司空圖《秋燕》（《全唐詩》卷六三三引） 從撲香塵拂面飛，憐渠只爲解相依。經冬好近深爐暖，何必千岩萬水歸。

唐 杜荀鶴《春來燕》（《全唐詩》卷六九三引） 我屋汝嫌低不住，雕梁畫閣也知寬。大須穩擇安巢處，莫道巢成却不安。

唐 王轂《燕》（《全唐詩》卷五〇五引） 海燕雙飛意若何，曲梁嘔嘎語聲多。茅簷不必嫌卑陋，猶勝吴宫爇爾窠。

唐 李建勳《歸燕詞》（《全唐詩》卷七三九引） 羽翼勢雖微，雲霄亦可期。飛翻自有路，鴻鵠莫相嗤。待侶臨書幌，尋泥傍藻池。沖人穿柳徑，捕蝶繞花枝。廣廈來應遍，深宫去不疑。雕梁聲上下，煙浦影參差。舊地人潛换，新巢雀謾窺。雙雙暮歸處，疏雨滿江湄。

唐 秦韜玉《燕子》（《全唐詩》卷六七〇引） 不知大廈許棲無，頻已銜泥到座隅。曾與佳人並頭語，幾回抛却繡工夫。

唐 成彦雄《新燕》（《全唐詩》卷七五九引） 才離海島宿江濱，應夢笙歌作近鄰。減省雕梁並頭語，畫堂中有未歸人。

唐 胡玢《巢燕》（《全唐詩》卷七六八引） 燕來巢我簷，我屋非高大。所貴兒童善，保爾無殃禍。莫巢孀婦家，孀婦怨孤坐。妒爾長雙飛，打爾危巢破。

五代 徐鉉《賦得彩燕》（《全唐詩》卷七五一引） 縷彩成飛燕，迎和啓蟄時。翠翘生玉指，繡羽拂文楣。詎費銜泥力，無勞剪爪期。化工今在此，翻怪社來遲。

宋 王安石《臨川文集》卷三三《燕》 處處定知秋後别，年年長向社前逢。行藏自欲追時節，豈是人間不見容。

金 趙秉文《滏水集》卷八《燕》 宦遊憐我食官倉，贏得青青兩鬢蒼。不會無情雙燕子，南來北去爲誰忙。

金 李俊民《莊靖集》卷三《燕》 社後來何暮，梁間話頗多。巢泥愁未穩，無面見海河。

元 袁士元《書林外集》卷七《歸燕》 西風吹影過天涯，不憚迢迢去路賒。畫棟一身終是客，烏衣千里却爲家。

明 袁凱《海叟集》卷三《白燕》 故國飄零事已非，舊時王謝見應稀。月明湘水初無影，雪滿梁園尚未歸。柳絮池塘香入夢，梨花庭院冷侵衣。趙家姊妹多相忌，莫向昭陽殿裏飛。

明 李昌祺《運甓漫稿》卷六《村舍燕》 壘破頻頻旋補泥，雙飛雙語更雙棲。雕梁雖貴茅簷穩，暮去朝來莫怨低。

明 朱彌鉗《謙光堂詩集》卷七《燕》 歸來營壘在雕梁，掠水銜風鎮日忙。記得主人如有意，銜泥帶得落花香。

明 皇甫汸《皇甫司勳集》卷三一《詠燕》 來似隨鶯侣，歸應却鴈行。爲問東鄰社，何如王謝堂。

明　張居正《新刻張太岳先生文集》卷二《白燕曲四首》　白燕飛，兩兩玉交輝。生商傳帝命，送喜傍慈闈。有時紅藥堦前過，帶得清香拂繡幃。

白燕來，呈瑞向瑶臺。暎日靈姿璨，凌風雪翼開。春長花發春宫裏，弄影雙飛日幾迴。

白燕翔，素影落銀塘。交飛紅菡萏，遥暎紫鴛鴦。太平景物先呈毛，燕喜年年樂未央。

白燕舞，日照葵心午。輕縠剪蹮衣，清歌諧細語。感德蹌蹌儀舜庭，呈祥蒿蒿來文囿。

清　高珩《栖雲閣·拾遺》卷一《咏燕二首》　舊事昭陽尚可尋，長門枉却貯黄金。掠花灞水還澧水，試舞花陰復柳陰。泥落空梁成恨譜，謡傳啄矢累佳禽。還愁樓上霓裳歇，二十年來夜雨心。

秋社愁霜去莫尋，重來猶傍辟寒金。珠簾細雨商春書，彩楝雙棲憩午陰。應笑鵾啼名怨鳥，亦嫌鷗去是驚禽。芑豐翼子烏衣最，始識鎬京堂構心。

清　唐夢賚《志壑堂詩集》卷一〇《巢燕》　海樹雙棲又北歸，紅襟不與故山違。輕風簾幕花初艷，細雨林塘緑乍肥。萬里浮名占紫頷，五侯舊第認烏衣。明年更有新巢在，華屋將雛何處飛。

清　魏荔彤《懷舫詩集》卷八《白燕》　爲惜雕梁玉羽寒，依栖板屋頗相安。招招飛來不染新蕪色，舞處寧忘素扇團。梨苑啣春香自潔，瑶臺照影雪多殘。招招宜入投懷夢，尚覺清秋白袷寬。

尚書樓鎖雪霜姿，來值烏衣冷淡時。砌壘是花皆玉屑，結巢有館定瑶池。翅沾梅蘂杳無迹，梁積芹泥湼不緇。蹴起天桃紛落瓣，雙雙素壁點臙脂。

鶴

總論旁喻

題解

漢 許慎《説文》卷四 《詩》曰：「鶴鳴九臯，聲聞于天。」以鳥，隺聲。下各切。

宋 戴侗《六書故》卷一九 鶴 ，下各切，高鳥白羽，丹頂玄尾，修頸高足。鶴皆卵生，俗謂胎生，又謂千歲化爲玄鶴，皆誕也，又作鶮。又與翯通。《詩》云：「白鳥翯翯。」孟子作鶴鶴。毛氏曰：「翯翯，肥澤也，或作皠。」《説文》曰：「鳥之白也，又胡沃切。」

明 李時珍《本草綱目》卷四七 鶴 釋名：仙禽《綱目》、胎禽時珍曰：鶴字，篆文象翹首短尾之形。一云白色皠皠，故名。八公《相鶴經》云：鶴乃羽族之宗，仙人之驥，千六百年乃胎産。則胎、仙之稱以此。世謂鶴不卵生者，誤矣。

集解：禹錫曰：鶴有白玄黄蒼。入藥用白者，他色次之。時珍曰：鶴大於鵠，長三尺，高三尺餘，喙長四寸。丹頂赤目，赤頰青脚，修頸凋尾，粗膝纖指。白羽黑翎，亦有灰色、蒼色者。嘗以夜半鳴，聲唳雲霄。雄鳴上風，雌鳴下風，聲交而孕。亦啖蛇虺，聞降真香則降，其糞能化石，皆物類相感也。按《相鶴經》云：鶴，陽鳥也，而遊於陰。行必依洲渚，止不集林木。二年落子毛，易黑點；三年産伏；又七年羽翮具；又七年飛薄雲漢；又七年舞應節；又七年鳴中律；又七年大毛落，氄毛生，或白如雪，或黑如漆；百六十年雌雄相視而孕；千六百年形始定，飲而不食，乃胎化也。又按：俞琰云：龜鶴能運任脈，故多壽。無死氣於中也。鶴骨爲笛，甚清越。

明 劉侗《名物通》卷九 鶴水鳥，知夜半。夜半水位，感其生氣則益喜而鳴。能巫步禁蛇，故食蛇。

論説

宋 羅願《爾雅翼》卷一三《鶴》 鶴，一起千里，古謂之仙禽，以其於物爲壽。《淮南》曰：「鶴壽千歲，以極其游。」狀大如鵞，脚青黑，高三尺餘，喙長四寸。常夜半鳴，其聲揚聞八九里，雌者聲差下。《繁露》曰：「鶴知夜半。」鶴，水鳥也。夜半水位，感其生氣，則喜而鳴。所以壽者，無死氣於中也。又性絶警，八月白露降，則警而鳴。性好在陰，故謂其羽爲陰羽。《周書》曰：「陰羽爲旌。」解者曰：「鶴皃羽爲旌也。」《相鶴經》曰：「鶴，陽鳥也，而游於陰。因金氣，依火精以自養。金數九，火數七，故七年小變，十六年大變。」《禽經》亦曰：「鶴愛陰而惡陽，鴈愛陽而惡陰。」故《易》有「鳴鶴在陰」之文，然《詩》稱「鶴鳴于九臯，聲聞于天」，與《易》之「鳴鶴在陰，其子和之」，若不同者。蓋鳴于九臯，鶴之俊者，以喻士之及時而未仕者。至其老，則聲不能揚，和者獨其子而已。《禽經》又曰「鶴老則聲下而不能高，近而不能遼」，此之謂也。《書》又言鶴體無青黄二色者，木土之氣内養，故不表於外。然《本草》云「鶴有玄有黄有白有蒼」，蒼者，今人謂之赤頰。玄則鶴之老者，百六十年則有純白純黑之異。若黄鶴則古人常言之。古書又多言鵠，鵠即是鶴音之轉。後人以鵠名頗著，謂鶴之外別有所謂鵠，故《埤雅》既有鶴，又有鵠。蓋古之言鵠，不日浴而白，白即鶴也。鵠名咭咭，咭咭，鶴也。以龜龍鴻鵠爲壽，壽亦鶴也。故漢昭時，黄鵠下建章宫太液池，而歌則名《黄鶴》。《神異經》：「鶴國有海鵠，衛懿公好鶴，齊王使獻鵠于楚。」亦列國之君皆以爲玩。其餘諸書文，如「蕙帳空兮夜鶴怨」，《楚辭》「黄鵠一舉」，及田饒説魯哀公言「黄鵠」，或爲鶴，或爲鵠者，甚多。以此知鶴之外，無別有所謂鵠也。鶴好延頸以望，故稱鶴以怨望，鴟以貪顧。怨者必望，故以望爲怨，「不意君之望臣深」是也。貪者必顧，故以顧爲貪，「數招權顧金錢」是也。古以鶴爲祥，故立之華表。《説文》「桓亭郵表也」，一説漢法亭部四角建大木，貫以方表，名曰桓表。又鶴之膝特隆，故吴矛骹大者名鶴膝。又作詩者以中字平爲鶴膝。

宋 范成大《吴郡志》卷二九《土物》 鶴媒。吴人射鳥，養一馴鶴，使行前而以草木葉爲盾，以自翳。挾弩矢以伺之，羣鳥見鶴以爲同類，無猜，遂爲矢所中。陸龜蒙有《鶴媒歌》，以譏同類相陷者。歌云：「偶繫漁舟汀樹枝，因看射鳥令人悲。盤空野鶴忽然下，背翳見媒心不疑。媒閑静立如無事，清唳時時入遥吹。徘徊未忍過南塘，且應同聲就同類。梳刷宛若相逢喜，秪怕繞來又驚起。窺鱗咏藻乍低昂，立定當胸流一矢。媒懽舞躍勢離披，似諂功能邀弩兒。雲飛水宿各自物，妒侣害羣由爾爲。而況人間有名利，外頭笑語中猜忌。君不見荒陂野鶴陷良媒，同類同聲真可畏。」

綜　述

《易·下經·中孚》　鳴鶴在陰，其子和之；我有好爵，吾與爾靡之。

《禽經》（《爾雅翼》卷一三引）　鶴愛陰而惡陽，雁愛陽而惡陰。【略】鶴老則聲下而不能高，近而不能尞，此之謂也。【略】鶴，以聲交而孕。雄鳴上風，雌承下風，而孕。【略】露翥則露。露禽，鶴也。子野鼓琴，玄鶴來舞。露下，則鶴鳴也。鶴之馴養於家庭者，飲露則飛法。

《墨子·非攻》　遝至乎夏王桀，天有輅命，日月不時，寒暑雜至，五穀焦死，鬼呼國，鶴鳴十夕餘。天乃命湯于鑣宮，用受夏之大命：夏德大亂，予既卒其命於天矣，往而誅之，必使汝堪之。湯焉敢奉率其衆，是以鄉有夏之境，帝乃使陰暴毀有夏之城。

《莊子·駢拇》　故合者不爲駢，而枝者不爲跂；長者不爲有餘，短者不爲不足。是故鳧脛雖短，續之則憂；鶴脛雖長，斷之則悲。

漢　劉安《淮南子》卷一六《説山訓》　雞知將旦，鶴知夜半，而不免於鼎俎。

漢　王充《論衡》卷一一《説日篇》　從平地望泰山之巔，鶴如烏，烏如爵者。泰山高遠，物之小大失其實。天之去地六萬余里，高遠非直泰山之巔也。星著於天，人察之，失星之實，非直望鶴烏之類也。

晉　葛洪《抱朴子·内篇》卷三《對俗》　抱朴子曰：夫陶冶造化，莫靈於人。故達其淺者，則能役用萬物，得其深者，則能長生久視。知上藥之延年，故服其藥以求仙。知龜鶴之遐壽，故效其道引以增年。且夫松柏枝葉，與衆木則別。龜鶴體貌，與衆蟲則殊。至於彭老猶是人耳，非異類而壽獨長者，由於得道，非自然也。衆木不能法松柏，諸蟲不能學龜鶴，是以短折耳。人有明哲，能修彭老之道，則可與之同功矣。

宋　陸佃《埤雅》卷六《釋鳥·鶴》　鶴，形狀如鵝，青脚素翼，常夜半鳴，故《淮南子》曰：「雞知將旦，鶴知夜半。」其鳴高亮，聞八九里，雌者聲差下。舊云此鳥性警，至八月白露降，流於草上，點滴有聲，因即高鳴相警，移徙所宿處，慮有變害也。蓋鶴體絜白，舉則高至，鳴則遠聞，性又善警，行必依洲嶼，止必集林木，故《詩》、《易》以爲君子言行之象。始生二年落子毛，三年産伏，七年飛薄雲漢；後七年學舞；後七年應節；後七年晝夜十二鳴，中律；後六十年不食生物，大毛落，茸毛生，色雪白，泥水不能汙；百六十年雌雄相視，目睛不轉而孕；千六百年飲而不食，聖人在上，則與鳳皇翔於甸。其精神氣骨應相，故古者相鶴有《經》。蓋鶴，陽物也，而遊於陰，因金氣依火精以自養。火，數七；金，數九。故七年小變，十六年大變，六十年變止，千六百年形定而色白。食於水，故喙長；軒於前，故後短；棲於陸，故足高而尾凋；翔於雲，故毛豐而肉疎；大喉以吐故，脩頸以納新。故壽。凡鶴之上相，隆鼻短口則少眠，高脚踈節則多力，露眼赤睛則視遠，回翎亞膺則體輕，鳳翼雀毛則善飛，龜背鱉腹則能産，輕前重後則善舞，洪髀纖趾則能行。《禽經》曰：「鶴以怨望，鴟以貪顧，雞以嗔睨，鴨以怒瞋，雀以猜瞿，燕以狂盻，視也；鸎以喜囀，烏以悲啼，鳶以飢鳴，鶴以絜唳，梟以凶叫，鴟以愁嘯，鳴也。」今鶴雌雄相隨，如道士步斗，履其跡而孕。《内典》曰：「鶴，影生。」《禽經》曰：「鶴愛陰而惡陽，鴈愛陽而惡陰。」

明　董斯張《廣博物志》卷四四《鳥獸一》　鶴者，陽鳥也，而游于陰，因金氣依火精以自養。金數九，火數七，故稟其純陽也。生二年，子毛落而黑毛易。三年，頂赤，爲羽翮。具七年小變，而飛薄雲漢。復七年，聲應節，而晝夜十二時鳴。鳴則中律。百六十年大變，而不食生物。故大毛落而茸毛生，乃潔白如雪，故泥水不能汙。或即純黑，而緇盡成膏矣。復百六十年，變止，而雌雄相視，目睛不轉，則有孕。千六百年，形定，飲而不食，與鸞鳳同群，胎化而産，爲仙人之騏驥矣。夫聲聞於天，故頂赤；食于水，故喙長；軒於前，故後指短；棲于陸，故足高而尾凋；翔于雲，故毛豐而肉疏。且大喉以吐故，修頸以納新，故天壽不可量。所以體無青黄二色者，土木之氣内養，故不表於外也。是以行必依洲嶼，止不集林木，蓋羽族之清崇者也。王策紀曰：千載之鶴，隨時而鳴，能翔於霄漢。其未千載者，終不及於漢也。其相曰：瘦頭朱頂則沖霄，露眼黑睛則視遠，隆鼻短啄則少瞑，骷頰宅耳則知時，長頸竦身則能鳴，鴻翅鴿膺則體輕，鳳翼雀尾則善飛，龜背鱉腹則伏産，軒前垂後則能舞，高脛粗節則足力，洪髀纖指則好翹。聖人在位，則與鳳皇翔於郊甸。周浮丘伯《相鶴經》

明　毛晉《陸氏詩疏廣要》卷下之上《鶴鳴于九皋》　浮丘伯《相鶴經》云：「鶴者，陽鳥也，而遊於陰，因金氣依火精以自養。金數九，火數七，故稟其純陽也。」生二年，子毛落而黑毛易。三年，頂赤爲羽翮。其七年小變，而飛薄雲漢。復七年，聲應節而晝夜十二時鳴，鳴則中律。百六十年大變，而不食生物，故大毛落而茸毛生，乃潔白如雪，故泥水不能污，或即純黑，而緇盡成膏矣。復百六

十年變止，而雌雄相視，目睛不轉則有孕。千六百年，形定飲而不食，與鸞鳳同羣，胎化而産爲仙人之騏驥矣。夫聲聞于天，故頂赤食於水，故喙長。軒於前，故後指短。棲於陸，故足高而尾凋一作周。翔於雲，故毛豐而肉疎。且大喉以吐故，修頸以納新，故天壽不可量。所以體無青黄二色者，土木之氣内養，故不表於外也，是以行必依洲嶼，止不集林木，蓋羽族之清崇者也。《玉策紀》曰：「千載之鶴，隨時而鳴，能翔于霄漢，其未千載者終不及于漢也。其相曰瘦頭朱頂則冲霄，露眼黑睛則遠視，隆鼻短喙一作啄則少瞑，骴故解反，又音諧頰骳得宅反耳則知時，長頸竦身則能鳴，鴻翅鵠膺則體輕，鳳翼雀尾則善飛，龜背鼈腹則伏産，軒前垂後則會舞，高脛麄節則足力，洪髀纖指則好翹。聖人在位，則與鳳皇翔于郊甸。」《周易》曰：「鳴鶴在陰，其子和之。」《禽經》：「鶴以聲交而孕。」張註：「雄鳴上風，雌承下風則孕，又云露翥則露。」張華註云：「露禽，鶴也。」《古今註》：鶴千載變蒼，又千載變黑，所謂玄鶴也。子野鼓琴，玄鶴來舞。露下則鶴鳴也。鶴之馴養于家庭者，飲露則飛去。《埤雅》：鶴性警，至八月白露降，流于草上，點滴有聲，因即高鳴相警，移徙所宿處，慮有變害也。蓋鶴體潔白，舉則高至，鳴則遠聞，性又善警，行必依洲嶼，止不集林木，故《詩》、《易》以爲君子言行之象。《禽經》曰：鶴以怨望，鴟以貪顧，雞以嗔睨，鴨以怒瞋，雀以猜瞿，燕以狂眄，視也。鸎以喜囀，烏以悲啼，鳶以飢鳴，鶴以潔唳，梟以凶叫，鴟以愁嘯，鳴也。今鶴雌雄相隨，如道士步斗，履其跡而孕。《内典》曰：「鶴影生。」《禽經》曰：「鶴愛陰而惡陽，雁愛陽而惡陰。」《爾雅翼》云：「鶴一起千里，古謂之仙禽，以其於物爲壽。」《淮南》曰：鶴壽千歲，以極其遊。《繁露》曰：「鶴知夜半，鶴水鳥也。夜半水位感其生氣，則喜而鳴，所以壽者無死氣於中也。性好在陰，故謂其羽爲陰羽。」《周書》曰：「陰羽鳧旌。」解者曰「鶴，鳧羽爲旌也」。《禽經》又曰：「鶴老則聲下而不能高，近而不能奔旅。」《書》又言：鶴體無青黄二色者，木土之氣内養，故不表於外。然《本草》云：鶴有玄、有黄、有白、有蒼，玄則鶴之老者，百六十年則有純白、純黑。若黄鶴，古人常言之，又多言鵠鵠，即是鶴音之轉。後人以鵠名頗著，謂鶴之外别有所謂鵠，故《埤雅》既釋鶴，又釋鵠。漢昭時黄鵠下建章宫太液池而歌，則名黄鶴。《神異經》：「鶴國有海鵠，衛懿公好鶴，齊王使獻鵠于楚，如蕙帳空兮，夜鶴怨。」《楚辭》「黄鶴一舉」，及田饒説魯哀公，言黄鵠或爲鶴，或爲鵠者甚多，以此知鶴之外無别有所謂鵠也。古以鶴爲祥，故立之華表。《説文》：桓亭郵表也。一説漢法亭部，四角建大木貫以方表，名曰桓表。又鶴之膝特隆，故吴矛骹大者名鶴膝。又作詩者以中字平爲雀膝。通卦驗云：立夏清風至而鶴鳴。《玉策記》云：千歲之鶴，隨時而鳴，能登木，色純白，腦盡成骨。其未千歲者，終不集于林也。《本草》云：「《穆天子傳》曰：『天子至，巨蒐二氏獻白鶴之血以飲天子，血主益氣力。』」

余遊焦山，遍訪瘞鶴銘，杳不可得。及過三詔洞之右，遇一僧叩之，笑指岩下頑石曰：「在江之涘，久爲雷神所擊，山中人但云霹靂石，誰識瘞鶴銘耶？」因與余猿臂而下，幸是時水落石出，得盤旋縱觀，亂石嵯峨，字句分裂，不可讀。張子厚所謂僅存百三十餘言者，今不能留其半矣。然其筆法之妙，華陽之名具在。擬紀其事，以析千古之疑，而南村田叟先獲我心，因附録鶴疏之後，以備參考。《瘞鶴銘》，華陽真逸譔，上皇山樵。鶴壽不知其紀也，壬辰歲得於華亭，甲午歲化於朱方。天其未遂，吾翔廖廓耶，奚奪之遽也。廼裹以玄黄之幣，藏兹山之下。仙家無隱，我故立石旌事，篆銘不朽。詞曰：「相此胎禽，浮丘著經。乃徵前事，我傳爾銘。余欲無言，爾其藏靈。雷門去鼓，華表留形。義惟彷彿，事亦微冥。爾將何之，解化惟寧。後蕩洪流，前固重扃。右割荆門，歴下華亭。奚集真侶，瘞爾作銘。丹陽外仙尉、江陰真宰。」右刻在鎮江焦山下頑石上，潮落方可模。相傳爲晉王右軍書，惟宋黄睿《東觀餘論》云爲陶隱居書，良是。其曰：「今審定文格字法，殊類陶弘景。弘景自號華陽隱居，今號真逸者，豈其别號歟？又其著真誥，但云己卯歲而不著年名，其他書亦爾。今此銘壬辰歲甲午歲，亦不書年名，此又可證云。壬辰歲，梁天監十一年也，甲午者十三年也。按隱居天監七年，東游海嶽，權駐會稽。永嘉十一年乙未歲，始還茅山，其弟子周子良仙去，爲之作傳，即十一年、十三年正在華陽矣。後又有題「丹陽尉江陰宰」數字，當是效陶書故題於石側也。王逸少以晉惠帝大安二年癸亥歲年五十九，至穆帝升平五年辛酉歲卒。則成帝咸和九年甲午歲，逸少方年三十三，至永和七年辛亥歲年三十八始去會稽閒居，不應三十三歲已自稱真逸也。又未官于朝，及閒居時不在華陽，以是考之決非王右軍書也，審矣！歐陽文忠公以爲不類王右軍法，而類顔魯公，又疑是顧況，云道號同，又疑王瓚，皆非。睿字長孺，號雲林子，邵武人，又《董逌書跋》第六卷載南陽張舉子厚所記云：瘞鶴銘，今存于焦山，凡文章句讀之可識及點畫之僅存者百三十餘言，而所亡失幾五十字，計其完書蓋九行，行之全者二十五字，而首尾不預焉。熙寧三年春，余索其逸遺于焦山之陰，偶得十二字於亂石間，石甚迫隘，偃卧其下，然後可讀，故昔人未之見，而世不傳。其後

又有「丹陽外仙江陰真宰」八字，與「華陽真逸上皇山樵」爲似，是真侶之號。今取其可考者次序之如此。又董君自書其後云：文忠《集古録》謂得六百字，今以石校之，爲行凡十八，爲字二十五，安得字至六百，疑書之誤也。余于崖上又得唐人詩，詩在貞觀中已列銘後，則銘之刻非顧況時可知。《集古録》豈又并詩繫之耶？君字彦遠，號廣川，東平人。又國朝鄭杓《衍極》第二卷《論瘞鶴銘》，而劉有定釋云：《潤州圖經》以爲王羲之書，或曰華陽真逸顧況號也。蔡君謨曰瘞鶴文非逸少字。東漢末多善書，惟隸最盛。至於晉魏之分，南北差異，鍾王楷法爲世所尚。元魏間，盡習隸法。自隋平陳，中國多以楷隸相參。瘞鶴文有隸筆，當是隋代書。曹士冕曰：焦山瘞鶴銘筆法之妙，爲書家冠冕，前輩慕其字，而不知其人。最後雲林子以爲華陽隱居爲陶弘景。及以句曲所刻隱居《朱陽館帖》參校，然後衆疑釋然，其鑒賞可謂精矣。以余考之，一本「山樵」下有「書」字，「真宰」下有「立石」二字，一本「我傳爾銘」作「出於上真」，「爾其藏靈」作「紀爾歲辰」。張舉本作「丹陽外仙」，邵亢本作「丹陽仙尉」，又有作「丹陽外仙尉」者，且中間詞句亦多先後不同。尚俟拏舟過楊子，手自模印，以稽其得失之一二可也。

清 顧棟高《毛詩類釋》卷一六《鶴》 《埤雅》：「鶴，形狀如鵞，青脚素翼，常夜半鳴，高亮，聞八九里。」

《小雅》曰：「鶴鳴于九臯，聲聞于天。」《禽經》曰：「鶴愛陰而惡陽，鴈愛陽而惡陰。」故《易》曰：「鳴鶴在陰，其子和之。」

清 嵇璜《續通志》卷一八〇 鶴，一名仙禽，一名胎禽。鶴字篆文，象翹首短尾之形。一云白色皠皠，故名。性善警。其狀大如鵞，長三尺，脚青黑，高三尺餘，赤頂赤目，喙長四寸餘，多純白，蒼色者謂之赤頰。常夜半鳴。《淮南子》云：「雞知將旦，鶴知夜半。其鳴高亮，聞八九里。雌者聲差下。」明李時珍曰：「雄鳴上風，雌鳴下風，聲交而孕。亦啖蛇虺。聞降真香烟則降。其糞能化石。皆物類相感也。崔豹《古今注》：「鶴千載則變蒼，又千載則變黑。」《禽經》云：「鶴以聲交而孕。」《埤雅》云：「雌雄相隨如道士步斗，履其跡而孕。又名露禽。」《禽經注》云：「露下則鶴鳴也。鶴之馴養於家庭者，飲露則飛去。」

臣等謹案：《墨客揮犀》云：「劉淵材好怪，嘗畜兩鶴，客至誇曰：『此仙禽也。凡禽卵生，此禽胎生。』語未畢，園丁報鶴夜生一卵。淵材呵之。未幾鶴復誕一卵。淵材嘆曰：『吾乃爲劉禹錫《嘉話》所誤。』據此，鶴實卵生。考浮邱伯《相鶴經》所云：『千六百年胎化而産爲仙人騏驥。』則惟千餘歲之鶴，乃胎化耳。」

紀事

漢 班固《漢書》卷九六下《西域傳》 漢元封中，遣江都王建女細君爲公主，以妻焉。賜乘輿服御物，爲備官屬宦官侍御數百人，贈送甚盛。烏孫昆莫以爲右夫人。匈奴亦遣女妻昆莫，昆莫以爲左夫人。公主至其國，自治宫室。居歲時，一再與昆莫會，置酒飲食，以幣帛賜王左右貴人。昆莫年老，語言不通，公主悲愁，自爲作歌曰：「吾家嫁我兮天一方，遠託異國兮烏孫王。穹廬爲室兮旃爲牆，以肉爲食兮酪爲漿。居常思土兮心内傷，願爲黄鵠兮歸故鄉。」天子聞而憐之，間歲遣使者持帷帳錦繡給遺焉。

漢 趙曄《吴越春秋》卷二《闔閭内傳》 吴王有女滕玉，因謀伐楚，與夫人及女會，蒸魚王前，嘗半而與女，女怒曰：「王食魚辱我，不忘久生。」乃自殺。闔閭痛之，葬于國西閶門外。鑿池積土，文石爲椁，題湊爲中，金鼎玉杯、銀樽珠襦之寶，皆以送女。乃舞白鶴于吴市中，令萬民隨而觀之，還使男女與鶴俱入羨門，因發機以掩之。殺生以送死，國人非之。

晉 崔豹《古今注》卷中《琴操》 《別鶴操》，商陵牧子所作也。娶妻五年而無子，父兄將爲之改娶。妻聞之，中夜起，倚户而悲嘯。牧子聞之，愴然而悲，乃歌曰：將乖比翼隔天端，山川悠遠路漫漫，攬衣不寢食忘餐。後人因爲樂章焉。

南朝宋 劉義慶《世説新語》卷下《尤悔》 陸平原河橋敗，爲盧志所讒，被誅，臨刑歎曰：「欲聞華亭鶴唳，可複得乎？」

宋 歐陽修《新唐書》卷一〇四《張易之傳》 后每燕集，則二張諸武雜侍，摴博争道爲笑樂，或嘲詆公卿，淫蠱顯行，無複羞畏。時無檢輕薄者又諂言昌宗乃王子晉後身，后使被羽裳、吹簫、乘寓鶴，裴回庭中，如仙去狀，詞臣争爲賦詩以媚后。

藝文

《詩經・小雅・鶴鳴》 鶴鳴於九臯，聲聞於野。魚潛在淵，或在於渚。樂彼之園，爰有樹檀，其下維蘀。他山之石，可以爲錯。

鶴鳴於九臯，聲聞於天。魚在於渚，或潛在淵。樂彼之園，爰有樹檀，其下

維縠。他山之石，可以攻玉。

唐 孔德紹《賦得華亭鶴》（《全唐詩》卷七三三引） 華亭失侶鶴，乘軒寵遂終。三山凌苦霧，千里激悲風。心危白露下，聲斷彩弦中。何言斯物變，翻覆似遼東。

唐 王昌齡《酬鴻臚裴主簿雨後北樓見贈》（《全唐詩》卷一四〇引） 暮霞照新晴，歸雲猶相逐。有懷晨昏暇，相見登眺目。問禮侍彤襜，題詩訪茅屋。高樓多古今，陳事滿陵谷。地久微子封，臺餘孝王築。徘徊顧霄漢，豁達俯川陸。遠水對孤城，長天向喬木。公門何清静，列戟森已肅。不歎攜手稀，常思著鞭速。終當拂羽翰，輕舉隨鴻鵠。

唐 李白《李太白文集》卷二二《宣州長史弟昭贈余琴溪中雙舞鶴詩以見志》 令弟佐宣城，贈余琴溪鶴。謂言天涯雪，忽向窗前落。白玉爲毛衣，黄金不肯博。背風振六翮，對舞臨山閣。顧我如有情，長鳴似相托。何當駕此物，與爾騰寥廓。

唐 杜甫《通泉縣署屋壁後薛少保畫鶴》（《全唐詩》卷二二〇引） 稷尤善畫鶴，屏風六扉鶴樣自稷始。

薛公十一鶴，皆寫青田真。畫色久欲盡，蒼然猶出塵。低昂各有意，磊落如長人。佳此志氣遠，豈惟粉墨新。萬里不以力，群遊森會神。威遲白鳳態，非是倉庚鄰。高堂未傾覆，常得慰嘉賓。曝露牆壁外，終嗟風雨頻。赤霄有真骨，恥飲洿池津。冥冥任所往，脱略誰能馴。

唐 張衆甫《寄興國池鶴上劉相公》（《全唐詩》卷二七五引） 馴狎經時久，褵褷短翮存。不隨淮海變，空愧稻粱恩。獨立秋天静，單棲夕露繁。欲飛還斂翼，詎敢望乘軒。

唐 盧綸《馬郎中畫鶴贊》（《全唐詩》卷二七八引） 高高華亭，有鶴在屏。削玉點漆，乘軒姓丁。暮雲冥冥，雙垂雪翎。晨光炯炯，一直朱頂。含音儼容，絶粒遺影。君以爲真，相期緱嶺。

唐 錢起《錢仲文集》卷一《畫鶴篇省中作》 點素凝姿任畫工，霜毛玉羽照簾櫳。借問飛鳴華表上，何如粉繢彩屏中。文昌宫近芙蓉闕，蘭室絪緼香且結。爐氣朝成緱嶺雲，銀燈夜作華亭月。日暖花明梁燕歸，應驚片雪在仙闈。主人顧盼千金重，誰肯裴回五里飛。

唐 張籍《張司業集》卷七《崔駙馬養鶴》 身閑無事稱高情，已有人間章句名。求得鶴來教翦翅，望仙臺下亦將行。

唐 王建《王司馬集》卷二《别鶴曲》 主人一去池水絶，池鶴散飛不相别。青天漫漫碧水重，知向何山風雪中。萬里雖然音影在，兩心終是死生同。池邊巢破松樹死，樹頭年年烏生子。

唐 劉禹錫《劉賓客文集》卷一《和裴相公寄白侍郎求雙鶴》 皎皎華亭鶴，來隨太守船。青雲意長在，滄海别經年。留滯清洛苑，徘徊明月天。何如鳳池上，雙舞入祥煙。

唐 白居易《白氏長慶集》卷一《感鶴》 鶴有不群者，飛飛在野田。饑不啄腐鼠，渴不飲盜泉。貞姿自耿介，雜鳥何翩翾。同游不同志，如此十餘年。一興嗜欲念，遂爲矰繳牽。委質小池内，争食群雞前。不惟懷稻粱，兼亦競腥膻。不惟戀主人，兼亦狎烏鳶。物心不可知，天性有時遷。一飽尚如此，况乘大夫軒。

又 卷八《鶴》 人名有所好，物固無常宜。誰謂爾能舞，不如閑立時。

又 卷一五《賦得聽邊鴻》 驚風吹起塞鴻群，半拂平沙半入雲。爲問昭君月下聽，何如蘇武雪中聞。

又 卷二一《和微之聽妻彈别鶴操因爲解釋其義依韻加四句》 義重莫若妻，生離不如死。誓將死同穴，其奈生無子。商陵追禮教，婦出不能止。舅姑明旦辭，夫妻中夜起。起聞雙鶴别，若與人相似。聽其悲唳聲，亦如不得已。青田八九月，遼城一萬里。徘徊去住雲，嗚咽東西水。寫之在琴曲，聽者酸心髓。况當秋月彈，先入憂人耳。怨抑掩朱弦，沉吟停玉指。一聞無兒歎，相念兩如此。無兒雖薄命，有妻偕老矣。幸免生别離，猶勝商陵氏。

又 卷二四《題籠鶴》 經旬不飲酒，踰月未聞歌。豈是風情少，其如塵事多。虎丘慙客問，娃館妒人過。莫笑籠中鶴，相看去幾何。

又 卷二五《答裴相公乞鶴》 警露聲音好，冲天相貌殊。終宜向遼廓，不稱在泥塗。白首勞爲伴，朱門幸見呼。不知疎野性，解愛鳳池無。

又 卷二六《送鶴與裴相臨别贈詩》 司空愛爾爾須知，不信聽吟送鶴詩。羽翮勢高寧惜别，稻粱恩厚莫愁飢。夜棲少共雞爭樹，曉浴先饒鳳占池。穩上青雲勿回顧，的應勝在白家時。

又 卷二九《代鶴》 我本海上鶴，偶逢江南客。感君一顧恩，同來洛陽陌。洛陽寡族類，皎皎唯兩翼。貌是天與高，色非日浴白。主人誠可戀，其奈軒庭窄。飲啄雜雞群，年深損標格。故鄉渺何處，雲水重重隔。誰念深籠中，七换摩

天翮。

又　卷三三《雨中聽琴者彈別鶴操》　雙鶴分離一何苦，連陰雨夜不堪聞。莫教遷客孀妻聽，嗟歎悲啼詎殺君。

唐　李遠《失鶴》（《全唐詩》卷五一九引）　秋風吹郤九皋禽，一片閑雲萬里心。碧落有情應悵望，青天無路可追尋。來時白雲翎猶短，去日丹砂頂漸深。華表柱頭留語後，更無消息到如今。

又　《過舊遊見雙鶴愴然有懷》（《全唐詩》卷五一九引）　謝公何歲掩松楸，雙鶴依然傍玉樓。朱頂巑岏荒草上，雪毛零落小池頭。蓬瀛路斷君何在，雲水情深我尚留。他日若來華表上，更添多少令威愁。

唐　元稹《元氏長慶集》卷二《和樂天感鶴》　我有所愛鶴，毛羽霜雪妍。秋霄一滴露，聲洞林外天。自隨衛侯去，遂入大夫軒。雲貌久已隔，玉音無復傳。吟君感鶴操，不覺心惕然。無乃予所愛，誤爲微物遷。因兹諭直質，未免柔細牽。君看孤松樹，左右蘿蔦纏。既可習爲飽，亦可薰爲荃。期君常善救，勿令終棄捐。

又　卷二一《聽妻彈別鶴操》　別鶴聲聲怨夜弦，聞君此奏欲潸然。商瞿五十知無子，便付琴書與仲宣。

唐　皮日休《悼鶴》（《全唐詩》卷六一五引）　莫怪朝來淚滿衣，墜毛猶傍水花飛。遼東舊事今千古，郤向人間葬令威。

唐　劉滄《月夜聞鶴唳》（《全唐詩》卷五八六引）　碧落風微月正明，霜毛似怨有離情。莓苔石冷想孤立，楊柳葉疏聞轉清。空夜露殘驚墮羽，遼天秋晚憶歸程。鳳凰樓閣知猶戀，終逐煙霞上玉京。

唐　張賁《奉和襲美先輩悼鶴》（《全唐詩》卷六三一引）　池塘蕭索掩空籠，玉樹同嗟一土中。莎徑罷鳴唯泣露，松軒休舞但悲風。丹臺舊氅難重緝，紫府新書豈更通。雲減霧消無處問，只留華髮與衰翁。

唐　薛能《失鶴二首》（《全唐詩》卷五六〇引）　偶背雕籠與我違，四方端佇竟忘歸。誰家白日雲間見，何處滄洲雨裏飛。曾啄稻粱殘粒在，舊翹泥潦半蹤稀。憑人轉覺多相誤，盡道皤然作令威。華表翹風未可期，變丁投衛兩堪疑。應緣失路訪人損，空有歸心最我知。但見空籠拋夕月，若何無樹宿荒陂。不然直道高空外，白水青山屬臘師。

唐　陸龜蒙《甫里集》卷一七《鶴媒歌》　偶繫漁舟汀樹枝，因看射鳥令人悲。盤空野鶴忽然下，背翳見媒心不疑。媒閑静立如無事，清唳時時入遥吹。裴回未忍過南塘，且應同聲就同類。梳翎宛若相逢喜，祇怕纔來又驚起。窺鱗啄藻乍低昂，立定當胸流一矢。媒歡舞躍勢離披，似諂功能邀弩兒。雲飛水宿各自物，妬侶害群猶爾爲。而況世間有名利，外頭笑語中猜忌。君不見荒陂野鶴陷良媒，同類同聲真可畏。

唐　吴仁璧《錢塘鶴》（《全唐詩》卷六九〇引）　人間路靄青天半，鼇岫雲生碧海涯。雖抱雕籠密扃鑰，可能長在叔倫家。

唐　李穀《和皮日休悼鶴》（《全唐詩》卷六三一引）　才子襟期本上清，陸雲家鶴伴閑情。猶憐反顧五六里，何意忽歸十二城。露滴誰聞高葉墜，月沉休藉半階明。人間華表堪留語，剩向秋風寄一聲。道林曾放雪翎飛，應悔庭除閉羽衣。料得王恭披鶴氅，倚吟猶待月中歸。

唐　魏樸《和皮日休悼鶴》（《全唐詩》卷六三一引）　直欲裁詩問杳冥，豈教靈化亦浮生。風林月動疑留魄，沙島香愁似蘊情。雪骨夜封蒼蘚冷，練衣寒在碧塘輕。人間飛去猶堪恨，況是泉臺遠玉京。經秋宋玉已悲傷，況報胎禽昨夜亡。霜曉起來無問處，伴僧彈指繞荷塘。

宋　苏軾《東坡全集》卷二一《鶴歎》　園中有鶴馴可呼，我欲呼之立坐隅。鶴有難色側晲予，豈欲臆對如鵩乎。我生如寄良畸孤，三尺長脛閣瘦軀。俯啄少許便有餘，何至以身爲子娱。驅之上堂立斯須，投以餅餌視若無。戛然長鳴乃下趨，難進易退我不如。

宋　李處權《崧菴集》卷二《紀鶴》　青松百尺餘，宛彼山之陲。白鶴巢其高，皂鶴巢其卑。紅鶴不敢來，下巢楓樹枝。陽春一動蕩，百鳥俱蕃孳。綢繆各盡力，草草成藩籬。卵翼與哺育，不媿烏鳥慈。清晨求食去，鼓翼遠奮飛。斯須復來還，亦有蛇鱣隨。引頸鳴相呼，所憂非渴飢。不日毛羽成，頡頏下陂池。浴之以清泠，弄影相娱嬉。既久遂不來，遠舉將何之。高山與深林，浩蕩信所歸。明年又當至，復作今所爲。我爲唐虞世，鳥巢何所窺。亂來纒兵火，殺氣滿四維。人羣失安居，恨無羽翰施。偶此共偷生，傴仄何可辭。憂患亦所同，去就可弗思。網羅非爾事，彈射不爾私。近辭燕雀喧，遠與鴻鵠期。相望在寥廓，大翮如雲垂。時來松樹間，聽我哦此詩。

元　張養浩《歸田類稿》卷一八《惜鶴十首并序》　鶴，仙禽也，由凡翼非其比，恒不爲世人所愛。而愛之者，往往皆山林中人，蓋物以氣合，理勢然也。予嘗得其尤者一，豢之既久，翩躚與人相習。日者爲田嫗傷其脛丸，病兩月斃，惜哉！

因取其始末，作十詩，將以慰其不幸云爾。

購鶴

野處幽獨甚，千金得令威。挾雲出塵網，領月到柴扉。麿足防颶去，遮庭使學飛。至今湖上路，樹石亦光輝。

友鶴

雲雨手翻覆，紛紛知己誰。玄裳真莫逆，皓首誓相期。把酒或前舞，游山時後隨。會當作人語，細與話瑤池。

病鶴

渠本仙家物，胡爲久不安。强行時塌翼，欹立恐遺丹。誰藥相如渴，獨憐范叔寒。一鳴雖确确，獨自徹雲端。

醫鶴

饋藥人空數，乘軒氣漸低。無心吞餅餌，何處覓刀圭。暴日資丹火，杯泉洗羽泥。漫令通臂友，時復過幽棲。

挽鶴

共處人煙外，誰期禍乃身。九皐空有恨，四野欲無春。華表雲應淚，瑤臺月亦塵。當年林處士，泉下定相親。

招鶴

歌徹楚人些，冥冥恨益增。楓林空落月，甲帳只寒鐙。仰問天無語，升呼谷謾應。料隨風露氣，飛入亂山層。

瘞鶴

非爲恩帷蓋，從遊歲月深。忍令一抔土，埋盡九皐心。致奠攄情素，爲銘表德音。小松栽尺許，悠久庶能尋。

憶鶴

玉立昂藏態，山中我與君。幾年遊賞共，一夕死生分。徐步閒窺沼，高飛遠帶雲。爲誰重起舞，倚杖立斜曛。

夢鶴

岫幌鐙昏處，依稀見瘦軀。引吭如有訴，側頂不容呼。枕上行雲繞，松梢落月孤。堪憐漆園叟，漫爲蝶區區。

圖鶴

百計無從見，明窻吮筆圖。研朱染霞頂，屑玉抹雲襦。野狀雖非侶，山居亦勝無，郤愁風露夜，拔宅上天衢。

明 陸深《儼山集》卷三《松鶴圖》 遥空受秋萬里碧，松露團團野花白。藤梢橘刺紛陸離，細水涓涓遶雲石。我疑此圖是玄圃，中有雙禽鳴且舞。霜翎砂頂足生韻，玄裳風輕月將午。當家妙品在逼真，況是寫生須入神。古來高人重圖畫，欲令見者常如新。我聞胎仙三千歲，摩挲此幅能幾世。乃知丹青空爾爲，別有不朽超絶藝。

明 何景明《大復集》卷一《畫鶴賦》 何匠氏之殊絶，超丹青之矩度。寫仙禽以逼真，陋凡鳥而不顧。想意象而經營，運精思以馳騖。假孤致於墨華，得高標於毫素。麗藻質以明煙，揮風翎而刷霧。倚粉壁而騈頸，引青林之雙步。豈偶爾而髣髴，真天然之神趣。偉茲羽之獨靈，考仙經之遺篇。鍾浮曠以化胎，善導引而延年。志清迥而内真，儀皎潔而外宣。音獨唳以聞野，翼一飛而冲天。見樊縶而恥嬰，仰海嶠而思騫。朝翱翔於玉林，夕飲啄乎丹泉。振玄圃之中，秣閬丘之巔。止必擇地，動不妄遷。協雲籥而清轉，隨蜺駕以遥旋。厭倉鶊之喈喈，淄白鷺之涓涓。豈能言之鸚鵡，非好殺之鷹鸇。拂練光而凝想，挹繪采而生憐。松團碧蓋，苔斷紫錢。徘徊竹下，俯仰梅邊。翮窮秋而益勁，心寒歲而彌堅。謝逋仙於西湖，展少保之青田。乃若琴樽，寡和山林。無主翠巘，絶鄰華表。誰語路杳杳以失雲，庭栖栖而宿雨，露淒淒以霑階，霜肅肅而入户。抗圓吭以長吟，整修毛而獨舞。意衎衎而欲伸，態昂昂而猶武。續遺哀於絶絃，悲弔影於廢廡。懷萬里之長風，眺三湘之極浦。憶煙水而葺巢，甘鴈鶩以爲伍。憩夜渚而葦寒，食秋塘而蓼苦。孰圖畫之見珍，惟網羅而受侮。及夫上都富舍，畫彩盈庭，錦燦爛兮金谷，花窈窕兮朱亭，刻犀象兮繡柱，閑孔雀兮翠屏，徒流丹而映緑，俱舍意而論形。彼靈質之殊操，羞文章以自呈。無俗狀以駭衆，亦飛去而冥冥。悵良工之弗值，羌誰識其高情。撫斯圖以睇視，久延佇而徜徉。欣物品之有遇，見嗜尚之匪荒。既獲佇於廣筵，遂薦觀於華堂。儼縞衣而不驚，騰玉羽而將翔。悦映雪而偃蹇，若順風而飄揚。集賓客以舉目，顧軒盈而有光。疑照景於金闕，訝棲霞於玉房。吁嗟，鳥類比之君子，遇則霄漢，失則荆杞。棄捐胡憂，登庸胡喜。非恃寵而乘軒，亦何心於傾市。依日月於蓬壺，隔塵沙於弱水。聞玉笛之我招，繞珠樹而相倚。感主人之畜養，常反顧於千里。凜風義之莫渝，重披圖而自矢。

明 張居正《新刻張太岳先生文集》卷六《應制白鶴吟十首》 白鶴翻飛下九

重，羽衣猶帶露華濃。清音嚦嚦和仙樂，舞影翩翩遶帝宮。仙禽本是仙人驥，不向人間振羽毛。爲愛帝城多玉樹，故隨仙侶下丹霄。　青鸞爲侶鳳爲媒，萬里遥從閬苑來。啣得瑶池金母信，海桃重見數株開。　嘹嘹清唳隔蒼煙，片片明霞遶御筵。金簡忽傳天上字，東華初紀大椿年。　玉宇翱翔自玉京，九霄頻覺往來輕。昔隨子晉登緱嶺，今奉仙皇侍紫清。　九華宮闕逼雲開，冉冉靈光擁帝臺。不信仙真臨上界，爲看瑞鶴遶天來。　度盡煙霞幾萬重，夜深還宿蕋珠宮。馮誰授得長生術，一點靈砂滿頂紅。　萬里雲霄見羽儀，碧天秋日影離離。祇緣呈瑞來仙苑，不是乘軒戀玉墀。　來時玉雪盤空下，舞處瓊雲繞座霏。聖主萬年臨紫極，仙禽長傍帝鄉飛。　素衣不受市塵侵，飛息長依御苑深。解祝君王千萬壽，一聲聲出五雲岑。

明　鍾惺《鍾伯敬先生合集·詩集》卷一《省鶴》　物生既孤遠，秉尚必落落。意不可食飲，肯輕訴饑渴。雙鶴亦何期，忽焉于我託。暫籠置舟中，羈爾良自怍。耻受世人寬，寧爲曠士縛。終知得所歸，形拘神或豁。性情忝夙知，倉卒不可奪。魚匪不在水，有口不苟攫。水匪不近舟，有羽不苟濯。釜庾全志士，多寡須斟酌。夫苟傷其心，居食徒爲虐。辭受祝其人，藏獲手難着。呴沫近小仁，愳爲此物愕。所以躬撫視，旦暮仍審度。

明　李蓘《李比部集》卷一《饑鶴賦》　猗九臯之仙禽兮，胡鎩羽於人間。雖寄迹于公庭兮，恒託夢於故山。每引吭以長鳴兮，猥米粟之聿頒。聆金徽而思舞兮，怡主人之好顏。蔭佳樹之婆娑兮，藉落英之闌珊。信夙志之重違兮，得一飽而且閑。何惠養之不卒兮，值時事之多艱。遂忍饑而偃卧兮，望高軒而莫攀。慄大命之近止兮，奚千齡之敢班。恨奮飛之弗能兮，悵孤雲之往還。似伏櫪之老驥兮，羡開籠之白鷴。嗟志士之不遇兮，希常禄于抱關。甘顑頷以坐厄兮，謝知止于緜蠻。感兹鶴而作賦兮，淚交下而潺湲。

明　吴從先《小窗艷紀·文部·晉湛方生吊鶴文》　余以玄冬修夜，忽聞階前有孤鶴鳴。遡寒風而清叫，感凄氣而增悲。屬聽未終，余有感焉。乃爲文以吊之。惟海隅之奇鳥，資秀氣以誕生。擬鸞凰而比翼，超羽族而獨靈。濯冰霜之素質，颺九臯之奇聲。啄荒庭之遺粒，漱絶澗之餘清。望雲舒而息翮，仰朝霞而晨征。輟王子之靈轡，縶虞人之長纓。辭丹穴之神友，與雞鶩而同庭。軒天衢而奔想，顧樊籠而心驚。獨中宵而增思，負清霜而夜鳴。資冲天之儁翮，曾不殊於鳥雀。禀靈壽之修期，忽同彫於秋薄。匪兹物之足悲，傷有理而横落。

清　鄭師雍《饑鶴行》（《兩浙輶軒録》卷三四引）　吾聞凡物皆有食以生，不食不生求乃得。得不可苟豈惟人，鳥之於食亦有德。上而鸞凰安可能，下而鷹鸇何足稱。飛鳴飲啄類難數，獨愛野鶴羽族靈。昂藏長身少人識，不肯牧養有饑色。天池無萍不結實，元圃有芝不得食。鶴毋乃愚人竊識，豈不能求至於饑。嗚呼！鶴非不苦饑，心耻素餐空因依。以饑求食心所難，饑者亦如飽者安。如不常食寧終饑，惟饑知其不素餐。

通靈曉性

綜　述

明　陶宗儀《輟耕録》卷二九《降真香》　道家者流，爲人典行醮事，曰高功。其有行業精白者，則必移檄南嶽魏夫人，請借仙鶴，或二隻，或四隻。青鸞導衛，翔鶩澄空，昭揚道妙，往往親見之。偶讀《本草》有之，「降真香出黔南。伴和諸雜香，燒煙直上天，召鶴，得盤旋於上。」注：按《仙傳》云，燒之或引鶴降，醮星辰，燒之甚。爲第一度籙。燒之，功力極驗。若然，則鶴之來，香所致也。非歟？

明　木增《雲薖淡墨》卷一《仙鶴常鶴》　《御製文集》：東海貢仙鶴，態貌與常鶴同。豢者去其翮，雜群鶴中，日夕與人相狎。凡鶴去翮，周時又生，值五六月，群鶴颺去不遠而墜與，民不知而彈射之，豢者謂之俗鳥也。去不依時，若智鳥必息六月。若扶摇值春秋，所以假天風而各乘其氣，尚有未去者，必神鳥。及觀其貢鶴，丹頂、玄裳、墨足，日三朝而四舞，鼓翼無時致歡。君子于世，能善事，動善時，若鶴非時不動也。

清　乾隆《長沙府志》卷五《山川志·湘陰縣》　白鶴山，縣東五十里，相傳陶澹學仙於此。時有二鶴來巢，故名。山下有鴻水洞，自山頂下入於潭，又數十里入湘江。

又《山川志·醴陵》　白鶴山，縣北三里，上有觀。世傳昔有仙人寓此，遺三鶴，更不他適，或啄於田，或巢於樹，可見不可即。

清　朱亦棟《群書札記》卷六《君子爲鶴》　《獨異志》：「周穆王南征，一軍盡

化爲猿，鶴，君子爲鶴，小人爲猿。」案《抱朴子·釋滯篇》：「三軍之衆，一朝盡化。君子爲鶴，小人成沙。」《御覽》引《抱朴子》云：「周穆王南征，一軍盡化。君子爲猿爲鶴，小人爲蟲爲沙。」惟《隋書·李士謙傳》云：「君子爲鵠，小人爲猿。」《獨異志》蓋本此也。

紀事

南朝梁 顧野王《玉符瑞圖·銜珠而舞》（《説郛》卷六〇上引） 《列子》曰：晉平公鼓琴，有玄鶴二八而下，銜明珠，舞于庭。一鶴失珠，覓得而走，師曠掩口而笑。

唐 薛用弱《集異記·徐佐卿》 明皇天寶十三載重陽日，獵於沙苑，時雲間有孤鶴徊翔焉，上親御弧矢，一發而中，其鶴則帶箭徐墜，將及地丈許，欻然矯翰，西南而逝，萬衆極目良久乃滅。益州城距郭十五里有明月觀焉，依山臨水，松桂深寂，道流非修習精慤者，莫得而居，觀之東廊第一院尤爲幽絶。每有自稱青城道士徐佐卿者，風局清古，一歲率三四而至焉，觀之耆舊因虚其院之正堂以俟其來。而佐卿至則棲焉，或三五日，或旬朔，言歸青城，甚爲道流之所傾仰。一日忽自外至，神爽不怡，謂院中人曰：「吾行山中，偶爲飛矢所加，尋已無恙矣。然此箭非人間所有，吾留之於壁上。後年箭主到此，即宜付之。慎無墜失。」仍援毫記壁云留箭之日，則十三載九月九日也。及玄宗避狄幸蜀，暇日命駕行遊，偶至斯觀，樂其佳景，因遍幸道室。既入此堂，忽覩挂箭，則命侍臣取而翫之，蓋御箭也，深異之，因詢觀之道士，皆以實對，即是佐卿所題，乃前歲沙苑縱畋之日也。佐卿蓋中箭孤鶴耳。究其題乃沙苑翻飛，當日集於斯歟。上大奇之，因收其箭而寶焉。自後，蜀人亦無復有逢佐卿者矣。

唐 馮贄《雲仙雜記》卷八《鶴識字》 衛濟川養六鶴，日以粥飲啖之，三年識字。濟川檢書，皆使鶴銜，取之無差。

宋 沈括《夢溪筆談》卷一〇《人事二》 林逋隱居杭州孤山，常畜兩鶴，縱之則飛入雲霄，盤旋久之，復入籠中。逋常泛小艇遊西湖諸寺。有客至逋所居，則一童子出應門，延客坐，爲開籠縱鶴。良久，逋必棹小船而歸。蓋常以鶴飛爲驗也。逋高逸倨傲，多所學，唯不能棊。常謂人曰：「逋世間事皆能之，唯不能擔糞與着棊。」

宋 袁樞《通鑑紀事本末》卷二六《煬帝亡隋》 烏程有高樹，踰百尺，旁無附枝。上有鶴巢，民欲取之不可上，乃伐其根。鶴恐殺其子，自拔氅毛投於地。時人或稱以爲瑞。曰：「天子造羽儀，鳥獸自獻毛羽。」所役工十萬餘人，用金銀錢帛鉅億計，帝每出遊幸，羽儀填街溢路，亘二十餘里。

金 元好問《續夷堅志》卷四《平陽貢院鶴》 大安初，高子約、耿君嗣、閻子秀、王子正之考試平陽，舉子萬人。主司有梦緋衣人來謝謁者。明旦試題以下，語同官。俄，羣鶴旋舞至公樓上，良久不去。主司命胥吏揭榜，大書示衆云：「今場狀元，出自河東。」當舉，府題《聖人有金城》，解魁宋可封，澤州；省《儉德化民家給之本》，省魁孫當時；御題《獲承休德不遑康寧》，狀元王綱，平陽。三元者果皆河東云。

明 姚光祚《廣蒙求》卷三五《羊公舞鶴》 劉爰之少爲殷中軍所知，稱之於庾公。公便忻然取爲佐。既見，坐之獨榻上，與語則爾，曰「殊不稱」。庾以失望，遂名之爲羊公鶴。昔羊叔子有鶴善舞，嘗向客稱之。客試使驅來，氃氋而不肯舞，故稱比之。

明 木增《雲薖淡墨》卷四《噲參疗鶴》 噲參養母至孝，曾有鶴爲弋人所射，窮而歸參。乃收養療治，瘡愈放之。後鶴夜到參門，秉燭視之，鶴雌雄雙至，各銜明珠來謝。鬻數萬緡，參家遂殷富。

清 同治《象州志》卷下《紀故》 黎彦明有道行，老而貧，常以一鶴自隨。王初寮贈以詩云：「世緣今似秋雲薄，隨身翩翩惟一鶴。縞衣赴節舞松風，好伴先生卧林壑。」

藝文

唐 武三思《仙鶴篇》（《全唐詩》卷八〇引） 白鶴乘空何處飛，青田紫蓋本相依。緱山七月雖長去，遼水千年會憶歸。緱山杳杳翔寥廓，遼水累累歎城郭。經隨羽客步丹丘，曾逐仙人游碧落。迢迢碧落斷氛埃，霞堂雲閣幾重開。欲尋東海黄金灶，仍向西山白玉臺。九皋獨唳方清切，五里驚群俄斷絶。月下分行似度雲，風前揚影疑回雪。風前月下路漫漫，水宿雲翔去幾般。宛轉能傾吴國市，徘徊巧拂漢皇壇。琴中作曲從來易，鼓裏傳聲有甚難。夜夜恒飛銀漢曲，朝朝常飲玉池瀾。別有聞簫出紫煙，還如化履上青天。霜毛忽控三神下，玉羽俄看二客旋。燕雀終迷横海志，蜉蝣豈識在陰年。莫言一舉輕千里，爲與三山送

九仙。

唐　宋之問《詠省壁畫鶴》(《全唐詩》卷五三引)　粉壁圖仙鶴，昂藏真氣多。鶱飛竟不去，當是戀恩波。

唐　沈佺期《黄鶴》(《全唐詩》卷九五引)　黄鶴佐丹鳳，不能群白鷴。拂雲遊四海，弄影到三山。遥憶君軒上，來下天池間。明珠世不重，知有報恩環。

唐　李白《賦得鶴送史司馬赴崔相公幕》(《全唐詩》卷一八五引)　崢嶸丞相府，清切鳳凰池。羨爾瑶臺鶴，高棲瓊樹枝。歸飛晴日好，吟弄惠風吹。正有乘軒樂，初當學舞時。珍禽在羅網，微命若遊絲。願托周周羽，相銜漢水湄。

唐　孫昌胤《遇旅鶴》(《全唐詩》卷一九六引)　靈鶴産絶境，昂昂無與儔。群飛滄海曙，一叫雲山秋。野性方自得，人寰何所求。時因戲祥風，偶爾來中州。中州帝王宅，園沼深且幽。希君惠稻粱，欲並離丹丘。不然奮飛去，將適汗漫遊。肯作池上鶩，年年空沉浮。

唐　錢起《錢仲文集》卷一《病鶴篇》　獨鶴聲哀羽摧折，沙頭一點留殘雪。三山侣伴能遠翔，五里徘徊忍爲别。驚群各畏野人機，誰肯相將霞水飛。不及川鳧長比翼，隨波雙泛複雙歸。碧海滄江深且廣，目盡天倪安得往。雲山隔路不隔心，宛頸和鳴長在想。何時白霧卷青天，接影追飛太液前。

唐　張仲素《緱山鶴》(《文苑英華》卷一八五引)　羽客驂仙鶴，將飛駐碧山。映松殘雪在，度嶺片雲還。清唳因風遠，高姿間水閒。笙歌應天上，城郭嘆人間。幾變霜毛潔，方殊藻質斑。蓬瀛如可到，逸翮詎能攀。

唐　劉得仁《憶鶴》(《全唐詩》卷五四四引)　自爾歸仙後，經秋又過春。白雲尋不得，紫府去無因。此地空明月，何山伴羽人。終期華表上，重見令威身。

唐　劉禹錫《劉賓客文集》卷一《鶴歎二首》　友人白樂天，去年罷吴郡，挈雙鶴雛以歸。余相遇於揚子津，閑玩終日。翔舞調態，一符相書，信華亭之尤物也。今年春，樂天爲秘書監，不以鶴隨，置之洛陽第。一旦，予入門，問訊其家人，鶴軒然來睨，如記相識，徘徊俯仰，似含情顧慕填膺而不能言者。因作鶴歎以贈樂天。「寂寞一雙鶴，主人在西京。故巢吴苑樹，深院洛陽城。徐引竹間步，遠含雲外情。誰憐好風月，鄰舍夜吹笙。」「丹頂宜承日，霜翎不染泥。愛池能久立，看月未成棲。一院春草長，三山歸路迷。主人朝謁早，貪養汝南雞。」

唐　白居易《白氏長慶集》卷二〇《病中對病鶴》　同病病夫憐病鶴，精神不損翅翎傷。未堪再舉摩霄漢，只合相隨覓稻粱。但作悲吟和嘹唳，難將俗貌對昂藏。唯應一事宜爲伴，我髮君毛俱似霜。

又　卷二五《有雙鶴留在洛中，忽見劉郎中，依然鳴顧，劉因爲鶴歎二篇寄予，予以二絶句答之》　辭鄉遠隔華亭水，逐我來棲緱嶺雲。慙愧稻粱長不飽，未曾迴眼向雞羣。

荒草院中池水畔，銜恩不去又經春。見君驚喜雙回顧，應爲吟聲似主人。

又　卷二六《池鶴二首》　高竹籠前無伴侣，亂雞群裏有風標。低頭乍恐丹砂落，曬翅常疑白雪消。轉覺鸕鷀毛色下，苦嫌鸚鵡語聲嬌。臨風一唳思何事，悵望青田雲水遥。池中此鶴鶴中稀，恐是遼東老令威。帶雪松枝翹膝脛，放花菱片綴毛衣。低回且向林間宿，奮迅終須天外飛。若問故巢知處在，主人相戀未能歸。

又　卷二七《歎鶴病》　右翅低垂左脛傷，可憐風貌甚昂藏。亦知白日青天好，未要高飛且養瘡。

唐　元稹《元氏長慶集》卷三《松鶴》　渚宫本坳下，佛廟有臺閣。臺下三四松，低昂勢前卻。是時晴景麗，松梢殘雪薄。日色相玲瓏，纖雲映羅幕。逡巡九霄外，似振風中鐸。漸見尺帛光，孤飛唳空鶴。裴回耀霜雪，顧慕下寥廓。蹋動樛盤枝，龍蛇互跳躍。俯瞰九江水，旁瞻萬里壑。無心眄烏鳶，有字悲城郭。清角已沉絶，虞韶亦冥寞。鶱翻勿重留，幸及鈞天作。

唐　姚合《崔少卿鶴》(《全唐詩》卷五〇二引)　入門石徑半高低，閑處無非是藥畦。致得仙禽無去意，花間舞罷洞中棲。

唐　章孝標《聞雲中唳鶴》(《全唐詩》卷五〇六引)　久在青田唳，天高忽暫聞。翩翻紫碧落，嘹唳入重雲。出谷鶯何待，鳴岐鳳欲群。九皋寧足道，此去透絪縕。

唐　雍陶《放鶴》(《全唐詩》卷五一八引)　從今一去不須低，見説遼東好去棲。努力莫辭仙路遠，白雲飛處免群雞。

唐　陸龜蒙《甫里集》卷一〇《和襲美先輩悼鶴》　一夜圓吭絶不鳴，八公虚道得千齡。方添上客雲眠思，忽伴中仙劍解形。但掩叢毛穿古堞，永留寒影在空屏。君才幸自清如水，更向芝田爲刻銘。

唐　趙嘏《山陽盧明府以雙鶴寄遺白氏以詩回答因寄和》(《全唐詩》卷五四九引)　緱山雙去羽翰輕，應爲仙家好弟兄。茅固枕前秋對舞，陸雲溪上夜同鳴。紫泥封處曾回首，碧落歸時莫問程。自笑滄江一漁叟，何由似爾到層城。

唐　羅隱《羅昭諫集》卷四《病中題主人庭鶴》　遼水華亭舊所聞，病中毛羽最憐君。稻粱且足身兼健，何必青雲與白雲。

唐　李中《鶴》（《全唐詩》卷七五〇引）　九皋羽翼下晴空，萬里心難駐玉籠。清露滴時翹蘚徑，白雲開處唳松風。歸當華表千年後，怨在瑤琴別操中。好共靈龜作儔侶，十洲三島逐仙翁。

唐　李九齡《鶴》（《全唐詩》卷七三〇引）　天上瑶池覆五雲，玉麟金鳳好爲群。不須更飲人間水，直是清流也汙君。

唐　徐寅《徐正字詩賦》卷二《鶴》　閬苑瑶臺歲月長，一歸華表好增傷。新聲乍警初零露，折羽閑飛幾片霜。要伴神仙歸碧落，豈隨鷗雁住方塘。三山頂上無人處，瓊樹堪巢不死鄉。

唐　項斯《病鶴》（《全唐詩》卷五五四引）　青雲有意力猶微，豈料低回得所依。幸念翅因風雨困，豈教身陷稻粱肥。曾遊碧落寧無侣，見有清池不忍飛。縱使他年引仙駕，主人恩在亦應歸。

唐　佚名《鶴鳴九皋》（《全唐詩》卷七八七引）　胎化呈仙質，長鳴在九皋。排空散清唳，映日委霜毛。萬里思寥廓，千山望郁陶。香凝光不見，風積韻彌高。鳳侣攀何及，雞群思忽勞。升天如有應，飛舞出蓬蒿。

宋　歐陽修《文忠集》卷六《思白兔雜言戲答公儀憶鶴之作》　君家白鶴白雪毛，我家白兔白玉毫。誰將贈兩翁，謂此二物皎潔勝瓊瑶。已憐野性易馴擾，復愛仙格何孤高。玉兔四蹄不解舞，不如雙鶴能清嗥。低垂兩翅趁節拍，婆娑弄影誇嬌嬈。兩翁念此二物者，久不見之心甚勞。京師少年殊好尚，意氣橫出爭雄豪。清罇美酒不輟飲，千金爭買紅顔韶。莫令少年聞我語，笑我乖僻遭譏嘲。或被偷開兩家籠，縱此二物令逍遥。兔奔滄海却入明月窟，鶴飛玉山千仞直上青松巢。索然兩衰翁，何以慰無憀？纖腰綠鬢既非老者事，玉山滄海一去何由招。

宋　王珪《華陽集》卷一《和永叔思白兔戲答公儀憶鶴雜言》　兔自明月窟中出，鶴從羣玉峰頭下。人間俗眼未嘗窺，已爲兩家藏以詫。玉堂詞人本仙材，光芒偶落銀河罅。謫向埃塵五十春，所趣無一不瀟灑。爲愛霜蹄特皎潔，貯以雕籠綠襦亞。有時驚躑欻若犇，丹眸眩轉雙珠射。靈昌太守新歸來，惜將清唳寄京舍。玉繩低闕春露寒，常恐陰林惡聲嚇。傳宣忽出右銀臺，詔急許馳天廐馬。却辭丹陛鏁南宮，兔鶴欲攜俱不暇。是時雪後簾幕明，燈火冷落入清夜。兩翁相顧悦有思，便索粉牋揮筆寫。有客月底吟影動，猝繼新章亦奇雅。大都吟苦不無牽，遂約東家看姬姹。醉翁良憤詆高懷，却揮醉墨幾欲駡。我聞此語初未平，隨手欲和思殊寡。玉山滄海莫放翻然歸，纖腰綠鬢何妨爲君倒金斝。

宋　范祖禹《范太史集》卷一《鶴》　王子吹笙去，仙禽下雲端。夜棲松月静，朝舞檜風寒。

宋　曹勛《松隱集》卷六《黄鶴并序》　古樂府有其名而亡其詞。子晉升真後，茅君謁帝初。靈風翔羽葆，舒轡聳雲裾。凌虚前虎節，方駕後龍輿。平旦辭龜嶺，禺中過鳳虚。故里頻遷改，山川遽有無。當時武昌水，清淺轉城隅。

宋　王洋《東牟集》卷六《逢伯氏舊鶴代賦》　引啄苔池浴素翎，野田人遠見精神。羽翰未到青霄路，料汝猶能憶故人。

宋　毛幵《樵隱詞》卷二《瑞仙鶴》　柳風清晝溽，山櫻晚，一樹高紅爭熟。輕紗睡初足。悄無人、欹枕虚檐鳴玉。南園秉燭。歎流光、容易過目。送春歸去，有無數弄禽，滿徑新竹。　閒記追歡尋勝，杏棟西厢，粉牆南曲。別長會促。成何計，奈幽獨。縱湘弦難寄，韓香終在，屏山蝶夢斷續。對沿堦、細草萋萋，爲誰自緑。

金　李俊民《莊靖集》卷三《鶴》　去家丁令威，化身徐佐卿。不戀乘軒寵，九皋堪一鳴。

金　元好問《遺山集》卷三《二月十五日鶴》　九龍岡上玄元祠，人言尊像神所遺。年年二月降靈鶴，來無定數有定期。城頭曉露生新警，萬首望穿雲際影。不知濁世誰下臨，只許霜毛見修整。石壇花落松風冷，戛然長鳴人語定。百年黧老誇見聞，萬里黄冠赴靈應。只從游騎突重圍，城郭并與人民非。可憐陊殿荒烟一作墟裏，無復當年丁令威。

明　徐有貞《武功集》卷五《松崖唳鶴》　仙禽獨愛萬年松，棲處宵看海日紅。惟有蓬萊宫裏客，常聞清唳碧雲中。

明　陳獻章《陳白沙集》卷七《詠鶴》　孤山赤壁兩茫茫，疎柳江邊一草堂。塵世事多黄髮老，仙禽真對縞衣郎。風傳蕙帳聲猶裊，月落芝田影漸長。却怕茶烟生一縷，等閒飛去碧沙旁。

明　朱誠泳《小鳴稿》卷三《悼鶴》　有客有客來青田，貽我縞素之胎仙。放

之庭下自舒逸，有時飛上蒼松巔。落地蹁躚如寄傲，風動霜翎舞還蹈。數聲長唳徹青天，踏破蒼苔猶未掃。丹頂日深毛日蒼，紛紜駕鶴敢同行。幾番露下秋空冷，樹杪戛戛聞悠揚。昨來漫爾穿林去，誤落遼東華表柱。流丸何處忽飛來，毛羽離披嘆遭遇。歸來病骨不可支，浮邱老去誰能醫。可憐一夜竟捐棄，佐卿無復來庭墀。惆悵九皋已陳迹，安得回仙爲裁笛。漢江樓上月明時，吹引天風裂山石。

明 王世貞《弇州續稿》一卷二四《雙鶴》 青田別種是胎仙，午夜清音徹九天。我誦黃庭換凡骨，他時一點破蒼烟。

明 李攀龍《白雪樓詩集》卷七《和馬文侍御賦得飛來雙白鶴》 三花珠樹五雲開，海上雙飛白鶴來。借問分行棲玉署，何如對舞映霜臺。月明華表連翩起，雪滿緱山竝駕回。萬里只今誰比翼，仙禽原自不群才。

清 范承謨《畫壁遺稿》卷二《鶴十》 悮下瑶臺舞太清，翱翔兩腋碧雲平。遼陽華表悲聲壯，季野金牌隋羽輕。習習籠中羞皓月，凄凄籬下卧寒霙。檢看斷翅新毛勁，唳徹長空朝玉京。

清 曹寅《楝亭詩鈔》卷二《北院鶴》 四鶴不同致，翛然神逈超。迭鳴如在野，羣謫未歸霄。深恨羽毛貴，誰加園囿遥。幾時移密竹，休沐静相招。

清 黃之雋《唐堂集》卷二《鶴賦有序》 撫署畜鶴，步入余庭院中玩，其蕭閒澹静，偃仰自得，拳脛而立，宛領而息，展翼而步，竦頂而食，似黠似騃，似嬾似傲，亦無聊之甚也。爰賦之曰：九爲頂兮，竹爲趾。翛厥領兮，穹厥體。衣蹁躚兮，質則癯。影娟好兮，儀甚偉。爾其趣煙裝，謝雲壑。羈虞羅，走塵濁。充下吏之微贄，入鉅公之廣幕。用備員於清翫，敢自殊乎燕雀。然而僚□臺胥之輩尚知貴之，以其爲鶴也。予曰非鶴也，公侯禄之則爲臣，高隱畜之則爲子；歸遼則丁氏僊人，過黃則蘇家道士。使其縱翮雲霄，翔軀溟渤，渴飲流霞，饑啄紺雪，清風白露爲知己，黃石赤松爲同列。既弟鳳而昆鸞，亦舞雲而唳月。今乃爲耳目之玩，而彼豈樊籠之物！是以神情蕭瑟，意態優游。陰鳴奚和，寒話誰酬？亦不媚鮑昭以乞贊，亦不標嵇紹以招尤，亦不邀支遁鎩羽之惜，亦不貽淵材敗道之羞。一若與人兮無預，與世兮何求。彼且不知幕府尊榮之樂，又奚識吾曹羈旅之愁耶。

清 袁枚《小倉山房詩集》卷一〇《闌鶴》 海人貽雙鶴，攜入秋山來。鶴自適野性，人能增遠懷。所嫌園無垣，羽翼恐當乖。千年雖來歸，而我安在哉。取彼青竹竿，編爲三重籬。風月有疆界，去來無是非。不徑而不竇，朝夕舞僛僛。語汝青田翁，莫嫌鸞翮鎩。漢有陳孟公，留客投其轄。

清 魏荔彤《懷舫集·偶遂草·雙鶴》 兩鶴依棲慰客情，同居羨爾志同行。追隨三徑如虚步，翔舞九皋相和鳴。辭漢山東魯二士，求仙海上董雙成。愧余驢背揚州路，公等來遲未一迎。

清 樂鈞《青芝山館集·詩集》卷二二《歸鶴篇并序》 廖復堂都轉蓄二鶴於題襟館，範以笆籬。偶啓其關，一鶴飛去。經月忽復來還，主人喜甚，屬賓客紀其異，爲賦《歸鶴篇》，正月廿四日。

仙人騏驥玉毛羽，丹頂未深作雛語。羊公庭下久雙棲，的的青田好儔侣。誰雄誰雌人莫知，一去一留成別離。樊籠内外隔千里，日暮歸鴉飛滿枝。碧海青天莽遊戲，水寒沙闊無同類。幾度空悽警露心，一朝竟戢凌雲翅。主人恩重渾難忘，且共故羣分稻粱。他時同唳蘭岩月，不羡丹山有鳳皇。

清 永瑆《詒晉齋集》卷三《鶴》 青田雪羽翩，紫府刷雲烟。與鳳翔林日，看松孕珀年。靈傳西海外，壽獻北堂前。清響諧音律，參差下九天。

又 卷四《鶴》 有鶴自西來，集於園池之石磯，家僮欲捉而鎩其羽，驚而去。

青青梧桐枝，威鳳翔清霄。覽輝下容與，翡翠棲蘭苕。微生易所託，身尊蹤跡高。春雲覆我苑，仙禽集晨朝。飲我玉甃池，意態孤且超。愧無廊門琴，致汝來自遥。山梁不可拱，元圃況可招。翩然振翼去，去去求其曹。瀛洲邈荒忽，安得王子喬。詩人託諷諭，三復歌鳴皋。

雜 録

晉 干寶《搜神記》卷一四 滎陽縣南百餘里，有蘭巖山，峭拔千丈。常有雙鶴，素羽皦然，日夕偶影翔集。相傳云，昔有夫婦，隱此山數百年，化爲雙鶴，不絶往來。忽一旦，一鶴爲人所害，其一鶴歲常哀鳴，至今響動巖谷，莫知其年歲也。

南朝宋 劉敬叔《異苑》卷八 晉懷帝永嘉中，徐奭出行田，見一女子，姿色鮮白，就奭言調。女因吟曰：「疇昔聆好音，日月心延佇。如何遇良人，中懷邈無緒。」奭情既諧，欣然延至一屋。女施設飲食而多魚，遂經日不返。兄弟追覓，至湖邊，見與女相對坐。兄以藤杖擊女，即化成白鶴，翩然高飛。奭恍惚，年餘乃差。

南朝梁 任昉《述異志》卷上 噲叅養母至孝。曾有玄鶴，爲戎人所射，窮而歸叅。叅收養療治，瘡愈放之。後鶴夜到門外，叅秉燭視鶴，雌雄雙至，各銜明月珠以置叅家。

又 荀瓌，字叔偉，潛棲即粧。嘗東遊，憩江夏黄鶴樓上，望西南有物飄然降自霄漢，俄頃已至，乃駕鶴之賓也。鶴止户側，仙者就席，羽衣虹裳。賓主歡對，已而辭去，跨鶴騰空，眇然而滅。

宋 徐鉉《稽神録》卷五《金精山木鶴》 處州處化縣金精山，昔長沙王吴芮時，女張麗英飛升之所，道館在焉。巖高數百尺，有二木鶴，二女仙乘之。鐵鏁懸於巖下，非路道所至，不知其所從。其二鶴，嘴隨四時而轉，初不差焉。順義道中百勝軍小將陳師粲者，能卷簟爲井，躍而出入。嘗與鄉里女子遇於巖下，求娶焉。女子曰：「君能射中此鶴，姻即成。」師粲一發而中，臂即無力，歸而病卧如夢，夢見二女道士繞林而行，舞過輒以手拂師粲之目，數四而去，竟致失明而卒。所射之鶴，自爾不復轉，其一猶轉如故。辛酉歲，其女子猶在。師粲之子孫，至今猶爲軍士。

明 曹學佺《明一統名勝志·山西名勝志》卷二《太原府屬·嵐縣》 志云：趙龜頤，嵐縣人。唐開元間，出家紫極宫。喜静坐經行，衣破衲，食藜藿。一日曝粟于庭，忽有一大鳥食粟。龜頤以杖逐之，鳥隨去隨來，凡三復。既而依戀于龜頤跨下，遂悟爲鶴，乃乘之飛集于松頂，隱隱入雲間。似有墜物落于城西高阜，視之，乃前所衣之衲也，號其地爲「脱衣坡」。越明年，此地生小桃一株，每歲早得春色，奇花異狀，非世所有。

明 姚光祚《廣蒙求》卷三七《石室孤松》 滎陽郡南有石室，室後有孤松千丈。常有雙鶴，晨必接翮，夕輒偶影。傳稱昔有夫婦二人，俱隱此室。年既數百，化成雙鶴。

清 揆叙《隙光亭雜識》卷二 昔有仙人鳳子者，隱于農夫之中。一日大雨，有鄰人來借草履，鳳子曰：「他人草履則可借，我之草履乃不借。」其人怒詈之，鳳子即以草履擲與，化爲鶴飛去。故後世名「草履」爲「不借」。昔人詩「遊山雙不借」，謂此。

清 王棠《燕在閣知新録》卷三〇《化鶴》 丁令威有化鶴事。東坡《赤壁賦》謂：鶴化爲道士。又《集異紀》：唐明皇九月獵沙苑，射中飛鶴，帶矢西南飛去。益州道觀有道士徐佐卿寄寓。是日，自外持一箭歸，曰：「吾爲飛矢所傷，已無恙。」因挂箭于壁，書其月日，且云此後十年，箭主至此，付之。後明皇幸蜀，至觀乃見箭。陶侃丁母艱，忽有二客來弔，儀形鮮異，知非常人。遣看之，但見雙鶴冲天而去。又王韶之《神境紀》云：滎陽郡南有蘭巖，常有雙鶴。傳云昔夫婦隱此，年數百歲，化成此鶴。然則有道之士，皆喜化爲鶴耶？

清 乾隆《偃師縣志》卷二二《仙釋》 與故人登山，見子晉棄所乘馬於澗下，駕白鶴，揮手謝時人而去。須臾，馬亦飛去。崔文子嘗學道於子晉，子晉化爲白蜺，持藥與之。文子驚怪，引戈擊蜺，因墜其藥。俯而視之，乃子晉尸也。須臾化爲大鳥，飛鳴而去。

清 黄印《錫金識小録》卷一一《夢鶴投胎》 崇禎丙子科，無錫顧秀才因鄉試寓長干報恩寺僧舍。偶晝寢，忽夢化作白鶴，飛翔空中，心甚快樂。飛至雨花臺畔，見一人家，堂房整麗，匾對精雅，一一悉記。飛入内庭，見數女人擁一婦分娩。鶴忽眼花，遂墮盆中，合家稱慶。鶴驚念曰：「吾本來鄉試，若爲人後，吾必死矣。」乃絶叫而醒，則僮僕圍哭久矣。次日秀才録匾對，命僕尋訪，一一儼在，乃中年無子一富翁也。翁聞悲愴，到寺識認，厚饋秀才曰：「因老身福薄，招不起相公耳。」痛哭而去。

貞符靈瑞

綜述

清 俞樾《茶香室續鈔》卷二四《呂四場仙鶴》 國朝周亮工《書影》云：鶴生他處足皆黑。在南通州呂四場所産，足皆緑，背有龜紋。相傳純陽四至其地，故場名呂四，鶴爲黄鶴遺種云。

紀事

晉 王嘉《拾遺記》卷八 黄龍元年，始都武昌，時越巂之南獻背明鳥。形如鶴，止不向明。巢常對北，多肉少毛。聲音百變，聞鐘磬笙竽之聲則奮翅摇頭。時人以爲吉祥。是歲遷都建業，殊方多貢珍奇。吴人語訛，呼背明爲背亡鳥，國

中以爲大妖，不及百年，當有喪亂背叛滅亡之事。散逸奔逃，墟無烟火，果如斯言。後此鳥不知所在。

南朝宋 劉敬叔《異苑》卷三 晉太康二年冬，大寒。南洲人見二白鶴語於橋下，曰：「今茲寒不減，堯崩年也。」於是飛去。

元 脱脱《宋史》卷六四《五行志》 政和三年九月，大饗明堂，有鶴回翔堂上，明日，又翔于上清宫。是時，所在言瑞鶴，宰臣等表賀不可勝紀。

又 卷一二九《樂志》 崇寧四年七月，鑄帝鼒、八鼎成。八月，大司樂劉昺言：「大朝會宫架舊用十二熊羆按，金錞、簫、鼓、䨲篥等與大樂合奏。今所造大樂，遠稽古制，不應雜以鄭、衛。」詔罷之。又依昺改定二舞，各九成，每三成爲一變，執籥秉翟，揚戈持盾，威儀之節，以象治功。庚寅，樂成，列于崇政殿。有旨，先奏舊樂三闋，曲未終，帝曰：「舊樂如泣聲。」揮止之。既奏新樂，天顔和豫，百僚稱頌。九月朔，以鼎樂成，帝御大慶殿受賀。是日，初用新樂，太尉率百僚奉觴稱壽，有數鶴從東北來，飛度黄庭，回翔鳴唳。

明 牛衷《增修埤雅廣要》卷八《人道門・誕生類・處鶴胎生》 楊億祖文逸，爲僞唐玉山令。億將生，文逸夢一道士自稱「懷玉山人」。未幾億生，有紫毛被體七尺餘，經月乃落。又《本朝名臣傳》云：母章氏始生億，夢羽衣人自言武夷君托化。既誕，則一鶴雛。盡室驚駭，貯而弃之江。其叔父曰：「吾聞間世之人，其生必異。」追至江濵，開視，則鶴蜕嬰兒具焉。體猶有紫毳尺餘，既月乃落。

清 乾隆《長沙府志》卷五《山川志・湘陰》 金雞山縣南三十里，俗傳舊有黄鶴棲此，山鳥羽多黄似金。

藝文

晉 葛洪《西京雜記》卷一 始元元年，黄鵠下太液池，上爲歌曰：黄鵠飛兮下建章，羽肅肅兮行蹌蹌，金爲衣兮菊爲裳。唼喋荷荇，出入蒹葭；自顧菲薄，愧爾嘉祥。

元 吴澄《吴文正集》卷三五《瑞鶴記》 神皇聖帝之於天也，合一而無間。後乎天而我不違天，先乎天而天不違我。凡智足以知天，仁足以事天者，其出入往來，其游行宴息，未嘗不與天俱也。見其日監之在茲，豈徒曰高高在上而已哉！古聖人，以其知天之智，事天之仁，寓之於祀禮，升中於名山，饗帝於吉土，其道深遠矣。是以甘露降，醴泉出，朱草生，四靈假，諸瑞畢應，非偶然而然也。誠之感也如是，故謂之體信以達順。自祀禮不如古而人主敬天之誠無所寓，則專意於禱祠之官焉。祠之儀文各殊，而敬天之誠一也。今皇帝元年之春，左丞相傳旨，命玄教大宗師吴全節於崇真萬壽宫如其教以蕆事，而虔告於天，有報也，有祈也。告天之辭，上自署名省臺，近待之臣肅恭就列，罔敢懈怠。宗師静虚凝神，對越無二。朔南玄教之士服其服，職其職，供給於齋宫者千人，步趨進退，璆鏘以鳴。讚詠倡嘆，疏緩以節，穆穆以愉。夫上皇者，靡所不用其極。將事之時，有鶴自東南而來者三，俯臨祠壇，飛繞久之，乃翺翔而去。成事之旦，有鶴自青冥而下者二，復臨祠壇，飛鳴久之，乃騫翥而上。預祠之臣目觀心異，僉欲刻文以彰瑞應。既而其事上聞，有旨命詞臣撰録。欽惟天子之尊，膺天眷，踐天位，心與天通。若稽諸古，一變之樂能致羽物，九成之韶能來儀鳳。況吾聖天子敬天之誠乎！誠心之感，何所不至！鶴者羽物之族，儀鳳之倫，其致其來固其宜爾。且聞先朝祠事，亦嘗臻此。誠感誠應，今昔同符，宗師嚴持教法，羣工恪奉上意，有以協一人之誠，召靈物之瑞，其美不可以不書。庸敢誦言聖天子敬天之心，推原古聖人知天事天之道，而爲之記。有見於是，有得於斯道者，鏡之哉！泰定甲子歲，季夏之月望日記。

明 沈弘正《蟲天志》卷四 齊高帝《群鶴詠》：八風儛遥翮，九野弄清音。一摧雲間志，爲君苑中禽。

清 吴盛藻《天門集》卷一《瑞鶴賦》 某誕日，有鶴集于庭。羣公獻頌，余亦賦焉。

丹頂而赤目兮，白羽而黑翎。影翔于景福之殿兮，跡步乎辰極之星。名稱于大骹之矛兮，潛踪于夜半之萍。抱生氣而喜鳴兮，豈非造物之仙靈。爾乃虎韔龍堂，貔貅成行。琱弓挂月，豐氣挾霜。景慶獻瑞，紫氣盈廊。僚佐具拜，投壺薦觥。有鶴雙止，舞蹈蹌蹌。蜿蜒俯仰兮，似羅浮之雀躍于貴人。清音嘹喨兮，似吉甫之作誦于生申。羽衣翩躚兮，似霓裳之式歌于大椿。豐姿綽約兮，似麻姑之欲進夫脯麟。吾想夫鶴之爲物也，潔清自好廉而不劌兮，羣處緝和仁慈性兮，朱冠岌岌秉義質兮，松陰憩息擇地智兮，儀表修整氂有禮兮。其唳于青田也，戞然以長；其遊于赤壁也，勁翮浮光；其伴於竹梅也，毛翎生香；其放于鶴亭也，山阿雪颶。爾乃佇于鳧舄之亭兮，閑閑鶴鶴濯于冰壺；立于鵝鸛之羣兮，林林鶴鶴甲裳如茶。設銅鶴于經筵兮，步日影之花磚。貯梓澤之園亭兮，助公

子之流連。吹笙于緱嶺兮，子晉騎之而人仙。登陶侃之親幃兮，二客化形而冲天。聽好音于君側兮，師曠鼓之而來玄。遷眉山于鶴嶺兮，飲珠池而喙墨沼。燕王母于瑤池兮，供蟠桃而並青鳥。神清骨瘦，丰度雲裁。宜其衛君欲以乘軒而林處士欲以爲子也哉。若夫洪崖赤崖，十八洞天；閬風萬丈以聳秀，縣圃千尺以回旋。異鳥飛翔而自得，奇禽上下于林泉。乃侍丹鼎而養息，必需夫胎息之悠綿。是以慶南山之上壽，頌漆園之大年。或進安期之棗兮，或傾北斗之莚。選聲奏難老之咏兮，炊饌簇玉井之蓮。而無若南飛之一曲兮，爲足助鶴齡之十千。今某覽揆之初度兮，羽族亦欲傳音于臺萊。又何必金籠之放鴿兮，始足侑玉貌以銜盃維。時寮寀踴躍，軍士歡呼。爰詢博雅兮文人，考休徵兮曷符。其在《易·中孚》之詞兮，鳴鶴在陰，其子和之，言公之好爵爾縻兮；其在《詩·小雅》之篇兮，鶴鳴于九皋，聲聞于天，言公之受善納諫兮。稽之經而叶吉兮，是用作賦。夫亦猶是燕喜之頌，而竊比于斯禽之忭舞兮。

筆意瀟灑，不徒以淹博見長。尹瀾柱

高雅不群

論　說

明　季本《詩説解頤正釋》卷一七　「鶴鳴于九皋，聲聞于天。魚在于渚，或潛在淵。樂彼之園，爰有樹檀，其下維穀。他山之石，可以攻玉。」比也。

穀，一名楮，惡木也。作穀者，非攻玉，所資者錯也。鶴鳴而聲遠聞，誠之不可掩也。魚潛而或在渚，理之無定在也。此豈有一息之可忽乎？彼園與他山相對，皆以在外者言，謂人之有善，當擇以相從，不可併其惡而不知也。人之有惡，當取以自礪，不可以其不善而遂棄也。此二者，皆取諸人以爲善之事，進德脩業之實功也。人臣之所以誨其君者，莫此爲切。非知道者，其孰能與於此。

「鶴鳴于九皋，聲聞于野。魚潛在淵，或在于渚。樂彼之園，爰有樹檀，其下維蘀。他山之石，可以爲錯。」比也。

鶴長頸，竦身、高脚，頂赤、身白、頸翅、尾黑，常夜半鳴，聲高幾聞八九里。皋澤中，水溢出，所爲坎，從外數至九。蘀木之先落葉者，當指惡木言之，方與下章穀字相應。錯，礪石也。

藝　文

漢　路喬如《鶴賦》（《古文苑》卷三引）　白鳥朱冠，鼓翼池干。舉脩距而躍躍，奮皓翅之㺒㺒乎千反，飛動貌。宛脩頸而顧步，啄沙磧而相懽。豈忘赤霄之上，忽池籞而盤桓。籞音圄。臨池編竹爲之。飲清流而不舉，食稻粱而未安。鶴在池籞間，志常欲高飛遠舉，不甘稻粱之食。猶賢士不爲禄養委身。故知野禽野，性未脱籠樊。賴吾王之廣愛，雖禽鳥兮抱恩。方騰驤而鳴舞，憑朱檻而爲歡。

三國魏　曹植《曹子建集》卷四《白鶴賦》　嗟皓麗之素鳥兮，含奇氣之淑祥。薄幽林以屏處兮，蔭重景之餘光。狹單巢於弱條兮，懼衝風之難當。無沙棠之逸志兮，欣六翮之不傷。承邂逅之僥倖兮，得接翼於鸞凰。同毛衣之氣類兮，信休息之同行。痛美會之中絶兮，遘嚴灾而逢殃。共太息而祗懼兮，抑吞聲而不揚。傷本規之違忤，悵離羣而獨處。恒竄伏以窮栖，獨哀鳴而戢羽。冀大綱之難結，得奮翅而遠遊。聆雅琴之清韻，託六翮之末流。

南朝宋　鮑照《鮑明遠集》卷三《代別鶴操》　雙鶴俱起時，徘徊滄海間。長弄若天漢，輕軀似雲懸。幽客時結侶，提攜遊三山。青繳凌瑤臺，丹羅籠紫煙。海上悲風急，三山多雲霧。散亂一相失，驚孤不得住。緬然日月馳，遠矣絶音儀。有願而不遂，無怨以生離。鹿鳴隱深草，蟬鳴隱高枝。心自有所存，旁人那得知。

南朝梁　吴均《主人池前鶴》（《文苑英華》卷三二八引）　本自乘軒者，爲君堦下禽。低昂多好貌，清唳有奇音。稻粱恩既重，華池遇亦深。顧思未忍去，非無江海心。

南朝梁　蕭綱《登板橋詠洲間獨鶴》（《文苑英華》卷三二八引）　遠霧旦氛氲，單飛纔可分。孤鶩思《類聚》作宿嶼浦，羇唳下江濆。意惑東西水，心迷四面雲。誰知獨辛苦，江上念離羣。

南朝陳　陰鏗《詠鶴》（《佩文齋詠物詩選》卷四二四引）　依池屢獨舞，對影或孤鳴。乍動軒墀步，時轉入琴聲。

南朝梁　庾信《鶴讃》（《文苑英華》卷七八四引）　武成二年春二月，雙白鶴飛集上林園。大將鄭偉布弋設罝，並皆禽獲。六翮已摧，雙心俱怨，相顧哀鳴，孤雄先絶，孀妻向影，天子愍焉。信奏事階墀，立使爲讃。

九臯遥集，三山迥歸。華亭别唳，洛浦仙飛。不防離繳，先遭見羈。《藝文類聚》作臺圖。籠摧月羽，弋碎霜衣。塞傳餘號，闕承舊名。南遊湘水，東入遼城。雲飛欲舞，露落先鳴。六翮摧折，九門嚴閉。相顧哀鳴，肝心斷絶。松上長悲，琴中永别。

唐 孔德紹《賦得華亭鶴》（《文苑英華》卷三二八引） 華亭失侣鶴，乘軒寵遂終。三山陵苦霧，千里激悲風。心危白露下，聲斷綵絃中。何言斯物變，翻復似遼東。

唐 虞世南《飛來雙白鶴》（《全唐詩》卷三六引） 飛來雙白鶴，奮翼遠淩煙。俱棲集紫蓋，一舉背青田。揚影過伊洛，流聲入管弦。鳴群倒景外，刷羽閬風前。映海疑浮雪，拂澗瀉飛泉。燕雀寧知去，蜉蝣不識還。何言别儔侣，從此間山川。顧步已相失，徘徊各自憐。危心猶警露，哀響詎聞天。無因振六翮，輕舉複隨仙。

唐 駱賓王《駱丞集》卷一《送王明府參選賦得鶴》 振衣遊紫府，飛蓋背青田。虚心恒警露，孤影尚淩煙。離歌淒妙曲，别操繞繁弦。在陰如可和，清響會聞天。

唐 李嶠《鶴》（《全唐詩》卷六〇引） 黄鶴遠聯翩，從鸞下紫煙。翱翔一萬里，來去幾千年。已憩青田側，時遊丹禁前。莫言空警露，猶冀一聞天。

唐 張九齡《曲江集》卷五《郡中見群鶴詩》 雲間有數鶴，撫翼意無違。曉日東田去，煙霄北渚歸。歡呼良自適，羅列好相依。遠集長江静，高翔衆鳥稀。豈煩仙子馭，何畏野人機。卻念乘軒者，拘留不得飛。

唐 司空曙《田鶴》（《全唐詩》卷二九二引） 散下渚田中，隱見菰蒲裏。哀鳴自相應，欲作淩風起。

唐 戴叔倫《松鶴》（《全唐詩》卷二七四引） 雨濕松陰涼，風落松花細。獨鶴愛清幽，飛來不飛去。

唐 孟郊《孟東野詩集》卷九《曉鶴》 曉鶴彈古舌，婆羅門叫音。應吹天上律，不使塵中尋。虚空夢皆斷，歆唏安能禁。如開孤月口，似説明星心。既非人間韻，枉作人間禽。不如相將去，碧落窠巢深。

唐 楊巨源《别鶴詞送令狐校書之桂府》（《全唐詩》卷三三三引） 海鶴一爲别，高程方杳然。影摇江漢路，思結瀟湘天。皎然仰白日，真姿棲紫煙。含情九霄際，顧侣五雲前。遐心屬清都，淒響激朱弦。超遥聞風雨，迢遞各山川。東南信多水，會合當有年。雌飛唳冥冥，此意何由傳。

唐 張籍《張司業集》卷三《别鶴》 雙鶴出雲溪，分飛各自迷。空巢在松頂，折羽落紅泥。尋水終不飲，逢林亦未棲。别離應易老，萬里雨淒淒。

唐 張仲素《緱山鶴》（《全唐詩》卷三六七引） 羽客驂仙鶴，將飛駐碧山。映松殘雪在，度嶺片雲還。清唳因風遠，高姿對水閑。笙歌憶天上，城郭歎人間。幾變霜毛潔，方殊藻質斑。迢迢煙路逸，奮翮詎能攀。

唐 吕温《吕衡州集》卷二《賦得失群鶴》 杳杳沖天鶴，風排勢暫違。有心長自負，無伴可相依。萬里寧辭遠，三山詎憶歸。但令毛羽在，何處不翻飛。

唐 劉禹錫《劉賓客文集》卷一《和樂天送鶴上裴相公别鶴之作》 昨日看成送鶴詩，高籠提出白雲司。朱門乍入應迷路，玉樹容棲莫揀枝。雙舞庭中花落處，數聲池上月明時。三山碧海不歸去，且向人間呈羽儀。

唐 白居易《白氏長慶集》卷一《感鶴》 鶴有不羣者，飛飛在野田。饑不啄腐鼠，渴不飲盗泉。貞姿自耿介，雜鳥何翩翾。同遊不同志，如此十餘年。一興嗜慾念，遂爲矰繳牽。委質小池内，争食羣雞前。不惟懷稻粱，兼亦競腥羶。不惟戀主人，兼亦狎烏鳶。物心不可知，天性有時遷。一飽尚如此，況乘大夫軒。

又 卷三二《問鶴》 烏鳶争食雀争窠，獨立池邊風雪多。盡日蹋冰翹一足，不鳴不動意如何。

又 卷二三《失鶴》 失爲庭前雪，飛因海上風。九霄應得侣，三夜不歸籠。聲斷碧雲外，影沉明月中。郡齋從此後，誰伴白頭翁。

又《代鶴答》 鷹爪攫雞雞肋折，鶻拳蹙鴈鴈頭垂。何如斂翅水邊立，飛上雲松棲穩枝。

又 卷三六《池鶴八絶句》 池上有鶴，介然不羣，烏鳶雞鵝次第嘲噪，諸禽似有所誚，鶴亦時復一鳴。予非冶長，不通其意，因戲與贈答，以意斟酌之，聊亦自取笑耳。

雞贈鶴

一聲警露君能薄，五德司晨我用多。不會悠悠時俗士，重君輕我意如何。

鶴答雞

爾争伉儷泥中鬭，吾整羽儀松上棲。不可遺他天下眼，却輕野鶴重家雞。

烏贈鶴

與君白黑太分明，縱不相親莫見輕。我每夜啼君怨别，玉徽琴裏忝同聲。

琴曲有《烏夜啼》《别鶴怨》。

鶴答烏

吾愛棲雲上華表，汝多攫肉下田中。吾音中羽汝中角，琴曲雖同調不同。

《别鶴怨》在羽調，《烏夜啼》在角調。

鳶贈鶴

君誇名鶴我名鳶，君叫聞天我戾天。更有與君相似處，飢來一種啄腥羶。

鶴答鳶

無妨自是莫相非，清濁高低各有歸。鸞鶴羣中彩雲裏，幾時曾見喘鳶飛。

鵝贈鶴

君因風送入青雲，我被人驅向鴨羣。雪頸霜毛紅網掌，請看何處不如君。

鶴答鵝

右軍殁後欲何依，只合隨雞逐鴨飛。未必犧牲及吾輩，大都我瘦勝君肥。

唐 姚合《姚少監詩集》卷一〇《題鶴雛》 羽毛生未足，嶙峭醜於鷄。夜夜穿籠出，擣衣砧上棲。

唐 朱慶餘《台州鄭員外郡齋雙鶴》（《全唐詩》卷五一五引） 丹頂分明音響别，況聞來處隔雲濤。情懸碧落飛何晚，立近清池意自高。向夜雙棲驚玉漏，臨軒對舞拂朱袍。仙郎爲爾開籠早，莫慮回翔損羽毛。

唐 賈島《長江集》卷九《崔卿池上鶴》 月中時叫葉紛紛，不異洞庭霜夜聞。翎羽如今從放長，猶能飛起向孤雲。

唐 杜牧《别鶴》（《全唐詩》卷五二三引） 分飛共所從，六翮勢催風。聲斷碧雲外，影孤明月中。青田歸路遠，丹桂舊巢空。矯翼知何處，天涯不可窮。

又《鶴》（《全唐詩》卷五二二引） 清音迎曉月，愁思立寒蒲。丹頂西施頰，霜毛四皓須。碧雲行止躁，白鷺性靈粗。終日無羣伴，溪邊吊影孤。

唐 李群玉《李群玉詩集》卷下《失鶴》 瑤臺煙霧外，一去不回心。清海蓬壺遠，秋風碧落深。墮翎留片雪，雅操入孤琴。豈是籠中物，雲蘿莫更尋。

又《池州封員外郡齋雙鶴丹頂霜翎仙態浮曠罷政之日因呈此章》 瀟灑二白鶴，對之高興清。寒溪侣雲水，朱閣伴琴笙。顧慕稻粱惠，超遙江海情。應攜帝鄉去，仙闕看飛鳴。

唐 薛能《陳州刺史寄鶴》（《全唐詩》卷五六〇引） 臨風高視聳奇形，渡海沖天想盡經。因得羽儀來合浦，便無魂夢去華亭。春飛見境乘桴切，夜唳聞時醉枕醒。南守欲知多少重，撫毛千萬唤丁丁。

唐 陸龜蒙《笠澤叢書》卷四《夜泊詠棲鴻》 可憐霜月暫相依，莫向衡陽趁逐飛。同是江南寒夜客，羽毛單薄稻粱微。

唐 韋莊《浣花集》卷五《獨鶴》 夕陽灘上立徘徊，紅蓼風前雪翅開。應爲不知棲宿處，幾回飛去又飛來。

唐 雍陶《病鶴》（《全唐詩》卷五一八引） 憶得當時病未遭，身爲仙馭雪爲毛。今來沙上飛無力，羞見檣烏立處高。

唐 釋齊己《白蓮集》卷五《水鶴》 鴛鴦與鸂鶒，相狎豈慚君。比雪還勝雪，同群亦出群。静巢孤島月，寒夢九皋雲。歸路分明過，飛鳴即可聞。

唐 陳季《鶴警露》（《全唐詩》卷二〇四引） 南國商飆動，東皋野鶴鳴。溪松寒暫宿，露草滴還驚。欲有高飛意，空聞召侣情。風間傳藻質，月下引清聲。未假摶扶勢，焉知羽翼輕。吾君開太液，願得應皇明。

宋 范仲淹《范文正公文集》卷五《鶴》 華亭孤立病時身，終日徘徊尚海濵。露掌思高還警夜，芝田音斷欲傷春。千年靈氣何求藥，八變奇姿已過人。莫猷在陰猶寡和，九皋非晚見精神。

宋 歐陽修《文忠集》一卷五七《鶴》 樊籠毛羽日低摧，野水長松眼暫開。萬里秋風天外意，日斜閑啄岸邊苔。

宋 陳襄《古靈集》卷二五《和詠鶴》 恥與籠禽飫稻泉，滿懷霜雪獨蕭然。千年華表曾留語，萬里青雲此息肩。養性最宜棲露苑，引吭時得唳晴天。神仙骨法人難相，除向瑤臺玉簡編。

宋 蘇軾《東坡全集》卷三三《後赤壁賦》 是歲十月之望，步自雪堂，將歸於臨皋。二客從予過黄泥之阪。霜露既降，木葉盡脱。人影在地，仰見明月，顧而樂之，行歌相答。已而歎曰：「有客無酒，有酒無肴，月白風清，如此良夜何？」客曰：「今者薄暮，舉網得魚，巨口細鱗，狀如松江之鱸。顧安得酒乎？」歸而謀諸婦。婦曰：「我有斗酒，藏之久矣，以待子不時之需。」於是攜酒與魚，復游於赤壁之下。江流有聲，斷岸千尺；山高月小，水落石出。曾日月之幾何，而江山不可復識矣！予乃攝衣而上，履巉岩，披蒙茸，踞虎豹，登虬龍，攀棲鶻之危巢，俯馮夷之幽宫。蓋二客不能從焉。劃然長嘯，草木震動，山鳴谷應，風起水湧。予亦悄然而悲，肅然而恐，凛乎其不可留也。反而登舟，放乎中流，聽其所止而休焉。時夜將半，四顧寂寥。適有孤鶴，横江東來。翅如車輪，玄裳縞

衣，戛然長鳴，掠予舟而西也。須臾客去，予亦就睡。夢一道士，羽衣蹁躚，過臨皋之下，揖予而言曰：「赤壁之遊樂乎？」問其姓名，俯而不答。「嗚呼噫嘻！我知之矣。疇昔之夜，飛鳴而過我者，非子也耶？」道士顧笑，予亦驚悟。開户視之，不見其處。

又　卷三六《放鶴亭記》　熙寧十年秋，彭城大水，雲龍山人張君之草堂，水及其半扇。明年春，水落，遷於故居之東，東山之麓。升高而望，得異境焉，作亭於其上。彭城之山，岡嶺四合，隱然如大環，獨缺其西十二，而山人之亭適當其缺。春夏之交，草木際天；秋冬雪月，千里一色；風雨晦明之間，俯仰百變。山人有二鶴，甚馴而善飛，旦則望西山之缺而放焉。縱其所如，或立于陂田，或翔於雲表，暮則[素]東山而歸，故名之曰放鶴亭。郡守蘇軾時從賓客僚吏，往見山人，飲酒於斯亭而樂之。挹山人而告之曰：「子知隱居之樂乎？雖南面之君可與易也。《易》曰：『鳴鶴在陰，其子和之。』《詩》曰：『鶴鳴於九皋，聲聞於天。』蓋其爲物，清遠閑放，超然於塵垢之外，故易詩人以比賢人君子。隱德之士，狎而玩之，宜若有益而無損者，然衛懿公好鶴則亡其國，周公作《酒誥》，衛武公作《抑戒》，以爲荒惑敗亂無若酒者，而劉伶阮籍之徒以此全其真而名後世。嗟夫！南面之君，雖清遠閑放如鶴者，猶不得好，好之則亡其國；而山林遁世之士，雖荒惑敗亂如酒者，猶不能爲害，而況於鶴乎！由此觀之，其爲樂未可以同日而語也。」山人忻然而笑曰：「有是哉！」乃作放鶴招鶴之歌曰：鶴飛去兮，西山之缺。高翔而下覽兮，擇所適。翻然斂翼，婉將集兮，忽何所見？矯然而複擊！獨終日于澗谷之間兮，啄蒼苔而履白石。鶴歸來兮，東山之陰。其下有人兮，黄冠草屨，葛衣而鼓琴。躬耕而食兮其餘以飽汝，歸來歸來兮西山不可以久留！

宋　虞儔《尊白堂集》卷三《觀鶴》　仙格孤高老始成，臨池愛刷羽毛輕。未看月下婆娑舞，且聽風前嘹唳聲。向人自在有真態，伴我官閒無俗情。少待相將林下去，攜笻更引鹿同行。

宋　章樵《古文苑》卷三《鶴賦》　白鳥朱冠，皷翼池干。舉脩距而躍躍，奮皓翅之㲘㲘。飛動貌。宛脩頸而顧步，啄沙磧而相懽。豈忘赤霄之上，忽池籞而盤桓。籞，臨池編竹爲之。飲清流而不舉，食稻粱而未安。鶴在池籞間，志常欲高飛遠舉，不甘稻粱之食，猶賢士不爲禄養委身。故知野禽野，性未脱籠樊。賴吾王之廣愛，雖禽鳥兮抱恩。方騰驤而鳴舞，憑朱檻而爲歡。

宋　葛紹體《東山詩選》卷下《鶴》　丹頂低回疑舞水，雪翎高展欲排雲。也知爾得閑中趣，較得能閑更幾分。

宋　危稹《巽齋小集・鶴》（《兩宋名賢小集》卷二六五引）　楚楚雪衣明，烟霞徑裡行。不官陶令野，有節伯夸清。一見消塵慮，相親長道情。秋風著梧葉，時作九皋聲。

明　陳獻章《陳白沙集》卷五《寄潘留鶴》　有時牛亦坐，何處鶴還留。天台二萬丈，誰踏紫冥謳。

又　卷七《憶鶴》　孤山有月好西湖，只問湖中鶴在無。頸閣瘦軀三尺半，聲搖殘夢四更初。青田別去何由見，赤壁飛來不受呼。寂寞小齋誰作伴，賽蘭香裊舊團蒲。

明　邵寶《容春堂集・後集》卷一二《鶴舞》　誤向丹邱共羽流，多情今得此亭幽。長鳴似與高人語，屢舞誰於醉客求。風羽九逵能抗晚，野心萬里欲横秋。試將衣袖閒招引，轉盡花陰意未休。

明　田藝蘅《香宇集》卷三三《別鶴》　雙鶴有光輝，孤雌忽奮飛。樊籠曾不困，飲啄豈相違。何事乘風去，還期帶月歸。乾坤雖空闊，觸處是虞機。

明　王世貞《弇州四部稿》卷一《二鳥賦有序》　尚書刑部省中有二鶴焉，朱冠縞衣，昂步接趾，日食官廩，優游長年。然每一驤首，雲霄之翼，嘹唳躑躅，若有所恨慕者。余悲其翮鎩而不得飛，嗉結而不能言也，爲短賦以達之。其辭曰：予累曹櫝而夕休兮，步夷猶於周廡。微陽晞於木杪兮，流光冉冉而不下。萬象閴其無值兮，忽浮輝乎儷羽。冠猩血之殷鮮兮，衣陽阿之纖縞。狀委虵以相孫兮，又彷徨而惭侣。首低回其欲訴兮，臆塊結而不得語。內專精而愁視兮，檜柏薈蔚而窘武。忘翅翮之久鎩兮，飄風接而求舉。賈忿志於勝决兮，足離尋而頓處。饑雀啾啾而罷啄兮，翻羡余之托所。何稻粱之見誘兮，將徇口而捐心。華池亘乎莽曠兮，鸞鳳拊翼而酬音。芝禾欝其鋪繡兮，玄露若飴之芬甘。朝奮翼於扶桑兮，蓬萊逮乎夕淹。豈六合之爲跼兮，天地舒而是躭。寄薄命於一秣兮，感恩顧乎非親凫。鷺迫狎而稱類兮，鴻鵠下窺而見尋。愧靈根之賜鍾兮，夕悲鳴而不可禁。

又　卷四四《鶴》　伏頂丹砂天下稀，欲栖珠樹復騫飛。緱山一去無今古，華表千秋有是非。碧海天迴俱遞響，白雲風剪自成衣。君侯縱有乘軒意，不愛人間骨相肥。

又　卷四九《鶴》　引吭長鳴動九霄，丹砂冠頂白雲翹。自從名喚僊禽後，鰍鱔吞聲恨不消。

明　何大復《孤鶴篇》（《梁園風雅》卷七引）　我家孤鶴李侯贈，霜儀皎潔三尺高。向人似矜短羽翼，失侶豈免長呼號。赤霄青雲暮延佇，天長路遠飛不去。日來秋塘啄苦蓼，時向空墻倚修樹。憶昔初在山人家，雌雄和鳴閑且嘉。夜寒對舞庭中月，日暮雙棲嶺上霞。李侯平生重幽德，致此遠自東吴國。金櫳玉檻脱相送，異種奇毛惜不得。一自天涯失舊行，垂頭戢羽空傍徨。朝聞横笛音相和，夕對鳴絃影自傷。荒堦雨濕多泥滓，毛翮摧頹風不起。舊迅那推一鶚先，昂藏且在羣雞裏。吁嗟人世是還非，華表千年更一歸。蓬萊宮内青瑶樹，會接文鵷比翼飛。

清　閔南仲《碎金集》卷下《松上鶴》　玉骨霜毛世外禽，高飛衹合宿喬林。碧城咫尺寧嫌峻，瑶海千尋不厭深。萬仞煙霄飛遠韻，九皐冰雪抱冬心。雙清合得幽人畫，莫遣風車返故岑。

清　張廷玉《澄懷園詩選》卷三《孤鶴》　海山儔侣悵先歸，盡日長鳴和者稀。知爾不離池水意，愛同清影一雙飛。

清　釋元璟《完玉堂詩集》卷九《凍鶴》　霜庭寒獨立，那肯褋雞羣。半夜露將滴，九天聲忽聞。神凝殘臘雪，夢隔故山雲。似解琴聲好，摩霄翅未分。

清　程夢星《今有堂詩後集・漪南集・放鶴》　白鶴來猶小，幾年鳴在陰。原知非近玩，終許返遥岑。豈忘分糧意，當思惜羽心。從今滄海闊，雲路漫相尋。

清　董允汴《和虞爾錫先生十影詩・鶴影》（《續耆舊》卷一二六引）　縞衣雖自惜，相顧每翩蹮。飛宿形無二，低昂態宛然。依依映白璧，渺渺落青田。不羡闌賓鏡，江樓映月圓。

清　弘曉《明善堂詩集》卷一六《鶴》　一聲清唳長，毿毿廊間舞。躑躅步階除，翛然刷翎羽。伴我自朝昏，翱翔棲别圃。讀罷焚名香，戛戛避烟縷。

清　譚宗浚《希古堂集》乙集卷一《鶴賦》　宅東偏有一鶴，因爲賦之。在微物而至潔者，惟孤鶴而已矣。爾其軒軒之質，翯翯之姿，竦長軀以獨立，若高舉以遐思。匹閒雲而適性，唳清露而知時。諒致身於霄漢，詎適玩於庭墀。胡乃雜風塵，墮泥滓。磊落孤拳，褵褷修尾。雨重飛難，霜零怨起。辭飼養於唐宮，逐翱翔於吴市。窺卑枳而厭棲，飲洿池而深恥。風神凋落，毛羽摧殘。孤行蝺獨，長叫辛酸。愁楚霧之多瘴，怯堯年之比寒。悲莫悲兮稻粱，盡遠復遠兮關山。難已焉哉，永隔瑶池，長懷金闕。鎩比鸞毛，哀含鵠血。舊遊則遼海全迷，故侣則羣亭訣絶。入圖畫而惜癯，上琴弦而傷别。魂思閬苑之烟，恨寄緱山之月。支道林見而歎曰：昔年棲托玉宇銅闉，今來漂蕩雁叫鷗飢。悵九皐而路阻，謀二頃以心違。江湖滿地多羅罻，且傍故巢深處飛。

南山峨峨

綜　述

晉　葛洪《抱朴子・内篇》卷三《對俗》　千歲之鶴，隨時而鳴，能登於木。其未千歲者，終不集於樹上也。色純白而腦盡成丹。

宋　歐陽修《文忠集・外集四》卷五四《鶴聯句》　上霄降靈氣，鍾此千年禽。范。幽閒靖節性，孤高伯夷心。歐。頡頏紫霄垠，飄飖滄浪潯。歐。岳湛有仙姿，鈞韶無俗音。范。毛滋月華淡，頂粹霞光深。歐。目流泉客淚，翅垂羽人襟。滕。騰漢雪千丈，點溪霜半尋。范。纖喙礪青鐵，修脛雕碧琳。歐。巖棲干溪樹，澤飲卑蹄涔。滕。鸞皇自塤篪，燕雀徒商參。范。獨翅聳瓊枝，羣舞傾瑶林。歐。病餘霞雲叚，夢回松吹吟。滕。静嫌鸚鵡言，高笑鴛鴦淫。范。金精冷澄澈，玉格寒蕭森。歐。潔白不我恃，腥羶非所任。滕。稻粱不得已，蟣虱胡爲侵。范。天池憶鵬遊，雲羅傷鳳沈。滕。風流超縞一作起積素，雅淡絶規箴。歐。相親長道情，偶見銷煩襟。范。西漢惜馮唐，華皓欲投簪。歐。南朝仰衛玠，清羸疑不禁。滕。端如方直臣，處群良足欽。范。介如廉退士，驚秋猶在陰。范。幾誚鷹隼鷙，羈鞲俄見臨。歐。還嗤梟鷺貪，弋繳終就擒。歐。乘軒乃一芥，空籠仍萬金。滕。片雲伴遥影，冥冥越烟岑。范。長飈送逸響，亭亭疑出一作幽霜砧。歐。蓬瀛忽往來，桑田成古今。歐。願下八佾庭，鼓舞薰風琴。滕。

明　屠隆《陳眉公考盤餘事》卷四《鶴》　鶴，仙禽也。於物爲多壽，感於陽故鳴於子。雄則聲聞數里，雌則聲下而不揚。江陵鶴，澤中多鶴，因以名郡。楊州亦有，惟華亭鶴窠村所出爲得地。蓋自海東飛集於下沙，原非華産。具體高俊，緑足龜文，翔薄雲漢，一舉千里，誠羽族之宗長，仙人之騏驥。他雖有凡格也，相鶴但取標格奇古唳聲清亮。頸欲細而長，足欲瘦而節，身欲人立，背欲直削。身

橫則類歡，頸肥則類鵝鴈矣。隆鼻短口則少眠，高脚踈節則多力，頂若朱紅則善鳴，眼露赤色則視遠，回翎亞膺則體輕，龜背鱉腹則善產，鳳翼雀尾則善飛，輕前重後則善舞，洪髀纖指則善步。蓄之者當居以茅菴，隣以池沼，飼以魚穀鰍鱔。勿以熟食飽其腸胃，使乏精彩而塵倦仙骨。欲教以舞，俟其饑餒，置食於空野。使童子拊掌歡顛摇首起足以誘之，彼則奮翼而唳，逸足而舞矣。習之熟，一聞拊掌即便起舞，謂之食化。空林別墅白石青松更宜此君，以助清興。

藝文

清　鈕琇《觚賸》卷六《秦觚·崆峒鶴》　天下崆峒山五，其在秦地者慶陽平涼之間，相傳爲黄帝問道處。山之絶頂有洞，每天日晴霽則玄鶴一雙從洞中盤旋而下，翅大如車輪。石壁古文刻云此鶴爲堯時。甲申載始見，順治四年復見二雛。今是山遂有四鶴。

唐　白居易《白氏長慶集》卷三一《劉蘇州以華亭一鶴遠寄，以詩謝之》　老鶴風姿異，衰翁詩思深。素毛如我鬢，丹頂似君心。松際雪相映，雞群塵不侵。殷勤遠來意，一隻重千金。

唐　李中《鶴》（《全唐詩》卷七四七引）　警露精神異，沖天羽翼新。千年一歸日，誰識令威身。

唐　韓常侍《和人憶鶴》（《全唐詩》卷七八三引）　拂拂雲衣冠紫煙，已爲丁令一千年。留君且伴居山客，幸有松梢明月天。

明　蕭儀《襪綫集》卷一四《竹鶴》　遼海歸來歲月滚，此君相對净森匕。當時謾説乘軒好，何似林間自在心。

其二

千載辭家老令威，凡砂爲頂雪爲衣。自從華表回頭後，懶向人間嘆是非。

其三

曾伴詩翁遊赤壁，或隨仙客上揚州。披圖偶向僧房見，閑對蒼筤別有秋。

其四

竹逕徐行啄紫苔，西風毛羽亂毰毸。禪房夜月清如許，應化蹁躚道士來。

明　徐有貞《武功集》卷二《檜鶴》　千紅萬紫鬭芳菲，老鶴何曾肯暫依。霜檜一枝栖獨穩，看他鶯燕往來飛。

雁

總論旁喻

題解

《爾雅·釋鳥》　舒鴈，鵝。注：《禮記》曰出如舒鴈，今江東呼鳴。音義：鳴，郭音加。《説文》：音河。《廣雅》云：鳴鵝，鴈也。疏：鵝，一名舒鴈，今江東呼鳴。某氏云：在野舒翼飛遠者爲鵝。李巡曰：野曰鴈，家曰鵝。注：《禮記》曰：出如舒鴈，引《禮記》文也。案：彼云私覿愉愉焉，出如舒鴈。鄭注云：威儀自然，而有行列是也。

鳧鴈醜，其足蹼，注：脚指間有幕蹼，屬相著。其踵企。注：飛即伸其脚跟，企直。音義：踵，章勇反。《聲類》云：足跟也。企，去豉反，字或作跂。跟音根。《釋名》云：足後曰跟。疏：鳧，水鳥也。鴈，陽鳥也。蹼猶蹼，屬相著之謂也。踵，脚跟也。鳧鴈之類，脚指間有幕蹼，屬相著，飛則伸其脚跟，企直也。

漢　許慎《説文》卷四　雁，鳥也。从隹从人，厂聲，讀若鴈。臣鉉等曰：雁，知時鳥，大夫以爲摯，昏禮用之，故从人。五晏切。

明　李時珍《本草綱目》卷四七　鴈　釋名：鴻時珍曰：按《禽經》云：鳱以水言，自南而北，鳱以山言，自北而南。張華注云：鳱鳱並音鴈。冬則適南，集于水干，故字從干；春則嚮北，集于山岸，故字從厈，小者曰鴈，大者曰鴻。鴻，大也。多集江渚，故從江。梵書謂之僧娑。

集解：《别録》曰：鴈生江南池澤，取無時。弘景曰：《詩疏》云：大曰鴻，小曰鴈。今鴈類亦有大小，皆同一形。又有野鵞大于鴈，似人家蒼鵞，謂之駕鵞。鴈在江湖，夏當産伏，故皆往北，恐鴈門北人不食之也。雖采無時，以冬月爲好。恭曰：鴈爲陽鳥，與燕往來相反，冬南翔，夏北徂，孳育于北也，豈因北人不食之乎？宗奭曰：鴈熱則即北，寒則即南，以就和氣。所以爲禮幣者，一取其信，二取其和也。時珍曰：鴈狀似鵞，亦有蒼、白二色。今人以白而小者爲鴈，大者爲鴻，蒼者爲野鵞，亦曰鴚鵞。《爾雅》謂之「鴐鵝」也。鴈有四德：寒則自北而南，止于衡陽，熱則自南而北，歸于鴈門，其信也；飛則有序而前鳴後和，其禮也；失偶不再配，其節也；夜則羣宿而一奴巡警，晝則銜蘆以避繒繳，其智也。而捕者豢之爲媒，以誘其類，是則一愚矣。南來時瘠瘦不可食，北嚮時乃肥，故宜取之。又《漢》《唐書》，並載有五色鴈云。

明　劉侗《名物通》卷九　鴻鴈《爾雅》曰：其足蹼，其踵企，飛則脚根企直。其行斜步側身，出鴈門山。八月來者，其父母也。子稚弱，秋深乃來，北方白鴈是也。北人謂之霜信。晝顧眺候遠，夜警循相衛。《廣雅》曰「鳴鵝」。音何，又音加。一名朱鳥，一名陽鳥。

論説

宋　陸佃《埤雅》卷六《鴈》　《釋鳥》云：「鳧鴈醜其足蹼，其踵企。」郭璞以爲「鳧鴈指間有幕蹼，屬相著，故曰其足蹼」，是也；又曰「飛則脚跟企直」，非是也。踵，足後也，今鳧鴈之醜行則皆前幕布地，後踵企，故曰「其踵企」也。以今鵝觀鴈行，鴨觀鳧行，則槩可見矣。鴈行斜步側身，故《莊子》謂「士成綺鴈，行避影而問老子」。《詩》曰：「鴻飛遵渚，公歸無所，於女信處；鴻飛遵陸，公歸不復，於女信宿。」蓋鴻之爲物，其進也有漸，其飛也有序，又其羽可用爲儀，君子之道也，故比以況周公。《易》曰：「漸之進也。」公歸東都，則之進也，然未至西都，故爲不復。《易》曰：「其羽可用爲儀，吉。不可亂也。」然則禮有以鴻爲儀者，取其行列不亂而已。《禮》曰：「前有車騎，則載飛鴻。」飛鴻則有行列故也。載謂合剥皮毛舉之竿首，若所謂以鴻脰韜杠者。《周官》「以禽作六摯」，「大夫執鴈」，以知保身，又欲有去就之義而不失其序，故執鴈也。鴈夜泊洲渚，令鴈奴圍而警察，飛則銜蘆而翔，以避矰繳，有遠害之道，非特取其有去就之義而已。《鹽鐵論》曰：「噰噰鳴鴈，朝日始旦。登得前利，無蹈後害。」此言婚姻以禮，則有利而無害也。故曰「貴聘而賤逆之，是以君子知出姜之不允於魯矣」。《夏小正》曰：「鴈北鄉。」鄉者何也？鄉其居也。又曰：「遰鴻鴈。」先言「遰」而後言「鴻鴈」者，何也？見遰而後數之，則鴻鴈也。且曰「遰」，猶曰傳其驛舍云爾，非其居也。《法言》曰：「能來能往者，朱鳥之謂與？」燕，一名玄鳥；鴈，一名朱鳥。玄鳥以春分來，朱鳥以春分去。《淮南子》曰：「燕鴈代飛。」此之謂也。且鴈霜降南翔，冰泮北徂，其性惡熱，故中國始寒而北至。舊説鴻鴈南翔，不過衡山，今衡山之旁有峯曰「回鴈」，蓋南地極燠，人罕識雪者，故鴈望衡山而止。陳琳曰：「陸陷藥犀，水截輕鴻。」輕鴻，鴻毛也。《傳》曰：「輕於鴻毛。」今人試刀劒，令髮浮轉

於水，以刃斷之，觀其銛鈍。水截輕鴻，殆類是也。《博物志》曰：「鴻毛爲囊，可以渡江不漏。」案：《昏禮》曰「摯不用死」，故《詩》曰「噰噰鳴雁」，言用生者也。《禽經》曰：「鴻雁愛力，遇風迅舉；孔雀愛毛，遇雨高止。」又曰：「鴈曰翁，鷄曰鴛，鶉曰鷹。」

宋 林之奇《尚書全解》卷八《陽鳥攸居》 漢孔氏曰：隨陽之鳥，鴻鴈之屬是也，冬月來居此澤。曾氏云：去陰就陽，謂之陽鳥，鴈是也，冬日至而日北，及春而鴈北向，夏日至而日南，及秋而鴈南向，鴈之所居，隨日所在，故曰陽鳥。陸農師舉揚子雲《法言》：能往能來者，朱鳥之謂也。鴈一名朱鳥，燕一名玄鳥。玄鳥以春分來，朱鳥以春分去。《淮南子》曰：燕鴈代飛。此之謂也。考數說則陽鳥之謂鴈明矣。陽鳥攸居，謂鴻鴈來居於彭蠡之澤也。諸儒之說皆同，而竊有疑於此。觀此篇所序治水之詳見於九州之下，或山或澤，或川或陵，或平陸或原隰，莫非地名。此州上既言彭蠡，既豬下言三江，既入震澤底定皆是地名，而獨於此三句之閒言陽鳥攸居，非惟文勢之不相稱。然考之九州亦無此例也。夫鴈之南翔乃其天性，有不得不然。豈其洪水未平，遂不南翔乎？古之地名取諸鳥獸之名，如虎牢犬邱之類多矣。《左氏》昭公二十年：公如死鳥。杜元凱釋曰：死鳥，衛地。以是觀之，安知陽鳥之非地名乎？鄭有鳴鴈在陳留雍邱縣，漢北邊有鴈門，人皆以鴈之所居爲名陽鳥，意亦類此。意鴈之南翔所居地名，故取以爲名。攸居者，水退其地可居也。然世代久遠，地名之詳亦無所考。雖實疑其如此，然亦未敢以爲必然也。

宋 羅願《爾雅翼》卷一七《雁》 鴻雁乃一物爾，初無其別，前章已盡之。至《詩》注乃云：「大曰鴻，小曰雁。」雁曷爲有小者？按《淮南鴻烈》云：雁乃兩來：仲秋鴻雁來，季秋候雁來。候雁比於鴻雁而小，故說《詩》者推鴻雁爲鴻，而別以此爲雁也。今北方有白雁，似鴻而小，色白。秋深乃來，來則霜降，河北謂之霜信。蓋白露降五日而鴻雁來，寒露五日而候雁來。候雁之來，在霜降前十日，所以謂之霜信也。唐杜甫詩曰：「故國霜前白雁來。」蓋謂此爾。古者執贄雖用鴻雁，然當亦通用此小者。故春秋曹伯陽好田弋，曹鄙人公孫彊獲白雁獻之；漢武帝太子昏得白雁於上林，以爲贄，即此物也。今《月令》及《周書》，乃不復有鴻雁候雁之別。《月令》則云「八月鴻雁來，九月鴻雁來賓」，《周書》則曰「白露之日鴻雁來，寒露之日又來」。既是一種，何得前後不齊如此？似不應爾。許叔重注二雁，則以爲仲秋時候之雁，從北漠中來，過周雒，南至彭蠡；季秋時候之雁，從北漠中來，南之彭蠡。以爲八月來者，其父母也；是月來者，蓋其子也，羽翼稚弱，故在後耳。而賓字讀聯下句，謂之賓雀，不取來賓之義。今《淮南》乃並作候雁，此當有所據。

明 陳其力《芸心識餘》卷一《白鴈應候》 北方有白鴈，似鴈而小，色白，秋深則來。白鴈至則霜降，河北人謂之霜信。《續墨客揮犀》

芸心子曰：物性不失乎天地之候，所謂得氣之先者也。人爲萬物之靈，所謂得氣之全者也。苟措諸身者，皆能踐其言焉，即能全乎信之德矣。能全乎信之德，即能盡其性矣，故曰君子胡不慥慥爾。

明 余懋學《說頤》卷三《莊鴈荆梟》 莊子出於山舍故人之家，豎子請曰：「其一鴈能鳴，其一不能鳴，孰殺？」主人曰：「殺不能鳴者。」荆之梟，將巢于吳，鳩遇之，曰：「何去荆而巢吳乎？」梟曰：「荆人惡予之聲。」鳩曰：「子如不能革子之音，則吳楚之民不易情也。」鴈以不鳴被殺，梟以惡聲見惡，故惟鳴其當鳴，無鳴其所不可鳴，則幾乎全。

明 何三畏《新刻何氏類鎔》卷三三《鴈》 鴈者，迎素秋而南遊，背青春而北息。稻粱足戀，年年飛去復飛歸；繒弋無虞，處處叫風還叫雨。河長可涉，泝遠水以鳴號；海濶難踰，凌洪波以鼓翼。霧闇相失，帶餘霜而暮羽頻稀；沙明共翔，當狹隴而朝聲輒聚。盖自雲中而來塞外，非同鶩食而在雞群者也。雁行則左者在左，右者在右，翩翩分隊而飛，以整後先之序。雁奴則大者居中，小者居外。夜夜遶圍而警，以防採捕之虞。縫鴻毛以爲囊，可以渡江而不漏。拾雁翅以爲盖，可以避暑而不炎矣。凡成姻者，而男子以鴈奠也，取其南北不失節。凡謁見者，而大夫以爲贄也，取其往來能候時。漢武帝之獲朱鴈也，以爲樂府而作歌。唐高宗之獲白鴈也，以爲婚贄而成禮。陳群父子有高名，常被召命，同時而羔鴈爲之成群。虞國少時有孝行，常守日南，每出而飛鴈隨之行縣。文侯竊趙倉唐獻鴈之事，遂定儲位，而父子以親。梁君聽公孫龍重鴈之言，遂止射人，而田獵以廢。齊桓公得管夷吾爲相，桓公取雁以歎之，而曰寡人之得仲也，如其羽翼之功。秦穆公得百里奚爲相，公孫□取雁以賀之，而曰吾君之得奚也，實爲社稷之福。石雁在郊者，得雌雄于北嶽，可以徵祥。錦雁浮水者，鋪錦繡于温泉，可以供御。有號爲鮑孤雁者，以賞鮑當之。《詩》有號爲朱落雁者，以名朱漢賓之射，非無謂耳。

項羽之至鴻山闗而射苐一鴈也，鴈以折弓而飛。史萬歲之擊尉遲迥而射苐

三鴈也，鴈以應弦而落。更羸之處京臺而射東來鴈也，鴈以虚發而下。莊生之在故人舍而烹不鳴鴈也，鴈以不材而終。

綜述

《禽經》 鳱，以水言，自北而南。

鴚音鴈，隨陽鳥也。冬適南方，集於江干之上。故字從干。

鳱，以山言，自南而北。

鳽亦音鴈，中春寒盡，鴈始北嚮。燕代尚寒，猶集於山陸岸谷之間，故字從厈。

霜蜚則霜。

鸘鷞，鳥名，其羽可爲裘以辟寒。鸘鷞飛則隕霜。

寀寮雝雝，鴻儀鷺序。

鴻鴈屬，大曰鴻，小曰鴈，飛有行列也。鷺，白鷺也，小不踰大，飛有次序，百官縉紳之象。《詩》以振鷺比百寮，雍容喻朝美。《易》曰：「鴻漸于干、于磐，聖人皆以鴻鷺之羣擬官師也。」

舒鴈鳴前後和。

舒鴈飛，成行也，雌前呼，雄後應也。

羣棲，獨警。

夜棲川澤中，千百爲羣，有一鴈不瞑，以警衆也。

明 焦竑《焦氏筆乘》卷三《奠雁》 奠雁，古禮也。《詩》云：雝雝鳴鴈，旭日始旦。士如歸妻，迨水未泮。親迎執鴈，先儒謂取不再偶之義，竊恐未然。蓋古人重冠昏，皆以士而用大夫車服，不以爲僭。大夫相見，執鴈昏禮。既以士而服大夫之公服，乘大夫之墨車，則見婦翁不得不用大夫之贄禮矣。士宜執㒚，奚執大夫之鴈，取其攝盛也。若謂親迎之始，遂期其將來，如孤雁失不再偶，可謂祥乎？冠禮三加幞頭，服公服，革帶，納韡執笏，與此同義。

明 佘懋學《説頤》卷三《食鴈銅臭》 度遼將軍皇甫規解官歸安定，鄉人有以貨得鴈門太守者，書刺謁規。規卧不迎，既入，問：「卿前在郡，食鴈美乎？」有頃，白王符在門。規倒履出迎，還與同坐，極歡。時人爲之語曰：「徒見二千石，不如一縫掖。」崔烈入錢五百萬爲司徒，聲譽衰減。嘗問其子鈞曰：「吾居三公，于議者何如？」對曰：「大人少有聲稱，歷位卿守，論者咸謂當爲三公。而今登其位，天下失□。」烈曰：「何爲其然也？」對曰：「論者嫌其銅臭。」烈怒，舉杖擊之。嗟夫，今之時都高官，享厚禄，輒施施驕倨，友朋欽其貴達，子孫憑其威力，何論所自哉！然烈之入錢，猶爲納之官家。今也納交權門，通賄近侍，昏夜乞哀以求之，而以驕人於白日，則又銅臭之不若矣。

明 吴雨《毛詩鳥獸草木考》卷一《鴈》 鴈，陽鳥也，一名朱鳥，似鵝，畏寒，秋南冬北，自河北渡江南，疲瘠能高飛，不畏繒繳。江南沃饒，每至春還河北，體肥不能高飛，恐爲虞人所獲，常啣蘆數寸以防繒繳，夜棲川澤，千百爲群，有一不眠以警衆也。飛有行列，前呼後應。自關而東謂之鴚鵝，南楚之外謂之鵝。或謂之蒼鴚，今江東呼爲鴚。今北方有白鴈，似鴻而小，色白，秋深乃來，來則霜降，河北謂之霜信。《月令》云：八月鴻鴈來，九月鴻鴈來賓。《周書》云：白露之日鴻鴈來，寒露之日又來。既是一種，何得前後不齊，如此似不應耳。許叔重注：二鴈則以爲仲秋時候之鴈，從北漠中來，過周雒南去至彭蠡。季秋時候之鴈，亦從北漠中來，南之彭蠡。以爲八月來者，其父母也。是月來者，盖其子也。羽翼稚弱，故在後耳。《禮記》曰：仲秋來者爲主，季秋來者爲賓也。

又**《鴻》** 鴻，水鳥也，似鴈而大，與鴈皆産塞北，知避陰陽寒暑者。春則避陽暑而北，秋則避陰寒而南。《管子》曰：「鴻鴈春北秋南，不失其信。」《禮記》曰：「大者曰鴻，小者曰鴈。自北而來於中國也。」《詩義疏》曰：「鴻鵠羽毛光澤純白，似鶴而大，長頸肉美如鴈。又有小鴻，大小如㒚，色亦白，今人直謂之鴻也。」《博物志》云：「鴻鵠至千歲皆胎産。」

明 馮復京《六家詩名物疏》卷一〇《鴈》 《夏小正》云：正月鴈北鄉。鄉者何也？鄉其居也。鴈以北方爲居。何以謂之爲居？生息長焉爾。九月遰，鴻鴈遰徃也。《周禮·六摯》：大夫執鴈。又云：萿菹鴈醢。又曰：鴈宜麥。《儀禮·士相見》曰：下大夫相見以鴈，飾之以布。注：鴈，取其知時，飛翔有行列也。《士昏禮》云：下達納采，用鴈。執鴈，請問名。納吉用鴈，請期用鴈。注：用鴈爲贄者，取其順陰陽徃來。《周書》曰：白露之日，鴻鴈來。鴻鴈不來，遠人背畔。小寒之日，鴈北鄉。鴈不北鄉，民不懷至。《爾雅》云：㒚鴈醜，其足蹼，其踵企。郭璞曰：脚指間有幙蹼，屬相著，飛則脚跟企直。《春秋説題辭》云：鴈之言鴈鴈，起聖以招期，知晚蚤。故鴈南北，以陽動也。《禽經》云：鳱以水言，自北而南；鳱以山言，自南而北。《春秋繁露》云：凡贄，大夫用鴈。有類長

者在民上，必有先後。鴈有行列，故以爲贄。《吕氏春秋》云：仲秋之月，候鴈來。季秋之月，候鴈來。許慎注云：候時之鴈，從北漠中來，南過周雒之彭蠡。八月來者，其父母也。其子羽翼稚弱，未能及之，故九月來過周雒。《方言》云：自關而西謂鴈「鳴鵝」，南楚之外謂之「鵞」，或謂之「鶬鳴」。《古今注》云：鴈自河北渡江，瘦瘠能高飛，不畏矰繳。江南沃饒，每至還河北，體肥不能高飛，嘗啣蘆長數寸，以防矰繳。《淮南子》云：鴈從風而飛，以愛氣力。《物類相感志》云：大曰鴻，小曰鴈，陽鳥也。夜宿洲中，鴻在内，鴈在外，遂更驚避，備狐與人之捕己。《山海經》云：鴈門山，鴈出其間，在高柳北。《本草衍義》云：鴈得中和之氣，熱則即北，寒則即南，以就和氣。所以爲禮幣者，一取其信，二取其和。《埤雅》云：鴈行斜步側身，故《莊子》謂士成綺「鴈行避影，而問老子」。一名朱鳥。《法言》曰：能來能往者，朱鳥之謂與。《雅翼》云：今北方有鴈，似鴻而小，秋深乃來，來則霜降，河北謂之霜信。

清 陸次雲《事文標異》卷五《鴻雁來》 《月令》春候雁北，秋鴻雁來，冬雁北鄉。此十二候之中，雁居其四，重德禽也。戴禮《夏小正》之文則更詳曰：「雁北鄉者，何見雁而後數其鄉也。鄉者何鄉？其居也，雁以北爲居，何以謂之居？生且長焉爾。九月來鴻雁，先言來而後言鴻雁，何見來而後數之，則鴻雁也。何不謂南鄉？非其居也。至於鷹爲鳩，善變而之仁也，故其言之也，盡其辭也。鳩爲鷹，變而之不仁也，故不盡其辭也。」此皆禮文之所未有。二戴之於禮，其功非小補也。

清 嵇璜《續通志》卷一八〇 鴈，陽鳥也。《禽經》曰：鳱以水言自北而南，鳱以山言自南而北。注：鳱音鴈，隨陽鳥也。冬適南方，集於江干之上，故字從干。鳱亦音鴈，中春寒盡，鴈始北嚮。燕代尚寒，猶集於山陸岸谷之間，故字從厈。《方言》云：鴈自關而東謂之駉音加鵞，南楚之外謂之鵞，或謂之鶬駉。《爾雅》云：鳧鴈醜，其足蹼，其踵企。脚指間有幕蹼，屬相著，故曰其足蹼，飛則脚跟企直，故曰其踵企。《古今注》：鴈嘗啣蘆數寸，以防矰繳。鴈從風而飛，以愛氣力，見《淮南子》「鴈行斜步側身霜降」。南翔，冰泮北徂。其性惡熱，故中國始寒而北至，見《埤雅》。

鴻，鴈類，亦陽鳥也。羽毛光澤純白，似鶴而大，長頸，肉美如鴈。又有小鴻如鳧，色亦白，今人直謂鴻也。《博物志》云：鴻鵠千歲，皆胎産。鴻鴈大畧□□，以季秋而來賓，一同也。□如家鵞，二同也。進有漸，而飛有序，三同也。鴈色蒼，而鴻色白，一異也。鴈多羣，而鴻寡侶，二異也。鴈飛不過高山，而鴻薄雲表，三異也。毛有粗細，形有大小。

藝文

《詩經・國風・九罭》 九罭之魚鱒魴。我覯之子，袞衣繡裳。鴻飛遵渚，公歸無所，於女信處。鴻飛遵陸，公歸不復，於女信宿。是以有袞衣兮，無以我公歸兮，無使我心悲兮。

《詩經・小雅・鴻雁》 鴻雁於飛，肅肅其羽。之子于征，劬勞於野。爰及矜人，哀此鰥寡。鴻雁于飛，集於中澤。之子於垣，百堵皆作。雖則劬勞，其究安宅？鴻雁於飛，哀鳴嗷嗷。維此哲人，謂我劬勞。維彼愚人，謂我宣驕。

《楚辭・九辯》 燕翩翩其辭歸兮，蟬寂漠而無聲。雁廱廱而南遊兮，鵾雞啁哳而悲鳴。

晉 孫楚《雁賦》（《漢魏六朝百三家集》卷四一引） 有逸豫之雋禽，稟和氣之清沖。候天時以動静，隨寒暑而污隆。飈同集于曠野，紛羣翔於雲中。翳朝陽之景曜，角聲勢於晨風。族類阜繁，數則千億。迎素秋而南遊，背青春而北息。泝長川以鳴號，淩洪波以鼓翼。任自然而相佯，窮天壤於八極。

晉 成公綏《鴻雁賦》（《漢魏六朝百三家集》卷五一引） 余嘗遊乎河澤之間，是時鴻雁應節而羣至，望川以奔集。夫鴻漸著羽儀之歎，《小雅》作於飛之歌，斯乃古人所以假象興物，有取其美也。余又奇其應氣而知時，故作斯賦。

辰火西流，秋風厲起，軒翥鼓翼，抗志萬里。過雲夢以娱遊，投淮湘而中憩，晝顧眺以候遠，夜警循而相衛。

北周 王褒《詠雁》（《文苑英華》卷三二八引） 伺朝聞曙響，妬隴有春聲。豈若雲中鴈，秋時塞外歸。河長猶可涉，海闊故難飛。霜多聲轉急，風疎行屢稀。園池若可至，不復怯虞機。

唐 虞世南《侍宴歸雁堂》（《全唐詩》卷三六引） 歌堂面渌水，舞館接金塘。竹開霜後翠，梅動雪前香。鳧歸初命侣，雁起欲分行。刷羽同棲集，懷恩愧稻粱。

唐 李世民《賦得早雁出雲鳴》（《全唐詩》卷一引） 初秋玉露清，早雁出空鳴。隔雲時亂影，因風乍含聲。

唐　駱賓王《駱丞集》卷一《詠鴈》　唼藻蒼梧遠，銜蘆紫塞長。霧深悲晚景，風急斷秋行。陣照通宵月，書封幾夜霜。無復能鳴分，空如愧稻粱。

唐　李嶠《李嶠雜咏》卷上《靈禽部十首・鴈》　春暉滿朔方，歸鴈發衡陽。望月驚弦影，排雲結陣行。往還倦南北，朝夕苦風霜。寄語能鳴伴，相隨入帝鄉。

唐　李白《李太白文集》卷三《鳴雁行》　胡雁鳴，辭燕山，昨發委羽朝度關。一一銜蘆枝，南飛散落天地間，連行接翼往復還。客居煙波寄湘吴，淩霜觸雪毛體枯，畏逢矰繳驚相呼。聞弦虚墜良可籲，君更彈射何爲乎？

唐　杜甫《官池春雁二首》（《全唐詩》卷二二七引）　自古稻粱多不足，至今鸂鶒亂爲群。且休悵望看春水，更恐歸飛隔暮雲。青春欲盡急還鄉，紫塞甯論尚有霜。翅在雲天終不遠，力微矰繳絶須防。

又《歸雁》（《全唐詩》卷二三三引）　聞道今春雁，南歸自廣州。見花辭漲海，避雪到羅浮。是物關兵氣，何時免客愁。年年霜露隔，不過五湖秋。

又《水宿聞雁》（《全唐詩》卷二八三引）　早雁忽爲雙，驚秋風水窗。夜長人自起，星月滿空江。

又《揚州早雁》（《全唐詩》卷二八三引）　江上三千雁，年年過故宫。可憐江上月，偏照斷根蓬。

唐　白居易《白氏長慶集》卷一二《放旅雁》　九江十年冬大雪，江水生冰樹枝折。百鳥無食東西飛，中有旅雁聲最饑。雪中啄草冰上宿，翅冷騰空飛動遲。江童持網捕將去，手攜入市生賣之。我本北人今譴謫，人鳥雖殊同是客。見此客鳥傷客人，贖汝放汝飛入雲。雁雁汝飛向何處，第一莫飛西北去。淮西有賊討未平，百萬甲兵久屯聚。官軍賊軍相守老，食盡兵窮將及汝。健兒饑餓射汝吃，拔汝翅翎爲箭羽。

唐　李渤《桂林歎雁》（《全唐詩》卷四七三引）　三朝四黜倦遐征，往復皆愁萬里程。爾解分飛卻回去，我方從此向南行。

唐　杜牧《早雁》（《全唐詩》卷五二二引）　金河秋半虜弦開，雲外驚飛四散哀。仙掌月明孤影過，長門燈暗數聲來。須知胡騎紛紛在，豈逐春風一一回？莫厭瀟湘少人處，水多菰米岸莓苔。

唐　于鄴《秋夕聞雁》（《全唐詩》卷七二五引）　星漢欲沉盡，誰家砧未休。忽聞涼雁至，如報杜陵秋。千樹又黄葉，幾人新白頭。洞庭今夜客，一半卻登舟。

唐　林寬《聞雁》（《全唐詩》卷六〇六引）　接影横空背雪飛，聲聲寒出玉關遲。上陽宫裏三千夢，月冷風清聞過時。

唐　黄滔《黄御史集》卷三《雁》　楚岸花晴塞柳衰，年年南北去來期。江城日暮見飛處，旅館月明聞過時。萬里風霜休更恨，滿川煙草且須疑。洞庭雲水瀟湘雨，好把寒更一一知。

唐　陸龜蒙《甫里集》卷七《雁》　南北路何長，中間萬弋張。不知煙霧裏，幾隻到衡陽。

又《鳴雁行》（《全唐詩》卷二二五引）　朔風動地來，吹起沙上聲。閨中有邊思，玉箸此時横。莫怕兒女恨，主人烹不鳴。

唐　陸龜蒙《笠澤叢書》卷四《孤雁》　我生天地間，獨作南賓雁。哀鳴慕前侣，不免飲啄晏。雖蒙小雅詠，未脱魚網患。況是婚禮須，憂爲弋者篡。晴鳶争上下，意氣苦淩慢。吾常嚇鵷雛，爾輩安足訕。回頭語晴鳶，汝食腐鼠慣。無異駑駘群，戀短豆皂棧。豈知瀟湘岸，葭菼頻萍間。有石形狀奇，寒流古來灣。閑看麋鹿志，了不憂芻豢。世所重巾冠，何妨野夫丱。騷人誇蕙芷，易象取陸莧。漆園逍遥篇，中亦載斥鷃。汝惟材性下，嗜好不可諫。身雖慕高翔，糞壤是盼盼。或聞通鬼魅，怪祟立可辯。硩蔟書尚存，甯容恣妖幻。

唐　吴融《新雁》（《全唐詩》卷六八七引）　湘浦波春始北歸，玉關摇落又南飛。數聲飄去和秋色，一字横來背晚暉。紫閣高翻雲冪冪，灞川低渡雨微微。莫從思婦臺邊過，未得征人萬里衣。

唐　釋齊己《白蓮集》卷二《歸雁》　塞門春已暖，連影起蘋風。雲夢千行去，瀟湘一夜空。江人休舉網，虜將又虚弓。莫失南來伴，衡陽樹即紅。

又　卷一〇《聞雁》　瀟湘浦暖全迷鶴，邏逤川寒只有雕。誰向孤舟憶兄弟，坐看連雁度横橋。

唐　盧汝弼《聞雁》（《全唐詩》卷六八八引）　秋風蕭瑟静埃氛，邊雁迎風響咽群。瀚海應嫌霜下早，湘川偏愛草初薰。蘆洲宿處依沙岸，榆塞飛時度晚雲。何處最添羈客恨，竹窗殘月酒醒聞。

唐　徐寅《徐正字詩賦》卷二《鴻》　行如兄弟影連空，春去秋來燕不同。紫塞別當秋露白，碧山飛入暮霞紅。宣王德美周詩內，蘇武書傳漢苑中。況解銜蘆避弓箭，一聲歸唳楚天風。

宋　田錫《咸平集》卷九《鴈陣賦以葉落南翔雲飛水宿爲韻》　絶塞霜早，陰山

順飛，有翔禽兮北起，常遵渚以南歸。一一彙征，若陣行之甚整；嗷嗷類聚，比部曲以相依。當乎朔埜九秋，湘天萬里。風蕭蕭兮吹白草，雁雝雝兮向寒水。單于臺下，繁笳之哀韻催來；句踐城邊，兩槳之幽音驚起。頡頏交相，翩翻迭翔。似魚麗之布列，若鵝鸛之舒張。疎密有緒，高低載颺。天空而殘月鋪影，水潤而微雲間行。應遵丹鳳詔書，咸增躍躍；雖是蒼鷹鷙勇，敢擊堂堂。觀其唳青霜，横碧落，歷江渚，達沙漠。來若羽林騎士，聞一鼓以争前；去如翼衛材官，聽摐金而稍却。豈天陣地陣之能詢，何圓陣方陣之足云，但見乘夕靄，拂朝雲。羽翼自高，不讓於漢家飛將；煙霞遠没，疑況於朔漠孤軍。宜乎後伍先偏，聲交影接。當塞上之飄雪，值江皋之墮葉。縱横勢定，陣圖按牧野之師；綽約體輕，兵法試吴宫之妾。惟有淮之北，漢之南，山如畫，水如藍。離離而霞彩旁襯，一一而波光遠涵。旋成偃月之形，悠颺可愛；忽變常山之勢，首尾相參。乃知接武煙鴻，追蹤霜鵠。既横空而似陣，自違寒而順燠。北方遠兮南圖，遥雲飛兮水宿。

宋 文彦博《潞公文集》卷二《鴈字賦雲净天遠騰翥成字》 草木落兮鴈來賓，揚清音兮凌紫氛。迤邐而齊舒勁羽，聯翩而宛類崩雲。幾陣斜飛，認初成於鳥跡；數行高翥，疑上褋於天文。時也秋風高，秋氣净，嗈嗈而奮翮彌遠，肅肅而排空逾勁。初同洒翰，如絲之密雨輕籠；幾訝書紳，似練之澄江下映。莫不魚貫星聯，踈而復連。極望而廻鸞宛若，仰觀而返鵲依然。常因避繳以横飛，畫開飛霧；幾爲隨陽而上擊，點破青天。理翰方道，傳書更遠，銜蘆而倒薤宜並，遵渚而偃波相混。暮穿霞綺，依稀而竇氏廻紋；曉拂雲羅，髣髴而仲尼華衮。徒觀其一一成列，翩翩上騰。自得羽書之妙，固非蟲篆之能。拂巖岫以徊翔，宜刊翠琰；觸網羅之縈絆，可代結繩。寧假染濡，自隨騰翥，精研靡在於彤管，凌厲皆侔於玉筯。水宿近蒹葭露下，垂露勢全；雲飛經螮蝀橋邊，題橋象著。堪銘鴛序，可志鵬程。比人文而雖異，紀鳥道以惟明。不識不知，皆因效奎而制；自南自北，悉同取史而成。是何羽族之中，斯禽有異，違朔塞而整翮，颺秋天而成字。彼螢冠之與蟬，緌非吾族類。

宋 王安石《臨川文集》卷一〇《飛鴈》 鴈飛冥冥時下泊，稻粱雖少江湖樂。人生何必慕輕肥，辛苦將身到沙漠。漢時蘇武與張騫，萬里生還值偶然。丈夫許國當如此，男子辭親亦可憐。

又 卷一八《集禧觀池上詠野鵝》 池上野鵝無數好，晴天鏡裏雪毰毸。似憐暄暖鳴相逐，疑戀寬閑去却回。京洛塵沙工點汙，江湖矰弋飽驚猜。羽毛的的人難近，嗟此謀身或有才。

又 卷三〇《池鴈》 羽毛摧落向人愁，當食哀鳴似有求。萬里衡陽冬欲暖，失身元爲稻粱謀。

宋 強至《祠部集》卷六《詠鴈》 乾坤摇落滿風霜，候鳥來時道路長。玉塞哀音驚遠戍，滄洲寒影伴殘陽。燈前客鬢愁雙白，天外鄉書斷一行。莫倚善飛江漢闊，暗中矰繳絶須防。

宋 張耒《柯山集》卷一八《雁》 知時避就物之難，千里瀟瀟振羽翰。水國稻收朝食乏，海天霜重夜飛寒。煙雲秋去南山暖，風日春歸朔野寬。九萬騰凌那可測，弋人矰繳漫多端。

宋 陳造《江湖長翁集》卷一七《題長沙新到鴈圖》 渺莽雪波烟渚，有底鼓翅相呼。如老子載家去，眼明見甓社湖。甓社，高郵湖，山谷詩亦云。

又 卷二〇《題因師百鴈圖二首》 蓼灘蘆渚好徜徉，肯便雲天去作行。未用選奴防夜燎，不妨結伴傲晨霜。

聞道崔公作蘆鴈，端如莊叟玩儵魚。騫翔唼啑妙百態，君看老因槃薄餘。

宋 王令《廣陵集》卷一七《送雁》 來時羣雁去相隨，病眼看天遠不知。爲有客愁歸未得，獨凴斜日望多時。遲遲南國無春雪，細細東風滿柳枝。蝴蝶黄鸝有期約，好加歸翥莫令遲。

宋 張鎡《南湖集》卷五《贈鴈》 我自江鄉有姓名，相逢契合義相親。連行幾宿來棲草，戢翼常時想避人。石岸風高難到縣，今宵船住定爲隣。南湖若肯尋幽隱，却把衷腸自縷陳。

又 卷八《看鴈》 曉晴羣鴈欲何之，正是青天似紙時。横斜數行有聲字，服殺虚空解作詩。

金 趙秉文《白鴈》（《全金詩增補中州集》卷九引） 波净影逾白，霜清鳴更哀。乾坤雙鬢老，風雪一聲來。林迥隱猶見，天長去復回。物情嫌太潔，莫使羽毛催。

金 李俊民《莊靖集》卷三《雁》 俄見天邊字，徒銷客裏魂。一書言不盡，爲我叙寒温。

元 劉鶚《惟實集》卷六《白雁》 稻粱寒暑老營營，贏得秋霜滿背明。夜月蘆花空有影，江天雪暮但聞聲。鮮鮮固與常禽異，皦皦尤爲俗眼驚。珍重素衣須自愛，緇塵近日滿江城。

明 林弼《林登州集》卷三《鴻雁》 嗸嗸鴻雁肅肅飛，秋風南征春北歸。分行已深兄弟念，哀鳴復重民生悲。吴江水深楚雲斷，美人銀筝動清怨。忍將尺素寄遠遊，萬里遥天寸心亂。西風冷入蘆花秋，稻粱晚歲難爲謀。瀟湘秖今多旅客，有聲莫度岳陽樓。

明 倪嶽《清溪漫稿》卷二《蘆雁》 秋霖初霽水滿湖，西風颯颯吹黄蘆。垂楊娜娜葉已枯，沿堤尚帶烟糢糊。沙洲薄暮多黍菰，畢羅之患應絶無。隨陽有鳥羣相呼，食兮宿兮真足娱。

又 卷九《閒中偶題蘆雁遂成十絶》 雁飛初到楚江頭，叫破衡陽一叚秋。寂寞西風明月夜，蘆花如雪點汀洲。回雁峯前湘水頭，隨陽來往自春秋。月明遠度黄龍塞，夜静長鳴白鷺洲。滿地蘆花笑白頭，客懷牢落正驚秋。雁聲和月回殘夢，寒影翩翩下遠洲。月明十二碧峯頭，霜落沅湘水似秋。涼思也驚鴻雁侣，相呼相唤在河洲。燕尾沙長出水頭，瀟湘風月正新秋。翩翩寒雁投荒渚，簌簌霜蘆帶淺洲。蕭蕭涼月墮樓頭，雁影初傳紫塞秋。叫得客愁無處着，却隨蘆荻老孤洲。梧葉驚秋落井頭，天涯旅客正悲秋。更堪月夜寒聲起，江上菰蒲落雁洲。一曲清溪帶石頭，夜涼歸思不勝秋。却憐遠夢隨征雁，飛落江南第幾洲。水清沙碧没磯頭，歸雁聲中兩度秋。欲問稻粱何處好，西風彭蠡白蘋洲。楚水悠悠欲盡頭，一雙歸雁遠鳴秋。可應榆塞經過地，不及蘋江遠近洲。

明 祝允明《懷星堂集》卷八《銜蘆雁》 歲歲隨陽計，秋風三尺蘆。上林光景好，不見子卿書。

明 王立道《具茨詩集》卷四《聞雁》 漏轉更深月滿樓，雁飛遠送一聲秋。聯翩曉起芙蓉苑，三五寒迷蘆荻洲。古塞離雲常漠漠，空山落木共悠悠。瀟湘自是饒粱稻，應爲隨陽向帝州。

明 李贄《李温陵集》卷二〇《夜半聞鴈》 改歲以來，老病日侵，計不久矣。夫余七十人也，追思五十以前，抱此羸疎，遨遊四海，兼圖升斗以贍俯仰，憑尺寸以奉高尊。人人皆視爲畏途，余獨坦行濶步二十五載，不少一日，遍交當世名流，無空過者，直至今日，猶然念余不舍也。是世之所難者，余之所易也。及其解組入楚，身退矣，名且隱矣，可謂易而又易矣。乃行畏途覺平妥，逃空虚轉顛躓，何邪？豈非理之不可曉者邪？夫余執此道以終始，未嘗一毫改步也。今難者反易，易者反難，雖余亦自不知其故矣。内實自傷故，因聞鴈而遂賦之。

孤鴻向北征，夜半猶哀鳴。哀鳴何所爲，欲我如鴻冥。

其二

自有凌霄翮，高飛安不得。如何萬里行，反作淹留客。

其三

獨鴈雖無依，羣飛尚有伴。可憐何處翁，兀坐生憂患。

其四

日月湖中久，時聞冀北音。鴻飛如我待，鼓翼向山陰。

明 張鳳翼《處實堂集》後集卷三《雁》 冥冥健翮出風塵，豈心衡陽好問津。莫笑啣蘆飛獨遠，江干怕有捕魚人。

明 徐熥《幔亭集》卷七《白鴈》 蹁躚刷羽度衡陽，遥望還疑縞素妝。起處蘆花飄岸渚，低時殘雪點瀟湘。帶來遠塞千山月，叫落深林半夜霜。影入薄雲看不見，湖光漠漠楚天長。

明 朱純《鳴雁篇》（《石倉歷代詩選》卷三七七引） 雝雝鳴雁，肅肅羽衣。翱翔下上鳴聲偕，避寒就暖向南國。雲多水濶秔稻肥。朝遊滄江曲，夕止清鏡湄。沙鷄野鶩，未許爲匹仇叶不解。儔尺素詎，令充奠儀。漂泊野逸疇能羈？嗟彼孔鸞，文彩陸離，俯仰雕籠，匪人則飢。顧爾鳴雁，寧不慚羈縻。雝雝鳴雁，載鳴載飛。天高海濶任所之，長年不用憂羅網，成湯新政爲爾施。

清 宋徵輿《林屋文稿》卷一《鴈賦》 丙子秋，宋子不獲於有司。與其徒棲於原澤之中，時涉肅霜，陟高四覽，俄有蜚鴈翩然成行而南，已而翰音自天，嘐然甚哀。宋子聞之告其徒曰：鴻鴈意南而南，意北而北，昔齊桓富有東海，心猶感之，斯其自得之時也。奚爲哀鳴哉？夫千里一舉，毛羽豐也。冬夏易處，時地便也。雌雄有儀，貞於禮義也。是以賢侯嘆焉，大夫贄焉。其徒曰：善哉。子之論斯鳥也，何不頌之。宋子曰：唯唯。

嘉良禽于北垠，惟横絶之六翮。感青陽之剛姿，禀玄水之令德，戒羽翼于既成，將四海而朝夕。當秋節之届期，乃奮心于南國。踐嚴霜而命侣，凌清風以率從，欲税翰于崇山，復矯掌乎雲中。惟時淮南水落，衡陽艸青。秋水瀰瀰石磯磷，磷鳴羈心于萬里。乃翩然而來賓，朝飲蘭池之白露兮，暮容與于方塘。時拂儀而漸陸兮，俄肅羽而翱翔。惟浴影于清波，敢希謀于稻粱。循中宵以相衛，懼雲羅之高張。悲不鳴之就烹，駭虚弦于孽傷。若乃羈雌失雄離群獨處，毛羽摧頹流離中路，涼夜悲鳴，有類長慕。被蘆葦之蕭條，嘯風篁之激楚，似亡國之逋臣，等離家之棄婦，是則物類之可哀。微禽之失遇者也，至于漢苑上林，

淲池滇河連亘百里，水鳥是都，軒軒來集。赤文啓符，公卿進觴，天子作歌。相斯鳥也，爰嘯匹而招朋，或棲林而舞沼，懷此都之好音，伺君王之色。笑浮太液之澄瀾，嘰瓊臺之芳草。懼君恩之不終，恐失身於萍藻。俄谷風之自東，驚衆禽之鳴春。懷故都于天末，希寘寘于青雲。既軒舉于中塗，復徘徊于故林。嗟洵美而難居，矯修志以迅徵，于是辭玄鳥于江南，委青蘆于塞北，咽涼氣于窮荒，謝春華于中域，幸繳矢之偶遺，免刀俎之顯戮。懷中澤之餘恩。望秋風之載肅。苟弋人之無慕，雖去來而焉辱。願豢君之曲池，恒鳴舞以自最。庶雌雄之匹居，慎羽儀而自足。

清　尤侗《西堂文集・西堂雜組一集》卷一《鴈聲賦》　金風草草，玉露瀼瀼。荻花瑟瑟，葭草蒼蒼。蛩咽咽兮入暗壁，燕勞勞兮別空梁。松陰陰兮唳孤鶴，柳依依兮叫寒蟿。于是紫塞啓，朱鳥翔，背金微，涉瀟湘。鳳凰臺上莓苔緑，鸚鵡洲中菰米黄。碧鷄關下零朝雨，烏鵲橋邊帶暮霜。一行兩行兮，落蘆花于楚澤；一聲兩聲兮，冷楓葉于吴江。雜海鷗兮棲沙渚，隨野鴉兮掠斜陽。啼血兮疑蜀川之杜宇，比翼兮同錦水之鴛鴦。爾乃夜月東來，曉雲西去。傍殘星而明滅，度長天而廻顧。前紛紛兮鴈奴，後寥寥兮鴻婦。若有人兮能書，彼弋者兮何慕。望塞北兮相思，哀江南兮如訴。故其肅肅蕭蕭，忽沉忽高，似代馬之悲嘯，與胡笳之怒號。及其嘹嘹嚦嚦，或徐或急，似孤臣之慷慨，與寡婦之歎息。至如鏦鏦錚錚，厲響争鳴，似壯士之彈劍，聲煩寃而不平。既而宛宛清清，遠韻低生，似小窗之私語，音幽怨而未明。是以雝雝旭日，嗷嗷中澤，續戍樓之長更，斷漁舟之短笛，亂霜林之杵砧，催玉房之刀尺，吐秦女之銀筝，含湘娥之寶瑟，驚户下之啼鷄，默階前之促織。乃有燕關征客，吴苑閨人，憶長城兮萬里，辭舊都兮千春。此怨望夫之召，彼思出塞之吟。鷓鴣嶺上愁何極，蟋蟀堂前恨已深。聞鴈聲之寥戾，問錦字之浮沉。客舍哭旅人之夢，倡樓傷蕩婦之心。悲莫悲兮楊柳岸，淚復淚兮琵琶亭。莫不目斷廻鴈之浦，寬銷離鴻之琴。亂曰：鴈兮鴈兮來衡陽，翩南征兮索稻粱。暮秋風兮草木黄，羅與畢兮山之岡。行路難兮聲哀涼，曷不高飛兮歸故鄉。

清　吴綺《林蕙堂全集》卷二〇《咏雁》　蓼紅沙白日相呼，毛羽秋來性獨殊。萬里鄉關惟雨雪，一生蹤跡在江湖。稻粱多處人情險，蘆葦深時野夢孤。何似寥天千歲鶴，芙蓉峰上頂如朱。

清　汪琬《堯峰文鈔》卷四四《咏雁》　念爾南飛志，寧將燕雀同。相呼葭菼外，羣飽稻粱中。天潤頻趨暖，秋高卻趁風。羽毛非不健，儻遇弋人弓。

清　董元愷《蒼梧詞》卷九《念奴嬌・白雁》　渾河天半，看幾行白雁，斜斜整整。一片寒光迷斷磧，忽失萬重清影。江水涵秋，汀洲點素，霜信隨風警。牧羝海上，蘇卿雪窖相映。試理一曲瑶琴，冰絃乍鼓，月浸空閨冷。飛入蘆花尋不見，叫破瀟湘烟暝。鷺跡難分，鵝羣誤識，刷羽晴暉炯。横空排字，銀鈎玉筯堪並。

清　顧貞觀《彈指詞》卷下《青玉案・雁字》　排空幾陣留難住，寫不盡瀟湘雨。託寄音書渾漫許，裴回欲下。家雞野鶩，那是臨池侶。十三行斷驚鴻去，恰上銀筝十三柱。絃畔有人揮玉筯，長門月暗。一鐙重撥，淚墨模糊處。

清　愛新覺羅・玄燁《御製文三集》卷四五《詠鴈》　品清歛燕雀，高潔許賓鴻。衡陽時有憶，留伴佐雄風。

清　愛新覺羅・弘曆《御製詩二集》卷二三《雁》　春寒因致雁来遲，行近江南始遇之。於異類中真有信，勝同塵者但隨時。非菟矰繳無須畏，于澤棲眠任所宜。恰似去年清苑路，目窮人字引遐思。

又　卷三九《雁》　水泮信鳥知，頭鶩翩已至。乘風翱雲逵，和月宿沙際。將謂傷其羣，禮稱彼何事。習武亦大經，水圍行且試。

清　裘日修《裘文達公詩集》卷二《雁陣》　直上層霄卒未休，縱横一道陣雲浮。風驚草木淮南夜，月冷關山薊北秋。入塞早看邊氣静，排空遥捲海氛收。無前意氣飛揚甚，遥渡銀河蹋亂流。

清　楊恭人《雁字》（《淮海英靈集・壬集》卷一引）　秋色横空落葉忙，雁排人字到衡陽。横斜亦似兼三體，宛轉何如學二王。自有白雲堪作紙，不須采筆已成章。想從塞北傳書慣，日習塗鴉一兩行。

清　田上珍《雁字十首》（《嶺南羣雅・初集》卷二引）　天然墨妙軼塵氛，逸氣淩霄迥不羣。聲起玉關纔奮筆，影臨衡岳忽迴文。排空錯落烏雲句，帶月迷離白練裙。萬里風霜路迢遞，年年染翰最憐君。

不貪香稻入朱門，祇愛揮毫落遠村。去國客愁虚寄恨，悲秋人老儘銷魂。霞邊巧弄簪花格，水畔斜拖屋漏痕。春蚓秋蛇無定相，任他文士費評論。

非唐非宋自成家，幾度書空任整斜。得勢真同翥鸞鳳，驚人何止舞龍蛇。羞隨宫女題紅葉，那要山僧獲碧紗。日暮海天誰賞識，行行收拾入蘆花。

清　周篆《艸亭先生集》詩集卷二《雁》　何方不飲啄，也遠適荆蠻。汝縱輕漂泊，人寧忘往還。黍禾秋秣馬，劍戟夜連山。兩載衡陽道，看子鬢已斑。

清 寶廷《偶齋詩草・外次集》卷一《壬庚集・四雁》 如有如無畫不工，依稀幾點認歸鴻。寒雲萬里碧天外，秋水一江明月中。遠勢迷離排古岸，斷行隱約印遥空。悠然漸覺看難見，暮色蒼茫四望同。

幾畫書空正復斜，銜蘆疑是筆生花。硯池低映三江水，繭紙輕鋪五色霞。鳥篆參差排樹外，鴻文歷亂認天涯。有時雪裏翱翔去，飛白成行體更嘉。

結伴齊飛兩翼分，嘉名應號羽林軍。一彎弓映衡陽月，五丈旗開塞外雲。背水高翔排隊隊，迎風横列散紛紛。驚寒嘹唳聲無數，不比孤棲歎失羣。

感鄉思舊

論説

清 張必剛《濬元》卷三《雁北嚮小寒初侯》 系曰：日行白黑道，而夜刻長。將長則行白道，正長則行黑道也。日行青赤道，而晝景長。將長則行青道，正長則行赤道也。日之南北，以行青赤白黑道，而分雁之往來，赤以南北而異，故日行白黑道則雁亦南，日行青赤道則雁亦北也。日不必經北也，然日爲火精。火既盛以熾，則日亦不能不北進矣。雁不必主北也，然雁爲陽鳥，陽既運以長，則雁亦不能不北嚮矣。夫人之兩目之位於面也，猶天之日月之經於南也。人本面南而背北，然日北進雁北嚮，則人亦不能不背南面北觀矣。禽鳥得氣之先。向之塞，户之墐，《詩》蓋紀冬月令也。夫小寒之時，北方之民方爲塞向，而南方之雁已爲北嚮，此一異也。且極南之方有北嚮户，而將燠之時，即有北嚮雁，此又一異也。魚不泝流不行，則欲順其鬛。雁不隨日不征，則欲順其性。惟其順也，故一雁南，千百雁莫或不南也。一雁北，千百雁莫或不北也。彼燈之在陽時則能照北，在陰時則不能照北者，何以異？是自南衡之南，至北恒之北，其相去也至遠，而雁則能至於其至，蓋其智與志可用也。夫道惟智者不昧，而有志者不阻，此豈可徒於雁是望也耶？

贊曰：南雁甫北飛，北風正南吹。餞雁者誰子，臨風頻倚徙。風聲餘雁聲，寄謝舊時人。

綜述

晉 崔豹《古今注》卷中 鴈自河北渡江南，瘦瘠能高飛，不畏矰繳。江南沃饒，每至還河北，體肥不能高飛，恐爲虞人所獲，嘗銜蘆長數寸，以防矰繳焉。

明 方以智《物理小識》卷一〇《雁》 霜前白雁食稻飽，飛不起，易爲人得。李豫亨《推蓬寤語》曰：雁肥而歸，故借蘆以助風力，塞北風高則無事，此故投蘆於雁門關，非避網也。

藝文

唐 褚亮一作虞世南《秋雁》（《全唐詩》卷三二引） 日暮霜風急，羽翮轉難任。爲有傳書意，翩翩入上林。

唐 韋承慶《南中詠雁》（《全唐詩》卷四六引） 萬里人南去，三春雁北飛。不知何歲月，得與爾同歸。

唐 李嶠《雁》（《全唐詩》卷六〇引） 春暉滿朔方，歸雁發衡陽。望月驚弦影，排雲結陣行。往還倦南北，朝夕苦風霜。寄語能鳴侶，相隨入帝鄉。

唐 張九齡《曲江集》卷五《同綦毋學士月夜聞雁》 棲宿豈無意，飛飛更遠尋。長途未及半，中夜有遺音。月思關山笛，風號流水琴。空聲兩相應，幽感一何深。避繳歸南浦，離群叫北林。聯翩俱不定，憐爾越鄉心。

唐 錢起《錢仲文集》卷四《征雁》 秋空萬里净，嘹唳獨南征。風急翻霜冷，雲開見月驚。塞長怯去翼，影滅有餘聲。悵望遥天外，鄉愁滿目生。

唐 杜甫《杜工部詩集》卷二〇《歸雁二首》 萬里衡陽鴈，今年又北歸。雙雙瞻客上，一一背人飛。雲裏相呼疾，沙邊自宿稀。繫書無浪語，愁寂故山薇。

欲雪回胡地，先花别楚雲。却過清渭影，高起洞庭羣。塞北春陰暮，江南日色曛。傷弓流落羽，行斷不堪聞。

唐 司空曙《夜聞回雁》（《全唐詩》卷二九二引） 雁響天邊過，高高望不分。飂飂傳細雨，嘹唳隔長雲。散向誰家盡，歸來幾客聞。還將今夜意，西海話蘇君。

唐 韋應物《韋蘇州集》卷八《聞雁》 故園眇何處，歸思方悠哉。淮南秋雨

夜，高齋聞雁來。

唐 韓愈《鳴雁》（《全唐詩》卷二五引） 嗷嗷鳴雁鳴且飛，窮秋南去春北歸。去寒就暖識所依，天長地闊棲息稀。風霜酸苦稻粱微，毛羽摧落身不肥。徘徊反顧群侣違，哀鳴欲下洲渚非。江南水闊朝雲多，草長沙軟無網羅。閑飛静集鳴相和，違憂懷惠性匪他。淩風一舉君謂何？

唐 鮑溶《鮑溶詩集》卷五《歸雁》 南國春早暖，渚薄正月生。東風吹雁心，上下和樂聲。繞水半空去，拂雲皆相迎。如防失群怨，預有侵夜驚。渺邈天外影，支離塞中鶯。自顧摧頹羽，偏感南北情。乍甘煙霧勞，不顧龍沙榮。雖樂未歸意，終不能自鳴。喜去春月滿，歸來秋風清。啼餘碧窗夢，望斷陰山行。不及瑶臺燕，寄身金宫楹。

唐 李遠《詠雁》（《全唐詩》卷五一九引） 早晚辭沙漠，南來處處飛。關山多雨雪，風水損毛衣。碧海魂應斷，紅樓信自稀。不知矰繳外，留得幾行歸。

唐 許渾《丁卯詩集補遺・聞雁》 帶霜南去雁，夜好宿汀沙。驚起向何處，高飛極海涯。入雲聲漸遠，離岳路猶賒。歸夢當時斷，參差欲到家。

唐 雍裕之《宿棣華館聞雁》（《全唐詩》卷四七一引） 不堪旅宿棣花館，況有離群鴻雁聲。一點秋燈殘影下，不知寒夢幾回驚？

唐 杜牧《早鴈》（《全唐詩》卷五二二引） 金河秋畔虜弦開，雲外驚飛四散哀。仙掌月明孤影過，長門燈暗數聲來。須知胡騎紛紛在，豈逐春風一一迴。莫厭瀟湘少人處，水多菰米岸莓苔。

又《聞雁》（《全唐詩》卷五二六引） 帶霜南去雁，夜好宿汀沙。驚起向何處，高飛極海涯。入雲聲漸遠，離岳路由賒。歸夢當時斷，參差欲到家。

又《雁》（《全唐詩》卷五三六引） 萬里銜蘆别故鄉，雲飛雨宿向瀟湘。數聲孤枕堪垂淚，幾處高樓欲斷腸。度日翩翩斜避影，臨風一一直成行。年年辛苦來衡嶽，羽翼摧殘隴塞霜。

唐 顧非熊《雁》（《全唐詩》卷五〇九引） 逐暖來南國，迎寒背朔雲。下時波勢出，起處陣形分。聲急奔前侣，行低續後群。何人寄書劄，絶域可知聞。

唐 陸龜蒙《甫里集》卷一〇《歸雁》 北走南征象我曹，天涯迢遞翼應勞。似悲邊雪音猶苦，初背岳雲行未高。月島聚棲防暗繳，風灘斜起避驚濤。時人不問隨陽意，空拾欄邊翡翠毛。

唐 黄滔《黄御史集》卷四《河南府試秋夕聞新雁》 湘南飛去日，薊北乍驚秋。叫出隴雲夜，聞爲客子愁。一聲初觸夢，半白已侵頭。旅館移欹枕，江城起倚樓。餘燈依古壁，片月下滄洲。寂聽良宵徹，躊躇感歲流。

唐 杜荀鶴《新雁》（《全唐詩》卷六五四引） 暮天新雁起汀洲，紅蓼花疏水國秋。想得故園今夜月，幾人相憶在江樓。

唐 鄭谷《雲臺編》卷中《雁》 八月悲風九月霜，蓼花紅澹葦條黄。石頭城下波摇影，星子灣西雲間行。驚散漁家吹短笛，失群征戍鎖殘陽。故鄉聞爾亦惆悵，何況扁舟非故鄉。

唐 崔塗《和進士張曙聞雁見寄》（《全唐詩》卷六七九引） 斷行哀響遞相催，争趁高秋作恨媒。雲外關山聞獨去，渡頭風雨見初來。也知榆塞寒須别，莫戀蘋汀暖不回。試向富春江畔過，故園猶合有池台。

唐 孟貫《歸雁》（《全唐詩》卷七五八引） 春至衡陽雁，思歸塞路長。汀洲齊奮翼，霄漢共成行。雪盡翻風暖，寒收度月涼。直應到秋日，依舊返瀟湘。

唐 李體仁《飛鴻響遠音》（《全唐詩》卷五六四引） 漠漠微霜夕，翩翩出渚鴻。清聲流迥野，高韻入寥空。舊質經寒塞，殘音響遠風。縈雲猶類網，避月尚疑弓。弱羽雖能振，丹霄竟未通。欲知多怨思，聽取暮煙中。

唐 張南史《秋夜聞雁寄南十五兼呈空和尚》（《全唐詩》卷二九六引） 晚節聞君道趣深，結茅栽樹近東林。禪師幾度曾摩頂，高士何年更發心。北渚三更聞過雁，西城萬木動寒砧。不見支公與玄度，相思擁膝坐長吟。

唐 張子明《孤雁》（《全唐詩》卷七七〇引） 只影翩翩下碧湘，傍池鴛鷺宿銀塘。雖逢夜雨迷深浦，終向晴天著舊行。憶伴幾回思片月，蜕翎多爲系繁霜。江南塞北俱關念，兩地飛歸是故鄉。

五代 徐鉉《宴賦得歸雁》（《全唐詩》卷七五五引） 夜静群動息，翩翩一雁歸。清音天際遠，寒影月中微。何處雲同宿，長空雪共飛。陽和常借便，免與素心違。

又《聞雁寄故人》（《全唐詩》卷七五二引） 久作他鄉客，深慚薄宦非。不知雲上雁，何得每年歸。夜静聲彌怨，天空影更微。往年離别淚，今夕重沾衣。

宋 范仲淹《范文正公文集》卷四《歸鴈》 稻粱留不得，一一起江天。帶雪南離楚，和春北入燕。依依前伴侣，歷歷舊山川。木葉程猶遠，梅花信可傳。子規啼到曉，鸚鵡鎖經年。應羡冥冥者，東風羽翼全。

宋 歐陽修《文忠集》卷一一《自河北貶滁州初入汴河聞鴈》 陽城淀裏新來

鴈，趍伴南飛逐一作何事來隨南。越船。野岸柳黃霜正白，五更驚破客愁眠。朔風吹起自成行。

又　卷五七《鴈》　來時沙磧已冰霜，飛過江南木葉黃。水潤天低雲暗澹，

宋　曾鞏《元豐類藁》卷五《鴻雁》　江南岸邊江水平，水荇青青渚蒲緑。鴻雁此時儔侶多，亂下沙汀恣棲宿。羣依青荇唼且鳴，暖浴蒲根戲相逐。長無矰繳意自閒，不飽稻粱心亦足。性殊凡鳥自知時，飛不亂行聊漸陸。豈同白鷺空潔白，俛啄腥汙期滿腹。

宋　陳師道《後山集》卷八《鴈二絶句》　來往違寒暑，飛鳴在稻粱。未知溟海大，不肯過衡陽。截水無留影，哀空有斷羣。翅開先作字，行斷不成文。

宋　游酢《游廌山集》卷四《歸鴈》　天末驚風急，江湖野思長。悲鳴愁絶塞，接翼冒風霜。澤岸多矰弋，雲間乏稻粱。茫然棲息地，飲啄欲何鄉。

金　曹之謙《鴈》（《全金詩增補中州集》卷五五引）　北塞迎霜雪，西風送羽翰。數行天澹澹，萬里路漫漫。日落秋聲急，江空暮影寒。故人書斷絶，矯首望雲端。

宋　何夢桂《潛齋集》卷三《四禽吟・鴈》　雲水悠悠萬里身，蘆花明月落江城。從來不帶蘇郎信，莫與人間受浪名。

元　張觀光《屏岩小稿・見雁有怀》　滿眼西風憶故廬，親朋音問久相疎。年年江上無情雁，只帶秋來不帶書。

明　刘璟《易齋稾》卷三《蘆雁二首》　鴻鴈飛時塞草秋，風沙颯颯使人愁。因君爲報江南信，蘇武天山雪滿頭。

天目山前杭稻秋，西風歸鴈影悠悠。月明何處雲羅遠，浩蕩湖波水滿洲。

明　葉盛《菉竹堂稿》卷二《鴈》　歲歲南來只一冬，春回那得与相泛。鴈飛只到衡山住，人過衡山几万重。

明　羅洪先《念菴文集》卷二一《逢雁》　幾時來塞下，烽火近何如。道路多知己，寧無一札書。江鄉今苦旱，瘴癘且難除。處處多繒繳，投身未可疎。

又　《九日聞雁》　江水斂寒色，一雁下汀洲。正此九日節，忽來千里秋。無心問書帛，幾日到衡州。爲報山靈道，風高雲易収。

明　喬世寧《春雁》（《明詩綜》卷四七引）　春風纔幾日，江鴈已春聲。關路何時返，鄉愁爲爾生。望窮遥漢影，不盡倚樓情。却憶金河北，人同出塞行。

明　謝肇淛《小草齋集》卷二四《歸鴈》　白草黃沙慘不開，春霜曉月鴈聲哀。憐予久作南冠客，恠爾翻尋北地來。影落江湖心共遠，力微關塞首重回。居庸城外多弓馬，何似瀟湘兩岸苔。

明　張周田《聞鴈》（《梁園風雅》卷二〇引）　離離從北至，肅肅始南征。能使瀟湘水，皆含朔溪聲。黃花籬外吐，白髪坐中生。是物關時序，悠然萬古情。

明　劉嵩陽《鴈》（《梁園風雅》卷一八引）　摇曳高空一羽輕，年年何事向南征。雲邊結陣經秦塞，海上銜書度漢京。風雨一聲客魂斷，關山幾處月華明。上林矰繳須應避，萬里常懸江漢情。

明　朱一是《梅里詞》卷二《感皇恩・秋雁》　玉宇净纖雲，微風初度。似識天邊向南路，一人排字。吹落哀聲如許，茫茫長夜冷，投何處？　春往秋來，勞勞逆旅，亦有家鄉不能住。月明猶可，怎禁風風雨雨，江湖歷盡也，須回去。

明　張治道《聞雁》（《明詩綜》卷四〇引）　何事天南雁，春来又北飛。爲憂霜雪苦，轉見羽毛稀。江漢愁餘阻，瀟湘笑汝違。雲霄蹤跡異，空有淚沾衣。

明　黃好信《春雁》（《明詩綜》卷六九引）　萬里湖南鴈，春來又北飛。亦知鄉土異，不戀稻粱肥。絶塞心先到，長河影漸稀。玉門關外客，應待問征衣。

清　張篤慶《崑崙山房集》卷二《七言近體詩・秋鴈》　蕭蕭落日下龍□，大漠天高是故鄉。粳稻千群過笠澤，平沙一曲□沅湘。朔雲鍛羽三更月，漢節傳書萬里霜。廻雁峰頭休更去，楚江南望有衡陽。

清　愛新覺羅・弘曆《御製詩初集》卷一七《鴈》　去歲纔南人送鴈，今年塞北鴈迎人。因知此地寒常早，却比他秋景倍新。唳月有情驚客枕，衝煙無意戀霜津。衡陽故國三千里，底事勞勞來往頻。

又　《御製詩二集》卷八《聞雁》　冰含太液未全消，迴雁初來澤國迢。疑是成人愁蜀道，數聲聊爾爲宣驕。

又　卷二〇《雁》　燈窓向夕杪秋清，遥聽征鴻三兩鳴。春北秋南誰與約，霜寒月澹若爲情。石渠畫省無窮意，玉軸絃傳第幾聲。憐汝稻粱隨處覔，今年稍喜報西成。

又　卷五八《雁》　往來南北方，知候號隨陽。汀畔蘆花影，天邊人字行。沙洲跡印月，龍塞信傳霜。若問安身處，瀟湘雲水鄉。

清　劉墉《劉文清公遺集》卷八《塞上雜咏十首次韻・鴈》　片影飛何處，黃雲凍不流。關山歷冰雪，歲月記春秋。結陣臨邊度，傳書到嶺畱。賓南知面內，非爲苦寒愁。

清 陶元藻《泊鷗山房集》卷一五《詩一・詠鴈》 寒驚關塞氣蕭森，南國風霜幾度尋。湘水蘆花情宛宛，江天明月思愔愔。一聲秋落三更夢，雙足書傳萬里心。不爲稻粱輕入世，弋人何處用機深。

清 焦和生《連雲書屋存稿》卷一《秋詠五首次許薇垣韻・秋雅》 年來物候遞侵尋，又逐歸鴻一涇襟。飲啄雖償謀食願，飛鳴總抱漸逵心。欲詢往事難留影，久別家山好寄音。最是清秋明月夜，數聲嘹唳閒寒砧。

清 周篆《草亭先生詩集》卷二《雁》 往來皆半載，何客視吾鄉。養子黄河遠，傳家紫塞長。哀因聲帶別，勞爲道隨陽。避雪謀秔稻，從人謬忖量。

清 朱超《清水縣志》卷一四《雁》 秋氣蕭森玉宇涼，南飛渺渺楚天長。暮雲無際憐孤影，林葉初紅見一行。沙磧幾時逢去燕，蘆州昨夜有微霜。飄零我憶彭湖客，安得裁書寄故將。

孤寂飄零

藝文

南朝梁 蕭綱《詠雁》(《文苑英華》卷三二八引) 高翔憚濶海，下去怯虞機。霧闇早相失，沙明還共飛。隴狹朝聲亂，風急暮行稀。雖殄輪臺援，未鮮龍城圍。相思不得反，且寄別書歸。

唐 盧照鄰《盧昇之集》卷三《同臨津紀明府孤雁》 三秋違北地，萬里向南翔。河洲花稍白，關塞葉初黄。避繳風霜勁，懷書道路長。水流疑箭動，月照似弓傷。横天無有陣，度海不成行。會刷能鳴羽，還赴上林鄉。

唐 杜甫《孤雁》(《全唐詩》卷二三一引) 孤雁不飲啄，飛鳴聲念群。誰憐一片影，相失萬重雲。望盡似猶見，哀多如更聞。野鴉無意緒，鳴噪自紛紛。

唐 戴叔倫《孤鴻篇》(《全唐詩》卷二七三引) 江上雙飛鴻，飲啄行相隨。翔風一何厲，中道傷其雌。顧影明月下，哀鳴聲正悲。已無矰繳患，豈乏稻粱資。嗈嗈慕儔匹，遠集清江湄。中有孤文鴛，翩翩好容儀。共欣相知遇，畢志同棲遲。野田鴟鴞鳥，相妒複相疑。鴻志不汝較，奮翼起高飛。焉隨腐鼠欲，負此雲霄期。

唐 耿湋《賦得沙上雁》(《全唐詩》卷二六八引) 衡陽多道里，弱羽複哀音。還塞知何日，驚弦亂此心。夜陰前侶遠，秋冷後湖深。獨立汀洲意，寧知霜霰侵。

唐 許渾《孤雁》(《全唐詩》卷五二八引) 昔年雙頡頏，池上靄春暉。霄漢力猶怯，稻粱心已違。蘆洲寒獨宿，榆塞夜孤飛。不及營巢燕，西風相逐歸。

唐 李遠《詠雁》(《全唐詩》卷五一九引) 早晚辭沙漠，南來處處飛。關山多雨雪，風水損毛衣。碧海魂應斷，紅樓信自稀。不知矰繳外，留得幾行歸。

唐 趙嘏《旅館聞雁別友人》(《全唐詩》卷五四九引) 路繞秋塘首獨搔，背群燕雁正呼號。故關何處重相失，碧落有雲終自高。旅宿去緘他日恨，單飛誰見此生勞。行衣濕盡千山雪，腸斷金籠好羽毛。

唐 李群玉《李群玉詩集》卷下《早鴻》 木落波浪動，南飛聞夜鴻。參差天漢霧，嘹唳月明風。野水蓮莖折，寒泥稻穗空。無令一行侶，相失五湖中。

唐 司空圖《見後雁有感》(《全唐詩》卷六三三引) 笑爾窮通亦似人，高飛偶滯莫悲辛。卻緣風雪頻相阻，只向關中待得春。

唐 儲嗣宗《孤雁》(《全唐詩》卷五九四引) 孤雁暮飛急，蕭蕭天地秋。關河正黄葉，消息斷青樓。湘渚煙波遠，驪山風雨愁。此時萬里道，魂夢繞滄洲。

唐 崔塗《孤雁》(《全唐詩》卷六七九引) 湘浦離應晚，邊城去已孤。如何萬里計，只在一枝蘆。迥起波摇楚，寒棲月映蒲。不知天畔侶，何處下平蕪。渚雲低暗度，關月冷遥隨。未必逢矰繳，孤飛自可疑。

唐 陸龜蒙《甫里集》卷七《雁》 南北路何長，中間萬弋張。不知煙霧裏，幾隻到衡陽。

唐 李建勳《孤雁》(《全唐詩》卷七三九引) 欲食不敢食，合棲猶未棲。聞風亦驚過，避繳恨飛低。水闊緣湘困，雲寒過磧迷。悲鳴感人意，不見夜烏啼。

又 《白雁》(《全唐詩》卷七三九引) 東溪一白雁，毛羽保皎潔。薄暮浴清波，斜陽共明滅。差池失群久，幽獨依人切。旅食賴菰蒲，單棲怯霜雪。邊風昨夜起，顧影空哀咽。不及牆上烏，相將繞雙闕。

唐 鍾蒨《別諸同志》(《全唐詩》卷七五七引) 隨陽來萬里，點點度遥空。影落長江水，聲悲半夜風。殘秋辭絶漠，無定似驚蓬。我有離群恨，飄飄類此鴻。

唐 鮑溶《鳴雁行》(《全唐詩》卷二五引) 七月朔方雁心苦，聯影翻空落南土。八月江南陰複晴，浮雲繞天難夜行。羽翼勞痛心虚驚，一聲相呼百處鳴。楚童夜宿煙波側，沙上布羅連草色。月暗風悲欲下天，不知何處容棲息。楚童

胡爲傷我神，爾不曾作遠行人。江南羽族本不少，寧得網羅此客鳥。

宋 舒岳祥《閬風集》卷二《孤雁十一月初九日賦》 憂心悄悄睡未能，開門看月一片冰。竅木相磨作鬼語，凍星入牖如螢青。孤雁哀號向何處，老夫掩耳不欲聽。爾從沙場經萬里，昔時繫書達天子。如今若向上林過，縱有書來誰取視。陰山豁處狹如門，結陣來時各有羣。辛苦避鷹兼避弋，前行半度後行分。秋水江南無所畏，老菰沉米蘆搖穗。鷗鳧善熟少驚猜，飲啄不争遊且戲。不知何事背羣飛，欲宿無依去無疑。天長路杳翅流血，夜向霜淒聲轉微。自倚能飛無與敵，豈知天勢有違機。作書好報前征侶，看取悲鳴落羽時。

元 陳基《鴻雁篇》（《草堂雅集》卷一引） 鴻雁雙雙度雁門，相呼相唤不離羣。晝銜蘆葦防矰繳，夜宿關河同夢魂。稻粱既足江南闊，秋水增波葉微脱。洞庭湖畔卧雲沙，彭蠡磯頭弄煙月。一朝無事忽相違，一向東飛一向西。西飛渺渺秦山曲，東去悠悠滄海湄。秦山滄海遥相望，顧影徘徊各惆悵。山有猩鼯與網羅，水有蛟鼉與風浪。回頭却恨不同棲，辛苦皆因獨自飛。不問天南與天北，何時相見得同歸。

明 朱誠泳《小鳴稿》卷七《孤鴈》 一聲嘹嚦過南樓，烟水茫茫萬里秋。多少弟兄零落盡，且隨鷗鷺立滄洲。

明 薛蕙《考功集》卷一《孤雁賦》 孤雁感物也。渦水上有孤雁，隨人家畜鵞鶩輩以取食。人或逐之，輒飛去，入左右洲渚間，然終不遠去也。予游城西，有野人指示，予心惻然傷焉，因作賦云。

遵長河之峻阪，出城隅以西徂，望鴻雁於河涘，竚徬徨而獨居。容貇懵以愁顇，音悽愴而號呼。伊斯鳥之嘉淑，産異質於幽荒，體貞信之至性，動静一其有常，固羽族之殊特，衆鳥孰可與比伉。故其行不失時，止必擇所，候暖北逝，先寒南下，既冒險而涉危，曾不恤夫勤苦。惟衆鳥之多智，曰庇生之得宜，弗一遘於艱難。羡暇豫之無期，或巢山巔，或游海涯，奮首虹霓，濯翼天池，託户牖之巍巍，下民莫得以或窺。足無虚跖，翼不勤飛。資飲啄於尋丈，遷徙弗踰乎旬時。何斯鳥之劬勞，增荼毒其曷已。將材質之不倫，固天命之難俟。瞻北都與南國，念家室之靡止。道路敻以遼遠，間一歲而萬里。復有羣侶中迷，雌雄死别，目駭冤驚，飛沉隔絶，始迴遑而不進，終躊躇以永訣。爾廼背雲路，下緒風，依沮洳，潛蒙茸，捐燕越之故思，甘愁苦而終窮。雖六翮之尚在，欲北歸其焉從。於是淪形晦跡，亡精失志，牢落遠遷，躑躅無寄。痛衆雛之一隔，慕同類之難值，伺晨鳧而朝征，逐駕鵞以宵寐，豈卑湫之敢辭，恥衆目之猜忌。聲未鳴而先絶，翅將舉而復墜。呻吟幽僻，周旋林垌。踐曠野之嚴霜，食潢汙之流滓，延性命以苟存，非初心之所營，遭志意之摧毁，中無故而或驚。況畏悸之叢至，迫末路之惇惇，避矰繳而徃來，因鷹隼之縱横，思逸樂之無遺，憂慄紛其相嬰。若乃陽律畢謝，陰氣時作，天清日迥，草枯木落，明月出兮皎皎，野露皓以漠漠，戀南游於朱厓，懷北棲乎玄朔，魂魄竦而怵惕，顧形影之寂寞，吐哀響之嘹唳。志激昂而將躍，動幽谷之虚籟，停高門之曉柝。聞之者怊悵而自憐，見之者欷歔而不樂。嗟斯禽之可哀，像羈旅而無朋，因昆蟲之同感，未若斯人之有情。汎游觀而歷玆，忽容與而不行。詠鴻雁於周詩，泣涕下而沾纓。覽萬物之參錯，悟大化之合并。相吉凶與憂喜，終同歸於杳冥。齊百慮於一致，孰云天道之不平。

明 張獻翼《文起堂集》卷四《白雁》 偶下單飛雁，空庭序已分。斷行全帶雪，一字欲凌雲。影似霜天散，聲疑旅夜聞。更誰堪接羽，鷗鷺且爲群。

明 區大相《秋雁》（《明詩綜》卷六一引） 秋風度玉塞，候鴈發金微。纔共邊塵起，還同關葉飛。排雲聲漸衆，帶月影全稀。徒倚東南望，江皋何處歸。

明 臧懋循《負苞堂詩選》卷二《秋雁》 嘹唳三秋晚，飄飖萬里長。心歸淮浦月，翅染塞門霜。本爲傳書素，非關慕稻粱。寄聲齊客道，無假僞弦張。

明 謝肇淛《小草齋集》卷一一《孤鴈行》 西風夜半霜如雨，孤鴈嗷嗷求其侶。野曠天空聲更悲，羽短路長飛不去。江南塞北萬餘里，日落寒沙半生死。力盡猶能避罔羅，影單還夢浮烟水。關山月黑魂飛驚，失路徘徊時一鳴。哀音半逐胡笳落，清怨時從楚瑟生。祝融峰高不可越，天山八月已飛雪。黄蘆關頭獵騎多，青草湖外行人絶。青草黄蘆去復來，自憐漂泊老天涯。不須啼向燕臺上，多少長安客未回。

明 趙彦復《梁園風雅》卷七《孤雁篇》 孤雁北來幾時，窮冬無侶鳴聲悲。雲長路渺去安極，日暮天寒飛更遲。洞庭瀟湘落秋水，苦竹黄蘆一千里。清怨時從鳴笛生，斷行暮逐哀筝起。塵沙關塞愁轉蓬，隨風且落江湖中。微軀幸免庖人俎，短翮長辭獵士弓。君不見隴山鸚鵡解人語，一生自恨黄金籠。

清 李孚青《野香亭集·鴈》 衡陽秋晚楚弓鳴，遠陣霜天凋不驚。高柳門邊南北路，孝王池上稻粱情。書遲玉塞重雲影，夢斷紅樓五夜聲。辛苦銜蘆飛更落，飄零烟水念平生。

清 顧八代《敬一堂詩鈔》卷一五《雁》 弧矢驚飛散，長空一兩聲。離羣宵

未落，誰解是孤鳴。

清 薛雪《一瓢齋詩存》卷三《秋雁》 飄泊危矰繳，艱難萬里身。纔聞辭朔雪，已復避殘春。遥夜愁聽汝，孤鳴更惱人。稻粱何可託，空負往來頻。

清 董允汴《和虞爾錫先生十影詩·雁影》（《續耆舊》卷一二六引） 秋老空寒碧，征鴻苦稻粱。過樓添客夢，入塞拂嚴霜。整整因排字，離離又失行。白雲凝處隱，不見住横塘。

清 袁枚《小倉山房詩集》卷三二《聞雁》 夢返孤舟月影西，忽聞征雁語聲悲。同懷離緒輸儂遠，可有家書報客知。訴出旅愁雲裏聽，唤醒霜角枕邊吹。寒檠一點燈如豆，頗似長門夜坐時。

清 劉墉《劉文清公遺集》卷六《孤鴈》 失羣南去鴈，日暮獨何之。望望青天渺，飛飛紫塞遲。叫雲聲易斷，帶月影相隨。蘆葦頻驚響，寒塘欲下疑。

清 錢維城《錢文敏公全集·茶山詩鈔》卷一《孤雁》 猶帶輕霜度，蕭然隻影低。誰憐殘月下，最遠數聲啼。獨夜燕山北，相思楚水西。蘆花何處白，一望野雲迷。

清 文廷式《文道希先生遺詩·途中見新鴈》 鼎鼎年華百不成，回看天地二毛生。青冥高舉偏憐汝，獨叫新霜世暗驚。

又《鴈》 窮海纍臣賦式微，鼓鼙聲緊帛書稀。鈞天廣樂君須記，莫化寃禽海外飛。

通靈賢貞

論説

宋 釋贊寧《東坡先生物類相感志》卷八《雁奴》 陽鳥也，形色似鵝而小也。飛作入字，在天人張若其一，則飛行中缺一位也。大曰鴻，小曰雁。春分後飛歸北，霜降後飛向南。夜宿洲中，鴻在内，雁在外，遂更驚避備狐與人之捕也已。人欲捕，以甕匿，火放暗中，密視之，雁叫則匿之，久而視之，如是數四，鴻必啄雁，雁去鴻可捕獲之矣。

明 陳其力《芸心識餘》卷一《雁銜蘆》 鴈自河北渡江南，瘦瘠能高飛，不畏繒繳。江南沃饒，每至還河北，體肥不能高飛，恐爲虞人所獲，嘗銜蘆長數寸，以防繒繳焉。

芸心子曰：鴈適江南之暖，以避河北之寒，可謂能知者矣。及其銜蘆以防繒繳，其自衛亦既矣。余通海湖中，有鳥名曰鶺鴒，金頂紅嘴，其色類鴉，其形類鷺。每來於三月初三日以前，而去於九月初九日以前。香脆柔美，其味甲于水陸之鳥，雖骨亦可嚙而啖之，亦南中之信鳥，食品之珍奇者也。先階宦吾土者，寄詩於家君輩，有云：康郎不入湖，大頭不入海。十年萬里滇雲夢，惟有鶺鴒没處覓。康郎、大頭亦二魚名。此鳥來則夜至，羣飛之聲如雷，去則不食諸物，但於洲渚間淘沙而食。欲其體輕瘦，可高舉以避繒繳。其知尤勝於鴈之銜蘆也。鳥尚若斯，人可不知保身之道哉！

又《鴈奴》 鴈，陽鳥，狀如鵝而小。泊江湖洲渚之間，動計千百。大者居其中，令鴈奴圍而警察。

芸心子曰：鴈奴之警察自衛，可謂周矣。卒之爲人所獲，母亦偷安受紿之過乎？善乎？王介甫《鴈奴》詩有曰：鴻鴈無定栖，隨陽以南北。嗟哉此爲奴，至性能懇惻。人將伺其怠，奴輒告之亟。舉羣寤而飛，機巧無所得。夜或以火取，奴鳴火因匿。頻驚莫我捕，顧謂奴不直。嗷嗷身百憂，泯泯衆一息。相隨入矰繳，豈不聽者惑。偷安與受紿，自古有忘國。君看鴈奴篇，禍福甚明白。

紀事

漢 司馬遷《史記》卷三五《管蔡世家》 伯陽三年，國人有夢衆君子立于社宫，謀欲亡曹；曹叔振鐸止之，請待公孫彊，許之。旦，求之曹，無此人。夢者戒其子曰：「我亡，爾聞公孫彊爲政，必去曹，無離曹禍。」及伯陽即位，好田弋之事。六年，曹野人公孫彊亦好田弋，獲白鴈而獻之，且言田弋之説，因訪政事。伯陽大説之，有寵，使爲司城以聽政。夢者之子乃亡去。

唐 魏徵《隋書》卷二三《五行志》 大業末，京師宫室中，恒有鴻雁之類無數，翔集其間。俄而長安不守。

明 孔齊《静齋至正直記》卷一《義雁》 溧陽同知州事保壽，字慶長，偉元人，寓常州，嘗陪所親某人從車駕往上都，回途中遇二雁，射其一，至暮行二十里，宿于帳房。其生雁飛逐，悲鳴于空中。保壽及所親皆傷感思念家之念，不忍

食之。明日早起以死雁擲去，生雁隨而飛落，轉覺悲呼，若相問慰之狀，久不能去，其人遂瘞之。時庚寅秋九月，與予談及此已十年前事也。因思元遺山先生有雁塚詞，正與此同，乃知雁之有義，人所不及。故諺云「雁孤一世，鶴孤三年，鵲孤一週」。時所心親迎，奠雁者豈無意乎？

明 陳其力《芸心識餘》卷一《鴈爲民治田》 上虞有鴈，爲民治田。春啗拔草根，秋喙除其穢。是以縣官禁民，不得妄害此鴈，犯則有刑無赦也。

明 余懋學《説頤》卷三《鴈奴象雌》 鴈宿於江湖之岸，沙渚之中，動計千百。大者居其中，令鴈奴圍而警察。南人採捕者，俟其天色陰暗，或無月時，於瓦礶中藏燭，捕者數人，屏氣潛行。將欲及之，則略舉燭，便藏之。鴈奴驚叫，大者亦驚，頃之復定。又如前舉燭，鴈奴又驚。如是數次，大者啄鴈奴。秉燭者徐逼之，更舉燭，則鴈奴懼啄，不復動矣。乃高舉其燭，持棒者齊入羣中，亂擊之，所獲甚多。

清 姚之駰《後漢書補逸》卷九《虔國》 虔國遷日南太守，每行縣，有雁恒飛翔隨車。止國府，常在廳事中庭。國病卒，雁棲于墓前樹上，二年乃去，時人嘉之。

案：此與鄭巨君《白鹿夾車事》相類，皆太守佳話也。范闕。

清 俞樾《右台仙館筆記》卷一四 無錫縣蕩口鎮民生得一雁，將殺而烹之。有書生見而憫焉，買以歸畜之，以爲玩。懼其逸去，以綫聯其兩翮，使不能飛。雁雜處鶏鶩閒，亦頗馴擾。惟聞長空雁唳，輒昂首而鳴。一日有羣雁過其上，此雁大鳴。忽有一雁自空而下，集於屋檐。兩雁相顧，引吭奮翮，若相識者，一欲招之下，一欲引之上。書生悟此兩雁必舊偶也，乃斷其綫使飛，而此雁垂翅既久，不能奮飛，屢飛屢墮，竟不得去。屋檐之雁守之終日，忽自屋飛下，相對哀鳴。越日視之，則俱斃矣。書生感其義，合而瘞之，名曰雁冢。嗟乎！禽鳥之微，猶不忘其偶。若此，使人彌增伉儷之重。

藝 文

唐 駱賓王《駱丞集》卷一《秋鴈》 聯翩辭海曲，遥曳指江干。陣去金河冷，書歸玉塞寒。帶月凌空易，迷煙短浦難。何當同顧影，刷羽泛清瀾。

唐 張九齡《曲江集》卷五《二弟宰邑南海見群雁南飛因成詠以寄》 鴻雁自北來，嗷嗷度煙景。常懷稻粱惠，豈憚江山永。小大每相從，羽毛當自整。雙鳧侶晨泛，獨鶴參宵警。爲我更南飛，因書至梅嶺。

唐 羅鄴《雁二首》（《全唐詩》卷六五四引） 暮天新雁起汀洲，紅蓼花開水國愁。想得故園今夜月，幾人相憶在江樓？早背胡霜過戍樓，又隨寒日下汀洲。江南江北多離別，忍報年年兩地愁。

宋 釋文珦《潛山集》卷六《孤雁》 孤雁如貞婦，餘生不再雙。避寒辭北塞，隨日到南邦。倦翼堪憐影，哀音自滿腔。空閨人聽得，離思轉難降。

金 元好問《雁丘二首》（《詞綜》卷二六引） 太和五年乙丑歲，赴試并州，道逢捕鴈者云：「今日獲一鴈，殺之矣。其脱網者悲鳴不能去，意自投于地而死。」予因買得之，葬之汾水之上，累石爲識，號曰鴈丘，并作鴈丘詞：「問世間、情是何物，直教生死相許？天南地北雙飛客，老翅幾回寒暑。歡樂趣，離別苦，就中更有癡兒女。君應有語，渺萬里層雲，千山暮雪，隻影向誰去。 横汾路，寂寞當年簫鼓，荒烟依舊平楚。招魂楚些何嗟及，山鬼暗啼風雨。天也妒，未信與，鶯兒燕子俱黄土。千秋萬古，爲留待騷人，狂歌痛飲，來訪鴈丘處。」

明 俞允文《仲蔚先生文集》卷一《來雁賦并序》 明府大梁王公以廉平惠愛爲邑，而尤以文學緣飾之。百姓又寧彬彬，有單父之理。隆慶二季冬十有一月，公在廳事，忽有翔雁降於公庭，依遲宛頸，留止不去。公乃異而畜之，不以籠檻，益用柔馴，咸謂公之理行，不唯孚於民，而且暨於翔泳矣。昔禰衡爲黄射賦鸚鵡，韋誕爲曹公賦山雞，然皆獲自林虞，目以致獻，猶欲侈之於辭翰。夫茲雁廱廱，實有來儀之徵，由是士之及公門者，並爲賦以獻允文□蹇。伏跡蓬樞，公尤禮之，齊以古人之度，目睹弘美，其可缺而無述乎？敢輙畢其愚悰用嗣斯作其辭曰：

有寒門之逸禽，禀壹性之純貞。絶大漠以安集，介二嶺之峥嶸。木識機而遠害，性知時以通靈。故其族類雖繁，飛翔有序，唼食相召，鳴號同趣。勁翮蹼足，黄喙玄羽。泛素壑而並游，矯秦清而軒翥。伊兹禽之特殊，何鸞雀之足比，爰取象以明義，亦表德於嘉禮。若乃蓐收戒節，月壯霜凝，衰草共黄雲一色，飄沙與紫塞俱平，萬里蕭條，天高氣清，乃違寒而就燠，咸嘯侶而鳴羣。度關山之無極，翩嘹嘹以南征。望烟路而中憩，遵枉渚以自營。忽蒼茫以頽落，趨單父之静庭。且其容止柔馴，徘徊延佇。無籠檻以羈縻，甘輯翼而自弭。豈闇務之相

失，將疾風之乍驚。懼鷙擊之遄迫，怯虞機之見櫻。抑毛羽之摧瘁，竟偏特而伶俜。顧日暮而塗遠，悵中心之有懲。遂歸仁於君子，偶來儀之瑞徵。於是飼以稻粱，豐甚肌體。諒爼味之至珍，終周防以休處。及夫洞庭水緑，吴苑蒼繁。青春麗兮燕已還，望故鄉兮渺關山。嗟儔侣之偕逝，獨棲遲而莫從。遭此世之巇巇，罹慘毒之切躬。幸微軀之見托，荷盛德之能容。輯風雲之遐想，種階墀之近踪，康承君之惠渥，長保已而永終。

明　皇甫涍《皇甫少玄集》卷一《後湖鴈賦并序》　予每過省闥，則見羣鴈後湖之上，迴翔而不去，感而作賦。余舊京之羈旅，迺散矚於城隅。有違寒之靈鳥，矯歸翼於翔塗。系華林而傾藻，紛棲泊於春湖。背高柳之修巖，飄南雲以遐征。戒儔匹於萬里，懼矰繳之我嬰。聊濡迹以游憇，終懷土而思縈。日凝光而西墜，山倒影於寒渚。唼澄瀾以羣浮，仰崇岡而延佇。亮豐草之可依，愁繁氛之襲予。忽反顧以驚鳴，振輕羽而孤邁。濯煩襟於長霄，去寰流之塵隘。言緤馬以悠悠，感微禽而永喟！

明　張甯《方洲集》卷一〇《鴈》　水碧沙明夜不驚，黄蘆風急苦寒生。中郎書札今安在，仰首青霄唤侣鳴。

又　卷二〇《雙鴈》　天遠秋無際，江空夜不驚。雙飛復雙宿，風雨莫孤征。

清　袁宏譽《秋鴻》（《兩浙輶軒續録》卷四引）　天際鴻飛急，衡陽有斷雲。敢辭長作客，猶幸不離羣。影落龍蛇跡，聲寒鵝鴨軍。稻粱收正薄，慚愧爾來賓。

清　愛新覺羅・弘曆《御製詩二集》卷六《雁》　春溪曾見雙雙宿，秋宇重驚兩兩過。懶與寫生傳樂意，洞庭歸去任煙波。

清　永瑆《詒晉齋集》卷三《鴈》　北南無定方，有鳥性隨陽。夢結湘中侣，聲聯塞上行。哀弦悲夜月，暗繳警秋霜。逐逐稻粱計，終年皆異鄉。

清　張際亮《思伯子堂詩集》卷一一《雁》　羣飛昔多侣，怨此但雙翔。復隔南荒月，孤回北塞霜。江湖天夜闊，風露地秋長。欲待相迫逐，何時足稻粱。

清　陳錦《補勤詩存》卷一〇《詠雁》　肎隨春水逐鷗鳧，叫破天邊旅夢孤。捧日多情甘作客，過風有力借銜蘆。每因入嗽鳴難住，不爲驚寒字便無。千里音書何處寄，南雲迢遞隔江湖。

蝶

總論旁喻

題解

漢 許慎《説文》卷一三 蛺，蛺蜨也。从虫，夾聲。兼叶切。

蜨，蛺蜨也。从虫，疌聲。

宋 戴侗《六書故》卷二〇 蛺蝶，胡蝶也。胡蝶粉翅長喙，卵艸木上爲蟲，食艸木，化而爲蛹，再蜕而爲蝶，其類不一。《説文》作蜨。

明 李時珍《本草綱目》卷四〇 蛺蝶 釋名：蝔蝶蝔音葉、蝴蝶時珍曰：蛺蝶輕薄，夾翅而飛，枼枼然也。蝶美於鬚，蛾美於眉，故又名蝴蝶。俗謂鬚爲胡也。

集解：時珍曰：蝶，蛾類也。大曰蝶，小曰蛾。其種甚繁，皆四翅有粉，好嗅花香。以鬚代鼻，其交以鼻，交則粉退。《古今註》謂橘蠹化蝶，《爾雅翼》謂菜蟲花蝶，《列子》謂烏足之葉花蝶，《埤雅》謂蔬菜花蝶，《酉陽雜俎》謂百合花化蝶，《北户録》謂樹葉化蝶如丹青，野史謂綵裙化蝶，皆各據其所見者而言爾。蓋不知蠹蠋諸蟲，至老俱各蜕而爲蝶、爲蛾，如蠶之必羽化也。朽衣物亦必生蟲而化。草木花葉之化者，乃氣化、風化也。其色亦合隨其蟲所食花葉，及所化之物色而然。楊慎《丹鉛録》云：有草蝶、水蝶在水中。《嶺南異物志》載：有人浮南海，見蛺蝶大如蒲帆，稱肉得八十斤，啖之極肥美。

媚蝶 時珍曰：《北户録》云：嶺南有鶴子草，蔓花也。當夏開，形如飛鶴，翅羽觜距皆全。云是媚草，採曝以代面靨。蔓上春生雙蟲，食葉。收入粉奩，以葉飼之。老則蜕而爲蝶，赤黄色。女子收而佩之如細鳥皮，令人媚悦，號爲媚蝶。《洞冥記》云：流武時，勒畢國獻細鳥，大如蠅，狀如鸚鵡，可候日晷，後皆自死。宫人佩其皮者，輒蒙愛幸也。

論説

宋 羅願《爾雅翼》卷二五《胡蝶》 胡蝶，以芳時飛集花間，翩翩相逐，物之適意者。故莊周夢爲胡蝶，栩栩然胡蝶也，不知周也。俄而覺，則蘧蘧然周也。明人之精神開闔，不能自知，故有夢爲鳥而麗乎天，夢爲魚而麗乎淵，考以極其升沉，至於此，則又不抑不亢，徜徉兩間，有俯仰自足之意。以極物之化，盖必有所寤矣。蝶，物之善化者。今菜中青蟲，當春時，行緣屋壁或草木上，以絲自固。一夕視之，有圭角，六七日其背罅裂，蜕爲蝶出矣。其大蝶散卵於甘橘上，爲蟲青緑，既久則去爲大蝶。崔豹《古今注》曰：「蛺蝶，一名野蛾，一名風蝶，江東人謂之撻末，色白背青者是也。」其有大如蝙蝠者，或黑或青班，名曰鳳子，一曰鳳車，亦曰鬼車，生江南甘橘園中。而唐滕王圖畫蛺蝶，有江夏班、大海眼、小海眼、村裏來、菜花子之目。北齊魏收輕薄，時人號云魏收驚蛺蝶。《説文》作蛺蜨。徐鉉曰：「俗作蝶，非是。」《列子》：烏足之葉爲胡蝶。

明 李贄《雅笑》卷三《蝴蝶》 譚子《化書》曰：朽麥化爲蝴蝶。又《搜神記》曰：麥之化爲蝴蝶也，羽翼生焉，眼目成焉，心智存焉。此自無知化爲有知，而氣易也。文人因此遂謂蝴蝶爲麥所化。余齋前香櫞樹上多蟲，其形酷似蚕，大小亦類，但色正青耳，蝕樹葉至盡，遂緣窓櫺間吐絲作殻。友人曰：是待化矣。余曰：知其化何物？友人曰：不知也。余曰：凡蟲之屈伸者，豈化爲有翼之物，蚕之爲蛾是也，此非蛾即蝶耳。旬日視之，果化一大蛺蝶，文采可玩。友人曰：凡棄蟲皆化白蝶，以此證之，果屈信之類皆化爲有翼也。後入南，見田野多種藍。民早灌，曰藍多蛀蟲，食葉，故澆之耳。後藍既茂，則黄蝶滿園矣，皆蟲所化也。然則麥豈能化蝶，以麥既朽，陰濕而生蟲，若溷蛆狀，此亦屈伸者，故久亦蜕而化蝶耳，非麥能化蝶也。

綜述

宋 陸佃《埤雅》卷一〇《蝶》 蛺蝶粉翅有鬚，一名胡蝶。《列子》曰：「烏足之根爲蠐螬，其葉爲胡蝶。」「胡蝶，胥也。」嘗見園蔬其葉有爲蝶者，三分二已蝶矣，其一尚葉也。干寶云：「稻成蛬，麥成蛺蝶。」豈虚語哉？《續古今注》曰：「黽鼈之類無雄，蜂蝶之類無雌。」一説蜂蝶醜皆以鬚嗅，鬚蓋其鼻也。杜甫詩曰「花蘂上蜂鬚」以此。今絡緯、蟷蠰之類亦以其鬚當鼻爾。

明 劉侗《名物通》卷一〇 蝶陵舄得鬱棲則爲烏足，烏足葉爲蝴蝶。一名蛺蝶，一名野蛾，一名風蝶。色白背青，有大如蝙蝠者。或黑色，或青斑，名鳳子，亦曰鳳。

明 陳懋仁《庶物異名疏》卷二九《胥撻末》 《莊子》：蝴蝶，胥。陸德明曰：「蝶一名胥。」《古今注》：撻末，蛺蝶也。江東所呼色白背青者是也。

又《紺幡》 紺幡見《古今注》。紺蝶似蜻蜓而色玄紺，遼東人呼爲紺幡，亦曰童幡，亦曰天雞。好以七月羣飛暗天，海邊夷貊食之，謂海中青鰕化爲之也。

清 嵇璜《續通志》卷一七八 蛺蜨，一名螫蚨，見《廣雅》。一名胥，一名⿰虫奄蝶，一名胡蝶，一名風蝶，一名撻末末一作來，一名春駒。其小者曰蛾蝶，種甚繁。唐《滕王蝶圖》有江夏斑、大海眼、小海眼、村裏來、採花子等名。

清 牟應震《毛詩物名考》卷四 蛺蝶兩翅平展者曰蛾，兩翅上並者曰蛺蝶。夾葉者，夾叠也。其爲蟲形惡者，其化爲蛺蝶尤美也。

紀 事

清 朱彝尊《明詩綜》卷一〇〇《如皋謡》 長山王⿰山斗生中，崇禎庚辰進士，知揚州如皋縣事。性愛畜蝶，民有罪當笞者，輸蝶得免。羅致千百，召客飲，縱之以爲樂。邑人語曰：「隋堤螢火輟，縣官放蝴蝶。」

清 張廷玉《明史》卷二三四《林培傳》 培由鄉舉爲新化知縣。縣僻陋，廣置社學教之。民有死於盗者，不得。禱於神，隨蝴蝶所至，獲盗，時驚爲神。

清 沙琛《點蒼山人詩鈔》卷一《黔山蝴蜨歌》 竹江花開濃煙霏，花間蝴蝶不斷飛。似惜行人寂寞路，聯羣逐隊來依依。滕王圖中描不得，巧學苗女裙五色。逞將新樣鬭蠻花，孔金翠羽啼鶻血。羅浮仙洞蝶仙遺，金筑山奇蝶亦奇。沙坂墨蛾春錫貢，不盡如意館中知。

藝 文

南朝梁 徐防《賦得蝶依草應令》（《藝文類聚》卷九七引） 秋園花落盡，芳菊數來歸。那知不夢作，眼覺也恒飛。

南朝梁 李鏡遠《蛺蝶行》（《古詩紀》卷一〇三引） 青年已布澤，微蟲應節歡。朝出南園裏，暮依華葉端。菱舟追或易，風池度更難。羣飛終不遠，還向玉階蘭。

北魏 温子昇《詠花蝶》（《古詩紀》卷一一九引） 素蝶向林飛，紅花逐風散。花蝶俱不息，紅素還相亂。芬芬共襲予，葳蕤徒可翫。可慰行客心，遽動離居歎。

唐 羅隱《羅昭諫集》卷二《蝶》 漢王刀筆精，寫爾逼天生。舞巧何妨急，飛高所恨輕。野田黄雀慮，山館主人情。此物那堪作，莊周夢不成。

宋 王安石《臨川文集》卷三三《蝶》 翅輕於粉薄於繒，長被花牽不自勝。若信莊周尚非我，豈能投死爲韓憑。

宋 蘇軾《東坡全集》卷一四《鬼蝶》 雙眉卷鐵絲，兩翅暈金碧。初來花争妍，忽去鬼無迹。

宋 李廌《濟南集》卷四三《秋蝶》 粉蝶爾何知，秋深尚戲飛。憐渠迷節物，猶若弄春暉。露葉今非昔，霜叢疇可依。籬邊菊無幾，薄命寄餘菲。

宋 曾幾《茶山集》卷四《蛺蝶》 不逐春風去，仍當夏日長。一雙還一隻，能白或能黄。戀戀不能已，翩翩空自狂。訃功歸實用，終自愧蜂房。

宋 葉紹翁《野蝶》（《江湖小集》卷一〇引） 銀爲鬚翅粉爲肌，驅役春風不解肥。桃李上林無分到，可憐却傍菜花飛。

宋 舒岳祥《閬風集》卷六《詠蝶》 前身曾學昭儀舞，時樣工爲京兆眉。揀盡好枝無可意，倦尋芳草歇多時。曉畦霧重狂須減，風檻花飛悮與隨。不但蛛絲深著避，更知經袖亦堪疑。

元 馬臻《霞外詩集》卷二《蝶》 魯隨秦女踏青陽，幾被鶯捎出建章。芳草夢寒迷碧色，杏花雨細宿紅香。粉凝薄翅春無力，恨入修眉晚斷腸。寄語莫尋歌舞處，五侯門第有高墻。

明 王翰《梁園寓稿》卷九《黑蝴蝶》 一自南華夢裏驚，守玄心悟更通靈。鐵絲細剪雙眉曲，墨紙新裁兩翅輕。燕子簾前渾髣髴，梨花枝上最分明。天然不用施朱粉，容易滕王爲寫生。

明 李蓘《李比部集》卷八《蝴蝶》 悠悠冉冉復依依，每到芳時伴不稀。恰似滕王圖裡見，恍疑莊叟夢中飛。暮春競逐紅千點，初夏常衝碧四圍。只恐秋風涼冷後，微軀飄泊竟安歸。

明 徐熥《幔亭集》卷七《蝶》 傅粉嬌姿五色衣，由來生性愛芳菲。夜深栩栩夢中化，日午雙雙花底飛。偷得餘香過別院，帶將春色入簾幃。只愁荏苒韶光暮，飄泊知從何處歸。

清 陳玉璂《學文堂集·蝴蝶》 隨意觀羣動，紛紛蝶正忙。夢餘猶彷彿，看去恰飛揚。傳就天然粉，偷殘花底香。可憐明月下，宿影見微茫。

清 納蘭性德《通志堂集》卷一《五色蝴蝶賦》 夫惟昆蟲之羽化兮，儼離俗而登仙。矧綵翼之有斐兮，備文章之自然。伊蝴蝶之微物兮，久託興於曩篇陋。唐人短賦之末工兮，余因感徼外之有五色者，廼爲之抽繭緒於毫端。肆攷載籍所記，則産自丹青之樹。流觀博物之編，則生于橘柚之園。膩輭纖腰，若荆豔臨風而嬋婉；參差舞翼，似陽阿長袖之翩翻。爾其啄芳塵于莛裏，飲玉露于花間。弱比收香之么鳳，清同翳葉之寒蟬。柳院兒童，解惜輕鬟除細網；蘭閨窈窕，最憐新粉撲齊紈。雙飛欸欸，並戲娟娟。所由蕩子之妻，見悠揚而興惋。懷春之女，對夾拍而含酸者也。又嘗旁搜《爾雅》之書，汎覽《方輿》之記，曾聞棲香鶴蔓者則幃帳牽情，絢綵羅浮者則車輪比翅。既小大之形殊，亦元黄之色異。説者謂南方朱鳥之鄉，位屬離明之位。故其山川卉木悉炫菁華，鳥獸蟲魚咸彰綺麗。曩余奉使出塞，吉日脂車，曉背陽烏而轣轆，宵瞻元武而馳驅，經途萬里之遠，徑陟大荒之隅。詎知絶漠固陰之藪，太蒙沍寒之區。葱菁喬陵，匪乘春而爍若；透迤深谷，不吹律而陽舒。其中乃有同心並蔕之葩，含英而翕艴；四照九衢之葶，吐秀而扶踈。遥而睇之初，疑百陣文禽之翔集；迫而觀之，乃識千羣錦蜨之翾飛。爾時忽覿斯蝶，目奪志喪，玩其藻繢非常，斑斕詭狀，幾爲延佇而流連，幾爲凝神而仿像。或元如閬風之鶴，或赤若炎洲之雀。或黄如金衣公子，或縞若雪衣慧女。或彪炳如長離之羽，或錯落如孔爵之尾。或黑若隃麋之墨，或黝若秋螓之翼。或青如木難之珍，或紅如守宫之殷。或緑若雉頭之毳，或晃如鸚䳇之背。或赬似珊瑚，或紋成玳瑁。或縹碧如八蠶之緜，或紺翠若螺子之黛。或蔚若天台建霞，或鮮如蝃蝀垂華。或褐若伊蒲之色，或絳比雞人之幘。或炯炯如銀睛，或煇煇若金星。或紫似河庭之貝，或藍同瓊島之瑛。或爛熳若析支氍毹，或璀璨如大秦琉璃。於斯益信宇宙之廣大，造化之綢繆，地何生而非美，物何處而無尤。假有繪于紫茸雲氣之帳者，必謂趙后香魂之變化；若有繡于冰綃霧縠之褭者，必非漢宫赤鳳所能留。是豈止唐家芍藥闌前，僅有玉屑金麩之熠熠；南氏桂椒廚内，但詫離紅膾白之翛翛而已哉。意惟是域也，遠接崑崙之丘，遥連星宿之海。元圃羣玉之恒儲，碧水九芝之常茷。女牀鸞鳥之攸棲，丹穴鳳皇之是萃。故爲珍族所誕，生而有此文。蝟之可愛者歟爰是，遂命從者麾箠，僕夫張羅，翦取組羽全生脩柯曜靈。時未匿停，驂聊復歌。歌曰：翩翩者蜨，颺彩幽墟，與蘧爲侶，作鳳之車。偷得嫦娥月華帔，裁爲蛾女五雲裾。詩人遇物能成賦，那羡滕王蛺蝶圖。歌畢就枕，倦遊華胥。不覺夢爲蝴蝶而栩栩，寤同莊叟而蘧蘧也。噫，異矣。

清 姚廷謙《緑蝴蜨》（《于野集》卷六引） 南園紅紫半模糊，幻出輕胥色更殊。閒度柳陰衣乍染，驚迴苔砌影全無。香魂不逐羅裙散，粉筆難教畫手圖。聞有宫花名字借，可容邢尹一時俱。

清 黎簡《五百四峰堂詩鈔》卷二一《蝴蝶》 不颭低波不拂雲，驚風怯水却依人。香浮一覺遊仙夢，瘦絶三分示病身。别有羅浮蠶繭甕，出乘烟霧翅車輪。始勝六氣編游軔，送我華胥醉幾旬。

清 趙希璜《研栰齋文集》卷二《五色蝶賦以昔有葛仙遺衣所化爲韻》 緊南離之奥區，實坤輿之靈宅。草木焕其光華，昆蟲絢其赫奕。乍拖六幅因風而水面留仙，忽展雙輪掣電而空中奮翮。雖無連理影似文鴛，若遇王喬翔同飛舄。常孕冰繭於孤青，時叠霓裳之三拍。覩彼美之當前，覺猶今之視昔。原夫蝶之爲物也，托體清虚，爲章富有。千里之息相通，比翼之情常偶。順時以變，寄逸興於謝生；與夢爲緣，結遥情於莊叟。彼吐飯而成者，豈不謂然；此遺衣所化者，誰其曰否。星眸閃閃，尚涵勾漏之砂；春睡濃濃，新綰南柯之綬。是知鉛汞内堅，化工外奪。九天咳唾，吹成廣袖。石華一角，衣裾襯出。深林錦襪，麗文明於南國；厥象爲離，譜種類於滕王。其源自葛，若教繅繭。定園客之飛昇，留以巡出；亦仙家之解脱，觀其嬉日。下戲晴烟，披燦爛，舞褊襹。豈與野人而並隸，竟隨㖡虎以俱仙。天孫織錦之工，裁爲片叚；女媧補天之手，鍊自何年。不尋陌上之春，杏子衫中欸欸；却伴風中之燕，梅花村裏翩翩。至於紅翠遜其丰韻，擣藥枉受羈縻。羨如笠以如輪，吸天漿之冲漠。復如花而如火，烘春影之迷離。飄到廻文，疑是若蘭所寄；吹殘彤管，寧闕静女之遺。片片蒸霞是真是幻，蘧蘧散綺非醉非癡。爾廼石樓曰麗花逕香肥。老人披其章服，玉女獻其天衣。繡口錦心，報生花於江筆；冶容豔質，異解佩於湘妃。捎三月之餘芳，職共仲山補衮；點兩山之新色，賜同骰子添緋。又若彩袂生春，香裾遐舉，雖非色相之空，豈是蜉蝣之楚楚。廻風無縫，誰度金針。拽佩有聲，自偕雲侶。想文章之游戲，惟爾偏奇；溯縹緲之行藏，端歸何所。彼夫飄零籐峽之間，掩映廬山之下，或以鬼車而得名，或以春駒而命駕，何如隱瑶臺、棲月檄、受長生、歸不夜。伴玉京以爲驂，許飛仙之我跨。綵綵樓上晴虹，百丈同牽；遺履軒中燕子，一雙來

迓。從知羅浮之産仙乎則靈，豈必北溟所鍾大而能化也哉！

清 朱鴻愷《秋蝶》（《兩浙輶軒録》卷三六引） 作隊成□記往時，南園緑艸最相思。韓憑化去魂猶豔，宋玉看來賦更悲。雨後晴蛉荷葉舫，風前蟋蟀豆花籬。幾番腸斷流光换，爲問莊生知不知。

清 樂鈞《青芝山館集・詩集》卷一《秋蝶詞》 鯉魚風吹黄雀雨，花魂抱香葬何許。雕楹畫檻啼越女，蕭蕭絡緯煙中語。轆轤不動秋千閒，寒莎委石金斕斑。微霜苦凋艷陽節，粉剥翠消心斷絶。

依依變化

綜　述

清 嵇璜《續通志》卷一七八 花胡蝶，橘蠹所化，大如蝙蝠，名曰鳳子，一名鳳車，一名鬼車。《寧波志》謂是梁山伯、祝英臺之魂，又曰韓憑夫婦之魂。黑而有彩者曰梁山伯，純黄色者曰祝英臺。其黑者名元武蟬，又名鬼蛺蝶，又羅浮綵蝶。世傳葛仙遺衣所化，人得其繭懸之，經年蝶出，雖千萬里外必歸焉。

又《昆蟲・媚蝶》《南方草木狀》：南海出鶴草花，形如飛鶴，上有蟲，老脱爲蝶，赤黄色，名曰媚蝶。女子藏之，能使其夫憐愛。

清 方旭《蟲薈》卷三《昆蟲・蛺蝶》《正字通》：蛺蝶一名胥。《古今注》：蛺蝶，一名野蛾，一名風蝶，江東名撻末，色白背青者是也。其大如蝙蝠者，或黑色或青斑，名鳳子，一名鳳車，一名鬼車，生江南。旭按：蛺蝶或作蜨蝶，即蝴蝶也，四翅，有粉，好嗅花香，以鬚代鼻，春月甚多，又名春駒，草木葉及諸蠹所化。又《旌異記》載童貫將敗時，其家烹肉未熟，忽化蝴蝶數萬飛去。

又《昆蟲・鬼蛺蝶》《桂海虞衡志》：桂海多鬼蛺蝶，大如扇，四翅，好集荔枝上。旭按：一種黑而大如扇者，俗説名元武蟬，殆即此。又一種大如笠黑者，名梁山伯，黄者名祝英台。往歲在江淮曾見之，亦此類。又秋間一種絶小而色灰白者，俗亦名鬼蛺蝶。又海中有大蝴蝶，重八十斤，味極美。

又《昆蟲・紺蝶》《古今注》：紺蝶一名晴蛉，其狀似晴蛉而色元紺，遼東人呼紺繙，又呼童繙，又呼天雞，七八月羣飛暗天，夷人食之，乃海中青鰕所化。

藝　文

南朝梁 劉孝綽《詠素蝶》（《古詩記》卷九七引） 隨蜂遶緑蕙，避雀陷青薇。映日忽争起，因風乍共歸。出没花中見，參差葉際飛。芳花幸勿謝，嘉樹欲相依。

南朝梁 蕭綱《詠蛺蝶》（《藝文類聚》卷九七引） 空園暮煙起，逍遥獨未歸。翠鬣藏高柳，紅蓮拂水衣。複此從風蝶，雙雙花上飛。寄與相知者，同心終莫違。

唐 李商隱《李義山詩集》卷上《蝶》 飛來繡户陰，穿過畫樓深。重傅秦臺粉，輕塗漢殿金。相兼唯柳絮，所得是花心。可要凌孤客，邀爲子夜吟。

又《蝶三首》 初來小苑中，稍與瑣闈通。遠恐芳塵斷，輕憂豔雪融。只知防皓露，不覺逆尖風。迴首雙飛燕，乘時入綺櫳。長眉畫了繡簾開，碧玉行收白玉臺。爲問翠釵釵上鳳，不知香頸爲誰迴。壽陽公主嫁時妝，八字宫眉捧額黄。見我佯羞頻照影，不知身屬冶遊郎。

唐 吴融《唐英歌詩》卷中《蛺蝶》 兩兩自依依，南園烟露微。住時須並住，飛處要交飛。草淺憂驚吹，花殘惜晚暉。長教撷芳女，夜夢遠人歸。

唐 徐寅《徐正字詩賦》卷二《蝴蝶》 縹緲青蟲脱殼微，不堪煙重雨霏霏。一枝穠豔留教住，幾處春風借與飛。防患每憂雞雀口，憐香偏遶綺羅衣。無情豈解關魂夢，莫信莊周説是非。

其二

拂緑穿紅麗日長，一生心事住春光。最嫌神女來行雨，愛伴西施去採香。風定只應攢蘂粉，夜寒長是宿花房。鳴蟬性分殊迂潤，空解三秋噪夕陽。

唐 盧頻《蛺蝶行》（《全唐詩》卷七一九引） 東園宫草緑，上下飛相逐。君恩不禁春，昨夜花中宿。

宋 林逋《林和靖集》卷二《蝶》 細眉雙聳敵秋毫，冉冉芳園日幾遭。清宿露花應自得，暖争風絮欲相高。情人殁久魂猶在，傲吏齊來夢亦勞。閑掩遺編苦堪恨，不并香草入離騷。

宋 張方平《樂全集》卷三《蝶》 遲景融融暖氣浮，中園曲密小庭幽。春風

故引顛狂甚，芳樹相容爛漫遊。不分風流輸楚女，懶將身世問莊周。有時潛見多情處，每遇王孫盡日留。

宋 **黄庭堅《山谷集》卷一二《蟻蝶圖》** 蝴蝶雙飛得意，偶然畢命網羅。羣蟻争收墜翼，策勳歸去南柯。

宋 **孔平仲《清江三孔集》卷二二《蝴蝶行》** 蝴蝶飛渡河來，河北花已落，河南花正開。盈盈採花女，撲打還家去，推身飛入粉奩中，芳草綿綿舊時路。

宋 **趙長卿《惜香樂府》卷一《鷓鴣天》** 綽約肌膚巧樣粧，風流元自有清香。未應傅粉疑平叔，却笑荷花似六郎。 浮蟻甕，入詩囊，學人清瘦怯風霜。午窗一枕莊周夢，甘作花心粉蝶忙。

宋 **葛天民《葛天民小集·蝶》（《江湖小集》卷六七引）** 黛拂雙眉粉襯毫，翅烘晴日伴相遭。戲勾稚子從花遠，恐惹遊絲莫鬬高。栩栩條來仍易散，深深交舞爲誰勞。吴王花草滕王筆，千載風流敵楚騷。

元 **鄭元祐《僑吴集》卷二《花蝶謡題舜舉畫》** 花魂迷春招不歸，夢隨蝴蝶江南飛。碧蕤粉香酣不起，臥帖芳茵唾鉛水。癡娥眼嬌錯驚顧，解裙戲撲沾零露。折釵搔首笑相語，阿誰芳心同栩栩。穨雲流光空影寒，冰波緘恨啼闌幹。

明 **劉基《誠意伯文集》卷一二《傳言玉女·詠蝶》** 爲問韓憑，何事化爲蝴蝶。妬風羞雨，一身輕似葉。園苑晝永，麗日晴煙相接。舞回柳眼，拍翻花頰。殢粉迷香，困酣猶自未愜。錦雲深處，更愁濃露浥。何況素秋，枝上曉霜披鬣。秖應無奈，翠銷紅厭。

明 **楊基《眉菴集》卷六《秋日舟中見蝶》** 趁暖戲晴川，依人上畫船。粉銷煙翅薄，香冷露鬚拳。野菜疎籬外，山花小逕邊。夜深桃李夢，猶在綺羅筵。

明 **高啓《大全集》卷八《美人撲蝶圖》** 花枝揚揚蝶宛宛，風多力薄飛難遠。美人一見空傷情，舞衣春來繡不成。乍過簾前尋不見，卻入深叢避鶯燕。一雙撲得和花落，金粉香痕滿羅扇。笑看獨向園中歸，東家西家休亂飛。

明 **蔡羽《蛺蝶篇》（《石倉歷代詩選》卷五〇一引）** 西園蝶，叢叢映花葉。十五佳人二八妾，鴛鴦帶長芳草貼。妾面如花步輕捷，粉蝶紛紛上眉頰。長安踏青天氣和，千叢萬叢情緒多。蹴得遊絲落釵翠，牽來草露沾衣羅。遊絲亂，草露長，美人欲行空斷腸。緑潭紫磵迴花房，銀錢瑣碎雜柘黄。飛入桃李花，落地亦成香。花落留臙脂，蝶香無斷時。相邀入羅扇，起舞顰蛾眉。蛾眉轉低草轉碧，日暮江天欲何適。梁園應有未歸人，章臺豈少思家客。思家未歸春已殘，悠悠蛺蝶空合歡，芳草年年成永嘆。

明 **錢文薦《蝶賦》（《歷代賦彙》卷一三八引）** 梁簡文與劉孝綽、庾肩吾同遊後園，見從風蛺蝶，雙飛花上，徘徊忘憂，逍遥寄況，聊輟芳酧，願聞高唱，誰爲宋玉，作賦無讓。孝綽乃避席而起，受簡而對曰：何朽腐之變化，乃體質之輕揚。既倚風以含媚，仍映日其流光。每依草而依葉，時尋豔而尋香。始乍遊夫樂境，終漸入於醉鄉。察烏足之共類，審鳳子之同翔。車飄飄其訝鬼，夢栩栩以疑莊。乘微煙乎遠出，遇細雨矣深藏。雖無補於天地，亦自適夫莽蒼。亮野蛾之堪賞，惟閨秀之可方。衣蹁躚而舞雪，粉遺落而成霜。躡遊羣其撲袂，窺歌隊以採妝。已諧合於素侣，況遭際乎青陽。念嘉辰之駘蕩，識暄晷之舒長。對流鶯而口訥，逐乳燕其翅忙。指柳色以導徑，認花心以爲房。羌雙飛乎淑景，勝獨處於空牀。感蕩子之易忽，知思婦之難忘。則有北里朱顔，東鄰皓齒，芳圃獨立，雕闌斜倚，莫解情性，難窺嗔喜，發爲歌聲，意有所指。歌曰：蛺蝶兮，春園依砌兮，遶垣盼佳期兮，掩長門心惆悵兮。無言歌罷，日薄崦嵫，月升井幹，物色漸斂，花陰將散，捲簾影寂，挑燈光粲，爰命肩吾，起而爲亂。亂曰：南園春暖盛芳菲兮，戲舞從風暮忘歸兮。常與花氣無睽違兮，幸得美人繡羅衣兮。

清 **吴綺《林蕙堂全集》卷二二《席中偶談羅浮神蝶賦以紀之》** 聞説仙姑有繡衣，化成神蝶世應稀。横身金翠人難見，獨向梅花香處飛。

又

神卵探來亦偶然，蜕成逐伴更翩躚。仙霞片片隨風起，五色寧教濁世憐。

清 **屈大均《翁山詩外》卷一七《詞·粉蝶兒》** 繭出朱明，翩翩鳳皇孫子。笑麻姑、繡裙難似。觸飛絲，穿落粉，儘他春戲。更誰人，逍遥漆園如爾。鶯捎不去，纏綿一生花底。與風流、緑毛丁髻。共收香到靜夜，方開雙翅。怕嬌娥，輕羅撲傷金翠。

清 **劉德新《蝶》（《詩觀二集》卷四引）** 不盡風流意，花林一羽仙。魂來幽夢裏，影落艷粧前。何粉迎春傅，韓香盜月眠。滕王良愛爾，寫照與誰傳。

清 **陳玉璂《學文堂集·蝴蝶兒本意》** 態兒佳，翅兒斜，多情愛入謝娘家，珠簾休要遮。欲避齊紈扇，驚飛小砌花，侍兒初學刺宫紗，停針覷定他。

又 **《祝英臺近·詠諜》** 製爲裳，裁作扇，兒女偏憐汝。生小翩翩，纖麗還如許。最憐膩粉沾愁，小香牽恨。慣則向，紅墻低處。 何方住。無過草畔

花間，鬭情自來去。紫燕黄鶯，認得同時侣。可堪九十春歸，匆匆别緒，又和舞，一簾花絮。

清 陳元龍《愛日堂詩集》卷一《蝶蝴花》 石罅牆坳草帶長，枝枝撲粉不尋芳。絶非輕薄還嗤魏，好共蹁躚欲夢莊。戢影更愁沾雨重，倦飛只恨舞風狂。一羣繞砌閒如許，惹得晴蜂更幾行。

又 卷二《蝶》 風飄芳樹裏，花氣遠相聞。佛助輕堪比，蒙莊夢不分。亦知肌撲粉，漫擬翼垂雲。蜂蠆何愁毒，蹁躚不亂羣。

清 李孚青《野香亭集·丙寅稿·蝶》 雙蝶過簾鈎，飛飛傍畫樓。飲花迷雨醉，藉草卧風柔。夢幻疑莊叟，身輕笑魏收。夫君能傅粉，少婦莫深愁。

清 朱奕《緑蝴蜨》（《于野集》卷六引） 萬緑叢中一蝶忙，翩翩也似惜年芳。染衣可要垂楊柳，貼鬢還驚小鳳凰。閒過窗紗微見影，暗依階蘚自尋香。風流背住人間世，只許羊權與較量。

清 何默《緑蝴蜨》（《于野集》卷六引） 栩栩飛來碧樹春，莊生夢裏見應新。衣分張緒柳絲嫩，影度王孫草色匀。金粉空勞尋画本，綺羅偏許巧藏身。吴娘繡罷渾無賴，葉底還防覓取頻。

清 茹綸常《容齋詩集》卷二《都門集·蝶》 誰把輕紈製舞衣，百花深處羡霞飛。謝家詩句滕王畫，尚恐丰神似爾稀。

清 姚文田《邃雅堂集》卷七《沈秀才席上分賦得蛺蝶四首》 生就憐嬌小，人前定不猜。自憑花逕熟，時過短牆來。花下棲曾慣，風前舞□輕。兩三時結伴，也逐踏青行。扇避狂奴撲，衣含怨女香。寸心偏惜爾，畫手欠滕王。結習迷芳草，餘情問落花。杜陵春去盡，孤夢向誰家。

清 阮元《揅經室集·續集》卷八《詠雙緑蝶》 羅浮仙蝶，若捉一蝶來，則其雌雄雖遠，必夜來相從。福于東園得巨蝶，全嫩緑色大如掌。移之西書齋籬上，是夜忽又有一緑蝶來相從東園，去西齋數百步中，隔數堂，其踪跡頗似羅浮蝶。滇人云鄉來未之見。

雙雙來巨蝶，蹤跡似仙家。妙色類婆果，前身緑萼華。滕王圖未備，烏足葉猶差。疑是鬱棲化，裙腰一道斜。

清 王慶勳《詒安堂二集》卷一《通草蝴蝶歌》 母飢不飢誰尸饔，通脱之草生叢叢。五色春駒集庭際，香鬚粉翅翔春風。延陵姊妹同心巧，春痕剪出麻姑爪。新樣傳觀出至情，高堂菽水資温飽。誰知仙蝶引仙魂，膝下斜陽慘不温。奉母安能及泉路，甘將紅粉了空門。空門同勵堅貞志，一幅壞裙一幅淚。至今孝女溯禾中，父老猶能傳影事。吁嗟乎，不是蒼蒼格孝心，何來粉蝶戲花陰。姜魚孟筍吴通草，千載奇踪共足欽。莫因玩物輕相視，蟲蟲草草輝彤史。靈光奄即魯靈光，兩樹女貞香不死。

清 吴文鎔《吴文節公遺集》卷七一《秋蝶》 依樣芳叢舞袖飄，春風回首路迢迢。痕尋前夢香難駐，影抱疎花瘦可描。絢爛飽經狂態斂，懺除積久綺懷銷。太常别有神仙侣，終歲寬閒戲絳霄。

清 吴振棫《無腔村笛》卷上《齊天樂·秋蝶》 南園草色萋迷甚，深深暮煙猶見。抱葉蟬瘖，吟莎蛩老，不似從前池館。流光迅轉。歎夢裏韶華，已成空幻。漫撲闌陰，篋中抛冷舊紈扇。 消磨金粉幾許，一生花裏活，空被愁綰。小舞還停，雙棲縱穩，謝客而今吟嬾。餘芳弄晚。怕搨得新圖，又生悽眷。憶煞羅浮，畫衣仙路遠。

清 寶廷《偶齋詩草·内次集》卷九《秋蝶》 老去莊周夢漸醒，蘧蘧猶記幻中形。半生有累因花誤，餘日無多任露零。亭午已過衣莫曬，涼颸初起翅須停。三春迴首真如昨，錦繡園林路慣經。

清 林旭《晚翠軒集·蝶二首》 蹔借茅亭坐夕暉，被涯芳草水深圍。花香處處元無見，栩栩何來此地飛。

輕衫自愛樓頭立，團扇頻煩女手揮。車馬沸天燈勝晝，閒閒一蝶傍墻飛。

清 沙琛《點蒼山人詩鈔》卷四《蝶》 好夢怡莊子，驚才豔魏收。度花情欵欵，漾日影悠悠。

雜録

唐 段公路《北户録》卷一《蛺蝶枝》 公路南行，歷懸藤峽。峽即富州界也。維舟飯水手，覩嵒側有一木五綵，初謂丹青之樹。《武陵記》：辰州嵩溪有丹青樹，直上可籠雲，下無枝條。上有五色，葉圖如華蓋。玉屑云：按在辰陽縣也。因命童僕採之，頃獲一枝，尚綴嫩蝶，凡二十餘箇。有翠紺縷者，金眼丁香眼者，紫斑眼黑花者，黄白者，緋脉者，大如蝙蝠者，小如榆莢者。沈佺期賦云：「二角六足，蠕腹狀蛾，脉紺縷以立翅，點赬珠以緗窠也。」愚因登岸視之，乃木葉化焉，是知蝶生江南甘橘樹中。《古今注》：蛺蝶，一名野蛾，江東人謂之撻末。其大黑色或青斑者名鳳子，一名鳳車，一名鬼

車是也。麥爲蝻蝶，烏足之葉爲蝴蝶，皆造化使然，豈虚語歟？公路嘗見盧員外肇説捉得一粉蝶，如兩手大，上有散緑點，丁香眼，前翅頭兩畫燕支色，後翅爲燕尾分，亦蝶之異也。又《會要》云：「大食國西隣大海，嘗遣人乘船，經八年未極西岸。中有一方石，石上有樹，榦赤葉青。樹生小兒，長六七寸，見人皆笑，動其手脚，尻著樹枝。其使摘取一枝，小兒死也。」《異苑》：太元中，汝南人入山伐竹，見一竹中央虵形已成，上枝葉如故。吴郡桐廬民嘗伐竹，遺竹一宿，見雉，頭頸盡就，身猶未。此亦竹爲虵，虵爲雉也。

唐 段成式《酉陽雜俎》卷一七 蝶，白蛺蝶，尺蠖繭所化也。秀才顧非熊少時，嘗見鬱棲中壞緑裙幅，旋化爲蝶。工部員外郎張周封言，百合花合之，泥其隙，經宿化爲大蝴蝶。

宋 釋贊寧《東坡先生物類相感志》卷一六《蛺》 烏足碬化爲胡蝶。今驗積麥永治忽夏雨霑霖，則麥虫壞爲蝶飛矣。一云烏足根化爲胡蝶。

夢蝶物化

藝　文

唐 吴融《唐英歌詩》卷中《杏花》 春物競相妬，杏花應最嬌。紅輕欲愁殺，粉薄似啼銷。願作南華蝶，翩翩遶此條。

唐 賈餗《莊周夢爲蝴蝶賦》（《文苑英華》卷九五引） 窮萬化之指歸，得七篇於往昔。何真人之形氣，以異類而遷易。將以明道之樞，喻心之適。徐徐在寐，忽羽化於他方；栩栩既遊，忘魂交於此夕。是知溥天之下，萬物一也。難飛走之或殊，何生成之爲假。形隨夢改，豈必大人占之；心與物遷，孰云夫子聖者。澹然休息，恍爾氣揚。暗出蠨蛸之户，潛辭蟋蟀之堂。風景熙熙，但娱情於蝴蝶；是非草草，已委蜕於蒙莊。既而忽忽悠悠，東西泛浮。動皆造適，止必忘憂。草上翩翻，與百花而共媚；林間摇曳，似一葉之先秋。彼賢愚波注，禍福環周。信乃人間之累，非同域外之遊。且夫浩浩陰陽，茫茫群衆。紛胸襟之憂患，勞日夜而迎送。是以至人，因兹托諷。爲魚而江湖可入，爲鳥而風雲可控。飄然而往，安知棄我如遺；倏爾複來，又疑與爾俱夢。故得吊詭之理，明懸解之規。方形神之寂寞，有變化之云爲。夢也者，不期而會；飛也者，以息相吹。豈銜發之能診，蓋忘蹄之可知。至乎往復須臾，以化爲徒。寤與覺而未辨，蝶將周而已殊。是以大同而言萬物，爲肝爲膽。小異而説一身，爲越爲胡。苟愚智而自得，實聖靈之軌模。客有志業未知，居多不愜。六夢紛其夜動，七情忘於晝接。乃陳古以況今，賦莊周之夢蝶。

宋 黄庭堅《山谷集》卷一二 看著莊周枯槁，化爲胡蝶翾輕。人見穿花入柳，誰知有體無情。

宋 李彭《日涉園集》卷六《蝴蝶詩并序》 楊昊明之世家蘇州，少孤力學。娶同郡江氏，婦翁官江州征市，明之盡室與俱來。予於江君既親且舊，以故過江君，始與明之相識。後一年明之挾册遊上國、抵許州，客食親館，一夕暴卒。卒之明日，有蝴蝶大如掌許，裴回翔舞於江氏旁，竟日乃去。始聞訃，聚族相與哭，蝴蝶復來遶，江氏起居、飲食不置也。夫明之不得其死，未能割愛於少妻、稚子，故化蝶以歸耳。世之罕聞異事。人之英偉不凡，死有遺恨，精爽不没，没能化物，出遊人間，以自表見，亦可爲流涕者矣。予與明之善，故作此詩以悼之，云：

碧梧翠竹名家兒，今作栩栩蝴蝶飛。山川阻深網羅密，君從何處能來歸。疑君枕肱作莊夢，誤隨秋風訪天涯。大兒稍黠兒中虎，小兒初學繡帳語。青娥皓齒越中女，夜挑錦字停機杼。可歎不可思，可思不可見。君來翻作味平生，看朱成碧非君面。耿蘭作報斷人腸，況復雀聲哦洞房。不知真是玉人否，大鈞刻彫不可量。君不聞，蜀天子化爲杜鵑似老烏，悲啼清血百花盡。有恨不吐歸黄壚，又不見，湘纍平生女嬃駡，空遺離騷萬鈞價。楚些許時招不來，亦復穿花繞寒夜。願君莫飛入兔園，青春粲粲花葉繁。雄蜂雌蝶鬧如雨，於君一脚不可安。

金 李俊明《莊靖集》卷三《蝶》 元從生處樂，肯向死前休。花底人間世，如何不夢周。

元 劉秉忠《藏春集》卷四《睡蝴蝶》 芳草連山翠萬重，天涯何處不春風。玉蝴蝶在深花裏，想與莊周夢不同。

元 張觀光《屏岩小稿·蝶》 隨風粉翅太輕狂，夜宿花房春夢香。栩栩不知身是夢，又將魂夢化蒙莊。

元 貢師泰《玩齋集》卷四《新蝶》 杏樹生香蠹化成，向人飛下不勝情。寒辭薄翅猶粘粉，暖溢柔鬚始弄晴。燕舞盤中嫌露重，鷽歌扇底避風輕。春閨未解南華夢，乞與滕王爲寫生。

元　馬臻《霞外詩集》卷七《喜蝶》　謾抛心力爲人忙，百計難消兩鬢霜。羡殺西風白蝴蝶，蘧蘧栩栩學蒙莊。

清　程夢星《今有堂詩集》附《茗柯詞・蝴蝶兒・秋蝶》　蝴蝶兒隱。花枝粉殘香淡。惜秋衣，可憐春去遲。　愁見輕羅扇。翩翩引隊飛，一雙還過短籬時，夢回人未知。

清　謝乃實《峇壚山人詩集・蝴蝶》　朝看花枝春意動。誰報東風，暗把芳心送。結得香魂情意重。翻飛都在春園空。粉翅悠陽凰趂鳳。不比蜂□，戲舞閒相共。午睡花房香霧擁。冷然驚醒莊生夢。

清　石韞玉《獨學廬五稿》卷五《和潘芝軒尚書消寒四詠・寒蝶》　蝶本三春使，經寒自息機。倦時仍栩栩，暖處尚飛飛。選夢今生晚，探芳舊境非。太常有仙蜕，故事説京畿。

清　周準《蝴蝶詞》（《兩浙輶軒録》卷一五引）　萬花谷裏逐芳塵，自愛翩躚粉澤新。多少繁華任留戀，不知祇是夢中身。

清　程遠《秋蝶》（《兩浙輶軒録》卷一八引）　不知身是夢，那悟夢中身。霜葉雖如錦，秋風不是春。翅將銷素粉，鬚欲化輕塵。笑爾繁華日，常飛桃李津。

清　陳恭尹《獨漉堂詩集》卷六《小禺二集下・秋蝶》　鳳子文爲羽，仙人錦作衿。有生同物化，而汝獨秋深。猶及芳菲日，彌傷遲暮心。因知漆園叟，所感亦猶今。

花語蝶舞

紀事

唐　蘇鶚《杜陽雜編》卷中《金玉蛺蝶》　穆宗禁中千葉牡丹夜開，有黄白蛺蝶萬數，飛集花間。宮人以羅巾撲之，無有獲者。上令張網空中，得數百，遲明視之，皆金玉也。內人争用絳縷絆其脚，爲首飾。

藝文

唐　王建《王司馬集》卷二《宮中調笑詞》　蝴蝶蝴蝶，飛上金花枝葉。君前對舞春風，百葉桃花樹紅。紅樹紅樹，燕語鶯啼日暮。

又　卷七《晚蝶》　粉翅嫩如水，繞砌乍依風。日高山露解，飛入菊花中。

唐　白居易《白氏長慶集》卷八《秋蝶》　秋花紫蒙蒙，秋蝶黄茸茸。花低蝶新小，飛戲叢西東。日暮涼風來，紛紛花落叢。夜深白露冷，蝶已死叢中。朝生夕已死，氣類各相從。不見千年鶴，多棲百丈松。

唐　李賀《李長吉歌詩》卷三《蝴蝶舞》　楊花撲帳春雲熱，龜甲屏風醉眼纈。東家蝴蝶西家飛，白騎少年今日歸。

又　外集《謡俗》　上林蝴蝶小，試伴漢家君。飛向南城去，誤落石榴裙。脈脈花滿樹，翾翾燕遶雲。出門不識路，羞問陌頭人。

唐　李商隱《李義山詩集》卷上《蝶》　飛來繡户陰，穿過畫樓深。重傅秦臺粉，輕塗漢殿金。相兼惟柳絮，所得是花心。可要凌孤客，邀爲子夜吟。

又　卷中《蝶》　孤蝶小徘徊，翩翾粉翅開。併應傷皎潔，頻近雪中來。

唐　鄭谷《雲臺編》卷上《趙璘郎中席上賦蝴蝶》　尋豔復尋香，似閒還似忙。暖煙沉蕙徑，微雨宿花房。書幌輕隨夢，歌樓誤採粧。王孫深屬意，繡入舞文裳。

唐　徐寅《徐正字詩賦》卷二《蝴蝶》　不並難飛繭裏蛾，有花芳處定經過。天風相送輕飄去，却笑蜘蛛漫織羅。

其二

冉冉雙雙拂畫欄，佳人偷眼再三看。莫欺翼短飛長近，試就花間撲已難。

其三

栩栩無因擊得他，野園荒徑一何多。不聞絲竹誰教舞，應仗流鶯爲唱歌。

唐　釋齊己《白蓮集》卷一《蝴蜨》　何處背繁紅，迷芳到檻重。分飛還獨出，成隊偶相逢。遠害終防雀，争先不避蜂。桃蹊牽往復，蘭徑引相從。翠裛丹心冷，香凝粉翅濃。可尋穿樹影，難覓宿花蹤。日晚來仍急，春殘舞未慵。西風舊池館，猶得採芙蓉。

唐　李建勳《蝶》（《全唐詩》卷七三九引）　粉蝶翩翩若有期，南園長是到春歸。閒依柳葉參差起，困傍桃花獨自飛。潛被燕驚還散亂，偶因人逐入簾幃。晚來欲雨東風急，迴看池塘影漸稀。

宋　宋祁《景文集》卷二四《秋園見蝶》　撲粉曾過宋玉牆，一身生計託流芳。不須長結東風願，秋菊春蘭各有香。

宋　楊萬里《誠齋集》卷一三《道傍小憩觀物化》　蝴蝶新生未解飛，鬚拳粉濕睡花枝。後來借得風光力，不記如癡似醉時。

宋　何應龍《橘潭詩稿·粉蝶》（《江湖小集》卷二五引）　宿粉棲香樂最深，暫依芳草避春禽。晚來風起還無定，舞入梨花何處尋。

宋　葛天民《葛無懷小集·玩蝶》（《兩宋名賢小集》卷二八五引）　粉翅來何許，春風卒未休。衆芳皆舊識，微雨是新愁。鬬舞圍墻角，貪香綴蕊頭。與花俱不語，相可自風流。

宋　龐元英《文昌雜録》卷一　禮部王員外言崔豹《古今注》「蛺蝶大者名鳳子」，然辭人罕用。余讀唐韓偓詩，有「鶯兒喫啑雌黄觜，鳳子輕盈膩粉腰」，正爲蝶也。

元　馬臻《霞外詩集》卷一《蛺蝶》　栩栩復翩翩，迎風勢不前。草根時點染，花處自留連。怕冷多尋日，争高欲上天。誰家騃兒女，相逐過橋邊。

明　葉盛《菉竹堂稿》卷二《蝶》　一年春色似驚波，日日花開得几何。縱有滕王是知己，斷縑殘粉恨偏多。

明　李蓘《李比部集》卷二《秋蝶》　秋蝶飛無力，栖遲花樹間。涼風自西來，飄摇非所堪。憶昨桃李塲，逐隊何翩翩。採香實其腹，韶景相與酣。兩翅快輕舉，日暮不能閑。過時乃如此，寧無歎迍邅。

明　劉涣《秋蝶》（《佩文齋詠物詩選》卷四七八引）　欲歇還休卻又飛，芙蓉葉底戀秋暉。自知翅粉渾銷盡，羞近樽前舞女衣。

清　閔南仲《碎金集》卷上《和瑟召叔春詞·春蝶》　薄情遊子風前絮，宿粉棲香迷處所。花中身世足夭邪，夢裏妍華無定據。輕衫年少眼匆匆，顛狂隨例過春風。明朝又是清明節，繡幰香車弔落紅。

清　許虬《萬山樓詩集》卷二二《紫蝴蝶》　蝴蝶分飛上苑間，昭容羅袖侍天顔。碧桃紅杏承恩顧，小草長宜石畔閒。

清　方象瑛《健松齋集》卷一九《新蝶》　不知何處住，早得趂芳辰。摇曳飛還倦，翩躚粉乍勻。浪尋花下隊，未遠夢中身。底事傷春者，相看便愴神。

清　魏荔彤《懷舫詩集》卷一《蝶》　金粉春衫妙剪裁，賞心次第衆芳開。深藏葉底羅裙妒，小立花房紈扇猜。常逐飛紅過别院，又隨細雨坐蒼苔。晝長欹枕無情思，孤影翩翩入夢來。

清　程夢星《今有堂詩集·茗柯詞·爲江虞泉詠緑蝶》　小院飛來蝴蝶，非關紙剪，豈似帆揚。應是丹青，樹上曾宿花房。染雙鬟，略沾何粉，暈兩翅，更竊韓香。過東墻，春回草色，一樣争芳。悠颺。記看初化，蔬繞弄碧，橘未勻黄。留下欝樓，裙幅翠帶偏長。漫相誇，詩成謝逸，那須羡，搨自滕王。有江郎。夢中綵筆，幻出蒙莊。

又《漪南集·放蝶》　粘絲驚蛺蝶，栩栩尚能飛。憑扇扶斑翅，因風護粉衣。墻陰尋夢去，花裡認香歸。只傍南園宿，應憐緑草肥。

清　陸培《探春·夏蝶》（《國朝詞綜》卷二三引）　遲日烘晴，亂絲罥影，作團高下閒舞。柳線穿殘，鶯梭捎過，無計將春挽住。棼尾開都歇，向碧草池塘延竚。有人絶憶王孫，問伊可寄愁去。驀地蜂腰冷落，却添了杏梁，雙燕初乳。小夢輕囬，風簾不動，最好緑陰亭午。紈扇誰來往，又乍試縠衫籠霧。付與滕王，慵情描寫能否。

清　劉大紳《寄庵詩文鈔·詩鈔》卷一《秋蝶》　囬首園林春事非，展鬚乘翅與心遠。深深記得穿花見，冉冉驚從落葉飛。蘭不當門香故在，菊猶存徑露初晞。腰肢舊日相憐瘦，莫怨秋風褪粉衣。

又《詩鈔續》卷五《賦蛺蜨》　樹底翩翩識化機，不同鶯燕送春暉。曾呼輕薄名原悮，即認逍遥夢亦違。園客繭空垂五彩，仙人裾碎見雙飛。莫教榻入蒲葵扇，已近秋風識面稀。

清　樂鈞《青芝山館集·詩集》卷一《春蝶詞》　綺閣殘香漬煙草，緑梅紅蕙雪中老。吹花擘柳風信乖，閨人倦繡羅靸鞋。桃葉織長曳輕碧，穿樹倉庚語如織。五色雲衣飄曉寒，春魂入夢無消息。

清　姚鼐《惜抱軒後集·臺城路·秌蝶》（《篋中詞》卷三引）　粉牆翅底尋芳處，栩栩夢回情老。冷露垂乾，斂陽烘煖，一逕西園重到。寒枝自抱。恍穿入深深，壓簾春曉。甚又驚飄，卻和輕葉隊煙艸。流年偷换漫道。雙飛經幾度，而今黄了。砌暗蘭衰，籬荒鞠瘦，故侶相逢應少。樓陰静悄。正欲向東家，又依殘照。倚檻誰看，滿庭風娜娜。

清　張琳《緑蝴蜨》（《于野集》卷六引）　一片春陰碧繞廊，何來栩栩度銀牆。歇當草際初無影，飛上花枝别有光。故换粉衣迷傲吏，欲將新樣惱滕王。芳魂若記前身事，想見珍珠費斗量。

清　茹贇元《蝶》（《兩浙輶軒續録》卷四一引）　羅裙化出换銖衣，豔逸輕盈是也非。五色迷藏窺瘦影，三春遊戲趁晴暉。賣花聲至迎香舞，踏翠人歸逐隊飛。莫向東園依苜蓿，江南風景正芳非。

蟋蟀

總論旁喻

題解

《爾雅·釋蟲》 蟋蟀，蛬。注：今促織也，亦名青𧊔。音義：蟋，音悉，《說文》作悉，本或作□，音瑟。蟀，所律反。《詩》同，本或作𧑔。《說文》同。蛬，九勇反。促，字亦作趗，七玉反。青，子盈反。𧊔，音列。《廣雅》云：蜻蛚，促織也。《字林》云：蟋蟀也。疏：蟋蟀，一名蛬，今促織也。亦名青𧊔。《詩·唐風》云：「蟋蟀在堂，歲聿其莫。」陸璣疏云：「蟋蟀，似蝗而小，正黑有光澤如漆，有角翅。一名蛬，一名青𧊔。楚人謂之王孫，幽州人謂之趣織。里語曰『趣織鳴，嬾婦驚』是也。」

漢 許慎《說文》卷一三上 蟋，蟋𧑔也。从虫，悉聲。息七切。𧑔，悉𧑔也。从虫，帥聲。臣鉉等曰：今俗作蟀，非是。所律切。蜻，蜻蛚也。从虫，青聲。子盈切。蛚，蜻蛚也。从虫，列聲。良薛切。

宋 戴侗《六書故》卷二〇 蟋，通作悉，或作蟋。蟀，或作𧑔。蟋蟀，小蟲，黑而澤，善鬥。小兒籠畜以角勝負。其聲刺歷如織，七月始鳴，故又謂趣織。陸璣曰：一名蜻蛚，楚人謂之王孫，幽人謂之趣織。

明 李時珍《本草綱目》卷四一《促織》 時珍曰：促織，蟋蟀也。一名蛬，一名蜻蛚。陸機《詩義疏》云：似蝗而小，正黑有光澤始漆，有翅及角，善跳好鬭，立秋後則夜鳴。《豳風》云「七月在野，八月在宇，九月在户，十月蟋蟀入我牀下」是矣。古方未用，附此以俟。

論說

宋 陸佃《埤雅》卷一〇《蟋蟀》 陰陽率萬物以出入，至於悉𧑔。帥之爲悉，蟋𧑔，能帥陰陽之悉者也。似蝗而小，善跳，正黑，有光澤如漆。一名蛬，一名促織。語曰：「促織鳴，懶婦驚。」曺奢而苟，唐儉以勤，故《詩》一以蜉蝣、一以蟋蟀刺之。《詩》曰：「蟋蟀在堂，歲聿其莫。」蟋蟀在堂，九月之時也。九月建戌，於文禾千爲年，步戌爲歲，蓋年取禾之一熟，而歲騎兩稔，故步戌至戌謂之「歲」也。一章曰「職思其居」，言於行思其居也；二章曰「職思其外」，言於內思其外也；三章曰「職思其憂」，言於樂思其憂也。《詩·序》所謂「憂深思遠，有堯之遺風者」，此也。《詩》曰：「十月蟋蟀入我牀下。」言蟋蟀，微物也，猶知隨時，可以人而不如乎？故曰：「物有微而志信，人有賤而言忠也。」傳曰：「蟋蟀之蟲，隨陰迎陽。」一名吟蛬，秋初生，得寒乃鳴。《詩義問》曰：「蟋蟀食蠅而化。」

宋 賈似道《促織經》卷上《促織論》 論曰：天下之物，有見愛於人者，君子必不棄焉。何也？天之生物不齊，而人之所好亦異也。好非外鑠，吾性之情發也。情發而好物焉，殆有可好之實存於中矣。否則匪好也，豈其性之真哉？況促織之爲物也，暖則在郊，寒則附人，若有識其時者。拂其首則尾應之，拂其尾則首應之，似有解人意者。甚至合類頷頏，以決勝負，而英猛之態甚可觀也。豈常物之微者若是班乎？此君子之所以取而愛之者，不爲誣也。愚嘗論之：天下有不容盡之物，君子有獨好之理。獨促織曰莎雞，曰絡緯，曰蛩，曰蟋蟀，曰寒蟲之不一其名。或在壁，或在户，或在宇，或入床下，因時而有感。夫一物之微而能察乎陰陽動靜之宜，備乎戰鬥攻取之義，是能超於物者也甚矣！促織之可取也遠矣！蓋自唐帝以來，以迄於今，于凡王孫公子，至於庶人、富足、豪傑，無不雅愛珍重之也。又嘗考其實矣，每至秋冬，生於草土、壘石之內，諸蟲變化，隔年遺種於土中，及其時至方生之時，小能化大也，大亦能化小也。若夫白露漸旺，寒露漸絶，出於草土者，其身則軟；生於磚石者，其體則剛；生於淺草，瘠土、磚石、深坑、向陽之地者，其性必劣。赤黄，其色也。大抵物之可取者，白不如黑，黑不如赤，赤不如黄。赤小黑大，可當乎對敵之勇；而黄大白小，難免夫侵淩之虧。愚又原夫入色之蟲：赤黄色者，更生頭項肥、腳腿長、身背闊者爲首也。黑白色者，生之頭尖、項緊、腳瘦、腿薄者，何足論哉！或有花麻頭、水紅花牙、青灰項、白肋翅、闊翼、單尾、禿須、歪線額、彎尾、翹翅、龜背、蝦脊、促織身相蝗螂狀、土狗形、蝴蝶頭、尖夾翅，此數者，又皆爲蟲之異象者也。紫頭偏有勇有敵；鱃艷色定虛華無情。則是銅頭有準，卻是棗核牙長，色樣俱佳，未嘗不勇；傷殘獨腿，及於欠足之蟲，總爲不全，卻有可觀之處者也。惟有四病，若犯其一，切不可托之，何也？仰頭，一也；捲鬚，二也；練牙，三也；踢腿，四也。若兩尾

高低，曾經有失；兩尾垂萎，並是老朽者也，其亡也可立而待。若有熱之倦怠，與夫冷之傷惶者，又且不可緩其調養之法也。使調養之法緩，情性之欲拂，則物之救死，而且恐不贍矣，何暇勇於戰鬥，期於克捷，而能超乎群物者哉？故曰：君子之于愛物也，知所愛。知所愛，則知所養也。知所養，則何患乎物之不善哉！是爲論。

又《蟋蟀論》 序屬三秋，時維七月，禀受肅殺之氣，化爲促織之蟲。述其奥妙之玄機，乃作今時之賭賽。千般調養，皆遵昔日之規模；數句言辭，可教後來之子弟。盆須用古，器必要精。如遇天炎，常把窩兒水浴；若交秋冷，速將盆底泥填。下盆須食白花草，則泥瀉出；然後必飧黄米飯，可長精神。食不宜多，休要缺水。嚼牙狹食，暫喂帶血蚊蟲；内熱慵鳴，聊食豆芽尖葉。落胎糞結，必吃蝦婆；失腳頭昏，川芎茶浴。如若咬傷，速用童便、蚯蚓糞調和，點其瘡口，禁鹵，須將牽草用蒼蠅頭血染成，如是良醫。敵疲體與水，鬥處切傍饑。游棚沿墻，藏之暗所。隔盆鳴叫，速使相離。每至未申，便當下食；但臨子丑，且聽呼雌。渾身好似一團花，紅鈴難托；遍體卻如三段錦，白肋無成。腿長有勝無輸，身狹少贏多敗。頭粗難壯，何人與我敢爭鋒？牙細翅寬，必定知他難受口。麻頭，秀項，銷金翅，名播他鄉；蝦脊，蛾身，橄欖形，聲揚別郡。尾短終無力，牙長必有功。看來有妙必藏，莫與他人頻賭矣。黑白多輸，青黄多勝。狹長有失，匾闊迷癡。尾焦便可棄之，毋爲後悔；鈴脱休尋爭鬥，免使嗟籲。是蟲也，自露旺生，寒露漸絶。草土中則軟，磚石内則剛。背陰必嬌，向陽必劣。深磚厚石，其色青黄；淺草薄泥，其顏黑白。若愛其才，必相其色。得之於心，用之於手。雖以微蟲，慎勿輕視。然賭賽有千般之變化，調理有萬種之功夫。未盡片言，再詞於後。

清 蒲松齡《聊齋志異・促織》 宣德間，宮中尚促織之戲，歲征民間。此物故非西産；有華陰令欲媚上官，以一頭進，試使鬥而才，因責常供。令以責之里正。市中遊俠兒得佳者籠養之，昂其直，居爲奇貨。里胥猾黠，假此科斂丁口，每責一頭，輒傾數家之産。邑有成名者，操童子業，久不售。爲人迂訥，遂爲猾胥報充里正役，百計營謀不能脱。不終歲，薄産累盡。會征促織，成不敢斂户口，而又無所賠償，憂悶欲死。妻曰：「死何裨益？不如自行搜覓，冀有萬一之得。」成然之。早出暮歸，提竹筒絲籠，于敗堵叢草處，探石發穴，靡計不施，迄無濟。即捕得三兩頭，又劣弱不中於款。宰嚴限追比，旬餘，杖至百，兩股間膿血流離，並蟲亦不能行捉矣。轉側床頭，惟思自盡。時村中來一駝背巫，能以神蔔。成妻具資詣問。見紅女白婆，填塞門户。入其舍，則密室垂簾，簾外設香几。問者爇香於鼎，再拜。巫從旁望空代祝，唇吻翕辟，不知何詞。各各竦立以聽。少間，簾内擲一紙出，即道人意中事，無毫髮爽。成妻納錢案上，焚拜如前人。食頃，簾動，片紙抛落。拾視之，非字而畫：中繪殿閣，類蘭若；後小山下，怪石亂臥，針針叢棘，青麻頭伏焉；旁一蟆，若將躍舞。展玩不可曉。然睹促織，隱中胸懷。折藏之，歸以示成。成反復自念，得無教我獵蟲所耶？細瞻景狀，與村東大佛閣逼似。乃强起扶杖，執圖詣寺後，有古陵蔚起。循陵而走，見蹲石鱗鱗，儼然類畫。遂於蒿萊中側聽徐行，似尋針芥。而心目耳力俱窮，絶無蹤響。冥搜未已，一癩頭蟆猝然躍去。成益愕，急逐趁之，蟆入草間。躡跡披求，見有蟲伏棘根。遽撲之，入石穴中。掭以尖草，不出；以筒水灌之，始出，狀極俊健。逐而得之。審視，巨身修尾，青項金翅。大喜，籠歸，舉家慶賀，雖連城拱璧不啻也。上於盆而養之，蟹白栗黄，備極護愛，留待限期，以塞官責。

成有子九歲，窺父不在，竊發盆。蟲躍擲徑出，迅不可捉。及撲入手，已股落腹裂，斯須就斃。兒懼，啼告母。母聞之，面色灰死，大驚曰：「業根，死期至矣！而翁歸，自與汝複算耳！」兒涕而去。未幾，成歸，聞妻言，如被冰雪。怒索兒，兒渺然不知所往。既而得其屍于井，因而化怒爲悲，搶呼欲絶。夫妻向隅，茅舍無煙，相對默然，不復聊賴。日將暮，取兒槁葬。近撫之，氣息惙然。喜置榻上，半夜復蘇。夫妻心稍慰，但兒神氣癡木，奄奄思睡。成顧蟋蟀籠虚，則氣斷聲吞，亦不復以兒爲念，自昏達曙，目不交睫。東曦既駕，僵臥長愁。忽聞門外蟲鳴，驚起覘視，蟲宛然尚在。喜而捕之，一鳴輒躍去，行且速。覆之以掌，虚若無物；手裁舉，則又超忽而躍。急趨之，折過墻隅，迷其所在。徘徊四顧，見蟲伏壁上。審諦之，短小，黑赤色，頓非前物。成以其小，劣之。惟彷徨瞻顧，尋所逐者。壁上小蟲忽躍落襟袖間，視之，形若土狗，梅花翅，方首，長脛，意似良。喜而收之。將獻公堂，惴惴恐不當意，思試之鬥以覘之。村中少年好事者，馴養一蟲，自名「蟹殼青」，日與子弟角，無不勝。欲居之以爲利，而高其直，亦無售者。徑造廬訪成，視成所蓄，掩口胡盧而笑。因出己蟲，納比籠中。成視之，龐然修偉，自增慚怍，不敢與較。少年固强之。顧念蓄劣物終無所用，不如拚博一笑，因合納鬥盆。小蟲伏不動，蠢若木鷄。少年又大笑。試以豬鬣毛撩撥蟲須，仍不動。少年又笑。屢撩

之，蟲暴怒，直奔，遂相騰擊，振奮作聲。俄見小蟲躍起，張尾伸須，直齕敵領。少年大駭，急解令休止。蟲翹然矜鳴，似報主知。成大喜。方共瞻玩，一雞瞥來，徑進以啄。成駭立愕呼，幸啄不中，蟲躍去尺有咫。雞健進，逐逼之，蟲已在爪下矣。成倉猝莫知所救，頓足失色。旋見雞伸頸擺撲，臨視，則蟲集冠上，力叮不釋。成益驚喜，掇置籠中。翼日進宰，宰見其小，怒呵成。成述其異，宰不信。試與他蟲鬥，蟲盡靡。又試之雞，果如成言。乃賞成，獻諸撫軍。撫軍大悦，以金籠進上，細疏其能。既入宮中，舉天下所貢蝴蝶、螳螂、油利撻、青絲額一切異狀遍試之，莫出其右者。每聞琴瑟之聲，則應節而舞。益奇之。上大嘉悦，詔賜撫臣名馬衣緞。撫軍不忘所自，無何，宰以卓異聞。宰悦，免成役。又囑學使俾入邑庠。後歲餘，成子精神復舊，自言身化促織，輕捷善鬥，今始蘇耳。撫軍亦厚賚成。不數年，田百頃，樓閣萬椽，牛羊蹄躈各千計；一出門，裘馬過世家焉。異史氏曰：「天子偶用一物，未必不過此已忘；而奉行者即爲定例。加以官貪吏虐，民日貼婦賣兒，更無休止。故天子一跬步，皆關民命，不可忽也。獨是成氏子以蠹貧，以促織富，裘馬揚揚。當其爲里正，受撲責時，豈意其至此哉！天將以酬長厚者，遂使撫臣、令尹，並受促織恩蔭。聞之：一人飛升，仙及雞犬。信夫！」

清 張必剛《濬元》卷五《蟋蟀居壁小暑中候》 人需蠶需績者也，戴勝促蠶者也，蟋蟀保績者也。方春之盛，繁生矣，可以蠶矣。爲戴勝者，降桑側，俯仰而號曰「蠶蠶」。人顧嗷然叱之，曰：「爾何知，時早，何急爲？」貿貿然相與以嬉遊不足日爲事，於是促蠶者戴勝也，而輟蠶者人也。然失之蠶矣，績猶可補。及暑之至，麻茂矣，可以績矣，爲蟋蟀者，知人之不及於蠶也，居穴壁，應節而號曰「績績」，人猶叱之曰：「爾何知，寒早，何急爲？」貿貿然復以婆娑不足日爲事，於是促績者蟋蟀也，而輟績者人也。夫蟋蟀之促人績，猶戴勝之促蠶也。人之不聽蟋蟀之促，猶其不聽戴勝之促也。向使人早聽戴勝之促，則不但有績，并且有蠶。即不然，而能聽蟋蟀之促，則雖不及於蠶，猶及於績，乃人既不聽戴勝，又不聽蟋蟀，迨其屢促屢不聽而居穴壁者，不得不進而居人室壁矣。人見其居室壁也，始驚而號曰「寒寒」，蟋蟀聞之將母哂。

系曰：今以百動植物，或生或居於深山窮壑，人跡不經到之區，其察而知之者，惟野老、澤叟、放臣、逐子、役夫爲能。而凡文人學士及富貴人，則未必能察之，未必能知之也。然古之富逐者能知其事，而文人學士則并能言其意。夫以山谷幽僻，人不經到之區、之物，文人學士尚能知之，尚能言之。則凡日居耳目間至近且易見者，其更無不察之，無不知之，可知也。夫古之人無所不察知，而世之學者微論山谷幽僻閒物不能察，以知即其日居耳目閒者，猶或有忽畧不之省，則又何也？

贊曰：小蟲近人語，燈光忽明滅。太極滿虛無，初上梧桐月。

綜述

漢 揚雄《方言》卷一一 蜻蛚即趨織也。精、列二音。 楚謂之蟋蟀，或謂之蛬，梁國呼蛬音鞏。 南楚之閒謂之蚟孫。孫一作緣。

案：《考工記》「以注鳴者」，鄭注云：注鳴，精列屬，精列即蜻蛚。疏全引《方言》此條，蚟作王，餘竝同。《詩・唐風》「蟋蟀在堂」，《毛傳》：蟋蟀，蛬也。《淮南鴻烈・時則》篇「蟋蟀居奥」，高誘注云：「蟋蟀，蜻蛚，促織也。」《廣雅》「蛬趌織蚟孫蜻蛚也」。趌促同。

三國吴 陸璣《毛詩草木鳥獸蟲魚疏》卷下《蟋蟀在堂》 蟋蟀似蝗而小，正黑，有光澤如漆，有角翅。一名蛬，一名蜻蛚。楚人謂之王孫。幽州人謂之趣織，督促之言也。里語曰「趣織鳴，懶婦驚」是也。

晉 崔豹《古今注》卷中 蟋蟀，一名吟蛩，一名蛩秋。初生得寒則鳴。一云：濟南呼爲懶婦。

宋 羅願《爾雅翼》卷二五《蟋蟀》 蟋蟀，似蝗而小，正黑有光澤。一名蛬，一名蜻蛚，一名促織。以夏生，秋始鳴。《周書》：「小暑之日温風至，又五日而蟋蟀居壁。」《易通卦系》曰：「蟋蟀之蟲，隨陰迎陽，居壁向外，趨婦女織績女工之象。今失節不居壁，似女事不成，有淫佚之行，因夜爲姦，故爲門户夜開。」《淮南》則云：「蟋蟀居奥。」奥者，西南隅也。比寒則漸近人。《易通卦驗》曰：「立秋蜻蛚鳴，白露下，蜻蛚上堂。」《詩》曰：「蟋蟀在堂，歲聿其莫。」又曰：「七月在野，八月在宇，九月在户，十月蟋蟀，入我牀下。」自七月至十月入牀下，皆謂蟋蟀也。言將寒有漸，非卒來也。而説者解蟋蟀居壁，引《詩》「七月在野」，以爲不合，然今蟋蟀有生野中及生人家者，至歲晚則同爾。好吟於土石塼甓之下，尤好鬭，勝輒矜鳴。其聲如急織，故幽州謂之促織。又其鳴時，正織之候，故以戒婦功。《春秋説題辭》曰：「趣織爲言趣織也。」織興事遽，故趣織鳴，女作緣。又里語曰：「趣織鳴，懶婦驚。」而崔豹云「濟南人謂蟋蟀爲懶婦」，非也。古稱騰蛇游

霧，而殆於即且。即且乃蜈蚣耳。許叔重謂「蟋蟀爲即且，上蛇，蛇不敢動」，亦非也。《説文》作「蟋𧐐」。《梓人》「以注鳴者」，精列屬。《方言》：「南楚之間或謂之王孫。」

宋 鄭樵《通志》卷七六 蛬曰蟋蟀，曰青蛚，楚人謂之王孫，幽州人謂之促織。秋至則鳴，故曰促織鳴，懶婦驚。

明 吴雨《毛詩鳥獸草木考》卷七《蟋蟀》 蟋蟀似蝗而小，善跳，正黑有光澤如漆，有角翅，一名蛬，一名蜻蛚，幽州人謂之趨織。里語曰「趨織鳴，嬾婦驚」是也。濟南人呼爲嬾婦。以夏生，秋始鳴，於土礴瓦石之下，尤好鬭勝，輒矜鳴，非蛬。好鬭乃肅殺之氣使然，鳴時正織之候，故以戒婦功。傳曰：蟋蟀之蟲，隨陰迎陽，一名吟蛬。秋初生，得寒乃鳴。《詩義問》曰：蟋蟀食蠅而化。劉芳《毛詩義箋》曰：蟋蟀，今促織也。一名蜻蛚，楚謂之蟋蟀，或謂之蛬，南楚謂之王孫也。陸佃云：陰陽率萬物以出入，至於悉𧐐，帥之爲悉，蟋𧐐能帥陰陽之悉者也。

藝 文

《詩經·國風·蟋蟀》 蟋蟀在堂，歲聿其莫。今我不樂，日月其除。無已大康，職思其居。好樂無荒，良士瞿瞿。

蟋蟀在堂，歲聿其逝。今我不樂，日月其邁。無已大康，職思其外。好樂無荒，良士蹶蹶。

蟋蟀在堂，役車其休。今我不樂，日月其慆。無以大康，職思其憂。好樂無荒，良士休休。

《詩經·國風·七月》 五月斯螽動股，六月莎雞振羽。七月在野，八月在宇，九月在户，十月蟋蟀，入我床下。穹窒熏鼠，塞向墐户。嗟我婦子，曰爲改歲，入此室處。

晉 盧諶《蟋蟀賦》（《藝文類聚》卷九七引） 何兹蟲之資生，亦靈和之攸授。享神氣之幺舛，體含容之微陋。嘤嘤咧咧，翾翾翩翩。候日月之代謝，知時運之斡遷。

唐 白居易《白氏長慶集》卷一四《禁中聞蛩》 悄悄禁門閉，夜深無月明。西窗獨闇坐，滿耳新蛩聲。

唐 張喬《促織》（《全唐詩》卷六三九引） 念爾無機自有情，迎寒辛苦弄梭聲。椒房金屋何曾識，偏向貧家壁下鳴。

唐 羅隱《蟋蟀詩》（《全唐詩》卷六六五引） 頑颸斃芳，吹愁夕長。屑戍有動，歌離吊夢。如訴如言，緒引虚寬。周隙伺榻，繁咽夤緣。范睡蟬老，冠峨緌好。不冠不緌，爾奚以悲。蚊蚋有毒，食人肌肉。蒼蠅多端，黑白偷安。爾也出處，物兮莫累。壞舍啼衰，虚堂泣曙。勿徇暄嘩，鼠豈無牙。勿學萋菲，垣亦有耳。危條槁飛，抽恨咿咿。别帳缸冷，柔魂不定。美人在何，夜影流波。與子佇立，徘徊思多。

唐 釋齊己《白蓮集》卷五《蟋蟀》 聲異蟪蛄聲，聽須是正聽。無風來竹院，有月在莎庭。雖不妨調瑟，多堪伴誦經。誰人向秋夕，爲爾欲忘形。

宋 王令《廣陵集》卷一七《問促織》 衰草風來響不一本作自知，破窓燈滅月藏輝。白頭老婦無機織，卧一本作坐聽鄰兒懶打衣。

宋 楊萬里《誠齋集》卷四四《放促織賦》 楊子朝食既徹，步而圃嬉。遥見一二稚子，集乎遠華之堂，環焉其若圍，俯焉其若窺，躡焉其若追也。楊子趨而往視之，蓋促織之始生而尚微、墜地而未能飛者也。嘉遯而不仕，故高步而不卑；辟穀而不餌，故臒貌而不肥。既蚱蜢其修髯，亦翡翠其薄衣。彼其臂短而脛甚長，是故將進而趦趄，翹立而孤危也。楊子笑謂穉子曰：汝豈識之乎？是固夫霜凄露感而恤緯征人之裳者與？身勤心苦而提耳女紅之荒者與？晝閴宵嘘，自基而徂堂者與？多言强聒，身隱而聲彰者與？若悲若怨，若憤若嘆，而吟嘯秋夕之清長者與？奚失據於幽茂而阽身於躝藉若是？其幼且孱也，乃命稚子籍以羽扇，遷之叢間。見密葉其躍如，曝冬日其欣然。穉子反命曰：是蟲也，若子産之魚，圉圉焉，洋洋焉矣。楊子使稚子反視之，至則行矣。

宋 朱繼芳《静佳乙稿·蛬》（《江湖小集》卷三二引） 一蛬何唧唧，吟落兒童心。只在竹籬外，篝燈無處尋。

宋 岳珂《玉楮集》卷三《蛩》 春蠶繰繭白如霜，機婦停機待天涼。井蛩一夜秋已至，寸絲千結縈柔腸。催租吏嚚翁媪怒，裘葛未成心轉苦。篝燈促織永夜忙，悔殺比隣日長語。

宋 葉茵《蛬》（《江湖小集》卷三八引） 壁間吟不待秋時，吟苦中宵動客悲。勸汝不須催婦織，家家五月賣新絲。

明 高啓《聞早蛩賦》（《明文海》卷三八引） 至正丙午五月十三日，夜坐

中庭，聞蟋蟀之聲，感而有賦。龍集丙午，仲月維夏。祝融當衡，蓐收伏駕。悵炎氣之興晝，欣湛露之流夜。於是蓮塘涵清，梧館閟静；纖絺方禦，輕箑未屏。息號蟬之繁喧，罷棲鵲之暗警。何陰蛩之忽鳴，竊餘寐而獨省。稍入户而侵幃，繞緣堦而傍井。若暑徂而律變，簟色淒兮欲冷。迅飈發兮騷騷，斜漢迴兮耿耿。方其或咽如啼，或激如嘯，嚶嚶孤吟，嘖嘖相弔；陰淺莎之蒙籠，翳深蘙之窈窕。已厭聞而愈逼，乍欲尋而莫照。含清商之至音，非假器而爲妙。促素機之惰工，亂朱瑟之哀調。未連響於絡緯，蹔依明於熠燿。若乃静院閒宫，荒園廢驛；草長幽扉，苔滋壞壁；候月光而未旦，聽雨聲而乍夕；久棄長嫠之婦，遠寓窮居之客；莫不對境興愁，攬衣動戚。謬感年之將逝，誤經寒之已積；影就燭而誰依，淚横襟而自滴。不待風凋漢苑之柳，霜隕湘皐之蘭；苟斯聲之接耳，即掩抑而摧殘。余何爲而亦起，荅悲韻而長嘆，聞七月而在野，實詩人之所志。今胡早而不然，豈天時之或異。乘火令之中衰，應金氣而先至。推象類而占之，若有兆夫人事。然物生兮何常，庸詎測夫玄意。抱微憂而何言，乃拂枕而復睡。

明 頓鋭《觀鬬蟋蟀》（《宋金元明四朝詩·明詩》卷二五引） 蟋蟀著豳風，泉壤恒食息。迎陰已振羽，欲鳴先鼓翼。候氣感化機，吟秋率其職。於世無所争，豈有剛膂力。都緣助人意，自負萬夫特。見敵豎兩股，怒鬚如卓棘。昂藏忿塞胸，彭亨氣填臆。將搏必踞蹲，思奮肆陵逼。既卻還直前，已困未甘踣。雄心期決勝，壯志冀必克。依稀觸與蠻，蝸角並開國。人生亦類斯，駒隙競失得。知雄守其雌，老氏有淵識。

明 潘亨《蟋蟀》（《宋金元明四朝詩·明詩》卷五三引） 愁對燈前影，時聞牀下聲。要知因物付，何用不平鳴。斷續許多意，淒涼無限情。誰家急砧杵，海内已休兵。

明 王醇《促織》 風露漸淒緊，家家促織聲。墻根童夜伏，草際火低明。入手馴難得，當場怒不平。秋高見餘勇，一憶度遼兵。

明 高承埏《蟋蟀賦》（《歷代賦彙》卷一三九引） 夜正清兮蟋蟀鳴，蟋蟀鳴兮無斷聲。汝助余之愁歎，余爲汝而傷情。匪相期而識起，實因感而言生。彼夫大化匠形，元工鼓氣；靈蠢同符，洪纖一類。咸莫爲而自然，各含生而具智。是故因時而動，應候百鳴。其爲物也，蒼黄其色，踢蹴其形，鬒尾兼具，足翼俱成，貌同跳蝗，狀煩飛蟥，蛄蟻是伍，蛩螿爲朋。穿庭階之曲，居廡砌之横，構隙土以爲窟，綮落葉以爲城。飲草頭之墜露，照壁孔之餘明。可謂於世無求，於物無争者矣。然而乘風度吟，待月送響；雄聲據張，清音嘹喨；若絶若續，如歎如愴。伴夜讀於牕前，亂宵杼於機上。入離人之愁耳，侵幽客之夢況。緣有王孫公子，嬉兒狡童，緣聲訪跡，蔔響尋蹤，周遊不已，秉燭以從。截筒以爲物色，折箸以爲先容。張褱以爲羅網，結草以爲環攻。投閒抵實，發幽搜空。類晉人之覓介子，似漢使之求嚴公。拔乎其尤，簡乎其異。鐵首蜂形，金腰虎背。品質既殊，聲價遂倍。居之瑶盆，登之瓊宇。飼之豐粒，飲之潔水。凡切所需，莫不精備。朝伺夕窺，一日數啓。然猶未也，招朋偕侣，消暇乘閒；依稀乎命帥出境，髣髴乎拜將登壇。賭以玉麈，注以金錢；東西對列，左右旁觀。策之以草幹，鼓之以笑喧。其形昂若，其聲喑然。見形而鬬志遂起，聞聲而雄心各前。張牙耀刃，豎鬢矗竿；挺翼直接，跋足争先；一進一退，載合載旋。形勢既陳，步代不愆。或佯輸而乍走，或凝立而持堅。頡頏已久，雌雄迺殊。負者斂形卻竄，捷者淩勢長驅。餘聲不絶，膽氣猶粗。逞雄憍於頃刻，變勝敗於須臾。蓋不離方寸之餘地，而若開八陣之壯圖。莫不揚聲贊采，抵掌諧呼。又或寄生水濵之遐，託響深山之杳；足音無聞，履綦不到。抱異質而莫顯，發閒吟以自吊。與霜草而同枯，等荒壤而並槁。若是者，又不知其多少。然則其生也將何所爲？其鳴也抑何所思？其隱而藏也何所託而逃？其出而顯也何所求而期？其具鬬之性也，果有何不平而含忿？其見鬬之形也，果爲誰効力而揚威？其鬬而勇也，果何慕於受賞？其鬬而怯也，果何乞於垂悲？嗚呼噫嘻！萬物一府，古來共盡。動息由時，行藏皆運。雖遭際之或異，實化歸之俱順。彼寓形宇内固已渺乎，爾託鳴長夜復能幾何！慨寒風兮將至，傷留連兮無多。喁籥啾唧，悽清宛轉。一唱三歎重，於是乎有感。

清 愛新覺羅·弘曆《御製詩初集》卷九《消夏十咏·蛩》 秋信憑誰報，王孫花下歸。吟堦聲尚澁，振露羽猶微。皓月伴清詠，涼颸動薄帷。堅冰何待履，君子貴知幾。

又 卷二七《七月朔日聞蛩》 松根纔飲露，苔坂乍吟秋。作響争蟬翼，呼朋勝鳥喉。耳謀饒寂静，心所驗遷留。恠底金聲切，今朝大火流。

往歲立秋蛩，聞蛩常六月。孰知彼豉脈，乃不讓時節。幽韻砌下添，逸興枕邊發。披襟步簷巡，明河向西没。

唧唧散涼聲，因風度響輕。由來喧本寂，不有滅皆生。宵景聊復玩，秋

懷底事縈。黄姑盼牛渚，屈指若爲情。

又《御製詩四集》卷四〇《蛩》 鼓脇弗殊彈舌響，金仙高座應真陪。箇中了具無生義，聲賦歐陽却小哉。

又《御製詩四集》卷五〇《蟋蟀居壁》 六月莎雞振羽時，不妨逢壁且居之。或墻或穴原無定，曰蠕曰肖則尚遲。屈以爲伸應有待，動由乎静更何疑。孟冬仍即於牀下，復始歸根理在兹。

清 汪仲洋《心知堂詩稿》卷一二《萍梗集・蟋蟀》 振羽難飛去，初無面壁情。偶然爲熱客，不敢賦秋聲。促織心殊切，投機語未明。待將風露冷，在野數歸程。

悲秋詠傷

藝文

唐 張隨《蟋蟀鳴西堂賦》（《文苑英華》卷一四二引） 歲云秋矣，秋亦暮止。西堂寂聽之時，蟋蟀寒吟之始。紛稍稍以驚節，洞嘤嘤以横耳。若夫八月在宇，三秋及門，清韻晝動，哀音夜繁。潘生感而增思，宋玉傷而斷魂。於時招摇北馳，河漢西瀉，煙澄寥廓，露肅原野。背暑而出爾草間，驚寒而入我床下。或有聲相應，氣相依；雜蠨蛸於内屏，混熠燿於前除。羅幌燈寂，珠簾月疎。掖庭閒而夜久，華省聽而秋餘。若乃愁雲結陰，暮雨流濕，拂寒威之密邇，當暝色而逾急。我堂既在，我室既入，亦何異羣鳥養羞，昆蟲閉蟄。嬾婦也唯爾可以促女功，羈人也唯爾可以催客泣。夜如何其夜未央，天晴地白月如霜。士有衣絺绤坐藜床，怨空階之槁葉，聆暗壁之寒螿。乃言曰：何彼蛩矣，與時行藏，火氛鬱蒸，跡邁於中野；秋氣融朗，聲聞於西堂。然後屏輕箑，卷涼簟。時歲忽以徂謝，功名曷其荏苒。美豳化之有成，陋晉風之太儉。夫如是，莫不驚白露之蟲躍，望青雲之鴻漸。

唐 杜甫《促織》（《全唐詩》卷二二五引） 促織甚微細，哀音何動人。草根吟不穩，床下夜相親。久客得無淚，放妻難及晨。悲絲與急管，感激異天真。

唐 李子卿《聽秋蟲賦》（《文苑英華》卷一四二引） 時不與兮歲不留，一葉落兮天地秋。況白露之夜遥，聽陰蟲之啾啾。且鳴因夜急，思以秋苦，始趯趯而緣堦，轉嘤嘤而入户。輕颸颯而韻合，殘溜泠而響聚。隴水咽而應然，峽猿啼而何取。由是知悲秋者自此生興，感物者因兹爲主。則有三年逐臣，千里遠客，鄉路何處，君門且隔，吟澤畔之風秋，臥江皐之煙夕。逆旅愁聽，鳴蛩四壁；欲觧寒衣，蕭然淚滴。婕妤恩薄，義猶辭輦；永巷秋深，層城夜淺。涼月斜照，明河近轉；塵滿瓊鉤，珠簾不卷。秋聲四入，曼睩雙泫；長樂歌鍾，悲來莫辨。香衢甲第，趙李經過；霞擁繡軸，風調玉珂。高堂引滿，醉舞婆娑；承夕之樂，孰知其他。清露醒後，遶砌聲多；瞪視凝聽，傷如之何。去歲良人，遠征絶域；錦書欲寄，翩翩鴈翼。不語朝紡，含嚬夜織，其那空閨，悲鳴亂逼。欲夢飄颻，方愁更憶；腸絶聲聲，門前月色。貧士失職，寂寞下帷；蘭葉風敗，苔痕雨滋。覽鏡而玄髪將白，拂塵而素衣已緇。柴門日暝，響沸茅茨；展轉孤枕，偏驚故時。念懸鶉之正弊，恨躍馬之將遲。何必葉落，自長年悲。且蟲之聲也無端，人之聽也多緒。亦由心羈者多感激，志苦者易悽楚。苟有任於行藏，亦何嗟於寒暑。水之積也鱗斯奮，風之厚也翼斯舉。彼數蟲兮何知，且逍遥以容與。

唐 賈島《長江集》卷一〇《客思》 促織聲尖尖似針，更深刺著旅人心。獨言獨語月明裏，驚覺眠童與宿禽。

宋 田錫《咸平集》卷一五《促織》 西風嫋嫋欲昏黄，草木蕭蕭緑翅涼。闇傍遠燈催絡緯，獨經遥夜伴啼螿。露濡蟲網絲潛斷，月照澄江練有光。幾處疎砧紅葉寺，誰憐弄杼不成章。

宋 梅堯臣《宛陵集》卷三《舟中聞蛩》 秋月滿行舟，秋蟲響孤岸。豈獨居者愁，當令客心亂。展轉重興嗟，所嗟時節换。時節不苦留，川塗行已半。霜落草根枯，清音從此斷。誰復過江南，哀鴻爲我伴。

宋 王令《廣陵集》卷一七《和人促織》 秋蟲何爾亦忽忽，何處人心與爾同。夢枕幾年懸客淚，曉窗殘月破西風。人思絶漠冰霜早，婦嘆窮閻杼柚空。更有孤砧共岑寂，平明華髪滿青銅。

宋 蘇軾《東坡全集》卷一四《促織》 月叢號耿耿，露葉泣漙漙。夜長不自暖，那憂公子寒。

宋 張耒《柯山集》卷一〇《聞蛩有感》 遥夜飛螢動秋思，獨卧空山驚晚歲。可堪六月已聞蛩，日暮咿咿響庭際。關河多風氣蕭索，碧樹先秋早摇落。鳴機夜織常怨寒，白紵吴衫苦輕薄。年年促織誰最悲，堂上美人愁翠眉。清砧擣練

對殘月，玉筯啼紅裁遠衣。唐風詩人勸其主，行邁苦遲嗟歲暮。山城聽汝已三年，三年白髮多于故。飄飄秋夢到江湖，我欲東歸鱠碧鱸。安能爲爾將雙淚，歲歲風前沾客裾。

又 卷七《**莎雞**》 金風透殘伏，玉樹先秋涼。嘤嘤草間蟲，感時振衣裳。楚客思萬里，夜吟怨藜牀。勞勞終夕語，共此簷月光。孤輪曳獨蠒，折管韻哀傷。辛苦爾父兄，無衣畏風霜。

又 卷一〇《**寒蛩**》 寒蛩振翼聲騷騷，夜深月影在蓬蒿。老人雖眠睫不交，愁牕人寂燈無膏。荒城鳴金睥睨高，北斗下挹江南濤。悲笳三奏老雞號，晨光出山開泬寥。

宋　陳造《**江湖長翁集**》卷一《**秋蟲賦**》 金飈之淒清，鴈空之澄凝。叢悽聚悲，而爲萬竅之秋聲；非鐵心而木腸，疇能不悼其魄而動情。況夫唧唧切切，更應迭和，自宇而户，彼何物耶？如私語，如怨懟，如盆蠒之抽緒，斷而復續，專中宵而悲鳴。有不聞爾？信能令志士之竊歎，而思婦之涕零。揆生世之幾時，胡歷耳而女聽。予已冥蠻觸，屏螟蠃，捐青錢。市黄糯，盥新篘，命白墮，究三齊之妙而供百榼之課。彼夫鷄窓之雕鎪，螢囊之吾伊，等夜蟲之麼麼。

宋　陳仁子《**牧萊脞語二稾**》卷八《**十草蟲賛·鳴蛬**》 其羽紋只，其音淒只。絲絲露莎，伊誰之使。我愁未休，我吟未止。篝燈何人，求以娱耳。

元　王旭《**蘭軒集**》卷九《**蟋蟀**》 草根如泣復如歌，愁入西風不奈何。莫道貧家無可織，機絲雖少鬢絲多。小蟲誰遣競吟秋，氣動天機不自由。豈是有心能恤緯，一身也自爲寒愁。

元　陳高《**不繫舟漁集**》卷四《**促織鳴**》 促織鳴，鳴唧唧。懶婦不驚，客心悽惻。秋夜月明露如雨，西風吹涼透絺苧。懶婦無裳終懶織，遠客衣單恨砧杵。促織促織，無復悲鳴，客心良苦，懶婦不驚。

明　汪廣洋《**鳳池吟稿**》卷二《**哀蛩吟**》 西風院落無人語，白露泠泠滴秋宇。仰見明月河漢高，咿軋哀蛩弄機杼。咿軋咿軋機杼鳴，綺窻飛度玉梭輕。同聲合奏思無限，萬緒千端織不成。芳蘭夕氣浮金井，寶鴨沉煙翠衿冷。蕩子從軍去不歸，妾身抱恨愁孤影。此時此夜聞此聲，更長夢短難爲情。銀釭暗擊玉釵碎，錦瑟斜移金鴈横。金鴈斜横飛不起，漫索餘音滿人耳。梨雲化作陽臺夢，家書望絶湘江鯉。湘江水流東復深，蕩子不歸勞妾心。故將鮫人萬斛淚，寫入哀蛩腸斷吟。

明　孫承恩《**文簡集**》卷一〇《**感蟋蟀賦**》 庚寅秋七月既望，夜寢書齋聞蟋蟀之聲，驚節序之迅速，念德業之蹉跎。感而作賦曰：當清夜之迢迢兮，窅天宇之沉沉。何啾啾以唧唧兮，亂寒蛩之悲吟。時則銀河在天，玉露如洗，澹月流輝，涼飈不起。爾乃空堵暗壁，幽砌閒庭。非公非私，自止自鳴。何悲而泣，何怨而訴。其舒徐也何思，其淒惻也何慕。或獨唱而無偶，或相和而同聲。或語短而屢變，或永言而尠更。或更端而方濃，或終章而暫停。或闌珊而欲歇，或羞澁而弗勝。或沉思而未縱，或得趣而自矜。孰好汝而爲娱，孰叩汝而故荅。孰誘汝而弗知，孰督汝而靡輟。孰假汝以音聲之妙，孰授汝以疾徐之節。以時而有顯晦，何感而爲語默。豈新愁之旋增，聊舊恨之未滅。溷一類而自分，引百變而弗雜。羌何物之善鳴兮，齊萬籟於一吷。余時幽夢既闌宿，酒全醒却慮屏思。側耳静聽，如窶人貧女之出其無聊，如放臣去婦之吐其不平。如感風木者極終天之恨，如羈逆旅者切懷土之情。如鼓盆者强歌而終悲，如慰别者當喜而翻歎。如過故都者興黍離之欷嘘，如念行役者極中宵之淒惋。如抱沉疴，如懷隱憂。如登山臨水送將歸者，意戀戀而莫釋。如辭家遠役顧婦子者，語刺刺而弗休。虞姬請劍而吞聲，韓娥當筵而斂態。懷湘靈之淒清，動雍門之感慨。腸斷山陽之笛，魂銷薤露之聲。寄慟哭於絶塞，寓哀怨於胡庭。非宫非徵不律不吕，疏數弗齊音節自會。爾其乗氣機之感觸兮，任天倪而呻吟。雖知生之云晚，猶喜鳴之及辰。昔摧藏而未逢，久泯默其如結。抱終歲之窮愁，欲於兹而盡泄。極抽思而弗竟，愈出奇而莫窮。何情事之如許兮，而藐軀之能容。既歷歷以分明，亦切切而覼縷。恍依床而近榻兮，似向余而訴與。感余心以掩抑兮，增百年之煩憂。方自念之弗暇兮，顧何能爲汝謀。嗟乎，盛時不常，流光易换。念余生之幾何，已百年之强半。悲沈腰之漸怯，驚潘鬢之倏變。媿德業之無成，將與草木而同貫。矧兹感物而摧傷，置此心於冰炭。抱耿耿而莫語荅，悲韻而永歎。攲孤枕而弗安，獨惺惺而達旦。

明　俞允文《**蟋蟀賦**》（《**明文海**》卷三九引） 蟋蟀，秋蟲也，猛性嗜鬭，志在必勝。其鳴聲又特悲壯，庶幾感靈激神，固蟲豸之可貴。然予覽《國風》、《月令》及歷世才士所爲詩歌，咸非專賦。郭賈之博物多識，又絶無定名，率相襲而未盡其理，因綴敘其所產化，聊以備數焉。其詞曰：

伊蟋蟀之微渺兮，惟秋蟲之獨靈。含春華之昭質兮，吸玉液之清泠。性耿介以毅武兮，才盡節以僄輕，挺天姿而無因兮，相歷覽其修能。不程才以知類

兮，豈瓌異而見珍。爾其爲類也，則有嘘噏洿洝，叫嘯魁圻，崩榛灌莽之原，渟涔淺草之區。綠房紫菂之囿，黃苔白蘋之陂。堀堁欝燠，滲灕沮洳。埃藹菸邑，夕勁朝晞。湇湇濕濕，底壅腐餘。茐焉是產，爲蠅爲蛆。別有複閣，成臺離樹。幽堂玄疏，墨礵之室。曲瓊椒塗之房，蘭金藻玉之宮。瑨題縹壁之廬，清馨轉蕙之館。晏温流香之渠，爰有麗人妙妓，姣女妖姬，姱熊柔情，妖蠱嫿窳。盤衍其中者，忘日夜而冥迷。熺綠煙瀲，朱煇或乃，淪精降魄，含形儲軀。詭色非純，正氣戾違。由斯言之，未足稱奇，餘固可得而略也。至若月竆風丘，蒸巒霧谷炎崖，錡巘以屼嵂霧壑，崔巇以岃施蹇路，峣嶷隈隩蹊絕往，蹤藪斷來牧。若乃旿豹孽孤，䶂鼬獦狚，鞅牮格磔乎。其側王虺巴虵，毒螭巨蝮，㰟尼陵卵乎。其傍雄鵰猛鷙，雕鷹俊鶻，咆嘷亶翔乎。其巔赤螘玄蜂，射蜮蠚蠍，噬嚼剖殈乎。其陽山魈木魅，陰鬼厲神，熊熊焉，魂魂焉。錞窟宅而跳陸梁，復有千年積死之樹，孤軍隕鹹之坑。蕭蕭古道，簌簌蕪城。僕雷之幹，屼雲之楨。橚兮椴兮，若陁若崩。疊衆怪攢，百靈壯瑰。偉之所積，卒成氣乎奇生。其爲狀也，則有敦胲紫茜，平膺銀液，齗齗霜葩，股弩狚戟，翅鑠流金，翼凝點漆，頂握丹砂，項塈青䕶，鋸牙辟灌以鹹，巨額碨礧而簡積，馮馮兮駓駓，觡觡兮䰌䰌，何奇形而異模，差可仿象而霎飄。亦將有公子王孫，幸豎權戚，驃將豪商，游俠燕飾，三川五都之雄，六郡三輔之客。厭百戲之已疲，嘆黃金之無益。聆烈音之碚，臠羨節鄂之岸。額命林穴以獮秋兮，彈曜靈使西沉。揮赫熛以列炬兮，戒富媪以見琛。爾乃頳玄顏，炘浮林，闞獬猢，躐狰獴，阽嶄巖，匃岑崟。飛聰硿濛，沈明突冥。巧網四匝，狡穴三門。雲布星羅，下無軼奔。闥茸殪魁，梧臻畢獻，所獲犒其勗勤。納以琦璜之窩，飴以珠毬之榮。沐以華清之潔，晞以赫曦之晶。攬翠蔽之纚縱，擦青蠅之臊腥。信襲養之既和，率應機而莫攖。於是命儔集好，駢駕連纓，相與狠觀夫戰鬭之變態，廉度其勝負之殊形。各施綵以代幟，均約結以定盟。設誘哤聒，用壯敵情。其始也則踆踆躍躍，躪躪躇躇。或峙若植鐵，或蹶如陷石，或囑唅而彪休。乍渾奔以相噞。儵急對而分躓，擇肉而喇喇。拉折扼吭而扳翻，批搣聲砰礚以先鳴。騁後凱而彌厲，或逐北而隨旋。或受詘以淩遽，固三接而三捷。亦再角而再礪，循性情之自然，陋孫吳之韜秘。然後衆變殫單伎，怯負者愁賄，助勝者榮立。價傾兩都，射溢千鎰。功以虓武見貴，名以將軍是策。豈獨衛鶴乘軒，秦松受職。北固婾樂之方信，足以極一時之偉奇也。若乃燕地飛霜，楚水增瀾，天峭嶸而短景，風颼飀而薄寒，才已盡而見放形，枯槁而摧殘，聲酷而不舒。夜漫漫其未闌，感《唐風》之覽化，興楚客之永嘆。亦有貧士失職，獨婦棲山，久客登樓，愛子戍關，畸人鞠而無偶，壯士去而不還，臨年被戮之孤，垂老欲別之鰥。忽傾耳以頹思，何愁戚之多顏。心有懲而彌亂，涕無從而獨潸。奚哀音之中人兮，誰能破涕而爲歡。蓋亦聲音之至妙也，豈若簫琴之比，律於夔襄昆岐之唭，凝於蜿蜒云爾哉。亂曰：素節玉貞類介士兮，雲翼振振發皓商兮。馮化撰體靡有方兮，窮陰翢割陽精降兮。雖有奇心怊替爽兮，俾協歌詩闡靈藏兮。

明　陸可教《蟋蟀賦》（《歷代賦彙》卷一三九引）　陸子夜讀書，聞蟋蟀吟砌間，甚悲。感微物之無情，驚四序之如逝，援筆成賦，以寄厥懷。其辭曰：

良夜既半，寂居鮮歡；罏煙未盡，華燭將殘。忽有哀聲，來自砌間。顧而唱曰：此蟋蟀也。胡爲而止，胡爲而鳴？伊孰使之，有情無情？惟熙春與茂夏兮，百鳥噦噦其嚶嚀；競柔條而戀芳蕊兮，矜紅衣與翠衿。胡是物之瑣細兮，獨含感於秋辰？爾其爲聲也，淒清激冽，啁啾騷屑；如怨如慕，如慘如悅；如歎如訴，如哽如咽；如譖如詛，如誓如訣。近者如昵，遠者如別；驟者如唱，徐者如曳；低者如斷，止者如絕；靜者如思，繁者如聒。乍聞乍息，乍流乍澀；四無人聲，載啾載唧。宛如驪姬中夜而泣，餘韻悠揚，附枕侵牀，匪伊絲竹，自然宮商；又如韓娥哀聲繞梁，銀缸燄息，玉壺漏寂，四壁寒聲，曼引如一；又如褒姒嘻而裂帛，薄帳寒透，繁音半逗，殞葉墜階，迴風撲牖；又如王嬙琵琶夜奏，寒堂草濕，墜露初滴，乍疑初雨，隨風淅瀝；又如英皇瀟湘鼓瑟，曲檻疎櫺，孤燈夜清，泠泠入耳，淒淒刺心；又如文君白頭哀吟，綠牕如霧，流螢暗度，聲聲相續，如出機杼；又如木蘭當閨織素，籲何其悲也：故知無情者物，迺遇秋而必傷；有情者人，詎感物而無愴。豈直《月令》紀時於居壁，詩人發歎於在堂；王褒有俟時之頌，宋玉有悲秋之章哉！爾迺瓊樓豔妾，金屋麗人；朱顏暐其不再，君恩極而易傾；思琴瑟兮惜遥夜，拂羅綺兮愁暮齡；怨瑶草之將歇，悵團扇於秋深。況復昭陽夢斷，長信苔生；玉階露滿兮歎復歎，翠被涼生兮吟重吟：莫不聞聲太息，掩涕霑襟。亦有關右羇妻，遼陽戍婦；盼交河兮無書，指邯鄲兮有路；身欲化兮江上石，目已斷兮河橋樹；時倦織以停機，聽蟰蛸之在户；憶蘭蕙兮春初，怨芙蓉於秋暮。又若驅車出塞，負羽從軍；離離白草，莽莽黃雲；念滅虜兮何期，思麟閣兮樹勳；況佳人兮渭曲，復愛子兮江濆；撫戈劍以色變，悵離別而思棼；忽悲音之互動，壯心激以如焚。復有負屈才人，抱奇志士，書十上而無成，

策屢斡而未遂。蒯緱劍兮誰憐，黑貂裘兮已敝；歎韋編之三絶，發陰符於五夜；心耿耿兮日邊，氣炎炎兮門際；感是物之得時，擊玉壺兮屢碎。又如遷客投荒，孤臣去國。屈原動湘浦之悲，吴起灑西河之泣；安國罷兮心未灰，蘇武歸兮頭已白。此時迺見物候淒涼，西風蕭瑟；耿四野之寒吟，倏驚魂以蕩魄。乃若析圭紫極，紆組彤庭；賦秋蓮於北夜，對紫微於西清。《唐風》吟兮主德勸，《豳詩》誦兮民事勤。猶且顧時視晷，觸物驚心，異潘生之感遇，同陶侃之惜陰。矧懷恩而未報，恐歲暮之子侵。驥伏櫪兮思騁，鷹在韝兮欲騰。懼心長而鬢短，能無慨於兹聲？於時歎息未終，庭葉驟隕。呼酒獨酌，廢書就枕；倏起舞於聞鷄，竟達曙而忘寢。

明 張煌言《張忠烈公集》卷四《促織》 促織促織，微吟閨夕。緯婦驚秋，停機太息。織縑苦疏，織纊苦密。萬縷千絲，織不成匹。

明 王龍起《寒蛩》（《宋金元明四朝詩·明詩》卷三三引） 寂寂冬夜長，燈火輝微光。寒蛩窻外鳴，皎皎月入房。何由迫人耳，髣髴在我牀。感懷難就寐，曳屣步中堂。憑欄細傾聽，忽遶樓上樑。風多不成曲，啾唧愁予腸。伊伊重縷縷，持此爲誰傷。空簷鐵馬動，悲聲相抑揚。正當霜漏盡，幽咽倍淒涼。

明 頤坫《蟋蟀》（《明詩綜》卷八三引） 蟋蟀鬥何事，哀音入夜偏。寥寥閒永漏，切切亂鳴弦。乍逐微風斷，還從疎雨連。閨中有思婦，怪爾不成眠。

清 吴綺《林蕙堂全集》卷一五《秋蛩》 秋到易爲響，此蟲非自鳴。常因孤館夜，故作戰場聲。百草霜何苦，三更酒不平。誰家機杼畔，悄覺晚寒生。

清 顧景星《白茅堂集》卷一《聞蟋蟀賦》 小院秋深，疎雲夜永。風不驚枝，月來弄影。悽悽兮愁人，切切兮何聲。吟艸梠而不穩，近床下而相親。銅虹燄青，錦衾色黯。笑妾眉頻，羇人夢轉。誰家明鏡悄更衣，何處流螢入綺幃。金籠催送師臣第，繡毯争圍葛嶺姬。亦有蕩子循牆，狡童窺隙，似丈人之承蜩，若李謩之聽笛。羽振振兮乍歇，股趯趯兮旋失。匊地得空一跳，兩尺始如脱兔。瞥爾滅跡敗意，幾多收功萬一。養之得宜，鬭乃克敵。流蘇花勝耀門楣，彫盤鏤栅辦雄雌。大署紅羅秋興字，巧裁織錦斷腸詩。騷人別覺意難忘，涼風窸窣步空廊。遮莫青蛙當鼓吹，遮莫黄鳥勝笙簧。堦前艸滿生意足，屋樑月落幽思長。試看寶石一作保叔巖邊樹，荒榛無復半閒堂。

清 陳錦《補勤詩存》卷一五《蟋蟀吟》 草頭珠露夜涼侵，籬落呼燈緩步尋。寒到君邊千户織，悄無人處一雌吟。半閒花石平章事，九月衣裳作苦心。寄語王孫休唧唧，牆陰斜月照彈琴。

殘菊悲生夢裏詩，枕函金籠憶兒時。三更冷續秋燈話，一鬨狂輸賭墅棊。旅館衣香温別緒，家山碪語理愁絲。可堪歲暮依東壁，錦段雄心雨翼知。

清 管棆《據梧詩集》卷五《修琴閣集上蟋蟀》 壞壁搴蘿緑覆門，孤燈風動泣黄昏。牀頭絮語消秋夜，砌下標名有御盆。宣廟戲金蟋蟀盆。金葛草荒來宰相，玉堦露重號將軍。何因不耐霜天冷，月下牕西説怨恩。

清 張榮《空明子詩集》卷三七《蟋蟀》 豳風詮變化，南楚重虷孫。在野迎陽伏，依牀達曙暄。哀聲驚旅客，清響弔孤魂。善躍隨陰類，多愁動淚痕。身勤忘晝夜，心苦徹朝昏。唳月頽垣下，吟風獨樹根。露零神愈王，木落勢如奔。戴德叨珍膳，銜寃怨覆盆。入門嫺戰陣，三捷見騰掀。始識偏裨賤，方知元帥尊。收藏須保護，調養辨寒温。圖譜西湖儁，長鳴似感恩。

清 葉觀國《緑筠書屋詩鈔》卷一《蟋蟀》 慣依荒砌簇幽莎，切切悽悽意若何。七月篇中名字古，半閒堂裡品流多。賈似道事。暗攙吟蚓尋難見，遠和啼蛄聽易訛。又是一番年歲晏，撩人懷抱感奔梭。寇萊公詩：不堪急景似奔梭。

清 錢維城《錢文敏公全集·茶山詩鈔》卷一一《促織》 促織亦多事，階前故軋機。似應催久客，不道換征衣。吟苦心多曲，繅長緒易飛。叮嚀一片月，砧杵待人歸。

清 宋琬《安雅堂未刻稿》卷二《蟋蟀吟》 星晳晳，風淒淒，銀缸欲滅絡緯啼。一聽攪人眠，再聽霑人衣。朦朧不復辨蟲語，哀鳴疑是杞梁妻。蜾蠃在桑蟬在柳，爾獨何爲牀下棲。我聞蜀帝之魂化爲鳥，伯奇寃憤爲伯勞。放臣逐子，棄妾怨友，形體有時滅，精誠鬱難銷。爾豈積怨深痛之所感？胡爲乎，迎霜泣露而悲號，乍長鳴、忽短歌。草根趯趯羣相和，羽聲斷絶商聲多。客子無衣不能飯，噫噫況有南飛鴈。

清 張臨《促織》（《淮海英靈集·乙集》卷四引） 喧闐蟲類夥，促織最哀吟。五夜聲難斷，一庭秋已深。近牀迴客夢，傍月弔花陰。誰是忘情者，淒其總不禁。

清 劉嗣綰《尚絅堂集·詞集》卷一《筆船詞·百字令·蟋蟀》 清商吹到正聲聲，寫入琴絲悽戾一片。牢騷聽不得，中有悲哉。秋氣金鎖愁深，玉階怨古斷雨。零煙地年年鐙火，借人籬下空寄。看汝捷足先登，雄心易動，突過螳螂臂，

畢竟草間偷活，在薄伎争鳴何意？蠅虎場中，蝸牛角上，千古同兒戲。平章事業，至今圖譜誰記。

清 焦和生《連雲書屋存稿》卷一《秋咏五首次許薇垣韻秋蛩》 壁間牀下正啾啾，長夜何曾聽少休。久客幾回添别淚，深閨爲爾寫新愁。哀鳴豈有難平者，督織還能稱意不。刀尺寒衣驚歲晚，可堪蕭索動深秋。

清 樂鈞《青芝山館集·詩集》卷一七《草蟲八咏·蟋蟀》 砌下時悲鳴，健才良可用。捉入金籠中，秋聲破涼夢。一門半間堂，死生無輕重。

清 劉墉《劉文清公遺集》卷七《五律·消暑十詠和韻·蛩》 當夏蛩吟切，寧知秋未歸。風飄聲欲遠，露重響還微。斷續和更漏，凄清傍夜帷。似催煩暑去，爲報向寒幾。

又 卷八《五律·寒上雜咏十首次韻·蛩》 凄切氍毺月，潛藏苜蓿根。報秋秋更早，吟夜夜偏昏。偷得角聲健，鬭將鴻韻繁。枕戈人有夢，休與斷離魂。

清 仲振宣《蟋蟀》（《淮海英靈續集·辛集》卷二引） 古砌空階處處鳴，短長吟出斷腸聲。難忘悲感前生怨，未免低回此夜情。烟鎖藤蘿秋一徑，草荒亭院月三更。只愁寥落知音少，休苦啾啾訴不平。

清 陸嵩《意苕山館詩稿》卷一六《蟋蟀》 驚心時序急，蟋蟀爾胡閒。猶未入牀下，依然鳴户間。豈憐羇客夢，尚阻故鄉還。唧唧終宵聽，能無淚點潸。

清 李矞《促織》（《國朝畿輔詩傳》卷一引） 語默非由己，微生二氣間。空階如有約，秋客獨相關。月魄寒羅幕，機絲損玉顔。勞勞悲衆藾，委化未能閒。

清 譚瑩《樂志堂詩集》卷一二《促織》 渺小何哀怨，牆陰竟夜聲。管弦無此曲，孤孽倘前生。有恨應難訴，中心總不平。年來恒爲汝，支枕到天明。

清 謝綬《蟋蟀詞》（《晚晴簃詩匯》卷一六八引） 籬豆花開秋月出，月明疏籬聞蟋蟀。終宵唧唧訴苦愁，寄君籬下思君恤。餐風飲露不辭辛，常怕金籠了時日。

清 劉光第《衷聖齋詩集》卷上《蟋蟀》 振羽漸斜暉，吟情難故違。美人夜坐怨，王孫秋不歸。燈火緑窗瘦，風塵青鬢稀。感余還有在，流響發天機。

清 陳璞《尺岡草堂遺集·遺詩》卷三《促織》 促織聲哀切，由來愴客懷。暗燈愁逆旅，倦枕憶天涯。啼急夜逾悄，吟孤和亦佳。我耽岑寂味，愛爾伴幽齋。

清 王先謙《虚受堂詩存》卷九《促織》 微蟲元健鬭，入夜乃含悲。階下生秋意，閨中憶少時。動人方自遠，在户爲誰遲。鐙暗低搔鬢，來朝白幾絲。

玩逗嬉戲

綜述

清 牟應震《毛詩物名考》卷四 蟋蟀一名蛩，形似蝗而小，色漆黑，以羽鳴。士人喂養，以猪鬃播之令鬭。夏秋在野，冬日入室，居壁隙中。

清 方旭《虫薈》卷三《昆蟲·蟋蟀》 蟋蟀即趨織也。一名促織，又名投機，處處有人畜之，健鬭。獨尾者尤猛，雄者頭小而身大，有三尾不能鬭。

藝文

宋 朱繼芳《蛩》（《江湖小集》卷三二引） 一蛩何唧唧，吟落兒童心。只在竹籬外，篝燈無處尋。

宋 賈似道《促織經》卷下《促織論賦》 促織鬭時人要主，貪財饒大蟲辛苦。總然贏得已着傷，當場必悮下鋒主。

又 《題促織》 玉繩低轉過南樓，人在冰壺夜色幽。湛湛露華涼似洗，啾啾蛩韻巧如謳。絮叨高下恣情訴，斷續悠揚不肯休。叫徹五更尋隱處，自封門户共雌儔。

又

玉礶金籠喂養頻，王孫珍愛日相親。争雄肯負東君意，决勝寧辭一芥身。鼓翼有聲如唱凱，洗鉗重搦似生嗔。大哉天地生群物，羡爾區區志不倫。

又 《促織歌》 新蟲調理要相當，殘暑盆窩須近涼。漸到秋深畏風冷，不宜頻浴恐防傷。養時盆礶須寬濶，下食依時要審詳。水食調匀蛩必旺，看時切莫對陽光。水時併盡方堪鬭，不可傷饑患飽忙。盆内土須蚯蚓糞，相宜蓋爲按陰陽。如此宿蟲無垢色，仍將宿水换新漿。假若草葉供蟲嚙，齒軟仍知牙更僵。

過籠窩碓安排固，行動提携總不妨。酒後切忌將來看，壯氣沖傷走跳狂。誤放橘橙充食物，食之蟲腹反爲殃。安頓必須清净處，油煙熏損不剛强。過期未鬬頻頻看，仍復收拾用意藏。倘或打食口齒謾，必須醫損按前方。不察强弱當場鬬，必是遭輸笑不良。蓋盆謹慎休留隙，免使奔逃意下慌。看取調養依斯譜，蟲體無傷齒更剛。堪憐一種清幽物，歲歲三秋聲韻長。

又《濟顛和尚瘞促織·鷓鴣天》 促織兒，王彦章，一根鬚短一根長。只因全勝三十六，人總呼爲王鐵鎗。休煩惱，莫悲傷，世間萬物有無常。昨宵忽值嚴霜降，好似南柯夢一場。

明 朱有燉《誠齋新録·促蟣贊》 隹兹莎雞，知彼秋令，白露既濡，玄姿始定。清傳其音，猛授厥性。軆微志剛，力纖氣勁。雄如虎搏，勢比牛競。玩夫小虫，樂此佳興。

清 吴偉業《梅村集》卷四《宣宗御用戧金蟋蟀盆歌》 宣宗在御昇平初，便殿進覽豳風圖。煖閣才人籠蟋蟀，晝長無事爲歡娱。定州花甆賜湯沐，玉粒瓊漿供飲啄。戧金髹漆隱雙龍，果厰雕盆錦香褥。佽飛着翅逞腰身，玉砌軒鬐試一鳴。性不近人須耿介，才堪却敵在僄輕。君王暇豫留深意，棘門霸上皆兒戲。鬬雞走狗謾成功，今日親觀戰場利。坦顙長身張兩翼，鋸牙植股鬚如戟。漢家十二羽林郎，蟲達封侯功第一。臨淮真龍起風雲，二豪螟蛉張與陳。草間竊伏竟何用，竈下厮養非吾羣。大將中山獨持重，却月城開立不動。兩目相當振臂呼，先聲作勢多操縱。應機變化若有神，僄突彷彿常開平。黄鬚鱻卑見股栗，垂頭折足亡精魂。獨身跳免追且急，拉折攀翻只一擲。蠮螉塞外蠕蠕走，使氣窮搜更深入。當前拔柵睹先登，奪采争籌爲主人。自分一身甘瓦注，不知重賞用黄金。君王笑謂當如此，楚漢雌雄何足齒。莫唸超距浪輕生，横草功名須致死。二百年來無英雄，故宫瓦礫吟秋風。一寸山河鬬蠻觸，五千里土化沙蟲。灌莽微軀亦何有，捉生誤落兒童手。蟻賊穿墉負敗觜，戰骨雖香嗟速朽。涼秋九月長安城，黑鷹指爪愁雙睛。錦韝玉絛競馳逐，頭鵝宴上争輸贏。鬬鴨欄空舞馬死，開元萬事堪傷心。秘閣圖書遇兵火，廠盒宣窑賤如土。名都百戲少人傳，貴戚千金向誰睹。樂安孫郎好古癖，剔紅填漆收藏得。我來山館見雕盆，蟋蟀秋聲增歎息。嗚呼！漆城蕩蕩空無人，哀蛩切切啼王孫。貧士征夫盡流涕，惜哉不遇飛將軍。

清 程晉芳《勉行堂詩集》卷一〇《蟋蟀詞》 戧金盒子籠蟋蟀，夜夜有聲在華室。五陵年少工兒嬉，捉取初從風露時。海棠籠霧秋陰薄，罷管停簫看鳴躍。長鬚鉅股性黠獷，體微亦被將軍號。紅牙蓋啟碧毯張，帝人聚觀如堵墻。小草遥遥擢纖尾，引向當場矜翅嘴。往來一喙直千金，頃刻人情易悲喜。芳條烟老元蟬泣，轉眼涼霜將汝及。閨中織婦不成眠，月户秋燈暈紅粒。

清 朱以延《虹孫鑑》卷下《陳鑑斗蟋蟀賦》 閉隱先生曰：吾亦從吾所好也，吾好伊何小物孔多，世之所棄，吾之所摩，則蟋蟀之鬪，亦其一矣。其獲而陳之也，形狀錯殊，色理分熤。有山其頭，有火其目，有軀其背，有蟹其足。或纑其肩，或蟠其腹。或戟其鬚，或突其角。或虎其項，或鼇其蹋。或鉗如戈鋋，或齒如箭鏃。或翅如銀絲，或點如金粟。或噴留如丁，或摘劃如槊。或蠆尾如刺，或蝟毛如縮。或豻豻其呑，或豸豹其蹵。或長吟如歌，或唧噥如哭。甲甲傈傈，未能更僕。其愛而登之也，餙而供具，選而胎胚。擬瑠璃以爲盆，象湘筠以爲笥。竅暖玉以爲窩，雕白石以爲池。投以菱蘆之葅，侑以蟹蠏之螯。啖以蒼蠅之血，餌以參苓之滋。飼之孔勤，調之無倦。髀膂僨盈，筋骸强健。踴躍攫拏，虓虎堪戰。若操戈矛而欲試，聽鼓鼙而兩軍壘以相見也。

清 楊學易《蟋蟀》（《兩浙輶軒録》卷三三引） 吟聲惻惻破黄昏，籬落呼童入夜村。粒米便須邀死力，一鳴何惜報深恩。定知身在終横草，待得功成亦覆盆。決脰銜鬚緣底事，紛紛戰骨有誰存。

清 樂鈞《青芝山館集·詩集》卷一五《蟋蟀》 蟋蟀伏草間，形聲極微細。主人蓄養置牙籠，張喙昂須矜勇氣。白牙青耶拖肚黄，錦蓑衣耶金帶裝。武於螳螂捷於蚤，意謂百蟲輸爾强。丹雞朱朱行且啄，石縫籬根恣搜索。爾當此時須避藏，一人雞腸難縱躍。

清 祁寯藻《䜌𫚔亭集》卷八《蟋蟀吟》 納涼坐深夜，蟋蟀鳴前除。其聲一何繁，得意無疾徐。坐中南海客，爲我徵蟲書。兹蟲性好勝，一鳴噤其餘。强者據而處，弱者不敢居。空山草露中，往往獨欷歔。豪貴黄金盆，搜采窮郊墟。忽聞貧家壁，孤響清以舒。不惜多錢選，用博華堂譽。一戰空羣馬，再戰走駏驢。銅山爲爾徙，錦障爲爾儲。可憐長股民，争鬥無時虚。雖蒙豢養恩，在野心躊躇。常時負盛氣，力盡悔計疏。語鳥翦其舌，山木全其樗。顧視墻角侶，歡樂復何如。

清 陳作霖《可園詞存》卷四《疏簾淡月》 催人織作，有一種蟲聲，聽從籬落。嬾婦心驚，秋氣頓教先覺。豆棚絡緯遥相應，愛凉宵、月移庭角。水雲時序，葩詩譜入，借防荒樂。 隱草際，時聞跳躍。閃一點明燈，兒童來捉。決鬭分曹，且自判將强弱。生來勇氣矜隆甚，捨微生、兩兩相搏。最傷軍國，平章重事，幾人秋壑。

蟬

總論旁喻

題解

漢 許慎《説文》卷一三　蛁，蟲也。从虫，召聲。都僚切。

蜩，蟬也。从虫，周聲。《詩》曰：五月鳴蜩。徒聊切。蚒，蜩，或从舟。

蟬，以旁鳴者。从虫，單聲。市連切。

蜺，寒蜩也。从虫，兒聲。五雞切。

螇，螇鹿，蛁蟟也。从虫，奚聲。胡雞切。

蚗，蛥蚗，蛁蟟也。从虫，夬聲。於悦切。

蛵，丁蛵，負勞也。从虫，巠聲。户經切。

蝒，馬蜩也。从虫，面聲。武延切。

蚼，蛥蚗，蟬屬。讀若周天子赧，从虫，丏聲。武延切。

蟪，蟪蛄，蟬也。从虫，惠聲。曰惐切。

蠽，小蟬蜩也。从䖵，截聲。子列切。

宋 戴侗《六書故》卷二〇　蟬、蠩、蜩、螗、蠿、蟟、螿、蛪皆蟬類也。《爾雅》曰：「蜩，蜋蜩，螗蜩。蛪，蜻蜻。蠿，茅蜩。蝒，馬蜩。蜺，寒蜩。蜓蚞，螇螰。」《夏小正》曰：「蜋蜩者，五采具。螗蜩者，蝘。」《説文》曰：「蟬以旁鳴者也，蜩蟬也。螇鹿，蛁蟟也。蚗，蛁蟟也。蝒，馬蜩也。蜺，寒蜩也。蛥蚗，蟬屬。」《方言》曰：「蟬，楚謂之蜩，宋衛之間謂之螗蜩，陳鄭之間謂之蜋蜩，秦晉之間謂之蟬，海岱之間通謂之蝭，其小者謂之麥蛪，有文者謂之蠩。」鄭康成曰：「蠩，蜻蜻。額廣且方。」陸璣曰：「螗，一名蝘。」蚏，《字林》：「蚏亦作蟟也。」青徐謂之螇螰。郭氏曰：「螗蜩，俗呼胡蟬，江南謂之螗蛦。」按《記》曰「范則冠而蟬有緌」，蟬頷下縣舌，如緌也。蠩、蟬聲相隣，皆因其鳴聲以命之也。《詩》云「蠩首蛾眉」，蟬之大者，其額廣而方，故《詩》稱「蠩首」也。《詩》云：「菀彼柳斯，鳴蜩嘒嘒。」又云：「如蜩如螗，如沸如羹。」明蜩、螗二物，其聲嘒嘒，啾襍也。鶩蟟小蟬，其聲噍嘹，因其聲以名之，亦呼蛪蟟，又謂茅蜩也。蛪，寒蟬也，亦因其聲以命之，其大者爲馬蛪，馬母也，即《詩》所謂「莎雞」，後又謂絡緯也。《爾雅》曰：「翰，天雞。」李巡曰：「即莎雞也，一名酸雞。」疏曰：「又名樗雞。」其狀似雞，多在莎中，食其萸，其聲絶類絡緯者，是以謂之也。近秋始鳴，常鳴於夜，故又謂寒蟬，夜蟬也。螿，寒蟬之小者也。螇、蝒、蛥、蚞、蚗、蛁之類皆廢名也。

蟪蛄。《楚辭》曰：歲莫兮不自聊，蟪蛄鳴兮啾秋。《莊周》曰：蟪蛄不知春秋。《説文》曰：蟬也。陶隱居曰：莊周所云是四五月小紫青色者，《楚辭》所言乃寒螿爾。司馬彪曰：寒蟬也。一名蝭蟧，春生夏死，夏生秋死。崔譔曰：蛁蟧也，或曰山蟬，秋鳴者不及春，春鳴者不及秋。按春生夏死等説皆傅會莊周之説，不足徵也。蟪蛄一名，而陶氏以爲二物，亦非也。

明 李時珍《本草綱目》卷四一《蚱蟬》　釋名：蜩音調、齊女。時珍曰：按王充《論衡》云：蠐螬化腹蛸，腹蛸折背出而爲蟬。則是腹蛸者，育于腹也。蟬者，變化相禪也。蚱音窄，蟬聲也。蜩，其音調也。崔豹《古今注》言：齊王后怨王而死，化爲蟬，故蟬名齊女。此謬説也。按詩人美莊姜爲齊侯之子，蠩首蛾眉。蠩亦蟬名，人隱其名，呼爲齊女，義盖取此。其品甚多，詳辨見下。

集解：《别録》曰：蚱蟬生楊柳上，五月采，蒸乾之，勿令蠹。弘景曰：蚱蟬，啞蟬，雌蟬也。不能鳴。蟬類甚多，此云柳上，乃《詩》云「鳴蜩嘒嘒」者，形大而黑，五月便鳴。俗云：五月不鳴，嬰兒多炎。故其治療亦專主小兒。昔人啖之，故《禮》有雀、鷃、蜩、蚳，而傴僂丈人掇之也。其四五月鳴而小紫青色者，蟪蛄也。《莊子》云「蟪蛄不知春秋」是矣。《離騷》誤以蟪蛄爲寒螿爾。寒螿九月、十月中鳴，聲甚淒急。七八月鳴而色青者，名蛁蟟。二月中便鳴者，名蟷母，似寒螿而小。恭曰：蚱蟬，鳴蟬也。諸蟲皆以雄爲良，陶云雌蟬非矣。頌曰：按《玉篇》云：蚱，蟬聲也。正與《月令》「仲夏蟬始鳴」相合。恭説得之。《爾雅》云：蝒，馬蜩。乃蟬之最大者，即此也。蟬類雖衆，獨此一種入藥。醫方多用蟬殼，亦此殼也。本生土中，云是蜣蜋所轉丸，久而化成此蟲，至夏登木而蜕。宗奭曰：蚱蟬，夏月身與聲俱大，始終一般聲。乘昏夜，出土中，升高處，折背殼而出。日出則畏人，且畏日炙乾其殼，不能蜕也。至時寒則墜地，小兒畜之，雖數日亦不飲食。古人言其飲風露，觀其不糞而溺，亦可見矣。時珍曰：蟬，諸蜩總名也。皆自蠐螬、腹蛸變而爲蟬（亦有轉丸化成者），皆三十日而死。俱方首廣額，兩翼六足，以脇而鳴，吸風飲露，溺而不糞。古人食之，夜以火取，謂之耀蟬。《爾雅》、《淮南子》、揚雄《方言》、陸機《草木疏》、陳藏器《本草》諸書所載，往往混亂不一。今考定于左，庶不誤用也。夏月始鳴，大而色黑者，蚱蟬也，又曰蝒（音綿）曰馬蜩，《豳》詩「五月鳴蜩」者是也。頭上有花冠曰螗蜩，曰蝘，曰胡蟬，《蕩》詩「如蜩如螗」者是也。具五色者，曰蜋蜩，

見《夏小正》。並可入藥用。小而有文者，曰蟧，曰麥蚻。小而色青緑者，曰茅蜩，曰茅蠿。秋月鳴而色青紫者，曰蟪蛄，曰蛁蟟，曰蜓蛛，曰螇螰，曰蛥蚗，音舌決。小而色青赤者，曰寒蟬，曰寒蜩，曰寒螿，曰蜺；未得秋風，則瘖不能鳴，謂之啞蟬，亦曰瘖蟬。二三月鳴，而小於寒螿者，曰蛹母。并不入藥。

又《蟬花》 釋名：冠蟬《禮》注、胡蟬《毛詩》、螗蜩上同、蝘。時珍曰：花、冠，以象名也。胡，其狀如胡也。唐，黑色也。古俗謂之胡蟬，江南謂之螗，蜀人謂之蟬花。

集解：慎微曰：蟬花所在有之，生苦竹林者良。花出頭上，七月采。頌曰：出蜀中。其蟬頭上有一角，如花冠狀，謂之蟬花。彼人齋蜕至都下。醫工云：入藥最奇。宗奭曰：乃是蟬在殼中又出而化爲花，自頂中出也。時珍曰：蟬花，即冠蟬也，《禮記》所謂「蜋則冠而蟬有緌」者是矣。緌音蕤，冠纓也。陸雲《寒蟬賦》云：蟬有五德：頭上有幘，文也；含氣吸露，清也；黍稷不享，廉也；處不巢居，儉也；應候有常，信也。陸佃《埤雅》云：螗首方廣有冠，似蟬而小，鳴聲清亮。宋祁《方物贊》云：蟬之不蜕者，至秋則花。其頭長一二寸，黄碧色，并指此也。

論説

《莊子·山木》 莊周游于雕陵之樊，睹一異鵲自南方來者，翼廣七尺，目大運寸，感周之顙而集于栗林。莊周曰：「此何鳥哉，翼殷不逝，目大不睹？」蹇裳躩步，執彈而留之。睹一蟬，方得美蔭而忘其身；螳螂執翳而搏之，見得而忘其形；異鵲從而利之，見利而忘其真。莊周怵然曰：「噫！物固相累，二類相召也！」捐彈而反走，虞人逐而誶之。

晉 傅咸《黏蟬賦》（《淵鑑類函》卷四四五引） 櫻桃爲樹則我陰，爲果則先熟，有蟬鳴焉，聊命黏取，退惟當蟬之得意於斯樹，不知黏之將至，亦猶人之得於富貴，而不虞禍之將來也。有嘉果之珍樹，蔚弘覆於我庭。在赫赫之隆暑，獨肅肅而自清。遂寓目以周覽，見鳴蜩於纖枝。翳翠葉以長吟，信厥樂之在斯。苟得意於所歡，曾黏往之莫知。匪爾命之遵薄，坐偷安而忘危。嗟悠悠之躭寵，請兹覽以自規。

明 楊慎《丹鉛餘録》卷六《蟪蛄蜩螗》 《説苑》載孔子曰：違山十里，蟪蛄之聲，猶尚存耳。言政事之惡譁而喜肅也。夫蟪蛄之聲，必在山林之地，違山十里則朝市矣。市有蟪蛄之聲，則朝有蜩螗之沸，政之譁也甚矣。《史記》云：魯之衰也，洙泗之間，齗齗如也。齗齗，交争之意，即孔子之所謂譁也。

明 何三畏《新刻何氏類鎔》卷三五《蟬》 有木朽爛而化爲蟬者，名曰「腹育」，有后怨死而變爲蟬者，名曰「齊女」，而總名爲蟬。其小者謂之蟧，其雌者謂之疋，其大而黑者謂之蝬，其黑而亦者謂之蜺，而其有文者謂之蜻蜻。固即宋衛之所謂螗蜩，陳鄭之所謂蜋蜩者是已爾。其饑吸晨風，渴餐朝露。生隨春冰而自薄，質與秋塵而俱輕。或争飛于落木之顛，或競噪於叢枝之裏，或高唱于金門之側，或長鳴于玉陛之前。始蕭瑟以攢吟，終嬋媛而孤别。垂玄緌而嘶定，避黄雀而聲遷。冷冷非弦裂，方號而復咽，嘒嘒非管凄，欲歇而還連。日暮音悲離，人之腸輙斷；天寒響促游，子之淚横流。此蟬之五德所以爲全，而蟬之一鳴所以爲善也。是故賢者耀蟬修行，識進退之宜；侍臣餙蟬製冠，勵清華之節。想其風而安居静處，學其影而含氣棲真。潔身以明忘則如蟬之宜男，鼓翼以明高則如蟬之脱蜕。其母不鳴而爲雌蟬，不停號而爲驚蟬，閉門而自同寒蟬，斯得之矣。彼有見螳蜋捕蟬而聞琴中殺聲者，問之主人而始得其情；有督兵校捕蟬而嚴軍中號令者，問之殿帥而始伸其説。然則，蟬雖小物，固亦昔人所借以審音而行法者哉。

綜述

《荀子·大略》 飲而不食者，蟬也。

《爾雅·釋蟲》 蜩，蜋蜩。注：《夏小正》傳曰：蜋蜩者，五彩具。螗蜩。注：《夏小正》傳曰：螗蜩者蝘。俗呼爲胡蟬，江南謂之螗蛦。蚻，蜻蜻。注：如蟬而小。《方言》云：有文者謂之蟧。《夏小正》曰：鳴蚻，虎懸。蠽，茅蜩。注：江東呼爲茅截，似蟬而小，青色。蝒，馬蜩。注：蜩中最大者爲馬蟬。蜺，寒蜩。注：寒螿也，似蟬而小，青色。《月令》曰：寒蟬鳴。蜓蛛，螇螰。注：即蝭蟧也。一名蟪蛄，齊人呼螇螰。音義：蜩，直彫反，下同。蜋音郎，又音良。螗音唐。蝘，示延反。《字林》云：蟪蛄也。蛦，郭音荑，徒低反。蚻，側黠反。蜻郭音情，又音精。懸音玄。蠽，子列反，又徂節反。茅本或作蓋，萌交反。蝒音緜。《字林》云：亡千反。蜺，五兮反。吕，郭牛結反。螿，子羊反。蜓，謝徒頂反。沈音珍。施音亭。蛛音木，或作沐，非。螇音奚，螰音鹿，蝭音提，又音帝。蟧，力刀反。《字林》同。□力公反。蟪音惠，蛄音姑。

疏：此辨蟬之大小及《方言》不同之名也。云蜩者，目諸蜩也。蜋蜩，五彩具者也。螗

蜩，俗呼曰蟬，似蟬而小，鳴聲清亮者也。蚻，一名蜻蜻，如蟬而小，有文者也。蠽，一名茅蜩，似蟬而小，青色者也。蝒，一名馬蜩，蟬之最大者也。蜺，一名寒蜩，又名寒蜇，似蟬而小，青亦色者也。關東謂蟪蛄爲蛁蟧，齊謂之螇螰也。云《夏小正》者，在五月記時也。云螗蜩者，蝘者，亦在五月。舍人曰：皆蟬也，方語不同。三輔以西爲蜩，梁宋以東謂蜩爲蝘。陸璣云：螗一名蝘虭。《字林》：虭，或作蟟也。青徐人謂之螇螰，然則螗蝘亦皆蟬也。《大雅・蕩篇》云「如蜩如螗」是也。蚻，舍人曰：小蟬也。蜻蜻者，案：《方言》云：蟬，楚謂之蜩，宋衛之間謂之螗蜩，陳鄭之間謂之蜋蜩，秦晉之間謂之蟬，海岱之間謂之蛥。其小者謂之麥蚻，有文者謂之螓是也。《詩・碩人》云「螓首蛾眉」。鄭玄：螓謂蜻蜻，此蟲頟廣而且方，故以比婦人之首也。某氏解此云：鳴蚻，蚻者也。云《夏小正》曰」者，在四月。彼云「鳴蚻蚻者，虎懸也。鳴而後知，故先鳴而後蚻」是也。《月令》曰「寒蟬鳴」者，在七月。鄭注云：寒蟬，寒蜩，謂蜺是也。《方言》云：蛥蛛，齊謂之螇螰，楚謂之蟪蛄。《楚辭》云「蟪蛄鳴兮啾啾」是也。或謂之蛉蛄，秦謂之蛥蚗，自關而東謂之虭蟧，或謂之蝭蟧，或謂之蛁蟧，然則亦皆蟬之別名耳。蛥蚗音折，玦蛉音零虭，貂料二音。蝭，音帝。

漢　劉安《淮南子》卷一七《説林訓》　蟬飲而不食，三十日而蜕。

三國吴　陸璣《毛詩草木鳥獸蟲魚疏》卷下《如蜩如螗》　鳴蜩，蟬也，宋衛謂之蜩，陳鄭云蜋，海岱之間謂之蟬。蟬，通語也。螗蟬之大而黑色者，有五德，文、清、廉、儉、信。一名蝘虭，一名虭蟟，青徐謂之螇螰，楚人謂之蟪蛄，秦燕謂之蛥蚗，或名之蛁蟧。

宋　蔡卞《毛詩名物解》卷一二《蜩》　蜩，蟬，五月鳴蜺也。譁以無理則用口而已。然其聲調而如緝，故謂之蜩。五月鳴謂之蜩。以其聲也。七月鳴謂之蟬，以其生之寡特，形之單微也。蟪蛄所化謂之蜩螗。蜩有文，故或謂之蜻螗，無文或謂之夷。《詩》曰「如蜩如螗」，蜩大而螗小，蜩言其譁而無理，螗言其夷而無文。

宋　陸佃《埤雅》卷一一《螗》　螗，一名「蝘」，其首方廣，有冠。《夏小正》曰：「蜋蜩者五采具。」「螗蜩者」，蝘是也，俗呼「胡蟬」，似蟬而小。鳴聲清亮者，江南謂之「螗蛦」。《詩》曰：「如蜩如螗，如沸如羹。」言天下讙譁沸騰，不安如此，此《序》所謂「無綱紀文章」者也。又曰：「菀彼柳斯，鳴蜩嘒嘒。」言蜩與柳異類，今蜩託蔭其上，鳴聲嘒嘒，則王之於己，不如菀柳之餘亦芘其蜩也。鄒陽《柳賦》以爲「蜩螗厲響，蜘蛛吐絲」，蓋蟬得美蔭，則其鳴聲尤清厲。《方言》曰：「楚謂之蜩，宋衛之閒謂之螗蜩，陳鄭之閒謂之蜋蜩。」按：《詩》云「如蜩如螗」，則蜩與螗異，實非一物。蓋蜩亦蟬之一種，形大而黑，昔人啖之，《禮》有「雀鷃蜩范」是也。一名「蟬」，爲其變蜕而禪，故曰「蟬」，亦其通名。蟬舍卑穢趨高絜，其禪足道也。《鹽鐵論》曰：「以所不覩而不信，若蟬不知雪也。又況道常無所而不可覩者乎？是故聞而不笑者，寡矣，故曰『道無問』。無問問之，是責空也。」舊説朽木化爲蟬，壞裙化爲蝶，腐菌化爲蜂。又曰：蠶二十日而化，蟬三十日而化。

又《寒蜩》　寒蜩似蟬而小，青赤，一名蜺，一名寒蟬。蔡邕《月令》云：「鳴則天涼，故謂之寒蟬。」其生圻裂母背，故《釋蟲》云：「蝵醜，罅。」蓋蟬善飛翥，故謂之「翥醜」。《論衡》曰：「蟬生於復育，開背而出。」《方言》曰：「黑而赤者謂之蜺。」又曰：「蜩謂之寒蜩。寒蜩，瘖蜩。」郭氏云：「按《爾雅》以蜕爲寒蜩，《月令》亦曰『寒蟬鳴』，則知寒蜩非『瘖』者也。寒蜩即今啞蟬。啞蟬初瘖，及得寒露冷風乃鳴，故《蒭蕘論》云：『秋風至而寒蟬吟。』正謂此也。」然則《方言》原其始，故謂之「瘖蟬」。今雌蟬亦啞，陶隱居所謂「啞蟬，雌蟬也，不能鳴者」。然與寒蜩初瘖又異矣。又一種似蟬而小，緑色，北人謂之「螓」，頟廣且深，即《詩》所謂「螓首蛾眉」是也。

又《蟪蛄》　《廣雅》云：「蟪蛄，蟧蛁。」《莊子》曰：「朝菌不知晦朔，蟪蛄不知春秋。」蟪蛄，夏蟬也，是故不知春秋。按：《離騷》曰：「蟪蛄鳴兮啾啾，歲暮兮不自聊。」則蟪蛄亦秋蟬矣。一曰春生者死於夏，夏生者死於秋，故曰「不知春秋」也。《方言》曰：「齊謂之螇螰，楚謂之蟪蛄。」《釋蟲》云「蛁蟧，螇螰」，即此是也。《莊子音義》以爲此即《楚辭》所謂「寒蜇」者也。按：《風土記》曰：「蟪蛄鳴於朝，寒蜇鳴於夕。」則寒蜇、蟪蛄又爲兩物。孔子曰：「違山十里，蟪蛄之聲猶在於耳，故政事莫如應之。」言政事惡譁而善肅，以静應之而已。《稽聖賦》曰：「螃蟰行以其背，蟪蛄鳴非其口。」按：《山海經》有獸以其尾飛，有鳥以其鬚飛，則覆載之間，負類反倫，何所不有，可勝言哉！

宋　羅願《爾雅翼》卷二七《蜩》　蜩，蜋蜩、螗蜩。舍人云「皆蟬」。《方言》：「楚謂蟬爲蜩，宋衛謂之螗蜩，陳鄭謂之蜋蜩，秦晉謂之蟬。」是蜩蟬一物，方俗異名耳。蜺，寒蜩。郭璞曰：「寒蜇也。」似蟬而小，青赤，引《月令》「寒蟬鳴」與《詩》鳴蜩不同者，《夏小正》云「五月螗蜩鳴，七月寒蟬鳴」，是其異也。二月鳴者，名寧母，似寒蜇而小。七月鳴者，名蛁蟟，色青。《考工記》：「以旁鳴者，蜩蜺屬，蟬鳴在脅。」《淮南子》曰：「蟬無口而鳴，飲而不食，三十日而蜕。」《記》曰：「范則冠而蟬有緌。」范，蜂也。爵、鷃、蜩、范皆人君燕食所加庶羞。《荀子》

曰：「耀蟬者，務在明乎火，振其樹而已。」説者謂南方人照蟬，取而食之。《莊子》曰：「仲尼適楚，出於林中，見痀僂者承蜩，猶掇之也。」《論衡》曰：「復育轉而爲蟬。」枯蟬，一名伏蜟。董仲舒曰：「齊王之后，怨王而死，變爲蟬，故名齊女。」《禮》冠飾附蟬，取其清高，飲露而不食也。《本草》：「蚱蟬生楊柳上。」《詩》曰：「菀彼柳斯，鳴蜩嘒嘒。」是形大而黑，所謂馬蜩。今夏中鳴者，比衆蟬最大。蚱蟬聲也。又「如蜩如螗」，言讙譁也。毛氏曰：「螗，蝘也。」舍人曰：「三輔以西爲蜩，梁宋以東謂蜩爲蝘，楚地謂之蟪蛄。」《楚辭》云「蟪蛄鳴兮啾啾」，是也。陸璣疏云：「螗，一名蝘蚗。」《字林》：「蚗，或作蟟，青徐人謂之螇螰。」然則螗蝘亦蟬之别名耳。《楚辭》：「蟬寂寞而無聲。」王逸注云：「螗蜩斂翅而伏藏也。」郭璞《贊》曰：「蟲之精絜，可貴惟蟬。」

明　毛晉《陸氏詩疏廣要》卷下之下《如蜩如螗》

《爾雅》云：「蜩，蜋蜩。」郭註、《夏小正》傳曰：蜋蜩者，五彩具。鄭注：此即四五月間小蟬，有文彩，先諸蟬而鳴者。《爾雅》又云「螗蜩」，郭註、《夏小正》傳曰：螗蜩者，蝘，俗呼爲胡蟬，江南謂之螗蛦。鄭註：螗，即螗蜋也，亦能在草叢中鳴。《爾雅》又云「蚻蜻蜻」，郭註：如蟬而小。《方言》云：有文者謂之蠑。《夏小正》曰：鳴蚻，虎懸。鄭註：蚻，音札，此即一種蟬，似蜻蜓，其鳴無韻，但札札然。《爾雅》又云「蠽，茅蜩」，郭註：江東呼爲茅截，似蟬而小，青色。鄭註：蠽，音節。茅蜩有青紅二種，只在茅菅中，亦是五月時鳴。《爾雅》又云「蝒，馬蜩」，郭註：蜩中最大者爲馬蟬。鄭註：蝒，音緜。馬蜩最大，其聲響震巖谷。《爾雅》又云「蜺，寒蜩」，郭註：寒螿也，似蟬而小，青色。《月令》曰：寒蟬鳴。鄭註：寒蜩，即寒螿也，一名蟪蛄。《爾雅》又云「蜓蚞，螇螰」，郭註：即蝭蟧也，一名蟪蛄，齊人呼螇螰。鄭註：蜓蚞，音挺木。邢疏：此辨蟬之大小及方言不同之名也。云蜩者，目諸蜩也，「蜋蜩五采具」者也。螗蜩，俗呼曰蟬，似蟬而小，鳴聲清亮者也。蚻，一名蜻蜻，如蟬而小，有文者也。蠽，一名茅蜩，似蟬而小，青色者也。蝒，一名馬蜩，蟬之最大者也。蜺，一名寒蜩，又名寒螿，似蟬而小，青赤色者也。關東謂蟪蛄爲蜓蚞，齊謂之螇螰也。螗蜩者，蝘者，舍人曰：皆蟬也，方語不同，三輔以西爲蜩，梁宋以東謂蜩爲蝘，青徐人謂之螇螰，然則螗蝘亦皆蟬也。《大雅·蕩篇》云「如蜩如螗」是也。蚻，舍人曰：小蟬也。蜻蜻者，按《方言》云：蟬，楚謂之蜩，宋衛之間謂之螗蜩，陳鄭之間謂之蜋蜩，秦晉之間謂之蟬，海岱之間謂之蟜。其小者謂之麥蚻，有文者謂之蠑是也。《衛風·碩人》云「蠑首蛾眉」，鄭玄注：蠑謂蜻蜻，此蟲額廣而且方，故以比婦人之首者也。某氏解此云「鳴蚻蚻」者也，彼云「鳴蚻蚻」者，虎懸也。鳴而後知，故先鳴而後蚻是也。《月令》曰「寒蟬鳴」者，在七月。鄭註云：寒蟬寒蜩，謂蜺是也。《方言》云：蛥蚞，齊謂之螇螰，楚謂之蟪蛄。《楚辭》云「蟪蛄鳴兮啾啾」是也。或謂之蛉蛄，秦謂之蛥蚗，自關而東謂之蚗蟧，或謂之蝭蟧，或謂之蜓蚞，然則亦皆蟬之别耳。《廣雅》云：蛁蛄，蟬也。蟪蛄，蛉蛄，蝭蟧，蛁蟟也。《夏小正》云「五月螗蜩鳴」，螗蜩鳴者，匽也。「七月寒蟬鳴」，蟬也者，蝭蠑也。《本草》：蚱蟬生楊柳上，五月採，蒸乾之。陶隱居云：蚱即是瘂蟬，雌蟬也，不能鳴者。蟬類甚多。《莊子》云「蟪蛄不知春秋」，則是今四月、五月小紫青色者。而《離騷》云「蟪蛄鳴兮啾啾，歲暮兮不自聊」，此乃寒螿耳，九月、十月中鳴甚凄急。又二月中便鳴者，名蟧母，似寒螿而小。七月、八月鳴者名蛁蟟，色青。今此云生楊柳樹上，是《詩》云「鳴蜩嘒嘒」者，形大而黑，傴僂丈人掇此。昔人噉之，故《禮》有「蜩範」，此蜩五月便鳴，俗云「五月不鳴，嬰兒多災」。蘇恭云：蚱蟬即鳴蟬也。《易通卦驗》云：姤上九候，蟬始鳴，不鳴，國多妖言。蟬應朝鳴，言語之象，今失節不鳴，鳴則失時，故多妖言。《援神契》云：蟬無力，故不食。《周書》曰：夏至又五日，蜩始鳴。不鳴，貴臣放逸。立秋之日，寒蜩鳴，不鳴，人臣不力争。《埤雅》按：「如蜩如螗」，則蜩與螗實非一物，蓋蜩亦蟬之一種，形大而黑，昔人啖之，《禮》有「雀、鷃、蜩、范」是也。一名蟬，爲其變蜕而禪，故曰蟬。舍卑穢趨高潔，其蟬足道也。舊説：朽木化爲蟬，壞裙化爲蝶，腐菌化爲蜂。又曰：蟬三十日而化。段柯古云蟬未蜕時名復育，相傳言蛣蜣所化。韋翾嘗冬中掘樹根，見復育附于朽處，怪之。村人言蟬固朽木所化也。翾因剖視腹中，猶實爛木。《爾雅翼》：蜩，蜋蜩，螗蜩。舍人云：皆蟬。《方言》：楚謂蟬爲蜩，宋衛謂之螗蜩，陳鄭謂之蜋蜩，秦晉謂之蟬，是蜩螗一物，方俗異名耳。《荀子》「耀蟬者，務在明乎火，振其樹而已」，説者謂南方人照蟬取而食之。《古今註》云：一名王女。董仲舒曰：齊王之后，怨王而死，變爲蟬，故名齊女。《詩緝》毛氏於《蕩篇》云：蜩，蟬也。螗，蝘也。其説是矣。於《七月篇》乃云：蜩螗者，蓋舉其類以相明，非以蜩爲螗，自爲異同也。《論衡》云：蟬生于復育，開背而出。故《爾雅》云「蒻，䖘鋍」，郭註：剖母背而出。邢疏謂蟬屬。《禮》「冠飾附蟬」，徐廣《車服雜註》云：侍臣加貂蟬者，取其清高飲露而不食。陸雲《寒蟬賦》云：頭上有緌則其文也，含氣飲露則其清也，黍稷不享則其廉也，處不巢居則其儉也，應候守常則其信也，加以冠冕取其

容也。

按《爾雅》所謂蜩即吳俗所謂蟬，其總名也。《詩》所載凡四，如《七月篇》「五月鳴蜩」，雖是泛詠，大約五月一陰生，蜩感之而鳴，惟蜋蜩、茅蜩耳。如《小弁篇》「鳴蜩嘒嘒」，覽物起興，猶《鄒陽柳賦》云「蜩螗厲響」也。《本草》謂「蚱蟬生楊柳上」，即是馬蜩，引此詩爲證，誤矣。如《碩人篇》「螓首蛾眉」，即《爾雅》所謂蚻、蜻蜻，《夏小正》所謂虎懸，揚雄所謂蜺蜻之疋者也。若此詩「如蜩如螗」，借以形容其喧譁，猶下句「如沸如羹」，豈容析沸羹爲二乎？毛傳陸疏俱云二種，山陰陸氏附會其説，宜羅氏闢其非矣。至于因地異名，莫詳于邢疏。隨時異種，莫詳于《月令》。但蟪蛄有二種，《莊子》稱「不知春秋」者，夏蟲小紫青色者也。《楚詞》稱「其鳴啾啾」者，《爾雅》所謂「蛥蚗，蟧蟟」也。陶貞白輩以蟪蛄即寒螿，非也。鄭漁仲云：蜺，寒蜩，即寒螿。《月令》「七月寒蟬鳴」是也，知寒蜩不瘖矣。《方言》云：寒蟬者，瘖蜩也。或以難子雲不知寒蟬即瘖蟬。其初瘖，得寒露冷風乃鳴，《方言》原其始，故云瘖耳。

清 嵇璜《續通志》卷一七八 蜩有二種，一曰蜋蜩，一曰螗蜩，見《爾雅》。《夏小正》傳曰：蜋蜩者，五彩具。螗蜩者，蝘也。皆五月鳴。郭璞曰：螗蜩，俗呼蟬，江南謂之螗蛦。蛦，《埤雅》作蛦。

按：《方言》曰：蟬謂之蜩，宋衛之間謂之螗蜩，陳鄭之間謂之蜋蜩，鄭志取之。考《夏小正》及《爾雅》，則螗蜩、蜋蜩分明二物。又案：毛傳云：蜩，蟬也。螗，蝘也。據此則螗、蜩又爲二物矣。故別出之。

蚻，一名虎懸虎一作寧，四月鳴，見《夏小正》。一名蜻蜻，見《爾雅》。郭璞注曰：如蟬而小。《方言》云：有文者謂之螓。

案：《方言》云：蟬小者謂之麥札，有文者謂之蜻蜻。與郭注所引異。考《爾雅》札即蜻蜻，《方言》分爲二物，誤也。又鄭志云：五月以前鳴者則正謂之蜩。考五月以前鳴者，惟有蚻，不名蜩，則鄭志亦非也。今並正之。

清 方旭《虫薈》卷三《昆虫·馬蟬》 《正字通》：大而色黑，鳴聲壯者曰馬蟬。旭按：此即《爾雅》之馬蜩也，一名蝒，《本草》名蚱蟬，又名齊女。四五月有之，俗名蜘蟟。其狀方首、廣額、大腹、六足、兩翼，翼薄如蜻蛉，飲而不食，其聲直而長，至八月後止，乃蠐螬、蛣蜣及朽木所化。又蜻蛉點水生子草上，青鮹魚食之，久則生蟲，其狀與蟬相似，名蝦蟼蟲，亦能退殼化蟬，又或説閏年少蟬。

《酉陽雜俎》：蟬未脱時名服育。

又 **《冠蟬》** 《正字通》：頭有花冠，鳴聲清亮者曰冠蟬，又曰胡蟬，曰蝘，曰螗蜩，曰螗蛦。旭按：此蟬似馬蟬而小，夏秋間有之，俗呼花公子。

又 **《蜋蜩》** 《正字通》：五彩具，先諸蟬鳴者，曰蜋蜩。旭按：此蟬最能鳴，多在桐子樹上，人又呼桐蛉。

又 **《寒蟬》** 《夏小正》：七月寒蟬鳴。旭按：寒蟬，《爾雅》名蜺，一名寒蜩。郭註云：寒螿也，或名寒蠯子，其狀似馬蟬而小，陰綠色有斑文。初生時聲啞曰啞蟬，又曰瘖蟬，又曰瘖蜩。立秋後始作聲，如云「都了都了」者，九十月聲尤淒切。

又 **《蟪蛄》** 《駢雅》：蛥蚗、蟧蟟、蛉蛄、蛁蟟、蝭蟧、蜓蚞、蟂蟧，蟪蛄也。旭按：此亦蟬之鳴秋者，其狀似寒螿，色青紫。

又 **《螓》** 《正字通》：小而有文，顙廣且方者曰螓，又曰蜻蜻。《夏小正》曰「蚻者，虎懸也」即此。旭按：此即茅蜩之在樹上者，其聲札札然，故又名蚻。

藝文

《詩經·國風·七月》 四月秀葽，五月鳴蜩。八月其穫，十月隕蘀。一之日于貉，取彼狐狸，爲公子裘。二之日其同，載纘武功。言私其豵，獻豜于公。

《楚辭·卜居》 屈原既放，三年不得複見，竭知盡忠，而蔽鄣於讒，心煩慮亂，不知所從。乃往見太卜鄭詹尹曰：「余有所疑，願因先生決之。」詹尹乃端策拂龜曰：「君將何以教之？」屈原曰：「吾寧悃悃款款，樸以忠乎？將送往勞來，斯無窮乎？寧誅鋤草茅，以力耕乎？將游大人，以成名乎？寧正言不諱，以危身乎？將從俗富貴，以媮生乎？寧超然高舉，以保真乎？將哫訾栗斯，喔咿嚅兒，以事婦人乎？寧廉潔正直，以自清乎？將突梯滑稽，如脂如韋，以潔楹乎？寧昂昂若千里之駒乎？將氾氾若水中之鳧，與波上下，偷以全吾軀乎？寧與騏驥亢軛乎？將隨駑馬之跡乎？寧與黃鵠比翼乎？將與雞鶩爭食乎？此孰吉孰凶？何去何從？世溷濁而不清。蟬翼爲重，千鈞爲輕；黃鐘毀棄，瓦釜雷鳴；讒人高張，賢士無名。吁嗟默默兮，誰知吾之廉貞？」詹尹乃釋策而謝曰：「夫尺有所短，寸有所長，物有所不足，智有所不明，數有所不逮，神有所不通，用君之心，行君之意。龜策誠不能知事。」

南朝梁 沈約《君子有所思行》（《古詩紀》卷八二引） 晨策終南首，顧望咸

陽川。戚里邇層闕，甲館負崇軒。複塗希紫閣，重臺擬望仙。巴姬幽蘭奏，鄭女陽春絃。共矜紅顔日，俱忘白髪年。寂寥茂陵宅，照曜未央蟬。無以五鼎盛，顧嗤三經玄。

唐 李世民《賦得弱柳鳴秋蟬》（《全唐詩》卷一引） 散影玉階柳，含翠隱鳴蟬。微形藏葉裏，亂響出風前。

唐 劉禹錫《酬樂天聞新蟬見贈》（《全唐詩》卷三五五引） 碧樹鳴蟬後，烟雲改容光。瑟然引秋氣，芳草日夜黄。夾道喧古槐，臨池思垂楊。離人下憶淚，志士激剛腸。昔聞阻山川，今聽同匡床。人情便所遇，音韻豈殊常。因之比笙竽，送我遊醉鄉。

唐 元稹《元氏長慶集》卷一《春蟬》 我自東歸日，厭苦春鳩聲。作詩憐化式，不遺春蟬生。及來商山道，山深氣不平。春秋兩相似，蟲豸百種鳴。風松不成韻，蜩螗沸如羹。豈無朝陽鳳，羞與微物争。安得天上雨，奔渾河海傾。蕩滌反時氣，然後好晴明。

唐 雍陶《蟬》（《全唐詩》卷五一八引） 高樹蟬聲入晚雲，不唯愁我亦愁君。何時各得身無事，每到聞時似不聞。

唐 陸龜蒙《笠澤藂書》卷二《蟬》 只憑風作使，全仰柳爲都。一腹清何甚，雙翎薄更無。伴貂金換酒，並雀畫成圖。恐是千年恨，偏令落日呼。

唐 劉兼《新蟬》（《全唐詩》卷七六六引） 齊女屏幃失舊容，侍中冠冕有芳蹤。翅翻晚鬢尋香露，聲引秋絲逐遠風。旅館聽時髭欲白，戍樓聞處葉多紅。只知送恨添愁事，誰見淩霄羽蜕功。

元 陳基《夷白齋稿》卷一《蟬賦》 笠澤之野，夏無鳴蟬。嘉禾蔚其如雲，衆鳥雜而争喧。維歲行之在卯，景風生于樹顛。爰抱葉以高噪，復憑虚而浩嘆。赫乎對趙盾之日，悽焉訴齊女之冤。蓋非金而非石，亦非管而非絃。變化乘乎氣候，音奏發乎自然。初而聽之，若流泉之含清風，瀉疾瀨而爲湍。徐而察之，如靈絲之抽獨繭，引餘緒之綿綿。若乃微雨乍止，凉飇滿園，陽舒陰伏，雲開日鮮，擇修幹以仰集，盼柔柯以延緑。或嘒嘒而漸蔓，或琅琅而未闌。曉咽碧梧之露，夕唫琪樹之烟。興玉署之秋懷，警金閨之晝眠。韻欲斷而復續，喙欲默而忽宣。將自鳴其不平，意有蓄而莫傳者乎。蓋萬物蠕動，品異類殊，維爾蟬之爲物，何賦形之眇如。始並育于污濁，卒獨慕夫清虚。聊含氣而飲露，曾不豐而不腴。奚斧蟲之稔毒，恒不利于爾軀。豈文惡太著，爾首綏飾兮。物忌太廉，爾不黍食兮。居忌太儉，爾不巢息兮。衆忌太信，爾守不忒兮。性忌太潔，爾蜕無跡兮。嗟乎，爾有五德，又復善鳴，激中外之逸響，振寥廓之餘音。縱有愜于人耳，寧無逆于物情。爾其謝高枝于靈囿，托茂樹于郊坰。藉流暉于叢薄，蔭清樾于廣庭。于以安貞而養素，于以遠害而全生。然周詩咏其應時，漢冠尚其能介。集井則前史徵祥，偷安則昔人垂戒。進則揚夫聲名，退則游于塵外。雖隱見之有時，亦行藏之無悔也。

明 敖文禎《薜荔山房藏稿》卷二《咏蟬》 獨飲枝頭露，長唫谷裏風。幽思寄別調，清響自殊工。斷續留餘韻，飄颻逐遠空。此身元委蜕，寥廓太虚中。

明 汪坦《石盂集》卷八《蟬》 一雨空山暑半消，鳴蟬嘒嘒坐相邀。九宵風露來清切，萬里乾坤對沉寥。石上流泉如共語，林邊木葉天同飄。人間會有盧家婦，莫更蕭騷過遠條。

明 謝肇淛《小草齋集》卷一六《聞蟬》 鳴蟬何哽咽，碧樹影紛紛。未蜕仙人骨，誰招怨女魂。竹梢風半度，柳外日初曛。繁葉宵栖穩，高枝暮響聞。清心委朝露，哀韻入孤雲。滿目紅塵道，翛然念爾羣。

清 吴偉業《梅村集》卷一四《蟬猴》 仙蜕誰傳不死方，最高枝處憶同行。移將吸露迎風意，做就輕軀細骨糊。薄鬌影如逢越女，斷腸聲豈怨齊王。內家近作通侯相，賜出貂蟬傲粉郎。

清 王士禄《十笏草堂辛甲集》卷六《和咏蟲十五首·蟬》 腹與龜腸潔，聲兼清露遥。何緣塵垢裏，强著伴金貂。

清 愛新覺羅·弘曆《御製詩初集》卷四〇《新蟬》 柳岸維舟俯碧潯，新蟬送響出濃陰。前身應是粘枝蜕，今歲初聞隔葉音。聲遠居高欣所託，暑來寒往動關心。無多不得其平意，嘒嘒何緣鎮聒林。

又《御製詩三集》卷四〇《泛月八咏·蟬》 蟬喜新晴弄響稠，秋凉入夕尚無休。蟬音有似呼秋凉者，俗即名之曰秋凉兒。羽衣鼓出霓裳調，欲問廣寒可似不。

清 弘曉《明善堂詩集》卷一《聞蟬》 池邊緑柳垂，斷續蟬聲咽。偶去坐斜陽，幽情堪娱悦。

清 張問陶《船山詩草》卷一七《依竹堂集·蟬》 風蟬清響亦天生，未必鳴秋盡不平。却笑今年成畏友，最高枝上一聲聲。

清 紀昀《紀文達公遺集》卷一六《我法集·賦得寒蟬》 古有寒蟬喻，多嫌愧匪躬。聖朝求伉直，特詔戒臣工。月夕多歌蚓，霜天有候蟲。云何貪飲露，偏

自怯層吟風。薄翼棲仍穩，殘聲曳竟終。豈因避黃雀，不肯響疎桐。解蜕荒林外，垂緌禁樹中。鳴秋原藉汝，莫負化生功。

清　陳文述《頤道堂詩外集》卷二《綽爾齊》　綽爾齊，蒙古謂蟬也，不入關中，其出聲較内地稍遲而音特清壯。按：綽爾齊者，胡笳也，其聲似之，故名。驛柳千行碧，山花一路紅。種原分塞外，聲不入關中。破曉嘶邊月，迎涼語朔風。哀笳十八拍，清響可能同。

清　和瑛《易簡齋詩鈔》卷三《詠蟬》　轉化良非偶，時哉飲露清。華林共野樹，得蔭總同聲。

清　楊德榮《聞蟬》（《兩浙輶軒續録》卷四五引）　旭日臨高樹，閒來嘒嘒音。一空箏笛耳，頓觸蕙蘭襟。客思驚元鬢，晴光漾緑陰。蜩螗羮沸後，時省垣告警。有幸聽清吟。

孤凄落寞

藝文

《楚辭·九辯》　燕翩翩其辭歸兮，蟬寂漠而無聲。雁廱廱而南遊兮，鶤雞啁哳而悲鳴。

晉　孫楚《蟬賦》（《藝文類聚》卷九七引）　惟大化之廣御，何品數之多名。當仲夏之始出，據長條而悲鳴。翼如羅纏，形如枯槁。終日不銜一粒，激哀響之煩擾。

南朝梁　沈約《聽蟬鳴應詔》（《漢魏六朝百三家集》卷八八引）　輕生宅園籞，復得棲嘉樹。豈敢擅洪枝，輕條遭所遇。葉密形易揚，風迴響難住。

南朝梁　吴均《吴均集·吴城賦》　古樹荒煙，幾千百年，云是吴王所築，越王所遷。東有鑄劍殘水，西有舞鶴故壥。縈具區之廣澤，帶姑蘇之遠山。僕本蓄怨，千悲億恨，況復荆棘蕭森，叢蘿彌蔓。亭梧百尺，皆歷地而生枝；階筠萬丈，或至杪而無葉。不見春荷夏槿，唯聞秋蟬冬蝶。木魅晨走，山鬼夜驚。不知九州四海，乃復有此吴城。

南朝陳　褚玠《風裏蟬賦》（《全陳文》卷一六引）　有秋風之來庭，于高柳之鳴蟬。或孤吟而暫斷，乍亂響而還連。垂玄緌而嘶定，避黃雀而聲遷。愁人兮易驚，静聽兮傷情。聽蟬兮靡倦，更相和兮風生。終不校樹兮寂寞，方復飲露兮光榮。

唐　李百藥《詠蟬》（《全唐詩》卷四三引）　清心自飲露，哀響乍吟風。未上華冠側，先驚翳葉中。

唐　盧照鄰《盧昇之集》卷三《含風蟬》　高情臨爽月，急響送秋風。獨有危冠意，還將衰鬢同。

唐　蕭穎士《聽早蟬賦》（《歷代賦彙》卷一三八引）　清商兮暮急，白露兮朝濕。伊寒蟬之早聞，知涼風之初入。散亂摇颺，脩寥歘吸，前聲未盡，後響仍及。邇層檐而驚歸，向茂樹而遥集。足令志士傷惋，征夫佇立。動閨人之夜悲，垂塞客之秋泣。況乎日晏天空，晴景微風，命儔嘯侶，乍西或東，既更鳴而迭息，亦處異而音同。催渡漢之離鴈，伴横階之思蛩。空庭曖其已寂，遐路杳而難窮。伊蜩螗之至細，王睢獨而猶稟。體孤高而自適，候時節而斯審。其處也，敦兮若樸，乃蝤蠐而未化；其出也，道之將行，必沆瀣而方飲。豈徒《爾雅》辨其名體，詩人詠夫章句。味編《本草》之録，聲徹上林之賦。歌郯宰之化，偶范緌而見稱；飾趙王之冠，與貂尾而胥附。莊篇載痀僂之志，孔氏感螳蜋之捕。苟動静不爽，飛鳴有度；因依密葉，蕭散凝露。韜餘陰於歲晚，等羣蟄於時暮。兹括囊而用吉，又曾何鳥雀之能喻。

唐　耿湋《新蟬》（《文苑英華》卷三三〇引）　今朝蟬忽鳴，遷客若爲情。便覺一年謝，能令萬感生。微風方滿樹，落日類詩作葉稍沉城。爲問同懷者，凄涼聽幾聲。

唐　耿湋《聽早蟬歌》（《全唐詩》卷二六八引）　蟬鳴兮夕曛，聲和兮夏雲。白日兮將短，秋意兮已滿。乍悲鳴兮欲長，猶嘶澀兮多斷。風蕭蕭兮轉清，韻嘒嘒兮初成。依婆娑之古樹，思遼落之荒城。閑院支頤，深林倚策。猶惆悵而無語，鬢星星而已白。

又《新蟬》（《全唐詩》卷二六九引）　今朝蟬忽鳴，遷客若爲情。便覺一年謝，能令萬感生。微風方滿樹，落日稍沉城。爲問同懷者，凄涼聽幾聲。

唐　戴叔倫《和尉遲侍郎夏杪聞蟬》（《全唐詩》卷二七三引）　楚人方苦熱，柱史獨聞蟬。晴日暮江上，驚風一葉前。蕩摇清管雜，幽咽野風傳。旅舍聞君聽，無由更晝眠。

唐 盧殷《晚蟬》（《全唐詩》卷四七〇引） 深藏高柳背斜暉，能軫孤愁減昔圍。猶畏旅人頭不白，再三移樹帶聲飛。

唐 劉商《秋蟬聲》（《全唐詩》卷三〇四引） 蕭條旅舍客心驚，斷續僧房靜又清。借問蟬聲何所爲，人家古寺兩般聲。

唐 張籍《和崔駙馬聞蟬》（《全唐詩》卷三八六引） 鳳凰樓上多歡樂，不覺秋風暮雨天。應爲昨來身暫病，蟬聲得到耳傍邊。

唐 劉禹錫《劉賓客文集・外集》卷三《酬令狐相公新蟬見寄》 相去三千里，聞蟬同此時。清吟曉露葉，愁噪夕陽枝。忽爾弦斷絶，俄聞管參差。洛橋碧雲晚，西望佳人期。

唐 白居易《白氏長慶集》卷一〇《早蟬》 月出先照山，風生先動水。亦如早蟬聲，先入閑人耳。一聞愁意結，再聽鄉心起。渭上新蟬聲，先聽渾相似。衡門有誰聽，日暮槐花裏。

又《早蟬》 六月初七日，江頭蟬始鳴。石楠深葉裏，薄暮兩三聲。一催衰鬢色，再動故園情。西風殊未起，秋思先秋生。憶昔在東掖，宮槐花下聽。今朝無限思，雲樹繞湓城。

又 卷二四《六月三日夜聞蟬》 荷香清露墜，柳動好風生。微月初三夜，新蟬第一聲。乍聞愁北客，靜聽憶東京。我有竹林宅，別來蟬再鳴。不知池上月，誰撥小船行。

唐 賈島《長江集》卷九《早蟬》 早蟬孤抱芳槐葉，噪向殘陽意度秋。也任一聲催我老，堪聽兩耳畏吟休。得非下第無高韻，須是青山隱白頭。若問此心嗟歎否，天人不可怨而尤。

又《聞蟬感懷》 新蟬忽發最高枝，不覺立聽無限時。正遇友人來告別，一心分作兩般悲。

又《病蟬》（《全唐詩》卷五七三引） 病蟬飛不得，向我掌中行。拆翼猶能薄，酸吟尚極清。露華凝在腹，塵點誤侵睛。黄雀並鳶鳥，俱懷害爾情。

唐 姚合《姚少監詩集》卷一〇《聞蟬寄賈島》 秋來吟更苦，半咽半隨風。禪客心應亂，愁人耳願聾。雨晴烟樹裏，日晚古城中。遠思應難盡，誰當與我同。

唐 鮑溶《鮑溶詩集》卷六《晚山蟬》 山蟬秋晚妨人語，雲木寒來愧馬嘶。能問幾時新碧樹，不知何日寂金閨。若逢海月明千里，莫忘何郎寄一題。

唐 許渾《丁卯詩集・補遺・蟬》 噪柳鳴槐晚未休，不知何事愛悲秋。朱門大有長吟處，剛傍愁人又送愁。

唐 張喬《蟬》（《全唐詩》卷六三九引） 先秋蟬一悲，長是客行時。曾感去年者，又鳴何處枝。細聽殘韻在，回望舊聲遲。斷續誰家樹，涼風送別離。

唐 陸暢《聞早蟬》（《全唐詩》卷四七八引） 落日早蟬急，客心聞更愁。一聲來枕上，夢裏故園秋。

唐 釋齊己《白蓮集》卷三《蟬八韻》 咽咽複啾啾，多來自早秋。園林涼正好，風雨思相收。在處聲無別，何人淚欲流。冷憐天露滴，傷共野禽遊。靜息深依竹，驚移瞥過樓。分明晴渡口，淒切暮關頭。時節推應定，飛鳴即未休。年年聞爾苦，遠憶所居幽。

唐 顧非熊《關試後嘉會裏聞蟬感懷呈主司》（《全唐詩》卷五〇九引） 昔聞驚節换，常抱異鄉愁。今聽當名遂，方歡上國遊。吟才依樹午，風已報庭秋。並覺聲聲好，懷思忽淚流。

唐 李商隱《李義山詩集》卷上《蟬》 本以高難飽，徒勞恨費聲。五更疏欲斷，一樹碧無情。薄宦梗猶泛，故園蕪已平。煩君最相警，我亦舉家清。

唐 許棠《聞蟬十二韻》（《全唐詩》卷六〇三引） 造化生微物，常能應候鳴。初離何處樹，又發去年聲。未蜕唯愁動，才飛似解驚。聞來鄰海徼，恨起過邊城。騷屑隨風遠，悠揚類雪輕。報秋涼漸至，嘶月思偏清。互默疑相答，微摇似欲行。繁音人已厭，朽殼蟻猶争。朝士嚴冠飾，宮嬪逞鬢名。亂依西日噪，多引北歸情。筱露凝潛吸，蛛絲忽迸縈。此時吟立者，不覺萬愁生。

唐 來鵠《聞蟬》（《全唐詩》卷六四二引） 緑槐陰裏一聲新，霧薄風輕力未勻。莫道聞時總惆悵，有愁人有不愁人。

唐 方干《聽新蟬寄張書》（《全唐詩》卷六四八引） 細聲頻斷續，審聽亦難分。仿佛應移處，從容却不聞。蘭棲朝咽露，樹隱暝吟雲。莫遣鄉愁起，吾懷只是君。

唐 唐彦謙《夜蟬》（《全唐詩》卷六七二引） 翠竹高梧夾後溪，勁風危露雨淒淒。那知北牖殘燈暗，又送西樓片月低。清夜更長應未已，遠煙尋斷莫頻嘶。羈人此夕如三歲，不整寒衾待曙雞。

唐 李中《聽蟬寄朐山孫明府》（《全唐詩》卷七四八引） 忽聽新蟬發，客情其奈何。西風起槐柳，故國阻煙波。隴笛悲猶少，巴猿恨未多。不知陶靖節，還動此心麽。

唐 宋華《蟬鳴一篇五章》（《全唐詩》卷二五七引） 蟬鳴，感秋興送將歸也。

僻守外邑，而蘭陵子相過。詰朝言歸，賦詩見志，以申贈焉。

蟬其鳴矣，於彼疏桐。庇影容跡，何所不容？嘒嘒其長，永托於風。未見君子，我心忡忡。既見君子，樂且有融。彼蟬鳴矣，于林之表。含風飲露，以樂吾道。有懷載遷，伊誰云保？未見君子，我心悄悄。既見君子，披豁予抱。蟬鳴蟬鳴，幽暢乎而。肅肅爾庭，遠近涼飈。言赴高柳，叢篁間之。思而不見，如渴如饑。亦既觀止，我心則夷。蟬鳴伊何？時運未與。匪歎秋徂，怨斯路阻。願言莫從，鬱悒誰語？君子至止，慰我延佇。何斯違斯，倏爾遐舉！歲之秋深，蟬其夕吟。披衣軒除，蕭蕭風林。我友來斯，言告離衿。何以敘懷？臨水鳴琴。何以贈言？委順浮沉。

宋 寇準《忠愍集》卷中《新蟬》 寂寂宮槐雨乍晴，高枝微帶夕陽明。臨風忽起悲秋思，獨聽新蟬第一聲。

宋 柳永《樂章集·雨霖鈴》 寒蟬凄切，對長亭晚，驟雨初歇。都門帳飲無緒，方留戀處，蘭舟催發。執手相看淚眼，竟無語凝噎。念去去、千里煙波，暮靄沈沈楚天闊。 多情自古傷離別，更那堪、冷落清秋節。今宵酒醒何處，楊柳岸、曉風殘月。此去經年，應是良辰好景虛設。便縱有、千種風情，更與何人說。

又《引駕行》 虹收殘雨，蟬嘶敗柳長堤暮。背都門、動銷黯，西風片帆輕舉。愁覩。泛畫鷁翩翩，靈鼉隱隱下前浦。忍回首、佳人漸遠，想高城、隔煙樹。幾許。 秦樓永晝，謝閣連宵奇遇。算贈笑千金，酬歌百琲，盡成輕負。南顧。念吴邦越國，風煙蕭索在何處。獨自箇、千山萬水，指天涯去。

宋 韓駒《陵陽集》卷四《嘲蟬》 資身惟朽壤，得意只繁陰。浪自聲凄急，人誰聽汝音。

宋 趙長卿《惜香樂府》卷五《臨江仙》 萬里西風吹去旆，滿城無奈離情。甘棠也似戴公深。曉來風露裏，葉葉做秋聲。 十載兩番遺愛在，須知愁滿宜春。楚天低處是歸程。夕陽疎雨外，莫遣亂蟬鳴。

宋 陳仁子《牧萊脞語二槀》卷八《寒蟬》 齊女何怨，朽化何神，不貪春色，長助秋聲。爾腹誰飽，爾鳴誰聽，一鳴亡何，抱樹隨瘖。

宋 周密《齊天樂·蟬》（《全宋詞》卷四七三引） 槐薰忽送清商怨，依稀正闻还歇。故苑愁深，危弦调苦，前梦蜕痕枯叶。伤情念别。是幾度斜阳，幾回殘月。转眼西风，一襟幽恨向谁说。 轻鬟犹记动影，翠蛾应妒我，双鬓如雪。枝冷频移，叶疏犹抱，孤负好秋时节。凄凄切切。渐迤逦黄昏，砌蛩相接。露洗餘悲，暮烟声更咽。

元 王沂孫《齊天樂·蟬》（《詞綜》卷二一引） 一襟餘恨宮魂斷，年年翠陰庭樹。乍咽涼柯，還移暗葉，重把離愁深訴。西窗過雨。怪瑶佩流空，玉箏調柱。鏡暗妝殘，爲誰嬌鬢尚如許。 銅仙鉛淚似洗。歎攜盤去遠，難貯零露。病翼驚秋，枯形閲世，消得斜陽幾度。餘音更苦。甚獨抱清高，頓成悽楚。漫想熏風，柳絲千萬縷。

元 仇远《山村遺集·齊天樂·蟬》 夕陽門巷荒城曲，清音早鳴秋樹。薄剪綃衣，涼生鬢影，獨飲天邊風露。朝朝暮暮。奈一度凄吟，一番悽楚。尚有殘聲，驀然飛過別枝去。 齊宮往事謾省，行人猶與說，當時齊女。雨歇空山，月籠古柳，仿佛舊曾聽處。離情正苦。甚懶拂冰箋，倦拈琴譜。滿地霜紅，淺莎尋蛻羽。

明 李夢陽《空同集》卷一八《詠蟬》 孤清不自掩，浥露且風吟。漸送炎蒸月，那知獨苦心。傍齋棲樹穩，響葉度雲深。已信一枝足，何須上國林。

又 卷三三《詠蟬》 秋來雨多涼氣深，寂寞寒蟬愁暮陰。幸值開晴方聽汝，不緣清切轉關心。故逾叢棘沾沾入，却傍高槐細細吟。曹賦僅能推感激，駱詩徒亦擬同音。

明 何景明《大復集》卷一五《鳴蟬》 仲夏鳴蟬集，窗臨碧樹陰。清心吾愛爾，長日自悲吟。露葉朝栖静，風林夕響沈。偶通觀物理，幽意坐來深。

明 文彭《博士詩集·蟬》（《文氏五家集》卷八引） 高柳咽新蟬，初聞思惘然。可堪新別處，況復早秋天。響逐輕風度，心隨餘韻懸。故鄉行未至，愁劇不成眠。

清 尤侗《西堂詩集·西堂秋夢録·蟬》 無口不能默，有身亦善藏。哀傳天子曲，嬌助美人粧。唱和山南北，較量日短長。吾心澹無夢，任汝喚炎涼。

清 方文《嵞山集》卷五《夏蟲四詠·蟬》 胚胎是何物，情性不相同。纔出糞邊蜕，旋登樹杪風。苦吟疑有怨，絶食似終窮。莫訝隣家叟，生兒孝且忠。

清 陳元龍《愛日堂詩集》卷一《蟬》 細篁疎簾接晚涼，蟬聲何處度垂楊。栖烟吸露藏偏穩，帶月迎風韻自長。爭逐不隨蜂蝶侶，清高時伴芰荷香。披襟我亦忘機者，静聽何須讀老莊。

二

歸鳥栖林寂不喧，芙蓉塘外數聲蟬。凄清不減湘靈瑟，斷續還同蜀國弦。竹爲風多頻助響，苔因雨洗穪幽眠。高懷未許他人識，獨對疎星詠晚天。

清 李孚青《野香亭集·辛未稿·高樹鳴蟬》 槐陰正午蟬聲多，北牕罷酒

停嘯歌。清音襍入琴絃幽，高潔不上朱異頭。翼輕力薄愁孤踪，胡爲浪置紅塵中。夜飲墜露朝吟風，彼獨醒者將無同。駱生羈縶淚沾臆，感物聆此憂未息。方號復咽畏人識，偶然一聲墜墻側。螳螂執葉勿自蔽，等爲蟲豸忍相噬。下視羣動無其曹，亂蛙徹曉徒牢騷。

清 李孚青《野香亭集・丙寅稿・蟬》 樹杪蟬聲早，風微送遠林。薄絲齊女鬢，幽怨蔡邕琴。清潔羞羣動，孤高托一吟。螳螂不相負，何事起機心。

清 王昶《春融堂集》卷二五《臺城路・蟬》 千秋未了齊宫怨，年年斷魂誰訴。槐蔭當檐，柳絲拂井，又聽琴絃如許。故園殘暑。想一樹無情，三更還舉。我亦能清，蕭條同飲夜深露。　西風又送冷雨。柴門倚杖處，落葉滿户。野渡秋殘，滄洲人遠，多少别離情緒。瑣臆獨苦。向帕子紅羅，一雙描取。剩有吟螿，砌苔寒共語。

清 黄庭《蟬》（《兩浙輶軒録》卷三二引） 已能遺世立，猶戀緑楊絲。曉夢咽殘月，秋心冷故枝。于何得清化，終是慮高危。別有臨風怨，商聲孰與期。

雜録

晉 崔豹《古今注》卷中 牛亨問曰：蟬名齊女者何？答曰：齊王后忿而死，尸變爲蟬，登庭樹，嘒唳而鳴，王悔恨，故世名蟬曰齊女也。

唐 段成式《酉陽雜俎》卷一七 蟬，未蜕時名復育，相傳言蛣蜣所化。秀才韋翾一日翻莊在杜曲，嘗冬中掘樹根，見復育附於朽處，怪之，村人言蟬固朽木所化也，翾因剖一視之，腹中猶實爛木。

感時傷逝

藝文

晉 傅咸《鳴蜩賦》（《歷代賦彙》卷一三八引） 有嘒嘒之鳴蜩，於臺府之高槐。物處陰而自慘，奚厥聲之可哀。秋日悽悽兮，感時逝之若頹。曷時逝之是感兮，感年歲之我催。孰知命之不憂，詠梁木之有摧，生世忽兮如寓，求富貴於不回。且明明以在公，唯忠讜之是與。佚履道之坦坦，登高衢以自棲。

唐 盧照鄰《盧昇之集》卷三《含風蟬》 高情臨爽月，急響送秋風。獨有危冠意，還將衰鬢同。

唐 郎士元《聞蟬寄友人》（《全唐詩》卷二四八引） 昨日始聞鶯，今朝蟬又鳴。朱顔向華髮，定是幾年程？故國白雲遠，閒居青草生。因垂數行淚，書寄十年兄。

唐 司空曙《新蟬》（《全唐詩》卷二六九引） 今朝蟬忽鳴，遷客若爲情。便覺一年老，能令萬感生。微風方滿樹，落日稍沉城。爲問同懷者，淒涼聽幾聲。

唐 韋應物《韋蘇州集》卷八《始聞夏蟬》 徂夏暑未晏，蟬鳴景已曛。一聽知何處，高樹但侵雲。響悲遇衰齒，節謝屬離羣。還憶郊園日，獨向澗中聞。

唐 李端《晚夏聞蟬寄廣文》（《全唐詩》卷二八五引） 昨日鶯囀聲，今朝蟬忽鳴。朱顔向華髮，定是幾年程。故國白雲遠，閒居青草生。因垂數行淚，書報十年兄。

唐 劉禹錫《劉賓客文集・外集》卷一《答白刑部聞新蟬》 蟬聲未發前，已自感流年。一入淒涼耳，如聞斷續弦。晴清依露葉，晚急畏霞天。何事秋卿詠，逢時亦悄然。

又 卷二《和留守令狐相公答白賓客》 蟬韻極清切，始聞何處悲。人含不平意，景值欲秋時。此歲方晼晚，誰家無別離。君言催我老，已是去年詩。

唐 白居易《白氏長慶集》卷二六《聞新蟬贈劉二十八》 蟬發一聲時，槐花帶兩枝。只應催我老，兼遣報君知。白髮生頭速，青雲入手遲。無過一杯酒，相勸數開眉。

又 卷二七《答夢得聞蟬見寄》 開緘思浩然，獨詠晚風前。人貌非前日，蟬聲似去年。槐花新雨後，柳影欲秋天。聽罷無他計，相思又一篇。

又 卷三六《開成二年夏聞新蟬贈夢得》 十載與君別，常感新蟬鳴。今年共君聽，同在洛陽城。噪處知林靜，聞時覺景清。涼風忽嫋嫋，秋思先秋生。殘槿花邊立，老槐陰下行。雖無索居恨，還動長年情。且喜未聾耳，年年聞此聲。

唐 姚合《姚少監詩集》卷一〇《聞新蟬寄李餘》 往年六月蟬應到，每到聞時骨欲驚。今日槐花還似發，卻愁聽盡更無聲。

唐 杜牧《聞蟬》（《全唐詩》卷五二五引） 火雲初似滅，曉角欲微清。故國行千里，新蟬忽數聲。時行仍仿佛，度日更分明。不敢頻傾耳，唯憂白髮生。

唐 趙嘏《風蟬》(《全唐詩》卷五四九引) 風蟬旦夕鳴，伴夜送秋聲。故里客歸盡，水邊身獨行。噪軒高樹合，驚枕暮山橫。聽處無人見，塵埃滿甑生。

唐 薛能《早蟬》(《全唐詩》卷五六〇引) 不見上庭樹，日高聲忽吟。他人豈無耳，遠客自關心。暫落還因雨，橫飛亦向林。分明去年意，從此漸開砧。

唐 釋貫休《禪月集》卷一三《開新禪寄桂雍》 新蟬終夜叫，嘒嘒隔溪濆。杜宇仍相雜，故人聞不聞。捲簾花動月，冥目砌生雲。終共謝時去，西山鸞鶴群。

唐 于武陵《詠蟬》(《全唐詩》卷五九五引) 江頭一聲起，芳歲已難留。聽此高林上，遥知故國秋。應催風落葉，似勸客回舟。不是新蟬苦，年年自有愁。

唐 吴融《聞蟬》(《全唐詩》卷六八六引) 夏在先催過，秋賒已被迎。自應人不會，莫道物無情。木葉總未落，鬢絲還易生。西風正相亂，休上夕陽城。

唐 釋齊己《白蓮集》卷六《新秋病中枕上聞蟬》 枕上稍醒醒，忽聞蟬一聲。此時知不死，昨日即前生。更欲臨窗聽，猶難策杖行。尋應同蜕殼，重飲露華清。

唐 劉昭禹《聞蟬》(《全唐詩》卷七六二引) 一雨一番晴，山林冷落青。莫侵殘日噪，正在異鄉聽。孤館宿漳浦，扁舟離洞庭。年年當此際，那免鬢凋零。

宋 梅堯臣《宛陵集》卷四八《蟬》 柳上一聲蟬，沙頭千里船。行經朝雨後，思亂暑風前。物趣時時改，人情忽忽遷。感新猶感舊，更復幾多年。

宋 王安石《臨川文集》卷三一《蟬》 白下長干何可見，風塵愁殺庾蘭成。去年今日青松路，亦自聞蟬第一聲。

元 陳櫟《定宇集》卷一六《晚蟬》 秋早梧桐颭晚風，鳴蟬無數樹陰中。斜陽似假渠聲勢，只是斜陽不久紅。

清 丁耀亢《逍遥遊》卷一《秋蟬》 也知刦盡笑蜉蝣，露下天高未識愁。冠緌自矜生羽翼，蜣丸纔脱覺優游。一枝低附聲逾力，幾日全僵體不周。好供承蜩争稚子，商飈蕭颯静林丘。

清 管棆《據梧詩集》卷五《修琴閣集上·新蟬》 高齋鎮日静焚香，弱柳當空半拂牆。聲怯風多常斷續，翅憐鬢薄看微茫。神方不死能僊蜕，幽恨無端爲怨王。多少世情誰與訴，樹頭清晝莫悵悵。

清 愛新覺羅·弘曆《御製詩初集》卷二六《聞新蟬時端陽前一日》 隔岸初聞嘒嘒聲，朱明軒閣尚餘清。林間嫩緑方新鎖，爲問誰傷落葉情。

又《御製詩二集》卷六三《新蟬》 新蟬樹杪試聲初，了識流光過隙如。五月南訛心益切，二辨明受望成虛。終風歌暴惟姜氏，繁露調和孰仲舒。鼓翼嘈嘈增聒厭，那如鳩唤利耕鋤。

又《御製詩三集》卷三二《聞蟬》 氣候北來遲一月，塞林今日始聞蟬。舉頭密葉尋不見，但見流陰旋旋遷。

清 王又曾《蟬》(《兩浙輶軒録》卷二七引) 獨坐有風地，高吟無暑天。斜陽江浦雨，疎樹郭門煙。薄鬢秋難掠，單衣冷奪鮮。園蕪應不薙，併與客心煎。

清 曾燠《賞雨茅屋詩集》卷五《嘲蟬》 何蟲不可憐，汝又茂林顛。枵腹有誰見，悲鳴空復然。情多秋易老，聲咽語難圓。風露須珍重，莫驚琴上絃。

清 陳用光《太乙舟詩集》卷一《蟬》 斷續風林外，人知飲露清。可能無意緒，只自訴平生。弱柳垂垂暗，驕陽故故晴。候蟲聊唱和，可惜此秋聲。

高潔清遠

藝文

漢 司馬遷《史記》卷八四《屈原賈生列傳》 濯淖汙泥之中，蟬蜕於濁穢，以浮游塵埃之外，不獲世之滋垢，皭然泥而不滓者也。推此志也，雖與日月争光可也。

漢 蔡邕《蟬賦》(《漢魏六朝百三家集》卷一八引) 白露淒其夜，降秋風肅以晨。興聲嘶嗌以沮敗，體枯燥以冰凝。雖期運之固然，獨潛類乎大陰。要明年之中夏，復長鳴而揚音。

三國魏 曹植《曹子建集》卷四《蟬賦》 唯夫蟬之清素兮，潛厥類乎太陰。在盛陽之仲夏兮，始遊豫乎芳林。實澹泊而寡慾兮，獨怡樂而長吟。聲皦皦而彌厲兮，似貞士之介心。內含和而弗食兮，與衆物而無求。棲高枝而仰首兮，賴朝露之清流。隱柔桑之稠葉兮，快啁號以遁暑。苦黄雀之作害兮，患螳螂之勁斧。翼飄翔而遠托兮，毒蜘蛛之網罟。欲降身而卑竄兮，懼草蟲之襲予。免衆難而弗獲兮，遥遷集乎宫宇。依名果之茂陰兮，托脩幹以静處。有翩翩之狡童兮，步容與於園圃。體離朱之聰視兮，姿才捷於獮猿。條罔葉而不挽兮，樹無幹而不緣。翳輕軀而奮進兮，跪側足以自閑。恐余身之驚駭兮，精曾睨而目連。

持柔竿之冉冉兮，運微黏而我纆。欲翻飛而逾滯兮，知性命之長捐。亂曰：《詩》歎鳴蜩聲嘒嘒兮。盛陽則來大陰逝兮。皎皎貞素侔夷節兮。帝臣是戴尚其潔兮。

晉 傅咸《鳴蜩賦》（《漢魏六朝百三家集》卷四六引） 有嘒嘒之鳴蜩，于臺府之高槐。物處陰而自慘，奚厥聲之可哀？秋日淒淒兮，感時逝之若頹，曷時逝之是感兮？感年歲之我催，孰知命之不憂？詠梁木之有摧。生世忽兮如寓，求富貴於不回，且明明以在公，惟忠讜之是與；佚履道之坦坦，登高衢以自棲。

晉 陸雲《陸士龍集》卷一《寒蟬賦并序》 昔人稱雞有五德，而作者賦焉。至於寒蟬，才齊其美，獨未之思，而莫斯述。夫頭上有緌，則其文也；含氣飲露，則其清也；黍稷不食，則其廉也；處不巢居，則其儉也；應侯守節，則其信也；加以冠冕，則其容也。君子則其操，可以事君，可以立身，豈非至德之蟲哉？且攀木寒鳴，負材所歎，余昔僑處，竊有感焉，興賦云爾。

伊寒蟬之感運，近嘉時而遊征。含二儀之和氣，稟乾元之清靈。體貞精之淑質，吐噏嗟之哀聲。希慶雲以優游，遁太陰以自寧。於是靈岳幽峻，長林參差，爰蟬集止，輕羽莎佗。清澈微激，德音孔嘉。承南風以軒景，附高松之上華。黍稷惟馨而匪享，竦身晞陽乎靈和。喉乎其音，翩乎其翔。容麗蜩螗，聲美宮商。飄如飛焱之遺驚風，眇如輕雲之麗太陽。華靈鳳之羽儀，覩皇都乎上京。跨天路於萬里，豈蒼蠅之尋常？爾乃振修緌以表首，舒輕翅而迅翰。挹朝華之墜露，含烟煴以夕餐。望北林以鶩飛，集樛木以龍蟠。彰淵信於嚴時，稟清誠乎自然。翩眇微妙，緜蠻其形。翔林附木，一枝不盈。豈黄鳥之敢希？惟鴻毛其猶輕。憑綠葉之餘光，景秋華之方零。思鳳居以翹竦，仰竚立而哀鳴。若夫歲聿云暮，上天其涼。感運悲聲，貧士含傷。或歌我行永久，或詠之子無裳。原思嘆於蓬室，孤竹吟於首陽。不銜子以穢身，不勤身以營巢。志高於鳲鳩，節妙乎鴟鴞。附枯枝以永處，倚瓊林之迴條。惟雨雪之霏霏，哀北風之飄飄。既乃雕以金采，圖我嘉容。珍景曜爛，暐曄華豐。奇侔黼黻，艷比袞龍。清和明潔，羣動希蹤。爾乃綴以玄冕，增成首飾。緌蕤翩紛，九蟲容翼。映華旒於朱衮，表馨香乎明德。於是公侯常伯，乃紆紫黻，手執龍淵。俯鳴珮玉，仰撫貂蟬。飾黄廬之多士，光帝皇之侍人。騰儀像於雲闉，望景曜乎通天。邁休聲之五德，豈鳴鷄之獨珍。聊振思於翰藻，闡令問以長存。於是貧居之士，喟爾相與而俱嘆曰：寒蟬哀鳴，其聲也悲。四時云暮，臨河徘徊。感北門之憂殷，嘆卒歲之無衣。望泰清之巍峩，思希光而無階。簡嘉蹤於皇心，冠神景乎紫微。詠清風以慷慨，發哀歌以慰懷。

晉 郭璞《蟬讚》（《漢魏六朝百三家集》卷五七引） 蟲之精絜，可貴惟蟬。潛蛻棄穢，飲露恒鮮。萬物皆化，人胡不然。

南朝梁 范雲《詠早蟬》（《古詩紀》卷八七引） 生隨春冰薄，質與秋塵輕。端緌挹霄液，飛音承露清。

南朝梁 蕭統《昭明太子集》卷五《蟬讚》 兹蟲清潔，惟露是餐。寂寞秋序，咽嘶夏闌。豈伊不美，曜彼華冠。

南朝陳 劉删《詠蟬》（《藝文類聚》卷九七引） 聲流上林苑，影入侍臣冠。得飲玄天露，何辭高柳寒。

唐 虞世南《蟬》（《全唐詩》卷三六引） 垂緌飲清露，流響出疏桐。居高聲自遠，非是藉秋風。

唐 馬吉甫《蟬賦》（《歷代賦彙》卷一三八引） 鶉星兮御夏，鵙鳴兮登序。日月驟而運長贏，陰陽争而催小暑。詢求縱賞之地，枚卜追涼之處。尋川徑而棲遲，頓林庭而延佇。則有應律初蟬，含生自然，其聲嘒嘒，其翼翩翩。參萬物之動植，隨四序之迴旋。避啼鶯於春後，伴鳴蛩於秋前。廉而有德，静而無累。逸豫攸安，沉吟斯慰。體素質而標儉，養清心而拔萃。食不求粒，雖黍稷而非珍；棲不擇林，縱梧桐而何貴。暨夫三危露結，四野雲平，蒼茫日暮，爽朗天明。託高枝以庇影，竄密葉以流聲。匝池臺之響亮，洞巖壑之清泠。羣吟則少懼，孤引則多驚。時行時止，有虧有盈。疑紡絡之雙至，似簫韶之九成。避雀飛急，迎風翅輕。飾鬢裁新様，圖冠有舊名。雖屈螳蜋之斧，終齊鵬鷃之情。若乃平子歸田，仲長就第，新開泉石之賞，俯洽琴歌之契，莫不應促軫而方遠，赴調絃而轉麗。繁音遞進，顧白雪而難酬；逸韻争馳，對薫風而莫繼。足使牧子興感，雍門下涕。降翔鶴於雲端，出潛魚於水際。復有沙塞征夫，山川遊子，風蕭蕭兮八九月，路悠悠兮千萬里。坐聽霜鴈自無聊，復對寒蟬怨何已。望鄉闕而思積，撫摇落而愁起。悲深嘶馬之初，淚斷啼猿之始。觸類多感，於何不傷。伊兹蟲之菲陋，識君子之行藏。其立志也，不慕於鴻鵠；其守分也，不越於榆枋。任朝夕之棲處，極天地之翱翔。適其性，韜其光，豈比飛燕之巢幕，流螢之聚囊。至如八檻愁猿，觸籠窮鳥，繋透木之幽志，屈凌雲之遐矯。豈無故而嬰羅，諒有求而自擾。聊息心於萬事，放寓跡於一枝。澹然兮自守，千秋兮若斯。

唐 戴叔倫《畫蟬》（《全唐詩》卷二七四引） 飲露身何潔，吟風韻更長。斜陽千萬樹，無處避螳螂。

唐 韋應物《韋蘇州集》卷三《郊園聞蟬寄諸弟》 去歲郊園別，聞蟬在蘭省。今歲臥南譙，蟬鳴歸路永。夕響依山谷，餘悲散秋景。緘書報此時，此心方耿耿。

唐 盧仝《新蟬》（《全唐詩》卷三八七引） 泉溜潛幽咽，琴鳴乍往還。長風剪不斷，還在樹枝間。

唐 李咸用《早蟬》（《全唐詩》卷六四五引） 門柳不連野，乍聞爲早蟬。遊人無定處，入耳更應先。暫默斜陽雨，重吟遠岸煙。前年湘竹裏，風激繞離筵。

宋 歐陽修《文忠集》卷一五《鳴蟬賦并序》 嘉祐元年夏，大雨水，奉詔祈晴于醴泉宫，聞鳴蟬，有感而賦云。

肅祠庭以祗事兮，瞻玉宇之峥嶸。收視聽以清慮兮，齋予心以薦誠。因以靜而求動兮，見乎萬物之情。於時朝雨驟止，微風不興，四無雲以青天，雷曳曳一作隱隱其餘聲。乃席芳葯臨華軒，古木數株，空一作荒庭草間，爰有一物，鳴于樹顛。引清風以長嘯，抱纖柯而永歎。嘒嘒非管，泠泠若絃，裂方號而復咽，凄欲斷而還連。吐孤韻以難律，含五音之自然。吾不知其何物，其名曰蟬。豈非因物造形能變化者邪？出自糞壤慕清虚者邪？凌風高飛知所止者邪？嘉木茂樹喜清陰者邪？呼吸風露能尸解者邪？綽約雙鬢修嬋娟者邪？其爲聲也，不樂不哀，非宫非徵，胡然而鳴，亦胡然而止。吾嘗悲夫萬物莫不好鳴。若乃四時代謝，百鳥嚶兮。一氣候至，百蟲驚兮。嬌兒婉女，語鸝庚兮。鳴機絡緯，響蟋蟀兮。轉喉哢舌，誠可愛兮。引腹動股，豈勉彊而爲之兮。至於污池濁水，得雨而聒兮；飲泉食土，長夜而歌兮。彼蝦蟇固若有欲，而蚯蚓又何求兮。其餘大小萬狀，不可悉名。各有氣類，隨其物形一有而字。不知自止，有若争能。忽時變以物改，咸漠然而無聲。嗚呼！達士所齊，萬物一類。人於其間，所以爲貴。蓋已巧其語言，又能傳於文字。是以窮彼思慮，耗其血氣，或吟哦其窮愁，或發揚其志意。雖共盡於萬物，乃長鳴於百世。予亦安知其然哉，聊爲樂以自喜。方將一作吾方考得失，較同異。俄而陰雲復興，雷電俱擊，大雨既作，蟬聲遂息。

宋 李復《潏水集》卷一〇《咏蟬》 委蜕疎竹根，舒翼高梧枝。攀緣擇陰翳，意求物弗知。清曉喜零露，晴晝弄涼颸。長吟不能休，自喜方得時。

轉丸能升高，藏丸必穴深。么形感氣變，默得幽憩心。遇冬潛厚地，應暑登高林。仙術爾何知，動静役陽陰。

地僻小園静，羣木陰交浮。蟬聲忽入耳，物意颯驚秋。嘒嘒促徂暑，西風動蕭颸。滿林青青葉，漸有摇落愁。

宋 朱熹《晦菴集》卷一《聞蟬》 悄悄出郭暗，故園應掩扉。蟬聲深樹起，林外夕陽稀。

金 党懷英《蟬》（《全金詩增補中州集》卷八引） 槁壤陰潛罷轉丸，飄飄便作飲風仙。幽叢何處拳枯蜕，别樹還來續斷絃。小院日長清夢覺，空庭人静緑陰圓。無情物化誰能料，獨撥羇懷一慨然。

金 趙秉文《蟬》（《全金詩增補中州集》卷一四引） 薄薄秋雲兩翼輕，淤泥脱迹便恢聲。可能枵腹涼陰底，受盡人間風露清。

明 曾棨《曾西墅先生集》卷八《蟬》 性潔應知飲露清，翠緌爲翼蜕來輕。高槐殘雨凄清韻，踈柳斜陽斷續聲。逐鬢巧添歌女媚，製冠偏助上官榮。長吟不獨能驚夢，更恐秋來動旅情。

明 葉盛《菉竹堂稿》卷二《蟬》 萬年枝上學和鳴，風露凄清稱雅情。未必金貂解謀國，莫教飛去污冠纓。

明 李夢陽《空同集》卷一八《聞蟬》 夏林疎過雨，秋意爾能知。響入雲俱迥，聲迴風故吹。抱貞惟隱葉，避害屢跳枝。多少垂楊裏，争吟日暮時。

明 朱有燉《誠齊録》卷二《秋蟬》 敗柳踈林寄此生，涼時不似熱時鳴。蜕形先覺金風動，輕異偏嫌玉露清。抱葉常如経雨態，過枝猶帶咽寒聲。桑間此際螵蛸老，游息安閑莫漫驚。

明 聶豹《雙江聶先生文集》卷之一二《蟬》 念爾何孤潔，栖雲抱露莖。輕盈晴苑翼，清切夕陽聲。風月玅軀殼，炎涼適死生。向來幽澹意，攘臂爲誰驚。

明 徐𤊹《鰲峰集》卷一三《蟬》 愛隱垂楊噪緑烟，日長驚醒北窗眠。鏡中故學佳人鬢，掌上應嬌舞女鈿。處處咽殘清曉露，聲聲吟斷夕陽天。秋深委蜕空山裏，高潔還同物外仙。

清 邱志廣《柴村全集》詩鈔卷二《竹上蟬》 居高蟬□竹，微尚愜平生。餐露肝腸潔，籠煙氣韻清。相關如好友，竊比附同盟。我愛聯枝意，臨風時一鳴。

清 凌紹乾《咏蟬》（《兩浙輶軒續録》卷三引） 枯樹涼蟬集，音成得意時。似留齊女怨，莫作小兒窺。漢鬢輕堪擬，官貂清更宜。賦來誇五德，曲斧久無疑。

清 張廷玉《澄懷園載賡集》卷三《蟬》 高柳歇鶯簧，蜩鳴覺晝長。迎秋驚婦懶，催夏看農忙。潔祇餐清露，吟惟待早陽。身棲上林樹，何用避螳螂。

清 厲鶚《秋林琴雅》卷二《齊天樂·蟬》 青林響接炎光永，垂緌不沾塵土。刻鈿仙形，貯風清腹，笑倒世間兒女。疎枝過雨。又咽斷殘聲，暗移深樹。涼碧勾雲，高情那信雀相妒。 曉園莎露乍滴，問何人咏得，一剪輕羽。趁夜潛飛，臨妝欲動，好助緑窗眉嫵。長嘶正苦。憶舊日瑶宫，孟家曾顧。淺晝生衣，冷飈吹不去。

又前題 一番枝背旁鳴起，池塘頓添清絶。竹翠捎空，梧陰避景，占了嫩涼時節。偏驚遠别。是催落殘陽，又催殘月。獨韻么絃，更無人爲表孤潔。 桃笙夢回静聽，每星河夜淺，餐露聲歇。耀火休驚，柔竿漫試，吟到秋來悽切。西風再熱。候緩蜕冠花，舊愁重説。剩有凝情，繞堦尋翳葉。

清 阿克敦《德蔭堂集》卷四《新秋蟬聲》 庭樹西風裏，蟬吟序暗更。況當關塞地，聽此短長聲。野曠寒知早，宵深露最清。自應愛高潔，莫漫助離情。

又《聞蟬》 近水涼生沼，依山翠滿林。客中長夏日，窻外早蟬音。斷續來清籟，悠揚落素琴。三秋如可訂，好共塞垣吟。

清 商盤《質園詩集》卷一九《秋蟬》 寒蟬知語默，秋至不聞聲。飲露未會滿，舉家相向清。古城今日冷，殘柳一枝輕。促織何無賴，乘時得意鳴。

清 愛新覺羅·弘曆《御製詩初集》卷九《消夏十咏·蟬》何處咽笙簧，千林曳響長。懷秋予有意，入夏爾偏忙。暫息緣朝雨，羣興噪夕陽。中郎精博物，琴韻識螳螂。

又《御製詩二集》卷二八《賦得五月鳴蜩》 緑柳度蜩鳴，池塘快曉晴。應時剛五月，鼓翼試新聲。受露悠揚潔，含風宛轉輕。寒蟬真覺愧，觸景一關情。

清 劉墉《劉文清公遺集》卷七《消暑十詠和韻·蟬》 樹影森森暗，蟬鳴嘒嘒長。響因高易斷，聲爲續還忙。隔水聞金奏，臨風噪夕陽。一枝寄安穩，前劫任螳螂。

清 王道《江湖閒吟》卷六《秋蟬》 清高豈自歛，秋思渺難裁。每向哀楊咽，非因落葉哀。泥塗逃世早，飢渴笑人來。耳食誰能賞，孤懷亦快哉。

清 程晉芳《勉行堂詩集》卷六《秋蟬》 孤潔雖自守，那堪氣候移。朝來傳遠響，仍在最高枝。紅樹驛亭路，黄花涼露時。委心隨物化，清豈畏人知。

清 葉觀國《緑筠書屋詩鈔》卷一《蟬》 芩根化就穴荒塍，破殼潛隨夜月升。對檻吟時風洩洩，隔池嘶處樹鬅鬙。身輕欲寡飢偏慣，思去聲苦哀多□未能。若向人中論平聲品格，便應清節勝於陵。

清 沈赤然《五研齋詩鈔》卷七《鳴蟬》 青林發高唱，不斷如繅絲。千章同一響，不辨起何枝。卑哉衆鳥雀，喧啾誰聞之。當其轉丸日，推挽衆所嗤。一從羽蜕後，升高不復饑。露華天所養，冠緌鳴以時。螳螂但可避，春秋安用知。莫入仙蟲社，籠中媚女兒。

清 張際亮《思伯子堂詩集》卷一一《蟬》 萬古此清怨，蕭蕭碧樹陰。露憐孤月永，秋入曉風深。羽蜕差無垢，商聲豈有心。飛鳴抱高潔，留與雪天尋。

清 黄爵滋《仙屏書屋初集·詩後録》卷一《詠物二六首·蟬》 嘒嘒知何已，因時亦有心。自天飽風露，得地即山林。柳外雲生鬢，桐邊月照音。養疴無一事，贈我總清吟。

清 金甡《静廉齋詩集》卷二〇《枯蟬》 蟬蜕乃習見，何來此枯蟬。外無鳥啄傷，内無蟻穴穿。薄翅紗縠細，廣額冠緌全。黑黄相間錯，竟體髹漆鮮。乍看如贋作，諦審惟神遷。物化輒敗壞，那得留輕堅。良由吸風露，蚤絶臭腐緣。微軀遂不朽，寧異鍊形仙。故知清高品，宜配貂珥懸。作詩表厥美，省躬徒惘然。

清 陳錦《補勤詩存》卷二一《蟬》 攀附喬柯了此生，餐風飲露博廉名。逢人慣作隨聲和，便占高枝得意鳴。

清 黄釗《讀白華草堂詩二集》卷一一《詠蟬四首》 息羽青林樂未央，世間憂患可相忘。通禪妙得安心法，袪障新傳洗眼方。竿影未應驚翡翠，琴聲何至觸螳螂。消閒自結仙蟲社，嬾向塵囂較短長。

苑柳宫槐夾道塗，何年羽化入仙都。八名爾雅勤箋注，五月幽風敬繪圖。法曲仙韶開水殿，軟絲文縠罩冰壺。漫誇雀扇同時賜，南海離支貢到無。

金碧丹青有化身，未嫌纓冕墮紅塵。貂冠聊復施朝貴，翠鈿生教近美人。幮裏輕紗疑霧質，鐙前鬆鬢劇風神。温柔鄉與清涼境，消受繁華亦夙因。

朝暮蜉蝣序變更，最高枝上閲浮生。山林九夏饒清福，風雅千秋託正聲。蜕去自知無死法，咽來豈有不平鳴。吸風飲露尋常事，居士何心署浄名。

清 陶澍《陶文毅公全集》卷六四《五月鳴蜩》 入耳庚初報，鳴催嘒嘒蜩。數聲聽欲沸，五月暑先調。柳外風徐度，槐邊雨乍消。嘶來叢緑院，曳過小紅橋。别調分孤磬，新絃引六么。掇非承痀丈，響自答山樵。木古心會抱，林深韻不囂。采文知可惜，上苑足長條。

清　柏葰《薜箖吟館鈔存》卷五《憶蟬》　得氣寄高爽，真如鳳集桐。一生不知雪，幾處偶嘶風。垂柳闕門碧，斜陽漢苑紅。金貂清切甚，未許至遼東。瀋陽無蟬。

清　林壽圖《黄鵠山人詩初鈔》卷一三《隴州詠物詩四首・蟬》　寄託在高曠，翻遭俗耳驚。千崖集秋氣，萬木奏商聲。歌有楚騷逸，言如晉代清。諒因發幽滯，天籟自孤鳴。

清　譚瑩《樂志堂詩集》卷三《詠蟬》　傲傲楊柳晚風前，簌簌槐花暮雨天。偶以善鳴吟月露，翛然不食算神仙。穹官貴寵華冠餙，名士精能畫扇傳。大抵螳螂隨地有，惜無人斷蔡姬弦。

清　徐榮《懷古田園詩節鈔》卷二《途中詠物二十首・蟬》　微生於世百無求，露葉風林自唱酬。螗雀網竿仍不免，人間何物始忘憂。

清　張惠言《茗柯文編・初編・寒蟬賦》　陸士龍謂蟬有五德，故爲作賦。亦復僑居之感、貧才之歎也。余唯其蛻濁濊辭泥滓，清潔莫尚，無營于物，而喧喧不已，豈莊生逍遥、老氏守嘿之旨耶？　暇日省陸賦，聊致思焉。

夫何寒蟬之修絜，感時運而來翔，辭緇涅于埃濊，翩乘風而逌行。翛既翕于五日，欻畢伏于淹望。何變化之至神，而知幾之孔章也。端廣頷以飾首，抗修緌以儀冠。斑文章之照爛，矯流離于輕翰。嘰醴泉以爲飲，接沆瀣而爲餐。棲一枝而有餘，翳片葉而爲安。心抱清而守素，體逍遥以自然。胡嘒嘒以悲號，聲感激而永慕。横滔涸而頻咽，鬱衵厲而縈互。紛旁振以接響，唉逐聲而合趣。款餘芬于勁秋，弔陳芳于假夏。恐雨雪之夙集，淹餘光之易謝。怨王孫兮不歸，紛啾啾而誰訴。豈緘默之不能，將多言而未寤。頌曰：緊惟寒蟬稟五德兮，精類外糅丙任白兮，居高揚清娉而不閉兮，應候守信亮志以壹兮，含氣飲露泊其無求兮，逍遥棲遲孰非大游兮，盍葆厥章貞以長静兮，閉志自藏保正性兮，棄汙遷爽任而不守兮，嗟爾至德永以爲友兮。

清　胡鳳丹《退補齋詩存》卷一四《蟬》　一生惟飲露，高潔世無争。忽起悲秋思，偏驚旅客情。斜陽千萬樹，暮雨兩三聲。不忍頻傾耳，臨風百感生。

清　劉光第《衷聖齋詩集》卷上《蟬》　流哀自千古，温厚一無言。妾命真成薄，秋身獨自尊。去仙留幻蜕，與世著愁痕。安用靈龜察，登天訴九閽。

清　寶廷《偶齋詩草・外次集》卷一《蟬》　淩風鼓翼不知疲，密樹疎林取次移。碧柳池塘朝雨後，緑槐門巷夕陽時。乍揚乍抑音流遠，如斷如連響送遲。

莫詡輕聲滿人耳，知君身在最高枝。

清　王先謙《虚受堂詩存》卷九《蟬》　羡汝垂緌在，翩翩信絶倫。清姿元不飽，高唱自爲新。午日垂簾地，秋風立馬人。前林多美蔭，去矣莫忘身。

清　梁煥奎《青郊詩存》卷四《蟬》　身世悠然天地秋，棲遲無定託高樓。生涯漠漠飽風露，心事漫漫躭唱酬。最恨不如金石響，豈容翻作糗糧謀。澄清亦自關時節，拋卻青袍未白頭。

蛇

總論旁喻

題解

漢 許慎《説文》卷一三 蚦，大蛇，可食，从虫，冄聲。人占切。

蝮，虫也。从虫，復聲。芳目切。

論説

漢 司馬迁《史记》卷九四《田儋列傳》 項梁既追章邯，章邯兵益盛，項梁使使告趙、齊，發兵共擊章邯。田榮曰：「使楚殺田假，趙殺田角、田間，乃肯出兵。」楚懷王曰：「田假與國之王，窮而歸我，殺之不義。」趙亦不殺田角、田間以市於齊。齊曰：「蝮螫手則斬手，螫足則斬足。何者？爲害於身也。今田假、田角、田間於楚、趙，非直手足戚也，何故不殺？且秦複得志於天下，則齮齕用事者墳墓矣。」楚、趙不聽，齊亦怒，終不肯出兵。章邯果敗殺項梁，破楚兵，楚兵東走，而章邯渡河圍趙於鉅鹿。項羽往救趙，由此怨田榮。

唐 柳宗元《柳河東集》卷一六《捕蛇者説》 公謫永州時作。當時賦斂之毒民，其烈如此。孔子過泰山側，有婦人哭于墓而哀，夫子式而聽之，使子貢問之曰：子之哭也，一似重有憂者。而曰：然。昔者吾舅死于虎，吾夫又死焉，今吾子又死焉。夫子曰：何爲不去也？曰：無苛政。夫子曰：小子識之，苛政猛于虎也。公取夫子之言以證捕蛇者之説，理誠相似者。永州之野産異蛇，黑質而白章；觸草木，盡死；以齧人，無禦之者。然得而臘之以爲餌，可以已大風、攣踠、瘺、癘，去死肌，殺三蟲。其始，太醫以王命聚之，歲賦其二，募有能捕之者，當其租入。永之人爭奔走焉。有蔣氏者，專其利三世矣。問之，則曰：「吾祖死於是，吾父死於是。今吾嗣爲之十二年，幾死者數矣。」言之，貌若甚戚者。余悲之，且曰：「若毒之乎？余將告於蒞事者，更若役，複若賦，則何如？」蔣氏大戚，汪然涕曰：「君將哀而生之乎？則吾斯役之不幸，未若復吾賦不幸之甚也。向吾不爲斯役，則久已病矣。自吾氏三世居是鄉，積於今六十歲矣，而鄉鄰之生日蹙，殫其地之出，竭其廬之入，號呼而轉徙，饑渴而頓踣，觸風雨，犯寒暑，呼噓毒癘，往往而死者相藉也。曩與吾祖居者，今其室十無一焉；與吾父居者，今其室十無二三焉；與吾居十二年者，今其室十無四五焉。非死則徙爾。而吾以捕蛇獨存。悍吏之來吾鄉，叫囂乎東西，隳突乎南北，譁然而駭者，雖雞狗不得寧焉。吾恂恂而起，視其缶，而吾蛇尚存，則弛然而臥。謹食之，時而獻焉。退而甘食其土之有，以盡吾齒。蓋一歲之犯死者二焉；其餘，則熙熙而樂。豈若吾鄉鄰之旦旦有是哉！今雖死乎此，比吾鄉鄰之死則已後矣，又安敢毒耶？」余聞而愈悲。孔子曰：「苛政猛於虎也。」吾嘗疑乎是，今以蔣氏觀之，猶信。嗚呼！孰知賦斂之毒有甚是蛇者乎！故爲之説，以俟夫觀人風者得焉。

唐 陸龜蒙《笠澤藂書》卷三《告白蛇文》 田廬西北偏，有古丘焉，高可四望。予將昇之，以眺遠舒鬱。農民遮言曰：不可。是丘有蛇，巨如井缶而白，忤之能爲祟，不利人多矣，宜無往。予取酒沃其丘告之曰：生而白者，犬雞馬牛而已。其餘則老而後白，狼狐兔鹿烏雀燕雉龜蛇之類是也。人老而毛髮皓白，耗眊昏倒，不能記子孫名字，形朽神潰，以至于死物，老而鱗毫羽甲盡白，白而後有靈，非一聖賢存乎上，德被光于下，則不爲之出，出必人奉之以獻，不敢隱匿。唯蛇不在瑞典，雖然，神而且靈尚矣。故漢之興神姥謂之白帝子。得非天命，志恠者必曰自然。多穴老墳，竅大木。要野甿盤肩缸酒之享，作小兒女子寒暑瞢眩，淫巫倚之，彈絲瞋目，歌舞其妭，怛駭其惑，考皷用幣，僭冒其上。歲時奔走，畏在人後，疾病不治，飢寒不辭，悉爾輩之爲也。古者鑄鼎象物也，使民知神姦。若之姧，吾知之矣。況棖吾之地，由我進退，蟄以時出，無越昆虫之職，無雜鬼神之事。吾宫居若野處，各有分齊不相害。然斬翳通巔，爲暇日憑藉之所，則不當與人争也。如不用吾言，吾當籲天霆斷裂首尾，然吾誠不移無易爾爲。

宋 陸佃《埤雅》卷一〇《蛇》 魚屬連行，蛇屬紆行，《詩》曰「委蛇」，蓋取諸此。《左傳》曰：「退食自公，委蛇委蛇，謂從者也。衡而委蛇，必折。」故《序》以言正直。《洪範》三德，一曰「正直」，中德也，其行委蛇，是以其德在剛柔之中。

大史曰：「大直若屈，道固委蛇。有是哉！」此之謂也。舊説蛇盤常向壬地。壬，北方也。《周官》曰：「龜蛇爲旐。」先儒以爲龜蛇象其捍難避害。龜，甲者也；而蛇擊前則尾應，擊後則首應，自腰擊之則首尾俱應，有兵之象，故龜蛇合體，謂之「玄武」。《易》曰：「一陰一陽之謂道。」而玄朔者，道之所在，陰陽之理具焉。故物有玄龜縹蛇，臟有左腎右命，方有朔有北，器有準有繩。其爲卦也，名之曰「習坎」，習，猶重也。舊説牛以鼻聽，蛇以眼聽，語曰：「蛇聾虎䶉。」其以此乎？《莊子》曰：「蛇憐風，風憐目，目憐心。」其言蓋展轉輕妙。《述異記》曰：「凡珠有龍珠，龍所吐也；蛇珠，蛇所吐也。」語曰：「蛇珠千枚，不如一玫瑰。」言蛇珠賤也。《變化・序》曰：「鵠之爲猿，蛇之爲鼈。」一曰：「麋鹿易蹄，蛇類易皮，鼈類易殼。」《稽聖賦》曰：「蛇曉方藥，鴆善禁呪。」蓋鴆能禁呪大石使起，取蛇食之。其禁石時舉翅行前，却如道士禹步，則石起也。按：十二子辰爲龍，巳爲蛇。巳，六陽具，不爲龍而爲蛇者，龍至此而亢故也，宜爲蛇而已。故曰：「亢之爲言也，知進而不知退，知存而不知亡，知得而不知喪。」

又《虺》 虺，狀似蛇而小，銘曰：「爲虺弗摧，爲蛇奈何？」以此故也。《正月》之詩曰：「哀今之人，胡爲虺蜴？」虺，一名蝮，博三寸，首大如擘。舊説蝮蛇怒時毒在頭尾，螫手則斷手，螫足則斷足，蛇之尤毒烈者也。一曰蝮與虺異，虺如土色，所在有之；蝮蛇鼻反，其上有針錦文，衆蛇之中，此獨胎產，生輒坼副母腹，亦有與地同色者。段氏云：「凡禽獸必藏形匿影，同於物類，是以蛇色逐地，茅兔必赤，鷹色隨木。」《字説》曰：「蛇螫人也，而亦逃人也，是爲有它。蝮，觸之則復，其害人也，人亦復焉。」舊云鴆食此類，鳥似鷹而紫，黑喙，長七八寸，作銅色，食蛇，蛇入口即爛，屎溺著石，石亦爲之爛。其轉巨石作法，亦如鸛鳥禹步，然羽翮有毒，以櫟酒，飲之殺人，惟犀角可以解，故有鴆處必有犀也。

又《蚺蛇》 大蛇，可食，尾圓無鱗，身有斑文，如故暗錦纈，難死似鼉，行地常俯其首。膽隨日轉，上旬近頭，中旬在心，下旬近尾。南人云：俗取其膽以充藥材，即以綫合其瘡縱之，後遇捕者，輒自見金瘡以明無膽，亦其知也。《南越志》曰：「蚺蛇牙有長五六寸者，土人重之，云辟邪，利遠行也。」一云蚺蛇之膽取而還生。又云巴蛇呑象，蚺蛇呑鹿。

明 何三畏《新刻何氏類鎔》卷三五《蛇》 蛇有蛇穴，有蛇淵，有蛇丘，有蛇藪。或雙垂二首，或長至百尋。產深山大澤之中，游密霧層雲之內。草木水土，各別其種。丹黄赤白，各殊其形。呑象三日，而出其骨者，食之已腹心之疾。呑鹿數頭而殺其肉者，食之爲珍異之羞。蝮蛇，螫其手則斬手，螫其足則斬足者，晉其有害于人身。率然蛇，擊其首則尾應，擊其尾則首應者，知其有符于兵律。晉之大蛇横道也，文公見怪而有修政之言。魯之九蛇繞柱也，定公得占而爲立廟之舉。隋侯從浝水側封斷蛇以藥而活之者，乃得夜光之珠。宮人自寶庫中見黄蛇出遊而擊之者，遂失珊瑚之玦。叔敖爲兒時，出殺兩頭蛇而埋之地下，及母聞，而謂陰德活人必有福報，故知其爲叔敖令尹之祥。竇氏產武時，并產一蛇而投之林中，及母死，而來送喪，流血若有泣容，故知其爲竇氏家門之慶。馮緄之爲議郎，發綬笥而見二赤蛇，分北分南而走卜者，以爲官之禎祥。薛濬之爲兒童，戲澗濵而見一黄蛇，有角有足而行占者，以爲兒之吉。應壺頭山百斛之蛇蟠于石窟中，是伏波之餘靈所化。洛陽城百尺之蛇裂于芒山下，是天竺之法呪所除耳。聞之蛇有文章陸離者，蜿蜒于几格之間。蛇有鮮紅金翠者，出入于榕藤之藪。藍蛇之尾可以解毒，靈蛇之珠可以照夜，蚺蛇之牙可以辟不祥，而其肉可以辟蠱，其膽可以療痾。然則蛇者，豈遂謂妖物，而見必擊射之，斫刺之哉。

綜 述

宋 陸佃《埤雅》卷一〇《螣蛇》 螣蛇，龍類也，雄鳴於上風，雌鳴於下風而風化，能興雲霧而游其中。《慎子》曰：「螣蛇游霧，飛龍乘雲。雲罷霧除，與蚯蚓同，失其所乘故也。」螣蛇能騰，蟲之自勝者也。《荀子》曰：「螣蛇無足而飛，梧鼠五枝而窮。」言梧鼠之技雖多，不如螣蛇結於一也。鬼谷子曰：「分威法伏熊，實意法螣蛇。」「實意」言致一也。螣蛇一名神蛇，亦曰靈蛇。《墨子》曰：「靈龜近灼，神蛇近暴。」傳曰：「靈蛇棄鱗，神龍解角。」以言至人達士，超世拔俗，委蜕萬物之上。《抱朴子》曰：「兔不牝牡，螣蛇不交，不可謂貞。」今孔雀以影相接而孕，又雌見雄舞而有子，皆物性自然也。《陰陽自然變化論》曰：「螣蛇聽而有孕，白鷺視而有胎。」

宋 蔡卞《毛詩名物解》卷一一《騰蛇》 騰蛇，龍類也。雄鳴於上風，雌鳴於下風而風化，能興雲霧而游其中。《慎子》曰「騰蛇游霧，飛龍乘雲」是也。《荀子》曰：騰蛇無足而飛，梧鼠五技而窮。言梧鼠之技雖多，不如騰蛇之結於一也，故窮。《墨子》曰：靈龜近灼，神蛇近暴。傳曰：「靈蛇棄鱗，神龍解角。」以言至人達士超世拔俗，委蜕萬物。

又《蛇》 魚屬，連行，《詩》曰委蛇，蓋取諸此。傳曰「退食自公，委蛇委蛇」，謂從者也。衡而委蛇，必折。故《序》言正直。《洪範》三德，一曰正直，中德也。其行委蛇，以其德在剛柔之中。太史公曰：大直若屈，道固委蛇，有是哉！此之謂也。舊説蛇盤向壬，壬，北方也。《周官》曰：龜蛇爲旐。先儒以爲，龜蛇象其扞難避害。蓋龜，甲者也，而蛇擊前則尾應，擊後則首應，自腰擊之則首尾俱應，有兵之象。故龜蛇合體，謂之玄武。《易》曰「一陰一陽之謂道」，而玄朔者，道之所在，陰陽之理具焉。舊説牛以鼻聽，蛇以目聽。語曰「蛇聾虎䶂」，其以此乎？

又《虺》 虺狀似蛇而小。語曰：爲虺弗摧，爲蛇奈何。以此故也。《正(日)〔月〕》之詩曰：哀今之人，胡爲虺蜴。虺，一名蝮[虫員]，博三寸，首大如擘。舊説蝮蛇毒在首，螫手則手斷，螫足則足斷，蛇之尤爲毒烈者也。一曰蝮，與虺異。虺如土色，所在有之。蝮蛇鼻反，其上有斜錦文。衆蛇之中，此獨胎産，生輒拆裂母腹。字從蝮，其以此乎？亦有與蛇同色者。

又《蚺蛇》 蚺蛇尾圓無鱗，身有斑文，如故暗錦纈。難死似鼉，行地常俯其首。膽隨日轉，上旬近頭，中旬近心，下旬近尾。南人云：俗取其膽入藥，即以線合其瘡，縱之。後遇捕者，輒自見金瘡，以明無膽，亦其智也。

宋 鄭樵《通志》卷七六 蛇之類多。《爾雅》曰蛈，蝁。郭云：蝮屬。大眼，最有毒。今淮南人呼蝁子。又曰：螣，螣蛇。螣，音滕。郭云：龍類也，能興雲霧而游其中。《淮南子》云：蟒蛇，螣。又曰：蟒，王蛇。蟒，蛇之大者，謂之王蛇。又曰：蝮虺博三寸，首大如擘。江淮以南曰蝮，江淮以北曰虺。

宋 羅願《爾雅翼》卷三二《蛇》 蛇字古但作它耳，從虫而長，象宛曲垂尾形。上古艸居患它，故相問無它乎？今之字傍，加虫而變其音。又蛇行迂曲，《考工記》以爲紆行之屬，故「退食委蛇」，亦用蛇字。草居常饑，每得食稍飽，輒復蜕殼，冬輒含土入蟄，及春出蟄則吐之。其圓重加鐵石，謂之蛇黄。雖復草居，人家時有之。故諺云，一畝之地，三蛇九鼠也。今貓能禁之。又人家畜鵞者，蛇亦不至。聞捕蛇者云，蛇稍大者則易禁，以其耳目開利，習於禁架也。小者瞢然，則往往難禁。其種類至多，惟烏蛇性善，不噬物，而白花蛇有毒，生於蘄州。今蛇死目皆閉，惟蘄州者目開若生，舒蘄兩界間者則一開一閉，此理之不可曉者，故人以此爲驗云。後漢南陽郡隨縣，古隨國，其西有斷蛇丘，即銜珠之蛇也。蜦，蛇屬，黑色，潛于神淵，能興風雨。或從戾。《淮南子》曰：「犧牛粹毛，宜於廟牲。其於以致雨，不若黑蜧。」

又《蝮》 蝮，蛇之最毒者。短形反鼻錦文，亦有與地同色者。柳子曰：「目兼蜂蠆，色混泥塗。」著足斷足，著手斷手，不爾合身糜潰。又善伺人，聞人咳喘步驟，輒不勝其毒，捷取巧噬肆其害。七八月毒盛時，齧木以泄其氣，木即死。又吐口中涎沫於草木，土著人身，瘇成瘡，卒難主療，名曰蛇漠瘡。衆蛇之中，此獨胎産。並陳藏器聞之。《淮南子》曰：「蝮蛇不可爲足。虎豹不可使緣木。」蝮在母胎時，其毒氣發作，母腹裂乃生。段成式云：「凡禽獸必藏匿形影，同於物類也。」是以蛇色逐地，茅兔必赤，鷹色隨樹。淮南王《書》曰：「蝮蛇蟄生。」又一種狀如蝮而短，有四脚，能跳來齧人，名爲千歲蝮。

又《枳首蛇》 中央有枳首蛇。枳首者，岐頭，蓋兩頭也。大如指，一頭無目無口，然兩頭俱能行。一名越王蛇，亦名越王約髮，亦名越王弩弦。舊云見之令人不利，然孫叔敖殺而埋之，亦無他，此未可信也。今生寧國者，黑鱗白章，長盈尺，人家庭檻中，動有數十同穴。又予所見夏月雨後，有蛇如蚯蚓大，但身有鱗，蜿蜒而行；其尾如首，不纖殺，亦號兩頭蛇，則不足爲異明矣。《天問》曰：「中央共牧后何怒？」王逸以爲「牧，草名」也。中央之州，有岐首之蛇，争食牧草之實，自相齕齧，以喻夷狄相與忿争，君上何故當怒之乎？韓非亦稱「蟲有螝者，一身兩口，争食相齕，遂相殺也」。螝非螝蛹之螝，乃古虺字，蓋謂此蛇耳。然《爾雅》以爲中央之異氣，今東南多有者，蓋彼四方皆極荒遠，此比之爲中爾。又今此蛇皆以越王爲名，則不獨在中央也。會最又云，渾夕之山，嚻水出焉。有蛇一首二身，名曰肥遺，見則大旱。《山海經》云：「六足四翼。」而《管子》亦曰：「涸澤之精名曰蟡，一首兩身，以其名呼之，可使取魚鼈。」此兩蛇皆一首二身，又與枳首相反，因類附著之。《領表録異》曰：「兩頭蛇，嶺外多此類。時有如小指大者，長尺餘，腹下鱗紅，皆錦文。一頭有口眼，一頭似蛇而無口眼。」云兩頭俱能進退，謬也。昔孫叔敖見之不祥，乃殺而埋之。南人見之爲常，其禍安在哉？《天問》：「雄虺九首。」

又《螣蛇》 螣蛇，龍類，有鱗無足。能興雲霧而遊其中。其行千里，因風而化。《淮南子》曰：「蛟龍伏寢於淵，而卵剖於陵。螣蛇雄鳴於上風，雌鳴於下風，而化成形，精之至也。」甘戊曰：「螣蛇游於霧露，乘於風雨而行，非千里不止。然則暮託宿鰌鱣之穴，所以然者何也？用心不一也。」二説不同，蓋《淮南子》説其風化之時，則其感至精；甘戊言其乘游之時，則用心不一，各有所主。

今卜筮者得塍蛇，輒以爲疑滯不决，盖亦足以見塍蛇之趣操云。又《淮南子》稱「上古聖人，考服駕應龍，驂青虬，前白螭，後奔蛇」，説者以爲奔蛇即騰蛇，皆瑞應之物，乃知前古盖嘗爲用矣。郭氏所注《淮南》云：「蟒蛇者，蟒盖奔字之誤。」亦有時以蜕，故仲長統詩云「飛鳥遺跡，蟬蜕亡殼，騰蛇棄鱗，神龍喪角」是也。

又《巴蛇》　巴者，食象之蛇。其字象蜿蜒之形，中有一，説者以爲一所吞也。其長千尋，青黄亦黑。《海内南經》曰：「巴蛇食象，三歲而出其骨，君子服之，無心腹之疾。」言取所出象骨而佩服之，在犀牛西。今南方蚺蛇長十丈，亦能吞鹿，鹿消盡，乃自絞於樹；則腹中之骨，皆穿鱗甲間出。養瘡時肪腴甚美。或以婦人衵服投之，則蟠不能起。其膽亦止心腹之痛。又倭國有獸如牛，名山鼠，彼有大蛇，亦吞此獸。蛇皮堅，不可斫，盖巴類也。今常蛇啖一黿，輒齟塞宛轉，尋即蜕裂，而巴乃獨吞象，逮三歲始出其骨，巨細之不同盖如此。出其骨，當亦自鱗甲中，不須復蜕也。《天問》曰：「靈蛇吞象，厥大何如？」古稱堯使羿斷脩蛇於洞庭，許叔重以爲「脩蛇，大蛇吞象」之類。洞庭，南方澤名，近巴陵。説巴陵者，以爲巴之死，其骨爲陵。此地至今往往多大蛇，豈其種裔耶？按今岳陽郡獄之側，巍然而高，草木翳鬱者，人指以爲巴蛇積骨之處。城外嘗有巴蛇廟，已而廢。又有象骨山，以爲象暴骨之所。其旁有湖曰象湖。

明　馮復京《六家詩名物疏》卷三七《蛇》　《爾雅》云：塍，塍虵。蟒，王虵。《周易》云：龍虵之蟄，以存身也。《左傳》云：深山大澤，實生龍虵。《星經》云：騰虵二十二星在室北，近河，主蟲虵。《埤雅》云：魚屬，連行。虵屬，紆行。盤常向壬地，以耳聽。《雅翼》云：虵丱居，常饑，得食稍飽，輒蜕殼。冬含土入蟄，及春出蟄，則吐之，其圓重如錫石，謂之虵黄。種類至多。惟烏虵性善，不噬物。而白花虵有毒，生於蘄州。今虵死目皆閉，惟蘄州者目開，若生舒蘄兩界間者則一開一閉，此理之不可曉者。陶隱居云：虵皆有足。五月五日，取燒地令熱，以酒沃之，置中，足出。按虵類至多。《爾雅》所載惟塍、蟒、蝮虺三者。《本艸》有白花虵、烏虵、金虵、銀虵、虵婆、藍虵、兩頭虵。《山海經》有肥遺，六足四翼；有巴虵，吞象三年而出其骨；有長虵，毛如彘；有鳴虵，四翼，音如磬。《神異經》有率然，孫武子以譬善用兵者也。《顧渚山記》有緑虵。《朝野僉載》有報冤虵。《嶺表録異》、楊氏《南裔異物志》諸書俱有蚺虵。《録異記》有雞冠虵、爆身虵、黄領虵。《寰宇記》有鈎虵，《窮神秘苑》有自斷虵。及諸方志所録，不可勝記。本毒蟲，有無毒者。本鱗蟲，有無鱗者。惟黄喉虵一種，善啖蝮，額有大王字，爲衆虵之長。

明　吴之俊《獅山掌録》卷二二《冷蛇》　南方有冷蛇，色白，長數尺，不螫。人執之，冷如握冰，申王腹垂至骭，暑月苦不可過。玄宗詔取賜之，不復覺煩暑。

明　鄺露《赤雅》卷三《蛇名》　蛇，一字名者，青蛇、赤蛇、白蛇、烏蛇。青主神，赤主火，白主傷，烏主藥。其他曰藤，曰蚺，曰鱗，曰蝮，曰水，曰觳。二字名者，曰率然、危干、水箭、烏稍、量人、默稱、烏肉、瞎目、雞冠、鱉腦、人頭、馬鬃、笋籜、菜花、寸白、水豹。三字名者，榦壁虎、黄藤蚺、青標竹、師箕押、金角帶、七寸錦、過按容。凡蛇盤者，皆在壬地。

紀　事

漢　刘向《列女傳》卷三《孫叔敖母》　楚令尹孫叔敖之母也。叔敖爲嬰兒之時，出遊見兩頭蛇，殺而埋之。歸見其母而泣焉。母問其故，對曰：「吾聞見兩頭蛇者死，今者出遊見之。」其母曰：「蛇今安在？」對曰：「吾恐他人復見之，殺而埋之矣。」其母曰：「汝不死矣，夫有陰德者，陽報之德，勝不祥。仁除百禍。天之處高而聽卑。《書》不云乎？皇天無親，惟德是輔。爾嘿矣，必興於楚。」及叔敖長，爲令尹。君子謂叔敖之母，知道德之次。《詩》云「母氏聖善」，此之謂也。

頌曰：叔敖之母，深知天道。叔敖見蛇，兩頭歧首，殺而埋之，泣恐不及。母曰陰德，不死必壽。

明　徐𤊹《榕陰新檢》卷一〇《寄女斬蛇》　閩中有庸嶺高數十里，其下隰中有大蛇，長七八丈，圍一丈。常惧東冶都尉及屬城長吏，多有死者。祭以牛羊，始不及禍。或與人夢，或喻巫祝，欲得啗童女，年十二三者。都尉令長患之，共求人家婢子，兼有罪家女養之。至八月朝祭，送蛇穴口，蛇輒夜出吞之。累年如此，前後已用九女。一歲將祀之，募索未得，鄉民李誕家小女，名寄，應募欲行。父母不聽，寄曰：「父母毋相留，今惟生六女，無有一男。既不能奉養，又費衣食，不如賣寄之身，得錢以供父母，豈不善乎？」父母終不能禁，乃請好劍及咋蛇犬以行，至期詣廟中坐，懷劍，將犬，先作數石米，餈蜜麵置穴口。蛇夜

出，頭大如囷，目如二尺鏡，聞餈香氣，先噉食之。寄便放犬，犬就嚙咋，寄從後斫，蛇因踴出至庭而死。寄入視穴，得其九女髑髏，悉舉出，咤言曰：「汝曹怯弱，爲蛇所食，甚可哀愍！」於是寄乃緩步而歸，越王聞之，聘爲后焉。《法苑珠林》

清 馬驌《繹史》卷五一下《晉文公霸業》 晉文公出獵，前驅曰：「前有大虵，高如隄，阻道竟之。」文公曰：「寡人聞之，諸侯夢惡則修德，大夫夢惡則修官，士夢惡則修身。如是而禍不至矣。今寡人有過，天以戒寡人。」還車而反，前驅曰：「臣聞之，喜者無賞，怒者無刑。今禍福已在前矣，不可變，何不遂驅之？」文公曰：「不然。夫神不勝道，而妖亦不勝德。禍福未發，猶可化也。」還車反，宿齋三日，請於廟曰：「孤少犧不肥，幣不厚，罪一也。孤好弋獵，無度數，罪二也。孤多賦斂，重刑罰，罪三也。請自今以來者，關市無征，澤梁無賦斂，赦罪人，舊田半税，新田不税。」行此令未半旬，守虵吏夢天帝殺虵，曰：「何故當聖君道爲？而罪當死。」發夢視虵，臭腐矣。謁之，文公曰：「然夫神果不勝道而妖亦不勝德。奈何其無究理而任天也，應之以德而已。」

藝文

宋 陳仁子《牧萊脞語二稾》卷八《十草蟲賛·蛇醫》 足跂跂兮，蚯蚓之微。尾涎涎兮，蛟螭之奇。匪壁匪莎，淡墨淋漓。爲雹則瑞，爲蠆則非。

明 陶安《陶學士集》卷一《蛇蜕》 平生惡蛇虺，不欲見其形。長蜕忽掛墻，陰風動餘腥。昆蟲乃有此，含毒性不靈。一蜕一長養，速刈積草青。蠶蜕繭盈箔，蟬蜕離汙濁。龍蜕氣乃神，陋爾留殘殼。螫手急解腕，爲害古來惡。劍斷炎漢興，笏擊中丞卓。深山大澤去，慎勿穴城郭。

清 徐元文《含經堂集》卷一〇《五毒詩·赤鍊蛇》 江南之俗，五月五日，輒繪五毒物懸室中。或刺繡翦繒爲之，用相饋遺，婦女飾以爲簪佩。不能考其所自始。余竊怪天下之爲毒者，求之蟲豸之間，亦不少矣。而五者，獨以毒名。又竊怪，既明其爲毒，故當惡而絶之，乃又肖之以爲翫娱之具，與夫亦符綵縷，同見賞於良辰。是弗可解也。乃作五毒詩，著其不足供佩御，冀有以變其俗焉。

爾非銜明燭，胡爲光翕赩。爾本狎榛莽，胡不自伏匿。逞跡類追風，騰體若傳翼。見之使人憂，況乃遭毒賊。

通靈明德

論說

明 陳其力《芸心識餘》卷五《蛇含珠酬恩》 隋侯見大蛇被傷，取藥治之。後蛇含明月珠以報。其珠徑寸，純白，夜有光明，如月之照，可以燭百里，故世號隋侯珠。

芸心子曰：「蛇本毒螫之物，見者莫不欲撲殺之，況乘其傷而致之死者，尤常物之大情。隋侯一念愛物，獨能療之，真仁人也。明珠之報，不亦宜乎。昔劉樞不殺魚而獲白衣之珠，蔡喜夫不殺鼠而獲青囊之珠，事與此同。彼賊劉物命者，可以勉矣。若夫許真君誅巨蟒于上遼，鹹毒蛟于西江，名高玉籍，香散瓊寰，本除害也，又不可以同日語。」

綜述

明 李賢《明一統志》卷四九 順濟廟。在吴城山，世號小龍，相傳即吴許二君所誅大蛇子。宋封順濟王，有真宗御製戒蛟石刻。熙寧中，遣太常林希逸致祭，即有異蛇墮祝上。翌旦，行禮，蛇引首望禮畢，出循几案，俄循入帳中。及希逸歸，蛇復尾軸轤，送至彭蠡而没。後蘇軾自儋耳北歸，艤舟祠下，忽得古石砮矢於岸側。傳觀左右，失手墜江中。乃禱于神，許留廟中，使人没水求之，一探而獲。因爲之記。

清 來集之《倘湖樵書·二編·蛇神》 《名勝志》云：通江縣有二洞。一曰龍洞，一曰蛇洞。在治北四百里南壩寺，唐建也。每歲端陽前後，有蛇自柱礎間出，沿堦滿室。顔色大小，非一種，然不爲害。昔人傳三萬四千尾，不可數。按，此即巴蛇洞云。

清 同治《番禺縣志》卷五四《雜記》 廣有三界神者，人有爭鬭，多向三界神乞蛇以決曲直。蛇所向作咬人勢則曲，背則直。或以香花錢米迎蛇至家，囊蛇而探之，曲則蛇咬其指，直則已。有許願者不還，蛇則騰至人家，索飲食。又或

有讐怨於神前，書其人年生八字，以碗覆之。

紀　事

晉　干寶《搜神記》卷二〇　隋縣溠水側，有斷蛇丘。隋侯出行，見大蛇被傷中斷，疑其靈異，使人以藥封之，蛇乃能走。因號其處斷蛇丘。歲餘，蛇銜明珠以報之。珠盈徑寸，純白而夜有光明如月之照，可以燭室。故謂之隋侯珠，亦曰靈蛇珠，又曰明月珠。丘南有隋季良大夫池。

晉　王嘉《拾遺記》卷八　張承之母孫氏，懷承之時，乘輕舟遊於江浦之際，忽有白蛇長三尺，騰入舟中。母祝曰：「若爲吉祥，弗毒噬我。」縈而將還，置諸房内。一宿視之，不復見蛇，嗟而惜之。隣中相謂曰：「昨見張家有一白鶴，聳翮入雲。」以告承母，母使筮之。筮者曰：「此吉祥也。蛇、鶴，延年之物。從室入雲，自下升高之象也。昔吴王闔閭葬其妹，殉以美女、珍寶、異劍，窮江南之富。未及十年，雕雲覆於溪谷，美女遊於塚上，白鵠翔於林中，白虎嘯於山側。皆昔時之精靈。今出於世，當使子孫位超臣極，擅名江表。若生子，可以名曰白鵠。」及承生，位至丞相，輔吴將軍，年踰九十，蛇鶴之祥也。

南朝宋　劉敬叔《異苑》卷三　昔有田父耕地，值見傷蛇在焉。有一蛇銜草著瘡上經日。傷蛇走，田父取其草餘葉以治瘡，皆驗。本不知草名，因以蛇銜爲名。《抱朴子》云「蛇銜能續已斷之指如故」是也。

唐　張鷟《朝野僉載》卷五　嶺南有報寃蛇，人觸之，即三五里隨身即至。若打殺一蛇，則百蛇相集。將蜈蚣自防乃免。

宋　曾敏行《獨醒雜志》卷九　南粵俗尚蠱毒詛咒，可以殺人，亦可以救人。以之殺人而不中者，或至自斃。往有客游南中，暑行憩林下，見一青蛇，長二尺許。戲以杖擊之，蛇即逝去。客旋覺體中不佳。夜宿于逆旅，主人怪問曰：「君何從有毒氣在面也？」客惘然不能對。主人曰：「試語今日所見。」客告之故。主人曰：「是所謂報寃蛇，人有觸之，不遠百里襲跡而至，必噬人之心乃已。此蛇今夕當至。」客懼求救，主人許諾，即出龕中所供一竹筒，祝之，以授客曰：「不必省，第寘枕旁邊，通夕張燈尸寢以俟，聞聲即啟之。」客如戒。夜分，有聲在屋瓦間，俄有物墮几上，筒中亦窣窣響應。舉之，乃蜈蚣，長尺許，盤跚而出，遶客之身三匝，徑至几上。有頃，復歸筒中。客即覺體力醒然。逮旦視之，則前所見蛇斃焉。客始信主人之不妄，重謝而去。

宋　趙善璙《自警編》卷六　紹聖初黨禍起，劉器之尤爲章惇、蔡卞所忌，遠謫嶺外。盛夏奉老母以行，途人皆憐之，器之不屈也。一日行山中，扶其母籃舁憩樹下，有大蛇冉冉而至，草木皆披靡。擔夫驚走，器之不動也。蛇若相向者，久之乃去。村民羅拜器之曰：「官，異人也。蛇，吾山之神，見官喜相迎耳。官行無恙乎？」温公門下士多矣，如器之者，所守凛然，死生禍福不變。蓋其平生喜讀《孟子》，故剛大不枉之氣似之。

明　余懋學《説頤》卷三《孟珠虞蚺》　後漢孟嘗爲合浦太守，郡俗舊採珠以易米。時二千石貪穢，使人採珠，積以自入，珠忽徙去。孟嘗至，化行一年，去珠復還。北齊虞願爲晉安太守，郡出蚺蛇，可爲藥。有餉願者，願放之二十餘里。一夜蛇還牀下，復送四十餘里，經宿還故處。願令更送，遲明乃復歸。如此再三。唐柳子厚《連山郡乳穴記》：石鍾穴連之，人告盡者五載矣，以貢則買諸他郡。刺史崔公至逾月，穴人來以乳復告，邦人説是祥而謡之，穴人笑曰：「向吾以刺史之貪戾嗜利，徒吾役而不吾貨，是以病而紿焉。今刺史令明志潔，吾以是誠告焉，何祥之？」噫！是可以觀吏道矣。貪則無知之，珠能辟其境；義則有告之，蚺願效其命。而況其人焉，有不給于貪戾，而誠于明潔者乎！

又《二李蛇異》　李靖故宅，泓師嘗過之。謂人曰：「後之人有能居此者，貴不可言。」開元初，李林甫爲奉御居之，或以告泓師。泓師曰：「果如吾言，當十九年作相位。雖然，吾懼其易製中門，則禍且及矣。」後果相玄宗，權重天下。末年有人獻良馬甚高，而宅門稍庳，不可乘以過。將易製之，既毁其簷，忽有虵千百數在屋瓦中。林甫惡之，遂罷不毁。未幾，籍没。自作相至籍没，果十九年。隴西李生爲利州録事參軍，居官舍中，嘗曉起，見蛇數百在庭。生大懼，悉命棄於郊野。

明　姚光祚《廣蒙求》卷三七《二虵相負》　《韓子》：涸澤之虵將徙，小虵謂大虵曰：「大虵行，小虵隨之。人以爲虵之行者耳，必殺子。子不如負我以行，必以我爲神也。」乃相負越公道而行，人皆避之。

明　徐象梅《兩浙名賢録》卷八《元長》　元長，蕭山人，姓董氏，所謂千巖者也。居天龍東庵，有蛇日來環繞，長爲説法，蛇叩首而去。由是聲光日顯。嘗往烏傷伏龍山，見龍壽寺故址，樂之。手植一松，誓曰：「此地般若復興，吾松當茂。」後果化瓦礫爲伽藍，松亦漸長，析爲二榦，屈曲如虬龍，望之飛動。至正十

八年，南枝忽瘁，已而長卒。因號般若枝。宋學士濂爲之讚。

明 徐𤊹《榕陰新檢》卷九《異政牒蛇》 長樂陳祖，洪武初，以明經薦授新繁丞。有老嫗孫爲蛇所吞，哭于途。祖牒城隍，刻曰：「捕蛇至期。」果有群蛇集廳下，祖曰：「無罪者去。」獨一大蛇不去，若伏罪狀，斂斬之。邑人以爲神，後擢光山令。

又 卷一一《棄母遭蛇》 長溪民爲贅婿於海上人家，以漁爲業。其母思而往見之，民殊不樂，母覺其意，明日即告歸。民已蓐食先出，婦曰：「阿姑少留，俟得魚作羹以別。」民還至門，聞母未去，急藏魚于舍後乃歸。大言曰：「今日風惡，不獲一鱗。」母既行，民責妻曰：「吾適所得，皆鰻魚。既多且大，平日不曾獲此，汝何苦留此媪邪？」妻往視籃中，皆蛇也。驚走報民，不信，自往觀，果見群蛇蟠結。一最大者，昂頭出咋民喉而死，蛇皆不見。

清 陳鼎《蛇譜·忠義蛇》 山西洪洞縣西山最深，向無大蛇。康熙甲寅，吴逆叛。邑有無賴子張某者，兄弟三人，有膂力，思爲亂於西山，招集亡命千餘人，計劫城叛。午夜率衆出山，有蛇長百尺，大如斗，張牙吐舌，當前路。張令衆引弓射之，蛇曲踊距躍，勢殊兇猛，與鬬三日夜乃斃。張遂烹以享衆，然事因此洩。邑令及城守先率師拒戰山下，盡殲其衆。若非此蛇與鬬三日，則合城遭其害矣。邑人德之，呼曰忠義蛇。惜無有爲蛇請封於朝以旌之者。

清 趙彪詔《説蛇·蛇事》 粵山龍渡寺，在炮臺西水中小土山。潮至瀰漫數十里，潮退則平沙淺水，不勝舟楫。舊爲蛇窟，僧心海始闢之，蛇相率渡海去。

清 袁枚《續子不語》卷一〇《蟒過嶺》 湖廣武岡州，有水路可達。有赴武岡任者，挈眷由水路行，一路皆灘河，兩山壁立，茂樹密箐，惟日午見日而已。一日舟行，聞上流灘畔有人敲鑼鳴。衆詢之，曰：「今日蟒過嶺，須停舟，不得行，行則有失。」問何以知之，曰：「我處燒山，向例有定期，蟒知之，先期半月相率自南而北。俟北路燒山，則又自北而南。時正十月，蓋南路定期在初冬，北路定期在初春故也。其來日，早必有大風以阻行舟，使其横溪而渡。今早風大作，故知之。」問在何處，曰：「相離里許，可望而見。」俄頃，風愈大，見兩山樹稍枝時皆垂。露一蛇首，大如十石甕，徐徐自山下剪溪過，其頭入北山，尾猶在南山未盡。約計兩山隔溪可三五百丈。如是者一食頃始盡。一蟒過盡，又一蟒來，長皆仿佛，以次相接而行，其體亦遞小，一晝夜乃盡。土人云，皆黑蟒，性皆純良，從不傷人。

清 光緒《廣州府志》卷一六三《雜録》 粵東尚信巫鬼，故妖惑之物得以禍福人。蛇神不獨潮，東莞亦有之。陸義山菉有蛇神説。戊戌之歲，予入粵遊於東莞，偶行市中，見有門施綵縵，内作鼓樂者。叟童男女，雜沓于門，語侏㒧，嘈嘈不可辨。而入者皆有驚異非常之色，出者如瞻禮天帝廟廷，退而不敢忘端肅之狀。心竊怪之，隨衆而入，見庭中鋪設屏幃、几案，樽俎甚備，香烟郁郁，燈火熒熒。執樂者列兩旁，鼓吹迭奏。几上供一磁盎，盎中小樹數株，有小青龍蜿蜒升降於樹間，長不及尺，大不踰小指，一身兩頭，頂相並，頸相連，四目兩口，兩舌並吐，緑質柔擾。主人鞠躬立案左，出入者以次膜拜。苟越次不整，主人正色約束，皆唯唯惟命。余怪而詢之，云：此鄉有雙忠廟，祀忠臣之同時而殉節者。此兩頭蛇，雙忠臣之使也。凌空而飛，忽然而至。所至之家，必虔祀之。蛇忽然去，則徹所祀，以歸於廟。如是，獲福。不且，有大咎。

清 俞樾《右台仙館筆記》卷五 周如三，浙江山陰人，賣藥爲業。嘗與村人採藥王山，山有澗狹而深，兩旁石排列如矛戟，止容一人入，而黄精紫葠生其中。周解衣，使同伴者縋而下，有所得公焉。其同伴有趙某者，見周衣中藏白金十餘兩，利之，乃懷其金，與衆俱走。已而周欲出，呼其曹莫之應。窘而大號，亦無聞者。不得已，緣澗行，澗甚紆曲廣狹靡定。行十里許，得一洞，外窄而内寬。窺之，若有光。入之，則有一蛇存焉，長四五尺，圍可五寸，鱗甲陸離，形狀頗異。悸而欲出，已爲蛇所見，因跪而告以故，并求寄宿焉。蛇若頷之者，周遂匍匐入伏其側。洞中山氣薰蒸，不雨而滴。又昏暗無天日，不辨旦暮。久之，飢甚，見洞有一石，光滑如脂，蛇恆以舌舐之，意其可以療飢，又跪而視曰：「小人不食三日矣，願分君之甘。」蛇又若頷之者，因亦就舐之。石淡無味，然飢火頓息。如是數日，忽聞雷聲殷殷，在山之巔。蛇聞之，蠕蠕然動，未幾暴長，頭角峥嶸，不蛇而龍矣。騰躍欲上，周攀其角曰：「龍王一出，某老死洞中矣。願從龍王偕出。」蛇又若頷之者，辟歷一聲，挾周俱上。俄而墜於地，則其村也。乃反其家，家人喧相告曰：「吾以汝爲死矣。」周曰：「誰言之？」曰：「聞諸趙。」周欲詣問趙，而趙已至，披髮跣足，奉衣及金跪於門外，自述前意。問：「誰使汝來？又誰使汝盲之？」則趙亦茫然不知也。

清 慵訥居士《咫聞録》卷一〇《人頭蛇》 安徽涇縣溪頭都胡氏，巨族也。

乾隆初年，胡承璘與姪蛟齡，幼時好登山陟嶺。二子恒約同遊，非暮不返。一日，行至深嶴，見熊羆結隊而來。無隙可避，忙作獢猱，升木匿于樹上，緊抱枝間。熊羆至此，俯窺樹上有二人，思欲啖之。是獸足直而不能上，守其自下。二子戰慄驚惶，汗流脊背。倏一斗大白蛇飛奔而來，昂其首，則人頭也。伸其身，高過于樹。二子益加兢業。蛇注目良久，對二子曰：「請毋驚，吾當驅之。」迴首叱曰：「此貴人也，爾等不可害。」熊羆即退，蛇亦逶迤而去。二子下樹歸，告父母，其父母咸嚴禁不許出遊。二子亦不敢入山，潛必肄業，沉緬《詩》、《書》。期年學成，承璘登進士，官至雲南方岳。蛟齡入詞選，官至京畿道御史。此事非異，異之者在蛇身人頭。蛇身人頭何異？異在蛇而能言。物中能言者有之。彼頭乃人，自能人言，亦何足異？異在能知貴賤，并能使不知人言之獸而能聆其言，從其命，而即退之。蓋是蛇已脩煉而成正果，守此山而主宰一方，救人塗炭。此山神也，不可以怪蛇目之。

清 光緒《灤州志》卷一八《外編・雜録》 又《粱莊社記》，契丹時□興軍□允者，行貨。路收一卵於篋，歸置錦囊，繫臍下。月餘，出蛇如簪。飼之以肉，漸盈丈圍。將尺許，乃縱之野，任其自食。嘗命以名曰「於雅」。□首示不忍別，雅如人戀戀然，但不能言，而去。後數歲，益大，始食野禽，繼而噬人。有司制之無策，乃聞於契丹，榜募能捕者，允知其必雅，乃應募而抵放處，呼其名而至，敘故舊，而數其罪。蛇俛首伏誅。血流，及近村土石悉染紅，而莊以名。莊老以允能施恩除害而祀之，雅能知恩服罪而配焉。是歲，里人修祠。落之，記其歲月。金至寧元年仲秋辛卯。興平路猛安蒲察孟里記。或以雅知罪狀伏辜，允憐而葬之，而以昌黎古蹟城西北三十里蛇皮王墓是雅之葬處也。

藝文

明 王思任《謔菴文飯小品》卷二《有蛇之什》 君子方去官而小人好中傷之，不知其故。

有蛇有蛇，有毒其口。與汝無仇，吐冤□我。遭之即走，猶罹其咎。

清 史夢蘭《爾爾書屋詩草》卷五《題張抉旭十二辰書册・蛇》 入山誰解唤升卿，絶壑風來古木平。虺夢祥占生女兆，荻洲人識寄奴名。感恩不忘啣珠報，無事何須打草驚。多少杯弓成幻影，掃除疑慮寸心清。

雜録

晉 干寶《搜神記》卷一四 後漢定襄太守竇奉妻生子武，并生一蛇，奉送蛇於野中。及武長大，有海内俊名。母死將葬，未窆，賓客聚集，有大蛇從林草中出，徑來棺下，委地俯仰。以頭擊棺，血涕並流，狀若哀慟，有頃而去。時人知爲竇氏之祥。

又 卷二〇 卭都縣下有一老姥，家貧孤獨。每食，輒有小蛇，頭上戴角，在牀間，姥憐而飴之食。後稍長大，遂長丈餘。令有駿馬，蛇遂吸殺之。令因大忿恨，責姥出蛇。姥云在牀下，令即掘地，愈深愈大，而無所見。令又遷怒殺姥。蛇乃感人以靈，言瞋令：「何殺我母？當爲母報讐。」此後，每夜輒聞若雷若風，四十許日。百姓相見，咸驚語：「汝頭那忽戴魚？」是夜，方四十里與城一時俱陷爲湖。土人謂之爲「陷湖」。惟姥宅無恙，訖今猶存。漁人採捕，必依止宿。每有風浪，輒居宅側，恬静無他。風静水清，猶見城郭樓櫓畟然。今水淺時，彼土人没水，取得舊木，堅貞光黑如漆。今好事人以爲枕相贈。【略】

吴郡海鹽縣北鄉亭里，有士人陳甲，本下邳人。晉元帝時，寓居華亭，獵於東野大藪。欻見大蛇，長六七丈，形如百斛船，玄黄五色，卧岡下。陳即射殺之，不敢説。三年，與鄉人共獵，至故見蛇處。語同行曰：「昔在此殺大蛇。」其夜，夢見一人，烏衣黑幘，來至其家，問曰：「我昔昏醉，汝無狀殺我。我昔醉，不識汝面，故三年不相知。今日來就死。」其人即驚覺。明日，腹痛而卒。

宋 徐鉉《稽神録》卷二《舒州人》 舒州有人入灊山，見大蛇，擊殺之。視之有足，甚以爲異，因負而出，將以示人。遇縣吏數人於路，因告之曰：「我殺此蛇而有四足。」吏皆不見，曰：「蛇何在？」曰：「在爾前，何故不見？」即棄蛇於地，乃見之，於是負此蛇者皆不見。人以爲怪，乃棄之。按：此蛇生不能自隱其形，死乃能隱人之形，此理有不可窮者。

元 佚名《湖海新聞夷堅續志・前集》卷一〇《放龍獲報》 李元於吴江岸見小朱蛇，長不滿尺，爲牧童所困。元以百錢售之，放於茂草中。明年，再經長橋，有進士朱浚謁見，曰：「浚居橋尾數百步耳。大人遣奉召，幸恕坐。」邀同舟至一山，樓殿寶飾，侍衛甚嚴。俄一人高冠道服，引元坐曰：「小兒不幸，幾死頑童之

手，賴君子活此微命。」顧俊令再拜，乃命置酒，水陸交錯，曰：「吾乃南海之鱗，有功於世，天帝詔居此，封安流王。吾有女奴，小字雲姐，今欲贈子。」子納之，當得其助。」元乃別去。後赴禮闈，明日當試，雲姐私入，竊所試題目出。元乃檢閱宿構，入試大得意，高捷薦名登利。雲姐告辭曰：「奉王命，不敢久留。」作詩別曰：「六年於此報深恩，水國魚鄉是去程。莫爲初婚又相別，都將舊愛與新人。」時李元新娶女也。

貞符災變

論説

明 鄭曉《端簡鄭公文集》卷八《蛇戒》 嘉靖丁酉冬十一月甲申之朝，童子告予曰：庚有蛇，長且尋丈，羣鼠嚙之，潰其腎腸，竟死。余曰：嗟乎，龍蛇之蟄，以存身也。冬仲蟄候，蛇之不蟄，洩氣沮陽，驟遭風雨寒氣，總至蜿蜒弗遂，竟死于羣鼠。固宜先是孟冬之朏，伏雷發聲，氛氣三晨，冥霿苦霧，不辨咫尺。揆之《月令》，陰不固陽，是謂發天地之房。蛇之弗蟄，雷授之殃也。使十月無雷，蛇不啓不死。即有雷，蛇能坯墐內俯，亦不死。蛇即起，遇風雨暴寒，遄反故穴，亦不死。《內典》有言，嗔性成蛇，以故佚躁，羡信厭屈。蟄而雷即起，起即不肯復蟄。其死無足怪者。嗟乎，嗟乎，君子其小懲大忍以平怒乎，其掩身凝志以韜靈乎，其齊戒退藏以儉德避難乎。是故善用冬令者，必厚自葆萃，以待陰陽之所定。余於是乎深省。

綜述

明 楊慎《南詔野史》卷下《占農石》 大理府浪穹縣城南三十里鳳羽鄉，有石竅，中藏一蛇。見頭則插秧早，見腹則及時，見尾則旱，人以占農。

明 陳禹謨《説儲》卷二 斬白蛇于赤帝，兆炎劉之興。濯丹蛇于黃鄉，顯昭陵之異。《陳留風俗傳》：沛公起兵，喪皇妣于黃鄉。天下既定，使使者招幽魂幽野，于是丹蛇在水自洒，濯之入于梓宮。其浴處有遺髮，故謚曰昭靈夫人。

清 乾隆《石屏州志》卷一《災異》 蟒妖鏡湖洞有旱蟒，能變化入湖，大小其形，每吼必有傾舟之患。

清 朱翊清《埋憂集》卷四《異蛇》 余在合溪山中，暑夜嘗聞虎嘯，次日以語人。人問：「嘯時瓦屋可震動否？」余曰：「否。」其人曰：「然則非虎也，其蛇也。往時嘗行山中，忽聞虎嘯一聲，近在咫尺，駭極。仰視，則有蛇倒懸于樹而鳴。其蛇長不盈丈，遍身斑黃，每暑月則見山中，人往往遇之，鳴則天必大雨。但虎嘯近者，瓦屋皆震。蛇鳴則不震也。」

聞孟浪邊外有蛇，每日必上樹，跌而下，至地則碎如粉。俄又合成一蛇，蜿蜒而去。蓋生氣鬱勃，必一散以洩之也。捕以爲接骨治傷之藥，殊勝。《滇黔紀游》言：脆蛇出土司中，長尺餘，伏草間，見人輒躍起，跌爲數段。少頃，復合爲一。其色如白金，光亮可愛。誤拾之，觸毒即死。其出入有度。捕者置竹筒徑側，蛇以爲穴也，而入之。急持之則完，稍緩則碎矣。暴乾以治瘋疾。視其身上中下，以治頭腹脛股，罔不效。又可接斷骨，即此蛇也。

又有圓蛇，狀如石卵，斑斕可愛。誤持之，得人氣即化爲蛇，嚙人即斃，尸不敢收。五里內外，人不敢行。觸其穢氣，腫脹而死。苗人三日後以竹矢插死所，七日取用，中人輒斃。此蛇變態愈幻，而毒愈甚矣。

又有方蛇，形如牛皮，高五寸，從橫各二尺。其色黃黑，其行如矢，吐氣如炊煙，腥不可聞。見人輒迸出，脊中黑水射之，中者立斃。粵西近楚山有之。

又有扁蛇，闊五寸，長五尺，厚一寸，首尾俱齊，色如繩綢，五色相錯成文而方。不知者，以爲櫛沐之巾也。口甚鉅，其行如飛，能逐狡兔。廣西及南海山中間有之。

又《稱掀蛇》 俗傳有稱掀蛇，人被稱者必死。余年十六，偕弟載熙至東栅金懷亭舅太翁家探病而還。至大悲橋之西，聞耳後潑剌一聲，回視則一蛇在地，昂首疾追而來。遍身星點斑然，如稱離地，約四五尺，惟後半著地，其行如風。余及弟魂魄皆飛，狂奔至趙家墳，始敢返顧，而蛇已不見。到家，問余母。母言此稱掀蛇也。後至冬杪而弟病，至次年春分，後竟卒，年十二。今憶之，心猶怦怦然動也。相傳蛇之量人，其長過于是人則死。解之之法，當蛇之起立，隨手拾一物抛起，呼曰：「你長不及我。」長蛇輒翻身而臥，舒其足盈千。必散髮示之曰：「你脚多，不如我髮多。」蛇乃收足伏地。即取身上衣帶盡斷之，呼曰：「我去矣。」蛇必死。説見李緒光《臺灣雜記》，恨當時未之知也。

清 許奉恩《里乘》卷九《木龍》 凡海舶中，必有一虵，名曰木龍。自船成日即有之，平時曾不可見，亦不知所處。若有木龍去，則舟必敗。

紀　事

漢 司馬遷《史記》卷八《高祖本紀》 高祖以亭長爲縣送徒酈山，徒多道亡。自度比至皆亡之，到豐西澤中，止飲，夜乃解縱所送徒。曰：「公等皆去，吾亦從此逝矣！」徒中壯士願從者十餘人。高祖被酒，夜徑澤中，令一人行前。行前者還報曰：「前有大蛇當徑，願還。」高祖醉，曰：「壯士行，何畏！」乃前，拔劍擊斬蛇。蛇遂分爲兩，徑開。行數里，醉，因臥。後人來至蛇所，有一老嫗夜哭。人問何哭，嫗曰：「人殺吾子，故哭之。」人曰：「嫗子何爲見殺？」嫗曰：「吾子，白帝子也，化爲蛇，當道，今爲赤帝子斬之，故哭。」人乃以嫗爲不誠，欲告之，嫗因忽不見。後人至，高祖覺。後人告高祖，高祖乃心獨喜，自負。諸從者日益畏之。

漢 劉向《劉向集》（《漢魏六朝百三家集》卷七引） 「有蛇自泉宮出，入于國，如先君之數。」（《左傳·文公十六年》）近蛇孽也。泉宮在囿中，公母姜氏嘗居之。蛇從之出，象宮將不居也。《詩》曰：「維虺維蛇，女子之祥。」又蛇入國，國將有女憂也。「如先君之數」者，公母將薨象也。秋，公母薨。公惡之，乃毀泉臺。夫妖孽應行而自見，非見而爲害也。文不改行，循正共御。厥罰而作，非禮以重。其過後二年，薨。公子遂殺文之二子惡、視而立宣公。文公夫人大歸于齊。

漢 應劭《風俗通·怪神》 昔晉文公出獵，見大蛇，高如隄，其長竟路。文公曰：「天子見妖則修德，諸侯修政，大夫修官，士修身。」乃即齋館，忘食與寢，請廟曰：「孤犧牲瘯蠡，幣帛不厚，罪一也。遊逸無度，不卹國政，罪二也。賦役重數，刑罰懆克，罪三也。有三罪矣，敢逃死乎！」其夜守蛇吏夢天殺蛇，曰：「何故當聖君道爲！」及明視之，則已臭爛。

又 《世間多有蛇作怪者》 謹按車騎將軍巴郡馮緄鴻卿爲議郎，發綬笥，有二赤蛇，可長二尺，分南北走，大用憂怖。許季山孫字寧方，得其先人祕要，緄請使卜，云：「君後三歲當爲邊將，東北四五千里，官以東爲名，復五年爲大將軍南征，此吉祥。」鴻卿意解，實應且惑。居無幾，拜尚書、遼東太守、廷尉、太常。會武陵蠻夷黃高攻燒南郡，鴻卿以威名素著，選登亞將，統六師之任，奮虓虎之勢。後爲屯騎校尉、將作大匠、河南尹，復再臨理官，紀數方面，如寧方之言。春秋外蛇與内蛇鬭，文帝時亦復有此，傳志著其云爲，而鴻卿獨以終吉，豈所謂或得神以昌乎？

晉 張華《博物志》卷七《異聞》 晉文公出，大蛇當道如拱。文公反修德，使吏守蛇。吏夢天殺蛇，曰：「何故當聖君道。」覺而視，蛇則自死也。

又 卷一〇《雜說下》 天門郡有幽山峻谷，而其土人有從下經過者，忽然踊出林表，狀如飛仙，遂絶迹谷中。如此甚數，遂名此處爲仙谷。有樂道好事者，入此谷中，洗沐以求飛仙，往往得去。有長生意思人，疑恐是妖怪，乃以大石自墜，牽一犬入谷中，犬復飛去。其人還告鄉里，募數十人，執杖揭山草伐木至山頂，觀之，遥見一物，長數十丈，其高隱人，耳如簸箕。格射刺殺之，所吞人骨，積此左右已成封。其蟒開口廣丈餘。前後失人，皆此蟒氣所噏上。于是此地遂安穩無患。

晉 干寶《搜神記》卷三 揚州別駕顧球姊，生十年便病。至年五十餘，令郭璞筮，得大過之升，其辭曰：大過卦者義不嘉，冢墓枯楊無英華。振動遊魂見龍車，身被重累嬰妖邪。法由斬祀殺靈蛇，非己之咎先人瑕。案卦論之可奈何。球乃迹訪其家事。先世曾伐大樹，得大蛇，殺之。女便病，病後有羣鳥數千，迴翔屋上，人皆怪之，不知何故。有縣農行過舍邊，仰視，見龍牽車，五色晃爛，其大非常，有頃遂滅。

又 卷六 魯莊公時，有内蛇與外蛇鬭鄭南門中，内蛇死。劉向以爲近蛇孽也。京房《易傳》曰：「立嗣子疑，厥妖蛇居國門鬭。」【略】

魯定公元年，有九蛇繞柱。占以爲九世廟不祀，乃立煬宮。【略】

漢武帝太始四年七月，趙有蛇從郭外入，與邑中蛇鬭孝文廟下，邑中蛇死。後二年秋，有衛太子事，自趙人江充起。【略】

漢桓帝即位，有大蛇見德陽殿上。洛陽市令淳于翼曰：「蛇有鱗甲，兵之象也。見于省中，將有椒房大臣受甲兵之象也。」乃棄官遁去。到延熹二年，誅大將軍梁冀，捕治家屬，揚兵京師也。

又 卷七 晉明帝太寧初，武昌有大蛇，常居故神祠空樹中。每出頭，從人受食。京房《易傳》曰：「蛇見于邑，不出三年，有大兵，國有大憂。」尋有王敦之逆。

又 卷一九 晉武帝咸寧中，魏舒爲司徒，府中有二大蛇，長十許丈，居廳

事平棟上，止之數平而人不知，但佐府中數失小兒及鷄犬之屬。後有一蛇夜出，經柱側，傷於刅，病不能登，于是覺之。發徒數百攻擊，移時然後殺之。視所居，骨骼盈宇之間，於是毁府舍，更立之。

南朝宋　劉敬叔《異苑》卷三　丹陽鍾忠以元嘉冬月晨行，見有一蛇，長二尺許，文色似青琉璃，頭有雙角白如玉，感而畜之。於是貲業日登，經年蛇自亡去，忠及二子相繼殞斃。此蛇來吉去凶，其唯龍乎？

又　卷四　宋武帝裕，字德輿，小字寄奴。微時，伐荻新洲，見大蛇長數丈。射之傷。明日，復至洲里，聞有杵臼聲。往視之，見童子數人，皆青衣擣藥。問其故，答曰：「我王爲劉寄奴所射，合散傅之。」帝曰：「王神何不殺之？」答曰：「劉寄奴王者，不死不可殺。」帝叱之，皆散，仍收藥而返。

南朝梁　任昉《述異志》卷上　宋武帝微時，伐荻於新洲，見一大虵，長數丈，遂射之傷。明日，復往觀之，聞杵臼聲，覘見數青衣童子擣藥。問其故，答曰：「我王爲劉寄奴所射，今合藥傅之。」帝曰：「何神也？」童子不答。帝叱之，皆散。收得藥，人因名此草爲「劉寄奴」。

唐　張鷟《朝野僉載》卷五　開元四年六月，郴州馬嶺山側，有白蛇長六七尺，黑蛇長丈餘。須臾，二蛇鬬。白者吞黑蛇，到粗處，口兩嗌皆裂，血流滂沛。黑蛇頭入，嚙白蛇肋上作孔，頭出二尺餘。俄而兩蛇並死。後十餘日，大雨，山水暴漲，漂破五百餘家，失三百餘人。

左補闕畢乾泰，瀛州任丘人。父母年五十，自營生藏，訖至父年八十五，又自造棺，稍高大，嫌藏小，更加磚二萬口。開藏欲修之，有蛇無數。時正月尚寒，蟄未能動。取蛇投一空井中，仍受蛇不盡。其蛇金色。泰自與奴開之，尋病而卒，月餘父母俱亡。此開之不得其所也。

唐　許嵩《建康實録》卷一七《梁》　中大同元年，曲阿縣建陵隧口石壁邪起舞，有大虵鬬隧中，其一被傷奔走。又青蟲食陵樹葉俱盡。

唐　張讀《宣室志》卷一〇　天寶中，無畏師在洛。是時，有巨虵狀甚異，高丈餘，廣二三尺，蜿蜒若蟠繞，出於山下，洛民咸見之。於是無畏師呪之，蛇决水瀦洛城，即説佛書義。其蛇至夕則駕風雷來，若傾聽狀。無畏乃責之曰：「爾蛇也，嘗居深山中，因安其所，何爲將欲肆毒於世耶？速去，無患生人。」其蛇聞之，遂俯于地，若有慙色，頃而死焉。其後禄山據洛陽，盡毁宫廟，果無畏所謂决洛水瀦城之應。【略】開成中，有隴西李生爲利州録事參軍，居于官舍中。嘗曉起，見蛇數百在庭。生大懼，盡命棄於郊野外。其明旦，羣蛇又集於庭。生益懼駭其異也，亦命棄去。後一日，羣蛇又至。李生驚曰：「豈天將禍我乎？」蹙其容者且久，後旬餘，生以贓罪聞於刺史。遣吏至門，將按其罪，且聞於天子。生惶駭無以自安，縊於庭樹，絶脰而死。生有妻，感生不得其死，亦自縊焉。於是其家僮震慴，委身於井者，且數輩。果符蛇見之禍。刺史即李行樞也。

唐　劉恂《嶺表録異》卷下《兩頭蛇》　兩頭蛇，嶺外多此類。時有如小指大者，長尺餘，腹下鱗紅，皆錦文，一頭有口眼，一頭似蛇而無口眼。云兩頭俱能進退，謬也。昔孫叔敖見之不祥，乃殺而埋之。南人見之爲常，其禍安在哉！

五代　杜光庭《録異記》卷五《異蛇》　乾符中，神仙驛有巨蛇，黑色，高三十餘丈。諸小蛇如椽、如柱、如十石五石甕者數百頭，隨之自東向西羣隊行旅。自辰時已前見之，至酉時方盡，不知其長幾里也。將盡，有一小兒執紅旗立於蛇尾之上，跳躍鼓舞而過。是歲，山南節度使陽守亮敗。

五代　王定保《唐摭言》卷一〇《載應不捷聲價益振》　貞元中，樂天應宏詞試《漢高祖斬白蛇賦》，考落。蓋賦有「知我者謂我斬白帝，不知我者謂我斬白蛇」也。然登科之人，賦並無聞；白公之賦，傳於天下也。

宋　樂史《太平寰宇記》卷一四三《均州》　社樹，隋《圖經》云：南陽武當門有社栢樹，大四十圍。梁蕭欣爲群伐之，言有大虵從樹腹中墜下，粗數圍，長三丈，羣蛇數十隨之入南山，聲如風雨。未伐樹前，曾見夢於欣。不之信，後欣果死於治所。

宋　歐陽修《新唐書》卷三四　景雲中，有蛇鼠鬬于右威衛營東街槐樹，蛇爲鼠所傷。鬬者，兵象。

宋　歐陽修《新五代史》卷三九《雜傳》　初，有黄蛇見于碑樓，處直以爲龍，藏而祠之，又有野鵲數百，巢麥田中，處直以爲己德所致，而定人皆知其不祥，曰：「蛇穴山澤，而處人室，鵲巢鳥降而田居，小人竊位，而在上者失其所居之象也。」已而處直果被廢死。

宋　釋文瑩《玉壺野史》卷七　唐陸禋《續水經》嘗言，蛇雉遺卵於地，千年而生蛟龍屬。漢武帝元封中，潯陽浮江親射蛟於江中，獲之，乃是也。其破殼之日，害於一方，洪水飄蕩，吴人謂之發洪。余少時嘗游杭州西城縣之伊山，目擊此事。晚春，忽茂草中一雌雉飛起丈餘，翅翼零亂，又復入草中，數四不絶，久而不出。余竊怪之，薙草往觀，果一巨蛇，一雌雉，蟠結纏糾，津沫狼藉，斯須雉驚

飛而蛇亦入草中，始驗禋之説不誣。

宋 曾慥《類説》卷四四《金蛇》 開成初，中宫有黄蛇，夜自寶庫中出。上令搜庫中，得黄金蛇。上曰：「隋煬帝以黄金蛇贈陳夫人。」左右因睹頷下有麼字。阿麼，煬帝小字也。上命取玻瓈環繫玉彘前足，厭之。後不復見，以彘能啖蛇也。

宋 洪邁《夷坚志・乙》卷一三《蔣山蛇》 泉州都監王貴，説紹興初，張循王駐軍建康。裨校苗團練至蔣山下踏營地，中塗無故馬驚，怪之。見大蛇在桑間，以身繞樹，樹爲之傾。伸首入井中飲水，苗不敢復進，策馬欲還。循王之子十四機宜者，適領五十騎在後。苗呼曰：「前有異物驚人，宜速還。」機宜年少壯勇且恃衆，加鞭獨前，問知其故，即引弓射之，不中，又射之，正中桑本，蛇回首，著樹杪張口向人，吐氣如黑霧，人馬皆辟易百餘步，面目無色。不三月間，苗、張及從騎盡死。右四事王嘉叟説

宋 洪邁《夷堅志・支志・丙》卷六《文迪家蛇》 餘干縣潤陂巡檢寨兵文迪善捕盜，以功積遷都虞候。死後十餘年，妻亦亡。其子百一者，奉喪于家。忽見巨蛇，如人臂長，可丈許，纏其棺。莫知所從來，一家怖懾，不敢近。越兩日乃去，徑入鄰卒張進之室。殺之，甫數日，張死，百一亦繼之。時紹熙四年五月也。

元 佚名《無錫縣志》卷三《李紳蛇形》 唐李紳字公垂，無錫之梅里人。父悟歷，晉陵令，因家焉。紳讀書惠山。少苦貧，每有著述，潛取寺中佛經，竊識其後。爲主藏者所知，致被毆辱。後徙剡川天宫精舍。一日熟寐舍前，丹柰方結實，有虵據其上。會老僧至，驅之，蛇入紳懷中，忽不見。僧異其事。及覺，問紳。荅曰：「適夢在樹間食柰甚美，似爲僧逼而寤。」老僧以故陰異之，延致院中。肄業數年去，將赴解舉，僧分橐金助其行。元和中，果擢進士第，釋褐國子助教。歸寧，李錡鎮江南，辟爲從事。錡叛，令紳草檄。紳不從，錡怒，囚之。後錡伏誅，獲免。穆宗召拜左拾遺，翰林學士，與元稹、李德裕同在禁中，時稱三俊。武宗時，拜中書侍郎，同平章事。四年，罷調淮南節度使，拜尚書左僕射，封趙郡公，卒謚文肅。事見《唐史》。

明 牛衷《增修埤雅廣要》卷八《人道門・誕生類・感赤蛇生》 南唐李昇，本徐氏，爲安吉令。先是，其家有梨一實大如升，其父異之，因會隣里，將共食。剖之，有赤蛇在實中。俄而蛇走母榻下，無所見。未幾，母孕生知誥。

明 戴冠《濯纓亭笔记》卷四 王華，江西建昌人，爲浙江按察僉事。弘治丙辰六月，行部如温州途中，有大蛇隨舟而行。舟人驅之不去，蛇昂首若欲登舟者。王衣冠起坐船頭，祝曰：「吾奉朝廷命，出巡此土。蛇何爲者，欲作孽耶？」蛇俯首逝去。至郡，入分司則蛇已先在，蟠於中庭。王使隸卒擊逐之，忽不見。王意殊怪之，夜坐寢室，聞有聲拉然，蛇自梁間墜下。王驚呼左右，俄失蛇所在。自是得疾，神志昏亂，旬日遂殂。或云，王一歲前，嘗夢人告之曰：「我，章容也。當與公同去。」王寤以語人，亦莫測所以。比在温公廨前，有樟榕樹，大可數抱。盖三四百年物，以二木交生，故名。一日樹忽無故而仆，吏入白曰：「樟榕倒矣。」王已病，殆聞之，憮然少選，遂氣絶。

明 陳其力《芸心識餘》卷五《赤蛇》 方孝孺先生未生時，其父將葬其祖。已預擇某日矣，忽夜夢一朱衣前跪曰：「聞執事要作尊翁之藏于某山之原，然吾九族居此已數百年，子孫繁衍，不知其數。望執事再緩三日，吾當徙而避之。原以仁恕爲心，俯從所請。」言訖辭去。明日啓土，得一穴，潤六丈許。中有赤蛇，千餘尾共一穴，其長數尺，盖所夢之朱衣也。先生之父素不信鬼神事。見蛇不顧，亦不憶夢中之言。積薪縱火焚之，有烟一道直指先生之家。是時，母方娠。數日，先生生焉。厥狀甚異，舌能舐入鼻中。幼潁悟，甚長，師宋景濂，爲文議論滂沛類蘇東坡。仕至學士，靖難時遭赤九族，蓋蛇之報云。

明 彭大翼《山堂肆考》卷二三八《吐光蛇》 惠州有老蛇，長數丈，宋朝科舉年則夜吐異光。若光一團，則主一人登科。二團，則二人登科。惠人望以爲驗。

明 朱国禎《湧幢小品》卷三一《蛇》 萬歷丙戌，建昌鄉民樵于山。逢一巨蛇，頭端一角，六足如雞距，見人不噬，亦不驚。民因呼羣往視，亦不敢傷，徐徐入深林去。《華山記》云，蛇六足者，名曰肥遺。見則千里之内大旱。戊子己丑之災，其兆已先見之矣。

清 傅燮詷《史異纂》卷一二 瑯琊王儼壞北宫中白馬浮圖，石趙時澄公所建。見白蛇長數丈，廻旋，失所在。

唐玄宗開元四年，安南都護府，江中有大蛇，首尾横出兩岸，經日而腐，寸寸自斷。數日，江魚盡死，蔽江而下，十十五五相附著，江水臭。

宋高宗紹興三十年春，宜黄縣大蛇見城治，長二丈。捕送至縱數里外，俄復至者數次。

宋高宗紹興十一年四月，恒山淨居巖有蛇長二丈，圍數尺，黑色而方文。震死，山水大至。先是山氣過夜輒昏昧，蛇斃始明。

魯嚴公時，有内蛇與外蛇鬭鄭南門中，内蛇死。

後齊後主武平七年，并州招遠樓下，有赤蛇與黑蛇鬭。數日，赤蛇死。

漢武帝大始四年七月，趙有蛇從郭外入，與邑中蛇鬭孝文廟下，邑中蛇死。

陳後主至德二載三月，有蛇鬭于南陽門之外，一蛇死，一蛇上城。

陳後主至德元載，八月朔，成都文人廟，有肉角蛇見。

尒朱新興，繼爲酋長。曾行馬群，見一白蛇，頭有兩角。咒之，求畜牧蕃息。自是牛羊駝馬，日覺滋盛，色別爲群。

太華山上有蛇，名曰肥遺。六足四翼，見則天下大旱。

梁武陵王紀祭城隍，烹牛，忽有赤蛇繞牛卩。

宋行都柴架橋旌忠廟，三蛇出没庭廡。大者盈尺，方鱗金色，首春有金錢。遇霽，或變化數百，於蕉卉之間，從廟徙而孳亦絶。

清 陳鼎《蛇譜·絛蠵蛇》 㰩螽山南二千九百里，有獨山，末塗之水出焉，而東南流注於沔。其中多絛蠵，其狀如黄蛇而魚翼，出入有光，見則其邑大旱。

清 乾隆《滄州志》卷一三《遺聞》 滄城東南隅，相傳有大蛇穴其下，屢爲物害，亦未有驗也。天齊廟西有三義廟，其殿前楹之右，懸鐵胎弓，一鐵弦彀之，鐵矢三，向共指爲神物。里中有爲童子師者，設館於廟，從遊凡數人。一夕，忽失其一。質明，其父母相與哭訴於神。中夜，居人咸聞殿中弦響如霹靂聲。曉視之，則失一矢矣。衆莫識所以。少頃，見有大蛇爲矢所貫，斃於城，其尾在城外者猶數丈，始知童子爲蛇所吸也。其患始息。

清 乾隆《福州府志》卷一四《壇廟》 ［漢閩越王廟］在釣龍臺西，祀閩越王騶無諸。漢高帝五年，封爲閩越王，受册於此，後人即其地立廟祀之。武帝時閩越國亡，祀廢。唐大中十年復建。宋時賜號顯聖武勇王，廟左右二人，王牙將也。熙寧中，民兵出戍熙河，二將現雲端，戰遂克。政和間，復戍桂府，征蠻之際，二將復現雲端，降大雹、飛黄蜂以退蠻兵。宣和二年，浙寇竊發，連陷數州，將及郡境。提刑俞向自建康領兵南下，黄蜂數萬隨舟，居民咸謂神助。乃大新祠宇，建楹日有青紅二小蛇，蜿蜒香几間。升梁及奉二王像入廟，二蛇屢見。廟成，俞向將臨視，前一夕，夢神人青色者來謝。祀畢，青蛇忽現左王之前，而神之容色一如所夢。有司以聞，賜廟額「武濟」。向自爲記。

清 乾隆《福寧府志》卷四三《祥異》 ［宋紹興］六年，大雨連旬。福安東平二溪水漲淹没一縣，黿湖山僅露山頂容數百人。忽大蛇突出，人皆驚溺，浮屍聚棲雲寺前，僧立流骸塚埋之。【略】

十二年六月，甯德二十二都虎滓林鄭二姓家，忽有蛇數千，大小不一。堂舍廚厠，徧地充滿，日漸加多，蜿蜒蠕動，狎人不傷，月餘始絶。當時皆不知所從來。五六年後，鄭氏門首，即鄭駙馬祖居也，前有高峰，中有大樹，一日樹殞岑崩，下有蛇卵，形如鴨卵差長，遺殼數十斛。又二十二都雷震，鄭姓門首大松樹，大數十圍，高二十餘丈，被雷劈開，自根至末，中間相去五寸，宛如鋸解，旁枝無一損者。

清 嘉慶《旌德縣志》卷一〇《雜記》 清嘉慶丙寅七月初五日酉刻，大雷雨，縣署後廟有大樹從中披折，壓壞住舍數間。樹斷處空凹，有蛇子數□如雞鴨卵。同時三溪河内，有死蛇，腰大如盞，長丈餘。先是縣署嘗有大蛇，每春夏欲雨則出，人屢見之兮。三溪河内或即此蛇，爲雷所擊而擲之三十里外耶？亦異矣。

清 嘉慶《長沙縣志》卷二六《祥異志》 東晉元帝建武一年戊寅七月，妖蟒見長沙白鶴樓，吐舌爲橋。陶侃射斃之。

清 咸豐《鄧川州志》卷五《災祥》 正德十一年，雷擊殺九蛇。長皆丈餘，圍尺許。黑雀數萬，食禾苗。

清 同治《新建縣志》卷二《禨祥》 （晉）永嘉末，豫章有大蛇，長十餘丈，斷道。過者蛇輒吸之，呑噬百人。吴猛與弟子殺蛇。猛曰：「此是蜀精蛇，死而蜀賊當平。」既而杜弢滅。《豫章書》

雜録

宋 黄休復《茅亭客話》卷九《趙公山》 淳化癸巳歲冬十月，青城山民往趙公山採薪，遇數苗薯藥頗大如常者。村人度其下必大有薯藥，遂與妻子同掘之，深三尺餘，但見根鬚抱一大瓷合，遂揭開視之，有一大赤蛇如爛錦盤結合内。村人悸慄，以鋤觸之，蛇乃翻然化一雉，飛入溪水中。合内唯餘一隻石簪，村人持歸山舍，其夜一室如晝。村人轉懼此物異常，送與莊主。明年值順賊作亂，不知此簪所存。

明 陳其力《芸心識餘》卷五《無睛業蛇復讐》 唐廣州有一縣丞胡亮，從都督周仁軌討獠，得一首領妾，幸之。將至縣，亮向府不在，妻賀氏乃燒釘烙其雙

目，妾遂自縊。死後，賀氏產一蛇，兩目無睛。後蛇不見，惟覺有物在衣被中，亮不知也。撥被見蛇，大驚，以刀砍殺之。賀氏兩目俱枯，不復見物，悔無及焉。

芸心子曰：賀氏殘忍之至，其報也亦宜。昔咸淳乙丑年，淮陽李守妻剖殺孕妾。越三年，夢其妾倚窗外花樹，欲進復止。驚覺，見一蛇繞樹，集衆欲殺之，則失矣。嘗夫婦月下對飲，覺杯中有物，如蛇影。燭之，則無。飲竟不快。明日，腹痛不可忍，脹如滿彌月之孕。集醫法僧道作福連日，竟卒。殮訖，棺中有聲。啓視之，見一大蛇出于口而去，可以爲妬害者之戒。

神異變化

論説

清 陳鼎《蛇譜·人蛇》 長七尺，色如墨。蛇頭、蛇尾、蛇身，尾長尺許，而人足，人手，長三尺。人立而行，出則羣相聚。遇人輒嘻嘻笑，笑已即轉噬。然行甚遲，人聞其笑則奔，可脱。遲則被害矣。嗟乎！是蛇也，何殊昔之奸佞臣，以諂笑固人主而包藏禍心，以生靈爲魚肉者耶。安得高皇三尺劍，盡誅之。

綜述

《山海經·西山經》 又西六十里，曰太華之山，削成而四方，其高五千仞，其廣十里，鳥獸莫居。有蛇焉，名曰肥遺，六足四翼，見則天下大旱。

《山海經·北山經》 北二百八十里，曰大鹹之山，無草木，其下多玉。是山也，四方，不可以上。有蛇名曰長蛇，其毛如彘豪，其音如鼓柝。

《山海經·海外西經》 巫咸國在女醜北，右手操青蛇，左手操赤蛇。在登葆山，群巫所從上下也。

《山海經·海外北經》 博父國在聶耳東，其爲人大，右手操青蛇，左手操黄蛇。鄧林在其東，二樹木。一曰博父。禹所積石之山在其東，河水所入。

《山海經·海外東經》 奢比之尸在其北，獸身、人面、大耳，珥兩青蛇。一曰肝榆之尸在大人北。

《山海經·海内南經》 巴蛇食象，三歲而出其骨。君子服之，無心腹之疾。其爲蛇青黄赤黑。一曰黑蛇青首，在犀牛西。

《山海經·大荒東經》 有神，人面、犬耳、獸身，珥兩青蛇，名曰奢比尸。有五采之鳥，相鄉棄沙。惟帝俊下友。帝下兩壇，采鳥是司。

《山海經·海内經》 西南有巴國。大皞生鹹鳥，鹹鳥生乘釐，乘釐生後照，後照是始爲巴人。有國名曰流黄辛氏，其域中方三百里，其出是塵土。有巴遂山，澠水出焉。又有朱卷之國。有黑蛇，青首，食象。

紀事

宋 徐鉉《稽神録》卷二《安陸人》 安陸人姓毛，善食毒蛇，以酒吞之。嘗遊齊魯，遂至豫章，恒弄蛇於市，以乞丐爲生。積年十餘，有賣薪者，自鄱陽來，宿黄培山下。夢老父云：「爲我寄一蛇與江西弄蛇毛生也。」乃至豫章觀步門，賣薪將盡，有一蛇蒼白色，蟠於船舷，觸之不動。賣薪者方省，向暮即擕蛇至市，訪得毛生，因以與之。毛始欲展撥，應手嚙其指。毛失聲顛仆，遂卒，良久即腐壞，蛇亦不知所在。

宋 洪邁《夷堅志·支志·戊》卷九《同州白蛇》 同州自元符以後，常有妖物出，爲人害。皆言白蛇之精。官民多被禍，至於郡守，亦時隕於怪中。知之者，不敢以作牧爲請。政和間，宰相之壻某，必欲得之，蓋貪俸入優厚之故。相君諭之曰：「馮翊妖蛇甚惡，無以身試禍。」壻意不可抑，竟拜命往焉。交印之三日，大張樂會官僚。忽顧諸倡曰：「我方視事，置宴汝曹，當華飾展慶。顧乃着白衣，何也？」倡知其故，不敢答。宴罷即病。明日，詢於客，將對曰：「使君得非乍到，眼眩妄有所覩邪？實無此人。」其家走騎報於相君，相君白於徽宗，詔虚静張天師往治。至則壻不知所之矣。到郡纔十日，張召内外諸神問蛇所在，皆莫對。繼呼城隍扣之，亦辭曰不知。張怒責甚峻，敕陰兵行，箠撻楚毒備極，訴云：「彼物之靈，上與天通。言脱於口，大禍立至。」張曰：「吾之法力，誅之有餘。今但欲得其窟穴。汝若不告，當先受戮。」於是神俯首密白其處。張擇日詣之。去穴三里，結壇五層，其廣數十丈。壇成，悉集一城吏民，使居於其上，而領衆道士作法。初飛一白符，寂然無聞。次飛赤符，繼以黄符。良久，風雲勃興，

雷電四起，青氛黑烟，蔽滿山谷，見者危懼。少頃，烟散。張持法如初，俄白氣滃於天際，或黄或紫，如是者四五變，壇上人盡顛仆怖哭，立待吞噬。張使人人口銜土一塊，以禦邪沴。遣取州印置前，語衆曰：「白蛇之神盡於是矣，必將自出。如越過五壇，雖吾亦不復有生理。苟不吾敵，則止於三層。邪不勝正，此邦當無憂也。」已而烈火從穴中發，漸及壇側，大蛇呀然張口，勢欲吞壇。矯首傃空，高出望表，迤邐且近，引其身繞下層四五匝。張左手執州印，右手執玉印，端立對之。蛇縮栗挫沮，進退不可，軀幹漸低，摧若爲一山所壓，衝第三級而止。即飛劍殺之。其後累累而出，小者猶如柱，幾數萬條。張曰：「首惡盖牝者，種類實繁，此難悉誅。然亦不可恕，擇其爲孽者去之足矣。」顧父老壯勇者，解所賫刀劍，斬其如柱如楹者二十餘條，皆爲法力所束，帖帖受劍。自餘以符付神將，驅出外境。又數日，率郡民視其穴，有石床正中，盖其蟠憩之處。白骨山積，皆前後所啖食之人，臭聞百里，經月方息。虚静爲漢天師三十代孫，平生不娶。京師將亂，潛出城，還鄉尸解，復隱於峩眉山。蜀人或見之。天師嫡派遂絶，今以族人紹厥後云。

宋 周密《癸辛雜識·後集·趙春谷斬蛇》 趙暨守衢日，所任都吏徐信興建佑聖觀，斂民財甚夥。未幾詹寇作，信以致寇抵罪而死，然民之奉祠如故，特太守不復往。趙孟奎春谷始至，以祀典亦往致敬。已而得堂帖，從前守陳蒙所申，命加毁拆。民投牒求免，而主祀祠黄冠遇大蛇於道，謂神所憑，率民以禱，曰：「果神也，盍詣郡？」遂以蛇至倅廳以白郡。趙曰：「此妖也。」以黄冠爲惑衆，械繫於獄，繼取蛇，貯以大缶，加封閉焉。三日獄成，黄冠坐編置而戮蛇於市。人咸壯之。

元 佚名《東南紀聞》卷一 韓蘄王世忠微時，貧困亡聊，疥癩滿體，臭腐不可近，其妻孥亦惡之。夏日，浴於溪澗中，忽一巨蟒直前將噬之。韓窘急，以兩手握其首頷間。蟒以尾繞其身，韓不得已，握持以歸其家，欲呼妻孥刺殺之，皆駭遁不敢前。韓愈窘，入厨中，見有切菜刀偶仰置几上，遂持蟒首就上，極力按之，來去如引鋸，卒斷蟒首。既免，不勝忿，置之鑊，煮而啖之。明日，所病疥癩即脱去，肌體瑩白如玉，其無疥癩處即否。

明 王兆雲《白醉瑣談》卷二《龍王廟蛇》 通州石渚馬公公子以廕任前府都事，賫裕宗皇帝恩詔至閩廣。歸云江中遇一緑色小蛇，長尺許，遊近舡邊。舟人即以浄器貯之，殺一雞送至龍王廟上，蛇至供棹上食其血，復自去江中。更近別船，亦如前享之。

明 朱國禎《湧幢小品》卷三一《蛇》 有大蛇穴禹門下巖石中。常束尾崖樹顛，垂首于河，伺食魚鼈之類，已而復上入穴，如是者累年。一日，復下食於河，遂不即起，但尾束樹端，牢不可脱，每其身一上下，則樹爲起伏如弓張弛狀。久之，樹枝披折，蛇墮水中，數日，蛇浮死水旋隈。竟不知蛇得水物，貪其腥羶，不舍而墮邪？抑蛇爲水之怪物所得，欲起不能而墮也？是蛇負其險毒，稔其貪婪，以食于河，所恃以安者，尾束于樹耳。使樹不折，則其生死猶未可知。惟樹折身墮，遂死于河。此殆天理，非偶然也。且使蛇得水物，貪其歷羶，不舍而死，固可爲怙强貪不知止之戒。使蛇爲水之怪物所得而死，亦可謂害物必報之戒。

明 钱希言《獪園》卷一四《妖孽·妖蛇五》 烏程縣鄉達先生沈桐，嘉靖末，應浙右鄉舉，甚有名稱。其年封公與之偕行，舍于杭城逆旅。試期迫矣，宵分忽寤，大呼指痛，號叫之聲異常，封公驚起，遽命人輩取火來視。既至，見大赤斑蛇長二三丈，盤繞牀下，昂頭入被，嚙定中指不肯放。人輩沸騰，齊覔器杖將擊之。沈曰：「是寃對，不可殺也。」乃爲誓以視于蛇曰：「某多生刦中定有所負，故今日見噬耳。如蒙釋宥，趣延沙門轉經皈懺，送汝于錢唐中，興雲騰霧而去。從今以後，凡所累積，悉歸于汝，敢忘不死之恩。」作此語已，蛇便低頭良久，徐徐放下其指，蜿蜒如故。而此指已兩孔相貫，若錐刺然。于是馳召弄蛇人至，使療之，蛇人惶駭，急用繒索拴縛其右臂之半甚固。自半已下，再三捋之，揉及百會。從患處下紫血一二升，色如椹子汁，須臾变成黑色。或云，是怨毒之氣所鍾也。蛇人喜曰：「無憂矣。但郎君名場之期，業已参差，此行不須更望也。」沈遂不入闈而返，後傅良藥，歲餘獲痊。此掌屈伸如舊，比至後科，始領鄉薦，聯捷進士第。沈公感悟寃對之理，慚悔無及。堅行善事，戒殺放生。年踰大耋，至今康强。遇人必談蛇報，鄉里皆化之焉。管珍秀才所述。

明 鄭促夔《玉塵新譚》卷五《梵勝》 香林上人，居閩杭之上通寺，戒行精嚴，時露靈異。初至，開山水源淺薄，不足供山中用。師因枯坐泉側，廢寢食者七日，忽一長蛇盤遶其旁。師囑曰：「女爲龍，曷□大衆，使水源出乎？」囑罷，蛇屈曲蹣跚，若唯唯聽命，遂不見。是夕，泉忽湧出，自是汲取不竭。

清 袁枚《續子不語》卷八《九尾蛇》 茅八者，少曾販紙入江西。其地深山多紙廠，廠中入日將落即鍵户，戒勿他出。曰：「山中多異物，不特虎狼也。」一夕，月皎甚，茅不能寐，思一啟户玩月，瑟縮再四，自恃武勇尚可任，乃啟關而出。行不數十步，忽見羣猴數十奔泣而來，盡擇一大樹而上。茅亦上他樹遠窺，旋見

一蛇從林際出，身如拱柱，兩目灼灼，體甲皆如魚鱗。而硬腰以下，生九尾，相曳而行，有聲如鐵甲然。至樹下，乃倒柱其尾，旋轉作舞狀。每尾端有小竅，竅中出延如彈射。樹上猴有中者，輒叫號墮地，腹裂而死。乃徐啖三猴，曳尾而去。茅懼，歸，自是昏夜不敢出。

清 嘉慶《經縣志》卷二七《異聞》 烏溪關門山下有圓石，高五尺餘，大倍之。每夜光發如炬，俗號燈籠石。石根時有大蛇，出則小蛇數十隨之。一夕，烈風迅雷，擊石微碎。蛇迹遂絶，石亦無光。然古色陸離，蘿薜纏繞，猶足供人玩眺。《欹閣紀聞》

清 道光《寶山縣志》卷一四《軼事》 崇禎元年，孫元化里居被召，有兩頭蛇見所居樂在堂，因信口成詩云：「吾聞兩頭蛇，其怪不可弭。昔賢對之泣，而我翻獨喜。喜者意云何，以我行藏似。蜿蜒不停留，奔赴孰驅使。當南更之北，欲進掣而止。首鼠兩端乎，猶豫一身爾。蛇也兩而一，相牽無窮已。混心腹腎腸，各口頰脣齒。畢生難並趨，終朝不離咫。屈伸匪自□，左右何能以。豈不各努力，努力徒縈累。殺一誠便一，一殺一亦死。兩存終奈何，聽之造造物理。」後吳橋之變，卒成詩讖。

清 光緒《盧氏縣志》卷九《人物》 笑和尚蟒。鋳川毒蟒爲患，行旅斷絶。忽一異僧，不知何來，有笑癖焉，遂名之。覩此蟒異，哈然而笑。翌日驅蹇載囊至，蟒吸吞之。和尚聳身高崖，哈然而笑。須臾，鋳中烟起，蟒已焚死。覓和尚，忽不見人。臨鋳視之，始知向所載者，火種硝磺爾。技雖小而能除大害，故傳而誌之。

藝文

晉 郭璞《肥遺蛇》（《漢魏六朝百三家集》卷五七引） 肥遺爲物，與災合契。鼓翼陽山，以表亢厲。桑林既禱，倏忽潛逝。

又 《長蛇》 長蛇百尋，厥鬣如彘。飛羣走類，靡不吞噬。極物之惡，盡毒之厲。

又 《窫窳諸懷獸鱳魚肥遺蛇》 窫窳諸懷，是則害人。鱳之爲狀，羊鱗黑文。肥遺之蛇，一頭兩身。

又 《鳴蛇化蛇》 鳴化二蛇，同類異狀。拂翼俱遊。騰波漂浪，見則泣災，或滔或亢。

晉 郭璞《山海經圖讚》卷一《飛蛇》 騰蛇配龍，因霧而躍，雖欲登天，雲罷陸莫。材非所任，難以久托。

又 卷二 自此山來，蟲爲蛇，蛇號爲魚。 賤無定貴，貴無常珍。物不自物，自物由人。萬事皆然，豈伊蛇鱗。

又 《巴蛇》 象實巨獸，有蛇吞之。越出其骨，三年爲期。厥大何如，屈生是疑。

又 《補遺·枳首蛇》 夔稱一足，蛇則二首。少不知無，多不覺有。雖資天然，無異駢拇。

南朝梁 江淹《江文通集》卷四 魂兮歸來，異方不可以親。蝮蛇九首，雄虺戴鱗。炎穴一光，骨爛魂傷。玄狐曳尾，赤象爲梁。至日歸來，無往此異方。

宋 王質《雪山集》卷一二《異蛇》 非蛟非龍奚爲耶，杳靄是蛇或非蛇。軀如三丈中廬棟，聲如二尺單夫車。洶湧西來復南去，激碎滿川波浪花。爾等陸產殊水產，亦有水產非其家。平生康莊在菅莽，胡乃出没同魚蝦。無何變化不俄頃，野鴨凌亂揚風沙。向來鱗甲渺烟霧，但見浦漵連蒹葭。立憑石樹踏莎草，隄前隄後聽蝦蟇。南山之趾西湖腹，是日有物横空拏。一爪二角色純黑，亂雲奔走相谽谺。得非此物即此蛇，是否恍惚空喧譁。虹腰餘飛雨腳斷，夕陽半閣西山斜。

雜録

《山海經·中山經》 又西三百里，曰陽山。多石，無草木，陽水出焉，而北流注於伊水。其中多化蛇，其狀如人面而豺身，鳥翼而蛇行。其音如叱呼，見則其邑大水。

《山海經·海內南經》 巴蛇食象，三歲而出其骨。君子服之，無心腹之疾。其爲蛇，青黃赤黑。一曰，黑蛇青首，在犀牛西。

《山海經·海內西經》 開明西，有鳳凰、鸞鳥，皆戴蛇、踐蛇，膺有赤蛇。

《山海經·大荒南經》 黑水之南，有玄蛇食麈。有巫山者，西有黃鳥。帝藥八齊。黃鳥於巫山司此玄蛇。【略】

有蜮山者，有蜮民之國。桑姓食黍，射蜮是食。有人方扜弓射黄蛇，名曰

蜮人。

《山海經·大荒西經》　蛇乃化爲魚，是謂魚婦。顓頊死即復蘇。

漢　東方朔《神異經》　西方山中有蛇，頭尾差大，有色五彩。人物觸之者，中頭則尾至，中尾則頭至，中腰則頭尾並至。名曰率然。張茂先注曰：會稽常山最多此蛇。故《孫子兵法》「三軍勢如率然」者是也。

漢　王逸《楚辭章句》卷三《屈原六問》　雄虺九首，儵忽焉在。虺，蛇別名也。儵忽，電光也。言有雄虺一身九頭，連及電光，皆何所在乎？【略】靈蛇吞象，厥大何如。《山海經》云：南方有靈蛇吞象，三年，然後出其骨。

晉　張華《博物志》卷三　小山有獸，其形如鼓，一足如蠡。澤有委蛇，狀如轂，長如轅，見之者霸。

晉　郭璞《玄中記》　崑崙西北有山，周回三萬里，巨蛇繞之，得三周。蛇爲長九萬里。蛇居此山，飲食滄海。

晉　干寶《搜神記》卷三　管輅字公明，平原人也，善《易》卜。安平太守東萊王基，字伯輿，家數有怪，使輅筮之。卦成，輅曰：「君之卦，當有賤婦人，生一男，墮地便走，入竈中死。又牀上當有一大蛇銜筆，小大共視，須臾便去。又烏來入室中，與鷰共鬭，鷰死烏去。有此三卦。」基大驚，曰：「精義之致，乃至於此。幸爲占其吉凶。」輅曰：「非有他禍，直客一作官舍久遠，魑魅罔兩共爲怪耳。兒生便走，非能自走，直宋無忌之妖，將其入竈也。大蛇銜筆者，直老書佐耳。烏與鷰鬭者，直老鈴下耳。夫神明之正，非妖能害也。萬物之變，非道所止也。久遠之浮精，必能之定數也。今卦中見象而不見其凶，故知假托之數，非妖咎之徵，自無所憂也。昔高宗之鼎，非雉所雊；太戊之階，非桑所生。然而野鳥一雊，武丁爲高宗；桑穀暫生，大戊以興。焉知三事不爲吉祥？願府君安身養德，從容光大，勿以神奸污累天真。」後卒無他，遷安南督軍。後輅鄉里乃太原問輅：「君往者爲王府君論怪，云老書佐爲蛇、老鈴下爲烏。此本皆人，何化之微賤乎？爲見於爻象，出君意乎？」輅言：「苟非性與天道，何由背爻象而任心胸者乎？夫萬物之化，無有常形；人之變異，無有定體。或大爲小，或小爲大，固無優劣。萬物之化，一例之道也。是以夏鯀，天子之父；趙王如意，漢高之子。而鯀爲黄能，意爲蒼狗，斯亦至尊之位，而爲黔喙之類也。況蛇者協辰巳之位，烏者棲太陽之精，此乃騰黑之明象，白日之流景。如書佐、鈴下，各以微軀，化爲蛇烏，不亦過乎？」

晉　陶潛《搜神後記》卷一〇　晉太元中，有士人嫁女於近村者。至時，夫家遣人來迎，女家好遣發，又令女乳母送之。既至，重門累閣，擬於王侯。廊柱下有燈火，一婢子嚴粧直守。後房帷帳甚美。至夜，女抱乳母涕泣，而口不得言。乳母密于帳中以手潛摸之，得一蛇，如數圍柱，纏其女從足至頭。乳母驚出外，柱下守燈婢子悉是小蛇，燈火乃是蛇眼。

南朝宋　劉敬叔《異苑》卷三《蛇》　晉太元中，汝南人入山伐竹，見一竹中蛇形已成，上枝葉如故。又吴郡桐廬人常伐餘一作除字遺竹，見一竹竿雉頭頸盡就，身猶未變。此亦竹爲蛇，蛇爲雉也。

南朝梁　任昉《述異志》卷下　秦惠王獻五美女於蜀王，王遣五丁迎女。乃見大虵入山穴中，五丁曳虵，山崩，五女上山，皆化爲石。

唐　焦璐《窮神秘苑》（《天中記》卷五六引）　《搜神記》：蛇千年則斷復續。《淮南子》云：神蛇自斷其身而自相續。煬帝遣人於嶺南，邊海窮山，求此蛇數四，而至洛下。所得之者，長可三尺，而色黄黑，其頭錦文，全似金色，不能毒人，解食肉。若欲令自斷其身者，則先觸之令怒，使不任其憤毒，則自斷爲三四。其斷之處，如刀截焉，見其皮骨文理，亦有血焉。然久怒定，則三四斷稍稍自相就而連續，體復如故，亦似不相斷。隋著作郎鄧隆云：此靈蛇一類，自斷，不必千歲也。

唐　張鷟《朝野僉載》卷五　東海有蛇丘，地險，多漸洳，衆蛇居之，無人民。蛇或有人頭而蛇身。

唐　張讀《宣室志》卷一〇　臨淮郡有館亭，濱泗水上，亭傍大木，周數十拱，突然勁枝陰合百步，往往有疾風迅雷暮發其中。人望見亭中有二光，對而上下，赫然若電。風雷既息，光亦隨閟。開元中有韋子春以勇力聞。會子春客於臨淮，有人語其事者。子春曰：「吾將伺之。」於是挈衣橐，止于亭中以伺焉。後一夕，忽有大風雷振于地，亭屋摇撼，果見二光照耀亭宇。子春乃斂衣而坐，果覺有物蟠繞其身，冷如冰凍，束不可解。回視，見二老人在身後。子春即奮躍揮臂，砉然有聲，其縛亦解。遂歸亭中。未幾而風雷爽霽，聞亭中腥若鮑肆。明日視之，見一巨蛇中斷而斃，血遍其地。里人相告來觀，謂子春且死矣。及見之，大驚。自是其亭無風雷患。

五代　譚峭《化書》卷一《道化·蛇雀》　蛇化爲龜，雀化爲蛤，彼忽然忘屈曲之狀，而得蹣跚之質。此倏然失飛鳴之態，而得介甲之體。斲削不能加其功，繩

尺不能定其象。何化之速也。且夫當空團塊，見塊而不見空。粉塊求空，見空而不見塊。形無妨而人自妨之，物無滯而人自滯之。悲哉！

宋　李石《續博物志》卷二　呂洞賓謂侯生曰：蛇蝎，天地洵以自然之氣，使之生以遂性，殺此救彼，有損無益。取紙隱語，三口共一室，室畔水偏清，乃呂洞賓字。

宋　洪邁《夷堅志・支志・丙》卷二《佘氏蛇怪》　樂平佘六七郎者，妻程氏女才一年。當白晝欲登榻，見一蛇蜿蜒于上，僅長尺餘，而匾闊三寸許。程駭怖，呼家人共取仗擊逐之。蛇躍下，徑出房門，遂不見。里俗相傳山木間有所謂旺神者，魈類也，頗能見妖怪，邀索祭享。然其威靈，亦殊不章赫，雖村巫社覡亦能去之。甚者化爲人，或爲蛇，與婦人亂，於是佘氏疑焉。程意狀罔罔，稍與平日異，亦莫知其遭祟與否也。踰月而死，方斂尸於地，蛇復來，踞其腹，形模全似前所覩者。人攜杖至，亟奔趨而出，不知所在。此蛇蓋名曰猪豚云。是時慶元元年二月也。

宋　朱熹《楚辭辯證》卷下《天問》　「雄虺倏忽。」或云：今嶺南有異蛇，能一日行數百里以逐人者。即此物，但不見説有九首耳。

補注：説今湖州武唐縣東有防風山，山東二百步有禺山，防風廟在封禺二山之間。洪君晚居霅川，當得其實。

「巴蛇」事下注中食鹿出骨事，似若迂誕。然予嘗見山中人説，大蛇能吞人家所伏雞卵，而登木自絞以出其殼者。人甚苦之，因爲木卵著藪中，蛇不知而吞之，遂絞而裂云。

明　牛衷《增修埤雅廣要》卷九《人道門・異相類・伏羲蛇身》　太昊伏羲氏，風姓，代燧人氏而王，蛇身人首。始畫八卦，造書契，以代結繩之政。制嫁娶，以儷皮爲禮。結網罟，教佃漁養犧牲以庖厨，故曰「庖犧」。有龍瑞，以龍紀官，號「龍師」。

明　焦周《焦氏説楛》卷四　蔡州宣和間一士人書屋中忽見小蛇。文章陸離，蜿蜒几格間。每巳時輒至，午乃隱去。士人異之，捕置鐵絲藍中。逮午則堅冷化爲石矣。質巧天成，鬼工不能加。明巳復蠕動，既又復爲石，而屈伸蟠結之狀，日日不同。士人寶攜來京，見中人梁師成。師成嘆曰：「此神物造化之所寓。禁中有玉鼠、玉兔，或以時見，則其物也。」士遂獻之。

明　王同軌《耳談類增》卷二〇《脞志鱗羽篇・柯山蛇妖》　黄州柯山，在城中。其上皆巨竹，山下民婦就蓐，産一蛇，徑走入竹間。後數年，乃時出。色白脊，有紅鬣，見者必死，人極惡之。崇寧伍年，青社李辯老坐事謫居。嘗拉所厚三友潘仲達、何斯舉、欒正夫同遊此山。或告以蛇怪。未久，果見蟠於竹下，高與人齊。李失聲，三子倉皇散走。李知不免，拾一拳石，祝之曰：「我今日與彼勢不兩全。我勝，蛇死。不勝，我死。」祝罷，石正中蛇腦，即疾穿草去。有如風聲，草爲之偃。四客相賀縱賞，抵暮乃歸。後三日，竹外人家聞臊氣，稍前視之，蛇已死腐。其長五丈。見《夷堅志》。以予郡事，故存之。《明道雜志》謂：郡始饒蛇，色與草同。故東坡有「畏蛇懶下牀」之句。何斯舉，即作《雪堂上梁文》所謂「前身化鶴，曾陪赤壁之遊；故事傳鵞，非復黄庭之舊」者也。

明　徐㶿《榕陰新檢》卷一一《殺犬化蛇》　永福縣有村律院，伯仲二僧同房。伯僧愛一犬。每食，必呼使前。仲甚惡之，見必叱逐，或繼以鞭箠。如是累歲。伯嘗出外旬日，歸不見犬，責仲曰：「汝常日讐犬特甚，乘我之出，必殺食之矣。」仲不得已，乃言因其竊食，誤擊殺之，埋諸後圃。伯殊不信，潛往瘞所發視。歸語仲曰：「犬雖異類，心與人同。汝與結寃非一日。適吾視其體，頭已爲蛇，會當報汝。汝不宜往。」再一人往視之，則蛇頭愈長，始大恐，問所以解寃之策。伯教以對佛懺謝，遂入懺堂，晝夜不息，凡數年。一夕，焚紙錙，覺盆中有物，意其有鼠，撥視之，蛇也。乘仲張口，急奔入喉中，遂死。

清　馬驌《繹史》卷三《太皞記》　女媧氏亦風姓也，承庖犧制度，亦蛇身人首，一號「女希」，是爲女皇。《楚辭注》：女媧人頭蛇身，一日七十化。《風俗通》：俗説天地初開闢，未有人民。女媧摶黄土爲人，劇務，力不暇供，乃引繩絙泥中，舉以爲人。故富貴賢知者，黄土人也。貧賤凡庸者，引絙人也。荒唐。

清　陳鼎《蛇譜・蛇神》　西北海之外，赤水之北，有章尾山。有神，人面蛇身，是謂「燭龍」。貳負之神，亦人面蛇身。開明西有鳳凰，鸞鳥，皆踐蛇戴蛇，膺有赤蛇。相柳氏九首人面，蛇身而青，不敢北射，畏共工之臺也。女子國北有神，人面蛇身，尾交首上，窮山在其北，不敢西射，畏軒轅之邱也。單孤山神亦人面蛇身，□窳之神亦然，延維之神俱同。此神而蛇者也，博物君子不可不知。

清　汪森《粤西叢載》卷二三《人面蛇》　嶺表有人面蛇，能呼人姓名害人，惟畏蜈蚣。

清　乾隆《竹山縣志》卷四《形勢・聖母山》　縣西一百三十里，世傳有聖母偎過此，見惡蛇，舉而擲之，迄今周圍四十里無蛇。

清　嘉慶《旌德縣志》卷一〇《雜記》　康熙十八年，三都地方一田夫，見白蛇張口而鳴。怪之，揮以鋤，蛇化爲銀。携歸，每夜重四兩。聞於縣，縣令用硃筆標對，遂不加重。因寄連。

清　許奉恩《里乘》卷一《辣蟲變蛇》　夏日有蟲長寸許，竟體皆毛，刺人痛於蜂螫，吾鄉呼爲辣蟲。黄稼田司馬家有園，樹木甚多。嘗夏晚納涼，見一辣蟲栖桐樹幹上。以草撥之，不動，遂置之。越日，又一蟲來銜其尾。凡七日，陸續相接，共七蟲，長不及尺。司馬留心以察其異，日見蠕蠕微動，漸自膠續。不十日，竟共化成一蛇，蜿蜒而去。以數蟲化一蟲，奇哉。噫，七日七蟲，次第如有約而至是果，誰使之哉。

清　俞樾《茶香室叢鈔·三鈔》卷二九《蛇與孔雀偶》　宋黄休復《茅亭客話》云：蛇與孔雀偶。有得其卵者，使鷄抱伏即成，其名曰都護。初年，生緑毛。二年，生尾，生小火眼。三年，生大火眼，其尾乃成。

動植物圖騰與神話總部

動植物圖騰與神話總部提要

本總部主要收録中國古代涉及森林動植物圖騰與神話的典型史料，下設總論、麟、鳳、龜、龍、木、草、禽、獸九個部。

在古代原始社會，人們以某種自然物的圖形作爲本氏族的保護神和標誌，即爲圖騰。古代圖騰與神話中大致以有生命的動植物居多。先民們認爲自身祖先來源於某種動植物，或與其發生過密切關係，由此産生諸多動植物圖騰崇拜與神話傳説。透過這些現象，能够瞭解古人依託山林、尊崇自然的觀念與行爲。

本總部材料的收録、編排主旨主要有三：第一，動物圖騰與神話，參照《禮記·禮運》中「麟、鳳、龜、龍謂之四靈」的提法，突出「四靈」的概念和圖騰意藴，收録古代文獻典籍中有關麟、鳳、龜、龍的史料。第二，植物圖騰與神話，借鑒歷代正史《五行志》等「木異」、「草異」的提法，收録古代文獻中關於木、草圖騰與神話的史料。「四靈」之外的動物圖騰，則設禽部、獸部予以收録。第三，爲避免重複，有關虎、狐、鹿、猴、燕、鵲、鶴等動物圖騰與神話史料，請酌情參閲《林業思想與文化分典·動物文化總部》。

總論部

題解

《周禮·春官宗伯》 凡六樂者，一變而致羽物及川澤之示，再變而致贏物及山林之示，三變而致鱗物及丘陵之示，四變而致毛物及墳衍之示，五變而致介物及土示，六變而致象物及天神。【略】象物，有象在天所謂四靈者，天地之神。四靈之知，非德至和則不至。《禮運》曰：何謂四靈？麟、鳳、龜、龍謂之四靈。龍以爲畜，故魚鮪不淰；鳳以爲畜，故鳥不獝；麟以爲畜，故獸不狘；龜以爲畜，故人情不失。

《論語·八佾》 哀公問社於宰我。宰我對曰：「夏后氏以松，殷人以柏，周人以栗，曰使民戰栗。」

《禮記·禮運》 何謂四靈？麟、鳳、龜、龍謂之四靈。故龍以爲畜，故魚鮪不淰；鳳以爲畜，故鳥不獝；麟以爲畜，故獸不狘；龜以爲畜，故人情不失。

《孔子家語·禮運》 何謂四靈？麟、鳳、龜、龍謂之四靈。故龍以爲畜，而魚鮪不諗；諗，潛藏也。鳳以爲畜，而鳥不翝；麟以爲畜，而獸不狘；翝，飛走之貌也。龜以爲畜，而人情不失。《易》曰：「定天下之吉凶，成天下亹亹者，莫善於蓍龜。」故曰「人情不失」也。先王秉蓍龜，列祭祀，瘞繒，宣祝嘏，辭說。瘞，謂祭祀之瘞。繒，謂若增封泰山。宣，謂播宣揚之。

又 《執轡》 故曰：羽蟲三百有六十，而鳳爲之長；毛蟲三百有六十，而麟爲之長；甲蟲三百有六十，而龜爲之長；鱗蟲三百有六十，而龍爲之長；倮蟲三百有六十，而人爲之長。此乾坤之美也。

漢 劉安《淮南子》卷三《天文訓》 女夷鼓歌，以司天和，以長百穀禽鳥草木。女夷，主春夏長養之神也。

漢 戴德《大戴禮記》卷五《曾子天圓》 毛蟲之精者曰麟，羽蟲之精者曰鳳，介蟲之精者曰龜，鱗蟲之精者曰龍，倮蟲之精者曰聖人。

龜、龍、麟、鳳，所謂四靈。龍非風不舉，龜非火不兆，鳳非梧不棲，麟非藪不止，此皆陰陽之際也。龜龍爲陰，風火爲陽，陰陽會也。茲四者，所以聖人役之也，謂爲之瑞。

又 卷一三《易本命》 故曰：有羽之蟲三百六十，而鳳凰爲之長；有毛之蟲三百六十，而麒麟爲之長；有甲之蟲三百六十，而神龜爲之長；有鱗之蟲三百六十，而蛟龍爲之長；倮之蟲三百六十，而聖人爲之長。此乾坤之美類，禽獸萬物之數也。

漢 應劭《風俗通》卷八《祀典》 稷神 《孝經說》：「稷者，五穀之長。五穀衆多，不可偏祭，故立稷而祭之。」

謹按《春秋左氏傳》：「有烈山氏之子曰柱，能殖百穀蔬果，故立以爲稷正也。周棄亦以爲稷，自商以來祀之。」禮緣生以事死，故社稷人祀之也，則祭稷穀，不得以稷米祭，稷反自食也。而邾文公用繒子於次睢之社，司馬子魚諫曰：「古者六畜不相爲用，祭以爲人也，民人，神之主也，用人，其誰享之？」《詩》云：「吉日庚午，既伯既禱。」豈復殺馬以祭馬乎？《孝經》之說，於斯悖矣。米之神爲稷，故以癸未日祠稷於西南，水勝火爲金相也。【略】

風伯 《楚辭》說：「後飛廉使奔屬。」飛廉，風伯也。

謹按《周禮》：「以禋燎祀風師。」風師者，箕星也。箕主簸揚，能致風氣。《易》：「巽爲長女也。」長者伯，故曰風伯。鼓之以雷霆，潤之以風雨，養成萬物，有功於人，王者祀以報功也。戌之神爲風伯，故以丙戌日祀於西北，火勝金爲木相也。

雨師 《春秋左氏傳》說：「共工之子爲玄冥師。」「鄭大夫子產禳於玄冥，雨師也。」

謹按《周禮》：「以槱燎祀雨師。」雨師者，畢星也。《詩》云：「月離于畢，俾滂沱矣。」《易·師卦》：「師者，衆也。」土中之衆者莫若水，雷震百里，風亦如之。至於太山，不崇朝而徧雨天下，異於雷風，其德散大，故雨獨稱師也。丑之神爲雨師，故以己丑日祀雨師於東北，土勝水爲火相也。

漢 佚名《樂·稽耀嘉》（《古微書》卷二二引） 鱗蟲三百六十，龍爲之長；羽蟲三百六十，鳳爲之長；毛蟲三百六十，麟爲之長；介蟲三百六十，龜爲之長；倮蟲三百六十，聖人爲之長。

晉 葛洪《抱朴子·外篇》卷五《君道》 四靈備覿，《禮記·禮運》：「何謂四靈？

麟、鳳、龜、龍謂之四靈。故龍以爲畜，故魚鮪不淰；鳳以爲畜，故鳥不獝；麟以爲畜，故獸不狘；龜以爲畜，故人情不失。芝華灼衆。《爾雅·釋草》：「苬，芝。」郭注：「芝，一歲三華，瑞草。」《說文·艸部》：「芝，神艸也。」

南朝梁　任昉《述異記》卷上　昔盤古氏之死也，頭爲四岳，目爲日月，脂膏爲江海，毛髮爲草木。秦漢間俗說，盤古氏頭爲東岳，腹爲中岳，左臂爲南岳，右臂爲北岳，足爲西岳。先儒說，盤古氏泣爲江河，氣爲風，聲爲雷，目瞳爲電。古說，盤古氏喜爲晴，怒爲陰。吴楚間說，盤古氏夫妻，陰陽之始也。今南海有盤古氏墓，亘三百餘里，俗云後人追葬盤古之魂也。桂林有盤古氏廟，今人祝祀。

唐　羅隱《兩同書》卷上　夫一氣所化，陽尊而陰卑。三才肇分，天高而地下。龜、龍爲鱗介之長，麟、鳳處羽毛之宗，金、玉乃土石之標，芝、松則卉木之秀。此乃貴賤之理，著之於自然也。龜、龍有神靈之别，麟、鳳有仁愛之異，金、玉有鑑潤之奇，芝、松有貞秀之姿。是皆性稟殊致，爲衆物之所重也。

唐　丘光庭《兼明書》卷一《五行神》　明曰：木神曰勾芒，火神曰祝融，土神曰后土，金神曰蓐收，水神曰玄冥。土神獨稱后者，后，君也，位居中，統領四行，故稱君也。或問曰：「據此后土是五行之神，漢代立后土祠於汾陽，祀何神也？」答曰：「三代已前無此禮，蓋出一時之制耳。其祀當廣祀地神，即如《月令》所祀皇地祇者也。」

唐　成伯璵《毛詩指説·解説第二》　龍、麟、鳳、龜、白虎爲五靈之長，乃聖王之嘉瑞。昇平之世，王者有德，應期而至。若后妃行《關雎》之化，天下信厚守禮。至衰微之世，猶如龍麟至之時，《關雎》之德能感麟者也。趾者，足也，皆有足而能至也。以五行言之，禮屬南方火，信屬中央土，火則生土，循其母則感其子而應至。麟者，屬信而應禮也。其形似麕，麕即大獐也。似牛，一角，角頭有肉，示有武而不用也。黄色，圓蹄，音中黄鐘，行中規矩，不折生草，不害生蟲，不羣居，不侶行，如君子之不黨也。不入穽陷，如聖人有周身之防也。周室信厚，仁及草木，政之所應也。

宋　趙彦衛《雲麓漫抄》卷九　朱雀、玄武、青龍、白虎爲四方之神。祥符間，避聖祖諱，始改「玄武」爲「真武」，「玄冥」爲「真冥」，「玄枵」爲「真枵」，「玄戈」爲「真戈」。後興醴泉觀得龜蛇，道士以爲真武現，繪其象爲北方之神，被髮黑衣，仗劒蹈龜蛇，從者執黑旗。自後奉祀益嚴，加號「鎮天佑聖」。或以爲金人之讖。

宋　衛湜《禮記集説》卷五七　嚴陵方氏曰：麟體信厚，鳳知治亂，龜兆吉凶，龍能變化，故謂之四靈。淰，謂水動。不淰，以見魚之不驚躍也。文王有靈德以及鳥獸昆蟲，故謂其囿曰靈囿，謂其沼曰靈沼。至於「麀鹿濯濯」、「白鳥翯翯」、「於牣魚躍」、「鼉鼓逢逢」，豈非能以之爲畜故然邪！【略】

黄氏曰：飲食之禮達，則天下殺害有時，物無暴殄，庶人無故不食珍，士燕食不兼羹胾，上下咸以僭奢爲恥，是聖王治定無爲之徵驗也。故「四靈以爲畜」者，因飲食有由也。天下飲食從禮，故四靈爲瑞應，信及豚魚，禮化明備也。前儒不認由從於禮之義而解由爲用，其義失矣。

宋　黄震《黄氏日抄》卷一八《讀禮記五·禮運第九》　故聖人作則必以天地爲本，以陰陽爲端，以四時爲柄，以日星爲紀，月以爲量，鬼神以爲徒，五行以爲質，禮義以爲器，人情以爲田，四靈以爲畜。【略】

何謂四靈？麟、鳳、龜、龍謂之四靈。故龍以爲畜，故魚鮪不淰；鳳以爲畜，故鳥不獝；麟以爲畜，故獸不狘；龜以爲畜，故人情不失。淰，音審。獝，況必反。狘，況越反。

淰，魚驚而水動。獝，驚飛貌。狘，驚走貌。麟體信厚，鳳知治亂，龜兆吉凶，龍能變化，故謂四靈。魚從龍，鳥從鳳，獸從麟。龍、鳳、麟既來爲人之畜，其屬見人自不驚逝飛走。龜知人情，既來應人，故於吉凶善惡皆不失。

宋　俞琰《周易集説》卷三二《繫辭下傳一》　《太玄》云：察龍虎之文，觀鳥龜之理。安定胡氏曰：言鳥獸之文者，蓋東方之宿爲蒼龍，南方之宿爲朱雀，西方之宿爲白虎，北方之宿爲龜蛇。

明　孫瑴《古微書》卷二八《孝經援神契》　德至深泉，則黄龍見，醴泉湧，澤阜出萐莆，江生大貝。黄龍見者，君之象也。德至淵，則海出明珠。

按《瑞應圖》：黄龍者，神之精，四靈之長也。王者不漉池捕漁，德達深淵，則應氣而游池沼。萐莆者，樹名也，其葉大如門扇，不摇自動，一名倚扇，狀如蓬，枝多葉少，根如絲，轉而風生，主於飲食清凉，驅殺蟲蠅。堯時冬死夏生，舜時生於厨右階左。大貝，王者不貪財寶則出。

德至鳥獸，則鳳凰翔，麒麟臻，白虎見，白鹿來，狐九尾，白烏下，雉白首。妃房不偏，故白雉應。

清　愛新覺羅·玄燁《日講禮記解義》卷二五《禮運》　何謂四靈？麟、鳳、龜、龍謂之四靈。故龍以爲畜，故魚鮪不淰；鳳以爲畜，故鳥不獝；麟以爲畜，故獸不狘；龜以爲畜，故人情不失。

此中言四靈爲畜也。淰，驚散之貌。獝，驚飛也。狘，驚走也。何謂四靈？若麟性之仁厚，鳳之知治亂，龜之兆吉凶，龍之能變化，則所謂四靈是已。唯龍以爲畜，故魚鮪不至於驚散。鳳以爲畜，故鳥不至於驚飛。麟以爲畜，故獸不至於驚走。龜以爲畜，故疑可取决而不失乎人情之正也。案：三靈馴擾，則其類皆從。龜乃不言介蟲類應者，以前知之物，尤聖人所寶，故特明之。

清 江永《禮書綱目》卷三七《百神・吉禮四》《大宗伯》：凡六樂者，一變而致羽物及川澤之示，再變而致臝物及山林之示，三變而致鱗物及丘陵之示，四變而致毛物及墳衍之示，五變而致介物及土示，六變而致象物及天神。變，猶更也。樂成則更奏也。此謂大蜡索鬼神而致百物，六樂奏而禮畢。東方之祭，則用太簇、姑洗；南方之祭，則用蕤賓；西方之祭，則用夷則、無射；北方之祭，則用黄鍾爲均焉。每奏有所感，致和以來之。凡動物敏疾者，地祇高下之甚者易致，羽物既飛又走，川澤有孔竅者，蛤蟹走則遲，墳衍孔竅則小矣，是其所以舒疾之分。土祇，原隰及平地之神也。象物，有象在天。所謂四靈者，天地之神。四靈之知，非德至和，則不至。《禮運》曰：何謂四靈？麟、鳳、龜、龍謂之四靈。龍以爲畜，故魚鮪不淰；鳳以爲畜，故鳥不獝；麟以爲畜，故獸不狘；龜以爲畜，故人情不失。並《春官》。

論說

《列子・黃帝》 黃帝與炎帝戰於阪蒲板反。泉之野，帥音率。熊、羆、狼、豹、貙、虎爲前驅，鵰、鶡、鷹一本作鶚鷹、鳶爲旗幟，幟，音熾。自熊、羆皆猛獸勇鬬者也。此以力使禽獸者也。堯使夔典樂，擊石拊石，百獸率舞，《簫韶》九成，鳳皇來儀，此以聲致禽獸者也。

《列子・湯問》 革曰：「【略】昔者女媧媧音瓜。古天子，風姓。氏，煉五色石以補其闕，陰陽失度，三辰盈縮，是使天地之闕，不必形體虧殘也。女媧，神人，故能煉五色之精，以調和陰陽，使晷度順序，不必以器質相補也。斷鼇之足鼇，巨龜也。以立四極。其後共工氏與顓頊爭爲帝，怒而觸不周之山，共工氏興霸於伏羲、神農之間，其後苗裔恃其彊，與顓頊爭爲帝。顓頊，黄帝孫。不周山，在西北之極。折天柱，絶地維。故天傾西北，日月星辰就焉；地不滿東南，故百川水潦音老歸焉。」湯又問：「物有巨細乎？有修短乎？有同異乎？」革曰：「渤海今樂安郡。之東，不知幾億萬里，有大壑《山海經》云：東海之外有大壑。焉，實惟無底之谷，事見《大荒經》。《詩含神霧》云：東注無底之谷。其下無底，稱其無底者，盖舉深之極耳。上句云無無極限，有不可盡，實使無底，亦無所閡。名曰歸墟。或作「歸塘」。《莊子》云「尾閭」。八紘九野之水，天漢之流，莫不注之，而無增無減焉。八紘，八極也。九野，天之八方中央也。世傳天河與海通。其中有五山焉：一曰岱輿，二曰員嶠，三曰方壺，一曰方丈。四曰瀛洲，五曰蓬萊。《史記》曰：方丈、瀛洲、蓬萊，此三神山，在渤海中。盖常有至者，諸仙人及不死之藥皆在焉。未至，望之如雲。欲到，即引而去，終莫能至。其山高下周旋三萬里，其頂平處九千里。山之中間相去七萬里，以爲鄰居焉。其上臺觀皆金玉，其上禽獸皆純縞。珠玕之樹皆叢生，華實皆有滋味，食之皆不老不死。所居之人皆仙聖之種，一日一夕飛相往來者，不可數色主反。注同。焉。兩山間相去七萬里，五山之間凡二十八萬里。而日夜往來者，不可得數。風雲之揮霍，不足逾其速。而五山之根無所連箸，常隨潮波上下往還，不得蹔峙焉。仙聖毒毒，病也。之，訴之於帝。帝怒流於西極，失羣聖之居，乃命禺彊與隅同。《神仙傳》曰：北方之神名禺彊，號曰「玄冥子」。《山海經》曰：大荒之中有神，人面鳥身，名曰禺彊。簡文云：北海神也。《大荒經》曰：北極之神名禺彊，靈龜爲之使也。使巨鼇《列仙傳》云：巨鼇戴蓬萊山而抃滄海之中。《玄中記》云：即巨龜也。十五舉首而戴之。《離騷》曰：巨鼇戴山，其何以安也？迭爲三番，音翻。更代也。六萬歲一交焉。五山始峙。而龍伯之國有大人，舉足不盈數色主反步而暨五山之所，一釣而連六鼇，合負而趣歸其國，灼其骨以數所據反。筭計也焉。以高下周圍三萬里山，而一鼇頭之所戴，而此六鼇復爲一鉤之所引，龍伯之人能并而負之，又鑽其骨以卜計，此人之形當百餘萬里。鯤鵬方之，猶蚊蚋、蚤虱耳。則太虛之所受，亦奚所不容哉？於是岱輿、員嶠二山流於北極，沈於大海，仙聖之播遷者巨億計。帝憑怒，憑，大也。侵减龍伯之國使阨，侵小龍伯之民使短。至伏羲、神農時，其國人猶數十丈。《山海經》云：東海之外，大荒之中，有大人之國。《河圖玉板》云：從崑崙以北九萬里，得龍伯之國，人長四十丈，生萬八千歲始死。從中州以東四十萬里，得僬僥國，樵音，譙僥，短人國名也。《史記》云：僬僥氏三尺，短之至也。韋昭曰：僬僥，西南蠻之别名也。按《括地志》：在大秦國北也。人長一尺五寸。事見《詩含神霧》。東北極有人名曰諍《山海經》曰：東海之外有小人，名曰諍人。人，長九尺。見《山海經》。《詩含神霧》云：東北極有此人。既言其大，因明其小耳。荆之南有冥靈木名也。生江南，以葉生爲春，落葉爲秋。者，以五百歲爲春，五百歲爲秋。上古有大椿木名也，一名櫄。者，以八千歲爲春，八千

歲爲秋。朽壤之上，有菌芝者，菌，其隕反，崔譔云：糞土之芝也，朝生暮死；簡文云：欻生之芝。生於朝，死於晦。春夏之月有蠓蚋者，謂蠛蠓、蚊蚋也。二者，小飛蟲也。因雨而生，見陽而死。終髮北之北《莊子》云「窮髮」。有溟海《十洲記》云：水黑色，謂溟海。者，天池也。有魚焉，其廣數千里，其長稱焉，其名爲鯤。鯨魚也。有鳥焉，其名爲鵬，翼若垂天之雲，其體稱焉。《莊子》云，鯤化爲鵬。世豈知有此物哉？甄其所常見，習其所常聞，雖語之，猶將不信焉。大禹行而見之，伯益知而名彌正反，與銘同。之，夷堅聞而志之。記之也。夫奇見異聞，衆之所疑，禹、益、堅豈直空言譎怪以駭一世？蓋明必有此物，以遺執守者之固陋，除視聽者之盲聾耳。夷堅未聞，亦古博物者也。江浦之間生麼蟲，麼，細也，亡果反。字書云：麼，小也。其名曰焦螟，羣飛而集於蚊睫，弗相觸也。栖宿去來，蚊弗覺也。離朱、子羽方晝拭眥在詣反，目際也。揚眉而望之，弗見其形；離朱，黄帝時明目人，能百步望秋毫之末。子羽，未聞。鯱除倚反。俞、古之聰耳人。師曠方夜音惕。耳俛首而聽之，弗聞其聲。鯱俞，未聞也。師曠，晉平公時人，夏革無緣得稱之。此後著書記事者潤益其辭耳。夫用心智，賴耳目以視聽者，未能見至微之物也。唯黄帝與容成子居崆峒之上，《史記》云：黄帝至于河，登崆峒之山。今在醴泉郡。同齋三月，心死形廢，所謂心同死灰，形若枯木。徐以神視，神者，寂然玄照而已，不假於目。塊然見之，若嵩山之阿；以有形涉於神明之境，嵩山未足喻其巨。徐以氣聽，氣者，任其自然，而不資外用也。砰普稱反。然聞之，若雷霆之聲。以有聲涉於空寂之域，雷霆之音。未足以喻其大也。吳楚之國有大木焉，其名爲櫾，《山海經》曰：荆山多橘、柚。柚，似橘而大，皮厚，味酸。櫾音柚。碧樹而冬生，實丹而味酸。食其皮汁，已憤厥之疾。氣疾也。齊州珍之，渡淮而北，而化爲枳焉。《周禮》曰：橘渡淮北而化爲枳。鸜鵒不踰濟，貉音鶴。似狐，善睡，獸也。踰汶武申反。則死矣。酈元《水經》曰：濟水出王屋山爲沇水，東經温爲濟水，下入黄河十餘里，南渡河爲滎澤，又經濟陰等九郡而入海。《周禮》云：鸜鵒不踰濟，貉踰汶則死。此地氣使然也。鄭玄云：汶水在魯城北。先儒相因以爲魯之汶水，皆大誤也。案《史記》：汶與嶓同，謂汶江也，非音問之汶。案《山海經》：大江出汶山。郭云：東南逕蜀郡，東北逕巴東、江夏，至廣陵入海。《韓詩外傳》云：昔者江出於汶山，其始也足以濫觴是也。又《楚詞》云：隱汶山之清江。固可明矣。且《列子》與《周禮》通言水土性異，則遷移有傷，故舉四瀆以言之。案今魯之汶水，闊不踰數十步，源不過二百里，揭厲皆渡，斯須往還，豈狐貉暫游，生死頓隔矣？《説文》云：貉，狐類也。皆生長丘陵旱地。今江邊人云狐不渡江，是明踰越大水則傷本性，遂致死也。地氣然也。此事義見《周官》。雖然，形氣異也，性鈞已，無相易已。生皆全已，分皆足已。吾何以識其巨細？何以識其修短？何以識其同異哉？」

漢 王充《論衡》卷一六《講瑞篇》 儒者之論，自説見鳳皇麒麟而知之。何則？案鳳皇、麒麟之象，又《春秋》獲麟文曰：「有麞而角。」麞而角者，則是麒麟矣；見其鳥而象鳳皇者，則鳳皇矣。黄帝、堯、舜、周之盛時，皆致鳳皇。孝宣帝之時，鳳皇集於上林；後又於長樂之宫東門樹上，高五尺，文章五色。周獲麟，麟似麞而角；武帝之麟，亦如麞而角。如有大鳥，文章五色；獸狀如麞，首戴一角，考以圖象，驗之古今，則麒麟可得審也。夫鳳皇，鳥之聖者也；麒麟，獸之聖者也；五帝、三王，皐陶、孔子，人之聖也。十二聖相各不同，而欲以麞戴角則謂之麒麟，相與鳳皇象合者謂之鳳皇，如何？夫聖鳥獸毛色不同，猶十二聖骨體不均也。戴角之相，猶戴午也。顓頊戴午，堯、舜必未然。今魯所獲麟戴角，即後所見麟未必戴角也。如用魯所獲麟，求知世間之麟，則必不能知也。何則？毛羽骨角不合同也。假令不同，或時似類，未必真是。虞舜重瞳，王莽亦重瞳；晉文駢脅，張儀亦駢脅。如以骨體毛色比，則王莽，虞舜；而張儀，晉文也。有若在魯，最似孔子。孔子死，弟子共坐有若，問以道事，有若不能對者，何也？體狀似類，實性非也。今五色之鳥，一角之獸，或時似類鳳皇麒麟，其實非真；而説者欲以骨體毛色定鳳皇麒麟，誤矣。是故顔淵庶幾，不似孔子；有若恒庸，反類聖人。由是言之，或時真鳳皇麒麟，骨體不似，恒庸鳥獸，毛色類真。知之如何？儒者自謂見鳳皇麒麟輒而知之，則是自謂見聖人輒而知之也。皐陶馬口，孔子反宇。設後輒有知而絶殊馬口反宇，尚未可謂聖。何則？十二聖相不同，前聖之相，難以照後聖也。骨法不同，姓名不等，身形殊狀，生出異土，雖復有聖，何如知之？桓君山謂揚子雲曰：「如後世復有聖人，徒知其才能之勝己，多不能知其聖與非聖人也。」子雲曰：「誠然。」夫聖人難知，知能之美。若桓、揚者，尚復不能知；世儒懷庸庸之知，齎無異之議，見聖不能知，可保必也。夫不能知聖，則不能知鳳皇與麒麟。世人名鳳皇麒麟，何用自謂能之乎？夫上世之名鳳皇麒麟，聞其鳥獸之奇者耳。毛角有奇，又不妄翔苟遊，與鳥獸争飽，則謂之鳳皇麒麟矣。世人之知聖，亦猶此也。聞聖人人之奇者，身有奇骨，知能博達，則謂之聖矣。及其知之，非卒見暫聞，而輒名之爲聖也。與之偃伏，從文受學，然後知之。何以明之？子貢事孔子，一年自謂過孔子，二年自謂與孔子同，三年自知不及孔子。當一年二年之時，未知孔子聖也；三年之後，然乃知之。以子貢知孔子，三年乃定。世儒無子貢之才，其見聖人，不從之學，任倉卒之視，無三年之接，自謂知聖，誤矣。少正卯在魯，與孔子並；孔子之門，三盈三虚，唯

顔淵不去，顔淵獨知孔子聖也。夫門人去孔子歸少正卯，不徒不能知孔子之聖，又不能知少正卯，門人皆惑。子貢曰：「夫少正卯，魯之聞人也；子爲政，何以先之？」孔子曰：「賜退，非爾所及。」夫才能知佞若子貢，尚不能知聖。世儒見聖，自謂能知之，妄也。夫以不能知聖言之，則亦知其不能知鳳皇與麒麟也。使鳳皇羽翮長廣，麒麟體高大，則見之者以爲大鳥巨獸耳。何以别之？如必巨大别之，則其知聖人亦宜以巨大。春秋之時，鳥有爰居，不可以爲鳳皇；長狄來至，不可以爲聖人。然則鳳皇麒麟，與鳥獸等也。世人見之，何用知之？如以中國無有，從野外來而知之，則是鸜鵒同也。鸜鵒，非中國之禽也；鳳皇麒麟，亦非中國之禽獸也。皆非中國之物，儒者何以謂鸜鵒惡，鳳皇麒麟善乎？或曰：孝宣之時，鳳皇集於上林，羣鳥從上以千萬數；以其衆鳥之長，聖神有異，故羣鳥附從。如見大鳥來集，羣鳥附之，則是鳳皇，鳳皇審則定矣。夫鳳皇與麒麟同性，鳳皇見，羣鳥從；麒麟見，衆獸亦宜隨。案《春秋》之麟，不言衆獸隨之；宣帝、武帝皆得麒麟，無衆獸附從之文。如以麒麟爲人所獲，附從者散；鳳皇人不獲，自來蜚翔，附從可見。《書》曰：「《簫韶》九成，鳳皇來儀。」《大傳》曰：「鳳皇在列樹。」不言羣鳥從也。豈宣帝所致者異哉？或曰：記事者失之。唐、虞之君，鳳皇實有附從；上世久遠，記事遺失；經書之文，未足以實也。夫實有而記事者失之，亦有實無而記事者生之。夫如是，儒書之文，難以實事。案附從以知鳳皇，未得實也。且人有佞猾而聚者，鳥亦有佼黠而從羣者。當唐、虞之時，鳳愨愿，宣帝之時佼黠乎？何其俱有聖人之德行，動作之操不均同也？無鳥附從，或時是鳳皇；羣鳥附從，或時非也。君子在世，清節自守，不廣結從，出入動作，人不附從。豪猾之人，任使用氣；往來進退，士衆雲合。夫鳳皇，君子也；必以隨多者效鳳皇，是豪黠爲君子也。歌曲彌妙，和者彌寡；行操益清，交者益鮮。鳥獸亦然。必以附從效鳳皇，是用和多爲妙曲也。龍與鳳皇爲比類。宣帝之時，黄龍出於新豐，羣蛇不隨。神雀、鸞鳥，皆衆鳥之長也，其仁聖雖不及鳳皇，然其從羣鳥，亦宜數十。信陵、孟嘗，食客三千，稱爲賢君。漢將軍衛青及將軍霍去病，門無一客，亦稱名將。太史公曰：「盜蹠横行，聚黨數千人；伯夷、叔齊，隱處首陽山。」鳥獸之操，與人相似。人之得衆，不足以别賢，以鳥附從審鳳皇，如何？或曰：鳳皇麒麟，太平之瑞也，太平之際見來至也。然亦有未太平而來至也。鳥獸奇骨異毛，卓絶非常則是矣，何爲不可知？鳳皇麒麟，通常以太平之時來至者？春秋之時，麒麟嘗嫌於王孔子而至。光武皇帝生於濟陽，鳳皇來集。夫光武始生之時，成哀之際也，時未太平而鳳皇至。如以自爲光武有聖德而來，是則爲聖王始生之瑞，不爲太平應也。嘉瑞或應太平，或爲始生，其實難知，獨以太平之際驗之，如何？或曰：鳳皇麒麟，生有種類，若龜龍有種類矣。龜故生龜，龍故生龍，形色小大，不異於前者也。見之父，察其子孫，何爲不可知？夫恒物有種類，瑞物無種適生，故曰德應，龜龍然也。人見神龜靈龍而别之乎？宋元王之時，漁者網得神龜焉，漁父不知其神也。方今世儒，漁父之類也。以漁父而不知神龜，則亦知夫世人而不知靈龍也。龍或時似蛇，蛇或時似龍。韓子曰：「馬之似鹿者千金。」良馬似鹿，神龍或時似蛇。如審有類，形色不異。王莽時，有大鳥如馬，五色龍文，與衆鳥數十，集於沛國蘄縣。宣帝時，鳳皇集於地，高五尺，與言如馬，身高同矣，文章五色，與言五色龍文，物色均矣；衆鳥數十，與言俱集，附從等也。如以宣帝時鳳皇體色，衆鳥附從，安知鳳皇；則王莽所致鳥，鳳皇也。如審是王莽致之，是非瑞也。如非鳳皇，體色附從，何爲均等？且瑞物皆起和氣而生。生於常類之中，而有詭異之性，則爲瑞矣。故夫鳳皇之至也，猶赤烏之集也。謂鳳皇有種，赤烏復有類乎？嘉禾、醴泉、甘露，嘉禾生於禾中，與禾中異穗，謂之嘉禾。醴泉、甘露，出而甘美也，皆泉、露生出，非天上有甘露之種，地下有醴泉之類。聖治公平，而乃沾下産出也。蓂莢、朱草，亦生在地，集於衆草，無常本根，暫時産出，旬月枯折，故謂之瑞。夫鳳皇麒麟，亦瑞也，何以有種類？案周太平，越常獻白雉。白雉，生短而白色耳，非有白雉之種也。魯人得戴角之麞，謂之麒麟，亦或時生於麞，非有麒麟之類。由此言之，鳳皇亦或時生於鵠鵲，毛奇羽殊，出異衆鳥，則謂之鳳皇耳，安得與衆鳥殊種類也？有若曰：「麒麟之於走獸，鳳皇之於飛鳥，太山之於丘垤，河海之於行潦，類也。」然則鳳皇麒麟，都與鳥獸同一類，體色詭耳，安得異種？同類而有奇，奇爲不世，不世難審，識之如何？堯生丹朱，舜生商均。商均、丹朱，堯、舜之類也，骨性詭耳。鯀生禹，瞽瞍生舜。舜、禹，鯀、瞽瞍之種也，知德殊矣。試種嘉禾之實，不能得嘉禾。恒見粢粱之粟，莖穗怪奇。人見叔梁紇，不知孔子父也；見伯魚，不知孔子之子也。張湯之父五尺，湯長八尺，湯孫長六尺。孝宣鳳皇高五尺，所從生鳥，或時高二尺！後所生之鳥，或時高一尺，安得常種？種類無常，故曾晳生參，氣性不世；顔路出回，古今卓絶。馬有千里，不必麒麟之駒；鳥有仁聖，不必鳳皇之鶵。山頂之溪，不通江湖，然而有魚，水精自爲之也。廢庭壞殿，基上草生，地氣自出之也。按溪水之魚，殿基上之草，無類而出，瑞應之自

至，天地未必有種類也。夫瑞應，猶災變也。瑞以應善，災以應惡；善惡雖反，其應一也。災變無種，瑞應亦無類也。陰陽之氣，天地之氣也，遭善而爲和，遇惡而爲變，豈天地爲善惡之政，更生和變之氣乎？然則瑞應之出，殆無種類，因善而起，氣和而生。亦或時政平氣和，衆物變化，猶春則鷹變爲鳩，秋則鳩化爲鷹。蛇鼠之類，輒爲魚鼈，蝦蟇爲鶉，雀爲蜃蛤，物隨氣變，不可謂無。黄石爲老父，授張良書，去復爲石也，儒知之。或時太平氣和，麞爲騏驎，鵠爲鳳皇。是故氣性隨時變化，豈必有常類哉？褒姒，玄黿之子，二龍漦也。晉之二卿，熊羆之裔也。吞燕子、薏苡、履大跡之語，世之人然之，獨謂瑞有常類哉？以物無種計之，以人無類議之，以體變化論之，鳳皇騏驎生無常類，則形色何爲當同？案《禮記·瑞命篇》云：「雄曰鳳，雌曰凰。雄鳴曰即即，雌鳴曰足足。」《詩》云：「梧桐生矣，於彼高岡；鳳凰鳴矣，於彼朝陽。菶菶萋萋，雝雝喈喈。」《瑞命》與《詩》，俱言鳳皇之鳴。《瑞命》之言「即即足足」，《詩》云「雝雝喈喈」，此聲異也。使聲審，則形不同也；使審同，《詩》與《禮》異。世傳鳳皇之鳴，故將疑焉。案魯之獲麟，云有麞而角。言有麞者，色如麞也。麞色有常，若烏色有常矣。武王之時，火流爲烏，云其色赤。赤非烏之色，故言其色赤。如似麞而色異，亦當言其色白若黑。今成事色同，故言有麞。麞無角，有異於故，故言有角也。夫如是，魯之所得麟者，若麞之狀也。武帝之時，西巡狩，得白麟，一角而五趾。角或時同，言五趾者，足不同矣。魯所得麟，云有麞，不言色者，麞無異色也。武帝云得白麟，色白不類麞，故言有麞，正言白麟，色不同也。孝宣之時，九真貢，獻麟，狀如麞而兩角者，孝武言一，角不同矣。春秋之麟如麞，宣帝之麟言如鹿，鹿與麞，大小相倍，體不同也。夫三王之時，麟毛色、角趾、身體高大，不相似類。推此準後世，麟出必不與前同明矣。夫麒麟鳳皇之類，麒麟前後體色不同，而欲以宣帝之時所見鳳皇，高五尺，文章五色，準前況後，當復出鳳皇，謂與之同，誤矣。後當復出見之鳳皇麒麟，必已不與前世見出者相似類，而世儒自謂見而輒知之，奈何？案魯人得麟，不敢正名麟，曰「有麞而角」者，時誠無以知也。武帝使謁者終軍議之。終軍曰：「野禽并角，明天下同本也。」不正名麟而言野禽者，終軍亦疑無以審也。當今世儒之知，不能過魯人與終軍，其見鳳皇騏驎，必從而疑之非恒之鳥獸耳，何能審其鳳皇騏驎乎？以體色言之，未必等；以鳥獸隨從多者，未必善；以希見言之，有鸜鵒來；以相奇言之，聖人有奇骨體，賢者亦有奇骨。聖賢俱奇，人無以別。由賢聖言之，聖鳥聖獸，亦與恒鳥庸獸，俱有奇怪。聖人賢者，亦有知而絶殊，骨無異者；聖賢鳥獸，亦有仁善廉清，體無奇者。世或有富貴不聖，身有骨爲富貴表，不爲聖賢驗。然則鳥亦有五采，獸有角，而無仁聖者。夫如是，上世所見鳳皇麒麟，何知其非恒鳥獸？今之所見鵲麞之屬，安知非鳳皇麒麟也。方今聖世，堯、舜之主，流布道化，仁聖之物，何爲不生？或時以有鳳皇麒麟，亂於鵠鵲麞鹿；世人不知。美玉隱在石中，楚王令尹不能知，故有抱玉泣血之痛。今或時鳳皇麒麟以仁聖之性，隱於恒毛庸羽，無一角五色表之，世人不之知，猶玉在石中也。何用審之？爲此論草於永平之初，時來有瑞，其孝明宣惠，衆瑞並至。至元和、章和之際，孝章耀德，天下和洽，嘉瑞奇物，同時俱應，鳳皇麒麟，連出重見，盛於五帝之時。此篇已成，故不得載。

或問曰：《講瑞》謂鳳皇麒麟難知，世瑞不能別。今孝章之所致鳳皇麒麟，不可得知乎？曰：五鳥之記：四方中央，皆有大鳥，其出，衆鳥皆從，小大毛色類鳳皇。實難知也。故夫世瑞不能別，別之如何？以政治、時王之德。不及唐、虞之時，其鳳皇麒麟，目不親見。然而唐、虞之瑞，必真是者，堯、舜之德明也。孝宣比堯、舜，天下太平，萬里慕化，仁道施行，鳥獸仁者，感動而來。瑞物大小，毛色足翼，必不同類。以政治之得失，主之明闇，準況衆瑞，無非真者。事或難知而易曉，其此之謂也。又以甘露驗之，甘露，和氣所生也，露無故而甘，和氣獨已至矣。和氣至，甘露降，德洽而衆瑞湊。案永平以來，訖於章和，甘露常降。故知衆瑞皆是，而鳳皇麒麟皆真也。

又　卷一七《指瑞篇》　儒者説鳳皇麒麟爲聖王來，以爲鳳皇麒麟，仁聖禽也，思慮深，避害遠，中國有道則來，無道則隱。稱鳳皇麒麟之仁知者，欲以褒聖人也，非聖人之德，不能致鳳皇麒麟。此言妄也。夫鳳皇麒麟聖，聖人亦聖。聖人恓恓憂世，鳳皇麒麟，亦宜率教。聖人遊於世間，鳳皇麒麟，亦宜與鳥獸會。何故遠去中國，處於邊外？豈聖人濁，鳳皇麒麟清哉？何其聖德俱而操不同也？如以聖人者當隱乎，十二聖宜隱；如以聖者當見，鳳麟亦宜見；如以仁聖之禽，思慮深，避害遠，則文王拘於羑里，孔子厄於陳、蔡，非也。文王、孔子，仁聖之人，憂世憫民，不圖利害，故其有仁聖之知，遭拘厄之患。凡人操行，能修身正節，不能禁人加非於己。案人操行，莫能過聖人。聖人不能自免於厄，而鳳麟獨能自全於世，是鳥獸之操，賢於聖人也。且鳥獸之知，不與人通，何以能知國有道與無道也？人同性類，好惡均等，尚不相知；鳥獸與人異性，何能知之？人不能知鳥獸，鳥獸亦不能知人，兩不能相知，鳥獸爲愚於人，何以反能知之？儒

者咸稱鳳皇之德，欲以表明王之治，反令人有不及鳥獸，論事過情，使實不著。且鳳麟豈獨爲聖王至哉？孝宣皇帝之時，鳳皇五至，麒麟一至，神雀、黄龍、甘露、醴泉，莫不畢見，故有五鳳、神雀、甘露、黄龍之紀。使鳳麟審爲聖王見，則孝宣皇帝聖人也。如孝宣帝非聖，則鳳麟爲賢來也。爲賢來，則儒者稱鳳皇麒麟，失其實也。鳳皇麒麟爲堯、舜來，亦爲宣帝來矣。夫如是，爲聖且賢也。儒者説聖太隆，則論鳳麟亦過其實。《春秋》曰：「西狩獲死麟，人以示孔子。孔子曰：『孰爲來哉？孰爲來哉？』反袂拭面，泣涕沾襟。」儒者説之，以爲天以麟命孔子，孔子不王之聖也。夫麟爲聖王來，孔子自以不王，而時王魯君，無感麟之德，怪其來而不知所爲，故曰：「孰爲來哉？孰爲來哉？」知其不爲治平而至，爲己道窮而來，望絶心感，故涕泣沾襟。以孔子言「孰爲來哉」，知麟爲聖王來也。曰：前孔子之時，世儒已傳此説。孔子聞此説，而希見其物也，見麟之至，怪所爲來。實者，麟至無所爲來，常有之物也，行邁魯澤之中，而魯國見其物，遭獲之也。孔子見麟之獲，獲而又死，則自比於麟，自謂道絶不復行，將爲小人所徯獲也。故孔子見麟而自泣者，據其見得而死也，非據其本所爲來也。然則麟之至也，自與獸會聚也。其死，人殺之也。使麟有知，爲聖王來，時無聖王，何爲來乎？思慮深，避害遠，何故爲魯所獲殺乎？夫以時無聖王而麟至，知不爲聖王來也；爲魯所獲殺，知其避害不能遠也。聖獸不能自免於難，聖人亦不能自免於禍。禍難之事，聖者所不能避，而云鳳麟思慮深避害遠，妄也。且鳳麟非生外國也，中國有聖王乃來至也。生於中國，長於山林之間，性廉見希，人不得害也，則謂之思慮深避害遠矣。生與聖王同時，行與治平相遇，世間謂之聖王之瑞，爲聖來矣。剥巢破卵，鳳皇爲之不翔；焚林而畋，漉池而漁，龜龍爲之不遊。鳳皇、龜龍之類也，皆生中國，與人相近。巢剥卵破，屏竄不翔，林焚池漉，伏匿不遊。無遠去之文，何以知其在外國也？龜龍鳳皇，同一類也。希見不害，謂在外國；龜龍希見，亦在外國矣。孝宣皇帝之時，鳳皇、麒麟、黄龍、神雀皆至。其至同時，則其性行相似類，則其生出宜同處矣。龍不生於外國，外國亦有龍；鳳麟不生外國，外國亦有鳳麟。然則中國亦有，未必外國之鳳麟也。人見鳳麟希見，則曰在外國；見遇太平，則曰爲聖王來。夫鳳皇麒麟之至也，猶醴泉之出，朱草之生也。謂鳳皇在外國，聞有道而來，醴泉、朱草何知，而生於太平之時？醴泉、朱草，和氣所生。然則鳳皇麒麟，亦和氣所生也。和氣生聖人，聖人生於衰世。物生爲瑞，人生爲聖，同時俱然，時其長大，相逢遇矣。衰世亦有和氣，和氣時生聖人。聖人生於衰世，衰世亦時有鳳麟也。孔子生於周之末世，麒麟見於魯之西澤；光武皇帝生於成、哀之際，鳳皇集於濟陽之地。聖人聖物生於盛、衰世。聖王遭（一有「出聖物遭」字）見聖物，猶吉命之人，逢吉祥之類也。其實相遇，非相爲出也。

夫鳳麟之來，與白魚赤烏之至，無以異也。魚遭自躍，王舟逢之；火偶爲烏，王仰見之。非魚聞武王之德而入其舟，烏知周家當起集於王屋也。謂鳳麟爲聖王來，是謂魚烏爲武王至也。王者受富貴之命，故其動出，見吉祥異物，見則謂之瑞。瑞有小大，各以所見，定德薄厚。若夫白魚、赤烏，小物，小安之兆也；鳳皇麒麟，大物，太平之象也。故孔子曰：「鳳鳥不至，河不出圖，吾已矣夫！」不見太平之象，自知不遇太平之時矣！且鳳皇麒麟何以爲太平之象？鳳皇麒麟，仁聖之禽也。仁聖之物至，天下將爲仁聖之行矣！《尚書大傳》曰：「高宗祭成湯之廟，有雉升鼎耳而鳴。高宗問祖乙。祖乙曰：『遠方君子殆有至者。』」祖乙見雉有似君子之行，今從外來，則曰「遠方君子將有至」者矣！夫鳳皇麒麟猶雉也，其來之象，亦與雉同。孝武皇帝西巡狩，得白麟一角而五趾，又有木枝出復合於本。武帝議問羣臣，謁者終軍曰：「野禽并角，明同本也；衆枝内附，示無外也。如此瑞者，外國宜有降者。是若應，殆且有解編髮，削左衽，襲冠帶而蒙化焉。」其後數月，越地有降者；匈奴名王，亦將數千人來降，竟如終軍之言。終軍之言，得瑞應之實矣。推此以況白魚、赤烏，猶此類也。魚，木精；白者，殷之色也。烏者，孝鳥；赤者，周之應氣也。先得白魚，後得赤烏，殷之統絶，色移在周矣。據魚烏之見以占武王，則知周之必得天下也。世見武王誅紂，出遇魚烏，則謂天用魚烏，命使武王誅紂，事相似類，其實非也。春秋之時，鸜鵒來巢，占者以爲凶。夫野鳥來巢，魯國之都，且爲丘墟，昭公之身，且出奔也。後昭公爲季氏所攻，出奔於齊，死不歸魯。賈誼爲長沙太傅，鵩鳥集舍，發書占之云：「鵩鳥入室，主人當去。」其後賈誼竟去。野鳥雖殊，其占不異。夫鳳麟之來，與野鳥之巢，鵩鳥之集，無以異也。是鸜鵒之巢，鵩鳥之集，偶巢適集，占者因其野澤之物，巢集城宫之内，則見魯國且凶，傳舍人不吉之瑞矣。非鸜鵒、鵩鳥，知二國禍將至，而故爲之巢集也。王者以天下爲家，家人將有吉凶之事，而吉凶之兆豫見於人。知者占之，則知吉凶將至。非吉凶之物有知，故爲吉凶之人來也，猶蓍龜之有兆數矣！龜兆蓍數，常有吉凶，吉人卜筮，與吉相遇，凶人與凶相逢，非蓍龜神靈，知人吉凶，出兆見數以告之也。虚居卜筮，前無過客，猶得

吉凶。然則天地之間，常有吉凶，吉凶之物來至，自當與吉凶之人相逢遇矣。或言天使之所爲也。夫巨大之天，使細小之物，音語不通，情指不達，何能使物？物亦不爲天使，其來神怪；若天使之，則謂天使矣。夏后孔甲，畋于首山，天雨晦冥，入於民家，主人方乳。或曰：后來，之子必大貴。或曰：不勝，之子必有殃。夫孔甲之入民室也，遇遭雨而蔭庇也，非知民家將生子，而其子必凶，爲之至也。既至，人占則有吉凶矣。夫吉凶之物，見於王朝。若入民家，猶孔甲遭雨入民室也。孔甲不知其將生子，爲之故到，謂鳳皇諸瑞有知，應吉而至，誤矣！

又《是應篇》 儒者論太平瑞應，皆言氣物卓異，朱草、醴泉、翔鳳、甘露、景星、嘉禾、萐脯、蓂莢、屈軼之屬；又言山出車，澤出舟，男女異路，市無二價，耕者讓畔，行者讓路，頒白不提挈，關梁不閉，道無虜掠，風不鳴條，雨不破塊，五日一風，十日一雨，其盛茂者，致黄龍、麒麟、鳳皇。夫儒者之言，有溢美過實。瑞應之物，或有或無。夫言鳳皇、麒麟之屬，大瑞較然，不得增飾；其小瑞徵應，恐多非是。夫風氣雨露，本當和適，言其鳳翔甘露，風不鳴條，雨不破塊，可也；言其五日一風，十日一雨，褒之也。風雨雖適，不能五日十日，正如其數。言男女不相干，市價不相欺，可也；言其異路，無二價，褒之也。太平之時，豈更爲男女各作道哉？不更作道，一路而行，安得異乎？太平之時，無商人則可；如有必求便利以爲業，買物安肯不求賤？賣貨安肯不求貴？有求貴賤之心，必有二價之語，此皆有其事，而褒增過其實也。若夫萐脯、蓂莢、屈軼之屬，殆無其物。何以驗之？説以實者，太平無有此物。

儒者言萐脯生於庖廚者，言廚中自生肉脯，薄如萐形，搖鼓生風，寒涼食物，使之不臰。夫太平之氣雖和，不能使廚生肉萐，以爲寒涼。若能如此，則能使五穀自生，不須人爲之也。能使廚自生肉萐，何不使飯自蒸於甑？火自燃於竈乎？凡生萐者，欲以風吹食物也。何不使食物自不臰？何必生萐以風之乎？廚中能自生萐，則冰室何事，而復伐冰以寒物乎？人夏月操萐，須手搖之，然後生風。從手握持，以當疾風，萐不鼓動。言萐脯自鼓，可也；須風乃鼓，不風不動。從手風來，自足以寒，廚中之物，何須萐脯？世言燕太子丹，使日再中，天雨粟，烏白頭，馬生角，廚門象生肉足。論之既虚，則萐脯之語，五應之類，恐無其實。

儒者又言，古者蓂莢夾階而生，月朔日一莢生，至十五日而十五莢；於十六日，日一莢落，至月晦，莢盡。來月朔，一莢復生。王者南面視莢生落，則知日數多少，不須煩擾案日曆以知之也。夫天既能生莢以爲日數，何不使莢有日名。王者視莢之字，則知今日名乎？徒知日數，不知日名，猶復案曆，然後知之，是則王者視日，則更煩擾，不省，蓂莢之生，安能爲福？夫蓂，草之實也，猶豆之有莢也；春夏未生，其生必於秋末。冬月隆寒，霜雪實零，萬物皆枯，儒者敢謂蓂莢達冬，獨不死乎？如與萬物俱生俱死，莢成而以秋末，是則秋季得察莢，春夏冬三時不得案也。且月十五日生十五莢，於十六日莢落，二十一日六莢落。落莢棄殞，不可得數，猶當計未落莢以知日數，是勞心苦意，非善祐也。使莢生於堂上，人君坐户牖間，望察莢生，以知日數，匪謂善矣。今云夾階而生，生於堂下也。王者之堂，墨子稱堯、舜高三尺，儒家以爲卑下。假使之然，高三尺之堂，蓂莢生於階下，王者欲視其莢，不能從户牖之間見也，須臨堂察之，乃知莢數。夫起視堂下之莢，孰與懸曆日於扆坐，旁顧輒見之也。天之生瑞，欲以娱王者；須起察乃知日數，是生煩物以累之也。且莢，草也。王者之堂，旦夕所坐，古者雖質，宫室之中，草生輒耘，安得生莢而人得經月數之乎？且凡數日一二者，欲以紀識事也。古有史官典曆主日，王者何事而自數莢？堯候四時之中，命羲和察四星以占時氣。四星至重，猶不躬視，而自察莢以數日也？儒者又言，太平之時，屈軼生於庭之末，若草之狀，主指佞人。佞人入朝，屈軼庭末以指之；聖王則知佞人所在。夫天能故生此物以指佞人，不使聖王性自知之；或佞人本不生出，必復更生一物以指明，何天之不憚煩也？聖王莫過堯、舜，堯、舜之治，最爲平矣。即屈軼已自生於庭之末，佞人來輒指知之，則舜何難於知佞人，而使皋陶陳知人之術？《經》曰：「知人則哲，惟帝難之。」人含五常，音氣交通，且猶不能相知；屈軼，草也，安能知佞？如儒者之言，是則太平之時，草木踰賢聖也。獄訟有是非，人情有曲直：何不并令屈軼指其非而不直者，必苦心聽（一有〔獄〕字）訟，三人斷獄乎？故夫屈軼之草，或時無有而空言生，或時實有而虚言能指。假令能指，或時草性見人而動，古者質朴，見草之動，則言能指；能指則言指佞人。司南之杓，投之於地，其柢指南；魚肉之蟲，集地北行，夫蟲之性然也。今草能指，亦天性也。聖人因草能指，宣言曰：「庭末有屈軼，能指佞人。」百官臣子懷姦心者，則各變性易操，爲忠正之行矣。猶今府廷畫皋陶、觟𧤗也。

儒者説云：觟𧤗者，一角之羊也，性知有罪。皋陶治獄，其罪疑者，令羊觸之。有罪則觸，無罪則不觸。斯蓋天生一角聖獸，助獄爲驗，故皋陶敬羊，起坐事之。此則神奇瑞應之類也。曰：夫觟𧤗，則復屈軼之語也。羊本二角，觟𧤗一角，體損於羣，不及衆類，何以爲奇？鼈三足曰能，龜三足曰賁。案能與賁，不

能神於四足之龜鼈；一角之羊，何能聖於兩角之禽？狌狌知往，乾鵲知來，鸚鵡能言，天性能一，不能爲二。或時鮭觤之性，徒能觸人，未必能知罪人。皐陶欲神事助政，惡受罪者之不厭服，因鮭觤觸人則罪之；欲人畏之不犯，受罪之家没齒無怨言也。夫物性各自有所知，如以鮭觤能觸謂之爲神，則狌狌之徒皆爲神也。巫知吉凶，占人禍福，無不然者。如以鮭觤謂之巫類，則巫何奇而以爲善？斯皆人欲神事立化也。師尚父爲周司馬，將師伐紂，到孟津之上，杖鉞把旄，號其衆曰：倉光！倉光者，水中之獸也，善覆人船，因神以化，欲令急渡；不急渡，倉光害汝，則復鮭觤之類也。河中有此異物，時出浮揚，一身九頭，人畏惡之，未必覆人之舟也。尚父緣河有此異物，因以威衆。夫鮭觤之觸罪人，猶倉光之覆舟也，蓋有虚名無其實效也。人畏怪奇，故空褒增。又言太平之時有景星。《尚書中候》曰：「堯時景星見於軫。」夫景星，或時五星也；大者，歲星，太白也。彼或時歲星太白行於軫度，古質不能推步五星，不知歲星太白何如狀，見大星則謂景星矣。《詩》又言：「東有啓明，西有長庚。」亦或時復歲星太白也；或時昏見於西，或時晨見於東，詩人不知，則名曰啓明長庚矣。然則長庚與景星同，皆五星也。太平之時，日月精明。五星，日月之類也。太平更有景星，可復更有日月乎？詩人，俗人也；中候之時，質世也，俱不知星。王莽之時，太白經天，精如半月，使不知星者見之，則亦復名之曰景星。《爾雅·釋四時》章曰：「春爲發生，夏爲長嬴，秋爲收成，冬爲安甯，四氣和爲景星。」夫如《爾雅》之言，景星乃四時和氣之名也，恐非著天之大星。《爾雅》之書，五經之訓故，儒者所共觀察也，而不信從，更謂大星爲景星。豈《爾雅》所言景星，與儒者之所説異哉？

《爾雅》又言：「甘露時降，萬物以嘉，謂之醴泉。」醴泉，乃謂甘露也。今儒者説之，謂泉從地中出，其味甘若醴，故曰醴泉。二説相遠，實未可知。案《爾雅·釋水泉》章：「一見一否曰瀸。檻泉正出，正出，涌出也。沃泉懸出，懸出，下出也。」是泉出之異，輒有異名。使太平之時，更有醴泉從地中出，當於此章中言之。何故反居《釋四時》章中，言甘露爲醴泉乎？若此，儒者之言，醴泉從地中出，又言甘露，其味甚甜，未可然也。儒曰：「道至大者，日月精明，星辰不失其行，翔風起，甘露降。」雨濟而陰一者，謂之甘雨，非謂雨水之味甘也。推此以論，甘露必謂其降下時，適潤養萬物，未必露味甘也。亦有露甘味如飴蜜者，俱太平之應，非養萬物之甘露也。何以明之？案甘露如飴蜜者，著於樹木，不著五穀。彼露味不甘者，其下時，土地滋潤流溼，萬物洽沾濡溥。由此言之，《爾雅》且近得實。緣《爾雅》之言，驗之於物。案味甘之露，下著樹木。察所著之樹，不能茂於所不著之木。然今之甘露，殆異於《爾雅》之所謂甘露。欲驗《爾雅》之甘露，以萬物豐熟，災害不生，此則甘露降下之驗也。甘露下，是則醴泉矣。

又 卷一九《恢國篇》 武帝黄龍、麒麟、連木。宣帝鳳皇五至，麒麟、神雀、甘露、醴泉、黄龍、神光。平帝白雉、黑雉。孝明麒麟、神雀、甘露、醴泉、白雉、黑雉、芝草、連木、嘉禾，與宣帝同，奇有神鼎、黄金之怪。並注《宣漢篇》。一代之瑞，累仍不絶，此則漢德豐茂，故瑞祐多也。孝明天崩，今上嗣位，元二之間，嘉德布流。三年，零陵生芝草五本。四年，甘露降五縣。五年，芝復生六年（本），黄龍見，大小凡八。前世龍見不雙，芝生無二，甘露一降，而今八龍並出，十一芝累生，甘露流五縣，德惠盛熾，故瑞繁夥也。自古帝王，孰能致斯？

漢 班固《白虎通·封禪》 天下太平，符瑞所以來至者，以爲王者承天統理，調和陰陽，陰陽和，萬物序，休氣充塞，故符瑞並臻，皆應德而至。德至天則斗極明，日月光，甘露降；德至地則嘉禾生，蓂莢起，秬鬯出，平路感；德至文表則景星見，五緯順軌；德至草木則朱草生，木連理；德至鳥獸則鳳凰翔，鸞鳥舞，騏麟臻，白虎到，狐九尾，白雉降，白鹿見，白鳥下；德至山陵則景雲出，芝實茂，陵出異丹，阜出萐莆，山出器車，澤出神鼎；德至淵泉則黄龍見，醴泉通，河出龍圖，洛出龜書，江出大貝，海出明珠；德至八方則祥風至，佳氣時喜，鍾律調，音度施，四夷化，越裳貢。孝道至則萐莆生庖廚。萐莆者，樹名也，其葉大於門扇，不摇自扇，於飲食清涼，助供養也。繼嗣平明則賓連生於房户。賓連者，木名，連累相承，故生於房户，象繼嗣也。日歷得其分度則蓂莢生於階間。蓂莢，樹名也，月一日一莢生，十五日畢，至十六日一莢去，故夾階而生以明日月也。王者使賢不肖位不相踰，則平路生于庭。平路者，樹名也。官位得其人則生，失其人則死。狐九尾何？狐死首丘，不忘本也。明安不忘危也。必九尾者何？九妃得其所，子孫繁息也。於尾者何？明後當盛也。景星者，大星也，月或不見，景星常見，可以夜作，有益於人民也。甘露者，美露也，降則物無不盛者也。朱草者，赤草也。可以染絳，别尊卑也。醴泉者，美泉也。狀若醴酒，可以養老。嘉禾者，大禾也。成王時有三苗異畝而生，同爲一穟，大幾盈車，長幾充箱。民有得而上之者，成王召周公而問之，公曰：「三苗爲一穟，天下當和爲一乎。」後果有越裳氏重九譯而來矣。

漢 班固《漢書》卷五六《董仲舒傳》 仲舒復對曰：【略】夫古之天下亦今之

天下，今之天下亦古之天下，共是天下，古(亦)〔以〕大治，上下和睦，習俗美盛，不令而行，不禁而止，吏亡姦邪，民亡盜賊，囹圄空虛，德潤草木，澤被四海，鳳皇來集，麒麟來游，以古準今，壹何不相逮之遠也！

漢　佚名《尚書中候》《古微書》卷四引　黄帝時，麒麟在囿，鸞鳥來儀。

蕢居子按：黄帝有土德之瑞，黄龍地螾見也。螾，土精，大五六圍，長十餘丈。螾即蚓也。《河圖説徵》篇：黄帝起，大螾見。《帝王世紀》：黄帝時，螾大如虹。

又　帝堯即政之十載，景星出翼，鳳凰止庭，朱草生郊，嘉禾孳連，甘露潤液，醴泉出山。

又　周公旦即攝七年，鸞鳳見，蓂莢生，青龍銜甲，元龜背書。周公歸政於成王，太平制禮，鸞鳳見，有玄龜負圖出，周公援筆以時文寫之。

漢　佚名《春秋文耀鉤》《古微書》卷九引　故天樞得，則景星見，甘露零，鳳皇翔，朱草生；璿星得，則嘉禾液；璣星得，則狐九尾；衡星得，則百獸率舞，麒麟至，靈龜躍，萬人壽；維星得，則日月光，烏三足，禮義循，物類合；摇光得，則陵醴出，玄芝生，江吐〔闕〕。

漢　佚名《春秋感精符》《古微書》卷一〇引　王者上感皇天，則鸞鳳至，則景星見；德下淪於地，則嘉禾興，則醴泉出；王者德洽於地，則朱草生，食之令人不老；王者德澤旁流四表，則白雉見。

漢　佚名《禮稽命徵》《古微書》卷一八引　古者以五靈配五方。龍，木也；鳳，火也；麟，土也；白虎，金也；神龜，水也。其五行之序，則木爇生火，火炮生土，土卝生金，金滲生水，水液生木。五者修其母，則致其子。水官修，龍至；木官修，鳳至；火官修，麟至；土官修，白虎至；金官修，神龜至。故曰：視明禮修，麒麟來遊；思睿信立，白虎馴擾；言從文成，而神龜在沼；聽聰正知，而名川出龍；貌恭體仁，鳳凰鳴桐。

晉　葛洪《抱朴子·内篇》卷一〇《明本》　夫淵竭池漉，則蛟龍不游；巢傾卵拾，則鳳凰不集；居言於室，而翔鷗不下；凡卉春翦，而芝莫不秀。世俗醜正，慢辱將臻，彼有道者，安得不超然振翅乎風雲之表，而翻爾藏軌於玄漠之際乎？

南朝宋　范曄《後漢書》卷三六《賈逵傳》　建初元年，詔逵入講北宮白虎觀、南宮雲臺。帝善逵説，使出《左氏傳》大義長於二傳者。逵於是具條奏之曰：【略】陛下通天然之明，建大聖之本，改元正歷，垂萬世則，是以麟鳳百數，嘉瑞雜遝。猶朝夕恪勤，遊情六蓺，研機綜微，靡不審覈。若復留意廢學，以廣聖見，庶幾無所遺失矣。

又　卷八三《矯慎傳》　汝南吴蒼甚重之，因遺書以觀其志曰：「【略】足下審能騎龍弄鳳，翔嬉雲間者，《列僊傳》曰：「簫史，秦繆公時。善吹簫，公女弄玉好之，以妻之，遂教弄玉作鳳鳴。居數十年，吹鳳皇聲，鳳來止其屋。爲作鳳臺，夫婦止(在)〔其〕上。一旦皆隨鳳皇飛去。」又曰「陶安公，六安冶師。數行火，火一旦散上，紫色衝天。須臾赤雀止冶上，曰：『安公，安公，冶與天通。七月七日，迎汝以赤龍。』至時，安公騎之而去也。亦非狐兔燕雀所敢謀也。」慎不答。

南朝梁　沈約《宋書》卷一六《禮志三》　世祖大明元年十一月戊申，太宰江夏王義恭表曰：「【略】太祖文皇帝體聖履仁，述業興禮，正樂頌，作象曆，明達通於神祇，玄澤被乎上下。仁孝命世，叡武英挺，遭運屯否，三才湮滅，迺龍飛五洲，鳳翔九江，身先八百之期，斷出人鬼之表，慶煙應高牙之建，風耀符發迹之辰，親翦凶逆，躬清昏壒，天地革始，夫婦更造，豈與彼承業繼緒，拓復禹跡，車一其軌，書罔異文者，同年而議哉！今龍麟已至，鳳皇已儀，比李已實，靈茅已茂，雕氣降雰於宮樹，珍露呈味於禁林，嘉禾積穗於殿甍，連理合幹於園籞，皆耀質離宮，植根蘭囿。至夫霜毫玄文，素翮赬羽，泉河山嶽之瑞，草木金石之祥，方畿憬塗之謁，抗驛絶祖之奏，虒炳雜沓，粤不可勝言。太平之應，兹焉富矣。宜其從天人之誠，遵先王之則，備萬乘，整法駕，修封泰山，瘞玉岱趾，延喬、松於東序，詔韓、岐於西廂，麾天閽，使啓關，謁紫宮，朝太一，奏《鈞天》，詠《雲門》，贊揚幽奥，超聲前古，豈不盛哉！伏願時命宗伯，具兹典度。」詔曰：「太宰表如此。昔之盛王，永保鴻名，常爲稱首，由斯道矣。朕遭家多難，入纂絶業，德薄勳淺，鑒寐崩愧。頃麟鳳表禎，茅禾兼瑞，雖符祥顯見，悪乎猶深，庶仰述先志，拓清中宇，禮祇謁神，朕將試哉。」

南朝梁　蕭子顯《南齊書》卷一八《祥瑞志》　史臣曰：《記》云，升中於天，麟鳳至而龜龍格。則鳳皇巢乎阿閣，麒麟在乎郊藪，豈非馴之在庭，擾以成畜，其爲瑞也如此。今觀魏、晉已來，世稱靈物不少，而亂多治少，史不絶書。故知來儀在沼，遠非前事，見而不至，未辨其爲祥也。」

唐　房玄齡《晉書》卷四八《段灼傳》　灼前後陳事，輒見省覽。然身微宦孤，不見進序，乃取長假還鄉里。臨去，遣息上表曰：【略】語有之曰：「華言虛也，

至言實也，苦言藥也，甘言疾也。」臣欲言天下太平，而靈龜神孤未見，仙芝蓂莢未生，麒麟未游乎靈禽之囿，鳳皇未儀於太極之庭，此臣之所以不敢華言而爲佞者也。

唐　白居易《白氏長慶集》卷六三《策林二》　二十六：養動植之物，以豐財用，以致麟鳳龜龍。

臣聞天育物有時，地生財有限，而人之力無極。以有時有限，奉無極之欲，而法制不生其間，則必物暴殄而財乏用矣。先王惡其及此，故川澤有禁，山野有官。養之以時，取之以道。是以豺獺未祭，罝網不布於野澤；鷹隼未擊，矰弋不施於山林；昆虫未蟄，不以火田；草木未落，不加斧斤；漁不竭澤，畋不合圍。至於麛卵蚳百足蟲，似蜈蚣而小，能毒人。蝝，螽蝗之類。五穀百果，不中殺者，皆有常禁。夫然則禽獸魚鼈，不可勝食矣；財貨器用，不可勝用矣。臣又觀之，豈直若此而已哉？蓋古之聖王，使信及豚魚，仁及草木，鳥獸不狘，驚走貌。胎卵可窺。麟鳳效靈，龜龍爲畜者，亦由此塗而致也。

唐　李翱《李文公集》卷五《雜説》　龍與蛇，皆食於鳳。龍智而神，其德無方。鳳知其可與，皆爲靈也，禮而親之。蛇毒而險，所忌必傷，且惡其得於鳳也，不惟齧龍，雖遇麟、龜，固將噬而亡之。鳳知蛇不得其欲，則將協豺犬而來吠嗥也。賦之食加於龍，以龍之神浮於食也，將使飽焉，終畏蛇而不能。麟與龜瞠而謳曰：「鳳兮鳳兮，何德之衰。往者不可諫，來者猶可追，已而已而。」既而麟傷於毒，伏於窟。龜屏氣，潛於殼。蛇偵龍之寐也，以毒攻其喉而龍走。鳳喪其助，於是下翼而不敢靈也。

唐　羅隱《兩同書》卷下《真僞第八》　夫山雞無靈買之者，謂之鳳。野麟嘉瑞傷之者，謂之麕。然麟鳳有圖，麕雞無識，猶復以真爲僞，以僞爲真。

唐　丘光庭《兼明書》卷一《社樹》　《論語》曰：哀公問社於宰我，宰我對曰：「夏后氏以松，殷人以栢，周人以栗，曰使民戰栗。」明曰「社」，所以依神表域也，各隨其地所宜而樹之。宰我謂欲使人畏敬，戰慄，失其義也。

宋　胡瑗《周易口義·繫辭上》　《義》曰：神物者，則謂神靈之物，蓍龜是也。灼龜以爲卜，揲蓍以爲筮。言天之所生者，蓍龜之靈，知人之休咎，明人之得失。是故聖人取之爲法則，考人之行事也。

宋　歐陽修《新五代史》卷六三《王建世家》　嗚呼，自秦、漢以來，學者多言祥瑞，雖有善辨之士，不能祛其惑也！予讀《蜀書》，至於龜、龍、麟、鳳、騶虞之類世所謂王者之嘉瑞，莫不畢出於其國，異哉！然考王氏之所以興亡成敗者，可以知之矣。或以爲一王氏不足以當之，則視時天下治亂，可以知之矣。

龍之爲物也，以不見爲神，以升雲行天爲得志。今偃然暴露其形，是不神也；不上於天而下見於水中，是失職也。然其一何多歟，可以爲妖矣！鳳凰，鳥之遠人者也。昔舜治天下，政成而民悦，命夔作樂，樂聲和，鳥獸聞之皆鼓舞。當是之時，鳳凰適至，舜之史因并記以爲美，後世因以鳳來爲有道之應。其後鳳凰數至，或出於庸君繆政之時，或出於危亡大亂之際，是果爲瑞哉？麟，獸之遠人者也。昔魯哀公出獵，得之而不識，蓋索而獲之，非其自出也。故孔子書於《春秋》曰「西狩獲麟」者，譏之也。「西狩」，非其遠也；「獲麟」，惡其盡取也。狩必書地，而哀公驅馳所涉地多，不可偏以名舉，故書「西」以包衆地，謂其舉國之西皆至也。麟，人罕識之獸也，以見公之窮山竭澤而盡取，至於不識之獸，皆搜索而獲之，故曰「譏之也」。聖人已没，而異端之説興，乃以麟爲王者之瑞，而附以符命、讖緯詭怪之言。鳳嘗出於舜，以爲瑞，猶有説也，及其後出於亂世，則可以知其非瑞矣。若麟者，前有治世如堯、舜、禹、湯、文、武、周公之世，未嘗一出，其一出而當亂世，然則孰知其爲瑞哉？龜，玄物也，污泥川澤，不可勝數，其死而貴於卜官者，用適有宜爾。而《戴氏禮》以其在宫沼爲王者難致之瑞，《戴禮》雜出於諸家，其失亦以多矣！騶虞，吾不知其何物也。《詩》曰：「吁嗟乎騶虞！」賈誼以謂騶者，文王之囿；虞，虞官也。當誼之時，其説如此，然則以之爲獸者，其出於近世之説乎？

夫破人之惑者，難與争於篤信之時，待其有所疑焉，然後從而攻之可也。麟、鳳、龜、龍，王者之瑞，而出於五代之際，又皆萃於蜀，此雖好爲祥瑞之説者亦可疑也。因其可疑者而攻之，庶幾惑者有以思焉。

宋　陳祥道《論語全解》卷二《八佾第三》　哀公問社於宰我。宰我對曰：「夏后氏以松，殷人以柏，周人以栗，曰使民戰栗。」子聞之，曰：「成事不説，遂事不諫，既往不咎。」

民之所祈以遂其生者，社之神也；所治以致其利者，野之性也。觀野之所宜木，則糞土所宜，畿疆所定。林木所出，出於族類，所從易見爲難亂。教民稼穡，人事不戾乎神，土性不病乎物。觀其名，社與野而符之是耳。故夏后氏以松，殷人以柏，周人以栗，其意如此，非若《詩》之柏舟喬松，《禮》之贄栗，所以託其意也。而宰予對哀公以「戰栗」解之，宰我之對失之遠矣。

宋 張九成《橫浦集》卷一九《青龍白虎說》 陰陽家流有青龍白虎之說，凡室廬所居，墳墓所嚮，則左臂爲青龍，右臂爲白虎，居青龍則吉，居白虎則凶。信如其說，王者建國，立宗廟於左，立社稷於右；其朝制則左九棘孤卿大夫位焉，右九棘公侯伯子男位焉；其廟制則左三昭，右三穆。豈有古先哲王，置社稷公卿大夫及武之三穆之位於白虎，使土地五穀及卿大夫三穆之神皆受凶災乎？必不然也。且以百家之聚折之，有一家以左爲青龍，以右爲白虎矣。適有一家焉居其右，則是青龍者又轉爲白虎矣。又有一家焉居其右，則是白虎者又轉爲青龍矣。自百而千，自千而萬，以至合天下而言之，抑何青龍白虎之紛紛。而若吉若凶，顛倒錯亂，而靡有定說也。借使積善之君子，居白虎之位，則常招凶；積惡之小人，適居青龍之位，則常得吉。是明而福威之柄，幽而禍福之權，一皆獨專於青龍白虎。而君子常遭無辜，小人常得僥倖，必將三綱淪九法斁而後已。其說無稽，誠不足信。然邪說既行，以無爲有，幻惑一世，牢不可破，良可歎也。

宋 王觀國《學林》卷一《祥瑞》 賈誼《新書》曰：「《詩》云：『一發五豝，于嗟乎騶虞。』騶者，天子之囿也。虞者，囿之司獸者也。」歐陽文忠公《五代史·蜀書》曰：「騶虞，古不知其何物也。《詩》曰：『于嗟乎騶虞。』賈誼以謂騶者文王之囿。虞，虞官也。當誼之時，其說如此。然則以之爲獸者，其出於近世之說乎？」觀國按：《毛氏詩傳》曰：「騶虞，義獸也，白質黑文，不食生物。有至信之德，則應之。」詳觀騶虞詩辭，則獸是已。《詩》曰：「仁如騶虞。」又曰：「德如羔羊。」又曰：「德如鳲鳩。」又曰：「信厚如麟趾。」蓋皆指物而言也。秦漢之際，言《詩》者各自名家，其說皆有異同。賈誼必遵其師所授之說，未必當也。歐公曰：「以之爲獸者，其出於近世之說乎？」觀國按：賈誼在文帝時爲長沙傅。《前漢·儒林傳》曰：「毛公治《詩》，爲河間獻王博士。」則在景帝時爲博士，與賈誼同時人也。然則以騶虞爲獸者，非出於近世之說矣。五代時，王建據蜀，龜、龍、麟、鳳、騶虞之類，畢出於其國。歐陽文忠公修《五代史》破之，以爲非瑞。白龍見於水是失職也，可以爲妖矣。鳳凰或出於謬政危亡之時，非瑞也。麟，人罕識之獸，魯哀公西狩，窮山竭澤獵而獲之，非其自出，《春秋》譏之，非瑞也。龜，汙泥川澤不可勝數，其死也貴於卜官。觀國按：《易》以龍喻君之德，取其神變也。鳳者，文明之物，故曰「鳳兮鳳兮，何德之衰」，傷無文明之時也。麟，信也。故《詩》以麟之趾、麟之定、麟之角，喻信厚之子。龜，壽而前知也。此四物者，以喻聖人之有德者。故《禮》以爲四靈而史亦記之耳，非謂治世必出而亂世必藏也。譬猶玉者，至貴之寶，而君子比德焉，寧有治世則玉見，而亂世則玉隱耶？《離騷》以香草譬君子，以惡鳥譬小人，寧有治世則無惡鳥，而亂世則無香草耶？然則麟、鳳、龜、龍頻出於五代亂世之蜀，何傷乎？

宋 陸唐老《陸狀元增節音註精議資治通鑑》卷八二《陳紀·高宗宣皇帝》 帝從容謂羣臣曰：「我常曰唯聞李德林名，復見其爲齊朝作詔書移檄，正謂是天上人，豈言今日得其驅使。」神武公紇豆陵毅對曰：「臣聞麒麟、鳳凰爲王者瑞，麒，渠之反，仁獸也。麇身牛尾一角。麟，离珍反，牡麒也。□□曰：麕身，牛尾，角端有肉，音中鍾吕。可以德感，不可力致。麒麟鳳凰得之無用，豈如德林爲瑞且有用哉！」帝大笑曰：「誠如卿言。」

宋 衛湜《禮記集說》卷一三三 孔氏曰：「此言身有至誠，可以豫知前事。」禎祥，吉之萌兆。本有今異曰「禎」。國本有雀，今赤雀來是也。本無今有曰「祥」。國本無鳳，今有鳳來是也。言國家之將興，必嘉善慶祥。妖孽，謂凶惡之萌兆。妖，傷也。傷甚曰孽。《左傳》云：「地反物爲妖。」《說文》云：「衣服歌謠，草木之怪爲妖，禽獸蟲蝗之怪爲孽。」見乎蓍龜卦兆，動於龜之四體也。善謂祥，不善謂禍。至誠之道豫知前事，如神之微妙，故云至誠如神。

宋 俞琰《周易集說》卷三一《繫辭上傳四》 筮止用蓍而兼言龜者，古人占事則蓍龜並用。《書·大禹謨》云：「龜筮協從。」《洪範》云「龜筮共違于人」是也。【略】

或曰蓍龜並生於上蔡，蓍草叢生，百莖半之，則應大衍之數五十。龜背之文中間五段，兩旁四段，周圍二十四段，腹之文十二段，總而計之四十九段，則應大衍虛一不用，而用四十有九之數。蓋皆神物也。

元 方回《續古今攷》卷一一《附漢枌榆社靈星祠稷祠攷》 今攷《漢書·郊祀志》：高祖禱豐枌榆社。鄭氏曰：枌榆，鄉名也。社，在枌榆。晉灼曰：枌，白榆也。社，在豐東北十五里。師古曰：以此樹爲社神，因立名也。此謂初起兵時，禱此社也。枌榆，鄉名，非也。土宜此二木，故就以爲名耳。《帝紀》：二年春二月，令民除秦社稷，立漢社稷。此民間之社稷也。《郊祀志》：後四歲，天下已定，詔御史令治豐枌榆社，常以春時以羊彘祠之。此高帝不忘本之鄉社，非古天子之社也。有社無稷，春祠而秋無祭者也。天下定後二歲，或言曰：周興而邑立后稷之祠，至今血食天下。師古曰：以其有播種之功，故令天下皆祠之。於是高祖制詔御史，其令天下立靈星祠。張晏曰：龍星左角曰「天田」，則農祥

也。晨見而祠之，常以歲時祠以牛。然則龍星左角與后稷並祭歟，其獨祭左角之靈星歟？或者之言，謂周后稷血食至今，則當併祠后稷，如古之以稷配稷神也。高祖十年春，有司請令縣常以春二月及臘祠稷以羊彘，民里社各自裁以祠。師古曰：隨其祠具之豐儉也。制曰：可。此乃諸縣之社，外復有稷，有春祠，有臘祠，用彘。而民間里社，稱豐儉自祭也。蓋高祖未嘗親祀天地，終漢之世，人主未嘗親祭社稷。所以左宗廟右社稷之制，泯於秦，不修於漢。所謂大社、王社、侯社、國社、置社皆亡矣。然猶幸有縣社稷，民間社稷也。

元　佚名《宋史全文》卷二二下《宋高宗十七》　［紹興二十六年四月］甲午，詔：「諸路州軍自今不得奏祥瑞。」前一日，執政奏事，上曰：「前大理寺獄空，不許上表稱賀，甚爲得體。比年四方奏祥瑞，皆飾空文，取悦一時。如信州林機奏秦檜父祠堂生芝草，其佞尤甚。蓮之雙頭，處處有之，亦何足爲瑞？麟、鳳，瑞之大者。然非上有明君，下有賢臣，麟、鳳之生，亦何所取？朕以謂惟年穀登，可以爲瑞。得真賢實能，可以爲寶。漢武作《芝房》、《寶鼎》之歌，奏之郊廟，非爲不美，然何益於事？」

明　宋濂《元史》卷一七一《劉因傳》　歐陽玄嘗贊［劉］因畫像曰：「【略】烏乎！麒麟鳳凰，固宇内之不常有也。然而一鳴而《六典》作，一出而《春秋》成。則其志不欲遺世而獨往也明矣，亦將從周公、孔子之後，爲往聖繼絶學，爲來世開太平者邪！」

清　陳允錫《史緯》卷一三八《魏書十一・列傳》　［諸家社稷］圖皆畫爲樹，唯誡社，誡稷無樹，此其七證也。按：《論語》稱夏后氏以松，殷人以柏，周人以栗。是所植之木，世代不同。而《尚書》逸篇則云太社唯松，東社唯柏，南社唯梓，西社唯栗，北社唯槐。如此，是一代之中而五社各異。《逸書》云太社唯松，今社宜植以松。稷乃社之細，亦不離松也。

清　王棠《燕在閣知新録》卷三〇《麟鳳解》　麟與鳳，千古稱之曰瑞。昌黎《獲麟解》云：「麟爲聖人出也，不待聖人則謂之不祥也，亦宜。」予于鳳亦云。又爲之進而究之曰：「麟鳳不爲聖人出，固謂之不祥也。即爲聖人出，子亦謂之不祥，何也？聖人德化，敷被元元。危微精一，莫不以主敬自持。故《書》《傳》所稱，絶無好大喜功之習。使人君好言麟鳳，則侈心生矣；人臣誦言麟鳳，則諂心生矣。有麟鳳，而在上者不誇示之，何取乎麟鳳？有麟鳳，而在下者不揄揚之，何貴乎麟鳳？誇示之、揄揚之，此侈與諂之見端。正恐帝王主敬之學，必因之而有懈也。予故曰：麟與鳳招侈與諂之物，爲聖世不祥之事無疑。子又歎世之稱麟者曰『舍仁懷義』，稱鳳者曰『戴仁纓義』。夫禽獸之仁義，無益于窮黎。孰若聖人之仁義，足以有爲于天下哉。是以有識之士，不矜言祥瑞。」

綜　述

《周禮・春官宗伯》　司常掌九旗之物名，各有屬，以待國事。日月爲常，交龍爲旂，通帛爲旃，雜帛爲物，熊虎爲旗，鳥隼爲旟，龜蛇爲旐，全羽爲旞，析羽爲旌。及國之大閲，贊司馬，頒旗物：王建大常，諸侯建旂，孤卿建旃，大夫、士建物，師都建旗，州里建旟，縣鄙建旐，道車載旞，斿車載旌。皆畫其象焉，官府各象其事，州里各象其名，家各象其號。

《周禮・冬官考工記》　天下之大獸五：脂者，膏者，臝者，羽者，鱗者。注：脂，牛羊屬。膏，豕屬。臝者，謂虎豹貔螭爲獸淺毛者之屬。羽，鳥屬。鱗，龍蛇之屬。

《山海經・南山經》　《南山經》之首，曰䧿山。其首曰招摇之山，臨于西海之上，在蜀伏山，山南之西頭濱西海也。多桂，桂，葉似枇杷，長二尺餘，廣數寸，味辛，白花，叢生山峰，冬夏常青，間無雜木。《吕氏春秋》曰：招摇之桂。多金玉。有草焉，其狀如韭，璨曰：韭，音九。《爾雅》云：霍山亦多之。而青花，其名曰祝餘，或作桂茶。食之不飢。有木焉，其狀如穀而黑理，穀，楮也，皮作紙。璨曰：穀，亦名構，名穀者，以其實如穀也。其花四照，言有光燄也，若木華赤，其光照地亦此類也，見《離騷經》。其名曰迷穀，佩之不迷。有獸焉，其狀如禺而白耳，禺似獼猴而大，赤目，長尾，今江南山中多有。説者不了此物名禺，作牛字，圖亦作牛形，或作猴，皆失之也。禺字音遇。伏行人走，其名曰狌狌，食之善走。狌狌，禺獸，狀如猿，伏行交足，亦此類也。見京房《易》。麗麐之水出焉，而西流注于海，其中多育沛，未詳。佩之無瘕疾。瘕，蟲病也。

《山海經・西山經》　又西北四百二十里，曰峚山。其上多丹木，員葉而赤莖，黄華而赤實，其味如飴，食之不飢。丹水出焉，西流注于稷澤。后稷神所馮，因名云。其中多白玉，是有玉膏，其源沸沸湯湯，玉膏湧出之貌也。《河圖玉版》曰：少室山，其上有白玉膏，一服即仙矣。亦此類也。沸，音拂。黄帝是食是饗。所以得登龍於鼎湖而龍蜕也。是生玄玉。言玉膏中又出黑玉也。玉膏所出，以灌丹木。丹木五歲，五色乃清，言光鮮也。五味乃馨。言滋香也。黄帝乃取峚山之玉榮謂玉華也。《離騷》

曰：懷琬琰之華英。又曰：登崑崙兮食玉英。《汲冢書》所謂苕華之玉。而投之鍾山之陽。以爲玉種。瑾瑜之玉爲良，言最善也，或作食。觀臾兩音。堅粟精密，説玉理也。《禮記》曰：瑱密似粟栗。或作栗玉，有粟文，所謂穀璧也。濁澤而有光，濁，謂潤厚。五色發作，言符彩互映色。《王子靈符應》曰：赤如雞冠，黄如蒸栗，白如割肪，黑如醇漆，玉之符彩也。以和柔剛。言玉協九德也。天地鬼神是食是饗。玉所以祈祭者，言能動天地、感鬼神。君子服之，以禦不祥。今徼外出金剛石，石屬而似金，有光彩，可以刻玉，外國人帶之云辟惡氣，亦此類也。自峚山至于鍾山，四百六十里，其間盡澤也，是多奇鳥、怪獸、奇魚，皆異物焉。【略】

又西三百五十里曰玉山，是西王母所居也。此山多玉石，因以名云。《穆天子傳》謂之羣玉之山，見其山河無險，四徹中繩，先王之所謂策府，寡草木，無鳥獸。穆王於是攻其玉石，取玉石版三乘，玉器服物，載玉萬隻以歸。雙玉爲瑴，半瑴爲隻。西王母其狀如人，豹尾虎齒而善嘯，蓬髮戴勝，蓬頭，亂髮。勝，玉勝也。音龐。是司天之厲及五殘。主知災厲五刑殘殺之氣也。《穆天子傳》曰：吉日甲子，天子賓于西王母，執玄圭白璧以見西王母，獻錦組百縷，金玉百斤。西王母再拜受之。

《山海經・海外東經》黑齒國在其北，《東夷傳》曰：倭國東四十餘里有裸國，裸國東南有黑齒國，船行一年可至也。《異物志》云：西屠染齒，亦以傲北人。爲人黑，食稻啖蛇，一赤一青，一作「一青蛇」。在其旁。一曰：在豎亥北，爲人黑手，食稻使蛇其一蛇赤。下有湯谷。谷中水熱也。湯谷上有扶桑，扶桑，木也。十日所浴，在黑齒北。居水中，有大木，九日居下枝，一日居上枝。莊周云：昔者十日並出，草木焦枯。《淮南子》亦云：堯乃令羿射十日，中其九日，日中烏盡死。《離騷》所謂「羿焉畢日，烏焉落羽」者也。《歸藏・鄭母經》云：昔者羿善射，畢十日，果畢之。《汲郡竹書》曰：胤甲即位，居西河，有妖孽十日並出。明此自然之異，有自來矣。《傳》曰：天有十日，日之數十。此云九日居下枝，一日居上枝。《大荒經》又云：一日方至，一日方出。明天地雖有十日，自使以次第迭出運照，而今俱見，爲天下妖災，故羿稟堯之命，洞其靈誠，仰天控弦，而九日潛退也。假令器用可以激水烈火，精盛可以降霜回景，然則羿之鑠明離而斃陽烏，未足爲難也。若搜之常情，則無理矣。然推之以數，則無往不通達。觀之客，宜領其玄致，歸之冥會，則逸義無滯，言奇不廢矣。雨師妾在其北，雨師謂屏翳也。其爲人黑，兩手各操一蛇，左耳有青蛇，右耳有赤蛇。一曰在十日北，爲人黑身人面，各操一龜。

《山海經・大荒西經》西有王母之山、壑山、海山。皆羣大靈之山。有沃之國，言其土饒沃也。沃民是處。沃之野，鳳鳥之卵是食，甘露是飲。凡其所欲，其味盡存。言其所願滋味，此無所不備。爰有甘華、甘柤、白柳、視肉、三騅、璇瑰、瑶碧、琁瑰，亦玉名。《穆天子傳》曰：枝斯璿瑰。枝，回二音。白木、琅玕、樹色正白。今南方有文木，亦黑木也。白丹、青丹，又有黑丹也。《孝經援神契》曰：王者德至山陵而黑丹出。然則丹者別是彩名，亦猶黑白黄皆云丹也。多銀鐵。鸞鳥自歌，鳳鳥自舞。爰有百獸，相羣是處，是謂沃之野。有三青鳥，赤首黑目，一名曰大鵹，一名少鵹，一名曰青鳥。【略】

西海之南，流沙之濱，赤水之後，黑水之前，有大山，名曰崑崙之丘。有神，人面，虎身，有文，有尾，皆白處之。言其尾以白爲點駮。其下有弱水之淵環之。其水不勝鴻毛。其外有炎火之山，投物輒然。今去扶南東萬里有耆薄國，東復五千里許有火山國，其山雖霖雨，火常然。火中有白鼠，時出山邊求食。人捕得之，以毛作布，今之火澣布是也。即此山之類。有人，戴勝，虎齒，有豹尾，穴處，名曰西王母。《河圖玉版》亦曰：西王母居崑崙之山。《西山經》曰：西王母居玉山。《穆天子傳》曰：乃紀名迹于弇山之石，曰西王母之山也。然則西王母雖以崑崙之宫，亦自有離宫別窟，遊息之處，不專住一山也。故記事者名舉所見而言之。此山萬物盡有。

《山海經・大荒北經》東北海之外，大荒之中，河水之間，附禺之山，帝顓頊與九嬪葬焉。此皆殊俗，義所作冢。爰有鵃久、文貝、離俞、鸞鳥、鳳鳥，大物、小物。言備有也。有青鳥、琅鳥、玄鳥、黄鳥、虎、豹、熊、羆、黄蛇、視肉、璿瑰、瑶碧，皆出衛於山。在其山邊也。丘方圓三百里，丘南帝俊竹林在焉，大可爲舟。言舜林中竹一節則可以爲船也。竹南有赤澤水，水色赤色。名曰封淵。封，亦大也。有三桑無枝。皆高百仭。丘西有沉淵，顓頊所浴。

《山海經・海内經》西南黑水之間，有都廣之野，后稷葬焉。其城方三百里，蓋天下之中，素女所出也。《離騷》曰：絶都廣野而直指號。爰有膏菽、膏稻、膏黍、膏稷，言味好甘滑如膏。《外傳》曰：膏粱之子，菽豆粱粟也。百穀自生，冬夏播琴，播琴，猶播殖，方俗言耳。鸞鳥自歌，鳳鳥自儛，靈壽實華，靈壽，木名也，似竹有枝節。草木所聚。在此叢殖也。爰有百獸，相羣爰處。於此羣聚。此草也，冬夏不死。

南海之内，黑水青水之間，有木名曰若木。樹赤，華青。若水出焉。有禺中之國，有列襄之國，有靈山。有赤蛇，在木上，名曰蝡蛇，木食。言不食禽獸也。音如耎弱之耎。

《鶡冠子・度萬》唯聖人能正其音，調其聲。故其德上及太清，太清，天也。下及泰寧，泰寧，地也。中及萬靈。膏露降，白丹發，醴泉出，醴泉，其味如醴，可以養老。朱草生，朱草，可以染絳，以別尊卑。衆祥具。傳曰：王者統和陰陽，休氣充塞，符瑞

並臻，應得而至。德至天則斗極明，日月光，甘露降。德至地則嘉禾生，蓂莢起，秬鬯出。德至文表則景星見，五緯順軌。德至草木則朱草生，木連理。德至鳥獸則鳳凰翔，鸞鳥舞，麒麟臻，白虎到，白雉降，白鹿見，白鳥下。德至山陵則景雲出，芝實茂，陵出異丹，阜出蓮莆，山出器車，澤出神鼎。德至淵泉則黃龍見，醴泉涌，河出龍圖，洛出龜書，江出大貝，海出明珠。德至八方則祥風至，嘉氣時，鍾律調，音度施，四夷化，越裳貢。故萬口云：一本作「萬口去」。帝制神化，衆祥備至，則外帝内神之道具矣。景星光潤。景星者，德星也。其狀無常。常出於有道之國，而月死則見，所以助月照民夜績也。

《楚辭·离騷》駟玉虬以椉鷖兮，有角曰龍，無角曰虬。鷖，鳳皇别名也。《山海經》云：鷖身有五采，而文如鳳。鳳類也，以爲車飾。虬，一作蚪。椉，一作乘。鷖，作翳。補曰：言以鷖爲車，而駕以玉虬也。駟，一乘四馬也。虬，龍類也，渠幽切。《説文》云：龍子有角者。相如賦云「六玉蚪」，謂駕六馬，以玉飾其鑣勒，有似玉蚪也。鷖，於計、烏雞二切。《山海經》云：九疑山有五彩之鳥，飛蔽一鄉。五彩之鳥，翳鳥也。又云：蛇山有鳥五色，飛蔽日，名鷖鳥。溘埃風余上征。溘，猶掩也。埃，塵也。言我設往行游，將乘玉虬，駕鳳車，掩塵埃而上征，去離世俗，遠羣小也。補曰：《遠游》云：掩浮雲而上征。故逸云：溘，猶掩也。按：溘，奄忽也，濁合切。征，行也。言忽然風起，而余上征，猶所謂忽乎吾將行耳。

《荀子·哀公》孔子對曰：「古之王者，有務而拘領者矣，其政好生而惡殺焉，是以鳳在列樹，麟在郊野，烏鵲之巢，可俯而窺也。

《禮記·禮運》何謂四靈？麟、鳳、龜、龍謂之四靈。【略】疏：《正義》曰：此一經以上，有「四靈」之文，便復解四靈之事，故記人假問答以明四靈也。「何謂四靈？麟、鳳、龜、龍謂之四靈」者，問答四靈名也。謂之靈者，謂神靈。以此四獸皆有神靈，異於他物，故謂之靈。「故龍以爲畜，故魚鮪不淰」者，解飲食有由之義也。淰，水中驚走也。魚鮪，從龍者，龍既來爲人之畜，故其屬見人不淰然驚走也。「鳳以爲畜，故鳥不獝」者，獝，驚飛也。鳥從鳳來，鳳既來爲人之畜，故其屬見人不獝然驚飛也。「麟以爲畜，故獸不狘」者，狘，驚走也。獸從麟者，麟既來爲人之畜，故其屬見人不狘然驚走也。「龜以爲畜，故人情不失」者，以龜知人情，龜既來應人，知人情善惡，故人各守其行，其情不失也。然上三靈皆言其長來而族至，則此應云龜以爲畜而甲族馴狎。今獨云其感信而至者，與上三族相互也。此言感信，則上亦感仁義禮而至也。但因龜是知人情之易見者，故就龜而言耳。又初陳四靈，麟在初者，孔子獲麟，記者隨時所見爲先也。後列以龍爲首，依四方之舊次也。注：《正義》曰：讀淰爲閃者，淰是水中之形狀，故字從水。閃是忽有忽無，故字從門中人也，人在門，或見或不見。獝是飛而獝起，狘是狘然驚走，故云獝狘飛走之貌也。云「龜北方之靈，信則至矣」者，案：《月令》冬云「其蟲介」。注云：龜鱉之屬。則龜爲水蟲。水主信，故信則至。知水主信者，《易乾鑿度》云：陽氣合閉信之類。故北方水爲信。水既爲信，則土爲知也，故《乾鑿度》云：四時之義，皆法中央。中央，土者，可以兼四方之行，知之決也，是土爲知。但水土二行俱有信知，故《樂緯》云：宫致鳳皇，身信；羽致幽昌，身知。又《中庸》注云：水神則信，土神則知。是土水俱有信知。龜屬北方水。《大戴禮》及《樂緯》云：介蟲三百六十，龜爲長；鱗蟲三百六十，龍爲長；羽蟲三百六十，鳳爲長；毛蟲三百六十，麟爲長。案《月令》：春，其蟲鱗，則龍屬，東方木也；夏，其蟲羽，則鳳屬，南方火也；秋，其蟲毛，則麟屬，西方金也。案《異義》：説《左氏》者，以昭二十九年《傳》云：水官不脩，故龍不至。以水生木，故爲脩母致子之説。故服虔注獲麟云：麟，中央土獸，土爲信。信，禮之子。脩其母，致其子。視明禮脩而麟至，思睿信立而白虎擾，言從文成而神龜在沼，聽聰知正則名川出龍，貌恭性仁則鳳皇來儀。又《毛詩傳》云：麟信而應禮。又云：騶虞，義獸，有至信之德則應之。皆爲以脩母致子之義也。若鄭康成之説，則異於此。脩當方之事，則當方之物來應。故《異義》：《公羊》説哀十四年獲麟，此受命之瑞，周亡失天下之異。《左氏》説麟是中央軒轅大角獸，孔子脩《春秋》者，禮脩以致其子，故麟來爲孔子瑞。陳欽説：麟，西方毛蟲，孔子作《春秋》有立言，西方兑，兑爲口，故麟來。許慎謹案：公議郎尹更始、待詔劉更生等議石渠，以爲吉凶不並，瑞災不兼。今麟爲周亡天下之異，則不得爲瑞，以應孔子，至，玄之闇也。《洪範》五事，二曰言。言作從，從作乂，乂，治也。言於五行屬金。孔子時，周道衰亡，已有聖德，無所施用，作《春秋》以見志，其言少從，以爲天下法，故應以金獸性仁之瑞。賤者獲之，則知將有庶人受命而行之。受命之徵已見，則於周將亡事勢然也。興者爲瑞，亡者爲災，其道則然，何吉凶不並、瑞災不兼之有乎？如此脩母致子，不若立言之説密也。如鄭此説，從陳欽之義，以孔子有立言之教，故致其方毛蟲。熊氏申鄭義云：若人臣官脩，則脩母致子之應，《左氏》之説是也。若人君脩其方，則當方來應。孔子脩《春秋》爲素王法以立言，故西方毛蟲來應，未知然否，且具録焉。或以脩母致子，康成所以不用也。故《異義》：《公羊》説麟木精，《左氏》説麟中央軒轅大角之獸，陳欽説麟是西方毛蟲。許慎謹案：《禮運》云：麟、鳳、龜、龍謂之四靈。龍東方也，虎西方也，鳳南方也，龜北方也，麟中央也。鄭駁云：古者聖賢言事，亦有效，三者取象天地人，四者取象四時，五者取象五行。今云麟、鳳、龜、龍謂之四靈，是則當四時明矣。虎不在靈中，空言西方虎者，麟中央得，則無近誣乎？如鄭此言，是麟非土精，無脩母致子之義也。四靈配四方，如上所説，若其取象，理有多途。虎雖屬西方，以其淺毛，得屬中央土也。故《月令》「中央土其蟲倮」。注云「虎豹之屬恒淺毛，又於陰陽虎屬寅」是也。麟屬東方，取其性仁，則屬木也。故《公羊》説麟者木精。鄭云：金九以木八爲妻，金性義，木性仁，得陽氣性似父，得陰氣性似母。麟，毛蟲，得木八之氣而性仁。《鶡冠子》云：麟，北方玄枵之獸。是其象不一也。鳳屬南方，亦屬中央。故《樂緯》云「宫致鳳皇」是也。龜屬北方，亦屬東方。《五行傳》云「一曰貌，時有龜孽」是也。龍屬東方，亦屬天。《五行傳》云「皇之不極，則有龍蛇之孽」是也。《五行傳》又云：「二曰言，時則有介蟲之孽；三曰視，時則有倮蟲之孽。」是取象既多，理非一概。今以煩而無用，故不備言其數也。《釋獸》云：麐，麕身，牛尾，一角。京房《易傳》云：麟，麕身，牛尾，馬蹄，有五采，腹下黃，高丈二。《廣雅》云：麒麟，狼頭肉角，含仁懷義，音中鐘吕，行中規矩，遊必擇地，詳而後處，不履生蟲，不折生草，不羣居，不侣行，不入

檻穽，不入羅網，文章斌斌，故呼爲大角之獸也。【略】

故天不愛其道，地不愛其寶，人不愛其情。注：言嘉瑞出人情至也。故天降膏露，地出醴泉，山出器車，河出馬圖，鳳皇麒麟皆在郊椒，龜龍在宮沼，其餘鳥獸之卵胎，皆可俯而闚也。

漢 劉安《淮南子》卷四《墬形訓》 窔生海人，海人生若菌，若菌生聖人，聖人生庶人。凡窔者生於庶人。羽嘉生飛龍，飛龍生鳳皇，鳳皇生鸞鳥，鸞鳥生庶鳥，凡羽者生於庶鳥。毛犢生應龍，應龍生建馬，建馬生麒麟，麒麟生庶獸，凡毛者，生於庶獸。介鱗生蛟龍，蛟龍生鯤鯁，鯤鯁生建邪，建邪生庶魚，凡鱗者生於庶魚。介潭生先龍，先龍生玄黿，玄黿生靈龜，靈龜生庶龜，凡介者生於庶龜。暖濕生容，暖濕生於毛風，毛風生於濕玄，濕玄生於羽風，羽風生煖介，煖介生鱗薄，鱗薄生暖介。五類雜種興乎外，肖形而蕃。日馮生陽閼，陽閼生喬如，喬如生幹木，幹木生庶木，凡根拔木者生於庶木。根拔生程若，程若生玄玉，玄玉生醴泉，醴泉生皇辜，皇辜生庶草，凡根茇草者生於庶草。海閭生屈龍，屈龍生容華，容華生蔈，蔈生萍藻，萍藻生浮草，凡浮生不根茇者生於萍藻。

漢 東方朔《神異經》 西南大荒中有人焉，長一丈，其腹圍九尺，踐龜蛇，戴朱鳥，右手凴青龍，左手凴白虎。知河海斗斛，識山石多少，知天下鳥獸言語，知百穀草木鹽苦，名曰「聖」，一名「哲」，一名「賢」，一名「無不達」。凡人見而拜者，令人神智。又西北海外有人焉，長二千里，兩脚中間相去千里，腹圍一千六百里。但日飲天酒五斗，張華注曰：「天酒，甘露也。」不食五穀魚肉，惟飲天酒。好遊山海間，不犯百姓，不干萬物，與天地同生，名「無路之人」，一名「仁」，一名「信」，一名「神」。

漢 東方朔《海内十洲記》 鳳麟洲在西海之中央，地方一千五百里，洲四面有弱水繞之，鴻毛不浮，不可越也。洲上多鳳麟，數萬各爲羣。又有山川池澤及神藥百種，亦多仙家，煮鳳喙及麟角合煎作膏，名之爲續絃膠，或名連金泥。此膠能續弓弩，已斷之弦，刀劍斷折之金，更以膠連續之，使力士掣之，他處乃斷，所續之際終無斷也。

漢 桓寬《鹽鐵論》卷一〇《和親》 文學曰：「王者中立而聽乎天下，德施方外，絶國殊俗，臻於闕廷，鳳皇在列樹，麒麟在郊藪，羣生庶物，莫不被澤。」

漢 班固《漢書》卷九九中《王莽傳中》 日德元厷右，司徒典致文瑞，考圜合規，張晏曰：「日爲陽位。」晉灼曰：「厷圜也。五教在寬，則和氣感物，四靈見象，故文瑞屬焉。」【略】主司人道，五教是輔，帥民承上，宣美風俗，五品乃訓。

晉 張華《博物志》卷一 名山大川，孔穴相納，和氣所出，則生石脂玉膏，食之不死。神龍、靈龜行於穴中矣。【略】

神宮在高石沼中，有神人，多麒麟、靈芝、神草。有英泉，飲之眠三百歲乃覺，不死。去瑯琊四萬五千里。

晉 葛洪《抱朴子·内篇》卷四《登涉》 抱朴子曰：山中有大樹，有能語者，非樹能語也，其精名曰雲陽，呼之則吉。山中夜見火光者，皆久枯木所作，勿怪也。山中夜見胡人者，銅鐵之精。見秦者，百歲木之精。勿怪之，並不能爲害。山水之間見吏人者，名曰四徼，呼之名即吉。山中見大蛇著冠幘者，名曰升卿，呼之即吉。山中見吏，若但聞聲不見形，呼人不止，以白石擲之則息矣；一法以葦爲矛以刺之即吉。山中見鬼來喚人，求食不止者，以白茅投之即死也。山中鬼常迷惑使失道徑者，以葦杖投之即死也。【略】

山中寅日有自稱虞吏者，虎也。稱當路君者，狼也。稱令長者，老狸也。卯日稱丈人者，兔也。稱東王父者，麋也。稱西王母者，鹿也。辰日稱雨師者，龍也。稱河伯者，魚也。稱無腸公子者，蟹也。巳日稱寡人者，社中蛇也。稱時君者，龜也。午日稱三公者，馬也。稱僊人者，老樹也。未日稱主人者，羊也。稱吏者，麞也。申日稱人君者，猴也。稱九卿者，猿也。酉日稱將軍者，雞也。稱捕賊者，雉也。戌日稱人姓字者，犬也。稱成陽公者，狐也。亥日稱婦人者，金玉也。稱神君者，猪也。子日稱社君者，鼠也。

晉 葛洪《抱朴子·外篇》卷四《廣譬》 抱朴子曰：玄雲爲龍興，非虺蜓所能招也。飈風爲虎發，非豲貉之能致也。

南朝宋 范曄《後漢書》卷四〇下《班固傳》 固又作《典引篇》，【略】其辭曰：【略】於是三事嶽牧之僚，僉爾而進曰：陛下仰監唐典，中述祖則，俯蹈宗軌。躬奉天經，惇睦辯章之化洽。巡靖黎蒸，懷保鰥寡之惠浹。燔瘞縣沈，肅祇羣神之禮備。是以鳳凰來儀集羽族於觀魏，肉角馴毛宗於外囿，擾緇文皓質於郊，升黃暉采鱗於沼，甘露宵零於豐草，三足軒翥於茂樹。《尚書》曰：「鳳凰來儀。」元和二年詔曰：「乃者鳳凰鸞鳥比集七郡。」羽族謂羣鳥隨之也。觀魏，門闕也。肉角謂麟也。伏侯《古今注》曰：「建初二年，北海得一角獸，大如麕，有角在耳間，端有肉。又元和二年，麒麟見陳，一角，端如葱葉，色赤黄。」擾，馴也。緇文皓質謂騶虞也。《說文》曰：「騶虞，白虎，黑文，尾長於身。」《古今注》曰：「元和三年，白虎見彭城。」黃暉采鱗謂黃龍也。建初五年，有八黃

龍見于零陵。《古今注》曰：「元和二年，甘露降河南，三足烏集沛國。」軒翥謂飛翔上下。若乃嘉穀靈草，奇獸神禽，應圖合諜，窮祥極瑞者，朝夕坰牧，日月邦畿，卓犖乎方州，羡溢乎要荒。

唐 李肇《唐國史補》卷中　松脂入地，千歲爲茯苓，茯苓千歲爲琥魄，琥魄千歲爲瑿玉，愈久則愈精也。鶡鳥千歲爲鴆，愈老則愈毒也。南中山川有鴆之地必有犀牛，有沙蝨水弩之處必有鸀鳿，及生可療之草。

唐 段成式《酉陽雜俎》卷一六《廣動植之一》　羽嘉生飛龍，飛龍生鳳，鳳生鸞，鸞生庶鳥。應龍生建鳥，建鳥生麒麟，騏驎生庶獸。分鱗生蛟龍，蛟龍生鯤鯁，鯤鯁生建邪，建邪生庶魚。分潭生先龍，先龍生玄魧，玄魧生靈龜，靈龜生庶龜。日馮生玄陽閼，玄陽閼生鱗胎，鱗胎生幹木，幹木生庶木。招摇生程君一曰「若」，程君生玄玉，玄玉生醴泉，醴泉生應黃，應黃生黃華，黃華生庶草。海間生屈一曰「尾」龍，屈龍生容華，容華生蔈，蔈生藻，藻生浮草。【略】

鳳雄鳴節節，雌鳴足足，行鳴曰歸嬉，止鳴曰提扶。麒麟牡鳴曰逝一曰「遊」聖，牝鳴曰歸和，春鳴曰扶助，夏鳴曰養綏。鼈無耳爲守神。虎五指爲貙。魚滿三百六十年，則爲蛟龍引飛去水。魚二千斤爲蛟。武陽小魚一斤千頭。東海大魚，瞳子大如三斗盎。【略】

屋柱木無故生芝者，白爲喪，赤爲血，黑爲賊，黃爲喜。其形如人面者亡財，如牛馬者遠役，如龜蛇者田蚕耗。

唐 馮贄《雲仙雜記》卷九《虎狼麞鹿狐鼠稱呼》　山中寅日稱虞吏者，虎也。稱當路君者，狼也。稱東王父者，麞也。西王母者，鹿也。成陽公者，狐也。社君者，鼠也。

五代 劉昫《舊唐書》卷四五《輿服志》　武山火者，又不踰於古矣。而云麟鳳有四靈之名，玄龜有負圖之應，雲有紀官之號，水有感德之祥，此蓋别表休徵，終是無踰比象。

宋 衛湜《禮記集説》卷八　孔氏曰：前明軍行逢值之禮，此明軍行象天文而作陳法也。前南後北，左東右西也。朱鳥、玄武、青龍、白虎，四方宿名也。軍前宜捷，故用鳥；軍後宜殿，故用玄武。玄武，龜也。龜有甲，能禦侮用也。左爲陽，陽能發生，象其龍變生也。右爲陰，陰沈能殺，虎沈殺也。軍之左右生殺變應如龍虎也。此雖陳法，但不知如何爲之。今之軍行畫此四獸於旌旗，以標前後左右之軍陳。朱雀是禽而云獸者，通言耳。

宋 李杞《周易詳解》卷五　《象》曰：「大君之宜，行中之謂也。」鳳有利觜，衆鳥不賓。麟有利角，衆獸不馴。

宋 黎靖德《朱子語類》卷七六《周易十二・下繫》　如朱雀、青龍、白虎，只一物，至玄武便龜、蛇二物。謂如冬至前四十五日屬今年，後四十五日便屬明年，夜分子時前四刻屬今日，後四刻即屬來日耳。

金 王處一《西嶽華山誌・神林》　華山之上、山之下，或谷内，或廟道中，但有生死樹木，名曰「神林」。禁人採伐，如有犯者，立禍於身。山之西南隅有一林，侵天松檜，乃嶽神遊宴之處，名「黑山林」。有樵竊採之者，火燒虎食甚衆。

明 單宇《菊坡叢話》卷五　麒麟：《鶡冠子》云：「玄枵之精。」黃帝時麒麟在囿。

周成王時遊于苑。漢武幸雍，祀五時，獲白麟，作《白麟之歌》。又中嶽獲駮麃。郊雍獲一角獸。皆麟屬。

黃山谷云：麟有趾而不踶，仁哉麟哉！有角而不抵，仁哉麟哉！今之人一朝之忿，以觸人滅身辱親。嗚呼，人中有獸，獸中有人。

澤獸：黃帝時出，能知萬物之精，以戒於民，爲時除害，賢君明德幽遠則來。

《説文》：神人以廌遺黃帝。

跌蹄之獸：自能言語，王者仁孝則來，禹平水而至。

白狼：湯時，有神牽白狼銜鈎而入商朝。宣王得之，而犬戎服。

郭璞《贊》曰：「應符受質，乃銜靈鈎。惟德是道，出殷見周。」

崔融賀表有云：「金精景鑠，玉毳霜翹。」

白虎：王褒《講讀論》：昔文王應九尾狐，而東夷歸周。武王獲白魚，而諸侯同辭。周公受秬鬯而鬼方臣，宣王得白狼而夷狄賓。今南郡獲白虎，亦偃武興文之應也。獲之者張武，武張而猛服也。是以北狄賓洽。

黑兔：呂端曰：「黑者，北方之色。兔，陰類。將有夷狄觧辮稽首於闕之下乎？」

白兔：《瑞應圖》：王者恩加耆老則見。周宣王時，兔舞于鎬京。賀表有云：「豈比魯傳趙郡，獨歌如練之詞；實同晉獲壽春，又继凝鉛之詠。來從月窟，疊霜毳以蒙茸；獻自梁園，粲米毫而皎潔。增輝瑞諜，歸美皇猷。」

白麐：王者刑罰理則至。晉咸寧三年見魏都。

天鹿者，純靈之獸也。五色光耀洞明。王者道備則至。

白鹿：黃帝時，南夷乘來獻㲋。周宣王伐犬戎，得四白鹿以歸。漢武帝因白鹿發瑞應，造白金。

唐時獻至多。權德輿表云：「漢得之於槐里，齊獲之於敏丘。」李蒙賦：「畫輻爲飾，緣繢稱珍。炯如玉立，皎若霜萃。勁角昭勇，縞色呈鮮。」

角端者，日行萬八千里，又曉四夷之語。明聖在位，明達方外幽遠之事，則奉書而至。並《宋志》。

明 謝肇淛《文海披沙》卷三《盤古》 今人皆言盤古分天地。【略】《五運歷年記》亦載：盤古左目爲日，右目爲月，噓爲風雨，吹爲雷電，開目爲晝，閉目爲夜，骨節爲山林，腸爲江海，毛髮爲草木。

明 何三畏《新刻何氏類鎔》卷三一《樹總》 樹有歷百千萬年者，其上多棲鬼神。有高六七十丈者，其下不見日月。有聖樹，有神樹，有仙樹，而又有男青女貞之號，所以爲奇。有麵樹，有酒樹，有肉樹，而又有牛筋狗骨之稱，所以爲異。有一樹而自分條幹，東向一枝木威，南向一枝橄欖，枝枝各別，其樹名爲獨根。有一樹而互相盛衰，東邊一歲枯槁，西邊一歲敷榮，歲歲皆然，其樹名爲交讓。布葉垂陰，隣月中之丹桂。連枝接影，對天際之白榆。珍枝布葉而成珠，返魂聞香而即活。如何隨刀而異味，烽火至夜而欲燃。或名不火不灰，或名無憂無患。或名天上天楄，或名帝座帝休。亦曰扶老生金，亦曰聲風發日。亦曰雕棠迷穀，亦曰木蜜摩厨。若離婁蜀漆，平仲君遷。若慎火雒常，文莖净土。若丹青綺縞，珊瑚琉璃。若[illegible]母嬰彌，娑羅都句。其類固難以更僕言縷指數矣。

有樹生于姬公之塋中，其葉皆按四時而各標其色。有樹生于孔子之塚上，其種皆來異國而莫識其名。秦始皇封禪而登岱，所憩之樹封以官名者，欲示寵異于山靈。錢武肅既貴而歸鄉，所戲之樹被以文繡者，用表榮華于梓里。木龍寺之樹，梁武帝遣人圖畫者，其垂如帳，其屈曲如虬龍。琉球國之樹，隋煬帝遣使持歸者，其色如金，其盤蹴如美錦。仁壽種于思煙館，木蘭生于潯陽江。君子植于華林園，長生移于上林苑。諸如此類者，皆佳木也。至《無量壽經》所云：行行相植，莖莖相望，枝枝相準，葉葉相向，華華相順，實實相當。爲天宮之寶樹者，則豈塵世間所有哉。

明 袁達《禽蟲述》 蟲莫神於龍，龍之鱗九。九，陽數也。鯉爲魚之主，鯉之鱗六。六，陽數也。有鱗曰蛟龍，有翼曰應龍，有角曰虬龍，無角曰螭痴龍。春分而登天，秋分而入川。鳳，火精也，雌曰凰。燕喙黿頸，龍形，麟翼，魚尾，六像九苞。行鳴曰歸嬉，止鳴曰提扶，夜鳴曰善哉，晨鳴曰賀世。不食生蟲，不履生草。麒麟，木精也。牝曰麟。麕居身牛尾，狼項馬蹄，黃色，一角。牡鳴曰遊聖，牝鳴曰歸和，夏鳴曰扶幼，秋鳴曰養綏。音中黃鐘，行中規矩。鸞，一曰鷄趣，體備五色，聲中五音，應頌聲而至，集德與而鳴。首翼赤曰丹鳳，青曰羽翔，白曰化翼，玄曰陰翥，黃曰土符。十龜異名，神靈，攝寶，文筮，山澤，水火。六龜異室。西白，南赤，北黑。各入于室。守箸而咽食，巢蓮而輕身。騶虞，猊首虎軀，白質黑文，食自死之肉，不踐生蒭，有道則見，非時不出。貘，象鼻犀目，牛尾虎足，寢其皮辟瘟，圖其形辟邪。象，肉兼十牛，目不踰豕，鼻爲口役，望頭如尾。馬，一歲爲[illegible]，二歲爲駒，八歲爲駅，性健蹄圓而喜逆風。起先前足，臥先後足，病則臥。牛，二歲曰㸬，三歲曰犙，四歲曰牭，性順蹄坼而喜順風。起先後足，臥先前足，病則立。豕，豯生三月，豵生六月。一歲曰豵豝，三歲曰豕。豣，剛鬣而喜雨。羊，牝一歲曰牝挑，三歲曰羝。牡一歲曰牸挑，三歲曰牂。柔毛而畏露。鶴，七年小變，十六年大變，六十年變止，千六百年形定。舉則高至，鳴則遠聞。行必依洲嶼，止必集林木。鷹，一歲曰黃，二歲曰撫，三歲曰青。生於窟者好眠，巢於木者常立。雙骹長起遲，六翮短飛急。蠶爲龍精，而負馬迹。一眠曰蝭，再生曰蠱，自成曰獨繭，二以上曰同功。蜂有君，旋繞如衛，垂芒而致螫。蟻有義，力舉等身，銜土而時術。鳲鳩均，佳鳩孝。雎鷲而別，鷺潔而序。雎渠鶺鴒有友悌之義，鴻鴈有庠序之儀。雉性介交，有時而別有倫。猨性仁，生相序而死相赴。虎不食斑，鷹不擊伏。鶻有義，燠鳥而見釋。隼有準，憫胎而不戮。鷹祭鳥，獺祭魚，豺貙祭獸，禮也。象埋齒，麝抉臍，狨斷尾，智也。羔狐三德。羔，有角而不用，如好仁者；執之不鳴，殺之不諦，類死義者；飲其母必跪，類知禮者。狐，其色中和，小前大後，死則首丘。蟬鷄五德。蟬頭上有緌，文也；含氣飲露，清也；黍稷不享，廣也；處不巢居，儉也；應侯守節，信也。鷄平頭戴冠，文也；足傅距，武也；敵在前敢鬭，勇也；見食相告，仁也；守夜不失時，信也。猨之德，静以恒夜嘯，而風月肅然。王孫之德，躁以囅所至，而林木振響。鸛聿知天時，鷗知風雲，駝知泉脉，獺知水潦。運日鴆雄知晏，陰諧雌知雨，猩猩知往，檮杌知來。鶴，水鳥，夜半水位，故知夜半。鷄，巽象，日將臨巽位，故鳴五更。犬警司夜，驢鳴應更。蜂衙應潮，鵲巢背歲。蛇盤向壬，狐潛上伏。燕避戊巳，蝠忌庚申。猫見寅人而食子，麕逢申日而過街。狼識虛

實，虎奮衝破。蛇曉方藥，鳩善禁呪。狡兔三窟而免，鼯鼠五技而窮。能飛不能上屋，能緣不能窮木，能游不能渡谷，能穴不能淹身，能走不能先人。旨鷸行避草木，恐觸其喙；翟雉高避雨雪，而惜其尾。山鷄照水而自溺，矜其彩也；鮒魚脊網而不動，護其鱗也。鵲善相其地而累巢，安則致其功用，否則不累也；鷸善相其天而吐綬，樂則見其文彩，否則不吐也。鳳之所在，鳥必飛以從。虎之所在，麂必鳴以告。鹿比其類，而環角外嚮以自防；牛衛其犢，而環首外觸以角虎。貛避害而營曲穴，鷸護雛而徙低巢。鵂鶹夜飛，而銜葉以覆背；羚羊夜宿，而懸角以掛木。虎食青泥而解箭藥，雉擦地黄以黠鷹傷。蚺冉蛇自見金瘡，明無膽也；雄雞自斷其尾，憚爲犧也。鴈有奴而伺夜，羊有頭而率群。野豕擦松脂曳沙泥以禦矢，猩猩餉酒着木屐而推肥。豺祭方，獺祭圓。鴈銜蘆而捍網，徂伐巧而搏矢。四面網羅，鼅蛛執豸而太巧；兩部鼓吹，蛙聒子以何喧。黄蜂綴窠於屋，而銜漆以固其帶；桃蟲巢於葦苕，而繫髮紩之以麻。鴷斬木畫印開穴以出蠹而鼠竊之，鳩步罡轉石以出蛇而鸛如之。鸛擇礜石繞卵以助暖，鷺小池養魚以飼雛。雀銜艾以争燕巢，鼅擦茅以解蜂螫。熊蟄舐掌而經冬不食，其行也有館；豹隱澤毛而十日不食，其死也首山。蠖吐絲而作室，蜂釀蜜而成房。羱羊戴草而自愛，紅蠶結繭而自衣。

清 來集之《倘湖樵書·二編》卷一一《龍鳳亦有凡近者》 龍爲鱗蟲之長，鳳爲羽蟲之長，皆天上靈物、希世禎祥，然亦有凡而可作耳目狎玩者，或亦其另一種與。《鐵圍山叢談》云：博白有遠村號録舍，皆高山大水，人跡罕及。斗米一二錢，蓋山險不可出。有小江號龍潛，魚大者動六七尺，痴不識人。村民自夸：「我山多鳳凰。」吾且謂妄，從而詰之，則曰：「其大如鶩，五色，有冠。率居大木之顛，穴木而巢焉。遇天氣清明必出，出必雙飛，所過則諸鳥斂翼俛首而伏，不敢鳴者久之。」吾嘆曰：「此真鳳凰也。」古人謂南方丹山産鳳，爲信。《爾雅翼》：雲南恩州北甘山，壁立千仞，有瀑水飛下，猿狖不能至。鳳凰巢其上，彼人呼爲「鳳凰山」。所食亦蟲魚，遇大風雨或飄墮，其雛小者猶如鶴，而足差短。南人截取其嘴，謂之「鳳凰杯」。桂林有鳥鳳，如鵲而紺碧，鬉頭，有鳳尾垂二弱骨，各長一尺四五寸，其末始有毛羽，大畧如鳳。鳴聲清越，又能爲百蟲之音。生左右江谿洞中。廣西又有山鳳，狀如鶩而鳳喙，巢兩江深林中。雌伏卵時，雄以木枝雜桃膠封其巢，留一竅取食。子成，即發封。不成，則窒其竅而殺之。又有大頭鳳，飛則羽音響若轉輪，所止之處，百鳥不敢鳴。

清 馬驌《繹史》卷一《五運歷年記》：元氣濛鴻，萌芽兹始。遂分天地，肇立乾坤。啓陰感陽，分布元氣。乃孕中和，是爲人也。首生盤古，垂死化身。氣成風雲，聲爲雷霆。左眼爲日，右眼爲月。四肢五體，爲四極五嶽。血液爲江河，筋脈爲地里。肌肉爲田土，髮髭爲星辰。皮毛爲草木，齒骨爲金石。精髓爲珠玉，汗流爲雨澤。身之諸蟲，因風所感，化爲黎甿。《述異記》：盤古氏，天地萬物之祖也，然則生物始於盤古。昔盤古氏之死也，頭爲四岳，目爲日月，脂膏爲江海，毛髮爲草木。秦漢閒俗説，盤古氏頭爲東岳，腹爲中岳，左臂爲南岳，右臂爲北岳，足爲西岳。先儒説，泣爲江河，氣爲風，聲爲雷，目瞳爲電。古説，喜爲晴，怒爲陰。吴楚閒説，盤古氏夫妻，陰陽之始也。今南海有盤古氏墓，亘三百餘里，俗云後人追葬盤古之魂也。《三五歷記》：天地混沌如雞子，盤古生其中。萬八千歲，天地開闢，陽清爲天，陰濁爲地。盤古在其中，一日九變，神於天，聖於地。天日高一丈，地日厚一丈，盤古日長一丈。如此萬八千歲，天數極高，地數極深，盤古極長。後乃有三皇。數起於一，立於三，成於五，盛於七，處於九。故天去地九萬里。

清 徐文靖《禹貢會箋》卷三《鉛松怪石》 貢松者，大司徒職，曰「制其畿疆，設其社稷之壝，而樹之各以其野之所宜木，遂以名其社」。鄭注：所宜木，謂若松、栢、栗也。若以松爲社者，則名松社之野。是夏社宜松，故貢松也。

清 張廷玉《明史》卷六三《樂志三》 奏《撫安四夷舞曲》其一，《賀聖朝》：望天華夷一統，萬國來同。獻方物，修庭貢，遠慕皇風，自南自北，自西自東。望天宫，佳氣鬱重重，四靈畢至，麟鳳龜龍。其二，《殿前歡》：瑞雲晴靄浮宫殿，一脈陽和轉。禮成交泰開周宴，鳳笙調，龍幄展，天心感格人歡忭，四海謳歌徧。

清 湯鵬《浮邱子》卷七《左評》 鳳皇，神鳥也。麒麟，仁獸也。龜龍，鱗介之長也。梗枏，衆材之特也。鳳皇不棲其巢則欽鴀來，欽鴀來則鳴聲惡。麒麟不游其郊則豺狼至，豺狼至則吞噬横。龜龍不媚其川則蝮蛇入，蝮蛇入則毒腥多。梗枏不充其選則樗榖收，樗榖收則傾橈必。

記事

《莊子·人間世》 匠石之齊，至於曲轅，見櫟社樹。其大蔽數千牛，絜之百圍，其高臨山十仞而後有枝，其可以爲舟者旁十數。觀者如市，匠伯不顧，遂行不輟。弟子厭觀之，走及匠石，曰：「自吾執斧斤以隨夫子，未嘗見材如此其美也。先生不肯視，行不輟，何邪？」曰：「已矣，勿言之矣！散木也，以爲舟則沈，以爲棺槨則速腐，以爲器則速毁，以爲門户則液樠，以爲柱則蠹。是不材之木

也，無所可用，故能若是之壽。」匠石歸，櫟社見夢曰：「女將惡乎比予哉？若將比予於文木邪？夫柤梨橘柚，果蓏之屬，實熟則剝，剝則辱；大枝折，小枝泄。此以其能苦其生者也，故不終其天年而中道夭，自掊擊於世俗者也。物莫不若是。且予求無所可用久矣，幾死，乃今得之，爲予大用。使予也而有用，且得有此大也邪？且也若與予也皆物也，奈何哉其相物也？而幾死之散人，又惡知散木！」匠石覺而診其夢。弟子曰：「趣取無用，則爲社何邪？」曰：「密！若無言！彼亦直寄焉，以爲不知己者詬厲也。不爲社者，且幾有翦乎！且也彼其所保與衆異，而以義喻之，不亦遠乎！」

《竹書紀年》卷上《黃帝軒轅氏》　母曰附寶，見大電繞北斗樞星，光照郊野，感而孕，二十五月而生帝於壽丘。弱而能言，龍顏，有聖德，劾百神朝而使之。應龍攻蚩尤，戰虎、豹、熊、羆四獸之力。以女魃止淫雨。天下既定，聖德光被，羣瑞畢臻。有屈軼之草生於庭，佞人入朝，則草指之，是以佞人不敢進。元年，帝即位，居有熊。初制冕服。

二十年，景雲見，以雲紀官。

有景雲之瑞，赤方氣與青方氣相連。赤方中有兩星，青方中有一星，凡三星，皆黃色，以天清明時見於攝提，名曰「景星」。帝黃服齋於中宮，坐於玄扈洛水之上，有鳳凰集，不食生蟲，不履生草。或止帝之東園，或巢於阿閣，或鳴於庭。其雄自歌，其雌自舞。麒麟在囿，神鳥來儀。有大螻如羊，大螾如虹。帝以土氣勝，遂以土德王。

五十年秋七月庚申，鳳鳥至，帝祭于洛水。

庚申，天霧三日三夜，晝昏。帝問天老、力牧、容成曰：「於公何如？」天老曰：「臣聞之：國安，其主好文，則鳳凰居之；國亂，其主好武，則鳳凰去之。今鳳凰翔於東郊而樂之，其鳴音中夷，則與天相副。以是觀之，天有嚴教以賜帝，帝勿犯也。」召史卜之，龜燋。史曰：「臣不能占也。其問之聖人。」帝曰：「已問天老、力牧、容成矣。」史北面再拜曰：「龜不違聖智，故燋。」霧既降，游于洛水之上，見大魚，殺五牲以醮之，天乃甚雨，七日七夜，魚流於海，得《圖》、《書》焉。《龍圖》出河，《龜書》出洛，赤文篆字，以授軒轅。接萬神於明庭，今塞門谷口是也。

又　《帝禹夏后氏》　母曰「修己」，出行，見流星貫昴，夢接意感，既而吞神珠。修己背剖，而生禹於石紐。虎鼻口，兩耳參鏤，首戴鉤鈐，胸有玉斗，足文履已，故名「文命」。長有聖德。長九尺九寸。夢自洗於河，取水飲之。又有白狐九尾之瑞。當堯之世，舜舉之。禹觀於河，有長人白面魚身，出曰：「吾河精也。」呼禹曰：「文命治水」。言訖，授禹《河圖》，言治水之事，乃退入于淵。禹治水既畢，天錫玄圭，以告成功。夏道將興，草木暢茂，青龍止于郊，祝融之神降于崇山。乃受舜禪，即天子之位。洛出《龜書》，是爲《洪範》。三年喪畢，都于陽城。

漢　司馬遷《史記》卷四《周本紀》　周后稷，名棄。《正義》：因太王所居周原，因號曰周。《地理志》云：右扶風縣岐山西北中水鄉，周太王所邑。《括地志》云：故周城一名美陽城，在雍州武功縣西北二十五里，即太王城也。其母有邰氏女，曰姜原。《集解》：《韓詩章句》曰：姜，姓。原，字。或曰，姜原，謚號也。《正義》：邰，天來反，亦作斄，同。《說文》云：邰，炎帝之後，姜姓，封邰，周棄外家。姜原爲帝嚳元妃。《索隱》：譙周以爲棄，帝嚳之胄，其父亦不著，與此紀異也。姜原出野，見巨人跡，心忻然說，欲踐之，踐之而身動如孕者。居期而生子，以爲不祥，棄之隘巷，《索隱》：已下皆《詩·大雅·生民篇》所云，誕寘之隘巷，牛羊腓字之，誕寘之平林，會伐平林，誕寘之寒冰，鳥覆翼之，是其事也。馬牛過者皆辟不踐，徙置之林中，適會山林多人，遷之，而棄渠中冰上，飛鳥以其翼覆薦之。姜原以爲神，遂收養長之。初欲棄之，因名曰棄。棄爲兒時，屹如巨人之志。其游戲，好種樹麻、菽，麻、菽美。及爲成人，遂好耕農，相地之宜，宜穀者稼穡焉。《正義》：種曰稼，斂曰穡。民皆法則之。帝堯聞之，舉棄爲農師，天下得其利，有功。帝舜曰：棄，黎民始飢，《集解》：徐廣曰：《今文尚書》云：祖飢，故此作始飢。祖，始也。爾后稷播時百穀。封棄於邰，《集解》：徐廣曰：今斄鄉左扶風。《索隱》：即《詩·生民》曰「有邰家室」是也。邰，即斄，古今字異耳。《正義》：《括地志》云，故斄城，一名武功城，在雍州縣西南二十二里，古邰國，后稷所封也。有后稷及姜原祠。毛萇云：邰，姜嫄國也，后稷所生。堯見天因邰而生后稷，故因封於邰也。號曰后稷，別姓姬氏。

漢　王充《論衡》卷一六《亂龍篇》　上古之人，有神荼、鬱壘者，昆弟二人，性能執鬼。居東海度朔山上，立桃樹下，簡閱百鬼。鬼無道理，妄爲人禍，荼與鬱壘縛以盧(蘆)索，執以食虎。故今縣官縣官，謂天子也。注《程材篇》。斬桃爲人，立之戶側；畫虎之形，著之門闌。夫桃人，非荼、鬱壘也；畫虎，非食鬼之虎也。刻畫效象，冀以禦凶。今土龍亦非致雨之龍，獨信桃人、畫虎，不知土龍。

又　卷一九《宣漢篇》　其年三月，鸞鳳集長樂宮東門中樹上。《宣紀》在五鳳

三年。彼文云：「三月辛丑，鸞鳳集長樂宮東闕中樹上，飛下止地，文章五色，留十餘刻，吏民並觀。」《講瑞篇》亦作「門中」。甘露元年，黃龍至，見于新豐，《宣紀》云：「夏四月。」醴泉滂流。《宣紀》甘露二年正月詔：「迺者黃龍登興，醴泉滂流。」是亦述去年事也。彼鳳皇雖五六至，注《指瑞篇》。或時一鳥而數來，或時異鳥而各至，麒麟、神雀、黃龍、鸞鳥、甘露、醴泉，祭后土天地之時，神光靈耀，可謂繁盛累積矣。孝明時雖無鳳皇，亦致麟，甘露、醴泉、神雀、白雉、紫芝、嘉禾，盼遂案：「麟」上宜有「麒」字。《恢國篇》「孝明麒麟、神雀、甘露、醴泉、白雉、黑雉、芝草、連木、嘉禾」有「麒」字。金出鼎見，離木復合。

漢 班固《漢書》卷五八《公孫弘傳》 ［元光五年］上策詔諸儒：

制曰：蓋聞上古至治，畫衣冠，異章服，而民不犯；陰陽和，五穀登，六畜蕃，甘露降，風雨時，嘉禾興，朱屮生，山不童，澤不涸；麟鳳在郊藪，龜龍游於沼，河洛出圖書；父不喪子，兄不哭弟；北發渠搜，南撫交阯，舟車所至，人迹所及，跂行喙息，咸得其宜。

又 卷八七上《揚雄傳上》 其十二月羽獵，揚雄從。以爲昔在二帝三王，宫館臺榭沼池苑囿林麓藪澤財足以奉郊廟，御賓客，充庖廚而已，不奪百姓膏腴穀土桑柘之地。女有餘布，男有餘粟，國家殷富，上下交足，故甘露零其庭，醴泉流其唐，鳳皇巢其樹，黃龍游其沼，麒麟臻其囿，神爵棲其林。

漢 班固《東觀漢記》卷三《孝安皇帝》 ［延光］三年，鳳凰集濟南臺丞霍穆舍樹，上賜帛各有差。衛縣木連理，定陵縣木連理。潁川上言麒麟、白鹿見。黃龍見歷城，又見諸縣。

漢 趙曄《吳越春秋》卷四《越王無余外傳第六》 禹三年服畢，哀民不得已，即天子之位。三載考功，五年政定，周行天下，歸還大越，登茅山以朝四方羣臣，觀示中州諸侯。【略】鳳凰棲於樹，鸞鳥巢於側，麒麟步於庭，百鳥佃於澤。【略】禹崩之後，衆瑞並去。

漢 應劭《風俗通》卷八《桃梗葦茭畫虎》 謹按《黃帝書》：「上古之時，有神荼與鬱壘昆弟二人，性能執鬼。度朔山上有桃樹，二人於樹下簡閱百鬼，無道理妄爲人禍害，神荼與鬱壘縛以葦索，執以食虎。」於是縣官常以臘除夕飾桃人，垂葦茭，畫虎於門，皆追效於前事，冀以禦凶也。

桃梗，梗者，更也，歲終更始，受介祉也。《戰國策》：「齊孟嘗君將西入秦，諫者千數而弗聽。蘇秦欲止之，曰：『臣之來也，過於淄上，有土偶人焉，與桃梗相與語，謂土偶人曰：「子西岸之土也，埏子以爲人，至歲八月，天霖雨，淄水至，則子殘矣。」曰：「不然。吾西岸之土也，殘則復西岸耳。今子東國桃木也，削子以爲人，降雨下，淄水至，泆子而汎汎將何如矣。」夫秦四塞之國，譬若虎口而入之，則不知其可。』孟嘗乃止。」

《春秋左氏傳》曰：「魯襄公朝楚，會楚康王卒，楚人使公親禭，公患之。叔孫穆叔曰：『祓殯而禭，則布幣也。』乃使巫以桃茢先祓殯。楚人弗禁，既而悔之。古者日在北陸而藏冰深山窮谷。其藏之也，黑牡秬黍，以享司寒。其出之也，桃弧棘矢，以除其災也。」

晉 陳壽《三國志》卷二《魏書·文帝紀》 初，漢熹平五年，黃龍見譙，光祿大夫橋玄問太史令單颺：「此何祥也？」颺曰：「其國後當有王者興，不及五十年，亦當復見。天事恒象，此其應也。」內黃殷登默而記之。至四十五年，登尚在。三月，黃龍見譙，登聞之曰：「單颺之言，其驗茲乎！」【略】

漢帝以衆望在魏，乃召羣公卿士，告祠高廟。使兼御史大夫張音持節奉璽綬禪位，册曰：「咨爾魏王：【略】天之曆數在爾躬，允執其中，天祿永終；君其祗順大禮，饗茲萬國，以肅承天命。」

《獻帝傳》載禪代衆事曰：【略】辛亥，太史丞許芝條魏代漢見讖緯于魏王曰：《易傳》曰：「聖人受命而王，黃龍以戊己日見。」七月四日戊寅，黃龍見，此帝王受命之符瑞最著明者也。又曰：「初六，履霜，陰始凝也。」又有積蟲大穴天子之宫，厥咎然，今蝗蟲見，應之也。又曰：「聖人以德親比天下，仁恩洽普，厥應麒麟以戊己日至，厥應聖人受命。」又曰：「聖人清淨行中正，賢人福至民從命，厥應麒麟來。【略】殿下即位，初踐阼，德配天地，行合神明，恩澤盈溢，廣被四表，格于上下。是以黃龍數見，鳳皇仍翔，麒麟皆臻，白虎效仁，前後獻見于郊甸；甘露醴泉，奇獸神物，衆瑞並出。斯皆帝王受命易姓之符也。昔黃帝受命，風后受《河圖》；舜、禹有天下，鳳皇翔，洛出《書》；湯之王，白鳥爲符；文王爲西伯，赤鳥銜丹書；武王伐殷，白魚升舟；高祖始起，白蛇爲徵。巨跡瑞應，皆爲聖人興。觀漢前後之大災，今茲之符瑞，察圖讖之期運，揆河洛之所甄，未若今大魏之最美也。【略】

相國歆、太尉詡、御史大夫朗及九卿奏曰：【略】是以布政未朞，人神並和，皇天則降甘露而臻四靈，后土則挺芝草而吐醴泉，虎豹鹿兔，皆素其色，雉鳩燕雀，亦白其羽，連理之木，同心之瓜，五采之魚，珍祥瑞物，雜遝於其間者，無不畢備。

又　卷三《魏書・明帝紀》　青龍元年春正月甲申，青龍見郟之摩陂井中。二月丁酉，幸摩陂觀龍，於是改年；改摩陂爲龍陂，賜男子爵人二級，鰥寡孤獨無出今年租賦。【略】

［黄龍三年］十一月丁酉，行幸許昌宮。《魏氏春秋》曰：是歲張掖郡删丹縣金山玄川溢涌，寶石負圖，狀象靈龜，廣一丈六尺，長一丈七尺二寸，圍五丈八寸，立于川西。有石馬七，其一仙人騎之，其一羈絆，其五有形而不善成。有玉匣關蓋於前，上有玉字，玉玦二，璜一。麒麟在東，鳳鳥在南，白虎在西，犧牛在北，馬自中布列四面，色皆蒼白。【略】

景初元年春正月壬辰，山茌縣言黄龍見。於是有司奏，以爲魏得地統，宜以建丑之月爲正。

又　卷四七《吴書・吴主傳》　黄龍元年春，公卿百司皆勸權正尊號。夏四月，夏口、武昌並言黄龍、鳳凰見。丙申，南郊即皇帝位是日大赦，改年。【略】

赤烏元年春，鑄當千大錢。夏，吕岱討廬陵賊，畢，還陸口。秋八月，武昌言麒麟見。有司奏言麒麟者太平之應，宜改年號。詔曰：「間者赤烏集於殿前，朕所親見，若神靈以爲嘉祥者，改年宜以赤烏爲元。」羣臣奏曰：「昔武王伐紂，有赤烏之祥，君臣觀之，遂有天下，聖人書策載述最詳者，以爲近事既嘉，親見又明也。」於是改年。

晉　王嘉《拾遺記》卷二　堯命夏鯀治水，九載無績。鯀自沉於羽淵，化爲玄魚。時揚鬐振鱗横遊波上，見者謂爲河精，羽淵與河海通源也。海民於羽山之中修立鯀廟，四時以致祭祀。常見玄魚與蛟龍跳躍而出，觀者驚而畏之。至舜命禹疏川奠嶽，濟巨海則黿鼉而爲梁，踰峻山則神龍而爲馭，行遍日月之墟，惟不踐羽山之地，皆聖德感。鯀之靈化，其事互説，神變猶一，而色狀不同。玄魚黄熊，四首相亂，傳寫流文，鯀字或魚邊玄也。羣疑衆説，並略記焉。

南朝宋　范曄《後漢書》卷三《章帝紀》　［元和二年］五月戊申，詔曰：「乃者鳳皇、黄龍、鸞鳥比集七郡，或一郡再見，及白烏、神雀、甘露屢臻。祖宗舊事，或班恩施。

又　卷三五《曹褒傳》　［章］帝知羣僚拘攣，難與圖始，朝廷禮憲，宜時刊立，明年復下詔曰：「朕以不德，膺祖宗弘烈。乃者鸞鳳仍集，麟龍並臻，甘露宵降，嘉穀滋生，赤草之類，紀于史官。朕夙夜祗畏，上無以彰于先功，下無以克稱靈物。」

又　卷四八《楊終傳》　［楊］終兄［楊］鳳爲郡吏，太守廉范爲州所考，遣鳳候終，終爲范游説，坐徙北地。帝東巡狩，鳳皇黄龍並集，終贊頌嘉瑞，上述祖宗鴻業，凡十五章，奏上，詔貰還故郡。著《春秋外傳》十二篇，改定章句十五萬言。永元十二年，徵拜郎中，以病卒。

又　卷七六《秦彭傳》　［秦彭］在職六年，轉潁川太守，仍有鳳皇、麒麟、嘉禾、甘露之瑞，集其郡境。

南朝宋　劉義慶《世説新語》卷中之上《方正》　阮宣子伐社樹，阮修，已見。《春秋傳》曰：共工氏有子曰勾龍，爲后土，后土爲社。《風俗通》曰：《孝經》稱社者土也，廣博不可備敬，故封土以爲社而祀之，報功也。然則社自祀勾龍，非土之祭也。有人止之，宣子曰：「社而爲樹，伐樹則社亡。樹而爲社，伐樹則社移矣。」

南朝梁　沈約《宋書》卷二七《符瑞志上》　炎帝神農氏，母曰女登，遊於華陽，有神龍首感女登於常羊山，生炎帝。人身牛首，有聖德，致大火之瑞。嘉禾生，醴泉出。

黄帝軒轅氏，母曰附寶，見大電光繞北斗樞星，照郊野，感而孕。二十五月而生黄帝於壽丘。弱而能言，龍顔，有聖德，劾百神朝而使之。【略】黄帝黄服齋于中宮，坐于玄扈洛水之上，有鳳皇集，不食生蟲，不履生草，或止帝之東園，或巢于阿閣，或鳴於庭，其雄自歌，其雌自舞。麒麟在囿，神鳥來儀。有大螻如羊，大螾如虹。黄帝以土氣勝，遂以土德王。五十年秋七月庚申，天霧三日三夜，晝昏。黄帝以問天老、力牧、容成曰：「於公何如？」天老曰：「臣聞之，國安，其主好文，則鳳皇居之。國亂，其主好武，則鳳皇去之。今鳳皇翔於東郊而樂之，其鳴音中夷則，與天相副。以是觀之，天有嚴教以賜帝，帝勿犯也。」【略】

帝舜有虞氏，【略】及即帝位，蓂莢生於階，鳳皇巢於庭，擊石拊石，百獸率舞，景星出房，地出乘黄之馬，西王母獻白環、玉玦。【略】

高辛氏之世妃曰簡狄，以春分玄鳥至之日，從帝祀郊禖，與其妹浴於玄丘之水。有玄鳥銜卵而墜之，五色甚好，二人競取，覆以玉筐。簡狄先得而吞之，遂孕。胸剖而生契。

南朝梁　任昉《述異記》卷上　堯爲仁君，一日十瑞。宮中芻化爲禾，鳳凰止於庭，神龍見於宮沼，歷草生堦，宮禽五色，烏化白，神木生蓮，萐蒲生厨，景星耀於天，甘露降於地，是爲十瑞。

南朝梁　蕭子顯《南齊書》卷一八《祥瑞志》　讖又曰：「上參南斗第一星，下

立草屋爲紫庭。神龍之崗梧桐生，鳳鳥舒翼翔且鳴。」南斗第一星，吴分也。草屋，蕭字也。又簫管之器，像鳳鳥翼也。【略】

元徽三年，太祖在青溪宅，齋前池中忽揚波起浪，湧水如山，有金石響，須臾有青龍從池中出，左右皆見之。

昇明元年，青龍見齊郡。

建元四年，青龍見從陽郡清水縣平泉湖中。

永明七年，黄龍見曲江縣黄池中，一宿二日。

中興二年，山上雲障四塞，頃有玄黄五色如龍，長十餘丈，從西北升天。

宋泰始末，武進舊塋有獸見，一角，羊頭，龍翼，馬足，父老咸見，莫之識也。

永明十年，鄱陽郡獻一角獸，麟首，鹿形，龍鸞共色。《瑞應圖》云：「天子萬福允集，則一角獸至。」【略】

史臣曰：《記》云，升中于天，麟鳳至而龜龍格。則鳳皇巢乎阿閣，麒麟在乎郊藪，豈非馴之在庭，擾以成畜，其爲瑞也如此。今觀魏、晉已來，世稱靈物不少，而亂多治少，史不絶書。故知來儀在沼，遠非前事，見而不至，未辨其爲祥也。

昇明三年三月，白虎見歷陽龍亢縣新昌村。新昌村，嘉名也。《瑞應圖》云：「王者不暴白虎仁。」

建元四年三月，白虎見安蠻虔化縣。

中興二年二月，白虎見東平壽張安樂村。

昇明二年，騶虞見安東縣五界山，師子頭，虎身，龍脚。《詩傳》云：「騶虞，義獸，白虎黑文，不食生物，至德則出。」

昇明三年，太祖爲齊王，白毛龜見東府城池中。

建元二年，休安陵獲玄龜一頭。

永明五年，武騎常侍唐潛上青毛神龜一頭。

七年六月，彭城郡田中獲青毛龜一頭。

八月，延陵縣前澤畔獲毫龜一枚。

八年四月，長山縣王惠獲六目龜一頭，腹下有「萬歡」字，并有卦兆。

六月，建城縣昌城田獲四目龜一頭，下有「萬齊」字。

九年五月，長山縣獲神龜一頭，腹下有《巽》《兑》卦。

中興二年正月，邏將潘道蓋於山石穴中獲毛龜一頭。

北齊 魏收《魏書》卷一一二下《靈徵志八下》 高祖延興元年十一月，肆州秀容民獲麟以獻。王者不刳胎剖卵則至。

世祖神䴥三年七月，冀州獻白龜。王者不私人以官，尊耆任舊，無偏黨之應。

高宗興安二年六月，營州送大龜。

高祖延興元年十二月，徐州竹邑戍士邢德於彭城南一百二十里，得蓍一株，四十九枝，下掘得大龜獻之。詔曰：「龜蓍與經文相合，所謂靈物也。德可賜爵五等。」

三年六月，京師獲大龜。

肅宗神龜元年二月，獲龜於九龍殿靈芝池，大赦改元。

孝静武定三年十月，有司奏南兖州陳留郡民賈興達於家庭得毛龜一。

天平四年八月，有巨象至於南兖州，碭郡民陳天愛以告，送京師，大赦改年。

高祖太和二年十一月，徐州獻黑狐。周成王時，治致太平而黑狐見。王者自養有節則至。

三年五月，獲白狐。王者仁智則至。

六月，撫冥獲白狐以獻。

八年六月，徐州獲黑狐以獻。

十年三月，冀州獲九尾狐以獻。王者六合一統則見。周文王時，東夷歸之。曰，王者不傾於色則至德至，鳥獸亦至。

十一年十一月，冀州獲九尾狐以獻。

二十三年正月，司州、河州各獻白狐狸。

十九年六月，司州平陽郡獲白狐以獻。

世宗景明三年二月，河州獻白狐。

永平三年十月，白狐見於汲郡。

延昌四年四月，兖州獻白狐。

九月，相州獻白狐。

閏月，汾州獻白狐二。

肅宗正光二年三月，南青州獻白狐二。

三年六月，平陽郡獻白狐。

八月，光州獻九尾狐。

四年五月，平陽郡獻白狐。

孝静天平四年四月，西兗州獻白狐；七月，光州獻九尾狐。

元象元年四月，光州獻九尾狐。

二年二月，光州獻九尾狐。

興和三年五月，司州獻九尾狐。

十二月，魏郡獻白狐。

四年四月，瀛州獻白狐二。

武定元年七月，幽州獲白狐，以獻上。

三年七月，瀛州獻白狐，二牡一牝。

九月，西兗州獻白狐。

太和二年十一月辛未，泰州獻五色狗。

三年三月，齊州獻五色狗，其五色如畫。

太祖天興四年五月，魏郡斥丘縣獲白鹿。王者惠及下則至。

太宗永興四年九月，建興郡獻白鹿。

世祖神䴥元年二月，定州獲白麚，白麚鹿又見於樂陵，因以改元。

三年二月，白鹿見於代郡倒剌山。

太延四年十二月，相州獻白鹿。

真君八年五月，洛州送白鹿。

高宗太安二年十月，白鹿見於京師西苑。

高祖承明元年六月，秦州獻白鹿。

太和元年正月，白鹿見於秦州。

三月，白鹿見於青州。

四年正月，南豫州獻白鹿。

十九年七月，司州獲白鹿、麑以獻。

二十年六月，司州獻白鹿。

世宗景明元年四月，荆州獻白鹿。

永平四年八月，平州獻白鹿。

延昌二年五月，齊州獻白鹿。

四年六月，司州獻白鹿。

肅宗熙平元年五月，濟州獻白鹿。

二年五月，司州獻白鹿。

神龜二年六月，徐州獻白鹿。

孝静元象元年六月，齊獻武王獲白鹿以獻。

武定元年六月，兗州獻白鹿。

太祖登國六年十二月，上獵，親獲鹿一角。召問羣臣，皆曰：「鹿當二角，今一，是諸國將并之應也。」

高祖太和三年三月，肆州獻一角鹿。

神龜元年七月，徐州獻一角鹿。

世宗正始二年九月，後軍將軍尒朱新興獻一角獸。天下平一則至。

肅宗熙平元年十一月，肆州獻一角獸。

唐 房玄齡《晉書》卷三《武帝紀》 ［泰始元年冬十二月］是月，鳳皇六、青龍三、白龍二、麒麟各一見于郡國。

又 ［泰始二年］是歲，鳳皇六、青龍十、黃龍九、麒麟各一見于郡國。

三年春正月癸丑，白龍二見于弘農、澠池。

又 卷一二六《秃髮利鹿孤載記》 利鹿孤立二年，龍見于長寧，麒麟游于綏羌，於是羣臣勸進，以隆安五年僭稱河西王。

宋 薛居正《舊五代史》卷一〇二《漢書四·隱帝紀中》 己卯，滑、濮、澶、曹、兗、淄、青、齊、宿、懷、相、衛、博、陳等州奏蝗，分命中使致祭於所在川澤山林之神。

宋 歐陽修《新五代史》卷六三《王建世家》 ［乾寧七年］六月，鳳凰見萬歲縣，黃龍見嘉陽江，而諸州皆言甘露、白鹿、白雀、龜、龍之瑞。

宋 歐陽修《新唐書》卷三六《五行志三》 先天二年六月，京師朝堂塼下有大蛇出，長丈餘，有大蝦蟆如盤，而目赤如火，相與鬬，俄而蛇入于大樹，蝦蟆入于草。蛇、蝦蟆，皆陰類；朝堂出，非其所也。

開元四年六月，郴州馬嶺山下有白蛇與黑蛇鬬，白蛇長六七尺，吞黑蛇，至腹，口眼血流，黑蛇長丈餘，頭穿白蛇腹出，俱死。

天寶中，洛陽有巨蛇，高丈餘，長百尺，出芒山下，胡僧無畏見之曰：「此欲決水瀦洛城。」即以天竺法呪之，數日蛇死。十四載七月，有二龍鬬于南陽城西。《易·坤》：「上六，龍戰于野。」《文言》曰：「陰疑于陽必戰。」

至德元載八月朔，成都丈人廟有肉角蛇見。二載三月，有蛇鬬于南陽門之外，一蛇死，一蛇上城。

建中二年夏，趙州寧晉縣沙河北，有棠樹甚茂，民祠之爲神。有蛇數百千自東西來，趨北岸者聚棠樹下，爲二積，留南岸者爲一積，俄有徑寸龜三，繞行，積蛇盡死，而後各登其積。野人以告。蛇腹皆有瘡，若矢所中。刺史康日知圖其事，奉三龜來獻。四年九月戊寅，有龍見于汝州城壕。龍，大人象，其潛也淵，其飛也天；城壕，失其所也。

宋 鄭樵《通志》卷二《五帝紀》 臣謹按：陶唐氏以火德王天下。又按：陶唐之世，越裳國獻神龜，蓋千歲，方三尺餘。背有科斗文，記開闢以來。堯命録之，謂之龜歷。又堯之庭有草生焉，曰蓂莢。十五之前日生一葉，十五之後日落一葉，小餘則一葉厭而不落，觀之可以知旬朔，故又名歷草。景星見，甘露降，醴泉溢，朱草生，神禾敷，鳳巢阿閣，龍見宫沼，玉藕生沼中，蒭化爲禾，烏化爲白，宫中一日而十瑞。

元 脱脱《宋史》卷五《太宗紀二》 ［端拱元年八月］是月，鳳凰集廣州清遠縣廨合歡樹，樹下生芝三莖。

又 卷一二六《樂志一》 太宗太平興國二年，冬至上壽，復用教坊樂。九年，嵐州獻祥麟；雍熙中，蘇州貢白龜；端拱初，澶州河清，廣州鳳凰集；諸州麥兩穗、三穗者，連歲來上。有司請以此五瑞爲《祥麟》、《丹鳳》、《河清》、《白龜》、《瑞麥》之曲，薦于朝會，從之。

明 錢希言《獪園》卷一一《靈祇·青龍白虎神》 蘇城清嘉坊頓大參，近年間，爲其子成婚。嘉禮既畢，儐相樂人皆散。忽見有二長神，並衣朱衣，冠帶而見形于堂。其家大驚，拜之，曰：「吾屬乃青龍、白虎，吉神也，頃從中府來護汝喜筵。」言訖，瞥然而没。明日，遂設牢酒，召巫祝祭享之。鄰人窃話其事。

著　録

漢 班固《漢書》卷二七上《五行志上》 《易》曰：「天垂象，見吉凶，聖人象之；河出圖，雒出書，聖人則之。」劉歆以爲虙羲氏繼天而王，受《河圖》，則而畫之，八卦是也；禹治洪水，賜《雒書》，法而陳之，《洪範》是也。聖人行其道而寶其真。降及于殷，箕子在父師位而典之。周既克殷，以箕子歸，武王親虚己而問焉。故經曰：「惟十有三祀，王訪于箕子，王乃言曰：『烏嘑，箕子！惟天陰騭下民，相協厥居，我不知其彝倫逌敘。』箕子乃言曰：『我聞在昔，鯀陻洪水，汩陳其五行，帝乃震怒，弗畀《洪範》九疇，彝倫逌斁。鯀則殛死，禹乃嗣興，天乃錫禹《洪範》九疇，彝倫逌敘。』」此武王問《雒書》於箕子，箕子對禹得《雒書》之意也。

「初一曰五行；次二曰羞用五事；次三曰農用八政；次四曰叶用五紀；次五曰建用皇極；次六曰艾用三德；次七曰明用稽疑；次八曰念用庶徵；次九曰嚮用五福，畏用六極。」凡此六十五字，皆《雒書》本文，所謂天乃錫禹大法九章常事所次者也。以爲《河圖》、《雒書》相爲經緯，八卦、九章相爲表裏。昔殷道弛，文王演《周易》；周道敝，孔子述《春秋》。則《乾坤》之陰陽，效《洪範》之咎徵，天人之道粲然著矣。

晉 張華《博物志》卷一 余視《山海經》及《禹貢》、《爾雅》、《説文》、地志，雖曰悉備，各有所不載者，作略説。出所不見，麁言遠方，陳山川位象，吉凶有徵。諸國境界，犬牙相入。春秋之後，並相侵伐。其土地不可具詳，其山川地澤，略而言之，正國十二。博物之士，覽而鑒焉。

南朝宋 范曄《後漢書》志一三《五行志一》 《五行傳》説及其占應，《漢書·五行志》録之詳矣。故泰山太守應劭、給事中董巴、散騎常侍譙周並撰建武以來災異。今合而論之，以續《前志》云。

南朝梁 沈約《宋書》卷二七《符瑞志上》 夫體睿窮幾，含靈獨秀，謂之聖人，所以能君四海而役萬物，使動植之類，莫不各得其所。百姓仰之，歡若親戚，芬若椒蘭，故爲旗章輿服以崇之，玉璽黄屋以尊之，以神器之重，推之於兆民之上，自中智以降，則萬物之爲役者也。性識殊品，蓋有愚暴之理存焉。見聖人利天下，謂天下可以爲利，見萬物之歸聖人，謂之利萬物。力争之徒，至以逐鹿方之，亂臣賊子，所以多於世也。夫龍飛九五，配天光宅，有受命之符，天人之應。《易》曰：「河出圖，洛出書，而聖人則之。」符瑞之義大矣。

南朝梁 蕭子顯《南齊書》卷一八《祥瑞志》 天符瑞命，遐哉邈矣。靈篇祕圖，固以蘊金匱而充石室，炳《契》《決》，陳《緯》《候》者，方策未書。啓覺天人之期，扶獎帝王之運，三五聖業，神明大寶，二謀協贊，罔不由兹。夫流火赤雀，實紀周祚，雕雲素靈，發祥漢氏，光武中興，皇符爲盛，魏膺當塗之讖，晉有石瑞之文，史筆所詳，亦唯舊矣。齊民受命，事殷前典。黄門郎蘇偘撰《聖皇瑞應記》，永明中庾温撰《瑞應圖》，其餘衆品，史注所載。今詳録去取，以爲志云。

北齊 魏收《魏書》卷一一二上《靈徵志八上》 帝王者，配德天地，協契陰陽，發號施令，動關幽顯。是以克躬修政，畏天敬神，雖休勿休，而不敢怠也。化

之所感，其徵必至，善惡之來，報應如響。斯蓋神祇眷顧，告示禍福，人主所以仰瞻俯察，戒德慎行，弭譴咎，致休禎，圓首之類，咸納於仁壽。然則治世之符，亂邦之孽，隨方而作，厥迹不同，眇自百王，不可得而勝數矣。今録皇始之後災祥小大，總爲《靈徵志》。

唐 房玄齡《晉書》卷二七《五行志上》 夫帝王者，配德天地，叶契陰陽，發號施令，動關幽顯，休咎之徵，隨感而作，故《書》曰：「惠迪吉，從逆凶，惟影響。」昔伏羲氏繼天而王，受《河圖》，則而畫之，八卦是也。禹治洪水，賜《洛書》，法而陳之，《洪範》是也。聖人行其道，寶其真，自天祐之，吉無不利。三五已降，各有司存。爰及殷之箕子，在父師之位，典斯大範。周既克殷，以箕子歸，武王虚己而問焉。箕子對以禹所得《雒書》，授之以垂訓。然則《河圖》、《雒書》相爲經緯，八卦、九章更爲表裏。殷道絶，文王演《周易》；周道弊，孔子述《春秋》。奉乾坤之陰陽，效《洪範》之休咎，天人之道粲然著矣。

漢興，承秦滅學之後，文帝時，虙生創紀《大傳》，其言五行庶徵備矣。後景武之際，董仲舒治《公羊春秋》，始推陰陽，爲儒者之宗。宣元之間，劉向治《穀梁春秋》，數其禍福，傳以《洪範》，與仲舒多所不同。至向子歆治《左氏傳》，其言《春秋》及五行，又甚乖異。班固據《大傳》，采仲舒、劉向、劉歆著《五行志》，而傳載眭孟、夏侯勝、京房、谷永、李尋之徒所陳行事，訖于王莽，博通祥變，以傳《春秋》。

綜而爲言，凡有三術。其一曰，君治以道，臣輔克忠，萬物咸遂其性，則和氣應，休徵效，國以安。二曰，君違其道，小人在位，衆庶失常，則乖氣應，咎徵效，國以亡。三曰，人君大臣見災異，退而自省，責躬修德，共禦補過，則消禍而福至。此其大略也。輒舉斯例，錯綜時變，婉而成章，有足觀者。及司馬彪纂光武之後以究漢事，災眚之説不越前規。今採黄初以降言祥異者，著于此篇。

唐 魏徵《隋書》卷二二《五行志上》 《易》以八卦定吉凶，則庖犧所以稱聖也。《書》以九疇論休咎，則大禹所以爲明也。《春秋》以災祥驗行事，則仲尼所以垂法也。天道以星象示廢興，則甘、石所以先知也。是以祥符之兆可得而言，妖訛之占所以徵驗。夫神則陰陽不測，天則欲人遷善。均乎影響，殊致同歸。漢時有伏生、董仲舒、京房、劉向之倫，能言災異，顧盼六經，有足觀者。劉向曰：「君道得則和氣應，休徵生。君道違則乖氣應，咎徵發。」夫天有七曜，地有五行。五事愆違則天地見異，況於日月星辰乎？況於水火金木土乎？若梁武之降號伽藍，齊文宣之盤遊市里，陳則蔣山之鳥呼曰「奈何」，周則陽武之魚乘空而鬬，隋則鵲巢黼帳，火炎門闕，豈唯天道，亦曰人妖，則祥眚呈形，于何不至？亦有脱略政教，張羅樽糈，崇信巫史，重增愆罰。昔懷王事神而秦兵逾進，萇弘尚鬼而諸侯不來。性者，生之静也；欲者，心之使也。置情攸往，引類同歸。雀乳於空城之側，鷮飛于鼎耳之上。短長之制，既曰由人；黔隧崇山，同車共軫。必有神道，裁成倚伏。一則以爲殃釁，一則以爲休徵。故曰，德勝不祥而義厭不惠。是以聖王常由德義消伏災咎也。

唐 段成式《酉陽雜俎》卷一六《廣動植之一》 成式以天地間所化所産突而旋成形者，槩然矣。故《山海經》、《爾雅》所不能究。因拾前儒所著，有草木禽魚未列經史已載，事未悉者，或接諸耳目簡編所無者，作《廣動植》，冀掊土培邱陵之學也。昔曹丕著論於火布，滕循獻疑於鰕鬚，蔡謨不識彭蜞，劉縚誤呼荔挺，至今可笑，學者豈容畧乎！

五代 劉昫《舊唐書》卷三七《五行志》 昔禹得《河圖》、《洛書》六十五字，治水有功，因而寶之。殷太師箕子入周，武王訪其事，乃陳《洪範》九疇之法，其一曰五行。漢興，董仲舒、劉向治《春秋》，論災異，乃引九疇之説，附于二百四十二年行事，一推咎徵天人之變。班固敍漢史，採其説入《五行志》。綿代史官，因而纘之。今略舉大端，以明變怪之本。

宋 薛居正《舊五代史》卷一四一《五行志》 昔武王克商，以箕子歸，作《洪範》。其九疇之序，一曰五行，所以紀休咎之徵，窮天人之際。故後之修史者，咸有其説焉。蓋欲使後代帝王見災變而自省，責躬修德，崇仁補過，則禍消而福至，此大略也。今故按五代之簡編，記五行之災沴，追爲此志，以示將來。其於京房之舊説，劉向之緒言，則前史敍之詳矣，此不復引以爲證焉。

宋 歐陽修《新唐書》卷三四《五行志一》 萬物盈於天地之間，而其爲物最大且多者有五：一曰水，二曰火，三曰木，四曰金，五曰土。其用於人也，非此五物不能以爲生，而闕其一不可，是以聖王重焉。夫所謂五物者，其見象於天也爲五星，分位於地也爲五方，行於四時也爲五德，稟於人也爲五常，播於音律爲五聲，發於文章爲五色，而總其精氣之用謂之五行。

自三代之後，數術之士興，而爲災異之學者務極其説，至舉天地萬物動植，無大小，皆推其類而附之於五物，曰五行之屬。以謂人稟五行之全氣以生，故於物爲最靈。其餘動植之類，各得其氣之偏者，其發爲英華美實、氣臭滋味、羽毛鱗介、文采剛柔，亦皆得其一氣之盛。至其爲變怪非常，失其本性，則推以事類

吉凶影響，其說尤爲委曲繁密。

蓋王者之有天下也，順天地以治人，而取材於萬物以足用。若政得其道，而取不過度，則天地順成，萬物茂盛，而民以安樂，謂之至治。若政失其道，用物傷天，民被其害而愁苦，則天地之氣沴，三光錯行，陰陽寒暑失節，以爲水旱、蝗螟、風雹、雷火、山崩、水溢、泉竭、雪霜不時、雨非其物，或發爲氛霧、虹蜺、光怪之類，此天地災異之大者，皆生於亂政。而考其所發，驗以人事，往往近其所失，而以類至。然時有推之不能合者，豈非天地之大，固有不可知者邪？若其諸物種類，不可勝數，下至細微家人里巷之占，有考於人事而合者，有漠然而無所應者，皆不足道。

語曰：「迅雷風烈必變。」蓋君子之畏天也，見物有反常而爲變者，失其本性，則思其有以致而爲之戒懼，雖微不敢忽而已。至爲災異之學者不然，莫不指事以爲應。及其難合，則旁引曲取而遷就其說。蓋自漢儒董仲舒、劉向與其子歆之徒，皆以《春秋》、《洪範》爲學，而失聖人之本意。至其不通也，父子之言自相戾，可勝歎哉！昔者箕子爲周武王陳禹所有《洪範》之書，條其事爲九類，別其說爲九章，謂之「九疇」。考其說初不相附屬，而向爲《五行傳》，乃取其五事、皇極、庶證附於五行，以爲八事皆屬五行歟！則至於八政、五紀、三德、稽疑、福、極之類，又不能附。至俾《洪範》之書失其倫理，有以見所謂旁引曲取而遷就其說也。然自漢以來，未有非之者。又其祥眚禍痾之說，自其數術之學，故略存之，庶幾深識博聞之士有以考而擇焉。

夫所謂災者，被於物而可知者也，水旱、螟蝗之類是已。異者，不可知其所以然者也，日食、星孛、五石、六鷁之類是已。孔子於《春秋》，記災異而不著其事應，蓋慎之也。以謂天道遠，非諄諄以諭人，而君子見其變，則知天之所以譴告，恐懼脩省而已。若推其事應，則有合有不合，有同有不同。至於不合不同，則將使君子怠焉，以爲偶然而不懼。此其深意也。蓋聖人慎而不言如此，而後世猶爲曲說以妄意天，此其不可以傳也。故考次武德以來，略依《洪範五行傳》，著其災異，而削其事應云。

元 脱脱《宋史》卷六一《五行志一上》 天以陰陽五行化生萬物，盈天地之間，無非五行之妙用。人得陰陽五行之氣以爲形，形生神知而五性動，五性動而萬事出，萬事出而休咎生。和氣致祥，乖氣致異，莫不於五行見之。《中庸》：「至誠之道，可以前知。國家將興，必有禎祥；國家將亡，必有妖孽。見乎蓍龜，動乎四體。禍福將至，善必先知之，不善必先知之。」人之一身，動作威儀，猶見休咎，人君以天地萬物爲體，禎祥妖孽之致，豈無所本乎？故由漢以來，作史者皆志五行，所以示人君之戒深矣。自宋儒周惇頤《太極圖說》行世，儒者之言五行，原於理而究於誠；其於《洪範》五行五事之學，雖非所取，然班固、范曄志五行已推本之，及歐陽脩《唐志》亦采其說，且於庶徵惟述災眚，而休祥闕焉，亦豈無所見歟？

舊史自太祖而嘉禾、瑞麥、甘露、醴泉、芝草之屬，不絶於書，意者諸福畢至，在治世爲宜。祥符、宣和之代，人君方務以符瑞文飾一時，而丁謂、蔡京之姦，相與傅會而爲欺，其應果安在哉？高宗渡南，心知其非，故《宋史》自建炎而後，郡縣絶無以符瑞聞者，而水旱、札瘥一切咎徵，前史所罕見，皆屢書而無隱。於是六主百五十年，兢兢自保，足以圖存。

《易·震》之《彖》曰：「震來虩虩，恐致福也。」人君致福之道，有大於恐懼修省者乎？昔禹致羣臣於會稽，黃龍負舟，而執玉帛者萬國。孔甲好鬼神，二龍降自天，而諸侯相繼畔夏。桑穀共生于朝，雉升鼎耳而雊，而大戊、武丁復修成湯之政。穆王得白狼、白鹿，而文、武之業衰焉。徐偃得朱弓矢，宋湣有雀生鸇，二國以霸，亦以之亡。大概徵之休咎，猶卦之吉凶，占者有德以勝之則凶可爲吉，無德以當之則吉乃爲凶。故德足勝妖，則妖不足慮；匪德致瑞，則物之反常者皆足爲妖。妖不自作，人實興之哉！今因先後史氏所紀休咎之徵，彙而輯之，作《五行志》。

元 脱脱《金史》卷二三《五行志》 五行之精氣，在天爲五緯，在地爲五材，在人爲五常及五事。五緯志諸《天文》，歷代皆然。其形質在地，性情在人，休咎各以其類，爲感應於兩間者，歷代又有《五行志》焉。兩漢以來，儒者若夏侯勝之徒，專以《洪範五行》爲學，作史者多采其說，凡言某徵之休咎，則以某事之得失繫之，而配之以五行。謂其盡然，其弊不免於傅會；謂其不然，「肅，時雨若」、「蒙，恒風若」之類，箕子蓋嘗言之。金世未能一天下，天文災祥猶有星野之說，五行休咎見於國內者不得他諉，乃彙其史氏所書，仍前史法，作《五行志》。至於五常五事之感應，則不必泥漢儒爲例云。

明 宋濂《元史》卷五〇《五行志一》 人與天地，參爲三極，災祥之興，各以類至。天之五運，地之五材，其用不窮，其初一陰陽耳，陰陽一太極耳。而人之生也，全付畀有之，具爲五性，著爲五事，又著爲五德。修之則吉，不修則凶，吉

則致福焉，不吉則致極焉。徵之於天，吉則休徵之所應也，不吉則咎徵之所應也。天地之氣，無感不應，天地之氣應，亦無物不感，而況天子建中和之極，身爲神人之主，而心範圍天地之妙，其精神常與造化相流通，若桴鼓然。故軒轅氏治五氣，高陽氏建五官，夏后氏修六府，自身而推之於國，莫不有政焉。其後箕子因之，以衍九疇，其言天人之際備矣。漢儒不明其大要，如夏侯勝、劉向父子，競以災異言之，班固以來采爲《五行志》，又不考求向之論著本於伏生。生之《大傳》言：「六沴作見，若是共禦，五福乃降；若不共禦，六極其下。禹乃共辟厥德，爰用五事，建用王極。」後世君不建極，臣不加省，顧乃執其類而求之，惑矣。否則判而二焉，如宋儒王安石之論，亦過也。天人感應之機，豈易言哉！故無變而無不修省者，上也；因變而克自修省者，次之；災變既形，修之而莫知所以修，省之而莫知所以省，又次之；其下者，災變並至，敗亡隨之，訖莫修省者，刑戮之民是已。歷考往古存亡之故，不越是數者。

元起朔漠，方太祖西征，角端見于東印度，爲人語云「汝主宜早還」，意者天告之以止殺也。憲宗討八赤蠻于寬田吉思海，會大風，吹海水盡涸，濟師大捷，憲宗以爲「天導我也」。以此見五方不殊性，其於畏天，有不待教而能者。世祖兼有天下，方地既廣，郡邑災變，蓋不絶書，而妖孽禍眚，非有司言狀，則亦不得具見。

昔孔子作《春秋》，所紀災異多矣，然不著其事應，聖人之知猶天也，故不妄意天，欲人深自謹焉。乃本《洪範》，倣《春秋》之意，考次當時之災祥，作《五行志》。

明 李時珍《本草綱目》卷一二《草部》 李時珍曰：天造地化，而草木生焉。剛交于柔，而成根荄；柔交于剛，而成枝幹。葉萼屬陽，華實屬陰。由是草中有木，木中有草。得氣之粹者爲良，得氣之戾者爲毒。故有五形焉，金、木、水、火、土。五氣焉，香、臭、臊、腥、膻。五色焉，青、赤、黄、白、黑。五味焉，酸、苦、甘、辛、鹹。五性焉，寒、熱、温、涼、平。五用焉。升、降、浮、沉、中。炎農嘗而辨之，軒岐述而著之，漢、魏、唐、宋明賢良醫代有增益。但三品雖存，淄澠交混，諸條重出，涇渭不分。苟不察其精微，審其善惡，何以權七方、衡十劑而寄死生耶？于是翦繁去複，繩繆補遺，析族區類，振綱分目。除穀、菜外，凡得草屬之可供醫藥者六百一十種，分爲十類：曰山，曰芳，曰隰，曰毒，曰蔓，曰水，曰石，曰苔，曰雜，曰有名未用。

又 卷三四《木部》 李時珍曰：木乃植物，五行之一。性有土宜，山谷原隰。肇由氣化，爰受形質。喬條苞灌，根葉華實。堅脆美惡，各具太極。色香氣味，區辨品類。食備果蔬，材充藥器。寒温毒良，直有考彙。多識其名，奚止讀詩。埤以本草，益啟其知。乃肆蒐獵，萃而類之。是爲木部，凡一百八十種，分爲六類：曰香，曰喬，曰灌，曰寓，曰苞，曰襍。

清 張廷玉《明史》卷二八《五行志一》 史志五行，始自《漢書》，詳録五行傳説及其占應。後代作史者因之。粤稽《洪範》，首敘五行，以其爲天地萬物之所莫能外。而合諸人道，則有五事，稽諸天道，則有庶徵。天人相感，以類而應者，固不得謂理之所無。而傳説則條分縷析，以某異爲某事之應，更旁引曲證，以伸其説。故雖父子師弟，不能無所抵牾，則果有當於敍疇之意歟。夫苟知天人之應捷於影響，庶幾一言一動皆有所警惕。以此垂戒，意非不善。然天道遠，人道邇，逐事而比之，必有驗有不驗。至有不驗，則見以爲無徵而怠焉。前賢之論此，悉矣。孔子作《春秋》，紀異而説不書。彼劉、董諸儒之學，頗近於術數禨祥，本無足述。班氏創立此志，不得不詳其學之本原。而歷代之史，往往取前人數見之説，備列簡端。揆之義法，未知所處。故考次洪武以來，略依舊史五行之例，著其祥異，而事應暨舊説之前見者，並削而不載云。

藝文

《詩經・大雅・生民》 厥初生民，時維姜嫄。生民如何？克禋克祀，以弗無子。履帝武敏歆，攸介攸止。載震載夙，載生載育，時維后稷。誕彌厥月，先生如達。不坼不副，無菑無害。以赫厥靈，上帝不寧。不康禋祀，居然生子。誕寘之隘巷，牛羊腓字之。誕寘之平林，會伐平林。誕寘之寒冰，鳥覆翼之。鳥乃去矣，后稷呱矣。實覃實訏，厥聲載路。誕實匍匐，克岐克嶷，以就口食。蓺之荏菽，荏菽旆旆。禾役穟穟，麻麥幪幪，瓜瓞唪唪。誕后稷之穡，有相之道。茀厥豐草，種之黄茂。實方實苞，實種實褎，實發實秀，實堅實好，實穎實栗，即有邰家室。誕降嘉種，維秬維秠，維穈維芑。恒之秬秠，是穫是畝。恒之穈芑，是任是負，以歸肇祀。誕我祀如何？或舂或揄，或簸或蹂。釋之叟叟，烝之浮浮。載謀載惟，取蕭祭脂，取羝以軷。載燔載烈，以興嗣歲。卬盛於豆，於豆於登。其香始升，上帝居歆。胡臭亶時，后稷肇祀。庶無罪悔，以迄於今。

《詩經・魯頌・閟宮》 閟宮有侐，實實枚枚。赫赫姜嫄，其德不回。上帝是依，無災無害。彌月不遲，是生后稷，降之百福。黍稷重穋，稙穉菽麥。奄有

下國，俾民稼穡。

南朝宋　范曄《後漢書》卷二八下《馮衍傳下》 乃作賦自厲，命其篇曰《顯志》。其辭曰：驅素虯而馳騁兮，乘翠雲而相佯；就伯夷而折中兮，得務光而愈明。四馬曰驅。虯，龍之無角者也。《楚詞》曰：「驅玉虯以乘鷖兮。」《爾雅》曰：「馬高八尺爲龍。」司馬相如曰：「驅蒼螭兮六素虯。」【略】覽天地之幽奥兮，統萬物之維綱；究陰陽之變化兮，昭五德之精光。躍青龍於滄海兮，豢白虎於金山；鑿巖石而爲室兮，託高陽以養仙。神雀翔於鴻崖兮，玄武潛於嬰冥；伏朱樓而四望兮，記三秀之華英。天有二十八宿，成龍虎龜鳳之形。在地爲四靈，東方爲青龍，西方爲白虎，南方爲朱雀，北方爲龜蛇。豢，養也。金山，西方之精也。神雀謂鳳也。玄武謂龜蛇。位在北方，故曰玄；身有鱗甲，故曰武。嬰冥猶晦昧，所謂幽都。纂前修之夸節兮，曜往昔之光勳；披綺季之麗服兮，揚屈原之靈芬。高吾冠之岌岌兮，長吾佩之洋洋；飲六醴之清液兮，食五芝之茂英。《茅君内傳》曰：「句曲山上有神芝五種：一曰龍仙芝，似交龍之相負，服之爲太極仙卿。第二名參成芝，赤色有光，其枝葉如金石之音，折而續之即復如故，服之爲太極大夫。第三名燕胎芝，其色紫，形如葵，葉上有燕象，光明洞澈，服一株拜爲太清龍虎仙君。第四名夜光芝，其色青，其實正白如李，夜視其實如月，光照洞一室，服一株爲太清仙官。第五名曰玉芝，剖食拜三官正真御史。」

又　卷六〇上《馬融傳》 元初二年，上《廣成頌》以諷諫。其辭曰：【略】俾之昌言而宏議，軼越三家，馳騁五帝，悉覽休祥，總括羣瑞。遂棲鳳皇於高梧，宿麒麟於西園，納僬僥之珍羽，受王母之白環。《韓詩外傳》曰：「黄帝時鳳皇止帝東園，集帝梧桐，食帝竹實。」《尚書中候》曰：「黄帝時麒麟在園。」《帝王紀》曰「堯時僬僥氏來貢没羽。西王母慕舜之德，來獻白環」也。

南朝梁　沈約《宋書》卷二二《樂志》 右平《關中曲》凡十句，句三字。

漢第十曲《有所思》，今第十曲《應帝期》，言曹文帝以聖德受命，應運期也。

應帝期，於昭我文皇，曆數承天序，龍飛自許昌。聰明昭四表，恩德動遐方。星辰爲垂燿，日月爲重光。河洛吐符瑞，草木挺嘉祥。麒麟步郊野，黄龍游津梁。白虎依山林，鳳凰鳴高岡。考圖定篇籍，功配上古羲皇。羲皇無遺文，仁聖相因循。期運三千歲，一生聖明君。堯授舜萬國，萬國皆附親。四門爲穆穆，教化常如神。大魏興盛，與之爲鄰。【略】

右《章洪德曲》凡十句，其八句句三字，二句句四字。

《從曆數》者，言大皇帝從籙圖之符，而建大號也。漢曲有《有所思》，此篇當之。第十。

從曆數，於穆我皇帝。聖哲受之天，神明表奇異。建號創皇基，聰叡協神思。德澤浸及昆蟲，浩蕩越前代。三光顯精燿，陰陽稱至治。肉角步郊畛，鳳凰棲靈囿。神龜游沼池，圖讖摹文字。黄龍覿鱗，符祥日月記。覽往以察今，我皇多噲事。上欽昊天象，下副萬姓意。光被彌蒼生，家户蒙惠賚。風教肅以平，頌聲章嘉喜。大吴興隆，綽有餘裕。

唐　佚名《四靈賦以「麟鳳四靈，王者嘉瑞」爲韻》（《文苑英華》卷八四引） 於惟聖人之志氣如神，百物自化，四靈荐臻。是以鳥獸浸其惠澤，昆蟲懷其深仁。福應尤盛，休祥日新。不然，何以靈龜挺出，飛龍來賓。羽族降而集鳳鳥，毛羣格而畜麒麟。莫不率彼飛走，荷此陶鈞。或羣或友，是擾是馴。夫其時然後動，動而斯中。叶休明之德，邁川岳之貢。負圖騰大河之龍，銜詔引丹穴之鳳。介蟲稱長，將開奥以應期；肉角爲仁，示有武而不用。原夫契時也其感不一，効靈也其數惟四。爲皇極之休徵，作太平之盛事。然後魚鮪不淰，知化而鱗萃。禽獸不狘，懷德而麏至。非夫天子睿哲，二字一作「貞明」。黎元底寧，惠化廣被，品物流形，則何能光有九土，克擾四靈。美玄功而不宰，仰洪德而惟馨。在郊藪則栖託以自適，聞簫韶則率舞而來庭。且如羲之道昌，龍圖有章。姒之功成，龜書呈祥。或馴麒麟，或降鳳凰。彼皆一者之或出，未若四者之來王。又若龍鬭鄭洧，麟傷魯野。鳳有咏何德之衰，龜有靈而夢是假。興宣父之嘆，運未遇焉。叶夏后之祥，道之行也。出處則以待時乎，隱見而允符王者。聖德可大，靈物可嘉。游宫沼兮騤騤無懼，鳴苑囿兮鏘鏘不譁。遼東獻豕，又何足數。越裳貢雉，失其所誇。惟明王之理天下也，垂衣恭己，脩禮達義。儀形陰陽，昭蘓品彙。天不愛道，則乾符應命。地不愛寶，則坤珍表瑞。然後萬物可得而賓，四靈可得而致。

元　林同生《四靈賦》（《歷代賦彙》卷五五引） 乾清坤寧，聖作物覩。當四靈之畢來，知萬物之得所。欽惟皇上，繩祖之武，敷和氣於兩間，播仁風於萬宇。九淵之龍乍騰，高岡之鳳時翥。麒麟在郊，神龜在渚。緊泰和元氣之所鍾，惟體信達順之所使。彼昭昭之爲靈，驗皇德之遐著。今夫神龍之英，鱗族莫前，或吟於雲，或奮於淵。昔龍師之紀號，彰瑞物於萬年。宣大《易》之取象，首八卦而爲《乾》。不有斯靈，象數何先？又若鳴陽之鳥，集於高岡，五音雝雝，五采煌煌。不阿閣之遊，嶰穀之翔，雌雄奏和，自成宫商。使軒轅之作樂，成律呂之短長。不有斯靈，製作未詳。又若神龜見洛，粲粲朱衣，呼煙吸霧，靈液霏霏。緑文一出，爲偶爲奇。揭我九章，示我民彝。不有斯靈，大範孰知？又若麒麟在郊，萬毳之

英。其象昭昭，其角振振。當《周南》之化美，訖《春秋》之文成。或播之時，或筆之經。不有斯靈，聖道何明？雖然，靈不自靈，因人而靈。聖人不作，靈物不興。千載一時，見於當今。無爲而化，至治惟馨。天不愛道，甘露時零；地不愛寶，醴泉以生。四靈駢萃，宇宙文明。而且賓興多士，霧集雲從。振闗西之鳳，起南陽之龍。元龜五總，舉真儒之用；麒麟在閣，圖當代之功。使盛德之士同乎四靈者，又可以彰聖治於無窮。

元　林仲節《四靈賦》（《歷代賦彙》卷五五引）　維大鈞之播物，差變化之不同。雖偏塞之有間，亦和粹之或鍾。伊百獸之孰靈，曰麟鳳兮龜龍。其靈伊何，爲瑞孔多。或出魯而降聖，或鳴岐而應和。或浮洛而薦瑞，或出河而負圖。德感而應者，興二《南》之詠。樂成而儀者，紀帝典之《書》。九江納錫，昭土貢之盛；六禦時乘，應乾德之符。其爲物也，或毳而慈，或羽而儀，或鱗之長，或甲之奇。麟之爲靈也，角不以觸，趾不以踶。蟲有生而不踐，草必黄而後蹐。麟兮麟兮，著於《春秋》兮，詠於《詩》。鳳之爲靈也，體乃象德，鳴兮應時。非竹實兮不食，微岡梧兮曷棲。鳳兮鳳兮，文明之祥兮，匪德之衰。龜龍之靈也，神以妙物，澤以及時。或守國以紹明，或雲從而天飛。龜兮龍兮，神化之盛兮，稽《易》而可知。粤若先民，傷時思昔。紀《禮運》以成書，表四靈之爲德。匪罝網之可求，豈阱擭之能執。若爲畜而可馴，乃至和而自獲。彼昏不知，孰明斯義。誇元狩之瑞，浪傳一角之奇。紀五鳳之元，徒取羽毛之異。元君入夢，騁畸説之荒唐；夏櫝藏漦，涉紀聞之茫昧。下有繼誕之徒，曲學之士，束脯而食，語有奇而不稽；藻棁以居，禮雖盛而匪智。引筌而下，料王子之空談；網梭而飛，嗤晉人之妄議。蓋故實者不求史傳之支離，而必明經典之所指。乃知禮經之言所以傷今思古，而想像乎四者之爲瑞也。辭未竟，客有謂餘者曰：子徒知昔人傷今思古，而不思推古以證今也。四靈以爲畜，則王者可制禮樂，豈無其事而虚語哉。洪惟聖神，禦四方而正四國，張四維而立四極，居四大而順四時，敷四瑞而體四德。乃若四者之應，則麟鳳之在郊，龜龍之在沼。振振蹌蹌，蟉蟉蛇蛇，而不知其幾也。今子徒騁五經之緒餘，而不覩文明之盛事。辨紀傳之荒誣，而不鑒德盛之所致。誠下國之鄙人也。賦者於是逡巡而起，改容而謝，乃續而爲四靈之歌，曰：麟兮仁兮，鳳兮文兮，龜龍神兮，今世之珍兮。禮樂斯興，道厥淳兮，於赫盛德，維皇元兮。

雜録

《山海經・大荒東經》　東北海外又有三青馬、三騅、馬蒼白雜毛爲騅。甘華。爰有遺玉、三青鳥、三騅、視肉、聚肉有眼。甘華、甘柤，百穀所在。言自生也。

《晏子春秋・問上》　夫社，束木而塗之，鼠因往託焉，熏之則恐燒其木，灌之則恐敗其塗，此鼠所以不可得殺者，以社故也。

漢　劉安《淮南子》卷八《本經訓》　逮至堯之時，十日並出，焦禾稼，殺草木，而民無所食。猰軋貐瘉、鑿齒、九嬰、大風、封豨、脩蛇皆爲民害。猰貐，獸名，狀若龍首，或曰似貍，善走而食人。鑿齒，獸名，齒長三尺，其狀如鑿，下徹頷下，而持戈盾。九嬰，水火之怪，爲人害。大風，風伯也，能壞人屋舍。封豕，大豕也，楚人謂豕爲豨。脩蛇，大蛇也，吞象三年而出其骨之類。堯乃使羿誅鑿齒於疇華之野，疇華，南方澤名。殺九嬰於凶水之上，北狄之地有凶水。繳大風於青邱之澤，繳，遮使不爲害也，一曰以繳繫矢射殺之。青邱，東方之澤名。上射十日而下殺猰貐，斷脩蛇於洞庭，擒封豨於桑林。洞庭，南方澤名。桑林，湯所禱旱桑山之林。萬民皆喜，置堯以爲天子。

漢　司馬遷《史記》卷四三《趙世家》　季勝生孟增。孟增幸於周成王，是爲宅皋狼。皋狼生衡父，衡父生造父。造父幸於周繆王。造父取驥之乘匹，與桃林正義：《括地志》云：「桃林在陝州桃林縣，西至潼關，皆爲桃林塞地。《山海經》云夸父之山，北有林焉，名曰桃林，廣闊三百里，中多馬，造父於此得驊騮、騄耳之乘獻周穆王也。」盜驪、驊騮、緑耳，獻之繆王。繆王使造父御，西巡狩，見西王母，索隱：《穆天子傳》曰穆王與西王母觴於瑶池之上，作歌，是樂而忘歸也。譙周不信此事，而云「余常聞之，代俗以東西陰陽所出入，宗其神，謂之王父母。或曰地名，在西域，有何見乎」。樂之忘歸。而徐偃王反，正義：《括地志》云：大徐城在泗州徐城縣北三十里，古之徐國也。《博物志》云，徐君宫人娠，生卵，以爲不祥，弃於水濱。孤獨母有犬名鵠倉，銜所弃卵以歸，覆煖之，遂成小兒，生偃王。故宫人聞之，更收養之。及長，襲爲徐君。後鵠倉臨死生角而九尾，實黄龍也。鵠倉或名后倉也。繆王日馳千里馬，攻徐偃王，大破之。乃賜造父以趙城，由此爲趙氏。

漢　王符《潛夫論・卜列》　太皞木精，承歲而王，夫其子孫咸當爲角。

晉　干寶《搜神記》卷一三　崑崙之墟，地首也，是惟帝之下都，故其外絶以弱水之深，又環以炎火之山。山上有鳥獸草木，皆生育滋長於炎火之中。故有

火滓布，非此山草木之皮枲，則其鳥獸之毛也。

南朝梁 任昉《述異記》卷上 南海小虞山中有鬼母，能産天地鬼。一産十鬼，朝産之，暮食之，今蒼梧有鬼姑神是也。虎頭、龍足、蟒目、蛟眉。蟒虵目圓，蛟眉連生。今吴越間防風廟，土木作其形，龍首、牛耳、連眉、一目。

宋 王鞏《甲申雜記》 張元素字君飾，從事荆南府。其同事楊久中，一日忽遇天帝降其室前，有鸞鶴鳳凰祥雲先至。帝有隨身宫殿，光彩焕耀，一室之間，望之不窮。遂賜久中，曰廉正君，其妻及子皆有名號。論物外事皆非世人所知，語世間事大小無不驗。楊置花枝數盆於室前，即生根株於盆中，隨四時開落結實，皆不盈尺，而根株盤結，與常本無異。病者，取花盆中水飲之即愈。荆南守孫頎龍圖病目，點之隨手而愈。久中後爲朝奉郎，七十餘歲卒於睦州。其妻子奉事，今如故。

宋 王洙《地理新書》（《類説》卷四九引） 青龍白虎 宅欲左有流水，謂之青龍。右有長道，謂之白虎。前有汙池，謂之朱雀。後有邱陵，謂之玄武。爲寂貴地。若無此相，凶。不然種樹，東種桃柳，南種梅棗，西種梔榆，北種杏。

明 周祈《名義考》卷一〇《物部·鎖陽五靈脂紫稍花》 《輟耕録》：韃靼田地野馬或與蛟龍交，遺精入地，久之發起如笋，上豐下儉，鱗甲櫛比，筋脈連絡，其形類男陰，名曰鎖陽。五臺山有鳥名號寒蟲，四足，肉翅，不能飛。盛夏文采絢爛，自鳴曰：「鳳凰不如我。」深冬毛羽脱落，索然如鷇雛，又自鳴曰：「得過且過。」其糞五靈脂。《秋林伐山》：龍生三卵，一爲吉吊。上岸與鹿交，或在水邊遺精，流槎遇，粘裹浮木枝，如蒲桃焉，號紫稍花，《道樞》謂之龍鹽。如所云，則三物亦希有矣，有或贋也。

明 崔銑《讀易餘言》卷一《上經卦畧》 爻詞曰鼂曰虎。鼂氣自咽也，不漁食也。虎交有時也，能逐欲也。

明 焦周《焦氏説楛》卷四 獼豸食楝，蛟龍畏楝。

明 陳耀文《天中記》卷一《天》 羿射九日。《淮南子》云：堯時十日並出，草木焦枯。堯命羿仰射十日，中其九日，日中九烏皆死，墜其羽翼。《莊子疏》云：堯時十日並出。堯使羿射九烏，落爲沃焦。《歸藏·鄭母經》云：昔者羿善射，彈十日，果彈之。《天問》云：羿焉彈日，烏焉解羽。

明 曹學佺《蜀中廣記》卷一〇六《畫苑記》 道士陳若愚者，左蜀人也。師張素卿，遂衣羽衣，受其筆法。王建永平中，廢興聖觀爲軍營。觀有金鑄天尊五及明皇御容一，移在大聖慈寺供養。餘道門尊像殿堂，皆就龍興觀起立，今精思院北帝殿是也。殿上壁畫有青龍、白虎、朱雀、玄武四君像，是其筆存。

明 吴之俊《獅山掌録》卷二二《犂濳》 龍與鼉，王鱗介。雲爲車，蓮爲蓋。亦有比濱鯤，千里驚流沫。何如濠上之魚，聊乘波而撥剌。録《犂濳》第二十二。

明 董斯張《廣博物志》卷四九《蟲魚上》 舜使虞虎養一紫龍，恒持燕炙示龍而不即與食，龍俯而垂涎，以器盛之，滿一合而後與食，以爲常。又取繪實，磨入紫龍涎，色正赤，以畫金石，色透金玉中一寸。繪實，仙艸也。堯時生于朝堂之前，四時有花成實。《賈子説林》

明 王兆雲《湖海搜奇》卷一《魚呑仙艾化龍》 安南國有艾山，在嘉興州蒙縣，西臨大江，峭石環立，人迹罕至。相傳上有仙艾，每春開花，雨後漂水。群魚呑之，便過龍門江化爲龍。按：此與中國禹門典故相類。

圖 表

宋 張君房《雲笈七籤》卷七二《四象第四》 夫四象者，乃青龍、白虎、朱雀、玄武也。

青龍者，東方甲乙木，水銀也。澄之不清，攪之不濁，近不可取，遠不可捨，潛藏變化無盡，故言龍也。

白虎者，西方庚辛金，白金也。得真一之位。《經》云：子若得一萬事畢。淑女之異名，五行感化，至精之所致也。其伏不動，故稱之爲虎也。

朱雀者，南方丙丁火，朱砂也。剖液成龍，結氣成鳥，其氣騰而爲天，其質降而爲地，所以爲大丹之本也。見火即飛，故得朱雀之稱也。

玄武者，北方壬癸水，黑汞也。能柔能剛。《經》云：上善若水。非鉛，非錫，非衆石之類，水乃河車神水，生乎天地之先，至藥不可暫捨，能養育萬物，故稱玄武也。

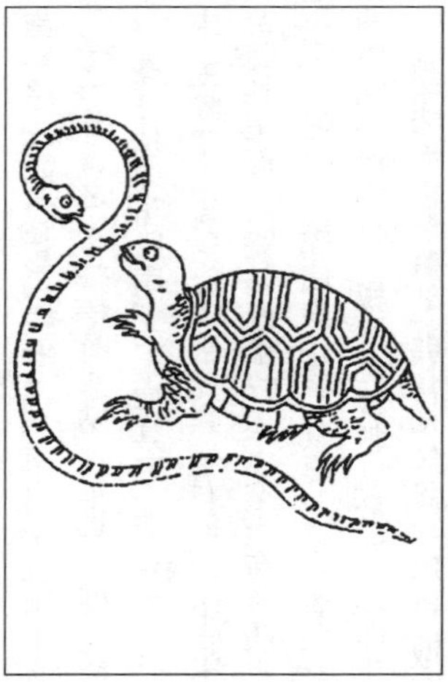

如志士燒錬丹鼎，知此四象者，十方天人莫不瞻奉。《古經》云「四神之丹」，此是也。

元 王禎《農書》卷一一《農器圖譜一・田制門》 民社。古有里社，樹以土地所宜之木，如夏后氏以松，殷人以栢，周人以栗。莊子見櫟社樹，漢高祖禱豐枌榆社，唐有楓林社，皆以樹爲主也。自朝廷至于郡縣，壇壝制度，皆有定例；惟民有社以立神樹，春秋所報，莫不羣祭於此。考近代祭儀，前一日，社正及諸社人各齋戒，祭日，未明三刻，烹牲于厨，掌饌者實祭器，掌事者以席入，設社神之席於神樹之下，設稷神之席於神樹之西，俱北面。質明，社正以下皆再拜，讀祝，禮成而退。案：社壇，祭社稷神之所也。社，五土之祇；稷，五穀之神。稷非土無以生，土非穀無以成，故祭社必及稷。觀先王之制，其于社稷，春有「祈」，歌《載芟》之詩；秋有「報」，歌《良耜》之詩。然自漢以來，歷代之祭雖有不同，而春秋二仲祈報皆不廢也。嘗考近代祭儀，社以后土勾龍氏，稷以后稷氏配。按《社稷壇記》所謂「社壇必受霜露風雨，以達天地之氣，其表則木松栢栗」是也。《韓詩外傳》云：社主以石爲之，準五數，長五尺，準陰之二數，方二尺，剡其上以象物，方其下以象地，體埋其半，以根在土中而本末均也。《禮考索》云：自天子至郡縣，下逮庶人，莫不通祭。祝辭云：社，五土祇；稷，五穀祖。土穀生成，利用以叙。世感載育，禮從今古。闢壝制壇，剡石爲主，封以五方所尚之土，表以三代所宜之樹。北面而居，不屋其所，用達兩間，陰陽寒暑，仍受四時，霜露風雨。以相田農，以穀士女，去彼螟蝗，介我稷黍。時惟二仲，祀事斯舉，詩歌幽雅，樂奏土鼓。有酒盈觴，有肴在俎，神其享之，顧降多祜！案：「剡其上以象物」，攷《韓詩外傳》，作「以象物生」。蓋誤脱一字。

麟

題解

《鶡冠子·度萬》　麒麟者，玄枵之獸，陰之精也。牝曰麒，麟者，其牡也。玄枵，北星之次也。麒似麟而無角。

《爾雅·釋獸》　麐，麕身，牛尾，一角。

漢　許慎《説文》卷一〇上　麟　，大牝鹿也。从鹿粦聲。

麒　，仁獸也。麇身，牛尾，一角。从鹿其聲。

三國吳　陸璣《毛詩草木鳥獸蟲魚疏》卷下《麟之趾》　麟，麕身，牛尾，馬足，黄色，圓蹄，一角，角端有肉。音中鐘吕，行中規矩。遊必擇地，詳而後處。不履生蟲，不踐生草。不羣居，不侣行。不入陷阱，不罹羅網，王者至仁則出。今并州界有麟，大小如鹿，非瑞麟也。故司馬相如賦曰「射麋脚麟」，謂此麟也。

宋　戴侗《六書故》卷一八《動物二》　麒麟　　麒麟，祥獸也。陸璣曰：「麕身，牛尾，馬足，黄色，員蹄，一角，角端有肉。音中鐘吕，行中規矩。遊必擇地，詳而後處。不履生蟲，不踐生草。不羣居，不侣行。不入留穽，不離羅網。王者至仁則出。今并州界有麟如鹿，非瑞也。司馬相如曰『射麋脚麟』，謂此麟也。」侗謂陸氏之云，大抵因麟爲祥獸，遂从而傅會之。不踐生草，不履生蟲，果何食乎？不羣居，不侣行，是懷孤德也。不入留穽，不離羅網，王者至仁而後出，何爲而獲於子鉏商？至言音中鍾吕，行中規矩，愈夸誕矣。别作「麐」。《説文》曰：「麒，仁獸也。麐，牝麒也。麟，大牝鹿也。」

論説

唐　韓愈《五百家注昌黎文集》卷一二《雜文·獲麟解》　樊曰：《春秋》：「魯哀公十四年，西狩獲麟。」三《傳》之説，各不同。公既作此解，李習之嘗書以贈陸員外。修曰：韓愈非兹世之文，古之文也。其詞與意適，則孟軻既没，亦不見其有過于斯者。嘗書其一章曰「獲麟解」，其他可以類知也。孫曰：《爾雅》曰：麟，麕身，牛尾，一角。補注宋遠孫曰：《關雎》之應，實無麟而若麟之瑞；《春秋》之作，實有麟而非麟之時。麟之爲靈，昭昭也。孫曰：《禮記》：麟、鳳、龜、龍謂之四靈。詠于《詩》，補注：《麟之趾》是也。書于《春秋》，見題注。書一作「載」。雜出于傳記百家之書。雖婦人小子，皆知其爲祥也。然麟之爲物也，不畜于家，不恒有于天下。其爲形也不類，非若馬、牛、犬、豕、豺、狼、麋、鹿然。然則雖有麟，不可知其爲麟也。角者，吾知其爲牛；鬣者，吾知其爲馬；祝曰：鬣，《説文》：髮鬣。《禮記》：夏氏黄馬蕃鬣。犬、豕、豺、狼、麋、鹿，吾知其爲犬、豕、豺、狼、麋、鹿。一有「也」字。惟麟也，不可知，一有「也」字。不可知，則其謂之不祥也亦宜。孫曰：《左氏傳》：西狩獲麟。叔孫氏之車子鉏商獲之，以爲不祥，以賜虞人。仲尼觀之，曰：麟也。然後取之。雖然，麟之出，必有聖人在乎位，麟爲聖人出也。聖人者，必知麟，麟之果不爲不祥也。又曰：麟之所以爲麟者，以德不以形。一有「也」字。若麟之出不待聖人，則其謂之不祥也亦宜哉。

宋　徐鉉《上太宗論麟》（《宋名臣奏議》卷三六引）　臣等按《春秋傳》云：麐身而有角者，麟。《瑞應圖》云：麟者，仁獸也。又云：麟，王者之嘉瑞。《春秋感精符》云：麟一角者，明海内共一主也。伏以陛下道冠百王，慶延萬世，睿智順陰陽之變，聖文昭日月之光，尚從欲以推恩，每好生而布令。帝功潛運，天意著明，果錫神休，以彰至德，表皇家之大慶，垂青史之鴻猷，而復道在謙光，義形好問，俯從輿議，俾考前經。諭旨曰：「朕素不崇重符瑞之事。」此又見大君去華務實之意也。上天以符瑞彰聖功，聖人以增脩荅天貺。上下交感，用臻太和，斯寔蒼生無疆之福也。臣等不勝大慶。太平興國九年十月，嵐州獻牝獸，一角，似虎無斑，角端有肉，性馴善。人不能辨。示羣臣參驗以聞。鉉爲右散騎常侍，同右諫議大夫滕中正、中書舍人王祐上此奏。宰臣朱祁等奏請宣付史館，太宗曰：「珍禽異獸無濟於事，非朕所尚。但時和歲豐，天下乂安，此爲上瑞。近年以來禽獸之異所獻甚多，止令養於園圃，遂其生生之性，不欲揚之於外也。」

宋　齊唐《上仁宗論麒麟》（《宋名臣奏議》卷三六引）　臣竊見交趾所進麒麟二頭，臣得之道路，圖寫其形，大底牛身，象耳，狗足，魚鱗。臣謹按《爾雅·釋獸》：麐，麕身，牛尾，一角。郭璞注謂《春秋》所獲麟也。又云：麠，大麃，牛尾，一角。即漢武郊雍所獲麟也。又云：驨，如馬，一角，不角者麟。即元康中九真郡所貢也。又唐龍朔三年，麟見于介山。又聖朝太平興國九年，嵐州獻獸，一角，似鹿，無斑，角端有肉，性甚馴善。當時以爲祥麟，上表稱賀。臣以前典觀之，則麒如馬狀，麟似鹿形。況麟鳳四靈，國家大瑞，天下稱賀，青史具書。故唐

改元年，漢名書閣，太平之瑞，莫大於斯。臣竊聞此獸頗與書史所聞不同，閉以檻車，與象相觸。所食草木，皆中國所無。萬一非是祥麟，海外別有名目，即朝廷殆爲蠻夷所詐。又交趾以進麟爲名，私賫行貨不少。經過州縣，津送之役，動數千人，以至京師，民間之費不下百萬。嶺表之民，例皆貧弱，典賣産業，以給公費。儻應圖合驗爲瑞，聖朝則固不憚民勞，以成一代之盛事。果非瑞物，則豈可以無名之怪獸，而困一路之生靈哉？伏惟陛下居尊御極垂四十年，焦勞萬幾，愛惜黔首，誠願日謹一日，雖休勿休。勿以所役細微，則武王有旅獒之戒；勿以綏懷遠俗，則文帝有却馬之言。昔西漢因鶡雀飛入府舍，遂爲瑞鳥；隋文帝好祥瑞，有野雀集于宫掖，因改儀鸞之殿。取笑當世，貽羞史策。以斯爲鑒，固宜審詳。伏乞陛下延訪博物之臣，徧考瑞圖所載，確有符驗，方可進呈。事果非真，即宜罷黜，以寛一方百姓之弊。臣素以寡聞，昧於通識，進言不用，默守常聯。儻一詞有補於毫釐，一舉少全於疲瘵，則退甘鼎鑊，萬死無逃。臣不勝區區越職言事，俯伏待罪。嘉祐二年，唐附南雄州遞上此奏，職未詳。

宋 蘇轍《蘇氏春秋集解》卷一二《哀公》 十有四年春，西狩獲麟。

狩而不地爲獲麟，書略之也。麟，仁獸也，出非其時，孔子以自況也。【略】凡五世，蓋自隱以來，諸侯始專，而五伯之形成。獲麟之歲，齊田常弑簡公，自是以專齊。其後二十八年，韓趙魏自是以分晉，而戰國之形成。左丘明傳《春秋》，止於知伯之亡。古之達者蓋知之歟。孟子曰：王者之迹熄而《詩》亡，《詩》亡然後《春秋》作。夫二《雅》終於幽王，而《春秋》作於平王。蓋與變風止於陳靈。陳靈之後六十餘年而獲麟。變風之所不刺，則《春秋》之所不書也。

宋 張大亨《春秋通訓》卷六《襄公》 西狩獲麟。十四

狩言地，不地非狩也。狩不言獲，言獲非狩也。非狩而曰狩，爲獲麟書也。夫鳳麟之出，聖王作興之象也。有若曰麒麟之於走獸，鳳凰之於飛鳥，聖人之於民類也。故鳳鳥不至，仲尼歎吾道之將已。今麟出於魯，雖不得其時，有以知聖道之將行也。然明王不興，天下無宗己者。於是作《春秋》以明堯舜三王之道，而寓諸君卿大夫行事之間，使後有王者起，知取法於此，則吾道其憂不行邪。然則聖人之意，止於是而已矣。

宋 呂本中《呂氏春秋集解》卷三〇《哀公》 十有四年春，西狩獲麟。

《左氏傳》：十四年春，西狩於大野，叔孫氏之車子鉏商獲麟，杜氏注：大野在高平鉅野縣東北大澤是也。以爲不祥，以賜虞人。仲尼觀之曰：「麟也」。然後取之。

《公羊傳》：何以書記異也？何異爾？非中國之獸也。然則孰狩之？薪采者也。薪采者則微者也。曷爲以狩言之？大之也。曷爲大之？爲獲麟大之也。曷爲爲獲麟大之？麟者，仁獸也。有王者則至，無王者則不至。有以告者曰：「有麕而角者。」孔子曰：「孰爲來哉，孰爲來哉。」反袂拭面，涕霑袍。顔淵死，子曰：「噫！天喪予！」子路死，子曰：「噫！天祝予！」西狩獲麟，孔子曰：「吾道窮矣！」

宋 黄震《黄氏日抄》卷一三《讀春秋》 [哀公]十有四年春，西狩獲麟。

左氏載：西狩于大野，叔孫氏之車子鉏商獲麟，以爲不祥，以賜虞人。仲尼觀之曰：麟也。然後取之。杜氏註：大野在魯西，故曰「西狩」。麟者，仁獸，聖王之嘉瑞。時無明王出而遇獲，仲尼傷周道之不興，感嘉瑞之無應。故因《魯春秋》而修中興之教，絶筆於獲麟之一句，所感而作，固所以爲終也。張氏曰：麒麟之於走獸，猶聖人之於人，出類拔萃，爲人物之法則者也。故聖人之生，必以四靈爲畜。包犧畫卦而龍馬出，大舜作樂而鳳凰儀。周公告召公曰：「耇造德不降我則鳴鳥不聞。」孔子曰：「鳳鳥不至，河不出圖，吾已矣夫。」然則夫子生於周末，而麟出於大野，以仁聖之君子，天錫仁獸之應，乃理之當然，無足疑者。韓愈氏曰：麟爲聖人出也。聖人必知麟，是以西狩之獲，必夫子觀之而知爲麟也。然氣數之不偶，固異於堯舜之盛，而王霸之道方窮，亦非文王麟趾之時。是以麟雖爲夫子出，然獲於鉏商，而謂爲不祥，以賜虞人，然後取之，其與明王不興而天下不能宗夫子，何以異哉。鄭夾漈曰：麟，獸之異者，麕身，犍尾，狼題，馬蹄，五采，黄腹，一角，肉腮。《春秋》何以終獲麟適終也？仲尼以哀公十一年自衛反魯，而後述成舊章，猶有《詩》、《書》、《禮》、《樂》之事，《春秋》其後及者也。於是魯史之記適至獲麟爾。仲尼取而述之，踰一年而卒。故於獲麟之後不及他事焉。

明 王鏊《震澤集》卷三四《獲麟説》 《春秋》何以終於獲麟？杜預之言曰：感麟而作，因以爲終也。予以爲不然。孟子曰：王者之迹熄而《詩》亡，《詩》亡然後《春秋》作。又曰：世道衰微，孔子懼，作《春秋》。孔子傷當世之亂，爲萬世法戒而作《春秋》也，豈獨爲一麟哉？假而麟不至，《春秋》將不作耶？鄭衆、賈逵、服虔謂，孔子自衛反魯，修經已成，麟感而至。胡安國亦曰：《簫韶》作而鳳凰儀，《春秋》成而麒麟至。余又以爲不然。孔子嘗曰：鳳鳥不至，河不出圖，吾已矣夫！」傷不得致此瑞也。孔子删《詩》，定《書》，繫《易》，正《禮》《樂》，功亦至

矣，不聞有所謂瑞，獨《春秋》成而麟至乎？假而麟不至，《春秋》將何所終耶？且既爲瑞矣，又見獲於鉏商，何哉？然則《春秋》曷爲以是終，吾以爲紀異也。《春秋》書災不書瑞。麟者，聖王之瑞也。時至春秋，亂臣賊子接跡于天下，日食、星殞、地震、山崩、水旱、霜雹，六鷁退飛，鸜鵒來巢，多麋，有蜮，史不絶書。斯時也，麟曷爲至哉？不當至而至焉，兹瑞也，所以爲異也。「有年」、「大有年」，祥也，非所有而有焉，則爲異。麟，祥也，非所至而至焉，則爲異。楚狂之歌曰：「鳳兮鳳兮，何德之衰。」兹其麟之衰乎？雖然，麟爲聖人出也。爲己出而傷焉，孔子其有感乎「吾道其終不行乎」。所謂「吾已矣夫」者，故以是終焉。

明 鄧球《閒適劇談》卷四 《通曆》云：「黄帝時麒麟遊於苑囿。」余曰：「是時神聖，無機心，故物自馴，與海上老人狎鷗同。」客曰：「此乃黄帝聖德之感也。」余曰：「聖人處物無心，只此便見德。」

清 杭世駿《訂訛類編》卷六《動物訛・麒麟是兩獸》 《鈍翁類稿》云：按郭注，麒似麟，無角。《詩疏》：麟黄色，一角，角端有肉。《春秋感精符》：麟一角，明海内共一主也。然則麟有角，麒無角，麟之與麒非一獸也，昭昭矣。

清 陸以湉《冷廬雜識》卷四《麒麟》 《明史》外國貢麒麟者甚多。阿丹國麒麟，前足高九尺，後六尺，頸長丈六尺，有二短角，牛尾，鹿身。按《爾雅・釋獸》：「麐，麕身，牛尾，一角。」注云：「角頭有肉。」京房《傳》云：麟，麕身，牛尾，馬蹄，有五彩，腹下黄，高丈二。《明史》所言頸長如此，未見古書。且不言一角有肉，疑是别種，非真麒麟。

清 俞樾《茶香室叢鈔》卷二三《麒麟長頸》 國朝吴長元《宸垣識餘》云：正統中，每宴享，廷中陳五獸。近陛下東西二獸：東麒麟，身似鹿，灰色，微有文，頸特長，殆將二丈，望之如植竿，其首亦大概如羊，頗醜，非所云麕身鳳肩，有許文彩也。西騶虞，亦與傳記不同。

按：祝允明《野記》亦載此麒麟形狀，云永樂中外國所獻。疑此特異獸，非真麒麟也。

《野記》又云：先公以己未登第，時有貢麟，禮闈以命賦。亦非此類。

又《續鈔》卷二四《龍與牛交生麒麟》 明黄瑜《雙槐歲鈔》云：成化甲辰，泗州牛生一麟，足如馬蹄，黄毛中肉鱗隱起如半錢然。同時，武陵田家牛亦生麟，頭尾及足皆牛，但徧身生鱗，鱗縫中緑毛茸茸然。其皮見存常德府庫。荆吴間人言：牛在水澤，雲霧滃起，即有龍與交，因有此異。按此説當可信。不然，麟乃毛蟲，何以有鱗乎？

明沈德符《野獲編》云：龍極淫，遇牝必交。得牛則生麟，得豕則生象，得馬則生龍駒，得雉則結卵成蛟。

綜述

《爾雅・釋獸》 麐，麕身，牛尾，一角。注：角頭有肉。《公羊傳》曰：有麕而角。疏：李巡曰：麐，瑞應獸名。孫炎曰：靈獸也。京房《易傳》曰：麐，麕身牛尾，狼額馬蹄，有五彩，腹下黄，高丈二。《詩・周南》云：麟之趾。《毛傳》云：麟信而應禮，以足至者也。鄭箋云：麟角之末有肉，示有武而不用。陸璣疏云：麟，麕身，牛尾，馬足，黄色，圓蹄，一角，角端有肉。音中鍾吕，行中規矩。遊必擇地，詳而後處。不履生蟲，不踐生草。不羣居，不侶行。不入陷阱，不罹羅網，王者至仁則出。今並州界有麟大小如鹿，非瑞麟也。故司馬相如《賦》曰「射麋腳麟」，謂此麟也。注《公羊傳》者，案《春秋》哀十四年春西狩獲麟。《公羊傳》云：有以告者，曰有麕而角者，孔子曰：「孰爲來哉，孰爲來哉！」是其事也。

漢 班固《漢書》卷五七上《司馬相如傳上》 其北則盛夏含凍裂地，涉冰揭河；其獸則麒麟角端，騊駼橐駝，張揖曰：「雄曰麒，雌曰麟，其狀麇身牛尾，狼題一角，角端似牛，其角可以爲弓。」郭璞曰：「麒似麟而無角，角端似豬，角在鼻上，中作弓。」師古曰：「麒麟角端，郭説是也。橐駝者，言其可負橐囊而駝物，故以名云。」蛩蛩驒騱，駃騠驢驘。

晉 張華《博物志》卷四《物理》 麒麟鬬而日蝕，鯨魚死而彗星出，嬰兒號而母乳出，蠶咡絲而商弦絶。

晉 葛洪《抱朴子・内篇》卷一《對俗》 麒麟壽二千歲。

晉 葛洪《抱朴子・外篇》卷二《清鑒》 彗星出則知鱣魚之方死，日月蝕則識麒麟之共鬬。

宋 釋贊寧《東坡先生物類相感志》卷九《麟》 莊氏云：若周之獲漢乃爲漢高祖之應，謂周德既衰，君臣失道，胡能致麟而遠應漢高祖也？又仲尼生，有紫麟格于孔氏之門，紫麟，聖人應之以生也。

又《蛷麟》 出罽賓國，似海獸，紫色，有鱗甲，頂有穴光，出圓硃。能入水與龍鬬，吼聲如雷。

宋 歐陽修《詩本義》卷一 《本義》曰：《周南》風人美其國君之德，化及宗

族同姓之親，皆有信厚之行，以輔衛其公室。如麟有足，有額，有角，以輔衛其身爾。其義止於此也。他獸亦有蹄角，然亦不以爲比，而遠取麟者，何哉？麟，遠人之獸也，不害人物，而希出，故以爲仁獸。所以詩人引之，以謂仁獸，無鬬害之心，尚以蹄角自衛，如我國君，以仁德爲國，猶須公族相輔衛爾。

宋 蘇轍《詩集傳》卷一 《麟之趾》，《關雎》之應也。

麟之趾，振振公子，于嗟麟兮。

麟，仁獸也。其於仁也，非有意爲之，其資之也天矣。《關雎》之時，人君與其后妃皆賢，故其生子無不賢者。夫公子之賢，非其身則爲之。父母之所以資之者，遠矣。是以信厚振振而不自知，猶麟之於仁也。《毛詩》之敘曰：《關雎》之化行，同天下無犯非禮，雖衰世之公子，皆信厚如麟趾之時。夫《關雎》之化行，則公子信厚。公子之信厚如麟之仁，此所謂應矣，未嘗言其時也。捨麟之德而言其時，過矣。

宋 羅願《爾雅翼》卷一八《麟》 麐，麕身，牛尾，一角。《春秋》之書麟，亦曰「有麐而角者」耳。蓋古之所謂麐者，止於此。是以其物可得而有，而其性能避患，不妄食集。故其游於郊藪也，則以爲萬物得其性，太平之驗，是不亦簡易而自然乎？至其後世論麐者，始曰馬足，黄色，圓蹄，五角，角端有肉，有翼能飛，含仁懷義，音中律吕，行步中規，折還中矩，游必擇土，翔而後處，不履生蟲，不折生草，不羣居，不旅行，不犯陷穽，不罹罘罔。牡鳴曰遊聖，牝鳴曰歸和，夏鳴曰扶幼，秋鳴曰養綏。嗚呼！何取於麐之備也。若是，則閱千歲而不得麐，蓋無怪矣。夫麐，野物也，其爲性又善鬬，《釋獸》載之，蓋若麕麚麇鹿之屬焉，不之異也。叔孫氏之車子不涉於學，不能多識，故以爲不祥。仲尼適見而别之，然非必待仲尼而後識也。後世既已神夫麟，故史稱漢武帝獲一角獸，蓋麟云。曰蓋而云，有不足之辭也。然麟與萬物並生，雖善避害，極獸之所在而畋之，則雖麟亦何逃焉。然則又未必非真得麟也。世之儒者，欲神夫麟之形狀，性情，使千歲必不復得，以是爲麟之靈，而吾則欲直從古説，簡易而言之。雖並世而得，不足爲異。夫並世而得者，蓋皆極獸之所在而取之。如西狩之云者，非麟之貪餒而就死焉，則固不害爲麟之善避患而有智也。蜀之禮殿門有漢世所圖麟鳳，亦只一角獸爾，烏得五角有翼之説乎？《詩》稱麟之角、之趾、之定，蓋麟，麕類，麕之跡解，則麟趾不妄集矣。角端有肉，則角不妄觸矣。其鬬有時，則定不妄鬬矣。若羊之屬以定鬬者也。此以比衰世信厚之公子而已。《周書・王會》：規規以麟。

《説文》：麟，仁獸。麐，牝麒也。《淮南子》曰：麒麟鬬而日月蝕。蓋歲星散爲麟，歲失其序則麟鬬，麟鬬則日月蝕矣。麒麟善走，故良馬因之亦名爲騏驎也。郭璞曰：「麒似麟而無角。」

元 許謙《詩集傳名物鈔》卷一 《麟之趾》《周南》十一。詩人美文王后妃，化及子孫。

疏：麟，麕身，牛尾，馬蹄，有五彩，腹下黄，高丈二，圓蹄，一角，角端有肉。音中鍾吕，行中規矩。遊必擇地，詳而後處。不履生蟲，不踐生草。不羣居，不侶行。不入陷穽，不罹羅網。王者至仁則出。

明 盧翰《掌中宇宙》卷一三《禽獸部・麒麟有五種》 一曰「聳孤」，其身體皆青，三角光瑩。按東方甲乙木，見則國家有災。二曰「炎駒」，其身皆赤，身有魚鱗。按南方丙丁火，見則國家有火。三曰「素具」，其身皆白，其毛尖利。按西方庚辛金，見則國家有兵。四曰「角端」，其身皆黑。按北方壬癸水，見則大水死喪。五曰「麒麟」，其身皆黄，黄腹紫肉，龍身虎爪。按中央戊巳土，見則國家太平，天下豐樂。

明 穆希文《蟫史集》卷四《毛蟲類・麟》 《埤雅》曰：麟，土畜也。毛蟲三百六十，而麒麟爲之長。大角之獸，狼額，赤目，五蹄。含仁懷義。音中鍾吕，行中規矩。不羣居，不旅行。不入陷穽，不罹網罟。不履生虫，不折生草。王者至仁乃出，蓋太平之符也。孔子曰：「刳胎殺夭則麒麟不至，擿巢毁卵則鳳皇不翔。」角端有肉，示有武也而不用。《詩》一章曰「麟之趾」，二曰「麟之定」，三章曰「麟之角」，始於趾終于角，言德以昇進爲美也。《爾雅》曰：麟，麕身，馬足，牛尾，一角，角端肉，高丈二尺，五蹄，牝曰麒，牡曰麟。《廣雅》曰：麟，含仁懷義，行步中規，折旋中矩，文章彬彬。《禮運》曰：天不愛其道，地不愛其寶，人不愛其情，故麒麟在郊藪。《酉陽雜俎》云：麒麟，牡鳴曰游聖，牝鳴曰歸和，夏鳴曰扶幻，秋鳴曰養綏。《鶡冠子》曰：麟者，玄枵之精。《白帖》曰：麟，四靈之首，百獸之先。《月令》曰：凡麟，生于火，游于土，故修其母，致其子，五行之精也。註云：視明德脩則麒麟至。《春秋孔演圖》云：麟，木精也。宋均云：木生水，故曰陰。木炁好生土。土黄，精青，故麟色青黄。

祝充曰：鳳以爲畜，故鳥不獝。麟以爲畜，礦獸不狘。《民間書畧》曰：不有暴獸，無以知麟之仁。不有惡鳥，無以知鳳之瑞。《汲冢周書》曰：俞人雖馬。註云：俞人，東北夷。雖馬，角大者曰麟也。又曰：規矩以麟。註云：規矩，亦

戎名也。麟似麐，一角，牛尾，馬蹄。《春秋》：哀公西狩獲麟。仲尼觀之曰：麟也。《公羊傳》曰：何以書紀異也？麟，仁獸也。有王者則至，無王者則不至。有以告孔子曰：「有麕而角者。」孔子曰：「孰爲來哉。」反袂拭面，涕沾袍，曰：「吾道窮矣。」《家語》曰：鉏商獲麟，折其左足，孔子反袂拭面，泣涕沾襟。《拾遺記》曰：孔子生之先，有麟吐玉書于闕里人家，云水精之子。系衰周而素王徵在，以綉紱繫其角，及夫子將終，抱麟解紱而泣。

《蟫史》曰：麟，黄色，圓蹄，游必擇土，審而後處。盖麟、鳳、龜、龍謂之四靈，乃王者之嘉瑞，而麟爲首。麒即牝也，似麟而無角。雌鳴曰歸聖，雄鳴曰歸昌。黄帝時在囿，成康時在郊藪。

明 田藝衡《留青日札》卷二九《麒麟》 麒麟，雄曰麒，雌曰麟，字皆从鹿，故《説文》于麒曰：「仁獸，麇身，牛尾，一角。从鹿，其聲」是也。至于馬之曰騏者，亦从馬，其聲。而曰文如博棊，則鑿矣。夫棊，本从木，其聲，又何文之有？不知於麒、於騏、於棊之取義，皆有文，如博甚否也。麟，《説文》：大牝鹿。陸璣曰：麕身，牛尾，黄色，圓蹄，角，角端有肉。音中鍾吕，行中規矩。王者至仁則出。正義云：有角，示有武；肉，示不用。郭璞曰：角在鼻上。京房曰：五采，腹黄，高丈二尺，金獸之瑞。今并州有麟如鹿，非瑞應麟也。牡鳴曰逝聖，牝鳴曰歸和，一作游聖、歸昌。春鳴曰扶助，夏鳴曰養綏。《春秋運斗樞》曰：機星得所則生。《鶡冠子》曰：玄枵之獸，陽之精也。《感精符》曰：一角，明海内共一王也。我朝永樂甲午榜葛剌國，乙未麻林國，皆貢麒麟。成化七年，常德沅江縣産麒麟。甲辰，泗州牛、武陵田家牛皆生麒麟，俱殺之。弘治辛亥，蒲圻鄧榮家牛亦生麒麟，不食而死。嘉靖六年四月，舞陽縣生麒麟，雙角，馬蹄，口吐火炯，其聲如雷。野人恠而擊死。其字又作「麐」、「甝」、「驎」，見《春秋傳》。

明 馮復京《六家詩名物疏》卷四《麟》 《爾雅》云：麐，麕身，牛尾，一角。京房《易傳》云：麐，麕身，牛尾，狼額，馬蹄，有五采，腹下黄，高丈二。《廣雅》云：麟者，含仁懷義，行步中規，折旋中矩。游必擇土，翔必後處。不履生蟲，不折生草。不群居，不旅行。不犯陷穽，不罹罘罝，文章彬彬。《大戴禮》云：毛蟲三百六十，而麟爲之長。《禮記》云：麟、鳳、龜、龍謂之四靈。麟以爲畜，則獸不狘。又云：地不愛其寶，鳳凰麒麟皆在郊棷。何法盛《徵祥記》云：麒，仁獸也。牝曰麟。牡鳴曰遊聖，牝鳴曰歸和，夏鳴曰扶幼，秋鳴曰養綏。《毛傳》云：麟，信而應禮，以足至者也。《箋》云：麟，角之末有肉，示有武而不用。孔氏曰：《傳》「麟信而應禮」，《箋》云「公子與禮相應，有似于麟」，申述《傳》文，亦以麟爲信獸。《駁異義》以爲西方毛蟲，更爲别説。蔡邕《月令》云：天宫五獸中，有大角軒轅，麒麟之信，麟生于火，游于土，故修其母，致其子，五行之精也。視明禮修則麒麟臻。《春秋運斗樞》曰：機星得則麒麟生，萬人壽。《春秋保乾圖》云：歲星散爲麟。《感精符》云：麟一角，明海内共一主也。王者不刳胎，不剖卵，則出于郊。又云：明王動則有義，静則有容，乃見。《孔演圖》云：蒼之滅也，麟不榮也。麟，乃木精也。宋均注：麟，木精，生水，故曰陰。水氣好土，土黄木青，故麟色青黄。不榮，謂見紲也。《禮斗威儀》云：君乘金而王，其政平，麒麟在郊。《鶡冠子》云：麒麟者，玄枵之獸，陰之精也。《瑞應圖》云：麟，王者嘉祥，食嘉禾之實，飲珠王之英。《埤雅》云：狼額，赤目，五蹄，似麐，圓頂，一角。故西狩獲麟曰「有麕而角」也。或曰：麐肉角，鳳肉味，皆示有武而不用。《傳》云：麒似麟而無角。按《爾雅》曰：騏，如馬，一角，不角者騏。然則麒從騏省，不角故也。

按：羅氏謂，麟只如麛麇之屬。後世言麐者，皆妄。果爾，則何以爲四靈？司馬相如賦曰「射麇脚麟」，此麟并州界有之，大小如鹿，非瑞獸也。羅氏所指之麟，殆此物與？

明 沈萬鈳《詩經類考》卷二四《麟》 麟，《爾雅》作「麐」，犇木精也。《大戴禮》曰：毛蟲三百六十，而麟爲之長。牝曰麟，麕身，牛尾，狼額，馬蹄，赤目，五色，腹下黄色，高丈二，圓蹄，一角，角端有肉，示有武而不用。牡鳴曰遊聖，牝鳴曰歸和，夏鳴曰扶幼，秋鳴曰養綏。音中鐘吕，含仁懷義，行中規矩，遊必擇地，翔而後處，不履生蟲，不踐生草，不羣居，不侣行，不入陷穽，不罹羅網，王者至仁則出。服虔曰：視明禮修而麟至。《握圖記》曰：帝軒題象，其麟在囿。《唐傳》曰：堯時其麟在郊藪。《孔叢子》：唐虞之世，麟鳳遊于田。《春秋保乾圖》曰：歲星散爲麟，麟五蹄。《淮南子》曰：麒麟鬭則日月食。《統志攷》：麟生夜有光，焰如火，色緑。《月令章句》曰：天官五獸中，有大角軒轅，麒麟之信。凡麟，生于火，遊于土，故修其母致其子，五行之精也。傳云：麒似麟而無角。按：《爾雅》曰：騏如馬，一角。不角者，騏。然則麒從騏省，不角故也。《春秋孔演圖》曰：蒼之滅也，麟不榮也。麟，木精也。宋均曰：麟木精生水，故曰陰。水氣好土，土黄，木青，故麟也青黄。不榮，謂見紲也。《春秋運斗樞》曰：「機星得，則麒麟生，萬人壽。《感精符》曰：麟一角，明海内共一主也。王者不刳胎，

不剖卵，則出于郊。又云：明王動則有義，靜則有容，乃見。《禮記》云：麟、鳳、龜、龍謂之四靈。麟以爲畜，則獸不狘。又云：地不愛其寶，鳳凰麒麟皆在郊棷。《禮斗威儀》云：君乘金而王，其政平，麒麟在郊。《鶡冠子》云：麒麟者，玄枵之獸，陰之精也。」《瑞應圖》云：麟，王者嘉祥，食嘉禾之實，飲羣玉之英。《名物疏》云：按羅氏謂麟只如麕麋之屬。後世言麐者，皆妄。果爾，則何以爲四靈？司馬相如賦曰：射麋脚麟。此麟并州界有之，大小如鹿，非瑞獸也。羅氏所指之麟，殆此物與？《汲冢周書》曰：俞人雖馬。註云：俞人，東北夷。雖馬，角大者曰麟也。又曰：規矩以麟。注云：規矩，亦戎也。麟似麈，一角，馬蹄。

明　毛晉《陸氏詩疏廣要》卷下之下《麟之趾》　《爾雅》云：麐，麕身，牛尾，一角。郭註云：角頭有肉。鄭註云：瑞應獸也。《大戴禮》曰：毛蟲三百六十，而麟爲之長。《禮記》云：麟、鳳、龜、龍謂之四靈。麟以爲畜，則獸不狘。又云：地不愛其寶，鳳凰麒麟皆在郊棷。京房《易傳》曰：馬蹄，有五彩，腹下黄，高丈二。《徵祥記》云：麒，仁獸也。牡曰麟。牡鳴曰遊聖，牝鳴曰歸和，夏鳴曰扶幼，秋鳴曰養綏。《尚書中候·握河紀》云：帝軒題象，麒麟在囿。《孝經援神契》曰：德至鳥獸，則麒麟臻。《唐傳》云：堯時，麒麟在郊藪。《春秋繁露》曰：恩及羽蟲，則麒麟至。《鶡冠子》曰：麟者，玄枵之精。德能致之，其精必至。蔡邕《月令》云：天宫五獸，中有大角軒轅，麒麟之信。麟生于火，遊于土，故修其母，致其子，五行之精也。《春秋運斗樞》曰：機星得則麒麟生，萬人壽。《春秋保乾圖》云：歲星散爲麟。《感精符》云：麟一角，明海内共一主也。王者不刳胎，不剖卵，則出于郊。又云：明王動則有義，靜則有容，乃見。《演孔圖》云：蒼之滅也，麟不榮也。麟，木精也。宋均註：麟，水精生木，故曰陰。水氣好土，土黄木青，故麟色青黄。不榮，謂見絏也。《禮斗威儀》云：君乘金而王，其政平，麒麟在郊。《瑞應圖》云：麟者，王者嘉祥，食嘉禾之食，飲珠玉之英。王隱《晉書》曰：太始元年，白麟見，羣獸皆從。《博雅》：麐麔，狼題肉角，含仁懷義。音中鍾吕，步行中規，折旋中矩。遊必擇土，詳而後處。不履生蟲，不折生草。不羣居，不旅行。不入陷阱，不羅罘罟，文章彬彬也。《春秋》：哀十四年春，西狩獲麟。《公羊傳》曰：有以告者曰：「有麕而角者。」孔子曰：「孰爲來哉，孰爲來哉！」《洪範》五事，一曰言，于五方屬金。孔子時，周道衰，于是作《春秋》以見志。其言可從，故天應以金獸之瑞，是其義也。《説文》曰：麒，仁獸也。麐，牝麒也。麟，大牝鹿也。則字當作「麐」。《埤雅》：麐，土畜也。信而應禮，以足至者也。王者至仁則出，蓋太平之符也。不踐生草，不食生物，有愛吝之意，故「麐」從「吝」。牡麒，牝麐。陰主吝嗇，故牝曰麐也。或曰：麟肉角，鳳肉咮，皆示有武而不用也。《傳》云：麒似麟而無角。按《爾雅》曰：驨，如馬，一角，不角者騏。然則麒從騏省，不角故也。《爾雅翼》曰：麟，性能避患，不妄集。故其遊于郊藪也，則以爲萬物得其性，太平之驗。後世論麐者，始云馬足，黄色，圓蹄，五角，角端有肉，有翼能飛。紛紛不一。又善鬭。《釋獸》載之，蓋若麕麏麋鹿之屬，無别之異也。叔孫氏之小子，不涉于學，不能多識，故以爲不祥。《淮南子》曰：麒麟鬭而日月蝕。蓋歲星散爲麟，歲失其序則麟鬭，麟鬭則日月蝕矣。麒麟善走，故良馬因之亦名騏驎也。《毛傳》云：麟信而應禮，以足至者也。《箋》云：公子信厚，與禮相應，有似于麟。申述傳文，亦以麟爲信獸。《駁異義》以爲西方毛蟲，更爲别説。《正義》曰：《傳》解四靈多矣，獨以麟爲興，意以麟于五常屬信，爲瑞則應禮，故以喻公子信厚而與禮相應也。此直以麟比公子耳。《左傳·哀十四年》服虔註曰：視明禮修而麟至，思睿信立白虎擾。言從義成則神龜在沼，聽聰知止而名山出龍，貌恭體仁則鳳皇來儀。嚴華谷曰：有足者宜踶，唯麟之足，可以踶而不踶，是其仁也；有額者宜抵，唯麟之額，可以抵而不抵；有角宜觸，唯麟之角，可以觸而不觸。

明　陳懋仁《庶物異名疏》卷二七《聳孤　素冥》　麟之青曰聳孤，赤曰炎駒，白曰素冥，黑曰角端，黄曰麒麐。見《湧幢小品》。

明　吴雨《毛詩鳥獸草木攷》卷四《獸攷·麟》　《周南》曰：麟之趾，振振公子。《傳》：趾，足也。麟，信而應禮，以足至者也。《箋》：麟角之末有肉，示有武而不用。

麟，仁獸也。麕身，牛尾，一角。京房《易傳》曰：麟，麕身，牛尾，狼額，馬蹄，有五彩，腹下黄，高丈二。陸璣云：麟，麕身，牛尾，馬足，黄色，圓蹄，一角，角端有肉。音中律吕，行中規矩。游必擇地，詳而後處。不履生蟲，不踐生草。不羣居，不侶行。不入陷穽，不罹羅網。王者至仁則出。今并州界有麟，大小如鹿，非瑞應麟也。故司馬相如賦曰「射麋却麟」，謂此麟也。《徵祥記》：麒麟者，毛之長，仁獸也。牝曰麟。牡鳴曰游聖，牝鳴曰歸和，夏鳴曰扶幼，秋鳴曰養綏。《大戴禮》云：毛蟲三百六十，而麟爲之長。或曰：麟肉角，鳳肉咮，皆示有武而不用也。《傳》云：麒麟而無角。《春秋感精符》曰：麟一角，明海内共一主也。王者不刳胎，不剖卵，則出於郊。

明 談遷《棗林雜俎》中集《頤動・麟》 麟，《爾雅》：釋麕身，牛尾，馬蹄，一角，《春秋》所獲麟也；大麃，一角，牛尾，即漢武郊雍所獲麟也。不角者，麒。宋仁宗嘉祐二年，交阯所進二麒麟，牛身，象耳，狗足，魚鱗，所食艸木，皆中國無有。

清 方旭《虫薈》卷二《毛蟲・麟》 《鶡冠子》註：牝曰麒。麟者，其牡也。麒，似麟無角。旭按：《説文》又以麒爲牡，麟爲牝。

《蓺林伐山》：般般，麟也。

《譯史紀餘》：麒麟，高昌呼「哈」。

《西番譯語》：麒麟，西番呼「吉隣」。

《八紘譯史》：麻林國産麒麟。旭按：《爾雅正義》云：并州界有麟，大如鹿，非瑞獸。故司馬相如賦曰「射麋脚麟」，謂此麟也。據此，則麟亦有兩種。

《草木蟲魚疏》：麟，麕身，牛尾，馬足，圓蹄，黄色，一角，角端有肉。音中鐘吕，行中規矩。遊必擇地，審而後處。不履生蟲，不折生草。不羣居，不侶行。不犯陷阱，不罹羅網。王者至仁則出。

《筠廊偶筆》：麟甲四周五彩，環繞如月華狀。

《駢雅》：麟，牡鳴曰遊聖，牝鳴曰歸和，夏鳴曰扶幼，秋鳴曰養綏。

《抱朴子》：麒麟壽三千歲。

《大戴禮》：毛蟲三百六十，麒麟爲長。

《公羊傳》：麟非中國之獸，有王者則至，無王者則不至。

《六書故》：陸璣因麟爲瑞獸，遂從而附會之，曰「不履生蟲，不踐生草」，果何食乎？「不羣居，不侶行」，是懷孤德也。「不入陷阱，不罹羅網。王者至仁則出」，何爲而獲於子鉏商？至言「音中鐘吕，行中規矩」，愈夸誕矣。

《正字通》：《爾雅翼》辨後世論麟者「角端有肉，馬足，圓蹄，黄色，及有翼能飛」之謬，而獨惑於《淮南子》「麒麟鬭日月食」之説，謂歲星散爲麟，歲失其序則麟鬭，麟鬭則日月食。不知月揜日而日爲之食，月亢日而月爲之食。《春秋》屢書日月食，並不由麟鬭也。

《談薈》：龍與牛交，生麒麟。

《灤陽消夏録》：麟本仁獸，實非牛種。犢之鱗而角，乃雷雨時蛟龍所感耳。

又《麟主》 《談薈》：神鳥山有獸曰「麟主」，能服衆獸，卻百邪。溺則虎仰首，張口受之。

紀事

漢 司馬遷《史記》卷四七《孔子世家》 魯哀公十四年春，狩大野。集解：服虔曰：「大野，藪名，魯田圃之常處，蓋今鉅野是也。」正義：《括地志》云：「獲麟堆在鄆州鉅野縣東十二里。《春秋・哀十四年經》云『西狩獲麟』。《國都城記》云『鉅野故城東十里澤中有土臺，廣輪四五十步，俗云獲麟堆，去魯城可三百餘里』。」叔孫氏車子鉏商獲獸，以爲不祥。仲尼視之，曰：「麟也。」取之。集解：服虔曰：「麟非時所常見，故怪之，以爲不祥也。仲尼名之曰『麟』，然後魯人乃取之也。明麟爲仲尼至也。」曰：「河不出圖，雒不出書，吾已矣夫！」顔淵死，孔子曰：「天喪予！」及西狩見麟，曰：「吾道窮矣！」集解：何休曰：「麟者，太平之獸，聖人之類也。時得而死，此天亦告夫子將殁之證，故云爾。」喟然歎曰：「莫知我夫！」子貢曰：「何爲莫知子？」子曰：「不怨天，不尤人，下學而上達，知我者其天乎！」

晉 張華《博物志》卷八《史補》 《春秋》：哀公十有四年春，西狩獲麟。《公羊傳》曰：有以告者，孔子曰：「孰爲來哉，孰爲來哉！」盧氏曰：以其時非應，故孔子泣而感之。麟口吐三策，蓋天使報聖人。

《左傳》曰：叔孫氏之車子鉏商獲麟，以爲不祥。

晉 干寶《搜神記》卷八 魯哀公十四年，孔子夜夢三槐之間，豐、沛之邦，有赤氤氣起，乃呼顔回、子夏同往觀之。驅車到楚西北范氏街，見芻兒打麟，傷其左前足，束薪而覆之。孔子曰：「兒來。汝姓爲誰？」兒曰：「吾姓爲赤松，名時喬，字受紀。」孔子曰：「汝豈有所見乎？」兒曰：「吾所見一禽，如麕，羊頭，頭上有角，其末有肉。方以是西走。」孔子曰：「天下已有主也，爲赤劉，陳、項爲輔。五星入井，從歲星。」兒發薪下麟，示孔子。孔子趨而往。麟向孔子，蒙其耳，吐三卷圖，廣三寸，長八寸，每卷二十四字。其言：「赤劉當起日周亡。赤氣起，火耀興，玄丘制命，帝卯金。」

南朝宋 范曄《後漢書》卷二《明帝紀》 ［永平］十一年。【略】是歲，漅湖出黄金，廬江太守以獻。時麒麟、白雉、醴泉、嘉禾所在出焉。

又 卷五《安帝紀》 ［延光三年秋七月］馮翊言甘露降頻陽、衙。潁川上言木連理。白鹿、麒麟見陽翟。

南朝梁 沈約《宋書》卷二八《符瑞志中》 麒麟者，仁獸也。牡曰麒，牝曰

麟。不刳胎剖卵則至。麕身而牛尾，狼項而一角，黄色而馬足。含仁而戴義，音中鍾呂，步中規矩，不踐生蟲，不折生草，不食不義，不飲洿池，不入坑穽，不行羅網。明王動静有儀則見。牡鳴曰逝聖，牝鳴曰歸和，春鳴曰扶幼，夏鳴曰養綏。

漢武帝元狩元年十月，行幸雍，祠五畤，獲白麟。

漢武帝太始二年三月，獲白麟。

漢章帝元和二年以來，至章和元年，凡三年，麒麟五十一見郡國。

漢安帝延光三年七月，麒麟見潁川陽翟。

延光三年八月戊子，麒麟見潁川陽翟。

延光四年正月壬午，麒麟見東郡濮陽。

漢獻帝延康元年，麒麟十見郡國。

吴孫權赤烏元年八月，武昌言麒麟見。又白麟見建業。

晉武帝泰始元年十二月，麒麟見南郡枝江。

晉武帝咸寧五年二月甲午，白麟見平原鬲縣。

咸寧五年九月甲午，麒麟見河南陽城。

晉武帝太康元年四月，白麟見頓丘。

晉愍帝建興二年九月丙戌，麒麟見襄平，州刺史崔毖以聞。

晉元帝太興元年正月戊子，麒麟見豫章。

晉成帝咸和八年五月己巳，麒麟見遼東。

唐 房玄齡《晉書》卷七《成帝紀》 〔咸和八年〕五月，有星隕于肥鄉。麒麟、騶虞見于遼東。

五代 劉昫《舊唐書》卷三七《五行志》 元和七年十一月，龍州武安川畬田中嘉禾生，有麟食之，復生。麟之來，一鹿引之，羣鹿隨之，光華不可正視。使畫工圖麟及嘉禾來獻。

宋 司馬光《資治通鑑》卷一九《漢紀十一・武帝元狩元年》 冬，十月，上行幸雍，祠五畤，獲獸，一角而足有五蹄。有司言：「陛下肅祇郊祀，上帝報享，錫一角獸，蓋麟云。」麟，麇身，牛尾，馬足，五色，圜蹄，一角，角端有肉。音中鍾呂，行中規矩。遊必擇地，詳而後處。不履生蟲，不踐生草。不羣居，不侣行。不入陷穽，不罹羅網。王者至仁則出。今并州界有麟，大小如鹿，非瑞應麟也。京房《易傳》曰：麟，麕身，牛尾，馬蹄，有五采，腹下黄，高丈二。《爾雅》：麟，麕身，牛尾，一角。蓋麟似麕，圓頂一角。曰「蓋」云者，意其爲麟而未知其果爲麟也。於是以慶【章：十四行本「慶」作「薦」；乙十一行本同。】五畤，時加一牛，以燎。久之，有司又言：「元宜以天瑞命，不宜以一二數，一元曰建，二元以長星曰光，今元以郊得一角獸曰狩云。」

宋 張邦基《墨莊漫録》卷三 睦寇方臘未起之前一年，歙州生麟即死。後十日，州人葉世寧夢乘麟而登山，山東北有洞，乃舍麟而登入。

宋 胡仔《孔子編年》卷五 庚申，魯哀公十四年，年七十一。春，西狩於大野，叔孫氏之車子鉏商獲麟，折其前左足，載以歸。叔孫以爲不祥，以賜虞人。孔子觀之曰：「麟也。胡爲來哉，胡爲來哉！」乃反袂拭面，涕泣沾襟。叔孫聞之，然後取之。子貢問曰：「夫子何泣爾？」孔子曰：「麟之至爲明王也。出非其時而見害，吾是以傷焉。」

宋 李燾《續資治通鑑長編》卷二六 〔雍熙二年九月〕己亥，坊州獻一角獸。上召近臣觀之，咸奏曰：按《瑞應圖》，牡曰麒，牝曰麟。昔嵐州進麟也，此乃麒也。請宣示中外。上不許，但令豢於苑中，遂其飲齕之性。且謂宰相曰：「時和年豐，兆民安泰，斯爲上瑞。鳥獸草木，夫何足云。」

又 卷一八七 〔嘉祐三年六月〕丁卯，交阯貢異獸二。初，本國稱貢麟，狀如水牛，身被肉甲，鼻端有角。食生芻果瓜，必先以杖擊，然後食。既至，而樞密使田況言：「昨南雄州簽判、屯田員外郎齊唐奏，此獸頗與書史所載不同。儻非麒麟，則朝廷殆爲蠻人所詐。」又知虔州比部郎中杜植亦奏：「廣州嘗有蕃商辨之，曰此乃山犀爾。謹按《符瑞圖》：麟，仁獸也，麕身，牛尾，一角，角端有肉。今交阯所獻，不類麕身，而有甲，必知非麟，但不能識其名。昔宋太始末，武進有獸見，一角，羊頭，龍翼，馬足，父老亦莫之識。蓋異物，雖中原或有之。《爾雅》釋麕，大如麃，牛尾，一角；騶，如馬，一角；麐，麕身，牛尾，一角；又兕，似牛，一角，青色，重千斤。然皆不言身有鱗甲。《廣志》云：符拔如麟，皮有鱗甲。此雖近之而形，乃如牛，又恐非是。故在外之臣，屢有章奏辨之，然不知朝廷本以遠人利朝貢以示綏來，非以獲麟爲瑞也。請宣諭交阯進奉人，及回，降詔書，但云得所進異獸，不言麒麟，足使殊俗不能我欺，又不失朝廷懷遠之意。」乃詔止稱異獸云。

宋 陳敬《陳氏香譜》卷四《麒麟》 晉儀禮大朝會郎鎮官，以金鍍九尺麒麟大爐，唐薛逢詩云「獸坐金牀吐碧烟」是也。

元 馬端臨《文獻通考》卷三一一《物異考・毛蟲之異・麒麟騶虞》 《春秋》：哀公十四年春，西狩于大野，叔孫氏之車子鉏商獲麟，大野，在高平鉅野東北，

大澤是也。以爲不祥，以賜虞人。仲尼觀之，曰：「麟也。」然後取之。《公羊傳》：何以書？記異也。何異爾？非中國之獸。麟者，仁獸也。有王者則至，無王者則不至。有以告者，曰有麕而角者。孔子曰：「孰爲來哉？」反袂拭面，涕沾袍，曰：「吾道窮矣。」麟，太平之符，聖人之類。時得麟而死，此亦天告夫子將没之徵，故云爾。

《穀梁傳》：西狩獲麟，引取之也。言引取之者，解經言獲也。《傳例》曰：諸獲者皆不與也。今言獲麟，自爲孔子來魯。引而取之，亦不與魯之辭也。狩地，不地不狩也。非狩而曰狩，大獲麟，故大其適也。適猶如也之也。非狩而言狩，大得麟，故以大所如者名之也。且實狩當言冬，不當言春。其不言來，不外麟於中國也。不言有，不使麟不恒有於中國也。

漢武帝元狩元年冬十月，行幸雍，祠五時，獲白麟，作「白麟之歌」。

後漢明帝永平十一年，麒麟出。安帝延光三年，潁川言麒麟見陽翟。四年，東郡言麒麟見濮陽。

吴孫權赤烏元年，武昌言麒麟見。

晉武帝泰始元年，郡國言麒麟見。二年，麒麟又見。咸寧五年二月甲午，白麟見於平原。九月甲午，麒麟見於河南。太康元年四月，白麟見於頓邱。

愍帝建興二年，麟見於襄平。

成帝咸和八年，麒麟、騶虞見於遼東。

石虎時，郡國送蒼麟十六。詳見《毛蟲之異》。【略】唐高宗龍朔三年十月十六日，絳州麟見。二十六日，含元殿前麟趾見。至來年改麟德。

憲宗元和七年十一月，梓州上言，龍州界嘉禾生，有麟食之。每來，一鹿引之，羣鹿隨焉，光華不可正視。使畫工就圖之，并嘉禾一函以獻。【略】蜀王建元年，騶虞見武定。三年十月，麟見璧州。永平二年六月，麟見文州。三年正月，麟見永泰。五月，騶虞見璧山，有二鹿隨之。四年，麟見昌州。

宋太宗太平興國九年，嵐州獻牡獸，一角，似鹿，無斑文，角端有肉，性馴。詔羣臣參驗。有散騎常侍徐鉉等援引國史以爲麟，上言曰：「案《春秋》曰：麕身而有角者，麟也。《春秋感精符》曰，麟一角者，明海内同一主也。《公羊傳》曰，上有聖帝明王，天下太平，則麟見。今國海内一統，故仁獸出，實王者之大瑞。」宰相宋琪、李昉等同其議，皆奉表稱賀。

徽宗雍熙二年閏九月，坊州獻一角獸，如嵐州麟，而牡。《瑞應圖》云：牡曰麒，牝曰麟。政和五年，重和元年，宣和二年、三年，寧宗慶元三年，俱有牛生麒麟事。詳見《牛異》。

元　李廉《春秋會通》卷二四《哀公》　十有四年春，西狩獲麟。《左氏》：春，西狩于大野，叔孫氏之車子鉏商獲麟，以爲不祥，以賜虞人。仲尼觀之曰：「麟也。」然後取之。注：麟者，仁獸，聖王之嘉瑞也。時無明王出而遇獲，仲尼傷周道之不興，感嘉瑞之無應，故因《魯春秋》而脩中興之教，絶筆於獲麟之一句者，所感而作，固所以爲終也。冬獵曰狩。蓋虞人脩常職，故不書狩者。大野在魯西，故曰西狩。

元　脱脱《宋史》卷六七《五行志五》　政和五年七月，安武軍言，郡縣民范濟家牛生麒麟。

重和元年三月，陜州言牛生麒麟。

宣和二年十月，尚書省言，歙州歙縣民鮑珙家牛生麒麟。三年五月，梁縣民邢喜家牛生麒麟。

明　宋濂《元史》卷五〇《五行志一》　至元十六年四月，益都樂安縣朱五十家，牛生犢，兩頭四耳三尾，其色黄，既生既死。大德九年二月，大同平地縣迷兒的斤家，牛生麒麟而死。

至大四年，大同宣寧縣民滅的家，牛生一犢，其質有鱗無毛，其色青黄，類若麟者，以其鞹上之。

泰定三年九月，湖州長興州民王俊家，牛生一獸，鱗身牛尾，口目皆赤，墮地即大鳴，母不乳之。具圖以上，不知何獸，或曰「此瑞也，宜俾史臣紀録」。

明　郎瑛《七修類稿》卷四三《麒麟》　永樂十二年，榜葛剌國獻一麒麟。明年秋，麻林國又獻。成化七年，常德沅江縣産一麟，形略如鹿，蹄及尾皆牛，身有鱗而額有角。人以爲恠，擊死。郡守知而取腊藏之庫，今惟空皮，鱗亦落矣。嘉靖六年四月，舞陽産一麒麟，口吐火而聲如雷。惜野人不知，亦擊之死。但雙角馬蹄。後擡於省城，人人知也。是知麟亦常有，但人不識，多致死。耳聞皆牛生也。

明　屠隆《鴻苞》卷一九　按《軒轅黄帝記》：有瑞獸在囿，牝曰麒，牡曰麟。春鳴曰歸和，夏鳴曰扶幼，秋冬鳴曰養信。

明　談遷《國榷》卷一六《成祖永樂十二年》　［九月］丁丑，榜葛剌國王賽弗丁貢麒麟名馬。

戊寅，禮部請賀麒麟，上不許。

談遷曰：宋太平興國九年，嵐州獸，一角，似鹿無斑，角端有肉，性馴。右散

騎常侍徐鉉等驗以爲麟。《春秋》曰：「麕身而有角者，麟也。」《春秋感精符》曰：「麟一角者，明海内同一主也。」嘉祐三年六月丁卯，交趾貢異獸，亦稱麒麟。狀如牛，身被肉甲，鼻端有肉。食生芻果，必先杖其角如牛食。樞密使田況辨其非麟，詔止稱異獸。聞先朝所貢麟，攷之傳記不合。昂首數尺如植竿，殆遠夷飾其名。惜無以田況事覈之者。

又《成祖永樂十三年》［十一月］壬子，麻林國及諸番國進麒麟、天馬、神鹿諸物，上御奉天門受之。羣臣稽首稱頌，上曰：「此皆皇考威德，卿等輔相功，繼今益勉之。」

清 王之樞《歷代紀事年表》卷二四 ［漢］己未元狩元年。

冬十月，祠五畤，獲一角獸，以燎，始以天瑞紀元。上行幸雍，祠五畤，獲獸，一角而足有五蹄。有司言：陛下肅祇郊祀，上帝報享，錫一角獸，蓋麟云。於是以薦五畤，時加一牛以燎。有司又言：元宜以天瑞命，一元曰建，二元以長星曰光，今元以郊得一角獸曰狩云。

清 毛奇齡《西河詩話》 康熙廿八年正月九日。

皇上南巡觀河，將至浙，忽於十六日浙江小亹夜分有神魚長百丈隨潮而上，兩岸溢涌，所至沙坳皆漲。漁舟驚起，屏息間，見如山者冉冉渫去。時黑霧中如曙，能辨物，既去而暝。至二十一日丑時，餘姚縣鄔山居民吴天保家黄牛産一麟，火光穴地，鳴聲如風琴。不乳，然不解何食。獻之州縣，至會稽東郭門，有羣婦狎翫之，怒視而斃。予于廿五日見之會城，自督撫諸牙以下，老少奔相觀。牛首，眉有虬紋，雙瞳露處皆碧色，脣紅，下齒正方，兩牙隱頷間。自背脊以下至膊，青鱗如鯉然。甲毛片片張翕，以漸而殺。喉下至腹薄紅色，蚍斷脛毛亦然，然不紅。鹿蹄，深碧有光，尾柢猶帶細鱗，末拖叢毛。真神物也。時督撫以斃故，匿不以聞。嗟呼！麒麟鳳凰，豈檻笯中物哉！生即爲瑞，何論存活。未見景星，嘗在天也。況所生之時，正值南巡之會。餘姚即姚水，一名舜水，相傳舜所巡地，與夏禹苗山相近，則此麟之生，其爲四靈之應審矣。予爲《迎鑾曲》十章，其八章曰：神魚泳中江，麒麟産旁郡。九章曰：況兹姚氏鄉，舜禹所巡地。此是實事。又予父墓在鳳凰山南。先數月，有甘露降草木，皆通明如散花然。每草頭葉底，皆有露寸許下垂，日出而斂。此皆聖人御世之瑞。憶予于壬戌春宿館中，夢登一閣，有同館官曰：「黄河清，聖人生。」予應之曰：「聖人既生，海波復清。」逮明而臺灣之捷至，然則上天之瑞應，豈偶然耶！

清 張廷玉《明史》卷三二六《外國傳·阿丹傳》 阿丹，永樂十九年，中官周姓者往，市得貓睛，重二錢許，珊瑚樹高二尺者數枝，又大珠、金珀、諸色雅姑異寶、麒麟、獅子、花貓、鹿、金錢豹、駝雞、白鳩以歸，他國所不及也。【略】麒麟前足高九尺，後六尺，頸長丈六尺有二，短角，牛尾，鹿身，食粟豆餅餌。獅子形似虎，黑黄色無斑，首大、口廣、尾尖，聲吼若雷，百獸見之皆伏地。

清 姚之駰《元明事類鈔》卷三八《走獸門·麒麟》 以鞹上。《元·五行志》：至大年，大同民家牛生一犢，其質有鱗無毛，其色青黄若麟者。以其鞹上之。【略】

望如植竿。《九朝埜記》：正統中朝每宴享，廷中陳五獸，首麒麟，身似鹿，灰色，微有文。頸特長，殆將二丈，望之如植竿。其首亦大概如羊，頗醜，非如古所傳者。【略】

如壁畫。《異林》：宏治中，灤陽民家牛産一麟。初不爲異，偶過廨宇，見壁上畫麟，始大驚悟。俗謂麟能茹鐵糞金，遂以鐵灌之而斃。後獻其皮於鎮府。【略】

豐骨靈毳。夏原吉《麒麟賦》：永樂十有二年，榜葛刺國來朝獻麒麟。今來，麻林國復以麒麟來獻。其形色與古傳記所載無異。謹拜手而爲賦：豐骨神異，靈毳瑩潔。霞明龍首，雲擁鳳翼。星眸眩兮焜燿，龜文燦兮煜熠。【略】

無麟何害。《明史藁》：永樂時，外國進麒麟。吕震請賀，帝曰：「天下治安，無麒麟何害。」【略】

夜火光。《空同子》：嘉靖初，舞陽之野，麟生於牛。其夜火光，又其聲雷，又見其角而鱗，以爲妖，擊之。【略】

牛産。《天啓注畧》：山東巡撫奏，青州民家耕牛産麒麟。【略】

南海獻。《明紀事本末》：宣德八年，南海諸國獻麒麟四，楊士奇等進頌。【略】

鱗有五彩。《筠廊偶筆》：正德時，河南産麒麟，貯鄴郡庫中。萊陽某爲郡守，割其臂藏於家，余宗琬親見之。方鱗黄色，潤如蠟珀。鱗四周五彩環繞，如月華狀。

清 姚之駰《後漢書補逸》卷八《東觀漢記第八·麟見》 章帝時，麟五十一

見。又安帝三年，潁川上言麟見。

清 雍正《山西通志》卷一六二《祥異》 堯在位七年，麒麟遊於藪澤。《唐傳》

清 傅恒《歷代通鑑輯覽》卷八《周敬王》 庚申三十有九年春，魯狩獲麟。麟注見前。

魯狩于大野，《元和志》：大野澤，一名鉅野，今山東兖州府嘉祥縣有獲麟堆。嘉祥本鉅野分置。叔孫氏之車子鉏商車子，微者。鉏商，名。獲麟，折其前左足。以爲不祥，棄之郭外。孔子觀之，曰：「麟也，胡爲來哉！」反袂拭面，涕泗沾襟，曰：「吾道窮矣。」叔孫聞而取之。端木賜問曰：「夫子何泣？」孔子曰：「麟之至，爲明王也。出非其時而見害，吾是以傷焉。」是年，孔子成《春秋》。《史記》：孔子因魯史作《春秋》，上自隱公，下至哀公，凡十二公。

清 嵇璜《續文獻通考》卷二二七《物異考・毛蟲之異・麒麟》 金熙宗皇統五年閏十月戊寅，大明府進牛生麟。【略】

元成宗大德九年二月，大同平地縣穆爾德濟家，牛生麒麟而死。【略】

武宗至大四年六月，時仁宗已即位。大同宣寧縣民瑪奇家，牛生一犢，其質有鱗無毛，其色青黃，類麟。以其韉上之。【略】

仁宗皇慶元年六月，武安樂陽村產麒麟。二年二月，樂陽村麒麟又生。始生，其母懼而不近，三步之外直視之而鳴，麟亦鳴，聲不類犢。史不載。【略】

英宗至治元年三月己丑，大同路麒麟生。【略】

泰定帝泰定三年，湖州府長興州民家，牛生一獸，麟身牛尾。互見《毛蟲之異》門。【略】

順帝至正九年三月，陳州牛生黃犢，火光滿室，麻頂，綠角間生綠毛。不乳而死。【略】

明成祖永樂十二年，榜葛剌王表獻麒麟，上命免賀。

十三年，麻林國進麒麟。

尚書呂震請表賀，上曰：「翰林往日修五經、四書、《性理大全》，朕則許之。麒麟有無，何所損益。」其已之。

臣等謹按：外國獻麒麟，互見《土貢考》。

清 乾隆《新蔡縣志》卷一八《雜述》 [嘉靖]三十一年十二月二十七日夜，儒士曹卞莊佃人余廷家產麟，頭如鹿而有一肉角，皮毛青而有鱗甲，蹄亦如鹿，尾如牛尾。產之時，火光滿室廷，以爲不祥，撻之死。時鄉士夫方修文廟，下取其皮以告堂兄參政亨，亨應聲爲韻語曰：「太平文運喜重新，誰使阿農殪瑞麟。應是旻天愛至寶，不鍾於物鍾於人。」是年秋月，生員孫似祖書房園內產芝一莖。

清 光緒《江西通志》卷九八 康熙十七年戊午，袁州產麒麟。

清 周伯義《京口三山志・北固山志》卷五《物產》 雙麟。一於萬歷癸巳十二月朔，產唐里灣朱旺一家，牛所生。通體龍文細鱗，青黑色。玉頂光潤，耳後眼畔有紋，鼻下二橫紋皆深。大口紅頷，有髯項。九孔臍、六乳一字列背腹。巨鱗橫列，長而稍方，腹白微紅。腰脊一鱗尤巨，圓暈，中橫五畫。尾梢裹一金鱗。近蹄二寸，無鱗。直紋二三，角未露。聲如洪鐘。未生時，每夜赤光上騰如火，衆疑爲怪瘞之。里人殷士望等聞而出焉，盥以水，繪圖作記。一於丁酉春，朱近族畜前牛之子所生，大如前麟。微有毛，目赤若流丹，頷紋如王字，近蹄亦細鱗整密。數日自死，郡守王應麟合埋於鐵塔之北，樹碑曰「雙麟塚」。

清 俞樾《茶香室叢鈔》卷一三《明萬歷時光山縣產麟》 明徐渭《青藤書屋集》有《麟詩》，其序云：汝甯府光州光山縣，於萬歷十三年二月二十日，據高陌里民曹國隆同地方李章等呈，稱本月十八日當四更時，本莊偶見天光如電，一時輒黑。迨至五更，忽又光如白晝。居民畢起，又黑如前。衆相驚疑，不知何謂。逡巡達曉，則有五色瑞芬，都如霞采，瀰漫亘空。不意本日未時，國隆家所畜牸牛，大叫數聲，產一麒麟。胞破液流，液乃黃色。牛時舐麟，血漉於舌。麟臥微動，則見徧體迸射，並是紅綠焰光。須臾，雲霧罩籠，風雨大作，羣樹鳴吼，塵土飛揚，雨下如墨。至十九日未時，麟絕不乳，遂不喘息。即今馬家橋至磚橋一帶黑水尚存可驗。隨該知縣牛應元、主簿王汝政、典史梁樸公，同往視，麟之徧體及頭尾四蹄並是龍鱗，鱗卻方樣，湊縫所在，並襯現紫色絨毛。所據國隆等呈，麟產於牛，非常事等。奈輒不乳，無由進呈。謹具圖畫一本，并所呈出，均乞轉達闕廷。

按：此序乃據當時公牘，自來言麟生者，未有詳于此也。然生而不育，生此何爲？

《明史・五行志》：萬歷十三年九月，光山牛產一物，火光滿地，鱗甲森然，一夕斃。即此物也。惟史言九月，此言二月，未詳孰是。此據公牘，恐史誤耳。

國朝劉廷璣《在園襍志》云：余昔守括蒼，兼守杭郡，於藩庫中見一草楦麒麟皮，係牛產于蕭山民家。首肖牛，小角嶄然，徧身鱗甲，鱗大於錢而色黑，尾似團扇，小鱗甲砌滿。

藝　文

《詩經・國風・麟之趾》　麟之趾，振振公子。于嗟麟兮！　麟之定，振振公姓。于嗟麟兮！麟之角，振振公族。于嗟麟兮！

漢　孔鮒《孔叢子》卷上《記問第五》　叔孫氏之車子鉏商樵於野，而獲獸焉。衆莫之識，以爲不祥，棄之五父之衢。冉有告夫子曰：「麕身而肉角，豈天之妖乎？」夫子曰：「今何在？吾將觀焉。」遂往。謂其御高柴曰：「若求之言，其必麟乎。」到視之，果信。言偃問曰：「飛者宗鳳，走者宗麟，爲其難致也。敢問今見，其誰應之？」子曰：「天子布德，將致太平，則麟鳳龜龍先爲之祥。今宗周將滅，天下無主，孰爲來哉！」遂泣曰：「予之于人，猶麟之于獸也。麟出而死，吾道窮矣！」乃歌曰：「唐虞世兮麟鳳遊，今非其時吾何求？麟兮麟兮我心憂。」

晉　郭璞《郭璞集・麟讚》（《漢魏六朝百三家集》卷五七引）　麟惟靈獸，與麕同體。智在隱蹤，仁表不抵。孰爲來哉，宣尼揮涕。

唐　李嶠《麟》（《名物通》卷一〇引）　漢祀應祥開，魯郊西狩廻。奇音中鐘吕，成角喻英才。畫壖臨仙閣，藏書入帝臺。若驚能吐哺，爲覩鳳凰來。

宋　司馬光《傳家集》卷一《交趾獻奇獸賦》　皇帝御天下三十有六載，化洽於人，德通於神，邇無不協，遠無不臻。粤有交趾，來獻麒麟。其爲狀也，熊頸而鳥噣，豨首而牛身。犀則無角，象而有鱗。其力甚武，其心則馴。蓋遐方異氣之産，故圖諜靡得而詢。於是降輶車之使，發旁縣之民，除塗於林嶺之隘，引舟於江淮之濱。曠時月而涉萬里，然後得入覲於中宸。與夫雕題卉服之士，南金象齒之珍，款紫闥而坌入，充彤庭而并陳。於是群公卿士、百僚庶尹，儼然垂紳薦笏，旅進而稱曰：「陛下功冠邃古，化侔儀極，恭承神祇，嚴奉宗稷，純孝烝烝，小心翼翼。出入起居，不忘於訓典；進退周旋，必資於軌則。體文王之卑服，遵大禹之菲食。宮室觀臺無彫刻之華，輿馬器用無珠玉之飾。遊必備於法駕，燕不廢於朝夕。此皆帝王所不能爲，而陛下行之，尚不忘於怵惕。是以方内乂寧，黎民滋殖。垂髫之童，耳皆習於詩禮，戴白之叟，目不睹夫金革。至於根着浮流，跂行喙息，無不翔舞太和，涵濡茂澤。此殊俗所以嚮臻，靈獸所以來格。雖漢室之初，黑鷴貢於絶徼；周家之隆，白雉通於重譯，殆不足方也。臣等謂宜命協律，播之聲歌，詔太史編之簡策，以發揮不世之鴻休，張大無倫之丕績，不亦偉乎？」皇帝乃穆然深思，愀然不怡，曰：「吾聞古聖人之治天下也，正心以爲本，修身以爲基。閨門睦而四海率服，朝衆和而群生悦隨。故務其近，不務其遠；急其大，不急其微。今邦雖康，未能復漢唐之宇；俗雖阜，未能追堯舜之時。況物尚疵癘，而民猶怨咨，朕何敢以未治而忘亂，未安而忘危，享四方之獻，當三靈之釐？且是獸也，生嶺嶠之外，出沮澤之湄。得其來，吾德不爲之大；縱其去，吾德不爲之虧。奈何貪其琛賮之美，悦其鱗介之奇，容其欺紿之語，聽其謟諛之辭，以惑遠近之望，以爲蠻夷之嗤！不若以迎獸之勞爲迎士之用，養獸之費爲養賢之資。使功烈烜赫，聲明葳蕤，廢耳目一日之玩，爲子孫萬世之規，豈不美歟？」於是，群臣拜手稽首，咸曰：「此盛德之事，臣等愚戇所不及。陛下誠有意於此，臣等敢不同心竭力，對揚而行之！」皇帝於是御《棫樸》之篇，觀《大畜》之繇，延黃髮之儒，顯巖穴之秀。善有可旌，無間於幽遠；言有可采，不棄於微陋。位匪德而不升，官無能而不授。使稷、契居左，皐、夔立右，伊、吕在前，周、召待後。相與講經藝之淵源，覽皇王之步驟，求大化之所未孚，訪惠澤之所未究。興民之利，若療夫飢渴；除民之害，若憂夫疾疢。賜予簡而功無所遺，刑罰清而姦無所漏。浮費省而物不屈於求須，苛役蠲而農不妨於耘耨。使之夏有葛而冬有裘，居有倉而行有糗。絲纊之饒足以養其老，甘脆之餘足以慈其幼。地不加廣而百姓足，賦不加多而縣官富。道塗之人，恥争而喜讓；閭閻之俗，棄澆而歸厚。户知禮義之方，人享期頤之壽。然後旃裘之長頓顙而讋服，祝髮之渠回面而奔走。靡不投利兵而襲冠帶，焚僭服而請印綬。於是三光澄清，萬靈敷佑，風雨時若，百穀豐茂，休氣充塞，殊祥輻輳。甘露霡霂於林薄，醴泉觱沸於嵌竇，華英羅植於堦戺，朱草叢生於庭霤。鳳凰、長離駢枝而結巢，黃龍、騶虞群友而爲畜。由是觀之，則彼裔夷之凡禽，瘴海之怪獸，皮不足以備車甲，肉不足以登俎豆。夫又何足以耗水衡之芻，而污百里之囿者哉！

宋　黃庭堅《山谷集》卷一四《麟趾贊》　麟有趾而不踶，仁哉，麟哉！有定而不抵，仁哉，麟哉！有角而不觸，仁哉，麟哉！今之人一朝之忿以觸人，滅身辱親。嗚呼！人中有獸，獸中有人。

元　楊維楨《麗則遺音》卷四《狩麟》　獲麟之説，諸家不同。或謂秦西興之瑞，或謂漢受命之符，或謂夫子將殁之徵，或謂夫子經成之祥。修母致子之説，蓋陋矣。近代傳經者，遂比於韶成之鳳。夫以麟爲應經而出，是麟之靈也。出

而見獲，靈何在焉？故《公羊》以爲異，而杜氏謂《春秋》感麟而作，經因以爲終，其理爲長。吾夫子固嘗歎「鳳鳥不至」，蓋歎道之窮而帝王之瑞不出也。大野之麟，胡爲乎來哉？因獵而獲，則是麟混於羣獸而爲虞人之所擒耳。獲之云者，悼之之辭也。悼之者，悼其出非時，而爲虞人之所擒也。故聖人感之，作《春秋》，絶筆於獲麟之句。所感而作，因以爲終。故獲麟後二歲而孔子卒矣。何瑞之足云乎？王通氏謂以天道終者，即此意也。故今亦不能外是説而爲賦：

昔素王之作經也，其感乎麟之瑞乎？且天之未喪斯文兮，鳳鳥已不至也。天之將喪斯文兮，麟又胡爲而出也？于嗟麟兮，祥乎異也。吾聞玄枵之精，首四之靈，抱至仁之性，拔不類之形。心兮好生，趾兮不踶，角兮不觸，頷兮不抵。音純美兮協律吕，步周旋兮中規矩。出惟應期兮居必擇所，不犯擭穽兮不罹網罟。稽之在古，或遊於苑，或争於囿，或出於郊，或在於藪。匪家所蓄，不世而有。仁主在位，靈獸來擾。繄王風之下降，彼潛形其已久。嗟嗟玄聖，衰姬紱麟。負一角而困世，蹇蹩躠於風塵。削迹于衛兮，伐木于宋。接淅於齊兮，絶糧於陳。雒龜不出兮，儀鳥不至。周公無夢兮，亞聖隕身。驗天道兮如彼，察人事兮如此。道不行兮吾其已矣。仁哉麟哉，胡爲來哉。生不逢聖虚其應，出非其時失其歸。西狩之獲世所疑，反袂拭面涕沾衣，《春秋》制作亶在兹。彼以爲底文成之祥兮，何見踣於鉏商也。以爲悼將歿之徵兮，豈樂天之稱聖也。聖達乎其位兮，麟實瑞乎后皇。聖出非其時兮，麟遂異乎素王。彼大野之所獲兮，又何異夫犬羊。誶曰：時之治，麟爲瑞，吁嗟麟兮。時之否，麟爲異，吁嗟麟兮。爲《春秋》之所起，爲《春秋》之所止，吁嗟麟兮。

明　夏原吉《忠靖集》卷一《賦·麒麟并序》　永樂十二年秋，榜葛剌國來朝，獻麒麟。今年秋，麻林國復以麒麟來獻。其形色與古之傳記所載及前所獻者無異。臣聞麒麟瑞物也，中國有聖人則至。昔軒轅時來游于囿，成康之世見于郊藪，是後未之聞也。今兩歲之間而兹瑞載至，則聖德之隆，天眷之至，實前古所未有也。宜播之聲詩，以傳示無極。臣忝職地官，屢覩盛美，不揆蕪陋，謹拜手稽首而獻賦曰：

惟我皇之明聖兮，膺天命而御極，環六合以爲家，統四裔而混一。化洽殊方，仁覆萬物。和氣所鍾，禎祥叠出，而仁瑞之獸，所以復獻于今日也。爾其滄海之濱，瑞氣勃鬱，玄枵降精，二儀合德，熒光燭天，輝耀赫奕。山嶽爲之炫映，江海爲之滋液，百獸爲之奔衛，萬靈爲之拱翼，而麒麟于是生焉。豐骨神異，靈毳瑩潔。霞明龍首，雲擁鳳臆。星眸眩兮焜耀，龜文燦兮煜曄。牛尾拂兮生風，麕身動兮散雪。蹴馬蹄兮香塵接腕，聳肉角兮玉山貫額。步無躑躅，必中規而蹈矩；聲無哮闞，自協商而應律。固不犯乎陷阱，亦豈傷乎生物。是以不奮而威，不猛而烈。虎豹見之遁藏，犀兕遇之辟易。封豨巨狿，雖悍戾而誰羨；麡麚豻貉，顧旁午其何益。彼漢廷之角端，徒自誇其美；而渥洼之神駿，馬能與之匹。兹實聖世之奇瑞，匪有資于人力。此所以海隅島夷，不敢自逸；乃梯山而航海，于以獻于中國。于是離遐陬道滄溟，越重譯望帝京。侑之以方物，達之以至誠。匪惟効職于王會，蓋將昭德于聖明。于是時也，天門洞開，衮龍在御；瑞物既呈，祥烟斯布。散精彩于彤墀，濯儀文于甘露。或昂首而欲鳴，或跪起而欲舞。重瞳載顧，百辟歡欣。曰惟此獸，希有之珍。昔在軒轅，曾一來馴。曁周成康，郊藪是臻。歷千載而及兹，乃有感于皇仁，越期歲而再至，實前古所未聞。是宜播之聲詩，勒之金石，著盛治之無窮，延休徵于莫極。顧微臣之謭謭，覩盛美而愉懌。爰稽首而獻賦，頌聖德于萬一。

明　劉定之《麒麟賦》（《歷代賦彙》卷一三四引）　聖天子膺洪圖，守神器，繼累聖而大業光，奉兩宮而達孝備。夫然故道不愛於天，寶不愛於地，但見炎荒雪嶠，效奇踵來；日本月氏，貢琛尾至，而猶未足，表太和符至治也。爰有奇祥，實乃四靈之首，間生曠代，在夫英里之陲。馬足象乾而動直，牛尾法坤以静垂。文周于身，不耀而其章自炳；肉生於角，不觸而厥性孔慈。音含舜韶之律吕，步中禹度之矩規。爾乃隨逐使旌，經年始至於赤縣；祗陳貢櫝，涓日用進於彤墀。軒昂馴習，回轉委蛇。聞都俞而欲效率舞之態，仰睟表而宛生瞻依之思。仁振振兮允合王化，靈昭昭也式際昌期。於是羣臣欣躍，稽首陳辭，以爲吾皇道符軒后，故昔在郊而今復見於域中；績邁成康，故彼遊藪而此則達於闕下。況魯甸之覆，何足並驅；而漢畤之逢，豈堪方駕。於以見百王之盛莫比，萬世之祚無疆。請告郊社，彰鉅美書墳典，垂休光聖天子。穆然深思，謂禎祥之至，必本乎至誠；休徵之臻，在建乎皇極。願因天眷，謹天德而勿務乎文，以或怠其實。然後羣臣恐懼，踧踖共承明詔，各虔厥職，復相與歎曰：麟之出也，猶前古而曾聞；吾皇之德也，誠自古而罕及。

清　史夢蘭《爾爾書屋詩草》卷六《七言絶·麒麟冢》　麕身牛尾付傳聞，荒冢空留野水濱。屈指春秋西狩後，世人幾見活麒麟。

圖表

明　王圻《三才圖會・鳥獸三・麒麟》

《大戴禮》：毛蟲三百六十，而麒麟爲之長。《説文》：牝曰麒，牡曰麟。牡鳴曰遊聖，牝鳴曰歸和。春鳴曰扶幼，秋鳴曰養綏。《春秋感精符》：王者不刳胎，不破卵，則麒麟出于郊。孫卿子曰：王者好生惡殺，則麟遊于野。或云：麟有角，麒似麟而無角。宋均曰：麒麟色青黄。《説苑》云：麒麟，麕身，牛尾，馬足，圓蹄，一角，角上有肉。

清　徐鼎《毛詩名物圖説》卷二《麟》

《大戴禮》：毛蟲三百六十，而麟爲之長。郭璞云：角頭有肉。《公羊傳》曰：有麕而角。許慎曰：麒，仁獸也。麐，牝麒也。陸璣《詩疏》：麕身，牛尾，馬足，圓蹄，一角。音中鐘吕，行中規矩。遊必擇地，翔而後處。不履生蟲，不踐生草。不羣居，不旅行。不入陷穽，不罹羅網。王者至仁則出。范處義《補傳》：麟有趾而不踶，如公子之不妄動；有定而不抵，如公姓之不忤物；有角而不觸，如公族之不好競。愚按：麟、鳳、龜、龍謂之四靈。舊説麟肉角、鳳肉咮，皆示有武而不用。蓋麟性仁厚，趾不踐物，定不抵物，角不觸物，皆言仁厚也。故《詩》以況之。

鳳

題解

《鶡冠子·度萬》 鳳凰者，鶉火之禽，陽之精也。雄曰鳳，凰者，其雌也。

《爾雅·釋鳥》 鶠，鳳。其雌皇。注：瑞應鳥，雞頭，蛇頸，燕頷，龜背，魚尾，五彩色，高六尺許。音義：鶠音偃。鳳，郭云：瑞應鳥也，雞頭，蛇頸，燕頷，龜背，魚尾，五彩色，高六尺許。《說文》云：神鳥也。天老曰：鳳像，麟前鹿後，蛇頸魚尾，龍文龜背，燕頷雞喙，五色備舉。出於東方君子之國，翺翔四海之外，過崑崙，飲砥柱，濯羽弱水，暮宿風穴。見則天下大安寧。《毛詩草木疏》云：雄曰鳳，雌曰皇，一名鶠，其雛名鸑鷟。或曰：鳳一名鸑鷟，其形鴻前鹿後，蛇頸魚尾，龍文龜身，燕頷雞喙，首戴德，頸揭義，背負仁，翼挾信，心抱忠，足履正，尾繫武。非梧桐不棲，非竹實不食。朝鳴曰發明，晝鳴曰上翔，夕鳴曰滿昌，昏鳴曰固常，夜鳴曰保長。得其屢象之，一則過之，二則翔之，三則集之，四則春秋居之，五則爲身居之。疏：《山海經》曰：丹穴之山有鳥焉，其狀如鶴，五彩而文，名曰鳳。首文曰德，翼文曰順，背文曰義，膺文曰仁，腹文曰信。是鳥也，飲食自歌自舞，見則天下大安寧。京房《易傳》曰：鳳皇高丈二，漢時鳳皇數至。《漢書》云高五六尺，是說鳳皇之狀也。

漢 許慎《說文》卷四上 鳥 鳥，長尾禽總名也，象形，鳥之足似匕，从匕。凡鳥之屬，皆从鳥。都了切。

凰 鳳，神鳥也。天老曰：鳳之象也，鴻前麐後，蛇頸魚尾，鸛顙鴛思，龍文虎背，燕頷雞喙，五色備舉。出於東方君子之國，翺翔四海之外，過崐崘，飲砥柱，濯羽弱水，莫宿風穴。見則天下大安寧。从鳥凡聲。馮貢切。𠃨，古文鳳，象形。鳳飛，羣鳥从以萬數，故以爲朋黨字。鵬，亦古文鳳。

鸞 鸞，亦神靈之精也。赤色，五采，雞形。鳴中五音，頌聲作則至。从鳥䜌聲。周成王時氏羌獻鸞鳥。洛官切。

鸑 鸑，鸑鷟，鳳屬，神鳥也。从鳥獄聲。春秋《國語》曰：周之興也，鸑鷟鳴於岐山。江中有鸑鷟，似鳧而大，赤目。五角切。

鷟 鷟，鸑鷟也。从鳥族聲。士角切。

鷫 鷫，鷫鷞也。五方神鳥也。東方發明，南方焦明，西方鷫鷞，北方幽昌，中央鳳皇。从鳥肅聲。息逐切。鷞，司馬相如說，从叜聲。

三國吴 陸璣《毛詩草木鳥獸蟲魚疏》卷下 「鳳皇於飛」。鳳雄曰鳳，雌曰皇，其雛爲鸑鷟。或曰：鳳皇一名鶠，非梧桐不棲，非竹實不食。

北魏 張揖《廣雅》卷一〇《釋鳥》 鳳皇，雞頭，燕頷，虵頸，鴻身，魚尾，骿翼，五色。以文曰德，翼文曰順，背文曰義，腹文曰信，膺文曰仁。雄鳴曰即即，雌鳴曰足足，昏鳴曰固常，晨鳴曰發明，晝鳴曰保長，舉鳴曰上翔，集鳴曰歸昌。翳鳥、鸞鳥、鷫鷞、鸑鷟、鵠古活筩動、鵷鶵、廣昌、鶴明，鳳皇屬也。

宋 戴侗《六書故》卷一九 鳳 鳳，鳳皇也。《書》云：簫韶九成，凰皇來儀。《詩》云：鳳皇鳴矣，于彼高岡。《語》曰：鳳鳥不至，河不出圖，吾已矣。夫盖以爲治世之祥也。《爾雅》：鶠鳳，其雌皇。天老曰：麟前鹿後，蛇頭魚尾，龍文龜背，燕頷雞喙，五色備舉。出於東方君子之國，見則天下大寧，飛則羣鳥从之以萬數。《說文》曰：𠃨，古文鳳，象形。鳳飛則羣鳥从以萬數，故以爲朋黨。字鵬，亦古文。按：朋，乃鵬也。皇，又作凰。

鸞 鸞，《說文》曰：雞形，赤色，五采。《山海經》曰：鸞，似翟而五采。古者車有鸞、和，皆鈴類也。《詩》云：輶車鸞鑣。曰：八鸞鏘鏘。四馬，故八鸞。毛氏曰：鸞在鑣，和在式。杜元凱曰：鸞在鑣而和在衡。旂之上亦有鸞，則爲鸞旂。刀之上有鈴者，爲鸞刀。別作鑾。

鸑鷟 鸑鷟，《周語》曰：周之興也，鸑鷟鳴於岐山。《說文》曰：鳳屬，神鳥也。江中有鸑鷟，似鳧而大，赤目。或曰：鳳之別名也。按：鸞、鳳、鸑鷟，皆爲鳥之祥，既不常有，其物色蓋不可詳。

鵷 鵷，莊周曰：南方有鳥，其名鵷鶵。《史記》：相如賦：鵷鶵孔鸞。《漢書》單作宛鶵。郭璞曰：鳳屬。張揖曰：似鳳。

明 李時珍《本草綱目》卷四九《禽部·鳳凰》 釋名：瑞鶠。時珍曰：《禽經》云：雄鳳雌凰，亦曰瑞鶠。鶠者，百鳥偃伏也。羽蟲三百六十，鳳爲之長，故從鳥，從凡。凡，總也，古作「朋」字，象形。凰者，美也，大也。

論說

《論語·子罕》 子曰：「鳳鳥不至，河不出圖，吾已矣夫！」

《吕氏春秋·開春》 開春始雷，則蟄蟲動矣。動，蘇也。時雨降，則草木育

矣。育，長也。飲食居處適，則九竅、百節、千脈皆通利矣。通利，不壅閉，無疾病矣。王者厚其德，積衆善，而鳳皇、聖人皆來至矣。雄曰鳳，雌曰皇。三代來至門庭，周室至於山澤。《詩》云「鳳皇鳴矣，于彼高岡」，此之謂也。聖人皆來至，謂堯得夔龍稷契，舜得益，湯得伊尹，武丁得傅説之屬是也。

漢 班固《漢書》卷五一《路温舒傳》 宣帝初即位，温舒上書，言宜尚德緩刑。其辭曰：【略】臣聞烏鳶之卵不毁，而後鳳凰集；誹謗之罪不誅，而後良言進。

晉 葛洪《抱朴子・外篇》卷三八《博喻》 鸞棲之峻木，不秀培塿之卑。

北齊 魏收《魏書》卷二一下《彭城王元勰傳》 高祖與侍臣昇金墉城，顧見堂後梧桐、竹曰：「鳳皇非梧桐不棲，非竹實不食，今梧桐、竹並茂，詎能降鳳乎？」勰對曰：「鳳皇應德而來，豈竹、梧桐能降？」高祖曰：「何以言之？」勰曰：「昔在虞舜，鳳皇來儀；周之興也，鸑鷟鳴於岐山。未聞降桐食竹。」高祖笑曰：「朕亦未望降之也。」

唐 李翱《李文公集》卷五《知鳳》 有小鳥止於人之家，其色青。鳩鵲烏之屬，咸來哺之。未久，野之鳥羽而蜚者，皆以物至。如將哺之，其蟲積焉。羣鳥之鳴，聲雜相亂。是鳥也，一其鳴而萬物之聲皆息。人皆以爲妖也，吾詎知其非鳳之類邪？古之説鳳者有狀，或曰如鶴，或曰如山鷄，皆與此不相似，吾安得知其鳳之類邪？鳳，禽鳥之絶類者也，猶聖人之在人也。吾聞知賢聖人者，觀其道，由黄帝、堯、舜、禹、湯、文王，至于孔子、顔回，不聞記其形容有相同者，是未可知也。如其同也，孔子與顔回並立于時，魯國人曷不曰孔之回而顔之丘乎？是可知也。陽虎之狀類孔子，聖人是以畏於匡，不書七十子之服于陽虎也。有人焉，其容貌雖如驩兜、惡來，顔回、子路七十二子苟從而師之者，斯爲聖人矣。故曰：知賢聖人者觀其道。似鳳而不見其靈者，山鷄也，則可似其形而鳳之云邪？天下之鳥雖鳳焉，鷹、鸇、鶚、鴻其肯鳳之邪？是鳥也，其形如斯，羣鳥皆敬而畏之，非鳳類而何？鳥至於宋州之野，當貞元十四年。

唐 羅隱《讒書》卷二《疑鳳臺》 秦穆公女以吹簫降簫史於臺上，後乘鳳皇而去，名其地曰鳳臺。吁，神仙不可以伎致，鳳鳥不可以意求。伎可致也，則黄帝不當有崆峒之學。意可求也，則仲尼不當有不至之歎。吾知其得志於逋逸間，而秦諱之不書，遂强鳳以神，强臺以名，然後絶其顧念之心。今江漢間，復有史之蹟，是愚婦惡夫淫其所以得矣。嗚呼！上行而下效，信而有證。故秦之道，竟施於妄矣。

宋 歐陽修《詩本義》卷一一 《詩》曰「鳳凰于飛，翽翽其羽，亦集爰止」者，謂吉士來居王朝，如鳳凰來集。鳳凰，世所稀見之鳥。故詩人引以喻賢臣難得，王能致之，其義止於如此爾。而鄭以「亦集爰止」爲衆鳥也。謂衆鳥慕鳳凰而來，喻賢者所在，羣士慕而往仕。且詩人但言「亦集爰止」，安知亦爲衆鳥。如下章「亦傅于天」，豈可鳳自來集而衆鳥上傅于天？此理不通，灼然可見。且詩人言亦者多矣，皆是連上爲文，未嘗以亦别爲他物也。鄭又言，因時鳳凰至，故以爲喻。考於《詩》、《書》，成王時未嘗有鳳至，此其失者二也。《詩》曰「鳳凰鳴矣，于彼高岡。梧桐生矣，于彼朝陽。菶菶萋萋，雝雝喈喈」者，言鳳鳴高岡，而集於梧桐之上。梧桐則菶菶萋萋然茂盛，鳳凰則雝雝喈喈而和鳴，以喻成王能致賢士集於朝，君臣相得而樂也。故其下文遂言君子車多而馬閑，謂其得優游之樂也。而毛謂梧桐太平而後生朝陽，且梧桐世所常有之木，無時不生。詩人言生朝陽者，取其向陽而茂盛爾，安有太平然後生朝陽之理？此妄説也。鄭又謂梧桐生猶明君出，生於朝陽猶君德之温仁者，亦衍説也。此其失者三也。

宋 蘇轍《詩集傳》卷一六 「鳳凰于飛，翽翽其羽，亦傅于天。藹藹王多吉人，維君子命，媚于庶人。鳳凰鳴矣，于彼高岡。梧桐生矣，于彼朝陽。菶菶萋萋，雝雝喈喈。君子之車，既庶且多。君子之馬，既閑且馳。矢詩不多，維以遂歌。」

山東曰：朝陽，鳳之性，非梧桐不棲，非竹實不食。故鳳凰鳴于高岡，將欲得而畜之，則植梧桐於朝陽以待之，使梧桐之盛，至於菶菶萋萋也，則鳳凰鳴於其上，雝雝喈喈矣。維君子亦然，其德有以絶於衆人，而衆人待之，則將不至。故其所以載之者，車必庶而多，馬必閑而馳，以此待之，庶曰苟至焉。成王之朝，蓋有是人而王不知歟。故召公爲此詩，其所陳者不多也，維告以遂用之而已。

宋 蔡卞《毛詩名物解》卷六《鳳凰》 瑞應者也，盛德之所感，天命之所受，則應時而至矣。少昊氏以鳥名官，而鳳凰爲歷正，分至啓閉之官，皆有屬焉，故《詩》以喻大臣。「鳳凰鳴矣，于彼高岡」者，朝廷也。鳴者，辟令也。蓋國有六職，有坐者而論道者焉。

宋 林之奇《尚書全解》卷六 謂之簫韶者，孔氏曰：「言簫以見細器之備。」其説不然。而説者又謂：「簫者，不齊之管，其聲清而細，以象鳳凰之聲。故奏之而鳳凰來儀。」其説亦不然。【略】鳳皇來儀者，鳳皇，羽族之最靈者。其爲物

也，治則見，亂則隱，不可求而得，不可豢而養。今也，感樂聲而至，舞於庭而有容儀也。自古太平之世，鳳皇出而爲瑞氣。後世或見於衰亂之朝者，此蓋索而後獲，非其自至，不足爲瑞也。歐陽曰：鳳皇，鳥之遠人者也。當舜之治天下，政成而民悦，命夔作樂之聲和，鳥獸聞之皆鼓舞。當是時也，鳳皇適至，舜之史因並記其實以爲美，故世因以鳳皇爲有道之應。其後鳳皇數至，或出於庸君視政之時，或出於危亡大亂之際，是果爲瑞哉？此説未爲允當。周公曰：「我則鳴鳥不聞。」孔子曰：「鳳鳥不至，河不出圖，吾已矣夫！」觀周、孔之言云爾，以謂鳳皇爲非有道之應，可乎？若以鳳皇爲偶見於昏亂之時，則并與帝王之瑞爲不足信矣。歐陽之説不可從。自祖考來格至於鳳皇來儀，是皆韶樂之所感召也。

宋　葉適《習學記言》卷七　《舜典》言：擊石拊石，百獸率舞。簫韶九成，鳳皇來儀。《大司樂》言：八變而天神降，六變而地示出。古人皆指其實，不想象而云也。人鬼不言出，鬼固依於人也。古人不以致神示爲難，而以天地神明得其所安爲難。後世反之。

元　馬端臨《文獻通考》卷三一三《物異考·鳳凰》　虞舜簫韶九成，鳳凰來儀。韶，舜樂名。言簫，見細樂之備。雄曰鳳，雌曰凰，靈鳥也。儀，有容儀。備樂九奏而致鳳凰，則餘鳥獸不待九而率舞。【略】

東坡蘇氏曰：「《黄霸傳》言，時鳳凰神爵數集郡國，潁川尤多，天子以霸治行長者，下詔稱揚。此可疑也。霸以鶡爲神爵，不知潁川之鳳以何物爲之邪？」致堂胡氏曰：「孝宣之世，誠安且治矣。然方之堯、舜、成、康，可封刑措之俗，無乃尚遠有不及乎，鳳凰何爲而屢至哉？自本始逮黄龍二十五年間，天變則日食、星孛、大雨雹，地變則四十九郡同日震，山崩，壞宗廟，殺人民。以人事論之，趙、蓋、楊、韓四良臣無罪而死，元康二年中，子弟殺父兄、妻殺夫者，二百四十二人。魏相以爲大故者。不論他年。然則世雖安治，亦多舛逆，不得稱太平決矣。鳳凰，表太平之瑞也，何爲而至哉？宣帝繼武帝之後，撫養百姓，不興兵革，親致康阜，其心自喜，必有窺見微意者，故争言祥瑞以侈耀之。雖然，所謂鳳者，非也？何以明之？黄霸以鶡爲神爵，而神爵年號非有他異焉，乃爲鳳凰而名之。然則其時公以鶡爲神爵，神爵爲鳳凰，則鳳凰羣集，非鶡而何？雖名治安而未及古，正使有鳳尚不足貴，況非鳳邪？此可破千載之疑而發一笑，爲後世自欺之戒也。或曰，漢權歸外家，自王鳳始，殆天以告爾，然則尤當警懼者也。」

明　季本《詩説解頤正釋》卷二四　「鳳凰鳴矣，于彼高岡。梧桐生矣，于彼朝陽。菶菶萋萋，雝雝喈喈。比也。」

高岡，岡之高者也。鳳凰鳴于其上，則聲聞于遠矣。賢者之媚天子，媚庶人，有益於人國者似之。朝陽之地，萬物萌生，梧桐生於其地，則其葉可以藏鳳凰矣。人君爲崇奉人才之地者似之。菶菶萋萋，梧桐生之盛也。雝雝喈喈，鳳凰鳴之和也。梧桐生之盛而後鳳凰鳴之和，則欲鳳凰之和鳴者，先當使梧桐之盛也。【略】

「鳳凰于飛，翽翽其羽，亦集爰止。興也。藹藹王多吉士，維君子使媚于天子。興意。」

鳳凰，靈鳥也。雄曰鳳，雌曰凰。以鳳凰爲言，惟以興天下賢才，非因時鳳凰至而以爲喻也。翽翽，羽聲之小也，以況小心翼翼之意。爰止，言其未用也。藹藹，衆多也。使，用也，言用則能愛君矣。

明　高拱《本語》卷一　問：「伊川云：《禮》云：後世雖有作者，虞帝弗可及已。如鳳凰來儀，百獸率舞之事，三代以後無此也。是否？」曰：「不可及者，謂其德之盛，治之極而不可及，非謂鳳儀獸舞也。上古聖人之世，無鳳儀獸舞者多，豈皆可少之耶？蓋舜時鳳鳥至，史官遂以形容作樂之美。豈正作簫韶之時，鳳凰忽然而至歟？抑他時歟？至於百獸率舞，尤是形容。夫宗廟朝廷，何有百獸？豈作樂之時，百獸皆來聚作樂之所，相率而舞歟？抑各在野而舞歟？學者不以詞害義可也。而遂以此律，後世必得鳳儀獸舞而後爲盛，則聖人之治必不可爲矣。」

明　劉仲達《劉氏鴻書》卷八七　李畋《該聞集》云：「舊稱竹實爲鸞鳳所食。近見花開如棗，結實如麥，江淮號爲竹米，以爲荒年之兆，其竹即死。」陸龜蒙詩：「青蕧未成孤鳳餓，唐詩老屋茅生菌。」饑年竹有花，信非鸞鳳之食也。有餘干人來言，彼有竹實大如雞子，竹葉層層包裹。味甘勝蜜，食之令人心肺清涼。生深林茂密處，頃因得之。雖日久枯乾而味常存，乃知鸞鳳所食必非常物。《丹鉛總録》

清　陸隴其《三魚堂四書大全·論語大全》卷九《子罕》　子曰：「鳳鳥不至，河不出圖，吾已矣夫！」鳳，靈鳥，舜時來儀，文王時鳴於岐山。河圖，河中龍馬負圖，伏羲時出。皆聖王之瑞也。已，止也。張子曰：鳳至圖出，文明之祥。伏羲、舜、文之瑞不至，則夫子之文章知其已矣。南軒張氏曰：「鳳至圖出，蓋治世之徵也。聖人歎明王之不興，而道之終不行也。慶源輔氏曰：「聖人之道行，則文章著見於外，禮

樂制度之類也。故鳳至圖出以兆文明之祥。鳳以其文采，圖以其卦畫。文明之祥不至，則夫子之道不行。故知其文章已矣。新安陳氏曰：「吾道文明必有其應。鳳至圖出，文明祥瑞之應也。夫子有其德無其時，鳳不至圖不出，天未欲聖道之行可知矣。夫子所以深歎也。麟出似矣而踣焉，《春秋》所以作也。斯歎也，其在獲麟之前乎。

綜 述

《禽經》子野曰：鳥之屬三百六十，鳳爲之長，故始於此。

鳳者羽族之長。

鳳雄凰雌。

鳳，鴻前，麟後，蛇首，魚尾，龍文，龜身，鷰頷，雞喙，駢翼。首載德，頂揭義，背負仁，心抱忠，翼挾信，足履正。小音鐘，大音皷。不啄生草。五采備舉。飛則羣鳥從，出則王政平，國有道。

亦曰瑞鶠。

景純注《爾雅》云：瑞應鳥也，雞頭，蛇頸，鷰頷，龜背，魚尾。五彩色，高六尺許。出爲王者之嘉瑞。《孝經援神契》曰：王者德及鳥獸，則鳳鳥翔。亦曰鸑鷟。

鳳之小者曰鸑鷟，五彩之文，三歲始備也。

羽族之君長也，鸞，瑞鳥。

鸞者，鳳鳥之亞。始生類鳳，久則五彩變易，故字從變省。《禮斗儀》曰：天下太平安寧則見。其音如鈴鑾鑾然也。周之文物大備，法車之上綴以大鈴，如鸞之聲也，後改爲鑾。

一曰雞趣。

顧野王《符瑞圖》曰：雞趣，王者有德則見。首翼赤曰丹鳳，青曰羽翔，白曰化翼，玄曰陰翥，黄曰土符。

別五彩而爲名也。

鳳翥鸞舉，百羽從之。

鸞鳳翔止，百鳥皆從也，以類化。

鳳靡鸞吪，百鳥瘞之。

鳳死曰靡，鸞死曰吪，禽鳥啄土以瘞藏之。

《左傳·莊公二十二年》是謂「鳳凰于飛，和鳴鏘鏘。」注：雄曰鳳，雌曰凰。雄雌俱飛，相和而鳴，鏘鏘然，猶敬仲夫妻，相隨適齊，有聲譽。音義：和，如字，又户卧反，注同。鏘，七羊反，本又作將將。疏：注《正義》曰：《釋鳥》云：鶠，鳳。其雌皇。郭璞云：瑞應鳥。《説文》云：鳳，神鳥也。天老曰：鳳之象也，鴻前麐後，蛇頸魚尾，鸛顙鴛思，龍文龜背，燕頷鷄喙，五色備舉。出於東方君子之國，翱翔四海之外，過崐崘，飲砥柱，濯羽弱水，莫宿丹穴。見則天下大安寧。從鳥凡聲。鳳飛則羣鳥從之以萬數，故古文鳳作「朋」字。《山海經》云：丹穴之山有鳥焉，其狀如鶴，五采而文，名曰鳳皇。首文曰德，翼文曰順，背文曰義，膺文曰仁，腹文曰信。是鳥也，飲食則自歌自舞。是説鳳皇之狀也。鳳皇雄雌俱飛，喻敬仲夫妻相隨。鏘鏘，鳴之聲，故以喻有聲譽也。

《山海經·南山經》又東五百里，曰丹穴之山，其上多金玉，丹水出焉，而南流注於渤海。有鳥焉，其狀如雞，五采而文，名曰鳳凰。首文曰德，翼文曰義，背文曰禮，膺文曰仁，腹文曰信。是鳥也，飲食自然，自歌自舞，見則天下安寧。漢時鳳鳥數出，高五六尺，五采。莊周説鳳，文字與此有異。《廣雅》云：鳳，雞頭，鷰頷，蛇頸，龜背，魚尾。雌曰凰，雄曰鳳。

《山海經·西山經》西南三百里，曰女牀之山。其陽多赤銅，其陰多涅石，即楚石也，楚人名爲涅石，秦名爲羽涅也，《本草經》亦名曰石涅也。其獸多虎、豹、犀、兕。有鳥焉，其狀如翟而五彩文，翟，似雉而大，長尾，或作鵜鶘，鵰屬也。名曰鸞鳥，見則天下安寧。舊説鸞似鷄，瑞鳥也，周成王時西戎獻之。

《楚辭·離騷》前望舒使先驅兮，後飛廉使奔屬。飛廉，風伯也。風爲號令，以喻君命。言已使清白之臣，如望舒先驅求賢，使風伯奉君命於後，以告百姓。或曰：駕乘龍雲，必假疾風之力，使奔屬於後。補曰：屬，音注，連也。《呂氏春秋》曰：「風師曰飛廉。」應邵曰：「飛廉，神禽，能致風氣。」晉灼曰：「飛廉，鹿身，頭如雀，有角，而蛇尾豹文。」《河圖》曰：「風者，天地之使，乃告號令。」鸞皇爲余先戒兮，鸞，俊鳥也。皇，鵮鳳也，以喻仁智之士。先，一作前。五臣云：「鸞皇，靈鳥。」補曰：《山海經》：「女牀山有鳥，狀如翟而五采畢備，聲似雉而尾長，名曰鸞，見則天下安寧」。《瑞應圖》曰：「鸞者，赤神之精，鳳皇之佐也。」《爾雅》曰：「鶠，鳳。其雌皇。」『皇』或作『凰』，爲去聲。雷師告余以未具。雷爲諸侯，以興於君。言己使仁智之士如鸞皇，先戒百官，將往適道，而君怠惰，告我嚴裝未具。余，一作我。補曰：《春秋合誠圖》云：「軒轅，主雷雨之神。」一曰：雷師，豐隆也。吾令鳳鳥飛騰兮，繼之以日夜。言我使鳳鳥明智之士，飛行天下，以求同志，續以日夜，異相逢遇也。《文選》云：「吾令鳳皇飛騰兮，又繼之以日夜。」補曰：《山海經》云：「丹穴之山有鳥焉，其狀如雞，五采而文，曰鳳鳥。是鳥也，飲食則自歌自舞，見則天下大康寧。」上言鸞皇。

鸞，鳳皇之佐。而皇，雌鳳也，以喻賢人之同類者，故爲命先戒百官。此云鳳鳥，以喻賢人之全德者，故令飛騰以求同志也。

漢 韓嬰《韓詩外傳》卷八 黃帝即位，施惠承天，一道修德，惟仁是行，宇内和平，未見鳳凰，惟思其象，夙寐晨興，乃召天老而問之曰：「鳳象何如？」天老對曰：「夫鳳象，鴻前麟後，蛇頸而魚尾，龍文而龜身，燕頷而雞喙。戴德負仁，抱中挾義。小音金，大音鼓。延頸奮翼，五彩備明。舉動八風，氣應時雨。食有質，飲有儀。往即文始，來即嘉成。惟鳳爲能，通天祉，應地靈，律五音，覽九德。天下有道，得鳳象之一，則鳳過之；得鳳象之二，則鳳翔之；得鳳象之三，則鳳集之；得鳳象之四，則鳳春秋下之；得鳳象之五，則鳳没身居之。」黃帝曰：「於戲，允哉！朕何敢與焉。」於是黃帝乃服黃衣，戴黃冕，致齋于宫，鳳乃蔽日而至。黃帝降于東階，西面再拜，稽首曰：「皇天降祉，不敢不承命。」鳳乃止帝東國，集帝梧桐，食帝竹實，没身不去。《詩》曰：「鳳凰于飛，翽翽其羽，亦集爰止。」

漢 劉安《淮南子》卷六《覽冥訓》 鳳凰之翔至德也，雄曰鳳，雌曰凰，爲至德之君而來翔也。雷霆不作，風雨不興，川谷不澹，澹，溢也。草木不摇，而燕雀佼之，以爲不能與之争於宇宙之間。燕雀自以爲能佼健於鳳凰也。佼，或作詨。宇，屋簷也。宙，棟梁也。《易》曰：上棟下宇。還至其曾逝萬仞之上，翱翔四海，曾，猶高也。逝，猶飛也，一曰回也。翼一上一下曰翱，不摇曰翔。過崑崙之疏圃，飲砥柱之湍瀨，疏圃，在崑崙之上。砥柱，河之隘也，在河東太陽之東，湍浮水至疾，瀨清皆激浮急流。邅回蒙汜之渚，邅回，猶倘佯也。蒙汜，日所出之地也。決復入爲渚。渚，小淵也。尚佯冀州之際，徑躡都廣，入日抑節，躡，至也。都廣，東南之山名，衆帝所自上下也。言鳳凰過廣都之野，送日入於抑節之地，言其翔之廣也。躡，或作絶。徑，過。絶，歷也。羽翼弱水，暮宿風穴。濯羽翼於弱水之上。風穴，北方寒風從地出也。當此之時，鴻鵠鶬鶴莫不憚驚伏竄，注喙江裔，注喙，喙注地不敢動也。裔，邊也。又况直燕雀之類乎。

漢 司馬遷《史記》卷一一七《司馬相如列傳》 「然後揚節而上浮，陵驚風，歷駭飇，乘虚無，與神俱，轥玄鶴，亂昆雞，遒孔鸞，促鵕鸃，拂鷖鳥，捎鳳皇，正義：京房《易傳》云：「鳳皇，鴈前麟後，雞喙燕頷，蛇頸龜背，魚尾駢翼，高丈二尺。」《東山經》云：「其狀如鶴，五采，而首文曰經，翼文曰順，背文曰義，膺文曰仁，股文曰信。是鳥自歌自舞，雄曰鳳，雌曰皇。」捷鵷雛，掩焦明。集解：焦明似鳳。索隱：張揖曰：「焦明似鳳，西方鳥。」《樂叶圖徵》曰：「焦明狀似鳳皇。」宋衷曰水鳥。

漢 佚名《春秋潛潭巴》（《古微書》卷一二引） 鳳行鳴曰歸嬉，止鳴曰提扶，夜鳴曰善哉，晨鳴曰賀世，飛鳴曰郎都。

按《宋書・瑞應志》：鳳晝鳴曰滿昌，昏鳴曰固常，夜鳴曰保長。又何法盛《徵祥記》：鳳晨鳴曰發明，晝鳴曰保長，舉鳴曰上翔，集鳴曰歸昌，昏鳴曰固常，雄鳴曰即即，雌鳴曰足足。一鳳也而鳴聲各異，豈皆從伶倫悉其音耶？抑有介葛盧者從旁而析其語耶？

漢 佚名《樂葉圖徵》（《古微書》卷二〇引） 五音克諧，各得其倫，則鳳皇至。冠類雞，燕喙，蛇頭，龍形，鱗翼，魚尾，不啄生蟲。

五鳳皆五色，爲瑞者一，爲孽者四，其四皆似鳳，並爲妖。一曰鷫鷞，鳩喙圓目，身義，戴信嬰禮，膺仁負智，至則役之感也。二曰發明，烏喙大頸，身仁，戴智嬰義，膺信負禮，至則喪之感也。三曰焦明，長喙疏翼圓尾，身義，戴信嬰仁，膺智負禮，至則水之感也。四曰幽昌，兑目小頭，大身細足，身智，戴信負禮膺仁，至則旱之感也。

按《説文》曰：五方神鳥，東方曰發明，南方曰焦明，西方曰鷫鷞，北方曰幽昌，中央曰鳳皇。

《禽經》：青鳳謂之鶡，赤鳳謂之鶉，黃鳳謂之鸞，白鳳謂之鷫，紫鳳謂之鷟。《抱朴子》曰：夫木行爲仁，爲青鳳，頭上青，故曰戴仁也；金行爲義，爲白鳳，纓白，故曰纓義也；火行爲禮，爲赤鳳，背赤，故曰負禮也；水行爲智，爲黑鳳，胸黑，故曰向智也；土行爲信，爲黃鳳，足下黃，故曰蹈信也。古者太平之世，鳳皇常居其國而乳子焉。夏后始食鳳卵，而鳳去之。

宋 陸佃《埤雅》卷八《釋鳥・鸞》 《説文》云：赤神靈之精也。赤色，五采，雞形，鳴中五音，頌聲作則至。一曰青鳳爲鸞，孔穎達曰「燕雀有啁噍之感，鸞鳳有歌舞之容」是也。鸞，雌曰和，雄曰鸞。《禮》云「在輿則聞鸞和之音」，蓋取諸此。乘車和在衡，鸞在軾，而輶車置鸞於鑣，異於乘車者，驅逆之車，則尚輕疾故也。《庭燎》之詩一章曰「鸞聲將將」，二章曰「鸞聲噦噦」。將將，大聲，聲大則近故也；噦噦，小聲，聲小則遠故也。《郊特牲》曰：「割刀之用而鸞刀之貴，貴其義也。」鸞刀，刀有鸞者也，以言割牲中節而和。蓋《易》曰：「利者義之和也。」利物足以和義。先王寓之於禮，則刀之所以有鸞也。又曰：君子黃中通理，正位居體。美在其中，而暢於四支，發於事業，美之至也。先王寓之於禮，則瓚之所以有鬯也。鸞取和，鬯取暢，在《易》則爲道，在《禮》則爲器，其義一也。舊云鸞血作膠，可以續弓弩、琴瑟之弦。或曰：鸞，鳳之亞也。鸞善歌，鳳善舞。《山海

經》曰：鸞鳥自歌，鳳鳥自舞。鸞始生類鳳，久則五采變易。當上古時，鸞輿順動，此鳥輒集車上，雄鳴於前，雌應於後。後世不能致，作和、鸞以象之，因謂之鸞仗。《葬書》曰：若龍若鸞，或騫或盤。言山形若龍之盤伏、鸞之寒騫翔也。故曰：玄武垂頭，朱雀翔舞，青龍蜿蜒，白虎蹲踞。

又《鳳》 鳳，神鳥也，俗呼鳥王，羽蟲三百六十，而鳳爲之長。鴻前麐後，蛇頸魚尾，鸛顙鴛思，龍文龜背，燕頷雞喙，五色備舉。出於東方君子之國，翱翔四海之外，過崑崙，飲砥柱，濯羽弱水，莫宿風穴。見即天下大安寧。夫文凡鳥爲鳳，鳳，総衆鳥者也。古文作[illegible]，象形。蓋四靈唯鳳能鳩其類，故以爲朋黨之字。同門曰朋，其類不一，所從者一而已。首文曰德，翼文曰禮，背文曰義，膺文曰仁，腸文曰信。王文公曰：鳳鳥有文，河圖有畫，非人爲也。舊云鳳皇其翼若干，其聲若簫。不啄生蟲，不折生草。不羣居，不旅行，不罹羅網。非梧桐不棲，非竹實不食，非醴泉不飲。《詩》曰「鳳皇鳴矣，于彼高岡。梧桐生矣，于彼朝陽」，此之謂也。一説東方曰發明，南方曰焦明，西方曰鸘鷞，北方曰幽昌，中央曰鳳皇。按師曠《禽經》曰：青鳳謂之鶡，赤鳳謂之鶉，黄鳳謂之鸞，白鳳謂之鸘，紫鳳謂之鷟。又曰：乾皐斷舌則坐歌，孔雀拍尾則立舞，人勝之也；鸞入夜而歌，鳳入朝而舞，天勝之也。《爾雅》曰：鶠，鳳。其雌皇。鳳，鳥之美者，能君其類而知時。雌則美而不大，故曰「其雌皇」。又龍乘雲，鳳乘風，故謂之鶠。鶠，偃也，亦鳥偃服焉，《傳》曰「鳳鳥乘於風」是也。《地理新書》曰：狀如猪鼠，勿取。鳳皇貴胸，魚貴尾，龜貴頭，鼈貴背，虎貴前，馬貴脊，牛貴領。

宋 江少虞《事實類苑》卷六三《鳳凰》 南思州北甘山，壁立千仞，有瀑水飛下，猿狖不能至。鳳凰巢其上，彼人呼爲鳳凰山。所食以魚蟲。遇大風雨，或飄墜其雛，小者猶如鶴，而足差短。南人截取其嘴，謂之鳳凰盃。古詩謂鳳凰生于丹穴，即南方也。蓋此禽出塵寰之外，能遠羅弋，以爲羽族之長者，以其智能遠害，逢時而出也。

宋 邵博《聞見後録》卷二九 梧桐，百鳥不敢棲止，避鳳凰也。古語云爾，驗之，果然。

宋 鄭樵《通志》卷七六《昆蟲草木略第二》 鳳凰，《爾雅》曰：鶠，鳳。其雌凰。神鳥也。其鄒曰鸑鷟。雞冠，蛇頸，魚尾，龍文，龜背，燕頷，前後五色備舉，高六尺許。京房云高丈二。出於東方君子之國。飛則羣鳥從以萬數，非梧桐不棲，非竹實不食。晨鳴曰發鳴，朝鳴曰上翔，晝鳴曰滿昌，昏鳴曰固常，夜鳴曰保長。鳳，古作朋字。

宋 林之奇《尚書全解》卷三三 鳴鳥，謂鳳也。《禮運》曰：麟、鳳、龜、龍謂之四靈。《説文》曰：鳳，神鳥也。天老曰：鳳之象也，鴻前麐後，虵頭魚尾，鸛顙鴛腮，龍文龜背，燕頷雞喙，五色備舉。出於東方君子之國，翱翔四海之外，過崑崙飲砥柱，濯羽弱水，暮宿丹穴。見則天下大寧安。揚子亦曰：君子在治若鳳，在亂若鳳。治則見，亂則隱。鳳在，治世之祥也，不聞鳳之鳴則非治世矣。孔子曰：鳳鳥不至，吾已矣。夫孔子之意，謂天下有道聖人在上，則鳳鳥至，河圖出，以表國家之禎祥，傷己不逢太平之時。

宋 羅願《爾雅翼》卷一三《鳳》 鳳，神鳥也。《韓詩外傳》曰：黄帝即位，宇內和平，惟思鳳象，召天老而問之。天老對曰：「夫鳳象，鴻前而麐後，蛇頸而魚尾，鸛顙而鴛思，龍文而龜背，燕頷而雞喙。」又説者曰：「五色具揚，出東方君子之國，翱翔四海之外，過崑崙，飲底柱，濯羽弱水，暮宿風穴。見則天下大安寧。」又有六像、九苞之説。蓋鳳生南方，去中國甚遠，而又不妄飛、鳴、飲、啄，其至蓋罕，故孔子稱之，而世好事者憙爲之傳道，務奇怪其章，紬繹其聲，列於神聖，故千世而不合焉。蓋鴻前者，軒也；麐後者，豐也；蛇頸者，宛也；魚尾者，岐也；鸛顙者，稚也；鴛思者，張也；龍文者，緻也；龜背者，隆也；燕頷者，方也；雞喙者，鈎也。六像：頭像天者，圓也；目像日者，明也；背像月者，偃也；翼像風者，舒也；足像地者，方也；尾像緯者，五色具也。九苞：口包命者，不妄鳴也；心合度者，進退精也；耳聽達者，居高明也；舌詘伸者，能變聲也；彩色光者，文采呈也；冠矩朱者，南方行也；距鋭鈎者，武可稱也；音激揚者，聲遠聞也；腹文户者，不妄納也。行鳴曰歸嬉，止鳴曰提扶，夜鳴曰善哉，晨鳴曰賀世，飛鳴曰即都。知我唯黄，持竹實來。譯者即其音，而附之聲也。黄帝使泠綸制十二筩，聽鳳鳴，則雄鳴爲六，雌鳴亦六，比黄鐘之宮，而皆可以生之，是爲律本。少皥氏以其鳴合十二律，故設鳳鳥氏之官以爲歷正。及帝舜之時，作簫以象之，故「簫韶九成，鳳皇來儀」。儀者，盖馴擾相狎，久而不去，非特爲羽儀而已。《禽經》曰：翌以鳴鳴鳳，鳳以儀儀翌。儀，匹也。如《衛詩》「實維我儀」，《周語》「丹朱馮身以儀之」是也。覆巢擿卵，則鳳皇不至。故孟舒國人首鳥身，其先世爲雩氏，訓百禽。夏后之世，始食卵，孟舒去之，鳳皇隨焉。梧桐楝實，乃所在有之。竹實，則竹之將死者，先花而爲實，如小米，顧不至爾。南恩州北甘山，壁立千仞，有瀑水飛下，猿狖不能至，鳳皇巢其上，彼人呼爲鳳皇山。所

食亦蟲魚。遇大風雨，或飄墮其雛，小者猶如鶴，而足差短。南人截取其嘴，謂之鳳皇盃。古稱鳳生丹穴，丹穴，南方也，顧出則爲異爾。蔡衡對光武：「凡鳳有五，多赤色者乃鳳，多黄色者鵷雛，多青色者鸞，多紫色者鸑鷟，多白色者鵠。」《禽經》亦曰：青鳳謂之鶡，赤鳳謂之鶉，黄鳳謂之鸞，白鳳謂之鷫，紫鳳謂之鷟。《説文》亦曰：五方神鳥，東方曰發明，南方曰焦明，西方曰鷫鷞，北方曰幽昌，中央曰鳳皇。則此五者皆鳳類，使不足道不至爲怪祥矣。而《樂協圖徵》説五鳳皆五色，爲瑞者一，爲孽者四。鷫鷞，旱疫之感；發明，喪之感；焦明，水之感；幽昌，旱之感。且其稱四鳳，身背嬰膺負，皆合五常，豈應爲孽？蓋漢儒既夸大其辭，推鳳爲希世之瑞，夸而無驗，極而必反，則又推之以爲孽。大抵日新其説，競爲可喜，以動人之耳目。故既鳳矣，而又孽之。雖孽之矣，則又不廢身文義仁智禮信之説，反覆無所據，皆不足取也。至若《漢書》云：凡五色大鳥似鳳者，多羽蟲之孽。是則異鳥之不知名者也，遽可鳳之耶？《周書·王會》：西中以鳳鳥，方煬以皇鳥。《淮南子》曰：二皇鳳至於庭，三代鳳至於澤。德彌澆所至彌遠，德彌精所至彌近。

又《鸞》 鸞，赤色，五采，雞形，鳴中五音。古者職方氏之職揚、荆二州，其畜宜鳥獸。先儒以爲孔鸞、鵁鶄、犀象之屬。然則盖常有之物，非若麟鳳爲畜，鳥獸不獝狘也。孔雀、鵁鶄，後世稔識，而鸞在緯書已爲瑞物。故《瑞應圖》稱鸞，赤神之精，鳳皇之佐。《説文》以爲頌聲作則至，引周成王時氐羌獻之以爲驗。而《山海經》亦言生於女牀，見則天下太平也。鸞入夜則歌，好自歌自舞。或曰鸞甚好其類，見則鳴舞。西域之國，嘗有得之者，金樊珍羞，三年不一鳴，乃懸鏡照之，覩影悲鳴中宵，一奮而絶，盖以爲其類而感也。昔有虞氏之輅，謂之鸞車，亦曰鸞輅。《明堂月令》：春則乘之。蔡邕稱以金爲鸞鳥，懸鈴其中，施於衡，爲遲速之節。崔豹《古今注》亦以爲五輅衡上金雀者，朱鳥也。口銜鈴，鈴謂之鑾。《禮》云：「衡前朱雀。」或謂朱雀者鸞鳥，以前有鸞鳥，故謂之鸞。鸞口有鈴，故謂之鑾。事一而義異。然則鳥之鸞主形，鈴之鑾主聲。鈴之爲鑾，亦以象鸞鳥之聲爲名耳。然杜預又以爲鍚鸞和鈴者，鍚在馬額，鸞在鑣，和在衡，鈴在旂，動皆有鳴聲，則與前説異。按：鸞、和，皆鈴也。《韓詩外傳》、《大戴禮》及鄭氏解《周官·大馭》、《禮記·玉藻》經解之篇，皆云鸞在衡，和在軾。唯毛氏《蓼蕭傳》稱，在軾曰和，在鑣曰鸞。鄭氏解烈祖復兼取之。【略】《禽經》有「鸞鳴噰噰，鳳鳴喈喈」，又以爲君子之車也。然鸞赤色，五彩，古又以應朱雀。至後漢光武時，華陰有大鳥，高五尺，雞頭燕頷，蛇頸魚尾，五色備舉而多青。詔問百僚，咸以爲鳳。唯太史令蔡衡對以爲，凡象鳳者五，多赤色者鳳，多青色者鸞。今此鳥多青，乃鸞非鳳也。與《説文》、《瑞應圖》之説異。《淮南子》曰：「羽嘉生飛龍，飛龍生鳳皇，鳳皇生鸞鳥。」

宋 周去非《嶺外代答》卷九《禽獸門·山鳳凰》 鳳凰生丹穴，丹穴，南方也。今邕州溪峒高崖之上，人跡不至之處，乃有鳳凰巢焉。五色成章，大逾孔雀，如今所畫而頭特大。百鳥遇之，必環列而立。其頂之冠常盛水，雌雄更飲，未始下人間。南人謂之山鳳凰。石湖《虞衡志》云：兩江深林有卵，雄者以木枝裸桃膠封其雌于巢，獨留一竅，雄飛來食以飼之。子成，即發封；不成，窒竅殺之。此亦暴物。

明 盧翰《掌中宇宙》卷一三《禽獸部·鳳有三文或曰有五文》 首文曰順德，背文曰信義，膺文曰仁智。或謂首文曰德，翼文曰禮，背文曰義，膺文曰仁，腹文曰信。

又《鳳有九苞》 一曰口包命，不妄鳴也。二曰心合度，進退精也。三曰耳聰達，居高明也。四曰舌拙伸，能變聲也。五曰彩色光，文采呈也。六曰冠距朱，南方行也。七曰頭鋭鉤，武可稱也。八曰音激抝，聲遠聞也。九曰腹文户，不妄納也。

又《鳳有六像》 頭像天，目像日，背像月，翼像風，足像地，尾像緯。

又《鳳有十體》 鳫前，麐後，蛇頸，魚尾，鸛顙，鴦思，龍文，亀背，燕頷，雞啄。

明 李時珍《本草綱目》卷四九《禽四·鳳凰》 集解：時珍曰：鳳，南方朱鳥也。按《韓詩外傳》云，鳳之象，鴻前麟後，燕頷鷄喙，蛇頸魚尾，鸛顙鴛顋，龍文龜背，羽備五采，高四五尺。翱翔四海，天下有道則見。其翼若竿，其聲若簫。不啄生蟲，不折生草，不羣居，不侶行。非梧桐不棲，非竹實不食，非醴泉不飲。《山海經》云：丹穴之山有鳥，狀如鷄，五采而文，飲食自然，自歌自舞，見則天下安寧。蔡衡云：象鳳有四，赤多者鳳，青多者鸞，黄多者鵷，紫多者鸑鷟，白多者鷫鸘。又羣書立名各異，文繁不録。按羅存齊《爾雅翼》云：南恩州北甘山壁立千仞，猿狖不能至。鳳凰巢其上，惟食蟲魚。遇大風雨，飄墮其雛，小者猶如鶴，而足差短。

明 張萱《彙雅後編》卷一《釋鳥上·鳳》 陸佃曰：鳳，神鳥也，俗呼鳥王，羽蟲三百六十，而鳳爲之長。鴻前麐後，蛇頸魚尾，鸛顙鴛思，龍文龜背，燕頷雞喙，五色備舉。出於東方君子之國，翱翔四海之外，過崑崙，飲砥柱，濯羽弱水，莫宿風穴。見即天下大安寧。夫文凡鳥爲鳳，鳳，總衆鳥者也。古文作朋，象

形。蓋四靈，唯鳳能鳩其類，故以爲朋黨之字。同門曰朋，其類不一，所從者一而已。首文曰德，翼文曰禮，背文曰義，膺文曰仁，腸文曰信。王文公曰：鳳鳥有文，河圖有畫，非人爲也。舊云鳳皇，其翼若干，其聲若簫。不啄生蟲，不折生草。不羣居，不旅行，不罹羅網。非梧桐不棲，非竹實不食，非醴泉不飲。《詩》曰「鳳皇鳴矣，于彼高岡。梧桐生矣，于彼朝陽」，此之謂也。一説東方曰發明，南方曰焦明，西方曰鷫鷞，北方曰幽昌，中央曰鳳皇。按師曠《禽經》曰：青鳳謂之鶡，赤鳳謂之鶉，黃鳳謂之焉，白鳳謂之鷫，紫鳳謂之鷟。又曰：乾皐斷舌則坐歌，孔雀拍尾則立舞，人勝之也。鸞入夜而歌，鳳入朝而舞，天勝之也。《爾雅》曰：鶠，鳳。其雌皇。鳳，鳥之美者，能君其類而知時。雌則美而不大，故曰「其雌皇」。又龍乘雲，鳳乘風，故謂之鶠。鶠，偃也，亦鳥偃服焉。《傳》曰「鳳鳥乘於風」是也。《地理新書》曰：狀如猪鼠，勿取。鳳皇貴胸，魚貴尾，龜貴頭，鼈貴背，虎貴前，馬貴脊，牛貴領。

羅願曰：鳳，神鳥也。《韓詩外傳》曰：黃帝即位，宇内和平，惟思鳳象，召天老而問之。天老對曰：「夫鳳象，鴻前而麐後，蛇頸而魚尾，鸛顙而鴛思，龍文而龜背，燕頷而雞喙。」又説者曰：五色具揚，出東方君子之國，翱翔四海之外，過崑崙，飲底柱，濯羽弱水，暮宿風穴。見則天下大安寧。又有六象、九苞之説。蓋鳳生南方，達中國甚遠，而又不妄飛、鳴、飲、啄，其至蓋罕，故孔子稱之，而世好事者喜爲之傳道，務奇怪其章，紬繹其聲，列於神聖，故千世而不合焉。蓋鴻前者，軒也；麐後者，豊也；蛇頸者，宛也；魚尾者，岐也；鸛顙者，椎也；鴛思者，張也；龍文者，緻也；龜背者，隆也；燕頷者，方也；雞喙者，鈎也。六象：頭象天者，圓也；目象日者，明也；背象月者，偃也；翼象風者，舒也；足象地者，方也；尾象緯者，五色具也。九苞：口包命者，不妄鳴也；心合度者，進退精也；耳聰達者，居高明也；舌詘伸者，能變聲也；彩色光者，文采呈也；冠矩朱者，南方行也；距鋭鈎者，武可稱也；音激揚者，聲遠聞也；腹文户者，不妄納也。行鳴曰歸嬉，止鳴曰提扶，夜鳴曰善哉，晨鳴曰賀世，飛鳴曰即都。知我唯黃，持竹實來。譯者即其音，而附之聲也。黃帝使泠綸制十二筩，聽鳳鳴，其雄鳴爲六，雌鳴亦六，比黃鐘之宮，而皆可以生之，是爲律本。少皡氏以其鳴合十二律，故設鳳鳥氏之官以爲歷正。及帝舜之世，作簫以象之，故「簫韶九成，鳳皇來儀」。儀者，蓋馴擾相狎，久而不去，非特爲羽儀而已。《禽經》曰：翬以鳴鳴鳳，鳳以儀儀翬。儀，匹也。如《衛詩》「實維我儀」，《周語》「丹朱馮身以儀之」是也。覆巢摘卵，則鳳皇不至。故孟舒國人首鳥身，其先世爲雩氏，訓百禽。夏后之世，始食卵，孟舒去之，鳳皇隨之。梧桐楝實，乃所在有之。竹實，則竹之將死者，先花而爲實，如小米，顧不至爾。南恩州北甘山，壁立千仞，有瀑水飛下，猿狖不能至，鳳凰巢其上，彼人呼爲鳳皇山。所食亦蟲魚。遇大風雨，或飄墮其雛，小者猶如鶴，而足差短。南人截取其嘴，謂之鳳皇盃。古稱鳳生丹穴，丹穴，南方也，顧出則爲異耳。蔡衡對光武：凡鳳有五，多赤色者乃鳳，多黃色者鵷雛，多青色者鸞，多紫色者鸑鷟，多白色者鵠。《禽經》亦曰：青鳳謂之鶡，赤色謂之鶉，黃鳳謂之鸞，白鳳謂之鷫，紫鳳謂之鷟。《説文》亦曰：五方神鳥，東方曰發明，南方曰焦明，西方曰鷫鷞，北方曰幽昌，中央曰鳳皇。則此五者皆鳳類，使不足道不至爲怪祥矣。而《樂協圖徵》説五鳳皆五色，爲瑞者一，爲孽者四。鷫鷞，早疫之感；發明，喪之感；焦明，水之感；幽昌，旱之感。且其稱四鳳，身背嬰膺負，皆合五(帝)〔常〕，豈應爲孽？蓋漢儒既夸大其辭，推鳳爲希世之瑞，夸而無驗，極而必反，則又推之以爲孽。大抵日新其説，競爲可喜，以動人之耳目。故既鳳矣，而又孽之。雖孽之矣，則又不廢身文義仁智禮信之説，反覆無所據，皆不足取也。至若《漢書》云：凡五色大鳥似鳳者，多羽蟲之孽。是則異鳥之不知名者也，遽可鳳之耶？《周書・王會》：西申以鳳鳥，方惕以皇鳥。《淮南子》曰：三皇鳳至於庭，三代鳳至於澤。德彌澆所至彌遠，德彌精所至彌近。

張萱曰：《春秋演孔圖》：鳳，火精。《鶡冠子》：鳳，火之禽，陽之精也。《抱朴子》：木行爲仁，爲青，鳳頭上青，故戴仁。金行爲義，爲白，鳳頭上白，故纓義。火行爲禮，爲赤，鳳背赤，故負禮。水行爲智，爲黑，鳳胸黑，故向智。土行爲信，爲黃，鳳足下黃，故蹈信。又云：左文曰贇，右文曰智。皇甫謐《帝皇世紀》：首文曰順帝，背文曰信義，膺文曰仁智。《漢樂志》：長鹿前揆光耀明。臣瓚曰：長鹿，靈鳥也。一作長離。張衡《思玄賦》、潘岳《贈陸機詩》、傅咸《贈何劭王濟詩》，皆以長離爲鳳，惟司馬相如獨以爲鸞。《禽經》又以鳳之在比方者名退居，在中央者名王雀。《韓詩外傳》又雄鳴曰節節，雌鳴曰足足，昏鳴曰固當，晨鳴曰保章，舉鳴曰上翔，集鳴曰歸昌。盖鳳之形與聲，皆非人所常見常聞者，故互異如此。《抱朴子》：太平之世，鳳常居其國而生乳焉。《晉陽秋》：晉穆帝升平四年，鳳皇將九雛，見鄖鄉之豊城閣，衆鳥從之。又《二石僞事》：鄴中有鳳皇，將九雛，在延明門外道南。故《焦氏易林》：鳳生九雛，長於南郭。又鳳有十子，同巢共母，非寓言也。李彤《四部書》有吊鳥山，謂九月鳳宛於其上，故歲

九月群鳥皆來集。東方朔《十洲記》：鳳洲麟洲皆在西海中，麟鳳各自爲群。上僊之家以鳳喙麟角，令煎作膠，名爲集弦膠，又名連金泥，能續刀劍弓弦之斷者。周昭王以青鳳毛爲衣，一田燠質，一曰暄肌。厲王流于彘，人得之，糴大辟者，令以青鳳毛贖辠，片毛千金。《漢武外傳》：西王母曰仙之上藥有九色鳳頸，次藥有白鳳之肉。此皆荒唐之語。苐徐知諤在潤州，好奇寶，有蜀估持鳳首至，狀如雄鷄，廣五寸，冠上正平，可以爲枕，文彩煥爛如生，或亦異鳥之首，未必鳳也。《禮運》：麟、鳳、亀、龍謂之四靈。故鳳亦名靈鳥，非聖王之世不見。《春秋運斗樞》：天樞得則鳳皇翔，樂動聲儀，鎮星不逆行，則鳳皇至。《春秋感精符》：王者上感皇天，則鳳鸞至。《禮斗威儀》：君乘土而王，政太平，鳳皇集於苑林。《孝經援神契》：德至鳥獸，鳳皇翔。《春秋繁露》：恩及羽蟲，則鳳皇翔。《禮運》：天不愛道，地不愛寶，人不愛情，則鳳皇在郊藪。故《尚書·君奭》篇曰：耇德不降，則鳴鳥不聞，矧曰其有格。鳴鳥謂鳳也。魏明帝語官寧曰：姬公之聖，而耇德不降，鳴鳥且不聞，是鳳非可倖而致也。《韓詩外傳》：福備文武，人神皆服。得鳳象之一則鳳過之，得鳳象之二則鳳翔之，得鳳象之三則鳳集之，得鳳象之四則鳳春秋下就之，得鳳象之五則鳳没身居之。余按：《春秋曆命》叙開闢以來，鳳皇之見載籍，始於《因提紀》。辰放氏及皇覃氏，皆駕六鳳皇而出治，此即時乘六龍以御天之意。龍豈可乘，鳳亦豈可駕乎？然王子喬嘗騎鶴吹笙矣。鶴既可騎，鳳或可駕。此皆神仙家言也。若黄帝之時，鳳蔽日而至，及合萬鬼於西泰山，鳳覆其上，帝曰：「於戲，允哉！朕何與焉。」南面再拜稽首，鳳遂没身不去，巢於阿閣。其飲食也，自歌自舞，音中夷則，黄帝因之以作《清角》。《山海經》曰「軒轅之丘，鳳自歌，鸞自舞」是也。爰及少昊，鳳鳥復至，遂以鳥名官。司曆者，鳳鳥氏也。高辛氏有聖德，作樂名《六英》奏之，鳳鳥復至，鼓翼而舞。《尚書中候》：堯在位七十載，鳳皇亦巢於阿閣。《春秋合誠圖》：堯與太尉舜臨觀，鳳皇負圖，文曰：天赤帝符璽。伯禹曰：軒轅氏，鳳皇亦巢於阿閣也。《尚書》：舜曰：朕惟不乂，鳳皇司晨。《尚書大傳》：舜好生惡殺，鳳巢其樹。《尚書》：帝命驗，舜受終，赤鳳來儀。自黄帝以逮唐虞，鳳皆爲聖王出也。《瑞應圖》：王者不刳胎剖夘，則鳳皇至。《括地圖》：夏后氏末世始食卵，於是馴百禽之霅氏、孟舒去之，鳳皇遂不復至。故葛洪曰：靈鳳值孟戲而迈用穴。孟戲郎，孟舒也。余竊疑焉，夏禹商湯皆聖王也，鳳鳥不至，豈以其時皆食卵耶？成周亦未必不食卵者。《春秋元命包》：鳳皇銜書游文王之都，武王亦嘗受鳳書之紀。蔡邕《琴操》：成王時天下大治，鳳舞於庭。成王援琴而歌曰：「鳳皇翔於紫庭兮，余何德以感靈。」王子年《拾遺記》：時旃塗國獻鳳雏，育於靈禽苑，及封泰山禪社首之後，鳳雏文彩炳耀，飛走之類，不復喧鳴。成王崩，乃冲舉而去。《論語摘𨕥聖》：鳳遇亂則潛居九夷，故鳳鳥不至。孔子曰：「吾已矣夫。」楚狂遇而歌之曰：「鳳兮鳳兮，何德之衰。」孔子葉居九夷，有曰從鳳嬉也。《瑞應圖》又云：鳳皇不群居，不侶行，不絓羅墜網，見存亡，明治亂也。故楊子雲有言：鳳皇蹌蹌，匪堯之廷。君子在治若鳳，在亂若鳳。雄欲比德於鳳也。苐爲莽大夫而《劇秦美新》以取容於時，果若鳳耶？唐陳黯有《詰鳳》文，雄而有知，當俯首矣。故余嘗謂三代而後，秦末漢初，鳳皆不見。漢昭帝、元帝皆一見。宣帝則十八見。章帝、安帝亦皆一見。光武生見於齊陽故宮。魏文帝十三見。吴太祖一見。宋文帝、梁武帝皆二見。崔鴻《十六國春秋》後秦亦一見。夫漢宣帝之數見也，豈時亦小康？光武之集於宫也，漢室中興，鳳或應之。如昭如章如安，及黄初之魏，黄武之吴，天監之梁，永興之秦，鳳亦胡爲而見哉？歐陽修曰：舜命夔作樂，鳳皇來儀。後世以爲美談，謂鳳來爲有道之應。其後鳳皇數至，或出於庸君繆政之時，或出於危亡大亂之際，豈果爲瑞哉？宋儒劉有益於《朱子綱目》漢昭帝始元三年書祠鳳皇於東海，自後以鳳皇至者六。宣帝本始元年書鳳皇集膠東，赦勿收田租賦，後以鳳皇至又五。有益皆以爲霍光之意，有學術者不至是。是鳳皇之至，自舜、文而後，見於載籍者，安知非丞相府之鶡鳥，安重榮饒陽之水鳥乎？終《綱目》書，鳳皇者止於漢。

明 朱謀㙔《邃古記》卷五《黄帝下篇第十》

《春秋合誠圖》曰：帝坐玄扈洛上，與大司馬容光等臨觀，鳳凰銜圖置帝前，黄帝再拜受圖。宋均注：玄扈，石室名。《尚書中候》云：帝軒題象，麒麟在囿，鳳凰巢阿閣。《説文》：天老曰：「鳳像，麟前鹿後，蛇頸魚尾，龍文龜背，燕頷雞喙，五色備舉。出東方君子之國，翱翔四國之外，過崑侖，飲砥柱，濯羽弱水，暮宿風穴。見則天下大安寧。風穴，《初學記》作「丹宫」。《韓非子》云：黄帝合鬼神於泰山之上，風伯進掃，雨師灑道，虎狼在前，鳳凰覆上。

明 馮復京《六家詩名物疏》卷四九《鳳皇》

《釋鳥》云：鶠，鳳。其雌皇。《説文》：天老云：鳳象，鴻前麟後，蛇頸魚尾，鸛顙鴛思，龍文龜背，燕頷鷄喙，五色備舉。出東方有道之國，翱翔四海之外，過崑崙，飲砥柱，濯羽弱水，莫宿風穴。飛則羣鳥從以萬數。五方神鳥，東方曰發明，南方曰焦明，西方曰鷫鷞，

北方曰幽昌，中央曰鳳皇。《左傳》云：鳳鳥氏司歷。杜預云：鳳知時，故以名歷官。《大戴禮》：羽蟲三百六十，鳳皇爲之長。《禮運》云：鳳以爲畜，故鳥不獝。《詩義疏》云：鳳皇，一名鸑鷟，非梧桐不棲，非竹實不食，非醴泉不飲。在天爲朱雀。《韓詩外傳》：天老曰：鳳，首帶德，頸揭義，背負仁，心入信，翼挾義，足履正，尾繫武。小音金，大音鼓。食有質，飲有儀，游必擇所，飢不妄下。其鳴也，雄曰節節，雌曰足足，昏鳴曰固常，晨鳴曰發明，晝鳴曰保章，舉鳴曰上翔，集鳴曰歸昌。《元命包》云：火離爲鳳。《運斗樞》云：天樞得則鳳凰翔。《斗威儀》曰：君乘土而王，其政太平，鳳皇集於林苑。《樂叶圖徵》云：五音克諧，各得其倫，則鳳皇至。冠類，鷄頭，燕喙，虵頸，龍形，麟翼，魚尾，五彩。不啄生蟲。又曰：五鳳，爲瑞者一。其四似鳳，並爲妖，一曰鷫鷞，至則役之感；二曰發明，至則喪之感；三曰焦明，至則水之感；四曰幽昌，至則旱之感。《動聲儀》云：鎮星不逆行，則鳳皇至。《論語摘襃聖》曰：鳳有六像、九包。六像者，頭像天，目像日，背像月，翼像風，足像地，尾像緯。九包者，口包命，心合度，耳聽達，舌詘伸，彩色光，冠矩州，宋均云：「州」當作「未」。距鋭鉤，音激揚，腹文户。行鳴曰歸嬉，止鳴曰提扶，夜鳴曰善哉，晨鳴曰賀世，飛鳴曰郎都。知我者唯黄，持竹實來，故子欲居九夷，從鳳嬉。《山海經》云：丹穴之山有鳥如鷄，五采而文，名曰鳳皇。首文曰德，翼文曰義，背文曰禮，膺文曰仁，腹文曰信。飲食自然，自歌自舞，見則天下安寧。《帝王世紀》云：國安，其主好文，則鳳皇翔。《莊子》云：鳳帶聖嬰仁，左智右賢。《荀子》曰：《詩》曰「鳳皇秋秋，其翼若干，其聲若簫。有鳳有皇，樂帝之心」。《呂氏春秋》云：黄帝聽鳳皇之鳴，以別十二律。《淮南子》云：二皇鳳至於庭，三代鳳至於門，周室鳳至於澤。德彌澆所至彌遠，德彌精所至彌近。京房《易傳》云：鳳皇高丈二。《三輔決録》：蔡衡云：凡鳳有五，多赤色者乃鳳，多黄色者鵷鶵，多青色者鸞，多紫色者鸑鷟，多白色者鵠。《禽經》云：鳳青謂之鶡，赤謂之鶉，黄謂之鸞，白謂之鷫，紫謂之鷟。《瑞應圖》云：鳳皇，仁鳥，王者不刳胎剖卵，則至。

清 周彝《研山十咏·青鸞》 鸞之爲狀，鷄頭燕頷，蛇頸魚尾。兹石最爲神似，色深青，故以青名。頭高一寸有半，尾二寸，周身有紋，茸茸然。頸細而縮，翼坦而垂，尾翹而直，殆鸞之棲者歟。

清 方旭《蟲薈》卷一《羽蟲·大頭鳳》 《赤雅》：大頭鳳大如鵞，五色金冠，尾甚長，諸鳥見之，伏不敢鳴。間爲猺獞所射，必獻其主。肉備眾美。緝毛成裘，涅而不緇。

清 佚名《欽定鳥譜》第一册《鳳》 鳳。一名瑞鷗，一名鸐雞，一名長離，亦作長麗。

《爾雅》云：鷗，鳳。其雌皇。注云：瑞應鳥。五彩色，高六尺許。《韓詩外傳》云：鳳象，鴻前麟後，蛇頸魚尾，龍文龜背，燕頷雞喙。小音金，大音鼓。延頸奮翼，五色備舉。《山海經》云：丹穴之山有鳥焉，五采而文，名曰鳳皇。飲食自然，自歌自舞。見則天下安寧。《禽經》云：五鳳赤曰丹穴，青曰羽翔，白曰化翼，黑曰陰翥，黄曰土符。《人鏡經》：五鳳以方分，東方發明，西方鷫鷞，南方焦明，北方幽昌，中央玉雀。《物類志》：鳳，一名瑞鷗，別名鸐雞。其老者爲長離。《大戴禮》云：羽蟲三百六十，而鳳皇爲之長。

紀事

《尚書·益稷》 夔曰：「戛擊鳴球，搏拊琴瑟以詠。祖考來格，虞賓在位，群后德讓。下管鞀鼓，合止柷敔，笙鏞以間，鳥獸蹌蹌。簫韶九成，鳳皇來儀。」夔曰：「於！予擊石拊石，百獸率舞，庶尹允諧。」

《論語·微子》 楚狂接輿歌而過孔子曰：「鳳兮鳳兮，何德之衰？往者不可諫，來者猶可追。已而已而，今之從政者殆而！」孔子下，欲與之言。趨而辟之，不得與之言。

漢 伏勝《尚書大傳》卷一 舜好生惡殺，鳳凰巢其木。一作「樹」。

漢 司馬遷《史記》卷一《五帝本紀》 四海之内咸戴帝舜之功。於是禹乃興九招之樂，致異物，鳳皇來翔。

又 卷二《夏本紀》 於是夔行樂，祖考至，羣后相讓，鳥獸翔舞，簫韶九成，鳳皇來儀，百獸率舞，百官信諧。

漢 班固《漢書》卷八《宣帝紀》 《書》不云乎？「鳳皇來儀，庶（不）〔尹〕允諧。」師古曰：「《虞書·益稷》之篇曰：『簫韶九成，鳳皇來儀，擊石拊石，百獸率舞，庶尹允諧。』言奏樂之和，鳳皇以其容儀來下，百獸相率舞蹈。是乃衆官之長，信皆和輯，故神人交暢。」【略】

〔地節〕四年春二月，詔曰：「乃者鳳皇甘露降集京師，嘉瑞並見。修興泰一、五帝、后土之祠，祈爲百姓蒙祉福。鸞鳳萬舉，蜚覽翺翔，集止于旁。」師古

曰：「萬舉，猶言舉以萬數也。蜚，古飛字也。言鸞鳳飛翔，覽觀都邑也。」

又 卷二五下《郊祀志下》 上自幸河東之明年正月，鳳皇集祋祤，於所集處得玉寶，起步壽宮，乃下詔赦天下。後間歲，鳳皇神爵甘露降集京師，赦天下。其冬，鳳皇集上林，乃作鳳皇殿，以答嘉瑞。明年正月，復幸甘泉，郊泰畤，改元曰五鳳。

漢 班固《白虎通》卷六《封禪》 黃帝之時，鳳皇蔽日而至，東方止於東園，食常竹實，栖常梧桐，終身不去。

漢 班固《東觀漢記》卷一《光武皇帝》 建平元年十二月甲子夜，帝生。時有赤光，室中盡明如晝。皇考異之，使卜者王長卜之。長曰：「此善事，不可言。」是歲，有嘉禾生，一莖九穗，長大于凡禾，縣界大豐熟，因名帝曰「秀」。先是，有鳳凰集濟陽，故宮中皆畫鳳凰。聖瑞萌兆，始形于此。

漢 佚名《尚書中候》（《古微書》卷四引） 黃帝時，天氣休通，五行期化，鳳凰巢阿閣讙於樹。【略】

堯即政七十載，鳳凰止於庭。伯禹拜曰：「黃帝軒提象，鳳凰巢阿閣。」【略】

按《龜書》所言，自周公訖于秦漢，盛衰之符，麒麟遊苑，鳳凰翔庭。成王援琴而歌曰：「鳳凰翱兮於紫庭，余何德兮以感靈。賴先王兮恩澤臻，於胥樂兮民以寧。」

晉 王嘉《拾遺記》卷二 ［周成王］四年，旃塗國獻鳳雛，載以瑶華之車，飾以五色之玉，駕以赤象，至於京師。育於靈禽之苑，飲以瓊漿，飴以雲實，二物皆出上元仙。方鳳初至之時，毛色未彪發。及成王封泰山，禪社首之後，文彩炳燿。中國飛走之類，不復喧鳴，咸服神禽之遠至也。及成王崩，冲飛而去。孔子相魯之時，有神鳳遊集。至哀公之末，不復來翔。故曰：「鳳鳥不至。」可爲悲矣。【略】

［周昭王］二十四年，塗修國獻青鳳、丹鵲各一雌一雄。孟夏之時，鳳、鵲皆脱易毛羽。聚鵲翅以爲扇，緝鳳羽以飾車蓋也。扇一名遊飄，二名條翮，三名虧光，四名仄影。時東甌獻二女，一名延娟，二名延娛。使二人更摇此扇，侍於王側，輕風四散，泠然自涼。此二人辯口麗辭，巧善歌笑，步塵上無跡，行日中無影。及昭王淪於漢水，二女與王乘舟，夾擁王身，同溺於水。故江漢之人，到今思之，立祀於江湄。數十年間，人於江漢之上，猶見王與二女乘舟戲於水際。至暮春上巳之日，禊集祠間。或以時鮮甘果，採蘭杜包裹，以沉於水。或結五色紗囊盛食，或用金鐵之器，並沉水中，以驚蛟龍水蟲，使畏之不侵此食也。其水傍號曰招祇之祠。綴青鳳之毛爲二裘，一名燠質，二名暄肌，服之可以卻寒。至厲王流於彘，彘人得而奇之，分裂此裘，遍於彘土。罪入大辟者，抽裘一毫以贖其死，則價值萬金。

南朝宋 范曄《後漢書》卷八《靈帝紀》 ［光和四年］六月庚辰，雨雹。秋七月，河南言鳳皇見新城，羣鳥隨之，賜新城令及三老、力田帛，各有差。

南朝宋 劉敬叔《異苑》卷三 罽賓國王買得一鸞，欲其鳴，不可致。餝金繁，饗珍羞，對之愈戚，三年不鳴。夫人曰：「嘗聞鸞見類則鳴，何不懸鏡照之？」王從其言。鸞覩影悲鳴冲霄，一奮而絶。

南朝梁 沈約《宋書》卷二八《符瑞志中》 鳳凰者，仁鳥也。不刳胎剖卵則至。或翔或集。雄曰鳳，雌曰凰。蛇頭燕頷，龜背鼈腹，鶴頸鷄喙，鴻前魚尾，青首駢翼，鷺立而鴛鴦思。首戴德而背負仁，項荷義而膺抱信，足履正而尾繫武。小音中鍾，大音中鼓。延頸奮翼，五光備舉。興八風，降時雨，食有節，飲有儀，往有文，來有嘉，遊必擇地，飲不妄下。其鳴，雄曰節節，雌曰足足。晨鳴曰發明，晝鳴曰上朔，夕鳴曰歸昌，昏鳴曰固常，夜鳴曰保長。其樂也，徘徘徊徊，雍雍喈喈。唯鳳皇爲能究萬物，通天祉，象百狀，達王道，率五音，成九德，備文武，正下國。故得鳳之象，一則過之，二則翔之，三則集之，四則春秋居之，五則終身居之。

漢昭帝始元三年十月，鳳皇集東海，遣使祠其處。

漢宣帝本始元年五月，鳳皇集膠東。

本始四年五月，鳳皇集北海。

漢宣帝地節二年四月，鳳皇集魯，羣鳥從之。

漢宣帝元康元年三月，鳳皇集泰山、陳留。

元康四年，南郡獲威鳳。

漢宣帝神雀二年二月，鳳皇集京師，羣鳥從之以萬數。

神雀四年春，鳳皇集京師。

神雀四年十月，鳳皇十一集杜陵。

神雀四年十二月，鳳皇集上林。

漢宣帝甘露三年二月，鳳皇集新蔡，羣鳥四面行列，皆向鳳皇立，以萬數。

漢光武建武十七年十月，鳳皇五，高八九尺，毛羽五采，集潁川郡，羣鳥並從

行列，蓋地數頃，留十七日乃去。

漢章帝元和二年以來，至章和元年，凡三年，鳳皇百三十九見郡國。

漢安帝延光三年二月，車駕東巡。其月戊子，鳳皇集濟南臺縣丞霍收舍樹上，賜臺長嶷帛十五匹，收二十匹，尉半之，吏卒人三匹；鳳皇所過亭部，無出今年田租；賜男子爵人二級。

延光三年十月壬午，鳳皇集京兆新豐西界槐樹。

漢桓帝建和元年十一月，鳳皇見濟陰己氏。

漢靈帝光和四年秋，五色大鳥見新城，羣鳥隨之。民皆謂之鳳皇。

漢獻帝延康元年八月，石邑縣言鳳皇集。又郡國十三言鳳皇見。

吴孫權黄武五年七月，蒼梧言鳳皇見。

孫權黄龍元年四月，夏口、武昌並言鳳皇見。

吴孫亮建興二年十一月，大鳥五見于春申。

吴孫晧建衡四年正月，西苑言鳳皇集。

晉武帝泰始元年十二月，鳳皇見上黨高都。

泰始元年十二月，鳳皇二見河南山陽。

泰始元年十二月，鳳皇三見馮翊下邽。

晉穆帝升平四年二月辛亥，鳳皇將九子見鄷鄉之豐城。十二月甲子，又見豐城，衆鳥隨從。

升平五年四月己未，鳳皇集沔北，至于辛酉。百姓聚觀之。

宋武帝永初元年七月戊戌，鳳皇見會稽山陰。

文帝元嘉十四年三月丙申，大鳥二集秣陵民王顗園中李樹上，大如孔雀，頭足小高，毛羽鮮明，文采五色，聲音諧從，衆鳥如山雞者隨之，如行三十步頃，東南飛去。揚州刺史彭城王義康以聞。改鳥所集永昌里曰鳳皇里。

孝武帝孝建元年正月庚申，鳳皇見丹徒愒賢亭，雙鵠爲引，衆鳥陪從。征虜將軍武昌王渾以聞。

南朝梁 吴均《續齊諧記》 漢宣帝以皂蓋車一乘，賜大將軍霍光，悉以金鉸具。至夜，車轄上金鳳皇輒亡去，莫知所之，至曉乃還。如此非一，守車人亦嘗見。後南郡黄君仲，北山羅鳥，得鳳皇，入手即化成紫金，毛羽冠翅，宛然具足，可長尺餘。守車人列上云：「今月十二日夜，車轄上鳳凰俱飛去，曉則俱還。今則不返，恐爲人所得。」光甚異之，具以列上。後數日，君仲詣闕，上鳳皇子云：「今月十二夜，北山羅鳥所得。」帝聞而疑之，置承露盤上，俄而飛去。帝使尋之，直入光家，止車轄上。乃知信然。帝取其車，每遊行即乘御之。至帝崩，鳳皇飛去，莫知所在。嵇康詩云：「翩翩鳳轄，逢此網羅。」

唐 房玄齡《晉書》卷八《穆帝紀》 ［昇平四年］十一月，封太尉桓温爲南郡公，温弟沖爲豐城縣公，子濟爲臨賀郡公。鳳皇復見豐城，衆鳥隨之。

又 卷一〇三《劉曜載記》 ［太寧元年］時有鳳皇將五子翔於故未央殿五日，悲鳴不食，皆死。

又 卷一一四《苻堅載記》 堅僭位五年，鳳皇集於東闕，大赦其境内，百僚進位一級。【略】

長安又謡曰：「鳳皇鳳皇止阿房。」堅以鳳皇非梧桐不棲，非竹實不食，乃植桐竹數十萬株於阿房城以待之。［慕容］沖小字鳳皇，至是，終爲堅賊，入止阿房城焉。

唐 令狐德棻《周書》卷五《武帝紀上》 ［天和二年］秋七月辛丑，梁州上言鳳凰集於楓樹，羣鳥列侍以萬數。

唐 李延壽《南史》卷二《宋本紀中》 ［元嘉］十四年春正月辛卯，祀南郊，大赦。戊戌，鳳凰二見于都下，衆鳥隨之，改其地曰鳳凰里。

唐 張鷟《朝野僉載》卷三 張鷟曾夢一大鳥，紫色，五彩成文，飛下至庭前不去。以告祖父，云：「此吉祥也。昔蔡衡云『鳳之類有五：其色赤者文章，鳳也；青者，鸞也；黄者，鵷雛也；白者，鴻鵠也；紫者，鸑鷟也。』此鳥爲鳳皇之左，汝當爲帝輔也。」遂以爲名字焉。鷟初舉進士，至懷州夢慶雲覆其身，其年對策考功員外，騫味道以爲天下第一。

唐 張讀《宣室志》卷一〇 貞元十四年秋，有異鳥。其色青，狀類鳩鵲，翔于睢陽之郊，止蘩木中。有羣鳥千數，俱率其類列于左右前後，而又朝夕各銜蟲稻粱以獻焉。是鳥每飛，則羣鳥咸噪而導其前，或翼其傍，或擁其後，若傳唤警衛之狀，立則環而向焉，雖人臣侍天子之禮無以加矣。睢陽人咸適野縱觀，以爲羽族之靈者，然其狀不類鸞鳳，由是益奇之。時李翺客於睢陽，翺曰：「此真鳳鳥也。」於是作《知鳳》一章，備書其事。

宋 釋贊寧《東坡先生物類相感志》卷七《鸞舞鏡》 《異苑》云：罽賓國王欲得鸞，結罝峻邳之山，義一鸞，歆其鳴不致。餙金樊，饗珍羞，對之愈戚，三年不鳴。夫人曰：「嘗聞見類則鳴舞。」乃懸鏡差照之，鸞覩影，悲鳴冲霄，一奮而絕。

言孤鸞見自影謂雌，乃歌舞。

宋 鄭樵《通志》卷五下《前漢紀第五下》 〔神爵〕四年春二月，詔曰：「迺者鳳皇、甘露降集京師，嘉瑞並見，修興太一、五帝、后土之祠，祈爲百姓蒙祉福。鸞鳳萬舉，蜚覽翺翔，集止于旁。齋戒之暮，神光顯著。薦鬯之夕，神光交錯。或降于天，或登于地，或從四方來集于壇。上帝嘉嚮，海内承福。其赦天下，賜民爵一級，女子百户牛酒，鰥寡孤獨高年帛。」【略】冬十月，鳳皇十一集杜陵。十二月，鳳皇集上林。

宋 洪邁《夷堅志·支志·甲》卷一〇《龍鳳卵》 河府榮河縣北鄉鎮有孤峯陗絶，名曰鳳凰山。山之西一僧舍曰鳳凰寺，塔曰鳳凰塔，盖嘗有鳳棲其上，故得名。秦地既陷於虜，僧紹洪主持累年。其後迁化，寺衆議立塔葬之。發地，獲一物，長六七尺，非石非木，其狀如卵。衆覩之驚異，擲之河，滔滔巨川，水不能没。少頃，飛濤激浪，幾與雲接，皆委去疾走。迨至元處，卵若爲人扶翊，復在焉。衆不能隱，告於郡，旋遞送燕山，俗目爲鳳凰卵。

元 馬端臨《文獻通考》卷三一三《物異考·鳳凰》 漢昭帝始元三年冬十月，鳳凰集東海，遣使者祠其處。宣帝本始元年五月，鳳凰集膠東、千乘。四年五月，鳳凰集北海安邱、淳于。地節二年四月，鳳凰集魯郡，羣鳥從之。元康二年三月，以鳳凰集，賜天下吏民爵，女子牛酒，鰥寡高年帛。神爵二年，鳳凰集京師，羣鳥從者以萬數。四年冬十月，鳳凰十一集杜陵。十二月，鳳凰集上林。五鳳三年，鸞鳳集長樂宮東闕中樹上，飛下止地，文章五色。【略】

後漢章帝元和三年正月，鳳凰集肥城。五月詔曰：「乃者鳳凰、黄龍、鸞鳥比集七郡，（孫之柔《瑞圖》曰：鸞鳥者，赤神之精，鳳凰之佐。雞身而毛色赤，被五采，鳴中五音。人君進退有度，親疎有序，則至也。比，頻也。）或一郡再見。其賜天下吏民爵及帛有差。」安帝延光三年，新豐上言，鳳凰集西界亭。（今新豐縣西原有鳳凰原，俗傳云即此時鳳凰所集之處也。）二月戊子，有五色大鳥集濟南臺。十月，又集新豐。時以爲鳳凰陽明之應，故非明主則隱不見。凡五色大鳥似鳳者，多羽蟲之孽。是時安帝信中常侍樊豐、江京、阿母王聖及外屬耿寶等讒言，免太尉楊震，廢太子爲濟陰王，不悊之異也。章帝末，號鳳凰百四十九見。時直臣何敞以爲羽孽似鳳，翺翔殿屋，不察也。（臣昭曰：「已論之於《敞傳》」。）記者以爲其後章帝崩，以爲驗。按宣帝、明帝時，五色鳥羣翔殿屋，賈逵以爲胡降徵。帝多善政，雖有過，不及至衰缺，末年胡降二十萬口，是其驗也。帝之時，羌胡外叛，讒慝内興，羽孽之時也。《樂叶圖徵》説五鳳皆五色，爲瑞者一，爲孽者四。（《叶圖徵》曰：「似鳳有四，並爲妖：一曰鸛鶴，鳩喙，圓目，身義戴信嬰禮，膺仁負智，至則旱疫之感也；二曰發明，烏喙，大頸，大翼，身仁戴智嬰義，膺信負禮，至則喪之感也；三曰焦明，長喙，疏翼，圓尾，身義戴信嬰仁，膺智負禮，至則水之感也；四曰幽昌，鋭目，小頭，大身，細足，脛若鱗葉，身智戴信負禮膺仁，至則旱之感也。」《國語》曰：「周之興也，鸑鷟鳴岐。」《説文》曰：「五方神鳥，東方曰發明，南方曰焦明，西方曰鸛鶴，北方曰幽昌，中央曰鳳凰。」）桓帝元嘉元年十一月，五色大鳥見濟陰已氏，時以爲鳳凰。此時政治衰缺，梁冀秉政阿枉，上幸亳后，皆羽孽時也。（臣昭按：魏朗對策，桓帝時雉入太常、宗正府。朗説見本傳註。）靈帝光和四年秋，五色大鳥見於新城，衆鳥隨之，時以爲鳳凰。時靈帝不恤政事，常侍、黄門專權，羽孽之時也。衆鳥之性，見非常斑駁，好聚觀之，至於小爵希見梟者，虓見猶聚。

魏文帝黄初元年八月，石邑縣言鳳凰集。

吴孫權黄武四年，蒼梧言鳳凰見。黄龍元年，夏口、武昌並言鳳凰見。孫亮建興二年，有大鳥五見於春申，吴人以爲鳳凰。（詳見《羽蟲門》。）孫皓建衡三年，西苑言鳳凰見，明年改元「鳳凰」。

晉武帝泰始元年，郡國言鳳凰見凡六。二年，鳳凰六見。五年，鳳凰見於趙國。穆帝升平四年二月，鳳凰將九雛見於豐城。十二月，鳳凰復見於豐城，羣鳥隨之。五年，鳳凰見於沔北。

宋文帝元嘉十四年正月戊戌，鳳凰二見於都下，衆鳥隨之，改其地曰「鳳凰里」。

周武帝天和元年七月，梁州上言，鳳凰集楓樹，衆鳥列侍以萬數。

唐武后長壽三年十一月，陳州上言，苑邱縣鳳凰集，衆鳥數萬前後翊從，行列齊整，色別爲羣。後三日，改元「儀鳳」。

蜀王建元年，鳳凰見萬歲縣。

漢劉晟時，鳳凰見邕州。

宋太宗端拱元年八月，有鳳凰集廣州清遠縣廨舍栢樹，高六尺，衆鳥隨之，向東北去。真宗景德元年五月，白州有三鳳自南來，入城中，羣禽周繞，至萬歲寺前，棲百尺木龍樹，身長九尺，高五尺，其文五色，冠如金杯。神宗熙寧七年六月乙未，廣州言增城縣鳳凰見。

明 牛衷《增修埤雅廣要》卷八《人道門·夢生類·夢靈鳳生》 南王曇逸母，夢靈鳳集身，因有娠。又聞腹中啼聲，僧寶誌曰：「生子當爲神仙、宗伯。」

明 王圻《稗史彙編》卷一五九《白鳳啣書》 楊貴妃忽晝寢，驚覺，見簾外有雲氣氤氳，令宮人視之。見一白鳳啣一書，有似詔敕，自空中而下，立于寢殿前。宮人白，貴妃起熟視之，遂焚香親受其書，命宮人披讀。其文曰：「勅謫仙子楊氏，爾居玉闕之時，嘗多敖慢。今謫塵寰之後，轉有驕矜。以聲色惑人君，以寵愛蔽族屬。內則三夫人備位，外則使國忠秉權。殊無知過之心，顯有亂時之迹。比當限滿，合議復歸。罪惡更深，法不可貸。專兹告示，且與沉淪。宜令賜死，不復容生。」貴妃極惡之，令宮人秘此事不聞於帝。其鳳尋飛去，其書藏于玉匣中，三日後失之。

明 佘懋學《説頤》卷三《赤鳳白楊》 漢趙后飛燕所通宮奴赤鳳者，雄徤能超樓閣，兼通昭儀。十月五日，宮中故事，上靈女朝，吹塤擊鼓，連臂踏歌《赤鳳凰來》曲。后曰：「赤鳳凰爲誰來？」昭儀曰：「赤鳳凰爲姊來，寧爲他人乎？」后怒以杯擲昭儀裙，曰：「鼠子能噬人乎？」昭儀曰：「穿其裙，見其私，足矣。安在噬人乎？」成帝微聞其事，以問昭儀。昭儀曰：「以漢家火德，故以帝爲赤鳳。」帝信之，大悦。

明 王兆雲《揮麈新談》卷二《鳳凰過》 陝西郃州人張雲逵，任汶川訓導。言嘉靖四十三年，郃州見鳳凰飛過，由岐山地方而去。其形甚大，彷彿世間畫象。飛則尾羽展開，萬鳥隨之，餓死者甚衆，人取而食之。時州申報當路欲奏，以無據而止。

明 朱國禎《湧幢小品》卷三一《燕巢》 宋時淄青一民家，燕巢累年增廣至三尺。燕雛既飛，忽一旦野禽來集庭除甚衆，驅之不去，已而巢破，有白鳳雛長三尺餘，往西南飛去，諸禽皆駭散，其家亦隳。

明 倪輅《南詔野史》卷一《奇王》 丁巳，唐僧取經、佛像回。過點蒼，雨濕經，晒于坡間，今名「晒經坡」。僧回，註《般若經》，是年有彩鳳鳴于鄧川州，遂名山爲「鳳羽山」。

清 李光地《月令輯要》卷七《三月令·雜紀》 鸞鳳集。增：《漢書·宣帝紀》：五鳳三年三月辛丑，鸞鳳集長樂宮東闕中樹上，飛下止地，文章五色。留十餘刻。吏民並觀。

又 卷一八《十月令·雜紀》 鳳凰集。增：《宋書·符瑞志》：漢宣帝神雀四年十月，鳳凰十一集杜陵。光武建武十七年十月，鳳凰五，高八九尺，毛羽五采，集潁川郡，羣鳥竝從行列，蓋地數頃，留十七日乃去。安帝延光三年十月壬午，鳳凰集京兆新豐西界槐樹。

清 汪森《粵西叢載》卷一五《鳳見》 吴黄武四年秋七月，蒼梧鳳凰見。《通志》。下同。

南漢時，邕州鳳凰見。時王弘澤鎮邕，有善政。

宋景德元年夏五月，白州三鳳見飛，自南來入城中，羣鳥旋繞隨之。至萬歲寺前，棲於百尺木龍樹。身長九尺，高五尺，其羽文，五彩俱備，冠如金杯。《文獻通考》

大中祥符元年，象州鳳凰見。其羽備五彩，羣鳥皆從之，翔集城東倚錢嶺，忽飛去。其地湧出一泉，味甘美，土人呼泉爲「鳳凰井」。

元至正十一年，慶遠鳳凰見。時有雙異禽，羽備五采，飛集述昆鄉，羣鳥千百隨之，蓋鳳凰也。其一飛去，一棲止，爲獞人射殺。或藏之，獻於帥府，久而色鮮。《元史》

清 雍正《湖廣通志》卷一一 鳳凰峯，在永平鄉。《衡岳志》：昔祝融君登南岳，謁元君，感碧雞、鳳凰集此，故名。《記》云：上有峻坡，生梧桐。朱鳥薦瑞，故來儀焉。馬融賦云：惟梧桐之所生兮，在衡山之峻坡。

藝文

《詩經·大雅·卷阿》 鳳凰于飛，翽翽其羽，亦集爰止。藹藹王多吉士，維君子使，媚于天子。鳳凰于飛，翽翽其羽，亦傅于天。藹藹王多吉人，維君子命，媚于庶人。鳳凰鳴矣，于彼高岡。梧桐生矣，于彼朝陽。菶菶萋萋，雝雝喈喈。

《儀鳳歌》（《詩雋類函》卷一四六引） 《儀鳳歌》一作「神鳳操」，一曰「鳳凰來儀」。《古今樂録》曰：周成王時，鳳凰翔舞，成王作此歌。

鳳凰翔兮於《玉海》云：一作「舞」。紫庭，予何德兮以感靈。賴先人兮恩澤臻，于胥樂兮民以寧。《初學記》引此，《宋符瑞記》亦載此。「臻」字作「轃」。

晉 劉公幹《贈從弟三首》（《文選註》卷二三引） 鳳凰集南嶽，徘徊孤竹根。鳳生丹穴，故曰「南嶽」。鄭玄《毛詩箋》曰：鳳凰之性，非竹實不食。亦喻從弟也。於心有不厭，奮翅凌紫氛。豈不常勤苦，羞與黄雀羣。黄雀，喻俗士也。何時當來儀，將須聖明君。《尚書》曰：「鳳凰來儀。」孔安國曰：聖人受命，則鳳凰至。

晉 傅玄《鴻雁生塞北行》(《樂府詩集》卷三七引) 鳳凰遠生海西，及時崑山岡。五德存羽儀，和鳴定宫商。百鳥並侍左右，鼓翼騰華光。上熙遊雲日間，千歲時來翔。孰若彼龍與黿，曳尾泥中藏。非雲雨則不升，冬伏春廼驤。退哀此秋蘭，草根絶，隨化揚。靈氣一何憂美，萬里馳芬芳。常恐物易微歇，一朝見棄忘。

晉 棗據《鳳詩》(《詩雋類函》卷一四六引) 有鳳適南中，終日無歡娱。自怨梧桐遠，行飛棲桑榆。奮迅振長翼，俛仰向天衢。簫韶逝無聞，朝陽不可須。

晉 傅咸《鳳賦》(《漢魏六朝百三家集》卷四六引) 鶡鷄賦者，廣武張侯之所造也。以其形微處卑，物莫之害也。而余以爲物生則有害，有害而能免，所以貴乎才智也。夫鶡鷄既無智足貴，亦禍害未免。免乎禍害者，其唯儀鳳也。辭曰：

仰天文以彌觀兮，覽神象乎太清。伊儀鳳之誕育兮，禀朱行之淳清。故能體該衆妙，德備五靈。穢維塵之紛濁兮，患俗網之易嬰。心眇眇其悠遠兮，意飄飄以遐征。翔寥廓以輕舉兮，淩清霄而絶形。若乃龍飛九五，時惟大明。闡隆正道，既和且平。感聖化而來儀兮，讚簫韶於九成。隨時宜以行藏兮，諒出處之有經。豈以美而賈害兮，固以德而見榮。曠千載而莫覩兮，忽翻爾而來庭。應龍至兮，庶有感於斯誠，而君子之是忽兮，賦微物以申情。雖綺靡之可翫兮，悲志大之所營。敢砥鈍於末蹤兮？别瓦礫於瑶瓊。

晉 郭璞《山海經圖讚》卷一《鳳》 鳳皇靈鳥，實冠羽羣。八象其體，五德其文。羽翼來儀，應我聖君。

又《鸞鳥》 鸞翔女牀，鳳出丹穴。拊翼相和，以應聖哲。擊石靡詠，韶音其絶。

晉 桓玄《鳳皇賦》(《歷代賦彙》卷一二八引) 伊羣物之百品，各在類而有别。惟羽族之殊誕，獨鸞皇之搆傑。邈區寓以超棲，撫朝陽於丹穴。備六德以成暉，奮藻翰之郁烈。集崑峯而斂翼，翔青雲以遐越。

晉 顧凱之《鳳賦》(《歷代賦彙》卷一二八引) 望太清以抗思，誕儀鳳之逸羣。禀鶉火之靈曜，資和氣之烟煴。允鷄喙而燕頷，頸蛇蜿而龍文。勵歸昌於漢陽，發明徵乎聖君。苟義躡正，雞峙鴻前。比翼交揮，五光備宣。興八風而降時雨。音中鍾律，步則規矩。朱冠赫以雙翹，靈質翽其高舉。歷黄冠於招摇，凌帝居之縣圃。

南朝陳 張正見《賦得威鳳棲梧桐》(《詩雋類函》卷一四六引) 丹山下威鳳，來集帝梧中。欲舞春花落，將飛秋葉空。影照龍門水，聲入洞庭風。别有將雛曲，翻更合絲桐。

唐 王績《東皋子集》卷中《古意六首》 彩鳳欲將歸，提羅出郊訪。羅張大澤已，鳳入重雲颺。朝栖崑閬木，夕飲蓬壺漲。問鳳那遠飛，賢君坐相望。鳳言荷深德，微禽安足尚。但使雛卵全，無令繒繳放。皇臣力牧舉，帝樂簫韶暢。自有來巢時，明年阿閣上。

唐 李世民《威鳳賦》(《舊唐書》卷六五《長孫無忌傳》引) 太宗追思王業艱難，佐命之力，又作《威鳳賦》以賜無忌。其辭曰：

有一威鳳，憩翮朝陽。晨遊紫霧，夕飲玄霜。資長風以舉翰，戾天衢而遠翔。西翥則烟氛閉色，東飛則日月騰光。化垂鵬於北裔，馴羣鳥於南荒。殄亂世而方降，應明時而自彰。俛翼雲路，歸功本樹。仰喬枝而見猜，俯修條而抱蠹。同林之侣俱嫉，共幹之儔並忤。無恒山之義情，有炎洲之凶度。若巢葦而居安，獨懷危而履懼。鴟鴞嘯乎側葉，燕雀喧乎下枝。慚己陋之至鄙，害他賢之獨奇。或聚咮而交擊，乍分羅而見羈。戢淩雲之逸羽，韜偉世之清儀。

遂乃蓄情宵影，結志晨暉。霜殘綺翼，露點紅衣。嗟憂患之易結，歎矰繳之難違。期畢命於一死，本無情於再飛。幸賴君子，以依以恃。引此風雲，濯斯塵滓。披蒙翳於葉下，發光華於枝裏。仙翰屈而還舒，靈音摧而復起。眄八極以遐翥，臨九天而高峙。庶廣德於衆禽，非崇利於一己。是以徘徊感德，顧慕懷賢。憑明哲而禍散，託英才而福全。答惠之情彌結，報功之志方宣。非知難而行易，思令後而終前。俾賢德之流慶，畢萬葉而芳傳。

唐 王勃《王子安集》卷一《寒梧棲鳳賦》 鳳兮鳳兮，來何所圖？出應明主，言棲高梧。梧則嶧陽之珍木，鳳則丹穴之靈雛。理符有契，誰言則孤。遊必有方，駭一作哂南飛之驚鵲；音能中吕，嗟入夜之啼烏。況其靈光蕭散，節物淒清，疎葉半殞，高歌和鳴。鳥也，將託其宿止；人也，焉知乎此情？月照孤影，風傳暮聲。將振耀其五色，俟簫韶之九成。九成則那，率舞而下。懷彼衆會，罔知淳化。雖璧沼可飲，更能適於醴泉；雖瓊林可棲，復想巡於竹樹。念是欲往，敢忘晝夜。苟安安而能遷，則思思其不暇。故當披拂寒梧，翻然一發，自此

西序，言投北闕。若用之銜詔，冀宣命於軒墀。若使之游池，庶承恩於歲月。可謂擇木而俟處，卜居而後歇。豈徒比跡於四靈，常栖栖而没没。

唐 李嶠《鳳》（《全唐詩》卷六〇引） 有鳥居丹穴，其名曰鳳皇。九苞應靈瑞，五色成文章。屢向秦樓側，頻過洛水陽。鳴岐今日見，阿閣佇來翔。

唐 李白《李太白全集》卷五《鳳笙篇》 仙人十五愛吹笙，學得崑丘彩鳳鳴。始聞鍊氣飡金液，復道朝天赴玉京。玉京迢迢幾千里，鳳笙去去無窮已。欲嘆離聲發絳唇，更嗟别調流纖指。此時惜别詎堪聞，此地相看未忍分。重吟真曲和清吹，却奏仙歌響緑雲。緑雲紫氣向函關，訪道應尋緱氏山。莫學吹笙王子晉，一遇浮丘斷不還。

又 卷六《鳳凰曲》 與下《鳳臺曲》同意，但名不同耳。嬴女吹玉簫，吟弄天上春。青鸞不獨去，更有攜手人。影滅綵雲斷，遺聲落西秦。

又 《鳳臺曲》 按《樂府詩集》：梁武帝製《上雲樂》七曲，其一曰《鳳臺曲》。嘗聞秦帝女，傳得鳳凰聲。是日逢仙子，當時别有情。人吹彩簫去，天借緑雲迎。曲在身不返，空餘弄玉名。

唐 杜甫《集千家註杜工部詩集》卷二〇《朱鳳行鶴曰：此詩爲衡州刺史陽濟作也。時濟攝連帥之職，以討臧玠之亂》 君不見瀟湘之山衡山高，山巔朱鳳聲嗷嗷。側聲長顧求其曹，翅垂口噤心甚勞。下愍百鳥在羅網，黄雀最小猶難逃。願分竹寔及螻蟻，盡使鴟梟相怒號。

唐 崔損《鳳鳴朝陽賦以鳳鳴山陽振翼飛舞爲韻》（《文苑英華》卷八四引） 杲杲兮日景，于彼朝陽；萋萋兮桐葉，于彼高岡。來儀者鳳，允叶禎祥。瑞四靈之嘉號，焕五彩之文章。既和其音，爰翥其翼，淒唳響暢，徘徊綢直。旁應玄律，調十二管於四時；上陵紫煙，繫九萬里而一息。非丹穴勿處，非蒼竹不食。小鵬起於扶摇，卑鸞棲乎枳棘。若夫鷄冠鷰頷，心遠貌閒，雖衆禽之累百，諒比德而難攀。故其發聲也，瞻白日以俯仰；其餘響也，順清風而往還。浮泛泛以出谷，静泠泠而滿山。既飄飖於有際，遂遼敻於無間。故曰鱗之有龍，鳥之有鳳。偶時而見，如哲士之間生；取類而言，同君子之異衆。若乃拂杳冥而直上，臨峻極而孤鳴。虛籟相和，陰深以窅竂；霏烟動色，紛鬱而隨迎。六合爲之澄朗，八風於是揚清。川不波而昭其德，地不翳而感其聲。足使俗登仁壽，化洽休平。且夫朝陽者，象明時之有潛；鳳鳴者，匹賢人之惟信。鳳集朝陽以輕舉，賢遇明時而易進。整羽翮以迴翔，望青雲以奮振。有若秉節操而貞白，垂簪纓而篤敬一作敬慎。鳳兮鳳兮，何德之威，鏘鏘于飛。應有道而歲貢，夐無文而代希。飲必玉池之津，游必神仙之府。矯翮則羣族咸從，和樂而百獸率舞。巢阿閣以應昌期，棲丹闕而壯天宇。載圖牒以傳記，必表靈於聖主。包衆美以流芳，固難得而覼縷。

唐 楊嗣復《儀鳳》（《詩雋類函》卷一四六引） 八方該帝澤，威鳳忽來賓。向日朱光動，迎風翠羽新。低昂多異趣，飲啄迥無鄰。郊藪今翔集，河圖意等倫。聞韶知鼓舞，偶聖願逡巡。比屋初同俗，垂恩擊壤人。

唐 李德裕《會昌一品集·李衛公别集》卷一《畫桐花鳳扇賦并序》 成都夾岷江，磯岸多植紫桐。每至暮春，有靈禽，五色，小於玄鳥，來集桐花，以飲朝露。及華落，則烟飛雨散，不知其所往。有名工繪於素扇，以償稚子，余因作小賦書於扇上：

桐始華兮緑江曙，粲鮮葩兮泫朝露。樹曄曄兮霞舒，鳥爛爛兮星布。彼嘉桐兮貞且猗，當暮春兮發英蕤。豈鵷雛之珍族，又棲託乎瓊枝。彼零露兮甘且白，涵晚月兮洒鮮澤。豈青鳥之靈儔，常飲吮乎玉液。有嘉穀而不喙，有喬松而不適。獨美露而愛桐，非人間之羽翮。逮花落而春歸，忽雨散而川寂。悵丹穴之何遠，想瑤池而已隔。爰有妙工，圖其麗容。宛宛兮若殞珠於芳藥，飄飄兮疑振羽於光風。感班姬之素扇，空皎潔兮如霜。亦有美人，增華點絢。雀伺蟬而輕騖，女乘鸞而微眄。未若繪斯禽於珍箑，動凉風於羅薦。非欲發長袂之清香，掩高歌之孤囀。庶玉女之提攜，列崑墟之瑤宴。乃爲歌曰：

青春晚兮芳節闌，敷紫華兮蔭碧湍。美斯鳥兮類鵷鸞，具體微兮容色丹。彼飛翔于霄漢，此藻繪于冰紈。雖清秋而已至，常愛玩而忘飡。

又 《山鳳凰賦》 仰山在郡之坤隅，高松翳景，名翬所集。有麗鳥殊色，文如縟綉，邑人呼爲山鳳凰。愛其毛羽，重于身命，雖遭矰繳，終不奮飛。比夫雄雞斷尾，則殊知異心矣。余感而賦之，以貽親友：懿靈山之岑寂，寔珍禽之可依。何文章之英麗，信羽族之所稀。混赤霄而一色，與白日而增輝。焕若玉女携宓妃，凌丹壑兮遊翠微。振桂裳兮垂組綬，騰鏕駕兮曳鸞旗。粲若夭桃發兮山已春，朝霞爛兮露欲晞。或飲于澗，或集于磯。糅芙蕖之絳采，掩虹霓之夕霏。既而衡網高懸，虞人合圍。身挂纖繳，足履駭機。畏采毛之摧落，不凌厲而奮飛。乃知玉之敗也，以致其瓊弁；翠之焚也，猶襲其寶衣。何異夫懷禄

躭寵，樂而忘歸。玩軒冕而不去，惜印綬而無時。嗟乎！乘君子之器，與茲鳥而同譏。

唐 李商隱《李義山詩集》卷中《鳳》 萬里峯巒歸路迷，未判容彩借山雞。新春定有將雛樂，阿閣華池兩處棲。

又 《鸞鳳》 舊鏡鸞何處，衰桐鳳不棲。金錢饒孔雀，錦段落山雞。王子調清管，天人降紫泥。豈無雲路分，相望不應迷。

唐 佚名《鳳巢阿閣賦以天下清泰神物來萃爲韻》（《文苑英華》卷八四引） 國家化協軒后，道超帝先。敷至德以被物，降殊祥而自天。祥異宗周，下岐山之鳴矣；企觀宸極，放阿閣而巢焉。由是載止於甍次，盖將呈瑞於君前。臨四榮而肅乎雲美，播五彩而焕爾霞鮮。且將巢者，其義久也。美德化乎宇内，永栖遲於日下。爰居爰處，恒依應龍之祥一作梁；載飛載鳴，寧侶化鴛之瓦。道既砥平，時亦鏡清。厭丹穴而不息，鄙高岡而不鳴。方爲應至仁而來玄扈，豈徒愛層搆而集丹楹。彼鵲有巢，已聞在幕之厄；爾鶴稱德，更擅乘軒之名。一則兆啓乎顛沛，一則僣處乎車蓋。曷若我愛育元，和來儀昭泰。奮美羽於軒楹，散清音於埃壒。然後知赤烏不曰珍，白龍不曰神。或生之於苑囿，或厄之於海濵。四目鳴而不覿，萬户獻而莫臻。豈若茲鳳，惟閣是因。三重其階，實惟高矣顯矣；一人斯覩，誰謂不躬不親。向非我后從政不咈，惠生於物，執德不回，遺乎將來，鳳亦遠矣，誰能巢哉。是知反道者高閣徒脩，悖德者鳴鳳罔萃。竊稽瑞牒，載覽史記。惟皇疑作黄帝與帝疑作吾皇，能感之而自至。

唐 李解《鳳凰來儀賦以聖感時平樂和瑞集爲韻》（《文苑英華》卷八四引） 至哉乎鳳凰之致也。應運合符，體中履正。依道德以出處，表帝皇之衰盛。宣尼興歎，見周道之降一作陵夷；太史正辭，知漢德之明聖。寄高跡於圖牒，流遺旨於歌詠。我國家化洽生成，歸淳反朴，理定制禮，功成作樂，萬物懷仁，四靈沾渥。方棲息於上苑，寧徘徊於南岳。覿乎肅肅其羽，鏘鏘其鳴。吸天地之嘉氣，赴簫韶之雅聲。知至道之可樂，識太階之已平。身安撫馴，或顧步以屢舞；心畏榮寵，作疑作乍聯鶩而若驚。寧同衆鳥之德，竊比達人之情。且如六翮已成，五文畢備，奇姿委疑發，逸志殊類。挹寥廓以推靈，嚮人寰而作瑞。籠檻不能展其巧，羅網無以施其智。豈若翡翠以美色殺身，鸚鵡以能言剪翅，鴻鵠以稻粱自苦，鷹鸇以擊搏取類。孰與夫退則全其性，出則得其時。將稱年以表德，豈反袂以等期。夜宿椅桐之枝，朝飡竹實之粒。望雙闕以上下，先百禽而翔集。薰風飄而響清，甘露沾而羽濕。對離景以照耀，披慶雲而出入。來儀則那，樂我時和，因物見志，爲鳳凰之歌。歌曰：處分明兮繫舒慘，一人慶兮萬物感。羽族猶得以効珍，微生何久於習坎。

宋 歐陽修《文忠集》卷一《居士集・古詩三十八首・贈杜默》 南山有鳴鳳，其音和且清。鳴於有道國，出則天下平。杜默東土秀，能吟鳳凰聲。作詩幾百篇，長歌仍短行。攜之入京邑，欲使衆耳驚。來時上師堂，再拜辭先生。先生頷首遺，教以勿驕矜。贈之三豪篇，而我濫一名。杜子來訪我，欲求相和鳴。顧我文字卑，未足當豪英。豈如子之辭，鏗鍠間鏞笙。淫哇俗所樂，百鳥徒一作方嚶嚶。杜子卷舌去，歸衫翩以輕。京東聚羣盗，河北點新兵。飢荒與愁苦，道路日以盈。子盍引其吭，發聲通下情。上聞天子聰，次使宰相聽。何必九苞禽，始能瑞一作鳴堯庭。子詩何時作，我耳久已傾。願以白玉琴，寫之朱絲繩。

元 王結《文忠集》卷一《孤鳳行》 青青南山樹，羣鳥所托棲。一鳥摅其顛，百鳥相追隨。孤鳳從南來，采翮多光輝。朝餐琅玕實，暮宿梧桐枝。昭然文明祥，應瑞安黔黎。物情忌異類，羣鳥争背馳。由來鸞鳳心，燕雀焉能窺。矯首顧八荒，欲向丹穴歸。祥麟遊帝郊，黄龍棲天池。何當會風雲，相與垂鴻儀。我欲獻丹誠，昌言犯羣威。遲迴歲將晚，悵望空嗟欷。

元 楊維楨《鐵崖古樂府》卷四《丹山鳳》 吴山五色鳳，千歲或一鳴。來見君子國，見則時文明。自從鳴岐後，野鳥襲爲名。鳳兮德久哀，短歌空復情。

又 卷七《鳳鏘鏘》 鳳鏘鏘，求其凰。凰既得，不復念母將。不如城頭烏，日日夜夜哺母與母翔。

元 吴萊《淵穎集》卷一《羅浮鳳賦》 羅浮鳳者，海南小禽也。家君自嶺嶠回，挈之北上。予嘉其身負文采，拔去幽阻，而欲自售其羽儀也。是知士之抱道德懷文章，無微不聞，無遠不達，豈肯久滯於天涯海角之墟而遂已乎。雖然，予愧多矣，乃爲賦曰：

惟海邦之異産，挺羽族之光華。育火德而有燿，控離垣以爲家。迆赤土之重漲，眇丹丘之僻遐。顧性命之淺薄，特盤桓於烟霞。原夫自南自北，載蜚載止。蜚不妄集，棲必倒跱。青飾衣衿，紺流爪觜。信鳳藪之多奇，類鼂臺之所使。吮夕秀於紫芝，嚼寒香於瓊蘤。雖斥鷃之同羣，固鸞凰之等美。於是本山川之迢遞，羡體氣之自然。胡虞衡之弗及，隔瘴癘以能全。戒羅氏而弋舉，命島

夷以籠遷。望上林而奉進，跋神嶽以增妍。念安期之蓄養，受抱朴之矜憐。守一枝於嶺木，得數粒於嵓泉。忽獸圈之可近，任蚍徽之長捐。尚蓬蒿之改觀，何鼎俎之容羶。當其緬南國之蒸爍，泝古龍之沉隘。宜稟賦之爾殊，渺狼睆之昬昧。裸黑質而無繒，甕鱗軀以弗䪊。奈屋居之何有，望魚鼈而犇沛。胡鴟鶨之種族，獨黼黻以藻繪。矧鞦莎而臆蘭，匪距金與羽芥。獻麗容而自媒，炫靈表而罔害。將尤物之移人，豈凡禽之一概。若乃考黔嬴之所毓，鍾品彙而降祥。負英姱而可貴，閟草莽而愈彰。心恒馳於北闕，跡屛於東岡。薦董賈之術業，熾淵雲之辭章。偉畎谷之文翟，諒備采而有光。逖炎洲之孔鷸，或聚冠以見戕。幸全生而特遇，肯處遠以回翔。儻遲延於歲月，恐滅没於殊荒。然則偶時景之和暢，跂閶闔以凝竚。稽師曠之補經，驗冶長之辨語。感軒閣之銜圖，副舜庭之率舞。聲格磔而應弦，勢盤旋而列簴。祠爰居而眩惑，奏鶡雀以笑侮。卵條支而必致，毛拂菻而曷舉。彼尋常之猥陋，雖蘺落其若阻。相盛德之休明，謂萬里而來覿。是故士當貴而自重，世何嫌於處卑。磬山谷之巢穴，奓朝廷之羽儀。仰天地之廣大，拔聖賢於窮羇。極英材之銜鸑，忍道德之擲遺。惻朔風以吹野，慘寒雪以刮肌。屹碧梧而弗實，挺篁竹以無枝。鼓乘傳之壯志，蘊弃繻之妙姿。奈貳負之久梏，窘侏儒之長飢。庶飛搏於鵬路，終飲啄於龍池。尚兹鳥之比數，遂歷言而詠斯。

元 汪克寬《環谷集》卷一《鳳凰來儀賦》 有虞起兮歷耕，重華煒兮文明。袗衣絢兮斧扆，時雍變兮八紘。命后夔以和樂，奏韶箾之九成。致靈鳥之並集，舞威儀於彤庭。想夫鳴球戛擊，絲桐振響，搏拊胥諧，咏歌迭唱。先祖洋洋而格思，羣后逡巡而揖讓。宫縣斯設，簨簴維樅。峙崇牙之捷業，蔚樹羽之衡縱。瞽矇擊柷而作作，眂瞭播鼗以逄逄。陰管騈歙於鐘笙，金奏鏗鏘於大鏞。變徵旋宫，調律同之䃂䃰。執干秉翟，列舞佾之從容。導大塊之至和，致象物之感通。爾其九奏爰終，于飛翔翥。粲粲其章，翽翽其羽。覽德輝於千仞，聿迴臻於殿宇。九苞炫爛，狃黄扉而裵回。五色毰毸，歷玉階而延竚。儀容肅肅而雅馴，翼衛蹌蹌而獻舞。德侔君子，恒揭義而負仁。音協黄鍾，娩鏗金而考鼓。其爲物也，稟乎太一之粹，孕乎丹穴之峯。距弗履乎弱草，咮弗啄乎生蟲。朝憇崑崙，餐琅玕之鎖琗；夕游縣圃，飲玉池之冲瀜。首昂金鷄之喙，尾曳鯨魚之踪。背靈龜而頷燕，後祥麐而前鴻。飛禽三百有六十，而唯是之爲宗。爾其九官都俞，四岳輔弼。洚水懷襄而底平，烝民艱鮮而奏食。八埏皡皡而雍熙，四海安安而寧謐。帝舜之德，殆不翅玄渾之并包，與方儀之立極。是宜太和之音，始迭作於九變。而太平之瑞，騈雄雌而下集。昔者軒轅施德，聿巢阿閣之顛。厥後岐昌修政，爰止高岡之側。羌至聖之致瑞，實後先而同轍。迨夫時垂政熄，代變風漓。尼父興不至之嘆，接輿歌德衰之辭。楚人山鷄，賜千金而誨詔。西都神爵，驚屢至而夸奇。蕭史神仙之恢詭，苻秦謡讖之支離。偉我皇之聖明，協重光於虞帝。大猷昭黼黻之文，雅樂應簫韶之制。賜湛樂於吾民，陶太和於斯世。臯益接武而論思，稷契騈肩而獻替。願羽儀於天朝，効鳴陽於盛際。

明 祝允明《懷星堂集》卷五《鳳凰篇寄盛王二太史》 翩翩雙鳳凰，飛集南海傍。衆鳥徃從之，不棄老秃鶬。鳳凰自飛來，只在海傍宿。人爲天下祥，我爲天下哭。鳳鳴四海清，老鶬亦解啾啾聲。老鶬無鳳姿，籠中拘辱不得争。鳳凰顧老鶬，相慰勿自傷。老鶬荅鳳凰，鳳兮知老鶬。老鶬只在草莽伏，物遇其類心凱康。但令鳳凰聮翩上阿閣，老鶬百歲没向江湖亦足樂。

明 李攀龍《白雪樓詩集》卷一《五鳳曲》 梧桐生高岡，鳳凰鳴中央。三百六十鳥，翁雜朝四方。其東鳴青鶡，其西鳴鷫鸘。鸑鷟鳴其陰，鵜雀鳴其陽。

明 宗臣《宗子相集》卷三《孤鳳篇》 紫庭有丹鳳，羽翮何翩翩。朝游華山雲，暮宿蒼梧烟。一朝失其凰，嗟哉相棄捐。彷徨四海求，何當待來旋。采采琅玕實，顧影徒遷延。豈無鴻鵠羣，而非情所憐。悲鳴入赤霄，翱翔不計年。千載覽德輝，來儀聖明前。

明 張居正《新刻張太岳先生文集》卷一《朱鳳吟》 朱鳳失其羣，十年不得雙。早棲漢宫樹，獨啄瑶草芳。羽族雖萬類，誰可相頡頏。西來見王母，假我青鸞皇。翳我上太清，飄飄浮雲翔。竹實已千載，修梧蔽扶桑。窮覽遇八極，遨遊仰三光。仙遊誠足娱，故雌安可忘。

明 薛論道《林石逸興》卷四《黄鶯兒·鳳凰》 五色羽成文，太平時儀聖君。三百六十禽中俊，鷄冠燕唇，前鴻後鱗。孤高常在青霄，舊志不倫，自歌自舞，羞與雀同群。

明 謝肇淛《小草齋集》卷二《古樂府·神鳳操》 周成王時，鳳皇翔舞，王乃作歌：庭有梧兮萋萋，鳳皇鳴兮喈喈。羽煜燿兮迴于飛，集紫閣兮朝神祇。昔我文祖兮鳴于岐，顧冲人兮焉儀。

清 張仁熙《藕灣詩集》卷一《樂府·有鳥》 丹山有鳥，名爲鳳凰。經時歷

歲，不棲高岡。人不識鳳，謂鳳何傷。乃與凡鳥，降于論桑。鳳兮不鳴，韶護何音。鳳兮不飛，凡鳥增悲。嗟彼鳳鳥，去于殊域。德音不忘，是用太息。龍潛汙泥，螻螘制之。誰知龍心，隱鱗保機。

清 汪志伊《稼門詩鈔》卷九《五截·知新詩·鳳玉美貞士也》 鳳寧争腐鼠，玉不受纖塵。美矣懷貞士，兢兢在潔身。

清 張裕釗《濂亭文集·遺詩》卷二《威鳳篇》 威鳳下丹霄，飄飖來紫庭。光色燭宇宙，再撫周八溟。音響一何遠，雝雝諧咸韺。白日忽再中，天地穆且清。一朝增翮去，曠世不再鳴。仰視羲和車，冉冉復西傾。恍惚聞空外，乃復有鷦鵬。雖乏摶風翼，頗能繼其聲。后夔去已久，顧視莫誰聽。徘徊無所止，高厲浮雲征。西游閬與崑，東翔蓬與瀛。

清 謝章鋌《賭棋山莊所著書·詩集》卷四《鳳凰篇答贊軒》 琅玕慘不花，鳳皇安得食。百鳥顧之噪，一鳥若太息。太息謂鳳皇，青雲矯雙翼。偃蹇百鳥間，何以永朝夕。豈無出山人，種桐待棲集。明霞照四海，覽輝下千尺。願與鳳皇俱，丹邱或可穴。回頭顧燕雀，弓矰將汝及。

雜 録

晉 張華《博物志》卷二 孟舒國民，人首鳥身。其先主爲霤氏，馴百禽。夏后之世，始食卵。孟舒去之，鳳凰隨焉。

宋 陶穀《清異録》卷上《鳳隱》 韋嗣立宅後林麓邃密，有黄鵠一雙，潛於左側。每韋氏有吉慶事，則先期盤翔。時人議曰：人君德感鳳凰呈瑞。世未嘗無鳳凰，非可出之時而自隱耳。今山鵠爲韋氏家候祥，報吉否，則與鳳凰隱同焉者也。

宋 蔡絛《鐵圍山叢談》卷六 博白有遠村，號録含，皆高山大水，人足跡所弗及。斗米一二錢，蓋山險不可出。有小江，號龍贊，魚大者動長六七尺，皆癡不識人也。村民自誇：「我山多鳳凰。」吾且謂妄，從而詰之，則曰：「其大如鵞，五色，有冠，率居大木之巔，穴木而巢焉。遇天氣清明必出，出必雙雙而飛。所過則羣鳥舉爲之斂翼，俛首而伏，不敢鳴者久之。」吾嘆曰：「此真鳳凰也。」古人謂南方丹山産鳳，爲信。

明 牛衷《增修埤雅廣要》卷三一《什物門·異珍類·鳳凰臺》 鳳凰，神鳥也。候其棲止處，掘土三尺，其下必有圓石，白狀如卵，謂之鳳凰臺。磨食之，可癒癲癇狂熱等疾。《本草》

明 陳邦俊《廣諧史》卷一〇《俞九苞傳鳳》 俞九苞字汝瑞，一字從鳥，系出有巢氏。祖鸑鷟，父鷃毛，世居東方君子國。爲俞族之長，生而神靈。嗜隱逸，負禮蹈信，戴仁纓義。覽九州，觀八極，究萬物，通天地，盖潛德士也。朝遊崑崙，暮宿丹穴。漱流于砥柱，濯足于弱水。幽棲碧梧之間，飲竹實以自養。生十子，同居共母惟以相保。笑傲山林，無以世爲念矣。時有女牀山友人諱青鸞者，相勉曰：「子異材也。余觀子之形，鴻前而麟後，蛇頭而魚腹，龍文而龜背，燕頷而雞喙，殆王者之嘉瑞，必非終老林下者。顧欲自棄明時，左矣。且余非子伍也，竊子之似，猶蒙世重。況子素養碩望，覽德輝而下之。則海隅蒼生，必將顒顒然賀太平，頌明聖。由是子奮于前，余附于尾，相與和鳴國家之盛，無乃不可乎？」苞曰：「諾。吾將仕矣。今黄帝時，天氣休通，五竹期化。」遂銜圖以見。帝甫坐于玄扈，爲之再拜受圖。館之東園，命離珠宰膳，饌以璆琳，飼以琅玕，極其寵異。苞當飲食，必自歌舞，盖亦以盛世爲樂也。不一年，進遷《河圖》，天下大治。終帝朝無去志，人始備覩其豐采。黄帝既没，少昊帝嚳雖僉有聖德，而九苞亦僅僅見耳，其不輕于仕如此。追聞堯德，則天復負圖授之，遂仕焉。圖以赤玉爲押，黄金檢，白玉繩，其章曰「天敕帝符璽」。後堯禪舜，别職司晨。聞蕭韶則儀于庭，誠所謂喜起之世也。同寅有孟虧者，嘗爲舜馴百官。狀固詭異，而靈慧相類，故與之甚善。至夏后之末，見民食卵，虧曰：「不仁哉！」即謀去，苞從之，隱于丹山。自是世更二代，位易數王，寥乎無聞。至周文王時，乃棲遲岐山，美聲稱焉。其所著口義，有「歸嬉」、「提扶」、「善哉」、「賀世」、「郎都」、「固常」、「蜚明」、「保章」、「上翔」、「歸昌」等説。天下翕然，爲之異聞，然亦特其兆耳。成王之朝，始見于紫庭，王鼓琴迎之。侍御未幾，而周室日躋隆盛，故迄今誦周成之德，而稱九苞之功不衰。奈何中葉澆灕，飄然復遁。賢人君子，所以不能無「吾已矣」之嘆也。漢元始以來，乃或云居東海，或云遊上林，或又云集濟陽。然踪跡靡定，復亦竟莫知其終焉。自軒轅以至唐、虞、周、漢，幾三千年。偶一出見，其玉貌丰儀，宛然如昔。雖其不履生蟲，不踐生草，推其一念好生之仁，亦或可以綿壽苐未必。其修齡若是，人甫疑之。東方朔自瑶池還，相傳九苞與青鸞偕侍王母，乃知其果異人。而帝王得之，卒易治者此故哉。

國史曰：世之論九苞者，説亦詳且備矣，然未有言其壽至三千歲者，

豈其相傳之妄耶？不知九苞神物也。謂之曰神，則變幻叵測，瞬息萬年，壽蓋不足言也。但其非聖明之世不出，而又數見于炎漢者何？噫！此正九苞之不得已也。春秋出而甘德衰之讖，則漢之出也，其即春秋之時之意歟。

清 吴綺《嶺南風物記》 金鳳出儋州，大如指，身五色，冠首修尾，儼如美人釵上金鳳也。

圖表

晉 郭璞《爾雅音圖・釋鳥》

明 李時珍《本草綱目・圖卷》

明 王圻《三才圖會・人物十一卷・梅福》 梅福字子真，壽春人。至仙霞山，遇空同仙君，授以内外丹法，謂福曰：「汝緣在飛鴻山。」福遂往，結菴修煉，丹成，復還壽春。一日，紫霧浮空，金童玉女捧詔控鸞下。福拜詔，辭家乘鸞而去。

又《鳥獸一・鳳》 鳳，神鳥也，俗呼鳥王。羽蟲三百六十，而鳳爲之長。鴻前麐後，蛇頸魚尾，鸛顙鴛思，龍文龜背，燕頷雞喙，五色備舉。出於東方君子之國，見即天下大寧。首文曰德，翼文曰禮，背文曰義，膺文曰仁，腹文曰信。其聲若簫。不啄生蟲，不折生草。不群居，不旅行，不罹羅網。非梧桐不棲，非竹實不食，非醴泉不飲。

又《鸞》《説文》云：鸞，神靈之精也。赤色，五采，雞形。鳴中五音，頌聲作則至。一曰青鳳爲鸞鸞。雌曰和，雄曰鸞。舊云鸞血作膠，可續弓弩、琴瑟之弦。或曰：鸞，鳳之亞也。始生類鳳，久則五采變易。當上古時，鸞輿順動，此鳥輒集車上，雄鳴於前，雌應於後。後世不能致，作和鸞以象之，因謂之鸞仗。

又《鳥獸二·鸑鷟》丹穴山有鸑鷟者，鳳之屬也，亦神鳥也。如鳳，五色而多紫。《國語》曰：周之興也，鸑鷟鳴于岐山。

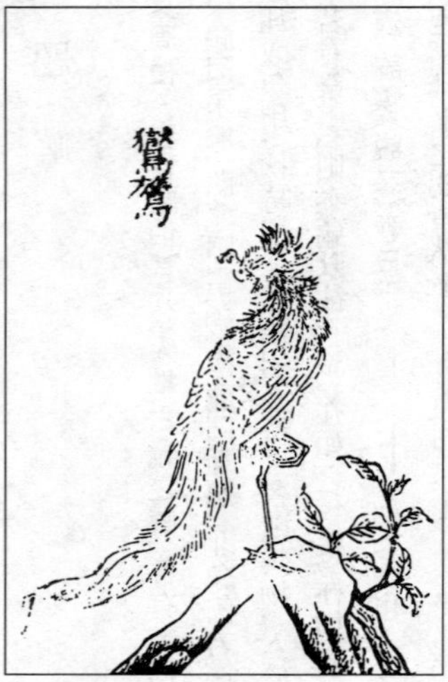

清 徐鼎《毛詩名物圖説》卷一 《爾雅》：鶠，鳳。其雌皇。《山海經》：丹穴之山，有鳥如雞，五彩而文，名曰鳳凰。首文曰德，翼文曰順，背文曰義，膺文曰仁，腹文曰信。飲食自歌自舞，見則天下大安寧。《荀子》引逸詩云：鳳凰秋秋，其翼若干，其聲若簫。《廣雅》：雄鳴曰即即，雌鳴曰足足，昏鳴曰固常，晨鳴曰發明，晝鳴曰保長，舉鳴曰上翔，集鳴曰歸昌。郭璞曰：瑞應鳥，雞頭，蛇頸，燕頷，龜背，魚尾，五彩色，高六尺許。正義曰：《説文》云，神鳥也。天老曰：五色備舉，出於東方君子之國，翺翔四海之外，過崑崙，飲砥柱，濯羽弱水，暮宿風穴。字从鳥，凡聲。鳳飛則羣鳥從以萬數，故鳳古作朋字。《埤雅》：古文作□，象形。蓋四靈惟鳳能鳩其類，故以爲朋黨之字。舊説不啄生蟲，不折生草，不羣居，不旅行，不罹羅網，非梧桐不棲，非竹實不食，非醴泉不飲。《名物解》：少昊以鳥名官，鳳皇爲曆正，分至啓閉之官，皆有屬焉，故《詩》以喻大臣。愚按：《大戴禮》云：羽蟲三百六十，而鳳皇爲之長。蓋鳳總凡鳥也。雄曰鳳，雌曰皇，色備五彩，音中六律，天下文明之物也。

龜

題解

《周禮·春官宗伯》 龜人掌六龜之屬，各有名物。天龜曰靈屬，地龜曰繹屬，東龜曰果屬，西龜曰雷屬，南龜曰獵屬，北龜曰若屬，各以其方之色與其體辨之。凡取龜用，秋時；攻龜用，春時。各以其物，入於龜室。上春釁龜，祭祀先卜。若有祭事，則奉龜以往。旅，亦如之。喪，亦如之。

漢 許慎《説文》卷三下 卜 ，灼剥龜也，象灸龜之形。一曰象龜兆之從横也。凡卜之屬皆从卜。 古文卜。

又 卷一三下 龜 ，舊也。外骨内肉者也。从它，龜頭與它頭同。天地之性，廣肩無雄，龜鼈之類，以它爲雄。象足甲尾之形。凡龜之屬皆从龜。 ，古文龜。居追切。

𪚧 ，龜名。从龜夂聲。夂，古文終字。徒冬切。

䶲 ，龜甲邊也。从龜冄聲。天子巨䶲尺有二寸，諸侯尺，大夫八寸，士六寸。没閻切。

文三 重一

黽 ，鼃黽也。从它象形。黽頭與它頭同。臣鉉等曰：色，其腹也。凡黽之屬，皆从黽。莫杏切。 ，籀文黽。

鼈 ，甲蟲也。从黽敝聲。并列切。

黿 ，大鼈也。从黽元聲。愚袁切。

宋 戴侗《六書故》卷二〇《動物四》 鼈 。别作鱉。

黿 ，似鼈而楕，長大者幾丈。别作鼋。

鼇 。《説文》曰：海大鼈也。

𪓐 ，鼂，海之介物，似龜而甲，有黑班文。今人以爲器物首飾，古單作毒冒。别作蝳蝐、瑇瑁。【略】

龜 。《爾雅》曰：一曰神龜，二曰靈龜，三曰攝龜，四曰寶龜，五曰文龜，六曰筮龜，七曰山龜，八曰澤龜，九曰水龜，十曰火龜。攝龜之小者，腹甲曲折，可以翕張。遇蛇則翕甲縮頭，攝而食之。《説文》曰：从它，龜頭與它頭同。天地之性，廣肩無雄，龜鼈之類，以它爲雄。按《説文》以它爲虵，龜鼈皆有雌雄。野人目擊其尾接龜，乃有能食虵者。其頭不與虵同。許氏之説，蓋傳譌也。

論説

唐 李華《李遐叔文集》卷二《卜論》 天地之大德曰生，舜好生之德洽于人心。五福首乎壽，麟、鳳、龜、龍謂之四靈。龜不傷物，呼吸元和，於介蟲爲長而壽。古之聖者刳而腹之，觀其裂畫，以定吉凶。殘其生，勦其壽，既勦殘之，而求其靈夫何故？愚未知夫天地之心、聖達之謨。靈之壽之，而夭戮之，脱其肉，鑽其骸，精氣復于無物，而貞悔發乎焦朽，不其反耶？夫大人與天地合其德，與日月合其明，與四時合其序，與鬼神合其吉凶，不當妄也。壽而夭之，豈合其德乎？因物求徵，豈合其明乎？毒靈介而徵其神，豈合其序乎？假枯殼而决狐疑，豈合其吉凶乎？《洪範》曰：爾有大疑，謀及卜筮。聖人不當有疑於人以筮也。夫祭有尸，自虞夏商周不變。戰國蕩古法，祭無尸。尸之重重於卜，則明廢龜可也。又聞夫鑄刀劒者不成，則屠大彘而祭之，被髮而哭之，則成而利，蓋不祥器也。其神者，躍爲龍蛇，穿木石，入泉源，以至發炯光聲音。人不能自神，因天地之氣，化天地之物而爲神，固無悉然，是亦爲怪。古者成宫室必落之，鐘鼓器械必釁之，豈神明貴殺享羶腥歟？今亡其禮，未問屋室不安身，而器物不利用。由是而言，則卜筮陰陽之流，皆妄作也。夫潔壇墠而布精誠，求福之來，緬不可致。耕夫蠶婦，神一草木，禱一禽畜，鼓而舞之，謂妖祥如答，實歟妄歟？犧文之《易》，更周孔之述，以爲至矣。楊子雲爲《太玄》，設卦辨吉凶，如《易》之告。若使後代有如楊子雲，又爲一書可筮，則象數之變其可既乎？專任道德以貫之，則天地之理盡矣，又焉假夫蓍龜乎？又焉徵夫鬼神乎？子不語是，存乎道義也。

唐 史徵《周易口訣義》卷三 靈龜謂神靈，明兆之物，喻己之明德。

宋 胡瑗《周易口義》卷七《下經》 義曰：龜者，決疑之物，以喻人之才智也。

宋 歐陽修《新唐書》卷三四《五行志》 《五行傳》曰：「田獵不宿，飲食不享，出入不節，奪民農時，及有姦謀，則木不曲直。」謂生不暢茂，多折槁，及爲變怪而失其性也。又曰：「貌之不恭，是謂不肅。厥咎狂，厥罰常雨，厥極凶。時則有服妖，時則有龜孽，時則有雞禍，時則有下體生上之痾，時則有青眚青祥，鼠妖，惟金沴木。」

宋 韓琦《上仁宗論石龜》（《宋名臣奏議》卷三六引） 臣聞通利軍奏，衛縣民得石龜一，其上鐫刻讖文，略云：道士趙永昌於顯慶元年鐫記，後至三百六十五年出現，時有聖君治世，皇后劉氏，合有聖子紹位。觀其文字鄙俗，固不能上惑天聽。臣竊計，唐高宗顯慶元年至國朝天禧四年，方及三百六十五年。蓋是當年造僞人妄求恩倖，有此刊刻。後恐事迹彰敗，是故隱而不言。至今又經一十八年，方爲縣民所獲，即於讖文，自已乖謬。陛下至明至聖，固已洞鑒其妄。即緣却降下本處軍資庫收附乃是。未詳真僞，猶示秘藏，臣恐中外聞知，有以來欺詐之漸。欲乞特降聖旨下本軍，令知軍當面毁棄。訖奏所貴，僞端不起，羣聽無疑。臣以其事雖小，而於體大，故敢上言。寶元元年上，時爲右司諫。

宋 周去非《嶺外代答》卷一〇《六目龜》 聞欽七洞有六目龜，欣然異之，因人求得，乃真目之上有四僞目耳。所謂僞目，即頭上金黄花紋圓長中黑似目也。然僞目與真目排比，正正不偏，無一不然，亦足愛矣。常龜養之不死，是龜旬日即死。是殆不以龜養龜而然歟？

明 陳士元《論語類考》卷二一《鳥獸考・蔡龜》 包咸氏曰：蔡，國君之守龜，出蔡，因以爲名焉。長尺有二寸。

朱子曰：蔡，大龜也。

元按：《漢書》云：元龜爲蔡，非四民所得居。元龜長尺二寸，公龜九寸，侯龜七寸，子男龜五寸。《家語》：漆雕平對孔子云：臧氏有守龜，其名曰「蔡」。文仲三年而爲一兆，武仲三年而爲二兆。是蔡乃龜之名耳。鄭玄、包咸皆云出蔡地，因以爲名，不知何據。又《左傳》：臧武仲得罪於魯，出奔邾，使告其兄賈於鑄，且致大蔡焉。賈再拜受龜，乃立臧爲，爲臧氏後。其子昭伯，嘗如晉。從弟會，竊其寶龜僂句，以卜吉。後季平子立會爲臧氏後，會曰：「僂句不余欺也。」注云：僂句，寶龜所出地名，豈臧氏二龜，一名蔡，一名僂句乎？《周禮・龜人》云：六龜之屬各有名物。蓋龜以徑尺爲寶，諸侯以之守國，《易》云「十朋之龜」是也。大夫藏龜僭矣。

明 姚光祚《廣蒙求》卷三七《東海鼇游》 《符子》：東海有鼇焉，冠蓬萊而遊於滄海，騰躍而上則干雲，没而下潛於重泉。有群蟻相要乎海畔，欲觀鼇之行。月餘未出，群作也。數日風止，海中隱崙如岊，其高槩天，或游而西。群蟻曰：「彼之冠山，何異乎我之戴粒也？逍遥壞封之巔，歸服乎窟穴之下。此乃物我之適，自已而然。我何用數百里勞形而觀之乎？」

明 田藝衡《留青日札》卷三〇《龜》 《説苑》曰：龜千歲能與人言。此或解人言也。如今之吴下婦女，教龜筭命者，小龜皆能曉人言語，令行即行，令止即止，不必千歲也。又有烏龜疊塔之戲，甚奇異。至於《洞冥記》乃曰「獻能言之龜」，則未之聞也。

清 刁包《易酌》卷五 初九，舍爾靈龜，觀我朵頤，凶。

《戴記》以龜爲四靈之一，故曰靈龜。龜咽息不食，非待養于人者，所謂人人有貴于己者，良貴也，舍此而朵動其頤于四，則爲垂涎之狀矣。

綜　述

《易・頤》 初九：舍爾靈龜，觀我朵頤，凶。

《易・損》 六五：或益之十朋之龜，弗克違，元吉。

《易・益》 六二：或益之十朋之龜，弗克違永貞，吉。王用享于帝，吉。

《尚書・洪範》 七，稽疑：擇建立卜筮人，乃命卜筮。曰雨，曰霽，曰蒙，曰驛，曰克，曰貞，曰悔，凡七。卜五，占用二，衍忒。立時人作卜筮，三人占，則從二人之言。汝則有大疑，謀及乃心，謀及卿士，謀及庶人，謀及卜筮。汝則從，龜從，筮從，卿士從，庶民從，是之謂大同。身其康强，子孫其逢吉。汝則從，龜從，筮從，卿士逆，庶民逆，吉。卿士從，龜從，筮從，汝則逆，庶民逆，吉。庶民從，龜從，筮從，汝則逆，卿士逆，吉。汝則從，龜從，筮逆，卿士逆，庶民逆，作内吉，作外凶。龜筮共違於人，用静吉，用作凶。

《山海經・南山經》 又東三百七十里，曰杻陽之山。【略】怪水出焉，而東流注於憲翼之水。其中多玄龜，其狀如龜，而鳥首虺尾，其名曰旋龜，其音如判

木，佩之不聾，可以爲底。

《山海經・中山經》又東五十七里，曰大苦之山。【略】其陽狂水出焉，西南流注于伊水。其中多三足龜，食者無大疾，可以已腫。

《禮記・禮器》諸侯以龜爲寶，以圭爲瑞。家不寶龜，不藏圭，不臺門，言有稱也。注：古者貨貝寶龜，大夫以下有貨耳。《易》曰：十朋之龜。瑞，信也。諸侯執瑞，孤卿以下執摯。闍者謂之臺。【略】疏：【略】鄭注引《爾雅》云：一曰神龜。郭注：此當龜以爲畜在宫沼者。二曰靈龜。注云：今江東所用卜龜黄靈黑靈者，此盖與天龜靈屬一也。三曰攝龜。注云：以腹甲翕然攝斂頭閉藏之。即當《周禮》地與四方之龜，知者，以皆有奄斂之義故也。四曰寶龜。即「遺我大寶龜」，及《樂記》曰「青黑緑者，天子之寶龜」，及《公羊》定公八年「龜青純」皆是也。五曰文龜。注：甲有文采者。《河圖》云：靈龜，負書丹甲青文是也。言靈者，直是神龜之義，非天龜也。六曰筮龜。注云：常在蓍叢下者。七曰山龜。八曰澤龜。九曰水龜。十曰火龜。注：此皆説龜所生處也。大凡神、靈、寶、文、攝，唯五體而已。《家語》：臧氏家有守龜，名曰蔡。文仲三年爲一兆，武仲三年而爲二兆，孺子容三年而爲三兆，此云家不寶龜。案：《三正記》、《白虎通》：天子之龜尺二寸，諸侯一尺，大夫八寸者，彼謂卜龜。士亦有龜，故《士喪禮》卜宅是也。龜出於蔡，故得以爲名也。臣瓚注《漢書》云：蔡，龜名。非也。臧氏又有僂句，故《左氏》昭二十五年傳云「僂句不余欺」是也。《食貨志》云：元龜，尺二寸，直二千一百六十，爲大貝十朋。公龜九寸以上，直五百，爲壯貝十朋。侯龜七寸以上，直三百，爲幺貝十朋。子龜五寸以上，直百，爲小貝十朋。此等皆謂一貝，有十朋，與十朋之龜義同也。云「闍者謂之臺」，《爾雅・釋宫》文。

《爾雅・釋魚》鼈三足，能。龜三足，賁。注：《山海經》曰：從山多三足鼈，大苦山多三足龜。吴興郡陽羨縣君山上有池，池中出三足鼈，又有六眼龜。疏：鼈、龜皆四足，三足者異，故異其名。鼈之三足者名能，龜之三足者名賁也。案《中山經》云：游戲山東南三十五里，曰從山，從水出其上，潛其下，其中多三足鼈，食之無蟲疫。是從山多三足鼈也。又云：放皋山東五十七里，曰大苦山，陽狂水出焉，西南注伊水，中多三足龜，食者無大疾，可以已腫。是大苦山多三足龜也。云「吴興郡」以下者，以時驗而言也。

【略】

龜，俯者靈。注：行頭低。仰者謝。注：行頭仰。前弇諸果。注：甲前長。後弇諸獵。注：甲後長。左倪不類。注：行頭左庳，今江東所謂左食者，以甲卜審。右倪不若。注：行頭右庳，爲右食，甲形皆爾。疏：此辨龜之俯仰、前後、左右，其形不同，其名亦異也。云「龜」者，目諸龜也。云「俯者靈」者，謂行時頭低，《周禮》「天龜曰靈屬」是也。云「仰者謝」者，謂行時頭仰，《周禮》「地龜曰繹屬」是也。云「前弇諸果」者，諸，辭也。謂「甲前長弇覆」者名果，《周禮》「東龜曰果屬」是也。云「後弇諸獵」者，諸，亦辭也。謂「甲後長弇覆」者名獵，《周禮》「南龜曰獵屬」是也。云「左倪不類」者，倪庳也，不發聲也。謂「行時頭左邊庳下」者名類，《周禮》「西龜曰靁屬」是也。云「右倪不若」者，不亦發聲也。謂「行時頭右邊庳下」者，名若，《周禮》「北龜曰若屬」是也。《周禮》又云：「各以其方之色與其體辨之。」鄭注云：屬，言非一也。色，謂天龜玄，地龜黄，東龜青，西龜白，南龜赤，北龜黑。俯者靈，仰者繹，前弇果，後弇獵，左倪靁，右倪若，是其體也。東龜、南龜長前後，在陽，象經也。西龜、北龜長左右，在陰，象緯也。天龜俯，地龜仰，東龜前，南龜卻，西龜左，北龜右，各從其耦也。是《周禮》先有成文，故此釋之。鄭取此文爲説，其言正同。惟繹與謝、靁與類小異耳，其義亦同。案：賈公彦説《周禮》，以倪爲睥睨，則左倪、右倪是左顧右顧也。郭氏以庳解倪，及云「今江東所謂左食者」，皆以時驗而言也。云「以甲卜審」，言用此龜之甲，以卜吉凶審諦也。【略】

一曰神龜，注：龜之最神明。二曰靈龜，注：涪陵郡出大龜，甲可以卜，緣中文似瑇瑁，俗呼爲靈龜，即今觜蠵龜。一名靈蠵，能鳴。三曰攝龜，注：小龜也。腹甲曲折，解能自張閉，好食蛇，江東呼爲陵龜。四曰寶龜，注：《書》曰：「遺我大寶龜。」五曰文龜，注：甲有文彩者。《河圖》曰：「靈龜負書，丹甲青文。」六曰筮龜，注：常在蓍叢下潛伏，見《龜策傳》。七曰山龜，八曰澤龜，九曰水龜，十曰火龜。注：此皆説龜生之處所。火龜猶火鼠耳。物有含異氣者，不可以常理推，然亦無所怪。音義：涪，音浮，又音苻。緣，悦絹反。瑇，字又作蝳，音代，或作徒妹反。蝐，字又作帽，音妹。觜，字又作蠵，子移反，或子隨反。蠵，以規反，又下圭反。《字林》云：大龜似猬也。攝，謝之涉反，郭祛浹反，施之協反。折，之舌反。解，音蟹，好呼報反。遺，唯季反。筮，舌制反。蓍，音尸，叢才空反。《説文》云：草衆也。見，音現，策初革反。傳，直戀反。處，昌慮反。疏：《易・損卦・六五》爻辭云：「十朋之龜，弗克違。」馬、鄭皆取此文解之。則此經十龜所以釋《易》也。神龜者，龜之最神明者也。《禮統》曰：「神龜之象，上圓法天，下方法地，背上盤法丘山，玄文交錯以成列宿，長尺二寸，明吉凶，不言而信者」是也。靈龜，龜之有靈、次神龜者。《雒書》曰：「靈龜者，玄文五色，神靈之精也。」攝龜，龜之小者。腹甲曲折，能自張閉者也。寶龜，傳國所實者。《春秋》經曰：「盜竊寶玉大弓。」《公羊傳》云：「寶者何」，「龜青純」。何休云：「謂之寶者，言世世寶用之辭」是也。文龜，甲有文彩者。筮龜，在蓍叢下者。山龜，生山中者。澤龜，生澤中者。水龜，生水中者。火龜，生火中者。注「《書》曰：『遺我大寶龜。』」此《周書・大誥》文也。注「《河圖》至青文」，引之以證龜甲有文彩也。其實《河圖》説靈龜也，非此經之文龜，取其一邉耳。注云「常在」至「《龜策傳》」者。《龜策傳》云：傳曰：「上有壽蓍，下有神龜。」又云：「聞蓍滿百莖者，其下必有神龜守之，其上常有青雲覆之。」傳曰「天下和平，王道得而蓍莖長丈，其叢生滿百」是也。注云「火

龜猶火鼠耳」者，嫌龜不生於火，故以火鼠猶之也。郭注《山海經》云「今去扶南東萬里有耆薄國，復五千里許有火山國。其山雖霖雨，火常燃。火中白鼠時出山邊求食，人捕得之，以毛作布，名之火澣布」是也。

漢　司馬遷《史記》卷一二八《龜策列傳》　褚先生曰：臣以通經術，受業博士，治《春秋》，以高第爲郎，幸得宿衛，出入宮殿中十有餘年。竊好《太史公傳》。《太史公之傳》曰：「三王不同龜，四夷各異卜，然各以決吉凶，略闚其要，故作《龜策列傳》。」臣往來長安中，求《龜策列傳》不能得，故之大卜官，問掌故文學長老習事者，寫取龜策卜事，編于下方。

聞古五帝、三王發動舉事，必先決蓍龜。傳曰：索隱：此傳即太卜所得古占龜之說也。「下有伏靈，上有兔絲；上有擣蓍，下有神龜。」所謂伏靈者，在兔絲之下，狀似飛鳥之形。新雨已，天清静無風，以夜捎兔絲去之，即以篝燭此地燭之，火滅，即記其處，以新布四丈環置之，明即掘取之，入四尺至七尺，得矣，過七尺不可得。伏靈者，千歲松根也，食之不死。聞蓍生滿百莖者，其下必有神龜守之，其上常有青雲覆之。傳曰：「天下和平，王道得，而蓍莖長丈，其叢生滿百莖。」方今世取蓍者，不能中古法度，不能得滿百莖長丈者，取八十莖已上，蓍長八尺，即難得也。人民好用卦者，取滿六十莖已上，長滿六尺者，即可用矣。記曰：「能得名龜者，財物歸之，家必大富至千萬。」一曰「北斗龜」，二曰「南辰龜」，三曰「五星龜」，四曰「八風龜」，五曰「二十八宿龜」，六曰「日月龜」，七曰「九州龜」，八曰「玉龜」：凡八名龜。龜圖各有文在腹下，文云云者，此某之龜也。略記其大指，不寫其圖。取此龜不必滿尺二寸，民人得長七八寸，可寶矣。今夫珠玉寶器，雖有所深藏，必見其光，必出其神明，其此之謂乎！故玉處於山而木潤，淵生珠而岸不枯者，潤澤之所加也。明月之珠出於江海，藏於蚌中，蚗龍伏之。王者得之，長有天下，四夷賓服。能得百莖蓍，并得其下龜以卜者，百言百當，足以決吉凶。

神龜出於江水中，廬江郡常歲時生龜長尺二寸者二十枚輸太卜官，太卜官因以吉日剔取其腹下甲。龜千歲乃滿尺二寸。王者發軍行將，必鑽龜廟堂之上，以決吉凶。今高廟中有龜室，藏内以爲神寶。

傳曰：「取前足臑骨穿佩之，取龜置室西北隅懸之，以入深山大林中，不惑。」臣爲郎時，見《萬畢石朱方》，傳曰：「有神龜在江南嘉林中。嘉林者，獸無虎狼，鳥無鴟梟，草無毒螫，野火不及，斧斤不至，是爲嘉林。龜在其中，常巢於芳蓮之上。左脅書文曰：『甲子重光，得我者匹夫爲人君，有土正，諸侯得我爲帝王。』求之於白蛇蟠杅林中者，齋戒以待，譺然，狀如有人來告之，因以醮酒佗髮，求之三宿而得。」由是觀之，豈不偉哉！故龜可不敬與？

南方老人用龜支牀足，行二十餘歲，老人死，移牀，龜尚生不死。龜能行氣導引。問者曰：「龜至神若此，然太卜官得生龜，何爲輒殺取其甲乎？」近世江上人有得名龜，畜置之，家因大富。與人議，欲遣去。人教殺之勿遣，遣之破人家。龜見夢曰：「送我水中，無殺吾也。」其家終殺之。殺之後，身死，家不利。人民與君王者異道。人民得名龜，其狀類不宜殺也。以往古故事言之，古明王聖主皆殺而用之。

宋元王時得龜，亦殺而用之。謹連其事於左方，令好事者觀擇其中焉。

宋元王二年，江使神龜使於河，至於泉陽，漁者豫且舉網得而囚之，置之籠中。夜半，龜來見夢於宋元王曰：「我爲江使於河，而幕網當吾路。泉陽豫且得我，我不能去。身在患中，莫可告語。王有德義，故來告訴。」元王惕然而悟。乃召博士衛平而問之曰：「今寡人夢見一丈夫，延頸而長頭，衣玄繡之衣而乘輜車，來見夢於寡人曰：『我爲江使於河，而幕網當吾路。泉陽豫且得我，我不能去。身在患中，莫可告語。王有德義，故來告訴。』是何物也？」衛平乃援式而起，仰天而視月之光，觀斗所指，定日處鄉。規矩爲輔，副以權衡。四維已定，八卦相望。視其吉凶，介蟲先見。乃對元王曰：「今昔壬子，宿在牽牛。河水大會，鬼神相謀。漢正南北，江河固期，南風新至，江使先來。白雲壅漢，萬物盡留。斗柄指日，使者當囚。玄服而乘輜車，其名爲龜。王急使人問而求之。」王曰：「善。」

於是王乃使人馳而往問泉陽令曰：「漁者幾何家？名誰爲豫且？豫且得龜，見夢於王，王故使我求之。」泉陽令乃使吏案籍視圖，水上漁者五十五家，上流之廬，名爲豫且。泉陽令曰：「諾。」乃與使者馳而問豫且曰：「今昔汝漁何得？」豫且曰：「夜半時舉網得龜。」使者曰：「今龜安在？」曰：「在籠中。」使者曰：「王知子得龜，故使我求之。」豫且曰：「諾。」即系龜而出之籠中，獻使者。

使者載行，出於泉陽之門。正晝無見，風雨晦冥。雲蓋其上，五采青黃；雷雨並起，風將而行。入於端門，見於東箱。身如流水，潤澤有光。望見元王，延頸而前，三步而止，縮頸而卻，復其故處。元王見而怪之，問衛平曰：「龜見寡

人，延頸而前，以何望也？縮頸而復，是何當也？」衛平對曰：「龜在患中，而終昔囚，王有德義，使人活之。今延頸而前，以當謝也，縮頸而卻，欲亟去也。」元王曰：「善哉！神至如此乎，不可久留；趣駕送龜，勿令失期。」

衛平對曰：「龜者是天下之寶也，先得此龜者爲天子，且十言十當，十戰十勝。生於深淵，長於黄土。知天之道，明於上古。游三千歲，不出其域。安平静正，動不用力。壽蔽天地，莫知其極。與物變化，四時變色。居而自匿，伏而不食。春倉夏黄，秋白冬黑。明於陰陽，審於刑德。先知利害，察於禍福。以言而當，以戰而勝，王能寶之，諸侯盡服。王勿遣也，以安社稷。」

元王曰：「龜甚神靈，降于上天，陷於深淵。在患難中，以我爲賢。德厚而忠信，故來告寡人。寡人若不遣也，是漁者也。漁者利其肉，寡人貪其力，下爲不仁，上爲無德。君臣無禮，何從有福？寡人不忍，柰何勿遣！」

衛平對曰：「不然。臣聞盛德不報，重寄不歸；天與不受，天奪之寶。今龜周流天下，還復其所，上至蒼天，下薄泥塗。還徧九州，未嘗愧辱，無所稽留。今至泉陽，漁者辱而囚之。王雖遣之，江河必怒，務求報仇。自以爲侵，因神與謀。淫雨不霽，水不可治。若爲枯旱，風而揚埃，蝗蟲暴生，百姓失時。王行仁義，其罰必來。此無佗故，其祟在龜。後雖悔之，豈有及哉！王勿遣也。」

元王慨然而歎曰：「夫逆人之使，絶人之謀，是不暴乎？取人之有，以自爲寶，是不彊乎？寡人聞之，暴得者必暴亡，彊取者必後無功。桀紂暴彊，身死國亡。今我聽子，是無仁義之名而有暴彊之道。江河爲湯武，我爲桀紂。未見其利，恐離其咎。寡人狐疑，安事此寶，趣駕送龜，勿令久留。」

衛平對曰：「不然，王其無患。天地之間，累石爲山。高而不壞，地得爲安。故云物或危而顧安，或輕而不可遷；人或忠信而不如誕謾，或醜惡而宜大官，或美好佳麗而爲衆人患。非神聖人，莫能盡言。春秋冬夏，或暑或寒。寒暑不和，賊氣相奸。同歲異節，其時使然。故令春生夏長，秋收冬藏。或爲仁義，或爲暴彊。暴彊有鄉，仁義有時。萬物盡然，不可勝治。大王聽臣，臣請悉言之。天出五色，以辨白黑。地生五穀，以知善惡。人民莫知辨也，與禽獸相若。谷居而穴處，不知田作。天下禍亂，陰陽相錯。悤悤疾疾，通而不相擇。妖孽數見，傳爲單薄。聖人别其生，使無相獲。禽獸有牝牡，置之山原；鳥有雌雄，布之林澤；有介之蟲，置之谿谷。故牧人民，爲之城郭，内經閭術，外爲阡陌。夫妻男女，賦之田宅，列其室屋。爲之圖籍，别其名族。立官置吏，勸以爵禄。衣以桑麻，養以五穀。耕之耰之，鉏之耨之。口得所嗜，目得所美，身受其利。以是觀之，非彊不至。故曰田者不彊，困倉不盈；商賈不彊，不得其贏；婦女不彊，布帛不精；官御不彊，其勢不成；大將不彊，卒不使令；侯王不彊，没世無名。故云彊者，事之始也，分之理也，物之紀也。所求於彊，無不有也。王以爲不然，王獨不聞玉櫝隻雉，出於昆山；明月之珠，出於四海；鐫石拌蚌，傳賣於市；聖人得之，以爲大寶。大寶所在，乃爲天子。今王自以爲暴，不如拌蚌於海也，自以爲彊，不過鐫石於昆山也。取者無咎，寶者無患。今龜使來抵網，而遭漁者得之，見夢自言，是國之寶也，王何憂焉。」

元王曰：「不然。寡人聞之，諫者福也，諛者賊也。人主聽諛，是愚惑也。雖然，禍不妄至，福不徒來。天地合氣，以生百財。陰陽有分，不離四時，十有二月，日至爲期。聖人徹焉，身乃無災。明王用之，人莫敢欺。故云福之至也，人自生之；禍之至也，人自成之。禍與福同，刑與德雙。聖人察之，以知吉凶。桀紂之時，與天争功，擁遏鬼神，使不得通。是固已無道矣，諛臣有衆。桀有諛臣，名曰趙梁。教爲無道，勸以貪狼。繫湯夏臺，殺關龍逢。左右恐死，偷諛於傍。國危於累卵，皆曰無傷。稱樂萬歲，或曰未央。蔽其耳目，與之詐狂。湯卒伐桀，身死國亡。聽其諛臣，身獨受殃。《春秋》著之，至今不忘。紂有諛臣，名爲左彊。誇而目巧，教爲象郎。將至於天，又有玉牀。犀玉之器，象箸而羹。聖人剖其心，壯士斬其胻。箕子恐死，被髮佯狂。殺周太子歷，囚文王昌。投之石室，將以昔至明。陰兢活之，與之俱亡。入於周地，得太公望。興卒聚兵，與紂相攻。文王病死，載尸以行。太子發代將，號爲武王。戰於牧野，破之華山之陽。紂不勝敗而還走，圍之象郎。自殺宣室，身死不葬。頭懸車軫，四馬曳行。寡人念其如此，腸如涫湯。是人皆富有天下而貴至天子，然而大傲。欲無猒時，舉事而喜高，貪很而驕。不用忠信，聽其諛臣，而爲天下笑。今寡人之邦，居諸侯之間，曾不如秋毫。舉事不當，又安亡逃！」

衛平對曰：「不然。河雖神賢，不如崑崙之山；江之源理，不如四海，而人尚奪取其寶，諸侯争之，兵革爲起。小國見亡，大國危殆，殺人父兄，虜人妻子，殘國滅廟，以争此寶。戰攻分争，是暴彊也。故云取之以暴彊而治以文理，無逆四時，必親賢士；與陰陽化，鬼神爲使；通於天地，與之爲友。諸侯賓服，民衆殷喜。邦家安寧，與世更始。湯武行之，乃取天子；《春秋》著之，以爲經紀。王不自稱湯武，而自比桀紂。桀紂爲暴彊也，固以爲常。桀爲瓦室，紂爲象郎。徵

絲灼之，務以費(民)〔氓〕。賦斂無度，殺戮無方。殺人六畜，以韋爲囊。囊盛其血，與人縣而射之，與天帝争彊。逆亂四時，先百鬼嘗。諫者輒死，諛者在傍。聖人伏匿，百姓莫行。天數枯旱，國多妖祥。螟蟲歲生，五穀不成。民不安其處，鬼神不享。飄風日起，正晝晦冥。日月並蝕，滅息無光。列星奔亂，皆絶紀綱。以是觀之，安得久長！雖無湯武，時固當亡。故湯伐桀，武王剋紂，其時使然。乃爲天子，子孫續世；終身無咎，後世稱之，至今不已。是皆當時而行，見事而彊，乃能成其帝王。今龜，大寶也，爲聖人使，傳之賢(士)〔王〕。不用手足，雷電將之；風雨送之，流水行之。侯王有德，乃得當之。今王有德而當此寶，恐不敢受；王若遣之，宋必有咎。後雖悔之，亦無及已。」

元王大悦而喜。於是元王向日而謝，再拜而受。擇日齋戒，甲乙最良。乃刑白雉，及與驪羊；以血灌龜，於壇中央。以刀剥之，身全不傷。脯酒禮之，横其腹腸。荆支卜之，必制其創。理達於理，文相錯迎。使工占之，所言盡當。邦福重寶，聞于傍鄉。殺牛取革，被鄭之桐。草木畢分，化爲甲兵。戰勝攻取，莫如元王。元王之時，衛平相宋，宋國最彊，龜之力也。

故云神至能見夢於元王，而不能自出漁者之籠。身能十言盡當，不能通使於河，還報於江。賢能令人戰勝攻取，不能自解於刀鋒，免剥刺之患。聖能先知亟見，而不能令衛平無言。言事百全，至身而攣；當時不利，又焉事賢！賢者有恒常，士有適然。是故明有所不見，聽有所不聞；人雖賢，不能左畫方，右畫圓；日月之明，而時蔽於浮雲。羿名善射，不如雄渠、蠭門；禹名爲辯智，而不能勝鬼神。地柱折，天故毋椽，又柰何責人於全？孔子聞之曰：「神龜知吉凶，而骨直空枯。日爲德而君於天下，辱於三足之烏。月爲刑而相佐，見食於蝦蟆。蝟辱於鵲，騰蛇之神而殆於即且。竹外有節理，中直空虛；松柏爲百木長，而守門閭。日辰不全，故有孤虛。黄金有疵，白玉有瑕。事有所疾，亦有所徐。物有所拘，亦有所據。罔有所數，亦有所疏。人有所貴，亦有所不如。何可而適乎？物安可全乎？天尚不全，故世爲屋，不成三瓦而陳之，以應之天。天下有階，物不全乃生也。」

褚先生曰：漁者舉網而得神龜，龜自見夢宋元王，元王召博士衛平告以夢龜狀，平運式，定日月，分衡度，視吉凶，占龜與物色同，平諫王留神龜以爲國重寶，美矣。古者筮必稱龜者，以其令名，所從來久矣。余述而爲傳。【略】

靈龜卜祝曰：「假之靈龜，五巫五靈，不如神龜之靈，知人死，知人生。某身良貞，某欲求某物。即得也，頭見足發，内外相應；即不得也，頭仰足肸，内外自垂。可得占。」

漢 劉向《説苑》卷一八《辨物》 靈龜文五色，似玉似金，背陰向陽，上隆象天，下平法地，繁衍象山，四趾轉運應四時，文著象二十八宿。虵頭龍翅，左精象日，右精象月。千歲之化，下氣上通，能知吉凶存亡之變。寧則信信如也，動則著矣。神龍能爲高，能爲下，能爲大，能爲小，能爲幽，能爲明，能爲短，能爲長。昭乎其高也，淵乎其下也，薄乎天光，高乎其著也。一有一亡忽微哉，斐然成章，虛無則精以和，動作則靈以化。於戲允哉！君子辟神也。觀彼威儀，遊燕幽閒，有似鳳也。《書》曰：鳥獸鶬鶬，鳳皇來儀。此之謂也。

漢 佚名《尚書中候》（《古微書》卷四引） 周公攝政七年，制禮作樂。成王觀於洛。沈璧禮畢，王退，有玄龜青純蒼光，背甲刻書，上躋於壇，赤文成字，周公寫之。

晉 葛洪《抱朴子·内篇》卷一一《仙藥》 千歲靈龜，五色具焉，其雄額上兩骨起似角，以羊血浴之，乃剔取其甲，火炙擣，服方寸匕，日三盡一具。壽千歲。

南朝梁 任昉《述異記》卷上 龜千年生毛，龜壽五千年謂之神龜，萬年曰靈龜。

唐 徐堅《初學記》卷三〇《龜第十一 叙事》 《雒書》曰：靈龜者，玄文五色，神靈之精也。上隆法天，下平法地，能見存亡，明於吉凶。王者不偏黨，尊者老則出。《洪範五行》曰：龜之言久也，千歲而靈，此禽獸而知吉凶者也。《周官》曰：龜人掌六龜之屬，各有名物。天龜曰靈屬，地龜曰繹屬，東龜曰果屬，西龜曰靁屬，南龜曰獵屬，北龜曰若屬，各以方色與其體辨之。屬言非一也。色謂天龜玄，地龜黄，東龜青，西龜白，南龜赤，北龜黑。凡取龜用秋時，攻龜用春時，各以其物，入于龜室。六龜各異室。上春釁龜，祭祀先卜。《大戴禮》曰：甲蟲三百六十，而神龜爲之長。《逸禮》曰：天子龜尺二寸，諸侯八寸，大夫六寸，士民四寸。龜者，陰蟲之老也。龜三千歲，上游於卷耳之上，老者先知，故君子舉事必考之。《禮統》曰：神龜之象，上圓法天，下方法地。背上有盤法丘山，玄文交錯，以成列宿。五光昭若，玄錦文運，轉應四時，長尺二寸，明吉凶，不言而信。《運斗樞》曰：瑶光星散爲龜。《爾雅》曰：龜三足，賁。龜，俯者靈，仰者謝，前弇諸果，後弇諸獵，左倪不類，右倪不若。一曰神龜，二曰靈龜，三曰攝龜，小龜也。腹甲曲折，解能自張閉也。四曰寶龜，五曰文龜，六曰蓍龜，常在蓍叢下潛伏也。七曰山龜，八

曰澤龜，九曰水龜，十曰火龜。《史記》曰：褚先生曰：能得名龜者，財物歸之，家必大富至千萬。一曰北斗龜，二曰南辰龜，三曰五星龜，四曰八風龜，五曰二十八宿龜，六曰日月龜，七曰玉龜，八曰九州龜，凡八名。其龜圖各有文在腹下，文曰某之龜也。不必滿尺二寸，得七八寸可寶矣。又曰：上有稠蓍，下有神龜。蓍生滿百莖者，其下常有龜守之，其上有青雲覆之。南方老人用龜搘牀足，經二十年，老人死，移牀，龜尚生不死。龜能行氣導引。《宋畧》曰：吴郡獻六眼龜。《南齊書》曰：永明年，唐潛獻青毛神龜一頭。《玄中記》曰：東南之大者巨鼇焉，以背負蓬萊山，周廻千里。巨鼇，巨龜也。又千歲之龜，能與人語。《南越志》曰：龜甲，一名神屋，出南海，生池澤中，吴越謂之元佇。神龜大如拳而色如金，上甲兩邊如鋸齒。爪至利，而能緣大木，捕鳴蟬。至美可食。不中於卜，以其小故也。涪陵大龜，文似瑇瑁，俗號曰靈龜。《抱朴子》曰：千歲之龜，五色具焉。其額上兩骨起似角。浮於蓮葉之上，或在叢蓍之下。其上或時有白雲，蟠蛇龜蛇，潛蟄則食氣。夏恣口而甚瘦，冬穴蟄而大肥。《博物志》曰：大要龜鼉之類無雄，與蛇通氣則孕。龜鼉皆卵生。崔豹《古今注》曰：龜名玄衣督郵。《廣志》曰：觜蠵，形如龜，出交州。山龜在山上食草，長尺餘。《柳氏龜經》曰：龜一千二百歲，可卜天地之終始。何以言之？三千四十二占於天地千歲之龜甲。黑龜有五色，依時用之。事對法天。象地。《禮統》曰：神龜之象，上員法天，下方法地，背上有盤法丘山，玄文交錯以成列宿。《洛書》曰：靈龜者，上隆法天，下平象地。

五代　馬縞《中華古今注》卷下《程雅問龜》　問曰：靈龜五色知吉凶，何也？答曰：靈龜五色似玉，背陰向陽，知存亡吉凶，千歲遊於蓮之上，五色具焉。其額上兩骨起，骨起似角，解人言，浮於蘩蓍下。南方人以龜支牀足，經二十餘歲老人死，移牀，龜尚生不死，能行氣導引，至神若此。

宋　釋贊寧《東坡先生物類相感志》卷一五《蔡亀》　蓍、亀，皆靈物。而上蔡者，蓍乃叢生，有亀伏其下。然三物人有獲者，皆非常之亀策也。故《淮南子》曰：上有叢者，下有伏亀。蓍生滿百莖，下必神亀守之。其上常有紫雲氣覆罩。

又《玄亀》　《山海經》云：玄亀，狀似亀，而烏首，蛇尾。聲如破木。食之令人不聾。

又《三足亀》　《山海經》云：昔有狂水出焉，多三足亀。食之無疾，最碎療人睡也。

又《亀骨穿佩》　《史記》：神龜出廬江，歲貢，一尺二寸者上太官。太官以吉日剔取前足臑骨穿佩，取亀致堂西比隅隔懸之，使人入深山大澤不迷惑也。

又《巨龜》　滎陽謝沐山有此龜，可長八尺，甲下有文字。其龜行則前後左右各踏一大龜如三尺許，而行動怕合。今越暨陽山中有時有沙門遇見，各奪足下亀，置遠處。他日，再見舊小亀依前定，承足可畏哉。

又《攝龜》　之涉及其亀小，腹甲折解，能自張閉，好食虵。今東人呼爲亀靈。或捕虵，虵無論巨細，見則奔走，忙逼上樹，蟠結不動。其亀伏而仰首，鼻端吐氣，其上青烟射蛇，蛇則奮然而落，則以甲腰夾之，虵則纏亀，乃得而食之。

宋　王安石《王荆公詩注》卷一《同王濬賢良賦龜得升字》　世傳一尾龜百齡，此龜逮見隨唐興。雖然天幸免焦灼，想見縮頸愁嚴凝。龜，百歲一尾，千歲則十尾。《龜筴傳》：縮頸而却，欲亟去也。退之《月蝕》詩：烏龜怯姦怕寒，縮頸以殼自遮。前年赴海不量力，欲替鼇負三崚嶒。《列子》：「湯問帝，命禺彊使巨鼇十五，舉首而戴之。」注云：《大荒經》曰：「地極之神名禺彊，靈龜爲之使。」番禺使君邂逅見，知困籖蕩因嗟矜。疾呼豫且設網取，以組系首髗穿繩。北歸與俱度大庾，兩夫贔屭苦不勝。左太沖《吴都賦》：「巨鼇贔屭，首冠蓬山。」注：贔屭，用力之皃。艤舟秦淮擔送我，云此一可當十朋。《易·損卦》：十朋之龜，弗克違焉。鄭解謂，一曰神龜，二曰靈龜，三曰攝龜，四曰寶龜，五曰文龜，六曰筮龜，七曰山龜，八曰澤龜，九曰水龜，十曰火龜。昔人寶龜謂神物，奉事枯骨尤競競。殘民滅國遞争奪，有此乃敢司靈烝。靈烝，猶言黎烝，謂生靈也。於時覘甲别貴賤，太卜藏法傳昆仍。豈知元君須見夢，初如歡喜得未曾。自從九江罷納錫，衆漁賤棄秋不登。卜人官廢亦已久，果獵誰復知殊稱。

宋　陸佃《埤雅》卷二《釋魚·龜》　龜，舊也，外骨内肉，腸屬于首，廣肩無雄，與蛇爲匹，故龜與蛇合，謂之玄武。《類從》：玄龜不咽粟。蓋龜善藏久，能行氣導引。其背微傴，《韓子》謂之穹龜。《相法》以爲强脊如龜，有後之人也。又龜背微坼如皺剥，故《莊子》云宋人有善爲不龜手之藥也。語曰：龜思鼈望。今龜、鼈皆隔津望卵。《易》曰：定天下之吉凶，成天下之亹亹者，莫大乎蓍、龜。蓋蓍老龜舊，故古以龜卜蓍筮。《白虎通》曰：蓍龜者，天地之間壽考物也，故問之。龜，象也，天産也；蓍，數也，地産也。《占人》曰：凡卜筮，君占體，大夫占色，史占墨，卜人占坼。《説文》曰：兆龜，坼也。龜灼之而坼，坼而後墨與色可知。卜人先占坼，史占墨，次之大夫占色，又次之衆占備焉，而後君占體以斷吉凶，卜之序也。故《玉藻》云：卜人定龜，史定墨，君定體。今《禮》以尊卑之序言之，故先占體，後占坼，與《玉藻》之序異也。墨，謂以墨畫龜，占其食否。《洛誥》

所謂「我卜澗水東，瀍水西，惟洛食。」《傳》曰：卜必先墨畫龜，然後灼之，兆順食墨。故卜師云：揚火以作龜，致其墨也。《筮人》曰：「國之大事，先筮而後卜。」則卜、筮必相參用，以定吉凶。占人所謂「以八筮占八頌」者也。《傳》曰：上有叢蓍，下有伏龜。則龜筮之必相爲用，非特人故抑天理也。《書》曰：「三龜一習，吉。」此龜從也。啓籥見書，乃并是吉。則言蓍從焉。而筮書與龜，又并吉也。公曰：體，王其無害。則言卜、筮之體并吉，故王其無害矣。《詩》曰：「爾卜爾筮，體無咎言。」此之謂也。先儒引此證君占體之事，而又以《書》爲龜書，則亦誤矣。且開籥案視龜書，然後知吉，則先曰「三龜一習，吉」，是今日適越而昔至也。《明堂位》曰：周以黄目。黄目，蓋以龜目飾尊。今龜目黄，而許慎《解字》説罍亦曰「龜目，酒尊」是也。《化書》曰：牝牡之道，龜龜相顧，神交也；鶴鶴相唳，氣交也。言龜雖與蛇合，亦有以神交者。《易》曰：舍爾靈龜。蓋龜有靈德，伏匿而噎，善潛而不志於養，故古者簠簋皆爲龜形於其上，而大臣以貪墨坐廢者，曰「簠簋不飾」也。史氏《龜經》曰：龜生百歲，故居鵲尾之上。

又《鼈》 鼈以眼聽，穹脊連脅，甲蟲也，水居陸生。《養魚經》曰：魚滿三百六十，則龍爲之長，而引飛出水。内鼈，則魚不復去。故鼈一名神守。天地之性，細腰純雄，大腰純雌。大腰，龜鼈之屬，以蛇爲雄。《荀子》曰：跬步不休，跛鼈千里。言鼈行蹣跚而又跛焉。今其卒致千里，則亦不輟焉爾，故學不可以已也。《詩》曰：「炰鼈鮮魚。」鮮魚，中鱠者也。又曰：「炰鼈膾鯉。」言熟則有炰鼈，腥則有膾鯉也。段成式云：甲蟲影伏，羽蟲體伏。今鼈伏於淵，而卵剖於陵，此思化也。《内典》曰：鶴影生，鼈思生。是則思生又與影伏異矣。今疇帽乳卵，大如彈丸，亦望卵而蔭，一如龜鼈，呼爲護卵。世云鼈伏隨日，謂隨日光所轉，朝首東鄉，夕首西鄉也。又云鼈之所在，其上必有浮沫，謂之鼈津，捕者以此占之。韋氏《燕山録》曰：羙羊以齠，羙鼈以蚊。蓋物之相感如此，雖有明智弗能推也。

又《黿》 黿，大鼈也。鼈以爲雄，故黿鳴而鼈應。所謂「雄蟲鳴於上風，雌蟲應於下風，而風化」，即此之類是也。《淮南子》曰：燒黿致鼈。此以其類求之。舊説黿亦思化，其脂得火，可以然鐵。一曰黿亦卵生而伏影，顔籀《稽聖賦》曰「黿鼈伏乎其陰，鸕鷀孕乎其口」是也。王子年《拾遺記》曰：禹濟巨海，黿鼉爲梁。此與黄帝以虎豹爲前驅、鵰鶡爲旗幟無異，皆德之所感，殆未足多怪也。

宋 鄭樵《通志》卷七六《昆蟲草木略》 龜之類多。《爾雅》：一曰神龜，二曰靈龜，三曰攝龜，四曰寶龜，五曰文龜，六曰筮龜，七曰山龜，八曰澤龜，九曰水龜，十曰火龜。神龜，龜之最神者。靈龜，《本草》謂之秦龜，亦曰蟕蠵。其甲有文，似瑇瑁而差薄耳，故名黿皮。此龜一名蟕蠵，俗呼靈蠵，能鳴，多出涪陵，其甲可以卜。攝龜，小龜也，一名蠳龜，一名來蛇龜。好食蛇，故亦謂之呷蛇龜。郭云：腹甲曲折解，能自張閉。江東呼爲陵龜。或言此龜乃蛇所化，故頭尾似蛇，俗呼鼃龜即此。寶龜，傳國者所寶。文龜，甲有文彩者。《河圖》曰：靈龜負書，丹甲青文。筮龜，常在蓍叢下者。《龜策傳》曰：蓍滿百莖，其下必有神龜守之。山澤水火之龜，皆其所生之處也。火龜，蓋生於火者，亦猶火山國所出火鼠是也。郭氏謂，物有含異氣者，不可以常理推。龜溺，醫家謂之石腦油，最難得。惟以鑑照之，龜見影則失溺，急以荷葉承之。又法，以紙炷火上，焫熱以點其尾，亦致失溺。

宋 羅願《爾雅翼》卷三一《釋魚・龜》 靈龜文五色，似玉似金，背陰向陽，上隆象天，下平法地，槃衍象山，四趾轉運應四時，文著象二十八宿。蛇頭龍翅，左精象日，右精象月，千歲之化，下氣上通，能知存亡吉凶之變。寧則伸伸如也，動則著矣。龜以靈著，故千年之龜游於苓葉之上。苓，今甘草也，葉圓小而有刺。言龜久而神靈，能變形大小也。今人見小龜，以爲千歲，則失之矣。《逸禮》曰：龜三千歲上游於卷耳之上。龜有緑毛金綫之屬，種類極多。古者黄目爲鬱氣之上尊，漢儒以爲黄者中也。目者，氣之清明者也，言酌於中而清明於外。今禮圖但爲人目而黄之。禁中尊乃作龜形，其上方悟黄目者乃龜也。若爲人目而黄之，黄乃目病爾。前賢之説如此。然古者又多作饕餮形於器之上，饕餮亦黄目，則未知其審爾。《淮南子》曰：清水宜龜。故《禹貢》九江納錫大龜。《大業拾遺記》曰：梁郡有清泠淵，水面濶二里許，即衛平得大龜之處。《論衡》引孔子曰：龍食於清，游於清；龜食於清，游於濁；魚食於濁，游於清。丘上不及龍，下不爲魚，中止其龜歟。《淮南子》曰：觀九鑽一。許氏曰：九九天一，龜也。《公羊傳》：龜青純，千歲之龜青髯，明于吉凶。《説文》：龜頭與它頭同。天地之性，廣肩無雄，龜鼈之類，以它爲雄。䶃，龜甲邊也。天子巨䶃尺有二寸，諸侯尺，大夫八寸，士六寸。《周書》：伊尹請正西以神龜爲獻。

又《攝龜》 十龜，三曰攝龜。郭氏曰：小龜也。腹甲曲折解，能自張閉，好食蛇，江東呼爲陵龜蓋，今之呷蛇龜是也。小狹長尾，腹下横折，見蛇則呷而食之。多在陸地，亦能登木。甚腥臭。乃言療蛇毒，以其食蛇故也。按：大腰純雌，細腰純雄，故龜與蛇爲牝牡。龜之性妒，或遇雌蛇，相趂鬬噬，力小者或至斃。然既相交，而復相噬，理之不可曉者。一名鼃龜，一名蠳龜。《抱朴子》曰：

南人帶蠳龜之尾以辟蛇。是其事。此龜在十龜之數，然陶隱居言用以卜則吉凶正反，未知其審。陳無宇之卜母病而龜焦，臧氏卜信僭而僭吉，非此龜也耶！

瑇瑁，龜類也，出廣南，身似龜，首觜如鸚鵡，腹背甲皆有紅點斑，文大者如盤。應劭曰，雄曰瑇瑁，雌曰觜蠵。又有鼅鼊，其形如笠，四足，縵胡，無指。其甲有黑珠，文采如瑇瑁，可以飾物，今人謂之鼊皮。又鼂鼊與鼅鼊相似。伊尹請正南以瑇瑁爲獻。

又《鼈》 鼈卵生，形圓而脊穹，四周有帬，在《易·離》爲鼈爲蟹爲龜，以其骨在外肉在內也。至《考工記》則以外骨爲龜之屬，內骨爲鼈之屬。以鼈外有肉，緣比龜爲內骨爾。一名神守。陶朱公養魚之法：以六畝地爲池，求懷子鯉魚長三尺者二十頭，牡鯉四頭，以二月上庚日納池中，至四月納一神守，六月納二神守，八月納三神守。所以納鼈者，魚及三百六十，則蛟龍爲之長，而將魚飛去。納鼈，則魚不復去。按此，以六神守守鯉，乃不可曉。《淮南子》曰：鼈無耳，而目不可以瞥，精於明也。豈絶其一原，視得精專而善司察歟？又道家以鼈爲厭，豈厭之使不得靈歟？《淮南子》曰：蛟龍伏寢於淵，而卵剖於陵。許氏曰：蛟龍，鼈類。豈蛟龍得其類則不去也？古者言龜蛇相爲牝牡，今鼈與蛇亦相須，深沙穴中，往往多有蛇與鼈同處者。鼈暮出取食跡在沙上，蛇輒出爲泯滅之。人伺知之，往往反以是得之。《周禮·天官》：鼈人以時簎魚鼈龜蜃。凡貍物，春獻鼈蜃，秋獻龜魚。《莊子》亦稱公閱休冬則擉鼈于江。今人乃有以蝦釣者。《淮南子》曰：魚鼈不動不擐脣喙。是亦釣也。崔豹《古今注》：烏賊一名河伯白事小史，龜一名黑衣督郵，鱉一名河伯從事。蓋皆因其象似者以爲名，如古稱清江使者、東海波臣之屬。《周書·王會》：長沙鼈。

又《能》 能，鼈之三足者。《山海經》曰：從山上多三足鼈。今吴興郡陽羨縣君山上有池，池中出三足鼈，蓋自是一種。故魁下六星，兩兩而比者，曰三能，取此象也。昔晉侯寢疾，夢黃能入于寢門，以爲厲鬼。子産稱，堯殛鮌于羽山，其神化爲黃能，以入于羽淵。説者亦以爲三足鼈。若從賢能之能讀之，則能乃獸名，熊屬，鹿足，不當入淵中也。今祭禹廟不以鼈及能白，蓋兩避之。王子年《拾遺記》乃稱，鮌自沉於羽淵，化爲玄魚。玄魚與黃能音相亂，傳寫文字鮌字或魚邊玄也。《説文》又稱，蜮似鼈，三足，以氣射害人，豈亦能之類耶？《江賦》：有鼈三足，有龜六眸。

又《黿》 黿，鼈之大者，闊或至一二丈。天地之初，介潭生先龍，先龍生玄黿，玄黿生靈龜，靈龜生庶龜，凡介者生於庶龜。然則黿，介蟲之元也。天地之性，細腰純雄，大腰純雌，故龜鼈之類以蛇爲雄。《列子》亦云：純雌其名大腰，純雄其名稺蜂。今黿亦大腰，乃復以鼈爲雌，故曰黿鳴鼈應。《蜀都賦》曰「其深則有白黿命鼈」是也。白是其類之異者。故《九歌·河伯》之章云：乘白黿兮逐文魚。白黿豐背而有力，乘之以見其安。文鰩有翼而善飛，逐之以見其輕。周穆王巡狩，東至九江，亦稱駕黿鼉爲梁，驅八駿過之，其懸感殆未可臆度。如晉毛寶過江，白龜載之而度，是亦異矣。卵大如雞鴨子，一産三百枚，人亦掘取以鹽淹之。古者楚人獻黿於鄭靈公，其臣食指動，以爲必嘗異味，是古亦不常有也。黿好自曝其腹於江岸，漁人伺其便，接竹以釣掣之，倉卒不能自反，爲人所制。《月令》：「季夏命漁人伐蛟取鼉，登龜取黿。」蛟有兵衛，故伐之；龜靈可尊，故登之；黿鼉取之而已。其在星象，自婺女八度至危十六度，曰玄枵之次，一曰天黿。齊景公濟河，黿銜左驂以入砥柱之上流，古冶子潛行逆流百步，順流九里，得黿而殺之，左操馬尾，右挈黿頭，鶴躍而出。

又《鼇》 鼇，巨龜也。《玄中記》云。《列子》稱，渤海東大壑中，有岱輿、員嶠、方壺、瀛洲、蓬萊五山，其山高下周旋三萬里，仙聖之所往來。而五山之根無所連著，常隨潮上下往還，不得蹔峙。帝命禺彊使巨鼇十五，仰首而戴之，迭爲三番，六萬歲一交焉，五山始峙而不動。龍伯之國有大人，一釣而連六鼇，合負而趣歸，其國灼其首以數焉。於是岱輿、員嶠二山流於北極，沉於大海，仙聖之播遷者巨億計。按《大荒經》：北極之神名禺彊，靈龜爲之使。今使鼇戴山必命禺彊，又灼其首以卜，則鼇之爲龜無疑者。然所負之山以三萬里，而所負之期以六萬歲，此所以極巨細脩短之辨也。《天問》曰：鼇戴山，抃何以安之？抃者，兩手相擊也。言鼇以首戴山，儻用前兩手相擊，則山上之仙聖何以安乎？《列仙傳》曰：鼇負蓬萊山，而抃滄海之中。鼇之性好抃樂，故今稱好樂者爲鼇頭。又女媧斷鼇之足以立四極，亦豈以其抃故耶？《説文》：海大鼇也。

元 脱脱《宋史》卷一三八《樂志十三》 皇帝舉酒，第一盞用《白龜》。聖德昭宣，神龜出焉。載白其色，或游于川。名符在沼，瑞應巢蓮。登歌丹陛，紀異靈篇。

明 李時珍《本草綱目》卷四五《龜甲》 集解：《别録》曰：龜甲生南海池澤及海水中。采無時。勿令中濕，濕即有毒。陶弘景曰：此用水中神龜，長一尺二寸者爲善。厴可供卜，殼可入藥，亦入仙方。當以生龜炙取。韓保昇曰：湖州、江州、交州者，骨白而厚，其色分明，供卜、入藥最良。大明曰：卜龜小而腹下曾鑽十遍者，名敗龜版，入藥良。蘇頌曰：

今江湖間皆有之。入藥須用神龜。神龜版當心前一處，四方透明，如琥珀色者最佳。其頭方脚短，殼圓版白者，陽龜也；頭尖脚長，殼長版黄者，陰龜也。陰人用陜，陜人用陎。今醫家亦不知如此分别。時珍曰：古者取龜用秋，攻龜用春。今之采龜者，聚至百十，生鋸取甲，而食其肉。彼有龜王、龜相、龜將等名，皆視其腹背左右之文以别之。龜之直中文，名曰千里。其首之横文第一級左右有斜理皆接乎千里者，即龜王也。他龜即無此矣。言占事帝王用王，文用相，武用將，各依等級。其説與《逸禮》所載，天子一尺二寸、諸侯八寸、大夫六寸、士庶四寸之説相合，亦甚有理。若夫神龜、寶龜，世所難得，則入藥亦當依此用之可也。《日華》：用卜龜小甲，盖取便耳。又按《經》云：龜甲勿令中濕。一名神屋。陶言：靨可供卜，殼可入藥。則古者上下甲皆用之。至《日華》始用龜版，而後人遂主之矣。

又《秦龜》集解：【略】時珍曰：山中常龜，鹿喜食之。其大而可卜者，曰靈龜。年至百歲能變化者，曰筮龜。或伏於芪草之下，或游於卷耳、苓葉之上。《抱朴子》所謂「山中己日稱時君者爲龜」，即此也。

又《水龜》集解：時珍曰：甲蟲三百六十，而神龜爲之長。龜形象離，其神在坎。上隆而文以法天，下平而理以法地。背陰向陽，蛇頭龍頸。外骨内肉，腸屬於首，能運任脉。廣肩大腰，卵生思抱，其息以耳。雌雄尾交，亦與蛇匹。或云大腰無雄者，謬也。今人視其底甲，以辨雌雄。龜以春夏出蟄脱甲，秋冬藏穴導引，故靈而多壽。《南越志》云：神龜，大如拳而色如金，上下兩邊如鋸齒，爪至利，能緣樹食蟬。《抱朴子》云：千歲靈龜，五色具焉，如玉如石。變化莫測，或大或小。或遊於蓮葉之上，或伏於芪叢之下。張世南《質龜論》云：龜老則神，年至八百，反大如錢。夏則游於香荷，冬則藏於藕節。其息有黑氣如煤煙，在荷心，狀甚分明。人見此氣，勿輙驚動，但潛含油管噀之，即不能遁形矣。或云：龜聞鐵聲則伏，被蚊嗜則死。香油抹眼，則入水不沉。老桑煮之則易爛。皆物理制伏之妙也。

明　陳嘉謨《本草蒙筌》卷一一　龜甲。深澤陰山，處處俱有。得神龜甲爲上，神龜産水中，底甲當心前有一處，四方透明，如琥珀色者是也。分陰陽用緫靈。頭方、殼圓、脚短者爲陽龜，形長、頭尖、脚長者爲陰龜。陰人用陽，陽人用陰。今醫不復分别。

明　穆希文《説原》卷一一　鱉，卵生，形圓而脊穹，四周有群，外有肉。比龜爲肉骨，名曰神守。亀蛇相爲牝牡。蛇鱉亦相須。鱉名河伯從事。鱉，目白。腹下有王字者，與不入水者，皆太毒，不可食。又有花頭混尾者，有三足者，有三爪者，名青虬，人食之，身癢。入水則化，止餘髮不化。凡鱉與莧同食，則生血鱉。【略】

甲虫三百六十，神龜爲之長，名曰玄衣督郵，百歲一尾，千歲則十尾。龜文似玉似金，背陰向陽，上隆象天，下平法地。盤衍象山，四趾象四時，文着象二十八宿。蛇頭龍翅，左睛象日，右睛象月。千歲則化，下氣上通，能知吉凶、存亡之變。號爲大腰，純雌灼者上，春灼後左，夏灼前左，秋灼前右，冬後右。凡取龜溺，因其與蛇交時，取一龜置瓷器及小盤中，以鏡在前照之，則一見鏡中亀即滛發而失溺，盖性妬故也。

明　朱國禎《湧幢小品》卷三一《毒食》《山海經》曰：從山上多三足鼈。《左傳》曰：三足鼈謂之能，不可食也。山谿間多有之，色赤。

明　田藝衡《留青日札》卷三〇《龜》孔子曰：「龍食于清游于濁，魚食于濁游于清。丘上不爲龍，下不爲魚，中止其龜與。」因考《周禮》言龜四時所生者不同，未聞有五色者。嘉靖四十一年，陝西散官王金表進五色龜，云得之終南山。此又異産也。朝廷告廟，錫之以官。宋衛平曰：「龜者，天下之寶，壽蔽天地，四時變色，春蒼夏黄，秋白冬黑。王能寶之，諸侯盡服。王勿遣，以安社稷。」故元王卒受之。龜人掌六龜之屬，各有名物。天龜曰靈屬，地龜曰澤屬，東龜曰果屬，西龜曰靁屬，南龜曰獵屬，北龜曰若屬。張平子《思玄賦》「東龜」，注：青色也。《抱朴子》：龜千歲五色具，色如玉，額上兩骨起如角。解人言，浮出蓮葉之上，或在叢蓍之下。《禮》：甲蟲三百六十，神龜爲之長。《爾雅》：一神龜，二靈龜，三攝龜，四寶龜，五文龜，六筮龜，七山龜，八澤龜，九水龜，十火龜。神龜，最龜。靈龜，《本草》曰秦龜，亦曰蟕蠵。其甲有文，似瑇瑁而差薄耳，故名鼊皮，能鳴，多出涪陵，其甲可以卜。攝龜，小龜，一名蠳龜，一名來蛇龜，好食蛇，亦曰呷蛇龜。腹甲曲折解，能自張閉，一名陵龜。又云蛇所化，故曰鼅龜。寶龜，傳國者所寶。文龜，甲有文彩者。《河圖》曰：靈龜負書，丹甲青文。筮龜，常在蓍叢下。火龜，生于火者，猶火山生火鼠也。龜之中，一行五方勝，以應五行。兩旁左右各四方勝，共八，以應八節。周外左右各一十二方勝，共二十四，以應二十四氣。通共三十七數，以應乾之策三十六，而太極居中，不動之一數。底板下爲地，左右各六，凡十二方勝，以應十二州分野之應。通背上三十七數，計四十九數，即合太極虚一之數。《説苑》曰：千歲五色，背陰面陽，上隆象天，下平象地，轉運應四時。蛇頭龍頸，左睛象日，右睛象月，知存亡吉凶。二説頗合。《記》曰：能得名龜者，財物歸之家，必大富至千萬。一曰北斗龜，二曰南辰龜，三曰五星龜，四曰八風龜，五曰二十八宿龜，六曰日月龜，七曰九州龜，八曰玉龜。凡八名龜，龜圖各有。文在腹下，不必滿尺二寸。民人得長七八寸，可寶矣。能得百莖蓍，并其下龜以卜者，百言百當。或曰：百歲一

尾，千歲十尾。

明 吳之俊《獅山掌録》卷二二《神屋》 龜甲一名神屋，大如拳，而色如金。上甲兩邊如鋸齒，爪至利，能緣木捕鳴蟬。味美堪食，不中於卜。

又《靈龜》 靈龜五色，色似玉，背陰負陽，蛇頭龍頸，左睛象日，右睛象月，能知吉凶之變。

又《三足龜》 大若山陽，狂水出焉，注於伊水中，多三足龜。

又《朱鼈》 人於蜀江獲巨鼈，其裙朱色。煮之，經宿遊戲自如。後益火，一日水涸，而鼈不死。以爲龍也，投之江，泛泛而去。

明 方以智《通雅》卷四七 六目龜者，四目皆斑紋也。《游宦紀聞》曰：東坡謁吕微仲，見緑毛龜，此易得耳。唐莊宗時，有進六目龜，敬新磨獻口號，一覺抵别人三覺。《嶺海禨志》：六目龜出欽州，只兩目，餘四目乃金黄花紋圓長中黑，與真目排比。

紀事

《尚書・金縢》 史乃册，祝曰：「【略】今我即命於元龜，爾之許我，我其以璧與珪歸俟爾命；爾不許我，我乃屏璧與珪。」乃卜三龜，一習吉。啓籥見書，乃並是吉。

《尚書・大誥》 王若曰：「【略】天降威，用寧王遺我大寶龜，紹天明。」

《尚書・大禹謨》 帝曰：「禹！官占惟先蔽志，昆命於元龜。朕志先定，詢謀僉同，鬼神其依，龜筮協從，卜不習吉。」禹拜稽首，固辭。

《尚書・西伯戡黎》 西伯既戡黎，祖伊恐，奔告于王。曰：「天子！天既訖我殷命。格人元龜，罔敢知吉。」

《列子・湯問》 然則天地亦物也，物有不足。故昔者女媧，音瓜，古天子，風姓。氏煉五色石以補其闕，陰陽失度，三辰盈縮，是使天地之闕不必形體虧殘也。女媧，神人，故能煉五色之精以調和陰陽，使晷度順序不必以器質相補也。斷鼇之足，鼇，巨龜也。以立四極。

《莊子・外物》 宋元君夜半而夢人被髮闚阿門，曰：「予自宰路之淵，予爲清江使河伯之所，漁者余且得予。」元君覺，使人占之，曰：「此神龜也。」君曰：「漁者有余且乎？」左右曰：「有。」君曰：「令余且會朝。」明日，余且朝。君曰：「漁何得？」對曰：「且之網得白龜焉，箕圓五尺。」君曰：「獻若之龜。」龜至，君再欲殺之，再欲活之，心疑，卜之，曰：「殺龜以卜，吉。」乃刳龜，七十二鑽而無遺筴。仲尼曰：「神龜能見夢於元君，而不能避余且之網；知能七十二鑽而無遺筴，不能避刳腸之患。如是，則知有所困，神有所不及也。神知之，不足恃也。如是夫唯静然居其所，能而不營於外者爲全。」

漢 郭憲《洞冥記》卷二 黄安，代郡人也。爲代郡卒。自云卑猥不獲處人間，執鞭懷荆而讀書。畫地以記數，日久地成池矣。時人謂黄安年可八十餘，視如童子。常服朱砂，舉體皆赤，冬不着裘。坐一神龜，廣二尺。人問：「子坐此龜幾年矣？」對曰：「昔伏羲始造網罟，獲此龜以授吾。吾坐龜背已平矣。此蟲畏日月之光，二千歲即一出頭。吾坐此龜，已見五出頭矣。」行即負龜以趨，世人謂黄安萬歲矣。

又 卷四 元封三年，數過國獻能言龜一頭，長一尺二寸，盛以青玉匣，廣一尺九寸，匣上豁一孔以通氣。東方朔曰：「惟承桂露以飲之，置於通風之臺上。」欲往卜，命朔而問焉，言無不中。

晉 張華《博物志》卷一〇 人有山行墮深澗者，無出路，飢餓欲死。左右見龜蛇甚多，朝暮引頸向東方。人因伏地學之，遂不飢，體殊輕便，能登巖岸。經數年後，竦身舉臂，遂超出澗上。即得還家，顔色悦懌，頗更黠慧勝故。還食穀，啖滋味，百餘日，中復本質。

南朝梁 沈約《宋書》卷二八《符瑞志中》 靈龜者，神龜也。王者德澤湛清，漁獵山川從時則出。五色鮮明，三百歲游於蕖葉之上，三千歲常游於卷耳之上。知存亡，明於吉凶。禹卑宫室，靈龜見。

玄龜書者，天符也。王者德至淵泉，則雒出龜書。

魏文帝初，神龜出於靈池。

吴孫權時，靈龜出會稽章安。

魏元帝咸熙二年二月甲辰，朐腮縣獲靈龜以獻。

晉長沙王乂坐同産兄楚王瑋事，徙封常山，後還復國。在常山穿井，入地四丈，得白玉方三四尺。玉下有大石，其中有龜長二尺餘，時人以爲復國之祥。

宋文帝元嘉十九年四月戊申，白龜見吴興餘杭，太守文道恩以獻。

元嘉二十年四月辛卯，白龜見吳興餘杭，揚州刺史始興王濬以聞。

元嘉二十四年十月甲午，揚州刺史始興王濬獲白龜以獻。

孝武帝大明三年三月戊子，毛龜見宣城廣德，太守張辯以獻。

大明四年六月壬寅，車駕幸籍田，白龜見于千畝，尚書右僕射劉秀之以獻。

大明七年八月乙未，毛龜見新安王子鸞第，獲以獻。

明帝泰始二年八月丙辰朔，四眼龜見會稽，會稽太守巴陵王休若以獻。

泰始二年八月丙寅，六眼龜見東陽長山，文如爻卦，太守劉勰以獻。

泰始六年九月己巳，八眼龜見吳興故鄣，太守褚淵以獻。

明帝泰豫元年十月壬戌，義興陽羨縣獲毛龜，太守王蘊以獻。

南朝梁　任昉《述異記》卷上　東陽郡永康縣，吳時有人入山，逢大龜。擔之未至家，遇夜攬舟於岸。見老桑呼龜曰：「元緒，汝當死矣。」龜呼桑樹曰：「子明，無苦也。雖然盡南山之樵，不能潰我。」對曰：「諸葛恪明敏，禍必及於予。」明日其人將龜獻，吳主命煮之，三日三夜不死。遂問諸葛恪，恪曰：「此龜有精，須得多載老桑爲薪，煮之立爛。」遂令以老桑斫之爲薪，既燃即爛。【略】

陶唐之世，越常國獻千歲神龜，方三尺餘，背上有文科斗書，記開闢已來。帝命録之，謂之龜歷。伏滔《述帝功德銘》曰：胡書龜歷之文。

南朝梁　蕭子顯《南齊書》卷一八《祥瑞志》　昇明三年，太祖爲齊王，白毛龜見東府城池中。

建元二年，休安陵獲玄龜一頭。

永明五年，武騎常侍唐潛上青毛神龜一頭。

七年六月，彭城郡田中獲青毛龜一頭。

八月，延陵縣前澤畔獲毫龜一枚。

八年四月，長山縣王惠獲六目龜一頭，腹下有「萬歡」字，并有卦兆。

六月，建城縣昌城田獲四目龜一頭，下有「萬齊」字。

九年五月，長山縣獲神龜一頭，腹下有《巽兑》卦。

中興二年正月，邏將潘道蓋於山石穴中獲毛龜一頭。

唐　房玄齡《晉書》卷一二五《乞伏國仁載記》　乞伏國仁，隴西鮮卑人也。在昔有如弗斯、出連、叱盧三部，自漠北南出大陰山，遇一巨蟲於路，狀若神龜，大如陵阜，乃殺馬而祭之，祝曰：「若善神也，便開路；惡神也，遂塞不通。」俄而不見，乃有一小兒在焉。

五代　劉昫《舊唐書》卷三七《五行志》　大足元年，虔州別駕得六眼龜，一夕而失。【略】

大曆八年，京師金天門外水渠獲毛龜。

貞元三年，李納獻毛龜。

宋　陶穀《清異録》卷上《平福公》　唐故宫池中有一六目龜，或出曝背，人見其甲上有刻字，微金髣髴，如曰平福公君靈。古老傳是武宗王美人所養。福猶腹也，借音而已。

宋　釋贊寧《東坡先生物類感志》卷一五《蜀地龜》　秦惠王破蜀之後，張儀揮土築城，隨時頹壞。後有大龜從硎而出，周旋行走。時乃依龜行所築之。乃所掘之地，遂成池。龜常處其中，出則境内有賊。凡刺史吉凶，以之爲候，驗矣。

宋　薛居正《舊五代史》卷一四一《五行志三》　梁龍德末，許州進緑毛龜，宫中造室以畜之，命之曰「龜堂」。識者以爲不祥之言。

宋　歐陽修《新唐書》卷三四《五行志》　大足初，虔州獲龜，六眼，一夕而失。

肅宗上元二年，有鼉聚于揚州城門上，節度使鄧景山以問族弟珽，對曰：「鼉，介物，兵象也。」

貞元三年，潤州魚鼈蔽江而下，皆無首。

大和三年，魏博管内有蟲，狀如龜，其鳴晝夜不絶。近龜孽也。

秦宗權在蔡州，州中地忽裂，有石出，高五六尺，廣袤丈餘，正如大龜。

宋　洪邁《夷堅志·支志·丁》卷一〇《潘元寧鼈梦》　潘元寧，青田木溪鄉人，好賓客，嗜食鼈。凡溪潭之側，擉捕有得，必售之。紹熙三年春，漁者持一巨鼈來，其重六斤。潘見而喜，即欲烹食。妻曰：「今日上七，不應食此，姑留之以俟明旦可也。」諸子以繩絆其足，牵曳爲戲。抵暮，墮溝中，失所在。經月餘，妻梦一偉丈夫泣告曰：「向者將膏鼎鑊，賴娘子一言勸止，且得苟延。而不幸落溝渠内，爲蟲蛆咂齧一足，幾乎與死爲鄰，願賜終惠。」覺以語潘，笑曰：「恍惚之梦，何足信。」凌晨起思之，正見前鼈跛足曳于泥中。取之出，使僕放諸河中，夫婦皆梦來謝。

宋　佚名《越史略》卷下　丙申會祥大慶七年冬十一月，獻三足六眸龜。占城來貢。【略】

壬戌大定三年【略】夏五月，太尉杜英武獻白龜，年都俞獻白雀。以都俞爲太師。

元　脱脱《宋史》卷六五《五行志三》　太平興國三年二月，鑿金明池，既掘地，有龜出，殆踰萬數。

大中祥符二年四月，有黑龜甚衆，沿汴水而下。

至和元年二月，信州貢緑毛龜。

大觀元年閏十月丙戌，都水使者趙霆行河，得兩首龜以爲瑞，蔡京信之，曰：「此齊小白所謂象罔見之而霸者也。」鄭居中曰：「首豈容有二，而京主之，意殆不可測。」帝命棄龜金明池。

政和四年，瑞州進六目龜。五年，博州進白龜。

紹興八年五月，汴京太康縣大雷雨，下冰龜數十里，隨大小皆龜形，具首足卦文。

乾道五年，舒州民獻龜，駢生二首，不能伸縮。郡守張楝縱之灊山，近龜孽也。

嘉定十四年春，楚州境上龜大小死者蔽野。

明　何良俊《何氏語林》卷二一　孫權時，永康有人入山，遇一大龜，即束之歸。龜便言曰：「遊不量時，爲君所得。」人甚怪之，載出欲上吴王。夜泊越里，纜船於大桑樹。宵中，樹呼龜曰：「勞乎元緒，奚事爾耶？」龜曰：「我被拘繫，方見烹腌，雖盡南山之樵，不能潰我。」樹曰：「諸葛元遜博識，必至相苦，令求如我之徒，計從安出？」龜曰：「子明無多辭，禍將及爾。」樹寂而止。既至，權命煮之。焚柴萬車，龜語如故。諸葛恪曰：「燃以老桑乃熟。」獻者仍説龜樹共語。權即使伐樹煮龜，立爛。今烹龜猶多用桑薪。

明　王圻《稗史彙編》卷一六一　宋太祖時，或詣司天監苗光裔卜，苗布策成卦曰：「當遷徙。」問損人丁否，曰：「無害。」又一人占，如前。又一人占，亦如前。苗疑之，起執其裾，問爲何物。其人不得已，對曰：「我，金明池龜也。前二人，吾祖若父也。今朝廷廣池且及吾穴，恐見殺，故來問耳。」苗釋之，即以表聞。已而掘池，得龜數十萬，下令不得傷一龜，悉輦送他水。聶心遠云：「或謂物之靈，無如龜。故決嫌疑，定猶豫，必問之龜。今禍福休咎，龜不自知，又決之人。人靈乎？龜靈乎？」此事見《啽囈集》。

明　馮夢龍《古今譚槩》卷三四《鼈異》　萬曆己卯，嚴州建德縣有漁者獲一鼈，重八觔。一酒家買之，懸室中。夜半，常作人聲。明日，割烹之，腹有老人，長六寸許，五官皆具，首戴皮帽。大異之，以聞於縣與郡。郡守楊公廷誥時入覲，命以木匣盛之，攜至京師，諸貴人傳觀焉。又丁未年，遂昌縣民宋甲剖一鼈，中有比丘端坐，握摩尼珠，衫履斬然。俱見《邸報》。

潁川王户部在通州時，一日宴客，庖人烹鼈，剖之，有鬼判各一，朱髮藍面，皂帽緑袍，左執簿，右執筆。種種皆具，刻畫所不能及。王自是遂斷兹味。

清　趙吉士《寄園寄所寄》卷五　池州江上，有人釣得巨黿，閉之猪圈中，以待明發宰殺。而其地有虎，往已眈眈其猪。是夜來，以爲猪也。伸足爪入搏之，黿齧其足。虎吼，黿縮首益堅。至明，人羣來殺虎。因念爲民除害，實黿之功，遂縱黿浮江上。《耳談》

清　張澍《蜀典》卷九《動植类》　涪陵鳴龜　廣漢金龜　譙周《巴蜀異物志》：涪陵多大龜，其甲可以卜，其緣中又似瑇瑁，俗名曰靈。又郭璞《爾雅注》：蠵出涪陵郡，大龜也。其緣甲文似瑇瑁，能鳴，甲亦可卜，俗呼靈龜是矣。《穹易記》：朐忍縣出靈龜。咸熙元年，獻龜於相府，言出自龜溪也。朐忍舊爲涪陵地。《穹易國志》：涪陵山有大龜，其甲可卜，其緣可釵，世号靈釵。《録異記》：戊成三年庚午六月五日癸亥，廣漢太守孟彦暉奏，西湖有金龜徑寸，游於荷葉之上，圖畫上聞。【略】

臛龜　煮龜　《異苑》：元嘉初，益州刺史遣三人入山伐樵，路迷，或見一大龜，如車輪，四足各蹋一小龜而行。又有百餘黄龜從其後。三人叩頭求示出路，龜乃伸頭若有意焉。因共隨逐龜，得出路。一人無故取小龜，割以爲臛，食之須臾暴死。惟不噉肉者無恙。《録異記》：唐蜀民有於江之上獲巨鼈者，長尺餘，其裾朱色。煮之經宿，游戲自如。又加火一日，水涸而鼈不死。舉家驚懼，以爲龍也。投于江中，浮泛去。

清　光緒《藤縣志》卷二一《雜記》　唐武德初，有宣撫使者至藤縣繡江，艤舟遊慈聖寺，以金盃挹水，墜井中。遂汲水乾，不見盃，止得一龜，長一尺二寸。宣撫使命以紅帛繫其腰，祝曰：爾有靈，吾放爾。入井遂漲，金盃出水。良久，龜逝。宣撫使沉吟而歸，行至寺門，見靈龜踴躍塘内，頃沈不見。次日，游乾亨寺，忽見金盃自潤水流出，拾之，果昨日所失盃也。遊歸，復至所獲金盃處，又見靈龜腰繫紅帛，浮出塘面。宣撫使令人取龜，祝之曰：爾若有靈，可同歸供

養。是夜三更，風浪忽起，宣撫使船内有二寶劍，張水而去，其龜亦不知去向。明集網户搜之，得玉藤一根。尋理藤根，乃至西岸，又見龜跡環繞。宣撫使申奏，改嶲州於此。其藤州築城，仍依龜路跡，且卽寶劍躍水處，改爲劍江。《舊府志》。

藝文

《詩經·小雅·小旻》 我龜既厭，不我告猶。謀夫孔多，是用不集。

《詩經·大雅·緜》 周原膴膴，菫荼如飴。爰始爰謀，爰契我龜。曰止曰時，築室於茲。

《詩經·大雅·文王有聲》 考卜維王，宅是鎬京。維龜正之，武王成之。武王烝哉！

《詩經·魯頌·泮水》 憬彼淮夷，來獻其琛。元龜象齒，大賂南金。

三國魏 曹植《曹子建集》卷四《神龜賦》 龜壽千歲。時有遺余龜者，數日而死，肌肉消盡，唯甲存焉。余感而賦之，曰：嘉四靈之建德，各潛位乎一方。蒼龍虬於東嶽，白虎嘯於西崗，玄武集於寒門，朱雀棲於南鄉。順仁風以消息，應聖時而後翔。嗟神龜之奇物，體乾坤之自然。下夷方以則地，上規隆而法天。順陰陽以呼吸，藏景曜於重泉。餐飛塵以實氣，飲不竭於朝露。步容趾以俯仰，時鸞回而鶴顧。忽萬載而不恤，周無疆於太素。感白龍之翔翥，卒不免乎豫且。雖見珍於宗廟，罹刳剥之重辜。欲愬怨於上帝，將等愧乎游魚。懼沈泥之逢殆，赴芳蓮以巢居。安玄雲而好静，不滛翔而改度。昔嚴周之抗節，援斯靈而托喻。嗟禄運之屯蹇，終遇獲於江濱。歸籠檻以幽處，遭淳美之仁人。晝顧瞻以終日，夕撫順而接晨。遘滛災以殞越，命勤絶而不振。天道昧而未分，神明幽而難燭。黄氏没於空澤，松喬化於株木。蚍折鱗於平皋，龍脱骨於深谷。亮物類之遷化，疑斯靈之解殼。

晉 潘尼《鼈賦》（《藝文類聚》卷九六引） 皇太子遊於玄圃，遂命釣魚，有得鼈而獻之者，令侍臣賦之：

翩銜鈎以振掉，吁駭人而可惡。既顛墜於巖岸，方盤跚而雅步。或延首以鶴顧，或頓足而鷹距。或曳尾於塗中，或縮頭於殼裏。若乃秋水暴駭，百川沸流。有東海之巨鼈，乃負山而吞舟。

晉 陸機《鼈賦》（《藝文類聚》卷九六引） 皇太子幸于釣臺，漁人獻鼈，命侍臣作賦：

其狀也，穹脊連脅，玄甲四周。遁方圓於規矩，徒廣狹以妨舟。循盈尺而脚寸，又取具於指掌。鼻嘗氣而忌脂，耳無聽而受響。是以栖居多逼，出處寡便。尾不副首，足不運身。於是從容澤畔，肆志汪洋。朝戲蘭渚，夕息中塘。越高波以燕逸，竄洪流而潛藏。咀蕙蘭之芳荄，翳華藕之垂房。

晉 郭璞《山海經圖讚》卷一《蠵龜》 水圓四十，潛源溢沸。靈龜爰處，掉尾養氣。莊生是感，揮竿傲貴。

又《旋龜人魚修辟》 聲如破木，號曰旋龜。修辟似黽，厥鳴如鴞。人魚類鯑，出于洛伊。

又《三足龜》 造物維均，靡偏靡頗。少不爲短，長不爲多。賁能三足，何異黿鼉。

又《神蟲圍計蒙涉蟲》 涉蟲三脚，蟲圍虎爪。計蒙龍首，獨禀異表。升降風雨，茫茫渺渺。

北齊 趙儒宗《咏龜詩》（《詩雋類函》卷一五〇引） 有靈堪託夢，無心解自謀。不能著下伏，强從蓮上遊。負圖非所冀，支牀空見留。倘蒙一曳尾，當爲屢回頭。

唐 丁澤《龜負圖》（《詩雋類函》卷一五〇引） 天意將垂象，神龜出負圖。五方行有配，八卦義寧孤。作瑞旌君德，披文叶帝謨。乘流喜得路，逢聖幸存軀。蓮葉池通泛，桃花水自浮。還尋九江去，安肯曳泥途。

唐 周存《瑞龜游宫沼賦並序 以題爲韻》（《文苑英華》卷八四引） 王者嘉瑞曰四靈，龜其一也。皇帝握圖御寓十有一年秋七月旬有一日，龜雄雌各一，游於内池，甲耀金毛，文滋緑彩。帝乃出示百官，以議其瑞。僉曰：至德之應也。少司成命文士賦以美焉，敢力下才，同夫體物。賦曰：介蟲之長，實曰靈龜。明陰陽以應化，察利害以俟時。於穆我皇，德無不被。春國洋溢，神物來萃。雖四靈其必臻，懿雙龜以時瑞。陋衆水而不處，選天池以自寄。金甲炫晃，帶璧日以流光；緑毛豐茸，度薰風而含吹。不唼喋於蘋藻，恣東西於荷芰。爾其有金者剛，有毛者柔。示剛柔之合體，表刑德之具脩。昭品類之德性，備雄雌以共

游。信皇德之上達，俾靈物之告休。觀乎巡金塘，欒翠沼，晦跡無競，凝神不擾。引脩頸而鳥伸，動圓目而珠皎。映紅蕖而灼爍，吸清露之縹緲。天資獨智，笑漁者二字一作江使而縈羅；人謀既臧，鄙太卜之問兆。若夫百莖蓍下，九派江中。順衆流而五色斯易，邁千齡而片雲在空。豈比夫承天眷，感宸衷，眄青瑣兮躋紫宮。顧宅中之可寶，瑞皇室兮無窮。

唐 王起《寅月釁龜賦以「擇茲上春，虔俟明火」爲韻》《歷代賦彙》卷一三七引

國家謹時以授人，敬卜以事神。每殺牲以獻歲，用釁龜於孟春。法於天，不失建寅之正位；塗以血，而皆祀骨之至珍。是尊是奉，必躬必親。《周官》之規不爽，《呂氏》之令維新。時也斗柄潛移，葭灰稍暢。簭氏之占有待，龜人之職無曠。由是發巾笥之下，於廟堂之上。乾乾兮捧九江之殊形，翼翼兮出十朋之異狀。然後刲牲來思，流血注茲。映乎顔則渥丹初啟，運乎手則研朱乍施。所以布幽泉之物，於枯槁之姿。必勾芒之用事，俾僂句之不欺。負圖之處既占，獻兆之求必果。迫而察也，異太史之定墨；遠而望焉，謂卜師之揚火。物以好生爲德，我則鑽而堅；物以受污爲累，我方告其虔。不潛寧同於居蔡，見珍皆得於巢蓮。閱山澤之形，紛其維錯；染青黑之緣，赫以相鮮。木德式臨，官占有俟。幽贊先知之道，啟迪從長之美。豈比夫楚軍釁鼓，虐執蹶由；齊國鯨鐘，仁稱孟子。且車甲之釁也，所以交於神明。孰若考元吉，謀永貞。候青陽之辰，是儀是準；設朱殷之色，必信必誠。用能稽大疑，決碩畫。罔櫝中而致毀，咸蓍下以慎擇。既釁之而有徵，願保之而無斁。

唐 裴度《神龜負圖出河賦以「下瑞前王始啓文教」爲韻》《文苑英華》卷八四引

茫茫積流，祚聖有作。動上天之密命，假靈龜以潛躍。蓋欲以慶遥源，敷景鑠。寫物象之精密，化人物之朴畧。豈不以河之德兮靈長，龜之壽兮會昌。載禎符先呈於古帝，稱大寶後遺於寧王。故將出也，感天地，動陰陽。浮九折之澄碧，散五色一作彩之榮光。然後蹈箭流而泳花浪，露玄甲而明繡裳。初若沉圓璧而未没，稍似泛孤鳧而欲翔。既而降芳蓮，躍清泚。五老游而共睹，列聖過而每喜。出朝一作就麗日如耀其寶圖，伏靈壇狀陳其鏤簋。布爻象之糺紛，蘊天地之終始。負謀謨之畫，將化洪荒；當授受之時，豈思緑水。非臆對之可述，諒鈎深而有致。所以出河宗，作天瑞。馮夷倚浪以相送，神魚鼓舞而旋避。於戲！寘敷育然，自我而傳。外骨明貢，中心善泉。將後天而思永，豈爲贊而居前。至如魚託素以達情，鳳銜詔而展禮。未若祥開八卦，兆動四體。闡文教寧木鐸之足儔，贊貞明與日月而同啓。洎乎形貌既著，品物類分。榮萬化之茫昧，合一氣之絪緼。識用光於夏葉，繇每焕於羲文。此乃天理用彰，神道設教。故躍波而委質，殊以文而飾貌。觸綸誠怪於文鱗，一作鰩。吴賦文：鰩夜飛而觸綸。隱霧徒嗟乎玄豹。此悠久也，可是則而是傚。

唐 獨孤申叔《資州獻白龜賦以「泰平將合神物効靈」爲韻》《文苑英華》卷八四引

皇帝在位十五載，西人獻異龜於王庭。匪青黑以飾體，特潔白而成形。融彩可嘉，且不溷於五色；呈祥有異，詎止齊乎四靈。蓋以我皇，行化無外。止戈偃武一作伯，人綏道泰。升至德于玄穹，降殊祥於神蔡。且夫龜者稟先知之異，白者表司殺之方。豈天意興威於有截，俾臣下受命而無將。西土是生，實西方而主義；被甲以至，猶帶甲以來王。不然，何以曖烏代切。净也。純容，皎素甲，皓霜華而浹洽；烱玉質，輝金精，凝雪彩之清貞。泳靈沼而冰静，息太階之砥平。足使孟津之麟，恥捷乎素鬣；越裳一作常之雉，羞奮於翹英。矧乎稟殊姿，體異貌。陋三足之爲美，匪六眸以是効。其用也，或協聖人之心；其動也，克符智者之樂。然後知戲朝之虎不足徵，銜鈎之狼不足云。一作神。蓋官韻。彼駒來思，徒稱皎皎；爾獸至止，虚擅諄諄。未若茲瑞，德無與隣。應天之命，昭王之仁。非櫝中之毁棄，不蓮上以因循。將順乃玄穹以呈其貺，曷思乎緑水而返其身。則彼寧王有遺，元緒又安得而比倫。嚮非我皇，從道不咈。必將混於介族，詎得分爲理物。宜乎冠異紀首靈篇，且無使其湮鬱。

宋 梅堯臣《宛陵集》卷四八《龜》 玉府有寶龜，名存骨未朽。初爲清江使，因落豫且手。白玉刻佩章，黄金鑄印紐。辭聘彼莊生，曳塗誠自有。

宋 張耒《柯山集》卷一一《龜》 映日漾清淵，沿沙暴元甲。愛爾千歲姿，藏身一蓮葉。

金 李俊明《莊靖集》卷三《龜》 汝殼將自遮，汝腸還自刳。可憐一底板，雖智不如愚。

明 梁潛《泊菴集》卷一《神龜賦有序》 永樂二年十月，皇上思惟太祖高皇帝成功盛德，將紀功孝陵，以告萬世。既得碑，求趺未獲，獲神龜，乃併得趺焉。臣潛百拜稽首而獻賦曰：

若有神物兮，輪輪囷囷，晶晶熒熒。弗坯而冶，弗孕而形。不侈乎六目，不矜乎三足。背圓方腹，肖乎陰陽。昂首曳尾，若趨復止。曾追琢兮是施，微瑕疵兮可指。是殆所謂龜之神而賦質之特偉者耶。想其沖氣陶鎔，太和薰蒸，虛危晝煜，瀣沆夜凝。走衆怪，馳百靈，列地位，羅天經，耀赤日，射紫清。玄鼉茹沫，素蟾奪明。翩朱鳥兮褫魄，隱玄武兮降精。沁寒液兮沉瑩，絡微蘚兮廻縈。光離離兮黯以著，色黝黝兮蒼以頳。含靈和兮暢内藴，炳至文兮昭奇英。顧荆山之璞不可匹，而磻溪之璜未足稱也。然而岡巒隱約，榛莽蔽翳。伏而弗彰，孰藏之秘。萬夫荷鍤，孰啓其志。弗求而獲，奚祥奚瑞。蓋幾無感而不通，物有奇而非異。於穆聖皇，厥孝純備，聿念皇考，作配天地。德超乎百王，功垂乎萬世。文謨武烈，奚可弗紀。惟陵有碑，琢龜是負。必珉與珷，必完以固。千崖矗矗，靡中其度；崇岡漫漫，靡究其所。乃勤帝衷，乃勞聖慮。心忡忡兮潛擬，目睠睠兮遐顧。結幽思兮渺罔巒，疲逸想兮馳煙霧。由是鍾山之陽，龍潭之側，碧樹廻春，紫芝耀日，神氣欻忽，祥飈蕩潏。諒皇心之感孚，信帝命之昭格。蓋將發真石之幽蹤，而先此神龜之是出也。是以衆工助喜，謳歌洋洋。虞衡馳報，插羽飛章。辭烟霞，升明堂，炫金鋪，晞晨光。觀者如山，怍愕徊徨。稽首拜舞，歡慶殊常。景星爛其垂耀，威鳳雜其來翔。薦寢廟，歌樂章，鼓萬舞，聲喤喤。文教敷兮洽萬邦，盡四海兮畢來王，於千萬歲兮壽而昌。

明　葉盛《菉竹堂稿》卷二《白龜》　八陣規模玉雪□，魚龍隊裡久同朝。天戈正欲平西冠，靈物來時應不遥。

雜録

南朝梁　蕭繹《金樓子》卷五　巨龜在沙嶼間，背上生樹木如淵島。嘗有商人依其採薪及作食，龜被灼熱便還海，於是死者數十人。

宋　釋贊寧《東坡先生物類相感志》卷一五《朱鱉》　生南海中山，大如錢，腹亦如血。在水中，着人馬脚，皆令仆倒。刀刃不能傷，令人有媚。

又　卷一七《三足鱉》　昔帝極鮌于羽山之郊，三年尸不腐，後化爲能。今羽山焉又所在有者，悉其種也。如從山出從水，其上多此能，食無蠱焉。

圖表

晉　郭璞《爾雅音圖・釋魚》

三曰攝龜

四曰寶龜

五曰文龜

六曰筮龜

龜俯者靈

仰者謝

前弇諸果

後弇諸獵

七曰山龜

八曰澤龜

九曰水龜

十曰火龜

宋 唐慎微《證類本草》卷二〇

明 李時珍《本草綱目》圖卷下之中

又

又

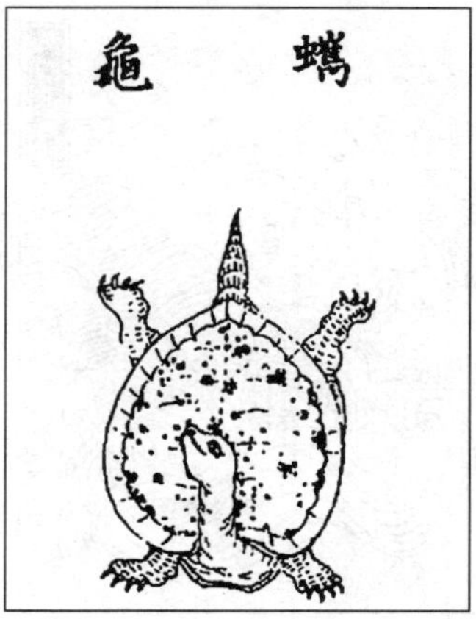

又

又

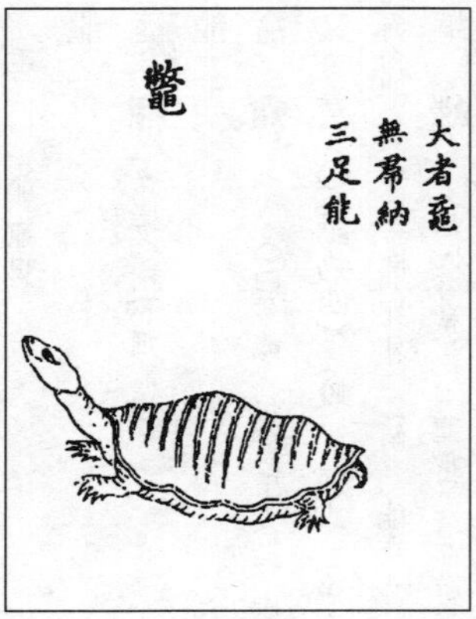

又

明　王圻《三才圖會·人物十卷·黃安》　黃安，代郡人，年萬歲餘，貌若童子。常服硃砂，舉身皆赤，不着衣，坐一神龜，龜廣二尺。時人問安坐龜幾年，曰：「三千歲乃一出頭。我得龜以來，已五出頭矣。」行則負龜而趨。

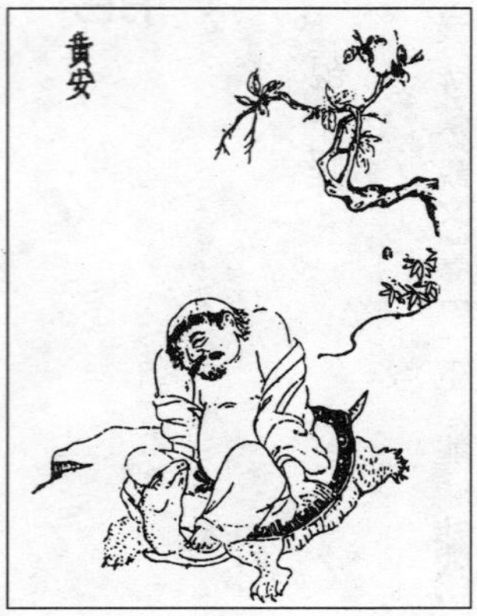

又《鳥獸五·黿》　黿，大鼈，濶或至一二丈，介蟲之元也。鼈以爲雄，故黿鳴而鼈應。又曰黿大於鼉，朔望隨月浮水，月沉則没，此屬陰也。

又《鼇》　鼇，巨龜也。《列子》稱，渤海東大壑中，有岱輿、員嶠、方壺、瀛洲、蓬萊五山。其山高下周旋三萬里，仙聖之所往來。而五山之根，無所連着，常隨潮上下往回，不得蹔峙。常命禺疆使巨鼇仰首而戴之，迭爲三番，六萬歲一交焉。五山使峙而不動。今使鼇戴山，必命禺疆。文灼其首以卜，則鼇之爲龜者無疑矣。

龍

題解

漢 許慎《説文》卷一一下 龍 龍，鱗蟲之長。能幽，能明，能細，能巨，能短，能長。春分而登天，秋分而潛淵。从肉，飛之形，童省聲。臣鉉等曰：象宛轉飛動之皃。凡龍之屬，皆从龍。

龗 龗，龍也。从龍霝聲。

龕 龕，龍皃。从龍合聲。

䶬 䶬。龍耆脊上䶬䶬。从龍幵聲。

龖 龖，飛龍也。从二龍，讀若沓。

北魏 張揖《廣雅》卷一〇《釋魚》 蠪龍，蜇析蜴也。虵蛙口圭也。有鱗曰蛟龍，有翼曰應龍，有角曰虯龍，無角曰䖋耻支龍。龍能高，能下，能小，能巨，能幽，能明，能短，能長。淵深是藏，敷和其光。

宋 戴侗《六書故》卷一八《動物二》 龍 龍，鱗蟲之長，困居而天行。《説文》唐本从肉从飛及童省。徐本曰：从肉飛之形，童省聲。又曰：象宛轉飛動貌。龍。遲父鍾象形。龍。竝古文。假借之用一。《詩》云：「既見君子，爲龍爲光。」毛氏曰：龍，寵也。

龍之會意。

龖 龖，《説文》曰：飛龍也。

龍之諧聲。

龕 龕，《説文》曰：龍皃也。徐本合聲，唐本今聲。鼂氏曰：从今乃得聲。

又 卷二〇《動物四》 蛟 蛟。《説文》曰：龍屬也。郭璞曰：似虵，四足，細頸，頸有白嬰，大者數十圍，卵如一二斛瓮，能吞人。

螭 螭。《吕氏春秋》曰：龍食乎清而游乎清，螭食乎濁而游乎濁。相如賦曰：蛟龍赤螭。《説文》曰：若龍而黄，北方謂之地螻。或云：無角曰螭。又爲螭魅。《傳》曰：魑魅魍魎。杜氏曰：螭，山神，獸形，别作魑。《説文》曰：鬼屬也。

明 李時珍《本草綱目》卷四三《龍》 釋名：時珍曰：按許慎《説文》，龍字篆文，象形。《生肖論》云：龍耳虧聰，故謂之龍。梵書名那伽。

又《蛟龍》 釋名：時珍曰：按任昉《述異記》云：蛟乃龍屬，其眉交生，故謂之蛟。有鱗曰蛟龍，有翼曰應龍，有角曰虬龍，無角曰螭龍也。

又《鼉龍》 釋名：鮀魚，土龍。藏器曰：《本經》鮀魚合改作鼉。鼉形如龍，聲甚可畏。長一丈者，能吐氣成雲致雨。既是龍類，宜去其魚。時珍：鼉字象其頭腹足尾之形，故名。《博物志》謂之土龍。鮀乃魚名，非此物也。今依陳氏改正之。

論説

《管子·形勢解》 蛟龍，水蟲之神者也，乘於水則神立，失於水則神廢。人主，天下之有威者也，得民則威立，失民則威廢。蛟龍待得水而後立其神，人主待得民而後成其威。故曰：「蛟龍得水而神可立也。」

漢 司馬遷《史記》卷六三《老子韓非列傳》 孔子去，謂弟子曰：「鳥，吾知其能飛；魚，吾知其能游；獸，吾知其能走。走者可以爲罔，游者可以爲綸，飛者可以爲矰。至於龍，吾不能知其乘風雲而上天。吾今日見老子，其猶龍邪！」

漢 王充《論衡》卷六《龍虚篇》 盛夏之時，雷電擊折破樹木，發壞室屋，俗謂天取龍。謂龍藏於樹木之中，匿於屋室之間也，雷電擊折樹木，發壞屋室，則龍見於外，龍見，雷取以升天。世無愚智賢不肖，皆謂之然。如考實之，虚妄言也。【略】

短書言：「龍無尺木，無以升天。」又曰「升天」，又言「尺木」，謂龍從木中升天也。彼短書之家，世俗之人也，見雷電發時，龍隨而起，當雷電〔擊〕樹木擊之時，龍適與雷電俱在樹木之側，雷電去，龍隨而上，故謂從樹木之中升天也。

唐 韓愈《五百家注昌黎文集》卷一一《雜説四首》 龍之噓氣成雲，噓，呵也。雲固弗靈于龍也。然龍乘是氣，茫洋窮乎玄間，孫曰：茫洋，飛騰貌。窮，極也。玄間，天地之表。一本作「而茫茫」云云。薄日月，薄，追也。伏光景，伏，掩也。感震電，神變化，孫曰：神不可測也。水下土，水，浸也。汨陵谷，汨，漂没也。雲亦靈怪矣哉。雲，龍之所能使爲靈也。若龍之靈，則非雲之所能使爲靈也。然龍不得雲，無以神其靈矣。失其所凴依，孫曰：凴依，猶勢位也。信不可歟。異哉！其所憑依，乃

其所自爲也。《易》曰：「雲從龍。」既曰龍，雲從之矣。

唐　柳宗元《柳河東集》卷一六《謫龍說》　韓曰：當在貶謫後作，蓋有激而然者也。

扶風馬孺子言：年十五六時，在澤州，與羣兒戲郊亭上。頃然，有奇女墜地，有光曄然，舊注：曄，目動也，光也。被緅裘白紋之裏，韓曰：緅，帛青赤色。首步搖之冠。孫曰：步搖，冠名，言行步則摇。自漢時有之。貴游少年駭且悦之，稍狎焉。奇女頩爾怒曰：童曰：《楚辭》：玉色頩以晚顔。又《博雅》云，艴，頩，色也。「不可。吾故居鈞天帝宫，下上星辰，呼嘘陰陽，薄蓬萊，羞崑崙，而不卽者。帝以吾心侈大，怒而謫來，七日當復。今吾雖辱塵土中，非若儷也。童曰：若，汝也。儷，偶也。吾復，且害若。」衆恐而退。遂入居佛寺講室焉。及期，進取杯水飲之，嘘成雲氣，五色翛翛也。因取裘反之，化爲白龍，徊翔登天，莫知其所終。亦怪甚矣。

嗚呼！非其類而狎其謫，不可哉。孺子不妄人也，故記其説。

宋　倪思《經鉏堂雜志》卷四《龍雲木火》　龍嘘成雲，雲興而龍益。神木鑽出火，火生而木以焚。舉賢於朝，教子以善，後必爲己益，如龍之於雲也。舉不肖於朝，教子以不善，後反以自害，如木之鑽火也。

明　姚鏌《東泉文集》卷七《龍說》　大江之西有神物焉，其名曰「蛟」。蜿蜒委伏，曲而未伸，凡獱獺鰍鱔之屬，皆得狎而□，亦或唅且笑焉。世未知其爲龍也。及一旦借風雲之便，則嶄然露其所謂頭角，皷雷霆，薄日月，摶煙霧，破崖裂谷，駕萬頃之波濤，排龍門而直上，以遊乎天地之漳，而縱横於茫洋浩蕩之區，沛厥所施，以雨下土，小則潤及千里，大且遍於六合。飛騰變化，震耀莫測。向之常鱗凡介，舉無所施其能，方且歛形退縮，不敢仰視。而世之人，亦始龍之矣。龍固待時而顯者哉。雖然，龍與鱗鳳等不蓄於苑囿，不常有於天下，則龍之出，固亦有非偶然者。以故自宇宙以來，一見於伏羲之負圖，再見夏禹之負舟，三見於漢宣帝之紀元。數百年間，每僅見，其後變其迹以卧於南陽之廬，劉先主起而用之，其靈與瑞爲益烈。未幾，即復隱，歷晉隋無所踪跡。唐憲宗時，始仰首長號。昌黎韓子奇之，爲求轉於清波之内，卒用其聲以大鳴於時。遷延至宋，乃復鳴於眉山之陽，聞之者知其爲元和故物也。故又莫不驚顧駭愕，相與翕然稱異，自是則長徃矣。然則龍之出，其亦有待乎哉？世方欲用，夫任子之餌，將以一鈞連之，吾未見其可得也。我太宗文皇帝時，嘗垂綸相屬於玉河之側，龍則翩然赴命，司寇楊公靖輩，作爲詩章歌詠聖德，上足以昭太平，下招其族類而相出，爲國家用龍之瑞，在我朝尤彰彰顯著。蓋感之以其道，馭之而能盡其用故也。龍亦有易致哉。今聖天子網羅四海，意向尤切龍乎？其必有以稱九重懸懸之求，雖欲如昔之隱，以自分於窟穴，不可得也矣。南昌丁生夔，從予授舉子業，一日出所謂畫龍者，求爲文。予知生之有志於龍，而又卜其果非池中物也，故爲之説以歸之。

明　逯中立《周易劄記》卷一　來矣鮮曰：龍之爲物，始而潛，繼而見，中而躍，終而飛。既飛于天，至秋分又蟄，而潛于淵。此知進知退，變化莫測之物也。九五，飛龍在天，得時之極，乃在于此。過此則亢矣，安得無悔。惟知進知退則無悔矣。伊尹之復政，厥辟周公之罔以寵利，居成功皆無悔也。

清　王紱《雙池文集》卷九《雜著・豢龍解》　天下惟無形者神，而龍有形者也。然龍之爲物也，能大能小，或潛或見，龍不其神矣哉。神則宜獨往獨來，莫之夭閼，又胡爲得而畜之，且醢而食之也。或曰有欲故也。神則宜不欲矣，欲則宜不神矣。伺其欲而豢之，且醢而食之，若犬羊焉，龍烏在其神也？是蓋無形者，造化之神也。無欲者，聖人之神也。龍則何能及此？龍亦得造化之神，以神其形而非能神其心。是以能大能小，或潛或見，而不能免人之醢也。君子亦神其所神而已，取象於《易》，爲章於衮。君子且神其所神焉，龍固不失爲神物也。若人之神其心者，則又有在矣夫。

清　袁枚《随園随筆》卷一一《各解類・龍字三解》　龍有三解。《左氏》：龍見而雩。謂東方七宿，蒼龍也。蛇乘龍，謂歲星也。《淮南子》青龍爲天之貴神，即太歲。王莽《銅權銘》：歲在大梁，龍集戊辰。以歲爲歲星，龍爲太歲也。魏文《星鐘簴銘》：歲在丙申，龍次大火。又以歲爲太歲，龍爲歲星。

綜　述

《易・乾》　初九：潛龍，勿用。

九二：見龍在田，利見大人。

九三：君子終日乾乾，夕愓若，厲無咎。

九四：或躍在淵，無咎。

九五：飛龍在天，利見大人。

上九：亢龍，有悔。

用九：見群龍無首，吉。

《彖》曰：大哉乾元，萬物資始，乃統天。雲行雨施，品物流形。大明終始，六位時成，時乘六龍以禦天。乾道變化，各正性命。保合大和，乃利貞。首出庶物，萬國咸寧。

《象》曰：天行健，君子以自强不息。「潛龍勿用」，陽在下也。「見龍在田」，德施普也。「終日乾乾」，反復道也。「或躍在淵」，進無咎也。「飛龍在天」，大人造也。「亢龍有悔」，盈不可久也。「用九」，天德不可爲首也。【略】

初九曰「潛龍勿用」，何謂也？子曰：「龍，德而隱者也。不易乎世，不成乎名，遯世無悶，不見是而無悶。樂則行之，憂則違之，確乎其不可拔，潛龍也。」

九二曰「見龍在田，利見大人」，何謂也？子曰：「龍，德而正中者也。庸言之信，庸行之謹，閑邪存其誠，善世而不伐，德博而化。《易》曰『見龍在田，利見大人』，君德也。」【略】

九五曰「飛龍在天，利見大人」，何謂也？子曰：「同聲相應，同氣相求。水流濕，火就燥，雲從龍，風從虎，聖人作而萬物睹。本乎天者親上，本乎地者親下，則各從其類也。」

上九曰「亢龍有悔」，何謂也？子曰：「貴而無位，高而無民，賢人在下位而無輔，是以動而有悔也。」

「潛龍勿用」，下也。「見龍在田」，時舍也。「終日乾乾」，行事也。「或躍在淵」，自試也。「飛龍在天」，上治也。「亢龍有悔」，窮之災也。乾元「用九」，天下治也。

「潛龍勿用」，陽氣潛藏。「見龍在田」，天下文明。「終日乾乾」，與時偕行。「或躍在淵」，乾道乃革。「飛龍在天」，乃位乎天德。「亢龍有悔」，與時偕極。乾元「用九」，乃是天則。

《易·坤》 上六：龍戰於野，其血黄。

《易·説卦》 乾爲馬，坤爲牛，震爲龍，巽爲雞，坎爲豕，離爲雉，艮爲狗，兑爲羊。【略】震爲雷，爲龍，爲玄黄，爲旉，爲大途，爲長子，爲決躁，爲蒼筤竹，爲萑葦。

《周禮·冬官考工記》 龍旂九斿，以象大火也。注：交龍爲旂，諸侯之所建也。大火，蒼龍宿之心，其屬有尾，尾九星。

《山海經·大荒東經》 大荒東北隅中有山，名曰凶犁土丘。應龍處南極，應龍，龍有翼者也。殺蚩尤蚩尤，作兵者。與夸父，不得復上，應龍遂住地下。故下數旱，上無復作雨者故也。旱而爲應龍之狀，乃得大雨。今之土龍本此氣應自然冥感，非人所能爲也。

《山海經·大荒北經》 大荒之中，有山名曰成都載天。【略】應龍已殺蚩尤，又殺夸父，乃去南方處之，故南方多雨。言龍水物，以類相感故也。【略】

大荒之中，有山名曰不句。【略】有人衣青衣，名曰黄帝女魃，蚩尤作兵伐黄帝，黄帝乃令應龍攻之冀州之野。應龍畜水，蚩尤請風伯雨師縱大風雨。黄帝乃下天女曰魃，雨止，遂殺蚩尤。魃不得復上，所居不雨。

《楚辭·離騷》 麾蛟龍使梁津兮，舉手曰麾。小曰「蛟」，大曰龍。或言以手教曰麾。津，西海也。蛟龍，水蟲也。以蛟龍爲橋，乘之以渡，似周穆王之越海，比鼉黿以爲梁也。使，一作吕。五臣云：「麾，招也。」補曰：麾，許爲切。《廣雅》曰：「有鱗曰蛟龍，有翼曰應龍，有角曰虯龍，無角曰螭龍。」郭璞曰：「蛟似蛇，四足，小頭，細頸，卵生，子如三斛瓮，能吞人，龍屬也。」《説文》曰：「津，水渡也。」詔西皇使涉予。詔，告也。西皇帝，少皞也。涉，渡也。言我乃麾蛟龍以橋西海，使少皞來渡我，動與神獸、聖帝相接，言能渡萬民之厄也。予，一作余。補曰：少皞以金德王，白精之君，故曰西皇。《遠遊》注云：西皇所居，在西海之津。予，我也，上聲。

《楚辭·天問》 河海應龍，何畫何歷？有鱗曰蛟龍，有翼曰應龍。歷，過也。言河海所出至遠，應龍過歷遊之，而無所不窮也。或曰：禹治洪水時，有神龍以尾畫地，導水所注當決者，因而治之也。一云：應龍何畫？河海何歷？補曰：《山海經》云：「應龍處南極，殺蚩尤與夸父，不得復上，故下數旱，旱而爲應龍之狀，乃得大雨。」《山海經圖》云：「犂丘山有應龍者，龍之有翼也。昔蚩尤禦黄帝，令應龍攻於冀州之野。女媧之時，乘雷車，服駕應龍。夏禹治水，有應龍以尾畫地，即水泉流通。《天對》云：「胡聖爲不足，反謀龍知？畚鍤究勤，而欺畫厥尾！」鮌何所營？禹何所成？言鮌治鴻水，何所營度？禹何所成就乎？補曰：汨陳其五行，此鮌所營也。六府三事允治，此禹所成也。

漢 司馬遷《史記》卷二八《封禪書》 秦始皇既并天下而帝，或曰：「黄帝得土德，黄龍地螾見。集解：應劭曰：「螾，丘蚓也。黄帝土德，故地見其神。蚓大五六圍，長十餘丈。」韋昭曰：「黄者地色，螾亦地物，故以爲瑞。」夏得木德，青龍止於郊，草木暢茂。殷得金德，銀自山溢。周得火德，有赤烏之符。今秦變周，水德之時。昔秦文公出獵，獲黑龍，此其水德之瑞。」於是秦更命河曰「德水」，以冬十月爲年首，色上黑，度以六爲名，音上大吕，事統上法。

又 卷六三《老子韓非列傳》 夫龍之爲蟲也，可擾狎而騎也。然其喉下有

逆鱗徑尺，人有嬰之，則必殺人。人主亦有逆鱗，説之者能無嬰人主之逆鱗，則幾矣。

漢 班固《漢書》卷五七上《司馬相如傳上》 於是蛟龍赤螭，䱭䲛漸離，李奇曰：「周洛曰鮪，蜀曰䱭䲛，出鞏山穴中，三月遡河上，能度龍門之限，則得爲龍矣。漸離，未聞。」鰅鰫鰬魠，禺禺魼鰨，揵鰭掉尾，振鱗奮翼，潛處乎深巖。

南朝梁 任昉《述異記》卷上 水虺五百年化爲蛟，蛟千年化爲龍，龍五百年爲角龍，千年爲應龍。

唐 羅隱《讒書》卷二《龍之靈》 龍之所以能靈者，水也，涓然而取，霈然而神。天之於萬物，必職於下以成功。而龍之職，水也。不取於下，則無以健其用；不神於上，則無以靈其職。苟或涸一川，然後潤下；涸一澤，然後濟物。不惟濡及首尾，利未及施而魚鼈已敝矣。故龍之取也寡。

唐 段成式《酉陽雜俎》卷一七《廣動植之二·鱗介篇》 龍頭上有一物，如博山形，名尺木。龍無尺木，不能昇天。

五代 劉昫《舊唐書》卷四五《輿服志》 以龍爲首章者，衮者卷也，龍德神異，應變潛見，表聖王深沈遠智，卷舒神化也。

宋 釋贊寧《東坡先生物類相感志》卷一五《龍》 《傳》曰：龍，水物也。得水而神立，失水而神廢。今有大魚，每春必曜騰波，矯首而登龍門者，得化爲龍，輒雷表而变矣。若登否者，點額暴腮而死也。

又《龍性》 龍之爲性，麤猛而畏鉄愛玉，空青而嗜燒燕肉，故食燕肉之人不可以渡江海也。

又《龍出藏》 《説文》：龍者，鱗蟲之長。能幽能明，能小能大，能長能短。春分而登天，秋分而入川。《河圖》云：黄金十歲生黄龍，青亦白等各千歲生龍人。《元命包》曰：龍之吉萌也，陰中之陽，故龍夆而龍□也。

又《應龍》 本處凶犂土丘，其龍有翼能飛。殺蚩尤、夸父，應遂不復上天，居土上，故数旱。其後旱而爲應龍之狀，乃得大雨，今土龍是也。

又《諸龍》 出陽春合浦以來，實水虫類，形知蜥蜴而微似龍狀，南土人謂之「諸龍」。每欲飲食，出水据石上，凡水族遊迩過者，至其石，即跳躍自置其前，龍因取其食之。人有得者，以其雌者死，雄者必至。或雄者死，雌者亦然。俗傳以諸龍雌雄俱置於行中，而以節間隔之，少頃即穴相往來矣。

宋 陸佃《埤雅》卷一《釋魚·龍》 龍，八十一鱗，具九九之數。九，陽也。鯉，三十六鱗，具六六之數。六，陰也。龍亦卵生思抱，雄鳴上風，雌鳴下風而風化。有鱗曰蛟龍，有翼曰應龍，有角曰虯龍。蓋蟲莫智於龍，龍之德不爲妄者，能與細細，能與巨巨，能與高高，能與下下。故《易》乾以龍御天，坤以馬行地。龍，天類也。馬，地類也。《易》曰：「震爲龍。」震爲龍，以動故也。周易以變者爲占，故乾六爻皆動，皆謂之龍。所謂初九、九二、九三、九四、九五、上九是也。蔡墨曰：龍，水物也。《周易》有之。在《乾》之《姤》曰「潛龍勿用」，其《同人》曰「見龍在田」，其《大有》曰「飛龍在天」，其《夬》曰「亢龍有悔」，其《坤》曰「見羣龍無首，吉」。蓋《乾》初九變而之《姤》，九二變而之《同人》，九五變而之《大有》，上九變而之《夬》。六者，俱動變而之坤。是以蔡墨之言如此，知此則知震所以爲龍之義矣。賈誼《新書》曰：亢龍往而不能反，故《易》曰「有悔」。有悔者，凶也。潛龍入而不能出，故《易》曰「勿用」。勿用者，不可也。觀誼之言，如曰「勿用」者，戒使勿爲潛龍也。故曰：潛之爲言也，隱而未見，行而未成，是以君子弗用也。蓋止使人無爲，謂之勿。所謂勿用娶女、勿用有攸往、小人勿用之類，皆戒使勿爲也。俗云龍精於目，蓋龍聾，故精於目也。《陰陽自然變化論》曰：驪龍之眸，見百里纖芥。又曰：龍能變水，人能變火。又曰：龍不見石，人不見風，魚不見水，鬼不見地。孫綽子曰：高祖御龍，光武御虎。龍，韓、彭之類是也；虎，耿、鄧之類是也。《法言》曰：龍以不制爲龍，聖人以不手爲聖人。手，取也，言雖容有飛禍，而非其所取。《詩》曰：「寘載手仇。」手，取也。酈元《水經》曰：魚、龍以秋日爲夜。按：龍秋分而降，則蟄寢於淵。龍以秋日爲夜，豈謂是乎？《莊子》曰：朱泙漫學屠龍於支離益，殫千金之産，三年技成，而無所用其巧。此言技術雖高，而應世稍疎，則無所用之。是以君子因時施宜，事在於適而已，豈必一二以追先王之迹哉。舊説鼈畏葱，蛟龍畏鐵。又云龍肉以醯漬之，則文章生。今相家説，龍，人臣得其一體，當至公相。曾公亮得龍之脊，王安石得龍之睛。《内典》云：龍火得水而熾，人火得水而滅。按《葬書》以龍言山，以虎言水，六龍九虎是也。直山、直水謂之死龍、死虎。故曰：小頓大起，宛轉如盤龍，奮迅如舞鶴，謂之住岡。

又《蛟》 蛟，龍屬也，其狀似蛇而四足，細頸，頸有白嬰，大者數圍，卵生，眉交，故謂之蛟。亦蛟能交首尾束物焉，故謂之蛟也。俗呼馬絆，以其如此。《述異記》曰：蟒蛇目圓，蛟眉連生。連生則交矣。《相書》所謂「交眉則蛟蜃之眉」是也。一説蛟尾有肉環，束物則以首貫之。舊云鳳骨黑，蛟骨青。《記》曰：

伐蛟取鼉，登龜取黿。鄭氏謂蛟言伐者，以其有兵衛也。龜言登，尊之。按：古有蛟鮓，又有龍醢。夫龍，神物也，而可豢，是亦豕類爾，非真龍也。犬豕曰豢，夫惟可豢，是以可醢而食。字从肉，蓋以此。故君子不欲豢於人也。俗説虎中有真虎，龍中有真龍。《星禽衍法》曰：角木蛟，亢金龍，氐土貉，房日兔，心月狐，尾火虎，箕水豹，斗木獬，牛金牛，女土蝠，虛日鼠，危月燕，室火豬，壁水㺄，奎木狼，婁金狗，胃土雉，昴日雞，畢月烏，觜火猴，參水猿，井木犴，鬼金羊，柳土獐，星日馬，張月鹿，翼火蛇，軫水蚓。獬或作蟹，犴或作鴈，蓋非是。按：角木曰蛟，亢金爲龍，奎木曰狼，婁金爲狗，觜火曰猴，參水爲猿，翼火曰蛇，軫水爲蚓之類，是皆以類相從，特其氣數有深淺爾。然則牛金曰牛，斗木宜爲獬；鬼金曰羊，井木宜爲犴也。

宋　江少虞《事實類苑》卷六〇《蛇雉遺卵千年而爲蛟龍》　唐陸⿰亻垔《續水經》嘗言：蛇雉遺卵於地，千年生而爲蛟龍。漢武帝元封中，潯陽江中親射蛟，於江中獲之，乃是也。其蛟出殼之日，害於一方，洪水漂蕩，吴人謂之發洪。余少時嘗遊杭州西城之伊山，目擊此事。日晚，忽茂草中一雌雉飛起丈餘，翅翼零亂，又復入草中，數四不絶，久而不出。余竊怪之，薙草往觀，果一巨蛇、雌雉蟠結糾纏，津沫狼籍，斯雉驚而飛，蛇入草，始驗⿰亻垔之説。《玉壺清話》

宋　羅願《爾雅翼》卷二八《龍》　龍，春分而登天，秋分而潛淵，物之至靈者也。《淮南子》言，萬物羽毛鱗介皆祖於龍。羽嘉生飛龍，飛龍生鳳皇，而後鸞鳥、庶鳥、凡羽者以次生焉；毛犢生應龍，應龍生建馬，而後麒麟、庶獸、凡毛者以次生焉；介鱗生蛟龍，蛟龍生鯤鯁，而後建邪、庶魚、凡鱗者以次生焉；介潭生先龍，先龍生玄黿，而後靈龜、庶龜、凡介者以次生焉。王符稱，世俗畫龍之狀，馬首蛇尾。又有「三停」「九似」之説，謂自首至膊、膊至腰、腰至尾，皆相停也；九似者，角似鹿，頭似駝，眼似鬼，項似蛇，腹似蜃，鱗似魚，爪似鷹，掌似虎，耳似牛。頭上有物如博山，名尺木。龍無尺木，不能升天。其爲性，麤猛而畏鐵，愛玉及空青，而嗜燒燕肉，故嘗食燕者不可渡海。又言：蛟龍畏楝葉、五色絲，故漢以來祭屈原者，以五色絲合楝葉縛之。古者有豢龍、御龍氏，徒以知其欲惡而節制之耳。將雨則吟，其聲如戛銅盤，涎能發衆香。其噓氣成雲，反因雲以蔽其身，故不可見。今江湖間時有見其一爪與尾者，唯頭不可得見。自夏四月之後，龍乃分方，各有區域，故兩畆之間而雨暘異焉。又多暴雨，説者云細潤者天雨，猛暴者龍雨也。龍火與人火相反，得濕而焰，遇水而燔，以火逐之，則燔熄而焰滅。養魚及三百六十，則蛟龍將魚飛去。龍以變化無方，物不能制，故在人比君，在卦比乾之七爻，象天蒼龍七宿。乾七爻以龍爲用，天七宿以龍爲體。蓋自下數之，其第一爻潛龍，則未見也，故蒼龍第一宿不取龍之象；第二爻爲見龍在田，則或見其尾矣，故龍之宿其二爲尾；第六爻爲亢龍有悔，故龍之宿其六爲亢；第七爻爲見羣龍無首，吉，故其七爲角。今《易讀》「亢龍與角」「亢」之字異音，然其義實相通。蓋順則降，升則逆。龍之亢有逆鱗一尺，而不可膺也，則爲能升而不及反，故曰「亢龍有悔」。然則乾之亢龍，雖以角亢之亢，讀之可也。

明　牛衷《增修埤雅廣要》卷二三《品物門·異産類·火龍》　天不足西北，無陰陽消息。鍾山有龍，嘀火上照天門，名「火龍」。王轂《苦熱行》曰：祝融南來鞭火龍，火旗焰焰燒天空。日輪當午疑不去，萬國如在紅爐中。五岳翠乾雲彩滅，陽侯海底愁波竭。

明　胡居仁《易像鈔》卷五　羣龍無首。《爾雅》：龍有三停、九似。謂自首至膊，膊至腰，腰至尾，皆相停。九似：角似鹿，頭似駝，眼似鬼，項似蛇，腹似蜃，鱗似魚，爪似鷹，掌似虎，耳似牛。頭上有物，名尺木，龍無尺木不能升天。今江湖間，時有見其一爪一尾，唯頭不可得見。其噓氣成雲，因雲以蔽其身，故不可見。用九，見羣龍無首，是實象。又龍之亢，有逆鱗一尺，不可犯。亢龍升而不能下，爲逆，故有悔，亦是實象。

明　戴冠《濯纓亭筆記》卷四　龍生九子不成龍，今器物之飾皆其遺像，云：蒲牢好鳴，今鍾上獸紐；囚牛好音樂，今胡琴頭上刻獸；睚眦好殺，今刀柄上龍吞頭；狻猊好坐，今佛座獅子；屓贔好文，今石碑兩旁龍；虮蝮好負重，今碑下石獸；狴犴好訟，今獄門上獅子頭；蚩吻好吞，今殿脊獸頭；嘲風好險，今殿角上走獸。此相傳之説，未知出何書，漫識之。

明　彭儼《五侯鯖》卷三《龍》　有鱗曰蛟龍，有翼曰應龍，有角曰虬龍，無角曰螭龍，未升天曰蟠龍。龍有雌雄九色。驪龍之目，見百里纖芥而不見石。青珊：青龍聽經。詔封龍：熙寧中，王師南征，有小蛇登丹舟。師曰：「此彭蠡龍也，來獲軍仗。」詔封之。華山紅葉流溪中，史生寘懷中，葉上鱗起，粟粟而動。龍性畏蠟，愛玉及空青而嗜燒燕肉。龍吟：房琯脩道終南山，聞聲若戛銅器。水神：龍，水中神也。燭龍：在鴈門北，藏委羽之山，不見日，其神人面龍身而無足。不見日，故龍以目照之，開爲晝，冥爲夜。景州水中有龍三頭，時虜中大水，後六月有風自西南來，飛屋拔木。大江中有蟂，磯南有石穴叵測，蓋蟂居

也，蟂即老蛟。龍額上高如博山狀，名尺木。得尺木乃可升天。龍欲騰翥，先階尺木。

明　鄺璠《便民圖纂》卷六《雜占類・論龍魚》　龍下便雨，主晴。凡黑龍下，縱雨不多。白龍下，雨水必甚。龍下頻，主旱。諺云：「多龍多旱。」龍陣雨，每從一路下。諺云：「龍行熟路。」

明　李時珍《本草綱目》卷四三《龍》　集解：　時珍曰：《爾雅翼》云：龍者，鱗蟲之長。王符言其形有九似，頭似駝，角似鹿，眼似鬼，耳似牛，項似蛇，腹似蜃，鱗似鯉，爪似鷹，掌似虎。背有八十一鱗，具九九陽數。聲如戛銅盤，口有鬚髯，頷有明珠，喉有逆鱗，頭有博山，又名尺木，龍無尺木，不能升天。呵氣成雲，既能變水，又能變火。《埤雅》云：龍火得濕則焰，得水則燔，以人火逐之即息，故人之相火似之。龍，卵生思抱，雄鳴上風，雌鳴下風，因風而化。《釋典》云：龍交則變爲二小蛇。又小説載，龍性粗猛而愛美玉、空青，嗜燕肉，畏鐵及菵草、蜈蚣、楝葉、五色絲。故食燕者忌渡水，祈雨者用燕，鎮水患者用鐵，激龍者用菵草，祭屈原者用楝葉、色絲裹糭投江。醫家用龍骨，當知其性如此。

又《弔》　集解：　藏器曰：裴淵《廣州記》云：弔生嶺南，蛇頭龜身，水宿，亦木棲。其膏至輕利，以銅及瓦器盛之浸出，惟雞卵殼盛之不漏，其透物甚于醍醐。摩理毒腫大驗。(須)[頌]曰：姚和衆《延齡至寶方》云，吉弔脂出福、建州，甚難得。須以琉璃瓶盛之，更以樟木盒重貯之，不爾則透氣失去也。孫光憲《北夢瑣言》云：海上人言，龍每生二卵，一爲吉弔。多與鹿游，或于水邊遺瀝，值流槎則枯着木枝，如蒲槌狀。其色微青黃，復似灰色，號紫稍花，坐湯多用之。　時珍曰：按裴姚二説相同，則弔脂即吉弔脂無疑矣。又陳自明《婦人良方》云：紫稍花生湖澤中，乃魚蝦生卵于竹木之上，狀如餹潵，去木用之。此説與孫説不同。近時房中諸術，多用紫稍花，皆得于湖澤，其色灰白而輕鬆，恐非真者。當以孫説爲正。或云紫稍花與龍涎相類，未知是否。

又《蛟龍》　集解：　時珍曰：按裴淵《廣州記》云：蛟長丈餘，似蛇而四足，形廣如楯。小頭細頸，頸有白嬰。胃前赭色，背上青斑，脇邊若錦，尾有肉環。大者數圍，其卵亦大。能率魚飛，得鱉可免。【略】

附録：蜃。時珍曰：蛟之屬有蜃，其狀亦似蛇而大，有角如龍狀，紅鬣，腰以下鱗盡逆。食燕子。能吁氣成樓臺城郭之狀，將雨即見，名蜃樓，亦曰海市。其脂和蠟作燭，香凡百步，烟中亦有樓閣之形。《月令》云：雉入大水爲蜃。陸佃云：蛇交龜則生龜，交雉則生蜃，物異而感同也。《類書》云：蛇與雉交而生子曰蟂，以蛇四足，能害人。陸禋云：蟂音梟，即蛟也，或曰蜃也。又魯至剛云：正月蛇與雉交生卵，遇雷即入土數丈爲蛇形，經二三百年，乃能升騰。卵不入土，但爲土爾。觀此數説，則蛟、蜃皆是一類，有生有化也。一種海蛤與此同名，羅願以爲雉化之蜃，未知然否。詳《介部・車螯下》。

明　馮復京《六家詩名物疏》卷二五《龍》　《大戴禮》曰：鱗蟲三百六十，而龍爲之長。《禮運》曰：龍以爲畜，故魚鼈不淰。《元命包》云：龍之言萌也，陰中之陽。故言龍舉而雲興。《廣雅》云：有鱗曰蛟龍，有翼曰應龍，有角曰虯龍，無角曰蜿龍。龍能高能下，能小能巨，能幽能明，能短能長。淵深是潛，敷和其光。《説文》云：龍春分而登天，秋分而潛淵。《管子》云：龍被五色而游，故神。欲小則化如蠶蠋，欲大則極于天下，欲上則淩于雲氣，欲沈則入于深泉。變化無日，上下無時，謂之神。《淮南子》云：蛟龍剖卵于陵，其雄鳴上風，雌鳴下風，而化者形精之至也。人不見龍之飛舉而能高者，風雨奉之也。又云：羽嘉生飛龍，毛犢生應龍，介鱗生蛟龍，介潭生先龍。《論衡》云：《短書》言龍無尺木不能升天，謂龍從木中升天也。《抱朴子》曰：有自然之龍，有虵蠋化成之龍。《陰陽自然變化論》云：驪龍之眸，見百里纖芥。又云：龍能變水，人能變火。龍不見石，魚不見水。《雅翼》云：王符稱，世俗畫龍，馬首虵尾。將雨則吟，其聲如戛銅盤，涎能發衆香。其嘘氣成雲，反因雲蔽身，故不可見。龍火與人火相反，得濕而焰，遇水而燔，以火逐之，則燔息而焰滅。《埤雅》云：龍八十一鱗，具九九之數。九，陽也。《南部新書》云：龍性麄猛，畏蠟，愛竹及空青而嗜燒燕，食燕肉人不可渡海。《説原》云：龍有三停、九似之説，謂自首至膊、膊至腰、腰至尾，皆相停也。角似鹿，頭似駝，眼似鬼，項似虵，腹似蜃，鱗似魚，爪似鷹，掌似虎，耳似牛。

明　焦周《焦氏説楛》卷七　龍頭上有一物如博山形，名尺木。龍無尺木，不能昇天。

清　來集之《倘湖樵書・初編》卷三《龍食》　《南部新書》云：龍之性，麄猛而畏蠟，愛玉及空青，而嗜燒鷰肉，故食燕肉人不可渡海。《梁四公傳》「將燒燕五百枚，以奉守殊之龍女」者是也。《朝鮮志》云：朝鮮扶餘縣扶蘇山下，有一恠石跨于江渚，石上有龍攫之跡。諺傳唐高時，蘇定方伐百濟，臨江獄渡，忽風雨大作，以白馬爲餌，釣得一龍，須臾開霽，遂渡師伐之。故江曰「白馬岩」，曰「釣龍臺」。是龍既嗜燕肉，又嗜白馬肉矣。《法苑》云：貞觀十八年，汶水縣天雷震，雲中落下一石，大如碓嘴，脊高，腹平。縣丞張孝静奏聞。時有西域磨伽伦菩提等長年師到西京，顧推博識，勅問之，云是龍食，二龍相争，故下耳。《括地志》云：龍池之山，四方高，中有池，方七百里，羣龍居之。多五花樹，羣龍食之。去會稽四萬五千里。然則龍之所食，又有此二種耶？

清　魏裔介《雅説集》卷四　游龍野鶴，天下之至逸也。龍以無欲于世，

故神。

清 梁章鉅《浪跡叢談》卷八《龍生九子》 龍生九子之説，不知始自何書。《升菴外集》云：俗傳龍生九子，不成龍，各有所好。宏治中，御書小帖，以問内閣。李文正據羅玘、鐳績之言，具疏以對，今影響記之：一曰贔屭，好負重，今碑下趺是也；二曰螭吻，好望，今屋上獸頭是也；三曰蒲牢，好吼，今鐘上紐是也；四曰狴犴，有威力，故立於獄門；五曰饕餮，好飲食，故立於鼎蓋；六曰蚣蝮，好水，故立於橋柱；七曰睚眦，好殺，故立於刀環；八曰狻猊，好煙火，故立於香爐；九曰椒圖，好閉，故立於門鋪。按李文正、陸文裕俱嘗記此，其名亦或不同。陸謂出《山海經》、《博物志》，攷二書，今皆無之。翟晴江謂本鐳績倡其説，但云得於故册面上，疑其權時應命所撮造，故升菴云影響記之也。

清 陳宗起《考工記鳥獸蟲魚釋》 龍旂九斿。《左傳·昭二十九年》：龍，水物也。《説文》：龍，蟲之長，能幽能明，能細能巨，能短能長。春分而登天，秋分而潛淵。《廣雅》：有鱗曰蛟龍，有翼曰應龍，有角曰虬龍，無角曰螭龍。《水經注》：魚龍以秋日爲夜。《埤雅》：龍八十一鱗。引《陰陽自然變化論》曰：驪龍之眸，見百里纖芥。舊説蛟龍畏鐵。《大戴禮》及《樂緯》皆云：鱗蟲三百六十，龍爲長。《詩·麟趾》疏引《左傳》服注：聽聰知正，而名山出龍。《五行傳》：皇之不極，則有龍蛇之孽。

清 方旭《蟲薈》卷四《鱗蟲·龍》 《續廣雅》：雲螭雨師智蟲，宛虹龍也。

《西番譯語》：龍，西番呼恩卜路耳。

《本草綱目》：龍，梵書名那伽，能變水，又能變火，交則變二小蛇。其性粗猛，而愛美玉、空青，喜食燕肉，畏鐵及菵草、蜈蚣、楝葉、五色絲。故食燕者忌渡水，祈雨者用燕，鎮水患者用鐵，激龍者用菵草，祭屈原者用楝葉色絲裹餿投江。

《譯史紀餘》：龍，高昌呼「盧」，緬甸呼「那戞」。其形有九似，駝頭，鹿角，兔眼，牛耳，蛇項，蜃腹，鯉鱗，鷹爪，虎掌，背有八十一鱗。

《濼陽續録》：恒閣學嘗見一龍，頭角與畫圖相似，惟四足開張，摇撼如一舟之鼓四棹，尾扁而濶，至末漸纖，在似蛇似魚之間，腹下正白如匹練。

《乘異記》：龍狀雌雄不同。雄者角浪，凹峭，目深，鼻豁，鬐尖，鱗密，上汰下殺；雌者角靡浪平，目肆，鼻直，鬐圓，鱗薄，尾汰於腹。

《遺珠貫索》：龍以角爲耳，以秋爲夜。

王漁洋《精華録註》：龍髯色如爛椹，長可三尺。置室中，蚊蚋不敢入。拂之爲聲，雞犬牛馬皆驚逸焉。

《酉陽雜俎》：龍頭上有物如博山形者，名尺木，能升天。無尺木者，不能升天。

《龍城録》：開元中，景州人見一龍三頭。

《説文》：龍能幽能明，能巨能細，能短能長。春分而登天，秋分而潛淵。

《千金方》：龍骨遠志，等分爲末，食後酒服，益人智慧。

《述異記》：食龍肉多壽。

《博物志》：龍肉以醯漬之，則文章生。

《綱鑑通俗》：龍不見石。

《談薈》：龍食砒霜而肥。

《大戴禮》：鱗蟲之精者曰龍。

《變化論》：龍數易骨。

《皎然集》：龍鳴聲如戞銅器。

《支雅》：山中辰日稱雨師者，龍也。

《太平廣記》：龍卵有青赤斑大如雞子。

《格致鏡原》：龍子曰蚪。旭按：蚪或作虬。

《正字通》：龍生九子，各有所好。一贔屭，似龜，好負重，今石碑下趺是也；二螭吻，似獸，好望，今屋上獸頭是也；三蒲牢，似龍而小，好吼，今鐘上紐是也；四狴犴，似虎，有威力，好守，故立於獄門；五饕餮，好食，故立於鼎蓋；六虮蝮，好水，故立於橋柱；七睚眦，好殺，故立於刀環；八金猊，似獅子，好烟火，故立於香爐；九椒圖，似螺蚌，好閉，故立於門舖首。

《懷麓堂集》：龍生九子，各有所好。囚牛好音，今故琴頭上獸是其遺像；睚眦好殺，今刀柄上龍是其遺像；嘲風好險，今殿角獸是其遺像；蒲牢好鳴，今鐘上獸是其遺像；狻猊好坐，今佛前獅子是其遺像；霸下好負重，今碑坐獸是其遺像；狴犴好訟，今獄門獅子是其遺像；屓贔好文，今碑上獸是其遺像；蚩吻好吞，今殿脊獸是其遺像。

《賨存》：龍生九子。一贔屭好文，今石碑兩旁者是也；一蚩吻好吞，今殿角獸頭是也；一睚眦好殺，今刀柄上龍是也；一霸下好負重，今石碑坐獸是也；一狴犴好訟，今獄門上獅子是也；一囚牛好音樂，今胡琴上獸頭是也；一白澤好坐，今佛坐下獅子是也；一蒲牢好鳴，今鐘上獸紐是也；一椒圖好閉，故立於門上。

《菽園雜記》：贔屭似龜，好負重，故用載碑；螭吻似獸，好望，故立於屋角

上；蒲牢似龍而小，好吼，有神力，故立於鐘上；憲章似獸，有威，好囚，故立於獄門上；饕餮好水，故立於橋上；蟋蜴似獸，鬼頭，好腥，故立於刀柄上；蠻蛀似龍，好風雨，故立於殿脊上；螭虎似龍，好文，故立於碑上；金猊似獅，好火烟，故立於爐上；椒圖似螺蛳，好閉口，故立於門上，今呼「鼓了」非也；蚼蛥似龍而小，好立險，故立於護朽上；鰲魚似龍，好吞火，故立於屋脊上；獸吻似獅，好食陰邪，故立於門鐶上；金吾似美人首魚，尾有兩翼，性通靈，不睡，故用巡警。

紀事

《左傳·昭公二十九年》　秋，龍見于絳郊。魏獻子問于蔡墨曰：「吾聞之，虫莫知於龍，以其不生得也。謂之知，信乎？」對曰：「人實不知，非龍實知。古者畜龍，故國有豢龍氏，有御龍氏。」獻子曰：「是二氏者，吾亦聞之，而不知其故，是何謂也？」對曰：「昔有飂叔安，有裔子曰董父，實甚好龍，能求其耆欲以飲食之，龍多歸之。乃擾畜龍，以服事帝舜。帝賜之姓曰董，氏曰豢龍。封諸鬷川，鬷夷氏其後也。故帝舜氏世有畜龍。及有夏孔甲，擾于有帝。帝賜之乘龍，河、漢各二，各有雌雄，孔甲不能食，而未獲豢龍氏。有陶唐氏既衰，其後有劉累，學擾龍于豢龍氏，以事孔甲，能飲食之。夏后嘉之，賜氏曰御龍，以更豕韋之後。龍一雌死，潛醢以食夏后。夏后饗之，既而使求之。懼而遷於魯縣，范氏其後也。」獻子曰：「今何故無之？」對曰：「夫物，物有其官，官修其方，朝夕思之。一日失職，則死及之。失官不食，官宿其業，其物乃至。若泯棄之，物乃坻伏，鬱湮不育。故有五行之官，是謂五官。實列受氏姓，封爲上公，祀爲貴神。社稷五祀，是尊是奉。木正曰句芒，火正曰祝融，金正曰蓐收，水正曰玄冥，土正曰后土。龍，水物也。水官棄矣，故龍不生得。不然，《周易》有之，在《乾》䷀之《姤》䷫曰：『潛龍勿用。』其《同人》䷌曰：『見龍在田。』其《大有》䷍曰：『飛龍在天。』其《夬》䷪曰：『亢龍有悔。』其《坤》䷁曰：『見群龍無首，吉。』《坤》之《剥》䷖曰：『龍戰于野。』若不朝夕見，誰能物之？」獻子曰：「社稷五祀，誰氏之五官也？」對曰：「少皞氏有四叔，曰重，曰該，曰修，曰熙，實能金木及水。使重爲句芒，該爲蓐收，修及熙爲玄冥。世不失職，遂濟窮桑，此其三祀也。顓頊氏有子曰犁，爲祝融，共工氏有子曰句龍，爲后土，此其二祀也。后土爲社，稷，田正也。有烈山氏之子曰柱爲稷，自夏以上祀之。周棄亦爲稷，自商以來祀之。」

《莊子·列禦寇》　朱泙漫學屠龍於支離益，單千金之家，三年技成，而無所用其巧。【略】河上有家貧恃緯蕭而食者，其子没於淵，得千金之珠。其父謂其子曰：「取石來鍛之！夫千金之珠，必在九重之淵而驪龍頷下。子能得珠者，必遭其睡也。使驪龍而寤，子尚奚微之有哉！今宋國之深，非直九重之淵也；宋王之猛，非直驪龍也；子能得車者，必遭其睡也。使宋王而寤，子爲整粉夫。」

《竹書紀年·帝禹夏后氏》　五年，巡狩，會諸侯于塗山。南巡狩，濟江，中流有二黄龍負舟，舟人皆懼。禹笑曰：「吾受命于天，屈力以養人。生，性也。死，命也。奚憂龍哉？」龍于是曳尾而逝。

漢　司馬遷《史記》卷一《五帝本紀》　黄帝者，少典之子，姓公孫，名曰軒轅。生而神靈，弱而能言，幼而徇齊，長而敦敏，成而聰明。【略】

正義：《帝王世紀》云：「神農氏，姜姓也。母曰任姒，有蟜氏女，登爲少典妃，遊華陽，有神龍首，感生炎帝。人身牛首，長於姜水。有聖德，以火德王，故號炎帝。初都陳，又徙魯。又曰魁隗氏，又曰連山氏，又曰列山氏。」

又　卷八《高祖本紀》　高祖，沛豐邑中陽里人，姓劉氏，字季。父曰太公，母曰劉媪。其先劉媪嘗息大澤之陂，夢與神遇。是時雷電晦冥，太公往視，則見蛟龍於其上。已而有身，遂産高祖。

又　卷一二《孝武本紀》　黄帝采首山銅，鑄鼎於荆山下。鼎既成，有龍垂胡顥下迎黄帝。黄帝上騎，羣臣後宫從上龍七十餘人，龍乃上去。餘小臣不得上，乃悉持龍顥，龍顥拔，墮黄帝之弓。百姓仰望黄帝既上天，乃抱其弓與龍胡顥號，故後世因名其處曰鼎湖，其弓曰烏號。

漢　郭憲《洞冥記》卷三　有鵲銜火於清溪之上，鵲化成龍。

西域獻火龍，高七尺，映日看之，光如聚炬火。有童子遥見有黄鵠，白首，鼓翅於帝前，即方朔。着黄綾單衣，頭已斑白。漢朝皆異其神化而不測其年矣。

漢　班固《漢書》卷一上《高帝紀上》　高祖，沛豐邑中陽里人也，姓劉氏。母媪嘗息大澤之陂，夢與神遇。是時雷電晦冥，父太公往視，則見交龍於上。已而有娠，遂産高祖。

晉　陳壽《三國志》卷四《魏書·高貴鄉公紀》　甘露元年春正月辛丑，青龍見軹縣井中。乙巳，沛王林薨。

［甘露］四年春正月，黃龍二，見寧陵縣界井中。《漢晉春秋》曰：是時龍仍見，咸以爲吉祥。帝曰：「龍者，君德也。上不在天，下不在田，而數屈於井，非嘉兆也。」仍作《潛龍》之詩以自諷，司馬文王見而惡之。

晉　張華《博物志》卷七《異聞》　昔夏禹觀河，見長人魚身出，曰：吾河精。豈河伯耶？馮夷，華陰潼鄉人也，得仙道，化爲河伯。豈道同哉？仙夷乘龍虎，水神乘魚龍，其行恍惚，萬里如室。【略】

《徐偃王志》云：徐君宫人娠而生卵，以爲不祥，弃之水濱。獨孤母有犬名鵠蒼，獵于水濱，得所弃卵，銜以東歸。獨孤母以爲異，覆煖之，遂沸成兒。生時正偃，故以爲名。徐君宫中聞之，乃更録取。長而仁智，襲君徐國。後鵠蒼臨死生角而九尾，實黃龍也。【略】

澹臺子羽渡河，齎千金之璧。河伯欲之，至中流，陽侯波起，兩蛟挾船。子羽左操璧，右操劍，擊蛟，皆死。既渡，三投璧于河伯，河伯躍而歸之。子羽毁而去。

荆軻字次非，渡河，蛟夾船。次非不走，斷其頭，而風波静除。

晉　王嘉《拾遺記》卷一　南潯之國有洞穴陰源，其下通地脉，中有毛龍、毛魚，時蜕骨於曠澤之中。魚、龍同穴而處。其國獻毛龍一雌一雄，放置豢龍之宫。至夏代養龍不絶，因以命族。至禹導川，乘此龍。及四海攸同，乃放河汭。

南朝宋　范曄《後漢書》志一七《五行志五》　安帝延光三年，濟南言黃龍見歷城，琅邪言黃龍見諸。是時安帝聽讒，免太尉楊震，震自殺。又帝獨有一子，以爲太子，信讒廢之。是皇不中，故有龍孽，是時多用佞媚，故以爲瑞應。明年正月，東郡又言黃龍二見濮陽。

桓帝延熹七年六月壬子，河内野王山上有龍死，長可數十丈。襄楷以爲夫龍者爲帝王瑞，《易》論大人。天鳳中，黃山宫有死龍，漢兵誅莽而世祖復興，此易代之徵也。至建安二十五年，魏文帝代漢。

永康元年八月，巴郡言黃龍見。時吏傅堅以郡欲上言，内白事以爲走卒戲語，不可。太守不聽。嘗見堅語云：「時民以天熱，欲就池浴，見池水濁，因戲相恐『此中有黃龍』，語遂行人間。聞郡欲以爲美，故言。」時史以書帝紀。桓帝時政治衰缺，而在所多言瑞應，皆此類也。又先儒言：瑞興非時，則爲妖孽，而民訛言生龍語，皆龍孽也。

南朝梁　沈約《宋書》卷二八《符瑞志中》　黃龍者，四龍之長也。不漉池而漁，德至淵泉，則黃龍游於池。能高能下，能細能大，能幽能冥，能短能長，乍存乍亡。

赤龍、《河圖》者，地之符也。王者德至淵泉，則河出《龍圖》。

漢惠帝二年正月癸酉，兩龍見蘭陵人家井中。

漢文帝十五年春，黃龍見成紀。

漢宣帝甘露元年四月，黃龍見新豐。

漢成帝鴻嘉元年冬，黃龍見真定。

漢成帝永始二年二月癸未，黃龍見東萊。

漢光武建武十二年六月，黃龍見東阿。

漢章帝元和二年以來，至章和元年，凡三年，黃龍四十四見郡國。

元和中，青龍見郡國。

元和中，白龍見郡國。

漢安帝延光元年八月辛卯，黃龍見九真。

延光三年九月辛亥，黃龍見濟南歷城。

延光三年十二月乙未，黃龍見琅邪諸縣。

延光四年正月壬午，黃龍二見東郡濮陽。

漢桓帝建和元年二月，黃龍見沛國譙。

漢桓帝元嘉二年八月，黃龍見濟陰句陽，又見金城允街。

漢桓帝永康元年八月，黃龍見巴郡。

漢獻帝延康元年三月，黃龍見譙。又郡國十三言黃龍見。

魏明帝青龍元年正月甲申，青龍見郟之摩陂井。帝親與羣臣共觀之，既而詔畫工圖寫，龍潛而不見。

魏明帝景初元年二月壬辰，山茌縣言黃龍見。

魏少帝正元元年十月戊戌，黃龍見鄴井中。

魏少帝甘露元年正月辛丑，青龍見軹縣井中凡二。

甘露元年六月，青龍見元城縣界井中。

甘露二年二月，青龍見温縣井中。

甘露三年八月甲戌，黃龍、青龍仍見頓丘、冠軍、陽夏縣井中。

甘露四年正月，黃龍二見寧陵縣井中。

魏元帝景元元年十二月甲申，黃龍見莘縣井中。

景元三年二月，青龍見軹縣井中。

劉備未即位前，黄龍見武陽赤水，九日乃去。

吴孫權黄武元年三月，鄱陽言黄龍見。

吴孫權黄龍元年四月，夏口、武昌並言黄龍見。權因此改元。作黄龍牙，常在軍中，進退視其所向，命胡綜爲賦。

吴孫權赤烏五年三月，海鹽縣言黄龍見縣井中二。

赤烏十一年，雲陽言黄龍見。黄龍二又見武陵吴壽，光色炫燿。

吴孫休永安四年九月，布山言白龍見。

永安五年七月，始新言黄龍見。

永安六年四月，泉陵言黄龍見。

晉武帝泰始元年十二月，青龍二見濟陰定陶。

泰始元年十二月，青龍見魏郡湯陰。

泰始元年十二月，黄龍見河南洛陽洛濱。

泰始元年十二月，白龍二見太原祁。

泰始二年七月壬午，黄龍見巴西閬中。

泰始三年四月戊午，有司奏：「張掖太守焦勝言，氐池縣大柳谷口青龍見。」

晉武帝咸寧二年六月丙申，白龍二見于新興九原居民井中。

咸寧二年十月庚午，黄龍二見于漢嘉靈關。

咸寧二年十一月癸巳，白龍二見須度支部。

咸寧五年十一月甲寅，青龍見京兆霸城。

晉武帝太康元年八月，白龍三見于永昌。

太康三年閏四月己丑，白龍二見濟南歷城。

太康五年正月癸卯，青龍二見武庫井中，帝親往觀之。

太康六年九月，白龍見京兆陰槃。

太康九年十二月戊申，青龍一見魯國公丘居民井中。

晉惠帝元康七年三月己酉朔，成臯縣獄有龍昇天。

宋武帝永初元年七月，青龍見義興陽羨。

永初元年八月，青龍二見南郡江陵。

文帝元嘉十三年九月己酉，會稽郡西南向曉，忽大光明，有青龍騰躍凌雲，久而後滅。吴興諸處並以其日同見光景。揚州刺史彭城王義康以聞。

元嘉二十一年十月己丑，永嘉永寧見黄龍自雲而下，太守臧藝以聞。

元嘉二十五年五月丁丑，黑龍見玄武湖北，苑丞王世宗以聞。

元嘉二十五年五月戊戌，黑龍見玄武湖東北陂，揚州野吏張立之以聞。

元嘉二十五年八月辛亥，黄龍見會稽，太守孟顗以聞。

元嘉二十五年，慶陵有龍自湖水中升天，百姓皆見。

孝武帝孝建二年七月癸丑，黄龍見石頭城外水濱，中護軍湘東王彧以聞。

孝建三年五月己未，龍見臨川郡，江州刺史東海王禕以聞。

孝武大明元年五月癸亥，黑龍見晉陵占石邨。改邨爲津里。

南朝梁　任昉《述異記》卷上　夏桀宫中有女子化爲龍，不可近。俄而復爲婦人，甚麗而食人。桀命爲蛟妾，告桀吉凶。

南朝梁　蕭子顯《南齊書》卷一八《祥瑞志》　元徽三年，太祖在青溪宅，齋前池中忽揚波起浪，湧水如山，有金石響，須臾有青龍從池中出，左右皆見之。

昇明元年，青龍見齊郡。

建元四年，青龍見從陽郡清水縣平泉湖中。

永明七年，黄龍見曲江縣黄池中，一宿二日。

中興二年，山上雲障四塞，頃有玄黄五色如龍，長十餘丈，從西北升天。

宋泰始末，武進舊塋有獸見，一角，羊頭，龍翼，馬足，父老咸見，莫之識也。

永明十年，鄱陽郡獻一角獸，麟首，鹿形，龍鸞共色。《瑞應圖》云：「天子萬福允集，則一角獸至。」

北齊　魏收《魏書》卷八《世宗紀》　世宗宣武皇帝，諱恪，高祖孝文皇帝第二子。母曰高夫人，初，夢爲日所逐，避於牀下，日化爲龍，繞己數匝，寤而驚悸，既而有娠。太和七年閏四月，生帝於平城宫。二十一年正月甲午，立爲皇太子。

又　卷一一二上《靈徵志八上》　龍蛇之孽　《洪範論》曰：龍，鱗蟲也，生於水。雲亦水之象，陰氣盛，故其象至也，人君下悖人倫，上亂天道，必有篡殺之禍。

世祖神䴥三年三月，有白龍二見於京師家人井中。

真君六年二月丙辰，有白龍見於京師家人井中。龍，神物也，而屈於井中，皆世祖暴崩之徵也。

肅宗正光元年八月，有黑龍如狗，南走至宣陽門，躍而上，穿門樓下而出。

魏衰之徵也。

莊帝永安二年，晉陽龍見於井中，久不去。莊帝暴崩晉陽之徵也。

前廢帝普泰元年四月甲寅，有龍跡自宣陽門西出，復入城。乙卯，羣臣入賀，帝曰：「國將興，聽於民；將亡，聽於神。但當君臣上下，克己爲治，未足恃此爲慶。」

唐 姚思廉《陳書》卷二《高祖紀下》 〔永定〕三年春正月己丑，青龍見于東方。丁酉，以鎮南將軍、廣州刺史歐陽頠即本號開府儀同三司。是夜大雪，及旦，太極殿前有龍跡見。甲午，廣州刺史歐陽頠表稱白龍見于州江南岸，長數十丈，大可八九圍，歷州城西道入天井崗。

唐 李百藥《北齊書》卷九《神武婁后傳》 〔神武婁〕太后凡孕六男二女，皆感夢：孕文襄則夢一斷龍；孕文宣則夢大龍，首尾屬天地，張口動目，勢狀驚人；孕孝昭則夢蠕龍於地；孕武成則夢龍浴於海；孕魏二后並夢月入懷；孕襄城、博陵二王夢鼠入衣下。后未崩，有童謠曰「九龍母死不作孝」。及后崩，武成不改服，緋袍如故。

唐 房玄齡《晉書》卷二九《五行志下》 龍蛇之孽 魏明帝青龍元年正月甲申，青龍見郟之摩陂井中。凡瑞興非時，則爲妖孽，况困于井，非嘉祥矣。魏以改年，非也。干寶曰：「自明帝，終魏世，青龍、黃龍見者，皆其主興廢之應也。魏土運，青木色，而不勝于金。黃得位，青失位之象也。青龍多見者，君德國運内相克伐也。故高貴鄉公卒敗于兵。」案劉向説，龍貴象而困井中，諸侯將有幽執之禍也。魏世，龍莫不在井，此居上者逼制之應。高貴鄉公著《潛龍詩》，即此旨也。

高貴鄉公正元元年十月戊戌，黃龍見于鄴井中。

甘露元年正月辛丑，青龍見軹縣井中。六月乙丑，青龍見元城縣界井中。二年二月，青龍見温縣井中。三年，黃龍、青龍俱見頓丘、冠軍、陽夏縣界井中。四年正月，黃龍二見寧陵縣界井中。

元帝景元元年十二月甲申，黃龍見華陰縣井中。三年二月，龍見軹縣井中。

吴孫皓天册中，龍乳於長沙人家，啖雞雛。京房《易妖》曰：「龍乳人家，王者爲庶人。」其後皓降晉。

武帝咸寧二年六月丙午，白龍二見于九原井中。

太康五年正月癸卯，二龍見武庫井中。帝觀之，有喜色。百僚將賀，劉毅獨表曰：「昔龍漦夏庭，禍發周室。龍見鄭門，子產不賀。」帝答曰：「朕德政未修，未有以應受嘉祥。」遂不賀也。孫盛曰：「龍，水物也，何與於人！子產言之當矣。但非其所處，實爲妖災。夫龍以飛翔顯見爲瑞，今則潛伏幽處，非休祥也。」漢惠帝二年，兩龍見蘭陵井中，本志以爲其後趙王幽死之象。武庫者，帝王威御之器所寶藏也，屋宇邃密，非龍所處。是後七年，藩王相害，二十八年，果有二胡僭竊神器，二逆皆字曰龍，此之表異，爲有證矣。

愍帝建興二年十一月，枹罕羌妓産一龍子，色似錦文，常就母乳，遥見神光，少得就視。此亦皇之不建，於是帝竟淪没。

吕纂末，龍出東厢井中，到其殿前蟠卧，比旦失之。俄又有黑龍升其宫門。纂咸以爲美瑞。或曰：「龍者陰類，出入有時，今而屢見，必有下人謀上之變。」後纂果爲吕超所殺。

唐 魏徵《隋書》卷二三《五行志下》 河清元年，龍見濟州浴堂中。占同天保九年。先是平秦王歸彦，受昭帝遺詔，立太子百年爲嗣。而歸彦遂立長廣王湛，是爲武成帝。而廢百年爲樂陵王，竟以幽死。

天統四年，貴鄉人伐枯木，得一黃龍，折脚，死於孔中。齊稱木德。龍，君象。木枯龍死，不祥之甚。其年武成崩。

武平三年，龍見邯鄲井中，其氣五色屬天。又見汲郡佛寺涸井中。占同河清元年。後主竟降周，後被誅。

武平七年，并州招遠樓下，有赤蛇與黑蛇鬭，數日，赤蛇死。赤，齊尚色。黑，周尚色。鬭而死，滅亡之象也。後主任用邪佞，與周師連兵於晉州之下。委軍於孽臣高阿那肱，竟啓敵人，皇不建之咎也。後主遂爲周師所虜。

琅邪王儼壞北宫中白馬浮圖，石趙時澄公所建。見白蛇長數丈，廻旋失所在。時儼專誅失中之咎也。見變不知戒，以及於難。

後周建德五年，黑龍墜於亳州而死。龍，君之象。黑，周所尚色。墜而死，不祥之甚。時皇太子不才，帝每以爲慮，直臣王軌、宇文孝伯等，驟請廢立，帝不能用。後二歲，帝崩，太子立，虐殺齊王及孝伯等，因而國亡。

唐 李延壽《南史》卷二《宋本紀中》 〔景平二年〕甲戌，乃發江陵，命王華知州府，留鎮陝西，令到彦之監襄陽。車駕在道，有黑龍躍負上所乘舟，左右莫不失色，上謂王曇首曰：「此乃夏禹所以受天命，我何德以堪之。」及至都，羣臣迎拜於新亭。先謁初寧陵，還次中堂，百官奉璽紱，沖讓未受，勸請數四，乃從之。

唐 段成式《酉陽雜俎》卷一五《諸臯記下》 有史秀才者，元和中曾與道流

遊華山。時暑，環憩一小溪，忽有一葉大如掌，紅潤可愛，隨流而下，史獨接得，置懷中。坐食頃，覺懷中漸重，潛起觀之，覺葉上鱗起，栗栗而動，史驚懼，棄林中，遽白衆曰：「此必龍也，可速去矣。」須臾，林中白烟生，彌於一谷，史下山未半，風雷大至。

唐 鄭處誨《明皇雜録》卷下 唐開元，關輔大旱，京師闕雨尤甚。亟命大臣遍禱于山澤間，而無感應。上於龍池新刱一殿，因召少府監馮紹正，令於四壁各畫一龍。紹正乃先於四壁畫素龍，奇狀蜿蜒如欲振躍。繪事未半，若風雲隨筆而生。上及從官於壁下觀之，鱗甲皆濕。設色未終，有白氣若簾廡間出入於池中，波濤洶湧，雷電隨起。侍御數百人皆見白龍自波際乘雲氣而上，俄頃陰雨四布，風雨暴作，不終日而甘霖遍於畿内。

唐 陸龜蒙《甫里集》卷一九《招野龍對》 昔豢龍氏求龍之嗜慾，幸而中焉，得二龍而飲食之。龍之于人固異類，以其若己之性也，席其宫沼，百川四瀆之不足游；甘其飲食，洪流大鯨之不足味。施施然，擾于其愛弗去。一旦値野龍，奮然而招之曰：「爾奚爲者，茫洋乎天地之間，寒而蟄，暘而昇，能無勞乎？誠從吾居而宴安乎？」野龍矯首而笑之曰：「若何齪齪乎如是耶？賦吾之形，冠角而被鱗；賦吾之德，泉潛而天飛；賦吾之靈，嘘雲而乘風；賦吾之職，抑驕而澤枯。觀乎無極之外，息乎大荒之墟。窮端倪而盡變化，其樂不至耶？今爾苟容于蹄涔之間，惟沙泥之是拘，惟蛭螾之與徒，牽乎嗜好以希飲食之餘，是同吾之形，異吾之樂者也。狎于人，啗其利者扼其喉，截其肉，可以立待。吾方哀而援之以手，又何誘吾納之陷穽耶？爾不免矣。」野龍行未幾，果爲夏后氏之醢。

五代 杜光庭《録異記》卷五《龍》 荆州當陽縣，倚山爲廨，内有劉文龍井，極深。井中有龍窠，傍入不知幾許。欲晴霽及將雨，往往有雲氣自井而出。光化中，有道士稱自商山來，入井中取龍窠及草藥而去。其後有令黄馴者到任之後，常繫馬於井旁。滓穢流漬，盡入于井中。或有譏之者，飾辭以對。歲餘，馴及馬皆瞽。【略】

海龍王宅，在蘇州東，入海五六日程，小島之前，濶百餘里，四面海水粘濁，此水清，無風而浪，高數丈，舟船不敢輒近。每大潮，水漫没其上，不見此浪，船則得過。夜中遠望見此水上紅光如日，方百餘里，上與天連。船人相傳龍王宫在其下矣。【略】

柳子華，唐朝爲成都令。一旦方午，有車騎犢車前後女騎導從，徑入廳事，使一介告柳云：「龍女且來矣。」俄而下車，左右扶衛升堦，與子華相見，云：「宿命與君子爲匹偶。」因止，命酒樂極歡，成禮而去。自是往復爲常，遠近咸知之。子華罷秩，不知所之。俗云：入龍宫，得水仙矣。【略】

蜀庚午歲，金州刺史王宗朗奏：洵陽縣洵水畔有青烟廟。數日廟上烟雲昏晦，晝夜奏樂。忽一旦，水波騰躍，有羣龍出於水上，行入漢江。大者數丈，小者丈餘，或黄，或黑，或赤，或白，或青，有如牛馬驢羊之形，大小五十，壘匕相次，行入漢江，却回廟所。往復數里，或隱或見，三日乃止。【略】

五代 劉崇遠《金華子雜編》卷下 楊琢云：有一人家燕巢中，忽然赤焰光芒，而隱隱有聲，若鳴鼓地中，日夜不輟。夜後，廂巡呵喝于外。望之，則又光焰亘天。居旬日間，人漸聲傳，（曰）〔日〕或聚衆其家。父老懼，偶以拄杖探燕巢中，即有一小龍長尺餘，墜下，鱗甲炳焕。父老驚懼，速以裀褥藉之，焚香禱謝。未畢，既而見一大龍長丈餘，自簷廡而入，如炬爍，人瞻視，一家駭震，竄伏稽顙。徐擁其子，入自寢室，穴其屋騰天而去。其家不數年隳敗焉。

五代 劉昫《舊唐書》卷三七《五行志》 乾元二年九月，通州三岡縣放生池中，日氣下照，水騰波涌上，有黄龍躍出，高丈餘。又於龍旁數處，浮出明珠。【略】

元和七年四月，舒州桐城縣有黄、青、白三龍各一，翼風雷自梅天陂起，約高二百尺，凡六里，降于浮塘坡。九年四月，道州二青龍見于江中。

大和二年六月七日，密州阜産山北面有龍見。初，赤龍從西來，續有青龍、黄龍從南來，後有白龍、黑龍從山北來，並形狀分明。自申至戌，方散去。【略】

貞觀中，汾州言青龍見，吐物在空中，有光明如火。墮地，地陷，掘之得玄金，廣尺，長七寸。

五代 尉遲偓《中朝故事》卷下 古有豢龍氏，長安有豢龍户，觀水即知龍色目有無，悉知之。懿皇朝，龍户上言，龍池中走失兩條，往關東尋訪數十日，東都魏王池中見之，取而歸闕。經華州時，李訥爲華州刺史，訥父名建杓，向與白居易相善。訥爲人正直，聞得龍來，大以爲虚妄，命就公府視之，則於一小瓶子中倒於盆内，乃二細鰍魚也。訥怒目曰：「何以爲驗？」其人對曰：「驗非難也。請於地中鑿一穴，闊一尺。」已而注水其間，收鰍投水内。魚到水中，相趂旋轉，尾觸穴四隅，隨觸而陷，水亦暴漲，逡巡穴已闊數尺。其人諮訥云：「恐穴更廣，即難制也。」遂搦入瓶中。訥方奇之，厚贈錢帛，携歸輦下。

宋 薛居正《舊五代史》卷一三五《劉陟傳》 唐同光三年冬，白龍見於南海，改僞乾亨元年爲白龍元年，陟又改名龔，以符龍之瑞也。

又 卷一四一《五行志三》 ［唐天祐］十九年，定州王處直卒。先是，處直自爲德政碑，建樓於衙城内，言有龍見。或覩之，其狀乃黄么蜥蜴也。處直以爲神異，造龍牀以安之。又，城東麥田中，有羣鵲數百，平地爲巢，處直以爲己德所感。識者竊論曰：「蟲蛇陰物，比藏山澤，今據屋室，人不得而有也。鵲巢於樹，固其所也；今止平地，失其所也。南方爲火，火主禮，禮之壞則羽蟲失性，以文推之，上失其道，不安於位之兆也。」果爲其子都所廢。

宋 釋贊寧《東坡先生物類相感志》卷一五《龍母》 《道家雜記》云：張魯有女，曾浣衣於山下，白露蒙其身，遂妊。耻之，自裁。臨死謂婢曰：「死後破吾腹。」依言破得龍子一雙，遂入漢水。女殯於山，其龍子後遊墓前，有溪迹之感應。

宋 歐陽修《新唐書》卷三六《五行志》 龍蛇孽。

貞觀八年七月，隴右大蛇屢見。蛇，女子之祥；大者，有所象也。又汾州青龍見，吐物在空中，光明如火，墮地地陷，掘之得玄金，廣尺，長七寸。

顯慶二年五月庚寅，有五龍見于岐州之皇后泉。

先天二年六月，京師朝堂塼下有大蛇出，長丈餘，有大蝦蟆如盤，而目赤如火，相與鬭，俄而蛇入于大樹，蝦蟆入于草。蛇、蝦蟆，皆陰類；朝堂出，非其所也。

開元四年六月，郴州馬嶺山下有白蛇與黑蛇鬭，白蛇長六七尺，吞黑蛇，至腹，口眼血流，黑蛇長丈餘，頭穿白蛇腹出，俱死。

天寶中，洛陽有巨蛇，高丈餘，長百尺，出芒山下，胡僧無畏見之曰：「此欲決水瀦洛城。」即以天竺法呪之，數日蛇死。十四載七月，有二龍鬭于南陽城西。《易·坤》：「上六，龍戰于野。」《文言》曰：「陰疑于陽必戰。」

至德元載八月朔，成都丈人廟有肉角蛇見。二載三月，有蛇鬭于南陽門之外，一蛇死，一蛇上城。

建中二年夏，趙州寧晉縣沙河北，有棠樹甚茂，民祠之爲神。有蛇數百千自東西來，趨北岸者聚棠樹下，爲二積，留南岸者爲一積，俄有徑寸龜三，繞行，積蛇盡死，而後各登其積。野人以告。蛇腹皆有瘡，若矢所中。刺史康日知圖其事，奉三龜來獻。四年九月戊寅，有龍見于汝州城壕。龍，大人象，其潛也淵，其飛也天；城壕，失其所也。

貞元末，資州得龍丈餘，西川節度使韋皋匣而獻之，百姓縱觀，三日，爲煙所薰而死。

大和二年六月丁丑，西北有龍鬭。三年，成都門外有龍與牛鬭。

開成元年，宫中有衆蛇相與鬭。

光化三年九月，杭州有龍鬭于浙江，水溢，壞民廬舍。占同天寶十四載。

光啓二年冬，鄜州洛交有蛇見于縣署，復見于州署。蛇，冬則蟄，《易》曰：「龍蛇之蟄，以存身也。」

宋 鄭樵《通志》卷一八二《藝術傳第二》 ［吕］纂立，有猪生子，一身三頭。龍出東廂井中，於殿前蟠卧，比旦失之。纂以爲美瑞，號其殿爲「龍翔殿」。俄而有黑龍升於當陽九宫門，纂改九宫門爲「龍興門」。羅什曰：「比日潛龍出游，豕妖表異。龍者陰類，出入有時。而今屢見，則爲災眚，必有下人謀上之變，宜剋己脩德，以答天戒。」纂不納，後果爲吕超所殺。

宋 洪邁《夷堅志·乙》卷一〇《湖口龍》 池州每歲發兵三千人，遣一將督戍江西，率以夏五月會于豫章，番休而歸。紹興二十五年，統制官趙玘受代去。行兩日，泊舟順濟祠下。祭罷，携妓入廟飲酒。以舟中苦熱，命設榻于西廂飲福廳。將翼日早發，廟祝知神不樂，不敢明言，但云：「龍王不在廟，出巡江矣，度一二日西歸。大軍若果行，懼或相值遇，不便也。」玘素膽勇，且被酒，聞祝言，殊不信，叱曰：「師行何所畏？」如期打鼓發船。行未至湖口縣三十里，遥望若有山横前，舟人震恐。玘以爲真山，竦身立觀之。少焉，北風大作，白浪涌起如屋。見向所謂山者，乃大赤斑龍，無首無尾，其身長正與江闊等，擁水而南。玘猶命射之，百矢俱發，其來愈近。玘始懼，急回棹，奔入小港避之。矴纜方畢，龍直前而過，寒風肅然，當盛暑皆有挾纊意，久之乃息。他舟覆者數十艘，沉士卒數十人。巨商同宗行者，亦多溺死。時外舅鎮江西，玘具列其事，獨諱廟中之過云。

又 卷一三《黄蘖龍》 黄蘖寺，在福州南六十里。山上有龍潭，從崖石間成一穴，直下無底。潭口闊可五尺。寺僧曰：此福德龍也，常時行雨歸，多聞音樂迎導之聲，或於雲霧中隱隱見盤花對引其前者。泉州僧慶老聞而悦之，與輩流數人至潭畔焚香默禱，且誦白傘蓋真言，願覩其狀。先取楮鏹投水中，即有物自下引之，倏然而没，固已駭之矣。時方白晝，黑雲如扇起，頃之滿空，對面不相識。徐徐稍開，一物起潭中，類蓮華而莖柄皆赤色。繼有兩眼如日，輝采射人，

突起其上。諸僧怖懼，急奔走下山。雷霆已隨其後，移時乃止。

又 卷一五《大孤山龍》 陳晦叔輝爲江西漕，出按部，舟行過吴城廟下，登岸謁禮不敬。至晚，有風濤之變，雙桅皆折，百計救護，僅能達岸。明日，發南康，舩人曰：「當以猪賽廟。」晦叔曰：「觀昨日如此，敢愛一豕乎？」使如其請以祀，而心殊不平。舩纔離岸，則風引之回，開闔四五，自旦至日中，乃能行。又明日，抵大孤山，舩人復有請，晦叔怒曰：「連日食吾猪，龍亦合飽。」趣棹北行不顧。纔數里，天地斗暗，雷電風雨揔至，對面不辨色，白波連空，巨龍出水上，高與檣齊，其大塞江，口吐猛火，赫然照人。百靈祕怪，奇形異狀，環繞前後，不可勝數。舟中人知命在頃刻，各以衣帶相纏結，冀溺死後屍易尋覓。殿前司揀兵將官牛信，從吏在別舫，最懼，俯伏板上，見一人白髮不巾，當頂櫛小髻，謂曰：「無恐，不干汝事。」晦叔具衣冠，拜伏請罪，多以佛經許之，龍稍稍相遠，遂没不見，暝亦開。篙工怖定，再理楫，覺其處非是。蓋逆流而上，在大孤之南四十里矣。初未嘗覺也。南昌宰馮羲叔説。

又 卷一五《皇甫自牧》 皇甫自牧，罷融州通判。赴調，由長沙泛江。六月劇暑，自牧在舟中與同行者皆袒裼不冠屨，以象戲遣日。忽博局傾側，以爲適然，對弈不輟。舟師之妻大呼曰：「急焚香，龍入舩矣。」驚顧，見一物繳繞，超出水面，正當馬門壓焉。舟低七八尺，腥涎流液滿中，鱗大如盆，其光可鑒。自牧惶遽穿靴着衣，百拜禱請，舟且平沉。龍忽躍入水，其響如崩屋聲，激巨浪數四而波平，舟已遠矣。自牧至梧州守而卒。王嘉叟説，其姻家也。

宋 洪邁《夷堅志・支志・甲》卷一《河中西巖龍》 皇統中，河中府大旱，太守李金吾祈禱未效。聞西巖寺僧慈惠戒律精高，爲緇徒所仰，乃往請之。僧曰：「身老無以動天地，但每日説法之時，必有一老叟來聽講，莫知所從來，疑爲龍也，當試扣之。須金吾明旦至此，潔誠以待。」李曰：「諾。」如期叟至，李正從此語，望其入寺，即焚香設席，命左右掖之，再拜致詞。叟驚，止之曰：「使君屈膝於山翁，敢問何以？」李曰：「亢陽爲災，五種不入，萬民將無以生。願龍君慈仁，亟下甘澤。當肇建祠宇，歲時奉祀，以彰顯大神之威靈。惟神念之。」叟無言。少頃，顰蹙而歎曰：「噫！泄吾天機者，師也。吾死無日矣。」遂告李曰：「使君勿憂，誓以死報。」又顧僧曰：「吾今以師故獲罪上穹，立降誅罰。吾即死，尸墜於地，然不出此境中。乞爲作證明，使闔郡民爲行壇七晝夜，庶幾藉此功德，可獲超昇。」僧許之而去。於是一雨三日，外邑虞鄉有死龍墮山下。李盡率士庶，召浮屠千人詣其處，築壇場，延慈惠演供。事畢，龍見于空，作人言謝曰：「吾雖蒙天誅，而賴法力救助，乘無上妙因，得爲菩薩龍矣。」李爲建廟，請額於朝，且名其地爲「蒼龍谷」。小説載釋玄照講《法華經》於嵩山，有三叟日來諦聽，自言是龍。照以天旱，令降雨，叟曰：「雨禁絶重，儻不奉命擅行，詬責非細，唯孫處士能解弟子之禍。」照爲謁孫思邈致懇。是夜，千里雨足。三叟化爲獺，匿於孫所居後沼，遭使者捕執，孫使解而釋之，事頗相類。

宋 洪邁《夷堅志・支志・乙》卷三《龍漩窩》 樂平縣西三十五里，地名龍漩窩。相傳以爲昔有龍從地出，陷爲汙池，不知其何歲年也。紹熙歲甲寅七月十八日，天大雷雨，白晝晦暝，人對坐不相覿，皆謂昏暮。已而廓然開霽，日脚銜山，視官道傍桑園中一穴，氣蓬勃如烟霧。少頃，有從二里外至者，云正見此處一大龍，夭矯幾百餘丈，騰空而升。觀者頸縮驚懼，累日始定。以繩數十丈矴石墜入穴中，不得所止。是歲十一月，余仲庸過焉，聞父老言，即詣其所。穴口徑可二尺許，涵水極清澈。愈下愈廣，猶有白氣出於外，距舊窩才百步。此地去江湖遠，而神龍居之，不可曉也。右七事余仲庸説。

宋 洪邁《夷堅志・支志・戊》卷一《杉洋龍潭》 淳熙甲辰歲，福州盛夏不雨。府帥趙子直命諸邑，凡境内有神祠、湫淵、靈異之處，悉加敬禱。古田縣杉洋山有三潭，在岩嶺陗拔間。居民每往祈雨，多獲甘霖。於是邑丞陳某詣其處，焚香致詞罷，向潭簪笏端立，願一覩龍形。丞爲人願愨，移時不懈。俄黑雲從山腰起，偏覆大空，一物躍出第三潭，盤於岩石之上，蓋龍股也，色正黄，其大如椽。陳倉卒趍下，得民家少憩。即時大雨，周浹一縣，三日乃止。郡上其事于朝，詔加封立廟。

又 卷七《蒼嶺二龍》 台州天居縣在萬山中，其巍然竦峙於西南者，曰蒼嶺，東際温，西抵婺，中分以南隸括蒼。其崖谷之絶異，林泉之幽茂者，咸萃于此。循北趾而登，當山之半，窪而爲二潭，相距三里，深不可測，有龍潛焉，以旱禱者必應。淳熙十四年秋，二浙苦旱，詔逐郡守令各祇謁名山卧以請雨。邑宰蘇光庭率士民齋戒，宿於潭次。高者巇峭路絶，非緣石扳蘿不可到，乃持刺字，效世俗通謁者，投諸潭中。俄有物蜿蜒而出，一黑一黄，盤辟俯首，意若相就。方罄折絶之，即躍而入，遂迎止潭下之仰高亭，設香茗果饌，侑以呪唄之音。既訖禮，夜漏未盡十刻，星象燦然。黎明下嶺，雲氣倏合，雨亦隨至。少霽，復有雲自東南而止，滂沱三日，一境霑足。時七月二十六日也。先是，蘇夜夢神人，云

姓曹氏，携小二蛇，跨雞而下，縱之平田，相次而升。其龍之色，雲氣所從之方，霽而復雨之狀，皆與夢符，獨不悟曹鬼之説。山居之老人言，此潭舊名槽潭，以其形似之也。斯其是乎！蘇念靈應之異，欲後人永永敬事，於是出捐公錢，立廟十間，與潭相向，以脩香火焉。台州教授陸岐爲記刻石。蘇今通判無爲軍，以示子。

又　卷七《桃源潭龍》　德興㠌峿山，亘百餘里，有三潭，龍蟠所藏。其在桃源塢者，時現光怪。頃歲，一村嫗過之，見異物如牛，卧潭側，鱗甲熠熠，每片如斗大，其長夭矯數丈許。嫗狼狽奔歸，尚能爲家人道所見，即死。淳熙中，縣境苦旱。民有吴彦柔者，與妻素奉佛教，親詣潭所，焚香啓告曰：「天久不雨，田禾將槁。伏願一賜靈感，濟以甘澤。」於是旋繞四傍，處誦經呪。少焉，一青小蛇出水面，俄化爲巨鯉。久之，又化爲鮎，而首則蛇也。悠揚自如。吴祝曰：「若神龍能下雨救禾苗，當以家財建立祠廟于此，使民俗永遠香火供事。」則又露雙角屹然。吴遽趨下，未幾大雨傾至，彌日方已，合境賴以有秋。吴不甚富，才有田千畝。乃三分之，以二與兩子，而賣其一，爲工匠土木費。廟成，夫婦棄家，徙居于門，躬執灑掃之役。龍之靈日以詭異。人或汲潭水寘盆中，小魚充溢不可計。及還之于水，蓋無一鱗。投紙錢者，或沉或浮。俚俗言沉者神所受者。脱不當雖神意，雖縋之以石，亦裂碎浮出。吴妻至役踰年，端坐而逝。吴獨處，盗秉虚竊其衣物，持下山間。兩壯夫從後追逐，叱曰：「此吴居士物，汝那淂偷。急送元處還之，吾釋汝。」盗悔懼，如其戒。自是無復有穿窬者。紹熙癸丑大旱，饑民入山掘蕨根，苦於無晨餐。吴日煮米爲粥以食之，源源不絶，憂不能繼。然所諸甫罄，必有外人來助，若有導之者，畢竟其事。吴今猶存，里社稱爲二十一翁。

宋　洪邁《夷堅志·三志己》卷八《陳州雨龍》　陳州以六月不雨，徧禱莫應。父老詣郡守，言旱既太甚，非路通判不能以致雨。守素謂路爲妄人，殊不信，勉從之。路欲就設廳作法，亦唯唯。乃命施青布帟幕圍障四旁，中一巨盆，汲水半之，焚香步印，叱咤良久，語守曰：「已請到龍矣。」守偕僚佐往視盆中，隱隱見一物如羊豕而小，蟠伏不動，腥氣遠聞，凛然覺寒，色始加異焉。嚴奉至三日，又語守曰：「今日親行雨。勢必小異而去，幸勿驚懼也。」日亭午，白氣如焚絲，自盆出於幕外。俄頃，陰翳晦昧，飛雹震連，穿揭屋脊。一府吏士僵僕相屬，大雨翻傾。追暮，甘霔盈尺，遠近沾足，遂成豐年。

宋　洪邁《夷堅志·三志辛》卷四《武陵布龍帳》　西北士大夫遭靖康之難，多挈家南寓武陵。建炎三年，郡豪相率建黄籙大醮以祈福，就天慶觀道堂設位，父老鄭園持水龍布帳展挂于堂。此帳本富人萬十四郎家所藏，百年有餘矣。其後生理陵替，田業財貨悉已蕩然，於是典帳，莫肯酬其直。有蔣三郎者，夜夢龍繞庭柱，驚起不寐。旦而萬生至門，歎爲神異，以錢五百千質之。鄭園借以供事，香火未施，堂上陰風震動，燈燭俱滅，坐立者毛髮寒聳，舉體森顫，亟命捲還之。帳不知爲何人所畫，其神如此。黨用之請雨，當可立至。今不知在否也。

宋　洪邁《夷堅志·三志壬》卷一《涂氏井龍》　宜黄巨室涂氏，自其祖六秀才濟者，素稱善人，教訓五子一孫，家法整整。長子大經，次大節，鄉貢入京師，居上庠，其宅有大井在樹傍。一日，婢晨興汲水，桶墜於内。取桶繼之，復然。至假諸鄰舍，迨於七八，若有物從中掣搦者。走，白主母，母以爲妄惑，將杖之。濟止之曰：「未可，吾當自往觀。」即往井欄探首，見一物，頭角嶷然，乃龍也，中有霧，出氣翁翁然。但微覺腥穢，急奔避之。一家危慄，兇無所容。遽施錦被覆井口，而邀旗昌觀道士醮謝。里閭稍知之，莫敢來視。有膽勇男子，竊窺之，見其鱗爪，而水時時震動。次夜乃潛跡不出，水平如初。後兩月，始命淘浚，入桶俱存，悉已片裂，而井水竟無所增。又一年，二子皆及第，並奉於朝奉郎，族稱大經曰「大朝奉」，大節曰「小朝奉」。濟生受官封。第四子大任，續亦登科，但仕不通顯。

又　卷三《洞霄龍供乳》　餘杭洞霄宫，昔有主道首士，誠敬感神，誦度人經，揭著奇驗。其側則龍潭所在。每就彼持念，倏一老人從潭出，跪白曰：「弟子即龍王也。每獲聽經文，無任瞻仰，但不敢輒前。今所以呈身，切有請爾。」道士曰：「其説云何？」對曰：「師才到潭上，則水府幽祇皆當起敬，不退，殊不自安。茲願只宴坐宫中，不妨日課，庶幾百靈得以休息。若慈悲賜許，當日供鮮乳二斤，以充齋膳。」道士曰：「吾意豈在斯，謹奉王戒。」老人喜謝而隱，潭上之役遂罷。翌日，厨僕報几案得乳兩斤，極新潔，莫測所從來，未審堪食否。道士云：「非汝所知，宜以餉我。」小師秤之，果重三斤。其後日日皆然。數年後，忽失約，深訝焉，復誦經水次前，老人再至曰：「乳乃陽間物，弟子忝爲龍神，何以得之。但鹿户中有欺瞞取贏餘者，我則陰攝之。此去市户董七者，好舞秤權，用十四兩作斤，故即而掠取。今其人出外，厥父自主舖業，淳朴有守，未嘗罔利，故無從可致乳。」道士歎息不已，謂之曰：「吾欲知其端倪，恐身有以貽譴爾。然則欺心事，那可妄爲。吾誦經以增之，亦亡益也。」遂周行郊関，一意道人於善，鄉

宿至今，尚能言之，而忘其姓名及歲年矣。前監鎮江和旨務率生說。

又　卷四《涂知縣夢龍》　宜黄涂正勝，字士表，登第爲湘潭宰。夢祖居坪上，有黄龍飛騰，過隔港地名鹿塘白茶乃止。涂氏，官族也，士表覺而不懌，舉夢示人，曰：「坪上衣冠其絶乎？白茶之地興矣。」次年，四友策名，正白茶一派，終列大夫郡守，十知縣繼之。而坪上寂寂，至今四十二年，無人仕者。

宋　陸游《老學庵筆記》卷三　處士李璞居壽春山。一日登樓，見淮灘雷雨中，一龍騰拏而上。雨霽，行灘上，得一蚌，頗大。偶拾視之，其中有龍蟠之迹宛然，鱗鬣爪角悉具。先君嘗親見之。

宋　劉延世《孫公談圃》卷上　鄭毅夫未第時，夢浴池中化爲大龍。池邊小兒數十，拍手呼爲龍公來。既覺，猶見其尾曳牀間。卒于安州十年，貧不克葬。滕元發爲郡，一日夢毅夫來，但見轎中一白龍，身首即毅夫也。元發因出俸營窆。

金　元好問《續夷堅志》卷三《抱陽二龍》　順天西北四十里，抱陽岩寶教院，大小二青龍在寺潭中。廟曰「顯濟」。古碑說：二青見於隋、唐之間，有將軍之目，官比刺史。大青崇寧五年封崇惠侯，政和七年進靈益公。小青嘉霈侯，進英澤公。二龍各長二三尺許，色深翠，朱墨細點間之，脊間仿佛成方勝花。行則昂首，不類他虵。出則深行木上，能興霆雨，變現不測。鄉人祈賽，與之酒，則直立，高二尺餘，俛首就醆飲之。故前人詩有「青虵立飲祭神酒」之句。二青居山陽，各有種類，至數十百個，都不毒螫。大青一目眇，其種悉然。凡在山陰者皆雜虵，例毒螫，然不敢犯山陽二青之境，至則爲二青之族嚙殺之。二族亦不往山陰。村落小兒輩與之習慣，至以手捧之。而常族宿民家卧具中，人亦不駭怪也。此事唐張燕公説，馮瀛王道、來崇儀使大名摠管邢仲良、近代鄭州刺史趙攄子充皆嘗讀書於此。有邢氏繼志菴忘帰軒，燕公石穴讀書堂，明珠寓。初，山石崩，出一穴如杯椀之半，瑩滑無琢削痕，似有光彩。土人傳有明珠飛出，故以名之。近山三四里所，有昇賢村，屬滿城，馮王故居也。辛亥冬，予與毛正卿德義昆仲、郝伯常、劉敬之諸人一遊。寺僧顯淳質有道行，時年七十八，説龍之美。

又　卷四《廣寧山龍鬪》　甲辰乙巳歲，廣寧夏五六月間，大陰晦，雷雨環作聲不斷。夜望閭山上，白氣直與海接。須曳雨下，終夜不息。平明，水没村落，死者無限。大崖高數百尺，皆蕩爲平土。下滂石，石上有杵血痕，不知何代爲岡厓所覆壓也。山顛龍鬪處，留迹數十，所印泥鱗甲爪痕，有長五六十尺者，有長百餘尺者，意羣龍聚鬪于此。土人遭此大變。

元　脱脱《宋史》卷六二《五行志一下》　太祖從周世宗征淮南，戰于江亭，有龍自水中向太祖奮躍。

乾德五年夏，京師雨，有黑龍見尾于雲際，自西北趨東南。占主大水。明年，州府二十四水壞田廬。

開寶六年四月，單父縣民王美家龍起井中，暴雨飄廬舍，失族屬，及壞舊鎮廨舍三百五十餘區，大木皆折。七年六月，棣州有火自空墮于城北門樓，有物抱東柱，龍形金色，足三尺許，其氣甚腥。旦視之，壁上有煙痕，爪跡三十六。

大中祥符二年八月，青蛇出無爲軍廨，長數尺。

宣和元年夏，雨，晝夜凡數日。及霽，開封縣前茶肆中有異物如犬大，蹲踞卧榻下。細視之，身僅六七尺，色蒼黑，其首類驢，兩頰作魚頷而色正緑，頂有角，生極長，於其際始分兩歧，聲如牛鳴，與世所繪龍無異。茶肆近軍器作坊，兵卒來觀，共殺食之。已而京城大水，訛言龍復讐云。

紹興初，朱勝非出守江州，過梁山，龍入其舟，纔長數寸，赤背緑腹，白尾黑爪甲，目有光，近龍孽也。行都柴垛橋旌忠廟三蛇出没庭廡，大者盈尺，方鱗金色，首脊有金錢，遇霽，或變化數百于蕉卉間。廟徙而蛇孽亦絶。十一年四月，衡山縣浄居巖有蛇長二丈，身圍數尺，黑色而方丈，震死，山水大至。先是，山氣遇夜輒昏昧，蛇斃始明。二十五年六月，湖口縣赤龍横水中如山，寒風怒濤，覆舟數十艘，士卒溺者數十人。三十年春，宜黄縣大蛇見于丞治，長二丈。捕之縱數里外，俄復至者數四。

乾道五年七月乙亥，武寧縣龍鬥于復塘村，大雷雨，二龍奔逃，珠墜，大如車輪，牧童得之。自是連歲有水災。

元　佚名《湖海新聞夷堅續志·前集》卷一《龍章五色》　宋武帝劉裕，小字寄奴。始生之夕，祥光燦爛，洞燭一室。微時游京口竹林寺，卧於講堂上，有五色龍章。寺僧見而驚異之。帝所居止，常見有二小龍如附翼狀。後伐荻新洲有大蛇長數丈，帝射傷之。明日復至，俄聞杵臼聲。帝往覘之，見數童子皆衣青衣，擣藥榛莽中。帝詢之，童子曰：「我王化爲蛇而出，爲劉寄奴所射，故爲令藥傅之。」帝曰：「王果能神，何不殺之？」童子曰：「寄奴王者，不死，天之所命，豈可殺也？」帝叱之，皆逸盡。收其藥而返，以傅金瘡，無不愈者。今《本草》稱「劉寄奴」，蓋以武帝而得名也。

又　卷四《見龍富貴》　宋淳熙間，鄭損帥蜀。尋常四川錢糧未辦，借貸於富家，候朝廷科至即散還。鄭制置與富人王琪借錢糧，就請赴麪飯。二公坐于便廳，見天井水内有二小龍戲躍。片時，有朵雲自天而下，乘之而去。二公只相顧默默。因詢問左右，皆無見者。自是富貴之人，與尋常異也。

明　宋濂《元史》卷五一《五行志二》　至元五年六月庚戌，汀州長汀縣山蛟出，大雨驟至，平地湧水，深三丈餘，漂没民居八百餘家，壞田二百餘頃。至正十七年六月癸酉，温州有龍鬭于樂清江中，颶風大作，所至有光如毬，死者萬餘人。八月癸丑，祥符縣西北有青白二龍見，若相鬭之勢，良久而散。二十三年正月甲辰，廣西貴州江中有物登岸，蛇首四足而青色，長四尺許，軍民聚觀而殺之。二十四年六月，保德州有黄龍見于咸寧井中。二十七年六月丁巳，皇太子寢殿新甃井成，有龍自井而出，光焰爍人，宫人震懾仆地。又宫牆外長慶寺所掌成宗斡耳朵内大槐樹，有龍纒繞其上，良久飛去，樹皮皆剥。七月，益都臨朐縣有龍見于龍山，巨石重千斤，浮空而起。二十八年十一月，大同路懷仁縣河岸崩，有蛇大小相縮結，可載數車。

明　牛衷《增修埤雅廣要》卷八《人道門・誕生類・感蛟龍生》　漢祖高皇帝，堯之後，姓劉氏，名邦，字季，沛豐邑中陽里人也。母媪，息大澤之陂，夢與神遇。時大雷雨，晦冥，父太公往，見蛟龍其上，已而産高祖。隆凖而龍顔，美鬚髯，左股有七十二黑子。寛大愛人，意豁如也。

又　卷八《人道門・誕生類・感赤虬卒》　李義山作《李賀小傳》云：長吉卒時，忽晝見一緋衣人，駕赤虬，持一版書，若太古篆，或霹靂石文者，云當召長吉。長吉意不能讀，欻下榻叩頭言：「阿彌老且病，賀不願去。」緋衣人笑曰：「帝成白玉樓，立召君爲記，天上差樂不苦也。」長吉獨泣，傍人盡見之，少頃氣絶。

又　卷八《人道門・夢生類・夢龍據生》　文帝諱恒，母薄姬，夢龍據胸而生帝。性恭儉，與禮義，專務以德化民，海内富庶，斷獄數百，幾刑措。

又　卷二三《品物門・異産類・龍駒》　贛州瑞金縣民江氏驟富，蓄馬十餘疋。一日，圉人牽一牝馬至江潭飲刷之，馬进入急流，不可羈。漸至江心，忽四塞雲合風起，水波高丈餘。圉人遥望，彷彿見一物甚巨，光彩耀日，鱗甲森然，繞馬數帀。良久，天日開朗，風静水平，馬泅至岸。圉人牽歸，備道所以，主翁叱其誕。越明年，馬生駒，墮地無血，肉赤如朱，頭方而腹脹，耳豎而脊强。啼嚾嘶鳴，非餘馬可比，真龍駒也。《漢志》：馬生渥洼水中。信不誣也。

明　潘塤《楮記室》卷一五《神龍》　薛主事璣，河東人，言其鄉人有患耳鳴者，時或作癢。以物探之，出虫蜕，輕白如鵞翎管中膜。一日，與其侶竝畊，忽雷雨交作，語其侶曰：「今日耳鳴特甚，何也？」言未既，震雷一聲，二人皆踣于地。其一復甦，其一腦裂而死，即耳鳴者。乃知龍蟄其耳，至是化去也。又戴主事，松江人，言其鄉有衛舅公者，手大，指甲中見一紅觔，時或曲直，或蜿蜒而動。或懼之，曰：「此必承雨濯手，龍集指甲也。」衛因骿其指曰「赤龍甲」。一日，與客泛湖。酒半，雷電遶船，水波震蕩。衛戲語坐客曰：「吾家赤龍得無欲去邪？」乃出手船窓外，龍果裂指而去。此正與青州婦人青觔癢則龍出事相類。傳云神龍或飛或潛，能大能小，其變化不測，信矣哉。《寂園雜記》

明　葉子奇《草木子》卷一《觀物篇》　大金時，有龍見燕京舊塘濼，手托一嬰兒，如少年中官狀，紅袍玉帶，略無畏怖之容。經三時始没。

明　王圻《稗史彙編》卷一六〇《小兒化龍》　茆山隱士吴綽，素擅潔譽。神鳳初，因采藥於華陽洞口，見一小兒手抱大珠三顆，其色瑩然，戲於松下。綽見之，因前詢誰氏子。兒忙奔入洞中，綽恐爲虎所害，遂連呼相從入，欲救之。行不三十步，見兒化爲龍形，一手握三珠填左耳中。綽素剛胆，以藥斧斸之，落左耳，而三珠已失所在，龍亦不見。出不十餘步，洞門閉矣。綽後上皇封素養先生。此語賈宣伯説。

明　佘懋學《説頤》卷二《癡龍黠鼠》　洛中有洞坑，曾有誤墜其中。行數里，漸明，見有宫殿、人物凡九處。又有大羊，羊髯有珠，人取食之。後出，以問張華，華曰：「此地九仙館也，大羊名曰癡龍。」蘇子夜坐，有鼠方嚙。拊牀而止之，既止復作。使童子燭之，有橐中空，嘐嘐聱聱，聲在橐中。曰：「嘻，此鼠之見閉而不得出者也。」發而視之，寂無所有。舉燭，而橐中有死鼠。童子驚曰：「是方嚙也，而遽死邪？向何爲聲？豈其鬼邪？」覆而出之，墮地乃走，雖有敏者莫措其手。蘇子曰：「異哉！是鼠之黠也。閉于橐中，橐堅而不可穴也。故不嚙而嚙，以聲致人也；不死而死，以形求脱也。」夫龍以靈名也，而乃有癡龍。鼠本細物也，而乃有黠鼠。詎謂人可以名求、以賤忽耶？

明　吴大震《廣豔異編》卷三《仙部・抱龍道士》　灌口白沙有泰山府君廟。每至春三月，蜀人多往設齋，迺至諸州醫卜之人，亦嘗集會。時有一人，鶉衣百結，顔貌憔悴，亦往廟所。衆人輕之。行次江際，衆人憩於樹陰，貧士亦坐石上。

逡巡謂人曰：「此水中有一龍睡。」衆不之應。旁有一叟曰：「何得見？」貧士曰：「我則見。」衆曰：「我等要見，如何？」貧士曰：「亦不難。」遂解衣入水，抱一睡龍出，䍐穢頗甚，深閉兩目，而爪牙鱗角悉備。雲霧旋合，風起水湧。衆皆驚走遥禮，謂之聖人。遂却沉龍於水底，自挂鶉衣而行。謂衆人曰：「諸人皆以醫卜爲業，救人疾急，知人吉凶，亦近於道也。切不得見貧素之士，便輕侮之。」衆人慙謝而已。復同行十里，瞥然不見。

明　徐𤊹《榕陰新檢》卷七　唐百丈山大智禪師，長樂清平里人。初事龍泉禪師。一日，師令浣巾于井，見青黄二龍戲井中，翫之。歸遲，其師詰之，遂以鉢探二龍，獻于師。師奇之，令削髮遊方。臨行，囑之曰：「子逢馬則叅，逢丈則止。」果至百丈山叅馬祖師，遂得道于其山。後復歸龍泉，立道場，製叢林規，傳于世。《長樂志》

明　朱國禎《湧幢小品》卷二三《龍駒》　蔣粹翁，政和人。宋季爲太學生，元混一天下，遂歸隱于滿月山。嘗言其先世，家九峰山下，畜一牝馬。舍側有龍潭，馬入浴其中，龍與之媾，而生駒焉，龍首馬身，狀如負《河圖》者。有父老曰：「昔仲尼筆削六經而麒麟出，今朱晦翁表章四書而龍馬生。聖人之瑞也。」晦翁聞之，遜不自居，謹視芻秣。後牧於山林，竟失所在。

又　卷三二《龍》　大禹治水至震澤，斬黑龍以祭天。本朝永樂間，大獲龍骨。吴江史鑑爲之志云。【略】

劉洞微善畫龍。一日，夫婦造門，曰：「龍有雌雄不同，公知之乎？」曰：「不知。」其夫笑曰：「不知如何輕自下筆。」洞微悵然，曰：「子能言之乎？」曰：「能。」因請其狀，曰：「雄者角浪凹峭，目深鼻豁，鬐尖鱗密，上壯下殺，朱火煒煒。雌者角靡凹平，目淺鼻直，鬐圓鱗薄，尾壯于腹。」洞微曰：「爾何人，能知之？」其人曰：「吾即是也。」化爲二龍飛去。

明　葉向高、林茂槐《説類》卷六一　牛僧儒鎮襄州日，以久旱，祈禱無應。有處士衆云豢龍者，公請致雨。處士曰：「江漢間無龍，獨一湫泊中有之。果龍也，强驅之，必爲灾。」公不聽，果有大雨，漢水泛溢，漂溺萬户。處士避罪，亦潛去。十年，有人于他處見，猶在。《玉泉子》

明　鄺露《赤雅》卷三《鳥獸蟲魚・馴龍》　巖穴之下，有馴龍焉。靚女欲見之，盛飾入巖，唱土歌，龍出，五色照灼，馴習如素。望之，若《山海圖》中珥蛇者，神也。歌至絶倫，龍喜踴躍，盤入懷中，遺鱗而去。女即珍藏，以爲獲神之貺。鄰女畢賀，笙簫雲合，予逐隊往觀，鱗大如錢，光具衆色，煒煒不定。聞稍侮之，則雷電掣去，侮者罹殃咎。越日，予從太平至模村入巖，怪石飛泉，種種異狀。中有一洞，從洞右轉，深翠黝蒼。持炬而入，行二百步，七折有穴，内濶外狹，冷氣襲人。忽然嘯聲起于穴内，烈如壓邃，巖石振竦，又靚女之所未聞也。龍雖不見予，而遺其聲于予，是龍終不忍禍予不然唱浪花而棄予也。

明　曹學佺《蜀中廣記》卷三〇《潼川州二・中江縣》　又云龍池寺。故老相傳，池側有柳樹，大十圍。周武帝天和初，有龍自樹下升天，士女共觀之。自龍升後，其樹乃枯，池亦淺竭。

明　吴之俊《獅山掌録》卷二二《指龍》　僧道宣持律第一。忽一旦，霹靂遶户外不休。宣褫三衣於門外，恐有蛟螭憑焉。聲猶未已，宣細視指甲，有一點如油麻者，在右手小指間。疑之，遂出於隔子，空中一震而失半指。方知黑點是蛟龍藏處。

清　來集之《倘湖樵書》二編卷一二《物有本大而或小者》　宋紹興初，朱勝非出守江州。過梁山，有龍入其舟，纔長數寸，赤背緑腹，白尾黑甲，有光。

清　鈕琇《觚賸》卷五《豫觚・産龍》　竇四者，沈丘槐店竇生之佃也。康熙庚午夏日，四婦將逼娩期，夢黑丈夫頎而髯，謂之曰：「我欲暫托汝家，幸勿加害，當有以報。」次日之晡，産一龍，蜿蜒踰尺，鱗角俱備，項間有黄鬃如馬鬣，拂拂而動。婦極驚怖，意欲斫除，忽飛蟠屋梁。因憶前夢，姑置豢焉。不三日，驟長數丈，夭矯遊行。就乳則體仍縮小，如初生時。熟習日久，飼以鷄卵，亦能啖也。沈丘范令親往其家視之。

清　蒲松齡《聊齋誌異》卷一〇《罷龍》　膠州王侍御出使琉球，舟行海中，忽自雲際墮一巨龍，激水高数丈。龍半浮半沉，仰其首，以舟承頷。睛半含，嗒然若喪。闔舟大恐，停橈不敢少動。舟人曰：「此天上行雨之疲龍也。」王懸敕于上，焚香共祝之。移時，悠然遂逝。舟方行，又一龍墮，如前狀。日凡三四。又踰日，舟人命多備白米，戒曰：「去清水潭不遠矣。如有所見，但糁米于水，寂無譁」。俄至一處，水清澈底。下有群龍，五色，如盆如甕，條條盡伏。有蜿蜒者，鱗鬣爪牙，歷歷可數。衆神魂俱喪，閉息含眸，不惟不敢窺，並不能動，惟舟人握米自撒。久則見海波深黑，始有呻者。因問擲米之故，答曰：「龍畏蛆，恐入其甲。白米類蛆，故龍見輒伏。舟行其上，可無害也。」

清　查慎行《人海記》卷上《張真人侍兒》　平湖徐在中，以工部郎分司張秋。

張真人舟過，其侍兒膚貌清麗。徐見而謔之。真人曰：「先生宜自重，此某地龍也。」徐不信。命進盤水，侍兒躍入，雷雨應時而作。

又《龍朝璽書》 萬歷己卯，行人謝杰使琉球。航海，颶風作，大雷雨。有二龍挂於檣上，一長年曰：「此來朝璽書耳。」急扶杰書「免朝」二字示之，即退。

清 汪森《粤西叢載》卷一五《龍見》 吳永安四年，有山白龍見。《通志》，下同。

唐龍朔四年，龍降於靈川。時縣西山風雨雷電七晝夜。既霽，山腹洞貫成嵓，廣百餘尺。嵓中石壁皆印龍鱗，溪水從嵓流出，可通舟楫，而舊溪爲平陸。

元至正間，興業縣南十里，村民見一馬從石中出食草，居人撲殺分食，惟一老嫗子婦三人不食。是夜，雷雨大作，電光中人見蒼龍從空中下。其嫗驚仆，覺有人喝曰：「急出無顧家。」母子遂出，上小山，困極，立化爲石。其村遂爲大池，人呼曰「馬塘」。

明嘉靖五年二月，容縣大水連漲。數日水退，見兩岸龍車軌迹。

嘉靖戊子，宣化縣龍見。

嘉靖壬子春，宣化縣飛龍見。

萬歷二十二年甲午夏，昭平縣蛟起明源江，化爲龍。

萬歷四十五年丁巳八月初四日，恭城縣陰雲密布，雨下如注。山澗水湧，連崩一十三嶺，樹木拔折，緣江鱗介之物死者無算，巨木散材河涯堆積如山。人云有蛟龍出焉。

萬歷四十六年夏六月，恭城縣諸溪不雨而漲，仲家廖洞傳有龍鬬，日夜不休。山水若決，率皆泥淖。

泰昌二年四月，龍池井出神龍，大雷雨。

又 卷二三《豢龍馴龍》 計宗道，柳州羅池人。登甲科，官至衡州知府。【略】又聞其高祖，洪武中爲巡檢。居一山，號計家砦。嘗出行，得一巨卵，如升。持歸，使雞伏之。百餘日，乃産一物，狀類蛇，四足，蒼色，鱗甲遍體。其長不盈尺，行則昂首竦身，殆若獸走。家人以米汁飲之，數月漸大。好飲生血，每封割羊豕，則取血啖之。久而益馴狎。計公行止，蛇嘗隨之。至呼之出，蟠於榻旁，以手摩之，冷如冰鐵。家人呼爲「小龍」。傳聞外間，多求觀者。計心念曰：「是且致播揚，爲吾家禍矣。」乃放之解後溪潭中，囑曰：「汝毋憂饑，吾每日當遣人飼汝。汝自今不得復出也。」及還內，蛇已隨至。計叱曰：「汝不聽教，今斬汝矣。」蛇如解人意，俯首帖尾，即還潭中。自是常以血置潭口，輒奮起就食。歲久，長大踰丈餘。一日，有同官之子婦汲於潭，婦衣紅，蛇望見以爲血也，捲而噬之。同官怒聲言：「汝畜妖物殃人，吾且以白上官，必破爾家。」計恐，哀祈之，且致厚餽，乃得解。由是惡蛇，持刃至潭，仍置血以誘其出，因投刃斫之。蛇驚而匿，僅斷其尾尺餘。自是不復出，亦不知其存亡。數年後，一夕風雷暴作，雲霧中有蒼龍自潭起，長數百尺，乘空去。家人皆指云：小龍化也。計家仕宦不絶，而羅池即宗道之別號云。《談林》

清 浩歌子《螢窗異草》初編卷三《火龍》 某撫公，觴客於園亭，觀察以上皆與席。其地故近山，有佳木幽壑之勝，因屏優樂而尋雅集，忘分追歡，選勝自得，良亦一時之快舉。乃飲未半酣，天氣薄陰，烏雲生於巖岫。始如片席，漸且盈空，未幾而甘霖大澍矣。時方微旱，舉座皆顧而相慶。然而電光熠目，雷聲反鬱而不揚。久之，繞亭不去，豐隆無停聲，而雨益傾注。衆方心疑，忽撫公連詫奇事，召衆視之。撫公故首座祇一人，其幾有二異物，閃閃有光。其一如宵行而巨，緣案疾馳；其一長兩寸許，細如綫，狀類蛇，蜿蜒逐之，行亦甚迅。所經處，幾爲之灼，宛以線香燒刻者，深入膚理。簠簋之旁，縱横莫計其數。衆皆茫如，臬司某公素博物，亟言於撫公曰：「請公少避此席。是殆怪異，藉公之威靈以免雷刼耳。神龍亦畏福澤，不敢攫拏，所謂投鼠忌器者也。」撫公深勝其言，冒雨出亭後。行未數武，忽震雷一聲，軒楹擺簸，盤盂瓦碎，竟揭亭之一角而去，雨亦頓止。撫公與其僚屬耳目震眩，有類聾聵，良久始復其故，遂罷飲。踪迹二物，皆不見。因收其幾入内署，用以誌異。幕中人多有見之者。

外史氏曰：「龍之變幻，莫可端倪，傳紀言之甚夥。而雷之爲雷，其不測亦多類此，且更有神於此者。昔在都中，寓於某寺。一夕，過鄰友問叙，大雨滂沱，疾霆不止。倏聞震響聲，似在左近，心疑吾寓，而急不能歸。侵晨入寺，雷果震其左廡，則非吾寓而實人寓也。其人皆射夫，俱京營食餉者，晝聚於寺，夜返其家，室固虚無人。然壁有僕姑數枝，嶄然新製。雷之所擊者，竟在於是。余亟就而視之，凡五矢，皆類懸絲，不絶如縷。字中都無所損，亦無焦灼痕，不勝駭異而退。

清 張廷玉《明史》卷二八《五行志一》 龍蛇之孽 成化五年六月，河決杏花營，有卵浮於河，大如人首，下鋭上圓，質青白，蓋龍卵也。弘治九年六月庚辰，宣府鎮南口墩驟雨火發，龍起刀鞘内。十八年五月辛卯，日午，旋風大起，雲

翳三殿，若有人騎龍入雲者。正德七年六月丁卯夜，招遠有赤龍懸空，光如火，盤旋而上，天鼓隨鳴。十二年六月癸亥，山陽見黑龍，一龍吸水，聲聞數里，攝舟及舟女至空而墜。十三年五月癸丑，常熟俞野村迅雷震電，有白龍一、黑龍二乘雲並下，口中吐火，目睛若炬，撤去民居三百餘家，吸二十餘舟於空中。舟人墜地，多怖死者。是夜紅雨如注，五日乃息。十四年四月，鄱陽湖蛟龍鬭。嘉靖四十年五月癸酉，青浦佘山九蛟並起，湧水成河。萬曆十四年七月戊申，舒城大雷雨，起蛟百五十八，跡如斧劈，山崩田陷，民溺死無算。是歲，建昌民樵於山，逢巨蛇，一角，六足如雞距，不噬不驚，或言此肥鱧也。十八年七月，猗氏大水，二龍鬭於村，得遺卵，尋失。十九年六月己未，公安大水，有巨蛇如牛，首赤身黑，修二丈餘，所至隄潰。三十一年五月戊戌，歷城大雨，二龍鬭水中，山石皆飛，平地水高十丈。四十五年八月，安丘青河村青白二龍鬭。

清 王棫《秋燈叢話》卷一 予邑當夏秋之交，溪水暴漲，沿河樹木多被沖刷，兒童爭取之以爲利。邑南張家村有兩小兒見巨木，長數丈，順流而至。遽泅水跨其上，視之鱗甲生動，儼然龍也。駭極，欲下而迅去如飛。一兒號曰：「死不足惜，其如老母何？」言訖，忽擲於岸。一兒噤不出聲，竟負之去。

清 傅恒《歷代通鑑輯覽》卷四三 〔晉世祖武皇帝〕甲辰五年春正月，龍見武庫井中。

青龍二見武庫井中，帝觀之，有喜色，百官將賀。劉毅曰：「昔龍降夏庭，卒爲周禍。尋案舊典，無賀龍之禮。」乃止。

清 佘金《熙朝新語》卷一五 浙江金華吴紫廷鳳來，乾隆庚辰進士，任廣西象州知州。境内有山，山上有龍潭，旱時祈雨甚靈。吴不信，嘗帶從役數十人入山禱雨。初見潭水甚清，一無鱗介。俄頃，忽見有紅白魚數頭，出没其間。從者羅拜曰：「龍神見矣。」吴不信，引弓射之，一魚血淋漓帶箭去。衆惶懼不知所爲，吴大言曰：「果係龍神，當現真相，吾始信耳。」言未畢，四山昏黑作雲霧，對面不辨人，潭水决起數丈，龍頭仰浮水面，其狀如牛，雙角有鬚，兩眼若漆。而所射之魚，仍帶箭游泳於龍之左右，若侍從然。吴始信服，再拜謝過。未幾，大雨如注。

清 梁章鉅《浪跡叢談》卷六《龍神》 平生仕宦行役，往往觸暑長征，回首猶有餘畏。偶閲《柳南隨筆》，中載有龍君贈白雲事，神爲之往。後復閲《鐵槎山房見聞録》，載有龍君送烏雲事，常謂此等良緣往往有之，惜吾生無此奇遇耳。因彙録於此，以誌景慕之忱云。《柳南隨筆》稱：江西貴溪令某，有循聲，與龍虎山張真人往來甚熟。一日，真人留某飯。有一侍者，貌甚怪醜，腥氣迫人。某屢目之。真人曰：「此龍神也。因獲罪天曹，謫令山中服役。今將届滿，特無人爲之聲説耳。君居官清正，爲天曹所重。若肯代渠一請，必可復登忉利天也。」某曰：「余凡夫，何能爲力？」真人曰：「公但首肯，我當代爲章奏，公於名下用花押即得矣。」某漫應之。踰數日，再至山中，則前侍者已來叩謝。真人曰：「荷公大力，已准還龍宫矣。」復顧侍者曰：「先生之恩，豈可無物以報？」侍者曰：「自獲咎破家後，龍藏已空無所有，無已，則當贈白雲一朵耳。」某亦不知白雲爲何語，姑頷之。後某以行取入都，盛夏北行，途中日有白雲一片，護蔭其輿，毫無暑氣，至京乃散，乃晤即龍神所贈也。此康熙年間事。又《鐵槎山房見聞録》稱：文登叢少保蘭以工部尚書爲三邊總制，初通籍時，亦曾爲貴溪令。嘗於張真人處，遇同鄉李龍神，曾求公向真人緩頰，欲回家視母。公爲代請，真人曰：「此非不可，但宜遵海濱而行，免傷禾稼耳。」忽霹靂一聲，龍神已不見矣。後公每暑日徒行，頂上必有烏雲一塊相覆，即龍神之報也。此前明嘉靖年間事。

清 慵訥居士《咫聞録》卷二《龍神祠》 雲南大理山多龍洞。昆明有士人，夏月讀書山寺。一夜月光如霽，見老人策杖而至，揖與之言，清談娓娓，議論風生，疑以爲同寓寺中也。由是夕必至，談必至三更。月餘，老人别曰：「我謫居此地，明日限滿當去。我居大理府外平溪，異日君得志，經過，當有良晤。」後數年，士人以貢生選授浪穹縣教諭，訪之，果有平溪。至其境，即有童子來迎曰：「吾奉主命，掃徑以待。」士曰：「爾主何人？」曰：「吾主即昔年山寺中月明談心老人也。」因隨之同入深林，見有宫殿嵬峩，老人已拱候門外。迎揖而入，款洽甚殷。老人曰：「前約不虚，亦夙緣也。既到此，姑盤桓數日，以申曠隔之情。」重逢舊雨，更覺綢繆。每食，豐潔異常。固辭，得歸。老人送至林外，呼童子取豆一盂，曰：「僻處山林，無物爲敬，聊以將意。」士人辭不受，老人强納諸袖。士人輕視夫豆，隨行隨落。至半途舉手摸取視之，乃瓜子金也，悔之。仍由舊路覓尋，但見靈邃，潭水澄鮮。上有小廟，顔曰「龍神祠」，曰：「此老或即是神也。」士人撮土爲香，伏謁盡禮，惆悵而返。噫！士人之遇龍神也，幸矣。當其别時，已露謫居之言，則已知非凡人也，而偏忽之。迨後踐約相遇，見宫殿嵬峩，儼然貴胄之家，而猶漫不爲意，反輕其所贈之物，以至大半失去，是蓋食苜蓿之命也，可不必往尋矣。而又反尋之，可謂愚亦極矣。然此士人以瓜子金而返，非謂龍神

而返之也。不見其廟，彼猶蚩蚩則焉耳。

清 道光《長汀縣志》卷三三《雜識》　《潛確類書》曰：元嚴子忠，汀州人。遣僕入山掘筍。雷電交作，樹下一窟有物如犬而長，其聲如雷。僕揮鋤擊之而斃。人謂之山蛟，再積五百年，則爲龍矣。

清 光緒《江西通志》卷九八　南宋紹興初，朱勝非出守江州。過梁山，龍入其舟，纔長數寸，赤背緣腹，白尾黑爪，甲有聲，目有光。【略】

[万历三十三年]冬十二月，龍見豐城田中，身長四十餘丈，頭似麟。七日後，飛翔挾風雨而去。

藝文

《詩經·周頌·載見》　載見辟王，曰求厥章。龍旂陽陽，和鈴央央。

《詩經·魯頌·閟宫》　乃命魯公，俾侯於東。錫之山川，土田附庸。周公之孫，莊公之子。龍旂承祀，六轡耳耳。

《詩經·商頌·玄鳥》　龍旂十乘，大糦是承。邦畿千里，維民所止，肇域彼四海。

《楚辭·九思》　乘六蛟兮蜿蟬，蜿蜿，羣蛟之形也。龍無角曰蛟。遂馳騁兮陞雲。揚彗光兮爲旗，秉電策兮爲鞭。

三國魏 劉劭《龍瑞賦》（《歷代賦彙》卷一三七引）　太和七年春，龍見摩陂。行自許昌，親往臨觀。形狀瓌麗，光色燭燿。侍衛左右，咸與覩焉。自載籍所紀，瑞應之致，或翔集於邦國，卓犖於要荒，未有若斯之著明也。

惟殷眺之舊式，乃展義而省方。皇輿發於洛邑，遂巡幸於許昌。憲宸極之天居，建正殿以當陽。歲在析木，時惟仲春。靈威統方，勾芒司辰。陽升九四，或躍於淵。有蜿之龍，來遊郊甸。應節合義，象德效仁。紆體聳紫，摛藻布文。青燿章采，雕琢璘玢。燦若羅星，蔚若翠雲。光烏奕以外照，水清景而內分。聖上觀之無射，左右察之既精。聊假物以擬身，忽神化而無形。泉含物而不澹，固保險而常寧。昔太昊之初化，首帝德以表名，暨明后之隆盛，又降見以揚聲。惟珍獸之玄真，實殊異於四靈。信應龍之道揚，將天飛於泰清。

三國魏 繆襲《青龍賦》（《歷代賦彙》卷五五引）　懿矣神龍，其知惟時。覽皇代之雲爲，襲九泉以潛處。當仁聖而覿儀，應令月之風律。昭嘉祥之赫戲，敷華耀之珍體。燿文采以陸離，曠時代以稀出。觀四靈而特奇，是以見之者景駭，聞之者奔馳。觀夫神龍之爲形也，蓋鴻洞輪碩，豐盈脩長；容姿溫潤，蜲蛇成章；繁虵虯蟉，不可度量。遠而視之，似朝日之陽；邇而察之，象列缺之光。爚若鑒陽，和映瑶瓊，嚉若望飛，雲曳旗旐。或蒙翠黛，或類流星。或如虹蜺之垂耀，或似紅蘭之芳榮。煥璘彬之瑰異，實皇家之休靈。奉陽春而介福，賚萬國以嘉禎。

晉 郭璞《山海經圖讚》卷一《蛟》　匪蛇匪龍，鱗彩炳煥。騰躍波濤，蜿蜒江漢。漢武飲羽，飛飲疊斷。

又 卷二《燭龍》　天缺西北，龍銜火精。氣爲寒暑，眼作昏明。身長千里，可謂至神。

晉 劉琬《神龍賦》（《歷代賦彙》卷一三七引）　大哉，龍之爲德，變化屈伸。隱則黃泉，出則升雲，賢聖其似之乎。惟天神上帝之馬，含胎春夏，房心所作，軒轅照形，角尾規矩。

唐 李嶠《詠龍》（《詩雋類函》卷一五〇引）　銜燭輝幽都，含章擬鳳雛。西秦飲渭水，東洛薦河圖。帶火移星陸，騰雲出鼎湖。希逢聖人步，庭闕正晨趨。

唐 李白《李太白文集》卷二《飛龍引二首》　黃帝鑄鼎於荆山，鍊丹砂，丹砂成黃金，騎龍飛上太清家，雲愁海思令人嗟。宫中綵女顔如花，飄然揮手凌紫霞，從風縱體登鸞車。登鸞車，侍軒轅，遨遊青天中，其樂不可言。

鼎湖流水清且閑，軒轅去時有弓劍，古人傳道留其間。後宫嬋娟多花顔，乘鸞飛烟亦不還，騎龍攀天造天關。造天關，聞天語，屯雲河車載玉女。載玉女，過紫皇，紫皇乃賜白兔所擣之藥方。後天而老凋三光，下視瑶池見王母，蛾眉蕭颯如秋霜。

唐 錢起《西海雙白龍見賦以天下安樂龍見於海爲韻》（《文苑英華》卷八四引）

唐六葉，嘉祉降，皇威宣，師出以律，將有事於金天。赫矣神武，感通上玄，雙龍呈瑞，一色皎然。惟白也，昭素秋誕聖；惟龍也，主殺氣清邊。不爾者，寧出乎海，不躍於泉。穆乎白龍之爲物也，潛依水德，利用天下，精異冥通，騰驤神假。苟非君行其道，物有其官，則鬱湮不育，潢汙而蟠。隱見罔知其旨，窅冥孰見其端。故我君宣八風之惠化，澄四海之波瀾，覆燾斯極，生靈以安。惟此上瑞，灼然可觀。其始見也，精光曷耀，溟渤清廓，曳冰雪於半空，晏雷電一作霆於萬壑。若長雲帶冰而不散，雙劍倚天而中落。忽虹立而電廻，其儀不可彌度。

表其祥同乘黄之偶運，處其度掩嘉魚之有樂。偉天鱗介之族，莫智於龍，苟靈應無兆，豈休明再逢。昔軒以負圖爲景福，舜以入壇爲神變，殊旨同歸，千載一見。是以天祚明德，幽贊禎符，彼二龍之萃止，合一聖之有孚。皓爾其真，異葉公之藻繪，超然將舉，同正理之友于。是時也，西戎駭目，莫不感化而風趨。夫如是，則在宥之理足徵，無疆之休可待，洋洋歌頌，日聞于四海者也。

唐 潘炎《赤龍據桉賦并序》（《文苑英華》卷八五引） 景龍二年夏四月十七日，帝在廳事假寐。白鶴觀道士宋大辯等三十人同見赤龍據桉。至矣哉！神妙無方，不可得而稱也。

玄天之龍兮見而在田，我后之龍兮飛以御天。據聖人之大寶，與列祖而同玄。高出而潛，躍以自試。來定天寶，居然假寐。合而成體，散而成章。若窺於牖，若施於堂。且據桉而向明，負扆以當陽。日月在身，有祇天之嘉夢；風雨合氣，《瑞應圖》：龍必待風雨遊乎青氣之中。將振翼而雄驤。羣居愕視，聖作物覩。赫然龍光，真我明王。折券表異，亦惟前聞。曠然振古，卓有吾君。王人之瑞，比之龍首。高居而遠望，以臨乎九有。天子之威，比之龍鱗。皇之可畏，以肅乎萬人。徒稱其象，未覩其真。恭惟我后，近取諸身。於昭巨唐，其命惟新。永據九五，斯焉萬春。

又 《黄龍見賦并序》（《文苑英華》卷八五引） 景龍二年秋九月五日，黄龍見於上黨伏牛山之南岡，留久之，彰聖人之德也。賦曰：

龍之來兮乘其陽，躍於泉兮臨高岡。龍之至兮歸有德，符於黄兮土之色。精曜曜，光雄雄。上不在天兮接于物，下不在田兮蟠于空。列四靈智稱其首，居五位色表其中。將衔甲以無比，與負舟而不同。明皇家之王氣，符歷數於聖躬。飛煙噴霧，若動若顧。聲雖虓虓，非同三尺之劒；色乃煌煌，下暎五花之樹。誠帝王之嘉兆，寧朝夕之可遇。何虵蟥之足言？諒騰黄之匪喻。同翠鼉之薦緑圖，彰大人兮告元符。覽史墨之言，未之聞也；驗登殷之祀，不其然乎。

又 《黄龍再見賦并序》（《文苑英華》卷八五引） 景龍三年六月十五日，黄龍再見於牛山，天意汲汲於聖人。賦曰：

龍之見也，春分而登于天；龍之潛也，秋分而入于川。假崇山而再見，應元聖而通玄。蜿蜒孤蟠，雲霧四發。目中精耀，光飛列缺之火；頷下珠懸，色奪蟾蜍之月。方將遊彼池囿，豈徒止于郊野。非同上天之五虵，有異渡江之一馬。孫權象之而置於軍中，魏帝範之而在于殿下。永言於此，我皇是宜。秦王之夢，立乎鄜時；漢后之時，見于成紀。彼皆一至，此則重光。采色炫燿，文明焜煌，錯甲鏤鱗，既以來乎字，按：龍魚，《河圖》曰：黄龍從洛水出，詣虞舜，鱗甲成字。分官紀號，可以表其祥。超紫鳳於丹穴，越青鸞於女牀。龍德相成而無悔，天家久久而蕃昌。

唐 吕温《黄龍負舟賦以克己勤物大川効靈爲韻》（《文苑英華》卷八四引） 夏后氏奠山疏滯，一作川。拯溺開泰。玄珪錫命，既成天下之功，黄龍發祥，一作翔。始躍域中之大。當其駐軫江甸，艤舟洪川。天行健而時有未濟，地設險而瞻之在前。思利涉以撫俗，遂精誠而告虔。於是雲氣滃起，神光爛然。奮角於勿用之窟，驤首於或躍之泉。光一作安波澄瀾，奉天意以顒若，拖尾垂鬣，夾王舟而負焉。合靈符於百代，表聖運於千年。徒偉夫出無情，馳不測。如驅風雷，若有羽翼。觀竭誠以効用，似就列而陳力。電目流光，金鱗耀色。天吴奔走，陽侯屏息。巨險汔濟，孰假刳木之能；潛怪莫逢，寧資畫鷁之息。應變化以昭盛，一作感。出沉潛而剛克。其慶惟大，賴祉福者兆人；其觀惟榮，執玉帛者萬國。若非平土堙水，泣辜罪己。菲飲食以昭儉，卑宫室而思理。德掩乎生成之初，功齊乎開闢之始。一有則字。安有非常之神物，不召而萃止。濟其不通，而彰其具美者也。至若漢横汾水，秦抵滄溟。實逞心欲匪崇德馨，蒼生之虚一作生人之盡。瘁靡念，方士之空言是聽。始《川文粹》作姑。幸免於覆溺，夫何望乎炳靈。於戲！動罔軌模，一作動罔軌道。言非善教。則人雖愚弱，或使之而不効。其志惟純，其德孔殷。則龍雖神化，將不役而自勤。信矣哉！國家俾人其蘓，在理無鬱。超乎大禹，不務舟車之勞，蜿一作宛。彼黄龍，但爲宫沼之物而已。

唐 白居易《白氏長慶集》卷四《諷諭四·黑潭龍　疾貪吏也》 黑潭水深色如墨，傳有神龍人不識。潭上架屋官立祠，龍不能神人神之。豐凶水旱與疾疫，鄉里皆言龍所爲。家家養豚漉清酒，朝祈暮賽依巫口。神之來兮風飄飄，紙錢動兮錦傘摇。神之去兮風亦静，香火滅兮盃盤冷。肉堆潭岸石，酒潑廟前草。不知龍神享幾多，林鼠山狐長醉飽。狐何幸？豚何辜？年年殺豚將餧狐！狐假神龍食豚盡，九重泉底龍無知？

又 卷三八《詩賦·黑龍飲渭賦》 龍爲四靈之長，渭居八水之一。飲亹亹之清流，浴彬彬之玄質。忽兮下降，賁然躍出。首蜿蜒以涌煙，鱗錯落而點漆。動而無悔，爰作瑞於秦川；應必有徵，乃效靈於漢日。觀其攸止，察其所爲；行藏不忒，動静有儀。睛眸炫燿，文彩陸離。躍于泉，於焉表

異；守其黑，所以標奇。或隱或見，時行時止。順冬夏而無乖，應昏明而有以。於是稽大易，按前史。符聖人之昌運，飛而在天；表王者之休徵，下而飲水。爾乃降長川，俯高岸。氣默默以黯黯，光璨璨而爛爛。聞之者心駭而屏息，覩之者目眩而改觀。一呼一吸，而聲起風雷；或躍或騰，而勢超雲漢。觀夫莫智匪常，莫黑至祥；契昌期於南面，合正色於北方。拖尾迴翔，擘波騰驤。飲清瀾之浩浩，動素浪之湯湯。頓頷而碎珠迸落，奮髯而細雨飛揚。警水府兮鱣鮪奔走，駭泉室兮蛟鼉伏藏。玄雲從而淺深一色，白日照而左右交光。且彼候時出處，憑虛上下。度弱水而斯馭，去鼎湖而是駕。聞茂先之劍飛，見長房之杖化。豈若此炎精冥契，水德潛禀。玄甲黯以凝黛，文章斐兮擒錦。逼而察也，類天馬出水而遊；遠而望之，疑晴虹截澗而飲。已而負蒼天，去清渭。排冥冥之寥廓，反浩浩之元氣。則知水物之靈，鱗蟲之貴。盛矣哉！抑斯龍之所謂。

唐 黄滔《黄御史集》卷一《周以龍興賦以旋服國中位光鱗族爲韻》 周以創三十代，啓八百年。既鳴鳳以授德，復興龍而禦乾。奔天下之二分，豈惟雨驟；擎雒中之九鼎，寧止波旋。當其韜仁聖以表威靈，湧禎祥而呈氣色。岐梁燿銜耀之所，汧隴湛蟠泥之域。幾年貪餌，吞將吕望之鈎；一旦飛天，霹破殷辛之國。觀夫或屈或伸，非假非真。澤霈六合，恩濡兆民。以息虞芮，作在田之跡；以卻夷齊，爲逆物之鱗。掀陸海之波濤，固殊鯨浪；擴九重之宫室，肯類鮫人。則知指縱而或仗爪牙，善戰而靡資血肉。火兵戈而雖假燒尾，鏡今古而未嘗寐目。遂使盟津契會，此時莫愧於雲從；羑里棲遲，昔日何傷於魚服。下蟄如此，高翔曷量。子孌貊而蟲沙附，申忠信而鬐鬣張。足以雄飛革命，首冠興王。駕木德於震宫，蒼然被彩；應陽精於乾象，赫矣飛光。所謂建皇基，立寶位，模日楷月，規天矩地。非三聖之尤異，焉可以神物而取類。邈罔象，乘鴻濛，奔霆迸電，驅雷走風。非四靈之感通，焉可以與周而同功。豈徒角樹臣佐，穴居域中。挐開粟而攫散財，滂沲有截；壽九齡而豢十亂，振奮無窮。懿乎後焕放牛，前光播穀。愈彰聖德於王者，益驗神蹤於介族。則老聃之道，漢祖之顔，永宜雌伏。

宋 王安石《臨川文集》卷三八《龍賦》 龍之爲物，能合能散，能潛能見，能弱能强，能微能章。惟不可見，所以莫知其鄉；惟不可畜，所以異於牛羊。變而不可測，動而不可馴，則常出乎害人。而未始出乎害人，夫此所以爲仁。爲仁無止，則常至乎喪己。而未始至乎喪己，夫此所以爲智。止則身安，曰惟知幾；動則物利，曰惟知時。然則龍終不可見乎？曰：與爲類者常見之。

宋 陳造《江湖長翁集》卷一《楚辭古賦・送龍辭三章》 沈燎兮桂醑，笳簫嗚嗚兮逢逢其鼓。緩吴歈兮蹌越舞，送龍兮歸處。龍之歸兮悦娱，翻倒霄霏兮膠轕霧雨。歷館娃兮不留，過胥口兮小顧。水天模糊兮迷仰俯，僊真迎兮排空。蛟鼉駢羅兮而在下，祥飈肅兮緑輿。非煙羃兮紫府，翹儂望兮何所。目屯雲兮南騖，心靡迤兮延佇。

其二 旱氣兮炎浮，地毛焦兮金石爲流。龍不來兮殷憂，心憚悇兮孰謀。戴儂目兮傒龍之遊，龍翩然兮副求。呵蟄雷兮鞭潛虬。忽墨雲之崩騰坌瀵兮，黮黯瞢夫昏晝。摐甲馬之喧空兮，砉飛練之淙濵。夫豈不能噓膚寸彌六幕兮，胡嗇其施於此州眷吾儂。龍所私兮匪新而舊，安棲飽茹兮龍之佑。願龍兮千萬壽，暨我子孫兮烝嘗春秋。

其三 雷車轞兮電焱熹，孽氛静兮旱魃摧，龍之來兮慰我思。翠其幢兮羽旗，乘焕燿兮紛躨跜。龍之去兮盍徐之，蜚雨兮一且再。室予居兮穀予饑，眷他州之梠橎兮，匪龍其吾曷依。東阡北陌兮謳而嬉，右湖左海兮夜不扉，林屋之洞兮蟠翠微。瓊凔兮貝宫，雲璈兮玉妃。奠龍居兮無愧，功成兮龍則歸，送龍兮陳辭。溪藻芡兮山有蕨薇，錢吾歸兮幾時。

雜録

唐 李吉甫《元和郡縣志》卷一四 《三秦記》曰：河津，一名龍門。水陸不通，魚鼈之屬莫能上。江海大魚集龍門下數千，不得上，上則爲龍，故曰曝鰓龍門。《水經注》曰：其魚出鞏縣鞏穴，每三月則上渡龍門，得則爲龍，否則點額而還。

宋 樂史《太平寰宇記》卷四六 辛氏《三秦記》曰：河津，一名龍門。水陸不通，魚鱉之屬莫能上。江海大魚集龍門下數千，不得上，上則爲龍，不得上則曝腮龍門。《水經注》云：《爾雅》云，鱣，鮪也。出鞏穴，三月則上溯龍門，得渡爲龍，否則點額而還。

明 毛晉《陸氏詩疏廣要》卷下之下《有鱣有鮪》 《禮》曰：龍以爲畜，故魚鮪不淰。而序《詩》者亦曰：季冬薦魚，春獻鮪。則鮪别于魚，其來尚矣。故鮪仲春從河而上，得過龍門便化爲龍，否則點額而還。《尸子》曰：龍門，魚之難也。大行，牛之難也。蓋河津，一名龍門，兩傍有山，魚莫能上。大魚薄集龍門，

上則爲龍，不得上輒暴腮水次，故曰暴腮龍門。垂耳轅下善爲魚者，不求爲龍，望禹門輒逝，是以無暴腮點額之患。

清 汪森《粵西叢載》卷二一《龍涎香》 龍涎香出西洋諸國，番舶徑往東澳，元非西産。萬歷甲午，命福建兩廣辦進，西人亦爲之困，則廣之一字累之也。

《嶠南瑣記》

圖表

明 李時珍《本草綱目》圖卷下之中

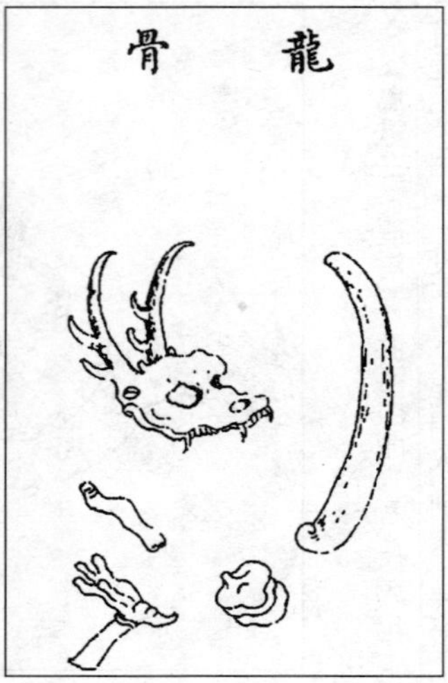

明 王圻《三才圖會·人物十一卷》 許遜字敬之，號真君，南昌人。吳赤烏二年，母夢金鳳啣珠，墜於掌上，翫而吞之，因是有娠而生真君。尅意爲學，尤嗜神仙修煉之術。【略】海昏有巨蛇爲民害，真君飛步踏其首，以劍劈其顙。曰：「大蛇雖滅，蛟精未誅，恐其俟隙潰郡城。」迹其所之，乃在郡城江滸，化黄牛卧沙磧之上。真君剪紙化黑牛，往鬬之，奔入城南，直至長沙，化爲人，入賈玉使君之家。先是，蛟精嘗慕玉之美女，化爲一美少年謁之。玉愛其才，乃妻以女。居數載，生二子。真君尋蹤至此，蛟精計窮，遂見本形，爲吏兵所誅。二子亦皆爲小蛟，併誅之。真君復還豫章，而蛟之餘黨盡化爲葫蘆、冬瓜，浮之滿江。真君以劍授施岑，履水斬之，悉無噍類。由是水妖屏迹，城邑無虞。孝武寧康二年，拔宅昇天，雞犬亦隨，百里之内，異香芬馥，經月不散。

又《人物十四卷》 西方蓐收，金神也，左耳有青蛇，乘兩龍，而目有毛，虎爪，執鉞。

北海外鍾山有神，名曰燭陰，視爲晝，瞑爲夜，吹爲冬，呼爲夏。不飲不食，息氣則爲風。身長百里，其狀人面龍身，赤色。

又《鳥獸三・龍馬》孟河出龍馬者，仁馬也。高八尺五寸，長頸，胳上有翼，旁有垂毛。蹈水不没。聖人能用人，則天不愛道，地不愛寶，故河出龍馬焉。

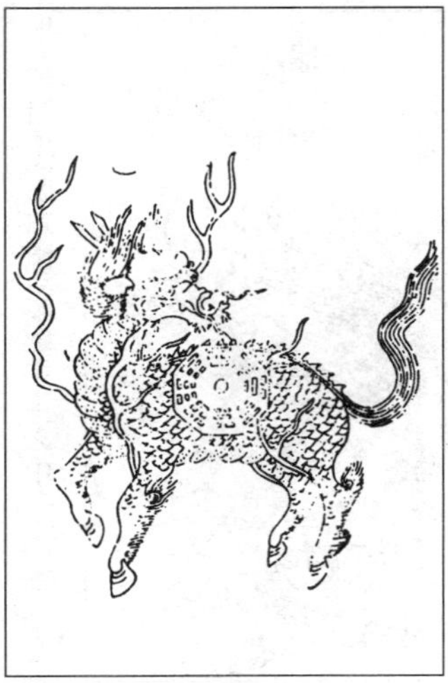

又《鳥獸五・龍》龍八十一鱗，具九九之数，九，陽也。有鱗曰蛟龍，有翼曰應龍，有角曰虯龍。《淮南子》曰：萬物羽毛鱗介，皆相於龍。龍頭上有物如博山者，名尺木。龍無尺木，不能升天。其爲性麤猛而畏鐵，愛珠及空青，而嗜燒燕。將雨，則吟其聲如戛銅盤。涎能發衆香，其噓氣成雲。自夏四月之後，龍乃分方，名有區域。故两畛之間，而雨暘異焉。又多暴雨。説者曰：細潤者，天雨；暴者，龍雨也。

又《應龍》恭丘山有應龍者，有翼龍也。昔蚩尤禦黄帝，令應龍攻于翼之野。女媧之時，乘畜車服應龍。禹治水，有應龍以尾畫地，即水衛。

又《蛟》蛟，龍屬也。其狀似蛇而四足，細頸，頸有白嬰，大者数圍。卵生，眉交，故謂之蛟。不能降雨，而能裂山。

又《螭》螭，亦龍類，但無角。漢武帝好微行，於長安城西，夜見一螭游於路。董褐曰：昔桀媚妹喜，於膝上以金簪貫玉螭腹爲戲。今螭腹餘金簪穿痕，安知非此耶？

又《人物十四卷》鵲山之神，其狀鳥身龍首。古者祠之禮，用璋璧以獻。

木

論説

漢 王充《論衡》卷一一《説日篇》 《禹貢》、《山海經》言：日有十。在海外東方有湯谷，上有扶桑。十日沐浴水中。有大木，九日居下枝，一日居上枝。【略】海外西南有珠樹焉，察之是珠，然非魚中之珠也。夫十日之日，猶珠樹之珠也，珠樹似珠非真珠，十日似日非實日也。

漢 應劭《風俗通》卷九《怪神·世間多有伐木血出以爲怪者》 謹按，桂陽太守江夏張遼叔高去隔令，家居買田，田中有大樹十餘圍，扶疏蓋數畝地，播不生穀，遣客伐之，木中血出。客驚怖，歸，以其事白叔高。叔高大怒，曰：「老樹汁出，此何等血。」因自嚴行復斫之，血大流灑。叔高使先斫其枝，上有一空處，白頭公可長四五尺，忽出往赴叔高，叔高乃逆格之，凡殺四頭。左右皆怖伏地，而叔高恬如也。徐熟視，非人非獸也，遂伐其木。其年司空辟侍御史，後爲兖州刺史，以二千石之尊，過鄉里，薦祝祖考。白日繡衣，榮羨如此，其禍安居？春秋《國語》曰：「木石之怪夔、魍魎。」物惡能害人乎！

唐 段成式《酉陽雜俎》卷一《天咫》 舊言月中有桂，有蟾蜍。故異書言月桂高五百丈，下有一人常斫之，樹創隨合。人姓吴名剛，西河人，學仙有過，謫令伐樹。釋氏書言須彌山南面有閻扶樹，月過，樹影入月中。或言月中蟾、桂，地影也，空處水影也。此語差近。

宋 曾公亮《上神宗乞不宣取瑞木》（《宋名臣奏議》卷三六引） 臣准降到建州崇安縣草澤楊緯進狀稱，今年三月，所居之西，空中有黄龍蜿蜒於晦冥之間，於其下獲一瑞木，厥狀猶龍。至七月，風雨晦冥如初，復有飛龍騰驤，見木龍之尾翼連足在焉。畫到圖一面，乞宣取。奉聖旨，可指揮福建轉運使令指揮建州於楊緯本家取索上件所陳木龍看驗，若實非僞造，如所圖様，即差齎擎赴闕進呈，并圖様降下。臣等竊詳南方山木偶類鳥獸狀者頗多，不足以異。伏覩真宗至道三年詔書節文：「以刑清俗阜爲嘉祥，以歲稔時和爲上瑞。至於毛羽表異，草木效靈，豈涼德之所堪，亦前聖之不取。諸州今後不得以珍禽異獸及諸瑞物等來獻。」又覩仁宗慶曆四年詔曰：「諸珍禽奇獸及諸瑞物等，不得進獻。」臣等欲望踐行，累詔更不宣取。熙寧二年上，時爲昭文相。

宋 周紫芝《太倉稊米集》卷六八《祝文十八首·告巨木》 江鄉之俗，歲多淫祀。家有巨木，則牲以祀之。其禮甚謹，謂之木官，其來尚矣。愚民無知，習以爲常，固其所也。至於學士大夫之家，猶或狃以爲俗，則陋矣。況兹大木，植吾敝廬，百有餘年，賴以不死，而其害滋多，不可不去。盤根錯節，横敷於地，使土膏墳起以傾吾屋，不可不去也。大枝臃腫，小枝卷曲，既不足以中吾用，而敗腐之葉，填塞瓦渠，使上漏下濕，以汙吾席，不可不去也。春夏之交，柯葉如雲，鳴梟哺鶵以巢其顛，庇遮惡鳥，朝呶暮喧，以聒吾耳，不可不去也。長虵蜿蜒，來伺鳥鶵，鳥噪虵盤，惡類相攻，以怖吾兒，不可不去也。顛風驟雨，夜黑朝昏，憑藉勢力，掀舞頹檐，使我常虞覆壓之患，以憂吾心，不可不去也。夫木爲吾害如此，則其戕而去之，可以無憾矣。神雖欲託此以爲妖祥，不可得也。今者刀鋸既具，匠石在旁，酒漿前陳，巫祝在後，神逝而往，木僕而僵，我不神咎，神無我殃。尚享。

宋 朱熹《朱子全書》卷三九《禮三》 堯卿問：社主，平時藏在何處？曰：向來沙隨説，以所宜木刻而爲主。某嘗辯之，後來覺得却是，但以所宜木爲主。如今世俗神樹模様，非是將木來截作主也。以木名社，如櫟社，枌榆社之類。又問社稷神，曰：説得不同。或云稷是山林原隰之神，或云是穀神，看來穀神較是，社是土神。又問：社何以有神？曰：能生物，便是神也。又曰：周禮，亡國之神，却用刑人爲尸。一部《周禮》，却是看得天理爛熟也。

宋 魏了翁《春秋左傳要義》卷二二《宣公元年至四年上·釋螭魅罔兩》 螭，山神，獸形。魅，怪物。先儒相傳爲然。《魯語》仲尼云：「木石之怪夔、罔兩，水之怪龍、罔象。」則罔兩是木石之神，杜以爲水神者。《魯語》賈逵注云：罔兩，罔象，言有夔、龍之形而無實體。然則罔兩、罔象皆是虚無，當揔彼之意，非神名也。上句言山林川澤，則螭魅罔兩四神。《文十八年》注：螭魅山林，異氣所生。螭魅既爲山林之神，則罔兩宜爲川澤之神，故以爲水神也。

明 郭子章《蠙衣生傳草》卷八《續偶記·伐樹》 阮脩伐社樹，或止之，脩曰：若社而爲樹，伐樹則社移。若樹而爲社，伐樹則社亡。其言甚辨。不

知伐樹社移，社之神不可移也。伐樹社亡，社之神不可亡也。故社曰神叢。

四川南充縣衙傍有譙公周祠及墓。隆慶中，予鄉建昌胡進士令南充，到任日，不祀譙公，是日令妻暴卒。令具文欲遷其墓，明年賊入縣衙殺其母。南豐一鄉紳爲郡太守，伐寺前二栢爲柱已，舊坊折，壓死太守於門前。萬曆中，吉郡楊司理毁衙中一神祠，忽罷官歸。歸，亡其身。予表弟曾孝廉居傍一樟社甚茂，伐之，亡一子，并其身。一族姪伐樟社爲船，父子俱亡，且斬其祀。此皆予目擊者。孔子曰：「敬鬼神而遠之。」伐樹不敬，伐樹木爲柱爲器則不遠，可謂智乎？

明 蔣以化《西臺漫紀》卷六《紀怪木》 今上乙酉丙戌等歲，宫殿門宇一燬如洗，勑川貴督採大木充用，與採者勞苦萬狀。貴陽别駕王君諱某，余戚也。當事者委解諸所採木，王薦行「君子兢兢」，以未稱厥職爲懼，得木驗。後有二木，圍可廿尺，長五大許。同驗徐揮使善識木性，呼此木爲「鐵脚楠」，極難解。王初疑之，果行四十里外，二木水中唧唧有聲。王親聞之，知其神也，亟令人防護束縛惟謹。行至黄河，忽於幫中瀉出，飛走三百里，沉於海角泥沙中不起。王急索之，乃爲文遣祭云：「汝供上用，可梁可棟。否者爲爨爲薪，不貸汝。」夜夢二木來訴：「某不隨衆木行，可駕舟相送。」王不得已，覔四舟往載，而二木起矣，後竟安流入灣。異哉，奇哉！神乎，怪乎！此木不過世間一材，必爲隋梁魏晉間物無疑，傲霜霰停，雨露風雷所侵蝕，日月星辰所臨照。寒暑經歷，不知幾歲月。而人跡所罕到之處，虎豹爲侣，熊羆爲隣，魑魅魍魎所狎聚而羣嬉於其下者，又不知幾歲月。而木所繇神矣，向非王命赫奕，官威隆重，操斧柯者不能入其尺寸。夫安得不爲怪爲祟，如王所云哉。第不知此木，入工師手，爲柱，爲梁，爲榱，爲桷，若何而木果有神，幸善護之，無爲祝融氏所爐，而勞苦遠方官民爲也。余於神木有聖云。

綜述

《周禮·地官司徒》 辨其邦國都鄙之數，制其畿疆而溝封之，設其社稷之壝而樹之田主，各以其野之所宜木，遂以名其社與其野。

《山海經·南山經》 又西八十里，曰苻禺之山。其陽多銅，其陰多鐵。其上有木焉，名曰文莖，其實如棗，可以已聾。其草多條，其狀如葵，而赤花黄實，如嬰兒舌，食之使人不惑。【略】

又東三百七十里，曰侖者之山。其上多金玉，其下多青雘。有木焉，其狀如穀而赤理，其汗如漆，其味如飴，食者不饑，可以釋勞，其名曰白䓘，可以血玉。

《山海經·西山經》 《西次三經》之首，曰崇吾之山，在河之南，北望冢遂，南望䍃之澤，西望帝之搏獸之丘，東望蠕淵。有木焉，員葉而白柎，赤華而黑理，其實如枳，食之宜子孫。【略】

又西北三百七十里，曰不周之山。北望諸毗之山，臨彼嶽崇之山，東望泑澤，河水所潛也，其源渾渾泡泡。爰有嘉果，其實如桃，其葉如棗，黄華而赤柎，食之不勞。【略】

又西北四百二十里，曰峚山，其上多丹木，員葉而赤莖，黄華而赤實，其味如飴，食之不饑。丹水出焉，西流注于稷澤，其中多白玉，是有玉膏，其源沸沸湯湯，黄帝是食是饗。是生玄玉。玉膏所出，以灌丹木。丹木五歲，五色乃清，五味乃馨。黄帝乃取峚山之玉榮，而投之鍾山之陽。瑾瑜之玉爲良，堅粟精密，濁澤而有光。五色發作，以和柔剛。天地鬼神是食是饗，君子服之以禦不祥。自峚山至于鍾山，四百六十里，其間盡澤也。是多奇鳥、怪獸、奇魚，皆異物焉。【略】

又西三百里，曰中曲之山。其陽多玉，其陰多雄黄、白玉及金。有獸焉，其狀如馬而白身黑尾，一角，虎牙爪，音如鼓音，其名曰駮，是食虎豹，可以禦兵。有木焉，其狀如棠而員葉，赤實，實大如木瓜，名曰櫰木，食之多力。【略】

西南三百六十里，曰崦嵫之山，其上多丹木，其葉如穀，其實大如瓜，赤符而黑理，食之已癉，可以禦火。

《山海經·北山經》 又北水行五百里，流沙三百里，至于洹山。其上多金玉。三桑生之，其樹皆無枝，其高百仞。百果樹生之，其下多怪蛇。

《山海經·東山經》 又南三百二十里，曰東始之山。上多蒼玉。有木焉，其狀如楊而赤理，其汁如血，不實，其名曰芑，音起。可以服馬。【略】

又東次四經之首，曰北號之山，臨于北海。有木焉，其狀如楊，赤華，其實如棗而無核，其味酸甘，食之不瘧。

《山海經·中山經》 又東二十里，曰歷兒之山，其上多橿、多櫔木。是木也，方莖而員葉，黄華而毛，其實如揀，揀，木名，子如指頭，白而粘，可以浣衣也。音練。或作簡。服之不忘。【略】

又北三十五里，曰陰山。亦曰險山。多礪石、文石。礪石，石中磨者。少水出焉，其中多彫棠，其葉如榆葉而方，其實如赤菽，菽豆。食之已聾。【略】

又西二百五十里，曰柄山。【略】有木焉，其狀如樗，其葉如桐，而莢實，其名曰茇，可以毒魚。茇，一作艾。【略】

又西九十里，曰夸父之山，其木多椶枏、多竹箭，其獸多㸲牛、羬羊，其鳥多鷩，其陽多玉，其陰多鐵。其北有林焉，名曰桃林，是廣員三百里，其中多馬。桃林，今弘農湖縣闋鄉南谷中是也，饒野馬、山羊、山牛也。

又東二十里，曰苦山。有獸焉，名曰山膏，其狀如逐，即豚字。赤若丹火，善詈。好罵人。其上有木焉，名曰黄棘，黄華而員葉，其實如蘭，服之不字。字，生也。《易》曰：女子貞不字。

又東二十七里，曰堵山。神天愚居之，是多怪風雨。其上有木焉，名曰天楄，音鞭。方莖而葵狀，服者不哽。食不噎也。

又東五十二里，曰放皐之山。放，或作効，又作牧。明水出焉，南流注于伊水，其中多蒼玉。有木焉，其葉如槐，黄華而不實，其名曰蒙木，服之不惑。【略】

又東五十里，曰少室之山今在河南陽城西，俗名泰室。百草木成囷未詳。其上有木焉，其名曰帝休，葉狀如楊，其枝五衢，言樹枝交錯相重五出，有象衢路也。《離騷》曰：靡萍九衢。黄華，黑實，服者不怒。【略】

又東三十里，曰泰室之山即中嶽嵩高山也，今在陽城縣西。其上有木焉，葉狀如梨而赤理，其名曰栯木，服者不妬。【略】

又北三十里，曰講山，其上多玉，多柘，多栢。有木焉，名曰帝屋，葉狀如椒，反傷赤實，反傷，刺下勾也。可以禦凶。【略】

又東三十里，曰浮戲之山。有木焉，葉狀如樗而赤實，名曰亢木，食之不蠱。【略】

又東三十五里，曰敏山。上有木焉，其狀如荆，白華而赤實，名曰蓟栢，服者不寒。令人耐寒。其陽多㻬琈之玉。【略】

《山海經·海外南經》 不死民在其東，其爲人黑色，壽不死。有員丘山，上有不死樹，食之乃壽，亦有赤泉，飲之不老。一曰在穿匈國東。

《山海經·海外北經》 拘纓之國在其東，一手把纓，言其人常以一手持冠纓也。或曰：纓，宜作癭。一曰利纓之國。尋木，長千里，在拘纓南，生河上西北。

跂踵國在拘纓東。其爲人大，兩足亦大。其人行，脚跟不著地也。《孝經鈎命訣》曰：焦僥、跂踵，重譯欵塞也。一曰大踵。

歐絲之野在大踵東。一女子跪，據樹歐絲。言噉桑而吐絲。蓋蠶類也。三桑無枝。在歐絲東。其木長百仭，無枝。言皆長百仭也。

平丘在三桑東，爰有遺玉、遺玉，玉石。青鳥、視肉、楊柳、甘柤、其樹枝幹皆赤，黄華、白葉、黑實。《吕氏春秋》曰：其山之東有甘柤焉。甘華，亦赤枝幹、黄華。百果所生。在兩山夾上谷，二大丘居中，名曰平丘。

《山海經·海内南經》 桂林八樹在番隅東。八樹而成林，言其大也。番隅，今番隅縣。【略】

窫窳龍首，居弱水中，在狌狌知人名之西，其狀如龍首，食人。窫窳，本蛇身人面，爲貳負臣所殺，復化而成此物也。有木，其狀如牛，《河圖玉版》説：芝草樹，生或如車馬，或如龍蛇之狀，亦此類也。引之有皮，若纓、黄蛇言牽之皮剥如人冠纓及黄蛇狀也，其葉如羅如綾羅也，其實如欒欒木，名或作卵，或作麻黄，本赤枝青葉，生雲雨山。音樂。其木若蓲蓲，亦木名。未詳。其名曰建木，在窫窳西弱水上建木，青葉，紫莖，黑花，黄實，其下聲無響，立無影也。

《山海經·海内西經》 海内崑崙之墟，在西北，言海内者，明海外復有崑崙山。帝之下都。崑崙之墟，方八百里，高萬仭。皆謂其墟基廣輪之高庳耳。自此以上二千五百餘里，上有醴泉、華池。去嵩高五萬里，蓋天地之中也。見《禹本紀》。上有木禾，長五尋，大五圍。木禾，穀類也。生黑水之阿，可食。見《穆天子傳》。面有九井，以玉爲檻。檻，欄。面有九門，門有開明獸守之，百神之所在。在八隅之巖，在巖間也。赤水之際，非仁羿莫能上岡之巖。言非仁人及有才藝如羿者，不能得登此山之岡嶺巉巖也。羿嘗請藥西王母，亦言莫得道也。「羿」一或作「聖」。【略】

開明北有視肉珠樹、文玉樹五彩玉樹、玗琪樹、玗琪，赤玉屬也。吴天璽元年，臨海郡吏伍曜在海水際得石樹，高二尺餘，莖葉紫色，詰曲傾靡，有光彩，即玉樹之類也。不死樹言長生也。鳳凰、鸞鳥皆戴瞂。又有離朱、木禾、栢樹、甘水、即醴泉也。聖木食之令人智聖也。曼兑，未詳。一曰挺木牙交。《淮南》作璇樹，璇玉類也。【略】

服常樹，其上有三頭人，伺琅玕樹。服常木，未詳。琅玕，子似珠。《爾雅》曰：「西北之美者，有崑崙之琅玕焉。」莊周曰：「有人三頭，遞卧遞起，以伺琅玕與玗琪子。」謂此人也。

《山海經·大荒東經》 大荒之中有山，名曰孽摇頵羝，上有扶木，柱三百里，其葉如芥。柱，猶起高也，葉似芥菜。有谷曰温源谷，温源，即湯谷也。湯谷上有

扶木，扶桑在上。一日方至，一日方出，言交會相代也。皆載于烏。

《山海經·大荒南經》　有不死之國，阿姓，甘木是食。甘木，即不死樹，食之不老。【略】

有宋山者，有赤蛇，名曰育蛇。有木生山上，名曰楓木。楓木，蚩尤所棄其桎梏，蚩尤爲黄帝所得，械而殺之，已摘棄其械，化而爲樹也。是謂楓木。即今楓香樹。【略】

大荒之中有山，名死塗之山，青水窮焉。青水出崑崙。有雲雨之山。有木名曰欒，禹攻雲雨。攻，謂槎伐其林木。有赤石焉，生欒。言山有精靈，復變生此木於赤石之上。黄本，赤枝，青葉，羣帝焉取藥。言樹花、實皆爲神藥。

《山海經·大荒西經》　西海之外、大荒之中有方山者，上有青樹，名曰櫃格之松，木名，音矩。日月所出入也。

《山海經·大荒北經》　大荒之中，有山名曰衡天。有先民之山，有槃木千里。【略】

大荒之中有衡石山、九陰山、洞野之山。上有赤樹，青葉，赤華，名曰若木。生崑崙西，附西極，其華光赤下照地。

《山海經·海内經》　南海之内，黑水青水之間有木，名曰若木。樹赤華青。若水出焉。有禺中之國。有列襄之國。有靈山。有赤蛇在木上，名曰蝡蛇，木食。言不食禽獸也。音如耎弱之耎。【略】有木，青葉，紫莖，玄華，黄實，名曰建木，百仞無枝。有九欘枝回曲也。音如斤斸之斸。下有九枸，根盤錯也。《淮南子》曰：大木則根欋。音劬。其實如麻，似麻子也。其葉如芒芒木似棠梨也。

《墨子·明鬼》　昔者虞夏商周三代之聖王，其始建國營都日，必擇國之正壇置以爲宗廟，必擇木之修茂者立以爲菆位。

《列子·湯問》　三神山中珠玕之樹皆叢生，華實皆有滋味；食之皆不老不死。【略】荆之南有冥靈者，《釋文》云：冥靈，木名也；生江南，以葉生爲春，葉落爲秋。以五百歲爲春，五百歲爲秋。上古有大椿者，《釋文》云：椿，丑倫切，木名也。一名橓。以八千歲爲春，八千歲爲秋。朽壤之上有菌芝者，《釋文》云：菌，其陰切。崔譔云：「糞上生芝也。朝生暮死。」簡文云：「欻生芝。」生於朝，死於晦。

《禮記·檀弓下》　君臨臣喪，以巫祝桃茢執戈，惡之也。注：爲有凶邪之氣在側。君聞大夫之喪，去樂，卒事而往，未襲也。其已襲，則止巫，去桃茢。桃，鬼所惡。茢，萑苕，可埽不祥。

漢　劉安《淮南子》卷四《墬形訓》　凡鴻水淵藪，自三百仞以上，二億三萬三千五百五十里，有九淵。禹乃以息土填洪水，以爲名山。息土不耗減，掘之益多，故以填洪水。名山，大山也。掘崑崙虚以下地，掘猶平也。地或作池。中有增城九重，其高萬一千里百一十四步二尺六寸。中，崑崙虚中也。增，重也。有五城十二樓。見《括地》。像此蓋誕實未聞也。上有木禾，其修五尋，土崑崙虚上也。五尋，長三十五尺。珠樹、玉樹、琁窮樹、不死樹在其西，在木禾之西也。沙棠、琅玕在其東，皆玉名也，在木禾之東也。一説沙棠，木名也。《吕氏春秋》曰：果之美者，沙棠之實也。絳樹在其南，絳，赤色。碧樹、瑶樹在其北。碧，青玉色。【略】

扶木在陽州，日之所曊。太帝，天帝也。扶木，扶桑也，在湯谷之南。曊，猶照也。陽州，東方。曊音費。建木在都廣，建木，其狀如牛，引之有皮，若瓔、黄蛇，葉若羅。都廣，南方山名也。衆帝所自上下，日中無景，呼而無響，蓋天地之中也。衆帝之從都廣山上天還下，故曰上下。日中時日直人上無有景，故曰蓋天地之中。若木在建木西，末有十日，其華照下地。末，端也。若木端有十日，狀如蓮華。華，猶光也，光照其下也。

漢　東方朔《神異經》　東方荒外有豫章焉樟木，樹主九州。其高千丈，圍百丈，本上三百丈，本如有條枝，敷張如帳，上有玄狐黑猿。枝主一州，南北並列，面向西南。有九力士操斧伐之，以占九州吉凶。斫復，其州有福；遲者，州伯有病；積歲不復者，其州滅亡。亡，言州伯死。復者，木創復也。

東方有桑樹焉，高八十丈，敷張自輔。其葉長一丈，廣六七尺。其上自有蠶，作繭長三尺。繰一繭，得絲一斤。有椹焉，長三尺五寸，圍如長。此桑是闕桑，但樹長大。

荒外有火山，其中生不盡之木，晝夜火燃，得暴風不猛，猛雨不滅。

南方大荒之中有樹焉，名曰柤、稼、櫃。柤，柤梨也。稼，株稼也。櫃，親櫃也。三千歲作花，九千歲作實。其花藥紫色，其實赤色，其高百丈，或千丈也。敷張自輔，東西南北方。枝各近五十丈。葉長七尺，廣四尺，色如緑青，禾皮如桂，樹理如甘草，味飴。實長九尺，圍如長，無瓤核，竹刀割之如酥，得食復見實即滅矣。張茂先注曰：言復見後實熟者，壽一萬二千歲。

南方大荒有樹焉，名曰如何。三百歲作花，九百歲作實。花色朱，其實正黄。高五十丈，敷張如蓋。葉長一丈，廣二尺餘，似菅苧，色青，厚五分，可以絮，如厚樸。材理如支。九子，味如飴。實有核，形如棘子，長五尺，圍如長，金刀剖之則酸，蘆刀剖之則辛。食之者地仙，不畏水火，不畏白刃。刃，刀之屬。言地仙

者，不能飛，在地，從人去也。

東方有樹焉，高百丈，敷張自輔。葉長一丈，廣六七尺，名梨，如今之柤梨，但樹大耳。其子徑三尺，剖之少瓤，白如素，和羹食之，爲地仙，衣服不敗，辟穀，可以入水火也。

東南荒中有邪音耶木焉，高三千丈，或十餘圍，或七八尺。其枝喬直上不可郍也。葉如甘瓜，二百歲葉落而生花，花形如甘瓜。復二百歲落盡而生萼，萼下生子，三歲而成熟。成熟之後，不長不減，子形如寒瓜，似冬瓜也。長七八寸，徑四五寸。萼復覆生頂言發萼而得成實，此不取，萬世如故。若取子而留萼，萼復生子如初，年月復成熟，復二年則成萼，而復生子。其子形如甘瓤，少鍊，甘美，食之令人身澤。不可過三升，令人冥醉，半日乃醒。木高，人取不能得，唯木下有多羅之人，緣能得之。多羅，國名。一名無葉，世人後生不見葉，故謂之無葉也。一名倚驕。張茂先注曰：驕直上不可那也。

東方有樹，高五十丈，葉長八尺，名曰桃。其子徑三尺二寸，小核，味和，和核羹食之，令人益壽。食核中仁，可以治嗽。小桃温潤，既嗽，人食之即止。

北方荒中有棗林焉，其高五十丈，敷張枝條數里餘，疾風不能偃，雷電不能摧。其子長六七寸，圍過其長，熟赤如朱，乾之不縮，氣味潤澤，殊於常棗，食之可以安軀，益於氣力。此棗枝條盛於常棗，亦益氣、安軀。赤松子云：北方大棗，味有殊，既可益氣，又安軀。【略】

南方山有肝蔗之林。其高百丈，圍三尺八寸。促節多汁，甜如蜜，咋嚙其汁，令人潤澤，可以節蚘蟲。人腹中蚘蟲，其狀如蚓，此消穀蟲也，多則傷人，少則穀不消。是甘蔗能減多益少，凡蔗亦然。【略】

東海滄浪洲生强木焉，洲人多用作舟楫。其上多以珠玉爲戲，物終無所負。其木方一寸，可載百許斤，縱石鎮之，不能没矣。【略】

木梨生南方，梨徑三尺，剖之少瓤白素。和羹食之地仙，可以水火不焦溺矣。

木栗出東北荒中，有木高四十丈，葉長五尺，廣三寸，名栗。其實徑三尺二寸，其殼赤，其肉黄白，味甜，食之令人短氣而渴也。

崑崙山上有柰，冬生子，碧色，須玉井水洗之方可食也。

刀味核生南荒中，樹形高五十丈，實如棗，長五尺。金刀剖之則甜，若竹刀剖之則飴，木刀剖之則酸，蘆刀剖之則辛。食之地仙，不畏水火白刃。

漢 東方朔《海内十洲記》 聚窟洲在西海中申未之地，地方三千里，北接崑崙二十六萬里，去東岸二十四萬里。上多真仙靈官，宫第比門，不可勝數。及有獅子、辟邪、鑿齒、天鹿、長牙、銅頭、鐵額之獸。洲上有大山，形似人鳥之象，因名之爲神鳥山。山多大樹，與楓木相類，而花葉香聞數百里，名爲反魂樹。扣其樹，亦能自作聲，聲如羣牛吼，聞之者皆心震神駭。伐其木根心，於玉釜中煮取汁，更微火煎，如黑餳狀，令可丸之，名曰驚精香，或名之爲震靈丸，或名之爲反生香，或名之爲震檀香，或名之爲人鳥精，或名之爲却死香。一種六名，斯靈物也。香氣聞數百里，死者在地，聞香氣乃却活，不復亡也。以香薰死人，更加神驗。征和三年，武帝幸安定，西胡月支國王遣使獻香四兩，大如雀卵，黑如桑椹。帝以香非中國所有，以付外庫。【略】到後元元年，長安城内病者數百，亡者大半。帝試取月支香燒之於城內，其死未三月者皆活。芳氣經三月不歇。於是信知其爲神物也。乃更秘録餘香，後一旦又失之。檢函封印如故，無復香也。帝愈懊，恨不禮待於使者，益貴方朔之遺語，自愧求李君之不勤，慚衛叔卿於堦庭矣。越明年，帝崩於五柞宫，已亡月支國人鳥山震檀却死等香也。向使厚待使者，帝崩之時，何緣不得靈香之用耶？自合命殞矣。【略】

扶桑在東海之東岸，岸直，陸行登岸一萬里，東復有碧海。海廣狹浩汗，與東海等，水既不鹹苦，正作碧色，甘香味美。扶桑在碧海之中，地方萬里，上有太帝宫，太真東王父所治處。地多林木，葉皆如桑。又有椹樹，長者數千丈，大二千餘圍。樹兩兩同根偶生，更相依倚，是以名爲扶桑。仙人食其椹，而一體皆作金光色，飛翔空玄。其樹雖大，其葉椹故如中夏之桑也。但椹稀而色赤，九千歲一生實耳。味絶甘香美。

漢 郭憲《洞冥記》卷一 甘泉宫南昆明池中，有靈波殿七間。皆以桂爲柱，風來自香。帝既躭於靈怪，常得丹豹之髓、白鳳之膏，磨青錫爲屑，以蘇油和之，照於神壇，夜暴雨光不滅不霜。蛾如蜂赴火，侍者舉麟鬚拂拂之。

元光中，帝起壽靈壇，壇上列植垂龍之木，似青梧，高十丈，有朱露，色如丹汁，灑其葉，地皆成珠。其枝似龍之倒垂，亦曰珍枝樹。此壇高八丈，帝使董謁乘雲霞之輦以昇壇。至夜三更，聞野鷄鳴，忽如曙，西王母駕玄鸞，歌春歸樂謁，乃聞王母歌聲而不見其形。歌聲遶梁三匝乃止，壇傍草樹枝葉或翻或動，歌之感也。四面列種軟棗，條如青桂。風至，自拂堦上遊塵。

又 卷二 大初二年，東方朔從西那汗國歸，得聲風木十枝獻帝。長九尺，

大如指。此木臨因桓之水，則《禹貢》所謂因桓是也。其源出甜波。樹上有紫燕黄鵠集其間，實如油麻風，吹枝如玉聲，因以爲名。帝以枝遍賜羣臣，臣有凶者，枝則汗；臣有死者，枝則折。昔老聃在於周世，年七百歲，枝竟未汗。偓佺生於堯時，年三千歲，枝竟未一折。帝乃以枝問朔，朔曰：「臣已見此枝三過枯死而復生，豈汗折而已哉。」里語曰：年未半，枝不汗。此木五千年一汗，萬歲不枯。

又 **卷三** 地有發日樹，言日從雲出，雲來掩日，風吹樹枝，拂雲開日光也。亦名開日樹。樹有汁滴如松脂也。【略】有遠飛雞，夕則還依人，曉則絶飛四海，朝往夕還。常銜桂枝之實，歸於南山。或落地，而生高七八尺。衆仙奇愛之，剉以釀酒，名曰桂醪，嘗一滴，舉體如金色。

漢 王充《論衡》卷一一《説日篇》 在海外東方有湯谷，上有扶桑，十日浴沐水中；有大木，九日居下枝，一日居上枝。

又 **卷二二《訂鬼篇》** 《山海經》又曰：「滄海之中，有度朔之山，上有大桃木，其屈蟠三千里，其枝間東北曰鬼門，萬鬼所出入也。上有二神人，一曰神荼，一曰鬱壘，主閲領萬鬼。惡害之鬼，執以葦索，而以食虎。於是黄帝乃作禮，以時驅之，立大桃人，門户畫神荼、鬱壘與虎，懸葦索以禦。」

漢 許慎《説文》 社 社，地主也，從示土。《春秋傳》曰：共工之子句龍爲社神。《周禮》：二十五家爲社，各樹其土所宜之木。

漢 應劭《風俗通·佚文》 梓宫者，禮，天子斂以梓器。宫者，存時所居，緣生事亡，因以爲名，凡人呼棺亦爲宫也。【略】

墓上樹柏，路頭石虎。《周禮》：方相氏葬日入壙驅罔象。罔象好食亡者肝腦，人家不能常令方相立于側，而罔象畏虎與柏，故墓前立虎與柏。或説秦穆公時，陳舍人掘地得物若羊，將獻之，道逢二童子，謂曰：「此名謂蝹，常在地中食死人腦。若殺之，以柏東兩枝捶其首。」由是墓側皆樹柏。

晉 張華《博物志》卷一《物産》 三株樹生赤水之上。

員丘山上有不死樹，食之乃壽。有赤泉，飲之不老。多大蛇，爲人害，不得居也。

又 **卷三《異草木》** 江南諸山郡中大樹斷倒者，經春夏生菌，謂之椹，食之有味，而每毒殺人。云此物往往自生毒，或云蛇所著之物。楓樹生者啖之，令人笑不得止。治之，飲土漿即愈。

晉 嵇含《南方草木狀》卷中 楓人。五嶺之間多楓木，歲久則生瘤癭。一夕遇暴雷驟雨，其樹贅暗長三五尺，謂之楓人。越巫取之作術，有通神之驗。取之不以法，則能化去。

晉 王嘉《拾遺記》卷五 天漢二年，渠搜國之西有祈淪之國，其俗淳和，人壽三百歲。有壽木之林，一樹千尋，日月爲之隱蔽。若經憩此木下，皆不死不病。或有泛海越山來會其國，歸懷其葉者，則終身不老。

晉 陸翽《鄴中記》 金華殿後有皇后浴室，種雙長生樹，樹條交於棟上，團團車蓋形，冬日不凋。葉大如掌，至八九月乃生華，子赤大如橡子，不中啖也。世人謂之西王母長生樹。

北魏 酈道元《水經注》卷三六 若水。出蜀郡，旄牛徼外東南至故關，爲若水也。《山海經》曰：南海之内，黑水之間，有木名曰若木。若水出焉。又云：灰野之山有樹焉，青葉，赤華，厥名若木，生崑崙山，西附西極也。《淮南子》曰：若木，在建木西，木有十華，其光照下地。故屈原《離騷》、《天問》曰「羲和未陽，若華何光」是也。然若木之生非一所也。黑水之間，厥木所植，水出其下，故水受其稱焉。若水沿流間關蜀土。黄帝長子昌意，德劣不足紹承大位，降居斯水爲諸侯焉，娶蜀山氏女，生顓頊于若水之野，有聖德，二十登帝位，承少皞金官之政，以水德寳歷矣。

北魏 賈思勰《齊民要術》卷一〇《棗》 《史記·封禪書》曰：李少君嘗遊海上，見安期生食棗大如瓜。【略】

《神異經》曰：北方荒内，有棗林焉。其高五丈，敷張枝條蔭里餘。子長六寸，圍過其長。熟，赤如朱。乾之不縮。氣味甘潤，殊於常棗。食之可以安軀，益氣力。

《神仙傳》曰：吴郡沈羲，爲仙人所迎上天。云天上見老君，賜羲棗二枚，大如雞子。

傅玄《賦》曰：有棗若瓜，出自海濵，全生益氣，服之如神。

又 **《李》** 《列異傳》曰：袁本初時，有神出河東，號度索君。人共立廟。兖州蘇氏母病，禱。見一人著白單衣，高冠，冠似魚頭，謂度索君曰：「昔臨廬山下，共食白李。未久，已三千年。日月易得，使人悵然。」去後，度索君曰：「此南海君也。」【略】

又 **《梨》** 《漢武内傳》曰：太上之藥，有玄光梨。

《神異經》曰：東方有樹，高百丈，葉長一丈，廣六七尺，名曰梨。其子徑三尺，割之，瓤白如素。食之爲地仙，辟穀，可入水火也。

《神仙傳》曰：介象，吴王所徵，在武昌。速求去，不許。象言病。以美梨一匳賜象。須臾，象死。帝殯而埋之。以日中時死，其日晡時，到建業，以所賜梨付守苑吏種之。後吏以狀聞，即發象棺，棺中有一奏符。【略】

又**《柰》**《漢武内傳》曰：仙藥之次者，有圓邱紫柰，出永昌。

又**《橙》**《異苑》曰：南康有奚石山，有甘、橘、橙、柚，就食其實，任意取足，持歸家，人噉輒病，或顛仆失徑。

又**《柤》**《神異經》曰：南方大荒中有樹，名曰柤。二千歲作花，九千歲作實。其花色紫。高百丈，敷張自輔。葉長七尺，廣四五尺，色如緑青。皮如桂，味如蜜，理如甘草，味飴。實長九圍，無瓤、核，割之如凝酥。食者，壽以萬二千歲。

《風土記》曰：柤，梨屬，内堅而香。

《西京雜記》曰：蠻柤。

又**《椰》**《異物志》曰：椰樹，高六七丈，無枝條。葉如束蒲，在其上。實如瓠，繫在於山頭，若掛物焉。實外有皮如胡盧。核裏有膚，白如雪，厚半寸，如猪膚，食之美於胡桃味也。膚裏有汁升餘，其清如水，其味美於蜜。食其膚，可以不飢，食其汁，則愈渴。又有如兩眼處，俗人謂之越王頭。【略】

《神異經》曰：東方荒中，有椰木，高三二丈，圍丈餘，其枝不橋。二百歲，葉盡落而生華，華如甘瓜。華盡落而生萼，萼下生子，三歲而熟。熟後不長不減，形如寒瓜，長七八寸，徑四五寸，萼覆其頂。此實不取，萬世如故。取者掐取，其流下生如初，其子形如甘瓜。瓤，甘美如蜜，食之令人有澤，不可過三升，令人醉，半日乃醒。木高，凡人不能得，唯木下有多羅樹人能緣得之。一名曰無葉，一名倚驕，張茂先注曰：驕，直上不可那也。

又**《椹》**《漢武内傳》：西王母曰：上仙之藥，有扶桑丹椹。

又**《桑》**《山海經》曰：宣山有桑，大五十尺，其枝四衢。言枝交互四出。其葉大尺，赤理，黄花，青葉。名曰帝女之桑。婦人生蠶，故以名桑。

《十洲記》曰：扶桑，在碧海中。上有大帝宫，東王所治。有椹桑樹，長數千丈，三千餘圍。兩樹同根，更相依倚，故曰扶桑。仙人食其椹，體作金色。其樹雖大，椹如中夏桑椹也，但稀而赤色。九千歲一生實，味甘香。

《括地圖》曰：昔烏先生避世於芒尚山，其子居焉。化民食桑，三十七年，以絲自裹，九年生翼，九年而死，其桑長千仞，蓋蠶類也。去瑯琊二萬六千里。

《玄中記》云：天下之高者，扶桑無枝木焉，上至天，盤蜿而下屈，通三泉也。

又**《仙樹》**《西河舊事》曰：祁連山有仙樹。人行山中，以療飢渴者，輒得之。飽不得持去。平居時，亦不得見。

南朝梁　任昉《述異記》卷上　南方有灾火山，四月生火，十二月火滅。火滅之後，草木皆生枝條。至火生，草木葉落，如中國寒時也。取此木以爲薪，燃之不燼。以其皮績之，爲火浣布。【略】

大食王國在西海中。有一方石。石上多樹，幹赤，葉青，枝上總生小兒，長六七寸，見人皆笑，動其手足，頭著樹枝，使摘一枝，小兒便死。【略】

黄金山有楠樹，一年東邊榮、西邊枯，後年西邊榮、東邊枯，年年如此。張華云：交讓樹也。

北周　庾信《庾子山集》卷一二《銘》　焚香複道，詎歛遊魂。《述異記》曰：聚窟洲有返魂樹，伐其根心於玉釜中，煮取汁，又熬之，令可丸，名曰驚精香，或名震靈丸，或名返生香，或名却死香。死尸在地，聞氣即活。《博物志》云：漢武帝幸上林苑，西使至乘輿間并奏其香，帝付外庫。後長安中大疫，西使乞見，請燒所貢香一枚以辟疫氣。帝不得已，聽之。病者登日並差，長安中百里盛聞香氣芳，積九十餘日香猶不歇。【略】《周易》曰：遊魂爲變。焚香，是漢代事。是以西域表月支之獻。南海置涪陽之尉。漢帝出警，遂置複道。焚香以辟惡氣，此云焚香複道，詎歛遊魂者，即聚窟洲震靈返魂之類也。

唐　段成式《酉陽雜俎》卷一八《木篇》　異木。大歷中，成都百姓郭遠，因樵獲瑞木一莖，理成字曰天下太平，詔藏于祕閣。

京西持國寺，寺前有槐樹數株，金監買一株，令所使巧工解之。及入内迴，工言木無他異，金大嗟惋，令膠之，曰：此不堪矣，但使爾知予工也。乃別理解之，每片一天王，塔戟成就。都官陳修古員外言，西川一縣，不記名，吏因換獄卒木薪之，天尊形像存焉。

異樹。婁約居常山，据禪座。有一野嫗，手持一樹，植之於庭，言此是蜻蜓樹。歲久，芬芳鬱茂，有一鳥身赤尾長，常止息其上。

異果。贍披國有人牧羊千百餘頭，有一羊離羣，忽失所在。至暮方歸，形色鳴吼異常，羣羊異之。明日，遂獨行，主因隨之，入一穴。行五六里，豁然明朗，花木皆非人間所有。羊於一處食草，草不可識。有果作黄金色，牧羊人竊

一將還，爲鬼所奪。又一日，復往取此果，至穴，鬼復欲奪，其人急吞之，身遂暴長，頭纔出，身塞於穴，數日化爲石也。【略】

樟木。江東人多取爲船，船有與蛟龍鬬者。

石榴。一名丹若。梁大同中，東州後堂石榴皆生雙子。南詔石榴，子大，皮薄如藤紙，味絶於洛中。石榴甜者謂之天漿，能已乳石毒。【略】

娑羅。巴陵有寺，僧房牀下忽生一木，隨伐隨長。外國僧見曰：此娑羅也。元嘉初，出一花如蓮。天寶初，安西道進娑羅枝，狀言：臣所管四鎮，有拔汗郍最爲密近，木有娑羅樹，特爲奇絶。不庇凡草，不止惡禽，聳幹無慚於松栝，成陰不愧於桃李。近差官拔汗郍使，令採得前件樹枝二百莖。如得託根長樂，擢顥建章。布葉垂陰，隣月中之丹桂，連枝接影，對天上之白榆。赤白檉。出涼州，大者爲炭，復一日傷人一日入以灰汁，可以煮仙樹。祁連山上有仙樹實，行旅得之止饑渴。一名四味木。其實如棗，以竹刀剖則甘，鐵刀剖則苦，木刀剖則酸，蘆刀剖則辛。

唐 段公路《北户録》卷一《蛺蝶枝》 又《會要》云：大食國，西隣大海，嘗遣人乘船，經八年未極西岸。中有一方石。石上有樹，榦赤，葉青。樹生小兒，長六七寸，見人皆笑，動其手脚，尻著樹枝，其使摘取一枝，小兒死也。

宋 釋贊寧《東坡先生物類相感志》卷一三《杄木》 能辟鬼。崔豹《古今注》云：櫖木，一名元患。昔有巫者，能符劾百鬼，得此則以此木爲棒，棒投之。世人相傳以鬼畏之，競取此木爲器，以厭却鬼，故號爲原患之木耳。【略】

又《羊櫨》 荆木也。其花葉通神，能見鬼精。

宋 羅願《爾雅翼》卷一一《楓》 或云樹老有瘿瘤，忽遇暴雷驟雨，瘿上聳出一枝，一夜暗出三五尺，形如人鬼，口眼備，南中謂之楓人，亦謂之靈楓。越人以計取爲神事之。舊説云黄帝殺蚩尤於黎山之上，擲其械於大荒之中、宋山之上，化爲楓木之林，此猶夸父之杖棄爲鄧林也。其子可以爲式，式局以楓木爲天，棗心爲地，其脂甚香，謂之楓香脂，一名白膠香。入地千歲則爲琥珀。楓上有菌，食之令人善笑不止。

明 李時珍《本草綱目》卷三四《月桂》 集解：藏器曰：今江東諸處，每至四五月後晦，多於衢路間得月桂子，大於貍豆，破之辛香，古老相傳是月中下也。餘杭靈隱寺僧種得一株，近代詩人多所論述。《洞冥記》云：有遠飛雞，朝往夕還，常啣桂實歸於南土。南土，月路也，故北方無之。山桂猶堪爲藥，況月桂乎？時珍曰：吳剛伐月桂之説，起於隋唐小説。月桂落子之説，起於武后之時。相傳有梵僧自天竺鷲嶺飛來，故八月常有桂子落於天竺。《唐書》亦云：垂拱四年三月，有月桂下降於台州，十餘日乃止。宋仁宗天聖丁卯八月十五夜，月明天浄。杭州靈隱寺月桂子降，其繁如雨，其大如豆，其圓如珠，其色有白者、黄者、黑者，殼如芡實，味辛。拾以進呈。寺僧種之，得二十五株。慈雲式公有序記之。張君房宿錢塘月輪寺，亦見桂子紛如烟霧，回旋成穗，墜如牽牛子，黄白相間，咀之無味。據此，則月中真若有樹矣。竊謂月乃陰魄，其中婆娑者，山河之影爾。月既無桂，則空中所墜者何物耶？泛觀羣史，有雨塵沙土石，雨金鉛錢汞，雨絮帛穀粟，雨草木花藥，雨毛血魚肉之類甚衆。則桂子之雨，亦妖怪所致，非月中有桂也。桂生南方，故惟南方有之。《宋史》云：元豐三年六月，饒州雨木子數畝，狀類山芋子，味辛而香，即此類也。道經月桂謂之不時花，不可供獻。

又 卷三六《扶桑》 釋名：佛桑。朱槿。赤槿。日及。明珍曰：東海日出處有扶桑樹，此花光豔照日，其葉似桑，因以比之。後人訛爲佛桑，乃木槿別種。故日及諸名，亦與之同。

明 朱橚《普濟方》卷二六四《服餌門》 舜常登蒼梧山，曰：厥金玉之香草，朔用偃息正道，此五加也。又異名金鹽。昔西域真人玉屋山人王常言：何以得長久？何不食石蓄金鹽？毋何以得長壽？何不食石用玉豉？玉豉者，即地榆也。五加、地榆，皆是煑石而餌得長生之藥也。

明 王圻《稗史彙編》卷一五一《扶桑》 扶桑在碧海中，地方萬里，地多林木，葉皆如桑。又有椹樹，之長者數千丈，大二千餘圍。樹兩兩同根偶生，更相依倚，是以名爲扶桑。仙人食其椹，一体皆作金色有光，飛翔空中。其樹雖大，而葉椹只如中國之桑。但椹稀而赤色，九千歲一生實，味絶甘而香美。

明 慎懋官《華夷花木鳥獸珍玩考》卷一《扶桑》 扶桑，在碧海之中，地方萬里。上有太帝宫，太真東王父所治處。地多林木，葉皆如桑。又有椹樹，長者數千丈，大二千餘圍。樹兩兩同根偶生，更相依倚，是以名爲扶桑。仙人食其椹，而一體皆作金光色，飛翔空玄。其樹雖大，其葉椹，故如中夏之桑也。但椹稀而色赤，九千歲一生實耳，味絶甘香美。《玄中記》云：「天下之高者，扶桑無枝木焉。上至天，盤蜿而下，屈通三泉也。」

扶桑，南齊時聞焉。廢帝永元初，其國有沙門慧深來至荆州，説云：扶桑木葉似桐，初生如笋，國人食之，實如梨而赤績。其皮爲布，以爲衣，亦爲錦。作板屋，無城椁，有文字，以扶桑皮爲紙。

又 卷四《龍樹》 華氏國國城之北有大山焉，北去人里有大樹，蔭覆五百大龍，其樹玉名龍樹，常爲龍衆説法。

明 張鼎思《琅邪代醉編》卷四〇《如何》 顧凱之《啓蒙記》曰：如何，隨刀而改味。《神異經》曰：南方荒中有如何之樹，三百歲作華，九百歲作實。有核形如棗子，長五尺。金刀割之則飴，非此則辛，食之得地仙。《酉陽雜俎》曰：祁連山上有仙樹，一名四味木。其實如棗，以竹刀割則苦，以木刀剖則酸，以蘆刀剖則辛，以金刀剖則甘，即此物也。或曰此即仙經所謂火棗。

明 張萱《疑耀》卷七《梧桐自生》 鳳，鶉火之禽。桐，大火之精。梧桐嘗以三星見而放葉，火西流，而落葉，鳳非梧不棲，以陽從陽也。一説凡燒餘赭黔之土，心星照之，則梧桐自生。是梧桐乃自生之物，非待於種也。故《詩》曰：梧桐生矣。用字不苟如此。

月桂子。月桂子，今江東諸處，每至四五月後每於衢路得之，大如狸豆，破之辛香，古老相傳是月中下也。《洞冥記》云：有遠飛雞朝往夕還，常銜桂實歸於南土。所以北方無，南方當月路，所以有也《本草》。唐垂拱中，天台桂子落十餘日。白樂天詩：遥想吾師行道處，天台桂子落紛紛。宋天聖五年中秋，餘杭靈隱寺桂子落，其繁如雨，色各不同。僧式公種之林下，後移植白猿峰，凡二十五株，遂改回軒亭爲月桂亭《玉潤雜書》。

明 錢希言《獪園》卷一六《環聞・帝女化松》 西北山中有白松，相傳爲黄帝之女所化。黄禹州以問楊百隆，百隆曰：「西邊多松，葉翠而身碧。然與帝女所化枝葉株幹俱白者，又少異矣。」

明 謝肇淛《五雜俎》卷一〇《物部二》 五嶺之間多楓木，歲久則生癭瘤。一夕，遇暴雷驟雨，其贅長三五尺，謂之楓人。越巫取之作術，有通神之驗。此亦樟柳神之類也。一云取不以法，則能化去。故曰「老楓化爲羽人」，政謂此耳。

明 吴之俊《獅山掌録・小山馆》卷一八《影木》 瀛洲有影木，日中視之如列星，萬歲一實，實如瓜，青皮黑瓤，食之骨輕。上如華，蓋群仙以避風雨。有草名芸，苗狀如菖蒲，食葉則醉，餌根則醒。

明 木增《雲邁淡墨》卷一《冥靈》 異木也。《列子》：荆南有冥靈，五百歲爲春，五百歲爲秋。

明 陳懋仁《庶物異名疏》卷二三《箑脯》 箑脯，樹名。《白虎通》曰：天下太平，阜出箑脯，其葉大於門扇，不摇自扇，於飲食清涼，助供養也。又箑脯見飲食部。【略】

又 《如何》 《神異經》：南荒中有如何之樹，三百歲作花，九百歲作實，有核形如棗子，長五尺，金刀割之則飴，非此則辛，食之得地仙。故《啓蒙記》云：如何隨刀而改味，安南亦有如何。

清 乾隆《滄州志》卷四《風俗》 十二月 除日，易門神桃符，脩歲事，陳祀儀，較常豐盛，拜尊長，謂之辭歲。椒栢葉浸酒，合家飲之，焚榾柮，謂之守歲。

清 張宗法《三農紀》卷七《木异》 木之理紋，有字樣、山水、鳥獸者，有化石者，有忽飛去者、飛來者，有歡歌悲鳴者、化影現形者，有結實異常者，不時花敗者，有突生突枯者，其間兆地氣災祥之應。

清 汤鹏《浮邱子》卷一二《树文》 千歲之松，兔絲縈其上，茯苓聚其下，雨露之不加潤，霜霰之不從皺，其所醞藉者然也。

紀事

《山海經・海外北經》 夸父與日逐走，入日，言及日于將入也。渴欲得飲，飲於河、渭，河、渭不足，北飲大澤，未至，道渴而死，棄其杖化爲鄧林。夸父者，蓋神人之名也，其能及日景而傾河渭，豈以走飲哉，寄用于走飲耳。幾乎不疾而速，不行而至者矣。此以一體爲萬殊，存亡代謝，寄鄧林而遁形，惡得尋其靈化哉。

《列子・湯問》 夸父《大荒經》云：有人，珥兩黄蛇，踐兩黄蛇，名曰夸父。不量力，欲追日影，逐之於隅谷之際。隅谷，虞淵也，日所入。渴欲得飲，赴飲河、渭，河、渭不足，將走北飲大澤，未至，道渴而死。棄其杖，尸膏肉所浸生鄧林，鄧林彌廣數千里焉。《山海經》云：夸父死，棄其杖而爲鄧林。

《莊子・外物》 吾聞之古者禽獸多而人民少，於是民皆巢居以避之，晝拾橡栗，暮栖木上，故命之曰有巢氏之民。

《竹書紀年・殷商成湯》 二十四年，大旱。王禱于桑林，雨。

《韓非子・五蠹》 上古之世，人民少而禽獸衆，人民不勝禽獸蟲蛇。有聖人作，搆木爲巢，以避羣害，而民悦之，使王天下，號曰有巢氏。

漢 劉安《淮南子》卷九《主術訓》 湯之時，七年旱，以身禱於桑林之際，而四海之雲湊，千里之雨至。

漢 班固《漢書》卷二七《五行志》 僖公三十三年十二月，隕霜不殺草。劉歆以爲草妖也。劉向以爲今十月，周十二月。於《易》，五爲天位，（爲）君位，九月陰氣至，五通於天位，其卦爲《剥》，剥落萬物，始大殺矣，明陰從陽命，臣受君令

而後殺也。今十月隕霜而不能殺草，此君誅不行，舒緩之應也。是時公子遂顓權，三桓始世官，天戒若曰，自此之後，將皆爲亂矣。文公不寤，其後遂殺子赤，三家逐昭公。董仲舒指略同。京房《易傳》曰：「臣有緩兹謂不順，厥異霜不殺也。」

《書序》曰：「伊(涉)〔陟〕相太戊，亳有祥桑穀共生。」傳曰：「俱生乎朝，七日而大拱。伊陟戒以修德，而木枯。」劉向以爲殷道既衰，高宗承敝而起，盡涼陰之哀，天下應之，既獲顯榮，怠於政事，國將危亡，故桑穀之異見。桑猶喪也，穀猶生也，殺生之秉失而在下，近草妖也。一曰，野木生朝而暴長，小人將暴在大臣之位，危亡國家，象朝將爲虚之應也。

《書序》又曰：「高宗祭成湯，有蜚雉登鼎耳而雊。」祖己曰：「惟先假王，正厥事。」劉向以爲雉雊鳴者雄也，以赤色爲主。於《易》，《離》爲雉，雉，南方，近赤祥也。劉歆以爲羽蟲之孽。《易》有《鼎卦》，鼎，宗廟之器，主器奉宗廟者長子也。野鳥自外來，入爲宗廟器主，是繼嗣將易也。一曰，鼎三足，三公象，而以耳行。野鳥居鼎耳，小人將居公位，敗宗廟之祀。野木生朝，野鳥入廟，敗亡之異也。武丁恐駭，謀於忠賢，修德而正事，内舉傳説，授以國政，外伐鬼方，以安諸夏，故能攘木鳥之妖，致百年之壽，所謂「六沴作見，若是共御，五福乃降，用章于下」者也。一曰，金沴木曰木不曲直。

僖公三十三年十二月，李梅實。劉向以爲周十二月，今十月也，李梅當剥落，今反華實，近草妖也。先華而後實，不書華，舉重者也。陰成陽事，象臣顓君作威福。一曰，冬當殺，反生，象驕臣當誅，不行其罰也。故冬(華)華者，象臣邪謀有端而不成，至於實，則成矣。是時僖公死，公子遂顓權，文公不寤，後有子赤之變。一曰，君舒緩甚，奥氣不臧，則華實復生。董仲舒以爲李梅實，臣下彊也。記曰：「不當華而華，易大夫；不當實而實，易相室。」冬，水王，木相，故象大臣。劉歆以爲庶徵皆以蟲爲孽，思心蠃蟲孽也。李梅實，屬草妖。

惠帝五年十月，桃李華，棗實。昭帝時，上林苑中大柳樹斷仆地，一朝起立，生枝葉，有蟲食其葉，成文字，曰「公孫病已立」。又昌邑王國社有枯樹復生枝葉。眭孟以爲木陰類，下民象，當有故廢之家公孫氏從民間受命爲天子者。昭帝富於春秋，霍光秉政，以孟妖言，誅之。後昭帝崩，無子，徵昌邑王賀嗣位，狂亂失道，光廢之，更立昭帝兄衛太子之孫，是爲宣帝。帝本名病已。京房《易傳》曰：「枯楊生稊，枯木復生，人君亡子。」

元帝初元四年，皇后曾祖父濟南東平陵王伯墓門梓柱卒生枝葉，上出屋。劉向以爲王氏貴盛將代漢家之象也。後王莽篡位，自説之曰：「初元四年，莽生之歲也，當漢九世火德之厄，而有此祥興於高祖考之門。」門爲開通，梓猶子也，言王氏當有賢子開通祖統，起於柱石大臣之位，受命而王之符也。

建昭五年，兖州刺史浩賞禁民私所自立社。山陽橐茅鄉社有大槐樹，吏伐斷之，其夜樹復立其故處。成帝永始元年二月，河南街郵樗樹生支如人頭，眉目須皆具，亡髮耳。哀帝建平三年十月，汝南西平遂陽鄉柱仆地，生支如人形，身青黄色，面白，頭有頿髮，稍長大，凡長六寸一分。京房《易傳》曰：「王德衰，下人將起，則有木生爲人狀。」

哀帝建平三年，零陵有樹僵地，圍丈六尺，長十丈七尺。民斷其本，長九尺餘，皆枯。三月，樹卒自立故處。京房《易傳》曰：「棄正作淫，厥妖木斷自屬。妃后有顓，木仆反立，斷枯復生。天辟惡之。」

元帝永光二年八月，天雨草，而葉相摎結，大如彈丸。平帝元始三年正月，天雨草，狀如永光時。京房《易傳》曰：「君吝於禄，信衰賢去，厥妖天雨草。」【略】

經曰：「初一曰五行。五行：一曰水，二曰火，三曰木，四曰金，五曰土。水曰潤下，火曰炎上，木曰曲直，金曰從革，土爰稼穡。」

傳曰：「田獵不宿，飲食不享，出入不節，奪民農時，及有姦謀，則木不曲直。」

説曰：木，東方也。於《易》，地上之木爲《觀》。其於王事，威儀容貌亦可觀者也。故行步有佩玉之度，登車有和鸞之節，田狩有三驅之制，飲食有享獻之禮，出入有名，使民以時，務在勸農桑，謀在安百姓：如此，則木得其性矣。若乃田獵馳騁不反宫室，飲食沈湎不顧法度，妄興繇役以奪民時，作爲姦詐以傷民財，則木失其性矣。蓋工匠之爲輪矢者多傷敗，及木爲變怪，是爲木不曲直。

《春秋》成公十六年正月，雨木冰。劉歆以爲上陽施不下通，下陰施不上達，故雨，而木爲之冰，雰氣寒，木不曲直也。劉向以爲冰者陰之盛而水滯者也，木者少陽，貴臣卿大夫之象也。此人將有害，則陰氣(協)〔脅〕木，木先寒，故得雨而冰也。是時叔孫喬如出奔，公子偃誅死。一曰，時晉執季孫行父，又執公，此執辱之異。或曰，今之長老名木冰爲「木介」。介者，甲。甲，兵象也。是歲晉有鄢陵之戰，楚王傷目而敗。屬常雨也。

漢 應劭《風俗通·佚文》　哀牢夷者，其先有婦人名沙壹，居于牢山。嘗捕魚水中，觸沈木若有感，因懷孕，十月，產子男十人。後沈木化爲龍，出水上。沙壹忽聞龍語曰：「若爲我生子，今悉何在？」九子見龍驚走，獨小子不能去，背龍而坐，龍因舐之。其母鳥語，謂背爲九，謂坐爲隆，因名子曰九隆。及後長大，諸兄以九隆能爲父所舐而黠，遂共推以爲王。後牢山下有一夫一婦，復生十女子，九隆兄弟皆娶以爲妻，後漸相滋長。種人皆刻畫其身，象龍文，衣皆著尾。

晉 張華《博物志》卷七《異聞》　昔夸父與日相逐走，渴，飲於河、渭，不足，北飲大澤，未至，渴而死。棄其策杖，化爲鄧林。

又 卷八《史補》　太姒夢見商之庭產棘，乃小子發取周庭梓樹，樹之于闕間，梓化爲松柏棫柞。覺驚以告文王，文王曰：慎勿言。冬日之陽，夏日之陰，不召而萬物自來。天道尚左，日月西移；地道尚右，水潦東流；天不享于殷，自發之生于今十年，夷羊在牧，水潦東流，天下飛蝗滿埜，命之在周，其信然乎。

晉 郭璞《玄中記·樹精》　千歲樹精化爲青羊。《御覽》八百八十六、九百二、《藝文類聚》八十八。【略】

萬歲樹精爲青牛，多出遊人間。《御覽類聚》引仝上，《初學記》二十九。【略】

秦文公造長安宮，西四百里，南至終南山。山有梓樹，大數百圍，蔭宮中。公惡而伐之，連日不克，輒大風雨。夜有鬼問梓樹，樹曰：「豈奈吾何？」鬼曰：「若使三百人，披頭，以絲繞樹，豈不敗汝？」樹默然不應。明日，人上言秦王，依此言伐之，中有青牛，逐之入澧水。《御覽》九百五十八。【略】

秦始皇時，終南山有梓樹，大數百圍，蔭宮中。始皇惡之，興兵伐之，天輒大風雨，飛沙走石，人皆疾走。至夜，瘡合。有一人，中風雨傷寒不能去，留宿，夜聞有鬼來問樹言：「秦王凶暴相伐，得不困耶？」樹曰：「來即作風雨擊之，其奈吾何？」又曰：「秦王使三百人，披頭，以赤絲繞樹，伐汝，得無敗乎？」樹淡然無言。疾人報秦王，案言伐斷，中央有一青牛出，逐之走入於河。于是秦王乃置髦頭騎。《御覽》六百八十，《書鈔·髦頭》。【略】

漢桓帝時，出遊河上，忽有一青牛從河中出，直走盪桓帝，人皆驚走。太尉何公爲殿中將軍，爲人有勇力，走往逆之。牛目之，反走還河。未至河，公及牛，乃以左手挽牛足，右手持斧，斫牛頭而殺之。此青牛者，萬年之木也。《御覽》二百三十九，九百。

晉 干寶《搜神記》卷一　偓佺者，槐山採藥父也。好食松實，形體生毛，長七寸，兩目更方，能飛行逐走馬。以松子遺堯，堯不暇服。松者，簡松也，時受服者，皆三百歲。【略】

彭祖者，殷時大夫也，姓籛名鏗，帝顓頊之孫，陸終氏之中子。歷夏而至商，末號七百歲。常食桂芝。歷陽有彭祖僊室，前世云，禱請風雨莫不輒應，常有兩虎在祠左右。今日祠之訖，地則有兩虎跡。【略】

前周葛由，蜀羌人也。周成王時，好刻木作羊賣之。一旦，乘木羊入蜀中。蜀中王侯貴人追之，上綏山。綏山多桃，在峨眉山西南，高無極也。隨之者不復還，皆得仙道。故里諺曰：「得綏山一桃，雖不能仙，亦足以豪山下。」立祠數十處。

又 卷三　上黨鮑瑗家，多喪病貧苦。淳于智蔔之，曰：「君居齋不利，故令君困爾。君舍北有大桑樹。君徑至市，入門數十步，當有一人賣新鞭者，便就買還，以懸此樹。三年，當暴得財。」瑗承言詣市，果得馬鞭，懸之。三年，浚井，得錢數十萬，銅鐵器複二萬餘。於是業用既展，病者亦無恙。

又 卷四　胡母班字季友，泰山人也。曾至泰山之側，忽於樹間逢一絳衣騶，呼班云：「泰山府君召。」班驚愕，逡巡未答。複有一騶出，呼之。遂隨行。數十步，騶請班暫瞑。少頃，便見宮室，威儀甚嚴。班乃入閣拜謁。主爲設食，語班曰：「欲見君，無他，欲附書與女婿耳。」班問：「女郎何在？」曰：「女爲河伯婦。」班曰：「輒當奉書，不知緣何得達？」答曰：「今適河中流，便扣舟呼青衣，當自有取書者。」班乃辭出。昔騶複令閉目，有頃，忽如故道。遂西行，如神言而呼青衣。須臾，果有一女僕出，取書而沒。少頃複出，云：「河伯欲暫見君。」婢亦請瞑目。遂拜謁河伯。河伯乃大設酒食，詞旨殷勤。臨去，謂班曰：「感君遠爲致書，無物相奉。」於是命左右：「取吾青絲履來。」以貽班。班出，瞑然，忽得還舟。遂于長安經年而還。至泰山側，不敢潛過。遂扣樹，自稱姓名：「從長安還，欲啓消息。」須臾，昔騶出，引班如向法而進。因致書焉。府君請曰：「當別再報。」班語訖，如廁。忽見其父著械徒作，此輩數百人。班進拜流涕，問：「大人何因及此？」父云：「吾死不幸，見遣三年，今已二年矣，困苦不可處。知汝今爲明府所識，可爲吾陳之，乞免此役，便欲得社公耳。」班乃依教，叩頭陳乞。府君曰：「生死異路，不可相近，身無所惜。」班苦請。方許之。於是辭出，還家。歲餘，兒子死亡略盡。班惶懼，複詣泰山，扣樹求見。昔騶遂迎之而見。班乃自說：「昔辭曠拙，及還家，兒死亡至盡，今恐禍故未已，輒來啓白，幸

蒙哀救。」府君拊掌大笑曰：「昔語君『死生異路，不可相近』故也。」即敕外召班父。須臾，至庭中，問之：「昔求還里社，當爲門户作福，而孫息死亡至盡，何也？」答云：「久別鄉里，自欣得還，又遇酒食充足，實念諸孫，召之。」於是代之。父涕泣而出。班遂還。後有兒皆無恙。【略】

秦始皇三十六年，使者鄭容從關東來，將入函關。西至華陰，望見素車白馬，從華山上下。疑其非人，道住，止而待之。遂至，問鄭容曰：「安之？」答曰：「之咸陽。」車上人曰：「吾華山使也。願託一牘書，致鎬池君所。子之咸陽，道過鎬池，見一大梓，下有文石，取以款梓，當有應者。」即以書與之。容如其言，以石款梓樹，果有人來取書。明年，祖龍死。

又 卷六 成帝永始元年二月，河南街郵樗樹生枝如人頭，眉目鬚皆具，亡髮耳。至哀帝建平三年十月，汝南西平遂陽鄉有材仆地，生枝如人形，身青黄色，面白，頭有髭髮，稍長大，凡長六寸一分。京房《易傳》曰：「王德衰，下人將起，則有木生爲人狀。」其後有王莽之篡。【略】

哀帝建平三年，零陵有樹僵地，圍一丈六尺，長十丈七尺。民斷其本，長九尺餘，皆枯。三月，樹卒自立故處。京房《易傳》曰：「棄正作淫，厥妖木斷。自屬妃后有顯，木仆反立，斷枯復生。」【略】

建安二十五年正月，魏武在洛陽起建始殿，伐濯龍樹而血出。又掘徙梨，根傷而血出。魏武惡之，遂寢疾，是月崩。是歲爲魏文黄初元年。

又 卷七 永嘉六年正月，無錫縣欻有四株茱萸樹相樛而生，狀若連理。先是，郭璞筮延陵蝘鼠遇《臨》之《益》，曰：「後當復有妖樹生，若瑞而非，辛螫之木也。儻有此東西，數百里必有作逆者。」及此木生，其後吴興徐馥作亂，殺太守袁琇。

又 卷一八 秦時，武都故道有怒特祠，祠上生梓樹。秦文公二十七年，使人伐之，輒有大風雨。樹創隨合，經日不斷。文公乃益發卒，持斧者至四十人，猶不斷。士疲還息，其一人傷足，不能行，卧樹下。聞鬼語樹神曰：「勞乎攻戰？」其一人曰：「何足爲勞。」又曰：「秦公將必不休，如之何？」答曰：「秦公其如予何？」又曰：「秦若使三百人，被髮，以朱絲繞樹，赭衣灰坌伐汝，汝得不困耶？」神寂無言。明日，病人語所聞。公於是令人皆衣赭，隨斫創，坌以灰。樹斷，中有一青牛出，走入豐水中。其後青牛出豐水中，使騎擊之，不勝。有騎堕地復上，髻解被髮，牛畏之，乃入水，不敢出。故秦自是置旄頭騎。【略】

廬江龍舒縣陸亭，流水邊有一大樹，高數十丈，常有黄鳥數千枚巢其上。時久旱，長老共相謂曰：「彼樹常有黄氣，或有神靈，可以祈雨。」因以酒脯往。亭中有寡婦李憲者，夜起室中，忽見一婦人，著繡衣，自稱曰：「我，樹神黄祖也，能興雲雨。以汝性潔，佐汝爲生。朝來父老皆欲祈雨，吾已求之於帝，明日日中大雨。」至期果雨，遂爲立祠。憲曰：「諸卿在此，吾居近水，當致少鯉魚。」言訖，有鯉魚數十頭飛集堂下，坐者莫不驚悚。如此歲餘。神曰：「將有大兵，今辭汝去。」留一玉環，曰：「持此可以避難。」後劉表、袁術相攻，龍舒之民皆徙去，唯憲里不被兵。【略】

魏桂陽太守江夏張遼，字叔高，去鄢陵，家居買田。田中有大樹十餘圍，枝葉扶疏，盖地數畝，不生穀。遣客伐之，斧數下，有赤汁六七斗出。客驚怖，歸白叔高。叔高大怒曰：「樹老汁赤，如何得怪！」因自嚴行，復斫之，血大流灑。叔高使先斫其枝，上有一空處，見白頭公，可長四五尺，突出，往赴叔高，高以刀逆格之。如此凡殺四五頭，並死。左右皆驚怖伏地，叔高神慮怡然如舊。徐熟視，非人非獸，遂伐其木。此所謂「木石之怪，夔、蝄蜽者」乎？是歲，應司空辟侍御史、兖州刺史。以二千石之尊，過鄉里，薦祝祖考，白日繡衣榮羡，竟無他怪。

吴先主時，陸敬叔爲建安太守，使人伐大樟樹。下數斧，忽有血出。樹斷，有物人面狗身，從樹中出。敬叔曰：「此名彭侯。」乃烹食之，其味如狗。《白澤圖》曰：「木之精名彭侯，狀如黑狗，無尾，可烹食之。」

晉 葛洪《抱朴子·内篇》卷一一《仙藥》 又漢成帝時，獵者於終南山中，見一人無衣服，身生黑毛，獵人見之，欲逐取之，而其人踰坑越谷，有如飛騰，不可逮及。於是乃密伺候其所在，合圍得之，乃是婦人。問之，言我本是秦之宫人也，聞關東賊至，秦王出降，宫室燒燔，驚走入山，饑無所食，垂餓死，有一老翁教我食松葉松實，當時苦澀，後稍便之，遂使不饑不渴，冬不寒，夏不熱。計此女定是秦王子嬰宫人，至成帝之世，二百許歲，乃將歸，以穀食之，初聞穀臭嘔吐，累日乃安。如是二年許，身毛乃脱落，轉老而死。向使不爲人所得，便成仙人矣。

晉 葛洪《神仙傳》卷七《趙瞿》 趙瞿者，上黨人也。病癩歷年，衆治之，不愈，垂死，或云：不及活流棄之。後子孫轉相注易，其家乃齋糧將之送置山穴中。瞿在穴中自怨不幸，晝夜悲歎涕泣。經月，有仙人經過穴，見而哀之，具問訊之，瞿知其異人，乃叩頭自陳乞哀。於是仙人以囊藥賜之，教其服法。瞿服之，百許日，瘡都愈，顔色豐悦，肌膚玉澤。仙人又過視之，瞿謝受更生活之恩，乞丐其方。仙人告：此是松脂耳，此山中更多此物，汝煉服之，可以長生不死。瞿乃歸家，家人初謂之鬼

也，甚驚愕。瞿遂長服松脂，身體轉輕，氣力百倍，登危越險，終日不極。年百七十歲，齒不墮，髮不白。夜臥，忽見臺間有光大如鏡者，以問左右，皆云不見，久而漸大，一室盡明，如晝日。又夜見面上有綵女二人，長二三寸，而體皆具，但爲小耳，遊戲其口鼻之間，如是且一年，此女漸長大，出在其側。又常聞琴瑟之音，欣然獨笑。在人間三百許年，色如小童。乃人抱犢山去，必地仙也。

晉 常璩《華陽國志》卷四《南中志》 永昌郡古哀牢國，哀牢，山名也。其先有一婦人，名曰沙壺《後漢》作沙壹。依哀牢山下居，以捕魚自給。忽於水中，觸一沉木，遂感而有娠，度十月，産子男十人。後沉木化爲龍，出謂沙壺曰：「君爲我生子，今在乎？」而九子驚走，惟一小子不能去，陪龍坐。龍就而舐之，沙壺與言，語以龍，與陪坐，因名曰元隆，猶漢言陪坐也。沙壺將元隆居龍山下。元隆長大才武，後九兄曰：「元隆能與龍言而黠有智，天所貴也。」共推以爲王。時哀牢山下，復有一夫一婦，産十女。元隆兄弟妻之，由是始有人。民皆象之，衣後著十尾，臂脛刻文。元隆死，世世相繼，分置小王。往往邑居，散在溪谷絶域荒外。山川阻深，生民以來，未嘗通中國也。南中昆明祖之，故諸葛爲其國譜也。

晉 王嘉《拾遺記》卷九 泰始元年，魏帝爲陳留王之歲，有頻斯國人來朝，以五色玉爲衣，如今之鎧。不食中國滋味，自齎金壺，壺中有漿，凝如脂，嘗一滴則壽千歲。其國有大楓木成林，高六七十里，善筭者以里計之，雷電常出樹之半，其枝交蔭上，蔽不見日月之光，其下平净掃灑，雨霧不能入。

南朝宋 范曄《後漢書》卷八六《南蠻西南夷列傳》 哀牢夷者，其先有婦人名沙壹，居于牢山。嘗捕魚水中，觸沈木若有感，因懷孕，十月，産子男十人。後沈木化爲龍，出水上。沙壹忽聞龍語曰：「若爲我生子，今悉何在？」九子見龍驚走，獨小子不能去，背龍而坐，龍因舐之。其母鳥語，謂背爲九，謂坐爲隆，因名子曰九隆。及後長大，諸兄以九隆能爲父所舐而黠，遂共推以爲王。後牢山下有一夫一婦，復生十女子，九隆兄弟皆娶以爲妻，後漸相滋長。種人皆刻畫其身，象龍文，衣皆著尾。九隆死，世世相繼。乃分置小王，往往邑居，散在谿谷。絶域荒外，山川阻深，生人以來，未嘗交通中國。

南朝宋 劉敬叔《異苑》卷八 晉義熙中，永嘉松陽趙翼，與大兒鮮共伐山桃樹，有血流，驚而止。後忽失第三息所在。經十日，自歸。空中有語聲，或歌或哭。翼語之曰：「汝既是神，何不與相見？」答曰：「我，正氣耳。舍北有大楓樹，南有孤峯，名曰石樓。四壁絶立，人獸莫履。小有失意，便取此兒著樹杪及石樓上。」舉家叩頭請之，然後得下。

北魏 酈道元《水經注》卷三七 過不韋縣。

縣故九隆哀牢之國也。有牢山，其先有婦人，名沙壹，案：近刻訛作臺，《華陽國志》作壺。居於牢山。捕魚水中，觸沈木，若有感，因懷孕，産十子。後沈木化爲龍出水，九子驚走。小子不能去，案：小近刻訛作一。背龍而坐，龍因舐之。案：舐近刻訛作拕，據《後漢書》及《華陽國志》改正。其母鳥語，謂背爲九，謂坐爲隆，因名爲九隆。案：《華陽國志》作元隆。云：元隆，猶漢言陪坐也。及長，諸兄遂相共推九隆爲王。後牢山下有一夫一婦，生十女，九隆皆以爲妻遂因孳育，皆畫身像龍文，衣皆著尾。九隆死，世世不與中國通。

南朝梁 蕭子顯《南齊書》卷一八《祥瑞志》 昇明二年四月，昌國縣徐萬年門下棠樹連理。

九月，豫州萬歲澗廣數丈，有樹連理，隔澗騰枝相通，越壑跨水爲一幹。

建元二年九月，有司奏上虞縣楓樹連理，兩根相去九尺，雙株均聳，去地九尺，合成一幹。

故鄣縣楓樹連理，兩株相去七尺，大八圍，去地一丈，仍相合爲樹，泯如一木。

永明元年五月，木連理生安成新喻縣。又生南梁陳縣。

閏月，璿明殿外閣南槐樹連理。

山陽縣界若邪村有一槐木，合爲連理。

淮陰縣建業寺梨樹連理。

建康縣梨樹耀櫰一本作耀攘五圍，連理六枝。

八月，鹽官縣内樂村木連理。

二年七月，烏程縣陳文則家槿樹連理。

七月，新治縣槐栗二木合生異根連理，去地數尺，中央小開，上復爲一。

三年正月，安城縣楡樹二株連理。

二月，安陽縣梓樹連理。

九月，句陽縣之轂山槿樹連理，異根雙挺，共杪爲一。

十二月，永寧左郡楠木連理。

四年二月，秣陵縣喬天明園中李樹連理生，高三尺五寸，兩枝別生，復高三尺，合爲一幹。

五年正月，秣陵縣華僧秀園中四樹連理。

六年四月，江寧縣北界賴鄉齊平里三成邏門外路東太常蕭惠基園棲樹二株連理，其高相去二尺，南大北小，小者傾柯南附，合爲一樹，枝葉繁茂，圓密如蓋。

七年，江寧縣李樹二株連理，兩根相去一丈五尺。

八年，巴陵郡樹連理四株。

三月，武陵白沙戍槐木連理，相去五尺，俱高三尺，東西二枝，合而通柯。

十二月，柴桑縣陶委天家樹連理。

永明五年，山陰縣孔廣家園櫻樹十二層。會稽太守隨王子隆獻之，種芳林園鳳光殿西。

九年，秣陵縣鬭場里安明寺有古樹，衆僧改架屋宇，伐以爲薪，剖樹木裏，自然有「法大德」三字。

始興郡本無欓樹，調味有闕。世祖在郡，堂屋後忽生一株。

又 卷一九《五行志》《木傳》曰：「東方，《易經》地上之木爲《觀》，故木於人，威儀容貌也。木者，春生氣之始，農之本也。無奪農時，使民歲不過三日，行什一之稅，無貪欲之謀，則木氣從。如人君失威儀，逆木行，田獵馳騁，不反宮室，飲食沈湎，不顧禮制，出入無度，多發繇役，以奪民時，作爲姦詐，以奪民財，則木失其性矣。蓋以工匠之爲輪矢者多傷敗，故曰木不曲直。」

宋泰豫元年，京師祇垣寺皂莢樹枯死。昇明末，忽更生花葉。京房《易傳》曰：「樹枯冬生，不出二年，國喪，君子亡。」其占同。宋氏禪位。

建元元年，朱爵牖華表柱生枝葉。

建元初，李子生毛。

二年，武陵沅頭都尉治有桑樹，方冬生葉。京房《易傳》曰：「木冬生花，天下有喪。」其占同。後二年，宮車晏駕。

四年，巴州城西古樓脚柏柱數百年，忽生花。

永明六年，(后)〔石〕子崗柏木長二尺四寸，廣四寸半，化爲石。時車駕數游幸，應本傳木失其性也。

永明中，大桁一舶無故自沈，艚中無水。

隆昌元年，廬陵王子卿齋屋梁柱際無故出血。

建武初，始安王遥光治廟，截東安寺屋以直廟垣，截梁，水出如淚。

北齊 魏收《魏書》一一二下《靈徵志八下》 太祖天興三年四月，有木連理，生於代郡天門關之路左。王者德澤純洽，八方爲一則生。

八月，勃海上言脩縣、東光縣木連理各一。

十二月，豫州上言木連理生於河内之沁縣。

四年春，河内郡木連理二。

八月，魏郡上言内黄縣木連理。

太宗泰常元年十月，范陽郡上言木連理。

十一月，常山郡上言木連理。

三年正月，勃海上言東光縣木連理。

八月，廣寧郡上言木連理。

世祖神䴥四年九月，滎陽郡上言木連理。

延和二年三月，樓煩南山木連理。

三年九月，上谷郡上言木連理。

太延元年二月，魏郡上言木連理。

五年二月，遼西上言木連理。

高祖延興元年十一月，秘書令楊崇奏，鍾律郎李生於京師見長生連理樹。

承明元年九月，并州上言木連理，相去一丈二尺，中有五枝相連。

太和元年三月，冀州上言木連理。

十七年六月，京師木連理。

十八年十月，河南上言鞏縣木連理。

二十三年十月，并州上言百節連理生縣甕山。濟州上言木連理。

十二月，瀛州上言木連理。

世宗景明二年正月，瀛州上言平舒縣木連理。

三年正月，潁川郡上言木連理。

二月，平陽郡上言襄陵縣木連理。

四月，荊州上言南陽宛縣木連理。

六月，徐州上言東海木連理。

十月，秦州上言南稻、新興二縣木連理各一。

四年二月，趙平郡上言鶉觚縣木連理。

二月，齊郡上言臨淄縣木連理。

四月，汾州上言五城郡木連理。

五月，青州上言莒縣木連理。

六月，恒農盧氏縣木連理。
是月，徐州上言梁郡下邑縣木連理。
九月，秦州上言當亭四縣界各木連理。
正始元年五月，司州上言滎陽京縣木連理。
六月，京師西苑木連理。
七月，河東郡上言聞喜縣木連理。
八月，河南郡上言，慈水濱木連理。
十月，恒農郡上言崤縣木連理。
十二月，涼州上言石城縣木連理。
二年正月，汾州上言平昌縣木連理。
二月，司州上言崤縣木連理。
九月，司州上言潁川陽翟縣木連理。
三年六月，汾州上言永安縣木連理。
是月，京師木連理。
七月，潁川陽翟縣上言木連理。
是月，建德郡上言石城縣木連理。
永平元年四月，司州上言潁川郡木連理。
二年四月，司州上言恒農北陝縣木連理。
三年十一月，夏州上言横風山木連理。
延昌二年正月，徐州上言建陵戍木連理。
三年正月，司州上言軹縣木連理。
四年三月，冀州上言信都縣木連理。
六月，京師木連理。
九月，雍州上言鄠縣木連理。
肅宗熙平元年正月，光州上言曲城縣木連理。
二年十一月，京師木連理。
十二月，敦煌鎮上言晉昌戍木連理。
神龜元年正月，汾州上言永安縣木連理。
三月，滄州上言饒安縣木連理。
八月，燕州上言上谷郡木連理。
九月，秦州上言隴西之武陽山木連理。
二年六月，夏州上言山鹿縣木連理。
正光元年五月，并州上言上黨東山谷中木連理。
十一月，齊州上言濟南郡靈壽山木連理。
二年六月，齊州上言魏郡逢陵縣木連理。
二年二月，涼州上言榆中縣木連理。
三月，青州上言平昌郡木連理。
八月，徐州上言龍亢戍東木連理二。
四年二月，揚州上言汝陰縣木連理。
八月，涼州上言顯美縣木連理。
孝昌元年十月，魏郡元城縣木連理。
孝静天平二年四月，臨水郡木連理。
七月，魏郡木連理。
三年五月，司州上言清河郡木連理。
四年六月，廣平郡上言木連理。
八月，并州上言木連理。
元象元年二月，洛州上言木連理。
五月，林慮縣上言木連理。
八月，上黨郡上言木連理。
二年四月，光州上言盧鄉縣木連理。
興和元年九月，有司奏西山採材司馬張神和上言司空谷木連理。
武定元年閏月，西兗州上言濟陰郡木連理。
九月，齊獻武王上言并州木連理。
三年九月，瀛州上言，河間郡木連理。
五年十一月，汾州上言木連理。
六年五月，晉州上言木連理。
八年四月，青州上言齊郡木連理。【略】
桃李花　庶徵之恒燠。劉向、班固以冬亡冰及霜，不殺草之應。京房《易傳》曰：夏暑殺人，冬則物華實。
世祖真君五年八月，華林園諸果盡花。

高祖延興五年八月，中山桃李花。

承明元年九月，幽州民齊淵家杜樹結實既成，一朝盡落，花葉復生，七日之中，蔚如春狀。

世宗景明四年十一月，齊州東清河郡桃李花。

延昌四年閏十月辛亥，京師柰樹花。

唐 房玄齡《晉書》卷二七《五行志上》 青祥 武帝咸寧元年八月丁酉，大風折大社樹，有青氣出焉，此青祥也。占曰：「東莞當有帝者。」明年，元帝生。是時，帝大父武王封東莞，由是徙封琅邪。孫盛以爲中興之表。晉室之亂，武帝子孫無子遺，社樹折之應，又常風之罰。【略】

《經》曰：「五行：一曰水，二曰火，三曰木，四曰金，五曰土。水曰潤下，火曰炎上，木曰曲直，金曰從革，土爰稼穡。」

《傳》曰：「田獵不宿，飲食不享，出入不節，奪農時及有姦謀，則木不曲直。」

說曰：木，東方也。於《易》，地上之木爲《觀》。於王事，威儀容貌亦可觀者也。故行步有佩玉之度，登車有和鸞之節，三驅之制，飲食有享獻之禮，出入有名，使人以時，務在勸農桑，謀在安百姓，如此，則木得其性矣。若乃田獵馳騁，不反宮室，飲食沈湎，不顧法度，妄興傜役，以奪農時，作爲姦詐，以傷人財，則木失其性矣。蓋工匠之爲輪矢者多傷敗，及木爲變怪，是爲不曲直。

魏文帝黃初六年正月，雨，木冰。案劉歆說，上陽施不下通，下陰施不上達，故雨，而木爲之冰，雰氣寒，木不曲直也。劉向曰，冰者陰之盛，木者少陽，貴臣卿大夫象也。此人將有害，則陰氣脅木，木先寒，故得雨而冰也。是年六月，利成郡兵蔡方等殺太守徐質，據郡反。太守，古之諸侯，貴臣有害之應也。一説以木冰爲木介，介者甲兵之象。是歲，既討蔡方，又八月天子自將以舟師征吴，戍卒十餘萬，連旌數百里，臨江觀兵，又屬常雨也。

元帝太興三年二月辛未，雨，木冰。後二年，周顗等遇害，是陽施不下通也。

穆帝永和八年正月乙巳，雨，木冰。是年殷浩北伐，明年軍敗，十年廢黜。又曰，荀羨、殷浩北伐，桓溫入關之象也。

孝武帝太元十四年十二月乙巳，雨，木冰。明年二月王恭爲北藩，八月庾楷爲西藩，九月王國寶爲中書令，尋加領軍將軍，十七年殷仲堪爲荆州，雖邪正異規，而終同夷滅，是其應也。

又 卷二八《五行志中》 元康九年六月庚子，有桑生東宮西廂，日長尺餘，甲辰枯死。此與殷太戊同妖，太子不能悟，故至廢戮也。班固稱「野木生朝而暴長，小人將暴居大臣之位，危國亡家之象，朝將爲墟也」。是後孫秀、張林用事，遂至大亂。

永康元年四月，立皇孫臧爲皇太孫。五月甲子，就東宮，桑又生於西廂。明年，趙王倫篡位，鴆殺臧，此與愍懷同妖也。是月，壯武國有桑化爲柏，而張華遇害。壯武，華之封邑也。

孝懷帝永嘉二年冬，項縣桑樹有聲如解材，人謂之桑樹哭。案劉向説，「桑者喪也」，又爲哭聲，不祥之甚。是時京師虛弱，胡寇交侵，東海王越無衛國之心，四年冬季而南出，五年春薨于此城。石勒邀其衆，圍而射之，王公以下至衆庶，死者十餘萬人。又剖越棺，焚其屍。是敗也，中原無所請命，洛京亦尋覆没，桑哭之應也。

六年五月，無錫縣有四株茱萸樹，相樛而生，狀若連理。先是，郭景純筮延陵蝘鼠，遇《臨》之《益》，曰：「後當復有妖樹生，若瑞而非，辛螫之木也。儻有此，東西數百里必有作逆者。」及此木生，其後徐馥果作亂，亦草妖也。郭又以爲「木不曲直」。其七月，豫章郡有樟樹久枯，是月忽更榮茂，與漢昌邑枯社復生同占。是懷愍淪陷之徵，元帝中興之應也。

明帝太寧元年九月，會稽剡縣木生如人面。是後王敦稱兵作逆，禍敗無成。昔漢哀成之世並有此妖，而人貌備具，故其禍亦大。今此但如人面而已，故其變也輕矣。

成帝咸和六年五月癸亥，曲阿有柳樹枯倒六載，是日忽復起生，至九年五月甲戌，吴縣吴雄家有死榆樹，是日因風雨起生，與漢上林斷柳起生同象。初，康帝爲吴王，于時雖改封琅邪，而猶食吴郡爲邑，是帝越正體饗國之象也。曲阿先亦吴地，象見吴邑雄之舍，又天意乎！

哀帝興寧三年五月癸卯，廬陵西昌縣修明家有僵栗樹，是日忽復起生。時孝武年始四歲，俄而哀帝崩，海西即位，未幾而廢，簡文越自藩王，入纂大業，登阼享國，又不踰二年，而孝武而嗣統。帝諱昌明，識者竊謂西昌修明之祥，帝諱實應焉。是亦與漢宣帝同象也。

海西太和元年，涼州楊樹生松。天戒若曰，松者不改柯易葉，楊者柔脆之木，今松生於楊，豈非永久之業將集危亡之地邪？是時張天錫稱雄於涼州，尋而降苻堅。

孝武太元十四年六月，建寧郡銅樂縣枯樹斷折，忽然自立相屬。京房《易傳》曰：「棄正作淫，厥妖木斷自屬。妃后有專，木仆反立。」是時正道多僻，其後張夫人

專寵，及帝崩，兆庶歸咎張氏焉。

安帝元興三年，荆、江二州界竹生實，如麥。

義熙二年九月，揚武將軍營士陳蓋家有苦蕒菜，莖高四尺六寸，廣三尺二寸，厚三寸，亦草妖也。此殆與吴終同象。識者以爲苦蕒者，買勤苦也。自後歲歲征討，百姓勞苦，是買苦也。十餘年中姚泓滅，兵始戢，是苦蕒之應也。

義熙中，宫城上及御道左右皆生蒺藜，亦草妖也。蒺藜有刺，不可踐而行。生宫牆及馳道，天戒若曰，人君不聽政，雖有宫室馳道，若空廢也，故生蒺藜。

又 卷四九《阮脩傳》 脩字宣子。好《易》《老》，善清言。嘗有論鬼神有無者，皆以人死者有鬼，脩獨以爲無，曰：「今見鬼者云著生時衣服，若人死有鬼，衣服有鬼邪？」論者服焉。後遂伐社樹，或止之，脩曰：「若社而爲樹，伐樹則社移；樹而爲社，伐樹則社亡矣。」

又 卷一二四《慕容熙載記》 熙游於城南，止大柳樹下，若有人呼曰：「大王且止。」熙惡之，伐其樹，乃有蛇長丈餘，從樹中而出。

唐 魏徵《隋書》卷二二《五行志》 木冰 東魏武定四年冬，天雨木冰。《洪範五行傳》曰：「陰之盛而凝滯也。木者少陽，貴臣象也。將有害，則陰氣脅木，木先寒，故得雨而冰襲之。木冰一名介，介者兵之象也。」時司徒侯景制河南，及神武不豫，文襄懼其爲亂而徵之，景因舉兵反。豫州刺史高元成、襄州刺史李密、廣州刺史暴顯並爲景所執辱，貴臣有害之應也。其後左僕射慕容紹宗與景戰於渦陽，俘斬五萬。

後齊天保二年，雨木冰三日。初，清河王岳爲高歸彦所譖，是歲以憂死。

武平元年冬，雨木冰；明年二月，又木冰。時録尚書事和士開專政。其年七月，太保、琅邪王儼矯詔殺之。領軍大將軍庫狄伏連、尚書右僕射馮子琮，並坐儼賜死。九月，儼亦遇害。

六年、七年，頻歲春冬木冰。其年周師入晉陽，因平鄴都。後主走青州，貴臣死散，州郡被兵者不可勝數。【略】

《洪範五行傳》曰：「木者東方，威儀容貌也。古者聖王垂則，天子穆穆，諸侯皇皇。登輿則有鸞和之節，降車則有佩玉之度，田狩則有三驅之制，飲食則有享獻之禮。無事不出境。此容貌動作之得節，所以順木氣也。如人君違時令，失威儀，田獵馳騁，不反宫室，飲食沉湎，不顧禮制，縱欲恣睢，出入無度，多繇役以奪人時，增賦稅以奪人財，則木不曲直。」

齊後主武平五年，鄴城東青桐樹，有如人狀。京房《易傳》曰：「王德衰，下人將起，則有木生爲人狀。」是時後主怠於國政，耽荒酒色，威儀不肅，馳騁無度，大發繇役，盛修宫室，後二歲而亡。木不曲直之効也。

七年，宫中有樹，大數圍，夜半無故自拔。齊以木德王，無故自拔，亡國之應也。其年，齊亡。

開皇八年四月，幽州人家以白楊木懸竈上，積十餘年，忽生三條，皆長三尺餘，甚鮮茂。

仁壽二年春，盩厔人以楊木爲屋梁，生三條，長二尺。京房《易傳》曰：「妃后有顓，木僕反立，斷枯復生。」獨孤后專恣之應也。

仁壽元年十月，蘭州楊樹上松生，高三尺，六節十二枝。《宋志》曰：「松不改柯易葉，楊者危脆之木，此永久之業，將集危亡之地也。」是時帝惑讒言，幽廢冢嫡，初立晉王爲皇太子。天戒若曰，皇太子不勝任，永久之業，將致危亡。帝不悟。及帝崩，太子立，是爲煬帝，竟以亡國。

仁壽四年八月，河間柳樹無故枯落，既而花葉復生。京房《易飛候》曰：「木再榮，國有大喪。」是歲，宫車晏駕。

唐 封演《封氏聞見記》卷七《月桂子》 垂拱四年三月，桂子降於臺州臨海縣界，十餘日乃止。司馬蓋詵、安撫使狄仁傑以聞，編之史策。月中云有蟾蜍、玉兔并桂樹，相傳如此，自昔未有親見之者。

唐 杜佑《通典》卷一八七《哀牢》 哀牢，後漢時通焉。其先有婦人，名沙壹，居於牢山。嘗捕魚水中，觸沉木，若有感因懷妊。十月産男子。後沉木化爲龍，出水，因舐其男之背。其母鳥語，謂背爲九，謂坐爲隆，因名曰九隆。後漸相滋長。種人皆刻畫其身象龍文，衣皆著尾。九隆代代相繼，乃分置小王，往往邑居，散在谿谷。絶域荒外，山川阻深，生人以來，未嘗交通中國。

唐 張讀《宣室志》卷五 有厲泉縣民吴偃者，家於田野間。有一女十餘歲，一夕忽失去，莫知所往。後數日，偃夢其父謂偃曰：「汝女今在東北隅，蓋木神爲祟。」偃驚而寤。至明日，即於東北隅窮其跡，果聞有呻吟之聲。偃視之，見其女在一穴内，口甚小，然穴中寬敞。傍有古槐木，盤根甚大。於是挈之而歸，然兀若沈醉者。會有李道士，偃請符術呵禁。其女忽瞬而語曰：「地東北者槐木，木有神，引某自樹空腹入地下穴内，故某病。」於是伐其樹。後數日，女病始愈。

有董觀者，嘗爲僧，居於太原佛寺。太和七年夏，與其表弟王生南遊荆楚。

後將入長安，道至商於。一夕舍山館中，王生既寐，觀獨未寢。忽見一物出燭下，既而掩其燭，狀類人手，但指則細。視燭影外若有物。觀急呼王生，生起，其手遂去。顧謂王曰：「慎無寢，魅當再來。」因持梃而坐伺之。良久，王生曰：「魅安在？兄妄矣。」即就寢。頃之，有一物長五尺餘，蔽燭而立，無手及面目。觀益恐，又呼王生，生怒不起。觀因以梃擿其首，其軀若草所綰，梃亦隨其中而入，力取不可得。俄而退去。觀慮其又來，迨曉不復寢。明日，訪館吏，吏曰：「此西數里有古杉，常爲魅。疑即所見也。」即與觀及王生往尋。果見古杉，有梃貫其枝柯間。吏曰：「人言此爲妖，且久未嘗驗其真，今則信矣。」急取斧，盡伐去之。

唐 段成式《酉陽雜俎・前集》卷八《夢》 道士秦霞霽，少勤香火，存想不怠。嘗夢大樹，樹忽穴，有小兒青摺鬖髮，自穴而出，語秦曰：「合土尊師。」因驚覺，自是休咎之事，小兒仿佛報焉。凡五年，秦意爲妖，偶以事訪於師，師遽戒勿言，此修行有功之證。因此遂絶。舊説夢不欲數占，信矣。

唐 馮贄《雲仙雜記》卷一《黑松使者》 玄宗御案墨曰龍香劑。一日，見墨上有小道士如蠅而行，上叱之，即呼萬歲。曰：「臣即墨之精，黑松使者也。凡世人有文者，其墨上皆有龍賓十二。」上神之，乃以墨分賜掌文官。《陶家缾餘事》

五代 劉昫《舊唐書》卷三七《五行志》 興元元年八月，亳州真源縣大空寺僧院李樹，種來十四年，纔長一丈八尺，今春枝忽上聳，高六尺，周圍似蓋，九尺餘。又先天太后墓槐樹上有靈泉漏出，今年六月，其上有雲氣五色，又黄龍再見于泉上。

元和十一年十二月雷，桃李俱花。

宋 薛居正《舊五代史》卷一四一《五行志三》 草木石冰 梁開平三年春正月，潞州軍前李思安奏，壺關縣庶穰鄉村人因伐樹倒，自分爲兩片，内有六字，皆如左書，曰「天十四載石進」，乃圖其狀以進。梁祖異之，命示百官，莫有詳其義者。及晉高祖即位，人以爲雖有圖姓，計其甲子則二十有九年矣。識者曰：「『天』字取『四』字中兩畫加之於傍，則『丙』字也；『四』字去中間兩畫加『十』字，則『申』字也。晉祖即位之年，乃丙申也。」

唐天祐五年，長柳巷田家有殭桃樹，經年舊坎猶在，其仆木一朝屹然而起，行數十步，復於舊坎，其家駭異，倉皇散走。議者以漢昭帝時，上林仆木起生枝，時蟲蠹成文而宣帝興。今木理成文，仆而重起，乃莊宗中興之兆也。

同光元年冬十二月辛卯，亳州太清宫道士上言，玄元皇帝殿前枯檜，再生一枝，畫圖以進。

二年正月，汴州封丘門外，壕水東北隅水上有文，若大樹花葉芬敷之狀，相連數十株，宛若圖畫，傾都觀之。識者云：「唐景福中，盧彦威浮陽壕水有樹文亦如此，時有高尼辭郡人曰：『此地當有兵難。』至光化中，其郡果爲燕帥劉仁恭所陷。」

三年九月，大水，太原葭蘆茂盛，最上一葉如旗狀，皆南指。十二月己丑，雨木冰。是月戊戌，霜霧大降，草木皆如冰。

漢乾祐元年八月，李守貞叛于河中，境内蘆葉皆若旗旐之狀。

周廣順三年春，樞密使王峻遥鎮青州，有司制旌節以備迎授。前夕，其節有聲。主者曰：「昔後唐長興中，安重誨授河中，其節亦有聲，斯亦木之妖也。」

宋 樂史《太平寰宇記》卷七五《劍南西道四・蜀州》 天社山汶井江、泉水江會武陽天柱山下。《華陽國志》云，譙縱作亂，廣漢王瓊建義，慮衆心不一，乃伐樹爲的。云：「凡我同盟，死生一力，共成義節者，此樹還生。而或離二，樹遂枯死。」俄而樹生焉。至今孫枝猶生。

宋 歐陽修《新唐書》卷三四《五行志》 咸通十四年四月，成都李實變爲木瓜。時人以爲：李，國姓也；變者，國奪於人之象。廣明二年春，眉州有檀樹已枯倒，一夕復生。

宋 章炳文《搜神秘览》卷下《木怪》 建州浦城縣之西溪，去溪百許步，有一坡壟，林竇陰翳，常有鬼怪出焉。日向晚，多負人置溪水中。無敢獨往來。頃年，有不信者，特往伺之，果有一二人面色青白，奔競前來，欲負而趍。兩相較力，反爲人負而行。將達所居，頻令回首，往往變怪萬狀，驚警於人，終不頗顧。呼鄰比救援，須臾稠衆交集，乃沙木兩片耳。碎之，有血貫焉。鄉人乃相與斫伐林木，平坦坡壟，自是絶怪。

宋 葉廷珪《海録碎事》卷五《獨木船》 《蜀記》：昔夏禹欲造獨木船，知梓潼縣尼陳山有梓木，徑一丈二寸，令匠者伐之。樹神爲童子，不伏，禹責而伐之。

宋 鄭樵《通志》卷一九七《哀牢夷撣國及僬僥夷並附》 哀牢夷，後漢時通焉。其先有婦人，名沙壹，居于牢山。嘗捕魚水中，觸沈木，若有感，因懷妊。十月，産子男十人。後沈木化爲龍，出水上。沙壹忽聞龍語曰：若爲我生子，今悉何在？九子見龍驚走。獨小子不能去，背龍而坐，龍因舐之。其母鳥語，謂背爲

九，謂坐爲隆，因名子曰九隆。及後長大，諸兄以九隆能爲父所舐而黠，遂共推以爲王。後牢山下有一夫二婦復生十女子，九隆兄弟皆娶以爲妻。後漸相滋長。種人皆刻畫其身象龍文，衣著尾。九隆死，世世相繼。

宋 洪邁《夷堅志·丙》卷二《蜀州紅梅仙》 舊傳蜀州州治有所謂紅梅仙者。紹興中，王相之爲守，延資中人李石爲館客，石年少才儁，勇於見異，戲作兩小詩，書屏間以挑之，明日便題一章於後，若相酬答。他日郡宴客，中夕方散，石已寢，見一女子背榻踞胡床而坐，問之不對，疑司理遣官奴來相汙染爲謔，或使君侍妾乘主父被酒而私出者，不然則鬼也。自謀曰三者必居一于此矣，不如殺之，猶足以立清名于世。取劒奮而前，女子起行，相去數步間。逐之出户，俄躍升高木上，奄冉而滅亡，始大恐，欲反室，足弱不能動，會持更卒振鈴至前，乃與俱還。次夕又至，初覺暗中如小圓光，漸隱隱辨人物，已而成人形，雖不敢與語，然財合眼必見之。其友趙莊叔逵輩兩三人同結科舉課，來共宿，石囑之曰：「必相與唤我，無令熟寐以墮鬼計。」然自是不復可脱，後如成都亦隨以至。或教之曰：青城文人觀，神仙窟宅也，君第往彼，必不敢來。既而亦然。石迫悔前戲，付之於無可奈何。久之，歸東川，過靈泉縣朱真人分棟山下，將入簡州境，始不見，蓋歲餘乃絶。石字知幾，乾道中爲尚書郎。

宋 釋普濟《五燈會元》卷一《西天祖師》 〔十三〕祖問曰：此山更有何人居止？曰：北去十里有大樹，蔭覆五百大龍。其樹王名龍樹。常爲龍衆説法，我亦聽受耳。祖遂與徒衆詣彼龍樹。出迎曰：深山孤寂，龍蟒所居。大德至尊，何枉神足？祖曰：吾非至尊，來訪賢者。龍樹默念曰：此師得決定性明道眼否？是大聖繼真乘否？祖曰：汝雖心語，我已意知。但辦出家，何慮吾之不聖。龍樹聞已悔，謝祖即與度脱。及五百龍衆俱授具戒。復告之曰：今以如來大法眼藏付囑於汝，諦聽偈言，非隱非顯。法説是真，實際悟此隱顯法，非愚亦非智。付法已，即現神變化火焚身，龍樹收五色舍利建塔焉。即赧王四十一年壬辰歲也。

元 馬端臨《文獻通考》卷二九九《物異考五·木異》 殷大戊，「亳有祥桑穀共生」二木合而共生。傳曰：「俱生乎朝，七日而大拱兩手合爲拱。伊陟戒以脩德，而木枯。」劉向以爲桑猶喪也，穀猶生也，殺生之柄失而在下，近草妖。一曰，野木生朝而暴長，小人將暴在大臣之位，危亡國家，象朝將虚之應也。【略】

昭帝時，上林中大柳樹斷仆地，一朝起立，生枝葉，有蟲食其葉，成文字，曰「公孫病已立」。昌邑王國社有枯樹復生枝葉，眭孟以爲木陰類，下民象，當有故廢之家公孫氏從民間受命爲天子者。昭帝富於春秋，霍光秉政，以孟妖言，誅之。後昭帝崩，無子，徵昌邑王賀嗣位，狂亂失道，光廢之，更立衛太子之孫，是爲宣帝。宣帝本名病已。京房《易傳》曰：「枯楊生稊，師古曰：《大過》九二爻辭也。稊，楊秀之始生者，音徒奚反。枯木復生，人君亡子。」

元帝初元四年，皇后曾祖父、濟南東平陵王伯，墓門梓柱卒生枝葉，上出屋。孟康曰：「王伯，莽之祖也。」師古曰：「莽高祖父也。故下云高祖考。卒讀曰猝。猝，暴也。」劉向以爲王氏貴盛將代漢家之象也。後王莽簒位，自説之曰：「初元四年，莽生之歲也，當漢九世火德之戹，而有此祥興於高祖考之門。」門爲開通，梓猶子，言王氏當有賢子開通祖統，起於柱石大臣之位，受命而王之符也。

建昭五年，兖州刺史浩賞禁民私所自立社。張晏曰：「民間三月九月又社，號曰私社。」臣瓚曰：「舊制二十五家爲一社，而民或十家五家共爲田社，是私社。」師古曰：「瓚説是。」山陽橐茅鄉社有大槐樹，師古曰：「橐，縣名也，屬山陽郡。茅鄉，橐縣之鄉也。橐音拓。」吏伐斷之，其夜樹復立其故處。

成帝永始元年二月，河南街郵樗樹生枝如人頭，師古曰：「郵謂行書之舍。樗樹似椿。樗音丑余反。椿音丑倫反。」眉目鬚皆具，亡髮耳。

哀帝建平三年十月，汝南西平遂陽鄉柱仆地，生枝如人形，師古曰：「仆，頓也，音赴。」身青黄色，面白，頭有鬚，髮稍長大，凡長六寸一分。京房《易傳》曰：「王德衰，下人將起，則有木生爲人狀。」

哀帝建平三年，零陵有樹僵地，師古曰：「僵，偃也，音畺。」圍大六尺，長十丈七尺。民斷其本，長九尺餘，枯。三月，樹卒自立故處。師古曰：「卒讀曰猝。」京房《易傳》曰：「棄正作淫，厥妖木斷自屬。師古曰：「屬，連續也。音之欲反。」天辟惡之。」如淳曰：「天辟，謂天子也。」師古曰：「辟音璧。」

延光三年，潁川言木連理。

桓帝建和二年，河東言木連理。

延熹九年，雒陽城局竹栢葉有傷者。占曰：「天子凶。」

靈帝熹平三年，右校別作中有兩樗樹，皆高四尺所，其一株宿夕暴長，長丈餘，大一圍，作胡人狀，頭目鬢鬚髮備具。京房《易傳》曰：「王德衰，下人將起，則有木生人狀。」臣昭以木生人狀，下人將起，京房之占雖以證驗，貌類胡人，猶未辨了。董卓之亂，實擁胡兵，傕、汜之時，充斥尤甚，遂竊閒宫嬪，剽虐百姓。鮮卑之徒，踐籍畿封，胡之

害深，亦已毒矣。」五年十月壬午，御所居殿後槐樹，皆六七圍，自拔，倒樹根在上。臣昭曰：「槐是三公之象，貴之也。靈帝授位，不以德進，貪愚是升，清賢斯黜，槐之倒植，豈以斯乎？」

〔靈帝〕中平中，長安城西北六七里空樹中，有人面生鬢。《魏志》曰：「建安二十五年正月，曹公在雒陽，起建始殿，伐濯龍樹而血出。又掘徙梨，根傷而血出。曹公惡之，遂寢疾，是月薨。」

獻帝興平元年九月，桑復生椹，可食。臣昭曰：「桑重生椹，誠是木異，必在濟民，安知非瑞乎？時蒼生死敗，周、秦殲盡，餓魂餒鬼，不可勝言，食此重椹，大拯危命，雖連理附枝，亦不能及。若以爲怪，則建武野穀旅生，麻菽尤盛，復是草妖邪？」

蜀後主景曜五年，宮中大樹無故自折。

元康九年六月庚子，有桑生東宮西廂，日長尺餘，甲辰，枯死。此與殷大戊同妖。太子不能悟，故至廢戮也，班固稱「野木生朝而暴長，小人將暴居大臣之位，危國亡家之象，朝將爲墟也」。是後孫秀、張林用事，遂至大亂。

永康元年四月，立皇孫臧爲皇太孫。五月甲子，就東宮，桑又生於西廂。明年，趙王倫篡位，鴆殺臧。此與愍懷同妖也。是月，壯武國有桑化爲栢，而張華遇害。壯武，華之封邑也。

孝懷帝永嘉二年冬，項縣桑樹有聲如解材，人謂之桑樹哭。按劉向說「桑者喪也」，又爲哭聲，不祥之甚。是時京師虛弱，胡寇交侵，東海王越無衞國之心，四年冬季而南出，五年春，薨於此城。石勒邀其衆，圍而射之，王公以下至衆庶，死者十餘萬人。又剖越棺，焚其屍。是敗也，中原無所請命，洛京亦尋覆没，桑哭之應也。

〔晉懷帝永嘉〕六年五月，無錫縣有四株茱萸樹，相樛居虯反。而生，狀若連理。先是，郭景純筮延陵蝘於殄反。字或作鼹，音偃。鼠，遇《臨》之《益》，曰：「後當復有妖樹生，若瑞而非，辛螫音釋。之木也。倘有此，東西數百里必有作逆者。」及此木生，其後徐馥果作亂，亦草妖也。郭又以爲「木不曲直」。其七月，豫章郡有樟諸良反。樹久枯，是日忽更榮茂，與漢昌邑枯社復生同占。是懷愍淪陷之徵，元帝中興之應也。

元帝太興四年，王敦在武昌，鈴下儀仗生華如蓮華，五六日而萎落。此木失其性。干寶以爲狂華生枯木，又在鈴閣之間，言威儀之富，榮華之盛，皆如狂華之發，不可久也。其後敦果以逆戮。一說亦華孽也，於《易》「枯楊生華」。

明帝太寧元年九月，會稽剡縣木生如人面。是後王敦稱兵作逆，禍敗無成。昔漢哀、成之世並有此妖，而人貌備具，故其禍亦大。今此但如人面而已，故其變也輕矣。

成帝咸和六年五月癸亥，曲阿有柳樹枯倒六載，是日忽復起生。至九年五月甲戌，吴縣吴雄家有死榆樹，是日因風雨起生。與漢上林斷柳起生同象。初，康帝爲吴王，於時雖改封琅邪，而猶食吴郡爲邑。是帝越正體饗國之象也。曲阿先亦吴地，象見吴邑雄之舍，又天意乎！

海西太和元年，涼州楊樹生松。天戒若曰：松者不改柯易葉，楊者柔脆之木，今松生於楊，豈非永久之業將集危亡之地邪？是時張天錫稱雄於涼州，尋而降苻堅。

孝武太元十四年六月，建寧郡銅樂縣枯樹斷折，忽然自立相屬。京房《易傳》曰：「棄正作淫，厥妖木斷自屬。妃后有專，木仆音赴反。立。」是時正道多僻，其後張夫人專寵，及帝崩，兆庶歸咎張氏焉。

劉曜時，西明門内大樹風吹折，經一宿，樹忽變爲人形，髮長一尺，鬚眉生三寸，皆黄白色，有斂手之狀，亦有兩脚着裙之形，惟無目鼻，每夜有聲，十日而生柯條，遂成大樹，枝葉甚茂。

石勒微時，所居武鄉北原山上草木皆有鐵騎之象，家園中人參，花葉甚茂，悉成人狀。父老及相者曰：「此胡狀貌奇異，志度非常，不可量也。」

魏太武太延元年，魏郡野木連理。

〔北齊〕齊後主武平五年，鄴城東青桐樹有如人狀。京房《易傳》曰：「王德衰，下人將起，則有木生爲人狀。」時後主怠於政事，耽荒酒色，大發徭役，後二歲而亡，木不曲直之效。七年，宮中有樹，大數圍，夜半無故自拔。齊以木德王，無故自拔，亡國之應。其年，齊亡。

隋文帝開皇八年四月，幽州人家以白楊木懸竈上，積十餘年，忽生三條，皆長三尺餘，甚鮮茂。仁壽二年春，盩屋人以楊木爲屋梁，生三條，長二尺。京房《易傳》曰：「妃后有顓，木仆反立，斷枯復生。」獨孤后專恣之應也。

仁壽元年十月，蘭州楊樹上松生，高三尺，六節十二枝。《宋志》曰：「松不改柯易葉，楊者危脆之木，此永久之業，將集危亡之地也。」是時帝惑讒言，幽廢冢嫡，初立晉王爲皇太子。天戒若曰，皇太子不勝任，永久之業，將致危亡。帝不悟，及帝崩，太子立，是爲煬帝，竟以亡國。

仁壽四年八月，河間柳樹無故枯落，既而花葉復生。京房《易飛候》曰：「木

再榮，國有大喪。」是歲，宮車晏駕。

唐武德四年，亳州老子祠有枯樹復生枝葉。老子，唐所祖也。占曰：「枯木復生，權臣執政。」眭孟以爲有受命者。九年三月，順天門樓東柱已傾毁而自起。占曰：「木仆而自起，國之災。」

貞觀十八年十月，山南獻木連理，交錯玲瓏。有同羅木，一丈之榦，并枝者二十餘所。二十年正月，玉華宮李樹連理。隔澗合枝。

垂拱四年三月，雨桂子於台州，旬餘乃止。占曰：「天雨草木，人多死。」

長壽二年十月，萬象神宮側檉杉皆變爲栢。栢貫四時，不改柯易葉，有士君子之操；檉杉柔脆，小人性也。象小人居君子之位。

開元二十一年，蓬州枯楊生李枝，有實，與顯慶毛桃生李同占。二十九年，亳州老子祠枯樹復榮。

大歷九年，晉州神山縣興唐觀枯檜復生。

貞元四年正月，雨木於陳留，十里許，大如指，長寸餘，中空，所下立如植。木生於下，而自上隕者，上下易位之象；碎而中空者，小人象；如植，自立象。

後唐同光二年三月，唐州奏，淮瀆廣潤王廟有兩樹，東西相去七尺五寸，各出地七尺五寸，兩樹相向連理。畫圖以進。

蜀王建永平二年，劍州木連理。

宋太平興國六年正月，温州瑞安縣民張度解木五片，皆有「天下太平」字。

雍熙二年八月，刑部尚書宋琪家牡丹生三華。

淳化三年冬十月，京師太平興國寺牡丹生華。占曰：「有喪。」是歲，恭孝太子薨。

咸平元年九月，河南府鞏縣柴務牡丹華。六年，脩昭應宫，有木斷之，文如點漆，貫徹上下，體若梵書。八月，召近臣觀龍圖閣瑞木，有文成字，一有北斗七星形，一有佛手形，一有蛇形。十一月，襄州民劉七，言家生木，有文如龍、魚、鳳、鶴之狀。七年五月，撫州脩天慶觀，解木有文如墨畫雲氣、峯巒、人物、衣冠之狀焉。七月，綿州彰明縣崇仙觀柱有文爲道士形及北斗七星象。八年，晉州慶唐觀古栢中別生槐，長丈餘。又葛生栢中，分條垂蔓下覆。九年，舒州懷寧縣民家，二柳相距三尺許，其枝合如一；資州梅樹與青桐樹上合成連理；太平軍紅橘連理，又黄橘附桑枝而生；瑞聖園槐一株中分四枝，上復合爲一；眉州脩天慶觀，江中獲巨木數百。

慶曆六年九月甲辰，登州有巨木浮海而出者三千餘。八年九月甲子，潭州南岳南臺寺瑞應峯前，一夕雷雨，平地涌木若龜，首足具，高二尺，圍一丈。

熙寧元年三月，簡州木連理。是歲，英州因雷震，一山梓樹盡枯而爲龍腦，價爲之賤，至京師一兩纔直錢一千四百。二年，建州民獲木龍詳見《龍蛇之孽》。十年八月乙巳，惠州言柚木有文曰「王帝萬天下太平」。

元豐元年五月，劍州木連理。三年六月己未，饒州長山雨木子數畝，狀類山芋子，味香而辛，土人以爲木子，又曰「菩提子」，明道中嘗有之。是歲大稔。十二月，唐州泌陽縣甘棠木連理。六年五月，亳州衛真縣洞霄宫枯槐生枝葉。

元祐元年八月己丑，杭州民俞舉慶七世同居，家園木連理。五年四月，德州言木連理。

大觀元年三月，湟州言爛木生葉。八月，端州、永興軍並言木連理。二年十月乙巳，兖州龔邱縣檜生花，如蓮實。十二月，岢嵐軍園池生瑞木。

政和二年七月，玉華殿萬年枝木連理。是月乙酉，南雄州言楓木連理。十月，安州武義縣木根有「萬宋年歲」四字。四年，建州言木連理。五年五月，禁中芭蕉連理。六月，辰州沅陵縣江漲，流出楠木二十七條，可爲明堂梁柱，蔡京等拜表賀。九月丙申，徐州彭城縣栢開花。十二月辛丑，真定府言，元氏縣民王寘屋柱槐木再生枝葉，約高四十餘尺。是歲，邵州海棠木連理，澤州、台州槐木連理，荆門軍紫薇木連理。六年，坊、兖、洪、明、夔、徐、新、全、隰、太平州並言木連理。梅州枯木生枝。

紹興十四年四月，虔州民毁欹屋析柱，木理有字五，其文曰「天下太平時」。守臣薛弼上之，時土宇分裂，南北塗炭，不儷於事，近木妖也。或曰木之生也，在先朝盛時。二十年八月，福州冲虚觀皂筴木翠筴再實。二十一年，池州建德縣定林寺桑生李實，栗生桃實，占曰：「木生異實，國主殃。」二十五年十月，贛州獻太平木如虔。時秦檜擅朝，喜飾太平，郡國多上草木之妖以爲瑞。二十七年四月，徽州祁門縣圃桃已實復華。

隆興初，漢陽軍有插柳枝於石罅者，木無根，石無土，而秀茂成陰，歲有華實。先是，郡獄誣服孝婦殺姑，當刑，祝髻上花以自明，行刑者如其言，而生。此冤氣之鍾於木，而木反麗土之常者也。

淳熙中，興化軍仙游縣九座山古杉木末生花，氣如蘭。

淳熙十六年三月，揚州桑生瓜，櫻桃生茄，此草木互爲妖也。七月，晉陵縣

民析薪，中有木字曰「紹熙五年」，如是者二。是時，紹熙新元猶未頒也，而紹熙紀號果止五年，此近木妖也。

紹熙四年，臨安府富陽縣栗生檎實。五年十一月辛亥，行都雨木，與《唐志》貞元陳留雨木同占，木生於下而自上隕者，將有上下易位之象。越月，吏部侍郎彭龜年上疏，論知閤門事韓侂胄奸萌，坐黜。後侂胄擅朝。

嘉定六年五月己巳，嚴州淳安、遂安、桐廬三縣大木自拔，占曰：「木自拔，國將亂。」

又 卷三二九《哀牢》 哀牢，後漢時通焉。其先有婦人，名沙壹，居於牢山，嘗捕魚水中，觸沉木，若有感，因懷妊。十月，産男子。後沉木化爲龍，出水，因舐其男之背。其母鳥語，謂背爲九，謂坐爲隆，因名曰九隆。後漸相滋長，種人皆刻畫其身，象龍文，衣背著尾。九隆代代相繼。

元 脱脱《宋史》卷六五《五行志》 曲直，木之性也。木失其性，則爲妖祥。舊説以狂咎、木冰、恒雨、服妖、龜孽、雞禍、青眚、青祥之類，皆屬之木，今從之。

太平興國六年正月，瑞安縣民張度解木五片，皆有「天下太平」字。

至道六年，修昭應宮，有木斷之，文如點漆，貫徹上下，體若梵書。十一月，襄州民劉士家生木，有文如龍、魚、鳳、鶴之狀。七年五月，撫州修天慶觀，解木有文如墨畫雲氣、峯巒、人物、衣冠之狀。七月，彰明縣崇仙觀柱有文爲道士形及北斗七星象。

大中祥符八年，晉州慶唐觀古柏中別生槐，長丈餘。

天聖元年二月，河陽柳二本連理。六月，河陽槐、棗各連理。五年正月，綿谷縣松柏同本異榦。九年十月，公井縣冬青木連理。

明道元年八月，黄州橘木及柿木連枝。

康定元年十月，始興縣柑兩本連理。

慶曆三年十二月，澧州獻瑞木，有文曰「太平之道」。六年九月甲辰，登州有巨木浮海而出者三千餘。

治平四年六月，汀州進桐木板二，有文曰「天下太平」。

熙寧元年三月，簡州木連理。是歲，英州因雷震，一山梓樹盡枯而爲龍腦，價爲之賤，至京師一兩纔直錢一千四百。二年，建州民楊緯言：「元年三月，大雷雨，所居之西有黄龍見，下獲一木如龍，而形未具。七月，大雷雨，復有龍飛其下。及霽，木龍尾、翼、足皆具，歸合舊木，宛然一體。」圖象以進。十年八月乙巳，惠州柚木有文曰「王帝萬年，天下太平」。

元豐元年五月，劍州木連理。三年六月己未，饒州長山雨木子數畝，狀類山芋子，味香而辛，土人以爲桂子，又曰「菩提子」，明道中嘗有之。是歲大稔。十二月，泌陽縣甘棠木連理。六年五月，衛真縣洞霄宮枯槐生枝葉。

元祐元年八月己丑，杭州民俞舉慶七世同居，家園木連理。五年四月，德州木連理。

元符元年八月，施州李木連理。二年九月，眉山縣榿木二株，異根同榦，木枝相附。

崇寧四年正月，襄城縣李、梨木連理。

大觀元年三月，湟州欄木生葉。八月，瑞州、永興軍並木連理。二年十二月，岢嵐軍園池生瑞木。

政和三年七月，玉華殿萬年枝木連理。南雄州楓木連理。十月，武義縣木根有「萬宋年歲」四字。四年，建州木連理。六月，沅陵縣江漲，流出楠木二十七，可爲明堂梁柱，蔡京等拜表賀。九月丙申，彭城縣柏開華。十二月辛丑，元氏縣民王寘屋柱槐木再生枝葉，高四十餘尺。是歲，邵州海棠木連理，澤州、台州槐木連理，荆門軍紫薇木連理。六年，坊、兗、洪、明、夔、徐、新、全、隰、太平州並木連理。梅州枯木生枝。

宣和二年四月，永州民劉思析薪，有「天下太平」字。

紹興十四年四月，虔州民毀欹屋析柱，木理有文曰「天下太平」，時守臣薛弼上之，方大亂，近木妖也。二十年八月，福州沖虚觀皁莢木翠葉再實。二十一年，建德縣定林寺桑生李實，栗生桃實，占曰：「木生異實，國主殃。」二十五年十月，贛州獻太平木。時秦檜擅朝，喜飾太平，郡國多上草木之妖以爲瑞。紹興間，漢陽軍有插榴枝於石罅，秀茂成陰，歲有華實者。初，郡獄有誣服孝婦殺姑，婦不能自明，屬行刑者插髻上華於石隙，曰：「生則可以驗吾冤。」行刑者如其言，後果生。

淳熙十六年三月，揚州桑生瓜，櫻桃生茄，此草木互爲妖也。七月，晉陵縣民析薪，中有木字曰「紹熙五年」，如是者二。是時，紹熙猶未改元，其後果止五年，此近木妖也。

紹熙四年，富陽縣栗生來禽實。五年，行都雨木，與《唐志》貞元陳留雨木同占，木生于下而自上隕者，將有上下易位之象。

嘉定六年五月己巳，嚴州淳安、遂安、桐廬三縣大木自拔，占曰：「木自拔，國將亂。」

景定四年五月，成都太祖廟側大木仆，忽起立，生三芽。

德祐二年正月戊辰，寶應縣民析薪，中有「天太下趙」四字，獻之，制置使李庭芝賞以錢百千。【略】

咸平六年十一月庚戌，雨木冰。

大中祥符五年正月戊寅，京師雨木冰。

天禧五年正月戊寅，京師雨木冰。

慶曆三年十二月丁巳，雪木冰，占曰：「兵象也。」

嘉祐元年正月，雨木冰。

治平二年十月乙巳，雨木冰。

熙寧三年十月、八年正月、九年正月，京師雨木冰。

元祐八年二月，京師大寒，霰，雪，雨木冰。

宣和五年十月乙酉，雨木冰。

靖康元年十月乙卯，雨木冰。二年正月丁酉，雨木冰。

紹熙五年十一月辛亥，雨木冰。

明 宋濂《元史》卷五〇《五行志一》 五行，三曰木。曲直，木之性也，失其性爲沴，故生不暢茂，爲變異者有之，是爲木不曲直。其徵恒雨，其色青，是爲青眚青祥。

大德七年十一月辛酉，木冰。

至順二年十一月丁巳，雨木冰。十二月癸亥，雨木冰。

元貞元年，太平路蕪湖縣進榆木，有文曰「天下太平年」。

至治三年五月庚子，柳林行宮大木風拔三千七百株。

又 卷五一《五行志二》 木不曲直 至元五年十一月癸酉，瑞州路新昌州雨木冰，至明年二月壬寅冰始解。至正四年正月，汴梁路鄭州尉氏、洧川、河陰三縣及龍興靖安縣雨木冰。十一月，東平雨木冰。十二年九月壬午，冀寧保德州雨木冰。十四年冬，龍興雨木冰。二十五年二月辛亥，汴梁雨木冰，狀如樓閣、人物、冠帶、鳥獸、花卉，百態具備，羽幢珠葆，彌望不絶，凡五日始解。

至正三年夏，上都、大都桑果葉，皆有黄色龍文。九年秋，奉元桃杏實。十二年五月，汴梁祥符縣椿樹結實如木瓜。十六年七月，彰德李樹結實如小黄瓜。民謠云：「李生黄瓜，民皆無家。」二十一年，明州松樹結實，其大有盈尺者。八月，汴梁祥符縣邑中樹木，一夕皆有濕泥塗之。

明 沈周《石田翁客座新聞》卷三《怪樹生子》 宣府去西四里，皆野地也。有大樹数圍，不知歲月，夜則中出火光，高数丈，里人以爲怪。昌平侯楊洪命伐去之，流血不已。樹中有一小兒，啼哭于其間。侯命收育之。迨長，有膂力，善騎射，精捷敏給。以功授百户，累遷指揮使，鎮三邊，屢戰捷有功。

又 卷九《檀樹爲怪》 休寧古源三十三都有古檀樹，圍五六尺，而中空。成化間，樹稍忽作人言，自稱「檀官人」，能預知人之疾病生死、事之休咎，言無不驗。或享酒糈，則又責以：「不盡供而藏畜，何耶？」有胡其姓者，往問事，則亂擲磚石擊之，而厲声罵曰：「何敢於人前妄肆訾毁？」胡生再拜謝罷。蓋實有後言也。鄉人搬蔡伯喈戲，優人稍遺逸，又必於空中抛磚毆之。樹在農家屋旁，其家甚苦之。遇其姻文道士有術，揮斧伐之。樹呼曰：「不須伐我，當去此。」自兹遂絶。

明 潘塤《楮記室》卷一三《宜興梅塚》 嘉熙間，近屬有宰宜興者。縣齋之前，紅梅一樹，極美麗華粲，交陰半畝。花時，命客飲其下。一夕，酒散月明，獨步花影，忽見紅裳女子，輕妙綽約，瞥然過前，躡之數十步而隱。自此恍然若有所遇，或酣歌唔言，或凝坐竟日，其家憂之。有老卒頗知其事，乘間白曰：「昔聞某知縣之女有殊色，及笄，未適而殂。其家遠在湖湘，因藁葬于此，植梅以識之。疇昔之夜所見者，豈此乎？」遂命發之，其棺正蟠絡老梅根下，一竅如錢，若蛇鼠出入者。啟而視之，顏貌如玉，粧飾衣裳，畧不少損，真國色也。趙見，爲之惘然心醉。舁至密室，加以茵藉，而四體亦和柔，非尋常僵尸之比，於是每夕與之接焉。既而氣息惙然瘓爾，不可治文書。其家乃乘間穴壁取焚之，令遂屬疾而殂。亦云異哉。

明 郎瑛《七修類稿》卷四九《神木》 永樂四年，取木於蜀之馬湖。府計庸萬夫之力，方可出水。一夕，木自達於途，行聲如雷，巨石爲開，肤寸不損。事聞，廷臣稱賀。

上遣禮尚潘賜賫香，往荅神休，詔有司建祠歲祭。見《胡文穆公集》。他書又云：有山呼聲者三，震動天地。今京師木廠曰神木，亦由此也。聞其木尚存一二，心已腐朽，人可於腹中行過。嘉靖癸卯四月。

朝廷建九廟，命内弟主事吴宗乾取木於湖廣、辰州卯洞。其木竟頭高丈六，

用力尤艱於前，死夫不可計。得至水口，忽風雨，一木復入於山曲處，餘木得達閘河，河又無水難行，吴祭而禱焉。明日雨注而入者出，增水三尺矣。此皆可見。

朝廷之福，神助之也。

明 陸楫《古今説海》卷一一四《説畧三十・霏雪録》 禹廟梅梁，乃大梅山所産梅樹也。山在鄞縣東南七十里。蓋梅子真隱處，石洞、仙井、丹竈、藥鑪猶存山頂。大梅樹，其上則爲會稽禹祠之梁，其下則爲他山堰之梁。禹祠之梁，唐張僧繇圖龍其上。夜大風雨，嘗飛入鏡湖與龍鬪。人見梁上水淋漓濕，萍藻滿焉，始駭異之。乃以鐵索鎖于柱。他山堰之梁，長三丈許，去岸數尺，歲久不朽，大水不漂，因刀墜誤傷之，出血不止。今禹廟以他梅樹代之，不斲不削，存故事耳，非舊物也。

明 王圻《稗史彙編》卷一五一《指星木》 帝常見彗星。東方朔折指星之木以授帝，帝以木指彗星，星尋滅。

又 卷一七三《大青小青》 陸通判嘉禾人。洪武初，薄游姑蘇，得一廢宅。先是，居者不勝祟擾，以是微價售于陸。始居之，張燈夜坐堂中。忽有二女子笑于前，陸知爲怪，叱問之，二女曰：「妾乃大青、小青也。」言訖躍出。陸急飛劍擊之，若中其臂。早視，劍處庭下，有大小冬青二樹。因斧之，聲錚錚。啓之，下有石板，石板下数罌，貯黄白，陸遂有之，日以饒富。後贅沈氏萬山，貲産浩無紀極，爲江南冨族之甲。上聞之，皆没于官。《野記》【略】

又 《旄頭樹》 《列異傳》曰：「秦文公時，梓樹化爲牛，以騎擊之，騎不勝，或墜地，髻解被，牛畏之入水。故秦自是以旄頭騎使先驅。」《玄中記》曰：「秦始皇時，南山梓樹有一株大数百圍，蔭宫中。始皇使三百人，披頭，以赤絲遶樹伐之，因而立旄頭騎。」

明 慎懋官《華夷花木鳥獸珍玩考》卷一《木生花如人首》 大食西南二千里山谷間，有木生花如人首，與語輒笑則落。一云大食王國在西海中，有一方石。石上多樹，幹赤葉青。枝上總生小兒，長六七寸，見人皆笑。動其手足，頭著樹枝。使摘一枝，小兒便死。

又 卷三《龍鱗木》 袁州萍鄉東客有用錢六十緡市之，其木夜生龍鱗，客遂不敢伐。

明 余懋學《説頤》卷四《異苗奇木》 成王之時，有三苗貫桑而生，同爲一秀，大幾滿車，長幾充箱。成王問周公曰：「此何物也？」周公曰：「三苗同一秀，意者天下殆同一也。」漢武帝幸雍，得奇木。枝旁出復合，上異之。終軍曰：「衆枝内附，示無外也。殆將有削左衽而蒙化者。」木之同秀，木之合枝，瑞同類也。然而周成有越裳之譯，漢武有輪臺之悔。服遠在德，不在瑞也。

明 陳詩教《花裏活》卷二 天寶中，處士崔元微洛東有宅。耽道，餌术及茯苓三十載。因藥盡，領童僕輩入嵩山採芝，三年方回。宅中無人，蒿萊滿院。時春季夜闌，風清月朗，不睡，獨處一院，家人無故輒不到。三更後，有一青衣云：「君在院中也。今欲與一兩女伴過至上東門表姨處，暫借此歇，可乎？」元微許之。順臾，乃有十餘人青衣引入。有緑裳者前曰某姓楊氏。指一人曰李氏，又一人曰陶氏，又指一緋衣小女曰姓石，名阿措，各有侍女輩。元微相見畢，乃命坐于月下，問出行之由。對曰：「欲到封十八姨。數日云欲來相看，不得。今夕衆往看之。」坐未定，門外報封家姨來也，坐皆驚喜出迎。楊氏曰：「主人甚賢，只此從容不惡，諸處未必勝于此也。」元微又出見。封氏言詞冷冷，有林下風氣。遂揖入坐。色皆殊絶，滿座芳芬，馥馥襲人。命酒，各歌以送之，元微誌其一二焉。有紅裳人與白衣送酒歌曰：「皎潔玉顔勝白雪，況有青年對芳月。沈吟不敢怨春風，自嘆容華暗消歇。」又白衣人送酒歌曰：「絳衣披拂露盈盈，淡染臙脂一朵輕。自恨紅顔留不住，莫怨春風道薄情。」至十八姨持杯，性頗輕佻，翻酒污阿措衣。阿措作色曰：「諸人即奉求，余不奉畏也。」拂衣而起。十八姨曰：「小女子弄酒。」皆起，至門外别。十八姨南去，諸人西入苑中而别。元微亦不至。異明夜又來，云欲往十八姨處。阿措怒曰：「何用更去封嫗舍，有事只求處士，不知可乎？」諸女皆曰可。阿措來言曰：「諸女伴皆住苑中，每歲多被惡風所撓，常求十八姨相庇。昨阿措不能依，回應難取力。處士倘不阻見庇，亦有微報耳。」元微曰：「某有何力，得及諸女？」阿措曰：「但求處士每歲歲日與作一朱幡，上圖日月五星之文，於苑東立之，則難免矣。今歲已過，但請至此月二十一日平旦，微有東風，即立之，庶可免也。」元微許之。乃齊聲謝曰：「不敢忘德。」各拜而去，元微于月中隨而送之。逾苑墻，乃入苑中，各失所在。乃依其言，至此日立幡。是日，東風振地，自落南折樹飛沙，而苑中繁花不動。元微乃悟諸女曰姓楊姓李，及顔色衣服之異，皆衆花之精也。緋衣名阿措，即安石榴也。封十八姨，乃風神也。後數夜，楊氏輩復至媿慰，各裹桃李花數斗，勸崔生服之，可延年卻老，願長如此住護衛，某等亦可至長生。至元和初，元微猶在，可稱年三十

許人。

明　張鼎思《琅邪代醉編》卷四〇《化石》　建中間，道士焉自然指永康縣延真觀前庭松曰：「此松已三千年矣，當化爲石。」至夕大風雨，其松果化，近觀山中松皆化爲石。

明　徐㶿《榕陰新檢》卷九《榕樹作怪》　陳朝錠，閩縣人，以舉人守岷州。萬曆甲申秋，儒學訓導吴日昌次子，年十七，未娶，方叁舍讀書。夜有一少婦來，與之狎，有似夢魘，昏昏然痰作，垂斃者數次。其父令其入宿内室，妖復追隨。日方夕，即抛沙石，或響屋瓦，或屋下虚空擲人頭面。吴廼夜挾劍逐之，見有物狀矮而黑，竄入院中水缸内。因提劍擊缸，碎之，化爲火色青熒。復將劍斫之，火細分星星而走。吴始令其子夜與同卧，又來迷魘。吴聞其子嗷叫，呼之醒，則云來擊其背。他夜又云咬其頸，視之，果有二齒痕。又書于几上，索猪首，吴亦依具以賽之，而抛擲、迷魘如故。人以告陳，陳謂：「邪祟行妖，往往有之，但未敢于學宫聖棲之所。且密邇城隍，豈容縱肆若此。」遂潔誠爲文，禱于城隍。後夜吴生卧，即恍惚見之來，自云：「吾居此六十二年，未得出見塵凡。今得遇子，三生有幸。」仍求與之狎，覆魘。吴生以口翕取其氣，氣勃勃上升有聲。父呼之醒，自云抱彼在此。其父覓燈視之，又云只得一片衣。視其把握中，一榕葉也。吴以告陳，陳詢其書舍面城鋪咫尺有古榕樹，雖不高大，而盤旋糾結于磚石之内，植根甚深，殆數百年。廼命人撤其鋪，縱斧盡落其柯葉。適因驟雨中輟。夜間，復夢是妖身無外裳，道：「剥我衣，壞我屋，我命亦只數日盡矣。」陳聞之，益令人掘其地，拔其本，頗有漬血。由是寸拆其根，舉以赴城隍神祠而焚之，至旦無餘燼焉，其怪遂絶。《除妖記》

明　黄奂《黄玄龙先生小品·偶载·樟树神》　季粲又言：曾于途次，聞地上有小語云：「救我，救我。」俯視，拾得木人，長二寸餘，衣履具備，能跳動、語言。置袖中，常于耳畔説門内外婢僕及市中瑣細不急。語稍緊切事，即不能闢通。江厭其聒耳，遂棄之。術家鍊樟槐神于墓間，夜誘攝野鬼附之，其黠者亦能闢通切要事。江所得，正鈍鬼耳。

明　錢希言《獪園》卷一一《靈祇·杏树神》　萬曆中，宰輔申公謝政林居，優游詩酒。第傍别業，名曰適圃，故唐武后龍興寺基也。旁多空地，有老杏数十章，皆千百年故物。初公未有其地，樹属民間。會新安賈豎方持八金就民家計佑其樹爲材，要以翌日伐取。其夜，公之家臣張承思，夢一黄衣老人謂曰：「吾明日有大厄，賴而主相公之福蔭，以保其天年，當效冥報於君，不敢忘也。」張夢中便相許諾，老人致謝叮嚀而去。張來日早起，行過其地，忽見教人持斧鋸、操畚鍤而至，將共伐樹。張憶夢中之言，遽前止之，問：「何爲見伐乎？」曰：「耴以爲材。」問：「出何直得之耶？」曰：「八金。」張即出八金交還，曰：「近吾府中，不忍其廢也。」竟弗果伐。落其实，得鴨脚子数石，便獲價八金，錙銖不爽。聞于俞山人安期。

明　朱國禎《湧幢小品》卷四《神木》　神木見於永樂間宋禮所奏，遣官祭之，即因之賜名焉。至嘉靖三十九年，鳳陽府五河縣杉木一株，圍一丈五尺，長六丈六尺，涌出泗水沙中。守臣上言：「中都祖陵所在，大木忽現。謂由河洛而下，原非所出之區。謂從江淮而入，又無逆流之理。是蓋祖宗啓佑淮泗，效靈與大工，會不偶然也。昔成祖重修三殿，有巨水出於盧溝，因以神木名廠。二百年來，美談再續。謹拜手以獻。」疏入，上令送至，以助營建。

永平大雨三日，雨中有列炬，後若千乘萬騎從西北至者，東走海去。雨既，有大木三十章，長十丈，大數圍，遺永平城下。盖龍王採木來送。閱數十年一遇之。時南昌熊瑞，以恤刑至所親見者。亦嘉靖年間事。

舊傳高郵州新開河有運皇木者，適遭衝決，失大木二。歲久，湖中有二物如龍形，每遇風雨，則昂首奮迅，聲聞數十里，遠近見聞，相傳木龍出現。自後湖決，雖風雨不現，疑入海矣。嘉靖元年，州堂歲久將圮，郡守謝欲新之。材木俱集，獨少正梁，命工營求不得。忽湖中浮一物，苔衣如毛，長尺許，遊動摇盪。人疑不敢近，報州。差水工驗勘，乃一巨木也。摔拽至岸，工人量之，與州堂間架長短相合。遂祭告，斤削繪綵以充其用。祀而上之，若神助，無難於力。或以二木之遺其一者。郡人王盤詩：「謝公有意建州衙，神木千年出浪花。」

梅灣湖在姚江之北，有梅龍。舊經云：谿有古梅，吴時作姑蘇臺，伐以爲梁，而存其根，産木成塢。有巨木卧湖心，水涸不露，人繇此神之曰「梅龍」，盖梅梁之根。云秋七八月，雷雨交作，有聲如鼉吼，聞數里，土人相傳梅龍顧子。《十道志》：吴造建鄴宫，始取材。至明堂谿，見古梅，其材中梁。取以還都，梁已具，無所用之。一夕，梅忽飛還。土人異之，號曰「梅君」。今在湖中，隨水浮沉。一云會稽禹廟梁即此木。

凡楠木最巨者，商人採之，鑿字號結筏而下。既至蕪湖，每年清江主事必來

選擇，買供運舟之用，南部又來爭。商人甚以爲苦，剔巨者沉江干，俟其去，没水取之，常失去一二。萬曆癸酉，一舟飄没，中有老人，素持齋守信義。方拍水，若有人扶之。至一潭口，榜曰「木龍府」。殿上人冕旒甚偉，面有黑痕，宛然所鑿字號也。傳呼曰：「曾相識否？」老人頓首曰：「朽已明矣，惟大王死生之。」又傳呼曰：「汝善人，數尚可延，速歸。」令一人負之而出。俄傾抵岸，則身在大木上，衣服皆不濡。既登岸，一無所見。

海虞王之稷，爲貴陽通判。運木渡黄河，其最大者二，忽逸陷廠泥中，千人不可出。爲文祭之，乃起。復見夢曰：「吾三千年，爲羣木領袖。今乃逐逐隨其後，終當别去。必欲相煩應天子命，非以巨舟載不可。」如其言，拽而登舟，舉纜一呼如躍。舟行甚疾，絶無沮塞。

永樂中，雲南普寧州大風折一古樹。軍陳福海解以爲版，内具神像，著冠執笏，容貌如畫。彼中神而祀之，有禱輒應。正統二年，學正楊茂請加勑封，下禮部，覆寢。

明 王同軌《新刻耳談》卷一三《楠木精》 黄郡侯盧公，嘗浮舟江上。會顛風起，舟師危之，頻呼「楠木大王」云。公問故，對曰：「此地有楠木精，往往鼓弄風波，破舟舡，損人命。」良久，公歸郡，自撰文牒報水府，其畧曰：「象窮魍魎，轉深鑄鼎之思；誠格神明，欲下燃犀之照。雖川靈之失網，故令尾大者不掉。彼風師亦助虐，其與首惡者何殊？」云云。仍期三日以木來。屆期，命駕詣江上，大集人夫縛木，衆皆匿笑。不逾時，忽一木自樊口逆水昂首犇至，公命縛之登岸。時正葺郡學宫，曰：「吾不能作旌陽鎖爾鐵樹，且用爾作明堂柱。」因以爲宫左柱。萬曆丙辰，宫始灾，然郡中兒童口語猶有「楠木大王」之稱云。

明 王路《花史左編》卷二《僊棗亭》 府治南舊傳亭前棗樹未嘗實，一歲忽有實如瓜。太守命小吏采而進，小吏私啖之，遂仙去。又傳太守與倅奕，有一異人吹笛來，忽不見。隨笛聲至楼上，惟見石鏡。題詩，末書吕字而去，故今名吕仙亭。

又 卷七《桂芳華》 景泰間，總兵石亨西征，振旅而旋，舟次綏德河中。天光已暝，亨獨處舟中，扣舷而歌。忽聞一女子泝流啼哭，連呼救人者三。亨命軍士亟拯之，視其容貌妍絶。女泣曰：「妾姓桂，芳華其名也。初許同里尹氏，邇年伊家衰替，父母逼妾改醮，妾苦不從，故捐生赴水。」亨詰之曰：「汝欲歸寧乎？欲爲吾之副室乎？」女曰：「歸寧非所願，願爲公相箕箒妾耳。」亨納之。裁剪、補綴、烹飪、燔幕，妙絶無議。亨甚嬖幸。凡相親愛者，輒令出見。芳華亦無难色。是年冬，兵部尚書于公謙至其第。亨欲誇寵於公，令芳華出見之。芳華竟不出。亨命侍婢督行者相踵于道，芳華竟不出。于公辭歸，亨大怒，拔劍欲斬之。芳華走入壁中，語曰：「邪不勝正，理固然也。妾本非世人，寔一古桂，竊日月光華，故成人類耳。今于公棟梁之材，社稷之器，安敢輕詣？獨不聞武三思愛妾不見狄梁公之事乎？妾于此永别矣。」言罷杳然。

明 傅梅《嵩書》卷一一《靈緒篇·白鶴觀老松樵傷見夢》 萬曆己酉冬十月，袁中郎吏部、朱非二兵部，自秦中典試回，枉道見訪，同遊少林，盧巖並嵩前諸剎，凡三日，至第四日，擬登太室絶頂。是夜予夢一道士，形容臞怪，色甚不平，揖予而言曰：「部民鐵器見傷，安得不問，明發請自驗之。」及曉，同二公至白鶴觀故址，見觀前孤松爲樵者斧傷尺餘，松身油浸作琥珀色，其堅如石，已非木質，必刃缺不能入方止耳。予始恍然有悟，笑謂松曰：「夢中膚愬者子耶？」即立命工甃石作一垣衛之。又檄禁山中民，不得更有翦損。噫，記稱嵩山老松能變青牛伏龜，予初不信，今方知且能變人入夢矣。

明 馮夢龍《古今譚槩》卷三三《樹生兒》 《廣博物志》：海中有銀山，其樹名女樹，天明時皆生嬰兒，日出能行，至食時皆成少年，日中盛壯年，日晚老年，日没死。日出復然。

明 吴之俊《獅山掌录·小山馆》卷一八《鼠精李》 王侍中家堂前有鼠從地出，其穴即生李樹，花實俱好。此鼠精李也。

明 木增《雲邁淡墨》卷三《松精成使者》 茅山有野人，見一使者異服，牽一白羊。野人問：「居何地？」曰：「偃蓋山。」隨至古松下而没，松形果如偃蓋。意使者乃松樹精，羊乃茯苓耳。《金陵記》

清 許纘曾《東還紀程·白泥窖 楠木神》 洞庭湖白泥窖長十餘里，湖水淺不及尺。舟行須水尺五，不得已，盪舟膠泥中。螺蚌碎石與艎板相軋聲，剌剌不休。適以風猛甚，瞬息而過。舟人以爲此乃神窖，非風不行。數里之地，水涸時，人力推挽，行一二日者有之。篙頭皆綴横木，形如卜字，其鋭者一入膠泥不能復出。過此，即入楠木窖洞庭夾。未至夾數里，四天陰霾，舟行黑風濁浪中。舟子驚相耳語，翦牲焚楮，色甚匆遽。初不解其故。少頃，見神木直逼舟旁，不及一丈而返。遥望課船，遇之船破，賴買筏得救。舟子色稍定，乃曰：「此楠木

神。每遇暴風晝晦，輒出游湖中。」神首色沉緑如螺髻，往來于神木窖之前後左右，終古如斯，故稱神木云。

清 康熙《臨海縣志》卷一一《雜事》 木死復生。來元成《樵書》：嘉靖三十九年七月大雷風，台州東門外湖邊，有大木已倒朽六年，一夕，忽復植立重生。有司親往視之，後刻其木爲神像，立廟祀之。或云即關聖帝廟神像也。

清 來集之《倘湖樵书・初編》卷四《草木靈異》 永新縣三株樹，在縣西八十里溶湖村。唐顔魯公後裔居其地，古樹三株，鼎立直上丈餘，仍合爲一，其下可坐十數人。歷七百餘年，茂盛如故。至宋有顔翊，少孤，兄弟數人事繼母以孝著。一門千口，男女輯睦，家人不見其有喜怒。

清 揆叙《隙光亭雜識》卷二 《史遺》云：王梵志，衛州黎陽人也。黎陽城東十五里有王德祖者，當隋文帝時，家有林檎樹，生癭大如斗。經三年，朽爛。德祖見之，乃剖其皮，遂見一孩兒抱胎，德祖收養之。至七歲能語，曰：「誰人育我？」德祖具以實語之，因名曰「林木梵天」，後改曰「梵志」。曰：「王家育我，可姓王也。」嘗作詩示人，甚有義旨。余按《內經》言，人具四生，此所謂濕生者也。

清 周魯《類書纂要》卷二八 方儲，丹陽人。除郎中，遭母憂，負土成墳，種松柏奇樹千株，鸞鳳棲其上，白兔遊其下。

清 張廷玉《明史》卷二九《五行志二》 木冰 洪武四年正月戊申，木冰。六年十二月乙丑，雨木冰。十一年正月丁亥，雨木冰。二十二年正月甲戌，雨木冰。正統三年十月丁丑曉，木介。天順七年十月甲辰，雨木冰。八年正月乙丑，雨木冰。成化十六年正月辛卯曉，雨木冰。二十三年十二月戊辰曉，木介。隆慶三年十一月癸巳，木冰。萬曆十四年冬，蘇、松木冰。崇禎元年十一月，陝西木冰，樹枝盡折。其後大河以北，歲有此異。

木妖 弘治八年，長沙楓生李實，黄蓮生黄瓜。九年三月，長寧楠生蓮花，李生豆莢。嘉靖三十七年十月戊辰，泗水沙中湧出大杉木，圍丈五尺，長六丈餘。

隆慶五年四月，杭州栗生桃。萬曆十八年五月丁卯，祖陵大松樹孔中吐火，竟日方滅。二十三年十二月癸亥，皇陵樹顛火出，延燒草木。天啓六年四月癸巳，白露著樹如垂綿，日中不散。十月辛酉，南京西華門內有烟無火。禮臣往視，乃舊宮材木，瘞土中久，烟自生，土石皆焦。以水沃之，三日始滅。崇禎六年五月癸巳，霍山縣有木甑飛墮，不知所自來。七年二月丁巳，太康門牡自開者三，知縣集邑紳議其事，梁墮而死。

清 姚之駰《元明事類鈔》卷三六《材木門》 樹中仙樂。《隴蜀餘聞》：萬歷時，鞏縣東路旁聞仙樂，細聆之，聲出樹中。一匠欲窮其恠，揮斤斫之，樂聲自樹飛去。巡按姚思仁聞於朝。

清 乾隆《高郵州志》卷一二《災祥》 世宗嘉靖元年，新開湖有巨木見，取之。舊傳新開湖有運皇木者，適遭衝決，失大木二。歲久，湖中有二物，如龍形。每遇風雨，則昂首。震聲遠近見聞，相傳木龍出現。自後湖決，雖風雨不現，疑入海。嘉靖元年，州堂歲久將圮，郡守謝欲新之，材木俱集，獨少正梁，命工營求不得。忽湖中浮一物，苔衣如毛，長尺許，游動摇盪。人疑不敢近，報州。差水工驗勘，乃一巨木也。捽拽至岸，工人量之，與州堂間架長短相合。遂祭告，斤削繪綵以充其用。挈而上之，若神助，無難於力。或以爲二木之遺其一者。

清 黄印《錫金識小録》卷一一《樟樹精》 宋咸淳甲戌冬，有二男子齎官會於杭州三橋，請樂人祗應章府媚事，不許用黄鐘宫曲調。樂人問：「何處？」曰：「在無錫江陰界，事在今夜。」樂人曰：「相去五百餘里，日暮如何可到？」應曰：「汝等但臥舟中，自到矣。」衆從之。舟行如飛，經長安、崇德、蘇秀、吴江，約二更上岸，至一大府第。如約奏樂，見坐客行酒，人皆短小，燈燭燄青，既而幽暗。至四更，無飲饌，樂人飢且怒，因奏黄鐘宫調。坐客與行酒人皆驚，亦有止之者，樂人不聽。須臾黑風起，人與屋皆失，但見一大樹，滿天星斗。因犬吠投人家，問之，人曰：「此間有樟樹精，能惑人，汝殆被惑矣。」天明，果一大樟樹也，二男子則樹邊廟中二使，坐客皆廟神也。【略】

又 《葛氏怪》 醫士葛重之居，邑之蓮蓉門。天順初，家有怪物。始則有聲，既而形見，小帽青衣，腰插斛槩，或竊財物，或毁衣服，甚則據案而食，登榻而繫人頸。若此者非一，舉家驚惶，重叱之，屹不爲動。後移居中市橋，怪復如初。或勸招衛士驅之，曰：「以邪攻邪，吾不爲也。」久之，竟亦無他。

清 乾隆《福州府志》卷七五《外紀》 宋寶慶二年，有合抱樟木長二丈許，浮於永福石壁溪口，經年不去。鄉人黄姓者異之，取至其家，議欲雕長眉老佛二像。適有遊僧，自言精於雕刻，遂舁木樓中，令去其梯，但多具餅果，以給朝夕。既十餘日，樓上寂然。登樓視之，餅果具在，僧已不見。二像雕刻精好，非人工可及。黄乃以其一送妙峰寺，一送方廣巖。元初侯官陳億翁，有題《方廣巖老佛自製》詩云：青蓮非妄亦非真，自刻□□度世人。昨日龍山親接待，祖師面目本無塵。正德間，僧徒散逸，法相剥落。萬歷己丑，道人郭清晉夜登巖，見一老僧，

前懸一燈，趺坐誦經。清至，命童子汲龍頭水，烹石花茶以進，味甘美。清告以饑，復命童子進蒸餅數枚。因語清曰：「貧僧居此有多年矣。近爲頑徒破壞，遂致狼籍。明年有檀越至巖，當復興。」清參請元機，僧揮麈高談，如翻河水。頃之天漸習爽，遂不復語。清諦視之，乃老佛木像；旁侍兩童子而已。清大驚下巖，累月不饑，口中常有香氣。

清 道光《武康縣志》卷二四《佚叢》 嘉慶初年，上柏里人於龍蟠山伐梓木。一本斧削後，文理縝密，天成一神形，官骸悉具，色相甚莊。遂命匠裝作舞陽侯像，靈威較前更增赫奕。

清 慵訥居士《咫聞録》卷一《秋豔》 錢勝好種海棠，灌溉不失。每當秋色盛開，邀朋縱飲。忽忽八月，海棠含葩，尚未吐豔，勤以栽培，可稱惜花之史。欲其開放，苦無羯鼓之催。正徘徊間，見女郎紅衣緑襯，穿花而出，嬌豔異常，風神絶世。錢若忘所自來，亦不知是何家眷屬。欲相問識，恐嫌孟浪。目注神遊，女嫣然一笑。身後老嫗催女去，女乃輕移細步，秋波轉送。錢不覺神魂飛越。回至書齋，顛倒夢想，寢食俱忘。一夕，月朗風清，憑欄思想。忽見花間隱約有人，冉冉前進視之，乃日前後圃所見女郎也。頓解心胸之悶，竟忘瓜李之嫌，遂問女郎曰：「僕本癡人，自見花容，病同君瑞，既乏東廂可借，又無燕子傳情。今何幸而得光降鄙園也。」女曰：「妾，秋豔也。感君重恩，故來相報。」錢曰：「昔日隨侍老嫗，可同來耶？」女曰：「無。」錢曰：「露冷風寒，恐殘玉貌，請入室。」女曰：「内有人否？」錢曰：「空齋。」既携手，揭簾而入。女曰：「花中菊有鴛鴦之名，蓮有並頭之號。何以海棠獨無也？」錢諧其意，竟懷抱登牀，擁衾而臥。雞鳴而起，早去晚來。已將半月，錢覺身體輕鬆，精神暢爽，有仙人風味，自喜遇之奇也。轉念室後無鄰，何家情女來此。秋豔已知其念，哂曰：「郎君疑妾乎？請從此別。」錢苦留之，女曰：「緣已盡矣，留亦無益。郎若有情，後當留意。」至花深處而没。次早到後園，見海棠兩朵並蒂而開，燦爛若錦。適合秋豔所問之語，即以秋豔呼之，無風自摇。每至節序，虔設酒果，爲文奠之。文曰：「嗚呼，予美云亡，幽愁孰訴。憚佳期之難再，嗟良夕之已虚。維彼海棠，厥名思婦。恒寄生於庭院，復吐豔於秋風。嚋嫌有色而無香，洵足娱朝而永夕。忽訝幻奇工化，俄驚色相天然。彼姝者子，實獲我心。有美一人，願言思伯。姍姍其來，宛若星娥之下降。嫋嫋不絶，渾如月姊之重逢。步芸閣而容與，倚翠帷而綽約。一夕定情，薦陳枕席，百年偕老。託締絲蘿，覩褊褼之舞袖。鶴立鶩迴，聆宛轉之歌喉。鶯啼燕語，信同海誓山盟。指望天長地久，無如好物不堅。恩情易斷，請從此逝，無端影滅。而音沉悵莫能留，不禁淦忘而寢廢。漫憶儀容於洛水，空懷雲雨於巫山。自是三生石上，相曰無期。連理枝頭，徒悲獨沾。愛而不見，傷如之何。猶幸一叢燦爛，還忻靈爽之式憑。此處勾留，再冀芳魂之相接。溥具園蔬，聊供杯酌。伏祈來格，用慰離衷。」讀文時，海棠躍躍而動，若受享焉。

清 同治《城步縣志》卷一一《祥異志》 城北八十五里地名梅坳頭，有神樹二株同根，其開葉也，或一株開於春，或一株開於夏末秋初。若二株同時開葉，其年必豐。近神祠一株後開葉，主山頭乾旱。近大路一株後開葉，主平地乾旱。歷驗無差。

清 同治《江華縣志》卷一《方域志・山川》 撐口巖在嶺東小墟北里許。巖傍有廣如房，上闢一罅。時噓寒風。有仙人木撐其中，相傳明季多瘟疫蟲蝗之災，忽神人以木横撐巖口，害遂絶。木兩歲一易，易則有疾雷甚雨隨之，其舊木村人曾有拾之者，非松非杉，隱隱有符籙。

清 同治《新淦縣志》卷一〇《雜類志・軼事》 [聶]友伐樹，截二板置陂下，常沉，或浮出則家有吉慶。友常乘以迎客，中流欲没，友呵之則復浮。官丹陽時，板忽隨至石頭。友驚曰：「板來必有意。」因解職歸，二板挾舟，行一日即至。其後，板或出爲凶禍云。《搜神記》

清 光緒《莆田縣志》卷二四《人物》 鄭濟字輿梁，露裔。元豐五年進士，調潮州司理，就移端溪令。先是縣官踵死，濟至詢其故。曰：「縣廨有古木妖。」濟戒工伐木，妖遂絶。

清 光緒《南匯縣志》卷二二《雜志》 蔡紹襄以貢爲江西貴溪縣訓導。萬歷庚子秋，應省試。舟次瑞洪，見有荒祠，列十餘大樟。入夜，夢與神揖讓樹傍，神曰：「公中江和榜。」俄有羣儒出，若相角狀。神語襄曰：「無庸，汝可隨吾去。」襄數之，得七十三人。覺而大異。榜發，鄱陽江和擢解首，襄中七十四名。

清 光緒《五河縣志》卷一九《雜志・佚事》 明嘉靖三十七年秋七月，神木見。先是己亥，大木浮沈於淮，南至小溪，東抵浮山，往來四十里。間或壁立中流，或横臥水面，蜆螺莓苔，附麗其上甚厚，翻覆波濤，行舟畏避，如是者十餘年。甲寅以後，或失所在。丁巳大工興，敕命監臣取木於楚蜀，以作隆棟而未至，至是戊午秋八月，大木巋然露於淮滸，若自售以備大工之用，徑長

七丈四尺，圍一丈七尺。撫按躬閲而進瀕行，數百人不能轉移分寸。有司陳牲致祝，一呼曳之，翩然如馳。按《明史列傳》内亦附見其事。當嘉靖間土木繁興，中使四出。古木爲妖，稱爲神木過矣。今考後周顯德四年，帝至鎮淮軍，唐人植巨木於淮水以限周兵，帝命水軍攻拔其木，據此則神木即顯德時物。木沈於水，可數百年不壞。臣僚遂藉此以傅會諂上，當時曾無考據及之者，不可不辨。

清 光緒《德慶州志》卷一五《雜録》 從事郎陳遹爲德慶府理官，鞫一巫師獄。巫善桃氣，其始與人有讐隙，欲加害，則中夜扣門呼之，俟其在内應答，語言相聞，乃以氣挑過，是人腹漸脹，日久腹皮薄如紙，窺見心肺，呼吸喘息，病根牢結，藥不可治，獄未成而死。江瑎鳴三作守，以事涉誕怪，不敢置於憲典，但杖脊配海南。此妖術蓋有數種。或咒人使腹中生鼈者，或削樹皮呪之，候樹復生皮合而死者。然不得所以治法。

清 光緒《海陽縣志》卷四六《雜録》 風雨聖者，揭陽桃山人，年十三，由樟木上飛昇，里人得其尸，解一巨足趾，取樟木安之，刻爲聖者像，披髮負笠祀之。凡旱禱皆立應。今像在邑斗文鄉。乾隆丙午，潮大旱，時制軍孫士毅爲平臺灣，在潮親迎使者像禱之，雨立至。且默禱戎事，有應。乃别刻一像，祀於羊城三元宫。又刻一像，奉歸其鄉。

藝文

晉 嵇含《長生樹賦》（《藝文類聚》卷八九引） 余嬰丁閔凶，靡所定居。老母垂聖善之訓，以爲生事愛敬，没則無改，宜居墓次，瞻奉威靈。兼覽藝文，可以不隕先軌。祇奉慈令，遂家于墳左，掃除壇封，種植松栢。松栢之下，不滋非類之草。猥有長生，育于域内。豈老母至行，表徵于嘉木哉！辭曰：美我親之仁孝，固徵瑞之必招。降祖宗之遺德，振奇木之青條。結根擢幹，載生無漸。弱莖猗猗，緑華冉冉。處陰冬而愈茂，豈莖葉之有黠。感自然以旌賢，諒有道之不掩。

晉 郭璞《山海經圖讚·補遺·若木》 若生之木，崑山是濵。朱華電照，碧葉玉津。食之靈知，爲力爲神。

又 《山海經圖讚》卷一《桂》 桂生南裔，拔萃岑嶺。廣莫熙葩，凌霜津穎。氣王百藥，森然雲挺。

又《迷穀》 爰有奇樹，產自招摇。厥華流光，上映垂霄。佩之不惑，潛有靈標。【略】

又《帝女桑》 爰有洪桑，生濵淪潭。厥圍五丈，枝相交參。園客是採，帝女所蠶。

又《椒》 椒之灌植，實繁有倫。拂潁霑霜，朱實芬辛。服之不已，洞見通神。【略】

又《葪栢》 葪栢白華，厥子如丹。實肥變氣，食之忘寒。物隨所染，墨子所歎。【略】

又《橘櫾》 厥苞橘櫾，奇者維耳。朱實金鮮，葉備翠藍。靈均是詠，以篇美談。【略】

又《栯木》 爰有嘉樹，厥名曰栯。薄言採之，窈窕是服。君子維歡，家無反目。【略】

又《芑木》 馬維剛駿，塗之芑汁。不勞孫陽，自然閑習。厥術無方，理有潛執。【略】

又《丹木》 爰有丹木，生彼洧盤。厥實如瓜，其味甘酸。蠲痾辟火，用奇桂蘭。【略】

又《櫰木》 櫰之爲木，厥形似楗。若能長服，拔樹排山。力則有之，壽亦宜然。【略】

又《沙棠》 安得沙棠，制爲龍舟。汎彼滄海，眇然遐遊。聊以逍遥，任波去留。【略】

又《鶉鳥沙棠實薲草》 司帝百服，其鳥名鶉。沙棠之實，惟果是珍。爰有奇菜，厥號曰薲。【略】

又《榣木》 榣惟靈樹，爰生若木。重根增駕，流光旁燭。食之靈化，榮名仙録。【略】

又《丹木玉膏》 丹木煒煒，沸沸玉膏。黄軒是服，遂攀龍豪。眇然升遐，羣下烏號。【略】

又《蝺渠赤鷩鳥文莖木鴖鳥》 蝺渠已殃，赤鷩辟火。文莖愈聾，是則嘉果。鴖亦衛災，厥形惟麽。【略】

又 卷二《服常琅玕樹》 服常琅玕，崑山奇樹。丹實珠離，緑葉碧布。三

頭是何，遞望遞顧。

又《不死樹》 萬物暫見，人生如寄。不死之樹，壽蔽天地。請藥西姥，烏得如羿。【略】

又《文玉玕琪樹》 文玉玕琪，方以類叢。翠葉猗萎，丹柯玲瓏。玉光爭煥，彩豔火龍。【略】

又《建木》 爰有建木，黄實紫柯。皮如蛇纓，葉有素羅。絶蔭弱水，義人則過。【略】

又《尋木》 眇眇尋木，生于河邊。踈枝千里，上干雲天。垂陰四極，下盖虞淵。【略】

又《不死國》 有人爰處，園丘之上。赤皋駐年，神木養命。稟此遐齡，悠悠無竟。【略】

又《三珠樹》 三珠所生，赤水之際。翹葉柏竦，美壯若彗。濯彩丹波，自相霞映。

唐 權德輿《權文公集》卷一《古興》 月中有桂樹，無翼難上天。海底有龍珠，下隔萬丈淵。人生大限雖百歲，就中三十稱一世。晦明烏兔相推遷，雪霜漸到雙鬢邊。沉憂戚戚多浩歎，不得如意居大半。一氣暫聚常恐散，黄河清兮白石爛。

清 金德瑛《詩存》卷三《神樹詩》 永陵古榆一株，枝根葱茂。御製《神樹賦》，命臣等繼和：惟長白之毓秀，積千里而蜿蜒。瀉珠江之澔淼，紛琪瓊以芊綿。是以天作其宅，帝卜其埏。瞻仰川巖，見龍形之拱抱；攀援陵樹，得美蔭之團欒。維彼神榆，是生天上。矗玉霄以孤撐，沾沆瀣而滋旺。移來開運凌虛倒影之奇，託質實城布幄揚幡之狀。爾其節目閜砢，根幹曲蟠，繁柯星布，密葉雲攢。遠望而鬱葱呈象，近覩而棽麗殊觀。朝映丹霞對若木兮三萬里，暮承湛露越靈椿之八千年。歲紀閼逢，鑾輿洎止。溯荒作於岐山，實肇基于白水。周家豐畢之原，漢室枌榆之祀。聳神樹以中立，罩珠宮而敷榮。似羽節葳蕤，詔鸞鳳使爲驂駕；儼金支容裔，想靈爽於茲式憑。爰抒天藻，爲錫嘉名。豈止配對山而隆桑梓，抑將昭萬祺而冠寰瀛。微臣敬賦，兼系以詩曰：維茲靈兆聖所居，天皇命植天上榆。斗司喉舌衆宿趨，畢星洒潤箕星嘘。富媼受栽析木區，端正妥帖色弗渝。娑羅扶桑參兩隅，松楸栝柏前後臚。護紫薇垣中一株，可爲玉輅運軸樞。可爲華蓋披流蘇，列聖陟降心怡愉。靈旗閃倏光有無，陵前再遇舜目臚。秋風瑟瑟吹扶踈，蒼翠更茂八年初。千枝干霄萬葉舒，卜世卜年數其如。推祥肖質垂册書，寶墨兼傳神樹圖。

清 彭蘊章《松風閣詩鈔》卷九《硯北集・古今體詩五十六首・有木十六章》 有木名如何，其實形如棗。食之得地仙，三光同不老。我懷命名意，憂心何懆懆。初筮未堪從，三思以爲寶。鹵莽實多愆，從容乃中道。不日如之何，聖堅亦難保。

雜 録

《禮記・檀弓下》 凡獻於君，大夫使宰，士親，皆再拜稽首送之。敬也。膳於君，有葷桃茢。於大夫去茢，於士去葷，皆造於膳宰。膳，美食也。葷桃茢，辟凶邪也。大夫用葷桃，士桃而已。葷，薑及辛菜也。茢，菼帚也。造於膳宰，既致命而授之。葷或作焄。

漢 劉安《淮南子》卷五《時則訓》 十二月官獄，其樹櫟。十二月，歲盡刑斷，故獄官也。櫟，可以爲車轂，木不出火，惟櫟爲然，亦應陰氣也。五位，東方之極，自竭石山過朝鮮，貫大人之國，竭石，在遼西界海水西畔。朝鮮，樂浪之縣也。貫，通也。大人國在其東。東至日出之次，榑扶木之地，青土樹木之野，榑木，榑桑。太皡、句芒之所司者，萬二千里。太皡，庖犧氏，東方木德之帝。句芒，木神司主也。

晉 郭璞《玄中記・大樹山樹》 大樹之山，西有採華之樹。服之，則通萬國之言。《御覽》九百五十二，《藝文類聚》八十八。

晉 王嘉《拾遺記》卷一 少昊以金德王，母曰皇娥，處璇宮而夜織，或乘桴木而晝遊，經歷窮桑滄茫之浦。時有神童，容貌絶俗，稱爲白帝之子，即太白之精，降乎水際，與皇娥讌戲，奏㛹娟之樂，游漾忘歸。窮桑者，西海之濵，有孤桑之樹，直上千尋，葉紅椹紫，萬歲一實，食之後天而老。帝子與皇娥泛於海上，以桂枝爲表，結薰茅爲旌，刻玉爲鳩，置於表端，言鳩知四時之候，故《春秋傳》曰「司至」是也。今之相風，此之遺象也。帝子與皇娥並坐，撫桐峯梓瑟。皇娥倚瑟而清歌曰：天清地曠浩茫茫，萬象迴薄化無方。浛天蕩蕩望滄滄，乘桴輕漾著日傍。當其何所至窮桑，心知和樂悅未央。俗謂遊樂之處爲桑中也。《詩》中《衛風》云「期我乎桑中」，盖類此也。白帝子答歌：四維八埏眇難極，驅光逐影窮水域。璇宮夜静當軒織。桐峯文梓千尋直，伐梓作器成琴瑟。清歌流暢樂難

極，滄涓海浦來棲息。及皇娥生少昊，號曰窮桑氏，亦曰桑丘氏。至六國時，桑丘子著陰陽書，即其餘裔也。少昊以主西方，一號金天氏，亦曰金窮氏。時有五鳳，隨方之色，集於帝廷，因曰鳳鳥氏。金鳴於山，銀湧於地。或如龜蛇之類，乍似人鬼之形，有水屈曲亦如龍鳳之狀，有山盤紆亦如屈龍之勢，故有龍山、龜山、鳳水之目也。亦因以爲姓，末代爲龍丘氏，出班固《藝文志》；虵丘氏，出《西王母神異傳》。

南朝梁 任昉《述異記》卷上 梓樹之精化爲青羊，生百年而紅，五百年而黄，又五百年而色蒼，又五百年而色白。【略】

千年木精爲青牛。

五代 馬縞《中華古今註》卷中《程雅問拾櫨鬼木》 程雅問：「拾櫨鬼木，曰『無患』，何也？」答曰：「昔有神巫曰『瑶眊』，能符劾百鬼。得鬼，則以木爲棒，棒殺之。世人傳以此木爲衆鬼所畏，取此木爲器用，以厭却邪鬼，故曰『無患』也。」

宋 樂史《太平寰宇記》卷八七《劍南東道六·遂州》 龍池，故老相傳池側有柳樹，大十圍。周武帝天和初，有龍自樹升天，士女共觀之。自後龍升後，其樹乃枯，池亦淺渴。

宋 李上交《近事會元》卷五《茶神》 《唐傳》載云：時有鬻茶之家，陶爲陸羽之像，置於煬器之間，云宜茶足利也，因目之曰「茶神」。有交易，則以茶祭；無，則以釜湯沃之。

宋 馬純《陶朱新録》 先祖元豐間仕廣西漕計，時經交冦熙寧八年入省地作亂，過屠邕州等諸郡無遺類，凶焰甚酷。廣人畏之，相去。未久，又傳交人起兵，郡遣人覘之，云是交州界峒中檳榔木忽生瘻，漸大，俄聞其中有啼聲，峒丁因剖視之，得一兒，遂養于家。及長，乃一美婦人，婉若神仙，即獻之峒主。交人求之不與，於是舉兵伐峒，滅之，掠其女而去，號曰檳榔女。

宋 張邦基《墨莊漫録》卷九 臣昔與希真遊衡山朱陵洞天，過古蘭若基，野客留宿庵下。有聞類狗吠，希真謂此非人境，安得有是？客笑曰：「巖腹枸杞生而酷似，此其音也。」臣憶舊説，黎明拉客，欲識其處。未至百步，皆曰彼婆娑出衆榮者是。臣與希真將前，客急止曰：「此神物也。側常有蛇虎守護，必待有道之士以歸，若等無得輒近。」自是每念之，或入他山中遇樵蘇，又訪問焉。云往往有見，但若在深絶不可到之地。

宋 洪邁《容齋四筆》卷一三《天宫寶樹》 行行相值，莖莖相望。枝枝相准，葉葉相向。華華相順，實實相當。此《無量壽經》所言天宫寶樹，非塵世所有也。

宋 洪邁《容齋續筆》卷一六《月中桂兔》 《酉陽雜俎·天咫篇》載月星神異數事，其命名之義，取《國語》楚靈王曰「是知天咫，安知民則之説？」其紀月中蟾桂引釋氏書言，須彌山南面有閻扶樹，月過樹影入月中。或言月中蟾桂地影也，空處水影也。予記東坡公《鑒空閣詩》云：「明月本自明，無心孰爲境。挂空如水鑑，寫此山河影。我觀大瀛海，巨浸與天永。九州居其間，無異蛇盤鏡。空水兩無質，相照但耿耿。妄云桂兔蟇，俗説皆可屏。」正用此説。其詩在集中題爲《和黄秀才》。頃，予游南海，西歸之日，泊舟金利山下，登崇福寺，有閲枕江流，標曰「鑒空」，正見詩牌，揭其上，蓋當時臨賦處也。

明 佚名《五色线集》卷下《女樹》 海中有銀山生樹名女樹。天明時皆生嬰兒，日出能行，至食時皆成少年，日中盛壯年，日脱老年，日没死。日出復然。

明 王圻《稗史彙編》卷一五一《木仙》 張薦明隱樂山林中，有古松十餘株，謂人曰：「予乃人中之仙，松木亦是木中之仙。」

明 穆希文《説原》卷一一 大椿八千歲爲春，又八千歲爲秋。千歲之樹，精化爲青羊。萬歲之樹，精化爲青牛。

明 姚光祚《廣蒙求》卷三七 神巫厭鬼。

昔有神巫曰無患，此木能作符，劾百鬼。世人相傳以此木爲衆鬼所惡，競取爲器用，以厭鬼，故號無患。

明 王路《花史左编》卷六《花之瑞·杏花》 漢東海都尉獻杏一株，花雜五色六出，云是仙人所食者。

明 天啓《贛州府誌》卷一八《紀事志·軼事》 《述異記》：南康有神名山都，形如人，長二尺餘，黑色，赤目，黄髮。于深山樹中作窠，窠形如竪鳥卵，高三尺許，内甚光澤，五色鮮明。傍開孔如規，體質虚輕，中以鳥毛爲褥。此神能隱身，罕覩其狀。贛縣西北十五里有余公塘，上有大梓樹，可二十圍。樹老中空，山都穴焉。晉元嘉元年，縣民哀道訓導靈兄弟二人，伐樹取窠還家。山都見形，謂曰：「我處荒野，何豫汝事。樹有我窠，故伐倒之。今當焚汝宇，以報汝之無道。」至二更火起，合澤蕩盡。

《南康記》：雩都梓潭有巨梓，葉廣丈餘，垂柯數畝。吳王芮令都尉肅武伐

爲龍舟。既成，挽之不動。占云：用童男女數十人，爲歌樂引之，乃行。如其言，舟忽飛入潭中，男女皆溺。至今夜宿潭邊者，猶時聞歌唱之聲。

【略】

《十道四蕃志》：興國上落山有木客，形似人，語亦似人。遥見分明，近則藏隱。自言秦時造阿房宫採木者，食木實，得不死。能砍杉枋，與人交市易。人刀斧交關者，前置物枋下，却走避之。木客尋來取物，下枋與人，隨物多少，甚信直不欺。有死者，亦哭泣殯葬。嘗有山人行遇其葬，日出酒食啖人。山有石墨可書。《南康記》又云：山都形如崑崙奴，通身生毛，見人輒閉目張口如笑。好在深澗中翻石覔蝌蚪之。嘗就民間飲酒，賦詩云：酒盡君莫沽，壺傾我當發。城市多囂塵，還在弄明月。

明　吴之俊《獅山掌录・小山馆》卷一八《小兒樹》　大食國在西海中，有一方石，石上多樹，幹赤葉青。枝上總生小兒，長六七寸，見人皆笑，動其手足，頭着樹枝。使摘一枝，小兒便死。【略】

又《鳳止棠》　峡石山中有棠，甚偉，名鳳止棠。古老傳貞觀初，有鳳止此木，其後結實，猶如合掌狀，團團婉轉，多赤黄之色，其馨香，脆美足爲諸果之王。

明　陳懋仁《庶物异名疏》卷二三《阿理襪　辣末》　《七克云寓言》曰：衆樹欲立一樹爲長，共宗之，首推阿理襪。阿理襪，美果美膏之樹也。辭曰：「我膏甚潤，爲人用，不願散我潤，易爾衆樹長也。」次推葡萄，辭曰：「我果甚甘，我酒甚美，爲人用，不願散我甘美，易衆樹長也。」已及辣末。辣末者，棘屬也，無花葉實，叢生，多刺，一無可用，燎爨而已。遂躍起曰：「信然耶。當來就我影下。惟我所爲，誰敢逆者。逆者，我辣末當出火焚之矣。」夫有德者滿于膏，豐于實，懼因責任而散也。微特不喜，且畏之微特，不求且避之。愚者拙者，無美可懼，不畏不避，則辣末而已。

清　徐文靖《管城碩記》卷二六　按《唐書・五行志》：垂拱四年三月，雨桂子於台州，旬餘乃止。《咸淳臨安志》：靈隱有月桂峯，相傳月中桂子嘗墜於此，生成大樹，其花白，其實丹。駱賓王詩：桂子月中落，天香雲外飄。李白《送崔十二遊天竺寺》詩：每年海樹霜，桂子落秋月。《冷齋夜話》云：天竺桂花，中秋特盛，非必種出，月中地氣使然也。余於康熙丁酉歲買桂二株，種之庭前，花皆六出，因命兒育樞賦其事云：月中仙樹豈尋常，歲歲秋風壓衆芳。六出由來誇白雪，何如金粟擅天香。頗能免俗，命存之。迨雍正丙午大水，桂爲水浸者月餘，遂並枯萎，復買植之，無復六出矣。自是種奇，非地氣使然也。

清　王棠《燕在閣知新録》卷九《神樹》　邴原避地遼東，得遺錢，拾以繫樹枝，而繫錢者多，因謂之「神樹」。原悲其由己而成，遂辨之。王棠曰：「韓昌黎作《木居士》云，偶然題作木居士，便有無窮求福人。可知凡事不可不慎之始也。」

清　乾隆《江南通志(一)》卷三六《古蹟・潁州府》　昇天檜在亳州西。相傳老子乘白鹿，緣此樹昇天。

清　嘉慶《臨桂縣志》卷三二《雜記》　程達《警語類抄》：慶歷中，余靖知桂州。州境窮僻處有林木，延袤數十里。月盈之夕，輒聞笛音，絶清遠。土人云有此聲已數十年，不詳何怪也。使人夜聽之，自一大栢樹中出，乃伐取以爲枕。笛聲如期而發，甚實惜之凡數年。公之弟欲窮其怪，命工解視，則木有文理，正如人吹笛在月下坐，雖善畫者不能爲也。重以膠合之，則不復有聲矣。

圖表

明　王圻《三才圖會・人物十二卷・大食國》

大食國在海西南一千里，居山谷間。有樹，枝上花生如人首，不解語。人借問，惟笑而已，頻笑輒凋落。

又《人物十四卷·不死國》

不死國在穿胸國東。其人黑色，長壽不死。居園丘上有不死樹，食之乃壽。

草

論說

漢 班固《漢書》卷二七《五行志》 《傳》曰：「視之不明，是謂不悊，厥咎舒，厥罰恆奧，厥極疾。時則有草妖，時則有蠃蟲之孽，時則有羊旤，時則有目痾，時則有赤眚赤祥。惟水沴火。」

「視之不明，是謂不悊」，悊，知也。《詩》云：「爾德不明，以亡陪亡卿；不明爾德，以亡背亡仄。」言上不明，暗昧蔽惑，則不能知善惡，親近習，長同類，亡功者受賞，有罪者不殺，百官廢亂，失在舒緩，故其咎舒也。盛夏日長，暑以養物，政弛緩，故其罰常奧也。奧則冬溫，春夏不和，傷病民人，故極疾也。誅不行則霜不殺草，繇臣下則殺不以時，故有草妖。凡妖，貌則以服，言則以詩，聽則以聲。視則以色者，五色物之大分也，在於眚祥，故聖人以爲草妖，失秉之明者也。溫奧生蟲，故有蠃蟲之孽，謂螟螣之類當死不死，未當生而生，或多於故而爲災也。劉歆以爲屬思心不容。於《易》，剛而包柔爲《離》，《離》爲火爲目。羊上角下(號)〔蹏〕，剛而包柔，羊大目而不精明，視氣毀故有羊旤。一曰，暑歲羊多疫死，及爲怪，亦是也。及人，則多病目者，故有目痾。火色赤，故有赤眚赤祥。凡視傷者病火氣，火氣傷則水沴之。其極疾者，順之，其福曰壽。劉歆視傳曰有羽蟲之孽，雞旤。說以爲於天文南方喙爲鳥星，故爲羽蟲；旤亦從羽，故爲雞；雞於《易》自在《巽》。說非是。庶徵之恆奧，劉向以爲《春秋》亡冰也。小奧不書，無冰然後書，舉其大者也。京房《易傳》曰：「祿不遂行茲謂欺，厥咎奧，雨雪四至而溫。臣安祿樂逸茲謂亂，奧而生蟲。知罪不誅茲謂舒，其奧，夏則暑殺人，冬則物華實。重過不誅，茲謂亡徵，其咎當寒而奧六日也。」【略】

說曰：凡草物之類謂之妖。妖猶夭胎，言尚微。蟲豸之類謂之孽。孽則牙孽矣。及六畜，謂之旤，言其著也。及人，謂之痾。痾，病貌，言寖深也。甚則異物生，謂之眚；自外來，謂之祥。祥猶禎也。氣相傷，謂之沴。沴猶臨莅，不和意也。每一事云「時則」以絕之，言非必俱至，或有或亡，或在前或在後也。

宋 歐陽修《新唐書》卷三四《五行志》 《五行傳》曰：「棄法律，逐功臣，殺太子，以妾爲妻，則火不炎上。」謂火失其性而爲災也。京房《易傳》曰：「上不儉，下不節，盛火數起，燔宮室。」蓋火主禮云。又曰：「視之不明，是謂不哲。厥咎舒，厥罰常燠，厥極疾。時則有草妖，時則有羽蟲之孽，時則有羊禍，時則有目痾，時則有赤眚赤祥，惟水沴火。」

宋 王安石《臨川文集》卷八二《芝閣記》 祥符時，封泰山以文天下之平，四方以芝來告者萬數。其大吏，則天子賜書以寵嘉之。小吏若民，輒錫金帛。方是時，希世有力之大臣，窮搜而遠采。山農野老，攀緣狙杙，以上至不測之高，下至澗溪壑谷，分崩裂絕，幽窮隱伏，人迹之所不通，往往求焉。而芝出於九州四海之間，蓋幾於盡矣。至今上即位，謙讓不德，自大臣不敢言封禪。詔有司以祥瑞告者，皆勿納。於是神奇之產，銷藏委翳於蒿藜榛莽之間，而山農野老不復知其爲瑞也。則知因一時之好惡，而能成天下之風俗，況於行先王之治哉？太丘陳君學文而好奇，芝生於庭，能識其爲芝。惜其可獻，而莫售也。故閣於其居之東偏，掇取而藏之。蓋其好奇如此。噫，芝一也。或貴於天子，或貴於士，或辱於凡民，夫豈不以時乎哉！士之有道，固不役志於貴賤。而卒所以貴賤者，何以異哉！此予之所以歎也。

宋 黃庭堅《山谷集》卷一七《筠州新昌縣瑞芝亭記》 晉陵邵君叶爲新昌宰，視事之三月，靈芝五色十二生於便坐之室。吏民來觀，無不動色。相與言曰：「吾令君殆將有嘉政以福我民乎，山川鬼神其與知之矣。不然，此不蒔而秀，不根而成，非人力所能致，而自至者，何也？」乃相與闢其室，四達爲亭，命曰瑞芝，奔走來謁，記於豫章。黃庭堅曰：「予觀《神農草本經》，青芝生泰山，赤芝生衡山，黃芝生嵩山，白芝生華山，黑芝生常山，皆久食而輕身，延年而不老。蓋序列養生之藥，不言瑞世之符。又其傳五芝，曰赤者如珊瑚，白者如截肪，黑者如澤漆，青者如翠羽，黃者如紫金，皆光明洞徹如堅冰，而世之所名芝草，不能若是也。故常考於信書，自先秦之世，未有稱述芝草者。及漢孝武厭飫四海之富貴，求致神仙不死，天下騷然。元封中，乃有芝草九莖連葉，生甘泉殿齋房中。於是赦天下，作《芝房之歌》。孝宣興於民間，勵精萬事，事無過舉，然廟享數有美祥，頗甘心焉。故復修孝武郊祀，以瑞紀年。元康中，金芝九莖，又產函德殿銅池中。然此芝不生於五嶽，果《神農經》所謂芝者耶？余又竊恠漢世，既嘉尚

芝草，而兩漢循吏之傳，未有聞焉。何也？豈其所居，民得其職；所去，民思其功；生則羽儀於朝，歿則蒸嘗於社，則是民之鳳凰麒麟、醴泉芝草也耶？抑使民田畝有禾黍，則不必芝草生户庭；使民伏臘有雞豚，則不必麟鳳在郊陬；黠吏不舞文，則不必虎北渡河；里胥不追擾，則不必蝗不入境。此其見效優於空文也耶？昔者黄霸引上計吏問興化之條，有鶡雀來自京兆舍中，飛集丞相府上。霸以爲皇天降下神雀，欲圖上奏。京兆尹張敞言：「郡國計吏，竊笑丞相之仁厚智畧有餘，而微信奇怪也。恐丞相興化之條，或長詐僞以敗風俗。」天子嘉納焉。劉昆爲江陵令，連年火災。昆輒向火叩頭，多能反風降雨。遷弘農太守，驛道多虎，崤澠不通。昆爲政三年，虎負子渡河。乃召入爲光禄勳。詔問昆：「江陵反風滅火，弘農虎北渡河，行何德政而致是？」對曰：「偶然耳。」左右皆笑其質。帝歎曰：「是乃長者之言。」由君子觀之，張敞之篤論，世祖之知言，建成之文不如光禄之質也。雖然，新昌之吏民，愛其令君將徽福焉，焉可誣也。又嘗試論之，古之傳者曰：上世蓋有屈軼指佞，蓮蒲扇庖，蓂莢紀歷，嶰竹生律。既不經見，後世亦不聞有之。則前世之有芝草，特未定也。邵君家世儒者，又能好修，求自列於循吏之科。故因其氣焰，而取之異草來瑞。使因是而發政於民，勤恤而無倦，民得盡力於田，士將盡心於學。則非常之物，而不虚其應，且必受賜金增秩之賞，用儒術顯於朝廷矣，豈獨夸耀下邑而已乎？故并書余所論芝草、循吏之實，使歸刻之。

宋 陳傅良《止齋文集》卷二四《跋吴興陳籛芝草圖》 頃桂陽廨中，柱去礎三四尺，所出芝一本。婦子不以爲祥，掇視余，蓋恍然歎芝不遇也。明日故栫復吐三葉，紫質黄緣飾，見之奇甚。但令婦子輩，謹視毋掇取，逾時色爛然不敗。今覩陳君繪芝爲卷，有内相李公、宗伯倪公序，且頌其所自來不虚得。又追歎曩所産芝，非特婦子不好事，雖予亦不好事也。

佚名《神芝贊》（《廣群芳譜》）卷八七引 《古瑞命紀》曰：王者慈仁則芝生，採食之則延年，與真人同。又神農氏論芝云，山川雲雨五行四時陰陽晝夜之精，以生五色神芝，皆爲聖王休祥焉。自漢孝武顯宗世號隆盛，而元封永平所紀神芝，方斯蔑如也。且其枝幹條莖，本末相承，乃協乎天官之數，非神明其孰爲此哉。推其類象，則蓂莢之植階庭，蓮蒲之生庖厨。視匹靈矣，乃詔御府匱而藏之，且畫其形，遂以名圖。爲之贊曰：帝德允臻，爰不難致。煌煌神芝，吐葩揚榮。曩披其圖，今握其形。永章遐紀，載之頌聲。

綜述

《山海經·西山經》 又西八十里，曰小華之山即少華山。其木多荆杞，其獸多㸲牛，【略】其草有萆荔，萆荔，香草也，蔽戾兩音。狀如烏韭而生於石上，亦緣木而生，烏韭。在屋者曰昔邪，在牆者曰垣衣。食之已心痛。

又西八十里，曰符禺之山，其陽多銅，其陰多鐵。其上有木焉，名曰文莖，其實如棗，可以已聾，其草多條，其狀如葵而赤花，黄實，如嬰兒舌，食之使人不惑。【略】

又西六十里，曰石脆之山。其木多椶枏。椶樹，高三丈許，無枝條，葉大而員，枝生梢頭，實皮相裹，上行一皮者，爲一節，可以爲繩，一名栟櫚。音馬騣之騣。其草多條，其狀如韭而白華，黑實，食之已疥。【略】

又西五十二里，曰竹山，其上多喬木，枝上竦者。音橋。其陰多鐵。有草焉，其名曰黄雚，其狀如樗，其葉如麻，白華而赤實，其狀如赭，紫赤色。浴之已疥，又可以已胕。治胕腫也。音符。【略】

又西百二十里，曰浮山。多盼木，枳葉而無傷，枳，刺針也，能傷人，故名云。木蟲居之。在樹之中。有草焉，名曰薰草，麻葉而方莖，赤華而黑實，臭如蘼蕪，蘼蕪，香草。《易》曰：其臭如蘭。眉無兩音。佩之可以已癘。

又西三百二十里，曰嶓冢之山。【略】有草焉，其葉如蕙，蕙，香草，蘭屬也，或以蕙爲薰葉，失之。音惠。其本如桔梗，本，根也。黑華而不實，名曰蓇蓉，《爾雅·釋草》曰：榮而不實，謂之蓇。音骨。食之使人無子。

又西三百五十里，曰天帝之山，上多椶枏，下多菅蕙菅，茅類也。【略】有草焉，其狀如葵，其臭如蘼蕪，名曰杜衡，香草也。可以走馬，帶之令人便馬，或曰馬得之而健走。食之已癭。

西南三百八十里，曰皋塗之山。【略】有草焉，其狀如槀茇，槀茇，香草。其葉如葵而赤背，名曰無條，可以毒鼠。【略】

《山海經·中山經》 又東北一百五十里，曰朝歌之山。潕水出焉，潕水，今在南陽舞陽縣。音武。東南流注于滎，其中多人魚。其上多梓枏，其獸多麢麋。有草焉，名曰莽草，可以毒魚。今用之殺魚。【略】

《中山經》薄山之首，曰甘棗之山。共水出焉，而西流注于河，其上多杻木。

其下有草焉，葵本而杏葉，或作楛葉。黄華而莢實，名曰籜，可以已瞢。【略】

又東七十里，曰脱扈之山。有草焉，其狀如葵葉而赤華，莢實，實如椶莢，今椶木莢似皂莢也。名曰植楮，可以已癙，癙，病也。《淮南子》曰：狸頭已癙也。食之不眯。【略】

又北三十里，曰牛首之山。今長安西南有牛首山，上有館，下有水，未知此是非。有草焉，名曰鬼草，其葉如葵而赤莖，其秀如禾，服之不憂。【略】

又北三十五里，曰陰山，亦曰險山。多礪石、文石礪石，石中磨者。少水出焉。其中多彫棠，其葉如榆葉而方，其實如赤菽，菽豆。食之已聾。

又東北四百里，曰鼓鐙之山，多赤銅。有草焉，名曰榮草，其葉如柳，其本如雞卵，食之已風。【略】

又東十里，曰青要之山。【略】有草焉，其狀如葌菅，似茅也。而方莖，黄華，赤實，其本如藁本，根似藁本，亦香草。名曰荀草，或曰苞草。服之美人色令人更美艷。【略】

又西二百里，曰熊耳之山，今在上洛縣南。其上多漆，其下多椶。浮濠之水出焉，而西流注于洛，其中多水玉、多人魚。有草焉，其狀如蘇而赤華，名曰葶薴，可以毒魚。【略】

東三百里，曰鼓鍾之山，帝臺之所以觴百神也。舉觴燕會則於此山，因名爲鼓鍾也。有草焉，方莖而黄華，員葉而三成，葉三重也。其名曰焉酸，可以爲毒。爲治。其上多礪，其下多砥。

又東二百里，曰姑媱之山。音遥，或無之山字。帝女死焉，其名曰女尸，化爲䔄草，其葉胥成，言葉相重也，亦音遥。其華黄，其實如菟丘，菟丘，菟絲也，見《爾雅》。服之媚於人。爲人所愛也，傳曰人服媚之如是，一名荒夫草。

又東二十里，曰苦山。【略】有草焉，員葉而無莖，赤華而不實，名曰無條，服之不癭。【略】

又東五十七里，曰大訾之山，多㻬琈之玉，多麋玉未詳。有草焉，其狀葉如榆，方莖而蒼傷，其名曰牛傷，猶言牛棘。其根蒼文，服者不厥，厥，逆氣病。可以禦兵。【略】

又東七十里，曰半石之山。其上有草焉，生而秀，其高丈餘，赤葉赤華，華而不實，初生先作穗，却著葉，花生穗間。其名曰嘉榮，服之者不霆。不畏雷霆霹靂也，音廷搏之廷。【略】

又東三十里，曰泰室之山。即中嶽嵩高山也，今在陽城縣西。其上有木焉，葉狀如梨而赤理，其名曰栯木，服者不妬。有草焉，其狀如茱，茱，似薊也。白華黑實，澤如蘡薁，言子滑澤。其名曰䔄草，服之不昧。【略】

又東四十里，曰少陘之山。有草焉，名曰蔄草，葉狀如葵，而赤莖白華，實如蘡薁，食之不愚。言益人智。器難之水出焉，或作囂。而北流注于役水。一作侵。

又東南十里，曰太山。别有東小太山，今在朱虚縣，汶水所出，疑此非也。有草焉，名曰梨，其葉狀如荻荻，亦蒿也，音狄。而赤華，可以已疽。【略】

又東三十里，曰大騩之山，今滎陽密縣有大騩山，騩因溝水所出。音歸。其陰多鐵、美玉、青堊。有草焉，其狀如蓍而毛，青華而白實，其名曰蒗，音狼戾。服之不夭，言盡壽也，或作芺。可以爲腹病。爲治也，一作已。【略】

又東三百里，曰高粱之山。其上多堊，其下多砥礪，其木多桃枝鉤端。有草焉，狀如葵而赤華，莢實白柎，可以走馬。【略】

《山海經・海内經》 鸞鳥自歌，鳳鳥自儛，靈壽實華，靈壽，木名也，似竹有枝節。草木所聚。在此叢殖也。爰有百獸，相羣爰處。於此羣聚。此草也，冬夏不死。

《爾雅・釋草》 苬芝。注：芝一歲三華，瑞草。疏：瑞草名也。一歲三華。一名苬，一名芝。《論衡》云：芝生於土，土氣和，故芝草生。《瑞命禮》曰：王者仁慈，則芝草生，是也。

《神農本草經》卷一 赤芝，味苦平，主胸中結，益心氣，補中增慧智、不忘。久食，輕身不老，延年神仙。一名丹芝。黑芝，味鹹平，主癃，利水道，益腎氣，通九竅，聰察。久食，輕身不老，延年神仙。一名元芝。青芝，味酸平，主明目，補肝氣，安精魂，仁恕。久食，輕身不老，延年神仙。一名龍芝。白芝，味辛平，主欬逆上氣，益肺氣，通利口鼻，强志意，勇悍，安魄。久食，輕身不老，延年神仙。一名玉芝。黄芝，味甘平，主心腹五邪，益脾氣，安神，忠信和樂。久食，輕身不老，延年神仙。一名金芝。紫芝，味甘温，主耳聾，利關節，保神，益精氣，堅筋骨，好顔色。久服，輕身不老，延年。一名木芝。生山谷。舊作六種，今并。

吴普曰：紫芝一名木芝。

案：《説文》云：芝，神草也。《爾雅》云：苬，芝。郭璞云：芝一歲三華，瑞草。【略】《列仙傳》云：吕尚服澤芝。《抱朴子・仙藥篇》云：赤者如珊瑚，白者如截肪，黑者如澤漆，青者如翠羽，黄者如紫金，而皆光明洞徹如堅冰也。【略】

人參。味甘微寒，主補五藏，安精神，定魂魄，止驚悸，除邪氣，明目，開心益

智。久服，輕身延年。一名人銜，一名鬼蓋。生山谷。

吴普曰：人參一名土精，一名神草，一名黄參，一名血參，一名人微，一名玉精。【略】有頭足手，面目如人。《御覽》

《名醫》曰：一名神草，一名人微，一名土精，一名血參，如人形者有神。生上黨及遼東。

案：《説文》云：蔘，人蔘，藥草。出上黨。《廣雅》云：地精，人蔘也。范子計然云：人參出上黨，狀類人者善。劉敬叔《異苑》云：人參一名土精，生上黨者佳，人形皆具，能作兒啼。【略】

伏苓，味甘平，主胸脇逆氣，《御覽》作「疝氣」。憂恚、驚邪、恐悸、心下結痛、寒熱煩滿，欬逆，口焦舌乾，利小便。久服安魂養神，不飢延年。一名茯菟。《御覽》作「茯神」。生山谷。

吴普曰：茯苓通神。桐君甘，雷公扁鵲甘無毒。或生茂州大松根下。入地三丈一尺，二月七日采。《御覽》。《名醫》曰：其有抱根者名茯神，生太山大松下，二月八月采，陰乾。

案：《廣雅》云：茯神，茯苓也。范子計然云：茯苓，出嵩高三輔。《列仙傳》云：昌容采茯苓，餌而食之。《史記》褚先生云：《傳》曰，下有伏靈，上有兔絲。所謂伏靈者，在兔絲之下，狀似飛鳥之形。伏靈者千歲松根也，食之不死。【略】

杜若，味辛微温，主胸脇下逆氣，温中，風入腦户，頭腫痛多，涕淚出。久服，益精，《藝文類聚》引作益氣。明目輕身。一名杜衡。《藝文類聚》引作蘅，非。生川澤。【略】

术。味苦温，主風寒溼痹死肌，痙疸，止汗，除熱，消食，作煎餌。久服輕身，延年，不飢。一名山薊。《藝文類聚》引作山筋。生山谷。

案：【略】《列仙傳》云：涓子好餌术。《抱朴子・仙藥篇》云：术一名山薊，一名山精。故《神藥經》曰：必欲長生，長服山精。【略】

乾地黄。味甘寒，主折跌絶筋，傷中，逐血痹，填骨髓，長肌肉，作湯，除寒熱積聚，除痹，生者亢良。久服，輕身不老。一名地髓，生川澤。

案：《説文》云：苄，地黄也。《列仙傳》云：吕尚服地髓。【略】

徐長卿，味辛温，主鬼物、百精、蠱毒、疫疾邪惡氣、温瘧。久服强悍輕身。一名鬼督郵，生山谷。【略】

赤箭，味辛温，主殺鬼、精物、蠱毒、惡氣。久服益氣力，長陰肥健，輕身，增年。一名離母，一名鬼督郵。生川谷。

吴普曰：鬼督郵，一名神草，一名閻狗，或生太山，或少室。莖箭赤無葉，根如芋子，三月四月八月，采根，日乾，治癰腫。

漢　東方朔《海内十洲記》　祖洲近在東海之中，地方五百里，去西岸七萬里。上有不死之草，草形如菰，苗長三四尺，人已死三日者，以草覆之，皆當時活也。服之令人長生。昔秦始皇大苑中，多枉死者横道，有鳥如烏狀，銜此草覆死人面，當時起坐而自活也。有司聞奏，始皇遣使者齎草以問北郭鬼谷先生。鬼谷先生云：「此草是東海祖洲上有不死之草，生瓊田中，或名爲養神芝。其葉似菰，苗叢生，一株可活一人。」始皇於是慨然言曰：「可採得否？」乃使使者徐福發童男童女五百人，率攝樓船等入海尋祖洲，遂不返。福，道士也，字君房，後亦得道云。

瀛洲在東海中，地方四千里，大抵是對會稽，去西岸七十萬里。上生神芝仙草。又有玉石，高且千丈。出泉如酒，味甘，名之爲玉醴泉。飲之數升輒醉，令人長生。洲上多仙家，風俗似吴人，山川如中國也。

玄洲在北海之中，戌亥之地，方七千二百里，去南岸三十六萬里。上有太玄都，仙伯真公所治。多丘山，又有風山，聲響如雷電。對天西北門上，多太玄仙官宫室，宫室各異。饒金芝玉草。乃是三天君下治之處，甚肅肅也。【略】

長洲一名青丘，在南海辰巳之地。地方各五千里，去岸二十五萬里。上饒山川及多大樹，樹乃有二千圍者。一洲之上，專是林木，故一名青丘。又有仙草靈藥，甘液玉英，靡所不有。又有風山，山恒震聲。有紫府宫，天真仙女遊於此地。【略】

元洲在北海中，地方三千里，去南岸十萬里。上有五芝玄澗，澗水如蜜漿，飲之長生，與天地相畢。服此五芝，亦得長生不死，亦多仙家。【略】

生洲在東海丑寅之間，接蓬萊十七萬里，地方二千五百里，去西岸二十三萬里。上有仙家數萬。天氣安和，芝草長生。地無寒暑，安養萬物。亦多山川仙草衆芝。一洲之水，味如飴酪。至良洲者也。【略】

方丈洲在東海中心，西南東北岸正等，方丈方面各五千里。上專是羣龍所聚，有金玉琉璃之宫，三天司命所治之處。羣仙不欲昇天者，皆往來此州，受太玄生籙，仙家數十萬，耕田種芝草，課計頃畝，如種稻狀。亦有玉石泉，上有九源

丈人宫，主領天下水神及龍蛇巨鯨陰精水獸之輩。

漢 郭憲《洞冥記》卷一 波祇國，亦名波弋國，獻神精香草，亦名荃蘼，一名春蕪。一根百條，其間如竹節，柔軟，其皮如絲，可爲布，所謂春蕪布，亦名香荃布，堅密如紈冰也。握一片，滿室皆香。婦人帶之，彌月芬馥。

又 卷三 天漢二年，帝昇蒼龍閣，思仙術，召諸方士言遠國遐方之事。惟東方朔下席，操筆跪而進。帝曰：「大夫爲朕言乎？」朔曰：「臣遊北極，至種火之山，日月所不照，有青龍銜燭火以照。山之四極，亦有園圃池苑，皆植異木異草。有明莖草，夜如金燈，折枝爲炬，照見鬼物之形。仙人寗封常服此草，於夜暝時，輒見腹光通外，亦名洞冥草。」帝令剉此草爲泥，以塗雲明之館。夜坐此館，不加燈燭，亦名照魅草。以藉足，履水不沉。

有夢草，似蒲，色紅。晝縮入地，夜則出，亦名懷夢。懷其葉，則知夢之吉凶，立驗也。帝思李夫人之容，不可得，朔乃獻一枝，帝懷之，夜果夢夫人，因改曰懷夢草。

有鳳葵草，色丹，葉長四寸，味甘，久食令人身輕肌滑。赤松子餌之三歲，乘黃蛇入水，得黃珠一枚，色如真金，或言是黃蛇之卵，故名蛇珠，亦名銷疾珠。語曰：寧失千里駒，不失黃蛇珠。

有五味草，初生味甘，花時味酸，食之使人不眠，名曰却睡草。末多國獻此草。此國人長四寸，織麟毛爲布，以文石爲床，人形雖小，而室宇崇曠，織鳳毛錦，以錦爲帷幕也。

鳥哀國，有龍爪薤，長九尺，色如玉。煎之有膏，以和紫桂爲丸，服一粒，千歲不饑。故語曰：薤和膏，身生毛。

有掌中芥，葉如松子。取其子置掌中，吹之而生，一吹長一尺，至三尺而止，然後可移於地上。若不經掌中吹者，則不生也。食之能空中孤立，足不躡地，亦名躡空草。

漢 許慎《説文》卷一下 芝。神草也。从草从之。止而切。

晉 皇甫謐《帝王世紀》（《太平御覽》卷四引） 堯時有草，夾階而生，每月朔日生一莢，至月半則生十五莢，至十六日後日落一莢，至月晦而盡，若月小餘一莢，王者以是占歷。唯盛德之君，應和氣而生，以爲堯瑞。名曰蓂莢，一名歷莢，一名瑞草。

晉 張華《博物志》卷一《物產》 地性含水土山泉者，引地氣也。山有沙者生金，有穀者生玉。名山生神芝、不死之草。上芝爲車馬，中芝爲人形，下芝爲六畜。土山多雲，鐵山多石。五土所宜，黃白宜種禾，黑墳宜麥黍，蒼赤宜菽芋，下泉宜稻，得其宜則利百倍。

和氣相感則生朱草。山出象車，澤出神馬，陵出黑丹，阜出土怪，江出大貝，海出明珠，人主壽昌，民延壽命，天下太平。

名山大川，孔穴相納，和氣所出，則生石脂、玉膏，食之不死神。龍靈龜行於穴中矣。

神宮在高石沼中，有神人，多麒麟、靈芝、神草。有英泉，飲之眠三百歲乃覺，不死。去瑯琊四萬五千里。

又 卷三《異草木》 太原晉陽以北生屏風草。

海上有草焉，名蒒，其實食之如大麥，七月稔，俗名曰自然穀，或曰禹餘糧。

堯時有屈軼草生于庭，佞人入朝則屈而指之，又名指佞草。

右詹山草，帝女所化，其葉鬱茂，其華黃實如豆，服者媚于人。

又 卷九《雜説上》 蓍一千歲而三百莖，其本以老，故知吉凶。蓍末大于本爲上吉。筮必沐浴、齋潔、焚香，每月望浴，蓍必五浴之浴，龜亦然。【略】

蓍末大于本爲上吉，次蒿，次荆，皆如是。龜蓍皆月望浴之。

晉 郭璞《郭璞集・白䓘》（《漢魏六朝百三家集》卷五七引） 白䓘睪蘇，其汁如飴。食之辟穀，味有餘滋。逍遥忘勞，窮生盡期。

晉 干寶《搜神記》卷一四 舌埵山，帝之女死，化爲怪草，其葉鬱茂，其華黃色，其實如兔絲，故服怪草者，恒媚於人焉。

晉 葛洪《抱朴子・内篇》卷一一《仙藥》 五芝者，有石芝，有木芝，有草芝，有肉芝，有菌芝，各有百許種也。

石芝者，石象芝生於海隅名山，及島嶼之涯有積石者，其狀如肉象有頭尾四足者，良似生物也。附于大石，喜在高岫險峻之地，或卻著仰綴也。赤者如珊瑚，白者如截肪，黑者如澤漆，青者如翠羽，黃者如紫金，而皆光明洞徹如堅冰也。晦夜去之三百步，便望見其光矣。大者十餘斤，小者三四斤，非久齋至精，及佩老子入山靈寶五符，亦不能得見此輩也。凡見諸芝，且先以開山卻害符置其上，則不得複隱蔽化去矣。徐徐擇王相之日，設醮祭以酒脯，祈而取之，皆從日下禹步閉氣而往也。又若得石象芝，搗之三萬六千杵，服方寸匕，日三，盡一斤，則得千歲；十斤，則萬歲。亦可分人服也。又玉脂芝，生於有玉之山，常居

懸危之處，玉膏流出，萬年已上，則凝而成芝，有似鳥獸之形，色無常彩，率多似山玄水蒼玉也。亦鮮明如水精，得而末之，以無心草汁和之，須臾成水，服一升，得一千歲也。七明九光芝，皆石也，生臨水之高山石崖之間，狀如盤碗，不過徑尺以還，有莖帶連綴之，起三四寸，有七孔者名七明，九孔者名九光，光皆如星，百餘步內，夜皆望見其光，其光自別，可散不可合也。常以秋分伺之得之，擣服方寸匕，入口則翕然身熱，五味甘美，盡一斤則得千歲，令人身有光，所居暗地如月，可以夜視也。石蜜芝，生少室石戶中，戶中便有深谷，不可得過，以石投谷中，半日猶聞其聲也。去戶外十餘丈有石柱，柱上有偃蓋石，高度徑可一丈許，望見蜜芝從石戶上墮入偃蓋中，良久，輒有一滴，有似雨後屋之餘漏，時時一落耳。然蜜芝墮不息，而偃蓋亦終不溢也。戶上刻石爲科斗字，曰得服石蜜芝一斗者萬歲。諸道士共思惟其處，不可得往，唯當以碗器著勁竹木端以承取之，然竟未有能爲之者。按此石戶上刻題如此，前世必已有得之者也。石桂芝，生名山石穴中，似桂樹而實石也。高尺許，大如徑尺，光明而味辛，有枝條，擣服之一斤得千歲也。石中黃子，所在有之，沁水山爲尤多。其在大石中，則其石常潤濕不燥，打其石有數十重，乃得之，在大石中，赤黃溶溶，如雞子之在其殼中也。即當飲之，不飲則堅凝成石，不復中服也。法正當及未堅時飲之，既凝則應末服也。破一石中，多者有一升，少者有數合，可頓服也。雖不得多，相繼服之，共計前後所服，合成三升，壽則千歲。但欲多服，唯患難得耳。石腦芝，生滑石中，亦如石中黃子狀，但不皆有耳。打破大滑石千許，乃可得一枚。初破之，其在石中，五色光明而自動，服一升得千歲矣。石硫黃芝，五嶽皆有，而箕山爲多。其方言許由就此眼之而長生，故不復以富貴累意，不受堯禪也。石硫丹者，石之赤精，蓋石硫黃之類也，皆浸溢于崖岸之間，其濡濕者可丸服，其已堅者可散服。如此有百二十，皆石芝也，事在《太乙玉策》及《昌宇內記》，不可具稱也。

及夫木芝者，松柏脂淪入地千歲，化爲茯苓，茯苓萬歲，其上生小木，狀似蓮花，名曰木威喜芝。夜視有光，持之甚滑，燒之不然，帶之辟兵。以帶雞而雜以他雞十二頭共籠之，去之十二步，射十二箭，他雞皆傷，帶威喜芝者不傷也。從生門上采之，於六甲陰乾之百日，末服方寸匕，日三，盡一枚，則三千歲也。千歲之栝木，其下根如坐人，長七寸，刻之有血，以其血塗足下，可以步行水上不没；以塗人鼻以入水，水爲之開，可以止住淵底也；以塗身則隱形，欲見則拭之。又可以治病，病在腹內，刮服一刀圭；其腫痛在外者，隨其所在刮一刀圭，即其腫痛所在以摩之，皆手下即愈。假令左足有疾，則刮塗人之左足也。又刮以雜巨勝爲燭，夜遍照地下，有金玉寶藏，則光變青而下垂，以鍤掘之可得也。末之服，盡十斤，則千歲也。又松樹三千歲者，其皮中有聚脂，狀如龍形，名曰飛節芝，大者重十斤，末服之，盡十斤，得五百歲也。又有樊桃芝，其木如升龍，其花葉如丹羅，其實如翠鳥，高不過五尺，生於名山之陰，東流泉水之上，以立夏之候伺之，得而末服之，盡一株，得五千歲也。參成芝，赤色有光，扣之枝葉，如金石之音，折而續之，即複如故。木渠芝，寄生大木上，如蓮花，九莖一叢，其味甘而辛。建木芝實生於都廣，其皮如纓蛇，其實如鸞鳥。此三芝得服之，白日升天也。黃廬子、尋木華、玄液華，此三芝生於泰山要鄉及奉高，有得而服之，皆令人壽千歲。黃蘗檀桓芝者，千歲黃蘗木下根，有如三斛器，去本株一二丈，以細根相連狀如縷，得末而服之，盡一枚，則成地仙不死也。此輩複百二十種，自有圖也。

草芝有獨搖芝，無風自動，其莖大如手指，赤如丹，素葉似莧，其根有大魁如斗，有細者如雞子，十二枝周繞大根之四方，如十二辰也，相去丈許，皆有細根如白發以相連。生高山深谷之上，其所生左右無草。得其大魁末服之，盡則得千歲，服其細者一枚百歲，可以分他人也。懷其大根即隱形，欲見則左轉而出之。牛角芝，生虎壽山及吳阪上，狀似葱，特生如牛角，長三四尺，青色，末服方寸匕，日三，至百日，則得千歲矣。龍仙芝，狀如升龍之相負也，以葉爲鱗，其根則如蟠龍，服一枚則得千歲矣。麻母芝，似麻而莖赤色，花紫色。紫珠芝，其花黃，其葉赤，其實如李而紫色，二十四枝輒相連，而垂如貫珠也。白符芝，高四五尺，似梅，常以大雪而花，季冬而實。朱草芝，九曲，曲有三葉。葉有三實也。五德芝，狀似樓殿，莖方，其葉五色各具而不雜，上如偃蓋，中常有甘露，紫氣起數尺矣。龍銜芝，常以仲春對生，三節十二枝，下根如坐人。凡此草芝，又有百二十種，皆陰乾服之，則令人與天地相畢，或得千歲二千歲。

肉芝者，謂萬歲蟾蜍，頭上有角，頷下有丹書八字體重，以五月五日日中時取之，陰乾百日，以其左足畫地，即爲流水，帶其左手於身，辟五兵，若敵人射己者，弓弩矢皆反還自向也。千歲蝙蝠，色白如雪，集則倒懸，腦重故也。此二物得而陰干末服之，令人壽四萬歲。千歲靈龜，五色具焉，其雄額上兩骨起似角，以羊血浴之，乃剔取其甲，火炙擣服方寸匕，日三，盡一具，壽千歲。行山中，見小人乘車馬，長七八寸者，肉芝也，捉取服之即仙矣。風生獸似貂，青色，大如狸，生於南海大林中，張網取之，積薪數車以燒之，薪盡而此獸在灰中不然，其毛

不焦，斫刺不入，打之如皮囊，以鐵錘鍛其頭數十下乃死，死而張其口以向風，須臾便活而起走，以石上菖蒲塞其鼻即死。取其腦以和菊花服之，盡十斤，得五百歲也。又千歲鷰，其巢户北向，其色多白，而尾掘，取陰乾，末服一頭，五百歲。凡此又百二十種，此皆肉芝也。

菌芝，或生深山之中，或生大木之下，或生泉之側，其狀或如宫室，或如車馬，或如龍虎，或如人形，或如飛鳥，五色無常，亦百二十種，自有圖也。皆當禹步往採取之，刻以骨刀，陰乾，末服方寸匕，令人升仙，中者數千歲，下者千歲也。欲求芝草，入名山，必以三月九月，此山開出神藥之月也，勿以山佷日，必以天輔時，三奇會尤佳。出三奇吉門到山，須六陰之日，明堂之時，帶靈寶符，牽白犬，抱白雞，以白鹽一斗及開山符檄著大石上，執吴唐草一把以入山，山神喜，必得芝也。又采芝及服芝，欲得王相專和之日，支幹上下相生爲佳。此諸芝名山多有之，但凡庸道士，心不專精，行穢德薄，又不曉入山之術，雖得其圖，不知其狀，亦終不能得也。山無大小，皆有鬼神，其鬼神不以芝與人，人則雖踐之，不可見也。

北魏 張揖《廣雅》卷一〇《釋草》 鹿腸，玄蔘也；地精，人葠所今也；苦心，沙蔘也；其蒿，青蓑素禾也。

北魏 賈思勰《齊民要術》卷一〇《蒿》 《神仙服食經》曰：七禽方，十一月采旁勃。旁勃，白蒿也。白兔食之，壽八百年。【略】

又《地榆》 《神仙服食經》曰：地榆，一名玉札。北方難得，故尹公度曰：寧得一斤地榆，不用明月珠。其實黑如豉，北方呼豉爲札，當言玉豉。與五茄煮，服之可神仙。是以西域真人曰：何以支長久？食石畜金鹽。何以得長壽？食石用玉豉。此草霧而不濡，太陽氣盛也，鑠玉爛石。炙其根作飲，如茗氣。其汁釀酒，治風痺，補腦。【略】

又《鹿葱》 《風土記》曰：宜男草也，高六尺，花如蓮。懷姙人帶佩，必生男。

南朝梁 任昉《述異記》卷上 東海島龍川，穆天子養八駿處也。島中有草名龍芻，馬食之一日千里。古語云，一株龍芻，化爲龍駒。【略】

陽泉在天餘山北，清流數十步，所涵草木皆化爲石精。

南朝梁 孫柔之《孫氏瑞應圖》（《太平御覽》卷八七三引） 萐莆，王者不徵滋味，庖厨不踰深盛，則生於厨，一名倚扇，一名實閶，一名倚萐，生如蓮，枝多葉少，根如絲，轉而風生，主於飲食清涼，驅殺蟲蠅。舜時生於厨。又堯時冬死夏生。又舜時生於厨及階左。【略】

朱草者，草之精也，王者德無所不通，四方有歌詠之聲，則生。

唐 段成式《酉陽雜俎》卷一九《草篇》 芝。天寶初，臨川郡人李嘉胤所居柱上生芝草，形類天尊，太守張景佚截柱獻之。

大曆八年，廬江縣紫芝生，高一丈五尺。芝類至多。參成芝，斷而可續。夜光芝，一株九實，實墜地如七寸鏡，視如牛目，茅君種於句曲山。隱辰芝，狀如斗，以屋爲節，以莖爲剛。

《仙經》言：穿地六尺，以鐶實一枚種之，灌以黄水五合，以土堅築之。三年生苗如匏。一曰瓠。實如桃，五色，名鳳腦芝。食其實，唾地爲鳳，乘升太極。白符芝，大雪而華。五德芝，如車馬。菌芝，如樓。凡學道三十年不倦，天下金翅鳥銜芝至。羅門山食一曰生。石芝，得地仙。【略】

天名精。一曰鹿活草。昔青州劉憍，宋元嘉中射一鹿，剖五藏，以此草塞之，蹶然而起。憍怪而拔草，復倒。如此三度。憍密録此草種之，多主傷折。俗呼爲劉憍草。【略】

異菌。開成元年春，成式修竹里私第，書齋前有枯紫荆數枝蠹折，因伐之，餘尺許。至三年秋，枯根上生一菌，大如斗。下布五足，頂黄白兩暈，緑垂裙如鵝鞴，一曰鞴。高尺餘。至午，色變黑而死，焚之氣如麻香。成式嘗置香爐於枎臺，每念經，門生以爲善徵。後覽諸志怪，南齊吴郡褚思莊，素奉釋氏，眠於渠下，短柱是柟木，去地四尺餘，有節。大明中，忽有一物如芝，生於節上，黄色鮮明，漸漸長數尺。數日，遂成千佛狀，面目爪指及光相衣服，莫不完具。如金鍱隱起，摩之殊軟。常以春末生，秋末落，落時佛形如故，但色褐耳。至落時，其家貯之箱中。積五年，思莊不復住其下。亦無他顯盛，闔門壽考，思莊父終九十七，兄年七十，健如壯年。

又梁簡文延香園，大同十年，竹林吐一芝，長八寸，頭蓋似雞頭實，黑色。其柄似藕柄，内通幹空，一曰柄幹通空。皮質皆純白，根下微紅。雞頭實處似竹節，脱之又得脱也。自節處别生一重，如結網羅，四面同一曰周，可五六寸，圓繞周匝，以罩柄上，相遠不相著也。其似結網衆目，輕巧可愛，其柄又得脱也。驗仙書，與威喜芝相類。

舞草。出雅州。獨莖三葉，葉如決明。一葉在莖端，兩葉居莖之半相對。

人或近之歌及抵掌謳曲，必動葉如舞也。

護門草。常山北。草名護門，實諸門上，夜有人一曰物過輒叱之。【略】

胡蔓草。生邕容間。叢生，花偏如支子稍大，不成朵，色黃白，葉稍黑，誤食之，數日卒，飲白鵝、鴨血則解。或以一物投之，祝曰：我買你。食之立死。

【略】

夢草。漢武時異國所獻，似蒲，晝縮入地，夜若抽萌。懷其草，自知夢之好惡。帝思李夫人，懷之輒夢。

烏蓬。葉如鳥翅，俗呼爲仙人花。

神草。魏明時，苑中合歡草狀如蓍，一株百莖，晝則衆條扶疎，夜乃合一莖，謂之神草。

三蔬。晉時有芳蔬園，在墉一曰金墉之東，有菜名芸薇，類有三種：紫色爲上蔬，味辛；黃色爲中蔬，味甘；青者爲下蔬，味鹹。常以三蔬充御菜，可以藉食。

掌中芥。末多國出也，取其子置掌中吹之，一吹一長，長三尺，乃植於地。

水網藻。漢武昆明池中有水網藻，枝橫側水上，長八九尺，有似網目。鳧鴨入此草中，皆不得出，因名之。

地日草。南方有地日草。三足烏欲下食此草，羲和之馭，以手掩烏目，食此則美悶不復動。東方朔言：爲小兒時，井陷，墜至地下，數十年無所寄託。有人引之，令往此草中，隔紅泉不得渡，其人以一隻屐，因乘泛紅泉，得至草處食之。

明 李時珍《本草綱目》卷一二上《人參》 釋名：人蓡、黃參、血參、人銜、鬼蓋、神草、土精、地精、海腴、皺面還丹。 時珍曰：人蓡年深，浸漸長成者，根如人形，有神，故謂之人蓡神草。【略】《廣五行記》云，隋文帝時，上黨有人宅後每夜聞人呼聲，求之不得。去宅一里許，見人參枝葉異常，掘之，入地五尺，得人蓡，一如人體，四肢畢備，呼聲遂絶。觀此，則土精之名，尤可證也。《禮斗威儀》云，下有人參，上有紫氣。《春秋運斗樞》云，摇光星散而爲人參。人君廢山瀆之利，則摇光不明，人參不生。觀此，則神草之名又可證矣。

【略】

又《黃精》 釋名：黃芝、戊巳芝、菟竹、鹿竹、仙人餘糧、救窮草、米餔、野生薑、重樓、雞格、龍銜、垂珠。 頌曰：隋時羊公服黃精法云，黃精是芝草之精也。一名葳蕤，一名白及，一名仙人餘糧，一名苟格，一名馬箭，一名垂珠，一名菟竹。 時珍曰：黃精爲服食要藥，故《別録》列于草部之首。仙家以爲芝草之類，以其得坤土之精粹，故謂之黃精。《五符經》云，黃精獲天地之淳精，故名爲戊巳芝，是此義也。

又 卷一三《鬼督郵》 釋名：獨摇草。 時珍曰：此草獨莖而葉攢，其端無風自動，故曰鬼獨摇草。後人訛爲鬼督郵爾。因其專主鬼病，猶司鬼之督郵也。古者傳舍有督郵之官主之。徐長卿、赤箭皆治鬼病，故並有鬼督郵之名，名同而物異。【略】

又《吉利草》 吉利草。集解： 時珍曰：按嵇含《南方草木狀》云：此草生交廣，莖如金釵股，形類石斛，根類芍藥。吳黃武中，江夏李俣徙合浦遇毒，其奴吉利偶得此草與服，遂解，而吉利即遁去。俣以此濟人不知其數也。

又 卷一五《蓍》 釋名： 時珍曰：按班固《白虎通》載，孔子云蓍之爲言耆也。老人歷年多更事，久事能盡知也。陸佃《埤雅》云：草之多壽者，故字從耆。《博物志》言，蓍千歲而三百莖，其本已老，故知吉凶。【略】

集解：【略】《史記·龜筴傳》云：龜千歲乃遊于蓮葉之上。蓍百莖共一根。所生之處，獸無虎狼，蟲無毒螫。徐廣註云：劉向言龜千歲而靈，蓍百年而一本生百莖也。褚先生云：蓍滿百莖，其下必有神龜守之，其上常有青雲覆之。《傳》云：天下和平，王道得而蓍莖長丈，其叢生滿百莖。方今取蓍者，八十莖已上，長八尺者，即已難得。但得滿六十莖以上，長六尺者，即可用矣。今蔡州所上，皆不言如此。則此類亦神物，故不常有也。 時珍曰：蓍乃蒿屬，神草也。故《易》曰：蓍之德，圓而神。天子蓍長九尺，諸侯七尺，大夫五尺，士三尺。張華《博物志》言：以末大於本者爲主，次蒿，次荆，皆以月望浴之。然則無蓍揲卦，亦可以荆、蒿代之矣。【略】

又《劉寄奴草》 釋名：金寄奴、烏藤菜。 時珍曰：按李延壽《南史》云，宋高祖劉裕小字寄奴，微時伐荻新州，遇一大蛇，射之。明日往，聞杵臼聲。尋之，見童子數人皆青衣，于榛林中擣藥。問其故，答曰：我主爲劉寄奴所射，今合藥傅之。裕曰：神何不殺之？曰：寄奴王者，不可殺也。裕叱之，童子皆散。乃收藥而反。每遇金瘡，傅之即愈。人因稱此草爲劉寄奴草。

又 卷一九《越王餘算》 集解： 珣曰：越王餘算生南海水中，如竹算子，長尺許。劉敬叔《異苑》云：昔晉安越王渡南海，將黑角白骨作算籌，其有餘者，棄於水中而生此。故葉白者似骨，黑者似角，遂名之。相傳可食。【略】

又《菖蒲》 釋名：昌陽、堯韭、水劍草。 時珍曰：菖蒲乃蒲類之昌盛者，故曰菖蒲。又《呂氏春秋》云：冬至後五十七日，菖始生。菖者，百草之先生者，於是始耕。則菖蒲昌陽又取此義也。《典術》云：堯時，天降精于庭爲韭，感百陰之氣爲菖蒲，故曰堯韭。方士隱爲水劍，因葉形也。

又 卷二八《芝》 釋名：苬。 時珍曰：芝本作之，篆文象草生地上之形，後人借之字爲語辭，遂加草以別之也。《爾雅》云：苬，芝也。註云：一歲三華，瑞草。或曰：生於

剛處曰菌，生於柔處曰芝。昔四皓采芝，羣仙服食。則芝亦菌屬可食者，故移入菜部。【略】

集解：【略】禹錫曰：王充《論衡》云「芝生於土。土氣和，故芝草生。」《瑞命禮》云「王者仁慈，則芝草生」是也。時珍曰：芝類甚多，亦有花實者。《本草》惟以六芝標名，然其種屬不可不識。《神農經》云：山川雲雨、四時五行、陰陽晝夜之精，以生五色神芝，爲聖王休祥。《瑞應圖》云：芝草常以六月生，春青夏紫，秋白冬黑。葛洪《抱朴子》云：芝有石芝、木芝、肉芝、菌芝，凡數百種也。石芝石象，生於海隅石山島嶼之涯。肉芝狀如肉，附於大石，頭尾具有，乃生物也。赤者如珊瑚，白者如截肪，黑者如澤漆，青者如翠羽，黃者如紫金，皆光明洞徹如堅冰也。大者十餘斤，小者三四斤。凡求芝草，入名山，必以三月、九月，乃山開出神藥之月。必以三輔時，出三奇吉門，到山須六陰之日，明堂之時。帶靈寶符，牽白犬，抱白鷄，包白鹽一斗，及開山符檄，著大石上，執吴唐草一把入山，山神喜，必得見芝。須禹步往采。以王相專和、支干相生之日，刻以骨刀，陰乾爲末服，乃有功效。若人不至精久齋，行穢德薄，又不曉入山之術，雖得其圖，鬼神不以與，人終不可得見也。曰菌芝，生深山之中，大木之下，泉水之側。其狀或如宫室，如龍虎，如車馬，如飛鳥，五色無常。凡百二十種，自有圖也。曰木威喜芝，乃松脂淪地，千年化爲茯苓，萬歲其上生小木，狀似蓮花，夜視有光，持之甚滑，燒之不焦，帶之辟兵，服之神仙。曰飛節芝，生千歲老松上，皮中有脂，狀如飛形，服之長生。曰木渠芝，寄生大木上，狀如蓮花，九莖一叢，味甘而辛。曰黃蘗芝，生於千歲黃蘗根下，有細根如縷，服之地仙。曰建木芝，生於都廣，其皮如纓，其實如鸞。曰糸成芝，赤色有光，扣其枝葉，如金石之音。曰樊桃芝，其本如龍，其花如丹蘿，其實如翠鳥，並可服食。曰千歲芝，生枯木下，根如坐人，刻之有血，血塗二足，可行水隱形，又可治病。已上皆木芝也。曰獨摇芝，無風自動，其莖大如手指，葉似莧，根有大魁如斗，周遶有細子十二枚繞之，相去丈許，生高山深谷，服之神仙。曰牛角芝，生虎壽山及吴陵上，狀似葱而特出如牛角，長三四尺，青色。曰龍仙芝，似昇龍相負之形。曰案珠芝，莖黃葉赤，實如李而紫色。曰白苻芝，似梅，大雪而花，季冬而實。曰朱草芝，九曲三葉，葉有實也，其莖如針。曰五德芝，狀似樓殿，五色各具，方莖紫氣。已上皆草芝也，有百二十種，人得服之神仙。曰玉脂芝，生於有玉之山，狀似鳥獸，色無常彩，多似山水蒼玉，亦如鮮明水晶。曰七明九光芝，芝生於臨水石厓之間，狀如盤盌，有莖葉，此芝葉有七孔，夜見其光，食至七枚，七孔洞徹，一名螢火芝。曰石蜜芝，生少室石户中石上，終難得。曰桂芝，生石穴中，似桂樹，乃石也，光明，味辛。曰石腦芝，石中黃。皆石芝類也。千歲燕、千歲蝙蝠、千歲龜、萬歲蟾蜍，山中見小人，皆肉芝類也，凡百二十種。又按《採芝圖》云：鳳凰芝，生名山金玉間，服食一年，與鳳凰俱也。曰燕胎芝，形如葵，紫色，有燕象。曰黑雲芝，生山谷之陰，黑蓋赤理墨莖，味鹹苦。又有五色龍芝、五方芝、天芝、地芝、人芝、山芝、土芝、石芝、金芝、水芝、火芝、雷芝、甘露芝、青雲芝、雲氣芝、白虎芝、車馬芝、太一芝等，名狀不一。張華《博物志》云：名山生神芝不死之草。上芝爲車馬，中芝人形，下芝六畜形。又按段成式《酉陽雜俎》云：屋柱無故生芝者，白主喪，赤主血，黑主賊，黃主喜，形如人面者亡財，如牛馬者遠役，如龜蛇者蠶耗。時珍嘗疑，芝乃腐朽餘氣所生，正如人生瘤贅，而古今皆以爲瑞草，又云服食可仙，誠爲迂謬。近讀成式之言，始知先得我所欲言，其揆一也。又方士以木積濕處，用藥傅之，即生五色芝。嘉靖中王金嘗生以獻世宗。此昔人所未言者，不可不知。

明 木增《雲薖淡墨》卷一《朱草》 《大戴禮》：朱草，日生葉，至十五日生十五葉，十六一葉落，終而復始。陸賦：月始而生，月虧而落，或産水厓，或生岩側，瑞比蓂莢，珍如靈芝。

紀事

漢 郭憲《洞冥記》卷四 武帝末年，彌好仙術，與東方朔狎暱。帝曰：「朕所好甚者不老，其可得乎？」朔曰：「臣能使少者不老。」帝曰：「服何藥耶？」朔曰：「東北有地日之草，西南有春生之魚。」帝曰：「何以知之？」朔曰：「三足烏數下地食此草，羲和欲馭，以手揜烏目，不聽下也，長其食此草。盖鳥獸食此草，則美悶不能動矣。」帝曰：「子何以知乎？」朔曰：「臣小時掘井，陷落地下數十年，無所託寄。有人引臣欲往此草，中隔紅泉，不得渡。其人以一隻屐與臣，臣泛紅泉，得至此草之處，臣采而食之。其國人皆織珠玉爲業，邀臣入雲煓之幕，設玄珉雕枕，刻黑玉銅鏤爲日月雲雷之狀，亦曰縷雲枕。又薦蛟毫之白褥，以蛟毫織爲褥也。此毫柔而冷，常以夏日舒之，因名柔毫褥。又有水藻之屏，臣舉手拭之，恐水流濕其席，乃其光也。」

晉 干寶《搜神記》卷一 神農以赭鞭鞭百草，盡知其平毒寒温之性，臭味所主，以播百穀，故天下號神農也。【略】

赤將子舉者，黄帝時人也。不食五穀，而啗百草華。至堯時，爲木工。能隨風雨上下，時於市門中賣繳，故亦謂之繳父。

又卷六 吴孫亮五鳳元年六月，交阯稗草化爲稻。昔三苗將亡，五穀變種。此草妖也。其後亮廢。

又卷一四 昔高陽氏有同産而爲夫婦，帝放之於崆峒之野，相抱而死。神鳥以不死草覆之，七年，男女同體而生，二頭四手足，是爲蒙雙氏。

南朝宋 范曄《後漢書》志一四《五行志二》 庶徵之恒燠，《漢書》以冬温應之。中興以來，亦有冬温，而記不録云。

安帝元初三年，有瓜異本共生，瓜同蔕，時以爲嘉瓜。或以爲瓜者外延，離本而實，女子外屬之象也。是時閻皇后初立，後閻后與外親耿寶等共譖太子，廢爲濟陰王，更外迎濟北王子犢立之，草妖也。【略】

中平元年夏，東郡，陳留濟陽、長垣，濟陰冤句、離狐縣界，有草生，其莖靡纍腫大如手指，狀似鳩雀龍蛇鳥獸之形，五色各如其狀，毛羽頭目足翅皆具。近草妖也。是歲黄巾賊始起。皇后兄何進，異父兄朱苗，皆爲將軍，領兵。後苗封濟陽侯，進、苗遂秉威權，持國柄，漢遂微弱，自此始焉。

南朝宋 劉敬叔《異苑》卷八 晉有士人，買得鮮卑女名懷順。自説其姑女爲赤莧所魅，始見一丈夫，容質妍净，著赤衣，自云家在厠北。女於是恒歌謡自得。每至將夕，輒結束去屋後。其家伺候，唯見有一株赤莧。女手指環挂其莧莖。芟之，而女號泣，經宿遂死焉。

南朝梁 任昉《述異記》卷上 園客者，濟陰人。貌美，邑人多欲妻之，客終不娶。常種五色香草，積十餘年，服食其實。忽有五色蛾集香草上，客薦之以布，生華蠶焉。至蠶時，有一女自來助養蠶，以香草食之，得繭一百二十枚。繭大如甕，每一繭繅六七日絲方盡。繅訖，此女與客俱神仙去。

南朝梁 蕭子顯《南齊書》卷一八《祥瑞志》 昇明二年，宣城臨成縣於藉山獲紫芝一枝。永明八年五月，陽城縣獲紫芝一株。

隆昌元年正月，襄陽縣獲紫芝一莖。

又 卷一九《五行志》 《傳》又曰：「犯上者不誅，則草犯霜而不死。或殺不以時，事在殺生失柄，故曰草妖也。」一曰：「草妖者，失衆之象也。」

永元中，御刀黄文濟家齋前種昌蒲，忽生花，光影照壁，成五采，其兒見之，餘人不見也。少時，文濟被殺。

北齊 魏收《魏書》卷一一二下《靈徵志八下》 世宗景明三年七月，魯陽獻烏芝。王者慈仁則生，食之令人度世。

唐 房玄齡《晉書》卷二八《五行志中》 草妖 漢獻帝建安二十五年春正月，魏武帝在洛陽起建始殿，伐濯龍樹而血出，又掘徙梨，根傷亦血出。帝惡之，遂寢疾，是月崩。蓋草妖，又赤祥，是歲魏文帝黄初元年也。

吴孫亮五鳳元年六月，交阯稗草化爲稻。昔三苗將亡，五穀變種，此草妖也。其後亮廢。

蜀劉禪景耀五年，宮中大樹無故自折。譙周憂之，無所與言，乃書柱曰：「衆而大，其之會。具而授，若何復。」言曹者衆也，魏者大也，衆而大，天下其當會也。具而授，如何復有立者乎？蜀果亡，如周言，此草妖也。

唐 魏徵《隋書》卷二三《五行志下》 草妖 高祖時，上黨有人，宅後每夜有人呼聲，求之不得。去宅一里所，但見人參一本，枝葉峻茂。因掘去之，其根五尺餘，具體人狀，呼聲遂絶。蓋草妖也。視不明之咎。時晉王陰有奪宗之計，諂事親要，以求聲譽。譖皇太子，高祖惑之。人參不當言，有物憑之。上黨，黨，與也。親要之人，乃黨晉王而譖太子。高祖不悟，聽邪言，廢無辜，有罪用，因此而亂也。

唐 張讀《宣室志》卷五 蘭陵蕭逸人，亡其名。嘗舉進士，下第，遂焚其書，隱居潭水上，從道士學神仙。因絶粒吸氣，每旦屈伸肢體，冀延其壽。積十年餘，髪盡白，色枯而背僂，齒有墮者。一旦引鏡，自視勃然發怒。且曰：「吾棄聲利，隱身田野間，絶粒吸氣，冀得長生。今亦衰瘠如是，豈我之心哉？」即還居鄴下，學商人逐什一之利。凡數年，資用大饒，爲富家。後因治園屋，發地得物，狀類人手，肥而且潤，色微紅。逸人得之，驚曰：「豈非禍之芽？且吾聞太歲所在，不可興土事。脱有犯者，當有修肉出其下，固不祥也。今果有，奈何？然吾聞得肉食之，或可以免。」于是烹而食，味甚美，食且盡。自是逸人聽視明，力愈壯，貌愈少。髪之禿者，盡黰然而長矣。齒之墮者，亦駢然而生矣。逸人默自奇異，不敢告于人。後有道士至鄴下，逢逸人，驚曰：「先生嘗得餌仙藥乎？何神氣清悟如是。」道士因胗其脉，久之又曰：「先生嘗食靈芝矣。夫靈芝狀類人手，肥而且潤，色微紅者是也。」逸人悟其事，以告，道士賀曰：「先生之壽，可與龜鶴齊矣。然不宜居塵俗間，當退休山林，棄人事，神仙可致。」逸人喜而從其語，遂去。竟不知所在。【略】

靈石縣南，嘗夜中妖怪。由是里中人，無敢夜經其地者。大初年，董叔經爲西河守。時有彭城劉皁，假孝義尉。皁頃嘗以書忤董叔，怒甚，遂棄職。入汾水關，夜至靈石南，逢一人立于路旁，其狀絶異。皁馬驚而墜，久之乃起。其路旁立者，即解皁衣袍，而自衣之。皁以爲刧，不敢拒。既而西走近十餘里，至逆旅。因言其事，逆旅人曰：「邑南夜中有妖怪，固非賊爾。」明日有自縣南來者，謂皁曰：「縣南野中，有蓬蔓狀類人，披一青袍，不亦異乎？」皁往視之，果已之袍也。里中人始悟爲妖者乃蓬蔓耳。由是盡焚，其妖遂絶。

五代 劉昫《舊唐書》卷三七《五行志》 天寶初，臨川郡人李嘉胤所居柱上

生芝草，狀如天尊像，太守張景夫拔柱以獻。

上元二年七月甲辰，延英殿御座生白芝，一莖三花。肅宗製《玉靈芝詩》三篇，羣臣皆賀。占曰：「白芝主喪。」明年，上皇、肅宗俱崩。二年九月，含輝院生金芝。

永泰二年二月，京城槐樹有蟲食葉，其形類蠶。其年六月，太廟第二室芝草生。

大曆四年三月，潤州上元縣芝草生，一莖四葉，高七寸。八年，廬州廬江縣紫芝生，高一丈五尺。九年九月，晉州神山縣慶唐觀檜樹已枯重榮。十二年五月甲子，成都府人郭遠，因樵獲瑞木一莖，有文曰「天下太平」四字。其年十一月，蔡州汝陽縣芝草生，紫莖黃蓋。

宋 徐鉉《稽神録》卷六《食黃精婢》 臨川有士人唐遇，虐其所使婢。婢不堪其毒，乃逃入山中。久之，糧盡飢甚，坐水邊，見野草枝葉可愛，即拔取濯水中，連根食之，甚美。自是恒食。久之，遂不飢，而更輕健。夜息大樹下，聞草中獸走，以爲虎而懼，因得念上樹杪乃生也，正爾念之，而身已在樹杪矣。及曉，又念當下平地，又欻然而下。自是意有所之，身輒飄然而去。或自一峰之一峰頂，若飛鳥焉。數歲，其家人伐薪見之，以告其主，使捕之，不得。一日，遇其在絶壁下，即以網三面圍之，俄而騰上山頂，其主亦駭異，必欲致之。或曰：「此婢也，安有仙骨？不過得靈草餌之爾。試以盛饌，多其味，令甚香美，致其往來之路，觀其食否。」果如其言，常來就食。食訖，不復能遠去，遂爲所擒。且述其故，問其所食草之形狀，即黃精也。復使尋之，遂不能得。其婢數年亦卒。

宋 歐陽修《新唐書》卷三四《五行志》 草妖。武德四年，益州獻芝草如人狀。占曰：「王德將衰，下人將起，則有木生爲人狀。」草，亦木類也。

景龍二年，岐州郿縣民王上賓家，有苦蕒菜高三尺餘，上廣尺餘，厚二分。近草妖也。三年，内出蒜條，上重生蒜。蒜，惡草也；重生者，其類衆也。四年，京畿藍田山竹實如麥。占曰：「大饑。」

開元二年，終南山竹有華，實如麥，嶺南亦然，竹並枯死，是歲大饑，民採食之。占曰：「國中竹、柏枯，不出三年有喪。」十七年，睦州竹實。

天寶初，臨川郡人李嘉胤屋柱生芝草，狀如天尊像。

上元二年七月甲辰，延英殿御座上生白芝，一莖三花。白，喪象也。

大和九年冬，鄭注之金帶有菌生。近草妖也。

開成四年六月，襄州山竹有實成米，民採食之。

光啓元年七月，河中解、永樂生草，葉自相樛結，如旌旗之狀，時人以爲「旗子草」。二年七月，鳳翔麟游草生如旗狀。占曰：「其野有兵。」

乾德四年閏八月，黃岡縣民段贇屋柱生紫芝一本二莖，知州鄧守忠以獻。

元 脱脱《宋史》卷六三《五行志二上》 建隆二年九月，亳州獻芝一株。十二月，登州獻芝五莖。

開寶四年，成都府民羅達家生芝。六年正月，知梓州趙延通獻芝一本。河中府大明觀殿芝草生，節度使陳思讓以聞。七年七月，陳州節度党進獻控鶴營卒孫洪家芝二本。八月，又獻芝一本，四十九莖。九月，麻城縣廨芝生柱上，刺史王明以獻。十月，梓州獻芝草。

太平興國二年八月，青城縣民家竹一本，上分雙莖。三年六月，項城縣令王元正獻芝草。七月，廣州獻芝草。八月，功臣堂柱生芝二本，知州范旻畫圖以獻。四年八月，廣州獻芝草。九月，華山道士丁少微獻白芝、黝芝各一器。五年五月，眉山縣竹一莖十四節，上分二枝，長丈四尺。九月，真定府行宫殿梁生芝，如荷花，知府趙賢進以圖來上。十月，龍水縣華嚴寺舊截竹爲筒引水，忽生枝葉，長二丈許，知州姜宣以聞。六年三月，廣州獻黃芝一本九莖。七月，新津縣趙豐村竹一莖十二節，上分兩岐，知州崔憲以聞。七年六月，知黃州裴仁鳳獻芝草。七月，知羅江縣陳覃，於羅璝山獲芝四本以獻。湘陰縣萬壽寺松根，芝草二本生，轉運副使趙昌獻芝。八月，再生四本，昌又獻。潭州民歐陽進、夏侯敏園中芝三本。宜興縣民長孫裕家生芝，紫莖黃蓋。十月，雄州實信院竹叢生芝草，僧致仁采之復生，悉以上獻。八年二月，知福州何允昭獻芝二本。五月，漢州獻芝。十月乙酉，蜀州獻瑞竹一本十六節，上分兩枝。知連州史昭文獻芝二莖。十一月，婺源縣民王化於王陵山石上，得紫芝一本，叢生五莖。金州監軍廨生芝三本。九年十月，金州獻芝三本，永康軍獻芝九莖，同日至闕下。十一月，知梓州沈護獲芝三莖。

雍熙二年七月，靈州芝草生，知州侯贇刻木爲其狀來獻。三年三月，殿前承旨張思能使楚、泗，獻所得芝草五本。四月，眉山縣獻《異竹圖》。八月，邢部尚書宋琪家牡丹三華。

端拱元年五月，知襄州郝正獻芝五本。八月，廣州鳳集合歡樹下，得芝三

本。二年七月，彭山縣民家生異竹。舒州芝草生，知州趙孚以獻。十月，密州獻芝草。

淳化元年四月，永州監軍廨芝草生，知州克憲以聞。八月，黄州刺史魏丕獻芝草。二年二月，射洪縣安國寺竹二莖同本。六月，舒州竹連理，知州樂史以聞。十一月，陵州民趙崇家慈竹二莖，長六尺許，其上别有根柢，莖分十枝，長丈餘；又一本三莖並聳。三年十月，朗州異竹生。京師太平興國寺牡丹生華，占云：「有喪。」是月，恭孝太子薨。四年正月，知興化軍馮亮獻芝草。十月，彭門芝草生。十二月，榮州獻《異竹圖》。五年正月，密州獻芝草四本，枝葉扶疎。二月，知温州何士宗獻芝草五本；十月，又獻十本。

至道元年十一月，潭州監軍廨生竹一本，長二尺許，枝葉萬餘，尤爲殊異。二年六月，虔州龍泉縣合龍院一竿分兩枝。河南縣民張知遠家芝草生，判府吕蒙正表上之。閏七月，密州獻芝二本。三年二月，廣東轉運使康戩獻紫芝。

咸平元年十二月，宣化縣保聖山瑞竹生一本二枝。二年閏二月，宣、池、歙、杭、越、睦、衢、婺諸州箭竹生米如稻。時民飢，采之充食。九月，劍州驛廳梁上生芝草，一枝三朵，其色黄白，知州李仁衡圖以獻。四年正月，濰州獻芝草一本，如佛狀。十二月，知淮陽軍王礪獻芝草三本。六年五月，導江縣民潘矩田生芝，三層，黄紫色，高五寸許。九月，相州牧龍坊生芝一莖，色紫黄，長尺餘，分七枝，枝如手五指狀。其最上枝類鳳者，知州張鑑以獻。

景德三年八月，蔡州獻芝草。四年十月，知廣安軍王奇上《芝草圖》。十二月，蓬州上《瑞竹圖》。

大中祥符元年四月，温州獻《瑞竹圖》。五月辛未，以東封，遣經度制置使王欽若祭文宣王廟，於孔林得芝五株，色黄紫，如雲色及人戴冠冕之狀。詔内侍楊懷玉祭謝。復得芝四本，輕黄，如雲氣之狀。癸未，内侍江德明於白龍潭石上，得紫黄芝一本以獻。六月，瑕丘縣民宋固於堯祠前得黄紫芝九本，連理者四；又縣民蔡珍得芝一本，王欽若以獻。欽若又於岱嶽及堯祠前，再得芝二十二本，連理者二，及有貫草石者。七月，欽若親獲芝十一本，又州長及民所得二十六本，有重臺連理及外白内紫之狀，且言：「泰山至日生芝草，軍民競采，請給緡帛。」從之。兖州獄空，司理參軍郭保讓掃除其間，得芝四本。八月，須城縣民家芝草生。乾封縣民家屋柱生芝，滋長連衺，色鮮潔，如繪畫。欽若獻芝草八千一百三十九本，有貫草木、附石、連理及飾爲寶山者。黄州獻異竹一本雙莖。九月，趙安仁來獻五色金玉丹紫芝八千七百十一本。鞏縣柴務牡丹華。十月，泰山芝草再生者甚衆。辛丑，車駕次鄆州，知州馬元方獻芝草五本。甲辰，欽若等又獻泰山芝草三萬八千五十本，有並五連、三連理者，五色重暈如寶蓋，下相連帶，凡草木五穀如寶山、靈禽、瑞獸之象者六百四十二。詔令封禪日列天書輦前，又送諸路名山勝景及賜宰相。是月，復州獻芝草，類神仙佛像。河中府酒廚梁上生芝一本十二葉，其色如玉。安陽縣段贇家紫芝連理，長尺餘。又民李釗屋柱生芝三本。霍丘縣河亭及聖惠坊並有紫芝生。十二月，福州懷安縣龍眼樹上紫芝連理。温州獻《靈芝圖》。二年正月，福州荔枝樹生連理芝二本。二月，饒州獻芝草四本。七月，遂州皇澤寺芝草生，凡五十本。九月，榮州廨庭中生芝二本。十月，果州青居山獻金暈連理芝草。十一月，華山張超谷石上生紫芝二本。嵩岳生芝草五十本。石首縣文宣王廟殿柱芝草生。又龍蓋山萬福里民宗永昌園藤上芝草生一本雙莖。十二月，漢州芝草生。黔州芝草一莖十二枝，若山峰狀。三年正月，井研縣三惠寺生芝草十本。二月，昌州廨廳柱芝生四本。閏二月，饒州芝草生。三月，西充縣青蓮塔院、太平觀並生芝草。四月，京師竹有華，占云：「歲不豐。」六月，鼐、邵、鄂州並芝草生。七月，虢州聖女觀生芝草三本。八月，穎縣民得田芝十二本。蜀州生芝草，一莖九葉。江陵縣民張仲家竹自根上分幹，其一幹又分三莖。九月，江陵府永泰寺竹出地七節，分爲兩莖，長丈餘，知府陳堯咨以聞。華州敷水民侯元則入華陽川石罅，得芝一本，知州顧端以獻。十月，内侍任文慶詣茅山，設醮洞中，獲芝草二十八本，有如人手者。十一月，安鄉縣謝山獲芝二十二本，其七狀如珊瑚而色紫。十二月，神泉縣獲芝四本。四年正月，知華州崔端獻芝草，狀如仙人掌。須城縣民李道安於黄仙公洞臺上得芝草一本以獻。二月，崔端又獻芝草十本。知益州任中正獻芝草二十二本。知遂州毋賓古獻芝草。四月，古田縣僧舍竹一本，上分三莖。端昌縣民李讓家筆竹一本，去地五尺許，分爲二莖，知州范應辰以聞。六月，夔州芝草生廪舍中。七月，知亳州徐泌、知江州王文震並獻芝草。知郴州袁延慶獻芝草十本。八月，邕州雲封寺柏樹生芝五本，知州劉知詰以獻。西充縣廣川王廟生芝十本，其三連理。八月，知信州李放獻《瑞竹圖》三本。十一月，河中府獻芝草。真源縣民王順慈、司徒揵家生芝各一本。岳州、道州並獻芝草。南嶽奉册使薛映、副使錢惟演過荆門軍神林石上，獲芝草以獻。十二月，鉛山縣仁壽僧舍生芝草一本，雙枝，長尺八寸。五年六月，潯州六祖院法堂紫芝雙秀，知州高志寧以

聞。八月，亳州獻芝草。十月，澤州廳事梁上，生白莖紫蓋芝二十四本。閏十月，常州芝草生。又蕭山縣芝生李樹上十一本。十一月，廣州獻芝草二百三十七本。晉原縣僧舍芝草一本。十二月，隨州芝草生。亳州獻鹿邑縣民所獲芝草四本。候官縣山上生芝草五十四本。閬縣望泉寺生芝草十本。寧德縣支提山石上生芝草十五本。六年二月，江州廬山崇聖院生芝九本，知州王文震以獻。四月，饒州承天院東山生芝四本，連葉。六月，壽丘縣獲紫莖金芝一本。景陵縣管陽山林中獲芝三十本。七月，内侍石延福登兗州壽丘，獲芝一本，貫草而生，又旁得三十本。亳州團練使高漢英獻芝八本。鼎州城門柱下生芝一本。八月，繼照堂生芝一本，紫莖黄蓋。奉祀經度制置使丁謂至真源縣，太清宫道士、瀨陽鄉民繼獲芝八十本以獻。乙丑，又獲二百五十本，有一本三莖，一莖如雲氣佛像者。九月，又得宋城縣民所獲芝五十本獻之。十月，丁謂來朝，獻芝草三萬七千一百八本，飾以仙人、寶禽、異獸之狀；十一月，又獻九萬五千一百本。明年，車駕至真源，民有詣行闕獻者，又一萬八千本。是冬，兗州景靈宫芝草生。慶成軍大寧廟聖製碑閣生金芝二本。昭州龍嶽山資壽寺芝草生。潯州廳廨柱芝生一本，上分爲二，其上又生二本，凡三重。無錫縣民曹詵家食案生芝，赤黄有光，長尺許。又知南安軍章得一獻芝草。七年正月，明州獻茹侯山石上芝草一本四莖。二月，知信州歐陽陟獻芝草七本，忠州獻芝五本。四月，福州獻芝草二本。五月，鄞縣西上石崖生紫芝十五本。七月，華州民入華山，得白石上芝草，雙莖連蓋。八月，均州、獻州獻芝千二百二十七本。十月，慶成軍大寧廟石雙莖芝生，其上合幹。明、英二州芝草生。十一月，蜀州芝草二本生竹根。八年二月，青州武成王廟柱生芝一本，知州張知白以圖獻。三月，榮州應靈縣彌陀佛舍生紫芝三本，其一雙幹，上如蓋。四月，昌州有芝生石上，一本四莖，其色黄白。四月，彰明縣民家竹一根，上分二本、十三節。又開元寺桃竹一莖，上分十八節，皆相對。五月，道州舜祠旁生芝二十一本。六月，盩厔縣民家芝草三莖，共成一葉，又石芝一本。十月，晉原縣民柏宬家生芝三根，合爲一本。九年七月，知信州董温獻芝十二本。八月，知廬州余獻卿獻芝二本。九月，涪城縣石壁生芝二本。十一月，武岡縣民何文化園竹生兩株同本，上分四莖。十二月，晉原縣民李彥滔家竹一本，雙莖對節，知州王世昌圖以獻。

天禧元年三月，新津縣平蓋下玉皇案下芝草生。鄂州天慶觀聖祖殿芝草生。四月，邵陽等縣竹生穗如米，民饑食之。又浮梁縣竹生穗如米。七月，漢陽軍太平興國寺異竹一本，生二莖，節皆相對。十二月庚午，内出芝草如真武像。二年正月庚子，内出真遊、崇徽二殿《梁上芝草圖》示宰相。五月，兗州景靈宫昭慶殿生金芝二本。三年六月，漢陽軍芝草生，一百五十餘本。七月，嵩山崇福宫獲芝草一百本，有重臺連理、貫草者，知河南府馮拯以獻。四年四月，梁山軍民王崇宬竹園，生金暈紫芝五本。十一月，上饒縣民王壽園中生芝草三本，皆金暈，其二連理。

乾興元年六月，蘇、秀二州湖田生聖米，居民取以食。興州竹有實，如大麥，民取以食，占曰：「大饑。」八月，洋州民李永負土成母墳，芝生墳上。

天聖元年五月，興州竹有實如大麥，民取以食之，占曰：「竹有實，大饑。」八月甲寅，有芝生于天安殿柱，召輔臣觀之。九月戊午，城西下木場芝草生。三年七月，梓州城門生芝二本。四年正月，梓州民家生芝四本。九月，榮州芝生。

明道元年七月，榮州、連州並芝生。

景祐二年九月，嘉州芝草生。四年五月丙寅，有芝生于化成殿楹。

慶曆元年二月丙午，京師雨樂。二年八月，梓州芝草生。五年八月，洪州章江禪院堂柱芝草生，高一尺三寸，葉二十一層，色白黄，有紫暈；旁生小芝，葉九層，上有氣如煙。

皇祐元年七月，福州生芝一十二本。十月，湖州芝草生。三年六月丁亥，無爲軍獻芝草，凡三百五十本。上曰：「朕以豐年爲上瑞，賢臣爲寶，至於草木、魚蟲之異，焉足尚哉！」五年閏七月，榮州芝草生。

嘉祐三年十一月，河南府芝草生。六年正月，清川縣漢光武祠生芝草，一本三岐。八月，施州歌羅砦生芝四本。十月，汝州新砦巡檢廨舍生芝五本。

熙寧元年，益陽縣雷震山裂，出米可數十萬斛，賫至京師，信米也，但色黑如炭。八年七月，鼎州産芝三本，其一類珊瑚，枝葉摎結。鹽官縣自三月地産物如珠，可食；水産菜如菌，可爲葅，饑民賴之。九年五月，流江縣産芝二十一本。

元豐二年四月，眉州生瑞竹。六月，忠州雨豆。七月甲午，南賓縣雨豆。十一月，全州芝生十二本。三年六月，安州芝生二十九本，其一連理。臨江軍芝生四十三本。四年十月，鄞縣天慶觀生瑞竹一本，自第九節分莖雙起。五年七月，永康縣生紫芝九本。十一月，閬中縣生紫芝六、金芝七。永康縣生紫芝九。六年八月，吉州芝生三十三本。十二月，滕縣官舍生異草，經月不腐。七年四月，景靈宫芝生六本於天元殿門。五月，開化縣芝生九本，黄白紫色。八月，永安陵

下宫芝生一本。十月，青州芝生二十一本。

元祐元年七月，武安軍言：「前秘書省正字鄧忠臣母墳前生芝草一本，紫莖黄蓋。」三年六月，臨江縣塗井鎮雨白黍；七月，又雨黑黍。四年九月，江津縣石上生芝草二本六莖。五年二月，晉原縣生芝草四十二本。七年十一月，滁州生芝二百餘本。

紹聖三年九月，淄川縣生芝草，有穀十科穿芝草生二枝。十月，河南府大内地生芝草。

元符二年正月，處州民田生瑞竹。二月，瀘州生芝草一本，同根駢幹，至蓋復合爲一。又衡州郡廳生紫芝一根十六葉。

崇寧元年八月，盤石縣芝草連理。三年十月，復州、澤州芝草生。四年正月，戎州、宿州芝草生。七月，瀘州芝草、瑞竹生。五年冬，澶州、安州芝草生。

大觀元年三月，宣、鄆、湖、潤州皆芝草生。廬州雨大豆。九月，崇天臺及兗州孔林芝草生。二年，陳兗筠州、廣德軍芝草生。三年秋，西京、湖海普渠州、南安軍芝草生。

政和元年正月，萊州芝草生。十一月，虔州聖祖殿芝草生。二年二月戊子，河南府新安縣蟾蜍背生芝草。自是而後，祥瑞日聞。玉芝産禁中殆無虚歲，凡殿宇、園苑及妃嬪位皆有之，外則中書尚書二省、太學、醫學亦産紫芝。四年八月，建州境内竹生米數千萬石。五年十一月癸酉，越州承天寺瑞竹一竿七枝，幹相似，其葉圓細，生花結實。詔送秘書省，仍拜表賀。五年五月，禁中芭蕉連理。八月甲子，蘄州進芝草一萬一千六百枝，内一枝紫色，九幹。十二月己未，汝州進六萬本，其間連理、雙枝者一千八百八十，有司不勝其紀。初猶表賀，後以爲常，不皆賀也。時朱勝非爲京東提舉學事，行部至密州界，見縣令部數百夫入山採芝。彌漫山谷，皆芝菌也。或附木石，或出平地，有一本數十葉，層疊高大，衆色咸備。郡守李文仲採及三十萬本，每萬本作一綱入貢。文仲尋進職，授本道轉運使。

建炎二年九月癸卯，權知密州杜彦獻芝草，五葉，如人指掌，色赤而澤。宰臣黄潛善奏：「色符火德，形像股肱之瑞。」高宗不啓視，却之。

紹興元年七月乙未，浙西安撫大使劉光世，以枯秸生穗奏瑞。高宗曰：「朕在潛邸，梁間生芝草，官僚皆欲上聞，朕手碎之，不欲實此奇怪。」乃却之。十六年正月辛未，瀘州天雨豆，近草妖也。十六年，梅州孔子廟生芝。二十一年，紹興府學御書下生芝。番陽縣石門民家籬竹生重萼牡丹，又民家竈鼎生金色蓮華。房州治所綵山下生蕙。萬州、虔州放生池生蓮，皆同蔕異萼。二十三年六月，汀州生蓮，同蔕異萼者十有二。二十五年五月，太室楹生芝九莖，秦檜帥百官觀之，稱賀。勾龍庚、沈中立以獻頌遷擢，周麟之請繪之鹵簿行旗。檜孫禮部侍郎塤請以黎州甘露降草木、道州連理木、鎮江府瑞瓜、南安軍瑞蓮、嚴信州瑞芝，悉圖之旗。是冬，檜薨，高宗曰：「比年四方奏瑞，文飾取悦，若信州林機奏秦檜父祠堂生芝，佞諛尤甚。」明年四月甲午，詔郡國無獻瑞。

乾道元年七月，池州竹生穗，實如米，飢民采之以食，守臣魯訔爲《野穀生竹圖》以獻。御史劾訔不以民食草木爲病，坐佞免官。

慶元五年八月，太室西北夾室楹生白芝，四葉，前史以白芝爲喪祥。明年八月，國連有大喪。

嘉泰二年十一月，祕書省右文殿楹生芝二莖。

明 宋濂《元史》卷五〇《五行志一》 至元二年八月丙寅，濟南鄒平縣進芝一本。八年八月癸酉，益都濟州進芝二本。十五年四月，濟南歷城縣進芝。十九年六月，芝生眉州青（城）〔神〕縣景德寺。二十三年四月丁未，江東宣慰司進芝一本。十月，濟寧進芝一本。二十六年三月癸未，東流縣獻芝。四月，池州貴池縣民王逸進紫芝十二本。六月，汲縣民朱良進紫芝。二十八年三月，芝生鈞州（翟陽）〔陽翟〕縣。二十九年六月，芝生賀州。

大德五年十二月，興元西鄉縣進芝一本，色如珊瑚。六年正月，濟南鄒平縣進芝一本，五枝五葉，色皆赤。

延祐二年三月，芝生大成殿。

至大四年八月，芝生國學大成殿。五年七月，芝生大成殿。

又 卷五一《五行志二》 至元元年十二月，芝草生于荆門州當陽縣覆船山，一本五幹，高尺有二寸，一本二幹，高五寸有半，幹皆兩岐；二本相依附，扶疏瑰奇，如珊瑚枝，其高者結爲華蓋慶雲之狀。五年秋，芝草生于中書工部之屋梁，一本七幹。

明 陸楫《古今説海》卷一一四《説畧三十・霏雪録》 洪武乙亥冬，遣使發卒修陂塘。時山陰天樂瀛湖塘掘得一物，類小兒臂，紅潤如生。無有識者，遂棄之。此肉芝也，食之延年。

清 張廷玉《明史》卷二九《五行志二》 草異。永樂十六年正月乙丑，同

州、澄城、郃陽、朝邑雨穀及蕎麥。正統八年十一月，殿上生荆棘，高二尺。十四年，廣州獄竹牀，踰年忽青生葉。成化六年二月戊寅，湖廣應山雨粟。弘治八年二月，枯竹開花，實如麥米。苦賈開蓮花。六月甲子，黟縣雨豆，味不可食。九年，黄州民家瓜大如斗，瓤皆赤血。萬曆四十三年四月戊寅，石首雨豆，大小不一，色雜紅黑。崇禎四年、五年，河南草生人馬形，如被甲持矛馳驅戰鬬者然。十三年，徐州田中白豆，多作人面，眉目宛然。

清 姚之駰《元明事類鈔》卷三四《花草門二》 獄中芝。明《雜記》：周朝瑞，袁化中、顧大章、楊漣、左光斗、魏大中六君子被逮，是年六月，詔獄土地祠前樹下生一黄芝，六君子至日光彩映人，環視適六瓣，見者疑吉兆。顧公嘆曰：「芝，瑞草也，而生於獄，其妖乎？」未幾，六君子皆歿獄中。【略】

孝芝。明《吕維祺集》：吕子夜夢神如文昌者，曰：「汝羽翼孝經甚力，上帝錫汝孝芝一本，十有八莖，葉與《孝經》篇章相應。」翌日柱壁隙中果生芝，踰月而堅，徑六七寸許，圍可尺八九寸，凡十八莖，芳香光采各具五色。【略】

蕉女。《庚巳編》：馮漢坐齋中，覩一女子緑衣翠裳，映牕而立。叱之，女子拜曰：「妾蕉氏也。」言畢忽入户，視之乃絶色。挽衣相狎，女忙迫而去，執得一帬角，乃蕉葉耳。驗庭中蕉，裂處正合。遂伐之，其根有血。【略】

如兒手。《庚巳編》：漕湖之濵有農婦，望湖灘一物白如雪，視之，乃一小兒手也。連臂約長尺許，其下作聲唧唧。走報其夫，共掘之，根不可窮，乃折而棄之湖。嘗讀《神仙感遇傳》，名肉芝者，正與此類，食之得仙，乃不幸棄於愚夫之手，惜哉。

藝文

漢 班固《班固集・郊祀靈芝歌》（《漢魏六朝百三家集》卷一一引） 因露寢兮産靈芝，象三德兮瑞應圖，延壽命兮光此都。配上帝兮象太微，參日月兮揚光輝。

三國魏 曹植《曹植集・靈芝篇》（《漢魏六朝百三家集》卷二七引） 靈芝生王地，朱草被洛濱。榮華相晃耀，光采曄若神。古時有虞舜，父母頑且嚚。盡孝於田壠，烝烝不違仁。伯瑜年七十，綵衣以娱親。慈母笞不痛，歔欷涕霑巾。丁蘭少失母，自傷蚤孤煢。刻木當嚴親，朝夕致三牲。暴子見陵侮，犯罪以亡形。丈人爲泣血，免戾全其名。董永遭家貧，父老財無遺。舉假以供養，傭作致甘肥。責家填門至，不知何用歸。天靈感至德，神女爲秉機。歲月不安居，嗚呼我皇考，生我既已晚，棄我何其早。蓼莪誰所興，念之令人老。退詠南風詩，灑淚滿褘袍。亂曰：聖皇君四海，德教朝夕宣。萬國咸禮讓，百姓家肅虔。庠序不失儀，孝弟處中田。户有曾閔子，比屋皆仁賢。髫齓無夭齒，黄髮盡其年。陛下三萬歲，慈母亦復然。《困學紀聞》云，陳思王《靈芝篇》云：「伯瑜年七十，綵衣以娱親。」今人但知老萊子之事，而不知伯瑜。

晉 郭璞《山海經圖讚・補遺・鬼草》 焉得鬼草，是樹是蓻。服之不憂，樂天儀世。如波滾舟，任波流滯。

又《山海經圖讚》卷一《䓘》 大騩之山，爰有莘草。青華白實，食之無夭。雖不增齡，可以窮老。【略】

又《荀草》 荀草赤實，厥狀如菅。婦人服之，練色易顔。夏姬是豔，厥媚三遷。【略】

又《蔏草》 蔏草赤莖，實如蘡薁。食之益智，忽不自覺。殆齊生知，功奇於學。【略】

又《嘉榮》 霆維天精，動心駭目。曷以御之，嘉榮是服。所正者神，用口腸腹。【略】

又《䔄草》 䔄草黄華，實如菟絲。君子是佩，人服媚之。帝女所化，其理難思。【略】

又《若華鳥酸草》 療瘧之草，厥實如瓜。鳥酸之葉，三成黄華。可以爲毒，不畏蚖蛇。【略】

又《黄雚草肥遺鳥囂獸》 浴疾之草，厥子赭赤。肥遺似鶉，其肉已疫。囂獸長臂，爲物好擲。【略】

又《祝茶草旋龜□□魚》 祝茶嘉草，食之不飢。鳥首蚖尾，其名旋龜。鵸鵂六足，三翅並翬。

晉 郭璞《郭璞集・卷施讚》（《漢魏六朝百三家集》卷五七引） 卷施之草，拔心不死。屈平嘉之，諷詠以比。取類雖邇，興有遠旨。

唐 潘炎《神蓍立賦有序》（《文苑英華》卷八五引） 景龍三年九月十七日，上使韓從禮蓍筮，卦未成，蓍自立。從禮曰：「大人之瑞也。」賦曰：

惟彼神蓍，生而有知。用知一作之不測，明以稽疑。擢九尺之纖幹，伏千年

之寶龜。德圓而神兮，無幽不及。其生三百兮，其用五十。惟聖人之觀象，乃神動而鬼入。列八卦以効變，翹孤莖而孑立。數彰得一，命乃自天。同大橫之有夏，表或躍而在田。其察也深，其功也大。稱美名於神物，齊妙用於神蔡。是曰元后，兹爲筮從。氣受陰陽，夜分而彩露兼涵；幽贊天地，朝覆而輕雲數重。著而有靈，立定天保，可謂神助，用光天造。功深莫善，仲尼且許以鈎深；屈於不知，太公徒言乎腐草。著之立兮發其祥，吾君得之尊以光。明乎太極，演彼歸藏。因卜祝之符瑞，應天人之會昌。

唐　梁肅《指佞草賦以靈草無心有佞必指爲韻》（《文苑英華》卷八八引）　聖澤濡煦兮，動植斯形。相彼瑞草兮，逢時効靈。體嘉生於浩氣，秉直道於彤庭。昔在堯帝，至化惟馨。伊屈軼之芳貞，協王猷與國經。有皇睿后，德動杳冥。二氣暢而羣生遂，百祥來而萬宇寧。矧夫佞者小人之道，直者爲國之寶。雖糾正於邦憲，實發明於瑞草。象恭言僞，於是焉去而勿疑；葉布莖分，何患乎辨之不早。若乃一人當宁一作宇，超黄越虞。百辟來朝，日臨雲趨。風力論道，伊咎陳謨。瑞草在前，疇敢以諛。故曰物生於有，有生於無。感此變化，發爲禎符。不然，彼植物之何知，乃同功於帝俞。天道不言，聖人無心。寓形闌教，其用則深。禾穎降於周王，芝房發於漢后。信呈豐兮告慶，并垂美於不朽。彼集作比直指以去邪，諒於功乎何有。我明主所以超三英之躅，彼靈草所以爲百瑞之首。有由然也。史魚守直，宣父惡佞。佞直不分，邦家靡定。惟草所指，惟皇所聽。指歸乎一，聽戒乎失。苟君集作執道之不弘，徒倚瑞以自必。重曰：曄彼草兮直而指佞，聖之瑞兮時之禮，頌皇休兮無極已。

唐　韋模當《朱草合朔賦》（《文苑英華》卷八八引）　縣官執大法，闡大猷，道惟行遠，化必通幽。彼朱草以合朔，示皇天之降休。月始而生，用資乎陰隲；月虧而落，事契夫冥搜。其於作候，靡或不由。乃知天罔私親，神惟輔德。苟明智之有務，必冥報而無忒。或産水涯，或生巖側。布赤葉之蒨練，挺朱柯之翕。艴既周復而莫窮，與乾坤而不極。誰究其義，吾知其爲。美一人之化洽，俾萬國而澤被。由是節候不疑，生榮以時。依天聽以叶祉，順月魄以呈姿。朔告合焉，表皇化之無異；草名朱也，比丹心兮自持。較瑞不慚於蓂莢，稱珍豈讓夫一作乎靈芝。觀其光彩妍媚，文理密緻。資亭毒以榮落，以神祇之奧祕。三五之前，逐蟾光以潛長；二八之後，與桂華之一作而暗墜。匪權量之能侔，將漏刻而齊致。其氣芬芳，其色焜煌。聖帝攸感，靈仙是常。何纖芥之微物，遇休明而効祥；諒君恩之克播，致天意之溥將。可以同覩日月，共貫陰陽。豈止漬玄醴變金漿而已哉。懿夫分莖灼爍，擢穎超遥。候朔自呈，詎比夫偶陽而動；既望斯隕，寧同乎見晛曰消。幽玄不測，神化孔昭。自然澤浸有截，化行無外，三光並明，兩儀交泰。於靈草以配歷，冠古今而爲大。

唐　史近《漢武帝齋宫産靈芝賦》（《文苑英華》卷八七引）　武皇帝慕軒后之風，儲思幽通。葉珍符於瑞牒，産靈芝於齋宫。太一清精，元君降衷。色奪兼金，發靈姿以温潤；質逾美玉，浮真氣以葱蘢。原夫帝在華帳，儼于仙仗。睿思邈以沖寂，神心育其相向。髣髴受釐，肅其冥貺。非煦育之所致，乃精神之潛暢。挺兹三秀，表信乎三元之符；擢此九莖，示期爾九坻之上。異屈軼之致用，類朱英之爲狀。足表天感與地生，或揚臣和而君唱。是知至精潛運，神物照彰。靈液潛通，願生乎枯木貞石；神心幽贊，故出此閟殿神房。冠庶草以爲貴，故有時而發祥。信稟質以津澤，非本媚乎馨香。豈比夫楚水之空嘉萍實，仙宫之獨貴玄霜。懿夫道心虚澹，我則無味以玄感；化象貴形，我乃無根而效靈。是用拔奇瑶砌，標異彤庭。紫蓋與祥雲允合，朱莖將火德相冥。秀射猗蘭之室，光連雲母之屏。焕國典而永昭歌頌，徹玄風而丕耀德馨。彼丹甑呈豐，器車表德，潛美巖野，挺芳幽側。曷比夫耀甲乙之帳，赫矣朱榮；結天地之精，渾然剛克。異朝菌之爲體，同夜光之非飾。含聖澤以成春，體正陽而稟色。是知人心告虔，心珍物效焉。將會昌於羣帝，必功格于上玄。且神之符則受此靈草，神之會則降彼真仙。苟獲符而爲約，與降質而相懸。大寶在乎皇極，真居本乎丹田。苟溺異以趨怪，顧汨聽而表年。彼乘嶠而求静，此執迷而徵聖。徒有托於齋祈，信無神於性命。覩芝宫兮緬爾一作汚朽，倏隙駟以奔競。庶歸玄化之門，小彼炎皇之慶。

唐　康子玉《神蓍賦》（《佩文齋廣群芳譜》卷八八引）　蓍之用兮，誠稟靈於自然。惟神也，適變之義至；惟用也，極數之理全。鈎深孰云乎筮短，藏密彌彰於德圓。再三則蒙，捨我而懼瀆；五十以學，由我而樂天。揲之而雖隱必索，保之而其静愈專。《易》之重者，胡可比焉。原夫質稟精純，叢分蔓蔚；覆青雲以表奇，伏元龜而克配。佐爾筮之貞吉，觀我生之進退；知微知彰而可期，何思何慮而或昧。於是命彼筮人，擇乎上春；韞之而必致其用，揲之而爰動其神。感以洗心，遂通端策之志；執之指掌，空嗤握策之倫。《禮》事其儀，《易》贊其妙。探彼幽賾，觀其秘要。皆多假爾之能，必叶窮神

之照。將欲觀貞，諒無與京。乾道變化而悟，神明幽贊而生。原始要終，思盡性於大衍；知來數往，翼明象於小成。非我無以昭效法之道，非我無以稽作《易》之情。於以致百慮，於以類萬物。象四時，四十九數而有常；推三才，三百六旬而不拂。惟蓍之用，惟神是聽。運不窮而或變，通其志而遂寧。且提攜而成列，有感應而協靈。滋而後數，布之而可辨；生而成象，審之而必形。何一卉之時育，配十朋之天縱。恥紅蘭之見鋤，鄙白茅之藉用。則知夫蓍之可貴也，庶類安能而共之哉。

禽

論説

宋 歐陽修《詩本義》卷一三《取舍義》 《玄鳥》，祀高宗也。其《詩》曰：「天命玄鳥，降而生商。」毛謂：春分，玄鳥降。有娀氏女簡狄配高辛氏帝，帝率與之祈於郊禖而生契。故本其爲天所命，以玄鳥至而生焉。古今雖相去遠矣，其爲天地人物，與今無以異也。毛氏之説，以今人情物理推之，事不爲怪，宜其有之。而鄭謂吞鳦卵而生契者，怪妄之説也。秦漢之間，學者喜爲異説，謂高辛氏之妃陳鋒氏女感赤龍精而生堯，簡狄吞鳦卵而生契，姜嫄履大人迹而生后稷。高辛四妃，其三皆以神異而生子。蓋堯有盛德，契、稷後世皆王天下數百年。學者喜爲之稱述，欲神其事，故務爲奇説也。至帝摯無所稱，故獨無説。鄭學博而不知統，又特喜讖緯諸書，故於怪説尤篤信。由是言之，義當從毛。

宋 蘇轍《詩集傳》卷一九《商頌》 「天命玄鳥，降而生商，宅殷土芒芒。古帝命武湯，正域彼四方。方命厥后，奄有九有。商之先后，受命不殆，在武丁孫子。武丁孫子，武王靡不勝。龍旂十乘，大糦是承。邦畿千里，維民所止，肇域彼四海。四海來假，來假祁祁。景員維河，殷受命咸宜，百禄是何。」

玄鳥，鳦也，古猶言昔也。糦，黍稷也。景，大也，員，均也。契母簡狄，有娀氏之女，爲帝嚳次妃，見玄鳥墮其卵，而吞之，因孕生契。堯封之於商，十四世而至於湯，始受命，以正域四方之諸侯，四方之君罔不受，遂奄九州而有之。其後世世受天命，無有危殆，以至武丁之子孫，以武德王天下，無所不勝。是以諸侯建龍旂，乘車，奉黍稷以來助祭。夫天子所居畿內千里，自足以疆域四方。四方諸侯，賴之以安，故其至者祈祈，其多其大而均，如衆水之赴河。咸曰殷受天命，天下莫不宜之者，宜其能何天禄也。此助祭者所以若是其多也。

明 周琦《東溪日談録》卷一八《闢異談》 世謂日烏月兎，日果有烏，月果有兎乎？按《漢·天文志》曰：日中有三足烏。説者亦曰：月中陰氣所積爲兎。以予言之，天，陽氣之浮者也，陽之精則爲日；地，陰氣之凝者也，陰之精則爲月。二氣之凝與浮既定而爲天地，則二氣之精即運而不已。烏、兎生於有天地日月之後，即天地日月運行之氣所生者也。豈是氣所生之物成形之後，復入於是氣之中，以雜乎陰陽精氣同一運行邪？夫日月者，陰陽之精氣也，固非外物之可雜者也。

明 楊慎《丹鉛續録》卷一《經説》 天命玄鳥，降而生商。

《詩緯》曰：「契母有娀氏浴於玄丘之水，睇玄鳥銜卵而墜之。契母得而吞之，遂生契。」自此説一出，太史公因之，朱文公《詩傳》亦因而不反，愚切疑之。夫卵不出蓐，燕不徙巢，何得云銜？即使銜而誤墜，未必不碎也。蓋解《詩》者求其説而不得，假之神怪以欺俗也。或曰然則《玄鳥》之詩何解也？曰：玄鳥，請子之候鳥也。《月令》：玄鳥至，是月祀高禖，以祈子。意者契母以玄鳥至之月，請子有應，詩人因其事而頌之。曰天命、曰降者，尊之、神之、貴之，若曰實自天降也。按《毛詩詁》云，玄鳥至日，以太牢祀高禖，記其祈福之時。故言天命玄鳥來。而謂之降者，重之若自天來。此説得之矣。大氐古人脩辭，興深意遠。若曰仲春之月，禱而生商，斯爲言之不文矣。如黄帝之生，虹電繞樞，蓋生之時，值始電見之候也。帝俊生十日，謂有十子而以甲、乙、丙、丁名之也。此而可誣，亦將曰黄帝生于虹，帝俊生十日乎？《詩》又曰：「維嶽降神，生甫及申。」亦本其生之地。而神之，便謂甫、申爲嶽神所生，可乎？傳説爲箕星，生之日直箕。蕭何爲昴，生之日直昴也。《楚辭》曰：「攝提貞于孟陬兮，庚寅吾以降。」屈原豈攝提之苗裔乎？漢柳敏碑言敏本柳星之後人，皆知笑之而不疑。玄鳥之事者，蓋以經故，豈知經旨本不如是耶？

明 薛應旂《薛子庸語》卷二《君子第五》 或問於薛子曰：「巨跡生稷，玄鳥生契，此猶以胎生也。至徐偃王，則以卵生，有諸？」薛子曰：「於志有之。諸凡此類，或出附會，不必深究，此仲尼所以不語怪也。」徐偃王，周穆王時人。《博物志》曰：「徐君宫人娠而生卵，以爲不祥，棄於水濱。孤獨母有犬，啣以歸母。覆煖之，遂生偃。宫人取回，長襲徐君。」

明 錢希言《戲瑕》卷三《青鳥》 青鳥故事甚多，其見於《山海經》者有九。一曰三危之山，三青鳥居之。主爲西王母取食者，別自栖息于此山也。一曰軀山南有三青鳥。爲西王母取食。一曰女祭女戚在奇肱一臂之北，居兩水間，青鳥所

集。一曰王母之山有沃之國，是謂沃之野，有三青鳥。一名大鵹，一名少鵹，一名青鳥。皆西王母所使。一曰玄丹之山，爰有青鳥。一曰附禺之山，爰有青鳥。一曰平丘在三桑東，爰有遺玉青鳥。一曰中容之國，東北海外，有三青鳥。一曰互人之國，有青鳥，身黄、赤足、六首，名曰鸀鳥。其見于《竹書紀年》者，則曰，十七年穆王西征昆侖丘，見西王母。其年西王母來朝，賔千昭宫。沈約附注云，王西征于青鳥所解三危山。其見于王褒《雲陽記》者，則云鉤弋夫人從至甘泉而卒，尸香聞十餘里，葬雲陽。武帝思之，起通靈臺于甘泉宫。有一青鳥，集臺上往來。至宣帝時，乃不至。其見於葛洪《神仙傳》者，東陵聖母從獄窗中飛去，衆望見之，轉高入雲中，留所着履一緉在窗下，自此升天。遠近立廟祠之，民所奉事，禱祈立效。常有一青鳥在祭所，人有失物者，乞問所在，青鳥即集盜物人之房上。其見于《十二真君傳》者，吴猛有道術，忽一日狂風暴起，猛乃書符擲于屋上，有一青鳥啣符而去，須臾風定。人或問之，答曰：「南湖有遭此風者，其中二道人呼天求救，故以此拯焉。」後人訪尋，果如所述。其見于《墉城集仙録》者，緱仙姑入道，居衡山。年八十餘，容色甚少。於魏夫人仙壇精修，香火數年。後有一青鳥，形如鳩鴿，紅頂長尾，飛來所居，自語云：「我南嶽夫人使也，以姑修道精苦，獨栖窮林，命我爲伴。」每有人游山，必青鳥先言其姓字。又一日，青鳥飛來曰：「今夕有暴客，無害，勿以爲怖也。」其夕，果有十餘僧來毁魏夫人仙壇。歲餘，青鳥語姑遷居日所，因徙居湖南，鳥亦隨之而往。其見于《博異志》者，唐貞元中，秀才白幽求，從新羅王子過海。於大謝公島夜遭風，飄至一處，山高萬仞，南面半腹，有城壁臺閣門宇甚壯麗。維舟而昇，到城一二里，皆龍虎列坐于道兩邊。諸龍虎時時目幽求盤旋。次門中數十人出，龍虎奔走，人皆乘之下山。幽求亦隨之維舟處。諸騎龍虎人皆履海面而行，須臾没于遠碧中。忽見從西旗節隊伍近千人，鸞隺青鳥飛引于路，有乘朱鬣馬人，衣紫雲日月衣，上張翠盖，如風而至。夫此一青鳥也。而注記之雜然不同若此，後人遂訛漢宫、七夕事爲青鳥傳書。夷考群籍所載青鳥，凡十有五，初未嘗言傳書也。漢宫傳王母使命者，乃墉城玉女，姓王名子登，是西王母紫蘭宫使者，着青衣，美麗非常，實一女子耳，安得謂之鳥哉？按：少昊摯以鳥紀官，故青鳥氏司啟。然則邃古時已有此鳥，非出不經。而唐人本王母駕玄鸞之説，因賦青鸞飛出建章宫，填詞家遂以青鸞對黄犬，從此河漢無極矣。又杜甫《玄都觀壇歌》云：「子規夜啼山竹裂，王母晝下雲旗翻。」王母，即漢宫所降西王母也。乃宋人張邦基著《墨莊漫録》，直以王母爲鳥名，作子規對解。老生不窮義理，惟事穿鑿，千載而下，使人掩口胡盧。世傳鴒鷃爲青鳥，以立春日始鳴，故少昊以之司啟也。

綜　述

《詩經·商頌·玄鳥》　天命玄鳥，降而生商，宅殷土芒芒。傳：玄鳥，鳦也。春分，玄鳥降，湯之先祖有娀氏女簡狄，配高辛氏帝。帝率與之祈于郊禖，而生契。故本其爲天所命，以玄鳥至而生焉。芒芒，大貌。箋云：降，下也。天使鳦下而生商者，謂鳦遺卵，娀氏之女簡狄吞之而生契，爲堯司徒，有功封商。堯知其後將興，又錫其姓焉。自契至湯八遷，始居亳之殷地，而受命，國日以廣大芒芒然。湯之受命由契之功，故本其天意。古帝命武湯正域彼四方，方命厥后，奄有九有。傳：正，長。域，有也。九有，九州也。

《山海經·西山經》　又西七十里，曰㺄次之山。漆水出焉，今漆水出岐山。北流注于渭，其上多棫橿，棫，白桵也。其下多竹箭，其陰多赤銅，其陽多嬰垣之玉。垣，或作短，或作根，或作埋，傳寫謬錯，未得其詳。有獸焉，其狀如禺而長臂，善投，其名曰囂。亦在畏獸畫中，似獼猴投擲也。有鳥焉，其狀如梟，人面而一足，曰橐𩇯，冬見夏蟄，服之不畏雷。著其毛羽令人不畏天雷也。或作災。

《山海經·北山經》　又北二百里，曰發鳩之山，今在上黨郡長子縣西。其上多柘木。有鳥焉，其狀如烏，文首，白喙，赤足，名曰精衛。其鳴自詨是炎帝之少女，名曰女娃。炎帝，神農也。娃，惡佳反，語誤或作階。女娃遊于東海，溺而不返，故爲精衛，常銜西山之木石以堙于東海。

《山海經·中山經》　又東十里，曰青要之山【略】有鳥焉，名曰鴢，其狀如鳧，青身而朱目赤尾，食之宜子。【略】東三百里曰首山【略】其陰有穀，曰機穀，多䳋鳥，其狀如梟而三目，有耳，其音如録，食之已墊。【略】

又西十里，曰廆山，其陰多㻬琈之玉。其西有穀焉，名曰雚穀，其木多柳楮。其中有鳥焉，狀如山雞而長尾，赤如丹火而青喙，名曰鴒䳈，其鳴自呼，服之不眯。【略】

又東一百五十里，曰岷山。【略】有鳥焉，狀如鴞而赤身，白首，其名曰竊脂，

今呼小青雀。曲觜肉食者爲竊脂，疑此非也。可以禦火。

又西二十里，曰復州之山，其木多檀，其陽多黃金。有鳥焉，其狀如鴞，而一足彘尾，其名曰跂踵，見則其國大疫。【略】

又西北一百里，曰堇理之山，其上多松柏多美梓，其陰多丹雘多金，其獸多豹虎。有鳥焉，其狀如鵲，青身白喙，白目白尾名曰青耕，可以禦疫。其鳴自叫。【略】

又東二百里，曰醜陽之山。其上多椆椐。有鳥焉，其狀如烏而赤足，名曰鳥只餘，可以禦火。【略】

《山海經·海外東經》 東方勾芒，鳥身人面，乘兩龍。木神也，方面素服。墨子曰：昔秦穆公有明德，上帝使勾芒賜之壽十九年。

《山海經·大荒東經》 有爲國，黍食，言此國中惟有黍穀也。使四鳥：虎、豹、熊、羆。【略】

有司幽之國。帝俊生晏龍，晏龍生司幽，司幽生思士，不妻；思女，不夫。言其人直思感而氣通，無配合而生子，此莊生所謂白鵠相視，眸子不運而感風化之類也。食黍，食獸，是使四鳥。有大阿之山者。【略】

有白民之國。帝俊生帝鴻，帝鴻生白民，白民銷姓，黍食，使四鳥：虎、豹、熊、羆。又有乘黃獸，乘之以致壽考也。【略】

有招摇山，融水出焉。有國曰玄股，自髀以下如漆。黍食，使四鳥。有困民國，勾姓而食。有人曰王亥，兩手操鳥，方食其頭。王亥託於有易、河伯、僕牛。河伯、僕牛，皆人姓名。託，寄也。見《汲郡竹書》。

《山海經·大荒南經》 大荒之中，有不庭之山，榮水窮焉。有人三身，帝俊妻娥皇生此三身之國。蓋後裔所出也。姚姓，黍食，使四鳥。【略】

有季禺之國，顓頊之子，食黍。言此國人，顓頊之裔子也。有羽民之國，其民皆生毛羽。有卵民之國，其民皆生卵。即卵生也。【略】

大荒之中，有人名曰驩頭。鯀妻士敬，士敬子曰炎融，生驩頭。驩頭人面鳥喙，有翼，食海中魚，杖翼而行。翅不可以飛，倚杖之用行而已。惟宜芑苣，穋楊是食。《管子》説地所宜云：其種穋、秬、黑黍，皆禾類也。苣，黑黍，今字作禾旁。起、秬、虬三音。有驩頭之國。【略】

《山海經·大荒西經》 有人反臂，名曰天虞。即尸虞也。有女子方浴月。帝俊妻常羲，生月十有二，此始浴之。義與羲和浴日同。有玄丹之山。出黑丹也。有五色之鳥，人面有髮。爰有青鳶、黃鶩、青鳥、黃鳥，其所集者其國亡。有池，名孟翼之攻顓頊之池。孟翼，人姓名。

《山海經·海内經》 有鹽長之國。有人焉，鳥首，名曰鳥氏。今佛書中有此人，即鳥夷也。

《莊子·逍遥游》 北冥有魚，其名爲鯤。鯤之大，不知其幾千里也。化而爲鳥，其名爲鵬。鵬之背，不知其幾千里也。怒而飛，其翼若垂天之雲。是鳥也，海運則將徙于南冥。南冥者，天池也。《齊諧》者，志怪者也。《諧》之言曰：鵬之徙于南冥也，水擊三千里，摶扶搖而上者九萬里，去以六月息者也。

《禮記·月令》 是月也，玄鳥至，至之日，以太牢祠于高禖，天子親往。注：玄鳥，燕也。燕以施生時來，巢人堂宇而孚乳，娶嫁之象也。媒氏之官以爲候。高辛氏之世，玄鳥遺卵，娀簡吞之而生契，後王以爲媒官嘉祥，而立其祠焉。變媒言禖，神之也。疏：注：正義曰：知「玄鳥遺卵，娀簡吞之而生契」者，案《殷本紀》云：「簡狄行浴，見玄鳥墮其卵，簡狄取吞之，因孕生契。」又《中候契握》云：「玄鳥翔水遺卵，娀簡狄吞之生契。」娀者，簡狄之國名，故《大戴禮》云：「有娀氏之女曰簡狄。」故娀簡狄也。云「後王以爲媒官嘉祥，而立其祠焉」者，謂高辛氏之世，有此吞鳥之異，是爲媒官嘉祥，後代之王，立此高辛而爲禖神故也。蔡邕以爲禖神是高辛已前舊有，高者尊也，謂尊高之媒，不由高辛氏而始有高禖。又《生民》及《玄鳥》、《毛詩傳》云：「姜嫄從帝而祠于郊禖。」又云：「簡狄從帝而祈于郊禖。」則是姜嫄簡秋之前，先有禖神矣。而此注立高辛氏爲禖神，是高辛氏已前未有禖神，參差不同者。《鄭志》焦喬答王權云：「先契之時，必自有禖氏，祓除之祀，位在於南郊，蓋以玄鳥至之日祀之矣。然其禋祀，乃於上帝也。娀簡狄吞鳳子之後，後王爲禖官嘉祥，祀之以配帝，謂之高禖。」據此言之，則郊禖之祭，契已前祭天南郊，以先禖配之，故謂之郊禖。至高辛氏之時，既簡狄之異，後王以是爲禖官之嘉祥，即以高辛之君立爲禖神以配天，其古昔先禖則廢之矣。高辛氏配之，後謂之高禖。鄭義稷、契當堯時，案《命歷序》云「帝嚳傳十世」，則稷、契不得爲帝嚳之子，是帝嚳後世子孫之子，故鄭注《生民》云「姜嫄，高辛氏之世妃」，則簡妃亦高辛氏之後世之妃。此立爲禖神者，是簡狄之夫，不得爲帝嚳。此祭高禖是祭天，故《生民傳》云：「從於帝而見于天。」高禖爲配祭之人。祭天特牲，此用大牢者，此謂配祭之人也。云「變媒言禖，神之」者，案《周禮·媒氏職》注：「媒之言謀也，謀合異類，使和成者。」但不知初爲媒者，其人是誰。案《世本》及譙周《古本》，伏犧制以儷皮嫁娶之禮，既用之配天，其尊貴先媒，當是伏犧也。媒字從女，今從示旁，爲之示，是神明告示之義，故云：「變媒言禖，神之也。」

漢 東方朔《神異經》 北海有大鳥，其高千尺，頭文曰天，胸文曰侯，左翼文

曰鷖，右翼文曰勒，頭向東正，海中央捕魚，或時舉翼而飛，其羽相切，如風雷也。

晉 張華《博物志》卷三《異鳥》 崇丘山有鳥，一足，一翼，一目，相得而飛，名曰䖟，見則吉良，乘之壽千歲。

比翼鳥，一青一赤，在參嵎山。

有鳥如烏，文首，白喙，赤足，曰精衛。故精衛常取西山之木石，以填東海。

越地深山有鳥，如鳩，青色，名曰冶鳥。穿大樹作巢如升器，其戶口徑數寸，周飾以土堊，赤白相次，狀如射侯。伐木見此樹，即避之去。或夜冥，人不見鳥，鳥亦知人不見已也，鳴曰「咄咄上去」，明日便宜急上樹去；「咄咄下去」，明日便宜急下樹去。若使去，但言笑而不已者，可往伐也。若有穢惡乃犯其樹者，則虎通夕來守，人不知者即害人。此鳥白日見其形，鳥也；夜聽其鳴，人也。時歡樂便作人悲喜，形長三尺，澗中取石蟹，就人火間炙之，不可犯也。越人謂此鳥爲越祝之祖。

晉 干寶《搜神記》卷一二 越地深山中有鳥，大如鳩，青色，名曰冶鳥。穿大樹作巢如五六升器，戶口徑數寸，周飾以土堊，赤白相分，狀如射侯。伐木者見此樹，即避之去。或夜冥不見鳥，鳥亦知人不見，便鳴喚曰：「咄咄上去」，明日便宜急上；「咄咄下去」，明日便宜急下。若不使去，但言笑而不已者，人可止伐也。若有穢惡及犯其止者，則有虎通夕來守，人不去，便傷害人。此鳥，白日見其形，是鳥也；夜聽其鳴，亦鳥也。時有觀樂者，便作人形，長三尺，至澗中取石蟹，就人炙之，人不可犯也。越人謂此鳥是越祝之祖也。

晉 王嘉《拾遺記》卷一 堯在位七十年，有鸞雛歲歲來集，麒麟遊於藪澤，梟鴟逃於絶漠。有秖支之國獻重明之鳥，一名雙睛，言雙睛在目。狀如雞，鳴似鳳，時解落毛羽，以肉翮而飛，能搏逐猛獸虎狼，使妖災羣惡不能爲害。飴以瓊膏，或一歲數來，或數歲不至。國人莫不掃灑門戶以望重明之集。其未至之時，國人或刻木，或鑄金，爲此鳥之狀，置於戶牖之間，則魑魅醜類自然退伏。今人每歲元日，或刻木鑄金，或圖畫爲雞於牖上，此遺像也。【略】

舜葬蒼梧之野。有鳥如雀，丹州而來，吐五色之氣，氤氳如雲，名曰憑霄雀。能羣飛銜土成丘墳，此鳥能反形變色，集於峻林之上，在木則爲禽，行地則爲獸，變化無常。常遊丹海之際，時來蒼梧之野，銜青砂珠積成壟阜，名曰珠丘。其珠輕細，風吹如塵起，名曰珠塵。今蒼梧之外，山人採藥，時有得青石，圓潔如珠，服之不死，帶者身輕。故仙人方迴遊南嶽七言讚曰：珠塵圓潔輕且明，有道服者得長生。

南朝梁 任昉《述異記》卷上 昔炎帝女溺死東海中，化爲精衛，其名自呼。每銜西山木石，填東海。偶海燕而生子，生雌狀如精衛，生雄如海燕。今東海精衛誓水處，曾溺於此川，誓不飲其水，一名鳥誓，一名寃禽，又名志鳥，俗呼帝女雀。【略】

取鳥之未生毛者，以丹和牛肉使吞，至長羽毛，皆赤。殺之，陰乾，杵服，壽五百歲。

唐 韓愈《五百家注昌黎文集》卷八《聯句·城南聯句一百五十韻》 啄場翽祥䳟。孫曰：場，場圃也。翽翽，飛聲。《詩》「鳳凰于飛，翽翽其羽」是也。䳟，鳥名。揚子《焦明遴集》：食其潔者矣。祝曰：鷦䳟似鳳，南方神鳥。《楚辭》：鷦明開路兮。注：智鳥也。韓曰：䳟，《博雅》云鳳也。䳟音明，今本作「鵬」字，誤。

宋 羅願《爾雅翼》卷一三《釋鳥》 鵬 萬物之在宇中者，其小大皆可識，惟夏革所稱鯤化爲鵬，《莊子》引以冠其書，頗爲難信。按《説文》，鳳，神鳥也，其字又爲□。云古文鳳，象形。鳳飛，羣鳥從以萬數，故以爲朋黨字。又□字云亦古文鳳。然則以隸書之正，是鵬爾。夫羽蟲三百，鳳爲之長。舜、文王之時，嘗來儀以鳴。而仲尼嘆其不至，宜無偉於是者矣。宋玉對楚襄王，亦稱鳥有鳳而魚有鯤，鳳皇上擊九千里，絶雲霓，負青天，翱翔乎杳冥之上。夫藩籬之鷃，豈能與之料天地之高哉；鯤魚朝發崑崙之墟，暴鬐於碣石，暮宿於孟諸，夫尺澤之鯢，豈能與之量江海之大哉。宋玉、莊周皆楚人，所言鵬、鳳，俱以鯤配。又其言絶雲負天，詞旨亦相類，明鵬即鳳也。但《齊諧》主於怪，故以九千爲九萬耳。

明 黄省曾《騷苑》卷一《飛廉》 後——使奔屬。注云：飛廉，風伯也。應劭曰：飛廉，神禽，能致風氣。晉灼曰：飛廉，鹿身，頭如雀，有角，而蛇尾豹文。

明 陳懋仁《庶物異名疏》卷二四《羽家》 羽家，鳥之祖也。《歸藏·啓筮》曰：金汞之子，其名羽家，乃之羽民，是生百鳥。《淮南子》作「羽嘉」，羽嘉生飛龍，飛龍生鳳凰，鳳凰生鸞鳥，鸞鳥生庶鳥。

清 吴任臣《山海經廣註》卷三《北山經》 是炎帝之少女，名曰女娃。郭曰：炎帝，神農也。娃惡佳反，語誤，或作階。女娃遊于東海，溺而不返，故爲精衛。常銜西山之木石，以堙于東海。郭曰：堙，塞也，音因。任臣案：《述異記》：炎帝女溺死東海中，化爲精衛，一名誓鳥，一名寃禽，一名志鳥，俗名帝女雀。

《學海注》云：赤帝之女，姜姓，爲精衛，在上黨發鳩山。《博物志》云：有鳥如烏，文首、白喙、赤足，曰精衛。精衛常取西山之木石，以填東海。《五侯鯖》曰：精衛無雄，偶海燕而生。《抱朴子》曰：精衛填海，玄讓遞生。

紀　事

《左傳·昭公十七年》 秋，郯子來朝，公與之宴。昭子問焉，曰：「少皞氏鳥名官，何故也？」少皞金天氏，黄帝之子，已姓之祖也，問何故以鳥名官。郯子曰：「吾祖也，我知之。昔者黄帝氏以雲紀，故爲雲師而雲名。黄帝軒轅氏，姬姓之祖也，黄帝受命有雲瑞，故以雲紀事，百官師長，皆以雲名爲號。縉雲氏，蓋其一官也。炎帝氏以火紀，故爲火師而火名。炎帝神農氏，姜姓之祖也，亦有火瑞，以火紀事，名百官。共工氏以水紀，故爲水師而水名。共工以諸侯霸有九州者，在神農前大皞後，亦受水瑞以水名官。大皞氏以龍紀，故爲龍師而龍名。大皞伏犧氏，風姓之祖也，有龍瑞，故以龍命官。我高祖少皞摯之立也，鳳鳥適至，故紀於鳥，爲鳥師而鳥名。鳳鳥氏，歷正也。鳳鳥知天時，故以名歷正之官。玄鳥氏，司分者也。玄鳥，燕也，以春分來秋分去。伯趙氏，司至者也。伯趙，伯勞也。以夏至鳴，冬至止。青鳥氏，司啓者也。青鳥，鶬鴳也，以立春鳴，立夏止。丹鳥氏，司閉者也。丹鳥，鷩雉也，以立秋來，立冬去，入大水爲蜃。上四鳥皆歷正之屬官。祝鳩氏，司徒也。祝鳩，鵻鳩也，鵻鳩孝，故爲司徒，主教民。鴡鳩氏，司馬也。鴡鳩，王鴡也，鷙而有别，故爲司馬，主法制。鳲鳩氏，司空也。鳲鳩，鴶鵴也，鳲鳩平均，故爲司空，平水土。爽鳩氏，司寇也。爽鳩，鷹也，鷙故爲司寇，主盜賊。鶻鳩氏，司事也。鶻鳩，鶻鵰也，春來冬去，故爲司事。五鳩，鳩民者也。鳩，聚也，治民上聚，故以鳩爲名。五雉爲五工正，五雉，雉有五種，西方曰鷷雉，東方曰鶅雉，南方日翟雉，北方曰鵗雉，伊洛之南曰翬雉。利器用，正度量，夷民者也。夷，平也。九扈爲九農正。扈有九種也。春扈鳻鶞，夏扈竊玄，秋扈竊藍，冬扈竊黄，棘扈竊丹，行扈唶唶，宵扈嘖嘖，桑扈竊脂，老扈鴳鴳。以九扈爲九農之號，各隨其宜以教民事。

《墨子·非攻》 昔者有三苗大亂，天命殛之。日妖宵出，雨血三朝，龍生廟，大哭乎市，夏冰，地坼及泉，五穀變化，民乃大振。高陽乃命玄宫，禹親把天之瑞令，以征有苗，四雷誘祇，有神人面鳥身，若瑾以侍，搤矢有苗之祥。苗師大亂，后乃遂幾。禹既已克有三苗。【略】逮至乎商王紂，天不序其德，祀用失時。兼夜中十日，雨王于薄，九鼎遷止，婦妖宵出，有鬼宵吟，有女爲男，天雨肉，棘生乎國道，王兄自縱也。赤鳥銜珪，降周之岐社，曰：「天命周文王，伐殷有國。」泰顛來賓，河出緑圖，地出乘黄。武王踐功，夢見三神：「予既沈漬殷紂于酒德矣，往攻之，予必使汝大堪之。」武王乃攻狂夫，反商之周，天賜武王黄鳥之旗。王既已克殷，成帝之來，分主諸神，祀紂先王，通維四夷，而天下莫不賓焉。

漢 司馬遷《史記》卷三《殷本紀》 殷契。索隱：契始封商，其後裔盤庚遷殷，殷在鄴南，遂爲天下號。契是殷家始祖，故言殷契。正義：《括地志》云，相州安陽本盤庚所都，即北冢，殷墟南去朝歌城百四十六里。《竹書紀年》云：盤庚自奄遷於北冢，曰殷墟，南去鄴四十里，是舊都城西南三十里有洹水，南岸三里有安陽城，西有城名殷墟，所謂北冢者也。今按：洹水在相州北四里，安陽城即相州外城。母曰簡狄，索隱：狄，舊本作易，音同。又作逿，吐歷反。有娀氏之女，集解駰案：《淮南子》曰，有娀在不周之北。正義：按記云，桀敗於有娀之墟，有娀當在蒲州也。爲帝嚳次妃。三人行浴，見玄鳥墮其卵，簡狄取吞之，因孕生契。索隱：譙周云，契生堯代，舜始舉之，必非嚳子。以其父微，故不著名。其母娀氏女，與宗婦三人浴于川，玄鳥遺卵，簡狄吞之，則簡狄非帝嚳次妃明也。契長而佐禹治水有功。帝舜乃命契曰：百姓不親，五品不訓，汝爲司徒而敬敷五教，五教在寬。封於商，賜姓子氏。

又 卷五《秦本紀》 秦之先，帝顓頊之苗裔，正義：黄帝之孫，號高陽氏。孫曰女脩。女脩織，玄鳥隕卵，女脩吞之，生子大業。索隱：女脩，顓頊之裔女，吞鳦子而生大業。其父不著。而秦、趙以母族而祖顓頊，非生人之義也。按：《左傳》：郯國，少昊之後，而嬴姓蓋其族也，則秦趙宜祖少昊氏。正義：《列女傳》云，陶子生五歲而佐禹。曹大家注云：陶子者，皐陶之子伯益也。按：此即知大業是皐陶。大業取少典之子，曰女華。女華生大費，索隱：扶味反，一音祕。尋費後以爲氏，則扶味反爲得。此即秦、趙之祖，嬴姓之先，一名伯翳，《尚書》謂之伯益，《系本》《漢書》謂之伯益是也。尋檢《史記》上下諸文，伯翳與伯益是一人不疑。而《陳杞系家》即敘伯翳與伯益爲二，未知太史公疑而未決邪？抑亦謬誤爾？與禹平水土。已成，帝錫玄圭。禹受曰：非予能成，亦大費爲輔。帝舜曰：咨爾費，贊禹功，其賜爾皁游。索隱：游音旒。謂賜以皁色旌旆之旒，色與玄圭色副，言其大功成也。然其事亦當有所出。爾後嗣將大出。索隱：出猶生也。言爾後嗣繁昌，將大生出子孫也。故《左傳》亦云：晋公子姬出也。乃妻之姚姓之玉女。集解：徐廣曰：皇甫謐云賜之玄玉，妻以姚姓之女也。大費拜受，佐舜調馴鳥獸，鳥獸多馴服，是爲栢翳。舜賜姓嬴氏。

漢 郭憲《洞冥記》卷三 ［漢武］帝常夕望，東邊有青雲起。俄而見雙白鵠集臺之上，倏忽變爲二神女舞於臺。握鳳管之簫，撫落霞之琴，歌青吴春波之曲。

晉 張華《博物志》卷八《史補》 子路與子貢過鄭神社，社樹有鳥神，牽率子路子貢，説之乃止。

晉 干寶《搜神記》卷一 崔文子者，泰山人也。學仙于王子喬。子喬化爲白蜺，而持藥與文子。文子驚怪，引戈擊蜺，中之，因墮其藥。俯而視之，王子喬之尸也。置之室中，覆以敝筐，須臾，化爲大鳥。開而視之，翻然飛去。

又 卷一四 豫章新喻縣男子，見田中有六七女，皆衣毛衣，不知是鳥，匍匐往，得其一女所解毛衣，取藏之。即往就諸鳥，諸鳥各飛去，一鳥獨不得去。男子取以爲婦，生三女。其母後使女問父，知衣在積稻下，得之衣而飛去。後復以迎三女，女亦得飛去。

又 卷一七 晉惠帝永康元年，京師得異鳥，莫能名。趙王倫使人持出，周旋城邑市以問人。即日，宫西有一小兒見之，遂自言曰：「服留鳥。」持者還白倫。倫使更求，又見之，乃將入宫。密籠鳥，并閉小兒於户中。明日往視，悉不復見。

晉 王嘉《拾遺記》卷二 商之始也，有神女簡狄，遊於桑野，見黑鳥遺卵於地，有五色文，作八百字。簡狄拾之，貯以玉筐，覆以朱緩。夜夢神女謂之曰：「爾懷此卵，即生聖子，以繼金德。」狄乃懷卵一年而有娠，經十四月而生契。祚以八百，葉卵之文也。雖遭旱厄，後嗣興焉。

又 卷九 黄龍元年，始都武昌。時越嶲之南獻背明鳥，形如鶴，止不向明，巢常對北，多肉少毛，聲音百變，聞鐘磬笙竽之聲，則奮翅摇頭。時人以爲吉祥。是歲，遷都建業，殊方多貢珍奇。吴人語訛，呼「背明」爲「背亡」鳥，國中以爲大妖，不及百年，當有喪亂、背叛、滅亡之事，散逸奔逃，墟無煙火。果如斯言。後此鳥不知所在。

南朝宋 劉敬叔《異苑》卷三 有鸚鵡飛集他山，山中禽獸輒相貴重。鸚鵡自念雖樂，不可久也，便去。後數月，山中大火。鸚鵡遥見，便入水濡羽，飛而灑之。天神言：「汝雖有志，意何足云也？」對曰：「雖知不能救，然嘗僑居是山，禽獸行善，皆爲兄弟，不忍見耳。」天神嘉感，即爲滅火。

南朝梁 沈約《宋書》卷二八《符瑞志中》 神鳥者，赤神之精也，知音聲清濁和調者也。雖赤色而備五采，雞身，鳴中五音，肅肅雍雍。喜則鳴舞，樂處幽隱。風俗從則至。

漢宣帝五鳳三年三月辛丑，神鳥集長樂宫東闕樹上，又飛下地，五采炳發，留十餘刻。

漢章帝元和中，神鳥見郡國。

北魏 酈道元《水經注》卷四〇 南又有會稽之山，古防山也，亦謂之爲茅山，又曰棟山。【略】山上有禹冢。昔大禹即位十年，東巡狩，崩于會稽，因而葬之。有鳥來爲之耘，春拔艸根，秋啄其穢。是以縣官禁民不得妄害此鳥，犯則刑無赦。

唐 李肇《唐國史補》卷上 裴中令爲江陵節度使，使軍將譚弘受、王積往嶺南充使。向至桂林館，爲羣烏所噪。王積以石擊之，烏中腦而墜死于竹林中。其同行譚弘受忽病頭痛，不可前。令王積先行去，戒逓還相待，或先報我家，令人相接。尋裴中令夢譚弘受言：「在道爲王積所殺，掠其錢物，委屍在竹林中。兩日内王積合到，乞令公治之。」王積至，遂付推司，箠楚伏法。旬日，弘受到，知擊烏之事，乃是烏鬼報讐也。

宋 徐鉉《稽神録》卷六《張鋋》 張鋋者，累任邑宰，以廉直稱。後爲彭澤令使。至縣宅，堂後有神祠，祠前巨木成林，烏鳶野禽羣巢其上，糞穢積於堂中。人畏其神，故莫敢犯。鋋大惡，乃使巫祝於神曰：「所爲土地之神，當潔清縣署以奉居人，奈何使腥穢如是耶？爾二日中當盡逐衆禽，不然吾將焚廟而伐樹矣。」居二日，有數大鴞奮擊而至，盡壞羣巢。又一日，大雨，糞穢皆净。自此宅居清潔矣。

宋 蘇轍《古史》卷二《五帝本紀》 帝少昊金天氏曰摯，亦曰青陽，都於曲阜。其立也，鳳鳥適至，故以鳥紀，爲鳥師而鳥名。鳳鳥氏歷正也，玄鳥氏司分者也，伯趙氏司至者也，青鳥氏司啓者也，丹鳥氏司閉者也，祝鳩氏司徒也，鴡鳩氏司馬也，鳲鳩氏司空也，爽鳩氏司寇也，鶻鳩氏司事也。五鳩，鳩民者也。五雉，爲五工正。九扈，爲九農正，而其四叔重爲勾芒，該爲蓐收，脩及熙爲玄冥。少昊氏既衰而黄帝之孫顓頊代之，少昊之後，見於周衰有郯子焉。

宋 胡仔《孔子編年》卷一 丙子，魯昭公十七年。年二十七。

郯子來朝，昭公與之宴。昭子問焉，曰：「少皡氏鳥名官，何故也？」郯子曰：「吾祖也，我知之。昔者黄帝氏以雲紀，故爲雲師而雲名；炎帝氏以火紀，

故爲火師而火名；共工氏以水紀，故爲水師而水名；太皞氏以龍紀，故爲龍師而龍名。我高祖少皞摯之立也，鳳鳥適至，故紀於鳥，爲鳥師而鳥名。鳳鳥氏，歷正也；玄鳥氏，司分者也；伯趙氏，司至者也；青鳥氏，司啟者也；丹鳥氏，司閉者也；祝鳩氏，司徒也；鴡鳩氏，司馬也；鳲鳩氏，司空也；爽鳩氏，司寇也；鶻鳩氏，司事也。五鳩，鳩民也者。五雉，爲五工正，利器用，正度量，夷民者也。九扈爲九農正，扈民無淫者也。」

清　李光地《月令輯要》卷一四《七月令・雜紀》　三足烏。增：《周書・明帝紀》：二年七月景申，順陽獻三足烏。羣臣上表稱慶，詔曰：夫天不愛寶，地稱表瑞。鳳巢阿閣，圖龍躍沼，豈直日月珠連，風雨玉燭。是以《鉤命訣》曰「王者至孝則出」，《元命苞》曰「人君至治所有」。虞舜蒸蒸，來茲異趾；周文翼翼，翔此靈禽。惟此天休，景福在民。可大赦天下，文武官普進一級。

清　陳厚耀《春秋戰國異辭》卷一二《衛》　衛女嫁于齊太子，中道聞太子死，問傅母曰：「何如？」傅母曰：「且往當喪。」喪畢，不肯歸，終之以死。傅母悔之，取女所自操琴，于塚上鼓之。忽二雉俱出墓中，傅母撫雉曰：「女果爲雉耶？」言未畢，俱飛而起，忽不見。傅母悲痛，援琴作操，曰《雉朝飛》。揚雄《琴清操》。

藝文

晉　郭璞《山海經圖讚》卷一《梁渠移即聞獜獸䲃鵌鳥》　梁渠致兵，移即起災。䲃鵌辟火，物各有能。聞獜之見，大風乃來。【略】

又《鴆鳥》　蝮維毒魁，鴆鳥是噉。拂翼鳴林，草瘁木慘。羽行隱戮，厥罰難犯。【略】

又《鴢鳥》　鴢鳥似梟，翠羽朱目。既麗其形，亦奇其肉。婦女是食，子孫繁育。【略】

又《鶡鳥》　鶡之爲鳥，同羣相爲。畸類被侵，雖死不避。毛飾武士，兼厲以義。【略】

又《精衛》　炎帝之女，化爲精衛。沈形東海，靈爽西邁。乃銜木石，以填波害。【略】

又《居暨獸□鳥三桑》　景山有鳥，稟形殊類。厥狀如蛇，脚二翼四。見則邑恐，食之不醉。【略】

又《當扈》　鳥飛以翼，當扈則鬚。廢多任少，沛然有餘。輪運於轂，至用在無。【略】

又《帝江》　質則混沌，神則旁通。自然靈照，聽不以聰。强爲之名，曰惟帝江。【略】

又《三青鳥》　山名三危，青鳥所憩。往來崑崙，王母是隸。穆王西征，旋軫斯地。【略】

又《蠻蠻》　北翼之鳥，似鳧青赤。雖云一形，氣同體隔。延頸離鳥，翻飛合翮。【略】

又《橐𩇯》　有鳥人面，一脚孤立。性與時反，冬出夏蟄。祈其羽毛，迅雷不入。

又　卷二《十日》　十日並出，草木焦枯。羿乃控弦，仰落陽烏。可謂洞感，天人懸符。【略】

又《讙頭國》　讙國鳥喙，行則杖羽。潛于海濱，維食秬秠。實維嘉穀，所謂濡黍。【略】

又《羽民國》　鳥喙長頰，羽生則卵。矯翼而翔，龍飛不遠。人維保屬，何狀之反。

唐　房玄齡《晉書》卷四九《阮脩傳》　脩所著述甚寡，嘗作《大鵬贊》曰：「蒼蒼大鵬，誕自北溟。假精靈鱗，神化以生。如雲之翼，如山之形。海運水擊，扶搖上征。翕然層舉，背負太清。志存天地，不屑唐庭。鸒鳩仰笑，尺鷃所輕。超世高逝，莫知其情。」

宋　王安石《臨川文集》卷三三《精衛》　帝子銜冤久未平，區區微意谷何成。情知木石無云補，待見桑田幾變更。

圖表

明　王圻《三才圖會・鳥獸一・精衛》　發鳩山有鳥，狀如烏，白首，赤喙，名曰精衛。其鳴自呼是神農之少女，名女娃，昔遊東海，溺而不返，化爲精衛。常收西山之木石，以填東海。

又《鳥獸二・鴸》長舌山有鳥，狀如鴟而人面，脚如人手，名曰鴸。其鳴自呼，見則其國多曠士，又多放士。放逐也。

又《蠱雕》大次山有鳥，狀如梟而人面，一足，名曰蠱雕。冬出而夏蟄。人以羽毛置諸衣中，則不畏雷霆。

又《鶌》鷄山有鳥，狀如梟，人面，四目，有耳，名曰鶌鶌。其鳴自呼，見則大旱。

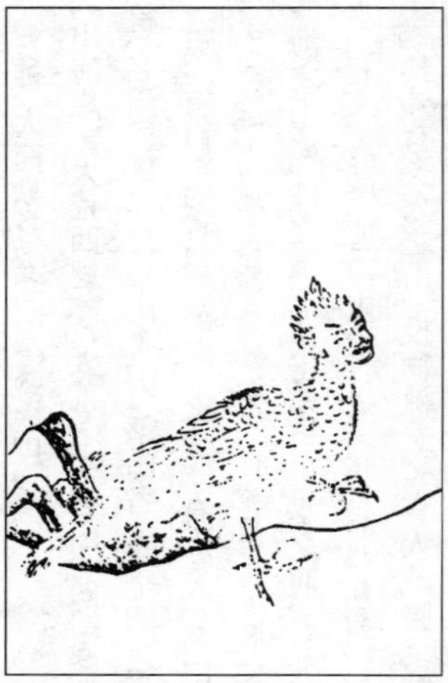

又《踈斯》灌題山有鳥，狀如雌雉，反面，見人乃躍，名曰踈斯。其鳴自呼。

又《鳧溪》鹿臺山有鳥，狀如雄雞，人面，名曰鳧溪。其鳴自呼，見則主國有兵。

獸

論說

宋 戴埴《鼠璞》卷上《騶虞》 以騶虞爲獸，始於相如《封禪書》「囿騶虞之珍羣」。歐公引賈誼《新書》「騶，文王囿名；虞，虞人之官」以闢之。漢儒尚符瑞，以龍、麟、鳳、龜爲四靈，後增騶虞以配五行。曰龍仁獸，鳳禮獸，騶虞義獸，龜麟知與信獸，誣罔可知。騶虞爲獸不見他書，誼以虞爲官，得之矣。以騶爲囿則又穿鑿。考之《傳》，騶虞，樂官備也。又曰：天子田獵，七騶咸駕。是虞固山澤之官，而騶亦官也。意文王田獵，雖騶從與虞人之賤，俱有仁心，詩人於是嘆美之。如宣王行狩，必言徒御；齊侯于沛，必招虞人。騶虞並稱於經旨無礙。若不食生食，不踐生草之説，予不敢信。【略】

又《獬豸》 吳薛綜謂孫權曰：日南男女倮體，可謂蟲豸。五代盧程罵任圜曰：爾何蟲豸？按《爾雅》，有足謂之蟲，無足謂之豸。豸字合丈尒反，十二獬韻豸字下，亦云蟲無足。侯思止曰：獬豸但能觸邪。按《説文》，獬，廌獸也。古者決訟，令觸不直。廌字，合丈蟹反。然《四紙韻》廌字下亦注，獬豸，獸名，然則廌與豸義本玄通，若有獬字下雖丈尒切，亦獸也。如止一字，縱丈蟹反，亦蟲也。今人見御史舊有獬豸冠，單呼爲豸，可笑。

清 俞樾《茶香室叢鈔》卷二三《齊希特》 國朝張尚瑗《石里襍識》云：崇德二年，蒙古貢獸，名齊希特，能知人語。蓋角端之屬，徧示羣臣。

按：角端能言，本於《元史・耶律楚材傳》。然考《漢書・司馬相如傳》、《文選・上林賦》注諸家之説，從未有角端能人言之説。耶律楚材蓋權詞以對，未足爲據也。詳見俞樓襍纂《壺東漫録》。此齊希特，當即元初所見之獸。元時不得其名，今轉得之矣。

又按《宋書・符瑞志》云，角端者，日行萬八千里，又曉四夷之語。明君聖主在位，明達方外幽遠之事，則奉書而至。此耶律楚材所本也。然《宋書》之説多荒誕，不足憑。

國朝王士禎《隴蜀餘聞》云：角端産瓦屋山，不傷人，惟食虎豹。山僧恒養之以自衛。按，此真角端也。

綜述

《山海經・南山經》 又東三百里，曰基山，其陽多玉，其陰多怪木。有獸焉，其狀如羊，九尾四耳，其目在背，其名曰猼訑，佩之不畏。

《山海經・海内西經》 崑崙南淵深三百仞。開明獸，身大類虎，而九首，皆人面，東嚮立崑崙上。天獸也。銘曰：開明爲獸，禀資乾精。瞪視崑崙，威振百靈。

《山海經・海内北經》 犬封國曰犬戎國，狀如犬。黄帝之後卞明生白犬二頭，自相牝牡，遂爲此國，言狗國也。有一女子，方跪進柸食。與酒食也。有文馬，縞身朱鬣，目若黄金，名曰吉量，一作良。乘之壽千歲。《周書》曰：「犬戎文馬，赤鬣白身，目若黄金，名言良之乘。成王時獻之。」《六韜》曰：「文身朱鬣，眼若黄金，項若鷄尾，名曰鷄斯之乘。」《大傳》曰：「駮身、朱鬣、鷄目。」《山海經》亦有吉黄之乘壽千歲者。惟名有不同，説有小錯，其實一物耳。今博舉之，以廣異聞也。

《山海經・大荒東經》 東北中有流波山，入海七千里。其上有獸，狀如牛，蒼身而無角，一足，出入水則必風雨。其光如日月，其聲如雷，其名曰夔。黄帝得之，以其皮爲鼓，橛以雷獸之骨，雷獸，即雷神也。人面龍身，鼓其腹者。橛，猶擊也。聲聞五百里，以威天下。

有小人國，名靖人。《詩含神霧》曰：「東北極有人長九寸。」殆謂此小人也。或作竫，音同。有神，人面獸身，名曰犁䰠之尸。

《山海經・大荒西經》 大荒之中有山，名曰鏖鏊鉅，日月所入者。有獸，左右有首，名曰屏蓬。有巫山者，有壑山者，有金門之山。有人名曰黄姖之尸。有比翼之鳥，有白鳥，青翼，黄尾，玄喙。有赤犬，名曰天犬，其所下者，有兵。《周書》云：「天狗所止，地盡傾。餘光燭天，爲流星，長十數丈。其疾如風，其聲如雷，其光如電。」西海之南流，沙之濱，赤水之後，黑水之前，有大山名曰崑崙之丘。有神，人面虎身，有文，有尾，皆白處之。言其尾以白爲點駮。其下有弱水之淵環之，其水不勝鴻毛。其外有炎火之山，投物輒然。有人戴勝、虎齒，有豹尾，穴處，名曰西王母。此山萬物盡有。

《山海經・大荒北經》 西北海外，流沙之東，有國曰中輻，顓頊之子，食黍。

有國名曰賴丘。有犬戎國，有神，人面獸身，名曰犬戎。

漢 東方朔《神異經》 不盡木火中有鼠，重千斤，毛長二尺餘，細如絲。但居火中，洞赤，時時出外，而毛白，以水逐而沃之，即死。取其毛績紡，織以爲布，用之若有垢涴，以火燒之則净也。【略】

西南荒中出訛獸，其狀若菟，人面，能言，常欺人，言東而西，言惡而善，其肉美，食之言不真矣。【略】

北方層冰萬里，厚百丈。有磎鼠在冰下土中焉，形如鼠，食草木，肉重千斤，可以作脯，食之已熱。其毛八尺，可以爲褥，卧之却寒。其皮可以蒙鼓，聞千里。其毛可以來鼠，此尾所在鼠聚。今江南鼠食草木爲災，此類也。

漢 東方朔《神異經·西北荒經》（《説郛》卷六六上引） 西北有獸焉，狀似虎，有翼能飛，便勦食人，知人言語，聞人鬭輒食直者，聞人忠信輒食其鼻，聞人惡逆不善輒殺獸往饋之，名曰窮奇，亦食諸禽獸也。埠按別本云：窮奇，似牛而狸尾，尾長曳地，其聲似狗，狗頭人形，鈎爪鋸牙，逢忠信之人齧而食之，逢姦邪者則禽禽獸而伺之。

漢 東方朔《海内十洲記》 炎洲在南海中，地方二千里，去北岸九萬里。上有風生獸，似豹，青色，大如貍。張網取之，積薪數車以燒之，薪盡而獸不然，灰中而立，毛亦不燋。斫刺不入，打之如灰囊。以鐵鎚鍛其頭數十下乃死。而張口向風，須臾復活。以石上菖蒲塞其鼻，即死。取其腦，和菊花服之，盡十斤，得壽五百年。又有火林山，山中有火光獸，大如鼠，毛長三四寸，或赤或白。山可三百里許。晦夜即見此山林，乃是此獸光照，狀如火光相似。取其獸毛，以緝爲布，時人號爲火浣布，此是也。國人衣服垢汚，以灰汁浣之，終無潔净。唯火燒此衣服，兩盤飯間，振擺，其垢自落，潔白如雪。亦多仙家。

南朝梁 任昉《述異記》卷上 堯使鯀治洪水，不勝其任，遂誅鯀於羽山，化爲黄能，入於羽泉。今會稽祭禹廟，不用熊。曰黄能，即黄熊也。陸居曰熊，水居曰能。昉按：今江淮中有□名熊，熊蚍之精。至冬化爲雉，至夏復爲蚍。今吴中不食雉，毒故也。【略】

貘貐，獸中最大者，龍頭，馬尾，虎爪，長四百尺。善走，以人爲食。遇有道君即隱藏，無道君即出食人。【略】

獬豸者，一角之羊也，性知人有罪。皋陶治獄，其罪疑者，令羊觸之。

又 卷下 荆州清溪秀壁諸山，山洞往往有乳窟。窟中多玉泉交流，中有白蝙蝠，大如鴉。按《仙經》云：蝙蝠一名仙鼠，千載之後，體白如銀，棲即倒懸，蓋飲乳水而長生也。

宋 釋贊寧《東坡先生物類相感志》卷一〇 檮杌獸。西荒中獸如虎，毛長三尺，人面，虎足，口牙壹丈八尺。人或食之，獸鬥終不退却，唯飛面已。荒中人張捕之，復點逆知。一名倒壽焉。

宋 羅願《爾雅翼》卷一八《釋獸一》 狻麑。狻麑如虦貓，食虎豹，即獅子也。蓋虎竊毛謂之虦貓，而《西域傳》注稱，獅子似虎，正黄有髯耏，尾端茸毛大如斗。又《詩》稱「韓土之樂，有貓有虎」，《周書》記武王之狩，禽虎二十有二，貓二，則是虎之類也。《穆天子傳》：狻猊日走五百里，其爲物最猛，雖虎豹猶畏之；象至，以鼻卷泥，自塗數尺，數數噴鼻隅立，獅子直搏而殺之。宋宗慤伐林邑，以其陣中象多，乃制獅子形，與象相禦，象果驚奔，衆潰，遂勝之。魏武嘗經白狼山，得獅子兒以歸。未至洛陽，三十里鷄犬皆伏，無鳴吠者，其聲聞數十里。産子月餘，則教之搏攫。遇其吼時，百獸率走，其子隨吼裂聲，旋加驕勇。故西域樂工，或得其筋紐以爲琴絃，混之樂部，適一鼓而衆樂絲絃皆絶。又謂之虓，《説文》曰：虓，獅子也。

騶虞。騶虞，珍獸，出林氏。《山海經》云：大若虎，五采畢具，尾長於身，名騶吾，乘之日行千里。劉芳《詩義疏》曰：騶虞或作吾，然則騶吾，蓋騶虞也。今《詩》之騶虞，解者類以爲此獸。歐陽公著《詩本義》，獨引賈生説，以爲騶者文王之囿，虞其官也。然騶虞從古以爲獸，司馬相如云「囿騶虞之珍」。羣史之説，有得獸而莫知其名者，東方朔識之，曰：「此所謂騶牙者也。」則漢武時，嘗有獸號騶牙者矣。古者音聲之假借，以牙爲吾，故《九辯》曰：「左朱雀之茇茇兮，右蒼龍之躣躣。屬雷師之闐闐兮，通飛廉之衙衙。」讀者曰衙，猶吾也。故朔稱所謂騶牙，即《詩》之所謂騶虞者爾，豈可謂虞官也哉。然以《詩》爲直指此獸，又大謬。蓋此物自獸之俊逸者。以其俊逸，故馬之健者比之。予於《騊駼》章中極其説。又《西京賦》曰：「圉林氏之騶虞，擾澤馬與騰黄。」是亦以其似馬而稱之也。《淮南子》曰：屈商拘文王於羑里，於是散宜生乃以千金求天下之珍怪，得騶虞鷄斯之乘以獻於紂，則文王之馬有名騶虞者可見於此。是馬也，文王必嘗駕習之以從田，其智足以知御者之情，其才能左右赴趣之，使其進退周旋莫不如欲，故曰「彼茁者葭，一發五豝」。彼茁者蓬，一發五豵」。夫五御以逐禽爲難，今其馬能與人相應，使獲禽之多如此，蓋可歎矣。此所以《申言》之曰：「于嗟乎！騶虞也。」夫騶虞之馬，工於逐禽如此，而《詩》言其仁，何也？蓋一發而得五，則庶類

蕃殖矣。當葭蓬茁茁之時，則蒐田以時矣。有以見文王於平時不妄殺如此，此其一時之義仁。如此，《詩》則「王道成矣」，不必指騶虞二字以求其説也。且《詩》之言仁如騶虞，猶《禮記》言好賢如緇衣，惡惡如巷伯，皆取其一篇之義。不然，則所謂緇衣者，安知賢而好之。後之學者不得其説，乃以騶虞不踐生草，又曰義獸。許叔重解《淮南子》亦云，食自死之獸。夫騶虞，虎也，搏殺援噬之類。又其修且碩如此，安能日得夫獸之自死者而食之。且《詩》方矜「一發五豵」之敏，而顧嗟美禽獸爲能，不踐食生物是義，安所措此？皆因《詩》之序不知其爲馬，而增爲之説也。許又云：白虎黑文，日行千里，與五采畢具者異，故併著之。鷄斯云神馬也。

廌。廌似山羊，一角，一名神羊，一名解，東北荒中獸也。見人鬭則觸不直者，聞人論則咋不正者。古者神人以廌遺黄帝，帝曰：「何食？何處？」曰：「食薦。夏處水澤，冬處松栢。」薦者，澤草之名。司馬彪云：美草也。崔云：甘草也。王蒼云：六畜所食曰薦。《莊子》亦云：麋鹿食薦。故薦從艸從廌也。《荆楚歲時記》稱：屈原以夏至日赴湘流，百姓競以食祭之，常苦爲蛟龍所竊，以五色絲合楝葉縛之。又以爲獬廌食楝，將以信其志。然則所食，又不止薦爾。説者以爲人君刑罰得中，則生於朝廷，主觸不直者。《説文》亦云：古者決訟，令觸不直，故又名任法。《論衡》曰：臯陶欽平任坐以明，至公所在，任法而不任人也。古法字作「灋」，從水，以言其平之如水；從廌去者，廌之所去，法之所取。後世灋去廌，豈時不及古，不可常得，從而闕之耶。而廌冠之制，則傳於今。《淮南子》曰：楚文王好服解冠，楚國效之。以廌角安冠上，漢之法冠，所謂柱後惠文者是也。史氏以爲楚王嘗獲之，故以爲冠。《春秋傳》所謂南冠者也。秦滅楚，以其君服賜執法近臣御史服之。《異志》以爲解廌一角，今冠兩角，非象也。然漢史氏特云：法冠或謂解廌，冠不正，决之則亦不全，取象於廌。若貂若鶡，亦兩植之爾。《太平廣記》曰：安南有象，能知人曲直。有鬭訟者，行立而齅之，有理者則過，無理者以鼻卷之，擲空數丈，以牙接而刺之，亦廌之類。《論衡》曰：觟觽者，一角之羊也。性知有罪，臯陶治獄，其罪疑者令羊觸之，有罪則觸，無罪則不觸。獬之字或作□，觟廌之字或作觽□，□通作豸。唐開元二十年，有一角獸，肉角當頂，白毛上捧，識者以爲獬豸。

夔。夔，一足之獸，狀如牛，蒼身無角。生東海中流波之山，出入水必以風雨，其音如雷。黄帝得之，以其皮冒鼓，撅以雷獸之骨，聲聞五百里。舜之諸臣龍虎熊羆，皆取於猛獸，其樂正名夔。魯哀公與孔子論舜樂后夔一足，有異於人。孔子以舜語告之，以爲唯聖人爲能和六律、均五聲、知樂之本，以通八風。夔能若此一而足矣，故曰一足，非一足也。至子貢論夔不達於禮，疑其窮孔子以爲「古人之達於禮而不達於樂謂之素，達於樂而不達於禮謂之偏」。夫夔達於樂而不達於禮，是以傳於此名也。蓋禮樂皆得，然後可以爲成人。而不學禮者，則無以立。夔自以達樂而不達於禮，若夔獸一足。然蓋有所不備，是故以爲名，謙之至也。此獸一足，故立則疑然，《書》所謂「祇載見瞽瞍，夔夔齋慄」者，蓋其莊立不倚如此。行亦不減它獸，故《莊子》稱，夔踸踔而行，則憐蚿；蚿多足，則憐蛇；蛇動脊脇而行，則憐風；風蓬蓬而起，則憐目；目則憐心。考以明萬物各適其適，而不能相爲用。夔不常見，故以爲木石之怪。薛綜解《東京賦》稱，夔如龍，有角，鱗甲光如日月，見則其邑大旱，是誠怪矣。《博物志》則言形如鼓而知禮，豈亦以其立齋慄，故謂知禮耶？此與《禮記》后夔所取達樂而不達禮者，義又異矣。《山海經》云：岷山多犀、象、夔。郭璞曰：今蜀山中有大牛，重數千斤，曰夔。

又　卷一九《釋獸二》　角端。角端似豬，或云似牛，角在鼻上，可作弓。《説文》：角端，獸也，出胡休多國。《續漢書》：鮮卑有角端牛，以角爲弓。《宋·符瑞志》曰：角端日行萬八千里，又曉四夷之語。明聖在位，明達方外、幽遠之事，則奉書而至。此乃異物，非以角爲弓者。「端」當作「貒」。

又　卷二一《釋獸四》　窮奇。窮奇，神異之獸，能食人。《上林賦》「窮奇象犀」。蓋獬豸觸邪撓之人，窮奇食忠信之士，其性相反，故其名曰窮奇。昔堯時四凶族，有渾敦、窮奇、檮扤、饕餮之名，而世莫能盡其説。説者謂渾敦不開通之貌耳。案《海内東北經》曰：三危山西曰天山，莫水出焉，而西流注于陽谷。有神狀如黄囊，赤如丹火，六足四翼，渾敦無面目，是識歌舞，實惟帝江。《莊子》以無竅爲混沌。驩兜比周頑嚚目無辨別，故以渾敦比之窮奇之名。説者特謂其行窮其好奇耳。案《神異經》曰：窮奇狀如牛而色貍，尾長曳地，其聲如狗，狗頭人形，鈎爪鋸牙。逢忠信之人，齧而食之；逢姦邪之人，則捕禽獸而飼之。亦食禽獸之肉。《海内西北經》亦曰：窮奇狀如虎，有翼，食人從首始，在蚼犬北。又《東北經》曰：邽山上有獸，狀如牛，蝟毛，名曰窮奇。注云：或云似虎，蝟毛，有翼。海上所謂窮奇者，千歲晦耳虎，一名神狗也。共工專誣害盛德，故以窮奇比之。檮杌之名，説者特謂頑凶，無儔匹之貌耳。按《物類相感志》曰：檮杌，西荒

中獸，如虎，豪長三尺，人面虎爪，口牙一丈八尺。人或食之，獸鬭終不退却，唯死而已。荒中張捕之，復黠逆知。一名倒壽。伯鯀傲狠忘身，故以檮杌比之。饕餮之名，説者謂貪財爲饕，貪食爲餮耳。《北山經》曰：鈎玉之山有獸，羊身人面，目在腋，虎齒人爪，音如嬰兒，名曰狍鴞，食人爲物。注云：貪婪，食人未盡，遂害其身。像在夏后鼎，《左傳》所謂饕餮者也。三苗飲食貪冒，故以饕餮比之。由此四物言之，則窫窳、大風、封豕、鑿齒、長蛇之類，皆以物比人，不能詳其説，然皆可以類通之也。《淮南子》：窮奇，廣莫之所生也。注云：天神。

檮杌。檮杌好鬭，至死不却。西荒中獸也，狀如虎，豪長三尺，人面虎爪，口牙一丈八尺。《神異經》云：毫長二尺，人面，虎足，豬牙，尾長丈八尺。人或食之。獸鬭終不退却，唯死而已。荒中張捕之，復黠逆知之，一名倒壽。商之興也，嘗次于丕山，故内史過荅虢公神降于莘之問，以爲或有神以興，亦有以亡也。或曰檮杌即鯀。據《左氏》，顓頊氏有不才子，謂之檮杌，盖指伯鯀。又鯀爲夏郊，三代祀之，夏之祀鯀，乃其先祖。商不應祀，或以次于丕山，因祭之爾。周則封杞鄫以祀之。又諸國之史，晉謂之《乘》，魯謂之《春秋》，楚謂之《檮杌》。乘以載丘乘之數，春秋以備四時之事。又史者，所以數往知來者也。檮杌之爲物，能逆知來事，故以此目之。

饕餮。饕餮，羊身而人面，其目在腋下，虎齒人爪，音如嬰兒，食人爲物，鈎玉之山有之。《山海經》謂之狗鴞。郭氏以爲貪婪食人未盡，遂害其身。像在夏后鼎，以夏鼎言之。昔夏之方有德也，遠方圖物貢金九牧，鑄鼎象物，百物而爲之備，使民知神姦。是則夏鼎之上，無所不象。今獨稱饕餮者，饕餮食而不戒，以自殘其身。鼎，食器也，欲使食者知以爲鑒，故尤别而異之。其圖在足。《吕氏春秋》曰：周鼎著饕餮，有首無身，食人未咽，害及其身，以言報速也。今鼎鬲之類凡三足者，每足皆作獸狀，瞋目屯牙，自銜其足，此則饕餮象也。其事自夏鼎來矣。

宋 戴侗《六書故》卷一八《動物二》 夔　夔，木石之怪也，似夔而角，一足。《家語》曰：木石之怪，夔、魍、魎。莊周曰：夔，謂蚿。曰吾以一足趻踔而行。今俗謂之山獶，又借爲夔夔之夔。《書》曰：夔夔齊栗。孔氏曰：悚愳之貌。

明 盧翰《掌中宇宙》卷一三《禽獸部·夔聲聞三百里》 夔似牛，一足，無角，皮可冒鼓，其聲聞三百里。

明 王世貞《異物彙苑》卷二《辟邪獸》 西胡有猛獸，形如五六十日犬子，大如貍而色黄，抱之似犬，羸細秃悴，能却百邪之魅鬼。其壽不窮，食氣飲露，解人言語。一聲叫發，千人伏息。牛馬百物，驚斷絙縶。立興風雲，吐嗽雨露。百邪迸走，蛟龍騰鶱，役御獅子。漢武帝時月支國來獻，帝令試之。獸舐唇良久，忽叫如大雷霹靂，兩目光朗衝天。帝顛蹶掩耳，侍者及武士皆失仗伏地，内外牛馬犬豕之屬皆驚駭放蕩。帝忌之，以此獸付上林苑，令虎食之。虎聞獸來，聚屈如死。獸入苑，徑上虎頭，溺虎口。顧視虎，虎輒閉目，不敢仰視。出《海内十洲記》

明 王世貞《弇州四部稿》卷一五六《説部》 獬廌觸邪，一名神羊。窮奇逐妖，一名神狗。便是的對。見《山海經》

明 王世貞《彙苑詳注》卷三四 獬豸。神奇之獸，一名任法獸。狀如牛，青色，一角，四足。或曰似熊。能知曲直，東北荒之獸也。古者決訟，令之以觸不直，故立獄皆東北依所在也。

性忠。獬豸性忠直，見人鬭則觸不直，聞人論則咋不正。俗云神羊也。

類引。不學。高元禮密教侯思止曰：「上不次用人，如問君不識字，宜對以獬豸不學而能觸邪，陛下用人安事識字？」無何后問，思止以對，后大悦。食薦。黄帝時，有遺獬豸者，帝問何飲食，對曰：食薦，春夏處水澤，秋冬處松栢。黑豸。太祖製百官服飾，於御史執法官冠服加獬豸。至元日或冬至朝會，侍御史則乘馬、具服、戴黑豸冠升殿。《六帖》

明 王圻《稗史彙編》卷一五八《斑子》 山魈者，嶺南所在有之，獨足反踵，手足三岐。其牝好傅脂粉。於大樹空中作窠，有木屏風帳幔。食物甚備。南人山行者，多持黄脂鈆粉及錢等以自随。雄者謂之山公，必求金錢。遇雌者謂之山姑，必求脂粉。與者能相護。唐天寶中，北客有嶺南山行者，多夜懼虎，欲上樹宿，忽遇雌山魈。其人素有輕賫，因下樹再拜，呼山姑。樹中遥問：「有何貨物？」人以脂粉與之，甚喜。謂其人曰：「安卧無慮也。」人宿樹下，中夜，有二虎欲至其所。山魈下樹，以手撫虎頭曰：「斑子，我客在，宜速去也。」二虎遂去。明日辭别，謝客甚謹。其難曉者，每歲中與人營田，人出田及種，耕地種植，並是山魈，穀熟則來喚人平分。性質直，與人分，不取其多。人亦不敢取多，取多者遇天疫病。出《廣異記》

明 慎懋官《華夷花木鳥獸珍玩考》卷七《角端》 角端，北地異獸也，能人言，其高如浮圖。西狩獲白麟，至死意不吐。伐北有角端，能通諸國語。白湛淵先生《續演雅詩》，見《南村輟耕録》。

一曰聳孤，其身體皆青色，三角光瑩。按東方甲乙木，見則國家有災異。二

曰炎駒，其身體皆赤色，項有魚鱗。按南方丙丁火，見則國家有火災。三曰素冥，其身體皆白色，毛甚尖削。按西方庚辛金，見則國家有刀兵。四曰角端，其身體皆黑色，龍足龜甲。按北方壬癸水，見則國家有水災。五曰麒麟，身體皆黃，碧腹紫肉，虎爪龍睛。按中央戊巳土，見則國家太平天下豐熟。見《名世英烈傳》。

明 穆希文《蟫史集》卷四《角端》 郭璞曰：角端似貊，角在鼻上，中作弓。《唐韻》曰：角端，獸名，狀如豕，角堪作弓。

史：印度國有一角獸，鹿形，馬尾，綠色。耶律楚材見曰：「此角端也。日行一萬八千里，好生惡殺之獸。能解四夷語。」【略】

又《獬廌廌一作豸》 《蟫史》云：《字林》《字㯗》俱作「獬廌」，《廣韻》作「貐貗」，陸氏作「獬豸」。《説文》云：獬豸，神奇之獸，似羊，一角。古者决獄訟用之，以分曲直。又名豸角羊，或云獬豸羊角虎爪。《論衡》云：獬豸，一角羊也。知曲直，識邪佞。《神異經》云：獬豸其性忠，觸邪，東北方之獸也。故今獄皆東北向，依所在也。《異物志》云：北荒之中有獸名獬豸，性別曲直。見人鬪，觸不直者；聞人争，咋不正者。《晉·輿服志》云：柱後冠一名獬豸冠。《百官志》云：侍御史黑豸升殿，取觸邪之象也。

明 穆希文《説原》卷一一 檮杌如虎，毫長，人面，虎爪，口牙一丈六尺。人或食之，典獸鬪終不退却，唯死而已。故以鯀之傲狠亡身者比之。

饕餮羊身人面，目在腋，虎齒，人爪，音如嬰兒，食人如物。盖性貪婪，食人未盡，遂害其身，像在夏后氏鼎上，故以三苗之貪冒者比之。【略】

獬豸似羊，一角，能辨曲直。故執法者象其形，以繡于服，取觸邪之義也。

夔，一足，狀似牛，蒼身無角。出入水中必風雨，其音如雷。本名曰薦，又名神羊，又名䚦，東北之獸也。【略】

明 姚光祚《廣蒙求》卷三六《夔獸一足》 《莊子》：夔謂蚿曰：「吾以一足跉踔而行，予無如矣。今子之使萬足，獨柰何？」曰：「予動吾天機，而不知其所以然。」

明 吴楚材《纒識略》卷三一 獬豸。《字林》：獬廌。《廣雅》：貐貗。陸作「獬豸」。神奇之獸也。生東北方，狀如牛，一角，青色，四足。《論衡》云：一角羊。性忠直，邪則觸之。皐陶治獄，令觸有罪。立獄皆東北，依獬所在也。黃帝時有遺者，問何食，曰食廌；何處，曰夏處山澤，冬處松柏。又，堯緝其毛以爲帳。《神異經》：獬豸忠直，見人鬪則觸不直，聞人論則咋不正。一名任法獸。張華曰：御史法冠曰獬豸。

明 徐常吉《新纂專詞類奇》卷二八《獬豸》 緯：許氏《説文》云：豸似羊，一角，古者决訟，命觸不直。黃帝時，有進獬豸者，帝問何食何處，曰：食薦，春夏處水澤，秋冬處陸。食竹箭松筠。子：田俅子云：堯時獲獬豸，緝其毛以爲帝帳。史：《晉書》云：柱後冠一名獬豸冠。又云：侍御史黑豸升殿，取觸邪之象。雜論：《論衡》云：觟鯱者，一角之羊也。性忠神奇，識有罪。皐陶治獄，其罪疑者，令羊觸之，有罪則觸，無罪則不觸。斯蓋天生一角聖獸，助獄爲驗，故皐陶敬羊，起坐事之。雜記：《類林》云：獬廌見鬪，不直者觸之，窮奇見不直者煦之。均是獸也，其好惡不同。故君子以獬豸爲冠，小人以窮奇爲名。嗚呼！人中有獸，獸中有人。幽怪：《神異經》云：東北荒中有羊，如牛，一角，青色，四足，似熊。見人鬪則觸不直，聞人争則咋不正，名獬豸，一名任法獸。

明 張萱《彙雅後編》卷一〇《夔》 羅願曰：夔，一足之獸，狀如牛，蒼身無角。生東海中流波之山。出入於水中必以風雨，其音如雷。黃帝得之，以其皮冒鼓，撅以雷獸之骨，聲聞五百里。舜之諸臣龍虎熊羆，皆取於猛獸，其樂正名夔。魯哀公與孔子論舜樂后夔一足，有異於人。孔子以舜語告之，以爲唯聖人能和六律、均五聲、知樂之本、以通八風。夔能若此一而足矣，曰一足，非足之一也。至子貢論夔不達於禮，疑其窮經孔子以爲「古人之達於禮而不達於樂，謂之素；達於樂而不達於禮，謂之偏」。夫夔達於樂而不達于禮，是以傳於此名也。蓋禮樂皆得，然後以爲成人。而不學禮者則無以立。夔自以達樂而不達於禮，若夔獸一足。然蓋有所不備，是故以爲名，謙之至。此獸一足，故立則嶷然，《書》所謂「祇載見瞽叟，夔夔齋慄」者，蓋其莊立不倚如此。亦不減他獸，故《莊子》稱「夔踸踔而行，則憐蚿；蚿多足，則憐蛇；蛇動脊脇而行，則憐風；風蓬蓬而起，則憐目；目則憐心。」蓋以明萬物各適其適，而不能相爲用。夔不常見，故以爲木石之恠。薛綜解《東京賦》稱，夔如龍，有角，鱗甲光如日月，見則其邑大旱。《博物志》則言形如鼓而知禮，豈亦以其立齊慄，故謂之知禮耶？此與《禮記》后夔所取達樂而不達禮者，義又異矣。《山海經》云：岷山多犀、象、夔。郭璞曰：今蜀山中有大牛，重千數斤，名曰夔。

又 卷三〇《檮杌》 羅願曰：檮杌好鬬，至死不却。西荒中獸也，狀如虎，

毫長三尺，人面虎爪，口牙一丈八尺。人或遇之，與鬬終不退却，惟死而已。荒中張捕之，復黠逆知，一名倒壽。商之興也，嘗次於丕山，故内史過答虢公：神降于莘之間，以爲或有神以興，亦有以亡也。或曰檮杌即鯀。據《左傳》，顓帝氏有不才子，謂之檮杌，蓋指伯鯀。又鯀爲夏郊，三代祀之。夏之祀鯀，乃其先祖。商不應祀，或以次于丕山，因祭之爾。周則封杞鄫以祀之。又諸國之史，晉謂之《乘》，魯謂之《春秋》，楚謂之《檮杌》。乘以載兵乘之數，春秋以署四時之事。又史者，示往知來者也。檮杌之爲物，能逆知來事，故以此目之。

明　袁達《禽虫述》　《易》取諸蝪，爻取諸龍，象取諸象，彖取諸豕，尺取諸蠖，引取諸蚓。觀鵶制柂，觀鱟制帆。效鼃螯而結網，法螺蚌而閉户。牛耳聾，盟執牛耳戒不聽也。鶡健鬬，虎夫冠鶡示死鬬也。射中鵠以爲雋，慱成梟而致贏。冠蟬以清高表珍，冠鷸以不衷賈禍。爵以名爵，節飲之淫；兕以爲觥，防飲之觸。豻食虎豹，畫於獄門；饕餮食人，鑄於鼎足。畫鷁於船以辟水恠，刻鳩於杖以祝不噎。斷蛇之劍火於武庫，晉武庫火。化梟之舄出於尚方。

明　馮復京《六家詩名物疏》卷八《騶虞》　《毛傳》云：「義獸也。白虎黑文，不食生物，有至信之德，則應之。」陸疏云：「尾長於軀，不食生物，不履生草。」《海内北經》云：「林氏國有珍獸，大若虎，五采，畢具尾，長於身，名曰騶吾。乘之日行千里。」《封禪書》云：「囿騶虞之珍羣。」頌曰：般般之獸，樂我君囿。白質黑章，其儀可喜。旼旼穆穆，君子之態。」晉郭璞贊曰：「怪獸五采，尾參於身。矯足千里，儵忽若神。是謂騶虞，詩歎其仁。」吴薛綜頌曰：「婉婉白虎，優仁是崇。饑不侵暴，困不改容。歛威揚德，愷悌之風。」《中興徵祥説》云：「騶虞，仁獸也。其尾參倍，狀如虎而白色，嘯則風興，皜身如雪而無雜者是也。近代所謂白虎者，背班而虎文。《爾雅》所謂彪虎耳。」《瑞應圖》云：「白虎仁而不害，王者不暴虐，恩及行葦則見。」《河圖括地象》云：「令甾野中有王虎，晨鳴雷聲，聖人感期而興。」《埤雅》云：「騶虞，西方之獸，而名之曰虎，則宜以殺爲事。今反不履生草，食自死之肉，蓋仁之至也。」

按，《禮・射義》云：「天子以騶虞爲節，樂官備也。」《異義》：「《韓詩説》云，騶虞，天子掌鳥獸官。」《魯詩傳》云：「古有梁騶者，天子之田也。」賈誼《新書》曰：「騶者，天子之囿也。虞者，囿之司獸者也。」以騶爲囿名，及以梁騶爲田名，僅見於《魯詩》《賈子》。《月令》：「教田獵，命僕及七騶咸駕。」《左傳》：「晉悼公使程鄭爲乘馬御，六騶屬焉。」則騶者，馬御也。《舜典》：「益作朕虞。」周有山虞、澤虞。「大田獵萊山澤之野」，則虞者，虞人也。《韓詩説》云：「掌鳥獸官。」意盖近之。《小序》云：「天下純被文王之化，庶類繁殖，蒐田以時，仁如騶虞。」焦弱侯云：「騶人，不失馳驅之法，則物不過傷。虞人，厲山澤之禁，故物性能遂。因嘆美歸功於二官。」以此解《序》，未爲不可，而與《射義》所謂「樂官備」者，亦可通矣。但《山海經》及緯候之書，俱以爲義獸，説其形者，或以爲五采畢具，或以爲白虎黑文，或以爲皜身無雜，又各不同。羅願則據《淮南子》文王囚羑里，散宜生得騶虞雞斯之乘，以獻於紂。謂文王之馬，有名騶虞者。以其如林氏騶虞之俊逸，而名之。文王必嘗駕以從田，能與人相應，致獲禽之多，故申而嘆之。此又一説也。

明　吴之俊《獅山掌録・小山館》卷二〇《神羊神狗》　獬廌觸邪，一名神羊。窮奇逐妖，一名神狗。

明　木增《雲薖淡墨》卷二《角觽萬里》　即角端，瑞獸也。能解四夷語，日行一萬八千里。

明　陳懋仁《庶物異名疏》卷二六《夔》　夔出流波山，如牛，蒼身而無角，一足。出入水必風雨，其光如日月，其聲如雷。黄帝得之，以其皮爲鼓，橛以雷獸之骨，聲聞五百里以威天下。【略】

《虮蝮　贔屭　鴟吻　嘲風　蒲牢　蜥蜴　囚牛　狴犴　睚眦　饕餮　覇下》　《爾雅》：龍生九子，各有所好。虮蝮好負重，今碑下獸；贔屭好文，今碑上所纏獸；鴟吻好望，今屋上獸；嘲風好嶮，今殿角及簷前獸；蒲牢形似龍。好鳴，今鐘上獸，一曰蒲牢，海獸，聲如鐘，畏鯨，故鑄鐘作蒲牢及鯨形；蜥蜴好水，今橋上獸；囚牛好音樂，今胡琴上獸；狴犴好訟獄，因之象，今獄門上獸；睚眦好殺，今刀上獸，一説狻猊好烟火，今香爐之獸；覇下好負重，碑坐之獸；饕餮好飲食，故立於鼎蓋；虮蝮好水，故立於橋柱；椒圖形似螺蚌，性好閉，故立門鋪首。按，諸書名與其性頗異，故並録。仁謂：虮蝮、覇下，俱好負重，曰碑下、曰碑坐，字異音同，必是一物。

又　卷二七《觟觽　抵詭》　《論衡》：儒者説云觟觽者，一角之羊，性知有罪。皋陶治獄罪疑者，令羊觸之，有罪則觸之，無罪則不觸。《一統志》云：「抵詭，獸名。《説文》謂此獸，其性忠直。」然則觟觽亦抵詭類乎？

清　朱虚《古今疏》卷一三《夔》　舜之諸臣龍、虎、熊、羆，皆取於猛獸。其樂正名夔。古人之達於禮而不達於樂，謂之素；達於樂而不達於禮，謂之偏。蓋

禮樂皆得，然後以爲成人。而不學禮者，則無以立。夔自以達樂而不達於禮，若夔獸一足，然蓋有所不備，故以爲名，謙之至此。是夔一足獸，而樂正之夔，但以達樂而不達禮名，非真一足也。獸一足，故立則嶷然。《書》所謂「祇載見瞽叟，夔夔齊慄」者，蓋其莊立不倚。如此，亦不減野獸。故《莊子》稱：夔踸踔而行，則憐蚿；蚿多足，則憐蛇；蛇動脊脅而行，則憐風；風蓬蓬而起，則憐目；目則憐心。考以明萬物各適其適，而不能相爲用。夔不常見，故以爲木石之怪。

清 李光地《月令輯要》卷二三《晝夜令下·雜紀》 山精。增《元中記》：山精如人，一足，長三四尺，食山蟹，夜出晝藏。

清 嵇璜《續通志》卷一八〇《昆蟲草木略》 夔，奇獸也，狀似牛，蒼身，一足，能走，出入水則風雨，其音似雷。《帝王世紀》云：黄帝於東海流波山得之。

【略】

檮杌狀如虎，而大虎，毛長尺，人面，虎足，有猪牙，尾長一丈八尺，食人。見《神異經》。

清 長白椿園氏《新疆輿圖風土考》卷四《雜志》 ［冰山］一定之所有神獸一，非狼非狐，每晨視其蹤之所往，踐而循之，必無差謬。有神鷹一，大如鵰，色青白，或有迷失路徑者，輒聞鷹鳴，尋聲而往，即歸正路。

清 夏味堂《拾雅》卷二〇 夔一足，越人謂之山繅。《國語》《楚語》：木石之怪，曰夔、罔兩。

清 方旭《蟲薈》卷二《角端》 《廣輿記》：角端産韃靼，角可爲弓。

《隴蜀餘聞》：角端産瓦屋山，能食虎豹，不傷人。

《談薈》：角端，鹿形，馬尾，獨角，角生鼻上。日行萬八千里，能曉四夷之語。聖人在位，則至。

《俞樓雜纂》：張尚瑗《石里雜識》云，國朝崇德二年，蒙古貢齊希特，能解人語，蓋角端之屬。然則元時所見，或亦齊希特乎。旭按：元太祖至西印度，見角端，能言。詳《元史》。

又《檮杌》 《神異經》：西方荒中有獸，狀如虎而大，毛長三尺，人面，虎足，猪口牙，尾長一丈八尺，攪亂荒中，名曰檮杌。

一名傲狠，一名難馴。旭按《述異記》云：封徽山有怒毛獸，不怒毛三寸，怒則毛三尺，即此類與。

清 程先甲《選雅》卷二〇 獬豸似鹿而一角，主觸不直。《七命》：「豸」作「鳶」，同。

紀事

漢 東方朔《海内十洲記》 征和三年，武帝幸安定，西胡月支國王遣使獻香四兩，大如雀卵，黑如桑椹。帝以香非中國所有，以付外庫。又獻猛獸一頭，形如五六十日犬子，大似狸而色黄。命國使將入呈，帝見之，使者抱之似犬，羸細禿悴，尤怪其非也。問使者：「此小物可弄，何謂猛獸？」使者對曰：「夫威加百禽者，不必繫之以大小。是以神麟故爲巨象之王，鸞鳳必爲大鵬之宗。百足之蟲，制於螣蛇，亦不在於巨細也。臣國去此三十萬里，國有常占，東風入律，百旬不休，青雲干呂，連月不散者，當知中國時有好道之君。我王固將賤百家而貴道儒，薄金玉而厚靈物也。故搜奇蘊而貢神香，步天林而請猛獸，乘毳車而濟弱淵，策驥足以度飛沙，契澗途遥，辛苦蹊路，於今已十三年矣。神香起天殘之死疾，猛獸却百邪之魅鬼。夫此二物，實濟衆生之至要，助政化之昇平。豈圖陛下反不知真乎，是臣國占風之謬矣！今日仰鑒天姿，亦乃非有道之君也。眼多視則貪色，口多言則犯難，身多動則淫賊，心多飾則奢侈，未有用此四者而成天下之治也。」武帝恧然不平，又問使者：「猛獸何方而伏百獸？食啖何物？膂力何比？其所生何鄉耶？」使者曰：「猛獸所出，或生崑崙，或生玄圃，或生聚窟，或生天路。其壽不窮，食氣飲露，解人言語，仁惠忠恕。當其仁也，愛護蠢動，不犯虎豹；當其威也，一聲叫發，千人伏息，牛馬百物，驚斷絙繫，武士奄忽，失其勢力；當其神也，立興風雲，吐噉雨露，百邪迸走，蛟龍騰鶩。處於太上之厩，役御獅子，名曰猛獸。蓋神光無常，能爲大禽之宗主，乃攫天之元王，辟邪之長帥者也。靈香雖少，斯更生之神丸也。疫病災死者，將能起之。及聞氣者即活也。芳又特甚，故難歇也。」於是帝使使者令猛獸發聲，試聽之。使者乃指獸命喚一聲，獸舐唇良久，忽叫，如天大雷霹靂。又兩目如礔磹之交光，光朗衝天，良久乃止。帝登時顛蹶，掩耳震動，不能自止。侍者及武士虎賁，皆失仗伏地。諸内外牛馬豕犬之屬，皆絶絆離繫，驚駭放蕩，久許咸定。帝忌之，因以此獸付上林苑，令虎食之。於是虎聞獸來，乃相聚屈積如死。虎伏，獸入苑，徑上虎頭，溺虎口。去十步已來，顧視虎，虎輒閉目。帝恨使者言不遜，欲收之。明日，失使者及猛獸所在。遣四出尋討，不知所止。

漢 應劭《風俗通·佚文》 昔高辛氏有犬戎之寇，帝患其侵暴，而征伐不剋，乃訪募天下，有能得犬戎之將吴將軍頭者，購黄金千鎰，邑萬家，又妻以少女。時帝有畜狗，其毛五采，名曰槃瓠。下令之後，槃瓠遂銜人頭造闕下。羣臣怪而診之，乃吴將軍首也。帝大喜，而計槃瓠不可妻之以女，又無封爵之道，議欲有報而未知所宜。女聞之，以爲皇帝下令，不可違信，因請行。帝不得已，乃以女配槃瓠。槃瓠得女，負而走入南山，止石室中。所處險絶，人跡不至。於是女解去衣裳，爲僕鑒之結，著獨力之衣。帝悲思之，遣使尋求，輒遇風雨震晦，使者不得進。經三年，生子一十二人，六男六女。槃瓠死後，因自相夫妻。織績木皮，染以草實，好五色衣服，製裁皆有尾形。其母後歸，以狀白帝，於是使迎致諸子。衣裳班蘭，語言侏離，好入山壑，不樂平曠。帝順其意，賜以名山廣澤。其後滋蔓，號曰蠻夷。外癡内黠，安土重舊。以先父有功，母帝之女，田作賈販，無關梁符傳、租税之賦。有邑君長，皆賜印綬，冠用獺皮。名渠帥曰精夫，相呼爲姎徒。

晉 張華《博物志》卷三《異獸》 漢武帝時，大宛之北胡人有獻一物，大如狗，然聲能驚人，雞犬聞之皆走，名曰猛獸。帝見之，怪其細小。及出苑中，欲使虎狼食之。虎見此獸，即低頭著地。帝爲反觀，見虎如此，謂欲下頭作勢，起搏殺之。而此獸見虎甚喜，舐唇摇尾，徑往虎頭上立，因搦虎面。虎乃閉目低頭，匍匐不敢動。搦鼻下去，下去之後，虎尾下頭起，此獸顧之，虎輒閉目。

晉 干寶《搜神記》卷一四 高辛氏有老婦人居於王宫，得耳疾歷時。醫爲挑治，出頂蟲，大如繭。婦人去後，置於瓠中，覆之以盤。俄爾頂蟲乃化爲犬，其文五色，因名盤瓠。遂畜之。時戎吴强盛，數侵邊境。遣將征討，不能擒勝。乃募天下有能得戎吴將軍首者，購金千斤，封邑萬户，又賜以少女。後盤瓠銜得一頭，將造王闕。王診視之，即是戎吴。爲之奈何？羣臣皆曰：「盤瓠是畜，不可官秩，又不可妻，雖有功，無施也。」少女聞之，啓王曰：「大王既以我許天下矣，盤瓠銜首而來，爲國除害，此天命使然，豈狗之智力哉！王者重言，霸者重信，不可以女子微軀，而負明約於天下，國之禍也。」王懼而從之，令少女從盤瓠。盤瓠將女上南山，草木茂盛，無人行跡。於是女解去衣裳，爲僕豎之結，著獨力之衣，隨盤瓠升山入谷，止於石室之中。王悲思之，遣往視覓，天輒風雨，嶺震雲晦，往者莫至。蓋經三年，産六男六女。盤瓠死後，自相配偶，因爲夫婦。織績木皮，染以草實。好五色衣服，裁制皆有尾形。後母歸，以語王，王遣使迎諸男女，天不復雨。衣服褊褳，言語侏離，飲食蹲踞，好山惡都。王順其意，賜以名山廣澤，號曰蠻夷。蠻夷者，外癡内黠，安土重舊。以其受異氣於天命，故待以不常之律。田作賈販，無關繻符傳、租税之賦。有邑君長，皆賜印綬。冠用獺皮，取其遊食於水。今即梁、漢、巴、蜀、武陵、長沙、廬江郡夷是也。用糝雜魚肉，叩槽而號，以祭盤瓠，其俗至今。故世稱：「赤髀横裙，盤瓠子孫。」【略】

舊説太古之時有大人遠征，家無餘人，唯有一女，牡馬一匹。女親養之，窮居幽處，思念其父，乃戲馬曰：「爾能爲我迎得父還，吾將嫁汝。」馬既承此言，乃絶韁而去，徑至父所。父見馬驚喜，因取而乘之。馬望所自來，悲鳴不已。父曰：「此馬無事如此，我家得無有故乎？」亟乘以歸。爲畜生有非常之情，故厚加芻養。馬不肯食，每見女出入輒喜怒奮擊，如此非一。父怪之，密以問女。女具以告父必爲是故。父曰：「勿言，恐辱家門。且莫出入。」於是伏弩射殺之，暴皮於庭。父行。女與隣女於皮所戲，以足蹙之曰：「汝是畜生而欲取人爲婦耶，招此屠剥，如何自苦。」言未及竟，馬皮蹷然而起，卷女以行。隣女忙迫不敢救之，走告其父。父還求索，已出，失之。後經數日，得於大樹枝間。女及馬皮盡化爲蠶，而績於樹上，其蠒綸理厚大異於常蠶。隣婦取而養之，其收數倍。因名其樹曰桑。桑者，喪也。由斯百姓競種之。

又 卷一八 吴郡無錫有上湖大陂，陂吏丁初，天每大雨，輒循隄防。春盛雨，初出行塘。日暮廻，顧有一婦人，上下青衣，戴青繖，追後呼：「初掾待我。」初時悵然，意欲留俟之，復疑本不見此，今忽有婦人冒陰雨行，恐必鬼物。初便疾走，顧視婦人追之亦急。初因急行，走之轉遠，顧視婦人乃自投陂中，氾然作聲，衣蓋飛散。視之，是大蒼獺，衣繖皆荷葉也。此獺化爲人形，數媚年少者也。

南朝宋 范曄《後漢書》卷八六《南蠻西南夷列傳》 昔高辛氏有犬戎之寇，帝患其侵暴，而征伐不剋。乃訪募天下，有能得犬戎之將吴將軍頭者，購黄金千鎰，邑萬家，又妻以少女。時帝有畜狗，其毛五采，名曰槃瓠。《魏略》曰：「高辛氏有老婦，居(正)[王]室，得耳疾，挑之，乃得物大如繭。婦人盛瓠中，覆之以槃，俄頃化爲犬，其文五色，因名槃瓠。」下令之後，槃瓠遂銜人頭造闕下，羣臣怪而診之，乃吴將軍首也。診，候視也。帝大喜，而計槃瓠不可妻之以女，又無封爵之道，議欲有報而未知所宜。女聞之，以爲帝皇下令，不可違信，因請行。帝不得已，乃以女配槃瓠。槃瓠得女，負而走入南山，止石室中。所處險絶，人跡不至。今辰州盧溪縣西有武

山。黄閔《武陵記》曰：「山高可萬仞。山半有槃瓠石室，可容數萬人。中有石牀，槃瓠行跡。」今案：山窟前有石羊、石獸，石跡奇異尤多。望石窟大如三間屋，遥見一石仍似狗形，蠻俗相傳，云是槃瓠像也。於是女解去衣裳，爲僕鑒之結，著獨力之衣。帝悲思之，遣使尋求，輒遇風雨震晦，使者不得進。經三年，生子一十二人，六男六女。槃瓠死後，因自相夫妻。織績木皮，染以草實，好五色衣服，製裁皆有尾形。干寶《晉紀》曰：「武陵、長沙、廬江郡夷，槃瓠之後也。雜處五溪之内。槃瓠憑山阻險，每每常爲害。糅雜魚肉，叩槽而號，以祭槃瓠。俗稱『赤髀横裙』，即其子孫。」其母後歸，以狀白帝，於是使迎致諸子。衣裳班蘭，語言侏離，好入山壑，不樂平曠。帝順其意，賜以名山廣澤。其後滋蔓，號曰蠻夷。外癡内黠，安土生舊。以先父有功，母帝之女，田作賈販，無關梁符傳、租税之賦。有邑君長，皆賜印綬，冠用獺皮。名渠帥曰精夫，相呼爲姎徒。今長沙武陵蠻是也。

南朝宋　劉敬叔《異苑》卷八　元嘉三年，邵陵高平黄秀無故入山，經日不還。其兒根生尋覔，見秀蹲空樹中，從頭至腰毛色如熊。問其何故，答云：「天謫我如此，汝但自去。」兒哀慟而歸。逾年，伐山人見之，其形盡爲熊矣。

宋　鄭樵《通志》卷四八《器服略》　黄帝振兵，教熊、羆、貔、貅、貙、虎，制陣法，設五旗、五麾。

宋　洪邁《夷堅志・支志・甲》卷一〇《山明遠》　山明遠，滄州人，字彦德。其先亦衣冠之族，至明遠益貧，無室家可依，乃行游濱棣間，以干謁爲習，或終朝不得食。兩足蹔困，傴僂於道傍，冀一飽不可致，而又爲渴所驅，出飲水濱。回坐大木下，良久，一兔過前，疾步擒取之，剥啖不遺臠肉，殊覺甘美。因自念：「林麓之間，熊、虎、狼、豹專以搏噬狐、鹿、豚、兔豢養其軀。山巔谷口，其樂無極。吾爲人而顧不如，可憐也哉。」既飽，出行，值日暮，訪野老黄若虚家，求宿。黄嘗入道，素好客，見之喜，置酒延留，劇談滚滚不倦。酒酣，遂言食生鮮之適。黄聞而疑懼，細視其面目，頗與人殊，以爲畜類變怪，潛起呼羣犬譟逐之。明遠趨下階，呼嗚數聲，化爲黑狼，攫一犬而去，不復可尋迹。黄後至滄州，詢其族胄，茫不知所在矣。

明　王圻《稗史彙編》卷一五八《方輝》　弦超入秦山遇一物如獐，頭若婦人鬟髻，簪珥悉具。歸語智瓊，瓊曰：「此方輝也，五百年一見，見之者壽。」【略】

又　《天禄》　昌意至河濵，見一獸如牛，身有文甲，鼻生采角，五光灼焕，流及三丈。問於北辰老叟，叟曰：「是謂天禄，見之者生子，必葉水德而王。」

又　卷一七二《人化狼》　太原毛老人者，有二子，性狠戾，鄉人甚畏之。年六十餘，時時衣冠渡河，已而徃亥而還，如此非一。其河外人家累失小兒，或疑老人目睛赤、口時血腥，當爲老人啖咀無疑。然莫敢發問。一日有少年止生一兒，失去，倍爲悲痛。乃伺老人渡河，尾而覘之。則老人登岸，直扣路旁土地廟中，衣冠拜罷，先去巾，後觧衣，裸形，展轉於案下，口唱「牙又癢，眼又紅，幾時喫盡三百童」。則一狼跳踉而出，昏時入人家，又竊一兒以食。食竟，復入廟衣冠而謝，乃渡河歸。少年遍告失子之家，伺老人再至，伏三人於神座下，各持利刃。老人入，脱衣，其唱如前。化狼欲出，衆亟起扃閉，而其身已脱，僅鉗其尾於門。少年奮刀斫之。斷其尺許，狼大吼滴血而去。自此入山，更不復還。他日有人爲禿尾狼所逐，其猛倍常，莫敢夜行者。

清　倪濤《六藝之一録》卷三九《石刻文字十五》　《右仙人唐君碑》，篆額漢中太守郭芝立，今在興元。唐君字公房，王莽時人也。《博物志》云：城固縣壻鄉有唐公昉，得道，雞犬皆升仙。惟以鼠有惡，不得去。鼠自悔，每月一吐其腸胃，更生，謂之唐鼠。《揔仙録》所引《博物志》又云：鼠至空中自墮，腸出，一月三易，故山中有拖腸鼠。《水經》云：智水川有唐公房祠。公房入雲臺山，合丹服之，白日升天，雞鳴天上，狗吠雲中。以鼠惡，留之。鼠乃感激，以月晦日吐腸胃，更生。公房升仙之日，壻行未還，不獲同階雲路。約以此川爲居，無繁霜蛟虎之患，故其俗因號爲壻鄉。二説惟鼠事小異《神仙録》。

清　鈕琇《觚賸续編》卷三《事觚・豹仙》　徐州李蟠，以文望雄於鄉，跌宕自喜。其家去州城一二里。有趙翁者，所居之村與李村相望，晨夕往來無間也。趙翁頗饒於貲，小築數十楹，外周以垣，中分兩院而空其半。欄檻曲折，花木幽深。忽一日，有美髯老人從空屋中曳杖而出，自號豹仙，顔如童孺，衣冠甚古，長揖趙翁。偕入其室，則屏幃之麗，几案之精，皆非素有。翁顧視駭愕，豹仙曰：「老夫生無氏族，居無井里，所至之地，安即爲鄉。昨從天目天台渡江而北，遍訪幽棲，會無愜意。適見君有閒館，絶遠囂塵，暫頓妾婢於此。當圖留珠之報，用酬割宅之恩，幸無訝也。」言未既，美姬漸次出見，焚香於爐，淪茗於盌，更侍遞進，光艶照座。豹仙笑指諸姬曰：「此皆老夫養生之具矣。」趙翁告退，念其禮意既殷，談論復雅，頓忘怪異，轉與親暱，暇則輒相過從。豹仙自言得道漢時，市朝屢變，轉瞬間不覺千有餘歲。賴有狐氏八仙，從侍中静。紅粉四班，命曰陰獵，踰月則遣一班於三百里外媚人取精，挹彼注兹，合同而化，運之以氣，葆之以神，延生之術，實由於此。趙翁度其必能前知，因叩以吉凶禍福，無不奇中。驚傳鄉

曲，咸以真仙奉之。蟠獨不信。一夕痛飲極醉，直造豹所，大呼妖獸，數其惑衆之罪。豹則蚤已避去，其室聞如，而蟠仍毒詈不止也。趙翁隔院聞其聲，亟往諄勸，令僕夫乘月扶歸。明月，豹仙復見，趙翁曰：「吾友無狀，深獲罪於老仙。醉人當恕，幸無較焉。」豹仙曰：「此君天禄甚高，老夫輩法當退遜。計其年滿三十，當魁天下。四十六歲，位至三公。但其生平有二隱事，實傷陰德，致干天罰。且性近鬼躁，功名雖顯，不免淹阻，或至還謫。若老夫則跡本萍浮，呼當馬應，既破譴驅，無庸留滯矣。」辭別出門。有頃過覘其居，鳥語在簷，落紅滿地，依然一空院也。他日趙以二隱事詢李，李嘿而不悦，似有悔咎之色。康熙丁丑，蟠果狀元及第，尋以事去官。

清 道光《廈門志》卷一六《舊事志》 靖海侯施琅，初依鄭成功。以事見忤，將索殺之，奔匿草仔垵石穴。復走仙洞，見絶頂二老對弈，鬚眉皓古。一叟曰：「山下有生人氣何？」一叟曰：「金豹逃難耳。」語畢，失所在。然則侯固豹精耶？李文貞《靖海紀事》又以侯爲虎精。稗書家記述，每好新奇，附會如沖之螟蚣，歐陽鸛鴿之類甚多。傳聞如此，姑存其説。《林焜熿採》

清 鄭光祖《醒世一斑録・雜述》卷五《□端「□」即「角」字，今從俗體》 元主西征至鐵門關，忽有神獸能言，曰：「汝主宜早還。」耶律楚材曰：「是名角端，好生惡殺，天遣以告陛下。」乃班師。明成祖北征至黑松林野人，遇獨角獸曰角端。羽林不敢射，以告成祖，乃班師。

藝 文

《詩經・國風・騶虞》 彼茁者葭，壹發五豝，于嗟乎騶虞！彼茁者蓬，壹發五豵，于嗟乎騶虞！

晉 郭璞《山海經圖讚》卷一《窮奇獸贏魚孰湖獸》 窮奇如牛，蝟毛自表。濛水之贏，匪魚伊鳥。孰湖之獸，見人則抱。

又卷二《騶虞》 怪獸五彩，尾参於身。嬌足千里，倏忽若神。是謂騶虞，詩歎其仁。

又 《梟陽》 髴髴怪獸，被髮操竹。獲人則笑，脣蔽其目。終亦號咷，反爲我戮。

唐 宋咼《獬豸賦》（《文苑英華》卷八四引） 精端氤氲兮生獬豸之炳靈，志耿介而不羣。世情僞而尨雜，動微明而鏡分。詩美乎思無邪，道貴乎解其紛，得道之實，爲身之文。豈徒神明其形，將以幽贊人君，涇也濁渭，猶兮在薫。辨之以履霜堅冰，無俾乎水深雪紛，則致明如日月，靈應如風雲。所不至者，固亦有聞。夫道無爲，神無方，聖人之政，有以相合，靈物之質，不必咸章。名用而行，跡捨而藏，與麟趾同符，騶虞齊光。肇允丕應，時唯我皇，咨爾輔弼，咸懷忠良。感觸邪之義，成無妄之綱。五福儲峙，四靈彷徨。爾有足兮不行而至，爾有角兮其用也剛，人是知勸，實丁厥祥。孰與鳳鳥去飛，龍圖未揚。惜暌闊於明代，竟流連於素王。物亦生蟲，邪行紊德。雖明足辨類，凶族起於唐虞；智足周身，讒巧傾於孔墨。水火不可以同器，邪正不可以同國。懿茲神獸，間執讒慝。分兩造之疑，冠百祥之特。勇毅而能斷，智明而不惑。守法者仰之以司南，疾惡者投之於有北。固操斧而思用，因伐柯而取則。龍闕分官，烏臺肅政。扶直指之角，象繩愆之性。聯繡衣以生風，借白簡而增勁。物莫不肅，時靡有競。所謂君子道長，邦家德正。苟違中人，斯同妄行。豈王臣匪躬之德，葉哲后授賢之命。睠彼法冠，恐其規鏡。則載鶡聚鷸，足爲服之盛。何必儀形神物，示人以敬。庶乎在位者，竭能而輔政。

唐 佚名《獬豸賦》（《文苑英華》卷八四引） 獬豸出乎唐堯之年，神羊至於我后之前。雖一物異見，實兩時皆然。既曰珍祥，亦稱絶異。是考其迹，莫問所至。乃審厥生，不知其自。步玄墀以龍擾，向彤庭而鶚視。夫其洪纖之狀，周正之儀，搏風比毳，素絲類皮。人間之所常覩，天下之所備知。盖神羊之末事，羌難得而稱奇。及至一人視朝，百辟咸矚。張羅杞梓，列布瓊玉。雖衣冠有貌，槐棘祇肅。爲公卿而是匿，非神靈而不觸。爾羊來思，其儀孔嘉。望表知裏，揆瑜識瑕。於是騰雙眸而舉柱，聳特角而觸邪。當之者則立成於犴獄，見之者則節一作即同於邦家。無正不彰，靡姦不屈。常在公而爲言，匪從己而犯物。百發百中，或受命於神祇。無黨無偏，寧奉辭於綸綍。則知惟聖得一以理，人得一以靈。豈比羵羊下潛，空呈恠於季井。商羊上舞，徒表沴於齊庭。日者神直簪筆，風潛衣繡。順素節以擊揚，奉白簡而彈奏。指之者豺狼不避，觸之者回邪莫漏。彼神羊之信靈，請從古而歸獸。

明 夏原吉《忠靖集》卷一《頌・瑞應騶虞并序》 恭惟皇帝陛下，纘承大統，克勤庶政，聲教誕敷，仁恩旁洽，天地既位，萬物自育，而瑞應駢臻，不可殫記。乃宣德四年春，滁之來安，有騶虞二見於石固山。南京守臣襄城伯臣李隆以之

獻於闕下。詔賜羣臣觀之。蓋猊首虎軀，白質黑章，修尾隅目，而其性甚馴，真盛世之瑞物也。臣原吉退而稽諸載籍，曰：騶虞，仁獸也。天下太平，人君有至信之德，則應。竊嘗考之往古，惟見詠於周之詩人。自時厥後千數百年之間，曠焉莫之覩。我朝自太祖高皇帝肇興鴻業，至於太宗文皇帝紹承厥緒，積德累仁，至深至厚，海内康寧，四方無警，然後騶虞迭出，臣獲見焉。及我皇上踐祚以來，禮樂、刑政、號令、法度之施，一遵祖宗之舊，與民爲信，無所更革。故和氣充周，而兹仁獸復見於滁。滁固畿内之地，且又兩瑞並出，匹休儷美，何其盛哉！聖德之所感乎，皇天之所眷佑，于此端可見矣。昔者白雉獻於越裳，天馬來自西域，猶且紀諸策書，見於歌詠，傳誦至今。矧兹嘉瑞，出於中國畿内之近者乎。是宜被之聲詩，以昭聖德，垂示無窮。臣雖拙於文詞，然躬覩盛美，不敢以默，謹拜手稽首而獻頌曰：

惟我聖皇，總統萬方。禮樂明備，治具畢張。民安其所，物無疵癘。和氣氤氳，鐘爲嘉瑞。惟兹嘉瑞，匪熊匪貔，匪角匪鬣，曰惟騶虞。玄靈之文，玉雪之質。修尾回風，雙瞳炯日。饑不暴物，行避生芻。由心之仁，匪人之驅。神行電邁，千里一息。其性則然，不以其力。侶遊儷美，同出一時。不産他邦，乃在郊畿。守臣致之，獻于丹闕。自然馴伏，聖情欣悦。百辟環覩，歡動明廷。曰惟慈獸，瑞世之徵。惟瑞之徵，惟天子聖。聖德格天，受天之慶。惟慶之錫，惟天子明。聖壽齊天，億千萬齡。

雜録

明 吴之俊《獅山掌録》卷二〇 夔牛。郭璞《夔牛賛》：西南巨牛，出自江岷。體若垂雲，肉盈千鈞，雖有逸力，難以揮輪。

明 張存紳《增定雅俗稽言》卷三五 角端。《格物業話》：角端，鹿形馬尾，一角，人□□□好生惡殺。解西夷語，日行一萬八千里。徐明夫云：一富家吝嗇，嘗以薄肉款客，客戲之曰：「老官的刀剛且鋒，阿婆的手輕且鬆，切得肉兒似捲筒。窗前忽起微微風，飄然吹入半空中，忙騎角端追其踪，又過巫山十二峯。」雖俚語，亦可發笑。

清 汪日楨《湖雅》卷五 獬豸。胡志：長興獬豸塢。相傳其地曾産獬豸。

清 雍正《山西通志》卷一六二《祥異》 堯時有獬廌，緝其毛爲帝帳。《田俅子》。 張揖《漢書注》曰：獬廌似鹿而一角，人若賞罰得中，則生於朝廷，觸不直者。又按《論衡》云：獬廌，一角羊也，青色，四足。或曰似熊。

圖表

明 王圻《三才圖會・鳥獸三・獬豸》 東望山有獬豸者，神獸也。堯前有之。能觸邪，狀如羊，一角，四足。王者獄訟平，則至。《御史臺故事》云：御史法冠一名獬豸，神羊也。有一角。楚王嘗獲之。

又《騶虞》 林氏國在海外，有仁獸，如虎，五采，尾長於身，不食生物，名曰騶虞。乘之日行千里。《六韜》云：紂囚文王，其臣閎夭求得此獸獻之，紂大悦，乃釋文王。

又《鳥獸四・鴞》 崦嵫山有獸，名曰鴞，人面，熊身，犬尾，有翼。其鳴自呼。見則大旱。

又《幽額》古山上無草木，有泚水西注于河。中有獸，文背，善笑，見人則佯卧，名曰幽頞。其鳴自呼。

又《神𩴯》剛山多神魄，亦魑魅之類。其狀人面獸身，一手一足。所居處無雨。

又《囂》喻次山有獸，狀如寓，長臂善殺，名曰囂。

山林遊棲文化總部

山林遊樓文化總部提要

本總部下設山居文化部和山林遊觀文化部。

山林隱居和山林遊觀，歷史悠久，是中國傳統文化和中國古代林業思想與文化的重要組成部分。本總部力求全面、系統地反映這一傳統文化的形成、發展及其主要思想、特點、性狀和制度等。

山居文化部主要收録山林隱居的思想、觀念、特征及其生活情形、經驗和常識等，不僅反映山居的生態意藴，而且特别注重收録與山居文化密切相關的隱逸思想學説，以客觀反映隱逸這一傳統文化的豐富内涵。

山林遊觀文化部收録的範疇主要包括其制度層面和精神層面，具體收録有關山林遊觀的思想觀念、特點性狀、制度風俗、神話傳説以及在山林中進行的多種遊憩活動，諸如封禪狩獵、登山賞水、觀賞天象氣候、觀賞動物植物、遊觀寺廟與園林等。收録的一個主要原則是，以山林遊觀的思想、理論内容及反映山林遊觀審美體驗的内容爲主。本部按照主體的不同，分爲帝王巡禪與文士遊觀兩個部分。

山居文化部

題解

南朝梁 沈約《宋書》卷六七《謝靈運傳》〔靈運〕作《山居賦》，并自注，以言其事曰：古巢居穴處曰巖棲，棟宇居山曰山居，在林野曰丘園，在郊郭曰城傍，四者不同，可以理推。言心也，黄屋實不殊於汾陽。即事也，山居良有異乎市廛。

明 陳繼儒《巖棲幽事》 山居勝於城市，蓋有八德：不責苛禮，不見生客，不混酒肉，不競田宅，不問炎涼，不鬧曲直，不徵文逋，不談仕籍。如反此者，是飯僧牛店，販馬驛也。

明 文震亨《長物志》卷一《室廬》 居山水間者爲上，村居次之，郊居又次之。

論説

《易·遯》《象》曰：天下有山，遯。君子以遠小人，不惡而嚴。

《莊子·刻意》 刻意尚行，離世異俗，高論怨誹，爲亢而已矣。此山谷之士，非世之人枯槁赴淵者之所好也。【略】就藪澤，處閒曠，釣魚閒處，無爲而已矣。此江海之士，避世之人，閒暇者之所好也。吹呴呼吸，吐故納新，熊經鳥申，爲壽而已矣。此道引之士，養形之人，彭祖壽考者之所好也。

晉 葛洪《抱朴子·内篇》卷一《暢玄》 其次則真知足，知足者則能肥遯勿用，頤光山林。紆鸞龍之翼於細介之伍，養浩然之氣於蓬蓽之中。繿縷帶索，不以貿龍章之暐曄也。負步杖策，不以易結駟之絡繹也。藏夜光於嵩岫，不受他山之攻。沉鱗甲於玄淵，以違鑽灼之災。動息知止，無往不足。棄赫奕之朝華，避僨車之險路。吟嘯蒼崖之間，而萬物爲塵氛。怡顔豐柯之下，而朱户爲繩樞。秉耒甫田，而麾節忽若執鞭。啜荈漱泉，而太牢同乎藜藿。泰爾有餘歡於無爲之場，忻然齊貴賤於不爭之地。含醇守樸，無欲無憂，全真虚器，居平味澹。恢恢蕩蕩，與渾成等其自然。浩浩茫茫，與造化鈞其符契。

南朝宋 范曄《後漢書》卷八三《逸民傳贊》 贊曰：江海冥滅，山林長往。遠性風疎，逸情雲上。道就虚全，事違塵枉。違，遠也。

南朝梁 沈約《宋書》卷九三《隱逸傳論》 史臣曰：夫獨往之人，皆稟偏介之性，不能摧志屈道，借譽期通。若使值見信之主，逢時來之運，豈其放情江海，取逸丘樊，蓋不得已而然故也。且巖壑閑遠，水石清華，雖復崇門八襲，高城萬雉，莫不蓄壤開泉，髣髴林澤。故知松山桂渚，非止素玩，碧澗清潭，翻成麗矚。挂冠東都，夫何難之有哉。

唐 李鼎祚《周易集解》卷四 君子以儉德辟難，不可榮以禄。

虞翻曰：君子謂乾坤爲營。乾爲禄，難謂坤，爲弑君，故以儉德辟難。巽爲入伏，乾爲遠，艮爲山，體遯象，謂辟難遠遁入山，故不可營以禄。營或作榮，儉或作險。孔穎達曰：言君子於此否時，以節儉爲德，辟其危難，不可榮華其身，以居禄位。若據諸侯公卿而言，是辟時羣小之難，不可重受官爵也。若據王者言之，謂節儉爲德，辟陰陽厄運之難，不可自重榮貴而驕逸也。

又 卷七 《象》曰：天下有山，遯。

崔憬曰：天喻君子，山比小人。小人浸長，若山之侵天；君子遯避，若天之遠山。故言天下有山，遯也。

君子以遠小人，不惡而嚴。

虞翻曰：君子謂乾，乾爲遠，爲嚴。小人謂陰，坤爲惡，爲小人。故以遠小人，不惡而嚴也。侯果曰：羣小浸盛，剛德殞削，故君子避之，高尚林野。但矜嚴於外，亦不憎惡於内，所謂吾家耄遜於荒也。【略】

宋 歐陽修《新唐書》卷一九六《隱逸傳序》 古之隱者，大抵有三概：上焉者，身藏而德不晦，故自放草野，而名往從之，雖萬乘之貴，猶尋軌而委聘也；其次，挈治世具弗得伸，或持峭行不可屈于俗，雖有所應，其於爵禄也，汎然受，悠然辭，使人君常有所慕企，怊然如不足，其可貴也；末焉者，資槁薄，樂山林，内審其才，終不可當世取捨，故逃丘園而不返，使人常高其風而不敢加訾焉。且世未嘗無隱，有之未嘗不旌賁而先焉者，以孔子所謂「舉逸民，天下之人歸焉」。

唐興，賢人在位衆多，其遁戢不出者，纔班班可述，然皆下概者也。雖然，各保其素，非託默于語，足崖壑而志城闕也。然放利之徒，假隱自名，以詭禄仕，肩相摩於道，至號終南、嵩少爲仕塗捷徑，高尚之節喪焉。故哀可喜慕者類于篇。

宋 林栗《周易經傳集解·遯大壯》卷一七 《象》曰：天下有山，遯，君子以遠小人，不惡而嚴。

天者，乾也。山者，艮也。山從地而高，極其崇峻，疑若陵於天矣。然天益高遠，終非山之所能陵也。君子之於小人，豈將惡而絶之哉？草木禽獸無所不愛，而況人乎？近之則不遜，遠之則怨，小人之常態也。不可得而親，不可得而踈，君子之道也，是天山之象矣。天之所以遠於山者，以其尊也；君子所以遠於小人者，以其嚴也。惡之則怨，不嚴則瀆。怨則召禍，瀆則招侮。不惡而嚴，小人自遠矣。故子曰：苟志於仁矣，無惡也。人而不仁，疾之已甚亂也，是不惡之義也。動容貌，斯遠暴慢矣；出辭氣，斯遠鄙倍矣，嚴之義也。是故君子有三變，望之儼然，即之也温；聽其言也，厲其守身之道歟。

宋 李杞《用易詳解》卷五 六五，賁于丘園，束帛戔戔，吝，終吉。《象》曰：六五之吉，有喜也。

丘園者，山林隱逸之地也。天下文明之世，必至于野無遺賢而後爲至治之極。故雖賢者之隱于丘園，高蹈不屈，而束帛戔戔有以增草木猿鳥之光。物雖非薄而恭敬以將之在我者，雖若可吝而終以獲吉，何者？以其有得賢之喜也。成湯之幣聘，三至于有莘之野；而光武之安車玄纁，亦屢往反于嚴光之室。賁于丘園，其謂是耶？

元 陳應潤《周易爻變易緼》卷一 六爻之義，如初九之潛龍，似君子之隱德。在下者或近朝市，聲迹可聞，有日可見之行，故人君用之。或隱于山林，遯世而不之見，或行事而未能成功，上無揚側陋之君，何以自進，故人君弗能用也。

又 卷四 六五，賁于丘園，束帛戔戔，吝，終吉。《象》曰：六五之吉，有喜也。丘園，山林之隱逸也。不肯苟進，人君所當禮聘。五居尊位爲賁之主。豈可令有德之士，隱於丘園而不用。

明 劉基《誠意伯文集》卷九《賈性之市隱齋記》 賈君性之居越之蕭山，築室一區，在闤闠中，集古今圖書，以爲燕遊接賓客之所。不高其垣而不覿車馬之塵，不深其宫而不聞閭閻之聲，以其徑路宛轉、户庭清謐而不與鄙俗者接也。王君子充過而命之曰市隱，而賈君俾予記。夫隱，以全身而遠害也。市者，商販所集、争利錐刀之所也，故士不樂居焉。而古人乃有隱於是者，以其卑賤混濁，足以自穢而泯其名也。今賈君居於市，而不與市人同其行，事得無異於古之隱於市者乎？吾嘗聞隱於孔子矣，孔子曰：隱居以求其志。夫君子之有道也。遇則仕，不遇則隱，仕與隱雖兩途，而豈二其志哉？伊尹、傅説處於耕、築，一旦舉而寘諸相，若固有之，無動於其中也。故曰君子素其位而行，不願乎其外，知此則可以語隱，不必廢其身、醜其名而後爲隱者也。是故傳徒賣漿，隱之俠者也；放言非聖，隱之狂者也；辟兄離母，隱之賊者也；斞潁水以洗耳，隱之矯者也；蹲渭水以待聘，隱之僞者也；上介山而立枯，隱之怨者也；沈湎於酒，不衣冠而處，隱之亂者也。是皆爲驚世駭俗而有害於道，君子不忍爲之，是尚爲能求其志也哉。賢者遭時之不然，或辟世，或辟地，或耕，或漁，或居山林，或處城市，或抱關而擊柝，無所不可，而其志則不以是有易焉。柳下惠之與伯夷，跡若冰炭而同謂之逸民，君子不非焉，庸非以其志乎？賈君以孝友處乎家人，以信義行乎里鄰，有學有文，而口不言其志，可知矣。謂之隱者，不亦宜乎？雖然，夜光在深山，人莫得而見也，出而投之尾礫之間，則庸人孺子皆識之矣。今君居於市而不與市人同其行，吾懼其欲晦而愈彰也。他日見王君，請以斯言質之。

明 陶安《陶學士集》卷一六《樂山齋記》 人各有所樂，樂乎物之形，不若樂乎物之德。形忘而德合，始有益於性情矣。是故巍峩秀拔，山之形也；高厚静重，山之德也。若其巖耕而谷處，撫泉石之幽美，覽林壑之清邃。煙霏晴雨，可以娱心目，遊則忘歸，愛則成癖，乃真樂山者也。今嚴君鄉於北，禄於南，攜家數千里，勤瘁空匱，日有警捕期會之煩，使遇佳山樂且不暇，齋名樂山，託意而已，豈爲樂之真者乎？是不然，彼所樂者，於形而不於德也。於其形，好樂之僻也；於其德，好樂之正也。夫山也，具高厚静重之德，故能止其所止。仁人之德，實類焉。素其位，不慕外而有求也；固其守，不因變而有遷也。貧富窮達利害勞佚，事至而身履之，決於義理，無適不安，則能止其所止。止固止也，行亦止也。立於朝廷，居於廛市，遊於江湖，其德皆山，非必在山而始樂也，敦吾仁而已矣。嚴君讀書知道，居官能守，確不踰分，是固有德可貴。匪真樂山，惡能然與？余亦不居於山，每知山之可樂，因嚴君請記，述其得者如此，否則玩物喪志，君其

戒哉！

明 李維楨《大泌山房集》卷五七《冰玉山房記》 今之爲别業者，所居則文繡土木，彫鏤金石；所樂則曲房隱間，歌舞俳諧，淫酗號呶。有能躭泉石，結烟霞，蔭花竹而翫禽魚，稱清流雅士已矣。[吴]仲類山房樸不陋，華不靡。不逆天時，不失地宜，不違人情物理。其出於奉先者三，出於務學者五。上不忘父與兄，而下不違諸子弟。入其閾，踐其位，顧名思義，油然生孝弟心。以爲堂搆，以爲丹雘，以爲庠序之教，以爲牖户之銘。藏而脩，息而遊，静而聖，動而王，無爲而尊，樸素而天下莫能與之争美，其斯以爲冰玉也與哉！

又《鹿柴别業記》 昔王右丞《輞川别業》二十詠，《鹿柴》特其一耳。君别業故非一事而專目鹿柴，何居？汪生曰：此君之子抱一甫，所以象君之德，奉君之歡也，請悉數以終其物。夫鹿純善之獸也。君善治生，耕則多穫，賈則多贏。此靈臺所以濯濯漆沮，韓土所以麌麌驚女，采薇所以昌熾其家，麋畯所以蕃殖也。君隱居不仕，薄於世味，樂性雲泉，心遠而地自偏，此辛繕所以馴，龐德公、盧度所以肥遁，山客所以字也。君振人之急，唯日不足，所生死、肉骨甚衆，懷德慕義，四境不絶吟。此秦巴西、孔祐所以行仁，楚子所以聞報恩曲折，鄭弘所以夾轂行春，孫法宗所以來天使也。君飲人以和，無衆寡大小，樂從之遊，客常滿坐，抵掌屬辭，俱有致理。此麗所以旅行，麈所以操談柄，食野之苹呦呦相呼，《詩》所以燕嘉賓也。夫鹿又能壽之獸也。六月而生，六主律，二至而角解，瑶光七星，散而受命，八卦無適主焉。千年爲蒼，更五百年爲白，更五百年爲玄。此皇神所以駕，西王母所以使，世尊所以象，道家所以脯，柱下史所以託，魯女生蘇躭所以乘，陶淡所以養，葛玄所以化。而君之子，所以祈君壽也。隨麑而歸，負麋而行。驚而防，背而食，角而圍，父子之親，安樂患難，温然如一。《瑞應圖》曰：鹿有五色光輝，王者行孝道則至。承先法度，無所遺失則白鹿至。賢士大夫以孝致，鹿祥往往有之。此君之子所以顧名思義而成養志之孝也。不佞備聞斯語，曠然發曚，稱名小，取類大，一至此乎，無可置辭矣。

明 費元禄《鼂采館清課》卷上 夫自宇宙以來，有夔龍周召高議文陛之上，必有巢許皓光冥棲幽谷之中。若使聖明之世，不覩逸民，則巖壑爲尸塚，而芝朮雲霞爲糠粃矣。

又 卷下 古之隱者，不必盡岩藪之士。達情任運，冥心出處，庶幾孔子之所謂時。蔣詡三逕，求羊二仲，皆挫廉逃名之士，視終南捷徑，故自優德。

明 袁中道《珂雪齋近集》卷五《柴紫菴記》 嗟呼，予之來山中，從困衡中計之已熟，拚捨百丈游絲而至，蓋將終身焉。何者？道不在定，定爲道鎧。故古人舍喧入寂，假澄波以貯慧月，吾輩豈可逐紛囂，妄語那伽，如醉象之無鈎，似野馬之不御，此其宜居山者一也。鬼谷有言，抱薪趨火，燥者先然；平地注水，濕者先濡。外境之爲水火也亦大矣，而以燥濕之習氣與偶，政恐入餤常新，難同浣布，騰波不住，有媿蓮花。燃濡隨之，害豈有極。故知涉事難守，離境易防，此其宜居山者二也。蘭香石堅，羽飛鱗沉，各有至性。吾一觸塵纓，周旋世事，若枳若焚，形神俱困。乍對叠叠之山，湛湛之水，則胷中柴棘，若疾風隕籜，春陽泮冰。昔人咈棨戟爲諭道，走巖壁若康莊，信非欺我，此其宜居山者三也。謬許多生慧業，有志編摩，常欲取東國之靈文，西方之秘典，綜其萬派，滙歸一源，作後世津梁。中年馳鞅名利，垂情花月，羽陵蠹集，硯北塵生，自非偶影青巒，莫酬此志，此其宜居山者四也。世煩我簡，簡則疑傲；世曲我直，直則近訐。同固投膠，異或按劍。夫骨體如此，世路如彼，則采藥責石，亦足以老矣。可臨砧刀而嘆秀芝、憶唳鶴哉，此其宜居山者五也。然則居山之事，吾志久定。吾計永決，終不捨此更逐世路矣。菴成，紀其梗概，而并勒五宜居者，以爲心盟。

又 卷九《寄祈年》 自到山中，閲藏習静，看山聽泉，不圖爲樂亦至於斯。已傾囊市得一峰，將于其下建菴而老焉。誓畢此生，苦心叅究，了佛祖一大事因緣，決不奔波紅塵，終日爲人忙也。【略】

惟覺青山解語，緑水知心。伊蒲可以續命，貝葉可以忘年。暮春三月，河渚暫歸，柴車可駕，當一歸來。旋即入山，不停晦朔。何者？吾賦性坦直，不便忍嘿，與世人久處，必招愆尤。不若寂居山中，友麋鹿而侶梅鶴，此其宜居山者一也。又復操心不定，朱紫隨染，近繁華即易入繁華，邇清净即易歸清净。今繁華之習漸消，清净之樂方新，而青山在目，緣與心會，此其宜居山者二也。兄弟俱闡無生大法，而爲世緣迫逼，不得究竟。今居山中，一意理會一大事因緣，必令微細流注，蕩然不存，此其宜居山者三也。骨肉受命慳薄，惟盡捐嗜慾，可望延年。業緣在前，未能盡却，必居山中，乃能掃除，此其宜居山者四也。生平愛讀書，但讀書之趣須成一片。俗客熟友，數來嬲擾，則入之不深，得趣不固。深山

閉門，可遂此樂，此其宜居山者五也。蓋我之住山，乃從千思萬想中得來，誓捐軀命以守此志。且鳳凰不與凡鳥同群，麒麟不代凡駟伏壢。大丈夫既不能爲名世碩人，洗蕩乾坤，即當居高山之頂，目視雲漢，手捫星辰。必不隨群逐隊，自取羞辱也。

明 袁中道《珂雪齋前集》卷一八《金粟社疏》 或曰結世外之社者，宜居深山。此地在聚落中，未免喧囂耳。予曰：喧寂在心不在地也。有來此者，閉門即山中矣，何必走枯槁無人之處也哉。口言入山，入山定在何時，徒抱空願而荏苒不得往。業海催人，頭顱難待，可畏也。昔宗少文既輟衡遊，即於此地築室。羅君章性厭官署，亦于此地息影。彼俗士尚于此鬧中得静，況學無生者乎！

明 宋彦《山行雜記》 是夕倦甚，静坐久之，偶思居城市日久，便欲入山求静，恐非真静，政是好動一念。惟久而無他念，乃真好静耳。既而思之，以爲不然。坡公云凡人坐久思行，眠久思立。然而行立者終知不若坐卧之安也，則城市安得與山林比哉。

明 陳師《禪寄筆談》卷八《才品類》 濂溪和費令游山詩云：是處塵勞皆可息，時清終未忍辭官。此乃由衷之語，有道之士所以不可及也。今之人口爲還山之言，暗行媚竈之計。唐僧曇秀云：住山人少説山多。杜牧云：盡説青山歸去好，青山曾有幾人歸。可謂曲中人情矣。予記垂髫時曾至净慈寺東退居，壁間書前人詩云：東山寺裡秋茫茫，野菊花開滿地香。堪笑老僧忙一日，老僧還笑相公忙。亦是此意。幽婉閒雅，與前二詩争美，予至今誦之，蓋本性情而成章，故其言腴而有味也。

綜 述

晋 葛洪《抱朴子·内篇》卷四《登涉》 或問登山之道。抱朴子曰：凡爲道合藥，及避亂隱居者，莫不入山。然不知入山法者，多遇禍害。故諺有之曰，太華之下，白骨狼籍。皆謂偏知一事，不能博備，雖有求生之志，而反強死也。山無大小，皆有神靈，山大則神大，山小即小也。入山而無術，必有患害。或被疾病及傷刺，及驚怖不安；或見光影，或聞異聲；或令大木不風而自摧折，岩無故而自墮落，打擊煞人；或令人迷惑狂走，墮落坑谷；或令人遭虎狼毒蟲犯人，不可輕入山也。當以三月九月，此是山開月，又當擇其月中吉日佳時。若事久不得徐徐須此月者，但可選日時耳。凡人入山，皆當先齋潔七日，不經污穢，帶昇山符出門，作周身三五法。又五岳有受殃之歲，如九州之地，更有盛衰，受飛符煞氣，則其地君長不可作也。按《州公城名録》，天下分野，災之所及，可避不可禳，居宅亦然，山岳皆爾也。又大忌不可以甲乙寅卯之歲，正月二月入東岳；不以丙丁巳午之歲，四月五月入南岳；不以庚辛申酉之歲，七月八月入西岳；不以戊巳之歲，四季之月入中岳；不以壬癸亥子之歲，十月十一月入北岳。不須入太華霍山恒山泰山嵩高山，乃忌此歲，其岳之方面，皆同禁也。又萬物之老者，其精悉能假託人形，以眩惑人目而嘗試人，唯不能於鏡中易其真形耳。是以古之入山道士，皆以明鏡九寸已上，懸於背後，則老魅不敢近人。或有來試人者，則當顧視鏡中，其是僊人及山中好神者，顧鏡中故如人形。若是鳥獸邪魅，則其形貌皆見鏡中矣。又老魅若來，其去必却行，行可轉鏡對之，其後而視之，若是老魅者，必無踵也，其有踵者，則山神也。昔張蓋蹹及偶高成二人，並精思於雲臺山石室中，忽有一人著黄練單衣葛巾，往到其前曰：勞乎道士，乃辛苦幽隱！於是二人顧視鏡中，乃是鹿也。因問之曰：汝是山中老鹿，何敢詐爲人形？言未絶，而來人即成鹿而走去。林慮山下有一亭，其中有鬼，每有宿者，或死或病，常夜有數十人，衣色或黄或白或黑，或男或女。後郄伯夷者遇之宿，明燈燭而坐誦經，夜半有十餘人來，與伯夷對坐，自黄摴蒱博戲，伯夷密以鏡照之，乃是羣犬也。伯夷乃執燭起，佯誤以燭燼爇其衣，乃作燋毛氣。伯夷懷小刀，因捉一人而刺之，初作人聲，死而成犬，餘犬悉走，於是遂絶，乃鏡之力也。上士入山，持《三皇内文》及《五嶽真形圖》，所在召山神，及按鬼録，石州社及山卿宅尉問之，則木石之怪，山川之精，不敢來試人。其次即立七十二精鎮符，以制百邪之章，及朱官郎印包元十二印，封所住之四方，亦百邪不敢近之也。其次執八歲威之節，佩老子玉策，則山神可使，豈敢爲害乎？余聞鄭君之言如此，實復不能具知其事也。余師常告門人曰：夫人求道，如憂家之貧，如愁位之卑者，豈有不得耶？但患志之不篤，務近忘遠，聞之則悦，偪偪前席，未久則忽然若遺，毫釐之益未固，而丘山之損不已，亦安得窮至言之微妙，成罔極之峻崇乎？抱朴子曰：入山之大忌，正月午，二月亥，三月申，四月戌，五月未，六月卯，七月甲子，八月申子，九月寅，十月辰未，十一月已丑，

十二月寅。入山良日：甲子、甲寅、乙亥、乙巳、乙卯、丙戌、丙午、丙辰，已上日大吉。抱朴子曰：按《九天秘記》及《太乙遁甲》云，入山大月忌：三日、十一日、十五日、十八日、二十四日、二十六日、三十日；小月忌：一日、五日、十三日、十六日、二十六日、二十八日。以此日入山，必爲山神所試。又所求不得，所作不成。不但道士，凡人以此日入山，皆凶害，與虎狼毒蟲相遇也。抱朴子曰：天地之情狀，陰陽之吉凶，茫茫乎其亦難詳也，吾亦不必謂之有，又亦不敢保其無也。然黄帝、太公皆所信仗，近達者嚴君平、司馬遷皆所據用，而經傳有治歷明時剛柔之日。古言曰，吉日惟戊。有自來矣。王者立太史之官，封拜置立，有事宗廟，郊祀天地，皆擇良辰；而近才庸夫，自許脱俗，舉動所爲，恥揀善日，不亦謬愚哉？每伺令入山，不得其良時日交，下有其驗，不可輕入也。按《玉鈐經》云，欲入名山，不可不知遁甲之秘術，而不爲人委曲説其事也。而《靈寶經》云，入山當以保日及義日，若專日者大吉，以制日伐日必死，又不二之道也。余少有入山之志，由此乃行學遁甲書，乃有六十餘卷，事不可卒精，故抄集其要，以爲《囊中立成》，然不中以筆傳。今論其較略，想好事者欲入山行，當訪索知之者，亦終不乏於世也。《遁甲中經》曰，欲求道，以天内日天内時，劾鬼魅，施符書；以天禽日天禽時入名山，欲令百邪虎狼毒蟲盗賊，不敢近人者。出天藏，入地户。凡六癸爲天藏，六己爲地户也。又曰，避亂世，絶跡於名山，令無憂患者，以上元丁卯日，名曰陰德之時，一名天心，可以隱淪，所謂白日陸沈，日月無光，人鬼不能見也。又曰，求僊道入名山者，以六癸之日六癸之時，一名天公日，必得度世也。又曰，往山林中，當以左手取青龍上草，折半置逢星下，歷明堂入太陰中，禹步而行，三呪曰，諾皋，太陰將軍，獨聞曾孫王甲，勿開外人；使人見甲者，以爲束薪；不見甲者，以爲非人。則折所持之草置地上，左手取土以傅鼻人中，右手持草自蔽，左手著前，禹步而行，到癸下，閉氣而往，人鬼不能見也。凡六甲爲青龍，六乙爲逢星，六丙爲明堂，六丁爲陰中也。☵☲比成《既濟》卦，初一初二跡不任九跡數，然相因仍一步七尺。又云，一尺合二丈一尺，顧視九跡。又禹步法：正立，右足在前，左足在後，次復前右足，以左足後右足併，是一步也。次復前右足，次前左足，以右足從左足併，是二步也。次復前右足，以左足從右足併，是三步也。如此，禹步之道畢矣。凡作天下百術，皆宜知禹步，不獨此事。抱朴子曰：《靈寶經》曰，所謂寶日者，謂支干上生下之日也，若用甲午乙巳之日是也。甲者，木也。午者，火也。乙亦木也，巳亦火也，火生於木故也。又謂義日者，支干下生上之日也，若壬申癸酉之日是也。壬者，水也。申者，金也。癸者，水也。酉者，金也，水生於金故也。所謂制日者，支干上克下之日也。若戊子己亥之日是也。戊者，土也。子者，水也。己亦土也，亥亦水也，五行之義，土克水也。所謂伐日者，支干下克上之日，若甲申乙酉之日是也。甲者，木也。申者，金也。乙亦木也，酉亦金也，金克木故也。他皆倣此，引而長之，皆可知之也。抱朴子曰：入名山，以甲子開除日，以五色繒各五寸，懸大石上，所求必得。又曰，入山宜知六甲秘祝。祝曰，臨兵鬭者皆陣列前行。凡九字，常當密祝之，無所不避。要道不煩，此之謂也。抱朴子曰：山中山精之形，如小兒而獨足，走向後，喜來犯人。人入山，若夜聞人音聲大語，其名曰蚑，知而呼之，即不敢犯人也。一名熱内，亦可兼呼之。又有山精，如鼓赤色，亦一足，其名曰暉。又或如人，長九尺，衣裘戴笠，名曰金累。或如龍而五色赤角，名曰飛飛，見之皆以名呼之，即不敢爲害也。抱朴子曰：山中有大樹，有能語者，非樹能語也，其精名曰雲陽，呼之則吉。山中夜見火光者，皆久久枯木所作，勿怪也。山中夜見胡人者，銅鐵之精。見秦者，百歲木之精。勿怪之，並不能爲害。山水之間見吏人者，名曰四徼，呼之名即吉。山中見大蛇著冠幘者，名曰升卿，呼之即吉。山中見吏，若但聞聲不見形，呼人不止，以白石擲之則息矣；一法以葦爲菜茅以刺之即吉。山中見鬼來喚人，求食不止者，以白茅投之即死也。山中鬼常迷惑使失徑者，以葦杖投之即死也。山中寅日，有自稱虞吏者，虎也。稱當路君者，狼也。稱令長者，老狸也。卯日稱丈人者，兔也。稱東王父者，麋也。稱西王母者，鹿也。辰日稱雨師者，龍也。稱河伯者，魚也。稱無腸公子者，蟹也。巳日稱寡人者，社中蛇也。稱時君者，龜也。午日稱三公者，馬也。稱僊人者，老樹也。未日稱主人者，羊也。稱吏者，麞也。申日稱人君者，猴也。稱九卿者，猿也。酉日稱將軍者，雞也。稱捕賊者，雉也。戌日稱人姓字者，犬也。稱成陽公者，狐也。亥日稱婦人者，金玉也。稱神君者，猪也。子日稱社君者，鼠也。稱神人者，伏翼也。丑日稱書生者，牛也。但知其物名，則不能爲害也。或問曰隱居山澤辟蛇蝮之道。抱朴子曰：昔圓丘多大蛇，又生好藥，黄帝將登焉，廣成子教之佩雄黄而衆蛇皆去。今帶武都雄黄色如雞冠者五兩以上，以入山林草木，則不畏蛇。蛇若中人，以少許雄黄末内瘡中，亦登時愈也。蛇種雖多，唯有蝮蛇及青金蛇中人爲至急，不治之，一日則殺人。人不曉治之方術者，而爲此

二蛇所中，即以刀割所傷瘡肉以投地，其肉沸如火炙，須臾焦盡，而人得活。此蛇七八月毒盛之時，不得囓人，而其毒不泄，乃以牙囓大竹及小木，皆即焦枯。今道士人入山，徒知大方，而不曉辟之之道，亦非小事也。未入山，當預止於家，先學作禁法，思日月及朱雀玄武青龍白虎，以衛其身，乃行到山林草木中，左取三口氣閉之，以吹山草中，意思令此氣赤色如雲霧，彌滿數十里中。若有從人，無多少皆令羅列，以氣吹之，雖踐蛇，蛇不敢動，亦略不逢見蛇也。若或見蛇，因向日左取三氣閉之，以舌柱天，以手捻都關，又閉天門，塞地户，因以物抑蛇頭而手縈之，畫地作獄以盛之，亦可捉弄也。雖繞頭頸，不敢囓人也。自不解禁，吐氣以吹之，亦終不得復出獄去也。若他人爲蛇所中，左取三口氣以吹之，即愈不復痛。若相去十數里者，亦可遥爲作氣，呼彼姓字，男祝我左手，女祝我右手，彼亦愈也。《介先生法》，到山中住，思作五色蛇各一頭，乃閉氣以青竹及小木板屈刺之，左徊禹步，思作蜈蚣數千枚，以衣其身，乃終亦不逢蛇也。或以乾薑附子帶之肘後，或燒牛羊鹿角薰身，或帶王方平雄(黄)丸，或以猪耳中垢及麝香丸著足爪甲中，皆有效也。又麝及野猪皆啖蛇，故以厭之也。又雲日鳥及蠳龜皆啖蛇。故南人入山，皆帶蠳龜之尾、雲日之喙以辟蛇。蛇中人，刮此二物以塗其瘡，亦登時愈也。雲日，鴆鳥之别名也。又南人入山，皆以竹管盛活蜈蚣，知有蛇之地，便動作於管中，如此則詳視草中，必見蛇也。大蛇丈餘，身出一圍者，蜈蚣見之，而能以氣禁之，蛇即死矣。蛇見蜈蚣在涯岸間，大蛇走入川谷深水底逃，其蜈蚣但浮水上禁，人見有物正青，大如綖者，直下入水至蛇處，須臾蛇浮出而死。故南人因此末蜈蚣治蛇瘡，皆登時愈也。或問曰：江南山谷之間，多諸毒惡，辟之有道乎？抱朴子答曰：中州高原，土氣清和，上國名山，了無此輩。今吴楚之野，暑濕鬱蒸，雖衡霍正岳，猶多毒螫也。又有短狐，一名蜮，一名射工，能伺影射，其實水蟲也，狀如鳴蜩，狀似三合盃，有翼能飛，無目而利耳，口中有横物角弩，如聞人聲，緣口中物如角弩，以氣爲矢，則因水而射人，中人身者即發瘡，中影者亦病而不即發瘡，不曉治之者殺人。其病似大傷寒，不十日皆死。又有沙虱，水陸皆有，其新雨後及暑暮前，跋涉必著人，唯烈日草燥時差稀耳。其大如毛髮之端，初著人便入其皮裏，其所在如芒刺之狀，小犯大痛，可以針挑取之，正赤如丹，著爪上行動也。若不挑之，虫鑽至骨，便周行走入身，其與射工相似，皆殺人。人行有此虫之地，每還所住，輒當以火炙燎令遍身，則此虫墮地。若帶八物麝香丸及度世丸及護命丸及玉壺丸、犀角丸及七星丸及薺苨，皆辟沙虱短狐也。若卒不能得此諸藥者，但可帶好生麝香亦佳。以雄黄大蒜等分合擣，帶一丸如雞子大者亦善。若已爲所中者，可以此藥塗瘡亦愈。㕮咀赤莧汁，飲之塗之亦愈。五茄根及懸鈎草葍藤，此三物皆可各單行，可以擣服其汁一二升。又射工蟲冬天蟄於山谷間，大雪時索之，此蟲所在，其雪不積留，氣起如灼蒸，當掘之，不過入地一尺則得也，陰乾末帶之，夏天自辟射工也。若道士知一禁方，及洞百禁，常存禁及守真一者，則百毒不敢近之，不假用諸藥也。或問：道士山居，棲岩庇岫，不必有絪縟之温，直使我不畏風濕，敢問其術也？抱朴子曰：金餅散、三陽液、昌辛丸、葷花耐冬煎、獨摇膏、茵芋玄華散、秋地黄血丸，皆不過五十日服之而止，可以十年不畏風濕。若服金丹大藥，雖未昇虚輕舉，然體不受疾。雖當風遇濕，不能傷也。服此七藥，皆謂始學道者耳。姚先生但服三陽液，便袒卧冰上，了不寒振。此皆介先生及梁有道卧石上，及秋冬當風寒，已試有驗秘法也。或問涉江渡海辟蛇龍之道。抱朴子曰：道士不得已而當游涉大川者，皆先當於水次，破雞子一枚，以少許粉雜香末，合攪器水中，以自洗濯，則不畏風波蛟龍也。又佩東海小童符及制水符、蓬萊禮，皆却水中之百害也。又有六甲三金符、水禁。又法臨川先祝曰：卷蓬卷蓬，向伯導前辟蛟龍，萬災消滅天清明。又《金簡記》云，以五月丙午日日中，擣五石，下其銅。五石者，雄黄、丹砂、雌黄、礬石、曾青也。皆粉之，以金華池浴之，内六一神爐中鼓下之，以桂木燒爲之，銅成以剛炭鍊之，令童男童女進火，取牝銅以爲雄劍，取牡銅以爲雌劍，各長五寸五分，取土之數，以厭水精也。帶之以水行，則蛟龍巨魚水神不敢近人也。欲知銅之牝牡，當令童男童女俱以水灌銅，灌當以在火中向赤時也，則銅自分爲兩段，有凸起者牡銅也，有凹陷者牝銅也，各刻名識之。欲入水，以雄者帶左，以雌者帶右。但乘船不身涉水者，其陽日帶雄，陰日帶雌。又天文大字，有北帝書，寫帛而帶之，亦辟風波蛟龍水蟲也。或問曰辟山川廟堂百鬼之法。抱朴子曰：道士常帶天水符及上皇竹使符、老子左契及守真一思三部將軍者，鬼不敢近人也。其次則論鬼録，知天下鬼之名字，及《白澤圖》《九鼎記》，則衆鬼自却。其次服鶉子赤石丸及曾青夜光散及葱實烏眼丸及吞白石英祇母散，皆令人見鬼，即鬼畏之矣。抱朴子曰：有老君黄庭中胎四十丸真秘符，入山林，以甲寅日丹書白素，夜置案中，向北斗祭之，以酒脯各少少，自説姓名，再拜受取，内衣領中，辟山川百鬼萬精虎狼毒蟲也。何必道士，亂世避難入山林，亦宜知此法也。

入山符

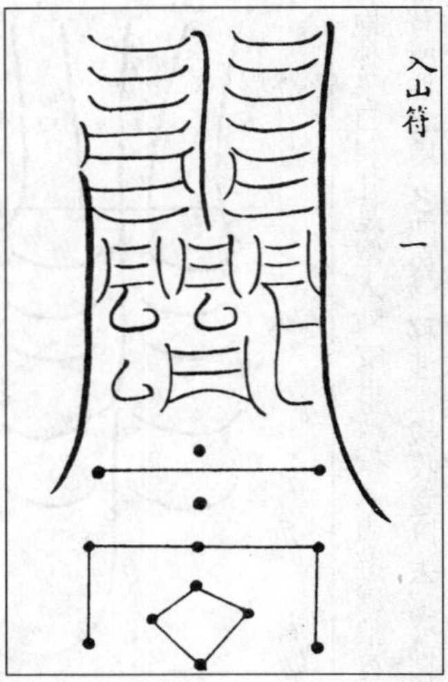

一

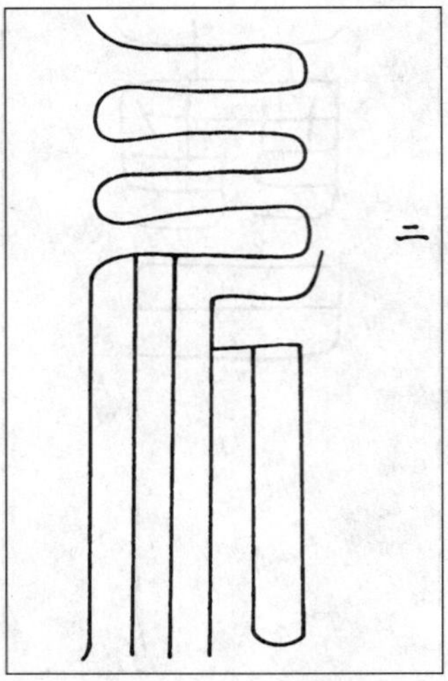

二

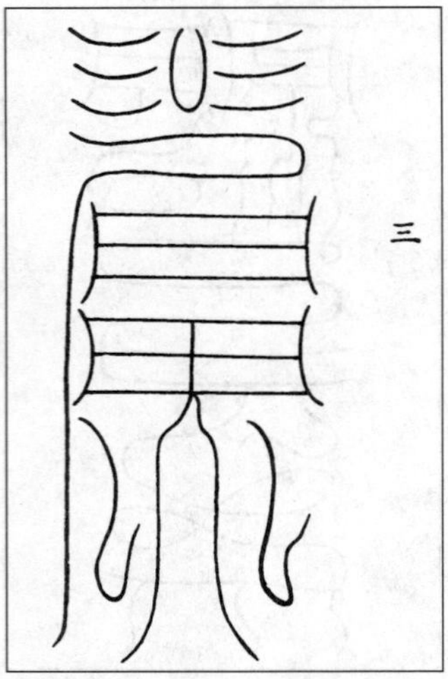

三

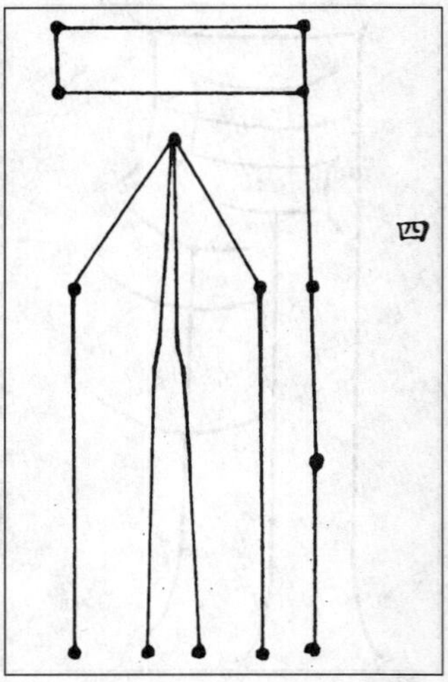

四

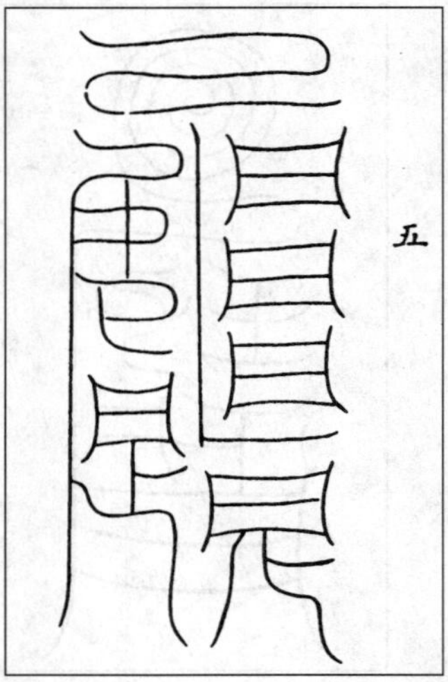

五

抱朴子曰：上五符皆老君入山符也。以丹書桃板上，大書其文字，令瀰滿板上，以著門户上，及四方四隅，及所道側要處，去所住處，五十步內，辟山精鬼魅。户内梁柱，皆可施安。凡人居住山林及暫入山，皆可用，即衆物不敢害也。三符以相連著一板上。意謂爾非葛氏。

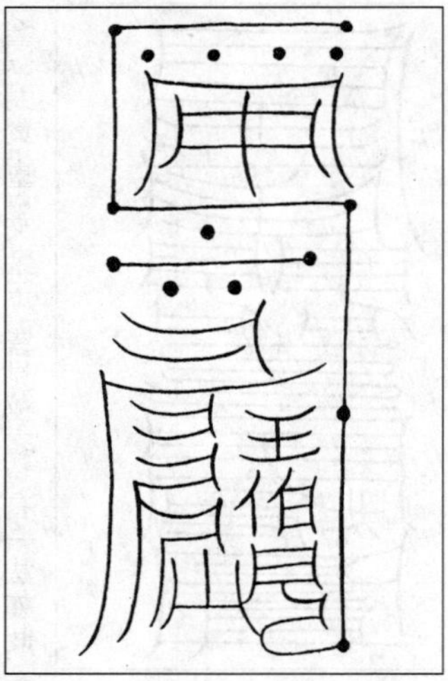

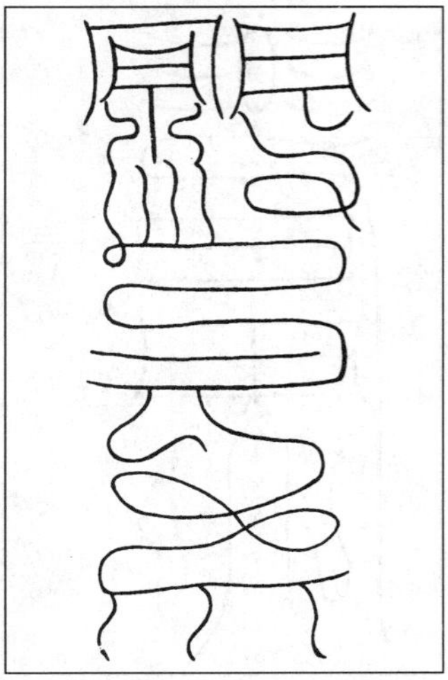

抱朴子曰：此符是老君入山符，户内梁柱皆可施。凡人居山林及暫入山，皆宜用之也。

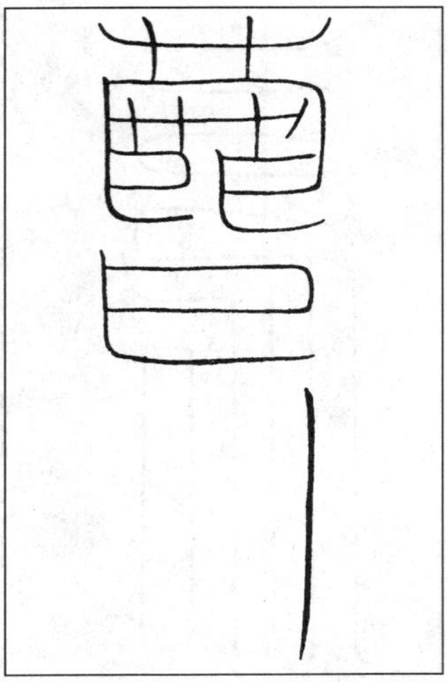

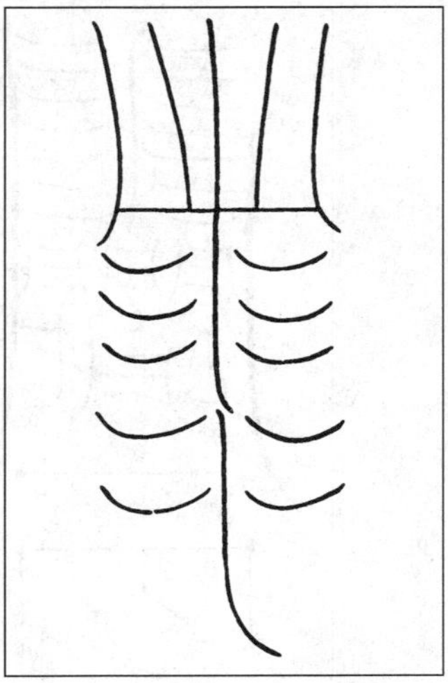

抱朴子曰：此是僊人陳安世所授入山辟虎狼符，以丹書絹二符，各異之。常帶著所住之處，各四枚。移涉當拔收之以去，大神秘也。開山符以千歲虆名〔山〕之門，開寶書古文金玉，皆見秘之。右一法如此，大同小異。

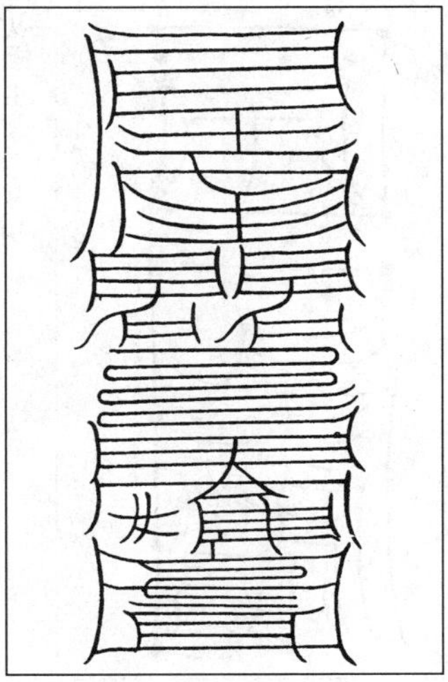

抱朴子曰：此符是老君所戴，百鬼及蛇蝮虎狼神印也。以棗之心木方二寸刻之，再拜而戴之，甚有神効。僊人陳安世符矣。

入山佩帶符

一

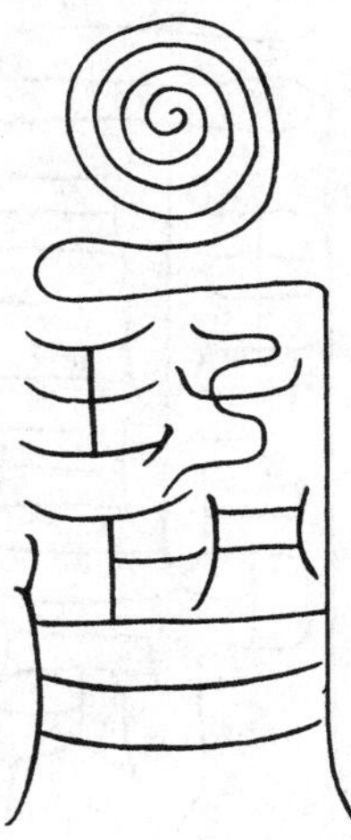

二

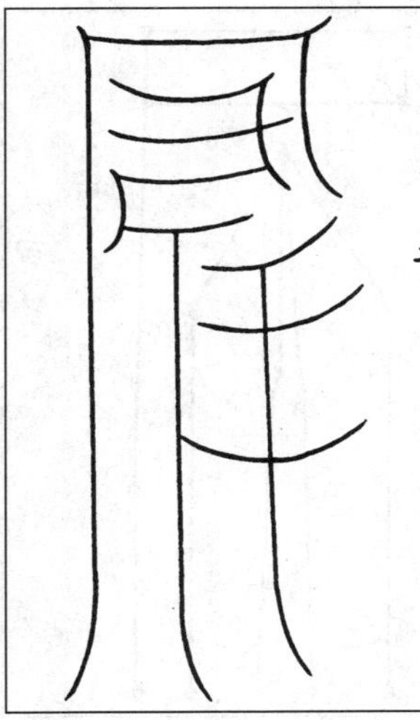

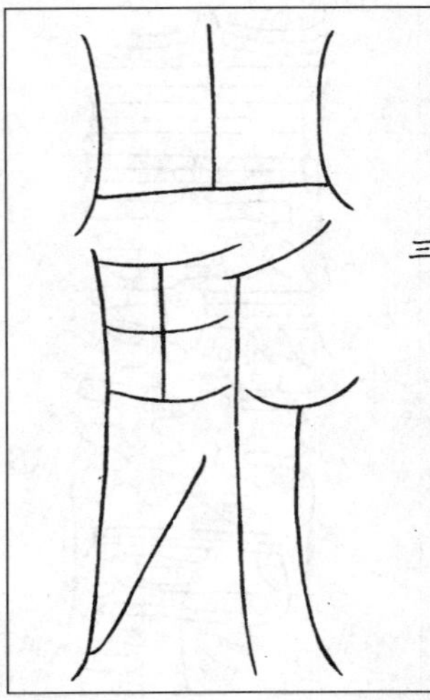

此三符，兼同著牛馬屋左右前後及猪欄上，辟虎狼也。

或問曰：昔聞談昌或步行水上，或久居水中，以何法乎？抱朴子曰：以葱涕和桂，服如梧桐子大七丸，日三服，至三年，則能行水上也。鄭君言但習閉氣至千息，久久則能居水中一日許。得真通天犀角三寸以上，刻以爲魚，而銜之以入水，水常爲人開方三尺，可得氣息水中。又通天犀角有一赤理如綖，自本徹末，以角盛米置羣雞中，雞欲啄之，未至數寸，即驚却退。故南人或名通天犀爲駭雞犀。以此犀角著穀積上，百鳥不敢集。大霧重露之夜，以置中庭，終不沾濡也。此犀獸在深山中，晦冥之夕，其光正赫然如炬火也。以其角爲導，毒藥爲湯，以此〔叉〕導攪之，皆生白沫湧起，則了無復勢也。以攪無毒物，則無沫起也。故以是知之者也。若行異域有蠱毒之鄉，每於他家飲食，則常先以犀攪之也。人有爲毒箭所中欲死，以此犀叉刺瘡中，其瘡即沫出而愈也。通天犀所以能煞毒者，其爲獸專食百草之有毒者，及衆木有刺棘者，不妄食柔滑之草木也。歲一解角於山中石間，人或得之，則須刻木色理形狀，令如其角以代之，勿使之覺，後年輒更解角著其處也。他犀亦辟惡解毒耳，然不能如通天者之妙也。或食六戊符千日，或以赤斑蜘蛛及七重水馬，以合馮夷水僊丸服之，則亦可以居水中。又以塗蹠下，則可以步行水上也。頭垢猶足以使金鐵浮水，况妙於兹乎？或問：爲道者多在山林，山林多虎狼之害也，何以辟之？抱朴子曰：古之人入山者，皆佩黄神越章之印，其廣四寸，其字一百二十，以封泥著所住之四方各百步，則虎狼不敢近其内也。行見新跡，以印順印之，虎即去；以印逆印之，虎即還；帶此印以行山林，亦不畏虎狼也。不但只辟虎狼，若有山川社廟血食惡神能作福禍者，以印封泥，斷其道路，則不復能神矣。昔石頭水有大鼋，常在一深潭中，人因名此潭爲鼋潭。此物能作鬼魅，行病於人。吴有道士戴昞者，偶視之，以越章封泥作數百封，乘舟以此封泥遍擲潭中，良久，有大鼋徑長丈餘，浮出不敢動，乃格殺之，而病者並愈也。又有小鼋浮出，羅列死於渚上甚多。山中卒逢虎，便作三五禁，虎亦即却去。三五禁法，當須口傳，筆不能委曲矣。一法，直思吾身爲朱鳥，令長三丈，而立來虎頭上，因即閉氣，虎即去。若暮宿山中者，密取頭上釵，閉氣以刺白虎上，則亦無所畏。又法，以左手持刀閉氣，畫地作方，祝曰：恒山之陰，太山之陽，盗賊不起，虎狼不行，城郭不完，閉以金闕。因以刀横旬日中白虎上，亦無所畏也。或用大禁，吞三百六十氣，左取右以叱虎，虎亦不敢起。以此法入山，亦不畏虎。或用七星步，及玉神符、八威五勝符、李耳太平符、中黄華蓋印文及石硫黄散，燒牛羊角，或立西岳公禁山符，皆有驗也。闕此四符也。

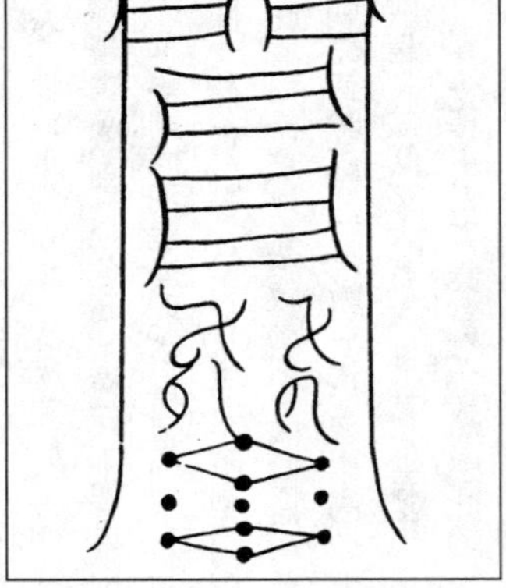

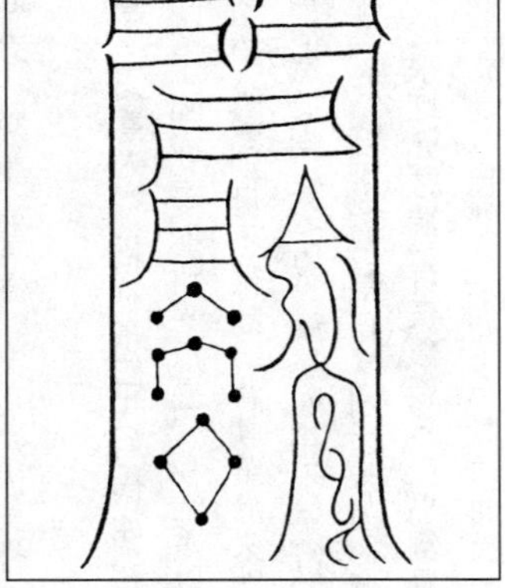

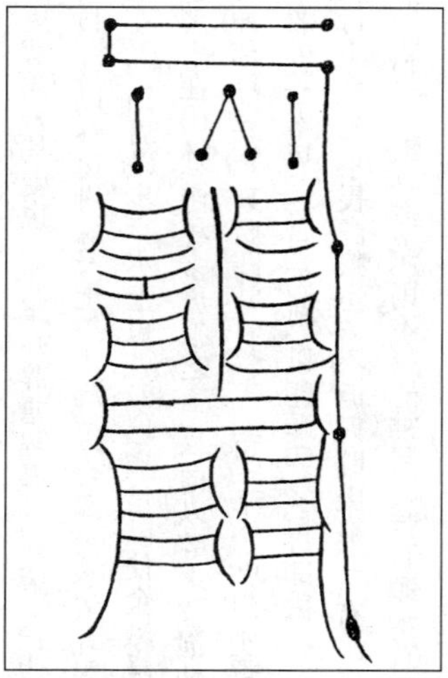

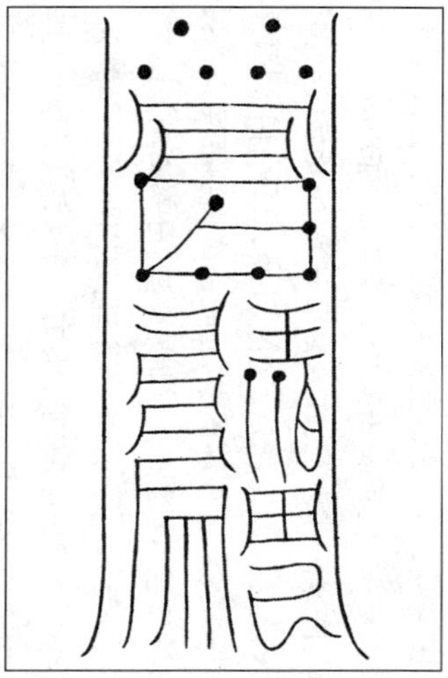

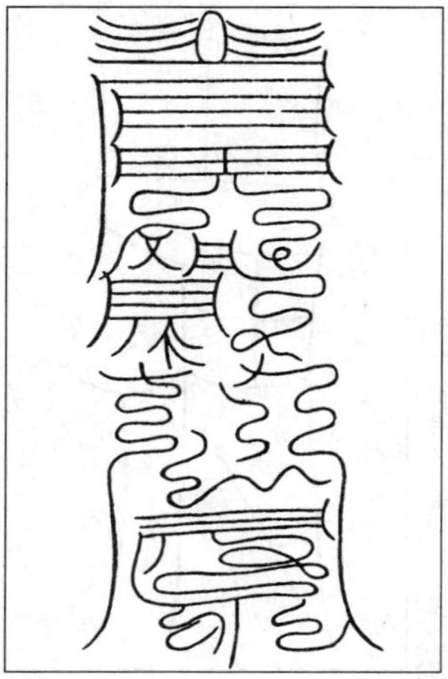

此符是老君入山符，下説如文。又可户内梁柱皆施之。凡人居山林及暫入，皆可用之。

又《外篇》卷一《嘉遁》 抱朴子曰：有懷冰先生者，薄周流之棲遑，悲吐握之良苦。讓高懷于陸海，爰躬耕乎斥鹵。秘六奇以括囊，含琳琅而不吐。謐清音則莫之或聞，掩輝藻則世不得覿。背朝華於朱門，保恬寂於蓬户。絶軌躅於金、張之間，養浩然於幽人之伍。謂榮顯爲不幸，以玉帛爲草土。抗靈規於雲表，獨違令而遂古。庇峻岫之巍峩，藉翠蘭之芳茵。漱流霞之澄液，茹八石之精英。思渺渺焉若居乎虹霓之端，意飄飄焉若在乎倒景之鄰。萬物不能攪其和，四海不足汩其神。於是有起勢公子聞之，慨然而嘆曰：空谷有項領之駿者，孫陽之耻也；太平遺冠世之才者，賞真之責也。安可令俊民全其獨善之分，而使聖朝乏乎元凱之用哉。乃造而説曰：徒聞振翅竦身，不能淩厲九霄，騰蹤玄極，攸叙彝倫者，非英偉也。今先生操立斷之鋒，掩炳蔚之文，玩圖籍於絶跡之藪，括藻麗乎鳥獸之羣，陳龍章於晦夜，沈琳琅於重淵，蟄伏於盛夏，藏華於當春；雖復下帷覃思，殫毫騁藻，幽贊太極，闡釋元本，言歡則木梗怡顔如巧笑，語戚則偶象嚬顣而滂沱，抑輕則鴻羽沉於弱水，抗重則玉石漂於飛波，離敗則肝膽爲胡越，合異則萬殊而一和，切論則秋霜春肅，温辭則冰條吐葩，摧高則峻極頽淪，竦卑則淵池嵳峩，庇清則倚暗外光，救濁則立澄黄河；然不能沾大惠於庶物，著弘勳於皇家，名與朝露皆晞，體與蜉蝣並化，忽崇高於聖人之寶，忘川逝於大耋之嗟，竊爲先生不取焉。蓋聞：大者天地，其次君臣。先聖憂時，思行其道，三月無君，皇皇如也。即今聖主乃與堯、舜一致，愍此黎民亦可比屋而封，故或負鼎而龍躍，或扣角以鳳歌，不須蒲輪而後動，不待文王而後興，潛初飛五，與時消息，進有攸往之利，退無濡尾之累，明哲以保身，宣化以濟俗。使夫承蘭風以傾柯，濯清波以遺穢者，有若沈景之應朗鑒，方圓之赴規矩。故勳格上下，惠沾八表。夫有唐所以巍巍，重華所以恭已，西伯所以三分，姬發所以革命，桓、文所以一匡，漢高所以應天，未有不致羣賢爲六翮，託豪傑爲舟楫者也。若令各守洗耳之高，人執耦耕之分，則稽古之化不建，英明之盛不彰，明良之歌不作，括天之網不張矣。故藏器者珍於變通隨時，英逸者貴於吐奇撥亂。若乃耀靈翳景於雲表，則麗天之明不著。哮虎韜牙而握角爪，則搏噬之捷不揚。太阿潛鋒而不擊，則立斷之勁不顯。驥騄踠趾而不馳，則追風之迅不形。並默則子貢與喑者同口，咸暝則離朱與矇瞽不殊矣。先生潔身而忽大倫之亂，得意而忘安上之義。

存有關機之累，没無金石之聲，庸人且猶憤色，何有大雅而無心哉。夫繩舒則木直，鄭進則雅凋，有虞舉則四凶戮，宣尼入則少卯梟，猶震雷駭則蟄皷咽，朝日出則螢燭幽也。不拯招魂之病，則無以效越人之絶伎。不獎多難之世，則無以知非常之遠量。高拱以觀溺，非援物之人也。懷道以迷國，非作者之務也。若俟中唐殖占日之草，朝陽繁鳴鳳之音，郊跱獨角之獸，野攢連理之林，長旌卷而不懸，干戈戢而莫尋，少伯方將告退於成功，孰能相擢乎陸沈哉。深願先生不遠速復哉。於是懷冰先生蕭然遐眺，遊氣天衢，情神潦緬，旁若無物。俯而答曰：嗚呼！有是言乎？蓋至人無爲，棲神沖漠，不役志於禄利，故害辱不能加也。不躊躇於險途，故傾墜不能爲患也。藜藿不供，而意佚於方丈。齊編庸民，而心歡於有土。寢宜僚之舍，閉干木之閭，攜莊、萊之友，治陋巷之居。確岳峙而不拔，豈有懷於卷舒乎。以慾廣則濁和，故委世務而不紆眄。以位極者憂深，故背勢利而無餘疑。其貴不以爵也，富不以財也。侶雲鵬以高逝，故不縈翮於腐鼠。以屢空爲厚誠，故不改樂於簞瓢。且夫玄黄遐邈，而人生倏忽，以過隙之促，託罔極之間，迅乎猶奔星之暫見，飄乎似飛矢之電經。聊且優游以自得，安能苦形於外物哉。夫鳶不絓網，驎不墮穽，相彼鳥獸，猶知爲患。風塵之徒，曾是未吝也。若夫要離滅家以效功，紀信起燔以誑楚，陳賈刎頸以證弟，仲由投命而菹醢，嬴門伏劍以表心，聶政感惠而屠菹，荆卿絶臏以報燕，楚公含悲而受首，皆下愚之狂惑，豈上智之攸取哉。蓋厚禄者責重，爵尊者神勞。故漆園垂綸，而不顧卿相之貴。栢成操耜，而不屑諸侯之高。羊説安乎屠肆，楊朱吝其一毛。僥求之徒，昧乎可欲，集不擇木，仕不料世，貪進不慮負乘之禍，受任不計不堪之敗。論榮貴則引伊、周以救溺，言亢悔則諱覆餗而不記。伺河龍之睡而撥明珠，居量表之寵而冀無患。耽漏刻之安，蔽必至之危。無朝菌之榮，望大椿之壽。似蹈薄冰以待夏日，登朽枝而須勁風。淵魚之引芳餌，澤雉之咽毒粒。咀漏脯以充饑，酣鴆酒以止渴也。昔箕子覩象箸而涕泣，尼父聞偶葬而永歎，蓋尋微以知著，原始以見終。然而闇夫蹈機不覺，何前識之至難，而利欲之彌篤邪。周成賢而信流言，公旦聖而走南楚，託鴟鴞以告悲，賴金縢以僅免。況能瘖之主，不世而一有。不悦之謗，無時而暫乏。德不以激烈風而起斃禾，事不以載珪璧而稱多才，嗟泣靡及，宜其然也。夫漸漬之久，則膠漆解堅。浸潤之至，則骨肉垂析。塵羽之積，則沉舟折軸。三至之言，則市虎以成。故江充疏賤，非親於元儲。後母假繼，非密於伯奇，而掘梗之誣，滅父子之恩。袖蜂之誑，破天性之愛。又況其他，安可自必。嗟乎！伍員所以懷忠而漂尸。悲夫！白起所以秉義而刎頸也。蓋徹見所爲寒心，匠人之所眩惑矣。又欲推短才以希雷同，仗獨是以彈衆非。然不覩金雖克木，而錐鑽不可以伐鄧林。水雖勝火，而升合不足以救焚山。寸膠不能治黄河之濁，尺冰不能却蕭丘之熱。是以身名並全者甚稀，而先笑後號者多有也。畏亢悔而貪榮之欲不滅，忌毁辱而争肆之情不遣，亦猶恐濕而泳深淵，憎影而不就陰，穿舟而息漏，猛爨而止沸者也。夫七尺之骸，禀之所以生，不可受全而歸殘也。方寸之心，制之在我，不可放之於流遁也。躬耕以食之，穿井以飲之，短褐以蔽之，蓬廬以覆之，彈詠以娱之，呼吸以延之，逍遥竹素，寄情玄毫，守常待終，斯亦足矣。且夫道存則尊，德勝則貴，隋珠彈雀，知者不爲。何必須權而顯，俟禄而飽哉。且夫安貧者以無財爲富，甘卑者以不仕爲榮。故幼安浮海而澄神，胡子甘心於退耕。逄、比有令德之罪，信、布陷功大之刑。一枝足以戢鷥羽，何煩乎豐林。潢洿足以泛龍鱗，豈事乎滄海。藜藿嘉於八珍，寒泉旨於醽、醁。躡履美於赤舄，緼袍麗於衮服。拱把安於杖鉞，鳴條樂乎絲竹。茅茨艷於丹楹，采椽珍於刻桷。登嵩峯爲臺榭，庇巖霤爲華屋。積篇章爲敖庾，寶玄談爲金玉。棄細人之近戀，損庸隸之所欲。遊九皐以含歡，遺智慧以絶俗。同屈尺蠖，藏光守樸。表拙示訥，知止常足。然後咀嚼芝芳，風飛雲浮。晞景九陽，附翼高遊。仰棲梧桐，俯集玄洲。孰與御轡而伏櫪，同被繡於犧牛哉。起勢公子曰：夫入而不出者，謂之耽寵忘退。往而不返者，謂之不仕無義。故達者以身非我有，任乎所值。隱顯默語，無所必固。時止則止，時行則行。束帛之集，庭燎之舉，則君子道長，在天利見。若運涉陽九譏勝之時，則不出户庭，括囊勿用。龍起鳳戢，隨時之宜。古人所以或避危亂而不肯入，或色斯而不終日者，慮巫山之失火，恐芝艾之并焚耳。方今聖皇御運，世夷道泰，仁及蒼生，惠風遐邁，威肅鬼方，澤沾九裔，儀坤德以厚載，凝乾穹以高蓋。神化則雲行雨施，玄澤則絪緼汪濊。四門穆穆以博延，主思英逸以俾乂。此乃千載所希值，剖判之一會。而先生慕嘉遁之偏枯，不覺狷華之患害也。務乎單豹之養内，未觀暴虎之犯外也。是聞涉水之或溺，則謂乘舟皆敗。以商臣之爲凶，則繼體無類也。懷冰先生曰：聖化之盛，誠如高論。出處之事，人各有懷。故堯、舜在上，而箕、潁有巢棲之客。夏后御世，而窮谷有握耒之賢。豈有慮於此險哉。蓋各附於所安也。是以高尚其志，不仕王侯。存夫爻象，匹夫所執，延州守節，聖人許焉。僕所以逍遥於丘園，飲跡乎草澤者，誠以才非政事，器乏治民，而多士雲起，髦彦鱗萃，

文武盈朝，庶事既康。故不欲復舉熠燿以厠日月之間，拊甂瓴於洪鍾之側，貢輕扇於堅冰之節。衒裘鑪乎隆暑之月，必見棄於無用，速非時之巨喰。若擁經著述，可以全真成名，有補末化。若强所不堪，則將顛沛惟咎，同悔小狐。故居其所長，以全其所短耳。雖無立朝之勳，即戎之勞，然切磋後生，弘道養政，殊塗一致，非狷介之民也。劣者全其一介，何及於許由。聖世恕而容之，同曠於有唐，不亦可乎。起勢公子勃然自失，肅爾改容，曰：先生立言助教，文討姦違，標退静以抑躁競之俗，興儒教以救微言之絶，非有出者，誰叙彝倫。非有隱者，誰誨童蒙。普天率土，莫匪臣民。亦何必垂纓執笏者爲是，而樂饑衡門者可非乎。夫羣迷乎雲夢者，必須指南以知道。並失乎滄海者，必仰辰極以得反。今聞嘉訓，乃覺其蔽。請負衣冠，策駑希驥，汎愛與進，不嫌擇焉。

又《逸民》抱朴子曰：余昔遊乎雲臺之山而造逸民，遇仕人在焉。仕人之言曰：明明在上，總御八紘，華夷同歸，要荒服事。而先生遊栢成之遐武，穆羣黎於鳥獸。然時移俗異，世務不拘，故木食山棲，外物遺累者，古之清高，今之逋逃也。君子思危於未形，絶禍於方來，無乃去張毅之内勢，玩單豹之外害，畏盈抗慮，忘亂羣之近憂，避牛跡之淺嶮，而墮百仞之不測，違濡足之泥涇，投鑪冶而不覺乎？逸民答曰：夫鋭志於雛鼠者，不識騶虞之用心；勝務於庭粒者，安知鴛鸞之遠指？猶焦螟之笑雲鵬，朝菌之怪大椿，坎蛙之疑海鼈，蛇之喰應龍也。子誠喜懼於勸沮，焉識玄曠之高韻哉？吾幸生於堯、舜之世，何憂不得此人之志乎。仕人曰：昔狂狷、華士意不争上，隱於海隅，而太公誅之。吾子沈遁，不亦危乎！逸民曰：吕尚長於用兵，短於爲國，不能儀玄黄以覆載，擬海嶽以博納，褒賢貴德，樂育人才；而甘於刑戮，不修仁義，故其刼殺之禍，萌於始封，周公聞之，知其無國也。夫攻守異容，道貴知變，而吕尚無烹鱗之術，出致遠之御，推戰陳之法，嫉高尚之士，可謂賴甲冑以完刃，又兼之浮泳，以射走之儀，又望求之於準的者也。夫傾庶鳥之巢，則靈鳳不集；漉魚鼈之池，則神虬遐逝；刳凡獸之胎，則麒麟不峙其郊；害一介之士，則英傑不踐其境。吕尚創業垂統，以示後人，而張苛酷之端，開殘賊之軌，適足以驅俊民以資他國，逐賢能以遺讐敵也。去彼市馬骨以致駿足，軾陋巷以退秦兵者，不亦遠乎。子謂吕尚何如周公乎？仕人曰：不能審也。逸民曰：夫周公大聖，以貴下賤，吐哺握髮，懼於失人，從白屋之士七十人，布衣之徒親執贄所師見者十人，所友者十有二人，皆逼以在朝也。設令吕尚居周公之地，則此等皆成市朝之暴尸，而溝澗之腐胔矣。唐堯非不能治致許由、巢父也，虞舜非不能脅善卷、石户也，夏禹非不能逼伯成子高也，成湯非不能録卞隨、務光也，魏文非不能屈干木也，晉平非不能吏亥唐也，然尊而肆之，貴而重之，豈六君之小弱也？誠以百行殊尚，默默難齊，慕尊賢之美稱，耻賊善之醜迹，取之不足以增威，放之未憂於官曠，從其志則可以闡弘風〔化〕，熙隆退讓，厲苟進之貪夫，感輕薄之冒昧。雖器不益於旦夕之用，才不周於立朝之俊，不亦愈於脅肩低眉，諂媚權右，提贄懷貨，宵征同塵，争津競濟，市買名品，棄德行學問之本，赴雷同比周之末也？彼六君尚不肯苦言以侵隱士，寧肯加之鋒刃乎？聖賢誠可師者，吕尚居然謬矣。漢高帝雖細行多闕，不涉典藝，然其弘曠恢廓，善恕多容，不繫近累，盖豁如也。雖饑渴四皓，而不逼也。及太子卑辭致之，以爲羽翼，便敬德矯情，惜其大者，發《黄鵠》之悲歌，杜婉妾之覬覦，其珍賢貴隱，如此之至。宜其以布衣而君四海，其度量盖有過人者矣。且夫吕尚之殺狷、華者，在於恐其沮衆也。然俗之所患者，病乎躁於進趨，不務行業耳。不苦於安貧樂賤者之大多也。假令隱士往往屬目，至於情掛勢利，志無止足者，終莫能割此常慾，而慕彼退静者也。開闢已降，非少人也，而忘富遺貴之士，猶不能居萬分之一。仲尼親受業於老子，而不能修其無爲；子貢與原憲同門，而不能模其清苦。四凶與巢、由同時，王莽與二龔共世，而不能效也。凡民雖復笞督之，危辱之，使追狷、華，猶必不肯，乃反憂其壞俗耶？吕尚思不及此，以軍法治平世，枉害賢人，酷誤已甚矣。賴其功大，不便以至顛沛耳。且吕尚之未遇文王也，亦曾隱於窮賤，凡人易之，老婦逐之，賣傭不售，屠釣無獲，曾無一人慕之。其避世也，何獨慮狷、華之沮衆邪？設令殷紂亦去逃遁，收而斂之，尚臨死，豈能自謂罪所應邪？魏武帝亦刑罰法嚴峻，果於殺戮，乃心欲用乎孔明，明自陳不樂出身。武帝謝遣之曰：義不使高世之士，辱於汙君之朝也。其鞭撻九有，草創皇基，亦不妄矣。紛擾日久，求競成俗，或推貨賄以龍躍，或階黨援以鳳起，風成化習，大道漸蕪，後生昧然，儒訓遂湮。將爲立身，非財莫可。苟有卓然不羣之士，不出户庭，潛志味道，誠宜優訪，以興謙退也。夫使孫、吴荷戈，一人之力耳。用其計術，則賢於萬夫。今令大儒爲使，不必切事。肆之山林，則能陶冶童蒙，闡弘禮敬。何必服巨象使捕鼠鞲鸞也。則鐘鼎鐫其聲。若乃零淪藪澤，空生徒死，亦安足貴乎？逸民答曰：子可謂守培塿，玩狐丘，未登閬風而臨雲霓；翫瀅汀，游潢洿，未浮南溟而涉天漢。凡所謂志人者，不必在乎禄位，不必須乎勛伐也。太上無己，其次無名，能振翼以絶羣，騁迹以絶軌，爲常人所不能爲，割近才

所不能割，少多不爲凡俗所量，恬粹不爲名位所染，淳風足以濯百代之穢，高標足以激將來之濁。何必紆朱曳紫，服冕乘軺，被犧牛之文繡，吞詹何之香餌，朝爲張天之炎熱，夕成冰冷之委灰。夫斥鷃不以蓬榛易雲霄之表，王鮪不以幽岫賀滄海之曠，虎、豹入廣厦而懷悲，鴻、鶤登嵩巒而含慼。物各有心，安其所長，莫泰於得意，而慘於失所也。經世之士，悠悠皆是，一日無君，惶惶如也。譬猶藍田之積玉，鄧林之多材，良工大匠，肆意所用，亦何必棲魚而沈鳥哉。嘉遁高蹈，先聖所許，或出或處，各從攸好。盖士之所貴，立德立言。若夫孝友仁義，操業清高，可謂立德矣。窮覽《墳》、《索》，著述粲然，可謂立言矣。夫善卷無治民之功，未可謂之減於俗吏。仲尼無攻伐之勲，不可以爲不及於韓、白矣。身名並全，謂之爲上。隱居求志，先民加焉。夷、齊一介，不合變通，古人嗟嘆，謂不降志辱身。不降者，明隱逸之爲高也；不辱者，知羈縶之爲污也。聖人之清者，孟軻所美，亦云天爵貴於印綬。志修遺榮，孫卿所尚，道義既重，可輕王公。而世人所畏唯勢，所重唯利。盛德身滯，便謂庸人；器小任大，便爲高士。或有乘危冒險，投死忘生，棄遺體於萬仞之下，邀榮華乎一朝之間，比夫輕四海、愛頸毛之士，何其緬然邪。仕人曰：潛退之士，得意山澤，不荷世貴，蕩然縱肆，不爲時用，嗅禄利，誠爲天下無益之物，何如？逸民答曰：夫麟不吠守，鳳不司晨，騰黄不引犂，尸祝不治庖也。且夫揚大明乎無外，宣嫗煦之和風者，日也；耀華燈於閒夜，治金石以致用者，火也。天下不可以經時無日，不可以一旦無火，然其大小不可同也。江海之外，彌綸二儀，升爲雲雨，降成百川。而朝夕之用，不及累仞之井，灌田溉園，未若溝之沃。校其巨細，孰爲曠哉。桀、紂帝王也，仲尼陪臣也，今見比於桀、紂，則莫不怒焉；見擬於仲尼，則莫不悦焉。爾則貴賤果不在位也。故孟子云：禹、稷、顔淵，易地皆然矣。宰予亦謂，孔子賢於堯、舜遠矣。夫匹庶而鈞稱於王者，儒生高極乎唐、虞者，德而已矣，何必官哉。且夫曜靈升於造化，運天地於懷抱，恢恢然世故不棲於心術，茫茫然寵辱不汩其純白，流俗之所欲，不能樂其神，近人之所惑，不能移其志。榮華，猶贅疣也；萬物，猶蜩翼也。若是者，其肯詰屈其支體，俯仰其容儀，挹酌於其所不喜，修索於其所棄遺，怡顔以取進，曲躬以避退，恐俗人之不悦，慼我身之凌遲，屈龍淵爲錐鑽之用，抑靈蠢爲蕘蘩之音，推黄鉞以適鈔鐮之持，撓華旗以入林杞之下乎。古公杖策而捐之，越翳入穴以逃之，季札退耕以委之，老萊灌園以遠之，從其所好，未與易也。故醇而不雜，斯則富矣。身不受役，斯則貴矣。若夫剖符有土，所謂禄利耳，非富貴也。且夫官高者其責重，功大者人忌之。獨有貧賤，莫與我争，可得長寶而無憂焉。濯裘布被，拔葵去織，狏不掩豆，菜肴糲飡，又獲逼下邀僞之譏；樹塞反坫，三歸玉食，禳侯之富，安昌之泰，則有僭上汙濁之累。未若遊神典文，吐故納新，求飽乎未耜之端，索緼乎杼軸之間，腹仰河而已滿，身集一枝而餘安，萬物芸芸，化爲埃塵矣。饘粥餬口，布褐緼袍，淡泊肆志，不憂不喜，斯爲尊樂，喻之無物也。夫仕也者，欲以爲名邪。則修毫可以〔泄憤懣，篇章可以〕寄姓字，何假乎良史，何須乎鑱鼎哉。孟子不以矢石爲功，揚雲不以致民益世，求仁而得，不亦可乎。仕人又曰：隱遁之士，則爲不臣，亦豈宜居君之地，食君之穀乎？逸民曰：何謂其然乎。昔顔回死，魯定公將躬弔焉，使人訪仲尼。仲尼曰：凡在邦内，皆臣也。定公乃升自東階，行君禮焉。由此論之，「率土之濵，莫匪王臣」可知也。在朝者，陳力以秉事；山林者，循德以厲貪清濁，殊塗同歸，俱人臣也。王者無外，天下爲家，日月所照，雨露所及，皆其境也。安得懸虚空，食咀流霞，而使之不居乎地，〔不〕食乎穀哉。夫山之金玉，水之珠貝，雖不在府庫之中，不給朝夕之用，然皆君之財也。退士不居肉食之列，亦猶山水之物也，豈非國有乎。許由不竄於四海之外，四皓不走於八荒之表也。故曰：「萬邦黎獻，共惟帝臣。」干木不荷戈戍境，築壘疆埸，而有蕃魏之功。今隱者潔行蓬蓽之内，以詠先王之道，使民知退讓，儒墨不替，此亦堯、舜之所許也。昔夷、齊不食周粟，鮑焦死於橋上，彼之硜硜，何足師表哉。昔安帝以玄纁玉帛聘周彦祖，桓帝以玄纁玉帛聘韋休明，順帝以玄纁玉帛聘楊仲宣，就拜侍中，不到。魏文帝徵管幼安不至，又就拜光禄勲，竟不到。乃詔所在常以八月致羊一口，酒二斛。桓帝玄纁玉帛聘徐孺子，就拜太原太守及東海相，不到。順帝以玄纁玉帛聘樊季高，不到。乃詔所在常以八月致羊一口，酒二斛，又賜几杖，待以師傅之禮。獻帝時，鄭康成州辟舉賢良方正、茂才，公府十四辟，皆不就。公車徵左中郎、博士、趙相、侍中、大司農，皆不起。昭帝公車徵韓福，到，賜帛五十疋及羊酒。法高卿再舉孝廉，本州五辟，公府八辟，九舉賢良、博士，三徵，皆不就。桓帝以玄纁玉帛、安車軺輪聘韓伯休，不到。以玄纁玉帛、安車軺輪聘姜伯雅，就拜太中大夫，捷爲太守，不起。然皆見優重，不加威辟也。若此諸帝褒隱逸之士不謬者，則吕尚之誅華士爲凶酷過惡，斷可知矣。仕人乃悵然自失，慨爾永歎曰：始悟超俗之理，非庸瑣所見矣。

北齊　祖鴻勳《與陽休之書》(《北齊書》卷四五引)　陽生大弟：吾比以家貧

親老，時還故郡。在本縣之西界，有雕山焉。其處閑遠，水石清麗，高巖四匝，良田數頃，家先有野舍於斯，而遭亂荒廢，今復經始。即石成基，憑林起棟。蘿生映宇，泉流繞階。月松風草，緣庭綺合；日華雲實，傍沼星羅。簷下流煙，共霄氣而舒卷；園中桃李，雜椿柏而葱蒨。時一褰裳涉澗，負杖登峯，心悠悠以孤上，身飄飄而將逝，杳然不復自知在天地間矣。若此者久之，乃還所住。孤坐危石，撫琴對水，獨詠山阿，舉酒望月，聽風聲以興思，聞鶴唳以動懷。企莊生之逍遙，慕尚子之清曠。首戴萌蒲，身衣縕褐，出藝粱稻，歸奉慈親，緩步當車，無事爲貴，斯已適矣，豈必撫塵哉。

而吾生既繫名聲之韁鎖，就良工之剞劂。振佩紫臺之上，鼓袖丹墀之下。采金匱之漏簡，訪玉山之遺文。敝精神於丘墳，盡心力於河漢。摛藻期之鞶繡，發議必在芬香。茲自美耳，吾無取焉。

嘗試論之。夫崑峯積玉，光澤者前毀；瑶山叢桂，芳茂者先折。是以東都有挂冕之臣，南國見捐情之士。斯豈惡粱錦，好蔬布哉，蓋欲保其七尺，終其百年耳。今弟官位既達，聲華已遠，象由齒斃，膏用明煎，既覽老氏谷神之談，應體留侯止足之逸。若能翻然清尚，解佩捐簪，則吾於茲山，莊可辦一。得把臂入林，挂巾垂枝，攜酒登巘，舒席平山，道素志，論舊款，訪丹法，語玄書，斯亦樂矣，何必富貴乎？去矣陽子，途乖趣別，緬尋此旨，杳若天漢。已矣哉，書不盡意。

唐 王旻《山居録・山居總論》（《居家必用事類全集戊集・種蓺類》引） 凡所居須擇形勢，地後高前平、有東流水者爲上。不然，四面平坦爲佳。其土色須黄，細沙軟者爲良，此方滋長藥根故也。其地多即二十畝，少不減十畝。四面樹以枳籬，不然墻圍之，任取便耳。其中造藥堂及蔭曝之所。堂前穿大池，種荷芰菱芡。遶池種甘菊，取紫莖黄花引蔓者是真，餘者皆蒿耳。蒿苦而菊甘，但能移根，蹙蹙稀栽，一二年間不覺自合，便成菊潭。如無根，取子種亦可，但四月以前，乘雨折插之，自然滋生子。按葛稚川云：南陽穰縣《抱朴子》並作酈縣，音離。有甘谷水，左右皆生菊，菊花墮水中，故味甘美。谷上居人皆不穿井，悉飲谷水，無不壽，考高者百四五十歲，次者不失八九十。故司空王暢、太尉劉寬、太傅袁隗皆常爲南陽太守，到官即使穰縣月送甘谷水三十斛，以爲飲食。諸人多風痺及眩暈，皆得愈，但不能大得其益如彼居人生以來即飲《抱朴子》作「便飲食」此水耳。又菊花與薏花相似，直以甘苦别之。諺所謂苦如薏者，今所在有之，真菊但爲少耳，率多生水側。已上並《抱朴》文。其地形制，任人巧爲之，令一池之中，數藥在焉。地之多少取足爲度，不必二十畝也。

又《作園籬》 凡作園籬法，須於地一作宅。四畔，《齊民要術》作於墻基之所。方整深耕。凡耕作三隴，中間相去各二尺。枳殼熟時，收子隴中概種之。至明年秋後約高三尺，斸去惡者，相去一尺留一根，然稀稠均，行伍直。至來春刈去横枝，必留距，不留必凍死。種刺榆及柳亦如之。酸棗不堪種，好别延蔓。次以五加皮、冬羅摩並傍籬落種之，便以爲籬藩。若須採掇，且免遠求，豈不善哉。

宋 杜綰《石譜・永康石》（《山居小玩十種》引） 蜀水永康軍産異石。錢遜叔遺余一石，平如板，厚半寸，濶六七寸，於面上如鋪一紙許，甚潔白。上有山一座，高低前後凡十數峯，劇有佳趣，廻邊不脱其底。山色皆青黑温潤而堅，利刃不能刻。扣之有聲清越，目爲江山小平遠。遜叔得自蜀中部使者，云出自永康軍，後未見偶者。

又《壽春石》 壽春府壽春縣紫金山石，出土中，色紫，琢爲硯，甚發墨，扣之有聲。余家舊有風字樣硯，甚發墨，□輕薄，皆遠故物。

又《栢子瑪瑙石》 黄龍府山中産栢子瑪瑙石，生瑩白，上生栢枝，或青或黄，甚光潤。頃年，白蒙亨奉使北虜，虜主遺以一石，大若桃，上有鵂鶹如豆許，栖栢枝上，頗奇怪。又有一種，多中空，不瑩徹。余獲一塊，棗大，如貯藥數百粒。

宋 施德操《北窗炙輠録》卷上 錢塘有兩處士，其一林和靖，其一徐冲晦。和靖居孤山，冲晦居萬松嶺。兩處士之廬正夾湖相望。予嘗館于冲晦之孫忉，忉之居，即冲晦之故廬也。有一菴岧嶤于嶺之上，東望江，西瞰湖。瞰湖之曲，正與孤山相值，而和靖之室隱見于烟雲杳靄之間。遐想當時之事，使人慨然也。和靖雖廬孤山，後有一室，正在凌雲澗之側，和靖多居此室耳。然冲晦比和靖，則和靖名字尤高，而冲晦以數學顯。冲晦數學，當時士大夫皆宗之。然忉嘗親與余言曰：先祖有誡，子孫世世不得離錢塘，以錢塘永無兵燹。

宋 林洪《山家清事・相鶴訣》 鶴不難相，人必清於鶴而後可以相鶴矣。夫頂丹頸碧，毛羽瑩潔，頸纖而修，身聳而正，足癯而節高，頗類不食煙火人，迺可謂之鶴。望之如鴈鶩鵝鸛然，斯爲下矣。養以屋，必近水竹；給以料，必備魚稻。蓄以籠，飼以熟食，則塵濁而乏精采。豈鶴俗也，人俗之耳。欲教以舞，俟其餒而寘食於闊遠處，拊掌誘之，則奮翼而唳，若舞狀，久則聞拊掌而必起。此

食化也，豈若仙家和氣自然之感召哉。今仙種恐未易得，唯華亭種差强耳。

又《種竹法》 《岳州風土記》、《文心雕龍》皆以五月十三日爲生日。《齊民要術》則以八月八日爲醉日，亦爲迷日，俱有可疑。比得之老園丁曰：種竹無時，認取南枝。又曰：莫教樹知，先鉏地令鬆且闊，沃以渠泥及馬糞，急移竹，多帶舊土本者種之，勿踏以足，若換葉，姑聽之，勿遽拔去。又有二秘法：迎陽氣則取季冬，順土氣則取雨時。若慮風則去稍而縛架，連數根種則易生筍。過此謂有他法者，難矣哉。

又《酒具》 山徑兀，以蹇驢載酒，詎容毋具。舊有偏提，猶今酒鼈。長可尺五而匾容斗餘，上竅出入猶小錢大。長可五分，用塞，設兩環，帶以革，唯漆爲之。《和靖翁送李山人》故有「身上祇衣麄直掇，馬前長帶古偏提」之句。今世又有大漆葫蘆，隔以三，酒下，果皿中上，以青絲絡負之，或副以書篋，可作一擔，加以雨具及琴皆可。較之沈存中游山具差省矣，唯酒榼當依沈制用銀器一。

又《山轎》 夏禹山行乘轎，漢南粤王輿橋過嶺。顔師古北人，固不知南人乘轎度嶺，而洪景盧亦謂山行之車。車只宜平地，孰若今轎爲便。橋即轎，固無疑矣。若山轎則無如今廬山建昌高下輪轉之制，或施以青罩，用肩板樓繩低與之，猶今貴介郊行者，良便遊賞。有如謝屐上山則去前齒，下山則去後齒，非不爲雅，孰若今釘履爲便云。

又《山備》 山深嵐重，仙道未能，生薑豈容不種。每旦帶皮生薑細嚼，熟酒下之。或薑湯，亦可矣。

又《梅花紙帳》 法用獨牀，傍植四黑漆柱，各掛以半錫瓶，插梅數枝。後設黑漆板約二尺，自地及頂，欲靠以清坐，左右設横木一，可掛衣。角安班竹書貯一，藏書三四，掛白塵一，上作大方目頂，用細白楮衾作帳罩之。前安小踏牀，於左植緑漆小荷葉一，寘香鼎，然紫藤香。中只用布單楮衾，菊枕蒲褥，乃相稱道人還了鴛鴦債，紙帳梅花醉夢間之意。古語云：服藥千朝，不如獨宿一宵。儻未能以此爲戒，宜亟移去梅花，毋污之。

又《火石》 《語》曰：「鑽燧改火。」《化書》云：「陽燧召火，方珠召水，燧日中取火鏡也。」入夜前當以石，今崑山石也。或竹木相戛，如鋸木然亦可矣。必先焚紙在於鉢中候之如法，燭及燈皆所當備，若能拾乾薪掃落葉以儲之，尤見有徹桑未雨之意。

又《泉源》 臘月剖修竹相接，各釘以竹丁，引泉之甘者，貯之以缸，杜甫所謂剖竹走泉源者，此也。又須愛護用之。諺云：近水惜水，此實修福之事云。

又《山房三益》 秋采山甘菊花，貯以紅某布囊，作枕用，能青頭目，去邪穢。采蒲花如柳絮者熟鞭，貯以方青囊，作坐褥，或臥褥，春則暴收，甚温煗，雖木綿不可及也。采松樛枝作曲几以靠背，古名養和。

又《插花法》 插梅每旦當刺以湯，插芙蓉當以沸湯，閉以葉少頃。插蓮當先花而後水，插梔子當削枝而搥破，插牡丹、芍藥及蜀葵、萱草之類，皆當燒枝，則盡開。能依此法，則造化之不及者全矣。

又《詩筒》 白樂天與元徽之，常以竹筒貯詩，往來賡唱。和靖翁故有「帶班猶恐俗，和節不防山」之句。每謂既有詩筒，可毋吟箋以助清灑。一日，許判司執中遠以葵牋分惠，緑色而澤，入墨覺有精采。詢其法，乃得之北司劉廉靖，蹲采帶露葵葉，研汁，用布擦竹紙上，候少乾，用温火熨之。許嘗有詩云：「不取傾陽色，那知戀主心。」此法不獨便於山家，且知二公俱有葵藿向陽之意，又豈不愈於題芭蕉，書柿葉者乎？

又《金丹正論》 金取乎剛，丹取乎一。不剛以戒慾，不一以存誠。豈金丹乎？有如純乾即丹也，自强不息即金也。苟能剛毅以行吾誠，則此丹可以存諸身而施諸天下，豈小用哉？如欲舍此以求法，不過欲知玄牝之門耳，非鼻、非口、非泥丸、非丹田，惟内腎一竅名玄關，外腎一竅名牝户。牝户毋所感觸，則精不外化而後玄關可以上通。既通，則精氣流轉於一身而復于元，又能凝神調息以養之。至於調息，心静則天地元氣自隨節候以感通，久而不爲物奪，自可以漸入天道。過此又欲求三峯黄白之術，此愚夫也，何足以語道。蓋自古以來，未嘗有貪財好色之神仙云。

又《食豚自戒》 僕舊苦臟疾，偶遇人語曰：「但不食豚足矣。」試之一歲果爾。按《本草》云：「其肉不可食，令人暴肥而召風，又耗心氣。」又文人尤所當戒，且食多忌，吴茱萸、白花菜、蕎麥，皆不可同食。由是久不食而他病亦鮮，且覺氣爽，而讀書日益悟。始信不食豚之功大。或曰：事祠山者當戒，此恐未有所據云。

又《種梅養鶴圖記》 擇故山濱水地，環籬植荆棘，間栽以竹。入竹丈餘，植芙蓉三百六十。入芙蓉餘二丈，環以梅。入梅餘三丈，重籬外，植芋栗果實，内重植梅。結屋前茅後瓦，入閣名尊經，藏古今書，中屏書「堯舜之道孝弟而已矣，夫子之道忠恕而已矣」字。進二丈，設長榻二，中掛三教圖，横扁大可山字。

上樓，祀事天地宗親君師。左塾，訓子；右道院，迎賓客。進舍三，寢一，讀書一，治藥一。後舍二，一儲酒穀，列農具山具，壁塗澤以芋，書田所畝三十，記歲入。一安僕役，庖湢稱是，童一婢一，園丁二。前鶴屋，養鶴隻。後犬十二足，驢四蹄，牛四角。客至具蔬食酒核，暇則讀書課農圃事。毋苦吟以安天年，落成謝所賜。律身以廉介，處家以安順。待下恕，交鄰睦，爲子子孫孫悠久地。先大祖瓚在唐以孝旌，七世祖逋寓孤山，國朝謚和靖先生。高祖卿材，曾祖之召，祖全，皆仕。父惠，號心齋，母氏凌姓，今妻德真女張與，自曰小可山。家塾所刊：魏鶴山劉漫塘所跋經集、大雅復古詩集，趙南塘趙玉堂序跋《西湖》，衣鉢樓秋房跋《文房圖贊》，真西山跋詩後，趙南堂跋《平衢寇碑》，謝益齋、史石窻、陳東軒書《梅鶴圖》，王潛齋擬《晉唐帖并寄詩》，陳習庵諾薦書《唐宋詩律》，《施芸隱詞》。扣閽奏本十，《上都賦》一，續諷諫篇三十，所藏當世名賢詩帖不計百，江湖吟卷不計千。先和靖遺文二，祖收五斤鐵簡一，誥勑存三十，汀洲兄文雅禪書一。家傳《慈湖太極圖》以辛卯火不存。其欲求趙子固《水仙》未能也。手抄經史，節二論，策括二，志未遂而眼已花，此圖落成在何時，山有靈，將有大濟遇，姑録其梗槩，少慰吾梅鶴云。

又《江湖詩戒》 樽酒論詩，江湖義也，或雖緩於理而急於一字一句之爭，甚者赭面裂眦，豈義也哉？不思詩之理，本同而其體則異，使學騷者果如騷，選者果如選，學唐學江西者果如唐如江西。譬之韓文不可以入柳，柳文不可以入韓，各精其所精，如斯而已，豈可執一法以律天下之士哉？此既律彼，彼必律此，勝心起而義俱失矣。於是作戒曰：「詩有不同，同歸於理。已欲律人，人將律已。全此交情，惟默而已。可與言者，斯可言矣。」

又《山林交盟》 山林交與市朝異。禮貴簡，言貴直，所尚貴清，善必相薦，過必相規，疾病必相救藥，書尺必直言事。初見，用刺，不拘服色，主肅入，敘坐，稱呼以號及表字，不以官，講問必實言所知所聞。事有父母者，必備刺拜，報謁同，自後傳入，一揖坐。詩文隨所言，毋及外事時政異端。飲食隨所具，會次，坐序齒，不以貴賤僧道易。飲隨量，詩隨意，坐起自如，不許逃席，乏使令，則供執役。請必如期，毋違客例。有幹實告，及歸不必謝。凡涉忠孝友愛事，當盡心無慢嫉。前輩須接誘後學，以共追古風。貴介公子有志於古者，必不驕人。苟非其人，不在茲約。凡我同盟，願如金石。

宋 林洪《山家清供》上卷《青精飯》 青精飯者，以比重穀也。按《本草》，南天燭，今黑飯草，即青精也。采枝葉搗汁，浸米蒸，飯曝乾，堅而碧也。久服益顔延筭。仙方又有青石飯，世未知石爲何也。按《本草》：用青石脂三斤，青粱米一斗，水浸越三日，搗爲丸，如李大，日服三丸可不飢。是知石脂也。二法皆有據，以山居供客，則當用前法，如欲則效此方辟穀，當用後法。每讀杜詩曰：「豈無青精飯，令我顔色好。」又曰：「李侯金閨彦，脱身事幽討。」當時才名如李杜，可謂切于愛君憂國矣。天乃不使之壯年以行其志，而使之但有青精瑶草之思，惜哉。

又《碧澗羹》 芹楚，葵也，又名水英。有二種：荻芹取根，赤芹取葉與莖，俱可食。二月三月作英時采之，入湯取出，以苦酒研子，入鹽與茴香漬之，可作葅。惟瀹而羹之，既清而馨，猶碧澗然。故杜甫有「香芹碧澗羹」之句。或曰芹微草也，杜甫何取而誦咏之？不暇不思，野人持此猶欲以獻于君者乎？

又《苜蓿盤》 開元中，東宮官僚清淡，薛令之爲左庶子，以詩自悼曰：「朝日上團團，照見先生盤。盤中何所有？苜蓿上欄干。飯澁匙難滑，羹稀筯易寬。以此謀朝夕，何由保歲寒？」上幸東宮，因題其傍，有「若嫌松桂寒，曷遂桑榆煖」之句。令之惶恐，謝病歸。每誦此詩，未知爲何物。愚同宋雪岩伯仁訪鄭野鑰，見取種者，因得其種并法。其葉緑紫色，而莖長或丈，采用湯焯油炒，鹽如意，羹茹皆可。風味本不惡，令之何爲厭苦如此。東宮官僚當一時之選，而唐時諸賢見于篇什，皆爲左遷。令之寄興，恐不在此盤。賓僚之選，至起食無餘之嘆，上之人乃諷以去，吁薄矣。

又《考亭蔊》 考亭先生每飲後，則以蔊菜供。一出于盱江，分于建陽；一生於嚴灘石上。公所供，蓋建陽種集有蔊詩可考。山谷縣孫，以沙卧蔊，食其苗，云生臨汀者尤佳。

又《太守羹》 梁蔡遵爲吳興守，郡齋前自種白莧、紫茄，以爲常餌。世之醉醲飽鮮，而急于事者，視此得無愧？然茄、莧性俱微冷，必加薑爲佳耳。

又《冰壺珍》 太宗問蘇易簡曰：「食品稱珍，何者爲最？」對曰：「食無定味，適口者珍。臣心知虀汁美。」太宗嘆問其故。曰：「臣一夕酷寒，擁爐燒酒痛飲，大醉，擁以重衾。忽醒渴甚，乘燭中庭，見殘雪中覆一虀盎。不暇呼童，掬雪盥手，滿飲數缶。臣此時自謂，上界仙廚鸞脯鳳腊，殆恐不及。屢欲作《冰壺先生傳》記其事，未暇也。」太宗笑而然之。後有問其方者，僕答曰：用清陽浸以菉豆，解渴一味耳。或不然，請問之冰壺先生。

又《藍田玉》　《漢・地理志》：藍田出美玉。魏李預每羡古人餐玉之法，乃往藍田，果得美玉。預卒采治，爲屑服餌，而不絶酒色。偶疾篤，謂妻子曰：服玉必屏居山林，擯棄嗜欲，當大有神效。而酒色不絶，自致于死，非玉過也。要之長生之法，能清心戒慾，雖不服玉，亦可矣。今法用瓠一二枚，去皮毛，截作二寸方片，爛蒸以餐之。不可煩燒鍊之功，但除一切煩惱思想，久而自然神清氣爽，較之前法差勝矣。故名法製藍田玉。

又《豆粥》　漢光武在蕪蔞亭時，得馮異奉豆粥，至久且不忘報，況山居可無此乎？用瓦缾爛煮豆，候粥少沸，投之同煮，既熟而食。東坡詩云：「豈如江頭千頃雪，茅簷出没晨烟孤。地碓舂杭光似玉，沙缾煮豆軟如酥。老我此身無著處，賣書來問東家住。卧聽雞鳴粥熟時，蓬頭曳杖君家去。」此豆粥法也。若夫金谷之會，徒咄嗟以誇客，孰若山舍清談徜徉，以候其熟也。

又《蟠桃飯》　采山桃用米泔煮熟，漉置水中，去核，候飯湧同煮頃之，如合飯法。東坡用石曼卿海州事詩云：「戲將桃核裹紅泥，石間散擲如風雨。坐令空山作錦繡，傍天照海光無數。」此種桃法也。桃三李四，能依此法，越三年皆可飯矣。

又《寒具》　晉桓玄喜書畫，客有食寒具不濯手，而執畫帙者，油污其畫，後不設寒具。此必用油蜜煎者。《要術》并《食經》皆只曰環餅，世疑饊子也，巧夕酸蜜食也。杜甫十月一日乃有「粔籹作人情」之句，《廣記》則載寒食事總。三者俱可疑。乃考朱氏注《楚詞》，粔籹，蜜餌，有餦餭些，謂以米麵煎熬作之寒具是也。以是知《楚辭》一句，自是三品。粔籹乃蜜麵之乾也，十月開爐餅也。蜜餌乃蜜麵少潤者，即蜜食也。餦餭乃寒食寒具，無可疑者。閩人會婣名煎餔，以糯粉和麵油煎，沃以糖食之，不濯手，則能汙物，且可留月餘，宜禁烟用也。吾翁和靖先生山中寒食詩云：「方塘波緑杜蘅青，布穀提壺似足聽。有客初嘗寒具罷，據梧痛飲散幽襟。」信乎此爲寒食具矣。

又《黄金鷄》　李白詩云：「亭上十分緑醑酒，盤中一味黄金鷄。」其法：燖雞浄洗，用麻油鹽水煮，入葱椒，候熟擘飣，以元汁别供，或薦以酒，則白酒初熟、黄鷄正肥之樂得矣。有如新法用炒等製，非山家不屑爲，恐非真味也。每思茅容以鷄奉母，而以菜奉客，賢矣哉。

又《槐葉冷淘》　杜甫詩云：「青青高槐葉，采掇付中廚。新麵來近市，汁滓宛相俱。入鼎資過熟，加餐愁欲無。」即此見其法，于夏采槐葉之高秀者，湯少瀹，研細濾清，和麵作淘，乃以醯醬熟蒸，簇細苗，以盤行之，取其碧鮮可愛也。末句云：「君王納涼晚，此味亦時須。」不惟見詩人一食未嘗忘君，且知貴爲君王亦珍此山林之味。旨哉，詩乎。

又《地黄淘》　崔元亮《海上方》治心痛，去蟲積，取地黄大者，浄洗搗汁，和細麵作淘食之，出蟲尺許即愈。正元間通事舍人崔杭女作淘食之，出蟲如蟇狀，自是心患除矣。《本草》浮爲天黄，半沉爲人黄，惟沉底者佳。宜用清汁，入鹽則不可食。或浄洗細截挾米煮粥，良有益也。

又《梅花湯餅》　泉之紫帽山有高人，嘗作此供。初浸白梅檀香末水，和麵作餛飩皮，每一叠用五出，鐵鑿如梅花樣者，鑿取之。候煮熟，乃過于鷄清汁内，每客上二百餘花，可想一食亦不忘梅後。留玉堂元剛亦有詩：「恍如孤山下，飛至浮西湖。」

又《椿根餛飩》　劉禹錫煮樗根餛飩皮法，立秋前後謂世多痢及腰痛，取樗根一兩握搗篩，和麵捻餛飩如皁筴子大，清水煮，空腹十枚，並無禁忌。山家晨有客至，先供之十數，不惟有益，亦可少延早食。椿實而香，樗疎而臭，惟椿根可也。

又《玉糁根羹》　東坡一夕與子由飲，酣甚，槌蘆菔爛煮，不用它料，只研白米爲糁食之。忽放箸撫几曰：「若非天竺酥酡，人間决無此味。」

又《百合麵》　春秋仲月，采根暴乾搗篩，和麵作湯餅，最益氣血。又蒸熟可以佐酒。《歲時廣記》二月種法：宜鷄糞。《化書》：山蚯化爲百合，乃宜鷄糞。豈物類之相感也。

又《栝樓粉》　孫思邈法：深掘大根，厚削至白，寸切，水浸，每旦易之，五日取出，搗之以力，貯以絹囊，濾爲玉液，候其乾矣，可爲粉食，雜以粳糜，翻起雪色，似乳酥酪，食之補益。又方取實酒炒爲引，腸風血下可愈。

又《素蒸鴨》　鄭餘慶召親朋食，敕家人曰：爛蒸去毛，勿拗折。客意鵝鴨也。良久，各蒸壺蘆一枚耳。今岳倦翁珂書食品付庖者詩云：「動指不須占染鼎，去毛切莫拗蒸壺。」岳，勳閥也，而知此味，異哉。

又《黄精果》　仲春深采根，九蒸九暴，搗如飴，可作果食。又細切食，水二石五升，煮去苦味，漉入絹袋壓汁，澄之，再煎如膏，以黄米作餅，約二寸大，客至，可供二枚。又采苗可爲菜茹。隋羊公服法，芝草之精也，一名仙人餘糧。其補益可知也。

又《傍林鮮》　夏初竹笋盛時，掃葉就竹邊煨熟，其味甚鮮，名曰傍林鮮。文與可守洋川，正與家人煨笋午飯，忽得東坡書，詩云：「想見清貧饞太守，渭川千畝在胸中。」不覺噴飯滿案，想作此供也。大凡笋貴甘鮮，不當與肉爲侣。今俗庖多雜以肉，不思纔有小人，便壞君子。對此君成大嚼也，世間那有揚州鶴，東坡之意微矣。

又《凋菰飯》　凋菰葉似蘆，其米黑。杜甫故有「波翻菰米沉雲黑」之句，今胡穄是也。暴乾礱洗，造飯既香而滑。杜甫又云：「滑憶凋菰飯。」又會稽人顧翱，事母孝，煮凋菰飯，翱常自采擷。家瀕大湖，後湖中皆生凋菰，無復餘草，此孝感也。世有厚于奉己薄于奉親者，視此寧無愧乎。嗚呼，孟笋王魚，豈偶然哉。

又《錦帶羹》　錦帶又名文官花，條生如錦，葉始生柔脆可羹。杜甫故有「香聞錦帶羹」之句。或謂蓴之縈，紆如帶。況蓴與菰固生水濵。昔張翰臨風必思蓴鱸以下氣。按《本草》：「蓴鱸同羹，可以下氣止嘔。」以是知張翰在當世意氣抑鬱，隨事嘔逆，故有此思耳，非蓴魚而何。杜甫卧病江閣，恐同此意也。謂錦帶爲花，或未必然。僕居山時，固有羹此花者，其味亦不惡。

又《煿金煮玉》　筍取鮮嫩者，以料物和薄麪，拖油煿，如黄金色，甘脆可愛。舊好莫友訪霍如菴，延早供，以笋切作方片，和白米煮粥，佳甚。因戲之曰：此法製惜精氣也。濟顛《筍疏》云「拖油盤内煿黄金，和米鐺中煮白玉」，二者兼得之矣。霍北司貴公也，乃甘山林之味，異哉。

又《土芝丹》　芋名土芝，大者裹以濕紙，用煮酒和糟塗其外，以糠皮火煨之。候香熟取出，安坳地内，去皮温食，冷則破血，用鹽則洩精，取其温補，名土芝丹。昔嬾殘師正煨此牛糞火中，有召者，卻之曰：「尚無情緒收寒涕，那得功夫伴俗人。」又居山人詩云：「深夜一爐火，渾家團欒坐。芋頭時正熟，天子不如我。」其嗜好可知矣。小者煨乾入瓮，候寒月用稻草盦熟，色香如栗，名土栗，雅宜山舍擁爐之夜供。趙西安詩云：煮芋雲山上，蓋得于所見，非苟作也。

又《柳葉韭》　杜詩「夜雨剪春韭」，世多誤爲剪之於畦，不知剪字極有理。蓋于煠時必齊其本，如「烹薤圓齊玉筯頭」之意。乃以左手執其末，以其本入鹽湯内，少剪其末。棄其觸也，只煠其本，帶性投冷水中出之，甚脆然，必以竹刀截之。又方采嫩柳葉少許同煠佳，故曰柳葉韭。

又《松黄餅》　暇日過大理寺，訪秋岩陳評事介。留飲，出二童。歌淵明《歸去來辭》，以松黄餅供酒。陳方巾美髯，有超俗之標。飲此味，使人灑然起山林之興，覺駝峰、熊掌皆不若矣。春來松花黄和蜜模作餅狀。不惟香味清，亦有所益也。

又《酥瓊葉》　宿蒸餅薄切，塗以蜜或以油就火上炙，鋪紙地底上散火氣，甚鬆脆，且止痰化食。楊誠齋云：「削成瓊葉片，嚼作雪花聲。」

又《元脩菜》　東坡有巢故人元脩菜詩，每讀「豆莢圓而小，槐葉細而豐」之句，未嘗不冥搜畦壟間，必求其。是詩詢諸老圃，而罕能道者。一日，永嘉鄭文千歸自蜀，過梅，首叩答之曰：蠶豆也即是彎豆也，蜀人謂之巢菜。苗葉嫩時可采，以爲茹擇洗。用真麻油熟炒，乃下鹽醬煮之。春盡苗葉老則不可食。坡所謂點酒，下鹽豉縷橙芼薑葱者，正庖法也。君子耻一物不知，必游歷久遠，而後見聞博。讀東坡詩二十年，一日得之，喜可知矣。

又《薝蔔煎》　舊訪劉漫塘宰，留午酌，出此供，清芳極可愛。詢之，乃梔子花也。采大者，以湯焯過，少乾，用甘草水和稀拖油煎之，名薝蔔煎。杜詩云：「于身色有用，與物氣相和。」既製之，清和之風備矣。

又《蒿蔞菜羹》　舊客江西林谷梅山房書院，春時，多食此。菜嫩莖去葉，湯焯，用油鹽苦酒沃之爲茹。或加以肉，香脆良可愛。後歸京，春輒思之。偶與李竹埜隣，以其江西人，因問之。李云：《廣雅》名蒿蔞，生下田。江西以羹魚。陸疏云：葉似艾，白色，可蒸爲茹。即漢《廣言》刈其蔞之蔞矣。山谷詩云：蔞高數筋玉簪横。乃證以詩註，果然。李乃怡軒之子，嘗從江西西山問宏詞法，多識草木宜矣。

又《玉灌肺》　真粉、油餅、芝麻、松子、胡桃、蒔蘿，六者爲末，拌和，入甑蒸熟，切作肺樣塊，用棗計供。今後苑名曰御愛玉灌肺，要之不過素供耳。然以此見九重崇儉不嗜殺之意，居山者豈宜後乎？

又《紫英菊》　菊名治蘠，《本草》名節花，陶注云：菊有二種，莖紫氣香而味甘，其葉乃可羹，莖青而大，氣似蒿而苦名苦薏，非也。今法：春采苗葉洗焯，用油略炒熟，下薑鹽作羹，可清心明目，加枸杞尤妙矣。天隨子：「爾杞未棘，爾菊未莎，其如予何。」《本草》：杞葉似榴而軟者，能輕身益氣。其子圓而有棘者，名枸棘，不可用。杞菊微物也，有少差，猶不可用。然則君子小人豈容不辨哉。

又《銀絲供》　張約齋性喜延山林湖海之士。一日午時數杯後，命左右作銀絲供具，戒之曰：調和教好，又要有真味。衆客謂必鱠也。良久，出琴一張，

請琴因歌詩騷一曲，衆便知銀絲乃琴絃也。又要有真味之意也。張，中貴勳家也，而能知此，真味賢矣哉。

又《梟芘粉》　梟芘粉可作粉食，其甘滑異于它粉。偶天台陳梅廬見惠，因得其法。梟芘，《爾雅》一名芍。郭云生下田，似龍鬚而細根，如指頭而黑。即荸薺也。采以暴乾，磨而澄濾之，如緑豆。後讀劉止非類藁。有詩云：「南山有蹲鯖，春田多梟芘。何必泌之水，可以樂我飢。」信乎，可以食矣。

又《進賢菜》　蒼耳，枲耳也。江東名常枲，幽州名爵耳，形如鼠耳。陸璣疏云：葉青白色，似胡荽。白華細莖，蔓生。嫩采葉洗焯，以薑鹽苦酒拌爲茹，可療風。杜詩云：「蒼耳可療風，童兒且時摘。」《詩》之《卷耳》首章云：「嗟我懷人，寘彼周行。」酒醴，婦人之職，臣下勤勞，君必勞之。因采此而賦感念，及酒醴之用，此見古者后妃欲以進賢之道諷其上。張氏進賢菜詩曰：「閨閫誠難與國防，默嗟徒御困高岡。觥罍欲解無窮恨，枲耳元因備酒漿。」其子可雜米粉爲糗，故古詩有「碧澗水淘蒼耳飯」之句云。

又《山海兜》　春采筍蕨之嫩者，以湯瀹之，取魚鰕之鮮者同切作塊子，用湯泡滚蒸，入熟油醬，研胡椒拌和，以粉皮乘覆，各合于二盞内蒸熟。今後苑進此，名鰕魚筍兜。今名山海兜或名筍蕨羹亦佳。許梅屋棐云：「趂得山家筍蕨春，借廚烹煮自吹薪。倩誰分我盃羹去，寄與中朝食肉人。」

又《撥霞供》　向游武夷六曲，訪止止師，偶雪天，得一兔，無庖人可製。師云：「山間只用薄披酒漿椒料沃之，風爐安在上，用少半銚，候湯響，一盃後各分以筯，令自莢入湯，擺熟啖之，乃隨宜客以汁供。」用其法不獨易行，且有團圞煖熱之樂。越五六年，來京師，乃復于楊泳齋伯喦席上見此，恍然去武夷如隔一世。楊勳家，嗜古學而安清苦者，知山林之趣。因詩之：「浪湧晴江雪，風翻晚照霞。」末云「醉憶山中味，渾忘是貴家」。

又《驪塘羹》　曩客驪塘書院，每食後必出菜。湯青白極可愛，飯後得之，醍醐甘露未易及此。詢庖者，正用菜與萊菔，細切，以井水煮之爛爲度，初無它法。後讀坡詩，亦只用蔓菁萊菔而已。詩云：「誰知南嶽老，解作東坡羹。中有蘆服根，尚含曉露清。勿語貴公子，從渠厭羶腥。」以此可想二公之好尚矣。今江西多此法。

又《真湯餅》　瓜圃翁訪凝遠居士，話間命僕作真湯餅。來翁訝：天下安有假湯餅，及見，乃沸湯泡油餅，人一杯耳。翁曰：如此則湯泡飯亦得名真泡飯乎？居士曰：稼穡作甘無勝食氣，則真矣。

又《沆瀣漿》　雪夜，張一齋飲客。酒酣，簿書何君時奉出沆瀣漿一瓢，與客分飲，不覺酒，客爲之灑然。問其法，謂得之禁苑，上用甘蔗、蘆服，各切作方塊，以水爛煮即已。蓋蔗能化酒，蘆服能化食也，酒後得其，益可知矣。《楚詞》有蔗漿，恐即此也。

又《神仙富貴餅》　煮木菖蒲，暴爲末，每一斤用蒸山藥末三斤，煉蜜水調入麵作餅，暴乾。候客至蒸食，作條，亦可羹。章簡公詩云：「木蔫神仙餅，菖蒲富貴花。」

又《香圓杯》　謝益齋奕禮，不嗜酒，嘗自不飲，但能看客之醉。一日晝餘琴罷，命左右剖香圓二杯，刻以花，温上所賜酒以勸客。清芬靄然，使人覺金樽玉斝皆埃溘矣。香圓似瓜而黄，閩南一菓。而得備金華鼎貴之清供，有謂矣。

又《蟹釀橙》　橙大者截頂，去穰，留少液，以蟹膏納其内，仍以帶枝頂覆之，入甑，用酒醋水蒸熟，加苦酒入鹽供，既香而鮮，使人有新酒、菊花、香橙、螃蠏之興。因記危巽齋積贊蟹云：「黄中通理，美在其中，暢于四肢，美之至也。」此本諸《易》，而與蟹得之矣。」今于橙蟹又得之矣。

又《蓮房魚包》　蓮花中嫩房去截底，剜穰，留其孔，以酒漿香料和魚塊實其内，仍以底坐甑内蒸熟，或中外塗以蜜出楪，用漁父三鮮供之。向在李春坊席上曾受此供，得詩云：「錦瓣金房織幾重，遊魚何事得相容。湧身既入花房去，好似華池獨化龍。」李大喜，送端硯一枚，龍墨五笏。

又《玉帶羹》　春坊趙湖壁，弟竹潭雍亦在焉，論詩把酒及夜，無可供者，湖曰：吾有鏡湖之蒓。潭曰：雍有稽山之筍。僕笑：可有一栝羹矣。乃命庖作玉帶羹，以筍似玉，蒓似帶也。是夜甚適。今猶喜其清高而愛客也。每讀忠簡公「躍馬食肉付公等，浮家汎宅真吾徒」之句，有此兒孫宜矣。

又《酒煮菜》　鄱江士友命飯，供以酒煮菜。非菜也，乃純以酒煮菜鯽魚也。且云：「鯽，稷所化，以酒煮之，甚有益。」第以魚名菜，私竊疑之，及觀趙好古《賓退録》所載，靖州風俗，鮮食肉，唯以魚作蔬，俗謂之魚菜。杜陵白小詩亦云：「細微霑水族，風俗當園蔬。」始信魚即菜也。趙好古博雅君子也，宜乎先得其詳矣。

宋　林洪《山家清供》下卷《蜜漬梅花》　楊誠齋詩云：「甕澄雪水釀春寒，蜜點梅花帶露餐。句裏略無烟火氣，更教獨上少陵壇。」剥白梅肉少許浸雪水，梅

花温釀之，露一宿，取去，蜜漬之可薦酒。較之敲雪煎茶風味不殊也。

又《蟹鳌供》 蟹生于江者，黄而腥。生于湖者，紺而馨。生於漢者，蒼而清。越淮，多越掠，故或枵而不盈。有錢君謙齋震祖，惟硯存。復歸于吴門，秋偶過之，把酒論文猶不减乎昨之勤也。留旬餘，每旦視蟹，必取其圓，烹以酒醋，雜以葱芹，仰之以臍。少俟其凝，人各舉一，痛飲大嚼，何異乎拍浮于湖之濱。庸庖俗飣非口不知味，恐失此物風韻，但以橙醋，自足以發揮其所藴也。且曰：圓臍膏，尖臍螯，秋風高圓者豪請與手，不必刀羹以蒿，尤可饕。因舉山谷詩云：「一腹金相玉質，兩螯明月秋江。」真所謂詩中之騷。舉以手，不以刀，尤見錢君之豪也。或曰：海聆聆，惡朝露。實築筐，噀以醋，雖千里，無所誤，因筆之，爲蟹助。

又《湯綻梅》 十月後，用竹刀取欲開梅蕋，上醮以蠟，投尊缶中，夏月以熱湯就盞泡之，花即綻香可愛也。

又《通神餅》 薑薄切、葱細切，各以和稀麵，宜以少國老細末和入麵，庶不惡，入淺油煠，能已寒。朱氏《論語註》云「薑通神明」，故名也。

又《金飯》 危巽齋：「梅以白爲正，菊以黄爲正。過此恐淵明、和靖二公不取也。」今世有七十二種菊，正如《本草》所謂今無真牡丹。紫莖黄色菊英，以甘草湯和硝少許焯過，候粟飯少熟同煮，久食可以明目延齡，苟得南陽甘谷水煮之尤佳也。昔之愛菊者，莫如楚屈平、晉陶潛，今有劉石澗、元茂焉，雖一行一坐未嘗不在于菊，繙帙得菊葉詩云：「何年霜後黄花葉，色蠹猶存舊卷詩。曾是往來籬下讀，一枝閒弄被風吹。」觀此詩不惟知其愛菊，其爲人清芬可知矣。

又《石子羹》 溪流清處取小石子或帶蘚者一二十枚，汲泉煮之，隱然有泉石之氣，此法得之莫季高，且曰固非通宵煮食之物，然其意則清矣。

又《梅粥》 梅落英净洗，用雪水煮，候白粥熟同煮，楊誠齋詩云：「纔看臘後得春饒，愁見風前作雪飄。脱蕊收將熬粥吃，落英仍好當香燒。」

又《山家三脱》 嫩筍、小蕈、枸杞，菜油炒作羹，加胡椒尤佳，趙竹溪密夫酷嗜此，或作湯餅以奉親，名三脱麵，嘗有詩云：「筍蕈初萌杞藥纖，然松自煮供親嚴。聞人食肉何曾鄙，自是山林滋味甜。」蕈亦名菰。

又《玉井飯》 章藝齋鑑宰德清時，雖槐古馬高，尤喜延客，然飲食多不取諸市，恐旁緣而擾人。一日往訪之，適有蝗不入境之處，留以晚酌數杯，命左右造玉井飯，甚香美。法削藕截作塊，采新蓮子去皮，候飯少沸投之，如盦飯法，蓋取太華峰頭「玉井蓮開花，十丈藕如船」之句。昔有藕詩云：「一彎西子臂，七竅比干心。」今杭都范堰，經進斗星藕。大孔七、小孔二，有九竅，因筆及之。

又《洞庭饐》 舊游東嘉時，在水心先生席上，適净居僧送饐至，如錢大，各合橘葉，清香靄然，如在洞庭左右，先生詩曰：「不待滿林霜後熟，蒸來便作洞庭香。」因謁寺僧曰：采蓮與橘葉搗汁，加蜜和米粉作饐，各各以葉蒸之，市有賣，特差大耳。

又《荼蘼粥》 舊辱趙東岩雲子瑻夫寄詩中有一詩云：「好春虚度三之一，滿架荼蘼取次開，有客相看無可設，數枝帶雨摘將來。」始疑荼蘼非可食者。一日過靈鷲訪僧蘋州，午留粥甚香美，詢之，乃荼蘼花也。其花發，采花片，用甘艸湯焯，候粥熟同煮，又採木香嫩葉，就元湯焯，以蘇油鹽醯，爲菜茹，僧苦嗜吟，宜乎知此味之清，且知岩雲之詩不誣也。

又《蓬糕》 采白蓬嫩者，熟煮、細搗，和米粉蒸熟，以香爲度。世之貴介子弟，知鹿茸鍾乳爲重，而不知食此實大有補，詎可以山食而鄙之哉。

又《櫻桃煎》 櫻桃經雨，則蟲自内生，人莫之見，用水一碗浸之，良久，其蟲皆蟄蟄而出，乃可食也。楊誠齋詩云：「何人弄好手，萬顆搗虚脆。印成花鈿薄，染作冰澌翠。」北果不多，此味良久獨美。要之其法，不過煮以梅水，去核，搗印爲餅而加以蜜耳。

又《如薺菜》 劉彛學士宴集間，必欲主人設苦蕒。狄武襄公青帥邊時，邊郡難以時置。一日集彛與韓魏公對坐，偶此不設，謾罵狄公至黔卒，狄公聲色不動，仍以先生呼之，魏公知狄真將相器，詩云：「誰謂荼苦劉可謂，甘如薺者其爲法。」用醯醬獨伴生菜，然太苦則加薑鹽而已，《禮》「孟夏苦菜秀」是也。《本草》，一名荼，安心益氣。隱居作屑飲，可不寐。今交廣多種之。

又《萊菔麵》 玉醫師承宣，嘗搗萊菔汁、搜麵作餅，謂能去麵毒。《本草》：地黄與萊菔同食能白人髮。水心先生酷嗜萊菔玉，謂誠齋云：萊菔便是辣底玉，僕與靖逸葉賢良紹翁過二十年，每飲適必索萊菔，與皮同啗，乃快所欲。靖平生讀書不减水心，而所嗜畧同。或曰能通心氣，故文人嗜之，然靖逸未老而髮已皤，豈地黄之過與。

又《麥門冬煎》 春秋采根去心，搗汁和蜜，以銀器重湯煮，急攪如飴，爲度貯之瓷器，温酒化服，滋益多矣。

又《假煎肉》 瓠子麩薄批，各和以料煎麩，以脂乃熬，葱油入

酒共炒熟，不惟肉其味亦無辨者。吳阿鑄客或云，吳貴爲后家而善與山林友朋，嗜此清味，賢矣。嘗作小清錦屏鵲鳥瓶香，簪古梅枝綴，像生梅數花，實坐右，欲左右未嘗忘梅。一夕公題賦詞，有孫貴番、施游僕亦在焉，僕得心字、戀綉衾，即席云：冰肌生怕雪來禁，翠屏前知滿香簪。真果是疎枝瘦，認花兒不要浪吟，等閒蜂蝶都休惹。暗香來時借水沉，既得箇厮偎伴任風霜，儘自放心。諸公差勝，今忘其辭，每到必先酌以巨觥，名曰「發符酒」，而後觴咏抵夜而去。蓋喜其子姓皆克肖，故及之。

又《橙玉生》 雪梨大者，碎截，搗入少鹽醬伴供，可佐酒興。葛天民嘗北梨詩云：「每到邊頭感物華，新梨嘗到野人家。甘酸尚帶中原味，腸斷春前不見花。」雖非咏此梨，然每愛其寓物，有黍離之嘆，故及之，如咏雪梨則無如張半埜蘊「蔽身三寸褐，貯腹一團冰」之句，被褐懷玉者蓋有取焉。

又《玉延索餅》 山藥名薯蕷，秦楚間名，玉延白，細如棗，葉青鋭于牽牛夏日，溉以黄牛矢，則蕃春冬采根白者爲上，以水，入礬少許，經宿洗净去涎，焙乾磨篩爲麵，宜亟作湯餅，如用作索，研濾爲粉，入竹筒中，溜于淺醋盆内，出之于水，浸去醋味，如煮湯餅法，如煮食，惟刮去皮，蘸鹽、蜜皆可。其性温無毒且有補益，故陳簡齋有「玉延」，取香色味以爲三絶。陸放翁亦有云：「久緣多病鍊雲液，近爲長齋進玉延。」比于杭都多見，而名「佛手藥」者，其味尤佳也。

又《大耐餻》 向杭雪分兖夏日，命飲作大耐餻，必粉麵爲之，及出乃用大芋，生者去皮，剜心以白梅甘草湯焯，用蜜和松子欖仁填之，入小甑蒸熟，爲孛宗也。非熟則損脾，且取先公大耐官職之意，以此見向公有意于文簡之衣鉢也。夫天下之事，苟知耐以此一字，以節義自守，何患事業之不遠耶洪，因賦之曰：「既久傳家學，清名自此高。」雪谷類編乃謂大耐，本李沆事或恐未然。

又《鴛鴦炙》 蜀有雉，中藏綬如錦，遇晴則向陽擺之，出二角寸許，李文饒詩：「舒威散綬輕風裏，若衍若垂何可擬。」王安石詩：「天日晴明聊一吐，兒童初見休驚猜。」生而反哺亦名孝雉。雖杜甫有「香聞錦帶羹」之句，而未嘗食。向游吳之盧區，留錢春塘愛選家，持螯把酒，適有弋人攜雙鴛至，得之燖以油爁，下酒醬香料燠熟，飲餘吟倦，得此甚適，詩云：「盤中一箸休嫌瘦，如骨相思定不肥。」不減錦帶矣。静言思之，吐綬，雖各以文采烹然吐綬，能返哺烹之忍哉？

又《筍蕨餛飩》 采筍蕨嫩者，各用湯瀹炒，以油和之，酒醬香料作餛飩供。向客江西林谷梅少魯家，屢作此品，後作古香亭，采芎菊，對玉茗花，真佳適也。玉茗似茶，少異高約五尺許，今獨林氏有之，林乃金石堂山房之子，清可想矣。

又《雪霞羹》 采芙蓉花，去心葉，湯瀹之，同豆腐煮，紅白交錯，恍如雪霽之霞，名「雪霞羹」，加胡椒，萓亦可也。

又《鵝黄豆生》 温陵人，前中元數日，以水浸黑豆暴之，及芽以糖皮寘盆内，鋪沙植豆，用板壓，及長則覆以桶，曉則曬之，欲其齊而不爲風，日侵也。中元則陳于祖宗之前，越三日出之，洗焯漬以油鹽、苦酒、香料，可爲茹，卷以麻餅尤佳。色淺黄，名鵝黄豆生。僕遊江淮二十秋，每因此一起松水之念，將賦歸以償此一大願也。

又《真君粥》 杏實去核，候粥熟同烹，可謂真君粥。向游廬山，聞董真君未仙時多種杏，歲稔則以杏易穀，歲歉則以穀賤糶，時得活者甚衆，後白日升仙。有詩云：「是以蓮花峯下客，種成紅杏亦升仙。」豈必專于煉丹服氣，苟有功德于人，雖未死而名亦仙矣，因名之。

又《酥黄獨》 雪夜芋正熟，有仇芋，田從簡載酒來叩門，就供之，乃曰：煮芋有數法，獨酥黄，世罕得之，熟芋截片，研榧子杏仁，和醬拖麵煎之，且自侈爲甚妙，詩云：「雪翻夜鉢裁成玉，春化寒酥剪作金。」

又《滿山香》 陳習菴塤學圃詩云：「只教人種菜，莫誤客看花。」可謂重本而知山林味矣。薛氏曰：黄人讚菜有云：可使士大夫知此味，不可使一民有此色，詩與文雖不同，而憂時之意則無以異。一日煮油菜羹，自以爲佳品，偶鄭渭濵師吕至，洪乃曰：予有一方爲獻，只用茴、蘿椒炒爲末，貯以葫蘆，煮菜少沸，乃與熟油醬同下急覆之，而滿山已香矣。試之果然名滿山香。比聞湯將軍孝信者奩菜，不用水只以油炒，候得汁，和以醬料奩熟，自謂香品過于禁臠湯武士也，而不嗜殺異哉。

又《酒煮玉蕈》 鮮蕈净洗，約水煮少熟，乃以好酒同煮，或佐以臨漳緑竹筍則尤佳。隱區玉蕈詩云：「幸從腐木出，旋被齒牙私，真有山林味，難教世俗知。香痕浮玉葉，生煮滿璃枝，饕餮多相忝，應酹獨有詩。」今後苑多用酥炙，其風味尤不淺也。

又《鴨脚羹》 葵似今蜀葵，花短而葉大以傾陽，故性温，其法與壺菜同，豳風九月所煮者是也，刈之不傷其根則復生，古詩故有「採葵莫傷根，傷根葵不生」之句。昔公儀休相魯，其家植葵，見而拔之曰：「食君之禄者，又復家植葵小

民，豈可活哉？」白居易云：「禄米麞牙稻，園蔬鴨脚葵。」因名。

又《石榴粉》 藕截細塊，砂器内擦稍圓，用梅水同胭脂染色，調菉豆粉拌之，入清汁煮供，宛如石榴子狀，又用熟筍絲細末，和以粉煮，此二法恐相因而成之者，故併存之云。

又《廣寒糕》 采桂英去青葉，洒以甘草水米粉炊作糕，大比歲士友咸作餅子，相饋取「廣寒高甲」之讖，又有采花，略蒸暴乾作香者，吟邊酒裏以古鼎然之，尤有清意同用。屈師禹詩云：「膽瓶清酌撩詩興，古鼎餘暈膩酒香。」可謂得此花之趣也。

又《河樞粥》 《禮記》魚乾曰：薨古詩有「酌醴火枯魚」之句，南人謂之鯗，多煨食，早有造粥者。比游天台山取乾魚，浸洗細截，同米煮入醬料，加胡椒，言能愈頭風，適攷陳琳之檄，亦有雜豆腐爲之者，《雞跖集》云：武夷君食河樞脯乾魚也，因名之。

又《鬆玉》 文惠太子問顒曰：何菜爲最？顒曰：春初早韭，秋末晚菘。然菘有三種，惟白于玉者甚鬆脆，如色稍青者絶無味，因侈其白者曰鬆玉，亦欲世之，有所決擇也。

又《雷公栗》 夜鑪書倦，每欲煨栗，心慮然燒之患。一日見酈逢辰曰，只用一栗蘸油、一栗蘸水，寘鐵銚内以四十七栗密覆其上，圍炭火然之，候雷聲爲度。偶一日同飲試之，果然且勝於沙炒者，雖不及數亦可矣。

又《東坡豆腐》 豆腐葱油炒，用酒研小榧子一二十枚，和醬料同煮，又方純以酒煮，俱有益。

又《碧筒酒》 暑月命客棹舟蓮蕩中，先以酒入荷葉飲之，又包魚鮓作供，真佳適也。坡云：「碧筩時作象鼻彎，白酒疑帶荷心苦。」坡守杭時想屢作此供也。

又《鷺乳魚》 鷺粟淨洗，磨乳先以小粉，置缸底，用絹囊濾乳下之，去清入釜稍沸，亟洒淡醋收聚，仍入囊壓成塊，乃以小粉甑内下乳蒸熟，略以紅麵水酒，又少蒸，取出起作魚片，名「鷺乳魚」。

又《勝肉》 焯笋蕈，同截入胡桃、松子，和以酒醬香料，擦麵作鋏子，試蕈之法，姜數片同煮，色不變可食矣。

又《木魚子》 坡詩：「贈君木魚三百尾，中有鵝黄子魚子。」春時剥㯶魚蒸熟，與筍同法，蜜煮酢浸，可致千里，蜀人供物多用之。

又《自愛淘》 炒葱油用純滴醋和糖醬作虀，或加以豆腐及乳，候麵熟過水，作茵供食，真一補藥也。

又《忘憂虀》 嵇康：「合歡蠲忿，萱草忘憂。」崔豹《古今註》則曰：「丹棘，又名鹿葱春，采苗湯瀹以醯醬，爲虀或造以肉，何處順宰六合時多食此，毋乃以邊事未寧，而憂未忘耶，因贊之曰：「春日載陽，采萱于堂。天下樂兮，憂心乃忘。」」

又《琅玕脯》 萵苣去葉皮，寸切瀹以沸湯，搗薑鹽熟油醋拌漬之，頗甘脆，杜甫種此二旬不甲坼，且嘆君子得微禄，轗軻不進，猶芝蘭困荆杞，以是知詩人非爲口腹之奉，實有感而作也。

又《萵筍》 《本草》秋後其味勝苹，道家羞爲白脯，今作大臠，用鹽、酒、香料淹少頃，取羊漫脂包裹，猛火炙熟，去脂擘食。

又《當團參》 白匾豆温無毒，和中下氣，爛炒其味甘，今取葛天民「爛炊白扁豆，便當紫團參」之句名之。

又《梅花脯》 山栗、橄欖薄切，同食，有梅花風韵，名「梅花脯」。

又《牛尾狸》 《本草》斑如虎者最，如猫者次之，肉主治病。法：去皮并腸腑，用紙揩淨，以清酒淨洗，入椒、葱、茴蘿于其内，縫密蒸，去料物壓，隔宿薄切，如玉雪天，爐畔伴詩配酒，真奇物也，故東坡有「雪天牛尾」之咏。或紙裹糟一宿者佳，楊誠齋詩云：「誤隨齊相燧牛尾，策勳封作糟邱子。」南人或以爲膾形如黄狗，鼻尖而尾大者，狐也，其性亦温，可去風、補勞，臘月取膽，醫暴亡者，以温水調灌之即愈。

又《金玉羹》 山藥與栗各片，截以羊汁，加料煮，名「金玉羹」。

又《杏煮羊》 羊作臠寘砂鍋内，除葱椒外有一秘法，只用槌真杏仁數枚，活火煮之，至骨亦糜爛，每惜此法，不逢漢時一關内侯，何足道哉？

又《牛蒡脯》 孟冬後，采根去皮，淨洗，煮毋失之過，槌匾壓，以鹽、醬、茴、蘿、薑、椒、熟油諸料研細一兩，火焙乾食之，如肉脯之味，筍與蓮脯同法。

又《牡丹生菜》 憲聖喜清儉，不嗜殺，每令後苑進生菜，必采牡丹片和之，或微麵裹煨之以酥。又將收楊花爲鞵襪氊褥之，屬姪恭僖，每治生菜，必于下取落花以雜之，其香又可知之。

又《不寒虀》 法用極清麵湯，截菘葉和薑、椒、茴蘿，欲亟熟，則以一盃元虀和之。

又《醒酒菜》 米泔浸瓊芝菜，暴以日，頻攪，候白凈洗，搗爛熟煮，取出投梅花十數瓣，候凍薑橙，爲芝虀供。

又《豆黄羹》 豆麵細暴乾，入醬、鹽煮爲佳，第此二品獨泉有之，如止用它菜及醬汁亦可，惟欠風韻耳。

又《菊苗煎》 春遊西馬會，張將使元耘軒留飲，命子之菊田賦詩，作墨蘭，元甚喜，數杯後出菊煎法，采苗湯瀹，用甘草水調山藥粉，煎之以油，爽然有楚畹之風，張深于學者，亦謂菊以紫莖爲正云。

又《胡麻酒》 舊聞有胡麻飯，未聞有胡麻酒，盛夏張整齋招飲竹閣，正午飲一巨觥，清風颯然，絶無暑氣。其法：漬麻子二升，煎熟略炒，加生薑二兩，生龍腦葉一撮，同入炒，細研投以煮醞五升，濾查去水浸之，大有所益，因賦之曰：「何須便覓胡麻飯，六月清涼却是仙。」《本草》名巨勝，云桃源所有，胡麻即此物也，恐虚誕者自異其説云。

又《茶供》 茶即藥也，煎服則去滯而化食，以湯點之則反滯膈而損脾胃，蓋市利者，多取他葉，雜以爲末，人多怠于煎服，宜有害也。今法采芽，或用碎擘，以活水煎之，飲後必少頃乃服。坡公詩云：「活水須將活火烹。」又云：「飯後茶甌未要深。」此煎之法也。陸羽亦以江水爲上，山與井俱次之。今世不惟不擇水，具又入鹽及茶果，殊失正味，不知唯葱去昏，梅去倦，如不昏不倦，亦何必用。古之嗜茶者，無如玉川子，未聞煎歟，如以湯點，則安能及七碗乎？山谷詞云：「湯響松風，早減了七分。」酒病倘知此味，口不能言，心下快活，自省之禪遠矣。

宋　陳達叟《本心齋蔬食譜》 甘薺。薺菜也。東坡有食薺法，且曰：天生此物，爲幽人山居之福。 誰謂荼苦，其甘如薺。天生此物，爲山居賜。

明　沈仕《林下盟・卜築》（《水邊林下五十九種》引） 長松怪石，去墟落不下一二十里，爲徑緣崖，涉水於草莽間數四，左右兩三家相望，鷄犬之聲相聞。竹籬茅舍蕪處其間，蘭菊藝之。臨水時種梅柳，霜月春風，自有餘思。兒童婢僕，皆布衣短褐，以給薪水，釀村酒而飲之。案有雜書，《莊周》、《太玄》、《楚詞》、《黄庭》、《陰符》、《楞嚴》、《圓覺》，數十卷而已。杖藜躡屣，往來窮谷大川，聽流水，看激湍，鑒澄潭，步危橋，坐茂林，探幽壑，升高峯，顧無樂而死乎。【略】

草堂之中，竹牕之下，必置一榻，時或困倦，偃仰自如。日間牕下一眠，甚是清爽。時夢乘白鶴遊于太空，俯視塵壤，有如蟻壘。自爲莊子夢爲蝴蝶，入於桃溪，當與子休相類。又曰：草堂之中，或草亭僻室，製爲琴室，地下埋一丈缸，缸中懸一銅鐘，上以石墁，或用板鋪，上置琴磚，或木几，彈琴其聲，空朗清亮，自有物外氣度，出《神隱記》。【略】

江文通曰：常願幽居築宇，絶棄人事。苑以丹林，池以緑水。左倚郊甸，右帶瀛澤。青春爰謝，則接武平皐。素秋澄景，則獨酌虚室。侍女三四，趙女數人。不則逍遥數紀，彈琴詠詩。朝露几間，忽忘老之將至，淹之所學，盡此而已矣。

又《林下盟・居閒》 居閑勝於居官，其事不一，其最便者，尤於暑月見之。自早燒香，食罷便搔首衩袒帬靸，從事藤牀竹几，高枕北牕。清風時來，反患太涼。挾策就枕，因來熟睡。晚涼浴罷，杖履逍遥。臨池觀月，乘高取風。採蓮剥芡，剖瓜雪藕。白醪三杯，取醉而適。其爲樂，殆未可以一二數也。

明　陸樹聲《茶寮記序》 園居敞小寮於嘯軒埤垣之西，中設茶竈，凡瓢汲罌注濯拂之具咸庀。擇一人，稍通茗事者主之，一人佐炊汲。客至則茶烟隱隱起竹外。其禪客過從予者，每與余相對，結跏趺坐，啜茗汁，舉無生話。終南僧明亮者，近從天池來，餉余天池苦茶，授余烹點法甚細。余嘗受其法於陽羨士人，大率先火候，其次候湯，所謂蟹眼魚目，參沸沫沉浮以驗生熟者。法皆同，而僧所烹點絶味清，乳面不黟，是具入清淨味中三昧者。要之此一味非眠雲跂石人未易領略。余方遠俗，雅意禪棲，安知不因是，遂悟入趙洲耶。時杪秋既望，適園無諍居士與五臺僧演鎮、終南僧明亮，同試天池茶於茶寮中識記。

明　陸樹聲《茶寮記・煎茶七類》 一人品　煎茶非漫浪，要須其人與茶品相得。故其法每傳於高流隱逸，有雲霞泉石、磊塊胸次間者。

二品泉　泉品以山水爲上，次江水，井水次之。井取汲多者，汲多則水活。然須旋汲旋烹，汲久宿貯者，味減鮮冽。【略】

五茶候　涼臺靜室，明窓曲几，僧寮道院，松風竹月，晏坐行吟，清譚把卷。

明　項元汴《蕉窗九録・琴室》 宜實不宜虚，最宜重樓之下。蓋上有樓板則聲不散，其下空曠則聲透徹。若高堂大厦則聲散漫，斗室小軒則聲不達。如平屋中，則於地下埋一大缸，缸中懸一銅鍾，上用板鋪亦可。幽人逸士，或於喬松修竹、巖洞石室清曠之處，地清境寂，更有泉石之勝，則琴聲愈清，與廣寒月殿何異哉。

又《臨水》 鼓琴偏宜於松、風、澗響之間，三者皆自然之聲，正合類聚。

或對軒窗池沼，荷香撲人。或水邊簾下，清漪芳沚，微風洒然，游魚出聽，此樂何極。

明 屠隆《考槃餘事》卷二《琴》 琴爲書室中雅樂，不可一日不對清音。居士談古，若無古琴，新者亦須壁懸一牀，無論能操，縱不善操，亦當有琴。淵明云：「但得琴中趣，何勞絃上音。」吾輩業琴不在記博，惟知琴趣，貴得其真。若《亞聖操》懷古吟志，懷賢也。《古交行》、《客窓夜話》，思尚友也。《猗蘭》、《陽春》，鼓之宣暢布和。《風入松》、《御風行操》，致涼颸解愠。《瀟湘水雲》、《鴈過衡陽》，起我興薄秋穹。《梅花三弄》、《白雪操》，逸我神遊玄圃。《樵歌》、《漁歌》，鳴山水之閒心。《谷口引》、《扣角歌》，抱烟霞之雅趣。詞賦若《歸去來》、《赤壁賦》，亦可咏懷寄興。清夜月明，操弄一二，養性修身之道，不外是矣，豈徒以絲桐爲悦耳計哉。

又 卷三《香》 香之爲用，其利最溥。物外高隱，坐語道德，焚之可以清心悦神。

又《鏡》 秦陀黑漆古光背，質厚無紋者爲上，水銀古花背者次之。俗謂面無打攬，輪轉周圓，形影不改爲貴。有如錢小鏡，滿背青緑，嵌銀嵌金，五嶽圖及片子鐵花，面無瘢痕，清瑩如水，極可人意，價亦高貴，似不易得。携具用之山遊，寺宿亦不可少。篓花、八角方鏡，悉不取也。

又《軒轅鏡》 其形如毬，可作卧榻前懸挂，取以辟邪。蓋山精木魅皆能使形變，而不能使鏡中之形變，其形在鏡，則銷亡退走，不能爲害。

又《香橼盤》 香橼出時，山齋最要一事。得官哥定窑大盤，青冬磁龍泉盤、古銅青緑盤、宣德暗花白盤、蘇麻尼青盤、朱砂紅盤、青花盤、白盤數種，以大爲妙。每盆置橼二十四頭，或十二十三頭方足香味，滿室清芬。其佛前小几上，置香橼一頭之槖。舊有青冬磁架、龍泉磁架最多，以之架玩，可堪清供，否則以舊硃雕茶槖亦可，惟小樣者爲佳。

又《韻牌》 刻詩韻上下二平聲，爲牙牌式，每韻一葉，總三十葉。山遊分韻，人取一葉，吟以用韻，似甚便覽。

又《葉牋》 取吴中羅紋長箋爲之，以蠟板硏肖葉紋，用剪裁成。紅色者肖紅葉，緑色者肖蕉葉，黄色者肖貝葉。山遊時偶得絶句，書葉投空，隨風飛颺，泛舟付之中流，逐水浮沉，自多幽趣。

又《瓢》 有瘿瓢，形如芝。芝如瓠者，山人携以飲泉。大不過四五寸，而小者半之，惟以水磨其中，布擦其外，光彩如漆，明亮燭人，雖水濕不變，塵污不染，庶入精鑒。有小匾葫蘆，可作瓢，須摸弄瑩潔方妙。

又《藥籃》 即水火籃也，有以二匾瓢爲之。有遠紅漆者，上開一蓋放丹爐一箇，內實應驗藥、膏藥，以便隨處濟人。山童携之，有物外風致。

又《磬》 有舊玉者，股三寸，長尺餘，古之編磬也，有古靈璧石，色黑性堅者妙。懸之齋中，客有談及人間事擊之，以代清耳。靈璧石能收香，烟可終日不散。

又《葫蘆》 有天生一寸小葫蘆，用以綴爲衣紐，又可懸於念珠，有物外風致。若用杖頭挂帶盛藥，二三寸葫蘆亦妙。其長腰鷺鷥葫蘆，可懸藥籃左畔，又可爲鷺瓢吸飲。有小匾葫蘆可爲冠及瓢，俱以生相周匝，摸弄精神，無汗氣方妙。

又《五嶽圖》 篆法有二：一出唐鏡，一出道藏經。以玉篆圖，琢爲方圈，綴於漢唐巾兩傍，帶之甚雅。以黄素朱書，裱作三四寸高，小卷飾以玉軸、錦帶，懸之杖頭，與葫蘆作伴，可拒虎狼，可遠魑魅，謂非負圖先生輩歟。

又《短榻》 高九寸，方圓四尺六寸，三面靠背，後背少高如傍。置之佛堂、書齋閒處，可以坐禪習静，共僧道談玄，甚便斜倚，又曰彌勒榻。

又 卷四《道扇》 有羽扇，有新安竹篾扇，輕便可携，但不宜漆。有紙糊者，如篋扇式亦佳，但有竹根、紫檀妙柄爲美。

又《道服》 製如中衣，以白布爲之，四邊延以緇色布。或用茶褐爲袍，緣以皂布。有月衣鋪地，儼如月形。穿起則披風，以吕公黄絲絛之，中空者副之。二者用以坐禪、策蹇、披雪避寒，俱不可少。

又《冠》 有鐵者、玉者、竹籜者、犀者、琥珀者、沉香者、瓢者、白螺者製，惟偃月、高士二式爲佳，瘿木者，終少風神。

又《雲舄》 以蘘草及棕爲之，雲頭如芒鞋。或以白布爲鞋，青布作高挽雲頭，鞋面以青布作條，左右分置，每邊横過六條，以象十二月意。後用青雲口，以青緣似非塵土中，着脚行，當爲山人濟勝之具也。

又《瓶花》 堂供須高瓶、大枝方快人意。若山齋充玩，瓶宜短小，花宜瘦巧。最忌繁雜如縛，又忌花瘦於瓶。須各具意態，得画家寫生折枝之妙，方有天趣。瓶忌有環，忌成對，忌小口、瓮肚、瘦足藥罈，忌用葫蘆瓶，忌粃彩雕花架，忌香煙燈煤燻觸，忌油手拈弄，忌猫鼠傷殘，忌井水貯瓶，味鹹，不宜於花，夜則須

見天日。忌以插花之水入口，惟梅花、秋海棠二種，其毒尤甚，須防之。

又《山齋》 宜明净，不可太廠。明净可爽心神，宏廠則傷目力。中庭列盆景，建蘭之嘉者一二本。近窗處蓄金鱗五七頭於盆池內，傍置洗研池一。餘地沃以飯瀋，雨漬苔生，緑褥可愛。遶砌種以翠芸草，令遍茂則青葱欲浮。取薜荔根瘞墻下，洒魚腥水于墻上，腥之所至，蘿必蔓焉。月色盈臨，渾如水府。齋中几榻、琴、劒、書画、鼎研之屬，須製作不俗，鋪設得體，方稱清賞永日。據席長夜篝燈，無事擾心，儘可終老。僮非訓習，客非佳流不得入。

又《藥室》 静屋一間，不聞鷄犬之處，中設一几，供醫仙。置大板桌一，光面堅厚，可以和藥。石磨一，鐵研、乳鉢各一，塹筒一，椿臼一，大小中篩各一，棕箒一，浄布一，銅鑊一，火扇一，火鉗一，盤秤一，藥櫃一，藥廂一，大小藥刀一。葫蘆瓶礶當多蓄，以備用。平時密鎖，以杜不虞。

又《茶寮》 構一斗室，相傍書齋。内設茶具，教一童子專主茶役，以供長日清談，寒宵兀坐，幽人首務，不可少廢者。

又《擇器》 凡瓶要小者易候湯，又點茶注湯有應。若瓶大啜存停久，味過則不佳矣。所以策功建湯業者，金銀爲優，貧賤者不能具，則甆石有足取焉，甆瓶不奪茶氣。幽人逸士品色尤宜石，凝結天地秀氣，而賦形琢以爲器，秀猶在焉，其湯不良未之有也，然勿與誇珍衒豪臭公子道。銅鐵鉛錫，腥苦且澁無油。瓦瓶滲水而有土氣，用以煉水飲之，逾時惡氣纏口而不得去，亦不必與猥人俗輩言也。

明 許次紓《茶疏·茶所》 小齋之外，别置茶寮，高燥明爽，勿令閉塞。壁邊列置兩爐，爐以小雪洞覆之，止開一面，用省灰塵騰散。寮前置一几，以頓茶注茶盂。爲臨時供具，别置一几，以頓他器。旁列一架，巾帨懸之。見用之時，即置房中，斟酌之後，旋加以蓋，毋受塵汙，使損水力。炭宜遠置，勿令近爐，尤宜多辦宿乾易熾。爐少去壁，灰宜頻掃，總之以慎火防爇，此爲最急。

又《洗茶》 岕茶摘自山麓，山多浮沙，隨雨輒下，即着於葉，中烹時不洗去沙土，最能敗茶。必先盥手令潔，次用半沸水，扇揚稍和，洗之。水不沸，則水氣不盡，反能敗茶，毋得過勞以損其力。沙土既去，急於手中擠令極乾，另以深口瓷盒貯之，抖散待用。洗必躬親，非可攝代。凡湯之冷熱，茶之燥濕，緩急之節，頓置之宜，以意消息，他人未必解事。

又《童子》 煎茶燒香，總是清事，不妨躬自執勞。然對客談諧，豈能親蒞，宜教兩童司之。器必晨滌，手令時盥，爪可浄剔，火宜常宿，量宜飲之時，爲舉火之候。又當先白主人，然後修事，酌過數行，亦宜少輟。果餌間供，别進濃瀋，不妨中品充之，蓋食飲相須，不可偏廢。甘釃雜陳，又誰能鑒賞也。舉酒命觴，理宜停罷。或鼻中出火，耳後生風，亦宜以甘露澆之，各取大盂，撮點雨前細玉，正自不俗。

又《飲時》 心手閒適　披咏疲倦　意緒棼亂
聽歌拍曲　歌罷曲終　杜門避事
鼓琴看畫　夜深共語　明牕浄几
洞房阿閣　賓主款狎　佳客小姬
訪友初歸　風日晴和　輕陰微雨
小橋畫舫　茂林修竹　課花責鳥
荷亭避暑　小院焚香　酒闌人散
兒輩齋館　清幽寺觀　名泉怪石

明 陳繼儒《巖棲幽事》 凡山具，設經籍機杼，以善族訓家。備藥餌方書，以辟邪衛疾。儲佳筆名繭，以點繪賦詩。留清醪雜蔬，以供賓獨酌。補破衲舊笠，以犯雪當風。畜綺石奇墨，古玉異書，以排閒永日。製柳絮枕，蘆花被，以連牀夜話。狎黄面老僧，白頭漁父，以遺老忘機。【略】

客過草堂，叩余岩棲之事，余倦於酬答，但拈古人詩句以應之。問是何感慨而甘栖遯，曰：得閒多事外，知足少年中。問是何功課而能遣日，曰：種花春掃雪，看籙夜焚香。問是何利養而獲終老，曰：研田無惡歲，酒國有長春。問是何往還而破寥寂，曰：有客來相訪，通名是伏羲。【略】

山鳥每至五更，喧起五次，謂之報更，蓋山中真率漏聲也。余憶曩居小崑山下，時梅雨初霽，座客飛觴，適聞庭蛙，請以節飲，因題聯云：花枝送客蛙催鼓，竹籟喧林鳥報更。可謂山史實録。【略】

瓶花置案頭，亦各有相宜者，梅芬傲雪，偏繞吟魂。杏蕋嬌春，最憐粧鏡。梨花帶雨，青閨斷腸。荷氣臨風，紅顔露齒。海棠桃李，争豔綺席。牡丹芍藥，乍迎歌扇。芳桂一枝，足開笑語。幽蘭盈把，堪贈仳離。以此引類連情，境趣多合。【略】

古隱者多躬耕，余筋骨薄，一不能；多弋釣，余禁殺，二不能；多有二頃田，八百桑，余貧瘠，三不能；多酌水帶索，余不耐苦飢，四不能。乃可能者，唯嘿處

淡飯著述而已。然著述家，切弗批駁先賢，但當拈己之是，不必証人之非。【略】

東坡投荒時，答程大倬云：此間食無肉，病無藥，居無室，出無友，冬無炭，夏無寒泉，大率皆無耳。余擁山居，公所無者盡有之，不省何德而享此。惟日拈一瓣香，向古佛懺罪耳。【略】

雪景莫若山，山雪莫若月下。余嘗目擊而賦四言詩云：夜啓岩牖，淡而無風。月直松際，雞鳴雪中。蓋實景也。【略】

洞庭張山人云：山頂泉，輕而清；山下泉，清而重；石中泉，清而甘；沙中泉，清而冽；土中泉，清而厚。流動者良于安静，負陰者勝于向陽。山削者泉寡，山秀者有神。真源無味，真水無香。【略】

住山須一小舟，朱欄碧幄，明檽短帆。舟中雜置圖史、鼎彝，酒漿荈脯。近則峯泖而止，遠則北至京口，南至錢塘而止。風利道便，移訪故人，有見留者，不妨一夜話，十日飲。遇佳山水處，或高僧野人之廬，竹樹蒙茸，草花映帶，幅巾杖履，相對夷然。至於風光淡爽，水月空清，鐵笛一聲，素鷗欲舞，斯亦避喧謝客之一策也。邵堯夫云：但看花開落，不言人是非。【略】

古云：鶴笠鷺蓑，鹿裘鵲冠，魚枕杯，猿臂笛，與夫畫圖之屋廬，詩意之山水，皆可遇而不可求，即可求而不可常。余惟紙牕竹屋，夏葛冬裘，飯後黑甜，日中白醉。【略】

養生家忌北首臥，忌北向食坐，以及冠帶睡溺。蓋北方壬癸，至陰所居，犯者魁罡神責之。【略】

吾山無薇蕨，然梅花可以點湯，薝蔔、玉蘭可以蘸麪，牡丹可以煎酥，玫瑰、薔薇、茱萸可以釀醬，枸杞、蔍葱、紫荆、藤花可以佐饌，其餘豆莢、瓜菹、菜苗、松粉，又可以補笋脯之闕，此山癯食譜也。【略】

孫真人云：凡遇山水塢中出泉者，不可久居，常食作癭病。凡陰地冷水不可飲，飲必作痎瘧。世人但愛秋月，而不知秋日之妙。白雲碧漢，大勝平時，桂落庭閒，乃契斯語。【略】

居山有四法：樹無行次，石無位置，屋無宏肆，心無機事。【略】

不能卜居名山，即於崗阜廻複及林水幽翳處，闢地數畝，築室數楹，插槿作籬，編茆爲亭。以一畝蔭竹樹，一畝栽花菓，二畝種瓜菜。四壁清曠，空諸所有。畜山童灌園薙草，置二三胡牀，著亭下，挾書研以伴孤寂，攜琴弈以遲良友。凌晨杖策，抵暮言旋。此亦可以娛老矣。【略】

有客謂山居眷屬難，山隣難，山友難，山僕難。余謂如此，則山堂前草深一丈矣。不如勑斷家事，擇二三童子自隨，其强幹者以備烹爨樹藝，文弱者以備洒掃抄寫。子孫能相體者，則送供養；賓朋能相念者，則通餽問。舍此以外，靡知其它。不然，東坡所謂老穉紛紛口，衆食貧孤寂。未必不佳也。

明 費元禄《鼂采館清課》卷上 去鉛山三十里爲河口，九陽港龍門闢在其下。先生父清湖公始卜居而得湖上，湖上以中具五湖而得名也。岑湖在其東，葉湖在其西，後湖在其北，清湖在其南，而官湖在其中。靈山、鵝湖、九陽、白鶴、章巖、馬鞍、峩眉諸山，羅列棊布則障然。其間田疇相因，林莽相望，可耕可漁，真隱者之居也。【略】

家太僕在告，治甲秀園於官湖之傍。余因就園中隙地，構一小館，顔曰鼂采。清閟幽逈，差足自適。近爲好事者所跡，科頭箕踞，不耐見客，編籬隔絶。置一桴居湖中，高韻之士，始爲一渡。俗子談説市朝名利、人我是非事者，輒謝絶之矣。磯頭桃柳主客，書庾肩吾「桃花舒玉澗，柳葉暗金溝」之句，友人吴孟堅題以「隔凡」。吾素志違世，真可作世外之遊矣。【略】

鼂采湖中余置舟一，以淡勝；南園置舟一，以濃勝。南園命棹，輒鼓吹行酒。余惟携筆牀、茶竈，令童子吹短笛而已。興致不同，亦各言其適也。【略】

□□□驢子一控，便合童子束書卷，負尊罍酒暢。予嘗坐小桃源之磯，略賦小景。百和微馨，澗户媚嫵，入座鳥啣，隔簾花落，而樹杪英英，金波暈疊。弄影湖潤，殆與桃柳精神並增生發之趣。

夫嗜古之士，上梯層崖，下追窮淵，凡碑版錡釜之文，亡不搜集。薰以芸蕙，襲以縹湘，其典籍之癖如此。吾嘗嬰錮塵務，流連惡賓，每往長白洞避之。北牕高卧，手一編披閲自適，譬炎鬱而遇雄風，道渴而投甘露，輒清涼稱快。【略】

秋日命童僕汲取龍泉石井水，採甘菊花釀成芳酎，香逸異常。每良朋密友，牽拂相招，琴歌既洽，懽情大暢，輒爲引滿，霑醉而罷。【略】

范成大玉雪坡有梅數百本，至毀舍南七十楹梅充之品。念梁何遜枝横却月觀，花繞凌風臺，始是千載獨有此君。吾館中擊壺軒下有紅白二種，紅則標格嚴勁，花獨繁密如杏，嫩枝遒上四五尺許，是吾新植。其白者娉婷樛曲，大可十圍，覆陰數畝，周遭可羅坐，而蒼蘚鱗皴，封滿花身，苔鬚出於枝間，微風摇曳，綠絲飄飄可玩。會稽所傳梅龍，任子嚴盤圃凌風閣，當不過是。殆園林中初春絶景，每挈朋箕踞甘賞，晨夕不厭。於風賞其戛玉，於露賞其凝香，於月雪賞其冰肌玉

骨。山中高士卧，林下美人來不然耶。余惟梅以韻格勝，故横斜疎淺與老榾奇㤥者貴，其豐腴妙絶如蕚緑華者，亦時有之。兹梅具有雙美，非復氣條之比。往余得省下楊補之墨梅一幅，雖筆法奇峭，韻格實遠，大略氣條類耳。擊壺故不啻韻勝百倍也，恨不使游士盡見之。【略】

菜甲初長，過於酥酪。寒雨之夕，呼童摘取，佐酒長談，嗅其清馥之氣，可滌胸中柴棘，何必純灰三斛也。江東有千里蓴羹，未下鹽豉，引以相比，覺差勝耳。

山中竹笋，清遠韻勝，寔蔬食奇品。澄羹作脯，皆失真性，惟煨剥最良。余中酒飽食，煩悶燥渴，命小婦煨熟啖之，甘美不可言。烹以松蘿式夷沃之，宿苦頓解。【略】

館中蓄二鶴，燈時輒宿牕下，謂之侍讀。竹間山鳥，每更盡輒喧起，謂之司漏。楓間靈鵲，每昧爽輒噪繞，謂之司晨。湖山幽寂，故自有勝場。

聚書萬卷，演以縹緗，搜帖千軸，束以異錦。琴一笛一，劍戟尊罍，名香古鼎，湘榻素屏，茶具墨品，暇日嘯咏其間，無俗客塵事之累，當是震旦淨土，人世丹丘。

久雨新霽，花氣乍舒，覺爾時心情爽朗。登臺遠望，林木翳然。箕踞竹間，聽鶯聲睍睆。命童子竹火烹茶，讀《離騷》一遍。徐出命榜人扁舟，聽山農唱竹枝，倚耒耜於白鷺碧浸之間，使人悠然意偶沮溺，頓望朝市。

孫子荆曰：所以枕流，欲其洗耳；所以漱石，欲其礪齒。余謂衡門之外，塵垢山積，人是人非，安能當吾清流哉。方春二三月，薇蕨漸長，班筍叢生，正須萬齒以飡之耳。然尚有一事，數杯濁醪，更澆胸中壘塊之氣。榻松風，醉眸視魚鳥濠濮，會心不遠矣。【略】

又 卷下 余以秋冬治詩史，春夏治文義。旦食露葵，晝遊近阜。彈琴於據梧，擊壺於前檻，押於夾鏡，馳於峨眉。烹茗竹壚，晤言一室。常恐俗物來敗人意，清受之福，不盡饗之爲快。【略】

古詩曰：冀飡圓丘艸，欲以還頹年。天地一壑也，萬物一瞬也。人世擾擾，無非可憂，知命俟盡而已。山林之中，緩步晚食，把酒聽禽，量晴較雨，鋤月種花，適意一室之內。造化不能移吾志，安知問年哉。【略】

陶淵明不解音律，蓄無絃琴一張，每酒適輒撫弄以寄其意。余性疎嬾，嘗三學琴，略知大意，不肯竟學。每靜夜興至，輒命香一炷，爲鼓《歸去來》一詞，音調不必甚諧，而幽意泠然。依稀烟霧，披衣起視，松梢月上，鶴鳴嘹唳，覺此時世間齗齗無可復語，視淵明無絃琴，不啻過之矣。【略】

余冬嘗居墓田，舊時山莊稍葺敝漏，更作酒館以益行客。山中四面竹松，葱蒨緑縟，門前白水夜燭岩際，而時復積雪，庭敞盡素，諸岡若封豕長蛇，古道人跡稍或可辨。曳杖尋周佛章法諸院，後有崇嶺，山人架閣於顛，西對天柱，令人灑然，不知秦漢春秋矣。【略】

余家湖上，周遭有田數十畝。每坂上春畊秋穫，原田高下，野農驅犢，稚子蒔禾。麥秋方至，稻花實穎十里之外聞香，或時桔槔運汲，湖波湧起，勞歌互答之聲，婦子饁于南畝，月下桑間，殆成擊壤之咏，了然可圖。嘗試艸履葛袍行散松下，微陰欲雨，蛙聲聒人，見野老争席，衣肘盡脱，爲盡數杯，不覺陶然。彭澤令有言，班荆坐松下，數斟已復醉。父老雜亂言，杯觴失行次。不覺知有我，安知物爲貴。可謂溯流風而獨寫，沮溺耦畊，伯成避世。何適不樂，良有以也。【略】

山居雖遠兼味，而頗饒清給。吾於蓮屬取其房之實，藕之甘。菱屬取其芡之温，藻之秀。木屬取其笋之韻，菰之妍。菜屬取其蓴之香，葵之恬，芋之滑。又桂可膏，菊可苗，梅可醬，佐以鱠鯉烹脯。談農圃而話琴書，偃褰日夕以樂盛世，即大官之奉，何以踰此。

負屋之陰，松林萬樹，有樓翊其南。天宇澄霽，微風乍拂，翏翏刁刁，衆竅皆鳴。登覽極目，見網集澄潭，帆隨返照，昏旦變候。靈山七十二峰，淒清奇拔，插天如洗，盡成劍戟之文。倦而思息，展卧湘榻，聽濤聲四起，故不啻廣陵入夢也。時雜山鳥鳴蟬，野意悠然，如吾伊韻語，嘗聞古山居者，至梯松緺雲，然不若樓居便矣，安得謂仙者不好之耶。【略】

甲秀園樓前臨湖，有絳桃數本，間以芙蓉垂柳。仲春之月，桃始華，灼灼然。日文酒佳會，衆客舉觴，幾爲樊夫人之戲。吾聞得綏山桃雖不得仙，亦足以豪，正不必爾也。秦人已邈，流水空存，韶華過眼，第可青州老從事耳。余讀張正見之賦曰：萬株成錦，千林似翼。發秦源而逸氣，飄漢綏而流芳。蘭膏夜炷，明鏡朝妝。舒若霞光，散如電彩。歎垂釣之妖童，怨傾城之麗女。殆彌精工，故不如謫仙春宴一敍。寥寥數語，大有達懷。【略】

甲秀園樹梧檟之屬畒，樹蘭桂之屬畒，樹桃李之屬畒，其樹荼蘼長春之屬不能十之三，柔其枝以爲屏焉。寄傲軒南獨盛。當春發華，燦爛奪目，澄景媚人，如百里錦幛。攜尊往集，香氣襲衣裾杯斝，輒經時不散。余絶賞其艷澤。梁元

帝曰：碧玉小家女，來嫁汝南王。蓮花亂臉色，荷葉雜衣香。因持薦君子，願襲芙蓉裳。其致與此花不遠。

明 高濂《山齋志・書齋》（《水邊林下五十九種》引） 書齋宜明静，不可太敞。明净可爽心神，宏敞則傷目力。窻外四壁，薜蘿滿墻。中列松檜盆景，或建蘭一二，遶砌種以翠芸草，令遍茂，則青葱鬱然。傍置洗硯池一，更設盆池。近牕處蓄金鯽五七頭，以觀天機活潑。齋中長卓一，古硯一，舊古銅水注一，舊窑筆格一，班竹筆筒一，舊窑筆洗一，糊斗一，水中丞一，銅石鎮紙一。左置榻床一，榻下滚脚凳一，床頭小几一，上置古銅花尊或哥窑定瓶一，花時則插花盈瓶，以集香氣，閑時置蒲石于上，收朝露以清目。或置鼎爐一，用燒印篆清香，冬置煖硯爐一。壁間掛古琴一，中置几一，如吴中雲林几式。佳壁間懸畫一，書室中畫惟二品：山水爲上，花木次之，禽馬、人物不與也，或奉名畫山水雲霞中神、佛像亦可。名賢字幅，以詩句清雅者可共事。上奉烏思藏鏒金佛一，或倭漆龕，或花梨木龕，以居之否用。小石盆一，或靈壁應石、將樂石、崑山石，大不過五六寸，而天然奇恠，透漏瘦，削無斧鑿痕者爲佳，次則燕石、鐘乳石、白石，土瑪瑙石亦有可觀者。盆用白定、官哥、青東磁、均州窑爲上，而時窑次之。几外爐一，花瓶一，匙筯瓶一，香盒一，四者等差遠甚，惟博雅者擇之。然而爐製惟汝爐、鼎爐、戟耳彝爐三者爲佳，大以腹横三寸極矣。瓶用膽瓶，花觚爲最，次用宋磁鵞頸瓶，餘不堪供。壁間當可處懸壁瓶一，四時插花坐列。吴興竹凳六，禪椅一，拂塵、搔背棕箒各一，竹鐵如意一。右列書架一，上置《周易》、《離騷》、《百家唐詩》、《草堂詩餘》、《花間集》、《歷代詞府》，洵釋典、導引諸書。法帖則《鍾元常季直表》、《黄庭經》、《蘭亭記》，隸則《夏丞砂》、《石本隸韻》，行則《李北海陰符經》、《雲麾將軍碑》、《聖教序》，草則《十七帖》、《草書要領》、《懷素絹書千文》、《孫過庭書譜》。此皆山人適志備覽，書室中所當置者。畫卷，舊人山水、人物、花鳥或名賢墨跡，各若干軸，用以充架齋中。永日據席，長夜篝燈，無事擾心，閲此自樂逍遥餘歲，以終天年，此真受用清福也。

又《煴閣》 南方暑雨時，藥物、圖書、皮毛之物皆爲黴溽壞盡。今造閣，去地一丈有多，閣中循壁爲厨二三層，壁間以板弭之，前後開牕，梁上懸長笐，物可懸者，懸於笐中，餘置格上。天日晴明，則大開牕户，令納風日爽氣，陰晦則密閉，以杜雨濕。中設小爐，長令火氣温鬱。又法閣中設床二三，床下收新出窑炭實之，乃置畫片床上，永不黴壞，不須設火。其炭至秋供燒，明年復换新炭。床上切不可卧，卧者病瘖，屢有驗也，蓋火氣所爍故耳。

又《清閟閣》 清閟閣、雲林堂閣尤勝，客非佳流不得入。堂前植碧梧四，令人揩拭其皮。每梧墜葉，輒令童子以針綴杖頭，亟挑去之，不使點污，如亭亭緑玉。苔蘚盈庭，不容人踐，緑褥可愛。左右列以松桂蘭竹之屬，敷紆僚繞。其外則高本情篁，蔚然深秀。周列奇石，東設一玉器，西設古鼎尊罍、法書名畫。每雨止風收，杖履自隨，逍遥容與，詠歌以娱，望之者，識其爲世外人也。

又《觀雪菴》 觀雪菴長九尺，濶八尺，高七尺，以輕木爲格，紙布糊之以障三面，上以一格覆頂，面前施幃幔，捲舒如帳。中可四坐，不妨設穴食具，隨處移行。皆風張之，對雪瞻眺，比之氊帳似更清逸。施之就花、就山水雅勝之地，無不可也，謂之行窩。

又《松軒》 松軒宜擇苑囿宋嗣明吴域之地搆立，不用高峻，惟貴清幽，入窻玲瓏。左右植以青松數株，須擇枝榦蒼古，屈曲如畫，有馬遠、盛子昭、郭熙狀態甚妙。中立奇石，得石形瘦削，穿透多孔，頭大腰細，裊娜有態者，立之松間。下植吉祥、蒲草、鹿葱等花，更置建蘭一二盆，清勝雅觀。外有隙地，種竹數竿，種梅一二，以助其清，共作歲寒友。想臨軒外觀，恍若在畫圖中矣。

又《茆亭》 茆亭以白茆覆之，四搆爲亭，或以棕片覆者更久。其下四柱，得山中帶皮老棕本四條爲之，不惟淳朴雅觀，且耐久。外護蘭竹一二條，結於蒼松翠蓋之下，修竹茂林之中，雅稱清賞。

又《花榭》 歐陽公示謝道人種花詩云：「深紅淺白宜相間，先後仍須次第栽。我欲四時携酒賞，莫教一日不花開。」余意山人家得地不廣，開徑怡閑，則四時花品不可不培植也。

又《佛堂》 内供烏絲藏佛，以金鏒甚厚，慈容端整，結束得真印結趺跏，妙相其足者。案頭以舊磁净瓶獻花，净碗酌水，晝爇印香，夜燃石燈，其鐘磬、椅榻之類，次第鋪列。人能供禮，亦增善念。

明 陳師《禪寄筆談》卷七 邵菴與朱萬初帖云：深山高居，爐香不可缺。退休之久，佳品乏絶。野人爲取老松之根、枝、葉、實共搗治之，斫楓肪羼和之。每焚一丸，亦足以助清苦。今年大雨時，行土潤，溽暑特甚。萬初製石鼎清晝香，空齋蕭寒，遂爲一日之借，良可喜也。萬初本墨妙，又兼香癖。蓋墨之與香同一關紐，亦猶書之與畫，謎之與禪也。

明 毛晉《山居小玩十種・香國》卷下《鷓鴣班》 高竇等州産生結香，山民

見山木曲幹，以刀斫損，經年香溜，復鋸取之，刮去白木，其香結爲班點，名鷓鴣班。

又《安息香》　安息香稟火金之氣而有水，故味辛苦，氣平而芬香，性無毒，氣厚味薄。一豆許燒之，能通神明而辟諸邪。

又《棧香》　其木類椿櫸，多節。取之先斷其木根，積年皮幹俱朽，心與節不壞者，乃香也。細枝緊實爲青桂香，黑而沉水者爲沉香，半沉浮爲鷄骨香，最粗爲棧香。

又《蘇合香》　皮薄，子如金色，按之即小，放之即起，良久不定，如蟲動烈者佳。香出中臺川谷。陶隱居云：俗傳是師子糞，今皆從西域來。梁元帝作銘：蘇合氤氳，非煙非雲。時濃更薄，乍聚還分。火微難盡，風長易聞。孰云道力，慈悲所熏。《本草疏》云：蘇合香聚諸香之氣而成，故其味甘，氣温無毒。凡香氣皆能辟邪惡，況合衆香之氣而成一物者乎。其走竅逐邪，通神明，殺精鬼，除魇昧。夢温瘧蠱毒，宜然矣。經云：久服通神明，輕身長年。

傳記

晉　皇甫謐《高士傳》卷上《巢父傳》　巢父者，堯時隱人也。山居不營世利，年老以樹爲巢而寢其上，故時人號曰巢父。堯之讓許由也，由以告巢父。巢父曰：汝何不隱汝形，藏汝光，若非吾友也。擊其膺而下之，由悵然不自得。乃過清冷之水，洗其耳，拭其目，曰：向聞貪言，負吾之友矣。遂去，終身不相見。

巢父鳥棲，弗營棟宇。由進塵言，嚴揮不與。乃臨其清，乃洗其耳。箕潁高風，千齡無已。

又《許由傳》　許由字武仲，陽城槐里人也。爲人據義履方，邪席不坐，邪膳不食。後隱於沛澤之中。堯讓天下於許由，曰：日月出矣，而爝火不息，其於光也，不亦難乎。時雨降矣，而猶浸灌，其於澤也，不亦勞乎。夫子立而天下治，而我猶尸之，吾自視缺然，請致天下。許由曰：子治天下，天下既已治也，而我猶代子，吾將爲名乎？名者，實之賓也，吾將爲賓乎？鷦鷯巢於深林，不過一枝。偃鼠飲河，不過滿腹。歸休乎君，予無所用天下爲。庖人雖不治庖，尸祝不越樽俎而代之矣。不受而逃去。齧缺遇許由曰：子將奚之？曰：將逃堯。曰：奚謂邪？曰：夫堯知賢人之利天下也，而不知其賊天下也。夫唯外乎賢者知之矣。由於是遁耕於中岳潁水之陽，箕山之下，終身無經天下色。堯又召爲九州長，由不欲聞之，洗耳於潁水濱。時其友巢父牽犢欲飲之，見由洗耳，問其故。對曰：堯欲召我爲九州長，惡聞其聲，是故洗耳。巢父曰：子若處高岸深谷，人道不通，誰能見子。子故浮游，欲聞求其名譽，污吾犢口。牽犢上流飲之。許由没，葬箕山之巔，亦名許由山，在陽城之南十餘里。堯因就其墓，號曰箕山公神，以配食五岳，世世奉祀，至今不絶也。

武仲潔修，毫邪不處。黄屋將歸，紫芳高舉。潁汲箕田，羞頳汗鄙。俎豆公神，綿綿無已。

又《老萊子傳》　老萊子者，楚人也。當時世亂，逃世，耕於蒙山之陽。莞葭爲牆，蓬蒿爲室，枝木爲牀，蓍艾爲席，飲水食菽，墾山播種。人或言於楚王，王於是駕至萊子之門。萊子方織畚，王曰：守國之政，孤願煩先生。老萊子曰：諾。王去，其妻樵還，曰：子許之乎？老萊曰：然。妻曰：妾聞之，可食以酒肉者，可隨而鞭棰；可擬以官禄者，可隨而鈇鉞。妾不能爲人所制者。妻投其畚而去。老萊子亦隨其妻，至於江南而止。曰：鳥獸之毛，可績而衣，其遺粒足食也。仲尼嘗聞其論，而蹙然改容焉。著書十五篇，言道家之用。人莫知其所終也。

楚萊避紛，蒙陽寄耜。草宫木榻，水菽怡志。駕屈楚君，經綸將貽。内贊遐謀，相携遠逝。

南朝宋　范曄《後漢書》卷四九《仲長統傳》　［仲長］統性俶儻，敢直言，不矜小節，默語無常，時人或謂之狂生。每州郡命召，輒稱疾不就。常以爲凡遊帝王者，欲以立身揚名耳，而名不常存，人生易滅，優遊偃仰，可以自娱，欲卜居清曠，以樂其志，論之曰：「使居有良田廣宅，背山臨流，溝池環市，竹木周布，場圃築前，果園樹後。舟車足以代步涉之艱，使令足以息四體之役。養親有兼珍之膳，妻孥無苦身之勞。良朋萃止，則陳酒肴以娱之；嘉時吉日，則亨羔豚以奉之。躕躇畦苑，遊戲平林，濯清水，追涼風，釣游鯉，弋高鴻。諷於舞雩之下，詠歸高堂之上。安神閨房，思老氏之玄虚；呼吸精和，求至人之仿佛。與達者數子，論道講書，俯仰二儀，錯綜人物。彈《南風》之雅操，發清商之妙曲。消揺一世之上，睥睨天地之間。不受當時之責，永保性命之期。如是，則可以陵霄漢，出宇宙之外矣。豈羨夫入帝王之門哉！」又作詩二篇，以見其志。辭曰：

飛鳥遺跡，蟬蜕亡殼。騰蛇弃鱗，神龍喪角。至人能變，達士拔俗。乘雲無

轡，騁風無足。垂露成幃，張霄成幄。沆瀣當餐，九陽代燭。恒星豔珠，朝霞潤玉。六合之内，恣心所欲。人事可遺，何爲局促？

大道雖夷，見幾者寡。任意無非，適物無可。古來繞繞，委曲如瑣。百慮何爲，至要在我。寄愁天上，埋憂地下。叛散《五經》，滅棄《風》、《雅》。百家雜碎，請用從火。抗志山栖，游心海左。元氣爲舟，微風爲柂。敖翔太清，縱意容冶。

又 卷八二下《方術傳·公沙穆》 公沙穆字文乂，北海膠東人也。家貧賤。自爲兒童不好戲弄，長習《韓詩》、《公羊春秋》，尤鋭思《河洛》推步之術。居建成山中，依林阻爲室，獨宿無侶。時暴風震雷，有聲於外呼穆者三，穆不與語。有頃，呼者自牖而入，音狀甚怪，穆誦經自若，終亦無它妖異，時人奇之。後遂隱居東萊山，學者自遠而至。

南朝宋 袁淑《真隱傳》（《漢魏六朝百三家集》卷七〇引） 鬼谷先生不知何許人也，隱居韜智，居鬼谷山，因以爲稱。蘇秦、張儀師之，遂立功名。先生遺書責之曰：若二君，豈不見河邊之樹乎？僕御折其枝，波浪盪其根，上無徑尺之陰，身被數尺之痕。此木豈與天地有仇怨？所居然也。子不見嵩岱之松栢，華霍之檀桐乎？上枝干於青雲，下根通於三泉，千秋萬歲，不受斧斤之患。此木豈與天地有骨肉哉？蓋所居然也。

南朝宋 劉義慶《世説新語》卷中《規箴》 遠公在廬山中，《豫章舊志》曰：廬俗字君孝，本姓匡，夏禹苗裔東野王之子。秦末百越君長與吴芮助漢定天下，野王亡軍中。漢八年，封俗鄡陽男，食邑茲部，印曰廬君。俗兄弟七人，皆好道術，遂寓于洞庭之山，故世謂廬山。孝武元封五年，南巡狩，浮江，親覩神靈，乃封俗爲大明公，四時秋祭焉。遠法師《廬山記》曰：山在江州尋陽郡，左挾彭澤，右傍通川。有匡俗先生出自殷、周之際，遁世隱時，潛居其下。或云匡俗受道於仙人，而共遊其嶺，遂託室崖岫，即巖成館，故時人謂爲神仙之廬而命焉。法師《遊山記》曰：自託此山，二十三載，再踐石門，四遊南嶺。東望香鑪峯，北眺九江，傳聞有石井、方湖，中有赤鱗踴出。野人不能叙，直歎其奇而已矣。 雖老，講論不輟。弟子中或有惰者，遠公曰：桑榆之光，理無遠照，但願朝陽之暉，與時並明耳。執經登坐，諷誦朗暢，詞色甚苦，高足之徒皆肅然增敬。

又 卷下《棲逸》 郄尚書與謝居士善，常稱謝慶緒識見雖不絶人，可以累心處都盡。尚書，郄恢也，別見檀道鸞《續晉陽秋》曰：謝敷，字慶緒，會稽人。崇信釋氏。初入太平山中十餘年，以長齋供養爲業，招引同事，化納不倦。以母老還南山若邪中。内史郗愔表薦之，徵博士，不就。

南朝梁 沈約《宋書》卷九三《隱逸傳·陶潛》 陶潛字淵明，或云淵明字元亮，尋陽柴桑人也。曾祖侃，晉大司馬。潛少有高趣，嘗著《五柳先生傳》以自況，曰：

先生不知何許人，不詳姓字，宅邊有五柳樹，因以爲號焉。閑静少言，不慕榮利。好讀書，不求甚解，每有會意，欣然忘食。性嗜酒，而家貧不能恒得。親舊知其如此，或置酒招之，造飲輒盡，期在必醉，既醉而退，曾不吝情去留。環堵蕭然，不蔽風日，裋褐穿結，簞瓢屢空，晏如也。嘗著文章自娱，頗示己志，忘懷得失，以此自終。其自序如此，時人謂之實録。

南朝梁 蕭子顯《南齊書》卷五四《高逸傳·徐伯珍》 徐伯珍［字文楚］，東陽太末人也。祖父竝郡掾史。

伯珍少孤貧，書竹葉及地學書。山水暴出，漂溺宅舍，村隣皆奔走，伯珍累床而止，讀書不輟。叔父璠之與顔延之友善，還祛蒙山立精舍講授，伯珍往從學，積十年，究尋經史，遊學者多依之。太守琅邪王曇生、吴郡張淹竝加禮辟，伯珍應召便退，如此者凡十二焉。徵士沈儼造膝談論，申以素交。吴郡顧歡擿出《尚書》滯義，伯珍訓答甚有條理，儒者宗之。

好釋氏、老莊，兼明道術，歲常旱，伯珍筮之，如期雨澍。舉動有禮，過曲木之下，趨而避之。早喪妻，晚不復重娶，自比曾參。宅南九里有高山，班固謂之九巖山，後漢龍丘萇隱處也。山多龍鬚柏，望之五采，世呼爲婦人巖。二年，伯珍移居之。門前生梓樹，一年便合抱。館東石壁夜忽有赤光洞照，俄爾而滅。白雀一雙栖其户牖，論者以爲隱德之感焉。永明二年，刺史豫章王辟議曹從事，不就。家甚貧窶，兄弟四人，皆白首相對，時人呼爲「四皓」。建武四年，卒。年八十四。受業生凡千餘人。

北魏 崔鴻《十六國春秋》卷九《董景道》 董景道字文博，弘農人也。少而好學，晝夜誦讀，博通五經，尤明《春秋三傳》、京氏《易》、馬氏《尚書》、韓詩，皆精究大義。三禮之義，專遵鄭氏，著《禮通論》，非駁諸儒，演廣鄭旨。永平中，知天下將亂，隱於商洛山。衣木葉，食樹菓，彈琴歌笑以自娱，毒蛇猛獸皆繞其旁。是以淵及聰屢徵，皆礙而不得進。景道私以此自喜。至曜光初中，出山廬於渭汭，曜徵爲太子少傅、散騎常侍，復辭曰：余在萬山中，草木可以庇風雨，石田可以具饘粥。朝家事，非山野小人所願聞也。更移窮谷中，人悉不見。後曜置崇文祭酒，復以明經擢景道爲之，亦不就，竟以壽終。

又 卷三二《公孫鳳》 公孫鳳字子鸞，上谷人也。隱居昌黎之九城山谷。

冬衣單布，寢處土床。夏每并食於一器，久之蛆臭，然後乃食。彈琴吟咏，陶然自得，人咸異之，莫能測也。［慕容］暐以安車徵之，至鄴，見暐不言，不拜，衣食舉動如在九城。賔客造請，少得與言，數年病卒。

北齊　魏收《魏書》卷九〇《逸士傳・馮亮》　馮亮，字靈通，南陽人，蕭衍平北將軍蔡道恭之甥也。少博覽諸書，又篤好佛理。隨道恭至義陽，會中山王英平義陽而獲焉。英素聞其名，以禮待接。亮性清淨，至洛，隱居崧高，感英之德，以時展勤。及英亡，亮奔赴，盡其哀慟。

世宗嘗召以爲羽林監，領中書舍人，將令侍講《十地》諸經，固辭不拜。又欲使衣幘入見，亮苦求以幅巾就朝，遂不强逼。還山數年，與僧徒禮誦爲業，蔬食飲水，有終焉之志。會逆人王敞事發，連山中沙門，而亮被執赴尚書省，十餘日，詔特免雪。亮不敢還山，遂寓居景明寺。敕給衣食及其從者數人。後思其舊居，復還山室。亮既雅愛山水，又兼巧思，結架巖林，甚得栖游之適，頗以此聞。世宗給其工力，令與沙門統僧暹、河南尹甄琛等，周視崧高形勝之處，遂造閑居佛寺。林泉既奇，營製又美，曲盡山居之妙。亮時出京師。延昌二年冬，因遇篤疾，世宗敕以馬輿送令還山，居崧高道場寺。數日而卒。詔贈帛二百匹，以供凶事。遺誡兄子綜，斂以衣帢，左手持板，右手執《孝經》一卷，置尸盤石上，去人數里外。積十餘日，乃焚於山。以灰燼處，起佛塔經藏。

初，亮以盛冬喪，時連日驟雪，窮山荒澗，鳥獸飢窘，僵尸山野，無所防護。時壽春道人惠需，每旦往看其屍，拂去塵霰。禽蟲之迹，交横左右，而初無侵毁，衣服如本，惟風吹帢巾。又以亮識舊南方法師信大栗十枚，言期之將來十地果報，開亮手以置把中。經宿，乃爲蟲鳥盜食，皮殼在地，而亦不傷肌體。焚燎之日，有素霧蓊鬱，迴繞其傍，自地屬天，彌朝不絶。山中道俗營助者百餘人，莫不異焉。

唐　姚思廉《梁書》卷五〇《文學傳下・劉峻》　劉峻字孝標，平原平原人。父珽，宋始興内史。【略】因遊東陽紫巖山，築室居焉。爲《山栖志》，其文甚美。

唐　房玄齡《晉書》卷九四《隱逸傳・孫登》　孫登字公和，汲郡共人也。無家屬，於郡北山爲土窟居之，夏則編草爲裳，冬則被髪自覆。好讀《易》，撫一絃琴，見者皆親樂之。性無恚怒，人或投諸水中，欲觀其怒，登既出，便大笑。時時遊人間，所經家或設衣食者，一無所辭，去皆捨棄。嘗住宜陽山，有作炭人見之，知非常人，與語，登亦不應。

文帝聞之，使阮籍往觀，既見，與語，亦不應。嵇康又從之遊三年，問其所圖，終不答，康每歎息。將别，謂曰：「先生竟無言乎？」登乃曰：「子識火乎？火生而有光，而不用其光，果在於用光。人生而有才，而不用其才，而果在於用才。故用光在乎得薪，所以保其耀；用才在乎識真，所以全其年。今子才多識寡，難乎免於今之世矣！子無求乎？」康不能用，果遭非命，乃作《幽憤詩》曰：「昔慚柳下，今愧孫登。」或謂登以魏晉去就，易生嫌疑，故或嘿者也。竟不知所終。

五代　劉昫《舊唐書》卷一九〇《文苑傳・元德秀》　元德秀者，河南人，字紫芝。【略】秩滿，南遊陸渾，見佳山水，杳然有長往之志，乃結廬山阿。歲屬饑歉，庖廚不爨，而彈琴讀書，怡然自得。好事者載酒餚過之，不擇賢不肖，與之對酌，陶陶然遺身物外。琴觴之餘，間以文詠，率情而書，語無雕刻。所著《季子聽樂論》、《蹇士賦》，爲高人所稱。天寶十三年卒，時年五十九，門人相與謚爲文行先生。士大夫高其行，不名，謂之元魯山。

又　《文苑傳下・王維》　王維字摩詰，太原祁人。【略】維弟兄俱奉佛，居常蔬食，不茹葷血，晚年長齋，不衣文綵。得宋之問藍田别墅，在輞口，輞水周於舍下，别漲竹洲花塢，與道友裴迪浮舟往來，彈琴賦詩，嘯詠終日。嘗聚其田園所爲詩，號《輞川集》。

又　《文苑傳下・司空圖》　司空圖字表聖，本臨淮人。【略】龍紀初，復召拜舍人，未幾又以疾辭。河北亂，乃寓居華陰。景福中，又以諫議大夫徵。時朝廷微弱，紀綱大壞，圖自深惟出不如處，移疾不起。乾寧中，又以户部侍郎徵，一至闕廷致謝，數日乞還山，許之。昭宗在華，徵拜兵部侍郎，稱足疾不任趨拜，致章謝之而已。昭宗遷洛，鼎欲歸梁，柳璨希賊旨，陷害舊族，詔圖入朝。圖懼見誅，力疾至洛陽，謁見之日，墮笏失儀，旨趣極野。璨知不可屈，詔曰：「司空圖俊造登科，朱紫升籍，既養高以傲代，類移山以釣名，心惟樂于漱流，仕非專於禄食。匪夷匪惠，難居公正之朝；載省載思，當徇棲衡之志。可放還山。」

圖有先人别墅在中條山之王官谷，泉石林亭，頗稱幽棲之趣。自考槃高卧，日與名僧高士遊詠其中。晚年爲文，尤事放達，嘗擬白居易《醉吟傳》爲《休休亭記》曰：

司空氏禎貽溪之休休亭，本名濯纓亭，爲陝軍所焚。天復癸亥歲，復葺於壞

垣之中，乃更名曰休休。休，休也，美也，既休而具美存焉。蓋量其才一宜休，揣其分二宜休，耄且聵三宜休。又少而惰，長而率，老而迂，是三者皆非濟時之用，又宜休也。尚慮多難不能自信，既而晝寢，遇二僧謂予曰：「吾嘗爲汝師。汝昔矯於道，鋭而不固，爲利慾之所拘，幸悟而悔，將復從我於是溪耳。且汝雖退，亦嘗爲匪人之所嫉，宜耐辱自警，庶保其終始，與靖節、醉吟第其品級於千載之下，復何求哉！」因爲《耐辱居士歌》，題於東北楹曰：「咄咄，休休休，莫莫莫，伎倆雖多性靈惡，賴是長教閑處着。休休休，莫莫莫，一局棋，一爐藥，天意時情可料度。白日偏催快活人，黄金難買堪騎鶴。若曰：『爾何能？』答云：『耐辱莫。』」其詭激嘯傲，多此類也。

又 卷一九二《隱逸傳・田遊巖》 田遊巖，京兆三原人也。初補太學生，後罷歸，遊於太白山，每遇林泉會意，輒留連不能去。其母及妻子並有方外之志，與遊巖同遊山水二十餘年。後入箕山，就許由廟東築室而居，自稱「許由東鄰」。調露中，高宗幸嵩山，遣中書侍郎薛元超就問其母，遊巖山衣田冠出拜，帝令左右扶止之，謂曰：「先生養道山中，比得佳否？」遊巖曰：「臣泉石膏肓，煙霞痼疾，既逢聖代，幸得逍遥。」帝曰：「朕今得卿，何異漢獲四皓乎？」薛元超曰：「漢高祖欲廢嫡立庶，黄、綺方來，豈如陛下崇重隱淪，親問巖穴。」帝甚歡，因將遊巖就行宫，并家口給傳乘赴都，授崇文館學士，令與太子少傅劉仁軌談論。帝後將營奉天宫于嵩山，遊巖舊宅先居宫側，特令不毁，仍親書題額懸其門，曰「隱士田遊巖宅」。文明中，進授朝散大夫，拜太子洗馬。垂拱初，坐與裴炎交結，特放還山。

宋 歐陽修《新唐書》卷一九六《隱逸傳・朱桃椎》 朱桃椎，益州成都人。澹泊絶俗，被裘曳索，人莫能測其爲。長史竇軌見之，遺以衣服、鹿幘、麂鞾，逼署鄉正。委之地，不肯服。更結廬山中，夏則羸，冬緝木皮葉自蔽，贈遺無所受。嘗織十芒屩置道上，見者曰：「居士屩也。」爲鬻米茗易之，置其處，輒取去，終不與人接。其爲屩，草柔細，環結促密，人爭躡之。高士廉爲長史，備禮以請，降階與之語，不答，瞪視而出。士廉拜曰：「祭酒其使我以無事治蜀邪？」乃簡條目，薄賦斂，州大治。屢遣人存問，見輒走林草自匿云。

元 姚燧《牧庵集》卷三〇《太華真隱褚君傳》 雲臺真隱褚君，幼業儒，長而遭時艱，求所以託焉而逃者，寄跡老子法中。受學劉真常，棲遲不在城邑，多名山中，保保之葛〔洪〕琅邪之七峰、應之嶽神，無常居焉。洪後由真常主華陰之雲臺宫，始從之西。真常居焉徙上方焉，弟子主雲臺。雲臺，華嶽也，爲山益奇，上方又天下之絶險。自北望之，石壁切雲霄，峻峭正矗，非恃鐵絙，不得緣墜上下。又不知鐵絙成于何代何人？意者古能險之聖也。將至其顛，下臨壑谷，深數里，盲煙幕翳其中，非神完氣勁，鮮不視眩而魄震。君負食上下自給，如由室適奥，嬉然不爲艱。薄寒，則上下負食益勤，爲禦冬備。一歲，偶未集，雪塞山門，計糜纔得當冬之半，始服氣減食爲胎息，遠則數日一炊。明年，山門開，弟子往哭求其(尺)〔尸〕，見步履話言，不衰他時，方神其爲非庸人。同下山，止之曰：「不可復有往也已。設向師食不繼，僵死冰雪，弟子雖有喙，何説自白其能孝於天下，必勿復往也已。」君難逆其請，指牛心谷曰：「此漢太尉楊公震授徒之槐市也。」或聞而稽，疑其傳止，得公常教授，胡不見其居華陰者，不識君何據曰然。谷南直中方，人行二里許，深林奇石，泉濺濺鳴其下。墾地盈畝，構室延袤不足尋丈，環蒔佳花美箭。人之來者，始則愛其蕭爽，不自知置身塵埃之外。居不是晷，既已欠伸弛然，而思去矣。君又屏弟子獨居。或勸宜留一人自佐，曰：「吾居此樂，彼居此戚，所安先不同，猶彊而留之，能施期月之外，要終相棄去。吾故與之爲約，非舂糧採薪不至，絶而繼，具而去，亦古之君子以人望人不竭忠也。」其出山還雲臺，必以水冰，無所仰飲。十月爲候，二月還谷。性嗜讀書，逾熟左氏博議。日食數龠，飲酒未醺而止，不盡醉也。人家得名酒，爭攜餉之。至則沉罌泉中，時依林坐石，引瓢獨酌。日入，則入室而休。或坐罷寢覺，起行庭中。一夕，如聞林間行聲戞戞，君則曰：「獸也。雖不得其名，可試而知。」引石投之曰：「麋鹿哉，將驚而奔；或止而不去者，虎耳。」果止聽不去。明旦，視樊垣外虎跡縱横。再夜，起行如前夕，不以自戒而止。聞而談者，神明之。亦有他士樵人獵夫之適山，初未聞君爲孰何人，責之具炊，寢則假榻，甚者易而詬之。隨之益勤以安，無難色忿言其外，若職宜然者。去，或聞姓名，惟他語，不告。終問之，則曰：「吾求人知耶？必求人知，而求若知耶？吾居此，在人所不問，而吾所不告也。」人見其苦人不近人情如是。然不違俗，上自王公，而下及臺皁，爭以一際顔色爲快。燧亦嘗再造廬焉，告以人間聲利，泛如秋風之過耳，噤不酬應。叩之山間爲樂何如，必盡舉平生所見好石幽樹，佳泉危棧，亹亹忘罷。若幸夫人之一往，而我能先之者。相送以出，覺胸臆塵鄙，如雪之見晛，消釋無留餘者數日，益信夫遊方之外，有恬愉静退之士如君者，罕類例求也。君名志通，字伯達。名聞天聰，俾禱有應，不爲沴，賜號佑德真人，提點嶽祠灝靈宫。又以嶽祠風雨將騫，

内出鈔萬八千緡，爲完葺，費三千，易敝而新，餙漶爲鞏，過者改觀，始知有應務之才，特韜之耳。年八十，得益深，聞益彰，聖皇始見益急。當歲己卯，至元十六年，詔中使起之。北面命命，稽首：「草莽之臣通也自知審矣。疇昔壯也，言不足以資廊廟擇，力不足以彊禦侮。今老，先狗馬填壑晨夕，至蒙冒龍光，力疾以行，(行)終不達，恐傷陛下仁及草木之化，是以昧死請。」中使竟虚車而返。今李大參公號知君深，且樂誦人善者，戒燧傳之，無俾不聞於今，而泯於後焉。公名德輝，字仲實。前北京等路行中書省，今以中奉大夫出相安西府云。

元 脱脱《宋史》卷四五七《隱逸傳上·种放》 种放字明逸，河南洛陽人也。父詡，吏部令史，調補長安主簿。放沉默好學，七歲能屬文，不與羣兒戲。父嘗令舉進士，放辭以業未成，不可妄動。每往來嵩、華間，慨然有山林意。未幾父卒，數兄皆干進，獨放與母俱隱終南豹林谷之東明峯，結草爲廬，僅庇風雨。以講習爲業，從學者衆，得束脩以養母，母亦樂道，薄滋味。

放得辟穀術，别爲堂於峯頂，盡日望雲危坐。每山水暴漲，道路阻隔，糧糗乏絶，止食芋栗。性嗜酒，嘗種秫自釀，每日空山清寂，聊以養和，因號雲溪醉侯。幅巾短褐，負琴攜壺，泝長溪，坐磐石，採山藥以助飲，往往終日。值月夕或至宵分，自豹林抵州郭七十里，徒步與樵人往返。性不喜浮圖氏，嘗裂佛經以製帷帳。所著《蒙書》十卷及《嗣禹説》、《表孟子上下篇》、《太一祠録》，人頗稱之。多爲歌詩，自稱「退士」，嘗作傳以述其志。

淳化三年，陝西轉運宋惟幹言其才行，詔使召之。其母恚曰：「常勸汝勿聚徒講學。身既隱矣，何用文爲？果爲人知而不得安處，我將棄汝深入窮山矣。」放稱疾不起。其母盡取其筆硯焚之，與放轉居窮僻，人跡罕至。太宗嘉其節，詔京兆賜以緡錢使養母，不奪其志，有司歲時存問。咸平元年母卒，水漿不入口三日，廬於墓側。翰林學士宋湜、集賢院學士錢若水、知制誥王禹偁言其貧不克葬，詔賜錢三萬，帛三十匹，米三十斛以助其喪。

四年，兵部尚書張齊賢言放隱居三十年，不遊城市十五載，孝行純至，可勵風俗，簡朴退静，無謝古人。復詔本府遣官詣山，以禮發遣赴闕，賫裝錢五萬，放辭不起。明年，齊賢出守京兆，復條陳放操行，請加旌賁。即賜詔曰：「汝隱居丘園，博通今古，孝悌之行，鄉里所推，慕古人之遺榮，挹君子之常道。屢覽守藩之奏，彌彰遁世之風，載渴來儀，副予延佇。今遣供奉官周旺賫詔，召汝赴闕，賜帛百匹、錢十萬。」九月，放至，對崇政殿，以幅巾見，命坐與語，詢以民政邊事。放曰：「明王之治，愛民而已，惟徐而化之。」餘皆謙讓不對。

又《林逋》 林逋字君復，杭州錢塘人。少孤，力學，不爲章句。性恬淡好古，弗趨榮利，家貧衣食不足，晏如也。初放遊江、淮間，久之歸杭州，結廬西湖之孤山，二十年足不及城市。真宗聞其名，賜粟帛，詔長吏歲時勞問。薛映、李及在杭州，每造其廬，清談終日而去。嘗自爲墓於其廬側。臨終爲詩，有「茂陵他日求遺稿，猶喜曾無《封禪書》」之句。既卒，州爲上聞，仁宗嗟悼，賜謚和靖先生，賻粟帛。

逋善行書，喜爲詩，其詞澄浹峭特，多奇句。既就稿，隨輒棄之。或謂：「何不録以示後世？」逋曰：「吾方晦迹林壑，且不欲以詩名一時，況後世乎！」然好事者往往竊記之，今所傳尚三百餘篇。

逋嘗客臨江，時李諮方舉進士，未有知者，逋謂人曰：「此公輔器也。」及逋卒，諮適罷三司使爲州守，爲素服，與其門人臨七日，葬之，刻遺句内壙中。

又 卷四五九《隱逸傳下·蘇雲卿》 蘇雲卿，廣漢人。紹興間，來豫章東湖，結廬獨居，待鄰曲有恩禮，無良賤老稚皆愛敬之，稱曰蘇翁。身長七尺，美須髯，寡言笑，布褐草履，終歲不易，未嘗疾病。披荆畚礫爲圃，藝植耘芟，灌溉培壅，皆有法度。雖隆暑極寒，土焦草凍，圃不絶蔬，滋鬱暢茂，四時之品無闕者。味視他圃尤勝，又不二價，市鬻者利倍而售速，先期輸直。夜織屨，堅韌過革舄，人争貿之以饋遠。以故薪米不乏，有羨則以周急應貸，假者負償，一不經意。溉園之隙，閉門高卧，或危坐終日，莫測識也。

少與張浚爲布衣交，浚爲相，馳書函金幣屬豫章帥及漕曰：「余鄉人蘇雲卿，管、樂流亞，遁跡湖海有年矣。近聞灌園東湖，其高風偉節，非折簡能屈，幸親造其廬，必爲我致之。」帥、漕密物色，曰：「此獨有灌園蘇翁，無雲卿也。」帥、漕乃屏騎從，更服爲遊士，入其圃，翁運鋤不顧。進而揖之，翁曰：「二客何從來耶？」延入室，土銼竹几，地無纖塵，案上有《西漢書》一册。二客怳若自失，默計此爲蘇雲卿也。既而汲泉煮茗，意稍款浹，遂扣其鄉里，徐曰：「廣漢。」客曰：「張德遠廣漢人，翁當識之。」曰：「然。」客又問：「德遠何如人？」曰：「賢人也。第長於知君子，短於知小人，德有餘而才不足。」因問：「德遠今何官？」二客曰：「今朝廷起張公，欲了此事。」翁曰：「此恐怕他未便了得在。」二客起而言曰：「張公令某等致公，共濟大業。」因出書函金幣眞几上。雲卿鼻間隱隱作聲，若自咎歎者。二客力請共載，辭不可，期以詰朝上謁。旦遣使迎伺，則扃户闐

然，排闥入，則書幣不啓，家具如故，而翁已遁矣，竟不知所往。帥、漕復命，浚拊几嘆曰：「求之不早，實懷竊位之羞。」作箴以識之，曰：「雲卿風節，高於傅霖。予期與之，共濟當今。山潛水沓，邈不可尋。弗力弗早，予罪曷鍼。」

明 宋濂《文憲集》卷一〇《竹溪逸民傳》 竹溪逸民者，幼治經，長誦百家言，造文蔚茂，喜馳騁，聲聞燁燁，起薦紳間，意功名可以赤手致。忽抵掌于几，曰：人生百歲，能幾旦暮？所難遂者，適意爾。他尚何恤哉？乃戴青霞冠，披白鹿裘，不復與塵事接。所居近大溪，篁竹翛翛然生。當明月高照，水光瀲灩，共月争清輝。逸民輒腰短簫，乘小舫，蕩漾空明中，簫聲挾秋氣爲豪，直入無際，宛轉若龍鳴深泓，絶可聽。簫已，逸民叩舷歌曰：吹玉簫兮弄明月，明月照兮頭成雪，頭成雪兮將奈何！白漚起兮衝素波！人見之，歎曰：是誠世外人也！欲常見且不可得，況狎而近之乎？性嗜鞠，種之滿園，顧視若孩嬰。黄花一開，獨引觴對酌，日入不倦。人讓其留物，怒曰：舉世無知我，知我惟此花爾，一息自怡，尚可謂滯於物耶？復愛梅。梅孕緑萼微吐，赤脚踏雪中，若温，見輒凝視，移時目不瞬，且大言曰：知我者惟鞠，鞠已謝我去，幸汝梅繼之；汝梅脱又謝去，我當上白鶴山采五芝耳。白鶴山盖溪上諸峰云。逸民年五十，益恬泊無所繫，間私謂其友曰：吾於世味愈孤矣，將漁於山，樵於水矣。其友疑其誕，逸民曰：樵於水，志豈在薪；漁於山，志豈在魚？是無所利也，無所利，樂矣。子以予果滯於梅與鞠耶。君子以其語近道，有類於古隱者，相與傳其事，逸民所未嘗言，則無從知之矣。逸民陳姓，泂，其名，烏傷人。

又 卷一九《故詩人徐方舟墓銘》 [徐]方舟故簪纓家。自幼有俠氣，好馳馬試劍，兼善攻毬蹴之戲，視拘拘法度士如無物。稍長皤然悔曰：此豈君子道哉。即從師受章句，爲進士業，操觚爲文輒爛然成章。已而又悔曰：是如蠹書蟫出入於故紙中，何有終期哉。人生貴適意，曷習古歌詩以吟咏性情，庶幾少遂其願耳。先是睦多詩人，唐有皇甫湜、方干、徐凝、李頻、施肩吾，宋有高師魯、滕元秀，世號爲睦州詩派。方舟悉取而諷咏之，鉥肝劌腎，期起邁之乃已。積之既久，圓熟璀璨，明珠走盤而玉色交映也。方舟猶以爲未足，出遊江漢、淮浙間，與名士相摩切，而詩道益昌。江浙行省叅知政事蘇君天爵聞其賢，力欲薦之。方舟曰：吾詩人爾，其可縻以章紱耶。竟避去，築室江皐，日苦吟於雲烟出没間，翛然若與世隔，因自號曰滄江散人。天大雪，乃泛舟釣江中，終日戀戀若不忍舍去，見者疑其非世間人。元季兵亂益，韜閉不出，易爲隱者服。人莫知其蹤跡。所在有《瑶林》、《滄江》二集各若干卷，《唐詩通考》若干卷，藏于家云。

明 袁中道《珂雪齋前集》卷一〇《徐樂軒樵歌序》 清水丹山之間，有隱君子，姓徐名吉民，别號樂軒居士。居士少業儒，以數試不利，遂去諸生，懷終隱之志。日以種德爲事，周人之急，不啻身有之。依范文正公故事，創義田、義塾。諱言人過，喜稱人善。又善蒔藥，故得藥物最真，凡乞者即與之，以治病多效。得一奇方，必普傳於人。凡數百里内，僧刹道院，力可新者，皆竭力爲之。居士雖外託沉冥，而好讀書，所著奇書最多，遇友人佳詩及文字，即壽諸石。所居近滄漭溪，種樹數十萬株，如雲封霧接。居士跨蹇往來其間，與田夫野老坐草萊，説耕耘事。手種茗，不啻天池、虎丘。家釀醇酒，清洌異常。居士性不多飲，少飲即酣暢，任意瀟灑。久之哀集成帙，自號曰《樵歌》云。嗟乎，詩之累於應酬也久矣。居士隱於樵，故謝絶一切人間應酬。凡意之所不欲言而不得不言，與口之所不欲言而不得不言者，居士皆無有。故落筆即有煙雲之趣，依稀與陶元亮、王無功相似。今春，予由當陽玉泉得晤居士，一見歡然訂交。盖居士與予友劉孝廉玄度最相知。及玄度之没也，多方搜求遺集，編次以授予。朔望必奠，譚及必泣，其急友誼如此。樵乎，樵乎，其真有隱德俠骨者耶！後之人讀《樵歌》，居士之清標逸致，亦可想見其一班也。

清 乾隆《江南通志》卷一六八《人物志・隱逸》 戴笠字耘野，吴江諸生，入秀峰山爲僧，旋返。初服隱居朱家港，教授生徒，土屋三間，炊煙時絶，編纂不輟。笠同縣諸生徐白，字介白，隱靈岩山之上沙，種蔬藝果，捃拾自給，詩畫蕭疎，無俗韻。故舊至，掃葉煮泉，三十年不出。

又 卷一七四《人物志・方外》 國朝吕愢字貞九，嘉定人也。築樓居妙高峰，得辟穀法。已遊終南，樓居爲僧所占，歸不與校，别構方丈於小桃源。兼修隱形煉虚之道。康熙甲辰，先期築石穴，至期，捻訣坐化。

又 卷一七五《人物志・方外》 國朝星郎，龍溪林氏子也。舉天啓丁卯鄉試，仕屯田郎，出守肇慶，棄官薙髮，徧歷名山。後至廬江住冶父山祖庭寺，江畔有古樸一株，枯而復榮者數矣，師至樹復茂。康熙癸丑，樹忽萎，師曰：樹倒，老僧行矣。沐浴更衣而逝。

清 李斗《揚州畫舫録》卷一二《橋東録》 江士珏字荔田，居徽州，善鼓琴，能擘窠書，精于刻石。住黄山數十年，號天都山人。常于山中懸崖，令采炭人縋

己下臨萬丈千崖壁上，刻方丈大字，或曰荔田讀書處，或曰荔田彈琴處，不一而足，始信峯有山人琴臺。乾隆乙卯，來揚寓桃花庵半年。

清　光緒《漢陽縣志》卷三八《物畧下》　張志中字雲房，乾隆元年舉人。中歲遭家多故，遂慕道入峨嵋山不返，或傳死於嘉定矣。五十九年，有人自丹稜來，持志中寄陳笠田書，略云：數十年來居止新店，店在娑羅坪，去古光相寺不一舍，比唐孫思邈隱處更覺幽寂，草木禽蟲迥非人竟。牽牛花比常花大數倍，蓼花有淺黄淡緑二色。禽聲清越，毛羽五色者最多。山高多風，樹木蟠鬱，無高枝條。條下垂，著地濃陰，可以憩息。古苔挂樹如亂髮鬖，鬖長數丈，冰凝其上如貫珠。微風飄蕩，錚鏦有聲，黄精枸杞，隨地可鑱，間有大若五斗栲栳者，愈大則愈脆，中有漿升許，飲之數日不飢。

紀事

南朝梁　吴均《與顧章書》（《漢魏六朝百三家集》卷一〇一引）　僕去月謝病，還覓薜蘿。梅溪之西，有石門山者，森壁争霞，孤峰限日。幽岫含雲，深谿蓄翠。蟬吟鶴唳，水響猿啼。英英相雜，綿綿成韻。既素重幽居，遂葺宇其上。幸富菊花，偏饒竹實。山谷所資，於斯已辦。仁智所樂，豈徒語哉。

唐　元結《次山集》卷五《述居》　天寶庚寅，元子得商餘之山。山東有谷曰餘中，谷東有山曰少餘。山谷中有田，可耕藝者三數夫；一夫百畝。有泉停浸，可畦稻者數十畝。泉東南合肥溪，溪源在少餘山下。溪流出谷，與濛水合滙于滍。將成所居，故人李才聞而來會，乃歎曰：吾未始知夫子之所至焉，今知之矣。吾聞在貧思富，在賤思貴，人之常情也，聖賢所有。然而知貧賤不可苟免，富貴不可苟取，上順時命，乘道御和；下守虚澹，修已推分，稱君子者，始不公乎。乃相與占山泉，闢榛莽，依山腹，近泉源始爲亭廡，始作堂宇，因而習静，適自保閑。夫人生於世如行長道，所行有極，而道無窮，奔走不停，夫然何適。予當乘時和，望年豐，耕藝山田，兼備藥石。與兄弟承歡於膝下，與朋友和樂於琴酒，寥然順命，不爲物累，亦自得之分，在於此也。

唐　白居易《白氏長慶集》卷四三《草堂記》　匡廬奇秀，甲天下山。山北峰曰香爐，峰北寺曰遺愛寺。介峰、寺間，其境勝絶，又甲廬山。元和十一年秋，太原人白樂天見而愛之，若遠行客過故鄉，戀戀不能去。因面峰腋寺，作爲草堂。明年春，草堂成。三間兩柱，二室四牖，廣袤豐殺，一稱心力。洞北户，來陰風，防徂暑也；敞南甍，納陽日，虞祁寒也。木斲而已，不加丹；墻圬而已，不加白。墄七計切階用石，羃牕用紙，竹簾紵幃，率稱是焉。堂中設木榻四，素屏二，漆琴一張，儒、道、佛書各三兩卷。樂天既來爲主，仰觀山，俯聽泉，傍睨竹樹雲石，自辰及酉，應接不暇。俄而物誘氣隨，外適内和。一宿體寧，再宿心恬，三宿後，頽然嗒然，不知其然而然。自問其故，答曰：是居也，前有平地，輪廣十丈；中有平臺，半平地；臺南有方池，倍平臺。環池多山竹野卉，池中生白蓮、白魚。又南抵石澗，夾澗有古松、老杉，大僅十人圍，高不知幾百尺。修柯戛雲，低枝拂潭，如幢竪，如蓋張，如龍蛇走。松下多灌叢，蘿蔦葉蔓，駢織承翳，日月光不到地，盛夏風氣如八、九月時。下鋪白石，爲出入道。堂北五步，據層崖積石，嵌空垤塊，雜木異草，蓋覆其上。緑陰蒙蒙，朱實離離，不識其名，四時一色。又有飛泉植茗，就以烹燀。齒善切。好事者見，可以永日。堂東有瀑布，水懸三尺，瀉階隅，落石渠，昏曉如練色，夜中如環珮琴筑聲。堂西倚北崖右趾，以剖竹架空，引崖上泉，脉分綫懸，自簷注砌，纍纍如貫珠，霏微如雨露，滴瀝飄灑，隨風遠去。其四傍，耳目、杖屨可及者：春有錦繡谷花，夏有石門澗雲，秋有虎谿月，冬有鑪峰雪。陰晴顯晦，昏旦含吐，千變萬狀，不可殫紀。覼縷而言，故云甲廬山者。噫！凡人豐一屋，華一簣，而起居其間，尚不免有驕矜之態。今我爲是物主，物至致知，各以類至，又安得不外適内和、體寧心恬哉？昔永、遠、宗、雷輩十八人，同入此山，老死不反。去我千載，我知其心以是哉！矧予自思：從幼迨老，若白屋，若朱門，凡所止，雖一日二日，輒覆簣土爲臺，聚拳石爲山，環斗水爲池，其喜山水，病癖如此。一旦蹇剥，來佐江郡。郡守以優容而撫我，廬山以靈勝待我，是天與我時，地與我所，卒獲所好，又何以求焉？尚以冗員所羈，餘累未盡，或往或來，未遑寧處。待予異時，弟妹婚嫁畢，司馬歲秩滿，出處行止，得以自遂，則必左手引妻子，右手抱琴書，終老於斯，以成就我平生之志。清泉白石，實聞此言！時三月二十七日，始居新堂。四月九日，與河南元集虚、范陽張允中、南陽張深之、東西二林寺長老湊、朗、滿、晦、堅等凡二十有二人，具齋施茶果以落之。因爲《草堂記》。

宋　沈括《夢溪筆談》卷一〇　林逋隱居杭州孤山，常畜兩鶴，縱之則飛入雲霄盤旋，久之，復入籠中。逋常汎小艇遊西湖諸寺。有客至逋所居，則一童子出，應門延客坐，爲開籠縱鶴，良久，逋必棹小船而歸。蓋常以鶴飛爲驗也。逋高

逸倨傲，多所學，唯不能棊。常謂人曰：通世間事皆能之，唯不能擔糞與着棊。

宋 蘇軾《東坡全集》卷三六《放鶴亭記》 熙寧十年秋，彭城大水。雲龍山人張君之草堂，水及其半扉。明年春，水落，遷於故居之東，東山之麓。升高而望，得異境焉，作亭於其上。彭城之山，岡嶺四合，隱然如大環，獨缺其西南面，而山人之亭適當其缺。春夏之交，草木際天，秋冬雪月，千里一色。風雨晦明之間，俯仰百變。山人有二鶴，甚馴而善飛。旦則望西山之缺而放焉，縱其所如，或立於陂田，或翔於雲表；莫則傃東山而歸，故名之曰放鶴亭。郡守蘇軾時從賓客僚吏往見山人，飲酒於斯亭而樂之。【略】（山人）乃作放鶴招鶴之歌，曰：

鶴飛去兮，西山之缺。高翔而下覽兮，擇所適。翻然斂翼，婉將集兮。忽何所見，矯然而復擊。獨終日於澗谷之間兮，啄蒼苔而履白石。鶴歸來兮，東山之陰。其下有人兮，黄冠草履，葛衣而鼓琴。躬耕而食兮，其餘以汝飽。歸來歸來兮，西山不可以久留。元豐元年十一月初八日記。

宋 楊萬里《誠齋集》卷七四《建昌軍麻姑山藏書山房記》 余同年何同叔謂予曰：里中有名山曰麻姑者，山水之勝，甲大江之西，距建昌郡城十里所。山自址距椒稱，是道旁古松合抱，皆二百年物。瀑泉雙流，若自天而下。有老子之宫，曰仙都者，枕山而居，隨山之高下爲屋。或云蔡經之舊宅，與王遠麻姑邂逅之地。或云仙者葛洪煉丹之所，其井故在。而顔魯公記之，但云山頂有壇，相傳麻姑於此得道。則前之二説，然乎否也，未可知也。淳熙丁未之春，偶至山中，爲留一月。一日藤杖芒履，乘興孤往。至宫之西，財數武間，見松竹羅植，相得爲林，前對五峯，下臨一水，欣然會心，因喟曰：此地獨無喜事者，結屋數椽，上建小閣，用廬山李氏藏書故事作一山房，使來游者登閣覽勝，把卷倚欄，顧不樂哉。自是，此意往來於懷，雖去山，未嘗去山也。後一年，客裏逢今邦侯江君，相語及之，江曰當不忘此。其冬抵官。下後一年，郡事畢葺，蠱者飭，廢者舉。後一年，乃諏其地，踐曩之言。立屋六楹，後贅一室，前作重霤，乃閣其上，月扉風櫺，縹緲飛動，若出天半。仍斲大木，乃架乃櫝，經史百氏，訪之旁郡，是庋是置。道士李惟寅、鄧本度相與戮力。春孟作之，季而落之，談者以爲山中盛事。子盍爲余書之，俾來游者知賢太守之文雅，二道士之勞勩。余曰：諾。爲書其語。江君名自任，三衢人，恬退有守，節用愛人，不飭厨傳，不事要結，而獨於此不計費。同叔方策第時，年最少，出拜同年生，一坐皆屬之目。余與之合而離，離而合三十七年矣。今乃爲國子主簿，蓋其孤懷勝韻與山林作緣也厚。故身退而詩彌進，位下而人彌高。觀山房之舉，可以得其槩矣。紹熙初元九月日記。

明 陶宗儀《輟耕録》卷一五《隱趣》 余家天台萬山中，茅屋可以芘風雨，石田可以具饘粥。雖行江海上，而泉石草木之勝，未嘗不在夢寐時見也。偶讀廬陵羅景綸大經所著《鶴林玉露》曰：唐子西云：山静似太古，日長如小年。余家深山之中，每春夏之交，蒼蘚盈階，落花滿徑，門無剥啄，松影參差，禽聲上下。午睡初足，旋汲山泉，拾松枝煮苦茗啜之，隨意讀《周易》、《國風》、《左氏傳》、《離騷》、《太史公書》及陶杜詩、韓蘇文數篇。從容步山徑，撫松竹，與麛犢共偃息於長林豐草間。坐弄流泉，漱齒濯足。既歸，竹窗下則山妻稚子作筍蕨，供麥飯，欣然一飽。弄筆窗間，隨大小作數十字展。所藏法帖、墨蹟、畫卷，縱觀之，興到則吟小詩，或草玉露一兩叚，再烹苦茗一杯。出步溪邊，邂逅園翁溪友，問桑麻，説秔稻，量晴校雨，探節數時，相與劇談一餉。歸而倚杖柴門之下，則夕陽在山，紫緑萬狀，變幻頃刻，恍可人目。牛背笛聲，兩兩來歸，而月印前溪矣。味子西此句，可謂絶妙然。此句妙矣，識其妙者蓋少，彼牽黄臂蒼馳獵於聲利之場者，但見衮衮馬頭塵，匆匆駒隙影耳，烏知此句之妙哉。人能真知此妙，則東坡所謂無事。此静坐一日是兩日，若活七十年便是百四十，所得不已多乎。此羅君語也，余蓋亦知此妙久矣。風塵澒洞，豺虎咬人，幾賦歸與之詩，計無所得。又未知何日可以遂吾志也，掩卷爲之三嘆。

明 劉基《誠意伯文集》卷八《深居精舍記》 深居精舍者，雲門廣孝寺上人浮休公退居室也。上人名允若，字季衡，以文行聞于時，賢士大夫無不與交，號之曰若耶谿，因其名而配以地也。深居去雲門十里而羸。初入谿口，有奇石拔起沙水中，狀如折桂，其下者如伏獸，其名曰釣臺，其石罅皆有樹。自釣臺泝谿入，谿色湛碧，兩岸皆秔稻，風過之，其香菲菲然。有三山鼎足列，狀如三獅子，九墩錯其間爲九毬，深居在三獅子中。其背山曰柯公之山，山上有潭，潭中云有白鼉，有龍恒出作雲雨，歲旱，禱輒應。其右山曰化鹿之山，亦曰鹿頭，相傳葛稚川既化爲仙，有木儿亦化爲鹿在此山。其外山曰秦望，其左山曰木禾，木禾視羣山爲最高。其前山曰鵞鼻之峰，其高與木禾等，峰頂大石突起，望之如鵞鼻。大海在鵞鼻東，北其上云有秦時碑，今亡之矣。鵞鼻北下小山曰望秦，秦望在望秦北。又北曰天柱，曰玉笥。又東北爲陽明之山，是爲禹穴，其下維湖。予既至深居，與浮休公語，極相得。又愛其有美木佳水石花竹，且静僻無妄人跡，雖隆暑不汗，因留八日出。既出，而心恒思之。

又　卷九《苦齋記》　苦齋者，章溢先生隱居之室也。室十有二楹，覆之以茆，在匡山之巔。匡山在處之龍泉縣西南二百里，劍溪之水出焉。山四面峭壁拔起，巖崿皆蒼石，岸外而臼中，其下惟白雲，其上多北風。風從北來者，大率不能甘而善苦，故植物中之，其味皆苦，而物性之苦者，亦樂生焉。於是鮮支、黄蘖、苦楝、側柏之木，黄連、苦杕、亭歷、苦參、鉤夭之草，地黄、游冬、葴芑之菜，櫧櫟、草斗之實，楛竹之笋，莫不族布而羅生焉。野蜂巢其間，采花髓作蜜，味亦苦。山中方言謂之黄杜，初食頗可難，久則彌覺其甘。能已積熱，除煩渴之疾。其槚茶亦苦於常茶。其洩水皆齧石出，其源沸沸汩汩，澌潨曲折，注入大谷。其中多斑文小魚，狀如吹沙，味苦而微辛，食之可以清酒。山去人稍遠，惟先生樂遊，而從者多艱其昏晨之往來，故遂擇其窊而室焉。攜童兒數人，啓隕擇以藝粟菽，茹啖其草木之荑實。間則躡屐登崖，倚修木而嘯。或降而臨清泠，樵歌出林，則拊石而和之，人莫知其樂也。先生之言曰：樂與苦相爲倚伏者也。人知樂之爲樂，而不知苦之爲樂。人知樂其樂，而不知苦生於樂，則樂與苦相去能幾何哉。今夫膏粱之子燕坐於華堂之上，口不嘗荼蓼之味，身不歷農畝之勞，寢必重褥，食必珍美，出入必輿隸，是人之所謂樂也。一旦運窮福艾，顛沛生於不測，而不知醉醇飫肥之腸，不可以實疏糲；藉柔覆温之軀，不可以御蓬藋。雖欲效野夫賤隸；跼跳竄伏，偷性命於榛莽而不可得，庸非昔日之樂爲今日之苦也耶？故孟子曰：天之將降大任於是人也，必先苦其心志，勞其筋骨，餓其體膚。趙子曰：良藥苦口利於病，忠言逆耳利於行。彼之苦，吾之樂；而彼之樂，吾之苦也。吾聞井以甘竭，李以苦存。夫差以酣酒亡，而勾踐以嘗膽興，無亦猶是也夫。劉子聞而嘉之，名其室曰苦齋，作《苦齋記》。

明　宋濂《文憲集》卷三《看松庵記》　龍泉多大山，其西南一百餘里，諸山爲尤深。有四旁奮起而中窊下者，狀類箕筐，人因號之爲匡山。山多髯松，彌望入青雲，新翠照人如濯。松上薜蘿份披披，横夷數十尋，嫩緑可噉。松根茯苓，其大如斗，雜以黄精、前胡及牡鞠之苗，采之可茹。吾友章君三益樂之，新結庵廬其間。菴之西南若干步有深淵，二蛟龍潛于其中，雲英英騰上，頃刻覆山谷，其色正白，若大海茫無津涯，大風東來輒飄去。君復爲搆烟雲萬頃亭。庵之東北又若干步，山益高，峰巒益峭刻，氣勢欲連霄漢，南望閩中數百里，嘉樹帖帖地上如薺，君復爲搆唯天在上亭。庵之東南又若干步，林樾蒼潤空翠，沉沉撲人，陰颸一動，雖當烈火流金之候，使人翛翛有挾纊意。君復爲搆清高亭。庵之正南又若干步，地明迥爽潔，東西北諸峯皆競秀獻狀，令人愛玩忘倦，兼之可琴可奕，可挈尊罍而飲，無不宜者。君復爲搆環中亭。君詩書之暇，被鶴氅衣，支九節筇，歷游四亭中。退坐庵廬，回睇髯松，如元夫鉅人拱揖左右。注視之久，精神凝合，物我兩忘，恍若與古豪傑共語千載之上。君樂甚，起穿謝公屐，日歌吟萬松間。屐聲鏘然合節，與歌聲相答和。髯松似解君意，亦微微作笙簫音，以相娱。君喟曰：此予得看松之趣者也。遂以名其庵廬云。

又　卷一〇《抱甕子傳》　予嘗游括之少微山，俯瞰四周，如列屏障，山之趾有隨地形高下爲蔬圃，約二十畮，凡可茹者咸藝焉，傍列桃、杏、梨、李諸樹。時春氣方殷，蔬苗怒長，滿望皆翡翠色。樹亦作紅白花，繽紛間錯，如張錦繡段，心頗訝之，曰：是必有異。因曳杖而降，冉冉至其處，氣象幽夐，絶不聞雞犬聲。遥望草廬一區，隱約出竹陰間，疑中有隱者。亟前，候之良久，見一士戴樓葉冠，身被紫褐裘，抱甕出，汲水灌畦。予進，問曰：夫子何名？曰：山澤之民，無所名也。强之，曰：人以其抱甕也，遂呼爲抱甕子爾。曰：丈夫處世亦多術矣。出則華軒結駟，入則鐘鳴鼎食，有志者輒能致之。夫子恒營營逐逐於一甕間，無乃自苦乎？抱甕子忽囅然一笑，指苔磴揖予坐，寘甕于地，嘆曰：吾受血肉軀與人同，豈不樂榮貴，與人異哉？顧念之頗熟，百歲之間，寧復幾何？與其疆情而徇世，寧若任真以自放也。吾圃之西則九盤山，山之巔宋州廨建焉，側有烟雨樓，當山雲初興，景象萬態，極可玩。李鄴侯馬莊敏公嘗登之而感慨矣。其東清溪觀，秦賢良謫官而來，亦游憩其上，時坐鷺花亭賦詩，而今竟安在哉。非惟人隨流水而逝，異日淩霄之崇構，皆蕩爲氛埃，一凝竚間，野草荒烟，若愁思之不可禁。世事往往類此。是何足深道？吾所以抱甕出入而弗辭也。且當抱甕之時，嗒然忘形，志慮外絶，精神内營，目不見色，耳不聞聲，招之弗前，麾之不驚，委蛇容裔，而萬物莫吾敢攖，自以無愧於赫胥尊盧之民。子以吾爲逐逐營營，不亦過歟。曰：然則，灌畦亦有道乎？曰：有。蔬性不欲燥，燥則生意厄而不伸。蔬性宜溼，溼或過焉則氣傷而寖屈。吾日夜調之、燮之，俾適，夫厥中，則芃然而秀，嫣然而榮矣。言訖，抱甕而去。予深味其言，蓋有道而隱者也。所謂强情而徇世，曷若任真而自放，不幾於樂其天者歟。所謂人物代謝而樓觀不能以存，一俯仰間而感慨係之，不幾於達人大觀者歟。所謂抱甕有術心，與耳目之官，内而弗外，不幾於守一不二者歟。所謂藝蔬得中，不使倚於一偏，不幾於治民有政者歟。疾起而追之，抱甕子入行陰間，閉户高卧，扣之不見答，若無聞者。予憮然

而退。

史官曰：【略】雖然，宗文當元季政亂，肥遯山林，若將終身焉。及逢有道之朝，輒蹶然興起，以力政著聞，其得出處之正者矣。向予意其爲有道之士者，果非過歟！果非過歟！使宗文非有道之士，則長往山林而不返矣。謂之賢也，得乎！因記問答之語，爲《抱甕子傳》。

又　卷一五《陳彦正丹室銘》　陳君彦正家在浦陽大山間，實與龍湫五洩爲隣，岩巒迴互，林木薈翳，絶不類人世。彦正日走其下，當夜静月白時，輒登高危坐，冥然長思，欲求古仙人與游而不可得。每天風脩脩作聲，輒以爲王子喬、韓衆輩真躡鳳吹簫而來也，如是者數年。一旦，有貝君，一默者過之，謂曰：子若是，甚無益也。子欲求之，盍學長生乎？一氣孔靈凝之者，神神之攸庭。黄房窈冥，綿綿若存，是爲天根子。能有意於斯，古仙人不難致也。彦正樂其説之美，乃稽首再拜，膝行而前，曰：某不敏，竊妄意浮游塵埃之外，不自期凡質之未易化也。先生不以爲非而辱教之，願終身服役爲弟子。敢問其所欲者何先？貝君復曰：吾道貴清静，吾養神丹，鷄犬不可近。子盍别爲丹室，以處我。彦正欣然從之。乃即所居之東若干步，作室一間，中設一榻，貝君與彦正對坐其中，而鑰其所從之門，外不可入，内不可出。前留一竅，以納漿食，後通一竇，以傳便液。盖將專一心志，以絶外慕云。

明　文徵明《甫田集》卷一九《玉女潭山居記》　宜興諸山，銅官、離墨最巨。其次穿石山，峻巀不如二山，而巖竇虚嶷，湍瀨聯絡，窔交瑰譎，最爲奇勝，而張公洞最有聞。玉女潭在張公洞西南，相去不三里而近，相傳玉女嘗修煉於此。唐以前，名賢勝士多此遊覽，而李幼卿、陸希聲盖嘗居之，一時倡酬篇詠，流傳至今，有以想見其盛也。自後湮塞不通，人鮮知者。溧陽史恭甫葬母山中，土人有以其地售者，恭甫喜而得之。乃疏土出石，決澮導流，刳闢𠞰刈，盡發一山之勝。幽巖絶壑，靈湫邃谷，悉爲標表，而兹潭實首發之。潭在山半，深谷中渟，膏碧瑩潔如玉。三面石壁，下插深淵，石梁亘其上，如楣而偃，草樹蒙羃，中深黑不可測。上有微竅，日正中，流影穿漏，下射潭心，光景澄澈。俯挹之，心凝神釋，寂然忘去。潭之滸有坻，即坻爲臺，構重屋其上，曰玉光閣。閣成而潭之勝益靚以顯。潭石之巔有靈應亭，山中嘗旱，禱於潭而雨，因爲亭以識。潭四周無隙，水伏流而南，出巖石之下，匯爲小池，玉潔不流，爲亭其上，曰凝玉。凝玉之西，淵泓洄洑，其流漸駛，别疏一渠，激其流北出，行亂石間，緣石旋轉，可以流觴，曰流觴嶼。凝玉之南，古櫸一株，根柯鬱礌，礧磈如石，獨孤及詩所謂「日日思璚樹」者即此。其下湍瀨瀠洄，與樹暎帶，曰璚樹湍，漱玉軒在焉。湍流西下，折旋而南，屬於灣；碕石累屬，如龍馬下飲，如砥柱中矗，水奔注激射如鬬。再折而東，水益駛，石亦益奇，天矯如虯蟠，如鼉奮。飛流噴薄，濺沫成輪，聲震蕩如行峽中，曰虯鼉峽。峽左石梁曰沸玉橋。踰沸玉橋而北，地多美箭，間以江梅，曰梅竹隩，琅玕所、聽玉寮在焉。又北偃沼如初月，曰生明池。絶沼爲梁，曰隔凡橋。隔凡而上，則玉陽山房也。中爲玉虚堂，周堂爲八室，室三楹，依《易》卦爲面勢，隨方署名，曰純陽，曰中陽，曰初陽，曰循陽，曰明陽，曰通陽，曰來陽，曰升陽。自升陽北出，地漸高且廣，葢山之麓也。因山爲臺，塏爽層出。陟級而上，延閣若干楹，前軒施檻，可以肆目，曰大觀廊。廊之後爲丹室，又後爲雲耆臺。臺方三十尺有奇，始築臺而耆生也。又其後爲環玉岡。由環玉岡東下，出雲耆臺之左，曰澄觀樓，其前爲上元祠。又前爲東岡别館，爲護雲莊，爲仙寓，仙寓之南爲來仙橋。由環玉岡而西，轉出玉潭之後，藂祠奠焉，曰玉清祠，祀玉女也。祠右隙地白礫纍纍，散卧松竹間如羊，曰初平林。出初平林西行二百步，巨石盤踞，環匝如墉，曰盤玉限。自盤玉限西上，繞出山椒，有亭，直太湖之縹緲峯，曰縹緲亭。亭下怪石林立，鯨騫獸伏，競爲奇狀。嘉木出石罅，一本七幹，挺特修聳，與石争秀，曰琪樹峽。琪樹峽之西爲集靈谷，又西爲飛雲洞。自此下上登頓，緣石徑而行，徑盡出於山脊，平壤空曠，甃以文石，曰瑶臺。負臺爲室，曰超然宇。宇後羣石掀舞，如華葉駢植聯延，如睥睨，曰芙蓉城。石之有奇者，曰天成碑，曰雨霤，曰小蒼弁，曰青騾巖，曰三珠洞，曰二姑，曰雙仙，皆以狀類名，而二姑、雙仙之間有期仙壑。由期仙壑東下二百步爲文殊峯，又東爲普賢峯，觀音巖在焉。山自環玉岡而下，左右盤互，蜿蜒不絶，總若干畝。其中臺榭樓閣，祠宇杠梁凡三十有一，林壑巖竇可名者，二十有三，他細瑣不暇紀者不在也。以其地在玉女潭之陽，因名玉陽山，而標其前曰玉陽洞天。玉陽洞天之東，境之可紀者四，金晶巖最勝。巖去玉陽五百步，軒揭如垂石下燾，巉顔如斷齶，深廣十尋，其中石壁奇峭。水出壁下，平流兩涯，交絡如織。瀕水石坻可羅坐十客，水環之如玦。巖石晶瑩，日射之焰爍如金，故云金晶。金晶巖之東稍南，曰佛窟，窅陿邃深，中空洞可居，别竇尤深，秉炬而入，詰屈不可窮。其北爲回陽洞，玉潭之水至是回流而南，故曰回陽，青鳥磯在焉。其上有留仙橋，踰橋而東爲鐘竇，水激其中，聲洪如鏞也。玉陽洞天之西，境之可紀者六，龍湫最勝。湫去玉陽數百步，在積石

之下，而淵潛澄湛，微類玉潭。懸艇而入，中空如室，石皆下垂，峆岈岸崿，不可名狀。其後石壁插水，壁盡處有穴，劣可容舟，欹仄以入，中空如外室而通明虛敞，石尤奇麗。緣石而上得穴，甚隘，僂而入。轉出石室之下，中空如土室，石柱合抱，色正白如玉，曰玉陽洞，此龍湫尤異處。龍湫之西曰水犀洞，水足勝舟而石壁幽峭。石上有穴通天，故曰水犀。其水潛行而南，出於南洞磐石之下，石平衍可坐，水瀠之如浮，曰浮磐。浮磐之南爲君陽洞，洞凡三穴，最後一穴稍深，曰白龍藏。三洞相屬，石皆穿漏，如蹄股交峙。水瀉其間，湍激若瀧揭。跣行可環遊出入，彼此嘯呼，與水聲相雜，亦一奇也。水自凝玉而來，東南互流，至此凡百折，乍盛乍微、乍浮乍伏，而其源皆出於玉潭。石自玉潭而來，或隱或見，亦皆綿亘相屬。其間松、檜、梗、楠、幽蘭、靈卉，叢生蔓被，與水石相蔽虧。周遊其中若去塵寰、歷異境，既違復合，若窮而通，綺錯繡綰，不出里道而羣景畢集，殆造物者効奇呈異，獨媚於兹以成一方之勝如此。夫自清濁肇判、流峙攸分，而是境已具。其前未暇論考之，唐賢篇詠玉潭之外，他固未有聞也。由唐至今八百餘年，始自恭甫發之，豈天秘絶景，必待其人之賢而勝者而授之耶。恭甫以粹美之質，具有用之才，不究於時而肆情丘壑，撈奇抉異，發幽而通塞，俾伏者以顯，鬱者以申，而無有所蔽。夫其志豈直山水之間而已哉！昔謝康樂伐山開徑以極遊放，柳子厚發永柳諸山而著爲文章，皆以高才棄斥，用攄其抑鬱不平之氣耳。或謂恭甫類是而實非也。恭甫恬静寡欲，與物無忤而雅事養神，邂逅得此，用以自適，而經營位置因見其才，初非若二公有意於其間也。雖然二公在當時或有異論，而風流文雅千載之下，可能少其名乎。嗚呼，地以人重，人亦以地而重，他時好奇之士遊於斯，庶幾有知恭甫者。

明　李維楨《大泌山房集》卷五七《潛丘園記》　新安郡治歙城東北有華屏山，其左界問政山，其右界丰山，其前面紫陽山。蓋自天目龍飛鳳舞千里而來，脉細如髮，可尋陟其巘，則黄山在目睫間。歙浦徽溪，新安江可洞酌也。歙人於潛令汪石川公致其事歸，選兹山之勝爲園，隱居焉。山故有喬松千章，雜樹輔之，日月所照，烟霞所棲，雨露所墜，霜雪所加，紈繡金翠、玉樹瑶華之色也。清風徐至，時而怒號，琴瑟簫管之奏，海潮之音，六師萬馬轟騰之聲也。其下萬雉之城，萬家之邑，素王之宫，文武之署，甲第旗亭櫛比星羅之區也。公益疊石穿池，養魚豢鶴，分徑種竹，累塢種花，樊圃種蔬。爲拱極、藕船二亭，可以琴，可以弈，可以壺矢，可以觴酌，可以躡屐，可以支枕，可以誦書，可以理詠。四時啼鳥，依人答響，日夕與親知。徜徉其中而歡樂之，曰：即百歲後，吾覔歸於此。乃爲之丘，而名之曰潛丘。

明　黄汝亨《寓林集》卷九《玉版居記》　鍾陵民儉，境以内山川城郭半蕭瑟，絶少勝地可眺覽。獨城南山寺名福勝者，去城里許，徑窅而僻，都無市喧，惟是苔衣樹色相映，寺殿亦浄敞可坐。前令於此集父老或諸生五六輩，説約講秇。而寺以後方丈地，有修竹幾百竿，古樹十數株。爲松，爲櫪，爲樟，爲樸，爲蠟，爲柞，爲楓及芭蕉、細草間之。四面墻不盈尺，野林山翠，葱蒨蒼靄，可轡而望。六月坐之可忘暑，清風白月，秋聲夜色，摇摇墮竹樹下。間以吏事稀少，獨與往還，覺山陰道不遠，亦自忘其吏之爲俗。借境汰情，似於其中不無小勝。因出餘鍰，命工築小屋一座，圍櫺牕四周，牕以外長廊尺許，帶以朱闌干。薙草砌石，可步可倚。最後隙地亦佳，覆樹似屋，據而坐，亦近乎巢樹鑿坏之民，而總之以竹居勝。即榜竹爲徑，題之以小淇園，顔其居曰玉版。里父老諸生未始不可與集，高客韻士與之俱，更益清遠。間覔閒孤往，亦復自勝。不佞令此地，無善狀，庶幾此袈裟地片居爲政林下者云爾。已矣！昔蘇子瞻邀劉器之參玉版和尚，至則燒笋而食，器之覺笋味勝，欣然有悟，蓋取諸此也。寺僧一二，每見多酒態，不知此味子瞻亦不可多得。嗟乎！情境曠际，雅俗都捐，亦烏知世無子瞻、玉版其人也。别一石，刻玉版居約：戒殺，戒演戲，戒多滋味，戒毁墻壁籬落、砍伐摧敗諸竹木，願後來者共呵護之。有越三章者，不難現宰官身而説法。工竣，爲壬寅秋九月。

明　陳繼儒《巖棲幽事序》　吾家於陵，及華山處士，世有隱德，余輩膠粘五濁，覊鎖一生，每憶少年青松白石之盟，何止浩歎。丁酉始得築婉孌草堂於二陸遺址，故有「長者爲營栽竹地，中年方恠住山心」之句。然山中亦不能如道家保鍊吐納，以嗇餘年，即佛藏六千卷，隨讀隨輟。惟喜與隣翁院僧，談接花、藝果、種秫、劚苓之法，其餘一味安穩本色而已，暇時集其語，爲《巖棲幽事》，藏之土室。嘻，此非伊吕契稷之業也，世有所謂大人先生者，其勿哂諸。

明　陳繼儒《巖棲幽事》　王辰玉《香山記》云：大約西山之勝，彷彿武林之西湖。透迤不如，而蒨潤或過之。因與二三子作妄想，若斬荻蘆，開陂隰，以盡田荷花，至山膝而止。使十五小兒，錦衣畫舸，唱江南採蓮詞，出没於白鷗碧浪之間。所在室廬，必竹門板扉，與金碧相間出，而後結遠道人，爲香山社主，乞青蓮居士，爲玉泉酒家翁，吾老此可矣。

明　袁中道《珂雪齋近集》卷三《遊荷葉山居記》　予出山久矣，戊申暮春，自

漁陽歸，半載始復上先人丘墓。從三橋登舟，維于孟溪，即長安里也。登峏緩步，過珊瑚林，徃中即夢與予至此地，破一山壁而入，見峰巒皆若珊瑚，後于此建小蘭若，以珊瑚名，志所夢且欲老來兄弟聚首，辦清泰業也。少憩，穿荷葉山，山中喬木參天，松濤瑟瑟。息于先居，寂寂無人至。予閒步廊廡間，拂塵埃，看柱壁上字。堂左白板扉有數行字，大畧記陽雀布穀鳴之早晚，及旱澇雨雪疏數之期，皆農家語。此予王父左溪公筆也。語雖朴而有法，筆亦遒勁，書於嘉靖二十六年，至于今幾七十年矣。王父世農家，然爲人慷慨輕財。嘉靖二十四五年間，大祲人相食，王父散財二千餘金。後來稍稍豐隆，皆其隱德貽也。于廳上右柱間有字數行云：伯修、冲修于此録子史碎金記。此時正午，風和氣爽，自望酒一壺，自斟一醉。是年孺修應省試，止伯季在家修業，此月每辰作書義一首，各臻玅境矣。此先太史兄伯修筆也，記是年爲萬曆乙酉鄉試。孺修即中郎，中修即予，蓋少年未定字也。是時伯修年二十六，中即十八，予十六。中即赴省試，予以病留家塾，記伯修書柱時光景依然在目。明年伯修遂首南宮，予等相繼出山。今其期不踰二十五年，而伯修長逝已七八年矣，可嘆也。後堂板扉上又有字數行云：漢高云：吾萬歲後，魂魄猶思沛中也。余自戊子冬離此，旅泊十五年，夢中每在此地。癸卯冬，與散木買舟，將入德山，偶經過小憩，輒爾流連。遂命諸僮剪松誅茆，構小室松風澗，之後，闢地拓圃，明年移家居之，將遂老焉，與諸叔痛飲荷葉山下，濫醉三萬六千回，吾願畢矣，不復知人間有三公也。後又書云：搆小室之日，王路菴僧來辭，將歸吳，附一經，乞王百谷書額門榜荷葉山房，次松風澗，堂榜浄緑堂。斜月廊在堂之後，梅花之右，取李羣玉詩也。花之西，葺小室曰梅花奥。百谷老矣，未知健飲否。諸額未知何時見還，且未知此字到時，余室皆落否也，書此以俟。復有書云：丁未入村中，諸扁久至而予室未成，且不知何日果此願也。此皆中郎筆也，前所書俱癸卯年，後書則丁未。中郎頗有山栖之志，入都聊復了宦跡耳，而銓曹之命下，恐山居之志未易輒遂也。前廳柱上又有數行云：壬辰，携家入縣，至壬寅，復携家來此，一別松楸十年徃矣。記入城時心浮志躁，世機熾然不息，有若醉象，迄南北萍飄所志不就。經歷生死升沉之變，始覺此念漸灰，捨喧入寂，而今而後，水邊林下，逍遥自適，永作村里閒閒人矣。此予壬寅筆也。初意欲隱里中，明年就京兆，試得雋春闈下第歸來，遂復移家入城市云。已步至中郎荷葉山房中，前有水一曲，清泓可愛，松櫟俱茂盛，古槐參天，梅花初吐萼。此地乃伯修少時修業處，二十舉于鄉，抱病，復養痾于此。裁花種竹，習養生家言，甚覺閒静。後來仕宦，雖外號爲得意，而奔忙倥偬，求山居之適不可得矣。嗟呼，予本農家，祖父皆世享田間之樂，後來相繼出山。伯修爲從官，遂不復再見此地，今已久去世。中郎與予方逐逐世路，未知税駕，不知將來得秉耜山間，了夢中一段公案否也。因復書數語于柱，以志不忘云。時萬曆戊申，除夕先一日也。

又 **卷五《柴紫菴記》** 玉泉右掖之山，一峰直下，如象鼻突止，即爲菴。有堂三楹，曰浄名，以祠護法居士者也。舒其後，霤爲小室三，一居僧，一予自居。堂中望前山如繡屏，墀下有木樨一株，可十圍，每開，香清一山。其右墻外小室三楹，爲香積，周以虎落。菴之後所云象鼻突止者，瞰之皆石骨。鑿一洞曰幻霞，以其中有霞紋也，可客一案、四人，清涼沁骨。從洞右登山，緣鼻而上可百步，得亭，曰堆藍，圍以墻穴，以通風。望西南山色如墨，花淋灕，惟九子在西北，稍爲樹蔽其鍔。菴門外左有小臺，聽玉泉水聲甚厲，可望後山怪石老樹，游雲弄姿。【略】至是，始與山色泉聲親。每日辰起，浄名堂中閲龍藏；午至幻霞洞清坐，焚香；晚登堆藍亭看山，以爲常意，甚樂之。

又 **卷九《寄八舅》** 山中已作久住計，堆藍亭已完，正在修理廳堂。大約山水中，静坐極清閒快樂。目下有泉田一區，四面山色包絡。山之下爲泉，泉之内有田。去甥所作菴不過□□若得此，即不減輞川也。老舅無事來一遊，必賞心之甚，散木來縣不晦之作何狀。

又 **《寄四五弟》** 山中已有一亭，次第作屋。辰起閲藏經數卷，倦即坐亭上。看西山一帶，堆藍設色，天然一幅米家墨氣。午後閒走乳窟聽泉，精神日以爽健，百病不生。吾弟若有來遊意極好。三月初間，花鳥更新奇，來住數日，煙雲供養，受用不盡也。

又 **《寄八舅》** 自别老舅入山，無日不快。仰看堆藍之山色，俯聽跳珠之水聲，神骨俱清，百病消除。寺内有舊菴基，正據山水之勝，已傾囊鬻得，旦晚市木修造，有次第矣。此去十五六里即爲青溪，峰巒洞壑，殆非人境。到此飯伊蒲，絶嗜慾，覺得容易遣日，自信于山水有緣，聮搨不寐，遂有此一番佳境界，非愚甥不能造此思路，非老舅不能賞鑒也。已矣已矣。胸次舒泰，耳目清浄，豈非福耶。二三月内，此中山色、泉聲更當十倍。老舅如有山行之興，當掃乳窟以待。

又 **《寄祈年》** 山中度日頗快，黄太史已下世矣，愈增我之道念也。從六

月初一日即食素起，以山中無他物，正好食素也。我定居于此，如古陶弘景之茅山故事。七月終當一歸，即入山矣。汝努力作世間事，使我得安心辦道，即大孝也。餘不一。

又《寄夏道甫》　山中清寂，晝着夾衣，夜蓋木棉被。樹較前益深，泉更響。小菴收拾已完，明窓浄几，掃地焚香讀書，差有李禿翁當日風味。如此光景，豈可不使道甫見之。清秋策馬一來，同往鹿苑，爲玅也，但恐有人阻遊屐耳。然亦是慧心人，决可與言山水之玅者。一咲，一咲。大雲緣事承周旋，望爲留神也。山中極宜大爆竹，每放一爆，則響半日始息。千萬覔百十個，付大雲或小价寄來，至禱至禱。

明　鄭仲夔《玉麈新譚·偶記卷一·南屏》　南屏山爲郡名勝，余結小齋其下，扁曰「南屏山房」，始與文孫諸君講德處也。武林亦有南屏，旁有寺曰浄慈。余初至湖上寓此，與徐楚白定交處也。

又《偶記卷三·多情花鳥》　王賔遁跡西山，姚廣孝以舊好訪之，謂曰：寂寂空山，何堪久住。答曰：多情花鳥，不肯放人。

清　朱鏡蓉《南谿別墅記》（《黟縣三志》卷一五引）　余築書齋於冠山之陽，曰南谿別墅。四面繚以短垣，墅中亭榭因地位置，多栽松竹花草，以供游觀，蓋鳩工三年而成。前爲大門，門内正室爲萸亭公祠，顔曰尚志堂。堂列三楹，東西有廂，階下有廊，廊壁鐫先人家傳於石俾。登斯堂者，觸目警心。讀書則志在聖賢，服賈則克承先志，庶相承於勿替云。左爲醉六齋，後爲味腴書屋，弟若子姪輩讀書其中，知理義之悦我心，猶芻豢之悦我口。味道者以辭飽，酣德者以義醒。淡而爾旨，飫而不厭。其在斯乎堂上爲棣華樓，奉萸亭公位於其上，左右以特齋公、曉農公配。旁爲樓外樓，又其後曰聽風聽雨山樓。登斯樓也，前後山光，飛翠窗中，遠近村墟，如枰雜錯，奇峯縱横，煙雲縹緲，林花姹娅，雪月清明，松濤竹韻，鈴聲鳥語，極斯樓之大觀，足以娱目而寫心者矣。下月迴廊，由廊曲折而東，有朱檻重欄雕甍畫棟，巍然聳秀者爲擷秀亭，亭上爲文昌閣。憑欄縱目，羣山皆拱，真所謂欲窮千里，更上一層者也。亭外爲梅，窗爲月樹，樹前甃石爲臺，栽牡丹數本，褋花數株。園外有門，題曰東臯陶舍，靖節高風，雖不能至，心嚮往之。樹之北如雙峯並峙者，爲景徽亭，亭西向，可望墅外冠山園舊址。園故余少時讀書處，忽忽二十餘年，風蝕雨蝕，僅存正屋數椽，每一瞻眺，蓋不勝今昔之感。與亭相連者，爲春雨草廬，後爲樂道山房，遥與擷秀亭對，中間隙地植桐杉松竹，夏秋之交，枝葉庇蔭，碧雲晻靄，可以卻炎暑，納涼風，方之蕉窗緑天，此間亦得少佳趣也。其外爲延暉樓，廊前有亭曰聽耕亭，繯以竹樹，俯視福墅，□田疇迻，遣農家操作之苦，時時在吾目中，田歌唱和之樂，又一一入吾聽中。知造物者，豐嗇人以遇，而均各有其自領之趣，則求在我者也。循廊拾級而下，有背山面水，頂如蓬覆窗若舨耳者，額曰不繫船。當窗則奇花争豔，對檻則菡萏生香。放翁云：花爲四壁船爲家，殆髣髴似之。窗外疊生爲洞，聳石作嶂，懸崖卒壁，斬於庯陗，無斧鑿痕。其絶頂平可延憩者，爲放鶴岡，岡有亭，爲招鶴亭。亭下爲花谷，谷中掘井得泉，爲醴泉，泉清而甘。於其旁結數椽，顔曰寄槎小懵，子寄嘯傲焉。面山枕水，擅墅中之勝。每當花晨月夕，或風咏林中，或納涼沼上，或餐英於籬落，或索笑於簷前，四時之景雖殊，因寄所託，其致一也。几上置書數種，興至則高吟朗誦，如對古人。盡則怡神静坐，消除俗慮。又時與二三益友，吸泉烹茗、煮酒、剥蔬，相與敲詩論文，揚今榷古，以經術爲根本，以史漢爲栽培，以魏晉唐宋各大家爲花葉之暢茂，雖學問未能以固其柢，文章未足以榮其枝，而從吾所好，亹亹不輟，非直嘯傲已也。由廊曲折而登，東向如屏列者，曰佇月廊。方倦鳥歸林，夕陽西墜，月出東山，夜色溶溶，俯瞰谷中臺榭，差參宛乎在江天之際，浩蕩晶瑩，風檣罨映於波濤萬頃。攜琴三弄，好風吹來，飄飄噓吸清和，如仲長統逍遥一世之上，睥睨天地之間矣。雖然余之自得於己者如此，猶願弟若子姪輩，藏焉，脩焉，游焉，息焉。昔顔黄門云：積財千萬，無過讀書。吾祖文公云：讀書窮理，則物欲之心，自不能勝。豈非予之厚期於一家？不以是爲李文水地癖之墅，而以是爲温處士嗜書之墅，齊窮達而各足，來寵禄而不驚，樂與共勉之者哉。爰爲之記，且諗來者。

藝　文

《楚辭·招隱士》　桂樹叢生兮桂樹芬香，以興屈原之忠貞也。山之幽，遠去朝廷而隱藏也。偃蹇連蜷兮容貌美好，憙茂盛也。枝相繚。仁義交錯，條理成也。以言才德高明，宜輔賢君，爲貞幹也。山氣巃嵸兮岑崟嵾嵳，雲滃鬱也。石嵯峨。嵯峨，巖辥，峻蔽日也。谿谷嶄巖兮崎嶇閒為，險阻嶮也。水曾波。涌躍澧沛，流迅疾也。猨狖羣嘯兮禽獸所居，志樂佚也。虎豹嘷。猛獸争食，欲相齕也。以言山谷之中，幽深險阻，非君子之所處也。猨狖虎豹非賢者之偶也。攀援桂枝兮登山引木，遠望愁也。聊淹留。周旋中

野，立踟躕也。王孫游兮隱士避世，在山隅也。不歸，違背舊土，棄家室也。春草生兮萬物蠢動，抽萌芽也。萋萋。垂條吐葉，紛榮華也。歲莫兮年齒已老，壽命衰也。不自聊，中心煩亂，常含憂也。蟪蛄鳴兮蜩蟬得夏，喜呼號也。啾啾。秋節將至，悲嘹噍也。以言物盛則衰，樂極則憂，不宜久隱，失盛時也。坱兮軋，霧氣昧也。山曲岪，盤詰屈也。心淹留兮志望絶也。洞荒忽。亡妃匹也。罔兮沕，精氣失也。憭兮慄，心剥切也。虎豹岤，嵺穿岤也。叢薄深林兮攢荆棘也。人上慄。恐變色也。嶔岑碕礒兮，碅磳磈硊，山阜嵔嵎。崔巍嵳嵯也。樹輪相糾兮交錯扶疎也。林木茷骫。枝葉盤紆也。青莎雜樹兮薠草靃靡，草木雜居，隨風披敷也。白鹿麏麚兮，或騰或倚。衆獸並遊，走住殊異也。狀貌崟崟兮峨峨，頭角甚殊也。凄凄兮漇漇。凄凄漇漇，毛衣若濡也。獼猴兮熊羆，百獸皆具也。慕類兮以悲。哀已不遇也。從此已上，皆陳山林傾危，草木茂盛，麋鹿所居，虎兕所聚，不宜育道德，養情性，欲屈原還歸郢也。攀援桂枝兮配記香木，誓同志也。聊淹留，踟蹰徘徊，待明時也。虎豹鬬兮殘賊之獸，忿争怒也。熊羆咆，貪殺之獸，跳梁吼也。禽獸駭兮雉兔之羣，驚犇走也。亡其曹。違離鄉黨，失羣偶也。王孫兮歸來！旋反舊邑，入故宇也。山中兮不可以久留。誠多患害，難隱處也。

漢 張衡《歸田賦》（《漢魏六朝百三家集》卷一四引） 遊都邑以永久，無明略以佐時。徒臨川以羨魚，俟河清乎未期。感蔡子之慷慨，從唐生以決疑。諒天道之微昧，追漁父以同嬉。超埃塵以遐逝，與世事乎長辭。於是仲春令月，時和氣清。原隰鬱茂，百草滋榮。王雎鼓翼，倉庚哀鳴。交頸頡頏，關關嚶嚶。於焉逍遥，聊以娱情。爾乃龍吟方澤，虎嘯山丘。仰飛纖繳，俯釣長流。觸矢而斃，貪餌吞鉤。落雲間之逸，禽懸淵沈之魦鰡。于時曜靈俄景，繼以望舒。極盤遊之至樂，雖日夕而忘劬。感老氏之遺誡，將迴駕乎蓬廬。彈五絃之玅指，詠周孔之圖書。揮翰墨以奮藻，陳三皇之軌模。苟縱心於域外，安知榮辱之所如？

三國魏 阮瑀《隱士》（《漢魏六朝百三家集》卷三〇引） 四皓潛南岳，老萊竄河濱。顔回樂陋巷，許由安賤貧。伯夷餓首陽，天下歸其仁。何患處貧苦，但當守明真。

三國魏 曹植《曹子建集》卷九《七啓》 昔枚乘作《七發》，傅毅作《七激》，張衡作《七辯》，崔駰作《七依》，辭各美麗，予有慕之焉！遂作《七啓》，并命王粲作焉。玄微子隱居大荒之庭，飛遯離俗，澄神定靈，輕禄傲貴，與物無營，耽虚好静，羨此永生。獨馳思乎天雲之際，無物象而能傾。於是鏡機子聞而將往説焉。駕超野之駟，乘追風之輿，經迴漠，出幽墟，入乎泱漭之野，遂屆玄微子之所居。其居也：左激水，右高岑，背洞壑，對芳林。冠皮弁，被文裘。出山岫之潛穴，倚峻崖而嬉游。志飄飄焉，嶢嶢焉，似若狹六合而隘九州，若將飛而未逝，若舉翼而中留。於是鏡機子攀葛藟而登，距嵒而立，順風而稱曰：予聞君子不遯俗而遺名，智士不背世而滅勳。今吾子棄道藝之華，遺仁義之英，耗精神乎虚廓，廢人事之紀經。譬若畫形於無象，造響於無聲，未之思乎！何所規之不通也。玄微子俯而應之曰：嘻！有是言乎？夫太極之初，混沌未分，萬物紛錯，與道俱隆。蓋有形必朽，有跡必窮，茫茫元氣，誰知其終。名穢我身，位累我躬，竊慕古人之所志，仰老莊之遺風，假靈龜以托喻，寧掉尾於塗中。

鏡機子曰：夫辯言之艷，能使窮澤生流，枯木發榮，庶感靈而激神，況近在乎人情。僕將爲吾子説游觀之至娱，演聲色之妖靡，論變化之至妙，敷道德之弘麗，願聞之乎？玄微子曰：吾子整身倦世，探隱拯沉，不遠遐路，幸見光臨，將敬滌耳以聽玉音。

鏡機子曰：芳菰精粺，霜蓄露葵，玄熊素膚，肥豢膿肌。蟬翼之割，剖纖析微，累如疊縠，離若散雪，輕隨飛風，刃不轉切。山鵽斥鷃，珠翠之珍。搴芳蓮之巢龜，膾西海之飛鱗，臛江東之潛鼉，臇漢南之鳴鶉。糅以芳酸，甘和既醇。玄冥適鹹，蓐收調辛。紫蘭丹椒，施和必節，滋味既殊，遺芳射越。乃有春清縹酒，康狄所營，應化則變，感氣而成，彈徵則苦發，扣宫則甘生。於是盛以翠樽，酌以雕觴，浮蟻鼎沸，酷烈馨香，可以和神，可以娱腸。此肴饌之妙也，子能從我而食之乎？玄微子曰：予甘藜藿，未暇此食也。鏡機子曰：步光之劒，華藻繁縟，飾以文犀，雕以翠緑，綴以驪龍之珠，錯以荆山之玉。陸斷犀象，未足稱雋；隨波截鴻，水不漸刃。九旒之冕，散曜垂文。華組之纓，從風紛紜。佩則結緑懸黎，寶之妙微，符采照爛，流景揚輝。黼黻之服，紗縠之裳，金華之舄，動趾遺光。繁飾參差，微鮮若霜。緄佩綢繆，或雕或錯，薰以幽若，流芳肆布。雍容閒步，周旋馳燿。南威爲之解顔，西施爲之巧笑。此容飾之妙也，子能從我而服之乎？玄微子曰：予好毛褐，未暇此服也。

鏡機子曰：馳騁足用蕩思，游獵可以娱情。僕將爲吾子駕雲龍之飛駟，飾玉輅之繁纓。垂宛虹之長綏，抗招摇之華旍。插忘歸之矢，秉繁弱之弓。忽躡景而輕鶩，逸奔驥而超遺風。於是磎填谷塞，榛藪平夷。緣山置罝，彌野張罘。下無漏跡，上無逸飛，鳥集獸屯，然後會圍。獠徒雲布，武騎霧散。丹旗燿野，戈殳晧旰。曳文狐，掩狡兔，捎鶤鵝，拂振鷺。當軌見藉，值足遇踐。飛軒電逝，獸

隨輪轉。翼不暇張，足不及騰，動觸飛鋒，舉挂輕罾。搜林索險，探薄窮阻，騰山赴壑，風厲猋舉。機不虛發，中必飲羽。於是人稠網密，地逼勢脇。哮闞之獸，張牙奮鬣，志在觸突，猛氣不慴。乃使北宮、東郭之疇，生抽豹尾，分裂貙肩，形不抗手，骨不隱拳。批熊碎掌，拉虎摧斑。野無毛類，林無羽羣。積獸如陵，飛翮成雲。於是駴鐘鳴鼓，收旌弛旆，頓網縱綱，罷獠回邁，駿騄齊驤，揚鑾飛沫，俯倚金較，仰撫翠蓋，雍容暇豫，娱志方外。此羽獵之妙也，子能從我而觀之乎？玄微子曰：予性樂恬静，未暇此觀也。

鏡機子曰：閒宮顯敞，雲屋皓旰，崇景山之高基，迎清風而立觀。彤軒紫柱，文榱華梁，綺井含葩，金墀玉廂。温房則冬服絺綌，清室則中夏含霜。華閣緣雲，飛陛陵虛，俯眺流星，仰觀八隅，升龍攀而不逮，眇天際而高居。繁巧神怪，變名異形，班輸無所措其斧斤，離婁爲之失睛。麗草交植，殊品詭類，緑葉朱榮，熙天曜日。素水盈沼，叢木成林。飛翮陵高，鱗甲隱深。於是逍遥暇豫，忽若忘歸。乃使任子垂釣，魏氏發機。芳餌沈水，輕繳弋飛。落翳雲之翔鳥，援九淵之靈龜。然後採菱花，擢水蘋，弄珠蚌，戲鮫人。諷《漢廣》之所詠，覿游女於水濱。燿神景於中沚，被輕縠之纖羅，遺芳烈而静步，抗皓手而清歌。歌曰：望雲際兮有好仇，天路長兮往無由，佩蘭蕙兮爲誰修，嬿婉絶兮我心愁。此宮館之妙也，子能從我而居之乎？玄微子曰：予耽嵓穴，未暇此居也。

鏡機子曰：既游觀中原，逍遥閒宮，情放志蕩，淫樂未終。亦將有才人妙妓，遺世越俗，揚北里之流聲，紹陽阿之妙曲。爾乃御文軒，臨洞庭，琴瑟交揮，左篪右笙，鐘鼓俱振，簫管齊鳴。然後姣人乃被文縠之華袿，振輕綺之飄飖，戴金搖之熠燿，揚翠羽之雙翹。揮流芳，燿飛文，歷盤鼓，煥繽紛。長裾隨風，悲歌入雲。蹻捷若飛，蹈虛遠蹠，陵躍超驤，蜿蟬揮霍，翔爾鴻翥，濈然鳧没。縱輕體以迅赴，景追形而不逮。飛聲激塵，依違厲響，才捷若神，形難爲象。於是爲歡未渫，白日西頹，散樂變飾，微步中閨。玄眉弛兮鉛華落，收亂髮兮拂蘭澤，形媠服兮揚幽若。紅顔宜笑，睇眄流光。時與吾子，携手同行。踐飛除，即閒房，花燭爛，幄幕張。動朱唇，發清商，揚羅袂，振華裳，九秋之夕，爲歡未央。此聲色之妙也，子能從我而遊之乎？玄微子曰：予願清虛，未暇及此遊也。

鏡機子曰：予聞君子樂奮節以顯義，烈士甘危軀以成仁。是以雄俊之徒，交黨結倫，重氣輕命，感分遺身。故田光伏劍於北燕，公叔畢命於西秦。果毅輕斷，虎步谷風。威慴萬乘，華夏稱雄，詞未及終，而玄微子曰：善！鏡機子曰：此乃游俠之徒耳，未足稱妙也。若夫田文、無忌之儔，乃上古之俊公子也，皆飛仁揚義，騰躍道藝，遊心無方，抗志雲際，陵轢諸侯，驅馳當世，揮袂則九野生風，慷慨則氣成虹蜺。吾子若當此之時，能從我而友之乎？玄微子曰：予亮願焉，然方於大道有累，如何？

鏡機子曰：世有聖宰，翼帝霸世，同量乾坤，等曜日月，玄化參神，與靈合契。惠澤播於黎苗，威靈振乎無外，超隆平於殷周，踵羲皇而齊泰。顯朝惟清，王道遐均，民望如草，我澤如春，河濱無洗耳之士，喬嶽無巢居之民。是以俊乂來仕，觀國之光，舉不遺材，進各異方。讃典禮於辟雍，講文德於明堂，正流俗之華説，綜孔氏之舊章。散樂移風，國富民康，神應休臻，屢獲嘉祥。故甘露紛而晨降，景星宵而舒光。觀遊龍於神淵，聆鳴鳳於高岡。此霸道之至隆，而雍熙之盛際。然主上猶尚以沈恩之未廣，懼聲教之未厲，采英奇於仄陋，宣皇明於嵓穴，此寧子商歌之秋，而吕望所以投綸而逝也。吾子爲太和之民，不欲仕陶唐之世乎？於是玄微子攘袂而興曰：偉哉言乎！近者吾子所述華淫，欲以厲我，祇攪予心。至聞天下穆清，明君莅國，覽盈虛之正義，知頑素之迷惑。令予廓爾身輕若飛，願反初服，從子而歸。

晉　張華《招隱》（《漢魏六朝百三家集》卷四〇引）　隱士託山林，遁世以保真。連惠亮未遇，雄才屈不伸。

其二　棲遲四野外，陸沈背當時。循名掩不著，藏器待無期。羲和策六龍，弭節越崦嵫。盛年俛仰過，忽若振輕絲。

晉　潘尼《釣賦》（《漢魏六朝百三家集》卷四七引）　抗余志於浮雲，樂余身於蓬廬。尋渭濱之遠跡，且游釣以自娱。左援脩竹，右縱飛綸。金鉤厲鉅，甘餌垂芬。衆鯤奔涌，游鱗横集。觸餌見擒，值鉤被執。長繳繽紛，輕竿翕熠。雲往飈馳，光飛電入。曜靈未及驚策，蓋已獲其數十。且夫燔炙之鮮，煎熬之味，百品千變，殊芳異氣，隨心適好，不可勝紀。乃命宰夫，膾此潛鯉。名工習巧，飛刀逞伎。電剖星流，芒散縷解。隨風離鍔，連翩雪累。西戎之蒜，南夷之薑，鹹酸調適，齊和有方。紅麵之飯，糅以菰粱，五味道洽，餘氣芬芳。和神安體，易思難忘。

又《逸民吟》　我顧傲世自遺。舒志六合，由巢是追，沐浴洪池。迅羽衣，陟彼名山，採此芝薇。朝雲靉靆，行露未晞。遊魚羣戲，翔鳥雙飛。逍遥博觀，日晏忘歸。嗟哉四士，從我者誰。

晉 陸機《招隱詩》(《漢魏六朝百三家集》卷四九引) 明發心不夷，振衣聊躑躅。躑躅欲安之，幽人在浚谷。朝采南澗藻，夕息西山足。輕條象雲搆，密葉承翠幄。激楚佇蘭林，回芳薄秀木。山溜何泠泠，飛泉漱鳴玉。哀音附靈波，頹響赴曾曲。至樂非有假，安事澆淳樸。富貴苟難圖，税駕從所欲。

又《招隱》 尋山求逸民，穹谷幽且遐。清泉盪玉渚，文魚躍中波。

晉 陸雲《陸士龍集》卷一《逸民賦并序》 富與貴，人之所欲也。而古之逸民，或輕天下，細萬物，而欲專一丘之歡，擅一壑之美，豈不以身勝於宇宙，而心恬於紛華者哉？故天地不易其樂，萬物不干其心，然後可以妙有生之極，享無疆之休也。乃爲賦云：

世有逸民兮，栖遲於一丘。委天刑之外心兮，淡浩然其何求。陋此世之險隘兮，又安足以盤遊。杖短策而遂往兮，乃枕石而漱流。載營抱魄，懷元服一，傲物思寧，妙世自逸。靜芬響於永言，滅絶景於無質。相荒土而卜居，度山河而考室。曾丘翁薈，穹谷重深。藪木振穎，葛藟垂陰。潛魚泳沚，嚶鳥來吟。仍蔬圃於芝薄兮，即蘭堂於芳林。靡炎飈以赴節兮，揮天籟而興音。假樂器於神造兮，詠幽人於鳴琴。挹迴源於別沼兮，殖秋菊於高岑。蒙玉泉以濯髮兮，臨濬谷而投簪。寂然尸居，儼焉山立。遵渚龍見，在林鳳戢。遁綿野以宅心，望空巖而凱入。明發悟歌，有懷在昔。賔濮水之清淵兮，儀磻溪之一壑。毒萬物之諠譁兮，聊漁釣於此澤。爾乃薄言容與，式宴盤桓。朝挹芳露，夕玩幽蘭。眇區外而放志兮，眷天路而怡顔。望靈嶽之清景兮，想佳人於雲端。悲滄浪之濁波兮，詠芳池之清瀾。鄙終南之辱節兮，韙伯陽之考槃。眄清霄以寄傲兮，泝凌風而頹歎。玄微載晏，何思何欲。漂若行雲之浮，泊若窮林之木。咨有得之必喪兮，蓋怙寵之召辱。彼貪夫之死權兮，固遺生以要禄。竦戰兢而履冰兮，祇肅懷以臨谷。亮據鼎之無慄兮，在顛沛其必渥。是故夫形瑰者徵咎，體壯者爲犧。雖明文而龍藻兮，終俛首而受羈。立修名於禍始兮，登全生於戾階。資朝華之促節兮，抱千載之長懷。擠考終於遠期兮，顛靈根而自摧。殉有喪之假樂，彼無身其孰哀。美達人之玄覽兮，邈藏器於無爲。物有自遺，道無不可。萬殊有同，齊物無寡。并家於國，等朝於野。榮在世而貴身兮，神居形而忘我。欽妙古之達言兮，信懷莊而悦賈。曾既明於天爵兮，何愬悲於人禍。陋國風之遑恤，同明哲於大雅。亂曰：乘白駒兮皎皎，遊穹谷兮藹藹。尋峻路兮崢嶸，臨芳水兮悠裔。槃丘園兮暇豫，翳翠葉兮重蓋。瞻洪崖兮清煇，紛容與兮雲際。欲凌霄兮從之，恨穹天兮未泰。詠歡友兮清唱，和爾音兮此世。

晉 陶潛《陶淵明集》卷二《歸園田居》 其一 少無適俗韻，性本愛丘山。誤落塵網中，一去三十年。羈鳥戀舊林，池魚思故淵。開荒南野際，守拙歸園田。方宅十餘畝，草屋八九間。榆柳蔭後園，桃李羅堂前。曖曖遠人村，依依墟里烟。狗吠深巷中，雞鳴桑樹巔。户庭無塵雜，虚室有餘閒。久在樊籠裏，復得返自然。

其二 野外罕人事，窮巷寡輪鞅。白日掩荆扉，虚室絶塵想。時復墟曲中，披草共來往。相見無雜言，但道桑麻長。桑麻日已長，我土日已廣。常恐霜霰至，零落同草莽。

其三 種豆南山下，草盛豆苗稀。晨興理荒穢，帶月荷鋤歸。道狹草木長，夕露沾我衣。衣沾不足惜，但使願無違。

其四 久去山澤游，浪莽林野娱。試攜子姪輩，披榛步荒墟。徘徊丘壠間，依依昔人居。井竈有遺處，桑竹殘朽株。借問採薪者，此人皆焉如。薪者向我言，死没無復餘。一世異朝市，此語真不虚。人生似幻化，終當歸空無。

其五 悵恨獨策還，崎嶇歷榛曲。山澗清且淺，遇以濯吾足。漉我新熟酒，隻雞招近局。日入室中闇，荆薪代明燭。歡來苦夕短，已復至天旭。

其六 種苗在東皋，苗生滿阡陌。雖有荷鋤倦，濁酒聊自適。日暮巾柴車，路暗光已夕。歸人望烟火，稚子候簷隙。問君亦何爲，百年會有役。但願桑麻成，蠶月得紡績。素心正如此，開徑望三益。

又 卷三《飲酒》 其五 結廬在人境，而無車馬喧。問君何能爾，心遠地自偏。採菊東籬下，悠然見南山。山氣日夕佳，飛鳥相與還。此中有真意，欲辯已忘言。

南朝宋 謝靈運《過始寧墅》(《漢魏六朝百三家集》卷六六引) 束髮懷耿介，逐物遂推遷。違志似如昨，二紀及兹年。緇磷謝清曠，疲苶慙貞堅。拙疾相倚薄，還得靜者便。剖竹守滄海，枉帆過舊山。山行窮登頓，水涉盡洄沿。巖峭嶺稠疊，洲縈渚連綿。白雲抱幽石，緑篠媚清漣。葺宇臨迴江，築觀基曾巔。揮手告鄉曲，三載期歸旋。且爲樹枌檟，無令孤願言。

又《石門新營所住四面高山迴溪石瀨茂林脩竹》 躋險築幽居，披雲卧石門。苔滑誰能步，葛弱豈可捫。嫋嫋秋風過，萋萋春草繁。美人遊不還，佳期何繇敦。芳塵凝瑶席，清醑滿金尊。洞庭空波瀾，桂枝徒攀翻。結念屬霄漢，孤景

莫與諼。俯濯石下潭，仰看條上猿。早聞夕飈急，晚見朝日暾。崖傾光難留，林深響易奔。感往慮有復，理來情無存。庶持乘日車，選作日用。得以慰營魂。匪爲衆人説，冀與智者論。

又《過白岸亭詩》 拂衣遵沙垣，緩步入蓬屋。近澗涓密石，遠山映疏木。空翠難强名，漁釣易爲曲。援蘿聆青崖，春心自相屬。交交止栩黄，呦呦食草鹿。傷彼人百哀，嘉爾承筐樂。榮悴迭去來，窮通成休慼。未若長疎散，萬事恒抱朴。

又《入華子岡是麻源第三谷》 南州實炎德，桂樹陵寒山。銅陵映碧澗，石磴瀉紅泉。既枉隱淪客，亦棲肥遁賢。險徑無測度，天路非術阡。遂登羣峯首，邈若升《藝文類聚》作騰。雲烟。羽人絶髣髴，丹丘徒空筌。圖牒復磨滅，碑版誰聞傳。莫辨百代後，安知千載前。且申獨往意，乘月弄潺湲。恒充俄頃用，豈爲古今然。

又《石壁立招提精舍》 四城有頓躓，三世無極已。浮歡昧眼前，沈照貫終始。壯齡緩前期，頹年追暮齒。揮霍夢幻頃，飄忽風電起。良緣迨未謝，時逝不可俟。敬擬靈鷲山，尚想祇洹軌。絶溜飛庭前，高林映窓裏。禪室棲空觀，講宇析妙理。

又《過瞿溪山僧》 迎旭凌絶嶝，映泫歸漵浦。鑚燧斷山木，掩岸墐石户。結架非丹甍，藉田資宿莽。同遊息心客，曖然若可覯。清霄颺浮烟，空林響法鼓。忘懷狎鷗鯈，攝生馴兕虎。望嶺眷靈鷲，延心念浄土。若乘四等觀，永拔三界苦。

南朝齊 孔稚珪《北山移文》（《漢魏六朝百三家集》卷七九引） 鍾山之英，草堂之靈，馳煙驛路，勒移山庭。夫以耿介拔俗之標，蕭灑出塵之想，度白雪以方絜，干青雲而直上，吾方知之矣。若其亭亭物表，皎皎霞外，芥千金而不盼，屣萬乘其如脱，聞鳳吹於洛浦，值新歌於延瀨，固亦有焉。豈其終始參差，蒼黄翻覆；淚翟子之悲，慟朱公之哭；乍迴跡以心染，或先貞而後黷，何其謬哉！嗚呼！尚生不存，仲氏既往；山阿寂寥，千載誰賞！世有周子，儁俗之士，既文既博，亦玄亦史。然而學道東魯，習隱南郭；竊吹草堂，濫巾北岳；誘我松桂，欺我雲壑。雖假容於江皋，乃纓情於好爵。其始至也，將欲排巢父，拉許繇，傲百氏，蔑王侯，風情張日，霜氣横秋。或歎幽人長往，或怨王孫不游。談空空於釋部，覈玄玄於道流。務光何足比，涓子不能儔。及其鳴騶入谷，鶴書赴隴，形馳魄散，志變神動。爾乃眉軒席次，袂聳筵上，焚芰製而裂荷衣，抗塵容而走俗狀。風雲悽其帶憤。石泉咽而下愴，望林巒而有失，顧草木而如喪。至其紐金章，綰墨綬，跨屬城之雄，冠百里之首，張英風於海甸，馳妙譽於浙右。道帙長擯，法筵久埋。敲扑諠囂犯其慮，牒訴倥偬裝其懷。琴歌既斷，酒賦無續。常綢繆於結課，每紛綸於折獄。籠張趙於往圖，架卓魯於前録。希蹤三輔豪，馳聲九州牧。使我高霞孤映，明月獨舉，青松落蔭，白雲誰侣？澗户摧絶無與歸，石逕荒涼徒延佇。至於還飈入幕，寫霧出楹，蕙帳空兮夜鶴怨，山人去兮曉猿驚。昔聞投簪逸海岸，今見解蘭縛塵纓。於是南岳獻嘲，北隴騰笑，列壑争譏，攢峰竦誚。慨游子之我欺，悲無人以赴弔。故其林慙無盡，澗愧不歇，秋桂遣風，春蘿罷月。騁西山之逸議，馳東皋之素謁。今又促裝下邑，浪拽上京。雖情投於魏闕，或假步於山扃。豈可使芳杜厚顔，薜荔無耻，碧嶺再辱，丹崖重滓，塵游躅於蕙路，汙渌池以洗耳。宜扃岫幌，掩雲關，斂輕霧，藏鳴湍，截來轅於谷口，杜妄轡於郊端。於是叢條瞋膽，疊潁怒魄，或飛柯以折輪，乍低枝而掃跡。請迴俗士駕，爲君謝逋客！

南朝梁 陶弘景《瘞鶴銘》（《漢魏六朝百三家集》卷八九引） 鶴壽不知其紀。壬辰歲得於華亭，甲午歲化於朱方。天其未遂，吾翔寥廓也耶。奚奪余仙鶴之遽也。也乃裹以玄黄之幣，藏之兹山之下。故立石旌事，篆銘不朽。詞曰：相此胎禽，仙家之真。山陰降迹，華表留名。真惟彷彿，事亦微冥。西竹法里，宰耳歲辰。鳴語解化，浮丘去辛。左取曹國，右割荆門。後蕩洪流，前固重扃。我欲無言爾也。何明爰集，真侣瘞爾。作銘宜直，示之惟將。進寧丹陽僊尉、江陰真宰立石。

又《尋山誌》 倦世情之易撓，乃杖策而尋山。既沿幽以達峻，實窮阻而備艱。渺游心其未已，方際夕乎雲根。欣夫得志者忘形，遺形者神存。於是散髮解帶，盤旋巖上。心容曠朗，氣宇調暢。玄雖遠其必存，累無大而不忘。害馬之弊既去，解牛之刀乃王。物我之情雖均，因以濟吾之所尚也。若夫飛聲西岳，邀利東陵，楚湘之潔，吴江之矜。輕死重氣，名貴於身。迷真晦道，余所弗承。襲衣縫掖，端委章甫。徘徊廊廟，趨翔庭宇。傳氏百王，流芳世緒。負德叨榮，吾未敢許。爾乃荆門晝掩，蓬户夜開，室迷夏草，徑惑春苔。庭虚月映，琴響風哀。夕鳥依簷，暮獸争來。時復歷近壟，尋遠巒，坐磐石，望平原。日負嶂以共隱，月披雲而出山。風下松而含曲，泉瀠石而生文。草藿藿以拂露，鹿飈飈而來

羣。捫虚蘿以入谷，傍洪潭而比清。照石壁以端色，攀桂枝而齊貞。亟扈蘭而佩蕙，及春鳩之未鳴。且含懷以屏氣，待蕙風而舒情。乃乘輿而遂往，遵巖路以遠游。竚天維而摽思，懺怳忽而莫求。眺回江之淼漫，眩疊障之相稠。日斜雲而色黛，風過水而安流。觸嶔岑而起巘，值澗達而成洲。石孤聳而獨絶，岸懸天而似浮。緣磴道其過半，魂渺渺而無憂。悟伯昏之倜宕，躡千仞而神休。遂乃凌巖峭，於松門。背通林，面長源。右聯山而無際，左憑海而齊天。竹泫泫以垂露，柳依依而迎蟬。鷗雙雙而赴水，鷺軒軒而歸田。赴水兮汎濫，歸田兮翱翔。此漭瀲之足樂，意斯齡之不長。悼菌蟪之危促，羨靈椿兮未央。雖鵬鶠之異類，託逍遥乎一方。願敷衽以遠訴，思扣朝而陳辭。至赤城兮一憩，遇王子而宿之。仰彭涓兮弗遠，必長年兮可期。及榆光之未暮，將尋山而採芝。去採芝兮入深磵，深磵幽兮路窈窕。窈窕路兮終無曙，深磵深兮未曾曉。高松上兮亟停雲，低蘿下兮屢迷鳥。鳥迷蘿兮繽繽，雲停松兮紛紛。停雲游兮安泊，離鳥棲兮索羣。嗟羣泊其無所，思參差而誰聞。既窮目以無閡。□□□□□□問漁人以前路，指示余以蓬萊。曰果爾以尋山之志，館爾以招仙之臺。□□□□□□就瀛水以通懷。謂萬感其已會，亦千念而必諧。竟莫知其所躋，□□□□□□反無形於寂寞，長超忽乎塵埃。

又《詔問山中何所有賦詩以答》　山中何所有，嶺上多白雲。只可自怡悦，不堪持寄君。

南朝梁　劉峻《始營山居》（《漢魏六朝百三家集》卷九四引）　自惜厭諠囂，執志好栖息。嘯歌棄城市，歸來事耕織。鑿户闕嶕嶢，開軒望嶃㠐。激水簷前溜，修竹堂陰植。香風鳴紫鸎，高梧巢緑翼。泉胍洞杳杳，流一作沇波下不極。髣髴玉山隈，想像瑶池側。夜誦神仙記，旦吸雲霞色。將馭六龍輿，行從三鳥食。誰與金門士，撫心論胸臆。

又《東陽金華山栖志》（《廣弘明集》卷二四引）　夫鳥居山上，層巢木末，魚潛淵下，窟穴泥沙。豈好異哉？蓋性自然也。故有忽白璧而樂垂綸，負玉鼎而要卿相，行藏紛糾，顯晦踳駁，無異火炎水流，圓動方息。斯則廟堂之與江海，蓬户之與金閨，並然其所然，悦其所悦，烏足毛羽瘖痏，在其間哉。予生自原野，善畏難狎，心駭雲臺朱屋，望絶高蓋青組，且霑濡霧露，彌願閒逸。每思濯清瀨、息椒丘，寤寐永懷，其來尚矣。蚓專噬壤，民欲天從，爰泊二毛，得居巖穴。所居東陽郡金華山。東陽實會稽西部，是生竹箭。山川秀麗，臯澤坱鬱，若其羣峯疊起，則接漢連霞；喬林布濩，則春青冬緑；廻溪映流，則十仞洞底；膚寸雲合，必千里雨散。信卓犖爽塏，神居奥宅。是以帝鴻遊斯鑄鼎，雨師寄此乘烟。故澗勒赤松之名，山貽縉雲之號。近代江治中奮迅泥滓，王徵士高拔風塵，龍盤鳳栖，咸萃兹地。良由碧湍素石，可致幽人者哉。金華山，古馬鞍山也。藴靈藏聖，列名仙諜。左元放稱此山云：可免洪水五兵，可合神丹九轉。金華之首，有紫巖山。山色紅紫，因此爲稱。靡迤坡陀，下屬深渚，巑玩巉嶙，上虧日月。登自山麓，漸高漸峻，𧸇路迫隘，魚貫而升。路側有絶澗，閜閜庨豁，俯窺木杪，焦原石邑，匪獨危懸。至山將半，便有廣澤大川，臯陸隱賑。予之葺宇，實在斯焉。所居三面皆迴山，周繞有象郭，郭前則平野蕭條，目極通望，東、西帶二澗。四時飛流泉，清瀾微霔，滴瀝生響，白波跳沫，洶涌成音。並漕瀆通引，交渠綺錯，懸溜瀉於軒甍，激湍迴於階砌。供帳無綆汲，盥漱息瓶盆。楓櫨椅櫪之樹，梓栢桂樟之木，分形異色，千族萬種。結朱實，包緑裹，杌白帶，抽紫莖，橚矗苯蓴，捎清風鳴籟；垂條櫚户，布葉房櫳。中谷澗濱，華藥攢列。至於青春緩謝，萍生泉動，則有都梁含馥，懷香送芬，長樂負霜，宜男泫。露芙蕖紅華照水，臯蘇縹葉從風，憑軒永眺，蠲憂忘疾。丘阿陵曲，衆藥灌叢，地髓抗莖，山筋抽節。金鹽重於素璧，玉豉貴於明珠，可以養性消痾，還年駐色。不藉崔文黄散，勿用負局紫丸，翶翶羣鳳，風胎雨鷇，緑翼紅毛，素纓翠鬣，肅肅毛羽，關關好音，皆馴狎園池，旅食鷄鶩。若迺鵾日伺辰，響類鐘鼓，鳴蛇候曙，聲像琴瑟。玄猨薄霧清轉，飛狢乘烟咏吟。嘈囋嘹亮，悦心娱耳。諒所以跨躡管籥，韜軼笙簧。宅東起招提寺，背巖面壑，層軒引景，邃宇臨崖，博敞閒虚，納祥生白。左瞻右睇，仁智所居。故碩德名僧，振錫雲萃，調心七覺，詆訶五塵，郁列戒香，浴滋定水。至於熏鑪夜爇，法鼓旦聞，予則跕躧摳衣，躬行頂禮。詢道哲人，欽和至教。每聞此河紛梗，彼岸永寂，熙熙然若登春臺而出宇宙，唯善是樂，豈伊徒言。寺東南有道觀亭，亭崖側下望雲雨，蕙樓菌榭，隱映林篁，飛觀列軒，玲瓏烟霧。日止却粒之氓，歲集神仙之容。餌星髓，吸流霞，將乃雲衣霓裳，乘龍馭鶴。觀下有石井，聳跱中澗，雕琢刻削，頗類人工，躍流瀠瀉，濟涌泱咽，電擊雷吼，駭目驚魂。寺觀之前，皆植修竹，檀欒蕭瑟，被陵緣阜，竹外則有良田。區畛通接。山泉膏液，鬱潤肥腴，鄭白決漳，莫之能擬。致紅粟流溢，梟鴈充厭，春鱉旨膳，碧鷄冬蕈，味珍霜鵽。縠巿取於丘嶺，短褐出自中園。莪蔣逼側於池湖，菅蒯騈填於原隰。養給之資，生生所用，無不阜實蕃籬，充牣崖巘。歲始年季，農隙時閒，濁醪初釁，醥

清新熟。則田家野老，提壺共至，班荆林下，陳罇置酌。酒酣耳熱，屢舞諠呶，盛論箱庾，高談穀稼，嘔噱謳歌，舉杯相抗。人生樂耳，此歡豈訾。若夫蠶而衣，耕而食，日出而作，日入而息，晚食當肉，無事爲貴，不求於世，不忤於物，莫辨榮辱，匪知毁譽，浩蕩天地之間，心無怵惕之警，豈與嵇生齒劒，揚子墜閣，較其優劣者哉。

南朝梁　吴均《采藥大布山》（《漢魏六朝百三家集》卷一〇一引）　我本北山北，緣澗采山麻。九莖日反一作間照，三葉長生花。可用蠲憂疾，聊持駐景斜。景斜不可駐，年來果如驅。安得崑崙山，偃蹇三珠樹。三珠始結荄，絳葉凌朱臺。玉壺白鳳肺，金鼎青龍胎。韓衆及王子，何世無仙才。安期儻欲顧，相見在蓬萊。

南朝梁　梁武帝《逸民四言》（《漢魏六朝百三家集》卷八〇引）　如壟生木，木有異心。如林鳴鳥，鳥有殊音。如江遊魚，魚有浮沈。巖巖山高，湛湛水深。事迹易見，理相難尋。

又《山中雜詩三首》　山際見來烟，竹中窺落日。鳥向簷上飛，雲從窗裏出。緑竹可充食，女蘿可代裙。山中有自有宅，桂樹籠青雲。具區窮地險，嵇山萬里餘。奈何梁隱士，一去無還書。

南朝梁　梁文帝《山齋》（《漢魏六朝百三家集》卷八三引）　玲瓏繞竹澗，間關通槿藩。缺岸新成浦，危石久爲門。北榮下飛桂，南柯吟夜猿。暮流澄錦磧，晨冰照彩鸞。

南朝陳　徐陵《山齋》（《徐孝穆集箋注》卷一引）　桃源驚往客，晉陶潛集有《桃花源記》詳與宗室書。鶴嶠斷來賓。《會稽記》射的山南有白鶴山，此鶴爲仙人取箭。漢太尉鄭弘嘗采薪得一箭，頃有神人至，問何所欲。弘曰：嘗患若耶溪載薪爲難，願旦南風暮北風。後果然。復有風雲處，蕭條無俗人。山寒微有雪，石路本無塵。竹徑蒙籠巧，茅齋結構新。燒香披道記，後漢《襄楷傳》注：南陽張津爲交州刺史，常著絳帕頭，鼓琴焚香，讀邪俗道書云，以助化。懸鏡厭山神。《抱朴子》道士以明鏡九寸懸於背，老魅不敢近。砌水何年溜，簷桐幾度春。雲霞一已絶，寧辨漢將秦。

唐　姚思廉《陳書》卷二七《江總傳》　［《修心賦》］太清四年秋七月，避地于會稽龍華寺。此伽藍者，余六世祖宋尚書右僕射州陵侯元嘉二十四年之所構也。侯之王父晉護軍將軍（彪）［虨］，昔莅此邦，卜居山陰都陽里，貽厥子孫，有終焉之志。寺域則宅之舊基，左江右湖，面山背壑，東西連跨，南北紆縈，聊與苦節名僧，同銷日用，曉脩經戒，夕覽圖書，寢處風雲，憑棲水月。不意華戎莫辨，朝市傾淪，以此傷情，情可知矣。啜泣濡翰，豈攄鬱結，庶後生君子，憫余此槩焉。

嘉南斗之分次，肇東越之靈祕，表《檜風》於韓什，著鎮山於周記，蘊大禹之金書，鐫暴秦之（在）［石］字，太史來而探穴，鍾離去而開笥，信竹箭之爲珍，何珷玞之罕值。奉盛德之鴻祀，寓安禪之古寺，寔豫章之舊圃，成黄金之勝地。遂寂默之幽心，若鏡中而遠尋，面曾阜之超忽，邇平湖之迥深。山條偃蹇，水葉侵淫，挂猿朝落，飢鼯夜吟。果叢藥苑，桃蹊橘林，梢雲拂日，結暗生陰。保自然之雅趣，鄙人間之荒雜，望島嶼之邅回，面江源之重沓，泛流月之夜迥，曳光煙之曉匝。風引蜩而嘶譟，雨鳴林而脩颯，鳥稍狎而知來，雲無情而自合。

爾迺野開靈塔，地築禪居，喜園迢遰，樂樹扶疎。經行籍草，宴坐臨渠，持戒振錫，度影甘蔬，堅固之林可喻，寂滅之場斯如。異曲終而悲起，非木落而悲始，豈降志而辱身，不露才而揚己。鍾風雨之如晦，倦鷄鳴之聒耳，幸避地而高棲，憑調御之遺旨。折四辯之微言，悟三乘之妙理，遣十纏之繫縛，袪五惑之塵滓，久遺榮於勢利，庶忘累於妻子，感意氣於疇日，寄知音於來祀，何遠客之可悲，知自憐其何已。

唐　張九齡《曲江集》卷三《與生公尋幽居處》　同方入厭俗，相與事遐討。及此雲山去，窅然巖徑好。疑入武陵源，如逢漢陰老。清諧欣有得，幽閒欻盈抱。我本玉堦侍，偶訪金仙道。茲焉求卜築，所過皆神造。歲晚林始敷，日晏崖方杲。不種緣嶺竹，豈植臨潭草。即途可淹留，隨目成翻藻。期爲静者説，曾是終焉保。今爲簡書畏，衹令歸思浩。

唐　孟浩然《孟浩然集》卷一《尋香山湛上人》　朝游訪名山，山遠在空翠。氛氳亘百里，日入行始至。谷口聞鍾聲，林端識香氣。杖策尋故人，解鞍暫停騎。石門殊壑險，篁逕轉森邃。法侶欣相逢，清談曉不寐。平生慕真隱，累日探靈異。野老朝入田，山僧暮歸寺。松泉多清響，苔壁饒古意。願言投此山，身世兩相棄。

又《宿終南翠微寺》　翠微終南裏，雨後宜返照。閉關久沈冥，杖策一登眺。遂造幽人室，始知静者妙。儒道雖異門，雲林頗同調。兩心喜相得，畢景共談笑。暝還高窗眠，時見遠山燒。緬懷赤城標，更憶臨海嶠。風泉有清音，何必蘇門嘯。

又《聽鄭五愔彈琴》　阮籍推名飲，清風坐竹林。半酣下衫袖，拂拭龍脣

琴。一杯彈一曲，不覺夕陽沈。余意在山水，聞之諳夙心。

又《宿來公山房期丁大不至》 夕陽度西嶺，羣壑倏已暝。松月生夜涼，風泉滿清聽。樵人歸欲盡，煙鳥棲初定。之子期宿來，孤琴候蘿逕。

唐 王維《送友人歸山歌二首楚辭後語作山中人》（《王右丞集箋注》卷一引） 山寂寂兮無人，又蒼蒼兮多木。羣龍兮滿朝，君何爲兮空谷。文寡和兮思深，道難知兮行獨。悦石上兮流泉，與松間兮草屋。入雲中兮養雞，上山頭兮抱犢。神與棗兮如瓜，虎賣杏兮收穀。愧不才兮妨賢，嫌既老兮貪禄。誓解印兮相從，何詹尹兮可卜。

又 卷三《終南別業〈河嶽英靈集〉、〈文苑英華〉、〈唐文粹〉俱作〈入山寄城中故人〉，〈國秀集〉作〈初至山中〉》 中歲頗好道，晚家南山陲。興來每獨往，勝事空自知。行到水窮處，坐看雲起時。偶然值林叟，值《國秀集》作見。林，一作鄰。談笑無還期。無還期，《國秀集》、《瀛奎律髓》俱作滯還期，《唐文粹》作無回期。

又《韋侍郎山居》 幸忝君子顧，遂陪塵外蹤。閒花滿巖谷，瀑水映杉松。水，凌本作布。啼鳥忽臨澗，歸雲時抱峰。良游盛簪紱，繼跡多夔龍。詎枉青門道，故聞長樂鐘。故，凌本作胡，一作用。清晨去朝謁，車馬何從容車，一作鞍。

又 卷七《山居秋暝》 空山新雨後，天氣晚來秋。明月松間照，清泉石上流。竹喧歸浣女，蓮動下漁舟。隨意春芳歇，王孫自可留。

又《歸嵩山作》 清山帶長薄，清，《文苑英華》作晴。車馬去閒閒。流水如有意，暮禽相與還。禽，《文苑英華》作雲。荒城臨古渡，落日滿秋山。迢遞嵩高下，高，《文苑英華》作山。歸來且閉關。閉一作掩。

又《歸輞川作》 谷口疎鐘動，漁樵稍欲稀。悠然遠山暮，獨向白雲歸。菱蔓弱難定，楊花輕易飛。東皐春草色，惆悵掩柴扉。

又《韋給事山居》 幽尋得此地，幽尋，凌本作尋幽。詎有一人曾。大壑隨階轉，羣山入户登。庖廚出深竹，印綬隔垂藤。即事辭軒冕，誰云病未能。

又《山居即事》 寂寞掩柴扉，蒼茫對落暉。鶴巢松樹徧，樹，凌本作徑。人訪蓽門稀。嫩竹含新粉，嫩，顧元、緯本作緑。紅蓮落故衣。渡頭燈火起，處處採菱歸。

又《輞川閒居》 一從歸白社，不復到青門。時倚簷前樹，遠看原上村。青菰臨水映，映一作拔。白鳥向山翻。寂寞於陵子，桔槔方灌園。

唐 李白《李太白文集》卷一九《商山四皓》 白髮四老人，昂藏南山側。偃卧松雪間，冥翳不可識。雲牕拂青靄，石壁横翠色。龍虎方戰争，於焉自休息。秦人失金鏡，漢祖昇紫極。陰虹濁太陽，前星遂淪匿。一行佐明兩，欻起生羽翼。功成身不居，舒卷在胸臆。窅冥合元化，茫昧信難測。飛聲塞天衢，萬古仰遺跡。

又 卷二〇《春歸終南山松龍舊隱》 我來南山陽，事事不異昔。却尋溪中水，還望巖下石。薔薇緣東牕，女蘿遶北壁。別來能幾日，草木長數尺。且復命酒樽，獨酌陶永夕。

又《日夕山中忽然有懷廬山》 久卧名一作青。山雲，遂爲名一作青。山客。山深一作春。雲更好，賞弄終日夕。月銜樓間峰，泉漱階下石。素心自此得，真趣非外借。鼯啼桂方秋，風滅籟歸寂。緬思洪崕術，欲往滄海一作島。隔。雲車來何遲，撫己空歎息。

又《夏日山中》 嬾摇白羽扇，躶袒青林中。脱巾挂石壁，露頂灑松風。

又《山中與幽人對酌》 兩人對酌山花開，一盃一盃復一盃。我醉欲眠卿且去，明朝有意抱琴來。

又 卷二二《聽蜀僧濬彈琴蜀中》 蜀僧抱緑綺，西下峩眉峰。爲我一揮手，如聽萬壑松。客心洗流水，餘響入霜鍾。不覺碧山暮，秋雲暗幾重。

又《題元丹丘山居》 故人栖東山，自愛丘壑美。青春卧空林，白日猶不起。松風清襟袖，石潭洗心耳。羡君無紛喧，高枕碧霞裡。

又《題元丹丘潁陽山居并序》 丹丘家于潁陽新卜別業。其地北倚馬嶺，連峰嵩丘，南瞻鹿臺，極目汝海，雲巖映鬱，有佳致焉。白從之遊，故有此作。

仙遊渡潁水，訪隱同元君。忽遺蒼生望，獨與洪崖羣。卜地初晦跡，興言且成文。却顧北山斷，前瞻南嶺分。遥通汝海月，不隔嵩丘雲。之子合逸趣，而我欽清芬。舉跡倚松石，談笑迷朝曛。終願狎青鳥，拂衣棲江濆。

唐 儲光羲《儲光羲詩集》卷一《樵父詞》 山北饒朽木，山南多枯枝。枯枝作採薪，爨室私自知。詰朝礪斧尋，視暮行歌歸。先雪隱薜荔，迎暄卧茅茨。清澗日濯足，喬林時曝衣。終年登險阻，不復憂安危。蕩漾與神遊，莫知是與非。

又《題陸山人樓》 暮聲雜初鴈，夜色涵早秋。獨見海中月，照君池上樓。山雲拂高棟，天漢入雲流。不惜朝光滿，其如千里遊。

又《山居貽裴十二迪》 落葉滿山砌，蒼烟埋竹扉。遠懷青冥士，書劍常相依。霜卧眇兹地，琴言紛已違。衡陽今萬里，南雁將何歸。出徑惜松引，入舟

憐釣磯。西林有明月，夜久空微微。

又　卷二《題崔山人別業》　南陽隱居者，築室丹溪源。溪冷懼秋宴，室寒欣景暾。山雞鳴菌閣，水霧入衡門。東嶺或舒嘯，北窓時討論。封君渭陽竹，逸士漢陰園。何必崆峒上，獨爲堯所尊。

又　卷四《貽閻處士防卜居終南》　春風搖雜樹，言別還江汜。堅冰生綠潭，又客三千里。兆夢唯顔色，懸情乃文史。滌耳貴清言，披歡遲玉趾。秦城疑舊廬，佇立問焉如。稚子跪而説，還山將隱居。竹林既深遠，松宇復清虛。跡迥事多逸，心安趣有餘。石門動高韻，草堂新著書。騫飛久超絶，蹇足空躊躇。猶有昔時意，望君當照車。驅車當六國，何以須潛默。聖主常徵賢，羣公每舉德。此時方獨往，身志將何欲。願謝山中人，迴車首歸躅。

又　卷五《玉真公主山居》　山北天泉苑，山西鳳女家。不言沁園好，獨隱武陵花。

唐　常建《常建詩》卷一《宿王昌齡隱居》　清溪深不測，一作極。隱處唯孤雲。松際露微月，清光猶爲君。茅亭宿花影，藥院滋苔紋。余亦謝時去，西山鸞鶴羣。

又　《張山人彈琴》　君去芳草綠，西峰彈玉琴。豈惟丘中賞，兼得清煩襟。朝從山口還，出嶺聞清一作幽。音。了然雲霞氣，一作意。照見天地心。玄鶴下澄空，翩翩舞松林。改絃扣一作和。商聲，又聽飛龍吟。稍覺此身妄，漸知仙事深。其將鍊金鼎，永矣一作以。投吾簪。

又　卷二《高樓夜彈箏》　高樓百餘尺，直上江水平。明月照人苦，開簾彈玉箏。山高猿狖急，天静鴻雁鳴。曲度由未終，東峰霞半生。

唐　韋應物《韋蘇州集》卷八《幽居》　貴賤雖異等，出門皆有營。獨無外物牽，遂此幽居情。微雨夜來過，不知春草生。青山忽已曙，鳥雀繞舍鳴。時與道人偶，或隨樵者行。自當安蹇劣，誰謂薄世榮。

唐　張籍《張司業集》卷三《過賈島野居》　青門坊外住，行坐見南山。此地去人遠，知君終日閒。蛙聲籬落下，草色户庭間。好是經過處，唯愁暮獨還。

又　《不食仙姑山居》　寂寂花枝裏，草堂唯素琴。因山曾改姓，見客不言心。月出溪路静，鶴鳴雲樹深。丹砂如可學，便欲住幽林。

又　《山中秋夜》　寂寂山景静，幽人歸卧遲。移琴當月下，漉酒對花時。新露冷苑席，暗泉衝竹籬。西峯採藥伴，此夕恨無期。

又　卷四《憶盧常侍寄華山鄭隱者》　獨往三峰下，年深學煉丹。一間松葉屋，數片石花冠。酒待山中飲，琴將洞裏彈。開門移遠竹，剪草出幽蘭。荒壁通泉架，晴崖曬藥壇。寄知騎省客，長向白雲閑。

唐　王建《王司馬集》卷三《山居》　屋在瀑泉西，茅簷一作屋下有溪。閉門留野鹿，分食養山雞。桂熟長收子，蘭生不作畦。初開洞中路，深處轉松梯。

唐　白居易《白氏長慶集》卷六《遊藍田山卜居》　脱置腰下組，擺落心中塵。行歌望山去，意似歸鄉人。朝蹋玉峯下，暮尋藍水濱。擬求幽僻地，安置疎慵身。本性便山寺，應須旁悟真。

又　《閒居》　深閉竹閒扉，静掃松下地。獨嘯晚風前，何人知此意。看山盡日坐，枕帙移時睡。誰能從我遊，使君心無事。

又　卷七《題元十八溪亭亭在廬山東南五老峯下》　怪君不喜仕，又遊煙霞里。今日到幽居，了然知所以。宿君石溪亭，潺湲聲滿耳。飲君螺盃酒，醉卧不能起。見君五老峯，益悔居城市。愛君三男兒，始歎身無子。余方鑪峯下，結室爲居士。山北與山東，往來從此始。

又　卷一五《題李山人》　廚無煙火室無妻，籬落蕭條屋舍低。每日將何療飢渴，井華雲粉一刀圭。

又　卷一六《香爐峯下新卜山居草堂初成偶題東壁五首》　五架三間新草堂，石階桂柱竹編牆。南簷納日冬天煖，北户迎風夏月涼。灑砌飛泉纔有點，拂牕斜竹不成行。來春更葺東廂屋，紙閣蘆簾著孟光。

喜入山林初息影，厭趨朝市久勞生。早年薄有煙霞志，歲晚深諳世俗情。已許虎溪雲裏卧，不争龍尾道前行。從兹耳界應清净，免見啾啾毁譽聲。

長松樹下小溪頭，斑鹿胎巾白布裘。藥圃茶園爲産業，野麋林鶴是交遊。雲生澗户衣裳潤，嵐隱山厨火獨幽。最愛一泉新引得，清冷屈曲遶階流。

日高睡足猶慵起，小閣重衾不怕寒。遺愛寺泉攲枕聽，香爐峯雪撥簾看。匡廬便是逃名地，司馬仍爲送老官。心泰身寧是歸處，故鄉何獨在長安。

宦途自此心長別，世事從今口不言。豈止形骸同土木，兼將壽夭任乾坤。胸中壯氣猶須遣，身外浮雲何足論。還有一條遺恨事，高家門館未酬恩。

又　《山居》　山齋方獨往，塵事莫相仍。藍轝辭鞍馬，緇徒换友朋。朝餐唯藥菜，夜伴只紗燈。除却青衫在，其餘便是僧。

又　卷一七《山中戲問韋侍郎》　我抱栖雲志，君懷濟世才。常吟反招隱，

那得入山來。

又 卷二四《郡中夜聽李山人彈三樂》 風琴秋拂匣，月户夜開關。榮啓先生樂，姑蘇太守閒。傳聲千古後，得意一時間。却怪鍾期耳，唯聽水與山。

又 三三《香山卜居》 老須爲老計，老計在抽簪。山下初投足，人間久息心。亂藤遮石壁，絶澗護雲林。若要深藏處，無如此處深。

唐 張祜《張承吉集》卷七《題李戡山居》 三畝溪田竹逕通，道情交態只漁翁。青山夜入孤帆遠，碧水秋澄一檻空。自以蛙聲爲鼓樂，聊將草色當屏風。莫言酷學無知己，未必王音不薦雄。

唐 李德裕《李衛公别集》卷九《懷山居邀松陽子同作》 我有愛山心，如饑復如渴。出谷一年餘，常疑十年别。春思巖花爛，夏憶寒泉冽。秋憶泛蘭卮，冬思翫松雪。晨思小山桂，暝憶深潭月。醉憶剖紅梨，飯思食紫蕨。坐思藤蘿密，步憶莓苔滑。晝夜百刻中，愁腸幾回絶。每念羊叔子，言之豈常輟。人生如意事，十乃居七八。我未及懸輿，今猶佩朝紱。焉能逐麋鹿，便得遊林樾。范恣滄波舟，張惟赤松列。惟應詎身恤，豈敢忘臣節。器滿自當欹，物盈終有缺。從兹返樵逕，庶可希前哲。

又 卷一〇《思山居十首·清明後憶山中》 遥思寒食後，野老林下醉。月照一山明，風吹百花氣。飛泉與萬籟，髣髴疑簫吹。不待曙華分，已應喧鳥至。

又《題寄商山石》 綺皓巖中石，常經闕隱淪。紫芝歌幾曲，紅蘚閲千春。聊用支琴尾，寧惟倚病身。自知來處所，何暇問巖遵。

又《憶種苽時》 尚平方畢娶，疎廣念歸期。澗底松成蓋，簷前桂長枝。逕閑芳草合，山静落花遲。雖有苽園在，無因及種時。

又《春日獨坐思歸》 壯齡心已盡，孤賞意猶存。豈望圖麟閣，惟思卧鹿門。無謀堪適野，何力可拘原。只有客身去，幽山自灌園。

又《思登家山林嶺》 自知無世用，只是愛山遊。舊有嵇康嬾，今虧趙武偷。登巒未覺疾，汎水便忘憂。最惜殘筋力，捫蘿遍一丘。

又《思鄉園老人》 常羡華門翁，所思惟歲稔。遥知松月曙，尚在山窗寢。蘭氣入幽簾，禽言傍孤枕。晨興步巖逕，更酌寒泉飲。

又《寄龍門僧》 龍門有開士，愛我春潭碧。清景出東山，閑來翫松石。應憐林壑主，遠作滄溟客。爲我謝此僧，終當理歸策。

又《憶藥苗》 溪上一苗齊，手葺正堪掇。皆能扶我壽，豈止堅肌骨。味掩商山芝，英逾首陽蕨。豈如甘谷士，只得香泉啜。南陽甘谷有菊，水是湖廣闕者。

又《憶村中老人春酒有劉楊二叟善釀》 二叟茅茨下，清晨飲濁醪。雨殘紅芍藥，風落紫櫻桃。巢燕銜泥疾，簷虫掛網高。閑思春谷事，轉覺宦途勞。

又《憶葛勝木禪床》 憶我齋中榻，寒宵幾獨眠。管寧穿亦坐，徐孺去常懸。虫網垂應遍，苔痕染更鮮。何人及身在，歸對老僧禪。

唐 釋皎然《杼山集》卷一《七言山居示靈澈上人》 晴明路出山初暖，行踏春蕪看茗歸。乍削柳枝聊代札，時窺雲影學裁衣。身閑始覺隳名是，心了方知苦行非。外物寂中誰似我，松聲草色共無機。

又《七言勞山憶棲霞寺道素上人久期不至》 遠寺蕭蕭獨坐心，山情自得趣何深。泉聲稍滴芙蓉漏，月影纔分鸚鵡林。滿地雲輕長礙屧，繞松風近每吹襟。貪閑不記前心偈，念别聊爲出世吟。更待花開遍山雪，山山相似若爲尋。

又 卷四《送清涼上人》 何意欲歸山，道高蹊境勝。花空覺性了，月静知心證。永夜出禪吟，清猿自相應。

又《送大寶上人歸楚山》 厭上烏橋送别頻，湖光爛熳望行人。欲將夜舸陪嘉月，肯住空林伴老身。獨鶴翩翻飛不定，歸雲蕭散會無因。從何得道懷惆悵，莫是人間屢見春。

唐 朱慶餘《朱慶餘詩集·山居》 歸來青壁下，又見滿籬霜。轉覺琴齋静，閑從菊地荒。山泉共鹿飲，林果讓僧嘗。時復收新藥，隨雲過石梁。

宋 歐陽修《文忠集》卷九《寄題劉著作義叟家園效聖俞體》 嘉子治新園，乃在太行谷。山高地苦寒，當樹所宜木。羣花媚春陽，開落一何速。凛凛心節奇，惟應松與竹。毋栽當暑槿，寧種深秋菊。菊死抱枯枝，槿豔隨昏旭。黄楊雖可愛，南土氣常燠。未知經雪霜，果自保其緑。顔色苟不衰，始知根性足。此外衆草花，徒能悦凡目。千金買姚黄，慎勿同流俗。

又《贈許道人》 洛城三月亂鶯飛，潁陽山中花發時。往來車馬遊山客，貪看山花踏山石。紫雲仙洞鎖雲深，洞中有人人不識。飄飄許子旌陽後，道骨仙風本仙胄。多年洗耳避世喧，獨卧寒巖聽山溜。至人無心不笑心，無心自得無窮壽。忽來顧我何慇懃，笑我白髮老紅塵。子歸爲築巖前室，待我明年乞得身。

又《山齋戲書絶句二首》 蜜脾未滿蜂採花，麥壠已深鳩喚一作叫。雨。正是山齋睡足時，不覺花間日亭午。

經春老病不出門，坐見羣芳爛如雪。正當年少惜花時，日日春風吹石裂。

又《**戲石唐山隱者**》 石唐仙室紫雲深，潁陽真人此笑心。真人已去升寥廓，歲歲巘花自開落。我昔曾爲洛陽客，偶向巘前坐盤石。四字丹書萬仞崖，神清之洞鎖樓臺。雲深路絶無人到，鸞鶴今應待我來。

又 卷一五《**山中之樂**并序一本題下云：三章送慧勤上人》 佛者慧勤，餘杭人也。少去父母，長無妻子，以衣食于佛之徒，往來京師二十年。其人聰明材智，亦嘗學問于賢士大夫。今其南歸，遂將窮極吴越、甌閩江湖海上之諸山，以肆其所適。予嘉其嘗有聞於吾人也，於其行也，一本無四字。爲作山中之樂三章，一本有以送之既。極道山林間事，以動蕩其心意而卒反之於正，其辭曰：

江上山兮海上峯，藹青蒼兮杳巑叢。霞飛霧散兮，邈乎青空。天巉鬼削兮，壁立於鴻蒙。崖懸磴絶兮，險且窮。穿雲渡水兮，一無兮字。忽得路而不知其深之幾重。中有平田廣谷兮，與世隔絶，猶有太古之遺風。泉甘土肥兮，鳥獸雝雝。其人麋鹿兮，既壽而豐。不知人間之幾時兮，但見草木華落爲春冬。嗟世之人兮，曷不歸來乎山中？山中之樂不可見。今子其往兮，誰逢？其一。

丹葩翠蔓兮，巖壑玲瓏。水聲聒聒兮，花氣濛濛。石巉巉兮橫一作當路，風颯颯兮吹松。雲冥冥兮雨霏霏，白猿夜嘯兮青楓。朝日出兮林間，澗谷紛以青紅。千林静兮秋月，百草香兮春風。嗟世之人兮，曷不歸來乎山中？山中之樂不可得。今子其往兮，誰從？其二。

梯崖構險兮，佛廟仙宫。耀空山兮，鬱穹隆。彼之人兮，固一無固字亦目明而耳聰。寵辱不干其慮兮，仁義不被其躬蔭。長一作喬松之蓊蔚兮，藉纖草之豐茸。苟其中以自足兮，忘其服胡而顛童。自古智能魁傑之士兮，固亦絶世而逃蹤惜天材之甚良兮，而一無而字自棄於無庸。嗟彼之人兮，胡爲老乎山中？山中之樂不可久遲。子之返兮，誰同？其三。

又 卷五六《**送田處士**》 秦士多豪俠，夫君久遁名。青山對高卧，白首喜論兵。氣古時難合，詩精一作清。格入評。公車不久召，歸袖夕風生。

宋 王安石《**臨川文集**》卷八《**結屋山澗曲**》 結屋山澗曲，挂瓢秋樹顛。鳴不中律吕，時時驚我眠。吾兒亦惡聒，勠力事棄捐。止我爲爾歌，不如恣其然。狂風動地至，萬竅各啾喧。一瓢雖易除，豈在有無間。皪皪山下石，泠泠手中弦。臨流寫所愛，坐聽以窮年。

又 卷一四《**半山春晚即事**》 春風取花去，酬我以清陰。翳翳陂路静，交交園屋深。牀敷每小息，杖屨或幽尋。惟有北山鳥，經過遺好音。

又 卷二八《**題勇老退居院**》 道人投老寄山林，偶坐翛然洗我心。夢境此身能且在，明年寒食更相尋。

又 卷三〇《**定林所居**》 屋繞灣溪竹繞山，溪山却在白雲間。臨溪放艇依山坐，溪鳥山花共我閑。

又 《**松間被召將行作**》 偶向松間覓舊題，野人休誦北山移。丈夫出處非無意，猿鶴從來不自知。

又 卷三一《**題北山隱居王閑叟壁**》 荒村日午未開門，雨後餘花滿地存。舉世但知旌隱逸，誰人知道是王孫。

宋 蘇軾《**東坡全集**》卷二三《**遷居有引**》 吾紹聖元年十月二日至惠州，寓合江樓，是月十八日遷于嘉祐寺。二年三月十九日復遷于合江樓，三年四月二十日復歸于嘉祐寺。時方卜築白鶴峰之上，新居成，庶幾其少安乎。

前年家水東，回首夕陽麗。去年家水西，濕面春雨細。東西兩無擇，緣盡我輒逝。今年復東徙，舊館聊一憩。已買白鶴峰，規作終老計。長江在北户，雪浪舞吾砌。青山滿墻頭，鬖鬌幾雲髻。雖慙抱朴子，金鼎陋蟬蜕。猶賢柳柳州，廟俎薦丹荔。吾生本無待，俯仰了此世。念念自成劫，塵塵各有際。下觀生物息，相吹等蚊蚋。

又 卷三三《**菜羹賦**并叙》 東坡先生卜居南山之下，服食器用，稱家之有無。水陸之味，貧不能致，煑蔓菁、蘆菔、苦薺而食之，其法不用醯醬而有自然之味，蓋易而可常享，乃爲之賦，辭曰：

嗟余生之褊迫，如脱兔其何因。殷詩腸之轉雷，聊禦餓而食陳。無芻豢以適口，荷鄰蔬之見分。汲幽泉以揉濯，博露葉與瓊根。爨鉶錡以膏油，泫融液而流津。適湯濛如松風，投糝豆而諧匀。覆陶甌之穹崇，罷攪觸之煩勤。屏醯醬之厚味，却椒桂之芳辛。水耗初而釜治，火增壯而力均。滃嘈雜而廉清，信浄美而甘分。登盤盂而薦之，具七箸而晨飧。助生肥於玉池，與五鼎其齊珍。鄙易牙之效技，超傅説而策勳。沮彭尸之爽惑，調竈鬼之嫌嗔。嗟丘嫂其自隘，陋樂羊而匪人。先生心平而氣和，故雖老而體胖。忘口腹之爲累，似不殺而成仁。竊比余於誰歟，葛天氏之遺民。

宋 孫覿《**鴻慶居士集**》卷四《**山居**》 魚監市井雷，冠蓋車馬路。生息自相吹，晨門默如霧。超然塵外躅，峍兀見砥柱。湯湯海横流，自有安立處。幻泡水

上漚，空華草頭露。一峯獨蒼然，歲寒但如故。醉搴庭下花，吟繞池邊樹。便有山中臞，來隨白雲屨。

宋　劉子翬《屏山集》卷一八《訪原仲山居》　寂寂臨湖屋，湖風爲掩門。鳥聲幽谷樹，山影夕陽村。好事長留客，雖貧亦置樽。平生枯淡意，去此欲誰論。

宋　楊萬里《誠齋集》卷六《江湖集·山居》　鬢禿猶云少，書多卻道窮。柴門疎竹處，茅屋萬山中。幽梦時能憶，閒題底要工。不知蟬報夏，爲復自吟風。

又　卷七《江湖集·瓶中梅花長句》　幽人早作月滿堦，月隨幽人登舫齋。推門欲開猶未開，猛香排門撲我懷。往從鼻孔上灌頂，拂拂吹盡髮底埃。恍然墮我衆香國，欲問何祥無處覔。冥搜一室一物無，瓶裏一枝梅的皪。平生爲梅判斷腸，何曾知渠有許香。夜來偶忘挂南窻，貯此幽馥萬斛强。却憶去年西湖上，錦屏下瞰千青嶂。谷深梅盛一萬株，十頃雪波浮欲漲。是時雨後初開前，日光烘花香作烟。政如新火炷博山，蒸出沉水和龍涎。醉登絶頂撼疎影，掇蘂餐花照冰井。蜀人老張同舍郎，唤作謫仙儂笑領。如今茅屋卧山村，更無載酒來叩門。一尊孤斟懶論文，猶有梅花是故人。去年今月，予既得麾臨漳朝士餞，予高會于西湖上劉寺，滿谷皆梅花，一望無際。絶頂有亭，牓曰錦屏。予獨倚一株老梅，摘花嚼之。同舍張監簿蜀人，名珖字君玉，笑謂予曰：韻勝如許，謂非謫仙可乎。

又　《幽居三詠·釣雪舟》　青鞋黄帽緑蓑衣，釣雪舟中雪政飛。歸自嚴州無一物，扁舟載得釣臺歸。

又　《雪卧菴》　十年兩袖軟紅塵，歸濯滄浪且幅巾。不是白雲留我住，我留雲住卧閒身。

又　《誠齋》　浯溪見了紫巖回，獨笑春風儘放懷。謾向世人談昨夢，便來唤我作誠齋。

又　卷一四《西歸集·蕙花初開》　幽人非愛山，出山將何之。山居種蘭蕙，歲寒久當知。初藝止百畝，餘地惜奚爲。先生無廣居，千巖一茅茨。四面祇藝蕙，中間繞置錐。鋭緑分宿叢，脩紫擢幼枝。孤幹八九花，一花破初蕤。西風淡無味，微度成香吹。燈夢得幽馥，月寫傳静姿。我欲掇芳英，和露充晨炊。忽然惻不忍，環玩真忘飢。豈無衆花草，不願秋卉遲。種時亂不擇，歲晚悔可追。

又　卷一六《南海集·初食筍蕨》　炰鳳烹龍世浪傳，猩脣熊掌我無緣。只逢筍蕨杯盤日，便是山林富貴天。穉子玉膚新脱錦，小兒紫臂未開拳。只嫌嶺外無珍饌，一味春蔬未直錢。

又　卷二三《朝天集·買菊》　老夫山居花繞屋，南齋杏花北齋菊。青春二月杏花開，抱瓶醉卧錦繡堆。涼秋九月菊花發，自折寒枝插華髮。湘纍落英曾幾何，陶令東籬未見多。吾家滿山種秋色，黄金爲地香爲國。就中更有一丈黄，霜葩月蘂耿出墻。飲徒亡酒尋不得，尋得一身花露香。如今小寓咸陽市，有口何曾問花事。百錢擔上買一株，聊伴詩人發幽意。

又　卷三四《江東集·題趙昌父山居八詠·竹隱》　大隱隱於酒，小隱隱於竹。何不呼麴生，來同此居宿。

又　《宴齋》　五陵槿梢花，千駟草頭露。富貴人始去聲。傳，屢空今不數。

又　《苔竹軒》　青士長得瘦，翠兄工買貧。向來素愛者，已賺一詩人。

又　《兩峯堂》　踏得草鞋穿，行得汗脚損。却换一枝藤，挂到雙玉筍。

又　《已矣軒》　蠻觸無休日，菟裘有别天。撫松非已矣，採菊未悠然。

又　《倚雲亭》　俗子令眼白，瑞峯令眼青。自移聽雨榻，且上倚雲亭。

又　《霞牖》　夕借月爲燭，晨將霞作簾。猶言貧到骨，不悟取傷廉。

又　《青氊堂》　客來借氊看，笑指一書册。不管賣不行，且圖偷不得。

又　卷四四《雪巢賦》　天台林君景思之廬，字以雪巢，尤延之爲作記。廬陵楊某復賦之，其辭曰：

赤城兮霞外，天台兮雲表。有美兮先生，相宅兮木杪。厭人寰兮喧卑，薄市門兮囂湫。壑谷奥渫，蝸廬褊小。陟彼懸崕，天紳之涯。奇峰日拂，枯松霄排。飛上萬仞之顛，旁無一寸之階。我營我巢，維條伊枚。命黄鵠而銜枝，驅玄鶴而曳柴。斧辛夷以爲柱，刈山桂以爲棟。蘭橑椒其芬芳，荷葢岌其不動。將旁招樵夫朋、盍溪友以落之，且有友其善頌矣。夜半風作，頓撼林薄，天駭地愕，山跳海躍，已而寂然，四無人聲。黯天黑而月落，忽入窻之夜明，恍身墮于冰谷，羌刮骨其寒生。窮猿曹嘷，飢鳥獨鳴。先生夙興而視之，但見千里一縞，羣山失碧。翳玉妃以萬舞，飄天葩之六出。皓皓的的，繽繽籍籍。葢朔雪十丈，乾没吾巢而無人跡矣。先生舉酒酬曰：巢成雪至，雪與巢會，式瑶我室，式珠我屝，空無一埃，點我勝概。繼自今，匪仙客其勿近，匪詩人其勿對。乃擣水漿，與雪升飲。免鬢于墨瀋，大書其楣，曰雪巢，摽俗子出諸大門之外。

又　卷七七《山居記》　山居者，待制侍郎霅川沈公賔王之居也。賔王之居，不于其山，于其郛，而曰山居者，癖於愛山也。人各有癖，武子癖於馬，賔王癖於山，郛居而名以山居，以見愛山之意無適而非山也。賔王胸次洒落，如風櫺

月牖，韵致清曠，如雪山冰壑。身居金馬玉堂之近，而有雲嶠春臨之想；職在獻納論思之地，而有灞橋吟哦之色。家本道場何山之麓也，而世居吴興之郛，非其好也，爰即其居，小築一室，其廣三楹，署以此名。客有過之而咲者曰：君子之宅有二，有晏子之宅，有庾信之宅。庾于林，晏于市也。今子之宅晏也，非庾也，而曰山居，嘻，甚矣，子之愛山也。抑亦居則有矣，惡覩所謂崑崙哉？問其户外，則康衢之埃也，那得清壁之倚天？問其墻東，則唐肆之區也，那得千岩之秋氣？問其極目，則黄公之壚也，那得飛泉之漱玉？昔羊叔子有鶴，嘗矜其能舞。一日客至求觀，公爲出之，竟毰毸不能舞。今子之山居，將無類羊公之鶴乎？賔王笑曰：子知笑吾之無山而有山，不知吾亦笑子之有目而無目也。吾嘗仕於江西章貢之憲幕矣，又嘗守天台矣，又嘗倅會稽矣，翠浪玉虹、丹邱赤城、若耶雲門、千巖萬壑，至今磊磊皆在吾目中也。今吾此室之前，恠石相重，松竹相友，泉流相暉，其巉然者非崆峒、天台乎；其森然者非雲門、禹穴乎；其泠然者非瀑布、簾泉乎。吾居無山，吾目未嘗無山。子目無山，吾居未嘗無山。

宋　朱熹《晦庵集》卷一《招隱操》　淮南小山作《招隱》，極道山中窮苦之狀，以風切遁世之士，使無遐心，其旨深矣。其後左大冲、陸士衡相繼有作，雖極清麗，顧乃自爲隱遁之辭，遂與本題不合。故王康琚作詩以反之，雖正左陸之誤，而所述乃老氏之言，又非小山本意也。十月十六夜，許進之挾琴過予書堂。夜久，月明風露，凄冷揮絃，度曲聲甚悲壯。既乃更爲《招隱》之操，而曰：縠城老人嘗欲爲予依永作辭而未就也。予感其言，因爲推本小山遺意，戲作一闋，又爲一闋以反之，口授進之，併請縠城七者闕諸名勝，相與共賦之，以備山中異時故事云。七者，字當作老人。

《招隱》　南山之幽，桂樹之稠枝相樛。高拂千崖素秋，下臨深谷之寒流。王孫何處攀援久淹留。聞説山中虎豹晝嘷，聞説山中熊羆夜咆。叢薄深林鹿呦呦，獮猴與君居，山鬼伴君遊。君獨胡爲自聊，歲云暮矣將焉求。思君不見，我心徒離憂。

《反招隱》　南山之中，桂樹秋風雲冥濛。下有寒棲老翁，木食澗飲迷春冬。此間此樂，優游渺何窮。我愛陽林春葩晝紅，我愛陰崖寒泉夜淙。竹栢含煙悄青葱。徐行發清商，安坐撫枯桐。不問簞瓢屢空，但抱明月甘長終。人間雖樂，此心與誰同。

又《月夜述懷》　皓月出林表，照此秋牀單。幽人起晤歎，桂香發窓間。高梧滴露鳴，散髮天風寒。抗志絕塵氛，何不棲空山。

又《寄題咸清精舍清暉堂》　山川佳麗地，結宇娱朝昏。朝昏有奇變，超忽難具論。千嵐蔽夕陰，百嶂明晨暾。穹林擢遥景，回澗盪秋氛。覽極慚未周，窮深遂忘喧。欲將身世遺，況託玄虚門。境空乘化往，理妙觸目存。珍重忘言子，高唱絕塵紛。

又《寄山中舊知七首》　結茅雲壑外，石澗流清泉。澗底采菖蒲，顔色永芳鮮。超世慕肥遯，鍊形學飛仙。未諧物外期，已絕區中緣。

又　卷二《山居即事用疊翠亭韻》　世情日以疎，庭樹日以密。我心自悠悠，兩忘喧與寂。門開山叠翠，雨罷雲絕迹。天涯此興同，萬里寄消息。

又　卷四《送吴茂實》　朝市令人昏，山林使人傲。誰知昏傲兩俱非，但説山林是高蹈。

又《卜居》　卜居屏山下，俯仰三十秋。終然村墟近，未愜心期幽。近聞西山西，深谷開平疇。茆茨十數家，清川可行舟。風俗頗淳朴，曠土非難求。誓捐三徑資，往遂一壑謀。伐木南山巔，結廬北山頭。耕田東溪岸，濯足西溪流。朋來即共懽，客去成孤遊。静有山水樂，而無身世憂。著書俟來哲，補過希前脩。兹焉畢暮景，何必營菟裘。

又　卷一〇《題沈公雅卜居圖》　往者仲長子，高情世無儔。一朝謝塵躅，卜築娱清幽。茆屋八九間，下有良田疇。後簷果垂實，前庭樹相樛。勝日賔友來，琴觴共舒憂。言論覈幽妙，理亂窮端由。至今一卷書，凛然昭千秋。沈侯經濟業，夙尚本林丘。談笑出幻境，寤言躡斯遊。仰睇白石崗，俯濯青瑶流。曠然宇宙外，邈矣將焉求。

宋　陳造《江湖長翁集》卷二《代羅大著遥題雲巢》　高人玩世心，仕學有餘裕。稍償俗間負，未忘塵外趣。結巢依莽蒼，泉石得佳處。牙籤三萬軸，遮眼豈云蠹。鳥哢巖作屏，翛然不移具。時招樠山雲，蒼白繚牕户。徑潤樹罩煙，庭虚月含霧。萬景供旦夕，與人美無度。園翁垂綸叟，或許陪杖屨。我亦漫仕者，雅志買山住。即今想像意，未辦魁傑句。他年登君巢，酒所尚容賦。

又《題徐居士遯庵》　世網誰所張，四彌天宇大。萬情本一機，矻矻同此在。徐君經世心，心乃超世外。趣静緣有動，無顯奚用晦。姑爲辟俗去，示世無吾待。結庵定其遷，初不憚一再。容膝得騰處，外物了纖芥。有山自煙雲，有水可灌溉。百丈峙翠屏，千尋拖碧帶。床頭三聖書，會意謝分掛。天山得要旨，肥

遯元非内。此名扁此室，吾詩儻容配。

又 卷五《再次韻作招隱篇》 我家五畝園，泉細地不渴。載酒噬肯遊，開門誰汝遏。典衣買花栽，種十八九活。繁華出荒穢，天巧容人奪。三徑紆曉步，兩部厭晴聒。長日岸幘嘯，看人曳裾謁。伸屈較倚伏，烜赫藏戾孽。蠻觸勝負間，吾老飽所閱。孰知花藥疇，細炷沈檀屑。此樂彼莫顧，渠愛我已割。微吟會心處，山鳥亦欣説。焉得喙三尺，佳處爲君説。穮蘭媚幽芳，野竹挺高節。當知陶一觴，可敵簫八葉。駢來作螟蠃，獨立耿玉雪。

又 卷八《送雲巖老住天寧寺》 道人兀坐雲巖山，雲巖之雲是知己。風噓岫吸漫不知，道人之心亦如此。從地湧出焕金碧，信手拈來自奇偉。門施鐵限十五年，一旦刺頭鬧籃裏。天寧古刹中闤闠，學子遊人萬其趾。世將喧静計今昔，不信道人心似水。方圓隨器我何與，乘流即行坎當止。十字街頭鐘鼓鳴，八千偈成一彈指。今秋客公我得閑，井甘不竭囊無底。清譚要洗三載塵，肯學玉川勞送米。

又 卷一一《山居十首》 山間有好事，時肯問何如。東送筋頭薤，鮮分匙面魚。披襟偕我飽，攬髮爲君梳。一笑塵勞外，都無病可祛。

咀毒横戈地，財堪博一羞。時流正攘臂，老子解抽頭。秦楚蝸兩角，跖夷貉一邱。向來回晚照，了不見全牛。

忽作斷過訪，經旬閑瘦筇。慵添和詩債，病減灌園功。石鼎裊輕碧，庭柯零碎紅。竹君如見慰，竟日嘯窻風。

居深自少客，兒輩省膺門。日課午鐘飯，生涯三畝園。嗜魚親蜑户，輟果及王孫。不惜苔錢破，横縱步屧痕。

鳥息我亦倦，行行取徑微。石稜妨錯足，藤蔓每鉤衣。森木各天籟，連山同夕暉。推門吟袖冷，滿帶野風歸。

涉世慣多遝，遝欣愜此心。鷄孫當歲稔，竹母值秋陰。言配香秔軟，行須緑影深。繼今摩腹去，風日更蕭森。

萍梗繞餬口，爬沙亦畏塗。悠然三徑地，有此百金軀。乘興聊吟筆，無絃且槁梧。幽居喜客醉，未遣林田蕪。

蕉鹿謝依乘，孤高迺得朋。閑談每褐父，清晤或鄰僧。止酒元真子。居家杜伯升，此心安隱處，蜩鷽傲鵾鵬。

一室市聲外，生經良不孤。園花非獨笑，風竹巧相娱。爲客求鵝母，供家課橘奴，殘年温飽爾，外此亦何須。

丁年陪友舊，塵霧去駸駸。不賴學問力，終孤雲水心。無波真古井，躍冶豈祥金。撫己知今是，扁舟釣碧潯。

宋 袁説友《東堂集》卷三《王氏山居》 豆粥通幽徑，松杉蔽野門。眼空樓外碧，身落洞前村。荷静風巖曉，梅開雪月昏。環山書未捲，林薄鳥聲喧。

宋 葉適《水心集》卷七《毛希元隱居廬山卧龍瀑》 毛子罵吴曦，蜀山渺孤獱。五老急扣聘，延留如大賓。龍分自眠地，蕙帳饒珠蠙。巖花開恨晚，谷鳥鳴先春。弔古一沈思，千載多逸民。登高一長望，萬里皆積雲。子勇書印歷，憂憤著彌綸。曷不草露布，從容静風塵。低頭汲澗曲，煮豆萁爲薪。汩溺上之恥，昔賢終賤貧。

宋 張鎡《南湖集》卷一《寄題莊器之招隱樓》 得時則爲人，此固丈夫志。生前必功名，説實起後世。君看禹稷徒，烏有覬望意。偶然事逢手，勢若破竹易。所以極萬代，偉績不可槩。紛紛務勉强，指日苟聲利。等觀今昔爲，迷悟由性異。莊侯海内士，豈特静者類。深歎末俗競，懶赴殊科試。力田抄飯白，結屋傍山翠。受用已有餘，推此更廣施。名樓曰招隱，來者定弗棄。我恨聞命晚，已買城北地。湖濱林麓幽，市遠車馬避。想像輞川寬，庶幾盤谷邃。雖非千步門，肯换一品位。桃蒸春浪活，桂馥秋風至。其時思故友，命駕驚書睡。堂堂無他言，握手笑相視。吾儕東西隔，橘枳本同味。中年各菀衰，要非太早計。何須並墻居，而後願始遂。

宋 陳文蔚《克齋集》卷一六《和趙國興訪蕭氏草堂》 四野山圍面面屏，何人結屋趣方成。好風吹過半湖碧，白鳥飛邊一點明。乘興半春攜酒約，隔山遥夜讀書聲。買鄰爲愛茅齋近，試倩詩人狀此情。

宋 徐璣《二薇亭詩集·山居》 柳竹藏花塢，茅茨接草池。開門驚燕子，汲水得魚兒。地僻春猶静，人閒日更一作自。遲。山禽啼忽住，飛起一作走悮。又相隨。

宋 徐照《芳蘭軒集·題翁卷山居二首》 十年前有約，今却在城居。羡爾能攜子，深山自結廬。引泉移岸石，栽藥就園蔬。見説高林外，樵人聽讀書。

空山無一人，君此寄閒身。水上花一作禽。來遠，風中葉一作風前樹。動頻。蟲行黏壁字，茶煮落巢薪。若有高人至，何妨不裹巾。

宋 洪咨夔《平齋集》卷二二《寶福寺山房》 門巷蕭然雀可羅，藏書萬卷自

研摩。懶尋玉女登西嶽，甘伴金仙坐補陀。書帶草長塵慮少，鉢曇花放道緣多，酒肴問字如相過，引道松間不用呵。

宋 釋文珦《潛山集》卷四《過野人居》 閒人無外事，飯餘聊散策。路逢一老翁，疑是避秦客。招携過別墅，茅茨翳桑麥。唯聞雞犬聲，了無車馬跡。自言入山來，居然長兒息。身將雲木親，志與風塵隔。屋邊種桃李，無言花自拆。原上耦耕人，將非是沮溺。遺世乃全真，何爲牽物役。從此數相尋，幽期竟難易。

又《屏居》 屏居泉石間，所樂在閒縱。山田與山果，皆吾手自種。禾穗已垂穎，粟包初拆縫。一飽既可期，肯復作詩用。

又《屏居》 吾生本疎庸，不作塵間夢。屏居萬山中，野性頗自縱。消摇鷹脱鞴，蕭散馬釋鞚。天寒放麋入，春煥聞鳥哢。斸藥時荷鉏，灌圃晨抱甕。薇生富採擷，橘熟斷包貢。喬松已巢鶴，瘦竹待鳴鳳。回首視世人，真若螘一閧。

又《尋幽宿隱者居》 先生巢許流，遠志在箕潁。由來天機深，遂使塵事屏。雲霾山徑長，草没柴門静。相逢冬日暮，共語寒夜永。照螟然枯松，湫泉斠暗井。虎嘯谷風生，猿啼霜月冷。潺湲瀑泉聲，寒亂高杉影。藐馬豁塵襟，頗若異人境。明朝還別君，尋幽過他嶺。他日擬重來，同采春山茗。

又《冬日山居》 出門無所求，藜杖常掛壁。睡起日將午，耳目有清適。冰池坼寒光，雪簷響清滴。道人期不來，獨看麻衣易。

又《天目山僧隱居》 卜居就窮崖，几席浄如汜。三池更幽絶，澄澈皆可鑑。深處有蟠蛟，遊子不敢瞰。獨向月明時，臨流學清梵。

又《石室》 石室静而深，青山迭相暎。且無籠檻羈，頗適猿鳥性。外物俱棄捐，内塵亦清浄。人莫來扣門，驚回老僧定。

又《深居》 深居在空閑，頗適静者性。門外無遊塵，落葉滿荒徑。陽光下西垂，東嶺有餘映。焚香讀楞伽，唯許山鬼聽。

榮華不入夢，於焉謝憂責。深居三十年，禽猿盡相識。白日久知心，孤雲本無迹。丈室常寂然，焚香自終夕。

又 卷八《隱居》 隱居那用名，名没隱方成。交絶身常定，心安病不生。山看珍白簟，野飯美青精。回視人間世，何如戲一棚。

又 卷一〇《山居冬日》 白水青山不礙禪，登高臨遠意翛然。老梅卧雪香逾遠，瘦栢淩霜骨更堅。四海交遊多契濶，一生陶寫賴詩篇。人間萬事俱抛棄，自此閒居又幾年。

又《客居》 借得空房住十春，野麋山鹿日相新。寧嫌老景猶爲客，却喜閑身不屬人。於轉物時觀世界，向無心處得天真。深居謝絶曾非傲，朽鈍形骸畏屈伸。

又《山居》 身寄孤猨野鶴鄉，邇來真與世相忘。東南地闕多流水，西北山高少夕陽。根有茯苓松色異，土生蘭茝蘚苔香。細將萬事都思徧，唯有閒居味最長。

又《石室》 石室閒眠過午鐘，看來唯我最疎慵。生憎俗客妨幽趣，不與樵夫説定蹤。麋下磵陰時引子，鶴歸林表只依松。人生未解休心去，多向塵區歎不逢。

又 卷一二《深居》 千巖萬壑幽深地，一鉢三衣自在身。斷定不行朝市路，無因猶識利名人。

又《送僧還山》 閒雲一片又飛還，松桂蕭森滿舊山。後夜有誰相伴住，自聽泉落翠微間。

又《送僧歸隱》 道林身世一何閒，去似孤雲不可攀。若果怕人知隱迹，買山休買有名山。

又《山中隱者居》 書滿茅堂藥滿園，路蹊深絶似桃源。夕陽過去樵聲盡，一箇獼猴出掩門。

宋 周文璞《方泉詩集》卷三《過鳳山有感二首》 當年準擬作家林，溪墅樓居意已深。隱者自應尋別業，鳳兮何肯負初心。參差一叚囊中玉，激烈三更月下吟。若不速來相就飯，定應從此失知音。

秋蕪闕是草堂基，惟有南林盡得知。辛苦置家將守冢，告求廣地要穿池。浄蓮已付鄉僧掘，慈竹從教墓客移。雖向龍灣作耆舊，此生寧没暫來時。

宋 于石《紫巖詩選》卷一《山中何所有》 山中何所有，古松與清泉。一泓涵素月，千尺摇蒼烟。我生乏世用，樂此山林閑。臨流或倚樹，物我兩悠然。慎勿作梁棟，斧斤斲其天。慎勿入江海，汹湧生波瀾。流蕩易忘返，正直難自全。我欲叩其理，水去松無言。

又 卷三《山居二首》 結屋萬山頂，柴扉晝懶開。搗茶驚鶴醒，抛果引猿來。笋短和泥掘，松高倚石栽。有時尋勝去，多趁暮鐘回。

不談當世事，榮辱兩無聞。詩思半山月，生涯一塢雲。硯乾分瀑潤，香斷借蘭熏。有客時相過，呼兒採澗芹。

又《吾家二首》 松陰六七里，茅屋兩三家。坡煖四時笋，溪寒五月花。泉聲挾風雨，雲氣走龍蛇。誰謂謀生拙，門前數畝瓜。

明月成三友，青山結四隣。家貧猿執爨，林静鳥司晨。好竹能醫俗，幽花不媚人。盤餐何所有，春韭與秋蓴。

又《次韻芳卿一室》 一室志天下，何須山更深。英雄四海眼，道義百年心。蕉鹿夢中夢，松風吟處吟。幽泉鳴絶壁，不作世間音。

宋 詹初《寒松閣集》卷三《寒松草閣》 居之南山，有松數百根。予構草閣其中，名曰寒松，草閣構成，詩以咏之。

數椽草閣構新成，四面蒼松入户清。霜雪須教長不改，後凋端與爾爲盟。

宋 王鎡《月洞吟·山中》 榮枯皆定數，枉作送窮吟。有色非真畫，無腔曹本無絃是古琴。青松秦世事，黄菊晉人心。塵外烟蘿客，相尋入遠林。

宋 劉應時《頤菴居士集》卷上《山居三首》 行年當耳順，涉世尚心勞。倦矣歸三徑，皤然愧二毛。留詩羞茗供，爲客釀松醪。晚照横籬落，呼兒課楚騷。

小小園林畔，蕭蕭叢薄間。茅簷頗幽隱，竹徑自回環。犬吠溪頭客，日銜牕外山。遺編淡相對，身世覺高閒。

雨濕茅茨暗，日長天氣温。心閒忘物累，足嬾出柴門。風静收雲脚，山高露月痕。兒童展編簡，燈火又黄昏。

又 卷下《山居》 淺淺溪流短短籬，碧雲深處小茆茨。想無俗子知踪跡，小欸梅花細説詩。

宋 崔敦禮《宮教集》卷一《石湖賦》 崔子問於石湖先生曰：富貴人所願，閒寂不可居。位通顯者，有洋洋之志；處幽曠者，懷戚戚之悲，此人之常情也。先生芥鍾鼎而不盼，屣軒冕而若遺。居無牆宇之飾，而丘壑以爲樂；家無珠玉之玩，而泉石以爲資。不已迂乎？先生莞爾而笑曰：子安知予之真樂哉？寓形宇宙間，身世同浮萍，吾常委心任去留，奚肯逐物而營營時乎。見用則進而上紫微之掖，一朝遇坎，則退而歸石湖之耕。方其余之在紫微，未嘗忘江湖之夢，乃其余之耕石湖也，益自覺公侯之輕。蓋山林斯予之至樂，而簪紱不能以攖情者也。子嘗覽吾石湖之勝矣，其地有殘壖故壘，斷岸長雲，瀰迤延連，繚曲幽深者，越王之所城也。東臨具區，觀滄波之杳渺、怒濤之軒轟。風帆浪楫，出滅煙雲者，鴟夷之所經也。西傍越溪，見吴王之臺，想夫千軍萬馬，銜枚潛渡，黄金白璧之殿化而爲荒萊。南連横山，北睇亞字城樓觀。相望翼乎峥嶸，其地勢奇古如此。自越迨今，千五百歲，霜露之所蒙翳，狐狸之所竄處，至於登臨之要，則不得而擇其所。我乃披天奥，發地藏，平夷土塗，誅薙蕪荒，扶萬象之偃蹇，洗千古之凄凉，築農圃湖山之觀，聳碧城崑閬之丘。岫幌納千峯之秀，雲莊開萬壑之幽。夜月兮嬉漁，春風兮芳洲。渺煙波兮鷗鷺，適忘機之樂。度雪橋兮鼂魚，聽拄杖之遊。皆園中名。至於水静鵠立，林幽鶴鳴。漾湖光於几席，占山影於臺亭。花粲粲以昌披，木欣欣其敷榮。菡萏兮十里，琅玕兮滿城。其他幽芳奇觀間見層出，又不可殫舉，而悉名於是。或命籃輿，或漾輕舟，或舒嘯以登臯，或賦詩而臨流，或掘雲於嵽嵲之頂，或採月於澄泓之洲。若乃浩蕩連空，月華正中，鑒秋毫於浮玉，倒寒影於垂虹。鼓棹踏松江之浪，扣舷吟笠澤之風。訪蓴鱸於漁父，詰龍橘於江童。此天下之至樂也，其何得以加之。崔子聞之曰：先生樂哉。矛頭淅米劍頭之炊，不如枕流漱石，脱富貴之危機。翻手作雲，覆手作雨，不如遺名絶俗，與煙月爲侣。先生樂哉。雖然，趨朝市者，患於既倦而不知歸；入山林者，失於固藏而不肯仕，先生石湖之樂誠樂矣。當如江上之清風，山中之明月，欣然接之，可以寓意，而不可以留意。若曰抱其道而不施，懷其材而不用，必欲就閒逸，樂幽隱，爲將老之計，此余所未取也。於是作石湖招隱之歌，歌曰：清且泚，石湖之水；高嶄巖，石湖之山。湖之幽，可釣可遊。湖之側，宜稼宜穡。有美一人兮，樂無涯。朝出遊兮莫來歸。曳杖兮吴臺，維舟兮越溪。念夫君兮淹留，葺蘭芷兮芳洲。長松卧壑兮風颼颼，深山紫玉兮光彩浮。萬牛回首兮俛山丘，五城一覩兮禮必優，宜規明堂兮備前旒。去來去來兮，石湖不可以久留。

又《種松賦》 崔子居山間，種松於東岡之上，地曠而平，培土而密築。其殖之也，若稺秧之插；其憂之也，若嬰兒之育。戢戢乎黄茅之底，眇眇乎蒼苓之麓。有客過而歎曰：勤矣，子之種松也。吾聞天施地生，雨露則一。草木之長，於松爲嗇，經年僅益於毫末，再歲尚湮於蓬棘。蓋屢補而莫齊，或百枚而得一。形如偃蓋兮，待千歲之久化；爲茯苓兮，由百歲之積。今子施種藝之功，竭壅培之力，以附土之寸根，待干雲於異日，不其迂哉。余曰：噫嘻，客之言過矣。夫植之微者，本必固；長之吝者，末必榮。木有亟茂而先顛，物有速蕃而驟零。栽桃李者早華，種榆柳者易陰。柞薪析而愈盛，樗櫕剪而還生。然皆摧折於飛雪之後，憔悴於嚴霜之辰。隨寒暑以同化，與糞壤以俱淪。迺若松之茂也，榦排風雷，根裂崖石，鱗蹙百丈，髯蒼千尺。其柯參天，則鸞鳳棲其巔；其肪入地，則龍蛇伏其窟。凛高節兮，四時不能易其操；建大厦兮，萬牛不得輕其力。茲豈衆

木之凡姿，與夫百草之弱質者所能比哉。嗚呼，在物固然，於人亦爾。殖德者不貴其苟，種學者匪圖其易。濇禮義之華實，毓性情之根柢。養其小以成大，蓄諸微而至著。若曰名以暴集爲榮，行以速成爲貴。謂片善爲無益，以寸長爲可棄，是猶冀合抱之林，而不養其拱把之時，望十圍之木，而不植於徑寸之際者也。

金　劉祁《歸潛志》卷一四《太原高鳴雄飛》　高情謝氛壒，歸隱南山隈。頹然一茅屋，瀟灑無纖埃。勝概紛滿前，懷抱長好開。舒嘯野雲亂，浩歌空翠來。瑶花晚夕静，相對揮清杯。天虚風露下，幽興何悠哉。回首區中人，擾擾良可哀。

黄鵠入寥廓，龍性何能馴。英英劉處士，天子不得臣。卧老草堂月，吟盡南山春。野飯足藜藿，幽蘭充佩紉。一杯石上酒，静見天地春。萬慮此都寂，孰知名與身。靈運卧岩幽，子陵釣渚濵。神超物不違，異世等達人。我無玄豹姿，亦欲事隱淪。空歌紫芝曲，早晚由東鄰。

又《河東張緯文》　結廬高隱謝塵埃，浩氣都從道學來。北闕雲烟無夢到，南山草木覺春迴。四時風月供吟筆，萬古乾坤入酒盃。却恐漢庭須羽翼，鶴書未許老巖隈。

又《邢臺劉德淵道》　南國堂堂二鳳雛，年來歸隱舊茅廬。四圍山水境何勝，一室琴書樂有餘。長嘯松林月明夜，行吟菜圃雨晴初。荒蕪庭院人休誚，天下終期一掃除。

元　釋德浄《山林清氣集·山中作》　門外青山近，溪横獨木橋。秋清看過狖，晝静聽鳴蜩。敲火煮香茗，疏泉灌藥苗。此中風味别，應許混漁樵。

又《八月十五夜宿約公房》　褒忠重宿夜，幽景徧山房。野草多爲藥，秋花總是香。昔年同對月，此夕復傳觴。喜得親高論，都忘遠漏長。

又《題竹林隱居》　大隱居廛市，君今住草堂。丹青深得趣，妍醜不能藏。牕外晴山好，庭前古桂香。往來車馬客，到此定傳揚。

又《湖山深處》　湖山深處一高僧，終日棲禪性地明。石上坐看群鹿過，牕前閒聽野禽鳴。幽居不接人間境，静慮都忘世外情。何用别遊方廣去，此中瀟灑有餘清。

又《山居二首》　心境寥寥萬慮忘，紅塵飛不到巖房。呼童莫從牕前竹，留取清陰覆石林。

古柏蕭蕭瑣翠烟，山房無事足怡然。有時拂石閑來坐，静聽松頭瀑布泉。

又《夏日山中》　年來心與世相忘，選得青山竹裏房。滿座緑陰清晝永，數聲幽磬一爐香。

元　趙孟頫《松雪齋集》卷二《罪出》　在山爲遠志，出山爲小草。古語已云然，見事苦不早。平生獨往願，丘壑寄懷抱。圖書時自娱，野性期自保。誰令墮塵網，宛轉受纏繞。昔爲海上鷗，今如籠中鳥。哀鳴誰復顧，毛羽日摧槁。向非親友贈，蔬食常不飽。病妻抱弱子，遠去萬里道。骨肉生别離，丘隴缺拜掃。愁深無一語，目斷南雲杳。慟哭悲風來，如何訴穹昊。

又　卷四《酬衛處士見贈》　之子有道氣，山居詩興多。琴清鶴自舞，林静鳥能歌。未遂移家隱，深慙輟棹過。他年從杖屨，養壽向巖阿。

又《題山堂》　手種青松一萬栽，山堂畱得翠屏隈。推窗緑樹排簷入，臨水紅桃對鏡開。山雉雊迎朝日去，野禽啼傍夕陽來。老妻亦有幽棲意，數日遲畱不肯回。

又　卷五《題周秀才此山堂》　青青雲外山，炯炯松下石。顧此山中人，風神照松色。爽氣在襟袖，清風拂絲桐。悠然適天趣，宴坐心融融。

又《題孫登長嘯圖》　在澗幽人樂考槃，南山白石夜漫漫。空林無風夜籟寂，長嘯一聲山月寒。

元　范梈《選校范文白公詩集》卷五《贈熊處士還山房并序》　廬山中有山房，宋李尚書公擇藏書處，今廢矣。海昏李氏爲其先作書堂於建昌州，亦曰山房，并記尚書焉，蓋有慕廬山者矣。聞熊脩業是間，故作此記之。

尚書舊隱在匡廬，亂後曾聞宅已墟。祠宇秖今誰薦鞠，鬼神猶自護遺書。石泉宛宛輪池細，川樹茫茫映日疎。不識海昏熊處士，冥棲消息近何如。

元　范梈《范文白公詩集續選》卷二《題山居圖》　平湖含白水，断岸見青林。籬落初秋氣，雲山向夕陰。養閒秖用拙，避俗更懷深。爲問舟中客，何時澤畔吟。

又《題友人山居》　游居展静好，盡日有高情。竹下流泉過，花間時鳥鳴。因人問藥裹，要我罷琴迎。本自無知者，山林頗近名。

又　卷三《山齋》　山齋朝雨竹光勻，茶竈催添石火新。對語黄鸝真不俗，飛來白鷺浄無隣。辭榮豈敢要時論，賞静猶應愧古人。報道林河春漲起，少湏重理舊絲綸。

幽栖自是少經過，藥裹書囊奈癖何。仙井朝來雲氣重，洞房夜盡雨聲多。

江湖耆舊深思憶，臺觀風威尚琢磨。自爾索居增固陋，負苓誰問首陽阿。

又《山僧養犬》　不見岩扉淨業君，山僧養犬謾成羣。人知自此來看少，秖向山中吠白雲。

元　虞集《伯生詩續編》卷中《山韻》　橐金乃里來天上，舊賜新頒捧拜餘。去國栖遲慚補報，榮家歡喜度空虛。孤臣清淚三生夢，一寸春陰數葉書。更買青山可終隱，不妨投老得安居。

元　胡祗遹《紫山大全集》卷七《題小隱圖》　富貴爲人詘，迴視妻妾羞。躬耕得溫飽，歲宴亦優游。危坐松石下，長嘯來松風。王侯與螻蟻，究竟誰雌雄。醒吟泰山月，醉卧泰山雲。萬鍾不可召，亦足張吾軍。人生失一官，直欲不可活。誰能抱雄才，終老甘藜藿。好名人所同，喜逢人所共。先生獨何心，不願爲世用。鳥獸不可隣，斯人吾願與。將身落荒山，一嘯同巢許。

又《題王晉卿畫猿鹿圖》　長林豐草水泠泠，野獸無人各稱情。好去雲山更深處，虞官網罟益縱橫。

山猿跳躑詩輕黠，野鹿間馴意自如，慧者何如癡者福，朝三暮四弄羣狙。

明　宋濂《文憲集》卷二《盧龍清隱記》　盧龍山在京城西北二十五里，周遍十二里，高三十六丈。山嶺綿延，遠接石頭，乃江上之關塞，比于北地盧龍山，因名。和陽尊師駱月溪隱居其中，自號曰盧龍清隱，請予友王儀曹本道徵予文以記之。本道述月溪之言曰：古人有云：心不溷濁，謂之清；迹不章顯，謂之隱。予學老子之法者也，朝暮黄粱一盂，首蓿一盤，既適而且安間。披鶴氅衣，手執《黄庭經》一卷，翛然而凝坐，九衢十二陌之游塵莫我之干也，寧非清邪。名氏不落于聲利之場，心迹不屬乎榮辱之境。其入也，烟霞與之同棲；其出也，漁樵與之爭席，寧非隱邪。然而老氏之道，清淨而無爲，隱約以無名，不以清爲清，不以名爲名。是則無所不名，可以治國，可以觀兵，可以脩身，可以延齡。其小靡不該，其大無不并，此其爲清隱益大矣。吾嘗聞之於師而未之能行也，姑就其近似者而究心焉，雖然，予視古今不翅一日暮，何爲復膠膠於斯。人身至中，其體含虛，不縱不横，非東非西，纖如黍珠，鴻包玄區。火龍因之而飛燄，水虎以之而生腴。庶幾騰神紫府，吹簫玄都，此殆忘清隱之名而食其實也邪。其言若是，先生以爲何如？金華宋濂聞之嘆曰：月溪蓋幾于知道者，非歟？其始也，將欲遁世；其中也，又知其道可以治世；其末也，又思長生而度世。縱予有所言，其何以加于三者之間哉！

又　卷三《水北山居記》　古之君子，其在朝市也，雖繁華之膠葛，恬然視之，而却有山林之遐思焉。今之君子其在山林，雖清曠有餘，往往喻鄙爲不足而數興朝市之外慕，唯恐失之，豈人之彝性或固然歟？抑習俗相仍之久而弗克變歟？有能特立而不爲所移者，殆所謂盆盎中之古罍洗也。湖府經歷葉君伯旼，世居永嘉城中。永嘉爲海右名區，南引七閩，東連二浙，宦車士軸之所憇止，蕃舶夷琛之所填委，氣勢薰陶，聲光淪浹。人生其間，孰不聞雞而興，奔走於塵土冥茫中，以求遂其尺寸之欲。伯旼則不然。結廬甌江之北，茅檐竹扉，僅蔽風日，名之曰水北山居。間與二三友攜酒壺出，由白鹿城登華蓋名山，持盃浩歌聲振林木。或擢短艕，具笭箵，垂綸於江水。更或呼小奚奴相隨，行吟夢草堂上，詩句不逼古人不欲休。當其得意時，乾坤空闊，竟不知榮辱之代遷而寒暑之往來也。人皆曰：賢哉！吾伯旼高情逸韻，敫敫霞外，迹雖朝市而心實山林，其近於古之君子哉。然予竊有疑焉。使伯旼爲布衣時，假此以洗心滌慮，庶幾可也。今佐大府，爲元僚，任七品之職，聳四民之望，亦云重矣，而猶不忘乎山居，無乃不可乎。試以伯旼之意逆之，官書叢脞，不暇爬梳，戴星出入猶以爲不足，其能索句於寂寞之濵乎？上承乎府公，下轄乎掾曹，不敢抗之以爲高，不欲抑之以爲卑，慮宜詳矣，其能釣滄波而出白魚乎？民情真僞而莫之辨，官事鞅掌而莫之理，凝思入乎芒杪，精析極乎毫厘，其又能潄醪看山而流連光景乎？是三者，伯旼今咸無之而猶道之不置者，將馮夢以見之耶，或志之以示不能忘也。我知之矣。士君子不以出處二其心，故賤貧不能攝，富貴不能驕，始終一節，卓爲名臣。伯旼之賢所可稱道者，蓋如是而已，其視朝得簪笏、暮厭雲泉者賢不肖，果何如哉。雖然，予猶有一説爲伯旼告焉。當大明麗天，萬物畢照，名一藝者必收，占一才者必庸。有如伯旼之學之美，誰不羡之，其有不登於樞要者乎？伯旼宜悉屏江湖之念，而益存魏闕之思。俟他日功成名遂，歸老於水北山居，岩岍巾而坐，與二三友追叙平生舊游，烹鮮酣觴，從容而賦詩，尚未晚。

又　卷三二《和劉先輩憶山中韻》　憶昔山中鍊九陽，山頭旭日正蒼涼。鳳笙吹煖雲中火，龍藥凝成鼎内霜。靈户啟扃森虎豹，中房持戟混桃康。山分秋色侵玄氅，蝸學天書篆敗墻。五鳥花開呼鹿守，千齡桃熟遞仙嘗。伐毛定欲追神女，歌鳳誰能笑楚狂。種得神瓜如盎大，養來瘦鶴似人長。樓延虛顥殊庭上，樹蝕蒼霞曲瀨傍。劒氣尚堪吞鬼伯，詩魂端合起雞郎。但求脱粟三升飯，肯負眠雲六尺牀。洞雪成漿烹日鑄，海苔爲紙寫風將。舉頭便覺三山近，小大俱冥百

慮忘。

又《題長白山居圖》 滿地雲林稱隱居，燕泥汚我讀殘書。五更風急鳥聲散，時有隔花來賣魚。

明 劉基《誠意伯文集》卷二《招隱》 浮景無根株，逝川不可留。昨日萏草春，今朝蓬梗秋。鼎食豈不美，酖毒潛戈矛。華軒豈不貴，長路能摧輈。子胥棄吴江，屈原赴湘流。韓彭竟葅醢，蕭樊亦累囚。何如張子房，脱屣萬户侯。深韜黄石略，去從赤松游。

秦皇火六籍，黄綺之商山。漢帝握乾符，羊裘竟不還。古來遯世士，冥心丘壑間。於時苟無用，安事空摧顔。石泉清以芳，白雲寒更閒。春蔬雜甘辛，秋果羅青殷。濁酒晚自酌，柴扉晝恒關。嘯歌陟崇岡，濯足臨潺湲。金馬我何榮，羊腸我何艱。鴻鵠翔九霄，邈然不可攀。

豫章長千仞，挺生崇崖陰。布葉連青雲，交柯蔽曾岑。結根豈不固，斤斧將見尋。有柏生石間，屈曲叢灌林。古根蟠飛溜，雹火焚中心。大不中梁柱，小不堪瑟琴。風霜自摇落，偃蹇獨至今。

流水千百折，白雲三四峯。上有噴壑泉，下有凌霜松。中有一老人，坐嘯巖間風。素髮垂兩肩，朱顔暎青瞳。年紀將百齡，容貌如孩童。長跪前致辭，予非列仙翁。笑謂汝孺子，語汝使心通。我生不偶俗，遺身在蒿蓬。結廬白水邊，采藥青林中。世語我不接，世士我不逢。簞瓢我不憂，軒蓋我不崇。自耕足我食，自息安我躬。冥冥絶思慮，默默全和沖。持此攝吾生，仰荷元化功。何必插羽翰，遠逐浮丘公。再拜受斯言，廓然如發蒙。投簪謝知己，一去無回蹤。

有客欸我廬，身披紫雲袍。鳴騶列前後，從者皆俊髦。坐我蓬蓽下，向我談伊皋。手斡北斗魁，足踏東海鼇。高視六合内，泰山等毫毛。揮袂起謝客，且還飲我醪。醉卧不知曉，衡門塞蓬蒿。

又 卷三《題揭伯洪山居圖》 黄埃晦城市，赤日爍遠道。榮華能幾何，未若山居好，啓扉對平林，闢徑入芳草。丹崖翠蘿映，青嶂白雲抱。世事幸見遺，幽趣堪獨討。新晴景物佳，緩步隨野老。倚巖聽鳴弦，息陰憩華葆。蜂亂覺春暄，鴻驚信秋早。無榮謝馳驅，有酒任傾倒。但願長兒童，稼穡以爲寶。

又《爲竺西和尚題谿山茅屋圖》 青山十畝餘，茅屋數間足。高樹結浮烟，脩篁茂深緑。孤松無鄰舍，生理不拘束。開田種禾稻，間以黍與粟。中歲幸西成，青黄被谿曲。鳧鷖與鴻雁，亦各得所欲。清秋霽涼雨，澗底石如玉。野老時見過，杯酒聊與屬。但願官長廉，吏卒莫我毒。耕稼納王租，世世還相續。

又《題山水圖》 江上何所有，高低千萬峯。結廬覆以茅，取足聊自容。緑樹既蓊鬱，清溪亦溶溶。地僻無車馬，猿鳥得相從。日落沙際明，寒煙澹疎松。蒼茫雲霞外，隱見青芙蓉。悠然一舸還，好景時獨逢。歸來山月出，古刹鳴昏鐘。

又《若耶溪杳郭深居精舍》 上人好山居，入山惟恐淺。紆餘涉淵沄，結構依峨巘。岡巒外挺拔，水木終隱顯。其前對鵝鼻，突兀正冠冕。其傍聳木禾，積翠森偃蹇。後有獅子巖，嶜崟露齦齴。春花炫芳林，秋草馥陰畎。高通雲雨過，側見星斗轉。桃源不遠求，箕潁安足踐。我來三伏涼，羈懷忽如展。談經道心融，説法俗慮翦。疎窓夜深啓，孤月掛遥峴。空濛白毫光，閃鑠動崖巘。何當此卜鄰，永用辭澳洒。

又 卷四《題松下道士携琴圖》 道士抱琴松下行，松風入耳清涼生。石梁苔滑不可上，潭水泠泠學琴響。琴有意兮水無心，水中有龍能聽琴。琴聲凄斷水流咽，月滿空山落松雪。

又 卷五《題瑞上人山水圖》 上人性僻耽山水，應是王維第二身。蘭渚流觴新到越，藍田別業舊通秦。驅馳翰墨廻龍虎，簸弄風雷感鬼神。羈旅相逢聊自慰，莫思天地有烟塵。

又《題訪隱圖》 忽憶山中陶隱居，杖藜衝曉謁茅廬。林花浥露紅無比，澗草含烟緑有餘。金鼎丹光纏日月，銀河流水到堦除。松間白鶴通人語，長向瑶臺寄遠書。

明 陶安《陶學士集》卷二《齊山吟》 徐卿結屋齊山陰，邀我爲作齊山吟。浙江以東古甌越，諸郡環境山嵚崟。三衢峯巒甚巍麗，旁走石麓猶千尋。虬昂虎矯蒼骨老，奔若馬騰飛若禽。山多草木虫獸品，亦有玉札丹砂金。松根苓光凝琥珀，叢間童影潛人參。霞屏烟藪有仙隱，蓬扉楮牖無塵侵。繞庭清泉助湯液，當簷脩竹鏘球琳。青龍甲乙書滿案，山人長存濟世心。力扶衰朽除夭閼，藥籠生意春森森。齊山之土能活物，齊山之雲能作霖。先生之德與山等，名曰齊山人所欽。白鶴相招來翠岑，似憐晦迹眠空林。天風吹起檀袍襟，幾車聲譽聞當今。雲端孤飛靈鳳翼，枕上猶帶清猿音。六朝故都佳麗地，騎馬踏遍秦淮潯。官舍蕭閑杯酒斟，卷有新詩匣有琴。囊探神劑奏工巧，指按病脉詳浮沉。鐵冠相逢禮貌厚，民仰司命情俱深。時乎醫國當有待，功名從此來駸駸。齊山之吟

雖止此，此言非子其誰任。

又 卷三《幽居十首次監郡韻》 幽居無限好，托興在雲林。蘭氣山軒浄，槐陰石逕深。霜螯肥斫玉，臘酒滿浮金。對景皆成樂，逍遥物外心。

幽居無限好，松竹翠成林。放鶴高天濶，尋仙古洞深。棲身三畝宅，絶念四知金。舒卷隨時異，非無愛國心。

幽居無限好，猿鳥語高林。歲月催人速，烟霞得趣深。葱裾曾織翠，茘帶已圍金。富貴尋常事，安能動此心。

幽居無限好，談笑坐書林。邊塞軍聲遠，漁樵友義深。靈芝耡紫玉，老桂嗅山金。不逐浮雲變，能堅鐵石心。

幽居無限好，夢不到瓊林。菜甲珊瑚脆，松根琥珀深。勸催耕隴犢，頻費買紅金。湛湛真何似，明蟾照水心。

幽居無限好，流水繞疎林。教子書囊富，留賓酒盞深。閑添詩裏畫，儉有俸餘金。石上閑琴操，悠然太古心。

幽居無限好，爽氣挹蒼林。採藥穿雲遠，烹茶汲井深。牀存題卷筆，笥出鬻書金。時有馴鷗狎，忘機静此心。

幽居無限好，倦鳥喜投林。野韻思高古，公文厭刻深。鼎彝三代噐，酒食二疏金。目送飛雲遠，還存濟物心。

幽居無限好，萬物捴林林。地僻琴魚樂，門閑草木深。文光分北斗，人品重南金。門外鶴書至，恬然不動心。

又 卷一〇《樵隱歌并引》 溧川端國用卜築巉山，自號樵隱，其子以善能揚父德，託陳子良來求樵隱之文。余亦樵于楚山者也，聞端君之隱，喜動於懷，走賦長歌，或乃鋸清風，斧明月，憩叢薄以舒情，招烟霞以爲侣。蒼童白丁，扶携後先，譜斯歌以唱和之，亦山中之真樂也。

隱君家住巉山麓，託興樵蘇生計足。得柴既可編爲門，伐木還能結成屋。身穿巉山雲，春融草樹榮。欣欣簑披巉山雨，翠濕條枝漸翹楚。西風飛霜天又雪，忽見滿山黄葉脱。童子相隨采薪去，斤斧丁丁在林樾。下山笛弄三兩聲，檐頭風月生餘馨。到家一事滿人意，咲指瓦竈炊烟青。逃名物外絶幽雅，厭看市塵飛野馬。平生挺挺松柏姿，豈同泛泛芻荛者。君不見，朝官待漏冰凝履，寒透鷫貂侵骨髓。何如取將榾柮煨滿爐，暖襲圍屏晨未起。又不見，豪家過冬偏費錢，衣重錦綉榻重氈。何如斫得桑榆燒作火，團欒兒女如添綿。更有酒樓歌髻整，狂客沉酣呼不醒。不及我樵安静境，澗底青荆沸茶鼎。復有爵高多俸禄，巧覓資財饜魚肉。不及我樵心寡欲，手束乾柴煮齏粥。久無買臣富貴心，列壑層巒留賞音。清猿攀蘿同書暇，黄鸝求友聞春吟。巢枝小天地，爛柯短古今。戴雲冠兮月在襟，白石爲桃蒼霞衾。左招農叟右招牧，亦有漁父相追尋。長歌未歸藉瑶草，采芝又遇商山老。松花釀醪顔色好，夢魂飛上蓬萊島。

明 王守仁《王文成全書》卷一九《僧齋》 盡日僧齋不厭閒，獨餘春睡得相關。簷前水漲遂無地，江外雲晴忽有山。遠客趍墟招渡急，舟人曬網得魚還。也知世事終無補，亦復心存出處間。

又 卷二〇《題甘泉居》 我聞甘泉居，近連菊坡麓。十年勞夢思，今來快心目。徘徊欲移家，山南尚堪屋。渴飲甘泉泉，飢飡菊坡菊。行看羅浮雲，此心聊復足。

明 袁宏道《袁中郎全集》卷二九《惠山僧房短歌》 山骨連墻粘碧篠，穴苔自種吉祥草。茶到三鍾也醉人，花無百枝亦藏鳥。少年長老姿格清，竹鑪蓮卷古先生。東風不道禪心定，吹入山頭環珮聲。

又 卷三八《山居》 山居只索任天真，無作無營自在身。青葉髻呼雛弟子，白蓮湖老惰耕人。偶逢上座學觀骨，免與東方難腐唇。一笑蒙城門下土，幾歸滄海幾飛塵。

明 袁中道《珂雪齋近集》卷一《玉泉山居》 小閣枕鳴泉，青松覆峻嶺。刁刁一夜風，泉聲在山頂。

又 《贈鬼谷道士》 桃花洞口老劉郎，斑鹿胎冠紫布裳。巖臼積泉充道饌，石垣捍土種山糧。采來野橡分猿食，上得危峯似鳥翔。説客已收名利志，欲依丹鼎駐年光。

又 《度門得響水潭將結菴作瓣志喜六首》 岫色當門易，泉聲繞屋難。飛湍鮮草木，發響撼峰巒。正好風前聽，偏宜月下看。從兹溪畔石，常有兩蒲團。

二 買山隱不妨，勝境借支郎。木杓當珠瀑，荆柴近乳房。奔雷無晝夜，曳練幾星霜。止隔一泓水，輪蹄有底忙。

三 巖曲宜穿屋，山頭好結亭。松濤猶有住，泉語更無停。共鼓離弦曲，同聽没字經。卜鄰非細事，法侣悵辰星。

四 清流何切切，不比俗筝琴。愛此圖通耳，貽之浄妙音。響來神矯健，唤起定昏沉。便是王官谷，何須策杖尋。

五　閒來尋石坐，偶爾破雲行。雪色同溪色，松聲戰水聲。掃苔安硯几，就乳寘茶鐺。不復精禪講，聽泉過此生。

六　不愛師文字，愛師高且真。爾寧慙惠遠，我欲効遺民。貝葉收雄辨，蓮花結浄因。繞溪三百踊，吾喜得吾鄰。

又　卷二《玉泉夏日山居》　好花留住惡莎焚，趂雨還宜種此君。别墅水來如鬭水，他峰雲過似邀雲。閒同天上三禪樂，戲草山家十賚文。月館露臺蕭静夜，巖端松唄幾廻聞。

明　王思任《謔菴文飯小品》卷二《山憐》　山程無近里，山家無晏眠。山女無完粉，山民無空肩。採薪來忽虎，得米歸即仙。獨行犖犖路，相望迢迢烟。飲水涔爲井，開山土是田。樂談城市事，喜逢賽會年。一見伍伯至，魂摇似縮鯿。使君有公賦，且取驕人錢。

又《入華嚴老人居和劍閣》　空山誦華嚴，人老氣則壯。木魚一振響。江南盡回向。側望萬年冰，布瀑三千狀。虎豹常伺門，魔魅敢侵傍。陰風忽拔海，無畏佛亦愴。常恐悞雲雷，會使光明放。我來舉寒酌，七鬯幸不喪。凌晨取沸雪。盥浴神愈王。緬想姑射人，清冷何多讓。更欲借軒牕，鑿通青玉嶂。不能此讀書，懷人自惆悵。

又《僑居石丈人山樓》　愛此居停好，能怡野鶴多。青山入樓坐，江水訪門過。城近脩琴便，人閑看奕苛。只嫌春竹裹，莫奈鳥譏何。

明　釋如愚《石頭菴集》卷二《過郭仰甫山居》　曾問君居處，到來始信言。蓆門無犬護，花逕有禽翻。旱久難祈雨，春深且灌園。自非貧徹骨，佳句那能繁。

又《方康侯孝廉見過談及金陵舊隱》　江介茆菴榆柳環，矮籬深逕門常關。煑茶正熟來新客，作揖未完問舊山。浴鷺梳翎求日曝，虚舩閣槳背風灣。野烟荒景非佳趣，羸得樗庸遠市寰。

又《過胡林素山居》　山家已有趣，况復歲全登。金粟釀新酒，銀魚調病鷹。短墻看菊過，高屐避人乘。冀得常來此，因君續五燈。

又　卷三《宿文殊菴同張寘王論道》　僧舍宜山澤，求栖不問精。綴簾花落研，上嶺月來楹。擊磬呼龍醒，牽衣護鴿驚。定中多刦事，與爾論無生。

又《般若臺遇黄石中書話舊》　尋山情不淺，得客興何深。聊吐欲聞事，卒伸相慕心。畏蚊燈可息，愛竹酒堪斟。時勢今如此，寧須嘆陸沈。

明　釋如愚《空華集》卷上《山居夜步》　清夜雙扉啓，長空獨步時。雲開松際月，花落露中池。鳥宿驚人語，蟲喧助客思。山中塵境寐，猿鶴自相期。

又《天台山道上》　前路石橋近，千巖轉翠微。落花留不住，啼鳥逝忘歸，宿雨含溪出，晴嵐絶嶺飛。傍崖人跡少，薇蕨笑争肥。

又《雲棲寺訪蓮池師》　深隱入雲棲，長林鳥自啼。鉢中龍舌冷，龕上塵絲齊。過樹香飄砌，行厨水接溪。我師禪定處，雲與夕陽低。

明　譚元春《嶽歸堂合集》卷八《與聲禮兩弟入九峰山讀書》　幼情願住山，他日山中叟。莫作遊山人，四時非我有。

又《勸山僧工課》　山僧欲戀山，成佛是第二。人趨鐘鼓聲，云是山中寺。

又《飲山中人家》　荷氣生前坐，榴花紅一溪。牧童歸應客，黄犢過山西。

明　朱誠泳《小鳴稿》卷四《過山家》　巖壑結芳鄰，衡茅遠俗紛。林深遲見日，石亂自生雲。樹影當窻翳，泉聲入座聞。幽居同木石，鹿豕更成羣。

明　皇甫孝《皇甫少玄集》卷八《山居即事》　竟日長林偃，居然無俗情。鳥驚黐集掌，魚躍任呼名。自領巖流趣，閒看草木榮。遥遥白雲外，時復有樵聲。

又　卷二〇《芝山詩爲同年吕沃洲乃翁作》　芝山隱嶔巖，靈異不可悉。煌煌東南秀，擢英絢朝日，彼美玄居子，彈琴坐石室。會當凌青雲，來餐鸞鳳實。有芝實如鸞鳥。

又《鶴峰隱居》　爲毘陵龍臯陸公之子題　雲起碧山隅，龍臯即此區。山前一峯秀，五色儼紛敷。昔日蓬萊客，振羽在天衢。今叨令子顧，而擬鳳毛俱。含音不肯雊，獨立將何須。斜日照芳草，空此仰良圖。仙辭倘可閲，尋棹芙蓉湖。

清　王鉞《世德堂集》卷三《題山家》　新塘儲宿雨，蚤稻着輕花。山木千行直，谿流百曲斜。柴門當碓近，草屋距城賒。日暮飯牛畢，相逢醉晚霞。

又《題山家》　茅屋兩三苔徑封，谿雲嵐雨護重重。石田有鳥經冬耨，野碓無人盡日舂。柚熟留金當晚供，稻香分玉到朝饔。長官不識厖無吠，十畝閒閒屬老農。

清　鄭日奎《鄭静庵先生詩集》卷一《山中雜詠》　兀兀山中居，殊足幽人意。晨興無一事，坐静挹遠翠。有客何處來，欵扉致問慰。一見便坦然，笑語罔疑忌。呼僮漉濁酒，留君且共醉。山蔬味清洌，且無膏粱費。時來松間風，送響作鼓吹。引觴共流連，疑在羲皇世。不知城市客，有此風景未。

又《晤蔣虎臣先生於伏虎寺浄室即事有賦》　山遊得峩眉，於山意

已足。所憾介絶域，相望阻川陸。車馬幾人過，久爲仙隱獨。曠哉蔣夫子，山水嗜何酷。負疴歷荒遠，探勝忘寒燠。一杖支兩屐，藥裹兼書簏。輕舉而寘搜，日與烟嵐觸。幽異不敢匿，午夜山鬼哭。入山與山忘，信知締緣夙。紛吾鞅掌客，風塵走鹿鹿。不謂萬里行，此地快瞻矚。蕭蕭遠公房，爽氣静如沐。竹露時滴響，松風暗吹馥。脱巾疎禮法，瀹茗滌煩溽。神清笑則雅，興洽談逾穆。況復契淵深，嘉晤僅信宿。流光日以邁，幽意豈忘目。坐久涼靄生，晚鐘殷林谷。相對難遽罷，呼童更秉燭。

又 **卷二《春山居士》** 白雲一塢溪一曲，中有幽人數間屋。繁喧不到静氣多，年年生事此中足。清風滿簾月滿床，琴書四壁生古光，有時看竹自來去，亦或吟詩一兩章。往還唯有烟霞侶，緇流劍俠黄冠士。飲逢知己不計籌，話到尋常輒掩耳。居然塵界若爲飄，到此不覺清心魂。便當從君結幽契，世間何處桃花源。

又 **卷四《幽居》** 溪山欲盡處，別有地天奇。一幅雲林畫，數行摩詰詩。茅齋幽近水，蘿徑曲編籬。斟酌花飛候，恐教漁父知。

又 **卷五《春山居中唫》** 幽人築室住幽岑，不受人間塵事侵。自結樵漁爲快友，或從詩酒寄遐心。花光濃淡春多少，山色有無雲淺深。待我他年婚嫁畢，從君此地閱升沉。

又 **《山居效白傅體》** 白雲深處是吾廬，隔斷紅塵静有餘。以紙作屏石作枕，有梅能瘦竹能疎。好尋酒趣和詩趣，宜註仙書與佛書。信矣碧山不負我，寧需他日悔焚魚。

雜録

晉 **干寶《搜神記》卷一** 介琰者，不知何許人也。住建安方山，從其師白羊公杜，受玄一無爲之道，能變化隱形。嘗往來東海，暫過秣陵，與吴主相聞。吴主留琰，乃爲琰架宫廟，一日之中數遣人往問起居。琰或爲童子，或爲老翁，無所食啗，不受餉遺。吴主欲學其術，琰以吴主多内御，積月不教。吴主怒，勑縛琰，著甲士引弩射之，弩發而繩縛猶存，不知琰之所之。

又 **卷二** 樊英隱於壺山，嘗有暴風從西南起。英謂學者曰：成都市火甚盛。因含水嗽之，乃命計其時日。後有從蜀來者云，是日大火，有雲從東起，須臾大雨，火遂滅。

晉 **王嘉《拾遺記》卷三** 老聃在周之末，居反景日室之山，與世人絶跡，惟有黄髮老叟五人，或乘鴻鶴，或衣羽毛。耳出於頂，瞳子皆方，面色玉潔，手握青筠之杖，與聃共談天地之數。及聃退跡爲柱下史，求天下服道之術，四海名士莫不爭至。五老即五方之精也。

唐 **張讀《宣室志》卷五** 天寶中有趙生者，其先以文學顯，兄弟四人俱以進士明經入仕，獨生性魯鈍，雖讀書然不能分句詳義，由是年壯尚不得爲郡貢。常與兄弟友生會宴，盈座朱緑相接，獨生白衣，甚爲不樂，及酒酣或嘲之，生益慚且怒，後一日棄其家遁去，隱晉陽山，葺茅爲舍。生有書百餘篇，笈而至山中，晝習夜思，雖寒暑切肌，食粟襲苧，不憚勞苦，而生蒙庸力愈勤而功愈小，生息孳如，卒不易其志。厥後旬餘，有翁衣褐來造之，因謂生曰：吾子居深山中讀古人書，豈有志於禄仕乎？雖然，學愈久而卒不能分句詳義，何蔽滯之甚耶？生謝曰：僕不敏，自度老且無用，故居深山讀書自悦。雖不能達其精微，然必欲終於志業，不辱先人，又何及於禄仕乎？翁曰：吾子志趣甚堅，老夫雖無所能，誠有補於君耶，幸一訪我耳。因徵其所止，翁曰：吾叚氏子，家於山西大木之下。言竟，忽亡所見。生怪之以爲妖，遂徑往山西尋其跡，果有椵樹蕃茂。生曰：豈非叚氏子乎？因持鍤發其下，得人參長尺餘，甚肖所遇翁之形。生曰：吾聞人參能爲怪者，又可愈疾。遂瀹而食之。自是醒然明悟，所覽書自能窮奥。後歲餘，以明經及第，歷官數任而卒。

又 **卷六** 晉昌唐燕士好讀書，隱于九華山。嘗日晚天雨霽，燕士步月上山。夜既深，有羣狼擁於道，不得歸，懼既甚，遂匿於深林中。俄有白衣丈夫戴紗巾，貌孤俊，年近五十，循澗而來，吟步自若，佇立且久乃吟曰：澗水潺潺聲不絶，溪隴茫茫野花發。自去自來人不歸，長時惟對空山月。燕士常好爲七言詩，頗稱於時人，聞此驚歎，將與之言，未及而没。明日燕士歸，以貌問里人，有識者曰：是胡氏子，舉進士，善爲詩，卒數年矣。

唐 **康駢《劇談録》卷下《嚴史君遇終南山隱者》** 大中末，建州刺史嚴士則，本穆宗朝爲尚醫奉御，頗好真道。因午日於終南山採藥，迷誤於巖嶂之間。不覺遂行數日，所齎糗糧既盡，四遠復無居人，計其道路去京不啻五六百里，然而林岫深僻，風景明麗。忽有茅屋數間，出於松竹之下。煙蘿四合，纔通小徑。士則連扣其門，良久竟無出者。窺其籬隙之内，有一人於石榻偃卧看書，推户直造其前，方乃攝衣而起。士則拜罷，自陳行止，因遣坐於盤石之上，亦問京華近事，復詢天子嗣位幾

年，云自安史犯闕居此，迄於今日。士則具陳奔馳涉歷，資糧已絶，迫於枵腹，請以食饌救之。隱者曰：自居山谷，且無煙爨，有一物可以療之，念君遠來相遺。自起於梁棟之間，脱紙囊開啓，其中有百餘顆如藕豆之狀，俾於藥室取鐺，拾薪汲泉而煑，良久，盛有香氣，視之已如掌大，曰可以食矣，渴即取鐺中餘水飲之。士則方啗其半，已極豐飽。復曰：汝得至此，當有宿分。自兹三十年間不饑渴，俗情慮將淡泊也。他時位至方伯，當取羅浮相近，儻能脱去紛華，兼獲長生之道。辭家日久，可以還矣。士則將欲告歸，因述慮失道，曰：勿憂，去此二三里與採薪人相值，可以隨之，而至國門不遠。既出於山隅，果有採薪者在路側。或問隱者姓名，竟無所對。纔經信宿，已及樊川村野。既還，葷轂不喜，更嘗滋味，日覺氣壯神清，有驂鸞馭鶴之意。衣褐杖藜，多止巖岫居。守盧僕射耽味玄默，思覩異人有道，流述其事，延之致於門下，及聞方伯之説，因以處士奏官。自梓州别駕作牧建溪，時年已九十，到郡纔經周歲，解印乃歸羅浮。及韋相公宙出鎮廣南，使人訪之，猶在山谷。大中十四年之任建安，路由江浙時，蕭相國觀風浙右，於桂樓宿宴召之，唯飲酒數杯，他皆無食也。

五代 王仁裕《開元天寶遺事》卷一《唤鐵》 太白山有隱士郭休，字退夫，有運氣絶粒之術。於山中建茅屋百餘間，有白雲亭、鍊丹洞、注易亭、修真亭、朝元壇、集神閣。每於白雲亭與賔客看山禽野獸，即以槌擊一鐵片子，其聲清響山中，鳥獸聞之集於亭下，呼爲唤鐵。

五代 沈汾《續仙傳》卷中《許宣平》 許宣平，新安歙人也，睿宗景雲中，隱於城陽山南塢，結菴以居。不知其服餌，但見不食，顔若四十許人，行疾奔馬。時或負薪以賣，常掛一花瓢及曲竹杖，每醉騰騰以歸，獨吟曰：負薪朝出賣，沽酒日西歸。路人莫問歸何處，穿白雲行入翠微。爾來三十餘年，或濟人艱危，或救人疾苦。城市之人多訪之不見，但覩菴壁題詩云：隱居三十載，築室南山巔。静夜翫明月，閒朝飲碧泉。樵人歌隴上，谷鳥戲巖前。樂矣不知老，都忘甲子年。好事多詠其詩，抵長安者，於驛路、洛陽同華間傳舍是處題之。天寶中，李白自翰林出東遊，經傳舍，覽詩吟之，嗟歎此仙人詩也。乃詰之於人，得宣平之實，白於是遊及新安，涉溪登山，累訪之不得，乃題其菴壁曰：我吟傳舍詩，來訪真人居。煙嶺迷高跡，雲崖隔太虚。窺庭但蕭索，倚杖空躊躇。應化遼天鶴，歸當千載餘。是冬，野火燎其菴，莫知宣平蹤跡。百餘年後，咸通七年，郡人許明奴家嫗常逐伴入山採樵，獨於南山中見一人，獨坐石上，方食桃，甚大。問嫗曰：汝許明奴家人也？我明奴之祖，宣平也。嫗言：常聞已得仙多年。曰：歸爲我語明奴，言我在此山中。與汝一桃食之，不可將出，山中虎狼甚多，山神惜此桃。嫗乃食桃，甚美，頃之而盡。宣平遣嫗隨樵人歸家，言之明奴之族，甚異，傳聞於郡人。其後嫗憎食，日漸童顔，輕健愈常。中和年以來，兵荒相繼，居人不安，明奴徙家避難，嫗入山不歸。今人採樵或有見其嫗，身衣藤，行疾如飛。逐之，昇林而去。

又《羅萬象》 羅萬象，不知何許人。有文學，明天文，洞精於易，節操奇特。布衣遊行天下，居王屋山久之。後南遊羅浮山，歎曰：此朱明洞天，葛稚川曾棲此以鍊丹，今雖無鄧嶽相留，聊自駐泊矣。於是愛石樓之景，乃於山下結菴以居。常餌黄精，服氣數十年。或出遊曾城泉山布水下採藥，及入福廣城市賣藥飲酒，往來無定。忽一食，則十數人之食不足；或不食，則莫知歲月光悦。輕健日行三四百里，緩行奔馬莫及。後却歸石樓菴中，竟不復出，隱於山中，後不知其所往矣。

宋 陶穀《清異録》卷上《木僊》 張薦明隱樂山，林有古松十餘株，謂人曰：予人中之僊，此木中之僊也。

宋 蘇軾《東坡全集》卷一〇三 有道士講經茅山，聽者數百人。中講有自外入者，長大肥黑，大罵曰：道士奴，天正熱，聚衆造妖，何爲？道士起，謝曰：居山養徒，資用乏，不得不爾。罵者怒少解，曰：須錢不難，何至作此？乃取釜竈杵臼之類，得百餘斤，以少藥鍛之，皆爲銀，乃去。後數年，道士復見此人，從一老道士，鬚髮如雪，騎白驢，此人腰插一驢鞭，從其後。道士遥望叩頭，欲從之。此人指老道士，且摇手作驚畏狀，去如飛，少頃即不見。

宋 李石《續博物志》卷七 陶隱居云：學道之士居山，宜養白犬、白鷄，可以辟邪。

宋 楊萬里《誠齋集》卷八一《西溪先生和陶詩序》 余山墅遠城邑，復不近墟市。兼旬不識肉味，日汲山泉煮湯餅，儐以寒虀，主以脱粟。紛不及目，囂不及耳，余心裕如也。偶九日至，呼兒問有酒乎？曰：秫不登，無所於釀。余仰屋喟曰：安得白衣人乎？已而，所親送至新醅，余欣然又問：有菊乎？曰：秋未涼，菊亦未花。余又喟曰：既得隴，復望蜀，可乎？因悠然獨酌。

明 宋濂《文憲集》卷一三《題趙大年鶴鹿圖》 趙令穰與其弟令松，以宋宗室子精爲文史而旁通藝事，所以皆無塵俗之韵。今觀令穰所畫《鶴鹿圖》，叢竹幽汀，長林豐草，其思致宛如生成。余隱居仙華山中時，與麋鹿爲友，每坐白雲

磴上教鶴起舞，故得其情性爲真。開卷視之，使人怳然自失。

明 沈仕《林下盟・六館》（《水邊林下五十九種》引） 高太素隱商山，起六館，曰春雪未融館、清夏晚雲館、中秋午月館、冬日方出館、暑簟清風館、夜階急雨館，各製一銘。

明 屠隆《考槃餘事》卷二《古琴材》 琴材以桐面梓底者爲上。純桐以一木置之，木上取上半浮者爲面，下半沉者爲底，亦陰陽材也。若底面皆用浮者，謂之純陽琴。古無此製，近世爲之，取其暮夜陰雨，彈之聲不沉也。然必不能達遠，聲亦不實。桐面杉底者，無足取也。桐木近寺觀，聞鍾鼓聲者最佳。吴中懿王得天台寺中，對瀑布泉屋柱，斵二琴，一號洗凡，一號清絶，爲曠代之寶，過於精金美玉也。

又 卷四《丹泉》 名山大川，仙翁修煉之處。水中有丹，其味異常，能延年却病，尤不易得。凡不净之器，甚不可汲。如新安黄山東峯下，有硃砂泉可點茗，春色微紅，此自然之丹液也。臨沅廖氏家世壽，後掘井左右，得丹砂數十淘。西湖葛洪井中有石甃，陶出丹數枚，如芡實，啖之無味，棄之，有施漁翁者拾一粒食之，壽一百六歲。

明 費元禄《鼂采館清課》卷下 余甚慕武林山水，西湖六橋之間，五雲天竺之上，桃李芳菲，澄波漪緑，周迴佛刹精廬。吊古寄懷，每欲買田置宅，鉏月種梅，異時令子孫葬我必於孤山處士之傍，然後爲快。

明 陳繼儒《巖棲幽事》 嵩山僧贈余木癭爐，余銘之云：形固可使如槁木乎，心故可使如死灰乎，惟我與爾有是夫。又有天台僧寄余藤杖，余答以詩云：僧寄天台杖，支余獨上臺。借它時點綴，不是老相催。打果驚黄鳥，疏泉破碧苔。秋聲滿松壑，并與夕陽來。【略】

余寒齋焚香點茶之外，最喜以古瓶簪蠟梅、水仙。蠟梅，古人云本非梅類，以其與梅同時，香又相近，色酷似蜜脾也。又山谷謂京洛間，有一種香氣如梅，類女工撚蠟所成，故以名之。有湯夷，華陰人，服水仙花八石，得爲水仙。又拘樓國有水仙樹，樹腹中有水，謂之仙漿，飲者七日醉。楊誠齋以千葉爲真水仙，而余以爲不如單葉者多風韻。蠟梅難題詠，山谷蕳齋，惟五言小詩而已。獨水仙山谷極爲推賞，曰：何時持上紫宸殿，乞與宫梅定等差。又考蠟梅，原名黄梅，故王安國熙寧間尚咏黄梅詩，至元祐間，蘇黄命爲蠟梅，而范石湖《梅譜》又云：本非梅種，以其與梅同時，而香又近之。如鸚鵡菊，亦以葉梗似菊，而花又同時也。張翊《花經》首云：一品九命，蠟梅亦在其中。洛陽亦有蠟梅，直九英耳。

明 宋彦《山行雜記》 圓静山房西垣，小窓尺許，啓之見鄰僧屋後梨花一樹，燦爛奪目。少頃日光返射，瓊影瑶輝，映入滿室。昔稱玉山朗照映人，今喜得此玉樹。

清 乾隆《江南通志》卷一七五《人物志・方外》 秦華子期，九江人。隱潛山，從角里先生，受仙隱靈寶方，返老還少，日行五百里，能舉千觔，一歲十易皮，如蟬蜕，後昇仙去。【略】

國朝性源結刹於大龍山之巔，終日趺坐。忽烈風雷電，雨傾如注，菴後數蛟騰起，水深三尺。少彌皆驚怖莫措，源入定自如，蛟從屋角委折而下，若不敢犯者，人咸異之。【略】

邋遢仙，休寧人。溽暑，衣裘曝日中。沍寒時，裸體跣足而蹈冰雪，不事浣濯，近之無纖穢氣，人稱邋遢仙，年百餘歲坐化於齊雲山。【略】

漢周義山字季道，汝陰人，丞相勃之後也，父祕陳留刺史。義山年十六，常於平旦日出，時東向服氣，嗽咽百數。父問之，對曰：愛此朝日之暉，是以服之。後遇中嶽仙人蘇子元，授以長生之道，白日昇舉。【略】

唐商棲霞，歷陽人。大歷中棲白石山彭仙洞，善吐納之術，絶粒三十餘年。

清 光緒《零陵縣志》卷一《地輿志・山》 棲巖在日貫洞上，即四仙修煉處。宗績辰府志云：由日貫洞而上至懸崖，則爲石棲，亦曰棲巖，可坐數十人，几案、榻磴、茶具皆天然石物。故老相傳，宋元間，有四人修煉於此。元成宗三年，有樵者遇有竹篠如船，羽人坐其上，俄聞笙管音，三晝夜而還。

清 馬大年《怡情小録・道侣》 自昔士之閒居野處者，必有同道同志之士，相與往來，故有以自樂。淵明詩曰：昔欲居南村，非爲卜其宅。聞多素心人，樂與數晨夕。又云：鄰曲時來往，抗言談往昔。奇文共忻賞，疑義相與析。則南村之鄰，豈庸庸之士哉。杜少陵《與朱山人》詩曰：相近竹參差，相過人不知。幽花欹滿徑，野水細通池。歸客村非遠，殘尊席更移。嘆君多道氣，從此數追隨。李太白《與范居士》詩曰：忽憶范野人，閒園養幽姿。又云：還傾三五酌，自咏猛虎詞。近作十日歡，遠爲千載期。風流自簸蕩，謔浪偏相宜。觀此則朱山人、范居士者，可爲非常流矣。

清 慵訥居士《咫聞録》卷一《無衣人》 黄山上多仙跡。昔有樵子遇大雨雪，山白路迷，棲於石室。見一無衣人披髮至地，爪長八九寸，徧體生毛，足長二尺許。驚異再拜，訪問長生之術。其人了無顧盼，惟大笑一聲，響振山谷。倏忽

晴霽，穿林越澗而去。樵子荷柴行至半山，復遇其人，謂之曰：「女患脚瘋乎？」曰：「然。」以掌柎樵肩，炎熱如火，摩頂放踵於石隙中。取松脂、白石子各數十枚，令跪吞之。取樹間松毛鋒利如針，刺足膿流而成穴，樵子朦朧睡去，醒而疾愈。回視無衣人，已不知所往。問於土人，曰：此白石道人也。夏則見其狐裘蒙茸，嘗聽其歌曰：非圃非農，無夏無冬，餐霞飲露，逝水淙淙。至真可樂，富貴庸庸。彼薄幸者，莫躡我蹤。噫，樵夫乃有幸之人也。

圖表

明 佚名《名山勝槩記》卷首 白岳

恒岳

點蒼山

清 張寶《續泛槎圖三集》《浮槎圖》上冊引

鄧尉香雪

清　張寶《續槎圖四集》《浮槎圖》下冊引

祖堂品泉

華山參禪

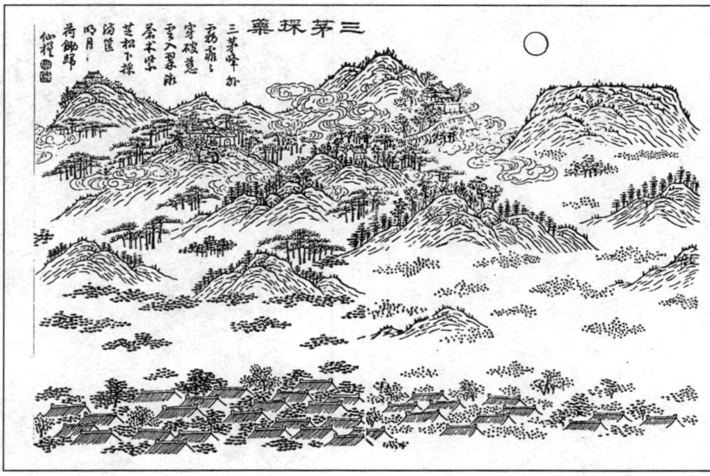
三茅採藥

天闕遯樵

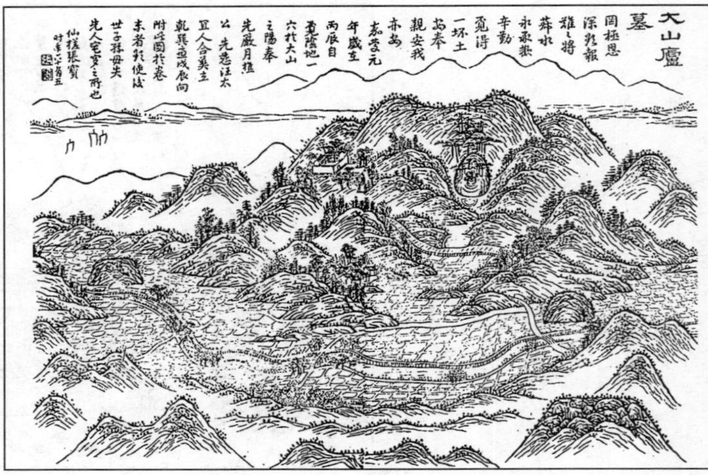
大山廬墓

清　張寶《續泛槎圖六集》《浮槎圖》下冊引

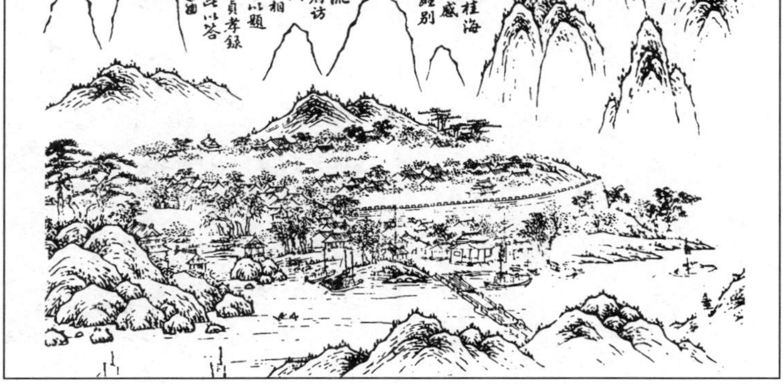

清　張寶《漓江泛棹圖五集》《浮槎圖》下冊引

龍城話

山林遊觀文化部

帝王巡禪

論說

漢　司馬遷《史記》卷二八《封禪書》　正義：此泰山上築土爲壇以祭天，報天之功，故曰封。此泰山下小山上除地，報地之功，故曰禪。言禪者，神之也。《白虎通》云：「或曰封者，金泥銀繩，或曰石泥金繩，封之印璽也。」《五經通義》云：「易姓而王，致太平，必封泰山，禪梁父(荷)〔何〕？天命以爲王，使理羣生，告太平於天，報羣神之功。」

自古受命帝王，曷嘗不封禪？蓋有無其應而用事者矣，未有睹符瑞見而不臻乎泰山者也。雖受命而功不至，至梁父矣而德不洽，洽矣而日有不暇給，是以即事用希。《傳》曰：「三年不爲禮，禮必廢；三年不爲樂，樂必壞。」每世之隆，則封禪答焉，及衰而息。厥曠遠者千有餘載，近者數百載，故其儀闕然堙滅，其詳不可得而記聞云。

南朝梁　沈約《宋書》卷一六《禮志三》　魏明帝世，中護軍蔣濟奏曰：「夫帝王大禮，巡狩爲先，昭祖揚禰，封禪爲首。是以自古革命受符，未有不蹈梁父，登泰山，刊無竟之名，紀天人之際者也。故司馬相如謂有文以來七十二君，或從所繇於前，謹遺跡於後。太史公曰：『主上有聖明而不宣布，有司之過也。』然則元功懿德，不刊山、梁之石，無以顯帝王之功，布生民不朽之觀也。語曰：當君而歎堯、舜之美，譬猶人子對厥所生，譽他人之父。今大魏振百王之弊亂，拯流遁之艱危，接千載之衰緒，繼百世之廢治。自武、文至于聖躬，所以參成天地之道，綱維人神之化，上天報應，嘉瑞顯祥，以比往古，其優衍豐隆，無所取喻。至於歷世迄今，未發大禮。雖志在掃盡殘盜，蕩滌餘穢，未遑斯事。若爾，三苗堀强於江海，大舜當廢東巡之儀，徐夷跳梁於淮、泗，周成當止岱嶽之禮也。且昔歲破吳虜於江、漢，今茲屠蜀賊於隴右。其震蕩內潰，在不復淹，就當探其窟穴，無累於封禪之事也。此儀久廢，非倉卒所定。宜下公卿，廣纂其禮，卜年考時，昭告上帝，以副天下之望。臣待罪軍旅，不勝大願，冒死以聞。」詔曰：「聞濟斯言，使吾汗出流足。自開闢以來，封禪者七十餘君爾。故太史公曰：『雖有受命之君，而功有不洽，是以中間曠遠者，千有餘年，近數百載。其儀闕不可得記。』吾何德之修，敢庶茲乎。濟豈謂世無管仲，以吾有桓公登泰山之志乎。吾不敢欺天也。濟之所言，華則華矣，非助我者也。公卿、侍中、尚書、常侍省之而已。勿復有所議，亦不須答詔也。」【略】

晉武帝平吳，混一區宇。太康元年九月庚寅，尚書令衛瓘、尚書左僕射山濤、右僕射魏舒、尚書劉寔、張華等奏曰：「聖德隆茂，光被四表，諸夏乂清，幽荒率從。神策廟算，席卷吳越，孫晧稽顙，六合爲家，巍巍之功，格于天地。宜同古典，勒封東嶽，告三府太常爲儀制。」瓘等又奏：「臣聞肇自生民，則有后辟，載祀之數，莫之能紀。立德濟世，揮揚仁風，以登封泰山者七十有四家，其謚號可知者，十有四焉。沈淪寂寞，曾無遺聲者，不可勝記。自黃帝以前，古傳昧略，唐、虞以來，典謨炳著。三王代興，體業繼襲，周道既没，秦氏承之，至于漢、魏，而質文未復。大晉之德，始自重、黎，實佐顓頊，至于夏、商，世序天地，其在于周，不失其緒。金德將升，世濟明聖，外平蜀漢，海內歸心，武功之盛，實由文德。至于陛下受命踐阼，弘建大業，羣生仰流，唯獨江湖沅湘之表，凶桀負固，歷代不賓。神謀獨斷，命將出討，兵威暫加，數旬蕩定，羈其鯨鯢，赦其罪逆。雲覆雨施，八方來同，聲教所被，達于四極。雖黃軒之征，大禹遠略，周之奕世，何以尚今。若夫玄石素文，底號前載，象以姓表，言以事告，《河圖》、《洛書》之徵，不是過也。加以騶虞麟趾，衆瑞並臻。昔夏、殷以丕崇爲祥，周武以烏魚爲美，咸曰休哉；然符瑞之應，備物之盛，未有若今之富者也。宜宣大典，禋中嶽，封泰山，禪梁父，發德號，明至尊，享天休，篤黎庶，勒千載之表，播流後之聲，俾百代之下，莫不興起。斯帝王之盛業，天人之至望也。」詔曰：「今逋寇雖殄，外則障塞有警，內則民黎未康，此盛德之事，所未議也。」瓘等又奏：「今東漸于海，西被流沙，大漠之陰，日南北户，莫不通屬。茫茫禹跡，今實過之，則天人之道已周，巍巍之功已著。宜有事梁父，修禮地祇，登封泰山，致誠上帝，以答人神之願。乞如前奏。」詔曰：「今陰陽未和，政刑未當，百姓未得其所，豈可以勒功告成邪！」瓘又奏：「臣聞處帝王之位者，必有曆運之期，天命之應；濟生民之大功者，必有盛德之容，告成之典。無不可誣，有不可讓，自古道也。而明詔謙沖，屢辭其禮。

雖盛德攸在，推而未居。夫三公職典天地，實掌民物，國之大事，取議於此。漢氏封禪，非是官也，不在其事。臣等前奏，蓋陳祖考之功，天命又應，陛下之德，合同四海，述古考今，宜脩此禮。至於剋定歲月，須五府上議，然後奏聞。請寫詔及奏，如前下議。」詔曰：「雖蕩清江表，皆臨事者之勞，何足以告成。方望羣后，思隆大化，以寧區夏，百姓獲乂，與之休息，斯朕日夜之望。無所復下諸府矣。勿復爲煩。」璀等又奏：「臣聞唐、虞二代，濟世弘功之君，莫不仰答天心，俯協民志，登介丘，履梁父，未有辭焉者，蓋不可讓也。今陛下勳高百王，德無與二，茂績宏規，巍巍之業，固非臣等所能究論。而聖旨勞謙，屢自抑損，時至弗應，推美不居，闕皇代之上儀，塞神祇之款望，使大晉之典謨，不同風於三、五。臣等誠不敢奉詔，請如前奏施行。」詔曰：「方當共弘治道，以康庶績。且俟他年，無復紛紜也。」【略】

世祖大明元年十一月戊申，太宰江夏王義恭表曰：「惟皇天崇稱大道，始行揖讓。迄于有晉，雖聿修前緒，而跡淪言廢，蔑記於竹素者，焉可單書。紹乾維，建徽號，流風聲，被絲管，自無懷以來，可傳而不朽者，七十有四君。罔仁厚而道滅，鮮義澆而德宣，鍾律之先，曠世綿絶，難得而聞。《丘》、《索》著明者，尚有遺炳。故《易》稱先天弗違，後天奉時。蓋陶唐姚姒商姬之主，莫不由斯道也。是以風化大洽，光熙于後。炎漢二帝，亦踵曩則，因百姓之心，聽輿人之頌，龍駕帝服，鏤玉梁甫，昌言明稱，告成上靈。況大宋表祥唐虞，受終素德，山龍啓符，金玉顯瑞，異采騰於軫墟，紫煙藹於邦甸，錫冕兆九五之徵，文豹赴天曆之會。誠二祖之幽慶，聖后之冥休。道冠軒、堯，惠深亭毒；而猶執沖約，未言封禪之事，四海竊以恧焉。臣聞惟皇配極，惟帝祀天，故能上稽乾式，照臨黔首，協和穹昊，膺茲多福。高祖武皇帝明並日月，光振八區，拯已溺之晉，濟橫流之世，撥亂寧民，應天受命，鴻徽洽于海表，威稜震乎沙外。太祖文皇帝體聖履仁，述業興禮，正樂頌，作象曆，明達通於神祇，玄澤被乎上下。仁孝命世，叡武英挺，遭運屯否，三才湮滅，迺龍飛五洲，鳳翔九江，身先八百之期，斷出人鬼之表，慶煙應高牙之建，風耀符發迹之辰，親翦凶逆，躬清昏壒，天地革始，夫婦更造，豈與彼承業繼緒，拓復禹跡，車一其軌，書罔異文者，同年而議哉！今龍麟已至，鳳皇已儀，比李已實，靈茅已茂，雕氣降霧於宮樹，珍露呈味於禁林，嘉禾積穗於殿甍，連理合幹於園籞，皆耀質離宮，植根蘭囿。至夫霜毫玄文，素翮頳羽，泉河山嶽之瑞，草木金石之祥，方畿憬塗之謠，抗驛絶祖之奏，彪炳雜沓，粤不可勝言。太平之應，茲焉富矣。宜其從天人之誠，遵先王之則，備萬乘，整法駕，修封泰山，瘞玉岱趾，延喬、松於東序，詔韓、岐於西廂，麾天閽，使啓闢，謁紫宮，朝太一，奏鈞天，詠雲門，贊揚幽奧，超聲前古，豈不盛哉！伏願時命宗伯，具茲典度。」詔曰：「太宰表如此。昔之盛王，永保鴻名，常爲稱首，由斯道矣。朕遭家多難，入纂絶業，德薄勳淺，鑒寐崩愧。頃麟鳳表禎，茅禾兼瑞，雖符祥顯見，恧乎猶深，庶仰述先志，拓清中宇，禮祇謁神，朕將試哉。」

又 卷一七《禮志四》 晉穆帝升平中，何琦論修五嶽祠曰：「唐、虞之制，天子五載一巡狩，省時之方，柴燎五嶽，望于山川，徧于羣神。故曰『因名山升中于天』。所以昭告神祇，饗報功德。是以災厲不作，而風雨寒暑以時。降逮三代，年數雖殊，而其禮不易。五嶽視三公，四瀆視諸侯，著在經記，所謂有其舉之，莫敢廢也。及秦、漢都西京，涇、渭長水，雖不在祀典，以近咸陽，故盡得比大川之祠。而正立之祀，可以闕哉！自永嘉之亂，神州傾覆，茲事替矣。唯灊之天柱，在王略之內，舊臺選百石吏卒，以奉其職。中興之際，未有官守，廬江郡常遣大吏兼假，四時禱賽，春釋寒而冬請冰。咸和迄今，已復墮替。計今非典之祠，可謂非一。考其正名，則淫昏之鬼；推其糜費，則四民之蠹。而山川大神，更爲簡闕，禮俗頹紊，人神雜擾，公私奔蹙，漸以滋繁。良由頃國家多難，日不暇給，草建廢滯，事有未遑。今元憝已殲，宜修舊典。嶽瀆之域，風教所被，來蘇之人，咸蒙德澤，而神祇禋祀，未之或甄，巡狩柴燎，其廢尚矣。崇明前典，將俟皇輿北旋，稽古憲章，大釐制度。其五嶽、四瀆宜遵修之處，但俎豆牲牢，祝嘏文辭，舊章靡記。可令禮官作式，歸諸誠簡，以達明德馨香，如斯而已。其諸妖孽，可粗依法令，先去其甚。俾邪正不瀆。」

五代 劉昫《舊唐書》卷二三《禮儀志三》 貞觀六年，平突厥，年穀屢登，羣臣上言請封泰山。太宗曰：「議者以封禪爲大典。如朕本心，但使天下太平，家給人足，雖闕封禪之禮，亦可比德堯、舜；若百姓不足，夷狄内侵，縱修封禪之儀，亦何異於桀、紂？昔秦始皇自謂德洽天心，自稱皇帝，登封岱宗，奢侈自矜。漢文帝竟不登封，而躬行儉約，刑措不用。今皆稱始皇爲暴虐之主，漢文爲有德之君。以此而言，無假封禪。禮云：『至敬不壇』，掃地而祭，足表至誠，何必遠登高山，封數尺之土也！」侍中王珪對曰：「陛下發德音，明封禪本末，非愚臣之所及。」秘書監魏徵曰：「隋末大亂，黎民遇陛下，始有生望。養之則至仁，勞之則未可。升中之禮，須千乘萬騎，供帳之費，動役數州。户口蕭條，何以能給？」

太宗深嘉徵言，而中外章表不已。【略】

（唐）玄宗開元十二年，文武百僚、朝集使、皇親及四方文學之士，皆以理化昇平，明穀屢稔，上書請修封禪之禮并獻賦頌者，前後千有餘篇。玄宗謙沖不許。中書令張說又累日固請，乃下制曰：

自古受命而王者，曷嘗不封泰山，禪梁父，答厚德，告成功。三代之前，罔不由此。越自魏、晉，以迄周、隋，帝典闕而大道隱，王綱弛而舊章缺，千載寂寥，封崇莫嗣。物極而復，天祚我唐，武、文二后，應圖受籙。洎于高宗，重光累盛，承至理，登介丘，懷百神，震六合，紹殷、周之統，接虞、夏之風。中宗弘懿鑠之休，睿宗沐粹精之道，巍巍蕩蕩，無得而稱者也。

朕昔戡多難，稟略先朝，虔奉慈旨，嗣膺丕業。是用創九廟以申孝敬，禮二郊以展嚴禋，寶菽粟於水火，捐珠玉於山谷。兢兢業業，非敢追美前王；日慎一日，實以奉遵遺訓。至於巡狩大典，封禪鴻名，顧惟寡薄，未遑時邁，十四載于茲矣。今百穀有年，五材無眚，刑罰不用，禮義興行，和氣氤氳，淳風澹泊。蠻夷戎狄，殊方異類，重譯而至者，日月於闕廷；奇獸神禽，甘露嘉醴，窮祥極瑞，朝夕於林籞。王公卿士，罄乃誠於中；鴻生碩儒，獻其書於外。莫不以神祇合契，億兆同心。斯皆烈祖聖考，垂裕餘慶。故朕賴宗廟之介福，敢以眇身，顓其克讓。是以敬奉羣議，弘此大猷，以光我高祖之丕圖，以紹我高祖之鴻烈。永言陟配，追感載深。可以開元十三年十一月十日，式遵故實，有事太山。所司與公卿諸儒詳擇典禮，預爲備具，勿廣勞人，務存節約，以稱朕意。

綜述

《尚書·舜典》 五載一巡守，羣后四朝。傳：各會朝于方岳之下，凡四處，故曰四朝，將說敷奏之事，故申言之。堯舜同道，舜攝則然，堯又可知。敷奏以言，明試以功，車服以庸。傳：敷，陳，奏進也。諸侯四朝，各使陳進治理之言，明試其言，以要其功，功成則賜車服，以表顯其能用。

《尚書·無逸》 周公曰：「嗚呼！厥亦惟我周太王、王季，克自抑畏。【略】文王不敢盤于遊田，以庶邦惟正之供。傳：文王不敢樂於遊逸、田獵，以衆國所取法，則當以正道供待之故。文王受命惟中身，厥享國五十年。」【略】周公曰：「嗚呼！繼自今嗣王，傳：繼，從今已往嗣世之王皆戒之。則其無淫于觀、于逸、于遊、于田，以萬民惟正之供。傳：所以無敢過於觀、遊、逸、豫、田獵者，用萬民當惟正身以供待之故。無皇曰：今日耽樂。乃非民攸訓，非天攸若，時人丕則有愆。

漢 司馬遷《史記》卷二八《封禪書》 《尚書》曰：舜在璇璣玉衡，以齊七政。遂類于上帝，禋于六宗，望山川，徧羣神。輯五瑞，擇吉月日，見四嶽諸牧，還瑞。【略】歲二月，東巡狩，至于岱宗。岱宗，泰山也。【略】柴，望秩于山川。遂覲東后。東后者，諸侯也。合時月正日，同律度量衡，修五禮，五玉三帛二生一死贄。五月，巡狩至南嶽。南嶽，衡山也。【略】八月，巡狩至西嶽。西嶽，華山也。【略】十一月，巡狩至北嶽。北嶽，恒山也。【略】皆如岱宗之禮。中嶽，嵩高也。【略】五載一巡狩。

禹遵之。後十四世，至帝孔甲，淫德好神，神瀆，二龍去之。【略】

《周官》曰，冬日至，祀天於南郊，迎長日之至；夏日至，祭地祇。皆用樂舞，而神乃可得而禮也。天子祭天下名山大川，五嶽視三公，四瀆視諸侯，諸侯祭其疆内名山大川。四瀆者，江、河、淮、濟也。天子曰明堂、辟雍，【略】諸侯曰泮宮。【略】

自周克殷後十四世，世益衰，禮樂廢，諸侯恣行。【略】

秦繆公即位九年，齊桓公既霸，會諸侯於葵丘，而欲封禪。管仲曰：「古者封泰山禪梁父者七十二家，而夷吾所記者十有二焉。昔無懷氏封泰山，禪云云；虙羲封泰山，禪云云；神農封泰山，禪云云；炎帝封泰山，禪云云；黄帝封泰山，禪亭亭；顓頊封泰山，禪云云；帝俈封泰山，禪云云；堯封泰山，禪云云；舜封泰山，禪云云；禹封泰山，禪會稽；湯封泰山，禪云云；周成王封泰山，禪社首。皆受命然後得封禪。」桓公曰：「寡人北伐山戎，過孤竹；西伐大夏，涉流沙，束馬懸車，上卑耳之山；南伐至召陵，登熊耳山以望江漢。兵車之會三，而乘車之會六，九合諸侯，一匡天下，諸侯莫違我。昔三代受命，亦何以異乎？」於是管仲睹桓公不可窮以辭，因設之以事，曰：「古之封禪，鄗上之黍，北里之禾，所以爲盛；江淮之閒，一茅三脊，所以爲藉也。東海致比目之魚，西海致比翼之鳥，然后物有不召而自至者十有五焉。今鳳皇麒麟不來，嘉穀不生，而蓬蒿藜莠茂，鴟梟數至，而欲封禪，毋乃不可乎？」於是桓公乃止。是歲，秦繆公内晉君夷吾。其後三置晉國之君，平其亂。繆公立三十九年而卒。

其後百有餘年，而孔子論述六蓺，傳略言易姓而王；封泰山禪乎梁父者七十餘王矣，其俎豆之禮不章，蓋難言之。或問禘之説，孔子曰：「不知。知禘之

說，其於天下也視其掌。集解：孔安國曰：「爲魯諱也。」包氏曰：「孔子謂或人言知禘之說者，於天下之事如指視以掌中之物，言其易了。」詩云紂在位，文王受命，政不及泰山。武王克殷二年，天下未寧而崩。爰周德之洽維成王，成王之封禪則近之矣。及後陪臣執政，季氏旅於泰山，仲尼譏之。集解：馬融曰：「旅，祭名。禮，諸侯祭山川在封内者。陪臣祭泰山，非禮也。」【略】秦始皇既并天下而帝。【略】即帝位三年，東巡郡縣，祠騶嶧山，頌秦功業。於是徵從齊魯之儒生博士七十人，至乎泰山下。諸儒生或議曰：「古者封禪爲蒲車，惡傷山之土石草木；埽地而祭，席用葅稭，言其易遵也。」始皇聞此議各乖異，難施用，由此絀儒生。而遂除車道，上自泰山陽至巔，立石頌秦始皇帝德，明其得封也。從陰道下，禪於梁父。其禮頗采太祝之祀雍上帝所用，而封藏皆祕之，世不得而記也。【略】

二世元年，東巡碣石，並海南，歷泰山，至會稽，皆禮祠之，而刻勒始皇所立石書旁，以章始皇之功德。索隱小顔云：「今諸山皆有始皇所刻石及胡亥重刻，其文具存也。」其秋，諸侯畔秦。三年而二世弒死。【略】

昔三代之(君)〔居〕皆在河洛之閒，故嵩高爲中嶽，而四嶽各如其方，四瀆咸在山東。至秦稱帝，都咸陽，則五嶽、四瀆皆并在東方。自五帝以至秦，軼興軼衰，名山大川或在諸侯，或在天子，其禮損益世殊，不可勝記。及秦并天下，令祠官所常奉天地名山大川鬼神可得而序也。

於是自殽以東，名山五，大川祠二。曰太室。太室，嵩高也。恆山，泰山，會稽，湘山。水曰濟，曰淮。春以脯酒爲歲祠，因泮凍，秋涸凍，冬塞禱祠。其牲用牛犢各一，牢具珪幣各異。

自華以西，名山七，名川四。曰華山，薄山。薄山者，衰山也。岳山，岐山，吳岳，鴻冢，瀆山。瀆山，蜀之汶山。水曰河，祠臨晉；沔，祠漢中；湫淵，祠朝那；江水，祠蜀。亦春秋泮涸禱塞，如東方名山川；而牲牛犢牢具珪幣各異。而四大冢鴻、岐、吳、岳，皆有嘗禾。【略】

漢興，【略】(高祖)下詔曰：「吾甚重祠而敬祭。今上帝之祭及山川諸神當祠者，各以其時禮祠之如故。」【略】孝文帝即位。即位十三年，下詔曰：「今秘祝移過于下，朕甚不取。自今除之。」

始名山大川在諸侯，諸侯祝各自奉祠，天子官不領。及齊、淮南國廢，正義：齊有泰山，淮南有天柱山，二山初天子祝官不領，遂廢其祀，令諸侯奉祠。今令太祝盡以歲時致禮，如秦故儀。令太祝盡以歲時致禮如故。

南朝梁　沈約《宋書》卷一五《禮志二》　古者天子巡狩之禮，布在方策。至秦、漢巡幸，或以厭望氣之祥，或以希神仙之應，煩擾之役，多非舊典。唯後漢諸帝，頗有古禮焉。魏文帝值參分初創，方隅事多，皇輿亟動，略無寧歲。蓋應時之務，又非舊章也。明帝凡三東巡，所過存問高年，恤人疾苦，或賜穀帛，有古巡幸之風焉。齊王正始元年，巡洛陽，賜高年、力田各有差。【略】

摯虞新禮議曰：「魏氏無巡狩故事，新禮則巡狩方岳，柴望告至，設壝宫，如禮諸侯之覲者。擯及執贄皆如朝儀，而不建其旗。臣虞案覲禮，諸侯覲天子，各建其旗章，所以殊爵命，示等威。《詩》稱『君子至止，言觀其旂』。宜定新禮建旗如舊禮。」然終晉世，巡狩廢矣。

又　卷一六《禮志三》　〔三國魏明帝〕景初元年十月乙卯，始營洛陽南委粟山爲圓丘。詔曰：「蓋帝王受命，莫不恭承天地，以彰神明；尊祀世統，以昭功德。故先代之典既著，則禘郊祖宗之制備也。昔漢氏之初，承秦滅學之後，採摭殘缺，以備郊祀。自甘泉、后土、雍宫、五時神祇兆位，多不經見，並以興廢無常，一彼一此，四百餘年，廢無禘禮。古代之所更立者，遂有闕焉。曹氏世系，出自有虞氏，今祀圓丘，以始祖帝舜配，號圓丘曰皇皇帝天。方丘所祭曰皇皇后地，以舜妃伊氏配。天郊所祭曰皇天之神，以太祖武皇帝配。地郊所祭曰皇地之祇，以武宣皇后配。宗祀皇考高祖文皇帝於門堂，以配上帝。」十二月壬子冬至，始祀皇皇帝天于圓丘，以始祖有虞帝舜配。自正始以後，終魏世，不復郊祀。

又　卷一七《禮志四》　宋孝武帝大明七年六月丙辰，有司奏：「詔尊祭霍山，未審應奉使何官？用何牲饌？進奠之日，又用何器？」殿中郎丘景先議：「修祀川嶽，道光列代；差秩珪璋，義昭聯册。但業曠中葉，儀漏典文。尋姬典事繼宗伯，漢載持節侍祠，血祭埋沈，經垂明範，酒脯牢具，悉有詳例。又名山著珪幣之異，大冢有嘗禾之加。山海祠霍山，以太牢告玉，此準酌記傳，其可言者也。今皇風緬暢，輝祀通嶽，愚謂宜使以太常持節，牲以太牢之具，羞用酒脯時穀，禮以赤璋纁幣。又鬯人之職，『凡山川四方用蜃』，則盛酒當以蠡杯，其餘器用，無所取説。按郊望山瀆，以質表誠，器尚陶匏，藉以茅席，近可依準。山川以兆，宜爲壇域。」參議景先議爲允。令以兼太常持節奉使，牲用太牢，加以璋幣，器用陶匏，時不復用蜃，宜同郊祀，以爵獻。凡肴饌種數，一依社祭爲允。詔可。

宋武帝永初二年，普禁淫祀。由是蔣子文祠以下，普皆毁絶。孝武孝建初，更修起蔣山祠，所在山川，漸皆修復。明帝立九州廟於雞籠山，大聚羣神。

唐 房玄齡《晉書》卷二五《輿服志》 獵車，駕四馬，天子校獵所乘也。重輞漫輪，繆龍繞之。一名闟戟車，一名蹋猪車。魏文帝改名蹋獸車。《記》云「國君不乘奇車」，奇車亦獵車也。古天子獵則乘木輅，後人代以獵車也。

漢儀，立秋日獵，服緗幘。及江左，哀帝從博士曹弘之等議，立秋御讀令，改用素白帢。案漢末王公名士多委王服，以幅巾爲雅，是以袁紹、崔鈞之徒，雖爲將帥，皆著縑巾。魏武以天下凶荒，資財乏匱，擬古皮弁，裁縑帛以爲帢，合乎簡易隨時之義，以色別其貴賤，本施軍飾，非爲國容也。

唐 魏徵《隋書》卷八《禮儀志三》 古者三年練兵，入而振旅，至於春秋蒐獮，亦以講其事焉。

梁、陳時，依宋元嘉二十五年蒐宣武場。其法，置行軍殿於幕府山南岡，并設王公百官幕。先獵一日，遣馬騎布圍。右領軍將軍督右，左領軍將軍督左，大司馬董正諸軍。獵日，侍中三奏，一奏，搥一鼓爲嚴，三嚴訖，引仗爲小駕鹵簿。皇帝乘馬戎服，從者悉絳衫幘，黃麾警蹕，鼓吹如常儀。獵訖，宴會享勞，比校多少。戮一人以懲亂法。會畢，還宮。

後齊常以季秋，皇帝講武於都外。有司先萊野爲場，爲二軍進止之節。又別墠於北場，輿駕停觀。遂命將簡士教衆，爲戰陣之法。凡爲陣，少者在前，長者在後。其還，則長者在前，少者在後。長者持弓矢，短者持旌旗。勇者持鉦鼓刀楯，爲前行，戰士次之，槊者次之，弓箭爲後行。將帥先教士目，使習見旌旗指麾之蹤，發起之意，旗臥則跪。教士耳，使習金鼓動止之節，聲鼓則進，鳴金則止。教士心，使知刑罰之苦，賞賜之利。教士手，使習持五兵之便，戰鬬之備。教士足，使習跪及行列嶮泥之塗。前五日，皆請兵嚴於場所，依方色建旗爲和門。都墠之中及四角，皆建五采牙旗。應講武者，各集於其軍。戒鼓一通，軍士皆嚴備。二通，將士貫甲。三通，步軍各爲直陣，以相俟。大將各處軍中，立旗鼓下。有司陳小駕鹵簿，皇帝武弁，乘革輅，大司馬介胄乘，奉引入行殿。百司陪列。位定，二軍迭爲客主。先舉爲客，後舉爲主。從五行相勝法，爲陣以應之。

後齊春蒐禮，有司規大防，建獲旗，以表獲車。蒐前一日，命布圍。領軍將軍一人，督左甄，護軍將軍一人，督右甄。大司馬一人，居中，節制諸軍。天子陳小駕，服通天冠，乘木輅，詣行宮。將親禽，服戎服，鈒戟者皆嚴。武衛張甄圍，旗鼓相望，銜枚而進。甄常開一方，以令三驅。圍合，吏奔騎令曰：「鳥獸之肉，不登於俎者不射。皮革齒牙，骨角毛羽，不登於器者不射。」甄合，大司馬鳴鼓促圍，衆車鼓譟鳴角，至期處而止。大司馬屯北旌門，二甄帥屯左右旌門。天子乘馬，從南旌門入，親射禽。謁者以獲車收禽，載還，陳於獲旗之北。王公已下以次射禽，皆送旗下。事畢，大司馬鳴鼓解圍，復屯。殿中郎中率其屬收禽，以實獲車。天子還行宮。命有司，每禽擇取三十，一曰乾豆，二曰賓客，三曰充君之庖。其餘即於圍下量犒將士。禮畢，改服，鈒者韜刃而還。夏苗、秋獮、冬狩，禮皆同。

河清中定令，每歲十二月半後講武，至晦逐除。二軍兵馬，右入千秋門，左入萬歲門，並至永巷南下，至昭陽殿北，二軍交。一軍從西上閤，一軍從東上閤，並從端門南，出閶闔門前橋南，戲射並訖，送至城南郭外罷。

後齊三月三日，皇帝常服乘輿，詣射所，升堂即坐，皇太子及羣官坐定，登歌，進酒行爵。皇帝入便殿，更衣以出，驊騮令進御馬，有司進弓矢。帝射訖，還御坐，射懸侯，又畢，羣官乃射五埒。一品〔三十二發，一發調馬，十發射下，十五發射上，三發射麞，三發射帖，三發射獸頭。〕二品三十發，一發調馬，十發射下，十發射上，三發射麞，三發射帖，三發射獸頭。三品二十五發，一發調馬，五發射下，十發射上，三發射麞，三發射帖，三發射獸頭。四品二十發，一發調馬，五發射下，八發射上，二發射麞，二發射帖，二發射獸頭。五品十五發，一發調馬，四發射下，五發射上，二發射麞，二發射帖，一發射獸頭。侍官御仗已上十發。一發調馬，四發射下，五發射上。

季秋大射，皇帝備大駕，常服，御七寶輦，射七埒。正三品已上，第一埒，一品五十發，一發調馬，十五發射下，二十五發射上，三發射麞，三發射帖，三發射獸頭。二品四十六發。一發調馬，十五發射下，二十二發射上，二發射麞，三發射帖，三發射獸頭。從三品四品第二埒，三品四十二發，一發調馬，十二發射下，二十二發射上，二發射麞，二發射帖，三發射獸頭。四品三十七發。一發調馬，十一發射下，十九發射上，一發射麞，二發射帖，三發射獸頭。五品第三埒，三十二發。一發調馬，九發射下，十七發射上，一發射麞，二發射帖，二發射獸頭。六品第四埒，二十七發。一發調馬，八發射下，十六發射上，一發射麞，一發射帖。七品第五埒，二十一發。一發調馬，六發射下，十二發射上，一發射麞，一發射帖。八品第六埒，十六發。一發調馬，四發射下，九發射上，一發射麞，一發射帖。九品第七埒，十發。一發調馬，三發射下，四發射上，一發射麞，一發射帖。

大射置大將、太尉公爲之。射司馬各一人，録事二人。七埒各置埒將、射正參軍各一人，埒士四人，威儀一人，乘白馬以導，的別參軍一人，懸侯下府參軍一

人。又各置令史埒士等員，以司其事。

後周仲春教振旅，大司馬建大麾於萊田之所。鄉稍之官，以旂物鼓鐸鉦鐃，各帥其人而致。誅其後至者。建麾於後表之中，以集衆庶。質明，偃麾，誅其不及者。乃陳徒騎，如戰之陣。大司馬北面誓之。軍中皆聽鼓角，以爲進止之節。田之日，於所萊之北，建旗爲和門。諸將帥徒騎序入其門。有司居門，以平其人。既入而分其地，險野則徒前而騎後，易野則騎前而徒後。既陣，皆坐，乃設驅逆騎，有司表貉於陣前。以太牢祭黄帝軒轅氏，於狩地爲墠，建二旗，列五兵於坐側，行三獻禮。遂蒐田致禽以祭社。仲夏教茇舍，如振旅之陣，遂以苗田如蒐法，致禽以享礿。仲秋教練兵，如振旅之陣，遂以獮田如蒐法，致禽以祀方。仲冬教大閲，如振旅之陣，遂以狩田如蒐法，致禽以享烝。

孟秋迎太白，候太白夕見於西方。先見三日，大司馬戒期，遂建旗於陽武門外。司空除壇兆，有司薦毛血，登歌奏《昭夏》。在位者拜，事畢出。其日中後十刻，六軍士馬，俱介冑集旗下。左右武伯督十二帥嚴街，侍臣文武，俱介冑奉迎。樂師撞黄鍾，右五鍾皆應。皇帝介冑，警蹕以出，如常儀而無鼓角，出國門而軷祭。至則舍於次。太白未見五刻，中外皆嚴，皇帝就位，六軍鼓譟，行三獻之禮。每獻，鼓譟如初獻。事訖，燔燎賜胙，畢，鼓譟而還。

隋制，大射祭射侯於射所，用少牢。軍人每年孟秋閲戎具，仲冬教戰法。及大業三年，煬帝在榆林，突厥啓民及西域、東胡君長，並來朝貢。帝欲誇以甲兵之盛，乃命有司，陳冬狩之禮。詔虞部量拔延山南北周二百里，並立表記。前狩二日，兵部建旗於表所。五里一旗，分爲四十軍，軍萬人，騎五千匹。前一日，諸將各帥其軍，集於旗下。鳴鼓，後至者斬。詔四十道使，並揚旗建節，分申佃令，即留軍所監獵。

布圍，圍闕南面，方行而前。帝服紫袴褶、黑介幘，乘闟猪車，其飾如木輅，重輞漫輪，虯龍繞轂，漢東京鹵簿所謂獵車者也。駕六黑騮。太常陳鼓笳鐃簫角於帝左右，各百二十。百官戎服騎從，鼓行入圍。諸將並鼓行赴圍。乃設驅逆騎千有二百。闟猪停軔，有司斂大綏，王公已下，皆整弓矢，陳於駕前。有司又斂小綏，乃驅獸出，過於帝前。初驅過，有司整御弓矢以前，待詔。再驅過，備身將軍奉進弓矢。三驅過，帝乃從禽，鼓吹皆振，左而射之。每驅必三獸以上。帝發，抗大綏。次王公發，則抗小綏。次諸將發射之，無鼓，驅逆之騎乃止。然後三軍四夷百姓皆獵。凡射獸，自左膘而射之，達于右腢，爲上等。達右耳本，爲次等。自左髀達于右䯚爲下等。羣獸相從，不得盡殺。已傷之獸，不得重射。又逆向人者，不射其面。出表者不逐之。佃將止，虞部建旗於圍內。從駕之鼓及諸軍鼓俱振，卒徒皆譟。諸獲禽者，獻於旗所，致其左耳。大獸公之，以供宗廟，使歸，薦腊于京師。小獸私之。

五代 劉昫《舊唐書》卷二三《禮儀志三》 高宗即位，公卿數請封禪，則天既立爲皇后，又密贊之。麟德二年二月，車駕發京，東巡狩，詔禮官、博士撰定封禪儀注：

有司於乾封元年正月戊辰朔。先是，有司齋戒。於前祀七日平旦，太尉誓百官於行從中臺，云：「來月一日封祀，二日登封泰山，三日禪社首。各揚其職，不供其事，國有常刑。」上齋於行宫四日，致齋三日。近侍之官應從升者，及從事羣官、諸方客使，各本司公館清齋一宿。前祀一日，諸衛令其屬：未後一刻，設黄麾半仗於外壝之外，與樂工人俱清齋一宿。

有司於太嶽南四里爲圓壇，三成、十二階，如圓丘之制。壇上飾以青，四面各依方色，并造燎壇及壝三重。又造玉策三枚，皆以金繩連編玉簡爲之。每簡長一尺二寸，廣一寸二分，厚三分，刻玉填金爲字。又爲玉匱一，以藏正座玉策，長一尺三寸。并玉檢方五寸，當繩處刻爲五道，當封璽處刻深二分，方一寸二分。又爲金匱二，以藏配座玉策，制度如玉匱。又爲黄金繩以纏金玉匱，各五周。爲金泥、玉匱、金匱。爲玉璽一枚，方一寸二分，文同受命璽，封玉匱、金匱。又爲石磩，以藏玉匱。用方石再累，各方五尺，厚一尺。刻方石中令容玉匱。磩旁施檢處，皆刻深三寸三分，闊一尺。當繩處皆刻深三分，闊一寸五分。爲石檢十枚，以檢石磩，皆長三尺，闊一尺，厚七寸。皆刻爲印齒三道，深四寸。當封璽處方五寸，當通繩處闊一寸五分。皆有小石蓋，制與檢刻處相應，以檢擫封泥。其檢立於磩旁，南方、北方各三，東方、西方各二，去磩隅皆七寸。又爲金繩以纏石磩，各五周，徑三分。爲石泥以泥石磩，其泥，末石和方色土爲之。爲距石十二枚，分距磩隅，皆再累，各闊二尺，長一丈，斜刻其首，令與磩隅相應。

泰山之上，設登封之壇，上徑五丈，高九尺，四出陛。壇上飾以青，四面依方色。一壝，隨地之宜。其玉牒、玉匱、石磩，石檢、距石，皆如封祀之制。又爲降禪壇於社首山上，方壇八隅，一成八陛，如方丘之制。壇上飾以黄，四面依方色。三壝，隨地之宜。其玉策、玉匱、石磩、石檢、距石等，亦同封祀之制。

至其年十二月，車駕至山下。及有司進奏儀注，封祀以高祖、太宗同配，禪

社首以太穆皇后、文德皇后同配，皆以公卿充亞獻、終獻之禮。於是皇后抗表曰：

伏尋登封之禮，遠邁古先，而降禪之儀，竊爲未允。其祭地祇之日，以太后昭配，至於行事，皆以公卿。以妾愚誠，恐未周備。何者？乾坤定位，剛柔之義已殊；經義載陳，中外之儀斯別。瑶壇作配，既合於方祇；玉豆薦芳，實歸於内職。況推尊先后，親饗瓊筵，豈有外命宰臣，内參禋祭？詳於至理，有紊徽章。但禮節之源，雖興於昔典；而升降之制，尚缺於遥圖。且往代封嶽，雖云顯號，或因時省俗，意在尋仙；或以情覬名，事深爲己。豈如化被乎四表，推美於神宗；道冠乎二儀，歸功於先德。寧可仍遵舊軌，靡創彝章？

妾謬處椒闈，叨居蘭掖。但以職惟中饋，道屬於蒸、嘗；義切奉先，理光於蘋、藻。罔極之思，載結於因心；祗肅之懷，實深於明祀。但妾早乖定省，已闕侍於晨昏；今屬崇禮，豈敢安於帷帟。是故馳情夕寢，睠嬴里而翹魂；疊慮宵興，仰梁郊而聳念。伏望展禮之日，總率六宫内外命婦，以親奉奠。冀申如在之敬，式展虔拜之儀。積此微誠，已淹氣序，既屬鑾輿將警，奠璧非賒，輒効丹心，庶裨大禮。冀聖朝垂則，永播於芳規；螢燭末光，增輝於日月。於是祭地祇、梁甫，皆以皇后爲亞獻，諸王大妃爲終獻。

紀事

《尚書·舜典》　正月上日，受終于文祖。傳：上日，朔日也。終謂堯終帝位之事。文祖者堯，文德之祖廟。在璿璣玉衡，以齊七政。傳：在，察也。【略】肆類于上帝，傳：堯不聽舜讓，使之攝位，舜察天文，考齊七政，而當天心，故行其事。肆，遂也。類謂攝位事類，遂以攝告天及五帝。禋于六宗，傳：精意以享，謂之禋。宗，尊也。所尊祭者，其祀有六：謂四時也，寒暑也，日也，月也，星也，水旱也，祭亦以攝告。望于山川，徧于羣神。傳：九州，名山大川五岳四瀆之屬，皆一時望祭之，羣神謂丘陵墳衍，古之聖賢皆祭之。【略】

歲二月，東巡守，至于岱宗，柴。傳：諸侯爲天子守土，故稱守。巡，行之。既班瑞之明月，乃順春東巡岱宗。泰山爲四岳所宗，燔柴祭天告至。望秩于山川，傳：東岳諸侯境内名山大川如其秩次，望祭之，謂五岳牲禮視三公，四瀆視諸侯，其餘視伯子男。肆覲東后。傳：遂見東方之國君。【略】

五月南巡守，至于南岳，如岱禮。傳：南岳衡山。自東岳南巡，五月至。八月西巡守，至于西岳，如初。傳：西岳華山，初謂岱宗。十有一月朔巡守，至于北岳，如西禮。傳：北岳恆山。歸，格于藝祖，用特。傳：巡守四岳，然後歸告至文祖之廟。【略】肇十有二州，傳：肇，始也。禹治水之後，舜分冀州爲幽州、并州，分青州爲營州，始置十二州。封十有二山，濬川。傳：封，大也。每州之名山殊大者，以爲其州之鎮。有流川則深之，使通利。

《尚書·五子之歌》　太康尸位，以逸豫。傳：尸，主也，主以尊位。爲逸豫，不勤。滅厥德，黎民咸貳。傳：君喪其德，則衆民皆二心矣。乃盤遊無度，傳：盤樂遊逸無法度。畋于有洛之表，十旬弗反。傳：洛水之表，水之南。十日曰旬，田獵過百日不還。有窮后羿因民弗忍，距于河。傳：有窮國名羿，諸侯名。距太康于河，不得入國，遂廢之。厥弟五人御其母以從，傳：御，侍也，言從畋。徯于洛之汭。五子咸怨，傳：待太康，怨其久畋失國。述大禹之戒以作歌。

《穆天子傳》卷五　竇處曰：天子四日休于濩澤，今平陽濩澤縣是也。音濩特。於是射鳥獵獸。【略】

丁丑，天子里圃田之路，盡規度以爲苑圃地而虞守之也。東至于房房，房子，屬趙國地，有巑山。西至于闕丘，南至于桑野，北盡經林煮闕之藪，南北五十闕十虞：東虞曰兔臺，西虞曰櫟丘，櫟，今河南陽翟縣，音櫟。南虞曰闕富丘，北虞曰相其，御虞曰闕來，十虞所。闕【略】

季夏庚闕，休于范宫。仲秋丁巳，天子射鹿于林中，乃飲于孟氏，爰舞白鶴二八。今之畜鶴、孔雀馴者，亦能應節鼓舞。還，宿于雀梁。【略】

孟冬，鳥至，鴈來翔也。王臣闕弋。【略】

仲冬丁酉，天子射獸，休于深雚，雚，葦之藂。得麋麕豕鹿四百有二十，得二虎九狼，乃祭于先王，命庖人熟之。庖人，主飲食者。戊戌，天子西遊，射于中闕，方落草木鮮，命虞人掠林除藪，以爲百姓材。以供人之材用。掠謂剗伐之。是日也，天子北入于邴，邴，鄭邑也，音丙。與井公博，三日而決。疑井公賢人而隱枋，故穆王就之遊戲也。辛丑塞，戒，不如，故進爲塞也。至于臺，乃大暑除。天子居于臺，以聽天下之，因以避暑。遠方闕之數而衆從之，是以選扐，音勒。乃載之，神人闕之能數也，有道數也。乃左右望之。占候也。天子樂之，愛其術也。命爲闕而時闕焉。闕其名曰闕公去，乘人，闕猶闕，有虎在乎葭中。葭尐。天子將至，七萃之士高奔戎，請生捕虎，必全之，乃生捕虎而獻之。《詩》所謂「袒裼暴虎，獻于公所」，此之謂也。天子命

之爲柙，柙，檻也。《論語》曰：虎兕出於柙。而畜之東虞，是爲虎牢。因以名其地也，今滎陽成皋縣是。天子賜奔戎畋馬十駟，《爾雅》曰：畋獵，齊足尚疾也。歸之太牢，牛羊豕爲太牢。奔戎再拜䭫首。丙辰，天子北遊于林中，乃大受命而歸。

漢 司馬遷《史記》卷一《五帝本紀》 蚩尤作亂，不用帝命。於是黃帝乃徵師諸侯，與蚩尤戰於涿鹿之野，遂禽殺蚩尤。而諸侯咸尊軒轅爲天子，代神農氏，是爲黃帝。天下有不順者，黃帝從而征之，平者去之，披山通道，未嘗寧居。東至于海，登丸山，及岱宗。西至于空桐，登雞頭。南至于江，登熊、湘。北逐葷粥，合符釜山，而邑于涿鹿之阿。

堯使舜入山林川澤，暴風雷雨，舜行不迷。堯以爲聖，召舜曰：「女謀事至而言可績，三年矣。女登帝位。」舜讓於德不懌。正月上日，舜受終於文祖。文祖者，堯大祖也。

於是帝堯老，命舜攝行天子之政，以觀天命。舜乃在璿璣玉衡，以齊七政。遂類于上帝，禋于六宗，望于山川，辯于羣神。揖五瑞，擇吉月日，見四嶽諸牧，班瑞。歲二月，東巡狩，至於岱宗，祡，望秩於山川。遂見東方君長，合時月正日，同律度量衡，脩五禮五玉三帛二生一死爲摯，如五器，卒乃復。五月，南巡狩；八月，西巡狩；十一月，北巡狩：皆如初。歸，至于祖禰廟，用特牛禮。五歲一巡狩，羣后四朝。

舜年二十以孝聞，年三十堯舉之，年五十攝行天子事，年五十八堯崩，年六十一代堯踐帝位。踐帝位三十九年，南巡狩，崩於蒼梧之野。葬於江南九疑，是爲零陵。

又 卷六《秦始皇本紀》 〔秦始皇〕二十八年，始皇東行郡縣，上鄒嶧山。立石，與魯諸儒生議，刻石頌秦德，議封禪望祭山川之事。乃遂上泰山，立石，封，祠祀。下，風雨暴至，休於樹下，因封其樹爲五大夫。禪梁父。刻所立石，其辭曰：

皇帝臨位，作制明法，臣下脩飭。二十有六年，初并天下，罔不賓服。親巡遠方黎民，登茲泰山，周覽東極。從臣思迹，本原事業，祗誦功德。治道運行，諸產得宜，皆有法式。大義休明，垂于後世，順承勿革。皇帝躬聖，既平天下，不懈於治。夙興夜寐，建設長利，專隆教誨。訓經宣達，遠近畢理，咸承聖志。貴賤分明，男女禮順，慎遵職事。昭隔內外，靡不清浄，施于後嗣。化及無窮，遵奉遺詔，永承重戒。

於是乃並勃海以東，過黃、腄，窮成山，登之罘，立石頌秦德焉而去。

南登琅邪，大樂之，留三月。乃徙黔首三萬戶琅邪臺下，復十二歲。作琅邪臺，立石刻，頌秦德，明得意。曰：

維二十八年，皇帝作始。端平法度，萬物之紀。以明人事，合同父子。聖智仁義，顯白道理。東撫東土，以省卒士。事已大畢，乃臨于海。皇帝之功，勸勞本事。上農除末，黔首是富。普天之下，摶心揖志。器械一量，同書文字。日月所照，舟輿所載。皆終其命，莫不得意。應時動事，是維皇帝。匡飭異俗，陵水經地。憂恤黔首，朝夕不懈。除疑定法，咸知所辟。方伯分職，諸治經易。舉錯必當，莫不如畫。皇帝之明，臨察四方。尊卑貴賤，不踰次行。姦邪不容，皆務貞良。細大盡力，莫敢怠荒。遠邇辟隱，專務肅莊。端直敦忠，事業有常。皇帝之德，存定四極。誅亂除害，興利致福。節事以時，諸產繁殖。黔首安寧，不用兵革。六親相保，終無寇賊。驩欣奉教，盡知法式。六合之內，皇帝之土。西涉流沙，南盡北戶。東有東海，北過大夏。人迹所至，無不臣者。功蓋五帝，澤及牛馬。莫不受德，各安其宇。

維秦王兼有天下，立名爲皇帝，乃撫東土，至于琅邪。列侯武城侯王離、列侯通武侯王賁、倫侯建成侯趙亥、倫侯昌武侯成、倫侯武信侯馮毋擇、丞相隗林、丞相王綰、卿李斯、卿王戊、五大夫趙嬰、五大夫楊樛從，與議於海上。曰：「古之帝者，地不過千里，諸侯各守其封域，或朝或否，相侵暴亂，殘伐不止，猶刻金石，以自爲紀。古之五帝三王，知教不同，法度不明，假威鬼神，以欺遠方，實不稱名，故不久長。其身未殁，諸侯倍叛，法令不行。今皇帝并一海內，以爲郡縣，天下和平。昭明宗廟，體道行德，尊號大成。羣臣相與誦皇帝功德，刻于金石，以爲表經。」【略】

始皇還，過彭城，齋戒禱祠，欲出周鼎泗水。使千人没水求之，弗得。乃西南渡淮水，之衡山、南郡。浮江，至湘山祠。逢大風，幾不得渡。上問博士曰：「湘君何神？」博士對曰：「聞之，堯女，舜之妻，而葬此。」於是始皇大怒，使刑徒三千人皆伐湘山樹，赭其山。上自南郡由武關歸。【略】

又 〔秦始皇〕二十九年，始皇東游。至陽武博狼沙中，爲盗所驚。求弗得，乃令天下大索十日。【略】登之罘，刻石。其辭曰：【略】

維二十九年，時在中春，陽和方起。皇帝東游，巡登之罘，臨照于海。從臣嘉觀，原念休烈，追誦本始。大聖作治，建定法度，顯箸綱紀。外教諸侯，光施文

惠，明以義理。六國回辟，貪戾無厭，虐殺不已。皇帝哀衆，遂發討師，奮揚武德。義誅信行，威燀旁達，莫不賓服。烹滅彊暴，振救黔首，周定四極。普施明法，經緯天下，永爲儀則。大矣哉！宇縣之中，承順聖意。羣臣誦功，請刻于石，表垂于常式。

其東觀曰：

維二十九年，皇帝春游，覽省遠方。逮于海隅，遂登之罘，昭臨朝陽。觀望廣麗，從臣咸念，原道至明。聖法初興，清理疆内，外誅暴彊。武威旁暢，振動四極，禽滅六王。闡并天下，甾害絶息，永偃戎兵。皇帝明德，經理宇内，視聽不怠。作立大義，昭設備器，咸有章旗。職臣遵分，各知所行，事無嫌疑。黔首改化，遠邇同度，臨古絶尤。常職既定，後嗣循業，長承聖治。羣臣嘉德，祗誦聖烈，請刻之罘。【略】旋，遂之琅邪，道上黨入。【略】

［秦始皇］三十七年十月癸丑，始皇出游。左丞相斯從，右丞相去疾守。少子胡亥愛慕請從，上許之。十一月，行至雲夢，望祀虞舜於九疑山。浮江下，觀籍柯，渡海渚。過丹陽，至錢唐。臨浙江，水波惡，乃西百二十里從狹中渡。上會稽，祭大禹，望于南海，而立石刻頌秦德。其文曰：【略】

皇帝休烈，平一宇内，德惠脩長。三十有七年，親巡天下，周覽遠方。遂登會稽，宣省習俗，黔首齋莊。羣臣誦功，本原事迹，追首高明。秦聖臨國，始定刑名，顯陳舊章。初平法式，審别職任，以立恒常。六王專倍，貪戾慠猛，率衆自彊。暴虐恣行，負力而驕，數動甲兵。陰通閒使，以事合從，行爲辟方。内飾詐謀，外來侵邊，遂起禍殃。義威誅之，殄熄暴悖，亂賊滅亡。聖德廣密，六合之中，被澤無疆。皇帝并宇，兼聽萬事，遠近畢清。運理羣物，考驗事實，各載其名。貴賤並通，善否陳前，靡有隱情。飾省宣義，有子而嫁，倍死不貞。防隔内外，禁止淫泆，男女絜誠。夫爲寄豭，殺之無罪，男秉義程。妻爲逃嫁，子不得母，咸化廉清。大治濯俗，天下承風，蒙被休經。皆遵度軌，和安敦勉，莫不順令。黔首脩絜，人樂同則，嘉保太平。後敬奉法，常治無極，輿舟不傾。從臣誦烈，請刻此石，光垂休銘。

還過吴，從江乘渡。並海上，北至琅邪。方士徐市等入海求神藥，數歲不得，費多，恐譴，乃詐曰：「蓬萊藥可得，然常爲大鮫魚所苦，故不得至，願請善射與俱，見則以連弩射之。」始皇夢與海神戰，如人狀。問占夢，博士曰：「水神不可見，以大魚蛟龍爲候。今上禱祠備謹，而有此惡神，當除去，而善神可致。」乃令入海者齎捕巨魚具，而自以連弩候大魚出射之。自琅邪北至榮成山，弗見。至之罘，見巨魚，射殺一魚。遂並海西。

至平原津而病。始皇惡言死，羣臣莫敢言死事。上病益甚，乃爲璽書賜公子扶蘇曰：「與喪會咸陽而葬。」書已封，在中車府令趙高行符璽事所，未授使者。七月丙寅，始皇崩於沙丘平臺。

又　卷一二《孝武本紀》［漢孝武皇帝元封元年］三月，遂東幸緱氏，禮登中嶽集解文穎曰：「崧高山也，在潁川陽城縣。」太室。集解：韋昭曰：「崧高山有太室、少室之山，山有石室，故以名之。」從官在山下聞若有言「萬歲」云。正義：《漢儀注》云：「有稱萬歲，可十萬人聲。」問上，上不言；問下，下不言。於是以三百户封太室奉祠，命曰崇高邑。正義顔師古云：「以崇奉嵩高山，故謂之崇高也。」東上泰山，山之草木葉未生，乃令人上石立之泰山顛。

上遂東巡海上，行禮祠八神。集解：文穎曰：「武帝登泰山，祭太一，并祭名山於泰壇，西南開除八通鬼道，故言八神也。一曰八方之神。」索隱：用事八神。案：韋昭云「八神謂天、地、陰、陽、日、月、星辰主、四時主之屬」。今案《郊祀志》，一曰天主，祠天齊；二曰地主，祠太山、梁父；三曰兵主，祠蚩尤；四曰陰主，祠三山；五曰陽主，祠之罘；六曰月主，祠東萊山；七曰日主，祠盛山；八曰四時主，祠琅邪也。齊人之上疏言神怪奇方者以萬數，然無驗者。乃益發船，令言海中神山者數千人求蓬萊神人。公孫卿持節常先行候名山，至東萊，言夜見一人，長數丈，就之則不見，見其跡甚大，類禽獸云。羣臣有言見一老父牽狗，言「吾欲見巨公」，索隱：《漢書音義》曰：「巨公謂武帝。」已忽不見。上既見大跡，未信，及羣臣有言老父，則大以爲僊人也。宿留索隱音秀溜。宿留，遲待之意。若依字讀，則言宿而留，亦是有所待。並通也。海上，與方士傳車及閒使求僊人以千數。

［漢孝武皇帝元封元年］四月，還至奉高。上念諸儒及方士言封禪人人殊，不經，難施行。天子至梁父，禮祠地主。乙卯，令侍中儒者皮弁薦紳，射牛行事。封泰山下東方，如郊祠泰一之禮。封廣丈二尺，高九尺，其下則有玉牒書，書秘。禮畢，天子獨與侍中奉車子侯集解：《漢書·百官表》曰：「奉車都尉掌乘輿車，武帝初置。」韋昭曰：「子侯，霍去病之子也。」上泰山，亦有封。其事皆禁。明日，下陰道。丙辰，禪泰山下阯東北肅然山，集解：服虔曰：「肅然，山名，在梁父。」如祭后土禮。天子皆親拜見，衣上黄而盡用樂焉。江淮閒一茅三脊集解孟康曰：「所謂靈茅也。」爲神藉。五色土益雜封。縱遠方奇獸蜚禽及白雉諸物，頗以加祠。兕旄牛犀象之

屬弗用。皆至泰山然后去。封禪祠，其夜若有光，晝有白雲起封中。【略】

天子既已封禪泰山，無風雨菑，而方士更言蓬萊諸神山若將可得，於是上欣然庶幾遇之，乃復東至海上望，冀遇蓬萊焉。奉車子侯暴病，一日死。上乃遂去，並海上，北至碣石，巡自遼西，歷北邊至九原。五月，返至甘泉。有司言寶鼎出爲元鼎，以今年爲元封元年。【略】

其明年〔漢孝武皇帝元封五年〕冬，上巡南郡，集解徐廣曰：「元封五年。」至江陵而東。登禮灊之天柱山，號曰南嶽。集解：應劭曰：「灊縣屬廬江。南嶽，霍山也。」文穎曰：「天柱山在灊縣南，有祠。」浮江，自尋陽出樅陽，集解：《地理志》廬江有樅陽縣。過彭蠡，祀其名山川。北至琅邪，並海上。四月中，至奉高脩封焉。【略】

其後二歲〔漢孝武皇帝太初元年〕，十一月甲子朔旦冬至，推曆者以本統。天子親至泰山，以十一月甲子朔旦冬至日祠上帝明堂，每脩封禪。其贊饗曰：「天增授皇帝泰元神筴，周而復始，皇帝敬拜泰一。」東至海上，考入海及方士求神者，莫驗，然益遣，冀遇之。

十一月乙酉，集解：徐廣曰：「二十二日也。」柏梁烖。十二月甲午朔，上親禪高里，集解伏儼曰：「山名，在泰山下。」祠后土。臨渤海，將以望祠蓬萊之屬，冀至殊庭焉。集解：《漢書音義》曰：「蓬萊庭。」索隱：冀，《漢書》作「幾」。幾，近也；冀，望也，亦通。服虔曰：「蓬萊中仙人。殊庭者，異也。言入仙人異域也。」【略】

其後五年，〔漢孝武皇帝天漢三年〕，復至泰山脩封，集解：徐廣曰：「天漢三年。李陵以天漢二年敗也。」還過祭常山。

又　卷二八《封禪書》　始皇之上泰山，中阪遇暴風雨，休於大樹下。諸儒生既絀，不得與用於封事之禮，聞始皇遇風雨，則譏之。【略】其來年〔漢孝武皇帝元封元年〕冬，上議曰：「古者先振兵澤旅，然後封禪。」乃遂北巡朔方，勒兵十餘萬，還祭黄帝冢橋山，釋兵須如。【略】上曰：「吾聞黄帝不死，今有冢，何也？」或對曰：「黄帝已僊上天，羣臣葬其衣冠。」既至甘泉，爲且用事泰山，先類祠太一。

南朝宋　范曄《後漢書》志七《祭祀志上》　建武三十年二月，羣臣上言，即位三十年，宜封禪泰山。【略】詔書曰：「即位三十年，百姓怨氣滿腹，吾誰欺，欺天乎？曾謂泰山不如林放，何事汙七十二代之編録！【略】桓公欲封，管仲非之。若郡縣遠遣吏上壽，盛稱虚美，必髡，兼令屯田。」從此羣臣不敢復言。三月，上幸魯，過泰山，告太守以上過故，承詔祭山及梁父。時虎賁中郎將梁松等議：「《記》曰『齊將有事泰山，先有事配林』，蓋諸侯之禮也。河嶽視公侯，王者祭焉。宜無即事之漸，不祭配林。」【略】應劭《漢官》馬第伯《封禪儀記》曰：「車駕正月二十八日發雒陽宫，二月九日到魯，遣守謁者郭堅伯將徒五百人治泰山道。十日，魯遣宗室諸劉及孔氏、瑕丘丁氏上壽受賜，皆詣孔氏宅，賜酒肉。十一日發，十二日宿奉高。是日遣虎賁郎將先上山，三案行。還，益治道徒千人。十五日，始齋。國家居太守府舍，諸王居府中，諸侯在縣庭中齋。諸卿、校尉、將軍、大夫、黄門郎、百官及宋公、衞公、褒成侯、東方諸侯、雒中小侯齋城外汶水上。太尉、太常齋山虞。馬第伯自云，某等七十人先之山虞，觀祭山壇及故明堂宫郎官等郊肆處。入其幕府，觀治石。石二枚，狀博平，圓九尺，此壇上石也。其一石，武帝時石也。時用五車不能上也，因置山下爲屋，號五車石。四維距石長丈二〔尺〕，廣二尺，厚尺半所，四枚。檢石長三尺，廣六寸，狀如封篋。長檢十枚。一紀號石，高丈二尺，廣三尺，厚尺二寸，名曰立石。一枚，刻文字，紀功德。是朝上山騎行，往往道峻峭，（不）〔下〕騎，步牽馬，乍步乍騎，且相半，至中觀留馬。去平地二十里，南向極望無不覩。仰望天闕，如從谷底仰觀抗峯。其爲高也，如視浮雲。其峻也，石壁窅窱，如無道徑。遥望其人，端如行朽兀，或爲白石或雪，久之白者移過樹，乃知是人也。殊不可上，四布僵臥石上，有頃復蘇。亦賴齎酒脯，處處有泉水，目輒爲之明。復勉强相將行，到天闕，自以已至也，問道中人，言尚十餘里。其道旁山脅，大者廣八九尺，狹者五六尺。仰視巖石松樹，鬱鬱蒼蒼，若在雲中。俛視谿谷，碌碌不可見丈尺。遂至天門之下。仰視天門，窔遼如從穴中視天。直上七里，賴其羊腸逶迤，名曰環道，往往有絙索，可得而登也。兩從者扶挾，前人相牽，后人見前人履底，前人見後人頂，如畫重累人矣，所謂磨胸捏石，捫天之難也。初上此道，行十餘步一休，稍疲，咽脣燋，五六步一休。牒牒據頓，地不避濕暗，前有燥地，目視而兩脚不隨。早食上，（脯）〔晡〕後到天門。郭使者得銅物。銅物形狀如鍾，又方柄有孔，莫能識也，疑封禪具也。得之者汝南召陵人，姓陽名通。東上一里餘，得木甲。木甲者，武帝時神也。東北百餘步，得封所，始皇立石及闕在南方，漢武在其北。二十餘步得北垂圓臺，高九尺，方圓三丈所，有兩陛。人不得從，上從東陛上。臺上有壇，方一丈二尺所，上有方石，四維有距石，四面有闕。鄉壇再拜謁，人多置錢物壇上，亦不掃除。國家上見之，則詔書所謂酢梨酸棗狼藉，散錢處數百，幣帛具，道是武帝封禪至泰山下，未及上，百官爲先上跪拜，置梨棗錢于道以求福，即此也。東山名曰日觀，日觀者，雞一鳴時，見日始欲出，長三丈所，秦觀者望見長安，吴觀者望見會稽，周觀者望見（齊西）〔嵩山〕。北有石室。壇以南有玉盤，中有玉龜。山南脅神泉，飲之極清美利人。日入下去，行數環。日暮時頗雨，不見其道，一人居其前，先知蹈有人，乃舉足隨之。比至天門下，夜人定矣。」

南朝梁　沈約《宋書》卷一七《禮志四》　〔三國〕魏文帝黄初二年六月庚子，初禮五嶽四瀆，咸秩羣祀，瘞沈珪璋。六年七月，帝以舟軍入淮。九月壬戌，遣使者沈壁于淮，禮也。

〔北〕魏明帝太和四年八月，帝東巡，遣使者以特牛祠中嶽，禮也。

〔三國〕魏元帝咸熙元年，帝行幸長安，遣使者以璧幣禮華山，禮也。

又　卷七八《蕭思話傳》　〔蕭思話〕嘗從太祖登鍾山北嶺，中道有磐石清泉，上使於石上彈琴，因賜以銀鍾酒，謂曰：「相賞有松石間意。」

唐　房玄齡《晉書》卷一〇六至一〇七《石季龍載記》　〔石季龍〕性殘忍，好馳獵，游蕩無度。【略】

季龍性既好獵，其後體重，不能跨鞍，乃造獵車千乘，轅長三丈，高一丈八尺，置高一丈七尺，格獸車四十乘，立三級行樓二層于其上，剋期將校獵。自靈昌津南至滎陽，東極陽都，使御史監察，其中禽獸有犯者罪至大辟。御史因之擅作威福，百姓有美女好牛馬者，求之不得，便誣以犯獸論，死者百餘家，海岱、河濟間人無寧志矣。【略】

〔季龍〕命石宣祈于山川，因而游獵，乘大輅，羽葆、華蓋，建天子旌旗，十有六軍，戎卒十八萬，出自金明門。季龍從其後宮升陵霄觀望之，笑曰：「我家父子如是，自非天崩地陷，當復何愁，但抱子弄孫日爲樂耳！」宣既馳逐無厭，所在陳列行宮，四面各以百里爲度，驅圍禽獸，皆暮集其所。文武跪立，圍守重行，烽炬星羅，光燭如晝，命勁騎百餘馳射其中。宣與嬖姬顯德美人乘輦觀之，嬉娱忘反，獸殫乃止。其有禽獸奔逸，當之者坐，有爵者奪馬步驅一日，無爵者鞭之一百。峻制嚴刑，文武戰慄，士卒饑凍而死者萬有餘人。宣弓馬衣食皆號爲御，有亂其間者，以冒禁罪罪之。所過三州十五郡，資儲靡有孑遺。季龍復命石韜亦如之，出自并州，游于秦晉。

又　卷一二四《慕容熙載記》　〔慕容〕熙字道文，垂之少子也。初封河間王。【略】其后好游田，熙從之，北登白鹿山，東過青嶺，南臨滄海，百姓苦之，士卒爲豺狼所害及凍死者五千餘人矣。

唐　李百藥《北齊書》卷二八《元坦傳》　元坦，祖魏獻文皇帝，咸陽王禧第七子。【略】性好畋漁，無日不出，秋冬獵雉兔，春夏捕魚蟹，鷹犬常數百頭。自言寧三日不食，不能一日不獵。

唐　魏徵《隋書》卷三《煬帝紀上》　〔大業五年〕夏四月己亥，大獵於隴西。【略】五月乙亥，上大獵於拔延山，長圍周亘二千里。庚辰，入長寧谷。壬午，度星嶺。甲申，宴羣臣於金山之上。

又　卷七《禮儀志二》　開皇十四年，羣臣請封禪。高祖不納。晉王廣又率百官抗表固請，帝命有司草《儀注》。於是牛弘、辛彦之、許善心、姚察、虞世基等創定其禮，奏之。帝逡巡其事，曰：「此事體大，朕何德以堪之。但當東狩，因拜岱山耳。」十五年春，行幸兖州，遂次岱岳。爲壇，如南郊，又壝外爲柴壇，飾神廟，展宫懸於庭。爲埋坎二，於南門外。又陳樂設位於青帝壇，如南郊。帝服衮冕，乘金輅，備法駕而行。禮畢，遂詣青帝壇而祭焉。

大業中，煬帝因幸晉陽，遂祭恒岳。其禮頗採高祖拜岱宗儀，增置二壇，命道士女官數十人，於壝中設醮。十年，幸東都，過祀華岳，築場於廟側。事乃不經，蓋非有司之定禮也。

又　卷八《禮儀志三》　〔大業七年〕是歲也，〔煬帝〕行幸望海鎮，於秃黎山爲壇，祀黄帝，行禡祭。詔太常少卿韋霽、博士褚亮奏定其禮。皇帝及諸預祭臣近侍官諸軍將，皆齋一宿。有司供帳設位，爲埋坎神坐西北，内壝之外。建二旗於南門外。以熊席設帝軒轅神坐於壝内，置甲冑弓矢於坐側，建槊於坐後。皇帝出次入門，羣官定位，皆再拜奠。禮畢，還宫。

五代　劉昫《舊唐書》卷二三《禮儀志三》　〔麟德〕三年正月，帝〔高宗〕親享昊天上帝于山下，封祀之壇，如圓丘之儀。祭訖，親封玉策，置石磩，聚五色土封之。圓徑一丈二尺，高九尺。其日，帝率侍臣已下升泰山。翌日，就山上登封之壇封玉策訖，復還山下之齋宫。其明日，親祀皇地祇於社首山上，降禪之壇，如方丘之儀。皇后爲亞獻，越國太妃燕氏爲終獻。翌日，上御朝覲壇以朝羣臣，如元日之儀。禮畢，詔文武百僚，大赦改元。初，上親享于降禪之壇，行初獻之禮畢，執事者皆趨而下。宦者執帷，皇后率六宫以升，行禮。帷帟皆以錦繡爲之。百僚在位瞻望，或竊議焉。於是詔立登封、降禪、朝覲之碑，各於壇所。又詔名封祀壇爲舞鶴臺，介丘壇爲萬歲臺，降禪壇爲景雲臺，以紀當時所見之瑞焉。【略】

則天證聖元年，將有事於嵩山，先遣使致祭以祈福助，下制，號嵩山爲神岳，尊嵩山神爲天中王，夫人爲靈妃。嵩山舊有夏啓及啓母、少室阿姨神廟，咸令預祈祭。至天册萬歲二年臘月甲申，親行登封之禮。禮畢，便大赦，改元萬歲登封，改嵩陽縣爲登封縣，陽成縣爲告成縣。粤三日丁亥，禪于少室山。又二日己丑，御朝覲壇朝羣臣，咸如乾封之儀。則天以封禪日爲嵩岳神祇所祐，遂尊神岳天中王爲神岳天中皇帝，靈妃爲天中皇后，夏后啓爲齊聖皇帝；封啓母神爲玉京太后，少室阿姨神爲金闕夫人；王子晉爲昇仙太子，別爲立廟。登封壇南有

槲樹，大赦日於其杪置雞樹。則天自制《昇中述志碑》，樹於壇之丙地。【略】

[開元]十三年十一月丙戌，至泰山，去山趾五里，西去社首山三里。丁亥，玄宗服衮冕於行宮，致齋於供帳前殿。己丑，日南至，大備法駕，至山下。玄宗御馬而登，侍臣從。先是玄宗以靈山清潔，不欲多人上，欲初獻於山上壇行事，亞獻、終獻於山下壇行事。因召禮官學士賀知章等入講儀注，因問之，知章等奏曰：「昊天上帝，君位；五方時帝，臣位；帝號雖同，而君臣異位。陛下享君位於山上，羣臣祀臣位於山下，誠足以垂範來葉，爲變禮之大者也。禮成於三，初獻、亞、終，合於一處。」玄宗曰：「朕正欲如是，故問卿耳。」於是敕三獻於山上行事，其五方帝及諸神座於山下壇行事。玄宗因問：「玉牒之文，前代帝王，何故秘之？」知章對曰：「玉牒本是通於神明之意。前代帝王，所求各異，或禱年算，或思神仙，其事微密，是故莫知之。」玄宗曰：「朕今此行，皆爲蒼生祈福，更無秘請。宜將玉牒出示百僚，使知朕意。」其辭曰：「有唐嗣天子臣某，敢昭告于昊天上帝。天啓李氏，運興土德。高祖、太宗，受命立極。高宗升中，六合殷盛。中宗紹復，繼體不定。上帝眷祐，錫臣忠武。底綏内難，推戴聖父。恭承大寶，十有三年。敬若天意，四海晏然。封祀岱岳，謝成于天。子孫百禄，蒼生受福。」

庚寅，祀昊天上帝于山上封臺之前壇，高祖神堯皇帝配享焉。邠王守禮亞獻，寧王憲終獻。皇帝飲福酒。癸巳，中書令張説進稱：「天賜皇帝太一神策，周而復始，永綏兆人。」帝拜稽首。山上作圓臺四階，謂之封壇。臺上有方石再累，謂之石䃭。玉牒、玉策，刻玉填金爲字，各盛以玉匱，束以金繩，封以金泥，皇帝以受命寶印之。納二玉匱於䃭中，金泥䃭際，以「天下同文」之印封之。壇東南爲燎壇，積柴其上。皇帝就望燎位，火發，羣臣稱萬歲，傳呼下山下，聲動天地。山下壇祀，羣臣行事已畢，皇帝未離位，命中書門下曰：「朕以薄德，恭膺大寶。今封祀初建，雲物休祐，皆是卿等輔弼之力。君臣相保，勉副天心，長如今日，不敢矜怠。」中書令張説跪言：「聖心誠懇，宿齋山上。昨夜則息風收雨，今朝則天清日暖，復有祥風助樂，卿雲引燎，靈迹盛事，千古未聞。陛下又思慎終如初，長福萬姓，天下幸甚。」

先是車駕至岳西來蘇頓，有大風從東北來，自午至夕，裂幕折柱，衆恐。張説倡言曰：「此必是海神來迎也。」及至岳下，天地清晏。玄宗登山，日氣和煦。至齋次日入後，勁風偃人，寒氣切骨。玄宗因不食，次前露立，至夜半，仰天稱：「某身有過，請即降罰。若萬人無福，亦請某爲當罪。兵馬辛苦，乞停風寒。」應時風止，山氣温暖。時從山上布兵至于山壇，傳呼辰刻及詔命來往，斯須而達。夜中燃火相屬，山下望之，有如連星自地屬天。其日平明，山上清迥，下望山下，休氣四塞，登歌奏樂，有祥風自南而至，絲竹之聲，飄若天外。及行事，日揚火光，慶雲紛郁，遍滿天際。羣臣並集于社首山帷宮之次，以候鑾駕，遥望紫煙憧憧上達，内外歡譟。玄宗自山上便赴社首齋次，辰巳間至，日色明朗，慶雲不散。百辟及蕃夷争前迎賀。

辛卯，享皇地祇于社首之泰折壇，睿宗大聖貞皇帝配祀。五色雲見，日重輪。藏玉策於石䃭，如封壇之儀。

壬辰，玄宗御朝覲之帳殿，大備陳布。文武百僚，二王後，孔子後，諸方朝集使，岳牧舉賢良及儒生、文士上賦頌者，戎狄夷蠻羌胡朝獻之國，突厥頡利發，契丹、奚等王，大食、謝颶、五天十姓，崑崙、日本、新羅、靺鞨之侍子及使，内臣之番，高麗朝鮮王，百濟帶方王，十姓摩阿史那興昔可汗，三十姓左右賢王，日南、西竺、鑿齒、雕題、牂柯、烏滸之酋長，咸在位。制曰：

朕聞天監唯后，后克奉天，既合德以受命，亦推功而復始。厥初作者七十二君，道洽跡著，時至符出，皆用事于介丘，升中於上帝。人神之望，蓋有以塞之，皇王之序，可得而言。朕接統千歲，承光五葉，惟祖宗之德在人，惟天地之靈作主。往者内難，幽贊而集大勳；問無外虞，守成而纘舊服。未嘗不乾乾終日，思與公卿大夫上下協心，聿求至理，以弘我烈聖，其庶乎馨香。今九有大寧，羣氓樂業，時必敬授而不奪，物亦順成而無夭。懋建皇極，幸致太和。洎乃幽遐，率由感被。戎狄不至，唯文告而來庭；麟鳳已臻，將覺情而在藪。以故凡百執事，亟言大封。顧惟不德，切欲勿議。伏以先聖儲祉，與天同功，荷傳符以在今，敢侑神而無報。大篇斯在，朕何讓焉。遂奉遵高宗之舊章，憲乾封之令典，時邁東土，柴告岱岳。精意上達，肸蠁來應，信宿行事，雲物呈祥。登降之禮斯畢，嚴配之誠獲展。百神羣望，莫不懷柔，四方諸侯，莫不來慶，斯是天下之介福，邦家之耿光也。無窮之休祉，豈獨在予；非常之惠澤，亦宜逮下。可大赦天下。封泰山神爲天齊王，禮秩加三公一等。仍令所管崇飾祠廟，環山十里，禁其樵採。給近山二十户復，以奉祠神。

玄宗製《紀太山銘》，御書勒于山頂石壁之上。其辭曰：

朕宅帝位，十有四載，顧惟不德，懵于至道，任夫難任，安夫難安。兹朕未知獲戾于上下，心之浩蕩，若涉大川。賴上帝垂休，先后儲慶，宰相庶尹，交修皇

極，四海會同，五典敷暢，歲云嘉熟，人用大和。百辟僉謀，唱余封禪，謂孝莫大於嚴父，禮莫盛于告天，天符既至，人望既積，固請不已，固辭不獲。肆余與夫二三臣，稽虞《典》，繹漢制，張皇六師，震讋九宇。旌旗有列，士馬無譁，肅肅邕邕，翼翼溶溶，以至岱宗，順也。

《爾雅》曰：「泰山爲東岳。」《周官》曰：「兗州之鎮山。」實萬物之始，故稱岱焉；其位居五岳之伯，故稱宗焉。自昔王者受命易姓，於是乎啓天地，薦成功，序圖録，紀氏號。朕統承先王，兹率厥典，實欲報玄天之眷命，爲蒼生而祈福，豈敢高視千古，自比九皇哉！故設壇場於山下，受羣方之助祭；躬封燎於山上，冀一獻之通神。斯亦因高崇天，就廣增地之義也。

乃仲冬庚寅，有事東岳，類于上帝，配我高祖。在天之神，罔不畢降。粤翌日，禪於社首，佑我聖考，祀於皇祇。在地之神，罔不咸舉。

暨壬辰，覲羣后，上公進曰：天子膺天符，納介福。羣臣拜稽首，呼萬歲。慶合歡同，乃陳誡以德。大渾協度，彝倫攸敘，三事百揆，時乃之功。萬物由庚，兆人允植，列牧衆宰，時乃之功。一二兄弟，篤行孝友，錫類萬國，時唯休哉！我儒制禮，我史作樂，天地擾順，時唯休哉！蠻夷戎狄，重譯來貢，累聖之化，朕何慕焉。五靈百寶，日來月集，會昌之運，朕何惑焉。凡今而後，儆乃在位，一王度，齊象法，權舊章，補缺政，存易簡，去煩苛。思立人極，乃見天則。

於戲！天生蒸人，惟后時乂，能以美利利天下，事天明矣。地德載物，惟后時相，能以厚生生萬人，事地察矣。天地明察，鬼神著矣。惟我藝祖文考，精爽在天，其曰「懿爾幼孫，克享上帝。惟帝時若，馨香其下」，丕乃曰「有唐氏文武之曾孫隆基，誕錫新命，纘我舊業，永保天禄，子孫其承之」。余小子敢對揚上帝之休命，則亦與百執事尚綏兆人，將多于前功，而毖彼後患。一夫不獲，萬方其罪予。一心有終，上天其知我。朕惟寶行三德，曰慈、儉、謙。慈者，覆無疆之言；儉者，崇將來之訓；自滿者人損，自謙者天益。苟如是，則軌迹易循，基構易守。磨石壁，刻金石，冀後人之聽辭而見心，觀末而知本。銘曰：

維天生人，立君以理，維君受命，奉天爲子。代去不留，人來無已，德涼者滅，道高斯起。赫赫高祖，明明太宗，爰革隋政，奄有萬邦。罄天張宇，盡地開封，武稱有截，文表時邕。高宗稽古，德施周溥，茫茫九夷，削平一鼓。禮備封禪，功齊舜禹，巖巍岱宗，衛我神主。中宗紹運，舊邦惟新，睿宗繼明，天下歸仁。恭己南面，氤氲化淳，告成之禮，留諸後人。緬余小子，重基五聖，匪功伐高，匪德矜盛。欽若祀典，丕承永命，至誠動天，福我萬姓。古封太山，七十二君，或禪亭亭，或禪云云。其迹不見，其名可聞，祇遹文祖，光昭舊勳。方士虛誕，儒書不足，佚后求仙，誣神檢玉。秦災風雨，漢汙編録，德未合天，或承之辱。道在觀政，名非從欲，銘心絶巖，播告羣岳。

於是中書令張説撰《封祀壇頌》，侍中源乾曜撰《社首壇頌》，禮部尚書蘇頲撰《朝覲壇頌》，以紀德。

又　卷二四《禮儀志四》　開元十年，[玄宗]因幸東都，又於華岳祠前立碑，高五十餘尺。又於嶽上置道士觀，修功德。至天寶九載，又將封禪於華岳，命御史大夫王鉷開鑿險路以設壇場，會祠堂災而止。

元　脱脱《宋史》卷七《真宗紀》　[大中祥符元年]三月甲戌，兗州父老千二百人詣闕請封禪；丁卯，兗州并諸路進士等八百四十人詣闕請封禪；壬午，文武官、將校、蠻夷、耆壽、僧道二萬四千三百七十餘人詣闕請封禪，不允。自是表凡五上。

夏四月甲午，詔以十月有事于泰山，遣官告天地、宗廟、嶽瀆諸祠。乙未，以知樞密院事王欽若、參知政事趙安仁爲泰山封禪經度制置使。丙申，以王旦爲封禪大禮使，馮拯、陳堯叟分掌禮儀使。庚子，幸元偁宫視疾。壬寅，御試禮部貢舉人。丙午，作昭應宫。戊申，幸秦國長公主第省疾。又幸晉國、魯國長公主第，並賜白金千兩，彩二千匹。曹濟州、廣濟軍耆老二千二百人詣闕請臨幸。

五月壬戌，王欽若言泰山醴泉出，錫山蒼龍見。丙子，詔瘞汴、蔡、廣濟河流尸暴骸，仍致祭。丁丑，幸南宫視惟能疾。壬午，詔緣路行宫舊屋止加塗塈，毋別創。癸未，置天書儀衛使副、扶侍使都監、夾侍，凡有大禮即命之。詔離京至封禪以前不舉樂，所經州縣勿以聲伎來迓。甲申，放後宫一百二十人。戊子，詔：除乘輿供帳，存於禮文者如舊，自今宫禁中外進奉物，勿以銷金文繡爲飾。

六月乙未，天書再降于泰山醴泉北。丁酉，詔宫苑皇親臣庶第宅飾以五綵，及用羅製幡勝、繒帛爲假花者，並禁之。壬寅，迎泰山天書於含芳園，雲五色見，俄黄氣如鳳駐殿上。庚戌，曲赦兗州繫囚流罪以下。辛亥，羣臣表上尊號曰崇文廣武儀天尊道寶應章感聖明仁孝皇帝。

秋七月庚申，太白晝見。丙寅，詔：諸州市上供物，非土地所宜者罷之。

八月己丑，上太祖尊謚曰啓運立極英武聖文神德玄功大孝皇帝，太宗曰至仁應道神功聖德文武大明廣孝皇帝。庚寅，詔東封道路軍馬毋犯民稼，開封府

毋治道役民。庚子，置河東緣邊安撫司。乙巳，黔州言磨嵯、洛浦蠻首領龔行滿等率族二千三百人内附。己酉，王欽若獻芝草八千餘本。

九月戊午，令有司勿奏大辟案。岳州進三脊茅。庚申，以向敏中權東京留守。甲子，奉天書告太廟，悉陳諸州所上芝草、嘉禾、瑞木於仗内。戊辰，幸元偓宫視疾。壬申，知晋州齊化基坐貪暴削籍，流崖州。乙亥，幸潛龍園宴射。丁丑，幸惟吉宫視疾。戊寅，西京諸州民以車駕東巡貢獻，召對勞賜之。己卯，以馬知節爲行宫都部署。庚辰，趙安仁獻五色金玉丹、紫芝八千七百餘本。乙酉，親習封禪儀于崇德殿。

冬十月戊子，上御蔬食。庚寅，以巡幸置考制度使、副，凡巡幸則命之。是夕，五星順行同色。辛卯，車駕發京師，扶侍使奉天書先道。丙申，次澶州，宴周瑩于行宫。戊戌，許、鄆、齊等州長吏赴泰山陪位。辛丑，駐蹕鄆州，神光起昊天玉册上。甲辰，詔扈從人毋壞民舍、什器、樹木。丁未，法駕入乾封縣奉高宫。戊申，王欽若等獻泰山芝草三萬八千餘本。己酉，五色雲起嶽頂。庚戌，法駕臨山門，黄雲覆輦，道經險峻，降輦步進。先夕大風，至是頓息。辛亥，享昊天上帝於圜臺，陳天書於左，以太祖、太宗配。帝衮冕奠獻，慶雲繞壇，月有黄光；命羣臣享五方帝諸神於山下封祀壇，上下傳呼萬歲，振動山谷。降谷口，日有冠戴，黄氣紛郁。壬子，禪社首，如封祀儀。紫氣下覆，黄光如星繞天書匣。縱四方所獻珍禽奇獸。還奉高宫，日重輪，五色雲見。作會真宫。癸丑，御朝覲壇之壽昌殿，受羣臣朝賀。大赦天下，常赦所不原者咸赦除之。文武並進秩。賜致仕官本品全奉一季，京朝官衣緋緑十五年者改賜服色。令開封府及所過州軍考送服勤詞學、經明行修舉人，其懷材抱器淪於下位，及高年不仕德行可稱者，所在以聞。三班使臣經五年者與考課。兩浙錢氏、泉州陳氏近親，蜀孟氏、湖南馬氏、荆南高氏、廣南河東劉氏子孫未食禄者，聽敍用。賜天下酺三日。改乾封縣爲奉符縣。泰山七里内禁樵採。大宴穆清殿。又宴近臣、泰山父老於殿門，賜父老時服、茶帛。甲寅，復常膳。次太平驛，賜從官辟寒丸、花茸袍。丙辰，次兗州，以州爲大都督府。

清 高晉《南巡盛典》卷二六《恩綸》 乾隆二十二年二月二十二日，上諭内閣曰：朕於回鑾渡黄後，由順河集至徐州，閲視河工，朕即由徐州至曲阜，展謁孔林，途經泰安，登岱拈香，本日仍回大營駐蹕。可傳諭鶴年，預行備辦。其登山路逕，但須畧爲掃除，足供行走，即有窄狹之處，或乘馬，或用行山步輿，即緩步徐行，亦何不可者。且皇太后鑾輿並不登山，切不可搭架天橋，致多竭蹶。

又 卷八一《名勝》 乾隆二十年六月十九日，上命軍機大臣傳諭兩江總督尹繼善曰：朕明歲南巡，一應務從簡樸之處，已屢降旨曉諭該督等，奚茲據尹繼善奏稱，從前未及登臨之地，如寒山别墅、石湖、石佛寺、棲霞山等處，一併酌量興修，以備省覽等語。此等處所皆與行宫相去不遠，間或登臨眺覽俱可，即日往返，無庸駐蹕。只當就山寺内原有屋宇可以憩坐之處，量爲掃除，不可耑搆行軒，以滋糜費。其修葺費用，一併于普福所奏商捐銀内動支。【略】

乾隆二十七年三月初九日，上諭内閣曰：朕奉皇太后安輿，涖兹南服，所以省方觀民，勤求治理。其各處舊有行宫，清蹕所駐，爲期不過數日，但須掃除潔净，以供憩宿足矣。固無取乎靡麗飾觀也。而名山勝蹟，尤以存其舊規爲自然之趣。從前屢降諭旨，至爲明晰，乃今自渡淮而南，凡所經過，悉多重加修建，意存競勝，即如浙江之龍井，山水自佳，又何必更興土木，雖成事不説，而似此踵事，增華伊於胡底，轉非朕稽古時巡本意。且河工海塘爲東南民生攸繫，朕廑懷宵旰，時切紆籌。地方大吏果能加意修防，永資捍禦，則兹之親臨閲視，其欣慰當何如耶。而田疇豐潤，井里熙恬，所以愽朕愜覽，不在彼而在此也。嗣後每届巡幸之年，江浙各處行宫名勝處所，均無庸再事增葺，徒滋糜費。即圬墁裱飾，至年久剥落，亦可悉任其舊，此寔爲愛惜物力起見也。該督撫等其各善體朕，諭敬相遵守。【略】

乾隆四十七年十二月二十七日，上諭内閣曰：浙省上届辦理南巡，於杭州西湖等處添設座落，點綴甚多，繁費無益，殊非朕省方問俗之意，屢經降旨訓飭。而此内葛嶺一處，鑿山開道，建盖屋宇，尤屬無謂，且所費不貲，朕心寔所不取。是以上届即未往臨幸，此皆王亶望、王燧借辦差爲名，肆行糜費。外博見長之巧，隂遂貪縱之私，其罪寔由於此著。傳諭福崧，於葛領座落，斷不必再加脩整，但係已成之局，竟任其自然可也。

又 卷八三《名勝》 崮山在長清縣東南三十里，山容秀削，翠柏盈巔，望如螺髻。乾隆三十六年，恭建亭館數楹，以供宸眺，青崖五峯諸山，勢若環拱。【略】

泰嶽在泰安縣北，周圍一百六十餘里，從麓至頂四十八里，凡十八盤，而上中峯最高處爲岱頂，世所稱玉皇頂也。其支峯别阜爲峯、爲嶺、爲巖、爲厓、爲洞、爲峪，凡百餘名，而南天門十八盤山勢尤峻，非架木爲橋，不能高陟。乾隆二

十二年，欽奉上諭：登山路逕或乘馬，或用山輿，即緩步徐行，亦何不可，不必搭架天橋，致多糜費。故歷次車駕登岱皆策騎而上，絕無修繕之煩。若紅門、玉皇廟、朝陽洞及岱頂諸名勝之尤著者，經撫臣恭建行軒數楹，謹各綴説於後。

紅門循山麓而上，徑路逶迤，至是則山勢若翼，闢塗而升，蓋登岱之初級也。紅門之西，恭葺數楹以備，宸遊憩息。

玉皇廟在迴馬嶺稍南，峻閣聳峙，俯瞰萬象。乾隆十三年，御題曰壺天閣。西有倚山亭，閣東建屋數楹，以供宸眺。

朝陽洞由三蹬厓，盤路峻削，至五松樹，則地平如掌。曲徑縈紆其上，面對青松，曦光四徹。精舍三間，宸章稱其清潔。歷屆題詠俱摩勒崖壁，名山聖藻，千古遺逢。

白鶴泉在泰山南麓，宋升元觀故址。相傳有白鶴啄土得泉，因而名之。泉出石罅，水聲鍧然，精瑩澄潔，爲泰山勝地。撫臣於其上恭建行宮。萬壑千巖，延入窗牖，宛如圖畫。乾隆辛卯歲，恭逢鑾輅初臨，賜體元堂匾額，仰見聖天子育物宣仁之至意去。

又　卷八五《名勝》　靈巖寺，靈巖山之陽。相傳晉太尉陸抗捨宅置寺，名曰秀峯。南宋時爲韓世忠功德寺，改名崇報禪院。明洪武中，賜額靈巖寺。林巒回抱，實據一山之勝。聖祖仁皇帝南巡，駐蹕於此。皇上法祖省方，吳中大吏於寺旁營構行宮，松棟雲軒，不尚粉飾。其高處爲臨湖榭，俯視具區三萬六千頃，如在几席間也。乾隆辛未，御書寺額，曰吳苑香林。聯曰：雲去雲來池邊留塔影，烟凝烟泮林外泛湖光。

御書行宮額，曰晴湖遠碧，曰雲峯罨翠，又額曰靈巖。聯曰：空際兩山青玉削，望中一界白銀鋪。丁丑，御書佛龕屏，聯曰：金輪彩映牟尼浄，寶塔光含舍利圓。

又　卷八六《名勝》　龍井在風篁嶺，泉自崖腹湧出，相傳有蛟龍居之。唐時建寺井上，宋改名壽聖院。僧辨才居此，與蘇軾、秦觀、米芾輩唱和。芾書《方圓菴記》今存寺中。内有八景，爲湖山佳勝之冠。乾隆壬午，御書額曰龍井，曰湖山第一佳。又額曰篁嶺卷阿，曰清虚静泰，曰不著一相。又八景額曰過溪亭、滌心沼、一片雲、風篁嶺、方圓菴、龍泓澗、神運石、翠峯閣。又額曰振鷺，曰聽泉。又池額曰浴麟，曰浣花。又聯曰：秀翠明湖游目頻來過溪處，腴含古井怡情正及採茶時。又聯曰：欣於所遇何空色，樂在其間足古今。又聯曰：玉毫珠頂無離即，皓月清池得證因。【略】

葛嶺在寶雲山，以晉葛洪所居，故名。其巔曰初陽臺，山半曰仙翁祠，祠畔有丹井，有寶雲泉，皆稚川遺跡。山有古刹二，一曰智果寺，吳越時建。宋蘇軾守杭州，延僧道潛，號參寥子者居之，因名其泉曰參寥泉，且爲撰銘。一曰壽星院，亦建於吳越。有寒碧軒、此君軒、觀臺、杯泉諸勝，蘇軾所題壽星院四景也。乾隆四十五年，皇上臨幸，賡和蘇韻，勒石山間。【略】

六一泉在孤山西麓。宋蘇軾守杭時，與僧惠勤爲方外交。適有泉出惠勤講堂下，因感懷，歐陽修取以名之。惠勤，亦歐陽修素交也。南渡後歸入延祥觀，其蹟漸湮。明夏時正訪得，始重表之。皇上六度臨幸，睿藻聯翩，備有古今諸體。從此歐蘇遺跡，永垂不朽矣。乾隆乙酉，御書額曰六一泉。甲辰，御書額曰光明普印。【略】

梅林歸鶴在孤山之陰，宋處士林逋隱此，構放鶴亭及巢居閣。又於孤山植梅三百本，歲久不存。後人補植者多，今已成林。早春雪霽，梅花盛開，輒有白鶴翩翾舞其庭。聖祖仁皇帝臨幸，御書放鶴二字。又御臨，董其昌書《舞鶴賦》，勒碑亭上。皇上六次臨幸，篇詠尤富。又得蘇軾題林逋詩帖真跡，賡和其韻，刻石亭前，遂使真隱高蹤，亘數百年猶有光寵，孤山從此不孤矣。【略】

理安寺在南山十八澗，舊名法雨寺。緑嶂百重，清泉萬轉，異木靈草，四時敷榮。宋理宗時，改爲理安。國朝康熙五十三年，聖祖仁皇帝發帑重建，置寺山千畝，齋田二百餘畝，御書石磬正音及理安寺匾額。雍正五年，御賜慈悲自在匾額。寺有松巔閣、法雨泉最爲清勝，恭遇皇上時巡，每停，清蹕焉。乾隆辛未，御書額曰樹最勝幢。乙酉，御書額曰識安心竟。

又　卷八七《名勝》　棲霞寺在江寧府東北，山多藥草，可以攝生，故名攝山。又以重嶺如繖，名繖山。南齊明僧紹隱此，捨宅爲寺。山有三峯，中峯屹立，東西拱抱，寺在中峯之麓。唐高宗製明徵君碑，碑陰書棲霞二大字，因以名。寺左有舍利石塔，鐫琢極工，隋文帝所建也。東通無量殿，一泉曰品水。殿東有閣翼然，曰紫峯。循中峯而上，有千佛巖，齊時隨石勢鑿成千佛，旁一石曰紗帽峯。上賜名玉冠。其前平石曰明月臺。自紫峯閣循澗而上，渡春雨橋，即白鹿泉。昔村民逐鹿至此，得之，瀦以爲池，清泠可愛。中峯之脊曰石梁，旁有玲峯池。絕頂爲最高峯，峯下迤西，矗石凌空，曰天開巖。北爲幽居菴，稍南爲霞心庵，爲萬松山房，其麗於西峯者曰叠浪崖，曰德雲庵，曰般若臺，珍珠泉。臺右層

巒邃谷，雲布星羅。乾隆二十二年始恭建行宫於中峯之左，瓦屋疎櫺，不施繪藻，而陰陽高下，位置天然。自後聖駕時巡，皆蒙臨幸，幾暇揮毫，篇章美富，名山益增光寵矣。【略】

清涼山在江寧府之西北隅，山據石頭城，下臨大江，稱金陵雄觀。上有清涼寺，吴順義中，名興教寺，唐爲清涼道場，宋爲清涼廣惠寺。蘇軾嘗捨彌陀佛畫像，有贊。明初改今名。其嶺有翠微亭，南唐時建，舊藏董羽畫龍、李後主八分書、李霄遠草書，稱三絶。乾隆甲辰歲，添建行軒，以俟翠罕憩息。辛未，御書額曰臺頂飛雲，又書山嶺亭額曰翠微，聯曰：波心似鏡留明月，松韻如簧振午風。【略】

鷄鳴山在江寧府城東北，舊名鷄籠，象形也。宋元嘉中，徵廬山隱士雷次宗，使開館聚徒教授。又竟陵王子良於此集學士爲《四部要畧》。其東麓則晉永康間建設道場，明初改創爲寺，建浮圖五級，前俯會城，後瞰元武湖。聖祖御題曠觀二字，勒石，盖亭山之全勝具焕發奎藻中矣，而日月之華，益光於復旦。兹山何榮遇若此。其巔爲北極閣，祀文昌之神。乾隆辛未，御書寺額曰聲覺大千，聯曰：法身常現寶塔品，空界似聞曇鉢香。【略】

雲龍山在徐州府城南二里，舊志云：山有雲氣，蜿蜒如龍，故名。東巖有大石佛，又名石佛山，山上爲宋山人張天驥放鶴處，蘇軾爲之記。乾隆丁丑歲，皇上親履河壖，睿謨指授。恩膏疊沛，慶溢生民，壬午守土。諸臣於山麓恭構行宫以奉清蹕。丁丑御書亭額曰放鶴亭。又觀音殿額曰普門妙應。聯曰：慈雲無住莊嚴相，法雨常飛清浄身。又石佛殿額曰：定光寂照，聯曰：清浄法身雲山留慧相，空靈妙性水月悟前因。

文士遊觀

論説

《論語・雍也》 子曰：知者樂水，仁者樂山；知者動，仁者静；知者樂，仁者壽。

《莊子・知北遊》 山林與，皋壤與，使我欣欣然而樂與！

晉 葛洪《抱朴子・内篇》卷四《登涉》 或問登山之道。抱朴子曰：凡爲道合藥及避亂隱居者，莫不入山。然不知入山法者，多遇禍害。故諺有之曰，太華之下，白骨狼籍。皆謂偏知一事，不能博備，雖有求生之志，而反强死也。山無大小，皆有神靈，山大則神大，山小即小也。入山而無術，必有患害。或被疾病及傷刺，及驚怖不安；或見光影，或聞異聲；或令大木不風而自摧折，岩無故而自墮落，打擊煞人；或令人迷惑狂走，墮落坑谷；或令人遭虎狼毒虫犯人，不可輕入山也。

南朝宋 謝靈運《遊名山志》（《漢魏六朝百三家集》卷六五引） 夫衣食，人生之所資；山水，性分之所適。令滯所資之累，擁其所適之性耳。俗議多云：歡足本在華堂，枕嵓漱流者乏於大志，故保其枯槁。余謂不然。君子有愛物之情，有救物之能，横流之弊，非才不治。故時有屈己以濟彼，豈以名利之場賢於清曠之域耶？語萬乘則鼎湖有縱轡，論儲貳則嵩山有絶控。又陶朱高揖越相，留侯顧辭漢傅，推此而言，可以明矣。

南朝宋 劉義慶《世説新語》卷上《言語》 簡文入華林園，顧謂左右曰：會心處不必在遠，翳然林水，便自有濠、濮間想也，【略】覺鳥獸禽魚自來親人。

唐 柳宗元《柳河東集》卷二七《潭州東池戴氏堂記》 地雖勝，得人焉而居之，則山若增其高，水若闢而廣，堂不待飾而已奂矣。戴氏以泉池爲宅居，以雲物爲朋徒，攄幽發粹，日與之娱，則行宜益高，文宜益峻，道宜益懋，交相贊者也。

又《零陵三亭記》 邑之有觀游，或者以爲非政，是大不然。夫氣煩則慮亂，視壅則志滯。君子必有游息之物，高明之具，使之清寧平夷，恒若有餘，然後理達而事成。

宋 王安石《臨川文集》卷八三《遊褒禪山記》 蓋予所至，比好遊者尚不能十一，然視其左右，來而記之者已少。蓋其又深，而其至又加少矣。方是時，予之力尚足以入，火尚足以明也。既其出，則或咎其欲出者，而予亦悔其隨之而不得極夫遊之樂也。於是予有歎焉：古人之觀於天地、山川、草木、蟲魚、鳥獸，往往有得，以其求思之深而無不在也。夫夷以近，則遊者衆；險以遠，則至者少。而世之奇偉、瑰怪、非常之觀，常在於險遠而人之所罕至焉。故非有志者不能至也。有志矣，不隨以止也，然力不足者，亦不能至也。有志與力而又不隨以怠，至於幽暗昏惑而無物以相之，亦不能至也。然力足以至焉，於人爲可譏，而在己爲有悔；盡吾志也而不能至者，可以無悔矣，其孰能譏之乎。此予之所得也。

余於仆碑，又以悲夫古書之不存，後世之謬其傳而莫能名者，何可勝道也哉。此所以學者不可以不深思而慎取之也。

宋 蘇軾《東坡全集》卷一〇一　余嘗寓居惠州嘉祐寺，縱步松風亭下，足力疲乏，思欲就林止息，望亭宇尚在木末，意謂是如何得到。良久忽曰：此間有甚麼歇不得處。由是如挂鈎之魚，忽得解脱。若人悟此，雖兵陣相接，鼓聲如雷霆，進則死敵，退則死法，當甚麼時也，不妨熟歇。

宋 林希逸《莊子口義》卷七《外篇知北遊》　山林與，皐壤與，使我欣欣然而樂與！樂未畢也，哀又繼之。哀樂之來，吾不能禦，其去弗能止。悲夫，世人直爲物逆旅耳！【略】

凡人遊於山林、皐壤之間，其始也必樂，既樂則必有所感，感則哀矣。《蘭亭記》中正用此意。因物而樂，因物而哀，去來於我皆不自由，則我之此心是哀樂之旅舍也。

宋 陳仁玉《遊志前編序》　淳祐癸卯，置閏在秋，景氣極高迥。望屋角山光與天合碧，左右矗矗獻狀，似相招相延，迄有不勝情者。而余適病趾，弗能遊焉，時獨矯首引酌，誦《遠遊》、《招隱》諸篇，以自宣暢。因懷自古山川之美，人物之勝，登覽遊從之適，雖其有得，于是有感，于是者不能盡同而皆超然，無有世俗垢氛、物欲之累，意謂今古樂事，無過此者，乃取自咏沂而下二千載間。迄於近世，張朱氏衡山之游，高情遠韻聚見此編，若身參其閒而目與之接，胥應和而俱翱翔也，吁世亦有好遊若予者乎？旬有五日編成，是爲序，天台陳仁玉。

宋 林芳《田間書》　會友人遊山檄語曰：人有殘縑敗素，繪一山一水，愛之若異寶，得之必千金，至於日與真景會，則略不加喜，毋乃責僞而賤真邪？行樂之真，今日政在我輩。春雨既霽，春風亦和，或坐釣於鷗邊，或行歌於犢外，百年瞬息，歡樂幾何。肴核盃盤，隨意所命，毋以豐約拘也。檄書馳告，盍勇而前。

元 任士林《松鄉集》卷七《西湖遊約》　結方外友，同作勝遊，真箇中人允爲好事，況千里相逢，誠非草草。百年一息，去者滔滔。登山臨水，或嘯或歌，抱琴與書，徐行徐坐，人耳人耳，時哉時哉。竹林之勝，不數牙籌，蘭亭之集，肯同金谷。江上清風，山間明月，不亦説乎，不亦樂乎。水中鹽味，色裏膠青，必有以也，必有與也。善畫者圖形其有，賦詩者隋意不拘。

明 宋濂《文憲集》卷六《汪右丞詩集序》　昔人之論文者曰：有山林之文，有臺閣之文。山林之文，其氣枯以槁；臺閣之文，其氣麗以雄。豈非天之降才爾殊也，亦以所居之地不同，故其發於言辭之或異耳。濂嘗以此而求諸家之詩，其見於山林者，無非風雲月露之形，花木蟲魚之玩，山川原隰之勝而已。然其情也曲以暢，故其音也眇以幽。若夫處臺閣則不然。覽乎城觀宫闕之壯，典章文物之懿，甲兵卒乘之雄，華夷會同之盛，所以恢廓其心胸、踔厲其志氣者，無不厚也，無不碩也。故不發則已，發則其音淳龐而雍容，鏗鍧而鏜鞳甚矣哉，所居之移人乎。

明 劉基《誠意伯文集》卷八《遊雲門記》　語東南山水之美者，莫不曰會稽。豈其他無山水哉？多於山則深沉杳絶，使人憯悽而寂寥；多於水則曠漾浩汗，使人望洋而靡漫。獨會稽爲得其中。雖有層巒複岡，而無梯磴攀陟之勞；大湖長谿，而無激衝漂覆之虞。於是，適意遊賞者莫不樂往而忘疲焉。

又《横碧樓記》　天下之佳山水，所在有之，自有天地以迄於今，地不改作也或久，晦而始彰，其有數乎？抑亦繫於人也。故蘭亭顯於晉，盤谷顯於唐，乃與右軍之記、昌黎之序相爲不朽。物之遇也，果有待於人哉。

明 陶安《陶學士集》卷一七《遊龍鳴山記》　遊之勝者，適其時可樂也，得其地尤可樂也，而所遊又皆佳士，則所以宣其和，舒其鬱，暢其心，而發其文者，蓋樂焉而不失乎正也。

明 王士性《廣志繹》卷四《江南諸省》　遊觀雖非朴俗，然西湖業已爲遊地，則細民所藉爲利，日不止千金。有司時禁之，固以易俗，但漁者、舟者、戲者、市者、酤者咸失其本業，反不便於此輩也。

明 王士性《五岳遊草序》　余行遊海内，五岳舉矣，作菟裘于白龍溪之滸，計了滇雲遂息乏焉。客有濯纓詒余溪頭，爰問余曰：子好遊乎？夫遊亦有道耶？余曰：夫太上天遊，其次神遊，又次人遊，無之而非也。上焉者形神俱化，次焉者神舉形留，下焉者神爲形役。然卑之或玩物，高之亦采真。客曰：其人何如？曰：若士汗漫于九垓，是天遊也。軒轅隱幾于華胥，是神遊也。尚子長勑斷婚嫁，謝幼輿置身丘壑，是人遊也。夫玄関寂寥，天神邈矣，子孰與二子？余曰：一丘一壑，良吾顧也，清溪鑑我心矣。抑尚生云：婚嫁既畢，五岳必遊。余髫齔之子，視吾年不十四焉，猥云婚嫁，姜也就木矣，若余則烏能待哉，若余則烏能待哉。然則子遊其天乎？曰：唯唯否否，余未能莽蕩其馬，支離其御，余遊四荒之内，未能覩六合之外，余人之畸也。請言其人。曰：夫遊淺之乎人也，然

亦雖言矣。思夫馭廻九折，踵乘百仞。鳥道羊腸，蛇退猿飲。幽壑無底，顛崕半欹。履險心悸，手足爲痺。彼無其具，猶弗遊也。抑有益州帳老，牛山歎逝，覯遘不常，河清難俟。澤啄王雉，櫪伏灰驥，白首青山，意興盡矣。彼非其時，猶弗遊也。若夫石室再閉，酒壚寂若，七聖路迷，三山風却。陰晴未定，僕馬告痛，涕笑邂逅，萍梗叅差。彼厄之緣，猶弗遊也。然則孰與？子曰：茂陵雖渴，不佘倦矣。少父未老，曷事臥矣。九州已十，弗類此子矣。昔人一泉之旁，一山之阻，神林鬼塚，魑魅之穴，猿狖所家，魚龍所宫，無不託足焉，真吾師也。豈此三者于余，獨竊嗜與不嗜爾。請言子之所嗜。曰：心志不兮者神凝，耳目不眩者慮定。故丈人之承蜩也，若或掇之也，夏侯氏之倚柱而書也，雷霆而嬰見之也。余之嗜遊，類有然者。夫遊必具賓主，戒車徒，提筐㝵，語云：良辰美景，賞心樂事，所以試也。余遊則不擇是。當其霜雪慘烈，手足皸瘃，波濤撼空，帆檣半覆。朝畏嵐烟，夜犯虎跡。垂堂不唑，千金誰擲。余不其然，余此委蜕于大冶乎何惜？遇佳山川則遊。抑或王程有嚴，星分夙駕。受命大吏，弩矢是荷。風波眼底，緇塵滿袖。迂廻間道，動稱掣肘，余不其然。余此鷄肋于枕上乎何有？遇佳山川則遊。又或百憂慼心，萬事勞形。死生離别，黯然銷魂。雲陰月黑，風雨連旬。追懽買咲，强顔掀唇，余不其然。余此郎當舞袖，一付偃師氏之手。遇佳山川則遊。吾視天地間一切造化之變，人情物理，悲喜順逆之遭，無不于吾遊寄焉。當其意得，形骸可忘，吾我盡喪。吾亦不知何者爲玩物，吾亦不知何者爲采真。語未畢，客乃起曰：夫遊道則盡矣。子之遊踪，類可述乎？曰：可。請崕畧而言之。神州赤縣，五岳爲尊，太玄帝時，作配自今。瑶池寶軸，用秘真形。誰其竊之，負局先生。述五岳遊。齊魯雍冀，賢聖之鄉。大哉禹功，明德未央。金臺易水，俠骨生香。梁園鄴下，秋圃擅場。次大河南北諸遊。岷汶萬里，其委三吴。再起天目，滙爲太湖。蓊氣千年，作帝王都。嗟嗞乎邯鄲乎臨淄，今之武林姑蘇。次吴遊。若夫山川詭幻，兩越爲多。天台雁宕，余即而家。東海三山，一葦可跂。洞天福地，越得十二。次越遊。青神故壘，白帝舊城。雪銷水漲，一日江陵。瞿塘劍閣，自昔不守。蜀道雖云難，登天亦何有。次蜀遊。六千大楚，是稱江南。茫茫洞庭，七澤注焉。江漢好遊，沅湘習怨。指雲雨兮堪疑，望蒼梧兮不見。次楚遊。粤土踈理，四時多暑。高風揚塵，滇境咸春。碧篸玉笋，幻出桂林。蒼洱昆華，兼産奇琢。次滇粤遊。披圖九曲，是爲武夷。慢亭雲氣，恍惘霏微。莽莽寰區，縱余所如，嗜而未食，惟閩荔支，俟將以閩遊終焉。客歛袵而謝曰：有是哉，是不可以無記。遂記之。時萬曆纔十有九稔，記者滇西隱吏，天台王士性恒叔也。

明 王思任《謔菴文飯小品》卷五《游唤序》 天地定位，山澤通氣，事畢矣，而又必生人，以充塞往來其間，則人也者，大天大地、大山大水之所託以恒不朽者也。人有兩目，不第謂其晝視日、夜視月也；又賦之兩足，亦不第欲走其街衢田陌，上長安道已也。瓦一壓而人之識低，城一規而人之魄狹。天之下三山六水，一土處一焉。一土之中，蠕蠕攘動，以盡其疆埸，是惡能破蜂之房，而出蟻之穴耶？台、蕩諸山乃吾鄉几案間物，今年始得看盡。歸以語人，疑信相半。彼其眼足在胸中自立一隔扇耳。司馬子長聰明絶世，猶曰無崐侖。劉夢得初見天華，以爲奇盡，後識九子，而悔其背之失。賢者如此，是安可以責蠕蠕攘動之百姓乎？夫天地之精華，未生賢者，先生山水，故其造名山大川也，英思巧韻，不知費幾鑪冶，而但爲野仙山鬼、蛟龍虎豹之所嘯據，或不平而争之，非樵牧則緇黄耳。而所謂賢者，方如兒女子守閨閾，不敢空濶一步，是蜂蟻也，尚不若魚鳥，不幾於負天地之生，而羞山川之好耶？病老將至，秉燭猶遲。郄詵言山行一度，洗盡五年塵土腸胃，吾欲七千由旬中賢者，共識其大，無被塵土竟埋其眼足也。作《游唤》。

明 王思任《游唤・紀游引》 予嘗謂官游不韻，士游不服，富游不都，窮游不澤，老游不前，稚游不解，閧游不思，孤游不語，託游不榮，便游不敬，忙游不慊，套游不情，掛游不樂，勢游不甘，買游不遠，賒游不償，燥游不别，趁游不我，幫游不目，苦游不繼，膚游不賞，限游不逍，浪游不律。而予之所謂游，則酌衷於數者之間，避所忌而趨所吉，釋其回而增其美，游道如海，庶幾乎蠡測之矣。至於鳥性之悦山光，人心之空潭影，此即彼我共在，不相告語者。今之爲此告語，亦不過山川之形似，登涉之次第云耳。嗟乎！游何容易也，而亦何容易告語人也。

又 《游唤・石門青田》 予自觀瀑以來，驚于天台，畏于雁蕩，歌舞於仙源，而苦於石門。蓋境物所遇，皆吾性情。此窮塢困源，無綫通之地，有箭括之天，凶湍險狀，烟絶人稀，赤筋白汗，邪許萬端，以至於此，亦何爲者？【略】夫游之情在高曠，而游之理在自然，山川與性情一見而洽，斯彼我之趣通。可告來者，石門大苦境耳，蹴一丸泥封之，使隱君子長不知名，亦未爲不可。

明 費元禄《鼂采館清課》卷上 夫河山有臨眺之美，纓組有羈紲之苦，世變

從來亦多故矣。若乃禽慶託五嶽之蹤，范蠡泛西施之槳，山公厠竹林之遊，留侯追赤松之好，撫景興懷，良有深致，而智非逸羣，行不高世，局促一世，爲鄙甚矣。南山之南，北山之北，何適不可。倚岫帶流，枕皐築舍，席豐艸以爲裀，級幽蘭而作佩。仰睇飛鴻，俯視鱗泳，尋方外之交，賞丘中之彥。揚扢古今，劇談稼穡，貝葉編經，桐陰得句。陶琴無絃，桓笛三弄。岨崍伐松，夜遊作燭。齊萬物于一朝，等修齡于晷刻。大丈夫志願盡此，未爲不適也。區區委足世網，就繫塵韁，非直仲尼執鞭所恥，咄咄子陵，白眼笑人。【略】

夫遊道有三：曰天，曰神，曰人。天遊則形神俱化，神則意往形留，人則抗志絶俗，玩物采真而已。若士汗漫于九垓，軒轅隱几于華胥，殆難擬議。禽慶刱斷婚嫁，幼輿置身丘壑，庶幾差近。兼之者東方曼倩乎？臨世濯足，希古振纓，每讀其傳，亟賞其言。

又　卷下　湖山之於達人，蓋兩相得。高妙之士所居，其下自有王氣。謝公名墩子真棲谷醉鄉，蘇堤往往而在。所謂艸木禽魚皆得出祥光、發清音，非虚語耳。

明　季嬰《重訂西湖手鏡序》　昔向子平婚嫁既畢，爲五嶽之遊，後之論遊者以爲美談，然子平幸而得之耳。使必人人待婚嫁畢而後能遊，則不及遊者多矣；使必人人遊五嶽而後稱遊，則不成遊者多矣。

明　慎蒙《刻〔天下〕名山諸勝一覽記叙》　嘗謂易醜闚觀，懸弧記禮，是故丈夫之生，固欲其遐陟遠舉，不齷齪懷居爲也。然則登高游覽，逍遥偃傲，非男子有志四方者之事乎？昔韓昌黎股慄於華山之巔，程明道登第請註鄠簿，以畢太華之願，真達人之大觀也。予素厭卑棲，頗躭泉石，每聞山水之勝，則窮幽極奧，雖捫蘿攀絙，驚濤破浪，亦所欣然願往者，第掛冠太蚤，僻卧林泉，其所遊歷計可屈指，諸所謂洞天福地，徒形之夢想焉，惜哉。嘗讀吴門都公玄敬遊山諸記，非不詳且文也，然止於足跡之所經，尚多遺漏。近得同年友何賓巖所輯《名山》一書，則自勝紀名言以至先賢題名刻石，巨細畢舉，所謂胸中丘壑者非歟。第以一山而兩記兼録，甚至襍以四三，遂使簡帙浩繁，頗厭重複，不曰叙事者尚詳，而纂言者貴提其要乎。予故删繁削冗，復纂諸通志所未及者，以補記文之缺，并入前賢之題咏，亦庶幾大備哉，名曰《天下名山諸勝一覽記》，使都之略者，益之以詳。何之所輯冗者已潔，而所謂文省事增，其殆庶幾乎。是編也，始於畿甸而及於要荒，詳於通都大邑，而不遺夫遐陬僻壤。小至於巖竇而及於嶽鎮之大，始於泉之涓涓而及於江海之滉瀁無際，本之乎；天造地設，巧之乎；鬼斧神工，極之乎。變幻莫測，亦可見天地之大，何所不容，亦何所不有，不惟泉石巖洞之勝移來几席，而千載之高人逸士，玄搜顯陟，猶可想見其遺風用繼。昔人卧遊之義，而山川雖是人物，已非感慨繫之矣。

先朝丘文莊有言：天下之物真爲無窮，特限於目之所不及見而止，讀此不益信哉。且山者一氣之凝，融聚毓秀，其奇偉雄麗固也，而巖洞泉石與象形之環詭異常，至入于怪，果孰刳而孰剜之哉。

萬曆四年，歲在丙子，秋九月，吴興歸安山泉慎蒙譔。

明　姚希孟《循滄集》卷一《洞庭小漏記》　小漏者何？小小闕陷也。不敢以闕陷肆詆，故目之曰小漏。使讀者疑爲小勾漏云。夫有山不得水，有山水不得古刹，有古刹不得嘉木，皆漏也。山中數者具矣，何漏焉？縹緲峰頭無凈盧可憩，僅破廟頹垣，殊不韻。

又　卷二《遊京口諸山記》　然人知隻之勝在寺，而不知其在樹。好山無美樹，如天女無五銖衣，而太真無霓裳。麤服亂頭固自足好，然蹁躚綽約何自而生。古人原以樹爲山之衣。江北之山有奇勢而乏秀色，正以樹不葱蒨，林不蓊鬱耳。山靈有知，當以余爲知言。

明　袁宏道《袁中郎全集》卷二《壽存叁張公七十序》　山有色，嵐是也；水有文，波是也；學道有致，韻是也。山無嵐則枯，水無波則腐，學道無韻則老學究而已。

又　卷九《禹穴》　禹穴，一頑山耳。禹廟亦荒凉，不知當時有何奇，而龍門生欲探之？然會稽諸山，遠望寔佳，尖秀淡冶，亦自可人。昔王子猷語人，但云山陰道上。「道上」二字，可謂傳神。余嘗評西湖如宋人畫，山陰山水如元人畫。花鳥人物，細入毫髪，濃淡遠近，色色臻妙，此西湖之山水也。人或無目，樹或無枝，山或無毛，水或無波，隱隱約約，遠意若生，此山陰之山水也。二者孰爲優劣，具眼者當自辨之。夫山陰顯于六朝，至唐以後漸減。西湖顯于唐，至近代益盛，然則山水亦有命運耶？

又　《天目二》　天目幽邃奇古不可言。由莊至顛，可二十餘里。凡山深僻者多荒凉，峭削者鮮迂曲，貌古則鮮妍不足，骨大則玲瓏絶少，以至山高水乏，石峻毛枯，凡此皆山之病。

又《齊雲》　齊雲天門奇勝，巖下碑碣填塞，可厭耳。徽人好題，亦是一僻。仕其土者，薰習成風，朱書白榜，卷石皆徧，令人氣短。余謂律中盜山伐鑛，皆有常刑，俗士毁汙山靈而律不禁，何也？佛説種種惡業，俱得惡報，此業當與殺盜同科，而佛不及，亦是缺典。青山白石有何罪過，無故黥其面，裂其膚？吁，亦不仁矣哉！五老峯、萬人緣石皆好，而微乏秀潤，山骨亦不巉，以兹不耐久觀。然使道院少作數間，官府不常至，碑文漸落，石苔漸長，白嶽之神不靈，不百餘年，齊雲庶幾可復舊觀矣。

又　卷一〇《由水溪至水心崖記》　夫山遠而緩則乏神，逼而削則乏態。【略】石公曰：遊仙源者，當以渌蘿爲門户，以花源爲軒庭，以穿石爲堂奥，以沙蘿及新湘諸山水爲亭榭，而水心崖乃其後户云。大抵諸山之秀雅，非穿石、水心之奇峭，亦無以發其麗，如文中之有波瀾，詩中之有警策也。

又《華山記》　凡山之名者，必以骨，率不能倍膚，得三之一，奇乃著。表裏純骨者，唯華爲然。骨有態，有色。黯而濁，病在色也；塊而獰，病在態也。

又　卷一六《題陳山人山水卷》　陳山人，嗜山水者也。或曰：山人非能嗜者也。古之嗜山水者，烟嵐與居，鹿豕與遊，衣女蘿而啖芝木。今山人之跡，什九市廛，其于名勝，寓目而已，非真能嗜者也。余曰：不然。善琴者不弦，善飲者不醉，善知山水者不巖棲而谷飲。孔子曰：「知者樂水」，必溪澗而後知，是魚鱉皆哲士也。又曰：「仁者樂山」，必巒壑而後仁，是猿猱皆至德也。唯于胸中之浩浩，與其至氣之突兀，是與山水敵，故相遇則深相得。縱終身不遇，而精神未嘗不往來也，是之謂真嗜也，若山人是已。昔有書生携一僕入太行山，僕見道上碑字，誤讀曰「太形山」。書生笑曰：「杭也，非形也。」僕固争久之，因曰：「前途遇識者，請質之，負者罰一貫錢。」行數里，見一學究授童子書，書生因進問且告以故。學究曰：「太形是。」僕大叫笑，乞所負錢。書生不得已與之，然終不釋。既别去數十步，復返謂學究曰：「向爲公解事者，何錯謬如是？」學究曰：「寧可負使公失一貫錢，教他俗子終身不識太行山。」此語極有會。想山人讀至此，當捧腹一笑也。

明　袁中道《珂雪齋外集》卷一《遊居杮録》　静居數月，忽思出游。蓋予篔簹谷中甚有幽致，亦可以閉門讀書。而其勢有不能久居者，家累逼迫，外緣應酬，熟客嬲擾，了無一息之閑，以此欲遠遊。一者，名山勝水可以滌浣俗腸；二者，吴越間多精舍，可以安坐讀書；三者，學問雖入信解，而悟力不深，見境生情，觸途成滯處尚多。或遇名師勝友，借其霧露之潤，胎骨所帶習氣易于鎔化，比之降伏禁制，其功百倍。此予之所以不敢懷安也。

偶晤龔静亭八舅，話及遠游事。予曰：遠游原不爲利名事所迫，不若從水爲便。然水道又不若自買一舟，載糗糧其上，不論遲速遠近，庶幾遇好山水、好友朋，可以久淹其間，極登涉盤桓之趣，不爲長年輩所促。又江湖間多風濤，惟屬己舟，可行則行，可止則止，便莫大焉。舅云：我有一舟，係我自作，極其堅固，又長年係我熟用者，今以付甥。時舟正在郡城沙市也。

又　卷一四《拈史語》　謝靈運《名山序》曰：君子有愛物之情，有救物之能，横流之弊，非才不理。故時有屈己以濟彼，豈以名利之場賢于清曠之域耶？予謂靈運之游涉名山，亦直以舒其豪耳，豈能忘曲蓋哉？其去尚子平、宗好文遊山之趣遠矣。蓋必少欲知足者，然後可以游山。

明　袁中道《珂雪齋近集》卷五《捲雪樓記》　質有而趣靈者，莫如山水，而常苦其不相湊，得其一，即可以送目而娱老。昔宗少文懷尚平之志，欲結宇衡山，而其後竟止江陵，立宅三湖上。豈非深山道遠，飲食藥餌俱艱，于老人不宜；而三湖皓森之波，粘天蕩日，亦可借其秀潤，以暢性靈耶？

又　卷九《答錢受之》　兄書中道及嘲胡仲修語，將謂世間人遊山水者，乃不得粉黛而逃之耳，非真本色道人也，此真覷破世人伎倆也。弟則謂不得繁華粉黛而能逃於山水以自適者，亦是世間有力健兒，因傴爲恭，遂成真恭者多有之。以此發揮數語，博三千里外一咲。

又　卷一一《小袁幼稿・與友人論遊山》　欲於羣峰頂，點綴諸名流。銀光三百帙，中書五千籌。殘烟與冷翠，一一抉其幽。詩裏課殿最，無令寸景留。佳則遷五嶽，否則降林丘。

二　游山宜尋水，嶺頭水尤奇。凡欲觀水者，宜到萬岩岐。有客游山返，惟譚山衮巖。游山三十載，不曾見一池。無水峰亦俗，清翠秖覺癡。辟彼黔民往，空拜香火祠。辟彼幽閨妾，隨郎走天涯。非不譚山水，林壑那得知。

明　袁中道《珂雪齋前集》卷九《送吴生遊豫章序》　匡廬秀甲天下而近在江上，非人跡所難至者。予每過湓浦，輒欲遊而輒不果。五嶽之中惟恒山最遠，予少年即得至焉，而獨不至匡廬，豈非緣闋耶？凡遊山者决必往之，志毋爲人撓，毋爲風雨寒燠阻，則篾不至矣。今吴生且遊豫章，慎毋若予之失匡廬也。雖然，世之高賢，近之可以獲霧露之潤，往往以交臂而失之者，多如予之於匡廬也。今

之豫章，古之鄒魯，主張名理，揚扢風雅者，項背相接，而予神交者，跡或遺焉，則緣之所閡，何獨匡廬。吴生少學詩歌，近有志學問，正孜孜求師友時也。行矣，毋失名山與名人哉。

又　卷一〇《助道品序》　山水之樂，能濯俗腸；飛僊之語，能損塵機；厭苦之情，能動離想；盛衰之感，能陳幻理；鬼神之狀，能興寘懼。有一於此，皆可存之，觸目沃心，漸除熱惱。

又　《王伯子岳遊序》　天下之質有而趣靈者，莫過于山水。予少時知好之，然分於褦襶，未篤也。四十之後，始好之成癖，人有詫予爲好奇者。昔吾村有老人焉，一日不醉則目眩手戰，皇皇若疾。夫此老人者，豈誠慕荷插漉葛之美而效之哉？疾病所軀，勢不容已。予之于山林也，亦若是而已矣。自中郎去後，雖有游興，幾同流波之曲。今年夏，晤伯子于仲宣樓下，則其山水之趣，尤勃勃不能自已，予始嘆世無無耦者。伯子每遇名勝即欲移家居焉，已而遍遊吴越，凡吴越之佳山水，無不躡其幽遐。予雖好遊，常以冗奪，而伯子遊履所至常淹留歲月，以濟其山水之欲，則其清勝之韻不啻數倍于予已也。夫以朱陵之勝近在楚國，予屢欲往終不果，而伯子于秋濤方壯之時，涉洞庭之危波，直造祝融迴鴈之上。所至爲詩以紀之，模寫烟雲，幾與七十二峰争奇較麗，則伯子之于山水，予直當北面而師之，又不當以鴈行請也。近日從衡嶽歸來，客居花源，寄予霞上之什。予取而讀之，始自媿游履之隘，揮灑之拙，而且幸禽尚之世有其人也，故喜而書數語於其首。

又　卷二〇《書遊山豪爽語》　遊山次有友人云：先上山時，予向草中熟眠一覺，甚快。予曰：公欲以一覺點綴山景耳，非真睡也，予親見公目未合耳。其人大笑。予曰：凡古來醉後弄風作顛者，固有至性，其中亦有以爲豪爽而欲作如是態者。若阮籍之醉，王無功之飲，天性也。米元章之顛，有欲避之而不能者，故世傳米老《辨顛帖》，而世乃以其顛爲美，欲效之，過矣。雲林之癖潔，正爲癖潔所苦，彼亦不樂有之。今以癖潔爲美而效之，可嘔也。昔有一友人以豪爽自喜，同入西山，時初春，乃裸體跣足入玉泉山裂帛湖中，人皆詫異之，彼亦沾沾自喜。過數載，予私問之曰：卿往年跣足入裂帛湖，可稱豪爽，其人欣然。予再問之曰：比方初春，冰雪稜稜，入時得無小苦耶？幸無欺我，其人曰：甚苦！至今冷氣入骨，得一脚痛病，尚未痊也。當時自爲豪爽爲之，不知其害若此。然則世上豪爽事，其不爲裂帛湖中濯足者寡矣。

明　宋彦《山行雜記序》　余觀記山水者多矣，連篇累牘，無不自以爲適於山水者，細按之則不然。蓋人好山水，必其厭苦世網塵纓，而藉山水以發其清恬閑曠之趣。若夫胸中廓然，自能清恬閑曠，將無往不適，又何必適于山水。故凡待山水而適者，必其心先有所不適者也。以不適求適，何異于以八音娱聾，以五色治眚，安能定其致趣，得其情性哉？近世一二名家，每擇名嶽而游，游必記，記必倣古，文辭即多雅馴，而求其一覽了然，若身涉其中者，殆未之有也。乃知紀勝董狐，良不易得。下者記姓名，中者著形象，上則能使烟雲淋漓千百世，入人眉睫。至于能宣游者之高致，攷風俗之利病，又豈特盤情娱目，把玩清暉已哉。柳州《鈷鉧》諸篇，實堪傳神，進而《漁父》、江皐屈大夫，至今不死，更求其至則三百篇，田工、士女言言自適。蓋能自適者，觸景寓物，每得其真，即自陳其不適之情，政所以爲適耳。余非能適者，而登山臨水時，能以清恬閑曠心記之，詞無詮次，曾不知於諸公雅馴者何如，第稱曰山擣杌水春秋尚庶幾焉，而史外傳心，亦時見於筆端云爾。

明　宋彦《山行雜記》　看水宜近，看山宜遠，聽水宜高。水近則曠，山遠則深，聽水愈高則聲愈響。【略】

每思古人一丘一壑之言，以爲此真好山水者。蓋真好則一過心適之地，必誅茆結宇，耕雲鋤月以終其身，頃刻不可離矣。若夫廣慕名勝、徒事游覽，是山水奴僕耳。至于鑿石引泉，高臺復宇，裝飾景物，又是游人奴僕耳。吾鄉趙凡夫庶幾於此，而刱建精藍，亦覺多事。大率山水如交游。知己多，不足以言知己；知己而感恩多，則不足以報知己。故好山水者，必不廣陟山水；得山水趣者，必不求多於山水。

明　鍾惺《翠娛閣評選鍾伯敬先生合集文集》卷一《蜀中名勝記序》　遊蜀者，不必其入山水也，舟車所至，雲烟朝暮，竹栢陰晴。凡高者皆可以爲山，深者皆可以爲水也。遊蜀山水者，不必其山水之勝也，舟車所至，時有眺聽，林泉衆獨猿鳥悲愉，凡爲山者皆可以高，爲水者皆可以深也。一切高深可以爲山水，而山水反不能自爲勝；一切山水可以高深，而山水之勝反不能自爲名。山水者，有待而名勝者也，曰事、曰詩、曰文，之三者，山水之眼也，而蜀爲甚。【略】古今以文字爲山水名勝者，非作則述，取能始之慧心，不難于作，其博識亦不難于述。唯是以作者之才，爲述者之事，以述者之跡，寄作者之心，使古人事辭從吾心手，而事辭之由自古人者，其面目又不失焉。于是乎古人若有所不敢盡出其面目，

以讓能始爲述者地，能始有所不敢盡出其心手，以讓古人爲作者地。理趣相生，權實相馭，是爲難耳。要以吾與古人之精神，俱化爲山水之精神，使山水、文字不作兩事，好之者不作兩人。入無所不取，取無所不得，則經緯開合，其中一往深心，真有出乎述作之外者矣。雖謂能始之《記》以蜀名勝生，而仍以名勝生乎蜀可也。

明　譚元春《新刻譚友夏合集》卷一一《游南嶽記》　湖南山水，舟戀其清。次江潭，盟周子以静遊，周子許焉。譚子曰：「善遊嶽者先望，善望嶽者，逐步所移而望之。」

又《再遊烏龍潭記》　潭宜澄，林暎潭者宜静，筏宜穩，亭閣宜朗，七夕宜星河，七夕之客宜幽適無累。然造物者豈以予爲此拘拘者乎？

又　卷一四《五華别號記》　名山與奇人相關久矣。宗生四壁之間，尚予婚嫁之後，或臥焉而深好，或好焉而遠遊，亦有寄情山水，而自名其齋，自署其號者。然皆枕岩漱流，保其枯槁。討松桂，訪薜蘿，空老于角巾鹿裘青鞵布襪之中，造物者亦若聽其所之而不爲之主。惟用世之人，奇情異才，慧業天成，其墮地時，已如巨𩆜贔屭，高掌遠蹠，森森然有華峰之奇矣。嬾瓚撥灰而知其命，石馬缺耳而定其數，心存目往，足歷身經，以至一名一號，造物皆若爲之巧相位置，不可思議。同在人天之内，而獨有天人之稱，良不誣也。吾邑有五華山，而楊公五華先生，初即以是爲號，事良奇。公治吾邑，悃愊清静，更鼓分明。吏散鳥啼之朝，網間魚樂之夕，時與韵士商及雲霞，烟嵐如帶香氣。一日，過風后之區，尋墨池之蹟，登高望遠，三溢環匝，而後自驚其身之在五華也。顧謂門人熊子輩曰：「羊叔子之峴山，蘇長公之赤壁，皆宦楚而與楚山有緣者也，然其奇豈至此乎！」門人退而告不肖春，春躍然喜曰：「吾邑雖有清淑之氣，而苦于無山。幸有是山，蜿蟺磅礴而欝積，且以神農之國，不能使其必傳，而托于公之號以傳，是即造物所以傳是山之道也。」予觀杜光庭所記十大洞天，皆有仙真以治之，如王褒、葛洪、王方平、司馬季主之屬，各領一洞，則皆人間奇情異才人也。今我公秋神玉骨，固不讓王褒輩，則吾邑五華，亦何必不是王屋委羽諸洞乎？客復有疑者，問：「長兹玉者多矣，何獨公先署號？」予笑而不答，但吟杜老詩，云：「自是君身有仙骨，世人那得知其故。」

明　湖南漫士《水邊林下五十九種小引》　簡文帝曰：會心處不必在遠，翳然林水便自有濠濮間想。宗少文曰：老病俱至，名山恐難遍登，一室之内卧以遊之。東坡曰：江山風月本無常主，閑者便是主人。信斯言也，覺一切買山擔簦爲煩。彼秦皇帝乃從海上望蓬萊，真癡漢耳。年來杜門却掃，頗與此味日深，因撿韻人書，如寒花野籁、漁具酒鎗，野澹而孤冷者，隨意録數卷，鐫之草堂，以當一幅没骨畫，一張無絃琴，真不必徜徉乎煙波之上、峭蒨之下，而會心良多矣。湖南漫士題。

清　方苞《望溪集》卷八《遊雁蕩記》　癸亥仲秋望前一日，入雁山，越二日而反。古蹟多榛蕪不可登探，而山容壁色，則前此目見者，所未有也。鮑甥孔巡曰：「盍記之？」余曰：「兹山不可記也。」永、柳諸山，乃荒陬中一邱一壑，子厚謫居，幽尋以送日月，故曲盡其形容。若兹山則浙東西山海所蟠結，幽奇險峭，殊形詭狀者，實大且多。欲雕繪而求其肖似，則山容壁色，乃號爲名山者之所同，無以别其爲兹山之巖壑也。而余之獨得於兹山者，則有二焉。前此所見，如皖桐之浮山，金陵之攝山，臨安之飛來峰，其崖洞非不秀美也，而愚僧多鑿爲仙佛之貌相，俗士自鐫名字及其詩辭，如瘡痏癧然而入人目。而兹山獨完其太古之容色以至於今。蓋壁立千仞，不可攀援，又所處僻遠，富貴有力者無因而至。即至，亦不能久留，構架鳩工以自標揭。所以終不辱於愚僧俗士之剥鑿也。又凡山川之明媚者，能使遊者欣然而樂，而兹山巖深壁削，仰而觀，俯而視者，嚴恭静正之心，不覺其自動。蓋至此則萬感絶，百慮冥，而吾之本心乃與天地之精神，一相接焉。察於此二者，則修士守身涉世之學，聖賢成己成物之道，俱可得而見矣。

清　袁枚《小倉山房文集》卷二九《遊武夷山記》　凡人陸行則勞，水行則逸。然山遊者，往往多陸而少水，惟武夷山兩山夾溪，一小舟横曳而上，溪河湍激，助作聲響。客或坐或臥，或偃仰，惟意所適，而奇景盡獲，洵遊山者之最也。【略】嘻，余學古文者也，以文論山，武夷無直筆，故曲；無平筆，故峭；無複筆，故新；無散筆，故遒緊。不必引靈仙荒渺之事，爲山稱説，而即其超雋之槩，自在兩戒外别豎一幟。余自念老且衰，勢不能他有所往，得到此山，請嘆觀止。而目論者，猶道余康强，勸作崆峒、峩眉想。則不知王公貴人不過纍拳石，濬盈畝池，尚不得朝夕玩遊。而余以一匹夫髮種種矣，遊遍東南山川，尚何不足于懷哉。援筆記之，自幸其遊，亦以自止其遊也。

清　鄭日奎《鄭静庵先生文集》卷七《遊釣臺記》　釣臺在浙東，漢嚴先生隱處也。先生風節，輝映千古，子夙慕之。因憶富春、桐江諸山水得藉先生以傳，

必奇甚，思得幸遊爲快。顧是役也，奉檄北上，草草行道中耳，非遊也，然以爲遊，則亦遊矣。舟發自常山，由衢抵嚴，凡三百餘里，山水皆有可觀。第目之所及未暇問名，領之而已。惟誡舟子，以過七里灘必予告。越日，舟行萬山中，忽覩雲際雙峰，嶄然秀峙，覺有異，急呼舟子曰：若非釣臺耶？曰然矣。舟稍近，迫視之。所云兩臺，寔兩峰也，臺稱之者，後人爲之也。臺東西跱，相距可數百步。石鐵色，陡起江干數百仞不肯止。巉巖傲倪，如高士並立，風致岸然。崖際草木亦作巖冷狀。樹多松，疎疎羅植，偃仰離奇各有態，倒影水中。又有如遊龍百餘，水流波動，勢欲飛起。峰之下，先生祠堂在焉。意當日垂綸應在是地，固無登峰求魚之理也，故曰峰也而臺稱之者，後人爲之也。山既奇秀，境復幽蒨，欲艤舟一登，而舟子固持不可，不能强，因致禮焉，遂行。於是足不及遊，而目遊之。俯仰間，清風徐來，無名之香四山颺至，則鼻遊之，舟子謂灘水佳甚，試之良然，蓋是即陸羽所品十九泉也，則舌遊之。頃之，帆行峰轉，瞻望弗及矣。返坐舟中，細繹其峰巒起止，徑路出没之態，徜恍間如舍舟登陸，如披草尋磴，如振衣最高處，下瞰羣山趨列，或秀静如文，或雄拔如武，大似雲臺諸將相，非不傑然卓立，覺視先生，悉在下風，蓋神遊之矣。思稍倦，隱几卧，而空濛滴瀝之狀，竟與魂魄往來，於是乎并以夢遊，覺而日之夕矣。舟泊前渚，人稍定，呼舟子勞以酒，細詢之曰：若嘗登釣臺乎？山之中景何若？其上更有異否？四際雲物何如奇也？舟子具能悉之，於是乎并耳遊。噫嘻，快矣哉，是遊乎。客或笑謂：鄭子足未出舟中一步，遊於何有？嗟乎，客不聞乎？昔宗少文卧遊五嶽，孫興公遥賦天台，皆未嘗身歷其地也。余今所得，較諸二子不多乎哉！故曰以爲遊，則亦遊矣。客曰：微子言，不及此。雖然，少文之畫，興公之文，盍處一焉，以謝山靈。余竊媿未之逮也，遂爲之記。

清　林雲銘《王太初先生五岳游草序》（《王太初先生五岳游草》引）　余同年友馮公再來重鋟《王太初先生五岳遊草》，郵致見示，余得受而卒業，因歎海内山川名勝，皆造物所秘惜。自大禹輴樏所至，探其險怪，辨其物類而鑄爲鼎，伯益復因之而著爲經，是開闢以來第一部大文章。後世雖有善遊，總不能躬歷一隅而抒寫其大略。惟是古今能文巨手，又往往藉山川奇勝，開拓心眼。毋論籃輿蠟屐能盡與不能盡，皆可即意中所激發，著爲文章，跨踔百代。龍威丈人，所謂天地大文不可舒，亦以此爲造物所秘惜耳，非專爲登涉之難而言也。太初先生諸作雖爲五岳寫照，但其文之沉雄古宕，逶迤參錯，蓋將畢生精神與叠嶂層巒、扶輿磅礴之氣相遇，沐浴吞吐于寤寐間，故能落筆摇五岳若此。【略】康熙壬申歲春仲望日，閩中後學林雲銘謹題于西泠旅次。

清　胡鳳丹《重刻卧游録序》　竊思卧遊云者，謂咫尺具岡巒之勢，枕簟有濠梁之觀，不必躡屐扶筇，梯山釣水也。

清　馮甦《重刻五嶽遊草序》（《王太初先生五岳游草》引）　嶽之有五，天地巧於結搆，以成千古大文章。有人焉，抱不世才，舉險譎幽奇種種莫可名狀者，以三寸管羅聚几案間，是又萃天地之大文章，以自成其文章者也。顧海内不乏能文家，求其足跡遍天下，題詠滿名山者，未易多覯，豈選勝無具歟，抑或嗇於遇也？吾鄉王太初先生夙負儁才，于書無所不讀，以名進士歷官數十年，宦轍所至遍五嶽，因得登峯造極，各窮其奥。作《五岳遊草》，大而蟠厚地、矗蒼昊，奇而擘巨靈、剗六甲，秀而降帝子、夢朝雲，幽而藏僊都、嘗佛窟。一經點染，覺神工鬼斧，玲瓏嵌空，悉奔湊于毫楮。是嶽瀆神靈即先生精魄，而先生是集，莫非岳瀆英華供其揮灑而縱横也。先生之遊，誠壯矣哉。予幼讀是書，竊心慕之，然獲遊者不過吾越諸山而已。及筮仕以來，始而滇雲，繼而嶺表，亦僅得擬先生滇粤一遊。他若西北諸巨鎮，或一過之而迫於王程，白雲馬首不遑盤桓焉。信乎遊五岳之難也。先生之遊，不特其才爲之，寔其遇使然。向非奉使西南，握符東北，往復其地，即有百斛之才，千秋之志，亦何由吐其珠璣，爲山川生色？則是先生此遊，誠壯且難矣。惜是書兩經剞劂，藏板俱失，間有存者，止斷簡殘編，不幾令先生奇才妙筆漸至湮没，而岳瀆神靈亦黯然已乎。故於休沐暇特爲修輯，去其魯魚亥豕，重付之梓，俾後之君子披覽是書。或有才而嗇於遇，欲遊未遂者，不出户庭，展卷如對。即有一二高賢，能如先生之遊，亦將問途於已經，神交於異世，共信先生當日萃天地之大文章，堪與五岳並壽，而余亦得附名於不朽也夫。

康熙辛未孟春，同里後學馮甦題于雙幘峯下之知還堂。

清　魏源《古微堂詩集》卷五《游山吟八首》　人知游山樂，不知游山學。人生天地間，息息亙通天地籥。特立山之介，空洞山之聰，渟蓄山之奥，流駛山之通。泉能使山静，石能使山雄，雲能使山活，樹能使山葱。誰超泉石雲樹外，悟入介奥通明中。游山淺，見山膚澤；游山深，見山魂魄。與山爲一始知山，寤寐形神合爲一。蝸争羶慕世間人，請來一共雲山夕。【略】

昔客京師塵海間，百里望山如望僊。今來嶺嶠山水窟，饜山不得出山谷。

肉山不及骨山爽，臥瀑不如立瀑漭。舟行十日始出山，耳不聞聲心内響。向平昏嫁始入山。何不盡携兒女來山間。淮南鷄犬雲中喧，梅福眷屬皆神仙。雲中僊人大笑謔，世間那有楊州鶴。

登高使人欲望，臨深使人欲窺。好奇好險信幽癖，此中況趣誰知之。不深不幽不奥曠，苦極斯樂險斯夷。譬如學道不深入，膚造安得窮其巇。僮僕嗔笑妻孥怪，木葉風嘯疑魅夔。古人狂逸天使獨，華陰痛哭山賦嗤。孤竹中雍棄千乘，祇貪邛壑西南馳。此中南面安足易，何乃尚羈五斗爲。山僧閔我語深夜，欲令息照塵勞非。徒留後約猨鳥笑，持贈記取千年藜。

综　述

南朝宋　劉義慶《世説新語》卷上《言語》　顧長康從會稽還，人問山川之美，顧云：千巖競秀，萬壑争流，草木蒙籠其上，若雲興霞蔚。丘淵之《文章録》曰：顧愷之字長康，晋陵人。父悦，尚書左丞。愷之義熙初爲散騎常侍。【略】

王子敬云：從山陰道上行，《會稽土地志》曰：邑在山陰，故以名焉。山川自相映發，使人應接不暇。若秋冬之際，尤難爲懷。《會稽郡記》曰：會稽境特多名山水。峯崿隆峻，吐納雲霧。松栝楓柏，擢幹竦條。潭壑鏡徹，清流寫注。王子敬見之曰：山水之美，使人應接不暇。【略】

道壹道人好整飾音辭。王珣《遊嚴陵瀨詩叙》曰：道壹姓竺氏。《名德沙門題目》曰：道壹文鋒富贍。孫綽爲之贊曰：馳騁遊説，言固不虚，唯兹壹公，綽然有餘。譬若春圃，載芬載敷，條柯猗蔚，枝幹扶疎。從都下還東山經吴中，已而會雪下，未甚寒，諸道人問在道所經。壹公曰：風霜固所不論，乃先集其慘澹，郊邑正自飄瞥，林岫便已皓然。

南朝梁　陶弘景《答謝中書書》（《漢魏六朝百三家集》卷八九引）　山川之美，古來共談。高峰入雲，清流見底。兩岸石壁，五色交輝。青林翠竹，四時俱備。曉霧將歇，猿鳥亂鳴。夕日欲頽，沈鱗競躍。實是欲界之仙都。自康樂以來，未復有能與其奇者。

南朝梁　吴均《與朱元思書》（《漢魏六朝百三家集》卷一〇一引）　風烟俱净，天山共色，從流飄蕩，任意東西。自富陽至桐廬，一百許里，奇山異水，天下獨絶。水皆縹碧，千丈見底。游魚細石，直視無礙。急湍甚箭，猛浪若奔。夾峰高山，皆生寒樹。負勢競上，互相軒邈。争高直指，千百成峰。泉水激石，泠泠作響。好鳥相鳴，嚶嚶成韻。蟬則千轉不窮，猨則百叫無絶。鳶飛唳天者，望峰息；心經綸世務者，窺谷忘反。橫柯上蔽，在晝猶昏。疎條交映，有時見日。

又《與施從事書》　故鄣縣東三十五里有青山，絶壁干天，孤峰入漢，緑嶂百重，清川萬轉。歸飛之鳥，千翼競來；企水之猨，百臂相接。秋露爲霜，春蘿被逕。風雨如晦，鷄鳴不已。信足蕩累頤，物悟衷散賞。

唐　王維《山中與裴秀才迪書》（《王右丞集箋注》卷一八引）　近臘月下，景氣和暢，故山殊可過。足下方温經，猥不敢相煩，輒便往山中，憩感配寺，與山僧飯訖而去。北涉玄灞，清月映郭。夜登華子岡，輞水淪漣，與月上下。寒山遠火，明滅林外。深巷寒犬，吠聲如豹。村墟夜舂，復與疎鐘相間。此時獨坐，僮僕静默。多思曩昔携手賦詩，步仄逕，臨清流也。當待春中，草木蔓發，春山可望，輕鯈出水，白鷗矯翼，露濕青皐，麥隴朝雊。斯之不遠，儻能從我遊乎？非子天機清妙者，豈能以此不急之務相邀。然是中有深趣矣。無忽。

唐　柳宗元《柳河東集》卷二九《始得西山宴游記》　自余爲僇人，居是州，恒惴慄。其隙也，則施施而行，漫漫而游。日與其徒上高山，入深林，窮迴溪，幽泉怪石，無遠不到。到則披草而坐，傾壺而醉。醉則更相枕以卧，卧而夢。意有所極，夢亦同趣。覺而起，起而歸。以爲凡是州之山水有異態者，皆我有也，而未始知西山之怪特。今年九月二十八日，因坐法華西亭，望西山，始抵異之。抵，一作指。遂命僕人過湘江，緣染溪。染，一作冉。斫榛莽，焚茅茷，窮山之高而止。攀援而登，箕踞而遨，則凡數州之土壤，皆在衽席之下。其高下之勢，岈然洼然，若垤若穴，尺寸千里，攢蹙累積，莫得遯隱。縈青繚白，外與天際，四望如一。然後知山之特出，不與培塿爲類。悠悠乎與顥氣俱，而莫得其涯；洋洋乎與造物者游，而不知其所窮。引觴滿酌，頽然就醉。不知日之入。蒼然暮色，自遠而至，至無所見，而猶不欲歸。心凝形釋，與萬化冥合。然後知吾嚮之未始游，游於是乎始，故爲之文以志。是歲，元和四年也。

又《至小丘西石潭記》　從小丘西行百二十步，隔篁竹聞水聲，如鳴珮環。心樂之，伐竹取道，下見小潭。水尤清冽，全石以爲底，近岸，卷石底以出，爲坻、爲嶼，爲嵁，爲巖。青樹翠蔓，蒙絡摇綴，參差披拂。潭中魚可百許頭，皆若空游無所依。一云披拂潭中，俯視游魚，類若乘空。日光下澈，影布石上，佁然不動，俶爾遠逝，往來翕忽，似與遊者相樂。潭西南而望，斗折蛇行，明滅可見。其岸勢犬

牙差互，不可知其源。坐潭上。四面竹樹環合，寂寥無人，淒神寒骨，悄愴幽邃。以其境過清不可久居，乃記之而去。同遊者：吴武陵、龔古、龔一作襲。余弟宗玄，隸而從者崔氏二小生，曰恕已，曰奉壹。

又《袁家渴記》　由冉溪西南水行十里，山水之可取者五，莫若鈷鉧潭；由溪口而西陸行，可取者八九，莫若西山；由朝陽巖東南水行至蕪江，可取者三，莫若袁家渴：皆永中幽麗奇處也。楚、越之間方言，謂水之支流者爲渴，音若衣褐之褐。渴上與南館高嶂合，下與百家瀨合。其中重洲小溪，澄潭淺渚，間厠曲折。平者深黑，峻者沸白。舟行若窮，忽又無際。有小山出水中。山皆美石，石上生青叢，冬夏常蔚然。其旁多巖洞，其下多白礫，其樹多楓、柟、石楠、楩、櫧、樟、柚，余救切。草則蘭芷，又有異卉，類合歡而蔓生，轇轕水石。每風自四山而下，振動大木，掩苒衆草，紛紅駭緑，蓊葧香氣；衝濤旋瀨，退貯溪谷；摇颺葳蕤，與時推移。其大都如此，余無以窮其狀。永之人未嘗遊焉。余得之，不敢專也，出而傳於世。其地世主袁氏，故以名焉。

宋　沈括《夢溪筆談》卷二四《雜誌一》　温州雁蕩山，天下奇秀，然自古圖牒未嘗有言者。祥符中，因造玉清宫，伐山取材，方有人見之，此時尚未有名。按西域書，阿羅漢諾矩羅居震旦東南大海際雁蕩山芙蓉峰龍湫，唐僧貫休爲《諾矩羅贊》，有「雁蕩經行雲漠漠，龍湫宴坐雨濛濛」之句。此山南有芙蓉峰，峰下芙蓉驛，前瞰大海。然未知雁蕩、龍湫所在，後因伐木始見此山。山頂有大池，相傳以爲雁蕩；下有二潭水，以爲龍湫。又有經行峽、宴坐峰，皆後人以貫休詩名之也。謝靈運爲永嘉守，凡永嘉山水遊歷殆遍，獨不言此山，蓋當時未有雁蕩之名。予觀雁蕩諸峰，皆峭拔嶮怪，上聳于天，穹崖巨谷，不類他山，皆包在諸谷中。自嶺外望之，都無所見；至谷中則森然干霄。原其理，當是爲谷中大水衝激，沙土盡去，唯巨石巋然挺立耳。如大小龍湫、水簾、初月谷之類，皆是水鑿音漕之穴，自下望之則高巖峭壁，從上觀之適與地平，以至諸峰之頂亦低於山頂之地面。世間溝壑中，水鑿之處皆有植土龕巖，亦此類耳。今成皋、陝西大澗中，立土動及百尺，迥然聳立，亦雁蕩具體而微者，但此土彼石耳。既非陡出地上，則爲深谷林莽所蔽，故古人未見，靈運所不至，理不足怪也。

宋　蘇軾《東坡全集》卷一〇一　到杭州一遊龍井，謁辨才遺像，仍持密雲團爲獻龍井。孤山下有石室，室前有六一泉，白而甘，當往一酌。湖上壽院竹極偉，其傍智果院有參寥泉及新泉，皆甘冷異常，當時往一酌，仍尋參寥子妙總師之遺迹，見頴沙彌亦當致意。靈隱寺後高峰塔一上五里，上有僧，不下三十餘年矣，不知今在否？亦可一往。

又　卷一〇四　自余所居臨皋亭下，亂流而西，泊於樊山，爲樊口，或曰燔山，歲旱燔之，起龍致雨。或曰：樊氏居之，不知孰是。其上爲盧洲，孫仲謀汎江遇大風，柂師請所之，仲謀欲往盧洲，其僕谷利以刀擬柂師，使泊樊口，遂自樊口鑿山通路歸武昌，今猶謂之吴王峴。有洞穴，土紫色，可以磨鏡。循山而南至寒谿寺，上有曲山，山頂即位壇、九曲亭，皆孫氏遺跡。西山寺泉水白而甘，名菩薩泉，泉所出石如人垂手也。山下有陶母廟，陶公治武昌，既病登舟，而死於樊口。尋繹故迹，使人悽然。仲謀獵於樊口，得一豹，見老母曰：何不逮其尾？忽然不見。今山中有聖母廟，予十五年前過之，見彼板彷彿有「得一豹」三字，今亡矣。【略】

黄州守居之數百步爲赤壁，或言即周瑜破曹公處，不知果是否？斷崖壁立，江水深碧，二鶻巢其上，有二蛇，或見之。遇風浪静，輒乘小舟至其下，捨舟登岸，入徐公洞。非有洞穴也，但山崦深邃耳。《圖經》云：是徐邈不知何時人，非魏之徐邈也。岸多細石，往往有温瑩如玉者，深淺紅黄之色，或細紋如人手指螺紋也。既數游，得二百七十枚，大者如棗栗，小者如芡實，又得一古銅盆盛之，注水粲然。有一枚如虎豹首，有口鼻眼處，以爲羣石之長。

宋　陸游《入蜀記》卷二　[乾道六年六月]十七日，【略】早飯罷，游青山。山南小市有謝玄暉故宅基，今爲湯氏所居，南望平野，極目而環宅，皆流泉、奇石、青林、文篠，真佳處也。遂由宅後登山，路極險巇。凡三四里，有兩道人持湯飯迎勞於松石間。又里許，至一庵，老道人出迎，年七十餘，姓周，濰州人，居此山三十年，顴頰如丹，鬚鬢無白者。又有李媼，八十矣，耳目聰明，談笑不衰，自言嘗得異人祕訣。庵前有小池，曰謝公池，水味甘冷，雖盛夏不竭。絶頂又有小亭，亦名謝公亭，下視四山，如蛟龍奔放，争赴川谷，絶類吾鄉舜山，但舜山之巔豐沃夷曠，無異平陸，此所不及也。亭北望，正對歷陽。周生言：元顔亮入寇時，戰鼓之聲震於山中云。夜歸舟次，已一鼓盡矣。坐間信伯言桓温墓亦在近郊，有石獸、石馬，製作精妙，又有碑，悉刻當時車馬衣冠之類，極可觀，恨不一到也。

又　卷四　[乾道六年十月]八日，五鼓盡，解船過下牢關。夾江千峯萬嶂，有競起者，有獨拔者，有崩欲壓者，有危欲墜者，有横裂者，有直坼者，有凸者，有

窪者，有鏄者，奇怪不可盡狀。初冬，草木皆青蒼不彫。西望重山，如闕江出其間，則所謂下牢谿也。歐陽文忠公有《下牢津》詩云：「入峽山漸曲，轉灘山更多」即此也。繫船，與諸子及證師登三游洞。躡石磴二里，其險處不可著脚。洞大如三間屋。有一穴通人過，然陰黑峻崄尤可畏。繚山腹傴僂自巖下至洞前，差可行，然下臨溪潭，石壁十餘丈，水聲恐人。又一穴後有壁可居，鍾乳歲久垂地若柱，正當穴門上有刻云：黄大臨弟庭堅同辛紘子大方，紹聖二年三月辛亥來游。旁石壁上刻云：景祐四年七月十日，夷陵歐陽永叔，下缺一字。又云：判官丁，下又缺數字。丁者寶臣也，字元珍。今丁字下二字亦髣髴可見，殊不類元珍字。又永叔但曰：夷陵不稱令。洞外溪上又有一崩石偃仆，刻云：黄庭堅弟叔向子相姪檝同道人唐履來游觀。辛亥舊題，如夢中事也。建中靖國元年三月庚寅按，魯直初謫黔南，以紹聖二年過此，歲在乙亥，今云辛亥者，誤也。泊石碑峡，石穴中，有石如老翁持魚竿狀，畧無少異。

[乾道六年十月]九日，微雪，過扇子峽。重山相掩，政如屏風扇，疑以此得名。登蝦蟆碚，《水品》所載第四泉是也。蝦蟆在山麓，臨江，頭鼻吻頷絶類，而背脊皰處尤逼真，造物之巧有如此者。自背上深入，得一洞穴，石色緑潤。泉泠泠有聲，自洞出，垂蝦蟆口鼻間，成水簾入江。是日極寒，巖嶺有積雪，而洞口温然如春。碚洞相對。稍西有一峯，孤起侵雲，名天柱峯。自此山勢稍平，然江岸皆大石堆積彌望，正如濬渠積土狀。晚次黄牛廟，山復高峻。村人來賣茶菜者甚衆。其中有婦人，皆以青斑布帕首，然頗白皙，語音亦頗正。茶則皆如紫枝草葉，苦不可入口。廟靈感，神封嘉應保安侯，皆紹興以來制書也。其下即無義灘，亂石塞中流，望之可畏，然舟過乃不甚覺，蓋操舟之妙也。傳云：神佐夏禹治水有功，故食於此。門左右各一石馬，頗卑小，以小屋覆之。其右馬無左耳，蓋歐陽公所見也。廟後叢木，似冬青而非，莫能名者。落葉有黑文，類符篆，葉葉不同，兒輩亦求得數葉。歐詩刻石廟中。又有張文忠一贊，其詞曰：「壯哉黄牛，有大神力，輦聚巨石，百千萬億。劒戟齒牙，磥硊江側，壅激波濤，險不可測。威脅舟人，駭怖失色，刲羊釃酒，千載廟食。」張公之意，似謂神聚石壅流以脅人，求祭饗。使神之用心果如此，豈能巍然廟食千載乎？蓋過論也。夜，舟人來告，請無繫更鼓，云：廟後山中多虎，聞鼓則出。

宋 范成大《吳船録》卷上

[淳熙丁酉歲六月]乙酉，泊嘉州，渡江遊凌雲，在城對岸。山不甚高，綿延有九山頭，故又名九頂，舊名青衣山。青衣，蠶叢氏之神也。舊屬于羌縣，縣廢併屬龍遊。躋石磴，登凌雲寺。寺天寧閣即大像所在。嘉爲衆水之會，導江沫水爲岷江，皆合於山下南流。以下犍爲沫水合大渡河，由雅州而來，直擣山壁，灘瀧險惡，號舟檝至危之地。唐開元中，浮屠海通始鑿山爲彌勒佛象以鎮之。高三百六十尺，頂圍十丈，目廣二丈。爲樓十三層，自頭面以及其足，極天下佛像之大。兩耳猶以木爲之，佛足去江數步。驚濤怒號，洶湧過前，不可安立正視，今謂之佛頭灘。佛閣正面三峨，餘三面皆佳山，衆江錯流諸山間。登臨之勝自西州來始見此耳。東坡詩「但願身爲漢嘉守，載酒常作凌雲遊」。後人取其語，作載酒亭於山上。

[淳熙丁酉歲六月]乙未，大霽，遂登上峰。自此至峰頂光相寺、七寶巖，其高六十里，大略去縣中平地不下百里，又無蹊磴，無此比者。余以健卒挾山轎强登，以山丁三十三曳大繩行前挽之，同行則用山中梯轎。出白水寺側門，便登點心山，言峻甚，足膝點於心胸云。【略】雷洞者，路左深崖萬仞，磴道缺處則下瞰沉黑若洞。然相傳有淵，水龍神所居，凡七十二洞。歲旱則禱於第三洞。初投香幣不應，則投死彘及婦人敝履之類，以裉觸之，往往雷風暴發。峯頂光明巖上所謂兠羅綿雲，亦多出於此洞。過新店、八十四盤、娑羅平。娑羅者，其木華如海桐，又似楊梅花，紅白色，春夏間開，惟此山有之。如登山半即見之，至此滿山皆是。大抵大峩之上，凡草木禽蟲悉非世間所有。昔固傳聞，今親驗之。余來以季夏，數日前雪大降，木葉猶有雪漬斕斑之跡。草木之異，有如八仙而深紫，有如牽牛而大數倍，有如蓼而淺青。聞春時異花尤多，但是時山寒，人鮮能識之。草葉之異者，亦不可勝數。山高多風，木不能長，枝悉下垂。古苔如亂髮鬖鬖掛木上，垂至地，長數丈。又有塔松，狀似杉而葉圓細，亦不能高，重重偃蹇如浮圖，至山頂尤多。又斷無鳥雀，蓋山高，飛不能上。自娑羅平過思佛亭、軟草平、洗脚溪，遂極峯頂光相寺，亦板屋數十間，無人居，中間有普賢寺小殿。以上卯初登山，至此已申後。初辰暑路，漸高漸寒，到八十四盤則驟寒。比及山頂，亟挾纊兩重，又加毳衲、駞茸之裘，盡衣笥中所藏，繫重巾，攝氈，猶凜慄不自持，則熾炭擁爐危坐。山頂有泉，煑米不成飯，但碎如砂粒。萬古冰雪之汁，不能熟物，余前定知之。自山下携冰一缶來，財自足也。

[淳熙丁酉歲六月]丙申，復登巖眺望。巖後岷山萬重。少北則瓦屋山，在雅州；少南則大瓦屋，近南諸形狀宛然瓦屋一間也。小瓦屋亦有光相，謂之辟支佛現。此諸山之後即西域雪山，崔嵬刻削，凡數十百峰。初日照之，雪色洞

明，如爛銀晃耀曙光中。此雪自古至今未嘗消也。山綿延入天竺諸蕃，相去不知幾千里，望之但如在几案間。瑰奇勝觀，真冠平生矣。復詣巖殿致禱，俄氛霧四起，混然一白，僧云：銀色世界也。有頃，大雨傾注，氛霧辟易。僧云：洗巖雨也，佛將大現。兠羅綿雲復布巖下，紛郁而上，將至巖數丈輒止，雲平如玉地，時雨點猶餘飛。俯視巖腹，有大圓光偃卧平雲之上，外暈三重，每重有青、黄、紅、緑之色。光至正中，虚明凝〔湛〕，觀者各自見其形現於虚明之處，毫釐無隱，一如對鏡，舉手動足，影皆隨形而不見旁人。僧云：攝身光也。此光既没，前山風起雲馳。風雲之間，復出大圓相光，横亘數山，盡諸異色，合集成采。峯巒草木，皆鮮妍絢蒨，不可正視。雲霧既散而此光獨明，人謂之清現。凡佛光欲現，必先布雲，所謂兠羅綿世界。光相依雲而出，其不依雲則謂之清現，極難得。食頃，光漸移，過山而〔西〕。左顧雷洞山上，復出一光，如前而差小。須臾，亦飛行過山外，至平野間轉徙，得得與巖正相直，色狀具變，遂爲金橋。大略如吴江垂虹，而圯有紫雲捧之。凡自午至未，雲物净盡，謂之收巖。獨金橋現，至酉後始没。【略】始登山時，雖躋攀艱難，有繩曳其前，猶險而不危。下山時，雖復以繩縱與後梯斗下，輿夫難著脚，既險且危。下山漸覺暑氣，以次減去綿衲。

又　卷下　〔淳熙丁酉歲六月〕百二十里，至忠州酆都縣。去縣三里有平都山仙都道觀，本朝更名。復冒大暑往遊，阪道數折乃至峰頂。碑牒所傳，前漢王方平、後漢陰長生皆在此得道仙去。有陰君丹爐及兩君祠堂，皆存。祠堂，唐李吉甫所作，壁亦有吉甫像。有晉、隋、唐三殿，制度率痺狹不突兀，故能久存。壁皆唐時所畫，不能盡精，惟隋殿後壁十仙像爲奇筆。豐腫妍怪，各各不同，非若近世繪仙聖者，一切爲靡曼之狀也。晉殿内壁亦有溪女等像，可亞隋壁。殿前浴丹池不甚甘凉。滿山古栢，大數圍，轉運司歲遣官點視，相傳爲陰君手種。今以成都孔明廟栢觀之，彼止劉蜀時物，乃大此數倍。然段文昌《修觀記》已云：峭壁千仞，下臨佛波。老栢萬栽，上蔭峯頂。段時已稱老栢，或其陰君所植，直差瘦耳。陰君以煉丹濟人爲道業，其法猶傳。知石泉軍章森德茂家有陰丹，甚奇，即陰君丹法也。觀中，唐以來留題碑刻以百數。

宋　朱熹《晦庵集》卷七八《百丈山記》　登百丈山三里許，右俯絶壑，左控垂崖，疊石爲磴，十餘級乃得度。山之勝，蓋自此始。循磴而東，即得小澗，石梁跨於其上，皆蒼藤古木，雖盛夏亭午，無暑氣。水皆清澈，自高淙下，其聲濺濺然。度石梁，循兩崖，曲折而上，得山門，小屋三間，不能容十許人。然前瞰澗水，後臨石池，風來兩峽間，終日不絶。門内跨池，又爲石梁，度而北，躡石梯數級入庵。庵纔老屋數間，卑庳迫隘，無足觀。獨其西閣爲勝，水自西谷中循石罅奔射出閣下，南與東谷水並注池中，自池而出，乃爲前所謂小澗者。閣據其上流，當水石峻激相搏處，最爲可玩。乃壁其後無所睹，獨夜卧其上，則枕席之下，終夕潺潺，久而益悲，爲可愛耳。出山門而東十許步，得石臺，下臨峭岸，深昧險絶。於林薄間東南望，見瀑布自前巖穴濆涌而出，投空下數十尺，其沫乃如散珠噴霧。日光燭之，璀璨奪目，不可正視。臺當山西南缺，前揖蘆山，一峯獨秀出，而數百里間峯巒高下亦皆歷歷在眼。日薄西山，餘光横照，紫翠重疊，不可殫數。旦起下視，白雲滿川，如海波起伏。而遠近諸山，出其中者，皆若飛浮來往，或涌或没，頃刻萬變。臺東徑斷，鄉人鑿石容磴以度，而作神祠於其東，水旱禱焉。畏險者或不敢度，然山之可觀者，至是則亦窮矣。

元　任士林《松鄉集》卷一《武夷山天游道院記》　天游道院在武夷溪第六曲仙掌巖之巔。屋若干楹，中以爲堂，周以爲序，密以爲室，廓以爲亭，列楯游空，下瞰物狀。堂之中圖以太級、修真之士處焉。蓋武夷第六曲當三十六峯之中，緣曲而上，路入仙游館，斗折蛇行，徑造峯極。地轉平敷，有園有池。白鷴、鷓鴣、王孫之栖集，桃李、篁竹、栟櫚之叢聯，嘯清舞寂，紛緑駭紅，自然成林。由林池横出，左右翠樹青蘿，一逕中通，以撫仙掌。池右屋而流瀉瀑千丈，練白珠圓，晴空爲澍。於是堂以集，序以析，室以煦，亭以舒。動標静根，杳與目遇；窾聲竅噫，清與耳謀。萬形攢絡之表與抗吾真，四時施滅之妙與稽吾神，不以虚空與逃，蒼莽與適乎。夫聖哲之士有不得志於禮樂、刑政，則託而神仙之歸。若安期羡門之屬，豈無意於事功者哉？故不肯磨涅人事，沐漆世汙，以自遺天地之外，非小智繆察者所能窺也。是故蹈厲自然，出入無始，以求是道，有物混成之先，庸非猶龍氏之卓者乎？

元　麻革《遊龍山記》（《歸潛志》卷一四引）　吾友渾源劉京叔，嘗以詩來，盛稱其鄉泉石林麓之勝。渾源實居代北，余始而疑之。雖然，吾友著書立言蘄信于天下後世者，必非誇言之也，獨恨未嘗一游焉。今年夏，因赴試武川，歸道渾水，修謁于玉峯先生魏公。公野服蕭然，見余于前軒，語未周浹，驟及是邦諸山，若南山，若柏山業已游矣，惟龍山爲絶勝，姑缺玆以須諸文士同之。子幸來，殊可喜。乃選日爲具，且拉諸賓友，騎自治城西南行十餘里，抵山下。山無麓，乍入谷來有奇。沿溪曲折行數里，草木漸秀潤，山竦出，嶄然露芒角。水聲鏘然鳴

兩峯間心，始異之。又盤山行十許里，四山忽合，若拱而提、環而衛者。嘉木奇莽被之，葱蒨醲郁。風自木杪起，紛披震蕩，山與木若相顧而墜者，使人神駭目眩。又行數里，得泉之泓澄渟滀者焉。泆出石罅，激而爲迅流者焉。陰木蔭其顛，幽草繚其趾。賓欲休，咸曰莫此地爲宜。即下馬，披草踞石列坐，諸生瀹觴以進。酒數行，客有指其西大石曰：此可識。因命余。余乃提筆書凡游者名氏及游之歲月而去。又行十許里，大抵一峯一盤，一溪一曲，山勢益奇峭，樹林益多，杉檜栝柏而無他凡木也。溪花種種，金間玉錯，芬香入鼻，幽遠可愛，木蘿松，鬣罥人衣袖。又縈紆行數里，得岡之高，遽涉而上，馬力殆不能勝，行茂林下。又五里，兩嶺若岐，中得浮屠氏之居曰大雲寺。有僧數輩來迎，延入，館于寺之東軒。林巒樹石，櫛比楯立，皆在几席之下。憩過午，謁主僧英公，相與步西嶺，過文殊巖。巖前長杉數本挺立，有磴懸焉。下瞰無底之壑，危峯怪石，巑岏巧鬬，試一臨之，毛骨森豎。南望五臺諸峯，若相聯絡無間斷。西北而望，峯豁而川明，村墟井邑，隱約微茫，如弈局然，徜洋者久之。夤緣入西方丈，觀故侯同知運使雷君詩石及京叔諸人留題。迴乃徑北嶺，登萱坡。坡盖龍山絶頂也，嶺勢峻絶，無路可躋，步草而往，深弱且滑甚，攀條捫蘿，疲極乃得登。四望羣木，皆翠杉蒼檜，凌雲千尺，與山無窮，此龍山勝概之大全也。降乃復坐文殊巖下，置酒小酌。日既入，輕烟浮雲，與暄色會。少焉月出，寒陰微明，散布石上，松楸翛然自萬壑來。客皆悚視寂聽，覺境愈清，思愈遠。已而相與言曰：世有樂乎此者歟。酒醺，談辯蜂起，各主其家山爲勝。如郭主太華，劉主茲余主王官、五老，更嘲迭難不少屈。玉峯坐上坐，亦怡然一笑。詩所謂善戲謔兮，不爲虐兮者，政如是也。至二鼓乃歸，卧東軒。明旦復來，各有詩，識于石。迨午，飯主僧丈室。已乃循嶺而東，徑甚微，木甚茂密，僅乃通馬行。又五里，至玉泉寺。山勢漸頗隘，樹林漸稀闊，顧非龍山比。寺西峯曰望景臺，險甚，主僧道客以登，歷嶔崟，坐盤石。其傍諸峯羅列，或偃或立，或將仆墜，或屬而合，或離而分，賈奇獻異，不一狀。北望川口，最寬肆。金城原野，分畫條列，歷歷可數。桑乾一水，紆繞如玦，觀覽曠達，此玉泉勝處也。從此歸，路嶮不可騎，皆步而下。重谿復嶺，愈出愈奇，抵暮乃得平地，宿李氏山家。卧，念茲游之富，與夫昔所經見而不能寐。若太華之雄尊，五老之巧秀，女几之婉妍，烏權、白馬之端重，茲山固無之。至于奥密淵邃，樹林薈蔚繁阜，不一覽而得，則茲山亦豈可少哉。人之情大抵得于此而遺于彼，用于所見而不用于所未見，此通患也。

明 宋濂《文憲集》卷二《遊琅琊山記》 洪武八年十有一月壬子，皇上以皇太子暨諸王久處宫掖，無以發舒精神，命西幸中都，沿道校獵，以講武事。濂實奉詔扈從。十有二月戊午，次滁州驛。濂進啓曰：臣聞琅琊山在州西南十里，晉元帝潛龍之地。帝嘗封琅琊王，山因以名。頗聞秀麗偉拔，爲淮東奇觀，願一遊焉而未能也。敢請，皇太子驩然可之。即約四長史同行：秦王府則林伯恭，晉王府則朱伯賢，楚王府則朱伯清，靖江王府則趙伯友，遂自驛西南出。過平阜約三里所，望豐山盤亙雄偉，出瑯琊諸峯上。唐梁載言《十道志》又云：豐亭山。山上有漢高祖祠，又有飲馬池。世俗妄傳漢高祖曾飲馬于此。國朝以山麓爲畜養之塲，別鑿池飲馬，仍揭以舊名。居人指云：山下有幽谷，地形低窪，四面皆山，其中有紫微泉，宋歐陽公脩所發。泉上十餘步即豐樂亭，直豐樂之東數百步至山椒，即醒心亭，由亭曲轉而西入天寧寺。今皆廢，惟涼煙白草而已。濂聞其語，爲悵然者久之。山東南有柏子潭。潭在深谷底，延袤畝餘，色正深黑，即歐陽公賽龍處，上有五龍君祠。皇上初龍飛，屯兵于滁。會旱暵，親挾雕弓注矢于潭者三，約三日，雨如期，果大雨。及御寶歷，爲作欄楯護潭，且新其廟。廟側有時若亭，濂坐亭上，問潭側雙燕洞及其南白鴿洞，以肆窮覽，人無知者，乃止。復西行約三里所，有泉瀉出於兩山之間，分流而下，曰釀泉，潺湲清激，可鑑毛髮。傍岸有亭曰漸入佳境，今亦廢，惟四大字勒崖石間，淳熙中郡守張商卿等題名尚存。沿溪而過薛老橋，入醉翁亭。亭久廢，名人石刻頗夥，兵後焚煉爲堊殆盡。亭後四賢堂亦廢。亭側有玻瓈泉，又名六一泉，石闌覆之，闌下壓以巨石，中疏一竅通泉，徑可五六寸，手掬飲之，温。是日天陰，雪花翩翩飄，伯清亟倡曰：雪作矣，不還將何爲。濂遊興方濃，掉頭去弗顧，其步若飛。歷石徑一里所，至回馬嶺。伯友追而至，伯清繼之。伯友曰：二客足力弱，不能從矣。二客伯賢、伯恭也。其謂回馬者，建炎寇盜充斥，郡守向子伋因山爲寨，植東西二門，西曰太平，東乃回馬也。嶺之東有醴泉，又其東南有栲栳山，山之南有桃花洞，又南有了頭山，山之下有熙陽洞，皆未暇往。蛇行磬折黄茅、白葦間，莽不知所之。宋熙寧初，僧崇定獲佛舍利六百，壘石爲四十九塔於道隅，纍纍如貫珠。塔雖廢，幸有遺址可憑。徑行無，疑其路若窮，又復軒豁，盖峯回路轉，九鎖而至。開化禪院在瑯琊山最深處，惜乎山皆童而無蔚然深秀之處。唐大歷中刺史李幼卿與僧法深同建此院，即張文定公方平寫《二生經》處。三門外有觀音泉。入院皆瓦礫之區，惟新構屋三楹間，中施佛像。僧紹寧出，速坐方定，龍典院僧德學問同

太子贊善孟益、秦王伴讀趙鑚、吴王伴讀王驥、楚王伴讀陳子晟，聞濂入山咸來會。晟云：太子正字桂彦良憩六一泉上，亦足弱不能進，恐隨二客歸矣。寧具飯飯客。飯已，學引觀庶子泉。泉出山罅中，乃幼卿所發，李陽冰所篆銘，銘已亡。張億書三字碑亦斷裂卧泉下。石崖上多諸儒題名，陷石爲一方，鐫勒其中，自皇祐淳熙、乾道以來皆有之。字或篆或隸或楷，或可辨或不可辨，山之東西在在皆然，不特此泉也。泉之南有白龍泉，禱雨多驗。童行堂下有明月溪，稍南有吴道子畫觀音及須菩提像，刻石壁上，傍鐫淮東部使者八人。舜臣《瑯琊山記》頗不合大體，爲之破顔一笑。又稍南有華嚴池。由明月而上，入歸雲洞，訪于佛塔遺址。過石屏路，俯窺大歷井，井亦幼卿所鑿。沿山腰跂磨拖嶺，遠望大江如練，鍾阜若小青螺，在游氣冥茫中。嶺下有瑯琊洞，洞廣兩室，中有一穴，深不測，名人題識無異庶子泉，懼日夕，復不暇往焉。自幼卿博求勝跡，鑿石引泉以爲溪，左右建上下坊，作禪室、琴臺，後人頗繼其風。山中之亭幾二十所，而日觀、望月爲尤勝，今荆榛彌望，雖遺跡，亦無從求之，可歎哉。

又　卷三《遊鍾山記》　鍾山，一名金陵山。漢末秣陵尉蔣子文逐賊死山下，吴大帝封曰蔣侯。大帝祖諱鍾，又更名蔣山，實作揚都之鎮。諸葛亮所謂鍾山龍蟠，即其地也。歲辛丑二月癸卯，予始與劉伯温、夏允中二君遊。日在辰，出東門，過半山報寧寺。寺舒王故宅，謝公墩隱起其後，西對部婁小丘。部婁盖舒王病濕，鑿渠通城河處。南則陸修静茱萸園，齊文惠太子博望苑，白烟涼草，離離秋秋，使人躊躇不忍去。沿道多蒼松：或如翠盖斜偃；或蟠身矯首，如王虺搏人；或捷如山猿，伸臂掬澗泉飲。相傳其地少林木，晋、宋詔刺史郡守罷官者栽之，遺種至今。抵圜悟關，關，宋勤法師築，太平興國寺在焉。梁以前，山有佛廬七十，今皆廢，唯寺爲盛，近燬于兵，外三門僅存。自門左北折入廣慈丈室，謁欽上人。上人出，三人自爲賓主。適松花正開，黄粉毵毵觸人，捉筆聯松華詩，詩未就。予獨出行函道間，會章君三益至，遂執手止翠微亭，登玩珠峰。峰，獨龍阜也。梁開善道場，寶誌大士瘗其下，永定公主造浮圖五成覆之。後人作殿，四阿鑄銅，貌大士實浮圖。浮圖或現五色寶光，舊藏大士履，神龍初鄭克俊取入長安。殿東木末軒，舒王所名，俯瞰山足如井底。出度第一山亭，亭顔，米芾書。亭左有名僧婁慧約塔。塔上石其制若圓楹，中斲爲方，下刻二鬼擎之。碑方上書曰：梁古草堂法師之墓。有蝸匾法，定爲梁人書。復折而西，入碑亭，碑凡數輩，中有張僧繇畫大士相，李白贊，顔真卿書，世號三絶。又東折度小澗，澗前下定林院基，舒王嘗讀書於此。院廢，更刱雪竹亭與李公麟寫舒王像、洗硯池，亦皆廢。又北折至八功德水，天監中胡僧曇隱來棲山，龍爲致此泉，今甃作方池。池上有圓通閣，閣後即屏風嶺，碧石青林，幽邃如畫。前乃明慶寺故址，陳姚察受菩薩戒之所。又東行至道卿巖。道卿，葉清臣字也，嘗來遊，故名。有僧宴坐巖下，問之，張目視，弗應。時雉方桴粥，聞人聲戛戛起巖草中。從此至静壇，多咸矜先生遺跡。復西折過桃花塢，詢道光泉，舒王所植松已遊，唯泉紺浄沉沉如故。日將夕，章君上馬去，予還廣慈。二君熟寐方覺，呼燈起坐，共談古豪傑事，厠以險語，聽者爲改視。明日甲辰，予同二君遊崇禧院，院文皇潛邸時建。從西廡下入永春園，園雖小，衆卉畧具。揉栢爲麋鹿形，栢毛方怒長，翠濯濯可玩。二君行倦，解衣覆鹿上，挂冠鼠梓間，據石坐。主僧全師具壺觴，予不能酒，謝二君出遊。夏君愕曰：山有虎，近有僧采蕣，虎逐入舍，僧門焉，虎爪其覿，覿有瘢可驗。子勿畏，往矣，予意夏君紿我，挾兩騶奴登惟秀亭。亭宜望遠，惟秀永春，皆文皇題榜，塗以金。又折而東，路益險。予更芒屩，倚騶奴肩，踸踔行，息促甚，張吻作鋸木聲。倦極思休，不問險濕，牒牒據頓地。視燥平處不數尺，兩足不隨。久之，又起行。有二臺，闊數十丈，上可坐百人，即宋北郊壇祀四十四神處。問蔣陵及步夫人冢，無知者，或云在孫陵岡。至此屢欲返，度其出已遠，又力行登慢坡。草叢布如氊，不生雜樹，可憩，思欲借裀褥卧，不去。坡，古定林院基，望山椒無五十步，不翅千里遠，竭力躍數十步輒止，氣定又復躍，如是者六七，徑至焉。大江如玉帶横圍，三山磯、白鷺洲皆可辨。天闕、芙蓉諸峰，出没雲際。鷄籠山下接落星澗，澗水滮滮流。玄武湖已堙久，三神山皆隨風雨幻去。西望久之，擊石爲浩歌，歌已，繼以感慨。又久之，傍厓尋一人泉，泉出小竅中，可飲一人，繼以千百弗竭。循泉西過黑龍潭，潭大如盎，有龍當可屠。側有龍鬼廟，頗陋。由潭上行，叢竹翳路，左右手開竹，身中行，隨過隨合。忽腥風逆鼻，羣鳥哇哇亂啼，憶夏君有虎語，心動，急趨過，似有逐後者，又棘針鈎衣，足數躓。咽脣焦甚，幸至七佛庵。庵蕭統講經之地，有泉白乳色，即踞泉歕嗍，衫袂落水中，不暇救。三嗍，神明漸復。庵後有太子嵓，又號昭明書臺。方將入巖遊，庵中僧出肅，面有新瘢，詢之，即向采蕣者，心益動，遂舍巖間别徑以歸。所謂白蓮池、定心石、宋熙泉、應潮井、彈琴石、落人池、朱湖洞天，皆不復搜覽。還抵永春園，見肴核滿地，一髫童立花下。問二客何在，童云：遲公不來，出壺中酒飲，且賦詩大噱，酒盡，徑去矣。予遂回廣慈，二君出迎。夏君曰：子顔色

有異，得無有虎恐乎？予笑而不答。劉君曰：是矣。子幸不葬虎腹，當呼斗酒，滌去子驚可也。遂同飲。飲半酣，劉君澄坐至二更，或撼之，作偶笑鈎之，出異響畏脅之，皆不動。予與夏君方困，睫交不可擘，乃就寢。又明日乙巳，上人出猶未歸，欲遊草堂寺，雨絲絲下，意不住，乃還。按地里志，江南名山唯衡、廬、茅、蔣。蔣山固無聳拔萬丈之勢，其與三山並稱者，盖爲望秩之所宗也。晉謝尚、宋雷次宗、劉勔、齊周顒、朱應、吴包、孔嗣之、梁阮孝緒、劉孝標、唐韋渠牟，並隱於此。今求其遺跡，鳥没雲散，多不知其處。唯見蕘兒牧豎，跳嘯於淒風殘照間，徒足增人悲思。況乎人事往來，一日萬變，達人大觀，又何足深較。予幸與二君得放懷山水窟，一刻之樂，千金不人易也。山靈或有知，當使予遊盡江南諸名山，雖老死烟霞中，有所不恨，他尚何望哉？他尚何望哉？章君約重遊未遂，因歷記其事，一寄二君，一遺上人云。

又　卷八《送陳庭學序》　西南山水，惟川蜀最奇。然去中州萬里，陸有劍閣棧道之險，水有瞿唐灧澦之虞。跨馬行篁竹間，山高者，累旬日不見其巔際。臨上而俯視，絶壑萬仞，杳莫測其所窮，肝膽爲之掉栗。水行則江石悍利，波惡渦詭，舟一失勢尺寸，輒糜碎土沈，下飽魚鼈。其難至如此。故非仕有力者不可以遊，非材有文者從遊無所得，非壯彊者多老死于其地。嗜奇之士恨焉。

又　卷二六《五洩山水志》　五洩山在婺、杭、越三州境上，北距富春，南據勾無，東接浦陽，其山水最號奇峭。齊謝玄卿嘗以採藥深入其中，而宋刁景純、吴處厚亦頗游焉。自西坑嶺入，過遇龍橋，北行二十步始入西潭。前横一溪，水甚寒，履之如冰。由溪而前徑小潭，旁有礁石突起，類大甕斜覆，乃捫石而登，一失足輒墜。又行二里所，地稍夷曠，怪石四瞰，峰巒環列獻狀，其紋縈縈然類神工鬼斧所雕刓者。山多猴，遊人或恐之，撒石亂下如雨。又前行半里所，泉自石竇中出，瀏瀏作聲，若琴若笙竽。泉西流，匯爲小窪，瑩澈泓澂，毫髪不隱。鯈魚數尾，洋洋往來，如行琉璃瓶中，見人至，潛去。窪左大樹離立，極怪偉，倒影入水中如畫。又前行五十步，大石閡道，相傳有岩角肖鷹喙，忽夜大雷雨，喙崩下，聲聞二十里。又行三十步，榛篠成林，翠光浮映，衣袂成碧色，山蟲睚眦奔逸後先，瞬目失所在。至此則氣象陰幽，絶不類人世，如升蓬嶠，坐水晶宫，生平烟火氣消盡。又自山腰緣葛而前，竹籜覆地厚，足動輒仆。又過十步，許抵小潭。小潭上曰西潭，流水傾沫成白簾，濶可七八尺，冉冉下注，滑而無聲。兩傍石崖峭立，苔蝕蘚暈，時有水珠毵毵滴下。歲旱，鄉民禱龍於此。遇禱，水或湧，取蜥蜴入瓶盂中持以歸，多驗。自遇龍橋至此，約可五六里，皆蛇盤磬折路，行若窮，又復軒敞，其中勝致難得具記。或言潭上有石河，從石河至三臺塔，人跡罕至，莫詳也。

明　劉基《誠意伯文集》卷八《活水源記》　靈峰之山，其上曰金鷄之峰。其草多竹，其木多楓櫧、多松，其鳥多竹鷄，其狀如鷄而小，有文采，善鳴。寺居山中，山四面環之。其前山曰陶山，華陽外史弘景之所隱居。其東南山曰日鑄之峰，歐冶子之所鑄劍也。寺之後，薄崖石有閣曰松風閣，奎上人居之。有泉焉，其始出石罅涓涓然，冬温而夏寒，浸爲小渠，冬夏不枯，乃溢而西南流，乃伏行沙土中，旁出爲四小池，東至山麓，瀦爲大地，又東注于若耶之谿，又東北入于湖。其初爲渠時，深不踰尺，而澄澈可鑒，俯視則崖上松竹華木皆在水底。故秘書卿白野公恒來游，終日坐水傍，名之曰活水源。其中有石蠏，大如錢。有小鰿魚，色正黑，居石空中，有水鼠常來食之。其草多水松、菖蒲。有鳥大如鸜鵒，黑色而赤觜，恒鳴其上，其音如竹鷄而滑。有二脊令，恒從竹中下，立石上，浴飲畢，鳴而去。予早春來時方甚寒，諸水族皆隱不出，至是悉出。又有蟲四、五枚，皆大如小指，狀如半蓮子，終日旋轉行水面，日照其背，色若紫水晶，不知其何蟲也。予既愛茲水之清，又愛其出之不窮，而能使羣動咸來依，有君子之德焉。上人又曰：屬歲旱時，水所出，能溉田數十畝。則其澤又能及物，宜乎白野公之深愛者也。

明　陶安《陶學士集》卷一七《遊龍鳴山記》　至元丙子二月甲午，厚齋巖君治酒殽，拉予遊龍鳴山，即無想山也。時春霽既久，風日暄麗，耆英少俊，序齒而行，鼓吹前導。從藍溪東南行五六里，兩山峙如雙闕，相距百步，綿亘東趍。中夾石田，田右小路隨兩山勢，深窅曲折。行三四里，隘不宜田，僮可爲路。又數里，山益奇峻。輕嵐暖靄，微襲襟帽。山外崇峯複嶂，杳無窮極。少焉，峭壁對立，狀若華表，松杉萬章夾路。北轉，澗多石底，雲深樹茂，繁卉被巖，鳥聲清碎，似非人間世。僧舍雄麗，榜曰禪寂。門外獨松古秀，大連數抱。修篁干霄，森列門内。寺長老出，迎客，延坐後堂，扁曰白雲深處。其西有聽松軒，又西即韓熙載讀書堂遺址，所植檜猶存。其北有甘露室，又北上爲招雲亭，氣象空曠，攢峯玉立，視嚮所歷羣山低俯其頂矣。遂躡蹬至潮音巖，怪石異態百出。同遊者疲於躋攀，於是止焉。予以未登絶頂爲快，與三二友決意直上。地勢斗峻，褰裳援蘿履蒼莽中。上有天池，沆瀣其水，下飛潮音巖，引以給庖。其西絶頂巨石，雄

坦可坐數十人。渺焉四顧，心目豁然。其東絶頂視西又高，倦不欲登，還，飲白雲深處。於時暖氣薰席，蒸焉如夏，凄焉如秋，栗焉如冬。觥籌無算，談笑甚歡，雖從者樂工，各適其意。酒既，長老引客看花，徐行登環翠閣。已而與長老别，出寺門，行幾一里，衆以興未盡，席地坐，分韻賦詩者久之，詩成而歸。斯遊也，適其時而得其地，信足樂矣。但漂之爲州非通都要路，兼是山隱於邃奥，故無前賢題詠及當代名筆發其幽潛，予故表而出之。嗚呼，樂而不失乎正者，浴沂風雩也。蘭亭之會，乃或感慨悲戚，今同遊者，心平氣易，發言爲詩，皆有可觀，其亦樂之正者與。遂記兹遊之勝，使無想山得以著於世云。

明　王士性《王太初先生雜志・勝槩》　天下名山，太華險絶，峨眉神奇，武當偉麗，天台幽邃，雁蕩、武夷工巧，桂林空洞，衡岳挺拔，終南曠蕩，太行透迤，三峽峭削，金山孤絶。武林西山借土木之助，太岱、匡廬在伯仲之間。北岳不及崧高，五臺勝於王屋。雁蕩無水，武夷可舟。望遠則峨眉，登高則太華。水則長江洶涌，黄河迅急，兩洞庭浩淼，巴江險峭，錢塘怒激，西湖嫵媚，嚴陵清俊，灕江巧幻。至于朝日如輪，晚霞若錦，長風巨浪，海舟萬斛，觀斯至矣，勝斯盡矣，余皆身試，思之躍然。

明　王士性《廣志繹》卷二《兩都》　太行，首始河南，尾遶山海，而出數千里。其至京師則名西山，舊稱第八陘。在燕厚數十百里，勢則連山巨坂，地軸天關；勝則春花夏果，秋雲冬雪，良偉觀也。居庸、紫荆，倒馬爲内三關，咸隷太行。大水如桑乾、清濁漳，咸穿太行東出。【略】

都人好游，婦女尤甚。每歲，元旦則拜節，十六過橋走百病，燈光徹夜。元宵燈市，高樓珠翠，轂擊肩摩。清明踏青，高梁橋盤盒一望如圖畫。三月東嶽誕，則耍松林，每每三五爲羣，解裙圍松樹團坐，藉草呼盧，雖車馬雜沓過不顧。歸則高冠大袖，醉舞驢背，間有墜驢卧地不知非家者。至中秋後遊踪方息。昔人謂，輦轂之下，萬姓走集。無怪乎醉人爲瑞也。所可恨者，向有戒壇之游，中涓以妓捨僧，浮棚滿路，前僧未出，後僧倚候，平民偶一闖，羣僧箠之且死。邇以法巖禁之，十數年惡俗一清矣。【略】

碣石在永平、昌黎間，離海岸三十里，遠望一山如塜，山頂大石如柱。韋昭謂：碣石舊在河口海濱，歷世既久，爲水所漸淪入海。想此是也。楊用修謂：此右碣石，又有左碣石，在高麗樂浪。唐書云：長城起於此山。

又　卷三《江北四省》　伏牛山在嵩縣深谷大壑之中數百里，中原戰争兵燹所不及，故緇流衲子多居之。加以雲水游僧動輒千萬爲羣，至其山者如入佛國，唄聲梵響，别自一乾坤也。然其中戒律齊整，佛土莊嚴，打七降魔，開單展鉢，手持貝葉，口誦彌陀，六時工課，行坐不輟。良足以引遊方之目，感檀越之心，非他方刹宇可比。少林則方上遊僧至者守此戒，是稱禪林，本寺僧則啜酒啖肉，習武輕藝，止識拳棍，不知棒喝。【略】

南山謂終南山也，脈自大散關而度，左渭右漢，黑白兩龍江注之。其東出者，自武功、太白牽連而至商洛，皆是南山，如太行在燕、代隨處異名耳。太白極高，上有積雪，盛夏不消，諺云：武功、太白，去天三百。山下軍行鳴鼓角，則疾風暴雨立至。今乃爲盗據而窟之，游人莫到，使山靈受汙。武功亦北連太白，與之竝峙。太華削成四方，高五千仞，自回心石以上，仰躡四十里，少華三峯副之。終南正面亘藍田、盩厔，中對長安，登者經樊川、杜曲。諺云：城南韋、杜，去天尺五。韋乃安石别業，倒官中囊爲之，杜則岐公墅而孫牧增爲者。二曲爲唐長安林泉，花竹最勝，今皆荒落。自此入山，走深谷大壑，即三四百里不能窮。中多修道求仙人數百歲者，雲水游人往往覓得之。子午谷去城南百里，路自南通北，正對長安，故名，然止單人獨騎可行。昔魏延請孔明出軍，貴妃飛騎進荔枝，皆此。【略】

自古稱棧道險，今殊不然。屢年修砌，可竝行二轎四馬。其褒、斜二谷俯黑龍江，咸乾灘亂石。不知漢張湯何以欲轉漕于渭，豈古今陵谷星淵至是？其站皆軍夫，以百兵爲廒，置長，軍無餼廩，惟自種山田數畝而已。今軍日消而往來之絡繹如故，是宜有以處之。入川如秋林、富村、古店諸站，丁庶而富，其氣象又與漢中别。【略】

大隴首山牽連六七百里，其上多鸚鵡，行人過此時頓欲絶，故《樂府》詩曰：「隴頭流水，鳴聲嗚咽。遥望秦川，肝腸斷絶。」崆峒山有元鶴洞，深無底，中有三元鶴時出，飛翔雲際，遊者見之以爲瑞。鳥鼠同穴山則飛走相爲牝牡，此最異事，鳥曰鵌，鼠曰鼵。

又　卷四《江南諸省》　江右洞天福地，如廬山在南康西北二十里，古名南障。世傳周武王時，匡俗兄弟七人結廬隱於此。叠障九層，周五百餘里，山有五老峯、三石梁、竹林寺，道書第八洞天。虎溪在九江城南，晉惠遠在東林送客過此，虎輒鳴號。一日送道士陸脩静，不覺過溪，相與大笑。道書以爲七十二福地之一。豫章西山乃省會最勝處，其勢與廬岳等。山在大江之外三十里，一名厭

原山，道書第十二柱寶極真之天，古今仙踪最多。初濟江十里有盤石，名石頭津。自石頭西行，有梅福學仙處，名梅嶺。嶺之南有葛仙翁煉丹處，名葛仙峯。峯之上有洪崖先生乘鸞憩處，名鸞岡。岡之西有王子控鶴處，名鶴嶺。嶺之畔有蕭史游處，名大蕭小蕭峯，亦名蕭仙壇。又有水出山椒，名吴源，高下十堰，溉田萬餘頃。麻姑山在建昌城西南十里，山有五老、萬壽等峯，麓有桃花源，其前第二谷，水飛流而下，有瀑布二百餘尺。世傳麻姑得道。其壇有顏魯公書碣，道書丹霞小有洞天。閣皁山在臨江府六十里，山形如閣，色如皁，相傳漢張道陵、晉丁令威、葛孝先皆嘗修煉於此。山有淩雲峯、漱玉泉、磨劍池，道書第三十三福地。龍虎山在貴溪西南八十里，高峯插雲，兩崖對峙，若龍虎然。漢張良八世孫張道陵修煉之所，道書三十二福地也。道陵道成，去蜀之青城山，殺鬼上昇，今山中亦有飛昇臺。其所遺經籙符章與劍印以授子孫，代號天師，閱世之後多有靈驗。説者謂其印劍之神，非子孫道術也。縣南亦有鬼谷山、鬼谷洞，周圍四里有蘇秦臺、張儀井，亦道書第十五洞天。【略】

九疑山乃南龍大幹行龍之地，其峯有九，參差互映，望而疑之，故名九疑。蓋山有九水，四水陽流，注于南海，五水陰流，注于洞庭。五水者，瀟、湘、舜源水、洈水、砯水等也。九峯謂朱明、石城、石樓、娥皇、女英、舜源、蕭韶、桂林、杞林。大舜陵在其中，太史公所謂「舜崩蒼梧之野，葬于零陵之九疑」者是也。今不知其處，惟于蕭韶峯下立廟祭之。秦皇、漢武皆以道阻不得過江、漢而望祭焉。宋置陵户，禁樵採。【略】

羅浮山在惠州博羅縣西北三十里，昔傳有山自海上浮來，與羅山合而爲一，故稱羅浮，道書十大洞天之一也。志稱山高三千六百丈，周三百餘里，蟠三十二峯，巒岫既秀，洞壑復幽。峯曰飛雲，曰玉鵝，曰麻姑，洞曰石臼，曰水簾，曰朱明，曰黄龍，曰朱陵，曰黄猿，曰蝴蝶，其選也。大小二石樓，登之可望滄海。樓前二石門，方廣可容几席。二山相接處有石磴，狀如橋梁，名曰鐵橋，橋端兩石柱。人跡罕到。

又　卷五《西南諸省》　樂土以居，佳山川以游，二者嘗不能兼，惟大理得之。大理，點蒼山西峙，高千丈，抱百二十里如弛弓，危岫入雲，段氏表以爲中岳。山有一十九峯，峯峯積雪，至五月不消，而山麓茶花與桃李爛熳而開。東滙洱河于山下，亦名葉榆，絶流十里，沿山麓而長，中有三島、四洲、九曲之勝。春風掛帆，西視點蒼如蓬萊、閬苑，雪與花争妍，山與水競奇，天下山川之佳莫逾是者。且點蒼十九峯中，一峯一溪飛流下洱河，而河崖之上，山麓之下，一郡居民咸聚焉。四水入城中，十五水流村落，大理民無一壠半畝無過水者，古未荒旱，人不識桔槹。又四五月間，一畝之隔即倏雨倏晴。雨以插禾，晴以刈麥，名甸溪晴雨。其入城者，人家門扃院落捍之即爲塘，甃之即爲井。謂之樂土，誰曰不然。余游行海内遍矣，惟醉心于是，欲作菟裘，棄人間而居之。乃民綱所攖，思之令人氣塞。

明　王士性《五岳遊草》卷一《衡游記》　衡岳周廻八百里，大小七十二峯。首起於衡陽之回雁，而尾長沙之岳麓，餘則滿地皆堆阜，如田塍方就耒耜，故湖南郡國山皆稱衡也。七十二峯非連峯也，八百里非盡高山巨嶂也，縱衡提攬，登祝融則一日盡之。大約自岳廟後，拔地而起二萬丈，前後兩疊，左右中三支，環抱而下者爲正岳，爲古今遊觀秩祀之地。余與翰卿汎洞庭溯沅、湘而上，登陸則行古松三十里，虬枝龍鱗蔽虧天日，皆數千百年物，大風時鼓濤震山谷，偉哉觀也。樹窮而岳市見，入天下南岳道，肅謁岳祠。祠立七十二楹，象峰數，神像就石筍出地刻之，雲屋晧旰與岱稱。回宿署中，望岳頂微雲翳翠，明星爛然，大快也。晨起櫛沐，兩觸石出雲，諸峯乍明滅，余轉西橋出廟後，從山之中支以入。山麓東向爲胡文定公書院，增城湛原明復卜舍其左，各有像。謁畢，乃度小嶺至絡絲潭。潭水澂澈見底，溪流從亂石中跳躍而來，注之如瀑布。謂絡絲者聲固有然，形亦似之。再過玉板橋，有亭翼然，爲寶善山房。從山房上十餘里，爲半山寺。入寺過雨，新涼生微風，吹片雲墜峯腰，漸露其頂。左翼一高峯，籠烟霧如隔絳紗，爲芙蓉峯。東南一峰，新翠欲滴，爲紫蓋峯。右翼一峰，屹立無雲，乃爲烟霞峯。西南一峯，高與紫蓋並，爲天柱峯。四峯據前山，爲半山四隅。半山前一峯造寺膝，爲香爐峰。道人又指西南孤石矗天。如倉囷然，爲石廩。傍爲赤帝，嵐光乍開，游雲復來據之，不甚了了。登高，高矣，望遠則否。繇半山後爲湘南寺。已又過一敗剎，失其名。尚未覩祝融巔，蓋此皆前山也。度橫嶺方爲衡之後山。過飛來船，一石自空而至如船形。乃入上封寺，老木支柱，僅二三大雄像存。右轉三里許上山之巔，則祝融峯也。俯瞰山，山雲出合成大銀海，不辨下方。一石室祠赤帝，乃西北向。峯頭有石，闌干磥砢，面正南望岣嶁，與岱宗頂石閗奇。余謂當移赤帝祠于上，而亭祠之遺址以覽湘北佳也。已乃雲幕不散，寺僧請先抵會仙橋。循崖東畔下三里許，石崖屹立千尺，造石爲飛橋橫度之，以非仙人不能，故名。過橋憑石欄茵草而坐，回望壯崖插漢，淩厲欲飛，隱隱

腰間有綫路若趾跡然，名捨身崖，以南岳弟一險絶處。坐久之，前山雲歸盡，乃復上祝融，則平望千里，瀟湘如一髮西南來，達山足北厺，豬於洞庭。僧指洞庭在山北蒼茫縹緲間，余瞪目久之，猶不辨爲天爲洞庭水也。向入半山所仰視天柱、赤帝，已低在脛跂之下矣。記稱南極入地三十六度，惟登衡岳、祝融，循地平視南海丹穴，見南極老人星，爲前無障礙也。余心脉脉欲俟之，而是夕霧氣重，月星盡隱，乃悵然返宿上封。北風怒雨，撼枕上不得卧。晨起復凌風上觀日臺，見東海金縷萬條，捧員魄上，大奇。然天台華頂、岱宗日觀余皆假宿，觀出日比衡岳較大數倍。豈衡去海而遥乎？觀已下山，二里入員明洞，禮千手觀音，連簷接棟，麗于上封。登樓對烟霞之脊，青葱蒨蔓，深澗鳴玉，亭其西于恠石𡨴立中，走獅伏象，種種可愛，與翰卿悔不夜宿兹樓也。復踰嶺，度前山，經湘南岐路過祝雞庵，至兜率寺。寺前有池，蔭以修竹。然衡岳土咸踈理漏瀝，第眘窞耳。入門有石書「懶殘岩」，詢之非殘居也。前爲陳玉叔山房，寺後則余從父攖寧先生會靈精舍。出寺循天柱抵南臺，歷高磴數級乃至。回視天柱腋下之山，僧云雲密峯亦名金簡也。余憶神禹登岳，夢玄夷滄水使者授以金書玉簡，意此哉。今禹碑堙没，僅一刻于岣嶁。及訪魏夫人宅，與鄴侯、懶殘所棲遁，僧皆茫無以對，蓋千年事往，狐鬼榛棘爲家久矣。此去復六十里，有峰如蓮華重重苞之，中爲方廣寺，最邃。宋朱、張二子講學之所。以日晡不獲去，乃南行數里，過飛來石下退道坡。坡百二十級，一石鑿爲之，中隱隱有金牛跡，下坡盡復宿署中。王子曰：余鄉應先生良遊衡山，記衡所自起，謂自岷、峨、滇、貴，歷廣右、象郡之北，桂林之西，經武岡、寶慶，又自南趨北，湘江與鎮靖江夾從而來，至衡陽漸起，岣嶁諸峰，峙爲岳頂，然後散而爲湖南諸郡國以止於洞庭云。然漢武南巡，尚以道隔江、漢，望祭于廬江之灊山，而舜狩乃崩蒼梧，葬九嶷，然乎哉？

又　卷三《白岳游記》　氓山下，天目以來偏江南矣。其高崕大阪，盤礴際空者，惟黟、婺間爲勝。環黟、婺皆山矣，其坻崿鱗眴，如世所稱玄都隩區者，惟白岳、黄山最勝。二山並峙争雄，黄山穪介丘矣。而帝時神靈爲時所夸，翊而趨焉者，惟白岳尤勝。余從白下來，過王將軍石室，以丁亥午日會休寧令丁元父，次日遂爲白岳之游。出休寧三十里抵山，坐棹楔下，山中爽氣便覺依人。自白岳嶺過桃源，緣梯歷塊，就風嗌結，團標當之，視下方平楚蒼然，暑色不上山麓，曰中和之亭。過亭循石鰲塢旁深壑，于灌莽間聽水聲泠泠，曰桃花之磵。循磵而南，輿或高或下，且十里，峭壁橫截，路幾窮矣，忽開一竇，如刓刻作捲篷大橋狀，高負倖闕，一石楠扶踈如盖直闕前。曰東天之門。入門飛巘嵌空，多成乳竇，圓通道德，廣平踰丈，其最深者，樵蒸而入，可達藍渡，二石龍循洞門，游鬣如石嵡然。雜塑釋道應真于中，曰羅漢之洞。稍西龍洞脊，有飛泉灑下，入碧蓮池，水旱不竭，瀑不成布，濺乃如珠，曰珍珠之簾。崖西石壁上有如虎跡印泥淖中者，曰黑虎之崕。度天梯嶺又里餘，入玄武觀，綵斿甲帳，題搆袂振，中坐玄君塑像，道流稱百鳥啣泥以成，或謂神其説也。左峰爲石鼓，右峰爲石鍾，夾觀兩峯爲輂路，觀後高峰千仞，白雲封之，曰齊雲之岩。直觀孑立而上，頂齊觀趾，鑄鐵亭籠之，曰香爐之峯。觀西踰橋，斗崖中斷，一小峰離立澗下，曰捨身之崖。踰浮雲嶺，層巒刺天，左龍右虎，至天門即見其巔，曰紫玉之屏。復西里餘，峰側有石如虹卧，泉一縷傍注爲洗藥池者，曰鵲橋之峰。橋左巨壁，崛起横列如障，穹然而樓閣其下，曰紫霄之厓。馴伏峰前，昂首封鞍，似欲長鳴而起者，曰槖駝之峯。丹楹桓礎，碭基繡闑，架駝脊而築者，曰無量壽佛之宫。西北石儷儷人立，篡岫如螺髻者，曰三姑之岩。五峰比肩相倚，蒼顔黛色，向文昌閣如矯首欲語者，曰五老之峰。朱閣隱隱，扼山之吭，曰西天之門。山北向東西兩天門，距可五里餘，然未及出西天門，以跨石梁之奇。山高不及武當十之二，而黄冠羽士，埒黄金以雲集乎四方之士女者同。衺不及雁宕十之三，而奇峯怪石種種刻畫肖形，以甲勝于宇内者同。曲不及武夷十之五而憑高臨水，艤棹看山，既兼舟輿，復當傳舍，如青樓臨廣陌，以邀賞于往來之游人者同。説者謂真武自擇取之，緣以上昇，故奔走海内如市。余觀世所艶稱瀛洲、蓬萊之屬，往往謂神仙棲止，余生不問徼福乞靈事，即指顧山川，真不翅化人之居哉！

又　卷五《游峩眉山記》　志云寶掌三藏千歲，來自天竺，指其地爲震旦第一山。與夫覩佛光与西域雪山，盖皆謂峩眉云，峩山去巴西不遠，詢之其人，則咸謂七八月雪封山，山僧弛擔弗能上也。先是直指何君聞余欲登峩，已檄邑令除道，然亦曰姑嘗試云爾。或又曰，秋霖後佛光多不現，余咸爲不聞也者，與元承徑趨焉。以九月望後二日丁卯至嘉州，登凌雲，挹九山環峙，左慰註書臺。時岷江南流滚滚有聲，大渡河自西來注之，遥望三峩，隱隱在雲霧間，若招余者。次日發嘉州，十五里亂流而渡，過蘇稽鎮，午至縣。又西行五里至聖積寺，左重廊翼然爲老寶樓，署魏鶴山「峩山真境」四字，則登峩第一山門也。復過龍神堂，上涼風橋數里而至一壠，爲解脱坡。高山大崖，深林巨澗，度溪橋而聽，風聲蓬蓬然，水聲泠泠然，意戀之，以夜故促去，宿華嚴禪寺。己巳旦發寺，北首過青竹

橋，轉楠木坪，上五十三步，一平臺可坐數人，覆以翠竹爲歌鳳臺，云接輿避楚而隱地也。前見一石遠伏山口如舴艋，爲普賢船。又前片石踞立路側，爲大峨石。後有石並峙，下深成井，水自石井瀼瀼出，爲玉液泉，石鐫陳圖南「福壽」二字。西入數里爲呼應臺，則茂真尊者與孫真人精舍也。北數里倚白雲峰爲中峯寺，過寺上大坂，凡三望乃至，爲三望坡。下坡抵壑，雙溪合流，障以石山，如葫蘆出物，楹其背爲牛心寺。寺僧出真人丹鼎，與繼業三藏錫杖焉。寺後緑陰簇抱，蔽虧天日，景幽絶不類人間。右去過十二峯頭，爲九老仙人洞。寺左右爲雙飛橋，橋流合處，怪石磥砢，飛瀑怒出，其間一石懸峙焉，爲牛心石。兩石崖夾飛濤而去，余与元承置蒲團石上，結趺跏坐之，聽流水砅淘嗚咽，神骨俱寒，即不能忘死，堪忘世，此峩山山水最佳處也。再歴危磴爲白龍洞，洞兩翼樹楠千本，空翠欲滴。上四會亭爲白水寺，寺有宋興國鑄普賢騎白象相，并賜袈裟寶環，傍有三千鐵佛，廊廡鱗集，此北麓之窮也。嗣是悉南行，乃始稱登峨。飯畢從寺後直上一千步，爲頂心坡。頂心者，足行與心相着也。又一千五百步爲息心所，左右俱瞰空壁。又過大小深坑，坑窮無嶝道，板緣嶮巇而上，五里許爲長老坪。始偏山左行至鶩店，霧雨蒙昧，衣袂盡沾濕。披霧復行，行竹箭間，兩腋叢合，差不甚見險。又下深谷如井，爲九嶺岡。既下又起，爲蛇倒退。又下至谷，乃上猢猻梯，猶言鳥道也，路絶則倚木棧懸接之，故亦言梯。一步一墮，經十里餘，乃至一坪，爲初歡喜，亦稱錯歡喜也。飯罷又升高餘八里，爲木皮店，過此十日九霜雪，陶瓦皸拆，覆屋以木皮矣。再下谷，將升處石壁横亘數十丈，爲梅子坡，坡長與木皮等。至高處稍平，爲白雲殿。自白水上白雲，兩崖無倚，俱行馬鬣中也。殿陡崖萬丈，直至覩佛臺而止。緣崖爲雷洞坪，崖石卧路，盡青碧膩理，玲瓏如琢，與古楂老樹相盤錯，虬龍虎豹兩欲鬬巧，崖斷處下窺無際，杳然深黑，世傳雷神居之，聞人語聲，則風雷暴至，舊樹一禁語鐵牌，下有十二大洞穴，人不得至也。過雷神洞而上，長十數里，險視猢猻梯過之，爲八十四盤。道傍積雪皚皚，高山茶不甚佳，雪可嚼。盤盡則一石穿雲而立，爲觀音岩。岩前樹抱石而生，藤蘿鬖髮爲普賢線，岩傍巨石如門。又數折至莎蘿坪，爲大歡喜，盖有莎蘿花云。過歡喜亭無險矣，秉燭斜躡而南至通天堂，又南爲老僧樹。樹兩岐直立，枯而空中，一游僧來定焉，復榮抱爲一，僧定故未出也，乃知龍淵慧持之事不誣，奇矣。右折二石矗天。開一罅爲天門石，轉而過爲七天橋，盖猶謂瓦屋九天也。乃趨三殿頂禮，先錫瓦，次銅瓦，上絶頂爲鐵瓦，皆像普賢也，一名光相寺。禮罷，就性天頭佗宿焉。頭佗年九十苦行，与之語未了，門外雪復大下，余乃擁榾柮。披重裘，尚皮毛粟慄，盖山中連三夕雪矣。庚午晨起望西山盡霽，獨一山衣白巑岏，僅咫尺間，詑之。性天曰：「正西域大雪山也。以浩刼積雪不消，六月乃益明，去此數千里矣。」余瞪目久之，初陽起射，雪色更熒熒照人，如沁肝膽，即世稱瑤樓玉宇不足狀之，又一奇觀也。然目力所窮，尚視山而遥，乃不皆雪，豈太陰積氣獨凝結此山也耶？再登鐵瓦殿，黑雲覆東方未開。僧曰：此山頂霧，非雲也，倏開合耳。有大重雲在其下，是稱兜羅綿雲，則常住不散。霧已果如僧言，現大銀海。已復詣通天觀，觀大藏寶幢報午矣。一僧奔稱佛光現，余亟就之。前山雲如平地，一大圓相光起平雲之上，如白虹錦跨山足，已而中現作寶鏡空湛狀，紅黄紫緑五色暈其週，見己身相儼然一水墨影，時騶吏隨立者百餘人，余視無影也，彼百餘人者，亦各自見其影，摇首動指，自相呼應，而不見余影。余與元承亦皆兩自見也。僧云此爲攝身光，茶頃光滅，已又復現復滅，至十現，此又奇之奇也。春夏時有鳥稱「佛現」，食人掌中，寒不來矣。二黑鼦尚盤桓欄楯，見人不甚怖。山後岷山萬重，僧一一指之，近瓦屋，遠曬經，側爲青城、玉壘，又縹緲中指火焰、葱嶺，余不能悉。餘山則皆纍纍砂塍也，所謂曠然天游者非耶？已而暝色至，復篝燈與元承露坐臺上。因思吾家右軍。動稱峩山伯仲崑崙，而竟乏足跡，杜陵詩篇滿巴、蜀，而未識嘉州，名山福地故有緣矣。元承曰：固然。相携俟聖燈一至，僧云月明之夕，數十百如亂螢自二峩來，撲之皆木葉也。兹夕雨氣重隱矣。仍回宿卧雲庵，覽三大師所傳西竺像，文殊、普賢虬須，觀音大士則頭佗而髯也，與入中國變相異。僧又出放光石爲贈，石色如水晶生六稜，從日隙照之，虹光反射，余携數顆袖之。辛未早下山，將及雷洞坪，嵐烟踵趾相失，兩纖纖隨之，至白水則云昨大雨，而絶頂乃快晴也。余病渴，亟命寺僧掬飲之。盖山頂無泉，僅一坎受雪水，不堪爲食具。范石湖所謂萬古冰霜之汁，不能熟物，宜其汲水而登也，余識不及此矣。自縣至寺四十里，寺至頂又六十里，蜀山無出其右者，然蜀地又高于天下地幾許，則峩眉與海内山，絜高量短可知已。白水以上雨霧十二時，無一日霽者，以山高多寒故。初歡喜以上，皆千年大木卧路側，古苔茸挂，以山饒雨霧，即高山木如生水中。故大歡喜以上，路皆棧木而行，以四時積雪，土濘滑不能成路。故觀音辟支岩以上皆有光，第不若覩佛臺以時顯。僧云佛家以此爲大光明山。至檢華嚴住世品，則云西南山賢首居之。天竺視此非西南也，又勝峰亦稱西方，而强合以名兹山。意好事者未思竺、震殊方之故，而

普賢道場則又自古記之矣。願力顯化，理固有之。或曰山有金銀之氣則光；或曰木石之異者，山靈鬼物附之則光；或曰雲雨射日，如蝃蝀則光。此皆諱言於佛故。要之六合神奇，多難意度。乃與元承慶茲遊之遭，題名于天門石而去。元承者劉君奕，余天台王士性也。

又 卷七《遊雲南九鼎山記》 雲南者，漢時五色雲現于邑北，是邑所得名也。邑有九鼎山，出郭北廿里，山起九峻，若禹鑄九鼎而列也。九鼎故有寺，開山僧驟聞天樂下隨，而覓古佛于洞中，循之而創也。時惟重九，余與吴、張兩憲丈，自昆明還馳而登之。出其闉都，飛泉争道，龍蛇走也。平疇禾黍，黄雲繞也。天風吹人，羽衣舞也。涉澗納麓，升自岫頂，鼓吹闐聵，忽聽隔隴清磬一聲，梵唄喃喃，耳覩開也。已迺攬此一之亭，萬瓦參差，樹影中乍見乍没也。坐超然之臺，蕊宫琳宇，懸搆滕峲，若蜂房鳥窠，纍纍然，重累而綴也。烟雲過絶壁，若畫王右丞山水，間以大李樓臺，簇簇然而羃以重綃也。罡風響鈴鐸，而下青蘋之末，忽復擁秋聲大呼，若舉千百刹宇動摇，將擲之空中也。迺促酒人出三爵澆之，以敵寒氣。澆已，行松濤之徑，老樹拏雲入千尺，翠色滴滴可餐也。躡憑雲之橋，椓杙岩阿虚閣，度重棧以過。軒然岸首，臨乎鳥道，足瑟縮以移也。入古佛之洞，石竇嵌空，琢五大士相，附以危樓，雕欄畫檻，旛幢錯繡，與朝日共麗也。謁毘盧之殿，阿閣三重，出西南竇，跨傴仄，摶羊角以上靈瑣枎振。余與張君席地作趺跏，刹那覺萬籟寂然与心境徹也。復循山北，摩龍首之塔，日輪正午，鏊窈窈猶無底止也。入洞復坐，掇黄花佐酒，微赭，相携而起。上三教之樓，爐烟裊空，袖之以出也。吴君脱舄南下，余與張君復趨而登華嚴之閣。危梯百級，螺旋而上，四盼無所不矚。憑欄少頃，噫氣灑淅，岔谷中起，山外莽蒼瞑色，亦冉冉隨飛鳥而至。側耳聽下方鍾鼓，覺身在鈞天上也。既下，回首閣端，縹緲天際，怳然自失。已復過一刹，題搆新成，遥見前村返哭，隱隱二三牧竪，捲蘆葉吹牛背歸也。復下棧閣奏松坪，時已月出高樹，牛、女之光燭地，戀戀不能去也。余三人者，無良辰之不偶，念後會之未期，因緣勝名，各懷鄉土。吴君則舉凌雲、九峯，張君則舉湘江、九疑，余家赤城，亦思九盤觀海，悵然俛仰，各有拂袖遐舉之意，乃命余爲詩記之。吴君原豫名謙，家瀘水；張君養晦名文耀，家沅陵；余天台王士性恒叔也。歲重光單閼，則萬曆十九稔也。

明 宋彦《山行雜記》 春雨淙淙二日，霽後，登山看花俱泫泫不禁。李花微作黄色，杏白如粉，海棠酣色退盡。少頃風撩山巔，松濤頓發，飄瓣滿山如積雪，花事至此遂盡。【略】

三月十六日，入山，乘欵叚徐行，道經嘉興觀，下莊橋、萬壽寺。道上杏花夾繁李，山桃盛開。遥見香山碧雲諸峯，半山如積雪，白雲撲面，香氣襲骨。前視家口，輿馬絡繹，回顧小車載瓶罌，轆轆輕陰嫩緑，中便是葛翁移居圖。惜余不久又將出山耳。【略】曉起，雨初霽，開南窗，見甕山磊磊，諸石如洗。出紺玉，敞北扉，望金山松栢青葱掩映，臺殿翠色欲滴，忽白烟一縷如綫亘天，漸遠漸分，如蓋如席。白雲四出，晴色朗然矣。急握筆記之。乃櫛沐甕山前。仁慈菴荒敗有古意，入門三百武，兩傍椿樹夾之。登石磴二十級，有堂三楹，兩廡翼之。西廡前爲樓，看山下水田緑映。北壁數瞪外即西湖，恨樓卑不能多得水，使十里澄光，若縞帶耳。

仁慈庵左爲圓静寺，寺門度石橋，大道通湖堤。門内半里許，從左小徑登臺，精藍十餘室。室西爲殿三楹，左右各精舍一間，面全湖水色，地據山腰，觀湖第一處。余欲暫假信宿，土人云：其主僧號淨香，住西方菴，富甲西山，非顯要不交，那得輕留宿。余訪之，果然復從右小徑得一僧舍，湫隘殊甚。其僧老病，一徒乞食于四方，遇余欣然，因留寓。

青龍橋南里許爲西方菴，東望據湖杪一區，菴左爲中貴義塚。庵今受司禮三十餘人供養，下院頗多。湖上膏腴水田皆屬主僧，僧甚富。梵宇不雄偉而極精嚴，庵後一樓尤工緻。余訪淨香久不得，見一僧出揖，桀然有貴人風。

京師城内外諸山，諸名刹皆有下院，居俗人室家，所稱名師耆宿亦時過其地，京師名爲和尚家。

西方庵稍南爲三元寺，甚隘而頗得水木之勝。青龍橋北半里許爲曹家山妙應寺，殿扃不開。殿左傍小逕直上里許，從東山坡百武趾西轉，登石級三十餘層，爲毘盧殿。山高，望湖僅若一盆盎。東顧都城雉堞，左臂可扞。聽橋下水，若挂千琴于松間，風吹無斷續，聲與下聽者迥絶。【略】

從望湖亭，度嶺五六里許爲卧佛寺。寺前列古栢百株，翠色可愛。度白石橋，山門爲樓，建白石署於上。殿宇、廊廡偉麗，兩夾道皆僧舍，向南層列，各精雅有致。殿右側，出小門，西數十武，有巨石突然中立，高可三丈，鑿石爲級以上。上有觀音堂一楹，前臨池，右有泉，有橋，四圍皆石壁、古樹。度橋爲隆教寺，泉從寺前度。泝泉行，逶迤宛轉二里行，則爲錚鈜淜潵聲矣。復循水行二里，上嶺爲五華寺。寺當山口，如甕口一罅，外眺極有別趣。下嶺復循水行，再

登一嶺，爲廣泉寺。寺亦古，泉亦稍烈。再上即通山北道也。循故道下，復上得圓通菴。菴右爲太和菴，泉水源于此，一方亭據其上。傍泉多烏桲文杏，秀石峭壁相錯，凡濺石紫叢，回湍咽漱，飛絲挂布，噴玉灑珠，無所不備。度泉有烏道，行三里許得普濟廢寺。寺前一嶺，上有小囿，中一石如鉢，水冬夏不涸，取汲多于此。過此則山益深，中有狼貔，遂不敢上而止。

臥佛南，度嶺三里許爲碧雲寺。蒼松翼門，遥見翠微紺殿朱門，亦自可喜。入門，殿宇大約同臥佛，而僧寮在兩廡後，東西向單列，無幽邃意。殿前二方池，石甃楚楚，蓄金魚，游人以爲奇觀。右傍小徑至石壁下，一泉出焉，清甘可酌。其陽有方亭，修竹叢叢，大有瀟湘雨色。殿後石塋甚整，爲于中貴冢，故亦名爲于公寺。

碧雲南三里許，爲香山。山逕兩傍夾嘉樹，四面多果園，花時如錦。入山漸高，樹益嘉。新松偃盖，弱藤懸鈎，迂迴林谷，出没烟雲，寺極新焕。石橋廣數丈，據平坡，曠有幽致。殿宇亞碧雲，而僧舍蕭散勝之。殿後爲真武殿，石級僅十餘層，而兩傍緣以鐵鎖，蓋效擧太和山也。左入觀音閣，閣右爲軒三楹，御書來青軒。憑欄遠眺，疊翠深雲俱廊廡間物。夜坐，遲月上千峯，次第掩映。流泉數曲，若縞帶銀繩，浮光淥影于紺碧蒼紫間，極爲佳勝。無月時，夜半，起看星斗，珠輝鑠鑠，裛露淩霜，樹色有光無影，山嵐宿霧微分，此山中第一景，人不易知也。

香山、碧雲、臥佛，山本相屬，游者亦無不並稱。臥佛稍久樹，蒼古可玩而又多烏桲。秋時滿山紅樹掩映飛瀑，其勝在泉。香山之勝在逕，逕之勝在樹，樹之勝在新秀。春時，青若紫茸，高掩杏園。秋時，黄樹蒼藤，參差楓葉，爲西山第一境。碧雲有竹可觀，殊不逮兩山也。

香山嶺上至碧雲僅二里許，所經皆果園，路左右皆短石垣，極有幽趣。

山中最多者杏花，間有桃花。杏花較江南甚白，山桃花瘦而緋淺，李花穠艷倍江南。所以花時入山，遥望滿山如雪。僧舍間有海棠，甚珍，然亦玉質，微梢生紅，不似南中深紅也。

春暮，坐臥佛後泉水頭，聽泉聲濺亂而下，澗邊繁英飄墮時，縈結如搏旋轉，久之始得下。駱賓王「聚花如薄雪，沸水若輕雷」，爲此詠也。

明 袁宏道《袁中郎全集》卷八《靈隱》 靈隱寺在北高峯下，寺最奇勝，門景尤好。由飛來峯至冷泉亭一帶，澗水溜玉，畫壁流青，是山之極勝處。亭在山門外，嘗讀樂天記有云：「亭在山下水中，寺西南隅，高不倍尋，廣不累丈。撮奇搜勝，物無遁形。春之日，草薰木欣，可以導和納粹；夏之日，風冷泉渟，可以蠲煩析酲。山樹爲蓋，巖石爲屏，雲從棟生，水與階平。坐而翫之，可濯足於床下；臥而狎之，可垂釣于枕上。潺湲潔澈，甘粹柔滑，眼目之囂，心舌之垢，不待盥滌，見輒除去。」觀此記，亭當在水中，今依澗而立，澗濶不丈餘，無可置亭者。然則冷泉之景，比舊盖減十分之七矣。韜光在山之腰，出靈隱後一二里。路徑甚可愛，古木婆娑，草香泉漬，淙淙之聲，四分五路，達于山厨。菴内望錢塘江，浪紋可數。余始入靈隱，疑宋之問詩不似。意古人取景，或亦如近代詞客，捃拾幫湊。及登韜光始知「滄海浙江」、「捫蘿刳木」數語，字字入畫，古人真不可及矣。宿韜光之次日，余與石簣、子公同登北高峯絶頂而下。

又 卷九《天目一》 天目盈山皆壑，飛流淙淙，若萬足縞，一絶也。石色蒼潤，石骨奥巧，石徑曲折，石壁竦峭，二絶也。雖幽谷縣巖，菴宇皆精，三絶也。余耳不喜雷，而天目雷聲甚小，聽之若嬰兒聲，四絶也。曉起看雲，在絶壑下，白净如綿，奔騰如浪，盡大地作琉璃海，諸山尖出雲上若萍，五絶也。然雲變態最不常，其觀奇甚，非山居久者不能悉其形狀。山樹大者，幾四十圍，松形如蓋，高不踰數尺，一株直萬餘錢，六絶也。頭茶之香者，遠勝龍井，笋味類紹興破塘，而清遠過之，七絶也。余謂大江之南，修真棲隱之地，無踰此者，便有出纏結室之想矣。宿幻住之次日，晨起看雲，巳後登絶頂，晚宿高峯死關。次日由活埋菴尋舊路而下。數日晴霽甚，山僧以爲異，下山率相賀。山中僧四百餘人，執禮甚恭，争以飯相勸。臨行，諸僧進曰：荒山僻小，不足當巨目，奈何？余曰：天目山某等亦有些子分，山僧不勞過謙，某亦不敢面譽。因大笑而别。

又《遊盤山記》 盤山外骨而中膚。外骨，故峭石危立，望之若劍戟羆虎之林。中膚，故果木繁。而松之抉石罅出者，巇巇虬曲，與石争怒，其幹壓霜雪不得伸，故旁行側偃，每十餘丈。其面削不受足，其背坦，故遊者可迂而達。其石皆鋭下而豐上，故多飛動。其叠而上者，漸高則漸出，高者屢數十尋，則其出必半仄焉，若半圮之橋，故登者慄。其下皆奔泉，夭矯曲折，觸巨細石皆鬭，故鳴聲徹晝夜不休。其山高古幽奇，無所不極，述其最者：初入得盤泉，次曰懸空石，最高曰盤頂也。泉莽莽行，至是落爲小潭，白石卷而出，底皆金沙，纖負數頭，尾鬣可數，落花漾而過，影徹底，忽與之亂。遊者樂，釋衣，稍以足沁水，忽大呼曰奇快，則皆躍入，没胸，稍沂而上，踰三四石，水益譁，語不得達。間或取梨

李攀以觀，旋折奔舞而已。懸空石數峯，一壁青削到地，石粘空而立，如有神氣性情者。亭負壁臨絶澗，澗聲上徹，與松韻答。其旁爲上方精舍，盤之絶勝處也。盤頂如初抽筍，鋭而規，上爲窣諸波，日光横射，影落塞外，奔風忽來，飜雲抹海，住足不得久，乃下。迂而僻，且無石級者，曰天門開，從髻石取道，澗以掌山石一右臂，左履虚不見底，大石中絶者數。先與導僧約，遇絶嶮處，當大笑，每聞笑聲，皆膽落。捫蘿探棘，更上下僅得度。兩巖秀削立，太古雲嵐，蝕壁皆翠。下得枰石，方廣可几筵。撫松下瞰，驚定乃笑，世上無判命人，惡得有此奇觀也？面有洞嵌絶壁，不甚潤，一衲攀而登，如獼猴。余不往，謂導僧曰：「上山驗在背，肘行可達。下則目不謀足，殆已，將奈何？」僧指其凸曰：「有微徑，但一壁峭而油，不受履，過此雖險，可攀至脊，遷之即山行道也。」僧乃跣，蛇矯足登，下布以縋，健兒以手送余足，腹貼石，石膩且外欹，至半體僵，良久足縮，健兒努以手從，遂上。迫至脊，始咋指相賀，且相戒也。峯名不甚雅，不盡載。其洞壑初不名，而新其目者，曰石雨洞，曰慧石亭。洞在下盤，道聽澗聲，覓之可得。石距上方百步，纖瘦，豐妍不一態，生動如欲語，下臨飛澗，松鬣覆之如亭，窺可憑，坐可茵，間可侣，故慧之也。其石泉奇僻，而蛇足之者，曰紅龍池。其洞天成可菴者，曰瑞雲菴之前洞，次則中盤之後嶺也。其山壁窈窕秀出而寺廢者，曰九華頂，不果上，其刹宇多不録。寄提者，曰千像，曰中盤，曰上方，曰塔院也。

又　卷一〇《由水溪至水心崖記》　曉起揭篷窓，山翠撲人面。不可忍，遽趣船行。踰水溪十餘里，至沙蘿村。四面峯巒如花蘂，纖苞濃朵，横見側出。二十里内，秀倩閑眉，殆不可狀。【略】余始望不及此，遂使官奴息譽於山陰，夢得悼言于九子也。又十餘里，至倒水巖。巖削立數十仞，正側面皆霞壁，有竇八九，下臨絶壑。一竇懸若黄腸者五，見極了了。問山中人，云有好事者乘漲倚艦，令健夫引絙而上，至則見有遺蜕，沉香爲棺。其言不可盡據。然石無寸膚，雖猿猱不能攀，不知當時何從置此。又半里至漁僊寺，寺有伏波避暑石室，是征壺頭時所鑿。餘竇歷歷如僚幕。寺幽絶，左一小峯拔地起，若盆石，尖秀可玩。江光岫色，透露窓扉間。一老僧方牧豕，見客不肅。問幾何衆，曰：單丁無徒侣。相與咨嗟而去。又數里至穿石。石三面臨江，鋒稜怒立，突出諸峯上。根鋭而却，未垂水如照影，又若壯士之將涉。石腹南北穿，如天闕門，高廣畧倍，由水如在鏡面，繚青縈白，千里一規，真花源中一尤物也。一客忽欬，有若甕鳴。余因命童子度吳曲。客曰：止，止！否則裂石！頃之，果有若沙礫墮者，乃就船。又十餘里，至新湘溪。衆山束水，如不欲去，山容姝閒雅，無刻露態。水至此亦斂怒，波澄黛蓄，遞相親媚，似與游人娱。大約山勢回合，類新安江，而淡冶相得，畧如西子湖。如是十餘里，山色稍獰，水亦漸洶湧，爲仙掌崖。又數里，山舒而畦見，水落而灘見，爲仙人溪。既迫夜，舟人畏灘聲不敢行，遂泊于灘之渴石上。灘皆石底，平滑如一方雪，因命小童烹茶石上。次早舟發，見水心崖如在船頭，相距纔里許。榜人蹋羅，頃刻泊崖下。崖南逼江岸，漁網溪横齒其趾，遂得躍波而出。兩峯骨立無寸膚，生動如欲去。或鋭如規，或方如削，或欹側如墜雲，或爲芙蓉冠，或如兩道士偶語，意態横出。其方者獨當溪流之奥，遒古之極。對面諸小峯亦有佳色，爲之佐妍，四市皆龍湫，深緑畏人。崖頂有小道房，路甚仄，行者股慄，數息乃得上。既登舟，不忍别，乃遶崖三匝而去。

又　《華山記》　華之骨如劏，雲如堵碎玉，天水烟雪，褷然綴壁矣。方而削，不受級，不得不穴其壁以入。壁有罅，才容人。陰者如井，陽者如雷。如井者曰幢，曰峽，如雷者曰溝，皆斧爲銜以受手足，銜窮代以枝。受手者不没指，受足者不盡踵。鐵索累千尋，直垂下，引而上，如粘壁之鼯。壁不盡罅，時爲懸道巨巒，折折相逼，若故爲亘以嘗者。横亘者綴腹倚絶厓行，足垂磴外，如面壁，如臨淵，如屬垣，攝心于粒，焉知鬼之不及夕也。長亘者搦其脊，匍匐進，危磴削立千餘仞，廣不盈背，左右顧皆絶壑，唯見深黑。吾形纍纍然如負甕，自視甚贅。然微風至，摇摇欲落，第恐身之不爲石矣。夫人所憑仗者手足，而督在目，方其在罅，目着暗壁，升則寄視于指也，降則寄視于踵也，目受成焉耳。罅盡而厓，目乃爲祟，眩于削爲栗，眩于深爲掉，眩于仄爲喘。愚者不然，心不至目故也。今乃知嶮之所以劇矣。余衣不蔽腰，下着窮袴，見影乃笑。登厓下望，攀者如猱，側者如蟹，伏者如蛇，折者如鷂，山之巇厥乃至此，自恨無虎頭寫真筆也。踰仙掌壁，折入石弄，北旋上，石滑而不級，爲東峯。過坪躡厓，道尊持而中斷，爲南峯，度峯足蛇蜒上，石葉上覆而横裂，爲西峯。南峯踞兩峯之上，如人危坐而雙引其膝。下有土徑，異樹交絡，峽水鳴其間。峯頂各有池，如臼，如盆，如破瓮。鮮壁澄澈，古松覆之。西峯石多壘，乍視如未穩。南峯之背有静室，垂雙鏁，鏁盡爲鐵杙以承板道。東峯南下爲衛叔卿博臺。鏁對懸，拓厓自達，皆奇嶮。

又　卷二二《吴敦之》　東南山川，秀媚不可言，如少女時花，婉弱可愛。楚中非無名山大川，然終是大漢、將軍、臨商娘耳。

明　季嬰《西湖手鏡·湖山敍略》　西湖諸山發源天目。天目西去府治一百

七十里，蜿蜒東來，舒岡布麓，若翔若舞，萃于錢塘而峭峷于天竺。從此而南而東爲龍井、大慈、玉岑、積慶、南屏，爲龍、爲鳳、爲吴，皆謂之南山。從天竺而北而東爲靈隱、仙姑、履泰、寶雲、巨石，皆謂之北山。諸山三面環繞，溪谷縷注，下有淵泉百道，潴而爲湖，周三十里，皎潔圓瑩，若練若鏡，若雙龍交度，懸頷下之珠；若蓮萼敷瓣，含花心之露。漢時金牛見湖中，人言明聖人瑞，遂稱明聖湖，又稱錢塘湖。以其負郭而西也，故稱西湖。六朝史籍莫攷，至中唐而經理漸著。代宗時，李泌刺史杭州，憫城民之滷苦，開六井，鑿陰竇，引湖水以灌之，民賴其利。長慶初，白樂天重修六井，甃函筧以蓄湖水。吴越王時，設撩兵千人，芟草濬泉，其時偏安一隅，財物殷阜，而城郭内外增建佛廬數百處。宋天禧中，王欽若請西湖爲放生池，禁民採捕，湖葑日塞。慶歷初，郡守鄭戩復開濬之。元祐間，東坡守郡，竭請疏壅，乃取湖葑築長堤十里，以通南北。至紹興建都，生齒日富，湖山表裏，點飾離宮别墅，梵宇仙林，舞榭歌樓，彤碧輝列。元代政無綱紀，任豪强窺占，盡爲桑田。明初藉之，遂起額税，裏湖高者爲田，低者爲蕩。正德三年，郡守楊孟瑛言於御史車梁，力排羣議，奏請恢拓。乃以是年二月始，興工一百五十二日，爲夫六百七十萬，爲銀二萬三千六百七兩，去田蕩三千四百八十一畝，除豁糧額九百三十餘石，以廢寺及新墾田糧補之。自是西湖始復舊制，邇來網利撓法者漸起，繼孟瑛者尚自有待。

明 王思任《謔菴文飯小品》卷四《梅嶺松路記》 過嶺南下，有觀音巖者，蒙茸不及探，然山如積翠臺閣。一平坡千餘丈，其土頳而浄。有松十數樹，欠申擎舞，如四皓、八公、七賢、九老輩散髪披襟，聚作清風高話者，自此澗濤銀亂，壑草丹迷，路在山骨，崎嶇側走，不可方軌。或十步一松，或五步一松，或崖或岸，皆秦漢時物，虬龍不足比其態，彝鼎不足比其古，肢肱挐攫，鱗甲蒼沉，又有壽藤夙蘚倒映清流。而騄馬魚貫，販負行憩，各有關、荆蜀道之意。生平足目，大快于此。

又《游靈巖記山東》 域中有四大刹，靈巖居其一。以泰岱之屋烏也，乃希有佛化見道場。當谷口，有峯堡而立，就之，猊蹲入谷。三里許，一梁横跨，水淙淙出焉。北山但若渴，得水便佳。寺古廢，然村盡豫章，麗猶舊家面目。謁五華殿，中須彌，南觀音，北藥師，東釋迦，西阿彌，各莊嚴精好，云是晉像。殿右古栢則霜溜石根，與泰山松通寒接氣矣。上千佛殿，魯藩所布金錢也，萬緡一繪耳。乃入禪室，緑竹漪漪，亦山之阿。從香積厨捫泉而上，謁后土夫人殿，俱雄兀。堦前看四山宫宇，費幾許膏汗，而今盡不仁也。上達磨菴隨喜，鐵架裟從山湧起，高四尺，袒其半，文似水田區，金耶？石耶？不可辨。或曰神通游戲，名山中往往有之。更上爲曲水亭，石可几而流可觴，望江南耶？又上爲甘露亭，佛座下一勺之多，旨而沁。又上爲抱靈亭，老壁千仞，雲木毿稠，絶似五臺秘魔厓。欲訪禪林功德兩洞，而路暝不可即，乃歸宿。夜肅如秋，魚剥鯨碙，夢回峯冷。

明 王思任《游唤・天姥新昌》 從南明入台，山如剥笋根，又如旋螺頂，漸深遂漸上。過桃墅，谿鳴樹舞，白雲緑坳，略有人間。飯斑竹嶺，酒家胡當壚豔甚，桃花流水，胡麻正香，不意老山之中有此嫩婦。過會墅，入太平庵看竹，俱汲桶大，碧骨雨寒而毛葉離屣，不啻雲鳳之尾。使吾家林得百十本，逃幘去禪其下，自不來人物敗人意也。行十里，望見天姥峰，大丹鬱起，至則野佛無家，化爲廢遞，荒烟迷草，斷碣難捫。農僧見人輒縮，不識李太白爲何物，安可在痴人前説夢乎。山是桐柏門户，所謂「半壁見海」「空中聞雞」，疑意其顛。上至石扇洞天，青崖白鹿，葛洪丹丘，俱在明昧之際，不知供奉何以神往。台山如天姥者，僅當兒孫内一魁父，焉能「勢拔五岳掩赤城」耶？山靈有力，賚緣入供奉之夢，一夢而吟，一吟而天姥與台山遂争伯仲席。嗟乎，山哉，人哉。

又《天台》 宿桑洲驛之次日，取石梁道，一過李氏隴，山不守度矣。蒼壑亂撑，大石怒特，谿如萬鵝擘翼。先有高鶴長鵠，叫雪飛來，草木惡塞，一線黄泥斷續入天。望前行人騾，俱畫裏尺豆，忽露忽匒，而予亦寄命懸絲上，幾不知馬之幾足。有一巖唤吊溪，戴一石如巾子，中隙明截了然，不知何人掇置。去六七里，忽有黑猪數萬，埋頭浴背，負塗涉波而來，一行人怪笑。【略】須臾霧合，人山俱失，如魚游氣水。同行人恐而相呼，謂山君或乘間，而一跌則蛟龍之宅也，旨哉。歷下生之在太華也，予其善載腐肉朽骨者乎，不復知有天矣。踰嶺，霧盡撤，望台山一圍，碧浪萬千，則又仍在天之下也。然是嶺不得即落，不可輿，又不可步，仄劣陡懸，前顱滅，方許後踵生，洪厓肩當於此際合拍。自此見山田如肚幅，又如耳層疊相。有塔出森黑中，是萬年寺矣。寺故帛道猷福田，八峰團拱，雙澗合襟，能於花瓣中自開一平局，風氣之所聚也。巨杉戟列，挂天衞佛，氣象沉肅。一戒石云：萬年古樹，神仙留此，有人伐之，其人即死。當是游行仙護法作棒語。登妙蓮閣，問所爲袾衣寶蓋者，僅留宋記，而聖母所賜藏經，金輝玉潤，規模宏遠矣。上人雪堂邀入啜茗，坐竹閣下，流泉潺潺，曲逕花深，就樾陰作小圃，藥欄點綴，文潔可愛。雪堂，虎林人，文字知識也。苦山之中搆以杭式，便楚

楚有快致。仍步出寺門，酌谿橋上，予與睿孺紅飲，而雪堂爲之白醉，止予再四，其如石梁仲仲何。然而馬首屢回，予每飯不忘鉅鹿也。過蘭若堂，截溪作沼，杳緑蔽封，人如翠鳥，往來枝葉上穿弄。踰鐵船峽、羅漢嶺，山益幽險奇邃。輿窮而步，一嶺碧陰，浸肌染骨，眉額相照，俱梧竹氣。靄暗中竇，透數點白天。不知何處轟雷起，則趾及上方廣之門矣。清池一鏡，斑魚數百頭，來迎生客，意是瀟湘緑雨下清風也。

明 鍾惺《翠娛閣評選鍾伯敬先生合集文集》卷四《中巖記》 去青神西南十五里，江色盡緑玉，中邊皆見。隔岸坐立數山，若架閣者，中巖也，巖下上連延可十數里許。迴流峻壁，冥壑復磴，竹樹蒙籠，大要向背往復，皆與此巖終始。渡江即水月樓，樓趾齧江，寺冠之。由樓視江則已頫，由寺登樓，乃反降階，階垂窮與樓湊，階代樓爲梯者强半。揣本齊未，度樓之腰，猶未能至乎寺趾也。降自樓，出山門右行，不見江，則摩磴如蟻。數折爲喚魚潭，魚聽掌出。石壁百仞，立而微頫，潭漱其脛，石無完膚，有邵伯温大書可模。並壁行數武，爲羅漢洞，洞低，曲僂而入，如行牛角中隙處。稍右則爲伏虎巖，鑱巖爲十千萬億佛，如恒河沙數。巖半之跨壑爲一小石橋，銜木其壁爲閣，若居人架竹梁上以承燕巢者。人屈曲行其下，沿緣洞壑，俯仰竹石者數里，曰：此走井研、富順道也。巖又半爲流杯池，一日太極池。有屋數楹，屋後爲泉，泉流洞中。石壁四周，有黄魯直大小二石刻，壁間宋元刻頗多。每兩石縫接處，往往上下各截其半，中嵌俗筆，亦有居石隙苟完者。出洞緣磴行，輿步歎代，去所謂羅漢洞、伏虎巖者。度可四三里，乃復睹前鑱巖佛象，須眉歷歷可數。才隔一壑，尋檀可度，疑前此一段途徑可省矣。大抵喚魚潭以往，行皆並壑，石壁夾之若岸，壑若溪，藤蘿虧蔽壑中，若荇藻，老樹如槎，根若石，猿鳥往來若遊魚，特無水耳。諸峯暎帶，時讓時争，時違時應，時拒時迎，裒短避就，准形匠心，横竪參錯，各有妙理，不可思議。又行里許，蹭蹬拾級，乃睹古中巖題額。去三石笋不遠，所謂諾詎那尊者引牛頭僧鑰扣石笋，笋開，得低頭佛盜珠是也。鍾子曰：自中巖至尊者巖，從下視上，頂踵腹背，其石脉皆當爲笋。笋隙且平處則置屋仄則鑿磴，斷則爲橋，處危臨深，則設石欄，欄三則復見江。從江中望巖上僧舍佛剎，雖一居之内前軒後寢，纍纍綴高壁，上下疊而不覺其前後通也。登巖行屋中，皆磴道，乃稍得其要領。趾後竟即摩前頂。石笋中分處，如一門，尊者像處其中，右旋復爲佛殿，殿傍一笋屹如浮屠，與中分者而三，實一笋也。人直指其巋然三峯者爲石笋耳。笋上宋元刻亦多，俗書灾石者亦復倍之。

明 姚希孟《循滄集》卷一《山中嘉樹記》 山以樹爲衣。山無樹，猶麗姝不得羅襦繡帶，而驕語綦縞，能發其驚鴻遊龍之態否耶？洞庭固嘉樹藪也。花有二時，爲梅，爲梨。梅之盛，未知較光福鄧尉間何如？但見老榦苞香糾錯，諸塢中後堡涵村爲最，往往團而續，不若光福亘而聯，疑光福差雄也。所傳甪頭梨花，則天下無雙矣。又聞黄家堡有一老柱。云甪菴四季山茶，傳爲甪里先生手植。吾何所取質哉。果熟爲橙橘，果娱口，非用悦目。乃談閩南鮮荔枝者，不獨涎流，雙睫亦淫淫不自持矣。橙橘凛高秋之氣，肅然嚴冷，然深黄淺絳，遥映緑叢，如禮法大家，未嘗不濃粧靚飾，而舉止矜重，隱身自蔽。清霜既醉，色韻成酣，間以銀杏之蒼姿，楓林之袨色。遂使明沙浄渚，别開畫圖；遠岫孤峯，轉增縟繡。此秋山一時之美，獨擅于洞庭，余所爲選時而踐也。長松落落，遠者一二百年，近亦不下數十年。寅朝曦，攀夕照，邀清暉於明月，漱爽籟之清風。即水遠不聞湍瀨，僧懶不習鼓鐘，而樹杪生濤，山空響梵，劃然而豺虎嘯，啰然而蛟螭唫，此皆松之餘韻也。松莫盛于天王，莫古于華山。若包山水月，則晉、楚、齊、秦之匹。惜未見羅漢、法喜諸松耳。松之爲龍攫者二：一在徐文敏祖墓，由趾貫其顛，傷痕如刳，樹夭矯自若；一在上方塢，欹卧橋上，若推仆不得起，作臃腫支離態，而鬚戟怒張。夫松，固木中龍類也。故松脂入地爲琥珀，龍血亦爲琥珀。何同偶相軋，豈亦惡其似龍者耶？爲雷劈者一，則松臺孤松也。雷火削去一枝，當是助乖龍爲虐，而老榦未戕，馬遠筆意故在。栢則華山寺前側栢兩株，高僅三尺，枝匽葉骨，有瓔珞莊嚴之相。天王寺古本一株，百餘年物矣。枝枝向佛，若合十皈依者，玄奘歸而松枝轉，孰謂無情不説法也。

又 卷二《支硎諸山尋梅記》 丙寅二月初五日，同楊滙菴過范長白天平山莊，正值梅花爛熳，設伊蒲共飦。有雲間僧素以善飲名者，長白欲以酒沃之，余不許。飯後，步至上沙觀梅，玉林鋪雪，芬芳射人。以較光福，諸山第無數十里連亘耳，然縞衣麗姬，或將或送，亦使人魂摇目悸矣。過范振之樾館，此君折梅第一手也。所居位置閑雅，有幽人之風，古梅環列，雜以竹樹，四山環合，塵鞅罕到，若主人可媲君，復其地寧減孤山耶。坐久之，與長白諸君别，過一雲，步入長廊，亦有梅十數株可觀，但主僧醉態可笑。至竺塢，慧文菴斷言出矣，恒宗代爲主。竺塢多老梅，大者不減鐵山西磧。斷言静室後有一本，扶蘇偃蓋，可蔽一二

畝，目中所僅睹者。余同諸僧坐其下，仰視弓月溶昱于疎枝攲影之上，掩暎籠罩，別有一種景色。纔有梅花便不同，雖口頭話，今覺其言之有味也。初意欲枕席其下，風轉猛，不能久玩，廼入室。其浴堂甚佳，濡泳其中，又一適也。慧文塔院外有古藤數株，糾結怪偉，亦數百年物。初六日，過恒宗一指窩，噉茶餅而出，噉粥梅樹下，至留連不忍別。伯舅乃竺塢主人，而未嘗品題，及之其山亭上下，多梅，無慮百餘株，而自携家入城之後，花時從未入山，北山之移，恐未可恕也。遂入天池，坐池邊磐石上，仰對翠微，俯瞰碧流，境既深窈，山復隱秀，西山諸峰故當以此爲第一，而火塲銷歇，鐘磬寂然。仰德祠進士扁大，爲山靈黥面，可嘆也。從天池上蓮花峰，余賈勇陟其巔，滙菴亦努力繼之。余十五年前嘗登此顚，憚其險峻，今足力較健，以此自慰。踞坐峰頭，環眺諸山，皆頫遜作傴僂形，其不如南山之銅井者。銅井臨湖，此地皆陸山無水耳，水既不可致，而自天池至花山，絶無一株梅，僧俗不善點綴，使青螺翠黛不能效壽陽粧，大足短氣。至花山寺，飰小閣中，是時僧徒寥寥，莫有主者，不耐久留。

明 徐宏祖《徐霞客遊記》卷一上《遊廬山日記江西記九江府》 ［萬歷四十六年］戊午，余同兄雷門、白夫，以八月十八日至九江。易小舟，沿江南入龍開河。二十里，泊李裁縫堰。登陸，五里，過西林寺，至東林寺。寺當廬山之陰，南面廬山，北倚東林山。山不甚高，爲廬之外廓；中有大溪，自東而西，驛路界其間，爲九江之建昌孔道。寺前臨溪，入門爲虎溪橋，規模甚大，正殿夷燬，右爲三笑堂。

十九日　出寺，循山麓西南行，五里，越廣濟橋，始舍官道，沿溪東向行。又二里，溪迴山合，霧色霏霏如雨。一人立溪口，問之，由此東上爲天池大道，南轉登石門，爲天池寺之側徑。余稔知石門之奇，路險莫能上，遂倩其人爲導，約二兄徑至天池相待。遂南渡小溪二重，過報國寺，從碧條香藹中，攀陟五里，仰見濃霧中雙石屼立，即石門也。一路由石隙而入，復有二石峯對峙。路宛轉峯罅，下瞰絶澗諸峯，在鐵船峯旁，俱從澗底矗聳直上，離立咫尺，争雄競秀，而層烟疊翠，澄映四外；其下噴雪奔雷，騰空震盪，耳目爲之狂喜！門內對峯倚壁，都結層樓危闕。徽人鄒昌明、畢貫之新建精廬，僧容成焚修其間。從庵後小徑，復出石門一重，俱從石崖上，上攀下躡，磴窮則挽藤，藤絶置木梯以上。如是二里，至獅子巖。巖下有靜室。越嶺，路頗平。再上里許，得大道，即自郡城南來者。歷級而登，殿已當前，以霧故不辨。逼之，而朱楹綵棟，則天池寺也，蓋燬而新建者。由右廡側登聚仙亭，亭前一崖突出，下臨無地，曰文殊臺。出寺，由大道左登披霞亭，亭側岐路東上山脊，行三里。由此再東二里，爲大林寺。由此北折而西，曰白麓昇仙臺，北折而東曰佛手巖。昇仙臺三面壁立，四旁多喬松，高帝御製周顚仙廟碑在其頂，石亭覆之，製甚古。佛手巖穹然軒峙，深可五六丈。巖端石岐橫出，故稱「佛手」。循巖側庵右行，崖石兩層突出深塢，上平下仄，訪仙臺遺址也。臺後石上書「竹林寺」三字。竹林爲匡廬幻境，可望不可即；臺前風雨中，時時聞鐘梵聲，故以此當之，時方雲霧迷漫，即塢中景亦如海上三山，何論竹林？還出佛手巖，由大路東抵大林寺。寺四面峯環，前抱一溪。溪上樹大三人圍，非檜非杉，枝頭着子纍纍，傳爲寶樹，來自西域，向有二株，爲風雨拔去其一矣。

二十日　晨霧盡收。出天池，趨文殊臺，四壁萬仞。俯視鐵船峯，正可飛舃。山北諸山，伏如聚蝗。匡湖洋洋山麓，長江帶之，遠及天際。因再爲石門游。三里，度昨所過險處，至則容成方持貝時出迎，喜甚，導余歷覽諸峯。上至神龍宮右，折而下，入神龍宮。奔澗鳴雷，松竹蔭映，山峽中奥寂境也。循舊路抵天池下，從岐徑東南行十里，升降於層峯幽澗，無徑不竹，無陰不松，則金竹坪也。諸峯隱護，幽倍天池，曠則遜之。復南三里，登蓮花峯側，霧復大作。是峯爲天池案山，在金竹坪則左翼也。峯頂叢石嶙峋，霧隙中時作窺人態，以霧不及登。

越嶺東向二里，至仰天坪，因謀盡漢陽之勝。漢陽爲廬山最高頂，此坪則爲僧廬之最高者。坪之陰，水俱北流從九江；其陽，水俱南下屬南康。余疑坪去漢陽當不遠，僧言中隔桃花峯，尚有十里遥。出寺，霧漸解，從山塢西南行，循桃花峯東轉，過曬穀石，越嶺南下，復上，則漢陽峯也。先是遇一僧，謂峯頂無可託宿，宜投慧燈僧舍，因指以路。未至峯頂二里，落照盈山，遂如僧言，東向越嶺轉而西南，即漢陽峯之陽也。一徑循山，重嶂幽寂，非復人世。里許，蓊然竹叢中得一龕，有僧短髮覆額，破衲赤足者，即慧燈也，方挑水磨腐。竹內僧三四人，衣履揖客，皆慕燈遠來者。復有赤脚短髮僧從崖間下，問之，乃云南雞足山僧。燈有徒，結茅於內，其僧歷懸崖訪之，方返耳。余即拉一僧爲導，攀援半里，至其所。石壁峭削，懸梯以度，一茅如慧燈龕。僧本山下民家，亦以慕燈居此。至是而上仰漢陽，下俯絶壁，與世敻隔矣。暝色已合，歸宿燈龕。燈煑腐相餉，前指路僧亦至。燈半月一腐，必自己出，必徧及其徒，徒亦自至，來僧其一也。

二十一日　別燈，從龕後小徑直躋漢陽峯，攀茅拉棘，二里，至峯頂。南瞰

鄱湖，水天浩蕩，東瞻湖口，西盼建昌，諸山歷歷，無不俯首失恃；惟北面之桃花峯。錚錚比肩，然昂霄逼漢，此其最矣。下山二里，循舊路，向五老峯。漢陽、五老，俱匡廬南面之山，如兩角相向；而犁頭尖界於中，退於後，故兩峯相望甚近；而路必仍至金竹坪，繞犁頭尖後，出其左脅，北轉始達五老峯；自漢陽計之，且三十里。余始至嶺角，望峯頂坦夷，莫詳五老面目。及至峯頂，風高水絶，寂無居者。因遍歷五老峯。始知是山之陰，一岡連屬；陽則山從絶項平剖，列爲五枝，憑空下墜者萬仞，外無重岡叠嶂之蔽，際目甚寬。然彼此相望，則五峯排列自掩，一覽不能兼收。惟登一峯則兩旁無底，峯峯各奇不少讓，真雄曠之極觀也！

仍下二里，至嶺角。北行山塢中，里許，入方廣寺，爲五老新刹。僧知覺甚稔三叠之勝，言道路極艱，促余速行。北行一里，路窮，渡澗。隨澗東西行，鳴流下注亂石，兩山夾之，叢竹修枝，鬱葱上下。時時仰見飛石，突綴其間，轉入轉佳。既無澗旁路亦窮，從澗中亂石行，圓者滑足，尖者刺履。如是三里，得緑水潭；一泓深碧，怒流傾瀉於上，流者噴雪，停者毓黛。又里許，爲大緑水潭；水勢至此將墮，大倍之，怒亦益甚。潭前峭壁亂聳，回互逼立，下瞰無底，但聞轟雷倒峽之聲，心怖目眩，泉不知從何墜去也。於是澗中路亦窮，乃西向登峯。峯前石臺鵲起，四瞰層壁，陰森逼側。泉爲所蔽，不得見，必至對面峭壁間，方能全收其勝。乃循山岡，從北東轉，二里，出對崖下瞰，則一級、二級、三級之泉，始依次悉見。其塢中一壁，有洞如門者二，僧輒指爲竹林寺門云。

頃之，北風自湖口吹上，寒生粟起，急返舊路，至緑水潭。詳觀之，上有洞翕然下墜。僧引入其中曰：「此亦竹林寺三門之一。」然洞本石罅夾起，内横通如十字，南北通明，西入似無底止。出溯溪而行，抵方廣，已昏黑。

二十二日　出寺，南渡溪，抵犁頭尖之陽。東轉下山十里，至楞伽院側。遥望山左脅，一瀑從空飛墜，環映青紫，夭矯滉漾，亦一雄觀！五里，過棲賢寺，山勢至此始就平。以急於三峽澗，未之入，里許，至三峽澗。澗石夾立成峽，怒流衝激而來，爲峽所束，迴奔倒湧，轟振山谷。橋懸兩崖石上，俯瞰深峽中，迸珠戛玉。過橋，從岐路東向，越嶺趨白鹿洞。路皆出五老峯之陽，山田高下，點錯民居。横歷坡陀，仰望排嶂者三里，直入峯下，爲白鶴觀。又東北行三里，抵白鹿洞，亦五老峯前一山塢也；環山帶溪，喬松錯落。出洞，由大道行，爲開先道。蓋廬山形勢，犁頭尖居中而少遜，棲賢寺中實中處焉。五老左突，下即白鹿洞；右峙者，則鶴鳴峯也，開先寺當其前。於是西向循山，横過白鹿、棲賢之大道，十五里，經萬松寺，陟一嶺而下，山寺巍然南向者，則開先寺也。從殿後登樓眺瀑，一縷垂垂，尚在五里外，半爲山樹所翳，傾瀉之勢，不及楞伽道中所見，惟雙劍嶄嶄衆峯間，有芙蓉插天之態；香爐一峯，直山頭圓阜耳。從樓側西下壑，澗流鏗然，瀉出峽石，即瀑布下流也。瀑布至此，反隱不復見，而峽水匯爲龍潭，澄映心目。坐石久之，四山暝色。返宿於殿西之鶴峯堂。

二十三日　由寺後側徑登山，越澗盤嶺，宛轉山半。隔峯復見一瀑，並掛瀑布之東，即馬尾泉也。五里，攀一尖峯，絶頂爲文殊臺，孤峯拔起，四望無倚，頂有文殊塔。對崖削立萬仞，瀑布轟轟下墜，與臺僅隔一澗。自巔至底，一目殆無不盡。不登此臺，不悉此瀑之勝！下臺，循山岡西北溯溪，即瀑布上流也。一徑忽入，山迴谷抱，則黄巖寺據雙劍峯下。越澗再上，得黄石巖。巖石飛突，平覆如砥，巖側茅閣方丈，幽雅出塵。閣外修行數竿，拂羣峯而上，與山花霜葉，映配峯際。鄱湖一點，正當窗牖。縱步溪石間，觀斷崖夾壁之勝。仍飯開先，遂別去。

又《遊黄山日記後》　［萬歷四十六年］戊午九月初三日　出白岳榔梅庵，至桃源橋。從小橋右下，陡甚，即舊向黄山路也。七十里，宿江村。

初四日　十五里，至湯口。五里，至湯寺，浴於湯池。扶杖望硃砂庵而登。十里，上黄泥岡。向時雲裹諸峯，漸漸透出，亦漸漸落吾杖底。轉入石門，越天都之脅而下，則天都、蓮花二頂，俱秀出天半。路旁一岐東上，乃昔所未至者，遂前趨直上，幾達天都側。復北上，行石罅中。石峯片片夾起，路宛轉石間，塞者鑿之，陡者級之，斷者架木通之，懸者植梯接之。下瞰峭壑陰森，楓松相間，五色紛披，燦若圖繡。因念黄山當生平奇覽，而有奇若此，前未一探，兹遊快且愧矣！

時夫僕俱阻險行後，余亦停弗上；乃一路奇景，不覺引余獨往，既登峯頭，一庵翼然，爲文殊院，亦余昔年欲登未登者。左天都，右蓮花，背倚玉屏風，兩峯秀色，俱可手擥。四顧奇峯錯列，衆壑縱横，真黄山絶勝處！非再至，焉知其奇若此？遇遊僧澄源至，興甚勇。時已過午，奴輩適至，立庵前，指點兩峯。庵僧謂：「天都雖近而無路，蓮花可登而路遥。祇宜近盼天都，明日登蓮頂。」余不從，決意游天都。挾澄源奴子仍下峽路。至天都側，從流石蛇行而上，攀草牽棘，石塊叢起則歷塊，石崖側削則援崖。每至手足無可着處，澄源必先登垂接。

每念上既如此，下何以堪？終亦不顧。歷險數次，遂達峯頂。惟一石頂壁起猶數十丈，澄源尋視其側，得級，挾予以登。萬峯無不下伏，獨蓮花與抗耳。時濃霧半作半止，每一陣至，則對面不見。眺蓮花諸峯，多在霧中。獨上天都，予至其前，則霧從於後；予越其右，則霧出於左。其松猶有曲挺縱横者，柏雖大幹如臂，無不平貼石上如苔蘚然。山高風鉅，霧氣去來無定，下盼諸峯，時出爲碧嶠，時没爲銀海；再眺山下，則日光晶晶，别一區宇也。日漸暮，遂前其足，手向後據地，坐而下脱；至險絶處，澄源併肩手相接。度險，下至山坳，暝色已合。復從峽度棧以上，止文殊院。

初五日　平明，從天都峯坳中北下二里。石壁岈然，其下蓮花洞正與前坑石筍對峙，一塢幽然。别澄源，下山至前岐路側，向蓮花峯而趨。一路沿危壁西行，凡再降升，將下百步雲梯，有路可直躋蓮花峯。既陟而磴絶，疑而復下。隔峯一僧高呼曰：「此正蓮花道也！」乃從石坡側度石隙，徑小而峻，峯頂皆巨石鼎峙，中空如室。從其中叠級直上，級窮洞轉，屈曲奇詭，如下上樓閣中，忘其峻出天表也！一里，得茅廬，倚石罅中。方徘徊欲升，則前呼道之僧至矣。僧號凌虚，結茅於此者。遂與把臂陟頂。頂上一石，懸隔二丈，僧取梯以度。其巔廓然，四望空碧，即天都亦俯首矣。蓋是峯居黄山之中，獨出諸峯上，四面巖壁環聳；遇朝陽霽色，鮮映層發，令人狂叫欲舞。久之，返茅庵。凌虚出粥相餉，啜一盂。乃下至岐路側，過大悲頂，上天門。三里，至煉丹臺。循臺嘴而下，觀玉屏風、三海門諸峯，悉從深塢中壁立起。其丹臺一岡中垂，頗無奇峻，惟瞰翠微之背，塢中峯巒錯聳，上下周映，非此不盡瞻眺之奇耳。還過平天矼，下後海，入智空庵，别焉。三里，下獅子林，趨石筍矼，至向年所登尖峯上。倚松而坐，瞰塢中峯石迴攢，藻繢滿眼，始覺匡廬，石門，或具一體，或缺一面，不若此之閎博富麗也！久之，上接引崖，下眺塢中，陰陰覺有異。復至岡上尖峯側，踐流石，援棘草，隨坑而下，愈下愈深，諸峯自相掩蔽，不能一目盡也。日暮，返獅子林。

初六日　别霞光，從山坑向丞相原下七里，至白沙嶺，霞光復至，因余欲觀牌樓石，恐白沙庵無指者，追來爲導。遂同上嶺，指嶺右隔坡，有石叢立，下分上並，即牌樓石也。余欲逾坑溯澗，直造其下。僧謂：「棘迷路絶，必不能行，若從坑直下丞相原，不必復上此嶺；若欲從仙燈而往，不若即由此嶺東向。」余從之，循嶺脊行。嶺横亙天都、蓮花之北，狹甚，旁不容足，南北皆崇峯夾映。嶺盡北下，仰瞻右峯羅漢石，圓頭禿頂，儼然二僧也。下至坑中，逾澗以上，共四里，登仙燈洞。洞南向，正對天都之陰。僧架閣連板於外，而内猶穹然，天趣未盡刊也。復南下三里，過丞相原，山間一夾地耳。其庵頗整，四顧無奇，竟不入。復南向循山腰行五里，漸下，澗中泉聲沸然，從石間九級下瀉，每級一下有潭淵碧，所謂九龍潭也。黄山無懸流飛瀑，惟此耳。又下五里，過苦竹灘，轉循太平縣路，向東北行。

又　卷一下《游恒山日記山西大同府渾源州》　去北臺七十里，山始豁然，曰東底山。臺山北盡，即屬繁峙界矣。

［崇禎六年八月］初九日　出南山，大溪從山中俱來者，别而西去，余北馳平陸中，望外界之山，高不及臺山十之四；其長繚繞如垣，東帶平邢，西接雁門，横而徑者十五里。北抵山麓，渡沙河，即爲沙河堡；依山瞰流，磚甃高整。由堡西北七十里，出小石口，爲大同西道；直北六十里，出北路口，爲大同東道。余從堡後登山，東北數里，至峽口，有水自北而南，即下注沙河者也。循水入峽，與流屈曲，荒谷絶人。數里，義興寨，數里，朱家坊，又數里，至葫蘆嘴，舍澗登山，循嘴而上，地復成塢。溪流北行，爲渾源界。又數里，爲土嶺，去州尚六十里，西南去沙河共五十里矣。遂止居民同姓家。

初十日　循南來之澗，北去三里，有澗自西來合，共東北折而去。余溯西澗入，又一澗自北來，遂從其西登嶺，道甚峻。北向直上者六七里；西轉，又北躋而上者五六里，登峯兩重，造其巔，是名箭筸嶺。自沙河登山涉澗，盤旋山谷，所值皆土魁荒阜；不意至此而忽躋穹窿，然嶺南猶復阿蒙也。一逾嶺北，瞰東西峯連壁隤，翠蜚丹流；其盤空環映者，皆石也，而石又皆樹；石之色一也，而神理又各分妍，樹之色不一也，而錯綜又成合錦。石得樹而嵯峨傾嵌者，幙以藻繪而愈奇，樹得石而平鋪倒蟠者，緣以突兀而尤古。如此五十里，直下至阬底，則奔泉一壑，自南注北，遂與之俱出塢口，是名龍峪口，堡臨之。村居頗盛，皆植梅杏，成林蔽麓。既出谷，復得平陸。其北又有外界山環之，長亦自東而西，東去渾源州三十里，西去應州七十里。龍峪之臨外界，高卑遠近，一如東底山之視沙河、峽口諸山也。於是沿山東向。望峪之東，山愈嶙嶒斗峭，問知爲龍山。龍山之名，舊著於山西，而不知與恒岳比肩；至是既西涉其閫域，又北覽其面目，從不意中得之，可當五臺桑榆之收矣。東行十里，爲龍山大雲寺，寺南面向山。又東十里，有大道往西北，直抵恒山之麓，遂折而從之，去山麓尚十里。望其山

兩峯互峙，車騎接軫，破壁而出，乃大同入倒馬、紫荆大道也。循之抵山下，兩崖壁立，一澗中流，透罅而入，逼仄如無所向，曲折上下，俱成窈窕，伊闕雙峯、武彝九曲，俱不足以擬之也。時清流未泛，行即溯澗。不知何年兩崖俱鑿石坎，大四、五尺，深及丈，上下排列，想水溢時，插木爲閣道者，今廢已久，僅存二木懸架高處，猶棟梁之巨擘也。三轉，峽愈隘，崖愈高。西崖之半，層樓高懸，曲榭斜倚，望之如蜃吐重臺者，懸空寺也。五臺北壑，亦有懸空寺，擬此未能具體。仰之神飛，鼓勇獨登。入則樓閣高下，檻路屈曲，崖既矗削，爲天下巨觀，而寺之點綴，兼能盡勝，依巖結搆，而不爲巖石累者僅此；而僧寮位置適序，凡客坐禪龕，明窗暖榻，尋丈之間，肅然中雅。既下，又行峽中者三四轉，則洞門豁然，巒壑掩映，若別有一天者。又一里，澗東有門榜三重，高列阜上。其下石級數百層承之，則北岳恆山廟之山門也。去廟尚十里，左右皆土山層疊，岳頂杳不可見。止門側土人家，爲明日登頂計。

十一日　風翳净盡，澄碧如洗。策杖登岳，面東而上，土岡淺阜，無攀躋勞。蓋山自龍泉來，凡三重：惟龍泉一重峭削在内，而闗以外反土脊平曠；五臺一重雖崇峻，而骨石聳拔，俱在東底山一帶出峪之處；其第三重自峽口入山而北，西極龍山之頂，東至恆岳之陽，亦皆藏鋒斂鍔，一臨北面，則峯峯陡削，悉現巖巖本色。一里，轉北，山皆煤炭，不深鑿即可得。又一里，則土石皆赤。有虬松離立道旁，亭曰望仙。又三里，則崖石漸起，松影篩陰，是名虎風口。於是石路縈迴，始循崖乘峭而上。三里，有傑坊曰「朔方第一山」，内則官廨廚井俱備。坊右東向拾級上，崖半爲寢宫，宫北爲飛石窟，相傳真定府恆山從此飛去。現上則北岳殿也，上負絶壁，下臨官廨，殿下雲級插天，廡門上下，穹碑森立。從殿右上，有石窟倚而室之，曰會仙臺。臺中像羣仙，環列無隙。余時欲躋危崖，登絶頂。還過岳殿東，望兩崖斷處，中垂草莽者千尺，爲登頂間道，遂解衣攀躡而登。二里，出危崖上，仰眺絶頂，猶傑然天半，而滿山短樹蒙密，槎枒枯竹，但能鈎衣刺領，攀踐輒斷折，用力雖勤，若墮洪濤，汩汩不能出。余益鼓勇上，久之棘盡，始登其頂。時日色澄麗，俯瞰山北，崩崖亂墜，雜樹密翳。是山土山無樹，石山則有；北向俱石，故樹皆在北。渾源州城一方，即在山麓，北瞰隔山一重，蒼茫無際；南惟龍泉，西惟五臺，青青與此作伍；近則龍山西亙，支峯東連，若比肩連袂，下扼沙漠者。既而下西峯，尋前入峽危崖，俯瞰茫茫，不敢下。忽回首東顧，有一人飄摇於上，因復上其處問之，指東南松柏間。望而趨，乃上時寢宫後危崖頂。未幾果得徑，南經松柏林，先從頂上望松柏葱青，如蒜葉草莖，至此則合抱參天；虎風口之松柏，不啻百倍之也。從崖隙直下，恰在寢宫之右，即飛石窟也。視余前上隘，中止隔崖一片耳。下山五里，由懸空寺危崖出，又十五里，至渾源州西闗外。

明　費元禄《鼂采館清課》卷上　夫境趣幽賞，貴適其真。大虚之妙，山極川竭，寰宇間不可窮盡。故須襟期散朗，意氣曠達，超然攬境會心，取無禁而用不竭，舉足可得，吾將永矢勿諼矣。湖上山水之佳，昔聞有真人窟宅。自清湖先生咏遊其間，真傍日月而臨風雨，景仰名勝。太僕公治甲秀園，余修鼂采之館，寥廓在目，何羡洞天福地象外之觀哉。因稍次爲八景，如五湖烟雨、九石晴嵐、峨眉夜月、靈山曙色、龍門春聲、鶴嶺霽雪、平林返照、古寺疎鐘。五湖遶孝友堂前後，即余集所記者。每烟雨空濛，隱隱有龍氣，劃然欲上，乍離乍合，掩靄著樹。遥空飛鳥，一望迷茫。諸峯列障，稍可辨耳。九石出松林之北，旭日弄暉，嵐光浮影，吞吐江澥。漁舟鼓枻，欸乃相聞。村市之口，青碧間呈，横抹絶壁。峨眉常挾清湖，坦迤延袤，松株特秀。月色横空，瑩徹相發。或臨水漾碧，攢林漏光。所謂叠叠金波浄，暈暈玉樹高。致可掬也。鼂采東出，靈山當户。殘月四更，扶桑五色。早霞忽散，光采射人。每望桃堤千樹，柳港微風，七十二峯，翠黛無際。龍門闗在大王灘下，其水淵泓疑碧，伏龍窟宅。春水時生，江聲作澌，砰磕洶湧，激奮如雷。白鶴嶺有壇，處西南之偏。冬春雨雪霽後，點綴木石間如梅花落、片片龍鱗，益增爽氣而晴光逼人，樓臺盡成玉宇。遠近諸林、高原雜植，斜陽流景，莎艸靡蕪，參差朱緑，而新開寺插峯腰。亂山夕閉，僧火熒熒，龍象人天，路廻巒遶，雲暗烟迷，鐘聲疏越，遠出白雲之外。凡此鼂采耳目近玩，真坐隱圖也。余嘗咏紀其勝，遊人詞客或同斯志，將起而和焉。【略】

鼂采湖有三園，而各有勝處。東園甲秀據湖爲勝，遠山送青，近嶂叠翠，花卉竹石特饒，登臺可眺章岩赭亭諸山。宏敞有餘，微乏幽散自然之韻。南園地多幽散，蒼莽之致可掬。其勝在短墻喬木，修竹娟涓，暎帶芙蕖，風來戛戛有聲，真萬玉也。屋宇蕪甚矣，林中片石，故可與語。西園以松林勝，陰可百畝。午濤乍起，令人瑩徹心神；斜陽疎月，尤難爲懷。有池一區不涸，其於湖猶望耳，未若館中雙樹，神秀絶倫。

吾家小峨眉在鼂采湖之西數武，曠遠秀發，不爲人所賞。近與林生衍甫採蕨於此，孟堅至，試邀一登，輙曰：峨眉何其坦迤。鶩湖東來，林木翳然。于時

長河曳練，餘霞若虹，把酒臨風，使人有清風明月之想。余曰：自古山川臨眺之美，便易慷慨。羊太傅之峴首山，季倫之高陽，千古同致。吾百世後，魂魄猶當與卿共之。【略】

去鼂采八十里有葛仙山，晉葛玄修練于此。二三年前至其地，初入一山，雲峯四起如步幄，而斷橋流水鏗鏗作細響。凡三升降纔及巔。山形如斗，殿居斗口，簷瓦皆鐵甃。有古杉數十株在龍池側，皆上不見杪，下不見本，輪囷離奇不可脯。近遊橫林，遠抵峯頂，道便行訪故人。或竹樹蒙密，山花笑映，澗瀑松聲，引下席地憇陰而坐，斜陽歸輿，黄犢樵歌，帖背隨聽，斯亦濟勝之一具耳。【略】

吾鄉饒山水之勝。石壁天懸，騰波雲蔚，而名賢足跡，興致當年，略不爲近所知。吴孟堅讀書鼂采歸與友人書曰：吾以二月五日來達鵝湖，駐于九石，誦讀多暇，攜琴出遊，歷覽之致，足散人懷，故自信美未易具言。每登峯頂，與養上人往還；從霞落園道西望葛壇，想飛昇之跡；東瞻鶩嶺，思朱陸之聲；北臨章岫，存宣梵之奇；南眷頽亭，慨避亂之險。躡屐莁雲，吸茗石井。摩獻吉之崖銘，睇知道之石碣。念幼安之流寓，嘗嘯咏移時。晞髮終日，探壑逾深，循崕忘返。爾其五湖命棹，峨眉登高，左擁學卿，右倚漁仲。唱余和汝，分韻賦詩。乃有石梁虹跨，黯洞月明。瀑布瓢泉，芙蓉天柱，星羅綺布，取興適情，右軍所謂當以樂死。齷齪鄙夫，闒茸自閉。得之傳聞，而失之近玩。豈足與論馳域哉。夫向子平之五嶽，林處士之孤山，千載而下，想見其人，是皆襟抱所托，不必其地也。

又　卷下　春和景明，觀松陰後湖桃花源，紅霞千樹，絶勝武陵；九陽雲氣，五色亭亭，如車如蓋。挾二三儔侶，尋歷舊遊。座中籍艸，雅歌狂興；雄談高吟，靡減晨昔。而伊人一水，唧杯念及時，爲憮然耳。【略】

雲岩直嵩山之南，去鼂采五十里。松杉蘿逕，數百步始至其顛。兩崖峻嶒，怪石盤踞，若蛟龍欲攫起。乳竇虹垂至地，雲氣觸石而飛。異時鴻衣羽裳之士，練精餌术之夫，往往棲托焉，今歲久無遊人，轍寺廢。【略】

聞雞起舞，鶡聲感亂，皆世之有心傑士也；而鴈聲嘹嘹干雲，足發秋興。余昔嘗觀彭蠡最勝，五湖之畔，豐艸平沙，千羣爲集。夜静聽其争棲競啄，宿水眠雲，悽愴夜月，歷亂湖烟，幽賞之致可掬矣。【略】

鵞湖爲邑鎮，山周迴四十里，高頂三峯，揭秀石井在其足。舊傳紅鵝育子于此，羽翮成而飛去。四賢祠在焉，據高乘勝，繚繞千秀，杳靄參差，吾道東南一泰岱也。祠旁有仁壽院，唐大義禪師所建，手植羅漢松尚在，廢者久之，而養上人一時戒行，授徒特盛。松枝復茂，人士齋施雲集。俯仰空祠，爲之慨然。【略】

白水山房，水色如練光晶發，山周廻岌嶪吞吐之氣，觸水而起。日在東方，首得照者惟天柱，下觀白雲，偃臥陵塹間，故尚暗未可辨耳。天柱與鯉魚對峙，平岡在其南，迭爲賓主，然不能徑抵。循趾側阬中，度天柱稍夷，平岡鯉魚壁懸，而壑渟將臺楊梅間匿而出，經之者如緣如折，如雲中墜，如井間出，先後呼之不聞，而莫知其所首尻矣，皆先隴所在。而平岡有龍牀，石氣絪緼，蒸人尤奇。

吾邑中山無不天台、鴈蕩，水無不桐廬、嚴灘，石無不靈壁、太湖，即柳之記鈷鉧潭。僅以偏得之，令丁甲巨靈，移之吴越，游蹤豈少哉。要以地僻，故未經驗雅之士品題耳，不當以目論也。

吾邑西觀音石，三峰透削，山山盤互，竹樹葱蒨，衆壑趍拱，猿鳥之聲俱絶，覺與世界殊。第恨水脉不鍾，非完境耳。【略】

天牕岩在九陽第一，山頭鬼工鑱鐫，櫺簷畢具。每月影落射其中，波間蕩漾，若摇丹扉，然非人跡可到。下有蓮塘數十畝，清江一碧萬頃。余每乘月泛舟，奚童吹洞簫，聲錚錚裂石穿雲。繞岩而渡，徘徊縹緲之間，冀有所遇焉。【略】

武夷最爲工巧，水可舟尤勝。其山在羅浮、雁宕伯仲之間，峭削佐幽，差勝武林。西山借土木宫觀以成其概。夫以太華之險絶，峨眉之神秀，太和之偉麗，天台、匡廬幽邃，祝融、太岱挺拔，終南曠蕩，太行逶迤，金山孤特，五臺王屋、玄岳嵩少，名勝所在，非許椽濟勝有具，佐之以緣，終身向往不至其地。王逸少汶峨之興，致嘆於益公，難言之矣。

明　袁中道《珂雪齋前集》卷一五《游岱宗記》　岱宗遠視之如雲氣生動。其右有山麗焉，幾欲與岱争秀冶而微讓其高寒者，傲來也。至山足始知傲來别爲一山云。從山足過高老橋，澗聲汩汩。其上爲水簾洞，巨石欹其腹，受水如織。又其上爲歇馬崕，爲黄峴石，石作黄色，泉淋漓道上，路更夷已復躡。有大石數畝受水，中峰諸泉注焉，聲如旱雷。又其上爲宋真宗御帳，五大夫松僅餘一。右爲朝陽洞，有亭俯視傲來，烟藥可摘，信天孫之美媵也，至是始盡見中峰全壁。石上出松，松下出泉，骨勁色蒼，了無寸土，惟餘游人爪甲泥耳。出大小龍峪，登盤道。盤在中峰與丈人峰之中，一縷上縈，磴道直懸。應仲遠謂後人見前人履，前人見後人頂，如畫重累人者。今殊不然，輿也而繩曳之，首反居下，足反居上，

後人躡前人首，前人載後人足，如倒懸重累人，畫可爲怖絶。磴窮爲天門，直謂嶽祠在此。針鋒上耳東去，益寬敞如村落，爲道院已，爲御香亭，爲元君廟。後嶺若玉几，可憑，而左爲長巒繞之。當其前者爲五花石，若人以廣袖自障其面。五花石遂同五指爪焉，高而邃，孤而不露質。此又東爲玉女泉，又東行爲公署，上爲東嶽廟，後有洞，即桃花洞也。洞左唐玄宗摩崖銘在焉，右蘇頲書爲俗書掩之，西去爲孔子巘，爲西天門。折而復東，上爲玉皇頂，有石突出，山之高竟此。其後望黄花洞，峰巒秀冶，甚如大家廣庭之後復爲小圃，美石奇樹，布置幽倩。其前爲秦無字碑，若方幢然。從日觀峰看徂徠山、汶水。已遊僊人橋、捨身崕、五花巘而止，夜宿，寒甚。鷄三唱，執炬披重裘登日觀峰，候日出。久之，下正昏黑，上已明。又久之，了了見壁上字，日一縷出海波間，已漸如半規，拋擲不定，乍浮乍沉，海水如羅縠作碧色。初意蒙氣太甚，不得見日出，今始快，遂下。袁子曰：斯遊也，予憾焉。泰山以泉勝，自山足至大小龍峪，遠見瀑流，近聞水聲，而今皆凝爲堅冰，一憾也。山下有石經峪、八分書金剛經於石，水流波礫間甚奇，李斯篆在山上公署内，予皆登山後閲志始知之，而未及見，二憾也。黄花洞爲山後户，其峰巒洞壑至幻至邃，而路爲冰雪封，不得往，三憾也。然亦有極快心者，窮冬沍寒之時，天氣晴霽，宛若上春，甚快。凡欲觀日者，多值陰晦，余一至即見之，又甚快。自予在濟上劇譚以後，輿中忽有所豁，胸中諸疑涣然冰泮，故此畨登山止是登山，更無别想，則又生來一大快也。夫天下事又何必一無所憾，而後爲快，則謂斯游爲快游也亦可。

明　袁中道《珂雪齋外集》卷二《游居杮録》　輿中見山色波頭起伏，遠黛可餐，如撥筍解籜。經藥山，山尤竦秀，餘如藥山者甚多，都不暇訊其名。大署至此，偃蓋之松，總同稻麻矣。至大龍駉，輿夫以不及抵城爲辭。予曰：村店中頗净，得此半日閒，亦非細事。乃取水洗面濯足，用熟火煮茶，與同行老友吉人任意閒遊。過驛得橋，流水汩汩。遠望山松如城，訊樵人則曰此榮邸園也。喬松夾道十餘里，流水繞其前，長橋跨之。溪澗廻環，鴈齒相次，中峯壁立，兩山環抱，袖搴帷合，層不可數。彌入彌深，爲松梵鳥聲所誘，澹然忘歸。頃十餘里，四壁徑絶，依山傍林，時有田疇。牧唱樵聲互答，應爲嘉遯者之所留連也。日已西，尋舊路歸，松陰滿路，風至微濤，水聲汩汩不絶。與吉人拊掌曰：此輿人之力也。按大龍山古道場，今廢爲邸園，未法亡爾。【略】

往遊德山，舟下灘甚疾。《水經注》：沅水又東，歷小灣，謂之枉渚。渚東里許，便得枉人山。山西循溪茂竹便娟，披溪蔭渚，長川逕引，遠注于沅，即今山溪是也。《楚詞・惜誦》云：「乘舲船以上沅兮，齊吴榜以擊汏。船容與而不進兮，淹回水而凝滯。」蓋指是水也，以逆水，故凝滯。又云「朝發枉渚兮，夕宿辰陽」，則枉渚之名其來久矣。山路甚净，有大樹五六株，盤結石巖中，根磊磊爲怪石，訊之則株樹也，千年物矣。門徑依山傍澗，松篁夾道，君超曰：且登塔院而後至寺。院前有斷碑一，依稀見「無事于心，無心于事」數字。登塔，守僧喃喃，塔長三寸，吾當再來之。讖以手量之，今果二寸餘矣。塔像孤硬甚手持一棒，相傳即老宿手中物。塔後老樹一株，膚色如鐵，可百圍。出院復行山路半里許，始至寺。寺内古栢杉各一株，栢身如石一峯，上餙瓔珞。登殿，佛像甚弘麗，像之大爲楚中諸刹第一。殿後有斷碑數具，聞有周公必大碑，不知所在。從殿左憩于青蓮社，登嶺皆脩篁老樹。日已暮，君超曰：且留善卷臺。宿青蓮社，夜飲。夜分，雨滴竹葉，戛戛有聲，卧甚甘。

枕上聞滿山黄鸝聲，入耳圓滑，因憶老杜「丸藥流鶯轉」之句。辰起，濃雲已散，宿霧未收，初日如金鉦，掛松枝上。飯後，尋孤峯路，遍嶺皆脩竹，間以古樹，人從竹中行。嶺上楠樹甚古，根可卧，週圍正得二十五尺餘。竹中得少平地，有老桂三樹，可菴也。取故路，復行竹中一里許，至善卷臺。堦下老梅一株，正吐蕚，滿地鹿胎。臺可遠望，曉霧尚深，不甚了了。【略】

將曉，微雨滴瀝，甚爲山行憂。曉起梳櫛後，天放晴，往學宫石墀上看山。其尖秀玲瓏，竦峭瘦削，若有鋩刃，不可迫視者，即緑蘿山也。已舟過山下，見一山中泐，其半落水，僅存石壁，苔蘚蝕剝，不獨色之姸冶，骨尤遒勁。酈道元云：沅水東帶緑蘿山，頽巖臨水，懸蘿釣渚，漁泳幽谷，浮響若鍾。今去數千年，巖猶頽然也。又黄閔《武陵記》曰：緑蘿山素崖若披雲，寒松摭翠，流風叩柯，則有宫商之音。今山上亦多松。君超曰：此山中良田美宅，如仲長統所言者甚多，無處不可避世。自此以後，山勢一步一顧，五步一折，跳達環巧，欹側冶媚。又十餘里，江漸狹，山坡間時有人家，竹樹駢羅。至白馬江，覔所爲雪濤者無有，但存亂石，水落故耳，白馬浪光之天，傷哉其慳緑也。由渡口携酒核入桃花源，行亂山中，幾迷路，久之，得斜徑可陟而上，乃堯花觀。後山即瞿童淪鼎池也。遂由徑路往，見奞花五六株，紅白間發，如一山積雪，照耀空谷，數年來看奞，未有暢于此者。松一株，旁枝攖挐皆下垂，遒古甚。時渴極，飲清冷酒數盞，并以酹花。萬山圍池上室宇甚敝，道士皆閉門不出，殘碑不可讀，遂由宫右小徑以達于宫。

繞，了無出路。日已斜，急從馳道上，行至一處，桃枝夾道，可半里許，間出紅奋。時漸入兩山，中裂若永巷，門内有亭可憇，前有方池，流泉淙淙下注，作碧沉色。時山行方十八里，倦極煩熱。忽聞流泉瀉澄潭，心脾頓開，煩火遂降，乃知泉石之能療病也。共取泉水吸一盂，甚甘。循水脉行，漸陟漸高，凡八九級，其級去下遠者，則水若瀑布，忽落地有聲甚怒。石爲水所嚙，駁蝕崚崚，作深碧色，如靈壁。又上數百步，磴左壁，隔水石上有碑一方，俱苔蝕，皆古洞也。洞門爲亂艸封閉，莫能入。守僧云：曾以長竿探之，莫知其際，然此洞實見成，不必穿鑿者，但除去莎草，自可漸通人跡。此中無好事者，空令康樂笑人。或云此山腹皆空，度此穴，即仙都矣。恐有仙靈呵護之，終古不得開也。陟級又百步，兩山愈狹，上有石泉下注，有亭十笏許。坐石牀上小飲。欲再窮泉脉，而磴甚危，不可復升。公琰癯鳥行而上，久之不見來，既至則云：以上泉鳴艸中，從地向上沸，山溁可畏，莫能窮也。遂尋舊路下，至前夾道桃柳處，山僧曰：過半月則數里紅酣，爍人目睛矣。予恨不能待也。出山口時有紅梅。至水溪已暮，入舟中與君超夜飲。投瓊正得一二五四，真所謂二士入桃源也，相與大笑。

又　卷三《游居柿録》　辰起，肩輿往遊牛首。出城，陟層嶺，見大江積雪浩然，憇于鐵心橋。午暑甚，息古寺中，松栢鬱然，門徑風勢襲人，改衣少坐，命童子至僧舍煮糜。僧固老農也，以野菜和粥，佐以少蔬，訊之乃荆芥苗，頗帶藥氣，大有風味。飯後登山，不復輿矣。至寺門，足幾不能前。蓋山之背金陵而南向者，獨此刹，故行至山足，尚不識寺所在，屢攀躋乃見樓閣枕藉。既入寺，陟一重階，陰風凛凛然。倦甚，不能登山，徘徊白雲梯下，月漸升，林松影滿地，與劉冲倩快譚。時冲倩讀書山中。

又　卷四《游居柿録》　游九山，山去邑十里，上亦有斧劈石。偶于石上見一詩云：一心貪與白雲期，解帶歸來任所之。每箇名山住幾月，蘇門山上較多時。嘉靖癸卯王受甫題。語亦有致，不知何人也。又有吴門袁安節公名洪愈，偕藩臬諸公同游題名字，時爲嘉靖庚戌，方爲中州少叅。此山寂寞少游人，不似蘇門，故題字少。予亦洗苔書數字。遇有石如砥處，布席小憇，共呼大白。見太行蜿蜒天際，若雕刻人馬疿豹花鳥種種形狀，甚可愛玩，而百泉之水隱隱一縷，東不知其極也。又聞太行之中如盤谷者甚多，恨未能游焉。間有洞可居，至顛，風大作。晚馳下，甚疲。此山石理亦佳，恨無樹耳。予一月前屢夢登山，一夜夢倚一石壁題字，則先已有字鐫刻其上，今日光景宛然。九山，以有九峯得名。

【略】

游謝公巖，巖以謝莊得名。去城三里，過大堤，依山下，遥見樓臺枕藉，甚覺清麗。堂後爲巖，若長廊，上有字，乃至元年間趙清老《祭陣亡將士文》也。上有泉，淙淙下注。由巖而右得小閣，閣畔得徑路登山。山上有樓，有洞，可瞰江。

又　卷五《游居柿録》　天放晴，同無跡、寶方、任居士往游青溪。不數里，别玉泉諸山，入一音寺界。一音寺亦智者所建，峯巒甚多，總名爲一音寺巖也。翔舞飛騰，幻變百出。昔遊桃花源上，酷愛其山勢生動，天外浪壁層層，以爲希有，今見此山姿態横生，真堪伯仲。無跡馬上大叫奇絶，幾至墜笠。飯于一音寺巖下。頃之，天復晦，雪紛紛落，頗爲山行憂。俄復霽。别一音巖，入清溪諸山之界，相與下馬顧盻。予嘆曰：予生平有山水癖，夢魂常在吴越間，豈知眉睫之前，有此青蓮花世界乎。僧以手指曰：瘦壁稜稜，有若刻露，當其前者，即鳳山也。過此山多石，不復土矣。近寺忽見清流一泓，滂湃噴舞。與無跡下馬，坐橋上，予曰：吾見泉亦多矣，跳珠霏雪，何處無之，未見淺碧滄緑如此水色者。按《水經注》：青溪水出縣西青山，山之東有濫泉，即青溪源也。以源出青山，故以青溪爲名。今但以青名溪，不知山之以青名也。盛弘之云：稠水傍生，凌空交合，危樓傾岳，恒有落勢。風泉傳響于青林之下，巖猿流聲于白雲之上。游者恒若目不周翫，情不給賞。是以林徒棲託，雲客宅心，泉側多結道士精廬，即此地也。已入寺，禮佛。出至龍女廟前，即青溪發源處。昔晉法琳于此作論，龍女來聽，因祠于此。前有方廣地，最宜聽水。泉發源同江，故與江水同消長。然石中出泉，至冬猶滂湃，尤諸泉所無也。泉之上有峯一壁，甚巉，蝕如蠟淚，注爲洞二。一爲卧雲洞，即琳法師著論處，元又有卧雲禪師居之，故亦名卧雲洞。大士洞斗絶，不及往。此路頗多佳石，若太湖者無數，恨無人剔出之耳。

又　卷六《游居柿録》　從龍泉早發，往游九子，沿途山色空翠撲人。左清漳而右曲沮。至九子，山如高髻亭亭。予以兩輿人扶掖而上，坐石上，諸山絶似蓮花，此峰又蓮花出水之最高者。小童爆竹，山應作霹靂聲，遏抑不得出，久之乃止，相看大笑。龍泉僧以酒及松花膏至。膏純以松花爲之，和以蜜，入口作松香氣，山内清供第一品也。下山，從燕子冲至何仙姑洞。仙姑衡州人，不應在此。路甚險，洞皆碎石合成。出燕子冲，如户闔忽開，沮水當其前。渡水至關將軍墓，前有石楠樹最古。饑甚，命山僧炊飯。飯後，行五里至寺。

明　譚元春《新刻譚友夏合集》卷一一《遊玄嶽記》　自寒河七日抵界山，山

始衆。是時方清明，男婦髻生柳枝，凄然有墳墓想。至迎恩觀，舁人忽下肩，向井東叩首，復舁上肩去，肅肅悸人矣。過沐浴室，夾古栢，陰黑成市。與王子坐栢下，告之曰：「此物豈無神乎？矧今且萬林。」入遇真宫，復出行于栢。窮其栢之際，仰眡枝，頫盻根，無一株遺者。栢窮爲仙關，關阨塞。他木老秃，與細竹點兩山。又行陂陀中，指元和觀東路行人紜紜者，何所也？同行僧曰：「十八盤道也，返則徑其處。」又行沃野，乃見王虚橋，橋渡之以之于宫耳。舍橋繇樹隙傍至道人室；繇道人室躡板渡涸渠旁到宫。宫麗甚，制乃不可詳，且非野人所好。旁至會仙樓，畯壁四周，蒼翠無間。啓後窗，有樵人方負薪過。出宫，桓數十層亂于門。又旁至先所謂橋者，微聞水音不能去。返道人室，語同行僧曰：「遊他山，人跡不接。從本路出入，稍曲折焉，即幻矣。此山有級、有鏁、有絙，以待天下人，如人門前路，天下人咸來此山如省所親。足足相躡，目目相因，請與師更其足目以幻吾心。」同行僧曰：「此而去，有金沙坪。明日，從望仙樓後，繇昨所謂樵徑者，漸不逢人。」椽葉正秀，壑平，其阜柳家澗。初自林出，嶺行屢折，椽輒隨其折處。忽從萬椽中下一壑。高低環青，有石可坐，澗亦送聲來坐處。將至坪，左山深杳，道者結廬繞引脰。望之，有二山鷄，從澗中衝起入觀中。道人方夷椽麵接衆食。隨磬下，繇齋堂啓窗，羣山墉如。出，與王子坐泉中，而同行僧從左右遥呼，已先得一處爲閑亭者，爲烟客居者，皆可澹人情慮。去坪，回望坪中，殊秀絶。然壑漸深，樹皆如其深數，高卑疏密，非聰明所能施設。過繫馬峰，忽一岩奇甚。連延數處，怪石與樹、與草、與澗若一心一手，彼隙則此充之。與王子復返其起處詳觀焉。岩未窮，即爲仁威觀，有落葉數十片，背正紅，點橋前小池，若朱魚乘空。過觀十餘里，桃李花與暎山紅盛開如春，接葉濃陰。行人渴而憇，如夏蟲切切作促織吟。紅葉委地如秋，老槐古木，鐵幹虬蜷，葉不能即發如冬，深山密徑，真莫定其四時。有猿綴樹間方自嬉，童僕呼于後，猿挂自若。入隱仙岩，無居人，惟異栢一株，類垂楊臬臬，然新青欲墮矣。自老姥祠而上，望天柱、南岩諸峰，嵐光照人，層浪自接者爲一重，而其下松栢翼嶺，青枝襯目，稍近而低者又爲一重。兩重山接魂弄色于暄霽之中，萬壑樹交盖此圍于趾步之間。目不得移，氣不得吐，遂休五龍方丈，自恣焉、宫所負山峯，峭然豪立，所謂五非二池，碌碌不可照覽，一入即出。又途中經奇踰涯。聞有凌虚岩，希夷誦經臺，自然庵，皆勝皆署之。是夜眠不穩。樓下有繫猿，啼到曉。早起，梯石穿岡，上竹樹幾不可止。細流時在耳邊，與蒙茸争路。又行四、五里，俯看深壑，茫若墜烟。身在塹底，五龍忽在天際。下級，水自北來，南響始奔，自南折東，始爲青羊澗。澗上置橋，高壁成城，相圍如一甕。樹色徹上下，波聲爲石所迫，人不得細語。桃花方自千仞落，亦作水響。聽澗，自此橋始快焉。沿澗而折，過仙龜岩，如龜負苔蘚而坐，泉從中噴出濺客。此而上，石多怪，向外者如捉人裾，向下者如欲自墜，突起者樹如爲之支扶，中斷者樹如爲之因緣。其爲杉、松、栢尤奇，在山上者，依山蹲石，根露獰獰，必千尋數抱而後已。其在深壑者，力森森以達于山，千尋數抱，纔及山根。而望其頂，又亭亭然與高樹同爲一盖，此殆不可曉。覺山壑升降中，數千萬條皆有厝置條理，參天拔地，因高就缺，若隨人意想現者。始猶色然，駭中而默息，久之告勞焉，如江客之厭月矣。然每至將有結構處，尤警人思。

又《遊南嶽記》 初行平壤十餘里，溪山效韻，望昨所爲諸峯皆不見，無論祝融。陟嶺得疎林，云有須彌寺，意不欲往，遂不往。須彌而上，向背高低不一，沙邊有石，石隙有泉，泉旁有壑，壑下復有奔響，響上有樹，樹間有花草，青紅光光中又有飛流雜波，流急處有橋，橋上下皆有陰，陰内外有幽鳥啼。水可見則水響，不見水則汩汩屮樹響。萬樹茂一山，則山暗。一山或未能、或則兩山暎之，使暗崖石森沈，多如幽齋結構。至于水蒲溪毛，宛其明秀，步步懷新，度三十餘里，聲、影、光三絶。惟至半道，緩行蔽翳間。右左條葉，隨目俱深，表裏洞密，有心斯肅。譚子視周子良久，卒不能發一言。

明 陳師《禪寄筆談》卷一《廣輿類》 貴竹之飛雲巖，東甌鴈蕩之羅漢洞，皆雄偉奇絶，品隲名山，亦可屈一指。懸崖突出如室，上巉巘，下空洞，可容百餘人，巖皆自下而上。鴈蕩者尤絶。門自一罅而入，躡石磴數百級，氣爲之喘。上滴乳泉，最上有方池通明處，俯視五老、玉女諸峯，又若下界矣。杜子美云：「諸峯羅列似兒孫」，不虚哉。

清 袁枚《小倉山房文集》卷二九《峽江寺飛泉亭記》 余年來觀瀑屢矣，至峽江寺而意難決捨，則飛泉一亭爲之也。幾人之情，其目悦，其體不適，勢不能久留。天臺之瀑，離寺百步，雁宕瀑旁無寺。他若匡廬、若羅浮、若青田之石門瀑，未嘗不奇，而遊者皆暴日中，踞危厓，不得從容以觀，如傾蓋交，雖懽易別。惟粤東峽山，高不過里許，而磴級紆曲，古松張覆，驕陽不炙。過石橋有三奇樹鼎足立，忽至半空，凝結爲一。凡樹皆根合而枝分，此獨根分而枝合，奇已。登山大半，飛瀑雷震，從空而下，瀑旁有室，即飛泉亭也。縱横丈餘，八窗明净。閉

窓瀑聞，開窓瀑至。人可坐、可卧、可箕踞、可偃仰、可放筆研、可瀹茗置飲。以人之逸，待水之勞，取九天銀河，置几席間作玩，當時建此亭者，其仙乎！僧澄波善奕，余命霞裳與之對枰，于是水聲、棋聲、松聲、鳥聲參錯竝奏。頃之，又有曳杖聲從雲中來者，則老僧懷遠抱詩集尺許來索余序。于是吟咏之聲又復大作，天籟人籟，合同而化。不圖觀瀑之娱，一至于斯，亭之功大矣。坐久日落，不得已下山。宿帶玉堂，正對南山，雲樹蓊鬱，中隔長江，風帆往來，妙無一人肯泊岸來此寺者。僧告余曰：峽江寺俗名飛來寺。余笑曰：寺何能飛，惟他日余之魂夢或飛來耳。僧曰：無徵不信，公愛之，何不記之？余曰：諾。已遂述數行，一以自存，一以與僧。

又《遊黄山記》　癸卯四月二日，余遊白嶽畢，遂浴黄山之湯泉。泉甘且洌，在懸厓之下。夕宿慈光寺。次早，僧告曰：從此山逕仄險，雖兜籠不能容。公步行良苦，幸有土人慣負客者，號海馬，可用也。引五六壯佼者來，俱手數丈布。余自笑羸老乃復作襁褓兒耶！初猶自强，至憊甚，乃縛跨其背，于是且步且負各半。行至雲巢，路絶矣，躡木梯而上。萬峰刺天，慈光寺已落釜底。是夕至文殊院宿焉。天雨寒甚，端午猶披重裘擁火。雲走入奪舍，頃刻混沌，兩人坐，辨聲而已。散後，步至立雪臺，有古松，根生于東，身僕于西，頭向于南，穿入石中，裂出石外。石似活，似中空，故能伏匿其中，而與之相化。又似畏天不敢上長，大十圍，高無二尺也。他松類是者，多不可勝記。晚，雲氣更清，諸峰如兒孫俯伏。黄山有前後海之名，左右視，兩海竝見。次日，從臺左折而下，過百步雲梯，路又絶矣。忽見一石，如大鰲魚，張其口。不得已，走入魚口中，穿腹出背，別走一天。登丹臺，上光明頂，與蓮花、天都二峰爲三鼎足，高相峙。天風撼人不可立，幸松針鋪地二尺厚，甚軟可坐。晚至獅林寺宿焉。趁日未落，登始信峰。峰有三，遠望兩峰夾峙，逼視之，尚有一峰隱身落後。峰高且險，下臨無底之溪。余立其巔，垂趾二分在外，僧懼挽之。余笑謂：墜亦無妨。問：何也？曰溪無底，則人墜當亦無底，飄飄然知泊何所？縱有底，亦須許久方到，儘可須臾求活。惜未挈長繩，縋精鐵量之，果若千尺耳。僧大笑。次日，登大小清涼臺。臺下峰如筆、如矢、如筍、如竹林、如刀戟、如船上桅，又如天帝戲將武庫兵仗布散地上。食頃，有白練繞樹，僧喜告曰：此雲鋪海也。初濛濛然，鎔銀散綿。良久，渾成一片，青山羣露角尖，類大盤凝脂中有筍脯矗現狀。俄而離散，則萬峰簇簇，仍還原形。余坐松頂，苦日炙，忽有片雲起爲蔭遮，方知雲有高下，迥非一族。薄暮，往西海門觀落日。草高于人，路又絶矣，唤數十夫芟夷之而后行。東峰屏列，西峰插地怒起，中間鶻突數十峰，類天臺瓊臺。紅日將墜，一峰以首承之，似吞似捧。余不能冠，被風掀落；不能韈，被水沃透；不敢杖，動陷軟沙；不敢仰，慮石崩壓。左顧右睨，前探後矚，恨不能化千億身逐峰皆到。當海馬負時，捷若猱猿，衝突急走，千萬山亦學人奔，狀如潮湧。俯視深阬怪峰在脚底相待，倘一失足，不堪置想。然事已至此，惴慄無益，若禁緩之，自覺無勇。不得已，托孤寄命，憑渠所往，覺此身便已羽化。《淮南子》有「膽爲雲」之説，信然。初九日，從天柱峰後轉下，過白沙矼，至雲谷，家人以肩輿相迎。計步行五十餘里，入山凡七日。

清　佚名《東南紀聞》卷三　范石湖帥蜀還至嘉州，登大峨山焉，即佛書所紀普賢大士示現之所也。山高摩霄，無復磎磴，斫木作雲梯，釘巖壁，緣之而上。頂峯有光相寺七寶巖，險峻無比。上有松，狀如杉，而葉圓細，重重偃蹇，有如浮圖。范以季夏至，時數日前雪大降，木葉尚有雪漬斑斕之迹。草木之類，世所無有。明日復登巖眺望，諸山之北，即西域雪山，崖嵬刻峭，凡數千百峯。初日照之，雪色洞明，如爛銀晃燿曙光中，此雪見者謂自古至今未嘗消也。頃之，巖前氛霧四起，混然一白，僧云銀色世界也。俄而洗巖雨至，而佛現光矣。光將大現，兜羅錦雲布巖下，紛鬱而上，巖腹有大圓光，偃卧平雲之上，外暈三重，每重有青黄紅緑之色，光之正中，虚明凝湛。觀者若自見其形貌於虚明之處，毫釐無隱，一如對鏡，舉手動足，影皆隨形而不見旁人。僧云攝身光也。此光既没，前山如水起雲馳，復出大圓光，横亘十數山，盡諸異色，合集成彩，峯巒草木皆鮮妍絢蒨，不可正視。雲霧既散，而此光獨明，人謂之清現。又自雪洞山上復出一光而差小，過山外至平野間，與巖正相直，色狀俱變，遂爲金橋，大略如吳江垂虹，而兩圯間有紫雲捧之。至未時，雲物浄盡，謂之收巖，金橋至西後始開。

傳　記

晉　皇甫謐《高士傳》卷中《向長傳》　向長字子平，河内朝歌人也。隱居不仕，性尚中和，好通《老》、《易》。貧無資食，好事者更饋焉，受之，取足而反其餘。王莽大司空王邑辟之連年乃至，欲薦之於莽，固辭，乃止。潛隱於家，讀《易》至《損》、《益》卦，喟然歎曰：「吾已知富不如貧，貴不如賤，但未知死，何如生耳。」

建武中男女娶嫁既畢，敕斷家事勿相關，當如我死也。於是遂肆意，與同好北海禽慶俱遊五嶽名山，竟不知所終。

子平上哲，賦德淵沖。玩辭觀象，損退自崇。伉男儷女，家務不宗。周攀五嶽，禽老是同。

南朝宋 劉義慶《世説新語》卷下《棲逸》 孔車騎少有嘉遁意，年四十餘始應安東命。未仕宦時，常獨寢歌吹自箴誨。自稱孔即，遊散名山。《孔愉別傳》曰：永嘉大亂，愉入臨海山中，不求聞達，中宗命爲參軍。百姓謂有道術，爲生立廟，今猶有孔郎廟。

南朝梁 沈約《宋書》卷六六《王敬弘傳》 王敬弘，琅邪臨沂人也。與高祖諱同，故稱字。【略】敬弘少有清尚，起家本國左常侍，衛軍參軍。性恬静，樂山水。爲天門太守。【略】山郡無事，恣其遊適，累日不回，意甚好之。【略】敬弘形狀短小，而坐起端方，桓玄謂之「彈棊八勢」。所居舍亭山，林澗環周，備登臨之美，時人謂之王東山。

又 卷六七《謝靈運傳》 謝靈運，陳郡陽夏人也。祖玄，晉車騎將軍。【略】靈運少好學，博覽羣書，文章之美，江左莫逮。從叔混特知愛之。襲封康樂公，食邑二千户。以國公例，除員外散騎侍郎，不就。爲琅邪王大司馬行參軍。【略】靈運爲性褊激，多愆禮度，朝廷唯以文義處之，不以應實相許。自謂才能宜參權要，既不見知，常懷憤憤。廬陵王義真少好文籍，與靈運情款異常。少帝即位，權在大臣，靈運構扇異同，非毁執政，司徒徐羨之等患之，出爲永嘉太守。郡有名山水，靈運素所愛好，出守既不得志，遂肆意游遨，徧歷諸縣，動踰旬朔，民間聽訟，不復關懷。所至輒爲詩詠，以致其意焉。在郡一周，稱疾去職，從弟晦、曜、弘微等並與書止之，不從。

靈運父祖並葬始寧縣，并有故宅及墅，遂移籍會稽，修營別業，傍山帶江，盡幽居之美。與隱士王弘之、孔淳之等縱放爲娱，有終焉之志。每有一詩至都邑，貴賤莫不競寫，宿昔之間，士庶皆徧，遠近欽慕，名動京師。作《山居賦》并自注，以言其事。曰：

古巢居穴處曰巖棲，棟宇居山曰山居，在林野曰丘園，在郊郭曰城傍，四者不同，可以理推。言心也，黄屋實不殊於汾陽。即事也，山居良有異乎市廛。抱疾就閑，順從性情，敢率所樂，而以作賦。揚子雲云：「詩人之賦麗以則。」文體宜兼，以成其美。今所賦既非京都宮觀遊獵聲色之盛，而敍山野草木水石穀稼之事，才乏昔人，心放俗外，詠於文則可勉而就之，求麗，邈以遠矣。覽者廢張、左之艷辭，尋臺、皓之深意，去飾取素，儻值其心耳。意實言表，而書不盡，遺迹索意，託之有賞。其辭曰：

謝子臥疾山頂，覽古人遺書，與其意合，悠然而笑曰：夫道可重，故物爲輕；理宜存，故事斯忘。古今不能革，質文咸其常。合宮非縉雲之館，衢室豈放勛之堂。邁深心於鼎湖，送高情於汾陽。嗟文成之却粒，願追松以遠遊。嘉陶朱之鼓棹，迺語種以免憂。判身名之有辨，權榮素其無留。孰如牽犬之路既寡，聽鶴之塗何由哉。理以相得爲適，古人遺書，與其意合，所以爲笑。孫權亦謂周瑜「公瑾與孤意合。」夫能重道則輕物，存理則忘事，古今質文可謂不同，而此處不異。縉雲、放勛不以天居爲所樂，故合宮、衢室，皆非淹留，鼎湖、汾陽，乃是所居。□文成、張良，却粒棄人間事，從赤松子遊。陶朱、范蠡，臨去之際，亦語文種云云。謂二賢既權榮素，故身名有判也。牽犬，李斯之歎。聽鶴，陸機領成都衆大敗後，云「思聞華亭鶴唳，不可復得。」

若夫巢穴以風露貽患，則《大莊》以棟宇袪弊；宮室以瑶琁致美，則白賁以丘園殊世。惟上託於巖壑，幸兼善而罔滯。雖非市朝而寒暑均也，雖是築構而飾朴兩逝。《易》云，上古穴居野處，後世聖人易之以宮室，上棟下宇，以蔽風雨，蓋取諸《大壯》。琁堂自是素，故曰白賁最是上爻也。此堂世異矣。謂巖壑道深於丘園，而不爲巢穴，斯免□□得寒暑之適，雖是築構，無妨非朝市云云。

昔仲長願言，流水高山；應璩作書，邙阜洛川。勢有偏側，地闕周員。銅陵之奥，卓氏充鉱摫之端；金谷之麗，石子致音徽之觀。徒形域之薈蔚，惜事異於栖盤。至若鳳、叢二臺，雲夢、青丘，漳渠、淇園，橘林、長洲，雖千乘之珍苑，孰嘉遁之所遊。且山川之未備，亦何議於兼求。仲長子云：「欲使居有良田廣宅，在高山流川之畔。溝池自環，竹木周布，場圃在前，果園在後。」應璩與程文信書云：「故求道田，在關之西，南臨洛水，北據邙山，託崇岫以爲宅，因茂林以爲蔭。」謂二家山居，不得周員之美。揚雄《蜀都賦》云：「銅陵衍。」卓王孫採山鑄銅，故《漢書》《貨殖傳》云：「卓氏之臨邛，公擅山川。」揚雄《方言》：「梁、益之間裁木爲器曰鉱，裂帛爲衣曰摫。」金谷，石季倫之別廬，在河南界，有山川林木池沼水碓。其鎮下邳時，過遊賦詩，一代盛集。謂二地雖珍麗，然制作非栖盤之意也。鳳臺，秦穆公時秦女所居，以致簫史。叢臺，趙之崇館。張衡謂趙築叢臺於前，楚建章華於後。楚之雲夢，大中□居《長飲賦》：楚靈王遊雲夢之中，息於荆臺之上。前方淮之水，左洞庭之波，右顧彭蠡之濤，南望巫山之阿，遂造章華之臺。亦見諸史。淮南青丘，齊之海外，皆獵所。司馬相如云：「秋田乎青丘，徬徨乎海外。」漳渠，史起爲魏文侯所起，溉水之所。淇園，衛之竹園，在淇水之澳，《詩》人所載。橘林，蜀之園林，揚子雲《蜀都賦》亦云橘林。

左太沖謂户有橘柚之園。長洲，吴之苑囿，左亦謂長洲之茂苑，因江海洲渚以爲苑囿□。□□□□□□□故□表此園之珍静。千乘讌嬉之所，非幽人憩止之鄉，且山川亦不能兼茂，隨地勢所遇耳。

覽明達之撫運，乘機緘而理默。指歲暮而歸休，詠宏徽於刊勒。狹三閭之喪江，矜望諸之去國。選自然之神麗，盡高棲之意得。余祖車騎建大功淮、肥，江左得免横流之禍。後及太傅既薨，遠圖已輟，於是便求解駕東歸，以避君側之亂。廢興隱顯，當是賢達之心，故選神麗之所，以申高棲之意。經始山川，實基於此。

仰前哲之遺訓，俯性情之所便。奉微軀以宴息，保自事以乘閑。愧班生之夙悟，慚尚子之晚研。年與疾而偕來，志乘拙而俱旋。謝平生於知遊，棲清曠於山川。謂經始此山，遺訓於後也。性情各有所便，山居是其宜也。《易》云：「向晦入宴息。」莊周云：「自事其心。」此二是其所處。班嗣本不染世，故曰夙悟；尚平未能去累，故曰晚研。想遲二人，更以年衰疾至。志寡求拙曰乘，并可山居。曰與知遊别，故曰謝平生；就山川，故曰棲清曠。

其居也，左湖右江，往渚還汀。面山背阜，東阻西傾。抱含吸吐，款跨紆縈。緜聯邪亘，側直齊平。枚乘曰：「左江右湖，其樂無有。」此吴客説楚公子之詞。當謂江都之野，彼雖有江湖而乏山巖，此憶江湖左右與之同，而山嶽形勢，池城所無也。往渚還汀，謂四面有水；面山背阜，亦謂東西有山，便是四水之裏也。抱含吸吐，謂中央復有川。款跨紆縈，謂邊背相連帶。迂回處謂之邪亘；平正處謂之側直。

近東則上田、下湖，西谿、南谷，石埭、石滂，閔硎、黄竹。決飛泉於百仞，森高薄於千麓。寫長源於遠江，派深毖於近瀆。上田在下湖之水口，名爲田口。下湖在田之下下處，並有名山川。西谿、南谷分流，谷鄣水畎入田口。西谿水出始寧縣西谷鄣，是近山之最高峯者，西溪便是□之背。入西谿之裏，得石埭，以石爲阻，故謂爲埭。石滂在西谿之東，從縣南入九里，兩面峻峭數十丈，水自上飛下。比至外谿，封墱十數里，皆飛流迅激，左右巖壁緑竹。閔硎，在石滂之東谿，逶迤下注良田。黄竹與其連，南界莆中也。

近南則會以雙流，縈以三洲。表裏回游，離合山川。崿崩飛於東峭，槃傍薄於西阡。拂青林而激波，揮白沙而生漣。雙流，謂剡江及小江，此二水同會於山南，便合流注下。三洲在二水之口，排沙積岸，成此洲漲。表裏離合，是其貌狀也。崿者謂回江岑，在其山居之南界，有石跳出，將崩江中，行者莫不駭慄。槃者是縣故治之所，在江之□□用槃石竟渚，並帶青林而連白沙也。

近西則楊、賓接峯，唐皇連縱。室、壁帶谿，曾、孤臨江。竹緣浦以被緑，石照澗而映紅。月隱山而成陰，木鳴柯以起風。楊中、元賓，並小江之近處，與山相接也。唐皇便從北出。室，石室，在小江口南岸。壁，小江北岸。並在楊中之下。壁高四十丈，色赤，故曰照澗而映紅。曾山之西，孤山之南，王子所經始，並臨江，皆被以緑竹。山高月隱，便謂爲陰；鳥集柯鳴，便謂爲風也。

近北則二巫結湖，兩智通沼。横、石判盡，休、周分表。引修隄之逶迤，吐泉流之浩溔。山嶬下而回澤，瀨石上而開道。大小巫湖，中隔一山。外智周回，在圻西北。邊浦出江，並是美處。義熙中，王穆之居大巫湖，經始處所猶在。兩智皆長溪，外智出山之後四五里許，裏智亦隔一山，出新埭。横山，野舍之北面。常石，野舍之西北。巫湖舊唐，故曰修陽。長谿甚遠，故曰泉流。常石嶬□□□□故曰山嶬下而回澤。裏智漫石數里，水從上過，故曰瀨石上而開道。休山東北，周里山在休之南，並是北邊。

遠東則天台、桐柏，方石、太平，二韭、四明，五奥、三菁。表神異於緯牒，驗感應於慶靈。淩石橋之莓苔，越楢谿之紆縈。天台、桐柏，七縣餘地，南帶海。二韭、四明、五奥，皆相連接，奇地所無，高於五嶽，便是海中三山之流。韭以菜爲名。四明、方石，四面自然開窗也。五奥者，曇濟道人、蔡氏、郗氏、謝氏、陳氏各有一奥，皆相掎角，並是奇地。三菁，太平之北。太平，天台之始。方石，直上萬丈，下有長谿，亦是縉雲之流云。此諸山並見圖緯，神仙所居。往來要徑石橋，過楢谿，人跡之艱，不復過此也。

遠南則松箴、棲雞，唐嵫、漫石。崪、嵊對嶺，嶀、孟分隔。入極浦而邅回，迷不知其所適。上嵚崎而蒙籠，下深沈而澆激。棲雞，在保口之上，别浦入其中，周回甚深，四山之裏。松箴在棲雞之上，緣江。唐嵫入太平水路，上有瀑布數百丈。漫石在唐嵫下，郗景興經始精舍，亦是名山之流。崪、嵊與分界，去山八十里，故曰遠南。前嶺鳥道，正當五十里高，左右所無，就下地形高，乃當不稱。遠望嶀山甚奇，謂白爍尖者最高，下有良田，王敬弘經始精舍。曇濟道人住孟山，名曰孟埭，芋薯之疁田。清溪秀竹，廻開巨石，有趣之極。此中多諸浦澗，傍依茂林，迷不知所通，嵚崎深沈，處處皆然，不但一處。

遠西則下闕。

遠北則長江永歸，巨海延納。崐漲緬曠，島嶼綢沓。山縱横以布護，水迴沈而縈浥。信荒極之綿眇，究風波之睽合。江從山北流，窮上虞界，謂之三江口，便是大海。老子謂海爲百谷王，以其善處下也。海人謂孤山爲崐。薄洲有山，謂之島嶼，即洲也。漲者，沙始起將欲成嶼，縱横無常，於一處廻沈相縈擾也。大荒東極，故爲荒極。風波不恒，爲睽合也。

徒觀其南術之□□□□□□□□□□岸測深，相渚知淺。洪濤滿則曾石没，清瀾減則沈沙顯。及風興濤作，水勢奔壯。于歲春秋，在月朔望。湯湯驚波，滔滔駭浪。電激雷崩，飛流灑漾。淩絶壁而起岑，横中流而連薄。始迅轉而騰天，終倒底而見壑。此楚貳心醉於吴客，河靈懷慚於海若。南術是其臨江舊宅，門前對江，三轉曾山，路窮四江，對岸西面常石。此二山之間，西南角岸孤山，此二山皆是狹

處，故曰生嶬。勇門以南上便大閬，故曰成衍。岸高測深，渚下知淺也。江中有孤石沈沙，隨水增減，春秋朔望，是其盛時。故枚乘云，楚太子有疾，吴客問之，舉秋濤之美，得以瘳病。太子，國之儲貳，故曰楚貳。河靈，河伯居河，所謂河靈。懼於海若，事見莊周《秋水篇》。

爾其舊居，曩宅今園，枌槿尚援，基井具存。曲術周乎前後，直陌矗其東西。豈伊臨谿而傍沼，迺抱阜而帶山。考封域之靈異，實兹境之最然。葺駢梁於巖麓，棲孤棟於江源。敞南户以對遠嶺，闢東窗以矚近田。田連岡而盈疇，嶺枕水而通阡。葺室在宅裏山之東麓。東窗矚田，兼見江山之美。三間故謂之駢梁。門前一棟，枕嶬上，存江之嶺，南對江上遠嶺。此二館屬望，殆無優劣也。

阡陌縱横，塍埒交經。導渠引流，脉散溝并。蔚蔚豐秫，苾苾香秔。送夏蚤秀，迎秋晚成。兼有陵陸，麻麥粟菽。候時覘節，遞藝遞熟。供粒食與漿飲，謝工商與衡牧。生何待於多資，理取足於滿腹。許由云：「偃鼠飲河，不過滿腹。」謂人生食足，則歡有餘，何待多須邪。工商衡牧，似多須者，若少私寡欲，充命則足。但非田無以立耳。

自園之田，自田之湖。泛濫川上，緬邈水區。濬潭澗而窈窕，除菰洲之紆餘。毖温泉於春流，馳寒波而秋徂。風生浪於蘭渚，日倒景於椒塗。飛漸榭於中沚，取水月之歡娱。旦延陰而物清，夕棲芬而氣敷。顧情交之永絶，覬雲客之暫如。此皆湖中之美，但患言不盡意，萬不寫一耳。諸澗出源入湖，故曰濬潭澗。澗長是以窈窕。除菰以作洲，言所以紆餘也。

水草則萍藻薀菼，雚蒲芹蓀，蒹菰蘋蘩，蕝荇菱蓮。雖備物之偕美，獨扶渠之華鮮。播緑葉之鬱茂，含紅敷之繽翻。怨清香之難留，矜盛容之易闌。必充給而後搴，豈蕙草之空殘。卷《敂弦》之逸曲，感《江南》之哀歎。秦箏倡而溯游往，《唐上》奏而舊愛還。搴出《離騷》。《敂弦》是《采菱歌》。《江南》是《相和曲》，云江南采蓮。秦箏倡《蒹茄篇》，《唐上》奏《蒲生》詩，皆感物致賦。魚藻蘋蘩荇亦有詩人之詠，不復具敍。

《本草》所載，山澤不一。雷、桐是别，和、緩是悉。參核六根，五華九實。二冬並稱而殊性，三建異形而同出。水香送秋而擢蒨，林蘭近雪而揚猗。卷栢萬代而不殞，伏苓千歲而方知。映紅葩於緑葉，茂素蕤於紫枝。既住年而增靈，亦驅妖而斥疵。《本草》所出藥處，於今不復依，隨土所生耳。此境出藥甚多，雷公、桐君，古之采藥。醫緩，古之良工，故曰别悉。參核者，雙核桃杏人也。六根者，苟七根、五茄根、葛根、野葛根、□□根也。五華者，堇華、芫華、檖華、菊華、旋覆華也。九實者，連前實、槐實、栢實、兔絲實、女貞實、蛇床實、蔓荆實、蓼實、□□也。二冬者，天門、麥門冬。三建者，附子、天雄、烏頭。水香，蘭草。林蘭，支子。卷栢、伏苓，並皆仙物。凡此衆藥，事悉見於《神農》。

其竹則二箭殊葉，四苦齊味。水石别谷，巨細各彙。既修竦而便娟，亦蕭森而蓊蔚。露夕沾而悽陰，風朝振而清氣。捎玄雲以拂杪，臨碧潭而挺翠。蔑上林與淇澳，驗東南之所遺。企山陽之游踐，遅鸞鷖之棲託。憶崑園之悲調，慨伶倫之哀籥。衛女行而思歸詠，楚客放而防露作。二箭，一者苦箭，大葉；一者笄箭，細葉。四苦，青苦、白苦、紫苦、黄苦。水竹，依水生，甚細密，吴中以爲宅援。石竹，本科叢大，以充屋榱，巨者竿挺之屬，細者無箐之流也。修竦、便娟、蕭森、蓊蔚，皆竹貌也。上林，關中之禁苑，淇澳，衛地之竹園，方此皆不如。東南會稽之竹箭，唯此地最富焉。山陽，竹林之游；鸞鷖，棲食之所。崑山之竹任爲笛，黄帝時，伶倫斬其厚均者吹之，爲黄鍾之宫。衛女思歸，作《竹竿》之詩，楚人放逐，東方朔感江潭而作《七諫》。

其木則松栢檀櫟，□□桐榆。檿柘穀楝，楸梓檉樗。剛柔性異，貞脆質殊。卑高沃堉，各隨所如。幹合抱以隱岑，杪千仞而排虚。淩岡上而喬竦，蔭澗下而扶疏。沿長谷以傾柯，攢積石以插衢。華映水而增光，氣結風而回敷。當嚴勁而葱倩，承和煦而芬腴。送墜葉於秋晏，遅含萼於春初。皆木之類，選其美者載之。山脊曰岡。岡上澗下，長谷積石，各隨其方。《離騷》云：「青春受謝，白日昭只。」《詩》云「萼不韡韡」也。

植物既載，動類亦繁。飛泳騁透，胡可根源。觀貌相音，備列山川。寒燠順節，隨宜匪敦。草、木、竹，植物。魚、鳥、獸，動物。獸有數種，有騰者，有走者。走者騁，騰者透。謂種類既繁，不可根源，但觀其貌狀，相其音聲，則知山川之好。興節隨宜，自然之數，非可敦戒也。

魚則鰻鱧鮒鱮，鱒鯇鰱鯿，魴鮪魦鱖，鱨鯉鯔鱣。輯采雜色，錦爛雲鮮。唼藻戲浪，汎荇流淵。或鼓鰓而湍躍，或掉尾而波旋。鱸鮆乘時以入浦，鱤鮅沿瀨以出泉。鰻音優。鱧音禮。鮒音附。鱮音敍。鱒音寸衰反。鯇音皖。鰱音連。鯿音毖仙反。魴音房。鮪音痏。魦音沙。鱖音居綴反。鱨音上羊反。鯔音比之反。鱣音竹仚反。皆《説文》、《字林》音。《詩》云：「錦衾有爛。」故云錦爛。鱸鮆一時魚。鱤音感。鮅音迅。皆出谿中石上，恒以爲翫。

鳥則鵾鴻鶂鵠，鶖鷺鴇鸘。雞鵲繡質，鶡鸐綬章。晨鳧朝集，時鷸山梁。海鳥違風，朔禽避涼。荑生歸北，霜降客南。接響雲漢，侣宿江潭。聆清哇以下聽，載王子而上參。薄回涉以弁翰，映明壑而自耽。鵾音昆。鴻音洪。鶂音溢。《左傳》云：「六鶂退飛」，字如此。鵠音下竺反。鶖音秋。鷺音路。鴇音保。鸘音相。唐公之馬，與此鳥色同，故謂爲鸘，音相。雞鵲鶡鸐，見張茂先《博物志》。鸐音翟，亦雉之美者，此四

鳥並美采質。鳧音符，野鴨也，常待晨而飛。鷮音已消反，長尾雉也。《論語》云：「山梁雌雉，時哉時哉。」海鳥爰居，臧文仲不知其鳥，以爲神也。事見《左傳》。朔禽，雁也，寒月轉往衡陽。《禮記》，霜始降，雁來賓。歲莫云，雁北向。政是陽初生時，荑生歸北，霜降客南。山雞映水自翫其羽儀者。

山上則猨猑貍貛，犴獌猰猛。山下則熊羆豺虎，獂鹿麔麖。擲飛枝於窮崖，踔空絶於深硎。蹲谷底而長嘯，攀木杪而哀鳴。猨音袁。猑音魂。貍音力之反。貛音火丸反。犴音五懸反。獌音曼，似貛而長，狼之屬，一曰貙。猰音安黠反。猛音弋生反，貍之黄黑者，一曰似豿。豺音在皆反。獂音元，野羊大角。麔音鬼珉反。麖音京，能踔擲。虎長嘯，猨哀鳴，鳴聲可翫。

緡綸不投，置羅不披。磻弋靡用，蹄筌誰施。鑑虎狼之有仁，傷遂欲之無崖。顧弱齡而涉道，悟好生之咸宜。率所由以及物，諒不遠之在斯。撫鷗鯈而悦豫，杜機心於林池。八種皆是魚獵之具。自少不殺，至乎白首，故在山中，而此歡永廢。莊周云，虎狼仁獸，豈不父子相親。世云虎狼暴虐者，政以其如禽獸，而人物不自悟其毒害，而言虎狼可疾之甚，苟其遂欲，豈復崖限。自弱齡奉法，故得免殺生之事。苟此悟萬物好生之理。《易》云：「不遠復，無祇悔。」庶乘此得以入道。莊周云，海人有機心，鷗鳥舞而不下。今無害彼之心，各説豫於林池也。

敬承聖誥，恭窺前經。山野昭曠，聚落羶腥。故大慈之弘誓，拯羣物之淪傾。豈寓地而空言，必有貸以善成。欽鹿野之華苑，羨靈鷲之名山。企堅固之貞林，希菴羅之芳園。雖綷容之緬邈，謂哀音之恒存。建招提於幽峯，冀振錫之息肩。庶鐙王之贈席，想香積之惠餐。事在微而思通，理匪絶而可温。賈誼《弔屈》云：「恭承嘉惠。」敬承，亦此之流。聚落是墟邑，謂歌哭諍訟，有諸諠譁，不及山野爲僧居止也。經教欲令在山中，皆有成文。老子云：「善貸且善成。」此道惠物也。鹿苑，説《四真諦》處。靈鷲山，説《般若法華》處。堅固林，説泥洹處。菴羅園，説不思議處。今旁林蓺園制苑，仿佛在昔，依然託想，雖綷容緬邈，哀音若存也。招提，謂僧不能常住者，可持作坐處也。所謂息肩。鐙王、香積，事出《維摩經》。《論語》云：「温故知新。」理既不絶，更宜復温，則可待爲己之日用也。

爰初經略，杖策孤征。入澗水涉，登嶺山行。陵頂不息，窮泉不停。櫛風沐雨，犯露乘星。研其淺思，罄其短規。非龜非筮，擇良選奇。翦榛開逕，尋石覓崖。四山周回，雙流逶迤。面南嶺，建經臺；倚北阜，築講堂。傍危峯，立禪室；臨浚流，列僧房。對百年之高木，納萬代之芬芳。抱終古之泉源，美膏液之清長。謝麗塔於郊郭，殊世間於城傍。欣見素以抱樸，果甘露於道場。云初經略，躬自履行，備諸苦辛也。罄其淺短，無假於龜筮，貧者既不以麗爲美，所以即安茅茨而已。是以謝郊郭而殊城傍。然清虚寂漠，實是得道之所也。

苦節之僧，明發懷抱。事紹人徒，心通世表。是遊是憩，倚石構草。寒暑有移，至業莫矯。觀三世以其夢，撫六度以取道。乘恬知以寂泊，含和理之窈窕。指東山以冥期，實西方之潛兆。雖一日以千載，猶恨相遇之不早。謂曇隆、法流二法師也。二公辭恩愛，棄妻子，輕舉入山，外緣都絶，魚肉不入口，糞掃必在體，物見之絶歎，而法師處之夷然。詩人西發不勝造道者，其亦如此。往石門瀑布中路高棲之游，昔告離之始，期生東山，没存西方。相遇之欣，實以一日爲千載，猶慨恨不早。

賤物重己，棄世希靈。駭彼促年，愛是長生。冀浮丘之誘接，望安期之招迎。甘松桂之苦味，夷皮褐以頹形。羨蟬蛻之匪日，撫雲蜺其若驚。陵名山而屢憩，過巖室而披情。雖未階於至道，且緬絶於世纓。指松菌而興言，良未齊於殤彭。此一章敘仙學者雖未及佛道之高，然出於世表矣。浮丘公是王子喬師，安期先生是馬明生師，二事出《列仙傳》。《洞真經》云：「今學仙者亦明師以自發悟，故不辭苦味頹形也。」莊周云：「和以天倪。」倪者，崖也。數經歷名山，遇余巖室，披露其情性，且獲長生。方之松菌殤彭，邈然有間也。

山作水役，不以一牧。資待各徒，隨節競逐。陟嶺刊木，除榛伐竹。抽笋自篁，擿篛於谷。楊騰所拮，秋冬藴獲。野有蔓草，獵涉蘡薁。亦醖山清，介爾景福。苦以术成，甘以播熟。慕椹高林，剥芨巖椒。掘蒨陽崖，擿擗陰摽。晝見搴茅，宵見索綯。芟菰翦蒲，以薦以茭。既坭既埏，品收不一。其灰其炭，咸各有律。六月採蜜，八月撲栗。備物爲繁，略載靡悉。此一章謂是山作及水役採拾諸事也。然漁獵之事皆不載。楊，楊桃也。山間謂之木子。藴音覆，字出《字林》。《詩》人云：「六月食鬱及薁。」獵涉字出《爾雅》。术，术酒，味苦。播，播酒，味甘，並至美，兼以療病。播治癱核，术治痰冷。椹音甚，味似菰菜而勝，刊木而作之，謂之慕。芨音及，採以爲紙。蒨音倩，採以爲渫。擗音尠，採以爲飲。採蜜撲栗，各隨其月也。

若迺南北兩居，水通陸阻。觀風瞻雲，方知厥所。兩居謂南北兩處，各有居止。峯崿阻絶，水道通耳。觀風瞻雲，然後方知其處所。南山則夾渠二田，周嶺三苑。九泉別澗，五谷異巘。羣峯參差出其間，連岫複陸成其坂。衆流溉灌以環近，諸堤擁抑以接遠。遠堤兼陌，近流開湍。淩皋泛波，水往步還。還回往匝，枉渚員巒。呈美表趣，胡可勝單。抗北頂以葺館，瞰南峯以啓軒。羅曾崖於户裏，列鏡瀾於窗前。因丹霞以赬楣，附碧雲以翠椽。視奔星之俯馳，顧□□之未牽。鵾鴻翻翥而莫及，何但鷰雀之翩翾。氿泉傍出，潺湲於東檐；桀壁對跱，硿礲於西霤。

修竹葳蕤以翳薈，灌木森沈以蒙茂。蘿曼延以攀援，花芬薰而媚秀。日月投光於柯間，風露披清於嵔岫。夏涼寒燠，隨時取適。階基回互，橑櫺乘隔。此焉卜寢，翫水弄石。邇即回眺，終歲罔斁。傷美物之遂化，怨浮齡之如借。眇遁逸於人羣，長寄心於雲霓。南山是開創卜居之處也。從江樓步路，跨越山嶺，綿亘田野，或升或降，當三里許。塗路所經見也，則喬木茂竹，緣畛彌阜，横波疎石，側道飛流，以爲寓目之美觀。及至所居之處，自西山開道，迄于東山，二里有餘。南悉連嶺疊鄣，青翠相接，雲煙霄路，殆無倪際。從逕入谷，凡有三口。方壁西南石門世□南□池東南，皆別載其事。緣路初入，行於竹逕，半路闊，以竹渠澗。既入東南傍山渠，展轉幽奇，異處同美。路北東西路，因山爲鄣。正北狹處，踐湖爲池。南山相對，皆有崖巖。東北枕壑，下則清川如鏡，傾柯盤石，被隩映渚。西巖帶林，去潭可二十丈許，葺基構宇，在巖林之中，水衛石階，開窗對山，仰眺曾峯，俯鏡濬壑。去巖半嶺，復有一樓。迴望周眺，既得遠趣，還顧西館，望對窗户。緣崖下者，密竹蒙逕，從北直南，悉是竹園。東西百丈，南北百五十五丈。北倚近峯，南眺遠嶺，四山周回，溪澗交過，水石林竹之美，巖岫隈曲之好，備盡之矣。刊翦開築，此焉居處，細趣密翫，非可具記，故較言大勢耳。越山列其表側傍緬□□爲異觀也。

因以小湖，鄰於其隈。衆流所湊，萬泉所回。氿濫異形，首毖終肥。別有山水，路邈緬歸。氿濫、肥毖，皆是泉名，事見於《詩》。云此萬泉所湊，各有形勢。

求歸其路，迺界北山。棧道傾虧，蹬閣連卷。復有水逕，繚繞回圓。瀰瀰平湖，泓泓澄淵。孤岸竦秀，長洲芊綿。既瞻既眺，曠矣悠然。及其二川合流，異源同口。赴隘入險，俱會山首。瀨排沙以積丘，峰倚渚以起阜。石傾瀾而捎巖，木映波而結藪。逕南漘以横前，轉北崖而掩後。隱叢灌故悉晨暮，託星宿以知左右。往反經過，自非巖澗，便是水逕，洲島相對，皆有趣也。

山川澗石，州岸草木。既標異於前章，亦列同於後牘。山匪砠而是岵，川有清而無濁。石傍林而插巖，泉協澗而下谷。淵轉渚而散芳，岸靡沙而映竹。草迎冬而結葩，樹凌霜而振緑。向陽則在寒而納煦，面陰則當暑而含雪。連岡則積嶺以隱嶙，舉峯則羣竦以巀嶭。浮泉飛流以寫空，沈波潛溢於洞穴。凡此皆異所而咸善，殊節而俱悦。土山載石曰砠。山有林曰岵。此章謂山川衆美，亦不必有，故總敍其最。居山之後事，亦皆有尋求也。

春秋有待，朝夕須資。既耕以飯，亦桑貿衣。藝菜當肴，採藥救頹。自外何事，順性靡違。法音晨聽，放生夕歸。研書賞理，敷文奏懷。凡厥意謂，揚較以揮。且列于言，誠特此推。謂寒待綿纊，暑待絺綌，朝夕飡飲，設此諸業以待之。藥以療疾，又在其外，事之相推，自不得不然。至於聽講放生，研書敷文，皆其所好。韓非有《揚較》，班固亦云「揚較古今」，其義一也。左思曰：「爲左右揚較而陳之。」

北山二園，南山三苑。百果備列，乍近乍遠。羅行布株，迎早候晚。猗蔚溪澗，森疎崖巘。杏壇、㮏園，橘林、栗圃。桃李多品，梨棗殊所。枇杷林檎，帶谷映渚。椹梅流芬於回巒，椑柿被實於長浦。莊周云：「漁父見孔子杏壇之上。」《維摩詰經》㮏樹園。揚雄《蜀都賦》云橘林。左太沖亦云：「户有橘柚之園。」桃李所殖甚多，棗梨事出北河、濟之間，淮、潁諸處，故云殊所也。

畦町所藝，含蘂藉芳，蓼蕺葼薺，葑菲蘇薑。緑葵眷節以懷露，白薤感時而負霜。寒葱摽倩以陵陰，春藿吐苕以近陽。葑菲見《詩·栢舟》中。管子曰：「北伐山戎，得寒葱。」庾闡云，寒葱挺園。灌蔬自供，不待外求者也。

弱質難恒，頽齡易喪。撫鬢生悲，視顔自傷。承清府之有術，冀在衰之可壯。尋名山之奇藥，越靈波而憩轅。採石上之地黄，摘竹下之天門。摭曾嶺之細辛，拔幽澗之溪蓀。訪鍾乳於洞穴，訊丹陽於紅泉。此皆住年之藥，即近山之所出，有采拾，欲以消病也。

安居二時，冬夏三月。遠僧有來，近衆無闕。法鼓朗響，頌偈清發。散華霏蕤，流香飛越。析曠劫之微言，説像法之遺旨。乘此心之一豪，濟彼生之萬理。啓善趣於南倡，歸清暢於北机。非獨愜於予情，諒僉感於君子。山中兮清寂，羣紛兮自絶。周聽兮匪多，得理兮俱悦。寒風兮搔屑，面陽兮常熱。炎光兮隆熾，對陰兮霜雪。愒曾臺兮陟雲根，坐澗下兮越風穴。在兹城而諧賞，傳古今之不滅。衆僧冬夏二時坐，謂之安居，輒九十日。衆遠近聚萃，法鼓、頌偈、華、香四種，是齋講之事。析説是齋講之議。乘此之心，可濟彼之生。南倡者都講，北机者法師。山中静寂，實是講説之處。兼有林木，可隨寒暑，恒得清和，以爲適也。

好生之篤，以我而觀。懼命之盡，吝景之歡。分一往之仁心，拔萬族之險難。招驚魂於殆化，收危形於將闌。漾水性於江流，吸雲物於天端。覿騰翰之頑頡，視鼓鰓之往還。馳騁者儻能狂愈，猜害者或可理攀。云物皆好生，但以我而觀，便可知彼之情。吝景懼命，是好生事也。能放生者，但有一往之仁心，便可拔萬族之險難。水性雲物，各尋其生。老子云，馳騁田獵，令人心發狂。猜害者恒以忍害爲心，見放生之理，或可得悟也。

哲人不存，懷抱誰質。糟粕猶在，啓縢剖袠。見柱下之經二，覩濠上之篇七。承未散之全樸，救已頽於道術。嗟夫！六藝以宣聖教，九流以判賢徒。國

史以載前紀，家傳以申世模。篇章以陳美刺，論難以覈有無。兵技醫日，龜筴筮夢之法，風角冢宅，算數律曆之書。或平生之所流覽，並於今而棄諸。驗前識之喪道，抱一德而不渝。莊周云「輪扁語齊桓公，公之所讀書，聖人之糟粕」。滕者，《金滕》之流也。柱下，老子。濠上，莊子。二、七，是篇數也。云此二書，最有理，過此以往，皆是聖人之教，獨往者所棄。

伊昔齠亂，實愛斯文。援紙握管，會性通神。詩以言志，賦以敷陳。箴銘誄頌，咸各有倫。爰暨山棲，彌歷年紀。幸多暇日，自求諸己。研精靜慮，貞觀厥美。懷秋成章，含笑奏理。謂少好文章，及山棲以來，別緣既闌，尋慮文詠，以盡暇日之適。便可得通神會性，以永終朝。

若迺乘攝持之告，評養達之篇。畏絶迹之不遠，懼行地之多艱。均上皇之自昔，忌下衰之在旃。投吾心於高人，落賓名於聖賢。廣滅景於崆峒，許遁音於箕山。愚假駒以表谷，涓隱巖以搴芳。□□□□□□□□□□□□□□□萊庇蒙以織畚。

皓棲商而頤志，卿寢茂而敷詞。□□□□□□，鄭別谷而永逝。梁去霸而之會，□□□□□□。高居唐而胥宇，臺依崖而穴墀。咸自得以窮年，眇貞思於所遺。老子云：「善攝生者。」莊子云，謂之不善持生。又云，養生有無崖，達生者不務生之所無，柰何。絶迹，上皇，下衰，賓名，義亦皆出莊周。廣成子在崆峒之上，黄帝之師也。許由隱於箕山，堯以天下讓而不取。愚公居于駒阜，齊桓公逐鹿入山，見之。涓子隱於宕山，好餌术，告伯陽《琴心》三篇。庚桑楚得老子之道，居㟪壘之山。楚狂接輿，楚王聞其賢，使使者聘之，於是遂游諸名山，在蜀峨眉山上。徐無鬼巖棲，魏侯勞之，問：「先生苦山林矣，乃肯見寡人。」無鬼問：「君絀嗜欲，屏好惡，則耳目察矣。」常采芋栗。老萊子耕於蒙山之陽，著書十五篇，言道家之事，織畚爲業。四皓避秦亂，入商洛深山，漢祖召不能出。司馬長卿高才，而處世不樂預公卿大事，〔病免，家居茂陵。鄭子真耕隱谷口，大將軍王鳳禮聘不屈，〕遂與弟子别於山阿，終身不反。梁伯鸞隱霸陵山中，耕織以自娛，後復入會稽山。臺孝威居武安山下，依崖爲土室，采藥自給。高文通居西唐山，從容自娛也。

暨其窈窕幽深，寂漠虛遠。事與情乖，理與形反。既耳目之靡端，豈足跡之所踐。蘊終古於三季，俟通明於五眼。權近慮以停筆，抑淺知而絶簡。謂此既非人跡所求，更待三明五通，然後可踐履耳。故停筆絶簡，不復多云，冀夫賞音悟夫此旨也。

【略】

靈運意不平，多稱疾不朝直。穿池植援，種竹樹堇，驅課公役，無復期度。出郭游行，或一日百六七十里，經旬不歸，既無表聞，又不請急，上不欲傷大臣，諷旨令自解。靈運乃上表陳疾，上賜假東歸。【略】

靈運以疾東歸，而遊娛宴集，以夜續晝，復爲御史中丞傅隆所奏，坐以免官。是歲，元嘉五年。

靈運既東還，與族弟惠連、東海何長瑜、潁川荀雍、泰山羊璿之，以文章賞會，共爲山澤之游，時人謂之四友。【略】

靈運因父祖之資，生業甚厚。奴僮既衆，義故門生數百，鑿山浚湖，功役無已。尋山陟嶺，必造幽峻，巖嶂千重，莫不備盡。登躡常著木履，上山則去前齒，下山去其後齒。嘗自始寧南山伐木開逕，直至臨海，從者數百人。臨海太守王琇驚駭，謂爲山賊，徐知是靈運乃安。又要琇更進，琇不肯，靈運贈琇詩曰：「邦君難地嶮，旅客易山行。」在會稽亦多徒衆，驚動縣邑。太守孟顗事佛精懇，而爲靈運所輕，嘗謂顗曰：「得道應須慧業文人，生天當在靈運前，成佛必在靈運後。」顗深恨此言。【略】

〔死〕時元嘉十年，年四十九。所著文章傳於世。

又 卷九三《隱逸傳·宗炳》 宗炳字少文，南陽涅陽人也。【略】炳居喪過禮，爲鄉閭所稱。刺史殷仲堪、桓玄並辟主簿，舉秀才，不就。高祖誅劉毅，領荆州，問毅府諮議參軍申永曰：「今日何施而可？」永曰：「除其宿釁，倍其惠澤，貫敍門次，顯擢才能，如此而已。」高祖納之，辟炳爲主簿，不起。問其故，答曰：「棲丘飲谷，三十餘年。」高祖善其對。妙善琴書，精於言理，每游山水，往輒忘歸。征西長史王敬弘每從之，未嘗不彌日也。乃下入廬山，就釋慧遠考尋文義。兄臧爲南平太守，逼與俱還，乃於江陵三湖立宅，閑居無事。高祖召爲太尉參軍，不就。二兄蚤卒，孤累甚多，家貧無以相贍，頗營稼穡。高祖數致餼賚，其後子弟從禄，乃悉不復受。

高祖開府辟召，下書曰：「吾忝大寵，思延賢彦，而《兔罝》潛處，《考槃》未臻，側席丘園，良增虛佇。南陽宗炳、雁門周續之，並植操幽棲，無悶巾褐，可下辟召，以禮屈之。」於是並辟太尉掾，皆不起。宋受禪，徵爲太子舍人；元嘉初，又徵通直郎；東宮建，徵爲太子中舍人，庶子，並不應。妻羅氏，亦有高情，與炳協趣。羅氏没，炳哀之過甚，既而輟哭尋理，悲情頓釋。謂沙門釋慧堅曰：「死生之分，未易可達，三復至教，方能遣哀。」衡陽王義季在荆州，親至炳室，與之歡

譏，命爲諮議參軍，不起。

好山水，愛遠遊，西陟荆、巫，南登衡岳，因而結宇衡山，欲懷尚平之志。有疾還江陵，嘆曰：「老疾俱至，名山恐難偏覩，唯當澄懷觀道，卧以游之。」凡所游履，皆圖之於室，謂人曰：「撫琴動操，欲令衆山皆響。」古有《金石弄》，爲諸桓所重，桓氏亡，其聲遂絶，唯炳傳焉。太祖遣樂師楊觀就炳受之。

炳外弟師覺授亦有素業，以琴書自娱。臨川王義慶辟爲祭酒主簿，並不就，乃表薦之，會病卒。

元嘉二十年，炳卒，時年六十九。衡陽王義季與司徒江夏王義恭書曰：「宗居士不救所病，其清履肥素，終始可嘉，爲之惻愴，不能已已。」

又《隱逸傳・王弘之》 王弘之字方平，琅邪臨沂人，宣訓衛尉鎮之弟也。【略】晉安帝隆安中，爲琅邪王中軍參軍，遷司徒主簿。家貧，而性好山水，求爲烏程令，尋以病歸。【略】家在會稽上虞。從兄敬弘爲吏部尚書，奏曰：「聖明司契，載德惟新，垂鑑仄微，表揚隱介，默語仰風，荒遐傾首。前員外散騎常侍琅邪王弘之，恬漠丘園，放心居逸。前衛將軍參軍武昌郭希林，素履純潔，嗣徽前武。並擊壤聖朝，未蒙表飾，宜加旌聘，賁于丘園，以彰止遜之美，以祛動求之累。臣愚謂弘之可太子庶子，希林可著作郎。」即徵弘之爲庶子，不就。太祖即位，敬弘爲左僕射，又陳：「弘之高行表於初筮，苦節彰於暮年，今内外晏然，當修太平之化，宜招空谷，以敦冲退之美。」元嘉四年，徵爲通直散騎常侍，又不就。敬弘嘗解貂裘與之，即着以采藥。

性好釣，上虞江有一處名三石頭，弘之常垂綸於此。經過者不識之，或問：「漁師得魚賣不？」弘之曰：「亦自不得，得亦不賣。」日夕載魚入上虞郭，經親故門，各以一兩頭置門内而去。始寧沃川有佳山水，弘之又依巖築室。謝靈運、顔延之並相欽重，靈運與廬陵王義真牋曰：「會境既豐山水，是以江左嘉遁，並多居之。但季世慕榮，幽棲者寡，或復才爲時求，弗獲從志。至若王弘之拂衣歸耕，踰歷三紀；孔淳之隱約窮岫，自始迄今；阮萬齡辭事就閑，纂成先業；浙河之外，棲遲山澤，如斯而已。既遠同羲、唐，亦激貪厲競。殿下愛素好古，常若布衣，每意昔聞，虚想巖穴，若遣一介，有以相存，真可謂千載盛美也。」

弘之四年卒，時年六十三。顔延之欲爲作誄，書與弘之子曇生曰：「君家高世之節，有識歸重，豫染豪翰，所應載述。況僕託慕末風，竊以敍德爲事，但恨短筆不足書美。」誄竟不就。

又《隱逸傳・孔淳之》 孔淳之字彦深，魯郡魯人也。祖惔，尚書祠部郎。父粲，祕書監徵，不就。

淳之少有高尚，愛好墳籍，爲太原王恭所稱。居會稽剡縣，性好山水，每有所游，必窮其幽峻，或旬日忘歸。嘗游山，遇沙門釋法崇，因留共止，遂停三載。法崇嘆曰：「緬想人外，三十年矣，今乃傾蓋于兹，不覺老之將至也。」及淳之還反，不告以姓。除著作佐郎，太尉參軍，並不就。

居喪至孝，廬于墓側。服闋，與徵士戴顒、王弘之及王敬弘等共爲人外之游。敬弘以女適淳之子尚。會稽太守謝方明苦要入郡，終不肯往。茅室蓬户，庭草蕪逕，唯牀上有數卷書。元嘉初，復徵爲散騎侍郎，乃逃于上虞縣界，家人莫知所之。弟默之爲廣州刺史，出都與別。司徒王弘要淳之集冶城，即日命駕東歸，遂不顧也。元嘉七年，卒，時年五十九。默之儒學，注《穀梁春秋》。

南朝梁 蕭子顯《南齊書》卷五四《高逸傳・宗測》 宗測字敬微，南陽人，宋徵士炳孫也。世居江陵。測少静退，不樂人間。歎曰：「家貧親老，不擇官而仕，先哲以爲美談，余竊有惑。誠不能潛感地金，冥致江鯉，但當用天道，分地利。孰能食人厚禄，憂人重事乎？」

州舉秀才，主簿，不就。驃騎豫章王徵爲參軍，測答府召云：「何爲謬傷海鳥，横斤山木？」母喪，身負土植松柏。豫章王復遣書請之，辟爲參軍。測答曰：「性同鱗羽，愛止山壑，眷戀松筠，輕迷人路。縱宕巖流，有若狂者，忽不知老至，而今鬢已白，豈容課虚責有，限魚慕鳥哉！」永明三年，詔徵太子舍人，不就。

欲遊名山，乃寫祖炳所畫尚子平圖於壁上。測長子宦在京師，知父此旨，便求禄還爲南郡丞，付以家事。刺史安陸王子敬、長史劉寅以下皆贈送之，測無所受。齎老子莊子二書自隨。子孫拜辭悲泣，測長嘯不視，遂往廬山，止祖炳舊宅。

魚復侯子響爲江州，厚遣贈遺。測曰：「少有狂疾，尋山採藥，遠來至此。量腹而進松朮，度形而衣薜蘿，淡然已足，豈容當此横施！」子響命駕造之，測避不見。後子響不告而來，奄至所住，測不得已，巾褐對之，竟不交言，子響不悦而退。尚書令王儉餉測蒲褥。

頃之，測送弟喪還西，仍留舊宅永業寺，絶賓友，唯與同志庾易、劉虯、宗人尚之等往來講説。刺史隨王子隆至鎮，遣別駕宗哲致勞問，測咲曰：「貴賤理

隔，何以及此。」竟不答。建武二年，徵爲司徒主簿，不就，卒。

測善畫，自圖阮籍遇蘇門於行障上，坐臥對之。又畫永業佛影臺，皆爲妙作。頗好音律，善易老，續皇甫謐高士傳三卷。又嘗遊衡山七嶺，著衡山、廬山記。

北齊　魏收《魏書》卷九〇《逸士傳·李謐》　李謐，字永和，趙郡人，相州刺史安世之子。少好學，博通諸經，周覽百氏。初師事小學博士孔璠。數年後，璠還就謐請業。同門生爲之語曰：「青成藍，藍謝青，師何常，在明經。」謐以公子徵拜著作佐郎，辭以授弟郁，詔許之。州再舉秀才，公府二辟，並不就。惟以琴書爲業，有絶世之心。【略】謐不飲酒，好音律，愛樂山水，高尚之情，長而彌固，一遇其賞，悠爾忘歸。乃作《神士賦》，歌曰：「周孔重儒教，莊老貴無爲。二途雖如異，一是買聲兒。生乎意不愜，死名用何施。可心聊自樂，終不爲人移。脱尋余志者，陶然正若斯。」延昌四年卒，年三十二，遐邇悼惜之。

唐　姚思廉《梁書》卷五〇《文學傳下·王籍》　王籍字文海，琅邪臨沂人。祖遠，宋光禄勳。父僧祐，齊驍騎將軍。

籍七歲能屬文，及長好學，博涉有才氣，樂安任昉見而稱之。嘗於沈約坐賦得《詠燭》，甚爲約賞。齊末，爲冠軍行參軍，累遷外兵、記室。天監初，除安成王主簿，尚書三公郎，廷尉正。歷餘姚、錢塘令，並以放免。久之，除輕車湘東王諮議參軍，隨府會稽。郡境有雲門、天柱山，籍嘗遊之，或累月不反。至若邪溪賦詩，其略云：「蟬噪林逾静，鳥鳴山更幽。」當時以爲文外獨絶。還爲大司馬從事中郎，遷中散大夫，尤不得志，遂徒行市道，不擇交遊。湘東王爲荆州，引爲安西府諮議參軍，帶作塘令，不理縣事，日飲酒，人有訟者，鞭而遣之。少時，卒。文集行於世。

唐　李百藥《北齊書》卷三一《王晞傳》　〔王昕〕弟晞，字叔朗，小名沙彌。幼而孝謹，淹雅有器度，好學不倦，美容儀，有風則。【略】魏永安初，第二兄暉聘梁，啓晞釋褐除員外散騎侍郎，徵署廣平王開府功曹史。晞願養母，竟不受署。母終後，仍屬遷鄴。遨遊鞏洛，悦其山水，與范陽盧元明、鉅鹿魏季景結侶同契，往天陵山，浩然有終焉之志。

性閒淡寡欲，雖王事鞅掌，而雅操不移。在并州，雖戎馬填閭，未嘗以世務爲累。良辰美景，嘯咏遨遊，登臨山水，以談讌爲事，人士謂之物外司馬。常詣晉祠，賦詩曰：「日落應歸去，魚鳥見留連。」忽有相王使至，召晞不時至。明日丞相西閤祭酒盧思道謂晞曰：「昨被召已朱顔，得不以魚鳥致怪？」晞緩笑曰：「昨晚陶然，頗以酒漿被責，卿輩亦是留連之一物，豈直在魚鳥而已。」及晉陽陷敗，與同志避周兵東北走。山路險迥，懼有土賊，而晞温酒服膏，曾不一廢，每未肯去，行侶尤之。晞曰：「莫尤我，我行事若不悔，久作三公矣。」【略】

隋開皇元年，卒於洛陽，年七十一。

唐　房玄齡《晉書》卷三四《羊祜傳》　羊祜字叔子，泰山南城人也。【略】及長，博學能屬文，身長七尺三寸，美鬚眉，善談論。【略】

祜樂山水，每風景，必造峴山，置酒言詠，終日不倦。嘗慨然歎息，顧謂從事中郎鄒湛等曰：「自有宇宙，便有此山。由來賢達勝士，登此遠望，如我與卿者多矣！皆湮滅無聞，使人悲傷。如百歲後有知，魂魄猶應登此也。」湛曰：「公德冠四海，道嗣前哲，令聞令望，必與此山俱傳。至若湛輩，乃當如公言耳。」【略】

祜所著文章及爲《老子傳》並行於世。襄陽百姓於峴山祜平生游憩之所建碑立廟，歲時饗祭焉。望其碑者莫不流涕，杜預因名爲墮淚碑。荆州人爲祜諱名，屋室皆以門爲稱，改户曹爲辭曹焉。

又　卷四九《阮籍傳》　阮籍字嗣宗，陳留尉氏人也。父瑀，魏丞相掾，知名於世。籍容貌瓌傑，志氣宏放，傲然獨得，任性不羈而喜怒不形於色。或閉户視書，累月不出；或登臨山水，經日忘歸。博覽羣籍，尤好《莊》《老》。嗜酒能嘯，善彈琴。當其得意，忽忘形骸。【略】

籍嘗於蘇門山遇孫登，與商略終古及栖神導氣之術，登皆不應，籍因長嘯而退。至半嶺，聞有聲若鸞鳳之音，響乎巖谷，乃登之嘯也。遂歸著《大人先生傳》，其略曰：「世人所謂君子，惟法是修，惟禮是克。手執圭璧，足履繩墨。行欲爲目前檢，言欲爲無窮則。少稱鄉黨，長聞鄰國。上欲圖三公，下不失九州牧。獨不見羣蝨之處褌中，逃乎深縫，匿乎壞絮，自以爲吉宅也。行不敢離縫際，動不敢出褌襠，自以爲得繩墨也。然炎丘火流，焦邑滅都，羣蝨處於褌中而不能出也。君子之處域内，何異夫蝨之處褌中乎！」此亦籍之胸懷本趣也。

又　卷五六《孫統傳》　〔孫〕統字承公。幼與（孫）綽及從弟盛過江。誕任不羈，而善屬文，時人以爲有楚風。征北將軍褚裒聞其名，命爲參軍，辭不就，家于會稽。性好山水，乃求爲鄞令，轉在吴寧。居職不留心碎務，縱意游肆，名山勝川，靡不窮究。後爲餘姚令，卒。

又　《孫綽傳》　〔孫〕綽字興公。博學善屬文，少與高陽許詢俱有高尚之

志。居于會稽，游放山水，十有餘年，乃作《遂初賦》以致其意。嘗鄙山濤，而謂人曰：「山濤吾所不解，吏非吏，隱非隱，若以元禮門爲龍津，則當點額暴鱗矣。」所居齋前種一株松，恒自守護，鄰人謂之曰：「樹子非不楚楚可憐，但恐永無棟梁日耳。」綽答曰：「楓柳雖復合抱，亦何所施邪！」綽與詢一時名流，或愛詢高邁，則鄙於綽，或愛綽才藻，而無取於詢。沙門支遁試問綽：「君何如許？」答曰：「高情遠致，弟子早已伏膺；然一詠一吟，許將北面矣。」絶重張衡、左思之賦，每云：「《三都》《二京》，五經之鼓吹也。」嘗作《天台山賦》，辭致甚工，初成，以示友人范榮期，云：「卿試擲地，當作金石聲也。」榮期曰：「恐此金石非中宫商。」然每至佳句，輒云：「應是我輩語。」除著作佐郎，襲爵長樂侯。【略】

綽少以文才垂稱，于時文士，綽爲其冠。温、王、郗、庾諸公之薨，必須綽爲碑文，然後刊石焉。年五十八，卒。

又　卷七四《桓石秀傳》　［桓］石秀，幼有令名，風韵秀徹，博涉羣書，尤善《老》《莊》。常獨處一室，簡於應接，時人方之庾純。甚爲簡文帝所重。（桓）豁爲荆州，請爲鷹揚將軍，竟陵太守，非其好也。尋代叔父沖爲寧遠將軍、江州刺史，領鎮蠻護軍，西陽太守，居尋陽。性放曠，常弋釣林澤，不以榮爵嬰心。善騎射，發則命中。嘗從沖獵，登九井山，徒旅甚盛，觀者傾坐，石秀未嘗屬目，止嘯詠而已。謝安嘗訪以世務，默然不答，安甚怪之。他日，安以語其從弟嗣，嗣以問之，石秀曰：「世事此公所諳，吾又何言哉！」在州五年，以疾去職。年四十三卒於家，朝野悼惜之。追贈後將軍，後改贈太常。

又　卷七九《謝安傳》　謝安字安石，尚從弟也。父裒，太常卿。【略】初辟司徒府，除佐著作郎，並以疾辭。寓居會稽，與王羲之及高陽許詢、桑門支遁遊處，出則漁弋山水，入則言詠屬文，無處世意。揚州刺史庾冰以安有重名，必欲致之，累下郡縣敦逼，不得已赴召，月餘告歸。復除尚書郎、琅邪王友，並不起。吏部尚書範汪舉安爲吏部郎，安以書距絶之。有司奏安被召，歷年不至，禁錮終身，遂棲遲東土。嘗往臨安山中，坐石室，臨濬谷，悠然歎曰：「此去伯夷何遠！」嘗與孫綽等汎海，風起浪湧，諸人並懼，安吟嘯自若。舟人以安爲悦，猶去不止。風轉急，安徐曰：「如此將何歸邪？」舟人承言即迴。衆咸服其雅量。安雖放情丘壑，然每游賞，必以妓女從。【略】

性好音樂，自弟萬喪，十年不聽音樂。及登台輔，朞喪不廢樂。王坦之書喻之，不從，衣冠效之，遂以成俗。又於土山營墅，樓館林竹甚盛，每攜中外子姪往來游集，肴饌亦屢費百金，世頗以此譏焉，而安殊不以屑意。【略】

安雖受朝寄，然東山之志始末不渝，每形於言色。及鎮新城，盡室而行，造汎海之裝，欲須經略粗定，自江道還東。雅志未就，遂遇疾篤。

又　卷八〇《王羲之傳》　王羲之字逸少，司徒導之從子也。【略】羲之既少有美譽，朝廷公卿皆愛其才器，頻召爲侍中、吏部尚書，皆不就。復授護軍將軍，又推遷不拜。揚州刺史殷浩素雅重之，勸使應命，乃遺羲之書曰：「悠悠者以足下出處足觀政之隆替，如吾等亦謂爲然。至如足下出處，正與隆替對，豈可以一世之存亡，必從足下從容之適？幸徐求衆心。卿不時起，復可以求美政不？若豁然開懷，當知萬物之情也。」羲之遂報書曰：「吾素自無廊廟志，直王丞相時果欲內吾，誓不許之，手跡猶存，由來尚矣，不於足下參政而方進退。自兒娶女嫁，便懷尚子平之志，數與親知言之，非一日也。若蒙驅使，關隴、巴蜀皆所不辭。吾雖無專對之能，直謹守時命，宣國家威德，固當不同於凡使，必令遠近咸知朝廷留心於無外，此所益殊不同居護軍也。漢末使太傅馬日磾慰撫關東，若不以吾輕微，無所爲疑，宜及初冬以行，吾惟恭以待命。」【略】

羲之雅好服食養性，不樂在京師，初渡浙江，便有終焉之志。會稽有佳山水，名士多居之，謝安未仕時亦居焉。孫綽、李充、許詢、支遁等皆以文義冠世，並築室東土，與羲之同好。嘗與同志宴集於會稽山陰之蘭亭，羲之自爲之序以申其志，曰：

永和九年，歲在癸丑，暮春之初，會於會稽山陰之蘭亭，修禊事也。羣賢畢至，少長咸集。此地有崇山峻嶺，茂林修竹，又有清流激湍，映帶左右，引以爲流觴曲水，列坐其次。雖無絲竹管絃之盛，一觴一詠，亦足以暢敘幽情。

是日也，天朗氣清，惠風和暢，仰觀宇宙之大，俯察品類之盛，所以游目騁懷，足以極視聽之娱，信可樂也。

夫人之相與，俯仰一世，或取諸懷抱，悟言一室之內，或因寄所託，放浪形骸之外。雖趣舍萬殊，靜躁不同，當其欣於所遇，暫得於己，怏然自足，不知老之將至。及其所之既倦，情隨事遷，感慨係之矣。各之所欣，俛仰之間，已爲陳跡，猶不能不以之興懷。況修短隨化，終期於盡。古人云，死生亦大矣，豈不痛哉！

每覽昔人興感之由，若合一契，未嘗不臨文嗟悼，不能喻之於懷。固知一死生爲虛誕，齊彭殤爲妄作，後之視今，亦猶今之視昔，悲夫！故列敘時人，録其所述，雖世殊事異，所以興懷，其致一也。後之覽者，亦將有感於斯文。

或以潘岳《金谷詩序》方其文，羲之比於石崇，聞而甚喜。【略】

羲之既去官，與東土人士盡山水之游，弋釣爲娱。又與道士許邁共修服食，採藥石不遠千里，徧游東中諸郡，窮諸名山，泛滄海，歎曰：「我卒當以樂死。」謝安嘗謂羲之曰：「中年以來，傷於哀樂，與親友别，輒作數日惡。」羲之曰：「年在桑榆，自然至此。頃正賴絲竹陶寫，恒恐兒輩覺，損其歡樂之趣。」朝廷以其誓苦，亦不復徵之。

時劉惔爲丹楊尹，許詢嘗就惔宿，牀帷新麗，飲食豐甘。詢曰：「若此保全，殊勝東山。」惔曰：「卿若知吉凶由人，吾安得保此。」羲之在坐，曰：「令巢許遇稷契，當無此言。」二人並有愧色。

初，羲之既優游無事，與吏部郎謝萬書曰：

古之辭世者或被髮陽狂，或污身穢跡，可謂艱矣。今僕坐而獲逸，遂其宿心，其爲慶幸，豈非天賜！違天不祥。

頃東游還，修植桑果，今盛敷榮，率諸子，抱弱孫，游觀其間，有一味之甘，割而分之，以娱目前。雖植德無殊邈，猶欲教養子孫以敦厚退讓。或以輕薄，庶令舉策數馬，彷彿萬石之風。君謂此何如？

比當與安石東游山海，并行田視地利，頤養閑暇。衣食之餘，欲與親知時共歡讌，雖不能興言高詠，銜杯引滿，語田里所行，故以爲撫掌之資，其爲得意，可勝言邪！常依陸賈、班嗣、楊王孫之處世，甚欲希風數子，老夫志願盡於此也。

【略】

年五十九卒，贈金紫光禄大夫。諸子遵父先旨，固讓不受。

又 《王徽之傳》 〔王〕徽之字子猷。性卓犖不羈，爲大司馬桓温參軍，蓬首散帶，不綜府事。又爲車騎桓沖騎兵參軍，沖問：「卿署何曹？」對曰：「似是馬曹。」又問：「管幾馬？」曰：「不知馬，何由如數！」又問：「馬比死多少？」曰：「未知生，焉知死！」嘗從沖行，值暴雨，徽之因下馬排入車中，謂曰：「公豈得獨擅一車！」沖嘗謂徽之曰：「卿在府日久，比當相料理。」徽之初不酬答，直高視，以手版柱頰云：「西山朝來致有爽氣耳。」

時吴中一士大夫家有好竹，欲觀之，便出坐輿造竹下，諷嘯良久。主人洒掃請坐，徽之不顧。將出，主人乃閉門，徽之便以此賞之，盡歡而去。嘗寄居空宅中，便令種竹。或問其故，徽之但嘯詠，指竹曰：「何可一日無此君邪！」嘗居山陰，夜雪初霽，月色清朗，四望皓然，獨酌酒詠左思《招隱詩》，忽憶戴逵。逵時在剡，便夜乘小船詣之，經宿方至，造門不前而反。人問其故，徽之曰：「本乘興而行，興盡而反，何必見安道邪！」雅性放誕，好聲色，嘗夜與弟獻之共讀《高士傳讚》，獻之賞井丹高潔，徽之曰：「未若長卿慢世也。」其傲達若此。時人皆欽其才而穢其行。

後爲黄門侍郎，棄官東歸，與獻之俱病篤。時有術人云：「人命應終，而有生人樂代者，則死者可生。」徽之謂曰：「吾才位不如弟，請以餘年代之。」術者曰：「代死者，以己年有餘，得以足亡者耳。今君與弟算俱盡，何代也！」未幾，獻之卒，徽之奔喪不哭，直上靈牀坐，取獻之琴彈之，久而不調，歎曰：「嗚呼子敬，人琴俱亡！」因頓絶。先有背疾，遂潰裂，月餘亦卒。

又 《許邁傳》 許邁字叔玄，一名映，丹楊句容人也。家世士族，而邁少恬静，不慕仕進。未弱冠，嘗造郭璞，璞爲之筮，遇《泰》之《大畜》，其上六爻發。璞謂曰：「君元吉自天，宜學升遐之道。」時南海太守鮑靚隱跡潛遁，人莫之知。邁乃往候之，探其至要。父母尚存，未忍違親。謂餘杭懸霤山近延陵之茅山，是洞庭西門，潛通五嶽，陳安世、茅季偉常所游處，於是立精舍於懸霤，而往來茅嶺之洞室，放絶世務，以尋仙館，朔望時節還家定省而已。父母既終，乃遣婦孫氏還家，遂攜其同志徧游名山焉。

初採藥於桐廬縣之桓山，餌朮涉三年，時欲斷穀。以此山近人，不得專一，四面藩之，好道之徒欲相見者，登樓與語，以此爲樂。常服氣，一氣千餘息。永和二年，移入臨安西山，登巖茹芝，眇爾自得，有終焉之志。乃改名玄，字遠游。與婦書告别，又著詩十二首，論神僊之事焉。羲之造之，未嘗不彌日忘歸，相與爲世外之交。玄遺羲之書云：「自山陰南至臨安，多有金堂玉室，仙人芝草，左元放之徒，漢末諸得道者皆在焉。」羲之自爲之傳，述靈異之跡甚多，不可詳記。玄自後莫測所終，好道者皆謂之羽化矣。

又 卷九四《隱逸傳·郭文》 郭文字文舉，河内軹人也。少愛山水，尚嘉遁。年十三，每游山林，彌旬忘反。父母終，服畢，不娶，辭家游名山，歷華陰之崖，以觀石室之石函。洛陽陷，乃步擔入吴興餘杭大辟山中窮谷無人之地，倚木於樹，苫覆其上而居焉，亦無壁障。時猛獸爲暴，入屋害人，而文獨宿十餘年，卒無患害。恒著鹿裘葛巾，不飲酒食肉，區種菽麥，採竹葉木實，貿鹽以自供。人或酬下價者，亦即與之。後人識文，不復賤酬。食有餘穀，輒恤窮匱。人有致遺，取其粗者，示不逆而已。有猛獸殺大麀鹿於菴側，文以語人，人取賣之，分錢

與文。文曰：「我若須此，自當賣之。所以相語，正以不須故也。」聞者皆嗟歎之。嘗有猛獸忽張口向文，文視其口中有横骨，乃以手探去之，猛獸明旦致一鹿於其室前。獵者時往寄宿，文夜爲擔水而無倦色。

餘杭令顧颺與葛洪共造之，而攜與俱歸。颺以文山行或須皮衣，贈以韋袴褶一具，文不納，辭歸山中。颺追遣使者置衣室中而去，文亦無言，韋衣乃至爛於户内，竟不服用。

王導聞其名，遣人迎之，文不肯就船車，荷擔徒行。既至，導置之西園，園中果木成林，又有鳥獸麋鹿，因以居文焉。於是朝士咸共觀之，文頽然踑踞，傍若無人。温嶠嘗問文曰：「人皆有六親相娱，先生棄之何樂？」文曰：「本行學道，不謂遭世亂，欲歸無路，是以來也。」又問曰：「饑而思食，壯而思室，自然之性，先生安獨無情乎？」文曰：「情由憶生，不憶故無情。」又問曰：「先生獨處窮山，若疾病遭命，則爲烏鳥所食，顧不酷乎？」文曰：「藏埋者亦爲螻蟻所食，復何異乎！」又問曰：「猛獸害人，人之所畏，而先生獨不畏邪？」文曰：「人無害獸之心，則獸亦不害人。」又問曰：「苟世不寧，身不得安。今將用先生以濟時，若何？」文曰：「山草之人，安能佐世！」導嘗衆賓共集，絲竹並奏，試使呼之。文瞪眸不轉，跨躡華堂如行林野。於時坐者咸有鈎深味遠之言，文常稱不達來語。天機鏗宏，莫有闚其門者。温嶠嘗稱曰：「文有賢人之性，而無賢人之才，柳下、梁踦之亞乎！」永昌中，大疫，文病亦殆。王導遺藥，文曰：「命在天，不在藥也。夭壽長短，時也。」

居導園七年，未嘗出入。一旦忽求還山，導不聽。後逃歸臨安，結廬舍於山中。臨安令萬寵迎置縣中。及蘇峻反，破餘杭，而臨安獨全，人皆異之，以爲知機。自後不復語，但舉手指麾，以宣其意。病甚，求還山，欲枕石安尸，不令人殯葬，寵不聽。不食二十餘日，亦不瘦。寵問曰：「先生復可得幾日？」文三舉手，果以十五日終。寵葬之於所居之處而祭哭之，葛洪、庾闡並爲作傳，贊頌其美云。

又《隱逸傳·郭翻》　郭翻字長翔，武昌人也。伯父訥，廣州刺史。父察，安城太守。翻少有志操，辭州郡辟及賢良之舉。家於臨川，不交世事，惟以漁釣射獵爲娱。居貧無業，欲墾荒田，先立表題，經年無主，然後乃作。稻將熟，有認之者，悉推與之。縣令聞而詰之，以稻還翻，翻遂不受。嘗以車獵，去家百餘里，道中逢病人，以車送之，徒步而歸。其漁獵所得，或從買者，便與之而不取直，亦不告姓名。由是士庶咸敬貴焉。

與翟湯俱爲庾亮所薦，公車博士徵，不就。咸康末，乘小船暫歸武昌省墳墓，安西將軍庾翼以帝舅之重，躬往造翻，欲强起之。翻曰：「人性各有所短，焉可强逼！」翼又以其船小狹，欲引就大船。翻曰：「使君不以鄙賤而辱臨之，此固野人之舟也。」翼俯屈入其船中，終日而去。

又《隱逸傳·劉驎之》　劉驎之字子驥，南陽人，光禄大夫耽之族也。驎之少尚質素，虚退寡欲，不修儀操，人莫之知。好游山澤，志存遁逸。嘗採藥至衡山，深入忘反，見有一澗水，水南有二石囷，一囷閉，一囷開，水深廣不得過。欲還，失道，遇伐弓人，問徑，僅得還家。或説囷中皆仙靈方藥諸雜物，驎之欲更尋索，終不復知處也。

車騎將軍桓沖聞其名，請爲長史，驎之固辭不受。沖嘗到其家，驎之於樹條桑，使者致命，驎之曰：「使君既枉駕光臨，宜先詣家君。」沖聞大愧，於是乃造其父。父命驎之，然後方還，拂短褐與沖言話。父使驎之於内自持濁酒蔬菜供賓，沖敕人代驎之斟酌，父辭曰：「若使從者，非野人之意也。」沖慨然，至昏乃退。【略】卒以壽終。

又　卷九九《桓玄傳》　桓玄字敬道，一名靈寶，大司馬温之孽子也。【略】性好畋遊，以體大不堪乘馬，又作徘徊輿，施轉關，令迴動無滯。【略】玄自篡盗之後，驕奢荒移，遊獵無度，以夜繼晝。兄偉葬日，旦哭晚遊，或一日之中屢出馳騁。

五代　劉昫《舊唐書》卷一六六《元稹傳》　元稹字微之，河南人。【略】稹初罷相，三司獄未奏，京兆尹劉遵古遣坊所由潛邏稹居第，稹奏訴之，上怒，罰遵古，遣中人撫諭稹。稹至同州，因表謝上。【略】在郡二年，改授越州刺史兼御史大夫、浙東觀察使。會稽山水奇秀，稹所辟幕職，皆當時文士，而鏡湖、秦望之遊，月三四焉。而諷詠詩什，動盈卷帙。副使竇鞏，海内詩名，與稹酬唱最多，至今稱蘭亭絶唱。稹既放意娱遊，稍不修邊幅，以瀆貨聞於時。凡在越八年。

又《白居易傳》　白居易字樂天，太原人。【略】居易儒學之外，尤通釋典，常以忘懷處順爲事，都不以遷謫介意。在湓城，立隱舍於廬山遺愛寺，嘗與人書言之曰：「予去年秋始遊廬山，到東西二林間香鑪峯下，見雲木泉石，勝絶第一。愛不能捨，因立草堂。前有喬松十數株，修竹千餘竿，青蘿爲牆援，白石爲橋道，流水周於舍下，飛泉落於簷間，紅榴白蓮，羅生池砌。」居易與湊、滿、朗、晦四禪

師，追永、遠、宗、雷之迹，爲人外之交。每相攜遊詠，躋危登險，極林泉之幽邃。至於翛然順適之際，幾欲忘其形骸。或經時不歸，或踰月而返，郡守以朝貴遇之，不之責。【略】

十三年冬，量移忠州刺史。自潯陽浮江上峽。十四年三月，元稹會居易於峽口，停舟夷陵三日。時季弟行簡從行，三人於峽州西二十里黄牛峽口石洞中，置酒賦詩，戀戀不能訣。南賓郡當峽路之深險處也，花木多奇，居易在郡，爲《木蓮荔枝圖》，寄朝中親友，各記其狀曰：「荔枝生巴、峽間，形圓如帷蓋。葉如桂，冬青；華如橘，春榮；實如丹，夏熟。朵如蒲萄，核如枇杷，殼如紅繒，膜如紫綃，瓤肉瑩白如雪，漿液甘酸如醴酪。大略如此，其實過之。若離本枝，一日而色變，二日而香變，三日而味變，四五日外，色香味盡去矣。」「木蓮大者高四五丈，巴民呼爲黄心樹，經冬不凋。身如青楊，有白文。葉如桂，厚大無脊。花如蓮，香色豔膩皆同，獨房蘂有異。四月初始開，自開迨謝，僅二十日。」【略】

初，居易罷杭州，歸洛陽。於履道里得故散騎常侍楊憑宅，竹木池館，有林泉之致。家妓樊素、蠻子者，能歌善舞。居易既以尹正罷歸，每獨酌賦詠於舟中，因爲《池上篇》曰：

東都風土水木之勝在東南偏，東南之勝在履道里，里之勝在西北隅，西閈北垣第一第，即白氏叟樂天退老之地。地方十七畝，屋室三之一，水五之一，竹九之一，而島樹橋道間之。初樂天既爲主，喜且曰：「雖有池臺，無粟不能守也」，乃作池東粟廩。又曰：「雖有子弟，無書不能訓也」，乃作池北書庫。又曰：「雖有賓朋，無琴酒不能娛也」，乃作池西琴亭，加石樽焉。

樂天罷杭州刺史，得天竺石一、華亭鶴二以歸。始作西平橋，開環池路。罷蘇州刺史時，得太湖石五、白蓮、折腰菱、青板舫以歸，又作中高橋，通三島逕。罷刑部侍郎時，有粟千斛，書一車，洎臧獲之習管磬絃歌者指百以歸。先是潁川陳孝仙與釀酒法，味甚佳；博陵崔晦叔與琴，韻甚清；蜀客姜發授《秋思》，聲甚澹；弘農楊貞一與青石三，方長平滑，可以坐臥。

大和三年夏，樂天始得請爲太子賓客，分秩於洛下，息躬於池上。凡三任所得，四人所與，洎吾不才身，今率爲池中物。每至池風春，池月秋，水香蓮開之旦，露清鶴唳之夕，拂楊石，舉陳酒，援崔琴，彈《秋思》，頹然自適，不知其他。酒酣琴罷，又命樂童登中島亭，合奏《霓裳散序》，聲隨風飄，或凝或散，悠揚於竹煙波月之際者久之。曲未竟，而樂天陶然石上矣。睡起偶詠，非詩非賦，阿龜握筆，因題石間。視其粗成韻章，命爲《池上篇》云：

十畝之宅，五畝之園，有水一池，有竹千竿。勿謂土狹，勿謂地偏，足以容膝，足以息肩。有堂有亭，有橋有船，有書有酒，有歌有絃。有叟在中，白鬚飒然，識分知足，外無求焉。如鳥擇木，姑務巢安；如蛙作坎，不知海寬。靈鵲怪石，紫菱白蓮，皆吾所好，盡在我前。時引一杯，或吟一篇。妻孥熙熙，雞犬閑閑。優哉游哉，吾將老乎其間。

又 卷一九〇下《文苑傳下・李白》 李白字太白，山東人。少有逸才，志氣宏放，飄然有超世之心。父爲任城尉，因家焉。少與魯中諸生孔巢父、韓沔、裴政、張叔明、陶沔等隱於徂徠山，酣歌縱酒，時號「竹溪六逸」。天寶初，客遊會稽，與道士吳筠隱於剡中。既而玄宗詔筠赴京師，筠薦之於朝，遣使召之，與筠俱待詔翰林。白既嗜酒，日與飲徒醉於酒肆。玄宗度曲，欲造樂府新詞，亟召白，白已臥於酒肆矣。召入，以水灑面，即令秉筆，頃之成十餘章，帝頗嘉之。嘗沉醉殿上，引足令高力士脱靴，由是斥去。乃浪迹江湖，終日沉飲。時侍御史崔宗之謫官金陵，與白詩酒唱和。嘗月夜乘舟，自采石達金陵，白衣宫錦袍，於舟中顧瞻笑傲，傍若無人。

又《文苑傳下・杜甫》 杜甫字子美，本襄陽人，後徙河南鞏縣。【略】甫於成都浣花里種竹植樹，結廬枕江，縱酒嘯詠，與田畯野老相狎蕩，無拘檢。嚴武過之，有時不冠，其傲誕如此。永泰元年夏，武卒，甫無所依。及郭英乂代武鎮成都，英乂武人粗暴，無能刺謁，乃遊東蜀依高適。既至而適卒。是歲，崔寧殺英乂，楊子琳攻西川，蜀中大亂。甫以其家避亂荆、楚，扁舟下峽，未維舟而江陵亂，乃泝沿湘流，遊衡山，寓居耒陽。甫嘗遊嶽廟，爲暴水所阻，旬日不得食。耒陽聶令知之，自棹舟迎甫而還。永泰二年，啗牛肉白酒，一夕而卒於耒陽，時年五十九。

宋 薛居正《舊五代史》卷九三《晉書・盧詹傳》 盧詹，字楚良，京兆長安人也。唐天祐中，爲河中從事。莊宗即位，擢爲員外郎、知制誥，遷中書舍人。天成中，拜禮部侍郎、知貢舉，歷御史中丞、兵部侍郎、尚書左丞、工部尚書。詹性剛直，議論不避權貴，執政者常惡之。天福初，拜禮部尚書，分司洛下，與右僕射盧質、散騎常侍盧重俱在西都，數相過從。三人俱嗜酒，好遊山水，塔廟林亭花竹之地，無不同往，酣飲爲樂，人無間然，洛中朝士目爲「三盧會」。常委順性命，不營財利。開運初，卒於洛陽。詹家無長物，喪具不給，少帝聞之，賜布帛百段，

粟麥百斛，方能襄其葬事。贈太子少保。

宋 邵伯温《聞見録》卷一一 司馬温公既居洛時，往夏院展墓，省其兄郎中公，爲其羣從鄉人説書講學，或乘輿遊荆、華諸山以歸。多遊壽安山，買甆窑畔，爲休息之地。嘗同范景仁過韓城，抵登封，憩峻極下院，登蒿頂，入崇福宫會善寺，由轘轅道至龍門，遊廣愛、奉先諸寺，上華嚴閣、千佛嵓，尋高公堂，渡潛溪，入廣化寺，觀唐郭汾陽鐵像，涉伊水至香山皇龕，憩石樓，臨八節灘，過白公顯堂。凡所經從多有詩什，自作序曰《遊山録》，士大夫争傳之。公不喜肩輿，山中亦乘馬，路險策杖以行，故嵩山題字曰：登山有道：徐行則不困，措足於平穩之地則不跌，慎之哉。其旨遠矣。方公退居於洛也，齊物我，一窮通，若將終身焉。一日出相天下，則功被社稷，澤及生靈。嗚呼，真古所謂大丈夫矣。

元 陸友《研北雜志》卷上 范陽張禕字子偉，少不婚宦，居京口，得故刁約景純之廢圃，結茅齋居焉。啜菽飲水，嘯傲長松修竹之下，十有餘年。一日聞江東湖湘山水之勝，杖策獨行，登廬阜，汎彭蠡，絶洞庭，南至衡山，幾年而後返。所過雖兔穴鳥道，人跡所不及，必皆窮搜極覽，以盡其意，隨輒疏録，名之曰《山水漫遊記》。

明 宋濂《文憲集》卷一〇《謝翺傳》 謝翺字臯羽，福之長溪人，後徙建之浦城。【略】然其志汗漫超越，浩不可禦，視世間事無足當其意者。獨嗜佳山水，鴈山、鼎湖、蛟門、候濤、沃州、天姥、野霞、碧雞、四明、金華洞天，搜奇抉祕，所至即造游録，持以誇人，若載七寶歸者。游倦輒憩浦陽江源及睦之白雲邨，尋隱者方鳳、吴思齊，晝夜吟詩不自休。其詩直遡盛唐而上，不作近代語，卓卓有風人之餘。文尤嶄拔峭勁，雷電恍惚，出入風雨中。當其執筆時，瞑目遐思，身與天地俱忘。每語人曰：用志不紛，鬼神將通之。其苦索多類此。婺、睦人士，翕然從其學。

明 鄭仲夔《玉塵新譚·偶記》卷四《鄧文潔》 鄧文潔以讚有山水之癖，自云每遇崇山峻嶺，不登絶處不休，不臨懸不壯。爾時神情獨得，仙仙欲飛。公仕至少宰，臨終家無餘貲，諸縉紳出金爲賻，始得殮。

清 錢謙益《牧齋初學集》卷七一《徐霞客傳》 徐霞客者，名弘祖，江陰梧塍里人也。高祖經，與唐寅同舉，除名。寅嘗以倪雲林畫卷償博進三千，手跡猶在其家。霞客生里社，奇情鬱然，玄對山水，力耕奉母，踐更繇役，蹙蹙如籠鳥之觸隅，每思颺去。年三十，母遣之出游。每歲三時出游，秋冬覲省，以爲嘗。東南佳山水，如東西洞庭、陽羨、京口、金陵、吴興、武林、浙西徑山、天目、浙東五泄、四明、天臺、鴈宕、南海落迦，皆幾案衣帶閒物耳。有再三至，有數至，無僅一至者。其行也，從一奴或一僧、一杖、一襆被，不治裝，不裹糧。能忍饑數日，能遇食即飽，能徒步走數百里，淩絶壁，冒叢箐，扳援下上，懸度綆汲，捷如青猿，健如黄犢。以崟巖爲床席，以谿磵爲飲沐，以山魅、木客、王孫、貜父爲伴侣，儚儚粥粥，口不能道。詞與之論山經，辨水脉，搜討形勝，則劃然心開。居平未嘗聲悦爲古文辭，行游約數百里，就破壁枯樹，燃松拾穗，走筆爲記，如甲乙之簿，如丹青之畫，雖才筆之士，無以加也。游臺、蕩還，過陳木叔小寒山，木叔問：「曾造鴈山絶頂否？」霞客唯唯。質明已失其所在，十日而返，曰：「吾取閒道，捫蘿上龍湫，三十里，有宕焉，鴈所家也。扳絶磴上十數里，正德閒白雲、雲外兩僧團瓢尚在。復上二十餘里，其顛罡風逼人，有麋鹿數百羣，圍繞而宿。三宿而始下。」其與人争奇逐勝，欲賭身命，皆此類也。已而游黄山、白岳、九華、匡廬；入閩，登武夷，泛九鯉湖；入楚，謁玄嶽；北游齊、魯、燕、冀、嵩、雒；上華山，下青柯坪，心動趣歸，則其母正屬疾，嚙指相望也。母喪服闋，益放志遠游。訪黄石齋於閩，窮閩山之勝，皆非閩人所知。登羅浮，謁曹溪，歸而追石齋於黄山。往復萬里，如步武耳。繇終南背走峨眉，從野人採藥，栖宿岩穴中，八日不火食，抵峨嵋，屬奢酋阻兵，乃返。隻身戴釜，訪恒山於塞外，盡歷九邊阨塞。歸，過余山中，劇談四游四極，九州九府，經緯分合，歷歷如指掌。謂昔人志星官輿地，多承襲傳會；江河二經，山川兩戒，自紀載來，多囿於中國一隅。欲爲崑崙海外之游，窮流沙而後返。小舟如葉，大雨淋濕，要之登陸，不肯，曰：「譬如磵泉暴注，撞擊肩背，良足快耳！」丙子九月，辭家西邁。僧静聞願登雞足禮迦葉，請從焉。遇盗於湘江，聞被創死，函其骨，負之以行。泛洞庭，上衡嶽，窮七十二峯。再登峨眉，北抵岷山，極於松潘。又南過大渡河，至黎、雅，登瓦屋、曬經諸山。復尋金沙江，極於犛牛徼外。繇金沙南汎瀾滄，繇瀾滄北尋盤江，大約在西南諸夷竟，而貴竹、滇南之觀亦幾盡矣。過麗江，憇點蒼、雞足。瘞静聞骨於迦葉道場，從宿願也。繇雞足而西，出玉門關數千里，至崑崙山，窮星宿海，去中夏三萬四千三百里。登半山，風吹衣欲墮，望見外方黄金寶塔。又數千里，至西番，參大寶法王。鳴沙以外，咸稱胡國，如述盧、阿耨諸名，繇旬不能悉。《西域志》稱沙河阻遠，望人馬積骨爲標識，鬼魅熱風，無得免者，玄奘法師受諸魔折，具載本傳。霞客信宿往返，如適莽蒼。還至峨眉山下，託估客附所得奇樹虬根以歸。中并以《遡江紀源》一篇寓余，言《禹貢》岷山導江，乃汎濫中國之始，非發源也。

國入河之水爲省五，入江之水爲省十一，計其吐納，江倍於河，按其發源，河自崑崙之北，江亦自崑崙之南，非江源短而河源長也。又辨三龍大勢，北龍夾河之北，南龍抱江之南，中龍中界之，特短；北龍秪南向半支入中國，惟南龍磅薄半宇內，其脉亦發於崑崙，與金沙江相竝南下，環滇池以達五嶺。龍長則源脉亦長，江之所以大於河也。其書數萬言，皆訂補桑《經》酈《注》及漢、宋諸儒疏解《禹貢》所未及，余撮其大略如此。霞客還滇南，足不良行，修《雞足山志》，三月而畢。麗江木太守侍餱糧，具筍輿以歸。病甚，語問疾者曰：「張騫鑿空，未覩崑崙；唐玄奘、元移律楚材銜人主之命，乃得西游。吾以老布衣，孤筇雙屨，窮河沙，上崑崙，歷西域，題名絶國，與三人而爲四，死不恨矣。」余之識霞客也，因漳人劉履丁。履丁爲余言：「霞客西歸，氣息支綴，聞石齋下詔獄，遣其長子間關往視，三月而反，具述石齋頌繫狀，據牀浩歎，不食而卒。」其爲人若此。梧下先生曰：「昔柳公權記三峯事，有王玄沖者，訪南坡僧義海，約登蓮花峯，某日届山趾，計五千仞爲一旬之程，既上，煹煙爲信。海如期宿桃林，平曉，岳色清明，佇立數息，有白煙一道起三峯之頂。歸二旬而玄沖至，取玉井蓮落葉數瓣，及池邊鐵舡寸許遺海，負笈而去。玄沖初至，海謂之曰：「茲山削成，自非馭風馮雲，無有去理。」玄沖曰：「賢人勿謂天不可登，但盧無其志爾。」霞客不欲以張騫諸人自命，以玄沖擬之，竝爲三清之奇士，殆庶幾乎？霞客紀游之書，高可隱幾。余屬其從兄仲昭讎勘而存之，當爲古今游記之最。霞客死時年五十有六。西游歸以庚辰六月，卒以辛巳正月，葬江陰之馬灣。亦履丁云。

清 張廷玉《明史》卷二八五《文苑傳·周砥》 周砥，字履道，吴人，僑無錫。博學工文詞，與宜興馬治善，遭亂客治家，治爲具舟車，盡窮陽羨山溪之勝。其鄉多富人，與治善者咸置酒招砥。砥心厭之，一日貽書別治，夜半遁去，游會稽，殁於兵。治，字孝常，亦能詩。洪武時爲內丘知縣，終建昌知府。

又 卷二八六《文苑傳·邊貢》 邊貢，字廷實，歷城人。【略】貢早負才名，美風姿，所交悉海內名士。久官留都，優閒無事，游覽江山，揮毫浮白，夜以繼日。都御史劾其縱酒廢職，遂罷歸。

又 卷二八七《文苑傳·田汝成》 田汝成，字叔禾，錢塘人。嘉靖五年進士。授南京刑部主事，尋召改禮部。【略】汝成博學工古文，尤善敘述。歷官西南，諳曉先朝遺事，撰《炎徼紀聞》。歸田後，盤桓湖山，窮浙西諸名勝，撰《西湖游覽志》，並見稱於時。他所論著甚多，時推其博洽。

又 卷二八八《屠隆傳》 屠隆者，字長卿，明臣同邑人也。生有異才，嘗學詩於明臣，落筆數千言立就。族人大山、里人張時徹方爲貴官，共相延譽，名大譟。舉萬曆五年進士，除潁上知縣，調繁青浦。時招名士飲酒賦詩，游九峰、三泖，以仙令自許，然於吏事不廢，士民皆愛戴之。遷禮部主事。

西寧侯宋世恩兄事隆，宴游甚歡。刑部主事俞顯卿者，險人也，嘗爲隆所詆，心恨之。訐隆與世恩淫縱，詞連禮部尚書陳經邦。隆等上疏自理，并列顯卿挾仇誣陷狀。所司乃兩黜之，而停世恩俸半歲。隆歸，道青浦，父老爲斂田千畝，請徙居。隆不許，歡飲三日謝去。

清 乾隆《江南通志》卷一六八《人物志·隱逸》 諸嗣郢字乾一，清浦人，順治辛丑進士，居細林山，自號九峰主人。徧搜諸勝，作《九峰志》。康熙九年、十九年，郡大祲，設粥廠，以拯饑者。【略】

王醇字先民，揚州人。早慧，讀書如夙識，弱冠工辭賦。陸弼、李維貞交相引重，意不屑也。善騎射擊劍，曾一試京師演武場，將士皆愕眙，醇笑而退。父母命之室，以羸病辭。徧游吴越佳山水，參內典，終於廣陵之慈雲菴。

又 卷一六九《人物志·隱逸》 張載字子容，桐城諸生，博學能詩文，負氣節，善弩射。明季避流寇，與父相失，縋城出，徧求得之，力護以歸。年四十即隱松山，所居臨湖，環峰松篁交蔭，釣艇蠟屐，隨意所之。

紀事

漢 司馬遷《史記》卷一三〇《太史公自序》 [司馬]遷生龍門，【略】耕牧河山之陽。【略】年十歲則誦古文。【略】二十而南游江、淮，上會稽，探禹穴，集解：張晏曰：「禹巡狩至會稽而崩，因葬焉。上有孔穴，民閒云禹入此穴。」索隱：《越絶書》云：「禹上茅山大會計，更名曰會稽。」張勃《吴録》云：「本名苗山，一名覆釜，禹會諸侯計功，改曰會稽。上有孔，號曰禹穴也。」正義：《括地志》云：「石箐山一名玉笥山，又名宛委山，即會稽山一峯也，在會稽縣東南十八里。《吴越春秋》云：『禹案《黄帝中經》九山，東南天柱，號曰宛委，赤帝左闕之塡，承以文玉，覆以盤石，其書金簡青玉爲字，編以白銀，皆瑑其文。禹乃東巡，登衡山，血白馬以祭。禹乃登山，仰天而笑，忽然而臥，夢見繡衣男子自稱玄夷倉水使者，卻倚覆釜之山，東顧謂禹曰：「欲得我山神書者，齊於黄帝之岳，岩(岩)〔嶽〕之下，三月季庚，登山發石。」禹乃登宛委之山，發石，乃得金簡玉字，以水泉之脈。山中又有一穴，深不見底，謂之禹穴』。史遷云『上會稽，探禹穴』，即此穴也。」闚九疑，索隱：《山海經》云：「南方蒼梧

之丘，蒼梧之泉，在營道南，其山九峯皆相似，故曰九疑。」張晏云：「九疑舜葬，故窺之。」尋上探禹穴，蓋以先聖所葬處有古册文，故探窺之，亦搜採遠矣。正義：九疑山在道州。浮於沅、湘；正義：沅水出朗州。湘水出道州北，東北入海。北涉汶、泗，正義：兩水出兗州東北而南歷魯。講業齊、魯之都，觀孔子之遺風，鄉射鄒、嶧；戹困鄱、薛、集解：徐廣曰：「嶧音亦，縣名，有山也。鄱音皮。鄒、鄱、薛三縣屬魯。」【略】正義：鄒，縣名。嶧，山名。嶧山在鄒縣北二十二里，地近曲阜，於此行鄉射之禮。彭城，過梁、楚以歸。於是遷仕爲郎中，奉使西征巴、蜀以南，南略邛、筰、昆明，還報命。

唐　姚思廉《梁書》卷八《昭明太子傳》　昭明太子統字德施，高祖長子也。【略】性愛山水，於玄圃穿築，更立亭館，與朝士名素者遊其中。嘗泛舟後池，番禺侯軌盛稱「此中宜奏女樂」。太子不答，詠左思《招隱詩》曰：「何必絲與竹，山水有清音。」侯慚而止。出宫二十餘年，不畜聲樂。

唐　房玄齡《晉書》卷五五《張載傳》　張載字孟陽，安平人也。父收，蜀郡太守。載性閑雅，博學有文章。太康初，至蜀省父，道經劍閣。載以蜀人恃險好亂，因著銘以作誡曰：

巖巖梁山，積石峨峨。遠屬荆衡，近綴岷嶓。南通邛僰，北達褒斜。狹過彭碣，高踰嵩華。

惟蜀之門，作固作鎮。是曰劍閣，壁立千仞。窮地之險，極路之峻。世濁則逆，道清斯順。閉由往漢，開自有晉。

秦得百二，并吞諸侯。齊得十二，田生獻籌。矧兹狹隘，土之外區。一人荷戟，萬夫趦趄。形勝之地，非親勿居。

昔在武侯，中流而喜。河山之固，見屈吴起。洞庭孟門，二國不祀。興實由德，險亦難恃。自古及今，天命不易。憑阻作昏，鮮不敗績。公孫既没，劉氏銜璧。覆車之軌，無或重跡。勒銘山阿，敢告梁益。

益州刺史張敏見而奇之，乃表上其文，武帝遣使鐫之於劍閣山焉。

唐　元結《次山集》卷九《右溪記》　道州城西百餘步有小溪，南流數十步合營溪。水抵兩岸，悉皆怪石，欹嵌盤屈，不可名狀。清流觸石，洄懸激注，休木異竹，垂陰相蔭。此溪若在山野，則宜逸民退士之所遊處；在人間，可爲都邑之勝境，静者之林亭。而置州已來，無人賞愛。徘徊溪上，爲之悵然。乃疏鑿蕪穢，俾爲亭宇，植松與桂，兼之香草，以裨形勝。爲溪在州右，遂命之曰右溪。刻銘石上，彰示來者。

又《寒亭記在江華縣》　永泰丙午中，巡屬縣至江華縣。大夫瞿令問咨曰：縣南水石相映，望之可愛。相傳不可登臨。俾求之，得洞穴而入。棧險以通之，始得構茅亭於石上。及亭成也，所以階檻憑空，下臨長江，軒楹雲端，上齊絶顛。若旦暮景氣，煙靄異色，蒼蒼石墉，含映水木。欲名斯亭，狀類不得，敢請名之，表示來世。於是于亭上爲商之，曰：今大暑登之，疑天時將寒。炎烝之地而清涼可安。不合命之曰寒亭歟？乃爲寒亭作記，刻之亭背。

唐　白居易《白氏長慶集》卷四三《遊大林寺》　余與河南元集虚、范陽張允中、南陽張深之、廣平宋鬱、安定梁必復、范陽張時、東林寺沙門、法演、智滿、士堅、利辨、道建、神照、雲皐、息慈、寂然凡十七人，自遺愛草堂歷東西二林，抵化城，憩峰頂，登香爐峰，宿大林寺。大林窮遠，人迹罕到。環寺多清流、蒼石、短松、瘦竹，寺中唯板屋木器，其僧皆海東人。山高地深，時節絶晚。于時孟夏，月如正二月天，梨桃始華，澗草猶短，人物風候與平地聚落不同，初到怳然若別造一世界者，因口號絶句云：「人間四月芳菲盡，山寺桃花始盛開。長恨春歸無覓處，不知轉入此中來。」既而周覽屋壁，見蕭郎中存、魏郎中弘簡、李補闕渤三人姓名、詩句，因與集虚輩嘆且曰：此地實匡廬間第一境。由驛路至山門曾無半日程，自蕭魏李遊迨今垂二十年，寂寥無繼來者。嗟乎，名利之誘人也如此。時元和十二年四月九日，樂天序。

又　卷六八《沃洲山禪院記》　沃洲山在剡縣南三十里，禪院在沃洲山之陽，天姥岑之陰。南對天臺，而華頂、赤城列焉；北對四明，而金庭、石鼓介焉。西北有支遁嶺，而養馬坡、放鶴峯次焉；東南有石橋溪，溪出天臺石橋，因名焉。其餘卑巖小泉，如子孫之從父母者，不可勝數。東南山水，越爲首，剡爲面，沃洲天姥爲眉目。夫有非常之境，然後有非常之人棲焉。晉宋以來，因山洞開，厥初有羅漢僧西天竺人白道猷居焉，次有高僧竺法潛、支道林居焉，次又有乾、興、淵、支、遁、開、威、蘊、崇、實、光、識、斐、藏、濟、度、逞、印凡十八僧居焉。高士名人有戴逵、王洽、劉恢、許玄度、殷融、郄超、孫綽、桓彦表、王敬仁、何次道、王文度、謝長霞、袁彦伯、王蒙、衛玠、謝萬石、蔡叔子、王羲之凡十八人，或游焉，或止焉。故道猷詩云：「連峯數千里，修林帶平津。茹茨隱不見，雞鳴知有人。」謝靈運詩云：「暝投剡中宿，明登天姥岑。高高入雲霓，還期安可尋？」蓋人與山相得於一時也。自齊至唐，兹山寖荒，靈境寂寥，罕有人游。故詞人朱放詩云：「月在沃洲山上，人歸剡縣江邊。」劉長卿詩云：「何人住沃洲？」此皆愛而不到

者也。太和二年春，有頭陀僧白寂然來遊兹山，見道猷支竺遺蹟，泉石盡在，依依然如歸故鄉，戀不能去。時浙東廉使元相國聞之，始爲卜築。次廉使陸中丞知之，助其繕完。三年而禪院成，五年而佛事立。正殿若干間，齋堂若干間，僧舍若干間。夏臘之僧，歲不下八九十，安居遊觀之外，日與寂然討論心要，振起禪風，白黑之徒，附而化者甚衆。嗟呼！支竺殁而佛聲寢，靈山廢而法不作，後數百歲而寂然繼之，豈非時有待而化有緣耶？六年夏，寂然遣門徒僧常贄，自剡抵洛，持書與圖詣從叔樂天，乞爲禪院記云。

昔道猷肇開兹山，後寂然嗣興兹山，今日樂天又垂文兹山，異乎哉！沃洲山與白氏，其世有緣乎？

又《修香山寺記》　洛都四野，山水之勝，龍門首焉。龍門十寺，觀遊之勝，香山首焉。香山之壞久矣，樓亭騫崩，佛僧暴露，士君子惜之，予亦惜之；佛弟子恥之，予亦恥之。頃予爲庶子、賓客，分司東都，時性好閒遊，靈跡勝概靡不周覽。每至兹寺，慨然有葺完之願焉。迨今七八年，幸爲山水主，是償初心、復始願之秋也。似有緣會，果成就之。噫！予早與故元相國微之，定交於生死之間，冥心於因果之際。去年秋，微之將夢，以墓誌文見託。既而元氏之老，狀其臧獲輿馬綾帛洎銀鞍玉帶之物，價當六七十萬，爲謝文之贄，來致於予。予念平生分，文不當辭，贄不當納。自秦至洛，往返再三，訖不得已，迴施兹寺。因詣悲知僧清閑主張之，命謹幹將士復掌治之。始自寺前亭一所，登寺橋一所，連橋廊七間。次至石樓一所，連廊六間。次東佛龕大屋十一間，次南賓院堂一所，大小屋共七間。凡支壞補缺，壘隤覆漏，杇墁之功必精，赭堊之飾必良，雖一日必葺，越三月而就。譬如長者壞宅，鬱爲導師化城。於是龕像無燥溼陊泐之危，寺僧有經行宴坐之安，遊者得息肩，觀者得寓目。關塞之氣色，龍潭之景象，香山之泉石，石樓之風月，與往來者耳目一時而新。士君子、佛弟子豁然如釋憾刷恥之爲。清閑上人與予及微之皆夙舊也，交情願力，盡得知之。憾往念來，歡且贊曰：凡此利益，皆名功德；而是功德，應歸微之，必有以滅宿殃，薦冥福也。予應曰：嗚呼！乘此功德，安知他劫，不與微之結後緣於兹土乎？因此行願，安知他生不與微之復同遊於兹寺乎？言及於斯，漣而涕下！唐大和六年，八月一日，河南尹太原白居易記。

唐　柳宗元《柳河東集》卷二七《邕州馬退山茅亭記》　[元和六年]冬十月作新亭于馬退山之陽，因高丘之阻，以面勢無構櫨節棁之華，不斲椽，斲音卓。不剪茨，不列墻，以白雲爲藩籬，碧山爲屏風，昭其儉也。是山崒然，起於莽蒼之中，崒，慈恤切，突出也。馳奔雲矗，初六切。亘數十百里。尾蟠荒陬，首注大溪。諸山來朝，勢若星拱。蒼翠詭狀，綺綰繡錯，蓋天鍾秀於是，不限於遐裔也。然以壤接荒服，俗參夷徼，音叫。周王之馬跡不至，謂周穆王駕八駿之乘，肆意遠遊。宿於崑崙之阿，賓于西王母，觴于瑤池之上，而不至此也。謝公之屐齒不及，謂謝安放情丘壑而不及此也。《謝安傳》聞謝玄已破苻堅，不覺屐齒之折。巖徑蕭條，登探者以爲嘆。歲在辛卯，我仲兄以方牧之命試于是邦，其德及故信乎。信乎故人和，人和故政多暇。由是嘗徘徊此山，以寄勝槩，迺塈迺塗，塈音洎。作我攸宇，於是不崇朝而木工告成。每風止雨收，煙霞澄鮮，輒角巾鹿裘，率昆弟友生，冠者五六人，步山椒而登焉。於是手揮絲桐，目送還雲，西山爽氣，在我襟袖，以極萬類，攬不盈掌。夫美不自美，因人而彰。蘭亭也不遭右軍，則清湍脩竹蕪没於空山矣。王羲之嘗與同志宴集於會稽山陰之蘭亭，羲之自爲之序，有云：此地有崇山峻嶺，茂林脩竹。又有清流激湍，映帶左右，引以爲流觴曲水。是亭也，僻介閩嶺，佳境罕到，不書所作，使盛跡鬱堙，是貽林澗之媿，故志之。

又《永州萬石亭記》　御史中丞清河男崔公來涖永州，間日，一作百日。登城北墉，臨于荒野藂翳之隙，藂與叢同，翳，一計切。見怪石特出，度其下必有殊勝。步自西門，以求其墟。代竹披奥，欹側以入。緜谷跨谿，皆大石林立。涣若奔雲，錯若置碁；怒者虎鬬，企者鳥厲。抉其穴則鼻口相呀，搜其根則蹄股交峙。股，一作肱。環行卒愕，一作愣，目卒，倉没切。愕音諤。疑若搏噬。於是刳闢朽壤，翦焚榛薉，於廢切，荒蕪也。決澮溝，導伏流，散爲踈林，洄爲清池，寥廓泓渟，上烏宏切，下音亭。若造物者始判清濁，効奇於兹地，非人力也。乃立游亭，以宅厥中。直亭之西，石若掖分，可以眺望。其上青壁斗絶，沉于淵源，若究其極。自下而望，則合乎攢巒，與山無窮。明日州邑耋老雜然而至，曰：吾儕生是州，蓺是野，眉尨齒齯，音倪。未嘗知此，豈天墜地出，設兹神物以彰我公之德歟。既賀而請名，公曰：是石之數，不可知也，以其多而命之曰萬石亭。

又《零陵三亭記》　零陵縣東有山麓，泉出石中，沮洳污塗，沮將豫切，洳音茹，陷濕地也。《詩》「彼汾沮洳」。羣畜食焉，牆藩以蔽之，爲縣者積數十人，莫知發視。河東薛存義以吏能聞荆、楚間，潭部舉之，假湘源令。會零陵政尨賦擾，民訟于牧，推能濟弊，來涖兹邑。遁逃復還，愁痛笑歌，逋租匿役，朞年辯理。宿蠹藏姧，披露首服，首音狩。民既卒税，相與歡歸道塗，迎賀里閭。門不施胥吏之

席，耳不聞鼙鼓之召。鼙音皐土，鼓也。雞豚糗醑，上兵救切，下司吕切。得及宗族。州牧尚焉，傍邑倣焉。然而未嘗以劇自撓，山水鳥魚之樂，澹然自若也。澹音淡。乃發墻藩，驅羣畜，決疏沮洳，搜剔山麓，萬石如林，積坳爲池。坳居爻切。爰有嘉木美卉，垂水藂峯，瓏𤫟蕭條，瓏音籠，𤫟音零。清風自生，翠烟自留，不植而遂。魚樂廣閒，鳥慕静深，别孕巢穴，沉浮嘯萃，不畜而富。伐木墜江，流于邑門。陶土以埴，亦在署側。人無勞力，工得以利。乃作三亭，陟降晦明，高者冠山巔，下者俯清池。更衣膳饔，於恭切，熟食也。列置備具，賓以燕好，旅以館舍。高明遊息之道具於是邑，由薛爲首。在昔裨諶謀野而獲，裨諶，鄭大夫也，謀於野則獲，於國則否。鄭國將有諸侯之事，則必使乘車以適野，謀作盟會之辭。諶音忱。宓子彈琴而理。宓子賤爲單父宰，鳴琴不下堂而單父治。巫馬期爲單父，戴星而入，以身親之，單父亦治。子賤曰：彼任力，我任人。任力者勞，任人者逸。宓音伏。亂慮滯志，無所容入。則夫觀游者，果爲政之具歟？薛之志，其果出於是歟？及其弊也，則以玩替政，以荒去理。使繼是者咸有薛之志，則邑民之福，其可既乎？余愛其始而欲久其道，乃撰其事以書于石。薛拜首曰：吾志也。遂刻之。

又　卷二九《鈷鉧潭西小丘記》　得西山後八日，尋山口西北道二百步，又得鈷鉧潭。西二十五步，當湍而浚者爲魚梁。梁之上有丘焉，生竹樹。其石之突怒偃蹇，負土而出，争爲奇狀者，殆不可數。其嶔然相累而下者，嶔音欽。若牛馬之飲於溪；其衝然角列而上者，若熊羆之登於山。丘之小，不能一畝，可以籠而有之。問其主，曰：唐氏之棄地，貨而不售。問其價，曰：止四百。余憐而售之。李深源、元克已時同游，皆大喜，出自意外。即更取器用，剷刈穢草，剷音産。伐去惡木，烈火而焚之。嘉木立，美竹露，奇石顯。由其中以望，則山之高，雲之浮，溪之流，鳥獸之遨遊，舉熙熙然迴巧獻技，以效兹丘之下。枕席而卧，則清泠之狀與目謀，瀯瀯之聲與耳謀，瀯音營，水回也。悠然而虚者與神謀，淵然而静者與心謀。不匝旬而得異地者二，雖古好事之士，或未能至焉。噫！以兹丘之勝，致之灃、鎬、鄠、杜，灃音豐，鎬，下老切。鄠音户。則貴游之士一無之士。争買者，日增千金而愈不可得。今棄是州也，農夫漁父過而陋之，賈四百，連歲不能售。而我與深源、克已獨喜得之，是其果有遭乎！書於石，所以賀兹丘之遭也。

唐　李肇《唐國史補》卷中　韓愈好奇，與客登華山絶峰，度不可返，乃作遺書，發狂慟哭，華陰令百計取之乃下。

五代　王仁裕《開元天寶遺事》卷一《物外之遊》　王休高尚不親勢利，常與名僧數人或跨驢，或騎牛，尋訪山水，自謂結物外之遊。

宋　歐陽修《文忠集》卷三九《豐樂亭記》　修既治滁之明年夏，始飲滁水而甘，問諸滁人，得於州一作城西。南百步之近。其上豐山，聳然而特立；下則幽谷，窈然而深藏；中有清泉，滃然而仰一無此字。出。俯仰左右，顧而樂之。於是疏泉鑿石，闢地以爲亭，而與滁人往遊於其間。

又　《醉翁亭記》　環滁皆山也。其西南諸峯，林壑尤美。望之蔚然而深秀者，琅邪也。山行六七里，漸聞水聲潺潺，而瀉出于兩峯之間者，釀泉也。峯回路轉，有亭翼然臨于泉上者，醉翁亭也。作亭者誰？山之僧曰一無此字。智僊也。名之者誰？太守自謂也。太守與客來飲于此，飲少輒醉，而年又最高，故自號曰醉翁也。醉翁之意不在酒，而在乎山水之間也。山水之樂，得之心而寓之酒也。若夫日出而林霏開，雲歸而巖穴暝，晦明變化者，山間之朝暮也。野芳發而幽香，佳木秀而繁陰，風霜高潔，水清一作洞，一作落。而石出者，山間之四時也。朝而往，暮而歸，四時之景不同，而樂亦無窮也。至于負者歌於塗，行者休于樹，前者呼，後者應，傴僂提携，往來而不絶者，滁人遊也。臨谿而漁，谿深而魚肥。釀泉爲酒，泉香而酒洌。一作泉洌而酒香。山肴野蔌，雜然而前陳者，太守宴也。宴酣之樂，非絲非竹。射者中，弈者勝，觥籌交錯，起坐而諠譁者，衆賓懽也。蒼顔白髮，頽然乎其間者，太守醉也。已而夕陽在山，人影散亂，太守歸而賓客從也。樹林陰翳，鳴聲上下，遊人去而禽鳥樂也。然而禽鳥知山林之樂，而不知人之樂；人知從太守遊而樂，碑有而字。不知太守之樂其樂也。醉能同其樂，醒能述以文者，太守也。太守謂誰？廬陵歐陽修也。

又　卷四〇《峴山亭記一本題上有史光禄修》　峴山臨漢上，望之隱然。蓋諸山之小者，而其名特著於荆州者，豈非以其人哉。其人謂誰？羊祜叔子、杜預元凱是已。方晉與吴以兵争，常倚荆州以爲重，而二子相繼於此，遂以平吴而成晉業，其功烈已蓋於當世矣。至於風流餘韻藹然被於江漢之間者，至今人猶思之，而於思叔子也一作而於叔子思之。尤深。蓋元凱以其功，一作力。而叔子以其仁。二子所爲雖不同，然一作謂。皆足以垂於不朽。余一作而。頗疑其反自汲汲於後世之名者，何哉？傳言叔子嘗登兹山，慨然語其屬，以爲此山常在，而前世之士皆已堙滅於無聞，因自顧而悲傷。然獨不知兹山待已而名著也。元凱銘功於二石，一置兹山之上，一投漢水之淵。是知陵谷有變，而不知石有時而磨滅也。豈皆自喜其名之甚而過爲無窮之慮歟？將自待者厚而所思者遠歟？山故有亭，世

傳以爲叔子之所遊止也，故其屢廢而復興者，由後世慕其名而思其人者多也。熙寧元年，余友人史君中煇，以光禄卿來守襄陽。明年，因亭之舊，廣而新之。既一無此字。周以回廊之壯，又大其後軒，使與亭相稱。君知名當世，所至有聲，襄人安其政而樂從其遊也，因以君之官名其後軒爲一作曰。光禄堂。又欲紀其事于石，以與叔子、元凱之名並傳于久遠，君皆不能止也，乃來以記屬於余。

宋　王安石《臨川文集》卷八三《石門亭記》　石門亭在青田縣若干里，令朱君爲之。石門者，名山也。古之人咸刻其觀遊之感槩，留之山中，其石相望，君至而爲亭，悉取古今之刻立之亭中，而以書與其甥之壻王某，使記其作亭之意。夫所以作亭之意，其直好山乎，其亦好觀遊眺望乎，其亦於此問民之疾憂乎，其亦燕閒以自休息於此乎，其亦憐夫人之刻暴剥偃踣而無所庇障且泯滅乎。

宋　蘇軾《東坡全集》卷六《李委吹笛并引》　元符五年十二月十九日，東坡生日也。置酒赤壁磯下，踞高峰，俯鵲巢。酒酣，笛聲起於江上，客有郭、石二生頗知音，謂坡曰：笛聲有新意，非俗工也。使人問之，則進士李委，聞坡生日，作新曲曰《鶴南飛》以獻。呼之使前，則青巾紫裘，要笛而已。既奏新曲，又快作數弄，嘹然有穿雲裂石之聲，坐客皆引滿醉倒。委袖出嘉紙一幅，曰：吾無求於公，得一絶句足矣。坡笑而從之。

「山頭孤鶴向南飛，載我南遊到九嶷。下界何人也吹笛，可憐時復犯龜茲。」

又　卷二九　惠州近城數小山類蜀道，春與進士許毅野步，會意處飲之，且醉，作詩以記。適參寥專使欲歸，使持此以示西湖之上諸友，庶使知余未嘗一日忘湖山也。

「夕陽飛絮亂平蕪，萬里春前一酒壺。鐵化雙魚沉遠素，劔分二嶺隔中區。花魯識面香仍好，鳥不知名聲自呼。夢想平生消未盡，滿林烟月到西湖。」

又　卷三五《凌虚臺記》　臺因於南山之下，宜若起居飲食與山接也。四方之山莫高於終南，而都邑之麗山者，莫近於扶風。以至近求最高，其勢必得。而太守之居，未嘗知有山焉。雖非事之所以損益，而物理有不當然者。此凌虚之所爲築也。方其未築也，太守陳公杖屨逍遥於其下。見山之出於林木之上者，累累如人之旅行於墻外而見其髻也。曰：是必有異。使工鑿其前爲方池，以其土築臺，出於屋之簷而止。然後人之至於其上者，怳然不知臺之高，而以爲山之踴躍奮迅而出也。公曰：是宜名凌虚。以告其從事蘇軾，而求文以爲記。

又　卷三六《游桓山記》　元豐二年正月己亥晦，春服既成，從二三子游於泗之上，登桓山，入石室，使道士戴日祥，鼓雷氏之琴，操履霜之遺音。曰：噫嘻，悲夫，此宋司馬桓魋之墓也。或曰：鼓琴於墓，禮歟？曰：禮也。【略】二三子喟然而嘆，乃歌曰：桓山之上，維石嵯峨兮。司馬之惡，與石不磨兮。桓山之下，維水瀰瀰兮。司馬之藏，與水皆逝兮。歌闋而去。從游者八人，畢仲孫、舒煥、寇昌朝、王適、王遹、王肄、軾之子邁、煥之子彦舉。

又　卷一〇一　紹聖元年十月十二日，與幼子過遊白水佛迹院，浴於湯池，熱甚，其源殆可熟物。循山而東，少比，有懸水百仞，山八九折處輒爲潭，深者磓石五丈，不得其所止。雪濺雷怒，可喜可畏。水厓有巨人迹數十，所謂佛迹也。暮歸倒行，觀山燒火，甚俯仰，度數谷。至江山月出，擊汰中流，掬弄珠璧。到家二鼓，復與過飲酒，食餘甘煑菜，顧影頹然，不復甚寐，書以付過。東坡翁。【略】

僕初入廬山，山谷奇秀，平生所未見，殆應接不暇，遂發意不欲作詩。已而見山中僧俗，皆云：蘇子瞻來矣。不覺作一絶云：「芒鞵青竹杖，自挂百錢遊。可怪深山裏，人人識故侯。」既自哂前言之謬，又復作兩絶云：「青山若無素，偃蹇不相親。要識廬山面，他年是故人。」又云：「自昔憶清賞，初遊杳靄間。如今不是夢，真箇是廬山。」是日有以陳令舉《廬山記》見寄者，且行且讀，見其中云徐凝、李白之詩，不覺失笑。旋入門先寺，主僧求詩，因作一絶云：「帝遣銀河一派垂，古來惟有謫仙辭。飛流濺沫知多少，不與徐凝洗惡詩。」往來山南地十餘日，以爲勝絶不可勝談，擇其尤者，莫如漱王亭、三峽橋，故作此二詩。最後與總老同遊西林，又作一絶云：「横看成嶺側成峰，到處看山了不同。不識廬山真面目，只緣身在此山中。」僕廬山詩盡於此矣。

宋　王十朋《梅溪前集》卷一七《緑畫軒記》　出簫峯西南二十里，有山遠引，若虹霓之狀，故俗謂之霓山。樂安孫君之居，得霓山之勝。峯巒奇偉，林麓静深，有泉發於其下，可飲可灌。於是枕山而立棟宇，因流而蓄池沼，結軒嚮明，妝拾景象。軒之外有嘉木數株，脩竹千挺，蓊欝蒼翠，嬋娟瀟灑，播爲疏林，舒爲濃陰。舞清風，摇蒼烟，影明月。漏山光之窈窕，蔭碧沼之漣漪。禽鳥宅其幽，龜魚息其陰。左右青山，環合映帶。藍黛之色，與天連碧。四時不凋，眼界常青。望之宛然如此圖畫中，盖此軒之佳致也。主人與客日飲於其間。寒光入座，秀色可掬。明瑩杯盤，冷襲襟宇。神清氣爽，深杯不能發其醉；情舒興遠，高歌不能寫其逸。觀者在旁，疑其壺觴幾席皆圖畫中物，賔主僕從皆圖畫中人也。有客游兹軒，嘗陪主人之清尊，覽景物之幽奇。寓之於目，得之於心，有若不能忘

者，主人曰：客爲我名之。客曰：子嘗讀韓退之南山詩，有「濃緑畫新就」之句，愛其清新峭拔，恨斯景之莫見。今此軒之秀，庶幾其髣髴。采其語而名之，可乎？主人曰：可，客爲吾記之。

宋 王十朋《梅溪後集》卷二六《雁宕山壽聖白岩院記》 諸矩羅居震旦東南山，名雁宕，最爲造物所惜，祕於萬萬古而顯於本朝。【略】内外招提無慮二十餘所，問其經始與廢而復興，無非有道力者焉。【略】壽聖院在白岩之下，峯聳而奇，水清而駛，松竹蓊然而深。蓋諸矩羅、駐錫王子晉、飛仙謝康樂登臨嘯咏之所，宜幽人逸士逃名晦身、修真學道者，徜徉乎其間也。院創于唐會昌四年，至明年廢，又明年復興。初曰仙溪白岩院，至大宋治平四年十月，始賜壽聖額。宣和三年，燎于魔寇。院僧元象憫之，草創殿閣塑像貌，以奉香火，歲久寖壞。僧子親慨然曰：兹山吾祖潘氏所捨，殿與像吾師所建也，其可坐眡而褱之耶。於是糾同志，募衆緣，出力以成就之。寳殿巍然，輪奐翬飛，觀者咸會，歡喜讚嘆。工未畢，會傳教于邑之七寳、雙峯二院，其徒文表住是山，遂卒其事，而道場爲之一新。嗚呼，若子親者，真可謂具道力，有功於其教者矣。

又 卷二七《游天衣詩序》 紹興戊寅冬，十有一月己卯，日南至後二日，游天衣者八人，皆前進士宦游于越者。黎明，戒裝集于賀監之故居，天氣既佳，愛日初長。籃輿出纛城之南，道乎稽山之陰，徉徜乎秦望、鑑湖千岩萬壑之間。有松陰十里，林麓静深，山轉徑迂，烟藹出没。初行若迷，俄有鍾磬聲出乎翠微之端，蓋天衣寺也。十峯堆秀，雙澗涵碧，朝陽、法華二峯，尤蒼然嶄絶乎其中。寺有唐人李泰和、徐季海、元微之、白樂天、李公垂諸作者詩文，其碑刻尚無恙。有化身普賢飛來銅像，蕭梁衣鉢，雙烏故事，緇徒頗能道之。方杖屨尋幽，有府吏將使君之命，餉以百榼。既拜賜，有舉杯而言者曰：今日之集，蓋不偶然也。昔王謝蘭亭之遊，羣賢少長畢集，可謂雅會矣。然賦詩不就者，十有六人，豈若吾儕臭味之同游從之勝乎。白衣之來，非王弘之酒，乃楚元之醴也，歡其可以不記。於是舉白飛觴，唱酬交作，雜以諧笑，咸有餘適。僧有勸游雲門者，夕陽薄山，遂不果往。乃舍車聯騎，探梅而還，晚集于泮宮。

宋 楊萬里《誠齋集》卷七七《永新重建寳峰寺記》 安福之南垂，永新之北際，介乎其間，有山孤秀，其高五千尺，其袤數十里。遠而望之，儼乎如王公大人，弁冕端委，秉圭佩玉，坐於廟堂之上，使人一見而敬心生焉；迫而視之，澹乎若岩壑幽人，被薜荔，帶女蘿，餐菊爲糧，紉蘭爲佩，呼吸日月，挼挲雲烟，使人一見而塵心息焉。故老相傳，其名曰萬寳峯云。距山不遠，有浮屠氏之宫，曰寳峰寺，飲山之翠，納山之光，領山之要，里之人樂遊焉，而樂之尤者，槎江居士朱君諱戬也。始游而愛其幽邃，昕而來，夕而返，超然有會於心，久而忘歸。既而惜其棟宇之壞隤漫漶，欲葺而新之。葢心許而未之言也，一夕夢至某所，若道家所謂小有天者，其地瑶玉，其廈金釜，其浸芙蕖，其林多羅，其禽頻伽，其獸狻猊。其人褊袒右肩，其服珠琲，孔翠往往。或跨龍鳳以爲驅，或坐菡萏以爲床。駕雲騰空，超忽變化，須臾山川草木異彩炳焕，皆若金色，光奪人目。霍然驚起，因悟曰：兹非予之心許而未言者耶。則倒橐召匠，斸山取材，爲殿爲堂，爲寢爲廊，爲門爲墻，爲囷爲像。撲斵堅好，琱飾備具，金碧有爛，鼓鐘有鏜。市腴田以業其生，買度牒以世其徒，遂爲衆山佛宫之冠。至其子良肱再繼葺焉。近歲戊午，燼於鬱攸，其孫知微知廣復一新之焉。於是壞之蕪者薙基之，窪者夸級之，缺者甃宇之，燎者立像之，亡者補。尺椽寸甓，舉非其舊，其舊惟數古佛及政和間一大鐘而止耳。里人縱觀，耆者喜其復，穉者駭其麗，遠者賀其新。寺始葺於紹興之甲子，再葺於紹熙之庚戌，一新於慶元巳未之仲冬。後先之費，爲錢百萬云。既成，知微介予倩劉億來謁予記之。

宋 祝穆《古今事文類聚前集》卷一四《遊山題名》 章子厚與蘇子瞻遊南山，抵仙遊潭之上，絶壁萬仞，岸甚險。子厚推子瞻下潭書壁，子瞻不敢，子厚履險而下，以漆墨濡筆，大書石壁上曰：蘇軾、章惇來。子瞻撫子厚背曰：子厚必能殺人。子厚曰：何也？子瞻曰：能自判命者，能殺人。子厚大笑。

元 楊瑀《山居新話》 黄子久公望，自號大癡，吴人，博學多能之士。閻子静、徐子方、趙松雪諸名公，莫不友愛之。一日與客游孤山，聞湖中笛聲，子久曰：此鐵笛聲也。少頃，子久亦以鐵笛自吹下山，游湖者吹笛上山，乃吾子行也。二公略不相顧，笛聲不輟，交臂而去，一時興趣，又過於桓伊也。

明 宋濂《文憲集》卷六《桃花澗修禊詩序》 浦江縣東行二十六里，有峯聳然而葱蒨者，玄麓山也。山之西，桃花澗水出焉。乃至正丙申三月上巳，鄭君彦真將修禊事於澗濱，且窮泉石之勝。前一夕，宿諸賢士大夫。厥明，日既出，相帥向北行，以壺觴隨。約二里所，始得澗流，遂沿澗而入。水蝕道幾盡，肩不得比，先後累累如魚貫。又三里所，夾岸皆桃花，山寒，花開遲，及是始繁。傍多髯松，入天如青雲。忽見鮮葩點濕翠間，晱晱欲然，可玩。又三十步，詭石人立，高可十尺餘，面正平，可坐而簫，曰鳳簫臺。下有小泓，泓上石壇廣尋丈，可釣。聞

大雪下時，四圍皆璠樹瑶林，益清絶，曰釣雪磯。西垂蒼壁，俯瞰臺磯間，女蘿與陵苕轇轕之赤紛緑駭，曰翠霞屏。又六七步，奇石怒出，下臨小窪，泉冽甚，宜飲鶴，曰飲鶴川。自川導水爲蛇行勢，前出后壇下，鏘鏘作環佩鳴。客有善琴者，不樂泉聲之獨清，鼓琴與之争，琴聲與泉聲相和，絶可聽。又五六步，水左右屈盤，始南逝，曰五折泉。又四十步，從山趾斗折入澗底，水滙爲潭。潭左列石爲坐，如半月。其上危巖牆峙，飛泉中瀉，遇石角激之，泉怒躍起一二尺，細沫散潭中，點點成暈，真若飛雨之驟至，仰見青天鏡浄，始悟爲泉，曰飛雨洞。洞傍皆山，峭石冠其顛，邃夐幽邃，宜仙人居，曰藥珠巖。遥望見之，病登陟之勞，無往者。還至石壇上，各敷鞠席，夾水而坐。呼童拾斷樵，取壺中酒温之，實槃觴中。觴有舟，隨彼沉浮，鴈行下。稍前，有中斷者，有屬聯者，方次第取飲。時輕飈東來，觴盤旋不進，甚至逆流而上，若相獻酬狀。酒三行，年最高者命列觚翰，人皆賦詩二首，即有不成，罰酒三巨觥。衆欣然如約，或閉目潛思，或拄頰上視霄漢，或與連席者耳語不休，或運筆如風雨，且書且歌；或按紙伏崖石下，欲寫復止；或句有未當，搔首蹙額向人；或口吻作秋蟲吟，或羣聚蘭坡，奪觚争先；或持卷授鄰坐者觀，曲肱看雲而卧，皆一一可畫。已而，詩盡成，杯行無算。迨罷歸，日已在青松下。又明日，鄭君以兹游良驩，集所賦詩而屬濂以序。濂按《韓詩内傳》：三月上巳，桃花水下之時，鄭之舊俗，於溱、洧兩水之上招魂續魄，執蘭草以祓除不祥。今去之二千載，雖時異地殊，而桃花流水則今猶昔也。其遠裔能合賢士大夫以修禊事，豈或遺風尚有未泯者哉。雖然，無以是爲也。爲吾黨者，當追浴沂之風徽，法舞雩之咏歎，庶幾情與境適，樂與道俱，而無愧於孔氏之徒。無愧於孔氏之徒，然後無愧於七尺之軀矣，可不勗哉。濂既爲序其游歷之勝，而復申以規箴如此。他若晉人蘭亭之集，多尚清虚，亦無取焉。鄭君名鉉，彦真，字也。

明 劉基《誠意伯文集》卷八《發普濟過明覺寺至深居記》 是日未午已大熱，砥上人固欲留客宿，有來告曰：浮休公待于其深居且甚久。予曰：浮休公老人也，不可使久待，雖熱，必速往。遂亟辭出。上人持其酒，追至寺門外亭上。臨池水坐，更盡四五盃。忽有雲自西方飛來，翳日，奎上人拊掌曰：可行矣。乃登輿，度何山嶺，上剌浮，至明覺寺，雲去，因相視大笑。時日方懸天中，氣如爐炭，乃皆坐松下石上，俯視澗水，風出松水間，淅淅作涼意。少頃，有僧出揖客，乃偕上後山麓，謁千歲和尚塔，觀洗骨池於東廡下。蓋當山之巔而有水能爲池，雖大旱不乾，謂之靈跡，或可信也。而予特愛其前三澗，自三方來，皆會石壁下，正與寺門對，鹿頭、龜鶴之山，隔澗水若拜其下，而柯公、陶山、木禾、鶩鼻諸峯，咸外列如屏障，故寺雖高不露。人言天下名山水多爲浮屠所佔，豈虚語哉？觀覽久之，乃降自前嶺絶磵，少憩道側，雲復自巖中上，冉冉欲作雨趣。行至深居，道上凡三憩，每行皆適當雲起時，以語浮休公，浮休公亦大笑。歷觀古人未有觸熱游者，蓋自奎上人與予始云。

又《横碧樓記》 會稽山陰之柯橋，即古之柯亭也。有寺曰靈秘，有上人曰守基。愛其山水之佳無讓於人所稱者，而惜其不能與東山、雲門並揚于時也，乃相其南偏作樓焉，出羣室之上。憑之而覩，山之峙者蒼然；俯之而矚，水之流者淵然。或挺而隆，或靡而馳，如龍如虎，如蛟如蛇，如烟如雲，如藍如苔，如帶如屏，遠近高低，縈紆蔽虧，舉不逃於一覽。於是其地遂爲甲觀，恨未有高世之人爲發之也。至正甲午，用章師自浙西來，過而奇之，以其兼山水之美也。山與水皆以碧爲色，故命其名曰横碧，而俾予爲之記。師今世之高人也，予於是乎喜斯樓之遇自此始也。予又聞柯亭有美竹可爲笛，風清月明，登樓一吹，可以來鳳凰，驚蟄龍，真奇事也。上人能之乎？吾將往觀焉。

明 陶安《陶學士集》卷一七《重修蛾眉亭記》 出大江而山曰采石。昔人因其山川雄麗，亭絶壁上，以盡登覽之美。前直東西二梁山，夾江對峙，修嫵靚，好宛宛如蛾眉，遂以名亭，亦東南之奇觀也。歲久弗治，棟宇垣墉，日就於敝。經歷伊蘇君來贊理太平郡府，暇日臨視，歎曰：不葺奚稱。遂請於太守皋山賈公，慨然發已資，倡謀修營，應者翕從。未幾煥焉華飾，翬飛麗空。視昔有加夫采石爲地，當南北之衝，風帆浪楫，繽紛朝夕，使客之往來，賈貨之繁萃。又有文儒韻士，遨遊題詠。觀其波濤渺瀰，吐吞乎吴楚，煙雲杳靄，出没乎淮甸，一視千里，洞無所翳。雖窮巒剩澗，僻在遐隱，莫不貢靈輸秀於軒檻之下。况前賢於此遊觀俯仰，高風雋烈，有關世道之興廢。炳炳遺迹，昭著古今，令人興懷而不能已。君能留意於此，非特盡登覽之美，亦不泯前賢之迹也。

明 王士性《廣志繹》卷二《兩都》 李太白晚依當塗令李陽冰，其族也。故宛陵山川，一丘一壑，猿狙之窟，鼋鼉之宫，無所不到，賦咏亦多。及其嚮往謝公，屬意青山，生則流連，死而葬之，真見古人風度。騎鯨捉月之事，幻妄可笑，不知何事得來。

又 卷三《江北四省》 鄒嶧山，秦始皇所登以立石頌功德處。一山皆無根

之石，如溪澗中石卵堆疊而成，不甚奇峭，而頗怪險。《禹貢》嶧陽孤桐，乃特生之桐，非以一樹爲孤也。桐必特生者，謂受風聲耑，故堪琴瑟。今則枯桐寺前果只留一桐，足稱孤矣，雖非禹時之舊，似亦不下千年物。萬曆戊、巳間，特榮一枝，次年旋壞。余癸巳冬適行荒至，問之，已僕地，寺僧將曳入而斧爂之，余急令扶植原所，絫大石爲壇，上爲一亭覆之，名栖桐榭，以存禹蹟，稍遲時刻則燬矣。固知神物成毁，良不偶然。

明 王守仁《王文成全書》卷二三《重修月潭寺建公館記戊辰》 隆興之南有巖曰月潭，壁立千仞，簷垂數百尺。其上頂洞玲瓏，浮者若雲霞，亘者若虹霓，豁若樓殿門闕，懸若鼓鐘編磬。蟾幢纓絡，若搏風之鵬，翻隼翔鵠，螭虺之糾蟠，猱狖之駭攫，譎奇變幻，不可具狀。而其下澄潭邃谷，不測之洞，環秘回伏。喬林秀木，垂蔭蔽虧。鳴瀑清谿，停洄引映。天下之山，萃於雲貴，連亘萬里，際天無極。行旅之往來，日攀緣下上於窮崖絶壑之間，雖雅有泉石之癖者，一入雲貴之途，莫不困踣煩厭，非復夙好。而惟至於兹巖之下，則又皆灑然開豁，心洗目醒，雖庸儔俗侶，素不知有山水之遊者，亦皆徘徊顧盼，相與延戀而不忍去，則兹巖之勝，蓋不言可知矣。巖界興隆、偏橋之間各數十里，行者至是，皆憊頓饑悴，宜有休息之所，而巖麓故有寺，附巖之戍卒官吏與凡苗夷犵狫之種連屬而居者，歲時令節皆於是焉釐祝。寺漸蕪廢，行禮無所。憲副滇南朱君文瑞按部至是，樂兹巖之勝，憫行旅之艱，而從士民之請也。乃捐資庀材，新其寺於巖之右，以爲釐祝之所。曰：吾聞爲民者，順其心而趨之善。今苗夷之人，知有尊君親上之禮，而憾於弗伸也，吾從而利道之，不亦可乎。則又因寺之故材與址，架樓三楹，以爲部使者休食之館。曰：吾聞爲政者，因勢之所便而成之，故事適而民逸。今旅無所舍，而使者之出，師行百里，饑不得食，勞不得息。吾圖其可久而兩利之，不亦可乎？使遊僧正觀任其勞，指揮狄遠度其工，千户某某相其役。遠近之施捨勤助者，欣然而集，不兩月而工告畢。自是饑者有所炊，勞者有所休，遊觀者有所舍，釐祝者有所瞻依，以爲竭虔效誠之地，而兹巖之奇，若增而益勝也。正觀將記其事於石，適予過而請焉。

又 卷三二《年譜一》［武宗正德］八年癸酉，先生四十二歲，在越。二月，至越。

先生初計，至家即與徐愛同遊臺、蕩，宗族親友絆，弗能行。五月終，與愛數友期候黄綰不至，乃從上虞入四明，觀白水，尋龍溪之源，登杖錫，至雪竇，上千丈巖，以望天姥、華頂。欲遂從奉化取道赤城，適久旱，山田盡龜拆，惨然不樂，遂自寧波還餘姚。綰以書迎先生。復書曰：此行相從諸友，亦微有所得，然無大發明。其最所歉然，宗賢不同兹行耳。後輩習氣已深，雖有美質，亦漸消盡。此事正如淘沙，會有見金時，但目下未可必得耳。先生兹遊雖爲山水，實注念愛、綰二子，蓋先生點化同志，多得之登遊山水間也。【略】

［武宗正德八年］冬十月，至滁州。

滁山水佳勝，先生督馬政，地僻官閒，日與門人遊遨瑯琊、釀泉間。月夕則環龍潭而坐者數百人，歌聲振山谷。諸生隨地請正，踴躍歌舞。舊學之士皆日來臻。於是從遊之衆自滁始。

又 卷三五《年譜附録》 嘉靖九年庚寅五月，門人薛侃建精舍於天真山，祀先生。

天真距杭州城南十里，山多奇巖古洞，下瞰八卦田，左抱西湖，前臨胥海。師昔在越講學時，嘗欲擇地，當湖海之交，目前常見浩蕩，圖卜築以居，將終老焉。起征思、田，洪、畿隨師渡江，偶登兹山，若有會意者。臨發以告，師喜曰：吾二十年前遊此，久念不及，悔未一登而去。至西安，遺以二詩，有「天真泉石秀，新有鹿門期」及「文明原有象，卜築豈無緣」之句。侃奔師喪，既終葬，患同門聚散無期，憶師遺志，遂築祠於山麓，同門董澐、劉侯、孫應奎、程尚寧、范引年、柴鳳等董其事，鄒守益、方獻夫、歐陽德等前後相役，齋廡庖湢具備，可居諸生百餘人。每年祭期，以春秋二仲月仲丁日，四方同志如期陳禮儀，懸鐘磬，歌詩，侑食。祭畢，講會終月。【略】

［嘉靖十四年］，巡按直隸監察御史曹煜建仰止祠于九華山，祀先生。

九華山在青陽縣，師嘗兩遊其地，與門人江闕、柯喬等宿化城寺數月。寺僧好事者，争持紙索詩，通夕灑翰不倦。僧蓄墨跡頗富，思師夙範，刻師像于石壁，而亭其上，知縣祝增加葺之。是年，煜因諸生請，建祠于亭前，扁曰仰止。鄒守益捐資，令僧買贍田，歲供祀事。越隆慶戊辰，知縣沈子勉率諸生講學于斯，增葺垣宇贍田。煜祭文見《青陽志》。

明 許世奇《茶疏小引》 吾邑許然明擅聲詞場舊矣。丙申之歲，余與然明遊龍泓，假宿僧舍者浹旬日，品茶嘗水，抵掌道古。僧人以春茗相佐，竹爐沸聲，時與空山松濤響答，致足樂也。然明喟然曰：阮嗣宗以步兵廚貯灑三百斛，求爲步兵校尉。余當削髮爲龍泓僧人矣。

明　袁宏道《袁中郎全集》卷二二《吴敦之》　自春徂夏，游殆三月，由越返吴，山行殆二千餘里。山則飛來、南屏、五雲、南北高峯、會稽、禹穴、青口、天目、黄山、白嶽。水則西湖、湘湖、鑑湖、錢塘江、新安江，而五泄爲最勝，在諸暨縣百里外，百幅鮫綃，自天而挂。洞則玉京、烟霞、水樂、呼猿之屬，玉京奇甚。泉則龍井、虎跑、真珠之屬。其他不記名者尚多。友則陶周望、公望，虞長孺、僧孺，王静虚，皆禪友也，然皆禪而詩。汪仲嘉、梅季豹、潘景升、方子公，皆詩友也，然皆詩而雋。就中唯周望與弟相終始，相依三月。僧則雲棲、戒山、湛然、立玉。雲棲古佛，戒山法王，湛然、立玉禪伯也。其他瑣瑣者，固不暇辱紙筆。

明　王思任《游唤・紀游引》　臺、蕩之勝，入懷者廿年，入夢者幾夜。頃子姪輩向累稍謝，偶讀駕部張肅之《臺游草》，遂投袂而起，屐及於窒皇，裝及於寢門之外，舟及於五雲之滸，勅一書記、一童子、一庖、一管辦、二粗力人，行矣。會隣友鈕睿孺來船，一言即解冠横臥，予壯其無隔宿之謀、牽衣之態也，共行之。檢笥中得同年秦觀察一郵符，少借官德，從娥江發，經臺、甌，訪括蒼，歷婺睦，順流錢塘而下，如探牛斗畢，浩浩乎元空坐漢槎還也。蓋玄暢於游者凡兩月。

明　袁中道《珂雪齋前集》卷二〇《書遊玉泉記後》　萬曆乙卯夏，同數僧遊玉泉，沮漳水暴至，舍舟而陸，住紫蓋一宿。走山上，雷雨大作，溪水暴漲，不得過，宿一民家，猪狗牛驢臭穢之氣莫當，一夜捉鼻而坐。明日走泥塗中，從行人皆跌地欲哭，午始至度門。此地去郡兩日程耳，遊者艱辛萬狀，乃知遊山亦非易事。王逸少戀岷嶺而竟不得往，有以也。

明　費元禄《鼂采館清課》卷上　春來十日，雪花六出，從二三友生於鼂采登舟抵湖頭。灝氣無際，雲片如笠，撲人衣裙上。至夾鏡坡，蹋峨眉頂，萬峯皚皚，樹杪結玉，靈岳九陽，遠近一覽，如嵌空礫砢，身游冰壺中，神骨俱徹，而寒色侵砭。余瞪目飛鳥山絶，行人縱滅，即未覩渾沌初世界，大要近之矣。念袁安高臥，想晉公入蔡州，正作宇宙間一異事耳，因命酒以敵其壯。

舟次湖頭，青天若劃，紫氣垂虹，而畦菜飄花，黄雲匝地。遂循澗而行，度銷魂橋數武，登馬鞍山，不盡拾級。回視鼂采梅花，片片玉鱗，真疑殘雪。已訪起中于環山館内，選勝徵歌，正不減子猷看竹，主人拒門相賞痛飲時也。俄聞數百人喧騰山下，鼓吹沸天，望之白虹綿跨林麓，乍爲開合，五色暈見，則燈光耳。峨眉山有兜羅綿佛光聖燈，將無同耶。遅步下山，以壯歸路之興。【略】

余嘗與元卿夜登馬鞍山，望舒飛鏡，湖光逼人，流觴相屬，籍艸而坐。忽山院聞有梵音，起躡聽之，知爲小僧誦楞嚴也。叩扉而入，爲疏大義，而僧竟無言。豈世尊默然許可耶？爲進一杯茗，相擕踏歌而返，則松風習習，出谷送人。【略】

寒食清明，舊俗埽墓，會士女麗粧，藉爲踏青之行。余亦挾客抵百花亭，入磬塘銅鼓，有事先塋。長林坐石，時曠野風吹，北邙日澹，鳥啼鴉噪，春色蘼蕪，棠梨帶雨，白楊蕭蕭欲暗已。渡小橋訪能仁寺，讀張仲明犬吠花村人歸暮雨之句，足同白長慶古墓纍纍之感，座上凄然。遂循白鶴嶺下相思河，飲于劉林，滿目山花媚人，黄鸝入韻，匏尊相屬，酒酣興發，與客共作郭生散聲之歌，響振林木，庶幾風雩咏歸之趣。【略】

港西之歸，先是以一童子約于衡爲張家山之遊，舟入巳待於滸，遂登岩洞。林木蓊鬱，泉源出其上，注下如雨，僧臘堦前布金盡濕。過峽抵庄前，迴折爲曲水之勝，于衡移席於此，流觴大會，倡予和汝，欣賞頗洽。已復從舟泛柳港中，遊釜陽洞，微風斜起，鶗鴂先鳴，猿啼日落，不勝幽澹，若從三峽中坐。薄暮辭去，展帆牕爲賦其事，三嘆地靈，頓令欲送印山之券。

又　卷下　屠緯真先生之禮武夷君，以癸卯仲秋至鉛山，先期尺一要余，至則日入崦嵫矣。余命駕追及大安，漏半始抵分水關。石壁千仞，峭削不可以緣，而涼風吹月，時照望夫諸山，樹影縱横。泉流界道，若龍蛇走陸，而黄雲繚繞，第手撫摩崖，名尚可辨也。僕馬稍疲，乃促酒家出數爵澆之，以敵寒氣。平明入崇安，緯真先生對談，精神契於夢寐。舟至武夷，由雲窩登接笥，涉天游觀，縱觀九曲，閲魏王子騫以下十三真人蜕。幔亭玉女，四眄無所不矚。憑欄少頃，噫氣淅瀝坌谷中起。山外蒼莽暝色亦隨飛鳥而至，清波縹碧蕩卺，如龍鱗片片，又如返照侵壁，然側耳聽下方鐘鼓，覺身在鈞天上也。須臾月出高樹，命童子刻燭分韻，達旦戀戀不能去。詩成凡十章，各翩翩有拂袖遐舉之意。日高舂，緯真先生始解纜别去。兹亦天地間一快意遊也。【略】

白鶴山壇石鼎足，居然可坐，不異西湖澤公三生跡也。夜陟其顛，見兩水練光燭天，星斗微茫，忽聞溪頭鶴唳，波上雲生，客有吹洞簫者，過焉，訪之知爲友人某也，引之以談，月落辭去。【略】

章法院在天柱峰北，雄壯宏麗，蓁林之翹楚，歲久就圮。吾嘗與孟堅經其地，勝在半嶺，飛瀑之聲與松篁相應，拂雲而起，濺沫如玉，老僧具架裟導引，稚子烹龍團爲餉，坐石相視，因憶吴元卿故素心人，恨不共賞，徘徊者久之。

明　陳師《禪寄筆談》卷八《才品類》　吴太宰公嶽，汶上人，曩爲廬州守，時

中丞南明王公爲蘇州守，二公爲同年友。一日以公務會于鎮江，吴折東徵王公爲金山之遊。載酒一瓶，米數合，肉斤許，蔬一束，於舟中，屏騶從趣，王公同舟而往。王公熟視其具，笑曰：兄昨折簡相招，將爲主延款我也，其具止是耶？吴公曰：足吾兩人用可矣，多具何爲？比至，吴公命庖丁即所載酒肉、蔬米治具，相與論心話舊，或趺坐磯頭，或倚徙水際，盡觀竟日而還。風致清標如此，良可嘉。

明 季嬰《西湖手鏡敘》 自弱冠時即耽嗜西湖山水，志必盡歷其蹟，既而得同志友王古臣者輔此興。歲戊午，與相要曰：自今伊始，如有一年不往遍遊者，以是年爲虚度論。從是兩人歲必裹餱往，不計日月，務窮名勝，及數年而漸如所志矣，即不以如所志而興稍衰也。遊時攜無字卷一幀，列記佳景，靡不備具，兩人持此互相娱樂，名曰手鏡，以視西湖舊志，則詳確十倍之。蓋山川興廢，古今變遷，舊志率多草草因仍，而我兩人意趣真切，所閱處無少許放過，無少許差錯，實同人遊笈中不可少之書，敢祕惜乎。於是不揣微陋，梓而行之。夫古臣與予皆姑蘇之常熟人也，無論震澤洋洋，洞庭諸山之勝，夫差西子之舊蹟，更僕不能數窮年累月不可盡。即吾邑，故虞仲地也，亦左右夾兩湖，而劍門、破山，而烏目，而龍湫，而鶩山，而鳳凰山，巫咸、子游、鮑照、張旭之遺踪，亦如星碁，今者我兩人過之，多有茫然若他鄉處。而惟此西湖一片，爲山、爲巖、爲嶺、爲洞、爲坡、爲嶼、爲井、爲泉、爲寺、爲埨、爲庵、爲觀、爲廟、爲祠、爲殿、爲堂、爲閣、爲樓、爲院、爲亭、爲臺、爲堤、爲池、爲峰、爲石、爲橋、爲碑、爲塘、爲墓、爲塢、爲港、爲溪、爲澗，則皆熟識之，如家中數武地，豈非前緣哉。我兩人將老是湖矣。使他年君子有紀癖之書，附之宗少文之後，筆曰：某某同有西湖癖，則我兩人敬承之。是爲序。崇禎丙子中秋，古虞破龍山樵季嬰自述於西湖之蘂舫。

清 陸世儀《思辨録輯要》卷八 朱子愛遊山水，嘗以一古銀杯自隨，每至山水佳處，輒滿斟一杯，對之飲酒，如此亦何可少。

清 張廷玉《明史》卷一九四《喬宇傳》 ［喬宇］性好山水，嘗陟太華絶頂。遇虎，僕夫皆驚僕，宇端坐不動，虎徐帖尾去。

清 鄭日奎《鄭静庵先生文集》卷七《一杯亭讌集記》 一杯亭在郡治溪南居山之半，宋趙忠定公守郡時所建也。洊歷兵燹，獨巍然如魯靈光，異矣。丙午夏初，予入郡，翁子凱臣招余飲此。於時宿雨乍晴，風物静好，林光如沐，濕翠欲流。拾級而登，疑在山陰道中。亭倚山而瞷人居，左右多古木，蒼分緑合，影參差，而炊烟復上，與山嵐相接，樹有隙輒縫之矣。靈山遥對，峰歷歷可數，乃日光摩盪山色，混爲異色，滉瀁萬狀，不能諦視。四山環遶，奇態各呈，覺秀色時時來撲人衣裾。下瞰城郭，廬舍錯峙，烟樹中江流繞之，隱見出没，歷落如畫。城之西一樓危立，故少師夏文愍公舊業也，繁華已矣，此蹟僅存，輒爲喟然生感，而傷相國功名之不終。還顧山阿，則叠山先生祠堂在焉。堂亦稍圮矣，然先生大節精忠直與河嶽同敝，豈藉此爲存亡哉！頃之，賓朋悉集，列坐亭中。殽核既陳，觴觶斯舉，飛花入座，山鳥下窺。把酒臨風，奇情滿目。客有持酒戒者，子笑曰：咄嗟，老子忍斷杯中物耶？且念此亭命名之意云何，因爲歌魏武《短歌行》一章？羣屬和之，彷彿四座風生，溪山變色，而客亦不覺，連浮數大白。嗟乎，風景不異，世態紛紜，未免有情，誰能遣此。趙公却身後之名，與魏武念忘憂之物，宜其同出一轍。於是洗盞更酌，此獻彼酬，興致雲酣，談鋒鍔立。或探玄旨於秘笈，則玉麈頻麾；或抒雄略於壯懷，斯唾壺欲碎。奔走海嶽，縱横古今，語不襲常，見皆各出。僮僕亦欣駭樂聽，左右給事靡有倦容，客以是竟醉。起視四山，暮色羣來，分手告别，而月滿前溪矣。時主人爲翁凱臣，客則王子炳若、鄧子衛玉、内兄汪吉兆、家仲、秀子暨余六人集之，明日次公鄭子記之。

清 袁枚《小倉山房文集》卷一二《隨園記》 金陵自北門橋西行二里，得小倉山。山自清涼胚胎，分兩嶺而下，盡橋而止，蜿蜒狹長，中有清池水田，俗號乾河沿。河未乾時，清涼山爲南唐避暑所，盛可想也。凡稱金陵之勝者，南曰雨花臺，西南曰莫愁湖，北曰鍾山，東曰冶城，東北曰孝陵、曰雞鳴寺。登小倉山，諸景隆然上浮。凡江湖之大，雲煙之變，非山之所有者，皆山之所有也。康熙時，織造隋公，當山之北巔，搆堂皇，繚垣牖，樹之萩千章，桂千畦，都人游者，翕然盛一時。號曰隋園，因其姓也。後三十年，余宰江寧，園傾且頹弛，其室爲酒肆，輿臺嚾呶，禽鳥厭之，不肯嫗伏。百卉蕪謝，春風不能花。余惻然而悲，問其值，曰：三百金。購以月俸。茨牆剪闔，易簷改塗。隨其高爲置江樓，隨其下爲置溪亭，隨其夾澗爲之橋，隨其湍流爲之舟，隨其地之隆中而欹側也，爲綴峰岫；隨其蓊鬱而曠也，爲設宦窔。或扶而起之，或擠而止之，皆隨其豐殺繁瘠，就勢取景，而莫之夭閼者，故仍名曰隨園，同其音，易其義。落成，歎曰：使吾官于此，則月一至焉；使吾居于，此則日日至焉。二者不可得兼，舍官而取園者也。遂乞病，率弟香亭、甥湄君，移書史，居隨園。聞之蘇子曰：君子不必仕，不必不仕。然則余之仕與不仕，與居茲園之久與不久，亦隨之而已。夫兩物之能相易

者，其一物之足以勝之也。余竟以一官易此園，園之奇可以見矣。已巳三月記。

佚名《大唐傳載》 壽安縣有噴玉泉、石溪，皆山水之勝絶也。貞元中，李賓客洞爲縣令，乃剗翳薈，開徑隧，人方聞而異焉。太和初，博陵崔蒙爲主簿，標榜於道周，人方造而游焉。

佚名《東南紀聞》卷三 嘉州淩雲寺有天寧閣，即大像所在。沫水由雅州而來，合大江直擣山壁，灘瀧險惡，舟楫至危之地。唐開元中，浮屠海通始鑿山爲彌勒像以鎮之。高三百六十尺，頂圍十丈，目廣二丈，爲樓十三層，自頭而以及其足。去江數步，驚濤怒號，洶湧過前，不可安立正視，今謂之佛頭灘。東坡詩云「但願生爲漢嘉守，載酒常作淩雲遊」。後人取其語，作載酒亭於山上。

藝 文

漢 蔡邕《蔡中郎集》卷二《東巡頌》 竊見巡狩岱宗，柴望山川。宗祀明堂，上稽帝堯。中述世宗，遵奉光武。禮儀備具，動自聖心。是以神明屢應，休徵乃降。不勝狂簡之情，謹上岱宗頌一篇曰：若稽古在漢迪，哲聿修厥德。憲章丕烈，翻六龍，較五輅，齊百僚，陶質素。命南重以司歷，厥中月之六辰。備天官之列衛，盛輿服而東巡。

又 卷六《九疑山銘》 巖巖九疑，峻極於天。觸石膚合，興播連雲。時風嘉雨，浸潤下民。芒芒南土，實賴厥勛。逮於虞舜，聖德光明。克諧頑傲，以孝烝烝。師錫帝世，堯乃受徵。受終文祖，璇璣是承。泰階以平，人以有終。遂葬九疑，解體而升。登此崔嵬，託靈神仙。

三國魏 曹操《碣石篇·觀滄海》（《漢魏六朝百三家集》卷二三引） 東臨碣石，以觀滄海。水何澹澹，山島竦峙。樹木叢生，百草豐茂。秋風蕭瑟，洪波湧起。日月之行，若出其中。星漢燦爛，若出其裏。幸甚至哉，歌以詠志。

三國魏 劉楨《黎陽山賦》（《漢魏六朝百三家集》卷三一引） 自魏都而南邁，迄洪川以揭休。想王旅之旌旄，望南路之遐修。御輕駕而西徂，過舊塢之高區。爾乃踰峻嶺，超連岡。一登九息，遂臻其陽。南蔭黄河，左覆金城。青壇承祀，高碑頌靈。珍木騈羅，奮華揚榮。雲興風起，蕭瑟清泠。延首南望，顧瞻舊鄉。桑梓增敬，慘切懷傷。河源汨其東逝，陽烏飄而南翔。覩衆物之集華，退欣欣而樂康。

三國魏 嵇康《嵇中散集》卷一《遊仙詩一首》 遥望山上松，隆谷鬱青葱。自遇一何高，獨立迥無雙。願想遊其下，蹊路絶不通。王喬棄我去，乘雲駕六龍。飄颻戲玄圃，黄老路相逢。授我自然道，曠若發童蒙。採藥鍾山隅，服食改姿容。蟬蜕棄穢累，結友家板桐。臨觴奏九韶，雅歌何邕邕。長與俗人別，誰能覩其蹤。

晉 夏侯湛《山路吟》（《漢魏六朝百三家集》卷四四引） 夙駕兮待明，陟山路兮遐征。冒晨朝兮入大谷，道逶迤兮嵐氣清。攬轡兮抑馬，踟蹰兮曠野。曠野軀兮遼落，崇岳兮嵬嵺。丘陵兮連離，卉木兮交錯。渌水兮長流，驚濤兮拂石。

晉 郭璞《遊仙詩十四首》（《漢魏六朝百三家集》卷五七引） 京華游俠窟，山林隱遯棲。朱門何足榮，未若託蓬萊。臨源挹清波，陵岡掇丹荑。靈谿可潛盤，安事登雲梯。漆園有傲吏，萊氏有逸妻。進則保龍見，退爲觸藩羝。高蹈風塵外，長揖謝夷齊。

青溪千餘仞，中有一道士。雲生梁棟間，風出窗户裏。借問此何誰，云是鬼谷子。翹迹企潁陽，臨河思洗耳。閶闔西南來，潛波渙鱗起。靈妃顧我笑，粲然啓玉齒。蹇修時不存，要之將誰使。

翡翠戲蘭苕，容色更相鮮。緑蘿結高林，蒙籠蓋一山。中有冥寂士，静嘯撫清絃。放情淩霄外，嚼蘂挹飛泉。赤松臨上游，駕鴻乘紫煙。左挹浮丘袖，右拍洪崖肩。借問蜉蝣輩，寧知龜鶴年。【略】

雜縣寓魯門，風暖將爲災。吞舟涌海底，高浪駕蓬萊。神儷排雲出，但見金銀臺。陵陽挹丹溜，容成揮玉杯。姮娥揚妙音，洪崖頷其順。升降隨長煙，飄颻戲九垓。奇齡邁五龍，千歲方嬰孩。燕昭無靈氣，漢武非仙才。

晦朔如循環，月盈已復魄。蓐收清西陸，朱羲將由白。寒露拂陵苕，女蘿辭松柏。蕣榮不終朝，蜉蝣豈見夕。圓丘有奇草，鍾山出靈液。王孫列八珍，安期鍊五石。長揖當途人，去來山林客。

暘谷吐靈曜，扶桑森千丈。朱霞升東山，朝日何晃朗。迴風流曲櫺，幽室發逸響。悠然心永懷，眇爾自遐想。仰思舉雲翼，延首矯玉掌。嘯傲遺世羅，縱情任獨往。明道雖若昧，其中有妙象。希賢宜勵德，羨魚當結網。

採藥遊名山，將以救年頽。呼吸玉滋液，妙氣盈胸懷。登仙撫龍駟，迅駕乘奔雷。鱗裳逐電曜，雲蓋隨風迴。手頓羲和轡，足蹈閶闔開。東海猶蹄涔，崑崙

若蟻堆。遐邈冥茫中，俯視令人哀。

璇臺冠崑嶺，西海濱招搖。瓊林籠藻映，碧樹疏英翹。丹泉漂朱沫，黑水鼓玄濤。尋仙萬餘日，今乃見子喬。振髮晞翠霞，解褐被絳綃。總轡臨少廣，盤虬舞雲軺。永偕帝鄉侶，千齡共逍遥。

登嶽採五芝，涉澗將六草。散髮蕩玄溜，終年不華皓。四瀆流如淚，五嶽羅若垤。尋我青雲友，永與時人絶。【略】

縱酒濛汜濱，結駕尋木末。翹手攀金梯，飛步登玉闕。左顧擁方目，右眷極朱髮。

晉 張協《登北邙賦》《漢魏六朝百三家集》卷五四引　陟巒邱之巘崺，升逶迤之脩岅。廻余車於峻嶺，聊送目於四遠。靈嶽鬱以造天，連崗一作岡。巖以蹇産。伊洛混而東流，帝居赫以崇顯。山川汩其常兮，萬物化而代轉。何天地之難窮，悼人生之危淺。歎白日之西頹兮，哀世路之多蹇。於是徘徊絶嶺，踟躕步趾。前瞻狼山，却闚大丕。東眺虎牢，西睨熊耳。邪亘天際，旁極萬里。莽眩眼以芒昧，諒羣形之難紀。臨千仞而俯看，似游身於雲霓。撫長風以延佇，想凌天而舉翮。瞻冠蓋之一作以。悠悠，覩商旅之接栀。爾乃地勢窊隆，邱墟陂陁。墳隴巊壘，棊布星羅。松林槮映以攢列，玄木搜寥而振柯。壯漢氏之所營，望五陵之嵬峩。喪亂起而啓壞，一作敗壞。僮豎登而作歌。

晉 孫綽《天台山賦有序》《漢魏六朝百三家集》卷六一引　天台山者，蓋山嶽之神秀也。涉海則有方丈、蓬萊，登陸則有四明、天台，皆玄聖之所遊化，靈仙之所窟宅。夫其峻極之狀，嘉祥之美，窮山海之瓌富，盡人神之壯麗矣。所以不列於五嶽，闕載於常典者，豈不以所立冥奥，其路幽迥。或倒景於重溟，或匿峯於千嶺，始經魑魅之塗，卒踐無人之境，舉世罕能登陟，王者莫由禋祀。故事絶於常篇，名標於奇紀。然圖像之興，豈虚也哉！非夫遺世翫道，絶粒茹芝者，焉能輕舉而宅之？非夫遠寄冥搜，篤信通神者，何肯遥想而存之？余所以馳神運思，晝詠宵興，俛仰之間，若已再升者也。方解纓絡，永託兹嶺，不任吟想之至，聊奮藻以散懷。

太虚遼廓而無閡，運自然之妙有，融而爲川瀆，結而爲山阜。嗟台嶽之所奇挺，實神明之所扶持。蔭牛宿以曜峯，託靈越以正基。結根彌於華岱，直指高於九疑。應配天於唐典，齊峻極於周詩。邈彼絶域，幽邃窈窕。近智者以守見而不之，之者以路絶而莫曉。哂夏蟲之疑冰，整輕翮而思矯。理無隱而不彰，啓二奇以示兆。赤城霞起而建標，瀑布飛流以界道。覩靈驗而遂徂，忽乎吾之將行。仍羽人於丹丘，尋不死之福庭。苟台嶺之可攀，亦何羨於層城。釋域中之常戀，暢超然之高情。被毛褐之森森，振金策之鈴鈴。披荒榛之蒙蘢，陟峭崿之崢嶸。濟楢溪而直進，落五界而迅征。跨穹隆之懸磴，臨萬丈之絶冥。踐莓苔之滑石，搏壁立之翠屏。攬樛木之長蘿，援葛藟之飛莖。雖一冒於垂堂，乃永存乎長生。必契誠於幽昧，履重險而逾平。既克隮於九折，路威夷而脩通。恣心目之寥朗，任緩步之從容。藉萋萋之纖草，蔭落落之長松。覿翔鸞之裔裔，聽鳴鳳之嗈嗈。過靈溪而一濯，疏煩想於心胸。蕩遺塵於旋流，發五蓋之遊蒙。追羲農之絶軌，躡二老之玄蹤。陟降信宿，迄於仙都。雙闕雲竦以夾路，瓊臺中天而懸居。珠閣玲瓏於林間，玉堂陰映於高隅。彤雲斐亹以翼櫺，皦日炯晃於綺疏。八桂森挺以凌霜，五芝含秀而晨敷。惠風佇芳於陽林，醴泉涌溜於陰渠。建木滅景於千尋，琪樹璀璨而垂珠。王喬控鶴以沖天，應真飛錫以躡虚。騁神變之揮霍，忽出有而入無。於是遊覽既周，體静心閑。害馬已去，世事都捐。投刃皆虚，目牛無全。凝思幽巖，朗詠長川。爾乃羲和亭午，遊氣高褰。法鼓琅以振響，衆音糅以揚煙。肆覲天宗，爰集通仙。挹以玄玉之膏，漱以華池之泉。散以象外之説，暢以無生之篇。悟遣有之不盡，覺涉無之有間。泯色空以合跡，忽即有而得玄。釋二名之同出，消一無於三幡。恣語樂以終日，等寂默於不言。渾萬象以冥觀，兀同體於自然。

晉 陶潛《陶淵明集》卷二《歸園田居》　久去山澤游，浪莽林野娱。試攜子姪輩，披榛步荒墟。徘徊丘壠間，依依昔人居。井竈有遺處，桑竹殘朽株。借問採薪者，此人皆焉如。薪者向我言，死没無復餘。一世異朝市，此語真不虚。人生似幻化，終當歸空無。

又《遊斜川并序》　辛丑正月五日，天氣澄和，風物閑美，與二三鄰曲同遊斜川。臨長流，望曾城，路庭芝云：曾城，落星寺也，殆晉之所有者。魴鯉躍鱗於將夕，水鷗乘和以翻飛。彼南阜者，名實舊矣，不復，乃爲嗟歎。若夫曾城傍無依接，獨秀中皐。遥想靈山，有愛嘉名。《天問》：崑崙縣圃，其尻安在？增城九重，其高幾里。《淮南子》：崑崙中有增城九重。注云：中有五城、十二樓，故云靈山嘉名。欣對不足，率爾賦詩。悲日月之遂往，悼吾年之不留。各疏年紀，鄉里，以記其時日。

開歲倏五日，吾生行歸休。念之動中懷，及辰爲兹游。氣和天惟澄，班坐依遠流。弱湍湍，急瀨也。馳文魴，閒谷矯鳴鷗。迴澤散游目，緬然睇曾丘。雖微九

重秀，九重注見上。顧瞻無匹儔。提壺接賓侶，引滿更獻酬。未知從今去，當復如此不。中觴縱遥情，忘彼千載憂。且極今朝樂，明日非所求。

南朝宋　謝靈運《七里瀨》（《漢魏六朝百三家集》卷六六引）　羈心積秋晨，晨積展遊眺。孤客傷逝湍，徒旅苦奔峭。石淺水潺湲，日落山照曜。荒林紛沃若，哀禽相叫嘯。遭物悼遷斥，存期得要妙。既秉上皇心，五臣作情。豈屑末代誚。目覩嚴子瀨，想屬任公釣。誰謂古今殊，異代可同調。

又《遊南亭》　時竟夕澄霽，雲歸日西馳。密林含餘清，遠峯隱半規。久痗昏墊苦，旅館眺郊岐。澤蘭漸被徑，芙蓉始發池。未厭青春好，已觀朱明移。戚戚感物歎，星星白髮垂。藥餌情所止，衰疾忽在斯。逝將候秋水，息景偃舊崖。我志誰與亮，賞心惟良知。

又《登永嘉綠嶂山詩》　裹糧杖輕策，懷遲上幽室。行源逕轉遠，距陸情未異。澹瀲結寒姿，團欒潤霜質。澗委水屢迷，林迥巖逾密。眷西謂初月，顧東疑落日。踐一作殘。夕奄昏曙，蔽翳皆周悉。蠱上貴不事，履二美貞吉。幽人常坦步，高尚邈難匹。頤阿竟何端，寂寂寄抱一。恬如既已交，繕性自此出。

又《遊嶺門山詩》　西京誰修政，龔汲稱良吏。君子豈定所，清塵慮不嗣。早莅建德鄉，民懷虞芮意。海岸常寥寥，空館盈清思。協以上冬月，晨遊肆所喜。千圻邈不同，萬嶺狀皆異。威摧三山峭，瀄汩兩江駛。魚舟一作商。豈安流，樵拾謝西芘。人生誰云樂，貴不屈所志。

又《石室山詩》　清旦索幽異，放舟越坰郊。苺苺蘭渚急，藐藐苔嶺高。石室冠林陬，飛泉發山椒。虛泛徑千載，峥嶸非一朝。鄉村絶聞見，樵蘇限風霄。微我無遠覽，總笄羨升喬。靈域久韜隱，如與心賞交。合歡不容言，摘芳弄寒條。

又《登上戍石鼓山詩》　旅人心長久，憂憂自相接。故鄉路遥遠，川陸不可涉。汩汩莫與娱，發春托登躡。歡願既無並，戚慮庶有協。一作怯。極目睞左澗，迴顧眺右狹。日末澗增波，雲生嶺逾疊。白芷競新苕，綠蘋齊初葉。摘芳芳靡諼，愉樂樂不燮。佳期緬無像，騁望誰云愜。

又《石壁精舍還湖中作》　昏旦變氣候，山水含清暉。清暉能娱人，游子澹忘歸。出谷日尚早，入舟陽已微。林壑斂暝色，雲霞收夕霏。芰荷迭映蔚，蒲稗相因依。披拂趨南逕，愉悦偃東扉。慮澹物自輕，意愜理無違。寄言攝生客，試用此道推。

又《登石門最高頂》　晨策尋絶壁，夕息在山棲。疏峯抗高館，對嶺臨迴溪。長林羅戶穴，一作庭。積石擁階基。連巖覺路塞，密竹使徑迷。來人忘新術，去子惑故蹊。活活夕流駛，噭噭夜猿啼。沈冥豈別理，守道自不攜。心契九秋榦，目翫三春荑。居常以待終，處順故安排。惜無同懷客，共登青雲梯。

又《於南山往北山經湖中瞻眺》　朝旦發陽崖，景落憩陰峯。舍舟眺迴渚，停策倚茂松。側逕既窈窕，環洲亦玲瓏。俛視喬木杪，仰聆大壑淙。石橫水分流，林密蹊絶蹤。解作竟何感，升長皆丰容。初篁苞綠籜，新蒲含紫茸。海鷗戲春岸，天雞弄和風。撫化心無厭，覽物眷彌重。不惜去人遠，但恨莫與同。孤遊非情歎，賞廢理誰通。

又《從斤竹澗越嶺溪行》　猿鳴誠知曙，谷幽光未顯。巖下雲方合，花上露猶泫。逶迤傍隈隩，迢遞陟陘峴。過澗既厲急，登棧亦陵緬。川渚屢逕復，乘流翫迴轉。蘋萍泛沈深，菰蒲冒清淺。企石挹飛泉，攀林摘葉卷。想見山阿人，薜蘿若在眼。握蘭勤徒結，折麻心莫展。情用賞爲美，事昧竟誰辨。觀此遺物慮，一悟得所遣。

又《登歸瀨三瀑布望兩溪》　我行乘日垂，放舟候月圓。沫江免風濤，涉清弄漪漣。積石竦兩溪，飛泉倒三山。亦既窮登陟，荒藹橫目前。窺巖不覩景，披林豈見天。陽烏尚傾翰，幽篁未爲邅。退尋平常時，安知巢穴難。風雨非攸恡，擁志誰與宣。倘有同枝條，此日即千年。

又《登廬山絶頂望諸嶠》　積峽忽復啟，平塗俄已閉。巒隴有合沓，往來無蹤轍。晝夜蔽日月，冬夏共霜雪。

南朝宋　鮑照《鮑明遠集》卷三《代陽春登荆山行荆一作京》　旦登荆山頭，崎嶇道難游。早行犯霜露，苔滑不可留。極眺入雲表，窮目盡帝州。方都列萬室，層城帶高樓。奕奕朱軒馳，紛紛縞衣流。日氛映山浦，暄霧逐風收。花木亂平原，桑柘盈一作繇。平疇。攀條弄紫莖，藉露折芳柔。遇物雖成趣，念者不解憂。且共傾春酒，長歌登山丘。

又　卷六《行京口至竹里》　高柯危且竦，鋒石橫復仄。複澗隱松聲，重崖伏雲色。冰閉寒方壯，風動鳥傾翼。斯志逢凋嚴，孤遊值曛逼。兼塗無憩鞍，半菽不遑食。君子樹令名，細人効命力。不見長河水，清濁俱不息。

又《登翻車峴》　高山絶雲霓，深谷斷無光。晝夜淪霧雨，冬夏結寒霜。淖坂既馬嶺，磧路又羊腸。畏塗疑旅人，忌轍覆行箱。昇岑望原陸，四眺極川

梁。遊子思故居，離客遲新鄉。新知有客慰，追故遊子傷。

又　卷七《從登香爐峯》　辭宗盛荆夢，登高美臯繹。徒收杞梓饒，曾非羽人宅。羅景藹雲扃，沾光扈龍策。御風親列涂，乘山窮禹迹。含嘯對霧岑，延蘿倚峯壁。青冥摇煙樹，穹跨負天石。霜崖滅土膏，金澗測泉脈。旋淵抱星漢，乳竇通海碧。谷館駕鴻人，巖棲咀丹客。殊物藏珍怪，奇心隱仙籍。高世伏音華，綿古遁精魄。蕭瑟生哀聽，參差遠驚覿。慙無獻賦才，洗汙奉毫帛。

又　卷八《登廬山二首》　懸裝亂水區，薄旅次山楹。千岩盛阻積，萬壑勢迴縈。巃嵸高昔貌，紛純襲前名。洞澗窺地脈，聳樹隱天經。松磴上迷密，雲竇下縱横。陰冰實夏結，炎樹信冬榮。嘈囋晨鵾思，叫嘯夜猨清。深崖伏化迹，穹岫閟長靈。乘此樂山性，重以遠遊情。方躋羽人途，永與煙霧并。

又　訪世失隱淪，從山異靈士。明發振雲冠，升嶠遠棲趾。高岑隔半天，長崖斷千里。氛霧承星辰，潭壑洞江汜。嶄絶類虎牙，巑岏象熊耳。埋冰或百年，韜樹必千祀。雞鳴清澗中，猨笑白雲裏。瑶波逐穴開，霞石觸峯起。迴互非一形，參差悉相似。傾聽鳳管賔，緬望鈎龍子。松桂盈膝前，如何穢城市。

又　卷九《登大雷岸與妹書》　吾自發寒雨，全行日少。加秋潦浩汗，山溪猥至，渡沂無邊，險徑遊〔歷〕棧石星飯，結荷衣水宿，旅客貧辛，波路壯闊，始以今日食時，僅及大雷。塗登千里，日踰十晨，嚴風慘節，悲風斷肌，去親爲客，如何如何！向因涉頓，憑觀川陸；遨神清渚，流涕方曛；東顧三洲之隔，西眺九派之分；窺地門之絶景，望天際之孤雲。長圖大念，隱心者久矣。南則積山萬狀，爭氣負高，含霞飲景，參差代雄，凌跨長隴，前後相屬，帶天有匝，横地無窮。東則砥原遠隰，亡端靡際。寒蓬夕卷，古樹雲平。旋風四起，思鳥羣歸。靜聽無聞，極視不見。北則陂池潛演，湖脈通連。苧蒿攸積，菰蘆所繁。栖波之鳥，水化之蟲，智吞禺，彊捕八，號噪驚聒，紛平其中。西則回江永指，長波天合。滔滔何窮，漫漫安竭。創古迄今，舳艫相接。思盡波濤，悲滿潭壑。煙歸八表，終爲野塵。而是注集，長寫不測。修靈浩蕩，知其何故哉！西南望廬山，又特驚異。基壓江湖，峰與辰漢連接。上常積雲霞，雕錦褥。若華夕曜，巖澤氣通，傳明散綵，赫似絳天。左右青靄，表裏紫霄。從嶺而上，氣甚金光。半山純以下，爲黛色。信可以神居帝郊，鎮控湘漢者也。若衆洞所積，溪壑所射，鼓怒之所豗擊，湧澓之所宕滌，則上窮荻浦，下至狶洲，南薄燕瓜，北極雷澱，削長埤短，可數百里。中騰波觸天，高浪灌日，吞吐百川，寫泄萬壑。輕烟不流，華鼎振涾。弱草朱靡，洪漣隴蹙。散渙長驚，電透箭疾。穹溘崩聚，坻飛嶺覆。回沫冠山，奔濤空谷。碪石爲之摧碎，碕岸爲之齏落。仰視大火，俯聽波聲，愁魄脅息，心驚慓矣！

南朝梁　江淹《江文通集》卷四《愛遠山》　伯鸞兮已遠，名山兮不返。逮紺草之可結，及朱華之未晚。紲余馬於椒阿，漾余舟於沙衍。臨星朏兮樹闇，看日爍兮霞淺。淺霞兮駮雲，一合兮一分。映壑兮爲飾，綴澗兮成文。碧色兮婉轉，丹秀兮葐蒀。深林寂以窈窈，上猨狖之所羣。羣猨兮聒山，大林兮蔽天。楓岫兮筠嶺，蘭畹兮芝田。紫蒲兮光水，紅荷兮艷泉。香枝兮嫩葉，翡累兮翠疊。非郢路之遼遠，實寸憂之相接。欷美人於心底，願山與川之可涉。若溘死於汀潭，哀時命而自愜。

又《遊黄蘗山》　長望竟何極，閩雲連越邊。南州饒奇怪，赤縣多靈仙。金峰各虧日，銅石共臨天。陽岫照鸞采，陰谿噴龍泉。殘杌千代木，廧崒萬古烟。禽鳴丹壁上，猿嘯青崖間。秦皇慕隱淪，漢武願長年。皆負雄豪威，棄劍爲名山。況我葵藿志，松木横眼前。所若同遠好，臨風載悠然。

又《郭弘農遊仙璞景純》　崦山多靈草，海濱饒奇石。偃蹇尋青雲，隱淪駐精魄。道人讀丹經，方士鍊玉液。朱霞入窗牖，曜靈照空隙。傲睨摘木芝，陵波采水碧。眇然萬里遊，矯掌望烟客。永得安期術，豈愁濛汜迫。

又《謝臨川遊山靈運》　江海經邅迴，山嶠備盈缺。靈境信淹留，賞心非徒設。平明登雲峯，杳與廬霍絶。碧障長周流，金潭恒澄澈。桐一作洞。林帶晨霞，石壁映初晰。乳竇既滴瀝，丹井復寥泬。嵒嶤轉奇秀，岑崟還相蔽。赤玉隱瑶溪，雲錦披沙汭。夜聞猩猩啼，朝見鼯鼠逝。南中氣候暖，朱華凌白雪。幸遊建德鄉，觀奇經一作探。禹穴。身名竟誰辨，圖史終磨滅。且泛桂水潮，映月遊海澨。攝生貴處順，將爲智者説。

南朝齊　孔稚珪《遊太平山》（《漢魏六朝百三家集》卷七九引）　石險天貌分，林交日容缺。陰澗落春榮，寒巖留夏雪。

南朝齊　謝朓《謝宣城集》卷二《登山曲》　天明開秀崿，瀾光媚碧堤。風蕩飄鶯亂，雲行芳樹低。暮春春服美，遊駕凌丹梯。升嶠既小魯，登巒且悵齊。王孫尚遊衍，蕙草芳萋萋。

又《附巫山高》　高唐與巫山，參差鬱相望。灼爍在雲間，氛氲出霞上。散雨收夕臺，行雲卷晨帳。出没不易期，嬋娟似惆悵。

又　卷三《之宣城郡出新林浦向板橋》　江路西南永，歸流東北騖。天際識歸舟，雲中辨江樹。旅思倦摇摇，孤遊昔已屢。既歡懷禄情，復協滄洲趣。囂塵自兹隔，賞心於此遇。雖無玄豹姿，終隱南山霧。

又《遊山》　託養因支離，乘閒遂疲蹇。語默良未尋，得喪云誰辨。幸莅山水都，復值清冬緬。凌厓必千仞，尋谿將萬轉。堅崿既崚嶒，迴流復宛澶。杳杳雲竇深，淵淵石溜淺。傍眺鬱篻簩，還望森柟梗。荒隩被葴莎，崩壁帶苔蘚。鼯狖叫層嵁，鷗鳥戲沙衍。觸賞聊自觀，即趣咸已展。經日惜所遇，前路欣方踐。無言蕙草歇，留垣芳可搴。尚子時未歸，邴生思自免。永志昔所欽，勝迹今能選。寄言賞心客，得性良爲善。

又《遊敬亭山》　兹山亘百里，合沓與雲齊。隱淪既已託，靈異居然棲。上干蔽白日，下屬帶迴谿。交藤荒且蔓，樛枝聳復低。獨鶴方朝唳，饑鼯此夜啼。滯雲已漫漫，夕雨亦淒淒。我行雖紆組，兼得尋幽蹊。緑源殊未極，歸徑窅如迷。要欲追奇趣，即此凌丹梯。皇恩竟已矣，兹理庶無睽。

又《遊東田》　戚戚苦無悰，携手共行樂。尋雲陟累榭，隨山望菌閣。遠樹暖仟仟，生烟紛漠漠。魚戲新荷動，鳥散餘花落。不對芳春酒，還望青山郭。

又《晚登三山還望京邑》　灞涘望長安，河陽視京縣。白日麗飛甍，參差皆可見。餘霞散成綺，澄江静如練。喧鳥覆春洲，雜英滿芳甸。去矣方滯淫，懷哉罷歡宴。佳期悵何許，淚下如流霰。有情知望鄉，誰能鬒不變。

南朝梁　沈約《悲哉行》（《漢魏六朝百三家集》卷八八引）　旅遊媚年春，年春媚遊人。徐光旦垂彩，和露曉凝津。時嚶起稚葉，蕙氣動初蘋。一朝阻舊國，萬里隔良辰。

又《遊金華山》　遠策追夙心，靈山協久要。天倪臨紫闕，地道通丹竅。未乘琴高鯉，且縱嚴陵釣。若蒙羽駕迎，得奉金書召。高馳入閶闔，方覲靈妃笑。

又《早發定山》　夙齡愛遠壑，晚莅見奇山。標峯綵虹外，置嶺白雲間。傾壁忽斜豎，絶頂復孤圓。歸海流漫漫，出浦水濺濺。野棠開未落，山櫻發欲然。忘歸屬蘭杜，懷禄寄芳荃。眷言採三秀，徘徊望九仙。

又《遊沈道士館》　秦皇御宇宙，漢帝恢武功。歡娱人事盡，情性猶未充。鋭意三山上，托慕九霄中。既表祈年觀，復立望仙宫。寧爲心好道，直由意無窮。曰余知止足，是願不須豐。遇可淹留處，便欲息微躬。山嶂遠重疊，竹樹近蒙籠。開襟濯寒水，解帶臨清風。所累非外物，爲念在玄蹤。朋來握石髓，賓至駕輕鴻。都令人徑絶，惟使雲路通。一舉凌倒景，無事適華嵩。寄言賞心客，歲暮爾來同。

南朝梁　吴均《八公山賦》（《漢魏六朝百三家集》卷一〇一引）　峻極之山，蓄聖表僊。南參差而望越，北邐迤而懷燕。爾其盤桓基固，舍陽藏霧，絶壁崄巇，層巖迴互。桂皎月而常團，雲望空而自布。袖以華閬，帶以潛淮。文星亂石，藻日流堦。若夫神基巨鎮，而卓犖荆河。箕風畢雨，育嶺生峩。高岑直兮蔽景，修坂出兮架天。以迎雲而就日，若從漢而迴山。露泫葉而原浄，花照磯而岫鮮。促嶂萬尋，平崖億絶。上被紫而烟生，傍帶花而來雪。維英王兮好僊，會八公兮小山。駕飛龍兮翩翩，高馳翔兮冲天。

又《登壽陽八公山》　遠澗自傾曲，石溆復戔戔。含珠岸恒翠，懷玉浪多圓。踈峯時吐月，密樹下開天。瑶繩盡玄秘，金檢上奇篇。是有琴高者，陵波去水仙。

南朝梁　蕭衍《遊仙》（《漢魏六朝百三家集》卷八〇引）　水華究靈奥，陽精測神秘。具聞上仙訣，留丹未肯餌。潛名遊柱史，隱迹居郎位。委曲鳳臺日，分明柏寢事。蕭史暫徘徊，待我升龍轡。

南朝梁　蕭綱《行雨山銘》（《漢魏六朝百三家集》卷八二下引）　巖畔途遠，阿曲路深。猶云息駁，尚且抽琴。兹峯獨擅，嵚崎千變。却繞畫房，前臨寶殿。玉岫開華，紫水迴斜。溪間聚葉，澗裏縈沙。月映成水，人來當花。藤結如帷，磧起成基。芸香馥徑，石鏡臨墀。

南朝梁　蕭繹《賦登山馬》（《漢魏六朝百三家集》卷八四引）　登山馬逕小，逕小馬纔通。汗赭疑霑勒，衣香不逐風。何殊隴頭望，遥識祁連東。

唐　張九齡《曲江集》卷二《奉和聖製早發三鄉山行七言》　羽衛森森西向秦，山川歷歷在清晨。晴雲稍卷寒巖樹，宿雨能稍御路塵。聖德由來合天道，靈符即此應時巡。遺賢一一皆羈致，猶欲高深訪隱淪。

又　卷三《與生公遊石窟山》　探秘孰云遠，忘懷復爾同。日尋高深意，宛是神仙中。躋險遘靈室，詭制非人功。潛洞黝無底，殊庭忽似夢。豈如武安鑿，自若茅山通。造物良有寄，嬉遊迺愜衷。猶希咽玉液，從此昇雲空。咄咄共攜手，泠然且馭風。

又　卷四《商洛山行懷古》　園綺值秦末，嘉遁此山阿。陳迹向千古，荒途

始一過。碩人久淪謝，喬木自森羅。故事昔嘗覽，遺風今豈訛。泌泉空活活，樵叟獨皤皤。是處清暉滿，從中幽興多。長懷赤松意，復憶紫芝歌。避世辭軒冕，逢時解薜蘿。盛明今在運，吾道竟如何。

又《入廬山仰望瀑布水》 絶頂有懸泉，喧喧出烟杪。不知幾時歲，但見無昏曉。閃閃青崖落，鮮鮮白日皎。洒流濕行雲，濺沫驚飛鳥。雷吼何噴薄，箭馳入窈窕。昔聞山下蒙，今乃林巒表。物情有詭激，坤元曷紛矯。默然置此去，變化誰能了。

唐 孟浩然《孟浩然集》卷一《宿天台桐栢觀》 海行信風帆，夕宿逗雲島。緬尋滄洲趣，近愛赤城好。捫蘿亦踐苔，輟棹恣探討。息陰憩桐栢，採秀尋芝草。鶴唳清露垂，鷄鳴信潮早。願言解纓紱，從此去煩惱。高步陵四壁，玄蹤得三老。紛吾遠游意，學此長生道。日夕望三山，雲濤空浩浩。

又《秋登萬山寄張五》 北山白雲裏，隱者自怡悦。相望始登高，心隨鳳飛滅。愁因薄暮起，興是清秋發。時見歸村人，平沙渡頭歇。天邊樹若薺，江畔洲如月。何當載酒來，共醉重陽節。

又《萬山潭》 垂釣坐磐石，水清心益閑。魚行潭樹下，猿挂島藤間。游女昔解佩，傳聞於此山。求之不可得，沿月棹歌還。

又《登望楚山最高頂》 山水觀形勝，襄陽美會稽。最高惟望楚，曾未一攀躋。石壁疑削成，衆山比全低。晴明試登陟，目極無端倪。雲夢掌中小，武陵花處迷。暝還歸騎下，蘿月在深溪。

又 卷二《登龍興寺閣》 閣道乘空出，披軒遠目開。逶迤見江勢，客至屢緣迴。茲郡何填委，遥山復幾哉。蒼蒼皆草木，處處盡樓臺。驟雨一陽散，行舟四海來。鳥歸餘興滿，周覽更徘徊。

又《登總持寺浮屠》 半空躋寶塔，晴望盡京華。竹遶渭川遍，山連上苑斜。四門開帝宅，千陌俯人家。累劫從初地，爲童憶聚沙。一窺功德見，彌益道心加。坐覺諸天近，空香送落花。

又 卷三《與諸子登峴山》 人事有代謝，往來成古今。江山留勝迹，我輩復登臨。水落魚梁淺，天寒夢澤深。羊公碑尚在，讀罷淚沾襟。

又《遊景空寺蘭若》 龍象經行處，山腰度石關。屢迷青嶂合，時愛綠蘿閒。窅窅隔塵事，疑是入雞山。

又《尋白鶴巖張子容隱居》 白鶴青巖畔，幽人有隱居。堦庭空水石，林壑罷樵漁。歲月青松老，風霜苦竹踈。覩茲懷舊業，攜策返吾廬。

又《尋滕逸人故居》 人事一朝盡，荒蕪三徑休。始聞漳浦卧，奄作岱宗遊。池水猶含墨，山雲已落秋。今朝泉壑裏，何處覓藏舟。

又《遊鳳林寺西嶺》 共喜年華好，來遊水石間。烟容開遠樹，春色滿幽山。壺酒朋情洽，琴歌野興閒。莫愁歸路暝，招月伴人還。

又《陪獨孤使君同與蕭員外證登萬山亭》 萬山青嶂曲，千騎使君遊。神女鳴環佩，仙郎接獻酬。遍觀雲夢野，自愛江城樓。何必東南守，空傳沈隱侯。

又 卷四《過故人莊》 故人具雞黍，邀我至田家。綠樹村邊合，青山郭外斜。開筵面場圃，把酒話桑麻。待到重陽日，還來就菊花。

唐 王維《華嶽》（《王右丞集箋注》卷二引） 西嶽出浮雲，積翠在太清。翠，一作雪。連天疑黛色，疑，一作凝。百里遥青冥。白日爲之寒，森沉華陰城。昔聞乾坤閉，閉，《文苑英華》作開。造化生巨靈。造，《文苑英華》作變。右足踏方止，止，《文苑英華》作山。左手推削成。天地忽開拆，大河注東溟。遂爲西峙嶽，峙嶽，《文苑英華》作嶽峙。雄雄鎮秦京。大君包覆載，至德被羣生。上帝佇昭告，金天思奉迎。人祇望幸久，人，一作神。何獨禪云亭。

又《藍田山石門精舍》（《王右丞集箋注》卷三引） 落日山水好，漾舟信歸風。玩奇不覺遠，玩，一作探。因以緣源窮。緣，《唐詩紀事》作尋。遥愛雲木秀，秀，一作翠。初疑路不同。疑，《文苑英華》作言。安知清流轉，安，《文苑英華》作誰。偶與前山通。捨舟理輕策，果然愜所適。老僧四五人，逍遥蔭松柏。朝梵林未曙，未，一作方。夜禪山更寂。道心及牧童，及，一作友。世事問樵客。問，《文苑英華》作聞。暝宿長林下，林，一作井。焚香卧瑶席。澗芳襲人衣，山月映石壁。再尋畏迷誤，明發更登歷。笑謝桃源人，謝，一作問。花紅復來覿。《文苑英華》本分「捨舟理輕策」以下另爲一首。

又《桃源行時年十九》（《王右丞集箋注》卷六引） 漁舟逐水愛山春，雨岸桃花夾去津。去，《唐文粹》、《方輿勝覽》、《樂府詩集》俱作古。坐看紅樹不知遠，行盡青溪不見人。不見，《文苑英華》、《唐文粹》、《方輿勝覽》、《樂府詩集》俱作忽值。山口潛行始隈隩，山開曠望旋平陸。遥看一處攢雲樹，近入千家散花竹。《方輿勝覽》作近入千花映烟竹。樵客初傳漢姓名，居人未改秦衣服。居人共住武陵源，還從物外起田園。月明松下房櫳静，日出雲中雞犬喧。驚聞俗客争來集，驚，《文苑英華》

作忽。競引還家問都邑。都，《唐詩正音》作鄉。平明閭巷掃花開，薄暮漁樵乘水入。初因避地去人間，更聞成仙遂不還。更聞，劉本、顧可久本、《樂府詩集》、《唐詩品匯》、俱作更問，《文苑英華》、《唐文粹》、《方輿勝覽》俱作及至。遂，《文苑英華》、《唐文粹》、《方輿勝覽》俱作去。峽裏誰知有人事，世中遥望空雲山。中，劉本、顧可久本俱作上。不疑靈境難聞見，塵心未盡思鄉縣。出洞無論隔山水，辭家終擬長游衍。自謂經過舊不迷，安知峰壑今來變。峰，《文苑英華》作岑。當時只記入山深，青溪幾度到雲林。度，一作曲。春來徧是桃花水，不辨仙源何處尋。

又《終南山》（《王右丞集箋注》卷七引）　太乙近天都，乙，一作一。連山到海隅。山，《文苑英華》作天誤。到，一作接。白雲迴望合，青靄入看無。分野中峰變，陰晴衆壑殊。欲投人處宿，隔水問樵夫。水，《文苑英華》作浦。《樂府詩集》採此詩後四句作一首，題曰《睦州歌第一》。

又《過感化寺曇興上人山院感化寺，《文苑英華》作化感寺》　暮持笻竹杖，相待虎溪頭。催客聞山響，歸房逐水流。野花藂發好，谷鳥一聲幽。夜坐空林寂，林，顧可久本作村。松風直似秋。

又《觀獵》（《唐詩紀事》作《獵騎》《王右丞集箋注》卷八引）　風勁角弓鳴，勁，一作動。將軍獵渭城。草枯鷹眼疾，雪盡馬啼輕。忽過新豊市，市，雲溪友議作戍。還歸細柳營。回看射雕處，射鵰，雲溪友議作落雁，一作失雁。千里暮雲平。郭茂倩《樂府》採首四句入近代曲辭，題曰《戎渾》。《萬首唐人絶句》亦摘入絶句内，題作《戎渾》。

又《積雨輞川莊作》（積，《文苑英華》作秋。《衆玅集》作《秋歸輞川莊作》《王右丞集箋注》卷一〇引）　積雨空林烟火遲，蒸藜炊黍餉東菑。漠漠水田飛白鷺，陰陰夏木囀黄鸝。山中習静觀朝槿，松下清齋折露葵。清，《文苑英華》作行。野老與人争席罷，海鷗何事更相疑。事，一作處。

又《皇甫岳雲谿雜題五首》（《王右丞集箋注》卷一三引）《鳥鳴磵》　人閒桂花落，夜静春山空。月出驚山鳥，時鳴春澗中。

又《輞川集并序》　余别業在輞川山谷，其遊止有孟城坳、華子岡、文杏館、斤竹嶺、鹿柴、木蘭柴、茱萸沜、宫槐陌、臨湖亭、南垞、欹湖、柳浪、欒家瀨、金屑泉、白石灘、北垞、竹里館、辛夷塢、漆園、椒園等，與裴廸閒暇各賦絶句云爾。

【略】

又《孟城坳》　新家孟城口，古木餘衰柳。來者復爲誰，空悲昔人有。

同詠　裴廸　結廬古城下，時登古城上。古城非疇昔，今人自來往。

又《華子岡》　飛鳥去不窮，連山復秋色。上下華子岡，惆悵情何極。

同詠　裴廸　落日松風起，還家草露稀。雲光侵履跡，山翠拂人衣。

又《文杏館》　文杏裁爲梁，香茅結爲宇。不知棟裏雲，去作人間雨。

同詠　裴廸　迢迢文杏館，躋攀日已屢。南嶺與北湖，前看復迴顧。

又《斤竹嶺》　檀欒映空曲，青翠漾漣漪。暗入商山路，樵人不可知。

同詠　裴廸　明流紆且直，緑篠密復深。一逕通山路，行歌望舊岑。

又《鹿柴》　空山不見人，但聞人語響。近景入深林，復照青苔上。

同詠　裴廸　日夕見寒山，便爲獨往客。不知松林事，但有麏麚跡。

又《木蘭柴》　秋山斂餘照，飛鳥逐前侣。彩翠時分明，夕嵐無處所。

同詠　裴廸　蒼蒼落日時，鳥聲亂溪水。緣溪路轉深，幽興何時已。

又《茱萸沜》　結實紅且緑，復如花更開。山中倘留客，置此茱萸杯。

同詠　裴廸　飄香亂椒桂，布葉間檀欒。雲日雖迴照，森沉猶自寒。

又《宫槐陌》　仄徑蔭宫槐，幽陰多緑苔。應門但迎掃，畏有山僧來。

同詠　裴廸　門南宫槐陌，是向欹湖道。秋來山雨多，落葉無人掃。

又《臨湖亭》　輕舸迎上客，悠悠湖上來。當軒對樽酒，四面芙蓉開。

同詠　裴廸　當軒彌滉漾，孤月正徘徊。谷口猨聲發，風傳入户來。

又《南垞》　輕舟南垞去，北垞淼難即。隔浦望人家，遥遥不相識。

同詠　裴廸　孤舟信風泊，南垞湖水岸。落日下崦嵫，清波殊淼漫。

又《欹湖》　吹簫凌極浦，日暮送夫君。湖上一迴首，山青卷白雲。

同詠　裴廸　空闊湖水廣，青熒天色同。艤舟一長嘯，四面來清風。

又《柳浪》　分行接綺樹，倒影入清漪。不學御溝上，春風傷别離。

同詠〔裴廸〕　映池同一色，逐吹散如絲。結陰既得地，何謝陶家時。

又《欒家瀨》　颯颯秋雨中，淺淺石溜瀉。跳波自相濺，白鷺驚復下。

同詠　裴廸　瀬聲喧極浦，沿步向南津。汎汎鳧鷗渡，時時欲近人。

又《金屑泉》　日飲金屑泉，少當千餘歲。翠鳳翔文螭，羽節朝玉帝。

同詠　裴廸　潆渟澹不流，金碧如可拾。迎晨含素華，獨往事朝汲。

又《白石灘》　清淺白石灘，緑蒲向堪把。家住水東西，浣紗明月下。

同詠　裴廸　跂石復臨水，弄波情未極。日下川上寒，浮雲淡無色。

又《北垞》　北垞湖水北，雜樹映朱欄。逶迤南川水，明滅青林端。

同詠　裴迪　南山北垞下，結宇臨欹湖。每欲採樵去，扁舟出菰蒲。

又《竹里館》　獨坐幽篁裏，彈琴復長嘯。深林人不知，明月來相照。

同詠　裴迪　來過竹里館，日與道相親。出入惟山鳥，幽深無世人。

又《辛夷塢》　木末芙蓉花，山中發紅萼。澗户寂無人，紛紛開且落。

同詠　裴迪　緑堤春草合，王孫自留翫。況有辛夷花，色與芙蓉亂。

又《漆園》　古人非傲吏，自闕經世務。偶寄一微官，婆娑數枝樹。

同詠　裴迪　好閒早成性，果此諧宿諾。今日漆園遊，還同莊叟樂。

又《椒園》　桂尊迎帝子，杜若贈佳人。椒漿奠瑤席，欲下雲中君。

同詠　裴迪　丹刺罥人衣，芳香留過客。幸堪調鼎用，願君垂採摘。

又《山行遇雨》（《王右丞集箋注》卷一五引）　驟雨晝氛氲，空天望不分。暗山惟覺電，窮海但生雲。涉澗猜行潦，緣崖畏宿氛。夜來江月霽，棹唱此中聞。

唐　李白《李太白文集》卷二《蜀道難諷章仇兼瓊也》　噫吁戲！危乎，高哉！蜀道之難，難於上青天！蠶叢及魚鳧，開國何茫然，爾來四萬八千歲，不一作乃。與秦塞通人煙。西當太白有鳥道，何一作也。以横絶峨眉巔。地崩山摧壯士死，然後天梯石棧方一作相。鉤連。上有六龍回日之高標，一作横河斷海之浮雲。下有衝波逆折之回川。黄鶴之飛尚不得，一作過。猨猱欲度愁攀緣。一作牽。青泥何盤盤，百步九折縈巖巒。捫參歷井仰脅息，以手撫膺坐長歎。問君西遊何時還，畏途巉巗不可攀。但見悲鳥號古木，雄飛雌從遶林間。又聞子規啼夜月，愁空山。蜀道之難，難於上青天，使人聽此凋朱顔。連峯去天不盈尺，一作入煙幾千尺。枯松倒挂倚絶壁。飛湍瀑流爭喧豗，砯崖轉石萬壑雷。其嶮也若此，嗟爾遠道之人胡爲乎來哉。劍閣峥嶸而崔嵬，一夫當關，萬人一作夫。莫開。所守或匪親，一作人，化爲狼與豺。朝避猛虎，夕避長蛇。磨牙吮血，殺人如麻。錦城雖云樂，不如早還家。蜀道之難，難於上青天，側身西望長咨嗟。一作令人嗟。

又　卷一一《廬山謡寄盧侍御虚舟》　我本楚狂人，鳳歌笑一本作哭。孔丘。手持緑玉杖，一作枝。朝别黄鶴樓。五嶽尋仙不辭遠，一生好入名山遊。廬山秀出南斗傍，屏風九疊雲錦張，影落明湖青黛光。金闕前開二峯帳，銀河倒挂一作瀉。三石梁。香爐瀑布遥相望，迴崖沓嶂一作何。蒼蒼。翠影紅霞映朝日，一作照千里。鳥飛不到吴天長。登高壯觀天地間，大江茫茫去不還。黄雲萬里動風色，白波九道流雪山。好爲廬山謡，興因廬山發。閒窺石鏡清我心，謝公行處蒼苔没。一作緑蘿開處懸明月。早服還丹無世情，琴心三疊道初成。遥見仙人綵雲裏，手把芙蓉朝玉京。先期汗漫九垓上，願接盧敖遊太清。

又　卷一二《夢遊天姥吟留别一作别東魯諸公》　海客談瀛洲，煙濤微茫一作瀰漫。信難求。越人語一作道。天姥，雲霓明滅或一作安。可覩。天姥連天向天横，勢拔一作枝。五岳掩赤城。天台四萬八千丈，對此欲一作絶。倒東南傾。我欲因之一作冥搜。夢吴越，一夜飛度鏡湖月。湖月照我影，送我至剡谿。謝公宿處今尚在，渌水蕩漾清猿啼。脚著謝公屐，身登青雲梯。半壁見海日，空中聞天雞。千巖萬轉路不定，迷花倚石忽已暝。熊咆龍吟殷巖泉，慄深林兮驚層巔。雲一作楓。青青兮欲雨，水澹澹兮生煙。列缺霹靂，丘巒崩摧，洞天石扇，一作扉。訇然中一作而。開。青冥浩蕩不見底，日月照耀金銀臺。霓爲衣兮風爲馬，雲之君兮紛紛而來下。虎鼓瑟兮鸞回車，仙之人兮列如麻。忽魂悸以魄動，怳驚起而長嗟。惟覺時之枕席，失向來之煙霞。世間行樂亦如此，古來萬事東流水。别君去兮何時還，且放白鹿青崖間，須行即騎訪名山。安能摧眉折腰事權貴，使我不得開心顔。

又　卷一六《遊太山六首一作天寶元年四月從故御道上太山》　清曉騎白鹿，直上天門山。山際逢羽人，方瞳好容顔。捫蘿欲就語，却掩青雲關。遺我鳥跡書，飄然落巖間。其字乃上古，讀之了不閒。感此三歎息，從師方未還。

平明登日觀，舉手開雲關。精神四飛揚，如出天地間。黄河從西來，窈窕入遠山。憑崖覽八極，目盡長空閒。偶然值青童，緑髮雙雲鬟。笑我晚學仙，蹉跎凋朱顔。躊躇忽不見，浩蕩難追攀。

又　卷一八《登峨眉山》　蜀國多仙山，峨眉邈難匹。周流試登覽，絶怪安可悉。青冥倚天開，彩錯疑畫出。泠然紫霞賞，果得錦囊術。雲間吟瓊簫，石上弄寶瑟。平生有微尚，歡笑自此畢。烟容如在顔，塵累忽相失。儻逢騎羊子，攜手凌白日。

又《登太白峰》　西上太白峰，夕陽窮登攀。太白與我語，爲我開天關。願乘泠風去，直出浮雲間。舉手可近月，前行若無山。一别武功去，何時復更還。

又《登瓦官閣》　晨登瓦官閣，極眺金陵城。鐘山對北户，淮水入南榮。漫漫雨花落，嘈嘈天樂鳴。兩廊振法鼓，四角吟一作吹。風箏。杳出霄漢上，仰

攀日月行。山空霸氣滅，地古寒陰生。寥廓雲海晚，蒼茫宮觀平。門餘閶闔字，樓識鳳皇名。雷作百山動，神扶萬栱傾。靈光何足貴，長此鎮吳京。

又《望廬山瀑布二首尋陽》 西登香爐峰，南見一作望。瀑布水。挂流三百丈，一作三千匹。噴壑數十里。歘如飛電一作練。來，隱若白虹起。初驚河漢一作銀河。落，半灑雲天裡。一作半瀉金潭裡。仰觀勢轉雄，壯哉造化功。海風吹不斷，江一作山。月照還空。空中亂潨射，左右洗青壁。飛珠散輕霞，流沫沸穹石。而我遊名山，對之心益閑。無論漱瓊液，且得洗塵顔。且諧宿所好，永願辭人間。一作集譜宿所好，永不歸人間。

日照香爐生紫烟，遥看瀑布挂長川。飛流直下三千尺，疑是銀河落九一作半。天。一本題云《望廬山香爐峰瀑布》，曰：廬山上與星斗連，日照看爐生紫烟。下兩句同。

又 卷一九《牛渚磯》 絶壁臨巨川，連峰勢相向。亂石流洑間，迴波自成浪。但驚羣木秀，莫測精靈狀。更聽猿夜啼，憂心醉江上。

又 卷二〇《尋山僧不遇作金陵》 石徑入丹壑，松門閉青苔。閑階有鳥跡，禪室無人開。窺牕見白拂，挂壁生塵埃。使我空歎息，欲去仍徘徊。香雲隔山起，花雨從天來。已有空樂好，況聞青猿哀。了然絶世事，此地方悠哉。

又 《過汪氏別業二首》 遊山誰可遊，子明與浮丘。疊嶺礙河漢，連峰横斗牛。汪生面北阜，池館清且幽。我來感意氣，椎炰列珍羞。掃石待歸月，開池漲寒流。酒酣益爽氣，爲樂不知秋。

疇昔未識君，知君好賢才。隨山起館宇，鑿石營池臺。星火五月中，景風從南來。數枝石榴發，一丈荷花開。恨不當此時，相過醉金罍。我行值木落，月苦清猿哀。永夜達五更，吳歈送瓊盃。酒酣欲起舞，四座歌相催。日出遠海明，軒車且徘徊。更遊龍潭去，枕石拂莓苔。

又 《獨坐敬亭山宣城》 衆鳥高飛盡，孤雲獨去閑。相看兩不厭，只有敬亭山。

又 《訪戴天山道士不遇》 犬吠水聲中，桃花帶露濃。樹深時見鹿，溪午不聞鐘。野竹分青靄，飛泉挂碧峰。無人知所去，愁倚兩三松。

又 卷二二《觀獵》 太守耀清威，乘閑弄晚輝。江沙横獵騎，山火繞行圍。箭逐雲鴻落，鷹隨月兔飛。不知白日暮，歡賞夜方歸。

又 卷二四《劍閣賦送友人王炎入蜀》 咸陽之南，直望五千里，見雲峰之崔嵬。前有劍閣横斷，倚青天而中開；上則松風蕭颯瑟颸，有巴猿兮相哀；旁則飛湍走壑，灑石噴閣洶湧而驚雷。送佳人兮此去，復何時兮歸來。望夫君兮安極，我沉吟兮歎息。視滄波之東注，悲白日之西匿。鴻别燕兮秋聲，雲愁秦而暝色。若明月出於劍閣兮，與君兩鄉對酒而相憶。

唐 儲光羲《儲光羲詩集》卷一《泛茅山東溪》 清晨登仙峰，峰遠行未極。江海霽初景，草木含新色。而我任天和，此時聊動息。望鄉白雲裏，發棹清溪側。松柏生深山，無心自貞直。

又 《遊茅山五首》 一 世業傳儒行，行成非不榮。其如懷獨善，況以聞長生。家近華陽洞，早年深此情。巾車雲路入，理棹瑶溪行。天地朝光滿，江山春色明。王廷有軒冕，此日方知輕。

三 平生非作者，望古懷清芬。心以道爲際，行將時不羣。兹山在人境，靈貺久傳聞。遠勢一峰幽，近形千嶂分。冬春有茂草，朝暮多鮮雲。此去亦何極，但言西日曛。

四 昔賢居柱下，今我去人間。良以直心曠，兼之外視閑。垂綸非釣國，好學異希顔。落日登高嶼，悠然望遠山。溪流碧水去，雲帶清陰還。想見中林士，巖扉長不關。

五 名嶽徵仙事，清都訪道書。山門入松柏，天路涵空虚。南極見朝爽，西潭聞夜漁。遠心尚雲宿，浪跡出林居。爲已存實際，忘形同化初。此行良已矣，不樂復何如。

又 卷四《京口題崇上人山亭》 清旦歷香巖，巖徑紆復直。花林開宿霧，遊目清霄極。分明窓户中，遠近山川色。金沙童子戲，香飯諸天食。叫叫海鴻聲，軒軒江燕翼。寄言清淨者，閭閻徒自踣。

又 卷五《詠山泉》 山中有流水，借問不知名。映地爲天色，飛空作雨聲。轉來深澗滿，分出小池平。恬澹無人見，年年長自清。

唐 常建《常建詩》卷二《第三峰》 西山第三頂，茅宇依雙松。杳杳欲至天，雲梯昇幾重。瑩魄澄玉虚，以求鸞鶴蹤。逶迤非天人，執節乘赤龍。旁映白日光，縹緲輕霞容。孤輝上烟霧，餘影明心胸。願與黄麒麟，欲飛而莫從。因寂清萬象，輕雲自中峰。山暝學棲鳥，月來隨暗蛩。尋空静餘響，嫋嫋雲溪鐘。

又 卷三《題破山寺後禪院》 清晨入古寺，初日照一作朗。高林。竹逕通一作遇。幽處，禪房花木深。山光悦鳥性，潭影空人心。萬籟此都一作俱。寂，但

餘一作惟聞。鐘磬音。

唐 顔真卿《顔魯公集》卷一五《題杼山三癸亭亭陸鴻漸所創，得暮字》 杼山多幽絶，勝事盈跬步。前者雖登攀，淹留恨晨暮。及兹紆勝引，曾是美無度。欻構三癸亭，寔惟陸生故。高賢能翦物，疏鑿皆有趣。不越方丈間，居然雲霄遇。巍峩倚修岫，曠望臨古渡。左右苔石攢，低昂桂枝蠹。山僧狎猿狖，巢鳥來枳椇。俯視何楷臺，傍瞻戴顒路。遲迴未能下，夕照明村樹。

唐 杜甫《集千家註杜工部詩集》卷一《望嶽》 岱宗夫如何，齊魯青未了。造化鐘神秀，陰陽割昏曉。盪胸生曾雲，決眥入歸鳥。會當凌絶頂，一覽衆山小。

唐 元結《次山集》卷四《登白雲亭》 出門上南山，喜逐松徑行。窮高欲極遠，始到白雲亭。長山繞井邑，登望宜新晴。洲渚曲湘水，縈回隨郡城。九疑千萬峯，嵺嵺天外青。煙雲無遠近，皆傍林嶺生。俯視松竹間，石水何幽清。涵映滿軒户，娟娟如鏡明。何人病惛濃，積醉且未醒。與我一登臨，爲君安性情。

又《登九疑第二峰》 九疑第二峰，其上有仙壇。杉松映飛泉，蒼蒼在雲端。何人居此處，云是魯女冠。不知幾百歲，讌坐餌金丹。相傳羽化時，雲鶴滿峯巒。婦中有高人，相望空長歎。

唐 孟郊《孟東野詩集》卷四《陪侍御叔遊城南山墅》 夜坐擁腫亭，書登崔嵬岑。日窺萬峯首，月見雙泉心。松氣清耳目，竹氛碧衣襟。佇想一作仰悲。琅玕字，數聽枯槁吟。

唐 白居易《白氏長慶集》卷七《遊石門澗》 石門無蹊徑，披榛訪遺跡。時逢山水秋，清輝如古昔。常聞慧遠輩，題詩此巖壁。雲覆莓苔封，蒼然無處覓。蕭疎野生竹，崩剥多年石。自從東晉後，無復人遊歷。獨有秋澗聲，潺湲空旦夕。

又《登香爐峯》 迢迢香爐峯，心存耳目想。終年牽物役，今日方一往。攀蘿蹋危石，手足勞俯仰。同遊三四人，兩人不敢上。上到峯之頂，目眩心怳怳。高低有萬尋，闊狹無數丈。不窮視聽界，焉識宇宙廣。江水細如繩，湓城小於掌。紛吾何屑屑，未能脱塵鞅。歸去思自嗟，低頭入蟻壤。

又 卷八《登商山最高頂》 高高此山頂，四望唯煙雲。下有一條路，通達楚與秦。或名誘其心，或利牽其身。乘者與負者，來去何紛紜。我亦斯人徒，未能出囂塵。七年三往復，何得笑他人。

又《山路偶興》 筋力未全衰，僕馬不至弱。又多山水趣，心賞非寂寞。捫蘿上煙嶺，蹋石穿雲壑。谷鳥晚仍啼，洞花秋不落。提籠復攜榼，遇勝時停泊。泉憩茶數甌，嵐行酒一酌。獨吟還獨笑，此興殊未惡。假使在城時，終年有何樂。

又 卷一三《遊仙遊山》 闇將心地出人間，五六年來人怪閒。自嫌戀着未全盡，猶愛雲泉多在山。

又 卷一六《閒遊》 外事因慵廢，中懷與靜期。尋泉上山遠，看笋出林遲。白石磨樵斧，青竿理釣絲。澄清深淺好，最愛夕陽時。

又《大林寺桃花》 人間四月芳菲盡，山寺桃花始盛開。長恨春歸無覔處，不知轉入此中來。

又 卷二二《早冬遊王屋，自靈都抵陽臺上方，望天壇偶吟成章，寄温谷周尊師、中書李相公》 霜降山水清，王屋十月時。石泉碧漾漾，巖樹紅離離。朝爲靈都遊，暮有陽臺期。飄然世塵外，鸞鶴如可追。忽念公程盡，復慙身力衰。天壇在天半，欲上心遲遲。嘗聞此遊者，隱客與損之。各抱貴仙骨，俱非泥垢姿。二人相顧言，彼此稱男兒。若不爲松喬，即須作皐夔。今果如其語，光彩雙葳蕤。一人佩金印，一人翳玉芝。我來高其事，詠歎偶成詩。爲君題石上，欲使故山知。

又 卷二七《從龍潭寺至少林寺題贈同遊者》 山屐田衣六七賢，搴芳蹋翠美潺湲。九龍潭月落杯酒，三品松風飄管弦。强健且宜遊勝地，清涼不覺過炎天。始知駕鶴乘雲外，别有逍遥地上仙。

又 卷二九《秋日與張賓客舒著作同遊龍門，醉中狂歌凡二百三十八字》 秋天高高秋光清，秋風嫋嫋秋蟲鳴。嵩峯餘霞錦綺卷，伊水細浪鱗甲生。洛陽閒客知無數，少出遊山多在城。商嶺老人自追遂，蓬丘逸士相逢迎。南出鼎門十八里，莊店邐迤橋道平。不寒不熱好時節，鞍馬穩快衣衫輕。並轡踟蹰下西岸，扣舷空與遠中汀。開懷曠達無所繫，觸目勝絶不可名。荷衰欲黄荇猶緑，魚樂自躍鷗不驚。翠藻蔓長孔雀尾，彩船櫓急寒鴈聲。家醖一壺白玉液，野花數把黄金英。晝遊四看西日暮，夜話三及東方明。暫停盃觴輟吟詠，我有狂言君試聽。丈夫一生有二志，兼濟獨善難得并。不能救療生民病，即須先濯塵土纓。況吾頭白眼已闇，終日戚促何所成。不如展眉開口笑，龍門醉卧香山行。

又《晚歸香山寺因詠所懷》我年日已老，我身日已閒。閒出都門望，但見水與山。關塞碧巖巖，伊流清潺潺。中有古精舍，軒户無扃關。岸草歇可藉，逕蘿行可攀。朝隨浮雲出，夕與飛鳥還。吾道本迂拙，世途多險艱。嘗聞嵇吕輩，尤悔生疏頑。巢悟入箕潁，皓知返商巔。豈唯樂肥遁，聊復祛憂患。吾亦從此去，終老伊嵩間。

唐 元稹《元氏長慶集》卷一五《獨游》遠地難逢侣，閒人且獨行。上山隨老鶴，接酒待殘鶯。花當去聲西施面，泉勝衛玠清。鵜鶘滿春野，無限好同聲。

唐 李德裕《李衛公别集》卷一〇《思平泉樹石雜詠十一首·釣臺》我有嚴湍思，懷人訪故臺。客星依釣隱，仙石逐槎回。倒影含清沚，凝陰長碧苔。飛泉信可挹，幽客未歸來。

《似鹿石》林中有奇石，髣髴獸潛行。乍似依巖桂，還疑食野蘋。茸長緑鮮映，班細紫苔生。不是見羈者，何勞如頓纓。

《海上石筍》常愛僊都山，奇峯千仞懸。迢迢一何迥，不與衆山連。忽逢海嶠石，稍慰平生憶。何以侣我心，亭亭孤且直。

《疊》潺湲桂水湍，漱石多奇狀。鱗次冠煙霞，蟬聯疊波浪。今來碧梧下，迥出秋潭上。歲晚苔蘚滋，懷賢益惆悵。

《重臺芙蓉》芙蓉含露時，秀色波中溢。五女襲朱裳，重重映皓質。晨霞耀丹景，片片明秋日。蘭澤多衆芳，妍姿不相匹。

《白鷺鷥》余心憐白鷺，潭上日相依。拂石疑星落，凌風似雪飛。碧沙常獨立，清景自忘歸。所樂惟烟水，徘徊戀釣磯。

《海魚骨》昔日任公子，期年釣此魚。無由見成岳，聊喜識專車。皎皎連霜月，高高映碧渠。陶潛雖好事，觀海只披圖。

《泛池舟》桂舟蘭作枻，芬芳皆絶世。只可弄潺湲，焉能濟大川。樹懸涼夜月，風散碧潭烟。未得同魚子，菱歌共扣舷。

《舴艋舟》無輕舴艋舟，始自鴟夷子。雙闕挂朝衣，五湖極烟水。時遊杏壇下，乍入湘川裏。永日歌濯纓，超然謝塵滓。

《二猿》釣瀨水連漪，富春山合沓。松上夜猿鳴，谷中清響合。銜網忽見羈，故山從此辭。無由碧潭飲，争接緑蘿枝。

唐 釋皎然《杼山集》卷二《五言奉酬袁使君高春遊鶺鴒峰蘭若見懷》鶺鴒中峰近，高奇古人遺。常欲乞此地，養松挂藤絲。昨聞雙旌出，一川花滿時。恨無翔雲步，遠赴關山期。躋險與誰賞，折芳應自怡。遥知忘歸趣，喜得春景遲。已見郢人唱，新題石門詩。

又 卷四《送重鈞上人遊天臺》漸看華頂出，幽賞意隨生。十里行松色，千重過水聲。海容雲正盡，山色雨初晴。事事將心證，知君道可成。

又 卷一〇《陪盧中丞閒游山寺》野寺出人境，捨舟登遠峰。林開明見月，萬壑静聞鐘。擁燭明山翠，交麾動水容。如何股肱守，塵外得相逢。

宋 王禹偁《小畜集》卷九《村行》馬穿山徑菊初黄，信馬悠悠野興長。萬壑有聲含晚籟，數峰無語立斜陽。棠梨落葉胭脂色，蕎麥花開白雪香。何事吟餘忽惆悵？村橋原樹似吾鄉。

宋 梅堯臣《宛陵先生集》卷七《魯山山行》適與野情趣，千山高複低。好峰隨處改，幽徑獨行迷。霜落熊升樹，林空鹿飲溪。人家在何許？雲外一聲雞。

宋 歐陽修《文忠集》卷三《遊瑯琊山》南山一尺雪，雪盡山蒼然。澗谷深自暖，梅花應已繁。使君厭騎從，車馬留山前。行歌招野叟，共步青林間。長松得高蔭，盤石堪醉眠。止樂聽山鳥，攜琴寫幽泉。愛之欲忘返，但苦世俗牽。歸時始覺遠，明月高峰巔。

卷一〇《遠山》山色無遠近，看山終日行。峰巒隨處改，行落不知名。

又 卷一一《愁牛嶺》邦人晝一作自。説畏愁牛，一作牛愁。不獨牛愁我亦愁。終日下一作遠。山行百轉，却從山脚望山頭。

又 卷五二《自岐一作枝江山行至平陸驛五言二十四韻》岐江望平陸，百里千餘嶺。蕭條斷烟火，莽蒼無人境。峯巒互前後，南北失壬丙。天秋雲愈高，木落歲方冷。水涉愁蜮射，含沙也。林行憂虎猛。萬仞懸巖崖，一彴履枯梗。緣危類猨猱，陷淖若鼁黽。腰輿懼傾撲，煩馬倦鞭警。攀躋誠畏塗，習俗羡蠻獷。度隘足雖跰，因高目還騁。九野畫荆衡，羣山亂巫郢。烟嵐互明滅，點綴成一作若。圖屏。時時度深谷，往往得佳景。翠樹鬱如蓋，飛泉溜垂綆。幽花亂黄紫，蒨粲弄光影。山鳥囀成歌，寒蜩嘒如哽。登臨雖云勞，一作廣。巨細得周省。晨裝趂徒旅，夕宿訪閭井。村暗水茫茫，雞鳴星耿耿。登高近佳節，歸思時引領。谿菊薦山罇，田篘佐亰鼎。家近夢先歸，夜寒衾屢整。崎嶇念行役，昔宿已爲永。豈如江上舟，棹歌方酩酊。初泛舟荆江，棋酒甚歡，故有此。

又 卷五三《幽谷一作豐樂亭晚飲》一徑入蒙密，已聞流水聲。行穿翠篠

盡，忽見青山横。山勢抱幽谷，谷泉含石泓。旁生嘉樹林，上有好鳥鳴。鳥語谷中静，樹涼泉影清。露蟬已嘒嘒，風留時泠泠。渴心不待飲，醉耳傾還醒。嘉我二三友，偶同丘壑情。環流席高蔭，置酒當峥嶸。是時新雨餘，日落山更明。山色已可愛，泉聲難久聽。安得白玉琴，寫以一作之。朱絲繩。

宋　王安石《臨川文集》卷一四《山行》　出寫清淺景，歸穿蒼翠陰。平頭均楚製，長耳嗣吴吟。暮嶺已佳色，寒泉仍好音。誰同此真意，倦鳥亦幽尋。

又　卷二五《登大茅山》　一峰高出衆山顛，疑隔塵沙道里千。俯視煙雲來不極，仰攀蘿蔦去無前。人間已换嘉平帝，地下誰通句曲天。陳迹是非今草莽，紛紛流俗尚師仙。

又　《登中茅山》　翛然杖屨出塵囂，雞犬無聲到泬寥。欲見五芝莖葉老，尚攀三鶴羽翰遥。容溪路轉迷横彴，仙几風來得墮樵。興罷日斜歸亦懶，更磨碑蘚認前朝。

又　《登小茅山》　捫蘿路到半天窮，下視淮洲杳靄中。物外真游來几席，人間榮願付苓通。白雲坐處龍池杳，明月歸時鶴馭空。回首三君誰更似，子房家世有高風。

又　卷三〇《遊鍾山》　終日看山不厭山，買山終待老山間。山花落盡山長在，山水空流山自閑。

又　卷三四《天童山溪上》　溪水清漣樹老蒼，行穿溪樹踏春陽。溪深樹密無人處，唯有幽花渡水香。

又　《登飛來峯》　飛來山上千尋塔，聞説雞鳴見日昇。不畏浮雲遮望眼，自緣身在最高層。

宋　蘇軾《東坡全集》卷一《真興寺閣》　山川與城郭，漠漠同一形。市人與鵶鵲，浩浩同一聲。此閣幾何高，何人之所營。側身送落日，引手攀飛星。當年王中令，斫木南山頳。寫真留閣下，鐵面眼有稜。身長八九尺，與閣兩峥嶸。古人雖暴恣，作事今世驚。登者尚呀喘，作者何以勝。曷不觀此閣，其人勇且英。

又　《二十七日自陽平至斜谷，宿於南山中蟠龍寺》　横槎晚渡碧澗口，騎馬夜入南山谷。音浴。谷中暗水響瀧瀧，嶺上疎星明煜煜。寺藏巖底千萬仞，路轉山腰三百曲。風生饑虎嘯空林，月黑驚麏竄脩竹。入門突兀見深殿，照佛青熒有殘燭。媿無酒食待遊人，旋斫杉松煮溪蔌。板閣獨眠驚旅枕，木魚曉動隨僧粥。起觀萬瓦鬱參差，目亂千巖散紅緑。門前商賈負椒荈，山後咫尺連巴蜀。何時歸耕江上田，一夜心逐南飛鵠。

又　卷二《自仙遊回至黑水，見居民姚氏山亭高絶可愛，復憩其上》　山鵶曉辭谷，似報遊人起。出門猶屢顧，慘若去吾里。道途險且迂，繼此復能幾。溪邊有危構，歸駕聊復杋。愛此山中人，縹緲如仙子。平生慕獨往，官爵同一屣。胡爲此谿邊，眷眷若有俟。國恩久未報，念此慙且泚。臨風浩悲吒，萬世同一軌。何年謝簪紱，丹砂留迅晷。

又　卷三《遊徑山》　衆峰來自天目山，勢若駿馬奔平川。中塗勒破千里足，金鞭玉蹬相回旋。人言山住水亦住，下有萬古蛟龍淵。道人天眼識王氣，結茆宴坐荒山巔。精誠貫山石爲裂，天女下試顔如蓮。寒臙暖足來朴朔，夜鉢呪水降蜿蜒。雪眉老人朝扣門，願爲弟子長參禪。爾來廢興三百載，奔走吴會輸金錢。飛樓湧殿壓山谷，朝鐘暮皷驚龍眠。晴空偶見浮海蜃，落日下數投村鳶。有生共處覆載内，擾擾膏火同烹煎。近來愈覺世路隘，每到寬處差安便。嗟余老矣百事廢，却尋舊學心茫然。問龍乞水歸洗眼，欲看細字銷殘年。龍井水洗病眼有效。

又　《自徑山回，得吕察推詩，用其韻招之宿湖上》　多君貴公子，愛山如愛色。心隨葉舟去，夢遶千山碧。新詩到中路，令我喜折屐。古來軒冕徒，操捨兩悲慄。數朝辭簪笏，兩脚得暫赤。歸來不入府，却走湖上宅。寵辱吾久忘，寧畏官長詰。飄然便欲去，誰在子思側。君能從我遊，出郭及未黑。

又　卷四《飲湖上初晴後雨二首》　朝曦迎客艷重岡，晚雨留人入醉鄉。此意自佳君不會，一盃當屬水仙王。湖上有水仙王廟。

水光瀲灔晴方好，山色空濛雨亦奇。欲把西湖比西子，淡粧濃抹總相宜。

又　卷五《登玲瓏山》　何年僵立兩蒼龍，瘦脊盤盤尚倚空。翠浪舞翻紅罷亞，白雲穿破碧玲瓏。三休亭上工延月，九折巖前巧貯風。脚力盡時山更好，莫將有限趁無窮。

又　《遊東西巖即謝安東山也》　謝公含雅量，世運屬艱難。況復情所鍾，感概萃中年。正賴絲與竹，陶寫有餘歡。常恐兒輩覺，坐令高趣闌。獨携縹緲人，來上東西山。放懷事物外，徙倚弄雲泉。一旦功業成，管蔡復流言。慷慨桓野王，哀歌和清彈。挽鬚起流涕，始知使君賢。意長日月促，卧病已辛酸。慟哭西州門，往駕那復還。空餘行樂處，古木昏蒼烟。

又　卷一一《端午遍遊諸寺得禪字》　肩輿任所適，遇勝輒留連。焚香引幽

步，酌茗開静筵。微雨止還作，小窓幽更妍。盆山不見日，草木自蒼然。忽登最高塔，眼界窮大千。卞峰照城郭，震澤浮雲天。深沉既可喜，曠蕩亦所便。幽尋未云畢，墟落生晚烟。歸來記所歷，耿耿清不眠。道人亦未寢，孤燈同夜禪。

又　卷二三《次韻程正輔游碧落洞》　空山不難到，絶境未易名。何時謫仙人，來作鈞天聲。胸中幾雲夢，餘地方恢宏。長庚與北斗，錯落綴冠纓。黄公獻紫芝，赤松餽青精。谿山久寂寞，請續《離騷》經。抱枝寒蜩咽，繞耳飛蚊清。謫仙拊掌笑，笑此羽皇銘。我頃嘗獨游，自適孤雲情。君今又繼往，霧雨愁青冥。感君兄弟意，尋羊問初平。玉牀分箭鏃，不忍獨長生。詩成輒寄我，妙絶陶謝并。孤鴻方避弋，老驥猶在坰。鳥獸如可羣，永寄槁木形。何山不堪隱，飲水自修齡。

宋　張耒《張右史文集》卷三一《初見嵩山》　年來鞍馬因塵埃，賴有青山豁我懷。日暮北風吹雨去，數峰清瘦出雲來。

宋　王十朋《梅溪前集》卷二《游簫峰》　蠟屐穿雲去，山深喜路通。人家煙色裏，古寺水聲中。金濺星猶在，丹成竈已空。吹簫人不見，臺下想仙風。

又《題雙瀑》　瀑水簫峰下，靈源不可尋。倚天雙寶劍，點石萬星金。勢合鯨鯢鬬，聲聯虎豹吟。我來游勝境，洗耳聽清音。

又　卷三《出鴈山》　三宿山中始出山，出山心尚在山間。浮名奪我林泉趣，不及高僧一味閒。

又　卷八《度雁山》　雁山五經眼，兹行尤可觀。初冬天氣佳，雁歸山未寒。有日照幽谷，無雲翳層巒。入境見祥雲，祥雲峯。振衣登馬鞍。馬鞍嶺。瀑水飛王龍，雨龍湫。羽旗導翔鸞。展旗峯，翔鸞峯。石柱屹天外，天柱峯。卓筆書雲端。卓筆峯。靈峯觀石室，杖屨穿巑岏。山禽知我來，好音若相歡。登羅漢洞，有禽鳴絶頂，聲極可愛。羣峰列春笋，丹青狀尤難。靈峰新創丹青閣。行色娩匆匆，更約他時看。

宋　王十朋《梅溪後集》卷一〇《次韻唐立夫以日者命狀見寄》　天下名山欲偏看，未能高卧愧陳摶。山人誤説潛夫命，只慕冥鴻不慕官。唐詩云：試把流年子細看，休將蠖屈比鵬摶。君家大有回天力，不爲區區作好官。

又《宿歸宗寺》　好山無數不知名，路入禪林氣更清。岩石有時開鏡面，石鏡。溪流入夜作鸞聲。鸞溪。臨池墨客餘風韻，寺本王右軍宅，有墨池存。拭眼高僧避寵榮。安得清風生兩腋，紫霄峰頂望寰瀛。

又《游萬杉院》　誰栽沙苑千株柳，争似廬山萬本杉。如欲歲寒長不改，更栽松栢滿幽岩。

廬山三百六十所，長有神光照萬杉。借問山中有何寶，仁宗飛白字非凡。

一水遥分瀑布餘，萬杉深處散明珠。不知散却珠多少，能買人間富貴無。散珠亭。

又《題一覽亭在漕臺後山》　危亭頂鄂渚，欲上初不敢。肩輿躡峥嶸，眼界驚坎窞。青山繚江湖，烟雨抹濃淡。千帆破滄浪，萬室昭菡萏。大澤胸可吞，秀色手宜攬。形勢控上游，天險卦侔坎。登臨迫吹帽，秋聲在葭菼。銜杯情有欣，懷古意多感。兩雄孫與劉，壯志鯨鵬瞰。赤壁走阿瞞，功業炳鉛槧。黄鶴去何之，靈竹色猶慘。樓餘庾公興，洲遺正平憾。北望舊中原，激裂壯士膽。何由登太山，一快天下覽。赤壁之説有四，在鄂之蒲圻者，是孫權遣周瑜與劉備併力敗曹公于是。

宋　楊萬里《誠齋集》卷二《送盧山人二首》　行盡千山又萬山，山真何好子能然。青鳥縱妙儂曾問，著眼烟雲也自賢。

又　卷五《豊山小憩》　歸路元無遠，行人倦自遲。野香寒蝶聚，秋色老楓知。得得逢清陰，休休憩片時。江山豈無意，邀我覔新詩。

又　卷六《登烏石寺》　回頭身忽在樹杪，一覽千山萬山小。怪岨不落欹欲摧，令人仰看怯眼開。小亭解事知儂倦，翼然飛出青山半。上頭最上却鏡平，百畝金碧千衲僧。高峰高寺更高閣，進步竿頭若爲脚。兹遊勝絶庸非天，山下虚行二十年。

又　卷七《晚步南溪弄水》　吾廬在南溪，溪北北山半。山空誰肯鄰，影静鶴爲伴。萬松當籬落，千巖上几案。花草豈厭多，不多亦堪翫。一丘萬事足，半點無外羡。如何濯雙纓，獨欠泉一眼。晚晴漫野步，偶到溪側畔。頗怪清淺流，雪後劣如線。相將二三子，一笑出奇觀。瓊石雜瑶礫，掇拾作微堰。鏘然便淙琤，清若奏琴阮。當流立孤石，灔滪忽童丱。不塞勢何怒，惟激聲故遠。從今日日來，愁肺要湔浣。兒童俾勿壞，鷗鷺好收管。

又《飯罷登山》　樹遠通鶯響，花晴帶雨痕。登山偶回首，隔水見前村。澹往孤無伴，清歸笑不言。還家更遲著，松菊未應存。

又　卷一五《晨炊黄亩舖飯後山行》　山行行得軟如綿，急上籃輿睡霎間。夢裏只聞人喝道，不知過盡數重山。

又　卷一七《入陂子逕》　下一嶺上一嶺，上如登天下如井，人言箇是陂子逕。猿藤逕裏無居民，陂子逕裏無行人。冷風瀟瀟日杲杲，露濕半黄半青草。前日猿藤猶有猿，今此一鳥亦不喧。樹無紅果草無蘂，縱有猿鳥將何餐。兩山如壁岸如削，一逕緣空仄容脚。溪聲千仞撼林壑，崖石欲崩人欲落。來日長峯逕更長，陂子逕荒未是荒。蔣家三逕未入手，嶺南三逕先斷腸。

又　《過陂子逕五十餘里，喬木蔽天，遣悶七絶句》　林中亭午始微明，楓倒杉傾滿路横。黄葉青苔深一尺，先生却愛此中行。　草光葉潤亦清佳，翠裏生香不是花。一事説來人不信，蕨長如樹蚓如蛇。　蘆深石路旋芟開，藤絓肩輿却倒回。蘭蕙連山爲誰好，芭蕉滿谷不緣栽。　爲憐上轎罶人肩，下轎行來脚底穿。客子心心愁欲暮，碧雲偏作半陰天。　晚風寂寂樹陰陰，松不悲鳴竹不吟。只有清泉逢白石，向人剌口説山林。　澗泉勸我出山遲，曲曲遮留步步隨。泉自多情儂自悶，今宵會有出山時。　山窮喜見一平川，不似林中不識天。只此出山災便散，何須更問小行年。

又　卷二三《看劉寺芙蓉》　初約山寺游，端爲怪奇石。那知雲水鄉，化作錦繡國。入門逕深深，過眼秋寂寂。隔竹小亭明，稠紅漏疎碧。山僧引幽踐，絶巘恣佳陟。三步綺爲障，于步霞作壁。闌如屏四圍，搭以帔五色。滿山盡芙蓉，山僧所手植。秋英例臞淡，此花獨腴澤。却憶補外時，朝士作祖席。是間萬株梅，冷射千崖白。舊游不可尋，雪枝半榛棘。

又　卷三四《過五嶺》　昨日山行尚有村，今朝嶺塞更無門。仰攀苔磴上絶項，却倒去聲。籃輿下峻巒。身覺去天纔寸許，岸臨無地不堪看。前頭尚有芙蓉在，此嶺難登未是難。

又　《安樂廟頭》　誰遣詩家酷愛山，愛山説得口瀾翻。千峯萬嶺争投奔，一陟三休却倦煩。堆案滿前何處著，枯腸飽後豈能餐。殘嵐賸翠渾無用，包寄金陵同社看。

又　《未至安樂坊，隔林望見霜鏗嶺兩峯特奇》　天知老子厭凡山，别放潛環伏寶看。一行音巷。横林遮嶺脚，兩峯如笋出雲端。舉頭瞥見還驚遻，到骨清奇特地寒。彼此相遭有緣法，悔將嗔喜觸巑岏。

宋　朱熹《晦菴集》卷一《登羅漢峰》　休暇曹事簡，登高恣窺臨。徜徉偶此地，曠望披塵襟。落日瞰遠郊，暮色生寒陰。歡娱未云已，更欲窮幽尋。行披茂樹盡，豁見滄溟深。恨無雙飛翼，往詣蓬山岑。

又　卷三《次秀野春晴山行紀物之句》　祇憑詩律作生涯，到處山林總是家。便與清尊臥芳草，不妨皂盖拂殘花。側聞温詔詢耆艾，好趂春風入殿衙。回首能忘舊猿鶴，一篇聊爾記年華。

又　卷四《游武夷以相期拾瑶草分韻賦詩得瑶字》　秋風入庭户，殘暑不敢驕。起趂汗漫期，兩袖天風飄。眷焉此家山，名號列九霄。相與一來集，曠然心朗寥。棲息共雲屋，追尋喚魚舠。一水屢縈回，千峰鬱岧嶢。蒼然大隱屏，林端聳孤標。下有雲一壑，仙人久相招。授我黄素書，贈我英瓊瑶。茅茨幾時見，自此遺紛囂。

又　卷五《自上封登祝融峯絶頂次敬夫韻》　衡嶽千仞起，祝融一峯高。羣山畏突兀，犇走如曹逃。我來雪月中，歷覽快所遭。捫天滑青壁，俯壑崩銀濤。所恨無十犗，一製了六鼇。遄歸青蓮宫，坐對白玉毫。重閣一徙倚，霜風利如刀。平生山水心，真作貨食饕。明朝更清澈，再往豈憚勞。中宵撫世故，劇如千蝟毛。嬉遊亦何益，歲月今滔滔。起望東北雲，茫然首空搔。

又　卷六《遊密菴分韻賦詩得還字》　我行得佳友，勝日尋名山。春山既妍秀，清溪亦潺湲。行行造禪扉，小憩腰脚頑。窮探意未已，理策重躋攀。入谷翳蒙密，俯澗隨泓灣。誰將百尺綃，掛此長林間。雄聲殷地厚，洪源瀉天慳。偉哉奇特觀，償此一日閑。所恨境過清，悄愴暮當還。顧步三歎息，人生何苦艱。

又　《遊密菴》　弱齡慕丘壑，兹山屢遊盤。朝躋青冥外，暮陟浮雲端。晴嵐染襟裾，水石清肺肝。俯仰未云已，歲月如飛翰。中年塵霧牽，引脰空長歎。曠歲一登歷，心期殊未闌。矧此親友集，笑談有餘歡。結架迫彎碕，徙倚臨奔湍。共惜前古秘，今爲後來觀。落景麗雲木，回風馥秋蘭。林昏景益佳，悵然撫歸鞍。諒哉故山好，莫遣兹盟寒。

又　《雲谷雜詩十二首·登山》　夕陽翳東峰，微月下西嶺。不辭青鞋穿，陟此巖路永。巖路永且躋，中情何耿耿。

宋　張鎡《南湖集》卷六《山寺小憩》　趨寺松杉夾徑栽，解鞍流憩得莓苔。塵昏金篆牌猶掛，燈暗紗籠殿不開。老鶴就涼臨古井，幽禽尋食下生臺。詩成漫記簷間柱，去矣何時復此來。

宋　孫應時《燭湖集》卷一八《和景孟山行》　倏然身在妙高峯，下有雷霆走白龍。已覺仙風換肌骨，更無塵土到心胸。悠悠今古三千劫，莽莽山川幾萬重。

雲北雲南一長嘯，爲留餘響振巖松。

又 卷二〇《山行》 中年意與山林會，勝日身兼杖屨輕。正有百錢堪獨往，不將一賞負秋晴。

宋 趙汝鐩《野谷詩稿》卷二《仰山行》 平生幾兩謝公屐，愛山愛水真成癖。集雲峰在指顧間，年來抗塵乃絶迹。西風從臾作意登，佛境未入心境清。九秋顥氣接嵐氣，五里松聲答泉聲。招提金碧壓深窈，鐘皷四時通昏曉。梵音獨許山鳥聽，禪夢不驚胡蝶遶。土腴露飽蔬笋鮮，一粥一飯天上仙。伊蒲供罷日卓午，浮空半是烹茶煙。四藤欲知閣中味，萬事欲參堂上意。請將此事且暫置，坐看山雨濯晚翠。

又 卷三《訪山中友》 披荆踏石訪山友，野鳥驚人鬧枯柳。牧童爲我通姓名，一笑相迎鶴髮叟。結茅倚巖屋數間，塵埃辟易不用帚。竹厨貯書羅四五，土壁黏碑分左右。山中新醅未堪壓，攜手邀我沽村酒。床前尚有着殘棋，忘記四圍闌户牖。日斜扶醉同歸來，但見黑白子紛糾。猴猻樹上周章走，莫是此曹來動否。

又《訪隱者不遇》 兩腋乘西風，送我上高岑。竹根一泉通，石徑萬木森。中有隱者居，敗屋莓苔侵。山空人不見，雲滿掛壁琴。兩鶴出候我，逢迎啄衣衿。應酬久頗厭，走避不可尋。誰伴山下去，明日升高林。

又《山吟》 梯磴捫絶壁，題詩紀幽臨。呵凍象管滑，墮崖千尺深。群猿皆驚笑，看我攀蘿尋。石罅忽接得，大書足前吟。誦詠猿側耳，頷頭似知音。吟罷下山去，猿亦歸他林。

又 卷四《夏日普信寺江閣》 到此全無暑，虛欄千里風。看飛雲度水，聽落石鳴空。日月忙烏兔，春秋遞燕鴻。一生塵裏過，煙艇羨漁翁。

元 趙孟頫《松雪齋集》卷二《遊南山憩山下人家和人韻》 驅馬南山陽，下馬望絶巘。解衣坐盤桓，言就蓬廬偃。非無攀援力，興盡自應返。天高暄風息，木落歲華晚。勢阻之遐觀，趣得心自遠。不有君子詞，何用抒繾綣。

又 卷四《重遊弁山》 出郭聞鶯語，穿林散馬蹄。澗松何鬱鬱，春草又萋萋。白石那堪煮，丹崖倘可梯。平生愛高興，只合此幽棲。

竹色迷行徑，松聲洶座隅。水清花自照，風暖鳥相呼。飲罷思棊局，歌長缺唾壺。重來瀟灑地，聊足慰須臾。

又《題米元暉山水》 臥遊渺萬里，楚天清曉秋。初日江上出，白雲山際浮。莽蒼迷烟樹，隱約見孤舟。丹青不可作，思子徒離憂。

又《題楊司農宅劉伯熙畫山水圖》 移得山川勝，坐來烟霧空。窗中列遠岫，堂上見青楓。巖樹參差緑，林花掩冉紅。鳥飛天路迥，人去野橋通。村晚留遲日，樓高納快風。琴尊會仙侶，几杖從兒童。疑聽孫登嘯，將無顧愷同。微茫看不足，瀟灑興難窮。碧瓦開蓮宇，丹樓聳竹宮。亂泉鳴石上，孤嶼出江中。藉甚丹青譽，益知書畫功。烦渠添釣艇，著我一漁翁。

又 卷五《題秋山行旅圖》 老樹葉如雨，浮嵐翠欲流。西風驢背客，吟斷野橋秋。

元 釋德浄《山林清氣集・穿山》 何年有此阜，突兀似荒城。洞口秋雲暗，山腰夕照明。草生烏韭菜，花蔟鬼燈檠。見説龍池近，年來水更清。

明 宋濂《文憲集》卷二九《青山辭》 青山崔崔，白雲溶溶，我疑其中，仙人所宫。風馬雲輿，霓旌羽幢，游行太空，翩然相從。望而不見，使我心忡。我本金華牧羊之童，口誦蘂笈，有聲如鐘，震撼岩㟩，無礙不通。謫居下土，黄塵濛濛，五色之文，布滿西東。秋高露清，陟彼危峰，呼吸元氣，精神内融。嘯傲萬物，後天而終。

明 劉基《誠意伯文集》卷二《游仙九首》 日月如過翼，瞬息春已秋。何不學神仙，縹緲凌虛游。雷霆以爲輿，虹蜺以爲輈。清晨登閬風，薄暮宿不周。長嘯曾城巔，濯足翠水流。俯視八極内，擾擾飛蜉蝣。

今日何不樂，振策登高山。深林仰無見，藤蔓陰以繁。鼪鼯繞樹啼，黄鵠空飛翻。攬轡向西北，思欲赴崑崙。瓊樓十二重，豹虎夾陛闇。青鳥去何之，誰向王母言。徘徊歲華晚，感激生愁怨。

岐陽隱孤鳳，寰海騰蛟蛇。不食松栢實，而采日及花。翩翩柱下史，望望之流沙。麻姑何爲者，乃降蔡經家。神龍集涔澤，取笑於魚蝦。【略】

天高河漢清，露白秋宵永。朝華炫紅芳，蟪蛄弔馳景。繁思靡志師，内疚積心梗。涉江無方舟，汲井悲短綆。歲莫霜雪寒，泣涕沾項領。【略】

晨登女床山，西北望崑崙。樓臺似霄漢，金碧氣魂魂。素女三千人，灼若扶桑暾。鸞笙引鳳舞，雲旆隨霓旛。老童發清歌，昌容戲紫鵷。神荼獻丹桃，洪崖開王尊。蜚廉漫崔嵬，建章空千門。

又 卷五《靈峯寺棲雲樓》 靈峯之中樓倚山，山雲日月棲其間。九霄雨露隨高下，六月風雷送往還。青嶂曉光浮藻棁，銀河夜氣濕松關。天台向上無多

路，鷲嶺烟霞此可攀。

又《崇福寺儔上人看山樓》 爲愛山中世事疎，看山終日坐茅廬。林花澗草香無際，翠壁丹崖錦不如。禹穴風雷翻石鷁，耶溪波浪動金魚。此時應悟幽棲樂，底用淩雲獻子虛。

又 卷一六《題李太白觀瀑圖》 憶昔李謫仙，泛舟彭湖東。遂登廬山頂，直上香爐峯。遥望瀑布水，自天垂白虹。大聲回九地，浮光散虚空。萬木震辟易，千崖殷鐘鏞。清涼入肌骨，如歸廣寒宫。賦詩留人間，至今響渢渢。丹青極摹寫，欲弋玄造功。逸駕不可追，舉頭睇飛鴻。倚歌無人和，引袖乘長風。

又《有泉在山一首》 有泉在山，爰注爲坙。膏火自煎，一室之燭。蔚彼茂林，有檀有松，有梓有桐。可以爲車，可以爲宫。有泉在山，爰注爲淵。膏火之燭，維以自煎。蔚彼茂林，有柞有棫，有樗、有櫟。可以爲薪，可以爲杙。

明 王守仁《王文成全書》卷二〇《杖錫道中用張憲使韻》 山鳥懽呼欲問名，山花含笑似相迎。風廻碧樹秋聲早，雨過丹巖夕照明。雪嶺插天開玉帳，雲溪環碧抱金城。懸燈夜宿茅堂静，洞鶴林僧相對清。

又《龍蟠山中用韻》 無奈青山處處情，村沽日日辦山行。真慚廩食虚官守，只把山遊作課程。谷口亂雲隨騎遠，林間飛雪點衣輕。長思澹泊還真性，世味年來久絮羹。

又《再至陽明别洞和邢太守韻二首》 春山隨處欵歸程，古洞幽虚道意生。澗壑風泉時遠近，石門蘿月自分明。林僧住久炊遺火，野老忘機罷席争。習静未緣成久坐，却慚塵土逐虚名。

山水平生是課程，一淹塵土遂心生。耦耕亦欲隨沮溺，七縱何緣得孔明。吾道羊腸須蠖屈，浮名蝸角任龍争。好山當面馳車過，莫漫尋山説避名。

又《西湖》 靈鷲高林暑氣清，竺天石壁雨痕晴。客來湖上逢雲起，僧住峰頭話月明。世路久知難直道，此身那得尚虚名。移家早定孤山計，種菓支茅却易成。

又《即事漫述四首》 從來野性只山林，翠壁丹梯處處尋。一自浮名縈世網，遂令真訣負初心。夜馳險冦天峰雪，秋虜强王漢水陰。辛苦半生成底事，始憐莊舄亦哀吟。

又《廬山東林寺次韻》 東林日暮更登山，峰頂高僧有蘭若。雲蘿磴道石参差，水聲深澗樹高下。遠公學佛却援儒，淵明嗜酒不入社。我亦愛山仍戀官，同是乾坤避人者。我歌白雲聽者寡，山自點頭泉自瀉。月明壑底忽驚雷，夜半天風吹屋瓦。

又《夜宿浮峯次謙之韻》 日日春山不厭尋，野情原自懶朝簪。幾家茅屋山村静，夾岸桃花溪水深。石路草香隨鹿去，洞門蘿月聽猿吟。禪堂坐久發清磬，却笑山僧亦有心。

明 袁宏道《袁中郎全集》卷三九《登華》 山孫亭上挂頭巾，便上參雲禮石人。流水有方能出世，名山如藥可輕身。眼中華嶽千尋壁，衣上咸陽一寸塵。逢着棋枰且休去，等閒看换野花春。

其二 瀑布聲中洗面塵，洞花沚草自然春。欲攀絶壁無根地，且趁孤雲未老身。墮險啼厓皆韻事，猗松坐石想幽人。飛仙已蜕茅龍夗，留得青山一壑鱗。

其三 艱危歷盡到岩居，可有丹梯上碧虚。玉女烟中頻素夢，蓮花葉上細題書。補填積雪成新徑，展拓閒雲架小廬。别院棋枰聲隱隱，微風恍惚動仙裾。

其四 洗頭盆下擷芝苗，古洞深松話寂寥。仙迹久湮無後輩，遊人逆數即前朝。身輕眼豁腸皆换，月冷煙清夢亦遥。見説孔泉甘似酒，捫蘿親與試雲瓢。

其五 杖底諸山似浪紋，舞青摇緑鬣紛紛。半規影裏江河合，一尺烟中晉楚分。未有因緣離下界，虚將名字列高雲。松風破夢丹爐冷，慚愧瓊田碧草芬。

其六 玉井前頭乳穴重，奚兒聊以一甌從。空崖壁冷長留雪，古屋雲昏尚鏁龍。明月自升千尺嶺，道人閒説五株松。瀑簾洞下真官老，占斷林泉是此峰。

明 王思任《謔菴文飯小品》卷二《游蔣山寺》 何處借雲深，千章萬緑沉。穿枝人學鳥，辟世佛偷陰。寺古禪心出，秋高旅鬢侵。清鐘堪省發，猶讓月中砧。

明 鍾惺《翠娱閣評選鍾伯敬先生合集詩集》卷二《遊茅山》 山以人得名，厺來關隆替。犯雨訪句曲，諒亦有冥契。依夕忽如朝，輿步踏殘霄。天寒百靈肅，山空衆響厲。嶺上自白雲，真人已天際。始悟洞壑迹，祇是真仙蜕。按圖窮物隱，歲晚冰霜閉。

明 袁中道《珂雪齋近集》卷一《山游》 近嶺翠層層，遠山望正窅。老僧上絶頂，先道一聲好。

又《正月四日紫盖道中懷度門》 野客游山興，還隨春草生。近雲遮馬過，遠雪照人明。西嶺眉如疊，南田掌似平。斷鴻零落甚，仗有道林兄。

又 卷二《山游口號》 天色欠晴明，山行艱杖屨。樵人説不妨，南杜一

枝雨。

又《堆藍》 不愛山上石，不愛山上樹。惟愛樹抱石，稜稜有媚趣。

又《王給諫將有卜居東南之志，予秋來亦有遊興，會閒芙有山行之約有述》 禽尚相逢意正投，枇杷門下不悲秋。未來玄岳峯頭醉，先向朱陵頂上遊。朝愛嶺霞同躡屐，夜貪湖雪芙乘舟。回思碣石譚天事，時鳥候虫一笑休。

又《登洪山絶頂》 遊客嫌荒落，孤藤冷冷過。遥天秋更净，大地水偏多。正好茵雲臥，還爲扣石歌。不須重點綴，粉黛染烟蘿。

又《山中曉行》 秀壁牽人往，途巘步轉輕。初曦千葉影，浩露一山聲。頗厭桃花俗，偏憐石骨清。風柯與谷鳥，相對話無生。

又《滇水部日華邀飲龍山落帽臺騎方繕脩》 名山何必是崇高，薄暮登臨興也豪。雄楚望沙羅几席，堆藍蓋紫照花梢。誰能公隙躭遊屐，自古詞人例水曹。粧點烟雲須國士，忍將名迹付蓬蒿。

又 卷一一《小袁幼稿·一道士好遊山不好住山，詩以箴之》 道士閒中有不閒，遊山屐上换蒼顔。女媧未到西棚國，何苦朝朝只問山。

明 譚元春《嶽歸堂合集》卷三《山行謡》 静一上佳山，清光幸我園。苟非真遊人，山是光或非。山性與人性，所合在依稀。澄衷閱來久，每愛獨徃歸。必欲偕而往，同趣安可希。令無叔齊情，夷當自采薇。

又《遊九峯山二首》 衆山作寺園，羣松作山護。纏綿青翠光，山欲化爲樹。根斜即倚磴，枝隙已通路。陰雲貫其下，常令白日暮。藤刺裹山巔，飛鳥慎勿度。

其二 將尋前山去，先望前山影。風日沈午巒，細行君始省。山蟲秋草深，遠江隨步冷。一自高皇闢，悠然恠石永。安知月明夜，學公不半嶺。

又 卷四《登祝融峯頂歌》 半生但知住浮世，忽上此峰鶴難至。誰言午旭下界高，漠漠晴雲裹天地。幽幻眼光如愁胡，縹緲靈機兼夢寐。下聽敷劫始湧聲，静想長空或含意。一身仙隱不自辨，安知山河何處置。近天語天天亦聞，以雲驅雲雲觸類。卓絶四峰不足言，甘與峰爲七十二。

又 卷八《上山》 人真抱勝情，具即爲之生。青蒼看不厭，移足踏松聲。

又《下山》 俯身松下路，石與屐相商。落日催人返，幸逢東月光。

明 釋如愚《石頭菴集》卷三《揖山道中》 不久居城市，焉知愛此山。盪雲千石動，磨樹一谿環。鳥下無人處，牛馴有草間。睢盱誰避席，舍者笑開顔。

又《獻花巖道中》 愛山寧問路，雖倦亦躋攀。水濯苔根繡，雲生石面斑。田家饒午餉，僧寺約秋閑。隔嶺聞樵語，丁丁伐木還。

明 釋如愚《空華集》卷上《雨中投萬年寺》 翠嶺循烟莎，蒼崖撫杖尋。水歸雲處盡，山入雨中深。大地環樞轉，諸天象緯沉。九旬談妙者，焉得對披襟。

又《石梁橋》 雨峰懸丈石，宛似駕殘虹。鳥度魂猶悍，龍飛伎亦窮。瀑流纔幾肘，擬步即千弓。多少人難過，吾將一杖通。

又《方廣寺》 一壑深藏寺，羣峰屏障開。曇華當户落，瀑布繞梁來。樹裏僧窺雨，谿邊鳥啄苔。烟霞雖萬億，唯此余心灰。

又《華頂峰》 蘊麗絶羣峰，藏真秀靄濃。霞標出海日，路引到門松。赤井葱猶見，青池墨尚封。居然靈爽外，萬壑暝傳鐘。

又《萬松菴》 一室萬松深，嵐煙鎖碧岑。谿雲寒作雨，巖樹暖藏禽。隱几知非昔，還鄉覺是今。化城殊未極，聊復此安心。

清 鄭日奎《鄭静庵先生詩集》卷一《小孤山》 何年小孤山，突向中流起。亭亭百餘仞，壁立四無倚。高截天之雲，下蟠湖之底。石氣森孤寒，草樹不敢美。吹鳥紛紛下，遊軒少至止。惟餘幽蒨中，一寺縮崖趾。江流自日夜，此域無增毁。不謂一拳力，而欲金焦比。信知天地心，狂瀾須一砥。山水且復然，人境今誰是。

又《重遊虎丘山》 客吴甫十日，兹遊亦已再。恐漏山川旨，敢辭踵趾憊。入門非生客，一到得一快。松杉已我識，巖壑似我待。石氣盪烟影，故故作奇態。訪古摩斷碣，探異過險隘。奥如復曠如，意中忽意外。眺聽仍舊遊，夢想疑新屆。豈真窈冥際，山靈弄狡獪。平生躭奇癖，有眼如箕大。篋中名山記，已收或旋汰。何如此一拳，搜討殊所耐。嗚呼龍門逝，柳州亦異代。奇文志勝蹟，有志竊未逮。數行留壁上，聊以寫心愛。

又《一線天》 登高復臨深，所欲盡奇態。側身蒼翠中，試足魚龍背。雨崖勢欲合，萬象全幽昧。仰露一綫天，頓失天宇大。日月無多照，欻忽異明晦。縱横羅怪石，躑躅有餘礙。淙淙半空溜，直下洩潛瀨。濕雲凝不流，鳥聲雲内外。静覺雷雨蓄，幽疑鬼神會。因想開闢初，五丁力稍懈。一罅不及補，千載詑奇怪。坐嘯窈冥中，無言但稱快。異境豈恒遇，兹遊矢當再。

又《東華山》 透迤出谷口，側望東華峰。鬼工自何代，削此青芙蓉。盤根入大地，高標凌蒼穹。四山不敢逼，孤意兀自雄。隱隱磴可拾，遥遥天欲通。一寺

踞其巔，竹樹相蒙茸。烟霞繚繞之，益覺勢巃嵷。遐想此中勝，真堪息勞蹤。擬即躡屐往，搴蘿摩其松。且留不盡意，竢之秋若冬。天風落鐘聲，猶以盪心胸。

又　卷二《山霧》　山霧曉起輕於烟，裊裊一縷隨風旋。乍低乍高漸作勢，須臾橫絶直障天。我疑此日碧翁醉，乘間羣陰起相蔽。頓使千峰與萬峰，掩面蒙頭盡如睡。迷濛一氣何氤氳，望之疑雨還疑雲。濃寒重濕吹相遍，咫尺東西不可分。野老無然憂且悸，豈有乾坤久幽閉。會看赤日麗中天，萬里澄清無寸翳。

又　卷四《山遊》　曲徑緣溪入，翩然足勝遊。隔花窺鳥下，倚石聽泉流。巖翠幽疑雨，林光淡欲秋。相看殊不厭，欲共白雲留。

清　魏源《古微堂詩集》卷五《游山吟八首》　少年好遠游，曾踞祝融之峯最上頭。羣山滚滚波濤浮，向背賓主無處求，那知造物融結何端由。入山日淡峯日變，下下高高呈坎艮，始知脈絡支幹一生萬，從此芒鞋踏九州，到處山水呈真面。骨肉雖殊性情同，一山參破萬山見。浮氣所聳爲巒岡，浮液所涌爲河江，浮垢所積爲域封。一氣鼓盪分流峙，全憑呼吸爲伏起。大呼大吸收放數百里，小呼小吸胎孕一卷是。至今承平千萬年，坤元息息通原委。雄哉大塊大文章，變化怪奇無二理。我今杖策春山行，春山寂寂空無人。鳥嚶花放大古春，蒼茫獨立唫鴻鈞。【略】

人知游山樂，不知游山悲。鬱聿槎牙枯樹枝，湍風石籟唫無時。盡日無人呼不應，一應谷響風霆馳。孤光慘慘照衣袂，賞心獨往無人知。幽洞老僧倉一尺，扣之不語如扣石。縹緲絶壁似有人，欲往從之絶行迹。學禪學道兩無福，雲霄棄我爲俗物。東烏西兔如旋輪，轉眼青山冢峪崒。青山夜兮明月飛，青山曉兮明月歸，青山默兮泉是舌，青山舞兮泉是衣。古寺湥宵守元牝，山魈窺山似相哂。流泉終是下山物，何事寒潭暫澄影。【略】

五嶽山大聖，巖立天中央，餘山盡狂狷，天骨仙開張。武夷雁宕天之狷，黄海桂林天之狂，王屋臺廬頗得嶽氣勢，正如具體之中行。其餘平遠雷同半鄉願，胡廣中庸之孔光；何況蠶叢攢沓黔夜郎。始知山貴特立而耿介，正猶豪傑師文王。倚天拔地自雄放，豈必面目同員方。亦有娟娟絶俗仙娥態，亦有蕭然逸士塵外裝。平原數仞能有千仞勢，亦敵磅礴而莽蒼。半生游山山未了，飛泳乾坤一魚鳥。有人大笑鴻蒙表，厥初造物胸中誰起槀？

海山微茫而隱約，江山巉立而秀卓，溪山窈窕而幽湥，寒山蒼莽而磊落。吴山葱蒨楚山橫，蜀山劍戟秦山嵒。南北嗜好情性殊，彼此棄取殊邯鄲。我今何棄亦何取，大塊文章任芒角。怪怪奇奇萬萬千，變化隨心孰陶琢？我聞造化初，茫茫氣與水，中央大塊一卷耳。至卑者山，至高者水。泉故發山顛，石皆漾橫理。霜雪雲嵐皆水氣，銀河瀑布九天起。我亦造化所鑄之一物，本與山川同自出。骨血脈理毛髮膚，艸木土石形氣質，平奇方正隨賦畀，誰與五嶽爲六七。不知千秋萬世視我古人時，比我何谷何山堪彷彿。

青山不知何日生，白雲不知何日橫。青春不知何日老，惟有黄鸝夏木嚶嚶鳴。艸色欲成波浪起，行至山顛青不止。高處如雲下如水，幽人尋春方未已。道逢杖笠翁，疑是羲皇客。木葉衣，桃花色，性鹿豕，心木石。此中不知天地恩，何況人間帝王力。請君住山一百年，置身無懷與葛天，尚友鴻蒙以前之人物，遐觀洚洞以外之山川。卻笑桃源蓬嶠人，必於世外求神僊。

又《游山後吟六首》　雨山瀲灔雲山幻，雪山清寒聳璀璨。三者皆暫不可久，惟有月山終歲有。米家雨墨倪家迂，摩詰好作雪山圖，惟有夜山終古無人摹。月下煙中互起滅，山魂樹影疑有無。月下遠山不及近，夜聽山泉聲更静。空谷無人蟲鳥絶，山靈皆寐我偏醒。夜山若在水之隅，琉璃倒浸寒仌壺。古寺敲門僧未宿，前林沽酒猨堪呼。平生愛山兼愛夜，科頭入定長松下。水中藻荇是山林，直以長空爲夏房。

山有遠秀難躋晤，君山小孤華不注。山有湥入始勝遠無奇，黟宕羅浮及武夷。遠近皆奇恣所樂，廬屋天台及五嶽。中藏靈秀外嵯峩，由來奇玉無麤璞。常憾游山不善畫，今知圖畫皆虛假，楮墨止能圖一面，其中層層面面何由寫。笑倒千喦萬壑圖，盡寫山背無山腴。峯峯皆立互遮掩，除非放倒峯巒紙上鋪。一游勝讀十年畫，幽湥無際誰能如。假山疊石似勝畫，又恨煙霞泉樹無。何以文章工寫照，虛實向背差能到。無心模範苦相肖，欲宣宇宙靈秘公同好。安能世上有心人，盡領化工陶鑄妙。

世人游山不游谷，何異升堂遺奥曲。奥曲全枉兩山間，登高一覽何由足。四嶽妙在峽中溪，嵩衡到已少，岱谷更罕窺。華山西谷水簾下，亘古屐齒誰知之。開先石梁三疊谷，廬瀑止涉其藩籬。始知桃源别天地，只枉目前人不識。厓高高，水湥湥，天蒼蒼，地陰陰，萬松萬石風泉吟。此中凡聖無古今，轉眼便失雲迷津。莫語屠門大嚼人。

平生好游山，獨不好游洞，每入洞中如入夢。登山之難難於上青天，入洞之難難於下九淵。此生不慣蛇攢穴，但好天仙不地仙。陽洞虛明尚可親，軒然肺腑出

示人；陰洞真如城府人，險巘幽暗而陰屯。我聞洞天福地清且閑，別有天地非人間。虛白光輝自世界，琪泉瑶艸清斕斑。安有幽壙潛寐長不曉，直待秉燭窮神姦。安得鬼斧摩天鑿七竅，天窗軒豁天光照，乾端坤倪呈衆妙，混沌縱死我心佼。

無黛無樹墨模糊，人言此是米家圖，從此畫裏晴天無。頑山亂石惡藤樹，恨不天工盡芟去，如何收之入絹素！又或胸無奇峭託平遠，又或密畫樹林不見巘，千嶂雷同千面混。好山好水造物奇，一奇未游稱畫師，何異夢裏逢瑶姬。畫工須從化工出，未辨丹青先栁栗。萬壑千厓胸湧溢，縱筆一揮疾無失。縮則尺幅長百尺，有若千龍萬龍出。安得酈謝向平幻作荆關筆，萬種空濛萬蕭瑟。

溺仙溺佛溺山水，與溺酒色無殊軌。嗜好不專溺不深，安能萬事不易此。巢由溺箕潁，黄綺溺商顔，李渤溺廬摶溺華，孫林溺彼百泉與孤山。李願司空溺兩谷，奮袂長往良非艱。世閱尤物醉人性，色聲光景忘往還。何怪雲月泉石南面王，濃情釀念疇不芟。豐艸長林麋鹿性，魚鳥尚不甘籠樊。豈有乾坤至清氣，而有塵垢争其慳。慕膻嚇腐市朝客，何異髡嫫驕仙鬟。半生放浪深山裏，日逐煙霞窮不已，世人狂我棄利名，我亦怪世遺雲水。易地而觀一律耳。臧穀忘羊孰歧視，役情於外皆堪恥。安得大上忘悲喜，安得見智見仁遺聽視。

又 **卷八《驪山》** 雪後湯泉冷，雲浮往事空。至今泉上月，猶戀渭前宫。水尚柔人骨，山因弔古雄。鬱葱煙樹裏，屋社百王同。

又 **《洞霄道院》** 瀑小不成壑，泉聲多在樓。諸峯環客静，晏坐等山游。題字猶青竹，殘僧半白頭。人寰真似夢，頃刻已千秋。

又 **《九䔲山化成寺二首》** 名山多佛占，瘠谷少仙靈。自古尊神鬼，終猶藉地形。池吞千澗白，門受萬峯青。香幣爲山累，蜂窩徧石屏。

淺山無虎豹，老樹有神靈。雨急千峯白，雲歸萬木青。塵心勞後息，天籟静中聽。勝絶東厓石，芙蓉踞峭屏。

又 **《西天目二首》** 到此諸峯盡，一峯峯上峯。直窮青壁合，始与白雲逢。僧似石千指，寺圍林萬重。猨樵皆世外，不待寺門鐘。

萬石結叢林，蒼蒼一寺陰。天風河漢氣，吹作一山音。忽見流紅遠，方知入翠深。四圍松拱立，詩挾萬濤吟。

又 **卷九《自天目至徑山寺》** 左泉右泉照石影，出谷入谷聆泉聲。遠石縹青近石壁，大泉鐘磬小泉琴。濛濛花雨空林氣，浩浩天風仙梵音。參破寒巖言外句，山身溪舌一時瘖。

雜録

《山海經・西山經》 ［崑崙之丘］又西三百七十里，曰樂游之山。桃水出焉，西流注于稷澤，是多白玉，其中多䱻魚，音滑。其狀如蛇而四足，是食魚。

《山海經・中山經》 ［高前之山］又東南三十里，曰游戲之山，多杻橿穀，多玉，多封石。

南朝宋 劉義慶《世説新語》卷下《排調》 嵇、阮、山、劉在竹林酣飲，王戎後往，步兵曰：俗物已復來敗人意。《魏氏春秋》曰：時謂王戎未能超俗也。王笑曰：卿輩意亦復可敗邪？

宋 沈括《夢溪筆談》卷二四《雜誌一》 予奉使河北，邊太行而北，山崖之間往往銜螺蚌殼及石子如鳥卵者，横亘石壁如帶，此乃昔之海濱，今東距海已近千里所。謂大陸者，皆濁泥所湮耳。堯殛鯀于羽山，舊説在東海中，今乃在平陸。凡大河、漳水、滹沱、涿水、桑乾之類，悉是濁流。今關陝以西，水行地中，不減百餘尺，其泥歲東流，皆爲大陸之土，此理必然。

宋 蘇軾《東坡全集》卷三二《醉翁引并引》 琅邪幽谷，山水奇麗，泉鳴空澗，若中音會。醉翁喜之，把酒臨聽，輒欣然忘歸。既去十餘年，而好奇之士沈遵聞之往游，以琴寫其聲，曰《醉翁操》，節奏疎宕而音指華暢，知琴者以爲絶倫。然有其聲而無其辭，翁雖爲作歌，而與琴聲不合。又依《楚辭》作《醉翁引》，好事者亦倚其辭以製曲，雖粗合均度而琴聲爲辭所繩約，非天成也。後三十餘年，翁既捐館舍，而遵亦没久矣。有廬山玉澗道人崔閑，特妙於琴，恨此曲之無辭，乃譜其聲，而請於東坡居士以補之云。

琅然清圜，誰彈，響空山。無言，惟翁醉中知其天。月明風露娟娟，人未眠。荷蕢過山前，曰有心也哉此賢。醉翁嘯詠，聲和流泉。醉翁去後，空有朝吟夜怨。山有時而童巔，水有時而回川。思翁無歲年，翁今爲飛仙。此意在人間，試聽徽外三兩絃。

宋 蘇軾《格物麤談》卷上《地理》 入名山必齋戒，牽白犬，抱白雞，以白鹽一升，山神喜芝藥異寶。爲出未到百步呼「林兵」二字，卻百邪。【略】入山林默念儀方，不見蛇狼；念儀康，不見虎。

宋 林洪《山家清事・山轎》 夏禹山行乘轎，漢南粤王輿橋過嶺。顔師古

北人，固不知南人乘轎度嶺，而洪景盧亦謂山行之車。車只宜平地，孰若今轎爲便。橋即轎，固無疑矣。若山轎則無如今廬山建昌高下輪轉之制，或施以青罩，用肩板棕繩低與之，猶今貴介郊行者，良便遊賞。有如謝屐上山則去前齒，下山則去後齒，非不爲雅，孰若今釘履爲便云。

明 宋濂《文憲集》卷四《蘭亭觴詠圖記》 《蘭亭觴詠圖》一卷，相傳爲李公麟所畫。觀其運意狀物，極有思致，似非公麟不能。先畫蘭亭一所，俯臨清流上，甚幽艷。四面皆簾，簾半捲。旁周欄楯，中設方几。几上研、墨名一，紙三：二成軸，一布几間。有美丈夫坐几後，冠竹籜冠，服大布衣，右手操翰，冥然若遐思，疑義之草序時也。後列二童，一侍側，一吹火爇鼎，鼎水沸，將瀹湯。前一童，傍欄睨溪。溪中白鵞三：一去，一反顧，一飛起波面，厠二鵞間。溪上皆崇山峻嶺，有水自中出，三級。水西寘酒尊四，一童左手執袂，右入尊勺酒；一童執觴，一童執壺，夾左右立。尊前有案，列觴五，觴各有舟如荷葉。二童執觴流於溪，一童傴立其後，舉觴次第授之。旁有小梃，觴泊岸，觸之使逝。又西有石磴，磴上覆舟一，列觴三，一童執壺注觴中，一童取酒盗飲。次畫郡功曹魏滂、右將軍王義之。滂左執卷回顧義之，伸右手欲受卷觀，義之左持卷，授滂未授，右執翰凝視，若將塗竄然，風流之狀，猶可彷彿想見。次畫散騎常侍郄曇，左右手展卷自誦。次畫榮陽桓偉、餘杭令謝藤。偉坦腹坐，左手掀髯，氣甚豪，右執卷猗大帶間。藤鮮襟盤礴，詩思久未屬，握拳作欠伸勢。次畫侍郎謝瑰，左持卷當膺，右握翰撫膝上。次畫王凝之、潁川庾友、王涣之。凝之袒兩肩，左手垂硯側，右執卷授友。友袒如凝之，方軸紙作卷，卷末紙參差，以掌齊之。涣之袒如友，兩手抱膝微吟。次畫行參軍事卬丘旄，袒裼如涣之，伸一足坐，舉手取觴飲。次畫餘杭令孫統、琅琊王友，謝安、行參軍曹茂、府主簿任凝。統翹左足，叉兩手着膝。安翹右足，左手壓硯，令不動，右指墨作汁，二人相向坐。茂兩手執紙，直垂輾轉軸之。凝袒衣，露左臂壓膝上，翹一足如統，旋首顧茂，目光炯然。次畫左司馬孫綽，斂衽危坐，若泊然無所爲者。次畫潁川庾蘊，年甚耄，坐久思起，右手據地，一童挾左臂扶之。次畫行參軍楊模，衣半袒，單足起立，屈一足，揚雙袖向前，翩翩如舞。次畫王獻之、王肅之、鎮東司馬虞説、任城吕系、府主簿吕綿。獻之襟袖半敞，垂右手著地，左按膝。肅之困，睫不可擘，一手撚紙，作針刺鼻令嚏。説袒半衣，兩手展卷讀。系向説，右手據席，左繞出背後，閣膝上，臂露者半，俯身就説，作聽狀。綿足心並，翹一足，兩手持卷夾膝，身微側。次畫參軍孔熾，坦腹仰面視霄漢，翹一足，左持卷枕膝，右據地，傍一童伏溪岸，以小梃致觴，欲飲熾。次畫參軍劉密，袒衣坐，左手執袂，右入水，微波動指間，前有觴泛流而下，欲取之，旁有覆觴流去。次畫王玄之，永興令王彬之、郡五官謝繹、王微之。玄之展卷斜視，露左手，右不見。彬之與玄之對，袒肩坐，伸手借卷。繹亦袒，垂左臂，右執翰壓臂，臂癢，將搔之。微之左擎卷至觀，右操翰，欲寫未寫。次畫府功曹勞夷、行參軍徐豐之。夷、豐之相向，夷左執觴，右手夾觴側，若獻豐之。豐之面仰視，揎袖至腕上，勢粗甚，右手向身北取觴，似欲酬夷者。次畫長岑令華耆，右執觴未飲，左撚髭，旁睨豐之，洋洋有喜色。次畫徐州西平曹華，右執卷，側身欲讀，左手隱。次畫王藴之、鎮國大將軍掾卞迪、司徒左西屬謝萬、彭城曹諲、任城吕本。藴之箕踞坐，交臂兩膝間，一握拳，一舒掌，掌覆拳背。迪半欹，舉手迎觴欲取。萬肩半坦，左按紙，右在肘下，側目視迪。諲伸右足，左持觴，顧本。本翹一足，屈臂拄膝，持翰貼耳上，頭微仰，若苦吟者。次畫上虞令華茂、山陰令虞谷、中軍參軍孫嗣。茂袒肩，右執翰，垂下欲擲，轉首共谷語。谷袒衣與茂同，右持觴浮茂。嗣拊掌大笑，一足踞。次畫陳郡表嶠之、行參軍王豐之。豐之展卷仰首讀，背微傴。嶠之雙掌相向舞，似對之擊節者。次畫二垂栁夾石橋。橋有扶闌，二童度橋上，一持器，疑貯觴者；一倚闌，戟手指溪中。溪左右各一童，操小梃，邀觴舟收之。其側有覆觴二、舟兩。別有一童出栁下，身半露。自蘭亭至石橋，溪水詰曲，流如龍奔。溪右二十人，溪左二十有二人。其中冠者十有二人，巾者三十人。衣皆褒，加紳。各地坐，藉以方裀，或熊虎皮。研、紙、墨、筆各具，有詩者各繫人傍，兩篇成者十有一人，一篇成者十有五人，不成者十有六人，其狀人人殊，誠可謂善畫者已。

明 王士性《廣志繹》卷四《江南諸省》 《道書》稱洞天三十六，福地七十二，惟台得之多。臨海南三十里，第十九，蓋竹洞爲耀寶光之天；天台西五里，第六，玉京洞爲太上玉清之天；黄巖南十里，第二，委羽洞爲大有空明之天；仙居東南三十里，第十，括蒼洞爲成德隱元之天。福地，黄巖有東仙源、西仙源，天台有靈墟、桐栢。其他非道書所載者，劉、阮桃源，寒山、拾得竈石，皇華丹并，張紫陽神化處，司馬悔橋，蔡經宅，葛仙翁丹丘，智者塔，定光石，懷榮、懷玉肉身。自古爲仙佛之林。【略】

白鹿洞書院在五老峯下，始自南唐，以李善道爲洞主，建學置田以給諸生。至宋而大盛，與嵩陽、石鼓、岳麓爲四大書院。蓋是晦翁過化之處，嵓壁間多遺

手澤。然其地逼塞蒸濕，無夷曠之致，惟是松風石溜與五老秀色幽寒動人。云白鹿者，唐李勃與兄涉俱隱洞中，養白鹿以自娱，至今間有見者。【略】大庾嶺，南龍之幹，而水分南海、東海之流者也。梅福爲南昌尉，其後隱居于此，故又稱梅嶺，後人亦因而種梅其間。道路險狹，今爲張曲江所鑿而開者，江、廣百貨所由地。

又 卷五《**西南諸省**》 關索嶺，貴州極高峻之山，上設重關，掛索以引行人，故名關索。俗人訛以爲神名，祀之。旁有查城驛，名頂站。深山邃箐，盜賊之輩寔繁有徒，縉紳商賈過者往往于此失事，耑以一衛尉統邏卒護之。

明 都穆《鐵網珊瑚》卷六《文徵明水墨畫》 右紙畫上自題云：何處碧桃雨，飛花渺去津。山中自流水，物外有長春。路曲還通棹，山深不見人。洞天會不遠，或有避秦民。王履吉題云：炎州溽暑醉模糊，堂上遥瞻瀑布圖。翠竹懸崖爭蕩射，却疑身世在蓬壺。

又 《**趙松雪江山蕭寺一幅**》 此幅用舊紙作水墨。左角下方畫三層山，每層窖窖作古木數十章。其第三層絶頂，林木盡處，畫一古寺，右邊稍高處作遠山數層。余觀松雪畫卷如余家秋原牧馬，彷彿唐人，可謂精絶。

明 屠隆《遊具雅編・笠》 有細藤作笠，方廣二尺四寸，以皁絹蒙之，綴簷以遮風日，名雲笠。有竹絲爲之，上以槲葉細密鋪蓋，名葉笠。又有竹絲爲之者，上綴鶴羽，名羽笠。三者最輕便，甚有道氣。

又 《**杖**》 有方竹，上生九節，其崇不滿七尺。有椶竹、合竹之字竹俱可作杖。有三代時立鳩、飛鳩杖，頭、周身金銀填嵌，用以飾杖，上懸二三寸長小葫蘆、小靈芝及五嶽圖卷。暮年攜之，探奇歷怪，多有相長之益。若萬歲藤、藜藿爲杖，形雖奇怪，此爲老衲行具，恐非山人家扶老也，姑置勿取。

又 《**漁竿**》 江上一簑釣，爲樂事。釣用綸竿，竿用紫竹，綸不欲大，竿不宜長，但絲長則可釣耳。豫章有叢竹，其節長而直，爲竿最佳，長七八尺，敲針作鉤。所謂「一鉤掣動滄浪月，釣出千秋萬古心」，是樂志也，意不在魚。或於紅蓼灘頭，或在青林古岸，或值西風撲面，或教飛雪打頭，于是披羽蓑，頂羽蓋，執竿烟水，儼在米芾「寒江獨釣圖」中，比之嚴陵渭水，不亦高哉。

又 《**舟**》 形如划船，底惟平，長可三丈。有餘頭，闊五尺，内容賓主六人，僮僕四人。中倉四柱，結頂幔以蓬簟，更用布幕走簷罩之。兩傍朱欄，欄内以布絹作帳，用蔽東西日色，無日則懸鉤高捲。中置桌凳，列筆牀、香鼎、盆玩、酒具、花尊之屬。後倉以藍布作一長幔，兩邊走簷，前縛以二竹爲柱，後縛船尾釘兩圈處，以蔽僮僕風日。用二畫槳泛湖棹溪，更看茶竈起烟一縷，恍若畫圖中一孤航也。别置一小船如葉，繫于柳根陰處。時而閒暇，執竿把釣，放乎中流。或于雪霽月明、桃紅柳媚之時，放舟當溜，吹紫簫鐵笛以動天籟，使孤鶴乘風唳空。或扣舷而歌，飽餐風月，回舟返棹，歸臥松窗。逍遥一世之情，何其樂也。

又 《**葉箋**》 取吴中羅紋長箋爲之，以蠟板砑肖葉紋，用剪裁成。紅色者肖紅葉，緑色者肖蕉葉，黄色者肖貝葉。山遊時偶得絶句，書葉投空，隨風飛颺；泛舟付之中流，逐水浮沈，自多幽趣。

又 《**葫蘆**》 有天生一寸小葫蘆，用以綴爲衣紐，又可懸于念珠，有物外風致。若用杖頭挂帶盛藥，二三寸葫蘆亦妙。其長腰鷺鷥葫蘆，可懸藥籃之左右，可爲鷺瓢吸飲。小匾葫蘆可爲冠及瓢，俱以生相周匝，摸弄精神，無汗氣方妙。

又 《**瓢**》 有瘿瓢，其形如芝。如瓢者，山人攜以飲泉，大不過四五寸，而小者半之，惟以水磨其中，布擦其外，光彩如漆，明亮燭人，雖水浸不變，塵污不染，庶入精鑑。有小匾葫蘆可作瓢，須摸弄瑩潔方好。

又 《**藥籃**》 即水火籃也，有以二扁瓢爲之。有遶紅漆者，上開一蓋，放丹爐一個，内實應驗藥膏藥，以便隨處濟人。山童攜之，有物外風致。

又 《**衣匣**》 以皮護杉木爲之。高五六寸，蓋底不用板幞，惟布裹皮，面輭而可舉。長闊如氈包式，少長一二寸。攜于春時，内裝綵夾便服，以備風寒驟變；夏月裝以夾衣，秋與春同；冬則綵服、煖帽、圍項等件。匣中更帶搔背竹鈀并鐵如意，以便取用。

又 《**疊卓**》 二張。一張高一尺六寸，長三尺一寸，闊二尺四寸。作二面拆腳活法，展則成卓，疊則成匣，以便攜帶。席地用此，擡合以供酬酢。其小几一張，同上疊式，高一尺四寸，長一尺二寸，闊八寸，以水磨楠木爲之。置坐外，列爐焚香，置瓶插花，以供清賞。

又 《**提盒**》 深夫所製，高總一尺八寸，長一尺二寸，入深一尺，式如小廚，爲外體也。下留空，方四寸二分，以板閘住，作一小倉，内裝酒杯六、酒壺一、筯子六、勸杯二。空作六合，如方合底，每格高一寸九分，以四格。每格裝碟六枚，置菓殽，供酒觴。又二格，每格裝四大碟，置鮭菜，供饌筯。外總一門，裝卸即可開鎖。遠宜提，甚輕便，足以供六賓之需。

又《提爐》 式如提盒，亦深大製，高一尺八寸，闊一尺，長一尺二寸。作三撞：下層一格如方匣，內用銅造水火爐，身如匣，方坐嵌匣內。中分二孔，左孔炷火，置茶壺，以供茶；右孔注湯，置一桶子，小鑊有蓋，頓湯中煮酒，長日午餘，此鑊可煮粥供客。傍鑿小孔，出灰進風，其壺鑊迫出。爐格上太露不雅，外作如下格方匣一，格但不用底以罩之，使壺鑊不外見也。一虛一實共二格，上加一格，置底蓋，以裝炭。總三格成一架，上可箭關，與提盒作一副也。

又《備具匣》 近製以輕木爲之，外加皮包厚漆，如拜匣。高七寸，闊八寸，長一尺四寸。中作一替，上淺下深，置小梳匣一、茶盞四、骰盆一、香爐一、香盒一、茶盒一、匙筯瓶一。上替內小硯一、墨一、筆一、小水注一、水洗一、圖畫小匣一、骨牌匣一、骰子枚馬盒一、香炭餅盒一、途利文具匣一，內藏裁刀、錐子、穵耳、挑牙、消息肉叉、修指甲刀銼、髮剅等件，酒牌一、詩韻牌一、詩筒一，內藏紅葉各牋以録詩，下藏梳具匣者，以便山宿。外用關鎖以啓閉，攜之山遊，亦似甚備。

又《酒尊》 注酒遠遊，古有窯器，甚佳，銅提欠之，近以錫造者惡甚。余意磁者負重，銅者有腥，不若蒲蘆作具，內用堅漆，挾之遠遊，似甚輕便。山遊當與已上三物，束以二架，共作一肩，彼此助我逸與。

太極尊以匾匏爲之，竪起，上鑿一孔，以竹木旋口，粘以竹足，竪以漆布。內以生漆灌之，凡二次酒貯不朽，且免沁漏，以絡攜遊便甚。

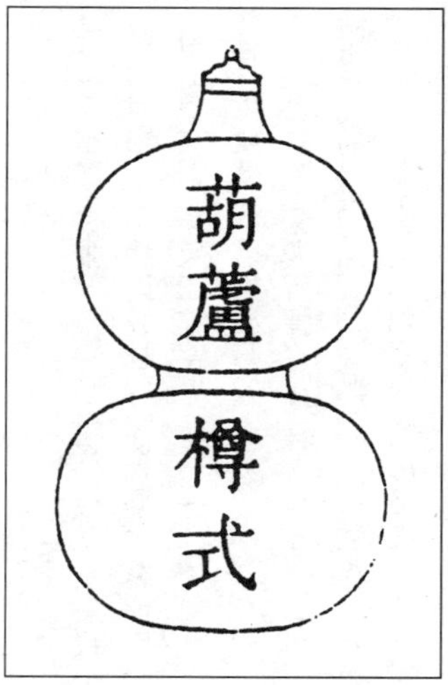

葫蘆樽用大小二匏爲之，中腰以竹木旋管爲筍，上下相聯，竪以布漆。頂開一孔，如上式，但不用足口，上開一小孔，并蓋子，口透穿，横插銅鎖，用小鎖閉之。

不作提撞製，爲小廚式者，恐格脚既空，夏月取涼，非廚，不足以拘攝故耳。

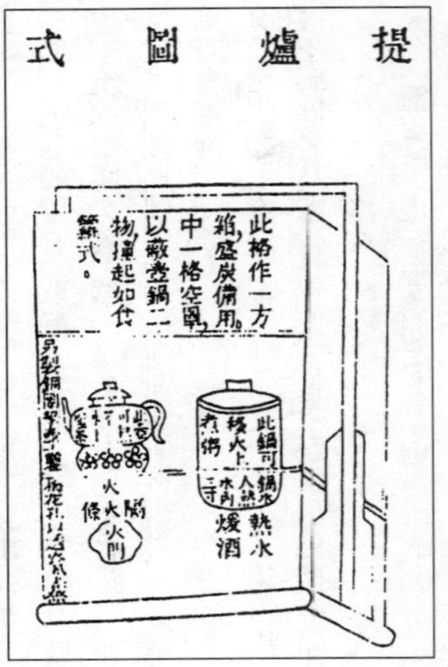

明 許次紓《茶疏・産茶》 天下名山，必産靈草。江南地煖，故獨宜茶。大江以北則稱六安，然六安乃其郡名，其實産霍山縣之大蜀山也，茶生最多，名品亦振，河南山陝人皆用之。南方謂其能消垢膩，去積滯，亦共寶愛。顧彼山中不善製法，就於食鐺，大薪焙炒，未及出釜，業已焦枯，詎堪用哉？兼以竹造巨笱，乘熱便貯，雖有綠枝紫荀，輒就萎黄，僅供下食，奚堪品鬬？江南之茶，唐人首稱陽羨。宋人最重建州，于今貢茶，兩地獨多。陽羨僅有其名，建茶亦非最上，惟有武夷雨前最勝。近日所尚者，爲長興之羅岕，疑即古人顧渚紫筍也。介於山中謂之岕，羅氏隱焉，故名羅。然岕故有數處，今惟洞山最佳。姚伯道云：明月之峽，厥有佳茗。是名上乘，要之採之以時，製之盡法，無不佳者。其韻致清遠，滋味甘香，清肺除煩，足稱仙品，此自一種也。若在顧渚，亦有佳者，人但以水口茶名之，全與岕别矣。若歙之松羅，吴之虎丘，錢唐之龍井，香氣穠郁，並可雁行與岕頡頏。往郭次甫亟稱黄山，黄山亦在歙中，然去松羅遠甚。往時士人皆貴天池，天池産者，飲之略多，令人脹滿，自余始下其品，向多非之，近來賞音者，始信余言矣。浙之産，又曰天台之雁蕩，括蒼之大盤，東陽之金華，紹興之日鑄，皆與武夷相爲伯仲。然雖有名茶，當曉藏製，製造不精，收藏無法，一行出山，香味色俱減。錢塘諸山，産茶甚多，南山盡佳，北山稍劣。北山勤於用糞，茶雖易茁，氣韻反薄。往時頗稱睦之鳩坑，四明之朱溪，今皆不得入品。武夷之外，有泉州之清源，倘以好手製之，亦武夷亞匹，惜多焦枯，令人意盡。楚之産曰寶慶，滇之産曰五華，此皆表表有名，猶在雁茶之上。其他名山所産，當不止此，或余未知，或名未著，故不及論。

又《擇水》 精茗蘊香，借水而發，無水不可與論茶也。古人品水，以金山中泠爲第一泉，第二或曰廬山康王谷。第一廬山，余未之到。金山頂上井，亦恐非中泠古泉。陵谷變遷，已當湮没，不然，何其瀉薄不堪酌也。今時品水，必首惠泉，甘鮮膏腴，至足貴也。往日渡黄河，始憂其濁，舟人以法澄過，飲而甘之，尤宜煮茶，不下惠泉。黄河之水，來自天上，濁者土色也，澄之既淨，香味自發。余嘗言有名山則有佳茶，茲又言有名山必有佳泉，相提而論，恐非臆説。余所經行，吾兩浙、兩都、齊魯、楚粤、豫章、滇、黔，皆嘗稍涉其山川，味其水泉，發源長遠，而潭沚澄澈者，水必甘美。即江湖溪澗之水，遇澄潭大澤，味咸甘洌。唯波濤湍急，瀑布飛泉，或舟楫多處，則苦濁不堪，蓋云傷勞，豈其恒性。凡春夏水漲則減，秋冬水落則美。

又《出遊》 士人登山臨水，必命壺觴，乃茗椀薰爐，置而不問，是徒游於豪舉，未託素交也。余欲特製游裝，備諸器具，精茗名香，同行異室，茶罌一，注二，銚一，小甌四，洗一，瓷合一，銅爐一，小面洗一，巾副之，附以香奩、小爐、香囊、匕筯以爲半肩，薄甕貯水三十斤，爲半肩足矣。

又《權宜》 出遊遠地，茶不可少。恐地産不佳，而人鮮好事，不得不隨身自將。瓦器重難，又不得不寄貯竹笤，茶甫出甕，焙之，竹器曬乾，以箬厚貼，實茶其中，所到之處，即先焙新好瓦缾，出茶焙燥，貯之缾中，雖風味不無少減，而氣與味尚存。若舟航出入，及非車馬修途，仍用瓦缶。毋得但利輕齎，致損靈質。

又《虎林水》 杭兩山之水，以虎跑泉爲上，芳洌甘腴，極可貴重。佳者乃在香積廚中土泉，故其土氣人不能辨。其次若龍井、珍珠、錫丈、韜光、幽淙、靈峰，皆有佳泉，堪供汲煮。及諸山溪澗澄流，併可斟酌，獨水樂一洞，跌蕩過勞，味遂瀉薄。玉泉往時頗佳，近以紙局壞之矣。

明 陳繼儒《巖棲幽事》 以蹊徑之奇怪論，則畫不如山水；以筆墨之精妙論，則山水決不如畫。【略】韋應物、歐陽修皆作滁州太守，而遊瑯琊山則曰：「鳴騶響幽澗，前旌耀崇岡。」永叔遊石子澗則曰：「使君厭騎從，車馬留山前。行歌招野叟，共步青林間。」山遊如是，乃不犯李義山松間喝道也。

明 王思任《謔菴文飯小品》卷五《徐伯鷹天目游詩紀序》 嘗欲倂吾目，每歲見一絶代麗人，每月見一種異書，每日見幾處山水，逢阿堵舉却，遇紗帽則逃入深竹，如此則目著吾面，不辱也。徐伯鷹鐵脊萬丈，突中時魔，大纛出鎮，短後削歸，絶無矜拂之意。每至我艸亭，談諧索酒，玄對會稽千萬峯，輒半晌凝去。

無何，伯鷹出走，兩月不晤。忽從天目言旋，以記繪其像，以詩繡其神。吾讀之，若瀑落冰壺，若霞飛鶴背，若半夜招提，妙香清梵，夢魂猶冷，若坐我於老巖古壁之下，嚼梅蕊，臭雪蘭，時有山鳥贈舌；又若松風溪月，謖謖溶溶也。伯鷹曰：色易衰，書易倦，無斁無妬，世間惟山水。吾偶思天目，即抽脛詣之，以雨濛故，僅放隻眼。嗟呼，造物何常，人心不足。使當日生人之初，增設四眼，盡如蒼頡，猶以爲未供其觀也。使人人而皆隻眼，與玉璽分面稱孤，則亦相安無越思矣。伯鷹曰：然，吾第欲還我隻眼。所顧一眼如天，一眼如海。問曰：何須恁底睜大？曰：不但看山水，亦看伊也。

明 王思任《游喚・仙巖瑞安》 泉古之奇，皆泉石之聰明強有力所自致者。泉不安於泉，躍而爲瀑布。石粱曰：吾以之爲驚河，吾以之爲狎雷，而我其雄哉。大龍湫曰：夫匡氏之子，九華之生，將起而角之，焉用此壁立爲。夫不有空行而天吊者耶。仙巖曰：是誣其祖矣，戴鼎盛以席垂成，胡不起家自奮發也。於是乎有仙巖之瀑，瀑不他藉賴，從己腹中出，如千本火樹，逆吐銀花，突如其來，烟呼雪喊，鼓鐵亂鍧。人相對，止見口張口翕，必欲相聞，則更語之，或帖面附耳。對瀑爲澤潤亭，予友王季中輙浮大白，叫何如捉予臂轟飲以敵之，而山人王碩卿、年家子吴聚伯、吴閎仲，俱哆其喉作笑語。而瀑以爲侮予，遂盛氣相加，腥風惡雨，撲人旋舞，且呼且逼，似不欲寓人一瞬者。予曰：子毋然，我勸爾杯酒，三伏月還當著故絹衣，向君從容食白粥也。季中語之曰：山陰道上人，其言咄咄，吾輩一日東道主。於是雨漸撤而瀑怒稍戢。

明 文震亨《長物志》卷九《舟車》 舟之習於水也，宏舸連軸，巨艦接艫，既非素士所能辦。蜻蛉蚱蜢，不堪起居。要使軒牕闌檻，儼若精舍，室陳厦饗，靡不咸宜。用之祖遠餞近，以暢離情；用之登山臨水，以宣幽思；用之訪雪載月，以寫高韻。或芳辰綴賞，或艶女采蓮，或子夜清聲，或中流歌舞，皆人生適意之一端也。至如濟勝之具，籃輿最便，但使製度新雅，便堪登高涉遠，寧必飾以珠玉，錯以金貝，被以繢罽，藉以簟茀，縷以鈎膺，文以輪轅，約以鞗革，和以鳴鸞，乃稱周行魯道哉。

又《巾車》 今之肩輿，即古之巾車也。第古用牛馬，今用人車，實非雅士所宜。出閩廣者精麗，且輕便。楚中有以藤爲扛者，亦佳。近金陵所製纏藤者，頗俗。

又《籃轝》 山行無濟勝之具，則籃轝似不可少。武林所製，有坐身踏足處，俱以繩絡者，上下峻坂皆平，最爲適意，惟不能避風雨。有上置一架，可張小幔者，亦不雅觀。

又《舟》 形如劖船，底惟平，長可三丈有餘，頭闊五尺。分爲四倉，中倉可容賓主六人，置桌凳、筆牀、酒鎗、鼎彝、盆玩之屬，以輕小爲貴。前倉可容僮僕四人，置壺榼、茗罏、茶具之屬。後倉隔之以板，傍容小弄，以便出入，中置一榻一小几，小廚上以板承之，可置書卷筆硯之屬，榻下可置衣厢虎子之屬，幔以板，不以篷簟，兩傍不用欄楯，以布絹作帳，用蔽東西日色，無日則高捲，捲以帶，不以鈎。他如樓船方舟諸式，皆俗。

明 陳師《禪寄筆談》卷一《廣輿類》 又李謫僊登華山落鴈峯，曰：此山最高，呼吸之氣想通帝座矣。恨不携謝朓驚人詩來，搔首問青天耳。可見古之騷人墨客探奇覽勝，便不能默默，不然山靈其謂我何。

明 鄭仲夔《玉塵新譚・偶記》卷五《雲齊》 寧王臞仙，每月令人往廬山巔聚稠雲囊。歸，結小屋曰雲齊，障以簾幕，日放雲一囊，令四壁氤氳，如在巖岫。

圖表

明 王士性《五岳遊草》卷一

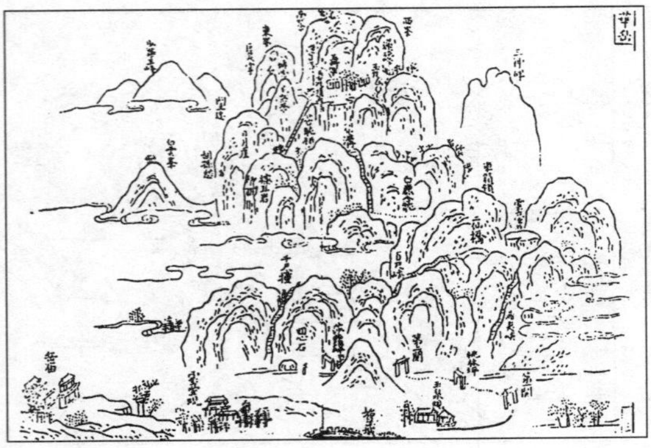
華岳

岱岳

恒岳

衡岳
洞庭

明 王士性《五岳遊草》卷二

明　王士性《五岳遊草》卷三

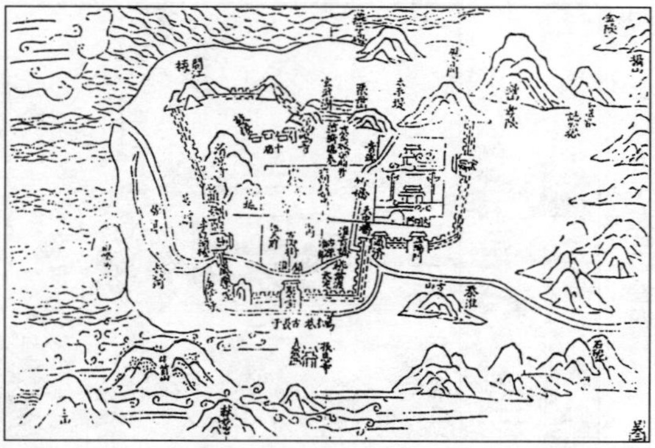

明 王士性《五岳遊草》卷四

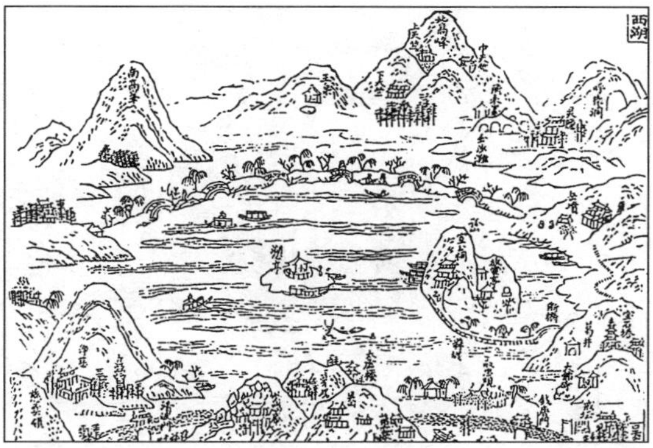

明　王士性《五岳遊草》卷五

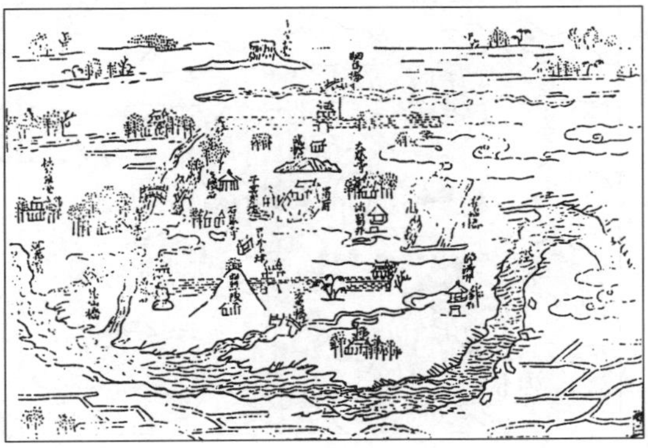

明 王士性《五岳遊草》卷六

明 王士性《五岳遊草》卷七

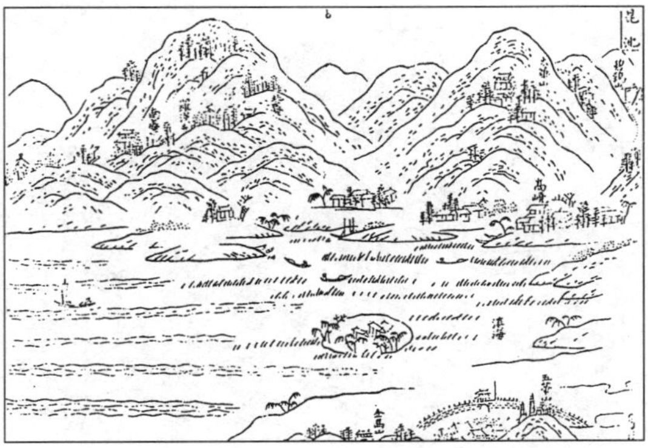

佚名《名山勝槩記》卷首　燕山

盤山

燕磯

鍾山

九華

茅山

包山

黄山

小金山

虎丘

浮槎山

九峯三泖

徑山

天目

石門

龍湫

仙巖

石梁

赤松山

樊山

武當

赤壁

石鍾山

太行

嶧山

五臺

武夷

浮丘

羅浮

七曲山

修覺山

青城山

牛頭山

瀼西

阿盧三洞

明 季嬰《西湖手鏡》

清　張寶《浮槎圖》（《浮槎圖》上册引）

清　張寶《續泛槎圖》（《浮槎圖》上册引）

清　張寶《續泛槎圖三集》（《浮槎圖》上册引）

靈巖望湖

蘭亭明津

清　張寶《續泛槎圖六集》（《浮槎圖》下冊引）

清 張寶《瀟江泛棹圖五集》(《浮槎圖》下冊引)

棲霞寺
洞

中華大典·林業典

林業思想與文化分典　引用書目

引用書目

説　明

一、本書目著録《林業思想與文化分典》引用的主要典籍。
二、本書目按作者時代的先後排列。
三、著録順序依次爲書名、時代作者、版本或出版社及出版時間。各書均不著録卷數。

周易（周易正義）　魏　王弼、晋　韓康伯　注、唐　孔穎達　疏　中華書局一九八〇年版《十三經注疏》，下同
周禮（周禮注疏）　漢　鄭玄　注、唐　賈公彦　疏　十三經注疏
詩經（毛詩正義）　漢　毛亨　傳、鄭玄　箋、唐　孔穎達　疏　十三經注疏
尚書（尚書正義）　漢　孔安國　傳、唐　孔穎達　疏　十三經注疏
老子（道德經）　上海古籍出版社一九八七年版《文淵閣四庫全書》，下同
左傳　晋　杜預　注、唐　孔穎達　疏　十三經注疏
左傳　岳麓書社二〇〇六年版
國語　四庫全書
國語　岳麓書社二〇〇六年版
論語　魏　何晏　集解、宋　邢昺　疏　十三經注疏
鄧子　鄧析　撰、明　楊慎　注評　上海古籍出版社二〇〇二年版《續修四庫全書》，下同
子夏易傳　四庫全書
禽經　師曠　撰、晋　張華　注　四庫全書
山海經　晋　郭璞　注　四庫全書
山海經　岳麓書社二〇〇六年版
墨子　四庫全書
孟子　漢　趙岐　注、宋　孫奭　疏　十三經注疏
逸周書　四庫全書
管子　浙江人民出版社一九八四年版《百子全書》，下同
管子校注　中華書局二〇〇四年版
晏子春秋　四庫全書
文子　四庫全書
列子　四庫全書
慎子　四庫全書
莊子　百子全書
莊子集釋　中華書局一九八二年版
鶡冠子　四庫全書
尸子　百子全書
穆天子傳　四庫全書
竹書紀年　南朝宋　沈約　注　四庫全書
商君書　四庫全書
楚辭（楚辭章句）　漢　王逸　注　四庫全書
楚辭（楚辭補注）　宋　洪興祖　補注　四庫全書
荀子　四庫全書
儀禮（儀禮注疏）　漢　鄭玄　注、唐　賈公彦疏　十三經注疏
禮記（禮記正義）　漢　鄭玄　注、唐　孔穎達　疏　十三經注疏
呂氏春秋　呂不韋　百子全書

呂氏春秋　岳麓書社二〇〇六年版
韓非子　韓非　百子全書
田律　睡虎地秦墓竹簡
爾雅　晉　郭璞注、宋　邢昺疏　十三經注疏
神農本草經　四庫全書
孔子家語　魏　王肅　注　四庫全書
孔叢子　漢　孔鮒　四庫全書
尚書大傳　漢　伏勝　四庫全書
新語　漢　陸賈　百子全書
新書　漢　賈誼　四庫全書
春秋繁露　漢　董仲舒　四庫全書
春秋繁露　中華書局一九七五年版
淮南子(淮南鴻烈解)　漢　劉安　四庫全書
淮南子　岳麓書社二〇〇六年版
神異經　漢　東方朔　四庫全書
海内十洲記　漢　東方朔　四庫全書
史記　漢　司馬遷　中華書局一九五九年版
焦氏易林　漢　焦延壽　四庫全書
鹽鐵論　漢　桓寬　百子全書
鹽鐵論校注　中華書局一九九二年版
列女傳　漢　劉向　四庫全書
説苑　漢　劉向　四庫全書
戰國策　漢　劉向　四庫全書
戰國策　岳麓書社二〇〇六年版
大戴禮記　漢　戴德　四庫全書
道德指歸論　漢　嚴遵　四庫全書
揚子雲集　漢　揚雄　四庫全書
方言　漢　揚雄　四庫全書
西京雜記　漢　劉歆　四庫全書
論衡　漢　王充　四庫全書
論衡校釋　中華書局一九九〇年版
東觀漢記　漢　班固　中華書局一九八五年版《叢書集成初編》，下同。(《四庫全書》本署名爲劉珍)
漢書　漢　班固　中華書局一九八六版
白虎通　漢　班固　四庫全書
説文(説文解字)　漢　許慎　四庫全書
洞冥記　漢　郭憲　四庫全書
潛夫論　漢　王符　四庫全書
吴越春秋　漢　趙曄　四庫全書
三輔黄圖　佚名　四庫全書
蔡中郎集　漢　蔡邕　四庫全書
風俗通　漢　應劭　叢書集成初編
前漢紀　漢　荀悦　四庫全書
曹子建集　三國魏　曹植　四庫全書
毛詩草木鳥獸蟲魚疏　三國吴　陸璣　四庫全書
高士傳　晉　皇甫謐　四庫全書
嵇中散集　晉　嵇康　四庫全書
博物志　晉　張華　四庫全書
三國志　晉　陳壽　四庫全書
三國志　晉　陳壽　中華書局一九七一年版
古今注　晉　崔豹　四庫全書
陸士龍文集　晉　陸雲　四庫全書
南方草木狀　晉　嵇含　四庫全書
爾雅章圖　晉　郭璞　四庫全書
山海經圖贊　晉　郭璞　四庫全書
玄中記　晉　郭璞　四庫全書
抱朴子(抱朴子内外篇)　晉　葛洪　四庫全書
抱朴子内篇校釋　晉　葛洪　中華書局一九八五年版
神仙傳　晉　葛洪　四庫全書
搜神記　晉　干寶　四庫全書

華陽國志　晉　常璩　四庫全書
搜神後記　晉　陶潛　四庫全書
陶淵明集　晉　陶潛　四庫全書
拾遺記　晉　王嘉　四庫全書
竹譜　晉　戴凱之　四庫全書
鄴中記　晉　陸翽　四庫全書
鮑明遠集　南朝宋　鮑照　四庫全書
後漢書　南朝宋　范曄　撰、唐　李賢　注　四庫全書
後漢書　中華書局一九六五年版
異苑　南朝宋　劉敬叔　四庫全書
世説新語　南朝宋　劉義慶　撰、劉孝標　注　四庫全書
幽明録　南朝宋　劉義慶　四庫全書
謝宣城集　南朝齊　謝朓　四庫全書
宋書　南朝梁　沈約　中華書局一九七四年版
江文通集　南朝梁　江淹　四庫全書
述異記　南朝梁　任昉　叢書集成初編
何水部集　南朝梁　何遜　四庫全書
吴均集　南朝梁　吴均　四庫全書
續齊諧志　南朝梁　吴均　四庫全書
南齊書　南朝梁　蕭子顯　中華書局一九七二年版
荊楚歲時記　南朝梁　宗懔　四庫全書
昭明太子集　南朝梁　蕭統　四庫全書
金樓子　南朝梁　蕭繹　四庫全書
徐孝穆集　南朝陳　徐陵　四庫全書
玉臺新詠　南朝陳　徐陵　四庫全書
十六國春秋　北魏　崔鴻　四庫全書
水經注　北魏　酈道元　四庫全書
齊民要術　北魏　賈思勰　四庫全書
齊民要術　中華書局一九五六年版
廣雅　北魏　張揖　四庫全書
魏書　北齊　魏收　中華書局一九七四年版
顔氏家訓　北齊　顔之推　四庫全書
庾子山集　北周　庾信　四庫全書
梁書　唐　姚思廉　中華書局一九七三年版
陳書　唐　姚思廉　中華書局一九七二年版
藝文類聚　唐　歐陽詢　四庫全書
北齊書　唐　李百藥　中華書局一九七二年版
晉書　唐　房玄齡　四庫全書
隋書　唐　魏徵　四庫全書
周書　唐　令狐德棻　四庫全書
唐律疏義　唐　長孫無忌　四庫全書
東皋子集　唐　王績　四庫全書
駱丞集　唐　駱賓王　四庫全書
盧昇之集　唐　盧照鄰　四庫全書
盈川集　唐　楊炯　四庫全書
陳拾遺集　唐　陳子昂　四庫全書
南史　唐　李延壽　中華書局一九七五年版
王子安集　唐　王勃　四庫全書
初學記　唐　徐堅　四庫全書
李嶠雜詠　唐　李嶠　江蘇廣陵古籍刻印社一九九二年版
寒山詩集　唐　釋寒山　四庫全書
貞觀公私畫史　唐　裴孝源　四庫全書
廣弘明集　唐　釋道宣　四庫全書
朝野僉載　唐　張鷟　四庫全書
張燕公集　唐　張説　四庫全書
曲江集　唐　張九齡　四庫全書
孟浩然集　唐　孟浩然　四庫全書
法苑珠林　唐　釋道世　四庫全書
王右丞集箋注　唐　王維　撰、清　趙殿成　箋注　四庫全書
輞川集　唐　王維　四庫全書

高常侍集　唐　高適　四庫全書
李太白文集　唐　李白　四庫全書
儲光羲詩集　唐　儲光羲　四庫全書
常建集　唐　常建　四庫全書
顔魯公集　唐　顔真卿　四庫全書
錢仲文集　唐　錢起　四庫全書
集千家注杜工部詩集　唐　杜甫　四庫全書
杜工部集　唐　杜甫　續修四庫全書
毛詩指説　唐　成伯璵　四庫全書
二皇甫集　唐　皇甫冉、皇甫曾　四庫全書
次山集　唐　元結　四庫全書
杼山集　唐　釋皎然　四庫全書
毗陵集　唐　獨孤及　四庫全書
劉隨州集　唐　劉長卿　四庫全書
松窗雜録　唐　李濬　四庫全書
通典　唐　杜佑　四庫全書
韋蘇州集　唐　韋應物　四庫全書
孟東野詩集　唐　孟郊　四庫全書
封氏聞見記　唐　封演　四庫全書
張司業集　唐　張籍　四庫全書
五百家注昌黎文集　唐　韓愈　撰、宋　魏仲舉　編　四庫全書
韓昌黎集　唐　韓愈　四庫全書
劉賓客文集　唐　劉禹錫　四庫全書
白氏長慶集　唐　白居易　四庫全書
白孔六帖　唐　白居易　四庫全書
柳河東集　唐　柳宗元　四庫全書
河東先生龍城録　唐　柳宗元　續修四庫全書
周易集解　唐　李鼎祚　四庫全書
建康實録　唐　許嵩　四庫全書
吕衡州集　唐　吕温　四庫全書
權文公集　唐　權德輿　四庫全書
宗玄集　唐　吴筠　四庫全書
開元釋教録　唐　釋智昇　四庫全書
追昔遊集　唐　李紳　四庫全書
元和郡縣志　唐　李吉甫　四庫全書
王司馬集　唐　王建　四庫全書
李文公集　唐　李翺　四庫全書
元氏長慶集　唐　元稹　四庫全書
長江集　唐　賈島　四庫全書
箋註評點李長吉歌詩　唐　李賀　四庫全書
昌谷集　唐　李賀　四庫全書
會昌一品集　唐　李德裕　四庫全書
李衛公别集　唐　李德裕　四庫全書
酉陽雜俎　唐　段成式　四庫全書
資暇集　唐　李匡乂　四庫全書
玄英集　唐　方干　四庫全書
唐朝名畫録　唐　朱景玄　四庫全書
丁卯詩集　唐　許渾　四庫全書
鮑溶詩集　唐　鮑溶　四庫全書
李義山詩集　唐　李商隱　四庫全書
李群玉詩集　唐　李群玉　四庫全書
唐國史補　唐　李肇　四庫全書
明皇雜録　唐　鄭處誨　四庫全書
唐新語　唐　劉肅　四庫全書
獨異志　唐　李亢　上海古籍出版社一九九五年版
羅昭諫集　唐　羅隱　四庫全書
禪月集　唐　釋貫休　四庫全書
文藪　唐　皮日休　四庫全書
松陵集　唐　皮日休　撰、陸龜蒙　輯　四庫全書
浣花集　唐　韋莊　四庫全書

姚少監詩集　唐　姚合　四庫全書
黄御史集　唐　黄滔　四庫全書
韓内翰别集　唐　韓偓　四庫全書
唐女郎魚玄機詩　唐　魚玄機　續修四庫全書
因話録　唐　趙璘　四庫全書
蠻書　唐　樊綽　四庫全書
甫里集　唐　陸龜蒙　四庫全書
笠澤叢書　唐　陸龜蒙　四庫全書
雲臺編　唐　鄭谷　四庫全書
唐英歌詩　唐　吴融　四庫全書
宣室志　唐　張讀　四庫全書
兩同書　唐　羅隱　四庫全書
文泉子集　唐　劉蜕　四庫全書
白蓮集　唐　釋齊己　四庫全書
嶺表録異　唐　劉恂　四庫全書
花九錫　唐　羅虬　上海書店出版社一九九四年版《叢書集成續編》，下同
雲谿友議　唐　范攄　四庫全書
劇談録　唐　康駢　四庫全書
蘇氏演義　唐　蘇鶚　四庫全書
杜陽雜編　唐　蘇鶚　四庫全書
張承吉集　唐　張祜　續修四庫全書
集異記　唐　薛用弱　四庫全書
渚宫舊事　唐　余知古　四庫全書
獨異志　唐　李冗　續修四庫全書
麟角集　唐　王棨　四庫全書
無能子　唐　無能子　四庫全書
張象文詩集　唐　張蠙　續修四庫全書
北夢瑣言　唐　孫光憲　四庫全書
雲仙雜記　唐　馮贄　四庫全書
徐正字詩賦　唐　徐寅　四庫全書
周易口訣義　唐　史徵　四庫全書
種樹書　唐　郭橐駝　叢書集成初編
北户録　唐　段公路　四庫全書
大唐傳載　唐　佚名　四庫全書
録異記　五代　杜光庭　續修四庫全書
化書　五代　譚峭　四庫全書
唐摭言　五代　王定保　四庫全書
舊唐書　五代　劉昫　中華書局一九七五年版
兼明書　五代　丘光廷　四庫全書
花經　五代　張翊　人民文學出版社一九九二年版《香艷叢書》
金華子雜編　五代　劉崇遠　叢書集成初編
開元天寶遺事　五代　王仁裕　四庫全書
玉堂閑話　五代　王仁裕　上海古籍出版社一九八八年版《説郛》，下同
中華古今注　五代　馬縞　四庫全書
才調集　後蜀　韋縠　四庫全書
續仙傳　南唐　沈汾　四庫全書
碧雲集　南唐　李中　續修四庫全書
清異録　宋　陶穀　四庫全書
稽神録　宋　徐鉉　四庫全書
筍譜　宋　釋贊寧　四庫全書
東坡先生物類相感志　宋　釋贊寧　齊魯書社一九九七年版《四庫全書存目叢書》，下同
宋高僧傳　宋　釋贊寧　四庫全書
舊五代史　宋　薛居正　中華書局一九七六年版
唐會要　宋　王溥　四庫全書
唐會要　中華書局一九八五年版
文苑英華　宋　李昉　四庫全書
太平御覽　宋　李昉　四庫全書
太平廣記　宋　李昉　四庫全書
太平寰宇記　宋　樂史　四庫全書

茅亭客話　宋　黄休復　四庫全書
咸平集　宋　田錫　四庫全書
乖崖集　宋　張詠　四庫全書
小畜集　宋　王禹偁　四庫全書
南陽集　宋　趙湘　四庫全書
忠愍集　宋　寇準　四庫全書
林和靖集　宋　林逋　四庫全書
南部新書　宋　錢易　叢書集成初編
武夷新集　宋　楊億　四庫全書
春卿遺稿　宋　蔣堂　四庫全書
桐譜　宋　陳翥　農業出版社一九八一年版
文莊集　宋　夏竦　四庫全書
樂章集　宋　柳永　四庫全書
范文正集　宋　范仲淹　四庫全書
周易口義　宋　胡瑗　四庫全書
文恭集　宋　胡宿　四庫全書
元憲集　宋　宋庠　四庫全書
分門集注杜工部詩　宋　王洙　續修四庫全書
景文集　宋　宋祁　四庫全書
益部方物略記　宋　宋祁　叢書集成初編
雲笈七籤　宋　張君房　四庫全書
新唐書　宋　歐陽修、宋祁　中華書局一九七五年版
文忠集　宋　歐陽修　四庫全書
詩本義　宋　歐陽修　四庫全書
新五代史　宋　歐陽修　中華書局一九七四年版
洛陽牡丹記　宋　歐陽修　四庫全書
宛陵集　宋　梅堯臣　四庫全書
徂徠集　宋　石介　四庫全書
分門瑣碎録　宋　温革　續修四庫全書
龍學文集　宋　祖無擇　四庫全書
潞公文集　宋　文彦博　叢書集成續編
鐔津集　宋　釋契嵩　四庫全書
樂全集　宋　張方平　四庫全書
安陽集　宋　韓琦　四庫全書
清獻集　宋　趙抃　四庫全書
盱江集　宋　李覯　商務印書館一九一五年版
擊壤集　宋　邵雍　四庫全書
皇極經世書　宋　邵雍　四庫全書
端明集　宋　蔡襄　四庫全書
青瑣高議　宋　劉斧　四庫全書存目叢書
聞見近録　宋　王鞏　四庫全書
甲申雜記　宋　王鞏　四庫全書
古靈集　宋　陳襄　四庫全書
文昌襍録　宋　龐元英　四庫全書
丹淵集　宋　文同　四庫全書
公是集　宋　劉敞　四庫全書
唐大詔令集　宋　宋敏求　四庫全書
元豐類稿　宋　曾鞏　四庫全書
華陽集　宋　王珪　四庫全書
資治通鑑　宋　司馬光　四庫全書
傳家集　宋　司馬光　四庫全書
温國文正司馬公文集　宋　司馬光　上海書店一九八四年版《四部叢刊》，下同
稽古録　宋　司馬光　四庫全書
張子全書　宋　張載　四庫全書
蘇魏公文集　宋　蘇頌　四庫全書
臨川文集　宋　王安石　四庫全書
鄖溪集　宋　鄭獬　四庫全書
祠部集　宋　强至　四庫全書
洛陽花木記　宋　周師厚　《説郛》
墨客揮犀　宋　彭乘　四庫全書

彭城集　宋　劉攽　四庫全書
范忠宣集　宋　范純仁　四庫全書
蜀檮杌　宋　張唐英　四庫全書
忠肅集　宋　劉摯　四庫全書
澠水燕談録　宋　王闢之　四庫全書
夢溪筆談　宋　沈括　四庫全書
補筆談　宋　沈括　四庫全書
廣陵集　宋　王令　四庫全書
雲巢編　宋　沈遼　四庫全書
山家清供　宋　林洪　《説郛》
山家清事　宋　林洪　《説郛》
雲溪居士集　宋　華鎮　四庫全書
錢塘集　宋　韋驤　四庫全書
二程文集　宋　程顥、程頤　四庫全書
二程遺書　宋　程顥、程頤　四庫全書
青山集　宋　郭祥正　四庫全書
東坡全集　宋　蘇軾　四庫全書
東坡詞　宋　蘇軾　四庫全書
東坡志林　宋　蘇軾　四庫全書
格物麤談　宋　蘇軾　四庫全書存目叢書
東坡詩集注　宋　蘇軾　撰、王十朋　注　四庫全書
東坡易傳　宋　蘇軾　四庫全書
清江三孔集　宋　孔文仲　四庫全書
欒圃餘藁　宋　朱長文　四庫全書
欒城集　宋　蘇轍　四庫全書
詩集傳　宋　蘇轍　四庫全書
蘇氏春秋集解　宋　蘇轍　四庫全書
古史　宋　蘇轍　四庫全書
劉氏菊譜　宋　劉蒙　四庫全書
牡丹榮辱志　宋　丘璇　四庫全書存目叢書
范太史集　宋　范祖禹　四庫全書
樂府詩集　宋　郭茂倩　四庫全書
埤雅　宋　陸佃　四庫全書
論語全解　宋　陳祥道　四庫全書
禮書　宋　陳祥道　四庫全書
參寥子詩集　宋　釋道潛　四庫全書
洛陽名園記　宋　李格非　四庫全書
山谷集　宋　黄庭堅　四庫全書
淮海集　宋　秦觀　四庫全書
西臺集　宋　畢仲游　四庫全書
毛詩名物解　宋　蔡卞　四庫全書
畫史　宋　米芾　四庫全書
近事會元　宋　李上交　四庫全書
潏水集　宋　李復　四庫全書
後山集　宋　陳師道　四庫全書
晁無咎詞　宋　晁補之　四庫全書
游廌山集　宋　游酢　四庫全書
張右史文集　宋　張耒　四部叢刊
柯山集　宋　張耒　四庫全書
壽親養老新書　宋　陳直　撰、元　鄒鉉　續編　四庫全書
證類本草　宋　唐慎微　四庫全書
片玉詞　宋　周邦彦　四庫全書
節孝集　宋　徐積　四庫全書
宋朝名畫評　宋　劉道醇　四庫全書
分門古今類事　宋　佚名　四庫全書
歲時雜記　宋　吕原明　《説郛》
聞見録　宋　邵伯温　四庫全書
濟南集　宋　李廌　四庫全書
道鄉集　宋　鄒浩　四庫全書
候鯖録　宋　趙令畤　四庫全書

香譜　宋　洪芻　四庫全書
畫墁録　宋　張舜民　四庫全書
孫公談圃　宋　劉延世　四庫全書
溪堂集　宋　謝逸　四庫全書
彦周詩話　宋　許顗　四庫全書
眉山詩集　宋　唐庚　四庫全書
冷齋夜話　宋　釋惠洪　四庫全書
石門文字禪　宋　釋惠洪　四庫全書
談苑　宋　孔平仲　四庫全書
湘山野録　宋　釋文瑩　四庫全書
玉壺野史　宋　釋文瑩　四庫全書
圖畫見聞志　宋　郭若虚　四庫全書
斜川集　宋　蘇過　續修四庫全書
漢上易傳　宋　朱震　四庫全書
竹友集　宋　謝薖　四庫全書
初寮集　宋　王安中　四庫全書
嬾真子　宋　馬永卿　四庫全書
春渚紀聞　宋　何薳　四庫全書
避暑録話　宋　葉夢得　叢書集成初編
竹軒雜著　宋　林季仲　四庫全書
莊簡集　宋　李光　四庫全書
苕溪集　宋　劉一止　四庫全書
雞肋編　宋　莊綽　四庫全書
陵陽集　宋　韓駒　四庫全書
頤堂先生文集　宋　王灼　四部叢刊
鴻慶居士集　宋　孫覿　四庫全書
紺珠集　宋　朱勝非　四庫全書
太倉稊米集　宋　周紫芝　四庫全書
竹坡詩話　宋　周紫芝　四庫全書
梁谿集　宋　李綱　四庫全書
吕氏春秋集解　宋　吕本中　四庫全書
童蒙訓　宋　吕本中　四庫全書
漱玉詞　宋　李清照　四庫全書
曲洧舊聞　宋　朱弁　四庫全書
忠正德文集　宋　趙鼎　四庫全書
酒邊詞　宋　向子諲　四庫全書
茶山集　宋　曾幾　四庫全書
春秋通訓　宋　張大亨　四庫全書
龜溪集　宋　沈與求　四庫全書
三餘集　宋　黄彦平　四庫全書
東牟集　宋　王洋　四庫全書
周易窺餘　宋　鄭剛中　四庫全書
松漠紀聞　宋　洪皓　四庫全書
栟櫚集　宋　鄧肅　四庫全書
簡齋集　宋　陳與義　四庫全書
醉翁寱語　宋　樓璹　《説郛》
中吴紀聞　宋　龔明之　四庫全書
横浦集　宋　張九成　四庫全書
相山集　宋　王之道　四庫全書
鐵圍山叢談　宋　蔡絛　四庫全書
靖康緗素雜記　宋　黄朝英　四庫全書
日涉園集　宋　李彭　四庫全書
類説　宋　曾慥　四庫全書
檆溪居士集　宋　劉才邵　四庫全書
紫微集　宋　張嵲　四庫全書
韋齋集　宋　朱松　四庫全書
猗覺寮雜記　宋　朱翌　四庫全書
灊山集　宋　朱翌　四庫全書
松隱集　宋　曹勛　四庫全書
西塍集　宋　宋伯仁　四庫全書

屏山集　宋　劉子翬　四庫全書
香溪集　宋　范浚　四庫全書
知言　宋　胡宏　四庫全書
皇王大紀　宋　胡宏　四庫全書
東京夢華録　宋　孟元老　叢書集成初編
通志　宋　鄭樵　四庫全書
韻語陽秋　宋　葛立方　四庫全書
西溪叢語　宋　姚寬　四庫全書
歸愚詞　宋　葛立方　四庫全書
湖山集　宋　吴芾　四庫全書
睽車志　宋　郭彖　四庫全書
郡齋讀書志　宋　晁公武　四庫全書
郭氏傳家易説　宋　郭雍　四庫全書
鄮峯真隱漫録　宋　史浩　四庫全書
續博物志　宋　李石　四庫全書
藏海居士集　宋　吴可　四庫全書
知稼翁詞　宋　黄公度　四庫全書
孔子編年　宋　胡仔　四庫全書
梅溪集　宋　王十朋　四庫全書
尚書全解　宋　林之奇　四庫全書
拙齋文集　宋　林之奇　四庫全書
周易經傳集解　宋　林栗　四庫全書
雲莊集　宋　曾協　四庫全書
海録碎事　宋　葉廷珪　四庫全書
嵩山集　宋　晁公遡　四庫全書
浮山集　宋　仲並　四庫全書
續資治通鑑長編　宋　李燾　四庫全書
雙溪類稾　宋　王炎　四庫全書
盤洲文集　宋　洪适　四庫全書
獨醒雜志　宋　曾敏行　四庫全書
甕牖閑評　宋　袁文　四庫全書
史氏菊譜　宋　史正志　四庫全書
北湖集　宋　吴則禮　四庫全書
聞見後録　宋　邵博　四庫全書
東窗集　宋　張擴　四庫全書
惜香樂府　宋　趙長卿　四庫全書
張氏可書　宋　張知甫　四庫全書
東園叢説　宋　李如篪　四庫全書
崧庵集　宋　李處權　四庫全書
雲溪集　宋　郭印　四庫全書
詩話總龜　宋　阮閲　四庫全書
澹軒集　宋　李呂　四庫全書
演繁露　宋　程大昌　四庫全書
夷堅志　宋　洪邁　四庫全書
夷堅志　中華書局二〇〇六年版
容齋隨筆　宋　洪邁　四庫全書
老學庵筆記　宋　陸游　叢書集成初編
入蜀記　宋　陸游　四庫全書
劍南詩稿　宋　陸游　四庫全書
渭南文集　宋　陸游　四庫全書
放翁詞　宋　陸游　四庫全書
桂海虞衡志　宋　范成大　四庫全書
石湖詩集　宋　范成大　四庫全書
吴郡志　宋　范成大　四庫全書
吴船録　宋　范成大　四庫全書
范村梅譜　宋　范成大　四庫全書
范村菊譜　宋　范成大　四庫全書
文忠集　宋　周必大　四庫全書
牡丹譜　宋　胡元質　綫裝書局二〇〇三年版《全蜀藝文志》
梁谿遺稿　宋　尤袤　四庫全書

誠齋集　宋　楊萬里　四庫全書
淳熙三山志　宋　梁克家　四庫全書
大易粹言　宋　方聞一　四庫全書
宮教集　宋　崔敦禮　四庫全書
晦庵集　宋　朱熹　四庫全書
二程外書　宋　朱熹　四庫全書
四書章句集注　宋　朱熹　四庫全書
朱子全書　宋　朱熹　四庫全書
朱子文集大全類編　宋　朱熹　四庫全書存目叢書
北窗炙輠録　宋　施德操　四庫全書
頤菴居士集　宋　劉應時　四庫全書
陶朱新録　宋　馬純　四庫全書
事實類苑　宋　江少虞　四庫全書
墨莊漫録　宋　張邦基　四庫全書
陳州牡丹記　宋　張邦基　《説郛》
梅山續藁　宋　姜特立　四庫全書
路史　宋　羅泌　四庫全書
橘録　宋　韓彦直　四庫全書
通鑑紀事本末　宋　袁樞　四庫全書
于湖集　宋　張孝祥　四庫全書
方是閑居士小稿　宋　劉學箕　四庫全書
南軒集　宋　張栻　四庫全書
江湖長翁集　宋　陳造　四庫全書
涉齋集　宋　許綸　四庫全書
浪語集　宋　薛季宣　四庫全書
嶺外代答　宋　周去非　四庫全書
紹陶録　宋　王質　四庫全書
雪山集　宋　王質　四庫全書
詩總聞　宋　王質　四庫全書
雲麓漫抄　宋　趙彦衛　四庫全書
職官分紀　宋　孫逢吉　四庫全書
燕堂詩稿　宋　趙公豫　四庫全書
爾雅翼　宋　羅願　四庫全書
帝王經世圖譜　宋　唐仲友　四庫全書
左氏博議　宋　吕祖謙　四庫全書
省齋集　宋　廖行之　四庫全書
止齋文集　宋　陳傅良　四部叢刊
攻媿集　宋　樓鑰　四庫全書
學林　宋　王觀國　四庫全書
能改齋漫録　宋　吴曾　四庫全書
稼軒詞　宋　辛棄疾　四庫全書
東塘集　宋　袁説友　四庫全書
定齋集　宋　蔡戡　四庫全書
康範詩集　宋　汪晫　四庫全書
春秋講義　宋　戴溪　四庫全書
楊氏易傳　宋　楊簡　四庫全書
緣督集　宋　曾丰　四庫全書
章泉稿　宋　趙蕃　四庫全書
澹齋集　宋　李流謙　四庫全書
經鉏堂雜誌　宋　倪思　續修四庫全書
習學記言　宋　葉適　四庫全書
水心集　宋　葉適　四庫全書
野客叢書　宋　王楙　四庫全書
芳蘭軒集　宋　徐照　四庫全書
南湖集　宋　張鎡　四庫全書
梅品　宋　張鎡　《説郛》
燭湖集　宋　孫應時　四庫全書
竹屋癡語　宋　高觀國　四庫全書
白石道人詩集　宋　姜夔　四庫全書
雲谷雜紀　宋　張淏　四庫全書

會稽續志　宋　張淏　四庫全書
山房集　宋　周南　四庫全書
竹齋詩集　宋　裘萬頃　四庫全書
澗泉集　宋　韓淲　四庫全書
緯略　宋　高似孫　四庫全書
剡録　宋　高似孫　四庫全書
離騷草木疏　宋　吴仁傑　四庫全書
兩漢刊誤補遺　宋　吴仁傑　四庫全書
二薇亭詩集　宋　徐璣　四庫全書
大隱居士詩集　宋　鄧深　四庫全書
會稽志　宋　施宿　四庫全書
洺水集　宋　程珌　四庫全書
梁谿漫志　宋　費衮　四庫全書
石屏詩集　宋　戴復古　四庫全書
克齋詞　宋　沈端節　四庫全書
芸菴類稿　宋　李洪　四庫全書
泠然齋詩集　宋　蘇泂　四庫全書
菊磵集　宋　高翥　四庫全書
清正存稿　宋　徐鹿卿　四庫全書
月令解　宋　張虙　四庫全書
野谷詩稿　宋　趙汝鐩　四庫全書
金漳蘭譜　宋　趙時庚　四庫全書
詩緝　宋　嚴粲　四庫全書
樵隱詩　宋　毛幵　商務印書館一九四〇年版
樵隱詞　宋　毛幵　四庫全書
平齋集　宋　洪咨夔　四庫全書
文章正宗　宋　真德秀　四庫全書
春秋左傳要義　宋　魏了翁　四庫全書
古今攷　宋　魏了翁　四庫全書
鶴山集　宋　魏了翁　四庫全書
古文苑　宋　章樵　四庫全書
竹坡類藁　宋　吕午　續修四庫全書
清獻集　宋　杜範　四庫全書
玉楮集　宋　岳珂　四庫全書
直齋書録解題　宋　陳振孫　四庫全書
藏一話腴　宋　陳郁　四庫全書
四明它山水利備覽　宋　魏峴　四庫全書
王氏蘭譜　宋　王貴學　《説郛》
後村集　宋　劉克莊　四庫全書
後村長短句　宋　劉克莊　續修四庫全書
玉溪吟草　宋　林表民　續修四庫全書
五燈會元　宋　釋普濟　四庫全書
陸狀元增節音注精議資治通鑑　宋　陸唐老　四庫全書存目叢書
莊子口義　宋　林希逸　四庫全書
平塘陶先生詩　宋　陶夢桂　續修四庫全書
端平詩雋　宋　周弼　四庫全書
鶴林玉露　宋　羅大經　四庫全書
古今事文類聚前集　宋　祝穆　四庫全書
剪綃集　宋　李龏　續修四庫全書
可齋續藁　宋　李曾伯　四庫全書
魯齋集　宋　王柏　四庫全書
秋崖集　宋　方岳　四庫全書
彝齋文編　宋　趙孟堅　四庫全書
夢窗稿　宋　吴文英　四庫全書
六書故　宋　戴侗　四庫全書
海棠譜　宋　陳思　四庫全書
禮記集説　宋　衛湜　四庫全書
尊白堂集　宋　虞儔　四庫全書
負暄野録　宋　陳槱　四庫全書
蕭冰崖詩集拾遺　宋　蕭立之　續修四庫全書

尚書詳解　宋　夏僎　叢書集成初編
克齋集　宋　陳文蔚　四庫全書
周易輯聞　宋　趙汝楳　四庫全書
鼠璞　宋　戴埴　四庫全書
梅巖文集　宋　胡次焱　四庫全書
朱子語類　宋　黎靖德　四庫全書
夢粱録　宋　吴自牧　四庫全書
潛山集　宋　釋文珦　四庫全書
菌譜　宋　陳仁玉　四庫全書
促織經　宋　賈似道　商務印書館一九四〇年版
黄氏日抄　宋　黄震　四庫全書
澗谷遺集　宋　羅椅　續修四庫全書
蘭臯集　宋　吴錫疇　四庫全書
蒙齋集　宋　袁甫　四庫全書
方泉詩集　宋　周文璞　四庫全書
翠微南征録　宋　華岳　四庫全書
鶴林集　宋　吴泳　四庫全書
芸隱横舟稿　宋　施樞　四庫全書
蒙川遺稿　宋　劉黻　四庫全書
先天集　宋　許月卿　續修四庫全書
閬風集　宋　舒嶽祥　四庫全書
牧萊脞語二稿　宋　陳仁子　續修四庫全書
富山遺稿　宋　方夔　四庫全書
自堂存藁　宋　陳傑　四庫全書
蛟峰文集　宋　方逢辰　四庫全書
碧梧玩芳集　宋　馬廷鸞　四庫全書
困學紀聞　宋　王應麟　四庫全書
石堂先生遺集　宋　陳普　續修四庫全書
花外集　宋　王沂孫　續修四庫全書
秋聲集　宋　衛宗武　四庫全書
潛齋集　宋　何夢桂　四庫全書
玉井樵唱　宋　尹廷高　四庫全書
癸辛雜識　宋　周密　四庫全書
齊東野語　宋　周密　四庫全書
武林舊事　宋　周密　四庫全書
吴興園林記　宋　周密　《説郛》
須溪集　宋　劉辰翁　四庫全書
須溪四景詩集　宋　劉辰翁　四庫全書
田間書　宋　林昉　《説郛》
貴耳集　宋　張端義　四庫全書
文山集　宋　文天祥　四庫全書
學齋占畢　宋　史繩祖　四庫全書
所南翁一百二十圖詩集　宋　鄭思肖　續修四庫全書
百菊集譜　宋　史鑄　四庫全書
釣磯詩集　宋　邱葵　續修四庫全書
竹山詞　宋　蔣捷　四庫全書
山中白雲詞　宋　張炎　四庫全書
紫岩詩選　宋　于石　四庫全書
周易集説　宋　俞琰　四庫全書
翠寒集　宋　宋無　四庫全書
古逸民先生集　宋　汪炎昶　續修四庫全書
陳氏香譜　宋　陳敬　四庫全書
麟角集　宋　王蘋　四庫全書
采芝集續集　宋　釋斯植　臺北新文豐出版公司一九九七年版《叢書集成三編》
葦航漫遊稿　宋　胡仲弓　四庫全書
西巖集　宋　翁卷　四庫全書
歲時廣記　宋　陳元靚　四庫全書
真山民集　宋　真桂芳　四庫全書
月洞吟　宋　王鎡　四庫全書
寒松閣集　宋　詹初　四庫全書

江湖小集　宋　陳起　四庫全書
用易詳解　宋　李杞　四庫全書
本心齋蔬食譜　宋　陳達叟　叢書集成初編
冲虚至德真經解　宋　江遹　四庫全書
搜神秘覽　宋　章炳文　續修四庫全書
東山詩選　宋　葛紹體　四庫全書
越史略　宋　佚名　四庫全書
王氏談録　宋　佚名　四庫全書
宣和畫譜　宋　佚名　四庫全書
水雲集　金　譚處端　續修四庫全書
西岳華山志　金　王處一　四庫全書存目叢書
滏水集　金　趙秉文　四庫全書
莊靖集　金　李俊民　四庫全書
續夷堅志　金　元好問　續修四庫全書
遺山集　金　元好問　四庫全書
遺山先生新樂府　金　元好問　續修四庫全書
二妙集　金　段克己、段成己　四庫全書
歸潛志　元　劉祁　四庫全書
平江記事　元　高德基　四庫全書
湛然居士集　元　耶律楚材　四庫全書
學易記　元　李簡　四庫全書
藏春集　元　劉秉忠　四庫全書
咸淳臨安志　元　潛説友　四庫全書
陵川集　元　郝經　四庫全書
剩語　元　艾性夫　四庫全書
艮齋詩集　元　侯克中　四庫全書
瀛奎律髓　元　方回　輯　四庫全書
桐江續集　元　方回　四庫全書
秋澗集　元　王惲　四庫全書
野趣有聲畫　元　楊公遠　四庫全書
谷響集　元　釋善住　四庫全書
淮陽集　元　張弘範　四庫全書
牧庵集　元　姚燧　四庫全書
青山集　元　趙文　四庫全書
屏巖小稿　元　張觀光　四庫全書
周易程朱傳義折衷　元　趙采　四庫全書
寓庵集　元　李庭　續修四庫全書
中庵集　元　劉敏中　四庫全書
竹譜　元　李衎　四庫全書
金淵集　元　仇遠　四庫全書
山村遺集　元　仇遠　四庫全書
静修集　元　劉因　四庫全書
四書通　元　胡炳文　四庫全書
山房隨筆　元　蔣正子　四庫全書
松鄉集　元　任士林　四庫全書
梅花百詠　元　馮子振　四庫全書
松雪齋集　元　趙孟頫　四庫全書
文獻通考　元　馬端臨　四庫全書
三柳軒雜識　元　程棨　《説郛》
陳剛中詩集　元　陳孚　四庫全書
閑居叢稿　元　蒲道源　四庫全書
陳氏禮記集説　元　陳澔　四庫全書
周易衍義　元　胡震　四庫全書
蘭軒集　元　王旭　四庫全書
西巖集　元　張之翰　四庫全書
知非堂稿　元　何中　四庫全書
清容居士集　元　袁桷　四庫全書
延祐四明志　元　袁桷　四庫全書
元懶翁詩集　元　元明善　續修四庫全書
歸田類稿　元　張養浩　四庫全書

白雲集　元　許謙　四庫全書
詠物詩　元　謝宗可　四庫全書
張小山小令　元　張可久　齊魯書社二〇〇一年版《四庫全書存目叢書補編》，下同
農書　元　王禎　四庫全書
農書　中華書局一九八五年版
農桑衣食撮要　元　魯明善　四庫全書
竹素山房詩集　元　吾丘衍　四庫全書
貞一齋詩文稿　元　朱思本　續修四庫全書
農桑輯要　元　司農司　編　四庫全書
文安集　元　揭傒斯　四庫全書
圭齋集　元　歐陽玄　四庫全書
安南志略　元　黎崱　四庫全書
金華黄先生文集　元　黄溍　續修四庫全書
純白齋類稿　元　胡助　四庫全書
滄浪軒詩集　元　吕彦貞　續修四庫全書
鹿皮子集　元　陳樵　四庫全書
石田文集　元　馬祖常　四庫全書
梅花道人遺墨　元　吴鎮　四庫全書
月屋漫稿　元　黄庚　四庫全書
佛祖歷代通載　元　釋念常　四庫全書
續軒渠集　元　洪希文　四庫全書
山居新話　元　楊瑀　四庫全書
伊濱集　元　王沂　四庫全書
栲栳山人詩集　元　岑安卿　四庫全書
至正集　元　許有壬　四庫全書
圭塘欸乃集　元　許有壬　四庫全書
惟實集　元　劉鶚　四庫全書
葯房樵唱　元　吴景奎　四庫全書
僑吴集　元　鄭元祐　四庫全書
石初集　元　周霆震　四庫全書
燕石集　元　宋褧　四庫全書
龜巢稿　元　謝應芳　四庫全書
東維子集　元　楊維楨　四庫全書
鐵崖古樂府　元　楊維楨　四庫全書
復古詩集　元　楊維楨　四庫全書
麗則遺音　元　楊維楨　四庫全書
玩齋集　元　貢師泰　四庫全書
樵雲獨唱　元　葉顒　四庫全書
清閟閣全集　元　倪瓚　四庫全書
周易爻變易緼　元　陳應潤　四庫全書
圖繪寶鑑　元　夏文彦　四庫全書
圭峯集　元　盧琦　四庫全書
栖碧先生黄楊集　元　華幼武　續修四庫全書
蟻術詞選　元　邵亨貞　續修四庫全書
金史　元　脱脱　中華書局一九七五年版
宋史　元　脱脱　中華書局一九八一年版
遼史　元　脱脱　中華書局一九七四年版
夷白齋稿　元　陳基　四庫全書
静思集　元　郭鈺　四庫全書
肅雍集　元　鄭允端　四庫全書存目叢書
南湖集　元　貢性之　四庫全書
友石山人遺稿　元　王翰　四庫全書
韓山人詩續集　元　韓奕　續修四庫全書
鶴年詩集　元　丁鶴年　四庫全書
續竹譜　元　劉美之　《説郛》
麟原後集　元　王禮　四庫全書
子淵詩集　元　張仲深　四庫全書
書林外集　元　袁士元　續修四庫全書
性情集　元　周巽　四庫全書

東坡詩話録　元　陳秀民　四庫全書存目叢書
灤京雜詠　元　楊允孚　四庫全書
茶山老人遺集　元　沈貞　續修四庫全書
得月藁　元　吕不用　續修四庫全書
冀越集記　元　熊太古　續修四庫全書
風雅翼　元　劉履　四庫全書
東南紀聞　元　佚名　四庫全書
居家必用事類全集　元　佚名　續修四庫全書
竹齋集　明　王冕　四庫全書
翠屏集　明　張以寧　四庫全書
鳳池吟稿　明　汪廣洋　四庫全書
詩演義　明　梁寅　四庫全書
胡仲子集　明　胡翰　四庫全書
文憲集　明　宋濂　四庫全書
元史　明　宋濂　四庫全書
誠意伯文集　明　劉基　四庫全書
陶學士集　明　陶安　四庫全書
劉仲修先生詩文集　明　劉永之　續修四庫全書
全室外集　明　宗泐　四庫全書
始豐稿　明　徐一夔　四庫全書
槎翁詩集　明　劉崧　四庫全書
槎翁文集　明　劉崧　四庫全書存目叢書
柘軒集　明　淩雲翰　四庫全書
眉菴集　明　楊基　四庫全書
明太祖文集　明　朱元璋　四庫全書
輟耕録　明　陶宗儀　四庫全書
説郛　明　陶宗儀　輯　四庫全書
斗南老人集　明　胡奎　四庫全書
梁園寓稿　明　王翰　四庫全書
逃虚子詩集　明　姚廣孝　續修四庫全書
大全集　明　高啓　四庫全書
西邨詩集　明　朱樸　四庫全書
理學類編　明　張九韶　四庫全書
滎陽外史集　明　鄭真　四庫全書
易齋集　明　劉璟　四庫全書
易齋稾　明　劉璟　續修四庫全書
海叟集　明　袁凱　四庫全書
唐詩品彙　明　高棅　四庫全書
林登州集　明　林弼　四庫全書
遜志齋集　明　方孝孺　四庫全書
救荒本草　明　朱橚　四庫全書
普濟方　明　朱橚　四庫全書
忠靖集　明　夏元吉　四庫全書
泊菴集　明　梁潛　四庫全書
東里續集　明　楊士奇　四庫全書
省愆集　明　黄淮　四庫全書
通書述解　明　曹端　四庫全書
虚舟集　明　王偁　四庫全書
坦菴先生文集　明　梁本之　四庫全書存目叢書
楊文定公詩集　明　楊溥　續修四庫全書
運甓漫稿　明　李昌祺　四庫全書
神隱　明　朱權　四庫全書存目叢書
誠齋録　明　朱有燉　續修四庫全書
誠齋牡丹百詠　明　朱有燉　續修四庫全書
誠齋新録　明　朱有燉　續修四庫全書
素軒集　明　沐昂　續修四庫全書
抑菴文集　明　王直　四庫全書
野古集　明　龔詡　四庫全書
敬軒文集　明　薛瑄　四庫全書
河汾詩集　明　薛瑄　四庫全書存目叢書

康齋集　明　吴與弼　四庫全書
兩谿文集　明　劉球　四庫全書
明宣宗御製集　明　朱瞻基　四庫全書存目叢書
五倫書　明　朱瞻基　續修四庫全書
忠肅集　明　于謙　四庫全書
鵝湖集　明　龔斆　四庫全書
菊坡叢話　明　單宇　四庫全書存目叢書
武功集　明　徐有貞　四庫全書
明一統志　明　李賢　纂修　四庫全書
歲寒集　明　孫瑀　四庫全書存目叢書
倪文僖集　明　倪謙　四庫全書
彭文憲公集　明　彭時　四庫全書存目叢書
類博稿　明　岳正　四庫全書
卞郎中詩集　明　卞榮　四庫全書存目叢書
菉竹堂稿　明　葉盛　四庫全書存目叢書
水東日記　明　葉盛　四庫全書
竹巖集　明　柯潛　四庫全書
方洲集　明　張寧　四庫全書
清風亭稿　明　童軒　四庫全書
椒邱文集　明　何喬新　四庫全書
石田翁客座新聞　明　沈周　續修四庫全書
石田詩選　明　沈周　四庫全書
石田稿　明　沈周　續修四庫全書
明會典　明　徐溥　四庫全書
謙齋文録　明　徐溥　四庫全書
陳白沙集　明　陳獻章　四庫全書
一峰文集　明　羅倫　四庫全書
居業録　明　胡居仁　四庫全書
易象鈔　明　胡居仁　四庫全書
西村集　明　史鑑　四庫全書
未軒文集　明　黄仲昭　四庫全書
菽園雜記　明　陸容　中華書局一九八五年版
定山集　明　莊昶　四庫全書
增修埤雅廣要　宋　陸佃　撰、明　牛衷　增　續修四庫全書
文氏五家集　明　文洪　四庫全書
桂軒稿　明　江源　續修四庫全書
家藏集　明　吴寬　四庫全書
東溪日談録　明　周琦　四庫全書
青溪漫稿　明　倪岳　四庫全書
濯纓亭筆記　明　戴冠　續修四庫全書
謙光堂詩集　明　朱彌鉗　四庫全書存目叢書
懷麓堂集　明　李東陽　四庫全書
[正德]姑蘇志　明　王鏊　纂、林世遠　修　四庫全書
震澤集　明　王鏊　四庫全書
楊文恪公集　明　楊廉　續修四庫全書
小鳴稿　明　朱承泳　四庫全書
東川劉文簡公集　明　劉春　續修四庫全書
鐵網珊瑚　明　都穆　四庫全書存目叢書
都公譚纂　明　都穆　續修四庫全書
南園漫録　明　張志淳　四庫全書
禽蟲述　明　袁達　續修四庫全書
竹嶼山房雜部　明　宋詡　四庫全書
本草品匯精要　明　劉文泰　續修四庫全書
容春堂集　明　邵寶　四庫全書
祝子志怪録　明　祝允明　續修四庫全書
懷星堂集　明　祝允明　四庫全書
熊峰集　明　石珤　四庫全書
熊峰先生文集　明　石珤　四庫全書存目叢書補編
東泉文集　明　姚鏌　四庫全書存目叢書
格物通　明　湛若水　四庫全書

便民圖纂　明　鄺璠　續修四庫全書
靜觀堂集　明　顧潛　四庫全書存目叢書
唐伯虎先生外編　明　唐寅　續修四庫全書
讀書劄記　明　徐問　四庫全書
甫田集　明　文徵明　四庫全書
王文成全書　明　王守仁　四庫全書
空同集　明　李夢陽　四庫全書
慎言　明　王廷相　四庫全書存目叢書
陽峰家藏集　明　張璧　四庫全書存目叢書
竹澗集　明　潘希曾　四庫全書
息園存稿詩　明　顧璘　四庫全書
憑幾集　明　顧璘　四庫全書
静芳亭摘稿　明　陳洪謨　四庫全書存目叢書補編
楮記室　明　潘塤　四庫全書存目叢書
儼山集　明　陸深　四庫全書
藍侍御集　明　藍田　四庫全書存目叢書
讀易餘言　明　崔銑　四庫全書
谷平先生文集　明　李中　四庫全書存目叢書
東嶠先生集　明　李承芳　四庫全書存目叢書補編
易經存疑　明　林希元　四庫全書
大復集　明　何景明　四庫全書
八厓集　明　周廷用　四庫全書存目叢書補編
張文定公四友亭集　明　張邦奇　續修四庫全書
太白山人漫稿　明　孫一元　四庫全書
詩説解頤　明　季本　四庫全書
文簡集　明　孫承恩　四庫全書
雙江聶先生集　明　聶豹　四庫全書存目叢書
本草蒙筌　明　陳嘉謨　續修四庫全書
七修類稿　明　郎瑛　續修四庫全書
丹鉛總録　明　楊慎　四庫全書
丹鉛餘録　明　楊慎　四庫全書
丹鉛摘録　明　楊慎　四庫全書
南詔野史　明　楊慎　四庫全書存目叢書
升庵集　明　楊慎　四庫全書
嵩渚文集　明　李濂　四庫全書存目叢書
考功集　明　薛蕙　四庫全書
獸經　明　黄省曾　中華書局一九八五年版
騷苑　明　黄省曾　四庫全書存目叢書
東廓鄒先生文集　明　鄒守益　四庫全書存目叢書
天池山人小稿　明　陸采　續修四庫全書
群玉樓稿　明　李默　四庫全書存目叢書
四溟集　明　謝榛　四庫全書
皇甫少玄集　明　皇甫涍　四庫全書
皇甫司勛集　明　皇甫汸　四庫全書
程文恭公遺稿　明　程文德　四庫全書存目叢書
玩鹿亭稿集　明　萬表　四庫全書存目叢書
博士詩集　明　文彭　文肇祉萬歷十六年刻本
端簡鄭公文集　明　鄭曉　四庫全書存目叢書
薛子庸語　明　薛應旂　續修四庫全書
飛鴻亭集　明　吴鵬　四庫全書存目叢書
海石先生文集　明　錢薇　四庫全書存目叢書
西湖遊覽志　明　田汝成　四庫全書
西湖遊覽志餘　明　田汝成　四庫全書
念菴文集　明　羅洪先　四庫全書
愧瘖集　明　林大輅　明嘉靖四年刻本
亳州牡丹志　明　薛鳳翔　續修四庫全書
東麓遺稿　明　汪佃　四庫全書存目叢書
燕詒録　明　孫應奎　四庫全書存目叢書
五峰遺稿　明　秦夔　續修四庫全書
漁嬉稿　明　孔天胤　四庫全書存目叢書

明列卿紀　明　雷禮　續修四庫全書
何氏語林　明　何良俊　四庫全書
戒庵老人漫筆　明　李詡　北京圖書館藏珍本叢刊
荊川集　明　唐順之　四庫全書
趙浚谷詩集　明　趙時春　四庫全書存目叢書
浚谷先生集　明　趙時春　四庫全書存目叢書
掌中宇宙　明　盧翰　續修四庫全書
宋金齋文集　明　宋諾　四庫全書存目叢書補編
省中稿　明　許谷　四庫全書存目叢書
具茨詩集　明　王立道　四庫全書
本語　明　高拱　四庫全書
仲蔚先生集　明　俞允文　四庫全書存目叢書
崑山雜詠　明　俞允文　四庫全書存目叢書
蓬窻日録　明　陳全之　續修四庫全書
蓬窻日録　上海書店一九八五年版
古詩紀　明　馮惟訥　四庫全書
白雪樓詩集　明　李攀龍　續修四庫全書
滄溟集　明　李攀龍　四庫全書
古今説海　明　陸楫　四庫全書
蒹葭堂稿　明　陸楫　續修四庫全書
瑶石山人稿　明　黎民表　四庫全書
論語類考　明　陳士元　四庫全書
湖上集　明　徐師曾　續修四庫全書
衡盧精舍藏稿　明　胡直　四庫全書
國雅　明　顧起綸　四庫全書存目叢書補編
本草綱目　明　李時珍　四庫全書
山海漫談　明　任環　四庫全書
劉子威集　明　劉鳳　四庫全書存目叢書
李比部集　明　李蔭　明刻本
方麓集　明　王樵　四庫全書
刻徐文長先生秘集　明　徐渭　續修四庫全書
徐文長文集　明　徐渭　四庫全書存目叢書
河防一覽　明　潘季馴　四庫全書
陸篔齋文集　明　陸垹　四庫全書存目叢書補編
鯤溟詩集　明　郭諫臣　四庫全書
甔甀洞續稿　明　吳國倫　續修四庫全書
新刻張太岳先生文集　明　張居正　續修四庫全書
蕉窗九録　明　項元汴　四庫全書存目叢書
宗子相集　明　宗臣　四庫全書
余文敏公文集　明　余有丁　續修四庫全書
弇州四部稿　明　王世貞　四庫全書
弇州史料前集　明　王世貞　四庫全書存目叢書
彙苑詳注　明　王世貞　四庫全書存目叢書
異物彙苑　明　王世貞　四庫全書存目叢書
古今韻會舉要小補　明　方日升　四庫全書存目叢書
來瞿唐先生日録　明　來知德　四庫全書存目叢書
李卓吾先生讀升庵集　明　李贄　四庫全書存目叢書
雅笑　明　李贄　續修四庫全書
李温陵集　明　李贄　續修四庫全書
山中一夕話　明　李贄　續修四庫全書
處實堂集　明　張鳳翼　四庫全書存目叢書
稗史彙編　明　王圻　輯　四庫全書存目叢書
林石逸興　明　薛論道　續修四庫全書
文起堂集　明　張獻翼　四庫全書存目叢書補編
虎苑　明　王穉登　續修四庫全書
學圃雜疏　明　王世懋　四庫全書存目叢書
閩部疏　明　王世懋　四庫全書存目叢書
説頤　明　余懋學　四庫全書存目叢書
焦氏筆乘　明　焦竑　續修四庫全書
離騷草木疏補　明　吳仁傑　疏、屠本畯　補　四庫全書存目叢書

鴻苞　明　屠隆　四庫全書存目叢書
文具雅編　明　屠隆　叢書集成初編
陳眉公考槃餘事　明　屠隆　續修四庫全書
由拳集　明　屠隆　四庫全書存目叢書
白榆集　明　屠隆　四庫全書存目叢書
蠙衣生黔草　明　郭子章　四庫全書存目叢書
黔類　明　郭子章　四庫全書存目叢書
谷城山館文集　明　于慎行　四庫全書存目叢書
像象管見　明　錢一本　四庫全書
東遊集　明　邱雲霄　四庫全書
海壑吟稿　明　趙完璧　四庫全書
伐檀齋集　明　張元凱　四庫全書
天下名山諸勝一覽記　明　慎蒙　四庫全書存目叢書
閑適劇談　明　鄧球　四庫全書存目叢書
太乙詩集　明　張鍊　四庫全書存目叢書補編
蒔荔園詩集　明　佘翔　四庫全書
石盂集　明　汪坦　四庫全書存目叢書補編
國憲家猷　明　王大可　輯　四庫全書存目叢書
憨山老人夢遊集　明　釋德清　續修四庫全書
由庚堂集　明　鄭汝璧　續修四庫全書
神農本草經疏　明　繆希雍　四庫全書
廣志繹　明　王士性　中華書局一九八一年版
王太初先生五嶽游草　明　王士性　四庫全書存目叢書
菊譜　明　周履靖　長沙商務印書館一九四〇年版
茶疏　明　許次紓　華夏出版社一九九九年版《中國本草全書》
河上楮淡　明　朱孟震　四庫全書存目叢書
朱秉器詩集　明　朱孟震　四庫全書存目叢書補編
天中記　明　陳耀文　四庫全書
學林就正　明　陳耀文　四庫全書存目叢書
正楊　明　陳耀文　四庫全書存目叢書
詩雋類函　明　俞安期　輯、梅鼎祚　增定　四庫全書存目叢書
大泌山房集　明　李維楨　四庫全書存目叢書
説儲　明　陳禹謨　四庫全書存目叢書
宗伯集　明　孫繼皐　四庫全書
負苞堂詩選　明　臧懋循　續修四庫全書
林初文詩文全集　明　林章　續修四庫全書
山堂肆考　明　彭大翼　四庫全書
來禽館集　明　邢侗　四庫全書存目叢書
嶠南瑣記　明　魏濬　四庫全書存目叢書
聞雁齋筆談　明　張大復　續修四庫全書
梅花草堂集　明　張大復　四庫全書存目叢書
梅花草堂筆談　明　張大復　四庫全書存目叢書
疑耀　明　張萱　四庫全書
彙雅後編　明　張萱　四庫全書存目叢書
香宇集　明　田藝衡　續修四庫全書
留青日劄　明　田藝衡　四庫全書存目叢書
華夷花木鳥獸珍玩考　明　慎懋官　續修四庫全書
寶菴集　明　顧紹芳　四庫全書存目叢書補編
新纂事詞類奇　明　徐常吉　四庫全書存目叢書
廣蒙求　明　姚光祚　四庫全書存目叢書
周易劄記　明　逯中立　四庫全書
蘗桂軒詩　明　吴大經　四庫全書存目叢書
陳氏荷華山房詩稿　明　陳邦瞻　續修四庫全書
仰節堂集　明　曹於汴　四庫全書
寓林集詩　明　黄汝亨　修四庫全書
湧幢小品　明　朱國禎　續修四庫全書
太平清話　明　陳繼儒　四庫全書存目叢書
虎薈　明　陳繼儒　四庫全書存目叢書
見聞録　明　陳繼儒　四庫全書存目叢書
古今韻史　明　陳繼儒　四庫全書存目叢書

巖棲幽事　明　陳繼儒　四庫全書存目叢書
陳眉公集　明　陳繼儒　續修四庫全書
書蕉　明　陳繼儒　四庫全書存目叢書
孟子説解　明　郝敬　四庫全書存目叢書
説類　明　葉向高　輯　四庫全書存目叢書
高子遺書　明　高攀龍　四庫全書
農政全書　明　徐光啓　四庫全書
農政全書　中華書局一九五六年版
趙氏鐵網珊瑚　明　趙琦美　四庫全書
高陽集　明　孫承宗　續修四庫全書
客座贅語　明　顧起元　四庫全書存目叢書
六研齋筆記　明　李日華　四庫全書
嵩書　明　傅梅　續修四庫全書
五雜俎　明　謝肇淛　續修四庫全書
文海披沙　明　謝肇淛　續修四庫全書
滇略　明　謝肇淛　四庫全書
小草齋集　明　謝肇淛　續修四庫全書
袁中郎全集　明　袁宏道　四庫全書存目叢書
瓶史　明　袁宏道　續修四庫全書
小窗艷記　明　吴從先　明萬歷刻本
小窗清紀　明　吴從先　明萬歷刻本
小窗自紀　明　吴從先　四庫全書存目叢書
芸心識餘　明　陳其力　四庫全書存目叢書
疆識略　明　吴楚材　四庫全書存目叢書
廣諧史　明　陳邦俊　四庫全書存目叢書
廣豔異集　明　吴大震　續修四庫全書
兩浙名賢録　明　徐象梅　續修四庫全書
黄玄龍先生小品　明　黄奂　四庫全書存目叢書
九龠别集　明　宋懋澄　北京出版社二〇〇九年版
皇祖四大法　明　何棟如　四庫全書存目叢書

遵生八牋　明　高濂　四庫全書
六家詩名物疏　明　馮復京　四庫全書
翠娱閣評選鐘伯敬先生合集　明　鐘惺　續修四庫全書
石倉歷代詩選　明　曹學佺　四庫全書
明一統名勝志　明　曹學佺　四庫全書存目叢書
西峰字説　明　曹學佺　四庫全書存目叢書
蜀中廣記　明　曹學佺　四庫全書
曹大理集　明　曹學佺　續修四庫全書
謔菴文飯小品　明　王思任　續修四庫全書
游唤　明　王思任　上海文明書局一九二二年版
古今譚槩　明　馮夢龍　四庫全書存目叢書
石頭菴集　明　釋如愚　四庫全書存目叢書
空華集　明　釋如愚　四庫全書存目叢書
露書　明　姚旅　四庫全書存目叢書
左忠毅公集　明　左光斗　續修四庫全書
珂雪齋前集　明　袁中道　續修四庫全書
珂雪齋近集　明　袁中道　續修四庫全書
缾花譜　明　張謙德　續修四庫全書
妙遠堂全集　明　馬之駿　四庫全書存目叢書
梼齋漫録　明　許自昌　續修四庫全書
説原　明　穆希文　四庫全書存目叢書
蟫史集　明　穆希文　四庫全書存目叢書
詩經類考　明　沈萬鈳　四庫全書存目叢書
琅邪代醉編　明　張鼎思　四庫全書存目叢書
劉氏鴻書　明　劉仲達　四庫全書存目叢書
新刻何氏類鎔　明　何三畏　四庫全書存目叢書
循滄集　明　姚希孟　四庫全書存目叢書
幔亭集　明　徐熥　四庫全書
秋水庵花影集　明　施紹莘　續修四庫全書
香乘　明　周嘉胄　四庫全書

長物志　明　文震亨　四庫全書

嶽歸堂合集　明　譚元春　四庫全書存目叢書

新刻譚友夏合集　明　譚元春　續修四庫全書

廣博物志　明　董斯張　四庫全書

静嘯齋存草　明　董斯張　續修四庫全書

徐霞客遊記　明　徐宏祖　四庫全書

雲薖淡墨　明　木增　輯　續修四庫全書

天台詩選　明　許鳴遠　四庫全書存目叢書補編

名物通　明　劉侗　輯　四庫全書存目叢書

國榷　明　談遷　中華書局一九五八年版

武備志　明　茅元儀　續修四庫全書

湖海搜奇　明　王兆雲　四庫全書存目叢書

揮麈新譚　明　王兆雲　四庫全書存目叢書

説圃識餘　明　王兆雲　四庫全書存目叢書

白醉瑣言　明　王兆雲　四庫全書存目叢書

新刻徐比部燕山叢録　明　徐昌祚　四庫全書存目叢書

鐫五侯鯖　明　彭儼　四庫全書存目叢書

梁園風雅　明　趙彦復　續修四庫全書

南河志　明　朱國盛　纂　四庫全書存目叢書

禮記説義纂訂　明　楊梧　四庫全書存目叢書

益部談資　明　何宇度　四庫全書

花裏活　明　陳詩教　叢書集成初編

禪寄筆談　明　陳師　四庫全書存目叢書

蟲天志　明　沈弘正　四庫全書存目叢書

餅史月表　明　屠本畯　清順治刻本

獨醒子　明　賈應璧　續修四庫全書

汝南圃史　明　周文華　四庫全書存目叢書

焦氏説楛　明　焦周　四庫全書存目叢書

明典滙　明　徐學聚　書目文獻出版社一九九六年版

[萬歷]江都縣志　明　張甯　修、陸群弼　纂　中國書店一九九二年版《稀見中國地方志叢刊》

[萬曆]紹興府志　明　蕭良幹　修、張元忭　纂　四庫全書存目叢書

[萬歷]鹽梅志　明　李茂春　纂　四庫全書存目叢書

獪園　明　錢希言　續修四庫全書

戲瑕　明　錢希言　續修四庫全書

黿采館清課　明　費元禄　四庫全書存目叢書

古微書　明　孫瑴　四庫全書

毛詩鳥獸草木考　明　吴雨　四庫全書存目叢書

薜荔山房藏稿　明　敖文禎　明刻本

湘煙録　明　閔元京　四庫全書存目叢書

本草原始　明　李中立　續修四庫全書

獅山掌録　明　吴之俊　四庫全書存目叢書

玉芝堂談薈　明　徐應秋　四庫全書

禮記纂注　明　湯道衡　四庫全書存目叢書

花史左編　明　王路　四庫全書存目叢書

耳談類增　明　王同軌　續修四庫全書

新刻耳談　明　王同軌　四庫全書存目叢書

忠貞録　明　李維楨　四庫全書

十可篇　明　馬嘉松　四庫全書存目叢書

古今治平略　明　朱健　續修四庫全書

本草乘雅半偈　明　盧之頤　四庫全書

山居小玩十種　明　毛晉　編　書目文獻出版社一九九九年版《北京圖書館古籍珍本叢刊》，下同

陸氏詩疏廣要　明　毛晉　四庫全書

漢魏六朝百三家集　明　張溥　輯　四庫全書

赤雅　明　鄺露　四庫全書

陳確集　明　陳確　中華書局一九七九年版

玉塵新譚　明　鄭仲夔　續修四庫全書

耳新　明　鄭仲夔　四庫全書存目叢書

通雅　明　方以智　四庫全書

物理小識　明　方以智　四庫全書
浮山此藏軒别集　明　方以智　續修四庫全書
四憶堂詩集　明　侯方域　續修四庫全書
林屋文稿　明　宋徵輿　四庫全書存目叢書
倚雉堂集　明　竇遴奇　四庫全書存目叢書
[天啓]贛州府志　明　謝詔　纂　四庫全書存目叢書
增定雅俗稽言　明　張存紳　輯　四庫全書存目叢書
四書經學考　明　徐邦佐　四庫全書存目叢書
庶物異名疏　明　陳懋仁　四庫全書存目叢書
沈氏日旦　明　沈長卿　續修四庫全書
書畫題跋記　明　鬱逢慶　輯　四庫全書
梅里詞　明　朱一是　續修四庫全書
張忠烈公文集　明　張煌言　光緒十年抄本
秋佳軒詩餘　明　易震吉　續修四庫全書
灌園草木識　明　陳正學　續修四庫全書
蘭易　明　馮京第　續修四庫全書
蘭史　明　馮京第　續修四庫全書
榴館初函集選　明　楊思本　四庫全書存目叢書
渡花居東籬集　明　屠承爔　清光緒七年刻本
廿一史識餘　明　張墉　四庫全書存目叢書
名義考　明　周祈　四庫全書
霏雪録　明　鎦績　四庫全書
水邊林下五十九種　明　湖南漫士　輯　北京圖書館古籍珍本叢刊
五色綫集　明　佚名　四庫全書存目叢書
煙霞小説十三種　明　佚名　四庫全書存目叢書
牧齋初學集　清　錢謙益　上海古籍出版社一九八五年版
補勤詩存　清　陳錦　續修四庫全書
箋卉　清　吴菘　四庫全書存目叢書
歷代詩話　清　吴景旭　四庫全書
逍遥游　清　丁耀亢　四庫全書存目叢書
易酌　清　刁包　四庫全書
倘湖樵書　清　來集之　續修四庫全書
柴村全集　清　邱志廣　四庫全書存目叢書補編
吴梅村先生編年詩集　清　吴偉業　叢書集成續編
梅村集　清　吴偉業　四庫全書
明文海　清　黄宗羲　四庫全書
藕灣詩集　清　張仁熙　四庫全書存目叢書
桴亭先生詩集　清　陸世儀　續修四庫全書
思辯録輯要　清　陸世儀　續修四庫全書
閒情偶寄　清　李漁　續修四庫全書
補農書　清　張履祥　農業出版社一九八三年版
藏山閣集　清　錢澄之　續修四庫全書
田間詩集　清　錢澄之　續修四庫全書
棲雲閣詩　清　高珩　四庫全書存目叢書
歷代帝王宅京記　清　顧炎武　四庫全書
賴古堂集　清　周亮工　續修四庫全書
倦圃蒔植記　清　曹溶　四庫全書存目叢書
安雅堂未刻稿　清　宋琬　續修四庫全書
兼濟堂文集　清　魏裔介　四庫全書
槐下新編雅説集　清　魏裔介　輯　四庫全書存目叢書
玉琴齋詞　清　余懷　續修四庫全書
陸密庵文集　清　陸求可　四庫全書存目叢書
道山堂前集　清　陳軾　四庫全書存目叢書
學餘堂詩集　清　施閏章　四庫全書
西堂文集　清　尤侗　續修四庫全書
百末詞　清　尤侗　續修四庫全書
西堂詩集　清　尤侗　續修四庫全書
詩經稗疏　清　王夫之　四庫全書
姜齋文集　清　王夫之　續修四庫全書
船山先生詩稿　清　王夫之　續修四庫全書

鼓棹初集　清　王夫之　續修四庫全書
毛詩稽古編　清　陳啓源　四庫全書
張秦亭詩集　清　張丹　四庫全書存目叢書
林蕙堂全集　清　吴綺　四庫全書
敬一堂詩鈔　清　顧八代　續修四庫全書
完玉堂詩集　清　釋元璟　四庫全書存目叢書
溉堂文集　清　孫枝蔚　續修四庫全書
潠書　清　毛先舒　四庫全書存目叢書
繹史　清　馬驌　四庫全書
白茅堂集　清　顧景星　四庫全書存目叢書
山志　清　王宏撰　續修四庫全書
西河集　清　毛奇齡　四庫全書
春秋毛氏傳　清　毛奇齡　四庫全書
續詩傳鳥名卷　清　毛奇齡　四庫全書
西河詩話　清　毛奇齡　叢書集成續編
世德堂集　清　王鉞　四庫全書存目叢書
畫壁遺稿　清　范承謨　四庫全書存目叢書
堯峰文鈔　清　汪琬　四庫全書
鈍翁續稿　清　汪琬　人民文學出版社二〇一〇年版《汪琬全集箋校》
魏叔子詩集　清　魏禧　續修四庫全書
心遠堂詩集　清　李霨　四庫全書存目叢書
十笏草堂詩選　清　王士祿　四庫全書存目叢書補編
定峰樂府　清　沙張白　四庫全書存目叢書
玉磑集　清　安致遠　四庫全書存目叢書
十國春秋　清　吴任臣　四庫全書
山海經廣注　清　吴任臣　四庫全書
志壑堂詩集　清　唐夢賚　四庫全書存目叢書
湛園集　清　姜宸英　四庫全書
古今疏　清　朱虚　四庫全書存目叢書
儒宗理要　清　張能鱗　續修四庫全書

詒清堂集　清　張習孔　四庫全書存目叢書補編
秘傳花鏡　清　陳淏子　輯　續修四庫全書
蒼梧詞　清　董元愷　續修四庫全書
南耕詞　清　曹亮武　續修四庫全書
鶴嶺山人詩集　清　王澤宏　四庫全書存目叢書補編
寄園寄所寄　清　趙吉士　輯　續修四庫全書
讀書堂彩衣全集　清　趙士麟　四庫全書存目叢書
林臥遙集　清　趙吉士　四庫全書存目叢書補編
曝書亭集　清　朱彝尊　四庫全書
廣東新語　清　屈大均　續修四庫全書
翁山詩外　清　屈大均　北京出版社二〇〇五年版《四庫禁毀書叢刊補編》
三魚堂四書集注大全　清　陸隴其　輯　四庫全書存目叢書
獨漉堂詩集　清　陳恭尹　續修四庫全書
鄭静庵先生詩集　清　鄭日奎　四庫全書存目叢書
資治通鑑後編　清　徐乾學　四庫全書
松桂堂全集　清　彭孫遹　四庫全書
秋笳集　清　吴兆騫　續修四庫全書
健松齋集　清　方象瑛　四庫全書存目叢書
萬世玉衡録　清　蔣伊　續修四庫全書
抱經齋詩集　清　徐嘉炎　四庫全書存目叢書
池北偶談　清　王士禛　四庫全書
居易録　清　王士禛　四庫全書
帶經堂集　清　王士禛　續修四庫全書
含經堂集　清　徐元文　續修四庫全書
西陂類稿　清　宋犖　四庫全書
筠廊偶筆　清　宋犖　四庫全書存目叢書
古歡堂集　清　田雯　四庫全書
經義齋集　清　熊賜履　四庫全書存目叢書
説詩堂集　清　諸匡鼎　四庫全書存目叢書
學文堂集　清　陳玉璂　四庫全書存目叢書

淵鑒類函　清　張英、王士禎　四庫全書
文端集　清　張英　四庫全書
四書釋地又續　清　閻若璩　四庫全書
午亭文編　清　陳廷敬　四庫全書
史緯　清　陳允錫　輯　續修四庫全書
佩文齋書畫譜　清　孫岳頒　四庫全書
蔗尾詩集　清　鄭方坤　四庫全書存目叢書補編
聊齋志異　清　蒲松齡　續修四庫全書
聊齋文集　清　蒲松齡　續修四庫全書
宋稗類鈔　清　潘永因　四庫全書
黄葉邨莊詩集　清　吴之振　四庫全書存目叢書
佩文齋詠物詩選　清　張玉書　編　四庫全書
昆侖山房集　清　張篤慶　四庫全書存目叢書補編
月令輯要　清　李光地　四庫全書
榕村集　清　李光地　四庫全書
中庸餘論　清　李光地　四庫全書
世恩堂詩集　清　王頊齡　四庫全書存目叢書補編
草亭先生集　清　周篆　續修四庫全書
觚賸　清　鈕琇　續修四庫全書
史異纂　清　傅燮詷　輯　四庫全書存目叢書
禮記詳説　清　冉覲祖　四庫全書存目
性理大中　清　應撝謙　續修四庫全書
別本蓮洋集　清　吴雯　四庫全書存目叢書補編
杏村詩集　清　謝重輝　四庫全書存目叢書
柴村全集　清　邱志廣　四庫全書存目叢書補編
北墅緒言　清　陸次雲　四庫全書存目叢書
事文標異　清　陸次雲　續修四庫全書
萬山樓詩集　清　許虬　四庫全書存目叢書
漣漪堂遺稿　清　沈峻曾　四庫全書存目叢書補編
北墅抱甕録　清　高士奇　四庫全書存目叢書
書畫彙考　清　卞永譽　四庫全書
樓邨詩集　清　王式丹　四庫全書存目叢書補編
曠園雜誌　清　吴陳琰　四庫全書存目叢書
佩文齋廣群芳譜　清　汪灝、張逸少　四庫全書
空明子詩集　清　張榮　四庫全書存目叢書
據梧詩集　清　管棆　四庫全書存目叢書
乙未亭詩集　清　徐昂發　四庫全書存目叢書補編
春秋戰國異辭　清　陳厚耀　四庫全書
信陽子卓録　清　張鵬翮　續修四庫全書
敬業堂詩集　清　查慎行　四庫全書
人海記　清　查慎行　續修四庫全書
松鶴山房詩集　清　陳夢雷　續修四庫全書
竹譜　清　陳鼎　續修四庫全書
禮記述注　清　李光坡　四庫全書
憨休和尚敲空遺響　清　僧如乾　四庫全書存目叢書補編
芥子園畫傳　清　王概　中國書店二〇一一年版
山齋客譚　清　景星杓　續修四庫全書
歷代賦匯　清　陳元龍　編　四庫全書
格致鏡原　清　陳元龍　四庫全書
愛日堂詩集　清　陳元龍　四庫全書存目叢書
塔爐山人詩集　清　謝乃實　四庫全書存目叢書補編
粵西叢載　清　汪森　四庫全書
通志堂集　清　納蘭性德　續修四庫全書
聖祖御製文集　清　愛新覺羅・玄燁　四庫全書
日講禮記解義　清　愛新覺羅・玄燁　四庫全書
禮山園文集　清　李來章　四庫全書存目叢書
强恕堂詩集　清　高之騱　四庫全書存目叢書
鄖署雜鈔　清　汪爲熹　四庫全書存目叢書
欣然堂集　清　陶孚尹　四庫全書存目叢書補編
嬾齋別集　清　僧通門　四庫全書存目叢書補編

梅莊集　清　張遠　四庫全書存目叢書補編
虹孫鑒　清　朱從廷　輯　續修四庫全書
青原志略　清　釋笑峰　四庫全書存目叢書
四書窮鈔六補定本　清　王國瑚　四庫全書存目叢書
甬上耆舊詩　清　胡文學　四庫全書
枝語　清　孫之騄　四庫全書存目叢書
鶴嶺山人詩集　清　王澤宏　四庫全書存目叢書補編
歷代詩餘　清　沈辰垣、王奕清　編　四庫全書
燕在閣知新録　清　王棠　續修四庫全書
南村隨筆　清　陸廷燦　四庫全書存目叢書
類書纂要　清　周魯　輯　四庫全書存目叢書
六藝之一録　清　倪濤　四庫全書
柳亭詩話　清　宋長白　續修四庫全書
歷代紀事年表　清　龔士炯　撰、王之樞　續　四庫全書
四禮寧儉編　清　王心敬　四庫全書存目叢書
懷清堂集　清　湯右曾　四庫全書
圭美堂集　清　徐用錫　四庫全書存目叢書補編
叢碧山房詩集　清　龐塏　四庫全書存目叢書補編
雪鴻堂文集　清　李鍾璧　四庫全書存目叢書
全唐詩　清　曹寅、彭定求　四庫全書
楝亭詩鈔　清　曹寅　四庫全書存目叢書
禮記章義　清　姜兆錫　四庫全書存目叢書
斫桂山房詩存　清　薛雪　續修四庫全書
一瓢齋詩存　清　薛雪　續修四庫全書
勝飲編　清　郎廷極　四庫全書存目叢書
野香亭集　清　李孚青　四庫全書存目叢書補編
秀野草堂詩集　清　顧嗣立　道光二十八年長洲顧元凱刻本
茶花譜　清　樸靜子　續修四庫全書
中晚唐詩叩彈集　清　杜詔　四庫全書存目叢書
禹貢會箋　清　徐文靖　四庫全書
管城碩記　清　徐文靖　四庫全書
近道齋文集　清　陳萬策　四庫全書存目叢書
方望溪全集　清　方苞　中國書店一九九一年版
禮記析疑　清　方苞　四庫全書
㾮堂集　清　黃之雋　四庫全書存目叢書
國學禮樂録　清　李周望　四庫全書存目叢書
妙貫堂餘譚　清　裘君弘　續修四庫全書
大易通解　清　魏荔彤　四庫全書
懷舫集　清　魏荔彤　四庫全書存目叢書補編
懷舫詩集　清　魏荔彤　四庫全書存目叢書補編
赤嵌集　清　孫元衡　四庫全書存目叢書補編
果報聞見録　清　楊式傳　叢書集成續編
菀青集　清　陳至言　四庫全書存目叢書補編
深秀亭詩集　清　潘鐘麟　四庫全書存目叢書
秋影樓詩集　清　汪繹　續修四庫全書
弱水集　清　屈復　續修四庫全書
硯北雜録　清　黃叔琳　四庫全書存目叢書
明史　清　張廷玉　中華書局一九七四年版
清朝文獻通考　清　張廷玉　四庫全書
澄懷園文存　清　張廷玉　四庫全書存目叢書
穆堂初稿　清　李紱　續修四庫全書
小山詩餘　清　王時翔　續修四庫全書
隙光亭雜識　清　揆敘　續修四庫全書
司業詩集　清　陳祖范　四庫全書存目叢書
授時通考　清　鄂爾泰　修、張廷玉　纂　四庫全書
世宗御製文集　清　愛新覺羅・胤禛　四庫全書
世宗硃批諭旨　清　愛新覺羅・胤禛　四庫全書
今有堂詩後集　清　程夢星　四庫全書存目叢書補編
毛詩類釋　清　顧棟高　四庫全書
皇極經世書解　清　王植　四庫全書

元明事類鈔　清　姚之駰　四庫全書
後漢書補逸　清　姚之駰　四庫全書
詠歸亭詩鈔　清　李果　四庫全書存目叢書補編
禮書綱目　清　江永　四庫全書
秋江集　清　黄任　四庫全書存目叢書
德蔭堂集　清　阿克敦　續修四庫全書
小山畫譜　清　鄒一桂　四庫全書
豳風廣義　清　楊屾　續修四庫全書
尹少宰奏議　清　尹會一　中華書局一九八五年版
江湖閑吟　清　王道　四庫全書存目叢書補編
修潔齋閒筆　清　劉堅　四庫全書存目叢書
研山十詠　清　周彝　四庫全書存目叢書補編
小蘭陔詩集　清　謝道承　四庫全書存目叢書補編
雙池文集　清　汪紱　續修四庫全書
秋林琴雅　清　厲鶚　續修四庫全書
板橋集　清　鄭燮　續修四庫全書
訂訛類編　清　杭世駿　續修四庫全書
三國志補注　清　杭世駿　四庫全書
道古堂詩集　清　杭世駿　續修四庫全書
石笥山房集　清　胡天游　續修四庫全書
朱子五經語類　清　程川　四庫全書
書隱叢説　清　袁棟　四庫全書存目叢書
別雅　清　吴玉搢　續修四庫全書
諤崖脞説　清　章楹　續修四庫全書
大樂元音　清　潘士權　四庫全書存目叢書
詩存　清　金德瑛　續修四庫全書
五禮通考　清　秦蕙田　四庫全書
静廉齋詩集　清　金甡　續修四庫全書
隱拙齋集　清　沈廷芳　四庫全書存目叢書補編
山左明詩鈔　清　宋弼　四庫全書存目叢書
巢林筆談續編　清　龔煒　續修四庫全書
本草從新　清　吴儀洛　續修四庫全書
瀟湘聽雨録　清　江昱　四庫全書存目叢書
農桑易知録　清　鄭之僑　續修四庫全書
南巡盛典　清　高晉　四庫全書
質園詩集　清　商盤　四庫全書存目叢書補編
鳥譜　清　佚名　續修四庫全書
群書劄記　清　朱亦棟　續修四庫全書
雙樹堂詩鈔　清　僧湛性　四庫全書存目叢書
樂善堂全集定本　清　蔣溥　四庫全書
盤山志　清　蔣溥　四庫全書
濬元　清　張必剛　四庫全書存目叢書
禮記義疏　清　愛新覺羅・弘曆　四庫全書
御製詩集　清　愛新覺羅・弘曆　四庫全書
説蛇　清　趙彪詔　續修四庫全書
裘文達公詩集　清　裘日修　續修四庫全書
續通志　清　嵇璜　四庫全書
續文獻通考　清　嵇璜　四庫全書
清通志　清　嵇璜　四庫全書
紅樓夢　清　曹雪芹　續修四庫全書
小倉山房詩集　清　袁枚　續修四庫全書
續子不語　清　袁枚　續修四庫全書
隨園隨筆　清　袁枚　續修四庫全書
泊鷗山房集　清　陶元藻　續修四庫全書
瓶水齋詩集　清　舒位　續修四庫全書
錫金識小録　清　黄昂　輯　清光緒刻本　中國方志叢書
秋燈叢話　清　王棫　續修四庫全書
勉行堂詩集　清　程晉芳　續修四庫全書
劉文清公遺集　清　劉墉　續修四庫全書
本草綱目拾遺　清　趙學敏　續修四庫全書

綠筠書屋詩鈔　清　葉觀國　續修四庫全書
錢文敏公全集　清　錢維城　續修四庫全書
皇輿西域圖志　清　傅恒、劉統勳、于敏中　纂　四庫全書
歷代通鑑輯覽　清　傅恒　四庫全書
詩義折中　清　傅恒　四庫全書
紫峴山人全集　清　張九鉞　續修四庫全書
明善堂詩集　清　弘曉　續修四庫全書
頻羅庵遺集　清　梁同書　續修四庫全書
閲微草堂筆記　清　紀昀　續修四庫全書
紀文達公遺集　清　紀昀　續修四庫全書
春融堂集　清　王昶　續修四庫全書
汪子文録　清　汪縉　續修四庫全書
大清會典則例　清　程嘉謨　編修　四庫全書
詩識名解　清　姚炳　四庫全書
毛詩名物圖説　清　徐鼎　續修四庫全書
草木疏校正　清　趙佑　續修四庫全書
陔餘叢考　清　趙翼　續修四庫全書
甌北集　清　趙翼　續修四庫全書
訒菴詩存　清　汪啓淑　續修四庫全書
大谷山堂集　清　夢麟　續修四庫全書
培蔭軒詩集　清　胡季堂　續修四庫全書
夢樓詩集　清　王文治　續修四庫全書
嶺南詩集　清　李文藻　續修四庫全書
靈岩山人詩集　清　畢沅　續修四庫全書
惜抱軒文集　清　姚鼐　續修四庫全書
知足齋詩集　清　朱珪　續修四庫全書
香亭文稿　清　吴玉綸　續修四庫全書
竹軒詩稿　清　劉秉恬　續修四庫全書
銅梁山人詩集　清　王汝璧　續修四庫全書
天香閣文集　清　唐之鳳　四庫全書存目叢書
碎金集　清　閔南仲　四庫全書存目叢書補編
天門集　清　吴盛藻　四庫全書存目叢書
有繭書屋存稿　清　石球　四亘全書存目叢書補編
復初齋詩集　清　翁方綱　續修四庫全書
童山詩集　清　李調元　續修四庫全書
説文解字注　清　段玉裁　注　上海古籍出版社一九八一年版
樹經堂詩初集　清　謝啓昆　續修四庫全書
南陔堂詩集　清　徐以升　四庫全書存目叢書
易簡齋詩鈔　清　和瑛　續修四庫全書
四百三十二峯草堂詩鈔　清　趙希璜　續修四庫全書
研栰齋文集　清　趙希璜　續修四庫全書
五研齋詩鈔　清　沈赤然　續修四庫全書
多歲堂詩集　清　成書　續修四庫全書
容齋詩集　清　茹綸常　續修四庫全書
三松堂集　清　潘奕雋　續修四庫全書
悦親樓詩集　清　祝德麟　續修四庫全書
景文堂詩集　清　戚學標　續修四庫全書
稼門詩鈔　清　汪志伊　續修四庫全書
四庫全書總目　清　永瑢　中華書局一九六五年版
毛詩物名考　清　牟應震　續修四庫全書
授堂詩鈔　清　武億　續修四庫全書
有正味齋詩集　清　吴錫麒　續修四庫全書
風希堂詩集　清　戴殿泗　續修四庫全書
寄庵詩文鈔　清　劉大紳　續修四庫全書
五百四峰堂詩鈔　清　黎簡　續修四庫全書
澹静齋文鈔　清　龔景瀚　續修四庫全書
守意龕詩集　清　百齡　續修四庫全書
兩當軒全集　清　黄景仁　續修四庫全書
巴塘詩鈔　清　李苞　續修四庫全書
詒晉齋集　清　永瑆　續修四庫全書

惟清齋全集　清　鐵保　續修四庫全書
孫淵如先生全集　清　孫星衍　續修四庫全書
芙蓉山館全集　清　楊芳燦　續修四庫全書
留春草堂詩鈔　清　伊秉綬　續修四庫全書
賜綺堂集　清　詹應甲　續修四庫全書
曹州牡丹譜　清　余鵬年　續修四庫全書
菊譜　清　葉天培　續修四庫全書
淵雅堂全集　清　王芑孫　續修四庫全書
葆沖書屋外集　清　汪如洋　續修四庫全書
爾雅義疏　清　郝懿行　中國書店一九八二年版
曬書堂集　清　郝懿行　續修四庫全書
連雲書屋存稿　清　焦和生　續修四庫全書
咫聞録　清　慵訥居士　續修四庫全書
校禮堂詩集　清　淩廷堪　續修四庫全書
邃雅堂集　清　姚文田　續修四庫全書
賞雨茅屋詩集　清　曾燠　續修四庫全書
石柏山房詩存　清　趙文楷　續修四庫全書
天真閣集　清　孫原湘　續修四庫全書
茗柯文編　清　張惠言　續修四庫全書
尚絅堂集　清　劉嗣綰　續修四庫全書
無聞集　清　崔述　續修四庫全書
雕菰集　清　焦循　續修四庫全書
淮海英靈集　清　阮元　輯　續修四庫全書
揅經室集　清　阮元　續修四庫全書
船山詩草　清　張問陶　續修四庫全書
青芝山館詩　清　樂鈞　掃葉山房一九一九年版
太乙舟詩集　清　陳用光　續修四庫全書
崇雅堂駢體文鈔　清　胡敬　續修四庫全書
小謨觴館詩文集　清　彭兆蓀　續修四庫全書
白鶴山房詩鈔　清　葉紹本　續修四庫全書
崇雅堂詩鈔　清　胡敬　續修四庫全書
嶺南群雅初集　清　劉彬華　輯　續修四庫全書
笎谷詩鈔　清　查揆　續修四庫全書
絳跗草堂詩集　清　陳壽祺　續修四庫全書
頤道堂詩選、外集　清　陳文述　續修四庫全書
崇百藥齋文集　清　陸繼輅　續修四庫全書
國朝畿輔詩傳　清　陶梁　輯　續修四庫全書
玉壺山房詞選　清　改琦　續修四庫全書
石雲山人詩集　清　吴榮光　續修四庫全書
浪跡叢談　清　梁章鉅　續修四庫全書
退菴詩存　清　梁章鉅　續修四庫全書
幼學堂詩稿　清　沈欽韓　續修四庫全書
續黔書　清　張澍　中國方志叢書
養素堂詩集　清　張澍　續修四庫全書
蜀典　清　張澍　續修四庫全書
嘯亭雜録　清　昭槤　續修四庫全書
雙硯齋詩鈔　清　鄧廷楨　續修四庫全書
沅湘耆舊集　清　鄧顯鶴　輯　續修四庫全書
東還紀程　清　許纘曾　四庫全書存目叢書
陶文毅公全集　清　陶澍　續修四庫全書
是程堂集　清　屠倬　續修四庫全書
嘉慶一統志　清　穆彰阿　纂修　上海商務印書館一九三五年版
爾雅郭注補正　清　戴瑩　續修四庫全書
螢窗異草　清　長白浩歌子　續修四庫全書
訂訛雜録　清　胡鳴玉　四庫全書
三農紀　清　張宗法　續修四庫全書
花木小志　清　謝堃　續修四庫全書
清經世文編　清　賀長齡　編　中華書局一九九二年版
小重山房詩詞全集　清　張祥河　續修四庫全書
雲左山房詩鈔　清　林則徐　續修四庫全書

東溟文集　清　姚瑩　續修四庫全書

柏梘山房文集　清　梅曾亮　續修四庫全書

植物名實圖考　清　吳其濬　續修四庫全書

熙朝新語　清　余金　續修四庫全書

點蒼山人詩鈔　清　沙琛　續修四庫全書

笏庵詩　清　吳清鵬　續修四庫全書

花宜館詩鈔　清　吳振棫　續修四庫全書

無腔村笛　清　吳振棫　續修四庫全書

心知堂詩稿　清　汪仲洋　續修四庫全書

掃紅亭吟稿　清　馮雲鵬　續修四庫全書

烟波漁唱　清　張應昌　續修四庫全書

彝壽軒詩鈔　清　張應昌　續修四庫全書

丹魁堂詩集　清　季芝昌　續修四庫全書

甘泉鄉人稿　清　錢泰吉　續修四庫全書

意苕山館詩稿　清　陸嵩　續修四庫全書

吳文節公遺集　清　吳文鎔　續修四庫全書

懷古田舍詩節鈔　清　徐榮　續修四庫全書

松風閣詩鈔　清　彭蘊章　續修四庫全書

養默山房詩稿　清　謝元淮　續修四庫全書

仙屏書屋初集　清　黃爵滋　續修四庫全書

古微堂詩集　清　魏源　續修四庫全書

埋憂集　清　朱翊清　續修四庫全書

抱真書屋詩鈔　清　陸應穀　續修四庫全書

詒安堂二集　清　王慶勳　續修四庫全書

今白華堂詩録　清　童槐　續修四庫全書

傷科彙纂　清　胡廷光　續修四庫全書

思伯子堂詩集　清　張際亮　續修四庫全書

日知録集釋　清　黃汝成　續修四庫全書

百柱堂全集　清　王柏心　續修四庫全書

考工記鳥獸蟲魚釋　清　陳宗起　續修四庫全書

浮邱子　清　湯鵬　續修四庫全書

樂志堂詩集　清　譚瑩　續修四庫全書

習苦齋詩集　清　戴熙　續修四庫全書

冷廬雜識　清　陸以湉　續修四庫全書

復莊詩問　清　姚燮　續修四庫全書

黃鵠山人詩初鈔　清　林壽圖　續修四庫全書

二知軒詩鈔　清　方浚頤　續修四庫全書

夢幻居畫學簡明　清　鄭績　中華書局一九三七年版

爾爾書屋詩草　清　史夢蘭　續修四庫全書

湖雅　清　汪日楨　光緒庚辰刻本

遜學齋詩鈔　清　孫依言　續修四庫全書

悔翁詩鈔　清　汪士鐸　續修四庫全書

雪門詩草　清　許瑶光　續修四庫全書

煙嶼樓文集　清　徐時棟　續修四庫全書

思益堂集　清　周壽昌　續修四庫全書

秋蟪吟館詩鈔　清　金和　續修四庫全書

養知書屋詩集　清　郭嵩燾　續修四庫全書

尺岡草堂遺集　清　陳璞　續修四庫全書

賭棋山莊所著書　清　謝章鋌　續修四庫全書

茶香室叢鈔　清　俞樾　續修四庫全書

右台仙館筆記　清　俞樾　續修四庫全書

春在堂詩編　清　俞樾　續修四庫全書

濂亭文集　清　張裕釗　續修四庫全書

明會要　清　龍文彬　纂　續修四庫全書

退補齋詩存　清　胡鳳丹　續修四庫全書

里乘　清　許奉恩　續修四庫全書

帶耕堂遺詩　清　蒯德模　續修四庫全書

壺天録　清　百一居士　續修四庫全書

可園詞存　清　陳作霖　續修四庫全書

湘綺樓全集　清　王闓運　續修四庫全書

峴嶕山房詩集初編　清　董文渙　續修四庫全書
張文襄公全集　清　張之洞　中國書店一九九〇年版
宋詩紀事補遺　清　陸心源　續修四庫全書
偶齋詩草　清　寶廷　續修四庫全書
虚受堂文集　清　王先謙　續修四庫全書
增定盛世危言新編　清　鄭觀應　續修四庫全書
漸西村人初集　清　袁昶　續修四庫全書
希古堂集　清　譚宗浚　續修四庫全書
六典通考　清　閻鎮珩　續修四庫全書
拾雅　清　夏味堂　續修四庫全書
樊山集　清　樊增祥　續修四庫全書
師伏堂詩草　清　皮錫瑞　續修四庫全書
八指頭陀詩集　清　釋敬安　續修四庫全書
蟲薈　清　方旭　續修四庫全書
張季子詩録　清　張謇　續修四庫全書
范伯子詩集　清　范當世　續修四庫全書
文道希先生遺詩　清　文廷式　續修四庫全書
衷聖齋詩集　清　劉光第　續修四庫全書
五百石洞天揮麈　清　邱煒萲　續修四庫全書
青郊詩存　清　梁焕奎　續修四庫全書
選雅　清　程先甲　北京出版社二〇〇〇年版《四庫未收書輯刊》
晚翠軒集　清　林旭　續修四庫全書
農學報　清　務農會　光緒二十三年至光緒三十一年刊行
課民植牧講義稿　清　陳憲舜　光緒三十四年廣東學務公所代印本
清朝續文獻通考　清　劉錦藻　浙江古籍出版社一九八八年版
[康熙]太平府志　清　黄桂　修、宋驤　纂　中國方志叢書
[康熙]臨海縣志　清　李言恭　修、洪若皋　纂　中國方志叢書
[康熙]寧鄉縣志　清　吕履恒　纂修　中國方志叢書
[康熙]金縣志　清　耿喻　修、郭殿邦　纂　中國方志叢書
[雍正]江西通志　清　謝旻　修、陶成　纂　四庫全書
[雍正]浙江通志　清　嵇曾筠　修、沈翼機　纂　四庫全書
[雍正]畿輔通志　清　唐執玉、李衛　修　四庫全書
[雍正]陝西通志　清　劉於義　修、沈青崖　纂　四庫全書
[雍正]廣西通志　清　金鉷　監修　四庫全書
[雍正]四川通志　清　黄廷桂　修、張晉生　纂　四庫全書
[雍正]湖廣通志　清　邁柱　修、夏力恕　纂　四庫全書
[雍正]山西通志　清　石麟　修、儲大文　纂　四庫全書
[乾隆]江南通志　清　趙弘恩　修、黄之雋　纂　四庫全書
[乾隆]滄州志　清　徐時作　修、胡淦　纂　中國方志叢書
[乾隆]長沙府志　清　吕肅高　修、張雄圖　纂　中國方志叢書
[乾隆]福州府志　清　徐景熹　修、魯曾煜　纂　中國方志叢書
[乾隆]福寧府志　清　朱珪　修、李拔　纂　中國方志叢書
[乾隆]甘肅通志　清　許容　修、李迪　纂　四庫全書
[乾隆]海澄縣志　清　陳鍈　修、鄧廷祚　纂　中國方志叢書
[乾隆]偃師縣志　清　湯毓倬　修、孫星衍　纂　中國方志叢書
[乾隆]婺源縣志　清　俞雲耕　修、潘繼善　纂　中國方志叢書
[乾隆]濟陽縣志　清　胡德明　修、何明禮　纂　中國方志叢書
[乾隆]掖縣志　清　張思勉　修、于始瞻　纂　中國方志叢書
[乾隆]新疆輿圖風土考　清　長白椿園氏　中國方志叢書
[乾隆]永春州志　清　鄭一崧　修、顔璹　纂　中國方志叢書
[乾隆]寶坻縣志　清　洪肇楙　修、蔡寅斗　纂　中國方志叢書
[乾隆]古田縣志　清　辛竟可　修、林咸吉　纂　中國方志叢書
[乾隆]合水縣志　清　陶奕曾　纂修　中國方志叢書
[乾隆]濟源縣志　清　蕭應植　纂修　中國方志叢書
[乾隆]任邱縣志　清　劉統勳、劉炳　纂　中國方志叢書
[乾隆]甘州府志　清　鍾庚起　纂修　中國方志叢書
[乾隆]鄞縣志　清　錢維喬　修、錢大昕　纂　續修四庫全書
[乾隆]回疆志　清　蘇爾德　纂修　中國方志叢書
[乾隆]安福縣志　清　姚浚昌　修、周立瀛　纂　中國方志叢書
[乾隆]八旗通志　清　鄂爾泰　纂修　四庫全書

[乾隆]雲南通志　清　鄂爾泰　修、靖道謨　纂　四庫全書
[乾隆]貴州通志　清　鄂爾泰、張廣泗　修、靖道謨　纂　四庫全書
[乾隆]新蔡縣志　清　莫璽章　修、王增　纂　中國方志叢書
[乾隆]高郵州志　清　楊宜侖　修、夏之蓉　纂　中國方志叢書
[乾隆]竹山縣志　清　常丹葵　修、鄧光仁　纂　中國方志叢書
[乾隆]清水縣志　清　朱超　纂修　中國方志叢書
[乾隆]偃師縣志　清　朱續志　修、吕鼎祚　纂　中國方志叢書
[乾隆]石屏州志　清　管學宣　纂修　中國方志叢書
[乾隆]盛京通志　清　阿桂　修、劉謹之　纂　四庫全書
[乾隆]蓮花廳志　清　李其昌　纂修　中國方志叢書
[乾隆]龍溪縣志　清　吴宜燮　修、黄惠　纂　中國方志叢書
[乾隆]延平府志　清　傅爾泰　修、陶元藻　纂　中國方志叢書
[乾隆]成縣新志　清　黄泳　纂修　中國方志叢書
[嘉慶]福鼎縣志　清　譚掄　纂修　中國方志叢書
[嘉慶]長沙縣志　清　趙文在　修、易文基　纂　中國方志叢書
[嘉慶]揚州府志　清　阿克當阿　修、姚文田　纂　中國方志叢書
[嘉慶]寧遠縣志　清　曾鈺　纂修　中國方志叢書
[嘉慶]雲霄廳志　清　薛凝度　修、吴文林　纂　中國方志叢書
[嘉慶]松江府志　清　宋如林　修、孫星衍　纂　中國方志叢書
[嘉慶]旌德縣志　清　陳炳德　修、趙良澍　纂　中國方志叢書
[嘉慶]順昌縣志　清　歐陽焌　修、許庭梧　纂　中國方志叢書
[嘉慶]臨桂縣志　清　蔡呈韶　修、胡虔　纂　中國方志叢書
[道光]廣南府志　清　李熙齡　纂修　中國方志叢書
[道光]榮成縣志　清　李天鷺　修、岳賡廷　纂　中國方志叢書
[道光]武康縣志　清　疏筤　纂修　中國方志叢書
[道光]藤縣志　清　王政　修、王庸立　纂　中國方志叢書
[道光]寶山縣志　清　梁蒲貴　修、朱延射　纂　中國方志叢書
[道光]龍岩州志　清　彭衍堂　修、陳文衡　纂　中國方志叢書
[道光]長汀縣志　清　喬有豫　修、楊瀾　纂　中國方志叢書
[道光]順昌縣志　清　許庭梧　修、賈懋功　續修　中國方志叢書
[道光]安陸縣志　清　王履謙　修、李廷錫　纂　中國方志叢書
[道光]寶慶府志　清　黄宅中　修、鄧顯鶴　纂　中國方志叢書
[道光]陽曲縣志　清　胡德琳　修、何明禮　纂　中國方志叢書
[道光]廣東通志　清　阮元　修、陳昌齊　纂　續修四庫全書
[道光]蘭州府志　清　陳士禎　修、徐鴻儀　編輯　中國方志叢書
[道光]廈門志　清　周凱　修、淩翰　纂　中國方志叢書
[道光]上元縣志　清　武念祖　修、陳栻　纂　中國方志叢書
[咸豐]梓潼縣志　清　張香海　修、楊曦　纂　中國方志叢書
[咸豐]鄧川州志　清　侯允欽　纂修　中國方志叢書
[咸豐]鄧州志　清　蔣光祖　修、姚子琅　纂　中國方志叢書
[同治]桂東縣志　清　劉華邦、郭岐勲　纂　中國方志叢書
[同治]城步縣志　清　盛鎰源　修、戴聯璧　纂　中國方志叢書
[同治]江華縣志　清　劉華邦　纂修　中國方志叢書
[同治]番禺縣志　清　李福泰　修、史澄　纂　中國方志叢書
[同治]黟縣三志　清　謝永泰　修、程鴻詔　纂　江蘇古籍出版社一九九八年版
《中國地方志集成》
[同治]祁陽縣志　清　陳玉祥　修、劉希關　纂　中國方志叢書
[同治]贛縣志　清　黄德溥、崔國榜　修、褚景昕　纂　中國方志叢書
[同治]續漢州志　清　張超　修、曾履中　纂　中國方志叢書
[同治]象州志　清　李世椿　修、鄭獻甫　纂　中國方志叢書
[同治]新建縣志　清　承霈　修、杜友棠、楊兆崧　纂　中國方志叢書
[同治]新淦縣志　清　王肇賜　修、陳錫麟　纂　中國方志叢書
[同治]安遠縣志　清　丁佩　修、黄瑞圖　纂　中國方志叢書
[同治]祁門縣志　清　周溶　修、顔韶珊　纂　中國方志叢書
[同治]江夏縣志　清　王庭楨　修、彭崧毓　纂　中國方志叢書
[同治]新化縣志　清　關培均　修、劉洪澤　纂　中國方志叢書
[同治]公安縣志　清　周承弼　修、王慰　纂　中國方志叢書
[同治]南潯鎮志　清　汪日楨　纂修　中國方志叢書
[同治]新喻縣志　清　文聚奎　修、吴增逵　纂　中國方志叢書
[同治]大庾縣志　清　陳萌昌　修、石景芬　纂　中國方志叢書

[同治]巴東縣志　清　廖恩樹　修、蕭佩聲　纂　中國方志叢書
[光緒]零陵縣志　清　嵇有慶　修、劉沛　纂　中國方志叢書
[光緒]廣州府志　清　瑞麟、戴肇臣　修、史澄　纂　中國方志叢書
[光緒]江西通志　清　劉坤一　修、趙之謙　纂　續修四庫全書
[光緒]宜陽縣志　清　謝應起　修、劉占卿　纂　中國方志叢書
[光緒]蘇州府志　清　李銘皖　修、馮桂芬　纂　中國方志叢書
[光緒]盧氏縣志　清　郭光澍　修、李旭春　纂　中國方志叢書
[光緒]五河縣志　清　賴同宴　修、俞宗誠　纂　中國方志叢書
[光緒]海陽縣志　清　盧蔚猷　修、吴道鎔　纂　中國方志叢書
[光緒]京口三山志　清　周伯義　編、陳任暘　訂　中國方志叢書
[光緒]新疆小正　清　王樹枬　中國方志叢書
[光緒]長汀縣志　清　劉國光　纂修　中國方志叢書
[光緒]黄州府志　清　英啓　修、鄧琛　纂　中國方志叢書
[光緒]故城縣志　清　丁燦　纂修、張焕　續修　中國方志叢書
[光緒]郁林州志　清　馮德材　修、文德馨　纂　中國方志叢書
[光緒]永年縣志　清　夏詒鈺　纂修　中國方志叢書
[光緒]寧明州志　清　黎申產　輯　中國方志叢書
[光緒]畿輔通志　清　李鴻章　修、黄彭年　纂　續修四庫全書
[光緒]順天府志　清　李鴻章、萬青黎　修、張之洞、繆荃孫　纂　續修四庫全書
[光緒]嘉應州志　清　吴宗焯　修、温仲和　纂　中國方志叢書
[光緒]邵武府志　清　王琛　修、張景祁　纂　中國方志叢書
[光緒]德安府志　清　賡音布　修、劉國光　纂　中國方志叢書
[光緒]吴橋縣志　清　倪昌燮　修、施崇禮　纂　中國方志叢書
[光緒]衢州府志　清　楊廷望　纂修　中國方志叢書
[光緒]湖南通志　清　李翰章、卞寶第　修、曾國荃、李元度　續修　四庫全書
[光緒]莆田縣志　清　廖必琦　修、宋若霖　纂　中國方志叢書
[光緒]南匯縣志　清　金福曾、顧思賢　修、張文虎　纂　中國方志叢書
[光緒]高州府志　清　楊霽　修、陳蘭彬　纂　中國方志叢書
[光緒]德慶州志　清　楊文駿　修、朱一新　纂　中國方志叢書
[光緒]藤縣志　清　蒙秉仁　修、胡毓璠　纂　中國方志叢書
[光緒]唐縣志　清　陳詠　修、張惇德　纂　中國方志叢書
[光緒]荊州府志　清　倪文蔚　修、顧嘉衡　纂　中國方志叢書
[光緒]潛江縣志　清　史致謨　修、劉恭冕　纂　中國方志叢書
[光緒]無極縣續志　清　曹鳳來　纂修　中國方志叢書
[光緒]桐鄉縣志　清　嚴辰　纂修　中國方志叢書
[光緒]武昌縣志　清　鐘桐山　修、柯逢時　纂　中國方志叢書
[光緒]華容縣志　清　孫炳煜　修、熊紹庚　纂　中國方志叢書
[光緒]清河縣志　清　黄汝香　纂修　中國方志叢書
[光緒]文登縣志　清　李祖年　修、于霖逢　纂　中國方志叢書
[宣統]新疆山脉圖志　清　王樹枬　中國方志叢書

《中華大典·林業典·林業思想與文化分典》編纂委員會

主　　編：林　震

副 主 編：羅美雲　徐清祥　劉雪梅　李　飛　仲亞東

趙　亮　張連偉　周景勇

編　　委：（以姓氏筆畫爲序）

仲亞東　李玉芝　李　明　李　飛　李　莉

宋三平　林　震　明海英　周景勇　周　毅

侯學文　徐清祥　奚春華　高　晨　陳得媛

張文濤　張芳霖　張連偉　張　超　董傳峯

程　曦　馮尕才　曾小武　詹世友　趙來昌

趙　亮　劉金華　劉雪梅　劉曉婷　閻景娟

蘇秀林　羅美雲　譚澤甯

《中華大典·林業典·林業思想與文化分典》

責任編輯：汪允普

圖書在版編目（CIP）數據

中華大典. 林業典. 林業思想與文化分典 / 《中華大典》工作委員會, 《中華大典》編纂委員會編纂. -- 南京 : 鳳凰出版社, 2014.12
ISBN 978-7-5506-2043-8

Ⅰ. ①中… Ⅱ. ①中… ②中… Ⅲ. ①百科全書－中國②林業－思想史－中國－古代③林業－文化－中國－古代 Ⅳ. ①Z227②F326.2

中國版本圖書館CIP數據核字(2014)第228153號

中華大典·林業典·林業思想與文化分典

編　　纂:《中華大典》工作委員會
《中華大典》編纂委員會
出版發行:鳳凰出版傳媒股份有限公司
鳳凰出版社(原江蘇古籍出版社)
發行部電話 025-83223462
南京市湖南路1號A樓,郵編:210009
出版社地址:南京市中央路165號,郵編:210009
出版社網址:http://www.fhcbs.com
經　　銷:鳳凰出版傳媒股份有限公司
照　　排:江蘇鳳凰製版有限公司
印　　刷:南京愛德印刷有限公司
南京市江寧區東善橋秣周中路99號,郵編:211153
開　　本:787×1092　1/16
印　　張:88.5
字　　數:2889千字
版　　次:2014年12月第1版　2014年12月第1次印刷
標準書號:ISBN 978-7-5506-2043-8
定　　價:1080.00圓

ISBN 978-7-5506-2043-8
9 787550 620438 >
定價：1080.00圓